Lützenkirchen (Hrsg.) **Anwalts-Handbuch Mietrecht**

Partnerschaft von Rechtsanwälten
Behrenstraße 42 · D-10117 Berlin
Telefon +49 30 20374-0 · Telefax +49 30 20374-333
www.hengeler.com

Anwalts-Handbuch
Mietrecht

herausgegeben von

RA Dr. Klaus Lützenkirchen

bearbeitet von

RA Dr. Marc Dickersbach, Köln
Ass. jur. Thomas Eisenhardt, Frankfurt/M.
RA Andreas Gemeinhardt, Berlin
RA Dr. Hans Reinold Horst, Langenhagen/Solingen
RA Walter Junker, Hamburg
RAin Dr. Catharina Kunze, Berlin
RA Dr. Ulrich Leo, Köln
RA Dr. Klaus Lützenkirchen, Köln
RA Norbert Schneider, Neunkirchen
RA Ralf Specht, Nürnberg
RAin Martina Walke, Frankfurt/M.
RiAG Bernd Walterscheidt, Leverkusen
RA Ulrich Weber, Berlin

4. völlig neu bearbeitete Auflage

2010

Verlag
Dr. Otto Schmidt
Köln

Zitierempfehlung:
Leo in Lützenkirchen, AHB-Mietrecht, 4. Aufl.,
A Rz. 295

*Bibliografische Information
der Deutschen Nationalbibliothek*

Die Deutsche Nationalbibliothek verzeichnet diese
Publikation in der Deutschen Nationalbibliografie;
detaillierte bibliografische Daten sind im Internet
über http://dnb.d-nb.de abrufbar.

Verlag Dr. Otto Schmidt KG
Gustav-Heinemann-Ufer 58, 50968 Köln
Tel. 02 21/9 37 38-01, Fax 02 21/9 37 38-943
info@otto-schmidt.de
www.otto-schmidt.de

ISBN 978-3-504-18065-2

©2010 by Verlag Dr. Otto Schmidt KG, Köln

Das Werk einschließlich aller seiner Teile ist
urheberrechtlich geschützt. Jede Verwertung, die nicht
ausdrücklich vom Urheberrechtsgesetz zugelassen ist,
bedarf der vorherigen Zustimmung des Verlages. Das
gilt insbesondere für Vervielfältigungen, Bearbeitungen,
Übersetzungen, Mikroverfilmungen und die Einspeiche-
rung und Verarbeitung in elektronischen Systemen.

Das verwendete Papier ist aus chlorfrei gebleichten
Rohstoffen hergestellt, holz- und säurefrei, alterungs-
beständig und umweltfreundlich.

Einbandgestaltung: Jan P. Lichtenford, Mettmann
Satz: WMTP, Birkenau
Druck und Verarbeitung: Kösel, Krugzell
Printed in Germany

Vorwort zur 4. Auflage

Der BGH produziert kontinuierlich jährlich ca. 100 Entscheidungen, die für das Mietrecht relevant sind. Dabei lagen die Schwerpunkte seit der dritten Auflage eindeutig bei Schönheitsreparaturen und den Betriebskosten. Deshalb haben sich die zuständigen Autoren entschlossen, diese Kapitel völlig neu zu schreiben. Denn eine Überarbeitung hätte zur Unübersichtlichkeit geführt, da der BGH besonders in diesen Gebieten einige Säulen der bisherigen herrschenden Meinung eingerissen hat.

Insoweit soll noch einmal in Erinnerung gerufen werden, dass sich unser Werk nicht als Meinungsmacher auf juristischem Neuland versteht oder als kritische Instanz gegenüber der Rechtsprechung des BGH. Aus dem Titel erwächst die Verantwortung, den nutzenden Kollegen „den sichersten Weg" gerade in den problematischen Situationen zu weisen.

Auch in dieser Auflage können wir eine neues Kapitel vorstellen. Im Abschnitt Q behandelt Kollege Specht die Pfändung in Mietforderungen und ergänzt damit vertiefend die Abschnitte über die Zwangsverwaltung und die Zwangsvollstreckung aus Geldforderungen. Insoweit lohnt sich auch der Blick in dieses Werk für Kollegen, die nicht mit Mietrecht befasst sind, aber in Mietforderungen ihres Schuldners vollstrecken wollen.

Im Übrigen wurden alle Kapitel auf den Stand der Rechtsprechung gebracht. Die praktischen Hinweise mussten dabei teilweise der neuen durch den BGH hervorgerufenen Tendenz angepasst werden. Dabei sind wir unserer Devise treu geblieben, nicht zu erklären, was Mietrecht ist, sondern wie Mietrecht geht.

Köln, im März 2010   Dr. Klaus Lützenkirchen

Inhaltsübersicht

	Seite
Vorwort	V
Abkürzungsverzeichnis	XXXI
Literaturverzeichnis	XXXV

A. Gestaltungsberatung bei Mietverträgen
(Lützenkirchen/Leo)

	Rz.	Seite
I. Wohnraummietverträge *(Lützenkirchen)*	1	5
1. Vorüberlegungen	2	5
2. Wege zum Individualvertrag	41	17
3. Inhalt eines Individualmietvertrages über Wohnraum	51	21
4. Festlegen des Verhandlungsspielraumes	151	59
5. Die inhaltliche Umsetzung des Verhandlungsergebnisses	183	68
6. Entwerfen eines Formularvertrages über Wohnraum	187	88
7. Abschluss eines Formularvertrages über Wohnraum	212	122
II. Gewerberaummietverträge *(Leo)*	227	126
1. Vorüberlegungen	227	126
2. Die Erstellung eines Gewerberaummietvertrages	238	132
III. Verschulden bei Vertragsverhandlungen *(Leo)*	504	234
1. Typische Fallkonstellationen im Mietrecht	505	234
2. Ausschluss von Ansprüchen wegen Verschuldens bei Vertragsschluss bei Vorliegen von Sachmängeln	510	236

B. Allgemeine Fragen der Abwicklung mietrechtlicher Mandate
(Lützenkirchen)

	Rz.	Seite
I. Die Persönlichkeit des Mandanten und sein Interesse	1	238
II. Der querulatorische Mandant	7	240
1. Vermieterberatung gegenüber querulatorischen Mietern	9	241
2. Mieterberatung gegenüber querulatorischen Vermietern	21	246

	Rz.	Seite
III. Das rechtsschutzversicherte Mandat	29	248
1. Der Mandant	29	248
2. Die Abwicklung mit dem Rechtsschutzversicherer	33	250
IV. Die Erstberatung	50	255
1. Die Vorbereitung und Durchführung	50	255
2. Gebühren	60	257
V. Das Vorliegen des Mietvertrages	61	257
1. Der schriftliche Mietvertrag	62	258
2. Der konkludent abgeschlossene Mietvertrag	108	271
3. Der mündliche Mietvertrag	116	275
4. Wirksamkeit des Mietvertrages	131	279
5. Auslegung im Mietrecht	137	280
VI. Verstöße gegen das Allgemeine Gleichbehandlungsgesetz	148	284
1. Grundlagen	148	284
2. Zeitlicher Anwendungsbereich	165	288
3. Ziele des Allgemeinen Gleichbehandlungsgesetzes (AGG)	171	289
4. Generelle Anwendbarkeit auf die Miete	175	290
5. Zivilrechtliches Benachteiligungsverbot	181	292
6. Rechtsfolgen	327	327
7. Antidiskriminierungsverbände	344	331
8. Prüfungsschema bei der Wohnraummiete	348	332

C. Änderungen und Ergänzungen des Mietvertrages
(Leo/Lützenkirchen)

	Rz.	Seite
I. Vorüberlegungen bei der Beratung im Zusammenhang mit Mietvertragsänderungen *(Leo)*	1	337
1. Besteht eine Anspruchsgrundlage für eine Änderung des Vertrages?	4	338
2. Herabsetzung der Miete bei Gewerberaummietverträgen	5	338
3. Formerfordernisse bei Vertragsänderungen	7	339
II. Wechsel in der Person des Vermieters *(Lützenkirchen)*	11	340
1. Veräußerung des Mietobjektes	12	340
2. Zwischenvermietung = Gewerbliche Weitervermietung	96	371

	Rz.	Seite
III. Wechsel in der Person des Mieters *(Lützenkirchen)*	134	382
1. Ausscheiden eines von zwei Mietern aus dem Mietvertrag	134	382
2. Nachmieterstellung am Beispiel eines Wohnraummietvertrages	230	411
3. Tod des Mieters bei Wohnraummiete	285	425
IV. Die Verlängerung befristeter Mietverträge über Wohnraum *(Lützenkirchen)*	374	450
1. Der Vertrag mit einfacher Befristung nach § 564c Abs. 1 BGB a.F.	374	450
2. Die qualifizierte Befristung nach § 564c Abs. 2 BGB a.F.	437	466
3. Die einfache Befristung durch wechselseitigen Kündigungsverzicht	503	482
4. Echter Zeitmietvertrag nach § 575 BGB	556	501

D. Miete
(Junker)

	Rz.	Seite
I. Die typische Beratungssituation	1	505
1. Überblick	1	505
2. Prüfung von Grundfragen (Checkliste)	2	506
II. Notwendige Ermittlungen und Feststellungen zu der vereinbarten Miete	10	508
1. Feststellung der Mietstruktur	10	508
2. Feststellung der konkreten Miethöhe	17	512
3. Umsatzsteuer	19	513
III. Fälligkeit der Miete	21	514
1. Die gesetzlichen Regelungen	22	515
2. Vorauszahlungsklauseln	23	515
IV. Erfüllung von Mietansprüchen	53	526
1. Überblick	53	526
2. Prüfung von Grundfragen (Checkliste)	56	528
3. Die gesetzlichen Regelungen (§§ 269, 270 BGB)	57	528
4. Abweichende vertragliche Vereinbarungen	58	529
5. Zahlungsart	62	531

	Rz.	Seite
6. Verrechnung von Zahlungen des Mieters	67	533
7. Mehrheit von Vermietern (Gläubigern) und Mietern (Schuldnern)	71	535
V. Nichterfüllung – Zahlungsverzug	75	538
1. Kündigung wegen Zahlungsverzuges	75	538
2. Kündigung wegen laufend verspäteter Zahlungen	99	553
VI. Ermäßigung der Miete	102	554
1. Überblick	102	554
2. Minderung	107	555
3. Zurückbehaltungsrecht	114	557
4. Abweichung der tatsächlichen Fläche von der vertraglich vereinbarten/beschriebenen Fläche	123	560
5. Persönliche Verhinderung des Mieters (§ 537 BGB)	131	564
VII. Verjährung und Verwirkung von Mietforderungen des Vermieters und Rückerstattungsansprüchen des Mieters	140	568
1. Verjährung	140	568
2. Verwirkung	149	572
VIII. Mietpreisüberhöhung nach § 5 WiStG	153	576
1. Überblick	153	576
2. Kernpunkte (Checkliste)	157	578
3. Die Tatbestandsmerkmale im Einzelnen und der notwendige Umfang des Sachvortrages	170	582
4. Rechtsfolgen	210	602
IX. Mietwucher	216a	605
X. Kostenmiete	217	606
1. Überblick	217	606
2. Entgelt, das die Kostenmiete überschreitet	219	607
3. Rechtsfolgen einer überhöhten Kostenmiete	220	608
4. Auskunftsanspruch des Mieters	226	609
XI. Miete und Mietprozess	227	609
1. Zuständigkeit	227	609
2. Klageantrag	228	609
3. Klage im Urkundenprozess	232	611

E. Beratung und Vertretung bei Mieterhöhungen
(Kunze/Walterscheidt/Dickersbach/Lützenkirchen)

	Rz.	Seite
I. **Mieterhöhungen nach dem BGB** *(Kunze)*	1	618
1. Beratungssituation	1	618
2. Erhöhungsmöglichkeiten	3	619
3. Ausschluss von Erhöhungen	5	619
4. Einvernehmliche Erhöhung	7	620
5. Notwendige Vorinformationen	9	621
II. **Mieterhöhung nach § 558 BGB** *(Kunze/Walterscheidt)*	10	621
1. Überlegungen bei der Beratung des Vermieters	10	621
2. Hinweise zur praktischen Umsetzung	106	653
3. Reaktionsmöglichkeiten des Mieters	119	658
4. Klage auf Zustimmung	135	665
III. **Mieterhöhung nach § 559 BGB** *(Kunze/Dickersbach)*	161	675
1. Beratungssituation	161	675
2. Überlegungen bei der Vermieterberatung	162	686
3. Hinweise zur praktischen Umsetzung	174	690
4. Gegenargumente des Mieters	183	694
5. Gerichtliche Durchsetzung der Mieterhöhung nach § 559 BGB	195	698
6. Gerichtliche Abwehr der Mieterhöhung nach § 559 BGB	202	700
IV. **Mietänderungen nach § 560 BGB** *(Kunze/Lützenkirchen)*	209	701
1. Beratungssituation	209	701
2. Überlegungen bei der Vermieterberatung	211	702
3. Hinweise zur praktischen Umsetzung	235	709
4. Reaktionsmöglichkeiten des Mieters	246	712
5. Gerichtliche Durchsetzung der Mieterhöhung	259	717
V. **Mietvertraglich vorgesehene Mieterhöhungsmöglichkeiten** *(Kunze/Lützenkirchen)*	264	718
1. Staffelmietvereinbarung	264	718
2. Indexmietvereinbarung	274	722
VI. **Mieterhöhung bei preisgebundenem Wohnraum** *(Lützenkirchen)*	298	729
1. Vermieterberatung	306	732
2. Mieterberatung	333	743

F. Geltendmachung und Abwehr von Gewährleistungsrechten
(Lützenkirchen)

	Rz.	Seite
I. Sachverhaltserfassung und Beratung über die Vorgehensweise	5	751
1. Mieterberatung	6	752
2. Vermieterberatung	171	870
II. Gewährleistung nach Ablauf der Mietzeit	222a	893
III. Prozessuales	223	894
1. Vertretung des Mieters	224	894
2. Vertretung des Vermieters im gerichtlichen Verfahren	255	905

G. Die Umsetzung einzelner mietrechtlicher Ansprüche
(Lützenkirchen)

	Rz.	Seite
I. Erlaubniserteilung	1	914
1. Tierhaltung im Wohnraum	3	914
2. Untermiete	37	927
3. Bauliche Veränderungen am Beispiel der Parabolantenne	154	961
II. Anspruch auf Leistung der vereinbarten Barkaution	192	973
1. Vermieterberatung	193	973
2. Mieterberatung	224	985
III. Besichtigungs- und Zutrittsrecht	231	987
1. Vermieterberatung	233	989
2. Mieterberatung	246	993
IV. Ausübung des Vermieterpfandrechts	254	995
1. Vermieterberatung	255	996
2. Mieterberatung	284	1007

H. Erhaltung der Mietsachen
(Dickersbach/Specht)

	Rz.	Seite
I. Erhaltungspflicht des Vermieters *(Dickersbach)*	1	1017
1. Instandhaltung	3	1018
2. Instandsetzung	5	1019

	Rz.	Seite
3. Schutz- und Verkehrssicherungspflicht	9	1021
4. Überprüfungspflichten des Vermieters	10	1021
5. Opfergrenze	14	1023
6. Vermietete Eigentumswohnung	17	1024
7. Abweichende Vereinbarungen zur Instandhaltung und Instandsetzung	20	1025
8. Der Duldungsanspruch des Vermieters	44	1032
9. Mieterrechte bei Durchführung von Erhaltungsmaßnahmen	62	1039
II. Modernisierung durch den Vermieter nach § 554 Abs. 2 BGB *(Dickersbach)*	68	1042
1. Allgemeines	70	1042
2. Anspruch auf Modernisierung	75	1044
3. Abgrenzung zu Erhaltungsmaßnahmen gem. § 554 Abs. 1 BGB	79	1045
4. Die Maßnahmen nach § 554 Abs. 2 BGB	81	1045
5. Die Darlegungs- und Mitteilungspflicht des Vermieters (§ 554 Abs. 3 S. 1 BGB)	93	1052
6. Inhalt der Duldungspflicht	123	1065
7. Wegfall der Duldungspflicht – Interessenabwägung (§ 554 Abs. 2 S. 2 und 3 BGB)	124	1066
8. Schadensersatz bei unberechtigter Verweigerung der Duldung	158	1077
9. Mieterrechte bei Maßnahmen nach § 554 Abs. 1 und 2 BGB	159	1077
10. Gerichtliche Durchsetzung von Ansprüchen	179	1084
III. Mietermodernisierung *(Dickersbach)*	193	1093
1. Duldungsanspruch	193	1093
2. Zustimmung des Vermieters	194	1093
3. Anspruch auf Zustimmung	195	1094
4. Weitere Voraussetzungen für die Zustimmung	198	1095
5. Konsequenzen der Mietermodernisierung bei fehlender vertraglicher Regelung im laufenden Mietverhältnis	203	1096
6. Vereinbarungen zur Mietermodernisierung	206	1097
7. Sonderfall: Barrierefreiheit	222	1105
8. Verwendungen des Mieters nach §§ 536a Abs. 2, 539 BGB	248	1113

		Rz.	Seite
9.	Wegnahmerecht des Mieters nach § 539 Abs. 2 BGB	258	1117
10.	Vereinbarungen im Zusammenhang mit der Wegnahme	265	1118
IV.	**Schönheitsreparaturen** *(Specht)*	**300**	**1119**
1.	Ausgangslage im Mandatsverhältnis	300	1119
2.	Was gehört zu den Schönheitsreparaturen?	307	1122
3.	Abgrenzung Schönheitsreparaturen – Schadensersatz	340	1137
4.	In welcher Qualität sind Schönheitsreparaturen auszuführen?	381	1157
5.	Wer muss die Schönheitsreparaturen ausführen?	399	1164
6.	Die Übertragung der Schönheitsreparaturen auf den Mieter	424	1176
7.	Abreden zur Übertragung der Schönheitsreparaturen	468	1192
8.	Die Beteiligung des Mieters an Renovierungskosten	538	1226
9.	Welche Rechtsfolgen ergeben sich aus unwirksamen Schönheitsreparaturklauseln?	561	1236
10.	Wie kann auf unwirksame Schönheitsreparaturklauseln reagiert werden?	571	1239
11.	Der Renovierungsanspruch des Vermieters während der Mietzeit	605	1254
12.	Der Anspruch des Vermieters auf Kostenbeteiligung bei Vertragsende	641	1265
13.	Die Geltendmachung der Schlussrenovierung durch den Vermieter	650	1269
14.	Der Schadensersatzanspruch des Vermieters wegen unterlassener Dekoration bei Ablauf des Mietvertrages	673	1277
15.	Ansprüche des Vermieters bei geplantem Umbau	758	1306
16.	Die Durchsetzung der Renovierungspflicht des Vermieters	768	1309
17.	Abwehrstrategien des Mieters	782	1315
18.	Schönheitsreparaturen und Kündigung des Mietvertrages	821	1327
19.	Abstandsvereinbarungen zu Schönheitsreparaturen	828	1329
20.	Schönheitsreparaturen und „Hartz IV"	831	1330
21.	Schönheitsreparaturen im Mietprozess	834	1331
22.	Vorschlag für eine Schönheitsreparaturklausel	872	1350

I. Die Abwehr von Vertragsverletzungen vor und während der Mietzeit
(Dickersbach)

	Rz.	Seite
I. Verletzungen der Gebrauchsgewährpflicht durch den Vermieter	2	1357
1. Beratung vor der Überlassung der Mietsache	12	1360
2. Die Überlassung der Mietsache	162a	1405
3. Beratung nach der Überlassung der Mietsache	163	1407
II. Vorvertragliche Auskunftspflichten	185a	1412
1. Auskunftspflichten des Vermieters	185c	1413
2. Auskunftspflichten des Mieters	185h	1416
III. Verletzung von Nebenpflichten durch den Vermieter während der Mietzeit	186	1420
1. Aufklärungspflichten	189	1420
2. Treuepflichten	195	1422
3. Fürsorgepflichten	196	1424
4. Konkurrenzschutzpflichten	197	1425
5. Reinigungs- und Verkehrssicherungspflichten	218	1440
6. Leistungspflichten	224	1446
7. Mieterberatung	228	1449
8. Vermieterberatung	236	1451
IV. Verletzung nachvertraglicher Pflichten durch den Vermieter	239a	1452
1. Geltendmachung unberechtigter Forderungen	239b	1452
2. Aufklärungspflichten bei unwirksamen AGB	239e	1453
3. Räumung durch den Vermieter	239h	1454
4. Versorgungssperre	239j	1454
5. Folgen des ausgeübten Vermieterpfandrechts	239o	1456
6. Mietschuldenfreiheitsbescheinigung	239s	1458
V. Rechtswidriges Verhalten des Mieters	240	1459
1. Beratung vor Überlassung der Mietsache	241	1459
2. Beratung nach Überlassung der Mietsache	247	1460
VI. Exkurs: Die „Mieterbegünstigungsklausel"	296a	1521

J. Beendigung des Mietvertrags
(Eisenhardt)

	Rz.	Seite
I. Modalitäten der Vertragsbeendigung	1	1527
1. Kündigung	2	1528
2. Rücktritt	7	1529
3. Anfechtung	11	1530
4. Beendigung durch Fristablauf	15	1532
5. Beendigung durch Bedingungseintritt	18	1533
6. Mietaufhebungsvereinbarung	20	1533
7. Umdeutung von Erklärungen	24	1534
II. Kündigung durch den Vermieter	33	1537
1. Überlegungen vor Kündigungsausspruch	33	1537
2. Grundsätze des Kündigungsausspruchs	47	1541
3. Ordentliche (fristgebundene) Kündigung	122	1569
4. Wohnraumkündigung aus berechtigtem Interesse, § 573 BGB	165	1580
5. Außerordentliche fristlose Kündigung aus wichtigem Grund	258	1615
6. Außerordentliche Kündigung mit gesetzlicher Frist (Sonderkündigungsrechte)	287	1644
7. Kündigungssperre im Insolvenzverfahren	298	1647
III. Beendigung des befristeten Mietvertrages durch den Vermieter	299	1648
IV. Die Räumungsklage	304	1650
1. Vorbereitung der Klageerhebung	304	1650
2. Zeitpunkt der Klageerhebung, insbesondere Klage auf künftige Räumung	312	1653
3. Inhalt der Klageschrift	316	1654
4. Abwendung der Klageabweisung durch rechtzeitige Nachbesserung	323	1656
5. Besonderheiten bei Widerspruch des Mieters gem. § 574 BGB	328	1658
V. Rechtswahrung des Mieters nach Empfang der Kündigung	337	1659
1. Beurteilung der Wirksamkeit der Kündigung	337	1659
2. Entwicklung eines Verteidigungskonzeptes	342	1660
3. Kündigungswiderspruch gem. § 574 BGB	351	1666

	Rz.	Seite
VI. Gerichtliche Rechtsverteidigung des Mieters	360	1669
1. Allgemeine und taktische Überlegungen	360	1669
2. Verteidigung gegen die Räumungsklage	366	1671
3. Negative Feststellungsklage des Mieters	410	1693
VII. Der gerichtliche Räumungsvergleich	418	1695
1. Grundsätze	418	1695
2. Inhalt des Vergleichs	419	1696
3. Widerruf des Vergleichs	421a	1697
4. Anfechtung des Vergleichs	422	1697
5. Zwangsvollstreckung aus dem Vergleich	423	1697
VIII. Kündigung durch den Mieter	424	1698
1. Überlegungen vor Kündigungsausspruch	424	1698
2. Grundsätze des Kündigungsausspruchs	426	1700
3. Ordentliche (fristgebundene) Kündigung	427	1700
4. Außerordentliche fristlose Kündigung aus wichtigem Grund	430	1702
5. Außerordentliche Kündigung mit gesetzlicher Frist (Sonderkündigungsrechte)	457	1721
IX. Beendigung des befristeten Mietvertrages durch den Mieter	475	1727
1. Vertragsgemäße Beendigung	475	1727
2. Vorzeitige Beendigung	480	1729
X. Beendigung durch Bedingungseintritt	490	1732
XI. Die Mietaufhebungsvereinbarung	492	1733
1. Grundsätze	492	1733
2. Form	496	1735
3. Inhalt	497	1736

K. Abwicklung beendeter Mietverträge
(Horst/Lützenkirchen)

	Rz.	Seite
I. Typische Mandatskonstellationen *(Horst)*	1	1742
II. Der Vermieter als Mandant *(Horst/Lützenkirchen)*	2	1743
1. Erstberatung	2	1743
2. Schlussfolgerungen	15	1748

Inhaltsübersicht

	Rz.	Seite
3. Taktische Überlegungen	41	1755
4. Praktische Umsetzung von Ansprüchen	87	1770
5. Der Mieter befindet sich noch in der Wohnung	107	1775
6. Der Mieter ist ausgezogen, hat aber noch nicht übergeben	223	1817
7. Der Mieter ist ausgezogen und hat übergeben	234	1819
8. Der verschwundene Mieter	267	1828
9. Abwicklung nach dem Tod des Mieters	282	1833
10. Außergerichtliche Schadensregulierung	325	1844
11. Betriebskosten	366	1859
12. Kaution	375	1861

III. **Der Mieter als Mandant** *(Horst)* 402 1871
  1. Erstberatung 403 1871
  2. Schlussfolgerungen 404 1872
  3. Taktische Überlegungen 405 1872
  4. Praktische Umsetzung von Ansprüchen 453 1889
  5. Abrechnung und Rückzahlung der Kaution 454 1889
  6. Rückzahlung von Betriebskostenvorschüssen . . . 472a 1896
  7. Einbauten und Investitionen 473 1897
  8. Rückerstattung von Mietvorauszahlungen, Baukostenzuschüssen, Mieterdarlehen und überzahlter Miete 521 1908
  9. Schadensersatzansprüche des Mieters 528 1910

IV. **Anspruchsbeziehungen zwischen Vermieter – Vormieter und Nachmieter** *(Horst)* 550 1916
  1. Vertragliche Vereinbarungen 550 1916
  2. Gesetzliche Ansprüche des Vormieters gegen den Nachmieter 566 1923

L. Betriebskosten
(Lützenkirchen)

I. **Begriff der Betriebskosten** 1 1929
  1. Allgemeines 2 1929

II. **Die einzelnen Betriebskostenpositionen** 24 1934
  1. Laufende öffentliche Lasten des Grundstücks . . . 24 1934
  2. Kosten der Wasserversorgung 30 1936

		Rz.	Seite
3.	Kosten der Entwässerung	50	1941
4.	Kosten des Betriebs des Personen- oder Lastenaufzuges	58	1942
5.	Kosten der Straßenreinigung und Müllbeseitigung	76	1947
6.	Kosten der Gebäudereinigung und der Ungezieferbekämpfung	97	1953
7.	Kosten der Gartenpflege	111	1956
8.	Kosten der Beleuchtung	121	1959
9.	Kosten der Schornsteinreinigung	128	1961
10.	Kosten der Sach- und Haftpflichtversicherung	130	1961
11.	Hauswart	138	1963
12.	Kosten des Betriebs der Gemeinschaftsantennenanlage	153	1968
13.	Kosten des Betriebs der mit einem Breitbandkabelnetz verbundenen privaten Verteilanlage	156	1968
14.	Kosten des Betriebs der Einrichtungen für die Wäschepflege	159	1969
15.	Sonstige Betriebskosten	167	1970
III.	**Betriebskosten bei preisfreiem Wohnraum**	**174**	**1974**
1.	Vereinbarung der Umlagefähigkeit	174	1974
2.	Pflicht zur Abrechnung	224	1986
3.	Formelle Anforderungen an die Abrechnung	298	2004
4.	Inhalt der Abrechnung	349	2017
5.	Einwendungsausschluss	557	2071
6.	Ausübung der Kontrollrechte durch den Mieter	579	2076
7.	Schuldanerkenntnis durch Ausgleich des Saldos?	640	2090
8.	Zurückbehaltungsrecht	642	2090
9.	Rückforderung von Vorauszahlungen	658	2094
10.	Verjährung	685	2100
11.	Verwirkung	709	2105
12.	Abweichende Vereinbarungen zu Betriebskosten	714	2108
13.	Klage auf Abrechnung	715	2108
IV.	**Besonderheiten bei preisgebundenem Wohnraum**	**722**	**2109**
1.	Kosten der Einrichtung der Wäschepflege	724	2110
2.	Mietstruktur	725	2110
3.	Fälligkeit der Nachforderung	732	2111
4.	Neue Betriebskosten	734	2112
5.	Form der Abrechnung	735	2112

Inhaltsübersicht

	Rz.	Seite
6. Gemischte Nutzung	737	2113
7. Nachbelastung	740	2113
8. Geltung der Einwendungsfrist?	742	2113
9. Ausübung des Kontrollrechts	744	2114
10. Umlageschlüssel	753	2116
V. Nebenkosten bei der Gewerberaummiete	759	2118
1. Pflicht zur Abrechnung	762	2118
2. Vorbereitung der Belegprüfung	767	2120
3. Besonderheiten bei der Belegprüfung	792	2128
4. Checkliste: Prüfung der Abrechnungsvoraussetzungen	807	2131
VI. Einzelne Probleme zu Heiz- und Warmwasserkosten	808	2132
1. Anspruch auf verbrauchsabhängige Abrechnung	809	2132
2. Umlegbare Kosten	818	2134
3. Umlagemaßstab	853	2143
4. Plausibilitätskontrolle	887	2151
5. Darstellung der Abrechnung	890	2151
6. Mieterwechsel während der Abrechnungsperiode	891	2152
7. Kürzungsrecht	894	2153
VII. Die unterlassene oder verweigerte Ablesung	902	2155
1. Ausgangssituation	902	2155
2. Rechtliche Aspekte	905	2155

M. Besondere Probleme des Mietprozesses
(N. Schneider)

I. Einleitung	1	2159
II. Obligatorisches Streitschlichtungsverfahren (§ 15a EGZPO)	7	2162
1. Gesetzeslage	7	2162
2. Anwendungsbereich	9	2164
3. Entbehrlichkeit	17	2165
4. Vollstreckungstitel	23	2167
5. Kostenentscheidung und -erstattung	24	2167
III. Mahnverfahren (§§ 688 ff. ZPO)	27	2167
1. Fälliger Zahlungsanspruch	28	2168

	Rz.	Seite
2. Hinreichende Individualisierung	29	2168
3. Zutreffende Angabe des Abgabegerichts	35	2171
4. Antrag auf Durchführung des streitigen Verfahrens	37	2171
5. Weiteres Verfahren nach Widerspruch und Einspruch	38	2172
IV. Rechtsstreit	40	2173
1. Einleitung	40	2173
2. Sachliche Zuständigkeit	41	2174
3. Örtliche Zuständigkeit	78	2182
4. Die Parteien	85	2183
5. Verfahren	116	2193
6. Besondere Klage- und Verfahrensarten	128	2195
V. Gehörsrüge (§ 321a ZPO)	251	2237
VI. Berufung	259	2238
1. Übersicht	259	2238
2. Wertabhängige Berufung (§ 511 Abs. 2 Nr. 1 ZPO)	264	2241
3. Zulassungsberufung (§ 511 Abs. 2 Nr. 2 ZPO)	276	2244
VII. Revisionsverfahren (§§ 543 ff. ZPO)	280	2246
1. Revision (§ 543 ZPO)	280	2246
2. Nichtzulassungsbeschwerde (§ 544 ZPO)	284	2247
3. Sprungrevision (§ 566 ZPO)	285	2247
VIII. Rechtsentscheid	286	2247
IX. Rechtsbeschwerde	287	2248
X. Selbständiges Beweisverfahren (§ 485 ff. ZPO)	296	2249
1. Übersicht	296	2249
2. Rechtliches Interesse	300	2251
3. Zuständigkeit	302	2251
4. Verjährungshemmende Wirkung	303	2252
5. Antrag	304	2252
6. Begründung und Glaubhaftmachung	305	2253
7. Beendigung des Verfahrens	306a	2254
8. Sonderfälle	307	2254
9. Rechte des Antragsgegners	317	2256
10. Streitverkündung	320	2258
11. Frist zur Klageerhebung	321	2258
12. Kostenentscheidung	325	2259

	Rz.	Seite
XI. Einstweiliger Rechtsschutz	327	2263
1. Einstweilige Verfügung	327	2263
2. Arrest	363	2278
XII. Besonderheiten der Kostenentscheidung in Mietsachen	365	2279
1. Übersicht	365	2279
2. Kostenbefreiendes Anerkenntnis (§ 93 ZPO)	367	2279
3. Die Sonderregelung des § 93b ZPO	376	2281
XIII. Kostenerstattung	383	2282
XIV. Anhang: Materiell-rechtlicher Kostenerstattungsanspruch	385	2282
XV. Zwangsvollstreckung	396	2284
1. Allgemeine Vollstreckungsvoraussetzungen	396	2284
2. Vollstreckung vertretbarer Handlungen	405	2286
3. Vollstreckung auf Duldung oder Unterlassung	409	2287
4. Vollstreckung wegen nicht vertretbarer Handlungen	413	2289
5. Räumungsvollstreckung	416	2289
6. Kosten der Vollstreckung	470	2305

N. Rechtsanwaltsvergütung
(N. Schneider)

	Rz.	Seite
I. Rechtsanwaltsvergütung in Mietsachen	1	2313
1. Einleitung	1	2313
2. Allgemeine Vorschriften	5	2315
3. Allgemeine Gebühren (Teil 1 VV RVG)	56	2340
4. Beratung (§ 34 RVG)	83	2348
5. Prüfung der Erfolgsaussicht eines Rechtsmittels (Nrn. 2100 ff. VV RVG)	93	2351
6. Außergerichtliche Vertretung (Nr. 2300 VV RVG)	98b	2352
7. Vertretung in Verwaltungsverfahren (Nrn. 2300, 2301 VV RVG, Nrn. 2400 ff. VV RVG)	117	2357
8. Schlichtungsverfahren (Nr. 2303 VV RVG)	126	2358
9. Beratungshilfe	132	2360
10. Mahnverfahren (Nrn. 3305 ff. VV RVG)	134	2361
11. Rechtsstreit erster Instanz (Nrn. 3100 ff. VV RVG)	144	2363

	Rz.	Seite
12. Berufung (Nrn. 3200 ff. VV RVG)	171	2378
13. Beschwerde gegen die Nichtzulassung der Revision	182	2380
14. Revision (Nrn. 3206 ff. VV RVG)	189	2381
15. Rechtsbeschwerde	200	2383
16. Beschwerde	203	2383
17. Erinnerungsverfahren	209	2384
18. Gehörsrüge	214	2385
19. Selbständiges Beweisverfahren	219	2386
20. Urkundenverfahren	225	2388
21. Arrest- und einstweilige Verfügungsverfahren	229	2389
22. Verfahren vor dem Prozessgericht oder dem Amtsgericht auf Bewilligung, Verlängerung oder Verkürzung einer Räumungsfrist (§§ 721, 794a ZPO)	231	2390
23. Einstellung der Zwangsvollstreckung	241	2392
24. Verfahren auf Vollstreckbarerklärung	242	2392
25. Prozesskostenhilfe-Prüfungsverfahren	247	2394
26. Verkehrsanwalt	254	2394
27. Terminsvertreter	265	2396
28. Einzeltätigkeiten	272	2398
29. Zwangsvollstreckung	276	2398
30. Strafsachen (Teil 4 VV RVG)	296	2403
31. Bußgeldsachen (Teil 5 VV RVG)	297	2403
32. Auslagen (Teil 7 VV RVG)	298	2403
33. Beitreibung der Vergütung	312	2407
34. Anrechnung der Geschäftgebühr im Kostenfestsetzungsverfahren	315a	2408
35. Anrechnung der Geschäftgebühr in Prozesskostenhilfemandaten	315h	2412
II. Gerichtskosten	**316**	**2415**
1. Mahnverfahren	316a	2415
2. Erstinstanzliches Prozessverfahren	317	2415
3. Schlichtungsverfahren nach § 15a EGZPO	335	2419
4. Selbständiges Beweisverfahren	336	2419
5. Berufung	337	2420
6. Nichtzulassungsbeschwerde	359	2425
7. Revision	360	2425
8. Rechtsbeschwerde nach § 574 ZPO	361	2426

	Rz.	Seite
9. Allgemeine Beschwerde	362	2426
10. Arrest- und einstweilige Verfügungsverfahren	364	2427
11. Zwangsversteigerung	370a	2428
III. Streitwert – Gegenstandswert	371	2428
1. Einleitung	371	2428
2. Bestimmung des Streitwerts für die Gerichtsgebühren	373	2428
3. Bestimmung des Streitwerts für die Anwaltsgebühren	385	2433
IV. Streitwert-ABC	399	2437
1. AGB-Kontrolle	399	2437
2. Antenne, Beseitigung oder Duldung	400	2437
3. Anwaltskosten, Miteinklagen	410	2439
4. Aufnahme eines Lebensgefährten	413	2443
5. Aufwendungen	414	2443
6. Barrierefreiheit	418	2444
7. Beheizung	419	2444
8. Berufung	420	2444
9. Beseitigung	425	2445
10. Besichtigung	428	2446
11. Bestehen eines Mietverhältnisses	432	2446
11a. Betriebspflicht	434a	2447
12. Betriebskosten	435	2447
13. Beweisverfahren	449	2450
14. Duldung von Instandsetzungs- oder Mängelbeseitigungsarbeiten	450	2451
15. Duldung von Modernisierungsmaßnahmen	451	2451
16. Einstweilige Verfügung	452	2451
17. Feststellungsklage, negative	454	2452
18. Feststellungsklage, positive	455	2453
19. Fortsetzungsverlangen	460	2454
20. Gebrauchsüberlassung	464	2454
21. Gebrauchsüberlassung an Dritte	465	2455
22. Hausordnung	467	2455
23. Haustürschlüssel	468	2456
24. Herausgabe	470	2456
25. Jahresmiete	485a	2460
26. Kaution	485b	2460

	Rz.	Seite
27. Klage und Widerklage	486	2460
28. Klagenhäufung, Räumungsrechtsstreit und Zahlung	490	2461
29. Kündigung	491	2461
30. Mängelbeseitigung/Instandhaltungsmaßnahmen	492	2462
31. Mietaufhebungsvertrag	494	2462
32. Miete	494a	2463
33. Mieterhöhung	495	2463
34. Mietpreisüberhöhung	505	2465
35. Mietsicherheit	506	2466
36. Mietvertrag	527	2470
37. Mietvorauszahlungen	532	2471
38. Mietzins/Miete	539	2472
39. Mietzahlungsklage	542	2473
40. Minderung	556	2476
41. Nutzungsentschädigung	563	2478
42. Option	565	2478
43. Pfandrecht	567	2479
44. Räum- und Streudienst	567a	2479
45. Räumung	567b	2479
46. Räumungsfrist	568	2479
47. Räumungsvollstreckung	570	2480
48. Schadensersatz wegen Nichtzustimmung zur Vermietung	571	2480
49. Teilkündigung/Teil-Räumungsanspruch	572	2480
50. Umzugsbeihilfe	573	2481
51. Unterlassungsansprüche wegen vertragswidrigen Gebrauchs	575	2481
52. Untermiete	576	2482
53. Vergleich	579	2482
54. Vollstreckungsschutz	583	2483
55. Vorkaufsrecht des Mieters	584	2483
56. Winterdienst	588	2484
57. Zustimmung zur Kündigung	589	2484
58. Zustimmung zur Vermietung	589a	2485
59. Zutritt	590	2485
60. Zwangsvollstreckung	591	2485

O. Mietrecht und Zwangsverwaltung
(Walke)

		Rz.	Seite
I.	Was ist Zwangsverwaltung?	1	2488
II.	Ziele der Zwangsverwaltung vs. Mieterinteressen	5	2489
III.	Der Ablauf des Verfahrens im Überblick	11	2491
	1. Antrag	12	2491
	2. Zwangsverwalter	22	2493
	3. Haftung des Zwangsverwalters	36	2495
	4. Prozessführungsbefugnis des Zwangsverwalters	39	2496
	5. Beendigung der Zwangsverwaltung	48	2498
IV.	Welche Informationen werden vor der Beratung benötigt?	51	2499
V.	Beratung des Mieters	55	2500
	1. Zwangsverwaltung während des laufenden Mietverhältnisses	55	2500
	2. Welche Zahlungen hat der Mieter an den Zwangsverwalter zu leisten?	85	2505
	3. Ansprüche des Mieters gegen den Zwangsverwalter	118	2513
VI.	Mietverträge, die während der Zwangsverwaltung geschlossen werden	153	2521
	1. Pflicht des Zwangsverwalters zur optimalen Nutzung des Objekts	153	2521
	2. Hinweise und Form nach § 6 ZwVwV	154	2521
	3. Schutz des Gewerberaummieters für den Fall der Versteigerung des Objekts	156	2522
	4. Schutz des Wohnraummieters für den Fall der Versteigerung	158	2522
VII.	Beratung des Vermieters	161	2523
	1. Der Vermieter ist als Schuldner geschützt	161	2523
	2. Wer kann als Vermieter von der Zwangsverwaltung betroffen sein?	163	2524
	3. Schutz des Bestands des Objekts und seiner Nutzung	167	2524
	4. Mitwirkung des Vermieters/Herausgabe von Unterlagen	177	2526

P. Das Mietverhältnis in der Insolvenz
(Gemeinhardt/Weber)

		Rz.	Seite
I.	**Grundzüge des Insolvenzrechts aus mietrechtlicher Sicht**	1	2529
1.	Einleitung des Verfahrens	6	2534
2.	Vorläufige Insolvenzverwaltung	26	2541
3.	Das eröffnete Verfahren	51	2548
4.	Verwertung und Verteilung der Insolvenzmasse	124	2572
5.	Insolvenzplanverfahren	128	2574
6.	Eigenverwaltung	138	2578
7.	Restschuldbefreiung	139	2578
8.	Verbraucherinsolvenzverfahren	143	2579
II.	**Insolvenz des Gewerberaummieters**	147	2581
1.	Überlegungen bei der Beratung des Vermieters	147	2581
2.	Rechtshandlungen vor Antragstellung	148	2581
3.	Eröffnungsverfahren	154	2583
4.	Eröffnetes Verfahren	181	2591
III.	**Besonderheiten bei der Insolvenz des Wohnraummieters**	214	2604
1.	Überlegungen bei der Beratung des Vermieters	214	2604
2.	Fortbestehen des Vertrages, Überleitung auf den Schuldner	216	2606
3.	Kündigung von Genossenschaftsanteilen	218c	2607
4.	Wohnung und Gewerbe	219	2608
5.	Freigabe	220	2608
6.	Insolvenzforderung und Masseverbindlichkeit	221	2608
7.	Kündigung durch den Vermieter	221a	2609
8.	Eigenbedarfskündigung	221e	2610
9.	Abwicklung des Mietverhältnisses nach Vertragsende	224	2610
10.	Anmeldung von Forderungen	226a	2612
11.	Restschuldbefreiung	227	2612
IV.	**Insolvenz des Vermieters**	228	2613
1.	Überlegungen bei der Beratung des Mieters	228	2613
2.	Eröffnungsverfahren	230	2614
3.	Eröffnetes Verfahren	241	2616
4.	Begründung neuer Mietverhältnisse durch den Insolvenzverwalter	263	2623

Q. Die Zwangsvollstreckung aus Zahlungstiteln in Mietforderungen
(Specht)

	Rz.	Seite
I. Einleitung	1	2627
II. Die Mietforderung als Beschlagnahmeobjekt in der Zwangsvollstreckung	4	2627
1. Allgemeines	4	2627
2. Die Pfändbarkeit von Mietforderungen	7	2628
3. Pfändbare Mietzahlungsansprüche des Vermieters	8	2629
4. Pfändbare Mietzahlungsansprüche des Mieters	36	2641
III. Das Verfahren bei Pfändung einer Mietforderung	45	2645
1. Allgemeines	45	2645
2. Vollstreckungsantrag	46	2645
3. Rechtsschutzbedürfnis	48	2646
4. Zuständigkeit	49	2646
5. Prüfung der Forderung	50	2647
6. Inhalt des Pfändungs- und Überweisungsbeschlusses	51	2647
7. Zustellung	55	2649
8. Rechtsmittel und Rechtsbehelfe	58	2650
9. Erlöschen des Pfändungspfandrechts	62	2651
IV. Besonderheiten bei der Pfändung von Mietforderungen	63	2651
1. Vollstreckungsschuldner = Gläubiger der Mietforderung	63	2651
2. Pfändung einer Mietforderung bei Mehrheit von Vollstreckungsschuldnern	70	2654
3. Pfändung einer Mietforderung bei Drittschuldnermehrheit	76	2656
4. Pfändung einer bereits gepfändeten Mietforderung	80	2657
5. Die Überpfändung	88	2660
V. Die Wirkungen einer Mietpfändung	93	2662
1. Beschlagnahme und Pfändungspfandrecht	93	2662
2. Stellung des Vollstreckungsgläubigers	96	2663
3. Stellung des Vollstreckungsschuldners	101	2664
4. Stellung des Drittschuldners	104	2665
5. Stellung des weiteren Vollstreckungsgläubigers	116	2669

	Rz.	Seite
VI. Auskunfts- und Herausgabepflichten des Schuldners	117	2669
1. Die Herausgabe von Urkunden	118	2669
2. Die Pflicht zur Auskunftserteilung	123	2671
VII. Pfändungsschutz zugunsten des Vermieters nach § 851b ZPO	126	2673
1. Allgemeines	126	2673
2. Verfahren	134	2675
3. Mustertext	136	2676
VIII. Die Drittschuldnererklärung	137	2677
1. Allgemeines	137	2677
2. Zeitlicher Rahmen	138	2678
3. Umfang der Auskunftsverpflichtung	140	2679
4. Mustertext	145	2680
5. Verletzung der Auskunftsverpflichtung	146	2680
6. Mustertext	148	2681
IX. Die Einziehungsklage	149	2682
1. Allgemeines	149	2682
2. Mustertext	155	2684
X. Zusammentreffen von Mietpfändung und Grundstücksbeschlagnahme	156	2685
1. Allgemeines	156	2685
2. Beschlagnahme bei Zwangsversteigerung	159	2686
3. Beschlagnahme durch Anordnung der Zwangsverwaltung	161	2687
4. Beschlagnahme bei Grundschuld und Hypothek	170	2690
5. Beschlagnahme bei Eintragung einer Zwangshypothek	182	2694
XI. Mietpfändung und Schuldnerinsolvenz	184	2695
1. Allgemeines	185	2695
2. Pfändung durch persönlichen Gläubiger	186	2696
3. Pfändung durch dinglichen Gläubiger	190	2698
4. Vermieterinsolvenz und Zwangsverwaltung	192	2698
XII. Mietpfändung und Drittschuldnerinsolvenz	197	2700
XIII. Mietpfändung und Nießbrauch	199	2701

	Rz.	Seite
XIV. Mietpfändung wegen öffentlicher Lasten	206	2704
1. Pfändungsvorrang für öffentliche Grundstückslasten	206	2704
2. Begriffsdefinition	208	2704
3. Voraussetzungen des Pfändungsvorrangs	211	2705
4. Folgen des Pfändungsvorrangs	212	2706
XV. Pfändung und Mietende	214	2706
Stichwortverzeichnis		2709

Abkürzungsverzeichnis

Die verwendeten Abkürzungen entsprechen dem üblichen Gebrauch. Das folgende Verzeichnis beschränkt sich daher weitgehend auf fachbezogene Abkürzungen, insbesondere soweit sie den mietrechtlichen Bereich betreffen.

AnwBl.	Anwaltsblatt
ARB	Allgemeine Bedingungen für die Rechtsschutzversicherungen
AVBFernwärmeV	Verordnung über Allgemeine Bedingungen für die Versorgung mit Fernwärme
BAnz.	Bundesanzeiger
BauGB	Baugesetzbuch
BauR	Zeitschrift für das gesamte öffentliche und private Baurecht
BB	Betriebsberater
BetrKV	Betriebskostenverordnung
BGBl.	Bundesgesetzblatt
BGHZ	Sammlung der Entscheidungen des BGH in Zivilsachen
BlGBW	Blätter für Grundstücks-, Bau- und Wohnungswesen
BMG	Bundesmietengesetz
II. BV	II. Berechnungsverordnung
BVerfGE	Sammlung der Entscheidungen des BVerfG
DB	Der Betrieb
DGVZ	Deutsche Gerichtsvollzieher-Zeitung
DJZ	Deutsche Juristen-Zeitung
DR	Deutsches Recht
DWW	Deutsche Wohnungswirtschaft
EWiR	Entscheidungen zum Wirtschaftsrecht
FamRZ	Ehe und Familie im privaten und öffentlichen Recht. Zeitschrift für das gesamte Familienrecht
GE	Das Grundeigentum (Berlin)
GuT	Gewerbemiete und Teileigentum
HambGE	Hamburger Grundeigentum
HeizkV	Verordnung über Heizkostenabrechnung

JR	Juristische Rundschau
JurBüro	Das Juristische Büro
JW	Juristische Wochenschrift
JZ	Juristenzeitung
KGR	KG-Report Berlin
KM	Kölner Mietrecht
KStZ	Kommunale Steuer-Zeitschrift
MDR	Monatsschrift für Deutsches Recht
MietPrax	Mietrecht für die Praxis
MietRB	Der Mietrechtsberater
MK	Mietrecht kompakt
MM	Mietrechtliche Mitteilungen (im Mietermagazin Berlin)
MSchG	Mieterschutzgesetz
MünchKomm	Münchener Kommentar
Mustervertrag	Mustermietvertrag, herausgegeben vom Bundesministerium der Justiz
NJW	Neue Juristische Wochenschrift
NJWE-MietR	NJW-Entscheidungsdienst Miet- und Wohnungsrecht
NJW-RR	NJW-Rechtsprechungsreport
NMV	Neubaumietenverordnung
NZM	Neue Zeitschrift für Miet- und Wohnungsrecht
OLGE	Rechtsprechung der Oberlandesgerichte OLG-Report
OLGZ	Rechtsprechung der Oberlandesgerichte in Zivilsachen
PE	Privates Eigentum
RE	Rechtsentscheid
RES	Sammlung der Rechtsentscheide in Wohnraummietsachen, herausgegeben von Landfermann und Heerde
RGZ	Amtliche Sammlung der Entscheidungen des Reichsgerichts in Zivilsachen
Rpfleger	Der Deutsche Rechtspfleger
SchlHA	Schleswig-Holsteinische Anzeigen
StBauFG	Städtebauförderungsgesetz
VersR	Zeitschrift für Versicherungsrecht
VIZ	Zeitschrift für Vermögens- und Investitionsrecht
VuR	Verbraucher und Recht

WEG	Wohnungseigentumsgesetz
WGG	Wohnungsgemeinnützigkeitsgesetz
WiB	Wirtschaftsrechtliche Beratung
WiStG	Wirtschaftsstrafgesetz
WKSchG	1. und 2. Wohnraumkündigungsschutzgesetz
WM	Wertpapiermitteilungen
WoBauÄndG	Wohnungsbauänderungsgesetz (unter Hinzufügen des jeweiligen Verkündungsjahres)
WoBauG	I. und II. Wohnungsbaugesetz
WoBindG	Wohnungsbindungsgesetz
WoVermittG	Gesetz zur Regelung der Wohnungsvermittlung
WuM	Wohnungswirtschaft und Mietrecht
ZAP	Zeitschrift für die Anwaltspraxis
ZEVO	Zweckentfremdungsverordnung
ZfIR	Zeitschrift für Immobilienrecht
ZIP	Zeitschrift für Wirtschaftsrecht
ZMR	Zeitschrift für Miet- und Raumrecht

Literaturverzeichnis

Anwaltkommentar-RVG, 5. Aufl., 2009 (zitiert: AnwK-RVG/*Verf.*)
Arbeitskreis für Insolvenz- und Schiedsgerichtswesen e.V. (Hrsg.), Kölner Schrift zur Insolvenzordnung, 3. Aufl., 2009

Barthelmess, Wohnraumkündigungsschutzgesetz, Miethöhegesetz, 5. Aufl., 1995
Baumbach/Lauterbach/Albers/Hartmann, ZPO, 68. Aufl., 2010
Beuermann/Blümmel, Das neue Mietrecht, 2001
Blank/Börstinghaus, Miete, BGB-Mietrecht und MHG, 3. Aufl., 2008
Börstinghaus/Eisenschmid, Arbeitskommentar Neues Mietrecht, 2001
Braun, Eberhard, Insolvenzordnung, Kommentar, 4. Aufl., 2010
Bub/Treier, Handbuch der Geschäfts- und Wohnraummiete, 4. Aufl., 2010

Dauner-Lieb, Barbara/Heidel, Thomas/Lepa, Manfred/Ring, Gerhard, Anwaltskommentar Schuldrecht, 2002 (zitiert: *Dauner-Lieb u.a.*)
Depré/Mayer, Die Praxis der Zwangsverwaltung, 5. Aufl., 2009

Eisenschmid, Norbert/Rips, Georg/Wall, Dietmar, Betriebskostenkommentar, 2. Aufl., 2007
Emmerich/Sonnenschein, Miete, 9. Aufl., 2007
Erman, Handkommentar zum Bürgerlichen Gesetzbuch. 12. Aufl., 2008

FamRZ = Zeitschrift für das gesamte Familienrecht
Fischer-Dieskau/Pergande/Schwender, Wohnungsbaurecht, Kommentar, Loseblatt
Franken, Mietverhältnisse in der Insolvenz, 2. Aufl., 2006
Fritz, Gewerberaummietrecht, 5. Aufl., 2010

Gerold/Schmidt, RVG, 18. Aufl., 2008

Hacks, u.a., SchmerzensgeldBeträge, 26. Aufl., 2008
Hansens/Braun/Schneider, Praxis des Vergütungsrechts, 2. Aufl. 2006
Haarmeyer/Wutzke/Förster/Hintzen, Handbuch zur Zwangsverwaltung, 4. Aufl., 2007 (zitiert: *H/W/F/H*)
Harsch, Schönheits- und Kleinreparaturen im Mietverhältnis, 1998
Hartmann, Kostengesetze, 40. Aufl., 2010
Hartung/Römermann/Schons, RVG, 2. Aufl., 2006
Hefermehl/Köhler/Bornkamm, Wettbewerbsrecht, 25. Aufl., 2007
Heidelberger Kommentar zur Insolvenzordnung, 5. Aufl., 2008 (zitiert: *Verf.* in HK-InsO)
Herrlein/Kandelhard (Hrsg.), Mietrecht, Kommentar, 4. Aufl., 2010
Hinz/Ormanschick/Riecke/Scheff, Das neue Mietrecht, 2001
Horndrasch/Viefhues, FamFG 2009
Horst/Fritsch, Inkassomanagement bei Miete und Wohnungseigentum, 2005

Insolvenzjahrbuch 2005, Frankfurt am Main, 2004 (zitiert: *Schultze & Braun*)

Jendrek, Prozessformularbuch Mietrecht, 3. Aufl., 2008

Keidel, FamFG, 16. Aufl., 2009
Kübler, Bruno/Prütting, Hanns, Kommentar zur Insolvenzordnung, Losebl. Ausgabe 2005 (zitiert: *Verf.* in Kübler/Prütting)

Lammel, Wohnraummietrecht, 3. Aufl., 2006
Langenberg, Betriebskostenrecht der Wohn- und Gewerberaummiete, 5. Aufl., 2009 (zitiert: *Betriebskosten*)
Langenberg, Schönheitsreparaturen bei Wohnraum und Gewerberaum, 3. Aufl., 2008 (zitiert: *Schönheitsreparaturen*)
LM = Das Nachschlagewerk des Bundesgerichtshofs in Zivilsachen, herausgegeben von Lindenmaier und Möhring
Lützenkirchen, Kölner Mietrecht, Entscheidungssammlung zur Mietrechtsprechung im Landgerichtsbezirk Köln
Lützenkirchen, Neue Mietrechtspraxis, 2001
Lützenkirchen/Dickersbach, Vertragsstörungen im Mietrecht, 2007
Lützenkirchen/Jennißen, Betriebskostenpraxis bei Miete und Sondereigentum, 2002

Mayer/Kroiß, RVG, 2. Aufl., 2006
Meyer, GKG, 11. Aufl., 2009
Michel/von der Seipen, Der Schriftsatz des Anwalts im Zivilprozess, 6. Aufl., 2003
Morvilius, Handbuch des Zwangsvollstreckungsrechts, 2009
Münchener Kommentar zum Bürgerlichen Gesetzbuch, 5. Aufl., 2007 (zitiert: *Verf.* in MünchKomm)
Münchener Kommentar zur Insolvenzordnung, Band 2, 2. Aufl., 2008 (zitiert: *Verf.* in MünchKommInsO)
Musielak, Zivilprozessordnung (Kommentar), 7. Aufl., 2007

Neuhaus, Handbuch der Geschäftsraummiete, 3. Aufl., 2008
Niedenführ/Kümmel/Vandenhouten, Handbuch und Kommentar zum Wohnungseigentumsgesetz, 9. Aufl., 2010

Oestreich/Winter/Hellstab, Kommentar zum GKG, Losebl., Stand 2009

Palandt, Bürgerliches Gesetzbuch, 69. Aufl., 2010
Pfeifer, Betriebskosten bei Wohn- und Geschäftsraummiete, 2002
Prechtel/Obernheim, Erfolgreiche Taktik im Zivilprozess, 4. Aufl., 2009

Rips, Barrierefreiheit, 2003
Rips/Eisenschmid, Neues Mietrecht, 2001
Rips/Eisenschmid/Wall, Betriebskostenkommentar, 2. Aufl., 2007

Schach, Schönheitsreparaturen, 5. Aufl., 2002
Schmid, Miete und Mietprozess, 4. Aufl., 2004
Schmid, Handbuch der Mietnebenkosten, 11. Aufl., 2009
Schmidt-Futterer, Mietrecht, 9. Aufl., 2007
Schmidt-Räntsch, Das neue Schuldrecht, 2001
Schneider, Egon, Die Klage im Zivilprozess, 3. Aufl., 2007
Schneider, Egon, ZPO-Reform, Taktik, Praxis, Muster, 2003 (zitiert: *E. Schneider*, ZPO-Reform)
Schneider, Egon/Herget, Kurt, Streitwertkommentar, 12. Aufl., 2007
Schneider/Mock, Das neue Gebührenrecht für Anwälte, 2004
Schneider, Norbert, Die Vergütungsvereinbarung, 2005 (zitiert: *N. Schneider*, Vergütungsvereinbarung)
Schneider, Norbert/Monschau, Norbert, Arbeitsbuch Zivilprozess, 2007
Schulte-Bunert/Weinreich, FamFG, 2009
Schultz, Gewerberaummiete, 3. Aufl., 2007
Seldeneck, Betriebskosten im Mietrecht, 1999
Smid, Insolvenzordnung mit Insolvenzrechtlicher Vergütungsverordnung, 2. Aufl., 2001
Smid/Rattunde, Der Insolvenzplan, 2. Aufl., 2005
Staudinger, Kommentar zum Bürgerlichen Gesetzbuch mit Einführungsgesetz und Nebengesetzen, (Bearb. 2006)
Steiner/Hagemann, ZVG, 9. Aufl., 1984–1986
Sternel, Mietrecht, 3. Aufl., 1988
Sternel, Mietrecht aktuell, 4. Aufl., 2009, (zitiert: *Mietrecht aktuell*)
Stöber, ZVG, 19. Aufl., 2009

Uhlenbruck, Wilhelm, Insolvenzordnung Kommentar, 13. Aufl., 2010
Ulmer/Brandner/Hensen, AGB-Recht, 10. Aufl., 2006

Wimmer, Klaus, Frankfurter Kommentar zur Insolvenzordnung, 5. Aufl., 2009
Wolf/Eckert/Ball, Handbuch des gewerblichen Miet-, Pacht- und Leasingrechts, 10. Aufl., 2009
Worzalla, Michael, Das neue Allgemeine Gleichbehandlungsgesetz, 2006

Zöller, ZPO, 28. Aufl., 2010

A. Gestaltungsberatung bei Mietverträgen

	Rz.
I. Wohnraummietverträge (*Lützenkirchen*)	1
1. Vorüberlegungen	2
a) Höhe der Gebühren	3
aa) Gesetzliche Gebühren	4
bb) Vergütungsvereinbarung	8
b) Ausreichende Haftpflichtversicherung	16
c) Die Abwicklung des Mandats	29
d) Grundkonstellationen	35
2. Wege zum Individualvertrag	41
a) Individualvertrag unter Verwendung eines Musterformulars?	43
b) Individualvertrag durch Aushandeln	47
c) Auftragserteilung durch beide Vertragspartner	50
3. Inhalt eines Individualmietvertrages über Wohnraum	51
a) Das Beratungsgespräch	51
b) Checkliste zur Vorbereitung eines Mietvertrages	54
aa) Wer sind die Parteien des Mietvertrages?	55
bb) Was soll vermietet werden?	60
cc) Wie soll die Miete gestaltet werden?	79
dd) Wie soll die Miete erhöht werden können?	86
ee) Andere Leistungen des Mieters mit Entgeltcharakter	87
ff) Welche Betriebskosten sollen umgelegt werden?	91
gg) Wie sollen die Betriebskosten umgelegt werden?	120
hh) Wie lange soll die Mietsache vermietet werden?	124
ii) Verhaltensmaßregeln zum Gebrauch der Mietsache	128
jj) Sollen gesetzliche Rechte beschränkt werden?	142
kk) Kaution/Sicherheitsleistung	143
ll) Beendigung des Mietvertrages	144
mm) Schlussbestimmungen	145
4. Festlegen des Verhandlungsspielraumes	151
a) Die finanziellen Bedingungen	153
aa) Vermieterberatung	154
bb) Mieterberatung	161
b) Weitere Gesichtspunkte	163
aa) Vermieterberatung	163
bb) Mieterberatung	165
c) Die Verhandlungsstrategie	167
aa) Vermieterberatung	171
bb) Mieterberatung	177
5. Die inhaltliche Umsetzung des Verhandlungsergebnisses	183
6. Entwerfen eines Formularvertrages über Wohnraum	187
a) Vorbereitung des Beratungsgesprächs	188
b) Das Beratungsgespräch	191
c) Die Prüfung der Informationen	198
d) Übersicht: Inhaltskontrolle beim Formularmietvertrag	199
e) Zusammenfassung der Prüfung	200
f) Äußerliche Gestaltung des Formularvertrages	206
g) Wartung und Pflege des Formularvertrages	209
7. Abschluss eines Formularvertrages über Wohnraum	212
a) Vermieterberatung	212
aa) Die Informationsbeschaffung	212
bb) Die rechtliche Prüfung	218
cc) Die Formulierung abweichender und zusätzlicher Regelungen	219
b) Mieterberatung	222
II. Gewerberaummietverträge (*Leo*)	227
1. Vorüberlegungen	227

	Rz.
a) Weitgehende Abbedingbarkeit der gesetzlichen Regelungen	227
b) Klärung der Verhandlungsposition des Mandanten	228
c) Klärung des Verhandlungsstadiums	229
d) Klärung der vorangegangenen Nutzung/Ausschluss eines Betriebsübergangs im Sinne des § 613a BGB	230a
e) Drucktechnische Gestaltung von Vertragsentwürfen	231
f) Klärung des allgemeinen mietrechtlichen Vorwissens des Mandanten	232
g) Gestaltung der Vertragsverhandlungen	234
h) Berücksichtigung individueller Besonderheiten	235
i) Marktbeherrschender Vermieter	237a
2. Die Erstellung eines Gewerberaummietvertrages	238
a) Abgrenzung zu anderen Vertragsverhältnissen und Sonderformen	238
aa) Abgrenzung zur Pacht	240
bb) Abgrenzung zur Leihe	241
cc) Abgrenzung zum Werkvertrag	242
dd) Leasingvertrag	243
ee) Mietkauf	244
ff) Beschränkte persönliche Dienstbarkeiten/ Nießbrauchrechte	245
gg) Abgrenzung zum Altenheimvertrag	246
hh) Mischmietverhältnisse	247
b) Vertragsparteien	250
aa) Allgemeine Überlegungen	251
bb) Haftungsbegrenzung des Mandanten durch Wahl der Rechtsform?	255
cc) Personenmehrheit als Vertragspartner, GbRs, Vertreterhandeln bei Vertragsschluss	256
c) Mietsache	258
aa) Allgemeine Überlegungen	258

	Rz.
bb) Vermietung älterer Bausubstanz	261
cc) Vermietung von neu- bzw. umzubauenden Objekten (Vermietung vom Reißbrett)	264
(1) Einzelfragen des Neu- bzw. Umbaus	265
(2) Wahrung der Schriftform	274
(3) Bestimmung des Mietbeginns, Fristüberschreitungen im Rahmen der Bauarbeiten	275
(4) Bestimmung des Übergabezustandes, Mietzahlungsbeginn, mietfreie Zeiten	275a
(5) Insolvenzrisiko des Mieters	276
(6) Kostentragung	277
dd) Potentieller Flächenbedarf des zukünftigen Mieters	278
d) Mietzweck	279
aa) Allgemeine Überlegungen	280
bb) Rechtliche Einschränkung der Nutzung	281
cc) Tatsächliche Eignung des Objektes	288
e) Mietzeit	289
aa) Vorüberlegungen	290
bb) Mietbeginn	294
(1) Bereits bestehendes Mietobjekt	294
(2) Noch zu errichtendes oder um- bzw. aufzubauendes Objekt	295
cc) Laufzeit des Mietvertrages	300
(1) Unbefristetes Mietverhältnis, Kündigungsfristen	300
(2) Befristetes Mietverhältnis	301
(3) Vereinbarung von Optionen?	303
(4) Sonderkündigungsrechte	304
(5) Längere Laufzeit als 30 Jahre benötigt bzw. erwünscht?	305
f) Miete	306
aa) Ausgestaltung der Miete	307
(1) Quadratmetermiete	308

	Rz.		Rz.
(2) Hinsichtlich der Fläche pauschalierte Miete	311	jj) Ausübung des Kontrollrechts	377
(3) Umsatzmiete	312	kk) Neu entstehende Betriebskosten	378
bb) Sonstige Leistungen des Mieters	318	ll) Neu errichtete bzw. umgebaute Objekte	378a
cc) Grenzen der Miethöhe	319	mm) Besonderheiten bei der Beratung des Mieters	379
dd) Regelungen zur Mietanpassung während der Laufzeit	320	nn) Mängel der Mietsache während der Abrechnungsperiode	381a
(1) Staffelmietvereinbarungen	320	i) Schönheitsreparaturen, Instandhaltung und Instandsetzung	382
(2) Gleitklauseln/Automatikklauseln	321	aa) Schönheitsreparaturen während der Mietzeit	384
(3) Leistungsvorbehalt	331	bb) Endrenovierungsvereinbarungen	388
(4) Spannungsklausel	336	cc) Überbürdung weiter gehender Instandhaltungs- und Instandsetzungsverpflichtungen	391
ee) Fälligkeit und Zahlungsweise	337	j) Versicherungspflichten des Mieters	396
ff) Umsatzsteueroption des Vermieters	341	k) Untervermietung	400
g) Aufrechnungsverbote, Ausschluss, Beschränkung der Mietminderung und des Zurückbehaltungsrechts	346	aa) Besonderheiten auf Grund der Interessenlage des Mieters	401
aa) Beschränkung der Aufrechnung	350	bb) Besonderheiten aus Sicht des Vermieters	405
bb) Beschränkung der Mietminderung	351	cc) Entsprechende Anwendung der Untermietregeln auf Veränderungen bei Personenmehrheiten bzw. juristischen Personen	406
cc) Beschränkung der Rechte aus §§ 273, 320 BGB	353	dd) Widerrufsbestimmungen	409
h) Nebenkosten	354	l) Ersatzmietergestellung	410
aa) Umlage auf den Mieter und deren Umfang	355	aa) Konzeption des Gesetzes	411
bb) Umlagemaßstab	364	bb) Vertragliche Regelungen	413
(1) Wärme und Warmwasser	364	(1) Unechte Ersatzmieterklauseln	414
(2) Umlageschlüssel für die weiteren Nebenkosten	365	(2) Echte Ersatzmieterklausel	415
(3) Abänderung des Umlageschlüssels während des laufenden Mietverhältnisses	366	m) Wechsel des Vermieters/Veräußerung der Mietsache	418
(4) Gemischt genutzte Objekte	367	n) Betriebspflicht	420
cc) Vorauszahlungsverpflichtung	370	aa) Besonderheiten bei der Beratung des Mieters	421
dd) Fälligkeit	371	bb) Besonderheiten bei der Beratung des Vermieters	422
ee) Umsatzsteuer	372	o) Werbegemeinschaften	424
ff) Erhöhung der Vorauszahlungen	373	p) Haftungsbeschränkungen	430
gg) Abrechnungszeitraum	374		
hh) Abrechnungsfrist	375		
ii) Kosten von Zwischenablesungen	376		

	Rz.		Rz.
aa) Garantiehaftung des Vermieters (§ 536a BGB)	431	(6) Verstoß gegen die Verpflichtung zur Tätigung ausschließlich umsatzsteuerpflichtiger Umsätze	476
bb) Haftungsbegrenzung für nach Vertragsabschluss entstandene Mängel	432	(7) Unrichtige Angaben zu Eigentumsverhältnissen an eingebrachten Sachen und Verstoß gegen die Verpflichtung zur Anzeige von Pfändungen an eingebrachten Sachen	477
cc) Haftungsbegrenzung auf Vermögensmassen	433	ee) Kündigungsrecht beim Tod des Mieters	478
dd) Erweiterung der Haftung des Mieters	434	v) Rückgabe des Mietobjekts	479
ee) Vertragsimmanente Haftungsbeschränkung zugunsten des Mieters	435	aa) Rückgabezeitpunkt	480
q) Vertragsstrafen	435a	bb) Rückgabezustand	481
r) Konkurrenzschutz	436	cc) Sonderproblem des Umgangs mit gefährlichen Stoffen seitens des Mieters	484
s) Verkehrssicherungspflichten	442	dd) Vereinbarung über ein Rückgabeprotokoll?	486
t) Mietsicherheiten	445	ee) Betriebsübergang im Sinne des § 613a BGB	486a
aa) Besonderheiten bei der Beratung des Vermieters	447	w) Besichtigungsrecht des Vermieters	487
bb) Formen der Sicherheitsleistung	452	x) Schlussbestimmungen	489
(1) Barkaution	453	aa) Lückenergänzungsklausel	490
(2) Mietbürgschaft	455	bb) Salvatorische Klausel	491
(3) Patronatserklärungen	461	cc) Schriftformklauseln	492a
(4) Schuldbeitritt	462	dd) Schriftformheilungsklauseln/Sanierungsklauseln	492b
(5) Verzicht auf das Vermieterpfandrecht	462a	ee) Gerichtsstandsklausel	493
u) Kündigung	463	ff) Bestimmung einer Annahmefrist	493a
aa) Formerfordernisse der Kündigungserklärung	464	y) Formerfordernisse bei Abschluss eines Mietvertrages	494
bb) Zugangsfiktionen	465	aa) Schriftformbedürftige Mietverträge	496
cc) Kündigung gegenüber Personenmehrheiten	466	bb) Notarielle Beurkundung	503
dd) Erweiterung der außerordentlichen Kündigungsrechte ggf. durch Formularklauseln	467	**III. Verschulden bei Vertragsverhandlungen**	504
(1) Rückständige Mieten	468	1. Typische Fallkonstellationen im Mietrecht	505
(2) Wesentliche Verschlechterung oder erhebliche Gefährdung des Vermögens des Vermieters sowie Insolvenz	469	2. Ausschluss von Ansprüchen wegen Verschuldens bei Vertragsschluss bei Vorliegen von Sachmängeln	510
(3) Ausbleibende Mietsicherheit	471		
(4) Insolvenz des Mieters	472		
(5) Vertragswidriger Gebrauch der Mietsache	475		

I. Wohnraummietverträge

Typischerweise erfolgt die Beauftragung des Rechtsanwalts in folgenden Situationen:

1. Der Mandant wünscht die Erstellung eines Mustervertrages für eine Vielzahl von Fällen.
2. Der Mandant wünscht den Abschluss eines Mietvertrages mit einem konkreten Mietinteressenten über ein Objekt.
3. Der Mandant wünscht die Überprüfung eines Mustervertrages
   a) zur generellen Verwendung,
   b) zum Abschluss eines konkreten Mietvertrages.

1. Vorüberlegungen

Vor der Annahme des Mandats muss eine Grundlage geschaffen werden, die seine reibungslose Ausführung sichert. Deshalb sollte sich der Rechtsanwalt zunächst Gedanken über

– die Höhe der Gebühren,
– eine ausreichende Haftpflichtversicherung,
– die Abwicklung des Mandats,
– die Rechtsgrundlagen

machen.

a) Höhe der Gebühren

Immobilienberatung ist auf Seiten des **Vermieters** immer auch **Vermögensberatung**. Vermögen soll sich vermehren. Zwar verdient ein guter Rechtsanwalt seinem Mandanten in der Regel die Kosten, die seine Inanspruchnahme verursacht. Indessen fällt selbst in Dauermandaten der Blick des Mandanten auch auf die Höhe der Kostenrechnung.

Die Mitwirkung des Rechtsanwalts bei der Vertragsberatung ist auch auf Seiten des **Mieters** kostenmäßig immer ein Thema, weil hier über eine evtl. bestehende Rechtsschutzversicherung allenfalls eine Erstberatungsgebühr abgerechnet werden kann, sofern ein Versicherungsfall angenommen werden kann[1].

Auch wenn der Rechtsanwalt nicht ungefragt über die Höhe der gesetzlichen Gebühren aufklären muss[2], sollte er diese Frage von sich aus ansprechen. Immerhin besteht die Gefahr, dass ein bisher vertrauensvolles Mandatsverhältnis beeinträchtigt (wenn nicht sogar beendet) wird, sofern der Rechtsanwalt erst nach Abschluss der Tätigkeit nach den gesetzlichen Gebühren liquidiert.

---

1 Vgl. *van Bühren*, MDR 1998, 745, 747, 748.
2 BGH, AnwBl. 1997, 673.

Mit Rücksicht darauf empfiehlt es sich, so früh wie möglich mit dem Mandanten die Höhe der Gebühren abzuklären. In den beschriebenen Mandatssituationen wird ein **erstes Mandatsgespräch** oft mehrere Stunden dauern, um die Wünsche des Mandanten vollständig zu ermitteln. Wird erst am Ende dieses Beratungsgesprächs die Gebührenfrage erörtert, kann dies zu weitreichenden Konsequenzen für das (Dauer-)Mandat führen, weil bis dahin bereits ein höherer Gebührenanspruch entstanden sein kann. Ein mehrstündiges Beratungsgespräch zur Vorbereitung eines Vertragsabschlusses oder des Entwurfs eines Mustervertrages kann nicht mehr unter die Erstberatung nach Nr. 2102 VV mit einem max. Gebührenwert von 190 Euro netto subsumiert werden[1].

Deshalb sollte der Rechtsanwalt von sich aus möglichst früh den Mandanten über den Gebührenrahmen aufklären.

aa) Gesetzliche Gebühren

4   Die Tätigkeit bei Abschluss eines Vertrages oder bei der Erstellung eines Vertragsentwurfes ist mit einer gerichtlichen Tätigkeit nicht vergleichbar. Deshalb kommt zur **Berechnung des Geschäftswertes** gem. § 23 Abs. 3 RVG die Vorschrift des § 25 KostO zur Anwendung. Danach ist zu unterscheiden, ob ein Mietvertrag auf bestimmte oder unbestimmte Zeit geschlossen bzw. entworfen werden soll.

5   Bei einem **Vertrag auf unbestimmte Zeit** ist gem. § 25 Abs. 1 S. 2 KostO der **Wert dreier Jahre** maßgeblich, sofern nicht vereinbart wird, dass die Auflösung des Vertrages erst nach einem längeren Zeitraum zulässig ist. In letzterem Fall ist dieser Zeitraum maßgeblich.

6   Bei **Verträgen auf bestimmte Dauer** berechnet sich der Wert der Gebühren nach dem Wert der Leistungen, die innerhalb der Vertragszeit (einschließlich der Optionszeiträume) nach dem Vertrag vom Mieter erbracht werden müssen. Da sich der Wert nach „dem Wert aller Leistungen des Mieters" berechnet, kann also **nicht nur die Miete** für die Berechnung zugrunde gelegt werden, sondern z.B. auch Umbaukosten, übernommene Lasten und andere geldwerte Leistungen (z.B. Schönheitsreparaturen, Wartungskosten etc.)[2].

Sofern mehr als ein Mietvertrag die Grundlage des Mandats bildet, sind die **Werte zusammenzurechnen**.

7   Soll der Rechtsanwalt die **Verhandlungen mit der Gegenseite** führen, entsteht die Geschäftsgebühr nach Nr. 2400 VV, die je nach Umfang bis zu 2,5 betragen kann. Im Hinblick auf den Umfang und die Schwierigkeit bei der Erfassung des zu regelnden Sachverhalts und der Ermittlung der verschiedenen Rechtslagen kann im Rahmen der **Geschäftsgebühr** in der Regel

---

[1] Vgl. hierzu *Madert*, AnwBl. 1996, 246 ff.
[2] *Hartmann*, § 25 KostO.

mindestens 1,5 abgerechnet werden. Kommen noch (mündliche) Verhandlungen hinzu, ist der Gebührenrahmen schnell erreicht.

Für die **Erstellung eines Mustermietvertrages** sieht das RVG keinen Gebührentatbestand vor, denn diese Tätigkeit kann nicht unter § 34 RVG subsumiert werden. Hier muss erst recht eine Gebührenvereinbarung getroffen werden.

bb) Vergütungsvereinbarung

Gerade in den beschriebenen Mandatssituationen erwartet der Mandant bei der Höhe der Gebühren ein **angemessenes Verhältnis zwischen Leistung und Gegenleistung** und zeigt wenig Verständnis für die Besonderheiten des RVG, das einen Ausgleich zwischen Fällen mit geringem und hohem Gebührenaufkommen unterstellt. Zur Vermeidung von Irritationen kann in diesen Fällen auf den Abschluss einer Vergütungsvereinbarung hingewirkt werden, und zwar entweder als **Pauschale** oder als Stundenhonorar. 8

Eine **Pauschale** darf gemäß § 4 Abs. 2 RVG auch unterhalb der gesetzlichen Gebühren liegen, sollte aber schon zum Verständnis des Mandanten daran orientiert werden. Ansonsten besteht die Möglichkeit, sie nach dem veranschlagten zeitlichen Aufwand zu ermitteln. Im letzteren Fall muss der Rechtsanwalt den Umfang seiner zeitlichen Inanspruchnahme einschätzen und diesen mit seinem Stundensatz multiplizieren. Dabei kann auch eine Mischform gewählt werden, indem dem Mandanten vor Augen geführt wird, wie nach den gesetzlichen Gebühren abgerechnet werden könnte, und der zeitliche Aufwand mit einem höheren Stundensatz dagegengestellt werden. In beiden Varianten sollte aber auch die ausreichende Haftpflichtversicherung berücksichtigt werden, die u.U. einen zusätzlichen Kostenfaktor bilden kann (vgl. *Rz. 16*). Allerdings lässt sich in dem früheren Stadium des Mandats regelmäßig nicht einschätzen, wie hoch der Zeitaufwand tatsächlich sein wird. Unabhängig davon, ob der Rechtsanwalt die Verhandlungen mit dem potentiellen Vertragspartner selbst führen oder „nur" einen Mustervertrag entwerfen soll, ergeben sich immer wieder unvorhersehbare Schwierigkeiten. So hängt die zügige Abwicklung von Vertragsverhandlungen auch immer von der Kompromissbereitschaft beider Parteien ab. Selbst wenn diese gegeben ist, können Probleme durch **unvorhersehbare Detailfragen** entstehen, die z.B. zunächst technisch abgeklärt werden müssen und über die sich der Rechtsanwalt aufklären lassen sollte, damit er Regelungen formulieren kann, die auch die technischen Besonderheiten und Probleme erfassen. Aber auch bei der Erstellung eines Mustervertrages können sich bei der rechtlichen Prüfung zeitaufwendige Recherchen ergeben, weil der Mandant einen ganz besonderen Sachverhalt unbedingt in dem Vertragswerk in einer bestimmten Form geregelt wissen will. 9

Im Hinblick darauf ist die Vereinbarung eines **Honorars auf Stundenbasis** vorzuziehen. Dies kann insbesondere dadurch erreicht werden, dass dem 10

Mandanten der Umfang der Leistung skizziert und darauf abgestellt wird, dass nur die tatsächlich benötigte Zeit abgerechnet wird.

11 Sofern kein im Handel erhältliches **Formular** verwendet wird, sollte eine auf das konkrete Mandat abgestellte Vergütungsvereinbarung entworfen werden, die wegen § 4 Abs. 1 RVG nicht in der Vollmacht enthalten sein darf. Der Inhalt sollte auf die Honorarfrage beschränkt sein, denn schon dann, wenn nach der äußeren Aufmachung angenommen werden kann, dass das Schriftstück ein Formblatt darstellt, das in gleicher Weise häufiger verwendet wird, liegt ein Vordruck vor. In diesem Fall ist die darin enthaltene Vereinbarung des Honorars unwirksam, wenn das Formblatt auch andere nicht honorarbezogene Regelungen enthält[1].

12 Der zu vereinbarende **Stundensatz** (oder die Pauschale) richtet sich einerseits nach der **Kostenstruktur** und andererseits nach der **Bedeutung der Angelegenheit**. In der Praxis sind Stundensätze zwischen 125 Euro und 250 Euro, in Ausnahmefällen sogar bis zu 400 Euro, zzgl. Auslagen und MwSt. nach den Erkenntnissen des Verfassers gebräuchlich[2].

13 Da § 4 Abs. 1 RVG verlangt, dass der Auftraggeber die Einwilligungserklärung **schriftlich** abgibt, reicht eine Mandatsbestätigung zur wirksamen Vereinbarung eines Stundenhonorars (oder einer Pauschale) nicht aus. Es muss also eine Erklärung vorbereitet werden, die zumindest von dem Mandanten (Auftraggeber) unterschrieben wird. Damit für den Mandanten ersichtlich wird, dass der Rechtsanwalt sich an den Auftrag gebunden fühlt, sollte eine (zweiseitige) Vergütungsvereinbarung getroffen werden.

14 Ob in diese Vergütungsvereinbarung **Allgemeine Geschäftsbedingungen** einbezogen werden, ist eine Geschmacksfrage. Bei neuen oder im Umgang mit Rechtsanwälten unerfahrenen Mandanten kann dies eher abschreckend wirken. Zwar kann dem Mandanten plausibel erläutert werden, dass ebenso wie der Mietvertrag auch das Auftragsverhältnis detailliert geregelt werden sollte. Spätestens wenn dem Mandanten jedoch erklärt worden ist, dass mietvertragliche Regelungen nur dort getroffen werden müssen, wo Abweichungen vom Gesetz vereinbart werden sollen, wird für ihn deutlich, dass die Aufnahme Allgemeiner Geschäftsbedingungen in die Vergütungsvereinbarung oder den Mandatsvertrag den gleichen Sinn hat. Dies kann – jedenfalls ohne nähere Erläuterung – zu einer Erschütterung des für den Anwaltsvertrag notwendigen Vertrauensverhältnisses führen. Auf jeden Fall muss die Vergütungsvereinbarung aber von diesen allgemeinen Regelungen deutlich abgesetzt sein, § 4 Abs. 1 S. 2 RVG.

15 Der wesentliche Inhalt einer **Vergütungsvereinbarung** kann z.B. wie folgt gestaltet werden:

---

1 BGH, MDR 2004, 1400.
2 Vgl. auch Umfrageergebnis in MDR 2001, Heft 24, R9.

> **Vergütungsvereinbarung**
>
> zwischen
>
> Herrn Peter Gnädig, Blaukrautstr. 5, 50667 Köln
> – im Folgenden Mandant genannt –
>
> und
>
> Rechtsanwalt Dr. Dieter Pingel, Habenichtsstr. 15, 50998 Köln
> – im Folgenden Rechtsanwalt genannt –
>
> 1. Der Mandant beauftragt den Rechtsanwalt mit der Erstellung eines Muster-Mietvertrages für Wohnraum, den er für seinen gesamten Immobilienbesitz verwenden will.
> 2. Die Tätigkeit des Rechtsanwalts wird an Stelle der gesetzlichen Gebühren mit einem Honorar von 230 Euro (in Worten: zweihundertdreißig Euro) pro Stunde zzgl. der gesetzl. MwSt. in Höhe von zzt. 19 % vergütet.
> 3. Zum Nachweis des Honorars gem. Ziff. 2 führt der Rechtsanwalt Tätigkeitsaufzeichnungen, die er der Honorarrechnung beizufügen hat.
> 4. Das Honorar ist nach Beendigung des Auftrages fällig. Der Rechtsanwalt ist jedoch berechtigt, angemessene Vorschüsse zu verlangen.
> 5. Neben dem Stundenhonorar kann der Rechtsanwalt Auslagen, Reisekosten u.Ä. berechnen.
>
> Köln, den ...   Köln, den ...
> ...   ...
> (Unterschrift des Rechtsanwalts)   (Unterschrift des Mandanten)

Mit Blick auf die gesetzlichen Gebühren und die Bedeutung der Angelegenheit kann natürlich auch eine **Mischform** vereinbart werden, denn bei den Fällen der vorliegenden Art wird eigentlich immer nur der Mandant bevorzugt. Ist der Rechtsanwalt insbesondere als Fachanwalt stets auf der Höhe der Rechtsentwicklung, wird er den Auftrag in kürzerer Zeit erledigen. Unabhängig davon, ob dieser Vorteil für den Mandanten zu einem großen Teil durch Freizeitverzicht des Rechtsanwalts entstanden ist, muss ein Mietvertrag natürlich auch etwas kosten. Deshalb kann man auch einen **Sockelbetrag** (zwischen 2000 Euro und 5000 Euro) fest vereinbaren und den Rest auf Stundenbasis.

b) Ausreichende Haftpflichtversicherung

Gemäß § 51 Abs. 4 BRAO beträgt die **Mindestsumme** für die Berufshaftpflichtversicherung 250 000 Euro. Es bedarf nicht viel Phantasie, um sich auszumalen, wie schnell diese Summe im Gewerbemietrecht auch bei Abschluss eines Individualvertrages erreicht ist. Aber auch bei der Erstellung eines Mustermietvertrags für Wohnraum ist die Versicherungssumme in der Regel nicht ausreichend. Wird z.B. fahrlässig eine unwirksame Renovierungsklausel entworfen, kann die Versicherungssumme schon aufgebraucht sein, wenn der Vermieter nur 100 Wohnungen mit der unwirksamen Klausel vermietet hat, weil eine umfassende Renovierung ohne weiteres Kosten von durchschnittlich 2500 Euro verursachen kann.

17 Zur Vermeidung eines **Haftungsrisikos** bestehen daher zwei Möglichkeiten: Entweder die Versicherungssumme wird erhöht, oder mit dem Mandanten wird entsprechend § 51a BRAO eine Haftungsbegrenzung vereinbart.

Die Entscheidung zwischen diesen Alternativen wird auf beiden Seiten im Ergebnis von den Kosten abhängen, die mit der Absicherung des Risikos über eine erhöhte Haftpflichtversicherung verbunden sind.

Bei den Haftpflichtversicherern Allianz, Victoria und Axa beträgt die Jahresprämie zwischen 825 Euro und 844 Euro für die Mindesthaftpflichtsumme von 250 000 Euro[1]. Bei einer Versicherungssumme von 500 000 Euro ergibt sich eine Jahresprämie auf 1180 Euro. Für die Erhöhung der Versicherungssumme wird zusätzlich für jede weitere Million eine Prämie von netto 900 Euro bis 1200 Euro verlangt[2].

18 Für einzelfallbezogene **Höherdeckungen** (Mandatsdeckungen), welche eine weitere Versicherungssumme im Anschluss an die Summe der bestehenden Vermögensschaden-Haftpflichtversicherung bieten, verlangen die Versicherer eine zusätzliche Prämie von ca. 1000 Euro netto pro Jahr, bezogen auf eine Versicherungssumme von 1 Mio. Euro. Eine Mandatsdeckung mit einer Deckungssumme von 5 Mio. Euro verursacht also zusätzliche Kosten von 5000 Euro (zzgl. Versicherungssteuer von zzt. 16 %). Die **Höhe der Prämie** richtet sich nach dem **Schwierigkeitsgrad** der Aufgabe, der bei Abschluss eines Mietvertrages von dem Versicherer nach den Erfahrungen des Verfassers eher im unteren Bereich angesiedelt wird. Näheres sollte mit dem Versicherer (Versicherungsmakler) abgeklärt werden.

19 Prinzipiell muss der Rechtsanwalt diese zusätzlichen Kosten tragen. Da sie seinen Gewinn schmälern, ist zu überlegen, ob die zusätzlichen Kosten jedenfalls teilweise auf den **Mandanten abgewälzt** werden oder eine **Haftungsbegrenzung** nach § 51a BRAO vereinbart wird.

20 Bevor dieses Thema mit dem Mandanten erörtert wird, sollte man sich darüber bewusst sein, dass dies bei ungeschickter Einführung von dem Mandanten missverstanden werden kann. Wird z.B. nur darauf hingewiesen, dass neben den (ggf. vereinbarten) Gebühren auch noch die Zusatzprämie für die Haftpflichtversicherung zu übernehmen sei, kann bei dem Mandanten der Eindruck entstehen, dass dem Rechtsanwalt die finanzielle Seite des Auftrages mehr am Herzen liegt als die Dienste, die der Mandant erwartet.

---

1 Auskunft der Fa. von Lauff und Bolz Versicherungsmakler GmbH vom 14.8.2006.
2 Die angegebenen Prämien verstehen sich zzgl. der Versicherungssteuer, die zzt. 19 % beträgt. Besonderheiten (z.B. Laufzeitnachlässe) sind nicht berücksichtigt. Das Gleiche gilt für Sozietäten, wo eine Einzelfallbetrachtung notwendig ist.

Soll das Thema angesprochen werden, können die realistischen Risiken aufgezeigt und ehrlich erklärt werden, dass **niemand unfehlbar** ist. Wird dann der Vorschlag unterbreitet, nur eine Haftungsbeschränkung (im Gegensatz zum Haftungsausschluss) zu regeln, gewinnt der Mandant den Eindruck, dass sich der Rechtsanwalt nicht aus der Verantwortung stehlen will, sondern seine Zukunft – verständlicherweise – abgesichert werden soll.

Das realistische **Risiko** ergibt sich z.B. daraus, dass für die Haftung des Anwalts einfache Fahrlässigkeit ausreicht[1]. Insoweit ist bei der Vertragsgestaltung z.B. relevant, inwieweit bei Ausführung des Auftrages bereits absehbar war, dass eine bestimmte Vertragsgestaltung rechtswidrig sein würde oder rechtswidrig werden könnte, denn der Rechtsanwalt ist zu einer umfassenden und möglichst erschöpfenden Belehrung des Mandanten verpflichtet[2], wobei er nur dann nicht fahrlässig handelt, wenn er sich sicher sein kann, dass ein Gericht nicht anders entscheidet[3]. Wie schwierig diese Anforderungen zu meistern sind, soll anhand folgenden Beispiels veranschaulicht werden: Der BGH[4] hatte die Wirksamkeit einer Abgeltungsklausel beurteilt, was incidenter voraussetzt, dass die zugrunde liegende Renovierungsklausel wirksam ist. Also ging das LG Berlin[5] davon aus, dass gegen die Klausel über die laufenden Schönheitsreparaturen keine Bedenken bestehen, obwohl danach auch der Außenanstrich der Fenster geschuldet war. Nunmehr hat der BGH[6] genau diese Klausel verworfen, ohne auf die frühere Entscheidung einzugehen. Im gleichen Sinne hatte bereits das KG[7] geurteilt. Seit wann konnte sich der Rechtsanwalt denn jetzt nicht mehr sicher sein? Seit der Entscheidung des KG oder konnte er sich bis zuletzt auf die frühere Entscheidung des BGH verlassen, obwohl darin die Renovierungsklausel nur incidenter geprüft worden war? 21

Wen dieses Beispiel noch nicht überzeugt, dem sei folgender Fall vorgetragen: 22
Bei der Inhaltskontrolle von Formularmietverträgen wird der Grundsatz der **„kundenfeindlichsten Auslegung"** angewendet, jedenfalls im Rahmen des Unterlassungsklageverfahrens[8]. Die Anwendung dieses Prinzips hat in den Verbandsklageentscheidungen des OLG Celle[9] und des OLG Frankfurt/Main[10] dazu geführt, dass **Vollmachtsklauseln** generell als unwirksam angesehen werden, wenn ihr Umfang auch bei Erklärungen innerhalb des

---

1 Vgl. Palandt/*Heinrichs*, § 276 BGB Rz. 39.
2 BGH, NJW 1991, 2079, 2080 m.w.N.
3 BGH v. 25.10.2006 – VIII ZR 102/06, WuM 2007, 24 = GE 2007, 46 = NZM 2007, 35.
4 BGH v. 6.10.2004 – VIII ZR 215/03, WuM 2004, 663 = NZM 2004, 903.
5 LG Berlin v. 9.6.2008 – 67 S 7/08, GE 2008, 997.
6 BGH v. 18.2.2009 – VIII ZR 210/08, WuM 2009, 286 = GE 2009, 573.
7 KG v. 17.9.2007 – 8 U 77/07, GE 2008, 987.
8 BGH, WuM 1992, 355 m.w.N.
9 OLG Celle, WuM 1990, 103, 112.
10 OLG Frankfurt/Main, WuM 1992, 56, 61.

Mietverhältnisses nicht hinreichend bestimmt ist und sie keinen Widerrufsvorbehalt zugunsten des Mieters enthalten. Im Klartext: Sieht eine Formular-Vollmachtsklausel nicht vor, dass der Mieter die zugunsten des anderen Mieters erteilte Vollmacht widerrufen kann, verstößt die Vollmachtsklausel gegen § 307 BGB und ist unwirksam. Trotzdem hat der BGH für eine Klausel, in der eine **Empfangs-Vollmacht**, die keine ausdrückliche Widerrufsmöglichkeit vorsah, enthalten war, in Kenntnis der Entscheidungen des OLG Celle und des OLG Frankfurt/Main die Wirksamkeit ausdrücklich festgestellt[1].

23 Unabhängig von dem wirtschaftlichen Risiko, das sich im Zusammenhang mit diesen Klauseln ergeben kann, zeigen die Beispiele deutlich, wie unsicher die Rechtslage selbst dann sein kann, wenn der BGH (vermeintlich) einschlägig entschieden hat oder zwei Oberlandesgerichte gleich lautende Entscheidungen getroffen haben. Für die beratende Praxis zeigt sich jedenfalls, dass der im konkreten Fall maßgebliche Beurteilungsmaßstab für die Inhaltskontrolle kaum vorhergesehen werden kann. Immerhin nimmt auch der BGH für sich in Anspruch, bessere Rechtserkenntnisse zu gewinnen und stellt in Aussicht, dass er die Rechtsprechung zu Formularklauseln über Schönheitsreparaturen jedenfalls für Verträge, die seit dem 1.1.2008 geschlossen wurden, noch einmal überdenkt[2].

Für die aktuellen rechtlichen Unsicherheiten hat der Mandant in der Regel kein Verständnis. Er erwartet von seinem Rechtsanwalt eine eindeutige Antwort auf seine Frage bzw. eine beständige Lösung seines Problems. Zwar kann der Rechtsanwalt sein Haftungsrisiko minimieren, indem er (am besten: schriftlich) auf die rechtlichen Unsicherheiten hinweist. Die aufgezeigten Beispiele verdeutlichen einem halbwegs vernünftigen Mandanten jedoch bereits, dass im Prinzip mit jeder Klauselgestaltung ein Haftungsrisiko eintritt, so dass eine Regelung (entweder Haftungsbegrenzung oder Erhöhung der Versicherungssumme) getroffen werden muss.

24 Für eine **Haftungsbegrenzung** sprechen dabei insbesondere folgende Argumente:
– Anzahl der Verwendungsfälle,
– Maß der Abweichung von gesetzlichen Regelungen,
– wirtschaftliche Bedeutung einzelner bzw. speziell von dem Mandanten gewünschter Regelungen.

25 Der Gesichtspunkt der **Verjährung** der Haftpflichtansprüche gegenüber dem Rechtsanwalt sollte in diesem Stadium des Mandantengesprächs nicht erörtert werden. Dies kann das Argument des Mandanten auslösen, dass das Risiko des Rechtsanwalts bereits zeitlich eingeschränkt ist, so dass es einer wirtschaftlichen Beschränkung nicht mehr bedarf.

---

1 BGH, WuM 1997, 599.
2 BGH v. 26.9.2007 – VIII ZR 143/06, NJW 2007, 2632.

Die **Abwägung**, ob vor diesem Hintergrund zumindest eine teilweise Beteiligung des Mandanten an den Kosten der höheren Prämie erfolgen soll, kann sich an folgenden Gesichtspunkten orientieren:

Pro	Kontra
Höhe der Prämie im Verhältnis zu dem erwarteten Honorar	Höhe des voraussichtlichen Honorars im Verhältnis zur erhöhten Prämie
Leistungsfähigkeit des Mandanten	Neuer Mandant mit der Aussicht auf dauerhafte Geschäftsbeziehung oder Beratervertrag
Bedeutung des Vertrages/Mustervertrages für den Mandanten	Lange vertrauensvolle Mandatsbeziehung mit regelmäßigem Umsatz

Beteiligt sich der Mandant am Ende der Abwägung und Diskussion zumindest teilweise an der erhöhten Prämie, kann dies in die **Vergütungsvereinbarung** (vgl. *Rz. 15*) mit folgendem Zusatz aufgenommen werden:

Der Mandant beteiligt sich an den Kosten der Erhöhung der Haftpflichtsumme auf ... Euro mit einem Anteil von ... Euro.

Sollte keine Vergütungsvereinbarung getroffen worden sein, kann mit dem vorstehenden Text natürlich auch die Vereinbarung über die Beteiligung bzw. Übernahme der erhöhten Prämie geregelt werden.

Bei einer **Begrenzung der Haftung** muss entsprechend § 51a BRAO in der Vergütungsvereinbarung formuliert werden:

Ersatzansprüche für fahrlässig verursachte Schäden aus der Ausführung des unter Ziff. 1 beschriebenen Auftrages sind auf 250 000 Euro beschränkt.

Der Text bietet auch die Grundlage für eine Haftungsbegrenzung, wenn keine Vergütungsvereinbarung geschlossen wurde.

c) Die Abwicklung des Mandats

Der Mandant hat einen Anspruch darauf, dass der Rechtsanwalt die Sachlage unter Berücksichtigung der **aktuellsten Rechtsprechung** bewertet[1]. Allein im Hinblick auf die Anzahl der Zeitschriften, die regelmäßig miet-

---

1 Vgl. Palandt/*Heinrichs*, § 276 BGB Rz. 41 m.w.N.

rechtliche Entscheidungen enthalten (z.B. NJW, NJW-RR, MDR, WuM, ZMR, NZM, DWW, MietRB, GE, MM, MK), bedarf es einer umfangreichen Recherchetätigkeit, wenngleich die BGH-Entscheidungen, die aktuell das Bild der Rechtslandschaft prägen, zumindest in den speziell mietrechtlichen Publikationen vollständig abgedruckt sind.

30   Schon deshalb sollte sich jeder **selbstkritisch prüfen**, ob er in der Lage ist, einen solchen Auftrag anzunehmen, denn der Mandant erwartet den Vertragsentwurf in „nützlicher" Zeit und wird im ersten Beratungsgespräch erfragen, bis wann der Auftrag erledigt sein wird. Der Mandant wird immer mehr Verständnis dafür haben, dass der Rechtsanwalt einen Auftrag wegen zu starker anderer Belastung ablehnt (sofern es ihm auf ein bestimmtes Fertigstellungsdatum ankommt), als wenn der Rechtsanwalt das Mandat annimmt und erst nach Monaten auf die Angelegenheit zurückkommt. Bei der **Zeitplanung** sind insbesondere zu berücksichtigen
– laufende Beratungssachen
– Fristsachen
– Termine
– Urlaub
– Vertretung eines oder durch Kollegen.

31   Ergibt diese Prüfung eine zeitliche Unsicherheit, sollte schließlich erwogen werden, inwieweit auf **Hilfspersonen** (z.B. Referendar, Student) zurückgegriffen werden kann, um wenigstens den zeitlichen Aufwand bei der Recherchetätigkeit einzuschränken. Beim Einsatz von Hilfskräften ist zu beachten, dass deren Arbeit überprüft werden muss und ihre Mitarbeit nur dann wirkungsvoll sein kann, wenn ihnen konkrete Aufgaben gestellt werden und sie über ein ausreichendes (mietrechtliches) Problembewusstsein verfügen. Nach Abwägung dieser Umstände kann eine realistische Zeitplanung erfolgen, die im ersten Beratungsgespräch offen gelegt werden sollte.

32   Eine weitere Überlegung muss darauf gerichtet werden, wie der Auftrag **organisatorisch** abgewickelt werden kann. Zur Vermeidung wiederholter Schreibtätigkeiten ist ein Schreibprogramm dienlich. Sofern ein Stundenhonorar vereinbart wurde, müssen die organisatorischen Voraussetzungen für die Zeiterfassung vorliegen. Die gängigen Softwareprogramme für Rechtsanwälte enthalten entsprechende Menüpunkte. Ansonsten muss ein Kalender- bzw. Zeittableau geführt werden, die in der Akte enthalten sein sollten.

Im Gegensatz zu Mandaten, in denen Ansprüche durchgesetzt oder abgewehrt werden sollen, wird in den typischen Mandaten der vorliegenden Art nur sehr wenig **Korrespondenz** geführt. Dadurch besteht die Gefahr, dass Informationen verloren gehen oder wegen der vorwiegend mündlichen Informationserteilung Missverständnisse entstehen. Diese Defizite stellen sich in der Regel erst bei der Vorlage des Vertragsentwurfs heraus, weil z.B. eine Regelung fehlt oder einen anderen als den gewünschten Inhalt hat. Dies kann zu peinlichen Situationen führen, sofern der Mandant den Vertragsentwurf noch einmal überprüft. Verlässt er sich jedoch – was häufig der Fall sein kann – blind auf seinen Rechtsanwalt, kann ein erhebliches Haftungsrisiko entstehen.

Um dies zu vermeiden, sollte von vornherein vorgesehen werden, mündliche Besprechungen mit dem Mandanten oder einem Vertragspartner in ausführlichen **Aktenvermerken** festzuhalten, die anschließend dem Mandanten (immer!) oder – je nach Sachlage – dem Verhandlungspartner zur Kenntnisnahme übersandt werden können. Sofern diese Aktenvermerke durch den/die Adressaten gelesen werden, können Missverständnisse vermieden werden. Andernfalls kann bei dem nachträglichen Auftreten von Defiziten anhand der Aktenvermerke nachvollzogen werden, wie diese entstehen konnten. Gerade wenn ein Haftungsfall entsteht, können sich diese Aktenvermerke im Hinblick auf die Rechtsprechung des BGH[1] als erheblicher Vorteil erweisen. Kann nämlich der Gang der Besprechungen im Einzelnen geschildert werden, insbesondere welche Ratschläge und Belehrungen dabei erteilt wurden, muss der Mandant **darlegen und beweisen**, dass ein anderer Geschehensablauf stattgefunden hat. 33

Auch die **rechtlichen Recherchen** sollten konserviert werden. Damit kann der Umfang der Tätigkeit belegt werden, aber vor allem zu einem späteren Zeitpunkt ggf. dargestellt werden, auf welchen Rechtsgrundlagen die Beratung und ggf. die Formulierung einer Regelung beruhte. Soweit Hilfspersonen zum Einsatz kommen, sollten diese deshalb angewiesen werden, ihre Recherchen über die Rechtslage in gutachterlichen Stellungnahmen niederzulegen. 34

d) Grundkonstellationen

Für die Ausführung des Auftrages ist es von wesentlicher Bedeutung, ob sich die Tätigkeit des Rechtsanwalts auf einen 35

Individualvertrag oder **Formularvertrag**

bezieht. Nur wenn der Mandant eine individualvertragliche Regelung beabsichtigt und diese unter den gegebenen Umständen realisiert werden kann, brauchen die Grundsätze, die für die Inhaltskontrolle nach den §§ 307 ff. BGB hinsichtlich mietrechtlicher Regelungen[2] entwickelt worden sind, nicht beachtet zu werden. Darüber hinaus ist es von wesentlicher Bedeutung, ob ein Mietvertrag über

Wohnraum oder **Gewerberaum**

geschlossen werden soll (vgl. dazu *B Rz. 94*).

Wie schon die Verweisungen in § 578 BGB zeigen, ist der Gestaltungsspielraum bei Gewerberaummietverhältnissen größer, weil die „Mieter-Begünstigungs-Klauseln" hier nicht gelten. 36

---

1 BGH, NJW 1986, 2570.
2 Vgl. *Sternel*, NZM 1998, 833 ff.

37 Unabhängig von den praktischen Schwierigkeiten, einen Individualvertrag zustande zu bringen (vgl. dazu nachfolgend *Rz. 41 ff.*), macht das seit 1.9.2001 bestehende neue System der mietrechtlichen Vorschriften deutlich, dass auch für den Individualvertrag **enge Grenzen** gelten, obwohl der Gesetzgeber die Vertragsfreiheit stärken wollte[1]. Denn neben § 536 Abs. 4 BGB enthalten viele der für Wohnraum geltenden Vorschriften der §§ 549 ff. BGB die ausdrückliche Regelung, dass eine zum Nachteil des Mieters abweichende Vereinbarung von den gesetzlichen Vorschriften unwirksam ist (= Mieter-Begünstigungs-Klausel[2]). Diese Schranken sollen anhand der nachstehenden Übersicht deutlich gemacht werden:

38

Wie bisher ausdrücklich nicht abdingbar	Neue Beschränkungen	Wegfall von Beschränkungen
Eintrittsrecht – nach dem Tod des Mieters, § 563 V **Gewährleistung** – Minderung, § 536 IV **Kaution** – Anlagepflicht – Verzinsungspflicht, § 551 IV **Kündigung** – Außerordentliche fristlose Kündigung – wegen Entziehung des Gebrauchs, § 569 IV – wegen Zahlungsverzugs – Heilungsmöglichkeiten, § 569 IV – ordentliche Kündigung – Begründung – berechtigtes Interesse, § 573 IV – Frist, § 573c IV **Mieterhöhung** – auf ortsübliches Niveau, § 558 VI – wegen Modernisierung, § 599 III **Modernisierung** – Interessenabwägung – Ankündigungspflicht – Aufwendungsersatzanspruch, § 554 V	– eine **Befristung** von Mietverträgen ist nur noch unter Vereinbarung von qualifizierten Gründen zulässig (§ 575) – das Recht des Vermieters, sich nach dem Tod des Mieters durch **außerordentliche Kündigung gegenüber dem Erben** die Möglichkeit zu schaffen, einen neuen Vertragspartner zu suchen, ist durch die Erweiterung des Eintrittsrechts auf Angehörige des Haushalts des Mieters und seinen Lebenspartner eingeschränkt worden (§ 563) – die beschränkte Zulässigkeit von Klauseln zur Gestaltung von **Aufrechnungs- und Zurückbehaltungsrecht** wird auf Rückforderungsansprüche des Mieters wegen überzahlter Miete ausgedehnt (§ 556b II)	Wegfall der zeitlichen Höchstgrenzen – für qualifizierte Zeitmietverträge, § 575 = § 564c II BGB a.F. – Verträge mit Staffelmiete, § 557a = § 10 II MHG – Verträge mit Indexmiete, § 557b = § 10a MHG andere Anlageform bei **Barkaution**, § 551 III

---

1 Begr. d. RefE in *Lützenkirchen*, Neue Mietrechtspraxis, Anhang Rz. 1113.
2 Zum Anwendungsbereich dieser Vorschriften vgl. *Lützenkirchen/Dickersbach*, ZMR 2006, 821.

Wie bisher ausdrücklich nicht abdingbar	Neue Beschränkungen	Wegfall von Beschränkungen
Untervermietung – Aufnahmerecht nach Mietbeginn, § 553 III **Vertragsstrafe**, § 555 **Wegnahme von Einrichtungen**, § 552 II **Widerspruch** – wegen sozialer Härte, § 574 IV		

Durch diese Schranken wird der „gesetzliche Mietvertrag" vorgegeben.

Schließlich muss gerade bei der mietrechtlichen Vertragsgestaltung daran gedacht werden, dass sich der Vermieter selbst bei einer individualvertraglichen Gestaltung nicht unbedingt der Inhaltskontrolle nach § 307 BGB entziehen kann. Über § 310 Abs. 3 BGB (**Verbraucherverträge**) können nämlich auch individualvertragliche Regelungen der Inhaltskontrolle nach § 307 BGB unterzogen werden, wobei allerdings individuelle Umstände zu berücksichtigen sind[1]. 39

Dazu muss zwar der Vermieter von Wohnraum als **Unternehmer** i.S.v. § 14 BGB tätig werden. Im Hinblick auf den weiten Unternehmerbegriff muss jedoch im Zweifel davon ausgegangen werden, dass auch der Vermieter, der eigenes (privates) Vermögen verwaltet und (in Mietshäuser) anlegt, als Unternehmer auftritt[2], denn Unternehmer ist jede natürliche oder juristische Person, die am Markt planmäßig gegen Entgelt arbeitet, unabhängig davon, ob eine Gewinnerzielungsabsicht besteht oder nicht[3]. Da der Vermieter im Zweifel im Wettbewerb mit anderen planmäßig seine Leistung (= Mietobjekt) gegen Entgelt anbietet, kann er als Unternehmer i.S.v. § 14 BGB gelten[4]. Im Zweifel sollte der Mandant auf dieses Risiko hingewiesen werden, obwohl nach der gegebenen Konstellation der Abschluss eines Individualvertrages möglich erscheint. 40

2. Wege zum Individualvertrag

Der **Begriff des Individualvertrages** wird in Abgrenzung zum Formularvertrag, der den Regeln der §§ 305 ff. BGB unterliegt, verwendet. Gemäß § 305 Abs. 1 S. 3 BGB liegen Allgemeine Geschäftsbedingungen nicht vor, soweit 41

---

1 Vgl. dazu: *Hennrichs* in Dauner-Lieb u.a., § 310 BGB Rz. 10 ff.
2 Vgl. Palandt/*Heinrichs*, § 14 BGB Rz. 2 m.w.N.
3 *Ulmer/Brandner/Hensen*, § 24a AGBG Rz. 16.
4 Vgl. OLG Düsseldorf, ZMR 2005, 187, 191 (Vermieter hat zwei Einfamilienreihenhäuser und eine Einliegerwohnung vermietet); OLG Düsseldorf, WuM 2003, 621 (Unternehmer bei zwei Mietshäusern); AG Frankfurt/Main, WuM 1998, 418 (6 Wohnungen sind jedenfalls genug); LG Görlitz, WuM 2000, 542, 543 (11 Wohnungen genügen).

die Vertragsbedingungen zwischen den Vertragsparteien im Einzelnen ausgehandelt sind. In Abgrenzung dazu bestimmt § 305 Abs. 1 S. 1 BGB, dass Allgemeine Geschäftsbedingungen vorliegen, wenn der Verwender für eine Vielzahl von Verträgen vorformulierte Vertragsbedingungen stellt.

42 Insbesondere die Vermieter(-Rechtsanwälte) suchen immer wieder (neue) Wege, um zu einer Individualvereinbarung zu gelangen, damit die Inhaltskontrollen nach den §§ 307 ff. BGB umgangen werden können. Insoweit besteht für den Rechtsanwalt eine **besondere Schwierigkeit**: Am Ende seiner Tätigkeit steht die Ausformulierung eines unterschriftsreifen Vertrages, die der Rechtsanwalt in der Regel als Interessenvertreter eines Vertragspartners durchführt. Deshalb spricht schon das Ergebnis seiner Tätigkeit für das Merkmal „stellen" i.S.v. § 305 Abs. 1 BGB.

Da im Übrigen derjenige, der sich auf eine Individualvereinbarung beruft, deren Zustandekommen **beweisen** muss[1] und die Bestätigung des anderen Vertragspartners, die Bedingungen seien im Einzelnen ausgehandelt worden, nicht ausreichend ist[2], muss der Weg, auf dem der Individualvertrag geschlossen werden soll, exakt vorherbestimmt und im Einzelnen nachvollziehbar festgehalten werden.

In den eingangs dargestellten typischen Beratungssituationen kann allenfalls in den Fällen Nr. 2 und 3b versucht werden, einen Individualvertrag herzustellen.

a) Individualvertrag unter Verwendung eines Musterformulars?

43 Soll der Abschluss des Mietvertrages unter Zugrundelegung eines Musterformulars erfolgen (Fall 3b), kann ein Individualvertrag entstehen, wenn der Verwender tatsächlich zu Verhandlungen über den Inhalt bereit ist und dies dem Vertragspartner gegenüber unzweideutig erklärt[3]. Neben dieser Erklärung über die **Verhandlungsbereitschaft** muss es jedoch zu einem wirklichen Aushandeln gekommen sein[4]. Das erfordert, dass der Verwender den vom Gesetz abweichenden Inhalt der vorformulierten Regelungen ernsthaft zur Disposition stellt und dem anderen Teil die **Gestaltungsfreiheit** zur Wahrung eigener Interessen einräumt[5]. Davon kann auch ausgegangen werden, wenn der Vermieter einen 50-seitigen Entwurf vorlegt und der Mieter bis zum nächsten Tag die Möglichkeit haben soll, ihn durchzulesen[6].

44 Mit Rücksicht darauf ergeben sich in dieser Situation aus der Sicht des Verfassers ernsthaft nur **zwei Möglichkeiten**, wie eine individualvertragliche Regelung zustande kommt:

---

1 BGH, NJW-RR 1987, 144 m.w.N.
2 BGH, NJW 1977, 624.
3 BGH, NJW 1977, 624.
4 BGH, NJW 1991, 1678, 1679.
5 BGH v. 18.3.2009 – XII ZR 200/06, NZM 2009, 397 = GE 2009, 647. BGH, NJW-RR 1993, 504, 505; BGH, NJW-RR 1996, 783, 787.
6 AG Köln v. 12.8.2008 – 224 C 34/08, WuM 2009, 450.

1. Möglichkeit:
Der Rechtsanwalt stimmt mit seinem Mandanten den Inhalt der wesentlichen Regelungen ab und übersendet dem (potentiellen) Vertragspartner den von ihm vorformulierten Entwurf mit dem Hinweis, dass sein Mandant bereit ist, über jede einzelne Vertragsbedingung zu verhandeln. Gleichzeitig bittet er den anderen Vertragspartner, sich mit ihm wegen Änderungswünschen in Verbindung zu setzen, um z.B. im Rahmen eines Besprechungstermins den Vertrag endgültig zu verhandeln. In diesem Fall kann eine Individualregelung zu einzelnen Klauseln schon dann zustande kommen, wenn der materielle Gehalt der Regelung durch eine andere – vielleicht extra hinzugesetzte – Klausel tangiert wird[1].

2. Möglichkeit:
Der Rechtsanwalt übermittelt dem (potentiellen) Vertragspartner seines Mandanten einen im Handel erworbenen Mustermietvertrag mit dem Hinweis, dass die darin geregelten Sachverhalte auch in dem konkret abzuschließenden Mietvertrag geregelt werden können. Er bittet den Vertragspartner sich mit ihm in Verbindung zu setzen, um die konkreten Regelungen auszuhandeln und für das konkrete Mietverhältnis zu formulieren.

Dabei entstehen jedoch **Risiken**: Übersendet der (potentielle) Vertragspartner bei der **1. Möglichkeit** den ihm überlassenen Vertragsentwurf unterschrieben zurück, hat ein Aushandeln nicht stattgefunden. Jedenfalls ist der „Verwender" in einem nachfolgenden Prozess nicht in der Lage, seine Verhandlungsbereitschaft unter Beweis zu stellen, denn in der Regel schlägt sich das Aushandeln in Änderungen des vorformulierten Vertrages nieder[2]. Zwar kann ein Aushandeln auch vorliegen, wenn der vorformulierte Text unverändert bleibt. Indessen muss dazu eine Erörterung stattgefunden haben, in der der (potentielle) Vertragspartner von der Sachgerechtigkeit der Regelung überzeugt wurde[3]. An dieser Erörterung fehlt es jedoch.

Kommt bei der ersten Möglichkeit ein Gespräch über den Vertragsinhalt zustande und werden einzelne Vertragsbedingungen abgeändert, führt dies auch nicht ohne Zweifel zum Vorliegen einer Individualvereinbarung[4]. Auf jeden Fall sollte bei dieser Besprechung die Chance genutzt werden, jede einzelne Klausel zu erörtern, um den Beweis für ein „Aushandeln" liefern zu können (Aktenvermerk!). Es bleibt dann aber immer noch das Risiko, dass nur die abgeänderten Klauseln als individuell ausgehandelt angesehen werden.

Bei der **2. Möglichkeit** ergeben sich die gleichen Risiken in ähnlicher Form. Auch hier kann der (potentielle) Vertragspartner erklären, er sei mit dem Inhalt des „anderen" Vertragsmusters einverstanden, so dass der vom Rechtsanwalt anschließend auf der Grundlage des Mustervertrages erstell-

---
1 BGH v. 18.3.2009 – XII ZR 200/06, GE 2009, 647.
2 Vgl. z.B. BGH v. 18.3.2009 – XII ZR 200/06, NZM 2009, 397 = GE 2009, 647.
3 BGH, NJW 1991, 1678, 1679; BGH, NJW 1992, 2283, 2285.
4 BGHZ 97, 212, 215.

te Entwurf nur eine Abschrift eines anderen Formularvertrages darstellt. Allein durch die Abänderung einzelner Regelungen entsteht bei Verwendung von Vertragsmustern kein ausreichendes Indiz für einen Individualvertrag. Noch schwieriger wird die Situation, wenn der andere den Mustervertrag unterschrieben zurücksendet und der Mandant der Einfachheit halber ebenfalls unterzeichnet.

b) Individualvertrag durch Aushandeln

47 Soll ein konkreter Mietvertrag geschlossen werden, ohne dass der Vermieter Wert auf die Verwendung eines bestimmten Formulars legt (vgl. oben Fall 2), ist trotzdem **Vorsicht** geboten, um nicht doch die Anwendbarkeit der §§ 305 ff. BGB zu begründen, denn durch die **Mandatierung** seitens der einen Vertragspartei erfolgt eine Formulierung der Vertragsbedingungen in deren Interesse und Auftrag, so dass sie aus der Sicht des (potentiellen) Vertragspartners vorformuliert sein können[1].

Mit Rücksicht darauf kann nach dem Beratungsgespräch mit dem Mandanten, bei dem die wesentlichen Regelungs-Sachverhalte ermittelt wurden, zunächst das **Gespräch** mit dem (potentiellen) Vertragspartner gesucht werden. In diesem Gespräch muss ermittelt werden, welche Sachverhalte aus seiner Sicht regelungsbedürftig sind. Hinsichtlich der übereinstimmenden Sachverhalte wird besprochen, wie die Bestimmungen inhaltlich gestaltet werden können. Bei fehlender Übereinstimmung muss – unter Anwendung der üblichen taktischen Mittel – versucht werden, einen Konsens zu erzielen.

48 Es ist aber Vorsicht geboten: Bei **Verhandlungspartnern**, die nicht anwaltlich beraten und juristisch nicht vorgebildet sind, ergibt sich nicht selten die Situation, dass rechtliche Fragen des Verhandlungspartners zu beantworten sind. Dabei muss stets darauf **hingewiesen** werden, dass die Interessen des Mandanten vertreten werden und dem Rechtsanwalt – soweit hierzu kein besonderer Auftrag beider Parteien vorliegt – die Rechtsberatung des Verhandlungspartners nicht obliegt und nicht erfolgen darf. Abgesehen von der Möglichkeit des **Parteiverrats** würde andernfalls eine Grundlage geschaffen, die den (potentiellen) Vertragspartner u.U. zur Anfechtung wegen arglistiger Täuschung oder Schadensersatz nach den §§ 280 Abs. 1, 311 Abs. 2, 241 Abs. 2 BGB berechtigt.

49 Um den Gang der Verhandlungen zu dokumentieren, sollte der Inhalt der Erörterung in einem **Aktenvermerk** festgehalten werden, der danach dem Mandanten und dem Verhandlungspartner übersandt wird. Daraus ergibt sich der Vorteil, dass Missverständnisse nicht erst bei Vertragsunterzeichnung aufgedeckt werden, sondern der Mandant und der Verhandlungspartner die Möglichkeit haben, diese schon vor der Ausarbeitung des Vertragstextes auszuräumen. Im Übrigen zeigt die Praxis, dass das geschriebene Wort oft eindeutiger als das gesprochene Wort ist. Schließlich sind die Aktenvermerke geeignet, das „Aushandeln" ggf. nachzuweisen.

---

[1] OLG Köln, MDR 1998, 1089; OLG Nürnberg, NJW-RR 1990, 1467, 1648; OLG Düsseldorf, NJW-RR 1997, 659, 660.

c) Auftragserteilung durch beide Vertragspartner

Es ist weder standeswidrig noch führt es zu einer **Interessenkollision**, wenn der Anwalt den Auftrag von beiden Vertragspartnern entgegennimmt, für sie einen Mietvertrag zu entwerfen. Voraussetzung ist allerdings, dass sich die beiden Mandanten über den wesentlichen Vertragsinhalt einig sind.

Schon bei der Auftragserteilung muss hier klargestellt werden, dass weder die Interessen des einen noch des anderen vertreten werden können, vor allem auch in späteren Auseinandersetzungen über den Vertrag nicht. Sollten zu einem der Partner vorher Mandatsbeziehungen bestanden haben, sollte der andere ausdrücklich darauf hingewiesen werden, um den Anschein der Parteilichkeit zu vermeiden.

Dieses Mandat muss ähnlich wie die notarielle Tätigkeit geführt werden. Bei den einzelnen Regelungssachverhalten muss die Bedeutung für die eine wie für die andere Seite erschöpfend dargestellt werden.

3. Inhalt eines Individualmietvertrages über Wohnraum

a) Das Beratungsgespräch

Sofern das Mietobjekt noch nicht bekannt ist, sollte eine **Besichtigung** so früh wie möglich durchgeführt werden. Abgesehen davon, dass der Mandant im anschließenden Beratungsgespräch über diesen unerwarteten Einsatz beeindruckt sein wird, schärft das persönliche Bild den Sinn für die notwendigen Regelungen. Bei aufmerksamer Prüfung der Örtlichkeiten können z.B. Mängel oder Gefahrenquellen entdeckt werden, die eine Regelung im Hinblick auf § 536b BGB erfordern.

Das Beratungsgespräch dient zwar in erster Linie der Ermittlung der Sachverhalte, die der Mandant zu regeln wünscht. Darauf kann sich das Beratungsgespräch jedoch nicht beschränken. Es macht keinen Sinn, einen Vertrag zu entwerfen oder zu verhandeln, in dem auf die **bisherige Praxis des Vermieters** (auch bei der Beratung des Mieters) keine Rücksicht genommen wird. Hat der Mandant z.B. die Betriebskosten bisher in einer bestimmten (eingeschränkten) Weise abgerechnet und sieht der neue Vertrag vor, dass alle Betriebskosten abgerechnet werden müssen, ist damit ein zusätzlicher Aufwand bei der Verwaltung verbunden. Auch die Gestaltung von Nebenleistungen (Treppenhausreinigung, Wartungen etc.) und die Abwicklung beendeter Mietverträge (Wohnungsabnahme, Endrenovierungsklausel, Endrenovierungszustand etc.) können nicht abstrakt, also ohne Kenntnis der bisherigen, bei anderen Mietobjekten langjährig ausgeübten Praxis entworfen werden. Der Vermieter oder seine Mitarbeiter werden in der Regel diese Praxis nicht schon wegen eines einzigen Vertrages ändern, so dass Schwierigkeiten in der Abwicklung des Mietvertrages vorprogrammiert sind.

Auch wenn der Vermieter seine zukünftige Praxis ändern will, ist es daher erforderlich, sich ein Gesamtbild von der Immobilie und deren Verwaltung zu verschaffen, um eine optimale Vertragsgestaltung zu sichern.

53 Zur zeitlichen Optimierung, aber auch zur Optimierung der materiellen Ergebnisse kann anhand der nachfolgenden **Checkliste** im Beratungsgespräch der Regelungsumfang ermittelt werden:

b) Checkliste zur Vorbereitung eines Mietvertrages

54 Grundsätzlich kann man die Überlegungen, die bei der Vorbereitung eines Mietvertrages anzustellen sind, wie folgt strukturieren:
- **Wer** sind die **Parteien?** → *Rz. 55 ff.*
- **Was** soll **vermietet** werden? → *Rz. 60 ff.*
- **Wie** soll die **Miete gestaltet** werden? → *Rz. 79 ff.*
- **Wie** soll die **Miete erhöht** werden können? → *Rz. 86*
- **Andere Leistungen** des Mieters mit Entgeltcharakter? → *Rz. 87 ff.*
- **Welche Betriebskosten** sollen umgelegt werden? → *Rz. 91 ff.*
- **Wie** sollen die **Betriebskosten umgelegt** werden? → *Rz. 120 ff.*
- **Wie lange** soll die Mietsache **vermietet** werden? → *Rz. 124 ff.*
- **Gebrauchsregelungen** betreffend das Mietobjekt? → *Rz. 128 ff.*
- Sollen **gesetzliche Rechte beschränkt** werden? → *Rz. 142*
- **Kaution/Sicherheitsleistung** → *Rz. 143*
- **Beendigung** des **Mietvertrages** → *Rz. 144*
- **Schlussbestimmungen** → *Rz. 145*

aa) Wer sind die Parteien des Mietvertrages?

55 Die genaue Identifizierung der Vertragsparteien muss im Hinblick auf eine evtl. Rechtsnachfolge erfasst werden. Je mehr persönliche Daten bekannt sind, umso einfacher ist die Überprüfung z.B. beim **Vermieterwechsel** im Hinblick auf § 566 BGB und beim Tod einer Vertragspartei zur Ermittlung der **gesetzlichen Erben** durch Nachfrage beim Nachlassgericht oder Standesamt.

Ist die Nutzung der Mietsache durch **mehrere Personen** beabsichtigt, stellt sich immer die Frage, ob weitere Personen Mieter werden sollen. Der **Vorteil** bei mehreren Mietern besteht in der Verringerung des Haftungsrisikos, weil mehrere Mieter als Gesamtschuldner haften. Ein **Nachteil** entsteht bei der Verwaltung, weil im Zweifel Rechtsgeschäfte (z.B. Mieterhöhung, Kündigung) mit allen Mietern getätigt werden müssen. Dementsprechend muss jedes Schriftstück an alle Mieter gerichtet und zugestellt werden.

Dies kann zu Schwierigkeiten führen, wenn ein oder mehrere Mieter ausgezogen sind, so dass zunächst ggf. die neue Anschrift ermittelt werden muss. Der ausgezogene Mieter hat erfahrungsgemäß wenig Interesse an der Fortentwicklung des Mietvertrages und wird daher z.B. auf ein Zustimmungsverlangen nach § 558 BGB nicht reagieren. Dann muss nur deshalb, weil von ihm keine Zustimmung erfolgte, gegen ihn ein **Zustimmungsprozess** geführt werden. Diese Vor- und Nachteile sollten beiden Vertragsparteien deutlich gemacht werden.

- **Vermieter**   56
  - ☐ Name/Firma
  - ☐ Vorname/gesetzl. Vertreter
  - ☐ Anschrift
  - ☐ Geburtsdatum
  - ☐ Geburtsort
  - ☐ Personalausweis-Nr.
  - ☐ Handelsregister-Nr.

Die Angabe der **Personalausweis- oder Handelsregisternummer** kann zumindest beim Auffinden verschwundener Mieter hilfreich sein.

- **Zwischenvermieter**

- **Mieter**
  - ☐ Name/Firma
  - ☐ Vorname/gesetzl. Vertreter
  - ☐ Anschrift
  - ☐ Geburtsdatum
  - ☐ Geburtsort
  - ☐ Personalausweis-Nr.
  - ☐ Handelsregister-Nr.
  - ☐ Beruf

- **weitere Mieter**   57
  - ☐ Ehegatten
  - ☐ Lebensgefährte
  - ☐ Anschrift
  - ☐ Geburtsdatum
  - ☐ Geburtsort
  - ☐ Personalausweis-Nr.
  - ☐ Handelsregister-Nr.
  - ☐ Beruf

Ob der weitere Mieter Ehegatte ist, ist zumindest im Hinblick auf § 563a BGB relevant, zumal dies wegen § 1355 BGB nicht mehr unbedingt am Namen ersichtlich ist.

58 – **Wohngemeinschaft**

Bei **Wohngemeinschaften** auf Mieterseite unterstellt die Rechtsprechung eine antizipierte Zustimmung des Vermieters zum Mieterwechsel bei Auszug eines Mitglieds der Wohngemeinschaft[1], wobei streitig ist, ob eine Wohngemeinschaft mindestens zwei[2] oder mindestens drei Mitglieder[3] haben muss. Hier besteht Regelungsbedarf, wenn dieser Unterstellung entgegengewirkt werden soll[4].

59 – **Student**

Bei der Vermietung an einen **Studenten** (oder ein Mitglied einer vergleichbaren Bevölkerungsgruppe) hat der Vermieter in der Regel ein gesteigertes **Sicherungsinteresse**. Häufig wird hier empfohlen, eine Elternbürgschaft zu vereinbaren. Besser ist es jedoch, die Eltern oder zumindest einen Elternteil als Mieter in den Vertrag aufzunehmen, denn die Elternbürgschaft ist eine Sicherheitsleistung i.S.v. § 551 BGB und daher – auch wenn sie in unbestimmter Höhe geregelt wurde – auf das Dreifache der Nettomiete beschränkt. Daneben kann eine weitere Kaution (z.B. Hinterlegung von Bargeld) nicht verlangt werden, da die Grenze des § 551 Abs. 1 BGB absolut ist und auch bei mehreren Sicherheiten gilt[5]. Wird jedoch zumindest ein Elternteil als Vertragspartner aufgenommen, besteht schon die Zahlungssicherheit auf dieser Ebene wegen der gesamtschuldnerischen Haftung und kann zusätzlich eine Kaution vereinbart werden.

bb) Was soll vermietet werden?

60 – **Gesamtanlage**
☐ Wohnung in Mehrfamilienhaus

In welchem **Umfeld** sich die Miträume befinden, ist zunächst für die **Mietpreisbildung** nach den §§ 558 ff. BGB maßgeblich. Andererseits wird dadurch ein Merkposten für die **Betriebskosten**verteilung gesetzt. Befindet

---

1 *Sternel*, Mietrecht aktuell, Rz. 80 m.w.N.
2 LG Trier, WuM 1997, 548.
3 LG Köln in *Lützenkirchen*, KM 26 Nr. 8.
4 Vgl. z.B. *Lützenkirchen*, Wohnraummiete, C. I. Inhalt der Erläuterungen zu § 22 Nr. 2.
5 Palandt/*Weidenkaff*, § 551 BGB Rz. 9.

☐ Wohnung in teilweise gewerblich genutztem Objekt

☐ Wohnung in Eigentumswohnanlage

☐ Wohnung in Haus mit Tiefgarage

☐ Wohnung in Haus mit Garagenhof

☐ Wohnung in Haus mit Außenstellplätzen

☐ Reihenhaus

☐ freistehendes Einfamilienhaus

☐ Sonstiges

– **Wohnfläche:** ... m²

☐ davon gewerblich nutzbar: ... m²

– **Nutzung als**

☐ Wohnung

☐ mit teilgewerblicher Nutzung

☐ Bestehen **bautechnische Besonderheiten?**

sich die Wohnung in einer **Eigentumswohnanlage**, vereinfacht es den Verwaltungsaufwand bei der Betriebskostenabrechnung, wenn der Vermieter die vom WEG-Verwalter in der Regel nach Miteigentumsanteilen umgelegten Betriebskosten in Form der Wohngeldabrechnung an den Mieter weitergeben kann. Dies erspart Umrechnungen auf einen ggf. anderen vereinbarten Umlageschlüssel. Befinden sich **Gewerbeobjekte** in der Wohnanlage, muss hier bei verbrauchsabhängigen Kosten und bei der Grundsteuer und den Versicherungen für die Betriebskostenabrechnung u.U. getrennt werden[1]. Das Gleiche gilt hinsichtlich der **Tiefgarage**[2].

Die **Wohnfläche** wird in der Regel im Mietvertrag als **Beschaffenheitsangabe** verwendet[3] (vgl. wegen des Risikos F Rz. 52 ff.). Sofern ein Teil **gewerblich** genutzt werden kann, kann hier ein Zuschlag vereinbart werden[4]. 61

Die Festlegung des Nutzungszwecks stellt klar, dass der Gebrauch innerhalb der Festlegung keine Vertragswidrigkeit darstellt. 62

Soweit die Räume nicht den Komfort bieten, der heute üblicherweise an die Wohnraumnutzung gestellt wird, muss der vertragsgemäße Gebrauch eingeschränkt werden, um einen „Mängelbeseitigungsanspruch" des Mieters aus § 535 Abs. 1 Satz 2 BGB zu vermeiden. Beispiel: In der Wohnung befindet sich eine zweipolige Elektrounterverteilung, die den gleichzeitigen Betrieb von starken Elektrogeräten (z.B. Waschmaschine und Staubsauger) nicht zulassen[5].

---

1 LG Hamburg, ZMR 2001, 970; LG Frankfurt/Main, WuM 1986, 234; AG Köln, WuM 1998, 56; *Langenberg*, Betriebskosten, F Rz. 51 m.w.N.
2 AG Brühl, Urt. v. 5.2.1999 – 23 C 463/98, n.v.
3 OLG Dresden, WuM 1998, 144 m.w.N.
4 LG Berlin, ZMR 1997, 468.
5 BGH v. 26.7.2004 – VIII ZR 281/03, WuM 2004, 527 = NZM 2004, 736 = MietRB 2005, 1.

63 – **Fertigstellung**
☐ fertig gestellt
☐ nicht fertig gestellt
☐ Bezugsfertigkeit ab

Sofern das Objekt noch **nicht fertig gestellt** ist, können sich zwei Probleme ergeben: Zunächst müssen Regelungen vorgesehen werden, die die Frage klären, was bei einer nicht rechtzeitigen Bezugsfertigkeit geschehen soll. Soll eine **bestimmte Mietzeit** vereinbart werden, muss der Vertragsbeginn und die Übergabe mit der (Mindest-)Laufzeit harmonisiert werden. Andererseits muss gerade bei einem Neubau mit Mängeln gerechnet werden, die mit der Erstellung des Objektes zusammenhängen (z.B. Baufeuchtigkeit, nicht fertig gestelltes Treppenhaus etc.). Hier sollten vorsorglich Regelungen im Hinblick auf § 536a BGB vorgesehen werden.

64 – **Öffentliche Förderung**
☐ ja
☐ nein

Ob das Objekt **öffentlich gefördert** ist, ist einerseits für die Bildung der Miete (Kostenmiete, Vergleichsmiete)[1] maßgeblich und andererseits für die Regelung der **Kaution** (vgl. § 9 Abs. 5 WoBindG, § 28 Abs. 4 Ziff. 2 WoFG).

65 – **Aufteilung**
☐ Zimmer
☐ Küche
☐ Diele
☐ Flure
☐ Bad
☐ Bad mit WC
☐ Gäste-WC
☐ Balkon
☐ Terrasse
☐ Abstellraum
☐ Garten
☐ Sonstiges

Die **Aufteilung der Wohnung** dient einerseits der Beschreibung der Mietsache. Andererseits werden hier bereits Merkmale festgelegt, die auch bei der Mietpreisbildung nach § 558 BGB eine Rolle spielen können (z.B. besondere Ausstattung). Bei Formularverträgen empfiehlt sich die Darstellung im Übergabeprotokoll.

66 – **Maisonettewohnung**

Liegt eine **Maisonettewohnung** vor, kann dies bei der Mietpreisbildung nach § 558 BGB berücksichtigt werden.

---

1 Vgl. *v. Brunn* in Bub/Treier, II Rz. 93 ff.

- **Vermietung erfolgt:**
  - ☐ zum vorübergehenden Gebrauch (§ 549 Abs. 2 Nr. 1 BGB)
  - ☐ als möblierte Räume in Vermieterwohnung (§ 549 Abs. 2 Nr. 2 BGB)
  - ☐ als Räume im Studenten- oder Jugendwohnheim (§ 549 Abs. 3 BGB)
  - ☐ als zweckbestimmte Räume (§ 549 Abs. 2 Nr. 3 BGB)
  - ☐ als Einliegerwohnung (§ 573a BGB)
  - ☐ als Werkwohnung (§ 576 BGB)

Die **Zweckbestimmungen** schränken den Kündigungsschutz des Mieters ein (vgl. *J Rz. 127 ff.*). 67

Bei der Vermietung einer **Werkwohnung** (= Werkmiet- und Werkdienstwohnung) sollte daran gedacht werden, die Verknüpfung mit dem Dienstvertrag im Vertrag niederzulegen. Soweit Subventionen stattfinden (z.B. Begrenzungen der Mieterhöhung auf den Mittelwert des Mietspiegels abzgl. 10 %), bildet dafür in der Regel eine Betriebsvereinbarung die Grundlage. Wird diese im Vertrag festgehalten, kann sie auch einen Erwerber nach § 566 BGB binden.

- **Zugehörigkeit zu einer Wirtschaftseinheit**
  - ☐ Bezeichnung der Wirtschaftseinheit

- **Ausstattung**
  - ☐ Möblierung:
    - ☐ Einbauküche bestehend aus:
      - ... Unterschränken
      - ... Oberschränken
      - ... Hochschränken
      - ... Spüle
      - ... Armatur

Auch bei preisfreiem Wohnraum kann die Wohnung zu einer **Wirtschaftseinheit** gehören[1]. Sollen die Betriebskosten nach einer Wirtschaftseinheit abgerechnet werden, muss dies bereits im Mietvertrag geregelt werden[2]. 68

Die **Ausstattung der Wohnung** ist einerseits für die Mietpreisbildung (Möblierzuschlag) wichtig. Im Übrigen stellt sich die Frage, wie die Instandhaltung geregelt werden soll und wer die Erneuerung einzelner Bauteile (z.B. bei der Einbauküche) bezahlen muss. 69

---

1 OLG Koblenz, WuM 1990, 268.
2 LG Köln in *Lützenkirchen*, KM 2 Nr. 36.

... Spülmaschine
... Kühlschrank
... Herd
... Ofen
... Gefrierschrank
... Mikrowelle
☐ Einbauschrank
☐ Sonstiges

70 – **Technische Geräte**
☐ Durchlauferhitzer
☐ Kochendwassergerät
☐ Sonstiges

Das Gleiche gilt hinsichtlich **technischer Geräte**. Hier ist häufig eine regelmäßige Wartung erforderlich. Andererseits können – vor allem beim Individualvertrag – auch Instandsetzungspflichten geregelt werden. Schließlich ist die technische Ausstattung auch bei der Mietpreisbildung zu berücksichtigen.

71 – **Heizung**
☐ ohne Heizung
☐ Gasetagenheizung
☐ Zentralheizung
  ☐ Öl
  ☐ Gas
  ☐ mit zentraler Warmwasserversorgung
☐ Wärmecontracting
☐ Fernwärme
☐ Öfen: ... (Anzahl)
☐ Sonstiges

Die Art der **Beheizung** der Miträume ist ein weiteres Merkmal der Mietpreisbildung nach § 558 BGB. Andererseits können hier auch die Fragen geklärt werden, wer mit dem Energielieferanten Versorgungsverträge abzuschließen hat[1]. Schließlich muss daran gedacht werden, wie die Heizkosten, insbesondere die Grundkosten (vgl. § 7 Abs. 1 HeizkV), verteilt werden sollen.

72 – **Erfassungsgeräte**
☐ Kaltwasserzähler
☐ Warmwasserzähler
☐ Stromzähler
☐ Gaszähler
☐ Heizkosten
☐ Verdunstungsröhrchen
☐ Wärmezähler
☐ Sonstiges

Die Ausstattung mit **Erfassungsgeräten** ist für die Abrechnung der jeweiligen Kosten wichtig. Hier können in einem Übergabeprotokoll die Zählerstände festgehalten werden, aber auch dem Mieter (z.B. bei den Vertragsverhandlungen) eine Sicherheit hinsichtlich der exakten Verteilung der Kosten gegeben werden.

---

1 *Schmitz-Justen*, WuM 1998, 520; *Röhl*, NZM 1999, 101.

– **Sonstige technische Ausstattung**
  ☐ Antennenanschluss
  ☐ Kabelanschluss
  ☐ Satellitenanschluss
  ☐ Stromanschluss
  ☐ Herdanschluss
    ☐ Gas
    ☐ Starkstrom
  ☐ Alarmanlage
  ☐ Gegensprechanlage
  ☐ Stromzähler
    ☐ im Hausflur
    ☐ im Keller
    ☐ in der Wohnung

Die weitere **technische Ausstattung** ist als Merkmal der **Mietpreisbildung** nach § 558 BGB beachtlich. Einzelne Positionen sind auch bei den **Betriebskosten** zu berücksichtigen oder können mit einer Pauschale abgegolten werden. 73

– **Sonstige Ausstattung**
  ☐ Swimmingpool
  ☐ Sauna
  ☐ Weiteres

Die **besonderen Ausstattungsmerkmale** sind für die Berechnung der **Miete** nach § 558 BGB wichtig. Andererseits können hierdurch auch besondere **Betriebskosten** entstehen, die im Rahmen der Nr. 17 von § 2 BetrKV besonders zu vereinbaren sind[1]. 74

– **Bodenbelag**
  ☐ Teppichboden:
    ...-Zimmer
    ...-Zimmer
    ...-Zimmer
    ...-Zimmer
  ☐ Parkettboden:
    ...-Zimmer
    ...-Zimmer
    ...-Zimmer
    ...-Zimmer
  ☐ Marmorboden:
    ...-Zimmer
    ...-Zimmer
    ...-Zimmer
    ...-Zimmer

Je nach **Bodenbelag** müssen im späteren Vertragswerk besondere **Reinigungsverpflichtungen** beachtet werden. Ggf. (z.B. bei Parkettböden) sind Instandhaltungsverpflichtungen zu regeln. Schließlich ist bei hochwertigen Böden ein Zuschlag zur ortsüblichen **Vergleichsmiete** zulässig (Ausstattung der Wohnung). 75

---

1 BGH, WuM 2004, 292 = ZMR 2004, 470 = MietRB 2004, 254; OLG Oldenburg, WuM 1995, 430 m.w.N.

☐ Fliesen:
   ...-Zimmer
   ...-Zimmer
   ...-Zimmer
   ...-Zimmer
☐ PVC-Boden:
   ...-Zimmer
   ...-Zimmer
   ...-Zimmer
   ...-Zimmer
☐ Sonstiger Belag:
   ...-Zimmer
   ...-Zimmer
   ...-Zimmer
   ...-Zimmer

76 – **Zubehörflächen**
   ☐ Garten
   ☐ Hof
   ☐ Keller
   ☐ Fahrradkeller
   ☐ Waschküche
   ☐ Trockenraum
   ☐ Hobbyraum
   ☐ Speicher
   ☐ Garage
      ☐ Nr.
   ☐ Stellplatz
      ☐ in Tiefgarage: Nr.
      ☐ außen: Nr.
   ☐ Aufzug
   ☐ Sauna
   ☐ Schwimmbad
   ☐ Gemeinschaftsanlagen
      ☐ Spielplatz

Die einzelnen **Zubehörflächen** sollen bereits im Mietvertrag so genau wie möglich bezeichnet werden. Dadurch wird späterer Streit vermieden, welche Gemeinschaftsräume z.B. der Mieter mitbenutzen darf. Andererseits sind je nach Altersklasse zusätzliche Zubehörflächen als besondere Wohnwertmerkmale bei der **Mietpreisbildung** zu bewerten.

77 – **Nutzungsregelung gewollt?**
   ☐ durch Hausordnung
   ☐ durch spezielle Nutzungsordnung für

Daran schließt sich die Frage an, ob die **Nutzung der Gemeinschaftsflächen** besonders geregelt werden soll. Bei Individualverträgen besteht insoweit die Gefahr, dass durch die vorformulierte Beifügung einer **Hausordnung** oder sonstigen Nutzungsordnung ein Formu-

☐ Waschmaschine
☐ Trockenraum
☐ Sonstiges

larvertrag entsteht. Andererseits ist es immer sinnvoll, dem Mieter z.B. die Regelung einer sog. Kehrwoche[1] mitzuteilen oder darzustellen, in welcher Reihenfolge der Trockenraum genutzt werden darf. Dies kann, zur Vermeidung eines Risikos, natürlich auch außerhalb des Vertrages erfolgen. Hierdurch wird eine Befristung noch nicht gefährdet, weil es sich nicht um ein wesentliches Merkmal des Mietvertrages handelt[2]. Weitererseits ergibt sich daraus die Frage, inwieweit eine solche Ordnung dann für den Mieter verbindlich ist. Dies kann aber z.B. dadurch erreicht werden, dass der Mieter nach Abschluss des Mietvertrages eine entsprechende Ordnung als verbindlich durch seine Unterschrift anerkennt.

– **Schlüssel**
   ☐ Zentralschließanlage
      ... Schlüssel
   ☐ Haustür:
      ... Schlüssel
   ☐ Wohungstür:
      ... Schlüssel
   ☐ Zimmer:
      ... Schlüssel
   ☐ Keller:
      ... Schlüssel
   ☐ sonstige Räume (Fahrradkeller, Waschküche, Trockenraum etc.):
      ... Schlüssel für
      ... Schlüssel für
      ... Schlüssel für
      ... Schlüssel für

Ob die Anzahl der **Schlüssel** in einem **Übergabeprotokoll** oder bereits im Mietvertrag geregelt wird, ist eine Geschmacksfrage, die sich insbesondere am Umfang des Vertragswerks orientieren sollte. Entscheidend ist nur, dass die Anzahl der übergebenen Schlüssel festgehalten wird, um bei Beendigung des Mietvertrages entscheiden zu können, ob eine vollständige Räumung stattgefunden hat. Denn solange der Mieter noch im Besitz eines Schlüssels ist, hat er in der Regel die Mietsache noch nicht vollständig geräumt[3].

78

---

1 Vgl. dazu: AG Braunschweig, WuM 2002, 211.
2 Palandt/*Weidenkaff*, § 550 BGB Rz. 10.
3 OLG Brandenburg, NZM 2000, 463.

cc) Wie soll die Miete gestaltet werden?

79
- **Gesamtmiete = Bruttowarmmiete**
- **Grundmiete**
  ☐ Nettokaltmiete
  ☐ Teilinklusivmiete
  ☐ Kostenmiete
  ☐ Vergleichsmiete

Die Wahl der **Mietstruktur**[1] spielt für beide Vertragsparteien die wesentliche Rolle. Deshalb sollten an dieser Stelle im Beratungsgespräch die Unterschiede anschaulich dargestellt werden. Den **Vorteilen** einer **Bruttowarmmiete** oder **Teilinklusivmiete** (**Vermieter:** geringerer Verwaltungsaufwand, weil eine Betriebskostenabrechnung nicht erstellt werden muss; **Mieter:** Kostensteigerungen bei den Betriebskosten können nur für die Zukunft geltend gemacht werden, und die Kappungsgrenze des § 558 Abs. 3 BGB orientiert sich grundsätzlich an der Grundmiete) stehen **Nachteile** (**Vermieter:** Kostensteigerungen bei den Betriebskosten gehen zu Lasten der Wirtschaftlichkeit des Grundbesitzes) gegenüber, die gegeneinander abgewogen werden müssen. Dabei muss natürlich auch die **bisherige Praxis** des Vermieters in der Wohnanlage berücksichtigt werden, um einen Sonderfall, der zu besonderem Verwaltungsaufwand führt, zu vermeiden. Bei **öffentlich gefördertem** Wohnraum ist die Kostenmiete oder die Vergleichsmiete nach § 28 WoFG immer eine Nettokaltmiete, da die Betriebskosten nach § 20 NMV umgelegt werden müssen.

80
- **Betriebskosten**
  ☐ Vorauszahlungen
  ☐ Pauschale

Die gleichen Erwägungen gelten hinsichtlich der Frage, ob **Betriebskostenvorauszahlungen** oder eine Pauschale vereinbart werden sollen. Zusätzlich ist bei der **Betriebskostenpauschale** vorzusehen, dass diese bei Kostensteigerungen erhöht werden kann, weil § 560 Abs. 1 BGB ansonsten keine Anwendung findet[2]. Bereits an dieser Stelle muss bei **öffentlich gefördertem** Wohnraum darauf geachtet werden, dass die Betriebskostenvorauszahlungen nicht als einheitlicher Betrag geregelt werden können, sondern gemäß § 20 Abs. 1 S. 3 NMW für jede einzelne Betriebskostenart, die umgelegt werden soll, ein **Einzelbetrag** im Vertrag bestimmt werden muss[3]. Um

---

1 Vgl. zu den einzelnen Begriffen: *Harz* in Schmid, Miete und Mietprozess, 2–24 ff.
2 *Langenberg*, Betriebskosten, C Rz. 56 m.w.N.
3 OLG Oldenburg, WuM 1997, 609; *v. Brunn* in Bub/Treier, II Rz. 35.

	die Einzelbeträge bestimmen zu können, sollte sich der Rechtsanwalt die letzte Betriebskostenabrechnung vorlegen lassen und nach bekannten Preissteigerungen fragen, bevor er deren Werte übernimmt.	
– **Heizkosten** ☐ Vorauszahlungen ☐ Pauschale	Auch wenn gemäß § 2 HeizkV eine rechtsgeschäftliche Bestimmung, wonach über Heizkosten nicht abgerechnet werden soll, jedenfalls dauerhaft nicht bestandskräftig vereinbart werden kann, kann die **Heizkostenpauschale** in Häusern mit nicht mehr als zwei Wohnungen vereinbart werden.	81
– **Warmwasser** ☐ Vorauszahlungen ☐ Pauschale	Das Gleiche gilt hinsichtlich der Vereinbarung einer **Warmwasserpauschale**.	82
– **Bestehen unterschiedliche Abrechnungsperioden?** ☐ Betriebskosten ☐ Heizkosten ☐ Warmwasserkosten	Ergeben sich unterschiedliche **Abrechnungsperioden**, ist es sinnvoll, für die einzelnen Umlagegruppen besondere Vorauszahlungen zu vereinbaren. Dadurch wird ein Streit über die Höhe der anzurechnenden Vorauszahlungen vermieden.	83
– **Zuschläge für** ☐ … ☐ … ☐ … ☐ …	Die Vereinbarung besonderer **Zuschläge** (z.B. für Möblierung, Verwaltung[1], Modernisierung, Antenne etc.) dient der besseren Transparenz der **Mietpreisbildung**. Sie ist im Übrigen ein Verhandlungsgesichtspunkt. Andererseits muss im Hinblick auf die Grenzen der Mietpreisbildung (vor allem nach § 5 WiStrG) berücksichtigt werden, welche Zuschläge der **Grundmiete hinzugerechnet** werden müssen.	84
– **Abzüge für** ☐ Dienstleistungen ☐ Subventionen ☐ Sonstiges	**Abzüge** können sich z.B. durch eine **Hausmeistertätigkeit** des Mieters ergeben. Im öffentlich geförderten Wohnungsbau finden nicht selten **Subventionen** des einzelnen Mieters (z.B. Wohnhilfe, Härteausgleich) statt, die ebenfalls an dieser Stelle berücksichtigt und mit dem Mandanten erörtert werden können.	85

---

1 OLG Karlsruhe, WuM 1988, 204, 205.

dd) Wie soll die Miete erhöht werden können?

86
- **Nach den gesetzlichen Erhöhungsmöglichkeiten (§§ 558 ff. BGB)**
  - ☐ Sind Erhöhungen abzusehen?
- **Preisfreier Wohnraum**
  - ☐ Modernisierung
  - ☐ Kapitalkostenerhöhung
  - ☐ Sonstiges
- **Öffentlich geförderter Wohnraum**
  - ☐ Wegfall v. Subventionen am
  - ☐ Beendigung von Darlehen am
  - ☐ Sonstiges
- **Staffelmiete**
- **Indexmiete**
- **Kombination Staffel-/Indexmiete**

Die Wahl der **Erhöhungsmöglichkeit** sollte sehr intensiv besprochen werden. Dabei ist zu beachten, dass sich im **preisfreien Wohnraum** die Mietentwicklung in der Regel nicht vorhersehen lässt. Vermieter und Mieter, die vor 1995 ihren Mietvertrag abgeschlossen haben, haben mittlerweile bittere Erfahrungen machen müssen, weil die ortsübliche Vergleichsmiete, die damals im Hinblick auf die Wohnraumknappheit eine sprunghafte Entwicklung nahm, nicht erwartungsgemäß gestiegen ist. Es wurden **Staffelmieten** vereinbart, die sich an den damaligen extremen Entwicklungen orientierten und heute zu Verfahren nach § 5 WiStrG führen können. Andererseits bieten die **gesetzlichen Erhöhungsmöglichkeiten** immer wieder ein Streitpotential und bilden für beide Parteien Unsicherheitsfaktoren im Hinblick auf die eigene wirtschaftliche Entwicklung. Diese Erfahrungen müssen mit den besonderen Verhältnissen der Mietsache und des Mandanten abgewogen werden, um die richtige Verhandlungsposition zu bestimmen. Dabei ist zu berücksichtigen, dass sich die Parteien wahrscheinlich nie mehr so einig und freundlich gegenüberstehen werden wie bei den Vertragsverhandlungen. Auf **Mieterseite** sollten hier Erkundigungen z.B. bei anderen Mietern des Hauses eingeholt werden, um ermessen zu können, inwieweit der Vermieter in der Vergangenheit von gesetzlichen Erhöhungsmöglichkeiten Gebrauch gemacht hat. War dies nicht der Fall, sollte die Vereinbarung einer Staffel- oder Indexmiete, die im Übrigen auch kombiniert werden können[1], vermieden werden. Auf **Mieterseite** sollte auch erfragt werden, ob Erhöhungen abzusehen sind, insbesondere, ob Modernisierungsmaßnahmen anstehen. Nur so wird man vor unangenehmen Überraschungen geschützt.

Bei einer **preisgebundenen Wohnung** muss bedacht werden, dass der Vermieter auch

---

1 *Lützenkirchen*, Wohnraummiete, C. I. Inhalt der Erläuterungen zu § 5 Nr. 6.

rückwirkende **Mieterhöhungen** geltend machen kann, wenn er eine Regelung in den Mietvertrag aufnimmt, die den Anforderungen des § 4 Abs. 8 NMV entspricht. Auf Mieterseite sollte daher bei den Verhandlungen die Frage nach rückwirkenden Mieterhöhungen gestellt werden. Weiß der Vermieter damit nichts anzufangen, sollte in den Verhandlungen versucht werden, eine darauf abzielende Regelung („die jeweils zulässige Kostenmiete gilt als vereinbart") zu streichen, um sich einen wirtschaftlichen Vorteil zu sichern. Denn vor einer besseren Erkenntnis des Vermieters ist man ebenso wenig geschützt wie vor einem Erwerber, der über ein entsprechendes Wissen verfügt.

ee) Andere Leistungen des Mieters mit Entgeltcharakter

Die anderen **entgeltlichen Leistungen** des Mieters sind sowohl auf der einen als auch auf der anderen Vertragsseite für die **Mietpreisbildung** von Bedeutung. Der Vermieter wird daran interessiert sein, so viel wie möglich seiner originären Verpflichtungen auf den Mieter abzuwälzen, und zwar schon deshalb, weil mit der Erfüllung der jeweiligen Verpflichtung weitere (kostenauslösende) Maßnahmen verbunden sind.

– **Schönheitsreparaturen**
  ☐ Umfang der Renovierung
  ☐ Besondere Farbauswahl
  ☐ Fristenplan
– **Besondere Weisungen für die Reinigung**
  ☐ bei Teppichboden
  ☐ bei Marmorböden
  ☐ Sonstiges
– **Kleinreparaturen**
– **Sonstige Instandhaltungen und Instandsetzungen**

Obliegen dem Vermieter nach dem Mietvertrag z.B. die **Schönheitsreparaturen**, muss er nicht auch die Möbel des Mieters[1] beiseite rücken, aber für die Zeit der Ausführung mit einem Minderungsrecht rechnen. Auf Seiten des Mieters sollte z.B. anhand einer 5-Jahres-Rechnung aufgezeigt werden, welche finanziellen Belastungen auf ihn zukommen können. Als Grundlage für eine Berechnung können die Werte des § 28 II. BV genommen werden. Gleichzeitig muss das **Risiko** aufgezeigt werden, das im Hinblick auf den Verlust eines Minderungsrechts besteht. Dabei ist zu beachten, dass der allgemein verbreitete Irrtum besteht, der Mieter sei zur Durchführung von Schönheitsreparaturen und Ausführungen von Kleinreparaturen schon gesetzlich verpflichtet. In der Regel macht sich der Mie-

87

---

[1] *Kinne* in Kinne/Schach, § 554 Rz. 34 m.w.N. (str.).

ter keine Gedanken darüber, dass hier eine wirtschaftliche Verhandlungsposition bestehen kann.

88 – **Wartung technischer Geräte**
☐ Gasetagenheizung
☐ Durchlauferhitzer
☐ Kochendwassergerät
☐ Sonstiges

Bei der **Wartung technischer Geräte** können auch organisatorische Maßnahmen berücksichtigt werden. So ist es z.B. wirtschaftlicher, die Maßnahme einheitlich durch den Vermieter durchführen zu lassen, da er bei dem Unternehmer wegen der Vielzahl von Aufträgen günstigere Preise verhandeln kann. Andererseits ergeben sich jedoch Schwierigkeiten bei der Auftragsausführung, da der vom Vermieter vorgegebene Handwerker mit den Mietern Termine absprechen muss.

89 – **Schneebeseitigungs- und Streupflicht**
– **Treppenhausreinigung**
– **Hausmeisterdienste**

Wie **weitere Verpflichtungen** zur Schneebeseitigung etc. bewertet werden können, ist an den örtlichen Verhältnissen zu orientieren. Hier kann z.B. der Stundenlohn für eine Reinigungsfrau zugrunde gelegt werden.

90 – **Abschluss besonderer Versicherungen**

Der Abschluss **besonderer Versicherungen** (z.B. Hausrat) verringert für den Vermieter bei Beschädigungen der Mietsache das Insolvenzrisiko. Sie können aber gegen § 551 BGB verstoßen[1].

ff) Welche Betriebskosten sollen umgelegt werden?

91 Die **Umlagefähigkeit der Betriebskosten** kann grundsätzlich durch die Bezugnahme auf die §§ 12 BetrKV oder 27 II. BV vereinbart werden[2]. Gleichwohl sollte zur Vorbereitung der Vertragsverhandlungen jede einzelne Position erörtert werden, um auf Vermieterseite Abrechnungsdetails zu erfahren, die ggf. geregelt werden müssen, und auf Mieterseite den Umfang der Belastungen übersehen zu können.

92 – **Öffentliche Lasten**
☐ Grundsteuer
☐ Sonstiges

Bei den **öffentlichen Lasten** ergibt sich vor allem das Problem, dass für unterschiedliche Nutzungen (Wohnung/Gewerbe) von der Gemeinde unterschiedliche Berechnungsfaktoren zugrunde gelegt werden[3]. Diese können

---

1 LG Berlin, WuM 1993, 261, 263.
2 BayObLG, WuM 1984, 104; OLG Oldenburg, WuM 1995, 430.
3 Vgl. LG Hamburg, ZMR 2001, 971; AG Köln, WuM 1998, 56; *Schmid*, ZMR 1998, 257, 260.

– **Kosten der Wasserversorgung**

☐ Wasserkosten

☐ Miete/Leasing für Wasserzähler

☐ Eichung

☐ Hauseigene Wasserversorgungsanlage

  ☐ Stromkosten

  ☐ Wartungskosten

  ☐ Sonstiges

– **Wasseraufbereitungsanlage**

☐ Filter

☐ Aufbereitungsstoffe

☐ Sonstiges

– **Kosten der Entwässerung**

☐ Öffentliche Gebühren

  ☐ abgeleitetes Schmutzwasser

  ☐ bebaute/befestigte Fläche (Regenwasser)

  ☐ Sonstiges

– **Kosten der eigenen Entwässerungsanlage**

☐ Wartungskosten

☐ Stromkosten

☐ Sonstiges

bei der Behörde erfragt werden, die z.B. den Einheitswert, der für die Berechnung der Grundsteuer maßgeblich ist, erteilt hat. Hier sollte daran gedacht werden, das Aufteilungsverhältnis der unterschiedlichen Nutzungen bereits im Vertrag festzulegen, um sich bei späteren Betriebskostenabrechnungen **Erläuterungen** zu sparen[1].

Bei den **Kosten der Wasserversorgung** sollten die einzelnen Kostenpositionen mit dem Mandanten erörtert werden, um ein Gefühl für den Umgang mit diesen Kosten zu bekommen. Möglicherweise wird der **Vermieter** erst durch diese Beratung darauf aufmerksam, dass er bisher nicht abgerechnete Kosten umlegen kann. Andererseits ergibt sich auf **Mieterseite** die Möglichkeit, hier wirtschaftliche Vorteile zu erreichen, indem diese Betriebskostengruppe auf einzelne Kostenpositionen beschränkt wird bzw. andere Kostenpositionen von der Umlage ausgeschlossen werden. Gleichzeitig sollte die Frage des Umlageschlüssels erörtert werden. 93

siehe Erläuterungen zu „Kosten der Wasserversorgung" (Rz. 93) 94

---

1 Zur Erläuterungspflicht vgl. *Langenberg*, Betriebskosten, G Rz. 63.

95 – **Kosten des Betriebes der zentralen Heizungsanlage einschl. der Abgasanlage**

☐ Brennstoffkosten

☐ Betriebsstrom

☐ Bedienung, Überwachung und Pflege

☐ Wartung

☐ Reinigung des Betriebsraumes

☐ Immissionsschutzmessung

☐ Miete/Leasing für Verbrauchserfassungsgeräte

☐ Abrechnungskosten

☐ Sonstiges

Für die **Kosten einer zentralen Heizungsanlage** gilt in der Regel die HeizkV. Hier kann jedoch erfragt werden, wie bisher die Grundkosten im Verhältnis zu den Verbrauchskosten umgelegt wurden (vgl. dazu § 7 HeizkV). Stellt sich heraus, dass der Vermieter bisher keine Heizkostenabrechnungen vorgenommen hat, sollte der Vermieteranwalt auf jeden Fall darauf hinweisen, dass dies dem Mieter den Abzug von 15 % gemäß § 12 HeizkV eröffnet. Der **Mieteranwalt** sollte dies zur Kenntnis nehmen und seinem Mandanten den Hinweis auf § 12 HeizkV erteilen.

Hier muss u.U. ein Hinweis an den Mieter erfolgen (vgl. § 4 Abs. 2 HeizkV).

96 – **Kosten des Betriebes der zentralen Brennstoffversorgungsanlage**

☐ Brennstoffkosten

☐ Betriebsstrom

☐ Kosten der Überwachung

☐ Wartungskosten

☐ Reinigung des Betriebsraumes

☐ Sonstiges

siehe Erläuterungen zu den Kosten der zentralen Heizungsanlage (*Rz. 95*)

97 – **Kosten der eigenständigen gewerblichen Lieferung von Wärme**

☐ Kosten der Wärmelieferung

☐ Betriebsstrom

☐ Kosten der Bedienung, Überwachung und Pflege

☐ Wartungskosten

siehe Erläuterungen zu den Kosten der zentralen Heizungsanlage (*Rz. 95*)

☐ Kosten der Reinigung der Anlage und des Betriebsraumes

☐ Kosten der Immissionsschutzmessung

☐ Miete/Leasing für Verbrauchserfassungsgeräte

☐ Abrechnungskosten

☐ Sonstiges

– **Kosten der Reinigung und Wartung von Gasetagenheizungen**

☐ Brennstoffkosten

☐ Wartungskosten

☐ Kosten der Immissionsschutzmessung

☐ Sonstiges

Bei den **Kosten der Gasetagenheizung** sollte zunächst geklärt werden, wer mit dem Energieversorger den Vertrag schließt. In der Regel hat jede Wohnung, die mit einer Gasetagenheizung ausgestattet ist, einen separaten Zähler, so dass es schon der Vereinfachung dient, wenn der Mieter selbst einen Versorgungsvertrag abschließt[1]. Hinsichtlich der übrigen, insbesondere der **Wartungskosten**, kann es sich aus Wirtschaftlichkeitsgründen anbieten, dass der Vermieter die entsprechenden Arbeiten in Auftrag gibt, weil er bei einer Vielzahl von Gasetagenheizungen bei dem Handwerker einen besseren Preis erzielen kann als der einzelne Mieter. Andererseits bringt diese Vorgehensweise Probleme in der Abstimmung der Termine, da z.B. ein berufstätiger Mieter nicht zu den Handwerkern üblicherweise vorgegebenen Zeiten anwesend sein kann. Diese Vor- und Nachteile müssen abgewogen werden, um zu einer sachgerechten Lösung zu kommen. 98

– **Kosten der zentralen Warmwasserversorgungsanlage**

☐ Kosten der Wasserversorgung

☐ Warmwasser

☐ Kaltwasser

☐ Betriebsstrom

siehe Erläuterungen zu Kosten des Betriebes der zentralen Heizungsanlage (*Rz. 95*) 99

---

1 Zu den Problemen bei der Unterbrechung der Versorgung: *Schmitz-Justen*, WuM 1998, 520 und KG, ZWE 2001, 497; OLG Köln, NJW-RR 2001, 301.

- ☐ Kosten der Bedienung, Überwachung und Pflege der Anlage
- ☐ Wartungskosten
- ☐ Leasing für Verbrauchserfassungsgeräte
- ☐ Abrechnungskosten
- ☐ Sonstiges

☐ Sonstiges

100 – **Kosten der eigenständigen gewerblichen Lieferung von Warmwasser**

siehe Erläuterungen zu Kosten des Betriebes der zentralen Heizungsanlage (*Rz. 95*)

- ☐ Warmwasser
- ☐ Kaltwasser
- ☐ Betriebsstrom
- ☐ Sonstiges

101 – **Kosten der Reinigung und Wartung von Warmwassergeräten**

siehe Erläuterungen zu den Kosten der Reinigung und Wartung von Gasetagenheizungen (*Rz. 98*)

- ☐ Wartungskosten
- ☐ Pflegekosten
- ☐ TÜV-Kosten
- ☐ Sonstiges

102 – **Kosten verbundener Heizungs- und Warmwasserversorgungsanlagen**

siehe Erläuterungen zu Kosten des Betriebes der zentralen Brennstoffversorgungsanlage (*Rz. 96*)

- ☐ Brennstoffkosten
- ☐ Betriebsstrom
- ☐ Bedienung, Überwachung und Pflege
- ☐ Wartung
- ☐ Reinigung des Betriebsraumes
- ☐ Immissionsschutzmessung
- ☐ Miete/Leasing für Verbrauchserfassungsgeräte

☐ Abrechnungskosten
☐ Kosten der Wasserversorgung
☐ Sonstiges

– **Kosten der eigenständigen gewerblichen Lieferung von Wärme**

siehe Erläuterungen zu den Kosten der zentralen Warmwasserversorgungsanlage (Rz. 99)

103

– **Kosten einer verbundenen Etagenheizung und Warmwasserversorgungsanlage**

siehe Erläuterungen zu Kosten der Reinigung und Wartung von Gasetagenheizungen (Rz. 98)

104

– **Kosten des Betriebs des Personen- und Lastenaufzuges**
  ☐ Betriebsstrom
  ☐ Kosten des Aufzugswartes
  ☐ Kosten der Bedienung
  ☐ Kosten der Pflege
  ☐ Wartungskosten
    ☐ Vollwartungsvertrag
    ☐ Systemwartungsvertrag
    ☐ reiner Wartungsvertrag
  ☐ TÜV-Kosten
  ☐ Kosten der Reinigung der Anlage
  ☐ Sonstiges

Bei den **Aufzugskosten** sollte zunächst die Frage, ob der **Erdgeschossmieter** an diesen Kosten beteiligt werden soll, geklärt werden[1]. Formularvertraglich ist dies nur zulässig, wenn nicht nur die theoretische Möglichkeit der Benutzung besteht[2]. Der Vorteil für den Vermieter liegt in einer einheitlichen Abrechnungsweise und für den Mieter, solange er nicht die Erdgeschosswohnung nutzt, in einer breiteren Kostenverteilung. Andererseits ist natürlich die bisherige Abrechnungspraxis wichtig, um keinen Sonderfall zu konstruieren. Bei den Kosten des **Aufzugswartes** ist darüber zu diskutieren, ob diese ggf. in den Hausmeisterkosten enthalten sind. Andererseits können hier auch die Kosten eines **Notrufsystems**[3] umgelegt werden, die zum Teil einen erheblichen Umfang haben. Auf Mieterseite sollte daher versucht werden, die Positionen einzugrenzen, um einen Ausschluss erheblicher Kostenpositionen zu erreichen. Die Ermittlung der Art des **Wartungsvertrages** bietet die Möglichkeit, bereits im Mietvertrag den für Instandsetzungen verbindlichen Abzug zu regeln[4], sofern der Wartungsvertrag gleich bleibt.

105

---

1 Vgl. dazu BGH v. 20.9.2006 – VIII ZR 103/06, WuM 2006, 613 = NZM 2006, 895 = ZMR 2006, 919.
2 BGH v. 8.4.2009 – VIII 128/08, WuM 2009, 351 = GE 2009, 711.
3 Vgl. dazu *Langenberg*, Betriebskosten, A Rz. 55.
4 Vgl. dazu *Langenberg*, Betriebskosten, A Rz. 58.

106 – **Kosten der Straßenreinigung**

Die **Kosten der Straßenreinigung** ergeben sich in der Regel aus der Rechnung des Leistungsträgers, so dass sich keine Besonderheiten ergeben.

107 – **Kosten der Müllbeseitigung**
- ☐ städtische Gebühren
- ☐ Sperrmüllkosten
- ☐ Bedienungskosten (z.B. bei Müllschluckeranlage)
- ☐ Sonstiges

Ob zu den Kosten der **Müllbeseitigung** auch die Abfuhr von **Sperrmüll** gehört, ist umstritten[1]. Zur Vermeidung dieser Streitfrage sollte der Vermieter versuchen, im späteren Vertragswerk eine ausdrückliche Regelung zu vereinbaren. Die entgegengesetzten Interessen des Mieters muss dessen Rechtsanwalt vertreten. Darüber hinaus können zusätzliche Kosten entstehen, weil z.B. die Müllcontainer zur Straße verbracht werden müssen. Geschieht dies mittels eines Traktors oder durch Personal, sind die entsprechenden Kosten hier umlegbar. Auch hierüber können besondere Vereinbarungen getroffen werden, um wirtschaftliche Vorteile zu erreichen oder Streitpotential zu vermeiden.

Bei dieser Gelegenheit kann auch überdacht werden, wie die von vielen Gemeinden vorgeschriebene **Mülltrennung** vertraglich geregelt werden kann, denn wenn ein Mieter sich nicht an die Trennung hält, führt dies zu Ärgernissen im Haus oder dazu, dass auch andere Mieter sich nicht mehr an der Trennung beteiligen. Insoweit ist auch daran zu denken, dass sich künftig noch weitere unterschiedliche Entsorgungsmöglichkeiten ergeben können, so dass – an einer späteren Stelle (z.B. Benutzung der Mietsache) – hier u.U. **Vorbehalte** geregelt werden können[2].

108 – **Kosten der Gebäudereinigung**
- ☐ Treppenhaus
- ☐ Zugänge, Flure
- ☐ Kellergänge
- ☐ Gemeinschaftskeller
  - ☐ Waschküche

An dieser Stelle kann ermittelt werden, wie die **Gebäudereinigung** im Mietobjekt erfolgt. Wird sie von den Mietern z.B. (jedenfalls teilweise) durchgeführt, stellt sich die Frage nach der Reihenfolge bzw. der Ordnung des Ablaufs. Soweit diese erst in einer Hausordnung festgelegt wird, ergeben sich wieder Probleme hinsichtlich des Individualcharakters der Vereinbarung, andererseits aber auch im Hinblick

---

1 Dafür: AG Köln in *Lützenkirchen*, KM 1 Nr. 29; LG Berlin, ZMR 1995, 353.
2 *Lützenkirchen*, Wohnraummiete, C. I. Inhalt der Erläuterungen zu § 10 Nr. 4.

☐ Hobbyraum
☐ Trockenraum
☐ Sonstiges
☐ Reinigung des Aufzuges
☐ Sonstiges

auf die Verbindlichkeit[1]. Der sicherste Weg ist daher, hier eine Regelung im Mietvertrag vorzusehen. Dabei muss darauf geachtet werden, dass auch die Frage der Nichterfüllung geklärt wird. Nichterfüllung der Hausreinigungsverpflichtung durch den Mieter kann die Verzugsfolgen ohne Mahnung nur dann herbeiführen, wenn eine kalendermäßige Bestimmung i.S.d. § 286 Abs. 2 BGB erfolgt. Deshalb sollte hier ein bestimmter Zeitpunkt geregelt werden (z.B.: „bis samstags 10.00 Uhr")[2].

– **Kosten der Ungezieferbekämpfung**
☐ prophylaktische Bekämpfung
☐ aperiodische Kosten
☐ Sonstiges

Mittlerweile ist streitig, ob nur die **prophylaktischen Kosten** der Ungezieferbekämpfung umgelegt werden können oder auch konkrete **Schädlingsbekämpfungsmaßnahmen**[3]. Deshalb sollte hier gerade beim Individualvertrag eine Festlegung (oder aus Mietersicht gerade nicht) erfolgen. Ebenso umstritten ist die Frage, wie **aperiodische Kosten** umgelegt werden können[4]. Sofern dies in dem Jahr erfolgen soll, in dem die Kosten angefallen sind, kann ebenso dafür eine Regelung getroffen werden, wie bei der Aufteilung auf die entsprechende Periode.

109

– **Kosten der Gartenpflege**
☐ Kosten der Pflege gärtnerisch angelegter Flächen
☐ Reinigungskosten
☐ Erneuerung von Sand
☐ Überwachungskosten
☐ Pflege von Plätzen, Zugängen und Zufahrten, die dem nicht öffentlichen Verkehr dienen

Auch bei den **Kosten der Gartenpflege** treten die Probleme aperiodischer Kosten auf (z.B. Erneuerung von Sand). Deshalb empfehlen sich auch hier Festlegungen. Andererseits gewinnt man durch die Abfrage der entsprechenden Positionen ein Gefühl für den Umfang der Arbeiten sowie der dabei eingesetzten Gerätschaften und die dadurch entstehenden Kosten. Auch hier kann sich erheblicher Verhandlungsspielraum für die eine wie für die andere Vertragsseite eröffnen.

110

---

1 *Kraemer* in Bub/Treier, III Rz. 1045; *Bub* in Bub/Treier, II Rz. 393 u. 493.
2 *Lützenkirchen*, Wohnraummiete, C. I. Inhalt der Erläuterungen zu § 14 Nr. 3.
3 Vgl. AG Offenbach, NZM 2002, 214; AG Köln in *Lützenkirchen*, KM 1 Nr. 32 = WuM 1992, 630.
4 *Langenberg*, Betriebskosten, G Rz. 37 ff.

☐ Reinigungsarbeiten
☐ Kosten der Schnee- und Eisbeseitigung
☐ Betriebskosten für Gerätschaften
  ☐ Treibstoff für
    ☐ Rasenmäher
    ☐ Heckenschneider
    ☐ Traktor
  ☐ Wartungskosten
  ☐ Kfz-Steuer und -Versicherung
  ☐ Sonstiges

111 – **Kosten der Beleuchtung**
☐ Stromkosten für
☐ Außenbeleuchtung
☐ Treppenhausbeleuchtung
☐ Beleuchtung von sonstigen Gemeinschaftsflächen
  ☐ Zugänge
  ☐ Speicher
  ☐ Waschküche
  ☐ Trockenraum
  ☐ Schwimmbad
  ☐ Hobbyraum
  ☐ Sonstiges
☐ Einnahmen aus maschinellen Wascheinrichtungen?
☐ Einnahmen aus Münz-Waschmaschinen?

Die **Kosten der Beleuchtung** (besser Allgemeinstrom) bieten Streitpotential, sofern im Hause über einen Zähler auch z.B. die Kosten des Heizungsstroms und/oder anderer Gebäudeteile (z.B. Tiefgarage) erfasst werden. Die **Tiefgaragenkosten** können nur auf die Nutzer der Stellplätze umgelegt werden[1]. Dies sollte bereits im Vertrag festgelegt werden, um einerseits Erläuterungen in einer späteren Abrechnung zu sparen und andererseits die Abrechnungsweise festzulegen. Ergeben sich Einnahmen z.B. aus **maschinellen Wascheinrichtungen** oder einer **Münzwaschmaschine**, sollte auch erfragt werden, wie diese Kosten ermittelt werden, um den Vermieter zu zwingen, diese Kosten in Zukunft nachvollziehbar abzurechnen. Dies verhindert für den Vermieteranwalt im Rahmen von Betriebskostenprozessen böse Überraschungen und bietet dem Mieter die Gewähr, die Abrechnungsunterlagen nachvollziehen zu können.

112 – **Kosten der Schornsteinreinigung**

Die **Kosten der Schornsteinreinigung** bieten in der Regel keine besonderen Probleme. Soll die Wohnung jedoch mit einer Stromheizung

---

[1] AG Brühl, Urt. v. 5.2.1999 – 23 C 463/98, n.v.; vgl. auch LG Dortmund, NZM 1998, 573, 574.

– **Kosten der Sach- und Haftpflichtversicherung**
  ☐ Gebäudeversicherung gegen Feuer-, Sturm- und Wasserschäden
  ☐ Glasversicherung
  ☐ Haftpflichtversicherung für
    ☐ das Gebäude
    ☐ den Öltank
    ☐ den Aufzug
    ☐ Gewässerschaden
  ☐ Sonstiges

– **Kosten für den Hauswart**
  ☐ Arbeitslohn
  ☐ Sozialbeiträge
  ☐ sonstige geldwerte Leistungen
  ☐ Kosten des Hauswartbüros
    ☐ Telefon/Faxkosten
    ☐ Miete der Räume
    ☐ Arbeitsmaterial
  ☐ Pförtnerkosten
  ☐ Wachdienst

(z.B. Nachtstromspeicheröfen) beheizt werden, kann der Mieter verlangen, dass diese Position auf ihn nicht umgelegt wird.

Bei den **Versicherungskosten** sollte ermittelt werden, inwieweit diese ggf. durch eine **andere Nutzungsart** (Gewerbe) im Hause beeinflusst werden. In der Regel berechnen die Versicherer ihre Prämie nach dem Mietaufkommen, das erfahrungsgemäß bei Gewerbeeinheiten pro qm höher liegt. Diese gilt erst recht, wenn das Gewerbe ein besonderes Risiko entstehen lässt (z.B. Tankstelle, Imbiss). Dementsprechend sind die Versicherungskosten im jeweiligen Verhältnis aufzuteilen. Dies kann bereits im Mietvertrag – zur Vermeidung späterer Erläuterungen und zur Sicherheit – festgehalten werden.

113

Die **Kosten des Hauswarts** ergeben sich zunächst aus den Personalkosten. Andererseits sind Arbeiten, die der Hauswart auf **Verwaltungs- und/oder Instandhaltungsarbeiten** erbringt, nicht umlegbar. Hier sollte versucht werden, den entsprechenden Anteil, der sich ohnehin nie exakt ermitteln lässt, im Vertrag festzulegen[1]. Abgesehen davon, dass sämtliche geldwerten Leistungen, die an den Hauswart erbracht werden, umgelegt werden können, sind daneben auch die Kosten eines **Hauswartbüros** (anteilig = umlagefähiger Anteil) umlegbar[2]. Denn der Hauswart verrichtet auch in diesem Büro Arbeiten, die umlegbare Kosten verursachen (z.B. Erteilung von Wartungsaufträgen). Auch hierüber sollte versucht werden, einen Maßstab festzulegen. In größeren Wohnanlagen sind im Übrigen die **Pförtnerkosten**[3] und diejenigen des **Wach**-

114

---

1 Orientierungshilfen: *Langenberg*, Betriebskosten, A Rz. 88 ff.; *Heix* in Fischer-Dieskau/Pergande/Schwender, § 2 BetrKV Anm. 16.
2 AG Köln in *Lützenkirchen*, KM 1 Nr. 12; AG Köln in *Lützenkirchen*, KM 1 Nr. 13; AG Köln in *Lützenkirchen*, KM 1 Nr. 14; AG Köln in *Lützenkirchen*, KM 1 Nr. 15; AG Köln in *Lützenkirchen*, KM 1 Nr. 16; **a.A.** LG Aachen, DWW 1993, 42.
3 AG Köln in *Lützenkirchen*, KM 1 Nr. 10; LG Köln in *Lützenkirchen*, KM 1 Nr. 38.

dienstes[1] als Hausmeisterkosten umlegbar. Dies kann in einer Individualvereinbarung im Übrigen ausdrücklich festgelegt oder ausgeschlossen werden, um diese Streitfrage zu vermeiden.

115 – **Kosten des Betriebes der Gemeinschaftsantennenanlage**
☐ Betriebsstrom
☐ Wartung
☐ Miete

Die Kosten des Betriebes der **Gemeinschaftsantennenanlage** haben in der Regel in der Praxis wegen ihrer geringen Höhe keine besondere Bedeutung. Sie sind vom Mieter jedoch auch dann zu tragen, wenn er über keinen Fernseher verfügt.

116 – **Kosten der mit einem Breitbandkabelnetz verbundenen privaten Verteilanlage**
☐ Betriebsstrom
☐ Wartungskosten
☐ Grundgebühren für Breitbandanschluss

Hier gilt zunächst das Gleiche wie in der vorstehenden Erläuterung. Auch die Kosten des **Breitbandkabelanschlusses** sind von dem Mieter zu tragen, der über eine Zimmerantenne oder gar keinen Fernseher verfügt[2].

117 – **Kosten des Betriebes der Einrichtungen für die Wäschepflege**
☐ Betriebsstrom
☐ Kosten der Überwachung, Pflege und Reinigung
☐ Wartungskosten
☐ Wasserversorgung
☐ Einnahmen

Bei den Kosten des Betriebes der **Einrichtung** für die Wäschepflege kann der Mieter, der über eine eigene Waschmaschine verfügt, nicht beteiligt werden. Zur Vermeidung des Streits sollte hierüber in den Vertragsverhandlungen eine Klärung herbeigeführt werden.

118 – **Sonstige Betriebskosten**
☐ Bereitschaftsdienst
☐ Wartung einer Blitzschutzanlage
☐ Wartung der Brandschutzanlage

Auch im Rahmen eines Individualvertrages müssen die unter der Position „**sonstige Betriebskosten**" umlegbaren Kosten spezifiziert werden[3]. Deshalb sollte hier mit besonderer Akribie der bestehende Katalog abgefragt und

---

[1] OLG Celle, ZMR 1999, 238 = NZM 1999, 170; AG Köln in *Lützenkirchen*, KM 1 Nr. 21; AG Köln in *Lützenkirchen*, KM 1 Nr. 23; AG Köln in *Lützenkirchen*, KM 1 Nr. 24; AG Köln in *Lützenkirchen*, KM 1 Nr. 25; AG Köln in *Lützenkirchen*, KM 1 Nr. 26; AG Köln in *Lützenkirchen*, KM 1 Nr. 27; **a.A.** KM 1 Nr. 22.
[2] *Langenberg*, Betriebskosten, A Rz. 98.
[3] OLG Oldenburg, WuM 1995, 430 m.w.N.

☐ Wartung der
Regelanlage

☐ Wartung der
Sprenkler

☐ Wartung der
Rauchabzuganlagen

☐ Wartung der
Lüftungsanlage

☐ Wartung der
Gegensprechanlage

☐ Wartung der Haustür
einschl. Schließanlage

☐ Reinigung der
Dachrinnenanlage

☐ Kosten der Dachrinnenbeheizung

☐ Wartung für Feuerlöschgeräte

☐ Wartung für Rückstausicherung

☐ Betriebskosten für
Sauna

☐ Betriebskosten für
Schwimmbad

☐ Betriebskosten für
Hobby-, Party- oder
Fitnessraum

☐ Wartung der
Notstromanlage

☐ Wartung von
Elektroanlagen

☐ Wartung von
Gasleitungen

☐ Kosten der Reinigung
und des Betriebs (Strom,
Wasser, Wartung von
Pumpen) von Springbrunnen- oder Teichanlagen

in der einschlägigen Literatur überprüft werden, inwieweit sich neue Positionen ergeben haben[1].

---

1 Vgl. zu den einzelnen Positionen *Langenberg*, Betriebskosten, A Rz. 104 ff.; *Schmid*, Nebenkosten, Rz. 5407 ff.

☐ Kosten des Wachdienstes

☐ Sonstiges

119 – **Umlageausfallwagnis** Das **Umlageausfallwagnis** ist nur im preisgebundenen Wohnraum umlegbar (vgl. § 25a NMV), bedarf aber keiner besonderen Vereinbarung.

gg) Wie sollen die Betriebskosten umgelegt werden?

120 – **Liegt die letzte Betriebskostenabrechnung vor?** Die Vorlage der (letzten) **Betriebskostenabrechnung** ist wichtig, um die mündlichen Erläuterungen des Mandanten mit der Wirklichkeit vergleichen zu können. Oftmals sind die Mandanten (Vermieter wie Mieter) der Auffassung, dass die Praxis mit den Ausführungen des Rechtsanwalts übereinstimmt. Durch einen geschulten Blick in die Betriebskostenabrechnung kann jedoch überprüft werden, ob hier ausreichende Erläuterungen vorgesehen sind, die als umlagefähig angesehenen Positionen umgelegt werden, notwendige Vorwegabzüge transparent durchgeführt werden und der/die Umlageschlüssel den Angaben des Mandanten entsprechen.

– **Umlageschlüssel**
☐ Wohnfläche
☐ Personen
☐ Eigentumsanteile
☐ Wohneinheiten
☐ Sonstiges (z.B. Verhältnis der Grundmieten):

Sieht der Vertrag keinen **Umlageschlüssel** vor, müssen die Betriebskosten gem. § 556a Abs. 1 BGB nach Wohnfläche oder bei einem erfassten Verbrauch nach einem Maßstab umgelegt werden, der dem unterschiedlichen Verbrauch bzw. der Verursachung Rechnung trägt. Deshalb muss zunächst ermittelt werden, welcher Abrechnungsschlüssel bisher angewendet wurde, ob in Zukunft davon abgewichen werden soll oder der Mandant sich – wie nach dem bis zum 1.9.2001 geltenden Recht[1] – die Option zur Festlegung des Umlageschlüssels bei der ersten Betriebskostenabrechnung offen halten will. Die **Vor- und Nachteile** der einzelnen Umlageschlüssel sollten dem Mandanten vor Augen geführt werden. Bei dem Umlageschlüssel „**Wohnflä-**

---

[1] Vgl. OLG Hamm, WuM 1983, 315; *Sternel*, Mietrecht, III Rz. 357.

che" ergibt sich für den Vermieter der Vorteil, dass er nicht nachhalten muss, wie viele Personen eine Wohnung belegen. Für den Mieter kann es nicht nur bei den verbrauchsabhängigen Kosten Nachteile geben, z.B. wenn er als Einzelperson eine große Wohnung bewohnt, während in anderen Mieträumen, die kleiner sind, mehrere Personen leben. Der **Personenschlüssel** erfordert vom Vermieter, dass er nachhält, wie viele Personen sich in welchen Zeitabschnitten in der Wohnung aufhalten. Hier kann **Streitpotential** entstehen, weil der Vermieter oftmals erst viel später davon erfährt, dass z.B. ein Mieter eine Lebensgefährtin oder einen Lebensgefährten aufgenommen hat (in der Regel erst im Prozess über die Abrechnung mit einem anderen Mieter). **Eigentumsanteile** zum Umlageschlüssel zu erheben bietet sich insbesondere bei Eigentumswohnungen an, um die Übertragung der WEG-Jahresabrechnung auf den Mieter zu ermöglichen. Da sich die Eigentumsanteile in der Regel an den Flächen orientieren, entstehen hier keine Besonderheiten gegenüber dem Umlageschlüssel Wohnfläche. Die einzelne **Wohneinheit** als Umlageschlüssel anzusetzen erscheint nur sinnvoll und gerechtfertigt, wenn alle Wohnungen im Hause gleich sind oder es um Kosten geht, die unabhängig von der Anzahl der Mieter oder der Fläche entstehen (z.B. Antenne). **Andere Umlageschlüssel** sind fast nicht mehr gebräuchlich. Sie sollten auch auf ihre Verhältnismäßigkeit überprüft werden.

– **Sollen Betriebskosten direkt vom Mieter gezahlt werden?**

Die **direkte Übernahme von Betriebskosten** durch den Mieter (z.B. durch Abschluss von Versorgungsverträgen) hat für den Vermieter den Vorteil, dass sich das Kostenrisiko reduziert. Darüber hinaus erspart er Verwaltungsaufwand. Der Mieter übernimmt jedoch das **Risiko gegenüber dem Lieferanten**, das grundsätzlich im Verhältnis zum Vermieter durch die §§ 536 ff. BGB geschützt ist[1]. Die Vor- und Nachteile müssen gerade auf Mieterseite abgewogen werden. In Einzelfällen (z.B. bei

121

---

[1] *Schmitz-Justen*, WuM 1998, 520.

122 – **Besteht die Notwendigkeit, den Umlageschlüssel in absehbarer Zeit zu ändern?**

Nicht nur wenn unterschiedliche **Umlageschlüssel** verwendet werden, kann es sich empfehlen, im Vertrag eine Möglichkeit vorzusehen, mit der der Umlageschlüssel geändert werden kann. Inwieweit dies im Rahmen von § 556a Abs. 1 BGB noch zulässig ist, ist zurzeit ungeklärt. Dies birgt für den Vermieter den Nachteil, dass der Mieter bei angeblich ungerechter Verteilung eher bereit ist, die Betriebskostenabrechnung zu beanstanden und eine Veränderung des Umlageschlüssels zu verlangen. Indessen kann sich z.B. durch einen vom Mieter erfolgreich geführten Prozess die Notwendigkeit ergeben, auch bei anderen Mietverhältnissen den Umlageschlüssel anzupassen, um wieder zu einer einheitlichen Verwaltung zu gelangen.

[Vorangehender Absatz:] der Vermietung eines Einfamilienhauses) muss der Vermieter bestrebt sein, so viele Betriebskosten wie möglich auf den Mieter unmittelbar abzuwälzen.

123 – **Müssen Besonderheiten zur Abrechnung geregelt werden?**

Vertragliche Regelungen zu den Betriebskosten sind grundsätzlich zulässig. Hier sollte insbesondere überlegt werden, ob der **Ort der Einsicht** in die Abrechnungsbelege geregelt werden muss. Dies empfiehlt sich, wenn der Vermieter am Ort der Wohnung die Abrechnungsunterlagen zur Einsicht nicht zur Verfügung stellen kann[1].

hh) Wie lange soll die Mietsache vermietet werden?

124 Bei der **Laufzeit** des Mietvertrages muss das Interesse des Mandanten akribisch ermittelt werden. In Zeiten der Wohnraumknappheit wird der **Vermieter** auf eine längere Laufzeit keinen besonderen Wert legen, da er sich sicher ist, dass er die Wohnung jederzeit neu vermieten kann. Etwas anderes gilt möglicherweise dort, wo Mieträume überlassen werden sollen, die qualitativ nicht sehr hochwertig sind. Andererseits bringt jeder Wohnungswechsel für den Vermieter zusätzlichen Verwaltungsaufwand wegen Wohnungsabnahme, Kautionsabrechnung etc., so dass Mindestlaufzeiten bevorzugt werden. Auf Seiten des **Mieters** richtet sich die Laufzeit in der Regel

---

1 Vgl. dazu *Scheffler*, WuM 2007, 229.

nach der Lebensplanung. Ist absehbar, dass der Mieter alsbald seinen Arbeitsplatz wechselt, will er eine feste Laufzeit vermeiden. Das Gleiche gilt bei Singles, die einen Lebenspartner suchen. Auch bei älteren Mietern kann wegen des Risikos der Pflegebedürftigkeit eine feste oder längere Laufzeit unvorteilhaft sein. Schließlich besteht für den Mieter aber wegen § 557 Abs. 3 BGB die Möglichkeit, bei einem Zeitmietvertrag nach § 575 BGB oder der Vereinbarung einer Mindestlaufzeit Mieterhöhungen auszuschließen, was trotz der Entscheidung des OLG Stuttgart[1] auch vor dem Hintergrund von § 557 Abs. 3 BGB ausdrücklich erfolgen sollte.

Soll der Vertrag eine **bestimmte Laufzeit** erhalten, muss im Beratungsgespräch an dieser Stelle bereits deutlich gemacht werden, dass ein echter Zeitmietvertrag nur noch unter den Voraussetzungen des § 575 Abs. 1 BGB zulässig ist. Liegt keiner der Qualifizierungsgründe auf Seiten des Vermieters vor, besteht allenfalls die Möglichkeit, durch die Regelung eines wechselseitigen Verzichts auf das Recht zur ordentlichen Kündigung eine Mindestlaufzeit herbeizuführen, was jedoch nicht für länger als vier Jahre erfolgen darf[2].

– **Vertragsbeginn**	Zunächst muss ermittelt werden, wann der Vertrag **beginnen** soll.	125
– **Soll die Mietsache vor Vertragsbeginn z.B. für Renovierungszwecke unentgeltlich überlassen werden?** ☐ wenn ja, wann?	Die **Anfangsrenovierung** kann zwar grundsätzlich nur bei Individualverträgen auf den Mieter umgelegt werden[3]. Indessen ergibt sich hier wirtschaftlicher **Verhandlungsspielraum**, wenn z.B. die Wohnung einen Monat vorher mietfrei überlassen wird. Wird eine **Neubauwohnung** überlassen, müssen die Eventualitäten einer nicht rechtzeitigen Fertigstellung durch die Handwerker berücksichtigt werden. Sobald hier unzumutbare Verhältnisse eintreten können, sollte auf Seiten des Mieters berücksichtigt werden, dass die Möglichkeit vereinbart wird, vom Vertrag Abstand zu nehmen. Der Vermieter wird im Hinblick auf die Finanzierung ein gesteigertes Interesse daran haben, die Möglichkeit des Mieters, sich wegen verzögerter Fertigstellung vom Vertrag zu lösen, auszuschließen.	

---

1 OLG Stuttgart, WuM 1994, 420.
2 BGH, WuM 2005, 346.
3 OLG Hamburg, WuM 1991, 523 = ZMR 1991, 469.

126 – **Ist das Mietobjekt fertig gestellt?**
- ☐ wenn nein: voraussichtliche Bezugsfertigkeit?
  - ☐ was soll bei Verzögerungen gelten?
    - ☐ Rücktritt/ Kündigung
    - ☐ Hinausschieben des Vertragsbeginns
    - ☐ Ausschluss gesetzl. Rechte

127 – **Laufzeit**
- ☐ auf unbestimmte Zeit
- ☐ auf bestimmte Zeit (… Jahre) mit qualifiziertem Nutzungswunsch (§ 575 Abs. 1 BGB)
  - ☐ wegen Eigennutzung für
    - ☐ …
  - ☐ wegen umfassender Sanierung
  - ☐ wegen Werksbedarf
- ☐ mit bestimmter Mindestlaufzeit
- ☐ mit bestimmter Mindestlaufzeit und Verlängerungsmöglichkeit
- ☐ mit auflösender Bedingung
- ☐ auf Lebenszeit

Die Vereinbarung einer festen **(Mindest-)Laufzeit** wirkt sich vor allem auf die Kündigungsmöglichkeiten aus. Sofern nicht ein Recht zur außerordentlichen Kündigung mit gesetzlicher Frist besteht, kann ein Vertrag mit einer bestimmten (Mindest-)Laufzeit nicht ordentlich gekündigt werden. Die **Vor- und Nachteile** fester Laufzeiten müssen mit dem Mandanten eingehend erörtert werden.

Soll ein echter **Zeitmietvertrag** i.S.v. § 575 BGB abgeschlossen werden, muss der Grund für die Befristung ermittelt werden. Dazu reicht für die Eigennutzung grundsätzlich die Angabe der Person, die nach Ablauf der Mietzeit die Räume beziehen soll, aus. Bei dem Grund nach § 575 Abs. 1 Nr. 2 BGB muss dem Mieter jedoch ein konkreter Lebenssachverhalt dargelegt werden, der eine Unterscheidung von anderen Interessen und eine spätere Überprüfung ermöglicht. Dazu reicht eine schlagwortartige Angabe (z.B. „Modernisierung") nicht aus. Vielmehr muss die Art der Baumaßnahme beschrieben werden. Eine Qualifizierung nach § 575 Abs. 1 Nr. 3 BGB setzt allerdings nicht die Angabe des Namens der Person, für die die Mietsache nach Ablauf der Befristung bereitgestellt werden soll, voraus.

Soll eine Mindestlaufzeit vereinbart werden, sollte der Mandant darauf aufmerksam gemacht werden, dass nach der Festlaufzeit ein Mietvertrag auf unbestimmte Zeit besteht.

ii) Verhaltensmaßregeln zum Gebrauch der Mietsache

Wurde ermittelt, welche zusätzlichen **Ausstattungen** in der Wohnung vorhanden sind bzw. welche **Zubehörräume** der Mieter nutzen können soll, ist mit dem Mandanten zu erörtern, wie diese genutzt werden sollen. Der Vermieter wird darauf bedacht sein, dass eine möglichst schonende bzw. mit anderen Mietern des Hauses abgestimmte Nutzung erfolgt. Der Mieter will seinen Gebrauch so ungehindert wie möglich ausüben können. Hier gilt es, einen Ausgleich der Interessen zu finden, der dem Mieter die höchstmögliche Freiheit bietet, eine zusätzliche Abnutzung oder die Entstehung von Konfliktpotential jedoch vermeidet.

Bei den **Beschränkungen** des „unbegrenzten" **Gebrauchs** sollten dem Mieter zu jedem Stichwort Beispielsfälle vorgeführt werden. So wird die **Untervermietung** in der Praxis der Wohnraummiete häufig relevant, wenn der Mieter einen Lebenspartner aufnehmen will (§ 553 Abs. 1 BGB) oder das Mietverhältnis eine längere Laufzeit hat. Will der Mieter im letzteren Fall vorzeitig aus dem Mietvertrag entlassen werden, wird die Regelung des § 540 Abs. 1 BGB häufig benutzt, um ein außerordentliches Kündigungsrecht zu begründen[1]. Der Mandant wird mit Interesse hören, welche Auswirkungen insoweit vertragliche Gestaltungen haben. Dies wird auf Mieterseite dazu führen, dass möglichst das Kündigungsrecht erhalten bleibt, während der Vermieter das Kündigungsrecht ausgeschlossen wissen will. Ob hier eine Regelung notwendig ist, sollte sich vor allem an der Laufzeit orientieren.

- **Was ist vorhanden, wozu evtl. Gebrauchsregelungen geschaffen werden sollen?**
    - ☐ In der Wohnung
        - ☐ Einbauschränke
        - ☐ Einbauküche
        - ☐ sonstige Einrichtungen
    - ☐ Gemeinschaftsräume
        - ☐ Trockenraum
        - ☐ Waschküche

---

1 *Schönleber*, NZM 1998, 948.

- ☐ Fahrradraum
- ☐ Schwimmbad
- ☐ Sauna
- ☐ Garten
- ☐ Hof
- ☐ Garagenzufahrt
- ☐ Treppenhaus
- ☐ Haustür

– **Sollen im Hinblick auf den Gebrauch der Mietsache Beschränkungen geregelt werden?**
- ☐ Untermiete

130 ☐ Ruhezeiten

Die **Ruhezeiten**, sofern sie denn vertraglich vereinbart werden sollen, sind für das geordnete Zusammenleben im Hause wichtig. Es ist jedoch darauf zu achten, dass sich der Mieter auf die Einhaltung dieser Ruhezeiten auch gegenüber anderen Mietern berufen wird, sofern sie im Vertrag fixiert sind.

131 ☐ Heizen und Lüften

In welcher Form zu **heizen** und zu **lüften** ist, ist insbesondere in Altbauten wichtig, bei denen nachträglich isolierverglaste Fenster eingebaut wurden. Hier kann es notwendig werden, dass der Mieter seine Möbel in einem bestimmten Abstand von der Wand aufstellt, um ein Hinterlüften zu gewährleisten[1]. Diese u.ä. Besonderheiten[2] können dadurch geregelt werden, dass dem Mieter bei den Vertragsverhandlungen entsprechende Merkblätter[3] übergeben werden oder eine vertragliche Regelung geschaffen wird[4]. Ohne konkrete Hinweise besteht keine Pflicht des Mieters, mehr als üblich zu lüften oder zu heizen[5].

---

1 LG München, WuM 1991, 584; LG Hannover, WuM 1985, 22.
2 Vgl. zur Problematik *Sternel*, Mietrecht aktuell, Rz. 268 ff.
3 Z.B. Merkblatt des GdW (Gesamtverband der Wohnungswirtschaft) „Richtig heizen und lüften – gesund wohnen".
4 *Lützenkirchen*, Wohnraummiete, C. I. Inhalt der Erläuterungen zu § 11 Nr. 6.
5 LG Kleve, NZM 2003, 142; LG Wuppertal, WuM 2002, 667.

☐ Gebrauchspflicht	Ob eine **Gebrauchspflicht** geregelt werden soll, hängt von den Umständen ab. Dafür spricht, dass im Winter durch eine Gebrauchspflicht ein regelmäßiges Heizen erreicht werden kann, was sich auf die Heizkosten auch der anderen Mieter (Fußkälte!) auswirken kann.	132
☐ gewerbliche Nutzung	Der Mieter (insbesondere Freiberufler, Lehrer etc.) kann daran interessiert sein, zumindest einen Teil der Mietsache schon aus steuerlichen Gesichtspunkten **gewerblich zu nutzen**. Für den Vermieter bietet sich hier eine Möglichkeit zur erhöhten Mietpreisbildung[1]. Solange eine überwiegende Wohn-Nutzung stattfindet, liegt kein vertragswidriger Gebrauch vor.	133
☐ Tierhaltung	Hinsichtlich der **Tierhaltung** sollte auf Vermieterseite die Praxis erfragt werden, die ansonsten geübt wird, weil in diesem Zusammenhang häufig der Gleichbehandlungsgrundsatz angeführt wird[2]. Auf **Mieterseite** muss dieser Punkt schon deshalb erörtert werden, um den Mandanten vor der Überraschung zu bewahren, dass der Vermieter mit dieser Gebrauchsweise nicht einverstanden ist und deshalb dieser Punkt bei den Vertragsverhandlungen angesprochen werden kann.	134
☐ Betrieb einer separaten Antennenanlage 　☐ CB-Funk-Anlage 　☐ Satellitenanlage	Soll oder will der Mieter zusätzliche **Empfangsanlagen** installieren (können), muss u.a. an eine zusätzliche Kaution[3] gedacht werden.	135
☐ bauliche Veränderungen	Ob und inwieweit **bauliche Veränderungen** vorzusehen sind, hängt im Wesentlichen von der Qualität der Mietsache und den Planungen des Mieters ab. Auch hier sollten die Wünsche des Mandanten ermittelt werden, um ggf. bei den Vertragsverhandlungen eine Einigung erzielen zu können. Das Gleiche gilt hinsichtlich der Modernisierungen.	136
☐ Modernisierungen		137

---

1 LG Berlin, ZMR 1997, 468.
2 *Harsch* in Schmid, Miete und Mietprozess, 9–67 m.w.N.
3 *Sternel*, Mietrecht aktuell, Rz. 172.

138 ☐ Duldungspflichten

139 ☐ Besichtigungsrecht

Viele Vermieter wünschen ein **regelmäßiges Besichtigungsrecht**[1], was den Mieter natürlich in seiner Privatsphäre tangiert. Hier sollte auf Vermieterseite der Grund für das Besichtigungsrecht ermittelt werden und auf Mieterseite die Voraussetzungen, unter denen das Besichtigungsrecht gewährt werden kann. So wird die Möglichkeit geschaffen, eine Regelung zu finden, die den beiderseitigen Interessen gerecht wird[2].

140 ☐ Müllentsorgung

Die Trennung bei der **Müllentsorgung**, die von den Gemeinden in den letzten Jahren betrieben wurde, kann es erfordern, dass entsprechende Verpflichtungen im Mietvertrag vorgesehen werden.

141 ☐ Gebrauch von Haushaltsgeräten

Insbesondere bei Altbauten kann es geboten sein, hinsichtlich des Gebrauchs von **Haushaltsgeräten** Regelungen zu schaffen. Werden nämlich besonders verbrauchsintensive Haushaltsgeräte verwendet (z.B. Spülmaschine, Waschmaschine, Trockner etc.), kann dies zu einer Überlastung bei alten, zweipoligen Stromnetzen führen. Allerdings ist insoweit zu beachten, dass der Vermieter den Standard schuldet, der zum Zeitpunkt der Vermietung maßgeblich ist[3].

jj) Sollen gesetzliche Rechte beschränkt werden?

142 – **Gewährleistung**
  ☐ Sind Mängel bekannt?
– **Kündigung**
  ☐ Ausschluss bestimmter Kündigungstatbestände für den Vermieter (z.B. Eigenbedarf)

Ob gesetzliche **Rechte beschränkt** werden sollen, wird auf Vermieter- und Mieterseite unterschiedlich beurteilt. Anhand der aufgezeigten Kriterien sollte zunächst das Interesse des Mandanten ermittelt werden, um im nachfolgenden Schritt die Umsetzbarkeit zu prüfen. Andererseits kann z.B. durch den Ausschluss eines bestimmten **Kündigungstatbestandes**, was zugunsten des Mieters immer möglich ist, eine Verhandlungsposition

---

1 *Kraemer* in Bub/Treier, III Rz. 1027.
2 *Lützenkirchen*, Wohnraummiete, C. I. Inhalt der Erläuterungen zu § 18 Nr. 1.
3 OLG Celle, WuM 1985, 9.

Wohnraummietverträge Rz. 143 **A**

☐ Verkürzung von Kündigungsfristen

☐ Erweiterung von Kündigungstatbeständen

☐ Ersatzmieterstellung
- **Aufrechnung und Zurückbehaltungsrecht**
- **Vermieterpfandrecht**

geschaffen werden, die ggf. gegen andere wirtschaftlich bedeutsame Positionen gestellt werden kann. Die Frage, ob **Mängel** vorhanden sind, ist wegen § 536b BGB maßgeblich. Hier sollte auf beiden Seiten intensiv ermittelt werden, um für den Vermieter den Vorteil des Ausschlusses des Minderungsrechtes (beachte § 536 Abs. 4 BGB) zu erreichen oder für den Mieter entsprechende Vorbehalte vereinbaren zu können.

Bei befristeten Mietverträgen mit längerer Laufzeit kann es sinnvoll sein, auf Mieterseite eine **Ersatzmieterklausel** zu vereinbaren[1]. Dabei können an dieser Stelle bereits die Voraussetzungen ermittelt werden, unter denen eine Ersatzmieterstellung zugelassen werden soll. Je enger diese Regelung gefasst ist, umso geringer wird das Risiko einer (ggf. falschen) Interpretation durch ein Gericht[2].

kk) Kaution/Sicherheitsleistung

- **Arten der Sicherheitsleistung**
  ☐ Barkaution
    ☐ andere Anlage
  ☐ Bürgschaft
    ☐ Elternbürgschaft
    ☐ Bankbürgschaft
  ☐ Verpfändung
    ☐ Wertsachen
    ☐ Sparbuch
  ☐ Forderungsabtretung
  ☐ Sicherungsübereignung

Die Vereinbarung einer **Kaution** kann mittlerweile als Regelfall angesehen werden. Allerdings sollte der Mieter-Mandant darauf hingewiesen werden, dass die Kaution der Höhe nach auf drei Monatsnettomieten begrenzt ist, also auch geringere Kautionen verhandelbar sind. Ihm sollte auch vor Augen geführt werden, dass bei einer Barkaution die Zinsen die Sicherheit erhöhen, während eine Bankbürgschaft Kosten (Avalprovision) verursacht. Inwieweit weitere Sicherheitsleistungen (Verpfändung etc.) in der Praxis überhaupt noch eine Rolle spielen, ist fraglich. Sollte einer dieser Fälle in Frage kommen, sollte die Werthaltigkeit überprüft werden.

143

---

1 Vgl. dazu *Heile* in Bub/Treier, II Rz. 820 ff. m.w.N.
2 *Lützenkirchen*, Wohnraummiete, C. I. Inhalt der Erläuterungen zu § 22 Nr. 3.

ll) Beendigung des Mietvertrages

144 – **Rückgabezustand**
- ☐ Renovierung
- ☐ Endrenovierungsklausel
- ☐ Quotenklausel

– **Wiederherstellungspflicht**
- ☐ Beseitigung von Beschädigungen
- ☐ Entfernung von Einrichtungen
- ☐ Rückbauverpflichtung
- ☐ Rückgabetermin
  - ☐ Wohnungsabnahme
  - ☐ Nachfristsetzung

Die Vorstellungen der Mandanten hinsichtlich des **Rückgabezustandes** divergieren in der Praxis erheblich. Während der Vermieter in der Regel eine einwandfreie Mietsache zurückverlangt, ist der Mieter daran interessiert, möglichst nicht weiter finanziell belastet zu werden, weil er seine finanziellen Mittel zur Einrichtung einer neuen Wohnung benötigt. Deshalb sollten auf der einen wie auf der anderen Seite die (Extrem-)Möglichkeiten erörtert werden, um die finanziellen Auswirkungen aufzeigen zu können.

mm) Schlussbestimmungen

145 – **Lückenergänzung**

Bei den **Schlussbestimmungen** gilt es zunächst, die eigene Haftung des Rechtsanwalts zu beschränken. Wurde eine Regelung übersehen, kann das dadurch entstehende Risiko durch eine sinnvolle Klausel zur **Lückenergänzung** verringert werden.

146 – **Schriftlichkeitsbestimmung für Nebenabreden**

Das **Schriftlichtkeitsgebot** für Nebenabreden dient der Beweissicherheit.

147 – **Erfüllungs- und Gerichtsstand**

Abweichende **Erfüllungs- und Gerichtsstände** in Wohnraummietsachen zu vereinbaren, ist im Hinblick auf § 29a ZPO überflüssig.

148 – **Abtretungsverbote**

Abtretungsverbote sind im Mietrecht ebenfalls wenig praxisrelevant. Sollte zugunsten des Mieters ein solches Verbot verabredet werden, ist der Vermieter in seinen Finanzierungsmöglichkeiten beschränkt. Finanzielle Ansprüche des Mieters in dieser Weise einzuschränken macht kaum einen Sinn.

– § 545 BGB	Die Vorschrift des § 545 BGB auszuschließen ist dagegen praktisch sehr relevant. Angesichts der Bearbeitungszeiten bei Vermietern ist die Zweiwochenfrist des § 545 BGB kaum noch einzuhalten, zumal in der Praxis sehr häufig übersehen wird, den entgegenstehenden Willen bereits im Kündigungsschreiben zu erklären[1].	149
– **Bearbeitungsgebühr**	Der Vermieter ist berechtigt, für den Abschluss des Mietvertrages eine **Bearbeitungsgebühr** in den Grenzen des § 138 BGB zu verlangen[2], jedoch nicht auf Grund einer formularmäßigen Regelung als Abfindung für eine vorzeitige Entlassung aus dem Mietvertrag[3]. Jedenfalls kann dies vom Vermieter bei den Vertragsverhandlungen angesprochen werden, um dadurch eine weitere Verhandlungsposition zu erreichen. Andererseits können auch die **Rechtsanwaltsgebühren** in diesem Zusammenhang angesprochen werden, um ggf. von der nicht vertretenen Partei eine Beteiligung zu erreichen. Dies kann z.B. damit begründet werden, dass die Einschaltung des Rechtsanwalts auch für die andere Partei eine gewisse Rechtssicherheit herbeiführt. Ob dies allerdings zur Bedingung für den Abschluss des Mietvertrages gemacht werden kann oder sollte, hängt von den Umständen des Einzelfalles ab.	150

4. Festlegen des Verhandlungsspielraumes

Anhand der vorstehenden **Checkliste** ist ein vollständiges Bild von der Mietsache und dem Gefüge entstanden, in das sie sich objektbezogen und verwaltungsmäßig einfügt. Bei den einzelnen Kriterien lässt sich zumeist die für den Mandanten **beste und schlechteste Situation** darstellen (z.B. Nettokaltmiete mit Betriebskostenvorauszahlungen/Inklusivmiete; Überbürdung der Renovierung/Ausführung durch den Vermieter). Gleichzeitig sollte die Grenze dessen festgelegt werden, was der Mandant von der für ihn günstigsten Position aufzugeben bereit ist. Dabei muss natürlich darauf geachtet werden, wie sich diese abgeschwächte Position in die Praxis der bisherigen Verwaltung einordnen lässt. 151

---

1 Vgl. dazu OLG Hamburg, NJW 1981, 2258.
2 AG Bremerhaven, WuM 1994, 194.
3 *Lützenkirchen*, WuM 2001, 55, 56.

152 Gleichzeitig wird durch die **Gegenüberstellung** der beiden Extrema deutlich, welchen Standpunkt der jeweils andere Verhandlungspartner einnehmen kann. Diese Position ist Ausgangspunkt für Überlegungen, mit welchen Argumenten er dazu veranlasst werden kann, den eigenen Standpunkt zu akzeptieren oder von vornherein dem Mandanten aufzuzeigen, wo ein Kompromiss liegen könnte. Insoweit darf die Sichtweise nicht auf die jeweils mit dem Mandanten besprochene Position beschränkt werden. Gerade bei wirtschaftlich bedeutsamen Regelungen (Miete, Betriebskosten, Renovierung, Instandhaltung etc.) ergeben sich vielseitige Einigungsmöglichkeiten durch eine differenzierte Gesamtschau. Kommt es dem Mandanten z.B. darauf an, eine bestimmte Nettokaltmiete zu erzielen bzw. zu zahlen, die der andere Verhandlungspartner nicht akzeptieren will, kann ein Ausgleich z.B. bei den Renovierungsfristen, dem Umfang der Kleinreparaturen und/oder den Wartungsarbeiten gefunden werden.

a) Die finanziellen Bedingungen

153 Haben die zukünftigen Vertragspartner untereinander die finanziellen Bedingungen (Miete, Betriebskosten, Schönheitsreparaturen, Wartung etc.) noch nicht ausgehandelt, erwartet der Mandant von seinem Rechtsanwalt, dass er ihn auch insoweit berät.

aa) Vermieterberatung

154 Der Vermieter hat in der Regel eine vorgefertigte Kalkulation, die sich einerseits aus seinen Finanzierungskosten und andererseits aus den Aufwendungen für Verwaltung und Instandhaltung zusammensetzt. Befinden sich die Miträume in einem Mehrfamilienhaus, kann er seine Mietforderung außerdem an den für andere Wohnungen erzielten Mieten orientieren.

155 Gleichwohl bleibt es in diesen Fällen zumindest die Aufgabe des Rechtsanwalts, diese Vorgaben anhand der **Grenzen für die Mietpreisbildung** zu überprüfen. Im preisgebundenen Wohnraum bildet die Kostenmiete die Obergrenze, so dass sich die Prüfung auf die Frage beschränken kann, ob die Kostenmiete anhand einer Wirtschaftlichkeitsberechnung ermittelt wurde. In diesem Zusammenhang kann natürlich auch angeboten werden, die Wirtschaftlichkeitsberechnung auf ihre Aktualität bzw. Richtigkeit insbesondere mit Blick auf die §§ 26 Abs. 4, 28 Abs. 5a II. BV hin zu überprüfen.

156 Bei preisfreiem Wohnraum muss die Überprüfung anhand der §§ 5 WiStrG, 291 StGB erfolgen (vgl. dazu *D Rz. 153 ff.*). Auch wenn die Anwendung dieser Vorschriften durch die Anforderungen des BGH[1] an die Mangellage in der Praxis kaum noch eine Rolle spielt, ist der Mandant gut beraten, insoweit die Einschätzung seines Rechtsanwalts zu erfahren, denn ergibt sich später der Vorwurf der Mietpreisüberhöhung, kann er dem Tatbestands-

---

1 BGH v. 13.4.2005 – VIII ZR 44/04, NZM 2005, 524 = MDR 2005, 978; BGH v. 28.1.2004 – VIII ZR 190/03, WuM 2004, 294 = NZM 2004, 381.

merkmal des leichtfertigen Handelns entgegengetreten, weil er hinsichtlich der Miethöhe kompetenten Rat eingeholt hat[1]. Andererseits ergeben sich für den Rechtsanwalt aus dieser Beratung natürlich **Haftungsrisiken**. Zwar muss er bei falscher Beratung dem Mandanten nicht den Schaden ersetzen, der durch die Rückforderung der zu viel gezahlten Miete durch den Mieter entsteht, weil es insoweit am Schaden fehlt. Indessen können die ggf. entstehenden Prozesskosten zu ersetzen sein.

Zur Vermeidung dieses Risikos sollte zunächst die ortsübliche Vergleichsmiete ermittelt werden (vgl. hierzu unten *E Rz. 10 ff.*). Sofern dies anhand eines Mietspiegels erfolgt, der keine exakten Daten vorsieht, weil er erhebliche Spannen aufweist, sollten weitere Überprüfungen durchgeführt werden. Hierzu sollte zumindest den folgenden Fragen nachgegangen werden: 157

– Wie hoch war die bisherige Miete und wie lange war diese unverändert?
– Liegen Vergleichsmieten aus dem gleichen Objekt vor?
– Gibt es ein Sachverständigengutachten zur Miethöhe der oder einer anderen Wohnung im Haus?
– Besteht die Möglichkeit, bei einem kompetenten Makler oder einem Sachverständigen die Miethöhe nachzufragen?

Ergibt sich aus dieser Ermittlung die Höhe der Nettomiete, muss ggf. der Betriebskostenanteil noch hinzugerechnet werden. Anhand der **Wesentlichkeitsgrenze** von 20 % des § 5 Abs. 2 WiStrG sollte sodann der Verhandlungsspielraum mit dem Mandanten sowohl hinsichtlich der Unter- als auch der Obergrenze festgelegt werden. 158

Bei der Mietpreisermittlung dürfen natürlich auch die anderen **entgeltlichen Leistungen**, die der Mieter erbringen soll, nicht unberücksichtigt bleiben. In der Regel erwartet der Vermieter, dass der Mieter die Wartungen, Schönheitsreparaturen, Kleinreparaturen etc. selbst durchführt. Gleichwohl sollten auch hierfür bereits **Kostenansätze ermittelt** werden, um in der späteren Verhandlung den Wert der jeweiligen Verhandlungsposition einschätzen zu können. Der wirtschaftliche Wert der Schönheitsreparaturen kann z.B. anhand der letzten **Malerrechnung** für die betreffende Wohnung, die vom Mandanten zu erfragen ist, oder auf der Basis eines vorliegenden **Kostenanschlages**, dessen Ansätze auf das **Aufmaß der Wohnung** zu übertragen sind, ermittelt werden. Dabei sollte nicht nur der absolute Betrag der Renovierung festgehalten, sondern auch eine Berechnung des Preises pro qm vorgenommen werden. Dadurch kann bei den Verhandlungen schneller überblickt werden, wie sich z.B. eine Veränderung der Renovierungsfristen auf das wirtschaftliche Ergebnis für den Vermieter auswirkt. Hierzu müssen die Kosten auf die Renovierungszeiträume verteilt werden. Natürlich können in diesem Zusammenhang auch die **Werte des § 28 II. BV** angewendet werden, wenngleich diese schon deshalb nur eine Untergrenze darstellen sollten, weil sie wegen ihres Alters die allgemeine Kostensteigerung nicht berücksichtigen. Anhand dieser Berechnung kann 159

---
1 OLG Köln, NJW-EMietR 1997, 217.

bei einer späteren Verhandlung dem Mieter vor Augen geführt werden, um welchen Betrag sich die Miete erhöht, sofern der Vermieter die Renovierungsverpflichtung übernimmt, und der Hinweis erfolgen, dass der Mieter durch Ausführung der Arbeiten in Eigenregie hier wesentliche Kosten sparen kann.

Entsprechende Berechnungen sind bei den übrigen entgeltlichen Leistungen durchzuführen, wofür dem Vermieter regelmäßig **Erfahrungswerte** zur Verfügung stehen oder diese anhand des § 28 II. BV ermittelt werden können.

160 Wurden die **Wunschvorstellungen** des Mandanten ermittelt, sollte festgelegt werden, welche **untere Grenze** für die Verhandlungen besteht. Die Festlegung des dadurch bestimmten Verhandlungsspielraumes hat den Vorteil, dass während der Vertragsverhandlungen keine besondere Abstimmung mehr mit dem Mandanten erfolgen muss. Gleichzeitig wird durch einen vorgegebenen Spielraum Sicherheit in der Verhandlung erreicht. Ist nämlich die Kompromissbereitschaft des Mandanten vorher unbekannt, muss der Rechtsanwalt befürchten, dass ein nach unten abweichendes Verhandlungsergebnis von dem Mandanten nicht akzeptiert wird. Ein einmal gefundenes Ergebnis nach einer Unterbrechung der Verhandlungen jedoch wieder zu verbessern ist immer schwieriger, als sich in dem konkreten Gespräch innerhalb des Spielraumes zu bewegen. Im Zweifel kann nämlich dem Verhandlungspartner aufgezeigt werden, dass ein Punkt erreicht ist, an dem eben kein weiterer Verhandlungsspielraum mehr besteht.

bb) Mieterberatung

161 Im Wesentlichen richten sich die finanziellen Belastungen des Mieters nach den Besonderheiten der Mietsache bzw. den Forderungen des Vermieters. Regelmäßig ergeben sich finanzielle Belastungen des Mieters aus den Positionen:

– Miete
– Betriebskosten
– Renovierung
– Kleinreparaturen
– Wartung technischer Geräte
– sonstige Instandhaltungen und Instandsetzungen
– Reinigungspflichten
– Schneebeseitigung
– besondere Dienstleistungen (Hausmeistertätigkeiten)
– Abschluss besonderer Versicherungen.

Auch bei der Vertretung des Mieters müssen die zulässige Miethöhe ermittelt und die weiteren entgeltlichen Leistungen bewertet werden. Hier ergeben sich zunächst keine Unterschiede zur Vermieterberatung.

Ist die Verhandlungsposition hinsichtlich der Nettomiete mit dem Mieter festgelegt, sollten die **wirtschaftlichen Auswirkungen** der weiteren Regelungen erörtert werden. Bei den **Betriebskosten** ergibt sich dabei für den Mieter immer das Risiko der Kostensteigerung, sofern Vorauszahlungen vereinbart sind, so dass jährlich abgerechnet werden muss. Ggf. sollte hier z.B. bei der Gemeinde erfragt werden, wie sich die städtischen Gebühren in den letzten Jahren entwickelt haben und ob weitere **Kostensteigerungen** anstehen. Natürlich kann auch von dem Vermieter die Vorlage der letzten Betriebskostenabrechnungen erbeten werden, um einen umfassenden Überblick über die Kostenentwicklung bei der betreffenden Wohnung zu erhalten. In der späteren Verhandlung sollte die Position eingenommen werden, dass sich Kostensteigerungen der Vergangenheit auch in der Zukunft fortsetzen, um z.B. der Forderung nach Vereinbarung einer Staffelmiete entgegenzutreten oder sie abzuschwächen. 162

Die Höhe der übrigen entgeltlichen Leistungen, die der Vermieter fordert, können anhand der Werte des § 28 II. BV ermittelt werden. Ansonsten sollte der Mandant veranlasst werden, z.B. über die Höhe geforderter Versicherungen Angebote einzuholen.

b) Weitere Gesichtspunkte

aa) Vermieterberatung

Auch hinsichtlich der übrigen Sachverhalte, die geregelt werden sollen, sollte in dem Beratungsgespräch der Verhandlungsspielraum festgelegt werden. Hierbei ist entscheidend, dass der Rechtsanwalt den Überblick über das gesamte Regelungsfeld behält und die einzelnen Sachverhalte gegeneinander abwägt. 163

Schon deshalb, weil es nicht nötig ist, jeden in der Checkliste angesprochenen Gesichtspunkt im Mietvertrag vertraglich zu regeln, sollte mit dem Mandanten erörtert werden, welche Sachverhalte im Hinblick auf das **friedliche Zusammenleben** im Haus, die **schonende Behandlung der Mietsache** oder die **Regelung des Gebrauchs** für ihn überragende Bedeutung haben. Insoweit sollte der Hinweis erfolgen, dass nur dort Regelungen notwendig sind, wo eine Abweichung vom Gesetz beabsichtigt ist oder die Besonderheit des Mietobjektes eine Regelung nahe legt. 164

Dies muss nicht dazu führen, dass Positionen, die z.B. keine – erhebliche – Abweichung vom Gesetz darstellen, nicht in die Verhandlungen eingeführt werden, denn möglicherweise erkennt der Verhandlungspartner die Unerheblichkeit nicht und lässt sich durch einen Verzicht des Vermieters auf diese Regelung dazu verleiten, eine andere für den Mandanten wichtige Position zu akzeptieren.

In diesem Stadium der Beratung sollte jedoch im Auge behalten werden, dass das Vertragswerk durch die Regelung vieler kleiner Sachverhalte unübersichtlich werden kann. Je mehr Regelungen geschaffen werden, umso enger wird der Rahmen für den Mieter, innerhalb dessen er seinen Gebrauch ausüben kann. Dadurch entsteht die Gefahr, dass der Mieter vom

Vertragsschluss Abstand nimmt, weil er annehmen muss, dass der Vermieter nur das gestattet, was im Mietvertrag ausdrücklich geregelt ist.

bb) Mieterberatung

165 Bei der Mieterberatung steht der Hinweis im Vordergrund, dass jede Regelung, die getroffen wird, regelmäßig eine **Abweichung von der Gesetzeslage** bedeutet. Deshalb sollte hier zunächst der „gesetzliche Mietvertrag" dargestellt und erläutert werden. Ergibt sich bei einzelnen Sachverhalten (z.B. Tierhaltung) eine feststehende Rechtslage durch obergerichtliche Entscheidungen, sollte auch hierauf hingewiesen werden.

Anhand der Checkliste kann ein Katalog erarbeitet werden, der nach der Bedeutung der Regelungen für den Mandanten geordnet wird. Hierdurch ergeben sich die Merkmale, die den Rahmen des später auszuformulierenden Vertrages für den Mandanten bilden.

166 Im Übrigen sollte dem Mandanten empfohlen werden, sich z.B. bei anderen Mietern oder dem Vormieter zu erkundigen, wie sich das Zusammenleben im Hause gestaltet oder wie streng der Vermieter auf die Einhaltung vertraglicher Regelungen achtet. Je mehr sich aus diesen Erkenntnissen zeigt, dass der Vermieter auf die buchstabengetreue Einhaltung vertraglicher Regelungen bedacht ist, umso mehr muss der Rahmen, der durch jede einzelne Regelung festgelegt wird, überprüft werden.

c) Die Verhandlungsstrategie

167 Nachdem das wesentliche **Ergebnis des ersten Beratungsgesprächs** in einem **Aktenvermerk** festgehalten wurde, sollte ein Termin mit dem (potentiellen) Vertragspartner vereinbart werden. Gerade die erste Verhandlung sollte nicht telefonisch erfolgen. Allerdings sollte das Gespräch über die Terminvereinbarung dazu genutzt werden, so viel wie möglich über die Zielsetzung und das **Persönlichkeitsbild** der anderen Seite zu erfahren, um die eigene Verhandlungsstrategie entwickeln zu können. Ist die Gegenseite z.B. auch anwaltlich vertreten, kann der Kollege gefragt werden, ob und ggf. wo er Schwierigkeiten für die Verhandlungen sieht. Vertritt sich die andere Seite selbst, sollte sich der Rechtsanwalt über die familiäre und berufliche Situation ein Bild verschaffen, um die Erfahrung mit Verhandlungen und mietrechtlichen Problemen zu erkunden. Auf Grund dieses persönlichen Eindrucks gewinnen die Informationen des Mandanten oft ein anderes Bild.

168 Im Vordergrund der Verhandlungen stehen fast ausnahmslos die wirtschaftlich bedeutsamen Bedingungen (Miete, Betriebskosten, Schönheitsreparaturen, Wartung, Rückbauverpflichtung etc.). Im Hinblick auf ihre Bedeutung bieten diese Positionen jedoch auch das größte Konfliktpotential. Da die Parteien zusammenkommen, um ein einvernehmliches Ergebnis zu finden, sollte der Rechtsanwalt, unabhängig davon welche Seite er vertritt, deshalb eine Strategie entwickeln, die zu Beginn des Verhandlungsgesprä-

ches eine vertrauensvolle Atmosphäre schafft. Dies wird nicht erreicht, indem schon eingangs eine Maximalforderung z.B. wegen der Miethöhe gestellt wird.

Unverfänglich ist ein Gesprächsbeginn über die Mietsache selbst. Dadurch kann der Vermieter erfahren, wie der Mieter die Qualität seines Angebotes einschätzt. Für den Mieter lässt sich überprüfen, ob seine Wahrnehmungen mit denen seines künftigen Vertragspartners übereinstimmen. Dabei wird jede Partei schon im Hinblick auf die Mietpreisbildung bemüht sein, die Vor- bzw. Nachteile an dieser Stelle hervorzuheben. Gleichwohl lässt sich daraus für jede Partei auch schon ablesen, wie stark sein Gegenüber seine Verhandlungsposition einschätzt, denn ist der Vermieter bemüht, die Mietsache „schönzureden", kann dies als Indiz dafür gewertet werden, dass er sich über die mindere Qualität des Mietobjektes bewusst ist. Hebt der Mieter die gute Lage hervor oder berichtet, wie lange er nach einem vergleichbaren Mietobjekt gesucht hat, weiß der Vermieter, dass er von seinen Maximalforderungen nicht sehr weit abrücken muss. 169

Wird das Gespräch mit dem Interessenten in Gegenwart des Mandanten geführt, sollte zuvor die **Rollenverteilung** festgelegt werden. Grundsätzlich sollte der Rechtsanwalt die Verhandlungen führen, da er in der Regel die rechtliche Tragweite von Erklärungen besser einschätzen kann. Dies sollte dem Mandanten so erläutert und mit ihm festgelegt werden, dass er selbst keinerlei verbindliche Zusagen ohne Rücksprache mit dem Rechtsanwalt erteilen sollte. Die Strategie sollte so ausgerichtet sein, dass für das Gegenüber zu keinem Zeitpunkt erkennbar wird, dass zwischen Rechtsanwalt und Mandanten Meinungsverschiedenheiten bestehen. Deshalb kann der Mandant z.B. gebeten werden, in der Verhandlungsrunde eine „Auszeit" zu verlangen, wenn er sich noch einmal mit dem Rechtsanwalt besprechen will, um ihm z.B. andere Vorgaben für die Verhandlungen mitzuteilen. Dadurch wird gleichzeitig ausgeschlossen, dass der (insbesondere unerfahrene) Mandant einen Verhandlungspunkt nur deshalb unstreitig stellt, weil er die zurückliegende Diskussion missverstanden oder das „Pokern" des Rechtsanwalts nicht erkannt hat. Unabhängig davon wird die Verhandlungsposition des Rechtsanwalts geschwächt, wenn der Mandant hinter die von ihm selbst vorgezeichnete Linie zurücktritt. 170

aa) Vermieterberatung

Die Verhandlungsposition des Vermieters ist stark, wenn vergleichbarer Wohnraum knapp ist oder – wie auch immer – bekannt wurde, dass der andere einen Vertrag über das Vertragsobjekt abschließen will. Ansonsten muss eine Strategie entwickelt werden, die einerseits dem Gegenüber das Gefühl der Gleichberechtigung vermittelt und andererseits gewährleistet, dass die eigene Position möglichst umfassend durchgesetzt werden kann. 171

Wie dies gelingen kann, lässt sich allgemein nicht beschreiben. Zu viele Umstände spielen dabei eine Rolle. Neben der eigenen Persönlichkeit des Rechtsanwalts und seiner Eloquenz sind die Persönlichkeiten der zukünftigen Vertragspartner, die Qualität der Mietsache, aber vor allem die Mietbedingungen von Bedeutung.

172 Es hat sich in der Praxis des Verfassers jedoch bewährt, eine Strategie zu fahren, in der man die Verhandlungen – im wahrsten Sinne des Wortes – führt. Dafür ist der Beginn der Verhandlungen der entscheidende Moment. Hier kann eine „Begrüßungsrede" gehalten werden, in der die bisherige Geschichte der Verhandlungen aus der Sicht des Rechtsanwalts dargestellt wird. Dazu bietet sich an, den bisherigen Verlauf der Gespräche, das Zustandekommen des Termins, das Angebot oder das Gegenangebot zu berichten. Durch diese Geschichtserzählung (Warmreden) wird die eigene Unsicherheit abgebaut und der Verhandlungspartner (ggf. ein Kollege) davon abgehalten, selbst die Führungsrolle zu übernehmen. Am Ende des Vortrages sollte das Ergebnis des ersten Beratungsgespräches mit dem eigenen Mandanten skizziert werden, um darauf überzuleiten, welche Punkte aus der eigenen Sicht unproblematisch sind. Gelingt es dem Rechtsanwalt, die **unproblematischen Sachverhalte** ohne größere Widerrede „unstreitig zu stellen", ist bereits ein Teilkonsens hergestellt, auf dem sich der weitere, voraussichtlich schwierigere Teil der Verhandlungen aufbauen lässt.

173 Im anschließenden Abschnitt der Verhandlungen sollten die Punkte, über die eine Diskussion erwartet wird, zunächst stichwortartig zusammengefasst werden, um von der Mieterseite zu erfahren, wie sie sich zu den einzelnen Punkten stellt. Dies kann in Form einer mündlich vorgetragenen Tagesordnung geschehen, in der die Reihenfolge der zu erörternden Gesichtspunkte „festgelegt" wird. Stimmen die Vorstellungen des Mieters mit denen des Mandanten überein, sollte der Konsens ausdrücklich festgehalten werden. Andernfalls sollte der Vorschlag unterbreitet werden, erst einmal die unstrittigen Regelungen zu sammeln, um die Diskussion nicht ausufern zu lassen. Dadurch wird bei dem Verhandlungspartner (und ggf. beim eigenen Mandanten) das Gefühl gesteigert, dass der wesentliche Umfang des Vertrages bereits ausgehandelt sei. Damit wird die Hemmschwelle, die Verhandlungen an einem oder einigen wenigen strittigen Punkten scheitern zu lassen, höher. Im Übrigen wird durch die **Sammlung der unstreitigen Bedingungen** bereits ein wesentlicher Teil der vorgesehenen Zeit aufgebraucht, so dass die streitigen Punkte u.U. unter Zeitdruck diskutiert werden, was zum eigenen Vorteil bzw. dem des Mandanten ausgenutzt werden kann.

174 Für die **schwierigen Positionen** muss ebenfalls eine Strategie entwickelt werden. Es sollten daher Argumente gesammelt werden, die die eigene Position begründen können. Bei der Suche nach diesen Argumenten sollte auch bereits die mögliche Gegenrede überdacht werden, um weitere treffende Argumente anführen zu können. Es ist daher von besonderer Wichtigkeit, die Argumente schon bei der Vorbereitung zu sortieren und ggf. auf einem „Spickzettel" zu notieren.

175 Bei der Verhandlungsführung sollte auch die Möglichkeit von Pausen genutzt werden, insbesondere wenn nur noch die strittigen Punkte abzuar-

beiten sind. Selbst wenn dadurch dem Verhandlungspartner die Möglichkeit gegeben wird, seine eigene Strategie zu überdenken und ggf. zu ändern, eröffnet eine geschickt eingeleitete Verhandlungspause ggf. die Möglichkeit, das bisher Erreichte zu festigen oder für die noch strittigen Positionen eine bessere (ausgewogenere) Lösung zu finden.

Steht ein Besprechungsraum zur Verfügung, kann sich der Rechtsanwalt mit seinem Mandanten in sein Büro zurückziehen. Andernfalls kann eine Pause so gestaltet werden, dass der Rechtsanwalt als „Hausherr" andere Räume aufsucht. Findet die Erörterung in fremden Räumen statt, sollte sich der Rechtsanwalt nicht scheuen vorzuschlagen, dass der (potentielle) Vertragspartner ggf. mit seinem Beistand den Raum verlässt, um das bisherige Ergebnis überdenken oder mit dem Mandanten besprechen zu können. Der „Heimvorteil" sollte jedoch schon bei der Verabredung des Termins bedacht werden (auch wenn die Neugierde auf die Ausstattung der Kanzleiräume des Kollegen groß ist).

Ob die **Verhandlungspause** nur eine Unterbrechung von einigen Minuten ist oder im Sinne einer Vertagung stattfindet, hängt im Wesentlichen vom Verlauf der Verhandlungen und dem Zeitfaktor ab.

Zwar ist für den Vermieter Zeit immer auch Geld. Indessen kann man ihm auch bei einer tagelangen Unterbrechung klar machen, dass die Geschwindigkeit, mit der die Verhandlungen geführt werden, auch ein Zeichen für die Stärke der Verhandlungsposition ist, denn wenn der Verhandlungspartner den Eindruck gewinnt, dass unter **Zeitdruck** gehandelt wird, wird er bei vielen Positionen unnachgiebiger sein. Die Überzeugungsfähigkeit ist deshalb höher, je gelassener die Verhandlungen geführt werden, zumal der Mieter regelmäßig sein neues Domizil schnell beziehen will. 176

bb) Mieterberatung

Für den Mieter steht im Vordergrund, wie hoch am Ende (also bei Vertragsschluss) seine **finanzielle Belastung** ist. Im Hinblick darauf muss sich der Rechtsanwalt zur Vorbereitung der Verhandlungen einen detaillierten **Überblick** über die **wirtschaftliche Bedeutung** der gewünschten und der zu erwartenden Regelungen verschaffen. Neben den Regelungen über die Miete sind dabei insbesondere zu beachten die Vereinbarungen über die Betriebskosten, Schönheitsreparaturen, Kleinreparaturen, Wartungsarbeiten, Rückbauverpflichtungen etc. 177

Jede dieser Verpflichtungen sollte dem Mandanten ausreichend erläutert und mit Zahlenbeispielen – ggf. anhand von Kostenvoranschlägen aus anderen Verfahren – unterlegt werden. Dadurch gewinnt der Mandant selbst den Eindruck, wie er die Mietsache finanzieren kann.

Bei Regelungen, die vom gesetzlichen Leitbild erheblich abweichen (z.B. Anfangsrenovierung), sollte man das **Entgegenkommen** im Gespräch besonders hervorheben, um an späterer Stelle daran erinnern zu können. Selbst wenn der Mandant innerlich entschieden ist, das Mietobjekt um je- 178 den Preis anzumieten, eröffnet sich so die Möglichkeit, Forderungen des Vermieters abzuschwächen.

179 Auch in der Position des Mieters besteht die Möglichkeit, die **Führung der Verhandlung** zu übernehmen. Sind z.B. wesentliche Zusammenhänge, die für die vertragliche Gestaltung maßgeblich sind, noch unbekannt, können diese Zusammenhänge anhand der Checkliste abgefragt werden. Dies sollte eingangs der Verhandlungen erfolgen und kann eingeleitet werden mit dem Hinweis, dass ohne diese Erkenntnisse eine vollständige Beratung des Mieters nicht möglich ist und/oder dadurch verhindert wird, dass der Mieter eine Verhandlungsposition einnimmt, die mit der Praxis des Vermieters nicht zu vereinbaren ist.

180 Gelingt es dem Mieter (Rechtsanwalt) nicht, die Führungsrolle in der Verhandlung zu übernehmen, oder beabsichtigt er dies nicht, sollte in einem möglichst frühen Stadium der Gespräche ermittelt werden, ob und ggf. in welchem Umfang **Verhandlungsspielraum** bei der Gegenseite vorhanden ist. Dies kann z.B. dadurch geschehen, dass bei der ersten „streitigen" Position eine unnachgiebige Haltung eingenommen wird. Erfolgt dann von der Gegenseite der Hinweis auf einen möglichen Abbruch der Verhandlungen und werden die Verhandlungen trotzdem – möglicherweise über einen anderen Punkt – weitergeführt, kann dies als Zeichen dafür gewertet werden, dass die andere Seite am Abschluss des Vertrages mit diesem Mieter sehr interessiert ist, der angekündigte Abbruch also nur ein taktisches Manöver war.

181 Selbst wenn diese Auseinandersetzung auf einen späteren Zeitpunkt verschoben wird, hat man der Gegenseite dadurch deutlich gemacht, dass man nicht unter allen Umständen kompromissbereit ist. Dies kann dazu führen, dass die andere Seite im unmittelbaren Anschluss daran schon entgegenkommendere Bedingungen stellt oder doch zumindest, wenn sie auf den angesprochenen Punkt zurückkommt, einen mit größerem Entgegenkommen versehenen Vorschlag unterbreitet.

182 Gibt der Verhandlungspartner auf Grund der **unnachgiebigen Haltung** in diesem Punkt nach oder zeigt ein anderes Entgegenkommen, ist für die weitere Verhandlung festgelegt, dass von der Gegenseite zunächst immer Maximalpositionen eingenommen werden. Gerade diese Erkenntnis muss zu einer Steigerung der Gelassenheit führen. Je mehr (Zeit-)Druck auf die Gegenseite ausgeübt werden kann, umso besser wird das Verhandlungsergebnis für den Mieter sein, denn in der Regel führt die Dauer der Verhandlungen auf Vermieterseite zu wirtschaftlichen Einbußen, wenn das Mietobjekt leer steht.

5. Die inhaltliche Umsetzung des Verhandlungsergebnisses

183 Die **Ausgestaltung des Mietvertrages** muss ein ausgewogenes Ergebnis zwischen notwendigem Inhalt und Umfang sein. Es ist ohne Zweifel möglich, jede erlaubte oder verbotene Verhaltensweise des Mieters im Zusammen-

hang mit der Mietsache zu regeln. Ein solches Vertragswerk kann jedoch bei einem unbefangenen Leser schon wegen des Umfanges Argwohn hervorrufen. Dies kann sich – gerade für den Vermieter – zu einem Nachteil auswirken, denn in der Regel ist der unbefangene Leser der Richter, weil eine Regelung des Vertrages streitig geworden ist. Der Richter geht zunächst von der allgemeinen Praxis aus, dass der Vermieter den Vertragstext stellt. Ergibt sich aus dem Vertrag, dass im Prinzip nichts erlaubt ist, wird der Richter dies dort, wo ihm Ermessensspielraum eingeräumt ist, zum Nachteil des Vermieters berücksichtigen.

Aber auch im Übrigen muss der Rechtsanwalt beachten, dass Verträge in erster Linie klar und deutlich sein sollen. Je umfangreicher ein Vertragswerk ist, umso größer ist die Gefahr der **Unübersichtlichkeit**.

Es hat sich bewährt, den Mietvertrag so aufzubauen, wie das Mietverhältnis abläuft. Die gesetzlichen Vorschriften des § 535 BGB, insbesondere aber des § 549 BGB, geben hierzu eine grobe **Richtschnur**. Nachdem also die Vertragsparteien, das Mietobjekt und die Miete geregelt worden sind, sollten Laufzeiten, weitere entgeltliche Leistungen, Gebrauchsregelungen etc. konzipiert werden. Dabei trägt es zur Übersichtlichkeit bei, wenn die einzelnen Tatbestände (Mietobjekt, Miete, Schönheitsreparaturen, Kaution etc.) in Abschnitten zusammengefasst werden. Diese Ordnung sollte konsequent durchgehalten werden. Dies wird dadurch erreicht, dass alle zu einem bestimmten Tatbestand (Stichwort) gehörenden Regelungen in dem jeweiligen Abschnitt zusammengefasst werden[1]. 184

Neben den notwendigen Angaben (Mietparteien, Mietobjekt) sollte sich die inhaltliche Gestaltung daran orientieren, was nach dem Gesetz im Rahmen einer **Individualvereinbarung** abbedungen werden kann bzw. welche gesetzlichen Regelungen erweitert oder inhaltlich ausgestaltet werden können. Dazu folgende **Übersicht**: 185

Gestaltungsspielräume beim Individualmietvertrag

Stichwort	§§	Regelungsmöglichkeit
Abnahme		s. *Wohnungsabnahme*
Ankündigung		s. *Modernisierung, Besichtigungsrecht, Erhaltungsmaßnahmen*
Anzeige des Eigentumsüberganges	566e BGB	Anforderungen können zugunsten des Mieters erhöht werden.
Aufrechnung		
– Beschränkung/Verbot	556b Abs. 2 BGB	Innerhalb der Grenzen des § 556b Abs. 2 BGB zulässig[2].

186

---

1 Vgl. *Lützenkirchen*, Wohnraummiete, B. I.
2 OLG Celle, WuM 1990, 103, 111; Staudinger/*Weitemeyer*, § 556b BGB Rz. 3 f.

Stichwort	§§	Regelungsmöglichkeit
– als Heilungsmöglichkeit bei fristloser Kündigung	569 Abs. 3 Nr. 2 BGB	Zum Nachteil des Mieters nicht abdingbar (§ 569 Abs. 5 BGB).
– bei Veräußerung	566d BGB	Abdingbar, aber nicht zum Nachteil des Erwerbers[1].
Auskunft		
– Betriebskostenpauschale	560 Abs. 3 BGB	Für den Fall der Ermäßigung kann die Auskunft zu Lasten des Mieters nicht eingeschränkt werden.
– Kaution	551 BGB	Regelung nicht sinnvoll; Mieter kann die insolvenzfeste Anlage verlangen, so dass Einschränkung des Auskunftsanspruchs dem Verbot des § 551 Abs. 4 BGB unterliegt.
– Zeitmietvertrag	575 Abs. 2 BGB	Nur zugunsten des Mieters zu gestalten, z.B. durch frühere Fälligkeit[2].
Barrierefreiheit	554a BGB	s. *Gebrauchsrechte/bauliche Veränderungen*
Befriedigungsrecht	569 Abs. 3 Nr. 2 BGB	Zum Nachteil des Mieters nicht abdingbar (§ 569 Abs. 5 BGB), Frist kann aber z.B. verlängert werden.
Befristung (Vereinbarung)		
– auflösende Bedingung	572 Abs. 2 BGB	Zugunsten des Wohnraummieters zwingend; Vereinbarung einer auflösenden Bedingung zugunsten des Mieters ist zulässig[3].
– qualifizierte Befristung	575 BGB	Befristungsgründe können alternativ oder hilfsweise in den Vertrag aufgenommen werden[4]; die aus der Befristung entstehenden Rechtsfolgen sind zugunsten des Mieters zwingend, § 575 Abs. 4 BGB; Fälligkeit des Auskunftsanspruchs und der Erklärungsfrist kann aber zugunsten des Mieters vorverlagert werden; ebenso kann der Inhalt der Mitteilungspflicht des Vermieters spezifiziert und das „Auswechseln" von Befristungsgründen ausgeschlossen werden[5].

---

1 *Harz* in Schmid, Miete und Mietprozess, 2–152.
2 *Lammel*, § 575 BGB Rz. 83.
3 Palandt/*Weidenkaff*, § 572 BGB Rz. 2.
4 Herrlein/Kandelhard/*Kandelhard*, § 575 BGB Rz. 9 m.w.N.
5 Vgl. dazu Herrlein/Kandelhard/*Kandelhard*, § 575 BGB Rz. 9; *Lammel*, § 575 BGB Rz. 60.

Stichwort	§§	Regelungsmöglichkeit
– Schriftform	550 BGB	In jedem Fall zwingend[1].
Besichtigungsrecht	535 BGB	In beliebiger Form regelbar in den Grenzen des § 138 Abs. 1 BGB[2], Ankündigung (Frist) sollte mitgeregelt werden[3].
Betriebskosten		
– Abrechnungszeitraum	556 Abs. 3 S. 1 BGB, 20 Abs. 3 S. 2 NMV	Ein 12-monatiger Abrechnungszeitraum ist zwingend; Ausnahmen sind bei Umstellung des Zeitraumes möglich, aber keine wesentliche Verlängerung.
– Abrechnungsfrist	556 Abs. 3 S. 2 BGB, 20 Abs. 3 S. 4 NMV	Zwingend sowohl bei preisfreiem als auch bei preisgebundenem Wohnraum.
– Einzelverteilerschlüssel	556a Abs. 1 BGB, 20 Abs. 2 NMV	Im preisgebundenen Wohnraum ist die Wohnfläche in den Grenzen der §§ 21–25 NMV als Umlegungsmaßstab zwingend, § 20 Abs. 2 NMV; im preisfreien Wohnraum kann der Abrechnungsschlüssel im Mietvertrag frei gewählt werden, da § 556a Abs. 1 BGB nicht zwingend ist[4]; bei gemischter Nutzung sollte die Formulierung nicht ausschließen, dass eine Vorerfassung stattfindet.
– Kontrollrechte	535, 556 Abs. 3 BGB, 29 NMV	Im preisfreien Wohnraum sind Ort der Einsichtnahme und Preis der Kopien regelbar[5]; im preisgebundenen Wohnraum ist § 29 NMV zwingend.
– Mehrbelastungsklausel	535 BGB	Grundsätzlich zulässig[6] und bei Pauschale wegen § 560 Abs. 1 BGB in Form eines Erhöhungsvorbehalts zwingend erforderlich; kann insbesondere bei der Einführung neuer Betriebskosten hilfreich sein.
– Rückforderung von Vorauszahlungen	§ 535 BGB	Nach Mietende soll sich dieser Anspruch bei Abrechnungssäumigkeit des Vermieters aus einer ergänzenden Vertragsauslegung ergeben[7]; deshalb sollte diese Lücke mindestens entsprechend den Grundsätzen des OLG Braunschweig[8] geschlossen werden.

1 Palandt/*Weidenkaff*, § 550 BGB Rz. 2.
2 Staudinger/*Emmerich*, § 535 BGB Rz. 97.
3 Vgl. *Lützenkirchen*, Wohnraummiete, C. I. Inhalt der Erläuterungen zu § 18 Nr. 2.
4 Umkehrschluss aus § 556a Abs. 3 BGB, *Lützenkirchen*, Neue Mietrechtspraxis, Rz. 156.
5 Vgl. BGH, WuM 2006, 200 = NZM 2006, 340.
6 *Langenberg*, Betriebskosten, C Rz. 23 ff. m.w.N.
7 BGH, WuM 2005, 337 = MietRB 2005, 141.
8 OLG Braunschweig, NZM 1999, 751.

Stichwort	§§	Regelungsmöglichkeit
– Umlagefähigkeit	535 Abs. 1 S. 3, 556a Abs. 1 BGB, 20 Abs. 1 NMV, 27 II. BV	In den Grenzen des Begriffs der Betriebskosten in § 27 II. BV regelbar[1]; z.B. durch Verweis auf § 27 II. BV; auf die Anlage 3 zu § 27 II. BV sollte nicht Bezug genommen werden, weil damit die nach § 27 Abs. 2 II. BV umlegbaren Eigenleistungen ausgeschlossen sein können; „sonstige Betriebskosten" müssen spezifiziert werden[2].
– Umlageschlüssel	556a Abs. 1 BGB, 20 Abs. 2 NMV	s. *Einzelverteilerschlüssel*
– Vorauszahlungen	556 Abs. 2 BGB, 20 Abs. 1 S. 3 NMV	Die Höhe muss angemessen sein, sollte sich also nach dem letzten Abrechnungsergebnis richten[3]; in preisgebundenem Wohnraum ist für jede Betriebskostenposition, die umgelegt werden soll, im Mietvertrag die Höhe der Vorauszahlungen anzugeben, § 20 Abs. 1 S. 3 NMV[4].
Dienstwohnung	576 BGB	Nachträgliche Verknüpfung zwischen Miet- und Dienstvertrag nicht zulässig[5]; ansonsten gelten die jeweils maßgeblichen Vorschriften über Zulässigkeit und Grenzen abweichender Vereinbarungen[6].
Drittüberlassung	540, 553, 546 Abs. 2 BGB	s. *Untermiete*
Duldungspflicht		
– Besichtigung	535 BGB	s. *dort*
– Erhaltungsmaßnahmen	554 Abs. 1 BGB	Vorschrift räumt nahezu unbegrenzte Duldungspflicht ein[7]; Änderung des Regelungsgehaltes ist nicht sinnvoll.
– Modernisierungsmaßnahmen	554 Abs. 2 BGB	Zum Nachteil des Mieters nicht abdingbar, § 554 Abs. 5 BGB; zugunsten des Mieters können die Anforderungen an die Ankündigung geregelt werden oder z.B. die Kündigungsfrist verlängert werden.
Einsichtsrecht in Abrechnungsbelege		s. *Betriebskosten/Kontrollrechte*

---

1 OLG Koblenz, WuM 1986, 50.
2 OLG Oldenburg, WuM 1995, 430; **a.A.** *Pfeifer*, ZMR 1993, 356.
3 *Schmid*, ZMR 2001, 761, 765; *Lützenkirchen*, Wohnraummiete, C. I. Inhalt der Erläuterungen zu § 4 Nr. 4.
4 OLG Oldenburg, WuM 1997, 609.
5 Staudinger/*Rolfs*, § 576 BGB Rz. 14 m.w.N.
6 Staudinger/*Rolfs*, § 576 BGB Rz. 38.
7 Staudinger/*Emmerich*, § 554 BGB Rz. 9.

Stichwort	§§	Regelungsmöglichkeit
Eintrittsrecht		
– Erwerber	566 BGB	Kann ausgeschlossen werden[1]; Vereinbarungen mit dem Erwerber bedürfen der Zustimmung des Mieters[2].
– der Berechtigten bei Tod des Mieters	563 Abs. 1 BGB	Zu Lasten des Mieters oder der Berechtigten nicht regelbar, § 563 Abs. 5 BGB; zugunsten der Berechtigten kann aber z.B. die Erklärungsfrist verlängert und die Überlegungsfrist des Vermieters verkürzt werden[3].
– des Eigentümers bei Zwischenvermietung	565 Abs. 1 S. 1 BGB	Zum Nachteil des (Unter-)Mieters sind Abweichungen nicht möglich, § 565 Abs. 3 BGB; möglich sind Abreden, die die Stellung des (Unter-)Mieters verbessern, z.B. Sonderkündigungsrecht.
– des neuen Zwischenvermieters	565 Abs. 1 S. 2 BGB	– wie vor –
Ersatzmieter		s. *Nachmieter*
Fälligkeit		
– der Miete	556b Abs. 1 BGB	Gesetzliche Vorfälligkeit verlangt nur Vornahme der Leistungshandlung (z.B. Überweisungsauftrag); bei Rechtzeitigkeitsklausel (vgl. *D Rz. 59*) darf Aufrechnung mit Bereicherungsansprüchen des Mieters auf Grund von § 536 BGB nicht tangiert sein, weil sonst Verstoß gegen § 536 Abs. 4 BGB vorliegen kann[4].
– von Schönheitsreparaturen	535 Abs. 1 S. 2 BGB	s. *Schönheitsreparaturen/Fälligkeit*
Fortsetzungsanspruch		
– bei Kündigung	574 BGB	Nicht abdingbar, § 574 Abs. 4 BGB; abweichende Vereinbarungen, die sich zugunsten des Mieters auswirken, sind aber möglich[5].
– bei echtem Zeitmietvertrag	575a Abs. 2 BGB	– wie vor –
– nach Widerspruch	574c BGB	– wie vor –
Fortsetzungsverlangen	575 Abs. 2 + 3 BGB	Nicht abdingbar, § 575 Abs. 4 BGB.

---

1 Palandt/*Weidenkaff*, § 566 BGB Rz. 5; **a.A.** *Heile* in Bub/Treier, II Rz. 871; *Franke* in Fischer-Dieskau/Pergande/Schwender, § 566 BGB Anm. 11 und 12.3.
2 Vgl. Staudinger/*Emmerich*, § 566 BGB Rz. 57 f.
3 *Lammel*, § 563 BGB Rz. 62; *Lützenkirchen*, Neue Mietrechtspraxis, Rz. 669.
4 Staudinger/*Emmerich*, § 556b BGB Rz. 26.
5 Palandt/*Weidenkaff*, § 574 BGB Rz. 3 m.w.N.

Stichwort	§§	Regelungsmöglichkeit
Gebrauchsrechte		
– Antenne	535 BGB	Gebrauch von CB-Funkantenne kann verboten werden; das Gleiche gilt für die Installation zusätzlicher Fernsehantennen (z.B. Parabolantenne), sofern kein Anschluss an eine Gemeinschaftsantenne vorhanden ist.
– Aufzug	535 BGB	Der Gebrauch kann zeitlich nicht beschränkt werden[1]; auch Stilllegungsvorbehalt ist unzulässig[2]; Benutzungsregeln können sich aber an der Aufzugsverordnung[3] orientieren, soweit daraus nicht wieder zeitliche Beschränkungen herzuleiten sind[4].
– Baden	535 BGB	Kann auch nicht für die Nachtzeit eingeschränkt werden[5].
– Balkon	535 BGB	Gehört zur Mietsache; Instandhaltung (Schönheitsreparaturen) können auf den Mieter übertragen werden.
– bauliche Veränderungen	535, 554a BGB	Sollten von der Zustimmung des Vermieters abhängig gemacht werden, wobei ggf. sogar die Ausführung durch Fachkräfte verlangt werden sollte; soweit Barrierefreiheit[6] tangiert ist, sind zum Nachteil des Mieters abweichende Vereinbarungen unzulässig, § 554a Abs. 3 BGB; in allen Fällen sollte Anspruch des Vermieters auf Leistung einer (zusätzlichen) Sicherheit in Höhe der ungefähren Rückbaukosten geregelt werden[7].
– Besuch	535 BGB	Im Rahmen der baulichen Gegebenheiten ist Empfang von Besuch kaum regelbar[8].
– Dekoration	535 BGB	Die Gestaltung der Wohnräume selbst bei der Ausführung von Schönheitsreparaturen kann dem Mieter in den Grenzen des § 138 BGB vorgeschrieben werden[9]; für Dekorationen von Fenstern gilt das Gleiche.

---

1 LG Berlin, WuM 1992, 599.
2 LG Frankfurt/Main, WuM 1990, 271, 276.
3 BGBl. I 1998, 1410.
4 OLG Frankfurt/Main, NZM 2004, 909.
5 OLG Düsseldorf, WuM 1991, 288; LG Köln, WuM 1997, 323.
6 Vgl. dazu *Mersson*, NZM 2002, 313 f.; *Drasdo*, WuM 2002, 123 f.
7 *Lützenkirchen*, Wohnraummiete, C. I. Inhalt der Erläuterungen zu § 13 Nr. 8.
8 *Lammel*, § 535 BGB Rz. 199.
9 *Langenberg*, Schönheitsreparaturen, C Rz. 4; *Lammel*, § 535 BGB Rz. 211.

Stichwort	§§	Regelungsmöglichkeit
– Dübel	535 BGB	Dübeln kann generell nicht untersagt werden; ist das Badezimmer jedoch üblich ausgestattet (Seifenhalter, Handtuchhalter, Duschabtrennung, Duschstange etc.), kann das Anbohren von Kacheln untersagt werden[1].
– Duschen	535 BGB	s. *Baden*
– Fahrräder	535 BGB	Das Abstellen in Gemeinschaftsräumen (Hausflur, Treppenhaus) kann auch untersagt werden, wenn ein besonderer Fahrradkeller nicht vorhanden ist.
– Feiern	535 BGB	Können generell nicht untersagt werden, allerdings können Ruhezeiten vereinbart werden.
– Garten	535 BGB	Pflege des Gartens, der zur Mietsache gehört, kann geregelt werden; wird nichts geregelt, ist der Mieter auch berechtigt, einen Naturgarten zu unterhalten oder ihn sonst wie zu gestalten[2]. Wird nichts Besonderes geregelt, ist der Mieter eines Einfamilienhauses nur verpflichtet, einfache Pflegetätigkeiten auszuführen, die weder besondere Fachkenntnisse noch einen besonderen Zeitaufwand erfordern (z.B. Rasen mähen, Unkraut jäten, Laub entfernen)[3].
– Gewerbe	535 BGB	Dem Mieter kann die teilgewerbliche Nutzung einer Wohnung gestattet werden; dabei kann ein Gewerbezuschlag vereinbart werden[4], die Grenze bildet die Übergewichtstheorie[5]; im Übrigen kann die untergeordnete gewerbliche Nutzung nicht von der Zustimmung des Vermieters abhängig gemacht werden.
– Haushaltsgeräte	535 BGB	Der Betrieb üblicher Haushaltsgeräte (Wasch- und Geschirrspülmaschine, Wäschetrockner etc.) kann grundsätzlich nicht ausgeschlossen werden; ist die Stromversorgung zu schwach, um Großverbraucher (z.B. Waschmaschine) gleichzeitig mit anderen Geräten betreiben zu können, ist eine ausdrückliche Regelung erforderlich, da der Mieter ansonsten ei-

1 *Lammel*, § 535 BGB Rz. 203 m.w.N.
2 Schmidt-Futterer/*Eisenschmid*, § 535 BGB Rz. 273; *Sternel*, Mietrecht, II Rz. 188 m.w.N.
3 OLG Düsseldorf, WuM 2004, 603.
4 LG Berlin, ZMR 1997, 468.
5 *Reinstorf* in Bub/Treier, II Rz. 105 m.w.N.

Stichwort	§§	Regelungsmöglichkeit
		nen Anspruch auf den gleichzeitigen Betrieb hat[1].
– Heizung	535 BGB	Die Nutzung kann nicht eingeschränkt werden; der Betrieb der Heizung kann jedoch zeitlich (Heizperiode, Absenkung zur Nachtzeit) beschränkt werden; eine Mindest- und eine Höchsttemperatur können bis zur Grenze des § 138 BGB festgelegt werden[2].
– Kinderwagen	535 BGB	Abstellmöglichkeit in Gemeinschaftsräumen (Hausflur, Treppenhäusern) kann nur beschränkt werden, wenn zumutbare Alternativen bestehen[3].
– Modernisierung	535 BGB	Sollte von der Zustimmung des Vermieters abhängig gemacht werden; s.a. *bauliche Veränderungen*.
– Müll	535 BGB	Hier sollte zumindest ein Änderungsvorbehalt vorgesehen werden, sofern sich die Müllentsorgung der Gemeinde ändert (Trennung)[4].
– Müllschlucker	535 BGB	Die Benutzung kann zeitlich eingeschränkt werden zur Vermeidung von Lärmbeeinträchtigungen[5].
– Musizieren	535 BGB	Ein völliger Ausschluss ist unzulässig[6], zeitliche Beschränkung ist allerdings möglich[7].
– Pflanzen	535 BGB	Das Aufstellen kann grundsätzlich nicht untersagt werden; Rankpflanzen, die an den Hauswänden angebracht werden, können jedoch verboten werden[8].
– Plakate	535 BGB	Das Anbringen kann untersagt werden.
– Rauchen	535 BGB	Kann nicht untersagt werden.
– Tierhaltung	535 BGB	Kann generell oder mit Erlaubnisvorbehalt untersagt werden; es sollte jedoch klargestellt werden, dass sich das Verbot

---

1 BGH, WuM 2004, 527.
2 Staudinger/*Emmerich*, § 535 BGB Rz. 62.
3 LG Hamburg, WuM 1992, 188; LG Bielefeld, WuM 1993, 37; AG Köln, WuM 1995, 652; AG Wennigsen, WuM 1996, 468.
4 *Lützenkirchen*, Wohnraummiete, C. I. Inhalt der Erläuterungen zu § 10 Nr. 4.
5 LG Dresden, NJW-MietR 1997, 197; LG Berlin, WuM 1992, 599.
6 OLG Hamm, NJW 1981, 465.
7 OLG Hamm, NJW-RR 1986, 500; OLG Frankfurt/Main, NJW 1985, 2138; AG Frankfurt/Main, WuM 1997, 430.
8 AG Bonn, WuM 1993, 735; **a.A.** AG Köln, WuM 1993, 604.

Stichwort	§§	Regelungsmöglichkeit
		nicht auf Kleintiere in Aquarien, Terrarien, Käfigen etc. auswirkt[1].
– Wäsche waschen	535 BGB	Ist das Haus mit einer Waschküche oder einem Waschmaschinenraum ausgestattet, kann das Betreiben einer Waschmaschine in der Wohnung untersagt werden; das Trocknen in der Wohnung kann im Hinblick auf Feuchtigkeitsschäden untersagt werden; das Aufstellen eines Wäschetrockners kann verboten werden, sofern ein Trockenraum vorhanden ist[2].
Gewährleistung		
– Arglist	536d BGB	Nicht abdingbar[3].
– Ersatzvornahme	536a Abs. 2 BGB	Nicht zwingend[4]; sinnvoll könnte 2-malige Fristsetzung sein (wegen Handwerkerterminen).
– Minderung	536 BGB	Zum Nachteil des Mieters abweichende Vereinbarung nicht zulässig, § 536 Abs. 4 BGB.
– Rechtsmängel	536 Abs. 3 BGB	Abdingbar in den Grenzen des § 536 Abs. 4 BGB[5].
– Schadensersatz		
– Aufwendungsersatz	536a Abs. 2 BGB	Nicht zwingend[6].
– Garantiehaftung	536a Abs. 1 S. 1, 1. Variante BGB	Abdingbar[7].
– Haftung bei verschuldetem Mangel	536a Abs. 1 S. 1, 2. Variante BGB	Abdingbar in den Grenzen der §§ 536 Abs. 4, 138, 242 BGB.
– Verzugshaftung	536a Abs. 1 S. 1, 3. Variante BGB	– wie vor –
– Vorschussanspruch[8]	536a Abs. 2 BGB	– wie vor –

---

1 *Kinne/Schach*, § 535 BGB Rz. 37 ff.
2 *Lammel*, § 535 Rz. 232.
3 *Harz* in Schmid, Miete und Mietprozess, 2–96.
4 Staudinger/*Emmerich*, § 536a BGB Rz. 44.
5 *Harz* in Schmid, Miete und Mietprozess, 2–97.
6 Staudinger/*Emmerich*, § 536a BGB Rz. 44 m.w.N.
7 BGH, WuM 1992, 316 = NJW-RR 1991, 74.
8 Vgl. BGH, NJW 1971, 1450.

Stichwort	§§	Regelungsmöglichkeit
– Verwirkung	536b BGB	Nicht zwingend[1], abweichende Vereinbarung liegt schon in der Zusage, einen bestimmten Mangel zu beheben.
Haftung für Dritte		
– Mieter		
– für Untermieter	540 Abs. 2 BGB	Abdingbar, aber nicht sinnvoll.
– für sonstige Personen	278 BGB	Haftung besteht ohnehin nur, wenn sich die Dritten mit Wissen und Wollen des Mieters in seinem Pflichtenkreis aufhalten (z.B. Mitbewohner, Besucher), hier kann auch eine verschuldensunabhängige Haftung geregelt werden[2].
– Vermieter	278 BGB, pVV (= § 281 Abs. 1 BGB)	Abdingbar, aber nicht sinnvoll.
Haftungsbeschränkung		Für Vermieter und Mieter regelbar (z.B. Höchstsumme, Begrenzung auf unmittelbare Schäden).
Haftung des (Mieter-) Erben sowie der Eintrittsberechtigten nach § 563 BGB	563b BGB	Abweichende Vereinbarungen möglich[3].
Hausordnung	535 BGB	Regelung nicht sinnvoll, da vorformuliertes Regelwerk (vgl. oben Rz. 43 ff.).
Heilungswirkung	569 Abs. 3 Ziff. 2 BGB	s. *Befriedigungsrecht*
Heizung		s. *Gebrauchsrechte*
Instandhaltung und Instandsetzung	535 Abs. 1 S. 2 BGB	Abdingbar in den Grenzen der §§ 138, 242 BGB; auf jeden Fall dürfen die Rechte aus § 536 BGB nicht eingeschränkt werden[4]; bei preisgebundenem Wohnraum sind nur die Kleinreparaturen übertragbar[5].
Kanalverstopfung	535 Abs. 1 S. 2 BGB	Bei nicht zu ermittelndem Verursacher kann anteilige Haftung des Mieters geregelt werden.
Kaution	551 BGB	s. *Sicherheitsleistung*

---

1 Staudinger/*Emmerich*, § 536b BGB Rz. 5.
2 BGH, WuM 1991, 381; OLG Frankfurt/Main, WuM 1992, 56, 63; *Bub* in Bub/Treier, II Rz. 527d.
3 Staudinger/*Rolfs*, § 563b BGB Rz. 21.
4 BGH, NJW 1992, 1759.
5 BGH, NJW 1989, 2247.

Stichwort	§§	Regelungsmöglichkeit
Kettenverträge	575 BGB	Als wechselseitiger, sich wiederholender Kündigungsverzicht zulässig (s. *Kündigung/Beschränkung*), wobei hier die Höchstdauer von 4 Jahren nicht gilt.
Kleinreparaturen	535 Abs. 1 S. 2 BGB	Auf den Mieter übertragbar (zum preisgebundenen Wohnraum s. *Instandhaltung und Instandsetzung*), Schranken ergeben sich aus zwingendem Recht, z.B. § 536 BGB[1], deshalb sind „Vornahmeklauseln" auch individualvertraglich nicht zulässig[2]; Höchstgrenze muss jedoch nicht geregelt werden, ist aber sinnvoll.
Kontrollrechte	535, 556 Abs. 3, 259 BGB, 29 NMV	s. *Betriebskosten*
Kündigung		
– allgemein		
– Beschränkung		Durch (auch einseitigen) Ausschluss des ordentlichen Kündigungsrechts regelbar[3]; wobei hier die Höchstdauer von 4 Jahren nicht gilt.
– Fristen	573c BGB	Zum Nachteil des Mieters nicht abzuändern, § 573c Abs. 4 BGB; Verlängerung für Vermieter ist aber zulässig; (weitere) Verkürzung nur zugunsten des Mieters.
– Schriftform	568 Abs. 1 BGB	Zwingend[4].
– des Mieters		
– außerordentliche	554 Abs. 3, 540 Abs. 1 S. 2, 550, 544, 564, 561, 557a Abs. 3, 242 BGB, II. Wo-BindG	Können zu Lasten des Mieters nicht ausgeschlossen werden; s.a. *Tod des Mieters/ Kündigungsrecht*.
– fristlose	543, 569 BGB	Nicht abdingbar.

---

1 Staudinger/*Emmerich*, § 535 BGB Rz. 130.
2 BGH, NJW 1992, 1759; Staudinger/*Emmerich*, § 535 BGB Rz. 133.
3 BGH, WuM 2004, 157 = ZMR 2004, 251 mit Anm. *Häublein*.
4 Palandt/*Weidenkaff*, § 568 BGB Rz. 3 (allg. Meinung).

Stichwort	§§	Regelungsmöglichkeit
– Begründungszwang	569 Abs. 4 BGB	Zugunsten des Mieters abdingbar[1].
– ordentliche	573 BGB	Ausschluss ist durch Befristung (§ 575 BGB) und wechselseitigen Verzicht (s. *Kündigung/allgemein/Beschränkung*) möglich; einseitiger Verzicht nur auf Wunsch des Mieters zulässig.
– des Vermieters		
– außerordentliche	z.B. 563 Abs. 4, 564 BGB	Alle außerordentlichen Kündigungsrechte sind zu Lasten des Vermieters abdingbar.
– ordentliche	573 BGB	Durch Befristung (§ 575 BGB) ausgeschlossen; ansonsten (auch partiell) abdingbar; zu Lasten des Mieters nicht erweiterbar[2].
– Teilkündigung	573b BGB	Abweichende Vereinbarungen zu Lasten des Mieters sind unwirksam, § 573b Abs. 5 BGB; Regelung einer Begründungspflicht oder eines (partiellen) Ausschlusses ist aber möglich.
– Zweifamilienhaus	573a BGB	Abweichende Vereinbarungen zu Lasten des Mieters sind unwirksam, § 573a Abs. 4 BGB; neben einer Begründungspflicht kann auch ein (partieller) Ausschluss formuliert werden, was insbesondere in dem Fall sinnvoll erscheint, in dem der Vermieter zu Beginn des Vertrages nicht im Objekt wohnt.
Lastentragung	535 Abs. 1 S. 3 BGB	Kann auf Mieter überbürdet werden[3]; s.a. *Betriebskosten*.
Laufzeit	575 BGB	Durch echte Befristung (§ 575 BGB) regelbar, beachte jedoch § 544 BGB; keine Regelung bedeutet, dass der Mietvertrag auf unbestimmte Zeit läuft.
Mangel	536 BGB	s. *Gewährleistung*
Mängelanzeige	536c Abs. 1 BGB	Nicht zwingend[4], sollte aber nur abbedungen werden, wenn regelmäßiges Prüfungsrecht ausgeübt werden kann.

---

1 *Lützenkirchen*, Wohnraummiete, C. I. Inhalt der Erläuterungen zu § 17 Nr. 2; vgl. auch *Sternel*, ZMR 2002, 1, 4.
2 *Lammel*, § 573 BGB Rz. 155; *Blank/Börstinghaus*, Neues Mietrecht, § 573 BGB Rz. 14.
3 Staudinger/*Emmerich*, § 535 BGB Rz. 63.
4 Staudinger/*Emmerich*, § 536c BGB Rz. 23.

Stichwort	§§	Regelungsmöglichkeit
– Schadensersatz	536c Abs. 2 BGB	Nicht zwingend[1].
Miete	535 BGB	
– Fälligkeit	556b Abs. 1 BGB	s. *dort*
– Persönliche Verhinderung	537 BGB	Nicht zwingend, daher abweichende Verteilung der Risikosphären möglich oder Ausschluss der Anrechnungspflicht[2]; auch Abstandszahlungsregelung bei vorzeitigem Ausscheiden zulässig[3].
– Zahlungsweise		
– Lastschrifteinzug	535 Abs. 2 BGB	Zulässig[4].
– Abbuchungsverfahren	535 Abs. 2 BGB	Zulässig[5].
Mietänderung		
– bei Aufnahme Dritter in die Wohnung	553 Abs. 2 BGB	Abdingbar; Pauschalierung möglich, z.B. bei Vermietung an Einzelperson und späterer Aufnahme eines Lebenspartners[6].
– Betriebskostenpauschale	560 Abs. 1–3 BGB	Zugunsten des Mieters zwingend, § 560 Abs. 6 BGB; Erhöhungsvorbehalt wegen § 560 Abs. 1 BGB erforderlich; Rückwirkung kann aber ausgeschlossen werden.
– Betriebskostenvorauszahlung	560 Abs. 4 BGB	Zum Nachteil des Mieters nicht disponibel, § 560 Abs. 6 BGB; zu Lasten des Vermieters können strengere Anforderungen an Form, Frist und Inhalt der Erklärung sowie deren Wirkung gestellt und dem Mieter ein rückwirkendes Senkungsrecht eingeräumt werden[7].
– Wegen Veränderung der ortsüblichen Vergleichsmiete und Modernisierung	558 ff., 559 ff. BGB	Bestimmungen sind zugunsten des Mieters zwingend, §§ 558 Abs. 6, 559 Abs. 3 BGB; das Verfahren und die Anforderungen können nicht zum Nachteil des Mieters geändert werden, §§ 558a Abs. 5, 558b Abs. 4, 559a Abs. 5, 559b Abs. 3 BGB; Ausschluss ist jedoch möglich, § 557 Abs. 3 BGB.

---

1 Staudinger/*Emmerich*, § 536c BGB Rz. 23.
2 Staudinger/*Emmerich*, § 537 BGB Rz. 38.
3 OLG Düsseldorf, MDR 1987, 936.
4 LG München I, WuM 1979, 143.
5 *Harz* in Schmid, Miete und Mietprozess, 2–88.
6 LG Köln, WuM 1990, 219; **a.A.** LG Mainz, WuM 1982, 191; AG Langenfeld/Rhld., WuM 1992, 477.
7 *Schmid*, MDR 2001, 1021; *Lammel*, § 560 BGB Rz. 43.

Stichwort	§§	Regelungsmöglichkeit
– Staffelmiete	557a BGB	Ohne zeitliche Obergrenze im Rahmen der Vorgaben des § 557a BGB vereinbar; Verstoß gegen § 557a BGB bewirkt Unwirksamkeit gemäß §§ 134, 139 BGB[1]; auch im preisgebundenen Wohnraum möglich, wobei entweder die jeweilige Kostenmiete die Obergrenze bildet[2] oder die Staffel erst nach Ablauf der Preisbindung eintreten soll[3].
– Indexmiete	557b BGB	Ohne Mindestbindung des Vermieters regelbar; Abweichungen zum Nachteil des Mieters bewirken aber die Unwirksamkeit, § 557b Abs. 4 BGB.
– Kombination von Staffel- und Indexmiete	557a, 557b BGB	Zulässig in den durch die §§ 557a Abs. 4, 557b Abs. 4 BGB gezogenen Grenzen[4].
Modernisierung	554 Abs. 2–5 BGB	Zum Nachteil des Mieters abweichende Vereinbarungen sind unwirksam, §§ 554 Abs. 5, 559 Abs. 3 BGB; s.a. *Duldungspflicht* und *Mietänderung*.
Nachmieter	535 BGB	Unechte und echte Nachfolgeklausel möglich[5].
Nutzungsentschädigung		
– bis zur Räumung	546a Abs. 1 BGB	Abdingbar[6], zum Nachteil des Mieters kann aber kein Schaden pauschaliert oder von der Verzögerung der Räumung unabhängiger Schadensersatzanspruch geregelt werden, § 571 Abs. 3 BGB[7].
– Schadensersatz	546a Abs. 2, 571 BGB	Nicht abdingbar zum Nachteil des Mieters, § 571 Abs. 3 BGB.
– nach der Räumung	280, 281, 286 BGB	In den Grenzen der §§ 571 Abs. 3, 138, 242 BGB regelbar.
Pfändungspfandrecht	562 BGB	Sofern Vermieterpfandrecht nicht ausgeschlossen ist, kann eine Erweiterung des § 562 BGB eine Vereinbarung zu Lasten Dritter darstellen.
Prüfungsrecht des Vermieters	535 Abs. 1 BGB	s. *Besichtigungsrecht*

---

1 Palandt/*Weidenkaff*, § 557 Rz. 10.
2 OLG Hamm, ZMR 1993, 162.
3 BGH, WuM 2004, 28.
4 *Lützenkirchen*, Wohnraummiete, C. I. Inhalt der Erläuterungen zu § 5 Nr. 6.
5 OLG Frankfurt/Main, WuM 1991, 475; Staudinger/*Emmerich*, § 537 Rz. 17 ff.
6 Palandt/*Weidenkaff*, § 546a BGB Rz. 1.
7 *Lammel*, § 571 BGB Rz. 14.

Stichwort	§§	Regelungsmöglichkeit
Räumung	546 BGB	Die Parteien können entgegen § 266 BGB Teilleistungen und insbesondere die zeitlichen Kriterien der Räumung vereinbaren[1]; s.a. *Rückgabe*.
– Ausschluss des Zurückbehaltungsrechts	556 Abs. 2 BGB	Nicht zwingend[2], Regelung aber nicht sinnvoll.
Reinigungspflicht	535 BGB	Auf den Mieter auch hinsichtlich allgemein genutzter Teile übertragbar[3], wobei eine die Verzugsfolgen unmittelbar herbeiführende Regelung geschaffen werden sollte[4].
Renovierung	535 Abs. 1 S. 2 BGB	s. *Schönheitsreparaturen*
Rückgabe	546 BGB	Inhalt, Umfang und Zeitpunkt können gestaltet werden; wenn Rückbauverpflichtung angesprochen wird, kann sich daraus eine Hauptpflicht ergeben, so dass Schadensersatz u.U. nur über § 281 BGB verlangt werden kann[5]; auf jeden Fall sollte festgelegt werden, dass die Rückgabe am letzten Tag der Mietzeit erfolgen muss, wobei auch die Modalitäten der Terminabsprache vorgegeben werden können[6]; s.a. *Räumung*.
Rückgabe als Verjährungsbeginn	548 Abs. 1 BGB	Umfang, Zeitpunkt und Zustand sind in den Grenzen der §§ 138, 242 BGB regelbar; im Zusammenhang mit der Verjährung können Regelungen getroffen werden, die die Fälligkeit hinausschieben[7], § 202 BGB.
Rücktritt	572 Abs. 1 BGB	Abdingbar[8].
Schadensersatz		s. *Gewährleistung/Schadensersatz, Haftung für Dritte, Haftungsbeschränkung, Mängelanzeige/Schadensersatz, Nutzungsentschädigung, Schönheitsreparaturen*

---

1 *Lützenkirchen*, Wohnraummiete, C. I. Inhalt der Erläuterungen zu § 19 Nr. 1.
2 RG, RGZ 139, 17.
3 *Kraemer* in Bub/Treier, III Rz. 1085.
4 *Lützenkirchen*, Wohnraummiete, C. I. Inhalt der Erläuterungen zu § 11 Nr. 3.
5 BGH, WuM 1997, 217; kritisch *Lützenkirchen*, NZM 1998, 558; *Eisenhardt*, WuM 1998, 447.
6 *Lützenkirchen*, Wohnraummiete, C. I. Inhalt der Erläuterungen zu § 19 Nr. 1.
7 Staudinger/*Emmerich*, § 548 BGB Rz. 45 f.
8 *Franke* in Fischer-Dieskau/Pergande/Schwender, § 572 BGB Anm. 3; *Harz* in Schmid, Miete und Mietprozess, 2–146.

Stichwort	§§	Regelungsmöglichkeit
Schriftform		
– bei Befristung	550 BGB	Zwingend[1].
– bei Kündigung	568 Abs. 1 BGB	Zwingend[2].
Schönheitsreparaturen		
– Art der Renovierung	535 Abs. 1 S. 2 BGB	Regelbar, z.B. Tapetenwahl[3].
– Endrenovierung	535 Abs. 1 S. 2 BGB	Auch unabhängig vom Zeitpunkt der letzten Renovierung vereinbar[4].
– Fälligkeit	535 Abs. 1 S. 2 BGB	Fristen sind frei aushandelbar[5], ansonsten kommt es auf die Notwendigkeit zur Durchführung von Maßnahmen an.
– Quotenklausel	535 Abs. 1 S. 2 BGB	Beschränkungen des Rechtsentscheids des BGH vom 6.7.1988[6] müssen nicht beachtet werden.
– Schadensersatz		
– Grund	281 BGB	Fristsetzung kann ausgeschlossen werden.
– Höhe	249, 251 BGB	Pauschalierung möglich.
– Umfang	535 Abs. 1 S. 2 BGB	Renovierungsumfang kann inhaltlich[7] und räumlich (z.B. Keller, Balkon)[8] gestaltet werden ohne Rücksicht auf die Begriffsdefinition; im preisgebundenen Wohnraum gilt aber § 28 II. BV.
Selbsthilfe	562b BGB	Vertragliche Erweiterung zugunsten des Vermieters nicht zulässig[9].
Sicherheitsleistung	562c BGB	Änderung zum Nachteil des Mieters zulässig[10].
Sicherheitsleistung/ Kaution	551 BGB	
– Anlagepflicht	551 Abs. 3 BGB	Nicht abdingbar, § 551 Abs. 4 BGB.

---

1 *Blank/Börstinghaus*, § 550 BGB Rz. 2 m.w.N.
2 Palandt/*Weidenkaff*, § 568 BGB Rz. 3 (allg. Meinung).
3 LG Freiburg, WuM 1980, 75 (Raufaser).
4 *Harsch*, Rz. 407 m.w.N.
5 *Harsch*, Rz. 328 m.w.N.
6 BGH, WuM 1988, 294 mit Anmerkung *Lützenkirchen*, WuM 1988, 380.
7 *Harsch*, Rz. 239.
8 LG Darmstadt, WuM 1987, 315; *Harsch*, Rz. 239.
9 OLG München, WuM 1989, 128, 132.
10 *Sternel*, Mietrecht, III Rz. 275.

Wohnraummietverträge   Rz. 186 **A**

Stichwort	§§	Regelungsmöglichkeit
– Andere Anlageform	551 Abs. 3 BGB	Jede beliebige Anlage aushandelbar[1], auch Nachschusspflicht, § 240 BGB; sinnvoll, weil gegenüber der Regelanlage höher verzinslich sind werthaltige Schuldverschreibungen (z.B. Bundesobligationen); vom übrigen Vermögen getrennte Anlage ist unabdingbar, § 551 Abs. 4 BGB.
– Art der Sicherheit		Frei aushandelbar.
– Höhe	551 Abs. 1 BGB	Nicht mehr als 3 Nettomieten, § 551 Abs. 4 BGB (Zusammenrechnung bei mehreren Sicherheiten)[2].
– Ratenzahlung	551 Abs. 2 BGB	Zwingend, § 551 Abs. 4 BGB; deshalb kann Wirksamkeit der gesamten Klausel gefährdet sein, wenn sie regelt, dass Barkaution in einer Summe zu zahlen ist.
– Übergang auf Erwerber	566a BGB	Nicht zwingend[3]; Enthaftung des Vermieters durch Überlassung der Kaution an den Erwerber mit Zustimmung des Mieters[4].
– Verzinsung	551 Abs. 3 BGB	Nicht abdingbar, § 551 Abs. 4 BGB.
Stillschweigende Verlängerung	545 BGB	Abdingbar[5], daher auch inhaltliche Gestaltung möglich (z.B. Verlängerung der Frist).
Streupflicht		s. *Reinigungspflicht*
Tierhaltung		s. *Gebrauchsrechte/Tierhaltung*
Tod des Mieters		
– Eintrittsrecht	563 ff., BGB	s. *Eintrittsrecht*
– Haftung	563b BGB	s. *Haftung des Erben*
– Kündigungsrecht des überlebenden Mieters	563, 563a BGB	Abweichende Vereinbarung zu Lasten des Mieters unzulässig, § 563a Abs. 3 BGB; auch testamentarische Verfügungen zugunsten des außerhalb von § 563 BGB stehenden Personenkreises sollen unwirksam sein[6]; Verlängerung der Überlegungsfrist ist aber zulässig[7], nicht jedoch die räumliche Beschränkung auf einen Teil

1 **A.A.** *Lammel*, § 551 BGB Rz. 41 (keine spekulativen Anlagen).
2 BGH, BGHZ 107, 210.
3 *Lützenkirchen*, Neue Mietrechtspraxis, Rz. 498; *Blank/Börstinghaus*, § 566a BGB Rz. 19.
4 *Lützenkirchen*, Wohnraummiete, C. I. Inhalt der Erläuterungen zu § 8 Nr. 8.
5 BGH, ZMR 1966, 241; Palandt/*Weidenkaff*, § 545 BGB Rz. 4.
6 *Lammel*, § 563a BGB Rz. 20.
7 *Kinne/Schach*, § 563a Rz. 11.

Lützenkirchen | 85

Stichwort	§§	Regelungsmöglichkeit
		der Mietsache, weil Gebrauchsrecht des Mieters entgegen § 535 BGB eingeschränkt wird.
– Kündigungsrecht des Erben	564 BGB	Kann auch zugunsten des Vermieters ausgeschlossen oder inhaltlich modifiziert werden[1].
– Kündigung des Vermieters	563 Abs. 4 BGB	Abweichende Vereinbarung zulässig, aber nicht zu Lasten des Mieters oder der Eintrittsberechtigten, § 563 Abs. 5 BGB.
Überlassungsanspruch	535 Abs. 1 BGB	Auf die „vermietete" Sache beschränkt, deshalb sollten Mietsache und Zubehörräume konkret bezeichnet werden.
Unterlassungsanspruch	541 BGB	Abdingbar, deshalb kann z.B. Abmahnung ausgeschlossen, aber auch zweimalige Abmahnung geregelt werden[2].
Untervermietung		
– berechtigtes Interesse	553 Abs. 1 BGB	Regelungen zum Nachteil des Mieters sind unwirksam, § 553 Abs. 3 BGB.
– Erlaubnis	540 Abs. 1 S. 1, 553 BGB	§ 540 Abs. 1 BGB ist an sich dispositiv[3], völliger Ausschluss ist jedoch zweifelhaft[4]; unbedenklich ist aber eine Regelung, die bestimmt, unter welchen Voraussetzungen der Vermieter die Erlaubnis auf jeden Fall erteilen muss; § 540 Abs. 2 S. 1 BGB kann zum Nachteil des Mieters nicht geändert werden, § 540 Abs. 3 BGB.
– Kündigung	540 Abs. 1 S. 2 BGB	Nicht abdingbar, da sonst auch (unabdingbares) Kündigungsrecht aus § 543 Abs. 2 Nr. 1 BGB tangiert würde[5].
– Mieterhöhung (Zuschlag)	553 Abs. 2 BGB	s. *Mietänderung bei Aufnahme Dritter in die Wohnung*
– Verschulden	540 Abs. 2 BGB	s. *Haftung für Dritte/Mieter*
– wichtiger Grund	540 Abs. 2 S. 1, 2. HS BGB	Zugunsten des Mieters sind abweichende Regelungen möglich, § 553 Abs. 3 BGB, also z.B. ein Katalog der Gründe[6], die nicht relevant („wichtig") sein sollen.

---

1 Palandt/*Weidenkaff*, § 564 BGB Rz. 3; *Lützenkirchen*, Neue Mietrechtspraxis, Rz. 695.
2 Staudinger/*Emmerich*, § 541 BGB Rz. 8.
3 Palandt/*Weidenkaff*, § 549 BGB Rz. 1.
4 BGH, NJW 1990, 3016; Staudinger/*Emmerich*, § 540 BGB Rz. 20.
5 *Sternel*, Mietrecht, IV Rz. 487; Staudinger/*Emmerich*, § 540 BGB Rz. 19 f.; **a.A.** LG Berlin, MM 1996, 453; *Lammel*, § 540 BGB Rz. 25.
6 Vgl. Zusammenstellung bei *Lützenkirchen*, WuM 1990, 413.

Stichwort	§§	Regelungsmöglichkeit
Veräußerung	566 ff., 567, 567a, 578 BGB	s. *Eintrittsrecht/Erwerber*; Veräußerungsverbot möglich, da § 311a BGB nicht gilt; §§ 567, 578 BGB sind nicht zwingend[1].
Verjährung	548 BGB	Disponibel[2], aber Verlängerung der Verjährungsfrist ebenso unzulässig, § 202 BGB[3], wie völliger Verzicht[4]; s.a. *Rückgabe als Verjährungsbeginn*.
Verkehrssicherungspflicht		Auf Mieter übertragbar, Vermieter behält jedoch Kontrollpflicht[5].
Vermieterpfandrecht	562 ff. BGB	Das Recht kann ausgeschlossen werden[6]; erfolgt dies nicht, sind §§ 562 ff. BGB[7] zwingend.
Verschulden	538 BGB	Kann beliebig abgeändert werden[8]; s.a. *Haftung für Dritte/Mieter*.
Vertragsausfertigungsgebühr	134 BGB, 2 Abs. 2 WoVermittG	Unzulässig, da als versteckte Courtage für den Abschluss des Mietvertrages zu werten[9].
Vertragsstrafe	555 BGB	Nicht regelbar zu Lasten des Mieters.
vertragsgemäßer Gebrauch	535 Abs. 1 S. 2, 536, 539 BGB	Da Mieter sich innerhalb der Wohnung frei entfalten kann, sind Regelungen, die sich auf ein außerhalb der Räume ausgeübtes Verhalten beziehen, in den Grenzen der §§ 138, 242 BGB zulässig und sinnvoll.
vertragswidriger Gebrauch	535, 541 BGB	s. *Gebrauchsrechte* und *Unterlassungsanspruch*.
Verwendungsersatz	536b Abs. 2 BGB	Nicht zwingend[10]; in den Grenzen des § 555 BGB kann der Anspruch ausgeschlossen oder beschränkt werden[11], was das Wegnahmerecht (s. *dort*) unberührt lässt.
Vorkaufsrecht	577 BGB	Zum Nachteil des Mieters nicht beschränkbar, § 577 Abs. 5 BGB.

---

1 Staudinger/*Emmerich*, § 567 BGB Rz. 2.
2 Staudinger/*Emmerich*, § 548 BGB Rz. 45.
3 OLG Frankfurt/Main, NJW 1971, 1754.
4 AG Bonn, WuM 1981, 192.
5 *Kraemer* in Bub/Treier, III Rz. 1085 ff. m.w.N.
6 RG, RGZ 141, 99, 102.
7 v. *Martius* in Bub/Treier, III Rz. 858; *Schmid*, Mietkaution und Vermieterpfandrecht, Rz. 3042, 3104; Palandt/*Weidenkaff*, § 562 BGB Rz. 4 und § 562b Rz. 4 und § 562c BGB Rz. 1.
8 Staudinger/*Emmerich*, § 538 BGB Rz. 12; Palandt/*Weidenkaff*, § 538 BGB Rz. 2.
9 AG Hamburg-Wandsbek, WuM 2005, 47.
10 BGH, NJW 1959, 2163; Palandt/*Weidenkaff*, § 536a BGB Rz. 7.
11 Staudinger/*Emmerich*, § 536a BGB Rz. 44.

Stichwort	§§	Regelungsmöglichkeit
Wartung	535 Abs. 1 S. 2 BGB	Hinsichtlich der technischen Geräte in der Wohnung auch ohne Kostengrenze auf Mieter übertragbar[1], da Transparenzgebot aus § 9 AGBG (= § 307 BGB) entwickelt[2], also auch Abschluss von Wartungsverträgen durch den Mieter regelbar; technische Geräte müssen aber aufgelistet werden.
Wegnahmerecht	539, 552 BGB	Kann nur ausgeschlossen werden, wenn angemessener Ausgleich vorgesehen wird, § 547a Abs. 3 BGB.
Werkdienstwohnung	576 ff. BGB	Nicht zum Nachteil des Mieters abänderbar, §§ 576 Abs. 2, 576a Abs. 3 BGB[3]; s.a. *Dienstwohnung*.
Wertsicherungsklausel	557b BGB	s. *Mietänderung/Indexklausel*
Widerspruch	574 ff. BGB	s. *Fortsetzungsanspruch*
Wohnungsabnahme		Regeln in den Grenzen der §§ 138, 242 BGB aushandelbar[4].
Wohnungsrückgabe	546 BGB	s. *Rückgabe*
Zwischenvermietung	565 BGB	s. *Eintrittsrecht*
Zahlungsverzug	543 Abs. 2 Nr. 3, 569 Abs. 2 BGB	Nicht zum Nachteil des Mieters regelbar, § 569 Abs. 5 BGB, i.Ü. s. *Befriedigungsrecht*.
Zahlungsweise	535 S. 2 BGB	s. *Miete/Zahlungsweise*
Zurückbehaltungsrecht	556b Abs. 2, 570, 578 Abs. 1 BGB	s. *Aufrechnung* und *Räumung*
Zutrittsrecht	535 BGB	s. *Besichtigungsrecht*

6. Entwerfen eines Formularvertrages über Wohnraum

187 In dieser Beratungssituation ist in der Regel der **Vermieter** der Auftraggeber, denn es ist kaum vorstellbar, dass ein Wohnungsmieter (im Gegensatz zu Gewerbemietern) einen Rechtsanwalt beauftragt, für ihn einen Vertrag zu gestalten, mit dem er auch zukünftig oder gleichzeitig weiteren Wohnraum anzumieten beabsichtigt.

---

1 *Bub* in Bub/Treier, II 463.
2 Vgl. dazu BGH, WuM 1991, 381, 383.
3 Staudinger/*Rolfs*, § 576 BGB Rz. 38, § 576a BGB Rz. 17; Palandt/*Weidenkaff*, Vorb. v. § 576 BGB Rz. 3.
4 *Lützenkirchen*, Wohnraummiete, C. I. Inhalt der Erläuterungen zu § 20 Nr. 1.

a) Vorbereitung des Beratungsgesprächs

Sowohl bei der Mitwirkung beim Vertragsabschluss als auch bei der Erarbeitung eines Formularvertrages sind im Wesentlichen die **Grundsätze der Inhaltskontrolle** nach den §§ 307 ff. BGB zu beachten. Hierzu empfiehlt es sich, die Verbandsklageentscheidungen[1] oder auch spezielle Abhandlungen[2] als Einstieg zu lesen. Bei aufmerksamer Lektüre gewinnt man sehr schnell ein Gefühl für die „**kundenfeindlichste Auslegung**"[3] und das „**Transparenzgebot**", die beide wesentliche Grundsätze der Inhaltskontrolle bei Formularmietverträgen bilden, vor allem bei Unterlassungsklagen.

188

Eine Beschränkung der Prüfung auf **mietrechtliche Entscheidungen** kann dabei zu einer verkürzten Sichtweise mit dem entsprechenden **Haftungsrisiko** führen. Um die im Verkehr erforderliche Sorgfalt des Rechtsanwalts zu beachten, müssen auch Entscheidungen, die außerhalb des Mietrechts ergangen sind, in die Prüfung einbezogen werden, um ggf. Tendenzen der Rechtsprechung einschätzen zu können. Abgesehen davon, dass der Mandant erwartet, dass der von seinem Rechtsanwalt entworfene Vertrag ein paar Jahre Bestand hat, ist es dem Mandanten nur schwer zu vermitteln, wenn ein Rechtsstreit verloren wird, bei dem eine formularvertragliche Regelung, die der Rechtsanwalt entworfen hat, unwirksam ist.

189

Zumindest die Verbandsklageentscheidungen[4] und die neuesten Abhandlungen[5], aber vor allem die Übersichten über die BGH-Entscheidungen der letzten Jahre[6] sollte der Rechtsanwalt schon vor dem ersten Beratungsgespräch mit dem Mandanten studiert haben. Dadurch wird nämlich eine Abwicklung des Mandats in angemessener Zeit ermöglicht. Auf Grund der gewonnenen Erkenntnisse über die Grundsätze der Inhaltskontrolle ist der Rechtsanwalt schon im ersten Mandatsgespräch in der Lage, **Problemsituationen** zu erkennen und mit dem Mandanten zu erörtern. Ein umgekehrtes Vorgehen, also zunächst das Beratungsgespräch zu führen, um im An-

190

---

1 BGH, WuM 1991, 381; BGH, WuM 1993, 109; OLG Celle, WuM 1990, 103; OLG Frankfurt/Main, WuM 1992, 56; OLG Frankfurt/Main, WuM 1997, 609; OLG Hamburg, WuM 1991, 385; OLG München, WuM 1991, 388; OLG München, WuM 1989, 128; LG Hannover, WuM 1988, 259; LG München I, WuM 1988, 145; LG Frankfurt/Main, WuM 1990, 271.
2 Z.B. v. *Westphalen*, NJW 2002, 1688; *Sternel*, NZM 1998, 833 ff.; *Lützenkirchen*, Wohnraummiete; *Kossmann*, Der Wohnraummietvertrag, 2. Aufl.; *Joachim*, Wohnraummietvertrag.
3 BGHZ 91, 55, 61; BGH, MDR 1992, 643.
4 BGH, WuM 1991, 381; BGH, WuM 1993, 109; OLG Celle, WuM 1990, 103; OLG Frankfurt/Main, WuM 1992, 56; OLG Frankfurt/Main, WuM 1997, 609; OLG Hamburg, WuM 1991, 385; OLG München, WuM 1991, 388; OLG München, WuM 1989, 128; LG Hannover, WuM 1988, 259; LG München I, WuM 1988, 145; LG Frankfurt/Main, WuM 1990, 271.
5 *Joachim*, Wohnraummietvertrag; *Lützenkirchen*, Wohnraummiete, *Kossmann*, Der Wohnraummietvertrag.
6 Eine Zusammenstellung findet sich auf der Homepage des Verfassers nach Jahren geordnet (www.ld-ra.de).

schluss daran die rechtlichen Möglichkeiten zur Formulierung abzugleichen, führt zu weiterem Aufklärungsbedarf, wenn die Praxis des Mandanten auf Schwierigkeiten bei der rechtlichen Umsetzung stößt.

b) Das Beratungsgespräch

191 In dem ersten Beratungsgespräch mit dem Mandanten sollte zunächst seine Praxis bei der Abwicklung von Mietverträgen ermittelt werden. Dafür sollte **jede einzelne Etappe** des Mietverhältnisses von der Übergabe bis zur Rückgabe einzeln abgehandelt werden. Als Orientierung dient dabei die Checkliste (vgl. oben *Rz. 54 ff.*). Anhand der einzelnen Abschnitte, die das Mietverhältnis bei dem Mandant gesetz- bzw. praxismäßig durchläuft, gewinnt der Rechtsanwalt ein vollständiges Bild über die Handhabung und den Umgang seines Mandanten.

192 Insbesondere bei größeren Vermietern oder Verwaltungen sollten die einzelnen **Fachabteilungen** (Mietbuchhaltung, Mietverwaltung, Instandhaltung etc.) zur Aufbereitung des Sachverhaltes beteiligt werden, denn der Geschäftsführer einer Verwaltungsgesellschaft oder der Eigentümer größeren Grundbesitzes erhält von seinen Mitarbeitern immer nur das Ergebnis der Arbeit präsentiert und delegiert die einzelnen Schritte, die zu dem Ergebnis führen, auf die entsprechenden Fachabteilungen. Andererseits sind die zuständigen Mitarbeiter oftmals besser in der Lage, die praktischen Schwierigkeiten bei der Umsetzung der vom Rechtsanwalt als ideal angesehenen Regelungen zu erkennen, weil sie „näher" an der Sache sind.

193 Ziel der Informationsgespräche mit dem Mandanten und seinen Mitarbeitern muss es sein, eine möglichst exakte Vorstellung von allen **Arbeitsabläufen** zu erhalten, die sich während der Dauer des Mietvertrages vollziehen (Betriebskostenabrechnung, Wohnungsabnahme etc.). Die Einbeziehung der Mitarbeiter der einzelnen Fachabteilungen hat im Übrigen den Vorteil, dass eine rechtlich problematische Praxis unmittelbar mit denjenigen diskutiert werden kann, die diese Praxis durch jahrelange Tätigkeit und Erfahrung entwickelt haben. Bestimmt der Mandant (z.B. Geschäftsführer einer Verwaltungsgesellschaft) vom „grünen Tisch" auf Empfehlung seines Rechtsanwalts eine Änderung der bisherigen Praxis, kann sich bei den zuständigen Mitarbeitern Widerstand regen, weil sie ihre bisherige Tätigkeit umstellen müssen. Durch das direkte Gespräch zwischen dem Rechtsanwalt und den Mitarbeitern der Fachabteilungen kann jedoch schon in einem sehr frühen Stadium Überzeugungsarbeit geleistet werden, die allein deshalb erforderlich sein kann, weil der Rechtsanwalt i.d.R. mit mehr rechtlicher Kompetenz gegenüber den Mitarbeitern des Mandanten ausgestattet ist. Abgesehen davon bietet sich in derartigen Gesprächen die Möglichkeit, die vom Rechtsanwalt vorgeschlagene idealrechtliche Lösung zu diskutieren, um einen Kompromiss zwischen dem **rechtlich Möglichen** und dem **praktisch Umsetzbaren** zu finden. Sofern vorhanden, sollte auch das bisher von dem Mandanten verwendete Vertragsformular überprüft und in die Beratungsgespräche einbezogen werden. Oftmals ist nämlich der

bisherige Formularvertrag vom Vermieter auf Grund konkreter (Streit-)Fälle immer wieder ergänzt worden, ohne sich Gedanken darüber zu machen, wie sich die ergänzte oder geänderte Regelung auf die generelle Praxis auswirkt oder mit den §§ 307 ff. BGB zu vereinbaren ist. Gerade diese speziellen Regelungen sollten zum Anlass genommen werden, mit dem Mandanten oder seinen Mitarbeitern die Relevanz der erfassten Sachverhalte zu überprüfen. Ergibt sich daraus, dass eine Sonderregelung für einen Einzelfall geschaffen wurde, muss untersucht werden, ob eine generellere Regelung entworfen werden kann oder eine Regelung überhaupt notwendig ist.

Ergibt die Sachverhaltsarbeit, dass bei dem Mandanten je nach Mietobjekt eine **unterschiedliche Praxis** besteht (z.B. teilweise Betriebskostenvorauszahlungen, teilweise Pauschalen; teilweise Überbürdung der Schönheitsreparaturen, teilweise Verpflichtung des Vermieters zur Renovierung etc.), muss geklärt werden, inwieweit er zukünftig, also ab Verwendung des Formulars, seine Praxis vereinheitlichen will und kann. Ist dies möglich, können die Unterschiede vernachlässigt werden. Sollen oder müssen die Verschiedenheiten jedoch beibehalten werden, ist zu überlegen, inwieweit sich die Unterschiede einheitlich formulieren lassen oder verschiedene Entwürfe gefertigt werden müssen. 194

Lässt sich die Praxis des Mandanten mit den Grundsätzen für die Inhaltskontrolle von Formularverträgen nicht vereinbaren, muss zusätzlich die **praktische Relevanz** geprüft werden. Besteht der Mandant z.B. darauf, dass jede Untervermietung von ihm schriftlich erlaubt werden muss, liegt in dem Schriftlichkeitsgebot ein Verstoß gegen § 307 BGB[1]. Die Unwirksamkeit dieser Regelung führt aber gemäß § 306 BGB zur Anwendbarkeit der gesetzlichen Vorschriften (hier: §§ 540, 553 BGB). Im Fallbeispiel ist die Untervermietung ohne Erlaubnis schon nach dem Gesetz unzulässig und führt unter den Voraussetzungen des § 543 Abs. 2 Nr. 2 BGB zum Recht des Vermieters zur fristlosen Kündigung, zumindest aber zur ordentlichen Kündigung nach § 573 Abs. 2 Nr. 1 BGB. Die Unwirksamkeit wirkt sich also nicht zum Nachteil des Mandanten aus. Andererseits hat die Aufnahme des Schriftlichkeitsgebots in den Mietvertrag aber den Vorteil, dass sich eine Vielzahl von Mietern von einem Verstoß gegen die vertragliche Regelung abhalten lässt, denn nicht jeder Mieter wird rechtlich beraten, und viele halten sich an die Buchstaben des Vertrages. Neben der Relevanz der Unwirksamkeit ist daher abzuwägen, inwieweit für den Mandanten dadurch ein Vorteil entsteht, dass sich die Mehrzahl der Mieter an den Vertragstext gebunden fühlt. Mit Rücksicht darauf kann sich auch aus der Verwendung einer unwirksamen Klausel für den Vermieter ein Vorteil ergeben. 195

Dieser Vorteil muss jedoch gegen das Risiko einer möglichen **Schadensersatzpflicht** des Vermieters wegen fahrlässiger Verwendung einer unwirksamen Klausel abgewogen werden[2]. Dieser Anspruch aus den §§ 280 196

---
1 BGH, WuM 1991, 381, 382.
2 BGH, NJW 1994, 2754; *Bub* in Bub/Treier, II Rz. 576 m.w.N.

Abs. 1, 241 Abs. 2, 311 Abs. 2 BGB besteht regelmäßig in Höhe der Beratungskosten, die der Mieter/Kunde für die Überprüfung der Klausel an einen Rechtsanwalt zahlen musste. Er kann sich vergrößern, wenn dem Mieter der Nachweis gelingt, dass er sich z.B. von einer (teilweisen) Untervermietung wegen der unwirksamen Klausel hat abhalten lassen.

197 Selbstverständlich muss der Rechtsanwalt die Entscheidung, ob eine unwirksame Klausel verwendet werden soll, dem Mandanten überlassen. Dazu ist es erforderlich, dass er ihm nicht nur anschaulich vermittelt, woraus sich die Unwirksamkeit ergibt, sondern auch die praktische Relevanz der Klausel verdeutlicht. Entscheidet sich der Vermieter für die unwirksame Klausel, muss aus Haftungsgründen (schriftlich) darauf hingewiesen werden, dass über die Unwirksamkeit **aufgeklärt** wurde und die Aufnahme der Klausel in den Mietvertrag auf ausdrücklichen Wunsch des Vermieters erfolgte.

c) Die Prüfung der Informationen

198 Die Aufgabe des Rechtsanwalts besteht darin, die einzelnen Stadien, die das Mietverhältnis durchläuft, in praktisch handhabbare und rechtlich zulässige Formulierungen zu kleiden. Bei der rechtlichen Würdigung muss er nicht nur diejenigen Vorschriften der §§ 535 ff. BGB beachten, die zwingend sind (z.B. § 536 Abs. 4 BGB), sondern auch die Schranken der Inhaltskontrolle nach § 307 BGB. Hierzu dient folgende **Übersicht**:

d) Übersicht: Inhaltskontrolle beim Formularmietvertrag

199

Stichwort	§§	Regelungsmöglichkeit
Abfindung (bei vorzeitiger Beendigung)		Pauschale Höhe kann an § 555 BGB[1] oder § 309 Nr. 5 BGB[2] scheitern, wenn sie nicht schon überraschend ist[3]; als vorweggenommene Mietsonderzahlung für die Vermittlung eines Nachmieters verstößt sie gegen § 307 BGB[4].
Abnahme		s. *Wohnungsabnahme*
Ankündigung		s. *Modernisierung, Besichtigungsrecht, Erhaltungsmaßnahmen*
Anzeige des Eigentumsüberganges	566e BGB	Anforderungen können zugunsten des Mieters erhöht werden.

---

1 BGH, MDR 1985, 50.
2 OLG Hamburg, WuM 1990, 244, 245; OLG Düsseldorf, ZMR 1987, 464; LG Köln, WuM 2000, 352.
3 OLG Karlsruhe, WuM 2000, 236 = ZMR 2000, 380.
4 OLG Hamm, NZM 2001, 709.

Stichwort	§§	Regelungsmöglichkeit
Aufrechnung		
– Beschränkung/Verbot	556b Abs. 2 BGB	Innerhalb der Grenzen der §§ 309 Nr. 3, 556b Abs. 2 BGB zulässig[1], wobei auch die Aufrechnung mit entscheidungsreifen Forderungen und solchen, die nicht auf dem Mietvertrag beruhen, nicht ausgeschlossen werden kann[2]. Beschränkung allein auf rechtskräftige Fordeungen ist unwirksam[3].
– als Heilungsmöglichkeit bei fristloser Kündigung	569 Abs. 3 Nr. 2 BGB	Zum Nachteil des Mieters nicht abdingbar (§ 569 Abs. 5 BGB).
– bei Veräußerung	566d BGB	Formularmäßig nicht abdingbar, allenfalls in den Grenzen der §§ 309 Nr. 3, 556b Abs. 2 BGB.
Auskunft		
– Betriebskostenpauschale	560 Abs. 3 BGB	Für den Fall der Ermäßigung kann die Auskunft zu Lasten des Mieters nicht eingeschränkt werden.
– Kaution	551 BGB	Regelung nicht sinnvoll; Mieter kann die insolvenzfeste Anlage verlangen, so dass Einschränkung des Auskunftsanspruchs dem Verbot des § 551 Abs. 4 BGB unterliegt.
– Zeitmietvertrag	575 Abs. 2 BGB	Nur zugunsten des Mieters zu gestalten, z.B. durch frühere Fälligkeit[4].
Barrierefreiheit	554a BGB	s. *Gebrauchsrechte/bauliche Veränderungen*
Bearbeitungsgebühr	537 BGB	s. *Abfindung*
Beendigung	542 BGB	s. *Kündigung*
Befriedigungsrecht	569 Abs. 3 Nr. 2 BGB	Zum Nachteil des Mieters nicht abdingbar (§ 569 Abs. 5 BGB)[5], Frist kann aber z.B. verlängert werden.
Befristung (Vereinbarung)		
– Auflösende Bedingung	572 Abs. 2 BGB	Zugunsten des Wohnraummieters zwingend, Kündigung des Vermieters kann jedoch ausgeschlossen oder Kündigungsfrist

---

1 BGH v. 27.6.2007 – XII ZR 54/05, ZMR 2007, 854 = GE 2007, 1179; OLG Celle, WuM 1990, 103, 111.
2 OLG Celle, WuM 1990, 103, 111.
3 BGH v. 27.6.2007 – XII ZR 54/05, ZMR 2007, 854 = GE 2007, 1179.
4 *Lammel*, § 575 BGB Rz. 83.
5 Staudinger/*Emmerich*, § 569 BGB Rz. 60.

Stichwort	§§	Regelungsmöglichkeit
		verlängert oder auflösende Bedingung zugunsten des Mieters vereinbart werden[1].
– Qualifizierte Befristung	575 BGB	Befristungsgründe können alternativ oder hilfsweise in den Vertrag aufgenommen werden[2]; die aus der Befristung entstehenden Rechtsfolgen sind zugunsten des Mieters zwingend, § 575 Abs. 4 BGB[3]; Fälligkeit des Auskunftsanspruchs und der Erklärungsfrist können zugunsten des Mieters vorverlagert werden; ebenso kann der Inhalt der Mitteilungspflicht des Vermieters spezifiziert und das „Auswechseln" von Befristungsgründen ausgeschlossen werden[4].
– Schriftform	550 BGB	In jedem Fall zwingend[5].
Besichtigungsrecht	535 BGB	Regelbar in den Grenzen des § 307 BGB[6], wobei vorherige Terminabsprache als grundsätzliche Voraussetzung aufgenommen werden sollte[7].
Betriebskosten		
– Abrechnungszeitraum	556 Abs. 3 S. 1 BGB, 20 Abs. 3 S. 2 NMV	Ein 12-monatiger Abrechnungszeitraum ist zwingend; Ausnahmen sind bei Umstellung des Zeitraumes möglich, aber keine wesentliche Verlängerung.
– Abrechnungsfrist	556 Abs. 3 S. 2 BGB, 20 Abs. 3 S. 4 NMV	Zwingend sowohl bei preisfreiem als auch bei preisgebundenem Wohnraum.
– Direktlieferung	556a Abs. 2 BGB, 4 Abs. 5 MHG	Regelbar jedenfalls in Verträgen vor dem 1.9.2001[8].
– Einzelverteilerschlüssel	556a Abs. 1 BGB, 20 Abs. 2 NMV	Im preisgebundenen Wohnraum ist die Wohnfläche in den Grenzen der §§ 21–25 NMV als Umlegungsmaßstab zwingend, § 20 Abs. 2 NMV; im preisfreien Wohnraum kann der Abrechnungsschlüssel im Mietvertrag frei gewählt werden, da

---

1 Palandt/*Weidenkaff*, § 572 BGB Rz. 2.
2 Herrlein/Kandelhard/*Kandelhard*, § 575 BGB Rz. 9 m.w.N.
3 *Lammel*, § 575 BGB Rz. 83.
4 Vgl. dazu Herrlein/Kandelhard/*Kandelhard*, § 575 BGB Rz. 9; *Lammel*, § 575 BGB Rz. 60.
5 Palandt/*Weidenkaff*, § 550 BGB Rz. 2.
6 Staudinger/*Emmerich*, § 535 BGB Rz. 97.
7 AG Freiburg, WuM 1983, 112; AG Hamburg, WuM 1992, 540; *Lützenkirchen*, Wohnraummiete, C. I. Inhalt der Erläuterungen zu § 18 Nr. 2.
8 LG Hamburg, WuM 2006, 96.

Stichwort	§§	Regelungsmöglichkeit
		§ 556a Abs. 1 BGB nicht zwingend ist[1]; bei gemischter Nutzung sollte die Formulierung nicht ausschließen, dass eine Vorerfassung stattfindet.
– Erhöhung	560 BGB	s. *Mietänderung*
– Kontrollrechte	535, 556 Abs. 3 BGB, 29 NMV	Im preisfreien Wohnraum sind Ort der Einsichtnahme und Preis der Kopien regelbar[2], wobei dem Überraschungseffekt vorgebeugt werden sollte; im preisgebundenen Wohnraum ist § 29 NMV zwingend.
– Mehrbelastungsklausel	535 BGB	Grundsätzlich zulässig[3]; bei Pauschale wegen § 560 Abs. 1 BGB in Form eines Erhöhungsvorbehalts zwingend erforderlich und sollte deshalb aufgenommen werden, um den Unklarheitsfällen vorzubeugen[4]; kann insbesondere bei der Einführung neuer Betriebskosten hilfreich sein[5], wofür aber ein hinreichend bestimmter Inhalt erforderlich ist[6].
– Umlagefähigkeit	535 Abs. 1 S. 3, 556a Abs. 1 BGB, 20 Abs. 1 NMV, 27 II. BV	In den Grenzen des Begriffs der Betriebskosten in § 27 II. BV regelbar[7]; z.B. durch Verweis auf § 27 II. BV[8]; auf die Anlage 3 zu § 27 II. BV sollte nicht Bezug genommen werden, weil damit die nach § 27 Abs. 2 II. BV umlegbaren Eigenleistungen ausgeschlossen sein können[9], „sonstige Betriebskosten" müssen spezifiziert werden[10].
– Umlageschlüssel	556a Abs. 1 BGB, 20 Abs. 2 NMV	s. *Einzelverteilerschlüssel*
– Vorauszahlungen	556 Abs. 2 BGB, 20 Abs. 1 S. 3 NMV	Die Höhe muss angemessen sein, sollte sich also nach dem letzten Abrechnungs-

---

1 Umkehrschluss aus § 556a Abs. 3 BGB.
2 Vgl. z.B. LG Köln, NZM 2001, 617.
3 *Langenberg*, Betriebskosten, C Rz. 23 ff. m.w.N.
4 *Lützenkirchen*, Neue Mietrechtspraxis, Rz. 323.
5 *Lützenkirchen*, Wohnraummiete, C. I. Inhalt der Erläuterungen zu § 6 Nr. 6.
6 BGH, NJW-RR 1991, 1354; BGH, WuM 1993, 109; OLG Düsseldorf, BB 1991, 1150.
7 OLG Koblenz, WuM 1986, 50; *Langenberg*, Betriebskosten, B Rz. 2.
8 OLG Frankfurt/Main, WuM 2000, 411; OLG Düsseldorf, ZMR 2000, 603; OLG Hamm, WuM 1997, 542; BayObLG, WuM 1984, 104.
9 *Lützenkirchen*, Wohnraummiete, C. I. Inhalt der Erläuterungen zu § 6 Nr. 1.
10 OLG Oldenburg, WuM 1995, 430; *Langenberg*, Betriebskosten, B Rz. 29; **a.A.** *Pfeifer*, ZMR 1993, 356.

Stichwort	§§	Regelungsmöglichkeit
		ergebnis richten[1]; in preisgebundenem Wohnraum ist für jede Betriebskostenposition, die umgelegt werden soll, im Mietvertrag die Höhe der Vorauszahlungen anzugeben, § 20 Abs. 1 S. 3 NMV[2].
Contracting	535 BGB	Vorbehalt zur Umstellung z.B. der Wärmelieferung grundsätzlich regelbar[3], Zustimmung kann schon in der Vereinbarung des Katalogs des § 2 BetrKV gesehen werden[4].
Dienstwohnung	576 BGB	Nachträgliche Verknüpfung zwischen Miet- und Dienstvertrag nicht zulässig[5]; ansonsten gelten die jeweils maßgeblichen Vorschriften über Zulässigkeit und Grenzen abweichender Vereinbarungen[6].
Drittüberlassung	540, 553, 546 Abs. 2 BGB	s. *Untermiete*
Duldungspflicht		
– Besichtigung	535 BGB	s. *dort*
– Erhaltungsmaßnahmen	554 Abs. 1 BGB	Vorschrift ordnet nahezu unbegrenzte Duldungspflicht an[7]; Änderung des Regelungsgehaltes ist nicht sinnvoll.
– Modernisierungsmaßnahmen	554 Abs. 2 BGB	Zum Nachteil des Mieters nicht abdingbar, § 554 Abs. 5 BGB; zugunsten des Mieters können die Anforderungen an die Ankündigung geregelt werden oder z.B. die Kündigungsfrist verlängert werden.
Einsichtsrecht in Abrechnungsbelege		s. *Betriebskosten/Kontrollrechte*
Eintrittsrecht		
– Erwerber	566 BGB	Kann ausgeschlossen werden[8]; Vereinbarungen mit dem Erwerber bedürfen der Zustimmung des Mieters[9].

---

1 *Schmid*, ZMR 2001, 761, 765; *Lützenkirchen*, Wohnraummiete, C. I. Inhalt der Erläuterungen zu § 4 Nr. 4.
2 OLG Oldenburg, WuM 1997, 609.
3 BGH, WuM 2006, 322.
4 BGH v. 27.6.2007 – VIII ZR 202/06, NJW 2007, 3060.
5 Staudinger/*Rolfs*, § 576 BGB Rz. 14 m.w.N.
6 Staudinger/*Rolfs*, § 576 BGB Rz. 38.
7 Staudinger/*Emmerich*, § 554 BGB Rz. 9.
8 Palandt/*Weidenkaff*, § 566 BGB Rz. 5; **a.A.** *Heile* in Bub/Treier, II Rz. 871; *Franke* in Fischer-Dieskau/Pergande/Schwender, § 571 BGB Anm. 11 und 12.3.
9 Vgl. Staudinger/*Emmerich*, § 566 BGB Rz. 57.

Stichwort	§§	Regelungsmöglichkeit
– der Berechtigten bei Tod des Mieters	563 Abs. 1 BGB	Zu Lasten des Mieters oder der Berechtigten nicht regelbar, § 563 Abs. 5 BGB; zugunsten der Berechtigten kann aber z.B. die Erklärungsfrist verlängert und die Überlegungsfrist des Vermieters verkürzt werden[1].
– des Eigentümers bei Zwischenvermietung	565 Abs. 1 S. 1 BGB	Zum Nachteil des (End-)Mieters sind Abweichungen nicht möglich, § 565 Abs. 3 BGB; zulässig sind Abreden, die die Stellung des (End-)Mieters verbessern, z.B. Sonderkündigungsrecht.
– des neuen Zwischenvermieters	565 Abs. 1 S. 2 BGB	– wie vor –
Ersatzmieter		s. *Nachmieter*
Fälligkeit		
– der Betriebskostennachforderung	556 Abs. 3 BGB	Regelung, die nicht an die Ausübung von Kontrollrechten anknüpft, ist unwirksam[2].
– der Miete	556b Abs. 1 BGB	Gesetzliche Vorfälligkeit verlangt nur Vornahme der Leistungshandlung (z.B. Überweisungsauftrag); bei Rechtzeitigkeitsklausel (vgl. *D Rz. 59*). darf Aufrechnung mit Bereicherungsansprüchen des Mieters auf Grund von § 536 BGB nicht tangiert sein, weil sonst Verstoß gegen § 536 Abs. 4 BGB vorliegen kann[3]; bloße Anzeigepflicht für die Aufrechnung ist aber zulässig[4].
– von Schönheitsreparaturen	535 Abs. 1 S. 2 BGB	s. *Schönheitsreparaturen/Fälligkeit*
Fortsetzungsanspruch		
– bei Kündigung	574 BGB	Nicht abdingbar, § 574 Abs. 4 BGB; abweichende Vereinbarungen, die sich zugunsten des Mieters auswirken, sind aber möglich[5].
– bei echtem Zeitmietvertrag	575a Abs. 2 BGB	– wie vor –
– nach Widerspruch	574c BGB	– wie vor –

---

1 *Lammel*, § 563 BGB Rz. 62; *Lützenkirchen*, Neue Mietrechtspraxis, Rz. 669.
2 LG Frankfurt/Main, WuM 1990, 271, 274.
3 BGH, WuM 1995, 28; *Lützenkirchen*, Wohnraummiete, C. I. Inhalt der Erläuterungen zu § 7 Nr. 5.
4 OLG Hamm, WuM 1993, 176; *Hannemann*, WuM 1995, 8, 11; *Blank*, WuM 1995, 567.
5 Palandt/*Weidenkaff*, § 574 BGB Rz. 3.

Stichwort	§§	Regelungsmöglichkeit
Fortsetzungsverlangen	575 Abs. 2 u. 3 BGB	Nicht abdingbar, § 575 Abs. 4 BGB.
Gartenpflege	535 Abs. 1 S. 2 BGB	Auf den Mieter übertragbar, beinhaltet dann aber ohne besondere Anmerkungen nur leichte Pflegearbeiten[1]
Gebrauchsrechte		
– Antenne	535 BGB	Gebrauch von CB-Funkantenne kann verboten werden; das Gleiche gilt für die Installation zusätzlicher Fernsehantennen (z.B. Parabolantenne), sofern kein Anschluss an eine Gemeinschaftsantenne vorhanden ist[2]; Kaution für Rückbaukosten sollte vorgesehen werden[3].
– Aufzug	535 BGB	Der Gebrauch kann zeitlich nicht beschränkt werden[4]; auch Stilllegungsvorbehalt ist unzulässig[5]; Benutzungsregeln können sich aber an der Aufzugsverordnung[6] orientieren.
– Baden	535 BGB	Kann auch nicht für die Nachtzeit eingeschränkt werden[7].
– Balkon	535 BGB	Gehört zur Mietsache; Schönheitsreparaturen können auf den Mieter übertragen werden.
– bauliche Veränderungen	535, 554a BGB	Sollten von der Zustimmung des Vermieters abhängig gemacht werden, wobei die Ausführung durch Fachkräfte nicht verlangt werden kann; soweit Barrierefreiheit[8] tangiert ist, sind zum Nachteil des Mieters abweichende Vereinbarungen unzulässig, § 554a Abs. 3 BGB; in allen Fällen sollte Anspruch des Vermieters auf Leistung einer (zusätzlichen) Sicherheit in Höhe der ungefähren Rückbaukosten geregelt werden[9].
– Besuch	535 BGB	Einschränkende Besuchsregelungen sind unwirksam[10], allerdings können Ruhezei-

---

1 LG Braunschweig v. 5.2.2009 – 6 S 548/08, WuM 2009, 288.
2 OLG Frankfurt/Main, WuM 1992, 56, 62.
3 *Lützenkirchen*, Wohnraummiete, C. I. Inhalt der Erläuterungen zu § 13 Nr. 6.
4 LG Berlin, WuM 1992, 599.
5 LG Frankfurt/Main, WuM 1990, 271, 276.
6 BGBl. I 1998, 1410.
7 OLG Düsseldorf, WuM 1991, 288; LG Köln, WuM 1997, 323.
8 Vgl. dazu *Mersson*, NZM 2002, 313 f.; *Drasdo*, WuM 2002, 123 f.
9 *Lützenkirchen*, Wohnraummiete, C. I. Inhalt der Erläuterungen zu § 13 Nr. 8.
10 AG Nürnberg, WuM 1984, 295; *Lammel*, § 535 BGB Rz. 199.

Stichwort	§§	Regelungsmöglichkeit
– Dekoration	535 BGB	ten im üblichen Umfang (13–15 Uhr und 22–6 Uhr) formuliert werden[1]. Die Gestaltung der Wohnräume selbst bei der Ausführung von Schönheitsreparaturen kann dem Mieter in den Grenzen des § 309 BGB so gut wie nicht vorgeschrieben werden[2]; für Dekorationen von Fenstern gilt das Gleiche.
– Dübel	535 BGB	Dübeln kann generell nicht untersagt werden; ist das Badezimmer jedoch üblich ausgestattet (Seifenhalter, Handtuchhalter, Duschabtrennung, Duschstange etc.), kann das Anbohren von Kacheln untersagt werden[3]; Beseitigungspflicht muss sich am verkehrsüblichen Maß orientieren[4].
– Duschen	535 BGB	s. *Baden*
– Fahrräder	535 BGB	Ein generelles Verbot, vor allem in einer Hausordnung, des Abstellens auf Gemeinschaftsflächen ist unwirksam[5].
– Fassadenbegrünung	535 BGB	Ist nichts geregelt, schuldet der Mieter nur leichte Pflegearbeiten im Bereich seiner Wohnung und muss auch eine Schadensentwicklung nicht beobachten[6].
– Feiern	535 BGB	Können generell nicht untersagt werden, allerdings können Ruhezeiten vereinbart werden (s. *Besuch*).
– Garten	535 BGB	Als Gemeinschaftsfläche kann Benutzung unter Beachtung des Gleichheitsgrundsatzes geregelt werden[7]; Pflege des Gartens, der zur Mietsache gehört, kann inhaltlich in den Grenzen des § 307 BGB bestimmt werden; jedenfalls ohne Risikobegrenzung ist aber die Überbürdung von Instandhaltungs- und Instandsetzungsmaßnahmen nicht zulässig[8]; wird nichts geregelt, ist der Mieter auch berechtigt, einen Naturgarten zu unterhalten oder ihn sonstwie zu gestalten[9].

1 *Lützenkirchen*, Wohnraummiete, C. V. Inhalt der Erläuterungen Nr. 2 m.w.N.
2 *Langenberg*, Schönheitsreparaturen, C Rz. 4; *Lammel*, § 535 BGB Rz. 211.
3 *Lammel*, § 535 BGB Rz. 203 m.w.N.
4 BGH, WuM 1993, 109.
5 AG Flensburg, WuM 1996, 613; AG Hanau, WuM 1989, 366.
6 AG Köln, WuM 2002, 668.
7 *Kossmann*, Rz. 354, 355.
8 AG Reutlingen, WuM 2004, 95.
9 Schmidt-Futterer/*Eisenschmid*, § 535 BGB Rz. 273; *Sternel*, II Rz. 188 m.w.N.

Stichwort	§§	Regelungsmöglichkeit
– Gewerbe	535 BGB	Dem Mieter kann die teilgewerbliche Nutzung einer Wohnung gestattet werden; dabei kann ein Gewerbezuschlag vereinbart werden[1], die Grenze bildet die Übergewichtstheorie[2]; im Übrigen kann die untergeordnete gewerbliche Nutzung nicht von der Zustimmung des Vermieters abhängig gemacht werden; allerdings kann insoweit eine Anzeigepflicht geregelt werden[3].
– Haushaltsgeräte	535 BGB	Der Betrieb üblicher Haushaltsgeräte (Wasch- und Geschirrspülmaschine, Wäschetrockner etc.) kann grundsätzlich nicht ausgeschlossen werden; der Gebrauchsrahmen richtet sich jedoch nach den vorhandenen Installationen[4], so dass Anzeigepflicht aufgenommen werden kann[5].
– Heizung	535 BGB	Die Nutzung kann nicht eingeschränkt werden; der Betrieb der Heizung kann jedoch grundsätzlich zeitlich (Heizperiode, Absenkung zur Nachtzeit) beschränkt werden, wenn unzumutbare Fälle (z.B. Absinken der Außentemperatur unter das jahreszeitlich übliche Maß) eine Ausnahme begründen; eine Mindesttemperatur für den Mieter soll nicht festgelegt werden können[6], es sei denn, sie orientiert sich an den besonderen baulichen Gegebenheiten[7].
– Kinderwagen	535 BGB	Abstellmöglichkeit in Gemeinschaftsräumen (Hausflur, Treppenhäusern) kann nicht generell beschränkt werden[8].
– Lüften	535 BGB	Schon zur Aufklärung des Mieters sollte eine Regelung vorgesehen werden, die auch Einrichtungsvorgaben als Vorsorgemaßnahmen gegen Stockfleckenbildung vorsieht[9].

---

1 LG Berlin, ZMR 1997, 468.
2 *Reinstorf* in Bub/Treier, II Rz. 105 m.w.N.
3 *Lützenkirchen*, Wohnraummiete, C. I. Inhalt der Erläuterungen zu § 13 Nr. 3.
4 *Lammel*, § 535 BGB Rz. 213; diese Ansicht ist allerdings im Hinblick auf den RE des OLG Celle (WuM 1985, 5) zweifelhaft.
5 *Lützenkirchen*, Wohnraummiete, C. I. Inhalt der Erläuterungen zu § 12 Nr. 2.
6 BGH, WuM 1991, 381, 384.
7 *Lützenkirchen*, Wohnraummiete, C. I. Inhalt der Erläuterungen zu § 11 Nr. 6.
8 LG Hamburg, WuM 1992, 188.
9 *Lützenkirchen*, Wohnraummiete, C. I. Inhalt der Erläuterungen zu § 11 Nr. 6.

Stichwort	§§	Regelungsmöglichkeit
– Modernisierung	535 BGB	Sollte von der Zustimmung des Vermieters abhängig gemacht werden; s.a. *bauliche Veränderungen*.
– Müll	535 BGB	Hier sollte zumindest ein Änderungsvorbehalt vorgesehen werden, sofern sich die Müllentsorgung der Gemeinde ändert (Trennung)[1]; im Übrigen kann Beseitigung auf Gemeinschaftsflächen und Nutzung der vorgesehenen Behälter geregelt werden[2].
– Müllschlucker	535 BGB	Die Benutzung kann zeitlich eingeschränkt werden zur Vermeidung von Lärmbeeinträchtigungen[3].
– Musizieren	535 BGB	Ein völliger Ausschluss ist unzulässig[4], zeitliche Beschränkung im Rahmen der üblichen Ruhezeiten ist allerdings möglich[5].
– Pflanzen	535 BGB	Das Aufstellen kann grundsätzlich nicht untersagt werden; Rankpflanzen, die an den Hauswänden angebracht werden, können jedoch verboten werden[6], sofern sie das Mauerwerk beschädigen.
– Plakate	535 BGB	Das Anbringen kann zustimmungspflichtig geregelt werden[7].
– Rauchen	535 BGB	Kann nicht untersagt werden.
– Tierhaltung	535 BGB	Kann generell oder mit Erlaubnisvorbehalt untersagt werden; es muss jedoch klargestellt werden, dass sich das Verbot nicht auf Kleintiere, insbesondere in Aquarien, Terrarien, Käfigen etc. auswirkt[8].
– Wäsche waschen	535 BGB	Kann in der Wohnung nicht untersagt werden[9], selbst wenn Aufstellung im Kel-

---

1 *Lützenkirchen*, Wohnraummiete, C. I. Inhalt der Erläuterungen zu § 10 Nr. 4.
2 *Kossmann*, Rz. 234.
3 OLG München, ZMR 1992, 246; LG Dresden, NJW-MietR 1997, 197; LG Berlin, WuM 1992, 599.
4 OLG Hamm, NJW 1981, 465.
5 OLG Hamm, NJW-RR 1986, 500; OLG Frankfurt/Main, NJW 1985, 2138; AG Frankfurt/Main, WuM 1997, 430.
6 AG Bonn, WuM 1993, 735; **a.A.** AG Köln, WuM 1993, 604.
7 *Lützenkirchen*, Wohnraummiete, C. I. Inhalt der Erläuterungen zu § 13 Nr. 4.
8 BGH v. 14.11.2007 – VIII ZR 340/06, WuM 2008, 23 = GE 2008, 48; OLG Frankfurt/Main, WuM 1992, 56, 60.
9 LG Frankfurt/Main, WuM 1990, 271, 278.

Stichwort	§§	Regelungsmöglichkeit
		ler möglich[1]; umso mehr sollte „Lüften" geregelt werden.
Gewährleistung		
– Arglist	536d BGB	Nicht abdingbar[2].
– Ersatzvornahme	536a Abs. 2 BGB	Beschränkung zulässig, insbesondere für den Fall der leichten Fahrlässigkeit oder anfängliche Mängel[3].
– Minderung	536 BGB	Zum Nachteil des Mieters abweichende Vereinbarung nicht zulässig, § 536 Abs. 4 BGB.
– Rechtsmängel	536 Abs. 3 BGB	Ausschluss darf sich zumindest nicht auf anfängliche Mängel beziehen[4].
– Schadensersatz		
– Aufwendungsersatz	536a Abs. 2 BGB	Zwingend[5].
– Garantiehaftung	536a Abs. 1 S. 1, 1. Variante BGB	Abdingbar[6].
– Haftung bei verschuldetem Mangel	536a Abs. 1 S. 1, 2. Variante BGB	Freizeichnung muss die Ausnahmen in § 309 Nr. 5 BGB beachten und darf nicht zur Aushöhlung der Erhaltungspflicht des Vermieters (Kardinalpflicht) führen[7].
– Verzugshaftung	536a Abs. 1 S. 1, 3. Variante BGB	– wie vor –
– Vorschussanspruch[8]	536a Abs. 2 BGB	– wie vor –
– Verwirkung	536b BGB	Nicht zwingend[9], allerdings verstößt eine Beweislastumkehr gegen § 309 Nr. 12 BGB.
Gleitklausel	§ 4 Abs. 8 NMV	Solange die Klausel auf die gesetzliche Regelung Bezug nimmt oder klargestellt ist, dass die gesetzlichen Regelungen zur Er-

---

1 LG Aachen v. 10.3.2004 – 7 S 46/03, NZM 2004, 459.
2 *Harz* in Schmid, Miete und Mietprozess, 2–96.
3 BGH, WuM 1992, 316.
4 Staudinger/*Emmerich*, § 536 BGB Rz. 40, 74.
5 .Erman/*Jendrek*, § 536a BGB Rz. 26 m.w.N.
6 BGH, WuM 1992, 316 = NJW-RR 1991, 74.
7 BGH, WuM 2002, 141 = NZM 2002, 116 = MDR 2002, 330 mit Anm. *Lützenkirchen*, MDR 2002, 331.
8 Vgl. BGH, NJW 1971, 1450.
9 Staudinger/*Emmerich*, § 536b Rz. 5.

Stichwort	§§	Regelungsmöglichkeit
		höhung der Kostenmiete gelten, bestehen keine Bedenken[1].
Haftung für Dritte		
– Mieter		
– für Untermieter	540 Abs. 2 BGB	Abdingbar (aber nicht sinnvoll); kann jedoch nicht verschuldensunabhängig geregelt werden[2].
– für sonstige Personen	278 BGB	Haftung besteht ohnehin nur, wenn sich die Dritten mit Wissen und Wollen des Mieters in seinem Pflichtenkreis aufhalten (z.B. Mitbewohner, Besucher), so dass keine verschuldensunabhängige Haftung geregelt werden kann[3].
– Vermieter	278 BGB, pVV (= § 281 Abs. 1 BGB)	Freizeichnung darf Kardinalpflicht aus § 535 Abs. 1 S. 2 BGB nicht aushöhlen und muss die Ausnahmen nach § 309 Nr. 7 BGB beachten[4].
Haftungsbeschränkung		s. *Haftung für Dritte* und *Gewährleistung/Schadensersatz*; Pauschalierung muss sich an § 309 Nr. 5 BGB orientieren.
Haftung des (Mieter-)Erben sowie der Eintrittsberechtigten nach § 563 BGB	563b BGB	Abweichende Vereinbarungen unzulässig, wenn sie zu einem Nachteil des Nachfolgers führen[5].
Hausordnung	535 BGB	Einbeziehung orientiert sich an § 309 Nr. 12 BGB[6]; inhaltlich dürfen keine Pflichten mit Entgeltcharakter begründet werden[7].
Heilungswirkung	569 Abs. 3 Ziff. 2 BGB	s. *Befriedigungsrecht*
Heizung		s. *Gebrauchsrechte*
Instandhaltung und Instandsetzung	535 Abs. 1 S. 2 BGB	Nur als „Kleinreparatur" und „Renovierung" auf den Mieter übertragbar (s. *dort*).

---

1 BGH, WuM 2004, 282 = NZM 2004, 378 = MietRB 2004, 199; BGH, WuM 2004, 25 = ZMR 2004, 103 = MietRB 2004, 98; BGH, WuM 2004, 288; BGH, NZM 2004, 379 = MietRB 2004, 197; BGH, WuM 2004, 285.
2 BGH, WuM 1991, 381, 383; OLG Celle, WuM 1990, 103, 105.
3 BGH, WuM 1991, 381; OLG Frankfurt/Main, WuM 1992, 56, 63; *Bub* in Bub/Treier, II Rz. 527d.
4 BGH, NZM 2002, 116 = WuM 2002, 141 = MDR 2002, 330 mit Anm. *Lützenkirchen*, MDR 2002, 331.
5 Staudinger/*Rolfs*, § 563b BGB Rz. 21.
6 BGH, NJW 1991, 1750.
7 *Lützenkirchen*, Wohnraummiete, C. V. Inhalt der Erläuterungen Nr. 2.

Stichwort	§§	Regelungsmöglichkeit
Kanalverstopfung	535 Abs. 1 S. 2 BGB	Bei nicht zu ermittelndem Verursacher kann anteilige Haftung des Mieters nicht geregelt werden, § 307 BGB[1].
Kaution	551 BGB	s. *Sicherheitsleistung*
Kettenverträge	575 BGB	Als sich wiederholender wechselseitiger Kündigungsverzicht mit einer Höchstdauer von 4 Jahren regelbar (s. *Kündigung/Beschränkung*).
Kleinreparaturen	535 Abs. 1 S. 2 BGB	Auf den Mieter übertragbar, Schranken ergeben sich aus zwingendem Recht, z.B. § 536 BGB[2], deshalb sind „Vornahmeklauseln" auch nicht zulässig[3]; Einzelbetrag (80 Euro) und Höchstgrenze (6 % bis 8 % der Jahresmiete) muss geregelt werden[4].
Kontrollrechte	535, 556 Abs. 3, 259 BGB, 29 NMV	s. *Betriebskosten*
Kündigung		
– Allgemein		
– Beschränkung		Durch Befristung (§ 575 BGB) und wechselseitigen Ausschluss des ordentlichen Kündigungsrechts regelbar[5], sofern die dadurch bewirkte Mindestlaufzeit 4 Jahre nicht überschreitet[6].
– Fristen	573c BGB	Zum Nachteil des Mieters nicht abzuändern, § 573c Abs. 4 BGB; Verlängerung für Vermieter ist aber zulässig; (weitere) Verkürzung nur zugunsten des Mieters.
– Schriftform	568 Abs. 1 BGB	Zwingend[7].
– Verwirkung	242 BGB	Zugunsten des Vermieters kann nicht bestimmt werden, dass er sein Kündigungsrecht nicht verliert, wenn er es nicht innerhalb angemessener Frist ausübt[8].

---

1 *Bub* in Bub/Treier, II Rz. 527 m.w.N.
2 Staudinger/*Emmerich*, § 535 BGB Rz. 130.
3 BGH, NJW 1992, 1759; Staudinger/*Emmerich*, § 535 BGB Rz. 133.
4 BGH, WuM 1991, 381 = ZMR 1991, 290.
5 Sehr umstritten, vgl. zum Meinungsstand: *Lützenkirchen*, Wohnraummiete, C. I. Inhalt der Erläuterungen zu § 2 Nr. 3; *Hannemann* in Hannemann/Wiegner, § 44 Rz. 104 ff.
6 BGH, WuM 2005, 346; BGH, WuM 2004, 542; BGH, WuM 2004, 543.
7 Palandt/*Weidenkaff*, § 568 BGB Rz. 3 (allg. Meinung).
8 OLG München, MDR 2001, 745.

Stichwort	§§	Regelungsmöglichkeit
– des Mieters		
– außerordentliche	554 Abs. 3, 540 Abs. 1 S. 2, 550, 544, 564, 561, 557a Abs. 3, 242 BGB, II. WoBindG	Können zu Lasten des Mieters nicht ausgeschlossen werden; s.a. *Tod des Mieters/ Kündigungsrecht*.
– fristlose	543, 569 BGB	Nicht abdingbar[1].
– Begründungszwang	569 Abs. 4 BGB	Zugunsten des Mieters abdingbar[2].
– ordentliche	573 BGB	Ausschluss ist durch Befristung (§ 575 BGB) und wechselseitigen Verzicht (s. *Kündigung/Allgemein/Beschränkung*) möglich; einseitiger Verzicht nur auf Wunsch des Mieters zulässig.
– des Vermieters		
– außerordentliche	z.B. 563 Abs. 4, 564 BGB	Alle außerordentlichen Kündigungsrechte sind zu Lasten des Vermieters abdingbar.
– ordentliche	573 BGB	Durch Befristung (§ 575 BGB) ausgeschlossen; ansonsten (auch partiell) abdingbar; zu Lasten des Mieters nicht erweiterbar[3].
– Teilkündigung	573b BGB	Abweichende Vereinbarungen zu Lasten des Mieters sind unwirksam, § 573b Abs. 5 BGB; Regelung einer Begründungspflicht oder eines (partiellen) Ausschlusses ist aber möglich[4].
– Zweifamilienhaus	573a BGB	Abweichende Vereinbarungen zu Lasten des Mieters sind unwirksam, § 573a Abs. 4 BGB; neben einer Begründungspflicht kann auch ein (partieller) Ausschluss formuliert werden, was insbesondere in dem Fall sinnvoll erscheint, in dem der Vermieter zu Beginn des Vertrages nicht im Objekt wohnt[5].

---

1 *Lützenkirchen*, Neue Mietrechtspraxis, Rz. 913.
2 *Lützenkirchen*, Wohnraummiete, C. I. Inhalt der Erläuterungen zu § 17 Nr. 2; vgl. auch *Sternel*, ZMR 2002, 1, 4.
3 *Lammel*, § 573 BGB Rz. 155; *Blank/Börstinghaus*, Neues Mietrecht, § 573 BGB Rz. 14.
4 *Lützenkirchen*, Neue Mietrechtspraxis, Rz. 767.
5 *Lützenkirchen*, Neue Mietrechtspraxis, Rz. 755.

Stichwort	§§	Regelungsmöglichkeit
Kündigungsverzicht		
– Dauer	557a Abs. 3	max. 4 Jahre seit Abschluss der Vereinbarung[1].
– einseitiger		Nur wirksam, wenn Mieter einen Vorteil erhält[2], wie z.B. eine Staffelmiete[3].
– wechselseitiger	307 Abs. 1 S. 2 BGB	Zulässig[4], aber Transparenzgebot muss eingehalten sein. Dazu ist die Beschränkung auf das Recht zur ordentlichen Kündigung erforderlich, weil von „Kündigung" auch die nicht abdingbare fristlose Kündigung erfasst wird.
Lastentragung	535 Abs. 1 S. 3 BGB	Kann auf Mieter im Rahmen der §§ 556 BGB, 20 NMV überbürdet werden[5]; s. *Betriebskosten*.
Laufzeit	575 BGB	Kann durch echte Befristung (§ 575 BGB) oder als Mindestlaufzeit durch wechselseitigen Kündigungsverzicht festgelegt werden, beachte jedoch § 544 BGB; keine Regelung bedeutet, dass der Mietvertrag auf unbestimmte Zeit läuft.
Mangel	536 BGB	s. *Gewährleistung*
Mängelanzeige	536c Abs. 1 BGB	Nicht zwingend[6], sollte aber nur abbedungen werden, wenn regelmäßiges Prüfungsrecht ausgeübt werden kann; Mieter kann keine Prüfungspflicht auferlegt werden[7].
– Schadensersatz	536c Abs. 2 BGB	Nicht zwingend; über die Rechtsfolgen des § 536c Abs. 2 BGB hinaus kann jedoch kein Schadensersatz begründet werden[8].
Miete	535 BGB	
– Fälligkeit	556b Abs. 1 BGB	s. *dort*

---

1 BGH v. 6.4.2005 – VIII ZR 27/04, WuM 2005, 346; BGH v. 3.5.2006 – VIII ZR 243/05, WuM 2006, 385; BGH v. 25.1.2006 – VIII ZR 3/05, WuM 2006, 15 = NZM 2006, 254 = ZMR 2006, 270.
2 BGH v. 12.11.2008 – VIII ZR 270/07, NZM 2009, 80 = ZMR 2009, 189.
3 BGH v. 23.11.2005 – VIII ZR 154/04, WuM 2006, 97 = NZM 2006, 256 = ZMR 2006, 262.
4 BGH v. 30.6.2004 – VIII ZR 379/03, WuM 2004, 542 = NZM 2004, 733; BGH v. 6.10.2004 – VIII ZR 2/04, WuM 2004, 672; BGH v. 14.7.2004 – VIII ZR 294/03, WuM 2004, 543 = NZM 2004, 734.
5 Staudinger/*Emmerich*, § 535 BGB Rz. 63.
6 Staudinger/*Emmerich*, § 536c Rz. 23.
7 BGH, WM 1976, 537.
8 Staudinger/*Emmerich*, § 536c Rz. 23.

Stichwort	§§	Regelungsmöglichkeit
– persönliche Verhinderung	537 BGB	Nicht zwingend[1]; wegen §§ 307 Abs. 2, 308 Nr. 7 BGB kann § 537 Abs. 1 S. 2, Abs. 2 BGB formularmäßig nicht abgeändert werden[2].
– Zahlungsweise		
– Lastschrifteinzug	535 Abs. 2 BGB	Zulässig[3], allerdings nicht in Kombination mit einer Klausel, wonach der Vermieter Zahlungen beliebig verrechnen darf[4]. Hinweis auf Widerrufsrecht ist nicht erforderlich[5]. Sollen Einmalzahlungen (z.B. Nachforderungen von Betriebskosten) eingezogen werden dürfen, muss sichergestellt sein, dass für den Mieter eine angemessene Prüfungszeit zwischen dem Zugang der Zahlungsaufforderung und der Belastung liegt[6] (z.B. vier Wochen).
– Abbuchungsverfahren	535 Abs. 2 BGB	Unzulässig, da Mieter kein Widerspruchsrecht hat[7].
Mietänderung		
– bei Aufnahme Dritter in die Wohnung	553 Abs. 2 BGB	Abdingbar; Pauschalierung nicht möglich, da Zumutbarkeitsprüfung des § 553 Abs. 2 BGB eine Einzelfallbetrachtung erfordert[8].
– Betriebskostenpauschale	560 Abs. 1–3 BGB	Zugunsten des Mieters zwingend, § 560 Abs. 6 BGB; Erhöhungsvorbehalt wegen § 560 Abs. 1 BGB erforderlich; Rückwirkung kann aber ausgeschlossen werden.
– Betriebskostenvorauszahlung	560 Abs. 4 BGB	Zum Nachteil des Mieters nicht disponibel, § 560 Abs. 6 BGB; zu Lasten des Vermieters können strengere Anforderungen an Form, Frist und Inhalt der Erklärung sowie deren Wirkung gestellt und dem Mieter ein rückwirkendes Senkungsrecht eingeräumt werden[9].
– wegen Veränderung der ortsüblichen Vergleichsmiete und Modernisierung	558 ff., 559 ff. BGB	Bestimmungen sind zugunsten des Mieters zwingend, §§ 558 Abs. 6, 559 Abs. 3 BGB; das Verfahren und die Anforderungen können nicht zum Nachteil des Mieters geändert werden, §§ 558a Abs. 5, 558b Abs. 4, 559a Abs. 5, 559b Abs. 3 BGB;

1 *Kinne/Schach*, § 537 BGB Rz. 32.
2 *Staudinger/Emmerich*, § 537 BGB Rz. 38.
3 LG München I, WuM 1979, 143.
4 LG Köln v. 16.5.2002- 1 S 205/01, NZM 2002, 780.
5 A.A. LG Frankfurt/O. v. 22.7.2003 – 12 O 58/03, ZMR 2003, 741.
6 BGH v. 23.1.2003 – III ZR 54/02, NZM 2003, 367.
7 LG Köln, WuM 1990, 380; AG Freiburg, WuM 1987, 50.
8 *Sternel*, Mietrecht, II Rz. 258.
9 *Schmid*, MDR 2001, 1021; *Lammel*, § 560 BGB Rz. 43.

Stichwort	§§	Regelungsmöglichkeit
		Ausschluss ist jedoch möglich, § 557 Abs. 3 BGB.
– Staffelmiete	557a BGB	Ohne zeitliche Obergrenze im Rahmen der Vorgaben des § 557a BGB vereinbar; Verstoß gegen § 557a BGB bewirkt Unwirksamkeit gemäß §§ 134, 139 BGB[1]; auch im preisgebundenen Wohnraum möglich, wobei die jeweilige Kostenmiete die Obergrenze bildet[2].
– Indexmiete	557b BGB	Ohne Mindestbindung des Vermieters regelbar; Abweichungen zum Nachteil des Mieters bewirken aber die Unwirksamkeit, § 557b Abs. 4 BGB[3].
– Kombination von Staffel- und Indexmiete	557a, 557b BGB	Zulässig in den durch die §§ 557a Abs. 4, 557b Abs. 4 BGB gezogenen Grenzen[4].
– Kostenmiete	10 WoBindG, 4 Abs. 8 NMV	s. *Gleitklausel*
Modernisierung	554 Abs. 2–5 BGB	Zum Nachteil des Mieters abweichende Vereinbarungen sind unwirksam, §§ 554 Abs. 5, 559 Abs. 3 BGB; s.a. *Duldungspflicht* und *Mietänderung*.
Nachmieter	535 BGB	Unechte und echte Nachfolgeklausel möglich[5].
Nutzungsentschädigung		
– bis zur Räumung	546a Abs. 1 BGB	Abdingbar[6], zum Nachteil des Mieters kann aber kein Schaden pauschaliert oder von der Verzögerung der Räumung unabhängiger Schadensersatzanspruch geregelt werden, § 571 Abs. 3 BGB[7].
– Schadensersatz	546a Abs. 2, 571 BGB	Nicht abdingbar zum Nachteil des Mieters, § 571 Abs. 3 BGB.
– nach der Räumung	280, 281, 286 BGB	In den Grenzen der §§ 571 Abs. 3, 307, 309 Nr. 12 BGB regelbar[8].

---

1 Palandt/*Weidenkaff*, § 557a Rz. 10.
2 OLG Hamm, ZMR 1993, 162.
3 Lützenkirchen/*Löfflad*, Neue Mietrechtspraxis, Rz. 203.
4 *Lützenkirchen*, Wohnraummiete, C. I. Inhalt der Erläuterungen zu § 5 Nr. 6.
5 OLG Frankfurt/Main, WuM 1991, 475; Staudinger/*Emmerich*, § 537 BGB Rz. 17 ff.
6 Palandt/*Weidenkaff*, § 546a BGB Rz. 1.
7 *Lammel*, § 571 BGB Rz. 14.
8 *Bub*, DWW 1977, 76, 79.

Stichwort	§§	Regelungsmöglichkeit
Parkett	535 Abs. 1 S. 2 BGB	Die Überbürdung des Abschleifens und Versiegeln ist jedenfalls ohne Ausführungsfristen unwirksam[1].
Pfändungspfandrecht	562 BGB	Sofern Vermieterpfandrecht nicht ausgeschlossen ist, kann eine Erweiterung des § 562 BGB eine Vereinbarung zu Lasten Dritter darstellen.
Prüfungsrecht des Vermieters	535 Abs. 1 BGB	s. *Besichtigungsrecht*
Räumung	546 BGB	Die Parteien können entgegen § 266 BGB Teilleistungen und insbesondere die zeitlichen Kriterien der Räumung vereinbaren[2]; s.a. *Rückgabe*.
– Ausschluss des Zurückbehaltungsrechts	556 Abs. 2 BGB	Nicht zwingend[3], Regelung aber nicht sinnvoll.
Reinigungspflicht	535 BGB	Auf den Mieter auch hinsichtlich allgemein genutzter Teile übertragbar[4], wobei eine die Verzugsfolgen unmittelbar herbeiführende Regelung geschaffen werden sollte[5].
Renovierung	535 Abs. 1 S. 2 BGB	s. *Schönheitsreparaturen*
Rückgabe	546 BGB	Inhalt, Umfang und Zeitpunkt können gestaltet werden; wenn Rückbauverpflichtung angesprochen wird, kann sich daraus eine Hauptpflicht ergeben, so dass Schadensersatz u.U. nur über § 281 BGB verlangt werden kann[6]; auf jeden Fall sollte festgelegt werden, dass die Rückgabe am letzten Tag der Mietzeit erfolgen muss, wobei auch die Modalitäten der Terminabsprache vorgegeben werden können[7]; s.a. *Räumung*.
Rückgabe als Verjährungsbeginn	548 Abs. 1 BGB	Im Zusammenhang mit der Verjährung können zu Lasten des Mieters formularmäßig keine Regelungen getroffen werden, die die Verjährung hinausschieben[8], § 202 BGB.

---

[1] OLG Düsseldorf, WuM 2003, 621.
[2] *Lützenkirchen*, Wohnraummiete, C. I. Inhalt der Erläuterungen zu § 19 Nr. 1.
[3] RG, RGZ 139, 17.
[4] *Kraemer* in Bub/Treier, III Rz. 1085.
[5] *Lützenkirchen*, Wohnraummiete, C. I. Inhalt der Erläuterungen zu § 11 Nr. 3.
[6] BGH, WuM 1997, 217; kritisch *Eisenhardt*, WuM 1998, 447.
[7] *Lützenkirchen*, Wohnraummiete, C. I. Inhalt der Erläuterungen zu § 19 Nr. 1.
[8] **A.A.** *Kandelhard*, NZM 2002, 929.

Stichwort	§§	Regelungsmöglichkeit
Rücktritt	572 Abs. 1 BGB	Unabdingbar.
Schadensersatz		s. *Gewährleistung/Schadensersatz, Haftung für Dritte, Haftungsbeschränkung, Mängelanzeige/Schadensersatz, Nutzungsentschädigung, Schönheitsreparaturen*
Schriftform		
– bei Befristung	550 BGB	Zwingend[1].
– bei Kündigung	568 Abs. 1 BGB	Zwingend[2].
Schriftformklausel		Wenn sie konstitutiv für Erklärungen gelten soll, ist sie überraschend[3].
Schönheitsreparaturen		
– Anfangsrenovierung	535 Abs. 1 S. 2 BGB	Überbürdung unwirksam[4].
– Art der Renovierung	535 Abs. 1 S. 2 BGB	Regelbar, aber nicht als Fachhandwerkerklausel[5]; ansonsten können in den Grenzen des § 307 BGB Qualitätsanforderungen gestellt werden[6].
– Bedarfsklauseln		Unwirksam, jedenfalls bei unrenoviert übergebener Wohnung, da von dem Grundsatz abgewichen wird, dass der Mieter nur seine eigenen Gebrauchsspuren beseitigen muss[7]; ergibt die Auslegung aber, dass keine Abnutzungen des Vormieters relevant sind, ist die B.-Klausel wirksam[8].
– Begriff	28 Abs. 4 II. BV	Inhaltlich nicht erweiterbar (z.B. auf Teppichbodenerneuerung[9] oder Außenanstrich der Fenster und Türen[10]). Allerdings ist Grundreinigung des Teppichbodens erfasst[11].

---

1 Erman/*Jendrek*, § 550 BGB Rz. 2.
2 Palandt/*Weidenkaff*, § 568 BGB Rz. 3 (allg. Meinung).
3 LG Berlin v. 29.10.2007 – 67 S 413/06, MM 2008, 30.
4 OLG Hamburg, WuM 1991, 523 = ZMR 1991, 469.
5 OLG Stuttgart, WuM 1993, 528 (Teilunwirksamkeit).
6 LG Freiburg, WuM 1980, 75 (Raufaser); *Harsch*, Rz. 250 ff.
7 OLG Stuttgart, WuM 1989, 121.
8 BGH, WuM 2005, 243 = MietRB 2005, 170.
9 OLG Hamm, WuM 1991, 248.
10 BGH v. 18.2.2009 – VIII ZR 210/08, WuM 2009, 286 = GE 2009, 573.
11 BGH v. 8.10.2008 – XII ZR 15/07, WuM 2009, 225 = GE 2009, 111 = NZM 2009, 126.

Stichwort	§§	Regelungsmöglichkeit
– Endrenovierung	535 Abs. 1 S. 2 BGB	Eine Klausel, die die Endrenovierung unabhängig vom Zeitpunkt der letzten Schönheitsreparatur vorsieht, ist unwirksam[1], auch wenn nur ein tapezierfähiger Zustand verlangt wird[2].
– Fälligkeit	535 Abs. 1 S. 2 BGB	Fristen sollten sich am Mustermietvertrag 76 orientieren[3] und nicht starr geregelt werden[4]; dazu sollte in dem Fristenplan ausdrücklich darauf abgestellt werden, dass die Renovierung „im Allgemeinen" oder „in der Regel" nach den entsprechenden Fristen auszuführen ist; jede Verkürzung kann zur Unwirksamkeit führen[5].
– Farbwahlklausel		Nur für Endrenovierung zulässig[6], insbesondere, wenn sie sich auf die Holzteile beschränkt[7].
– Klauselkombinationen	307 BGB	Die Regelung auch nur einer unwirksamen Klausel kann zur Nichtigkeit aller im Vertrag vorhandenen Renovierungsbestimmungen führen (Summierungseffekt)[8].
– Laufende Renovierung	535 Abs. 1 S. 2 BGB	Auch bei unrenoviert übergebener Wohnung wirksam, wenn Fristen mit dem Vertragsbeginn anfangen zu laufen[9].
– Quotenklausel	535 Abs. 1 S. 2 BGB	Orientierung am Rechtsentscheid des BGH vom 6.7.1988[10] nicht ausreichend. Zur Wirksamkeit muss die Klausel erkennen lassen, mit welchem Anteil der Mieter belastet wird, wenn er weniger oder mehr als „üblich" abgenutzt hat[11]. Starre Quoten sind nicht zulässig[12].

---

1 BGH, MietRB 2003, 1 = ZMR 2003, 653 = WuM 2003, 436; OLG Hamm, WuM 1981, 77; OLG Frankfurt/Main, WuM 1981, 272.
2 BGH, GE 2006, 842.
3 Vgl. z.B. BGH, WuM 1998, 592.
4 BGH, WuM 2004, 463 = NZM 2004, 653 = MietRB 2004, 313; BGH, WuM 2006, 248; BGH, NZM 2004, 901 = DWW 2004, 328.
5 *Lützenkirchen*, Wohnraummiete, C. I. Inhalt der Erläuterungen zu § 15 Nr. 3 m.w.N.
6 BGH v. 18.6.2008 – VIII ZR 224/07, NJW 2008, 2499 = WuM 2008, 472; BGH v. 18.2.2009 – VIII ZR 166/08, WuM 2009, 224 = GE 2009, 574.
7 BGH v. 22.10.2008 – VIII ZR 283/07, WuM 2008, 722 = NZM 2008, 926.
8 BGH, WuM 1993, 175; BGH, MietRB 2003, 1 = ZMR 2003, 653 = WuM 2003, 436; BGH, NZM 2003, 755.
9 BGH, WuM 1987, 306.
10 BGH, WuM 1988, 294 mit Anmerkung *Lützenkirchen*, WuM 1988, 380.
11 BGH v. 5.3.2008 – VIII ZR 95/07, WuM 2008, 278 = GE 2008, 665 = ZMR 2008, 527 mit Anm. *Schläger*.
12 BGH v. 26.9.2007 – VIII ZR 143/06, NJW 2007, 2632.

Stichwort	§§	Regelungsmöglichkeit
– Schadensersatz		
– Grund	281 BGB	Fristsetzung kann nicht ausgeschlossen werden.
– Höhe	249, 251 BGB	Pauschalierung nur im Rahmen von § 309 Nr. 12 BGB möglich.
– Summierungseffekt	307 BGB	s. *Klauselkombinationen*
– Umfang	535 Abs. 1 S. 2 BGB	Renovierungsumfang kann nur räumlich (z.B. Keller, Balkon)[1] im Rahmen der Begriffsdefinition des § 28 Abs. 4 II. BV gestaltet werden; zeitliche oder sonstige inhaltliche Erweiterungen führen wegen des Entgeltcharakters der Renovierungspflicht zur Unwirksamkeit[2]. Siehe auch *Begriff*
Selbsthilfe	562b BGB	Vertragliche Erweiterung zugunsten des Vermieters nicht zulässig[3].
Sicherheitsleistung	562c BGB	Änderung zum Nachteil des Mieters zulässig[4].
Sicherheitsleistung/Kaution	551 BGB	
– Anlagepflicht	551 Abs. 3 BGB	Nicht abdingbar, § 551 Abs. 4 BGB.
– Andere Anlageform	551 Abs. 3 BGB	Jede beliebige Anlage aushandelbar[5], auch Nachschusspflicht, § 240 BGB[6]; sinnvoll, weil gegenüber der Regelanlage höher verzinslich, sind werthaltige Schuldverschreibungen (z.B. Bundesobligationen); vom übrigen Vermögen getrennte Anlage ist unabdingbar, § 551 Abs. 4 BGB.
– Aufstockung		Für den Fall der Mieterhöhung in den Grenzen des § 305c BGB regelbar[7].
– Art der Sicherheit		Frei aushandelbar.
– Höhe	551 Abs. 1 BGB	Nicht mehr als 3 Nettomieten, § 551 Abs. 4 BGB (Zusammenrechnung bei mehreren Sicherheiten)[8].

---

1 LG Darmstadt, WuM 1987, 315; *Harsch*, Rz. 239.
2 *Langenberg*, Schönheitsreparaturen, C Rz. 5 ff.
3 OLG München, WuM 1989, 128, 132.
4 *Sternel*, Mietrecht, III Rz. 275.
5 A.A. *Kandelhard*, WuM 2002, 302; *Lammel*, § 551 BGB Rz. 41 (keine spekulativen).
6 A.A. *Blank/Börstinghaus*, § 551 BGB Rz. 47 m.w.N.: Verstoß gegen § 551 Abs. 4 BGB.
7 *Blank/Börstinghaus*, § 551 BGB Rz. 36.
8 BGH, BGHZ 107, 210.

Stichwort	§§	Regelungsmöglichkeit
– Ratenzahlung	551 Abs. 2 BGB	Zwingend, § 551 Abs. 4 BGB; Unwirksamkeit der gesamten Klausel kann jedoch nur angenommen werden, wenn bei Streichung des Gebots zur einmaligen oder früheren Zahlung die Klausel so verändert wird, dass sie keine eigenständige Bedeutung mehr hat[1].
– Übergang auf Erwerber	566a BGB	Nicht zwingend[2]; Enthaftung des Vermieters durch Überlassung der Kaution an den Erwerber mit Zustimmung des Mieters kann geregelt werden[3].
– Verzinsung	551 Abs. 3 BGB	Nicht abdingbar, § 551 Abs. 4 BGB.
Stillschweigende Verlängerung	545 BGB	Abdingbar[4], daher auch inhaltliche Gestaltung möglich (z.B. Verlängerung der Frist); aber Klausel muss klar und verständlich sein, wofür der bloße Hinweis auf § 545 BGB nicht ausreicht[5].
Streupflicht		s. *Reinigungspflicht*
Tierhaltung		s. *Gebrauchsrechte/Tierhaltung*
Tod des Mieters		
– Eintrittsrecht	563 ff. BGB	s. *Eintrittsrecht*
– Haftung	563b BGB	s. *Haftung des Erben*
– Kündigungsrecht des überlebenden Mieters	563, 563a BGB	Abweichende Vereinbarung zu Lasten des (überlebenden) Mieters unzulässig, § 563a Abs. 3 BGB[6]; auch testamentarische Verfügungen zugunsten des außerhalb von § 563 BGB stehenden Personenkreises sollen unwirksam sein[7]; Verlängerung der Überlegungsfrist ist aber zulässig[8], nicht

---

1 BGH, WuM 2003, 495 = ZMR 2003, 729 = MietRB 2003, 65; BGH, WuM 2004, 147 = NZM 2004, 217 = MietRB 2004, 136; BGH, WuM 2004, 269; BGH, WuM 2004, 473 = NZM 2004, 613 = MietRB 2004, 285.
2 *Lützenkirchen*, Neue Mietrechtspraxis, Rz. 498; *Blank/Börstinghaus*, § 566a BGB Rz. 7.
3 *Lützenkirchen*, Wohnraummiete, C. I. Inhalt der Erläuterungen zu § 8 Nr. 8.
4 BGH, ZMR 1966, 241.
5 BGH, WuM 1991, 381; OLG Frankfurt/Main, WuM 2000, 15; OLG Schleswig, WuM 1996, 85; OLG Hamm, WuM 1983, 48; LG Erfurt v. 29.2.2008 – 2 T 318/07, WuM 2008, 283.
6 LG Frankfurt/Main, WuM 1990, 82; *Blank/Börstinghaus*, § 563a BGB Rz. 27; *Lützenkirchen*, Neue Mietrechtspraxis, Rz. 678.
7 *Lammel*, § 563a BGB Rz. 20.
8 *Kinne/Schach*, § 563a Rz. 11.

Stichwort	§§	Regelungsmöglichkeit
		jedoch die räumliche Beschränkung auf einen Teil der Mietsache[1], weil Gebrauchsrecht des Mieters entgegen § 535 BGB eingeschränkt wird.
– Kündigungsrecht des Erben	564 BGB	Kann auch zugunsten des Vermieters ausgeschlossen oder inhaltlich modifiziert werden[2].
– Kündigung des Vermieters	563 Abs. 4 BGB	Abweichende Vereinbarung nicht zulässig, § 569a Abs. 7 BGB.
Überlassungsanspruch	535 Abs. 1 BGB	Auf die „vermietete" Sache beschränkt, deshalb sollten Mietsache und Zubehörräume konkret bezeichnet werden; kann nicht eingeschränkt werden, § 307 Abs. 2 BGB.
	535, 551 BGB	Übergabe ist erst nach Zahlung der ersten Miete und ersten Kautionsrate wirksam[3].
Unterlassungsanspruch	541 BGB	Abdingbar, aber nicht zu Lasten des Mieters[4]; es kann z.B. (zu Lasten des Vermieters) zweimalige Abmahnung geregelt werden[5].
Untervermietung		
– Abtretung der Untermiete	398 BGB	Als Sicherungsmittel schon wegen § 550 BGB bedenklich; muss aber inhaltlich so bestimmt sein, dass ggf. Quotelung eindeutig möglich ist[6].
– berechtigtes Interesse	553 Abs. 1 BGB	Regelungen zum Nachteil des Mieters sind unwirksam, § 553 Abs. 3 BGB.
– Erlaubnis	540 Abs. 1 S. 1, 553 BGB	§ 540 Abs. 1 BGB ist an sich dispositiv[7], völliger Ausschluss ist jedoch zweifelhaft[8]; unbedenklich ist aber eine Regelung, die bestimmt, unter welchen Voraussetzungen der Vermieter die Erlaubnis auf jeden Fall erteilen muss; § 540 Abs. 2 S. 1 BGB kann zum Nachteil des Mieters nicht geändert werden, § 553 Abs. 3 BGB.

---

1 **A.A.** Kinne/Schach, § 563a Rz. 11.
2 Palandt/Weidenkaff, § 564 BGB Rz. 3; Lützenkirchen, Neue Mietrechtspraxis, Rz. 695.
3 LG Bonn v. 1.4.2009 – 6 T 25/09, GE 2009, 1191 = ZMR 2009, 529.
4 LG Hamburg, WuM 1990, 115, 116.
5 Staudinger/Emmerich, § 541 BGB Rz. 8.
6 OLG Hamburg, WuM 1999, 655 = NJW-RR 1999, 1316.
7 Palandt/Weidenkaff, § 540 BGB Rz. 2.
8 LG München, I, WuM 1994, 370, 372.

Stichwort	§§	Regelungsmöglichkeit
– Kündigung	540 Abs. 1 S. 2 BGB	Nicht abdingbar[1], da sonst auch (unabdingbares) Kündigungsrecht aus § 543 Abs. 2 Nr. 1 BGB tangiert würde[2].
– Mieterhöhung (Zuschlag)	553 Abs. 2 BGB	s. *Mietänderung/bei Aufnahme Dritter in die Wohnung*
– Verschulden	540 Abs. 2 BGB	s. *Haftung für Dritte/Mieter*
– wichtiger Grund	540 Abs. 2 S. 1, 2. HS BGB	Zugunsten des Mieters sind abweichende Regelungen möglich, § 553 Abs. 3 BGB, also z.B. ein Katalog der Gründe[3], die nicht relevant („wichtig") sein sollen.
Veräußerung	566 ff., 567, 567a, 578 BGB	s. *Eintrittsrecht/Erwerber*; Veräußerungsverbot möglich, da § 311a BGB nicht gilt; §§ 567, 578 BGB sind nicht zwingend[4].
Verjährung	548 BGB	Disponibel[5], aber ungleiche Verlängerung der Verjährungsfrist ebenso unzulässig, § 225 S. 1 BGB[6], wie völliger Verzicht[7]; s.a. *Rückgabe als Verjährungsbeginn*.
Verkehrssicherungspflicht		Auf Mieter übertragbar, Vermieter behält jedoch Kontrollpflicht[8]; unwirksam, wenn versteckter Haftungsausschluss anzunehmen ist[9].
Vermieterpfandrecht	562 ff. BGB	Das Recht kann ausgeschlossen werden[10]; erfolgt dies nicht, sind §§ 562 ff. BGB zwingend[11].
Verschulden des Mieters	538 BGB	Kann beliebig (mit Ausnahme einer verschuldensunabhängigen Haftung) abgeändert werden[12]; s.a. *Haftung für Dritte/Mieter*.
Verschulden des Vermieters		Solange Kardinalpflichten (z.B. § 535 Abs. 1 S. 2 BGB) nicht berührt und die

---

1 BGH, WuM 1995, 481; LG Hamburg, WuM 1992, 689; LG Hamburg, WuM 1990, 115, 116.
2 *Sternel*, Mietrecht aktuell, II Rz. 264; Staudinger/*Emmerich*, § 540 BGB Rz. 19 f. m.w.N.; a.A. LG Berlin, MM 1996, 453; *Lammel*, § 540 BGB Rz. 25.
3 Vgl. Zusammenstellung bei *Lützenkirchen*, WuM 1990, 413.
4 Staudinger/*Emmerich*, § 567 BGB Rz. 2.
5 *Sternel*, Mietrecht aktuell, II Rz. 266 m.w.N.
6 OLG Frankfurt/Main, NJW 1971, 1754.
7 AG Bonn, WuM 1981, 192.
8 *Kraemer* in Bub/Treier, III Rz. 1085 ff. m.w.N.
9 OLG Dresden, WuM 1996, 553.
10 RG, RGZ 141, 99, 102.
11 *v. Martius* in Bub/Treier, III Rz. 858; *Schmid*, Mietkaution und Vermieterpfandrecht, Rz. 3042, 3104; Palandt/*Weidenkaff*, § 562 BGB Rz. 4 und § 562b Rz. 4 und § 562c BGB Rz. 1.
12 Staudinger/*Emmerich*, § 538 BGB Rz. 12; Palandt/*Weidenkaff*, § 538 BGB Rz. 2.

Stichwort	§§	Regelungsmöglichkeit
		Ausnahmen des § 309 Nr. 7 BGB ausdrücklich ausgenommen werden, kann Haftung auf grobe Fahrlässigkeit und Vorsatz beschränkt werden[1].
Vertragsausfertigungsgebühr	535 BGB	Unwirksam, weil von gesetzlichem Leitbild abweichend[2].
Vertragsstrafe	555 BGB	Nicht abdingbar zu Lasten des Mieters[3].
vertragswidriger Gebrauch	535, 541 BGB	s. *Gebrauchsrechte* und *Unterlassungsanspruch*
Verwendungsersatz	536b Abs. 2 BGB	Nicht zwingend[4]; in den Grenzen des § 555 BGB kann der Anspruch ausgeschlossen oder beschränkt werden[5], was das Wegnahmerecht (s. *dort*) unberührt lässt.
Vorkaufsrecht	577 BGB	Zum Nachteil des Mieters nicht beschränkbar, § 577 Abs. 5 BGB.
Wärmecontracting		s. *Contracting*
Wartung	535 Abs. 1 S. 2 BGB	Hinsichtlich der technischen Geräte in der Wohnung (z.B. Thermen) nicht ohne Kostengrenze auf Mieter übertragbar[6], auch Abschluss von Wartungsverträgen durch den Mieter regelbar; technische Geräte müssen aber aufgelistet werden.
Wegnahmerecht	539, 552 BGB	Kann nur ausgeschlossen werden, wenn angemessener Ausgleich vorgesehen wird (z.B. durch Schiedsgutachterabrede), § 547a Abs. 3 BGB.
Werkdienstwohnung	576 ff. BGB	Nicht zum Nachteil des Mieters abänderbar, §§ 576 Abs. 2, 576a Abs. 3 BGB[7]; s.a. *Dienstwohnung*.
Wertsicherungsklausel	557b BGB	s. *Mietänderung/Indexklausel*
Widerspruch	574 ff. BGB	s. *Fortsetzungsanspruch*
Wohnungsabnahme		Regeln in den Grenzen des § 307 BGB vereinbar[8].
Wohnungsrückgabe	546 BGB	s. *Rückgabe*

---

1 BGH, NZM 2002, 116 = WuM 2002, 141 = MDR 2002, 330 mit Anm. *Lützenkirchen*, MDR 2002, 331.
2 LG Hamburg v. 5.3.2009 – 307 S 144/08, GE 2009, 1191.
3 *Harz* in Schmid, Miete und Mietprozess, 2–111.
4 BGH, NJW 1959, 2163; Palandt/*Weidenkaff*, § 536a BGB Rz. 7.
5 Staudinger/*Emmerich*, § 536b BGB Rz. 5.
6 BGH, WuM 1991, 381, 383.
7 Staudinger/*Emmerich*, § 576 BGB Rz. 38, § 576 BGB Rz. 17; Palandt/*Weidenkaff*, Vorb. v. § 576 BGB Rz. 3.
8 *Lützenkirchen*, Wohnraummiete, C. I. Inhalt der Erläuterungen zu § 20 Nr. 1.

Stichwort	§§	Regelungsmöglichkeit
Zwischenvermietung	565 BGB	s. *Eintrittsrecht*
Zahlungsverzug	543 Abs. 2 Nr. 3, 569 Abs. 2 BGB	Nicht zum Nachteil des Mieters regelbar, § 569 Abs. 5 BGB, i.Ü. s. *Befriedigungsrecht*.
Zahlungsweise	535 S. 2 BGB	s. *Miete/Zahlungsweise*
Zurückbehaltungsrecht	556b Abs. 2, 570, 578 Abs. 1 BGB	s. *Aufrechnung* und *Räumung*; bei der Formulierung sollte klargestellt werden, ob sich die Klausel auch auf das Leistungsverweigerungsrecht nach § 320 BGB beziehen soll[1].
Zutrittsrecht	535 BGB	s. *Besichtigungsrecht*

e) Zusammenfassung der Prüfung

Der ideale Formularvertrag stellt ein rechtsverbindliches Spiegelbild der tatsächlichen Praxis des Mandanten bei der Vermietung seines Wohnraumes dar. Dabei sollte nicht der Versuch unternommen werden, jede Verhaltensweise des Mieters zu regeln. Dadurch entstehen Mammut-Vertragswerke, die bei einem Mietinteressenten nur Argwohn hervorrufen können, der ihn möglicherweise von der Anmietung abhält.

Im Hinblick darauf muss ein angemessener Ausgleich zwischen Umfang und notwendigem Inhalt gefunden werden. In erster Linie sollten **die wirtschaftlich relevanten Sachverhalte** (Miete, Laufzeit, Betriebskosten, Schönheitsreparaturen, Umbauten, Gebrauch der Mietsache, Rückgabezustand) geregelt werden.

Im Anschluss daran sollte überlegt werden, welche praktischen Abläufe **Konfliktpotential** beinhalten, die rechtlich zwar unbedeutend, in ihrer praktischen Auswirkung jedoch für den Vermieter von einigem Gewicht sind. Insoweit bietet sich z.B. die Möglichkeit, die Modalitäten, unter denen eine **Wohnungsabnahme** stattfinden soll, zu regeln. Dies kann vor allem dann sinnvoll sein, wenn für den Vermieter eine größere Verwaltungsgesellschaft arbeitet, deren Mitarbeiter feste Arbeitszeiten (z.B. von 8.00 Uhr bis 17.00 Uhr) haben. In der Praxis kommt es gerade in diesen Fällen häufig zu Abstimmungsschwierigkeiten, weil der berufstätige Mieter einen Termin außerhalb dieser Arbeitszeiten wünscht. Im Übrigen kann die Verpflichtung zur Durchführung einer **vorläufigen Wohnungsabnahme** begründet werden, bei der der Umfang der bei Beendigung des Mietvertrages notwendigen Arbeiten festgelegt werden kann. Eine solche vorläufige Wohnungsabnahme bietet den Vorteil, über die notwendigen Arbeiten eine Vereinbarung zu treffen oder doch zumindest den Mieter darüber aufzuklären, welche Arbeiten von ihm verlangt werden. Aus den Reaktionen des Mieters kann abgelesen werden, ob und ggf. in welchem Umfang die Ver-

---

1 OLG Düsseldorf, MDR 1998, 588.

pflichtungen streitig werden. An diesen Erkenntnissen kann sich sodann die Praxis des Vermieters orientieren. Die Modalitäten einer Wohnungsabnahme einschl. einer vorläufigen Wohnungsabnahme können im Mietvertrag z.B. wie folgt **geregelt** werden:

Wohnungsabnahme

1. Im Falle der Beendigung des Mietvertrages ist der Mieter verpflichtet, mit dem Vermieter eine Wohnungsabnahme durchzuführen. Bei der Wohnungsabnahme wird die Mietsache besichtigt, um deren Zustand festzustellen, damit ggf. der Umfang der vom Mieter (noch) durchzuführenden Arbeiten ermittelt werden kann.
2. Wurde das Mietverhältnis ordentlich gekündigt, ist der Mieter verpflichtet, spätestens 4 Wochen vor Beendigung des Mietvertrages mit dem Vermieter einen Termin zur vorläufigen Wohnungsabnahme innerhalb der üblichen Arbeitszeiten des Vermieters von 8.00 Uhr bis 17.00 Uhr zu vereinbaren. Bei dieser vorläufigen Wohnungsabnahme wird der Umfang der bis zur Beendigung des Mietvertrages durchzuführenden Arbeiten des Mieters festgelegt.
3. Spätestens bei Beendigung des Mietvertrages findet eine endgültige Wohnungsabnahme statt. Hierzu hat der Mieter während der üblichen Arbeitszeiten des Vermieters von 8.00 Uhr bis 17.00 Uhr einen Termin in der Wohnung zu vereinbaren, bei dem ein Wohnungsabnahmeprotokoll erstellt wird. Die Wohnungsabnahme muss in geräumtem Zustand durchgeführt werden.
4. Das Protokoll, das bei einer (vorläufigen oder endgültigen) Abnahme gefertigt wird, ist von beiden Parteien zu unterschreiben. Ist nur einer von mehreren Mietern anwesend, vertritt er die anderen, sofern diese die Vollmacht nicht vor dem Termin widerrufen haben.
5. Kommt der Mieter der Verpflichtung zur Vereinbarung einer vorläufigen oder endgültigen Wohnungsabnahme nicht nach, bestimmt der Vermieter den Termin während seiner Arbeitszeiten nach billigem Ermessen. Der vom Vermieter bestimmte Termin ist verbindlich, wenn er mind. 24 Stunden vorher schriftlich angekündigt wurde.

---

202 Die Verpflichtung in Ziffer 4 zur Unterschrift bietet den Vorteil, dass bei Meinungsverschiedenheiten auf eine einvernehmliche Regelung hingewirkt werden kann, weil sich der Mieter zur Unterschrift verpflichtet glaubt.

203 Daneben sollten Verhaltensmaßregeln für den **Mietgebrauch** (Untermiete, Tierhaltung, Um- und Einbauten der Mietsache etc.) geregelt werden, sofern Abweichungen von den gesetzlichen Regelungen gewünscht und notwendig werden.

Bei der Abfassung des Entwurfs sollte auch bedacht werden, dass vielen Mietern die gesetzlichen Regelungen unbekannt sind und sie davon ausgehen, dass das, was nicht im Mietvertrag steht, auch nicht geschuldet wird. Um jedoch keinen ausufernden Text zu entwerfen, sollten auch hier die Wünsche des Mandanten auf ihre praktische Relevanz untersucht und in seltenen Fällen zugunsten der Übersichtlichkeit des Vertragstextes vernachlässigt werden.

Bei der einzelnen Regelung sollte der Grundsatz der „**kundenfeindlichsten Auslegung**"[1] beachtet werden, auch wenn dieser grundsätzlich nur im Verbandsklageverfahren (Unterlassungsklage) angewendet wird[2]. Dazu muss jeder Satz abgewogen werden, ob er tatsächlich nur in dem gemeinten Sinne verstanden werden kann. Dies ist der wichtigste Teil der Tätigkeit, bei der der Rechtsanwalt seine Kreativität unter Beweis stellen kann. Es reicht nicht aus, seinen Blick auf die Praxis des Mandanten zu beschränken. Vielmehr muss geprüft werden, ob und ggf. welche Sachverhalte vom **Wortsinn** der entworfenen Regelung zusätzlich erfasst werden, um zu verhindern, dass Fallkonstellationen, die nicht geregelt werden sollten, zur Unwirksamkeit der Klausel führen. Beispielhaft soll hier auf das Schriftlichkeitserfordernis bei der Erlaubnis zur Untervermietung hingewiesen werden. Eine Klausel, die die schriftliche Erlaubnis des Vermieters zur Untervermietung verlangt, ist unwirksam, weil sich nach Auffassung des BGH[3] ein Mieter z.B. von der Untervermietung trotz mündlicher Zusage abhalten lassen oder sie beenden könnte, weil sich der Vermieter auf die Unwirksamkeit seiner mündlichen Zusage unter Hinweis auf die vertragliche Regelung beruft. Der Verfasser der damals streitigen Klausel hatte sich mit Sicherheit bei ihrer Formulierung davon leiten lassen, dass das Schriftformerfordernis der Rechtssicherheit für beide Parteien dient. Er hat den Fall nicht bedacht, dass sich der Vermieter – rechtswidrig – auf den Buchstaben des Vertrages beruft, um einen – rechtswidrigen – Vorteil zu erlangen. Deshalb darf bei der Formulierung die Betrachtungsweise nicht auf den konkreten Sachverhalt mit vielen Fallvarianten beschränkt werden. Vielmehr müssen auch die Vorteile, die ein vertragsuntreuer Vermieter aus der so formulierten Regelung ziehen könnte, in Erwägung gezogen werden.

204

Diese Problematik macht es eigentlich erforderlich, dass der Entwurf von einem zweiten Kollegen, der einerseits den Sachverhalt und andererseits die **AGB-rechtliche Problematik** kennt, gelesen wird, denn der Verfasser selbst ist in aller Regel durch die gutgläubige Absicht, die Interessen seines Mandanten im Vertragsentwurf zulässig und seriös zu regeln, in seiner Betrachtungsweise beschränkt. Hierzu wird in den meisten Fällen keine Möglichkeit bestehen. Schon deshalb, weil es kaum gelingen kann, jede noch so unzulässige Verhaltensweise des Vermieters (zumal aus Sicht des Mieters) vorherzusehen, sollte der Rechtsanwalt seinen Mandanten auf diese Problematik besonders **(schriftlich) hinweisen**.

205

---

1 BGHZ 91, 55, 61; BGHZ 95, 362, 365; BGH, MDR 1992, 643.
2 BGHZ 91, 55, 61; BGHZ 95, 362, 365.
3 BGH, WuM 1991, 381.

Schließlich muss darauf geachtet werden, dass der Mietvertrag **übersichtlich** bleibt. Dazu sollten die einzelnen Abschnitte des Mietvertrages nach dem jeweiligen Stadium des Mietverhältnisses geordnet werden, wobei die Unterabschnitte (z.B. Absätze) in einer logischen Reihenfolge angeordnet werden sollten.

Sobald der Vertragsentwurf fertig ist, sollte noch einmal überprüft werden, ob alle Regelungen aufeinander abgestimmt sind, Widersprüche also beseitigt werden.

f) Äußerliche Gestaltung des Formularvertrages

206 Der Formularvertrag muss von dem Rechtsanwalt so gestaltet werden, dass die **Ausfertigung** des Vertrages **unproblematisch** ist. Verfügt der Vermieter über ein Schreibprogramm, sollten die Wege der Datenübertragung genutzt werden, so dass der zuständige Mitarbeiter (oder der Vermieter selbst) beim Abschluss des konkreten Vertrages nur noch die Vertragsdaten und die besonderen Regelungen ergänzen muss.

207 Aus Kostengründen kann es sich jedoch anbieten, generelle Regelungen, die über das konkrete Mietverhältnis hinaus gelten sollen, drucktechnisch herzustellen. Hierzu bestehen zwei Möglichkeiten: Entweder wird ein Druckwerk erzeugt, in das die konkreten Vertragsdaten per Hand eingesetzt werden, oder es wird ein aus zwei Teilen bestehender Mietvertrag hergestellt, der im ersten Teil die konkreten Vertragsdaten aufzeigt und im zweiten Teil die allgemeinen Geschäftsbedingungen. Im letzteren Fall ist darauf zu achten, dass insbesondere bei Mietverträgen mit fester Laufzeit die Schriftform eingehalten wird[1] und auch die Einbeziehung nach § 305 Abs. 2 BGB wirksam erfolgt[2]. Da sich bei Fertigung des Entwurfs nicht absehen lässt, ob das Formular im Einzelfall für einen befristeten Mietvertrag verwendet werden soll, ein aus zwei Teilen bestehender Mietvertrag jedoch zumindest nicht mehr die vom BGH[3] verlangte fortlaufende Paginierung aufweisen kann, sollte – nach wie vor – der Hinweis erteilt werden, dass der Mietvertrag mit einer festen Verbindung hergestellt werden sollte. Dies gilt erst recht, wenn dem Mietvertrag Anlagen (Hausordnung, Lagezeichnungen, weitere besondere Vereinbarungen etc.) beigeheftet werden. Sobald die fortlaufende Paginierung fehlt, kann die Schriftform verletzt sein[4].

208 Die wirksame **Einbeziehung** nach § 305 Abs. 2 BGB setzt voraus, dass ein deutlicher Hinweis auf die Allgemeinen Geschäftsbedingungen erfolgt. Hierzu sollte im ersten Teil des Vertragswerkes kurz vor der Unterschrift ein zusätzlicher Abschnitt erfolgen, in dem ausdrücklich auf die zusätzlichen Regelungen in den Allgemeinen Geschäftsbedingungen hingewiesen wird. Selbstverständlich kann dem Vermieter auch geraten werden, sich

---

1 Vgl. dazu BGH, WuM 1997, 667; BGH, WuM 1999, 286.
2 Vgl. dazu Palandt/*Heinrichs*, § 305 BGB Rz. 25 ff.
3 BGH, WuM 1997, 667.
4 OLG Naumburg, WuM 2000, 671; OLG Dresden, ZMR 1998, 420; LG Köln in *Lützenkirchen*, KM 11 Nr. 9.

g) Wartung und Pflege des Formularvertrages

Ist das Mandat mit dem Entwurf eines Formularvertrages abgeschlossen, wird grundsätzlich **keine Verpflichtung** zu konstruieren sein, die den Rechtsanwalt bei jeder Änderung der Rechtsprechung verpflichtet, seinen Mandanten auf eine etwaige Unwirksamkeit von ihm entworfener Regelungen hinzuweisen. Zweifelhaft kann dieser Standpunkt jedoch schon dann werden, wenn es sich um einen Dauermandanten handelt, der den Rechtsanwalt regelmäßig mit der Durchsetzung von mietrechtlichen Ansprüchen etc. beauftragt.

209

Auch aus **Akquisitionsgründen** empfiehlt es sich daher, dem Mandanten einen **Beratervertrag** anzubieten, in dem sich der Rechtsanwalt u.a. verpflichtet, das von ihm entworfene Vertragswerk regelmäßig (z.B. ein Mal pro Jahr) auf seine inhaltliche Vereinbarkeit mit der aktuellen Rechtslage zu überprüfen. Durch die sorgfältige Bearbeitung des Entwurfs erhält der Rechtsanwalt ein (mietrechtliches) Niveau, das es ihm erlaubt, die einschlägigen Entscheidungen zukünftig den entsprechenden Regelungen des Formularvertrages zuzuordnen und ihre Auswirkungen einzuschätzen. Zur Beobachtung der Entwicklung in der Rechtsprechung ist der Rechtsanwalt schon gesetzlich verpflichtet. Deshalb bedeutet es für ihn kaum Mehraufwand, sofern er eine solche Pflegeverpflichtung für den Formularvertrag eingeht. Zur praktischen Umsetzung dieser Pflegeverpflichtung kann der Mietvertrag in seine einzelnen Abschnitte (Miete, Betriebskosten, Gebrauch der Mietsache, Renovierung, Rückgabezustand etc.) zerlegt und mit entsprechenden Einlegebögen in einem Ordner verwahrt werden. Ergeben sich bei der Lektüre von Zeitschriften etc. einschlägige Entscheidungen, können diese kopiert und unter dem entsprechenden Abschnitt gesammelt werden. Bei dem regelmäßigen Prüfungstermin ist damit auf einen Blick ersichtlich, was sich gegenüber der letzten Fassung des Formularvertrages geändert hat.

210

Bei der Wartung und Pflege des Formularvertrages ergibt sich ein besonderes **Haftungsrisiko**, denn der Rechtsanwalt übernimmt die Verpflichtung, den Entwurf fortlaufend auf dem neuesten Stand der Rechtsprechung zu halten. Um hier – auch für das Mandantenverhältnis schädliche – Streitfälle zu vermeiden, muss die **Wartungsarbeit dokumentiert** werden. Wird jedes Mal ein neuer Entwurf geliefert, sollte eine Kennzeichnung eingeführt werden, die den zeitlichen Stand des Inhalts deutlich macht (z.B. Mietvertrag 1/03). Werden vorgeschlagene Änderungen nur mitgeteilt, damit der Mandant sie selbst einarbeitet, sollten die entsprechenden Zuschriften hinter jedem Abschnitt in dem oben angesprochenen Ordner gesammelt werden. Dadurch wird jederzeit schnell ersichtlich, wie die aktuelle Fassung der entsprechenden Regelung aussieht.

211 Wie die Verpflichtung **gebührenmäßig** abgegolten werden kann, richtet sich im Wesentlichen nach dem Aufwand. Hier ist bereits fraglich, ob die regelmäßige Lektüre von Zeitschriften etc. berücksichtigt werden kann. Da es sich insoweit um eine gesetzliche Verpflichtung des Rechtsanwalts handelt, wird man dies eher verneinen müssen. Welcher Aufwand bei der Einarbeitung von Änderungen in den Formularvertrag entsteht, lässt sich pauschal kaum vorhersehen. Hier sollte allerdings berücksichtigt werden, ob der Beratervertrag eine mehrjährige Laufzeit hat oder jedenfalls davon ausgegangen werden kann, dass der Vertrag nicht bereits nach einem Jahr beendet wird. Auf Grund einer solchen Mischkalkulation kann der Mehraufwand in dem einen Jahr mit dem geringeren Aufwand in einem anderen Jahr verrechnet werden. Durchschnittlich wird auf die reine Pflegearbeit ein jährlicher Zeitaufwand von 6 Stunden entfallen, sofern sich keine Besonderheiten bei dem Mandanten, z.B. durch Änderung seiner Praxis, ergeben. Dieser Aufwand sollte auf der Grundlage eines üblichen Stundenhonorars (vgl. oben *Rz. 10 ff.*) in einen Beratervertrag, der in regelmäßigen Zeitabschnitten (quartalsmäßig, monatlich) zu vergüten ist, eingebracht werden.

7. Abschluss eines Formularvertrages über Wohnraum

Wird dem Rechtsanwalt ein Formularvertrag vorgegeben, der Grundlage für das zukünftige Mietverhältnis sein soll, kann sich die Tätigkeit nicht nur darauf beschränken, die noch offenen oder zusätzlichen Regelungen zu formulieren (und ggf. zu verhandeln).

a) Vermieterberatung

aa) Die Informationsbeschaffung

212 Im ersten Schritt sollte sich der Rechtsanwalt auch hier über den Sachverhalt informieren, der geregelt werden soll. Die Ermittlung anhand der **Checkliste** (vgl. oben *Rz. 54 ff.*) bietet sich dabei nicht unbedingt an. Sie ist sehr zeitaufwendig. Der Mandant, der einen Formularvertrag vorgibt (auch wenn er vom Mieter stammt), möchte nur wissen, ob dieser Vertrag für ihn nachteilige Regelungen enthält und wie er zusätzliche Vereinbarungen formulieren kann. Deshalb sollte hier anhand des vorgegebenen Formulars das Beratungsgespräch geführt werden. Dabei kann der Mandant natürlich auf Regelungslücken hingewiesen werden.

Bei den einzelnen Abschnitten des Formularvertrages muss sodann ermittelt werden, ob die vorformulierten Regelungen mit der Praxis des Mandanten übereinstimmen bzw. sie erfassen. Werden die im Handel erhältlichen Formularverträge verwendet, sind diese nämlich abstrakt auf eine Vielzahl von Mietverhältnissen ausgerichtet, die z.B. **örtliche Besonderheiten** (Müllabfuhr, Hausreinigungspflichten) nicht berücksichtigen können.

213 Anhand der einzelnen Regelungen im Formularvertrag müssen die dort betroffenen Sachverhalte aufbereitet werden. Hierzu ist es einerseits erforder-

lich, dem Mandanten den **Regelungsgehalt** der formulierten Klausel zu verdeutlichen und seine gängige Praxis bzw. seine Wünsche zu erforschen. Ergeben sich Unterschiede, muss gemeinsam mit dem Mandanten abgewogen werden, inwieweit die Abweichung der Regelung von der Praxis bzw. den Vorstellungen relevant ist (vgl. dazu oben *Rz. 195*). Eine effiziente Beratung setzt an dieser Stelle natürlich voraus, dass sich der Rechtsanwalt auf die AGB-Kontrolle entsprechend vorbereitet hat (vgl. dazu *Rz. 188*). Um hier eine gemeinsame Basis für die Diskussion mit dem Mandanten zu gewinnen und Missverständnisse auszuschließen, kann z.B. jede Klausel laut vorgelesen werden. Durch das gesprochene Wort werden manche Regelungen erst deutlich.

Am Ende des Beratungsgesprächs wird deutlich, welche Klauseln des vorgegebenen Formulars schon aus praktischen Gründen geändert werden müssen. Je nach Umfang sollte mit dem Mandanten erörtert werden, ob es sinnvoll ist, die **abweichenden** und/oder **zusätzlichen Regelungen** in einer separaten Anlage zusammenzufassen oder den vollständigen Text des Formulars neu zu erstellen. Soll eine größere Anzahl abweichender oder zusätzlicher Regelungen geschaffen werden, kann die Beifügung einer Anlage zu Verwirrung führen. Andererseits ist der Arbeitsaufwand bei der völligen Neuerstellung des Formularvertrages natürlich größer, so dass der Mandant, sofern mit ihm ein Stundenhonorar vereinbart wurde (vgl. dazu oben *Rz. 10 ff.*), auch hierauf hingewiesen werden muss. 214

Ist das Mandat übertragen worden mit dem Ziel, dass der Rechtsanwalt auch die **weiteren Verhandlungen** führt, sollte bereits aus optischen Gründen Wert darauf gelegt werden, dass ein Vertrag zustande kommt, der ein einheitliches Schriftbild hat. Ansonsten, also wenn der Rechtsanwalt nur beratend für den Mandanten tätig sein soll, kann die Schaffung einer bloßen Anlage verhindern, dass der Vertragspartner von der Beratung erfährt, weil dieser davon ausgeht, dass der Vermieter (ggf. absprachegemäß) die offenen bzw. bereits ausgehandelten Regelungen zusätzlich formuliert hat. Diese Vorgehensweise kann angezeigt sein, wenn sich zum Nachteil des Mieters in den zusätzlichen Regelungen besonders erhebliche Abweichungen von der Rechtslage ergeben und zu erwarten ist, dass der Mieter bei rechtlicher Beratung dem Inhalt nicht ohne weiteres zustimmen wird. 215

Schließlich muss mit dem Mandanten geklärt werden, ob die abweichenden oder zusätzlichen Regelungen individualvertraglich vereinbart werden sollen. Dabei ist zu beachten, dass selbst der **handschriftliche Zusatz** zum Mietvertrag grundsätzlich eine Allgemeine Geschäftsbedingung darstellt und der Vermieter in diesem Fall die Beweislast dafür trägt, dass die Klausel ausgehandelt wurde[1]. Eine individualvertragliche Regelung muss geschaffen werden, wenn sich die Vorstellungen des Mandanten in Allgemeinen Geschäftsbedingungen wirksam nicht umsetzen lassen. Allerdings muss ein echtes Aushandeln vorliegen, was kaum dargestellt bzw. nachgewiesen werden kann, wenn die Regelung aufgenommen wird, weil die 216

---

1 LG Köln in *Lützenkirchen*, KM 21 Nr. 1.

vorgegebene Formulierung mit der ständigen Praxis des Mandanten nicht übereinstimmt. In anderen Fällen muss nach einem Weg gesucht werden, der ohne Zweifel die Entstehung einer individualvertraglichen Regelung herbeiführt (vgl. dazu oben *Rz. 41*). Dabei sollten die entsprechenden Schritte, insbesondere die Verhandlungen, durch Aktenvermerke dokumentiert werden, um später den notwendigen Nachweis für das Aushandeln führen zu können.

217 Gleichwohl wird auch bei entsprechender Dokumentation im Hinblick auf den Formularcharakter der übrigen Regelungen immer ein Zweifel bleiben. Deshalb sollte der Mandant (schriftlich) darauf **hingewiesen** werden, dass die Herbeiführung einer individualvertraglichen Vereinbarung nicht garantiert werden kann, sondern im Zweifel von Allgemeinen Geschäftsbedingungen ausgegangen werden muss.

bb) Die rechtliche Prüfung

218 Sowohl die vorgegebenen als auch die zusätzlichen Regelungen müssen auf ihre Verträglichkeit mit den §§ 305 ff. BGB überprüft werden. Hier kann in der gleichen Weise verfahren werden wie bei der Herstellung eines Formularvertrages (vgl. dazu oben *Rz. 187*).

Auch hier darf bei der Beurteilung die **Sichtweise** nicht auf die Praxis des Mandanten beschränkt werden, sondern muss i.S.d. „kundenfeindlichsten Auslegung" (vgl. dazu oben *Rz. 204*) untersucht werden, inwieweit die Formulierung geeignet ist, einen vertragstreuen Mieter von der Durchsetzung berechtigter Ansprüche abzuhalten. Ergibt sich dabei eine unwirksame Klausel, muss die Relevanz der Unwirksamkeit ermittelt werden (vgl. dazu oben *Rz. 195*).

cc) Die Formulierung abweichender und zusätzlicher Regelungen

219 Bei der Zusammenfassung der Ergebnisse des Beratungsgesprächs und der rechtlichen Prüfung sollte darauf geachtet werden, dass sich zwischen dem vorgegebenen Text und den neu geschaffenen Regelungen keine **Widersprüche** ergeben. Sollen vorgegebene Klauseln anders formuliert werden, sollten sie im vorgegebenen Text unkenntlich gemacht werden und ein Hinweis darauf erfolgen, dass und wo in der Anlage eine abweichende Regelung getroffen wurde (sofern der Text nicht insgesamt neu formuliert wird). Ansonsten greift die Unklarheitsregelung des § 305c Abs. 2 BGB.

220 Auch die Anlage sollte möglichst **klar gegliedert** sein und, sofern Abweichungen zu vorgegebenen Formulierungen geregelt werden sollen, einen Hinweis auf die Stelle im vorformulierten Text enthalten. Dies kann z.B. dadurch erfolgen, dass in der Reihenfolge der vorgegebenen Nummerierung die zusätzlichen Klauseln dargestellt werden (z.B.: „zu § 9 Abs. 4").

221 Kommt es darauf an, die **Schriftform** des § 550 BGB einzuhalten (vgl. dazu *Rz. 496*), muss dem Mandanten erläutert werden, welche Kriterien dabei

zu beachten sind. Insbesondere wenn eine zusätzliche Anlage geschaffen wird, die mit dem vorgegebenen Formular drucktechnisch kein einheitliches Bild vermittelt und keine fortlaufende Paginierung enthält[1], sollte dem Mandanten empfohlen werden, das Formular und die Anlage(n) fest miteinander zu verbinden, also insbesondere zu heften[2], obwohl auch eine Bezugnahme im Text auf (lose beigefügte) Anlagen ausreichen kann[3].

b) Mieterberatung

Der Mieter, der dem Rechtsanwalt einen vorformulierten Text zur Überprüfung vorlegt, will in aller Regel wissen, ob der Vertrag übliche Regelungen enthält oder besondere Tücken aufweist. 222

Um das Beratungsgespräch effizient gestalten zu können, sollte sich der Rechtsanwalt den Entwurf zunächst übermitteln lassen, um den Text einer **Vorprüfung** zu unterziehen. Bei dieser Vorprüfung können insbesondere die AGB-rechtlichen Besonderheiten untersucht werden.

In der anschließenden Erörterung mit dem Mandanten sollte zunächst geklärt werden, welche **Verabredungen die Parteien** getroffen haben, um abgleichen zu können, inwieweit die Absprachen im Vertrag ihren Niederschlag gefunden haben. Nicht selten übergibt z.B. der Vermieter dem Mandanten eine unrenovierte (oder auch nur tapezierfähige[4]) Wohnung mit dem Hinweis, dass bei Rückgabe der Wohnung eine Endrenovierung nicht geschuldet sei. Diesen Fall sehen Formularverträge regelmäßig nicht vor. Sie enthalten Endrenovierungsklauseln zumindest in der Form, dass bei Ablauf der Fristen nicht durchgeführte Schönheitsreparaturen nachzuholen sind, oder Quotenklauseln. Diese Regelungen lassen sich mit der Abrede, bei Rückgabe müsse nicht renoviert werden, nicht unbedingt vereinbaren. Hier sollte der Mandant über den Unterschied zwischen der Verpflichtung zu laufenden Schönheitsreparaturen und einer Endrenovierung aufgeklärt werden und ihm zumindest empfohlen werden, die Quotenklausel zu streichen und als besondere Vereinbarung zu regeln, dass am Ende des Mietvertrages eine Renovierung nicht geschuldet wird. Dadurch bleibt die Verpflichtung zur Durchführung laufender Schönheitsreparaturen unberührt. Am Ende des Mietvertrages kann sich der Mandant jedoch darauf berufen, dass er eine unrenovierte Wohnung zurückgeben kann. 223

Neben den **Erläuterungen**, die allgemein zu den einzelnen Regelungen erfolgen sollten (vgl. dazu oben *Rz. 213*), sollte der Mandant auf die Klauseln aufmerksam gemacht werden, die nach der Prüfung des Rechtsanwalts unwirksam sind bzw. sein könnten. Dabei sollten gleichzeitig die Auswirkungen der Unwirksamkeit dargestellt werden. Gemäß § 306 BGB tritt an die Stelle unwirksamer Regelungen das Gesetz. Dem Mandanten muss al- 224

---

1 Vgl. dazu BGH, WuM 1997, 667.
2 LG Köln in *Lützenkirchen*, KM 11 Nr. 9.
3 BGH, NJW 1999, 1104.
4 Vgl. *Lützenkirchen*, NZM 1998, 942.

so deutlich gemacht werden, welche Konsequenzen es haben kann, dass er sich auf die Unwirksamkeit einer Regelung beruft.

225 Danach kann entschieden werden, ob es sinnvoll ist, den Vermieter bereits vor dem endgültigen Abschluss des Mietvertrages auf die Unwirksamkeit einzelner Regelungen hinzuweisen. Regelmäßig wirkt sich die Unwirksamkeit zugunsten des Mandanten aus. Darüber hinaus kann es bei dem Vermieter Argwohn hervorrufen, wenn der Mieter bereits zum Abschluss des Mietvertrages einen Rechtsanwalt beauftragt. Er wird befürchten, dass der Mandant auch jede Betriebskostenabrechnung, ein Mieterhöhungsverlangen oder sonstige Begehren des Vermieters rechtlich wird überprüfen lassen und keinem Konflikt aus dem Weg geht. Um diesen Eindruck beim Vermieter zu vermeiden, sollte darauf hingewirkt werden, dass nur solche Regelungen abgeändert werden, die wesentliche Nachteile für den Mandanten bringen (also z.B. die oben dargestellte Renovierungsverpflichtung). Andere, wie z.B. unklare Betriebskostenregelungen, sollten dem Mandanten erläutert werden. Legt er Wert auf eindeutige Regelungen und einen Vertrag, der kein Konfliktpotential enthält, kann ihm eine wirksame Regelung entworfen werden. Gleichzeitig kann er jedoch darauf aufmerksam gemacht werden, dass er sich auf die Unklarheit oder Unwirksamkeit nicht berufen muss. Die Beibehaltung der zweifelhaften Klausel lässt ihm jedoch die Möglichkeit offen, sich darauf zu berufen, wenn der Vermieter auf anderen Gebieten mit ihm den Konflikt sucht.

226 Schließlich sollte der Mandant vor allem bei befristeten Verträgen wegen § 550 BGB über die Anforderungen aufgeklärt werden, die zur Einhaltung der **Schriftform** beachtet werden müssen (vgl. dazu *Rz. 496 ff.*).

II. Gewerberaummietverträge[1]

1. Vorüberlegungen

Bei der Beratung im Zusammenhang mit dem Abschluss von Mietverträgen über Gewerberaum sind im Vergleich zum Wohnraummietrecht einige **Besonderheiten** zu beachten:

a) Weitgehende Abbedingbarkeit der gesetzlichen Regelungen

227 Im Gegensatz zum Bereich des Wohnraummietrechts ist bei der Gestaltung von gewerblichen Mietverträgen die überwiegende Zahl der gesetzlichen Bestimmungen abdingbar. Hierbei ist jedoch die jüngste Entwicklung in der Rechtsprechung des für das gewerbliche Mietrecht zuständigen XII. Zivilsenates des BGH zu beachten, der im Zusammenhang mit **Formularmietverträgen** den Schutz des Gewerberaummieters stark dem Mieter-

---

[1] Frau Krämer sowie Frau Wallhäußer ist für die geduldige Erstellung dieses Manuskriptteils zu danken, Herrn Tobias Leder für seine Mitarbeit und Anregungen.

schutz im Rahmen von Wohnraummietverträgen annähert[1]. Denn nach Auffassung des BGH soll der durchschnittliche Gewerberaummieter eine **ähnliche Schutzbedürftigkeit wie der Wohnraummieter** für sich reklamieren können. Nur wenn sich aus den §§ 535 f., 308, 309 BGB ergibt, dass ein besonderer Schutz des Wohnrraummieters durch das Gesetz intendiert ist, wird man noch sicher von einer unterschiedlichen Schutzwürdigkeit ausgehen können[2]. Die Anforderungen an die Formulierung von allgemeinen Geschäftsbedingungen/Formularverträgen hat der der BGH unter Berufung auf das **Transparenzgebot** (§ 307 Abs. 1 S. BGB)[3] und die „**kundenfeindlichste Auslegung**"[4] im Rahmen der Prüfung der Wirksamkeit von Formularklauseln nach Maßgabe des § 307 BGB faktisch erheblich verschärft.

Erste Entscheidungen des XII. Zivilsenats des BGH[5] aus jüngster Zeit lassen erkennen, dass die Anforderungen an das Zustandekommen einer Individualvereinbarung möglicherweise nicht mehr so streng ausfallen und das Kriterium des „Zurdispositionstellens" bei der Abgrenzung zwischen Formular- und Individualverträgen entscheidende Bedeutung erlangt. Im konkreten Fall hatte der Vermieter ein Vertragsmuster mit Endrenovierungsklausel gestellt und der Mieter verlangt, dass er den Teppichboden am Ende der Mietzeit im dann vorhandenen Zustand zurückgeben darf. Damit hatten die Parteien einen Verzicht auf die im Rahmen der Endrenovierung ansonsten geschuldete Grundreinigung des Teppichbodens vereinbart, so dass die (unbedingte) Endrenovierung eine Individualvereinbarung wurde.

Um entsprechende Sachverhalte zu gegebener Zeit nachweisen zu können, müssen die einzelnen Stadien der Vertragsentwicklung dokumentiert werden. Dazu ist schriftlich auf die jeweils zur Disposition stehenden Anteile des Vertrags hinzuweisen und der Gang sowie der Umfang der Vertragsverhandlungen schriftlich festzuhalten. Die jeweils erstellten Entwurfsfassungen sind dauerhaft zu archivieren. Denn nur so kann auch noch nach langen Jahren der Vertragsdauer dargelegt und bewiesen werden, dass es sich bei einer Vertragsbestimmung um einen individuell ausgehandelten Vertragsbestandteil handelt. Da in aller Regel die Akten des Anwalts nur begrenzte Zeit aufbewahrt werden, ist der Mandant bei Beginn des Mandats auf die Unterschiede der Wirksamkeitskriterien im Zusammenhang mit Formular- und Individualvereinbarungen und die Notwendigkeit zur Aufbewahrung aller Korrespondenz aus dem Vorfeld des Vertragsschlusses während der gesamten Vertragslaufzeit zuzüglich einer mehrjährigen Frist (potenziell nach Vertragsende drohende Klagen) hinzuweisen. Zusätzlich ist auf die Vernichtung der Akten des beratenden Anwalts nach Ablauf der Aufbewahrungsfristen hinzuweisen.

In jedem Fall ist bei der Bearbeitung von Gewerberaummietrechtsmandaten zu beachten, dass das Wohnraummietrecht prägende Teilbereiche

---

1 BGH, NJW 2005, 2006; 2008, 890.
2 BGH, NZM 2008, 890.
3 BGH, NZM 2005, 863 = ZMR 2005, 844.
4 BGH, NZM 2007, 684; 2008, 522, 609.
5 BGH, NZM 2009, 397.

des Gesetzes, insbesondere die Regelungen zur Miethöhe §§ 557 f. BGB, mangels Verweisung in § 578 BGB nicht anwendbar sind.

b) Klärung der Verhandlungsposition des Mandanten

228 Bei jeder Beratung ist es vorrangig, eine möglichst genaue Einschätzung von der Stärke der Verhandlungsposition des Mandanten zu besitzen. Wie sich bei den Einzelerläuterungen immer wieder zeigen wird, sind je nach **Marktstärke der Mietsache** bzw. des jeweiligen Vertragspartners in sehr unterschiedlichem Umfange **Verhandlungsspielräume** gegeben. So sind beispielsweise bei der Beratung des Mieters die Verhandlungsmöglichkeiten sicherlich bei von mehreren Interessenten umworbenen 1a-Lagen deutlich geringer als bei potentieller Anmietung eines seit Jahren leer stehenden (Büro-)Objektes. In diesem Zusammenhang gilt es immer zu klären, ob und in welchem Umfang der jeweilige Mandant auf den Abschluss des konkreten Vertrages angewiesen ist. Oftmals muss sich auch der Vermieter eines interessanten Objektes gegenüber einem marktstarken Mieter, der als „Frequenzbringer" für ein größeres Objekt dient, mit erheblichen Abschlägen bei seinen Positionen zufrieden geben. Umgekehrt kann auch der zu beratende Mieter auf ein eher uninteressantes Gewerbeobjekt durchaus angewiesen sein, wenn er z.B. über kein Alternativobjekt verfügt und sein bisheriges Domizil zu einem fixen Termin räumen muss. Diese Fragen gilt es bereits bei Beginn des Beratungsgespräches zu klären, denn entsprechende Überlegungen müssen bei der Überprüfung bzw. bei der Ausarbeitung einer jeden Vertragsbestimmung einfließen.

c) Klärung des Verhandlungsstadiums

229 Zu Beginn der Beratung ist zu prüfen, in welchem Verhandlungsstadium sich der Mandant mit dem potentiellen Vertragspartner befindet. Mitunter werden Rechtsanwälte erst dann eingeschaltet, wenn die Parteien sich in den Gesprächen ohne anwaltliche Beratung bereits sehr weit angenähert haben oder ein zumindest von einer Seite als unterschriftsreif deklarierter **Entwurf vorliegt**. Sind die Vertragsverhandlungen schon weit fortgeschritten, ist mit dem Mandanten zu klären, ob und inwieweit die einzelnen Vertragsbestimmungen überprüft und ggf. Alternativvorschläge unterbreitet werden sollen. Je nach Verhandlungsstand und Verhandlungsposition kann ein allzu umfangreiches Aufschnüren eines bereits als sicher geglaubten Verhandlungspaketes – insbesondere bei den wirtschaftlichen Eckdaten wie Miete, Mietsteigerung, (Verkürzung der) Laufzeit – beim Vertragspartner zu heftigen Reaktionen bis zum Abbruch der Vertragsverhandlungen führen. Dies muss bei den **taktischen Überlegungen** berücksichtigt und mit dem Mandanten erörtert werden. Gleichwohl ist auf eventuell benachteiligende Regelungen im Rahmen des bisherigen Vertragsentwurfs hinzuweisen, auch wenn sie nicht mehr veränderbar erscheinen.

229a Vorsorglich sollte erfragt werden, ob die Mietsache bereits während der noch laufenden Verhandlungen überlassen wurde und der Mieter hierfür ein Entgelt leistet. Sollte dies der Fall sein, geht die Rechtsprechung von dem Zustandekommen eines ggf. **vorläufigen Mietvertrags** aus[1]. Sofern die Vertragsparteien sich noch nicht vollständig über den Inhalt des Mietvertrags geeinigt haben, liegt es nahe, auf das vorläufige Mietverhältnis das Recht der §§ 535 f. BGB anzuwenden. Dies ist insbesondere im Hinblick auf die regelmäßig von den Grundstückshaftpflichtversicherungen des Vermieters nicht erfasste **verschuldensunabhängige Garantiehaftung** [§ 536a BGB] für den Vermieter mit erheblichen Risiken versehen. Unabhängig hiervon empfiehlt sich auch für den Mieter aus taktischen Gründen ein entsprechendes Vorgehen nicht. Denn ab Einzug des Mieters würde ein Scheitern der Verhandlungen zu Mehraufwendungen für den erneuten Umzug führen. Das Wissen hierum dürfte die Bereitschaft des Vermieters zum Entgegenkommen mitunter negativ beeinflussen.

Wenn vom Vertragspartner ein unter den Anwendungsbereich der §§ 305 ff. BGB fallendes Muster vorgelegt wird, ist zu prüfen, ob und in welchem Umfang der Entwurf insbesondere im Hinblick auf §§ 305c, 307 BGB **unwirksame Klauseln** bzw. Klauseln, die nicht Vertragsinhalt geworden sind, enthält. Ist dies der Fall, sollte (gedanklich) geprüft werden, ob es ausnahmsweise möglich und sinnvoll ist, auf **Verhandlungen zu verzichten**, um dem Mandanten die Rechtsfolgen des § 306 BGB zu sichern, der in diesem Fall zur Anwendung des dispositiven Gesetzesrechts führt. Da ein Zurdispositionstellen ggf. ausreicht[2], um den Anwendungsbereich der §§ 305 f. BGB zu verlassen, wird ein derartiges taktisches Vorgehen sich im Regelfall verbieten. Wird ein eigenes Vertragsmuster vorgelegt, das potenziell **allgemeine Geschäftsbedingungen** aufweist/darstellt, ist hierauf der Mandant zum einen ausdrücklich hinzuweisen und zum anderen nach Möglichkeit zu versuchen, durch Herbeiführung von Individualvereinbarungen der Anwendung der §§ 305 f. BGB zu entgehen.

230

d) Klärung der vorangegangenen Nutzung/Ausschluss eines Betriebsübergangs im Sinne des § 613a BGB

Sofern es sich nicht um ein neu errichtetes Objekt handelt, sondern die Mietsache eine **Bestandsimmobilie** darstellt, ist vor allen Dingen bei der Beratung von Mietern zu klären, welche Nutzung der Mietsache vorangegangen ist. Sofern der **gleiche oder ein ähnlicher Nutzungszweck** gegeben war, ist zu prüfen, ob ein **Betriebsübergang** im Sinne des **§ 613a BGB** vorliegt. In diesem Fall tritt der neue Mieter auf Arbeitgeberseite in die Arbeitsverträge mit dem zuvor in der Mietsache beschäftigten Arbeitnehmer nach näherer Maßgabe der gesetzlichen Bestimmungen ein. Hieraus können sich einschneidende Konsequenzen ergeben, die unter Umständen den Abschluss eines Mietvertrags verhindern können[3]. Nach allgemeiner Meinung stellt § 613a BGB **zwingendes Recht** dar[4] und ist daher nicht durch

230a

---

1 BGH, NZM 2005, 704.
2 *Ulmer* in Ulmer/Brandner/Hensen, Rz. 48 zu § 305 BGB.
3 Vgl. zum Ganzen: *Matthey, Kluth, Fröndhoff*, NZM 2005, 1 f.
4 Palandt/*Weidenkaff*, § 613a BGB, Rz. 3 m.w.N.

vertragliche Vereinbarungen, insbesondere nicht zwischen den Parteien eines Mietvertrages auszuschließen. Zwischen den Parteien des Mietvertrages können lediglich bezogen auf das Innenverhältnis Vereinbarungen getroffen werden. Dies etwa in der Gestalt, dass der Vermieter verpflichtet wird, den Mieter von den Ansprüchen der Arbeitnehmer frei zu stellen, deren Arbeitsverträge aufgrund des Betriebsübergangs auf den Mieter übertragen wurden.

Nutzt der Mieter die Mietsache bereits aufgrund eines **bestehenden Mietvertrages**, ist es aus Sicht des Vermieters regelmäßig günstiger, den bestehenden Mietvertrag zu verlängern. Dies ggf. bei mehr oder weniger umfangreicher Änderung der vertraglichen Bestimmungen. Denn bei Neuabschluss eines Mietvertrages nebst gleichzeitiger Beendigung des ursprünglichen Vertrages kommt es zu einem sog. **„Kettenmietverhältnis"**. Ein derartiges Vertragskonstrukt ist für den Vermieter bei Beendigung des Mietverhältnisses in Bezug auf die **Rückbauverpflichtungen** nachteilig, wenn nicht zusätzlich Vorsorge getroffen wird. Denn zumindest in der Literatur wird vertreten, dass der Mieter zum **Rückbau** von Ein- und Umbauten nur insoweit verpflichtet sein soll, wie sie **nach Beginn des letzten Mietvertrages der Kette** erfolgt sind[1]. Ist bei bestehendem Mietvertrag eine Bürgschaft als Mietsicherheit vorhanden, muss der Bürge bei der Vertragsänderung einbezogen werden. Ansonsten droht auf Grund Veränderung des Vertrags der Entfall der Bürgschaft[2].

e) Drucktechnische Gestaltung von Vertragsentwürfen

231 Bei der Gestaltung von **Individualmietverträgen** kann es von Vorteil sein, diese drucktechnisch gestalteten Verträgen weitgehend anzunähern. Ein beispielsweise 1½-zeilig mit größeren Rändern gefertigter Vertrag ist sicherlich sehr lesefreundlich. Er ist jedoch zwangsläufig im Hinblick auf die Seitenzahl sehr umfangreich und vermittelt den Eindruck, eine Vielzahl von individuell angepassten oder entwickelten Bestimmungen zu enthalten. Insbesondere der juristisch nicht oder nur unvollständig geschulte Verhandlungspartner wird durch einen solchen Vertrag zu besonderer Wachsamkeit animiert oder sogar aufgeschreckt und dazu veranlasst, entsprechende Entwürfe übervorsichtig zu lesen und einzuschätzen. Hieraus kann sich zumindest eine nicht unerhebliche Verzögerung der Vertragsverhandlungen ergeben.

f) Klärung des allgemeinen mietrechtlichen Vorwissens des Mandanten

232 Insbesondere bei der Beratung von Mietern sollte sich der Rechtsanwalt ein Bild davon verschaffen, ob und inwieweit der Mandant mit den Besonderheiten des (Miet-)Rechts vertraut ist. Auf die Erläuterung **wirtschaftlich relevanter Regelungen** des Gesetzes und insbesondere der vorgelegten Ver-

---

1 *Rolfs* in Emmerich/Sonnenschein, § 546 BGB, Rz. 12; *Heitzmann* in Soergel, § 556 BGB a.F. Rz. 4; *Pietz/Leo* in Lindner-Figura/Oprée/Stellmann, Kap. 16 Rz. 25 f.
2 Vgl. OLG Düsseldorf, ZMR 2005, 784.

tragsentwürfe ist große Sorgfalt zu verwenden. Unerfahrene Mieter werden mitunter mit vermeintlich günstigeren Angeboten in langfristige Mietverträge gelockt, die sich später als unternehmensbedrohende Belastung herausstellen. Die Regelungen über **Mietdauer, Miete, Mieterhöhung, Nebenkosten, Kleinreparaturen, Instandsetzung** und **Instandhaltung, Konkurrenzschutz** sowie über **Betriebspflichten** sind hierbei von besonderer Relevanz.

Sofern nicht beim Rechtsanwalt oder beim Mandanten vorhanden, sollten ggf. durch Nachfrage bei einschlägigen Berufsverbänden etc. **Vergleichswerte** für Mieten insbesondere in Relation zum geplanten **Umsatz** herangezogen werden. Mitunter ergibt sich schon aus diesen ersten wirtschaftlichen Überlegungen, dass entweder eine deutliche Herabsetzung der Miete einschließlich der Nebenkosten erfolgen muss oder aber die Mietvertragsverhandlungen abgebrochen werden können. 233

g) Gestaltung der Vertragsverhandlungen

Insbesondere bei wirtschaftlich bedeutenderen Mietverträgen sind in einer Vielzahl von Fällen beide Vertragsparteien anwaltlich beraten. Je nach Einzelfall wird sehr ausführlich über Vertragsentwürfe verhandelt. Hierbei gilt es, ein Gespür dafür zu entwickeln, wie lange es sinnvoll ist, **umfangreiche schriftliche Ausarbeitungen** auszutauschen, und ab wann eine (abschließende) **unmittelbare Verhandlungsrunde** erfolgen kann und muss, in der möglichst alle strittigen Punkte einer Einigung zugeführt werden. Der Mandant wird regelmäßig wenig Verständnis dafür haben, wenn sich der Vertragsbeginn auf Grund sich hinziehender Vertragsverhandlungen verzögert. Erfahrungsgemäß verbessert sich das Gesamtergebnis sowohl hinsichtlich der juristischen Qualität als auch bezüglich der Wirtschaftlichkeit bei langwierigen Vertragsverhandlungen ab einem gewissen Verhandlungsstadium kaum noch. Oftmals entstehen im Gegenteil durch überlange Verhandlungen unübersichtliche vertragliche Regelungen, die später zu Streit Anlass geben. Gleichwohl ist in den vergangenen Jahren eine Verhandlungsstrategie einiger Marktteilnehmer zu beobachten, in einer oder mehreren Verhandlungsrunden zunächst einmal den Verhandlungsspielraum des potenziellen Vertragspartners auszuloten und auszuschöpfen. Gleichzeitig wird das eigene Entgegenkommen immer unter den Vorbehalt einer genauen juristischen Prüfung bzw. der Zustimmung möglichst ferner Gremien gestellt. Später wird dann mit Bedauern erklärt, man könne sich doch nicht zu dem Zugeständnis verstehen. Hierauf wird man sich ggf. taktisch frühzeitig einzustellen haben. 234

h) Berücksichtigung individueller Besonderheiten

Handelt es sich um einen **Individualvertrag** für ein bestimmtes Objekt, sollte nach Möglichkeit eine **Besichtigung des Objektes** gemeinsam mit dem Mandanten erfolgen, um einerseits einen allgemeinen Eindruck zu er- 235 halten und andererseits bezüglich spezifischer Besonderheiten des Objektes (Mängel, Gefahrenquellen etc.) Informationen zu gewinnen.

236 Wie auch bei Wohnraummietverträgen ist insbesondere bei der Beratung von **Vermietern** darauf zu achten, deren **übliche Praxis** hinsichtlich bestimmter Regelungssachverhalte wie Übergabe, Betriebskostenabrechnungen, Hausmeisterdienste etc. zu erfragen, um diese jeweiligen Besonderheiten im Mietvertrag berücksichtigen zu können.

237 Sofern der **Mieter** beraten wird, sollte ggf. zusätzlich eine Besichtigung seines **bisherigen Betriebes** erfolgen, um sich von den Notwendigkeiten und Anforderungen des Mieters ein genaueres Bild zu verschaffen. Viele der hiermit verbundenen Fragen sind für den Mandanten so selbstverständlich, dass er sie nicht erwähnt. Gleichwohl müssen sie bei Vertragsschluss berücksichtigt werden (etwa Umfahrtmöglichkeiten für Lkw, spezielle Belastungen des Bodens durch Hubwagen sowie Gabelstapler oder so genannte „Ameisen", Deckenlasten, Umgang mit chemischen Stoffen etc.).

i) Marktbeherrschender Vermieter

237a Eine derartige Situation ergibt sich, wenn ein Vermieter die alleinige Verfügungsgewalt über **Gewerbeflächen eines „relevanten Marktes"** besitzt. Dies kann z.B. beim Vermieter eines Einkaufszentrums der Fall sein, in dem die örtliche Kfz-Zulassungsstelle untergebracht ist und in dem Flächen für einen Schilderprägebetrieb vergeben werden[1]. In einer solchen Konstellation, die möglicherweise auch bei ähnlichen Örtlichkeiten wie z.B. Bahnhöfen mit Sonderöffnungszeiten der dort ansässigen Geschäfte etc. vorliegt, ist auch der private Vermieter verpflichtet, potentielle **Mieter nicht unbillig zu behindern**. Er soll verpflichtet sein, „den aktuellen Bedarf auf dem Wege der **Ausschreibung** zu ermitteln, er darf, wenn er entsprechende Gewerbeflächen vermietet, den Marktzutritt für aktuelle und potentielle Wettbewerber des Mieters nicht für einen längeren Zeitraum als fünf Jahre blockieren, sondern muss die Räumlichkeiten in entsprechenden Abständen neu ausschreiben"[2]. Im Vertrag vorgesehene, über den vorgenannten Zeitraum hinausgehende Verlängerungsoptionen sollen wegen Verstoßes gegen § 134 BGB nichtig sein[3]. Konkurrenten stehen ggf. gerichtlich durchsetzbare **Unterlassungsansprüche** gemäß § 33 GWB zu[4].

2. Die Erstellung eines Gewerberaummietvertrages

a) Abgrenzung zu anderen Vertragsverhältnissen und Sonderformen

238 Zumindest gedanklich ist bei der Beratung zum Abschluss eines Nutzungsvertrages vorab immer zu klären, ob das Mietrecht (allein) einschlä-

---

1 BGH, ZMR 2003, 651 f.; NZM 2007, 486; 2008, 208.
2 BGH, ZMR 2003, 651 f.
3 OLG Saarbrücken, NZM 2008, 43.
4 BGH, NZM 2007, 486.

gig ist oder ob auf Grund der Besonderheiten des Einzelfalles von einem anders zu qualifizierenden Vertragsverhältnis ausgegangen werden muss.

Checkpunkte 239

- Abgrenzung zur Pacht
- Abgrenzung zur Leihe
- Abgrenzung zum Werkvertrag
- Abgrenzung zum Leasingvertrag
- Mietkauf
- Beschränkte persönliche Dienstbarkeiten/Nießbrauchrechte
- Altenheimvertrag
- Mischmietverhältnisse

Erläuterungen

aa) Abgrenzung zur Pacht

Nach der Rechtsprechung des BGH liegt Pacht anstatt Miete immer dann vor, wenn **zusätzlich zum Gebrauch** der Räumlichkeiten die **Gewährung des Genusses von Früchten** i.S.v. § 99 BGB Vertragsgegenstand ist[1]. Pacht ist somit immer dann gegeben, wenn für den Geschäftsbetrieb geeignetes Inventar tatsächlich in den Räumen vorhanden ist und der Vertragspartner dazu wesentlich beigetragen hat. Hierzu soll es ausreichen, wenn eine günstige Bezugsquelle nachgewiesen oder auch nur ein günstiger Anschaffungskredit bereitgestellt worden ist[2]. Besondere Wichtigkeit erlangt die Abgrenzung bei Verträgen im Zusammenhang mit **Apotheken**. Denn die Betriebspacht, wohl nicht die reine Raumpacht, ist gemäß §§ 9, 12 Apothekengesetz unzulässig und gemäß § 134 BGB unwirksam.

240

bb) Abgrenzung zur Leihe

Die Abgrenzung zum Leihvertrag ist relativ problemlos möglich, da der Mietvertrag entgeltlich und der Leihvertrag **unentgeltlich** ist. Hierbei ist jedoch darauf zu achten, dass die Gegenleistung beim Mietvertrag nicht in einer Geldzahlungspflicht bestehen muss, sondern auch in sonstigen Leistungen bestehen kann[3] und die Höhe, insbesondere ihre Angemessenheit im Verhältnis zur Leistung, keine Rolle spielt. Auch die Übernahme von (einzelnen) Nebenkosten kann schon eine „Miete" begründen[4].

241

---

1 BGH, ZMR 1991, 257 f., 258 f.
2 BGH, ZMR 1991, 257 f., 259 f.; *Reinstorf* in Bub/Treier, I Rz. 17 f.; Palandt/*Weidenkaff*, Einf. v. § 535 BGB Rz. 16.
3 *Fritz*, Rz. 17 m.w.N.
4 BGH, WPM 1970, 853, 855.

cc) Abgrenzung zum Werkvertrag

242 Bei der (Raum-)Überlassung treten oft werkvertragliche Verpflichtungen insbesondere des Mieters hinzu. Es handelt sich dann um **kombinierte Verträge**. Dies ist z.B. möglich, wenn der Mieter sich verpflichtet, das Mietobjekt aus- oder umzugestalten oder mehr oder weniger umfangreich instand zu setzen oder zu renovieren und es dann in diesem Zustand später an den Vermieter zurückzugeben hat[1]. Bei der Ausgestaltung derartiger Verträge ist zu beachten, dass für den jeweiligen Teil (miet- bzw. werkvertragliche Verpflichtungen) das einschlägige **Werk- bzw. Mietvertragsrecht anzuwenden** ist[2]. Auch die Überlassung einschließlich des Abbaus einer Verstärkeranlage zur Durchführung eines Rock-Konzerts hat werkvertragliche Elemente, da die Anlage funktionieren (= Erfolg) muss[3]. Allein unter das Mietvertragsrecht fallen jedoch Verträge über die Nutzung der Geräte eines Fitnesscenters, die Überlassung größerer EDV-Anlagen mit Bedienung, Verträge über Baugeräte oder Zelte sowie Verträge über Grundstücke zur Ablagerung von Abfällen[4].

dd) Leasingvertrag

243 Bei der Raumüberlassung im Rahmen des **Immobilienleasings** liegt üblicherweise ein so genanntes Finanzierungsleasing vor. Regelmäßig übernimmt der Leasinggeber den Erwerb des Grundstückes, mehr oder weniger umfangreich die Ausarbeitung der Planung, Erwirkung der Baugenehmigung, Baudurchführung nebst Finanzierung und die Verwaltung des Objektes. **Typischerweise** wird in ganz wesentlichem Umfange die Haftung für das Vertragsobjekt für Sachmängel, Untergang etc. eingeschränkt. Insoweit erfolgt mitunter lediglich die Abtretung der Gewährleistungsansprüche des Leasinggebers an die bei der Herstellung Beteiligten an den Leasingnehmer. Die Instandhaltungspflicht am Leasingobjekt wird zusätzlich dem Leasingnehmer überbürdet. Immobilienleasingverträge sind immer u.a. **steuerrechtlich** motiviert. Mit den Vertragsparteien und ihren Beratern, insbesondere Wirtschaftsprüfern oder Steuerberatern, ist die Ausgestaltung der Verträge abzustimmen, damit sie mit dem steuerrechtlichen Konzept in Einklang stehen. Auf Immobilienleasingverträge findet zwar grundsätzlich Mietrecht Anwendung[5]. Eine Reihe von Modifikationen sind jedoch zu berücksichtigen[6].

ee) Mietkauf

244 Mietkaufverträge sind **einheitliche Vertragsverhältnisse** mit mietrechtlichen und kaufrechtlichen Elementen. Üblicherweise wird dem Mieter

---

1 *Fritz*, Rz. 19.
2 Vgl. Palandt/*Weidenkaff*, Einf. v. § 535 BGB Rz. 29.
3 OLG Koblenz, ZMR 2004, 265.
4 Vgl. Palandt/*Weidenkaff*, Einf. v. § 535 BGB Rz. 36.
5 BGH, NJW 1990, 1113; NZM 2004, 340.
6 Vgl. *Reinstorf* in Bub/Treier, I Rz. 46 f. m.w.N.

das Recht eingeräumt, das Mietobjekt (Immobilie) zu einem bereits bei Vertragsschluss festgelegten Preis mit oder ohne Anrechnung der bis dahin gezahlten Miete zu **erwerben**[1]. Mitunter wird auch vereinbart, dass bei Zahlung der letzten Mietrate das Eigentum auf den Mieter/Erwerber übergehen soll. Auch bei dieser gemischten Vertragsform sind je nach jeweils betroffener Verpflichtung mietrechtliche bzw. kaufvertragsrechtliche Bestimmungen anzuwenden[2]. Die ggf. gemäß § 311b BGB zu wahrende **notarielle Form** ist zu beachten.

ff) Beschränkte persönliche Dienstbarkeiten/Nießbrauchrechte

Bei diesen Rechtsinstituten handelt es sich um **dingliche** und nicht um schuldrechtliche **Vereinbarungen**, die daher leicht vom Mietvertrag abzugrenzen sind. Insbesondere ein Nießbrauchrecht kann zur Absicherung eines bestehenden Mietvertrages vereinbart werden[3]. Die beschränkt persönliche Dienstbarkeit bietet ein probates Mittel, das Nutzungsrecht des Mieters für den Fall der Zwangsversteigerung der Mietsache (vgl. § 57a ZVG) bzw. der Veräußerung in der Insolvenz des Mieters (vgl. § 111 InsO) und den Vormieter für den Fall des Verkaufs der Mietsache nebst Insolvenz des Erwerbers oder nachfolgender Zwangsversteigerung abzusichern. Dies jedoch nur dann, wenn die beschränkt persönliche Dienstbarkeit **erstrangig** ist oder zumindest durch eine schuldrechtliche Vereinbarung sichergestellt wird, dass die Inhaber der vorrangigen Rechte den aus der Dienstbarkeit Berechtigten so zu stellen haben, wie er bei einer erstrangigen Eintragung stünde.

245

gg) Abgrenzung zum Altenheimvertrag

Der Altenheimvertrag ist ebenfalls ein **gemischter Vertrag**, der sich aus Elementen des Miet-, Dienst- und Kaufvertrages zusammensetzt. Nach der Rechtsprechung des BGH[4] ist jedoch auf den gesamten Vertrag **einheitliches Recht** anzuwenden. Maßgeblich ist in weiten Teilen das Heimgesetz. Mietrechtliche Vorschriften finden in großem Umfang keine Anwendung[5].

246

hh) Mischmietverhältnisse

Nicht selten sollen in einem einheitlichen Mietvertrag sowohl **Geschäftsräume** als auch **Wohnräume** vermietet werden. Diese so genannten Mischmietverhältnisse sind **einheitlich** entweder nach Wohnraum- oder nach Gewerberaummietrecht **zu behandeln**[6]. Abzustellen ist darauf, welche Nutzungsart **überwiegt**[7]. Die Entscheidung dieser Frage soll sich nicht sta-

247

---

1 *Reinstorf* in Bub/Treier, I Rz. 57.
2 Vgl. nur *Fritz*, Rz. 22.
3 *Reinstorf/Jatzek* in Bub/Treier, I Rz. 59 f. m.w.N.
4 BGH, NJW 1981, 341, 342.
5 *Fritz*, Rz. 24; *Emmerich* in Emmerich/Sonnenschein, vor § 535 BGB Rz. 423.
6 *Sternel*, Mietrecht aktuell, VI Rz. 9 f. m.w.N.
7 BGH, ZMR 1986, 278, 280.

tisch an einer Berechnung von Miet- und/oder Flächenanteilen der jeweiligen Nutzung orientieren.

248 Maßgeblich soll vielmehr der **Vertragszweck** und der **Parteiwille** sein[1]. Insbesondere in Grenzfällen sollte man ausdrücklich vereinbaren, ob Wohnraum- oder Gewerberaummietrecht Anwendung finden soll (vgl. im Einzelnen *B Rz. 94 ff.*). Überwiegend wird vertreten, dass eine solche Vereinbarung nur dann **unzulässig** ist, wenn sie im Ergebnis zu einer Umgehung des sozialen Wohnraummietrechtsschutzes führt[2]. Findet sich keine ausdrückliche Regelung im Vertrag, wird darauf abgestellt, welche Nutzungsart **überwiegt**[3]. Die Entscheidung dieser Frage soll sich nicht statisch an einer Berechnung von Miet- und/oder Flächenanteilen der jeweiligen Nutzung orientieren, sondern Ergebnis einer wertenden Betrachtung sein. Wird ein Formularvertragsmuster für Wohnraum verwendet, nimmt die Rechtsprechung zum Teil die zwingende Anwendung des Wohnraummietrechts an[4].

249 Im Rahmen der Beratung insbesondere von Vermietern ist auch bei **räumlicher Trennungsmöglichkeit** der einzelnen Bereiche jeweils mit dem Mandanten zu erörtern, ob eine **rechtliche Trennung** in einen separaten Gewerberaum- und einen ebenfalls gesonderten Wohnraummietvertrag sinnvoll ist, denn vielfach handelt es sich bei den Wohnräumen nur um „Anhänge" zur gewerblichen Nutzfläche. Dies ist insbesondere bei Wohnraum der Fall, der dem Betreiber des jeweiligen gewerblichen Mietobjektes zur Verfügung gestellt werden soll (z.B. Pächterwohnung bei einer Gaststätte). Oftmals werden die Gewerberäume ohne die zugehörige Wohnung nicht oder nur sehr schwer und mit Abschlägen zu vermieten sein. Umgekehrt wird die gewerbliche Nutzung zumindest bei zu erwartenden Emissionen des gewerblichen Mieters zu ganz erheblichen Beeinträchtigungen des Wohnraummieters führen. Der Vermieter hätte dann ggf. bei einer getrennten Vermietung in der Folgezeit bezüglich des Wohnraumes entsprechende Minderungen des Mieters des Wohnraumes zu erwarten.

b) Vertragsparteien

250 **Checkpunkte**

- **Vermieter**
    - ☐ Name/Firma
    - ☐ Vorname
    - ☐ Anschrift
    - ☐ Geburtsdatum

---

[1] *Wolf/Eckert/Ball*, Rz. 20 f.; OLG Düsseldorf, ZMR 2002, 589, 590.
[2] *Fritz*, Rz. 10; *Wolf/Eckert/Ball*, Rz. 21; **a.A.** wohl *Sternel*, Mietrecht, I Rz. 156 f.; s.a. *Rinke*, ZMR 2003, 13 f.
[3] BGH, ZMR 1986, 278, 280.
[4] OLG Hamburg, NZM 1998, 507; einschränkend KG, NZM 2000, 338.

- ☐ Geburtsort
- ☐ Personalausweis-Nr.
- ☐ Gesetzlicher Vertreter
- ☐ Anschrift
- ☐ Geburtsdatum
- ☐ Geburtsort
- ☐ Personalausweis-Nr.
- ☐ Handelsregister-Nr.
- ☐ Wird ein Vertreter bei Vertragsschluss tätig?
- ☐ Der Vermieter ist
  Eigentümer
  Nießbraucher
  Zwischenvermieter

– **Mieter**
- ☐ Name/Firma
- ☐ Vorname
- ☐ Anschrift
- ☐ Geburtsdatum
- ☐ Geburtsort
- ☐ Personalausweis-Nr.
- ☐ Beruf
- ☐ Gesetzlicher Vertreter
- ☐ Anschrift
- ☐ Geburtsdatum
- ☐ Geburtsort
- ☐ Personalausweis-Nr.
- ☐ Handelsregister-Nr.
- ☐ Wird ein Vertreter bei Vertragsschluss tätig?

– **weitere Mieter**
- ☐ Anschrift
- ☐ Geburtsdatum
- ☐ Geburtsort
- ☐ Personalausweis-Nr.
- ☐ Handelsregister-Nr.
- ☐ Beruf

Erläuterungen

aa) Allgemeine Überlegungen

251 Die genaue Bezeichnung der Vertragsparteien und ggf. ihrer Vertreter ist einerseits im Hinblick auf eine möglicherweise einmal stattfindende **Rechtsnachfolge** und andererseits mit Blick auf erforderliche (Ersatz-)**Zustellung** bei juristischen Personen von großer Wichtigkeit. Zumindest bei **Erbengemeinschaften**[1] und **Gesellschaften bürgerlichen Rechts** (GbR)[2] ist die genaue und eindeutige Bezeichnung der Parteien zur Wahrung der **Schriftform des Mietvertrages** (§§ 578, 550, 126 BGB) und damit für die Wirksamkeit der **langfristigen Bindung** der Vertragsparteien erforderlich. Wie der BGH festgestellt hat, reicht die Bezeichnung einer Partei als „Erbengemeinschaft xy" nicht aus, um die Schriftform zu wahren. Denn zum einen ist die **Erbengemeinschaft** nicht rechtsfähig und wird daher nicht Vertragspartei. Vielmehr werden die Erben in ihrer gesamthänderischen Bindung Vermieter bzw. Mieter. Zum anderen reicht die Bezeichnung als „Erbengemeinschaft xy" nicht aus, um die Vertragspartei in der für die Schriftform notwendigen Weise zu identifizieren. Denn man kann dem Vertrag nicht entnehmen, ob der Verstorbene oder aber die Erben den jeweiligen Namen trugen/tragen[3]. Man wird daher den Namen und die letzte Adresse, den Todestag des Verstorbenen sowie Namen und Anschriften aller Erben anzugeben haben. In der Literatur wird bezüglich einer **GbR** darauf verwiesen, dass deren Bezeichnung im Vertrag mit einem **Phantasienamen** nicht den Anforderungen an die Schriftform genüge. Denn für den Vertragspartner sei von entscheidender Bedeutung, wer ihm neben der Gesellschaft als Gesellschafter hafte. Daher sei es zur Wahrung der Schriftform erforderlich, die Namen, Adresse und alle sonstigen Angaben in den Vertrag aufzunehmen, die eine Individualisierung der Gesellschafter der GbR ermöglichen[4].

252 Bei der Beratung sollte auch geklärt werden, ob der Vermieter Eigentümer des Objekts ist. Vor allen Dingen, wenn mieterseits größere **Investitionen** in das Mietobjekt getätigt werden, sind bei Anmietung vom Nicht-Eigentümer Vorkehrungen zu treffen. Dies gilt im Hinblick auf §§ 1056 Abs. 2 BGB, 30 Abs. 2 ErbbauRG auch für **Erbbauberechtigte** bzw. **Nießbraucher** als Vermieter. Denn es muss ggf. sichergestellt werden, dass das Nutzungsrecht des Mieters auch dann fortbesteht, wenn der Vermieter sein Besitzrecht verliert, damit der Eigentümer nicht nach Maßgabe der §§ 546 Abs. 2, 985 BGB Herausgabe verlangen kann. Hier bietet sich z.B. der Abschluss einer **dreiseitigen Vereinbarung** mit dem Eigentümer an, die bei langfristiger Bindung der Vertragsparteien die Schriftform der §§ 578, 550, 126 BGB zu wahren hat. Insoweit ist darauf zu achten, dass zumindest schuldrechtlich die Verpflichtung des Eigentümers aufgenommen wird, ei-

---

1 BGH, ZMR 2002, 907.
2 Vgl. hierzu: BGH, ZMR 2004, 19; *Fritz*, Rz. 47; *Fritz*, NZM 2003, 676 f.
3 BGH, ZMR 2002, 907.
4 *Fritz*, Rz. 47; *Fritz*, NZM 2003, 676 f.; vgl. aber a. BGH, NZM 2006, 104.

nem eventuellen Rechtsnachfolger eine entsprechende Verpflichtung ebenfalls aufzuerlegen. Denn mangels direkter Überlassung der Mietsache vom Eigentümer an den Untermieter greift § 566 Abs. 1 BGB (Kauf bricht nicht Miete) nicht ein.

In den vorgenannten Fällen sollte auch über eine **grundbuchrechtliche Absicherung** des Nutzungsrechtes des Mieters nachgedacht werden, um das Nutzungsrecht des Mieters angesichts der vertraglich nicht abdingbaren Sonderkündigungsrechte nach Maßgabe der §§ 57a ZVG, 111 InsO auch für den Fall der Zwangsversteigerung bzw. der Veräußerung der Mietsache durch den Insolvenzverwalter abzusichern. Insoweit bietet sich vor allen Dingen eine beschränkt persönliche Dienstbarkeit (§§ 1090 f. BGB) an. Diese muss erstrangig sein und insbesondere Grundpfandrechten vorgehen, um den notwendigen Schutz zu gewähren. Denn ansonsten ist bei einer späteren Zwangsversteigerung der Mietsache der Fortbestand der beschränkt persönlichen Dienstbarkeit nicht gesichert. Vielfach werden sich die Inhaber vorrangiger Rechte nicht dazu bereit finden, zugunsten des Mieters auf ihre Rangstelle zu verzichten. Mitunter wird es aber zumindest zu erreichen sein, dass sich Inhaber der vorrangigen Rechte schuldrechtlich verpflichten, den Mieter so zu stellen, wie er bei einer erstrangigen Absicherung stünde. In derartigen Fällen ist jedoch der Mieter darauf hinzuweisen, dass diese Form der Absicherung im Fall der Verletzung der Verpflichtung seitens des vorrangig Berechtigten vielfach nur Schadenersatzansprüche begründen wird. In jedem Fall ist bei Vereinbarung der Bestellung einer Absicherung im Grundbuch zu regeln, wer die regelmäßig nicht unerheblichen Kosten der Eintragung übernimmt. Keinesfalls sollte man aus Gründen der Kostenfestsetzung zu niedrige Wertangaben machen. Damit betritt man überaus problembehafteten Raum (vgl. § 263 StGB). Ist eine grundbuchrechtliche Absicherung nicht zu erzielen, sind bei Beratung des Mieters hilfsweise ausdrücklich Schadensersatzansprüche für den Fall der Kündigung und (in Ausnahmefällen) Sicherheitsleistungen oder Ähnliches des Vermieters vorzusehen.

253

Bei der **Beratung des Vermieters** sollte die Rechtsstellung des Vermieters in Bezug auf die Mietsache ausdrücklich aufgenommen werden, wenn er nicht Eigentümer ist, und, soweit möglich, alle hieraus resultierenden Ansprüche individualvertraglich ausgeschlossen werden. Dies dürfte jedoch in der Praxis oftmals nicht oder nur sehr schwer durchsetzbar sein. Die unterbliebene Aufklärung soll in Einzelfällen den Mieter zur fristlosen Kündigung berechtigen[1].

254

bb) Haftungsbegrenzung des Mandanten durch Wahl der Rechtsform?

Im Rahmen der Beratung vor Vertragsabschluss ist darauf zu achten, ob der geplante Mietvertrag tatsächliche oder **wirtschaftliche Risiken** mit sich bringt, die für eine Haftungsbegrenzung sprechen. Es sollte daher darüber nachgedacht werden, ob man insbesondere dem Mieter bei der Beratung

255

---

1 OLG Düsseldorf, ZMR 2002, 446.

vorschlägt, für das spezielle Objekt ein eigenes Unternehmen, etwa in Form einer nicht im Konzernverbund stehenden GmbH, zu gründen. Hierbei sind auch die **steuerrechtlichen Implikationen** ggf. unter Einschaltung von Sonderfachleuten jeweils zu überprüfen. Soll für eine **GbR** eine **Haftungsbeschränkung** z.B. auf das Gesellschaftsvermögen herbeigeführt werden, ist eine **individualvertragliche Vereinbarung** erforderlich, da entsprechende formularvertragliche Klauseln unwirksam sind[1]. Entsprechendes gilt für die bloße Bezeichnung als GbR mit Haftungsbeschränkung (z.B. GbRmbH).

cc) Personenmehrheit als Vertragspartner, GbRs, Vertreterhandeln bei Vertragsschluss

256 Bei Personenmehrheiten ist zu klären, ob eine wechselseitige **Vertretungsregelung** oder aber die Benennung eines einzelnen Bevollmächtigten für die Abgabe und Entgegennahme von Erklärungen im Rahmen des Mietverhältnisses sinnvoll und gewünscht ist. Zur Wahrung des **Transparenzgebots** sollte insoweit eine gesonderte Bestimmung mit entsprechender Überschrift in Formularverträge eingefügt werden. In allgemeinen Geschäftsbedingungen kann nicht vorgesehen werden, dass die Mitglieder einer Personenmehrheit sich wechselseitig zur Abgabe von Kündigungserklärungen und zum Abschluss eines Mietaufhebungsvertrages bevollmächtigen. Sofern eine Beratung auf der Seite der Personenmehrheit erfolgt, sollte darauf hingewiesen werden, dass ohne abweichende Vereinbarung im Vertrag regelmäßig jede einzelne Person als Gesamtschuldner für sämtliche Verpflichtungen aus dem Vertrag haftet. Sollte dies nicht gewünscht sein, muss eine entsprechende Regelung in die Vereinbarung aufgenommen oder in sonstiger Weise eine **Haftungsbeschränkung** herbeigeführt werden.

257 Steht von vornherein fest, dass ein Mitglied der Personenmehrheit möglicherweise oder sicher aus dem Mietverhältnis **ausscheiden** soll, sind entsprechende Regelungen bereits im Vertrag vorzusehen. Ansonsten bedarf das Ausscheiden eines Vertragspartners grundsätzlich der Zustimmung aller sonstigen Beteiligten (Ausnahme § 566 Abs. 1 BGB). Es kann daher zu einer im Ergebnis ungewollten und hoch risikoreichen Forthaftung trotz wirtschaftlichen Interessewegfalls kommen bzw. zur an sich ungewollten Kündigungsverpflichtung bezüglich des Mietvertrages auf Grund gemeinschaftlicher Verpflichtung etc.

Bei Vertragsabschluss ist darauf zu achten, dass – zur Wahrung der Schriftform von langfristigen Verträgen – **alle Mitglieder der Personenmehrheit unterschreiben** oder eine zweifelsfreie Bevollmächtigung des unterzeichnenden Vertreters aus der Urkunde selbst hervorgeht. Da die genauen Anforderungen an die Vertragsurkunde, die bei Auftreten eines **Vertreters** gewahrt werden müssen, vom BGH noch nicht festgelegt worden sind[2],

---

1 BGH, NZM 2005, 218.
2 Offen gelassen u.a. von BGH, ZMR 2004, 19 f.; vgl. jedoch auch BGH, NZM 2005, 502 f.

sollte in dem Vertrag ausdrücklich aufgenommen werden, dass ein Vertreterhandeln vorliegt, die Unterschrift des Vertreters mit einem die **Vertretung zum Ausdruck bringenden Zusatz** versehen werden, die Herkunft der Vertretungsmacht erläutert werden und ein Nachweis der Vertretungsmacht dem Vertrag als Anlage beigefügt werden. Dies gilt in besonderer Weise für die **GbR** und **Erbengemeinschaften**, da ohne entsprechende Angaben die Schriftform der §§ 578, 550, 126 BGB möglicherweise nicht gewahrt ist und eine langfristige Bindung an den Mietvertrag nicht zustande kommt. Nachdem der für das gewerbliche Mietrecht zuständige XII. Zivilsenat des BGH teilweise neu besetzt wurde, hat er klargestellt, dass die vorstehend erläuterte Rechtsprechung bezüglich GbR's und Erbengemeinschaften nicht auf andere Formen von (Handels-)Gesellschaften zu übertragen ist[1]. Dementsprechend soll bei diesen zur Wahrung der Schriftform sogar das Handeln eines Vertreters ohne Vertretungsmacht ausreichen, wenn der Vertretene nachträglich den Vertragsschluss ggf. auch durch schlüssiges Handels genehmigt[2]. Einen Schriftformverstoß sieht der BGH in diesen Fällen nicht als gegeben an, da bei dem vollmachtslosen Vertreterhandeln zunächst das Zustandekommen des Mietvertrags mit dem Vertretenden in Frage steht. Dieser komme durch die formlos, ggf. auch konkludent mögliche Genehmigung des Vertreterhandels zustande[3]. Anderes gilt, wenn nach Gesetz/Handelsregister nur mehrere Personen gemeinsam eine Gesellschaft vertreten können und nur eine von ihnen den Vertrag unterzeichnet[4]. Des Weiteren ist in der Instanzgerichtsrechtsprechung umstritten[5], ob bei Unterzeichnung eines Mietvertrages durch eine Person, die nach dem Handelsregister nur mit einer weiteren Person (z.B. Gesamtprokurist oder nicht alleinvertretungsberechtigter Geschäftsführer) zur Vertretung der Gesellschaft berechtigt ist, bei Invollzugsetzung des Mietvertrages die Schriftform gewahrt ist oder ob der Vertragspartner gemäß § 15 HGB den Inhalt des Handelsregisters gegen sich gelten lassen muss. Der anwaltliche Berater sollte für eine Vorlage eines aktuellen Handelsregisterauszugs Sorge tragen, damit sicher die korrekte Firmierung Eingang in das Vertragsrubrum findet und eine Unterzeichnung des Mietvertrags durch Personen erfolgt, die Vertretungsmacht haben und damit den Vertrag bereits mit ihrer Unterschrift wirksam zum Abschluss bringen.

c) Mietsache[6]

aa) Allgemeine Überlegungen

258 Auf die **Beschreibung der Mietsache** im Vertrag ist große Sorgfalt zu legen. Wird die Mietsache nicht ordnungsgemäß bezeichnet, droht ein Verstoß ge-

---

1 BGH, NZM 2005, 502; 2007, 127; 2008, 482.
2 BGH, NZM 2005, 502.
3 BGH, ZMR 2007, 953.
4 BGH, Urt. v. 4.11.2009 – XII ZR 86/07.
5 OLG Düsseldorf, ZMR 2006, 35 (bejahend); **a.A.:** LG Braunschweig, GuT 2005, 208.
6 Zu den bei der Beschreibung des Mietobjektes zu beachtenden Checkpunkten vgl. *Rz. 60 ff.*

gen die Schriftform der §§ 578, 550, 126 BGB mit der Konsequenz, dass der nach dem Willen der Vertragsparteien für längere Zeit befristete Mietvertrag nach Ablauf des ersten Mietjahres mit den gesetzlichen Fristen kündbar ist (zur Frist vgl. § 580a Abs. 2 BGB)[1]. Dies gilt in besonderer Weise bei der Vermietung von zum Zeitpunkt des Vertragsabschlusses noch nicht fertig gestellten Mietsachen, da die Rechtsprechung in diesem Zusammenhang besonders strenge Anforderungen an die Einhaltung der Schriftform stellt[2], wenn nicht ausnahmsweise das Gesamtobjekt angemietet wird[3].

259 Die Mietsache sollte bereits im Mietvertrag textlich **eindeutig identifizierbar beschrieben** werden, um bezüglich der Einhaltung der Schriftform größtmögliche Sicherheit zu erreichen[4]. Regelmäßig wird es sich bei Gewerberaummietverträgen anbieten, zusätzlich **Grundrisspläne** beizufügen, aus denen die Mietsache ersichtlich ist. Diese Pläne sind dem Vertrag als Anlagen beizufügen. Die Anlagen sind im Text ausdrücklich in **Bezug zu nehmen**.

260 Bei der Beratung des **Mieters** ist vorsorglich jeweils zu erfragen, welche **Sonder- und Nebenflächen**, insbesondere Stellplätze, Werbeflächen, Archiv- und Lagerräume etc, für den Betrieb benötigt werden, damit diese möglichst in einem einheitlichen Vertrag mit angemietet werden. Getrennte Verträge mit einem ggf. unterschiedlichen rechtlichen Schicksal sind zu vermeiden, wenn die einzelnen Flächen nur gemeinsam oder eventuell nach Kündigung von Einzelflächen die Restflächen nur noch eingeschränkt verwendungsfähig sind. Aus Sicht des Mieters sind ggf. Kündigungsrechte für Teilflächen vorzusehen, um möglichst große Flexibilität zu erreichen.

bb) Vermietung älterer Bausubstanz

261 Wird ältere Bausubstanz vermietet, sollte hierauf bei Beratung des **Vermieters** im Mietvertrag ausdrücklich hingewiesen werden. Durch die **Angabe des Baujahres** und eine Vereinbarung des für dieses Baujahr maßgeblichen Standards als vertragsgerechte Leistung des Vermieters können (Gewährleistungs-)Ansprüche des Mieters von vornherein ausgeschlossen oder zumindest eingeschränkt werden (vgl. dazu F Rz. 22). Zu beachten ist in diesem Zusammenhang, dass das Kündigungsrecht des Mieters wegen gesundheitsgefährdender Beschaffenheit der Mietsache (§§ 578 Abs. 2, 569 Abs. 1 BGB) zwingendes Recht darstellt und nicht vertraglich ausgeschlossen werden kann. Ggf. ist unter Einschaltung von **Sonderfachleuten** zu klären, ob die Räume den für den im Vertrag vorgesehen Mietzweck einschlägigen (gewerberechtlichen) Vorschriften, insbesondere der **Arbeitsstättenverordnung**, genügen oder zumindest dementsprechend umgestaltet werden können. Denn der Vermieter schuldet vorbehaltlich anderweitiger

---

1 BGH, NZM 2006, 104.
2 BGH, NZM 2006, 104.
3 BGH, NZM 2007, 445.
4 Vgl. hierzu: BGH, GuT 2008, 38.

vertraglicher Regelungen eine zum vertragsgemäßen Gebrauch rechtlich und tatsächlich uneingeschränkt geeignete Mietsache (§ 535 Abs. 1 S. 2 BGB).

Bei älteren Objekten ist des Weiteren durch Nachfrage bei der Beratung von Vermietern zu klären, ob **Mängel** am Objekt vorhanden sind. Diese sind einzeln im Vertrag aufzuführen. Gleichzeitig sollte ggf. in den Vertrag aufgenommen werden, dass die Mängel bei der Mietberechnung berücksichtigt worden sind und der vorhandene Zustand den vertragsmäßig geschuldeten darstellt. Hintergrund entsprechender Regelungen ist zum einen die Rechtsprechung des BGH[1], nach der es die Vertragsparteien in der Hand haben, individualvertraglich jedweden Zustand der Mietsache als den vertragsgemäßen festzuschreiben. Soll der Vermieter nach den Vereinbarungen der Parteien zu Beseitigung der vorhandenen Mängel verpflichtet sein, ist § 536b BGB, der Minderungs- und Schadensersatzansprüche gemäß §§ 536, 536a BGB ausschließt, wenn der Mieter in Kenntnis des Mangels anmietet (vgl. dazu *F Rz. 201*), zu beachten und ggf. aus Sicht des Mieters abzubedingen. 262

Soweit sich aus **öffentlich-rechtlichen Vorschriften**, insbesondere des Denkmalschutzes, oder aus der Baugenehmigung Einschränkungen ergeben, sind diese zumindest aus Sicht des Vermieters ausdrücklich zu erwähnen. Ggf. sollten entsprechende Bescheide und Auflagen als Anlagen in Kopie dem Mietvertrag unter ausdrücklicher Bezugnahme beigefügt werden. 263

cc) Vermietung von neu- bzw. umzubauenden Objekten (Vermietung vom Reißbrett)

Sofern das Objekt ganz oder teilweise umgestaltet oder neu gebaut werden soll, sind u.a. folgende Gesichtspunkte zu beachten: 264

(1) Einzelfragen des Neu- bzw. Umbaus

Zunächst ist zu klären, wer welche Arbeiten durchführt und wie entsprechende **Vermieter- und Mieterleistungen koordiniert** werden. Ggf. ist ein Vorrang zwischen den einzelnen Arbeiten zu vereinbaren. Hierbei empfiehlt es sich erneut, die (genehmigten) Pläne zum Vertragsbestandteil zu erheben und als Anlagen beizufügen. Des Weiteren sollte die bauliche Ausstattung in einer textlichen Form (Baubeschreibung etc.) möglichst detailliert festgelegt werden[2]. Insoweit sollte bedacht werden, dass das **Transparenzgebot** des § 307 Abs. 1 S. 2 BGB zu berücksichtigen ist[3]. Für die Fälle von **Regelungslücken** und sich ergebender Abweichungsnotwendigkeiten aus tatsächlichen, rechtlichen oder wirtschaftlichen Gründen sind entsprechende Regelungen vorzusehen. **Im Einzelnen ist individualvertraglich zu klären,** 265

---

1 BGH, NZM 2006, 582; 626.
2 Vgl. zu den Konsequenzen: OLG Bamberg, GuT 2008, 298.
3 *Thode*, NZBau 2002, 360, 363 f.

266 – wer das **Bestimmungsrecht** bei notwendigen und/oder (wirtschaftlich) sinnvollen Änderungen hat und ob und ggf. welche Zustimmungserfordernisse bestehen. Auch hierbei besteht wiederum eine große Bandbreite von Möglichkeiten. Von einem einseitigen Bestimmungsrecht des Vermieters bis zu weitestgehenden Zustimmungserfordernissen zugunsten des Mieters sind in der Praxis entsprechende Regelungen verbreitet, wobei die Ausgestaltung im Rahmen von allgemeinen Geschäftsbedingungen auch gegenüber Unternehmern engen Grenzen unterworfen ist[1]. Bei der Vereinbarung entsprechender Bestimmungen ist auf die **Praktikabilität** der Lösungen zu achten. Man sollte sich darum bemühen, nicht jede kleine Änderung abstimmen zu müssen. Ggf. ist auf eine Zustimmungspflichtigkeit nur bei näher zu definierenden wesentlichen Änderungen zu dringen.

267 Des Weiteren ist in jedem Fall das **Procedere der Zustimmungserteilung** zu klären. Bei der Beratung des **Vermieters** sollte eine Fiktion der Zustimmung für den Fall vorgesehen werden, dass der Mieter binnen einer genau zu bestimmenden Frist seine Zustimmung nicht ausdrücklich schriftlich verweigert. Maßgeblich für die Wahrung der Frist sollte der Zugang beim Vermieter sein.

268 Bei Beratung des **Mieters** ist ggf. nach Rücksprache mit den Sonderfachleuten des Mieters (Architekt, Bauingenieur) zunächst einmal festzustellen, ob die **Baubeschreibung** – sofern eine solche beigefügt ist – den **Standardanforderungen** des Mieters entspricht und ob diese vollständig ist. Sofern das eine oder das andere nicht der Fall ist, sollte auf eine Abänderung bzw. Erweiterung der Baubeschreibung und der sonstigen vorgelegten Unterlagen gedrängt werden. Vorsorglich sind Regelungen für den Fall einzufügen, dass sich die Unterlagen als unvollständig erweisen und weitere Arbeiten erforderlich werden (z.B. Leistungsbestimmungsrecht).

269 Für den Bereich der **Abänderungen** ist mit dem Mandanten zu klären, welche Punkte für ihn unabdingbar sind und daher nur mit seiner vorherigen Zustimmung geändert werden dürfen. Man sollte weiterhin darauf achten, dass der Standard des Objektes nicht durch spätere Änderungen einseitig durch den Vermieter verschlechtert werden kann. Daher sollte eine Bestimmung aufgenommen werden, nach der Änderungen in jedem Falle dem Standard der bisher vorgesehenen Lösung bzw. dem Gesamtstandard des Objektes entsprechen müssen, sofern es sich um vertraglich **nicht ausdrücklich beschriebene Leistungen** handelt. Unabhängig davon, ob ein Leistungsbestimmungsrecht zugunsten des Vermieters oder Mieters geregelt wird, sollten für dessen Ausübung möglichst **Umstände** geregelt werden, an denen sich die **Entscheidung zu orientieren** hat. So können z.B. Einbauten technisch in ihrer Funktion gleichwertig sein; gleichwohl kann sich für den Ersatz eine häufigere Wartungsnotwendigkeit oder kürzere Lebensdauer ergeben.

---

1 Vgl. OLG Celle, ZMR 1996, 209.

Hinsichtlich eventuell auftretender **Streitigkeiten** sollte im Vertrag ebenfalls eine praktikable Regelung getroffen werden. Es ist praxisfern, entsprechende Streitigkeiten der ordentlichen Gerichtsbarkeit zu überlassen. Denn das Mietobjekt muss kurzfristig fertig gestellt werden. Ein jahrelanger Prozess scheidet daher aus. Für derartige Fälle bietet sich u.a. eine **Schiedsgutachterabrede** an. Hierbei ist es sinnvoll, sich bereits bei Vertragsschluss auf einen Schiedsgutachter zu einigen, um durch die ansonsten nahe liegende Bestimmung durch den Präsidenten der Industrie- und Handelskammer o.Ä. keine Zeit zu verlieren. Ergänzend sollte geregelt werden, ob und welche **Verfahrensordnung** für den Schiedsgutachter gelten soll. Hierzu bieten mittlerweile viele Verbände Muster-Verfahrensordnungen an. 270

Insbesondere Mieter mit großen Filialketten sehen in ihren Vertragsmustern das Recht des Mieters vor, schon während der Bauarbeiten des Vermieters eigene Arbeiten durchführen zu können. Dies ist in mehrerlei Hinsicht problematisch. Denn häufig führt das Nebeneinander der Arbeiten zu vermeintlichen oder tatsächlichen Behinderungen der Arbeiten der vom Vermieter beauftragten Unternehmer. Im Verhältnis zu den Werkunternehmern drohen dann Verzögerungsmehrkosten und der Wegfall vertraglich vereinbarter Fristen. Mitunter kann der Vermieter dann nicht mehr den im Mietvertrag vorgesehenen Übergabetermin halten, so dass ihm neben Mietausfällen, Schadensersatzansprüche, Vertragsstrafen und die außerordentliche Kündigung gemäß § 543 Abs. 2 Nr. 1, Abs. 3 BGB drohen kann. Insoweit ist zumindest eine Harmonisierung der Regelungen im Mietvertrag und in den Werkverträgen erforderlich.

Bei der Durchführung von Parallelarbeiten drohen zusätzlich Schäden an der Mietsache, deren Verursacher sich nicht ermitteln lassen. Diesbezüglich sind dem Einzelfall angepasste Regelungen, wie z.B. Teilabnahmen durch den Mieter mit Beweislastumkehr zu seinen Lasten vorzusehen.

Weiterhin sollte vereinbart werden,

– wer möglicherweise auftretende **Mehrkosten** übernimmt, 271

– ob und ggf. in welchem Umfange und auf wessen Kosten später auftretende **Sonderwünsche** einer der Parteien berücksichtigt werden können. Insbesondere bei der Beratung von **Mietern** sollte auf eine Regelung geachtet werden, die sicherstellt, dass **vor** Beauftragung die wirtschaftlichen Gesamtbelastungen des Mandanten verbindlich und vollständig festgelegt sind. Ohne entsprechende Vereinbarungen sind oftmals vermeidbare Differenzen und wirtschaftliche Belastungen vorprogrammiert, 272

– welche Rechtsfolgen an **gravierende Änderungen** des Mietobjektes geknüpft werden. 273

(2) Wahrung der Schriftform

274 Es ist grundsätzlich erforderlich, Vereinbarungen über Änderungen der Mietsache jeweils im Wege eines **Nachtrages** festzuhalten. Hierauf ist ausdrücklich hinzuweisen. Man darf hierbei jedoch nicht verkennen, dass rechtliche Notwendigkeiten und tatsächliche Gegebenheiten sich kaum in Übereinstimmung bringen lassen. Denn der ständig am Miet- und Baumarkt tätige Vermieter oder Mieter wird aus seiner praktischen Erfahrung wissen, dass es nahezu unmöglich ist, während der Bauphase häufiger Mietvertragsnachträge abzuschließen. In der Hektik des dann bestehenden Alltagsgeschäftes ist hierfür wenig Zeit. Man sollte sich dennoch als beratender Rechtsanwalt darum bemühen, den Parteien die **Notwendigkeiten der Schriftform** nahe zu bringen. Denn der BGH und die Obergerichte gehen davon aus, dass Änderungen der Mietsache in aller Regel für die Vertragsparteien wesentlich sind und zur Wahrung der langfristigen Bindung der Schriftform bedürfen[1] (zu den Anforderungen an die Schriftform vgl. *Rz. 496 f.* und *C Rz. 506 f.*). Über die Risiken bei Verstoß gegen die Schriftform ist ausdrücklich und umfassend aufzuklären (Kündbarkeit nach 1 Jahr!).

(3) Bestimmung des Mietbeginns, Fristüberschreitungen im Rahmen der Bauarbeiten

275 Heftig umstritten war die Frage, ob die Schriftform der §§ 578, 550, 126 BGB bei der Vermietung von **nicht fertig gestellten Objekten** gewahrt ist, wenn im Vertrag kein Kalenderdatum für den Mietbeginn und das Mietende vorgesehen war, sondern an die **Übergabe** mit der Maßgabe angeknüpft wurde, dass das Mietverhältnis alsdann für eine Reihe von Jahren fest abgeschlossen sein sollte[2]. Die Frage ist durch eine Entscheidung des BGH[3] für die Praxis dahingehend gelöst worden, dass entsprechende Laufzeitbestimmungen den Anforderungen der Schriftform genügen. Zumindest dem Mieter wird man jedoch nicht uneingeschränkt raten können, entsprechende Vertragsbestimmungen zu akzeptieren. Denn er wird bei dieser Vertragsgestaltung bei u.U. jahrelangen Verzögerungen des Genehmigungsverfahrens, des Baufortschritts etc. weitgehend rechtlos gestellt. Daher sind aus Sicht des Mieters Daten aufzunehmen, zu denen die Mietsache spätestens zu übergeben ist. Dementsprechend sind bei Ausbau- und Umbauarbeiten Regelungen für Fristüberschreitungen und den Fertigstellungsgrad bei Mietbeginn zu treffen. Der Vermieter wird ein Interesse daran haben, den Mieter möglichst lange an den Vertrag trotz **verspäteter Übergabe** zu binden und im Falle des Scheiterns des Vorhabens keinen Schadensersatz- oder sonstigen Ansprüchen ausgesetzt zu sein. Aus Sicht des Mieters ist zu

---

1 Vgl. etwa BGH, NZM 1999, 761, 763; NJW 1999, 2591, 2593; OLG Köln, ZMR 1997, 230 f.; s. aber a.: BGH, NZM 2009, 515; Übersicht bei *Lützenkirchen*, Neue Mietrechtspraxis, Rz. 368 f.
2 OLG Naumburg, NZM 2004, 825; OLG Dresden, NZM 2004, 826; *Leo*, NZM 2005, 688; *Schede/Rösch*, NZM 2005, 447 f.; *Wichert*, ZMR 2005, 593 f.
3 BGH, GuT 2006, 10.

überlegen, ob zusätzlich zu den gesetzlich vorgesehenen Rechten eine Vertragsstrafe für den Fall der verspäteten Übergabe der Mietsache im Vertrag verankert wird.

Vorsicht ist aus Sicht des Vermieters bei formularvertraglichen Regelungen angezeigt, die den Mietbeginn oder nähere Bestimmungen an die Übergabe der Mietsache knüpfen. Denn entsprechende Regelungen werden zumindest teilweise als gegen § 307 BGB verstoßend und damit unwirksam angesehen. Dies mit der Folge, dass der Mieter die Übergabe der Mietsache sofort verlangen können soll[1].

(4) Bestimmung des Übergabezustandes, Mietzahlungsbeginn, mietfreie Zeiten

Bei der Vermietung einer noch zu erstellenden bzw. noch umzubauenden Mietsache (**Vermietung vom Reißbrett**) empfiehlt es sich, Regelungen bezüglich des Zustandes der Mietsache aufzunehmen, der bei Übergabe zumindest erreicht sein soll. Fällt der geplante Mietbeginn in die potentielle Frostperiode, wird es mitunter nicht möglich sein, die Außen- bzw. die Grünanlagen fertig zu stellen, so dass aus Sicht des Vermieters die Fertigstellung dieser Arbeiten nicht Voraussetzung für die Übergabe und den Mietbeginn sein sollte. Bei Beratung des Vermieters sollte die Anknüpfung an die „**Fertigstellung**" der Mietsache vermieden werden, da zumindest Teile der Rechtsprechung einen Mietbeginn nicht als gegeben sehen, wenn noch mehrere kleinere Mängel der Mietsache vorhanden sind, die im Werkvertragsrecht nicht zur Verweigerung der Abnahme berechtigen würden. Auch ohne Bezugnahme auf eine „Fertigstellung" kann der Mieter bei Vorliegen von Mängeln der Mietsache die Übernahme verweigern, wenn die Sach- oder Rechtsmängel nicht nur geringfügig sind[2]. Dies wird man bei der Vertragsgestaltung für den Vermieter im angemessenen Umfang unter Berücksichtigung der Besonderheiten des Einzelfalls abzuändern haben. Bei größeren Objekten, insbesondere bei Einkaufszentren, kann der Mieter ein Interesse daran haben, die Mietsache erst dann übernehmen zu müssen, wenn die **Bauarbeiten** auch **im Umfeld** der zum ausschließlichen Gebrauch vermieteten Räumlichkeiten abgeschlossen sind und eine Belegung der Nachbarflächen im weitgehenden Umfang gewährleistet ist. Die ist ggf. ausdrücklich zu vereinbaren[3]. Es kann sich empfehlen, daher auf die „**Bezugsfertigkeit**" abzustellen, zu deren inhaltlicher Bewertung die Abnahmefähigkeit i.S.v. § 640 Abs. 1 BGB herangezogen wird[4].

Sollen dem Mieter **mietfreie Zeiten** zugestanden werden, ist aus Mietersicht angezeigt, diese insbesondere bei einer Vermietung vom Reißbrett nicht an den Beginn der Mietzeit zu legen. Denn häufig ergeben sich bei Vertragsbeginn noch eine Vielzahl von Mängeln, die zur Minderung be-

---

1 *Boettcher/Menzel*, NZM 2006, 287 f.
2 BGH, ZMR 2007, 444, 445.
3 KG, ZMR 2005, 946, n.rkr.
4 OLG Düsseldorf, WuM 1995, 438.

rechtigen würden. Beträgt die Miete bereits aufgrund einer mietfreien Zeit null, läuft die Minderung faktisch leer.

(5) Insolvenzrisiko des Mieters

276 Sofern der Vermieter in größerem Umfange Bauleistungen vorzunehmen hat, sollte bei der Beratung in jedem Falle das Insolvenzrisiko des Mieters angesprochen werden. Denn oftmals handelt es sich um **mieterspezifische Einbauten**, die zu keiner oder einer nur sehr geringen Wertsteigerung des Objektes führen. Dies gilt insbesondere für Ladenlokale, die individuell auf den Kundenkreis zugeschnitten werden. Ggf. sollte die vertragliche Verpflichtung des Mieters aufgenommen werden, einen **Bonitätsnachweis** zu erbringen, und/oder durch andere **Sicherungsmittel** (Bürgschaften, Patronatserklärungen etc.) eine dauerhafte Mietzahlung sichergestellt werden. In Zweifelsfällen kann die Verpflichtung zur Durchführung der Arbeiten aufschiebend bedingt durch Beibringung des Bonitätsnachweises bzw. der Sicherungen ausgestaltet werden.

(6) Kostentragung

277 Im Gegensatz zu Verhandlungen über die Miete finden sich viele Vermieter bereit, bei den **Umbau- bzw. Ausbauwünschen** dem Mieter sehr weit entgegenzukommen und ggf. auch größere Summen zu investieren. Denn die Miete ist von unmittelbarer Auswirkung auf einen möglicherweise später einmal zu erzielenden Kaufpreis für das Mietobjekt bei Veräußerung an einen Dritten, da Gewerbeimmobilien üblicherweise zu einem über einen Vervielfältiger der erzielten Jahresmiete ermittelten Kaufpreis veräußert werden. Auch in diesem Zusammenhang ist es für den beratenden Rechtsanwalt unverzichtbar, eine klare Vorstellung von der **Stärke der Verhandlungsposition** des Mieters bzw. Vermieters zu besitzen. Wird beispielsweise ein bestimmter Mieter für ein noch im Wesentlichen unvermietetes Objekt als (frequenzbringendes) „Zugpferd" benötigt, dürfte der Vermieter bereit sein, großes Entgegenkommen zu zeigen. Entsprechendes gilt für schwer vermietbare Flächen. Umgekehrt ist die Bereitschaft des Vermieters sicherlich nicht oder nur sehr eingeschränkt vorhanden, wenn er (tatsächlich und nicht nur angeblich) über mehrere Alternativmieter verfügt. Sofern der Mieter umfangreich in den Ausbau der Mietsache investiert, ist das Risiko einer Zwangsversteigerung der Mietsache nach Maßgabe des ZVG bzw. der Insolvenz des Vermieters nebst Veräußerung der Mietsache zu beachten und entsprechende Vorsorge z.B. durch Eintragung einer **beschränkt persönlichen Dienstbarkeit** zu Gunsten des Mieters zu treffen.

dd) Potentieller Flächenbedarf des zukünftigen Mieters

278 Mit zu beratenden Mietern sollte vor allen Dingen bei länger- und langfristigen Mietverträgen zu erörtert werden, ob und ggf. in welchem Umfange zukünftig mit weiterem Flächenbedarf zu rechnen ist. Ist ein solcher Bedarf abzusehen, sollte vertraglich durch die Vereinbarung von **Vormietrech-**

ten für weitere Flächen im Objekt und/oder **Optionsflächen** Vorsorge getroffen werden. Sind solche Vormiet- und Optionsrechte nicht durchsetzbar, ist dies bei der Ausgestaltung der Mietzeit zu berücksichtigen. Langfristige Mietverträge dürften sich in entsprechenden Fällen vielfach verbieten. Der Mandant ist in jedem Falle auf seine Bindung an den Mietvertrag hinzuweisen. Je nach Stärke der Verhandlungsposition sollte über **Sonderkündigungsrechte** entweder bei Erreichen eines bestimmten Flächenbedarfes oder zu bestimmten Zeiten nachgedacht werden. Diese können z.B. an die Anforderung zusätzlicher Flächen geknüpft werden. Kann der Vermieter innerhalb einer im Vertrag geregelten Frist die Flächen nicht zur Verfügung stellen, kann das (fristgebundene) Kündigungsrecht ausgeübt werden.

Alternativ sollte die Möglichkeit in den Vertrag aufgenommen werden, bei **Ersatzmietergestellung** aus dem Vertrag entlassen zu werden. Dies setzt jedoch immer voraus, dass man bei Erreichen der Kapazitätsgrenzen einen entsprechenden Ersatzmieter findet. Je nach Entwicklung des Mietmarktes wird man dies mitunter – wenn überhaupt – nur bei einer „Subventionierung" im Sinne einer Zuzahlung auf Seiten des Mieters gewährleisten können. Dies wird von Mietern oftmals nicht erkannt. Daher sollten die entsprechenden Risiken im Rahmen des Beratungsgespräches erörtert werden. In einschlägigen Fällen sollte zumindest die Möglichkeit der **Untervermietung** vertraglich ausdrücklich vereinbart werden. Auf die hiermit verbundenen wirtschaftlichen Risiken, wie Beschädigungen der Mietsache durch den Untermieter nebst anschließender Insolvenz, ist der mietende Mandant wiederum ausdrücklich hinzuweisen. Entsprechendes gilt, wenn sich die Möglichkeit eines **sinkenden Flächenbedarfs** abzeichnet. Es bietet sich insoweit an, das Recht des Mieters aufzunehmen, Teilkündigungen für (abgrenzbare) Teilflächen auszusprechen.

d) Mietzweck

Checkpunkte

- **Die Vermietung erfolgt zu welchem Zweck?**
- **Ist die Nutzung nach öffentlichem Recht zulässig?**
  - ☐ bauplanungs-/bauordnungsrechtliche Zulässigkeit
  - ☐ immissionsschutzrechtliche Zulässigkeit
  - ☐ gewerberechtliche Zulässigkeit einschließlich Arbeitsstättenverordnung
  - ☐ Wohnraumzweckentfremdung
- **Ist die Nutzung nach privatrechtlichen Bestimmungen zulässig?**
  - ☐ Einschränkungen bei WEG-Eigentum durch die Teilungserklärung/Gemeinschaftsordnung oder durch sonstige Beschlüsse der WEG-Gemeinschaft
  - ☐ Besteht eine entgegenstehende Dienstbarkeit

☐ Konkurrenzschutzverpflichtungen

☐ sonstige schuldrechtliche Vereinbarungen, insbesondere nachbarrechtliche Vereinbarungen

– **Für die Einholung von Genehmigungen/die Beseitigung von Nutzungshindernissen ist der Vermieter/Mieter verantwortlich.**

– **Was soll gelten, wenn die rechtlichen Hindernisse für die Nutzung nicht beseitigt werden können?**

☐ Nachfrist

☐ Schadensersatz

☐ Rücktritt vom Vertrag

– **Ist das Mietobjekt für den vorgesehenen Mietzweck geeignet/ungeeignet?**

☐ **bauliche Änderungen** müssen/müssen nicht durchgeführt werden:
...

☐ Änderungen werden vom Vermieter/Mieter durchgeführt

☐ Kosten übernimmt Vermieter/Mieter

– **Weitere Flächen/Einrichtungen sind erforderlich**

☐ Stellplätze

☐ Lagerräume

☐ Archivflächen

Erläuterungen

aa) Allgemeine Überlegungen

280 Im Gewerberaummietrecht gilt der subjektive Mangelbegriff[1]. Die Vertragsparteien haben es daher in der Hand, den vertraglich geschuldeten Zustand der Mietsache individualvertraglich beliebig zu vereinbaren. Häufig fehlen in Gewerberaummietverträgen einschlägige Regelungen. Dann greift das dispositive Gesetzesrecht ein und der Vermieter schuldet u.a. gemäß § 535 Abs. 1 S. 2 BGB eine tatsächlich und rechtlich uneingeschränkt zum vertraglich vorgesehenen Gebrauch geeignete Mietsache. Damit erlangt die Bestimmung des Mietzwecks bei der Gestaltung eines Gewerberaummietvertrags **zentrale Bedeutung**. Denn sie legt das Pflichtenprogramm des Vermieters im weiten Umfang fest.

Sofern auch zu Wohnzwecken vermietet wird, ist nach der **Übergewichtstheorie** (vgl. dazu B Rz. 96) zu prüfen, ob zwingend Wohnraummietrecht auf den Vertrag insgesamt Anwendung findet[2]. Liegt kein Übergewicht der

---

[1] BGH, NZM 2006, 582 f.; 626 f.; *Hübner/Griesbach*/Fuerst in Lindner-Figura/Oprée/Stellmann Kap. 14 Rz. 226 m.w.N.

[2] Vgl. hierzu *Lindner-Figura/Stellmann* in Lindner-Figura/Oprée/Stellmann Kap. 1 Rz. 67 f.; *Blank* in Schmidt-Futterer, vor § 535 BGB Rz. 98 m.w.N.

Wohnraumnutzung vor, sind die spezifischen Vor- und Nachteile des Wohnraum- und des Gewerberaummietrechts, wie z.B. unterschiedliche Kündigungs- und Mieterhöhungsmöglichkeiten, Erweiterung der umlagefähigen Betriebskosten bei der Gewerberaummiete, zu erörtern und eine Wahl zu treffen und diese im Vertragstext zu dokumentieren.

bb) Rechtliche Einschränkung der Nutzung

Bei Beratung des **Vermieters** ist in jedem Falle zu klären, ob die geplante Nutzung im Mietobjekt (öffentlich-)rechtlich zulässig ist. Insbesondere **bauplanungs- und bauordnungsrechtliche Vorschriften** können entgegenstehen. **Immissionsschutzrechtliche** Einschränkungen sind ebenso im Einzelfall zu überprüfen. Weiterhin sind die Vorschriften der **Arbeitsstättenverordnung** und sonstige gewerberechtliche Vorschriften zu beachten. Auf möglicherweise bestehende Bestimmungen zum Schutz vor **Zweckentfremdung** von Wohnraum ist hinzuweisen, da entsprechendes Problembewusstsein bei Vermietern oftmals nicht vorhanden ist. Ggf. ist die Genehmigungslage anhand der (Bau-)Akten der öffentlichen Verwaltung vorab zu klären. 281

In diesem Zusammenhang ist die Unwirksamkeit von **formularvertraglichen** Klauseln nach Maßgabe des § 307 BGB zu beachten, mit denen das Risiko der (öffentlich-)rechtlichen Zulässigkeit der Nutzung oder die Erfüllung von Auflagen etc. dem Mieter aufgebürdet werden soll[1]. Dies gilt nach der Rechtsprechung des BGH[2] zumindest dann, wenn dem Mieter nicht die Möglichkeit eröffnet wird, bei Unzulässigkeit der Nutzung das Mietverhältnis fristlos zu kündigen. **Individualvertraglich** sind jedoch entsprechende Regelungen bis zur Grenze der Sittenwidrigkeit möglich. 282

Auch aus dem Bereich des Privatrechts können sich vielfältige Einschränkungen der Nutzbarkeit ergeben: Sofern **Wohnungs- bzw. Teileigentum** nach dem Wohnungseigentumsgesetz vermietet wird, ist zu überprüfen, ob sich aus der Teilungserklärung oder sonstigen Bestimmungen der Eigentümergemeinschaft Einschränkungen bei der Nutzung ergeben[3]. Regelmäßig finden sich entsprechende Einschränkungen, etwa für die Vermietung zum Zwecke der Ausübung der Prostitution, der Einrichtung von Sexshops, Spielhallen etc. Weiterhin können sich Einschränkungen der Nutzbarkeit des Objektes aus (grundbuchrechtlich verbrieften) **Rechten Dritter** (Dienstbarkeiten etc.) ergeben. Dies ist relativ häufig bei der Vermietung von Gaststätten anzutreffen, sofern der Vermieter weitere Einheiten im Objekt oder in unmittelbarer Nähe vermietet hat, können sich Einschränkungen aus vertragsimmanenten oder ausdrücklich vereinbarten **Konkurrenzschutzverpflichtungen** ergeben. 283

---

[1] OLG Celle, NZM 2000, 621; OLG Düsseldorf, ZMR 1992, 446; LG Berlin, ZMR 2002, 271.
[2] BGH, GuT 2007, 434 = BeckRS 2007, 19678.
[3] Vgl. etwa OLG Düsseldorf, ZMR 1999, 24 f.

284 Sollte sich bei der Beratung herausstellen, dass entweder Genehmigungen etc. fehlen oder zumindest diesbezüglich Unsicherheit besteht, ist zu klären, wie die **Verpflichtung zur Einholung** geregelt werden soll. Nach der Konzeption des Gesetzes steht der Vermieter hierfür uneingeschränkt ein. Es ist daher seine Aufgabe, entsprechende Voraussetzungen zu schaffen. Soll dies ausnahmsweise abweichend geregelt werden, muss dies **ausdrücklich vereinbart** werden. Entsprechendes gilt für privatrechtliche Einschränkungen der Nutzung des potentiellen Mietobjektes.

285 In diesem Zusammenhang ist darauf hinzuweisen, dass es durchaus nicht unüblich ist, im Einzelfall von der **gesetzlichen Konzeption** abzuweichen und dem Mieter z.B. aufzugeben, entsprechende Genehmigungen zu erwirken. Dies bietet sich vor allen Dingen an, wenn der Mieter über die vom Vermieter zu erbringenden Leistungen hinaus eigene Aus- und Umbaumaßnahmen erbringen will.

286 Dies betrifft insbesondere bauplanungs- bzw. bauordnungsrechtliche Fragestellungen. Bei der Beratung des **Mieters** ist hierbei in jedem Falle darauf zu achten, dass dem Vermieter die Verpflichtung auferlegt wird, alles Erforderliche an Mithilfe zu unternehmen und alle Erklärungen abzugeben, die in diesem Rahmen notwendig sind. Die **Kostentragungspflicht** für entsprechende Genehmigungen und deren Ausarbeitung (Gebühren, Honorare für Architekten und Sonderfachleute etc.) ist ebenso wie der Fall des **endgültigen Scheiterns** der Genehmigungsbemühungen zu regeln.

287 Es kann und sollte in den Vertrag aufgenommen werden, bis wann die entsprechenden rechtlichen Hindernisse beseitigt sein müssen und was bei **Fortbestehen der rechtlichen Einschränkungen** gelten soll. Die Rechtsprechung geht insofern grundsätzlich vom Eingreifen der §§ 280 ff. BGB zu Lasten des Vermieters aus[1]. Im Rahmen der Beratung des Vermieters wird man sicherlich auf Klauseln hinwirken, die bestenfalls ein Rücktrittsrecht unter Ausschluss von Schadensersatzansprüchen für den Mieter eröffnen. Auf Mieterseite wird man ggf. dazu raten, neben ggf. im Vertrag pauschalisierten Schadensersatzansprüchen eine **Vertragsstrafenregelung** vorzusehen.

cc) Tatsächliche Eignung des Objektes

288 Je nach Nutzung des Mietobjektes bestehen unterschiedliche **Anforderungen an das Mietobjekt**, für deren Erfüllung der Vermieter grundsätzlich Sorge zu tragen hat[2]. Die Anforderungen können vielfältiger Natur sein. So wird bei einer gastronomischen Nutzung in aller Regel das Vorhandensein von Abluftabzügen in der Küche und von Fettabscheidern im Abwassersystem etc. erforderlich sein. Die Enhaltung aller baurechtlichen Vorschriften und (DIN-)Normen genügt im Einzelfall nicht für eine Mangelfreiheit der

---

1 Vgl. BGH, NJW 1999, 635.
2 Vgl. OLG Düsseldorf, ZMR 2001, 706.

Mietsache, wenn gleichwohl die störungsfreie Nutzung zum Mietzweck nicht gewährleistet ist[1]. Insbesondere bei produzierendem Gewerbe werden sich regelmäßig erhöhte Anforderungen an Deckenlasten ergeben. Häufig sind Sozialräume aufgrund von arbeitsrechtlichen Vorschriften erforderlich. Dieses **Anforderungsprofil** ist in jedem Falle bei der Beratung zu ermitteln. Der Vermieter wird häufig nicht verlässlich einschätzen können, welche baulichen Voraussetzungen gegeben sein müssen. Dies ist in den Vertragsverhandlungen – dokumentiert – vom Mieter zu erfragen. Sodann ist zu überprüfen, ob das Mietobjekt diesen Anforderungen gerecht wird. Ist dies nicht der Fall, sind insbesondere bei der Beratung des Vermieters Regelungen über die Ausführung der Arbeiten und die Kostentragungspflicht in den Vertrag aufzunehmen. Wenn bei der Beratung des Vermieters Zweifel bleiben, ob alle Anforderungen an die Mietsache bekannt sind und erfüllt werden, bietet es sich an, **individualvertraglich** den Umfang der vom Vermieter auszuführenden Arbeiten und den alsdann erreichten Zustand als den vom Vermieter geschuldeten festzuschreiben. Daneben kann man einen Zusatz aufnehmen, nach dem der Vermieter weder vor Mietbeginn, noch während der Vertragslaufzeit verpflichtet ist, weitere bauliche Maßnahmen durchzuführen. Dies auch, wenn sie erforderlich sein sollten, um den vertragsgemäßen Gebrauch zu ermöglichen.

In diesem Zusammenhang hat in den vergangenen Jahren das Problem der **Aufheizung von Gewerberäumen** bei Sonneneinstrahlung Bedeutung gewonnen. U.a. bei Büroräumen geht die h.M. in der Rechtsprechung davon aus, dass ein Mangel der Mietsache vorliegt, wenn in den Räumen Temperaturen über 26 Grad Celsius erreicht werden bzw. bei Außentemperaturen über 32 Grad Celsius die Temperatur innen nicht mindestens 6 Grad Celsius niedriger als außen liegt[2]. Werden entsprechende Temperaturen an 45 Tagen im Jahr überschritten, soll nach Auffassung des OLG Naumburg eine Gesundheitsgefährdung mit der Folge des nicht abdingbaren Kündigungsrechts der §§ 578, 569 BGB vorliegen[3]. Zumindest in diesen Fällen greift daher der Ausschluss des Kündigungsrechts des § 543 Abs. 4 BGB nicht ein. Wirtschaftlich betrachtet wird man diesem Risiko dadurch entgehen können, dass man auf den Mangel im Mietvertrag individualvertraglich ausdrücklich hinweist und dem Mieter die Verpflichtung auferlegt, Abhilfe zu schaffen. Kommt er dieser Verpflichtung nicht nach, bleibt zwar das Kündigungsrecht wegen gesundheitsgefährdender Beschaffenheit bestehen. Wegen Verletzung seiner vertraglichen Verpflichtung schuldet der Mieter jedoch im Wege des Schadensersatzes nach wie vor eine Zahlung in Höhe der Miete.

---

1 OLG Brandenburg, Urt. v. 16.4.2008 – 3 U 130/06, BeckRS 2008, 10205; schwergängige Türen in einem Behördenobjekt mit Besucherverkehr.
2 OLG Köln, NJW-RR 1993, 466; OLG Hamm, NJW-RR 1995, 143; OLGR 2007, 540; OLG Rostock, NZM 2001, 425; **a.A.** OLG Frankfurt, NZM 2007, 330; *Busse*, NJW 2004, 1982; *Harms*, NZM 2005, 441 f.; *Herrlein*, NZM 2007, 719.
3 OLG Naumburg, NZM 2004, 343 Ls.

e) **Mietzeit**

289 **Checkliste**

- **Vertragsbeginn**
- **Soll die Mietsache vor Vertragsbeginn z.B. für Renovierungs- und Einrichtungszwecke unentgeltlich überlassen werden?**
  - ☐ wenn ja, ab wann?
- **Ist das Mietobjekt gegenwärtig von einem Dritten genutzt?**
  - ☐ Bestehen Bedenken hinsichtlich einer rechtzeitigen Räumung?
  - ☐ Was soll bei Verzögerung der Räumung durch den Vormieter gelten?
    - ☐ Nachfrist
    - ☐ Schadensersatz
    - ☐ Rücktritt
- **Muss das Objekt noch – teilweise – erstellt werden?**
  - ☐ Was soll bei Verzögerungen gelten?
    - ☐ Nachfrist
    - ☐ Schadensersatz
    - ☐ Rücktritt
- **Ist nach Einzug des Mieters noch mit Arbeiten am Objekt zu rechnen?**
- **Ist der Betrieb des Mieters besonders störungsempfindlich?**
- **Laufzeit**
  - ☐ auf unbestimmte Zeit
  - ☐ auf bestimmte Zeit (... Jahre) mit Verlängerung von ... falls nicht ... Monate/Jahre vorher gekündigt wird
  - ☐ auf bestimmte Zeit mit Sonderkündigungsrecht für Mieter/Vermieter nach Ablauf ...
  - ☐ auf bestimmte Zeit mit Option(en) des Mieters/Vermieters für (jeweils) ... Jahre
    - ☐ Wann soll die Option ausgeübt werden?
    - ☐ Soll die Option schriftlich ausgeübt werden?
  - ☐ Steht der Mietvertrag unter auflösender Bedingung?
  - ☐ Wird eine längere Laufzeit des Vertragsverhältnisses als 30 Jahre von einer oder beiden Parteien gewünscht?

Erläuterungen

aa) Vorüberlegungen

290 Mangels besonderer Vereinbarung ist ein Gewerberaummietverhältnis mit den gesetzlichen Fristen des § 580a BGB von beiden Seiten **frei kündbar**.

Dies ist in den seltensten Fällen interessengerecht, da auch der Mieter regelmäßig zumindest in geringerem Umfang **Investitionen** für das Objekt tätigt. Vermieter wünschen zumindest, nicht ständig neu vermieten und die damit verbundenen Kosten und Verwaltungsaufwand bestreiten zu müssen. Da viele Vermieter und Mieter bewusst oder unbewusst von der Rechtslage bei Wohnraummietrecht ausgehen, sollte auf diese Besonderheiten des Gewerberaummietrechts in jedem Falle ausdrücklich hingewiesen werden. Dabei ist insbesondere bei der Beratung von **Mietern** darauf Augenmerk zu legen, den Mandanten über die Folgen einer langfristigen Bindung einschließlich möglicher Alternativen (insbesondere Optionen) aufzuklären. Wie nicht zuletzt die zahllosen Rechtsstreitigkeiten im Zusammenhang mit der Einhaltung der Schriftform zeigen, werden häufig unbedacht langfristige Mietverträge abgeschlossen, die sich später aufgrund der langen Bindung als unvorteilhaft erweisen. Die Aufteilung der Mietzeit in Festlaufzeit und Optionszeiträume gibt dem Mieter bei entsprechender Marktentwicklung zusätzlich die Möglichkeit, im Zusammenhang mit der Verlängerungsoptionsausübung über eine Anpassung der Miethöhe zu verhandeln und auf diese Weise den Mietvertrag wirtschaftlich zu optimieren.

Hierbei gilt es, bei der Beratung den prognostizierten **zukünftigen Flächenbedarf** des Mandanten als Mieter anzusprechen. Ist ein gesteigerter zukünftiger Bedarf absehbar, muss entweder die Mietzeit hinreichend kurz gewählt bzw. durch Sonderkündigungsrechte etc. Vorsorge getroffen werden oder aber die Option für weitere Flächen mit dem Vermieter vereinbart werden, um die zukünftige Entwicklung des Unternehmens des Mandanten nicht einzuschränken. Entsprechendes gilt bei potentiell sinkendem Flächenbedarf, der ggf. durch ein Kündigungsrecht für Teilflächen vertraglich abgesichert werden kann. 291

Auf **Vermieterseite** ist insbesondere bei länger- und langfristigen Verträgen großes Augenmerk auf die Vereinbarung einer **Wertsicherungsklausel** (siehe dazu *Rz. 321 ff.*) zu legen. Denn ohne eine entsprechende Klausel kann die Miete – anders als im Wohnraummietrecht – nicht über die Bestimmungen der §§ 557 ff. BGB angepasst werden, da diese Bestimmungen bei Gewerberaum keine Anwendung finden. Ohne Vereinbarung einer **Erhöhungsmöglichkeit** bleibt der Vermieter bis zur Grenze des Wegfalls der Geschäftsgrundlage, die bei einem Kaufpreiskraftschwund von etwa 60 % angesiedelt wird[1], an die ursprüngliche Miete gebunden. 292

Zu erfragen ist sowohl bei der Vertretung von Mietern als auch bei der Beratung von Vermietern, ob und in welchem Umfang ggf. **Investitionen** vom Mandanten getätigt werden, die dem unmittelbaren Mietzweck dienen. Immer dann, wenn Investitionen getätigt werden, die voraussichtlich nach Vertragsende nicht anderweitig – sei es durch Weitervermietung, bei Beratung des Mieters durch Ausbau und anderweitige Veräußerung/Nutzung – verwendet werden können, ist mit dem Mandanten zunächst die Frage zu diskutieren, wie die **Amortisation der Investition** sichergestellt werden 293

---

1 OLG Hamburg, ZMR 1989, 222.

kann. So wird man dem **Vermieter** nur dann raten können, Investitionen für die spezielle Ausgestaltung des Mietobjektes oder dessen Errichtung zu tätigen, wenn entweder ein langfristiger Mietvertrag oder eine entsprechend hohe Miete bei kürzerfristigen Mietverträgen gewährleistet ist. Des Weiteren muss die **Bonität** des Mieters die vollständige und pünktliche Mietzahlung über die gesamte Vertragslaufzeit erwarten lassen. Ggf. sollte durch geeignete Sicherheiten Vorsorge getroffen werden. Bei der Beratung des **Mieters** ist darauf zu achten, dass er seine Investitionen durch eine ausreichend lange Nutzungszeit ggf. unter Einschluss von Verlängerungsoptionszeiten amortisieren kann. Im Übrigen bestehen bei der Festlegung der Mietlaufzeiten einschließlich Verlängerungs- und Optionszeiten bis zu einer Laufzeit von **30 Jahren** (§ 544 BGB) keine Bedenken. Bei der Beratung des Mieters ist auf die Risiken bei einer Zwangsversteigerung der Mietsache oder bei deren Veräußerung nach Insolvenz des Vermieters durch den Insolvenzverwalter durch die jeweils bestehenden außerordentlichen Kündigungsrechte nach Maßgabe der §§ 57a ZVG, 111 InsO hinzuweisen. Ggf. sind diese Risiken durch geeignete (erstrangige) Sicherungen (z.B. beschränkt persönliche Dienstbarkeiten) im Grundbuch zu minimieren (vgl. Rz. 245).

bb) Mietbeginn

(1) Bereits bestehendes Mietobjekt

294 Sofern ein bestehendes Mietobjekt vermietet wird, ist einerseits zu klären, ob das Mietobjekt gegenwärtig von einem Dritten genutzt wird und ob andererseits noch vor Vertragsbeginn Arbeiten durchzuführen sind.

Wird das Objekt gegenwärtig noch von einem **Dritten genutzt**, so ist zumindest bei der Beratung des Vermieters Vorsorge für den Fall der **verspäteten Räumung** durch den Vormieter und/oder der Rückgabe in schadhaftem Zustand zu treffen. Je nach Lage des Einzelfalles kann ein Verzicht auf **Schadensersatzansprüche** und/oder die Vereinbarung von **Karenzzeiten** und/oder **Rücktrittsrechten** für Vermieter und/oder Mieter vereinbart werden. Wenn auf Seiten des Vermieters als Mandant Befürchtungen bestehen, der gegenwärtige Nutzer werde nicht räumen, ist ggf. an diesen ein Schreiben zu richten. Hierin ist auf die neue Vermietung hinzuweisen und auf die Entstehung eines relativ hohen Schadens bei verspäteter Räumung auf Grund der bestehenden Neuvermietung aufmerksam zu machen. Je nach Lage des Einzelfalls sollte auf die Möglichkeit einer **Klage auf zukünftige Räumung** hingewiesen werden. Hat der Mieter vor Klageerhebung auf ein Schreiben im engeren zeitlichen Zusammenhang mit dem Vertragsende auf die Bitte des Vermieters, seinen rechtzeitigen Auszug (schriftlich) zu bestätigen, nicht geantwortet, soll ihn zumindest nach einem Teil der Rechtsprechung[1] selbst dann die Kostenlast im Prozess treffen, wenn er im Prozess den Anspruch auf zukünftige Räumung anerkennt.

---

1 OLG Stuttgart, NZM 2000, 95.

(2) Noch zu errichtendes oder um- bzw. aufzubauendes Objekt

Sind noch **Umbauarbeiten** durch den Vermieter zu erledigen, ist insbesondere bei Vereinbarung eines festen Mietbeginns darauf hinzuweisen, dass insoweit möglichst fixe Fertigstellungstermine mit den Handwerkern zu vereinbaren sind, um eventuelle Verzugsschäden auf den/die Bauhandwerker durchleiten zu können. Nachdem der BGH entschieden hat, dass auch bei der Anknüpfung an den nicht im Sinne eines Kalendertages fixierten Übergabetermin die Schriftform auch bei einem langfristigen Mietvertrag gewahrt ist, bietet sich diese Variante für den Vermieter wieder an (siehe dazu *Rz. 275*). Sind Umbauarbeiten des Mieters geplant, wird dieser für die Zeit des Umbaus in aller Regel keine Mietzahlungen erbringen wollen. Soll diesem Ansinnen Rechnung getragen werden, sollte gleichwohl vereinbart werden, dass das Mietverhältnis bereits mit Übergabe an den Mieter beginnt und ggf. eine entsprechende mietfreie Zeit gewährt werden. Denn bei einer kostenlosen Überlassung vor Beginn der Mietzeit wird man zumindest darüber streiten können, ob auf diese Zeit bereits Mietrecht und der Mietvertrag anzuwenden ist. Dies ist vor allen Dingen von Belang, wenn es in dieser Zeit zu Schäden – welcher Art auch immer – kommt. Werden mietfreie Zeiten gewährt, ist zu regeln, ob für diesen Zeitraum Betriebskosten übernommen werden sollen.

295

Bei der Beratung des **Mieters** ist zu beachten, ob und ggf. in welchem Umfange Karenzzeiten für den Vermieter schadlos gewährt werden können. Regelmäßig muss der Mieter sein **ehemaliges Domizil** fristgerecht räumen, mitunter wird für das neue Objekt umfangreich **Personal** eingestellt und/oder **Ware bestellt** sowie **Eröffnungswerbung** geschaltet. Daher ist bei der Beratung und Ausgestaltung von Mietverträgen auf Mieterseite auf einen möglichst fixen Vertragsbeginn zu achten. In diesem Zusammenhang ist über Regelungen bezüglich eines **pauschalierten Schadensersatzes** bzw. einer **Vertragsstrafe** (siehe dazu *Rz. 435a*) nachzudenken. Des Weiteren ist zu erwägen, ob eine Bestimmung in den Vertrag aufgenommen wird, nach der der Mieter sich nach Ablauf einer gewissen Frist vom Vertrag ohne weiteres lösen und Schadensersatz geltend machen kann. Die Anknüpfung des Mietbeginns an die Übergabe ist für den Mieter sehr nachteilig, da sie ihm nicht die notwendige Planungssicherheit bietet (siehe dazu *Rz. 275*).

296

Sofern eine **Nutzungsänderung** des Objektes und/oder **Bauarbeiten** am Objekt geplant sind, stellt sich die Frage, ob Genehmigungen erforderlich sind und ggf. vorliegen. Liegen erforderliche Genehmigungen nicht vor, ist zu klären, was bei Verspätung oder **Ausbleiben der Genehmigung** gelten soll. Auch hier kann von einem bloßen (wechselseitigen) Rücktrittsrecht unter Ausschluss des Schadensersatzes bis zur vollen Schadensersatzpflicht eines Vertragspartners bzw. der Vereinbarung einer Vertragsstrafe individualvertraglich alles vereinbart werden[1].

297

Insbesondere bei **Neubauten** und größeren **Umbauten** liegen Mietbeginn und Einzug des Mieters regelmäßig vor dem Zeitpunkt der endgültigen Fer-

298

---

1 Vgl. zur gesetzlichen Regelung OLG Celle, ZMR 2002, 505 f.

tigstellung des Gesamtobjektes. Außen- und andere witterungsbedingte Arbeiten sind häufig vor Mietvertragsbeginn nicht zu realisieren. Insofern sind vor allen Dingen aus Sicht des Vermieters zum einen Regelungen zu treffen, ob und ggf. bis zu welchem Fertigstellungsgrad der Mieter die **Übernahme des Objektes verweigern** kann und zum anderen, ob und welche **Gewährleistungsrechte** ihm auf Grund noch durchzuführender Arbeiten zustehen sollen[1]. Insbesondere bei der Beratung von **Mietern**, die in den Mieträumen staub-, lärm- oder erschütterungsempfindliche Arbeiten durchführen oder auf Publikumsverkehr angewiesen sind, ist hierauf Augenmerk zu legen (siehe hierzu auch *Rz. 275a*). Auf eine sorgfältige Formulierung ist bei einschlägigen Klauseln zu achten, da z.B. der Begriff der „Fertigstellung" dahingehend zu verstehen sein soll, dass kleinere Mängel nicht in größerer Zahl vorhanden sein dürfen[2].

299 Sofern kein fixes Mietbeginndatum oder Karenzzeiten vereinbart werden, ist im Hinblick auf möglicherweise im Mietvertrag vorhandene **Wertsicherungsklauseln** ggf. eine **Mindestlaufzeit** von 10 Jahren bzw. eine zumindest einseitige Bindungszeit des Vermieters von 10 Jahren durch entsprechende Vereinbarungen sicherzustellen, wenn eine Gleitklausel Verwendung finden soll. Dies kann in etwa in Form der Vereinbarung einer Mietzeit von 120 Monaten nach Vertragsbeginn erfolgen.

cc) Laufzeit des Mietvertrages

(1) Unbefristetes Mietverhältnis, Kündigungsfristen

300 Sofern das Mietverhältnis auf unbestimmte Zeit abgeschlossen werden soll, ist zu überprüfen, ob die **gesetzliche Kündigungsfrist** des § 580a Abs. 2 BGB (spätestens dritter Werktag des Quartals zum Ablauf des nächsten) interessengerecht ist. Ist dies – wie regelmäßig – nicht der Fall, ist über die Festlegung einer **abweichenden Regelung** mit dem Mandanten zu sprechen. Je nachdem, welcher Aufwand für die Verlagerung des Betriebes bzw. die Suche eines Nachmieters erforderlich ist, können Fristen von bis zu 24 Monaten erforderlich sein. Hierbei ist das Schriftformerfordernis der §§ 578, 550, 126 BGB zu beachten, wenn die Kündigung/Beendigung des Mietverhältnisses erstmals zu einem Zeitpunkt nach Ende des ersten Mietjahres möglich ist[3]. Eine formularvertragliche Verkürzung der Kündigungsfristen durch den Vermieter verstößt nach Auffassung des BGH gegen § 307 BGB[4].

(2) Befristetes Mietverhältnis

301 Wird das Mietverhältnis mit einer Festlaufzeit abgeschlossen, so gelten die vorgenannten Überlegungen entsprechend. Auch für den Fall der Beendi-

---

1 Vgl. zur Rechtslage nach dem Gesetz: BGH, ZMR 2007, 444, 445.
2 KG, ZMR 2005, 946.
3 *Emmerich* in Emmerich/Sonnenschein, § 550 BGB, Rz. 5.
4 BGH, ZMR 2001, 784, 787.

gung dieses Mietverhältnisses ist darauf zu achten, welche **Auslauffristen** wechselseitig benötigt werden. Dementsprechend ist eine Vereinbarung aufzunehmen, nach der sich das Mietverhältnis um einen bestimmten Zeitraum verlängert, wenn der entgegenstehende Wille nicht in einer ebenfalls zu bestimmenden Frist vor Vertragsende dem Vertragspartner mitgeteilt wird. Aus Beweisgründen sollte die **Schriftform** für entsprechende Mitteilungen vereinbart werden.

Soll das Mietverhältnis für **längere Zeit als ein Jahr** geschlossen werden, ist die Schriftform der §§ 578, 550, 126 BGB einzuhalten (vgl. dazu *C Rz. 506 f.*). 302

(3) Vereinbarung von Optionen?

Darüber hinaus ist mit dem Mandanten, insbesondere bei der Beratung von **Mietern**, zu erörtern, ob er **Vertragsverlängerungsoptionen** benötigt oder zumindest für wünschenswert hält. Bei der Ausgestaltung der Optionen ist zum einen die **Höchstlaufzeit** von 30 Jahren zu beachten, denn auch eine Vereinbarung von Optionszeiten, die mit der Grundmietzeit zusammen über 30 Jahre hinausgehen, ist im Umfange der Überschreitung der 30-jährigen Frist unwirksam (§ 544 BGB)[1]. Zum anderen ist die „**Stückelung**" der **Optionen** den Bedürfnissen des Mandanten anzupassen. Hier sind alle möglichen Konstellationen in Abhängigkeit der betrieblichen und/oder persönlichen Bedürfnisse des Mandanten denkbar (beispielsweise Verlängerungen um 1, 2, 3 oder 5 Jahre). In jedem Falle sollte geregelt werden, mit welcher **Vorlauffrist** vor Ablauf der ggf. durch ein- oder mehrmalige Optionszeit verlängerten Grundmietzeit das Optionsrecht ausgeübt werden muss. Ansonsten droht später Streit über die Frage, ob das Optionsrecht rechtzeitig ausgeübt wurde. Die Schriftform ist bei Optionausübung in jedem Fall zu wahren, wenn der Optionszeitraum länger als ein Jahr ist, da eine mündliche Ausübung unwirksam sein soll[2]. In Hinblick auf diese Rechtsprechung[3], die eine Optionsausübung für einen Optionszeitraum von mehr als einem Jahr per Telefax für unwirksam hält, sollte ein entsprechender Hinweis in den Mietvertrag aufgenommen werden. Für die Praxis sollte auch für Optionszeiträume von weniger als 12 Monaten immer die Schriftform vereinbart werden, da ansonsten bei späteren streitigen Auseinandersetzungen Beweisnot droht. Weiterhin ist zu regeln, ob dem **Optionsberechtigten** auch dann (die weiteren) Optionen noch zustehen sollen, wenn sich das Mietverhältnis ohne Optionsausübung ggf. stillschweigend verlängert hat. Vorsicht ist bei Klauseln geboten, die bei Ausübung von Optionen einem oder beiden Vertragsparteien das Recht geben, eine **Neufestsetzung oder Anpassung der Miete** (vgl. zu den vorstehenden Begriffen *Rz. 332 f.*) zu verlangen. Denn diese Klauseln sind regelmäßig so ausgestaltet, dass die Vertragsparteien trotz der Änderung der Miete an den Vertrag für den Optionszeitraum gebunden sind. Dies kann zu einer erheblichen 303

---

1 *Emmerich* in Emmerich/Sonnenschein, § 544 BGB Rz. 3 f.
2 OLG Köln, NZM 2006, 464.
3 OLG Köln, NZM 2006, 464; OLG Frankfurt/M. v. 20.5.1998 – 23 U 121/97, NZM 1998, 1006.

wirtschaftlichen Belastung der von der Änderung nachteilig betroffenen Partei führen.

(4) Sonderkündigungsrechte

304 Mitunter bestehen **Sonderkonstellationen** und/oder besonders **starke Verhandlungspositionen** eines der Vertragspartner, die es ermöglichen, trotz des Abschlusses des Mietvertrages auf bestimmte, längere Dauer Sonderkündigungsrechte für gewisse Zeitpunkte während der Mietzeit und/oder bei Eintritt ggf. im Mietvertrag zu bestimmender Bedingungen zu vereinbaren. Dies soll auch formularvertraglich möglich sein[1]. An solche Sonderkündigungsrechte ist u.a. zu denken, wenn der geplante Betrieb auf eine Einzelperson zugeschnitten ist und bei deren dauerhafter Erkrankung etc. nicht fortbestehen könnte[2]. U.a. in den Vertragsmustern einiger Großfilialisten sind mittlerweile eine große Zahl von Sonderkündigungsrechten enthalten, die aus Sicht des Vermieters nachteilig sind. Bei der Vermieterberatung sollten sie so weit wie möglich aus den Verträgen eliminiert werden. Sofern solche Sonderkündigungsrechte für den Vertragspartner des Mandanten vereinbart werden, ist immer zu erörtern, ob und ggf. welche **Ausgleichsleistungen** der Vertragspartner bei Ausübung dieses Rechts leisten muss. Dies ist insbesondere bei höheren **Investitionen** des Mandanten im Zusammenhang mit dem Mietvertragsabschluss zu beachten. Da die Abgeltung der Investitionen des Vertragspartners insbesondere für den Mieter oftmals sehr viel günstiger sein wird als für nutzlos gewordene Räume die volle Miete zu zahlen, können derartige Zahlungsvereinbarungen mitunter einen fairen und beiderseitig akzeptablen Kompromiss darstellen.

(5) Längere Laufzeit als 30 Jahre benötigt bzw. erwünscht?

305 Stellt sich bei der Beratung heraus, dass die Laufzeit von 30 Jahren nicht ausreichend ist, müssen **Alternativen** zum Mietvertrag, insbesondere Erbbaurechtsvereinbarungen etc., erörtert werden. Hierbei ist zu beachten, dass die Laufzeit eines Gewerberaummietvertrags von mehr als 30 Jahren auch nicht durch einseitige Optionsrechte wirksam vereinbart werden kann[3].

f) Miete

306 **Checkpunkte**

– **Quadratmetermiete?**
– **Auf die Fläche bezogene Pauschalmiete?**
– **Umsatzmiete?**

---

1 BGH, ZMR 2001, 784, 787.
2 Vgl. OLG Düsseldorf, ZMR 2001, 106, NZM 2008, 807.
3 OLG Düsseldorf, ZMR 2002, 189.

– **Erbringung sonstiger Leistungen durch den Mieter?**
– **Bestehen Ansatzpunkte für eine Mietpreisüberhöhung?**
– **Soll während der Mietzeit eine Mietanpassung erfolgen?**
  ☐ Staffelmietvereinbarung
  ☐ Gleitklausel
  ☐ Leistungsvorbehaltsklausel
  ☐ Spannungsklausel
  ☐ Sonstige Vereinbarung
– **Fälligkeit und Zahlungsweise**
  ☐ Vorfälligkeit
  ☐ Einzugsverfahren
  ☐ Abbuchungsverfahren
– **Umsatzsteueroption des Vermieters?**
  ☐ Hat der Vermieter bereits für die Umsatzsteuer optiert?
  ☐ Ist eine solche Option möglich und unter Umständen beabsichtigt?
  ☐ Tätigt der in Aussicht genommene Mieter ausschließlich umsatzsteuerpflichtige Umsätze?

Erläuterungen

aa) Ausgestaltung der Miete

Zentraler Punkt eines jeden Mietvertrages ist naturgemäß neben dem Mietobjekt die Miethöhe. Im Grundsatz ist die Miete **frei vereinbar**. Die Miete kann auf unterschiedliche Weisen berechnet bzw. vereinbart werden:

(1) Quadratmetermiete

Sofern eine Quadratmetermiete vereinbart wird, ist in jedem Fall festzulegen, nach welcher Vorschrift/welchem **Berechnungsmaßstab**[1] die Fläche berechnet werden soll. Allein die einschlägige DIN 277 enthält mehrere unterschiedliche Berechnungsmaßstäbe. Gebräuchlich sind daneben weitere Berechnungsmethoden wie z.B. die sog. „gif-Richtlinie" oder das sog. „Frankfurter Aufmaß". Mit den einzelnen Berechnungsmaßstäben gelangt man im Einzelfall zu erheblich abweichenden Quadratmeterzahlen. Neben der Festlegung des Flächenbegriffs bietet sich die Vereinbarung einer **Schiedsgutachterklausel** für den Fall an, dass sich die Parteien über die tatsächlich vorhandene Quadratmeterzahl nicht einigen können.

---

1 Vgl. zur Problematik einzelner Berechnungsmethoden BGH, NZM 2001, 234 f.; OLG Düsseldorf, NZM 2001, 989 f.; *Schul/Wichert*, ZMR 2002, 633 f.

309 Bei diesen Schiedsgutachterklauseln sollte jeweils darauf geachtet werden, dass die **Benennung des Schiedsgutachters** eindeutig geregelt ist. Oftmals wird festgelegt, dass der Schiedsgutachter von der örtlich zuständigen Industrie- und Handelskammer benannt werden soll. Zusätzlich sollte man noch Regelungen für den Fall der Benennung mehrerer Gutachter aufnehmen. Insoweit ist eine Reihenfolge festzulegen, in der die Genannten als benannt gelten sollen. Des Weiteren sollte festgehalten werden, dass jede der Parteien berechtigt ist, auch im Namen der jeweils anderen den **Schiedsgutachter** zu **beauftragen**. Ansonsten bestehen Blockademöglichkeiten für denjenigen Vertragsteil, der kein oder wenig Interesse an der Erstellung des Gutachtens hat. Schiedsgutachter werden regelmäßig nur gegen Vorschuss tätig. Daher sollte eine Vereinbarung über die Verpflichtung zur Zahlung der Vorschüsse ebenso aufgenommen werden, wie eine Bestimmung darüber, wie die endgültigen **Kosten** zu verteilen sind. Diese Entscheidung kann ggf. in das Ermessen des Schiedsgutachters gestellt werden. In diesem Fall sollten dem Schiedsgutachter Vorgaben an die Hand gegeben werden, an denen er sich bei der Entscheidung zu orientieren hat (z.B. §§ 91 ff. ZPO).

309a Ist das **Objekt nicht vermessen** und/oder noch nicht fertig gestellt, ist eine **vorläufige Miete** aufzunehmen. Gleichzeitig sollte festgehalten werden, ab welcher **Abweichung** von der vertraglich vorgesehenen Quadratmeterfläche eine Anpassung nach unten oder oben hinsichtlich der Miete stattfindet, da die von der Rechtsprechung entwickelte 10 %-Grenze nur selten den Interessen der Parteien gerecht werden dürfte[1]. In diesem Zusammenhang sollte die vertragliche Regelung klarstellen, ob die Mehr-/Minderfläche bis zum Erreichen der **Grenze bei der Anpassung** der Miete mit berücksichtigt werden soll. Festgelegt werden sollte weiterhin, ab welcher Flächenabweichung dem Mieter ein außerordentliches Kündigungsrecht zustehen soll und ob dies bei Flächenmehrungen gelten soll. Sofern unterschiedliche Flächen (z.B. Verkaufs-, Lager- und Parkplatzflächen) vermietet werden, ist zu klären, ob die Rechte jeweils ohne Unterschied bezüglich der jeweils betroffenen Fläche bestehen sollen, also ob z.B. bei einer Minderfläche von mehr als 10 %, die allein aus fehlenden Parkplätzen resultiert, ein Kündigungs- oder Minderungsrecht ggf. in welcher Höhe besteht.

310 Sofern eine Quadratmeterzahl im Mietvertrag als **Fläche angegeben** werden soll, ist zumindest bei der Beratung des Vermieters darauf hinzuweisen, dass durch diese Angabe nach einem Teil der Literatur eine **zugesicherte Eigenschaft** gegeben sein soll[2]. Dies gilt aber vor allem bei der Vermietung noch nicht fertig gestellter Mieträume[3] und kann auch deshalb angenommen werden, weil im Gewerberaummietrecht i.d.R. von einem Quadratmeterpreis ausgegangen wird[4]. Man sollte daher bei entsprechenden

---

1 BGH, NZM 2005, 500; siehe jedoch a.: KG, NJOZ 2009, 2432.
2 Vgl. *Sternel*, Mietrecht, I Rz. 130 m.w.N.; **a.A.** *Weyhe*, Stichwort: „zugesicherte Eigenschaft" m.w.N.
3 OLG Hamm, WuM 1998, 151.
4 OLG Köln, WuM 1999, 282 = NZM 1999, 73.

Angaben im Mietvertrag bei Beratung des Vermieters eine zusätzliche Klarstellung aufnehmen, nach der es sich bei der Flächenangabe um keine zugesicherte Eigenschaft handelt. Da auch eine „Ca.-Angabe" im Regelfall zum Nichtvorliegen einer zugesicherten Eigenschaft führt[1], kann man ggf. auch eine derartige Beschreibung der Fläche in den Vertrag einfügen. Hinzuweisen ist der Vermieter jedoch darauf, dass ggf. gleichwohl **Minderungs- und Kündigungsrechte** aus einer unzutreffenden Flächenangabe hergeleitet werden können[2] (vgl. dazu auch *F Rz. 52 f.*). Werden keine abweichenden Regelungen getroffen, greifen die von der Rechtsprechung entwickelten Grundsätze ein. Nach diesen liegt ohne Rücksicht auf eine konkrete Gebrauchsbeeinträchtigung ein Mangel der Mietsache vor, wenn die vertraglich vorgesehene Fläche um mehr als 10 % unterschritten wird[3]. Ist eine Gebrauchsbeeinträchtigung vorhanden, sind Mängelgewährleistungsrechte des Mieter auch bei Flächenabweichungen von unter 10 % nach Auffassung des KG gegeben[4].

(2) Hinsichtlich der Fläche pauschalierte Miete

Will man die vorgenannten Schwierigkeiten vermeiden, so ist eine entsprechende Vertragsbestimmung dahingehend zu **formulieren**, dass die Quadratmeterangabe lediglich für die Nebenkosten- bzw. Heizkostenabrechnung zugrunde gelegt wird und im Übrigen das Objekt wie vom Mieter besichtigt gemietet worden ist und der Vermieter ausdrücklich keine Gewähr für den angegebenen Flächeninhalt übernimmt[5].   311

(3) Umsatzmiete

Im Gewerberaummietrecht sind Umsatzmieten häufig anzutreffen. Sofern eine solche vereinbart werden soll, sind verschiedene Punkte zu beachten: 312

– Zunächst ist der **Umsatzbegriff** zu definieren, da für den Bereich der Umsatzmiete keine allgemein anerkannte Definition des Begriffes vorhanden ist[6]. Es kann beispielsweise der Nettoumsatz ohne Umsatzsteuer zugrunde gelegt werden. Diesbezüglich ist jedoch darauf zu achten, dass oftmals gewinnneutrale Umsätze wie z.B. Pfand oder aber Umsätze getätigt werden, die mit äußerst geringen Gewinnmargen versehen sind (beispielsweise Mineralölprodukte im Rahmen einer Tankstelle). Daher ist ggf. nach einzelnen **Waren (-gruppen)** hinsichtlich der Höhe der Umsatzmiete zu differenzieren. Erfolgt eine solche Regelung, muss durch   313

---

1 Vgl. insoweit: BGH, NZM 2005, 500.
2 BGH, NZM 2005, 500; OLG Karlsruhe, NZM 2002, 218; *Kraemer*, NZM 1999, 156, 161; *Kraemer* in Bub/Treier, III Rz. 1359 f.
3 BGH, NZM 2005, 500.
4 KG, GuT 2005, 211; NJOZ 2009, 2432.
5 Vgl. *Fritz*, Rz. 704.
6 *Bartholomäi* in Lindner-Figura/Oprée/Stellmann, Kap. 10 Rz. 59 f., der darauf hinweist, dass im Zweifel der Umsatzbegriff des § 277 Abs. 1 HGB oder des UmStG gemeint sein soll.

weitere Bestimmungen im Mietvertrag sichergestellt werden, dass die **Buchhaltung** in einer Weise geführt wird, die entsprechende Zuordnungen zulässt. Aus Sicht des Vermieters ist es wünschenswert, Raten-, außer Haus- und Internetverkäufe ebenso unter den Begriff des Umsatzes zu fassen, wie die einschlägigen Umsätze von Untermietern oder sonstigen Nutzern des Objekts[1].

314 – Da der Umsatz in nicht unerheblichem Umfange vom geschäftlichen Geschick des **Mieters** abhängt, ist bei der Beratung des **Vermieters** darauf zu achten, eine **Mindestmiete** zu vereinbaren, die auch bei Nichterreichen gewisser Umsätze in jedem Falle zu entrichten ist. Diese Mindestmiete ist ggf. bei längerfristigen Mietobjekten mit einer **Wertsicherungsklausel** zu versehen. Des Weiteren ist zu regeln, ob die Mindestmiete mit der Umsatzmiete verrechnet wird oder ob diese kumulativ zu zahlen ist. Im Gegenzug kann es aus Sicht des Mieters erstrebenswert sein, die Umsatzmiete auch nach oben zu begrenzen.

315 – Nach der einschlägigen Rechtsprechung des BGH[2] geht mit der Vereinbarung einer Umsatzmiete **keine Betriebspflicht** des Mieters einher. Eine solche ist bei der Vereinbarung einer Umsatzmiete dringend anzuraten/unverzichtbar, um Streit über die Höhe der Miete bei nur eingeschränkt durchgeführtem Betrieb zu vermeiden.

316 – Auch wenn wiederholte falsche Angaben bezüglich der Umsätze zur fristlosen Kündigung berechtigen sollen[3], sind Regelungen über die **Meldepflicht** der Umsätze und die Ausgestaltung der Kontrollrechte des Vermieters aufzunehmen. Oftmals hat der Mieter erhebliches Interesse daran, seine Geschäftsdaten nur einem zur Berufsverschwiegenheit Verpflichteten (Steuerberater, Wirtschaftsprüfer, Rechtsanwalt) zu offenbaren. Dies kann mit der Maßgabe vereinbart werden, dass dem Vermieter nur das Ergebnis, aber nicht die Einzelheiten der Überprüfung mitgeteilt werden dürfen. Ergänzend sollte eine Bestimmung aufgenommen werden, nach dem Vermieter die Informationen zugänglich gemacht werden dürfen, die er zur Durchsetzung seiner Rechte benötigt. Weiterhin kann man dem Mieter aufgeben, den Vermieter über die Ergebnisse eventueller Prüfungen der Finanzbehörden zu informieren verbunden mit dem Recht des Vermieters, ggf. die aus dem Prüfungsergebnis resultierende erhöhte Umsatzmiete vom Mieter nachzufordern.

317 – Die **Ausgestaltung des Vertrages, die speziellen Fähigkeiten des Mieters** und die **Branche** bei Untermietverhältnissen und/oder Nachmietergestellung können ganz erheblichen Einfluss auf den Umsatz haben. Daher sind entsprechende Regelungen bei den einschlägigen Bestimmungen vorzusehen. Entweder ist durch eine auskömmlich berechnete

---

1 S. jedoch auch *Bartholomäi* in Lindner-Figura/Oprée/Stellmann, Kap. 10 Rz. 60.
2 Vgl. nur BGH, NJW 1979, 2351.
3 OLG Düsseldorf, NZM 2001, 1033.

Mindestmiete oder aber durch die Veränderung des Prozentsatzes der Umsatzmiete den vorgenannten Gesichtspunkten bereits im Vertrag Rechnung zu tragen. In jedem Falle muss dem Mieter aufgegeben werden, seinen Untermieter im Wege eines echten Vertrages zu Gunsten des Vermieters zu verpflichten, entsprechend den Bestimmungen des Hauptmietvertrages Umsätze an den Hauptvermieter zu melden und diese auch überprüfen zu lassen.

bb) Sonstige Leistungen des Mieters

Mitunter wird in Verträgen vereinbart, dass der Mieter neben Zahlungsverpflichtungen andere **geldwerte Leistungen** (Dienstleistungen, Werkleistungen etc.) erbringt. Diese sind nicht zuletzt im Hinblick auf die Einhaltung der Schriftform (§§ 578, 550, 126 BGB) ausdrücklich im Vertrag festzuhalten[1].

318

cc) Grenzen der Miethöhe

Selten wird der beratende Rechtsanwalt einen genauen **Überblick über die Marktmieten** im Bereich des Mietobjekts haben. Orientierungshilfen bieten insoweit Mietspiegel über gewerbliche Räume, die vielerorts von Verbänden (in Köln z.B. ivd) oder den Industrie- und Handelskammern herausgegeben werden. Im Gegensatz zum Wohnraummietrecht sind im Bereich des Gewerberaummietrechts Fälle des **Wuchers** relativ selten. Jedoch können sich bei der Beratung **Indizien** ergeben, aus denen eine deutliche Überschreitung der Marktmiete hervorgeht. In diesem Zusammenhang ist bei der Beratung auf § 138 BGB sowie auf §§ 291 StGB, 4 WiStG ggf. i.V.m. § 134 BGB hinzuweisen.

319

Immer dann, wenn die **Marktmiete**, die durch Vergleich mit den erzielten Mieten für vergleichbare Objekte festgestellt wird, um etwa 100 % überschritten wird[2], ist von der Erfüllung des objektiven Tatbestandes des § 138 Abs. 2 BGB auszugehen. Hinzukommen muss eine der in § 138 Abs. 2 BGB genannten Benachteiligungen des Vertragspartners, die durch den Vermieter ausgebeutet worden sein muss[3]. Eine Nichtigkeit nach § 138 Abs. 1 BGB setzt zum einen erneut eine Überhöhung der Miete zum Zeitpunkt des Vertragsabschlusses von mindestens 100 % voraus. Daneben muss eine **verwerfliche Gesinnung** oder die Ausnutzung einer schwierigen Lage oder der Unerfahrenheit des Mieters festgestellt werden. Diese verwerfliche Gesinnung des Begünstigten soll im Verkehr mit Unternehmern nicht durch das krasse Missverhältnis zwischen der Marktmiete und der vertraglich vereinbarten Miete indiziert sein[4], wobei dies in der Literatur jedoch bei ei-

---

1 OLG Düsseldorf, NZM 2007, 643.
2 KG, ZMR 2001, 614; vgl. für den Bereich der Pacht OLG München, ZMR 1999, 109 f.; für den Bereich der Miete *Bub* in Bub/Treier, II Rz. 715 m.w.N.
3 OLG Dresden, ZMR 2002, 261, 262.
4 OLG Dresden, ZMR 2002, 261, 262; OLG Naumburg, GuT 2002, 14.

ner Überschreitung der Marktmiete um 200 % teilweise angenommen wird[1].

dd) Regelungen zur Mietanpassung während der Laufzeit

(1) Staffelmietvereinbarungen

320 Staffelmietvereinbarungen sind im Bereich des Gewerberaummietrechts in den soeben beschriebenen Grenzen (Wucher etc.) **uneingeschränkt zulässig**. Es können Vereinbarungen getroffen werden, die betragsmäßige oder prozentuale Erhöhungen vorsehen. Insbesondere bei langfristigen Mietverträgen ist in der Beratung darauf hinzuweisen, dass entsprechende Staffelmietvereinbarungen – wie jede Wertsicherungsklausel – eine **spekulative Komponente** beinhalten. Je nachdem, wie sich die Preissteigerungsrate bzw. der Gewerberaummietmarkt entwickelt, können sich entsprechende Vereinbarungen sehr gut „rechnen" oder aber zu erheblichen Verlusten führen. Eine Anpassung der Staffelmiete z.B. nach den Grundsätzen über den Wegfall der Geschäftsgrundlage (§ 313 BGB) scheidet auch bei stark veränderten Marktverhältnissen regelmäßig aus[2].

(2) Gleitklauseln/Automatikklauseln

321 Unter Gleitklauseln werden Wertsicherungsklauseln verstanden, die eine **automatische Anpassung** der Miete ohne Ermessensspielraum für die Parteien beinhalten und deren Wertmesser keine gleichartige oder vergleichbare, sondern eine anders geartete Leistung ist. Im Regelfall werden hier Lebenshaltungskostenindices in Bezug genommen. Seit dem 14.9.2007 gilt für derartige Klauseln das Preisklauselgesetz. Gemäß § 3 PrKG sind u.a. Gleitklauseln in Mietverträgen zulässig, wenn der geschuldete Betrag durch die Änderung eines von dem Statistischen Bundesamt oder einem Statistischen Landesamt ermittelten Preisindexes für die Gesamtlebenshaltung oder eines vom Statistischen Amt der Europäischen Gemeinschaft ermittelten Verbraucherpreisindexes bestimmt werden soll und der Vermieter für die Dauer von mindestens 10 Jahre auf das Recht zur ordentlichen Kündigung verzichtet hat oder der Mieter das Recht hat, die Vertragsdauer auf mindestens 10 Jahre zu verlängern (Optionen)[3]. Eine derartige zehnjährige Bindung ist nur gegeben, wenn die Schriftform der §§ 578, 550, 126 BGB bei Abschluss des Mietvertrags und eventueller Nachträge eingehalten wird[4]. Sonderkündigungsrechte, die nicht im freien Willen des Vermieters stehen, sondern an objektive Kriterien anknüpfen, sollen die notwendige zehnjährige Bindung des Vermieters unberührt lassen[5]. Nach § 8 PrKG soll die Unwirksamkeit einer unzulässigen Wertsicherungsklausel

---

1 *Bartholomäi* in Lindner-Figura/Oprée/Stellmann, Kap. 10 Rz. 43 m.w.N.
2 BGH, st. Rspr.: NZM 2002, 659 f.; 2005, 63.
3 Vgl. mit Formulierungsbeispielen: *Schultz*, NZM 1998, 905.
4 OLG Rostock, NZM 2005, 506 f.
5 *Bartholomäi* in Lindner-Figura/Oprée/Stellmann, Kap. 10 Rz. 128 m.w.N.

erst mit der rechtskräftigen Feststellung des Verstoßes gegen das PrKG eintreten. In der Literatur wird jedoch darauf hingewiesen, dass dies nicht gilt, wenn es sich bei der Klausel um allgemeine Geschäftsbedingungen im Sinne der §§ 305 f. BGB handelt. Insoweit sei § 306 Abs. 2 BGB, Ersetzung der unwirksamen Klausel durch das Gesetzesrecht, lex specialis im Verhältnis zu § 8 PrKG. Vorsorglich sind Regelungen in den Vertrag aufzunehmen für den Fall, dass sich die im Vertrag vorgesehene Gleitklausel als unwirksam erweist.

Bei der Gestaltung entsprechender Vertragsbestimmungen ist zu beachten, dass das Statistische Bundesamt **seit 1.1.2003** alle Preisindices für die Lebenshaltung für das frühere Bundesgebiet bzw. für die neuen Länder und Berlin-Ost **eingestellt hat** und nur noch wenige Indices u.a. den Verbraucherpreisindex für Deutschland, weiterführt[1], so dass dieser Index in geeigneten Fällen in Bezug genommen werden kann. 322

Bei der **Formulierung** der Klausel ist jeweils zu überlegen, ob eine Änderung des Indexes um eine gewisse **Punktzahl** (üblicherweise 5, 10 oder 15 Punkte) oder aber eine **prozentuale** Änderung (5 oder 10 % etc.) des Indexes für eine Anpassung der Miete maßgeblich sein soll. Eine Anpassung nach Punktzahlen bzw. Änderung der Punktzahl führt auf die Dauer des Mietverhältnisses zu einer häufigeren Anpassung als eine entsprechende prozentuale Änderung. Denn bei einem Indexstand von 150 Punkten entspricht z.B. eine Steigerung von 10 Punkten nur noch 6,67 %. Daher wird vielfach von **Vermieterseite** versucht, Punktänderungen als verbindliche Größe für eine Vertragsanpassung zu vereinbaren. Man muss jedoch in diesem Zusammenhang beachten, dass das Statistische Bundesamt bei der Umstellung des Basisjahres auch den den Index zugrunde liegenden Warenkorb verändert (hat). Daher ist bei einem Abstellen auf Punkteänderungen bei der Umbasierung des Indexes mit Schwierigkeiten zu rechnen. Auf **Mieterseite** geht das Interesse dahin, prozentuale Steigerungen zu vereinbaren. Für begehrte Objekte gelingt es Vermietern mitunter, eine jährliche Anpassung der Miete auf Grundlage der Veränderung des in Bezug genommenen Indexes durchzusetzen. 323

Der Vermieter wird im Rahmen der Vereinbarungen versuchen, möglichst die Miete in gleichem **Verhältnis** ansteigen zu lassen, in dem eine Indexsteigerung eingetreten ist. Der Mieter wird dementsprechend eine Vereinbarung wünschen, die nur eine teilweise Übernahme der Steigerung beinhaltet. Ob und ggf. in welchem Umfange hier Abweichungen von der 100 %-igen Anpassung möglich sind, hängt von einer Vielzahl von Faktoren im Einzelfall ab (Attraktivität des Objektes und des potentiellen Mieters, prognostizierte Preissteigerungsrate etc.). Die üblichen Spannen liegen in etwa zwischen 50 und 100 % der Steigerung des Lebenshaltungskostenindexes. Im Zusammenhang mit diesen Regelungen ist insbesonde- 324

---

1 Vgl. *Lützenkirchen*, NZM 2001, 835 f. und *E Rz. 274 f.*

re bei **Vertretung des Mieters** intensives und hartes Verhandeln angezeigt. Dabei wird es mitunter zusätzlich oder zumindest als Kompromisslinie bei der Beibehaltung einer 100 %-igen Indexierung möglich sein, so genannte **Freijahre** zu vereinbaren. Es handelt sich hierbei um Jahre nach Vertragsschluss, in denen die Miete nicht angepasst wird. Bei der Formulierung entsprechender Klauseln ist darauf zu achten, ob die Freijahre lediglich in der Weise gewährt werden, dass zwar der Index bei Vertragsbeginn zugrunde gelegt wird, jedoch die erste Anpassung erst nach einem festgelegten Zeitpunkt erfolgt. Aus Sicht des **Mieters** ist es günstiger, wenn für die Anpassung der Miete von dem Indexstand zum Ende der Freijahre ausgegangen wird, mit der Folge, dass die erste Anpassung nicht nur später erfolgt, sondern auf einem niedrigeren Niveau. Bei langfristigen oder aufgrund von dem Mieter gewährten Optionen in langfristigen Mietverträgen ist der Vermieter auf die Notwendigkeit einer möglichst 100 %-igen Indexierung hinzuweisen, damit das Kaufkraftäquivalent der Miete über die Jahrzehnte nicht teilweise schleichend verfällt.

325 Um die Risiken einer ergänzenden Vertragsauslegung zu vermeiden, sollte die Klausel zusätzlich klarstellen, dass **Umbasierungen** des Indexes zu berücksichtigen sind und der Index in seiner jeweils aktuellen Fassung angewendet wird[1].

326 Höchst **vorsorglich** sollte man bei der Vereinbarung einer Gleitklausel für den Fall der Unwirksamkeit der Gleitklausel einen **Leistungsvorbehalt** vereinbaren, der für den Fall der Nichteinigung eine **Schiedsgutachterabrede** enthält. Denn ansonsten sind die Parteien mit einer noch nicht vollständig geklärten Rechtslage konfrontiert. Zwar besteht Einigkeit über das Bestehen einer Vertragslücke, wenn eine Gleitklausel entgegen der Intention der Vertragsparteien nicht wirksamer Vertragsbestandteil geworden ist. Über die Einzelheiten, wie diese Vertragslücke im Wege der Vertragsauslegung zu schließen ist, bestehen bei den Oberlandesgerichten unterschiedliche Auffassungen[2].

327 Sollte sich die Auffassung durchsetzen, nach der bei formularvertraglichen Gleitklauseln im Falle ihrer Unzulässigkeit § 306 Abs. 2 BGB lex specialis zu § 8 PrKG ist[3], droht auf Grund des dem § 306 Abs. 2 BGB innewohnenden „Strafcharakters" möglicherweise ein Ausschluss der ergänzenden Vertragsauslegung.

328 Bei der Vereinbarung einer Gleitklausel ist der Mandant darauf hinzuweisen, dass einer solchen Klausel ebenfalls ein gewisses **spekulatives Element** innewohnt. Denn der Gewerberaummietmarkt folgt in seiner Preisentwicklung nicht immer und nicht vollständig der Entwicklung der allgemeinen Preise. Konjunkturelle und regionale Einflüsse spielen eine große Rolle. An sehr guten Standorten steigen die Mieten mitunter sehr

---

1 OLG Düsseldorf, NJW-RR 1987, 402.
2 OLG Köln, ZMR 1999, 633; OLG Rostock, NZM 2005, 506.
3 *Gerber*, NZM 2008, 152.

viel schneller als der Lebenshaltungskostenindex. An schlechteren Standorten und insbesondere bei Überangebot und/oder rezessiven Entwicklungen der Wirtschaft sind flachere Steigerungen und auch rückläufige Mieten durchaus nicht ungewöhnlich. Die Vereinbarung einer Gleitklausel kann sich daher, gemessen an der zu zahlenden bzw. zu erzielenden Marktmiete, zumindest kurz- oder mittelfristig als schlechtes Geschäft erweisen. Auf **Mieterseite** lässt sich die Problematik bis zu einem Grade dadurch entschärfen, dass anstatt einer langfristigen festen Bindung eine relativ **kurze Grundmietzeit** mit Optionszeiträumen gewählt wird. Rein faktisch besteht dann vor Ausübung einer Option bei entsprechender Marktlage die Möglichkeit, die Miete nachzuverhandeln. Sofern jedoch dem Mieter durch einen eventuellen Umzug größere Verluste/Aufwendungen entstehen würden, ist die Verhandlungsposition auch bei solchen Gesprächen im Vorfeld der Optionsausübung zumindest dann relativ schwach, wenn die Vermieterseite diese Zwangslage erkennt. Gleichwohl ist zu erwägen, ob man durch eine entsprechende Vertragsgestaltung zumindest derartige Spielräume für die Zukunft eröffnet. Dies wird im Einzelfall auch von der Strategie des Vermieters abhängen, der mitunter für eine längere Laufzeit günstigere Konditionen einräumt.

Bei der **Beratung von Vermietern** sollte auf die Notwendigkeit hingewiesen werden, zumindest von Zeit zu Zeit die Überschreitung der Anpassungsgrenze zu überprüfen. Geschieht dies nicht, soll zumindest bei längerer Nichtgeltendmachung nach einem Teil der Rechtsprechung eine Verwirkung bezüglich der erhöhten Miete in Betracht kommen[1]. 329

Bei der **Beratung von Mietern** sollte man auf die Vereinbarung einer Klausel dringen, nach der Verzug mit dem Erhöhungsbetrag erst nach Geltendmachung der Erhöhung durch den Vermieter entstehen kann. Denn ansonsten drohen zum einen hohe Verzugszinsen und im Extremfall ein Rückstand, der zumindest rechnerisch zur fristlosen Kündigung des Mietverhältnisses nach § 543 Abs. 2 Nr. 3 BGB berechtigen könnte. Weiterhin kann man vorsehen, dass Erhöhungsbeträge nur für einen gewissen Zeitraum vor entsprechender erstmaliger Mitteilung der Mietänderung geltend gemacht werden können. 330

(3) Leistungsvorbehalt

Leistungsvorbehaltungsklauseln sind Klauseln, die hinsichtlich des Ausmaßes der Änderung des geschuldeten Betrages einen **Ermessensspielraum** lassen, der es ermöglicht, die neue Höhe der Geldschuld nach Billigkeitsgrundsätzen zu bestimmen. Diese können auch für Mietverträge mit einer Mindestlaufzeit bzw. einseitigen Bindung des Vermieters von **weniger als zehn Jahren** abgeschlossen werden. Regelmäßig wird auch bei Leistungsvorbehaltsklauseln ein Lebenshaltungskostenindex in Bezug genommen, 331

---

1 OLG Düsseldorf, ZMR 2002, 34; a.A.: OLG Brandenburg, Urt. v. 9.4.2008 – 3 U 106/07, BeckRS 2008, 8123; OLG Celle, GuT 2002, 41; OLG Rostock, ZMR 2006, 773, 775; OLG Stuttgart, NJOZ 2007, 2388.

bei dessen Veränderung um eine gewisse Punkt- bzw. Prozentzahl eine Änderungsmöglichkeit unter Berücksichtigung der Billigkeit eröffnet sein soll. Bei entsprechender Vertragsgestaltung sollte man zumindest auf **Mieterseite** darauf achten, dass es nicht in das **billige Ermessen** des Vermieters gestellt wird, die Miete anzupassen. Denn erfahrungsgemäß sind die Gerichte bei der Überprüfung billigen Ermessens relativ zurückhaltend. Es sollte vielmehr vereinbart werden, dass über die Anpassung oder die Neufestsetzung der Miete **zu verhandeln** ist.

332 Hierbei ist auf eine sprachlich sorgfältige Gestaltung zu achten. Der Begriff der „**Anpassung**" bedeutet, dass die Äquivalenzvorstellungen der Parteien bei Vertragsabschluss für die Veränderung der Miete maßgeblich sind[1]. War also die Miete im Vergleich zur Marktmiete ursprünglich recht günstig, so soll sie es auch bei einer Anpassung bleiben. Entsprechendes gilt für eine relativ hohe Miete.

333 Bei einer „**Neufestsetzung**" ist im Gegensatz dazu davon auszugehen, dass die Parteien vereinbart haben, das Entgelt in Höhe der üblichen Miete für entsprechende Objekte bei Neuvermietungen festzulegen[2]. Wenn sich die Marktverhältnisse stark verändert haben, können sowohl die „**Anpassung**", als auch die „**Neufestsetzung**" der Miete eine **erhebliche Steigerung** oder einen **rapiden Verfall der Miete** herbeiführen. Dies kann für den Mieter, der ggf. an einen befristeten Mietvertrag gebunden bleibt, oder den Vermieter, der eine Finanzierung zu bedienen hat, mitunter **ruinöse Auswirkungen** haben. Der Mieter kann sich hiervor schützen, indem eine Beschränkung eines eventuellen Mietanstiegs im Verhältnis zu der Steigerung des Verbraucherpreisindexes herbeigeführt wird. Der Vermieter kann sich durch eine Vereinbarung schützen, die eine Herabsetzung der Miete ausschließt[3]. Bei der Formulierung entsprechender Klauseln ist sorgfältig darauf zu achten, auf die letzte vertraglich geschuldete Miete ohne Berücksichtigung eventueller Minderungen abzustellen. Denn bei Vorliegen eines Mangels ist die Miete kraft Gesetzes herabgesetzt.

334 Sofern man die Verpflichtung der Parteien in einer solchen Leistungsvorbehaltsklausel aufnimmt, in Verhandlungen über eine Anpassung oder Neufestsetzung des Vertrages einzutreten, sollte gleichzeitig geregelt werden, wann die **Verhandlungen** als **gescheitert** gelten. Es sollte ein Zeitraum von vier bis zwölf Wochen bestimmt werden, binnen dessen es zu einer Einigung gekommen sein muss.

Kommt es innerhalb dieser Zeit nicht zu einer einvernehmlichen Änderung, ist im Zweifel nach dem Gesetz (§ 315 BGB) der Vermieter berechtigt, die Miete nach billigem Ermessen festzusetzen. Ist dies nicht gewollt, so ist eine abweichende Regelung zu treffen, etwa in Form einer **Schieds-**

---

1 BGH, NJW 1975, 1557.
2 BGH, NJW 1975, 1557; KG ZMR 2009, 605; vgl. zu Gesamtproblematik *Schultz* in Bub/Treier, III Rz. 224 m.w.N. der BGH-Rspr., einschränkend OLG Celle, ZMR 2001, 527; OLG Frankfurt/Main, NZM 2001, 526 Ls.
3 *Bartholomäi* in Lindner-Figura/Oprée/Stellmann, Kap. 10 Rz. 157 m.w.N.

gutachterabrede. Oftmals wird hier wiederum ein Schiedsgutachter vereinbart, der von der örtlich zuständigen Industrie- und Handelskammer zu bestellen ist. Bestimmt werden sollte in jedem Falle, woran sich der Schiedsgutachter bei der Bestimmung der Miete orientieren soll (vgl. zu den weiteren Regelungen zum Schiedsgutachten *Rz. 308*). Nahe liegend sind hier zum einen die Steigerungsrate der Lebenshaltungskosten und zum anderen die Mieten für vergleichbare Objekte bzw. für Gewerberaummietobjekte. Schließlich sollte festgelegt werden, zu welchem Zeitpunkt die Erhöhung Platz greifen soll.

In der Beratung ist darauf hinzuweisen, dass die Entscheidung des Schiedsgutachters gerichtlich nur **eingeschränkt überprüfbar** ist. Nur dann, wenn sie offenbar unrichtig oder unbillig ist, ist die Ermittlung des Schiedsgutachters nicht verbindlich[1]. Dies betrifft lediglich Ausnahmefälle. In der Regel entscheidet der Schiedsgutachter damit abschließend. Nach der einschlägigen Rechtsprechung liegt die Toleranzgrenze für fehlerhafte Feststellungen des Mietniveaus durch Schiedsgutachter bei etwa 20 bis 25 %[2].

335

(4) Spannungsklausel

Spannungsklauseln sind im Bereich des Gewerberaummietrechts bedeutend seltener als Gleit- und Leistungsvorbehaltsklauseln anzutreffen. Es handelt sich um Klauseln, bei denen die in Verhältnis zueinander gesetzten Güter oder Leistungen im Wesentlichen gleichartig oder zumindest vergleichbar sind. Insoweit kann etwa auf ein spezielles anderes Geschäftsraummietverhältnis oder auf Mieten für vergleichbare Mietobjekte, nicht jedoch für nicht vergleichbare Objekte[3] Bezug genommen werden. Bei der Inbezugnahme eines bestimmten Vertrages ist jedoch darauf zu achten, dass dieser Vertrag seinerseits keine Gleitklausel enthalten darf. Denn dessen automatische Mietänderung kann nicht über den Umweg der Inbezugnahme in einen anderen Vertrag einfließen[4].

336

ee) Fälligkeit und Zahlungsweise

Gemäß §§ 579 Abs. 2, 556b Abs. 1 BGB ist nunmehr im Gegensatz zur Rechtslage vor dem 1.9.2001 die Miete im Voraus, spätestens am 3. Werktag zu entrichten. Sofern der Vermieter beraten wird, sollte auf eine Vertragsgestaltung geachtet werden, nach der der **Eingang auf dem Konto** des Vermieters maßgeblich für die Wahrung der Frist ist. Denn es handelt sich bei der Mietzahlungspflicht um eine **Schickschuld**, so dass die Leistungshandlung mit der Erteilung des Überweisungsauftrages bewirkt ist[5] und die Verzögerungsgefahr ohne anderweitige Regelung den Vermieter trifft.

337

---

1 Vgl. § 319 Abs. 1 BGB.
2 Vgl. BGH, NJW 1991, 2761 f., wonach Abweichungen von 16,79 bzw. 18 % unschädlich sein sollen.
3 Vgl. *Sternel*, Mietrecht, III Rz. 452.
4 Vgl. hierzu a.: *Fritz*, Rz. 114.
5 LG Köln in *Lützenkirchen*, KM 28 Nr. 6.

Verzugszinsen sind in aller Regel im Vertrag aus Sicht des Vermieters nicht mehr gesondert zu regeln, da die Zinsen des § 288 BGB regelmäßig zumindest angemessen sind.

338 Bei der **Vermietung von Grundstücken** besteht die alte Rechtslage im Wesentlichen fort (§ 579 Abs. 1 BGB). Insoweit empfiehlt es sich, bei der Beratung von Vermietern die Vorfälligkeit der Miete zu vereinbaren. Dies kann auch durch Allgemeine Geschäftsbedingungen geschehen[1].

339 Für den Fall der verspäteten Zahlung der Miete sollten **pauschalierte Mahnkosten** aus Sicht des Vermieters vereinbart werden.

340 Zur Übersichtlichkeit empfiehlt es sich, die Regelung zur Fälligkeit und zur Zahlungsweise in einem **gesonderten Abschnitt** aufzunehmen. In diesem Zusammenhang sind auch eventuelle Teilnahmen am Einzugs- oder Abbuchungsverfahren etc. aufzunehmen. Ob solche Verpflichtungen in Formularmietverträgen wirksam erfolgen können, ist zumindest umstritten[2].

ff) Umsatzsteueroption des Vermieters

341 Bei der Beratung des Vermieters ist jeweils zu erfragen, ob er für das Objekt bereits für die Umsatzsteuer optiert hat oder eine solche Option beabsichtigt und möglich ist. Grundsätzlich unterliegen **Umsätze aus der Vermietung** von Immobilien gemäß § 4 Nr. 12 Umsatzsteuergesetz (UStG) nicht der Umsatzsteuerpflicht. Eine Ausnahme gilt nur bei isoliert vermieteten Garagen oder Kfz-Stellplätzen[3]. Je nach dem Zeitpunkt des Beginns der Errichtung und der Fertigstellung des Mietobjektes[4] kann jedoch unter unterschiedlichen Voraussetzungen für die Umsatzsteuer optiert werden[5]. Dies hat zur Folge, dass der Vermieter durch die Möglichkeit des **Vorsteuerabzugs**, insbesondere hinsichtlich der Baukosten, erhebliche wirtschaftliche Vorteile erzielen kann[6]. Da je nach Errichtungs- und Fertigstellungsdatum des Objektes erhebliche Unterschiede in der Ausgestaltung des Umsatzsteuerrechts bestehen, sollte ggf. durch **Nachfrage** bei dem Steuerberater/Wirtschaftsprüfer des Vermieters der genaue Umfang geklärt werden.

342 Bei der Vertragsgestaltung für den **Vermieter**, der bereits für die Umsatzsteuer optiert hat oder sich diese Option offen halten will, ist eine Regelung in den Mietvertrag aufzunehmen, nach der sich der **Mieter verpflichtet**, das Mietobjekt **ausschließlich für die Erzielung von Umsätzen** zu verwenden, die den Vorsteuerabzug nicht ausschließen. Hierbei wird man

---

1 BGH, NJW 1998, 2664, 2665; OLG München, ZMR 1996, 376 f.
2 Vgl. *Wolf/Eckert/Ball*, Rz. 556; *Bartholomäi* in Lindner-Figura/Oprée/Stellmann, Kap. 10 Rz. 240; differenzierend Bub in *Bub/Treier*, II Rz. 423 jeweils m.w.N.
3 *Bartholomäi* in Lindner-Figura/Oprée/Stellmann, Kap. 10 Rz. 67, 103.
4 Vgl. §§ 9, 27 UStG.
5 Vgl. zu den Einzelheiten *Jatzek* in Bub/Treier, III Rz. 176 f.
6 Vgl. zum Ganzen *Sontheimer*, NJW 1997, 693 f.

auf die Rechtslage zum Zeitpunkt des Vertragsabschlusses Bezug nehmen müssen, um nicht bei Änderungen des Umsatzsteuerrechts ggf. zu unbilligen Ergebnissen zu kommen. Im Ergebnis muss der Mieter bei aktuell errichteten Gebäuden tatsächlich (nahezu) ausschließlich umsatzsteuerpflichtige/umsatzsteueroptionsunschädliche Umsätze tätigen. Gegenwärtig geht die Finanzverwaltung – ohne Bindung der Finanzgerichtsbarkeit – von einer Erfüllung des Ausschließlichkeitskriteriums aus, wenn eine **Nichtbeanstandungsgrenze** von 5 % umsatzsteuerfreier Umsätze nicht überschritten wird. Wird diese Bagatellgrenze entweder überschritten und/oder später von der Finanzgerichtsbarkeit nicht anerkannt, so sind die Vorsteuerbeträge (z.B. aus den Baukosten) zurückzuzahlen. Angesichts der hohen Baukosten für Immobilien können erhebliche Summen betroffen sein, worauf der Mieter im Zusammenhang mit dem Vertragsschluss vorsorglich hingewiesen werden sollte[1].

Zusätzlich ist zu beachten, dass die tatsächlich in der Mietsache erfolgende Nutzung maßgeblich ist. Daher muss der Mieter verpflichtet werden, auch Dritten die Mietsache, z.B. im Rahmen der Untermiete, nur zu umsatzsteueroptionsunschädlichen Zwecken zu überlassen. Es sollte der Mieter verpflichtet werden, dem Untermieter/sonstigen Nutzern alle weiteren Pflichten, wie z.B. Auskunfts- und Bescheinigungsverpflichtungen im Rahmen eines echten Vertrages zugunsten des Vermieters aufzuerlegen. Zusätzlich sollte bei Beratung des Vermieters eine ausdrückliche **Schadensersatzverpflichtung** des Mieters für den Fall des Verstoßes gegen die Verpflichtung zur Tätigung ausschließlich umsatzsteuerpflichtiger Umsätze aufgenommen werden. Weiterhin wird empfohlen, die Verpflichtung des Mieters in den Mietvertrag aufzunehmen, alljährlich eine **Bescheinigung** seines Steuerberaters vorzulegen, aus der sich die Tätigung ausschließlich steuerpflichtiger Umsätze ergibt[2].

343

Darüber hinaus sollte die Verpflichtung aufgenommen werden, ggf. weitere **Auskünfte zu erteilen** und Unterlagen vorzulegen, wenn dies im Rahmen der steuerrechtlichen Abwicklung der Mieteinnahmen erforderlich ist[3]. Zumindest im Einzelfall sollte dem Mieter die Möglichkeit eröffnet werden, entsprechende Auskünfte bzw. Unterlagen den Finanzbehörden unmittelbar zukommen zu lassen, um ein ggf. bestehendes Geheimhaltungsinteresse zu wahren.

343a

Schließlich sollte ein **Sonderkündigungsrecht** des Vermieters für den Fall des Verstoßes gegen die Verpflichtung zur Tätigung ausschließlich umsatzsteuerpflichtiger Umsätze vereinbart werden.

Ob entsprechende Regelungen formularvertraglich abgeschlossen werden können, erscheint zumindest fraglich[4].

---

1 *Bartholomäi* in Lindner-Figura/Oprée/Stellmann, Kap. 10 Rz. 96.
2 *Sontheimer*, NJW 1997, 693, 697.
3 *Bartholomäi* in Lindner-Figura/Oprée/Stellmann, Kap. 10 Rz. 90.
4 Vgl. allg. *Wolf/Eckert/Ball*, Rz. 449.

344 Bei der **Beratung des Mieters** ist bei entsprechenden Klauseln im Mietvertrag zu klären, ob während der gesamten Mietvertragszeit die Erfüllung der Verpflichtungen sichergestellt ist bzw. sichergestellt werden kann. Ist dies nicht der Fall, ist auf eine entsprechende Veränderung der vertraglichen Vereinbarungen hinzuwirken. Der Mieter ist über das erhebliche Schadensersatzrisiko aufzuklären, das sich aus der Verletzung der ggf. vorhandenen Vertragspflicht ergibt.

345 Weiterhin ist in den Vertrag ggf. aufzunehmen, dass die Miete zuzüglich der **jeweils geltenden** Umsatzsteuer zu entrichten ist. Dies gilt ebenso für die Nebenkostenzahlungen, die steuerrechtlich das Schicksal der Hauptleistung (hier: Mietzahlung) teilen[1]. Will der Vermieter sich die Option zur Umsatzsteuer für einen späteren Zeitpunkt offen halten, ist dies im Vertrag zu regeln. Dies kann auch formularvertraglich erfolgen[2]. Wird im Vertrag die Miete „inkl. Umsatzsteuer" ausgewiesen, soll der Vermieter zur Umsatzsteueroption gegenüber dem Mieter verpflichtet sein[3].

g) Aufrechnungsverbote, Ausschluss, Beschränkung der Mietminderung und des Zurückbehaltungsrechts

346 **Checkpunkte**

- **Soll die Aufrechnungsmöglichkeit eingeschränkt werden?**
  - ☐ Beschränkung auf unstreitige und rechtskräftig festgestellte Forderungen
  - ☐ Vereinbarung einer Ankündigungspflicht
- **Ausschluss/Beschränkung der Mietminderung**
- **Beschränkung der Rechte aus §§ 273, 320 BGB**

Erläuterungen

347 Aufrechnungsverbote, Ausschlüsse bzw. Beschränkungen der Mietminderungsrechte und der Zurückbehaltungsrechte sind in Gewerberaummietverträgen relativ weit verbreitet und in erheblichem Umfange auch **formularvertraglich möglich**[4]. Jedoch ist auf die Formulierung im Einzelfall, insbesondere im Zusammenhang mit der sog. „kundenfeindlichsten Auslegung"[5] bei der Prüfung im Rahmen der Wirksamkeit von Klauseln, höchste Sorgfalt zu verwenden.

348 Bei der **Beratung von Vermietern** ist zu beachten, dass diese vielfach die Finanzierung des Mietobjektes zu bedienen haben. Aus diesem oder man-

---
1 OLG Düsseldorf, ZMR 2000, 603; OLG Schleswig, NZM 2001, 1127, Ls.
2 BGH, NZM 2001, 952.
3 OLG Hamm, ZMR 2003, 925.
4 Vgl. KG, NZM 2002, 526; *Fritz*, Rz. 715.
5 Vgl. hierzu: BGH, NZM 2007, 684; 2008, 522, 609.

nigfachen anderen Gründen besteht ein reges Interesse des Vermieters daran, auch im Streitfalle zunächst einmal eine ungeschmälerte Miete zu erhalten. Daher sind Aufrechnungsmöglichkeiten des Mieters, Mietminderungs- und Zurückbehaltungsrechte je nach Stärke der Verhandlungsposition durch entsprechende Gestaltung des Mietvertrages möglichst weitgehend auszuschließen.

Bei der **Beratung des Mieters** ist darauf zu achten, dass mit entsprechenden Klauseln im Fall der Mangelhaftigkeit der Mietsache zumindest erhebliche Druckmittel aus der Hand gegeben werden. Hinzu kommt ein psychologischer Nachteil, da der Mieter in die Rolle des Klägers gedrängt wird. Insbesondere viele kleinere Unternehmen schrecken hiervor oftmals zurück. 349

aa) Beschränkung der Aufrechnung

Die Aufrechnung kann auch formularmäßig auf **unstreitige** oder **rechtskräftig** festgestellte bzw. **entscheidungsreife** Ansprüche beschränkt werden[1]. Eine formularmäßige Beschränkung auf rechtskräftig festgestellte oder Ansprüche, zu deren Verrechnung der Vermieter seine Zustimmung erteilt hat, ist hingegen wegen Verstoßes gegen § 307 BGB unwirksam[2]. Ist eine so weitgehende Einschränkung nicht gewünscht, kann alternativ die Verpflichtung des Mieters eingefügt werden, die Aufrechnung vorab mit einer gewissen Frist anzukündigen[3]. Hierbei ist jedoch zu beachten, dass diese Verpflichtung mit Beendigung des Mietvertrages und Rückgabe der Mietsache wegfällt, da es dann nur noch gilt, wechselseitige Ansprüche zu verrechnen[4]. 350

bb) Beschränkung der Mietminderung

Für den Bereich der Mietminderung gilt bei Geschäftsraummietverträgen § 536 Abs. 4 BGB nicht. Das Minderungsrecht kann daher auch **formularvertraglich** eingeschränkt oder auch von einer Ankündigung mit Vorlauffrist abhängig gemacht werden[5]. Der **vollständige Ausschluss** eines Mietminderungsrechts verstößt jedoch auch bei der Verwendung entsprechender Formularklauseln gegenüber Unternehmen **gegen § 307 BGB**[6]. Die Minderung kann davon abhängig gemacht werden, dass entweder der zugrunde liegende Mangel oder aber der Mietminderungsanspruch unbestritten ist[7]. Entsprechende Klauseln müssen nach neuerer Rechtsprechung des BGH[8,9] jedoch ausdrücklich das unberührt bleibende Recht des Mieters 351

---

1 Vgl. BGH, NJW 1984, 2405; OLG Düsseldorf, WuM 1997, 428; NZM 2005, 667 Ls.
2 BGH, NZM 2007, 684.
3 OLG Düsseldorf, NZM 2002, 953.
4 OLG Düsseldorf, GuT 2005, 15.
5 KG, GuT 2002, 77, 78.
6 Vgl. BGH, NZM 2008, 609; a.A. Bub in *Bub/Treier*, II Rz. 519.
7 Vgl. BGH, WM 1993, 914, 915; **a.A.** *Sternel*, Mietrecht, II Rz. 682.
8 BGH, NZM 2008, 522, 609.
9 Anders noch: BGH, NJW 1984, 2405; BGH, ZMR 1993, 320; *Fritz*, Rz. 171b.

verdeutlichen, auf Grund der bestehenden Minderung überzahlte Beträge zurückzuverlangen. Die vorgenannten Klauseln sollen bei Insolvenz des Vermieters unbeachtlich sein, wenn der Mieter z.B. aufgrund Massearmut des Verfahrens bei vollständiger Zahlung mit seiner Rückforderung auszufallen droht[1].

352 Formularvertragliche endgültige **Ausschlüsse der Minderung für Umstände**, die der Vermieter nicht zu vertreten hat, sind wegen Verstoßes gegen § 307 BGB unwirksam[2].

cc) Beschränkung der Rechte aus §§ 273, 320 BGB

353 Neben dem Minderungsrecht steht dem Mieter im Falle der Mangelhaftigkeit nach der Konzeption des Gesetzes ein Zurückbehaltungsrecht zu (vgl. zur Ausübung *F Rz. 117* und *D Rz. 114 f.*)[3]. Der BGH ist der Auffassung, dass gegenüber Unternehmern die Beschränkung der Zurückbehaltungsrechte[4] dann **formularvertragsmäßig** erfolgen kann, wenn dies nicht unbestrittene oder rechtskräftig festgestellte Gegenforderungen betrifft[5]. Da in der Literatur[6] zwischen Zurückbehaltungsrechten i.S.d. § 273 BGB und Leistungsverweigerungsrechten nach § 320 BGB **differenziert** wird, sollten bei entsprechenden Formulierungen beide Begriffe ausdrücklich verwendet und die entsprechenden Rechte eingeschränkt werden, zumal die Rechtsprechung diese Differenzierung zu übernehmen scheint[7].

h) Nebenkosten[8]

354 **Checkpunkte**

– **Zusätzlich zur Miete sollen Nebenkosten – nicht – umgelegt werden**
  ☐ Nebenkosten i.S.d. BetrKV
    ☐ Mit Ausnahme von
      ...
      ...

– **Verwaltungskosten in Höhe von ...% der Miete**

– **Weitere Nebenkosten**
  ...

---

1 OLG Rostock, GuT 2005, 17.
2 BGH, NZM 2008, 609; a.A. *Bub* in Bub/Treier, II Rz. 518.
3 Vgl. BGH, NJW 1982, 2242 f.
4 §§ 273, 320 BGB.
5 BGH, ZMR 1993, 320, 321; s.a. OLG Düsseldorf, ZMR 2001, 25; GuT 2005, 157.
6 *Bub* in Bub/Treier, II Rz. 404.
7 OLG Düsseldorf, MDR 1998, 588, beachte jedoch auch OLG Düsseldorf, NZM 2003, 437.
8 Auf die ausführlichen Erläuterungen zum Wohnraummietrecht wird ergänzend verwiesen.

...
- **Umlagemaßstab**
  ☐ Umlagemaßstab für Wärme und Warmwasser
  ☐ Umlageschlüssel für die weiteren Nebenkosten
  ☐ Abänderung des Umlageschlüssels während des laufenden Mietverhältnisses
  ☐ Liegt ein gemischt genutztes Objekt vor?
  ☐ Führt der Betrieb des Mieters zu einer speziellen Risiko- und Prämienerhöhung bei Versicherungen?
  ☐ Soll der Mieter auf die Nebenkosten Vorauszahlungen leisten?
  ☐ Ggf. in Höhe von ...
  ☐ Umsatzsteuer auf Nebenkosten und Vorauszahlungen
  ☐ Soll eine Erhöhungsmöglichkeit für die Vorauszahlungen vertraglich vorgesehen werden?
- **Festlegung eines Abrechnungszeitraums**
  ☐ Kalenderjahr
  ☐ Sonstiger Abrechnungszeitraum
- **Abrechnungsfrist**
  ☐ 31.12. des Folgejahres
  ☐ sonstige
- **Kosten von Zwischenablesungen**
- **Gelten bei der Ausübung des Kontrollrechts Besonderheiten?**
- **Ort der Einsichtnahme**
- **Sonstige Besonderheiten**

Erläuterungen

aa) Umlage auf den Mieter und deren Umfang

Das BGB geht in seiner insoweit **abdingbaren Konzeption** davon aus, dass der Vermieter die Nebenkosten grundsätzlich übernimmt und sie mit der Miete als abgegolten anzusehen sind (§ 535 Abs. 1 S. 3 BGB). Auch wenn in nahezu jedem Gewerberaummietverhältnis im unterschiedlichen Umfang Neben- und Betriebskosten auf den Mieter überwälzt werden, ist dennoch eine Vereinbarung notwendig, um zu einer entsprechenden Kostentragungspflicht des Mieters neben der Mietzahlungspflicht zu gelangen. 355

Anders als im Wohnraummietrecht ist bei der Umlage der Betriebskosten **keine Beschränkung** auf die Betriebskosten i.S.d. BetrKV gegeben, so dass weitere Positionen umgelegt werden können[1]. 356

---

1 Vgl. nur *Weyhe*, Stichwort: „Betriebskosten".

357 Auf die **Formulierung der Bestimmungen** zur Betriebskostenumlage ist große Sorgfalt zu verwenden. In der obergerichtlichen Rechtsprechung ist mittlerweile eine starke Tendenz zu erkennen, hohe Anforderungen an die Einhaltung des **Transparenzgebotes** zu stellen[1]. Begriffe wie „übliche Versicherungen"[2], „Centermanagementkosten"[3] oder „sonstige Betriebskosten"[4] sind als intransparent angesehen worden mit der Folge, dass entsprechende Kostenpositionen dem Mieter gegenüber nicht abgerechnet werden können. Formulierungen wie „der Mieter hat alle Nebenkosten zu tragen", „der Mieter trägt sämtliche Betriebskosten" oder „der Mieter trägt alle hier nicht aufgeführten Kosten in Ansehung des Mietobjektes" sind zu vermeiden, da entsprechende Bestimmungen zumindest von Teilen der Rechtsprechung[5] für nicht hinreichend bestimmt erachtet worden sind, sodass keinerlei Betriebskosten umgelegt werden konnten[6]. Zu Recht wird darauf verwiesen, dass in diesem Zusammenhang der sicherste Weg in einer **spezifizierten Auflistung** der vom Mieter zu tragenden Betriebs- bzw. Nebenkosten zu sehen ist[7]. Sofern inhaltlich auf die BetrKV Bezug genommen werden soll, sind die Positionen einzeln im Fließtext des Vertrages aufzuführen, um dem Transparenzgebot bei Formularverträgen sicher zu genügen[8] (vgl. auch L Rz. 384d).

358 Sollen die **Kostenarten** und **umlegbaren Leistungen** aber über den Umfang der BetrKV hinausgehen, sollte jede Erwähnung dieser Vorschrift des Wohnraummietrechts vermieden werden. Denn sie kann vor allem in Zweifelsfällen zu einer **einschränkenden Auslegung** der Umlagevereinbarung führen, weil durch die Bezugnahme auch zum Ausdruck gebracht wird, dass bei der Interpretation die für das Wohnraummietrecht geltenden Grundsätze heranzuziehen sind[9]. Das OLG Celle geht davon aus, dass bei einer Inbezugnahme der Anlage 3 zu § 27 der II. BV (bzw. nunmehr der BetrKV) im Rahmen der sonstigen Betriebskosten nur solche Positionen umlegbar sein sollten, die auch bei einem Wohnobjekt anfallen können[10].

359 Wünscht der Mandant in diesem Zusammenhang, dass bei den umlegbaren Positionen auch **Kosten für Instandsetzung und Instandhaltung**, die in Ge-

---

1 BGH, ZMR 2005, 844; KG, GuT 2005, 259; OLG Rostock, NZM 2005, 505 n.rkr.; s.a. *Beyerle* in Lindner-Figura/Oprée/Stellmann, Kap. 11 Rz. 42.
2 BGH, ZMR 2005, 844.
3 OLG Rostock, NZM 2005, 507 n.rkr.
4 KG, GuT 2005, 259.
5 Vgl. OLG Düsseldorf, MDR 1991, 964; NZM 2002, 700; GuT 2007, 361; LG Bonn, WuM 1990, 378; **a.A.** KG, ZMR 2007, 449, 450; *Ahlt*, GuT 2005, 47, 49, der davon ausgeht, dass in derartigen Fällen die Kosten nach Maßgabe der BVO umlagefähig sind.
6 Vgl. jedoch auch *Bub* in Bub/Treier, II Rz. 407 m.w.N. der abweichenden Rechtsprechung.
7 Vgl. *Fritz*, Rz. 123; *Lützenkirchen/Jennißen*, Betriebskostenpraxis, Rz. 513 f.
8 *Schumacher*, NZM 2003, 13 f.
9 OLG Celle, NZM 1999, 501; *Lützenkirchen/Jennißen*, Betriebskostenpraxis, Rz. 512.
10 OLG Celle, NZM 1999, 501, 502; vgl. a.: BGH, Urt. v. 9.12.2009 – XII ZR 109/08.

meinschaftsflächen entstehen, umlegbar sein sollen, muss von vornherein eine **betragsmäßige Begrenzung** vorgesehen werden. Ansonsten droht eine Kollision mit dem Transparenzgebot[1]. Insoweit wird eine Begrenzung auf 10 % der Jahresgrundmiete in der Literatur für zulässig erachtet[2]. Da dieser Betrag in aller Regel nicht erreicht werden wird und der BGH in seiner einschlägigen Entscheidung[3] nicht zu erkennen gegeben hat, wo er die angemessenen Grenzen ansiedeln wird, sollten deutlich geringere Prozentsätze eingesetzt werden. Dies gilt in besonderer Weise, wenn an anderer Stelle des Vertrages dem Mieter weitere (Pauschal-)Beträge, etwa Verwaltungskostenpauschalen etc., aufgebürdet werden. Denn es erscheint nicht ausgeschlossen, dass der BGH neben der Begrenzung in der Klausel, alle Zusatzkosten in Hinblick auf ihre Gesamthöhe überprüft. Insoweit sollte auch die absolute Höhe der Miete im Auge behalten werden. 10 % von einer vierstelligen Jahresmiete sind eher zu verkraften als von einer sechs- oder sogar siebenstelligen Schuld.

Im Zusammenhang mit der BetrKV ist die Nr. 17 „**sonstige Betriebskosten**" problematisch. Teilweise wird vertreten, dass die in den Ziffern 1–16 aufgezählten Betriebskosten einen abschließenden Katalog darstellen, so dass andere Bewirtschaftungskosten oder Lasten über Nr. 17 nur einbezogen werden können[4], wenn sie ausdrücklich spezifiziert sind (z.B. Verwaltungskosten). In der Rechtsprechung wird zum Teil darauf verwiesen, dass ohne detaillierte Aufführung der einzelnen Umlagepositionen im Rahmen der Nr. 17 ein Verstoß gegen das Transparenzgebot vorliege[5]. Hiervon sollte man bei der Vertragsgestaltung (vorsorglich) ausgehen. 360

Auch insoweit sollte der beratende Rechtsanwalt bei der Vertragsgestaltung den sichersten Weg gehen und die neben den Ziffern 1–16 erfassten Betriebskosten **einzeln aufführen**. Darüber hinaus muss im Gespräch mit dem Vermieter abgestimmt werden, welche **weiteren Positionen** aufzunehmen sind[6]. Kosten für den Betrieb von **Lüftungs- und Klimaanlagen** werden häufig zu berücksichtigen sein. Hinzu kommen branchenspezifische Kosten wie z.B. Fettabscheider oder Kleinkläranlagen im Bereich der Gastronomie (vgl. die Zusammenstellung möglicher Umlagepositionen unter *L Rz. 384g*). Angesichts der in der Vergangenheit deutlich gestiegenen Anforderungen an die Einhaltung des Transparenzgebots (§ 307 Abs. 1 S. 2 BGB)[7] und des Grundsatzes der „kundenfeindlichsten Auslegung"[8] sind entsprechende Klauseln mit höchster Sorgfalt und trennscharf zu formulieren. 361

---

1 BGH, NZM 2005, 863.
2 *Kraemer* in Bub/Treier, III Rz. 1080.
3 BGH, NZM 2005, 863.
4 Vgl. *Sternel*, Mietrecht, III Rz. 297 m.w.N.; siehe auch *Pfeifer*, ZMR 1993, 353 f.
5 KG, GuT 2005, 259.
6 Vgl. hierzu *Fritz*, Rz. 778 f.
7 BGH, NZM 2005, 863.
8 BGH, NZM 2007, 684; 2008, 522, 609.

Der Begriff der „kaufmännischen und technischen Verwaltung" ist nach der Rechtsprechung des BGH hinreichend transparent und führt auch in Formularverträgen zu einer wirksamen Abwälzung der Kosten[1]. Der in der Literatur[2] angebotene Weg der Vereinbarung einer Verwaltungskostenpauschale bietet keine sichere Alternative, da es sich potenziell um eine verkappte und damit intransparente Mieterhöhung handelt, die einer Prüfung an § 307 BGB u.U. nicht standhalten wird. Zu einer mit Sicherheit wirksamen Regelung führt nur eine entsprechende Individualvereinbarung.

362 Da sich in weiten Teilen der Bevölkerung und insbesondere bei Gewerbetreibenden hinsichtlich der Neben- und Betriebskosten unter dem Stichwort **„zweite Miete"** zu Recht ein erhebliches Kostenbewusstsein eingestellt hat, sind entsprechende Erweiterungen der Übernahmeverpflichtungen des Mieters im Einzelfall genau abzuwägen. Ein allzu üppiger Katalog von zusätzlichen umlagefähigen Positionen ist durchaus geeignet, einen vertragsgeneigten Mietinteressenten vom Abschluss abzuhalten. Der zu beratende **Mieter** ist bei umfangreichen Nebenkostenkatalogen, insbesondere bei der Anmietung von Flächen in einem **Einkaufszentrum**, auf die oftmals sehr hohen Belastungen hinzuweisen.

363 Soweit im Zusammenhang mit den Nebenkosten eine Kostentragungspflicht des Mieters für **Versicherungsprämien** vorgesehen ist, sollte der Vermieter auf die Notwendigkeit des Abschlusses entsprechender Versicherungen hingewiesen werden. Denn die Rechtsprechung verbindet mit der Übernahme eine **Haftungsbeschränkung** zugunsten des Mieters auf Vorsatz und grobe Fahrlässigkeit für die zu versichernden Bereiche[3].

bb) Umlagemaßstab

(1) Wärme und Warmwasser

364 Für den Bereich der Versorgung mit Wärme und Warmwasser enthält die **Heizkostenverordnung**[4] (HeizkV) zwingendes Recht. Auch individualvertragliche Vereinbarungen über Heizkostenpauschalen sind dementsprechend in der Regel unwirksam[5]. Der Vermieter ist vielmehr verpflichtet, den anteiligen Verbrauch der Nutzer an Wärme und Warmwasser zu erfassen[6]. Wird gegen diese Verpflichtung verstoßen, steht dem Mieter gemäß § 12 HeizkV ein Kürzungsrecht in Höhe von 15 % zu. Gemäß §§ 7, 8 HeizkV sind die Kosten für den Betrieb der zentralen Heizungs- bzw. Warmwasserversorgung zu mindestens 50 %, höchstens 70 % nach dem erfassten Verbrauch zu verteilen. Gemäß § 10 HeizkV ist es jedoch möglich, eine 100 %ig verbrauchsabhängige Umlage durch rechtsgeschäftliche Ver-

---

1 BGH, Urt. v. 9.12.2009 – XII ZR 109/08.
2 *Lützenkirchen*, GE 2006, 614.
3 OLG Düsseldorf, ZMR 1997, 278.
4 BGBl. I 1989, 115 f.
5 OLG Düsseldorf, NZM 2008, 524.
6 § 4 HeizkV.

einbarung herbeizuführen. Insoweit ist jeweils beim Vermieter nachzufragen, wie er die Umlage im Objekt **bisher handhabt**. Unterschiedliche Umlagevereinbarungen sind tunlichst zu vermeiden. Denn sie führen zum einen zu einem erheblichen zusätzlichen Verwaltungsaufwand, da für jeden Vertrag einzeln abgerechnet werden muss. Zum anderen sind unterschiedliche Umlagemaßstäbe in einzelnen Verträgen eine potentielle Fehlerquelle im Rahmen der Abrechnung und können dazu führen, dass im Ergebnis ein vom Vermieter zu tragender Restbetrag verbleibt.

(2) Umlageschlüssel für die weiteren Nebenkosten

Es soll nicht zwingend erforderlich sein, einen solchen Umlageschlüssel im Mietvertrag festzulegen[1]. Vielmehr soll der Vermieter berechtigt sein, den anzuwendenden Verteilungsschlüssel **nach billigem Ermessen zu bestimmen**[2]. I.S.d. sichersten Wegs sollte jedoch im Mietvertrag bereits eine Vereinbarung getroffen werden. Diesbezüglich ist erneut beim Vermieter über seine **bisherige Praxis** Auskunft einzuholen. Sofern der Vermieter Positionen nach Kopfzahlen abrechnet, sollte diese Abrechnungsmethode – wenn möglich – nicht übernommen werden. Denn insoweit droht im Rahmen einer jeden Abrechnung Streit darüber, ob und in welchem Umfange zusätzliche Personen bei dem einen oder anderen Mieter während der Abrechnungsperiode vorhanden waren bzw. nicht vorhanden waren. Hier gerät der Vermieter regelmäßig in Beweisnot. Überdies führt der Streit über die Berechtigung des Saldos zu einem ggf. verspäteten Zufluss von Liquidität. Sinnvoll ist im Regelfall eine Umlage nach Verbrauch oder im Verhältnis der gemieteten Fläche zur Gesamtmietfläche.

365

(3) Abänderung des Umlageschlüssels während des laufenden Mietverhältnisses

Der Vermieter kann sich im Vertrag vorbehalten, den Umlagemaßstab während des laufenden Mietverhältnisses abzuändern. Hierbei ist jedoch zu beachten, dass insofern **sachliche Gründe** vorliegen müssen und eine Veränderung nur im Rahmen billigen Ermessens möglich ist[3]. Hierbei sollte im Anschluss an die Rechtsprechung[4] vorgesehen werden, dass entsprechende Änderungen nur nach vorheriger Ankündigung für zukünftige Abrechnungsperioden möglich sind. Schließlich sind die zwingenden Voraussetzungen der Heizkostenverordnung bei entsprechenden Regelungen zu beachten[5].

366

---

1 BGH, WuM 2004, 150, 151.
2 *Beyerle* in Lindner-Figura/Oprée/Stellmann, Kap. 11 Rz. 131 m.w.N. der obergerichtlichen Rspr.
3 BGH, NJW 1993, 1061, 1062; *Beyerle* in Lindner-Figura/Oprée/Stellmann, Kap. 11 Rz. 133; a.A.: OLG Rostock, ZMR 2009, 527.
4 OLG Frankfurt/Main, ZMR 2004, 182.
5 Vgl. zu den Einzelheiten BGH, WuM 1993, 109; *Langenberg*, Betriebskosten, F Rz. 6 f.

(4) Gemischt genutzte Objekte

367 Sofern das Vermietungsobjekt sowohl Wohnraum als auch Gewerberaum umfasst, ist der Vermieter darauf hinzuweisen, dass die Betriebskosten für den Wohnraumanteil und den Gewerberaumanteil nach § 556a BGB **getrennt** zu **erfassen** sind[1], wenn durch die unterschiedlichen Nutzungen stark unterschiedliche Inanspruchnahmen verursacht werden[2]. Der Sache nach ist daher der Vermieter gezwungen, **Zwischenzähler** o.Ä. zu installieren und durch weitere Maßnahmen – wie etwa Trennung der Müllgefäße – eine getrennte Abrechnung vorzubereiten. Hierauf ist der Vermieter ggf. im Rahmen der Beratung hinzuweisen.

368 Problematisch ist der Umlageschlüssel für die **Grundsteuer**, wenn der Vermieter einen einheitlichen, nicht für den Wohnraum- und den Gewerberaumbereich getrennten Grundsteuerbescheid erhält. Nach einer Auffassung soll der auf die gewerbliche Nutzung entfallende Betrag (der nicht unbedingt höher sein muss!) auch auf die Wohnungsmieter umgelegt werden können[3]. Nach der mittlerweile wohl herrschenden Gegenmeinung[4] ist auch bei einem nicht differenzierenden Grundsteuerbescheid eine Aufteilung nach Wohn- und Gewerberaumflächen erforderlich (vgl. *L Rz. 78*). Insoweit soll der Vermieter ggf. Rückgriff auf die Ermittlungsgrundlagen für den Grundsteuerbescheid (also insbesondere des Einheitswertes) nehmen müssen[5]. Daher ist beim zu beratenden Vermieter zu erfragen, ob bei gemischt genutzten Objekten eine entsprechende Aufteilung im Grundsteuerbescheid erfolgt. Ist dies nicht der Fall, muss anhand der örtlichen Rechtsprechung überprüft werden, welcher Auffassung die Gerichte anhängen.

369 Immer dann, wenn für einzelne Positionen innerhalb des Gewerberaumanteils eines Objektes bzw. des gesamtgewerblich vermieteten Objektes bei einzelnen Mietern stark **unterschiedliche Inanspruchnahmen** von Betriebskostenpositionen – wie beispielsweise Wasser/Abwasser und Abfallentsorgung – vorhanden oder zu erwarten sind, ist dafür Sorge zu tragen, dass von vornherein für eine **getrennte Erfassung** pro Einheit und Abrechnung nach diesem Maßstab gesorgt wird. Ansonsten droht etwa beim Zusammentreffen von Büronutzung mit gewerblichen Produzenten Streit über den Umrechnungsmaßstab und der Einwand, dieser sei unbillig. Entsprechendes gilt, wenn sich durch eine spezielle Nutzung eine Erhöhung von Versicherungsprämien ergibt. Diesbezüglich sollte im Mietvertrag vorgesehen werden, dass diese zu Lasten des jeweiligen Mieters gehen. Denn die anderen (gewerblichen) Mieter dürfen mit diesen Kosten nicht belastet werden[6].

---

1 Vgl. *Langenberg*, Betriebskosten, F Rz. 63 m.w.N.; *Sternel*, Mietrecht, III Rz. 358.
2 BGH, NZM 2006, 340.
3 Vgl. *Sternel*, Mietrecht, III Rz. 346; AG Frankfurt/Main, WuM 1987, 360; AG Essen-Steele, WuM 1993, 198 f.
4 LG Hamburg, ZMR 2001, 970; *Laug*, WuM 1993, 171 f. m.w.N.
5 Vgl. *Laug*, WuM 1993, 171 f.
6 *Beyerle* in Lindner-Figura/Oprée/Stellmann, Kap. 11 Rz. 126; *Fritz*, Rz. 136d.

cc) Vorauszahlungsverpflichtung

Auch eine Verpflichtung zur Leistung von Vorauszahlungen auf die Betriebskosten besteht für den Mieter nur, wenn diese **ausdrücklich vereinbart** worden ist[1]. Eine solche Vorauszahlungspflicht sollte in jedem Falle vereinbart werden. Ansonsten droht bei einer später eintretenden Insolvenz des Mieters vollständiger Ausfall. Bei der Bestimmung der **Höhe der Vorauszahlung** sollte darauf geachtet werden, dass die Vorauszahlung voraussichtlich auskömmlich ist. Aus Sicht des Vermieters ist dies zu empfehlen, da er ansonsten der Sache nach dem Mieter ein zinsloses Darlehen bis zur Fälligkeit der Betriebskostenabrechnungsforderung gewährt und ein zusätzliches Risiko für den Fall der Insolvenz des Mieters übernimmt. Bei der Verhandlung auf Seiten des Mieters ist die jüngere Rechtsprechung des BGH zu berücksichtigen, nach der auch **extrem untersetzte Vorauszahlungen** im Regelfall nicht zu einem Ausschluss von Nachforderungen im Rahmen der Betriebskostenabrechnung führen[2]. Da die Rechtsprechung einen Nachforderungsanspruch für ausgeschlossen erachtet, wenn der Mieter im Vorfeld des Vertragsschlusses ausdrücklich beim Vermieter bezüglich der Auskömmlichkeit der Vorauszahlung nachgefragt hat, ist es zu empfehlen, in den Mietvertrag eine Bestätigung des Vermieters aufzunehmen, dass die Vorauszahlungen auf die Nebenkosten (ein gewöhnliches Verbrauchsverhalten vorausgesetzt) auskömmlich sind.

370

dd) Fälligkeit

Hinsichtlich der Fälligkeit sollte bestimmt werden, dass die Vorauszahlungen jeweils mit Fälligkeit der monatlichen Miete gegeben ist.

371

ee) Umsatzsteuer

Da zumindest teilweise in der Rechtsprechung vertreten worden ist, dass auch bei umsatzsteuerpflichtiger Miete Umsatzsteuer hinsichtlich der Betriebskostenvorauszahlungen und der Betriebskostenabrechnungssalden nur geltend gemacht werden kann, wenn dies im Mietvertrag **ausdrücklich vereinbart** worden ist, sollte im Mietvertrag eine entsprechende Verpflichtung aufgenommen werden, wenn der Vermieter für die Umsatzsteuer optiert hat[3] bzw. sich eine solche Option vorbehalten hat (vgl. *L Rz. 384s*).

372

ff) Erhöhung der Vorauszahlungen

Auch hinsichtlich der Erhöhungsmöglichkeit der Vorauszahlungen bei gestiegenen Kosten wird zumindest teilweise vertreten, dass diese nur auf Grund einer entsprechenden **vertraglichen Vereinbarung** möglich sein

373

---

1 BayObLG, WuM 1995, 694, 695 m.w.N.
2 BGH, NZM 2004, 619, Urt. v. 9.12.2009 – XII ZR 109/08.
3 Vgl. OLG Düsseldorf, WuM 1993, 411, 412; **a.A.** OLG Düsseldorf, WuM 1996, 211 f.; s.a. OLG Rostock, NJOZ 2007, 4178.

soll[1]. Dementsprechend sollte eine einschlägige Bestimmung in den Mietvertrag aufgenommen werden. Hierbei sollte festgelegt werden, dass eine solche Erhöhung auch während der laufenden Abrechnungsperiode vorgenommen werden kann. Da eine entsprechende Erhöhungsmöglichkeit nicht unumstritten ist[2], sollte die Klausel sprachlich so gestaltet werden, dass die Bestimmung über das generelle Erhöhungsrecht und die Bestimmung über die Erhöhungsmöglichkeit während einer Abrechnungsperiode sprachlich getrennt werden können. Damit würde bei Anwendbarkeit der §§ 305 f. BGB und angenommener Unwirksamkeit der Bestimmung über die Anpassung während der Abrechnungsperiode wohl nicht die gesamte Klausel einschließlich des allgemeinen Erhöhungsrechts als unwirksam anzusehen sein.

gg) Abrechnungszeitraum

374 Der Abrechnungszeitraum sollte jeweils **ausdrücklich festgelegt** werden. Hier bietet sich eine Abrechnung nach Kalenderjahren an, sofern der Vermieter nicht für Bestandsmietverträge einen abweichenden Turnus gewählt hat. Schon aus Gründen der Praktikabilität sollte im Regelfall für sämtliche Nebenkosten ein einheitlicher Abrechnungszeitraum vereinbart werden.

hh) Abrechnungsfrist

375 Eine ausdrückliche gesetzliche Vorschrift über die Frist, binnen deren über die Betriebskostenvorauszahlung bzw. die Betriebskosten abzurechnen ist, ist im Gegensatz zum Wohnraummietrecht nicht vorhanden. Die Rechtsprechung[3] geht von einer Abrechnungsfrist von **einem Jahr**, gerechnet vom Ende der Abrechnungsperiode, aus, wenngleich daran nicht die gleichen Rechtsfolgen (Verlust der Nachforderung) wie bei den §§ 556 Abs. 3 BGB, 20 Abs. 3 NMV geknüpft werden[4]. Diese Höchstfrist sollte aus Mietersicht ausdrücklich im Mietvertrag festgeschrieben werden. Bei der Beratung von Vermietern ist zu beachten, dass eine Reihe von Musterverträgen großer Filialunternehmen dem § 556 Abs. 3 S. 3 BGB nachgebildete Regelungen beinhalten, die es ggf. im Rahmen der Vertragsverhandlungen zu eliminieren gilt.

ii) Kosten von Zwischenablesungen

376 Hinsichtlich der Zwischenablesungen – etwa bei einem Auszug des Mieters – sollte festgelegt werden, wer insoweit die Kosten übernimmt.

---

1 Vgl. *Sonnenschein*, NJW 1992, 265, 267; *Fritz*, Rz. 134.
2 Vgl. die Nachweise bei *Langenberg*, Betriebskosten, E Rz. 18 f.
3 BGH, Urt. v. 27.1.2010 – XII ZR 22/07, IMR 2010, 90 f.; OLG Naumburg, WuM 2003, 144; OLG Düsseldorf, GuT 2005, 53; 2006, 27, 28; NZM 2008, 524; OLG Rostock, OLGR 2005, 697 f.
4 BGH, Urt. v. 27.1.2010 – XII ZR 22/07, IMR 2010, 90 f.; OLG Düsseldorf, GuT 2006, 132; 2007, 301; NZM 2007, 167; 2008, 167; ZMR 2009, 275; KG, ZMR 2006, 526; 2007, 449, 450; OLG Köln, GuT 2006, 314; a.A. LG Darmstadt, NZM 2009, 546.

jj) Ausübung des Kontrollrechts

In den Vertrag können zusätzlich Bestimmungen über die Ausübung des **Einsichtsrechts** in die Abrechnungsunterlagen aufgenommen werden. Dies empfiehlt sich etwa dann, wenn die Einsicht an einem **bestimmten Ort** erfolgen soll. Insbesondere hinsichtlich entsprechender Formularklauseln ist jedoch zu beachten, dass eine Bestimmung, die dem Mieter eine Einsichtnahme nur in weit entfernten Räumen ermöglicht, gegen § 307 BGB verstoßen kann[1]. Aus Sicht des Mieters empfiehlt sich eine Bestimmung, nach der der Vermieter zur Übersendung von Kopien der Abrechnungsbelege gegen Erstattung angemessener Kosten verpflichtet ist, da der Vermieter ansonsten hierzu im Regelfall nicht verpflichtet sein soll[2].

377

kk) Neu entstehende Betriebskosten

Aus Sicht des Vermieters ist es sicherlich sinnvoll, eine Vereinbarung aufzunehmen, nach der der Mieter im Rahmen der Nebenkosten neu auftretende Belastungen zu übernehmen hat.

378

ll) Neu errichtete bzw. umgebaute Objekte

Ist die **Mietsache neu errichtet** worden oder ist sie noch zu errichten oder um- oder auszubauen, ist bezüglich der **Grundsteuer** zu beachten, dass die Bemessungsgrundlage durch die baulichen Veränderungen geändert wird. Die entsprechenden Grundsteuermessbescheide und die sich hieraus ergebenden Nachforderungen werden mitunter erst Jahre nach Fertigstellung des Baus und des Einzugs des Mieters geltend gemacht. Vorsorglich ist aus Sicht des Vermieters in einschlägigen Fällen der Vorbehalt der entsprechenden Nachforderung auch nach Vorlage einer Nebenkostenabrechnung für die jeweiligen Zeiträume in den Vertrag aufzunehmen. Der Vermieter ist darauf hinzuweisen, dass vorsorglich gleichwohl in jede Betriebskostenabrechnung, die bis zum Vorliegen der vorgenannten Bescheide erstellt wird, ein entsprechender Vorbehalt aufzunehmen ist. Denn nur so kann der Wirkung eines negativen Anerkenntnisses, das in der Übersendung einer Betriebskostenabrechnung nebst anschließender Zahlung des Mieters bezüglich weiterer in der Abrechnung nicht enthaltener Beträge gesehen wird[3], sicher vorgebeugt werden[4].

378a

mm) Besonderheiten bei der Beratung des Mieters

Wie bereits dargelegt, haben sich die Neben- und Betriebskosten zu einer zweiten Miete entwickelt. Hierauf ist in der Beratung des Mieters jeweils hinzuweisen. Je nach Stärke der Verhandlungsposition gelingt es oftmals,

379

---

1 Vgl. *Langenberg*, Betriebskosten, I Rz. 11 m.w.N.
2 BGH, NZM 2006, 340 (Wohnraummiete); OLG Köln, GuT 2008, 31, 34.
3 OLG Hamburg, WuM 1991, 598; a.A. OLG Düsseldorf, BeckRS 2009, 27802.
4 Vgl. zur Problematik der Rückforderung von Betriebskostensaldozahlungen allgemein: *Milger*, NZM 2009, 497 m.w.N.

einige der Betriebskostenpositionen und weitere Nebenkosten aus dem Kanon der vom Mieter zu übernehmenden Kosten herauszunehmen. Mitunter ist es möglich, eine **Pauschalmiete** zu vereinbaren, und zwar mit oder ohne die Möglichkeit für den Vermieter, Steigerungen bei den Betriebskosten auf den Mieter umzulegen.

380 Um den Mieter vor unliebsamen Überraschungen in Gestalt von erheblichen Nachzahlungen, insbesondere bei der ersten Betriebskosten- bzw. Nebenkostenabrechnung, zu bewahren, sollte im Rahmen der Verhandlungen **ausdrücklich nachgefragt** (am besten schriftlich) werden, ob gegenwärtig die im Mietvertrag vorgesehenen Vorauszahlungen auskömmlich sind. Die entsprechende Aussage des Vermieters sollte entweder in den Vertrag aufgenommen oder aber in einem Schreiben an den Vermieter unter Bezugnahme auf das jeweilige Gespräch bestätigt werden. Denn – wie dargelegt – besteht nur dann ein Anspruch auf Ersatz der tatsächlich höheren Kosten gegenüber dem Vermieter aus Verschulden bei Vertragsschluss, wenn eine ausdrückliche Nachfrage erfolgt ist[1].

381 Oftmals sehen von Vermietern vorgelegte Mietvertragsformulare vor, dass in unterschiedlichem Umfange **Instandhaltungs- bzw. Instandsetzungsarbeiten** an den Mieträumen oder aber auch an Gemeinschaftsräumen sowie weitere Kosten (wie z.B. Fassadenreinigung etc.) auf den Mieter **als Betriebskosten** umgelegt werden. Auf die hieraus resultierenden Kosten, die für den Mieter oftmals nicht transparent sind, sollte in der Beratung des Mieters ebenfalls hingewiesen werden. Im Rahmen der Vertragsverhandlungen sind entsprechende Klauseln nach Möglichkeit aus dem Vertrag zu eliminieren, zumindest eine höhenmäßige **Begrenzung des Umlagebetrages** sollte erreicht werden. Nach der Rechtsprechung des BGH[2] ist eine entsprechende Begrenzung bei **formularvertraglichen** Regelungen bezüglich der Kosten der Instandhaltung und Instandsetzung von Allgemeinflächen **Wirksamkeitsvoraussetzung**.

nn) Mängel der Mietsache während der Abrechnungsperiode

381a Nach der neueren Rechtsprechung des BGH[3] ist die **Minderung der Miete** im Falle des Vorliegens eines Mangels von der **Kaltmiete zuzüglich Nebenkosten** zu berechnen. Ob und welche Auswirkungen dies auf die Erstellung von **Betriebskostenabrechnungen** hat, ist in der Rechtsprechung noch nicht geklärt. In der Literatur werden verschiedene Ansätze und Berechnungsmethoden propagiert[4]. Da in dem vorbehaltlosen Ausgleich eines Betriebskostenabrechnungssaldos teilweise (noch) ein positives bzw. negati-

---

1 Vgl. BGH, NZM 2004, 619; Urt. v. 9.12.2009 – XII ZR 109/08; *Fritz*, Rz. 133 m.w.N.
2 BGH, ZMR 2005, 844.
3 BGH, NZM 2005, 455.
4 *Bieber*, NZM 2006, 683; *Eisenschmid*, WuM 2005, 491; *Ketzer*, ZMR 2005, 516; *Lützenkirchen*, NZM 2006, 8; *Sternel*, Mietrecht aktuell, VIII Rz. 264a; *Leo/Schmitz*, NZM 2005, 858; s.a. OLG Dresden, GuT 2008, 35.

ves Schuldanerkenntnis gesehen wird[1], sind daher bis zur höchstrichterlichen Klärung des Einflusses von Minderungen während der Abrechnungsperiode die Abrechnungen bzw. die Zahlungen auf den Saldo unter dem Vorbehalt der Zurückforderung bzw. der Nachforderung für den Fall zu stellen, dass die Berücksichtigung eines Mangels während der Abrechungsperiode in unzutreffender Weise erfolgt ist. Dies kann bereits im Mietvertrag erfolgen, der Vorbehalt sollte jedoch zusätzlich bei jeder Abrechnung erneut ausdrücklich geltend gemacht werden.

i) Schönheitsreparaturen, Instandhaltung und Instandsetzung

Checkpunkte 382

- **Schönheitsreparaturen/Teppichböden**
  - ☐ Überbürdung der Schönheitsreparaturen auf den Mieter?
  - ☐ Soll die Erneuerung von Teppichböden vom Mieter übernommen werden?
- **Endrenovierung durch Mieter?**
  - ☐ ja
  - ☐ nein
- **Instandhaltungs- und Instandsetzungsverpflichtung**
  - ☐ Überwälzung der Instandhaltung auf den Mieter?
  - ☐ Überwälzung der Instandsetzung auf den Mieter?
  - ☐ Beteiligung des Mieters an sonstigen Reparaturen? (ggf. mit/ohne Indexierung bis zu 10 % der Jahresmiete, vgl. *Rz. 394*)

Erläuterungen

Die Konzeption des Gesetzes geht davon aus, dass der Vermieter das Mietobjekt in einem zum vertragsgemäßen Gebrauch geeigneten Zustand überlässt und erhält[2]. Dies betrifft sowohl die Instandsetzungs- und Instandhaltungspflichten als auch die Durchführung von Schönheitsreparaturen. In der gewerbemietrechtlichen Praxis werden diese Verpflichtungen mehr oder weniger umfangreich **auf den Mieter überbürdet.** In diesem Zusammenhang ist jedoch die neuere Rechtsprechung des BGH[3] zu beachten, die den Gewerberaummieter, insbesondere im Zusammenhang mit Schönheitsreparaturen, als ähnlich schutzwürdig wie einen Wohnraummieter ansieht. Wie weit die Annäherung des Schutzes des Gewerberaummieters an die des Wohnraummieters gehen wird, erscheint noch nicht gesichert. Zumindest vorläufig wird man bei der Gestaltung von Formularverträgen 383

---

1 OLG Hamburg, WuM 1991, 598; a.A. OLG Düsseldorf, BeckRS 2009, 27802; *Milger*, NZM 2009, 497; vgl. *Ludley*, NZM 2008 72.
2 § 535 BGB.
3 BGH, NZM 2005, 455; 2008, 890; differenzierend: *Dose*, NZM 2009, 381.

aa) Schönheitsreparaturen während der Mietzeit

384 Auch wenn zwischenzeitlich in nahezu jedem Gewerberaummietverhältnis die Verpflichtung zur Durchführung von Schönheitsreparaturen dem Mieter aufgebürdet wird, kann immer noch nicht von einer entsprechenden Umverteilung der vertraglichen Pflichten ohne entsprechende Regelung im Mietvertrag ausgegangen werden[1]. Die Überwälzung der laufenden Schönheitsreparaturen ist auch im Gewerberaummietrecht ohne weiteres durch **Formularklausel** möglich[2].

385 Wird der Begriff der Schönheitsreparaturen nicht im Vertrag näher bestimmt, so soll das Tapezieren, Anstreichen oder Kalken der Wände und Decken, das Streichen der Fußböden bzw. das Reinigen von Teppichböden[3], das Streichen der Heizkörper einschließlich der Heizrohre, das Streichen der Innentüren sowie der Fenster und Außentüren von innen umfasst sein. Ob auch die **Erneuerung** eines verschlissenen **Teppichbodens** hierunter zu fassen ist, wird unterschiedlich beurteilt, überwiegend jedoch verneint[4].

386 Die in der älteren Literatur angenommene Möglichkeit der Erweiterung der unter dem Begriff der Schönheitsraparaturen fallenden Arbeiten[5] dürfte angesichts der neueren Entwicklungen der BGH-Rechtsprechung überholt sein. Zumindest ist angesichts einer ständigen Veränderung der Rechtsprechung zur Kontrolle der Formularklauseln[6] zu empfehlen, ggf. individualrechtliche Vereinbarungen zu treffen. Dies gilt insbesondere dann, wenn die Vereinbarungen über die üblichen Schönheitsreparaturen hinausgehen und dem Mieter Pflichten auferlegt werden, die in den Grenzbereich zur Instandsetzung und Instandhaltung des Objektes hineinreichen.

387 Es empfiehlt sich aus **Sicht des Vermieters**, abgestimmt auf den Betrieb des Mieters einen **Fristenplan** für die Renovierung zu vereinbaren. Dieser darf formularvertraglich nicht mit starren, sondern mit weichen Fristen versehen werden[7]. Sofern unrenovierter Gewerberaum vermietet wird, ist festzuhalten, dass die Fristen erst in Lauf gesetzt werden, wenn nach Mietbeginn die einschlägigen Fristen abgelaufen sind. Gegen die Verwendung des Begriffes einer „fachmännischen Renovierung" bestehen auch bei den Formularverträgen bisher keine Bedenken[8].

---

1 *Wolf/Eckert/Ball*, Rz. 413.
2 Vgl. zum Ganzen: *Fritz*, Rz. 222 f.; a.A. wohl *Emmerich*, NZM 2009, 16.
3 Vgl. hierzu: BGH, NZM 2009, 126.
4 Vgl. *Bub* in Bub/Treier, II Rz. 479 m.w.N.
5 Vgl. *Sternel*, Mietrecht, II Rz. 392.
6 *Fritz*, Rz. 222.
7 BGH, NZM 2008, 890.
8 *Wolf/Eckert/Ball*, Rz. 420.

Fachhandwerkerklauseln, nach denen der Mieter die Arbeiten nicht selbst, sondern durch ein Fachunternehmen ausführen lassen muss, sind dagegen auch im Gewerberaummietrecht im Bereich allgemeiner Geschäftsbedingungen **unzulässig**, da insoweit der Mieter nur den Erfolg schuldet, den er durchaus auch durch Eigenarbeit erbringen kann[1]. 387a

bb) Endrenovierungsvereinbarungen

Endrenovierungsklauseln sind als allgemeine Geschäftsbedingung zumindest in **Kombination mit der Überwälzung der laufenden Schönheitsreparaturen** wegen Verstoßes gegen § 307 BGB unwirksam[2] (vgl. im Einzelnen *H Rz. 428*). Ob die Rechtsprechung des VIII. Zivilsenats des BGH[3] zur Unwirksamkeit von formularvertraglichen isolierten Endrenovierungsverpflichtungen ohne Verpflichtung von Mieter und Vermieter zur Durchführung von Schönheitsreparaturen während der Mietzeit übertragbar ist, wurde vom XII. Zivilsenat noch nicht entschieden und erscheint angesichts einer Stellungnahme eines Senatsmitglieds[4] nicht gesichert. Bis zu einer anders lautenden Entscheidung des BGH sollte man in Hinblick auf die einschneidenden Folgen einer Unwirksamkeit einer Abwälzungsvereinbarung bei der Beratung von Vermietern entsprechende Klauseln nicht verwenden. 388

Dementsprechend wird es sich für Vermieter anbieten, auch im Bereich der Gewerberaummiete nunmehr mit sog. Quotenklauseln zu arbeiten und sich an die Rechtsprechung zur Wohnraummiete auch insoweit anzulehnen bzw. individualvertraglich Endrenovierungsklauseln zu vereinbaren. Zu beachten ist hierbei jedoch, dass die Quotenklausel keine starren Fristen beinhalten darf[5]. 389

Bei der **Beratung des Mieters** ist auf Inhalt und wirtschaftliche Bedeutung entsprechender Vereinbarungen hinzuweisen. Insbesondere die Verpflichtung zur Durchführung der vollständigen Endrenovierung kann zu ganz erheblichen finanziellen Belastungen führen. Hierdurch kann im Ergebnis massiver indirekter Druck zur Fortsetzung des Mietverhältnisses trotz ansonsten günstigerer Alternativangebote bei Vertragsende entstehen. Angesichts der gegenwärtigen Marktsituation gelingt es vielfach, zumindest bei einer längerfristigen Vermietung bzw. für den Fall der tatsächlich lang andauernden Nutzung, vertraglich zu vereinbaren, dass z.B. bei einem Mietende frühestens nach z.B. zehn Jahren der Mieter zu keinerlei Schönheitsreparaturarbeiten mehr verpflichtet ist, sondern die Mietsache lediglich besenrein zurückzugeben hat. 390

---

1 Vgl. *Fritz*, Rz. 181; *Sternel*, Mietrecht, II Rz. 393; **a.A.** *Harsch*, MDR 1999, 325, 329.
2 BGH, NJW 2005, 2006.
3 BGH, NZM 2007, 921.
4 *Dose*, NZM 2009, 381, 384 f.
5 *Wolf/Eckert/Ball*, Rz. 419.

cc) Überbürdung weiter gehender Instandhaltungs- und Instandsetzungsverpflichtungen

391 Im Rahmen von Gewerberaummietverträgen sind häufig Regelungen anzutreffen, in denen der Mieter über die Verpflichtung zur Durchführung von Schönheitsreparaturen hinaus weitere Verpflichtungen übernimmt, die nach der Konzeption des Gesetzes grundsätzlich dem Vermieter obliegen. Dies betrifft in unterschiedlicher Ausprägung insbesondere Vereinbarungen über die Instandhaltung und Instandsetzung.

392 **Formularmäßige Vereinbarungen**, die zu einer **vollständigen** Überbürdung der Erhaltungspflichten auf den Mieter führen, sollen zumindest einschränkend dahingehend ausgelegt werden, dass diese den ordnungsgemäßen Zustand des Mietobjektes bei Vertragsbeginn voraussetzen und nur durch den Mietgebrauch veranlasste Maßnahmen betreffen[1]. Weiter einschränkend wird vertreten, dass die Instandhaltung und Instandsetzung des Mietobjektes im Innern nur insoweit auf den Mieter formularvertraglich überbürdet werden kann, als diese durch den Mietgebrauch veranlasst ist[2]. Angesichts der neueren Tendenzen in der Rechtsprechung des BGH, den Gewerberaummieter gegen belastende Formularklauseln in ähnlicher Weise zu schützen wie den Wohnraummieter, erscheint eine weitere Entwicklung der BGH-Rechtsprechung, nach der nur aus dem Wohnraummietrecht bekannten Kleinreparaturklauseln zulässig sind, nicht ausgeschlossen. Auf diese Möglichkeit und die dann drohenden Konsequenzen ist bei der Beratung von Vermietern ausdrücklich hinzuweisen. Darüber hinausgehende Klauseln in allgemeinen Geschäftsbedingungen werden in jedem Fall für unzulässig gehalten, insbesondere wenn sie dem Mieter die Unterhaltung des Mietgebäudes an **Dach und Fach** auferlegen[3]. Bei der Gestaltung und Verwendung entsprechender Klauseln ist der **Vermieter** darauf hinzuweisen, dass nach bisher herrschender Meinung die Behebung von anfänglichen Mängeln ebenso wenig wie der Ersatz von irreparablen Teilen der Mietsache oder Schäden auf Grund von höherer Gewalt bzw. durch Dritte herbeigeführten Schäden umfasst wird[4]. Soll der Mieter an den Kosten der Instandhaltung und Instandsetzung von Allgemeinflächen (Treppenhäusern, Mall etc.) formularvertraglich beteiligt werden, ist die Rechtsprechung des BGH zu beachten, nach der eine derartige Kostenüberwälzung nur zulässig ist, wenn eine angemessene höhenmäßige Begrenzung vorgesehen wird[5]. Bei einer weitgehenden Überbürdung der Instandhaltungs- und Instandsetzungspflichten auf den Mieter ist vorsorglich mit dem Steuerberater/Wirtschaftsprüfer des Vermieters zu klären, ob steuerrechtliche Nachteile aufgrund Übergangs des wirtschaftlichen Eigentums drohen.

393 Bei der Formulierung entsprechender Formularklauseln, die dem Anwendungsbereich der Regelungen über allgemeine Geschäftsbedingungen un-

---

[1] Vgl. OLG Köln, ZMR 1994, 158; OLG Naumburg, NZM 2000, 1183.
[2] *Bub* in Bub/Treier, II Rz. 461; vgl. a. BGH, NZM 2005, 863 unter II. 3 lit. a.
[3] Vgl. *Sternel*, Mietrecht, II Rz. 376; *Weyhe*, Stichwort „Instandsetzung".
[4] Vgl. *Bub* in Bub/Treier, II Rz. 462.
[5] BGH, ZMR 2005, 844 = NZM 2005, 863.

terfallen, sollte man sehr sorgfältig vorgehen und Formulierungen wählen, die keiner einschränkenden Auslegung bedürfen, da man sich mit solchen Formulierungen ansonsten zumindest an der Grenze der so genannten geltungserhaltenden Reduktion bewegt und der BGH nunmehr jeweils die kundenfeindlichste Auslegungsvariante bei der Prüfung nach Maßgabe des § 307 BGB zugrunde legt[1]. Insbesondere sollte bedacht werden, dass die Überbürdung der Instandsetzung und Instandhaltung nach bisheriger Rechtsprechung der Oberlandesgerichte grundsätzlich keine Erneuerung beinhaltet[2]. Im Rahmen der Beratung von Mietern sollte man in diesem Zusammenhang jedoch auf die Rechtsprechung des BGH[3] hinweisen, die im anderen Zusammenhang auch die Erneuerung von Teilen der Mietsache unter den Begriff der Instandsetzung subsumiert hat.

Darüber hinaus wird eine Beteiligung des Mieters an weiteren **(Klein-)Reparaturkosten** für zulässig angesehen, soweit diese betragsmäßig begrenzt wird. Die **Obergrenze** wird hier bei etwa 10 % der Jahresnettomiete gesehen[4]. In diesem Zusammenhang sollte bei der Beratung des Vermieters dessen Interessenlage bei entsprechenden Klauseln abgefragt werden. Vielfach wird weniger eine nennenswerte finanzielle Beteiligung, sondern vielmehr eine Vereinfachung des Verwaltungsablaufes gewünscht. Man fürchtet, vom Mieter ständig wegen Klein- und Kleinstmängeln in Anspruch genommen zu werden. Sofern der Mieter im Rahmen der Verhandlungen Bedenken gegen eine allzu umfassende Überbürdung geltend macht, kann man in diesen Fällen eine Einschränkung auf Bagatellreparaturen vornehmen, so wie sie auch im Wohnraummietrecht üblich ist.

394

Bei der **Beratung von Mietern** ist bei Vereinbarungen bezüglich der Instandhaltung und Instandsetzung der Mieter nachdrücklich auf die hiermit verbundenen wirtschaftlichen Risiken hinzuweisen. Zu Recht verweist unter anderem das OLG Dresden[5] darauf, dass der Vermieter sich mit einer entsprechenden Bestimmung mitunter von Kardinalpflichten freizeichnet und dem Mieter unüberschaubare finanzielle Risiken aufbürdet. Zusätzlich sollte man den Mieter insbesondere bei älteren Mietobjekten darauf hinweisen, dass mit vertretbarem Aufwand der zukünftige Instandhaltungs- und Instandsetzungsaufwand nicht überblickt werden kann.

395

j) Versicherungspflichten des Mieters

Checkpunkte

396

– Betriebshaftpflicht
– Betriebsunterbrechung

---

1 BGH, NZM 2007, 684; 2008, 522, 609.
2 OLG Hamm, NJW-RR 1993, 1229.
3 BGH, ZMR 2005, 804.
4 Vgl. *Fritz*, Rz. 183; vgl. zu den diesbezüglichen Bedenken oben *Rz. 359*.
5 OLG Dresden, NJW-RR 1997, 395 f.; s.a. *Sternel*, Mietrecht, II Rz. 376.

- Einbruch, Diebstahl einschließlich Vandalismus
- Glasbruch
- Feuer
- Wasser
- Sonstiges

Erläuterungen

397 Grundsätzlich unterliegt der Mieter mietvertragsrechtlich keinerlei Verpflichtungen zum Abschluss von Versicherungsverträgen. Diese müssen daher **ausdrücklich vereinbart** werden. Ob entsprechende Verpflichtungen **formularvertraglich** vereinbart werden können, ist umstritten[1]. Da es sich für den Mieter hierbei um zusätzliche Kosten handelt, sollte jeweils in Zusammenarbeit mit dem Vermieter herausgearbeitet werden, welche Versicherungen tatsächlich im Rahmen des Mietvertrages erforderlich sind. In die Prüfung einzubeziehen sind insbesondere **Betriebshaftpflichtversicherungen**, Versicherungen bezüglich **Betriebsunterbrechungen, Einbruch, Diebstahl** und **Vandalismus** sowie Versicherungen gegen **Feuer, Wasser** und **Glasbruch**.

398 Steht eine Verwendung von **umweltschädlichen Stoffen** in nicht unerheblichem Umfang zu erwarten, sollte aus Vermietersicht dem Mieter die Verpflichtung zum Abschluss einer gesonderten, einschlägigen Haftpflichtversicherung mit ausreichender Deckungssumme (**„Bodenkaskoversicherung"**) aufgegeben werden. Hierbei ist darauf zu achten, dass bei der Versicherung sog. Allmählichkeitsschäden, wie sie z.B. durch Verschütten, Verdampfen etc. entstehen, nicht durch die Vertragsbedingungen ausgeschlossen sind[2]. Im Hinblick auf die Feuer- und Wasserschadenversicherung sollte bei entsprechender Versicherung des Gebäudes durch den Vermieter durch die Formulierung der einschlägigen Vertragsbestimmungen die Verpflichtung des Mieters zum Abschluss entsprechender Versicherungen lediglich für den Gebäudeinhalt etc. deutlich gemacht werden.

Soweit das Mietobjekt (beispielsweise bei der Vandalismusversicherung) versichert wird, sollte dies insbesondere aus **Sicht des Vermieters** zum so genannten gleitenden Neuwert geschehen. Dem Mieter ist aus dem Blickwinkel des Vermieters im Vertrag aufzugeben, **Abschluss und fortlaufende Prämienzahlung** auf Verlangen des Vermieters **nachzuweisen**. Je nach Lage des Einzelfalles ist zusätzlich zu erwägen, ob mit dem Mieter bereits eine Abtretung der Ansprüche gegen die Versicherungen vereinbart wird. Dies gilt insbesondere dann, wenn der Mieter von zweifelhafter Bonität ist und/oder keine Mietsicherheiten stellt.

---

1 Vgl. *Fritz*, Rz. 191; *Wolf/Eckert/Ball*, Rz. 664; *Wolf* in Lindner-Figura/Oprée/Stellmann, Kap. 13 Rz. 46 f.; LG Düsseldorf, WuM 1990, 336.
2 Vgl. hierzu: *Senk* in Lindner-Figura/Oprée/Stellmann, Kap. 22 Rz. 120.

Bei der **Beratung des Mieters** sollte jeweils darauf hingewiesen werden, dass nach der einschlägigen Rechtsprechung Versicherungspflichten des Mieters entsprechende Haftungsausschlüsse zugunsten des Vermieters herbeiführen können[1].

k) Untervermietung

Checkpunkte

- Soll die Untervermietung generell ausgeschlossen werden?
- Soll das Sonderkündigungsrecht gemäß § 540 Abs. 1 S. 2 BGB ausgeschlossen werden?
- Soll das Recht zur Verweigerung der Erlaubnis zur Untervermietung eingeschränkt werden?
- Soll die Untervermietung an bestimmte Untervermieter bereits jetzt widerruflich/unwiderruflich gestattet werden?
  Ggf. welche:
  ...
  ...
- Soll die Untervermietung generell gestattet sein?
- Soll ein Untermietzuschlag vereinbart werden?

Erläuterungen

aa) Besonderheiten auf Grund der Interessenlage des Mieters

Bei langfristigen Mietverträgen sind Untermietregelungen für den Mieter von großer Bedeutung. Da das Recht zur Kündigung innerhalb der Laufzeit grundsätzlich ausgeschlossen ist, kann er im Falle der nicht weiteren Verwendbarkeit der Miträume für ihn sein Risiko nur durch die Untervermietung bzw. eine Ersatzmietergestellung minimieren. Das Gesetz lässt zwar nicht das uneingeschränkte Recht des Mieters zur Untervermietung zu. Vielmehr muss eine Erlaubnis des Vermieters eingeholt werden. Verweigert dieser die Erlaubnis, so steht dem Mieter gemäß § 540 Abs. 1 S. 2 BGB jedoch ein außerordentliches Kündigungsrecht unter Einhaltung der gesetzlichen Kündigungsfrist zu.

Oftmals wird dieses **Kündigungsrecht** des Mieters durch vertragliche Bestimmungen **ausgeschlossen**, was **formularvertraglich** allerdings unzulässig ist[2]. In anderen Fällen wird das Kündigungsrecht den Interessen des Mieters nicht gerecht. Dies gilt etwa, wenn der Mieter erhebliche Investitionen für das Mietobjekt getätigt hat, die er nur über eine erhöhte Unter-

---
1 Vgl. *Sternel*, Mietrecht aktuell, II Rz. 270; OLG Düsseldorf, BB 1994, 2027.
2 BGH, WuM 1995, 481.

miete amortisieren könnte oder nur Teilflächen der Mietsache untervermietet werden sollen. Bei der **Beratung des Mieters** vor Abschluss von langfristigen Mietverträgen ist daher in diesen Fällen anzuraten, nach Möglichkeit ein generelles Recht zur Untervermietung zu vereinbaren. Ist dies nicht möglich, so sollte zumindest eine Vereinbarung getroffen werden, nach der die erforderliche Erlaubnis des Vermieters nur aus wichtigem Grund verweigert werden darf. In diesem Zusammenhang ist zu beachten, dass nach der einschlägigen Rechtsprechung[1] ein wichtiger, auch das Kündigungsrecht des § 540 Abs. 1 S. 2 BGB ausschließender Grund in der Person des potenziellen Untermieters liegt, wenn der Untermieter die Räume zu einem anderen Zweck als im Hauptmietvertrag vorgesehen nutzen möchte. Dementsprechend kann man zugunsten des Mieters eine Klausel bereits bei der Vereinbarung des Mietzweckes vorsehen, nach der der Mieter berechtigt ist, mit nur aus wichtigem Grund zu verweigernder Zustimmung des Vermieters die Räume zu anderen Zwecken zu nutzen.

Bei der Beratung von **konzernangehörigen Unternehmen** etc. sollte darauf geachtet werden, dass zumindest die Untervermietung an konzernangehörige bzw. verbundene Unternehmen bereits im Mietvertrag möglichst unwiderruflich gestattet wird.

403 Sofern der Vermieter **generelle Einwendungen** gegen eine Untervermietungsmöglichkeit des Mieters auch bei langfristigen Mietverträgen hat, ist in der Beratung zu klären, welche Befürchtungen hiermit verbunden sind. Oftmals besteht das Interesse darin, dem Mieter nicht die Möglichkeit zu geben, das Mietobjekt mit übermäßigem Gewinn an Dritte zu überlassen. Dem kann man u.a. durch die Vereinbarung eines Untermietzuschlages zuvorkommen. Ein solcher soll auch formularmäßig zulässig sein[2]. Teilweise sind Formulierungen in Gebrauch, nach denen eine eventuelle positive Differenz zur im Hauptmietvertrag vereinbarten Miete prozentual zwischen Vermieter und Hauptmieter geteilt wird. Vorsicht ist aus Sicht des Mieters geboten, wenn der Vermieter eine Untervermietung zu einer Untermiete unterhalb der Miete im Hauptmietverhältnis ausschließen möchte. Dies führt bei entsprechender Marktänderung/Mietpreisverfall zu einer faktischen Unvermietbarkeit im Rahmen eines Untermietvertrages.

404 Bei der Formulierung einschlägiger Vertragsbestimmungen ist insbesondere darauf zu achten, die Erlaubnis zur Untervermietung formularvertraglich nicht an ein **Schriftformerfordernis** zu binden, da insoweit ein Verstoß gegen § 307 BGB vorliegen soll[3].

bb) Besonderheiten aus Sicht des Vermieters

405 Bei der **Beratung von Vermietern** ist zu beachten, dass ein sicherer Ausschluss der Gebrauchsüberlassung an Dritte bedenkenlos nur als indivi-

---

[1] OLG Hamburg, ZMR 2003, 180.
[2] Vgl. *Bub* in Bub/Treier, II Rz. 506; *Kraemer* in Bub/Treier, III Rz. 1037; **a.A.** *Sternel*, Mietrecht, II Rz. 257.
[3] Vgl. BGH, WuM 1991, 381, 382, zur Wohnraummiete.

dualvertragliche Bestimmung in den Grenzen des § 242 BGB vereinbart werden kann. Formularklauseln, die eine Untermiete ausschließen, werden zumindest teilweise für unwirksam gehalten[1]. Des Weiteren ist der formularmäßige Ausschluss des Sonderkündigungsrechts des § 540 Abs. 1 S. 2 BGB zumindest dann unwirksam, wenn die Untervermietung vertraglich nicht wirksam ausgeschlossen ist und der Vermieter die Erlaubnis nach Belieben verweigern kann[2]. Mieter sind darauf hinzuweisen, dass eine umfangreiche Haftung für das Verhalten des Untermieters besteht. Dementsprechend muss der Mieter für schuldhaftes Verhalten des Untermieters in aller Regel einstehen[3].

cc) Entsprechende Anwendung der Untermietregeln auf Veränderungen bei Personenmehrheiten bzw. juristischen Personen

Bei der Vermietung an BGB-Gesellschaften, offene Handelsgesellschaften, Kommanditgesellschaften, GmbHs etc. sind Bestimmungen gebräuchlich, nach denen die Aufnahme und/oder der Wechsel von Gesellschaftern sowie die Änderung der Gesellschaftsform als erlaubnispflichtige Untervermietung gelten soll. Entsprechende **Formularklauseln** werden jedenfalls teilweise für zulässig gehalten[4].

406

Zumindest aus der **Sicht eines** zu beratenden **Mieters** sind derartige Klauseln kaum akzeptabel. Sie legen der zukünftigen Entwicklung des Unternehmens mitunter strenge Fesseln an. Änderungen im Gesellschafterbestand, Verschmelzungen, Unternehmensverkäufe etc. werden faktisch unter den Erlaubnisvorbehalt des Vermieters gestellt. Entsprechende Verhandlungen zwischen dem ursprünglichen Unternehmensinhaber und Dritten, sei es über eine Beteiligung am Unternehmen oder über den Verkauf, benötigen zum einen strikte Diskretion und sind zum anderen auf einen zügigen Abschluss angewiesen. Dem steht ein wie auch immer geartetes Erlaubniserfordernis im Rahmen von Mietverhältnissen entgegen. Im **Verhandlungsgespräch mit dem Vermieter** sollte daher darauf gedrungen werden, entsprechende Klauseln ersatzlos zu streichen.

407

Ggf. kann dies unter Hinweis auf das **Umwandlungsgesetz** (UmwG) erfolgen, das zumindest Teilbereiche der einschlägigen Fragen regelt. Hierbei ist jedoch eine gewisse Zurückhaltung geboten, da in vielen Fällen § 22 UmwG anwendbar sein wird. Diese Norm verpflichtet den Mieter in einschlägigen Fällen mitunter zur Sicherheitsleistung. Diese Sicherheitsleistung wird regelmäßig einen Umfang von mehreren Jahresmieten erreichen[5].

408

---

[1] Vgl. *Bub* in Bub/Treier, II Rz. 506; siehe auch BGH, WuM 1995, 481, 482; **a.A.** Palandt/*Weidenkaff*, § 540 BGB Rz. 2.
[2] Vgl. *Sternel*, Mietrecht aktuell, VI Rz. 202 m.w.N.; BGH, WuM 1995, 481.
[3] OLG München, GuT 2004, 84.
[4] Vgl. etwa *Sternel*, Mietrecht, II Rz. 244.
[5] BGH, WM 1996, 816 f.; *Jaeger*, DB 1996, 1069 f.; allgemein zu § 22 UmwG *Kallmeyer*, § 22 UmwG Rz. 1 f.

dd) Widerrufsbestimmungen

409 Weiterhin ist zu beachten, dass der Widerruf einer einmal erteilten Erlaubnis zur Untervermietung formularmäßig nur aus wichtigem Grund vorbehalten werden kann. Eine **Formularklausel**, nach der der Vermieter seine Erlaubnis zur Untervermietung uneingeschränkt widerrufen kann, ist unwirksam[1]. Auch individualvertraglich sollten entsprechende Bestimmungen bei der Beratung des Mieters nicht akzeptiert werden.

l) Ersatzmietergestellung

410 **Checkpunkte**

– Soll eine unechte Ersatzmietervereinbarung aufgenommen werden?
– Soll eine echte Ersatzmietervereinbarung aufgenommen werden?

Erläuterungen

aa) Konzeption des Gesetzes

411 Bei langfristigen Mietverträgen trägt der Mieter das **Verwendungsrisiko**. Dies gilt auch, wenn sich bei Vertragsabschluss bereits absehbare gesundheitliche Probleme beim Mieter einstellen[2]. Bei Beginn des Mietverhältnisses ist es nur im Ausnahmefall zu überschauen, ob der Mieter tatsächlich während der gesamten Mietdauer das Objekt für seine Zwecke nutzen wird. Vielfach wird er gute Gründe haben, seinen Geschäftsbetrieb entweder gar nicht mehr oder in anderen Räumlichkeiten auszuüben. Dann besteht für ihn das Interesse, sich vom Mietvertrag zu lösen. Insoweit ist die Begründung eines **Untermietverhältnisses** für den Mieter nur begrenzt tauglich, um die Risiken zu minimieren. Denn bei der Untermiete verbleibt das wirtschaftliche Risiko des **Ausfalls des Untermieters** und/oder von Verschlechterungen an der Mietsache mit anschließender Insolvenz und Ausfall der Rückbauverpflichtung bei ihm. Hinzu kommt der entstehende Verwaltungsaufwand und die gewöhnlich fehlende Gewandtheit als Vermieter. Der zu beratende Mieter eines langfristigen Mietvertrages hat daher ein Interesse daran, sich vom Mietvertrag ggf. vor Ablauf der Mietzeit durch Gestellung eines Ersatzmieters lösen zu können.

412 Enthält der Mietvertrag keine entsprechende Regelung, ist auf **allgemeine Grundsätze** zurückzugreifen: Für den Bereich der Wohnraummiete waren die hiermit einhergehenden Fragestellungen durch einschlägige Rechtsentscheide weitestgehend geklärt (vgl. dazu *C Rz. 255 ff.*). Die Rechtsentwicklung im Bereich des Gewerberaummietrechts scheint noch nicht vollständig abgeschlossen zu sein. Erkennbar ist jedoch, dass auch hier der Mieter zum einen ein das Fortsetzungsinteresse des Vermieters **übersteigendes In-**

---

[1] Vgl. BGH, WuM 1987, 256.
[2] OLG Düsseldorf, GuT 2004, 86.

teresse an der Vertragsbeendigung bzw. Übertragung auf einen Dritten haben muss; zum anderen, dass das Festhalten am Vertrag für den Mieter eine gewisse **Härte** bedeuten muss und der Abschluss eines Vertrages mit einem gestellten **Ersatzmieter** für den Vermieter **akzeptabel** ist[1]. Schließlich soll der zum „Ausstiegswunsch" führende Grund nicht bewusst herbeigeführt worden sein[2] und nicht aus dem Risikobereich des Mieters stammen dürfen, was bei wirtschaftlichem Misserfolg als einem der Hauptgründe für den Wunsch nach Gestellung eines Nachmieters jedoch der Fall sein soll[3]. Liegen diese strengen Voraussetzungen vor, soll der Vermieter gezwungen sein, ggf. den Mieter aus dem Vertrag zu entlassen[4]. Für den Regelfall wäre daher der Mieter auch bei Gestellung eines Ersatzmieters an den Vertrag gebunden, wenn nicht im Mietvertrag Vorsorge getroffen worden ist (vgl. auch *C Rz. 255*) oder Arglist bzw. Schikane des Vermieters eingreift[5].

bb) Vertragliche Regelungen

Es empfiehlt sich daher, bei der **Beratung von Mietern** auf die Möglichkeit einer Ersatzmietervereinbarung und deren mögliche Ausgestaltung hinzuweisen und im Rahmen der Vertragsverhandlungen auf die Einbeziehung einer entsprechenden Absprache zu drängen. Ist von der Ersatzmieterregelung ein befristeter Mietvertrag mit einer Laufzeit von mehr als einem Jahr ggf. auch bei Berücksichtigung von Optionsrechten gegeben, so bedarf sowohl ein **Mieteintrittsvertrag** als auch ein **Mietaustrittsvertrag** zu seiner Wirksamkeit der **Schriftform**[6], wobei es nach der Rechtsprechung des BGH ausreicht, wenn ein Vertrag entweder zwischen Vermieter und Altmieter bzw. zwischen Alt- und Neumieter oder zwischen Vermieter und Neumieter in Schriftform vorliegt und der Dritte dem Mietein- und -austritt mündlich/konkludent zustimmt[7]. Vorsorglich sollte man ein entsprechendes Formerfordernis in den Vertrag aufnehmen, damit die Vertragsparteien zusätzlich durch den Vertrag vor den einschneidenden Rechtsfolgen der Verfehlung der Schriftform bewahrt werden. Bei der Gestaltung von derartigen Vertragsbestimmungen im Ursprungsmietvertrag ist zwischen so genannten echten und unechten Ersatzmieterklauseln zu unterscheiden und eindeutig zu regeln, welche der beiden Vereinbarungstypen gewollt ist: 413

(1) Unechte Ersatzmieterklauseln

Bei einer sog. unechten Ersatzmieterklausel soll der Mieter ein Recht zum vorzeitigen Ausscheiden aus dem Mietvertrag erlangen, wenn der Mieter 414

---

1 Emmerich/Sonnenschein/*Emmerich*, § 537 BGB, Rz. 15 f.
2 OLG München, NZM 2003, 23.
3 OLG Naumburg, WuM 2002, 537.
4 Vgl. OLG Düsseldorf, WuM 1994, 469, 470; OLG Hamburg, ZMR 1987, 93 f.; OLG Naumburg, WuM 2002, 537; *Heile* in Bub/Treier, II Rz. 830 f.; *Fritz*, NJW 1996, 2068, 2070 f.
5 *Wolf/Eckert/Ball*, Rz. 596.
6 BGH, NZM 2005, 340.
7 BGH, NZM 2005, 584.

dem Vermieter eine in dem Vertrag zu vereinbarende Anzahl von wirtschaftlich und persönlich zuverlässigen Ersatzmietern vorschlägt, die bereit sind, in den Mietvertrag für den Rest der Mietdauer einzutreten[1]. Es handelt sich bei dem Abschluss mit einem der angebotenen Ersatzmieter lediglich um eine **Obliegenheit** und keine Verpflichtung des Vermieters. Akzeptiert er keinen der angebotenen neuen Mieter, so ist er lediglich verpflichtet, den Mieter dennoch aus dem Mietvertrag zu entlassen[2].

(2) Echte Ersatzmieterklausel

415 Bei einer sog. echten Ersatzmieterklausel hat der Mieter im Gegensatz hierzu einen **Anspruch** darauf, dass der von ihm benannte akzeptable neue Mieter in den Vertrag einrückt. Eine solche Klausel ist aus Mietersicht immer dann zu vereinbaren, wenn erhebliche **Investitionen** seitens des Mieters getätigt werden oder aber mit der Mietsache ein für den Mieter erheblicher Wert verbunden ist, wie etwa bei einem stark an den Standort gebundenen Kundenstamm etc. Denn nur so kann gewährleistet werden, dass der Mieter in der Lage ist, durch Vereinbarung von Abstandszahlungen etc. diesen Wert zu realisieren. Es sollte bei der **Formulierung** entsprechender Bestimmungen immer darauf geachtet werden, dass eine Vereinbarung darüber getroffen wird, ob und ggf. welche Veränderungen des Mietvertrages der Vermieter im Rahmen einer Ersatzmietergestellung verlangen darf. Aus Sicht des Mieters ist anzustreben, bei einer Ersatzmietergestellung das Mietverhältnis im Übrigen zu den bisherigen Bedingungen fortzuführen.

416 Bei der **Beratung des Vermieters** ist darauf hinzuweisen, dass bei der echten Ersatzmieterklausel im Falle der Ablehnung des Ersatzmieters neben einer Klage auf Erfüllung[3] Schadensersatzansprüche drohen, die ganz erhebliche Belastungen ergeben können. Dies insbesondere dann, wenn Abstandszahlungen etc. vom Ersatzmieter im Rahmen des nachfolgenden Vertrages an den bisherigen Mieter zu zahlen gewesen wären oder aber wenn ein Unternehmensverkauf oder Ähnliches an der fehlenden Vereinbarung scheitert.

417 Bei der Vertragsgestaltung auf Vermieterseite ist des Weiteren zu beachten, dass nach einem Urteil des OLG Düsseldorf[4] der ehemalige Mieter bei Ersatzmietergestellung auch formularvertraglich dazu verpflichtet werden kann, bis zum Ende des ursprünglich bestehenden Mietvertrages eine **Schuldmitübernahme** im Umfange der bisherigen vertraglichen Verpflichtungen einzugehen. Diese bedarf bei einem langfristigen Mietvertrag zu ihrer Wirksamkeit jedoch der **Schriftform**[5]. Eine über diesen Zeitraum hinausgehende Verpflichtung des ursprünglichen Mieters hat das OLG Düsseldorf jedoch als Verstoß gegen § 307 BGB gewertet.

---

1 OLG Frankfurt/Main, ZMR 1991, 382; *Sternel*, Mietrecht, I Rz. 99.
2 Vgl. OLG Koblenz, ZMR 2002, 344 f.
3 Vgl. insoweit: OLG Frankfurt/Main, ZMR 1991, 382.
4 OLG Düsseldorf, MDR 1994, 162.
5 OLG Naumburg, GuT 2005, 209.

m) Wechsel des Vermieters/Veräußerung der Mietsache

Eine Vielzahl von gebräuchlichen Mietvertragsmustern enthält Klauseln, nach denen der Vermieter berechtigt sein soll, das Mietverhältnis mit allen Rechten und Pflichten auf einen Dritten zu übertragen. Oftmals wird zusätzlich **§ 566 Abs. 2 BGB abbedungen**[1]. Dies soll jedoch nach herrschender Auffassung **nicht** durch **Formularvertrag** möglich sein[2].

418

Bei der **Beratung von Mietern** sollte darauf gedrungen werden, entsprechende Klauseln im Vertrag ersatzlos zu streichen. Insbesondere bei der Anmietung vom Eigentümer droht eine wesentliche Verschlechterung der Rechtsstellung des Mieters. Jedoch auch bei der Anmietung vom Nichteigentümer drohen **Gefahren für den Mieter** bei Ausübung des Rechts auf Vertragsübertragung. Durch entsprechende Vertragsgestaltungen wird Manipulationen Tor und Tür geöffnet. So ist es beispielsweise denkbar, dass der Vermieter in kollusivem Zusammenwirken mit einem Dritten, vorzugsweise einer GmbH oder Ähnlichem, zunächst das Mietverhältnis auf diesen neuen Vermieter mit allseitiger Haftungsbegrenzung überträgt. Zwischen der GmbH und dem Eigentümer wird ein neues Mietvertragsverhältnis begründet. „Augenzwinkernd" wird in diesem Verhältnis die Miete nicht gezahlt und das Mietverhältnis fristlos gekündigt. Da nunmehr der Mieter nicht mehr vom Eigentümer angemietet hat, sondern von der GmbH, die ihr Mietrecht verloren hat, kann der Eigentümer nach § 985 die Mietsache herausverlangen. Aufgrund des zusätzlichen Ausschlusses des § 566 Abs. 2 BGB kann sich der Mieter nur noch bei der GmbH schadlos halten, die im Zweifel insolvent ist. Im Rahmen der Vertragsverhandlungen mit dem Vermieter ist ggf. zu klären, welches Interesse hinter der Klausel steht. In der überwiegenden Zahl der Fälle wird sich eine Regelung finden lassen, die den beiderseitigen Interessen gerecht wird.

419

Ein häufig in der Praxis übersehenes **Haftungsrisiko** ergibt sich bei der **Veräußerung der Mietsache** nach deren Überlassung aus der **bürgengleichen Haftung des Vermieters/Veräußerers** nach Maßgabe des bereits erwähnten § 566 Abs. 2 BGB. Nach dieser Vorschrift haftet der ehemaliger Vermieter im Falle der Nichterfüllung des Mietvertrages durch einen der nachfolgenden Erwerber wie ein Bürge, der auf die Einrede der Vorausklage verzichtet hat. Auf dieses Risiko ist bei der Beratung von Mietern hinzuweisen. Nach richtiger Auffassung ist entgegen der herrschenden Meinung § 566 Abs. 2 BGB formularvertraglich abdingbar. Denn § 6 der Zwangsverwalterverordnung[3] schreibt den Ausschluss dieser Norm in Mietverträgen vor. Ein vom

---

[1] Dies soll nicht im Wege von allgemeinen Geschäftsbedingungen möglich sein: vgl. *Emmerich* in Emmerich/Sonnenschein, § 566 BGB Rz. 38.
[2] Emmerich/Sonnenschein/*Emmerich*, Rz. 38 zu § 566 BGB; MünchKomm/*Häublein*, Rz. 47 zu § 566 BGB; *Lehman-Richter*, MietRB 2009, 267; **a.A.** *Leo*, NZM 2006, 244 f.
[3] Die Vorschrift lautet auszugsweise:
„(2) Der Verwalter hat in Miet- oder Pachtverträgen zu vereinbaren, ...
2. dass die gesetzliche Haftung des Vermieters oder Verpächters für den vom Ersteher zu ersetzenden Schaden ausgeschlossen sein soll, wenn das Grundstück nach der Überlassung an den Mieter oder Pächter im Wege der Zwangsversteige-

Verordnungsgeber vorgegebener Haftungsausschluss kann schwerlich einen Verstoß gegen § 307 BGB darstellen. Gleichwohl ist angesichts der herrschenden Meinung ggf. ein individualvertraglicher Ausschluss der Haftung zu vereinbaren.

n) Betriebspflicht

420 Unter Betriebspflicht wird die Verpflichtung des Mieters verstanden, die Mietsache während festgelegter Öffnungszeiten bzw. zumindest während bestimmbarer Zeiten geöffnet zu halten und entsprechend den vertraglichen Bestimmungen zu nutzen und ein nach dem Vertragszweck angemessenes Waren- und Leistungsangebot zu präsentieren[1]. Es entspricht allgemeiner Meinung, dass der Mieter ohne eine gesonderte Vereinbarung lediglich ein Nutzungsrecht, jedoch bezogen auf die Mietsache keine Nutzungspflicht hat[2]. Sie müssen daher vertraglich vereinbart werden. Betriebspflichten sind insbesondere im Zusammenhang mit der Vereinbarung einer **Umsatzmiete** und/oder mit der Vermietung eines Objektes in einem **Einkaufszentrum** üblich. Nach der einschlägigen Rechtsprechung des BGH[3] kann eine solche Verpflichtung des Mieters auch **formularvertraglich** begründet werden. Ob dies möglich ist, wenn der Vertrag zusätzlich eine Sortimentsbindung des Mieters und einen Ausschluss des Konkurrenzschutzes enthält, ist umstritten[4]. Um dem **Transparenzgebot** sicher zu genügen, ist die Betriebspflicht angesichts ihrer einschneidenden Auswirkungen in einem eigenen Paragraphen des Mietvertrages mit entsprechender Überschrift und an systematisch zutreffender Stelle zu regeln und der Umfang genau zu beschreiben.

aa) Besonderheiten bei der Beratung des Mieters

421 Bei der Beratung des Mieters ist auf die einschneidenden Konsequenzen einer solchen Vereinbarung nachdrücklich hinzuweisen. Denn nach Auffassung des BGH[5] soll die Betriebspflicht auch dann gelten, wenn der Mieter beim Betrieb des Objektes Verluste erleidet[6]. Der Mieter bleibt auch dann zum Betrieb verpflichtet, wenn er auf Grund von Krankheit nicht in der

---

rung veräußert wird und der an die Stelle des Vermieters oder Verpächters tretende Ersteher die sich aus dem Miet- oder Pachtverhältnis ergebenden Verpflichtungen nicht erfüllt".
1 OLG Dresden, GuT 2007, 296 = NZM 2008, 131.
2 BGH, ZMR 1979, 238.
3 BGH, NJW-RR 1992, 1032, 1033 f.; OLG Düsseldorf, ZMR 1999, 171 m.w.N; OLG Rostock, NZM 2004, 460, n.rkr.
4 Verneinend: OLG Schleswig, NZM 2000, 1008; bejahend: OLG Hamburg, ZMR 2003, 254; OLG Rostock, NZM 2004, 460 n. rkr.; KG, NZM 2005, 620; OLG Naumburg, NZM 2008, 772; *Hübner/Griesbach*/Fuerst in Lindner-Figura/Oprée/Stellmann, Kap. 14 Rz. 168 m.w.N.
5 BGH, NJW-RR 1992, 1032, 1034; s.a. OLG Düsseldorf, BB 1991, 159.
6 Vgl. auch OLG Düsseldorf, ZMR 2004, 508.

Lage ist, sie in eigener Person zu erfüllen[1]. Sie wird auch in einem sich nach und nach leerenden Einkaufszentrum nicht ohne Weiteres entfallen[2]. Eine **Grenze** wird lediglich im Einzelfall in § 242 BGB gesehen[3]. Entsprechendes gilt im Falle der Vermögenslosigkeit des Mieters[4]. Da in der Verletzung der Betriebspflicht eine positive Vertragsverletzung liegt, berechtigt der Verstoß des Mieters gegen diese Verpflichtung zur **fristlosen Kündigung** nach Maßgabe des § 543 BGB nebst den damit verbundenen Nachteilen für den Mieter. Darüber hinaus kann die Betriebspflicht im Wege einer einstweiligen Verfügung durchgesetzt werden[5]. Insbesondere bei langfristiger Bindung des Mieters sollte eine entsprechende Betriebspflicht aus Sicht des Mieters möglichst nicht vereinbart werden. Sofern eine solche Verpflichtung nicht vermieden werden kann, ist es ratsam, in den Mietvertrag Eckwerte aufzunehmen, bei deren Unterschreitung der **Mieter zur Kündigung** des Mietverhältnisses **berechtigt** oder aber zumindest nicht mehr zum Betrieb der Einheit verpflichtet ist. Diese Eckwerte können sich insbesondere auf die Belegung des Gesamtobjektes (Einkaufscenter etc.) und/oder Kundenfrequenzen, Umsatzgrößen etc. beziehen. Werden entsprechende Vereinbarungen nicht getroffen, eröffnet das Rechtsinstitut des Wegfalls der Geschäftsgrundlage regelmäßig keine Lösungsmöglichkeit[6].

bb) Besonderheiten bei der Beratung des Vermieters

Bei der Beratung des Vermieters ist darauf zu achten, dass eine vertragsimmanente Betriebspflicht ohne **ausdrückliche Vereinbarung** nur in Ausnahmefällen in Betracht kommt[7], wie dies bei der Verpachtung von vollständig zum Pachtzweck eingerichteten Räumen oder der Anmietung von Flächen in einem Einkaufszentrum der Fall sein kann[8]. Bei der Annahme von stillschweigend begründeten Betriebspflichten wird zu Recht Zurückhaltung angemahnt[9] und in der Praxis geübt. Selbst bei der Vereinbarung einer Umsatzmiete soll nicht ohne weiteres eine Betriebspflicht als vereinbart gelten[10]. Bei der Vertragsgestaltung sollte daher in entsprechenden Fällen immer eine Betriebspflicht ausdrücklich vereinbart werden. Den berechtigten Interessen des Mieters zur kurzfristigen **Betriebsunterbrechung** etwa im Falle von Betriebsferien oder Inventur[11] kann und sollte Rechnung getragen werden. Entsprechendes gilt für die Einstellung des Betriebs im

422

---

1 OLG Celle, GuT 2007, 298; OLG Düsseldorf, GuT 2007, 206.
2 Vgl. zu EKZ grundsätzlich: BGH, NJW 2000, 1714.
3 Vgl. *Kraemer* in Bub/Treier, III Rz. 938.
4 LG Köln, NZM 2005, 621.
5 OLG Hamburg, GuT 2003, 231; KG, NZM 2005, 620.
6 *Wolf* in Lindner-Figura/Oprée/Stellmann, Kap. 13 Rz. 143 f.
7 OLG Köln, NZM 2002, 345.
8 Vgl. die Nachweise bei *Wolf* in Lindner-Figura/Oprée/Stellmann, Kap. 13 Rz. 132 m.w.N.
9 *Wolf* in Lindner-Figura/Oprée/Stellmann, Kap. 13 Rz. 136.
10 BGH, ZMR 1979, 238; vgl. *Sternel*, Mietrecht, II Rz. 273; *Weyhe*, Stichwort: „Betriebspflicht"; *Lindner-Figura*, NZM 1999, 492; *Leo*, MietRB 2004, 21.
11 Vgl. dazu *Kraemer* in Bub/Treier, III Rz. 938.

unmittelbaren zeitlichen Zusammenhang mit dem Mietende. Ohne entsprechende Einschränkungen drohen entsprechende Klauseln in der maßgeblichen kundenfeindlichsten Auslegung[1] einer Überprüfung nach Maßgabe des § 307 BGB nicht standzuhalten. Der Begriff der **„Ladenschlusszeiten"** sollte auch nicht mit dem Zusatz „übliche" etc. verwandt werden, da entsprechende Regelungen unklar und ggf. als allgemeine Geschäftsbedingung möglicherweise gemäß § 305c Abs. 2 BGB unwirksam sind[2], da allenfalls durch Auslegung[3] noch zu ermitteln wäre, welche konkreten Zeiten gelten sollen[4]. Da nicht prognostiziert werden kann, wie sich während der Laufzeit von langfristigen Mietverträgen die **gesetzlichen Ladenschlusszeiten** entwickeln werden, sollte im Zusammenhang mit der Festlegung bestimmter Öffnungszeiten die Berechtigung des Vermieters aufgenommen werden, im Falle von Gesetzesänderungen die verpflichtenden Öffnungszeiten nach billigem Ermessen und nach näher beschriebenen Kriterien[5] neu festzusetzen. Entsprechende Regelungen werden auch als allgemeine Geschäftsbedingung als wirksam angesehen[6]. Angesichts der potentiellen langen Laufzeit und der Möglichkeit einer weiteren Liberalisierung der gesetzlichen Ladenschlusszeiten ist eine starre Anknüpfung an diese im Rahmen der Bestimmung des Umfangs der Betriebspflicht nicht unproblematisch, da sie nach Veränderungen des gesetzlichen Rahmens unangemessen werden können[7].

Bei der **Ausgestaltung der konkreten Öffnungszeiten** soll darauf zu achten sein, dass der Mieter nicht übermäßig belastet wird, wie dies bei umfangreichen Öffnungszeiten bei Betrieb ausschließlich durch den Inhaber des Geschäfts[8] oder bei Betriebspflichten zu Zeiten, in denen nicht mit Geschäft für den Mieter zu rechnen ist[9], der Fall ist.

Die vertraglich vereinbarte Betriebspflicht **endet mit Vertragsende** bzw., wenn noch Rückbau- und Renovierungsarbeiten vom Mieter durchzuführen sind, eine angemessene Zeit zuvor[10]. Die Betriebspflicht soll auch formularvertraglich mit einer **Vertragsstrafe** bewehrt werden können. Eine Vertragsstrafe in Höhe eines Betrages, der dem 1,5-fachen der auf den jeweiligen Zeitraum entfallenden Miete entspricht, ist ebenfalls als formularvertraglich wirksam angesehen worden[11].

423 Bei Regelungen für Objekte in **Einkaufszentren** ist darauf zu achten, dass durch die konkrete Formulierung des Vertrages nicht der Eindruck erweckt

---

1 BGH, NZM 2007, 684; 2008, 522, 609.
2 *Leo*, MietRB 2004, 21, 22.
3 Vgl. hierzu: *Jendrek*, NZM 2000, 526, 528.
4 OLG Düsseldorf, NJW-RR 1997, 648.
5 Schmidt-Futterer/Eisenschmid, § 535 BGB Rz. 224; *Hamann*, ZMR 2001, 581.
6 *Wolf* in Lindner-Figura/Oprée/Stellmann, Kap. 13 Rz. 142.
7 *Leo*, MietRB 2004, 21; **a.A.** wohl *Wolf* in Lindner-Figura/Oprée/Stellmann, Kap. 13 Rz. 141.
8 *Wolf* in Lindner-Figura/Oprée/Stellmann, Kap. 13 Rz. 138.
9 *Leo*, MietRB 2004, 21.
10 OLG Düsseldorf, ZMR 2001, 181.
11 OLG Rostock, NZM 2004, 460 n.rkr.

wird, der Vermieter übernehme das **Risiko des wirtschaftlichen Erfolges**. Dies soll der Fall sein, wenn der Mieter durch die vertraglichen Bestimmungen über das übliche Maß hinaus in seinen unternehmerischen Entscheidungen eingeschränkt und sein Geschäft nach dem äußeren Erscheinungsbild zu einem eingefügten Teil einer Anlage wird. Entsprechendes soll gelten, wenn der Vermieter das Risiko einer Betriebsunterbrechung auch dann übernimmt, wenn nicht das vermietete Geschäft, sondern ein anderer Teil der Anlage dem Publikum nicht mehr zugänglich ist. Demgegenüber sollen die in Einkaufszentren nicht ungewöhnlichen Regelungen wie Beschränkung des Sortiments, Betriebspflicht während der gesetzlichen Ladenöffnungszeiten, Pflichtmitgliedschaft in einer Werbegemeinschaft, Verpflichtung zur Zahlung von Nebenkosten für die Gesamtanlage und Mitteilung der Umsätze für eine solche Risikoverlagerung nicht ausreichen[1].

o) Werbegemeinschaften

Checkpunkte 424

– Soll der Mieter verpflichtet werden, Mitglied in einer Werbegemeinschaft zu werden?
– Soll der Mieter verpflichtet werden, lediglich Beiträge zu einer solchen Werbegemeinschaft zu entrichten?

Erläuterungen

Vor allen Dingen bei Einkaufszentren und Einkaufsstraßen ist es üblich, 425 dass der Mieter gleichzeitig mit Abschluss des Mietvertrages in eine Werbegemeinschaft eintreten muss. Denn der Eigentümer/Betreiber eines derartigen Einkaufszentrums hat wie auch üblicherweise der Mieter ein Interesse daran, dass zur Aufrechterhaltung des Kundeninteresses und der Funktionsfähigkeit der Gesamtanlage eine ausreichende und qualifizierte Werbung durchgeführt wird[2].

Die mit diesen Werbegemeinschaften und den „**Zwangsmitgliedschaften**" 426 einhergehenden rechtlichen Probleme sind weder von der Rechtsprechung noch in der Literatur bisher abschließend durchdrungen worden. Ob eine zwangsweise Mitgliedschaft des Mieters in einer Werbegemeinschaft (formularvertraglich) nicht vereinbart werden kann, ist für die Praxis mittlerweile geklärt[3]. Da zusätzlich das OLG Düsseldorf[4] die Auffassung vertre-

---

1 BGH, ZMR 2000, 508, 512.
2 Vgl. OLG Hamm, GE 1999, 314.
3 BGH, NZM 2006, 775.
4 OLG Düsseldorf, MDR 1993, 1078 = ZMR 1993, 470 f.; **a.A.** insoweit wohl OLG Hamburg, ZMR 2004, 509.

ten hat, es sei auf Grund eines Verstoßes gegen § 305c BGB nicht möglich, den Mieter **formularvertraglich** dazu zu verpflichten, als Nichtmitglied Zahlungen an eine Werbegemeinschaft zu leisten, sollte aus Sicht der Vermieters ggf. die Mitgliedschaft in einer solchen Werbegemeinschaft bzw. die Verpflichtung hierzu bei **Vertretung des Vermieters** individualvertraglich vereinbart werden[1]. Hierbei ist zu beachten, dass formularvertraglich nicht die Verpflichtung begründet werden kann, in eine Werbegemeinschaft in der haftungsträchtigen Rechtsform der BGB-Gesellschaft einzutreten[2], was schon möglich ist, wenn die Beitrittsklausel keine Gesellschaftsform mit Haftungsbeschränkung vorsieht.

427 Sofern bei der **Beratung des Vermieters** die Ausgestaltung des Vertrages für die Werbegemeinschaft vom Beratungsauftrag mit umfasst ist, ist grundsätzlich zunächst zu entscheiden, **wie diese Werbegemeinschaft organisiert** werden soll. Es bieten sich hier insbesondere die BGB-Gesellschaft, der eingetragene bzw. der nicht eingetragene Verein an. Da insbesondere bei längerfristigen Mietverträgen der Mieter dazu verpflichtet werden soll, **während der gesamten Laufzeit** des Mietvertrages **Mitglied in der Werbegemeinschaft** zu bleiben, ist dieser als Konstruktion nicht unproblematisch. Denn insofern bestimmt § 39 Abs. 2 BGB als Bestandteil des grundsätzlich zwingenden Rechts[3], dass durch Satzung die **Kündigungsfrist** höchstens auf zwei Jahre festgelegt werden kann.

428 Aus **Sicht des Mieters** sollte darauf geachtet werden, dass die Vertreter der BGB-Gesellschaft, wenn sie als Rechtsform individualvertraglich vorgesehen wurde, jeweils dazu verpflichtet sind, bei Abschluss von Geschäften eine Haftung über das Gesellschaftsvermögen hinaus auszuschließen.

429 Des Weiteren muss beachtet werden, dass eine **grenzenlose Erhöhungsmöglichkeit** bezüglich der Beiträge der Mitglieder in der Satzung nicht formularvertraglich vorgesehen sein darf. Entsprechende Vertragsgestaltungen sind von der Rechtsprechung für **unwirksam** gehalten worden[4]. Eine Vertragsgestaltung, nach der die **Stimmrechtsverteilung** nach Mietflächen erfolgt, ist ebenfalls als unzulässig angesehen worden[5], da ansonsten ein einzelner Großmieter die Werbegemeinschaft majorisieren könnte.

p) Haftungsbeschränkungen

430 Checkpunkte

Haftungsbeschränkungen
– Soll die Garantiehaftung des Vermieters für anfängliche Mängel ausgeschlossen werden?

---

1 Vgl. *Fritz*, Rz. 127a BGB.
2 BGH, NZM 2006, 775.
3 Vgl. insoweit Palandt/*Ellenberger*, § 39 BGB Rz. 1.
4 Vgl. BGH, NZM 2006, 775; KG, GE 1999, 313 f.; *Domrich*, GE 1999, 294, 296 f.
5 LG Erfurt, GE 1999, 315 f.; *Domrich*, GE 1999, 294, 295 f.

– Soll für weitere Gefahren eine Einschränkung der Haftung auf Vorsatz und grobe Fahrlässigkeit vorgesehen werden?
– Wenn ja, für folgende Gefahren: ...
– Besteht eine vertragsimmanente Haftungsbeschränkung des Mieters auf Grund der Kostentragungspflicht für vom Vermieter abgeschlossene Versicherungen?

Erläuterungen

aa) Garantiehaftung des Vermieters (§ 536a BGB)

Bei der **Beratung des Vermieters** sollte in jedem Falle die verschuldensunabhängige Garantiehaftung des Vermieters für anfängliche Mängel des Mietobjektes **ausgeschlossen** werden. Dies ist nach ganz herrschender Meinung auch durch **Formularklauseln** möglich[1]. Diese Garantiehaftung ist für das Haftungssystem des BGB atypisch und führt zu nahezu unüberschaubaren Risiken für den Vermieter, die in aller Regel von den üblichen Versicherungen auf Grund entsprechender Ausschlüsse in den Versicherungsbedingungen nicht abgedeckt sind. Denn für den Schadensersatzanspruch reicht es aus, dass der zum Schaden führende Mangel bei Abschluss des Mietvertrages zwar vorhanden, wenn auch für den Vermieter nicht erkennbar war[2]. Ist die Mietsache noch zu errichten, soll der Zeitpunkt der Fertigstellung oder der Übergabe in entsprechender Anwendung des § 536a BGB maßgeblich sein[3]. Auf eine Möglichkeit der Beseitigung soll es ebenso wenig ankommen wie auf ein Verschulden des Vermieters[4].

431

bb) Haftungsbegrenzung für nach Vertragsabschluss entstandene Mängel

Die Haftung des Vermieters für nach Vertragsschluss entstandene und von ihm zu vertretende Mängel soll auch gegenüber Unternehmern i.S.d. § 310 BGB formularvertraglich nicht generell **auf Vorsatz und grobe Fahrlässigkeit** beschränkt werden können. In der Literatur wurde teilweise eine Einschränkung dahin gehend für möglich gehalten, dass Schadensersatzansprüche erst dann gegeben sind, wenn der Vermieter eine ihm gesetzte angemessene Frist zur Beseitigung des Mangels fruchtlos hat verstreichen lassen[5]. Ob darüber hinaus ein Ausschluss für mittlere und leichte Fahrlässigkeit **formularvertraglich** möglich ist, wird unterschiedlich beurteilt[6]. Einigkeit besteht insoweit, dass für so genannte **Kardinal- oder Hauptpflichten** und **wesentliche Nebenpflichten**, insbesondere im Hinblick auf die

432

---

1 Vgl. BGH, WuM 1992, 316.
2 Vgl. Palandt/*Weidenkaff*, § 536a BGB, Rz. 9.
3 BGH, NJW 1953, 1180; OLG München, ZMR 1996, 322; OLG Naumburg, WuM 2000, 246.
4 Vgl. Palandt/*Weidenkaff*, § 536a BGB, Rz. 9.
5 Vgl. *Wolf/Eckert/Ball*, 9. Aufl., BGB Rz. 383.
6 Vgl. nur *Bub* in Bub/Treier, II Rz. 521 und *Kraemer* in Bub/Treier, III Rz. 1293.

körperliche Unversehrtheit des Mieters, eine Einschränkung bei mittlerer oder einfacher Fahrlässigkeit formularvertragsmäßig nicht wirksam vereinbart werden kann[1]. Bei der Beratung des Vermieters sollte man insbesondere für die in der Rechtsprechung anerkannten Fälle der Feuchtigkeits- oder Wasserschäden an eingebrachten Sachen des Mieters auch bei dem Entwurf eines Formularvertrages einen entsprechenden Haftungsausschluss vorsehen[2]. Gleichwohl sollte man auf die in der Literatur insoweit bestehenden Bedenken[3] und eine sich möglicherweise hieraus ergebende Unwirksamkeit der Klausel nebst den damit verbundenen Risiken hinweisen.

cc) Haftungsbegrenzung auf Vermögensmassen

433 Insbesondere bei der Beratung vermietender Gesellschaften bürgerlichen Rechts ist jeweils zu erörtern, ob eine individualvertragliche Beschränkung der Haftung auf das **Vermögen der GbR** erfolgen soll. Formularvertraglich[4] ist eine derartige Begrenzung ebenso wenig wie durch die bloße Bezeichnung „GbR mit Haftungsbeschränkung"[5] möglich.

dd) Erweiterung der Haftung des Mieters

434 Nach der gesetzlichen Regelung haftet der Mieter für **eigenes Verhalten** sowie für die Personen, die er zur Erfüllung der ihm obliegenden Verpflichtungen heranzieht. Zu ihnen gehören unter anderem Untermieter (vgl. § 540 Abs. 2 BGB) und auch Besucher, Lieferanten und Handwerker, sofern sie auf Veranlassung des Mieters in Beziehung zur Mietsache treten[6]. Unwirksam können nach der Rechtsprechung des BGH[7] **Formularklauseln** sein, die eine verschuldensunabhängige Haftung des Mieters begründen. Dies gilt auch dann, wenn die verschuldensunabhängige Haftung auf Schäden begrenzt wird, die im Gefahrenbereich des Kunden eingetreten sind und gegen die **Versicherungsschutz** erlangt werden könnte. Will man eine solche Haftungserweiterung vornehmen, muss dies vorsorglich ebenfalls individualvertraglich geschehen. Ob die Haftung des Mieters im Hinblick auf Erfüllungsgehilfen und Personen, die gegen seinen Willen in Berührung mit der Mietsache kommen, formularmäßig erweitert werden kann, ist umstritten[8]. Auch in diesem Falle sollte einer Individualvereinbarung daher der Vorrang gegeben werden.

---

1 Vgl. Palandt/*Heinrichs*, § 309 BGB Rz. 48; BGH, ZMR 2002, 184 f. zum Wohnraummietrecht; OLG Naumburg, NZM 2000, 1183.
2 Vgl. OLG Hamburg, ZMR 1985, 236.
3 *Sternel*, Mietrecht, II Rz. 88.
4 BGH, NZM 2005, 218.
5 KG, NZM 2004, 620.
6 Vgl. OLG München, WuM 1989, 128, 130.
7 BGH, ZMR 1992, 295 f.
8 Vgl. *Bub* in Bub/Treier, II Rz. 527d; *Fritz*, Rz. 161.

ee) Vertragsimmanente Haftungsbeschränkung zugunsten des Mieters

Sofern der Vermieter **Sachversicherungen**, insbesondere Feuer- und Leitungswasserversicherungen, für das Objekt abgeschlossen hat, entspricht es mittlerweile der Rechtsprechung des BGH, dass der Mieter nicht in den Schutzbereich dieser Verträge einbezogen ist. Aus der Einbeziehung dieser Kosten in eine (Pauschal-)Miete soll sich ebenfalls keine Haftungsbeschränkung zugunsten des Mieters ergeben[1]. Der BGH hat jedoch in einer Entscheidung für das Wohnraummietrecht eine **stillschweigende Beschränkung** der Haftung auf Vorsatz und grobe Fahrlässigkeit angenommen, wenn die Kosten für entsprechende Sachversicherungen im Rahmen der Nebenkosten auf den Mieter mit umgelegt werden[2]. Das OLG Düsseldorf[3] hat diese Argumentation auf das Gewerberaummietrecht übertragen. Auf diese Folge der Vereinbarung der Umlage der Kosten für die Versicherungen ist im Rahmen des Beratungsgesprächs mit dem Vermieter ausdrücklich hinzuweisen.

435

q) Vertragsstrafen

Nach der Rechtsprechung[4] ist es im Gewerberaummietrecht möglich, **formularvertraglich** Vertragsstrafeversprechen zu vereinbaren. Hierbei ist es nicht erforderlich, wie beim Werkvertrag im privaten Baurecht eine Höchstgrenze der Vertragsstrafe oder eine zeitliche Begrenzung festzuschreiben. Es genügt vielmehr, wenn die ausbedungene Vertragsstrafe in einem **angemessenen Verhältnis** zu dem jeweiligen Vertragsverstoß steht[5]. Ein Teil der großen Anbieter bzw. Nachfrager von Gewerberaumflächen hat diese Rechtsprechung bereits in ihren Formularverträgen verarbeitet. Sofern man die Partei vertritt, die ggf. die Vertragsstrafe zu leisten hätte, sollte man versuchen, unter Verweis auf die ohnehin bestehenden Vertragserfüllungs- und Schadensersatzansprüche bei Pflichtverletzungen Vertragsstrafeversprechen zu streichen. Ist dies nicht möglich, ist zu versuchen, wenigstens eine höhenmäßige Begrenzung der Vertragsstrafe zu erreichen, da ansonsten erhebliche wirtschaftliche Risiken bestehen. Auf diese ist die Partei ggf. nachdrücklich und zur Absicherung des Beraters schriftlich hinzuweisen.

435a

Berät man auf Seiten des Vertragsstrafenempfängers ist auf die Notwendigkeit des Vorbehalts der Vertragsstrafe bei Übernahme der Mietsache hinzuweisen, wenn die Vertragsstrafe für den Fall der Verspätung ausbedungen wurde[6].

---

1 Vgl. BGH, ZMR 1991, 168 f.; *Gerber/Eckert*, Rz. 188.
2 Vgl. BGH, NJW 1996, 715 f.
3 OLG Düsseldorf, ZMR 1997, 278.
4 BGH, ZMR 2003, 647.
5 BGH, ZMR 2003, 647; a.A. OLG Düsseldorf, MDR 2008, 136.
6 OLG Düsseldorf, GuT 2005, 155.

r) Konkurrenzschutz

436 Checkpunkte

- **Der vertragsimmanente Konkurrenzschutz soll – nicht – ausgeschlossen werden.**
  - ☐ Der Konkurrenzschutz soll für das Hauptsortiment gewährt werden.
  - ☐ Konkurrenzschutz soll für folgende Gruppen zusätzlich gewährt werden: ...
  - ☐ Konkurrenzschutz soll gewährt werden für den Bereich
    - ☐ des Objektes
    - ☐ in einem Umkreis von ... km.

Erläuterungen

437 Bei der Beratung im Rahmen des Abschlusses eines Gewerberaummietvertrages ist es zwingend erforderlich, zumindest gedanklich die Problematik des Konkurrenzschutzes abzuklären.

438 Ausgangspunkt ist die ständige Rechtsprechung des BGH[1], nach der „der Vermieter gewerblich zu nutzender Räume auch ohne Bestehen einer vertraglichen Regelung die Pflicht hat, den Mieter gegen Konkurrenz **im selben Haus** bzw. in unmittelbarer Umgebung"[2] zu schützen. Unumstritten wie dieser Grundsatz selbst ist die Eingrenzung in der Weise, dass der Vermieter nicht gehalten ist, dem Mieter jeden fühlbaren oder unliebsamen Wettbewerb fernzuhalten, vielmehr nach den Umständen des einzelnen Falles abzuwägen ist, inwieweit nach Treu und Glauben unter Berücksichtigung der Belange der Parteien die Fernhaltung von Konkurrenz geboten ist[3]. Dieser **vertragsimmanente Konkurrenzschutz** bezieht sich daher nicht auf sämtliche Artikel, die in dem jeweiligen Geschäft vertrieben werden. Vielmehr soll nur das so genannte Hauptsortiment geschützt sein, das dem Geschäft sein Gepräge gibt[4]. Ausgeschlossen ist der vertragsimmanente Konkurrenzschutz, wenn mit keiner Konkurrenzsituation zu rechnen ist, wie dies z.B. bei einem Industriebetrieb mit keinem oder nur äußerst geringem Kundenverkehr der Fall ist[5].

439 Ob ein solcher vertragsimmanenter Konkurrenzschutz auch in Einkaufsstraßen und **Einkaufszentren** gelten soll, ist von der Rechtsprechung unter-

---

1 Vgl. nur BGH, NJW 1979, 1404, 1405; s.a. OLG Düsseldorf, NZM 2001, 1033.
2 OLG Frankfurt/Main, NJW-RR 1998, 396, 397; KG, MDR 1999, 1375; *Hübner/Griesbach/Fürst* in Lindner-Figura/Oprée/Stellmann, Kap. 14 Rz. 119 m.w.N.
3 BGH, NJW 1979, 1404, 1405.
4 Vgl. *Wolf/Eckert/Ball*, Rz. 711; BGH, LM Nr. 3 zu § 536 BGB; BGH, WM 1985, 1175, 1176; *Leo/Ghassemi-Tabar*, NZM 2009, 337 f.
5 OLG Koblenz, NJW-RR 1995, 1352.

schiedlich beurteilt worden[1]. Die Spannbreite der Auffassungen reicht von einem Ausschluss des Konkurrenzschutzes im Einzelfall bis zur Verpflichtung des Vermieters, sich auch hinsichtlich der Miteigentümer bzw. der anderen Sondereigentümer bei **WEG-Objekten** dahingehend abzusichern, dass diese nicht an einen Konkurrenten vermieten.

Bei der **Beratung des Vermieters** ist – wie bereits im Zusammenhang mit der Vereinbarung des Vertragszwecks ausgeführt (vgl. *Rz. 283*) – zunächst zu überprüfen, ob bestehende Verträge mit ausdrücklichem oder vertragsimmanentem Konkurrenzschutz bestehen und eine Vermietung im geplanten Objekt an den neuen Mieter verbieten. Ggf. sind hier mit den bereits im Objekt befindlichen Mietern Verhandlungen mit dem Ziel zu führen, eine Vertragsänderung im Hinblick auf eine Einschränkung des Konkurrenzschutzes herbeizuführen. Ein neu hinzugekommener Mieter kann sich gegenüber dem Vermieter nicht im Hinblick auf die bereits vorhandenen Mieter auf einen vertragsimmanenten Konkurrenzschutz mit dem Ziel berufen, die vorhandenen Mieter mögen ihr Sortiment ändern. Dies gilt auch dann, wenn diese ihren Betrieb später ausweiten[2]. Der Vermieter ist darauf hinzuweisen, dass seine Verpflichtung zu Gewährung von Konkurrenzschutz für benachbarte Flächen auch dann möglicherweise nicht entfällt, wenn er diese an einen Dritten veräußert und dieser alsdann an einen Konkurrenten vermietet[3]. Nach hM[4] stellt der Verstoß gegen den vertragsimmanenten Konkurrenzschutz einen Mangel der Mietsache dar und kann damit u.a. gemäß § 543 Abs. 2 Nr. 1 BGB zur außerordentlichen Kündigung berechtigen. Hierauf ist der Vermieter in der Beratung zumindest im Einzelfall hinzuweisen.

440

Auch wenn nur im Umfange des von der Rechtsprechung anerkannten und entwickelten vertragsimmanenten Konkurrenzschutzes Verpflichtungen des Vermieters entstehen sollen, ist anzuraten, eine ausdrückliche, genau abgegrenzte **Bestimmung in den Vertrag aufzunehmen**. Denn zum einen ist die diesbezügliche Rechtsprechung sehr stark vom jeweiligen Einzelfall geprägt. Sichere Prognosen über den Umfang des vertragsimmanenten Konkurrenzschutzes lassen sich daher kaum jemals treffen. Zum anderen muss jederzeit mit einer Weiterentwicklung bzw. **Änderung der Rechtsprechung** gerechnet werden. Im Zusammenhang mit der Vereinbarung eines Konkurrenzschutzes sind die betroffenen **Grundstücke**, auf denen Konkurrenzschutz gewährt wird, genau zu **bezeichnen** oder aber ein Radius oder Ähnliches um das Mietobjekt festzulegen, in dem Konkurrenzschutz gewährt wird. Dabei sollte insbesondere bei **Beratung eines Vermieters** sorg-

441

---

1 Vgl. OLG Celle, ZMR 1992, 448 f.; OLG Dresden, MDR 1998, 211; OLG Frankfurt/Main, NJW-RR 1998, 396; KG, GuT 2005, 258; NZM 2008, 248; LG Frankfurt/Main, NJW-RR 1989, 1246; LG Karlsruhe, WuM 1991, 83; vgl. auch *Kraemer* in Bub/Treier, III Rz. 1244.
2 OLG Köln, GuT 2005, 157.
3 OLG Koblenz, NZM 2008, 405.
4 KG, GuT 2007, 212; OLG Koblenz, NZM 2008, 405; a.A. *Leo/Ghassemi-Tabar*, NZM 2009, 337, 342 f. (Pflichtverstoß).

fältig dahingehend formuliert werden, dass der Vermieter in diesem Bereich nicht an Konkurrenten vermieten wird. Bei Wohnungseigentumsanlagen, **Einkaufszentren** etc. sollte jeweils bei Beratung des Vermieters darauf geachtet werden, dass innerhalb der Einkaufsstraße bzw. hinsichtlich der weiteren Sondereigentumseinheiten kein Konkurrenzschutz gewährt wird.

441a Ein **Ausschluss** der Konkurrenzschutzverpflichtung wird auch im Rahmen eines **Formularvertrages** als zulässig angesehen[1]. Zur Wahrung des Transparenzgebotes ist es jedoch dringend zu empfehlen, entsprechende Regelungen in einem eigenen Paragraphen aufzunehmen, der mit entsprechender Überschrift an systematisch zutreffender Stelle in den Vertrag eingefügt wird.

Ob die **Klauselkombination** von Ausschluss des **Konkurrenzschutzes** und **Betriebspflicht** wirksam ist, wurde bisher nicht höchstrichterlich entschieden und ist in der Instanzgerichtsrechtsprechung umstritten (vgl. Rz. 420).

s) Verkehrssicherungspflichten

442 **Checkpunkte**

– **Verkehrssicherungspflichten werden – nicht – auf den Mieter abgewälzt.**
  ☐ Schneeräumungspflicht und Streupflicht
  ☐ Treppenhausreinigung
  ☐ Weitere sicherungspflichtige Gegebenheiten:
     ...

Erläuterungen

443 Grundsätzlich treffen die Verkehrssicherungspflichten außerhalb des unmittelbaren, dem Mieter zum ausschließlichen Gebrauch überlassenen Mietbereiches (auch) den Vermieter. Nach wohl noch überwiegender Auffassung soll es möglich sein, Verkehrssicherungspflichten auch für diesen Bereich formularvertraglich **auf den Mieter abzuwälzen**[2]. Hierbei muss jedoch **im Einzelnen** aufgeführt werden, welche **konkreten Pflichten** auf den Mieter übertragen werden[3]. Angesichts der erheblichen Bedenken bezüglich der Wirksamkeit der Überbürdung von Verkehrssicherungspflichten in allgemeinem Geschäftsbedingungen sollte dies ggf. im Rahmen einer Individualvereinbarung erfolgen. Im Rahmen der Beratung ist der Vermieter auf die bei ihm insbesondere im Hinblick auf eine Haftung nach § 831 BGB verbleibende **Überwachungspflicht** hinzuweisen.

---

1 Vgl. *Fritz*, Rz. 78b, 165; OLG Hamburg, ZMR 1987, 94 f.; Palandt/*Grüneberg*, § 307 BGB Rz. 130.
2 *Sternel*, Mietrecht, II Rz. 85 f.; *Bub* in Bub/Treier, II Rz. 471; **a.A.** *Wolf* in Lindner-Figura/Oprée/Stellmann, Kap. 13 Rz. 125 f.
3 *Bub* in Bub/Treier, II Rz. 471.

Bei der **Beratung des Mieters** ist über die hiermit verbundenen Risiken nachdrücklich aufzuklären. So ist u.a. nach den einschlägigen **Ortssatzungen** der Eigentümer und über die vertragliche Abwälzung somit der Mieter regelmäßig dazu verpflichtet, auch außerhalb der üblichen Geschäftszeiten, insbesondere bei Schneefall, Räum- und Streuarbeiten durchzuführen. Wird gegen diese Verpflichtung verstoßen, können sich sowohl Schadensersatzpflichten als auch eine strafrechtliche Verantwortlichkeit ergeben, wenn es zu Unfällen, insbesondere mit Personenschäden, kommt. Es sollte daher darauf geachtet werden, entsprechende Verpflichtungen nicht mieterseits zu übernehmen, wenn deren Erfüllung nicht während der gesamten Mietdauer als gesichert erscheint. Vielmehr sollte der Vermieter diese Pflichten durch einen Hausmeister etc. durchführen lassen. Ggf. erfolgt eine Umlage der hieraus resultierenden Kosten über die Nebenkosten.

t) Mietsicherheiten

Checkpunkte

– **Eine Mietsicherheit soll – nicht – geleistet werden.**
  ☐ Die Mietsicherheit soll ... Monatsmieten/... Euro umfassen.
  ☐ Die Sicherheit soll durch Barkaution geleistet werden.
    ☐ Die Barkaution soll – nicht – verzinslich sein.
    ☐ Die Zinsen sollen die Sicherheit – nicht – erhöhen.
  ☐ Die Sicherheit soll/kann alternativ durch eine (Bank-)Bürgschaft geleistet werden.
  ☐ Die Sicherheit soll durch eine weiche/harte Patronatserklärung geleistet werden.
  ☐ Schuldbeitritt eines Dritten.

Erläuterungen

Eine § 551 BGB vergleichbare Regelung über Mietsicherheitsleistungen fehlt für den Bereich der Geschäftsraummiete. § 551 BGB ist auch nicht entsprechend anwendbar. Eventuelle Mietsicherheiten sind daher **in allen Einzelheiten zu vereinbaren**. Zur Auswahl stehen unterschiedliche Sicherungsinstrumente wie die Barkaution, Bürgschaften, Verpfändung von Wertpapieren, -gegenständen, Patronatserklärungen etc. Zumindest im Einzelfall sollte der zu beratende Mieter auf das in der Rechtsprechung zumindest für Sonderkonstellationen anerkannte Recht des Vermieters zur fristlosen Kündigung bei ausbleibender Sicherheitsleistung hingewiesen werden[1].

---

1 BGH, NZM 2007, 400, 401.

aa) Besonderheiten bei der Beratung des Vermieters

447 Im Beratungsgespräch mit dem Vermieter ist zunächst zu klären, ob eine Sicherheitsleistung **verlangt werden** soll. Marktstarke Nachfrager (beispielsweise Einzelhandelsketten etc.) sind nur in Ausnahmefällen bereit, Sicherheitsleistungen in nennenswertem Umfang zu akzeptieren. Gleichwohl kann es auch in entsprechenden Vertragsverhandlungen sinnvoll sein, diesbezügliche Forderungen als **„Verhandlungsmasse"** einzubringen, um z.B. einen individualvertraglichen Ausschluss der Haftung des Vermieters nach Maßgabe des § 566 Abs. 2 BGB zu erlangen. Gleichzeitig sollte auf die Folgen des Fehlens von Mietsicherheiten, insbesondere im Falle der Insolvenz des Mieters, hingewiesen werden.

448 Sofern eine Sicherheitsleistung vereinbart wird, ist deren **Höhe** zu besprechen. Das **Sicherungsinteresse des Vermieters** für den Fall der Insolvenz des Mieters ist sicherlich deutlich oberhalb der 3-Monats-Grenze anzusiedeln. Denn ein Räumungsprozess wird regelmäßig erst nach zweimaliger Nichtzahlung der Miete nebst anschließender Kündigung erfolgen und bis zur Räumung des Objektes zumindest einige weitere Monate in Anspruch nehmen. Daher wird das insoweit isoliert betrachtete Interesse des Vermieters dahin gehen, eine Sicherheitsleistung in Höhe von 6, 9 oder 12 Monatsmieten zu erlangen. Gleichwohl wird eine **formularvertragliche Vereinbarung** über eine Mietsicherheit in einem Mietvertrag teilweise als unwirksam angesehen, wenn sie der Höhe nach 3 Monatsmieten schikanös übersteigt[1]. Ob man eine solche **ausgeweitete Sicherheitsleistung** vom Mieter erlangen kann, ist eine Frage der Stärke der Verhandlungsposition und wird u.a. davon abhängen, in welchem Umfang der Vermieter mieterspezifische Investitionen tätigt[2].

448a Zu regeln ist weiterhin, für **welche Forderungen des Vermieters** die Sicherheitsleistung in Anspruch genommen werden kann. Fehlt eine solche Vereinbarung, soll es von der Auslegung im Einzelfall abhängen, ob sämtliche Forderungen aus dem Mietvertrag einschließlich solcher z.B. auf Rückbau von Mietereinbauten etc. beruhender Ansprüche des Vermieters durch die Mietsicherheit abgedeckt werden[3]. Formularvertraglich soll es möglich sein, die Sicherungsabrede auf alle auf dem Mietverhältnis beruhenden Ansprüche auszudehnen[4].

449 Mit dem Vermieter ist des Weiteren zu klären, ob die Höhe der Sicherheitsleistung bei **Mieterhöhungen** jeweils entsprechend steigen soll. Eine entsprechende Verpflichtung des Mieters zur Erhöhung der Sicherheitsleistung muss im Vertrag ausdrücklich festgelegt werden, da sie nur in

---

1 *Moeser* in Lindner-Figura/Oprée/Stellmann, Kap. 12 Rz. 34.
2 Vgl. hierzu ausführlich: *Moeser* in Lindner-Figura/Oprée/Stellmann, Kap. 12 Rz. 1 f.
3 *Moeser* in Lindner-Figura/Oprée/Stellmann, Kap. 12 Rz. 38; **a.A.** im Sinne einer umfassenden Absicherung: *Neuhaus*, Rz. 1281.
4 *Bub* in Bub/Treier, II Rz. 446.

Ausnahmefällen als vertragsimmanente Pflicht anerkannt wird, wenn eine entsprechende Regelung fehlt[1]. Sie soll formularvertraglich möglich sein[2].

Zu regeln ist weiterhin die Frage, wann die Sicherheitsleistung durch den Mieter erbracht werden soll. Ohne nähere Vereinbarung ist **die Verpflichtung** sofort **fällig**[3]. Insofern bietet es sich an, eine Verpflichtung mit einem gewissen Vorlauf (ein bis zwei Wochen) zum Mietbeginn aufzunehmen und dabei ausdrücklich auf das in diesem Zusammenhang bestehende Zurückbehaltungsrecht des Vermieters i.S.v. § 273 BGB hinzuweisen. 450

Da in der Literatur zumindest teilweise vertreten wird, dass die **Kaution** während des Mietverhältnisses nur dann **in Anspruch genommen** werden darf, wenn die entsprechende Forderung vom Mieter nicht bestritten wird[4], sollte aus Sicht des Vermieters eine abweichende Regelung ausdrücklich vereinbart werden. Gleiches gilt für die nach der Rechtsprechung des BGH bestehende Verpflichtung, die Kaution/Mietsicherheit nach Inanspruchnahme wieder auf die vertraglich vereinbarte Summe aufzufüllen[5]. 451

bb) Formen der Sicherheitsleistung

In jedem Fall ist zu regeln, in welcher Form die Sicherheit geleistet werden kann: 452

(1) Barkaution

Die Barkaution ist für den Vermieter unproblematisch. Man sollte ihn jedoch darauf hinweisen, dass nach einer im Vordringen befindlichen und nunmehr als herrschend zu bezeichnenden Auffassung der Kautionsbetrag **getrennt vom Vermögen** des Vermieters als offen ausgewiesenes Treuhandgeld anzulegen ist[6]. Aus Sicht der Vermieters sollte diese Verpflichtung jedoch nicht vertraglich festgeschrieben werden. Denn nur in diesem Fall stellt der Verstoß gegen die Verpflichtung eine strafrechtlich relevante Untreue dar[7]. Formularvertragliche Abweichungen hiervon sollen unwirksam sein, da diese gegen § 307 BGB verstoßen[8]. Nach der einschlägigen Recht- 453

---

1 Vgl. *Heintzmann*, WiB 1995, 569, 571, unter 4; *v. Martius* in Bub/Treier, III Rz. 790 m.w.N.
2 *Moeser* in Lindner-Figura/Oprée/Stellmann, Kap. 12 Rz. 50.
3 *Moeser* in Lindner-Figura/Oprée/Stellmann, Kap. 12 Rz. 41; *v. Martius* in Bub/Treier, III Rz. 758.
4 *Sternel*, Mietrecht, III Rz. 250; *Moeser* in Lindner-Figura/Oprée/Stellmann, Kap. 12 Rz. 46; Palandt/*Weidenkaff*, Einf. v. § 535 BGB Rz. 123; *Kraemer*, NZM 2001, 437, 441.
5 Vgl. insoweit *Wolf/Eckert/Ball*, Rz. 749 m.w.N. der BGH-Rspr.; **a.A.** Palandt/*Weidenkaff*, Einf. v. § 535 BGB Rz. 123.
6 Vgl.KG, NZM 1999, 376; *Heintzmann*, WiB 1995, 569, 570; *v. Martius* in Bub/Treier, III Rz. 790 m.w.N.; Schmidt-Futterer/*Blank*, Rz. 85 zu § 551 BGB.
7 BGH, NJW 2008, 1827.
8 *Moeser* in Lindner-Figura/Oprée/Stellmann, Kap. 12 Rz. 64.

sprechung des BGH[1] ist der Vermieter auch ohne gesonderte Vereinbarung bei Überlassung einer Barkaution zur **Verzinsung** mit dem für Spareinlagen mit dreimonatiger Kündigungsfrist üblichen Zinssatz verpflichtet. Ob die Verzinsungspflicht **formularvertraglich** abbedungen werden kann, ist umstritten[2]. Es sollte aus Sicht des Vermieters aufgenommen werden, dass die Zinsen die Sicherheitsleistungen erhöhen.

454 Insbesondere bei der Beratung von Mietern ist bei der Gestaltung des **Zahlungsweges** für eine Barkaution dafür Sorge zu tragen, dass der Kautionsbetrag ohne Durchgang auf dem allgemeinen Konto des Vermieters unmittelbar auf ein offen ausgewiesenes Treuhandkonto gezahlt wird. Ansonsten besteht das Risiko des Verlustes der Kaution im Falle der Insolvenz des Vermieters[3].

(2) Mietbürgschaft

455 Sehr häufig wird zumindest der Mieter bei Gewerberaummietverträgen darauf dringen, an Stelle der Barkaution zumindest wahlweise Sicherheit durch eine Bürgschaft leisten zu können. Diesem Begehren wird man sich vielfach nicht verschließen können, da eine Bürgschaft einen regelmäßig geringeren **Liquiditätsabfluss beim Mieter** zur Folge hat.

456 Sofern eine Bürgschaft im Vertrag vorgesehen werden soll, ist darauf zu achten, dass die Sicherheit nicht als **Mietausfallbürgschaft** vereinbart wird. Denn bei einer solchen Bürgschaft soll der Bürge nur auf das haften, was der Vermieter trotz Anwendung gehöriger Sorgfalt vom Mieter nicht erlangen konnte. Dies führt im Ergebnis dazu, dass der Vermieter den Bürgen erst nach erfolgloser Zwangsvollstreckung und Verwertung anderer Sicherheiten in Anspruch nehmen kann[4].

457 Im Vertragstext sollte vorgesehen werden, dass die Bürgschaft **selbstschuldnerisch, unbefristet** und **unter Verzicht auf die Einrede der Anfechtbarkeit** und der **Hinterlegung** gewährt werden muss. Wenn eine Bürgschaft **auf erstes Anfordern** geschuldet sein soll, muss diese von einem Kreditinstitut (Banken, Sparkassen oder Versicherungen) gegeben werden, wenn es sich um ein formularvertragliches Bürgschaftsversprechen handeln soll, da diesen Unternehmungen entsprechende garantieähnliche Vertragsverhältnisse vorbehalten sind[5]. Die Verpflichtung zur Gestellung einer Bürgschaft auf erstes Anfordern soll auch formularvertraglich möglich sein[6]. Hinsichtlich des **Umfanges** sollte festgelegt werden, dass die Bürgschaft sämtliche An-

---

[1] BGH, NJW 1994, 3287.
[2] Verneinend: *Sternel*, Mietrecht, III Rz. 232 m.w.N.; Schmidt-Futterer/*Blank*, Rz. 85 zu § 551 BGB; bejahend: *Heintzmann*, WiB 1995, 569, 572 f.
[3] Vgl. Gerber/Eckert, Rz. 338 f.
[4] Vgl. *v. Martius* in Bub/Treier, III Rz. 825 m.w.N.
[5] *Bub* in Bub/Treier, II Rz. 445a; *v. Martius* in Bub/Treier, III Rz. 826 m.w.N.
[6] OLG Karlsruhe, NZM 2004, 742; a.A. *Fischer*, NZM 2003, 497; zweifelnd: *Moeser* in Lindner-Figura/Oprée/Stellmann, Kap. 12 Rz. 89.

sprüche aus dem Mietverhältnis und seiner Beendigung wie beispielsweise Miete, Nebenkosten, Nutzungsentschädigung etc. einschließlich späterer Mieterhöhungen abdeckt, da ohne eine solche Formulierung die Erstreckung der Bürgschaft insbesondere auf Mieterhöhungsbeträge und Nutzungsentschädigung umstritten ist[1]. Hinzuweisen ist der Vermieter auf die fehlende Deckung durch die Bürgschaft für Forderungen, die nach einer Verlängerung des Mietverhältnisses nach Maßgabe des § 545 BGB entstehen[2]. Vereinbart werden sollte weiterhin ein zusätzlicher Gerichtsstand am Ort der Mietsache, da für Klagen aus der Bürgschaft der Gerichtsstand des § 29a ZPO nicht gilt[3].

Die Bürgschaftsgestellung sollte aus Sicht des Vermieters als **Wahlmöglichkeit** des Mieters an Stelle einer vereinbarten Barkaution vereinbart werden, die entfällt, wenn die Bürgschaft nicht rechtzeitig vor Übergabe des Mietobjekts erbracht wird. Ansonsten droht u.U. die umständliche Klage auf Abschluss eines Bürgschaftsvertrages mit einem nur schwer vollstreckbaren Titel. 458

Hinzuweisen ist der Vermieter schon bei Vertragsschluss auf die Möglichkeit des Bürgen, sich bei verspäteter Inanspruchnahme auf die **Verjährung** der Ansprüche des Vermieters insbesondere nach Maßgabe des § 548 BGB im Falle seiner Inanspruchnahme zu berufen. Dies insbesondere, wenn Schadensersatzansprüche wegen Verschlechterungen der Mietsache und Ansprüche wegen unterlassener Schönheitsreparaturen etc. nach Ablauf der einschlägigen Verjährungsfristen geltend gemacht werden. Anders als bei einer Barkaution ist in diesen Fällen **keine Aufrechnung möglich**, da sich die Forderungen in unverjährter Zeit nicht aufrechenbar gegenüberstanden[4]. Insoweit bietet die Bürgschaft daher ein deutlich schlechteres Sicherungsmittel[5]. Man sollte daher aus der Sicht des Vermieters im Vertrag eine Bürgschaft vorsehen, die für verjährte Forderungen in Anspruch genommen werden kann, wenn bei Gestellung einer Barkaution eine Aufrechnung mit der verjährten Forderung möglich wäre[6]. In diesem Zusammenhang ist der Vermieter des Weiteren auf die Notwendigkeit einer **Klage gegen den Hauptschuldner** hinzuweisen, wenn die Verjährung der Hauptschuld droht. Denn der Bürge kann sich selbst nach rechtskräftiger Verurteilung zur Zahlung im Wege der Vollstreckungsabwehrklage gegen eine Inanspruchnahme durch den Vermieter wenden, wenn zwischenzeitlich die Forderung gegen den Mieter verjährt ist[7]. Auch hierin liegt ein weiterer, erheblicher Nachteil der Bürgschaft. 459

---

1 *Moeser* in Lindner-Figura/Oprée/Stellmann, Kap. 12 Rz. 85 f.
2 *Wolf/Eckert/Ball*, Rz. 801.
3 BGH, NZM 2004, 299.
4 *Pietz/Leo* in Lindner-Figura/Oprée/Stellmann, Kap. 16 Rz. 295 m.w.N.
5 Vgl. zum Ganzen BGH, WuM 1998, 224 f.
6 *Durst*, NZM 1999, 64, 66; *Geldmacher*, NZM 2003, 502, 504.
7 BGH, ZMR 1999, 230 f.

Nachdrücklich (schriftlich) hingewiesen werden muss der Vermieter auf die Akzessorität der Bürgschaft. Diese führt bei nachträglichen Änderungen des Mietvertrags in wesentlichen Punkten ohne Mitwirkung des Bürgen zum Entfall der Bürgschaft[1].

460 Sofern die Bürgschaft nicht im Rahmen des § 350 HGB erfolgt, ist die **Schriftform** einzuhalten. Dies gilt auch bei Bürgschaften von Geschäftsführern oder Vorständen einer GmbH, AG etc.[2], da sie bei der Gestellung der Bürgschaft als Privatperson tätig werden.

(3) Patronatserklärungen

461 Insbesondere bei **konzernangehörigen Unternehmen** als Mieter wird als Sicherheit oftmals eine so genannte Patronatserklärung angeboten. Sofern der Vermieter eine solche Erklärung akzeptieren will, ist darauf zu achten, dass es sich um eine so genannte „harte" **Patronatserklärung** handelt. Denn bei einer solchen Erklärung haftet der Patron im Gegensatz zu einer nahezu unverbindlichen weichen Patronatserklärung im Falle der Insolvenz neben dem Mieter[3].

(4) Schuldbeitritt

462 Als weiteres Sicherungsmittel werden bisweilen Schuldbeitritte vereinbart. Hierbei ist auf eine sorgfältige Formulierung zu achten, da es den Schuldbeitritt von der Bürgschaft abzugrenzen gilt und Letztere im Zweifel als vereinbart gilt[4]. Sofern die Person des Beitretenden hinreichend solvent ist, kann ein solcher Schuldbeitritt für den Vermieter durchaus erwägenswert sein, da regelmäßig nicht eine Begrenzung auf wenige Monatsmieten vereinbart wird[5]. Erfolgt der Schuldbeitritt zu einem Vertrag mit einer Laufzeit von mehr als einem Jahr, ist die Einhaltung der Schriftform für den ansonsten formfreien Schuldbeitritt Wirksamkeitsvoraussetzung[6].

(5) Verzicht auf das Vermieterpfandrecht

462a Im Allgemeinen erweist sich das gesetzliche Vermieterpfandrecht als stumpfes Schwert. Gleichwohl sollte hierauf nicht verzichtet werden, da es insbesondere im Fall der Insolvenz eine nicht zu unterschätzende zusätzliche Sicherheit bietet (vgl. *P Rz. 190 f.*) und den Insolvenzverwalter häufig zu Konzessionen an den Vermieter motiviert.

---

1 OLG Düsseldorf, ZMR 2005, 784.
2 Vgl. *Fritz*, Rz. 145.
3 Vgl. hierzu Palandt/*Sprau*, Einf. v. § 765 BGB Rz. 21 m.w.N.
4 BGH, NJW 1986, 580; OLG Düsseldorf, ZMR 2001, 882; OLG Hamm, NJW 1993, 2625 m.w.N.
5 Vgl. auch *v. Martius* in Bub/Treier, III Rz. 833.
6 OLG Naumburg, GuT 2005, 209; **a.A.** wohl *Moeser* in Lindner-Figura/Oprée/Stellmann, Kap. 12 Rz. 144.

u) Kündigung

Checkpunkte 463

- Soll für die Kündigung ein Schriftformerfordernis gelten?
- Sollen neben den gesetzlichen Gründen für eine fristlose Kündigung zusätzliche Gründe aufgenommen werden?
  - ☐ Verschlechterung der Finanzverhältnisse des Mieters
  - ☐ Nichtzahlung bzw. Nichterbringung der Kaution/Mietsicherheit
  - ☐ Abweisung des Antrages auf Durchführung eines Insolvenzverfahrens mangels Masse
  - ☐ Außerordentliches Kündigungsrecht für den Fall des vertragswidrigen Gebrauchs trotz Abmahnung
  - ☐ Verstoß gegen die Verpflichtung zur Tätigung ausschließlich umsatzsteuerpflichtiger Umsätze
  - ☐ Unrichtige Angabe hinsichtlich der Eigentumsverhältnisse bei eingebrachten Sachen
- **Ausschluss des Kündigungsrechts des Mieters/Vermieters nach § 569 BGB?**

Erläuterungen

aa) Formerfordernisse der Kündigungserklärung

Bei der Erstellung von Gewerberaummietverträgen ist zu beachten, dass 464 § 568 Abs. 1 BGB lediglich für Wohnraummietverhältnisse Anwendung findet. Nach dem Gesetz kann daher auch eine Kündigung eines Gewerberaummietverhältnisses durch **mündliche** Erklärung erfolgen. Um die hieraus resultierenden (Beweis-)Schwierigkeiten zu vermeiden, sollte in jeden Gewerberaummietvertrag aufgenommen werden, dass die Kündigung **schriftlich** zu erfolgen hat. Dies soll nach überwiegender Meinung auch durch **Formularklauseln** möglich sein[1]. Weitergehende Anforderungen wie z.B. Einschreibebrief oder Einschreibebrief mit Rückschein etc. werden teilweise auch als Formularklausel für wirksam gehalten, sofern sie gegenüber Unternehmen i.S.d. § 310 BGB verwandt werden[2]. Da das über die Schriftform hinausgehende Formerfordernis nicht als Wirksamkeitsvoraussetzung, sondern lediglich als Beweismittel für den Zugang der Kündigung angesehen wird[3], sollten entsprechende Klauseln möglichst nicht verwandt werden. Für beide Teile droht die Gefahr, dass die über die Schriftform hinausgehende Anforderung nicht beachtet wird und Streit über die Wirksamkeit der Kündigung entsteht. Allerdings sollte überlegt werden, ob die Ausübung z.B. per Telefax ausgeschlossen werden soll. Dies müsste im Hinblick

---
1 *Bub* in Bub/Treier, II Rz. 534; *Gerber/Eckert*, Rz. 350.
2 *Bub* in Bub/Treier, II Rz. 534 m.w.N.
3 *Fritz*, Rz. 167.

auf § 127 Abs. 2 BGB ausdrücklich erfolgen. In jedem Fall sollte das Recht ausgeschlossen werden, das Mietverhältnis per SMS zu kündigen[1].

bb) Zugangsfiktionen

465 Formularklauseln, nach denen Kündigungserklärungen nach einer benannten Frist beim Empfänger als zugegangen gelten, sind auch bei der Verwendung gegenüber Unternehmern wegen Verstoßes gegen § 307 BGB **unwirksam**[2].

cc) Kündigung gegenüber Personenmehrheiten

466 Grundsätzlich muss bei Personenmehrheiten auf Vermieter- bzw. Mieterseite die Kündigung des Vertragspartners jeweils allen Vermietern bzw. Mietern zugehen und von allen Mietern bzw. Vermietern abgegeben werden[3]. Um die damit einhergehenden Schwierigkeiten auszuschließen, sollte in den Vertrag eine Klausel aufgenommen werden, nach der sich Personenmehrheiten auf der einen oder anderen Seite jeweils bis auf Widerruf zur Entgegennahme sämtlicher Erklärungen im Rahmen des Mietverhältnisses wechselseitig **bevollmächtigen**. Dabei sollte die Kündigung ausdrücklich mit erwähnt werden, da teilweise Zweifel daran angemeldet werden, ob ohne eine solche ausdrückliche Erwähnung Kündigungserklärungen umfasst sind[4]. Eine formularvertragliche wechselseitige Bevollmächtigung zur Abgabe von Kündigungserklärungen bzw. zum Abschluss von Mietaufhebungsverträgen ist unwirksam, da gegen § 307 BGB verstoßend.

dd) Erweiterung der außerordentlichen Kündigungsrechte ggf. durch Formularklauseln

467 Bei der Beratung der Vertragsparteien ist jeweils durch Nachfrage zu klären, ob die **besonderen Interessen** des Mandanten im Einzelfall die Begründung besonderer außerordentlicher Kündigungsrechte erfordern. Sollte dies nicht der Fall sein, ist zumindest bei der Beratung des Vermieters weiterhin zu überlegen, ob und welche Erweiterungen der außerordentlichen Kündigungsrechte eingebracht werden sollten:

(1) Rückständige Mieten

468 Nach Auffassung des BGH[5] sind **formularmäßige Abweichungen** von der Regelung des § 543 Abs. 2 Nr. 3 BGB regelmäßig unangemessen und daher **unwirksam**. Dementsprechend ist eine Klausel als unwirksam erachtet

---

[1] Vgl. zu dieser Möglichkeit: *Oprée* in Lindner-Figura/Oprée/Stellmann, Kap. 15 Rz. 48 unter Verweis auf § 126a BGB.
[2] *Bub* in Bub/Treier, II Rz. 533; OLG Hamburg, WM 1986, 383, 384 f.
[3] *Oprée* in Lindner-Figura/Oprée/Stellmann, Kap. 15 Rz. 65.
[4] Vgl. zum Ganzen: *Gerber/Eckert*, Rz. 356 f.
[5] BGH, NJW 1987, 2506 f.

worden, bei der ein Kündigungsrecht bestehen sollte, wenn sich der Mieter mit nur einer Monatsmiete in Verzug befindet[1]. Eine entsprechende **individualvertragliche Vereinbarung** soll wohl wirksam sein[2]. Klauseln, nach denen der Vermieter bei mehrfachem Verzug mit einem Teil der Miete zur Kündigung berechtigt ist, sollen wirksam sein, da darin eine erhebliche Vertragsverletzung liegt und gemäß § 543 BGB überdies ein gesetzliches Kündigungsrecht besteht[3]. Bei der Formulierung entsprechender Klauseln in Formularverträgen ist darauf zu achten, dass **nicht** allein auf einen **Rückstand** mit Mieten, **sondern** in jedem Fall auf **Verzug** abgestellt wird, da erweiterte Kündigungsmöglichkeiten bei unverschuldetem Zahlungsrückstand nicht formularvertraglich vereinbart werden können[4].

(2) Wesentliche Verschlechterung oder erhebliche Gefährdung des Vermögens des Vermieters sowie Insolvenz

Vermögensverschlechterungen beim Mieter lassen regelmäßig den Ausfall von Mietzahlungen befürchten. Daher besteht auf Vermieterseite ein reges Interesse daran, insbesondere im Hinblick auf die nicht unerhebliche Dauer des sich üblicherweise anschließenden Räumungsverfahrens frühzeitig eine Kündigungsmöglichkeit zu erhalten, damit Räumungsprozess und Räumungsvollstreckung ggf. noch in einem zeitlichen Rahmen abgewickelt werden können, in dem die Mietzahlung durch Kautions- oder Bürgschaftsleistung abgedeckt ist.

469

Ein solches außerordentliches Kündigungsrecht für den Vermieter soll **formularvertraglich** für den Fall der **Vermögensverschlechterung** vereinbart werden können, wenn eine Gefährdung der Ansprüche des Vermieters Voraussetzung für das Kündigungsrecht ist[5]. Ob der BGH angesichts der Zielrichtung der InsO diese Rechtsprechung auf das gewerbliche Mietrecht überträgt, muss abgewartet werden. Formularvertraglich soll hingegen ein Kündigungsrecht nicht an begründete **Zweifel an der Kreditwürdigkeit** des Mieters geknüpft werden können, da bei entsprechenden Klauseln nicht festgelegt ist, an welchem Maßstab dies zu messen ist[6]. Es soll auch nicht möglich sein, formularvertraglich ein Kündigungsrecht für den Fall einer (schuldhaft) falschen Selbstauskunft des Mieters zu vereinbaren[7].

470

(3) Ausbleibende Mietsicherheit

Ob für den Fall der ausbleibenden Kautionszahlung bzw. der Nichtbeibringung der vereinbarten Mietsicherheiten ein Sonderkündigungsrecht **formu-**

471

---

1 OLG Düsseldorf, WuM 1996, 411; *Harz* in Schmid, Miete und Mietprozess, 2–117.
2 OLG Düsseldorf, WuM 1996, 411.
3 *Bub* in Bub/Treier, II Rz. 540.
4 Vgl. *Bub* in Bub/Treier, II Rz. 541.
5 BGHZ 112, 279, 284 unter Verweis auf WM 1984, 1217 f. jeweils zum Leasingrecht; *Wolf/Eckert/Ball*, Rz. 1036.
6 OLG Düsseldorf, NJW-RR 1997, 374 f.
7 OLG Celle, WM 1994, 885 f., 890 f.

larvertraglich** wirksam vereinbart werden kann, ist zumindest zweifelhaft[1]. Auf die insoweit bestehenden Unsicherheiten sollte im Rahmen der Beratung insbesondere des Vermieters hingewiesen und nach Möglichkeit eine Individualvereinbarung getroffen werden.

(4) Insolvenz des Mieters

472 Die für den **Anwendungsbereich der KO** weit **verbreiteten Klauseln**, nach denen der Vermieter zur fristlosen Kündigung des Mietvertrages berechtigt war, wenn ein Vergleichs- oder Konkursverfahren beantragt oder eröffnet wurde, können nach In-Kraft-Treten der InsO auch **nicht mehr sinngemäß vereinbart** werden. Dem steht das **zwingende Recht des § 112 InsO** entgegen[2]. Ausgeschlossen ist ein Kündigungsrecht nach Antrag auf Eröffnung des Insolvenzverfahrens hinsichtlich eines Verzuges mit der Entrichtung der Miete, der in der Zeit vor dem Eröffnungsantrag eingetreten ist oder wegen einer Verschlechterung der Vermögensverhältnisse des Schuldners[3].

473 Bei der Beratung von Vermietern ist jeweils zu erörtern, ob ein **Kündigungsrecht** für den Fall, dass eine **Eröffnung** des Insolvenzverfahrens über das Vermögen des Mieters mangels Masse **abgelehnt** wird[4], vorgesehen werden soll. Ob man ein solches Kündigungsrecht formularvertraglich vereinbaren kann, erscheint fraglich. Denn der BGH vertritt die Auffassung, dass allein die Ablehnung der Verfahrenseröffnung mangels Masse keinen wichtigen Grund zur Kündigung des Mietverhältnisses darstellt[5].

474 Jeder **Vermieter** sollte im Rahmen der Beratung auf die Bestimmung des § 112 InsO hingewiesen werden. Dann hat er es in der Hand, durch frühzeitige fristlose Kündigung vor Antrag auf Durchführung eines Insolvenzverfahrens das Mietverhältnis sicher zu beenden und seinen Schaden zu minimieren, wenn voraussichtlich ein Nachmieter gefunden werden kann.

(5) Vertragswidriger Gebrauch der Mietsache

475 Eine formularmäßige Erweiterung der gesetzlichen außerordentlichen Kündigungsrechte für den Fall des vertragswidrigen Gebrauchs der Mietsache wird **nur** dann für **zulässig** gehalten, wenn das Erfordernis für den Vermieter aufgenommen ist, entsprechend § 543 Abs. 3 BGB vorab **abzumahnen**[6].

---

1 Vgl. BGH, NZM 2007, 400, 401; OLG Düsseldorf, NJW-RR 1995, 1100; *Bub* in Bub/Treier, II Rz. 540, der ein formularmäßiges Recht für den Fall des Verzuges mit § 307 BGB für vereinbar hält.
2 OLG Hamm, NZM 2002, 343; OLG Düsseldorf, GuT 2006, 248.
3 Vor dem Eröffnungsantrag ausgesprochene Kündigungen bleiben von dieser Regelung unberührt und wirksam. Vgl. *Kübler/Prütting*, § 112 InsO Rz. 3.
4 Für diesen Zeitpunkt ist ein außerordentliches Kündigungsrecht zumindest von Teilen der Literatur anerkannt. Vgl. *Kübler/Prütting*, § 112 InsO Rz. 12 m.w.N.
5 BGH, NZM 2002, 524 f.
6 *Gerber/Eckert*, Rz. 303; OLG Hannover, MDR 1984, 670 für den Bereich der Untervermietung.

(6) Verstoß gegen die Verpflichtung zur Tätigung ausschließlich umsatzsteuerpflichtiger Umsätze

Sofern der Vermieter für die Umsatzsteuer optiert hat und der Mieter vertraglich dazu verpflichtet wurde, ausschließlich umsatzsteuerpflichtige Umsätze im Mietobjekt zu tätigen, oder dies im Vertrag vorbehalten bleibt (vgl. D Rz. 20), sollte ein außerordentliches Kündigungsrecht für den Fall des Verstoßes gegen die Verpflichtung zur Tätigung ausschließlich umsatzsteuerpflichtiger Umsätze aufgenommen werden[1]. Dies sollte individualvertraglich geregelt werden, um Zweifel an der Wirksamkeit der Vereinbarung zu vermeiden.

476

(7) Unrichtige Angaben zu Eigentumsverhältnissen an eingebrachten Sachen und Verstoß gegen die Verpflichtung zur Anzeige von Pfändungen an eingebrachten Sachen

Die in der Praxis relativ weit verbreiteten **Formularklauseln**, nach denen der Vermieter zur fristlosen Kündigung berechtigt sein soll, wenn der Mieter unrichtige Angaben über die Eigentumsverhältnisse an den eingebrachten Gegenständen gemacht hat oder wenn Pfändungen nicht unverzüglich angezeigt werden, werden wegen Verstoßes gegen § 307 BGB als **unwirksam** angesehen[2]. Entsprechende Vereinbarungen haben daher im Wege der **Individualabrede** zu erfolgen.

477

ee) Kündigungsrecht beim Tod des Mieters

§ 580 Abs. 1 BGB eröffnet bei Tod des Mieters beiden Vertragsparteien ein Kündigungsrecht mit den gesetzlichen Fristen. Ob diese Bestimmung formularvertraglich **abdingbar** ist, ist umstritten[3]. Im Rahmen der Beratung des Vermieters bei Abschluss von Mietverträgen sollten entsprechende Klauseln wenn möglich **individuell** ausgehandelt werden. Ist dies nicht möglich, ist auf die mögliche Unwirksamkeit ausdrücklich hinzuweisen. Da die einseitige Einschränkung des Kündigungsrechts nach § 580 BGB zu Lasten des Mieters durch den Vermieter im Rahmen von Formularklauseln in jedem Fall als unwirksam angesehen wird[4], sollte auf eine ausgewogene Gestaltung der Klausel bei Formularmietverträgen geachtet werden, wenn trotz der bestehenden Bedenken eine entsprechende Formularklausel aufgenommen werden soll.

478

Bei der Beratung von Mietern ist darauf hinzuweisen, dass eine schwere und dauerhafte Erkrankung kein gesetzliches außerordentliches Kündigungsrecht eröffnet[5]. Entsprechendes gilt beim Tod eines von mehreren

---

1 Vgl. *Sontheimer*, NJW 1997, 693, 697.
2 *Bub* in Bub/Treier, II Rz. 541; *Harz* in Schmid, Miete und Mietprozess, 2–325 f. für den Bereich des Wohnraummietrechts.
3 Dafür: MünchKomm/*Artz*, § 580 BGB Rz. 3; dagegen: *Sternel*, Mietrecht, I Rz. 388; differenzierend: *Wolf/Eckert/Ball*, Rz. 954.
4 *Wolf/Eckert/Ball*, Rz. 955.
5 OLG Düsseldorf, NZM 2008, 807.

Mietern bzw. von mehreren Gesellschaftern einer BGB-Gesellschaft[1]. Für diese Fälle ist ggf. vertraglich Vorsorge zu treffen.

v) Rückgabe des Mietobjekts

479 Checkpunkte

– **Rückgabezeitpunkt**
  ☐ Die Mietsache soll
    ☐ am letzten Tag der Mietzeit
    ☐ am Tag nach Ablauf der Mietzeit zurückgegeben werden.

Rückgabeprotokoll:
– Es wird bei Beendigung des Mietvertrages kein/ein Rückgabeprotokoll erstellt.
– Eine besondere Vereinbarung hinsichtlich der Rückgabe auf Grund des Umganges mit gefährlichen Stoffen im Mietobjekt ist – nicht – erforderlich.
– Endrenovierung (s. auch Rz. 388).

Erläuterungen

aa) Rückgabezeitpunkt

480 Ob der Mieter bei Beendigung des Mietverhältnisses die Miträume schon am **letzten Tag der Mietzeit** oder erst am **nächstfolgenden Tag** zurückgeben muss, ist umstritten[2]. Da zusätzlich vertreten wird, dass § 193 BGB zugunsten des Mieters Anwendung findet und sich daher bei einem Samstag, Sonntag oder Feiertag als dem der Beendigung nachfolgenden Tag die Rückgabe weiter hinauszögert[3], sollte in jedem Falle eine **vertragliche Vereinbarung** über den Rückgabezeitpunkt erfolgen. Aus Sicht des Vermieters sollte dies immer der letzte Tag der Mietzeit sein. Ansonsten wäre er nicht in der Lage, das Mietobjekt ohne Ausfallzeiten an einen Nachfolgemieter weiter zu vermieten, da es am Ersten des Monats zumindest zu Überschneidungen kommen könnte. Entsprechende Regelungen sollen auch formularvertraglich möglich sein[4]. Da nach überwiegender Auffas-

---

1 OLG Brandenburg, ZMR 2008, 780.
2 Für die Rückgabe am letzten Tag der Mietzeit *Rolfs* in Emmerich/Sonnenschein, § 546 BGB Rz. 14; *Bub* in Bub/Treier, II Rz. 549; *Fritz*, Rz. 430; *Mutter*, ZMR 1991, 329 f. jeweils unter Berufung auf BGH, NJW 1989, 451; nach der Gegenauffassung soll die Rückgabe erst am Tag nach Ablauf der Mietzeit fällig werden: *Sternel*, Mietrecht, IV Rz. 572; *Blank*, Stichwort: Rückgabe nach Beendigung des Mietverhältnisses I, 618.
3 *Pietz/Leo* in Lindner-Figura/Oprée/Stellmann, Kap. 16 Rz. 8.
4 *Bub* in Bub/Treier, II Rz. 549.

sung[1] der Mieter regelmäßig nicht berechtigt ist, die Mietsache vor Ablauf der Mietzeit zurückzugeben, ist bei entsprechender Notwendigkeit eine diesbezügliche Regelung in den Vertrag aufzunehmen.

bb) Rückgabezustand

Nach der gesetzlichen Konzeption ist der Mieter nicht verpflichtet, Veränderungen oder Verschlechterungen der gemieteten Sache, die durch den **vertragsgemäßen Gebrauch** herbeigeführt wurden, zu beseitigen[2]. **Einrichtungen** müssen jedoch nach der gesetzlichen Ausgestaltung ebenso beseitigt werden wie **bauliche Änderungen** durch den Mieter[3]. Dies gilt jedoch bei mehreren, zeitlich hintereinander geschalteten Mietverträgen nur bezogen auf den Zustand bei Beginn des zeitlich letzten Mietvertrags[4]. Daher ist es aus Sicht des Vermieters angezeigt, nicht selbständige Mietverträge hintereinander zu schalten, sondern ein einheitliches Mietverhältnis ggf. unter umfangreicher Abänderung der Vertragsbedingungen in Nachträgen fortzuführen.

481

Bei der **Beratung des Vermieters** ist zu überlegen, ob zusätzlich eine Endrenovierungsvereinbarung eingefügt werden soll. Dies soll zumindest dann nicht formularvertraglich möglich sein, wenn die laufenden Schönheitsreparaturen auf den Mieter abgewälzt werden[5]. Man wird bis zur höchstrichterlichen Klärung der einschlägigen Fragen bei der Vertragsgestaltung auf Vermieterseite davon ausgehen müssen, dass formularvertraglich wie im Wohnraummietrecht lediglich Quotenklauseln mit weichen Fristen zulässig sind.

482

Aus Sicht des **Mieters** muss insbesondere bei geplanten umfangreichen Einrichtungen und Einbauten überlegt werden, ob die gesetzliche Konzeption wirtschaftlich sinnvoll und vertretbar ist. Ansonsten sind entsprechende Abänderungen des dispositiven Rechts vorzunehmen. Denn durch hohe **Beseitigungskosten** entsteht ein indirekter Zwang, das Mietverhältnis möglichst trotz Ablauf der Mietzeit fortzusetzen, um auf diese Weise zumindest zeitlich befristet den Wiederherstellungskosten zu entgehen. Dem Vermieter wird man in einer Vielzahl von Fällen verdeutlichen können, dass das Belassen der Einbauten in seinem Sinne ist, da es sich um wertsteigernde Maßnahmen handelt. Je nach Lage des Einzelfalles ist es durchaus möglich, Zahlungen für die Übernahme der Einbauten und Einrichtungen zu erlangen. Dies sollte möglichst bereits im Mietvertrag verankert werden. Denn ohne entsprechende vertragliche Verpflichtung ist

483

---

1 KG, NZM 2000, 92; *Fritz*, Rz. 403; a.A. *Rolfs* in Emmerich/Sonnenschein, Rz. 14 zu § 546 BGB; vermittelnd OLG Dresden, NZM 2000, 827, das von einer vorzeitigen Rücknahmeverpflichtung des Vermieters in engem zeitlichen Zusammenhang mit dem Mietende (zwei Wochen) ausgeht.
2 § 538 BGB.
3 *Rolfs* in Emmerich/Sonnenschein, § 546 BGB Rz. 11 f.
4 *Pietz/Leo* in Lindner-Figura/Oprée/Stellmann, Kap. 16 Rz. 25 m.w.N.
5 BGH, NJW 2005, 2006.

der Vermieter weder zur Übernahme noch zu einem finanziellen Ausgleich verpflichtet[1]. Ggf. ist eine **Schiedsgutachterklausel** bezüglich der Wertermittlung einzufügen.

cc) Sonderproblem des Umgangs mit gefährlichen Stoffen seitens des Mieters[2]

484 Sofern voraussichtlich mit umweltgefährdenden Stoffen im Mietobjekt gearbeitet werden soll, ist das Problem der **Kontamination** des Objektes einschließlich des Untergrunds zu beachten. Insbesondere die Rechtsprechung geht davon aus, dass Verunreinigungen des Mietobjektes dann zu keinen Ansprüchen des Vermieters gegen den Mieter führen sollen, wenn es sich um Beeinträchtigungen handelt, die beim **bestimmungsgemäßen Gebrauch** des Mietobjektes entstanden sind[3]. Ansatzpunkt für diese Rechtsprechung ist § 538 BGB. Nach dieser Vorschrift sind Veränderungen oder Verschlechterungen der Mietsache dann nicht vom Mieter zu vertreten, wenn sie durch den vertragsgemäßen Gebrauch herbeigeführt werden. Nach Auffassung des BGH ist durch § 538 BGB regelmäßig ein Ausgleichsanspruch des Vermieters nach Maßgabe des § 24 BBodSchG ausgeschlossen, da es sich bei § 538 BGB um eine anderweitige Vereinbarung im Sinne der genannten Vorschrift handelt. § 538 BGB ist jedoch abdingbar[4]. Berät man den Vermieter, so ist eine entsprechende Abänderung der gesetzlichen Bestimmungen sicherlich angezeigt. Je nachdem, welche Nutzung das Objekt bisher erfahren hat, kann es empfehlenswert sein, einen Gutachter zu beauftragen, der den **Status bei Mietvertragsbeginn** für beide Vertragsparteien verbindlich festhält. Insoweit sollte im Mietvertrag festgelegt werden, dass ein möglichst bereits feststehender Sachverständiger oder aber ein von der örtlich zuständigen Industrie- und Handelskammer oder sonstiger Stelle zu benennender Gutachter vor Mietbeginn beauftragt wird und entsprechende Untersuchungen durchführt. In diesem Zusammenhang ist auch die Kostentragungspflicht zu regeln. Des Weiteren sollte eine entsprechende **Untersuchung bei Vertragsende** vereinbart werden. Möglichst sollte vorgesehen werden, dass der Sachverständige bereits vor Ende des Mietvertrages mit seinen Untersuchungen beginnen kann. Gleichzeitig sollte der Mieter dazu verpflichtet werden, festgestellte Verunreinigungen nach Maßgabe der einschlägigen Vorschriften ordnungsgemäß zu beseitigen. Nach Durchführung der Sanierungsmaßnahmen wäre ein weiteres Gutachten einzuholen und Sanierungsmaßnahmen/Gutachten so lange zu wiederholen, bis eine Beseitigung der Verunreinigungen nachgewiesen ist. Weiterhin sollte man den Mieter verpflichten, eine sog. „Bodenkaskoversicherung" mit umfassendem Schutz und ausreichender Deckungssumme abzuschließen. Flankierend sollte dem Mieter die Pflicht auferlegt werden, den Abschluss und die laufende Prämienzahlung nachzuweisen. Schließ-

---

1 OLG Brandenburg, BeckRS 2008, 09540.
2 Vgl. hierzu insgesamt: *Gaier*, NZM 2005, 161 f.
3 Vgl. BGH, NZM 2004, 916; OLG Düsseldorf, NJW-RR 1993, 712 f.; ZMR 2004, 573; Brandenburgisches OLG, ZMR 1999, 166 f.
4 Vgl. MünchKomm/*Bieber*, § 538 BGB Rz. 5 f.

lich ist zu überlegen, ob man im Vertrag bereits eine Abtretung der Ansprüche des Mieters im Versicherungsfall an den Vermieter vornimmt. Entsprechende Klauseln sollten insgesamt **individualvertraglich** vereinbart werden.

§ 538 BGB ist jedoch bei **Kontaminationen** durch den Betrieb des Mieters nicht anwendbar, wenn dem Mieter lediglich ein unbebautes Grundstück nach dem Mietvertrag zur Verfügung gestellt wurde und der Mieter die Aufbauten (eine Tankstelle nebst Tanks etc.) errichtet hat[1]. Ungeklärt und vertraglich zu regeln ist die Rechtslage, wenn der Vermieter eine nur teilweise für den vertraglich vorgesehenen Zweck baulich hergerichtete Mietsache nach dem Vertrag zu überlassen und der Mieter die weiteren Bauten vorzunehmen hat.

Zusätzlich ist der Vermieter auf die dreijährige Verjährungsfrist des § 24 BBodSchG hinzuweisen. 485

dd) Vereinbarung über ein Rückgabeprotokoll?

In vielen **Formularverträgen** finden sich Bestimmungen über die Verpflichtung, bei Beendigung des Mietverhältnisses ein **Rückgabe-** bzw. **Übergabeprotokoll zu erstellen**. Teilweise wird aus § 368 BGB auch bei fehlender Regelung im Vertrag die Verpflichtung des Vermieters abgeleitet, ein Rückgabeprotokoll als Quittung zu erstellen[2]. Die Erstellung eines Rückgabeprotokolls ist für den Vermieter nicht ohne, sondern ggf. mit erheblichen Risiken verbunden. Denn entsprechenden Protokollen wird zumindest teilweise die Wirkung zugeschrieben, dass der Vermieter nur noch die im Protokoll aufgeführten Mängel gegenüber dem Mieter mit Erfolg geltend machen können soll[3]. Dies soll selbst bei Mängeln gelten, die nur durch einen Fachmann erkennbar waren[4] (vgl. auch K Rz. 142). Angesichts dieser mitunter (z.B. bei nicht ohne weiteres sichtbaren, umfangreichen Kontaminationen) sehr weit reichenden und einschneidenden Konsequenzen eines Übergabeprotokolls stellt sich daher aus **Sicht des Vermieters** durchaus die Frage, ob eine solche Protokollierung erfolgen soll[5]. In den Vertrag sollte aus seiner Sicht zumindest eine Regelung aufgenommen werden, nach er sich ausdrücklich vorbehält, auch nach Durchführung eines Rückgabetermins und der Erstellung eines Rückgabeprotokolls weitere Verschlechterungen der Mietsache etc. geltend zu machen. Besser noch sollte auf ein solches Protokoll verzichtet werden, da bei unterbleibendem erneuten Hinweis und Vorbehalt weiterer Ansprüche bei der Abnahme und im Rückgabeprotokoll die Bewahrung weitergehender Ansprüche 486

---

1 BGH, NZM 2008, 933.
2 *Sternel*, II Rz. 434; *Scheuer* in Bub/Treier, V Rz. 192; **a.A.** *Schach* in Kinne/Schach, Rz. 5 zu § 546 BGB; *Pietz/Leo* in Lindner-Figura/Oprée/Stellmann, Kap. 16 Rz. 47.
3 BGH, NJW 1983, 446; *Wolf/Eckert/Ball*, Rz. 1073.
4 *Sternel*, Mietrecht aktuell, XIII Rz. 33 f. unter Verweis auf BGH, NJW 1983, 446, 448; differenzierend: *Scheuer* in Bub/Treier, V Rz. 192 f.
5 A.A. *Wolf/Eckert/Ball*, Rz. 1073, die ein entsprechendes Protokoll für beide Seiten für empfehlenswert halten.

nicht sicher scheint. In jedem Fall sollte die jeweilige Vertragspartei auf die entsprechenden Wirkungen eines solchen Protokolls hingewiesen werden, da selbst bei Fehlen einer Vereinbarung hinsichtlich der Erstellung eines Übergabeprotokolls nicht sicher ist, ob die Parteien nicht dennoch bei Beendigung des Mietverhältnisses eine entsprechende Urkunde erstellen. Zusätzlich ist den Parteien mitzuteilen, dass die Grundsätze des kaufmännischen Bestätigungsschreibens auch auf Schreiben angewandt werden, die im Anschluss an eine Rückgabeverhandlung übermittelt werden[1].

ee) Betriebsübergang im Sinne des § 613a BGB

486a Bei vielen Mietsachen wird sich an das Ende der Mietzeit eine Nutzung durch einen neuen Mieter oder durch den Vermieter anschließen, die dem Betrieb des scheidenden Mieters sehr nahe kommt oder sogar identisch ist. Je nach Lage des Einzelfalls führt dies zu einem Betriebsübergang im Sinne des § 613a BGB mit Übergang der Arbeitsverhältnisse auf den neuen Nutzer (vgl. hierzu *Rz. 230a*). Da es sich bei § 613a BGB um zwingendes Recht handelt, kann Vorsorge nur durch Regelungen im Innenverhältnis zwischen den Vertragsparteien getroffen werden. Dies kann aus Sicht des Vermieters erfolgen, indem sich der scheidende Mieter verpflichtet, den Vermieter und eventuelle Nachfolgenutzer von den Ansprüchen der Arbeitnehmer des scheidenden Mieters freizustellen[2].

w) Besichtigungsrecht des Vermieters

487 **Checkpunkte**

– **Ein Besichtigungsrecht des Vermieters soll – nicht – vereinbart werden für:**

☐ gelegentliche Überprüfungen des Mietobjektes nach Voranmeldung

☐ für den Fall des bevorstehenden Endes des Mietverhältnisses bzw. bei Verkaufsabsicht mit Miet- oder Kaufinteressent

☐ Ankündigungsverpflichtung entfällt bei Gefahr im Verzug

Erläuterungen

488 Eine **gesetzliche Regelung** bezüglich des Besichtigungsrechts des Vermieters ist nicht vorhanden (vgl. zur Umsetzung *G Rz. 231 ff.*). Allgemein anerkannt ist ein Besichtigungsrecht des Vermieters zur Abwehr drohender schwerwiegender Gefahren für die Mietsache, nach Mängelanzeige des Mieters oder Bekanntwerden eines Mangels auf andere Weise und/oder

---

[1] OLG Düsseldorf, NZM 2004, 260; *Pietz/Leo* in Lindner-Figura/Oprée/Stellmann, Kap. 16 Rz. 50.
[2] Vgl. *Pietz/Leo* in Lindner-Figura/Oprée/Stellmann, Kap. 16 Rz. 55 f.

wenn der Vermieter beabsichtigt, das Mietobjekt zu veräußern[1] oder neu zu vermieten[2]. Ob der Vermieter darüber hinaus berechtigt ist, das Mietobjekt in regelmäßigen Abständen von etwa ein bis zwei Jahren zu besichtigen, ist umstritten[3]. Angesichts des nach wie vor bestehenden Streits in der Literatur sollte ein entsprechendes Besichtigungsrecht im Mietvertrag **ausdrücklich vereinbart** werden. In entsprechenden Klauseln sollte daher vereinbart werden, dass der Vermieter im Regelfall den Zutritt nur zu den ortsüblichen Besuchszeiten (in der Regel werktags von 10.00 Uhr bis 13.00 Uhr und 15.00 Uhr bis 18.00 Uhr, in Ausnahmefällen bis 20.00 Uhr[4]) ausüben kann. Gleichzeitig ist die Verpflichtung des Vermieters zur vorherigen **Ankündigung** aufzunehmen. Die formularvertragliche Vereinbarung eines jederzeitigen Besichtigungsrechts ist nur für Fälle zulässig, in denen **Gefahr in Verzug** ist[5]. Ansonsten wird eine Voranmeldung von mindestens 24 Stunden für erforderlich gehalten[6]. Das für den Fall der bevorstehenden Beendigung des laufenden Mietverhältnisses bzw. der bestehenden Verkaufsabsicht des Vermieters anerkannte Recht zur Besichtigung auch zusammen mit Miet- oder Kaufinteressenten sollte ebenfalls im Vertrag deklaratorisch festgehalten werden[7]. Zumindest formularvertraglich kann sich der Vermieter nicht das Recht vorbehalten, einen Schlüssel zur Mietsache im Besitz zu halten und sich auf diese Weise Zutritt zur Mietsache zu verschaffen[8]. Regelmäßig sind derartige Vereinbarungen nicht anzuraten, da sich bei Diebstählen oder sonstigen missliebigen Ereignissen der Verdacht einer Beteiligung des Vermieters oder einer sonstigen Person mit Zugang zu dem einbehalten Schlüssel ergeben kann.

x) Schlussbestimmungen

Checkpunkte 489

- Lückenergänzungsklausel
- Salvatorische Klausel
- § 545 BGB wird – nicht – abbedungen

---

1 *Wolf/Eckert/Ball*, Rz. 734.
2 *Wolf* in Lindner-Figura/Oprée/Stellmann, Kap. 13 Rz. 168.
3 Bejahend: *Sternel*, Mietrecht, II Rz. 292; *Kraemer* in Bub/Treier, III Rz. 1127 m.w.N.; verneinend: *Emmerich* in Emmerich/Sonnenschein, §§ 535, 536 BGB Rz. 54; *Wolf/Eckert/Ball*, Rz. 735; *Wolf* in Lindner-Figura/Oprée/Stellmann, Kap. 13 Rz. 169; vgl. zum Ganzen auch BGH, VersR 1966, 81, 82. In dieser Entscheidung stellt der BGH die Verpflichtung des Vermieters auf, das Mietobjekt von Zeit zu Zeit zu überprüfen. Ohne ein entsprechendes Besichtigungsrecht dürfte dies nicht möglich sein.
4 *Kraemer* in Bub/Treier, III Rz. 1128.
5 *Wolf/Eckert/Ball*, Rz. 734.
6 Vgl. *Blank*, Stichwort: Besichtigungsrecht des Vermieters IV, 56 m.w.N.
7 Vgl. insoweit *Kraemer* in Bub/Treier, III Rz. 1127.
8 *Wolf* in Lindner-Figura/Oprée/Stellmann, Kap. 13 Rz. 170.

Erläuterungen

aa) Lückenergänzungsklausel

490 Wie bei einem Wohnraummietvertrag sollte auch hier in einem Gewerberaummietvertrag eine Lückenergänzungsklausel nicht zuletzt zur Absicherung des Rechtsanwalts aufgenommen werden (insoweit kann auf die Ausführungen unter *Rz. 145* verwiesen werden).

bb) Salvatorische Klausel

491 Im Hinblick auf **§ 139 BGB** sollte der Vertrag eine salvatorische Klausel enthalten, nach der die Unwirksamkeit einzelner oder mehrerer Klauseln nicht zur Unwirksamkeit des Gesamtvertrages führen soll. Diese Vereinbarung, die zu einer Umkehr der Vermutung des § 139 BGB führt, ist auch formularvertraglich möglich[1].

492 Die vielfach zusätzlich getroffene Vereinbarung, nach der anstelle der unwirksamen Vereinbarung eine Vereinbarung gelten soll, die dem wirtschaftlich Gewollten möglichst nahe kommt, ist hingegen unwirksam, da sie im Ergebnis zu der vom BGH in ständiger Rechtsprechung für unzulässig gehaltenen geltungserhaltenden Reduktion führen würde[2].

cc) Schriftformklauseln

492a Regelmäßig sind in Verträgen Klauseln zu finden, nach denen Änderungen des Mietvertrags zu ihrer Wirksamkeit der Schriftform bedürfen. Die Wirkung entsprechender Klauseln ist äußerst begrenzt, da die Rechtsprechung davon ausgeht, dass diese Klauseln stillschweigend z.B. durch Abschluss eines mündlichen Änderungsvertrags aufgehoben werden können[3]. Ist in der Vertragsbestimmung jedoch niedergelegt, dass auch von dem Schriftformerfordernis nur durch schriftliche Vereinbarung abgewichen werden kann, soll dies wirksam sein mit der Folge der Unbeachtlichkeit von mündlichen Vereinbarungen[4].

dd) Schriftformheilungsklauseln/Sanierungsklauseln

492b Nachdem in den vergangenen Jahren die Einhaltung der Schriftform der §§ 578, 550, 126 BGB (vgl. auch *C Rz. 506 ff.*) in ganz erheblichem Umfang die Gerichte beschäftigt hat[5] und eine Vielzahl von vermeintlich langfristigen Verträgen sich nach Maßgabe der genannten Vorschriften als letztlich

---

1 BGH, NZM 2005, 502, 503.
2 St. Rspr., vgl. BGH, NJW 2000, 1110, 1113; *Lindner-Figura* in Lindner-Figura/Oprée/Stellmann, Kap. 7 Rz. 177 f.
3 BGH, NJOZ 2002, 833.
4 KG, NZM 2005, 908, n.rkr.
5 Vgl. etwa die umfangreichen Nachweise bei *Lindner-Figura* in Lindner-Figura/Oprée/Stellmann, Kap. 6 Rz. 1 f.; *Leo*, ZMR 2003, 389 f.; 2004, 558 f.; *Leo/Heider*, NZM 2005, 167 f.

unbefristet und damit kündbar erwiesen haben, wird versucht, vertraglich für den Fall der Verfehlung der Schriftform **Vorsorge** zu tragen. Denn eine sog. salvatorische Klausel verpflichtet die Parteien keinesfalls, Schriftformmängel zu heilen[1]. In diesem Zusammenhang werden Klauseln empfohlen, nach denen sich die Vertragsparteien verpflichten, sich ggf. nicht unter Berufung auf Schriftformmängel vorzeitig vom Vertrag zu lösen, sondern im Rahmen eines Nachtrages zum Mietvertrag den Mangel der Form zu heilen[2]. Die Rechtsprechung der Oberlandesgerichte zu diesen Klauseln ist uneinheitlich[3]. Ob derartige Klauseln wirksam sind, begegnet **nicht unerheblichen Bedenken**[4]. Denn der primäre Zweck der §§ 578, 550, 126 BGB liegt in dem **Schutz eines potentiellen Erwerbers**, der sich u.a. anhand der Vertragsurkunde unterrichten können soll, in welche vertraglichen Verpflichtungen er bei Erwerb des Grundstücks ggf. nach § 566 Abs. 1 BGB einrückt[5]. Sind mündliche Absprachen getroffen, soll er sich ggf. mit den gesetzlichen Fristen vom Vertrag lösen können. Nach allgemeiner Meinung handelt es sich bei § 550 BGB um zwingendes Recht[6]. Da der Erwerber nach Maßgabe des § 566 Abs. 1 BGB auch in die Verpflichtung einrücken würde, sich nicht auf Schriftformmängel zu berufen, liefe der **zwingende § 550 BGB** im Ergebnis leer. Es dürfte sich daher empfehlen, vorsorglich entsprechende Schriftformheilungsklauseln dahingehend zu formulieren, dass das Kündigungsrecht des Erwerbers nicht abbedungen wird. Zusätzlich ist jeweils auf das Unwirksamkeitsrisiko auch derartiger Klauseln hinzuweisen, da dem Schriftformerfordernis neben dem Schutz des potenziellen Erwerbers auch Beweisfunktion und die Funktion zukommt, die Parteien vor Übereilung zu schützen[7].

ee) Gerichtsstandsklausel

Im Hinblick auf § 29a ZPO kann auf die Vereinbarung einer Gerichtsstandsklausel **verzichtet** werden.

ff) Bestimmung einer Annahmefrist

Auch wirtschaftlich bedeutendere Mietverträge werden häufig nicht in einem gemeinsamen Termin unterzeichnet, sondern zunächst von einer Partei unterschrieben und sodann an den Vertragspartner gesandt (**Vertragsschluss unter Abwesenden**). Innerhalb welcher Frist die Gegenzeichnung

---

1 BGH, NZM 2002, 823; OLG Köln, GuT 2005, 153; **a.A.** OLG Jena, NZM 1999, 906.
2 *Lindner-Figura* in Lindner-Figura/Oprée/Stellmann, Kap. 6 Rz. 62.
3 OLG Düsseldorf, NZM 2005, 147; OLG Köln, GuT 2006, 14 f.; OLG Rostock, NZM 2008, 646.
4 *Wolf/Eckert/Ball*, Rz. 136; *Gerber*, ZfIR 2008, 632; *Lützenkirchen*, MietRB 2004, 305; *Streyl*, NZM 2009, 261; *Leo*, MietRB 2004, 8; NZM 2006, 815; a.A. *Timme/Hülk*, NZM 2008, 764, s.a. *Sternel*, Mietrecht aktuell, I Rz. 146.
5 BGH, NZM 2005, 584.
6 *Schach* in Kinne/Schach, Rz. 6 zu § 550 BGB.
7 BGH, NJW 1998, 58, 60 f.

und Rücksendung im Rahmen des **§ 147 Abs. 2 BGB** zu erfolgen hat, ist höchstrichterlich noch nicht entschieden und in Rechtsprechung und Literatur umstritten. Die Auffassungen schwanken zwischen 5 Tagen für Sonderfälle[1], zwei bis drei Wochen[2], mindestens drei Wochen bei bedeutenderen Verträgen[3] und mindestens vier Wochen[4]. Ein Zeitraum von sieben Wochen soll zu lang sein[5]. Gegen die Annahme relativ langer Annahmefristen spricht generell die Notwendigkeit des Erstunterzeichners, schnell Klarheit über den Abschluss des Vertrages zu erhalten, um anderweitige Marktchancen im Fall des Nichtzustandekommens des Vertrags wahrnehmen zu können[6]. Ist der Mietvertrag umfangreich bis zur Unterschriftsreife verhandelt worden, ergibt sich im Einzelfall zudem keine Notwendigkeit, dem Annehmenden eine Überlegungsfrist einzuräumen. Geht eine Annahmeerklärung in Gestalt des gegengezeichneten Vertrags bei dem Erstunterzeichner verspätet ein, finden die §§ 147 Abs. 2, 150 Abs. 1 BGB Anwendung mit der Folge, dass das in der ursprünglichen Übersendung des einseitig unterzeichneten Vertrags liegende Angebot erloschen war und in der verspäteten Gegenzeichnung nebst Rücksendung ein neues Angebot liegt[7], das alsdann regelmäßig durch schlüssiges Verhalten durch Einzug und Mietzahlung und somit unter Verletzung der Schriftform angenommen wird[8]. Daher empfiehlt es sich, im Vertrag **individualvertraglich** eine Annahmefrist zu vereinbaren. Aufgrund der oben beschriebenen Benachteiligung des Vertragspartners durch eine lange Bindung an sein Vertragsangebot erscheint es zumindest zweifelhaft, ob Annahmefristen von mehr als einer Woche oder maximal 10 Tagen formularvertraglich vereinbart werden können[9].

y) Formerfordernisse bei Abschluss eines Mietvertrages

494 – **Bei Abschluss des Mietvertrages:**

☐ Der Mietvertrag hat eine Laufzeit von bis zu einem Jahr ohne Optionen etc. und soll – nicht – schriftlich abgeschlossen werden.

☐ Der Mietvertrag hat eine längere Laufzeit als ein Jahr.

☐ Der Mietvertrag wird im Zusammenhang mit einem beurkundungspflichtigen Geschäft abgeschlossen und bildet einen Teil dieses Geschäfts.

---

1 KG, WuM 2001, 111.
2 KG, NZM 2007, 731; vgl. auch: OLG Brandenburg, Urt. v. 18.3.2009 – 3 U 71/08.
3 OLG Naumburg, NZM 2004, 825; OLG Dresden, NZM 2004, 826.
4 *Linder-Figura* in Lindner-Figura/Oprée/Stellmann, Kap. 5 Rz. 23.
5 OLG Hamm, ZMR 2006, 205; KG, ZMR 2007, 535.
6 Vgl. hierzu: *Leo*, NZM 2005, 688 f.
7 *Lindner-Figura/Hartl*, NZM 2003, 750; *Leo*, MietRB 2003, 15.
8 **A.A.** Thüringer OLG, NZM 2008, 572; *Neuhaus*, Rz. 303 f.; *Stiegele*, NZM 2004, 606; *Wichert*, ZMR 2005, 593, die in einschlägigen Fällen unabhängig vom Zeitpunkt der Gegenzeichnung von der Einhaltung der Schriftform ausgehen.
9 **A.A.** *Linder-Figura* in Lindner-Figura/Oprée/Stellmann, Kap. 5 Rz. 24, der formularvertragliche Bindungsfristen von 4–6 Wochen für wirksam erachtet; vgl. auch KG, NZM 2007, 86.

Grundsätzlich sind Gewerberaummietverträge **formfrei**. Dieser Grundsatz erhält jedoch so viele Durchbrechungen, dass die Formfreiheit von Mietverträgen im Gewerberaumbereich tatsächlich die Ausnahme bildet. Selbst in den seltenen Fällen der Formfreiheit ist schon aus Beweisgründen dringend anzuraten, die **Schriftform** zu vereinbaren: 495

aa) Schriftformbedürftige Mietverträge[1]

Mietverträge bedürfen zum einen der **Schriftform**, wenn dies zwischen den Parteien **vereinbart** worden ist. Zum anderen folgt die Notwendigkeit der Einhaltung der Schriftform für Mietverträge für Gewerberaum aus §§ 550, 566, 126 BGB, wenn der Vertrag über eine **längere Zeit als ein Jahr** geschlossen werden soll (vgl. auch C Rz. 506 ff.). Diese Voraussetzung ist u.a. erfüllt, wenn eine feste Vertragslaufzeit vereinbart wird, das Kündigungsrecht des Vermieters für längere Zeit als ein Jahr ausgeschlossen ist, wenn der Mietvertragsverlängerungsoptionen enthält, die ggf. mit der Grundlaufzeit des Vertrags zu einer Dauer von mehr als einem Jahr führen[2], oder der Vertrag auf Lebenszeit einer der Vertragsparteien abgeschlossen worden ist[3]. Die Anforderungen an die Einhaltung der Schriftform waren in der jüngeren Vergangenheit Gegenstand zahlloser Veröffentlichungen und gerichtlicher Entscheidungen[4]. Einige wesentliche Fragen sind zwischenzeitlich durch Entscheidungen des BGH für die Praxis entschieden: 496

Zunächst sind im Hinblick auf den **Schutz eines möglichen Erwerbers** des Grundstücks, der in das Mietverhältnis gemäß §§ 566, 578 BGB eintritt, sämtliche, wesentliche Vereinbarungen der Parteien in die Vertragsurkunde aufzunehmen[5]. Deren Bestimmbarkeit muss zum Zeitpunkt des Vertragsabschlusses gegeben sein[6]. Dies gilt auch beim gemeinsamen **Abschluss mehrerer Verträge**, die nach dem Willen der Parteien eine Einheit bilden, wie z.B. beim gemeinsamen Abschluss eines Mietvertrages mit einem Werk- oder Dienstvertrag. Da die Frage, welche Punkte „wesentlich" im vorgenannten Sinne sind, oftmals schwer zu beurteilen sein wird und die Rechtsprechung die Wesentlichkeit von Vereinbarungen relativ umfangreich annimmt[7], sind bei der Vertragsgestaltung alle Abreden der Parteien vorsorglich in die Urkunde aufzunehmen. Insbesondere die Mietsache[8] und die Mietdauer[9] sind im Sinne einer eindeutigen Bestimmbarkeit bei Vertragsschluss genau zu bezeichnen, da bei Unklarheiten die Schrift- 497

---

1 Einen sehr guten Überblick zu den mannigfaltigen Problemen der Schriftform gibt *Lindner-Figura*, NZM 2005, 705.
2 *Linder-Figura* in Lindner-Figura/Oprée/Stellmann, Kap. 6 Rz. 14 f.
3 *Emmerich* in Emmerich/Sonnenschein, Rz. 6 zu § 550 BGB.
4 Vgl. hierzu nur *Lindner-Figura* in Lindner-Figura/Oprée/Stellmann, Kap. 6 Rz. 1 f.; *Franke*, ZMR 1998, 529 f.; *Haase*, WuM 1995, 625 f.; *Leo*, ZMR 2003, 389 f.; 2004, 558 f.; *Leo/Heider*, NZM 2005, 167 f. jeweils m.w.N.
5 BGH, ZMR 2003, 337.
6 BGH, NJW 1999, 3257, 3259.
7 OLG Düsseldorf, ZMR 2002, 741; OLG Rostock, NJOZ 2009, 4528.
8 BGH, GuT 2006, 10.
9 OLG Köln, ZMR 1999, 760; OLG Rostock, ZMR 2001, 27.

form nicht gewahrt ist. Es ist für die Einhaltung der Schriftform der §§ 578, 550, 126 BGB nicht erforderlich, die einzelnen Blätter der Urkunde körperlich fest zu verbinden, wenn sich die **Einheit** der einzelnen Vertragsseiten aus **fortlaufender Paginierung, fortlaufender Nummerierung der einzelnen Bestimmungen, einheitlicher grafischer Gestaltung, inhaltlichem Zusammenhang des Textes** oder **vergleichbaren Merkmalen** zweifelsfrei ergibt[1]. Eine körperlich feste Verbindung zwischen Vertragstext im engeren Sinne und seinen Anlagen soll dann nicht erforderlich sein, wenn sich die **Einheit von Urkunde und Anlage** aus einer Verweisung zweifelsfrei ergibt[2]. Eine gesonderte Unterschrift auf den Anlagen ist regelmäßig nicht erforderlich[3].

498 Problematisch ist nach wie vor die Behandlung von Fällen, bei denen ein noch **nicht errichtetes** oder **umzubauendes Objekt** vermietet wird und entweder der genaue Umfang der Bauarbeiten und/oder die Kostentragung etc. zwischen den Parteien von vornherein nicht vollständig vereinbart wird oder aber während der (Um-)Bauzeit Veränderungen am Objekt vorgenommen werden. In einschlägigen Konstellationen wird häufig nach h.M. ein Verstoß gegen die §§ 578, 550, 126 BGB angenommen[4], wenn der Mieter nicht ausnahmsweise das gesamte Objekt anmietet[5]. Teilweise sind entsprechende Änderungen für nicht beurkundungspflichtig angesehen worden, „weil sie nicht die maßgeblichen prägenden Verpflichtungen des Mietvertrages betreffen"[6]. Den Parteien eines entsprechenden Mietvertrages ist zu raten, trotz der damit verbundenen Lästigkeiten und des entstehenden Verwaltungsaufwandes entsprechende Änderungen in **Nachträgen** ausdrücklich und formgerecht zu regeln.

499 Die Parteien sind darauf hinzuweisen, dass jede Ergänzung bzw. Änderung des Mietvertrages seitens des Annehmenden nebst anschließender Unterzeichnung als neues Angebot i.S.d. § 150 Abs. 2 BGB mit der Folge der Verfehlung der Schriftform angesehen wird, wenn nicht erneut dieses Angebot angenommen wird[7] oder der Ändernde von dem Unterzeichner hierzu ermächtigt war. Dies soll nicht für rein formale Änderungen wie z.B. bei Streichung des Namens des Vertreters einer Vertragspartei nebst Ersetzung durch eine andere Person gelten[8].

---

1 BGH, NJW 1998, 58 f.
2 BGH, ZMR 2003, 337; noch weiter gehend, aber zweifelhaft OLG Köln, NZM 1999, 619. Der Senat lässt in dieser Entscheidung die Unterschrift einer Vertragspartei auf einem mit der Vertragsurkunde nicht körperlich fest verbundenen Anlagebogen genügen.
3 BGH, NZM 2005, 584.
4 Vgl. OLG Köln, OLGR 1997, 89 f. = ZMR 1997, 230 f.; BGH, NZM 1999, 761, 763; NJW 1999, 2591, 2593; vgl. aber a. BGH, NZM 2009, 515.
5 BGH, NZM 2007, 445.
6 OLG Köln, Urt. v. 13.1.1999 – 2 U 51/98, n.v.
7 BGH, NZM 2001, 42 f.; 2008, 484; OLG Hamm, ZMR 2006, 205 f.; OLG Düsseldorf, ZMR 2008, 711.
8 OLG Köln, NZM 2005, 705.

Bei der Beratung von Mietvertragsparteien im Zusammenhang mit dem Abschluss von Mietverträgen sollte nach wie vor der **sicherste Weg** eingeschlagen werden, indem die einzelnen Seiten des Mietvertrages mit allen Anlagen körperlich vor Unterschriftsleistung **fest verbunden** werden. Auch wenn dies nach der vorstehend zitierten Rechtsprechung bei Einhaltung der genannten Kriterien für die Erfüllung des Formerfordernisses nicht mehr zwingend erforderlich ist, bietet die körperlich feste Verbindung aller Vertragsbestandteile durch Ösung/Heftung nebst Leimfaden etc. unter anderem gegen die gewollte oder ungewollte Veränderung der Vertragsurkunde durch Vertauschen oder Auswechseln einzelner Blätter größtmögliche Sicherheit. Dieser Vorteil sollte insbesondere bei langfristigen Mietverträgen nicht unterschätzt werden. Zur Sicherheit sollten auch bei körperlich fester Verbindung die **Anlagen** von beiden Vertragsparteien zusätzlich auf jeder Seite unterzeichnet werden[1]. Die Zusammengehörigkeit der einzelnen Seiten der Urkunde kann durch Paraphierung zusätzlich verdeutlicht werden.

500

Auch wenn zur Wahrung der Schriftform das Vorliegen eines den Anforderungen genügendes Exemplars ausreicht[2], sollte im Mietvertragstext eine Bestimmung enthalten sein, aus der die **Anzahl der hergestellten Exemplare** der Urkunde hervorgeht. Damit ist gewährleistet, dass bei Abschluss späterer Änderungs- bzw. Ergänzungsverträge sämtliche Ausfertigungen vorgelegt und geändert werden können[3].

501

Bei der Gestaltung der Mietvertragsurkunden ist darauf zu achten, dass die **Unterschriften** am Ende der Vertragsurkunde stehen, ein gegengezeichnetes Exemplar dem Vertragspartner zugeht[4] und die Unterschriften den Vertrag räumlich abschließen. Vielfach werden in der Praxis unter die Unterschriften die Bezugnahmen auf die Anlagen oder weitere Vereinbarungen gesetzt. Diese sind dann von der Unterschrift jeweils nicht abgedeckt. Zumindest im Falle der fehlenden körperlichen Verbindung mit den Anlagen ist dann ein Verstoß gegen die Schriftformerfordernisse möglich. Im Zusammenhang mit den Unterschriften ist darauf zu achten, dass sie sich von der ggf. ebenfalls auf dem Vertrag befindlichen Paraphe des Unterzeichners unterscheidet, da sich ansonsten erneut Zweifel an der Einhaltung der Schriftform ergeben können[5].

502

bb) Notarielle Beurkundung

In einer nicht unerheblichen Zahl von Fällen bedürfen Gewerberaummietverträge der notariellen Beurkundung. Dies ist **beispielsweise** der Fall, wenn im Rahmen eines einheitlichen Geschäftes das Mietobjekt vom Mieter an den Vermieter **veräußert und gleichzeitig angemietet** wird. Auch im Übrigen führen vertragliche Vereinbarungen über die Veräußerung oder

503

---

[1] Vgl. aber OLG Köln, NZM 1999, 619.
[2] BGH, ZMR 1999, 691; OLG Düsseldorf, ZMR 2001, 446.
[3] Thüringer OLG, WuM 1997, 291, 292.
[4] BGH, NJW 1962, 1388.
[5] OLG Köln, NZM 2005, 705.

den Erwerb des Grundstücks regelmäßig zur **Beurkundungspflichtigkeit des gesamten Vertrages**[1]. Insbesondere bei Vereinbarung von Vorkaufsrechten wird dies immer wieder übersehen[2]. Vielfach wird von den Mandanten der Wunsch geäußert, die durch die Mitbeurkundung des Mietvertrages entstehenden, mitunter ganz erheblichen Notarkosten zu vermeiden, indem der Vertrag ganz oder teilweise nicht beurkundet wird. In derartigen Situationen ist der Mandant nachdrücklich auf die **Rechtsfolgen hinzuweisen**. Denn bis zur möglicherweise etliche Monate später erfolgenden Eintragung des Geschäftes ist gemäß § 311b Abs. 1 S. 2 BGB das gesamte Vertragsverhältnis schwebend unwirksam. Hierauf und auf die Möglichkeit der langen zeitlichen Erstreckung dieses Schwebezustandes nebst mangelndem Schutz vor anderweitigen Verfügungen über das Vertragsobjekt sollte ggf. zur Absicherung des Rechtsanwaltes umfänglich (schriftlich) hingewiesen werden. Ist im Vertrag eine salvatorische Klausel enthalten, so führt dies lediglich zu einer Umkehr der Vermutung des § 139 BGB[3]. Sind umfangreiche Investitionen des Vermieters vorgesehen, die über das Vorkaufsrecht abgesichert werden sollen, verbleibt es jedoch auch bei Vorhandensein einer salvatorischen Klausel bei der Vermutungswirkung des § 139 BGB[4].

III. Verschulden bei Vertragsverhandlungen

504 Im Bereich des Mietrechts bestehen grundsätzlich keine Besonderheiten im Hinblick auf nunmehr in § 311 Abs. 2, 3 BGB kodifizierte Ansprüche aus Verschulden bei Vertragsschluss. Es gelten die **allgemeinen Regelungen**[5].

1. Typische Fallkonstellationen im Mietrecht

Derartige Ansprüche kommen unter anderem in folgenden Fallkonstellationen in Betracht:

– **Verletzung von Sorgfalts- und Obhutspflichten**	Insbesondere bei Verletzung von **Verkehrssicherungspflichten** (Beispiel: Sturz auf einer ungesicherten Treppe etc.) sind im Rahmen von Mietvertragsverhandlungen Ansprüche wegen Verletzung von Sorgfalts- und Obhutspflichten denkbar.	505

---

1 Dies soll jedoch nicht für die Vereinbarung einer sog. „Vorhand" gelten, vgl. OLG München, ZMR 1997, 293, 295, wenn in deren Rahmen keine (bedingte) Verpflichtung zum Verkauf/Kauf begründet wird.
2 Vgl. BGH, DWW 1994, 283; OLG Düsseldorf, ZMR 2001, 101; *Fritz*, Rz. 51 f. m.w.N.
3 BGH, NZM 2003, 61; 2005, 502 f.; GuT 2009, 29; OLG Brandenburg, GuT 2009, 182.
4 OLG Düsseldorf, WuM 2005, 195.
5 Vgl. *Fritz*, Rz. 33.

506	– **Grundloser Abbruch der Vertragsverhandlungen**	Nachdem dem Vertragspartner die **Gewissheit** vermittelt worden ist, der Vertragsabschluss werde zustande kommen[1], können im Einzelfall Ansprüche unter dem Gesichtspunkt des Verschuldens bei Vertragsschluss gegeben sein, wenn gleichwohl die Vertragsverhandlungen grundlos abgebrochen werden. Da auf diese Weise ein indirekter Zwang zum Vertragsabschluss erzeugt wird, sind derartige Ansprüche nur mit größter **Zurückhaltung** anzunehmen[2].
507	– **Verletzung von Aufklärungspflichten**	Grundsätzlich ist es die Aufgabe des jeweiligen Vertragspartners, sich durch Nachfragen über alle für ihn wesentlichen Gesichtspunkte zu versichern[3]. Auf entsprechende Nachfrage besteht die Verpflichtung zur **wahrheitsgemäßen** und **vollständigen Antwort**. Ausnahmsweise können sich jedoch weitere Aufklärungspflichten ergeben. Dies etwa dann, wenn nur einem Vertragspartner Umstände bekannt sind, von denen er zumindest wissen müsste, dass sie für die Entscheidung zum Vertragsschluss des potentiellen Vertragspartners von Bedeutung sind. Als Beispiele werden hier genannt: Eine bevorstehende längerfristige Straßensperrung im Bereich des Mietobjekts bei Mietern mit Publikumsverkehr[4] sowie Anordnung der Zwangsversteigerung oder Zwangsverwaltung[5]. Bei zu niedrig angesetzten Betriebskostenvorauszahlungen gilt dies nicht[6].
508	– **Angabe unrichtiger Umstände oder Tatsachen**	In derartigen Konstellationen ist zunächst über eine Möglichkeit zur Anfechtung des Vertrages wegen arglistiger Täuschung nachzudenken. Besteht diese Möglichkeit nicht oder entspricht sie nicht den Wünschen des Mandanten, ist zu prüfen, ob stattdessen

---

1 Vgl. BGH, NJW 1996, 1884, 1885 m.w.N.
2 BGH, NJW 1996, 1884, 1885; OLG Düsseldorf, ZMR 2000, 23 f.; *Reinstorf* in Bub/Treier, II Rz. 196 f.; einschränkend OLG Celle, ZMR 2000, 168 f.
3 *Stellmann* in Lindner-Figura/Oprée/Stellmann, Kap. 4 Rz. 11.
4 *Emmerich* in Emmerich/Sonnenschein, vor § 535 BGB Rz. 28.
5 OLG Hamm, MDR 1988, 585 f.; *Stellmann* in Lindner-Figura/Oprée/Stellmann, Kap. 4 Rz. 21.
6 BGH, WuM 2004, 201 = ZMR 2004, 347 = NZM 2004, 251 = MietRB 2004, 162; BGH, NZM 2004, 619.

oder daneben Ansprüche aus Verschulden bei Vertragsschluss bestehen[1].

509 – **Verwendung nach §§ 305 f. BGB unwirksamer Vertragsklauseln** Schadensersatzansprüche nach den Grundsätzen der c.i.c. werden auch bei Verwendung nach den §§ 305 f. BGB unwirksamer Klauseln im Rahmen von Formularmietverträgen angenommen[2]. Der Schadensersatzanspruch kann auf den Ersatz von Rechtsberatungskosten und/oder auf die Rückforderung von Leistungen auf Grund unwirksamer Klauseln gerichtet sein[3].

2. Ausschluss von Ansprüchen wegen Verschuldens bei Vertragsschluss bei Vorliegen von Sachmängeln

510 Bei der Beratung ist immer zu beachten, dass bei Sachmängeln die §§ 536 f. BGB eine **abschließende Sonderregelung** enthalten und daher auf die Grundsätze des Verschuldens bei Vertragsschluss zumindest dann nicht zurückgegriffen werden kann, wenn die Mieträume bereits **übergeben** worden sind und der Vermieter lediglich fahrlässig gehandelt hat[4]. Hat der Vermieter jedoch arglistig falsche Angaben gemacht, so kann auch nach Übergabe ein Anspruch aus Verschulden bei Vertragsschluss bei Vorliegen von Sachmängeln geltend gemacht werden[5].

---

1 *Reinstorf* in Bub/Treier, II Rz. 195.
2 BGH, NZM 2009, 541; *Bub* in Bub/Treier, II Rz. 576 m.w.N.
3 Palandt/*Grüneberg*, Vorb. v. § 307 BGB Rz. 14; *Sternel*, Mietrecht aktuell, Rz. 104; AG/LG Stuttgart, WuM 1986, 369 f.; AG Bergisch Gladbach, WuM 1995, 479 f.
4 BGH, NJW 1997, 2813 f.
5 BGH, NJW 1997, 2813, 2814 f.

B. Allgemeine Fragen der Abwicklung mietrechtlicher Mandate

	Rz.
I. Die Persönlichkeit des Mandanten und sein Interesse	1
II. Der querulatorische Mandant	7
1. Vermieterberatung gegenüber querulatorischen Mietern	9
2. Mieterberatung gegenüber querulatorischen Vermietern	21
III. Das rechtsschutzversicherte Mandat	29
1. Der Mandant	29
2. Die Abwicklung mit dem Rechtsschutzversicherer	33
a) Erstberatung	34
b) Die anderen Fälle	36
c) Probleme bei der Abrechnung gegenüber dem Versicherer	46a
d) Gebühren	47
IV. Die Erstberatung	50
1. Die Vorbereitung und Durchführung	50
2. Gebühren	60
V. Das Vorliegen des Mietvertrages	61
1. Der schriftliche Mietvertrag	62
a) Probleme bei der Identifizierung der Vertragspartner	63
aa) Vermieterseite	67
bb) Mieterseite	74
cc) GbR als Vertragspartei/sonstige Personengesellschaften	77
dd) Unternehmensbezogene Rechtsgeschäfte	82
ee) Hilfsüberlegungen zur Ermittlung der richtigen Partei	84
b) Die Vollständigkeitsprüfung	90
c) Gemischte Verträge	94
d) Verschiedene Vertragsexemplare	102

	Rz.
2. Der konkludent abgeschlossene Mietvertrag	108
3. Der mündliche Mietvertrag	116
a) Vermieterberatung	120
aa) Der Vermieter will an dem vermeintlichen Vertrag festhalten	120
bb) Der Vermieter will nicht am Vertrag festhalten	124
b) Mieterberatung	126
4. Wirksamkeit des Mietvertrages	131
5. Auslegung im Mietrecht	137
a) Auslegung von Willenserklärungen und Vertragsklauseln, §§ 133, 157 BGB	137
b) Ergänzende Vertragsauslegung	145
VI. Verstöße gegen das Allgemeine Gleichbehandlungsgesetz	148
1. Grundlagen	148
a) EU-rechtliche Vorgaben	149
b) Aufbau des Gesetzes	154
2. Zeitlicher Anwendungsbereich	165
a) Benachteiligungen wegen Rasse oder ethnischer Herkunft	166
b) Benachteiligungen wegen des Geschlechts etc.	169
3. Ziele des Allgemeinen Gleichbehandlungsgesetzes (AGG)	171
4. Generelle Anwendbarkeit auf die Miete	175
5. Zivilrechtliches Benachteiligungsverbot	181
a) Benachteiligung	182
aa) Unmittelbare Beeinträchtigung	185
bb) Mittelbare Beeinträchtigung	188
(1) Vorschriften, Kriterien oder Verfahren	189
(2) Bildung von Vergleichsgruppen	193

	Rz.		Rz.
(3) Rechtfertigung auf Tatbestandsebene	194	c) Ausnahmen bei der Vermietung von Wohnraum	257
(4) Verhältnis zu anderen Rechtfertigungsgründen	197	aa) § 19 Abs. 3 AGG	257
		bb) § 19 Abs. 5 AGG	272
(5) Gefahr der Schlechterstellung	198	(1) § 19 Abs. 5 S. 1 und 2 AGG	272
cc) Anweisung zur Benachteiligung	199	(2) § 19 Abs. 5 S. 3 AGG	280
		(a) Anzahl der Wohnungen	282
dd) Zusammenhang der Benachteiligung mit dem Schuldverhältnis	202	(b) Vermieten	284
		(c) Verwalter mit mehr als 50 Wohnungen	289
b) Erfasste Schuldverhältnisse	206	(d) Zwangsverwalter	296
		(e) Andere Konstellationen	300
aa) Benachteiligung wegen Rasse oder ethnischer Herkunft	207	(f) Rechtsfolge	305
		d) Allgemeine Rechtfertigung	311
bb) Massengeschäfte	210	aa) Positive Maßnahmen	311
(1) Vermieter = Unternehmer	211	bb) Rechtfertigung nach § 20 AGG	316
(2) Vielzahl von Fällen	213	(1) § 20 Abs. 1 Nr. 1 AGG	321
(3) Typisierte Schuldverhältnisse	218	(2) § 20 Abs. 1 Nr. 2 AGG	323
		(3) § 20 Abs. 1 Nr. 3 AGG	324
cc) Sonstige Schuldverhältnisse	221	(4) § 20 Abs. 1 Nr. 4 AGG	325
		6. Rechtsfolgen	327
(1) Vermieter = Unternehmer	222	a) Beseitigung und Unterlassung	328
(2) Vielzahl von Fällen	223	b) Schadensersatz	330
(3) Nachrangige Bedeutung des Ansehens der Person	225	c) Verhältnis zu § 823 BGB und anderen Anspruchsgrundlagen	334
		d) Ausschlussfrist	336
(a) Begründung von Mietverträgen	230	e) Beweislast	339
		f) Relative Unwirksamkeit	343
(b) Abwicklung des Mietvertrages	243	7. Antidiskriminierungsverbände	344
(c) Beendigung des Mietvertrages	256	8. Prüfungsschema bei der Wohnraummiete	348

I. Die Persönlichkeit des Mandanten und sein Interesse

1 Üblicherweise wenden sich Vermieter oder Mieter an den Rechtsanwalt, um Hilfe in einer bestimmten Problemlage zu erhalten. Häufig liegt dazu ein konkreter Anlass vor, weil die jeweils andere Partei bereits Rechte geltend macht oder verweigert. Daneben sind die Fälle zu erwähnen, in denen eine Rechtsausübung vorbereitet werden oder einfach nur eine Beratung erfolgen soll.

Unabhängig von der konkreten Beratungssituation sollte sich der Rechtsanwalt der **Bedeutung des Mietvertrages** für seinen jeweiligen Mandanten bewusst sein. Für den **Vermieter** stellt der Mietvertrag eine Einnahmequelle zur Bedienung seiner Zins- und Tilgungsverbindlichkeiten, aber auch zur Vermögenserhaltung und -mehrung dar. Für den **Mieter** ist der Mietvertrag die Grundlage seines Lebensmittelpunktes zur privaten oder beruflichen Entwicklung, den er sich auf Dauer oder doch zumindest für bestimmte Zeit erhalten will.

Diese Bedeutung sollte der Rechtsanwalt vor allem bei der Beurteilung des Risikos, das sich aus der jeweiligen Fallgestaltung ergibt, berücksichtigen. Dies gilt umso mehr, als Mietverträge **Dauerschuldverhältnisse** sind. Außer in den Fällen, in denen es um die Abwicklung beendeter Mietverträge geht, kann die Rechtsverfolgung auch immer Konsequenzen für die Fortdauer des Mietvertrages haben, indem eine Belastung des Verhältnisses der Parteien herbeigeführt wird. Es entspricht dem menschlichen Wesen, dass z.B. verlorene Prozesse auf Seiten des Verlierers das Bedürfnis erwecken können, sich für die Niederlage zu **revanchieren**. Dann ist aber schnell eine Eskalation erreicht, die in einer Prozessflut mündet, an deren Ende der Richter den Parteien nahe legt, sich zu trennen. Diese Entwicklung, jedenfalls das damit verbundene Risiko sollte der Rechtsanwalt vorhersehen und deshalb vor der jeweiligen Rechtsausübung ermitteln, ob und ggf. wo der eigene Mandant Angriffsfläche für Ansprüche des Vertragspartners bietet. Ergeben sich solche Gegenansprüche, kann die „Niederlage" des Gegners dadurch abgemildert werden, dass ihm auch etwas gegeben wird.

Neben dem sachlichen und finanziellen Risiko, das das konkrete Mandat hervorruft, sollte auch die jeweilige **Persönlichkeit des Mandanten** bedacht werden. Einem ängstlichen Mandanten einen Prozess zuzumuten, kann für ihn schlaflose Nächte bedeuten. Gerade auf Mieterseite, wenn es um die Beendigung des Mietvertrages durch Kündigung etc. geht, ergibt sich regelmäßig eine erhebliche **psychische Belastung**, die nur hart gesottene Mandanten emotionslos überstehen.

Kriterien für die **Beurteilung der Persönlichkeit** des Mandanten ergeben sich häufig aus dem Schriftwechsel. Die Art und Weise der Formulierung, aber auch die Frequenz der Schreiben lassen deutlich erkennen, wie die Persönlichkeit des Mandanten strukturiert ist. Im Übrigen sollte darauf geachtet werden, wie der Mandant sein Interesse vorträgt.

Zur Vermeidung von Missverständnissen sei hervorgehoben, dass der Rechtsanwalt die **Beurteilung der Sach- und Rechtslage** nicht davon abhängig machen sollte, welche Persönlichkeit vor ihm sitzt. Bei der Empfehlung des weiteren Vorgehens sollte jedoch auch bedacht werden, was dem Mandanten in persönlicher und finanzieller Hinsicht zugemutet werden kann. Ist sein Interesse auf eine **nicht durchsetzbare Forderung** gerichtet, sollte der Rechtsanwalt ihm dies deutlich (ggf. schriftlich) zu verstehen geben. Lässt der Mandant sich nicht von seinem Vorhaben abhalten, sollte der Rechtsanwalt gut überlegen, ob er das Mandat gleichwohl mit dem Ziel des Mandanten führen will. Denn sieht der Rechtsanwalt einen verlorenen Prozess voraus, besteht die Gefahr eines Imageschadens und der Streit mit dem Mandanten ist vorprogrammiert, wenn die Vorhersage des Rechtsanwalts eintrifft. Regelmäßig ist der Mandant, der der Empfehlung des Rechtsanwalts nicht folgen wollte, nämlich auch gegenüber einer gerichtlichen Entscheidung uneinsichtig und sucht den Fehler für den verlorenen Prozess zuletzt bei sich selbst.

4 Die Persönlichkeit des Mandanten ist jedoch auch wichtig, um die **betriebswirtschaftliche Seite** des Mandats zu beurteilen. Ergeben sich aus der Korrespondenz Anzeichen für querulatorische Züge, kann damit gerechnet werden, dass die Mandatsabwicklung durch lange Briefe, Telefonate oder E-Mail-Terror belastet wird. Dies bedeutet **Zeitverlust** und damit grundsätzlich **Umsatzeinbuße**. Das Gleiche gilt bei ängstlichen oder übervorsichtigen Mandanten, die jede Maßnahme des Rechtsanwalts hinterfragen und (telefonisch oder persönlich) diskutieren wollen. Gerade bei diesen Mandanten, die **„zusätzlichen" (Betreuungs-)Aufwand** veranlassen, sollte der Rechtsanwalt eingehend prüfen, ob er das Mandat annimmt oder zumindest ein **Zusatzhonorar** verlangt.

5 Mit äußerster Vorsicht sollte der Rechtsanwalt von sich aus **über das konkrete Interesse** des Mandanten **hinaus beraten**. Dadurch werden ggf. unnötig Begehrlichkeiten geweckt, ohne dass bereits absehbar ist, welches Risiko entsteht. Hat der Rechtsanwalt derartige Ansprüche, die eigentlich nicht Anlass der Beauftragung waren, geltend gemacht, besteht die Gefahr, dass am Ende des Mandats die Gebührenfrage gestellt wird, wenn der Prozess verloren gehen sollte. Regelmäßig nimmt der Mandant nämlich den Standpunkt ein, der Rechtsanwalt habe dieses Verfahren führen wollen, und sieht nicht ein, weshalb er für den verlorenen Prozess bezahlen soll, selbst wenn er eine Vollmacht unterschrieben hat. Auch hier droht zumindest **Imageverlust**, gegen den man sich auch nicht mit einem üppigen Vorschuss schützen kann. Trotzdem sollte bei derartigen Mandaten immer nach der Maxime gehandelt werden, dass Gebühren spätestens dann in Rechnung gestellt werden, wenn sie angefallen sind.

6 Um pflichtgemäß zu beraten, sollte der Rechtsanwalt also neben den Risiken, die die Sach- und Rechtslage hervorruft, bedenken, was er seinem Mandanten in persönlicher und wirtschaftlicher Hinsicht zumuten kann. Als **„Berater in allen Lebenslagen"** sollte er sich weder scheuen, ein „ernstes Wort" mit dem Mandanten zu sprechen, noch ein Zusatzhonorar zu verlangen, wenn vorherzusehen ist, dass sich das Mandat sonst nicht rechnet. Je ehrlicher und offener der Rechtsanwalt dem Mandanten gegenübertritt, umso eher ist gewährleistet, dass der Mandant ihn nicht als Handlanger seiner Interessen ansieht, sondern seine Arbeit mit Respekt beurteilt.

II. Der querulatorische Mandant

7 Ist der Mandant querulatorisch veranlagt, sollte ernsthaft überlegt werden, ob das Mandat angenommen oder fortgeführt wird. Denn die Erfahrung zeigt, dass sich die Nörgelei nicht auf das Mietverhältnis beschränkt, sondern oft Ausdruck allgemeiner **Unzufriedenheit** mit der gesamten Umwelt ist, wozu spätestens nach einer friedlichen Anfangszeit auch das Mandatsverhältnis gehört. Im Hinblick auf das relativ geringe Gebührenaufkom-

men, jedenfalls in den meisten Wohnraummietsachen, ist eine wirtschaftlich sinnvolle Bearbeitung der Angelegenheit dieser Mandanten erfahrungsgemäß kaum noch möglich.

Auch wenn der querulatorisch veranlagte Mandant i.d.R. eine **Quelle vielfältiger Streitigkeiten** ist, ist mit ihm ein wirtschaftlicher Erfolg im Ergebnis kaum zu erzielen, weil **zusätzlicher Aufwand** deshalb betrieben werden muss, weil der Mandant jede Maßnahme, jedes Schreiben und jeden Schriftsatz kritisiert und dadurch den Rechtsanwalt in eine Rechtfertigungssituation bringt. Die Folgen sind lange Beratungsgespräche und Telefonate, in denen es doch nicht gelingt, den Mandant von der Richtigkeit der Vorgehens- oder Ausdrucksweise zu überzeugen, oder lange Schreiben, in denen die Vorgehensweise erläutert und gerechtfertigt werden muss. Besonders beliebt sind die täglichen E-Mails, warum denn das Eine oder Andere noch nicht geschehen ist bzw. was noch alles gewünscht wird.

Hat sich der Rechtsanwalt entschlossen, trotz der erkannten querulatorischen Veranlagung das Mandat fortzusetzen, sollte er zumindest außerhalb der notwendigen Informationsgespräche den **persönlichen Kontakt** zu dem Mandanten (weitestgehend) **vermeiden**. Dies kann dadurch erreicht werden, dass das Sekretariat angewiesen wird, nicht ohne Zustimmung des Rechtsanwalts persönliche Termine zu vereinbaren und bei Telefonaten eine Verbindung mit der Begründung abzulehnen, dass sich der Rechtsanwalt in einer Besprechung oder einem Termin befindet. Rückrufbitten sollten ignoriert werden. Die Folge ist regelmäßig, dass sich der Mandant nach kurzer Zeit – mit bösen Worten – schriftlich an den Rechtsanwalt wendet, weil er sein Anliegen mitteilen will. Dies eröffnet die Möglichkeit, die Fragen des Mandanten – nach angemessener Zeit – schriftlich zu beantworten. Die **schriftliche Äußerung** ist insoweit vorteilhaft, als sich der Rechtsanwalt dabei zur Sachlichkeit zwingen kann. Bei einem Telefonat, in dem sich der Mandant auch von den besten Argumenten nicht überzeugen lässt, entsteht sehr schnell eine Situation, in der der Rechtsanwalt daran denkt, welche Arbeit noch vor ihm liegt, so dass – insbesondere bei Stress – unsachliche Äußerungen provoziert werden oder der Mandant – zu recht – den Eindruck gewinnt, er nervt, was eine weitere Belastung herbeiführt. Abgesehen davon kann durch die schriftliche Äußerung jederzeit nachgewiesen werden, worüber der Rechtsanwalt seinen Mandanten aufgeklärt hat. Daran muss in der hier gegebenen Beratungssituation ohnehin gedacht werden, weil das Risiko von **Regressstreitigkeiten** bei den hier angesprochenen Mandanten überdurchschnittlich hoch ist.

1. Vermieterberatung gegenüber querulatorischen Mietern

Ebenso wie es **keinen Bau ohne Mängel** gibt, gehört die mängelfreie Mietsache zu den Ausnahmen. Irgendwo entstehen mit der Zeit immer Gebrauchsspuren, die unansehnlich sind oder die Tauglichkeit von Einrichtungsgegenständen beeinträchtigen. Auch das Zusammenleben mehrerer Mietparteien in einem Haus erfordert wechselseitige Rücksichtnahme und Toleranz. Ob die abwechselnde Belegung des Trockenraums, das Duschen oder Baden der Freundin/des Freundes bei einem Mieter, das Abstellen eines Kinderwagens im Hausflur oder nur das Kinderspiel in einer Wohnung stattfindet: Der querulatorische Mieter nimmt keine Rücksicht auf die Umstände des Einzelfalles, sondern pocht auf die buchstabengetreue Einhaltung der Hausordnung und/oder weiß auf Grund von Gerichtsentscheidungen, die er aus Illustrierten o.Ä. gesammelt hat, zu welcher Minderung er berechtigt ist.

Seine Verhaltensweise zeichnet sich durch **unnachgiebige Haltung** gegenüber den anderen Mietparteien und dem Vermieter aus. Belanglosigkeiten werden zum Gegenstand umfangreicher Korrespondenz gemacht. Kompromisse oder Einigungsversuche werden aus prinzipiellen Gründen abgelehnt. Er weiß alles besser und lässt keinen Brief des Vermieters länger als drei Tage unbeantwortet. Dabei betont er regelmäßig, wie tadellos sein Ansehen und wie korrekt sein eigenes Verhalten ist.

10 **Auf Dauer** wird der Mandant (Vermieter) in einer solchen Situation nur glücklich, wenn es gelingt, das **Mietverhältnis zu beenden** oder den querulatorischen Mieter so in seine Schranken zu weisen, dass er auf Dauer Ruhe gibt. Letzteres muss als die **absolute Ausnahme** angesehen werden. Denn selbst wenn der Mieter in einem Rechtsstreit gegen den Vermieter unterliegt, ist damit nicht gewährleistet, dass auch die anderen Mietparteien vor seiner Nörgelei geschützt sind. Wirkungsvoll kann in diese Richtung allenfalls ein Rechtsstreit sein, in den auch die anderen Mietparteien, z.B. als Zeugen, einbezogen sind. Nörgelt der querulatorische Mieter z.B. über die mangelnde Einhaltung der Hausordnung, weil aus anderen Wohnungen in der Zeit von 13.00 Uhr bis 15.00 Uhr oder nach 20.00 Uhr das Spielen von Kindern zu hören ist, sollte sich der Rechtsanwalt nicht scheuen, seinem Mandanten ein Klageverfahren (z.B. auf Unterlassung oder Feststellung) zu empfehlen. Vorsichtshalber sollte der Mandant in diesen Situationen jedoch andere (neutrale) Mieter vorab befragen, ob die Beschwerden des querulatorischen Mieters berechtigt sind, und diese sogar veranlassen, hierüber schriftliche Aussagen zu treffen. Schon mit der Vorlage dieser Aussagen kann man sich im Prozess Respekt verschaffen und ggf. dem Querulanten vor Augen führen, dass er isoliert ist (was ihn regelmäßig aber wenig beeindruckt). Mindert der querulatorische Mieter die Miete, sollte in der gleichen Weise eine Zahlungsklage, und zwar im Urkundenprozess, damit alsbald ein Titel erreicht werden kann, durchgeführt werden.

Allein die Nörgelei und das Bestehen auf der Einhaltung vertraglicher Verpflichtungen reicht grundsätzlich zu einer Kündigung nicht aus, es sei denn, dass die Beschwerden in unangemessenem Umfang[1] oder in beleidigender Form erfolgen. Hierzu bietet der Querulant jedoch regelmäßig keine Angriffsfläche.

11 Deshalb muss die Beratung darauf ausgerichtet sein, den querulatorischen Mandanten zu **provozieren** oder ihm das Leben im Hause zu verleiden, um ihn selbst zur Beendigung des Mietvertrages zu bewegen.

---

[1] LG Bielefeld, WuM 2001, 553 (174 Briefe in 14 Wochen).

Im **ersten Schritt** kann der Rechtsanwalt versuchen, sofern eine Kündigung nicht aussichtsreich ist, das Mandat damit zu beginnen, den aktuellen Streit durch einen Kompromiss beizulegen. Selbst wenn der Mandant schon einen solchen Versuch unternommen hat, sollte dieser wiederholt oder ein modifizierter Einigungsvorschlag unterbreitet werden. Der Mandant wird zwar hiervon nicht begeistert sein, weil er den Rechtsanwalt aufsucht, „um es dem zu zeigen". Bei ihm hat sich durch die immer wieder neuen Beanstandungen, Nörgeleien und Beschwerden ein **Aggressionspotential** aufgebaut, das er durch den Rechtsanwalt als sein Ventil abbauen will. Indessen dient diese Vorgehensweise in nachfolgenden Prozessen dazu, dem Gericht vor allem bei einem Streit um Nichtigkeiten deutlich zu machen, wer das Mietverhältnis belastet. Ein Richter wird immer, gerade beim Streit um Kleinigkeiten, noch einmal einen Einigungsversuch unternehmen, weil er auf Grund seiner Erfahrung weiß, dass Prozesse während eines Mietverhältnisses weitere Streitigkeiten nach sich ziehen und diese regelmäßig bei ihm geführt werden, solange keine Zuständigkeitsänderung eintritt. Ist aber außergerichtlich bereits ein akzeptabler Vergleichsvorschlag unterbreitet worden, kann der Einigungsversuch des Gerichts schon plausibel damit abgelehnt werden, dass hierzu außergerichtlich die Möglichkeit bestand und nun die Kosten für den Mandanten höher sind. Zum anderen wird das Gericht, wenn der außergerichtliche Vergleichsvorschlag bereits abgelehnt wurde, einen für den Mandanten nachteiligeren Einigungsvorschlag machen, um den querulatorischen Mieter doch zum Kompromiss zu bewegen. Dieser kann ohne Gesichtsverlust abgelehnt werden, z.B. weil die Grenzen des Zumutbaren überschritten sind.

Über das **Motiv für diese Vorgehensweise**, also einen außergerichtlichen Vergleichsvorschlag zu unterbreiten bzw. zu wiederholen, sollte der Mandant **aufgeklärt** werden. Er wird hiervon nicht begeistert sein, weil sich dadurch die Lösung des Problems zumindest zeitlich verschiebt. Indessen sollte auch für den Mandanten im Vordergrund stehen, dass mit der vorgeschlagenen Vorgehensweise die Chance, dass das Mietverhältnis beendet wird, größer ist. 12

Die Beratung muss dazu über den eigentlichen Anlass des Streites hinausgehen. Um dem querulatorischen Mieter das **Wohnen** im Hause zu **verleiden**, muss ihm aufgezeigt werden, dass auch der Vermieter auf der Einhaltung von Verpflichtungen besteht. Deshalb muss der **Mietvertrag** dahin untersucht werden, welche Verpflichtungen neben der Mietzahlung bestehen, und mit dem Mandanten erörtert werden, wie diese Verpflichtungen in der Vergangenheit überprüft und gehandhabt wurden. 13

Die Palette dieser **Verpflichtungen** ist unterschiedlich. Neben Wartungs- und Reinigungspflichten (Treppenhaus, Keller etc., Winterdienst) kommen insbesondere Renovierungs- und Instandhaltungsverpflichtungen (Kleinreparaturen, Achtung: Vornahmeklauseln können unwirksam sein[1]), aber auch die Einhaltung der Hausordnung in Betracht. Daneben sollte mit dem 14

---
1 BGH, MDR 1992, 669 = WuM 1992, 355 = ZMR 1992, 332.

Mandanten das Gesamtbild des Mietverhältnisses diskutiert werden. Hat der Querulant z.B. ungefragt einen Lebenspartner in seine Wohnung aufgenommen, lässt sich eine ordentliche Kündigung[1] eher begründen, vor allem wenn ausreichend Nachweise für das querulatorische Verhalten des Mieters erbracht werden können.

15 Bei der Vorgehensweise zur Durchsetzung einzelner Verpflichtungen sollte jedoch ein höherer **Sicherheitsmaßstab** angelegt werden, denn in den Fällen der vorliegenden Art wird die Position des Querulanten nur noch verstärkt, wenn er in einem Rechtsstreit obsiegt. Auch wenn die Klage verloren geht, weil unsubstantiiert vorgetragen wurde oder einzelne Voraussetzungen noch nicht vorliegen, zählt für den Querulanten nur, dass er den Rechtsstreit gewonnen hat. Die Einsicht, Glück gehabt zu haben, wird bei ihm kaum entstehen.

16 Darüber hinaus sollten die Möglichkeiten des **Besichtigungsrechts** geprüft werden (zur Umsetzung vgl. *G Rz. 231 ff.*). Gerade wenn der Mieter Mängel rügt, ist ein ausgezeichneter Vorwand gegeben, um die Mieträume einer Inspektion zu unterziehen, ohne dass der Mieter erwartet, dass der Vermieter sich auch über weitere Tatbestände (z.B. Renovierungszustand) informieren will. Gleichzeitig kann gerade der ruhig und/oder seriös auftretende Mandant in solchen Situationen den Mieter zu Äußerungen **provozieren**, die ein Kündigungsrecht begründen, denn erfahrungsgemäß resultiert die querulatorische Veranlagung aus einer inneren Unzufriedenheit, die ihre Befriedigung sucht und ein gesteigertes Mitteilungsbedürfnis hervorruft. Gelingt es dem Rechtsanwalt, diese Situation dem Vermieter ins Bewusstsein zu rufen, wird er eine Freude daran haben, seinem Mieter durch besonders ruhiges und besonnenes Auftreten zu zeigen, dass seine Beschwerden von ihm gehört und wie Selbstverständlichkeiten behandelt werden.

Ist die Beschwerde z.B. wegen der Erheblichkeit des Mangels berechtigt, ist der Mandant durch die Ausübung des Besichtigungsrechts und die anschließende Beseitigungsmaßnahme vor Schaden (z.B. durch Minderung) bewahrt. Ergibt sich jedoch bei der Besichtigung, dass überhaupt kein oder nur ein unerheblicher Mangel (vgl. dazu *F Rz. 59 f.*) vorliegt, kann der Hinweis des Mandanten auf diesen Tatbestand zu unüberlegten Äußerungen des Mieters führen.

17 Selbstverständlich muss in dem Beratungsgespräch auch die Möglichkeit der **„pekuniären Abstrafung"** des Mieters geprüft werden. Hier bietet sich vor allem die Mieterhöhung nach den §§ 558 ff. BGB oder 10 WoBindG (vgl. dazu *E Rz. 10 ff.* und *E Rz. 298 ff.*) an. Auch hinsichtlich der Betriebskosten sollte geprüft werden, ob der Mandant alle zulässigen Positionen abrechnet oder eine Pauschale angehoben werden kann (vgl. dazu *E Rz. 221 f.* und *L Rz. 1 f.*).

---

1 Vgl. dazu BayObLG, WuM 1995, 380; AG Köln in *Lützenkirchen*, KM 6 Nr. 14; **a.A.** AG Köln in *Lützenkirchen*, KM 6 Nr. 13; zur Vorgehensweise vgl. *Lützenkirchen*, MietRB 2004, 93.

Daneben sollte die **Renovierungsverpflichtung** des Mieters überprüft werden, mit dem Ziel, einen Kostenvorschussanspruch geltend machen zu können (vgl. dazu *H Rz. 476 f.*). Befindet sich der Mieter mit der Renovierungsverpflichtung in Verzug, kann der Vermieter nach den §§ 280, 286 BGB einen Vorschuss auf die voraussichtlichen Kosten der notwendigen Renovierung mit der Begründung verlangen, dass er die Arbeiten auf Kosten des Mieters ausführen lassen will[1]. In der Praxis ist sehr häufig zu beobachten, dass sich der Mieter weder durch die Aufforderung zur Durchführung von Schönheitsreparaturen noch die nachfolgende Vorschussanforderung beeindrucken lässt. Spätestens, wenn der Vermieter jedoch den Vorschussanspruch gerichtlich geltend macht, so dass für den Mieter das Risiko entsteht, höhere Renovierungskosten aufwenden zu müssen, werden die Mieter aktiv und führen die Schönheitsreparaturen – wenn auch ohne Anerkennung einer Rechtspflicht – aus. Da sich die Vorschussklage in diesem Fall in der Hauptsache erledigt, hat der Mieter regelmäßig aus dem Rechtsgedanken des § 93 ZPO die Kosten zu tragen. Die Durchführung von Renovierungsarbeiten während des Prozesses, in dem der Vermieter auf Zahlung eines Vorschusses klagt, wird nämlich regelmäßig als Anerkenntnis des Mieters aufgefasst, selbst wenn er betont, dass die Ausführung ohne Anerkennung einer Rechtspflicht erfolgt[2]. In jedem Fall stellt dieses Vorgehen aber ein wirksames Mittel dar, den querulatorischen Mieter zu disziplinieren, denn bei seiner nächsten Beschwerde wird er überlegen, ob und ggf. wie der Vermieter hierauf erneut mit rechtmäßigen Mitteln reagieren kann.

18

Hinsichtlich der **Umsetzung** der Möglichkeiten muss im Einzelfall abgewogen werden, ob es sinnvoll ist, alle denkbaren Mittel **gleichzeitig** anzuwenden oder **etappenweise** vorzugehen. Bei einer geballten Vorgehensweise, in der also mehrere Prozesse angestrengt werden können, bietet sich der Vorteil, dem Gericht aufzuzeigen, dass das Mietverhältnis gestört ist, um in außergerichtlichen Gesprächen mit dem gegnerischen Kollegen oder spätestens in der mündlichen Verhandlung den Versuch zu unternehmen, auf eine Beendigung des Mietvertrages hinzuwirken. Für diesen Fall sollte mit dem Mandanten auch erörtert werden, ob und ggf. in welchem Umfang dieser bereit ist, hierfür eine **Entschädigung** zu bezahlen. Liegt diese in Höhe der Umzugskosten und ist der Mandant sogar bereit, auf eine Renovierung zu verzichten, vergrößern sich die Chancen, gerade wenn auf der Gegenseite ein Kollege tätig ist, der auch über den konkreten Fall hinaus die weitere Fortentwicklung eines solchen Mietverhältnisses im Auge hat.

19

Für ein **etappenweises Vorgehen** braucht der Mandant nicht nur gute Nerven, sondern auch Zeit. Dieses bietet sich jedoch an, wenn von mehreren Möglichkeiten einige zweifelhaft sind. Diese zweifelhaften Möglichkeiten sollten im persönlichen Gespräch mit dem querulatorischen Mieter oder beiläufig in der Korrespondenz erwähnt werden, um aufzuzeigen, dass mit der Beendigung des konkreten Streitfalles noch keine Beruhigung eintritt.

20

---

1 BGH, WuM 1990, 494.
2 AG Köln, Urt. v. 24.4.1996 – 211 C 229/95, n.v.

Damit kann der gleiche Effekt erreicht werden. Entweder gewinnt man den gegnerischen Kollegen für eine derartige Lösung (Beendigung des Mietvertrages), weil er seinen Mandanten loswerden will, oder das Gericht wird seine Autorität einsetzen, um sich weitere Streitigkeiten im Verhältnis dieser Streitparteien zu ersparen.

Schließlich muss daran gedacht werden, ob nicht auch **andere Mieter** in das Vorhaben eingeweiht werden können. Der Vermieter, der meist nicht im Objekt wohnt, ist auf Informationen angewiesen. Wenn er die oder einen anderen Mieter veranlassen kann, ihm die Vorkommnisse im Haus zeitnah zu schildern (z.B. per E-Mail), erhöht er die Chancen eines effizienten Vorgehens.

2. Mieterberatung gegenüber querulatorischen Vermietern

21 Insbesondere wenn der **Vermieter selbst im Mietobjekt** oder in dessen Nähe wohnt, ist der Mandant häufig einer ständigen Beobachtung ausgesetzt. Der Vermieter sieht, wie viele Personen in der Wohnung leben oder den Mieter besuchen. Er erfährt von den Lebensgewohnheiten des Mandanten und kann ohne besondere Schwierigkeiten dessen Umgang mit vertraglichen Verpflichtungen erkennen.

22 Ist der Vermieter querulatorisch veranlagt, wird er alsbald nach Beginn des Mietverhältnisses den Mieter auf die **Einhaltung der Hausordnung**, sonstiger vertraglicher Verpflichtungen und/oder des Gebots der Rücksichtnahme hinweisen. Dies erfolgt in der Regel schriftlich, indem der Mandant täglich entsprechende Nachrichten in seinem Briefkasten oder vor der Wohnungstür vorfindet, aber auch mündlich, weil der Vermieter den Mieter beim Betreten des Hauses abpasst. Dabei wird aus den Beschwerden deutlich, dass der Vermieter die Grenzen des Gebots der Rücksichtnahme eng zieht und verkennt, dass der Mieter in den Miträumen lebt, sie also auch abnutzt, und nicht sein Verhalten danach ausrichten muss, wie er das (Immobilien-)Vermögen des Vermieters „im Wert steigern" kann.

23 In der Regel versucht der **Mandant** zunächst mit dem Vermieter **friedlich** auszukommen, es sei denn, er hat besonders starke Nerven. Allenfalls lässt sich der Mandant in der Anfangszeit des Mietvertrages über seine Gebrauchsrechte durch den Rechtsanwalt beraten, um sein eigenes Verhalten zu überprüfen, also zu erfahren, ob er sich tatsächlich vertragswidrig verhält. Unabhängig davon sollten dem Mandanten jedoch die Konsequenzen für das Mietverhältnis aufgezeigt werden, wenn der Rechtsanwalt beauftragt wird, dem Vermieter die Unrechtmäßigkeit seiner Forderungen aufzuzeigen. Diese Konsequenzen bestehen erfahrungsgemäß darin, dass auch eine noch so vorsichtige Vorgehens- oder Formulierungsweise die Einstellung des Vermieters zum Umgang mit seinem Eigentum nicht ändern kann. Im Gegenteil: Durch die Einschaltung des Rechtsanwalts zeigt der Mandant aus Sicht des Vermieters Renitenz und mangelnde Bereitschaft, sich in die bestehende „Hausgemeinschaft" einzuordnen, und zwar in der Weise, wie der Vermieter dies versteht.

Auch in diesen Fällen besteht die richtige **Empfehlung** darin, dem Mandanten vorzuschlagen, auf eine Beendigung des Mietvertrages hinzuwirken. Um den Schaden für den Mandanten, insbesondere bei kurzen Mietverhältnissen, gering zu halten, muss dabei die Vorgehensweise so gewählt werden, dass ein **Räumungsvergleich** geschlossen werden kann, der die Zahlung einer Entschädigung des Vermieters vorsieht.

24

Dies ist besonders schwierig, weil der querulatorisch veranlagte Vermieter kaum einsehen wird, dass er einen Mieter, der sich in seine Hausgemeinschaft nicht einordnen kann, auch noch durch eine Zahlung besonders belohnen soll. Deshalb muss in einem ersten Schritt untersucht werden, ob der Mieter die Mietsache mit Einrichtungsgegenständen versehen hat, die auch für den Vermieter oder einen Nachmieter einen gewissen Wert haben. Neben Teppichböden und sonstigen Bodenbelägen (z.B. Laminat) ist hier besonders an maßgefertigte Einbaumöbel oder Gardinen, Markisen etc. zu denken.

Ergeben sich hier faktisch – nicht rechtlich – Ansatzpunkte für Entschädigungszahlungen, kann z.B. ein **Streitpotential** gesucht werden, das den Anlass für eine gerichtliche Auseinandersetzung bietet. Eine Betriebskostenabrechnung ist dazu nicht immer geeignet. Zwar kann der Vermieter mit der richtigen Ausübung der Kontrollrechte (vgl. dazu *L Rz. 167 ff.*) schon in eine Situation gebracht werden, in der er den Mieter am liebsten loswerden würde, um sich für die Zukunft die nervenaufreibende „Buchhaltertätigkeit" zu ersparen. Indessen muss im Zeitpunkt der Beratung bedacht werden, dass der Vermieter u.U. mit einfachen Mitteln in der Lage ist, die Ausübung der Kontrollrechte zu ermöglichen. Insbesondere wenn Vermieter und Mieter im gleichen Haus wohnen, kann der Vermieter grundsätzlich den Mieter darauf verweisen, die Einsichtnahme in Abrechnungsunterlagen in seiner Wohnung durchzuführen[1].

25

Neben den Möglichkeiten, die sich bei **unwirksamen Renovierungsklauseln** bieten (Erfüllung, Verzug, Vorschuss), erscheinen jedoch Streitigkeiten **geeignet**, in denen dem Vermieter die Rechtswidrigkeit seiner Forderungen, z.B. auf **Einhaltung der Hausordnung**, aufgezeigt werden können (z.B. durch entsprechende Feststellungsklagen). Problematisch ist hier u.U. die **Beweissituation**, es sei denn, der Mandant hat die schriftlichen Beschwerden des Vermieters akribisch gesammelt. Ansonsten muss damit gerechnet werden, dass der Vermieter – insbesondere nach Beratung durch einen Rechtsanwalt – die erhobenen Forderungen leugnet oder sie zumindest so darstellt, dass der Mandant einem Missverständnis unterlegen ist. Lässt sich das Verhalten des Vermieters jedoch nachweisen, ergibt ein darauf gestütztes Verfahren eine Prozesssituation, in der der Vermieter befürchten muss, dass die Unrechtmäßigkeit seines Verhaltens durch ein Urteil festgestellt wird, das der Mandant veröffentlichen kann. Damit besteht für den Vermieter die Gefahr, seine **Autorität im Hause** zu verlieren. Dies gilt umso mehr, wenn der Rechtsstreit erst durch eine Beweisaufnahme, in der an-

26

---

1 LG Köln, NZM 2001, 617.

dere Mietparteien des Hauses als Zeugen vernommen werden, entschieden werden kann.

27 In der konkreten Verhandlungssituation – außergerichtlich oder in einer mündlichen Verhandlung – kommt es darauf an, dem Vermieter den **Auszug** des Mieters **als Erlösung** zu vermitteln. Dies kann z.B. dadurch erreicht werden, dass ihm die Konsequenzen einer Vernehmung anderer Mietparteien für den Fall des Unterliegens im Prozess aufgezeigt werden. Diese bestehen nämlich darin, dass der Vermieter auch seine Autorität diesen Mietern gegenüber verliert. Kann in einer solchen Situation zusätzlich darauf verwiesen werden, dass der Mieter bisher keine Gelegenheit hatte, seine Investitionen, die für die Mietsache wertsteigernd sind, abzuwohnen, wird für den gegnerischen Kollegen und/oder das Gericht deutlich, dass eine Beendigung des Mietvertrages nur gegen Zahlung einer Entschädigung, für die ein entsprechender Gegenwert erhalten bleibt, möglich ist. Je nachdem, wie der gegnerische Kollege eingeschätzt werden kann, sollten auch die bei einer Beendigung des Mietvertrages entstehenden höheren **Gebühren** in die taktischen Überlegungen einbezogen werden. Wird dem gegnerischen Kollegen etwa bei einem zufälligen Zusammentreffen der Hinweis erteilt, dass aus hiesiger Sicht das Mietverhältnis auseinander gesetzt werden sollte, um weitere Streitigkeiten zu vermeiden oder die Lebenssituation für beide Parteien wieder erträglicher zu gestalten, kann damit erreicht werden, dass er seinem Mandanten diese Idee als eigene vermittelt. Dabei sollte unterstellt werden, dass der gegnerische Kollege an der Fortsetzung des Mandats mit dem querulatorischen Vermieter ein besonderes Interesse hat und/oder sich über den höheren Streitwert ein „angemessenes Schmerzensgeld" für die Bearbeitung der Streitfälle seines querulatorischen Mandanten erhofft.

28 Entscheidend ist bei dieser Vorgehensweise jedoch, dass allen Beteiligten der Eindruck vermittelt wird, dass der Lösungsvorschlag der **Erfahrung des Rechtsanwaltes** entspricht und sein Mandant die Situation z.B. im Hinblick auf seine guten Nerven und seinen gesicherten Rechtsstandpunkt bis auf weiteres durchsteht.

III. Das rechtsschutzversicherte Mandat

Des „Anwalts Liebling" ist nur dann reibungslos abzuwickeln, wenn man es mit der gleichen Sorgfalt und Berufsauffassung angeht wie das „ordentliche" Mandat.

1. Der Mandant

29 Auf Dauer kann der **Rechtsanwalt** (wirtschaftlich) nur **erfolgreich** sein, wenn er sich darauf beschränkt, das zu tun, was er für richtig hält und wovon er selbst überzeugt ist. Dies fällt häufig schwer, denn der rechtsschutzversicherte Mandant hat nicht selten seinen Sinn für eine wirtschaftlich vernünftige Lösung verloren, weil er kein Kostenrisiko trägt. In diesen Fäl-

len zeigt sich, wie geschickt der Rechtsanwalt auch in der psychologischen Führung seines Mandanten ist. Ist es schon schwer genug, einen „unbelehrbaren" Prinzipienreiter zu überzeugen, erfährt dies eine weitere Steigerung, wenn dieser Mandant auch noch rechtsschutzversichert ist.

Da das Mietverhältnis eine **Dauerbeziehung** ist, muss bei allen Maßnahmen bedacht werden, dass ein verlorener Prozess bei der einen wie bei der anderen Seite als Niederlage empfunden wird und „Rachegelüste" hervorrufen kann. Deshalb ist es in der Regel risikoreich, bei fortbestehendem Mietvertrag Rechte oder Pflichten mit aller Macht durchzusetzen, weil sich dies auch zum Bumerang für den Mandanten entwickeln kann. Dies gilt umso mehr, wenn auf der anderen Seite durch den Prozess an sich wirtschaftlicher Schaden entsteht, wie z.B. bei Mieterhöhungsprozessen nach § 558 BGB, die durch ein Sachverständigengutachten entschieden werden müssen, weil der (rechtsschutzversicherte) Mieter zu keinem vernünftigen Kompromiss bereit ist (vgl. zur „Schadensberechnung" z.B. E Rz. 83).

Dabei wird nicht verkannt, dass bestimmte Verhaltensweisen oder Zuständigkeiten rechtlich durchgesetzt werden müssen. Bei einer moderaten „Rechtsausübung" kann man jedoch auch erwarten, dass der Gegner in der umgekehrten Situation seine Rechte nicht unnachgiebig durchsetzt, sondern den Fortbestand des Mietvertrages im Auge hat.

Besteht z.B. der Mieter bei einem Mieterhöhungsprozess auf der Ermittlung der ortsüblichen Vergleichsmiete durch einen Sachverständigen, obwohl der Vermieter bereit ist, einen vom Gericht vorgeschlagenen Vergleich, der die Argumente beider Seiten angemessen berücksichtigt, anzunehmen, wird der Mieter in Angelegenheiten, in denen der Gebrauch der Mietsache oder sogar die Räumung im Streit steht, kein Entgegenkommen des Vermieters mehr erwarten können. Umgekehrt kann auch der Vermieter mit keinem Entgegenkommen, z.B. bei einer Modernisierungsmaßnahme, rechnen, wenn er den Mieter vorher wegen einer Minderung sofort mit einer Zahlungsklage überzogen hat, ohne sich über den tatsächlichen Zustand der Wohnung ein Bild verschafft zu haben. Gerade auf Vermieterseite muss stets bedacht werden, dass sich viele Maßnahmen (Mängelbeseitigung, Modernisierung) nur dann kostengünstig umsetzen lassen, wenn der Mieter (freiwillig) zur Mithilfe (z.B. beim Möbelrücken) bereit ist. 30

Diese **Weitsicht** kann ein Mandant von seinem Rechtsanwalt verlangen. Umgekehrt sollte sie für den Rechtsanwalt **Richtschnur** seines Handelns im Mietrecht sein. 31

Davon sollte er sich nicht abbringen lassen, nur weil der Mandant rechtsschutzversichert ist und deshalb das **Kostenrisiko** nicht scheut. Hier sollten zumindest die nachteiligen Konsequenzen einer unwirtschaftlichen Durchsetzung von Rechten und Pflichten aufgezeigt werden. Wenn der Mandant gleichwohl den Empfehlungen des Rechtsanwalts, die zunächst eine moderate Rechtsausübung (z.B. zunächst Minderung und Mängelbeseitigungsaufforderung) vorsehen, um Steigerungsmöglichkeiten (z.B. Zurückbehaltungsrecht) offen zu halten, nicht folgen will, sollte bereits im ersten Beratungsgespräch ernstlich überprüft werden, ob das Mandat geführt werden kann. Wenn der Mandant sich nicht schon im ersten Gespräch von seinem Rechtsanwalt überzeugen lässt, wird er auch in Zukunft nicht das notwendige Vertrauensverhältnis aufbauen und immer wieder versuchen, den Anwalt zum **Handlanger** seiner Interessen zu machen. Dies lässt sich mit dem Selbstverständnis, das der Rechtsanwalt von seiner Tätigkeit haben sollte, nicht vereinbaren und verhindert damit letztlich auch den wirtschaftlichen Erfolg.

32 Als letztes Mittel sollte dem Mandanten vor Augen geführt werden, dass eine Flut von Prozessen dazu führen kann, dass der Rechtsschutzversicherer den Vertrag kündigt, weil innerhalb eines Jahres zwei Versicherungsfälle eingetreten sind (vgl. § 19 Abs. 2 ARB). Von diesem **Kündigungsrecht** wird in der Praxis unabhängig davon Gebrauch gemacht, ob die Rechtsverfolgung bisher erfolgreich war. Ausschlaggebend ist allein, ob Prämienaufkommen und Verwaltungsaufwand in einem angemessenen Verhältnis stehen, was allenfalls bei dauernden bzw. wiederkehrenden Mandanten der Fall sein kann.

2. Die Abwicklung mit dem Rechtsschutzversicherer

33 Die Frage des Rechtsschutzes stellt sich in der Regel erst am Ende des Beratungsgespräches. Erst dann kann entschieden werden, ob und ggf. welche Maßnahmen ergriffen werden sollen.

a) Erstberatung

34 Erledigt sich die Angelegenheit durch eine einfache Beratung, besteht in der Regel keine Schwierigkeit, die dafür anfallenden Gebühren vom Rechtsschutzversicherer erstattet zu verlangen, denn unabhängig davon, ob ein spezieller **Grundstücks- oder Mietrechtsschutz** besteht, sind in vielen Versicherungsverträgen Beratungen aus den Bereichen des Mietrechts abgedeckt[1], sofern ein Versicherungsfall vorliegt.

Bei einer Erstberatung sollte dem Rechtsschutzversicherer in einem Schreiben der Sachverhalt, über den beraten wurde, skizziert („Gegenstand des Beratungsgesprächs war folgender Sachverhalt: ...") und kurz berichtet werden, welche rechtlichen Hinweise erteilt wurden. Dieser Mitteilung kann die Rechnung über die Beratung gleich beigefügt werden. Dies spart Verwaltungsaufwand.

35 Besteht nach Überprüfung der Versicherungsunterlagen des Mandanten **Unsicherheit**, ob die Beratung vom Rechtsschutz abgedeckt ist, sollte der Mandant entsprechend aufgeklärt werden. Bei dieser Gelegenheit kann dem Mandanten auch angeboten werden, dass er sich selbst um die Erstattung durch den Rechtsschutzversicherer bemüht. Ansonsten sollte dem Mandanten das Schreiben an die Rechtsschutzversicherung mit dem Hin-

---

1 *van Bühren*, MDR 1998, 745, 748.

weis übermittelt werden, dass für den Fall einer abschlägigen Entscheidung des Versicherers die Berechnung der Gebühren vorbehalten bleibt.

b) Die anderen Fälle

Vielen Mandanten ist unbekannt, dass sie für mietrechtliche Streitigkeiten grundsätzlich eine **besondere Rechtsschutzversicherung** für Grundstücks- und Mietrecht nach § 29 ARB abschließen müssen. Deshalb gehen sie allein auf Grund eines Rechtsschutzversicherungsvertrages wie selbstverständlich davon aus, dass der Rechtsschutzversicherer die Gebühren des Rechtsanwalts übernimmt, obwohl z.B. nur ein Verkehrsrechtsschutz besteht. 36

Andererseits wollen Mandanten teilweise nur eine **Vertretung**, wenn auch der Rechtsschutzversicherer die **Kosten übernimmt**. Ergibt sich diese Situation zu Beginn des Beratungsgespräches, sollte darauf hingewiesen werden, dass bereits durch die Beratung selbst Gebühren entstehen und selbst die Empfehlung, die Sache nicht weiterzuverfolgen, gebührenpflichtig ist. Hat der Mandant mit seinem Rechtsschutzversicherer noch nicht abgeklärt, ob eine Beratung in jedem Falle übernommen wird, bestehen **zwei Möglichkeiten**: Entweder bricht man das Gespräch ab und gibt dem Mandanten die Gelegenheit, die Deckungszusage des Rechtsschutzversicherers einzuholen; oder die Versicherungsunterlagen werden geprüft, um den Deckungsumfang zu klären. Diese Prüfung setzt natürlich einerseits voraus, dass dem Rechtsanwalt die **Allgemeinen Rechtsschutzbedingungen (ARB)** geläufig sind, und andererseits, dass er beurteilen kann, ob ein Versicherungsfall gegeben ist. Dazu ist aber wiederum die Offenbarung des Sachverhaltes durch den Mandanten notwendig. Ergibt sich daher nicht auf den ersten Blick, dass Versicherungsschutz für einen Mietrechtsstreit oder eine mietrechtliche Beratung gegeben ist, sollte das Gespräch nur weitergeführt werden, wenn der Mandant die Gebührenpflichtigkeit anerkennt. 37

Bei der **Prüfung**, ob für den konkreten Fall Deckungsschutz zu erwarten ist, sind im Wesentlichen folgende **Gesichtspunkte** erheblich: 38
– Versicherungsumfang
– versichertes Objekt
– versicherte Person
– Versicherungsfall
– Wartefrist.

Grundsätzlich besteht Rechtsschutz nur, wenn das Risiko des Grundstücks- und Mietrechts versichert ist. Hierzu enthält der **Versicherungsschein** regelmäßig konkrete Angaben oder verweist auf § 29 ARB. 39

Voraussetzung ist jedoch, dass das zu **versichernde Objekt** dem Rechtsschutzversicherer mitgeteilt worden ist, also dem Versicherungsvertrag unterfällt. Dies wird häufig bei einem Umzug des Mieters oder dem Erwerb einer neuen Immobilie durch den Vermieter übersehen. Sofern dem 40

Rechtsschutzversicherer jedoch, z.B. auf Mieterseite, nachgewiesen wird, dass das ursprünglich versicherte Objekt nicht mehr bewohnt bzw. gemietet ist, kann die Deckungsschutzanfrage als Mitteilung des Wohnungswechsels angesehen werden.

41 Der **Versicherungsnehmer** muss nicht identisch sein mit dem Mieter/Vermieter, also dem Mandanten. Zwar nennt § 29 ARB nicht ausdrücklich, welche Personen **mitversichert** sind. Gemäß § 74 Abs. 1 VVG kann jedoch z.B. eine Versicherung auf fremde Rechnung erfolgen. Selbst wenn dies nicht ausdrücklich geschehen ist, kann eine „stillschweigende" Mitversicherung von Mitberechtigten (z.B. Miteigentümern oder Mitmietern) angenommen werden, wenn es nach den Umständen (vgl. § 80 Abs. 1 VVG) dem Versicherer gleichgültig sein kann, ob das zu deckende Interesse allein bei dem Versicherungsnehmer oder daneben bei weiteren Mitberechtigten liegt. Dies ist zumindest anzunehmen, wenn neben dem Vertrag gemäß § 29 ARB auch Rechtsschutz nach den §§ 25–27 ARB besteht und dort ausdrücklich mitversicherte Personen genannt wurden[1]. Ergibt sich also ein Unterschied zwischen der Mietvertragspartei und dem Versicherungsnehmer, sollte mit dem Mandanten diese Frage geklärt werden, so dass dem Rechtsschutzversicherer direkt die notwendigen Erläuterungen vorgetragen werden können. Dies sollte schon in der Deckungsschutzanfrage erfolgen, um weitere Korrespondenz über die Frage des Deckungsschutzes oder sogar (zunächst) eine Versagung zu vermeiden.

42 Als Nächstes sollte der Blick auf den **Beginn des Versicherungsvertrages** geworfen werden. Viele Mandanten versichern sich erst, wenn sich ein Rechtsstreit anbahnt. Gemäß § 5 ARB beginnt der Versicherungsschutz grundsätzlich mit der Zahlung des Erstbetrages. Liegt jedoch ein **Versicherungsfall** vor, besteht gemäß § 14 Abs. 3 ARB eine **Wartezeit** von **drei Monaten**. Ein Versicherungsfall ist in dem Zeitpunkt eingetreten, in dem der Versicherungsnehmer, der Gegner oder ein Dritter begonnen hat oder begonnen haben soll, gegen Rechtspflichten oder Rechtsvorschriften zu verstoßen, § 14 Abs. 3 ARB. Das Vorliegen dieser Voraussetzungen ist bei mietrechtlichen Mandanten, z.B. im Zusammenhang mit Gewährleistungsrechten, Mietpreisüberhöhung oder fristloser Kündigung wegen vertragswidrigen Gebrauchs problematisch, denn es kommt nicht darauf an, wann der Mandant von dem Eintritt des Versicherungsfalls (z.B. Mangel) Kenntnis erhält. Vielmehr ist der **objektive Eintritt** maßgeblich[2]. Bei mehreren (behaupteten) Verstößen (z.B. zunächst Abmahnung, dann fristlose Kündigung) wird auf den ersten Fall abgestellt[3]. Deshalb muss hier mit dem Mandanten sorgfältig ermittelt werden, wann die Umstände eingetreten sind, auf die er seine Ansprüche stützen will.

43 Für diesen Fall sollte die **Deckungsschutzanfrage individuell gestaltet** werden. Dies kann z.B. dadurch geschehen, dass bereits in dem Anschreiben

---

[1] *Harbauer*, § 29 ARB 75 Rz. 42 m.w.N.
[2] *Harbauer*, § 14 ARB 75 Rz. 41.
[3] *Harbauer*, § 14 ARB 75 Rz. 42.

das Problem angesprochen und der Sachverhalt – immer unter Berücksichtigung der Obliegenheiten nach § 15 ARB – für den Mandanten günstig dargestellt wird.

Ergeben sich keine Probleme, sollte mit Hilfe eines **Standardschreibens** der Deckungsschutz abgefragt werden. 44

Rechtsanwalt Schlau
Hauptstr. 100
50667 Köln

A.B.C. Rechtsschutzversicherung AG
Postfach 51 06 05
50942 Köln

Vers.-Nr.: 1000/005/002
VN: Peter Wichtig, Taubenschlag 5, 50398 Köln

Sehr geehrte Damen und Herren,

Ihr oben genannter Versicherungsnehmer hat mich in einer Rechtsangelegenheit mit der Wahrnehmung seiner Interessen beauftragt.

Den näheren Sachverhalt entnehmen Sie bitte dem beiliegenden Schriftverkehr.

Ich bitte um Deckungszusage.

Mit freundlichen Grüßen

...
Rechtsanwalt

Anlagen

Eine ganz andere Vorgehensweise ist angezeigt, wenn der Rechtsschutzversicherungsvertrag **besondere Bedingungen** für die Erteilung der Deckungszusage enthält. Dies ist z.B. bei der **DMB Rechtsschutzversicherung** der Fall. Voraussetzung für die Erteilung einer Deckungszusage ist grundsätzlich zunächst die Beratung durch den örtlichen Mieterverein. Erscheint der Mandant, ohne dass zuvor eine Beratung durch den örtlichen Mieterverein stattgefunden hat, muss ein entsprechender Hinweis erfolgen. 45

Dabei handelt es sich um eine Obliegenheit, deren Verletzung zum Ausschluss des Versicherungsschutzes im konkreten Fall führen kann (und i.d.R. führt). Das Beratungsgespräch sollte nur fortgesetzt werden, wenn der Mandant bereit ist, die Beratung und ggf. die nachfolgende Vertretung selbst zu bezahlen. Eine Ausnahme von diesem Grundsatz kann z.B. bestehen, wenn der Vermieter sofort Klage erhebt und auf Grund einer Fristsetzung durch das Gericht keine Zeit verbleibt, um noch eine Beratung durch den Mieterverein durchzuführen. Dies muss dem Rechtsschutzversicherer aber dargestellt werden. 46

Ähnliche Bedingungen können bei Gruppenversicherungsverträgen von Arbeitnehmern gelten.

c) Probleme bei der Abrechnung gegenüber dem Versicherer

46a Problematisch wird die Abrechnung mit dem Rechtsschutzversicherer regelmäßig, wenn ein Vergleich geschlossen wird und die Kostenquote nicht dem Verhältnis von Unterliegen zu Obsiegen entspricht. Ausgangspunkt ist hier § 2 Abs. 3 lit. a ARB.

Insoweit lässt sich oftmals eine Kostenquote im außergerichtlichen Bereich bei dem Gegner nicht durchsetzen. Umso mehr sollte der Rechtsanwalt hier nicht ohne Zustimmung des Versicherers seinem Mandanten zur Annahme eines Vergleichs raten bzw. ihn auf die nachteilige Kostenfolge hinweisen. Zwar wird der Versicherer regelmäßig die Geschäftsgebühr tragen müssen, weil es dem Mandanten auch frei steht, seine Ansprüche nicht gerichtlich geltend zu machen. Indessen kann eine Erhöhung dieser Gebühr und die Einigungsgebühr eine Höhe erreichen, die dem Mandanten ein wirtschaftlich vernünftiges Ergebnis verleiden und ihn zur Klage zwingen.

Hier sollte zunächst versucht werden, mit dem Gegner eine Kostenquote zu vereinbaren. Immerhin würde eine gerichtliche Einigung zu dem gleichen Ergebnis führen. Sollte der Mandant dann immer noch nicht die Kosten (anteilig) im Verhältnis zum Rechtsschutzversicherer tragen wollen und auch dessen Zustimmung nicht einzuholen sein, bleibt nur ein Scheitern, wenn der Rechtsanwalt nicht selbst auf einen Teil seiner Gebühren verzichtet (was die absolute Ausnahme sein sollte).

Sind Gegenstand eines **gerichtlichen Vergleichs** auch **außergerichtliche Ansprüche**, die anlässlich der Einigung mitverglichen werden, hat der Rechtsschutzversicherer sie in Höhe der Misserfolgsquote zu tragen, wenn er dafür Rechtsschutz zu gewähren gehabt hätte und sie in einem rechtlichen Zusammenhang mit dem Gegenstand des Ausgangsrechtsstreits standen[1].

d) Gebühren

47 Viele Kollegen berechnen für die Abwicklung der Korrespondenz mit dem Rechtsschutzversicherer keine Gebühren, sondern betrachten diese Bearbeitung als **Serviceleistung**. Der Mandant hat auch in der Regel kein Verständnis für eine gesonderte Berechnung.

Gerade in den Fällen, die nur ein geringes Gebührenaufkommen zeigen, sollte diese Serviceleistung jedoch überdacht werden, denn vor allem in den Problemfällen sind oft mehrere Schreiben notwendig, weil der Rechtsschutzversicherer schon wegen § 15 ARB den Sachverhalt so vollständig wie möglich ermitteln will.

---

1 *BGH*, WuM 2005, 797.

Zur Vermeidung von Überraschungen sollte der Mandant jedoch über eine **besondere Liquidation** dieser Tätigkeit **aufgeklärt** werden, denn in der Regel gehen die Mandanten davon aus, dass mit dem Abschluss der Rechtsschutzversicherung auch diese Gebühren abgedeckt sind.

Ist die Tätigkeit des Rechtsanwalts gegenüber dem Rechtsschutzversicherer auf ein **Standardschreiben** (vgl. Rz. 44) beschränkt, liegt eine einfache Tätigkeit i.S.d. 2302 VV RVG vor (vgl. *N Rz. 106 ff.*). Sofern keine besonderen Anhaltspunkte vorliegen, kann davon ausgegangen werden, dass insoweit auch eine Beauftragung zur Fertigung eines einfachen Schreibens erfolgt, wenn ein vorgefertigtes Standardschreiben zur Einholung des Deckungsschutzes ausreicht und nicht z.B. der Sachverhalt gegenüber dem Rechtsschutzversicherer besonders aufbereitet werden muss. Es kann eine 2/10-Gebühr nach dem Gesamtgebührenaufkommen, das dem Mandanten für die Tätigkeit gestellt wurde, liquidiert werden. Sobald jedoch mehr als dieses Standardschreiben erforderlich wird, berechnen sich die Gebühren nach 2300 VV RVG, deren Höhe im Einzelnen zu ermitteln ist (vgl. *N Rz. 1 ff.*). 48

Im Ergebnis erscheint es die **beste Lösung** zu sein, den Mandanten immer den Verkehr mit dem Rechtsschutzversicherer selbst abwickeln zu lassen. 49

IV. Die Erstberatung

1. Die Vorbereitung und Durchführung

Bevor ein Termin vereinbart wird, sollte mit dem **neuen Mandanten** sein Anliegen geklärt werden. Wird der Termin durch die Sekretärin notiert, besteht auch für sie die Möglichkeit, neben dem Namen ein **kurzes Stichwort** (z.B. Betriebskosten, Mieterhöhung, Kündigung etc.) im Kalender zu vermerken. Dadurch kann sich der Rechtsanwalt auf das Gespräch **vorbereiten**, was schon deshalb sinnvoll ist, weil der erste Eindruck des Mandanten für die weitere Mandatsbeziehung entscheidend ist. Noch überzeugender wirkt der Rechtsanwalt, wenn er seine Beratung am konkreten Fall orientieren kann. Deshalb sollte die Sekretärin veranlasst werden, den Mandanten zu veranlassen, den Mietvertrag und die maßgebliche Korrespondenz vorab zu übermitteln. Trifft der Mandant auf einen vorbereiteten und umfassend informierten Rechtsanwalt, wird er bei zukünftigen Beratungen, bei denen Fragen nicht sofort beantwortet werden können, sein Vertrauen noch verfestigen, weil er den Eindruck gewonnen hat, dass sein Rechtsanwalt gewissenhaft handelt und eher Zeit zur Prüfung investiert, bevor er seinem Mandanten etwas Falsches rät. 50

Abgesehen von diesen mehr akquisitorischen Gründen erfordert gerade die Erstberatung ein umfassendes Wissen und **Problembewusstsein** des Rechtsanwalts. Im Urteil vom 4.6.1996[1] hat der BGH festgestellt: 51

---

1 BGH, NJW 1996, 2648, 2649.

„Der um Rat ersuchte Rechtsanwalt ist zu einer umfassenden und möglichst erschöpfenden Belehrung seines Auftraggebers verpflichtet. Er hat dem Mandanten diejenigen Schritte anzuraten, die zu dem erstrebten Ziel führen und geeignet sind, Nachteile für den Auftraggeber zu verhindern, soweit solche voraussehbar und vermeidbar sind. Dazu hat er dem Auftraggeber den den Umständen nach sichersten und ungefährlichsten Weg vorzuschlagen und ihn über mögliche Risiken aufzuklären, damit der Mandant eine sachgerechte Entscheidung treffen kann. Der konkrete Umfang der anwaltlichen Pflichten richtet sich dabei nach dem erteilten Mandat und den Umständen des einzelnen Falles."

52 Beschränkt sich das Beratungsgespräch auf eine **konkrete Frage** (z.B. Wirksamkeit eines Mieterhöhungsbegehrens), wird auch der unerfahrene und nicht täglich mit Mietsachen betraute Rechtsanwalt ohne Schwierigkeiten die richtige Antwort und Empfehlung aussprechen können.

53 Sobald die **Sachverhalte** jedoch **komplexer** werden und die Frage nach dem weiteren Vorgehen gestellt wird, muss sich der Berater vor Augen führen, dass das Mietrecht nicht zuletzt durch die Änderungs- und Verbesserungsgesetze der letzten Jahre und die mittlerweile fast unüberschaubare Flut veröffentlichter Rechtsprechung Haftungstücken enthält, die selbst erfahrene Kollegen dazu veranlassen, eine Frage nicht sofort, sondern erst nach eingehendem Studium zu beantworten. Andererseits muss auch die **Soziologie des Mietverhältnisses** in die Überlegungen, die einer Empfehlung vorausgehen, einbezogen werden.

54 Die Wohnung bedeutet für einen **Mieter** immer seinen **Lebensmittelpunkt**. Bei länger fortdauernden Mietverhältnissen ergeben sich Beziehungen zur Umwelt, die für den Mieter das Gefühl des Daheimseins entscheidend mitprägen. Im Übrigen investieren Mieter gerade zu Beginn des Mietvertrages erhebliche Summen in die Ausstattung der Wohnung, weil sie erwarten, dass ihr Mietverhältnis wenn nicht schon auf Lebenszeit, dann doch mindestens zehn Jahre dauert. Ähnliches gilt bei Mietverträgen über Gewerberaum.

55 Für den **Vermieter** bedeutet jedes Mietobjekt einen **Vermögenswert**. Vermögen soll sich mehren und, wie das Geld auf der Bank, keinen Aufwand verursachen. Die Erträge werden nicht nur durch die Beratung beim Rechtsanwalt geschmälert, sondern auch durch Mieter, die die Miete mindern oder die Beseitigung von Mängeln verlangen. Das Gleiche gilt für die Verweigerung hinsichtlich der Zustimmung zur Mieterhöhung.

56 Werden diese o.ä. Gesichtspunkte in der Beratung berücksichtigt, zeigt sich sehr häufig, dass nicht immer die rechtlich richtige Empfehlung auch die beste ist. Das Mietverhältnis ist ein **Dauerschuldverhältnis**. Gerade deshalb muss der Rechtsanwalt sehr viel Fingerspitzengefühl entwickeln, um die Rechte seines Mandanten so durchzusetzen, dass bei dem anderen Vertragspartner keine Narben übrig bleiben (es sei denn, es sollen solche gerade entstehen).

Gerade wenn Gegenstand der Beratung nur eine Empfehlung hinsichtlich 57
des **weiteren Vorgehens** ist, muss der Sachverhalt vollständig ermittelt
werden. Dementsprechend müssen alle Facetten, die das bisherige Vertragsverhältnis aufgeworfen hat, beleuchtet werden. Die ggf. geführte
Korrespondenz muss gesichtet werden. Sie ist ein wichtiges Indiz auch für
die **Stimmung zwischen den Vertragsparteien**. Sie gibt im Übrigen ein
(Charakter-)Bild des eigenen Mandanten, aber vor allem auch seines
Vertragspartners. Zur besseren Vorbereitung sollte der Mandant deshalb
grundsätzlich gebeten werden, die einschlägige Korrespondenz vor dem Beratungsgespräch zu übersenden.

Unabhängig davon ist auch schon im ersten Beratungsgespräch eine durchaus **kritische Haltung** gegenüber dem Mandanten von Nutzen. Nicht selten kommt der Mandant nur zum Rechtsanwalt, um sich bestätigen zu lassen, dass er in der Vergangenheit alles richtig gemacht hat und der andere mehr verlangt, als ihm zusteht. Ist der Mandant kein unbelehrbarer Besserwisser, steht er den Überlegungen des Rechtsanwalts im Hinblick auf den Dauercharakter des Vertrages aufgeschlossen gegenüber und lässt sich zu einer wirtschaftlich vernünftigen Lösung führen. 58

Das Stadium der **Erstberatung ist beendet**, sobald nach dem ersten Beratungsgespräch oder dem ersten schriftlichen Rat oder einer solchen Auskunft sich eine weitere Tätigkeit des Rechtsanwalts anschließt[1]. 59

2. Gebühren

Gemäß 2102 VV RVG kann der Rechtsanwalt im Falle der Erstberatung eines Verbrauchers i.S.v. § 13 BGB **keine höhere Gebühr als 190 Euro** (netto) fordern. Das bedeutet jedoch nicht, dass für die erste Beratung ohne weiteres eine Gebühr bis zu 190 Euro gefordert werden kann. Auch bei einer Erstberatung gilt zunächst 2101 VV RVG, d.h. bei einer Angelegenheit, in der sich die Gebühren nach dem Gegenstand berechnen, kann nur eine Gebühr von 0,1 bis 1,0 gemäß den Bemessungskriterien des § 13 RVG verlangt werden. Ergibt die Zusammenrechnung der Gegenstandswerte eine höhere Gebühr als 190 Euro, wirkt 2102 VV RVG als Obergrenze[2]. 60

Zur Höhe der einzelnen Gebühr vgl. *N Rz. 1 f.*

V. Das Vorliegen des Mietvertrages

Bevor die Prüfung mietrechtlicher Ansprüche oder Einwendungen beginnen kann, muss sichergestellt sein, dass ein Mietvertrag besteht. 61

---

1 BT-Drucks. 12/6962.
2 *N. Schneider* in Gebauer/Schneider, 2102 VV RVG, Rz. 17.

1. Der schriftliche Mietvertrag

62 Legt der Mandant einen schriftlichen Mietvertrag vor, kann sich die Prüfung in diesem allgemeinen Stadium, in dem es um die Anwendbarkeit mietrechtlicher Vorschriften geht, auf folgende Punkte beschränken:
- Wer sind die Parteien des (aktuellen) Vertrages?
- Liegt der Mietvertrag vollständig vor?
- Wurden von § 535 BGB abweichende Vertragspflichten vereinbart, die die Qualifizierung der Vereinbarung als Mietvertrag hindern?
- Sind die verwendeten Vertragsexemplare identisch?

a) Probleme bei der Identifizierung der Vertragspartner

63 Der Mietvertrag muss von mindestens **zwei verschiedenen Personen** abgeschlossen werden[1].

64 Treten bei Abschluss des Vertrages **natürliche Personen** auf, kann ein wirksamer Vertrag nur zustande kommen, wenn sie geschäftsfähig sind. Deshalb muss bei **Minderjährigen** der gesetzliche Vertreter handeln und für eine in der Geschäftsfähigkeit beschränkte Person muss der Betreuer handeln, dessen Wirkungskreis allerdings z.B. bei Abschluss eines Wohnraummietvertrages für die Aufenthaltsbestimmung oder die Wohnung angeordnet sein muss.

65 **Parteien kraft Amtes** (Insolvenz- oder Zwangsverwalter, Testamentsvollstrecker, Vergleichsverwalter, Nachlasspfleger) geben ihre Willenserklärungen im eigenen Namen ab und werden selbst Vertragspartei. Die Haftung ist jedoch auf das vertretene Vermögen beschränkt.

66 Tritt auf einer Mieterseite ein **Kaufmann** auf, gilt gem. § 344 HGB die widerlegliche Vermutung, dass das Rechtsgeschäft zum Betrieb seines Handelsgewerbes gehört. Sowohl bei der Veräußerung des Unternehmens als auch bei der Aufnahme eines Gesellschafters bleibt der Bestand des Mietvertrages unberührt, solange der Vermieter dem Eintritt des neuen (Mit-)Mieters nicht zustimmt[2].

Problematisch sind die Fälle, in denen im Rubrum des Mietvertrages mehrere oder andere Personen genannt sind, als sich Unterschriften identifizieren lassen. Insoweit orientiert sich die Bewertung immer am Einzelfall, wobei die Anforderungen auf Vermieter- und Mieterseite unterschiedlich sind.

aa) Vermieterseite

67 Die Feststellung, wer Mietvertragspartei ist, hat auf beiden Seiten des Vertrages entscheidende Bedeutung. Auf **Vermieterseite** wird dadurch bestimmt, wer

---

[1] BGH, NJW 1982, 2381; *Bub* in Bub/Treier, II Rz. 332.
[2] BGH, NJW 1967, 821.

- Gläubiger der Miete ist,
- durch wen eine Hemmung der Verjährung herbeigeführt werden kann[1],
- wer Schuldner der Gewährleistungspflichten oder
- (richtiger) Empfänger einseitiger Willenserklärungen ist und
- wer zur Ausübung der Vermieterrechte legitimiert ist.

Grundsätzlich ist derjenige Vermieter, der im **Vertragsrubrum** als solcher bezeichnet ist oder der als solcher (ggf. in seinem Namen) **unterzeichnet** hat. Die Beziehung zur Mietsache ist dabei ohne Bedeutung. Vermieter kann der Eigentümer, ein Miteigentümer, der Nießbraucher, der Hauptmieter, ein Zwischenvermieter, ein Zwangsverwalter oder ein staatlicher Verwalter sein. 68

Der **Mieter** muss immer identisch mit der Person sein, die aus dem Vertrag **gebrauchsberechtigt** ist. Diese Person ist Gläubiger oder Schuldner des Vermieters. 69

Hier sind diverse Fallkonstellationen denkbar. Die häufigsten sind:
- **mehrere natürliche Personen** sind im Rubrum **genannt, eine Person** hat jedoch nur **unterschrieben**[2];
- der/die **Vermieter** sind im Rubrum **genannt, unterschrieben** hat jedoch ein **Hausverwalter**[3];
- im Rubrum ist **nur** der **Hausverwalter** als solcher bezeichnet[4];
- im Rubrum ist eine juristische Person (OHG, KG, GmbH etc.) genannt, aus der Unterschrift lässt sich jedoch nicht entnehmen, ob der **Unterzeichner vertretungsberechtigt** war.

Ausgangspunkt sollte die Überlegung sein, dass derjenige Vermieter wird, der **im Vertrag als solcher bezeichnet** ist und unterschreibt. Ob dies noch gilt, wenn der Unterzeichnende im Kopf des Mietvertrages als solcher nicht angegeben ist[5], erscheint zweifelhaft. Denn selbst der Ehegatte, der zwar unterschreibt, nicht aber im Rubrum als Vertragspartei aufgeführt ist, soll nicht Vertragspartei werden, obwohl er Miteigentümer ist. In diesem Fall sprechen die Umstände gemäß § 164 Abs. 1 S. 2 BGB für eine Vertretung der im Rubrum bezeichneten Person[6]. 70

Schließt nur ein Miteigentümer in eigenem Namen den Mietvertrag, so werden die übrigen Eigentümer nicht dadurch Vermieter, dass sie den Vertragsschluss genehmigen[7]. Ergibt sich aus dem Vertrag selbst nicht, dass die unterschriftsleistende Person in Vertretung gehandelt hat, muss gemäß

---
1 OLG Düsseldorf, ZMR 2000, 217.
2 Vgl. z.B. OLG Düsseldorf, ZMR 2000, 210; LG Baden-Baden, WuM 1997, 430.
3 Z.B. OLG Brandenburg, ZMR 1997, 598.
4 Vgl. dazu: KG, MDR 1983, 1023; OLG Düsseldorf, WuM 1995, 390; *Lützenkirchen*, WuM 1996, 67.
5 LG Schweinfurt, WuM 1989, 362, a.A. AG Hamburg, WuM 1989, 282.
6 OLG Hamm v. 23.11.2005 – 30 U 45/05, ZMR 2006, 205.
7 LG Karlsruhe, WuM 1989, 241.

§ 164 Abs. 1 Satz 2 BGB ermittelt werden, ob nach den Umständen von einer **Vertretungsmacht** ausgegangen werden kann[1]. Dazu müssen die Umstände des Vertragsschlusses, insbesondere die vorausgegangenen Verhandlungen erforscht werden.

71 **Eheleute** werden grundsätzlich Vermieter, wenn sie im Rubrum des Vertrages aufgeführt sind, obwohl nur einer die Vertragsverhandlungen bis zur Unterschriftsreife geführt hat und den Mietvertrag alleine unterschrieben hat. Aus der Sicht des Vertragspartners liegt nämlich eine Vertretung des anderen Ehegatten vor[2]. Denn durch das Führen der Vertragsverhandlungen und die anschließende (zusätzliche) Aufnahme des anderen Ehegatten in das Rubrum des Vertrages wird für den Vertragspartner deutlich, dass der Handelnde in Vertretung des anderen Ehegatten agiert hat (siehe aber auch Rz. 70).

72 Der Abschluss eines Vertrages durch einen **Hausverwalter** rechtfertigt nicht ohne ausdrückliche Angabe des Namens des Eigentümers die Annahme, der Hausverwalter habe als Vertreter des Eigentümers gehandelt[3]. Andererseits kann es zur Bindung des Eigentümers ausreichen, wenn die Hausverwaltung mit dem Zusatz „bevollmächtigt" aufgeführt ist[4]. Der Wille, in fremdem Namen zu handeln, kann sich jedoch auch aus den Umständen ergeben (§ 164 Abs. 1 S. 2 BGB). Insoweit vertritt das Brandenburgische OLG[5] zum Abschluss eines Vertrags über das Aufstellen von Trocknungsgeräten in einem Wohnhaus die Auffassung, dass der Hinweis auf die Tätigkeit nach der allgemeinen Verkehrsanschauung deutlich macht, dass der Verwalter nicht im eigenen, sondern in fremdem Namen handeln wollte[6]. Der BGH hat für die Vergabe von Bauleistungen durch den Hausverwalter in der Regel ein Handeln für dessen Auftraggeber, gewöhnlich den Eigentümer, angenommen, soweit sich aus den Umständen (§ 164 Abs. 1 Satz 2 BGB) nichts anderes ergebe[7]. Dabei sei der Umfang der vergebenen Arbeiten nicht entscheidend für die Frage, ob der Hausverwalter im eigenen oder in fremdem Namen gehandelt habe. Voraussetzung sei lediglich, dass dem Auftragnehmer der Werkleistungen die **Eigenschaft als Hausverwalter offen gelegt** worden sei, wofür in der Regel ein entsprechend gestalteter Briefkopf bei der Auftragsvergabe genüge. Dies ist auch auf Mietverträge übertragbar[8], da es sich bei diesen Rechtsgeschäften ebenfalls um eine typische Tätigkeit des Verwalters handelt.

---

1 Vgl. für einen Fall der Vertretung des Vermieters durch den Hausverwalter: OLG Brandenburg, ZMR 1997, 598.
2 OLG Düsseldorf, ZMR 2000, 210; LG Gießen v. 25.7.2007 – 1S 130/07, ZMR 2007, 864.
3 KG, MDR 1983, 1023; MDR 1998, 529; OLG Düsseldorf, ZMR 2003, 351.
4 LG Berlin, MDR 1988, 54.
5 ZMR 1997, 598.
6 Vgl. die Anmerkung von *Lützenkirchen*, WuM 1998, 127, 128.
7 BGH, BGHReport 2004, 721 = MietRB 2004, 213.
8 *Eupen*, MietRB 2004, 298.

Das Vorliegen des Mietvertrages   Rz. 75 **B**

An der Vermieterstellung bestehen Zweifel, wenn zwar im Vertrag der Eigentümer genannt ist, der Hausverwalter den Mietvertrag jedoch unterschrieben hat, ohne dass er dazu vom Eigentümer bevollmächtigt wurde. Hier können die Grundsätze der **Anscheinsvollmacht** eingreifen, wenn der Vertretene das Handeln des Scheinvertreters nicht kennt, es aber bei pflichtgemäßer Sorgfalt hätte erkennen und verhindern können und der andere Teil annehmen durfte, der Vertretene billige das Handeln des Vertreters[1]. Hatte sich der Eigentümer jahrelang nicht um sein Grundstück auf dem Gebiet der ehemaligen **DDR** gekümmert und von der Existenz der Hausverwaltung keine Kenntnis, hätte er zumindest nach der Wende damit rechnen müssen, dass das Grundstück anderweitig als durch staatliche Stellen verwaltet wird[2]. 73

bb) Mieterseite

Auch hier ist grundsätzlich davon auszugehen, dass derjenige Vertragspartei wird, der **im Rubrum** des Vertrages **genannt und** ihn **unterschrieben** hat. Gleichwohl gibt es viele Zweifelsfälle, die nach den allgemeinen Regeln zu lösen sind: 74

– **mehrere natürliche Personen** sind im Rubrum aufgeführt, die **Unterschrift** wurde jedoch nur von einer Person geleistet[3];
– im Rubrum ist nur **eine Person** genannt, **mehrere Personen** haben jedoch **unterschrieben**[4];
– die **Personen**, die im Mietvertrag genannt sind oder ihn unterschrieben haben, sind **nicht oder nur teilidentisch** mit den Personen, die die Mietsache nutzen.

Sind im Kopf eines Formularmietvertrages **zwei Personen** als Vertragspartner vorgesehen, so macht der Vermieter das Angebot an zwei Personen. Es ist denkbar, dass jeder der Adressaten für sich berechtigt sein soll, das Angebot anzunehmen. Es kann aber auch gewollt sein, dass das Angebot nur von beiden angenommen werden kann. Dann reicht die Annahme nur durch einen Adressaten nicht. Zweifelhaft ist, ob dieser als Vertreter des anderen anzusehen ist. Ist zudem **Schriftform** vereinbart, so muss aus der Urkunde irgendwie ersichtlich sein, dass der Vertreter zugleich im Namen des Vertretenen unterschrieben hat. Das Vertretungsverhältnis muss sich aus der Urkunde selbst ergeben[5]. Ansonsten gilt der **Grundsatz**, dass die Person, die im Mietvertrag als Partei aufgeführt ist, den Mietvertrag jedoch nicht unterschrieben hat, nicht Mieter bzw. Vertragspartei wird[6]. Ob eine Ausnahme von diesem Grundsatz gegeben ist, kann z.B. dadurch ermittelt 75

---

1 BGH, NJW 1981, 1728.
2 KG, GE 1998, 428.
3 Z.B. LG Mannheim, ZMR 1993, 415; LG Berlin, NZM 2002, 119; LG Osnabrück, WuM 2001, 438.
4 Z.B. LG Berlin, MM 1997, 283; LG Berlin, ZMR 1988, 103.
5 LG Mannheim, DWW 1987, 414.
6 LG Köln in *Lützenkirchen*, KM 21 Nr. 4.

werden, wie der Vertrag abgewickelt wurde. Ist der neben der Ehefrau im Rubrum benannte Ehemann, der den Vertrag alleine unterschrieben hat, ausgezogen und zahlt die Ehefrau die Miete weiter, und zwar auch die aufgrund eines an beide gerichteten Erhöhungsverlangens, ist zumindest von einem schlüssigen Beitritt auszugehen[1].

Umgekehrt erlangt die Ehefrau des Mieters, die im Rubrum nicht als Mietpartei aufgeführt ist, allein durch Unterschrift unter den Mietvertrag noch nicht die Stellung einer Mitmieterin[2]. Dies gilt umso mehr, als der Abschluss eines Mietvertrages kein Geschäft des täglichen Lebens i.S. von § 1357 BGB darstellt[3]. Dasselbe gilt im Übrigen für Lebenspartner i.S.d. LPartG.

76 Bei **Wohngemeinschaften** handelt es sich i.d.R. um eine Innengesellschaft, jdenfalls wenn alle Mitglieder im Mietvertrag genannt sind[4]. Auf Mieterseite unterstellt die Rechtsprechung eine antizipierte Zustimmung des Vermieters zum Mieterwechsel bei Auszug eines Mitglieds der Wohngemeinschaft[5], wobei streitig ist, ob eine Wohngemeinschaft mindestens zwei[6] oder mindestens drei Mitglieder[7] haben muss. Auch wenn in diesen Fällen eine Anzeigepflicht der Mieter besteht, sollte durch einen entsprechenden Zusatz (z.B.: „Der Vermieter ist mit einem Mieterwechsel ohne seine ausdrückliche Zustimmung nicht einverstanden.") dem von der Rechtsprechung entwickelten Grundsatz entgegengewirkt werden, wenn der Vermieter Wert darauf legt, nicht nur über den Namen der jeweiligen Mieter Bescheid zu wissen, sondern bei einem Mieterwechsel deren Bonität überprüfen zu können. Dann richtet sich die Gebrauchsüberlassung nach den §§ 540, 553 BGB.

cc) GbR als Vertragspartei/sonstige Personengesellschaften

77 Seitdem der BGH die **Rechtsfähigkeit** der Gesellschaft bürgerlichen Rechts (GbR) bestätigt hat[8], was auch verfassungsgemäß ist[9], wird lebhaft über die Auswirkungen diskutiert[10]. Diese Überlegungen gelten gleichermaßen, wenn auf einer Seite eine **Wohnungseigentümergemeinschaft** auftritt, da diese ebenfalls (teil-) rechtsfähig ist, § 10 Abs. 6 WEG. Für die **Erben-**

---

1 BGH, ZMR 2005, 781 = NZM 2005, 659.
2 OLG Düsseldorf, WuM 1989, 362; OLG Oldenburg, ZMR 1991, 268 = MDR 1991, 969; OLG Schleswig, ZMR 1993, 69, 70; LG Berlin, ZMR 1988, 103; LG Osnabrück, WuM 2001, 438; **a.A.** AG Darmstadt, WuM 1977, 224; AG Köln, WuM 1980, 85.
3 LG Mannheim, NJW-RR 1994, 274; LG Osnabrück, WuM 2001, 438.
4 *Sternel*, Mietrecht aktuell, I Rz. 257 m.w.N.
5 Vgl. *Sternel*, Mietrecht aktuell, I Rz. 258 m.w.N.
6 LG Trier, WuM 1997, 548.
7 LG Köln in *Lützenkirchen*, KM 26 Nr. 8.
8 BGH, WuM 2001, 134 = NJW 2001, 1046 = ZMR 2001, 338.
9 BVerfG, WuM 2003, 20.
10 *Kraemer*, NZM 2002, 465 ff.

gemeinschaft sind die Grundsätze zur Rechtsfähigkeit der GbR jedenfalls nicht anwendbar[1].

Materiell wird die GbR als solche wirksam aus einem Mietvertrag verpflichtet, wenn sie bei **Abschluss des Vertrages** nach den allgemeinen Regeln wirksam vertreten ist. Insoweit ist § 719 BGB zu beachten, von dem jederzeit – durch Vertrag – abgewichen werden kann. Ob die Einigung formell ausreichend dokumentiert ist, ist ein Problem der Schriftform, das sich aber erst stellt, wenn der Vertrag als solcher wirksam zustande gekommen ist.

Insoweit stellt sich die Frage, wie sinnvoll z.B. die Aufnahme der Gesellschafter als zusätzliche Haftungssubjekte in den Mietvertrag ist. Als Bürge oder Schuldner eines ähnlichen Sicherungsmittels (z.B. Schuldbeitritt) wäre ihre Haftung gem. § 551 BGB bei einem Wohnungsmietvertrag auf die Höhe von drei (Netto-)Mieten beschränkt und würde leer laufen, wenn zusätzlich eine Kaution in der bereits gesetzlich zugelassenen Höhe geleistet wurde. Andererseits bewirkt ihre Aufnahme als (zusätzlicher) Mieter bei ihrem Ausscheiden aus der BGB-Gesellschaft, das sich ohne den Willen des Vermieters vollziehen kann[2], einen zusätzlichen Verwaltungsaufwand. Im Hinblick auf die Mieterstellung nämlich muss auch der (ausgeschiedene) Gesellschafter Adressat von einseitigen Willenserklärungen sein, so lange und soweit keine wirksame Empfangsvollmacht vorliegt. Im Hinblick darauf sollte es im Zweifel ausreichen, dass der ausgeschiedene Gesellschafter gem. § 736 Abs. 2 BGB i.V.m. § 160 Abs. 1 HGB fünf Jahre lang für die bis zu seinem Ausscheiden entstandenen Forderungen des Vermieters haftet.

Sollen die Gesellschafter der GbR nur mit dem Gesellschaftsvermögen haften (sog. **GbR mbH**), reicht dazu die Angabe der Haftungsbeschränkung im Namen der GbR nicht aus. Vielmehr ist eine individualvertragliche Vereinbarung erforderlich, die gerade die Haftungsbegrenzung zum Inhalt hat[3]. 78

Werden für eine BGB-Gesellschaft **einseitige Rechtsgeschäfte** wie z.B. eine Kündigung, ein Optionsrecht oder eine Mieterhöhung ausgeübt, müssen entweder sämtliche Vertretungsberechtigten (z.B. auch Gesamtvertretungsberechtigte im Sinne der §§ 709, 714 BGB), der Alleinvertretungsberechtigte oder ein Bevollmächtigter jeweils mit erkennbarem Gesellschaftsbezug[4] handeln[5]. Agiert die GbR nicht durch alle Gesellschafter, kann der Empfänger die Erklärung im Hinblick auf die fehlende Registerpublizität der Vertretungsverhältnisse gemäß § 174 Satz 1 BGB zurückweisen, wenn der Nachweis der Vertretungsberechtigung nicht beigefügt ist[6]. Soll die GbR Erklärungsempfänger sein, was sich ebenfalls auch schon aus 79

---

1 BGH v. 17.10.2006 – VIII ZB 94/05, WuM 2006, 695; BGH, WuM 2002, 601 = ZMR 2002, 907 = NZM 2002, 67.
2 Vgl. *K. Schmidt*, NJW 2001, 993; *Jacoby*, ZMR 2001, 409.
3 BGH, NJW 1999, 3483, 3485; BGH, NZM 2005, 218.
4 Vgl. dazu OLG Zweibrücken, NZG 1998, 939; OLG Düsseldorf, ZIP 2000, 580.
5 *Kraemer*, NZM 2002, 465, 471.
6 BGH, MDR 2002, 269 = NZM 2002, 163.

dem Bezug der Erklärung zu ihr als Vermieterin/Mieterin ergeben kann, § 164 Abs. 3 BGB[1], genügt die Abgabe der Erklärung gegenüber einem Gesamtvertreter[2].

80 Die Gesellschafter der Vermieter-GbR sind nach den Grundsätzen der gewillkürten **Prozessstandschaft** befugt, den der Gesellschaft zustehenden Anspruch im eigenen Namen geltend zu machen[3]. Selbst wenn jedoch im Rubrum einer Klageschrift die Gesellschafter persönlich angegeben werden, ist die GbR Klägerin, so dass sich z.B. die Zuständigkeit nach § 119 Abs. 1 Nr. 1 lit. b GVG nicht nach dem ausländischen Wohnsitz eines Gesellschafters, sondern nach dem Sitz der GbR richtet[4].

81 Ebenso wie bei **sonstigen Personengesellschaften** (oHG, KG) hat das Auftreten einer Außen-GbR u.a. folgende Auswirkungen:
– das **Ausscheiden** eines Gesellschafters führt nicht zur Beseitigung der Haftung[5],
– **Änderungen des Gesellschafterbestandes**
    – sind ohne Einfluss auf den Mietvertrag[6],
    – der Ausscheidende haftet nach § 128 HGB[7],
    – der Eintretende haftet nach § 130 HGB;
– eine **Umwandlung** i.S.d. UmwG stellt keinen zustimmungsbedürftigen Mieterwechsel dar[8].

dd) Unternehmensbezogene Rechtsgeschäfte

82 Nicht selten werden Mietverträge abgeschlossen, wenn sich das Unternehmen, das Mieter werden soll, noch **in der Gründung** befindet (z.B. GmbH i.G.). Bei diesen unternehmensbezogenen Rechtsgeschäften ist grundsätzlich anzunehmen, dass nicht der Handelnde, sondern der **tatsächliche Unternehmensträger** aus dem Rechtsgeschäft verpflichtet wird[9]. Voraussetzung ist allerdings, dass der Inhalt des Rechtsgeschäfts – ggf. in Verbindung mit weiteren Umständen – die eindeutige Auslegung zulässt, dass ein bestimmtes Unternehmen berechtigt und verpflichtet sein soll. Dazu müssen entweder der Ort des Vertragsschlusses oder hinreichende Zusätze im Zusammenhang mit der Unterschrift auf das betreffende Unternehmen hinweisen. Es genügt auch, dass die Leistung vertraglich für den Betrieb des Unternehmens bestimmt ist und erkennbar zu diesem Zweck gehan-

---

1 *Jacoby*, ZMR 2001, 409, 411; *Kraemer*, NZM 2002, 465, 471.
2 BGH, NJW 1997, 3437, 3439 = ZMR 1998, 17.
3 OLG Düsseldorf, GuT 2003, 18.
4 OLG Düsseldorf, WuM 2005, 655.
5 BGH, WuM 1987, 260.
6 OLG Hamm, NZM 1998, 720.
7 BGH, NJW 1987, 2367.
8 BGH, NJW 1967, 467; OLG Düsseldorf, BB 1992, 2173.
9 BGH, NJW 2000, 2984, 2985; BGH, NJW 1995, 43, 44; BGH, NJW 1990, 2678, 2679; KG, MDR 2000, 760, 761.

delt wird[1]. Bleiben dagegen ernsthafte nicht auszuräumende Zweifel an der Unternehmensbezogenheit des Geschäftes, greift aus Gründen der Rechtssicherheit der Grundsatz des Handelns im eigenen Namen ein. Für die dann maßgebliche Frage, wer Vertragspartner sein soll, gilt allein § 164 Abs. 2 BGB. Ist also z.B. im Rubrum des Mietvertrages eine Privatperson genannt und wird auch sonst ein Unternehmen, dass Rechtsträger des Mietvertrages sein könnte, nicht konkret bezeichnet, wird allein die Privatperson Mieter[2]. Dies gilt erst recht, wenn bei Vertragsschluss das Unternehmen noch nicht einmal als Vorgesellschaft existierte und der Vertrag der Schriftform des § 550 BGB (vgl. dazu *C Rz. 506*) bedarf[3].

Die **Haftung** der Mitglieder der Vorgründergesellschaft einer GmbH, die als solche einen Mietvertrag unterschrieben haben, **entfällt** mit der Eintragung der Gesellschaft in das Handelsregister nur, wenn dies mit dem Vermieter vereinbart ist[4]. Die Haftung der Gründergesellschafter besteht auch für die **nach der Eintragung** entstandenen Ansprüche fort[5]. Umso mehr sollte eine entsprechende Klausel in den Mietvertrag aufgenommen werden, denn an eine konkludente Entlassung aus dieser Haftung werden strenge Anforderungen gestellt. 83

ee) Hilfsüberlegungen zur Ermittlung der richtigen Partei

Lässt sich eine Partei des Mietvertrages nicht eindeutig identifizieren, sollte zunächst ermittelt werden, welche Erklärung der Mandant für diese Ungereimtheiten hat. Als **mögliche Ursachen** kommen in diesen Fällen in Betracht: 84

– die **weitere Unterschrift** wurde **vergessen**;
– zwischen Vorlage des Mietvertragsexemplares und der Unterzeichnung haben sich **Änderungen** in den **Personen** ergeben;
– es hat ein **Eigentümerwechsel** stattgefunden (§ 1922 BGB, § 566 BGB);
– der/die **ursprüngliche(n) Nutzer sind verstorben** (§§ 563 ff. BGB);
– es liegt eine **Untervermietung** vor;
– auf Mieterseite liegt eine **Wohngemeinschaft** vor[6];
– der **Unterzeichner** hat in **Vollmacht** der anderen Personen gehandelt.

Je nach Erklärung des Mandanten muss im Weiteren geprüft werden, inwieweit sich seine Erläuterungen beweisen lassen. Potentielle **Beweismittel** sind: 85

– **Zeugen**;
– **Bestätigungsschreiben**;

---
1 OLG Düsseldorf v. 5.3.2007 – I-24 U144/06, GuT 2007, 201.
2 OLG Düsseldorf, GuT 2003, 7.
3 OLG Düsseldorf v. 6.5.2008 – I-24 U 188/07, ZMR 2008, 711.
4 BGH, NJW 1983, 2822.
5 OLG Düsseldorf, MDR 1987, 848.
6 Vgl. dazu *Straßberger* in Bub/Treier, II Rz. 279.

- **Handelsregisterauszug**;
- **Grundbuchauszug** (berechtigtes Interesse nach § 12 GBO besteht auf Grund der Zweifel, wer Vermieter ist).

86 In diesem Zusammenhang können jedoch auch **Indizien** weiterhelfen, und zwar:
- wer hat bisher die **Korrespondenz** geführt, insbesondere welche Personen sind hier angesprochen worden (Mieterhöhungsbegehren, Mängelanzeige etc.);
- an wen und von wem wurde die **Miete überwiesen**.

87 Lassen sich die Zweifel nicht eindeutig klären, sollte bei der weiteren Prüfung und Abwicklung des Mandates vorsichtshalber (zur Vermeidung eines **Haftungsrisikos**) immer davon ausgegangen werden, dass alle in Betracht kommenden Personen in Anspruch genommen bzw. angeschrieben oder verklagt werden müssen, denn im Hinblick auf die eigene Haftung des Rechtsanwaltes müssen alle Eventualitäten berücksichtigt werden. Eine Erklärung z.B., die nicht gegenüber allen Mietvertragsparteien abgegeben wurde, ist unwirksam. Umgekehrt, also bei Abgabe der Erklärung gegenüber mehreren Personen, wovon z.B. nur eine Person nicht Mietvertragspartei ist, tritt die Unwirksamkeit (ggf. mit der Folge der Klageabweisung) eben nur gegenüber der Person ein, die nicht am Vertrag beteiligt ist. Gegenüber den weiteren Personen bleibt sie wirksam.

88 Wird die **Passivseite** vertreten, muss im außergerichtlichen Stadium überlegt werden, ob und ggf. wann auf die Auffälligkeiten hingewiesen werden soll. Ergibt die Information des Mandanten nicht eindeutig, dass die handelnden Personen auf Aktivseite tatsächlich auch die andere Mietvertragspartei sind, kann es sich empfehlen, außergerichtlich nichts zu verlautbaren. Wird in diesem Stadium auf die mangelnde Aktivlegitimation hingewiesen, besteht die Möglichkeit, dass die Gegenseite ihren Fehler heilt. Bei Erklärungen, die form- oder fristgebunden sind (z.B. Mieterhöhung, Kündigung), kann für den Mandanten durch das **Schweigen** ein Vorteil entstehen. Solange die andere Seite nicht auf ihren Fehler hingewiesen wurde, kann dem Mandanten dieser Vorteil nicht genommen werden.

89 Im **Prozess** reicht es regelmäßig aus, die Aktivlegitimation unter Hinweis auf die Unterschiede z.B. zwischen den im Mietvertrag genannten und den handelnden Personen pauschal zu bestreiten. Erst in der **Duplik** muss auf eine entsprechende Darstellung der Gegenseite z.B. die Historie des Mietvertrages **substantiiert vorgetragen** werden. Diese Informationen sollte sich der Rechtsanwalt bereits im ersten Beratungsgespräch verschaffen, um die Aussichten der Verteidigung vollständig prüfen zu können und den Vortrag im Prozess zum taktisch richtigen Zeitpunkt erbringen zu können.

b) Die Vollständigkeitsprüfung

Als Nächstes muss der Blick darauf geworfen werden, ob der **Vertrag** in der vorliegenden Fassung überhaupt noch **aktuell** ist. 90

Insbesondere bei **Zeitmietverträgen**, die bereits abgelaufen sind, sollte darauf geachtet werden, dass auch die **Anschlussverträge** vorgelegt werden. Nicht selten wurden hier zusätzliche Vereinbarungen, und zwar nicht nur zur Miethöhe, getroffen. Erst wenn die Kette der Verträge vollständig geschlossen ist, liegt die ausreichende vertragliche Entscheidungsgrundlage vor. 91

Auch außerhalb von Zeitmietverträgen gehört jedoch die Frage nach weiteren oder Zusatzvereinbarungen zum Standard im ersten Beratungsgespräch. Die **Sichtweise des Mandanten** ist in der Regel durch den Anspruch, den er geltend machen oder abwehren will, begrenzt. Manchmal kann er auch die Erheblichkeit zusätzlicher Vereinbarungen nicht (immer) erkennen. Im Übrigen sollte der Rechtsanwalt immer darauf hinarbeiten, dass er auf der Grundlage eines vollständigen Sachverhaltes die Rechtslage beurteilen und seine Empfehlung aussprechen kann. 92

Ist der Mieter der frühere Eigentümer (oder mit diesem – wie auch immer – verbunden), kann es sich sogar empfehlen, sich den **Kaufvertrag** vorlegen zu lassen. Anlässlich von Kaufvertragsverhandlungen ist ein Käufer, der ein bestimmtes Objekt unbedingt erwerben will, häufig bereit, dem (Noch-)Eigentümer und späteren Mieter Privilegien einzuräumen, an die er sich später guten Gewissens nicht mehr erinnert. Es ist besser, hier eine unnütze Prüfung anzustellen, als später durch eine vergessene Regelung überrascht zu werden. 93

c) Gemischte Verträge

Ergeben sich aus dem Mietvertrag Leistungspflichten aus anderen Vertragstypen (z.B. Bauverpflichtung, Bierbezugsverpflichtung etc.), sollte untersucht werden, inwieweit sich diese auf mietrechtliche Gegebenheiten auswirken. Im Grundsatz muss davon ausgegangen werden, dass die jeweilige Verpflichtung den Regelungen des Vertragstypen folgt, dem sie zugeordnet werden kann[1]. 94

aa) Sofern gleichzeitig mit dem Mietvertrag ein **weiterer selbständiger Vertrag** (z.B. Werkvertrag oder Dienstvertrag) geschlossen wurde, muss geklärt werden, ob jeder Vertrag für sich genommen wirksam ist und ob die Verträge eine Einheit bilden sollen (§ 139 BGB), so dass sich die Unwirksamkeit des einen Vertrages auch auf den anderen Vertrag auswirkt. 95

bb) Liegt ein **Mischmietverhältnis** vor (sowohl Wohn- als auch Gewerberäume wurden vermietet), folgt diese Einigung den Regeln über den ein- 96

---

[1] *Reinstorf* in Bub/Treier, I Rz. 114 ff.; Staudinger/*Emmerich*, Vorbem. zu §§ 553, 536 BGB Rz. 150 ff.

heitlichen Vertrag[1]. Welche Vorschriften in diesem Fall anwendbar sind, ist nach der herrschenden **Übergewichtstheorie**[2] zu ermitteln. Danach gelten die Regelungen für den Vertrag, der das Schwergewicht bildet, auch für den gesamten Vertrag. Die Erläuterungen des Mandanten, die bereits auf ihre Beweisfähigkeit zu untersuchen sind, sind dabei anhand der nachstehenden **Kriterien** zu überprüfen, die in jedem Falle zu beachten und damit ggf. vorzutragen sind, um die Einschätzung des Mandanten untermauern zu können:

– Wurde der Vertrag als **Wohnungs- oder Gewerberaummietvertrag bezeichnet?**
– Wie ist das **Größenverhältnis** von Wohnung und Gewerberaum?
– Wurden für die verschiedenen Teile **unterschiedliche Mieten** vereinbart, woraus sich ein Übergewicht ergibt?
– Wie wurde das Mietverhältnis in der **Vergangenheit** (z.B. bei Mieterhöhungen) behandelt (Korrespondenz vorlegen lassen)?
  – Ist ein **Teil der Mietsache ein Annex** des anderen (z.B. Wirtswohnung)?
  – Welche Bedeutung hat der Vertrag für den Mieter[3]?

97 Lässt sich auch anhand dieser Merkmale **nicht eindeutig feststellen**, ob Wohnraum- oder sonstiges Mietrecht anwendbar ist, kann überlegt werden, ob das Ziel des Mandanten **auch** über die zumeist strengeren Vorschriften des Wohnraummietrechts durchsetzbar ist. Sollte dies (z.B. bei der Mieterhöhung) möglich sein, sollte in dem Anschreiben deutlich gemacht werden, dass man von einer anderen Qualifizierung des Mietvertrages ausgeht, jedoch aus Gründen anwaltlicher Vorsorge (... und ohne Präjudiz für die Zukunft ...) die Vorschriften des Wohnraummietrechts im konkreten Fall anwendet.

98 **cc)** Das Problem des einheitlichen Mietvertrages ergibt sich auch, wenn neben einer Wohnung eine **Garage** oder ein **Stellplatz** vermietet wurden. Bilden beide (ggf. getrennten) Mietverträge eine **Einheit**, können beide Vertragsgegenstände nur einheitlich behandelt werden[4].

99 In diesem Zusammenhang wird der **Rechtsentscheid** des OLG Karlsruhe vom 30.3.1983[5] von Kollegen sehr häufig **fehlinterpretiert**, indem die Auffassung vertreten wird, bei der (auch nachträglichen) Vermietung einer Garage auf demselben Grundstück sei immer eine Mietvertragseinheit mit der vermieteten Wohnung gegeben. Bei genauem Studium der Entscheidung fällt auf, dass das OLG Karlsruhe lediglich die (widerlegbare) Ver-

---

1 *Sternel*, Mietrecht, I Rz. 149 ff.
2 *Reinstorf* in Bub/Treier, I Rz. 105 m.w.N.
3 BGH v. 16.7.2008 – VIII ZR 282/07, GE 2008, 1318 = NZM 2008, 804 = GuT 2008, 361; OLG Stuttgart v. 31.3.2008 – 5 U 199/07, NZM 2008, 726 = ZMR 2008, 795 = MDR 2008, 1091.
4 *Sternel*, Mietrecht, I Rz. 149.
5 OLG Karlsruhe, NJW 1983, 1499.

mutung aufgestellt hat, dass eine Einheit besteht, wenn zwischen der Vermietung von Wohnung und Garage ein räumlicher oder zeitlicher Zusammenhang besteht und ein entgegenstehender Parteiwille sich nicht ermitteln lässt.

Mit Rücksicht darauf muss in diesen Fällen geprüft werden, ob Kriterien für einen **abweichenden Parteiwillen** vorliegen, mit denen die Vermutung erschüttert werden kann, um wieder die volle Beweislast auf die Seite zu schieben, die sich auf die Einheit des Vertrages beruft. Lässt sich die Behauptung, bei Abschluss des einen oder anderen Vertrages habe man sich darauf geeinigt, dass jeder Vertrag getrennt von dem anderen behandelt werden soll, nicht beweisen, kann aus der Abwicklung der beiden Vertragsverhältnisse auf den bei Vertragsschluss vorherrschenden Willen gefolgert werden[1]. 100

Vermutung einer Einheit zwischen Garagen- und Wohnraummietvertrag 101

Pro	Kontra
Beide Vertragsgegenstände wurden durch eine Urkunde vermietet, einheitliche Mietzahlungen, andere Abwicklungsformen, die auf eine einheitliche Behandlung hinweisen (z.B. Mieterhöhung für Garage nach § 558 BGB). Der Stellplatz wird auf Grund der öffentlich-rechtlichen Verpflichtung des Vermieters, Hausbewohner mit Abstellplätzen zu versorgen, überlassen.	verschiedene Vermieter, Verwendung verschiedener Vertragsmuster, Regelung unterschiedlicher Kündigungsfristen, getrennte Mietzahlungen für Garage und Wohnung, unterschiedliche Laufzeiten der Verträge, unterschiedliche Mieternummern für Garage und Wohnung, getrennte Betriebskostenabrechnungen

Besteht danach ein einheitlicher Vertrag, wird diese Einheit nicht dadurch aufgelöst, dass sich die dingliche Zuordnung (etwa durch Veräußerung der Garage) ändert[2]. In diesem Fall können beide Vermieter nur einheitlich agieren, also z.B. einseitige Willenserklärungen abgeben[3], weil sie eine Bruchteilsgemeinschaft bilden[4], für die der Grundsatz der gemeinschaftlichen Verwaltung gilt, §§ 744, 745 BGB.

d) Verschiedene Vertragsexemplare

Grundsätzlich führt die Verwendung von Vertragsmustern dazu, dass die Beweislast für abweichende (mündliche) Abreden denjenigen trifft, der sie behauptet, § 416 ZPO. Die Vermutung der Vollständigkeit und Richtigkeit 102

---

1 Vgl. Zusammenstellung der Rechtsprechung bei *Sternel*, Mietrecht aktuell, VI Rz. 17 ff.; *Reinstorf* in Bub/Treier, I Rz. 103.
2 LG Köln, WuM 2004, 614.
3 BGH, WuM 2005, 790 = ZMR 2006, 30.
4 BGH, BGHZ 141, 239, 244.

entfällt jedoch, sobald ein **Fälschungsverdacht** entsteht, der sich schon daraus herleiten kann, dass an einer Stelle ein von der übrigen Schrift abweichender handschriftlicher Eintrag vorliegt[1]. Andererseits besteht durch die Verwendung (im Handel erworbener) **vorformulierter Vertragsmuster** die Gefahr, dass die Urkunde, die dem Vermieter und dem Mieter jeweils vorliegen, unterschiedliche Regelungen enthalten. Der Vermieter, der die Vertragsmuster in der Regel einführt, hält sehr häufig eine bestimmte Anzahl von Exemplaren vor, so dass es vorkommen kann, dass sowohl eine ältere als auch eine aktuelle Version für ein und dasselbe Mietverhältnis verwendet wurden. Andere Male werden auch zwei völlig unterschiedliche Vertragsmuster für Mieter- und Vermieterseite vorgelegt bzw. ausgefertigt.

103 Die Verwendung unterschiedlicher Vertragsmuster wirkt sich grundsätzlich gemäß § 305c Abs. 2 BGB **zu Lasten des Vermieters als Verwender** aus.

An diesen Fall muss gedacht werden, sobald eine Vertragspartei Ansprüche aus dem Vertrag herleitet, für die das jeweils vorliegende Exemplar keine Stütze bildet. Je nach dem Stadium des Verfahrens sollte zunächst der Versuch unternommen werden, die Annahme, es seien unterschiedliche Vertragsexemplare in der Welt, zu verifizieren.

104 In einem gerichtlichen Verfahren lässt sich dies relativ einfach durch **Akteneinsicht** erreichen.

Außergerichtlich muss überlegt werden, wie der Gegner veranlasst werden kann, eine Kopie des ihm vorliegenden Vertragsexemplars zu übermitteln.

105 Die einfachste Version ist dabei sicherlich der **Hinweis** darauf, dass der geltend gemachte **Anspruch** sich **aus** dem vorliegenden **Vertrag nicht ergibt**. Damit besteht jedoch die Gefahr, dass der Gegner auf das Problem der verschiedenen Exemplare aufmerksam wird. Gerade für den Vermieter, der in der Regel Verwender i.S.d. § 305 BGB ist, kann dies verheerende Konsequenzen in der Zukunft haben. Dreht sich der Streit z.B. um die Betriebskostenregelung, die teilweise unklar ist, besteht das Risiko, dass durch den entsprechenden Hinweis auf die Verwendung verschiedener Vertragsexemplare der Gegner in der Zukunft auch die Renovierung nicht zu erbringen braucht, obwohl in der ihm vorliegenden Version eine wirksame Renovierungsklausel enthalten ist. Das damit verbundene wirtschaftliche **Risiko** für den Mandanten muss abgewogen werden. Ist z.B. unklar, ob Vorauszahlungen oder eine Pauschale hinsichtlich der Betriebskosten vereinbart wurden, sollte dem Mandanten vor Augen geführt werden, dass die Pauschale gemäß § 560 Abs. 1 BGB jährlich mit Betriebskostensteigerungen bei entsprechendem Vorbehalt angehoben und so die Renovierungsverpflichtung „erhalten" werden kann.

Der Hinweis, dass der Mietvertrag zurzeit nicht auffindbar ist oder nur eine **schlecht lesbare Kopie** vorliegt, ist nur erlaubt, wenn er der Wahrheit entspricht, es sei denn, man hält eine Notlüge für zulässig.

---

1 AG Wetzlar v. 18.10.2007 – 38 C 747/06 (38), ZMR 2008, 721.

Hat sich der Verdacht, dass zwei unterschiedliche Vertragsexemplare verwendet wurden, bestätigt, muss durch eine **Synopse** geprüft werden, inwieweit die Offenlegung dieses Tatbestandes (auch in der Zukunft) für den Mandanten nachteilig sein kann. Für den Mieter ist eigentlich keine Situation vorstellbar, in der sich die Verwendung widersprüchlicher Formularregelungen nachteilig auswirken kann, solange er nicht selbst Verwender ist. Für den Vermieter sind die wirtschaftlich bedeutsamsten Regelungen solche über 106

– Miete (Wertsicherung, Staffel),
– Betriebskosten,
– Renovierung,
– Rückbau,
– Wartung,
– Endrenovierung.

Diese müssen im Einzelnen überprüft und die Ergebnisse abgewogen werden, bevor die Offenlegung erfolgt.

Das **taktische Vorgehen** ist dabei natürlich einerseits davon abhängig, ob der Mandant der Anspruchsteller oder -gegner ist, und andererseits, welche Ansprüche geltend gemacht werden. In einem Prozess wird der Anspruchsteller kaum daran vorbeikommen, den Mietvertrag vorzulegen. Besteht die Grundlage seines Anspruchs jedoch in einer gesetzlichen Regelung (z.B. § 558 BGB oder § 536a BGB), kann er sich darauf beschränken, mit der Klageschrift zunächst die Fotokopie der ersten und der letzten Seite vorzulegen. Damit hat er dem Gericht deutlich gemacht, wer die Mietvertragsparteien sind, und vermeidet zunächst, dass der Gegner z.B. durch Einsichtnahme in die Gerichtsakten erfährt, dass im Übrigen unterschiedliche Texte vorliegen. Auf der Passivseite sollte der Vertragstext (in Fotokopie) nur vorgelegt werden, wenn es tatsächlich auf den Inhalt einer bestimmten Regelung ankommt, sofern die Widersprüche nicht offenbart werden sollen. 107

2. Der konkludent abgeschlossene Mietvertrag

Die zum Vertragsschluss führenden Willenserklärungen können grundsätzlich durch schlüssiges Verhalten ersetzt werden. Jedoch ist die Rechtsprechung bei der Annahme schlüssiger Verträge zurückhaltend, da von dem Grundsatz auszugehen ist, dass Schweigen keine Zustimmung bedeutet. Das bloße Wollen von Leistungen und deren schlichte Entgegennahme führt nicht ohne Weiteres zu einem Vertragsschluss[1]. Wirksam und bindend ist ein Vertrag erst, wenn sich die Parteien über sämtliche **wesentliche Vertragselemente** geeinigt haben, denn gem. § 154 Abs. 1 BGB ist ein Vertrag im Zweifel nicht geschlossen, solange die Parteien sich nicht über 108

---

1 BGH, NJW 1997, 1982.

alle Punkte verständigt haben, über die nach der Erklärung auch nur einer Partei eine Regelung zu treffen ist.

109 Die schlüssige Annahme eines **schriftlichen Vertragsangebots** ist grundsätzlich nur dann möglich, wenn das schriftliche Mietvertragsangebot nur **deklaratorische Bedeutung** hat, also die bereits vereinbarten wesentlichen Vertragsbedingungen lediglich wiedergeben soll. Davon kann nicht ausgegangen werden, wenn die Parteien vereinbart haben, den Mietvertrag schriftlich zu beurkunden (Schriftformklausel)[1]. Allerdings soll bereits die Zahlung der ersten Miete und der Kaution bei gleichzeitiger Überlassung der Mieträume selbst dann einen konkludenten Vertragsabschluss begründen, wenn die Parteien durch Aushandeln eines schriftlichen (unbefristeten) Vertrages deutlich gemacht haben, dass sie ihre Einigung schriftlich niederlegen wollen[2]. Der Vollzug soll nämlich zum Ausdruck bringen, dass die Schriftform kein **konstitutives Element** der Einigung war, so dass § 154 Abs. 2 BGB nicht eingreift. Dies gilt erst recht, wenn eine Einigung über die essentialia stattgefunden hat und der Vertrag monatelang vollzogen wird[3].

110 Die Verabredung, einen Mietvertrag schriftlich zu beurkunden, wird dann **vermutet**, wenn der Vertrag eine feste Dauer von mehr als einem Jahr haben soll. Dann nämlich ist die Schriftform gemäß § 550 BGB wesentlich, so dass die Voraussetzungen des § 154 Abs. 2 BGB anzunehmen sind. Besteht ein solcher Vorbehalt oder wurde er sogar ausdrücklich erklärt, kann auch durch mehrfachen Leistungsaustausch nicht ohne weiteres ein schlüssiger Mietvertrag begründet werden[4].

111 Unabhängig davon können die **Umstände des Einzelfalls** gleichwohl dafür sprechen, dass die Parteien ein Mietverhältnis begründen wollten. Hierzu müssen jedoch Umstände gegeben sein, aus denen (übereinstimmende) Willenserklärungen der Parteien ersichtlich sind, insbesondere auf deren **Rechtsbindungswillen** geschlossen werden kann. Insoweit kommt es nicht darauf an, ob sich aus der (konkludenten) Einigung eine bestimmte Miethöhe ergibt, denn die Höhe der **Miete** kann durch das Gericht in ergänzender Vertragsauslegung oder analog §§ 612 Abs. 2, 632 Abs. 2 BGB ermittelt werden[5]. Der Rechtsbindungswille fehlt z.B., wenn der Vermieter dem Untermieter die Kündigung des Hauptmietvertrages mitteilt und ihm die (befristete) Fortsetzung der Nutzung gestattet, ohne dass der Untermieter darauf außer durch Fortsetzung der Nutzung reagiert[6]. Aus dem unveränderten Verhalten des Untermieters soll nicht auf einen Rechtsbindungswillen, der die Annahme des Angebotes rechtfertigen könnte, geschlossen werden.

---

1 KG, MietRB 2004, 286.
2 OLG Frankfurt/Main, MietRB 2003, 67.
3 KG, WuM 2005, 336 = NZM 2005, 537.
4 BGH, MDR 2005, 474 – MietRB 2005, 149.
5 BGH, WuM 2003, 263 = ZMR 2003, 415 = GuT 2003, 86 = NZM 2003, 314.
6 OLG Brandenburg, ZMR 1999, 102.

Das Vorliegen des Mietvertrages   Rz. 113 **B**

Die schlüssige Begründung eines Mietvertrages kann insbesondere nach ei- 112
ner **vorangegangenen Beendigung** des (bisherigen) Mietvertrages eintreten.
In diesen Fällen kommt insbesondere den Umständen der unveränderten
Fortsetzung des Gebrauchs durch den Mieter und der widerspruchslosen
Entgegennahme der als „Miete" deklarierten Zahlungen eine besondere Bedeutung bei[1]. War im Vertrag aber § 545 BGB wirksam ausgeschlossen,
kann ein auf den Abschluss eines neuen Mietvertrages gerichtetes Verhalten der Parteien nur bei einer über einen **längeren Zeitraum** praktizierten
Übung angenommen werden[2]. Die häufigsten **Fälle** sind:

– **Einzug** des Mieters **in die Mieträume** und vorbehaltlose **Entgegennahme** 113
  der Miete durch den Vermieter[3], was auch für einen im Rubrum des
  Mietvertrages erwähnten Mitmieter, der den Mietvertrag nicht mit unterzeichnet hat, gilt[4].
– **Auswechseln** eines **Mitgliedes** einer studentischen **Wohngemeinschaft**[5].
– **Fortsetzung** des **Gebrauchs**
  – **obwohl** der Vertrag eine **aufschiebende Bedingung** enthält[6];
  – **nach Beendigung des Mietvertrages**, ohne dass der Vermieter widerspricht, § 545 BGB;
  – nach Beendigung des Mietvertrages, ohne dass der Vermieter widerspricht und der Ausschluss von § 545 BGB im Mietvertrag nicht wirksam ist[7];
  – **während der Verhandlungen** über eine Vertragsverlängerung[8];
  – auf Grund eines **Räumungsvergleichs** mit Bewährungsauflage[9];
  – **nach Räumungsurteil**, Ausgleich des Rückstandes und vorbehaltloser
    Entgegennahme der Miete[10];
  – nach Räumungsurteil, Ausgleich des Rückstandes, vorbehaltloser
    Entgegennahme der Miete und Mieterhöhung durch den Vermieter[11];
  – wenn der **Vermieter** aus einem Räumungsurteil längere Zeit die
    Zwangsvollstreckung nicht betreibt und Miete fordert[12];

---

1 Vgl. OLG Hamm, WuM 1981, 257; LG Hagen, WuM 1982, 139.
2 OLG Düsseldorf, GuT 2003, 18.
3 OLG Düsseldorf, ZMR 1988, 54.
4 LG Berlin, GE 1997, 1033.
5 LG Mannheim, WuM 1969, 38; LG Köln, WuM 1992, 251.
6 BGH, WM 1983, 929.
7 OLG Schleswig, WuM 1996, 85; LG Berlin, WuM 1996, 707.
8 OLG Karlsruhe, WuM 1991, 81.
9 LG Köln in *Lützenkirchen*, KM 25 Nr. 2.
10 OLG Hamm, WuM 1981, 257.
11 LG Hagen, WuM 1982, 139.
12 *Bub* in Bub/Treier, II Rz. 343 m.w.N.

– nach **Rücknahme** von **mehreren Räumungsaufträgen**, wenn die Rücknahme jeweils nach dem Ausgleich des bestehenden Rückstandes erfolgte[1];

– das Verbleiben des Untermieters in den Mieträumen nach Beendigung des Hauptmietverhältnisses und die vorbehaltlose Entgegennahme der Miete über längere Zeit durch den Vermieter zu Bedingungen des Hauptmietverhältnisses[2]; nicht ausreichend ist hingegen, dass der Untermieter nach Mitteilung durch den (Haupt-)Vermieter, der (Haupt-)Mietvertrag sei beendet, allein die Nutzung fortsetzt, ohne auf sein Angebot zur (befristeten) Fortsetzung zu reagieren[3];

– durch Abgabe rechtsgeschäftlicher Erklärungen, die nur im Verhältnis zum Vermieter relevant werden können, durch den Ehegatten des Mieters, der den Mietvertrag nicht unterschrieben hat[4].

114 Allein das Vorliegen eines dieser Beispielsfälle oder ein ähnlich gelagerter Sachverhalt genügen jedoch grundsätzlich nicht zur Annahme eines konkludent abgeschlossenen Mietvertrages. In jedem Fall muss ermittelt werden, ob der notwendige **Rechtsbindungswille**[5] aus dem Verhalten abgeleitet werden kann. Daran fehlt es z.B., wenn das Grundstück in dem übereinstimmenden Willen der Parteien überlassen wird, dass der Nutzer das Objekt erwerben soll und bis zum Erwerb die Lasten tragen soll[6]. Der Sachverhalt muss also dahin untersucht werden, ob auf jeder Seite ein Verhalten vorliegt, das auf einen wirtschaftlichen Erfolg gerichtet ist. Dazu sollte sich der Rechtsanwalt die gesamte **Korrespondenz**, zumindest aber die aus dem fraglichen Zeitraum (z.B. nach Vorliegen des Räumungsurteils), vorlegen lassen. Werden darin die Worte „Mietvertrag" und/oder „Miete" verwendet, kann dies als **Indiz** gewertet werden. Auch die **Überweisungsträger** können aufschlussreich sein, wenn darin ein **Verwendungszweck** angegeben wurde. Liegen nur **mündliche Äußerungen** vor, muss erforscht werden, ob und ggf. welche Rückschlüsse daraus auf den Willen, ein Mietverhältnis (neu) zu begründen, gezogen werden können. Mündliche Abmahnungen des Vermieters z.B. werden hierfür i.d.R. nicht ausreichen, da der Mieter auch nach Beendigung des Mietvertrages verpflichtet ist, vertragliche Regeln einzuhalten[7]. Die **Erteilung einer Erlaubnis** zur Untervermietung, Tierhaltung oder eine **Betriebskostenabrechnung** können jedoch ebenso als Indiz für den konkludenten Abschluss eines Mietvertrages gewertet werden wie die Ausübung des **Minderungsrechts** oder die Aufforderung zur **Mängelbeseitigung**. Das Gleiche gilt für einen inhaltlichen **Widerspruch** gegen eine Betriebskostenabrechnung[8].

---

1 LG Hamburg, WuM 1989, 32.
2 *Sternel*, Mietrecht, I Rz. 214.
3 OLG Brandenburg, ZMR 1999, 102.
4 LG Berlin, NZM 2002, 119.
5 Palandt/*Heinrichs*, Einf. v. § 116 BGB Rz. 4.
6 OLG Rostock, NZM 2003, 25.
7 *Scheurer* in Bub/Treier, V Rz. 92 f.
8 AG Köln in *Lützenkirchen*, KM 2 Nr. 20.

Bei der **Prüfung der Schlüssigkeit** der zusammengetragenen Indizien steht natürlich das Ziel des Mandanten im Vordergrund. Will er (was regelmäßig für den Mieter/Nutzer zutreffen wird) einen Mietvertrag behaupten, kann schon die kleinste Wahrscheinlichkeitsstufe eine ausreichende Grundlage für eine ggf. streitige Auseinandersetzung sein. Gleichwohl sollte der Mandant, unabhängig davon, welche Seite vertreten wird, auf die Problematik (schriftlich) hingewiesen werden, um das eigene Haftungsrisiko zu verringern.

115

3. Der mündliche Mietvertrag

Wurde ein Mietvertrag nur mündlich abgeschlossen, ergeben sich in der Praxis Probleme hinsichtlich der **inhaltlichen Gestaltung** der Abreden. Sobald z.B. der Wohnraum überlassen wird und der Vermieter vorbehaltlos Mietzahlungen des Nutzers über einen längeren Zeitraum entgegennimmt oder fordert, wird der – zumindest konkludente – Abschluss eines Mietvertrages angenommen[1].

116

Kommt es tatsächlich darauf an, ob ein Vertrag mündlich geschlossen wurde (z.B. bei der Geltendmachung des Überlassungsanspruches), kann die Prüfung nicht an der Stelle beendet werden, an der sich herausstellt, dass der Vermieter die Überlassung einer Mietsache und der Mieter die Zahlung einer bestimmten Miete versprochen hat (was natürlich zu beweisen ist).

Vielmehr muss gerade in diesen Fällen ausgeschlossen werden, dass ein **Dissens** (vgl. hierzu § 154 BGB) vorliegt. Deshalb sind zumindest folgende **Fragen abzuklären**:

117

– Hat eine der Parteien (i.d.R. der Vermieter) bei den Vertragsgesprächen darauf hingewiesen, dass hinsichtlich einiger **Nebenpunkte** (z.B. Betriebskosten, Kaution, Renovierung) noch Abreden getroffen werden müssen?
– Hat eine der Parteien **in Aussicht gestellt**, dass der **Vertrag schriftlich** niedergelegt werden soll?
– Wer hat auf **Seiten des Vermieters** gehandelt (Hausverwalter, Makler etc.), so dass sich **Zweifel** aus einer **Bevollmächtigung** ergeben können?
– Überlässt der Vermieter ansonsten grundsätzlich Wohnungen oder Gewerberäume nur auf Grund schriftlicher Mietverträge?

Im nächsten Schritt ist zu überprüfen, ob und ggf. welche **Beweismittel** zur Verfügung stehen. Überhaupt muss die ganze Situation, in der der mündliche Mietvertrag abgeschlossen worden sein soll, vollständig ermittelt werden, um herauszufinden, welche „anderen Versionen" die Gegenseite vortragen kann. Nur so lässt sich auch die Durchsetzbarkeit bzw. das Risiko für den Mandanten abschätzen.

118

---

1 *Kinne/Schach*, § 535 BGB Rz. 4.

119 Können die Zweifel am Vorliegen eines (mündlichen) Mietvertrages nicht ausgeräumt werden, muss die **taktische Vorgehensweise** überlegt werden.

a) Vermieterberatung

aa) Der Vermieter will an dem vermeintlichen Vertrag festhalten

120 Bei **Wohnraummietverhältnissen** muss in dieser Situation nicht unbedingt gehandelt werden, denn durch die stillschweigende Entgegennahme der Miete bei fortgesetzter Nutzung des Mieters kann sich nach längerer Zeit konkludent bereits ein Mietvertrag ergeben (vgl. *Rz. 113*).

121 Kommt es jedoch entscheidend auf einen **bestimmten Inhalt** an (z.B. Betriebskostenvorauszahlung), sollte dem Mandanten empfohlen werden, so schnell wie möglich an den Mieter heranzutreten, um mit ihm die mündliche Vereinbarung schriftlich niederzulegen. Geschieht dies in unverfänglicher Weise, wird der Mieter nur dann den Wunsch des Vermieters zurückweisen, wenn er weiß, dass er aus einem mündlichen Mietvertrag Vorteile ziehen kann. Deshalb sollte der Wunsch des Vermieters mit Argumenten begründet werden, die (vorgeblich) die Interessen des Mieters betreffen. Hier kann insbesondere auf die Sicherheits- und Beweisfunktion eines schriftlichen Vertrages verwiesen werden. Dabei sollten dem Mandanten jedoch auch die Auswirkungen von Haustürwiderrufsgeschäften i.S.d. § 312 BGB erläutert werden, zumal auch die 6-Monats-Widerrufsfrist des § 355 Abs. 3 BGB dafür nicht unbedingt gilt[1].

122 Im **Gewerberaummietrecht** (aber auch bei mündlichen Wohnraummietverträgen, die befristet werden sollen,) kann dem Mandanten geraten werden, dem Mieter einen schriftlichen Mietvertrag mit den besprochenen Abreden vorzulegen, dies mit dem Hinweis, dass er (der Vermieter) ansonsten berechtigt wäre, das Mietverhältnis zu kündigen. Befindet sich das (vermeintliche) Vertragsverhältnis noch im Anfangsstadium, wird der Mieter ein erhebliches Interesse daran haben, eine wirksame Befristung zu erreichen, denn in diesem Stadium haben sich seine Investitionen prinzipiell noch nicht amortisiert. In einem späteren Stadium kann eine vorsichtigere Vorgehensweise angezeigt sein, weil der Mieter, der von einer Befristung ausgeht, erst durch einen solchen Hinweis auf eine Kündigungsmöglichkeit aufmerksam gemacht werden könnte und sich möglicherweise mit einem solchen Gedanken schon beschäftigt.

123 In jedem Fall ist zu prüfen, ob es ohne **Gefahr für die Interessen** des Mandanten (der am Vertrag festhalten will) möglich ist, den Anspruch, der Gegenstand des Beratungsgespräches ist, durchzusetzen. Steht eine Befristung nicht im Raum, kann auf Grund der Durchsetzung des Anspruches die Annahme, dass ein Mietverhältnis gegeben ist, bestätigt werden. Lässt sich nämlich der Mieter zur Sache ein, ohne den Abschluss eines Mietvertrages

---

1 EuGH, NJW 2002, 281.

zu bezweifeln, kann dies als Bestätigung des Mietvertrages aufgefasst werden.

bb) Der Vermieter will nicht am Vertrag festhalten

Im **Gewerberaummietrecht** lässt sich dieser Wunsch des Mandanten relativ einfach umsetzen. Da Beschränkungen nicht bestehen, kann das vermeintliche Mietverhältnis jedenfalls vorsorglich mit der Frist des § 580a Abs. 2 BGB gekündigt werden. Will der Mandant die Räumung sofort durchsetzen, kann gleichzeitig Räumungsklage erhoben werden mit der Begründung, ein Mietverhältnis sei nicht zustande gekommen. 124

Bei **Wohnraummietverhältnissen** ist insbesondere zu prüfen, ob der konkludente Abschluss eines Mietvertrages dem Wunsch des Mandanten entgegensteht. Befindet sich die Nutzung noch in einem relativ frühen Stadium, sollte der Mieter auf jeden Fall schriftlich darauf hingewiesen werden, dass durch die Entgegennahme der Miete ein Mietverhältnis nicht entsteht. Hat der Mandant noch keine anderen Erklärungen gegenüber dem Mieter abgegeben, die als **Indiz** für das Bestehen eines Mietvertrages gewertet werden können (vgl. *Rz. 113*), kann Räumungsklage aus § 985 BGB erhoben werden, wenn auch das Risiko zu vernachlässigen ist, dass der (vermeintliche) Mieter den Abschluss eines Mietvertrages beweisen kann. 125

b) Mieterberatung

Bei schon längerer Nutzungszeit ist wegen der Indizwirkung der Mietzahlung (vgl. *Rz. 113*) für den Mietermandanten ein **mündlicher Mietvertrag** grundsätzlich **gefahrlos**. Handlungsbedarf besteht ausnahmsweise dort, wo es auf die wirksame **Befristung** ankommt, also z.B. bei einem Mietvertrag über Gewerberaum, der nach § 580a Abs. 2 BGB gekündigt werden kann. Hier muss geprüft werden, inwieweit ein **Anspruch auf Abschluss eines schriftlichen Mietvertrages** besteht. Hat der Vermieter bei den Vertragsverhandlungen oder nachfolgend versprochen, dass die Abreden der Parteien noch schriftlich niedergelegt werden sollen, kann dies einerseits zwar den Anspruch begründen. Andererseits ergibt sich jedoch auch die Gefahr eines Dissenses (vgl. *Rz. 109*). Sollte sich diese Frage zugunsten des Mandanten nicht eindeutig klären lassen, sollte ihm empfohlen werden, zunächst noch einmal das Gespräch mit dem Vermieter unter Mitnahme eines Zeugen zu suchen. Dieses Gespräch sollte darauf ausgerichtet sein, dass der Vermieter das Bestehen eines **Mietvertrages bestätigt** und hervorgehoben wird, dass die schriftliche Niederlegung der Abreden nur der Dokumentation dient, also lediglich deklaratorische Bedeutung hat[1]. Andererseits kann dem Mandanten empfohlen werden, selbst einen schriftlichen Mietvertrag zu entwerfen (bzw. durch den Rechtsanwalt entwerfen zu lassen), der die Abreden der Parteien enthält und dem Vermieter zur Unterschrift vorgelegt wird. Diese Vorgehensweise birgt zwar die Gefahr, dass der Vermie- 126

---

1 *Heile* in Bub/Treier, II Rz. 742.

ter weitere Nebenabreden, die der Entwurf des Mandanten nicht enthält, weil sie ausdrücklich nicht angesprochen wurden, verlangt. Indessen wird damit der „Dokumentationsprozess" bereits in Gang gesetzt. Vielfach erfolgt nämlich die zugesagte schriftliche Niederlegung des Mietvertrages nur deshalb nicht, weil dem Vermieter der damit verbundene Aufwand zu lästig ist. Allerdings sollte auch bei dieser Vorgehensweise zunächst mit dem Vermieter geklärt werden, dass die Schriftlichkeitsabrede nur deklaratorische Bedeutung hat. Dazu sollte das unter Mitnahme von Zeugen empfohlene Gespräch geführt werden.

127 Stellt der Vermieter den **Abschluss** eines (wirksamen) mündlichen Mietvertrages **in Abrede**, sollte versucht werden, neben den bereits bestehenden Indizien **weitere Tatsachen** zu schaffen, die gegen die Position des Vermieters sprechen. Hierzu sollte dem Mandanten zunächst empfohlen werden, die monatlichen Zahlungen auf jeden Fall als „Miete" zu deklarieren. Auch wenn die Erklärung des Vermieters, ein (wirksamer) Mietvertrag bestehe nicht, als die Äußerung des entgegenstehenden (Rechtsbindungs-)Willens verstanden werden kann, wird dadurch zunächst das Faktum geschaffen, dass er die Zahlung als „Miete" entgegennimmt. Jedenfalls müsste er jeder Mietzahlung widersprechen, um auch nur den Anschein konkludenten Handelns verhindern zu wollen.

128 Weiterhin sollte untersucht werden, welche **mietvertraglichen Rechte geltend gemacht** werden können. In erster Linie ist hier an die Gewährleistungsrechte zu denken. Dabei ist die Geltendmachung einer Minderung bei Vorliegen eines Mangels jedoch problematisch: Wird dem Vermieter die Miete gekürzt, wird die Chance, dass er sich entgegenkommend zeigt, indem er den mündlichen Mietvertrag akzeptiert, geringer. Eine Aufforderung zur Mängelbeseitigung, in der ausdrücklich erwähnt wird, dass der Vermieter dazu verpflichtet ist, hat einen Aussagewert. Jedenfalls muss der Vermieter ggf. im Prozess erklären, warum er durch Mängelbeseitigung auf die Aufforderung als Vermieter reagiert hat.

129 Neben der Schaffung weiterer Indizien kann der Versuch unternommen werden, mit dem Vermieter einen „**Neuabschluss**" des Mietvertrages herbeizuführen. Häufig beruht der Standpunkt des Vermieters, ein mündlicher Mietvertrag sei nicht abgeschlossen, auf einer Irritation im Verhältnis zu dem Mandanten. Diese Irritation sollte auszuräumen versucht werden. Wurde sie durch eine (zusätzliche) Forderung des Mandanten hervorgerufen, muss ermittelt werden, ob und ggf. unter welchen Umständen der Mandant bereit ist, auf diese Forderung zu verzichten. Liegt sie in einer Verhaltensweise des Mandanten begründet, kann versucht werden, sie auf ein Missverständnis zu schieben.

130 Unabhängig davon, welche Vorgehensweise gewählt wird, muss die praktische **Situation des Mandanten** im Auge behalten werden. Hat er die Mieträume bereits bezogen, droht ihm „nur" die Räumung. Diese kann ggf. durch Räumungsfristen nach den §§ 720 ff. ZPO so lange hinausgeschoben werden, dass dem Mandanten eine ausreichende Zeit zur Verfügung steht, sich

nach anderen Miethräumen umzusehen. Wurde dem Mandanten die Mietsache jedoch noch nicht überlassen, sollte ihm deutlich gemacht werden, dass der Vermieter durch die Weitervermietung an einen Dritten Fakten schaffen kann, die nicht mehr zu beseitigen sind und nur noch auf der Ebene von Schadensersatzansprüchen verfolgt werden können[1]. In diesem Fall sollte der Rechtsanwalt kurzfristig handeln, also zügig mit dem Vermieter in Kontakt treten, um die Möglichkeiten eines „Neuabschlusses" oder einer Bestätigung der mündlichen Abrede zu erreichen. Hat der Mandant sein bisheriges Mietverhältnis bereits gekündigt und droht ihm daher eine Räumungsklage, sollte zur Vermeidung des eigenen Risikos empfohlen werden, sich gleichzeitig nach anderen Miethräumen umzusehen. Diese Notwendigkeit kann dem Mandanten damit erklärt werden, dass der Erfolg eines (länger dauernden) Prozesses nicht garantiert werden kann und die Einbußen, die der Mandant durch das ggf. rechtswidrige Verhalten des Vermieters erleidet, durch Schadensersatzansprüche ausgeglichen werden können.

4. Wirksamkeit des Mietvertrages

Die Wirksamkeit des Mietvertrages ist anhand der allgemeinen Regeln zu überprüfen. Diese sind vor allem: 131

– Geschäftsunfähigkeit, beschränkte Geschäftsfähigkeit (Betreuung);
– geheimer Vorbehalt, Scheingeschäft;
– Dissens (beachte vor allem § 154 Abs. 1 BGB);
– Anfechtung;
– Verstoß gegen ein gesetzliches Gebot (§ 134 BGB);
– Sittenwidrigkeit;
– Schriftform, § 125 BGB;
– § 312 BGB (Widerrufsrecht bei Haustürgeschäften).

Bei Vorliegen von Anhaltspunkten für eine dieser Einwendungen muss zunächst bedacht werden, ob es für den Mandanten Sinn macht, sich darauf zu berufen. Die Konsequenz ist die Unwirksamkeit des Vertrages. Da es ein **faktisches Mietverhältnis** nicht gibt[2], muss der Vertrag gemäß den §§ 812 ff. BGB rückabgewickelt werden, von der Ausnahme des § 817 BGB abgesehen[3]. 132

Für den **Mieter** kann dies ungünstig sein, weil er z.B. eine günstige Miete (ggf. sogar langfristig) vereinbart hat und/oder keinen Ersatz für Einbauten, die er gerade vorgenommen hat, verlangen kann. 133

Der **Vermieter** sollte sich auf die Unwirksamkeit eines Vertrages nur berufen, wenn sich für ihn ein Vorteil durch die Rückgabe der Wohnung ergibt. Dies kann z.B. bei einem querulatorischen Mieter der Fall sein oder durch 134

---

[1] OLG Düsseldorf, WuM 1999, 394 m.w.N.
[2] BGH, NJW 1980, 1577.
[3] Vgl. dazu: OLG Köln, Urt. v. 3.4.1997 – 1 U 109/96, n.v.

die Möglichkeit, den Wohnraum zu besseren Konditionen zu vermieten. Andererseits muss die Frage mit dem Mandanten erörtert werden, ob der Mieter durch ein entsprechendes Vorgehen z.B. veranlasst werden kann, einen anderen, für den Vermieter besseren Mietvertrag abzuschließen.

135 Ergibt diese Erörterung, dass es sinnvoll ist, sich auf die Unwirksamkeit zu berufen, muss der Sachverhalt vollständig ermittelt werden. Dabei ist zu berücksichtigen, dass derjenige in der Regel die **Beweislast** trägt, der sich auf die Einwendung beruft. Es muss also untersucht werden, ob der Sachverhalt so ausreichend substantiiert vorgetragen und ggf. unter Beweis gestellt werden kann, dass mit der notwendigen Sicherheit ein günstiger Ausgang eines Prozesses angenommen werden kann.

136 Bei der Prüfung der Beweissituation sollte überlegt werden, ob eine **Beweissicherung** erfolgt. Dies muss nicht unbedingt durch ein gerichtliches Beweisverfahren nach den §§ 485 ff. ZPO geschehen. Gerade bei Zeugenbeweisen sollte bedacht werden, dass durch den Lauf der Zeit die Erinnerung leidet oder zwischenzeitlich Umstände eintreten können, die das Erinnerungsvermögen des Zeugen „zu Lasten" des Mandanten beeinflussen. Die positive Erinnerung an Geschehensabläufe ist auch immer von dem Verhältnis geprägt, das der Zeuge zu den jeweils Handelnden hat. Ergeben sich Anhaltspunkte dafür, dass der Zeuge solchen Einflüssen ausgesetzt ist, sollte dem Mandanten empfohlen werden, sich die wesentliche Aussage des Zeugen schriftlich bestätigen zu lassen, und zwar durch eine von dem Zeugen selbst verfasste Erklärung. Hierdurch gewinnt der Rechtsanwalt auch einen Eindruck von dem tatsächlichen Wert der Aussage des Zeugen, was für die Beurteilung der weiteren Vorgehensweise und ggf. der Prozessaussichten von maßgeblicher Bedeutung sein kann.

5. Auslegung im Mietrecht

a) Auslegung von Willenserklärungen und Vertragsklauseln, §§ 133, 157 BGB

137 Die Auslegung ist das wohl am häufigsten angewendete Mittel des Rechtsanwalts. Ob er nun Vertragsklauseln, einseitige Willenserklärungen oder das Verhalten einer Partei würdigt: stets ist er mit Auslegung befasst, um dem Begehren des Mandanten zum Erfolg zu verhelfen. All zu oft werden dabei die Interpretationswünsche des Mandanten unreflektiert übernommen. Dies kann dazu führen, dass wichtige Auslegungsmittel übersehen werden, die entweder dem Interesse des Mandanten förderlich wären oder ihm entgegenstehen. Letzteres würde zu einem Hinweis verpflichten, wenn nicht die weitere Untersuchung ein positives Indiz für die eigene Würdigung zu Tage bringt.

Die Auslegung folgt auch im Mietrecht den allgemeinen Grundsätzen, die allerdings nicht bestimmen, dass Mietverträge gegen den Vermieter auszulegen sind[1].

---

[1] OLG Hamm, NJW 1982, 2876.

Auslegungsgegenstand sind (schlüssige) Willenserklärungen und vertragliche Regelungen. Bei ihnen können Unklarheiten durch mehrdeutige, unverständliche und widersprüchliche Äußerungen und Bestimmungen entstehen. Mithilfe der Auslegung wird in diesen Fällen der Vertragsinhalt präzisiert, indem auf eine eindeutige Verständnismöglichkeit hingewirkt wird oder Widersprüche aufgelöst werden. Andererseits setzt auch die Feststellung, dass eine **Willenserklärung eindeutig** ist, bereits eine Auslegung voraus[1]. 138

Zur Ermittlung des Inhalts der Willenserklärung oder vertraglichen Bestimmung bedient sich die Rechtsprechung verschiedener **Auslegungshilfen** und untersucht 139

- **die Entstehungsgeschichte (historische Auslegung)**[2],

  Enthält der Mietvertrag z.b. keine Angabe zur Wohnungsgröße, kann insoweit auf ein Inserat oder Prospekt des Vermieters zurückgegriffen werden (Wohnfläche als Mangel). Haben die Erwerber eines Mietobjektes im Laufe der Vertragsverhandlungen die persönliche Haftung eines Garantiegebers verlangt, ist die Zusicherung bestimmter Mieteinnahmen als Garantieversprechen anzusehen, weil das Verhandlungsziel der Garantienehmer demnach auf eine umfassende Sicherung der Mietvertragsrisiken gerichtet gewesen sei[3].

- **die Äußerungen der Parteien über den Inhalt und Zweck des Vertrages (sog. Selbstinterpretation)**,

  Lässt sich aus einem Mietvertrag die Sollbeschaffenheit zur Bestimmung eines Mangels nicht entnehmen, kann auf Erklärungen des Vermieters („der Keller ist trocken" bei einer Altbauwohnung) zu deren Bestimmung abgestellt werden[4].

- **die Kenntnis des Erklärungsempfängers**[5],

  Betont der Vermieter, der ursprüngliche Vertrag mit mehreren Mietern behalte seine Gültigkeit, kann der spätere Vertrag mit nur einem Mieter nicht als Parteiwechsel, sondern allein als Schuldbeitritt gewertet werden[6].

- **das tatsächliche Verhalten der Parteien**[7],

  Die Parteien haben „Vorauszahlungspauschalen" für Betriebkosten vereinbart; nach Abschluss des Mietvertrages wurden aber mehrere Jahre Betriebskostenabrechnungen erteilt und anstandslos ausgeglichen.

---

1 BGH, NJW 1997, 1845, 1846.
2 Grundlegend: BGH, NJW 1987, 2437.
3 BGH, ZMR 2003, 481 = MietRB 2003, 99.
4 LG Mannheim, WuM 1998, 663.
5 BGH, NJW 1988, 2878.
6 OLG Düsseldorf, ZMR 2002, 510, 511.
7 OLG Brandenburg v. 18.3.2009 – 3 U 37/08, ZMR 2009, 841.

- **die Abwicklung anderer (bereits bestehender) Mietverträge**[1],

    Im Mietvertrag steht nichts über eine (Mit-)Benutzung des Gartens. Den anderen Mietern des Hauses ist die Gartennutzung auch ohne Erwähnung im Vertrag erlaubt.

- **den erkennbar verfolgten Zweck (teleologische Auslegung)**[2],

    Der Mietvertrag regelt für den Fall der Ausübung einer Option die Neufestsetzung der Miete. Dann ist die Miete auch dann neu zu bestimmen, wenn sich der Vertrag ohne Ausübung der Option mangels Kündigung fortsetzt[3].

- **die sog. Begleitumstände**[4],

    Enthält die Kautionsabrechnung eine Erklärung des Vermieters zur Endgültigkeit dieser Abrechnung, ergibt die Auslegung einen Forderungserlass durch den Vermieter[5].

    Ist der Mieter ohne Rücksicht auf den weiter bestehenden Mietvertrag endgültig ausgezogen und zahlt keine Miete mehr und wird vom Vermieter daraufhin das Mietobjekt zu einem niedrigeren Mietzins weitervermietet, kann die Auslegung des Parteiverhaltens ergeben, dass sich der Vermieter trotz Fehlens einer diesbezüglichen Verpflichtung damit einverstanden erklärt hat, dass der neue Mietvertrag an die Stelle des alten trat und der ursprüngliche Mieter aus der Haftung entlassen wurde[6]. Ein solches Einverständnis ist aber dann nicht anzunehmen, wenn der Vermieter im Wege der Neuvermietung lediglich versucht, den Schaden gering zu halten. Gegen ein solches Einverständnis spricht auch, dass die Gründe, die den Mieter veranlasst haben, den Mietgebrauch aufzuheben und die Mietzinszahlungen einzustellen, ausschließlich in seiner Person lagen, so dass der Vermieter keinerlei Veranlassung hatte, das Bonitätsrisiko hinsichtlich des Nachmieters auf sich zu nehmen.

140 Die Auslegungshilfen können kumulativ oder auch nur einzeln angewendet werden. Die danach präzisierte Erklärung kann nach unterschiedlichen **Methoden** ausgelegt werden:

- **natürliche Auslegung**

141 Danach wird der wirkliche, **innere Wille des Erklärenden** erforscht, indem allein seinen Erfolgsinteressen Rechnung getragen wird. Diese Auslegungsmethode kommt im Mietrecht nur zum Tragen, wenn der Erklärungsempfänger ausnahmsweise nicht schutzbedürftig ist, was bereits der Fall sein kann, wenn er erkannt hat oder hätte erkennen können, was der Erklärende gemeint hat. Enthält der Mietvertrag die Regelung, dass der Mieter die Schönheitsreparaturen bei „Übergabe" schuldet, wo-

---

1 BGH, NJW 1955, 587.
2 BGH, NJW-RR 1993, 1159, 1160.
3 BGH, WuM 1992, 312, 313.
4 BVerfG, WuM 1998, 399, 400.
5 OLG Düsseldorf, WuM 2001, 439.
6 OLG Düsseldorf, WuM 1998, 483.

bei die Renovierung, sollte sie nicht zu Beginn des Mietvertrages ausgeführt worden sein, spätestens bis zur Beendigung nachzuholen ist, handelt es sich dabei nicht um eine gegenstandslose Klausel, weil die Mieträume zu Beginn des Vertrages renoviert übergeben wurden. Vielmehr unterliegt die „Übergabe" mangels Eindeutigkeit der Auslegung und ist aus dem Zusammenhang heraus als „Rückgabe" zu verstehen[1].

- **normative Auslegung**
  Diese Auslegungsmethode orientiert sich am **Empfängerhorizont**. Aus seiner Sicht wird ermittelt, wie er die Äußerung unter Beachtung der im Verkehr erforderlichen Sorgfalt nach Treu und Glauben und unter Berücksichtigung der Verkehrssitte verstehen musste und durfte. Insoweit können nur die Umstände berücksichtigt werden, die im Zeitpunkt des Zugangs der Erklärung beim Empfänger bekannt waren.

  Deshalb kann die Klausel „Die Kosten der Schönheitsreparaturen trägt der Mieter" nicht allein am Wortlaut behaftet ausgelegt werden, sondern es ist insbesondere zu berücksichtigen, dass die Überbürdung von Schönheitsreparaturen auf den Mieter mittlerweile zur Verkehrssitte geworden ist, so dass mit ihr eine wirksame Überbürdung der Ausführung herbeigeführt werden kann[2]. Oder: In einem Gewerberaummietvertrag wird die Umlage der Betriebskosten vereinbart, die im Einzelnen entsprechend den Begriffen des § 2 BetrKV aufgelistet werden. Insoweit ergibt die Auslegung, dass der Begriff wie im Wohnraummietrecht (§ 1 BetrKV) auszulegen ist[3].

Diese **vorrangig** anzuwendende Methode orientiert sich an verschiedenen **Auslegungsgrundsätzen**, wonach

- zunächst der **Wortsinn** zu erforschen ist[4],
- sodann eine **grammatikalische Auslegung** zu erfolgen hat, indem der Satzbau und der sprachliche Zusammenhang zu berücksichtigen sind,
- auf die **Begleitumstände** zu achten ist, die nach der sog. Andeutungstheorie im schriftlichen Mietvertrag zumindest andeutungsweise Niederschlag gefunden haben müssen,
- wobei keinem dieser Grundsätze der Vorrang gebührt, sondern eine **Gewichtung** im Einzelfall erfolgen muss.

Auch wenn sich im Gegensatz zum Erbrecht für das Mietrecht keine besonderen Auslegungsmaßstäbe finden, ist das Ergebnis nach § 157 BGB an der Verkehrssitte sowie Treu und Glauben zu messen[5].

---

1 BVerfG, WuM 1998, 399, 400.
2 BGH, WuM 2004, 529 = NZM 2004, 734; **a.A.** LG Düsseldorf, WuM 1986, 359.
3 OLG Celle, NZM 1999, 501.
4 BGH, NZM 1998, 156, 157.
5 BGH, NZM 1998, 1156, 1157.

◐ **Hinweis:**

144 Gerade im Mandatsverhältnis ist es schwer, Klauseln objektiv, d.h. ohne durch die Interessenlage des Mandanten beeinflusst, zu bewerten. Umso mehr sollte der Berater einem unbefangenen Dritten im Zweifel die Klausel vorlegen, ohne ihm die konkrete Problematik zu schildern. Diese Verfahrensweise zeigt manchmal ungeahnte Ergebnisse. Jedenfalls schärft sie den Blick für eine Gegenargumentation und erleichtert das Kontern.

b) Ergänzende Vertragsauslegung

145 Bei dieser Auslegung geht es um die Schließung erkennbarer Vertragslücken, wozu der **hypothetische Parteiwillen** erforscht werden muss. Dazu muss zunächst festgestellt werden, dass eine **planwidrige Lücke** vorliegt, die eine **Ergänzung des Vertragsinhalts** erforderlich macht. Liegen diese Vorraussetzungen vor, ist zu untersuchen, was die Parteien **bei redlichem Verhalten vereinbart** hätten, wenn sie die Unvollständigkeit des Vertrages erkannt hätten.

Beispiel 1[1]**:**

146 *Ist ein Umbau und/oder eine Modernisierungsmaßnahme geplant, so dass Renovierungsarbeiten unmittelbar nach Beendigung des Mietvertrages wieder zerstört würden, gesteht die Rechtsprechung dem Vermieter – auch in Fällen eines Formularvertrages und ohne zusätzliche Regelung im Mietvertrag, was zu gelten habe, wenn der Vertrag vor Ablauf der üblichen Renovierungsfristen aufgelöst wird – einen unmittelbaren Ausgleichsanspruch in Geld zu.*

Beispiel 2:

147 *Sieht der Gewerberaummietvertrag die Zahlung der Umsatzsteuer auf die Grundmiete vor, ist unter Berücksichtigung von Abschnitt 29 Abs. 3 UStR, wonach vertragliche Nebenleistungen das Schicksal der Hauptleistung teilen, Umsatzsteuer auch auf die Nebenkosten zu leisten.*

Auch in einem solchen Fall sollte zunächst der Mandant befragt werden, wie er sich denn verhalten hätte, wenn er die Lücke erkannt hätte, bevor ihm ein Ergebnis präsentiert wird.

VI. Verstöße gegen das Allgemeine Gleichbehandlungsgesetz

1. Grundlagen

148 Das Allgemeine Gleichbehandlungsgesetz (AGG) ist der wesentliche Teil des Gesetzes zur Umsetzung europäischer Richtlinien zur Verwirklichung des Grundsatzes der Gleichbehandlung[2] (Umsetzungsgesetz). Es wurde am

---

1 BGH, ZMR 1985, 84.
2 BGBl. I S. 1897.

8.6.2006 in den Bundestag eingebracht[1]. Die 1. Lesung fand am 20.6.2006 statt[2]. Nach der Stellungnahme des Bundesrates[3] und einer Einigung der Koalitionsparteien[4] erfolgten die 2. und 3. Lesung am 29.6.2006[5]. Der Bundesrat ließ das Gesetz im Verfahren nach Art. 77 Abs. 2 GG am 7.7.2006 passieren[6]. Gemäß Art. 4 des Umsetzungsgesetzes tritt das AGG am Tag nach der Verkündung in Kraft. Dies sollte ursprünglich der 1.8.2006 sein. Durch eine verzögerte Übermittlung an den Bundespräsidenten, bei dem das Gesetzesvorhaben erst am 28.7.2006 eintraf, wurde es erst am 14.8.2006 ausgefertigt und im BGBl. am 17.8.2006 verkündet[7]. Es ist also am 18.8.2006 in Kraft getreten.

a) EU-rechtliche Vorgaben

Art. 13 des Amsterdamer Vertrages (= EG-Vertrag) ermächtigt den Rat der Europäischen Union, im Rahmen der auf die Gemeinschaft übertragenen Zuständigkeiten Vorkehrungen zu treffen, um Diskriminierungen aus Gründen

– des Geschlechts,

– der Rasse,

– der ethnischen Herkunft,

– der Religion oder Weltanschauung,

– einer Behinderung,

– des Alters oder

– der sexuellen Ausrichtung

zu bekämpfen.

Auf dieser Grundlage in Verbindung mit Art. 141 EG-Vertrag hat der Rat drei Richtlinien beschlossen:

– Die Richtlinie 2000/43/EG vom 29.6.2000 zur Anwendung des Gleichbehandlungsgrundsatzes ohne Unterschied der Rasse oder der ethnischen Herkunft (im Folgenden: **Antirassismusrichtlinie**)[8],

– die Richtlinie 2000/78/EG vom 27.11.2000 zur Festlegung eines allgemeinen Rahmens für die Verwirklichung der Gleichbehandlung in Beschäftigung und Beruf (im Folgenden: **Rahmenrichtlinie** Beschäftigung)[9],

– die Richtlinie 2004/113/EG des Rates vom 13.12.2004 zur Verwirklichung des Grundsatzes der Gleichbehandlung von Männern und Frau-

---

1 Vgl. BT-Drucks. 16/1780.
2 Vgl. Plenarprotokoll des Deutschen Bundestages 16/38 vom 20.6.2006.
3 Vgl. BT-Drucks. 16/1852 und BR-Drucks. 329/06.
4 Vgl. BT-Drucks. 16/2022.
5 Vgl. Plenarprotokoll des Deutschen Bundestages 16/43 vom 29.6.2006.
6 BR-Drucks. 466/06.
7 BGBl. I S. 1897.
8 ABl. EG Nr. L 180 S. 22.
9 ABl. EG Nr. L 303 S. 16.

en beim Zugang zu und bei der Versorgung mit Gütern und Dienstleistungen (im Folgenden: **Gleichbehandlungsrichtlinie** wegen des Geschlechts außerhalb der Arbeitswelt)[1].

151 Die vorstehenden Kodifikationen werden durch die
- Richtlinie 2002/73/EG vom 23.9.2002 zur Änderung der Richtlinie 76/207/EWG des Rates zur Verwirklichung des Grundsatzes der Gleichbehandlung von Männern und Frauen hinsichtlich des Zugangs zur Beschäftigung, zur Berufsbildung und zum beruflichen Aufstieg sowie in Bezug auf die Arbeitsbedingungen (im Folgenden: **Gender-Richtlinie**)[2]

ergänzt, die ihre Grundlage ebenfalls in Art. 141 EG-Vertrages findet.

152 Schon die Titulierung macht deutlich, dass die Antirassismusrichtlinie, die Rahmenrichtlinie Beschäftigung und die Gender-Richtlinie sich im Rahmen der auf die Gemeinschaft übertragenen Zuständigkeiten auf das **Arbeitsleben** erstrecken, während die Antirassismusrichtlinie im genannten Bereich außerdem auf die Felder Soziales, Bildung und den Zugang zu und die Versorgung mit Gütern und Dienstleistungen, die der Öffentlichkeit zur Verfügung stehen, einschließlich von Wohnraum abzielt. Die **Gleichbehandlungsrichtlinie** wegen des Geschlechts außerhalb der Arbeitswelt regelt ebenfalls Fragen des Zugangs zu Gütern und Dienstleistungen sowie die Anwendung des Gleichbehandlungsgrundsatzes im Privatversicherungsrecht. Sie bilden also letztlich die Grundlage für Eingriffe in das Mietrecht.

153 Die zeitliche Umsetzung durch Mitgliedstaaten war in den einzelnen Richtlinien wie folgt geregelt:
- Art. 16 Antirassismusrichtlinie: bis 19.7.2003
- Art. 18 Rahmenrichtlinie Beschäftigung: bis 2.12.2003
- Art. 17 Gleichbehandlungsrichtlinie: bis 21.12.2007
- Art. 2 Gender-Richtlinie: bis 5.10.2005.

b) Aufbau des Gesetzes

154 Vor diesem Hintergrund soll das AGG die notwendige Umsetzung der EU-Richtlinien realisieren und einen **umfassenden Diskriminierungsschutz** in Deutschland gewährleisten[3], wobei sich der Schwerpunkt der Kodifikation (§§ 6–18 AGG) zunächst mit dem Arbeitsrecht befasst.

155 Das AGG gliedert sich in **sieben Abschnitte**.

156 Im 1. Abschnitt, dem **allgemeinen Teil**, führt das Gesetz Bestimmungen auf, die für alle betroffenen Rechtsgebiete gleichermaßen gelten. Nach der **Definition des Ziels** (§ 1) wird der Anwendungsbereich festgelegt (§ 2). In

---
1 ABl. EG Nr. L 373 S. 37.
2 ABl. EG Nr. L 269 S. 15.
3 BT-Drucks. 16/1780, S. 1.

§ 3 werden allgemeine Begriffsbestimmungen niedergelegt, insbesondere die rechtlich relevanten Unterschiede der Benachteiligungen. § 4 stellt klar, dass die Rechtfertigung eines Diskriminierungsgrundes nicht automatisch zur Rechtfertigung eines gleichzeitig vorliegenden weiteren Merkmals i.S.v. § 1 AGG führen kann (**sog. Mehrfachdiskriminierung**). Ungleichbehandlungen zur Verhinderung und Beseitigung bestehender Nachteile (**sog. positive Maßnahmen**) werden schließlich in § 5 behandelt.

Im 2. **Abschnitt**, der mit § 6 beginnt, werden in vier Unterabschnitten die **arbeitsrechtlich** relevanten Vorgaben der EU-Richtlinien umgesetzt. Hier liegt – jedenfalls bezogen auf den Umfang – der Schwerpunkt des Gesetzes. 157

Im **Abschnitt 3** ist das für die vorliegende Betrachtung maßgebliche **zivilrechtliche Benachteiligungsverbot** geregelt (§ 19). Dieses bezieht sich auf sämtliche in § 1 genannten Gründe und geht damit über die gemeinschaftsrechtlichen Vorgaben hinaus. Europarechtlich geboten ist ein Diskriminierungsschutz insoweit wegen der Rasse und der ethnischen Herkunft und wegen des Geschlechts. Zu den Merkmalen Religion und Weltanschauung, Alter, Behinderung und sexuelle Identität bestehen keine gemeinschaftsrechtlichen Vorgaben. 158

Den „**Regelungsexzess**" rechtfertigt der Gesetzgeber mit einer ansonsten eintretenden Ungleichbehandlung und einer gesetzlichen Regelungslücke. Daraus folgt zugleich, dass es zusätzlicher Regelungen in anderen Gesetzen bedarf, um den Benachteiligungsschutz zu optimieren. Dies wird in Art. 3 des Gesetzes realisiert, in dem u.a. Änderungen von SGB IX enthalten sind. 159

Der **vierte Abschnitt** beschäftigt sich mit dem Rechtsschutz. Neben der Festlegung einer Beweisverteilung enthält er die Bestimmungen für den Beseitigungs- und Unterlassungsanspruch, aber auch für Schadensersatz- und Entschädigungsansprüche. Darüber hinaus wird hier eine Ausschlussfrist bestimmt und die Möglichkeit, sich durch Antidiskriminierungsverbände unterstützen zu lassen. 160

In **Abschnitt 5** sind Sonderbestimmungen für den öffentlichen Dienst enthalten. Im Anschluss daran regelt **Abschnitt 6** die Einrichtung einer Antidiskriminierungsstelle des Bundes beim Bundesministerium für Familie, Senioren, Frauen und Jugend. Sie tritt nicht an die Stelle, sondern neben den Beauftragten des Deutschen Bundestages oder der Bundesregierung, die ebenfalls gegen Diskriminierungen bestimmter Personengruppen vorgehen. Ziel dieser **neuen Behörde**, die im Hinblick auf ihre Aufgaben unabhängig und weisungsfrei sein soll, soll es sein, der Beseitigung und Verhinderung von Diskriminierungen Nachdruck zu verleihen und den Betroffenen eine wichtige Hilfestellung in Form einer zentralen Anlaufstelle zu bieten. Auch insoweit handelt es sich um eine Forderung der EG. 161

Zu den zentralen Aufgaben dieser Stelle gehört die Unterstützung für von Diskriminierungen betroffenen Personen. Diese sollen durch die Antidis- 162 kriminierungsstelle des Bundes ein **Beratungsangebot** zur Klärung ihrer Situation und zu den Möglichkeiten des rechtlichen Vorgehens erhalten. Die Stelle wird mit **Schlichtungskompetenzen** ausgestattet, indem sie eine gütliche Beilegung von Diskriminierungsfällen zwischen den Beteiligten anstreben kann. Zur Erfüllung dieser Aufgaben kann die Stelle unter bestimmten Voraussetzungen die Beteiligten um Stellungnahmen ersuchen und hat gegenüber Bundesbehörden ein Auskunftsrecht.

163 Darüber hinaus soll die Behörde **präventiv** Diskriminierungen verhindern, die Durchführung wissenschaftlicher Untersuchungen fördern, vierjährige Berichte gegenüber dem Deutschen Bundestag und der Bundesregierung abliefern, Empfehlungen zur Beseitigung und Verhinderung von Diskriminierungen an den Deutschen Bundestag und die Bundesregierung erarbeiten und – natürlich – Öffentlichkeitsarbeit für Antidiskriminierung leisten.

164 Im **letzten (7.) Abschnitt** sind sodann die Bestimmungen für die zeitliche Geltung des Gesetzes sowie Übergangsvorschriften enthalten.

2. Zeitlicher Anwendungsbereich

165 Das Gesetz ist am 18.8.2006 in Kraft getreten. In § 33 AGG wird aber für bestimmte Fälle eine besondere zeitliche Komponente geregelt.

a) Benachteiligungen wegen Rasse oder ethnischer Herkunft

166 Für den hier relevanten Bereich der Miete bestimmt § 33 Abs. 2 AGG, dass bei Benachteiligungen aus Gründen der Rasse oder wegen der ethnischen Herkunft die §§ 19 bis 21 AGG nicht auf Schuldverhältnisse anzuwenden sind, die vor dem 18.8.2006 begründet wurden. Damit ist das **Zustandekommen von Mietverträgen** (= Begründung i.S.v. § 19 Abs. 1 und 2 AGG) aus dem Anwendungsbereich des Gesetzes ausgeschlossen, die **vor dem 18.8.2006** abgeschlossen wurden. Bei einer Einigung nach § 147 Abs. 2 BGB kommt es insoweit auf den Zugang der Annahmeerklärung an. Diese muss spätestens am 17.8.2006 bei dem Anbietenden eingegangen sein.

167 Dies bedeutet aber nicht, dass „Altverträge" i.S.v. § 33 Abs. 2 AGG der Anwendung des Gesetzes vollständig entzogen sind. § 33 Abs. 2 S. 2 AGG stellt klar, dass das AGG für **spätere Änderungen** von Dauerschuldverhältnissen gilt. Damit soll auch die **Durchführung** des Vertrages gemeint sein[1]. Die Vorschrift soll sicherstellen, dass insbesondere Mietverhältnisse nicht auf unabsehbare Zeit von der Anwendung des AGG ausgenommen sind[2].

168 Richtigerweise wird bei der Durchführung von Altverträgen aber nur eine **unmittelbare Vertragsänderung** sanktioniert werden können (z.B. Mieterhöhung), nicht aber reine Abwicklungshandlungen (z.B. Abmahnung, Zustimmung zur Hundehaltung etc.).

---

1 BT-Drucks. 16/1780, S. 53.
2 BT-Drucks. 16/1780, S. 53.

b) Benachteiligungen wegen des Geschlechts etc.

Bei Benachteiligungen wegen des Geschlechts, der Religion, einer Behinderung, des Alters oder der sexuellen Identität bestimmt § 33 Abs. 3 AGG die Geltung der §§ 19–21 AGG erst für Schuldverhältnisse, die seit dem **1.12.2006** begründet worden sind. Auch hier ist auf das Wirksamwerden der Annahme abzustellen. Geht sie vor dem 1.12.2006 zu, ist das allgemeine Benachteiligungsverbot auf den Abschlussvorgang nicht anzuwenden. 169

Allerdings bestimmt auch hier Satz 2 die Anwendbarkeit auf **spätere Änderungen** von Dauerschuldverhältnissen im gleichen Umfang wie § 33 Abs. 2 AGG (vgl. dazu *Rz. 166*). Damit ist das AGG auf Sachverhalte, die ab 1.12.2006 stattgefunden haben, insgesamt und ohne Einschränkung anwendbar. In diesem Zusammenhang können sich erheblich **nachteilige Konsequenzen** für den Vermieter ergeben (vgl. *Rz. 247*). 170

3. Ziele des Allgemeinen Gleichbehandlungsgesetzes (AGG)

In **formeller** Hinsicht verfolgt das Gesetz zunächst einmal den Zweck, die genannten EU-Richtlinien umzusetzen. **Materiell** hat sich das Gesetz zum Ziel gesetzt, Benachteiligungen wegen der in § 1 AGG genannten Gründe in seinem in § 2 Abs. 1 AGG näher bestimmten **Anwendungsbereich** zu verhindern oder zu beseitigen. Dabei knüpft das Gesetz nicht an einen Schutz vor Benachteiligungen für bestimmte Gruppen an. Vielmehr zielt das Gesetz auf einen **Schutz vor Benachteiligungen**, die an die in den Richtlinien genannten **Merkmale anknüpfen**. 171

Insoweit wurde der **Begriff der „Benachteiligung"** bewusst gegenüber der ursprünglichen Begrifflichkeit „Diskriminierung" gewählt[1]. Damit soll deutlich gemacht werden, dass nicht jede **unterschiedliche Behandlung, die mit der Zufügung eines Nachteils verbunden** ist, diskriminierenden Charakter hat. Unter „Diskriminierung" soll nämlich schon im allgemeinen Sprachgebrauch nur die rechtswidrige, sozialverwerfliche Ungleichbehandlung verstanden werden. Das Gesetz regelt aber z.B. in den §§ 5, 8–10 und 20 AGG ausdrücklich Fälle, in denen die unterschiedliche Behandlung gerechtfertigt ist. 172

Die **Merkmale**, die in § 1 AGG erwähnt sind, entstammen Art. 13 EG-Vertrag. Erläuternd ist dazu in der Begründung[2] festgehalten: 173

„Das Merkmal ‚Rasse' bzw. ‚ethnische Herkunft' ist von der Antirassismus-Richtlinie 2000/43/EG vorgegeben. Diese auch in Art. 13 EG-Vertrag erwähnten Begriffe sind EG-rechtlich in einem umfassenden Sinne zu verstehen, denn sie sollen einen möglichst lückenlosen Schutz vor ethnisch motivierter Benachteiligung gewährleisten.

Die Verwendung des Begriffs der ‚Rasse' ist nicht unproblematisch und bereits bei der Erarbeitung der Antirassismus-Richtlinie 2000/43/EG intensiv diskutiert worden (zur Auslegung des Begriffs siehe Göksu, Rassendiskriminierung beim Vertrags-

---
1 Vgl. BT-Drucks. 16/1780, S. 30.
2 Vgl. BT-Drucks. 16/1780, S. 30, 31.

abschluss als Persönlichkeitsverletzung, Freiburg/Ch 2003, S. 8 ff.). Die Mitgliedsstaaten und die Kommission der Europäischen Gemeinschaft haben letztlich hieran festgehalten, weil ‚Rasse' den sprachlichen Anknüpfungspunkt zu dem Begriff des ‚Rassismus' bildet und die damit verbundene Signalwirkung – nämlich die konsequente Bekämpfung rassistischer Tendenzen – genutzt werden soll.

Zugleich entspricht die Wortwahl dem Wortlaut des Art. 13 EG-Vertrag, dessen Ausfüllung die Antirassismus-Richtlinie 2000/43/EG dient, sowie dem Wortlaut des Art. 3 Abs. 3 S. 1 des Grundgesetzes. In Übereinstimmung mit Erwägungsgrund 6 der Antirassismus-Richtlinie 2000/43/EG sind allerdings Theorien zurückzuweisen, mit denen versucht wird, die Existenz verschiedener menschlicher Rassen zu belegen. Die Verwendung des Begriffs ‚Rasse' in der Antirassismus-Richtlinie 2000/43/EG bedeutet keinesfalls eine Akzeptanz solcher Vorstellungen. Zur Klarstellung wurde daher – auch in Anlehnung an den Wortlaut des Art. 13 des EG-Vertrages – die Formulierung ‚aus Gründen der Rasse' und nicht die in Art. 3 Abs. 3 GG verwandte Wendung ‚wegen seiner Rasse' gewählt. Sie soll deutlich machen, dass nicht das Gesetz das Vorhandensein verschiedener menschlicher ‚Rassen' voraussetzt, sondern dass derjenige, der sich rassistisch verhält, eben dies annimmt.

Auch das Merkmal der ‚ethnischen Herkunft' ist in einem weiten Sinne zu verstehen. Es ist EG-rechtlich auszulegen und umfasst auch Kriterien, wie sie das internationale Übereinkommen zur Beseitigung jeder Form von Rassendiskriminierung (CERD) vom 7. März 1966 (BGBl. 1969 II S. 961) nennt: Benachteiligungen auf Grund der Rasse, der Hautfarbe, der Abstammung, des nationalen Ursprungs oder des Volkstums (i.S.d. ethnischen Ursprungs). Dies gilt auch dann, wenn scheinbar auf die Staatsangehörigkeit oder Religion abgestellt wird, in der Sache aber die ethnische Zugehörigkeit gemeint ist.

Der Begriff der ‚Behinderung' entspricht den gesetzlichen Definitionen in § 2 Abs. 1 S. 1, 9. Buch Sozialgesetzbuch – Rehabilitation und Teilhabe behinderter Menschen – (SGB IX) und in § 3 des Gesetzes zur Gleichstellung behinderter Menschen (BGG): Nach den insoweit übereinstimmenden Vorschriften sind Menschen behindert, ‚wenn ihre körperliche Funktion, geistige Fähigkeit oder seelische Gesundheit mit hoher Wahrscheinlichkeit länger als sechs Monate von dem für das Lebensalter typischen Zustand abweichen und daher ihre Teilhabe am Leben in der Gemeinschaft beeinträchtigt ist'. Mit diesem sozialrechtlich entwickelten Begriff werden sich die meisten Sachverhalte der ungerechtfertigten Benachteiligung Behinderter auch im Anwendungsbereich dieses Gesetzes erfassen lassen.

Der Begriff der ‚sexuellen Identität' entspricht der bereits zur Umsetzung der Richtlinie 2000/78/EG in § 75 Betriebsverfassungsgesetz erfolgten Wortwahl. Erfasst werden homosexuelle Männer und Frauen ebenso wie bisexuelle, transsexuelle und zwischengeschlechtliche Menschen.

Der Begriff ‚Alter' meint Lebensalter, schützt also gegen ungerechtfertigte unterschiedliche Behandlung, die an das konkrete Lebensalter anknüpft. Es geht also nicht ausschließlich um den Schutz älterer Menschen vor Benachteiligung, wenngleich dies ein Schwerpunkt des Anwendungsbereichs sein wird."

174 Diese Erläuterungen machen deutlich, dass das Gesetz die Merkmale stets in einem **umfassenden Sinn** verstanden haben will.

4. Generelle Anwendbarkeit auf die Miete

175 Der sachliche Anwendungsbereich wird in dem für die Miete relevanten Umfang durch **§ 2 Abs. 1 Nr. 8 AGG** festgelegt[1].

---

[1] Vgl. *Sternel*, Mietrecht aktuell, I 302 m.w.N.

Abgesehen davon, dass Wohnraum ausdrücklich in § 2 Abs. 1 Nr. 8 AGG erwähnt wird, erfasst diese Norm auch die entgeltliche Überlassung einer Sache (= Miete), weil sie sich als **Dienstleistung** darstellen kann. Denn den Begriff der Dienstleistung fasst der Gesetzgeber sehr weit auf, indem er darunter nicht nur Dienst- und Werkverträge i.S.d. §§ 611, 631 BGB subsumiert wissen will, sondern auch Geschäftsbesorgungs- und Mietverträge sowie Finanzdienstleistungen, also auch Kredit- und Versicherungsverträge, Leasingverträge etc[1]. 176

Eingeschränkt wird der Anwendungsbereich der Nr. 8 durch das Erfordernis, dass die Güter und Dienstleistungen sowie Wohnraum „der **Öffentlichkeit zur Verfügung stehen**" müssen. 177

Diese Formulierung wurde wörtlich aus den jeweiligen Regelungen zum Geltungsbereich der Antirassismus-Richtlinie 2000/43/EG[2] (Art. 3 Abs. 1 lit. h) und der Gleichbehandlungs-Richtlinie wegen des Geschlechts außerhalb der Arbeitswelt[3] (Art. 3 Abs. 1) übernommen. Sie sind daher im Ergebnis vom Europäischen Gerichtshof (EuGH) erst maßgeblich zu interpretieren. 178

Güter und Dienstleistungen sind dann der **Öffentlichkeit zur Verfügung** gestellt, wenn ein Angebot zum Vertragsschluss durch Anzeigen in Tageszeitungen, Schaufensterauslagen, Veröffentlichungen im Internet oder auf vergleichbare Weise öffentlich gemacht wird. Es kommt nicht darauf an, wie groß die angesprochene Öffentlichkeit ist, sondern dass die Erklärung **über die Privatsphäre des Anbietenden hinaus** gelangt. Diese Voraussetzungen werden bei der Raummiete regelmäßig erfüllt sein. Ausnahmen können durch die ausschließliche Vermietung von Räumen z.B. an Vereinsmitglieder begründet werden. 179

Die **Vermietung** kann dem **Anwendungsbereich** des AGG nicht dadurch **entzogen** werden, dass freie Mieträume nur **nahen Verwandten** zur Weitergabe an Dritte angeboten werden. Zwar würde dann zwischen Vermieter und Angehörigen im Hinblick auf § 19 Abs. 4 AGG das zivilrechtliche Benachteiligungsgebot nicht gelten. Der Vermieter würde jedoch gleichwohl das Tatbestandsmerkmal „der Öffentlichkeit zur Verfügung stehen" erfüllen. Denn es macht keinen Unterschied, ob er selbst oder über Dritte das Mietobjekt einer unbestimmten Personenzahl anbietet. Selbst wenn es nur einem begrenzten Interessentenkreis zur Verfügung gestellt werden soll (z.B. nur den Mitarbeitern eines bestimmten Unternehmens im Rahmen eines Werkförderungsvertrags[4]), gelangt die Erklärung des Vermieters über die Privatsphäre hinaus. 180

---

1 BT-Drucks. 16/1780, S. 32.
2 ABl. EG Nr. L 180 S. 24.
3 Abl. EU Nr. L 373 S. 40.
4 Vgl. dazu *Reinstorf* in Bub/Treier, I Rz. 118.

5. Zivilrechtliches Benachteiligungsverbot

181 Zu Beginn von Abschnitt 3 ist das zivilrechtliche Benachteiligungsverbot in § 19 Abs. 1 AGG geregelt, das generell eine Benachteiligung wegen eines in § 1 AGG genannten Grundes bei der **Begründung, Durchführung** und **Beendigung** zivilrechtlicher Schuldverhältnisse verhindern soll. Allerdings unterliegen dem Benachteiligungsverbot grundsätzlich **nicht alle Schuldverhältnisse**, sondern nur sog. Massengeschäfte und Verträge, bei denen das Ansehen der Person nach der Art des Schuldverhältnisses eine nachrangige Bedeutung hat und die zu vergleichbaren Bedingungen in einer Vielzahl von Fällen zu Stande kommen.

a) Benachteiligung

182 Schon bei der Formulierung der Ziele in § 1 AGG verwendet der Gesetzgeber diesen Begriff und hebt in der Begründung hervor, dass nicht der Begriff der „Diskriminierung" gewählt wurde, um deutlich zu machen, dass nicht jede unterschiedliche Behandlung, die mit der Zufügung eines Nachteils verbunden ist, diskriminierenden Charakter hat[1]. Unter **Diskriminierung** soll im allgemeinen Sprachgebrauch die rechtswidrige, sozial verwerfliche Ungleichbehandlung verstanden werden. Es gebe indessen auch Fälle der zulässigen unterschiedlichen Behandlung, wie die §§ 5, 8–10 und 20 zeigen würden.

183 **Benachteiligung** i.S.d. § 1 bzw. des AGG setzt also nicht nur eine **Ungleichbehandlung** voraus, sondern auch eine **Schlechterstellung**. Konkret muss der Vermieter dem Mieter einen Nachteil zufügen, und zwar bei der Begründung, Durchführung oder Beendigung des Mietvertrages. Bei der **Schlechterstellung** muss es sich nicht unbedingt um einen wirtschaftlichen Nachteil handeln. Auch andere Nachteile kommen in Betracht.

Beispiel:

Nur dem einzigen deutschen Mieter wird durch Überlassung eines Schlüssels die Möglichkeit eingeräumt, die Tiefgarage auch über den Keller zu erreichen. Alle anderen Mieter können nur von außen in die Tiefgarage.

184 Das Gesetz unterscheidet zwischen unmittelbarer und mittelbarer Benachteiligung und definiert diese Begriffe in § 3 Abs. 1 und 2 AGG. Daneben ist für das Mietrecht noch die Anweisung nach § 3 Abs. 5 AGG relevant.

aa) Unmittelbare Beeinträchtigung

185 Von einer unmittelbaren Benachteiligung ist auszugehen, wenn eine Person wegen eines in § 1 AGG genannten Grundes eine **weniger günstige Behandlung** erfährt, als eine andere Person in einer vergleichbaren Situation erfährt, erfahren hat oder erfahren würde. Als Regelbeispiel nennt § 3 Abs. 1 AGG die ungünstige Behandlung einer Frau wegen Schwangerschaft

---

1 BT-Drucks. 16/1780, S. 30.

oder Mutterschaft. Dies beruht auf der Entscheidung des EuGH vom 8.11.1990[1] und der Umsetzung der Richtlinie 76/207/EWG[2]. Denn die Schwangerschaft selbst ist kein Merkmal des § 1 AGG. Der EuGH hat jedoch in der zitierten Entscheidung klargestellt, dass eine unmittelbare Beeinträchtigung auch gegeben ist, wenn die Unterscheidung wegen eines Merkmals erfolgt, das mit einem in § 1 AGG genannten Grund in **untrennbarem Zusammenhang** steht.

Es ist unerheblich, ob die unmittelbare Benachteiligung noch fortdauert oder bereits abgeschlossen ist. Beide Tatbestände werden durch § 3 Abs. 1 AGG erfasst. Daneben reicht es aber auch aus, wenn eine **konkrete Gefahr** besteht, dass eine solche Benachteiligung eintritt („erfahren würde"). Insoweit reicht eine bloß abstrakte Gefahr nicht aus[3]. Für die notwendige konkrete Gefahr soll auf die gleichen Grundsätze wie bei der ernsthaften **Erstbegehungsgefahr** im Rahmen von § 1004 BGB abzustellen sein[4]. Dann muss die ernstliche Besorgnis einer Benachteiligung bestehen[5].

Insgesamt besteht eine unmittelbare Benachteiligung somit in einer **Zurücksetzung**, die wegen eines der in § 1 AGG erwähnten Merkmale erfolgt ist. Die benachteiligende Maßnahme muss also durch eines (oder mehrere) dieser Merkmale motiviert sein oder der Benachteiligende muss bei seiner Handlung hieran angeknüpft haben.

Beispiel:
Der Vermieter annonciert eine Wohnung und gibt dabei an, dass behinderte Interessenten, alleinstehende Frauen oder Personen mit einem bestimmten Alter sowieso nicht berücksichtigt werden.

bb) Mittelbare Beeinträchtigung

Eine mittelbare Benachteiligung liegt nach § 3 Abs. 2 AGG vor, wenn dem **Anschein** nach neutrale Vorschriften, Kriterien oder Verfahren Personen wegen eines in § 1 AGG genannten Grundes gegenüber anderen Personen in besonderer Weise benachteiligen können, es sei denn, die betreffenden Vorschriften, Kriterien oder Verfahren seien durch ein rechtmäßiges Ziel sachlich gerechtfertigt und die Mittel zur Erreichung dieses Ziels angemessen und erforderlich. Diese Form der Benachteiligung wird in der Praxis die meisten Anwendungsfälle bringen.

(1) Vorschriften, Kriterien oder Verfahren

Die mittelbare Benachteiligung knüpft nicht wie § 3 Abs. 1 AGG an eine Behandlung, sondern Vorschriften, Kriterien oder Verfahren an. Damit soll

---
1 EuGH v. 8.11.1990 – Rs. C-177/88 – Dekker.
2 Abl. EG Nr. L 039 S. 40.
3 BT-Drucks. 16/1780, S. 32.
4 BT-Drucks. 16/1780; S. 32.
5 Vgl. z.B. OLG Zweibrücken, NJW 1992, 1242.

der umfassende Bereich verdeutlicht werden, in dem das Benachteiligungsverbot gelten soll.

190 Mit **Vorschriften** sind übergeordnete Regelungen gemeint (z.B. Tarifvertrag[1]). Für die Miete fällt darunter z.B. ein Werkförderungsvertrag oder ein Vertrag über die Gewährung öffentlicher Mittel nach dem Wohnraumförderungsgesetz (WoFG).

191 **Kriterien** sind alle irgendwie gearteten Parameter, an deren Vorliegen bestimmte Konsequenzen geknüpft sind.

Beispiel:
Der Vermieter hat einen Katalog von Fragen für die Auswahl der Mieter zusammengestellt.

192 Unter **Verfahren** werden alle nach einer bestimmten festgelegten Systematik sich vollziehenden Abläufe erfasst.

Beispiel:
In dem Fragebogen sind zwar für sich genommen nur neutrale Kriterien aufgenommen. In der Zusammenschau ergibt sich aber, dass im Ergebnis alle Kriterien nur von alleinstehenden Frauen unter 25 erfüllt werden können.

(2) Bildung von Vergleichsgruppen

193 Die mittelbare Benachteiligung erfordert zunächst, dass **Vergleichsgruppen** gebildet werden. Die Person bzw. die Personengruppe, die die in § 1 AGG genannten Merkmale aufweist, ist mit einer Person bzw. Personengruppe zu vergleichen, die ohne die genannten Merkmale auskommt. Liegt zwischen beiden Gruppen nicht nur eine Ungleichbehandlung, sondern eine **Schlechterstellung** der Gruppe, die die Merkmale des § 1 AGG aufweist, vor, ist das erste Tatbestandsmerkmal gegeben. Die Voraussetzungen des § 3 Abs. 2 AGG dürften unzweifelhaft vorliegen, wenn der Vermieter
- bei der **Begründung des Mietvertrages** einen Interessenten mit besonderen Merkmalen i.S.v. § 1 AGG nicht berücksichtigt,
- bei der **Durchführung des Mietvertrages** besondere Leistungen (Mieterhöhung, Schönheitsreparaturen, Nebenkosten etc.) gerade von dem konkreten Mieter verlangt, aber von anderen Mietern, die die Merkmale des § 1 AGG nicht aufweisen, nicht oder nicht in gleichem Maße, obwohl die gleichen rechtlichen und/oder tatsächlichen Voraussetzungen vorliegen,
- andere Mieter bei der **Durchführung des Vertrages** begünstigt,
- bei der **Beendigung des Mietvertrages**, wenn er nur von dem einen Mieter mit den Merkmalen des § 1 AGG den Rückbau oder die Durchfüh-

---

[1] *Worzalla*, S. 56.

rung von Schönheitsreparaturen verlangt, nicht aber von anderen Mietern mit gleicher vertraglicher Situation.

(3) Rechtfertigung auf Tatbestandsebene

Der sehr weite Anwendungsbereich des § 3 Abs. 2 AGG wird schon im Tatbestand **eingeschränkt**. Denn eine mittelbare Benachteiligung liegt nicht vor, wenn ein **sachlicher Grund** die Ungleichbehandlung rechtfertigt und die eingesetzten Mittel erforderlich und angemessen sind. Ohne die Möglichkeit dieser Rechtfertigung wären z.B. unterschiedliche Öffnungszeiten in Schwimmbädern für Frauen nicht möglich. Die Feststellung eines sachlichen Grundes setzt eine Wertung voraus, die sich nach **objektiven Maßstäben** zu richten hat. Dabei muss jedoch den Eigenarten des Schuldverhältnisses Rechnung getragen werden und ist der Prüfungsmaßstab durch den eigenen Beurteilungsspielraum des Vermieters beschränkt.

194

Beispiel:

V betreibt einen Videoverleih. Er verweigert dem minderjährigen M den Abschluss eines Vertrages über ein Pornovideo. (Ungleichbehandlung mit Schlechterstellung des M, aber aus sachlichem Grund – Jugendschutz – mit verhältnismäßigen Mitteln)

Die Voraussetzungen sind von dem **Anspruchsteller** (Benachteiligten) darzulegen und zu **beweisen**[1]. In der Praxis wird es dazu ausreichen, dass der Anspruchsteller zunächst vorträgt, dass die Schlechterstellung durch keinen sachlichen Grund gerechtfertigt ist und auch der Grundsatz der Verhältnismäßigkeit nicht gewahrt ist. Sodann trifft den Anspruchsgegner die sog. **sekundäre Darlegungslast**[2]. Er muss substantiiert darlegen, dass und nach welchen Vorschriften, Kriterien oder Verfahren er seine Entscheidung getroffen bzw. seine Maßnahme orientiert hat. Sodann obliegt es dem Anspruchsteller, hierauf substantiiert zu erwidern und zu beweisen, dass der Anspruchsgegner im konkreten Fall nicht wie vorgegeben gehandelt hat, seine Handlungsweise nicht sachlich gerechtfertigt ist oder jedenfalls die Maßnahme in keinem angemessenen Verhältnis zu dem von ihm verfolgten Ziel steht.

195

Beispiel:

Der homosexuelle Mieter A stellt sein Fahrrad als einziger Mieter ständig auf dem Hof unmittelbar neben der Eingangstüre ab. Im Auftrag des Vermieters V, der bei der Begründung des Mietvertrages keinen Wert auf personenbezogene Merkmale gelegt hat, erklärt ihm der Hausmeister H, dies sei ab sofort verboten. A erhebt daraufhin Klage mit dem Ziel der Feststellung, dass ihm das Abstellen des Fahrrades im Hof erlaubt ist. Zur Begründung trägt er vor, er stelle sein Fahrrad seit dem Beginn des Mietver-

---

1 BT-Drucks. 16/1780, S. 33.
2 Vgl. insoweit z.B. BGH, NJW 2003, 1449, 1450.

trages vor mehr als 5 Jahren im Hof immer an derselben Stelle ab. Dies habe weder der Hausmeister noch der Vermieter, die das Objekt täglich betreten würden, beanstandet. Das Verbot beruhe allein auf seiner sexuellen Neigung, über die der Vermieter kurz zuvor durch eine Indiskretion eines anderen Mieters informiert worden sei. In der Klageerwiderung trägt V vor, das Verbot sei sachlich gerechtfertigt, weil der Hof in der Baugenehmigung als Spielfläche für Kinder ausgewiesen und er mit dem Verbot seiner Verkehrssicherungspflicht nachgekommen sei. Die Kinder könnten z.B. im Hof Fußball spielen. In diesem Zusammenhang begründe das Fahrrad eine Verletzungsgefahr. Über die sexuelle Neigung des A wisse er im Übrigen seit Beginn des Mietvertrages Bescheid. Der Hausmeister H habe A in seinem Auftrag auch bereits mehrfach gebeten, sein Fahrrad nicht auf dem Hof abzustellen.

196 In dieser prozessualen Situation muss A nun konkret dartun, dass der Vermieter erst durch die Indiskretion eines anderen Mieters vor wenigen Tagen über seine sexuelle Neigung informiert wurde, sein Fahrrad keine Verletzungsgefahr begründet (z.B. weil der Spielbereich in größerer Entfernung zum Eingangsbereich liegt oder er sein Fahrrad stets ankettet, sodass es nicht umfallen kann) oder dass jedenfalls eine andere Möglichkeit besteht, die Gefahr zu vermeiden (z.B. Abstellen des Fahrrades hinter einer Müllcontainerbox). Bei der Beweislast ist dann § 22 AGG zu berücksichtigen (vgl. dazu *Rz. 339*). Deshalb müsste A mindestens beweisen, dass der Vermieter gerade erst von seiner sexuellen Neigung erfahren hat und es eine andere gefahrlose Abstellmöglichkeit gibt.

(4) Verhältnis zu anderen Rechtfertigungsgründen

197 Die Prüfung der Rechtfertigungsgründe des § 3 Abs. 2 AGG hat Vorrang vor den **speziellen Rechtfertigungsgründen** in den §§ 5, 8–10 und 20 AGG. Der Unterschied besteht vor allem in der Beweislast, die innerhalb des § 3 Abs. 2 AGG der Anspruchsteller und z.B. bei § 20 AGG der Anspruchsgegner trägt.

(5) Gefahr der Schlechterstellung

198 Der Wortlaut zeigt, dass auch hier eine Schlechterstellung nicht schon eingetreten sein muss, sondern allein die Gefahr der Schlechterstellung ausreicht. Dazu genügt allerdings keine abstrakte, sondern – wie bei der unmittelbaren Benachteiligung – nur eine konkrete „**Erstbegehungsgefahr**"[1].

cc) Anweisung zur Benachteiligung

199 Die Begriffsbestimmungen werden vervollständigt durch § 3 Abs. 5 AGG. Danach wird auch die Anweisung zu einer Benachteiligung als Benachteiligung behandelt, was auch im Mietrecht relevant sein kann. Diese Anwei-

---

1 Vgl. dazu Palandt/*Bassenge*, § 1004 BGB Rz. 32.

sung muss **vorsätzlich** erfolgen[1]. Es ist allerdings nicht erforderlich, dass der Anweisende sich der Verbotswidrigkeit der Handlung bewusst ist. Denn das gesetzliche Benachteiligungsverbot erfasst alle Benachteiligungen, ohne dass ein Verschulden erforderlich ist. Im konkreten Fall muss sich die handelnde Person also nur im Klaren darüber sein, dass sie eine Anweisung erteilt. Dass diese Anweisung gegen die Ziele des § 1 AGG verstößt, muss ihr dagegen nicht bewusst sein.

Im Übrigen kommt es **nicht** darauf an, ob die angewiesene Person die benachteiligende Handlung **tatsächlich ausführt**. Schon in der Anweisung selbst liegt die Benachteiligung und kann daher sanktioniert werden. 200

Beispiel:
Der homosexuelle Mieter A erfährt, dass der Vermieter V seinen Hausmeister H angewiesen hat, bei ihm Mängelrügen immer erst nach einer Mahnung zu erledigen. H folgt dem nicht und kümmert sich jeweils unverzüglich um eine Beseitigung.

A kann von V Beseitigung (Rücknahme) der Anweisung nach § 21 Abs. 1 AGG verlangen, weil die Anweisung selbst eine Benachteiligung darstellt. Daneben ergeben sich vertragliche Anspruchsgrundlagen des M gegen den V. Hätte im Beispiel die am Vertrag nicht beteiligte Ehefrau des V die Anweisung erteilt, hätte A nur Ansprüche nach dem AGG. 201

dd) Zusammenhang der Benachteiligung mit dem Schuldverhältnis

Gemäß § 19 Abs. 1 AGG muss sich die Benachteiligung bei der Begründung, Durchführung und Beendigung des Mietvertrages ergeben haben. Eine allgemeine Benachteiligung reicht nicht aus. Vielmehr muss sie im Zusammenhang mit dem Mietverhältnis stehen. 202

Beispiel:
Der Vermieter erteilt dem türkischen Mieter ein Hausverbot für sein Privatgrundstück. (Benachteiligung ohne Zusammenhang mit Schuldverhältnis)

Mit der **Begründung** erfasst § 19 Abs. 1 die Entscheidung des Vermieters, das Mietverhältnis einzugehen[2]. Ohne Folgen bleiben damit Benachteiligungen im Zusammenhang mit der Begründung des Schuldverhältnisses, die sich auf die Entscheidung zur Begründung nicht unmittelbar auswirken. 203

Beispiel:
Zur Wohnungsbesichtigung erscheinen der Grieche G und der Türke T. Der (deutsche) Vermieter V bemerkt zu G, er sei einmal in Urlaub in Griechenland gewesen und habe dort gesehen, wie unmenschlich Lämmer am

---
1 BT-Drucks. 16/1780, S. 33.
2 Vgl. *Worzalla*, S. 199.

Osterfest hingerichtet würden. Seitdem halte er alle Griechen für Barbaren. G mietet die Wohnung nicht an, weil sie für seine fünf Kinder nicht ausreichend Platz bietet. Stattdessen mietet T. (Diskriminierende Äußerung ohne Auswirkung)

204 Mit der **Durchführung des Schuldverhältnisses** soll der Zeitraum zwischen dem Abschluss des Mietvertrages und seiner Beendigung erfasst werden. Dies erfordert grundsätzlich keine neue „Tat". Vielmehr kann eine bei der Begründung des Mietvertrages schon bestehende Benachteiligung sich auch auf die Durchführung des Vertrages auswirken bzw. fortbestehen[1].

Beispiel:

Vermieter V erhebt in seinen Häusern einen Untermietzuschlag für Mieter, deren Kinder das 15. Lebensjahr erreicht haben. Bei Abschluss des Vertrages wird der Zuschlag in die Miete eingerechnet, wenn das Kind bereits 15 Jahre alt ist. Erreicht es dieses Alter erst im laufenden Vertrag, zieht V eine entsprechende Klausel. (Ungleichbehandlung wegen Alters, die schon bei der Begründung angelegt ist)

205 Mit der **Beendigung** ist der Akt gemeint, der zum Ende des Vertragsverhältnisses führt. Dies kann sowohl durch eine einseitige Willenserklärung (Kündigung) erfolgen als auch durch Aufhebungsvertrag.

b) Erfasste Schuldverhältnisse

206 Nach § 19 Abs. 1 AGG muss die Benachteiligung bei der Begründung, Durchführung oder Beendigung bestimmter Schuldverhältnisse erfolgt sein.

aa) Benachteiligung wegen Rasse oder ethnischer Herkunft

207 Auf die in § 19 Abs. 1 Nr. 1 AGG erwähnten besonderen Eigenarten der Schuldverhältnisse kommt es nicht an, wenn eine Benachteiligung wegen der **Rasse oder ethnischen Herkunft** reklamiert wird. Dafür bestimmt **§ 19 Abs. 2 AGG** nämlich, dass allein ein Schuldverhältnis i.S.v. § 2 Nr. 5–8 AGG vorliegen muss. Damit besteht hinsichtlich dieser Merkmale auch ein Benachteiligungsschutz bei Individualverträgen.

208 § 19 Abs. 2 AGG gilt auch für den Vermieter, der **weniger als 50 Wohnungen** hat, also ansonsten von der Anwendung des Benachteiligungsverbots ausgenommen ist (§ 19 Abs. 5 S. 3 AGG). Dieses umfassende Verbot beruht auf der Umsetzung der EU-Richtlinie 2000/43/EG vom 29.6.2000[2], denn nach dieser Richtlinie bedeutet „Gleichbehandlungsgrundsatz", dass es keine unmittelbare oder mittelbare Diskriminierung aus Gründen der Rasse oder der ethnischen Herkunft geben darf[3]. Wird also eine Benachtei-

---

1 *Worzalla*, S. 200.
2 ABl. EG Nr. L 180 S. 22.
3 Vgl. Art. 2 der EU-Richtlinie 2000/43/EG vom 29.6.2000, ABl. EG Nr. L 180 S. 24.

ligung wegen der Rasse oder der ethnischen Herkunft reklamiert, kommt es nicht darauf an, wie viele Wohnungen (oder sonstige Einheiten) der Vermieter besitzt oder der Verwaltung unterliegen. Hier reicht die erstmalige und einzige Vermietung. Selbst wenn also der Vermieter immer schon Wert auf die Person bei der Auswahl des Mieters gelegt hat, darf er wegen dieser Merkmale nicht benachteiligen.

Beispiel:
V besitzt ein Mehrfamilienhaus mit 5 Einheiten. Er vermietet nicht mehr an Türken, weil seine Schwester einen türkisch-stämmigen Mann geheiratet hat.

Bei den anderen Merkmalen des § 1 AGG müssen allerdings die Voraussetzungen des § 19 Abs. 1 Nr. 1 AGG geprüft werden. **209**

bb) Massengeschäfte

Nach der **Legaldefinition** in § 19 Abs. 1 Nr. 1 AGG liegen Massengeschäfte vor, wenn zivilrechtliche Schuldverhältnisse typischerweise **ohne Ansehen der Person** zu **vergleichbaren Bedingungen** in einer **Vielzahl von Fällen** zu Stande kommen. **210**

(1) Vermieter = Unternehmer

Schon der Wortlaut an sich legt nahe, dass Massengeschäfte in der Regel nur von **Unternehmen** angeboten werden können, also von natürlichen oder juristischen Personen, die in Ausübung ihrer gewerblichen oder beruflichen Selbständigkeit handeln (§ 14 BGB). Denn einmalige Sachverhalte treten „typischerweise" nicht „in einer Vielzahl von Fällen" auf. Damit kann z.B. beim Gebrauchtwagenverkauf zwischen dem gewerblichen Kfz-Händler und der Privatperson, die ihren gebrauchten PKW verkaufen will, unterschieden werden. **211**

Unternehmer nach § 14 BGB ist der Vermieter dann, wenn er bei Abschluss des Vertrages gewerblich oder selbständig beruflich tätig wird. Der Begriff ist, als Gegenstück zum Verbraucher, weit auszulegen. Deshalb muss ein Unternehmer nicht Kaufmann sein, gewerblich und/oder mit Gewinnerzielungsabsicht handeln[1]. Es genügt, dass der Unternehmer/Vermieter im Wettbewerb mit anderen **planmäßig und dauerhaft Leistungen gegen ein Entgelt anbietet**[2]. Dies wäre an sich schon der Fall, wenn der Eigentümer seine einzige Mietwohnung durch Inserate oder auf sonstige Weise bewirbt; immerhin setzt er sich damit in Konkurrenz zu seinen Mitbewerbern. Allerdings wird für ein geschäftsmäßiges Handeln i.S.v. § 14 BGB ein **212**

---

1 Palandt/*Heinrichs*, § 14 BGB Rz. 1 f.
2 Palandt/*Heinrichs*, § 14 BGB Rz. 2.

gewisser **organisatorischer Mindestaufwand** gefordert[1]. Dies soll für einen Vermieter erst zutreffen, wenn ihm mehrere Wohnungen gehören[2].

(2) Vielzahl von Fällen

213 Wann im Übrigen eine „**Vielzahl von Fällen**" angenommen werden kann, lässt sich dem Gesetz nicht entnehmen. Allerdings wird der Begriff auch in § 305 Abs. 1 BGB zur Abgrenzung des Formular- vom Individualvertrag verwendet. Nach einhelliger Meinung liegen die Voraussetzungen des § 305 Abs. 1 BGB insoweit vor, wenn der Verwender einen vorformulierten Vertrag oder eine vorformulierte Klausel tatsächlich **dreimal oder häufiger** verwendet oder bei der ersten Verwendung eine entsprechende Absicht besteht[3]. Auf den ersten Blick besteht kein Anlass, den gleichen Wortlaut im Rahmen von § 19 Abs. 1 S. 1 AGG anders zu interpretieren. Allerdings muss berücksichtigt werden, dass er zur Begründung eines Massengeschäftes dienen soll. Schon deshalb werden generell andere Maßstäbe und Dimensionen anzunehmen sein.

214 Im **Bereich der Miete** können dadurch und durch das Erfordernis des § 14 BGB die Fälle abgegrenzt werden, die typischerweise eine standardisierte Überlassung zum Gegenstand haben (z.B. **Kfz-Miete**). Aber auch die **Ferienhausvermietung** z.B. über einen Reiseveranstalter kann danach als Massengeschäft angesehen werden. Denn insoweit ist auf die Sicht der **Anbieterseite** abzustellen, weil sich das Benachteiligungsverbot an sie (und nicht an den nachfragenden Kunden) richtet[4]. Als weitere Beispiele kommen die Vermietung von Messe- oder Marktständen, Baumaschinen, Büromöbeln, technischem Equipment oder Stellplätzen in einem Parkhaus in Betracht.

215 Fraglich ist insoweit, ob nicht aus § 19 Abs. 5 S. 3 AGG hergeleitet werden muss, dass jedenfalls bei der **Miete** ein Massengeschäft generell nur angenommen werden kann, wenn der Vermieter mindestens **50 Einheiten** (PKW und LKW bei der Kfz-Miete, Ferienwohnungen oder -häuser als Reiseveranstalter) zu vermieten hat. Dies ist jedoch nicht gerechtfertigt. Die Beschränkung des § 19 Abs. 5 S. 3 AGG ist auf einen Einwand des Bundesrates im Gesetzgebungsverfahren zurückzuführen. Der Bundesrat wollte die Anwendbarkeit des allgemeinen Benachteiligungsverbots insgesamt für die Wohnraummiete ausschließen[5]. Erst auf Grund dieser Einwendung kam zwischen den Koalitionsparteien der Kompromiss zu Stande, Wohnraummietverträge dem allgemeinen Benachteiligungsverbot zu unterwer-

---

1 Vgl. Erman/*Saenger*, § 14 BGB Rz. 11 m.w.N.
2 Vgl. OLG Düsseldorf, ZMR 2005, 187, 191 (Vermieter hat zwei Einfamilienreihenhäuser und eine Einliegerwohnung vermietet); OLG Düsseldorf, WuM 2003, 621 (Unternehmer bei zwei Mietshäusern); AG Frankfurt/Main, WuM 1998, 418 (6 Wohnungen sind jedenfalls genug); LG Görlitz, WuM 2000, 542, 543 (11 Wohnungen genügen).
3 BGH, NJW 2002, 138.
4 BT-Drucks. 16/1780, S. 41.
5 BT-Drucks. 16/1852, S. 2.

fen, wenn der Vermieter 50 Wohnungen vermietet[1]. Es sollte also **für die private Vermietung** auch im Hinblick auf die Argumentation der Verbände, die Vermietung von Wohnraum könne nie als Schuldverhältnis angesehen werden, bei dem die Ansehung der Person keine oder eine nur nachrangige Bedeutung habe, eine Orientierung gefunden werden. Dieser Sondertatbestand lässt sich jedoch nach allgemeinen Grundsätzen **nicht verallgemeinern**, zumal er für seinen Anwendungsbereich als bloßes Regelbeispiel selbst keine absolute Verbindlichkeit herbeiführt. Eine Verallgemeinerung ließe sich auch nicht mit dem Sinn und Zweck des Gesetzes vereinbaren.

Beispiel:

V besitzt eine Ferienhaussiedlung an der Nordsee mit 25 Einheiten, die er ohne weitere Prüfung an jeden vermietet, der sich bei ihm meldet.

Bei einer Vollmietung über 12 Monate und einer durchschnittlichen Verweildauer der Mieter von zwei Wochen würde V 650 Vermietungen (25 × 26 Wochen) durchführen. Derartige Vermietungen erfolgen regelmäßig zu vorher einseitig festgelegten Konditionen (Mietpreis zzgl. Endreinigung, Kurtaxe u.Ä.). Im Hinblick auf die notwendigen Arbeiten benötigt V einen gewissen organisatorischen Mindestaufwand. Würde es V gestattet sein, die Vermietung an Homosexuelle oder alte Menschen abzulehnen, würde dies dem Zweck, einen umfassenden Benachteiligungsschutz herbeizuführen, zuwider laufen.

Demnach wird man in anderen Fällen der Vermietung als der Wohnraummiete eine „**Vielzahl von Fällen**" betragsmäßig nicht allgemein gültig festlegen können. Vielmehr ist nach der **Art der Vermietung** und der vom Vermieter geübten Praxis zu ermitteln, ob die beanstandete Maßnahme in einem standardisierten Verfahren/Schuldverhältnis stattgefunden hat. Je weniger die Vermietung mit einer personenbezogenen Nutzung (z.B. Baumaschinen) zu tun hat und je öfter die Vermietung stattfindet, umso eher ist ein Massengeschäft gegeben[2]. Dabei bilden die drei Fälle, die nach der Interpretation nach § 305 Abs. 1 BGB mindestens vorliegen müssen, die absolute Untergrenze.

Die **Häufigkeit** der Fälle orientiert sich grundsätzlich nicht allein an der Zahl der Einheiten. Vielmehr ist der **Vorgang der Vermietung** maßgeblich. Erfüllt z.B. die Vermietung von Baumaschinen nicht schon die Voraussetzungen für ein Massengeschäft, weil der Vermieter auch nach der Ausbildung des Mieters fragt, kann sie selbst dann unter die 2. Alternative des § 19 Abs. 1 Nr. 1 AGG fallen, wenn der Vermieter nur eine Maschine hat, die er so oft wie möglich (und so lange wie möglich) vermieten will, um aus dem Ertrag dieser Geschäfte weitere Baumaschinen zur Vermietung zu erwerben. Im Hinblick auf den Zweck des Gesetzes kommt es nicht darauf an, ob der Vermieter ein Gut massenhaft vermietet, sondern **massenhaft**

---

1 BT-Drucks. 16/2022, S. 9.
2 Da an die Rechtsfolge keine anderen Konsequenzen geknüpft werden, sollte man im Zweifel die zweite Alternative von § 19 Abs. 1 Nr. 1 AGG prüfen.

Vermietungen durchführt. Dem steht § 19 Abs. 5 S. 3 AGG nicht entgegen. Bei der Wohnraummiete konnte schon deshalb auf die Zahl der Einheiten abgestellt werden, weil die dreimonatige Kündigungsfrist des § 573c BGB maximal eine viermalige Vermietung im Jahr zulässt.

(3) Typisierte Schuldverhältnisse

218 Die schon erwähnten Geschäfte (Kfz-Miete, Vermietung von Ferienwohnungen oder Stellplätzen im Parkhaus) erfüllen im Regelfall auch die weiteren Voraussetzungen des § 19 Abs. 1 Nr. 1, 1. Alt. AGG, indem sie regelmäßig „**ohne Ansehen der Person**" und „**zu vergleichbaren Bedingungen**" abgeschlossen werden.

219 Für das Merkmal „ohne Ansehen der Person" ist darauf abzustellen, ob es sich z.B. um eine **standardisierte Dienstleistung** handelt, bei der nicht die Vertragspartei, insbesondere der Kunde, sondern das Gut an sich im Vordergrund steht[1]. Diese Geschäfte werden auch typischerweise „zu vergleichbaren Bedingungen" geschlossen. Regelmäßig bestehen **feststehende Tarife**, die allein auf das Produkt und die Dauer der Überlassung abstellen. Ist die Begründung von Schuldverhältnissen bzw. deren Abwicklung und Beendigung derart standardisiert, besteht gerade kein Anlass, wegen der in § 1 AGG genannten Merkmale beim Abschluss, der Abwicklung oder der Beendigung des jeweiligen Mietvertrages zu differenzieren. Mithin besteht gerade in solchen Fällen ein **Anspruch auf Gleichbehandlung**.

220 Die **Überlassung von Räumen** wird hierunter in der Regel nicht fallen. Denn die Anbieter von Wohn- oder Geschäftsräumen wählen ihren Vertragspartner regelmäßig individuell nach vielfältigen Kriterien aus dem Bewerberkreis aus. Anders kann es sich verhalten, wenn etwa der Vertragsschluss über **Hotelzimmer** oder Ferienwohnungen über das Internet abgewickelt und hierbei auf eine individuelle Mieterauswahl verzichtet wird. Das Gleiche kann sich neben der Kfz- und Stellplatzmiete bei der Anmietung von Lager-, Konferenz- oder Veranstaltungsräumen ergeben.

cc) Sonstige Schuldverhältnisse

221 Die zweite Alternative von § 19 Abs. 1 Nr. 1 AGG betrifft die Schuldverhältnisse, bei denen das Ansehen der Person nach der Art des Schuldverhältnisses eine **nachrangige Bedeutung** hat und die zu vergleichbaren Bedingungen in einer Vielzahl von Fällen zu Stande kommen.
Auch hierunter fallen Raummietverträge nicht unbedingt.

(1) Vermieter = Unternehmer

222 Zunächst ist vom Wortlaut bereits wieder der Fall ausgeschlossen, in dem der Vermieter gelegentlich seine einzige Wohnung vermietet. Denn auch

---

1 BT-Drucks. 16/1780, S. 41.

hier ist Voraussetzung, dass das Schuldverhältnis zu vergleichbaren Bedingungen in einer **Vielzahl** von Fällen zu Stande kommt. Dies ist jedoch bei einer gelegentlichen Vermietung gerade nicht der Fall.

(2) Vielzahl von Fällen

Damit stellt sich aber auch hier die Frage, ab wann eine solche **Vielzahl von Fällen** gegeben sein kann. Da bei § 19 AGG auf die Anbieterseite abzustellen ist[1], kommt es also darauf an, wie viele Objekte der Vermieter anzubieten hat. Hier bietet sich wiederum eine Parallele zu § 305 BGB an. Denn es ist nicht gerechtfertigt, den Begriff anders als in der 1. Alternative von § 19 Abs. Nr. 1 AGG zu interpretieren. 223

Wann konkret eine Vielzahl von Fällen vorliegt, kann jedenfalls für die **Wohnraummiete** grundsätzlich offen bleiben. Denn nach § 19 Abs. 5 S. 3 AGG unterliegt der Wohnraumvermieter im Regelfall jedenfalls nur dann dem Benachteiligungsverbot, wenn er **mehr als 50 Wohnungen** zu vermieten hat. 224

(3) Nachrangige Bedeutung des Ansehens der Person

Bei welchen Schuldverhältnissen im Übrigen, also über § 19 Abs. 2 AGG hinaus, das **Ansehen der Person** nachrangige Bedeutung hat, lässt sich dem AGG nicht entnehmen. Hier eine allgemein gültige, also für alle Schuldverhältnisse geltende Richtschnur zu entwickeln, wird Aufgabe der Rechtsprechung sein. Allein die Palette der möglichen Mietverträge von der **Raummiete** über die Miete von Software bis zur Miete von Baugeräten macht deutlich, welche unterschiedlichen Interessen und Konstellationen im Hinblick auf die Bedeutung des Ansehens der Person des Mieters erfasst werden müssen. Da sich das Benachteiligungsverbot an den Vermieter als Anbieter richtet, kommt es aber auf jeden Fall auf seine Sicht- bzw. Verhaltensweise an. 225

Spätestens bei Abschluss der Verträge über **Wohn- oder Gewerberäume** wird ein (gegenstandsbezogenes) Vertrauensverhältnis begründet. Schon die Anbahnung des Vertrages setzt voraus, dass die Parteien „sich kennen lernen", insbesondere der Vermieter **den Eindruck** gewinnt, dass er sein (Immobilien-) Vermögen diesem Interessenten anvertrauen kann. Demnach ist beim Abschluss von Raum-Mietverträgen von dem **Grundsatz** auszugehen, dass dem Ansehen der Person eine nicht nur nachrangige Bedeutung beigemessen wird. Dieser Grundsatz wird aufweichen, je anonymer der Vermieter agiert oder körperschaftlicher seine Organisation aufgebaut ist. 226

Welche Kriterien das „**Ansehen der Person**" ausmachen, ist ebenfalls auslegungsfähig. Natürlich gehören die in § 1 AGG aufgezählten Merkmale dazu. Deren Vorliegen aber hier zu fordern, wäre absurd. Es geht ja gerade 227

---
1 Vgl. BT-Drucks. 16/1780, S. 41.

darum, dass davon unterschiedliche persönliche Eigenschaften in der maßgeblichen Situation bedacht wurden. Ansonsten läge schon eine Benachteiligung vor.

228 Die inhaltliche Bestimmung der notwendigen **Kriterien** könnte sich beschränken auf rein persönliche Merkmale, wie Aussehen, Familienstand und Auftreten, aber sich auch auf Merkmale erstrecken, die an die Person anknüpfen, wie Einkommen, Dauer der bisherigen Mietverträge, Dauer des Arbeitsverhältnisses etc. Auch wenn die Art der in § 1 AGG aufgeführten Ziele für eine eher rein subjektive Betrachtungsweise spricht, ist eine derartige Beschränkung nicht gerechtfertigt. Das „Ansehen der Person" kann schon nach dem allgemeinen Sprachgebrauch in unterschiedlicher Form Bedeutung gewinnen. Neben dem Charakter, der sich in bestimmten Verhaltensweisen ausdrückt, ist auch die wirtschaftliche Ausstattung einer Person für sein Ansehen ebenso von Bedeutung, wie seine bisherige Tätigkeit. Demnach unterliegen dem Begriff alle Merkmale, die **an eine Person anknüpfen.**

229 Steht diese Bedeutung im Vordergrund, ist § 19 AGG nicht anwendbar. Denn es wird verlangt, dass das Ansehen der Person **eine nachrangige Bedeutung** hat.

(a) Begründung von Mietverträgen

230 Soll die Ansehung der Person nachrangige Bedeutung haben, muss für die Vermietung, also den **Abschluss von Mietverträgen**, in der Regel im Vordergrund stehen, dass der Vermieter den Vertrag eingeht, weil er die Wohnung nicht leer stehen lassen will und die personenbezogenen Merkmale des Mietinteressenten für ihn keine ausschlaggebende Rolle spielen. Je länger die Wohnung **leer gestanden** hat, umso eher wird die Lebenserfahrung für eine nachrangige Bedeutung der Person sprechen. Dies gilt erst recht, wenn der Vermieter sich über die Person des Mieters überhaupt keine Gedanken gemacht hat.

Beispiel:
Der Vermieter verkündet bei der allgemeinen Besichtigung, der Interessent erhalte die Wohnung, der sich als erster entscheide.

231 Selbst wenn die Bedeutung der Person des Mieters aber für den Vermieter im Vordergrund gestanden hat (etwa, weil alle die gleichen Kriterien erfüllten), kann sich für ihn ein Risiko wegen der **Darlegungs- und Beweislast** ergeben. Im Hinblick auf die Beweislastverteilung nach § 22 AGG (vgl. dazu Rz. 339 ff.) braucht der Benachteiligte die Benachteiligung nur indiziell vorzutragen, um den Entlastungsbeweis durch den Vermieter zu erzwingen. Dazu gehören eben auch die Voraussetzungen des § 19 Abs. 1 Nr. 1 AGG.

Beispiel:
Nach einem Leerstand von sechs Monaten entschließt sich V, die Miete für die Erdgeschosswohnung um 25 % zu senken. Zu dem Besichtigungstermin, den er in der Anzeige angekündigt hat, kommen zwei Interessenten: eine Studentin Typ Claudia Schiffer und ein älterer Herr Typ Mike Krüger. Der Vermieter entscheidet sich spontan für die Studentin, nachdem sie die Wohnung betreten und Interesse bekundet hat, obwohl in der Zwischenzeit weitere Interessenten die Wohnung betreten hatten.

Der äußere Anschein spricht für eine Auswahl ohne besondere Bedeutung der Person und eine Benachteiligung wegen des Geschlechts. Denn die Preissenkung macht deutlich, dass der Vermieter den Leerstand beenden wollte. Da er sich für die Interessentin entschied, ohne besondere persönliche Merkmale abzufragen, liegen ausreichend Indizien vor, dass die Bedeutung der Person des Mieters nachrangig war. Demnach müsste der Vermieter darlegen und beweisen, dass die Person des Mieters nicht nur nachrangige Bedeutung hatte (z.B. Tochter einer alten Schulfreundin, die für ihre Tochter die Miete bezahlen wird und mit der vorher schon alles abgesprochen war, so dass das Ob des Vertrages allein noch von der Besichtigung durch die Tochter abhing). 232

Im Beispielsfall können sich je nach Vermieter unterschiedliche Risiken ergeben, insbesondere wenn die Schulfreundin nicht existiert: die vermietende **Einzelperson** kann u.U. ihre **Motivationslage nicht beweisen**, da es sich um einen inneren Vorgang handelt. Der Groß-Vermieter, der nicht jede Vermietung selbst vornehmen kann, muss für das Handeln seiner Angestellten einstehen und den Eindruck vermeiden, bei der Vermietung auf die Person des Mieters keinen oder nur einen nachrangigen Wert zu legen. Gelingt dem Vermieter aber schon der Beweis, dass die Person des Mieters nicht nur eine nachrangige Bedeutung hatte, kann er andere Vermietungsvorgänge vortragen, um die dabei praktizierten Gründe darzulegen. Indiziell wirken hier **Mieterfragebögen**, mit denen vor allem personenbezogene Fragen geklärt werden sollen. Die Einholung von **Auskünften** macht dann schon deutlich, dass der Vermieter sich nicht auf die Angaben des Mieters verlassen hat. Auch **Nachfragen** beim bisherigen Vermieter oder spontane **Hausbesuche** können ein Beleg dafür sein, dass die Bedeutung der Person eine entscheidende Rolle gespielt hat. Je mehr der Vermieter recherchiert und sich mit der Person des Mieters auseinander setzt, umso eher werden die Voraussetzungen des § 19 Abs. 1 Nr. 1 AGG nicht vorliegen. 233

Der **Großvermieter**, der die Entscheidung auf seine Mitarbeiter delegiert, sollte feste Entscheidungsstrukturen vorgeben. Neben den Fragebögen, Auskünften oder sonstigen Recherchen sollte er ein Formblatt zur Entscheidungsvorbereitung entwickeln, in das die Rechercheergebnisse für jeden Interessenten übertragen werden, so dass im Ergebnis deutlich wird, welche Kriterien ausschlaggebend waren. Dieses **Formblatt** (vgl. das Beispiel bei *Rz. 237*) sollte als Entscheidungskriterien mindestens enthalten: 234

- Einkommen des Interessenten und der Personen, die mit ihm in die Wohnung einziehen (einschließl. Kindergeld)
- Verbindlichkeiten (Kreditverträge, Bürgschaften, Leasingraten für Kfz, Unterhalt, Versicherungen etc.)
- Arbeitgeber und Dauer des Arbeitsverhältnisses (Anzahl der Wechsel, frühere Arbeitslosigkeit)
- Einwilligung zum Hausbesuch und Schufa-Auskunft
- Gründe für Wohnungswechsel und bisheriger Vermieter

235 Selbst wenn der Mitarbeiter nicht alle Recherchen vollständig durchführt, wird anhand dieser Kriterien jedenfalls deutlich, dass die Person des Mieters für seine und damit die Entscheidung des Vermieters von wesentlicher Bedeutung war. Das entsprechende Formblatt kann auch der **Einzelvermieter** verwenden. Er hat lediglich das Problem, dass er im Zweifel nicht nachweisen kann, wann er es ausgefüllt hat.

236 Zweifelhaft ist die Abfrage der Kriterien im Hinblick auf die Frage, welche Angaben eines Mietinteressenten **wahrheitsgemäß** sein müssen und inwieweit er falsche Angaben machen oder die Antwort sogar verweigern darf. Dieses Problem kann jedoch in diesem Zusammenhang dahinstehen. Denn hier geht es allein darum zu ermitteln, ob der Vermieter überhaupt auf persönliche Merkmale Wert gelegt hat. Ob er die Fragen stellen durfte, kann in diesem Zusammenhang allenfalls im Hinblick auf die Merkmale des § 1 AGG zweifelhaft sein, weil die **§§ 19, 31 AGG** derartiges Verhalten gerade **sanktionieren** wollen. Die Ermittlung an sich ändert dadurch aber nicht ihren (personenbezogenen) Inhalt. Mithin kommt es nicht darauf an, ob die oder einzelne Fragen unzulässig sind. Im Gegenteil: je mehr personenbezogene Kriterien ermittelt werden, umso mehr wird deutlich, dass das Ansehen der Person nicht nur nachrangige Bedeutung hat.

Beispiel:
Der Vermieter lässt von seinen Mitarbeitern das nachfolgende Formblatt bei jeder Vermietung für alle in die engere Auswahl gelangten Mietinteressenten ausfüllen, wobei die entsprechenden Auskünfte (Gehaltsbescheinigung, Schufa-Mitteilung etc.) in Fotokopie anhängen:

237 Entscheidungsvorlage

1. Einkommenssituation

Einkünfte			*Ausgaben*		
Vom Hauptmieter					
Lohn/Gehalt (netto):	= ___	Euro	Haushaltsausgaben		
Kindergeld	= ___	Euro	(___ Personen × ___ Euro)	= ___	Euro
Unterhalt	= ___	Euro	Kfz-Kosten für _____	= ___	Euro
Kindesunterhalt	= ___	Euro	Kfz-Kosten für _____	= ___	Euro
Sonstiges: _____	= ___	Euro	Kreditraten an _____	= ___	Euro

Sonstiges: _____ = ___ Euro   Kreditraten an _____ = ___ Euro
Sonstiges: _____ = ___ Euro   Unterhaltszahlungen
Vom Ehe-/Lebenspartner   an _____ für _____ = ___ Euro
Lohn/Gehalt (netto):   = ___ Euro   Versicherungsprämien ____ = ___ Euro
Kindergeld   = ___ Euro   Sonstiges: _____ = ___ Euro
Unterhalt   = ___ Euro   Sonstiges: _____ = ___ Euro
Kindesunterhalt   = ___ Euro   _____
Sonstiges: _____ = ___ Euro   _____
Sonstiges: _____ = ___ Euro   _____
Summe der Einkünfte = ___ Euro   **Summe der Ausgaben**   ___ Euro
Überschuss der Einkünfte: ___ Euro
Miete der neuen Wohnung   ___ Euro
Der Rest ist   Überschuss   Unterdeckung   ___ Euro

2. Weitere persönliche Merkmale
2.1 Persönliche Angaben
Personalausweis-Nr. _____ ausgestellt am: _____ in: _____
Personalausweis-Nr. _____ ausgestellt am: _____ in: _____
2.2 Arbeitsverhältnis
Arbeitgeber: _____ Anschrift: _____ Tel.: _____
Arbeitsverhältnis seit: _____ als _____
Probezeit beendet? ja/nein
Frühere Arbeitsverhältnisse: _____
2.3 Bisherige Wohnung
Anschrift: _____
Vermieter: _____ Anschrift: _____ Tel.: _____
Grund für die Aufgabe der Wohnung: _____
2.4 Hausbesuch: _____
_____
2.5 Eigen Schufa-Auskunft: _____
2.6 Ergänzende Angaben:
Abgabe der Eidesstattlichen Versicherung: _____ (Az.: _____)
Insolvenzverfahren: _____ (Az.: _____)
Vorstrafen: _____
Haustiere: _____
Wohnberechtigungsschein: _____
Zahl der Kinder: _____ ggf. Kinderwunsch ja/nein
Grund für die Wahl einer Wohnung in diesem Viertel: _____

2.7 Sonstige Erkenntnisse

Nach Prüfung bestehen gegen einen Mietvertragsabschluss keine Bedenken.

_____   _____
(Datum)   (Unterschrift)

238 Einen Entscheidungskatalog sollte insbesondere der **Vermieter von mehr als 50 Wohnungen** erstellen. Zwar kann aus § 19 Abs. 5 S. 3 AGG der Schluss hergeleitet werden, dass diese Vermieter immer dem allgemeinen Benachteiligungsverbot unterliegen, weil – negativ abgegrenzt – die Vermieter mit weniger Wohnungen nicht unter § 19 Abs. 1 Nr. 1 AGG fallen. Indessen schließt eben § 19 Abs. 5 S. 3 AGG zunächst nur die Gruppe von Kleinvermietern („in der Regel") aus. Ob diejenigen, die den dort aufgestellten Anforderungen „nicht" entsprechen, also mehr als 50 Wohnungen vermieten, schon die Voraussetzungen des § 19 Abs. 1 Nr. 1 AGG erfüllen, ist damit nicht festgestellt. Immerhin ist es nicht ausgeschlossen, dass auch der Vermieter von 1000 Wohnungen im konkreten Fall (und nur darauf kommt es an) Wert auf die Person des Mieters legt und damit sein Personal anweist, auf ganz bestimmte personenbezogene Merkmale zu achten.

239 Gleichwohl kommt der Regelung des § 19 Abs. 5 S. 3 AGG für die Bedeutung der Person des Mieters als Tatbestandsmerkmal nach § 19 Abs. 1 Nr. 1 AGG eine **Indizwirkung** zu. Je größer der Bestand des Vermieters, umso eher hat die Person des Mieters nur nachrangige Bedeutung. Denn regelmäßig wird sich der Vermieter darauf konzentrieren, ob der Mietinteressent dauerhaft in der Lage ist, die Wohnung zu bezahlen und ob er wegen seines Auftretens in die Hausgemeinschaft passt, weil er ansonsten befürchtet, dass eine Gefahr für den Hausfrieden begründet wird. Damit ist dem Ansehen der Person zwar eine Bedeutung beizumessen. Sie steht jedoch nicht im Vordergrund. Denn der wirtschaftliche Aspekt der dauerhaften Vermietung und das damit verbundene professionelle, stereotype Handeln ist regelmäßig ausschlaggebend.

240 Diese Vermutung muss der Groß-Vermieter entkräften. Umso mehr sollte er auch die Entscheidung der Vermietung standardisieren. Hat er dazu **allgemeine Vermietungskriterien** aufgestellt, aus denen hervorgeht, dass z.B. bei der Vermietung das Ansehen der Person im Vordergrund steht, kann ein Gericht überprüfen, ob nach diesen Kriterien tatsächlich gehandelt wurde. Dies kann durch Einvernahme der Mitarbeiter des Vermieters erfolgen, die allerdings erst nach **substantiiertem Vortrag** stattfindet. Dazu reicht es nicht aus, dass der Vermieter z.B. zehn Vermietungsfälle angibt, in denen er allein nach der Person des Mieters entschieden hat. Vielmehr muss er **die letzten Fälle in zeitlicher Reihenfolge** auflisten, damit deutlich wird, wie er generell handelt und nicht nur in bestimmten Ausnahmesituationen. Dazu wird man verlangen können, dass der Vermieter auch

die vom Mieter auszufüllenden **Fragebögen** vorlegt oder darstellt, dass tatsächlich längere „Bewerbungsgespräche" mit den Mietinteressenten geführt wurden. Zur Untermauerung seiner Position kann es darüber hinaus sinnvoll sein, anzugeben, dass in der Vergangenheit bereits (die) Räume über längere Zeit leer gestanden haben, weil „der richtige Mieter" nicht zu finden war. Dafür wird aber allein der bloße Leerstand über eine längere Zeit nicht ausreichen. Vielmehr müssen die früheren Mietinteressenten namhaft gemacht und bewertet werden (bzw. worden sein).

Das Handeln jedes Vermieters sollte jedenfalls darauf gerichtet sein, dem allgemeinen Benachteiligungsverbot schon auf dieser Tatbestandsebene zu entkommen, da ihm sonst als erfolgversprechendes Merkmal nur noch die allgemeine Rechtfertigung bleibt (vgl. dazu *Rz. 311 ff.*). 241

Bei der klassischen **Vermietung von Gewerberaum** ist die Erfüllung des Tatbestandsmerkmals kaum vorstellbar. Sicherlich wird bei der mietweisen Überlassung von Stellplätzen, Messeständen o.Ä. die Ansehung der Person – wenn überhaupt – nur eine untergeordnete Rolle spielen. Bei der Vermietung von Gewerbeeinheiten als Büro, Verkaufsfläche oder zu anderen betrieblichen Zwecken finden aber regelmäßig Bonitätsprüfungen statt, mit deren Hilfe auch ermittelt werden soll, ob die **Person des Mieters** in der Lage ist, den angedachten langfristigen Vertrag zu erfüllen. Immerhin kann aus der wirtschaftlichen Leistungsfähigkeit, die sich in der Vergangenheit gezeigt hat, auf eine Perspektive geschlossen werden. Gerade dann hat aber die Person des Mieters eine nicht mehr nur nachrangige Bedeutung. 242

(b) Abwicklung des Mietvertrages

Hier sind zahlreiche Konflikte denkbar. Die häufigste Anwendung wird sich aus dem Bereich des vertragsgemäßen Gebrauchs ergeben, indem z.B. an das Ruhebedürfnis unterschiedliche Anforderungen gestellt werden. 243

Insoweit ist es unerheblich, ob die Person des Mieters bei der jeweiligen Aktion eine nur nachrangige Bedeutung gespielt hat. Ausschlaggebend ist auch hier, welche Voraussetzungen bei der Begründung des Mietvertrages erfüllt wurden. Denn das Gesetz spricht in § 19 Abs. 1 S. 1 AGG allein von dem **Zustandekommen** der maßgeblichen Schuldverhältnisse. Lag dabei in der Person des Mieters eine nicht nur nachrangige Bedeutung, kann der Vermieter sanktionslos z.B. die Religionsausübung im Haus behindern. 244

Eine **Ausnahme** gilt auch hier wiederum für eine **Benachteiligung aus Gründen der Rasse oder wegen der ethnischen Herkunft.** Diese sind unzulässig, unabhängig von der sonstigen Bedeutung der Person des Mieters. 245

Beispiel:
Bei der Begründung des Mietvertrages hat sich der Vermieter für eine Polin entschieden, weil sie als Einzige seinen ausschließlich personenbezogenen Entscheidungsvorgaben entsprach. Im Hinblick auf Äußerungen

des polnischen Ministerpräsidenten zum Verhältnis zwischen Polen und Deutschland verbietet er ihr die Benutzung des gemeinschaftlichen Gartens.

246 Der eingeschränkte Anwendungsbereich macht deutlich, dass die **Dokumentation des Zustandekommens des Vertrages** für den Vermieter erhebliche Bedeutung haben kann. Insbesondere der Großvermieter, gegen den wegen § 19 Abs. 5 S. 3 AGG eine Vermutung spricht, dass er auf das Ansehen der Person des Mieters Wert gelegt hat, stellt mit der entsprechenden Dokumentation die Weichen. Je mehr er sich auf das Erinnerungsvermögen seiner Angestellten verlässt oder nach dem Motto handelt, „es wird schon gut gehen", läuft er Gefahr, allein wegen der durch § 22 AGG begründeten Beweislastverteilung in einem Verfahren wegen einer Benachteiligung bei der Durchführung des Vertrages zu unterliegen.

247 Dies gilt auch für **Altverträge** i.S.d. § 33 Abs. 3 AGG (vgl. dazu *Rz. 169 ff.*). Selbst wenn der Mietvertrag vor dem 1.8.2006 abgeschlossen wurde, ist bei seiner Durchführung § 19 AGG zu beachten. Mithin muss ermittelt werden, welche Kriterien seinerzeit angewendet wurden.

Beispiel:

Der Mietvertrag datiert vom 15.12.1995. Er kam erst zu Stande, nachdem V, der Eigentümer von mehr als 1000 Wohnungen ist, eine Bonitätsprüfung eingeholt hatte und M einen Besuch in seiner damaligen Wohnung abstattete. Im November 2006 versagt V dem M die Erlaubnis zur Untervermietung mit der Begründung, er brauche keine gleichgeschlechtlichen Partnerschaften in seinem Haus zu dulden. In dem Verfahren, in dem M auf Zustimmung und Entschädigung nach § 21 Abs. 2 AGG klagt, kann V nicht beweisen, dass er seinerzeit Wert auf die Person des Mieters gelegt hat. Die Bonitätsprüfung hat er nach Abschluss des Vertrages weggeworfen und seine Mutter, die ihn seinerzeit zu dem Hausbesuch begleitet hatte, ist verstorben. M kann sich daran nicht erinnern und hat bestritten, dass seinerzeit auch unter Ansehung der Person die Entscheidung zu seinen Gunsten gefallen sei.

248 Mit der Geltung des § 19 Abs. 1 AGG für diesen Fall liegt kein Verstoß gegen das **Rechtsstaatsprinzip** des Art. 20 GG vor. Denn der Bürger kann nur darauf vertrauen, dass in einmal erworbene Rechte nicht eingegriffen wird, nicht aber, dass seine Rechte für die Zukunft unverändert bleiben.

249 Schließlich ist fraglich, wie Mietverträge zu behandeln sind, bei denen ein **Parteiwechsel** stattgefunden hat.

– **Vermieterwechsel**

250 Durch den Erwerb vom (bisherigen) Vermieter und Vollendung des Eigentumserwerbs (in der Regel durch Eintragung in das Grundbuch) tritt der Erwerber gemäß § 566 BGB in den Mietvertrag ein. Insoweit ist er nicht Rechtsnachfolger des Vermieters. § 566 Abs. 1 BGB ordnet vielmehr einen

unmittelbaren Rechtserwerb kraft Gesetzes als Folge und ab dem Zeitpunkt des Eigentumserwerbs an[1].

§ 566 Abs. 1 BGB ist zwar eine mieterschützende Vorschrift. Sie soll aber nicht bewirken, dass der Mieter allein aufgrund des Eigentümerwechsels mehr Rechte erwirbt, als ihm gegenüber dem bisherigen Vermieter zustanden. Jedenfalls wenn der Vermieter mehr als 50 Wohnungen hat, würde das Abstellen auf den Eigentumswechsel, also auf das kraft Gesetzes begründete Mietverhältnis, automatisch zur Anwendung des § 19 Abs. 1 Nr. 1 AGG führen, weil bei diesem Zustandekommen des Mietvertrages die Ansehung der Person überhaupt keine Rolle spielte. Dem Erwerber wäre jede Möglichkeit genommen, schon auf der Tatbestandsebene eine Rechtfertigung zu erreichen. 251

Richtigerweise ist daher allein auf das **ursprüngliche Zustandekommen des Mietvertrages** abzustellen. 252

– **Mieterwechsel**

Dieser kann sich kraft Gesetzes z.B. nach den §§ 563 oder 564 BGB vollziehen oder durch (dreiseitige) Vereinbarung. Im zuletzt genannten Fall ist durch Auslegung zu ermitteln, ob der alte Vertrag mit dem neuen Mieter fortgesetzt oder ein neues Mietverhältnis begründet werden sollte[2]. Auch die Frage, ob überhaupt ein Wechsel der Vertragsparteien gewollt ist, bedarf der Auslegung der Parteiabreden. Möglich ist nämlich auch ein **Vertragsbeitritt**. Dabei bleibt es grundsätzlich beim Fortbestand der Rechte und Pflichten im Verhältnis der verbundenen Parteien, denen auf einer Seite eine weitere Partei in der Weise beitritt, dass von nun an das Mietverhältnis auch mit ihr besteht. In den anderen Fällen ist auf die Interessenlage abzustellen. Für eine Fortsetzung spricht z.B. die Fortgeltung einer Wertsicherungsklausel, wenn es nach § 4 PreisklVO auf die Laufzeit ankommt. 253

Da das AGG jedoch an die Anbieterseite anknüpft, lässt der Mieterwechsel die Voraussetzungen des § 19 Abs. 1 Nr. 1 AGG grundsätzlich unberührt. Beim **gesetzlichen Mieterwechsel** findet ohnehin eine Rechtsnachfolge statt, die den **Status des Vertrages unberührt** lässt. Damit bleibt der Mietvertrag z.B. ein Massengeschäft, wenn er von den ursprünglichen Parteien als solches abgeschlossen wurde. 254

Eine **Ausnahme** erscheint allenfalls beim Mieterwechsel gerechtfertigt, bei dem der Vermieter eine besondere Prüfung der Person des Mieters durchführt, wie z.B. bei der Prüfung, ob der aufgrund einer Ersatzmieterklausel gestellte Ersatzmieter geeignet ist. 255

---

1 BGH, WuM 2005, 201 = ZMR 2005, 354.
2 BGH, NJW 1998, 531, 532 = ZMR 1998, 155.

(c) Beendigung des Mietvertrages

256 Auch in diesem Stadium gilt das allgemeine Benachteiligungsverbot, wobei hier ebenfalls auf das Zustandekommen des Vertrages abgestellt werden muss, solange kein Fall des § 19 Abs. 2 AGG vorliegt.

Beispiel:
Ein deutscher und ein schwedischer Mieter halten im Keller des Hauses permanent Saufgelage ab, nach denen sie laut grölend mitten in der Nacht zu ihren Wohnungen torkeln. V hat sie beide bereits mehrfach abgemahnt. Nach dem letzten Saufgelage kündigt er nur dem Schweden.

c) Ausnahmen bei der Vermietung von Wohnraum

aa) § 19 Abs. 3 AGG

257 Nach § 19 Abs. 3 AGG ist bei der Vermietung von Wohnraum eine unterschiedliche Behandlung im Hinblick auf die Schaffung und Erhaltung **sozial stabiler Bewohnerstrukturen und ausgewogener Siedlungsstrukturen** sowie **ausgeglichener wirtschaftlicher, sozialer und kultureller Verhältnisse** zulässig. Damit soll dem Anliegen der Wohnungswirtschaft Rechnung getragen werden, sich bei der Vermietung von Wohnraum an den bewährten Grundsätzen einer sozialen Stadt- und Wohnungspolitik orientieren zu können.

„Die europäische Stadt setzt auf Integration und schafft damit die Voraussetzungen für ein Zusammenleben der Kulturen ohne wechselseitige Ausgrenzung. Je stärker der soziale Zusammenhalt, desto weniger kommt es zu Diskriminierungen wegen der ethnischen Herkunft und aus anderen im Gesetz genannten Gründen"[1].

258 Soweit es dem Vermieter nicht bereits gelingt, auf Tatbestandsebene den Anspruch zu Fall zu bringen, wird er sich vornehmlich auf diese Vorschrift berufen müssen. Dies wird insbesondere für **Groß-Vermieter** gelten, die nicht unter § 19 Abs. 5 S. 3 AGG fallen.

259 Andererseits kann in dieser Regelung die Rechtfertigung für Benachteiligungen nach § 19 Abs. 2 AGG liegen[2]. Zwar sieht die Antirassismusrichtlinie 2000/43/EG[3] keine Rechtfertigung für Benachteiligungen wegen **Rasse oder ethnischer Herkunft** vor. Bei § 19 Abs. 3 AGG handelt es sich aber nicht um eine Rechtfertigung im klassischen Sinn, bei der auf die subjektive Situation des Handelnden abgestellt wird. Vielmehr wird hier der zwangsläufig entstehende Konflikt zwischen dem Schutz vor Benachteiligung wegen der in § 1 AGG genannten Merkmale und der Verfolgung allgemein gewünschter Ziele im konkreten Fall der Wohnraummiete zu Gunsten des vorrangigen Allgemeinzieles gelöst. Denn gerade das Zusammenleben verschiedener Rassen kann zu Konflikten führen. Wenn sie schon nicht friedlich in ihrer geographischen Zuordnung miteinander le-

---

1 BT-Drucks. 16/1780, S. 42.
2 **A.A.** *Worzalla*, S. 194.
3 ABl. EG Nr. L 180 S. 22.

ben können, spricht eine Vermutung dafür, dass dies unter einem Dach erst recht nicht realisierbar ist.

Der Gesetzgeber stellt hier nicht auf eine Benachteiligung, sondern eine **unterschiedliche Behandlung** ab. Damit kommt es zunächst nicht darauf an, ob dem Mieter auch eine Schlechterstellung wiederfahren ist. 260

Schon die wörtliche Übernahme der Begriffe macht deutlich, dass sich der Gesetzgeber hier an **§ 6 S. 2 Nr. 3 und 4 WoFG** orientiert. Wenn schon bei der staatlichen Förderung sozial stabile Bewohnerstrukturen und die Schaffung und Erhaltung ausgewogener Siedlungsstrukturen sowie ausgeglichener wirtschaftlicher, sozialer und kultureller Verhältnisse zu beachten sind, der Staat also entsprechend lenken kann, soll der Erhalt dieser Aspekte bzw. deren Umsetzung keine Diskriminierung begründen können. Dabei müssen die einzelnen Merkmale des § 19 Abs. 3 AGG nicht kumulativ, sondern alternativ vorliegen. Richtigerweise muss die Vorschrift also 261

*Schaffung **oder** Erhaltung*

*sozial stabiler Bewohnerstrukturen **oder***

*ausgewogener Siedlungsstrukturen **oder***

ausgeglichener wirtschaftlicher, sozialer und kultureller Verhältnisse

gelesen werden.

Allerdings hebt der Gesetzgeber auch hervor, dass dies nicht zur Rechtfertigung einer Unterrepräsentanz bestimmter Gruppen führen kann[1]. Dabei steht im Vordergrund, dass sich der Vermieter nicht gegen das **Ziel der Integration** mit seinen Vermietungskriterien stellt und sachliche Gründe für unterschiedliche Behandlungen anführen kann. Dies setzt zunächst einmal voraus, dass der Vermieter überhaupt derartige **Ziele formuliert** hat. Dies kann sowohl generell, also z.B. durch Formulierung allgemeingültiger Grundsätze bzw. Verhaltensmaßstäbe, aber auch speziell für die konkrete Maßnahme (Begründung, Durchführung oder Beendigung des Mietvertrages) erfolgen. Neben abstrakten Vorgaben z.B. in Form der wörtlichen Wiedergabe von § 19 Abs. 3 AGG kommen konkrete Verhaltensmuster in Betracht. Letzteres setzt regelmäßig **eigene Erfahrungen** voraus, deren Umsetzung sich im Rahmen von § 19 Abs. 3 AGG halten muss. 262

Beispiel:

Hat es z.B. in der Vergangenheit Störungen des Hausfriedens gegeben, weil sich türkische und kurdische Mieter bekämpft haben, wird es dem Vermieter gestattet sein, einen Türken als neuen Mieter abzuweisen, solange der Kurde noch im Hause lebt. Selbst wenn der andere Türke noch im Hause wohnt, erscheint es mit einem ausgewogenen sozialen Umfeld nicht zu vereinbaren, für die türkisch-stämmigen Mieter ein (personelles) Übergewicht herzustellen.

---

[1] BT-Drucks. 16/1780, S. 42.

263 Bei **allgemeinen Verhaltensmaßregeln**, Entscheidungskriterien o.Ä. wird man verlangen müssen, dass der **Vermieter** im Zweifel **nachweist**, dass diese Regeln vor der Befassung mit der Entscheidung bestanden haben. Dies kann etwa durch Protokollierung eines Beschlusses der Geschäftsführung oder eine generelle Handlungsanweisung an Mitarbeiter geschehen. Beides kann durch Urkunden, ggf. aber auch durch Zeugen nachgewiesen werden.

264 Fehlt es an auf eigener Erfahrung beruhenden Maßstäben, ist der Vermieter gehalten, eine unterschiedliche Behandlung **abstrakt sachlich** innerhalb der **Vorgaben des § 19 Abs. 3 AGG** zu rechtfertigen. Dazu ist es erforderlich, allgemeine Kriterien aufzustellen, an denen sich jede Maßnahme bei der Begründung und Abwicklung von Mietverträgen orientiert. Wenn überhaupt, sollte dieser Katalog ein Anforderungsprofil des Mieters bzw. seiner Behandlung während der Mietzeit enthalten und ansonsten sich auf die Wiedergabe des § 19 Abs. 3 AGG beschränken. Denn je konkreter Behandlungen im Hinblick auf die Ziele des § 1 AGG geregelt werden, umso eher ist das **Risiko einer Unvereinbarkeit** mit § 19 Abs. 3 AGG gegeben.

265 Selbst wenn jedoch eine abstrakte Ziel-Formulierung vorliegt, kann ausschlaggebend eine **konkrete Verfolgung der Ziele** des § 19 Abs. 3 für eine spezielle Maßnahme sein.

Beispiel:

Der Vermieter hat zur Umsetzung der Ziele des § 19 Abs. 3 AGG abstrakt festgelegt, dass jede Wohnung an einen Mieter anderer ethnischer Herkunft zu vermieten ist. Bei einer Vermietung steht eine Lebenspartnerschaft nach § 1 LpartG und ein orthodoxer amerikanischer Jude mit Ehefrau und Kindern zur Auswahl.

266 Hier ist zu unterscheiden: Geht es um die **Auswahl der Person** des Mieters (also bei der Begründung des Mietvertrages), können die maßgeblichen Entscheidungskriterien auch erst nachträglich, d.h. nach der Vorstellung der einzelnen Mietinteressenten gefasst werden. Dann müssen sie allerdings den Zielen entsprechen. Dort, wo es um die Umsetzung bestimmter Maßnahmen geht (z.B. Mieterhöhung, Fragen der Erweiterung oder Beschränkung der Nutzung etc.), müssen die Entscheidungskriterien im Rahmen von § 19 Abs. 3 AGG vor der Umsetzung gefasst sein. Damit bildet § 19 AGG also ein zusätzliches Abwägungsmoment bei jeder Entscheidung des Vermieters. Er muss sich fragen:

– Kann mein Vorhaben gegen die Ziele des § 1 AGG verstoßen?
– Wenn ja, gibt es wohnungspolitisch übergeordnete Ziele, die mein Handeln rechtfertigen können?

267 Wann die unterschiedliche Behandlung nun mit Blick auf die Schaffung und Erhaltung sozialstabiler Bewohnerstrukturen und ausgewogener Siedlungsstrukturen etc. gerechtfertigt ist, muss die Rechtsprechung im Einzelnen erarbeiten. Hier wird man sich nicht nur wegen der ähnlichen Formulierung an Art. 3 GG orientieren können. Nach der sog. **Willkürformel**

verbietet der Gleichheitssatz (dem Gesetzgeber), wesentlich Gleiches willkürlich ungleich und wesentlich Ungleiches willkürlich gleich zu behandeln[1]. Danach ist eine Ungleichbehandlung sachlich gerechtfertigt, wenn sich irgend ein **sachlicher Grund** für die Ungleichbehandlung finden lässt. Eine Verletzung des Art. 3 Abs. 1 GG ist nur dann gegeben, wenn ein solcher Differenzierungsgrund völlig fehlt oder evident unter keinem Gesichtspunkt geeignet ist, eine Ungleichbehandlung zu rechtfertigen.

Bezogen auf die hier einschlägigen Fälle der Ungleichbehandlung wegen Rasse, ethnischer Herkunft, Geschlechts-, Religions- oder Weltanschauung, Behinderung, Alters oder sexueller Identität kann es daher nicht allein auf die **Maßstäbe des konkreten Vermieters** ankommen. Vielmehr müssen diese Maßstäbe einerseits dem **Integrationsgebot** generell entsprechen und sich an allgemein gültigen Grundsätzen im Rahmen des § 19 Abs. 3 AGG orientieren.

Umgekehrt führt § 19 Abs. 3 AGG nicht zu einer **Bevorzugung** z.B. bestimmter ethnischer Gruppen.

268

Beispiel:
Allein weil bereits im Haus zwei türkische Mieter wohnen, kann weder der türkische Mietinteressent eine leere Wohnung für sich reklamieren noch der Südamerikaner mit dem Argument, bisher sei an einen Südamerikaner noch nicht vermietet.

Schließlich stellt sich die Frage, inwieweit die Zielsetzungen des Vermieters im Rahmen des § 19 Abs. 3 AGG durch die **Gerichte** überhaupt **überprüft** werden können. Kann die zuständige Behörde bei § 6 WoFG die Förderung noch dadurch steuern, dass sie den Vermieter verpflichtet, bestimmte Bewohnerstrukturen herzustellen (und/oder zu erhalten) und dabei wirtschaftliche, soziale und kulturelle Verhältnisse zu berücksichtigen, bestimmt hier der Vermieter allein diese Ziele und vor allem, wie er sie umsetzt.

269

Beispiel:
Dem Vermieter gehören in der Bahnhofstraße die Objekte Nr. 2, 4 und 6. Jedes Haus verfügt über 10 Wohnungen. Zur Vermeidung von Störungen wegen unterschiedlicher kultureller und sozialer Vorstellungen beschließt er, die Wohnungen im Haus Nr. 2 nur an Deutsche, im Haus Nr. 4 nur an moslemische und im Haus Nr. 6 nur an Mieter aus Osteuropa zu vermieten. Als eine Wohnung im Hause Nr. 2 frei wird, weist der Vermieter einen türkischen Bewerber mit der Begründung ab, in diesem Haus werde nur an Deutsche vermietet.

Hält man die Festlegung derartiger Vermietungskriterien für durch ein Gericht vollständig überprüfbar, wäre der Vermieter dem Risiko ausgesetzt, einen Verstoß gegen § 19 Abs. 1 AGG zu begehen, obwohl er „in guter Ab-

270

---
1 BVerfGE 1, 14; 49, 148.

sicht" gehandelt hat. Deshalb bleibt die **Prüfungskompetenz eines Gerichts** darauf beschränkt, ob die vom Vermieter für die Vermietung oder Abwicklung festgelegten Ziele innerhalb der Vorgaben des § 19 Abs. 3 AGG liegen und insgesamt mit den Anforderungen des AGG noch in Einklang zu bringen sind. Ob sie inhaltlich begründet sind oder im konkreten Fall ausschlaggebend sein durften, ist im Regelfall nicht zu untersuchen.

271 Auch wenn die **Ghettobildung** der Integration nicht förderlich ist, kann sie – wie im Beispiel – sinnvoll sein, wenn der Vermieter z.B. auf Grund nachteiliger **Erfahrungen** in der Vergangenheit zu dem Entschluss gekommen ist, innerhalb einer Einheit bzw. eines Objektes nur Mieter aus einem Kulturkreis unterzubringen. Dies kann z.B. darauf gestützt werden, dass sich in der Vergangenheit Mieter über andersartige Essensgerüche beschwerten oder das andere Verständnis von Ruhezeiten südländischer Bewohner beklagten.

bb) § 19 Abs. 5 AGG

(1) § 19 Abs. 5 S. 1 und 2 AGG

272 Danach scheidet eine Anwendbarkeit des allgemeinen Benachteiligungsverbotes aus, wenn durch das Schuldverhältnis ein besonderes **Nähe- oder Vertrauensverhältnis** der Parteien oder ihrer Angehörigen begründet wird. § 19 Abs. 5 S. 2 AGG stellt für Mietverhältnisse insoweit den Fall besonders heraus, dass die Parteien oder ihre Angehörigen Wohnraum auf demselben Grundstück nutzen. Mithin kommt der Person des Mieters insbesondere dann besondere Bedeutung zu, wenn Vermieter und Mieter auf dem **gleichen Grundstück** wohnen. Damit ist der Ausschluss des Benachteiligungsverbots nicht nur auf die Konstellation des Zweifamilienhauses oder des möblierten Zimmers innerhalb der Wohnung des Vermieters beschränkt, sondern im Prinzip auch auf größere Objekte anwendbar. Maßgeblich ist allein, dass der Vermieter auch auf dem Grundstück wohnt.

273 Fraglich ist in diesem Zusammenhang, ob der Begriff des „**Grundstücks**" technisch zu verstehen ist, also das katastermäßige Grundstück sein soll. Die Begründung des Gesetzentwurfs schweigt dazu. Hier wird lediglich hervorgehoben[1]:

„Wegen des besonderen Näheverhältnisses ist es hier insbesondere nicht zumutbar, dem Vermieter eine Vertragspartei aufzuzwingen."

274 Diese Begründung passt schon nicht auf den Fall, dass auf einem (katastermäßigen) Grundstück **zwei** oder mehrere (getrennte) **Häuser** stehen, von denen nur in einem der Vermieter wohnt. Hier muss nicht ohne weiteres zu dem Mieter in dem anderen Objekt ein besonderes Näheverhältnis aufgebaut werden. Möglicherweise ist das Grundstück vorne und hinten jeweils an eine Straße gebaut, sodass die Parteien sich noch nicht einmal (re-

---

[1] BT-Drucks. 16/1780, S. 43.

gelmäßig) begegnen müssen. Gleichwohl wird dieser Fall vom Wortlaut erfasst.

Andererseits sind aber auch Fälle denkbar, in denen der Vermieter zwar nicht auf dem gleichen Grundstück, dafür aber in einer Wirtschaftseinheit, die aus mehreren (katastermäßigen) Grundstücken besteht, mit dem Mieter wohnt. Auch hier sind Näheverhältnisse denkbar, insbesondere wenn zwar unterschiedliche Häuser bestehen, diese aber über gemeinsame Einrichtungen verfügen (z.B. Waschküche, Fahrradkeller, einheitliche Gartenanlage, Schwimmbad). 275

Der vom Gesetzgeber hervorgehobene Sinn und Zweck im Hinblick auf das Näheverhältnis erfordert es, den Begriff des Grundstücks nicht katastermäßig zu verstehen, sondern **wirtschaftlich**. Denn sind die baulichen Gegebenheiten so eingerichtet, dass der Vermieter zwangsläufig bei der täglichen Nutzung mit dem Mieter zusammentrifft bzw. zusammentreffen kann, ist auch im Rahmen einer Wirtschaftseinheit oder Wohnanlage ein Ausschluss des Benachteiligungsverbots anzunehmen. 276

Wer dieser Auffassung nicht folgt, kommt dort, wo Vermieter und Mieter dieselben Einrichtungen nutzen müssen, regelmäßig über die Anwendung des § 19 Abs. 5 S. 1 AGG zu dem gleichen Ergebnis. Ansonsten trägt der Vermieter eben die volle Beweislast und kann sich nicht auf die **widerlegliche Vermutung** des § 19 Abs. 5 S. 2 AGG berufen. 277

Ein besonderes **Vertrauensverhältnis** i.S.v. § 19 Abs. 5 S. 1 AGG kann auch durch eine besondere Stellung des Mieters begründet werden. Deshalb werden regelmäßig Mietverhältnisse über Werkdienstwohnungen von § 19 Abs. 5 S. 1 AGG erfasst. Hier bildet das Arbeitsverhältnis die Klammer. Jedenfalls wenn der Mieter eine besondere Stellung zum Vermieter einnimmt, liegen die Voraussetzungen vor. Dies ist der Fall, wenn der Mieter Aufgaben des Vermieters z.B. als **Hausmeister** wahrnimmt oder die Abrechnung des Münzautomaten für die Waschmaschine übernommen hat. Allein weil der Mieter im Rahmen der Leistungspflicht des Vermieters (z.B. bei der Hausreinigung) tätig wird, ist aber noch kein Vertrauensverhältnis gegeben. 278

Das Gleiche gilt, sofern **Angehörige** des Vermieters tangiert werden. Dieser Begriff erfasst Mitglieder des engeren Familienkreises, nämlich Eltern, Kinder, Ehe- und Lebenspartner und Geschwister[1]. Damit ist der Begriff im Wesentlichen identisch mit dem des Familienangehörigen i.S. von § 573 Abs. 2 Nr. 2 BGB. 279

Beispiel:
Der Vermieter vermietet eine Wohnung, damit dieser Mieter die im gleichen Hause lebende Mutter des Vermieters pflegen kann.

---

1 Vgl. BT-Drucks. 16/1780, S. 43.

(2) § 19 Abs. 5 S. 3 AGG

280 Für die Wohnraummiete stellt § 19 Abs. 5 S. 3 AGG klar, dass die Vermietung von Wohnraum zum nicht nur vorübergehenden Gebrauch in der Regel kein Geschäft im Sinne des § 19 Abs. 1 Nr. 1 AGG darstellt, wenn der Vermieter insgesamt nicht mehr als 50 Wohnungen vermietet. Diese Regelung geht auf den Einwand des Bundesrates zurück, der die private Vermietung vom Anwendungsbereich des Benachteiligungsverbots insgesamt ausschließen wollte[1]. Daraufhin haben sich die Koalitionsparteien auf diese Formulierung bzw. Einschränkung verständigt[2].

281 Soweit der **Vermieter** bei der Vermietung, der Durchführung oder Beendigung des Mietvertrages **selbst handelt**, kommt also eine Anwendung des allgemeinen Benachteiligungsverbots im Regelfall erst in Betracht, wenn er selbst Vermieter von mehr als 50 Wohnungen ist. Es ist mithin nicht maßgeblich, wie oft der Vermieter den Vorgang der Vermietung durchführt, sondern allein, bei wie vielen Wohnungen er die Entscheidung über eine Vermietung treffen könnte.

(a) Anzahl der Wohnungen

282 Der **Begriff der Wohnung** ist hier nicht formal nach den Anforderungen des Wohnungsgesetzes oder anderer öffentlich-rechtlicher Festlegungen zu bestimmen. Dies würde dem Zweck des Gesetzes nicht gerecht. Als Wohnungen werden vielmehr alle Räume erfasst, die der Vermieter der separaten (entgeltlichen) **Gebrauchsüberlassung** zum privaten Aufenthalt von Menschen durch Begründung eines schuldrechtlichen Vertrages **gewidmet** hat.

Beispiel:

V besitzt 4 alte Häuser, in denen sich je drei Fünf-Zimmer-Wohnungen befinden. Zur Ertragssteigerung vermietet er nicht die Wohnungen, sondern die einzelnen Zimmer mit dem Recht der gemeinschaftlichen Nutzung von Bad und Küche. Insgesamt bestehen daher 60 Mietverträge.

283 Bei der **Anzahl der Wohnungen** werden die Einheiten nicht berücksichtigt, die nur zum **vorübergehenden Gebrauch** vermietet werden. Der Begriff ist identisch mit dem in § 549 Abs. 2 Nr. 1 BGB. Es kommt also auf das von beiden Parteien gewünschte alsbaldige (feststehende) Ende des Vertrages aus einem sachlichen Grund an, der die Kurzfristigkeit rechtfertigt[3]. Die **Ferienwohnung** des Vermieters wird also nicht mitgezählt. Selbstverständlich auch nicht seine eigene Wohnung.

---

1 BT-Drucks. 16/1852, S. 2.
2 BT-Drucks. 16/2022, S. 9.
3 Vgl. *Blank* in Schmidt-Futterer, § 549 BGB Rz. 4.

(b) Vermieten

Die relevanten Wohnungen muss der Vermieter **vermieten**. Im Hinblick auf den Zweck des Gesetzes liegt diese Handlung vor, wenn der Vermieter bei einem kompletten Leerstand aller seiner Wohnungen mehr als 50 Vermietungen durchführen würde, was in der Regel entsprechende Abschlüsse von Mietverträgen voraussetzt. Deshalb ist bei einheitlichen Mietverträgen über mehrere Wohnungen die Zahl der davon erfassten Wohnungen relevant und nicht auf das einzelne Mietverhältnis abzustellen. 284

Da das Vermieten ein schuldrechtlicher Begriff ist, der durch § 535 BGB inhaltlich bestimmt wird, können Wohnungen, die infolge einer **dinglichen Verpflichtung** (z.B. infolge eines Wohnrechts) überlassen werden, nicht mitgezählt werden. 285

Obwohl die Vermietung die **entgeltliche Überlassung** von Sachen voraussetzt, können u.U. auch Wohnungen mitgezählt werden, die unentgeltlich überlassen werden. Dies gilt insbesondere, wenn eine atypische Gegenleistung (z.B. Hausmeisterdienst) erbracht wird. Im Übrigen muss darauf abgestellt werden, ob der Vermieter bei einem Leerstand eine Vermietung vornehmen würde. 286

Beispiel:
V überlässt seiner studierende Tochter eine Wohnung in seinem Mietshaus in Uninähe.

Bedenken, auch diese Wohnung zu erfassen, bestehen allenfalls wegen § 19 Abs. 5 S. 1 AGG, wonach Schuldverhältnisse dem Anwendungsbereich des allgemeinen Benachteiligungsverbots entzogen werden, durch die ein besonderes **Nähe- oder Vertrauensverhältnis** zum Eigentümer oder sonstigen Verfügungsberechtigten entsteht bzw. die Mietverhältnisse mit Angehörigen nicht sanktioniert werden sollen. Dieses Gebot erfordert eine Differenzierung: allein die Begründung eines besonderen Näheverhältnisses im Einzelfall rechtfertigt es nicht, die Wohnung bei der Ermittlung der notwendigen Anzahl nicht zu berücksichtigen. Vielmehr ist abstrakt darauf abzustellen, ob **bei einer unbestimmten Anzahl von Vermietungen jeweils ein Ausschluss des Benachteiligungsverbotes** gegeben wäre. Dies ist z.B. bei § 19 Abs. 5 S. 2 AGG (Wohnung des Vermieters und des Mieters liegen auf einem Grundstück) der Fall oder bei einer Wohnung, die z.B. dem Pflege- oder Hauspersonal des Vermieters nicht nur vorübergehend gewidmet ist. Allein die Überlassung von Wohnraum – entgeltlich oder unentgeltlich – an einen Angehörigen entzieht die Wohnung aber noch nicht der Anwendung des § 19 Abs. 1 AGG. 287

Auch wenn vorsätzlicher **Leerstand** nur im Geltungsbereich eines Zweckentfremdungsverbots unzulässig ist, kann sich ein Vermieter der Anwendung des Gesetzes nicht dadurch entziehen, dass er Wohnungen nicht vermietet. Voraussetzung ist allerdings, dass die Einheiten auch **geeignet** sind. Insoweit ist nicht darauf abzustellen, in welchem Zustand sich die Räume 288 befinden und in welchem Umfang ggf. Sanierungsbedarf besteht. Maßgeblich ist vielmehr, dass die Einrichtungen vorhanden sind, die für den privaten Aufenthalt von Menschen notwendig sind (Mindeststandard), und die Widmung als Wohnung. Letzteres wird sich nur anhand von Indizien ermitteln lassen.

Beispiel:
V besitzt u.a. ein zweistöckiges Haus. Das Dachgeschoss wurde vom Voreigentümer, der das Haus allein bewohnte, überwiegend als Wäschespeicher genutzt. In einem Raum war eine Mansarde eingerichtet, in der der Sohn wohnte. Neben der Mansarde befand sich ein Badezimmer. Nach dem Erwerb des V trennte er die zwei Etagen und vermietete sie als separate Wohnungen. Das Dachgeschoss ließ er unberührt. Er entfernte lediglich die Badezimmereinrichtung.
Hier zählt die ehemalige Mansarde nicht als Wohnung.

(c) Verwalter mit mehr als 50 Wohnungen

289 Insbesondere Eigentümer, die weniger als 50 Wohnungen besitzen, lassen häufig ihre Immobilien professionell verwalten. Unabhängig davon, in welcher Rechtsform der Verwalter handelt, ist er jedenfalls im Regelfall Unternehmer i.S.v. § 14 BGB. Denn er bietet seine Leistung (Verwaltung von Immobilien) planmäßig und dauerhaft gegen Entgelt an[1].

290 Hat dieser Verwalter mehr als 50 Wohnungen **im Bestand**, stellt sich die Frage, ob im Rahmen des § 19 Abs. 3 S. 5 AGG auf ihn oder den jeweiligen Eigentümer, der nach dem abzuschließenden Vertrag Vermieter werden soll, abzustellen ist. Gegen eine Einbeziehung des Verwalters spricht der Wortlaut des § 19 Abs. 3 S. 5 AGG, der nur von der **Person des Vermieters** spricht. Eine derartige Beschränkung würde jedoch dem Zweck, einen umfassenden Benachteiligungsschutz i.S.v. § 1 AGG zu schaffen, entgegenstehen und übersehen, dass im Rahmen von § 19 Abs. 5 S. 3 AGG auf die Handlung, nämlich **das Vermieten**, abgestellt wird. In der gegebenen Konstellation ist regelmäßig der Verwalter derjenige, der die Entscheidung über das Ob der Vermietung trifft und daher eine benachteiligende Handlung begehen kann. Dies gilt erst recht bei der Durchführung von Mietverträgen. Hier ist der Verwalter schon im eigenen Interesse (im Hinblick auf die regelmäßig bestehende Abhängigkeit seiner Vergütung zur Miethöhe) daran interessiert, entsprechende Maßnahmen durchzuführen.

Beispiel:
In einem Länderspiel hat die Türkei Deutschland besiegt. Hausverwalter H. hat sich darüber so geärgert, dass er am nächsten Tag sämtliche Mietverträge, die mit Türken abgeschlossen wurden, überprüft, um die Miete nach § 558 BGB anzuheben. Dort, wo der Mietspiegel eine solche Mieterhöhung hergibt, wird sie durchgeführt.

---

1 Vgl. dazu Palandt/*Heinrichs*, § 14 BGB Rz. 2.

Ein solches Verhalten wäre ein klarer Verstoß gegen § 19 Abs. 2 AGG und daher auch nicht zu rechtfertigen[1].

In der gegebenen Konstellation ist also der Verwalter überhaupt derjenige, der benachteiligen könnte. Dem Handeln eines **Vermietungsprofis**, für den die Verwaltung (= Begründung, Durchführung, Beendigung) von Mietverträgen über Wohnraum die tägliche Arbeit darstellt, kann jedoch rechtlich keine unterschiedliche Qualität beigemessen werden, nur weil der Vermieter selbst, der den Verwalter mit „allen" Vollmachten ausstattet, nicht die erforderliche Anzahl von Wohnungen besitzt. Auch für diesen Verwalter stellt die Begründung und Abwicklung des Mietvertrages eine typisierte Handlung dar. Wenn sich der Gesetzgeber für den Vermieter dazu an 50 Wohnungen orientiert, kann für den Verwalter nichts anderes gelten. 291

Vor diesem Hintergrund erscheint es gerechtfertigt, in den Fällen, in denen der Verwalter nicht nur das ausführende Organ, sondern auch der **Entscheidungsträger** über das Ob einer Maßnahme (z.B. Vermietung, Erhebung einer Forderung aus dem Mietvertrag) ist, nicht auf die formale Position des Vermieters abzustellen, sondern auf die Person des Entscheidungsträgers, wobei sich der Anspruch weiterhin gegen den (potenziellen) Vermieter richtet[2]. Wenn diese (maßgebliche) Person – statistisch gesehen – mehr als 50 Wohnungen vermietet, greift das Benachteiligungsverbot auch gegenüber einem Eigentümer mit weniger als 50 Wohnungen. 292

Für den Umfang der Verwaltung ist dabei auf den **Zeitpunkt der Benachteiligungshandlung** abzustellen. Insoweit steht dem Benachteiligten ein **Auskunftsanspruch** zu, und zwar unmittelbar gegen den Verwalter[3]. Denn der Anspruch nach § 21 Abs. 2 AGG richtet sich unmittelbar gegen den Benachteiligenden, in der vorliegenden Konstellation also den Verwalter. 293

Mit Rücksicht darauf muss sich der jeweilige Eigentümer, der im Hinblick auf die Anzahl seiner Wohnungen nicht von vornherein dem § 19 AGG unterfällt, **vor** einer **Inanspruchnahme schützen**. Dies kann dadurch geschehen, dass er sich die Entscheidungen, die im Rahmen der Begründung und Abwicklung von Mietverträgen zu treffen sind, nach dem Verwaltervertrag vorbehält. Dies ist zwar nicht immer praktikabel, verhindert aber die Erstreckung des allgemeinen Benachteiligungsverbots auf den Vermieter von weniger als 50 Wohnungen. 294

Andererseits kann der Vermieter natürlich auch dem Verwalter **bestimmte Anweisungen** erteilen, um eine Haftung im Ergebnis zu vermeiden. Verletzt der Verwalter z.B. die ausdrückliche Weisung, bei der Vermietung der Wohnungen das Allgemeine Gleichbehandlungsgesetz zu beachten, muss er sich dessen Verhalten im Außenverhältnis zwar zurechnen lassen. Im Innenverhältnis haftet der Verwalter aber auf **Freistellung**. 295

---

1 Vgl. § 20 Abs. 1 AGG.
2 LG Aachen v. 17.3.2009 – 8 O 449/07, WuM 2009, 341.
3 A.A. LG Aachen v. 17.3.2009 – 8 O 449/07, WuM 2009, 341.

(d) Zwangsverwalter

296 Auch die Person des Zwangsverwalters unterliegt § 19 Abs. 1 AGG, soweit er mehr als 50 Wohnungen verwaltet. Denn gemäß § 152 Abs. 2 ZVG tritt der Zwangsverwalter in bestehende Mietverträge ein[1]. Im Übrigen begründet er als **Partei kraft Amtes** neue Mietverhältnisse. Ob er mehr als 50 Einheiten für einen Schuldner (Eigentümer/früheren Vermieter) verwaltet oder sich die erforderliche Anzahl erst aus der Summe der seiner Tätigkeit unterfallenden Einheiten ergibt, ist dabei aus den gleichen Gründen unerheblich, wie in der Situation, dass der Eigentümer auf Grund einer Geschäftsbesorgung seine Immobilien verwalten lässt. Denn der Gesetzgeber hat bei dieser Anzahl die Schwelle zum typisierten Verhalten bei der Wohnraummiete gesehen. Wenn der Zwangsverwalter aber kraft Gesetzes an die Stelle des Vermieters tritt, richtet sich das Benachteiligungsverbot an ihn.

297 Der Zweck rechtfertigt es sogar, die **berufliche und private Tätigkeit** des Zwangsverwalters als **Einheit** anzusehen. Hat er also im Privatvermögen 20 Wohnungen und betreut als Zwangsverwalter mehr als 30, sind die Voraussetzungen des § 19 Abs. 5 S. 3 AGG gegeben.

298 Fraglich ist dann jedoch, ob z.B. der einzelne Vermieter, der mehr als 50 Wohnungen vermietet, aus dem Anwendungsbereich des § 19 Abs. 1 AGG **herausfällt**, wenn er durch eine Zwangsverwaltung unter die erforderliche Anzahl zurückfällt.

Beispiel:

Der Vermieter besitzt 51 Wohnungen. Wegen 2 Wohnungen wird die Zwangsverwaltung angeordnet.

299 Auch wenn der Vermieter ab der Beschlagnahme nach § 148 Abs. 2 ZVG das Recht der Verwaltung verliert und der Zwangsverwalter gemäß § 152 Abs. 2 ZVG als Vermieter gilt, unterfällt dieser Eigentümer grundsätzlich dem § 19 Abs. 1 AGG. Denn immerhin besteht die Aussicht, dass er auch hinsichtlich der beschlagnahmten Wohnungen wieder Vermieter wird. Deshalb wirkt die Anordnung der Zwangsverwaltung in diesem Zusammenhang rein zufällig.

(e) Andere Konstellationen

300 Weitere Analogien „zu Lasten der Vermieter von Wohnraum" erscheinen nicht gerechtfertigt. Zwar spricht allein der zeitliche Ablauf des Gesetzgebungsverfahrens[2] dafür, dass die Formulierungen nicht eingehend diskutiert und abgewogen wurden. Dies allein begründet jedoch noch keine Ausnahme. Insbesondere kann der Sondereigentümer, der in einer Wohnanlage mit mehr als 50 Wohnungen seine 5 Einheiten von dem **WEG-Ver-**

---

[1] Vgl. z.B. BGH, WuM 2005, 460 m.w.N.
[2] 1. Lesung: 20.6.2006; 2. und 3. Lesung: 29.6.2006; Zustimmung des Bundesrates: 7.7.2006.

walter verwalten lässt, nicht wie der Vermieter behandelt werden, der seine Immobilien einem Wohnungsverwalter mit mehr als 50 Wohnungen anvertraut. Denn der WEG-Verwalter ist zunächst einmal kein professioneller Vermieter. Erst wenn er gleichzeitig für alle Eigentümer die Sondereigentumsverwaltung durchführt, ist eine dem § 19 Abs. 5 S. 3 AGG vergleichbare Konstellation gegeben.

Grundsätzlich hat das Gesetz auch einen **Wechsel in der Verfügungsberechtigung** zu respektieren. 301

Beispiel:

V hat über 50 Wohnungen in mehreren Mehrfamilienhäusern. Im Wege der vorweggenommenen Erbfolge überträgt er zwei Objekte an seine beiden Kinder, so dass sein Wohnungsbestand unter 50 fällt.

Dies gilt grundsätzlich selbst dann, wenn der Wechsel allein deshalb erfolgte, um nicht mehr dem Anwendungsbereich des AGG zu unterliegen. 302

Beispiel:

Nach Inkrafttreten des AGG überträgt V die Hälfte seines Wohnungsbestandes auf seine Ehefrau, so dass beide über 30 Wohnungen verfügen.

Denkbar sind schließlich **Missbrauchsfälle**. 303

Beispiel:

V ist Eigentümer von über 50 Wohnungen. Seit dem Inkrafttreten des AGG tritt seine Ehefrau bei Neuvermietungen als Vermieterin auf, so dass die Anzahl der von ihm vermieteten Wohnungen binnen kurzer Zeit unter 50 fällt.

Hier wird sich eine generelle Lösung nicht finden lassen. Immerhin sind auch Konstellationen denkbar, die die „plötzliche" Änderung rechtfertigen können. Denkbar sind etwa eine Unterhaltsregelung oder steuerliche Überlegungen. Andererseits schließt § 19 Abs. 5 S. 3 AGG das allgemeine Benachteiligungsverbot nur im Regelfall aus, so dass immer noch, insbesondere bei weniger als 50 Wohnungen, eine Ausnahme begründet werden kann. Dies muss aber im Einzelfall entschieden werden. 304

(f) Rechtsfolge

§ 19 Abs. 5 S. 3 AGG regelt nur das Prinzip in der Gestalt einer **widerleglichen Vermutung**. Deshalb kommt grundsätzlich eine Anwendung des § 19 Abs. 1 Nr. 1 AGG sowohl auf den Vermieter mit mehr als auch mit weniger als 50 Wohnungen in Betracht. 305

Ob eine **Ausnahme** gerechtfertigt ist, ist im Einzelfall zu prüfen. Insoweit trifft den Benachteiligten die **Darlegungs- und Beweislast**, wenn er die Anwendung des § 19 Abs. 1 AGG auf einen Vermieter mit weniger als 306

50 Wohnungen begründen will. Im umgekehrten Fall ist der (Groß-) Vermieter belastet. Soweit der Benachteiligte eine Abweichung von § 19 Abs. 5 S. 3 AGG begründen will, hilft ihm die Beweislastregel nach § 22 AGG nicht. Die dort geregelte Beweiserleichterung gilt aber nur für die Benachteiligung. Hier aber geht es um die Widerlegung einer gesetzlichen Vermutung im Rahmen des Tatbestandes des § 19 Abs. 1 AGG.

307 **Voraussetzung** ist zunächst, dass der Vermieter im Übrigen so organisiert ist, dass schon der äußere Anschein dafür spricht, dass die „Ware Wohnung" bei der Abwicklung im Vordergrund steht. Dies erfordert zumindest eine **eingerichtete Organisation**, die nach (von ihr selbst) festgelegten Standards abgewickelt wird und professionell nach außen auftritt. Indizien dafür können die Anzahl der Mitarbeiter, die verwendeten Vertragsmuster, die Art der Werbung um Mietinteressenten, der Umfang von EDV-Einsatz etc. sein.

308 Auch wenn die Vermietung im konkreten Fall diesen Anforderungen entspricht, ist zunächst von dem Grundsatz auszugehen, dass der Vermieter mehr als 50 Wohnungen zu vermieten haben muss. Zwar ist § 19 Abs. 3 S. 5 AGG als Regel-/Ausnahmevorschrift konzipiert. Demnach bedeutet die Vorgabe „mehr als 50 Wohnungen" keine absolute Grenze. Im Hinblick auf die Forderung des Bundesrates, die private Vermietung völlig aus dem Anwendungsbereich des § 19 Abs. 1 AGG herauszunehmen, sind aber nur enge Grenzen für Ausnahmen zuzulassen. Denkbar ist z.B. der Fall, dass der Vermieter „fast" 50 Wohnungen besitzt und einige Gewerbeeinheiten, sodass er insgesamt auf erheblich mehr als 50 Einheiten kommt. Allerdings steht zunächst die Anzahl der Wohnungen, die nicht nur zum vorübergehenden Gebrauch vermietet werden, im Vordergrund. Im Hinblick auf die Entscheidung des Gesetzgebers und die Entstehungsgeschichte wird eine Ausnahme trotz des mit § 305 Abs. 1 BGB gleichen Wortlauts nicht unter 40 Wohnungen zu begründen sein. Abgesehen davon wird der Vermieter bei den (wenigen) Gewerbeeinheiten gerade auf die Person des Mieters Wert legen. Mangels Typisierung der Vermietung ist es daher nicht gerechtfertigt, diese Einheiten ohne weiteres hinzuzurechnen.

309 Ähnliche, also typisierte Vermietungen erscheinen möglich, wenn der Vermieter zwar nicht über die erforderliche Zahl von Wohnungen, aber über eine erhebliche Anzahl von **Garagen** verfügt. Hier ist insbesondere die Situation denkbar, dass Wohnung und Garage **einheitlich vermietet** werden, sodass nach den Grundsätzen des einheitlichen Mietvertrages sich auch die Garagenmiete nach den Regelungen über die Wohnraummiete richtet.

310 Ob die Voraussetzungen vorliegen, hat im Zweifel der Vermieter (als Begünstigter) zu **beweisen**. Dem Mieter steht nach allgemeinen Gesichtspunkten ein **Auskunftsanspruch** zu.

d) Allgemeine Rechtfertigung

aa) Positive Maßnahmen

Nach § 5 AGG ist eine unterschiedliche Behandlung zulässig, wenn durch geeignete und angemessene Maßnahmen bestehende Nachteile wegen eines in § 1 AGG genannten Grundes verhindert oder ausgeglichen werden sollen. Hierdurch soll die Möglichkeit eröffnet werden, Personengruppen wegen eines in § 1 AGG genannten Merkmals zu **fördern**, obwohl dadurch eine Benachteiligung einer anderen Gruppe entsteht. 311

Beispiel:
V errichtet ein Gebäude mit behindertengerechten Wohnungen und vermietet nur an Rentner und Pensionäre.

Im Beispiel findet eine Bevorzugung wegen des Alters statt, und zwar durch eine positive Maßnahme (= Vermietung). Gleichzeitig werden alle anderen Altersklassen benachteiligt. Die Vorschrift setzt zunächst einen **bestehenden Nachteil** voraus. Dieser Nachteil kann tatsächlicher, aber auch struktureller Art sein[1]. Dieser Nachteil soll verhindert oder ausgeglichen werden. Da ein bestehender Nachteil nicht verhindert werden kann, ist die Vorschrift so zu lesen, dass ein bestehender Nachteil ausgeglichen und zukünftige Nachteile verhindert werden sollen. 312

Das **Ausgleichen** von Nachteilen setzt zwingend voraus, dass in der gegebenen Situation eine andere Gruppe i.S.d. § 1 AGG Vorteile genießt. Im Beispiel wäre dies etwa die Gruppe der jungen und unbehinderten Menschen, für die ein ausreichendes Wohnungsangebot besteht. 313

Die (positive) Maßnahme muss zu einer **Angleichung der** tatsächlichen oder strukturellen **Verhältnisse** dienen. Dazu wird ein objektiver Maßstab im Hinblick auf die Geeignetheit und Angemessenheit angelegt[2]. Dies erfordert im konkreten Fall eine Abwägung mit Rechtspositionen der von den Maßnahmen negativ Betroffenen. Das schließt nach der Rechtsprechung des Europäischen Gerichtshofes einen absoluten Vorrang der zu fördernden Gruppe aus[3]. 314

Trotz des objektiven Maßstabes muss bei der **Nachprüfung durch ein Gericht** auch ein gewisser Beurteilungsspielraum des Handelnden berücksichtigt werden[4]. 315

bb) Rechtfertigung nach § 20 AGG

§ 20 AGG regelt einen allgemeinen Rechtfertigungstatbestand, dessen Voraussetzungen der „Anbieter" **darlegen und beweisen** muss. Bei einer **mit-** 316

---

1 BT-Drucks. 16/1780, S. 34.
2 BT-Drucks. 16/1780, S. 34.
3 EuGH Rs. C-450/93 v. 17.10.1995 – Kalanke.
4 *Worzalla*, S. 74.

telbaren Benachteiligung (§ 3 Abs. 2 AGG) sind Fragen der zulässigen Ungleichbehandlung bereits auf Tatbestandsebene zu bewerten. Die unterschiedliche Beweislast kann hier aber das Ergebnis bestimmen.

317 Dabei nimmt bereits der Text des § 20 Abs. 1 AGG die Benachteiligungen des § 19 Abs. 2 AGG (wegen **Rasse oder ethnischer Herkunft**) von einer Rechtfertigung aus. Dies beruht darauf, dass § 19 Abs. 2 AGG der Umsetzung der Antirassismusrichtlinie 2000/43/EG dient und diese Richtlinie Rechtfertigungsgründe nicht vorsieht.

318 § 20 Abs. 1 S. 1 AGG enthält den Grundsatz, dass Unterscheidungen zulässig sind, für die ein **sachlicher Grund** vorliegt. Inhaltlich ergeben sich insoweit keine Unterschiede zum sachlichen Grund auf der Tatbestandsebene bei der mittelbaren Benachteiligung (vgl. *Rz. 188 ff.*).

319 Ihre Grundlage findet die Vorschrift in der Richtlinie 2004/113/EG. Hier wird bereits in Erwägungsgrund 17 ausdrücklich hervorgehoben, dass der Zugang zu Gütern und Dienstleistungen **geschlechterspezifisch** unterschiedlich geregelt werden kann. Es ist also gerechtfertigt, Waren und Dienstleistungen geschlechtsspezifisch anzubieten, sofern dies sachlichen Kriterien Rechnung trägt. Dies ist z.B. bei der Einrichtung von Frauenhäusern der Fall.

320 Als Orientierung sieht § 20 Abs. 1 AGG vier Regelbeispiele vor.

(1) § 20 Abs. 1 Nr. 1 AGG

321 Der Zweck dieser Vorschrift besteht vor allem darin, bei Massengeschäften die Beachtung der **Verkehrssicherungspflichten** durchzusetzen. Wer an einer körperlichen Behinderung leidet, kann z.B. u.U. in einem Freizeitpark nicht jedes Fahrgerät führen bzw. benutzen, ohne dass ihm nicht ggf. eine Begleitperson beisteht.

322 Dabei müssen die Maßnahmen, also insbesondere die unterschiedliche Behandlung, dem **Verhältnismäßigkeitsgrundsatz** entsprechen. Hierzu soll allerdings dem Anbieter ein gewisser Spielraum zur Verfügung stehen[1]. Dies ergibt sich bereits aus dem Prognosecharakter der Gefahrenverhütung. Erst recht fallen hierunter natürlich **Altersbeschränkungen**.

(2) § 20 Abs. 1 Nr. 2 AGG

323 Hier kommen insbesondere geschlechterspezifische Unterscheidungen in Betracht (z.B. **Frauenparkplätze**), die sozial erwünscht und gesellschaftlich akzeptiert sind. Demgegenüber kommt eine pauschale Angst „vor dem Islam" oder „den Juden" nicht in Betracht.

---

1 BT-Drucks. 16/1780, S. 43.

(3) § 20 Abs. 1 Nr. 3 AGG

Dieser Rechtfertigungsgrund soll die gezielte Ansprache von Kundenkreisen, die der Anbieter anlocken möchte, ermöglichen (z.B. Schülerticket). Für das Mietrecht können hier insbesondere **Jugend- und Studentenwohnheime** den Tatbestand erfüllen.

324

(4) § 20 Abs. 1 Nr. 4 AGG

Dieser Rechtfertigungsgrund knüpft an die **Religion oder Weltanschauung** an und ist damit Ausdruck der Religionsfreiheit. Im Bereich des Mietrechts spielen diese Religionsgemeinschaften ebenfalls eine Rolle. Die **Kirchen** und ihre Einrichtungen verfügen über erheblichen Grundbesitz, den sie vermieten. Hier muss es vorbehalten sein, Mietverträge nur mit Personen abzuschließen, die der jeweiligen Religionsgemeinschaft anhängen und/ oder ihr Leben an deren Grundsätzen orientieren.

325

Denn hier sind nicht nur die Religions- oder Weltanschauungsgemeinschaften selbst erfasst, sondern auch die ihnen zugeordneten **Einrichtungen** ohne Rücksicht auf ihre Rechtsform, wenn sie der Religions- oder Weltanschauungsgemeinschaft nach deren Selbstverständnis ihrem Zweck und ihrer Aufgabe entsprechend berufen sind, ein Stück des Auftrags der Religions- oder Weltanschauungsgemeinschaft wahrzunehmen und zu erfüllen[1]. Nimmt z.B. eine der Kirche zugeordnete Einrichtung am privaten Rechtsverkehr teil, wäre hier zunächst zu fragen, ob die in Rede stehende Tätigkeit zu ihren eigenen Angelegenheiten gehört oder nicht. Dabei ist das dem Tun zugrunde liegende Selbstverständnis der Kirche oder Weltanschauungsgemeinschaft entscheidend. Ist das Rechtsgeschäft karitativer Natur, so liegt die Bejahung der eigenen Angelegenheiten nahe. Ist von einer eigenen Angelegenheit auszugehen, so ist das kirchliche Selbstbestimmungsrecht zwar nur in den Schranken der für alle geltenden Gesetze gewährleistet. Darunter fallen aber nur die Gesetze, die für die jeweilige Religions- oder Weltanschauungsgemeinschaft dieselbe Bedeutung haben wie für jedermann[2].

326

6. Rechtsfolgen

§ 21 AGG regelt die Ansprüche, die sich aus einem Verstoß gegen das zivilrechtliche Benachteiligungsverbot ergeben. Diese Ansprüche sind durch Art. 15 der Antirassismusrichtlinie 2000/43/EG[3] und Art. 14 der Gleichbehandlungsrichtlinie 2004/113/EG vorgegeben[4].

327

---

1 BVerfGE 70, 138, 162; 57, 220, 242; 53, 366, 391; 46, 73, 85.
2 BVerfGE 66, 1, 20.
3 Abl. EU Nr. L 180 S. 26.
4 Abl. EU Nr. L 373 S. 42.

a) Beseitigung und Unterlassung

328 Der Beseitigungsanspruch nach § 21 Abs. 1 S. 1 AGG verlangt einen objektiven Verstoß gegen das Benachteiligungsverbot und geht damit nicht über die allgemeinen Grundsätze, die zu § 1004 BGB entwickelt wurden, hinaus[1].

329 Liegt eine **Wiederholungsgefahr** vor, kann nach § 21 Abs. 1 S. 2 AGG **Unterlassung** begehrt werden. Auch hier muss eine bevorstehende Benachteiligung konkret drohen. Befürchtungen reichen nicht.

b) Schadensersatz

330 § 21 Abs. 2 AGG regelt die Verpflichtung des Benachteiligenden, bei einem Verstoß den **Vermögensschaden** zu ersetzen bzw. eine angemessene **Entschädigung** für die Beeinträchtigung zu leisten, die nicht Vermögensschaden ist.

S. 1 und S. 2 entsprechen strukturell § 280 Abs. 1 S. 1 und 2 BGB. Dabei wird in S. 1 der Grundsatz festgelegt, wonach jede schuldhafte Benachteiligung die Verpflichtung zum Ersatz des hierdurch verursachten Vermögensschadens herbeiführt. Hier kommt insbesondere **entgangener Gewinn** in Betracht.

Beispiel:

Der wegen seiner ethnischen Herkunft abgelehnte Mietinteressent kann sein geplantes Gewerbe erst einige Monate später an einem anderen Ort eröffnen.

331 Steht die Benachteiligung fest[2], trägt nach § 21 Abs. 2 S. 2 AGG die andere Partei die Beweislast dafür, dass sie die Benachteiligung nicht zu vertreten hat. Dieser **Entlastungsbeweis** wird bei der unmittelbaren Benachteiligung i.S.v. § 3 Abs. 1 AGG kaum relevant sein. Denn hier kommt in der Regel vorsätzliches Handeln in Betracht. Bei der mittelbaren Benachteiligung i.S.v. § 3 Abs. 2 AGG kommt es darauf an, ob die Benachteiligung auch bei der gebotenen Sorgfalt für die handelnde Person erkennbar war, weil sie z.B. die Maßnahme für neutral hielt.

332 S. 3 ergänzt § 253 Abs. 1 BGB und regelt den Ersatz **immaterieller Schäden**. Hierfür kann eine angemessene Entschädigung in Geld verlangt werden. Für die **Geldentschädigung**, die die Rechtsprechung bei Verletzungen des allgemeinen Persönlichkeitsrechts aus dem Schutzauftrag der Art. 1 und 2 GG gewährt[3], steht der Gesichtspunkt der Genugtuung regelmäßig im Vordergrund[4]. Daran ist in erster Linie die Bemessung der Geldentschädigung nach Abs. 2 S. 1 und 3 auszurichten.

---

1 Vgl. dazu: Palandt/*Bassenge*, § 1004 BGB Rz. 5 f.
2 Vgl. hierzu die Beweiserleichterung nach § 22 AGG.
3 BGHZ 35, 363, 367; 39, 124, 130; 128, 1, 15.
4 BGH, NJW 1996, 984, 985 (Caroline von Monaco).

Angemessen ist die Entschädigung daher, wenn sie dem Benachteiligten Genugtuung für die durch die Benachteiligung zugefügte Herabsetzung oder Zurücksetzung verschaffen kann. Da sich der Entschädigungsanspruch an den Grundsätzen für die Geldentschädigung bei der Verletzung des allgemeinen Persönlichkeitsrechts orientieren soll, ist zu berücksichtigen, dass nur **schwerwiegende** und anderweitig nicht auszugleichende Persönlichkeitsrechtsverletzungen kompensiert und für die Bemessung der Entschädigungshöhe die Intensität der Persönlichkeitsrechtsverletzung erheblich ist[1]. Damit geht die Entschädigung ggf. über einen symbolischen Schadensersatz hinaus. Die Richtlinie verlangt jedenfalls eine wirksame, verhältnismäßige und abschreckende Sanktion[2]. 333

c) Verhältnis zu § 823 BGB und anderen Anspruchsgrundlagen

§ 21 Abs. 3 AGG stellt klar, dass Ansprüche aus unerlaubter Handlung unberührt bleiben. Hier kann es zu **Anspruchskonkurrenzen** kommen, insbesondere wenn in der Benachteiligung zugleich eine Beleidigung i.S.v. § 185 StGB liegt. Dadurch können Ansprüche aus § 823 Abs. 2 BGB ausgelöst werden. Für die gelten dann allerdings in der Regel nicht die Vorteile des AGG, also insbesondere die Beweislastverteilung nach § 22 AGG[3]. 334

Auch vorvertragliche und vertragliche Ansprüche werden durch § 22 AGG nicht ausgeschlossen. Denkbar ist hier z.B. ein Anspruch wegen Verschuldens bei Vertragsschluss aus §§ 311 Abs. 2, 241 Abs. 2 BGB. Denn das allgemeine Rücksichtnahmegebot wird durch § 19 AGG inhaltlich konkretisiert, sodass auch eine Nebenpflichtverletzung vorliegt, wenn das Benachteiligungsverbot verletzt wurde. Ebenso denkbar sind Ansprüche aus § 280 BGB. 335

d) Ausschlussfrist

Für die Geltendmachung der Ansprüche nach § 21 Abs. 1 und 2 legt § 21 Abs. 5 AGG eine Frist von **zwei Monaten** fest. Nach Ablauf der Frist kann der Benachteiligte Ansprüche nur noch geltend machen, wenn er ohne Verschulden an der Einhaltung der Frist gehindert war. 336

Für den Fristbeginn wird nicht auf die Kenntnis abgestellt, wie etwa bei § 199 BGB. Dies ist aber auch in der Regel nicht erforderlich, da der Benachteiligte die Benachteiligung ja selbst erfährt. Die Ausschlussfrist erfasst nicht nur die allein auf § 21 AGG gestützten Klagen, sondern auch alle damit konkurrierenden Ansprüche, insbesondere aus § 823 BGB oder Vertrag. Unberührt bleiben in dem Zusammenhang allein zusätzliche Auswirkungen der Benachteiligung, also insbesondere eine Beleidigung im Hinblick auf Ansprüche nach § 823 Abs. 2 BGB i.V.m. § 185 StGB. 337

---

1 BGH, NJW 1996, 984, 985; Palandt/*Sprau*, BGB, § 823 Rz. 124.
2 Vgl. Abl. EU Nr. L 180 S. 26.
3 Vgl. dazu LG Aachen v. 17.3.2009 – 8 O 449/07, WuM 2009, 341.

338 Der Fristablauf kann nicht **geheilt** werden. Es handelt sich um eine materielle Frist, auf die die Grundsätze über die Wiedereinsetzung in den vorigen Stand nicht anwendbar sind. Nach § 21 Abs. 5 S. 2 AGG kommt eine Geltendmachung nach Ablauf der Frist nur in Betracht, wenn der Benachteiligte ohne Verschulden an der Einhaltung der Frist gehindert war. Hier ist in erster Linie an den Fall zu denken, dass der Mieter (oder Mietinteressent) die Ausschlussfrist des § 21 Abs. 5 S. 1 AGG nicht kannte. Immerhin hat der BGH – zwar im Zusammenhang mit § 814 BGB – es für möglich gehalten, dass Mieter gesetzliche Fristen nicht kennen[1]. Nach den allgemeinen Grundsätzen muss der Mieter vortragen und beweisen, dass die Voraussetzungen für den Ausnahmetatbestand vorliegen.

e) Beweislast

339 § 22 AGG regelt die Grundsätze der Beweislast in den Fällen der unterschiedlichen Behandlung. Die Vorschrift ist § 611a Abs. 1 S. 3 BGB nachgebildet und soll die **Vorgaben der Beweislastrichtlinie** 97/80/EG des Rates vom 15.12.1997[2] erfüllen. Dies ist aber **zweifelhaft**, weil die EG-Richtlinie zu Gunsten des Benachteiligten die Glaubhaftmachung ausreichen lässt. Der ursprüngliche Gesetzestext beschränkte sich daher auch auf diese Anforderung[3]. Erst nach der Einwendung des Bundesrates[4] wurde der Text geändert, weil der Bundesrat eine Verwechslung mit dem Begriff des § 294 ZPO befürchtete, was bei der Anwendung des § 611a BGB bereits diskutiert wurde[5]. Da auch nach bisherigem – richtigen – Verständnis des EU-Rechts durch die Verwendung des Wortes Glaubhaftmachung keine Herabsetzung des Beweismaßes erfolgen sollte, liegt in der Änderung der Wortwahl nur eine wünschenswerte Klarstellung, die einen Verstoß gegen EU-Recht nicht begründet.

340 Aber auch im Übrigen steht die **Beweislastverteilung** mit dem EU-Recht in Einklang. Zwar trägt auch nach den Grundsätzen des europäischen Rechts grundsätzlich derjenige die Beweislast für die anspruchsbegründenden Tatsachen, der sich auf eine Benachteiligung beruft. Wenn er aber dem **ersten Anschein** nach diskriminiert wurde und auf Grund der spezifischen Situation kein wirksames Mittel hätte, um seine Rechte durchzusetzen, kehrt sich die Beweislast um[6]. Nach deutschem Recht entspricht dies in etwa der Verteilung der **Beweislast nach Risikobereichen**[7]. Deshalb muss ein Kläger zunächst nach den allgemeinen Grundsätzen den vollständigen Beweis dafür führen, dass er gegenüber einer anderen Person ungünstig behandelt worden ist. Ergänzend muss er Indiztatsachen vortragen, aus denen

---

[1] BGH, WuM 2006, 150 = ZMR 2006, 268.
[2] ABl. EG Nr. L 14 S. 6.
[3] BT-Drucks. 16/1780, S. 11.
[4] BT-Drucks. 16/1852, S. 2.
[5] BAG, NJW 2004, 2112.
[6] Vgl. auch EuGH Rs. C-127/92 v. 27.10.1993 – Enderby.
[7] Vgl. dazu: BGH, WuM 2005, 54 = NZM 2005, 17 = MietRB 2005, 95; BGH, WuM 2005, 57 = NZM 2005, 100.

sich schließen lässt, dass diese unterschiedliche Behandlung auf einem nach § 1 AGG unzulässigen Grund beruht. Im Hinblick auf § 138 ZPO sind Erklärungen ins Blaue hinein insoweit unzulässig. Andererseits soll allerdings auch zu berücksichtigen sein, welche Informationen einer Prozesspartei überhaupt zugänglich sind. Ein tatsächlicher Anhaltspunkt kann sich z.B. aus einer geschlechtsneutralen Stellenausschreibung ergeben (vgl. dazu: § 11 AGG).

Auch die Ergebnisse von **Statistiken** oder sog. **Testing-Verfahren** können im Rahmen der richterlichen Würdigung des Sachverhaltes einen tatsächlichen Anhaltspunkt darstellen. Bei Testing-Verfahren wird z.B. eine Vergleichsperson eingesetzt, um zu überprüfen, ob ein Verhalten gegenüber einer Person, bei der eines der in § 1 genannten Merkmale vorliegt, gleichermaßen auch gegenüber der Vergleichsperson, bei der dies nicht der Fall ist, erfolgt. Der Beklagte hat dazu gemäß § 138 ZPO konkret Stellung zu nehmen. 341

Soweit einzelne **Tatsachen nicht** – ausreichend – **bestritten** werden, kommt es auf Beweisfragen nicht an. Bleiben **Indiztatsachen streitig**, hat der Kläger sie mit den in der Zivilprozessordnung vorgesehenen Beweismitteln nachzuweisen. Die Anforderungen an das Beweismaß werden dabei jedoch abgesenkt. Es genügt, wenn das Gericht ihr Vorliegen für überwiegend wahrscheinlich hält[1]. Stehen dem Kläger dabei keine anderen Beweismittel, insbesondere Zeugen zur Verfügung, hat das Gericht alle zulässigen Möglichkeiten der Anhörung (§ 141 ZPO) und Vernehmung (§ 448 ZPO) des Klägers auszunutzen[2]. Ist danach eine unzulässige Motivation der unterschiedlichen Behandlung zu **vermuten**, trägt der Beklagte die volle Beweislast dafür, dass doch kein Verstoß gegen das Benachteiligungsverbot vorliegt. Das betrifft vor allem das Vorliegen rechtfertigender Gründe. Im Falle einer Belästigung oder sexuellen Belästigung kommt regelmäßig keine Rechtfertigung in Betracht. Ein nachträglich vorgebrachter Grund ist nur dann geeignet, die unterschiedliche Behandlung zu rechtfertigen, wenn besondere Umstände erkennen lassen, dass dieser Grund nicht nur vorgeschoben ist[3]. 342

f) Relative Unwirksamkeit

Die Rechtsfolge wird durch § 21 Abs. 4 AGG bestimmt. Danach kann sich der Benachteiligende nicht auf eine Vereinbarung berufen, die von dem Benachteiligungsverbot abweicht. 343

7. Antidiskriminierungsverbände

Benachteiligte können sich durch derartige Verbände unterstützen lassen, wenn diese 344

---

1 Vgl. zu § 611a Abs. 1 S. 3 BGB: BAG, NJW 2004, 2112.
2 BAG, AP zu § 286 ZPO Nr. 33; BGH, NJW 1999, 363.
3 BVerfG v. 16.11.1993 – 1 BvR 298/86, n.v.

– nicht gewerbsmäßig und nicht nur vorübergehend entsprechend ihrer Satzung die besonderen Interessen von benachteiligten Personen oder Personengruppen nach Maßgabe von § 1 AGG wahrnehmen

und

– mindestens 75 Mitglieder haben oder aus mindestens 7 Verbänden bestehen.

345 Die Tatbestandsmerkmale „nicht gewerbsmäßig" und „nicht nur vorübergehend" sollen im gleichen Sinne wie bei § 4 Abs. 2 UKlaG zu verstehen sein[1]. Darunter fallen Verbände, die **dauerhaft und sachgerecht** die Interessen bestimmter Gruppen, die benachteiligt werden können, wahrnehmen. Sie dürfen allerdings **nicht gewerbsmäßig** handeln. Demnach darf ihre Tätigkeit nicht darauf gerichtet sein, z.B. durch Aufklärung und/oder Beratung dauerhaft Einnahmen zu erzielen[2], wobei auch die Tätigkeit im Rahmen des § 23 AGG zu berücksichtigen ist. Finanziert sich der Verein also im Wesentlichen aus Tätigkeiten im Rahmen des § 23 AGG, erfüllt er nicht die Voraussetzungen der Legaldefinition des § 23 Abs. 1 AGG.

346 Anders als bei § 4 UKlaG wurde hier kein allgemeines bzw. zentrales **Anerkennungsverfahren** geregelt. Im Hinblick auf die Heterogenität der in Betracht kommenden Verbände wurde dies nicht für zweckmäßig angesehen[3]. Demnach wird bei Auftreten eines Verbandes das jeweilige Gericht nach den im Verfahren gültigen Grundsätzen die Voraussetzung des § 23 Abs. 1 AGG prüfen müssen.

347 Derartige Verbände sind grundsätzlich befugt, Prozessvertretungen zu übernehmen, gelten also grundsätzlich nicht **als ungeeignete Vertreter** i.S.v. § 157 ZPO. Allerdings ist ein Gericht nach § 157 Abs. 2 ZPO befugt, den Verband vom weiteren Verfahren auszuschließen, wenn sich herausstellt, dass er zu einem geeigneten Vortrag nicht in der Lage ist. Diese Entscheidung trifft ein Gericht nach freiem Ermessen[4]. Voraussetzung für ein sanktionswürdiges Verhalten ist allerdings, dass eine den Prozessablauf ernstlich behindernde Ungeeignetheit (z.B. durch Schreien, ununterbrochenes Reden, Geistesstörung, Trunkenheit) vorliegt[5].

§ 23 Abs. 3 AGG stellt klar, dass die Verbände nach Abs. 1 keinen Verstoß gegen das **Rechtsberatungsgesetz** begehen.

8. Prüfungsschema bei der Wohnraummiete

348 I. Liegt eine Benachteiligung vor?

    1. Wurde wegen Rasse oder ethnischer Herkunft benachteiligt, § 19 Abs. 2 AGG? Wenn ja: weiter bei 5.

---

1 BT-Drucks. 16/1780, S. 48.
2 Palandt/*Bassenge*, 65. Aufl., § 4 UKlaG Rz. 6.
3 BT-Drucks. 16/1780, S. 46.
4 Thomas/Putzo/*Reichold*, 25. Aufl., § 157 ZPO Rz. 8.
5 Zöller/*Greger*, 25. Aufl., § 157 ZPO Rz. 7.

2. Hat der Vermieter mehr als 50 Wohnungen?
   a) Wird durch das Schuldverhältnis ein besonderes Näheverhältnis begründet, § 19 Abs. 5 S. 1 u. 2 AGG?
   b) Wenn weniger als 50 Wohnungen: ist ausnahmsweise eine Anwendung von § 19 Abs. 1 Nr. 1 AGG gerechtfertigt (z.B. Handlung des professionellen Verwalters)?
3. Liegt ein Massengeschäft vor?
4. Wurde das Schuldverhältnis mit nachrangiger Bedeutung der Person des Mieters begründet?
   a) mit vorformulierten Bedingungen?
   b) in einer Vielzahl von Fällen?
5. Benachteiligung gem. § 3 AGG
   a) Unmittelbare Benachteiligung
      – Zurücksetzung
   b) Mittelbare Benachteiligung
      – Schlechterstellung
      – Keine sachliche Rechtfertigung

II. Liegt ein Rechtfertigungsgrund vor?
   1. Diente die Maßnahme der Schaffung oder Erhaltung sozial stabiler Bewohnerstrukturen und ausgewogener Siedlungsstrukturen sowie ausgeglichener wirtschaftlicher, sozialer und kultureller Verhältnisse, § 19 Abs. 3 AGG?
   2. Allgemeiner Rechtfertigungsgrund
      a) Keine Benachteiligung wegen Rasse oder ethnischer Herkunft?
      b) Gefahrenabwehr, § 20 Abs. 1 Nr. 1 AGG?
      c) Schutz der Intimsphäre oder der persönlichen Sicherheit, § 20 Abs. 1 Nr. 2 AGG?
      d) Gewährung besonderer Vorteile und Fehlen eines Interesses an Gleichbehandlung, § 20 Abs. 1 Nr. 3 AGG?
      e) Ausübung der Religionsfreiheit oder des Selbstbestimmungsrechts der Religionsgemeinschaften, § 20 Abs. 1 Nr. 4 AGG?
      f) Sonstige Rechtfertigung?

III. Rechtsfolge
   Beseitigung, Unterlassung, Schadensersatz, Entschädigung.

C. Änderungen und Ergänzungen des Mietvertrages

	Rz.
I. Vorüberlegungen bei der Beratung im Zusammenhang mit Mietvertragsänderungen (*Leo*)	1
1. Besteht eine Anspruchsgrundlage für eine Änderung des Vertrages?	4
2. Herabsetzung der Miete bei Gewerberaummietverträgen	5
3. Formerfordernisse bei Vertragsänderungen	7
II. Wechsel in der Person des Vermieters (*Lützenkirchen*)	11
1. Veräußerung des Mietobjektes	12
a) Beratung des Erwerbers	13
aa) Stadium bis zur Eigentumsumschreibung	14
(1) Sicherung der Mietforderungen	14
(2) Abrechnung der Betriebskosten	22
(3) Sicherung des Kautionsrückzahlungsanspruchs	23
bb) Stadium nach Eigentumsumschreibung	32
cc) Gebühren	39
b) Beratung des Mieters	43
aa) Ab wann müssen die Mietzahlungen an den neuen Vermieter geleistet werden?	44
bb) Kann der neue Vermieter die Miete erhöhen?	49
cc) Muss ein neuer Mietvertrag abgeschlossen werden?	52
dd) Kann das Mietverhältnis gekündigt werden?	59
ee) Kann sich der neue Vermieter auf einen Befristungsgrund (noch) berufen?	61
ff) Wer rechnet über die bisher geleisteten Betriebskostenvorauszahlungen ab?	65
gg) Wer haftet für Mängel der Mietsache?	68

	Rz.
hh) Muss erneut eine Kaution gezahlt werden?	72
(1) Schuldrechtliche/dingliche Einigung vor dem 1.9.2001	77
(2) Schuldrechtliche/dingliche Einigung nach dem 31.8.2001	81
ii) Was ist mit bisher geltend gemachten Rechten und laufenden Verfahren?	84
jj) Müssen entstandene Ansprüche gegenüber dem bisherigen Vermieter (noch) geltend gemacht werden?	87
kk) Gebühren	88
c) Beratung des bisherigen Vermieters	89
2. Zwischenvermietung = Gewerbliche Weitervermietung	96
a) Eintritt des Eigentümers in den Mietvertrag	96
aa) Beratung des Eigentümers	97
(1) Das Beratungsgespräch	97
(2) Prozessuales	103
(3) Gebühren	107
bb) Mieterberatung	108
(1) Prozessuales	115
(2) Gebühren	123
cc) Beratung des Zwischenvermieters	124
(1) Beratungsgespräch	124
(2) Prozessuales	129
(3) Gebühren	131
b) Ein neuer Zwischenvermieter tritt ein (§ 565 Abs. 1 S. 2 BGB)	133
III. Wechsel in der Person des Mieters	134
1. Ausscheiden eines von zwei Mietern aus dem Mietvertrag	134
a) Mieterberatung	136
aa) Beratung des ausscheidungswilligen Mieters	144
(1) Vorgehen gegenüber dem anderen Mieter	145

C — Änderungen und Ergänzungen des Mietvertrages

	Rz.
(a) Der andere Mieter will die Wohnung nicht behalten	147
(aa) Befristete und Mietverträge mit Mindestlaufzeit	148
(bb) Unbefristete Mietverträge	154
(cc) Prozessuales Vorgehen	157
(b) Der andere Mieter will die Wohnung behalten	167
(2) Vorgehen gegenüber dem Vermieter	172
(a) Der Vermieter besteht auf der Beendigung des Mietvertrages	186
(b) Der Vermieter will der Entlassung zustimmen	200
(3) Gebühren	202
bb) Beratung des zurückbleibenden Mieters	207
(1) Der Mandant will das Mietverhältnis fortsetzen	208
(2) Der Mandant will die Wohnung aufgeben	218
(3) Vorgehen gegenüber dem Vermieter	220
(4) Gebühren	223
b) Vermieterberatung	224
aa) Das Beratungsgespräch	224
bb) Gebühren	229
2. Nachmieterstellung am Beispiel eines Wohnraummietvertrages	230
a) Herbeiführen einer vertraglichen Nachmieterregelung	231
aa) Mieterberatung	232
bb) Vermieterberatung	248
b) Beratung bei bestehender Nachmieterklausel	255
aa) Mieterberatung	258
bb) Vermieterberatung	265
c) Beratung bei schutzwürdigem Interesse des Mieters von Wohnraum	268
aa) Mieterberatung	269
bb) Vermieterberatung	277
d) Gebühren	279
e) Fragen der Nachmietergestellung bei Gewerberaum-Miete	283

	Rz.
3. Tod des Mieters bei Wohnraummiete	285
a) Der Mieter hat allein in der Wohnung gelebt	285
aa) Vermieterberatung	286
(1) Das Beratungsgespräch	286
(2) Gebühren	298
bb) Erbenberatung	299
b) Tod eines von mehreren Mietern, § 563a BGB	307
aa) Beratung des überlebenden Mieters	308
bb) Vermieterberatung	312
cc) Beratung des Erben	315
dd) Gebühren	316
c) Tod des Alleinmieters, der mit anderen Personen einen gemeinsamen Haushalt geführt hat	317
aa) Beratung eines oder mehrerer Eintrittsberechtigten	327
(1) Der Mandant will den Mietvertrag fortsetzen	339
(2) Der Mandant will die Fortsetzung des Mietvertrages ablehnen	343
(3) Prozessuales	349
(4) Gebühren	354
bb) Vermieterberatung	355
(1) Wer ist Mieter?	355
(2) Der Vermieter will den Eintritt ablehnen	364
(3) Prozessuales	371
(4) Gebühren	373
IV. Die Verlängerung befristeter Mietverträge über Wohnraum	**374**
1. Der Vertrag mit einfacher Befristung nach § 564c Abs. 1 BGB a.F.	374
a) Mieterberatung	379
aa) Der Mieter will den Vertrag nicht fortsetzen	380
bb) Der Mieter will den Vertrag auf unbestimmte Zeit fortsetzen	382
(1) Beratung bis zwei Monate vor Ablauf der Mietzeit	383
(2) Beratung nach Ablauf der Zweimonatsfrist	387

	Rz.		Rz.
cc) Der Mieter will den Vertrag auf bestimmte Zeit fortsetzen	394	b) Mieterberatung	473
dd) Mieterberatung nach Reaktion des Vermieters	400	aa) Der Mieter will den Vertrag fortsetzen	473
(1) Zustimmung des Vermieters	400	(1) Eigennutz	481
		(2) Baumaßnahmen	484
		(3) Werksmietwohnungen	486
(2) Der Vermieter stimmt dem Fortsetzungsverlangen nicht zu	404	(4) Weitere Überlegungen	487
		bb) Der Mieter will den Mietvertrag nicht fortsetzen	495
ee) Gebühren	407	cc) Prozessuales	498
b) Vermieterberatung	408	dd) Gebühren	502
aa) Der Vermieter will den Mietvertrag beenden	408	3. Die einfache Befristung durch wechselseitigen Kündigungsverzicht	503
(1) Beratung bis zum Ablauf der Zweimonatsfrist	408	a) Mieterberatung	505
		aa) Einhaltung der Schriftform	506
(2) Beratung nach Ablauf der Zweimonatsfrist	420	(1) Unterschrift der Parteien	510
bb) Der Vermieter will den Mietvertrag fortsetzen	425	(2) Einheit der einzelnen Blätter (Lose-Blatt-Rechtsprechung)	516
cc) Gebühren	431	(a) Bezugnahme auf Anlagen	518
c) Die gerichtliche Durchsetzung des Fortsetzungsanspruches	432	(b) Mietparteien/Auswechslung	521
aa) Prozessuales	432	(aa) Handeln von Vertretern	524
bb) Gebühren	436	(bb) Vertretung bei der GbR	525
2. Die qualifizierte Befristung nach § 564c Abs. 2 BGB a.F.	437	(3) Preisabsprachen	528
a) Vermieterberatung	439	(4) Mietzeit	531
aa) Die qualifizierten Gründe bestehen noch	449	(5) Auflockerungsrechtsprechung	535
bb) Die qualifizierten Gründe wurden nicht wirksam vereinbart	454	(6) Rechtsmissbrauch (Treu und Glauben)	540
cc) Die qualifizierten Gründe sind weggefallen	462	bb) Transparente Formulierung	544
dd) Verzögerung der beabsichtigten Verwendung	467	cc) Ort und Dauer des Kündigungsverzichts	548
ee) Gebühren	472	b) Vermieterberatung	550
		c) Prozessuales und Gebühren	555
		4. Echter Zeitmietvertrag nach § 575 BGB	556

I. Vorüberlegungen bei der Beratung im Zusammenhang mit Mietvertragsänderungen

Bei Gesprächen über Vertragsergänzungen bzw. Vertragsänderungen sollte jeweils am Beginn der Überlegungen eine vollständige **Aufnahme des bisherigen Status** stehen. Insbesondere sollte man sich vom Mandanten das **Original des Mietvertrages**, sofern er nicht mündlich abgeschlossen wurde, zeigen lassen. Des Weiteren ist zu erfragen, ob wesentliche **Nebenabreden** 1

kludent/mündlich zustimmt[1]. Hinsichtlich der Verbindung der einzelnen Seiten der Urkunde und Behandlung von Anlagen kann auf die Ausführungen zum Abschluss des Mietvertrages verwiesen werden.

10 Im Sinne einer **optimalen Beweiskraft** der Urkunde sollte trotz der zitierten Rechtsprechung eine körperliche Verbindung zwischen Ursprungsvertrag und Nachtrag hergestellt werden, wenn dies ohne Schwierigkeiten möglich ist.

II. Wechsel in der Person des Vermieters

11 Weniger in gerichtlichen Streitfällen als in der außergerichtlichen Beratung wird der Vermieterwechsel in der anwaltlichen Praxis bedeutsam. Da hier das Korrektiv des Gerichts, das aus einer Nachschau beurteilt, was man hätte besser machen müssen, nicht gegeben ist, muss die jeweilige Situation des Mandanten umfassend über- und vorhergesehen werden.

1. Veräußerung des Mietobjektes

12 Nicht nur wegen der angemessenen Streitwerte wünscht sich der Rechtsanwalt häufig, dass er vom Veräußerer oder Erwerber in den Verkauf oder sonstigen Veräußerungsvorgang eines Mietobjektes eingebunden würde. Dann würde die Möglichkeit eröffnet, dem jeweiligen Mandanten (wenn nicht sogar beiden Parteien) Probleme zu ersparen, die weder die Parteien noch z.B. der Notar oder Makler erkannt haben, weil ihnen die Praxisnähe zum Mietrecht fehlt. Der Regelfall ergibt sich aber immer noch aus der Situation, dass die Parteien nach Abschluss des Erwerbsvorgangs den Rechtsanwalt aufsuchen, um ihre praktischen Probleme zu lösen. Unabhängig davon, welcher der Beteiligten beraten werden soll, muss der Rechtsanwalt die Voraussetzungen des § 566 BGB prüfen, die den Eintritt des Erwerbers in den Mietvertrag davon abhängig machen, dass

– ein Erwerb vom Vermieter und die Eintragung des Erwerbers in das Grundbuch stattgefunden hat,

– ein wirksamer Mietvertrag besteht und

– dem Mieter die Mietsache bereits überlassen wurde.

12a Nach § 566 BGB, der auch bei der Vermietung von Grundstücken gilt (§ 578 Abs. 1 BGB), tritt ein Erwerber in den Mietvertrag ein, wenn die Veräußerung durch den Vermieter stattgefunden hat (vgl. *Rz. 34 f.*). Der Erwerber kann also nur in den **Mietvertrag** eintreten, wenn er vom Eigentümer, der gleichzeitig **Vermieter** ist, erwirbt. Ist das nicht der Fall, tritt der Erwerber in den Mietvertrag ein, wenn die Vermietung mit **Zustimmung** des Eigentümers erfolgte[2]. Das ist z.B. der Fall, wenn der Eigentümer das Grund-

---

1 BGH, NZM 2005, 584.
2 BGH, NJW 1974, 1551; LG Berlin, NJW-RR 1994, 781.

stück veräußert und der Erwerber vor Eigentumsübergang mit seiner Zustimmung vermietet, wobei es gleichgültig ist, wie viele Veräußerungsvorgänge (anschließend) stattfinden (sog. **Veräußerungskette**). Diese Voraussetzungen sind aber nicht gegeben, wenn die Grundstückseigentümer im Einverständnis mit dem Mieter die Vermieterstellung auf eine von ihnen beherrschte GmbH & Co KG übertragen und im Rahmen einer späteren Auseinandersetzung die Immobilie einem Gesellschafter zugeschlagen wird. In diesem Fall hat der Gesellschafter zwar vom Vermieter, aber eben nicht vom Eigentümer erworben[1]. Die erforderliche Zustimmung liegt auch nicht vor, wenn der Vermieter allein sein Recht zur Vermietung von dem Eigentümer ableitet (z.B. bloße Untervermietung) und später Eigentümer wird[2].

Maßgeblicher Zeitpunkt für den Eintritt des Erwerbers in die Rechte des Vermieters ist die Veräußerung. Dafür genügt nicht schon der Abschluss eines notariell beurkundeten Kaufvertrages einschließlich der Einigung zur Übertragung des Eigentums an dem Grundstück (Auflassung, § 925 BGB) oder die Auflassungsvormerkung (§ 883 BGB), sondern es sind die Auflassung und die Eintragung erforderlich (§§ 873, 925 BGB), weil erst dann der Rechtserwerb vollendet ist[3]. 12b

Der Veräußerungsvorgang zwischen Vermieter und Erwerber setzt ein Rechtsgeschäft (z.B. Kauf, Schenkung, Erbauseinandersetzung) voraus und ist grundsätzlich erst abgeschlossen, wenn der Erwerber in das Grundbuch **eingetragen** wird, §§ 873, 925 BGB. Erst in diesem Zeitpunkt kann der Erwerber die Rechte aus dem Mietvertrag originär geltend machen. Die Ausnahme besteht in der **Zwangsversteigerung**. Hier findet der Eigentumsübergang mit der Zuschlagserteilung gemäß § 90 ZVG statt. Für den **Gesellschafterwechsel** in einer vermietenden GbR ist eine analoge Anwendung des § 566 Abs. 1 BGB nicht mehr erforderlich[4]. Die GbR ist grundbuchfähig[5] und wegen ihrer Fähigkeit, selbst Träger von Rechten und Pflichten zu sein[6], vollzieht sich der Gesellschafterwechsel außerhalb des Grundbuchs, tangiert den Mietvertrag also nicht. 12c

Auf die Vermieterstellung ohne Einfluss bleibt die **Auseinandersetzung** zwischen zwei natürlichen Personen, denen gemeinschaftlich Teileigentum i.S.v. § 1 Abs. 3 WEG gehört, wenn das Eigentumsobjekt von einer von ihnen beherrschten juristischen Person im eigenen Namen vermietet ist. Insoweit scheidet auch eine analoge Anwendung des § 566 BGB aus, solange die dingliche Position des Vermieters unverändert bleibt. Allein da- 12d

---

1 OLG Brandenburg, ZMR 2003, 830.
2 BGH, NZM 2004, 300.
3 BGH, NJW 2003, 2158, 2159; BGH, NJW 1989, 451.
4 So noch: BGH, WM 1998, 341 = NZM 1998, 260 = DWW 1998, 178 = MDR 1998, 525.
5 BGH v. 4.12.2008 – V ZB 74/08, NZM 2009, 94.
6 Vgl. BGH, WuM 2001, 134 = NJW 2001, 1046 = ZMR 2001, 338.

raus, dass der Mieter sich an den vorgeblich neuen Vermieter in mietvertraglichen Angelegenheiten wendet, kann eine Zustimmung zu einer rechtsgeschäftlichen Vertragsübernahme nicht hergeleitet werden, wenn das Verhalten des Mieters erkennbar auf dem durch die Mitteilung des Vermieters hervorgerufenen Irrtum beruht, es habe ein gesetzlicher Vermieterwechsel stattgefunden[1]. Grundsätzlich kann aber auch der Vermieterwechsel durch eine Vertragsübernahme i.S.v. § 415 BGB erfolgen, wobei die Zustimmung formlos, nicht fristgebunden und konkludent durch Zahlung der Miete an den Dritten erklärt werden kann[2]. Auch die **Begründung von Wohnungseigentum** unterliegt grundsätzlich § 566 BGB. Solange sich diese **Aufteilung nach § 8 WEG** vollzieht, ist § 566 BGB auf jede Veräußerung des Wohnungs- oder Teileigentums anwendbar, selbst wenn das gesamte Grundstück unter gleichzeitiger Begründung von Teileigentum zugunsten der einzelnen Erwerber veräußert wird[3]. Der Erwerber einer vermieteten **Eigentumswohnung** ist alleiniger Vermieter, wenn die Wohnung nach Überlassung an den Mieter in Wohnungseigentum umgewandelt worden ist und zusammen mit der Wohnung ein Kellerraum vermietet ist, der nach der Teilungserklärung im **Gemeinschaftseigentum** aller Wohnungseigentümer steht[4]. Eine Vervielfältigung der Vermieterstellung findet nicht statt. Dies gilt allerdings nicht, wenn an den einzelnen Teilen der einheitlichen Mietsache selbständiges **Sondereigentum** begründet ist. Begründen dagegen **mehrere Bruchteilseigentümer** Wohnungseigentum nach § 3 WEG und wird jeder Miteigentümer nach Auflassung in das Wohnungsgrundbuch eingetragen, ist § 566 BGB nicht anwendbar, da keine Veränderung in der Person des Eigentümers stattgefunden hat[5].

12e Weiterhin muss ein **wirksamer Mietvertrag** bestehen und sich der Mieter (noch) im Besitz der Wohnung befinden[6]. Hat der Mieter den Mietvertrag z.B. wirksam wegen arglistiger Täuschung angefochten, kann der Erwerber, sobald die Voraussetzungen vorliegen, aus § 985 BGB vorgehen. Ist der Mietvertrag dagegen nur anfechtbar und die Mietsache überlassen, kommt eine rückwirkende Nichtigkeit nicht mehr in Betracht. Hat der Mieter noch keine Anfechtungserklärung abgegeben, tritt der Erwerber in den Mietvertrag ein.

Im Falle einer **Kündigung** ist zu differenzieren:

– Beim **Eigentumsübergang vor der Vertragsbeendigung** tritt der Erwerber in den bestehenden Mietvertrag ein.

– Findet der **Eigentumsübergang nach der Beendigung** des Mietvertrages statt, übernimmt der Erwerber das Mietverhältnis im Abwicklungsstadi-

---

[1] OLG Brandenburg, ZMR 2003, 830.
[2] KG, ZMR 2003, 835.
[3] OLG Celle, OLG-Report 1998, 269.
[4] BGH, NZM 1999, 553.
[5] BGH, NJW 1994, 2542 = WuM 1994, 452.
[6] BGHZ 72, 147; MünchKomm/*Häublein*, § 566 BGB Rz. 12; Schmidt-Futterer/*Gather*, § 566 BGB Rz. 24; Erman/*Jendrek*, § 566 BGB Rz. 8.

um, so dass ihm die Ansprüche aus § 546a BGB zustehen[1], es sei denn, er ist bereits ausgezogen[2].

Wird nach **Trennung der Eheleute** die im Alleineigentum des Ehemannes stehende Ehewohnung der Ehefrau zur alleinigen Nutzung gemäß § 5 HausrV zugewiesen, kann der Erwerber Herausgabe nach § 985 BGB von der Ehefrau verlangen. § 986 BGB greift nicht ein, weil der richterliche Beschluss nur gegenüber dem Ehemann wirkt[3]. 12f

Der Eintritt des Erwerbers setzt weiterhin voraus, dass der **Mieter** bereits **im Besitz der Mietsache** ist, wobei es nicht darauf ankommt, dass der Mietvertrag bereits begonnen hat[4]. Dies ist grundsätzlich auch der Fall, wenn der Vermieter die Räume dem Mieter zur Herrichtung bereits überlassen hat, bevor das Mietverhältnis beginnt. Haben die Parteien jedoch bloß in der Absicht gehandelt, später einen Mietvertrag zu schließen, greift § 566 BGB nicht ein. Bei einem einheitlichen Mietvertrag kommt es darauf an, ob dem Mieter der wesentliche Teil der Mietsache überlassen wurde. Sind z.B. eine Wohnung und eine Garage vermietet, tritt der Erwerber in den ganzen Vertrag ein, wenn der Mieter im Zeitpunkt der Eigentumsumschreibung im Besitz der Wohnung ist. Ist allein die Garage überlassen, greift § 566 BGB nicht ein. 12g

a) Beratung des Erwerbers

Für diesen Mandanten steht im Vordergrund, dass er sofort nach der Kaufpreiszahlung, mit der regelmäßig „**Nutzen und Lasten**" des Mietobjektes auf ihn übergehen, das oder die Mietverhältnisse so schnell wie möglich in „geordnete" Bahnen lenken und ggf. die für seine Kaufentscheidung wesentlichen Erkenntnisse (z.B. Mieterhöhungspotential) umsetzen kann. Dazu wird er den Rechtsanwalt häufig schon vor der Kaufpreisfälligkeit aufsuchen, damit die entsprechenden Vorbereitungen getroffen werden. Hier sollte der Rechtsanwalt seinen Mandanten umfassend beraten, also ihn auch auf mögliche Probleme hinweisen. Diese lassen sich dadurch ermitteln, dass der Rechtsanwalt die Rolle des Mieters einnimmt und alle Bereiche des Mietvertrages wie bei der Mieterberatung (vgl. *Rz. 43 ff.*) durchgespielt werden. So erhält der Mandant eine Ahnung von seiner späteren Vermieterstellung und kann ggf. Vorsichts- und Abwehrmaßnahmen vorbereiten oder durchführen. 13

aa) Stadium bis zur Eigentumsumschreibung

Ergeben sich aus dem Erwerbsvorgang (z.B. notarieller Vertrag) keine besonderen Regelungen, muss der Erwerber grundsätzlich zuwarten, bis er in

---

1 BGH, NJW 1978, 2148.
2 BGH v. 4.4.2007 – VIII ZR 219/06, WuM 2007, 267 = ZMR 2007, 529 = NZM 2007, 441.
3 OLG München, WuM 2001, 283.
4 OLG Celle, MietRB 2005, 253.

das Grundbuch eingetragen ist, sofern er nicht in der Zwangsversteigerung erworben hat. Denn grundsätzlich kann er die Vermieterrechte erst ausüben, wenn er über § 566 BGB auch Vermieter geworden ist. Gleichwohl bestehen Gestaltungsmöglichkeiten, die es dem Erwerber erlauben, schon vor der Eintragung in das Grundbuch gegenüber dem Mieter zu agieren.

(1) Sicherung der Mietforderungen

14 Auch hinsichtlich der Mietzahlungsansprüche wird der Erwerber erst forderungsberechtigt, wenn der Eigentumserwerb vollzogen ist. Eine Abweichung von dieser Regel setzt mit Ausnahme der Fälle des § 1922 BGB voraus, dass alle Beteiligten (Mieter, Vermieter, Erwerber) darüber eine **Vereinbarung** treffen, die regelmäßig nicht vorliegt und um die es sich zu bemühen in der Regel auch nicht lohnt. Denn der Erwerber geht davon aus, dass er spätestens innerhalb von 3 bis 6 Monaten nach Zahlung des Kaufpreises in das Grundbuch eingetragen wird, so dass die Kosten einer derartigen Vereinbarung, die sich nach dem gleichen Streitwert wie der Abschluss eines Mietvertrages berechnet (vgl. *A Rz. 4 f.*), in keinem Verhältnis zu dem Nutzen stehen. Dies gilt umso mehr, als es andere Gestaltungsmöglichkeiten gibt.

15 In der Vereinbarung des wirtschaftlichen Überganges mit vollständiger Kaufpreiszahlung kann die **Abtretung der Mietforderungen** aus den bestehenden Mietverträgen gesehen werden[1]. Um im Hinblick auf das Insolvenzrisiko zu vermeiden, dass die Mieter die Mietzahlungen weiterhin an den bisherigen Vermieter leisten, sollte dem Erwerber empfohlen werden, den Übergang des wirtschaftlichen Eigentums (= Abtretung der Mietforderungen) den Mietern anzuzeigen. Dazu muss eine Abtretungsanzeige i.S.d. § 409 BGB erfolgen.

16 Die Vorlage der **Abtretungsanzeige** allein durch den Erwerber führt die Wirkungen des § 409 BGB grundsätzlich nur herbei, wenn der Erwerber dem Mieter die über die Abtretung ausgestellte Urkunde (= Kaufvertrag) vorlegt[2]. Dazu wird der Erwerber regelmäßig schon deshalb nicht bereit sein, weil der Mieter dadurch den Kaufpreis erfährt. Deshalb muss der (bisherige) Vermieter dazu veranlasst werden, dem Mieter selbst die Abtretung der Mietforderung anzuzeigen. Dies führt nämlich gemäß § 566e BGB zur Verbindlichkeit gegenüber dem Mieter; andererseits nach § 566 Abs. 2 S. 2 BGB aber auch zu dessen Enthaftung, wenn der Mieter nicht zum erst zulässigen Termin kündigt.

17 Insoweit sollte dem Erwerber ein **Formschreiben** für alle Mieter vorformuliert werden, das er gemeinsam mit dem Vermieter unterschreibt und den Mietern zuleitet. Dieses Formschreiben kann z.B. wie folgt gestaltet werden:

---

[1] BGH v. 2.5.2003 – XII ZR 34/02, NZM 2003, 716 = GuT 2003, 176 = ZMR 2003, 732.
[2] Palandt/*Heinrichs*, § 409 BGB Rz. 1.

Wechsel in der Person des Vermieters   Rz. 18 **C**

> Absender:
> ...
> ...
>
> Vermieter und Erwerber
>
> An alle Mieter des Hauses
> Musterstraße 101
> 50937 Köln
>
> Sehr geehrte Mieter,
> durch notariellen Kaufvertrag vom 28.2.2006 wurde das Objekt Luxemburger Str. 101 verkauft. Mit der vollständigen Kaufpreiszahlung am 15.4.2006 sind Nutzen und Lasten auf
> Herrn
> ...
> (Name und Anschrift des Erwerbers)
> übergegangen. Wir bitten Sie daher, Ihre Mietzahlungen ab sofort, spätestens ab 1.5.2006, auf das Konto des Erwerbers ... (Name) bei der Stadtsparkasse Köln Nr. 12 345 678 (BLZ: 370 501 98) zu überweisen.
> In allen Mietangelegenheiten ist ab sofort die Hausverwaltung Peter Gründlich, Spichernstr. 22, 50767 Köln, die für Herrn ... (Name des Erwerbers) tätig ist, zuständig. Sie ist telefonisch erreichbar unter der Nr. ... Ein entsprechender Aushang mit den für die Hausverwaltung tätigen Firmen wird in den nächsten Tagen im Hausflur erfolgen.
> Herr ... (Name des Erwerbers) bzw. die von ihm beauftragte Hausverwaltung Gründlich ist ab sofort ermächtigt, alle notwendigen Erklärungen im Rahmen der bestehenden Mietverträge im eigenen Namen abzugeben. Diese Ermächtigung bezieht sich insbesondere auf Mieterhöhungen, Modernisierungen, Kündigungen, Vertragsänderungen etc. Im Hinblick auf die Mietforderungen seit 15.4.2006 ist Herr ... (Name des Erwerbers) auch berechtigt, evtl. Mietrückstände im eigenen Namen einzuklagen.
>
> Mit freundlichen Grüßen
> ...   ...
> (Unterschrift Vermieter)   (Unterschrift Erwerber)

Die vorgeschlagene **Ermächtigung** zur Klageerhebung, Kündigung etc.[1]   18
sollte nicht ohne besonderen Anlass in das Anschreiben an die Mieter aufgenommen werden. Denn besteht weder die Absicht, eine Mieterhöhung durchzuführen, noch ein Anlass, eine Kündigung auszusprechen oder Zahlungsansprüche geltend zu machen, kann dies zu einer **Verunsicherung der Mieter** führen. Diese werden auf Grund der Ankündigung befürchten, dass die angesprochenen Maßnahmen auch umgesetzt werden, selbst wenn da-

---
1 Zur Zulässigkeit vgl. BGH, WuM 1998, 99 und *J Rz. 52 ff.*

zu kein Anlass besteht. Anderserseits sollte sie wegen einer geplanten Sanierung/**Modernisiserung** aufgenommen werden, da der Erwerber im Hinblick auf die Drei-Monats-Frist des § 554 Abs. 3 BGB wichtige Zeit gewinnt[1].

19 Ergeben sich also keine aktuellen Anhaltspunkte für die Notwendigkeit derartiger Maßnahmen, sollte dem Erwerber empfohlen werden, sich die entsprechende Vollmacht und die Ermächtigung in einer **separaten Urkunde** vom Vermieter zu verschaffen.

20 Die Notwendigkeit einer Bevollmächtigung oder Ermächtigung ergibt sich daraus, dass z.B. das Kündigungsrecht als Gestaltungsrecht nicht separat abtretbar ist[2]. Allerdings wird im **Wohnraummietrecht** die Kündigung aufgrund einer Ermächtigung jedenfalls dann als **zweifelhaft** angesehen, wenn subjektive Kündigungsgründe (z.B. Eigenbedarf, Hinderung der wirtschaftlichen Verwertung) herangezogen werden[3]. Für die Kündigung wegen Zahlungsverzuges ist die Ermächtigung anerkannt[4].

21 Allenfalls kann in das Anschreiben an die Mieter noch der Hinweis über den Verbleib der **Kaution** aufgenommen werden (vgl. dazu Rz. 23).

(2) Abrechnung der Betriebskosten

22 Ob der Erwerber (schon) die Betriebskosten abzurechnen hat, richtet sich danach, ob im Zeitpunkt des Eintritts in den Mietvertrag (= Vollendung der Eigentumsübertragung) die Abrechnungsperiode bereits abgelaufen war (vgl. *L Rz. 51*). Vollzieht sich der Vermieterwechsel während der Abrechnungsperiode, wird davon die Abrechnungspflicht nicht berührt. Nach Ablauf des Abrechnungszeitraums muss in diesem Fall der Erwerber auch über die Vorauszahlungen abrechnen, die noch an den alten Vermieter geleistet wurden[5]. Deshalb sollte dem Erwerber empfohlen werden, vom bisherigen Vermieter nicht nur eine vollständige Übersicht über die geleisteten Vorauszahlungen zu verlangen, sondern auch die Abrechnungsbelege zumindest in Kopie vorzulegen, um dem Mieter die problemlose Ausübung seiner Kontrollrechte zu ermöglichen (vgl. dazu *L Rz. 167 f.*).

Ist der Abrechnungszeitraum vor der Eigentumsumschreibung abgelaufen, muss noch der alte Vermieter über die Vorauszahlungen unter Beachtung des § 556 Abs. 3 BGB abrechnen.

---

[1] BGH v. 13.2.2008 – VIII ZR 105/07, WuM 2008, 219 = GE 2008, 469 = ZMR 2008, 519 (Gewerberaum); KG v. 4.2.2008 – 8 U 167/07, WuM 2008, 153 (Wohnraum).
[2] LG Kiel, WuM 1992, 128; LG Augsburg, NJW-RR 1992, 520; LG Berlin, ZMR 1996, 325.
[3] LG München I, WuM 1999, 161; AG Mitte, MM 2004, 375.
[4] BGH v. 10.12.1997 – XII ZR 119/96, NJW 1998, 896.
[5] BGH, WuM 2000, 609 = NZM 2001, 146.

(3) Sicherung des Kautionsrückzahlungsanspruchs

Für den Erwerber ordnet § 566a BGB an, dass er dem Mieter auf Rückzahlung der Kaution unabhängig davon haftet, ob er diese vom bisherigen Vermieter erhalten hat oder nicht. Voraussetzung ist, dass ein Vermieterwechsel nach § 566 BGB stattgefunden hat, der Mieter im Zeitpunkt des Eigentumsübergangs also mindestens die Räume noch genutzt hat[1]. Im Hinblick auf das Haftungsrisiko sollte der Rechtsanwalt darauf hinwirken, dass dem Erwerber die Kautionen auch tatsächlich übergeben werden, worauf der Erwerber selbst dann bestehen kann, wenn der bisherige Vermieter gegenüber dem Mieter nur nach § 572 BGB a.F. (wegen des eigenen Eintritts nach § 571 BGB a.F.) haftet[2]. Dabei können sich unter anderem folgende Konstellationen ergeben: 23

– Die Kautionen sind beim bisherigen Vermieter nicht mehr vorhanden,
– der bisheriger Vermieter hat sich aus den Kautionen (teilweise) befriedigt,
– der bisherige Vermieter ist ohne weiteres bereit, die Kautionen auszuhändigen,
– der bisherige Vermieter ist nur gegen Leistung einer Sicherheit (z.B. Bankbürgschaft, gemeinsames Verfügungsrecht) zur Aushändigung der Kautionen bereit,
– als Sicherheit wurden (Bank-)Bürgschaften dem bisherigen Vermieter überlassen.

In allen Konstellationen sollte der Rechtsanwalt darauf hinarbeiten, eine Vereinbarung zwischen Erwerber und bisherigem Vermieter spätestens bis zum Übergang von Nutzen und Lasten, besser noch im notariellen Kaufvertrag herbeizuführen. Da in diesen Stadien für den bisherigen Vermieter regelmäßig noch nicht abzusehen ist, ob und ggf. in welchem Umfang eine Kaution zur Abdeckung eigener Ansprüche benötigt wird, muss auch eine Regelung für diesen Fall vorgesehen werden. 24

Sind die Kautionen (teilweise) **nicht mehr vorhanden**, kann der Erwerber vor einer wirtschaftlich unberechtigten Inanspruchnahme durch den Mieter auf Rückzahlung der Kaution nach Beendigung des Mietvertrages dadurch geschützt werden, dass der entsprechende Betrag von der Kaufpreiszahlung in Abzug gebracht wird. Dazu muss eine fiktive Berechnung der Kautionszinsen erfolgen, denn immerhin kann der Mieter den Erwerber nach Beendigung des Mietvertrages auf Rückzahlung der Kaution einschließlich der Zinsen in Anspruch nehmen, die seit Hingabe der Kaution entstanden sind. Dazu sollte z.B. die Hausbank des bisherigen Vermieters gebeten werden, eine auf den jeweiligen Zeitpunkt der Hingabe der Kautionen bezogene (fiktive) Zinsberechnung (einschließlich Zinseszinsen) vorzulegen, und zwar bis zum Zeitpunkt des wirtschaftlichen Übergangs. 25

---

1 BGH v. 4.4.2007 – VIII ZR 219/06, WuM 2007, 267 = ZMR 2007, 529 = NZM 2007, 441.
2 LG Bonn, NZM 2005, 782.

Zuvor sollte jedoch ermittelt werden, wie der bisherige Vermieter die Kautionszahlung des Mieters verwendet hat. Hat er sie nämlich seinem Girokonto gutgeschrieben, so dass er Sollzinsen erspart hat, kann der Mieter die „ersparten" Sollzinsen herausverlangen[1]. Bei dieser fiktiven Berechnung kann jedoch nicht ohne weiteres davon ausgegangen werden, dass die Einzahlung auf das Girokonto die Ersparnis von Sollzinsen für den bisherigen Vermieter herbeigeführt hat[2]. Vielmehr muss der Verlauf des Girokontos des Vermieters dahingehend überprüft werden, ob und ggf. für welchen Zeitraum das Girokonto durch die Einzahlung der Kaution(en) nicht im Soll geführt wurden, wobei im Zweifel zugunsten des Mieters davon auszugehen ist, dass gerade die von ihm erbrachte Kaution ein Absinken des Kontos ins Soll vermieden hat. Ergeben sich bei dieser fiktiven Rechnung (Zwischen-)Zeiträume, in denen das Girokonto nicht im Soll geführt wurde, ist für diese Zeiträume der Zinssatz für Spareinlagen mit gesetzlicher Kündigungsfrist nach § 551 Abs. 3 S. 1 BGB zugrunde zu legen.

26 Hat sich der bisherige Vermieter aus den Kautionen (teilweise) **befriedigt**, muss nur der Restbetrag (zzgl. Zinsen) von der Kaufpreiszahlung in Abzug gebracht werden, sofern nicht die Sparbücher mit dem entsprechend reduzierten Guthaben übergeben werden. Hinsichtlich des durch den bisherigen Vermieter in Anspruch genommenen Betrages besteht ein Anspruch gegen den Mieter auf Auffüllung der Kaution.

27 Ist der bisherige Vermieter ohne weiteres zur **Übergabe der Kautionen** bereit, kann entweder eine Verrechnung mit der Kaufpreiszahlung unter Berücksichtigung des bis zum Zeitpunkt des wirtschaftlichen Übergangs festgehaltenen Zinsanspruchs erfolgen, oder die Kautionsguthaben können übertragen werden. Dazu ist es im Regelfall erforderlich, dass die Kautionssparbücher neu (auf den Namen des Erwerbers) angelegt werden. Eine Pflicht des Erwerbers gegenüber dem bisherigen Vermieter, ihn über die durch § 566a BGB geschaffene neue Rechtslage aufzuklären, besteht nicht.

28 Verlangt der bisherige Vermieter (ggf. hinsichtlich der Restbeträge nach vorheriger Inanspruchnahme) eine **Absicherung wegen der möglichen Inanspruchnahme** durch den Mieter nach § 566a BGB, sind die verschiedenen Möglichkeiten abzuwägen. Sieht der Mietvertrag noch keine Regelung vor, die eine Entlassung des bisherigen Vermieters aus seiner Haftung gegenüber dem Mieter beinhaltet[3], besteht die Möglichkeit, den bisherigen Vermieter durch Hingabe einer Bankbürgschaft oder durch Vereinbarung eines gemeinsamen Verfügungsrechts über die Barkautionen abzusichern. Der Nachteil einer Bankbürgschaft besteht darin, dass sie unter Umständen nicht zu einer vollständigen Befriedigung des bisherigen Vermieters führt, wenn in der Bürgschaft nicht geregelt ist, dass sie neben dem Kapital einschließlich der bis zum wirtschaftlichen Übergang aufgelaufenen Zin-

---

1 AG Marburg, ZMR 2001, 460.
2 Insoweit ungenau: AG Marburg, ZMR 2001, 460.
3 Vgl. dazu: *Lützenkirchen*, Wohnraummiete, C. I. Inhalt der Erläuterungen zu § 8 Nr. 8.

sen auch die weiteren Zinsen absichert. Für den Erwerber ergibt sich zunächst eine Schmälerung seiner Liquidität. Denn regelmäßig sind Banken nur zur Stellung einer Bürgschaft bereit, wenn in Höhe der Bürgschaftssumme entsprechende Festgelder oder sonstige Guthaben (des Erwerbers) vorhanden sind. Zum anderen ist die Bankbürgschaft gerade bei Mehrfamilienhäusern unpraktisch, weil die Mietverhältnisse zu unterschiedlichen Zeitpunkten enden (werden), so sich pro rata temporis immer wieder ein Anspruch des Erwerbers gegen den bisherigen Vermieter ergibt, die Bürgschaft entsprechend zu reduzieren. Dies muss nachgehalten und (ggf. gerichtlich) durchgesetzt werden.

Das **gemeinsame Verfügungsrecht** über eine Barkaution, das mit der Bank vereinbart werden kann, ist für den Erwerber insbesondere dann nachteilig, wenn der bisherige Vermieter z.B. ins Ausland geht. Denn es muss daran gedacht werden, dass der bisherige Vermieter im Zweifel auf Zustimmung zur Auflösung des Sparbuchs gerichtlich in Anspruch genommen werden muss. Im Falles des Todes müssen darüber hinaus die Erben ermittelt werden, die wiederum im Zweifel auf Zustimmung zur Auflösung des Sparbuchs oder Ähnliches verklagt werden müssen. 29

Die dargestellten Möglichkeiten sollten mit dem Mandanten im Einzelnen diskutiert werden, um ihm die Risiken aufzuzeigen. Im Ergebnis kann es dann der Verhandlung mit dem bisherigen Vermieter überlassen bleiben, welche Möglichkeit umgesetzt werden soll und ob ggf. eine weitere bzw. andere Absicherung realistisch erscheint. Dabei ist z.B. in Betracht zu ziehen, dass sowohl der bisherige Vermieter als auch der Erwerber eine Vereinbarung mit dem Mieter treffen, in der ausdrücklich die Forthaftung des bisherigen Vermieters ausgeschlossen wird. 30

Sind die Kautionen (teilweise) in Form von (Bank-)**Bürgschaften** geleistet worden, gehen sie automatisch auf den Erwerber über[1]. Insoweit besteht aber auch das vorrangige Befriedigungsrecht des bisherigen Vermieters. Da Banken regelmäßig nur gegen Vorlage des Original-Bürgscheins leisten, muss der Erwerber also gegen den Mieter als Surrogat für seinen **Wiederauffüllungsanspruch** Überlassung einer Bürgschaft in der vertraglich geschuldeten Höhe verlangen. 31

bb) Stadium nach Eigentumsumschreibung

Ist der Erwerber in das Grundbuch eingetragen, hat sich also sein **Eigentumserwerb vollständig vollzogen**, tritt er in den Mietvertrag nur ein, wenn 32

– ein gültiger Mietvertrag vorliegt,
– der Erwerb **nach der Überlassung** der Mietsache an den Mieter erfolgte und
– ein **Erwerb vom Vermieter** vorliegt.

---

1 BGH, NJW 1985, 2528.

33 Liegt lediglich ein Mietvertrag vor, zu dem jedoch noch **keine Übergabe** stattgefunden hat, tritt der Erwerber darin kraft Gesetzes nicht ein[1]. Hier sollte ermittelt werden, ob es sich um einen potenten Mieter handelt oder andere Gesichtspunkte gegen eine Vollziehung des Mietvertrages sprechen. Möglicherweise ergibt sich ja auch aus der besonderen Situation ein Verhandlungspotential gegenüber dem Mieter, weil er auf die Überlassung angewiesen ist.

34 Für den **Erwerb vom Vermieter** (vgl. Rz. 12 ff.) ist der Mietvertrag hinsichtlich der Parteien zu überprüfen. Die mangelnde **Identität zwischen Verkäufer und Eigentümer** (Veräußerer) führt zur Unanwendbarkeit des § 566 BGB.

35 Das **Auseinanderfallen** von Vermieter- und Veräußererstellung ergibt sich in der Praxis häufig dadurch, dass der Ehemann die Mietverträge im eigenen Namen abgeschlossen hat, obwohl die Ehefrau als (Mit-)Eigentümerin eingetragen ist (oder umgekehrt). Auch bei Gesellschaften, insbesondere GmbH & Co. KGs, sind Mietverträge häufig mit der GmbH abgeschlossen, während die GmbH & Co. KG als Eigentümerin im Grundbuch eingetragen ist. Erforderlich für die Anwendbarkeit des § 566 BGB ist die vollständige Identität zwischen Eigentümer und Vermieter.

35a Um diese Situation zu retten, ist eine zusätzliche Vereinbarung zur Überleitung des Mietvertrages erforderlich. Dieser **gewillkürte Wechsel der Vertragsparteien** kann in rechtlich unterschiedlicher Weise vollzogen werden:

– Das Mietverhältnis zwischen den bisherigen Parteien kann durch Vertrag zwischen dem Mieter und dem bisherigen Vermieter beendet und ein neues Mietverhältnis mit dem Inhalt des bisherigen durch einen **weiteren Vertrag** mit dem neuen Erwerber geschlossen werden. Zum wirksamen Abschluss einer Mietaufhebungsvereinbarung genügt die Einigung der Vertragsparteien über den Zeitpunkt der Beendigung. Der Abschluss ist grundsätzlich formfrei möglich[2]. Ist im Mietvertrag für Änderungen und Ergänzungen ausdrücklich die Schriftform vereinbart, steht diese Schriftformklausel der Wirksamkeit einer mündlich vereinbarten Mietaufhebung nicht entgegen[3]. Dabei ist es nicht erforderlich, dass die Schriftformklausel von den Parteien ausdrücklich (mündlich) abgedungen wird. Vielmehr genügen die auf Abschluss des Aufhebungsvertrages gerichteten Willenserklärungen, denn dadurch werden alle entgegenstehenden früheren Abmachungen überholt, auch die Vereinbarung der Schriftform

– Daneben kommt eine **Vertragsübernahme** in Betracht. Sie kann nicht nur durch einen dreiseitigen Vertrag vollzogen werden, sondern auch durch einen Vertrag zwischen der ausscheidenden und der eintretenden Vertragspartei unter Zustimmung des anderen Teils.

---

1 BGH, NJW-RR 1989, 77 m.w.N.
2 BGHZ 65, 49, 55.
3 OLG Düsseldorf, DWW 2001, 166.

35b Welcher Vertragstyp im Einzelfall dem Willen der Beteiligten entspricht, ist durch Auslegung der getroffenen Parteiabreden zu ermitteln[1]. Auch die Frage, ob überhaupt ein Wechsel der Vertragsparteien gewollt ist, bedarf der Auslegung der Parteiabreden (vgl. dazu *B Rz. 137*). Möglich ist nämlich auch ein **Vertragsbeitritt**. Dabei bleibt es grundsätzlich beim Fortbestand der Rechte und Pflichten im Verhältnis der verbundenen Parteien, denen auf einer Seite eine weitere Partei in der Weise beitritt, dass von nun an das Mietverhältnis auch mit ihr besteht.

35c Problematisch sind in der Praxis regelmäßig die Fälle, in denen die Parteien **keine eindeutigen Erklärungen** im Sinne der dargestellten Konstruktionen abgegeben haben, was z.B. durch die Aufnahme einer Vorbemerkung in den (späteren) Vertrag vermieden kann, in der das Ziel der Vereinbarung festgehalten wird. Fehlt es an einer solchen Klarstellung müssen die Erklärungen aller Parteien auf ihre Übereinstimmung überprüft werden. Erst wenn auf allen drei Seiten (Vermieter, bisheriger Mieter, Erwerber) das Einverständnis mit einer bestimmten Vorgehensweise festgestellt werden kann, liegt ein Parteiwechsel in der einen oder anderen Form vor.

36 Schließlich sollte der Erwerber darauf hingewiesen werden, dass er gemäß § 566 BGB nur in die Rechte aus einem **Mietvertrag** eintritt. Haben die Parteien weitere Abreden (z.B. Dienstvertrag über Hauswarttätigkeit) getroffen, findet insoweit ein Gläubigerwechsel nicht statt, sofern die Abreden vom Mietvertrag (also der Überlassung zum Mietgebrauch) rechtlich getrennt erfolgt sind[2]. Stehen sie aber im Zusammenhang mit dem Mietvertrag (z.B. Mietdarlehen), kann ein Übergang stattfinden[3].

37 Außerdem sollte dem Erwerber, der sich mit dem bisherigen Vermieter vor dem 1.9.2001 dinglich geeinigt hat, empfohlen werden, den (bisherigen) Vermieter wenigstens aufzufordern, ihm die geleisteten **Kautionen** und anderen Sicherheiten zu überlassen, worauf er einen Anspruch hat, sofern dem bisherigen Vermieter keine aufrechenbaren Forderungen gegen den Mieter zustehen[4].

38 Hat die schuldrechtliche Einigung **nach dem 31.8.2001** stattgefunden, sollte der Rechtsanwalt versuchen, die Inanspruchnahme des Erwerbers nach § 566a BGB abzusichern, sofern der bisherige Vermieter die Kautionen noch nicht übergeben hat. Hierzu gelten die gleichen Überlegungen wie zu *Rz. 72 ff*. Im Hinblick auf seine eigene Haftung wird sich der bisherige Vermieter jedoch nicht auf eine unbedingte Herausgabe der Kautionen einlassen, so dass gemeinsam mit dem Mandanten über geeignete Sicherungsmittel (z.B. Bankbürgschaft) nachgedacht werden muss.

---

1 BGH, NJW 1998, 531, 532 = ZMR 1998, 155.
2 BGH, NJW 2000, 2346 m.w.N.
3 Sehr streitig: vgl. Staudinger/*Emmerich*, § 566 BGB Rz. 39 f.
4 Vgl. *Heile* in Bub/Treier, II Rz. 887.

cc) Gebühren

39 Sofern sich die Beratung auf das dargestellte Prozedere (Eintritt in den Mietvertrag) beschränkt, liegt das Interesse des Mandanten in der Feststellung, ob ein bzw. mehrere **Mietverträge bestehen**. Dementsprechend ist die Jahresmiete (vgl. *N Rz. 485*) zugrunde zu legen. Beschränkt sich die Beratung auf ein Mietverhältnis, kann nur dessen Jahresmiete berechnet werden. Bei mehreren Mietverträgen (z.B. Mehrparteienhaus) können die Jahresmietwerte aller Wohnungen zusammengerechnet werden.

40 Wird zusätzlich auch über die Frage, wer die **Betriebskostenabrechnung** zu erteilen hat, beraten, kann der Wert der Gesamtkosten pro Jahr zugrunde gelegt werden, denn im Ergebnis kommt es dem Erwerber darauf an, diese Gesamtkosten zu realisieren.

41 Bei der Beratung zur Vermeidung der Haftung aus § 566a BGB besteht das Risiko in der Inanspruchnahme wegen der geleisteten **Kaution**(en). Der Gebührenwert berechnet sich also nach der Summe der Sicherheitsleistungen, wobei ein Abzug auf Grund einer Befriedigung des bisherigen Vermieters nicht gerechtfertigt ist, weil insoweit eine Nachschusspflicht besteht.

42 Wird über alle drei Komplexe beraten, berechnet sich der Geschäftswert durch Zusammenrechnung der Einzelwerte.

b) Beratung des Mieters

43 Der Mieter, der – wie auch immer – von einem Vermieterwechsel erfahren hat, fürchtet um den Bestand des Mietvertrages. Er will regelmäßig folgende **Fragen** beantwortet haben:
– Ab wann müssen die Mietzahlungen an den neuen Vermieter geleistet werden? → *Rz. 44 ff.*
– Kann der neue Vermieter die Miete erhöhen? → *Rz. 49 ff.*
– Muss ein neuer Mietvertrag abgeschlossen werden? → *Rz. 52 ff.*
– Kann das Mietverhältnis gekündigt werden? → *Rz. 59 ff.*
– Kann sich der neue Vermieter auf einen Befristungsgrund (noch) berufen? → *Rz. 61 ff.*
– Wer rechnet über die bisher geleisteten Betriebskostenvorauszahlungen ab? → *Rz. 65 ff.*
– Wer haftet für Mängel der Mietsache? → *Rz. 68 ff.*
– Muss erneut eine Kaution gezahlt werden? → *Rz. 72 ff.*
– Was ist mit bisher geltend gemachten Rechten und laufenden Verfahren? → *Rz. 84 ff.*
– Müssen entstandene Ansprüche gegenüber dem bisherigen Vermieter (noch) geltend gemacht werden? → *Rz. 87 ff.*

aa) Ab wann müssen die Mietzahlungen an den neuen Vermieter geleistet werden?

Wurde die Miete bisher vereinbarungsgemäß im Lastschrifteinzugsverfahren bezahlt, sollte sich der Mieter (bei seiner Bank) erkundigen, ob der Erwerber von der dem alten Vermieter erteilten Ermächtigung Gebrauch machen kann. Dies ist in der Regel nicht der Fall. Es handelt sich nicht um ein mietvertragliches Recht, auf das § 566 BGB nicht anwendbar ist. Besteht eine wirksame Klausel zur Erteilung der Einzugsermächtigung[1], sollte dem Erwerber eine Neue erteilt werden.

Da sich der Vermieterwechsel gemäß § 566 BGB erst vollständig vollzieht, sobald der Erwerber, dem der Vermieter das Mietobjekt veräußert hat, im Grundbuch eingetragen ist, kann der Mieter bis zur Kenntnis über den Eigentumsübergang mit **schuldbefreiender Wirkung** an den bisherigen Vermieter zahlen, § 407 BGB. Dies gilt so lange, wie der Mieter keine positive Kenntnis von einer Abtretung der Mietforderungen bzw. dem Eigentumswechsel hat.

Die **positive Kenntnis** wird herbeigeführt, indem der bisherige Vermieter die Abtretung oder den Eigentumswechsel anzeigt, § 566e BGB. Eine Mitteilung des Erwerbers reicht jedenfalls dann aus, wenn er **vertrauenswürdig** erscheint[2]. Liegt also keine von beiden Parteien unterschriebene Mitteilung über den „wirtschaftlichen Übergang" vor und übermittelt der Erwerber keine Kopie eines Grundbuchauszuges, muss der Rechtsanwalt prüfen, ob Umstände gegeben sind, die berechtigte Zweifel an der Wahrhaftigkeit der Mitteilung des Erwerbers begründen. Auf das bloße „Gerücht", die Mietsache sei verkauft, braucht der Mieter seine Zahlungen nicht umzustellen, denn das Kennenmüssen des Überganges reicht nicht aus. Erwerber und (bisheriger) Vermieter müssen selbst aktiv werden.

Wann **begründete Zweifel** an der Vertrauenswürdigkeit des (potentiellen) Erwerbers gegeben sein können, lässt sich allgemein nicht sagen. Haben jedoch in der Vergangenheit mehrere Besichtigungen durch verschiedene Kaufinteressenten stattgefunden, kann der Mieter erwarten, dass der Erwerber den Forderungsübergang „glaubhaft macht". Für ihn ist es regelmäßig kein besonderes Problem, unter eine Anzeige über den Eigentums- bzw. Forderungsübergang eine Unterschrift des bisherigen Vermieters zu erhalten. Auch wenn, insbesondere bei größeren Wohnkomplexen, der Hausmeister oder Hausverwalter dem Mieter mündlich mitgeteilt hat, das Objekt sei verkauft, muss der Mieter nicht unbedingt darauf schließen, dass derjenige, der ihm den Forderungsübergang anzeigt, der wahre Erwerber ist.

Um Zweifel **auszuschließen**, sollte der Rechtsanwalt den bisherigen Vermieter anschreiben und ihn um eine **Bestätigung** bitten. Gleichzeitig sollte

---
1 Vgl. dazu BGH v. 29.5.2008 – III ZR 330/07, NZM 2008, 656 – MDR 2008, 964; aber auch BGH v. 23.1.2003 – III ZR 54/02, NZM 2003, 367.
2 Palandt/*Heinrichs*, § 407 Rz. 6.

der Erwerber angeschrieben werden und um einen positiven Nachweis für den Forderungs-/Eigentumsübergang gebeten werden. Dieses Schreiben sollte den Hinweis enthalten, dass bis zur **Vorlage** des erbetenen Nachweises (Kopie des Kaufvertrages, Bestätigung des bisherigen Vermieters, Nachweis über die Eintragung der Auflassungsvormerkung oder des Eigentumsüberganges etc.) die Mietzahlung an den bisherigen Vermieter erfolgen wird. Mit Rücksicht darauf, dass der Erwerber regelmäßig mit Übergang der Nutzen und Lasten auch Zins- und Tilgungsleistungen gegenüber der finanzierenden Bank zu erbringen hat, wird er bemüht sein, die notwendigen Nachweise alsbald vorzulegen.

48 Sofern der Forderungs-/Eigentumsübergang von dem bisherigen **Verwalter** angezeigt wird, ist dessen Mitteilung einer Erklärung des bisherigen Vermieters gleichzusetzen, da er sich gegenüber seinem Auftraggeber schadensersatzpflichtig macht, sofern er eine falsche Erklärung abgibt.

bb) Kann der neue Vermieter die Miete erhöhen?

49 Der Grundsatz „Kauf bricht nicht Miete" bedeutet, dass der Vermieter in die bisherigen mietrechtlichen Absprachen, die den **Umfang des Mietvertrages** bilden, eintritt. Da jede Mieterhöhung, also bei Gewerberaum- und bei Wohnraummiete, das Bestehen eines Mietvertrages voraussetzt, kann der Mandant dahin beruhigt werden, dass seine Mieterhöhung aus formeller Sicht grundsätzlich erst zulässig ist, wenn der Eigentumsübergang vollständig vollzogen ist, also der Erwerber in das Grundbuch eingetragen ist (Ausnahme: Ermächtigung des Erwerbers durch den bisherigen Vermieter vgl. Rz. 18).

50 Auch wenn der bisherige Vermieter den Erwerber (nachweislich) zur Abgabe einseitiger Willenserklärungen im Rahmen der bestehenden Mietverträge vor Eigentumsübergang ermächtigt hat[1], sollte dem Mandanten erläutert werden, dass die **bisherigen Absprachen** weder vor noch nach Eigentumsübertragung durch die Veräußerung obsolet geworden sind. Besteht also z.B. eine Wertsicherungsklausel oder eine Staffelmiete, sind diese ebenso bindend wie eine Abrede nach § 557 Abs. 3 BGB. Dabei sollte auch geprüft werden, ob sich eine Beschränkung der Mieterhöhung daraus ergibt, dass der Veräußerer ehemals der Gemeinnützigkeit unterlag oder ein entsprechendes Vertragsformular (irrtümlich) verwendet hat, das die Mietsteigerungen auf Änderungen der laufenden Aufwendungen (Kostenmiete) beschränkt[2].

51 Vor allem bei älteren Gebäuden ergibt sich natürlich die Möglichkeit einer **Modernisierung**. Hierauf kann der Mandant der Vollständigkeit halber hingewiesen werden, wobei ihm „zur Beruhigung" erläutert werden kann, dass ein Erwerber insoweit keine weiter gehenden Rechte besitzt als der bisherige Vermieter. Die Rechtslage, die durch die §§ 554 Abs. 2, 559 ff. BGB be-

---

1 BGH, WuM 1998, 99.
2 Vgl. dazu: BayObLG, WuM 1998, 274, 275 m.w.N.

stimmt wird, ändert sich durch die Veräußerung des Mietobjektes nicht. Der Erwerber, der auch eine Modernisierung aufgrund einer Ermächtigung i.S.v. § 554 Abs. 3 BGB ankündigen kann[1], ist sogar berechtigt, eine Mieterhöhung nach den §§ 559 ff. BGB durchzuführen, wenn er nicht „Bauherr" war[2] und die Maßnahme vor Eintritt in den Mietvertrag abgeschlossen war[3].

cc) Muss ein neuer Mietvertrag abgeschlossen werden?

Viele Mieter (aber auch Erwerber) sind der Auffassung, dass Mietverträge nur wirksam sind, wenn sie schriftlich geschlossen sind. Dem Rechtsanwalt ist im Hinblick auf § 550 BGB bekannt, dass auch **mündliche Mietverträge** wirksam sind. 52

In Unkenntnis der tatsächlichen Rechtslage oder auch mit dem Hintergedanken, **überholte Regelungen** durch wirksame Vereinbarungen ersetzen zu können, fordern Erwerber die Mieter oftmals auf, den Eigentumsübergang durch Abschluss eines schriftlichen Mietvertrages zu dokumentieren. Das Gleiche gilt im Übrigen für verkaufsbereite Vermieter, die Mietverträge bisher nur mündlich abgeschlossen haben und einem Kaufinteressenten die (schriftlichen) Mietverträge zeigen (können) wollen. Der Mandant (Mieter) ist dazu häufig schon deshalb bereit, weil er das Verhältnis mit seinem neuen Vermieter nicht direkt im Streit beginnen will.

Umso mehr besteht die Aufgabe des Rechtsanwalts darin, hier seinen Mandanten vor **Schaden** zu bewahren. Will sich der Mieter unbedingt auf das Begehren des Erwerbers einlassen, sollten vor allen Dingen die Regelungen über 53

– den Mietbeginn,

– die Mietgestaltung,

– die Betriebskosten,

– die Schönheitsreparaturen,

– die Instandhaltungsregelungen (bei Gewerbe)

untersucht werden.

Der **Mietbeginn** ist für den Mandanten wichtig, um sich zumindest bei Wohnraum den Kündigungsschutz des § 573c Abs. 1 BGB zu erhalten. Gemäß Abs. 1 S. 2 dieser Vorschrift verlängern sich die Kündigungsfristen für den Vermieter nach 5 und 8 Jahren. Auf die Berechnung der Kündigungsfrist hat ein Vermieterwechsel grundsätzlich keinen Einfluss[4]. Indessen spricht ein im Mietvertrag festgehaltener Mietbeginn zunächst einmal gegen eine frühere Überlassung[5], so dass sich die Beweislast umkehrt und 54

---

1 BGH v. 13.2.2008 – VIII ZR 105/07, WuM 2008, 219 = GE 2008, 469 = ZMR 2008, 519.
2 KG, WuM 2000, 300 = ZMR 2000, 457.
3 KG, WuM 2000, 482 = ZMR 2000, 757 = MDR 2000, 1068.
4 Staudinger/*Rolfs*, § 573c BGB Rz. 23.
5 Vgl. zur Überlassung i.S.v. § 573c Abs. 1 S. 2 BGB: BGH, WuM 1989, 229, 230.

der Mandant im Streitfall beweisen muss, dass das Mietverhältnis früher begonnen hat. Auch wenn dies regelmäßig ohne Schwierigkeiten gelingen kann, wenn der alte Mietvertrag vorgelegt werden kann oder Zeugen vorhanden sind, sollte bei einer gewissenhaften Beratung dem Mandanten deutlich gemacht werden, dass der im Vertrag angegebene Mietbeginn mit dem Zeitpunkt der Überlassung von dem ursprünglichen Vermieter identisch sein sollte. Regelmäßig wird allein der Hinweis auf die Gefahr, dass der Kündigungsschutz i.S.d. § 573c Abs. 1 BGB verloren gehen kann, dabei überzeugend wirken und ein seriöser Vermieter sich auf diese Vereinbarung einlassen. Für § 544 BGB ist aber allein auf die Überlassung und nicht (neu) auf den Vermieterwechsel abzustellen[1].

55 Die Mietpreisgestaltung sollte geprüft werden, weil erfahrungsgemäß gerade bei älteren Mietverträgen der Erwerber versucht, die **Mietstruktur** zu seinen Gunsten zu verändern, indem er eine bisherige (Teil-)Inklusivmiete auf eine Nettokaltmiete umändert. Hier sollte der Mandant nicht nur wegen des damit verbundenen wirtschaftlichen Nachteils sensibilisiert werden, sondern vor allem um ihm den Charakter seines neuen Vermieters zu verdeutlichen. Denn ein seriöser Kaufmann wird sich vor dem Ansinnen, einen neuen Mietvertrag abzuschließen, darüber informieren, ob ein entsprechender Anspruch besteht und welche Regelungen getroffen werden können. Deshalb kann vor allem bei Erwerbern größerer Mietimmobilien unterstellt werden, dass sie den Sinn und die Konsequenzen der von ihnen vorgeschlagenen Regelungen kennen. Bietet der Erwerber von sich aus nicht gleichzeitig z.B. bei einer Änderung der Mietstruktur von einer (Teil-)Inklusivmiete auf eine Nettokaltmiete an, die Grundmiete für einen wesentlichen Zeitraum nicht z.B. gemäß § 558 ff. BGB anzuheben, kann davon ausgegangen werden, dass er „heimlich" versucht hat, sich einen wesentlichen wirtschaftlichen Vorteil zu verschaffen.

56 Die gleichen Erwägungen gelten hinsichtlich der Regelung der **Betriebskosten**. Selbst wenn in dem neuen Entwurf die Miete betragsmäßig gleich bleibt, kann für den Mandanten ein erheblicher Nachteil daraus entstehen, dass in einer weiteren Regelung im Gegensatz zum bisherigen Mietvertrag die Umlage sämtlicher Betriebskosten i.S.d. Anlage 3 der II. BV bestimmt ist. Auch hierauf sollte der Mandant deutlich hingewiesen werden, um ihm die Entscheidung, ob er – ohne rechtlichen Zwang – einen neuen Mietvertrag abschließen will, treffen überlassen zu können.

57 Hinsichtlich der Regelung über laufende **Schönheitsreparaturen** bzw. Endrenovierungen (vgl. *H Rz. 318 f.*) sollten ebenfalls der bisherige Mietvertrag sowie der vorgelegte Entwurf gegenübergestellt werden. Ergibt sich daraus, dass die bisherige Regelung nach der Rechtsprechung unwirksam oder zumindest zweifelhaft ist, sollte der Mandant nicht ohne Not auf diesen Vorteil verzichten, sondern ihn ggf. als Verhandlungsmasse nutzen.

---

1 OLG Karlsruhe v. 21.12.2007 – 1 U 119/07, WuM 2008, 552 = ZMR 2008, 533 = DWW 2008, 178.

Das Gleiche gilt hinsichtlich der **Instandhaltungsregelungen** in einem Mietvertrag über Gewerberaum.

Ist der Mandant besonders ängstlich und will gerade vermeiden, mit dem Erwerber über den Abschluss eines (neuen) Mietvertrages in Streit zu geraten, kann ihm empfohlen werden, die Änderung der Vermieterstellung durch **Ergänzung des bisherigen Mietvertrages** zu dokumentieren. Dies ist – auch ohne Verletzung der Schriftform – dadurch erreichbar, dass die Person des bisherigen Vermieters im Mietvertragsexemplar gestrichen wird, der Name des neuen Vermieters hinzugefügt wird und diese Seite einer einheitlichen Urkunde durch beide Parteien in allen vorhandenen Exemplaren des Mietvertrages unterschrieben wird. 58

dd) Kann das Mietverhältnis gekündigt werden?

Da der Mieter den bisherigen Vermieter kannte, konnte er sich darauf **einstellen**, ob ihm durch Erklärung des Vermieters – unabhängig von den Fällen vertragswidrigen Verhaltens – eine Kündigung drohte. Gerade bei dem Erwerb von Einzelpersonen befürchten die Mandanten – oft zu Recht – eine Kündigung (z.B. wegen Eigenbedarfs). 59

Um den Mandanten zu beruhigen, sollte zunächst der Mietvertrag dahin überprüft werden, ob **Kündigungsausschlüsse** bestehen. Diese können sich z.B. daraus ergeben, dass eine **Genossenschaftswohnung** angemietet war[1]. Genossenschaftswohnungen werden regelmäßig nur an Mitglieder der Genossenschaft vermietet. Satzungsgemäß steht den Mitgliedern bei Überlassung einer Genossenschaftswohnung regelmäßig ein sog. **Dauernutzungsrecht**[2] zu. Dieses (mitgliedschaftsrechtliche) Dauernutzungsrecht hat bei vielen Genossenschaften Eingang in den Mietvertrag gefunden. Vor allem bei ehemalig gemeinnützigen Wohnungsunternehmen (Genossenschaften), die bis zum Wegfall der Gemeinnützigkeit durch das Steuerreformgesetz 1990[3] verpflichtet waren, die von ihrem Verband empfohlenen Vertragsexemplare zu verwenden, ist das Kündigungsrecht dadurch eingeschränkt worden, dass nach den vertraglichen Bestimmungen **besonders wichtige Gründe** gegeben sein müssen bzw. eine Kündigung so lange ausgeschlossen ist, wie der Mieter nicht gegen vertragliche Pflichten verstößt und seine Mitgliedschaft in der Genossenschaft besteht. Derartige Regelungen gelten fort, wenn die Genossenschaft das Mietobjekt an einen Dritten veräußert[4]. Schließlich kann auch die **mündliche Erklärung** des Vermieters vorliegen, dass z.B. niemals Eigenbedarf geltend gemacht werden wird. Auch diese Erklärung wirkt gegen den Erwerber, weil sie einen mietvertraglichen Beleg hat[5]. Allerdings entfalten sie nur Dauerwirkung, wenn sie in der Schrift-

---
1 Vgl. dazu Hannemann/Wiegner/*Möhlenkamp*, § 48 Rz. 83 ff.
2 Vgl. § 14 der Mustersatzung des Bundesverbandes Deutscher Wohnungsunternehmen e.V. (GdW).
3 Vgl. BGBl. 1988, 1093.
4 OLG Karlsruhe, WuM 1985, 77.
5 Staudinger/*Emmerich*, § 566 BGB Rz. 39.

form des § 550 BGB dokumentiert sind[1], sofern sie das Recht zur ordentlichen Kündigung länger als ein Jahr ausschließen sollen[2]. Liegt die Erklärung also nur mündlich vor, sollte so schnell wie möglich von dem bisherigen Vermieter über seine Erklärung eine schriftliche Bestätigung in Form eines Nachtrages eingeholt werden. Dazu ist der Vermieter grundsätzlich solange noch berechtigt, wie der Vermieterwechsel noch nicht vollzogen ist.

60 Ergeben sich **keine Kündigungsbeschränkungen**, sollte dem Mandanten vermittelt werden, dass er zunächst gelassen eine evtl. schriftliche Kündigung abwarten sollte. Dabei kann ihm vor Augen geführt werden, wie problematisch die formell richtige Abfassung einer Kündigung sein kann (vgl. *J Rz. 47 ff.*). Denn nach überwiegender Auffassung ist eine Kündigung durch den Erwerber erst möglich, wenn er im Grundbuch eingetragen ist. Eine für die Zeit bis dahin erteilte Ermächtigung, das Mietverhältnis im eigenen Namen zu kündigen, bezieht sich jedenfalls nicht auf Gründe, die in der Person des Erwerbers liegen (z.B. Eigenbedarf)[3].

ee) Kann sich der neue Vermieter auf einen Befristungsgrund (noch) berufen?

61 Liegt ein vor dem 1.9.2001 geschlossener **einfacher Zeitmietvertrag** i.S.v. § 564c BGB a.F. vor, tritt der Erwerber in die dadurch begründeten Rechte und Pflichten ein, ohne dass der Vertrag geändert wird[4]. Das Gleiche gilt für Verträge nach § 565a BGB a.F[5]. Wurde nach dem 31.8.2001 eine einfache Befristung vereinbart, ist sie nach § 575 Abs. 4 BGB unwirksam. Sofern sie auf einer Individualvereinbarung beruht, kann sie im Wege der ergänzenden Vertragsauslegung[6] oder der Umdeutung[7] als wechselseitiger Kündigungsverzicht[8] aufgefasst werden, sofern nicht der Wille der Parteien, eine unbedingte Beendigung herbeizuführen ausschlaggebend war. Bei einem Formular- oder Verbrauchervertrag i.S.v. § 310 Abs. 3 BGB tritt jedoch gem. § 306 BGB an die Stelle der unwirksamen Vereinbarung das geltende Recht. Hiernach gilt gem. § 575 Abs. 1 S. 2 BGB der Formular- oder Verbrauchervertrag als auf unbestimmte Zeit geschlossen. Bei diesen Vertragstypen ist weder eine ergänzende Vertragsauslegung noch eine Umdeutung zulässig[9]. Denn die Anwendung dieser Institute würde gegen das Ver-

---

1 BGH v. 4.4.2007 – VIII ZR 223/06, WuM 2007, 272.
2 BGH v. 9.7.2008 – XII ZR 117/06, ZMR 2008, 883 = GuT 2008, 335.
3 LG München I, WuM 1999, 161; AG Mitte, MM 2004, 375.
4 Schmidt-Futterer/*Blank*, § 564c BGB Rz. 64.
5 BGH v. 20.6.2007 – VIII ZR 257/06, WuM 2007, 463 = ZMR 2007, 848 = NZM 2007, 728.
6 *Lützenkirchen*, ZMR 2001, 769, 771.
7 *Blank/Börstinghaus*, Neues Mietrecht, § 575 BGB Rz. 17.
8 Vgl. dazu: *Lützenkirchen*, Wohnraummiete, C. I. Inhalt der Erläuterungen zu § 2 Nr. 3.
9 Insoweit missverständlich: *Blank/Börstinghaus*, Neues Mietrecht, § 575 BGB Rz. 17.

bot geltungserhaltender Reduktion verstoßen[1]. Dementsprechend muss mit dem Mandanten insbesondere die Entstehung der Befristung erörtert werden, wobei für die Annahme einer Individualvereinbarung spricht, wenn der Vermieter zunächst z.B. eine längere Mietzeit vorgesehen hatte und im Wege der Verhandlungen die letztlich vereinbarte Zeit im Vertrag festgeschrieben wurde.

Besteht eine **qualifizierte Befristung** i.S.v. § 564c Abs. 2 BGB a.F. (bei Vertragsschluss vor dem 1.9.2001) oder i.S.v. § 575 Abs. 1 BGB, ist es streitig, ob der Erwerber das ursprüngliche Befristungsinteresse geltend machen kann. Während einerseits die Ansicht vertreten wird, dass durch die Veräußerung keine Veränderung eintritt[2], gehen andere Autoren davon aus, dass sich der Erwerber auf einen Befristungsgrund nicht berufen kann[3]. Richtigerweise muss in diesen Fällen nach dem jeweiligen Befristungsgrund unterschieden werden[4]. Wurde die Befristung mit der wesentlichen Veränderung oder Instandsetzung der Miträume begründet (§ 564c Abs. 2 Nr. 2 lit. b BGB a.F. = § 575 Abs. 1 Nr. 2 BGB), kann sich auch der Erwerber hierauf berufen. Demgegenüber kann der Eigennutzungswunsch (§ 564c Abs. 2 Nr. 2 lit. a BGB a.F. = § 575 Abs. 1 Nr. 1 BGB) grundsätzlich nicht geltend gemacht werden. Eine Ausnahme ist nur gerechtfertigt, wenn die Befristung zugunsten des (familienangehörigen) Erwerbers erfolgt ist[5]. Das Gleiche gilt für den Befristungsgrund des Betriebsbedarfs (§ 564c Abs. 2 lit. c BGB a.F. = § 575 Abs. 1 Nr. 3 BGB). Dieser kann von dem Erwerber geltend gemacht werden, wenn er seinerseits Arbeitnehmer beschäftigt und die Wohnungen zur Unterbringung dieser Personen verwenden will. 62

Je nach dem zeitlichen Abstand zum Ablauf der vorgesehenen Mietzeit sollte der Rechtsanwalt die Frist für das **Auskunftsersuchen** nach § 575 Abs. 2 BGB (4 Monate vor Ablauf der Befristung) notieren oder den Erwerber bereits zur Auskunft über das Fortbestehen des Befristungsgrundes auffordern. Denn § 575 Abs. 2 BGB verbietet nicht ein früheres Auskunftsersuchen, sondern besagt allein, dass der Vermieter auf ein Auskunftsbegehren frühestens 4 Monate vor Ablauf der Befristung beantworten muss[6]. Daran ändert sich auch dann nichts, wenn für den Mieter konkrete Anhaltspunkte für den Wegfall des Befristungsgrundes bestehen[7]. Das Auskunftsersuchen kann wie folgt formuliert werden: 63

---

1 BGH, NJW 1982, 2309; BGH, NJW 1986, 1610.
2 MünchKomm/*Voelskow*, 3. Aufl., § 564c BGB Rz. 40.
3 *Sternel*, Mietrecht, IV Rz. 316.
4 Vgl. Schmidt-Futterer/*Blank*, 7. Aufl., § 564c BGB Rz. 64.
5 Schmidt-Futterer/*Blank*, 7. Aufl., § 564c BGB Rz. 64 m.w.N.
6 *Lützenkirchen*, Neue Mietrechtspraxis, Rz. 409.
7 *Blank/Börstinghaus*, § 575 BGB Rz. 33; a.A. Herrlein/Kandelhard/*Kandelhard*, § 575 Rz. 28.

Peter Wichtig
Musterstraße 101
50937 Köln

Herrn
Werner Müller
Bahnhofstraße 3
51054 Köln

Sehr geehrter Herr Müller,

Herr Peter Müller, Werdestr. 3, 50670 Köln, hat mich mit der Wahrnehmung seiner Interessen beauftragt.

In § 2 des Mietvertrages vom 12.10.2001 wurde vereinbart, dass die Mietzeit bis zum 31.12.2005 befristet ist, weil der damalige Vermieter die Mieträume mit den darüber liegenden Räumen im Dachgeschoss zu einer Maisonettewohnung verbinden wollte, wobei eine innerhalb der Wohnung liegende Treppe installiert werden sollte und die Aufteilung der Räume insgesamt neu gestaltet werden sollte.

Unabhängig von der Frage, ob Sie als Erwerber sich überhaupt auf diesen Befristungsgrund berufen können, fordere ich Sie namens und im Auftrage meines Mandanten auf, mir bis zum ... mitzuteilen, ob Sie die ursprüngliche Umbauabsicht selbst zum vorgesehenen Mietende realisieren wollen.

Mit freundlichen Grüßen

64 Selbst wenn das Schreiben früher als 4 Monate vor Ablauf der Mietzeit an den Erwerber gerichtet wird, ist es sinnvoll, die Aufforderung zur Auskunftserteilung mit einer **Frist** zu versehen. Zwar kann aus der Fristversäumung zunächst kein klagbarer Anspruch hergeleitet werden[1]. Indessen wird dadurch die Möglichkeit geschaffen, dass der neue Vermieter vorzeitig reagiert und der Mandant damit schon zu einem früheren Zeitpunkt Klarheit darüber hat, ob er sich auf das Mietende einstellen muss.

ff) Wer rechnet über die bisher geleisteten Betriebskostenvorauszahlungen ab?

65 Einige Mandanten befürchten, dass durch den Vermieterwechsel ihre bisherigen **Vorauszahlungen** an den früheren Vermieter **verloren** sind, oder sind der Meinung, dass der bisherige Vermieter eine **Abrechnung** der Betriebskosten **bis zum Eigentumsübergang** durchführen muss. Beide Auffassungen sind falsch.

66 Über die **Betriebskosten** muss derjenige abrechnen, der bei Ablauf der Abrechnungsperiode als Vermieter gilt[2]. Vollzieht sich der Vermieterwechsel

---

1 *Lützenkirchen*, Neue Mietrechtspraxis, Rz. 409.
2 *Langenberg*, Betriebskosten, G Rz. 59 ff.

während der Abrechnungsperiode, wird davon die Abrechnungspflicht nicht berührt. Nach **Ablauf des Abrechnungszeitraums** muss in diesem Fall der Erwerber auch über die Vorauszahlungen abrechnen, die noch an den alten Vermieter geleistet wurden[1]. Wie der bisherige Vermieter und der Erwerber die Kosten untereinander aufteilen, braucht den Mieter grundsätzlich nicht zu interessieren. Er hat Anspruch auf Erteilung einer Betriebskostenabrechnung für 12 Monate, die er von demjenigen verlangen kann, der bei Ablauf der Abrechnungsperiode unter Berücksichtigung von § 566 BGB als Vermieter gilt. Um sich hier endgültige Klarheit zu verschaffen, sollte der Rechtsanwalt einen Grundbuchauszug anfordern, wozu das berechtigte Interesse i.S.v. § 29 GBO mit dem Hinweis auf die Unsicherheit, die durch den Vermieterwechsel eingetreten ist, bzw. die Notwendigkeit, das genaue Datum des Vermieterwechsels ermitteln zu müssen, dargelegt werden kann.

Ist der bisherige Vermieter z.B. wegen einer früheren Abrechnungsperiode mit der Abrechnung im Rückstand, kann der Mieter ein **Zurückbehaltungsrecht**[2] an den Vorschüssen, die er dem Erwerber schuldet, nicht ausüben[3]. Es fehlt an der Gegenseitigkeit.

gg) Wer haftet für Mängel der Mietsache?

Auch wenn im Kaufvertrag geregelt ist, dass mit vollständiger Kaufpreiszahlung Nutzen und Lasten auf den Erwerber übergehen, und zwar unabhängig von der Eigentumsumschreibung, bleibt der bisherige Vermieter formal dem Mieter gegenüber gewährleistungspflichtig. Da der **bisherige Vermieter** auf Grund der Situation im Innenverhältnis zum Erwerber jedoch regelmäßig nicht mehr befugt ist, an der Mietsache Veränderungen herbeizuführen, und ihm gegenüber nicht vor Verschlechterungen nach Eintritt der Kaufpreisfälligkeit haftet, sollte der Rechtsanwalt vorsorglich **beiden** gegenüber, also dem **Erwerber** und dem **bisherigen Vermieter**, Gewährleistungsrechte geltend machen. Mit dem bisherigen Vermieter ist damit formal die richtige Person angesprochen. Gegenüber dem Erwerber wird dadurch erreicht, dass der faktisch Berechtigte informiert wird.

Die **Mängelbeseitigungsansprüche** bleiben in der geltendgemachten Form bestehen. Befindet sich der Vermieter dem Mieter gegenüber mit der Beseitigung eines Mangels im Verzug, wirkt die einmal eingetretene **Verzugslage** nach dem Eigentumsübergang in der Person des Erwerbers fort. Tritt der **Schaden** in diesem Fall nach dem Eigentumsübergang ein, so richten sich die Ansprüche des Mieters nicht gegen den Grundstücksveräußerer, sondern gegen den Grundstückserwerber[4]. Hier sollte aber akribisch untersucht werden, wann der Schaden entstanden ist. Sind z.B. vor dem Vermieterwechsel Anwaltsgebühren für die Einleitung eines Beweisverfahrens

---

1 BGH, WuM 2000, 609 = NZM 2001, 158.
2 BGH, WuM 1984, 185, 187; OLG Koblenz, WuM 1995, 154, 155.
3 BGH, WuM 2000, 609, 610 = NZM 2001, 158, 160.
4 BGH, WuM 2005, 201 = ZMR 2005, 354.

entstanden, sind diese gegen den bisherigen Vermieter geltend zu machen. Danach entstandene Kosten eines Sachverständigen hat der Erwerber im Verhältnis zum Mieter materiell-rechtlich zu übernehmen.

69 **Minderungsrechte** bestehen in gleicher Weise gegenüber dem Erwerber wie gegenüber dem bisherigen Vermieter. Dementsprechend kann die bisher wegen § 536 BGB gekürzte Miete auch an den Erwerber in der reduzierten Höhe gezahlt werden, sofern der Mangel weiterbesteht.

70 Wurde hinsichtlich bestehender Mängel jedoch ein **Vorbehalt** erklärt, um z.B. den Voraussetzungen des § 539 BGB a.F. (analog) oder der Verwirkung[1] (vgl. *F Rz. 201a ff.*) entgegen zu wirken, soll dieser Vorbehalt gegenüber dem Erwerber erneuert werden müssen[2].

71 Die **Aufrechnung** mit Gegenforderungen ist unter den Voraussetzungen des § 566d BGB zulässig.

hh) Muss erneut eine Kaution gezahlt werden?

72 Hinsichtlich der **Haftung des Erwerbers** für die Rückzahlung der Kaution ist durch das Mietrechtsreformgesetz zum 1.9.2001 eine wesentliche Veränderung der Rechtslage eingetreten: Entgegen § 572 BGB a.F. haftet der Erwerber gem. § 566a BGB unabhängig davon, ob er die Kaution erhalten hat oder nicht. In den Überleitungsvorschriften (Art. 229 § 3 EGBGB) ist keine Regelung enthalten, die den Anwendungsbereich des § 566a BGB auf Altverträge einschränkt. Für den Erwerber, der vor dem 1.9.2001 ein Mietobjekt gekauft hat, kann aber durch eine uneingeschränkte Geltung der neuen Rechtslage ab dem 1.9.2001 eine Verschlechterung eintreten. Er konnte nämlich das Haftungsrisiko mangels Kenntnis der Rechtsänderung nicht durch entsprechende Gestaltung des Kaufvertrages abmildern. Für den bisherigen Vermieter tritt dagegen eine Verbesserung ein, weil er nach bisherigem Recht über § 415 BGB grundsätzlich nicht nur subsidiär haftete[3].

73 Vor diesem Hintergrund wird die Auffassung vertreten, § 566a BGB sei nicht anzuwenden, wenn der Eigentumswechsel vor dem 1.9.2001 vollständig abgewickelt wurde[4]; in diesen Fällen soll sich die Haftung des Vermieters und des Erwerbers aus verfassungsrechtlichen Gründen (**Verbot der echten Rückwirkung** von Gesetzen) nach § 572 BGB a.F. richten[5], wobei zur Begründung auch auf den in Art. 170 EGBGB enthaltenen Grundsatz, wonach für vor dem In-Kraft-Treten des Bürgerlichen Gesetzbuches (am 1.1.1900) entstandene Schuldverhältnisse die bisherigen Gesetze maß-

---

1 Vgl. OLG Naumburg, NZM 2002, 251; KG, ZMR 2002, 111, 114; *Sternel*, ZMR 2002, 1, 2.
2 LG Köln in *Lützenkirchen*, KM 33 Nr. 2.
3 BGH, NZM 1999, 496.
4 *Börstinghaus/Eisenschmid*, S. 440.
5 *Kinne/Schach*, § 566a BGB Rz. 4.

geblich bleiben, abgestellt wird[1]. Die gegenteilige Meinung wendet das neue Recht uneingeschränkt an, weil sie den Willen des Gesetzgebers als vorrangig bewertet und eine „Mitschleppung wenig bedeutsamer Regelungen" mit dem Ziel, das neue Recht möglichst zügig umzusetzen, für unvereinbar hält[2]. Eine vermittelnde Meinung wendet § 566a BGB an, wenn der notarielle Grundstückskaufvertrag vor der Verkündung des Gesetzes am 19.6.2001, aber nach der entsprechenden Beschlussfassung durch den Deutschen Bundestag am 29.3.2001 abgeschlossen worden ist[3].

Auch der **BGH**[4] lehnt für den Fall des Erwerbs in der Zwangsversteigerung eine (rückwirkende) Anwendung auf Sachverhalte, die vor dem 1. September 2001 abgeschlossen waren, ab. § 566a S. 1 BGB finde keine Anwendung auf Veräußerungsvorgänge vor seinem Inkrafttreten. Es fehle hierzu an einer entsprechenden Übergangsvorschrift in Art. 229 § 3 EGBGB. Der Gesetzgeber habe in den Regelungen des Art. 229 § 3 EGBGB zum Ausdruck gebracht, dass aus Gründen des Vertrauensschutzes und der Rechtssicherheit Übergangsvorschriften erforderlich seien. Würde man § 566a S. 1 BGB auf Veräußerungsvorgänge, die vor dem 1.9.2001 abgeschlossen waren, anwenden, wäre das Vertrauen des Käufers auf dem Bestand der Umstände, die für ihn bei Vertragsabschluss von Bedeutung waren, nicht geschützt. Hinzu komme, dass aufgrund des Verbotes der echten Rückwirkung von Gesetzen verfassungsrechtliche Bedenken gegen eine Anwendung des § 566a S. 1 BGB bestehen.

74

Im Hinblick auf das Verbot der echten Rückwirkung von Gesetzen kann jedoch nicht darauf abgestellt werden, ob der Erwerbsvorgang vor dem 1.9.2001 **vollständig abgeschlossen** war. Dies ist nämlich erst mit der Eintragung des Erwerbers in das Grundbuch nach den §§ 873, 925 BGB der Fall. Das **Grundgeschäft** (in der Regel ein Kaufvertrag), bei dem die wesentlichen Kautelen festgelegt werden (können), also insbesondere ein entsprechender Schutz vor einer Inanspruchnahme durch den Mieter oder adäquaten Ausgleich durch den bisherigen Vermieter[5], wird regelmäßig lange vor der Eintragung beurkundet. Nur wenn der Erwerber die Möglichkeit hat, sich der (neuen) Rechtslage entsprechend einzurichten, wird er in seinem Vertrauen vor einer rückwirkenden Änderung gesetzlicher Vorschriften vollständig geschützt. Deshalb muss auf den Zeitpunkt abgestellt werden, in dem der Erwerber sich auf die neue Rechtslage einstellen konnte. Infolgedessen ist § 566a BGB grundsätzlich nur anzuwenden auf Erwerbsvorgänge, bei denen die Beurkundung des Kaufvertrages oder des anderen Grundgeschäfts nach dem 31.8.2001 stattgefunden hat. Auf die Verkündung des Gesetzes kann nicht abgestellt werden, weil bis dahin die Fiktion

75

---

1 AG Lichtenberg, NZM 2002, 385; *Lammel*, § 566a BGB Rz. 32.
2 *Franke*, ZMR 2001, 951; *Maciejewski*, MM 2001, 217.
3 KG v. 20.9.2007 – 8 U 190/06, ZMR 2008, 48 = GE 2007, 1628.
4 BGH, WuM 2005, 404 = MietRB 2005, 197.
5 Vgl. dazu: *Lützenkirchen*, Wohnraummiete, C. I. Inhalt der Erläuterungen zu § 8 Nr. 8.

der Veröffentlichung im BGBl. nicht greift und im Mietrecht anders als im Steuerrecht nicht ständig mit Gesetzesänderungen gerechnet werden muss.

76 Insbesondere bei Kaufverträgen wird das schuldrechtliche Geschäft gleichzeitig mit der dinglichen Einigung nach den §§ 873, 925 BGB beurkundet. Liegen darüber noch keine Erkenntnisse vor, sollte ein Grundbuchauszug angefordert werden. Dazu muss das berechtigte Interesse i.S.v. § 29 GBO dargelegt werden, was unproblematisch durch den Hinweis auf den Eigentumswechsel und die damit verbundene Unsicherheit für den Mandanten geschehen kann. In dem Grundbuchauszug wird regelmäßig das Datum der Eintragungsbewilligung angegeben, das nur in Ausnahmefällen von dem Zeitpunkt abweichen wird, in dem der notarielle Kaufvertrag beurkundet wurde. Nach diesem Datum sollte sich die weitere Beratung richten:

(1) Schuldrechtliche/dingliche Einigung vor dem 1.9.2001

77 Gemäß § 572 BGB a.F. tritt der Erwerber in die Rechte, die durch die Verpflichtung zur Leistung einer Sicherheit begründet wurde, ein. Nach S. 2 dieser Vorschrift ist er zur Rückgewähr der Sicherheit jedoch nur verpflichtet, wenn ihm die Kaution ausgehändigt wurde oder er sich gegenüber dem bisherigen Vermieter zur Rückgewähr verpflichtet hat[1].

78 Sofern die Mitteilung über den Eigentumsübergang hierzu keine Hinweise enthält, besteht für den Mieter eine **Unsicherheit** über den Verbleib seiner Kaution. Denn vor allem bei (noch) lange andauernden Mietverhältnissen besteht für den Mieter die Gefahr, die Kaution von seinem bisherigen Vermieter nicht zurückzuerhalten. Sofern dieser in der Zwischenzeit verstirbt (oder eine Gesellschaft liquidiert wird), erhält er die Kaution grundsätzlich nur zurück, wenn er den oder die Rechtsnachfolger ausfindig macht und diese ausreichend liquide sind, ganz zu schweigen von dem Fall, dass der Vermieter die Kaution entgegen § 550b Abs. 2 BGB a.F. (= § 551 Abs. 3 BGB) nicht getrennt von seinem Vermögen aufbewahrt hat und seine Erben z.B. die Einrede der Dürftigkeit erheben können.

79 Umso mehr besteht ein Bedürfnis, unverzüglich dafür zu sorgen, dass dem Erwerber die Mietsicherheit ausgehändigt wird. Dazu muss eine Barkaution (einschl. Zinsen) übertragen werden. Bei einer Bürgschaft muss dem Erwerber ein neuer Bürgschein ausgestellt und vom bisherigen Vermieter die Bürgschaftsurkunde herausverlangt werden. Eine Abtretung scheitert daran, dass die Bürgschaft für eine bestimmte Hauptforderung (des bisherigen Vermieters) in der Form des § 566 BGB erklärt ist, so dass der Erwerber aus dieser Bürgschaft keine Rechte herleiten kann[2]. Die Durchführung dieser

---

1 Vgl. dazu BGH, NZM 1999, 496.
2 OLG Düsseldorf, WuM 2000, 212 = ZMR 2000, 287.

Maßnahmen kann der Mieter von dem bisherigen Vermieter **verlangen**[1]. Deshalb sollte der Rechtsanwalt den bisherigen Vermieter auffordern, dem Erwerber die Kaution unverzüglich auszuhändigen und ihm über die Aushändigung einen Nachweis zu erteilen (z.B. Quittung des Erwerbers). Der Erwerber sollte aufgefordert werden, den Erhalt der Kaution zu bestätigen und die richtige Anlage nach § 551 Abs. 3 BGB nachzuweisen (z.B. durch Kopie des Sparbuches).

Sofern (berechtigte oder unberechtigte) **Gegenforderungen** bestehen, z.B. wegen der Durchführung einer Mietminderung, muss damit gerechnet werden, dass der bisherige Vermieter die **Aufrechnung** erklärt und nur den Differenzbetrag an den Erwerber überträgt. Dies ist formal **zulässig**[2]. Sofern der bisherige Vermieter von dieser Möglichkeit Gebrauch macht, muss auf Zahlung der Barkaution an den Erwerber geklagt werden. Bei einer Bürgschaft muss der Antrag dahin formuliert werden, dass der bisherige Vermieter verurteilt wird, den aus der Bürgschaft erlangten Betrag an den Bürgen zurückzuzahlen. 80

(2) Schuldrechtliche/dingliche Einigung nach dem 31.8.2001

Da der Mieter durch § 566a BGB haftungsrechtlich **doppelt abgesichert** ist, indem er zunächst den Kautionsrückzahlungsanspruch gegen den Erwerber und sodann gegen den oder die bisherigen Vermieter geltend machen kann, besteht in dieser Situation an sich kein Handlungsbedarf. Indessen ist es auch im Interesse des Mieters, den Verbleib, aber vor allem die insolvenzfeste Anlage der Kaution nach § 551 Abs. 3 BGB zu sichern. Deshalb sollte darauf hingewirkt werden, dass der Erwerber die Kaution erhält, zumal dadurch sichergestellt werden kann, dass seine Inanspruchnahme nach Beendigung des Mietvertrages nicht erfolglos ist. Hierzu kann zunächst in der gleichen Weise vorgegangen werden wie bei Verträgen, die noch dem § 572 BGB a.F. unterliegen (vgl. dazu: *Rz. 77 ff.*). 81

Der **bisherige Vermieter** wird daran interessiert sein, seine (subsidiäre) Haftung aus § 566a BGB zu vermeiden (vgl. dazu: *Rz. 91*). Dies kann er dadurch erreichen, dass er die (restliche) Kaution an den Erwerber übergibt und der Mieter seiner Entlassung aus der Haftung nach § 566a BGB zustimmt[3]. 82

Hierüber sollte der Rechtsanwalt den Mandanten aufklären und gleichzeitig bei seiner eigenen Handlungsweise vermeiden, dass sein bzw. das Verhalten des Mandanten dahin ausgelegt werden kann, dass er der **Enthaftung des bisherigen Vermieters zustimmt**. Der Anspruch nach § 566a S. 2 83

---

1 OLG Karlsruhe, WuM 1989, 63; LG Düsseldorf, WuM 1992, 542; *Heile* in Bub/Treier, II Rz. 888.
2 OLG Frankfurt/Main, NJW-RR 1987, 786; *Sternel*, Mietrecht, III Rz. 235.
3 Vgl. zu einer entsprechenden vertraglichen Regelung: *Lützenkirchen*, Wohnraummiete, C. I. Inhalt der Erläuterungen zu § 8 Nr. 8.

BGB entfällt nicht allein deshalb, weil der Erwerber (zunächst) die Kaution ordnungsgemäß erhalten hat und entsprechend § 551 Abs. 3 BGB anlegt. Entscheidend ist der Zeitpunkt, in dem der Rückzahlungsanspruch geltend gemacht wird. Hat der Erwerber bis dahin treuwidrig über die Kaution verfügt, stellt der Anspruch gegen den bisherigen Vermieter eine Möglichkeit zur Minimierung des wirtschaftlichen Risikos dar. Da die Realisierung dieses Risikos nicht abgesehen werden kann, ist dem Mieter grundsätzlich zu raten, nicht an einer Übertragung mit gleichzeitig Haftungsentlassung des bisherigen Vermieters mitzuwirken. Eine Zustimmung des Mieters zur Haftungsentlassung sollte daher nur erklärt werden, wenn der Mandant (schriftlich) über das Risiko aufgeklärt wurde und ausdrücklich eine entsprechend (schriftliche) Anweisung erteilt. Ansonsten sollte in der Korrespondenz sowohl gegenüber dem Erwerber als auch dem bisherigen Vermieter vorsorglich ausdrücklich klargestellt werden, dass in dem Verhalten des Mandanten keine Zustimmung zur Haftungsentlassung des bisherigen Vermieters gesehen werden kann, um auch eine konkludente Zustimmung zu vermeiden.

83a Wird eine Wohnung allerdings zwischen Beendigung des Mietverhältnisses und Fälligwerden der Kaution **zwangsversteigert**, so haftet der Erwerber – obgleich der Rückgewähranspruch der Kaution erst nach dem Zuschlag fällig wurde – dem Mieter gegenüber nicht gem. § 566a BGB auf Kautionsrückzahlung. Die Haftung verbleibt beim alten Vermieter[1].

ii) Was ist mit bisher geltend gemachten Rechten und laufenden Verfahren?

84 Zwischen dem Mandanten und dem bisherigen Vermieter können sowohl **außergerichtliche** wie **gerichtliche Angelegenheiten** streitig sein.

Hat der **Mieter** eine **Kündigung** gegenüber dem bisherigen Vermieter erklärt, entfaltet diese auch gegenüber dem Erwerber Wirkung. Ansprüche wegen **überzahlter Miete** kann der Mieter nur bei demjenigen geltend machen, gegen den diese Ansprüche entstanden sind. Insoweit tritt der Erwerber in eine (teil-)unwirksame Mietvereinbarung (z.B. wegen § 5 WiStrG oder § 8 WoBindG) ein.

85 Hat der **Vermieter** eine Kündigung ausgesprochen, bleibt auch diese **grundsätzlich wirksam**. Umstritten ist die Rechtslage in den **Fällen des § 573 BGB**, sofern durch den Eigentumsübergang das geltend gemachte berechtigte Interesse entfällt. Die überwiegende Meinung geht davon aus, dass derartige Kündigungen nach Treu und Glauben mit dem Eigentumsübergang unwirksam werden[2]. Davon **ausgenommen** sollen die Fälle sein, in denen trotz der Veräußerung z.B. der Eigenbedarf fortbesteht, weil z.B. der

---

[1] LG Berlin, MietRB 2005, 283.
[2] OLG Hamm, NJW-RR 1992, 1164; *Heile* in Bub/Treier, II Rz. 889; *Sternel*, Mietrecht, I Rz. 62.

Veräußerer ein Wohnrecht vorbehalten hat oder weil das Grundstück an diejenigen Angehörigen veräußert wurde, für die die Räume nach der Kündigung ohnehin bestimmt waren[1] (vgl. auch J Rz. 194). Richtigerweise muss zunächst darauf abgestellt werden, ob die Kündigunsfrist im Zeitpunkt des Vermieterwechsels bereits abgelaufen war. Dann ist das Mietverhältnis nämlich bereits beendet und der Erwerber tritt nur noch in das Abwicklungsverhältnis ein. Lief die Kündigungsfrist noch, kommt es darauf an, ob das berechtigte Interesse von der Person des Vermieters abhängt, wie z.B. bei Eigenbedarf und Hinderung der wirtschaftlichen Verwertung.

Bei der Veräußerung von **Wohnungseigentum**, das nach Abschluss des Mietvertrages begründet wurde, läuft die Wartefrist weiter[2]. Wurde eine Mieterhöhung z.B. nach § 558 ff. BGB erklärt, tritt der Erwerber mit der Eigentumsumschreibung in die dadurch begründeten Rechte ein[3]. Er muss die Zustimmungsfrist abwarten oder die Klagefrist einhalten. 85a

Hat der Vermieter eine **Modernisierungsmaßnahme** durchgeführt und anschließend das Objekt veräußert, wird dem Erwerber das Recht zugebilligt, eine Mieterhöhung nach § 559 BGB durchzuführen[4]. Dies gilt auch dann, wenn die vom Veräußerer und ehemaligen Vermieter veranlassten Modernisierungsmaßnahmen vor Eintritt des Erwerbers in das Mietverhältnis abgeschlossen sind[5]. Nach § 566 BGB tritt der Erwerber anstelle des Veräußerers in das gesamte Mietverhältnis mit allen Rechten und Pflichten für die Dauer seines Eigentums ein. Hierbei erwirbt er zwar nicht solche Ansprüche, die bereits während der Eigentümerzeit des Vermieters entstanden und fällig geworden sind. Er wird jedoch Inhaber solcher auf die Mietsache bezogener Ansprüche, deren Fälligkeit hinausgeschoben war. 85b

Bei der auf einem Vertrag mit einem Dritten beruhenden **Mietpreisbindung** ist von dem Grundsatz auszugehen, dass die in einem vom Voreigentümer abgeschlossenen Fördervertrag enthaltene Mietpreisbegrenzung für den Erwerber nicht bindend ist[6]. Insoweit ist § 566 BGB nicht anwendbar, weil sich die Beschränkung nicht aus dem Gesetz ergibt, sondern allein aus der vertraglichen Beziehung des Voreigentümers mit der Förderstelle, in die der Erwerber nicht eintritt. Enthält der Mietvertrag aber eine (formularmäßig) ausgestaltete Anlage, die auf die vom Voreigentümer vereinnahmte öffentliche Förderung und die daraus resultierenden Mieterhöhungsbeschränkungen „im Bindungszeitraum der Förderung (in der Regel 20 Jahre)" hinweist, ist die Bindung auch für den Ersteher maßgeblich[7]. Denn die 85c

---

1 OLG Hamm, NJW-RR 1992, 1164.
2 BayObLG, BayObLGZ 1982, 46, 47.
3 Schmidt-Futterer/*Gather*, § 571 BGB Rz. 39.
4 KG, WuM 2000, 300 = ZMR 2000, 457 = NZM 2000, 652.
5 KG, WuM 2000, 482 = ZMR 2000, 757 = NZM 2000, 860.
6 BGH, WuM 1998, 100 = NZM 1998, 102.
7 BGH, WuM 2003, 694 = NZM 2003, 973 = MietRB 2004, 66.

Regelungen in der Anlage zum Mietvertrag sind selbst dann eine vertragliche Abmachung, wenn es sich um eine Allgemeine Geschäftsbedingung handelt, so dass der Erwerber prinzipiell über § 566 BGB daran gebunden ist. Daran ändert der Erwerb in der Zwangsversteigerung nichts.

86 Bestehen **anhängige Prozesse**, richtet sich die Rechtslage nach den §§ 265, 325 ZPO. Dabei ist das vermietete Grundstück oder die vermietete Eigentumswohnung die „in Streit befangene Sache". In laufende Prozesse kann der Erwerber gemäß § 265 Abs. 2 ZPO nur mit **Zustimmung des Mieters** eintreten. Das rechtskräftige Urteil wirkt gegen ihn (§ 325 ZPO)[1]. War Gegenstand der Klage eine Kündigung nach § 573 BGB, kommt es darauf an, ob die Kündigung in der Person des Erwerbers fortbesteht (vgl. *Rz. 59*). Ist dies nicht der Fall, muss der Rechtsstreit in der Hauptsache für erledigt erklärt werden.

jj) Müssen entstandene Ansprüche gegenüber dem bisherigen Vermieter (noch) geltend gemacht werden?

87 In dieser Beratungssituation ist insbesondere die kurze Verjährung des § 548 Abs. 2 BGB zu beachten. Mit dem Eigentumswechsel endet das Mietverhältnis mit dem bisherigen Vermieter, so dass die Verjährungsfrist gemäß § 548 Abs. 2 BGB zu laufen beginnt[2].

Deshalb sollte ermittelt werden, ob z.B. Verwendungsersatzansprüche bestehen, die noch gegenüber dem bisherigen Vermieter geltend gemacht werden müssen.

kk) Gebühren

88 Die Gebühren berechnen sich in den hier dargestellten Angelegenheiten nach dem **Interesse des Mieters**. Ist der Rechtsanwalt nicht damit beauftragt, den Bestand des Mietvertrages zu prüfen, also ob der angegebene Erwerber tatsächlich in den Mietvertrag eingetreten ist, berechnen sich die Gebühren nicht nach § 41 Abs. 1 GKG, sondern nach den jeweiligen Begehren des Mandanten. Geht es also z.B. nur um die Frage, ob die Miete (bereits) an den Erwerber zu zahlen ist, wird der Streitwert durch die Höhe einer Monatsmiete bestimmt. Dabei ist immer daran zu denken, dass für eine **Erstberatung** eines Verbrauchers gemäß VV 2102 die max. Höhe der Gebühren 190 Euro beträgt (vgl. *B Rz. 60*).

c) Beratung des bisherigen Vermieters

89 Dieser Mandant hat regelmäßig kein besonderes Interesse mehr an den bestehenden Mietverträgen. Nach dem Übergang des wirtschaftlichen Eigentums will er jeden **Aufwand vermeiden**.

---

1 BGH, WM 1965, 680.
2 Palandt/*Weidenkaff*, § 548 Rz. 12 m.w.N.

90 Zunächst sollte geprüft werden, ob bereits entstandene Ansprüche, z.B. auf Schadensersatz[1], bestehen, weil diese nicht auf den Erwerber übergehen[2]. Hier droht u.U. **Verjährung**, so dass vorsichtshalber die Frist (6 Monate nach Eigentumsumschreibung) notiert werden sollte. Lassen sich die Ansprüche mit der Kaution aufrechnen, muss lediglich die Aufrechnungserklärung abgegeben werden. Ansonsten müssen u.U. verjährungsunterbrechende Maßnahmen getroffen werden (vgl. *K Rz. 99 ff.*).

91 Ergibt sich ein (ggf. restliches) Kautionsguthaben, muss auch hier geprüft werden, ob die schuldrechtliche/dingliche Einigung mit dem Erwerber vor dem 1.9.2001 stattgefunden hat (vgl. dazu *Rz. 74*). Liegt diese Einigung vor dem In-Kraft-Treten des Mietrechtsreformgesetzes, sollte eine **Übertragung der Kaution auf den Erwerber** nur erfolgen, wenn von dem Mieter damit die Zustimmung zur Entlassung aus der Haftung auf Rückgewähr der Kaution erreicht werden kann (vgl. § 415 BGB[3]). Allerdings ist zu beachten, dass dem Erwerber gegen den Vermieter ein Herausgabeanspruch nach § 985 BGB zugebilligt wurde, wobei für Urkunden wie z.B. Sparbücher, § 952 BGB zu beachten war[4]. Denn zumindest hinsichtlich einer Barkaution, die entsprechend § 551 Abs. 3 BGB angelegt ist, vollzieht sich durch die Veräußerung des Mietobjektes ein gesetzlicher Kontoinhaberwechsel[5]. Besteht eine Bürgschaft als Mietsicherheit, sollte auf jeden Fall die Sechsmonatsfrist notiert werden, denn nach Ablauf von 6 Monaten ist der Vermieter auf jeden Fall zur Rückgabe verpflichtet[6]. Im Gegensatz zur Barkaution besteht nach Eintritt der (kurzen) Verjährung bei der Mietbürgschaft auch keine Aufrechnungslage i.S.v. § 390 S. 2 BGB, weil sich durch das Dreiecksverhältnis (Vermieter/Mieter/Bürge) in unverjährter Zeit Ansprüche (gegen den Bürgen) nicht aufrechenbar gegenübergestanden haben können[7]. Im Hinblick darauf sollte die Bürgschaft auf jeden Fall vor Ablauf der sechs Monate in Anspruch genommen werden, wobei eine dem Bürgen übermittelte Forderungsaufstellung im Verhältnis zum Mieter keine Bindungswirkung hinsichtlich der Verrechnung entfaltet[8].

92 Bei der Inanspruchnahme von **Banken** aus einer **Bürgschaft** ergibt sich regelmäßig das Problem, dass die Banken erst zahlen, wenn ihnen der Bürgschein im Original vorliegt. Insbesondere wenn die Bank(filiale) räumlich in großer Entfernung vom Wohnort des Vermieters oder dem Kanzleisitz des Rechtsanwaltes liegt, kann eine reibungslose Abwicklung dadurch erreicht werden, dass dem Bürgen zugesichert wird, dass die Zahlung an den

---

1 Vgl. z.B. KG, NZM 1999, 612.
2 BGH, NJW 1965, 1225; Palandt/*Weidenkaff*, § 566 BGB Rz. 21.
3 BGH, NZM 1999, 496.
4 Schmidt-Futterer/*Gather*, § 572 BGB Rz. 11; Staudinger/*Emmerich*, § 566a BGB Rz. 11 m.w.N.
5 OLG Düsseldorf, NJW-RR 1997, 1170 = WuM 1997, 264.
6 OLG Hamm, NJW-RR 1992, 1036.
7 BGH, NJW 1998, 981.
8 OLG Düsseldorf, WuM 2000, 212.

Mandanten erst weitergeleitet wird, wenn sichergestellt ist, dass der Bürgschein bei der Bank eingegangen ist. Dies kann z.B. wie folgt geschehen:

Rechtsanwalt
Peter Wichtig
Musterstraße 101
50937 Köln

Deutsche Bank AG
Berliner Allee 87
40237 Düsseldorf

Bürgschein-Nr.: 1234567

Sehr geehrte Damen und Herren,

ausweislich der beigefügten Vollmacht vertrete ich die Interessen von Herrn Lutz Krümel, Bahnhofplatz 2, 50123 Köln.

Zugunsten des Mieters Heinrich Müller haben Sie für den Mietvertrag mit meinem Mandanten über die Wohnung im 1. OG des Hauses Pfeilstraße 3, 50670 Köln, eine Mietbürgschaft übernommen. Der Mietvertrag wurde zum ... beendet. Ausweislich der beigefügten Forderungsaufstellung stehen meinem Mandanten aus dem beendeten Mietvertrag noch Ansprüche in Höhe von 5285 Euro zu.

Namens und im Auftrage meines Mandanten nehme ich Sie hiermit aus der Bürgschaft über 3000 Euro in Anspruch und fordere Sie auf, den Betrag bis zum ... *(14 Tage)* auf mein Anderkonto bei der Stadtsparkasse Köln Nr. 17 181 920 (BLZ 370 501 98) zu überweisen.

Ich versichere Ihnen, dass mir der Bürgschein im Original vorliegt. Diesen Originalbürgschein werde ich Ihnen per Einschreiben/Rückschein übermitteln, sobald die Bürgschaftssumme auf meinem Anderkonto eingegangen ist. Die Bürgschaftssumme werde ich an meinen Mandanten erst weiterleiten, wenn der Rückschein über die Zusendung des Bürgscheins bei mir eingegangen ist.

Mit freundlichen Grüßen

---

93 Hat die schuldrechtliche/dingliche Einigung mit dem Erwerber nach dem 31.8.2001 stattgefunden, sollte ebenfalls darauf hingewirkt werden, dass das Risiko einer Inanspruchnahme für den **bisherigen Vermieter** ausgeschlossen wird. Die einfachste Methode besteht darin, dem Mieter die Kaution zurückzugeben, denn mit der Rückgabe/Auszahlung erlischt der Kautionsrückzahlungsanspruch gegen den bisherigen Vermieter.

94 Damit entsteht jedoch für den Erwerber das Risiko, dass er die Kaution erneut einklagen muss. Deshalb sollte zunächst **gemeinsam mit dem Erwerber** versucht werden, mit dem Mieter eine Vereinbarung über die Übergabe

der Kaution an den Erwerber herbeizuführen, wobei der Mieter gleichzeitig in die Entlassung des bisherigen Vermieters aus § 566a BGB einwilligen muss. Dazu sollten alle Beteiligten (bisheriger Vermieter, Erwerber, Mieter) regeln, dass der bisherige Vermieter an den Erwerber das Kautionsguthaben überträgt und mit dem Nachweis der ordnungsgemäßen Anlage nach § 551 Abs. 3 BGB der bisherige Vermieter aus seiner Haftung entlassen wird.

Ist der Mieter nicht bereit, an einer solchen Vereinbarung mitzuwirken, muss zumindest darauf hingewirkt werden, dass der Mandant vor einer **unberechtigten Inanspruchnahme** nach § 566 S. 2 BGB geschützt ist. Dazu kann die Übergabe des Kautionsguthabens an den Erwerber von der Stellung einer entsprechend hohen (Kaution zzgl. Zinsen) Bankbürgschaft oder der Einräumung eines gemeinsamen Verfügungsrechts über ein Kautionssparbuch abhängig gemacht werden.

2. Zwischenvermietung = Gewerbliche Weitervermietung

a) Eintritt des Eigentümers in den Mietvertrag

Ist das Mietverhältnis mit dem Zwischenvermieter durch Kündigung oder Zeitablauf beendet, tritt nach § 565 Abs. 1 S. 1 BGB der Eigentümer in das Mietverhältnis ein. Seine Rechte an der Wohnung bestimmen sich daher ab dem **Zeitpunkt des Eintritts** nach dem mit dem Endmieter geschlossenen Mietvertrag.

Hierauf muss besonders hingewiesen werden, weil auf dieses Mietverhältnis die Wohnraumschutzgesetze Anwendung finden. Auf den Streit, ob eine gesetzliche Vertragsübernahme ähnlich wie im Falle der Veräußerung nach § 566 BGB stattfindet[1] oder ein neuer Mietvertrag zwischen Hauptvermieter und dem Untermieter kraft Gesetzes entsteht[2], kommt es im Ergebnis nicht an. Denn auch die letztgenannte Meinung geht davon aus, dass der Inhalt des „neuen" Mietvertrages sich nach dem Mietvertrag zwischen Zwischenvermieter und Endmieter richtet[3].

Der Mandant muss darüber aufgeklärt werden, dass sich die Kündigungsfristen und die Mieterhöhungsmöglichkeiten ebenso wie alle anderen Rechte und Pflichten unter Zugrundelegung der bisher im Verhältnis Zwischenvermieter/Endmieter geltenden Kriterien richten.

Voraussetzung für die Anwendbarkeit des § 565 BGB ist das Vorliegen einer **gewerblichen Weitervermietung**. Diese kann grundsätzlich nur angenommen werden, wenn sich der Zwischenmieter aus der Weitervermietung von Wohnungen eine ständige Einkunftsquelle verschaffen will[4]. Es kommt also allein auf die Absicht an, die sich regelmäßig aus der Differenz zwischen der geschuldeten und der vereinnahmten Miete ableiten lässt.

---

1 So: *Bub*, NJW 1993, 2901; *Franke* in Fischer-Dieskau/Pergande/Schwender, § 549a BGB Anm. 3.4; *Kinne* in Kinne/Schach, § 565 BGB Rz. 7.
2 Staudinger/*Emmerich*, § 565 BGB Rz. 10.
3 Staudinger/*Emmerich*, § 565 BGB Rz. 10.
4 Schmidt-Futterer/*Blank*, § 565 BGB Rz. 8 m.w.N.

Nähere Untersuchungen hinsichtlich der **Gewinnerzielungsabsicht** sind erforderlich, wenn der Zwischenvermieter dem Eigentümer andere Leistungen schuldet, durch die er unter dem Strich (also aus der Differenz) einen Vorteil ziehen will. Dabei ist darauf zu achten, dass dieser geldwerte Vorteil gerade aus der Vermietung erzielt werden soll, also z.B. nicht daraus, dass der Weitervermieter für den Eigentümer als Dienstleister tätig ist und im Hause eine Wohnung zur Weitervermietung an einen Angestellten (z.B. Hausbetreuer) anmietet. Dann dient die Weitervermietung nur zur Sicherung des Dienstvertrages, aber nicht zur Gewinnerzielung aus der Weitervermietung.

Problematisch ist die Anwendbarkeit von § 565 BGB, wenn **Wohnräume** von vorneherein **zur Weitervermietung** überlassen werden, ohne dass eine Gewinnabsicht des Hauptmieters besteht. Insoweit kann dem Endmieter gegenüber dem Eigentümer Kündigungsschutz zustehen, obwohl sie kein Mietvertrag verbindet[1]. Dafür kommt es darauf an, in wessen Interesse die Weitervermietung erfolgt (sog. **Lagertheorie**)[2] oder ob der Vermieter von vorneherein auch mit dem Endmieter einen Vertrag abgeschlossen hätte[3]. Deshalb liegt ein Gewerberaummietvertrag mit dem Verein ohne Kündigungsschutz des Endmieters gegenüber dem Eigentümer vor, wenn ein caritativer Verein ein Gebäude mietet, um darin von ihm ausgewählte Personen einer besonderen Bevölkerungsgruppe unter zu bringen, ohne dass der Eigentümer ein Mitspracherecht hinsichtlich der Auswahl der Personen hat[4]. Dagegen ist von einem Gewerberaummietvertrag mit dem Arbeitgeber und Kündigungsschutz für den Endmieter gegenüber dem Eigentümer auszugehen, wenn ein Arbeitgeber Wohnraum vom Eigentümer mietet, um ihn an seine Mitarbeiter zu vermieten und dem Eigentümer ein Mitspracherecht bei der Auswahl der Endmieter eingeräumt wurde, weil dieser auf die Gestaltung des Endmietverhältnisses wesentlichen Einfluss nehmen kann[5]. Das Gleiche gilt, wenn ein gemeinnütziger Verein mit dem Eigentümer einen Mietvertrag schließt und der Verein es satzungsgemäß übernimmt, die Wohnräume für und durch seine Mitglieder instand zu setzen, weil jener auch von vornherein mit dem Endmieter hätte kontrahieren können[6].

In allen Fällen muss vor allem der Mietvertrag zwischen Eigentümer und Zwischenvermieter sorgfältig geprüft werden. Aber auch der Sinn und Zweck der Zwischenschaltung des Hauptmieters muss ermittelt werden, um die Sachlage vollständig bewerten zu können.

---

1 BVerfG, WuM 1993, 123.
2 BGH, WuM 1996, 537; BayObLG, WuM 1995, 639; NJW-RR 1996, 71; NJW-RR 1996, 73; KG, GE 1996, 49; OLG Hamburg, NJW 1993, 2322.
3 BGH, ZMR 2003, 816 = MietRB 2004, 37.
4 BayObLG, WuM 1995, 639.
5 NJW-RR 1996, 71.
6 BGH, ZMR 2003, 816 = MietRB 2004, 37.

aa) Beratung des Eigentümers

(1) Das Beratungsgespräch

Um einen reibungslosen Vertragsübergang zu gewährleisten, sollten Eigentümer und Zwischenvermieter gemeinsam einen Brief an den Mieter versenden, in dem die Beendigung des Zwischenmietverhältnisses mitgeteilt und der Eintritt des Eigentümers in das Mietverhältnis bestätigt wird (vgl. Muster *Rz. 17*). Solange eine derartige **Anzeige** nicht erfolgt, kann der Mieter gem. § 407 BGB noch mit schuldbefreiender Wirkung an den bisherigen (Zwischen-)Vermieter zahlen. Insbesondere wenn noch Leistungen im Verhältnis Eigentümer/Zwischenvermieter abzurechnen sind und darüber sogar Streit besteht, kann dies zu einer vorteilhaften Position des ehemaligen Zwischenvermieters führen, wenn er die Miete nicht sofort an den Eigentümer weiterleitet.

97

Ist der bisherige Zwischenvermieter nicht bereit, das gemeinsame Anschreiben mit zu verfassen bzw. zu unterzeichnen, sollte der Eigentümer wenigstens **einseitig** seinen Eintritt in den Mietvertrag **anzeigen**. Diese Anzeige muss so gestaltet werden, dass der Mieter Kenntnis von den Tatsachen erlangt, die den Eintritt des Eigentümers in den Mietvertrag bewirken. Denn die Bösgläubigkeit in § 407 BGB setzt **Kenntnis der Tatsachen**, die den Forderungsübergang bewirken, voraus, bloßes Kennenmüssen genügt nicht[1]. Deshalb sollte der Rechtsanwalt dem Mieter schriftlich mitteilen, wie der Mietvertrag mit dem Zwischenvermieter beendet wurde und welche Konsequenzen sich gemäß § 565 BGB daraus ergeben. Hierzu sollte durchaus wörtlich der Gesetzestext wiedergegeben werden. Weiterhin sollten der Anzeige **Nachweise** über die Beendigung des Zwischenmietverhältnisses beigefügt werden. Hier kommen in Betracht

98

– die Kündigung mit einer evtl. Kündigungsbestätigung,
– die Vorlage des Zwischenmietvertrages, wenn der Vertrag durch Zeitablauf endete, oder
– eine sonstige Erklärung des ehemaligen Zwischenvermieters, in der eine Bestätigung der Beendigung enthalten ist.

Die Kopien dieser Dokumente sollten vom Rechtsanwalt zumindest beglaubigt werden, wenn sie nicht im Original übermittelt werden können, um Zweifel hinsichtlich der für § 407 BGB notwendigen Kenntnis auszuschließen. Es handelt sich insoweit um die einseitige Erklärung des Zessionars vom Vertragsübergang. Ob diese eindeutige Anzeige eine ausreichende Kenntnis des Mieters i.S.d. § 407 BGB bewirkt, hängt im Wesentlichen davon ab, ob der Mandant (Eigentümer) **vertrauenswürdig** erscheint[2]. Insoweit kann erwogen werden, den Mieter (am besten gemeinsam mit dem Eigentümer) aufzusuchen und ihm anhand der vorliegenden Dokumente die Sach- und Rechtslage deutlich zu machen. Bei diesem Gespräch können Zweifel des Mieters erkannt und ggf. beseitigt werden.

99

---

1 Palandt/*Heinrichs*, § 407 BGB Rz. 6.
2 BGH, BGHZ 102, 74.

100 Bleiben diese Bemühungen erfolglos, sollte der Mieter veranlasst werden, die Miete gemäß § 372 S. 2 BGB beim Amtsgericht (Hinterlegungsstelle) zu **hinterlegen**. Voraussetzung ist allerdings, dass dem Mieter vom Eigentümer die Beendigung des Zwischenmietvertrages in einer Form mitgeteilt wurde, die bei dem Endmieter **Bösgläubigkeit** i.S.d. § 407 BGB verursacht, denn solange keine positive Kenntnis des Mieters von den Tatsachen, die zur Beendigung des Zwischenmietvertrages geführt haben, vorliegt, besteht keine auf Fahrlässigkeit beruhende Unsicherheit i.S.d. § 372 S. 2 BGB. Der Mieter kann weiterhin mit schuldbefreiender Wirkung gemäß § 407 BGB an den bisherigen Vermieter zahlen. Zur Hinterlegung reicht es nämlich nicht aus, dass mehrere Gläubiger auftreten[1]. Es müssen vielmehr begründete, objektiv verständliche Zweifel über die Person des Gläubigers vorliegen. Dabei muss die Würdigung aller Umstände ergeben, dass dem Mieter nicht zugemutet werden kann, den Zweifel auf eigene Gefahr zu lösen[2]. Diese Voraussetzungen sind erfüllt, wenn wenigstens die Kündigung des Zwischenmietvertrages durch den Eigentümer vorgelegt wird und dem Mieter der Zugang sowie der Streit über den Grund der Kündigung glaubhaft gemacht wird.

101 Um dem Begehren des Eigentümers mehr **Nachdruck** zu verleihen, sollte hier nicht zurückhaltend agiert werden, sondern durchaus angekündigt werden, dass bei Nichtzahlung der Miete das Mietverhältnis außerordentlich fristlos gekündigt werde. Diese Vorgehensweise ist insbesondere empfehlenswert, wenn das Zwischenmietverhältnis vorzeitig (z.B. wegen fristloser Kündigung) beendet wurde und der Zwischenvermieter die Beendigung nicht akzeptiert. In diesem Fall wird der Zwischenvermieter alles daran setzen, weiterhin die Mietzahlungen zu erhalten, um seine Ausgangssituation gegenüber dem Eigentümer zu verbessern. Schließlich kann der Mieter darauf hingewiesen werden, dass sein Verhalten gegenüber dem Mandanten auch im Hinblick auf eine Fortsetzung des Mietvertrages gewertet wird. Selbst wenn der Mieter in der gegebenen Situation die Miete beim Amtsgericht hinterlegt, ist dadurch zumindest verhindert, dass der Zwischenvermieter einen Vorteil erlangt, der sich bei seiner Insolvenz als Schaden realisiert.

102 Im Weiteren muss der Mietvertrag dahin überprüft werden, ob der Endmieter eine **Kaution** gezahlt hat. In diesem Fall sollte der Zwischenvermieter zur Herausgabe der Sicherheitsleistung aufgefordert werden (vgl. § 566a BGB i.V.m. § 565 Abs. 2 BGB). Je nach der vereinbarten Sicherheit muss die Herausgabe des Kautionssparbuches mit entsprechender Übertragung des Guthabens verlangt werden oder die Abtretung verpfändeter Sicherheiten. Eine Bankbürgschaft muss in der Regel nur herausgegeben werden, wenn sie für den Vermieter und dessen Rechtsnachfolger ausgestellt ist. Hinsichtlich der Unterscheidung zwischen altem und neuem Mietrecht ergeben sich insoweit keine Unterschiede zur Beratung des Erwerbers bei einer Veräußerung nach § 566 BGB (vgl. dazu *Rz. 13 ff.*).

---

1 BGH, BGHZ 7, 307.
2 OLG Düsseldorf, ZIP 1994, 960.

Hinsichtlich der Abrechnung von Betriebskostenvorauszahlungen ergeben sich keine Besonderheiten zu dem Eintritt eines Erwerbers nach § 566 BGB (vgl. dazu *Rz. 65*).

(2) Prozessuales

(a) Im **Verhältnis zum Mieter** können grundsätzlich nur prozessuale Auseinandersetzungen möglich werden, wenn die Mietzahlung nicht erfolgt. Insoweit ergeben sich keine Besonderheiten zur üblichen **Klage auf Zahlung** von Miete bzw. den Konsequenzen bei mehrfacher Nichtzahlung (§ 543 Abs. 2 Nr. 3 BGB). Es ist allerdings zu prüfen, ob dem Zwischenvermieter der **Streit verkündet** werden sollte. 103

Es ist auch zu überlegen, ob der Mieter im Wege der **einstweiligen Verfügung** dazu angehalten werden kann, die Mietzahlungen zu hinterlegen. In diesem Verfahren kann eine Zahlung an den Mandanten nicht erreicht werden, weil dies die Hauptsache vorwegnehmen würde[1]. Es muss glaubhaft gemacht werden, dass das Zwischenmietverhältnis beendet und der Vermieter dadurch gemäß § 565 Abs. 1 S. 1 BGB in das Mietverhältnis eingetreten ist. Im Fall der fristlosen Kündigung müssen hierzu die Kündigungsgründe an Eides statt versichert werden. Im Falle des Zeitablaufes reicht die Vorlage des Zwischenmietvertrages und die eidesstattliche Versicherung, dass es zu keiner Verlängerung des Mietvertrages gekommen ist. 104

Der **Antrag** kann lauten:

Dem Antragsgegner aufzugeben, die monatliche Miete für die Wohnung im 1. OG des Hauses Luxemburger Str. 101, 50939 Köln, in Höhe von 585 Euro ab dem 1.5.2003 beim Amtsgericht – Hinterlegungsstelle – Köln zu hinterlegen.

Zweifelhaft kann hier jedoch der **Verfügungsgrund** sein. Gemäß § 940 ZPO muss eine Regelung zur Abwendung wesentlicher **Nachteile** oder aus anderen Gründen notwendig sein[2]. Da eine Zahlung an den Eigentümer im Wege der einstweiligen Verfügung kaum zu erreichen sein wird, können sich beachtliche Nachteile insbesondere ergeben, wenn die Insolvenz des Zwischenvermieters droht. Hierzu sollte überprüft werden, ob der Zwischenvermieter in der Vergangenheit (letzten 12 Monate) seine Zahlungen an den Mandanten pünktlich geleistet hat. Weiterhin kann daran gedacht werden, beim Amtsgericht – Insolvenzgericht – nachzufragen, ob dort ein Antrag auf Eröffnung eines Insolvenzverfahrens vorliegt. **Andere Gründe** können sich aus dem Streit mit dem Zwischenvermieter selbst ergeben. 105

---

1 Zöller/*Vollkommer*, § 938 ZPO Rz. 3 m.w.N.
2 *Putzo* in Thomas/Putzo, § 940 ZPO Rz. 5 ff.

106 **(b)** Aus der Beziehung zum Zwischenvermieter kann sich die Notwendigkeit ergeben, **einstweiligen Rechtsschutz** zu suchen, um z.B. Störungen des Mietverhältnisses zu vermeiden. Für Verfahren mit dem Zwischenvermieter ist das Amtsgericht gemäß § 23 Ziff. 1 GVG nur zuständig, wenn der Streitwert 5000 Euro nicht übersteigt.

(3) Gebühren

107 Ist die Beendigung des Zwischenmietvertrages streitig, entstehen die Gebühren nach 2300 VV RVG (vgl. *N Rz. 99 ff.*) nach dem Wert der Jahresmiete des Zwischenmietvertrages, § 41 Abs. 1 GKG. Wird gleichzeitig ein Handeln gegenüber dem Mieter notwendig, liegt eine **besondere Angelegenheit** i.S.d. § 18 RVG vor, die entsprechend dem dafür geltenden Streitwert abgerechnet werden kann.

bb) Mieterberatung

108 Wird dem Mieter der Eintritt des Eigentümers in das Mietverhältnis mitgeteilt, gilt über § 565 Abs. 2 BGB § 566e BGB, wenn die Mitteilung vom Zwischenmieter stammt. Ansonsten ist entsprechend § 407 BGB zu prüfen, ob die Mitteilung in einer Form erfolgt ist, dass die **Kenntnis des Mieters** vom Übergang des Mietverhältnisses unzweifelhaft ist. Sind die Voraussetzungen gegeben, weil z.B. ein von dem Eigentümer und dem Zwischenvermieter gemeinsam verfasstes Schreiben vorliegt, sollte dem Mandanten geraten werden, die Mietzahlungen ab sofort auf das Konto des Eigentümers zu leisten.

109 Andernfalls sollten gegenüber dem Vermieter die **Anforderungen** formuliert werden, die zur positiven Kenntnis i.S.d. § 407 BGB vorliegen müssen. Dies sind zunächst eine entsprechende Erklärung des Zedenten (Zwischenvermieters)[1] oder Urkunden, die die Beendigung des Zwischenmietvertrages ergeben (Kündigung, Kündigungsbestätigung, Mietvertrag mit Befristung etc.).

110 Der Rechtsanwalt muss hier die **Sachlage sorgfältig prüfen**, denn seine Entscheidung führt dazu, dass der Mieter an einen der beiden als Vermieter in Betracht kommenden Personen zahlen wird. Hat der Mieter an den falschen geleistet, besteht für ihn die Gefahr, dass der richtige Vermieter die Kündigung nach § 543 Abs. 2 Nr. 3 BGB ausspricht. Deren Wirkungen kann der Mieter zwar gemäß § 569 Abs. 3 BGB heilen; das führt jedoch zunächst zu einem finanziellen Schaden im Hinblick auf die zunächst doppelte Mietzahlung. In dem Räumungsprozess kann sich der Mieter in der Regel nicht darauf berufen, dass er Rechtsrat eingeholt hat. Denn die unrichtige Auskunft eines Rechtsanwalts ist keinesfalls immer ein Entschuldigungsgrund[2].

---

[1] OLG Köln, VersR 1994, 114.
[2] LG Köln in *Lützenkirchen*, KM 12 Nr. 31; **a.A.** LG Köln in *Lützenkirchen*, KM 20 Nr. 43.

Lässt sich auf Grund der vorliegenden Informationen nicht abschließend klären, ob das Zwischenmietverhältnis beendet wurde, sollte beim Amtsgericht – Hinterlegungsstelle – der Antrag auf **Hinterlegung** der Mieten gestellt werden. Dies bedarf allerdings der **sorgfältigen Prüfung**. Gemäß § 372 S. 2 BGB kann der Mieter u.a. dann den Anspruch auf Mietzahlung durch Hinterlegung erfüllen, wenn er infolge einer **nicht auf Fahrlässigkeit beruhenden Ungewissheit** über die Person des Gläubigers seine Verbindlichkeit nicht oder nicht mit Sicherheit erfüllen kann. Ob und ggf. unter welchen Voraussetzungen ein Schuldner verpflichtet ist, bei nicht einfach gelagerten Sachverhalten professionellen, kostenpflichtigen Rechtsrat einzuholen, bevor er sich zur Hinterlegung entschließt, ist im Einzelnen umstritten[1]. Es reicht aber noch nicht aus, wenn zwei Forderungsprätendenten auftreten und mit Vehemenz Zahlung an sich verlangen[2]. Beruht ein angeblicher Gläubigerwechsel aber auf einer dem Schuldner vorliegenden unklaren Regelung im Kaufvertrag und fällt der Vermieter/Veräußerer vor Übergang von Nutzen und Lasten in Insolvenz, kann der Mieter schuldbefreiend hinterlegen[3]. Die Sach- und Rechtslage muss also umfassend geprüft werden und es müssen begründete Zweifel an der wahren Gläubigerstellung verbleiben, die sich nicht auslöschen lassen. Zu beachten ist, dass der Mieter sich das Verschulden seines Rechtsanwaltes zurechnen lassen muss.

111

Der **Antrag** ist **formlos** möglich. Gemäß § 6 HinterlO muss in dem Antrag angeführt werden, warum die Hinterlegung erfolgt. Deshalb sollten in der Antragsschrift der Streit zwischen Eigentümer und Zwischenvermieter dargestellt und der Schriftverkehr, aus dem sich dieser Streit ergibt, beigefügt werden. Schon die Antragstellung beim Amtsgericht – Hinterlegungsgericht – sollte den Gläubigern angezeigt werden. Zwar ist eine Anzeige nach § 374 Abs. 2 BGB erst erforderlich, wenn die Hinterlegung selbst erfolgt, was erst nach der Annahmeerklärung durch das Amtsgericht möglich ist. Indessen kann durch diese Anzeige verhindert werden, dass der Eigentümer oder der Zwischenvermieter auf Zahlung klagen, weil sie damit rechnen müssen, dass der Schuldner noch vor Rechtshängigkeit der Mietklage i.S.d. § 372 BGB erfüllt.

111a

Weiterhin ist zu ermitteln, ob der Mieter z.B. wegen Mängeln **Vorbehalte** hinsichtlich der Mietzahlungen erklärt hat, um sich die Rechte aus § 536 BGB zu erhalten. Für diesen Fall muss nämlich der Vorbehalt gegenüber dem Eigentümer **erneuert** werden[4]. Dies sollte unverzüglich veranlasst werden, wobei natürlich gleichzeitig eine Aufforderung zur Mängelbeseitigung erfolgen kann.

112

Bei neu aufgetretenen Mängeln sollten vorsichtshalber **beide potentiellen Vermieter** angeschrieben und zur Mängelbeseitigung aufgefordert werden. In der Mängelrüge sollte deutlich gemacht werden, dass mit der Ausübung

113

---

1 Palandt/*Heinrichs*, 63. Aufl., § 372 BGB Rz. 6 m.w.N.
2 BGH, NZM 2003, 315.
3 BGH, NZM 2004, 301.
4 LG Köln in *Lützenkirchen*, KM 33 Nr. 2.

dieses Rechts **keine Anerkennung der Rechtsposition** des Adressaten verbunden ist.

114 Schließlich muss geprüft werden, ob der Mieter eine **Kaution** geleistet hat, um sicherzustellen, dass diese auf den neuen Vermieter übertragen wird. Deshalb sollte der bisherige Zwischenvermieter aufgefordert werden, die Kaution auf den neuen Vermieter zu übertragen. Gleichzeitig sollte der Nachweis der Übertragung verlangt werden, damit bei einer späteren Beendigung des Mietvertrages keine Unsicherheiten entstehen können. Der neue Vermieter sollte aufgefordert werden, den Eingang der Sicherheit ebenfalls zu bestätigen, um letzte Zweifel zu vermeiden.

(1) Prozessuales

115 **Aktiv** braucht der Mieter(-Rechtsanwalt) in der beschriebenen Konstellation nur tätig zu werden, wenn die Übertragung der **Kaution** vom Zwischenvermieter auf den Eigentümer nicht erfolgt oder nicht nachgewiesen wird. Grundsätzlich besteht eine solche Verpflichtung wie bei dem Eintritt eines Erwerbers gemäß §§ 566, 566a BGB. In der **Klageschrift** muss zu folgenden Gesichtspunkten vorgetragen werden:
– Mietvertrag Zwischenvermieter/Mandant
– Beendigung des Mietvertrages Zwischenvermieter/Eigentümer
– Zahlung der Kaution durch den Mandanten an den Zwischenvermieter.

Die Darstellung des Mietvertrages Zwischenvermieter/Mandant ist in der Regel unproblematisch, da er schriftlich vorgelegt werden kann.

116 Zur **Beendigung des Hauptmietvertrages** Zwischenvermieter/Eigentümer müssen die entsprechenden Mitteilungen der Parteien dargelegt werden. Hier ist zu prüfen, ob dies in substantiierter Form möglich ist. Ansonsten kann z.B. der Eigentümer gebeten werden, zum Zwecke der prozessualen Auseinandersetzung mit dem Zwischenvermieter ihm den Mietvertrag sowie die Urkunden, aus denen sich die Beendigung ergibt, in Kopie zu übermitteln. Hierzu wird der Eigentümer gern bereit sein, weil das Verfahren auf Übertragung der Sicherheit, das der Mieter beabsichtigt, für ihn vorteilhaft ist.

117 Der Nachweis der **Zahlung der Kaution** bereitet u.U. Schwierigkeiten, vor allem wenn sie bargeldlos erfolgte und der Mandant die Zahlungsbelege nicht aufbewahrt hat. Hier sollte zunächst die vertragliche Regelung überprüft werden. Ist dort z.B. formuliert, dass der Mieter vor Beginn des Mietvertrages eine Sicherheit leistet, kann diese Regelung zugunsten des Mandanten als Anerkenntnis mit der Folge angesehen werden, dass sich die **Beweislast** umdreht: Es ist kein vernünftiger Grund ersichtlich, weshalb der (Zwischen-)Vermieter bei einer derartigen Formulierung dem Mieter die Schlüssel ohne Zahlung der Sicherheit überlässt.

Der **Klageantrag** kann lauten,

> den Beklagten zu verurteilen, das Kautionssparbuch Nr. 1234567 der Stadtsparkasse Köln, das für das Mietverhältnis über die Wohnung im 1. OG rechts des Hauses Luxemburger Straße 101, 50937 Köln, über 2100 Euro angelegt wurde, an Herrn Willi Wichtig, Petersbergstraße 87, 50935 Köln, herauszugeben.

Da mit dem Eintritt in den Mietvertrag entsprechend § 566 BGB ein **gesetzlicher Kontoinhaberwechsel** stattgefunden hat[1], braucht dem Eigentümer/Vermieter nur noch das Eigentum am Kautionssparbuch überlassen zu werden, damit er sich entsprechend § 808 BGB legitimieren kann. Der Klageantrag setzt allerdings voraus, dass dem Mieter die Bezeichnung des Kautionssparbuchs bekannt ist, wozu der Zwischenvermieter z.B. zur Auskunft über die ordnungsgemäße Anlage i.S.v. § 551 Abs. 3 BGB aufgefordert werden kann. Wird dabei nicht eine Kopie des Sparbuchs vorgelegt, kann auch ein Auszahlungsantrag gestellt werden[2].

Im **Klageantrag** kann dazu formuliert werden,

> den Beklagten zu verurteilen, die für das Mietverhältnis über die Wohnung im 1. OG rechts des Hauses Luxemburger Str. 101, 50937 Köln, geleistete Kaution von 2100 Euro nebst Zinsen an Herrn Willi Wichtig, Petersbergstr. 87, 50935 Köln, auszuzahlen.

Die Formulierung dieses Klageantrages setzt die **Auflösung eines Kautionssparbuches** voraus.

Soll die Unsicherheit wegen der Höhe der inzwischen aufgelaufenen Zinsen vermieden werden, kann eine **Stufenklage** gewählt werden. In diesem Fall wäre zu **beantragen**,

> 1. den Beklagten zu verurteilen, an Herrn Willi Wichtig, Petersbergstr. 87, 50935 Köln, 2100 Euro nebst 5 Prozentpunkte über dem Basiszinssatz seit Rechtshängigkeit zu zahlen;
> 2. den Beklagten zu verurteilen, dem Kläger Auskunft über die Höhe der Zinsen zu der auf den Mietvertrag über die Wohnung im 1. OG rechts des Hauses Luxemburger Str. 101, 50937 Köln, geleisteten Kaution in der Zeit vom 1.8.1995 bis zur Rechtshängigkeit zu erteilen, und zwar durch Vorlage einer nach Kapital und Zinsen geordneten Zusammenstellung;

---

[1] OLG Düsseldorf, WuM 1997, 264 = NJW-RR 1997, 1170.
[2] Vgl. dazu die Vorauflage.

3. den Beklagten zu verurteilen, an Herrn Willi Wichtig, Petersbergstr. 87, 50935 Köln, die auf Grund der Auskunft zu Ziff. 2 ermittelten Zinsen zu zahlen.

122 Neben der Sicherheit über die exakte Höhe der **Zinsen** bietet diese Vorgehensweise den Vorteil, dass ab Rechtshängigkeit eine Verzinsung entsprechend § 288 Abs. 1 BGB (§ 291 BGB) erfolgt[1], die regelmäßig höher ist als die Zinsen, die auf Grund einer Anlage nach § 551 BGB erwirtschaftet werden. Insoweit ist die Rechtslage anders als bei der Klage des Vermieters auf Zahlung der Kaution[2]. Denn die Zinsen stehen gemäß § 551 Abs. 3 S. 3 BGB dem Mieter zu. Diese Vorgehensweise setzt natürlich eine entsprechende vorprozessuale Aufforderung voraus, um die Rechtsfolgen des § 93 ZPO zu vermeiden.

(2) Gebühren

123 Auch für die Beratung des Mieters kann der Gebührenberechnung die **Jahresmiete** (vgl. *N Rz. 485*) zugrunde gelegt werden: Es geht um das Bestehen eines Mietvertrages (vgl. § 41 Abs. 1 GKG), weil die Frage des Vermieters geklärt werden muss. Ein gleichzeitiges Vorgehen gegenüber dem Zwischenvermieter ist als **verschiedene Angelegenheit** i.S.d. § 17 RVG anzusehen.

Muss wegen der Kaution geklagt werden, setzt sich der **Streitwert** aus dem Kautionsbetrag zzgl. der Zinsen zusammen[3]. Dabei bemisst sich der Auskunftsanspruch mit einem Viertel des Zinsbetrages[4].

Zur Höhe der Gebühren ergeben sich keine Besonderheiten (vgl. *N Rz. 83 ff.*).

cc) Beratung des Zwischenvermieters

(1) Beratungsgespräch

124 Will der Zwischenvermieter die **Beendigung** des Vertragsverhältnisses mit dem Eigentümer **nicht anerkennen**, muss dafür gesorgt werden, dass der Eigentümer keine vollendeten Tatsachen schaffen kann.

125 Hierzu kann zunächst der **Mieter** darüber **informiert** werden, dass die Beendigung des Zwischenmietvertrages nicht eingetreten ist, so dass die Mietzahlungen weiterhin an den Mandanten erfolgen müssen. Gleichzeitig muss der Mandant natürlich dazu angehalten werden, alle Verpflichtungen aus dem Mietvertrag zu erfüllen, also z.B. Mängelbeseitigungsaufforderungen nachzugehen, Betriebskostenabrechnungen zu erstellen oder Mieterhöhungen weiterzuverfolgen.

---

[1] OLG Düsseldorf, ZMR 2000, 452, 453.
[2] Vgl. dazu: LG Frankenthal, ZMR 2001, 894; LG Köln, WuM 1987, 257, 258; AG Braunschweig, WuM 1987, 257.
[3] LG Köln in *Lützenkirchen*, KM 20 Nr. 31.
[4] Zöller/*Herget*, § 3 ZPO Rz. 16 „Auskunft".

Eine „bedrohliche" Situation kann insbesondere entstehen, wenn der Vertrag mit dem Endmieter beendet wird. Diese Gelegenheit kann der Eigentümer dazu nutzen, wieder in den Besitz der Wohnung zu gelangen, indem er sich z.B. mit dem Mieter zur **Schlüsselübergabe** verabredet und die Wohnungsabnahme durchführt. Bestehen für eine solche Gefahr Verdachtsmomente, sollte der Mieter darauf hingewiesen werden, dass eine ordnungsgemäße Rückgabe i.S.d. § 546 BGB nur an den Mandanten bzw. dessen Mitarbeiter erfolgen kann.

126

Dabei ist zu überlegen, ob in dem Schreiben an den Mieter auch der **Streit** mit dem Eigentümer **offen gelegt** werden sollte. Dafür spricht, dass ansonsten der Hinweis auf die Rückgabe an den Mandanten kaum nachvollziehbar ist. Im Übrigen wird dadurch erreicht, dass der Mieter von Seiten des Eigentümers auch über die andere Version des Streites aufgeklärt wird und dadurch zumindest Zweifel an der Berechtigung des Eigentümers zur Entgegennahme der Schlüssel entstehen. Gegen eine Offenbarung des Streites kann sprechen, dass damit auch Tatsachen bekannt werden, die die Geschäftspraxis des Mandanten betreffen. Hierüber sollte mit dem Mandanten offen diskutiert werden, um die Vor- und Nachteile abzuwägen.

127

Ist die **Beendigung** des Mietvertrages zwischen dem Mandanten und dem Eigentümer **unstreitig**, muss geprüft werden, inwieweit noch Ansprüche aus dem Mietvertrag (Miete, Betriebskostennachforderungen etc.) bestehen. Ebenso wie bei § 566 BGB bleibt der Mandant Inhaber der Ansprüche, die bis zu dem Eintritt des Eigentümers in den Mietvertrag entstanden sind.

128

(2) Prozessuales

Neben der Klage auf Mietzahlung gegen den Mieter, bei der dem Eigentümer der Streit verkündet werden kann, kann überlegt werden, gegen den – störenden – Eigentümer eine **einstweilige Verfügung** zu beantragen mit dem Antrag,

129

---

der Antragsgegner hat es bei Vermeidung eines Ordnungsgeldes ... zu unterlassen, gegenüber dem Mieter der Wohnung im 1. OG links des Hauses Luxemburger Str. 101, 50937 Köln, Herrn Peter Schmitz, schriftlich oder mündlich zu behaupten, der Zwischenmietvertrag vom 2.2.1995 zwischen Antragsteller und Antragsgegner sei beendet und er sei in den Mietvertrag vom 1.8.1996 über die Wohnung im 1. OG links des Hauses Luxemburger Str. 101, 50937 Köln, eingetreten.

Liegen andere konkrete Störungen des Eigentümers vor, kann natürlich deren Unterlassung beantragt werden. Selbstverständlich sollte bei der einstweiligen Verfügung immer beantragt werden, dass – wegen der Dringlichkeit – eine Entscheidung ohne mündliche Verhandlung erfolgen soll.

130 Die Anspruchsgrundlage ergibt sich aus **§ 1004 BGB**. Dazu muss der Zwischenmietvertrag, aber auch der Endmietvertrag vorgelegt werden, um die Rechtsposition des Mandanten glaubhaft zu machen. Durch Vorlage der entsprechenden Schreiben des Eigentümers an den Mieter oder durch eidesstattliche Versicherung muss glaubhaft gemacht werden, dass der Eigentümer eine entsprechende Rechtsposition reklamiert. Gleichzeitig sollte, um die **Wiederholungsgefahr** vortragen zu können, das Abmahnschreiben an den Eigentümer vorgelegt werden. Auch zum Verfügungsanspruch sollte eine Darstellung erfolgen. Hier kann z.B. durch Schreiben des Mieters gezeigt werden, dass eine konkrete Gefährdung bevorsteht, weil der Mieter beabsichtigt, an den Vermieter zu zahlen. Andererseits können natürlich auch die Konsequenzen einer Insolvenz des Eigentümers bei Zahlung des Mieters aufgezeigt werden.

(3) Gebühren

131 Die **Beratung** des Zwischenvermieters über die Beendigung des Vertragsverhältnisses kann nach der **Jahresmiete** des Zwischenmietvertrages bewertet werden (§ 41 Abs. 1 GKG).

132 Für eine **einstweilige Verfügung** gegen den Eigentümer ist streitwertmäßig ein Bruchteil des Streitwertes der Hauptsache anzusetzen (i.d.R. ein Drittel)[1]. Hier kommt es auf die konkrete Störung an. Dazu muss auf das Interesse des Mandanten an der Beseitigung der Störung abgestellt werden. Steht im Mittelpunkt, die Beendigung des Zwischenmietvertrages zu verhindern, wird auch hier die Jahresmiete gemäß § 41 GKG anzusetzen sein. Hinsichtlich der Gebühren ergeben sich ansonsten keine Besonderheiten (vgl. *N Rz. 1 f.*).

b) Ein neuer Zwischenvermieter tritt ein (§ 565 Abs. 1 S. 2 BGB)

133 Hier ergeben sich regelmäßig dieselben Vorgehensweisen wie beim Eintritt des Eigentümers. Allerdings muss der Eigentümer hier in seiner Anzeige gemäß § 409 BGB den Namen und die Anschrift, ggf. auch die Kto.-Nr. des neuen Zwischenvermieters angeben.

III. Wechsel in der Person des Mieters

1. Ausscheiden eines von zwei Mietern aus dem Mietvertrag

134 Im Rahmen der **Vertragsfreiheit** ist es den Parteien unbenommen, den Mietvertrag auch hinsichtlich der Personen zu ändern. Die Fälle des Mieterwechsels sind vielfältig. Häufig liegt der Anlass für eine Beratung im **Auseinanderbrechen der Lebensgemeinschaft** der beiden Mieter (bei Ehen kommt in einem solchen Fall das Verfahren nach § 5 HausratsVO in Betracht, das immer wieder übersehen wird[2]).

---

1 Zöller/*Herget*, § 3 ZPO Rz. 16 „Einstweilige Verfügung".
2 Vgl. dazu *Kloster-Harz* in Schmid, Miete und Mietprozess, 21–1 ff.

135 Allen Beteiligten muss bewusst sein, dass an einer einvernehmlichen Regelung **alle Vertragsparteien mitwirken** müssen. Unabhängig davon, ob ein Mieter ausscheiden oder ausgewechselt werden soll, ist die Zustimmung aller Vertragspartner erforderlich, um den bestehenden Mietvertrag zu ändern und ggf. einen neuen Mietvertrag herbeizuführen, sofern nicht **ausnahmsweise** die für **Wohngemeinschaften** entwickelten Grundsätze eingreifen[1]. Dies gilt auch, wenn der Vertrag eine Nachmieterregelung vorsieht (vgl. dazu *Rz. 255 f.*).

135a **Scheitert** ein einvernehmliches Ausscheiden einer Mietpartei, kann dies weitreichende **Folgen** haben. Der Vermieter muss nämlich grundsätzlich seine Rechte gegenüber beiden Mietern geltend machen und daher stets getrennt gegenüber beiden Mietern agieren. Das setzt voraus, dass er seine – vielleicht sogar eingefahrene Praxis ggf. über mehrere Abteilungen seines Unternehmens – ändert und bei Ankündigungen, Mieterhöhungen, Betriebskostenabrechnungen, Kündigungen etc. darauf achten muss, dass beide Mieter – nachweislich – informiert werden. Vor allem bei standardmäßig verwendeter **Empfangsvollmachtsklausel** im Mietvertrag (vgl. dazu *A Rz. 22*) sollte er seine Mitarbeiter besonders anweisen, weil der Auszuge des weiteren Mieters als schlüssiger Widerruf der Vollmacht gewertet werden kann[2]. Auf Mieterseite sind die Konsequenzen ähnlich, weil Erklärungen rechtswirksam nur von beiden Mietern abgegeben werden können. Der **BGH** hat die Konsequenzen zwar abgefedert, indem er es dem verbleibenden Mieter nach **Treu und Glauben** (§ 242 BGB) verwehrt hat, sich auf die Formalie der fehlenden Mieterhöhung[3] oder Kündigung[4] gegenüber dem ausgezogenen Mieter zu berufen. Diesen Fällen lag aber zugrunde, dass der ausziehende Mieter jeweils versucht hatte, sein Ausscheiden zu erreichen und ein Eigeninteresse deshalb nicht mehr feststellbar war. Abgesehen davon handelt es sich um Einzelfallentscheidungen, die in der beratenden Praxis immer nur als „letzter Rettungsanker" angesehen werden sollte. Der Rechtsanwalt, der darauf allein seine Beratung stützt, läuft jedenfalls Gefahr, dass in einer späteren gerichtlichen Auseinandersetzung sein Fall anders bewertet wird und daher ein **Regress** entsteht.

In der folgenden Darstellung wird davon ausgegangen, dass der jeweilige Mandant erstmals den Rechtsanwalt aufsucht und mit ihm die weitere Vorgehensweise erörtern will.

a) Mieterberatung

136 Um die richtige Vorgehensweise zu wählen, sollte sich der Rechtsanwalt die möglichen Konstellationen mit ihren jeweiligen Rechtsfolgen verdeutlichen. Es können z.B. folgende Situationen vorliegen:

---

1 Vgl. dazu Staudinger/*Emmerich*, § 540 BGB Rz. 52 ff.; *Kraemer* in Bub/Treier, III Rz. 1028 jeweils m.w.N.
2 AG Schöneberg, MM 1993, 255; *Roth*, JZ 1998, 250.
3 BGH, WuM 2004, 280 = ZMR 2004, 492 = NZM 2004, 419 = MietRB 2004, 225.
4 BGH, WuM 2005, 341 = MietRB 2005, 172.

Prüfungsschritte	anderer Mieter				Vermieter		
	ist mit Beendigung des Mietvertrages				ist mit Beendigung des Mietvertrages		
	einverstanden		nicht einverstanden		nicht einverstanden		einverstanden
1. Welche Reaktionen liegen vor?							
2. Kann der Mietvertrag von beiden Mietern gemeinsam einseitig gelöst werden?	ja	nein	ja	nein	ja	nein	nicht erforderlich
3. mögliche Vorgehensweise	gemeinsame Kündigung	Klage auf Abgabe der WE (Kündigung)	Klage auf Abgabe der WE (Kündigung)	einvernehmliche Regelung mit allen muss erzielt werden	gemeinsame Kündigung	einvernehmliche Regelung muss erzielt werden	müssen besondere Bedingungen erfüllt werden (z.B. Nachmieter)?

137 Für die Wahl der richtigen Vorgehensweise ist entscheidend, dass zunächst folgende Fragen geklärt werden:
– Welche Reaktionen des Vermieters liegen vor?
– Welche (ggf. schriftlichen) Reaktionen des verbleibenden Mieters liegen vor?
– Ist der Mandant bereits aus der Wohnung ausgezogen?

138 Die Taktik sollte sich im Ergebnis daran orientieren, wie sich **der Vermieter verhält**. Stimmt er dem Ausscheiden eines Mieters zu, muss „nur noch" mit dem anderen Mieter eine einvernehmliche Regelung gefunden werden. Lehnt er das Ausscheiden eines Partners ab, muss der Versuch unternommen werden, gemeinsam mit dem anderen Mieter eine Strategie zu entwickeln. Auch wenn der Mandant bereits (erfolglos) versucht hat, mit dem Vermieter eine Regelung herbeizuführen, sollte er ermuntert werden, mit ihm noch einmal das **persönliche Gespräch** zu suchen. Denn wird sich einer der Mieter mit dem Vermieter einig, dass er oder der andere Mieter aus dem Mietvertrag ausscheiden kann, kann durch die weitere Handhabung des Vertrages seitens der Parteien u.U. eine **schlüssige Vereinbarung** herbeigeführt werden[1]. Zwar kann sich der Rechtsanwalt in der Beratungssituation darauf nicht verlassen, weil die Vorhersage, wie die Parteien die weitere Abwicklung des Vertrages gestalten, zu **risikoreich** ist. Indessen ist durch die Vereinbarung mit dem Vermieter eine Grundlage geschaffen, die bei einer Ex-post-Betrachtung das konkludente Zustandekommen einer einvernehmlichen Regelung ermöglicht. Im Hinblick darauf sollte der Mieter nichts unversucht lassen, um wenigstens zu einer einvernehmlichen Regelung mit dem Vermieter zu gelangen. Dies erspart ihm Zeit und Geld. Ggf. sollte mit dem Mandanten gemeinsam überlegt wer-

---

1 LG Berlin, MM 1999, 122, 123; AG Schöneberg, MM 1999, 122.

den, ob und ggf. welche Angebote dem Vermieter unterbreitet werden können, um seine unnachgiebige Haltung aufzuweichen (vgl. *Rz. 172 ff.*).

Bleiben diese Bemühungen erfolglos, sollte zunächst versucht werden, mit dem **anderen Mieter** eine einvernehmliche Regelung zu finden, denn nur wenn die Mieter sich in ihrer Vorgehensweise einig sind, können sie gemeinsam dem Vermieter gegenübertreten, ohne dass sie befürchten müssen, dass der Vermieter den einen gegen den anderen ausspielt. Unabhängig davon, ob der Mandant oder der andere Mieter aus dem Mietvertrag ausscheiden wollen, ist für die Verhandlungsposition von entscheidender Bedeutung, folgende Fragen zu klären: 139

– Sieht der Vertrag für den vorliegenden Fall eine Regelung vor?
– Kann der Mietvertrag von beiden Mietern gemeinsam einseitig gelöst werden?

Ist die gegebene **Situation im Vertrag geregelt**, muss ermittelt werden, welche Voraussetzungen zu erfüllen sind. Zu denken ist hier an eine Nachmieterstellung oder ein vorzeitiges Kündigungsrecht. Aber auch andere Konstellationen sind denkbar. Entscheidend ist, dass die geregelten Anforderungen ggf. auch nachgewiesen werden können. 140

Die Stärke bzw. Schwäche der **Verhandlungsposition** gegenüber dem anderen Mieter wird im Wesentlichen dadurch geprägt, ob eine Möglichkeit zur (gemeinsamen) einseitigen Beendigung des Mietvertrages besteht. Denn für diesen Fall kann der andere Mieter auf Abgabe einer Kündigungserklärung gegenüber dem Vermieter in Anspruch genommen werden (**Auflösungsklage**). Unabhängig davon, ob das Verhältnis der Mieter zueinander als BGB-Gesellschaft[1] oder als Gemeinschaft i.S.d. §§ 741 ff. BGB[2] qualifiziert wird, besteht das Recht zur Auflösung dieser Verbindung, und zwar entweder über § 723 BGB oder § 749 BGB. Das Risiko dieser Maßnahme sollte nicht nur anhand ihrer tatsächlichen Realisierbarkeit[3] bewertet werden, sondern auch nach der Höhe der dadurch entstehenden Gebühren (vgl. *Rz. 202 ff.*), damit der Mandant seine Situation vollständig beurteilen kann. 141

Die Auflösungsklage kann ins Kalkül gezogen werden, wenn der **Mietvertrag unbefristet** ist, die Mieter also eine Beendigung durch ordentliche Kündigung herbeiführen können, oder bei einem **befristeten Mietvertrag** ein außerordentliches Kündigungsrecht besteht. In der gegebenen Situation kommt eine **außerordentliche Kündigung** insbesondere in Betracht durch: 142

– § 554 Abs. 3 S. 2 BGB   Kündigung bei Modernisierung durch den Vermieter
– § 540 Abs. 1 S. 2 BGB   Kündigung wegen verweigerter Untervermietung

---

1 Vgl. OLG Hamm, BB 1976, 529; LG München II, FamRZ 1992, 1077, 1078; *Schulz*, WuM 1980, 110.
2 LG Heidelberg, WuM 1977, 31, 32; *Derleder*, NJW 1980, 545, 550.
3 Vgl. dazu *Kloster-Harz* in Schmid, Miete und Mietprozess, 21–214 ff.

– § 550 BGB	Kündigung bei Mietverträgen mit einer Laufzeit von mehr als einem Jahr wegen mangelhafter Schriftform
– § 544 BGB	Kündigung bei einem Mietvertrag über eine längere Zeit als 30 Jahre
– § 570 BGB a.F.	Versetzung von Beamten u.Ä. Personen, bei Verträgen, die vor dem 1.9.2001 abgeschlossen wurden, Art. 229 § 3 Abs. 3 EGBGB
– § 561 BGB	Kündigung nach Mieterhöhung des Vermieters
– § 557a Abs. 3 BGB	Kündigung bei Staffelmietvereinbarung
– § 242 BGB	Kündigung bei verweigerter Ersatzmieterstellung

143 Darüber hinaus ist auch an eine **fristlose Kündigungsmöglichkeit** zu denken, die sich ergeben kann aus:

– § 543 Abs. 2 Nr. 1 BGB	Kündigung wegen Nichtgewährung des Gebrauchs
– § 569 Abs. 1 BGB	Kündigung wegen Gesundheitsgefährdung
– § 543 Abs. 1 BGB	Kündigung wegen erheblicher Pflichtverletzungen des Vermieters.

143a An die Kündigung nach § 543 Abs. 2 Nr. 1 BGB sollte insbesondere gedacht werden, wenn der verbleibende Mieter einen (neuen) Lebensgefährten in die Wohnung aufnehmen will (vgl. zur Vorgehensweise (*G Rz. 47 f.*).

aa) Beratung des ausscheidungswilligen Mieters

144 Ist die Stärke der Position des Mandanten festgestellt, muss sowohl das Vorgehen gegenüber dem anderen Mieter als auch gegenüber dem Vermieter entwickelt werden. Dabei sollte zunächst über die Taktik zum Umgang mit dem anderen Mieter nachgedacht werden, weil die Erzielung eines Einvernehmens mit ihm das Vorgehen gegenüber dem Vermieter wesentlich erleichtert.

(1) Vorgehen gegenüber dem anderen Mieter

145 Insbesondere wenn der Vermieter bereits angezeigt hat, dass er einer (von Mieterseite aus) einseitigen Entlassung aus dem Mietvertrag kritisch gegenübersteht, sollte zunächst mit dem anderen Mieter eine einvernehmliche Lösung herbeigeführt werden. Denn auch der Entlassung aus dem Mietvertrag muss der andere Mieter zustimmen. Selbst bei einer Regelung auf Grund schlüssigen Verhaltens ist eine Handlung des anderen Mieters erforderlich, die auf eine Zustimmung schließen lässt.

146 Ergeben sich nicht bereits aus den Informationen des Mandanten die konkreten Absichten des anderen Mieters, sollte der Kontakt zu ihm gesucht

werden. Hierzu bietet sich das **persönliche Gespräch** an. Haben die Parteien sich z.B. im Streit getrennt und seither nicht mehr miteinander gesprochen, kann in der ersten telefonischen Kontaktaufnahme mit dem anderen Mieter deutlich gemacht werden, welche kostentreibenden Maßnahmen von Seiten des Mandanten, aber auch durch den Vermieter ergriffen werden können, wenn ein **gemeinsames Vorgehen** der Mieter nicht zustande kommt. Abgesehen davon kann in einem solchen Gespräch die Persönlichkeitsstruktur des anderen Mieters ermittelt und eine Strategie für ein ggf. weiteres Gespräch oder den Schriftverkehr entwickelt werden.

(a) Der andere Mieter will die Wohnung nicht behalten

Will auch der andere Mieter ausziehen, rückt wieder die Frage in den Vordergrund, ob das Mietverhältnis von beiden Mietern gemeinsam gekündigt werden kann. 147

(aa) Befristete und Mietverträge mit Mindestlaufzeit

Besteht ein Tatbestand, der zur **außerordentlichen** oder **fristlosen Kündigung** berechtigt, sollte der andere Mieter veranlasst werden, gemeinsam mit dem Mandanten die Kündigung gegenüber dem Vermieter auszusprechen. Dies kann dadurch erreicht werden, dass ihm entweder ein vorformuliertes Kündigungsschreiben vorgelegt wird oder von ihm der Auftrag an den Rechtsanwalt erteilt wird, für beide Mieter das Mietverhältnis zu kündigen. Hierzu sollte jedoch schon im Hinblick auf § 174 BGB die Erteilung einer schriftlichen Vollmacht verlangt werden. 148

Hat der andere Mieter noch **keine anderen Räume** gefunden, kann (auf Verlangen) eine Frist vereinbart werden, bis zu der die Kündigung ausgesprochen werden soll. Die Dauer dieser Frist muss sich daran orientieren, welcher Kündigungstatbestand gegeben ist. Dabei ist zu berücksichtigen, dass außerordentliche Kündigungsrechte fristgebunden sein können (vgl. z.B. §§ 561, 554 Abs. 3 S. 2 BGB), die Wirklichkeit den Tatbestand aber auch überholen kann (z.B. durch Abhilfe). Schließlich kann der Zeitablauf für die Beurteilung einzelner Tatbestandsmerkmale (z.B. Unzumutbarkeit i.S.v. § 543 Abs. 1 BGB[1], vgl. auch § 314 Abs. 3 BGB) maßgeblich sein. Auch das Phänomen, dass Mieter sich ernsthaft erst um anderen Wohnraum bemühen, wenn die Räumungsvollstreckung droht, sollte nicht außer Acht gelassen werden. 149

Besteht **keine Möglichkeit**, das Vertragsverhältnis vorzeitig zu lösen, kann versucht werden, den anderen Mieter zu veranlassen, bis zum Ende der Mietzeit in der Wohnung zu bleiben. Insbesondere wenn der eigene Mandant bereits ausgezogen ist, ergibt sich insoweit ein faktischer Vorteil. Dazu kann argumentiert werden, der andere Mieter sei im Innenverhältnis schon wegen der alleinigen Nutzung verpflichtet, die Miete allein zu tragen. Wenn er aus der Mietsache auszieht, wird er zwar im Zweifel gemäß 150

---

1 BGH, WM 1983, 660, 661.

§ 426 Abs. 1 BGB nur die Hälfte der Miete (im Innenverhältnis) übernehmen müssen. Indessen vergrößert sich für ihn die wirtschaftliche Belastung durch die zusätzliche Miete für die neue Wohnung. Bei dieser Argumentation muss berücksichtigt werden, ob und inwieweit der andere Mieter durch den Auszug des Mandanten persönlich verletzt ist. Je schmerzhafter der andere Mieter das Verlassen empfindet, umso mehr sind seine Reaktionen irrational und weniger von vernünftigen Überlegungen geprägt. Diese Situation aufzufangen verlangt viel Geschick. Hier kann es sich anbieten, dem anderen Mieter die Möglichkeit zu bieten, „seinem Herzen Luft zu verschaffen", indem man ihn (ausnahmsweise) nicht unterbricht, wenn er in abfälliger Weise über den Mandanten spricht. Um ihn gleichwohl zu einer vernünftigen Lösung zu veranlassen, kann ihm die Parallele zum Scheidungsverfahren aufgezeigt werden, die bei unnachgiebiger Haltung eines Partners häufig zu kostentreibenden Maßnahmen führt.

151 Mit Rücksicht darauf, dass für die Beendigung des Mietvertrages Regelungen geschaffen werden müssen, kann die Position des anderen Mieters dadurch aufgeweicht werden, dass eine **(finanzielle) Beteiligung** des Mandanten in Aussicht gestellt wird, die dem Verhältnis der Nutzungsdauer zur Mietzeit entspricht. Dabei ist insbesondere an die Renovierungsverpflichtung und evtl. Rückbaukosten zu denken.

152 Ob die **Freistellung** des Mandanten im Innenverhältnis vollständig zu erreichen ist, ist zweifelhaft. Zwar hat der Mandant das Recht, die Gesellschaft (§ 723 BGB) oder die Gemeinschaft (§ 749 BGB) aus wichtigem Grund zu lösen. Folge dieser Maßnahme ist jedoch entweder die Auflösung der Gesellschaft oder die Aufhebung der Gemeinschaft mit dem daraus resultierenden Anspruch auf Mitwirkung an der Auseinandersetzung[1]. Solange die Auflösung des Mietvertrages jedoch nicht herbeigeführt werden kann, haften die Parteien auch im Innenverhältnis zu gleichen Teilen (§ 426 Abs. 1 BGB). Allein der Umstand, dass der andere Mieter die Wohnung (aufgedrängterweise) allein nutzt, reicht für eine andere Bewertung nicht aus[2].

153 Gelingt die **einvernehmliche Regelung**, sollte sie schriftlich fixiert werden, was z.B. wie folgt geschehen kann:

Vereinbarung

zwischen

Herrn Josef Schmitz, Luxemburger Str. 101, 50937 Köln
– im weiteren Mieter genannt –
und

---

[1] LG Karlsruhe, WuM 1996, 146 m.w.N.
[2] Vgl. dazu auch LG Mönchengladbach, WuM 2003, 204.

Frau Sabine Müller, Bahnhofstraße 50, 51143 Köln
– im weiteren Mieterin genannt –

Präambel

Die Parteien haben gemeinsam am 9.5.1999 einen bis zum 30.6.2006 befristeten Mietvertrag über die Wohnung Luxemburger Straße 101, 50937 Köln, mit Herrn Peter Lustig, Virchowstraße 3, 50937 Köln, geschlossen.

Die Mieterin ist am 15.3.2005 aus der gemeinsamen Wohnung ausgezogen. Ihre persönlichen Sachen befinden sich in ihrem Besitz. Die Parteien wollen mit dieser Vereinbarung Regelungen über ihr Verhältnis bis zum Ablauf der Mietzeit treffen. Dabei soll der Mieter die monatlichen Mietzahlungen allein tragen und auch die sonstigen Verpflichtungen aus dem Mietvertrag allein übernehmen. Ansprüche des Vermieters, die anlässlich der Beendigung des Mietvertrages entstehen, sollte im Verhältnis der gemeinsamen Nutzungszeit zur Dauer der alleinigen Nutzung des Mieters getragen werden. Vor diesem Hintergrund treffen die Parteien folgende Regelungen:

1. Der Mieter zahlt ab 1.5.2005 die monatliche Miete in Höhe von insgesamt 560 Euro an den Vermieter.

2. Die Mieterin verzichtet auf eventuelle Ansprüche aus einem Guthaben aus der Betriebskostenabrechnung 2004. An einer eventuellen Nachforderung aus dieser Betriebskostenabrechnung beteiligt sie sich in Höhe der Hälfte des Nachzahlungsbetrages.

3. Die weiteren laufenden Verpflichtungen aus dem Mietvertrag (Treppenhausreinigung, Wartung etc.) übernimmt der Mieter unter Freistellung der Mieterin.

4. Stellt der Vermieter anlässlich der Beendigung des Mietvertrages Ansprüche aus der vertraglichen Renovierungsverpflichtung, ist der Mieter berechtigt, ein Fachunternehmen mit der Durchführung der notwendigen Renovierungsarbeiten zu beauftragen, sofern die Renovierungsverpflichtung fällig ist. An den Kosten dieser Renovierung oder dem vom Vermieter geltend gemachten Abgeltungsanspruch gemäß § 19 des Mietvertrages (Quotenklausel) beteiligt sich die Mieterin mit 3/8 (gemeinsame Mietdauer: 3 Jahre; Laufzeit des Vertrages: 4 Jahre). Das Gleiche gilt hinsichtlich der Kosten für die Beseitigung der Teppichböden und des Einbauschrankes im Schlafzimmer, sofern der Mieter deren Beseitigung verlangt.

5. Die zu Beginn des Mietvertrages hinterlegte Kaution einschließlich Zinsen steht den Parteien je zur Hälfte zu.

Köln, den …   Köln, den …
…   …
Mieterin   Mieter

(bb) Unbefristete Mietverträge

154 Besteht eine Kündigungsmöglichkeit, sollte auf eine zügige Beendigung des Mietvertrages hingewirkt werden, damit der Mandant von dem **Risiko der Haftung** aus dem Mietvertrag befreit wird. Insoweit ist zu beachten, dass der Mieter auch bei Altverträgen aus der Zeit vor dem 1.9.2001 grundsätzlich mit der frist des § 573c Abs. 1 BGB (drei Monate) kündigen kann, Art. 229 § 3 Abs. 10 EGBGB. Deshalb sollte nicht abgewartet werden, bis der andere Mieter eine neue Wohnung gefunden hat. Denn sehr oft bemühen sich Mieter erst dann intensiv um neuen Wohnraum, wenn durch die bevorstehende Beendigung des Mietvertrages Entscheidungsdruck entsteht. Bis dahin versuchen sie, ihre Traumvorstellungen über die Lage und die Ausstattung der Wohnung zu realisieren. Ist der andere Mieter aber gerade deshalb nicht ohne weiteres bereit, sofort die gemeinsame Kündigung auszusprechen, können die **Voraussetzungen zur Auflösungsklage** geschaffen werden. Um den anderen Mieter zu einem Einlenken zu veranlassen, kann z.B. die Klageschrift ohne Zahlung des Gerichtskosten-Vorschusses bei Gericht eingereicht werden und dem anderen Mieter vorab eine Kopie dieser Klageschrift mit dem Hinweis übermittelt werden, dass die Klage am selben Tag bei Gericht eingereicht wurde. Mit diesem Hinweis sollte eine Frist verbunden werden, nach deren ergebnislosem Ablauf die Zahlung der Gerichtskosten angekündigt wird. Damit wird ihm zu verstehen gegeben, dass es ernst wird.

155 Bestehen hinsichtlich der **Solvenz** des anderen Mieters jedoch keine durchgreifenden Bedenken, kann auch eine Frist vereinbart werden, nach deren Ablauf die Kündigung erklärt werden muss.

156 Die **Auseinandersetzungsvereinbarung** zwischen den Parteien kann z.B. wie folgt entworfen werden:

Vereinbarung

zwischen

Herrn Josef Schmitz, Luxemburger Str. 101, 50937 Köln
– im weiteren Mieter genannt –

und

Frau Sabine Müller, Bahnhofstraße 50, 51143 Köln
– im weiteren Mieterin genannt –

Präambel

Die Parteien haben am 15.8.1996 einen Mietvertrag über die Wohnung im 1. Obergeschoss links des Hauses Luxemburger Straße 101, 50937 Köln, mit Herrn Peter Lustig geschlossen. Die Mieterin ist bereits aus der Wohnung ausgezogen und hat ihr persönliches Eigentum mitgenommen. Die in der Wohnung zurückgebliebenen Einrichtungsgegenstände gehören dem Mieter, der ebenfalls aus der Wohnung ausziehen will. Zur Beendigung des Mietvertrages über die Wohnung Luxemburger Straße 101 treffen die Parteien folgende Regelungen:

1. Die Mieter erteilen Herrn Rechtsanwalt Peter Billig, Mommsenstr. 4, 50935 Köln hiermit Vollmacht, den Mietvertrag fristgerecht im Namen beider Mieter zu kündigen. Die Ausstellung einer separaten Vollmacht kann verlangt werden.
2. Herr RA Peter Billig darf von der unter Ziffer 1. erteilten Vollmacht frühestens am 31.12.2005 Gebrauch machen, sofern nicht der Mieter vorher schriftlich mitgeteilt hat, dass er eine andere Wohnung gefunden hat.
3. Die Parteien sind sich darüber einig, dass ab sofort alle Rechte und Pflichten aus dem Mietvertrag von dem Mieter allein ausgeübt bzw. erfüllt werden sollen. Die Mieterin erteilt dem Mieter hiermit die Vollmacht zur Abgabe aller notwendigen Willenserklärungen. Hinsichtlich der Pflichten aus dem Mietvertrag stellt der Mieter die Mieterin von allen Ansprüchen des Vermieters frei.
4. Die Mieterin verzichtet auf ein eventuelles Guthaben aus einer Nebenkostenabrechnung für 2004. Eine eventuelle Nachforderung aus der Betriebskostenabrechnung für 2004 geht in Höhe der Hälfte zu ihren Lasten.
5. Sollte der Vermieter bei Beendigung des Mietvertrages die Durchführung von Renovierungsleistungen verlangen, ist der Mieter berechtigt, im Namen beider Parteien ein Fachunternehmen mit der Durchführung der notwendigen Malerarbeiten zu beauftragen. Die Kosten dieses Auftrages werden zwischen den Parteien entsprechend der gemeinsamen zur alleinigen Wohndauer des Mieters geteilt (gemeinsame Wohndauer: 3 Jahre). Das Gleiche gilt, sofern der Vermieter den Abgeltungsanspruch entsprechend der Quotenklausel im § 19 des Mietvertrages geltend macht. Die Räumungskosten gehen allein zu Lasten des Mieters.
6. Die bei Abschluss des Mietvertrages hinterlegte Kaution einschließlich der Zinsen steht beiden Mietern je zur Hälfte zu.

Köln, den ... Köln, den ...
... ...
Mieterin Mieter

(cc) Prozessuales Vorgehen

Ist eine einvernehmliche Regelung nicht zu erzielen oder soll zu deren Herbeiführung Druck ausgeübt werden, kann die Auseinandersetzungsklage erhoben werden. Da sich nach der überwiegenden Meinung die Beziehung der Mieter nach den Regeln der BGB-Gesellschaft richtet[1], sollte zumindest vorsorglich eine **Kündigung nach § 723 BGB** erklärt werden.

---

1 LG Oldenburg, WuM 2000, 212; LG München II, FamRZ 1992, 1077, 1078; *Schultz*, WuM 1980, 117.

158 Zuvor muss sich der Rechtsanwalt jedoch über die **besonderen Umstände der Lebensgemeinschaft** informieren, denn § 723 BGB ermöglicht zwar grundsätzlich eine Kündigung zu jeder Zeit[1]. Das Kündigungsrecht kann jedoch auch konkludent ausgeschlossen werden[2].

159 Die Annahme eines **Kündigungsausschlusses** ist gerechtfertigt, wenn z.B. in der Vergangenheit bereits einmal eine Trennung diskutiert worden ist und die Partner übereinstimmend noch einmal eine Bewährungszeit bis zu einem bestimmten Zeitpunkt absolvieren wollten. Diese Umstände müssten, nach den allgemeinen Grundsätzen zwar der andere Mieter **beweisen**. Abgesehen von der Wahrheitspflicht sollte aber insoweit nicht übersehen werden, dass durch die Parteivernehmung des eigenen Mandanten ein erhebliches Risiko entstehen kann.

160 Ansonsten müssen die Informationen des Mandanten darauf überprüft werden, ob die Kündigung nicht gemäß § 723 Abs. 2 BGB **zur Unzeit** erfolgt, so dass ein **Schadensersatzrisiko** entstehen kann[3]. Diese Voraussetzungen könnten erfüllt sein, wenn sich der andere Mieter z.B. im Examen befindet.

161 Die Kündigung kann auch eine **unzulässige Rechtsausübung** darstellen[4]. Auch deshalb muss der Sachverhalt intensiv überprüft werden. Ist der andere Mieter z.B. schwanger, wird die Kündigung bis zum Ablauf des Mutterschutzes unzulässig sein, sofern der Mandant der Vater des Kindes ist. Ein Rechtsmissbrauch liegt jedoch grundsätzlich nicht vor, wenn der andere Mieter noch keine neue Wohnung gefunden hat[5]. Hier sind vielmehr die besonderen Umstände des Einzelfalles zu prüfen, etwa ob der andere Mieter sich bisher überhaupt und wenn wie um neuen Wohnraum bemüht hat.

162 Auch wenn die Klageerhebung als Kündigung gewertet werden kann, sollte sie außergerichtlich erklärt werden, um Zweifel zu vermeiden. Im **Kündigungsschreiben** selbst kann angekündigt werden, dass das Klageverfahren bereits eingeleitet worden sei. Bekanntlich liegen zwischen Einreichung der Klage und deren Zustellung oftmals mehrere Wochen, zumal wenn der Mandant erst nach Aufforderung durch die Gerichtskasse den Gebührenvorschuss zahlt. Durch die vorzeitige Mitteilung, dass der Ernstfall eingetreten ist, kann seitens des anderen Mieters die Verhandlungsposition aufgeweicht werden. Er muss erkennen, dass seine starre Haltung ihm nicht die gewünschten Vorteile bringt. Um die Glaubhaftigkeit der Ankündigung zu untermauern, kann dabei auch eine Kopie der Klageschrift dem Kündigungsschreiben beigelegt werden.

---

1 Palandt/*Sprau*, § 723 BGB Rz. 2.
2 BGH, WM 1967, 316.
3 Palandt/*Sprau*, § 723 BGB Rz. 6.
4 Palandt/*Heinrichs*, § 242 BGB Rz. 74.
5 **A.A.** LG Mannheim, ZMR 1993, XIV Nr. 9.

Die Klage ist auf die **Abgabe einer Willenserklärung** (Kündigung gegenüber dem Vermieter) gerichtet. Deshalb muss beantragt werden: 163

> den Beklagten zu verurteilen, gegenüber Herrn Peter Lustig, Virchowstraße 3, 50937 Köln, folgende Willenserklärung abzugeben:
> „Hiermit kündige ich den Mietvertrag über die Wohnung im 1. Obergeschoss links des Hauses Luxemburger Straße 101, 50937 Köln."

Alternativ kann auf Erteilung einer Kündigungsvollmacht geklagt werden. Aber auch dabei handelt es sich um eine Klage auf Abgabe einer Willenserklärung, die gemäß § 894 ZPO erst mit Rechtskraft des Urteils als abgegeben gilt (also keine vorläufige Vollstreckbarkeit). 164

In der Klageschrift muss **vorgetragen** werden, dass die Parteien gemeinsam ein Mietverhältnis begründet haben und die Beziehung zwischen den Parteien aufgelöst wurde. Vorsorglich sollte auch die Kündigungserklärung beigefügt werden. 165

Ob die Umstände, die zur Auflösung geführt haben, in der Klageschrift dargestellt werden sollten, ist eine Frage des Geschmacks und der **Taktik**. Für den Auflösungstatbestand sind diese Umstände grundsätzlich unerheblich, da § 723 BGB eine Kündigung grundsätzlich jederzeit erlaubt. Deshalb sollte man sich zunächst davon leiten lassen, dass mit einer noch so sachlichen Darstellung der Gründe für ein Zerwürfnis immer das Risiko entsteht, dass der Prozess ausufert, weil ihn beide Parteien zur Generalabrechnung mit dem jeweils anderen nutzen. Wird davon in der Klageschrift nichts vorgetragen, muss der Gegner die „Schlammschlacht" eröffnen. 166

(b) Der andere Mieter will die Wohnung behalten

Ist der Mandant bereits ausgezogen und die Auseinandersetzung nicht dadurch belastet, wem welche Einrichtungsgegenstände gehören bzw. zugedacht werden sollen, sollte bei dem Mandanten darauf hingewirkt werden, dass er bereit ist, an einer **Lösung mitzuwirken**, die dem Wunsch des anderen Mieters entspricht oder nahe kommt. Denn so kann er eher sein Ziel erreichen, von den Verpflichtungen des Mietvertrages befreit zu werden, weil ein geschlossenes Vorgehen gegenüber dem Vermieter verhindert, dass dieser versucht, aus der Uneinigkeit der Mieter für sich Vorteile zu ziehen. Zunächst sollte jedoch die Bereitschaft des Mandanten, den Wunsch des anderen Mieters zu unterstützen, als Verhandlungsposition aufgebaut und ausgenutzt werden. 167

Weiterhin ist zu bedenken, **wer die Verhandlungen** über das Ausscheiden des Mandanten mit dem Vermieter **führen soll**. Ist der andere Mieter nicht anwaltlich vertreten, legt allein schon die Erfahrung des Rechtsanwalts nahe, diese Aufgabe zu übernehmen. Indessen kann das Auftreten eines 168

Rechtsanwalts auf Seiten des Vermieters auch zu Irritationen führen, jedenfalls wenn zuvor nicht von den Parteien der Versuch unternommen wurde, mit ihm zu einer einvernehmlichen Regelung zu gelangen. Der andere Mieter, der die Wohnung behalten will, kann seine Argumente regelmäßig auch überzeugender transportieren. Abgesehen davon besteht die Möglichkeit, dass der Vermieter zusätzliche Bedingungen stellt (z.B. Mieterhöhung, Erhöhung der Kaution, Abschluss eines neuen Mietvertrages), über die der andere Mieter selbst entscheiden muss. Der Rechtsanwalt sollte daher zunächst die Rolle eines Vermittlers einnehmen.

169 Um das **Risiko** für den Mandanten zu begrenzen, kann mit dem anderen Mieter eine **Zeit vereinbart** werden, innerhalb der er die Verhandlungen mit dem Vermieter erfolgreich abgeschlossen haben muss. Ein solches Verlangen kann damit begründet werden, dass z.B. eine Frist von 3 Monaten ausreichend ist, um derartige Verhandlungen erfolgreich abzuschließen, und nach Ablauf der Frist ohnehin die Auflösungsklage durch den Mandanten eingereicht wird.

Diese Regelungen stellen nicht nur einen Kompromiss zwischen den Positionen der beiden Mieter dar, sondern bewirken auf der Seite des anderen Mieters den **Druck**, sich ernsthaft um eine Vereinbarung mit dem Vermieter zu bemühen. Je näher der Ablauf der Frist rückt, umso eher wird der andere Mieter bereit sein, auf Forderungen des Vermieters einzugehen.

170 Die hier diskutierte **Vereinbarung** kann wie folgt gestaltet werden:

Vereinbarung

zwischen

Herrn Josef Schmitz, Luxemburger Str. 101, 50937 Köln
– im weiteren Mieter genannt –

und

Frau Sabine Müller, Bahnhofstraße 50, 51143 Köln
– im weiteren Mieterin genannt –

Präambel

Die Parteien haben am 15.8.1999 einen Mietvertrag über die Wohnung im 1. Obergeschoss links des Hauses Luxemburger Straße 101, 50937 Köln mit Herrn Peter Lustig geschlossen. Die Mieterin ist am 15.3.2005 aus den Räumen ausgezogen. Alle in der Wohnung zurückgebliebenen Gegenstände sind Eigentum des Mieters. Der Mieter will in der Wohnung wohnen bleiben. Die Mieterin will aus dem Mietvertrag ausscheiden. Um dem Mieter die Möglichkeit einzuräumen, in Ruhe mit dem Vermieter Peter Lustig eine einvernehmliche Regelung zur Fortsetzung des Mietvertrages zu verhandeln, treffen die Parteien folgende Vereinbarung:

1. Der Mieter übernimmt ab 1.1.2005 die Zahlung der monatlichen Miete an den Vermieter.

2. Der Mieter stellt die Mieterin von allen Ansprüchen des Vermieters aus dem bestehenden Mietvertrag frei. Auch die Erfüllung der sonstigen Verpflichtungen ist allein Aufgabe des Mieters.

3. Das Ergebnis der Betriebskostenabrechnung 2004 (Guthaben/Nachzahlung) tragen die Parteien je zur Hälfte.

4. Der Mieter erteilt hiermit Herrn Rechtsanwalt Peter Billig, Mommsenstr. 4, 50935 Köln Vollmacht, das Mietverhältnis auch in seinem Namen fristgerecht zu kündigen. Herr RA Peter Billig ist berechtigt, von dieser Kündigung nach dem 30.6.2005 Gebrauch zu machen, sofern der Mieter nicht vorher durch schriftliche Bestätigung des Vermieters mitteilt, dass die Mieterin aus dem Mietvertrag entlassen ist. Die Ausstellung einer separaten Vollmacht kann verlangt werden.

5. Für den Fall der einvernehmlichen Entlassung der Mieterin übernimmt der Mieter alle Rechte und Pflichten aus dem Mietvertrag vom 15.8.1999, ohne dass Regress- oder sonstige Ausgleichsansprüche gegenüber der Mieterin bestehen. Dies gilt nicht hinsichtlich der bei Abschluss des Mietvertrages hinterlegten Kaution. Insoweit wird der Mieter innerhalb von 10 Tagen nach der Entlassung der Mieterin aus dem Mietvertrag den Betrag von 800 Euro an die Mieterin zahlen.

Köln, den ... Köln, den ...
... ...
Mieter Mieterin

Sowohl die vereinbarte **Vollmacht** als auch die Erklärung der Mieterin, mit der sie um Entlassung bittet und ihr Einverständnis mit der alleinigen Fortsetzung des Mietvertrages durch den anderen Mieter gibt, sollten neben der Vereinbarung in einer **gesonderten Urkunde** festgehalten werden. Dadurch wird dem anderen Mieter zur Verhandlung mit dem Vermieter eine Nachweismöglichkeit gegeben und andererseits vermieden, dass sowohl im Fall der Verhandlung als auch im Fall der Kündigung die Vereinbarung offen gelegt werden muss.

(2) Vorgehen gegenüber dem Vermieter

Ist die „Front" mit dem bisherigen Mitmieter bereinigt, muss eine **Strategie** erarbeitet werden, wie das Ausscheiden des Mandanten aus dem Mietverhältnis erreicht werden kann. Sofern es überhaupt sinnvoll ist, dass der Rechtsanwalt für den ausscheidungswilligen Mieter (Mandant) diese Verhandlungen führt (vgl. zu den Bedenken oben *Rz. 168*), muss mit dem anderen Mieter geklärt werden, welche **Zugeständnisse** er gegenüber dem Vermieter einzugehen bereit ist. Denn entweder verlangt der Vermieter als „Entgelt" für seine Zustimmung eine weitere Änderung des Vertrages, oder dem Vermieter müssen Änderungen angeboten werden, um seine ggf. starre Haltung aufzuweichen.

173 Der Mandant sollte auch befragt werden, ob ihm z.B. aus der **Nachbarschaft** Fälle bekannt sind, in denen der Vermieter dem Ausscheiden eines Mieters aus dem Vertrag zugestimmt hat. Hier sollte dem Mandanten empfohlen werden, sich mit dem Nachbarn in Verbindung zu setzen, um in Erfahrung zu bringen, ob und ggf. welche Voraussetzungen bestanden und welche Anforderungen der Vermieter gestellt hat.

174 Weiterhin sollte im Gespräch mit dem Mandanten und dem Mitmieter ermittelt werden, wie sich die **Interessenlage des Vermieters** darstellen könnte. Schwerpunkte der Ermittlung sollten

– das Vertragswerk

– die Höhe der Miete

– die Betriebskostenregelung

– die Renovierungsklausel

– die Kaution

– Gewährleistungsansprüche

– besondere Vorhaben des Vermieters (Modernisierung, Umbau etc.)

bilden.

175 Bei der Überprüfung des Vertrages sollten speziell die **wirtschaftlich bedeutsamen Regelungen** auf ihre Wirksamkeit hin überprüft werden. Ergeben sich dabei zugunsten des Mieters unwirksame Klauseln oder wirtschaftlich vorteilhafte Regelungen (z.B. Teilinklusivmiete), kann mit dem anderen Mieter diskutiert werden, inwieweit die Bereitschaft besteht, diese **vorteilhaften Regelungen gegen die Mitwirkung des Vermieters** an der einvernehmlichen Regelung **auszutauschen**. Bei mehreren Ansatzpunkten kann es sich anbieten, eine **Reihenfolge** festzulegen, in der diese Punkte mit dem Vermieter ggf. erörtert werden sollen, um dem anderen Mieter möglichst viele Vorteile zu erhalten.

176 Bei der Höhe der Miete sollten sich die Überlegungen darauf beziehen, wann die **letzte Mieterhöhung** stattgefunden hat. Liegt diese mehrere Jahre zurück und zeigt eine Überprüfung z.B. mit dem Mietspiegel, dass die aktuelle Miete hinter der ortsüblichen Vergleichsmiete zurückbleibt, kann ein Rahmen festgelegt werden, innerhalb dessen eine Mieterhöhung angeboten werden kann. Dem Vermieter kann auch eine Staffelmietvereinbarung angeboten werden. Sie bietet für ihn den Vorteil, dass er ohne laufende Kontrolle der ortsüblichen Vergleichsmiete eine Mietsteigerung erhalten kann.

177 Hinsichtlich der **Betriebskosten** sollte insbesondere die tatsächliche Praxis untersucht werden. Rechnet der Vermieter z.B. die Kosten einheitlich ab, obwohl im Objekt Gewerbe- und Wohnräume vorhanden sind[1], kann in den Verhandlungen angeboten werden, eine Regelung zu treffen, dass der

---

1 Vgl. dazu LG Hamburg, ZMR 2001, 970; LG Berlin, ZMR 2001, 111; AG Köln, WuM 1998, 56.

Vermieter die Praxis bei der Betriebskostenabrechnung im konkreten Mietverhältnis weiterführen kann. Allerdings ist insoweit Vorsicht geboten. Wird dem Vermieter erst in den Verhandlungen deutlich gemacht, dass Potential für Beanstandungen besteht, die für ihn wirtschaftlich nachteilig sind, muss er befürchten, dass dies auch andere Mieter erfahren. Ob er sich hierzu mit der Erklärung beruhigen lässt, der Rechtsanwalt werde auf seinen Mandanten und den anderen Mieter einwirken, die angesprochenen Fehler in der Praxis für sich zu behalten, ist zweifelhaft. Erfolgversprechender erscheint es daher, derartige Argumente im Rahmen der Verhandlungen nur beiläufig zu erwähnen und wie selbstverständlich davon auszugehen, dass die Beanstandungen jedenfalls von der Mietpartei, die den Vertrag fortführen wird, nicht erhoben werden. Dies setzt voraus, dass weitere Verhandlungsmasse vorhanden ist.

Die **Renovierungsklausel** (vgl. dazu *H Rz. 308 f.*) hat für den Vermieter regelmäßig eine erhebliche wirtschaftliche Bedeutung. Andererseits besteht bei vielen Mietern noch der Irrtum, zur Renovierung unabhängig von einer vertraglichen Regelung verpflichtet zu sein. Deshalb kann der Mieter relativ schnell davon überzeugt werden, dass das Angebot, eine wirksame Renovierungsklausel zu vereinbaren, für ihn – bezogen auf seine Vorstellungen – keinen wirtschaftlichen Nachteil bringt, sondern im Gegenteil der Vermieter die Vereinbarung für sich als wirtschaftlichen Vorteil verbuchen wird. 178

Hinsichtlich der **Kaution** beschränkt sich das Verhandlungspotential mittlerweile allein auf das Kumulationsverbot. Denn nach der BGH-Rechtsprechung[1] zu Formularklauseln über Kautionen, die keine Ratenzahlungsmöglichkeit vorsehen, wird nur noch in ganz besonders gelagerten Ausnahmefällen von einer unwirksamen Regelung ausgegangen werden können[2]. Nach dem **Kumulationsverbot** sind alle Sicherheitsleistungen zusammenzurechnen, so dass der Vermieter, der z.B. eine Barkaution in Höhe des dreifachen Nettomietzinses (§ 551 Abs. 1 BGB) erhalten hat, vom Mieter keine weiteren Sicherheit, z.B. in Form der (Eltern- oder Bank-)Bürgschaft, verlangen kann[3]. Gegen das Kumulationsverbot verstoßende Abreden sind nach § 134 BGB unwirksam. Ein Bürgschaftsvertrag ist daher nichtig, soweit er zu einer Inanspruchnahme über den Betrag von drei Monatsraten hinausführen kann[4]. Eine diese Obergrenze übersteigende zu- 179

---

1 BGH, WuM 2003, 495 = ZMR 2003, 729 = MietRB 2003, 65; BGH, WuM 2004, 147 = NZM 2004, 217 = MietRB 2004, 136; BGH, WuM 2004, 269; BGH, WuM 2004, 473 = NZM 2004, 613 = MietRB 2004, 285.
2 Vgl. zum Meinungsstand vor der BGH-Rechtsprechung: OLG Hamburg, WuM 1991, 385, 387; LG München I, WuM 2001, 280; AG Görlitz, WuM 2000, 547; AG Gießen, WuM 2000, 247; AG Tempelhof-Kreuzberg, MM 2000, 282 (einerseits); LG Lüneburg, ZMR 2000, 303; AG Köln in *Lützenkirchen*, KM 5 Nr. 18; LG Hamburg, WuM 1989, 138; LG Berlin, GE 1990, 817, 819; LG Berlin, GE 1989, 147; LG Gießen, WuM 1996, 144; *Nies*, NZM 2003, 349; *Bub* in Bub/Treier, II Rz. 443a (anderseits).
3 BGH, NJW 1989, 1853.
4 OLG Köln, ZMR 1988, 429; LG Hamburg, DWW 1989, 27.

sätzliche Sicherheitsleistung kann gemäß § 812 Abs. 1 S. 1 BGB zurückgefordert werden[1].

Führt die Bewertung der Klausel zur Unwirksamkeit, zieht dies eine **Aufrechnungsverbot** für den Vermieter nach sich[2].

180 Auf jeden Fall kann der hier begründete **Bereicherungsanspruch**[3] auf den Vermieter beeindruckend wirken, weil er befürchten muss, dass die Mieter für die nächsten drei Monate ihre Mietzahlungen wegen Aufrechnung mit ihrem Rückforderungsanspruch verweigern.

181 Da die Mieter die Kaution bereits bezahlt haben, entsteht allenfalls für den Mandanten ein **wirtschaftlicher Nachteil**, weil er mit seinem Ausscheiden regelmäßig auch seine Kaution zurückerhalten will. Insoweit sollte versucht werden, zwischen den Mietern eine Ausgleichsverpflichtung herbeizuführen, die z.B. darin bestehen kann, dass der andere Mieter dem Mandanten die Hälfte des Barbetrages zahlt.

181a Die Frage nach **Gewährleistungsansprüchen** sollte mit Blick auf § 543 Abs. 2 Nr. 1 BGB gestellt werden. Will der andere Mieter z.B. seinen neuen **Lebensgefährten** oder einen sonstigen Dritten in die Wohnung aufnehmen, kann durch ein taktisch geschicktes Vorgehen (vgl. dazu *G Rz. 47 f.*) entweder der Kündigungstatbestand des § 540 Abs. 1 S. 2 BGB oder des § 543 Abs. 2 Nr. 1 BGB (vgl. dazu *J Rz. 280*) geschaffen werden. Je nach Marktlage kann ein entsprechender Hinweis den Vermieter zum Einlenken bewegen. Möglicherweise bieten sich aber auch Anhaltspunkte für eine zu geringe **Wohnfläche** (vgl. dazu *F Rz. 52 f.*), so dass sogar mit ggf. immensen Rückforderungsansprüchen gedroht bzw. verhandelt werden kann.

182 Ist bekannt, dass der Vermieter **besondere Vorhaben** (Modernisierung, Umbau etc.) plant, kann eine vorzeitige oder unbürokratische Durchführung in Aussicht gestellt werden. Ggf. bietet sich ein Anlass, eine Modernisierungsvereinbarung zu treffen.

183 Daneben sollte berücksichtigt werden, ob und ggf. mit welchem Ausgang **Prozesse geführt** wurden. Hat der Vermieter mehrere Rechtsstreitigkeiten verloren, ist zu erwarten, dass er sich von Revanchegefühlen leiten lässt. Haben die Mieter seine Betriebskostenabrechnungen beanstandet, besteht die Gefahr, dass er sie – unabhängig vom Ergebnis der Beanstandungen – als querulatorisch veranlagt ansieht und schon deshalb darauf hinwirken will, dass das Mietverhältnis vollständig beendet wird. Finden sich derartige gefühlsbetonte Anhaltspunkte, kann es erfolgversprechend sein, im Laufe der Verhandlungen die Bemerkung fallen zu lassen, der Vermieter wolle doch sicherlich nicht den Eindruck vermitteln, dass seine Haltung im Zusammenhang mit den geführten Auseinandersetzungen steht. Besteht auf Seiten des Vermieters ein solcher Zusammenhang, kann er sich

---

1 BGH, NJW 1989, 1853.
2 AG Gießen, ZMR 2001, 459.
3 LG Potsdam, MM 2003, 141.

ertappt fühlen, was zu einer (größeren) Nachgiebigkeit führen kann. Allerdings muss auch damit gerechnet werden, dass die Vermutung durch den Vermieter ausdrücklich bestätigt wird.

Ganz entscheidend kommt es darauf an, wie die vorstehenden Prüfungen **in das Gespräch** mit dem Vermieter **eingeführt** werden. Dabei sollte der Eindruck vermieden werden, dass die Mieter aus einer Position der Überlegenheit handeln. Regelmäßig ist der Vermieter der „Gönner", der den Mietern die Räume überlässt. Darüber hinaus kann eine schroff vorgetragene Kritik des verwendeten Vertragsformulars von ihm als Tadel aufgefasst werden. Der Ansatz, Hilfsbereitschaft vorzugeben, erscheint daher erfolgversprechender zu sein. Die Bereitschaft, unwirksame Klauseln zu ändern, kann z.B. mit dem Hinweis eingeführt werden, dass man sich bei dieser Gelegenheit überlegt hätte, ihm (dem Vermieter) eine Möglichkeit zu bieten, die unwirksamen Regelungen anzupassen. Bei dieser Bemerkung wird der Vermieter kaum einwenden, alle Regelungen seien wirksam. Will er vom Mieter-Rechtsanwalt erfahren, wo die Schwachpunkte des Vertrages liegen, kann nach der vorgegebenen Reihenfolge verfahren und dabei gleichzeitig ermittelt werden, inwieweit der Vermieter die Stärken und Schwächen seines Vertrages kennt. 184

Ist durch die Prüfung und die Diskussion mit dem Mandanten bzw. dem anderen Mieter ein Verhandlungsrahmen entstanden, kommt es entscheidend auf die **Haltung des Vermieters** an. 185

(a) Der Vermieter besteht auf der Beendigung des Mietvertrages

Eine **kategorische Ablehnung** des Wunsches auf Entlassung aus dem Mietvertrag muss nicht endgültig sein. Deshalb sollte auch in dieser Situation nichts unversucht gelassen werden, den Vermieter umzustimmen. 186

Insoweit kann zunächst überprüft werden, inwieweit die Haltung des Vermieters durch eine **Überschätzung der eigenen Position** begründet ist. Zwar ist die Position des Vermieters stark, weil er prinzipiell nicht gezwungen werden kann, einer Entlassung des Mandanten zuzustimmen, solange keine Nachmieterregelung vorliegt. Bestehen jedoch Anhaltspunkte dafür, dass die starre Haltung auch dadurch begründet ist, dass die Mieter in der Vergangenheit immer das getan haben, was der Vermieter verlangt hat, kann es wirkungsvoll sein, dem Vermieter die Möglichkeiten aufzuzeigen, die den Mietern zur Verfügung stehen. Dabei sollte von dem Standpunkt aus argumentiert werden, dass die starre Haltung des Vermieters zwangsläufig zur Beendigung des Mietvertrages durch die Mieter führt. Könnte hierbei das oben unter *Rz. 179* dargestellte Kautionsargument verwendet werden und sogar Bedenken hinsichtlich einer (End-)Renovierungsverpflichtung erzeugt werden, wird ein wirtschaftlich vernünftig denkender Vermieter sich einem Angebot, die vertragliche Situation zu verbessern, nur verschließen, wenn er sein Eigentum anderweitig verwerten will. Aber auch insoweit sollte der Versuch unternommen werden, die Gründe 187 in Erfahrung zu bringen, um ggf. Argumente und Lösungen zugunsten des Mandanten bzw. des anderen Mieters zu finden.

188 Diese Vorgehensweise lässt sich nur im **persönlichen Gespräch**, welches nur ausnahmsweise telefonisch geführt werden sollte, umsetzen. Der Vermieter wird kaum schriftlich Bemerkungen äußern, die Schlüsse auf seine wahren Motive zulassen. Andererseits kann bei einer Korrespondenz kaum ermittelt werden, welche Wirkung die vorgetragenen Argumente hinterlassen. Im Gegenteil: Durch die Schriftform und erst recht durch eine drastische und überheblich wirkende Darstellung kann beim Vermieter ein negativer Eindruck erzeugt werden; es wird kaum gelingen, mit einer schriftlichen Schilderung eine angenehme Verhandlungsatmosphäre, die ihren Teil zum Erfolg beiträgt, herbeizuführen.

189 Besteht Anlass zu der Annahme, dass sich der Vermieter den rein wirtschaftlichen Argumenten bzw. Verbesserungsvorschlägen verschließen wird, kann überlegt werden, inwieweit die Verhandlungen (ggf. auch schriftlich) mit dem Standpunkt eröffnet werden, dass der Vermieter zur **Zustimmung verpflichtet** ist. Hierzu kann z.B. folgende Analogie begründet werden:

190 Nach der Rechtsprechung gehört es bei der Vermietung **an Wohngemeinschaften** grundsätzlich zum Vertragsinhalt, dass aus der Wohngemeinschaft ausscheidende Mitglieder die Vertragsentlassung und die verbleibenden Mitglieder den Eintritt neuer Mitglieder als Vertragspartner oder zumindest die Erlaubnis zur Untervermietung vom Vermieter beanspruchen können[1]. Eine solche Wohngemeinschaft kann bestehen, wenn nur **zwei Mieter** Vertragspartner sind[2].

191 Zwar liegen den Entscheidungen regelmäßig **studentische Wohngemeinschaften** zugrunde. Indessen muss der Vermieter darauf in diesem Stadium nicht besonders hingewiesen werden. Denn es ist nicht Aufgabe des Mieter-Rechtsanwalts, den Vermieter über die für ihn günstige Rechtslage vollständig aufzuklären. Vielmehr sollte hier die Parallele gezogen werden, dass auch zwischen Partnern verschiedenen Geschlechts zunächst eine Wohngemeinschaft besteht.

192 Die Rechtsprechung geht dabei davon aus, dass bei Wohngemeinschaften der **Wechsel der Mitglieder** von vornherein angedacht sei. Demgegenüber ist es nach der Rechtsprechung des BGH[3] charakterisierend für die nicht eheähnliche Lebensgemeinschaft, dass sie „auf Dauer angelegt" ist.

---

1 LG Frankfurt/Main, WuM 1991, 33; LG Göttingen, WuM 1993, 341; **a.A.** LG Berlin, GE 1994, 1265.
2 LG Trier, WuM 1997, 548; **a.A.** LG Köln, WuM 1991, 483 (mindestens 3 Personen).
3 BGH, NJW 1993, 999 mit Anm. *Lützenkirchen*, WuM 1993, 373; *Medicus*, JZ 1993, 952; *Heinz*, JR 1994, 89.

Besteht keine Möglichkeit (z.B. zu große Entfernung zum Wohnort des Vermieters), diese Gedanken in einem persönlichen Gespräch zu entwickeln, können sie **schriftlich in folgenden Schritten** umgesetzt werden: 193

Herrn
Peter Lustig
Virchowstraße 3
50935 Köln

Sehr geehrter Herr Lustig,

ausweislich der beigefügten Vollmacht vertrete ich Frau Sabine Müller, die gemeinsam mit Herrn Josef Schmitz die Wohnung im 1. Obergeschoss des Hauses Luxemburger Straße 101, 50937 Köln von Ihnen gemietet hat.

Meine Mandantin ist aus der Mietwohnung ausgezogen und hat sich mit Herrn Schmitz darauf verständigt, dass er die Räume allein weiter nutzen soll. Meine Mandantin möchte aus dem Mietvertrag ausscheiden, und Herr Schmitz soll den Mietvertrag mit allen Rechten und Pflichten übernehmen. Sofern ich bis zum 31.3.2006 von Ihnen keine gegenteilige Nachricht erhalte, gehe ich davon aus, dass Sie damit einverstanden sind.

Mit freundlichen Grüßen

...

Rechtsanwalt

Der Mandant muss darüber aufgeklärt werden, dass dem **Schweigen** eine **Zustimmung nicht unterstellt** werden kann[1]. Gleichwohl bietet sich diese Vorgehensweise an, da der Vermieter nicht verpflichtet ist, auf eine derartige Bitte zu reagieren. Wird seinem Schweigen aber eine bestimmte, für ihn regelmäßig nachteilige Wirkung unterstellt, wird in den meisten Fällen schon deshalb eine Reaktion erfolgen, um der Unterstellung entgegenzuwirken. 194

Reagiert der Vermieter auf die Bitte **abschlägig**, kann versucht werden, ihn wie folgt umzustimmen: 195

Herrn
Peter Lustig
Virchowstraße 3
50935 Köln

Sehr geehrter Herr Lustig,
vielen Dank für Ihr Schreiben vom 25.3.2006.

---

1 Vgl. Palandt/*Heinrichs*, Einf. vor § 116 BGB Rz. 7 f.

Meine Mandantin hat mit Bedauern zur Kenntnis genommen, dass Sie ihrem Wunsch nicht entsprochen haben.

Ich bitte Sie, Ihre Entscheidung nochmals zu überdenken. Wie Sie wissen, geht die Rechtsprechung bei der Vermietung an Wohngemeinschaften davon aus, dass der Vermieter bereits im Mietvertrag seine Zustimmung zur Entlassung des ausscheidenden Mitgliedes bereits durch den Abschluss des Mietvertrages erklärt hat. Eine Wohngemeinschaft ist gegeben, wenn zwei unverheiratete Personen gemeinsam eine Wohnung mieten, um ihre Lebensführung gemeinschaftlich zu gestalten (LG Trier, WuM 1997, 548). Auch meine Mandantin hat mit Herrn Schmitz eine Wohngemeinschaft unterhalten. Die Rechtsprechung differenziert insoweit, dass eine Wohngemeinschaft nur vorübergehend angelegt ist, während eine eheähnliche Lebensgemeinschaft auf Dauer bestehen soll.

Die Beziehung zwischen meiner Mandantin und Herrn Schmitz sollte nicht auf Dauer bestehen. Vielmehr war den Partnern von vornherein klar, dass sich ihre Wege im Hinblick auf ihre unterschiedliche berufliche Entwicklung einmal trennen werden. Dieser Fall ist nun eingetreten.

Ihre Zustimmung wurde erbeten, um für meine Mandantin, aber auch Herrn Schmitz Rechtssicherheit herbeizuführen. Im Ergebnis profitieren auch Sie davon, weil Sie zukünftig wissen, dass nur noch ein Vertragspartner angesprochen werden muss.

Im Hinblick auf das bisher angenehme Mietverhältnis, das von gegenseitigem Vertrauen geprägt war, hat mich Herr Schmitz gebeten, Ihnen den Abschluss eines neuen Mietvertrages, dessen Beginn z.B. auf den 1.5.2006 festgelegt werden könnte, anzubieten. Damit wäre für die Zukunft, z.B. für den Fall, dass Herr Schmitz eine neue Lebenspartnerin in die Wohnung aufnimmt, die nach den oben dargestellten Grundsätzen in den Mietvertrag eintreten würde, klargestellt, dass nur noch eine Mietpartei gegeben ist.

Ich bitte um Verständnis, dass ich das Angebot bis zum 15.4.2006 befriste. Dies erfolgt allein aus Gründen der Rechtssicherheit.

Mit freundlichen Grüßen

...

Rechtsanwalt

196 An dieser Stelle ist zu überlegen, ob und inwieweit **zusätzliche Angebote** unterbreitet werden sollen. Zunächst besteht die Möglichkeit, diese erst in einem weiteren Schreiben darzustellen. Dieses weitere Schreiben wird jedoch erst erforderlich, wenn der Vermieter ein weiteres Mal abschlägig entschieden hat. Damit wäre der Standpunkt des Vermieters schon rein optisch ziemlich verfestigt. Andererseits besteht das Interesse des anderen Mieters im Wesentlichen darin, die bisherigen Konditionen beizubehalten. Diesem Interesse steht allerdings der Wunsch gegenüber, das Mietverhältnis fortzusetzen.

197 Abgesehen davon sollte nicht übersehen werden, dass bei der hier skizzierten Vorgehensweise ein rechtlich **zweifelhafter Standpunkt** eingenommen wurde. Zwar ist es nicht ausgeschlossen, dass ein Gericht den Standpunkt bestätigt, wenn es tatsächlich gelingen sollte, die Lebensgemeinschaft als vorübergehend und reine Haushaltsgemeinschaft darzustellen. Indessen muss berücksichtigt werden, dass hier eine Ex-ante-Betrachtung anzustellen ist. Gerade die verschiedengeschlechtlichen Lebensgemeinschaften werden bei Abschluss des Mietvertrages regelmäßig den Eindruck vermittelt haben, dass sie eine dauerhafte Beziehung eingehen wollen bzw. eingegangen sind. Je nachdem, wie der Mietvertrag zustande gekommen ist, wird der Vermieter entsprechend vortragen und ggf. beweisen können, dass bei Beginn des Mietverhältnisses gerade keine vorübergehende Beziehung entstehen sollte. Die Darlegungs- und Beweislast würde nach den allgemeinen Grundsätzen ohnehin die Mieter treffen.

198 Schließlich muss ins Kalkül gezogen werden, dass der **Vermieter** sich anwaltlich **beraten** lässt und der Kollege ihm die Bedenklichkeit der oben dargestellten Auffassung vermittelt (wenn er sie als erfahrener Vermieter nicht selbst erkennt). Mit Rücksicht darauf sollte zumindest angedeutet werden, dass der zurückbleibende Mieter bereit ist, für den Vermieter verbesserte wirtschaftliche Bedingungen zu vereinbaren, wenn kein konkretes Angebot unterbreitet werden soll. Denn es ist denkbar, dass der Vermieter sich auf Grund des angebotenen wirtschaftlichen Vorteils die Kosten der Beratung durch den eigenen Rechtsanwalt sparen will. Das Angebot kann z.B. durch folgende Ausführungen vor die Befristung des Angebotes gestellt werden:

Selbstverständlich ist Herr Schmitz bereit, über eine angemessene Mieterhöhung zu verhandeln. Sollten weitere Änderungswünsche bestehen, bitte ich Sie, mir diese mitzuteilen.

---

199 Führen die Korrespondenz oder die Verhandlungen zu **keinem Erfolg**, bleibt keine andere Wahl, als das Mietverhältnis zu kündigen, was ggf. die Klage auf Aufhebung des Mietvertrages gegen den anderen Mieter voraussetzt (vgl. dazu oben *Rz. 157 ff.*).

(b) Der Vermieter will der Entlassung zustimmen

200 In dieser Konstellation können eigentlich nur Probleme entstehen, wenn der andere Mieter der Entlassung noch nicht zugestimmt hat. Deshalb ist zu untersuchen, ob eine **Zustimmung des verbleibenden Mieters** nicht bereits vorliegt. Diese kann sich auch aus den Umständen, also einem **konkludenten Verhalten**, ergeben. Hat der zurückbleibende Mieter z.B. den Mandanten „vor die Tür gesetzt" und ihm verboten, die Wohnung noch einmal zu betreten, kann daraus ohne weiteres geschlossen werden, dass er mit einer Entlassung aus dem Mietvertrag einverstanden ist. Hier können sich allenfalls Beweisschwierigkeiten ergeben. Derartige Aktionen finden jedoch regelmäßig in einer Weise statt, dass auch andere Mitbewohner sie mitbekommen, so dass Zeugen zur Verfügung stehen.

201 Ansonsten muss versucht werden, die (schriftliche) **Zustimmung** des anderen Mieters ggf. zu **erkaufen**. Dies kann z.B. dadurch versucht werden, dass ihm der Anspruch auf Rückzahlung der Kaution (bzw. eines Teils) abgetreten wird. Auf jeden Fall sollte auch die Zustimmung des Vermieters „**beweissicher**", also schriftlich, erbeten werden.

(3) Gebühren

202 Selbst wenn die Beauftragung zur Auflösung der Mietergemeinschaft und des Mietvertrages durch den ausscheidungswilligen Mieter gleichzeitig erfolgt, liegen gebührenrechtlich **zwei besondere Angelegenheiten** i.S.d. § 18 RVG vor, denn der Rechtsanwalt wird gegenüber zwei verschiedenen Gegnern tätig.

203 Unabhängig davon, ob das Verhältnis der Mieter als BGB-Gesellschaft oder Gemeinschaft qualifiziert wird, bemisst sich der **Gebührenstreitwert** im Ergebnis nach § 3 ZPO. Danach ist das Interesse des Mieters an der Auflösung der Gesellschaft bzw. Gemeinschaft zu ermitteln[1]. Dazu ist der Wert der Beteiligung des Mandanten, eine mögliche Vorsorge gegen drohende Haftung etc. zu erforschen. Als **wertbildende Faktoren** kommen in Betracht:
- Miete
- Kaution
- Betriebskostennachforderung/-Guthaben
- Renovierungspflicht
- Wohnungseinrichtung.

204 Ergeben die Ermittlungen keine anderen Feststellungen, ist im Zweifel anzunehmen, dass der Mandant die Hälfte der Miete zu tragen hat. Gleichwohl kann die **gesamte Jahresmiete** im Hinblick auf § 41 GKG angesetzt werden, da der Mandant im Außenverhältnis hierfür einzustehen hat (**Haftungsrisiko**). Werden weitere Ansprüche geregelt, ist deren Wert zu ermitteln und hinzuzurechnen.

Die Tätigkeit **gegenüber dem Vermieter** erfolgt zur Beendigung des Mietvertrages, so dass gemäß § 41 Abs. 1 GKG die Jahresmiete zugrunde zu legen ist (vgl. dazu N Rz. 485).

205 Hinsichtlich der Gebührenhöhe ergeben sich keine Besonderheiten (vgl. N Rz. 83 ff.). Wird die Klageschrift dem anderen Mieter nur im Entwurf übersandt und nicht gleichzeitig bei Gericht eingereicht, kann eine **Redu-**

---

1 Zöller/*Herget*, § 3 ZPO Rz. 16 „Gemeinschaft" und „Gesellschaft".

zierung der **Verfahrensgebühr** auf 0,8 gemäß 3101 VV RVG erfolgen, wenn unmittelbar im Anschluss daran die Sache erledigt wird.

Soweit eine einvernehmliche Regelung mit dem Vermieter zustande kommt, entsteht in der Regel eine 1,5 **Einigungsgebühr** nach 1000 VV RVG.   206

bb) Beratung des zurückbleibenden Mieters

Diesem Mandanten muss bewusst gemacht werden, dass eine unnachgiebige Haltung zunächst die Aufhebungsklage des ausgeschiedenen Mieters provoziert, was mit erheblichen und unnötigen **Kosten** verbunden ist. Von Ausnahmefällen (vgl. oben *Rz. 159 ff.*) abgesehen, in denen z.B. eine bestimmte Mietzeit vereinbart war, bestehen in diesem Verfahren kaum Verteidigungsmöglichkeiten, so dass sich für den Mandanten eine zusätzliche Kostenlast ergibt.   207

Im Vordergrund der Beratung muss daher stehen, welche **Perspektive** der Mandant hat.

(1) Der Mandant will das Mietverhältnis fortsetzen

Will der Mandant für sich die Wohnung zumindest allein erhalten, sollte zunächst seine **wirtschaftliche Situation** überprüft werden. Ergibt sich daraus, dass er schon finanziell nicht in der Lage ist, die Miete aus eigenen Mitteln aufzubringen, gehört es zur Aufgabe des Rechtsanwalts, ihn vor den möglichen **Folgen** zu warnen. Diese bestehen darin, dass   208

– der ausgeschiedene Mieter keinen Betrag zur Erfüllung der finanziellen Verpflichtungen aus dem Mietvertrag leistet und
– innerhalb angemessener Frist die Zustimmung des Vermieters nicht erreicht werden kann.

In der gegebenen Situation sollte der Rechtsanwalt immer bedenken, dass die Trennung seelische Schmerzen verursachen kann. Nur in den seltensten Fällen wird ihn der Mandant aufsuchen, wenn er sich einvernehmlich von seinem Partner getrennt hat. Bei einer einvernehmlichen Trennung werden die Partner nämlich auch die Lösung ihrer mietrechtlichen Probleme bedenken und diese unter Abwägung ihrer persönlichen Verhältnisse und Möglichkeiten einer Lösung zuführen. Der Mandant, der wegen des Auszuges des Mitmieters einen Rechtsanwalt aufsucht, wird regelmäßig danach trachten, sich bei seinem ehemaligen Partner für dessen Verlassen zu revanchieren.   209

Hier muss der Rechtsanwalt zunächst Überzeugungsarbeit leisten, um dem Mandanten zu verdeutlichen, dass er – nach aller Lebenserfahrung – seinen Partner nicht dadurch zurückgewinnt, dass er sich ihm gegenüber unnachgiebig zeigt, und diese Haltung nur zum eigenen wirtschaftlichen Schaden führt, weil er von Seiten des Mitmieters (Aufhebungsklage) und des Vermieters (Zahlungs- und Räumungsklage) mit **kostentreibenden Ge-**   210 richtsverfahren überzogen wird. Ein Revanchegefühl kann auch dadurch befriedigt werden, dass man eine für sich vorteilhafte Vereinbarung herbeiführt, aus der die Nachteile für den ehemaligen Partner ersichtlich werden. Ergeben sich jedoch bereits Bedenken, ob der Mandant aus eigenen Mitteln die vereinbarte Miete zahlen kann, bestehen erst recht Zweifel, ob er diese Gerichtsverfahren – mit welchem Ausgang auch immer – wirtschaftlich übersteht. Deshalb sollte der Rechtsanwalt schon aus **eigenem wirtschaftlichen Interesse** dem Mandanten den „guten Rat" geben, dass er sich in seine Situation einfinden soll und seine Rachegefühle auf anderer Ebene befriedigt.

211 Ist der Mandant wirtschaftlich in der Lage, die Miete allein aufzubringen, kann auch hier versucht werden, mit dem ausscheidungswilligen Mieter eine **gemeinsame Vorgehensweise** zu finden. Ausgangspunkt der Überlegungen ist, dass an einer einvernehmlichen Regelung alle drei Parteien mitwirken müssen.

212 Besteht ein **befristeter Mietvertrag** aus der Zeit vor dem 1.9.2001 oder ein Vertrag mit Mindestlaufzeit, ohne dass eine außerordentliche Kündigungsmöglichkeit gegeben ist (vgl. oben *Rz. 142*), ist die Verhandlungsposition gegenüber dem ausscheidungswilligen Mieter stärker. Er muss befürchten, dass er für die Restlaufzeit an den Mietvertrag gebunden ist. Für den Mandanten streitet insoweit die gesetzliche Vermutung des § 426 Abs. 1 BGB, wonach die Gesamtschuldner im Zweifel zu gleichen Anteilen verpflichtet sind, die gesamtschuldnerisch begründeten Verpflichtungen zu erfüllen. Wird diese Position jedoch überreizt, besteht die Gefahr, dass der ausscheidungswillige Mieter nicht an der gemäß § 564c Abs. 1 BGB a.F. notwendigen gemeinschaftlichen Erklärung zur Fortsetzung des Mietvertrages mitwirkt. Um hier einen Konsens zu finden, kann die Aufteilung der Verpflichtungen in **zeitlicher**, aber auch in **regelungsbezogener** Hinsicht angeboten werden. Soll in zeitlicher Hinsicht nicht schon der Trennungszeitpunkt als Zäsur für die Übernahme aller Verpflichtungen durch den Mandanten angenommen werden, bietet sich die unterstellte Kündigungsfrist i.S.d. § 565 BGB a.F. an, die aber im Regelfall nicht gelten wird, Art. 229 § 3 Abs. 19 EGBGB. Andernfalls bietet § 573c BGB eine Orientierung. Damit wirkt die Mithaftung des ausscheidungswilligen Mieters zumindest noch weitere drei Monate. Darüber hinaus sollten in die Verhandlungen mit dem ausscheidungswilligen Mieter auch die weiteren wirtschaftlich bedeutsamen Verpflichtungen aus dem Mietvertrag (Betriebskosten, Renovierung) mit dem Ziel einbezogen werden, zumindest zu erreichen, dass sich der andere kostenmäßig entsprechend seiner Wohndauer (ggf. zzgl. einer Kündigungsfrist) beteiligt.

213 **Ziel der Verhandlungen** mit dem ausgezogenen bzw. ausscheidungswilligen Mitmieter sollte dessen Erteilung einer Vollmacht zur Erklärung des Fortsetzungsverlangens bzw. dessen Fortsetzungsverlangens selbst sein. Da der andere Mieter jedoch regelmäßig darauf bedacht ist, seine Haftung nicht unnötig zu verlängern, wird er hierzu nur bereit sein, wenn die finanzielle Situation des Mandanten tatsächlich über jeden Zweifel erhaben ist.

In diesem Fall kann es aber auch ohne nennenswerte Schwierigkeiten gelingen, vom Vermieter die Zustimmung zur Entlassung des ausgezogenen Mieters zu erreichen.

Ein **Kompromiss** könnte dadurch erreicht werden, dass auf eine Regelung hingewirkt wird, bei der der ausgeschiedene Mieter nur noch bis zum Ablauf der (fiktiven) Kündigungsfrist an der Erfüllung der vertraglichen Verpflichtungen beteiligt wird, er dafür bei der Fortsetzung i.S.d. § 564c Abs. 1 BGB a.F. mitwirkt und ab dem Zeitpunkt, in dem ein Mietverhältnis auf unbestimmte Zeit läuft, eine Frist beginnt, bis zu deren Ablauf der Mandant die Entlassung des anderen Mieters aus dem Mietvertrag erreicht haben muss.

214

Dieser Kompromiss könnte wie folgt **formuliert** werden:

215

Vereinbarung

zwischen

Herrn Josef Schmitz, Luxemburger Str. 101, 50937 Köln
– im weiteren Mieter genannt –

und

Frau Sabine Müller, Bahnhofstraße 50, 51143 Köln
– im weiteren Mieterin genannt –

Präambel

Die Parteien haben am 15.8.1996 über die Wohnung im 1. Obergeschoss links des Hauses Luxemburger Straße 101, 50937 Köln, einen Mietvertrag mit Herrn Peter Lustig geschlossen. Das Mietverhältnis ist bis zum 31.8.2009 befristet. Die Mieterin ist aus der gemeinsamen Wohnung am 15.3.2005 ausgezogen. Die Parteien haben sich darauf verständigt, dass die Mieterin sich bis zum 30.6.2005 an den finanziellen Verpflichtungen aus dem Mietvertrag (Miete, Betriebskosten, Renovierung, Wartung v. techn. Anlagen) zur Hälfte beteiligt, der Mieter ab 1.7.2005 alle diese Verpflichtungen allein übernimmt und bis zum 31.12.2006 die Möglichkeit erhalten soll, mit dem Vermieter eine einvernehmliche Regelung über das Ausscheiden der Mieterin aus dem Mietvertrag herbeizuführen. Vor diesem Hintergrund treffen die Parteien folgende Vereinbarung:

1. Der Mieter verpflichtet sich, die finanziellen Pflichten (Miete, Betriebskostennachforderungen etc.) aus dem Mietvertrag vom 15.8.1996 ab dem 1.7.2005 allein zu tragen und die Mieterin im Innenverhältnis von einer Inanspruchnahme des Vermieters Peter Lustig freizustellen.

2. Alle bis zum 30.6.2005 entstandenen finanziellen Verpflichtungen werden von der Mieterin zur Hälfte getragen. Deshalb wird die Mieterin bis einschließlich 30.6.2005 ihren monatlichen Anteil an der Gesamtmiete von 1400 Euro, also den Betrag von 700 Euro, auf das ihr bekannte Konto des Mieters zahlen. Hinsichtlich der Betriebskosten bis zum 30.6.2005 wird das

Abrechnungsergebnis (abzüglich der Vorauszahlungen) zur Hälfte zugrunde gelegt. Das Gleiche gilt hinsichtlich der Heizkostenabrechnung entsprechend dem Anteil bis zum 30.6.2005.

3. Die Mieterin erteilt hiermit dem Mieter Vollmacht, bis zum 30.6.2005 eine Fortsetzung des Mietvertrages auf unbestimmte Zeit auch in ihrem Namen zu verlangen. Diese Vollmacht erlischt, wenn die Mieterin von dem Vermieter bis zum 30.6.2005 wegen Nichterfüllung finanzieller Verpflichtungen aus dem Mietvertrag vom 15.8.1996 (Miete, Betriebskosten, Renovierung, Wartung v. techn. Anlagen) in Anspruch genommen wird, weil der Mieter die entsprechenden Verpflichtungen bei Fälligkeit nicht erfüllt hat.

4. Der Mieter erteilt der Mieterin hiermit eine Vollmacht, das Mietverhältnis ab 1.1.2009 im Namen beider Parteien fristgerecht zu kündigen. Diese Vollmacht erlischt, wenn der Mieter bis 31.12.2006 nachweist, dass der Vermieter die Mieterin unter Verzicht auf alle Ansprüche aus dem Mietvertrag vom 15.8.1996 entlassen hat.

5. Zum Ausgleich der in § 9 des Mietvertrages geregelten Renovierungsverpflichtungen zahlt die Mieterin an den Mieter bei Beendigung des Mietvertrages oder dem Nachweis ihrer Entlassung durch den Vermieter den Betrag von 1500 Euro. Mit der Zahlung dieses Betrages sind alle weiteren Ausgleichsansprüche des Mieters gegenüber der Mieterin im Zusammenhang mit der Renovierungsverpflichtung aus dem Mietvertrag erledigt.

6. Die Mieterin verzichtet hiermit auf ihren Anteil an der beim Vermieter hinterlegten Kaution.

Köln, den ...   Köln, den ...
...   ...
Mieterin   Mieter

216 Kann der **Mietvertrag** von den Mietern ordentlich oder außerordentlich (vgl. *Rz. 142 f.*) **gekündigt werden**, kann versucht werden, die Mithaftung der Mieterin im Innenverhältnis über diese Kündigungsfrist hinaus zu erreichen. Dies kann mit dem Argument versucht werden, dass bei einer nicht einvernehmlichen Lösung zunächst eine Aufhebungsklage erhoben werden muss und gemäß § 894 ZPO die Willenserklärung erst mit Rechtskraft des Urteils wirkt. Dabei sollte sich der Rechtsanwalt jedoch bewusst sein, dass auf Grund eines eingetretenen Verzuges der Mandant gegenüber der ausgezogenen Mieterin zur Freistellung verpflichtet ist und Verzug spätestens mit Zustellung der Klage eintritt (§ 286 Abs. 1 S. 2 BGB). Immerhin kann jedoch auch mit diesem Hinweis eine über die reine Kündigungsfrist (gemessen ab dem Zeitpunkt des Auszuges) hinausgehende Dauer vereinbart werden. Insoweit muss man sich nur den Fall vorstellen, dass der ausgezogene Mieter nicht unmittelbar nach dem Auszug die Mitwirkung zur Kündigung verlangt.

217 Insbesondere wenn die Kündigungsfrist drei Monate beträgt, sollte der Versuch unternommen werden, in den Verhandlungen eine zusätzliche **Frist**

zu erreichen, die dem Mandanten ausreichend Gelegenheit gibt, mit dem Vermieter eine einvernehmliche Lösung zu erreichen. Eine Frist von drei Monaten zusätzlich zur Kündigungsfrist erscheint in aller Regel angemessen. Argumentativ kann dies damit vertreten werden, dass durch die Vereinbarung dem ausgeschiedenen Mieter das Risiko einer Aufhebungsklage, was zumindest zur Vorschusspflicht führt, erspart bleibt.

(2) Der Mandant will die Wohnung aufgeben

Ist der Mandant zur **Aufgabe der Wohnung** bereit, muss versucht werden, eine angemessene Frist zur **Wohnungssuche** zu erreichen. Dafür ist die Kündigungsfrist von drei Monaten auch in Zeiten, in denen keine Wohnraumknappheit besteht, zu kurz. Immerhin besteht das **Risiko**, dass der Mandant eine seinen Wünschen entsprechende Wohnung nicht erhält. Da eine Frist von 12 Monaten kaum erreichbar erscheint, sollten sich die Verhandlungen darauf konzentrieren, eine Dauer von sechs bis neun Monaten zu vereinbaren. Auch insoweit kann wieder auf das Argument zurückgegriffen werden, dass ein Aufhebungsverfahren mehr Zeit in Anspruch nehmen würde. 218

Als **Gegenleistung** für dieses Entgegenkommen kann die Übernahme der Verpflichtungen nach dem Zeitpunkt des Ablaufs der Kündigungsfrist angeboten werden. 219

(3) Vorgehen gegenüber dem Vermieter

Solange sich die Mieter einig sind, kann in der oben beschriebenen (*Rz. 172 ff.*) Weise vorgegangen werden. Jedoch sollte sich der Rechtsanwalt die **Verhandlungen mit dem Vermieter** für seinen Mandanten **vorbehalten** und diese nicht durch den ausscheidungswilligen Mieter oder dessen Rechtsanwalt führen lassen. Denn diese Seite ist eher zu Zugeständnissen bereit, weil sie ihre eigene wirtschaftliche Lage nicht betreffen. 220

Besteht **keine Einigkeit** zwischen den Mietern, muss der Rechtsanwalt die Gratwanderung vollziehen, dem Vermieter gleichwohl ein solventes und solides Bild seines Mandanten zu zeichnen. Es muss alles vermieden werden, was den Zweifel des Vermieters an der Leistungsbereitschaft und -fähigkeit begründen könnte. Erfährt der Vermieter von rechtlichen Auseinandersetzungen zwischen seinen Mietern, wird er befürchten, dass der verbleibende Mieter im Zweifel auch mit ihm prozessieren wird. Bestand z.B. zwischen den Lebenspartnern die Abrede, dass die Miete je zur Hälfte gezahlt wird, sollte angeraten werden, dass der Mandant die andere Hälfte im Verhältnis zum Vermieter sofort mit übernimmt, so dass keine Mietrückstände entstehen. Abgesehen davon, dass der Prozess über die Mietzahlung, solange keine Einwendungen (z.B. Mängel) bestehen, nicht zu gewinnen ist und weitere Kosten produziert, können bei dem Vermieter andernfalls Bedenken an der Solvenz des Mieters entstehen, sofern er wei- 221 terhin nur seinen Hälfteanteil leistet. In dieser Situation ist kaum noch mit einem Zugeständnis seitens des Vermieters zu rechnen.

222 Da in der gegebenen Konstellation immer der **Verlust der Wohnung** droht, sollte also nach der Devise gearbeitet werden, im Verhältnis zum Vermieter keine Zweifel über die Vertragstreue und die Solvenz entstehen zu lassen, gegenüber dem ausscheidungswilligen Mieter jedoch zu versuchen, sich sein freiwilliges Ausscheiden zu erkaufen. Dies kann durch Auszahlung des Kautionsanteils oder durch Verzicht auf anteilige Kosten für Renovierungsleistungen erreicht werden.

(4) Gebühren

223 Insoweit ergeben sich keine Besonderheiten gegenüber der Beratung des ausscheidungswilligen Mieters (vgl. Rz. 202 f.).

b) Vermieterberatung

aa) Das Beratungsgespräch

224 Auf dieser Seite des Vertragsverhältnisses sollte eingehend geprüft werden, ob der verbleibende Mieter ausreichend solvent ist, sofern der Mandant überhaupt bereit ist, sich auf das Begehren der Mieter einzulassen. Deshalb sollte man sich nicht scheuen, eine **Selbstauskunft** zu erbitten oder einzuholen.

225 Ergeben sich danach **Zweifel**, sollte der Mandant hierüber aufgeklärt und gemeinsam mit ihm überlegt werden, ob eine Möglichkeit besteht, diese Zweifel auszuräumen (z.B. erhöhte Sicherheit). Dabei muss darauf hingewiesen werden, dass für die Zukunft nie sicher sein kann, ob einer und/oder mehrere Mieter auf Dauer in der Lage sein werden, die Pflichten aus dem Mietvertrag zu erfüllen. Das Risiko ist jedoch bei mehreren Mietern geringer.

226 Es kann auch überlegt werden, ob eine **abwartende Haltung** eingenommen werden soll **(Bewährungszeit)**. Der Vermieter ist nicht verpflichtet, einem Ausscheiden des Mieters zuzustimmen, es sei denn, es gibt eine entsprechende vertragliche Regelung. Deshalb kann er ohne weiteres den Mietern mitteilen, dass er zurzeit mit einem Ausscheiden eines Mieters nicht einverstanden ist, dabei jedoch andeuten, dass er seine Entscheidung ggf. nach 6 Monaten noch einmal überprüft. In der Zwischenzeit kann sich zeigen, ob der verbleibende Mieter pünktlich die Miete zahlt und auch seine sonstigen Verpflichtungen aus dem Mietvertrag erfüllt. Auch wenn die Mieter gerade wegen der Bewährung in dieser Zeit besonders darauf achten könnten, dem Vermieter keinen Anlass für eine für sie nachteilige Entscheidung zu bieten, können sich auf der anderen Seite in dieser Zeit Umstände ergeben, die die Zweifel entweder ausräumen oder sie bestärken.

227 Andererseits muss in die Überlegungen einbezogen werden, ob eine Beendigung des Mietvertrages zu einem (vorübergehenden) **Leerstand** führen kann oder eine höhere Miete zu erreichen ist. Letzteres kann natürlich in die Verhandlungen mit den Mietern eingeführt werden, und zwar ebenso wie die Verbesserung sonstiger Regelungen. Auch wenn die Position des Vermieters in dieser Situation stark sein kann, darf nicht übersehen werden, dass sich der (verbleibende) Mieter später für das, was ihm abverlangt wurde, revanchieren könnte.

228 Bei einer einvernehmlichen Regelung sollte der Rechtsanwalt dafür sorgen, dass die Mieter die **Kosten** seiner Inanspruchnahme übernehmen.

bb) Gebühren

229 Für den Vermieter ist die Tätigkeit des Rechtsanwalts eine solche im Zusammenhang mit der Beendigung des Mietvertrages. Seine Gebühren berechnen sich daher nach der **Jahresmiete**, § 41 Abs. 1 GKG. Es können die Gebühren nach 2400 VV RVG entstehen (vgl. *N Rz. 83 ff.*). Sofern eine einvernehmliche Entlassung zustande kommt, entsteht auch eine 1,5 **Einigungsgebühr** nach 1000 VV RVG.

2. Nachmieterstellung am Beispiel eines Wohnraummietvertrages

230 Nicht nur unter Kollegen, sondern offenbar auch beim BGH[1] besteht der weit verbreitete Irrtum, der Mieter habe einen **Anspruch auf Entlassung** aus dem befristeten Mietvertrag, sobald er einen geeigneten Nachmieter präsentieren kann oder doch zumindest drei solcher Kandidaten gestellt hat[2]. Richtigerweise ist zu unterscheiden, ob eine **vertragliche Nachfolgeregelung** getroffen wurde, die auch anlässlich des beabsichtigten Ausscheidens des Mieters mit dem Vermieter vereinbart werden kann, oder schutzwürdige Interessen des Mieters an der vorzeitigen Vertragsauflösung ausnahmsweise nach Treu und Glauben ein Ausscheiden rechtfertigen[3].

230a Im Hinblick auf die Kündigungsfrist von drei Monaten nach § 573c BGB, der nun auch für Altverträge aus der Zeit vor dem 1. September 2001 grundsätzlich gilt, hat sich die Bedeutung der Nachmieterstellung verringert. Indessen kann ein Interesse z.B. bei einem Kündigungsverzicht, einem befristeten Vertrag nach § 575 BGB oder einem Vertrag auf Lebenszeit entstehen.

---

1 Vgl. die Begründung zur Zulässigkeit des wechselseitigen Kündigungsverzichts in BGH, WuM 2004, 157 = MietRB 2004, 161, in der der VIII. Senat u.a. darauf verweist, der Mieter könne sich durch Stellung eines Nachmieters vom Vertrag lösen.
2 Vgl. *Heile* in Bub/Treier, II Rz. 820.
3 OLG Hamm, NRW-RR 1995, 1478 m.w.N.

a) Herbeiführen einer vertraglichen Nachmieterregelung

231 Sieht der Vertragstext eine Nachmieterklausel nicht vor, wird regelmäßig der Mieter auf den Vermieter zugehen, um eine solche Regelung herbeizuführen. Ausnahmsweise kann aber auch z.B. im Rahmen einer streitigen Auseinandersetzung der Vermieter den Vorschlag unterbreiten, den Mieter aus dem Vertrag gegen Stellung eines Nachmieters zu entlassen.

aa) Mieterberatung

232 Zunächst wird der umsichtige Rechtsanwalt prüfen, ob nicht ausnahmsweise ein Recht zur **außerordentlichen Kündigung** gegeben ist (vgl. oben Rz. 142). Bei Bestehen eines solchen Rechts kann der Mandant seinen Wunsch zur Beendigung des Mietvertrages auf einfache Weise realisieren.

233 Ansonsten sollten zunächst die Gründe für das **Interesse des Mieters** an der Herbeiführung einer Nachmieterregelung ermittelt werden. In den meisten Fällen will der Mieter vorzeitig aus dem (befristeten) Mietvertrag entlassen werden oder Einbauten und Einrichtungsgegenstände einem Nachmieter überlassen, um sich die Kosten des Rückbaus oder der Demontage zu sparen.

234 Ist das wahre Interesse des Mandanten ermittelt, muss ein **Konzept zur Umsetzung** der Interessen des Mieters entwickelt werden.

235 Hierzu sollte zunächst die **Persönlichkeit des Vermieters** und dessen **Interessenlage** untersucht werden. Ist bekannt, dass der Vermieter bereits Nachmieterregelungen zugelassen hat, kann es sich anbieten, dem Mandanten zunächst die Suche nach einem Nachmieter anzuraten, um dem Vermieter gleichzeitig mit der Präsentation des Mieters aufzuzeigen, dass für ihn durch den Eintritt des Nachmieters in das Mietverhältnis kein Nachteil entsteht. Bei dieser Vorgehensweise ist jedoch **Vorsicht** geboten. Viele Vermieter wollen immer noch vorher gefragt werden, bevor über ihre Mietsache verfügt wird. Die ungefragte Präsentation eines Nachmieters kann das Risiko herbeiführen, dass der Vermieter einen Eintritt nur deshalb ablehnt, weil er sich überrumpelt fühlt. Deshalb sollte diese Vorgehensweise nur gewählt werden, wenn hinreichende Sicherheit darüber besteht, dass der Vermieter einer solchen Regelung zustimmt. Ggf. sollte hierüber mit Dritten (z.B. dem vom Vermieter eingesetzten Hausverwalter) zunächst ein Gespräch (Telefonat) geführt werden, um die Reaktion besser einschätzen zu können.

236 Ergeben sich danach Zweifel an der Zustimmung des Vermieters, sollte der Weg des „**offenen Gesprächs**" mit dem Vermieter bevorzugt werden. Dieses Gespräch sollte auch möglichst persönlich, und zwar regelmäßig durch den Mieter geführt werden. Zur Vorbereitung kann das Gespräch in der Kanzlei simuliert werden. Nur wenn die räumliche Entfernung zum Sitz des Vermieters zu groß ist, sollte eine schriftliche oder telefonische Vorgehensweise gewählt werden, weil damit dem Vermieter eine Überlegungs-

möglichkeit gegeben wird, die er im persönlichen Gespräch jedenfalls nicht in dieser Form hat („Überrumpelungseffekt").

Kommt das persönliche Gespräch zustande, empfiehlt es sich, zunächst möglichst vollständig das **wahre Interesse des Mieters** darzustellen. Liegt das Interesse allerdings nur im pekuniären Bereich (z.B. Ersparnis von Rückbaukosten), muss einkalkuliert werden, dass der Vermieter sich schützend vor einen Nachmieter stellen will, weil er befürchtet, dass er durch zu hohe finanzielle Belastungen bei Beginn seiner Nutzungszeit nicht mehr in der Lage sein wird, die notwendigen Mittel zur Erhaltung der Mietsache (z.B. durch Renovierung) aufbringen zu können. Schließlich muss auch § 4a WoVermG beachtet werden, wonach Vereinbarungen über Abstandszahlungen unwirksam sind, wenn sie ein Entgelt dafür darstellen, dass der bisherige Mieter die gemieteten Wohnräume räumt[1]. 237

Nach dieser Eröffnungsrede sollte zunächst die Reaktion des Vermieters abgewartet werden. Zeigt er Verständnis für die Situation des Mandanten, ist der erste Schritt zu einer einvernehmlichen Regelung geschaffen. Für den anderen Fall muss bereits bei der Vorbereitung untersucht werden, welche möglichen **Interessen des Vermieters** dem Wunsch des Mandanten entgegenstehen können. Dabei ist insbesondere zu prüfen, ob und ggf. wie lange die Miete unverändert war und ob sich Mieterhöhungsmöglichkeiten ergeben. Auch die Betriebskostenvereinbarung sollte ebenso in die Überlegungen einbezogen werden wie die Prüfung der Renovierungsklausel. Legt der Vermieter auf eine ganz bestimmte Klientel bzw. eine bestimmte Bevölkerungsschicht als Mieter wert, sollte es schon bei der Eröffnungsrede als selbstverständlich dargestellt werden, dass diese Wünsche berücksichtigt werden. 238

Besteht eine aktuelle **Meinungsverschiedenheit** zwischen den Parteien über einzelne vertragliche Regelungen, sollte geklärt werden, inwieweit es sinnvoll ist, den Vermieter in eine Situation zu bringen, dass er sich wünscht, den Mandanten als Mieter loszuwerden. Dies sollte jedoch so angelegt werden, dass der Vermieter nicht argwöhnen kann, dass der Streit nur herbeigeführt wurde, um ihn in diese Situation zu bringen. Denn dadurch entsteht die Gefahr, dass der Vermieter schon aus Prinzip seine stärkere Position ausspielt. Immerhin muss er der nachträglichen Vereinbarung einer Nachmieterregelung nicht zustimmen. 239

Welche „**Provokation**" sich dafür anbietet, ist eine Frage des Einzelfalles. Bei älteren Mietverträgen, in denen eine unwirksame Renovierungsklausel enthalten ist, kann überlegt werden, den Vermieter zur Durchführung von Schönheitsreparaturen aufzufordern und ggf. den Vorschussanspruch[2] geltend zu machen (zur Umsetzung vgl. H Rz. 476 f.). In der Regel ist der Vermieter hierzu nicht (freiwillig) bereit. Wird ihm dann auch noch vor- 240

---

1 Vgl. dazu Blank, WuM 1993, 503, 513; Staudinger/Emmerich, Vorbem. zu § 535 BGB Rz. 106.
2 Vgl. dazu BGH, WuM 2005, 383; BGH, WuM 1990, 494.

geführt, mit welchen weiteren Unannehmlichkeiten (Möbelrücken, ggf. Unterbringung im Hotel) die Erfüllung seiner Verpflichtungen aus § 535 Abs. 1 S. 2 BGB verbunden ist, kann der Boden für eine einvernehmliche Nachfolgeregelung geebnet sein.

241 Als weitere **„Provokation"** bieten sich (nach eingehender Prüfung) an:
Verfahren nach § 5 WiStrG, die sich allerdings wegen des Abstellens auf die subjektive Mangellage[1] zumindest bei professionellen Vermietern als „stumpfes Schwert" erweisen werden, das „Spielen auf der Klaviatur der Kontrollrechte" im Rahmen einer Betriebskostenabrechnung, Mängeleinwendungen (insbesondere Überprüfung der Wohnfläche, vgl. *F Rz. 52 f.*), das Rückfordern der Kaution bei unwirksamer Kautionsregelung (vgl. *Rz. 179*).

242 Im Hinblick auf das Ziel (Erreichen einer Nachmieterklausel) muss das Vorgehen allerdings so angelegt sein, dass für den Vermieter der Vorschlag, dieser Regelung zuzustimmen, wie eine Erlösung wirkt. Dies wird dadurch **gefährdet**, dass bereits im ersten Anschreiben oder ersten Gespräch dieser Wunsch des Mandanten geäußert wird. Deshalb muss abgewartet werden, bis der Vermieter sich in einer Situation befindet, die ihm die Ausweglosigkeit seiner Verteidigung klar macht. Dies kann entweder dadurch erreicht werden, dass einschlägige Entscheidungen zitiert werden oder eine evtl. mündliche Verhandlung mit einem kurz davor eingereichten Schriftsatz, der alle einschlägigen Rechtsprechungs- und Literaturhinweise enthält, vorbereitet wird, so dass der Richter die eigene Rechtsposition einnehmen und einen entsprechenden Vorschlag unterstützen wird, um das Verfahren zu erledigen und weitere Verfahren zu vermeiden.

243 Bei dieser (provokanten) Vorgehensweise muss natürlich berücksichtigt werden, **wie dringend** für den Mandanten die Herbeiführung der gewünschten Regelung ist. Steht sein Auszug kurz bevor, kann nicht erst bis zu einer mündlichen Verhandlung, die evtl. erst Monate später stattfindet, abgewartet werden, weil dies dem Mandanten wegen der fortbestehenden Mietzahlungsverpflichtung einen Schaden bringt, der durch die erreichbaren Ansprüche kaum noch kompensiert werden kann. Im Übrigen ist ein Prozess immer eine teure Angelegenheit, so dass auch auf die finanzielle Situation des Mandanten im Übrigen geachtet werden muss. Abgesehen davon wird der Vermieter die Taktik des Mieters schnell durchschauen, wenn er während eines solchen von ihm angestrengten Prozesses auszieht.

244 Die Empfehlung, **keine Miete** mehr zu **zahlen**, um das Kündigungsrecht nach § 543 Abs. 2 Nr. 3 BGB zu provozieren, sollte nur in ganz besonderen **Ausnahmefällen** erteilt werden. Gerade wenn der Vermieter seine monatlichen Zahlungen nicht mehr erhält, kann er elementar berührt sein. Er wird von dem Kündigungsrecht nur Gebrauch machen, wenn er die Provokation nicht erkennt. Weiß er, dass sein Mieter solvent ist und/oder dass er (möglichst ohne Schaden) ausziehen will, wird er eine Kündigung schon deshalb

---

[1] BGH, WuM 2004, 294 = NZM 2004, 381 = MietRB 2004, 199.

nicht aussprechen, weil er seine Vorgehensweise selbst zu bestimmen wünscht. Abgesehen davon wird der Mandant dem Risiko ausgesetzt, bis zur Neuvermietung durch den Vermieter die Miete als Mietausfallschaden zahlen zu müssen, wobei an seine Darlegungs- und Beweislast hohe Anforderungen gestellt werden[1].

Im Ergebnis ist daher dem offenen und sachlich geführten **Gespräch** mit dem Vermieter im Zweifel der Vorzug zu geben. Wird dem Vermieter dabei das Gefühl vermittelt, dass seine Interessen umfassend gewürdigt wurden (Mieterhöhung, Renovierung, Kaution etc.), ergeben sich kaum vernünftige Anhaltspunkte, warum er sich dem Wunsch des Mieters verschließen sollte, insbesondere wenn die gute und einvernehmliche Vertragsbeziehung hervorgehoben werden kann und der Hinweis auf die mögliche Verbesserung des Vertragswertes mit dem Nachmieter erfolgt. Provokationen, wie sie oben dargestellt werden, sollten hier vermieden werden. Allenfalls kann ein Szenario geschildert werden, wenn der Vermieter „stur" bleibt. Dabei ist darauf zu achten, dass die Schilderung nicht als Drohung wirkt. Denn damit lässt sich unter seriösen Partnern nichts erreichen. Es kann aber hervorgehoben werden, dass der Rechtsanwalt seinem Mandanten empfiehlt, seine Zurückhaltung in der Wahrnehmung seiner Rechte zu überdenken. Damit ist der Rechtsanwalt der „Bösewicht", kann aber auch gleich wieder in die Rolle seines entgegenkommenden Mandanten schlüpfen. 245

Die **Vereinbarung** über die Möglichkeit, einen Nachmieter zu stellen, bedarf bei befristeten Verträgen der **Schriftform** des § 550 BGB (vgl. dazu *Rz. 506 f.*). Denn sie stellt eine Ergänzung bzw. Änderung des Vertrages in einem wesentlichen Punkt dar[2]. Allerdings muss auf Seiten des Mieters hierauf nur besonders geachtet werden, wenn die Entstehung des Kündigungsrechts vermieden werden soll (z.B. im Fall des Rückbaus), denn ein Verstoß gegen die Schriftform eröffnet das Kündigungsrecht nach § 550 BGB. Es muss aber damit gerechnet werden, dass die Vereinbarung zu gegebener Zeit bewiesen werden muss. Deshalb sollte zumindest ein Bestätigungsschreiben gefertigt werden, damit Fakten geschaffen werden. In diesem Bestätigungsschreiben können die wesentlichen Abreden festgehalten werden. 246

Bereitet die **Abwicklung** dieser Vereinbarung unüberbrückbare Schwierigkeiten, sollte zumindest vorsorglich das Kündigungsrecht nach § 550 BGB ausgeübt werden. Unmittelbar nach der mündlichen Vereinbarung sollte davon abgesehen werden. Denn wirkt sich eine nachträgliche Änderung des Vertrages ohne Beachtung der Schriftform des § 550 BGB zugunsten des Mieters aus, stellt es einen Verstoß gegen Treu und Glauben dar, wenn er diese Situation zur Ausübung seines Kündigungsrechts ausnutzt[3]. Diese Voraussetzungen können entfallen, wenn der Vermieter sich bei der Ab- 247

---

1 BGH, MDR 2005, 618 = GuT 2005, 115 = MietRB 2005, 203.
2 BGH, NZM 2003, 476 = GuT 2003, 132 = ZMR 2003, 647.
3 BGH, BGHZ 65, 49, 55; BGH, NJW 1996, 2503.

wicklung der Nachmietervereinbarung selbst nicht mehr vertragstreu verhält. In diesen Fällen ist aber auch an § 162 BGB zu denken.

bb) Vermieterberatung

248 Für den Vermieter ist das Eingehen auf den Wunsch des Mieters, eine Nachmieterregelung herbeizuführen, eine **freiwillige Leistung**. Will er diese erbringen, muss er bzw. sein Rechtsanwalt „nur" darauf achten, dass seine Interessen gewahrt sind.

249 Dabei sollte bedacht werden, dass eine bindende Vereinbarung über eine Nachmieterstellung nicht ohne **Risiko** für den Vermieter ist. Nicht selten ergibt nämlich die Abwicklung derartiger Vereinbarungen Streit, weil Meinungsverschiedenheiten über die Geeignetheit des Nachmieters entstehen. Um dies zu vermeiden, kann dem Mieter auch in Aussicht gestellt werden, dass die Angelegenheit wohlwollend geprüft wird, sofern er einen geeigneten Nachmieter präsentiert. Damit wird einerseits keine Bindung des Vermieters herbeigeführt[1], andererseits aber auch verhindert, dass die Zurückweisung des Wunsches des Mieters zu Spannungen führt, die ein kreativer Mieter zum Anlass nimmt, seine Rechte und Pflichten zu überprüfen und ggf. gerichtliche Auseinandersetzungen zu beginnen.

250 Technisch verläuft die Nachmieterstellung derart, dass der Nachmieter vorbehaltlos in den bestehenden Mietvertrag eintritt[2]. Auch wenn sich der Vermieter nicht auf eine **Änderung der Vertragsbedingungen** einlassen muss, ist es nicht verboten, verbesserte Konditionen zu verlangen[3]. Als solche kommen insbesondere neben der Miete eine Anhebung der Kaution, eine verbesserte Renovierungsklausel, geänderte Betriebskostenregelungen oder Zustimmung zu Modernisierungsmaßnahmen in Betracht.

251 Ob und ggf. welche Änderungswünsche des Vermieters bzw. Bedingungen für die Zustimmung zur Nachmieterregelung bestehen, sollte mit dem Vermieter bei Vorliegen des Wunsches des Mieters eingehend erörtert werden. Um Streitigkeiten zu vermeiden, ist es sinnvoll, dem Mieter die (zusätzlichen) Bedingungen bereits vor Abschluss der Nachmieterregelung mitzuteilen. Zwar sind Verhandlungen des Vermieters mit dem Nachfolger nicht verboten, verstoßen insbesondere nicht gegen Treu und Glauben[4]. Indessen kann es Streit hervorrufen, wenn der Mieter seinen Nachmieter-Interessenten seinen Mietvertrag gezeigt hat und dieser vom Eintritt in das Mietverhältnis Abstand nimmt, weil der Vermieter zusätzliche Bedingungen stellt.

---

1 OLG Hamburg, WuM 1997, 214.
2 *Heile* in Bub/Treier, II Rz. 824.
3 OLG Hamburg, ZMR 1987, 173; OLG Düsseldorf, NJW-RR 1992, 657; OLG München, NJW-RR 1995, 393; LG Hamburg, DWW 1988, 85; LG Saarbrücken, WuM 1995, 313.
4 OLG Hamburg, ZMR 1987, 173; *Heile* in Bub/Treier, II Rz. 828.

252 Hinsichtlich der **persönlichen Kriterien**, die ein Nachmieter aus Sicht des Vermieters erfüllen muss, ist eine gewisse Vorsicht geboten. Bei dem (Neu-)Abschluss eines Mietvertrages kann sich der Vermieter die Person des Mieters aussuchen, ohne dass ihm ein Vorwurf daraus gemacht werden kann, dass er wegen persönlicher Eigenschaften (z.B. Charakter) den Interessenten ablehnt. Bei einer Nachmieterregelung muss der Nachmieter jedoch „nur" geeignet und dem Vermieter zumutbar sein[1]. Mit dem Mandanten sollte daher zunächst ganz offen darüber gesprochen werden, ob und ggf. welche Anforderungen er an einen Nachmieter in persönlicher Hinsicht stellt. Ergeben sich dabei problematische Ansichten des Vermieters (z.B. Ausländer[2], alleinerziehender Vater[3]), sollte er darauf hingewiesen werden, dass mit der Aufnahme derartiger Kriterien in eine Nachmieterregelung das Risiko ihrer Unwirksamkeit verbunden ist (z.B. § 138 BGB) oder doch zumindest die Unbeachtlichkeit der entsprechenden Anforderung (§ 139 BGB). Auch die Wahrung der Grundsätze des AGG (vgl. dazu *B Rz. 148 f.*) ist von Bedeutung. Da in dem Zeitpunkt, in dem über die Frage, wie eine Nachmieterregelung aussehen kann, diskutiert wird, noch nicht ersichtlich ist, welche Nachmieterinteressenten vom Mieter gestellt werden, sollten die persönlichen Anforderungen des Vermieters zwar notiert, aber nicht in die Vereinbarung aufgenommen werden. Möglicherweise ergibt sich kein Problem, weil der Mieter nur Nachmieterinteressenten stellt, die den Anforderungen des Mandanten gerecht werden.

253 Bei der **inhaltlichen Gestaltung** der Nachmieter-Vereinbarung muss darauf hingewirkt werden, dass nicht nur die Kriterien, die ein geeigneter Nachmieter erfüllen muss[4], sondern auch die Bedingungen des fortbestehenden oder des neuen Mietvertrages in der Nachmieterklausel so präzise wie möglich umrissen werden.

254 Wichtig ist hier, dass bei befristeten Verträgen die Abrede in der **Schriftform** des § 550 BGB (vgl. *Rz. 7 f.*) getroffen wird. Dies kann z.B. wie folgt gestaltet werden:

Ergänzung des Mietvertrages vom 3.9.1996

zwischen

Herrn Peter Lustig, Virchowstr. 3, 50937 Köln
– im weiteren Vermieter genannt –

und

Herrn Josef Schmitz, Luxemburger Str. 101, 50935 Köln
– im weiteren Mieter genannt –

---

1 BGH, WuM 2003, 204; *Heile* in Bub/Treier, II Rz. 824.
2 LG Frankfurt/Main, WuM 1970, 115; LG Saarbrücken, WuM 1995, 313.
3 BGH, WuM 2003, 204.
4 Vgl. dazu *Heile* in Bub/Treier, II Rz. 825 m.w.N.

1. Der Mieter scheidet mit dem Tag aus dem oben genannten Mietvertrag über die Räume Luxemburger Str. 101, 50935 Köln, aus, mit dem ein geeigneter Nachmieter in den Mietvertrag eintritt.

2. Der Eintritt des Nachmieters in den Mietvertrag ist erst wirksam, wenn eine zwischen den Parteien dieses Vertrages und dem Nachmieter getroffene Vereinbarung schriftlich zustande kommt, in der der Nachmieter eine Erhöhung der monatlichen Grundmiete von 50 Euro akzeptiert sowie eine Regelung geschaffen wurde, dass sämtliche Betriebskosten i.S.d. §§ 1, 2 BetrKV umgelegt werden dürfen.

3. Ein Nachmieter ist insbesondere dann geeignet, wenn

   a) er in den letzten 10 Jahren vor Abschluss des Vertrages nicht die eidesstattliche Versicherung abgegeben oder eine Verbraucherinsolvenz beantragt hat und auch sonst gegen ihn kein Antrag auf Eröffnung eines Insolvenzverfahrens gestellt wurde und er an Eides statt versichert, dass in den letzten 24 Monaten keine (fristlose) Kündigung wegen Zahlungsverzuges erklärt wurde;

   b) er seit mindestens 12 Monaten über regelmäßige Einkünfte verfügt, die die Entrichtung der Miete zulassen (max. 30 % des Nettoeinkommens für Miete), und

   c) sich in seiner persönlichen Lebensführung keine Besonderheiten ergeben, die Störungen des Hausfriedens hervorrufen können (z.B. Musiker).

4. Für den Fall des Ausscheidens aus dem Mietvertrag verzichtet der Mieter auf etwaige Betriebskostenguthaben und die Erstattung der Kaution. Er ist berechtigt, diese Forderungen mit dem Nachmieter zu verrechnen.

Köln, den ...   Köln, den ...
...   ...
Vermieter   Mieter

b) Beratung bei bestehender Nachmieterklausel

255 Die Erscheinungsformen von Nachmieter- oder Ersatzmieterklauseln sind vielfältig. Im Hinblick auf den Unterschied zwischen echten und unechten Klauseln muss zunächst ermittelt werden, ob der Mieter unter den in der Klausel genannten Voraussetzungen einen Anspruch auf Vertragsabschluss mit dem benannten Ersatzmieter hat (**echte Nachmieterklausel**) oder ob er nur Entlassung aus dem Vertrag verlangen kann (**unechte Nachmieterklausel**)[1]. Welche Form der Klausel vorliegt, ist eine Auslegungsfrage[2], für die zunächst der Wortlaut maßgeblich ist.

256 Einige Klauseln knüpfen das Recht, einen Nachmieter zu stellen, an bestimmte Voraussetzungen (z.B. berechtigtes Interesse des Mieters). Des-

---

1 OLG Düsseldorf, WuM 1995, 391; OLG Frankfurt/Main, WuM 1991, 475.
2 Staudinger/*Emmerich*, § 537 BGB Rz. 17 ff.

halb muss zunächst geprüft werden, ob derartige **Anforderungen** bestehen und ob sie erfüllt sind.

Ergibt der **Wortlaut der Klausel** die Verwendung von Begriffen, die sich im Gesetz wiederfinden, sollte ihre inhaltliche Bestimmung an der Definition der gesetzlichen Verwendung orientiert werden. Das „berechtigte Interesse des Mieters" wird z.B. in § 573 Abs. 1 BGB erwähnt, so dass es ohne weiteres inhaltsgleich angewendet werden kann[1]. Im Weiteren ist natürlich darauf zu achten, dass die Umstände, die die Tatbestandsmerkmale erfüllen sollen, im Zweifel bewiesen werden müssen.

aa) Mieterberatung

Der Mieter sollte auf jeden Fall danach gefragt werden, warum er (vorzeitig) aus dem Mietvertrag ausscheiden will. Dieses **Interesse** muss mit den Anforderungen abgeglichen werden, die die bestehende Klausel stellt.

Ergeben sich insoweit keine Zweifel, sollte dem Mieter geraten werden, durch **Anzeigen** in den Wochenendausgaben von Tageszeitungen, Aushänge an Universitäten, Supermärkten etc. zu versuchen, einen Nachmieter zu finden. Nur ausnahmsweise sollte der Rechtsanwalt diese Aufgabe selbst übernehmen. Der Rechtsanwalt ist Freiberufler und daher nicht **gewerbesteuerpflichtig**. Die Insertion, also das Auftreten in der Öffentlichkeit zur Recherche nach Nachmietern, kann als gewerbliche Tätigkeit im Sinne einer Maklertätigkeit aufgefasst werden. Erfährt das Finanzamt von derartigen Aktivitäten, besteht die Gefahr, dass eine gewerbliche Tätigkeit angenommen wird, so dass der Rechtsanwalt zur Gewerbesteuer herangezogen wird. Sind dabei keine Vorkehrungen z.B. in büroorganisatorischer Hinsicht getroffen worden, die eine Trennung der freiberuflichen von der vermeintlich gewerblichen Tätigkeit deutlich machen, ergibt sich das Risiko, dass auch die Einkünfte aus freiberuflicher Tätigkeit insgesamt der Gewerbesteuer unterliegen[2].

Ob der **Vermieter** durch den Mieter vor der Insertion **informiert** werden sollte, muss im Einzelfall entschieden werden. Handelt es sich um einen Vermieter mit größerem Grundbesitz oder ist eine Verwaltungsgesellschaft eingeschaltet, kann die Information der Vermieterseite den Vorteil bieten, dass von dort ein Interessent präsentiert wird. Dies gilt vor allem für **Genossenschaften**, die satzungsmäßig verpflichtet sind, ihre Mitglieder mit angemessenem Wohnraum zu versorgen. Dort werden regelmäßig Listen geführt, in der sich wohnungssuchende Mitglieder eintragen. Andererseits entsteht durch den Hinweis an den Vermieter das Risiko, dass er das Mietverhältnis mit besonderem Augenmerk beobachtet. Denn scheitert die Nachmietersuche, muss der Weg für andere Möglichkeiten zur Auflösung des Mietvertrages offen bleiben (z.B. Herbeiführen eines Kündigungsrechts nach § 540 Abs. 1 S. 2 BGB). Werden dementsprechende Versuche unter-

---

1 *Sternel*, Mietrecht, I Rz. 99.
2 *L. Schmidt*, § 95 EStG Rz. 97–100.

nommen, weiß der Vermieter auf Grund der vorherigen Informationen des Mieters, dass die Nachmietersuche erfolglos geblieben ist und der „neue" Weg im Ergebnis nur dazu dienen soll, künstlich einen außerordentlichen Kündigungstatbestand zu schaffen. Er wird sich darauf entsprechend einstellen.

261 Weiterhin muss ermittelt werden, ob und ggf. welche Anforderungen der Vermieter bei der seinerzeitigen Vermietung an den Mieter gestellt hat. Wurde z.B. eine **Selbstauskunft** verlangt, sollte diese Selbstauskunft auch zur Grundlage eines entsprechenden Formulars für die Nachmieterinteressenten verwendet werden. Ist das alte Formular nicht mehr vorhanden, sollte z.B. beim örtlichen Haus- und Grundbesitzerverein ein entsprechendes Formular erworben oder aus anderer Quelle (Schreibwarenhandel) bezogen werden.

262 Sind einer oder mehrere **Nachmieterinteressenten** gefunden, muss mit diesen zunächst eine (schriftliche) **Vereinbarung** getroffen werden. Damit sollte nicht bis zum Abschluss des Mietvertrages bzw. formell wirksamen Eintritt in das bestehende Mietverhältnis abgewartet werden. Sobald dem Interessenten vom Vermieter die Zustimmung signalisiert bzw. bereits erteilt wurde, verringert sich seine Verhandlungsbereitschaft z.B. hinsichtlich der Übernahme von Einrichtungsgegenständen oder sonstigen finanziellen Forderungen des Mieters. Wird ihm die Vereinbarung jedoch als Voraussetzung zur Weitergabe seines Interesses an den Vermieter präsentiert, sind die Chancen, die eigenen Vorstellungen (z.B. Veräußerung von Einrichtungen) durchzusetzen, größer. Diese Vereinbarung kann unter der **aufschiebenden Bedingung** des vom Vermieter akzeptierten Eintritts in den Mietvertrag geschlossen werden.

263 Die Weitergabe der Interessenten an den Vermieter kann schriftlich oder mündlich unter Beifügung der entsprechenden Unterlagen erfolgen. Dabei ist es ratsam, auch den **persönlichen Eindruck**, den der Mieter von dem jeweiligen Interessenten erworben hat, mitzuteilen. Besonderheiten im Ablauf der Verhandlungen mit dem Nachmieter können für den Vermieter wichtige Hinweise enthalten, die ihm seine Entscheidung erleichtern. Darüber hinaus zeigen derartige Informationen, dass der Mieter sich auch um die Belange des Vermieters bemüht hat.

264 Sobald sich der Vermieter für einen Nachmieter entschieden hat, muss der Mieter darauf drängen, dass hier eine eindeutige Regelung getroffen wird. Diese Regelung muss aufzeigen, dass und ab wann der Nachmieter in den Mietvertrag eintritt, damit auch eine (beweisbare) Bindung des Nachmieters entsteht. Dadurch wird vermieden, dass der Nachmieter sich die Umstände zunutze macht, wenn ihn sein Interesse reut. Die **Schlüssel** zur Wohnung sollten deshalb auch erst dann übergeben werden, wenn die Bindung des Nachmieters feststeht und die finanziellen Forderungen abgewickelt sind (z.B. Übernahme der Kaution).

bb) Vermieterberatung

Auch der Vermieter-(Rechtsanwalt) sollte prüfen, ob die Nachmieterklausel **besondere Voraussetzungen** enthält. Sind die Gründe durch den Mieter bisher nicht schriftlich mitgeteilt worden, sollte er zunächst aufgefordert werden, dies nachzuholen, um eine ausreichende Beurteilungsgrundlage zu erhalten. Liegen die besonderen Voraussetzungen nicht vor oder ergeben sich Zweifel, kann der Vermieter daraus **Verhandlungsspielraum** gewinnen, wenn er dem Mieter gleichwohl das Ausscheiden aus dem Mietverhältnis ermöglichen will. Mit dem Aufzeigen der Zweifel kann die Stellung weiterer Bedingungen (z.B. erhöhte Miete) verbunden werden. Hierauf wird sich der Mieter in der Regel einlassen, weil er an einer kurzfristigen Lösung ohne Prozess interessiert ist und die Bedingungen im Zweifel vom Nachmieter zu erfüllen sind.

265

Werden **konkrete Nachmieter** gestellt, liegt der Schwerpunkt der **Überprüfung** bei den finanziellen Kriterien. Der Rechtsanwalt sollte darauf bestehen, dass ihm eine Selbstauskunft des Interessenten vorgelegt wird und die Gehaltsbescheinigungen der letzten 12 Monate. Sich auf eine einzige Gehaltsbescheinigung zu beschränken, birgt die Gefahr in sich, dass der vorläufige Charakter des Arbeitsverhältnisses nicht ermittelt werden kann. Ggf. besteht die Möglichkeit, eine Bankauskunft o.Ä. einzuholen. Bei preisgebundenem Wohnraum muss natürlich darauf geachtet werden, dass der **Wohnberechtigungsschein** vorgelegt wird und kein Belegungsrecht eines Dritten besteht. Allein vorangegangene häufige Wohnungswechsel sind jedoch kein ausreichendes Kriterium zur Ablehnung des Ersatzmieters, wenn dabei keine wesentlichen Mietschulden hinterlassen wurden[1].

266

Hat der Vermieter hinsichtlich der Person des Mieters besondere Anforderungen (z.B. keine Ausländer, kinderloses Ehepaar), die dem Mieter vorsichtshalber nicht offenbart wurden, muss bei der **Auswahl** geprüft werden, ob eine Möglichkeit besteht, die Sache reibungslos abzuwickeln, ohne die persönlichen Anforderungen zu offenbaren (vgl. auch Rz. 252).

267

c) Beratung bei schutzwürdigem Interesse des Mieters von Wohnraum

Der Mieter hat einen **Anspruch auf Vertragsentlassung** gegen Stellung eines Nachmieters, wenn sein berechtigtes Interesse daran das Interesse des Vermieters am Bestand des Vertrages erheblich überragt[2].

268

aa) Mieterberatung

Der Mieter erscheint in den häufigsten Fällen bei seinem Rechtsanwalt, weil er der Auffassung ist, dass ihm der Anspruch auf Vertragsentlassung ohne weiteres zusteht, wenn er drei (geeignete) Nachmieter stellt. Dieses Beratungsgespräch sollte bereits mit dem Hinweis darauf begonnen wer-

269

---
1 LG Flensburg v. 24.9.2002 – 1 S 29/02, WuM 2007, 287.
2 OLG Karlsruhe, WuM 1981, 173; OLG Hamm, NJW-RR 1995, 1478.

den, dass diese Auffassung nicht zutrifft und der hier diskutierte Fall die **absolute Ausnahme** bildet.

270 Sodann sollte der Grund des Mieters ermittelt werden, der ihn zu einem Wohnungswechsel veranlasst. Dabei muss besonders darauf geachtet werden, **wann** diese **Gründe entstanden** sind und ob sie bereits bei Vertragsschluss vorhersehbar waren[1].

271 **Beispiele** für ein überragendes Interesse des Mieters sind:
– schwere Erkrankung des Mieters[2]
– nicht vorhergesehene Versetzung aus beruflichen Gründen[3], sofern sie nicht vom Mieter selbst gewünscht wurde
– erhebliche Vergrößerung/Verkleinerung der Familie
– Ehescheidung[4]
– Wunsch des Mieters, in einer anderen Wohnung mit einem Lebensgefährten zusammenzuziehen[5].

272 Liegen diese oder ähnliche Gründe vor, muss überlegt werden, wie diese zum Vermieter transportiert werden. Ein mündlicher Vortrag, z.B. im Rahmen eines Gesprächs, ruft die Gefahr hervor, dass die Gründe nicht als schutzwürdig erkannt werden. Dennoch sollte zunächst die **persönliche Unterredung** gesucht werden, wenn ein bisher einvernehmliches Verhältnis zwischen Vermieter und Mieter bestanden hat, das durch die schriftliche Äußerung eines Rechtsanwalts getrübt werden könnte. Immerhin wird der Rechtsanwalt in weiten Kreisen der Bevölkerung noch als „Drohmittel" angesehen („… sonst übergebe ich die Sache meinem Rechtsanwalt.").

273 Bei der **schriftlichen Darstellung** der Gründe sollte vermieden werden, dass auf Seiten des Vermieters Zweifel entstehen, die z.B. eine **Vorhersehbarkeit** ergeben können. In vielen Fällen werden die Umstände keinen Grund darstellen, der zweifelsfrei ein schutzwürdiges Interesse rechtfertigt. In diesem Zusammenhang muss berücksichtigt werden, dass zwar die Rechtsentscheide des OLG Karlsruhe und des OLG Hamm[6] die Grundsätze des Entlassungsanspruchs aufzeigen. Ob und ggf. in welchen **Einzelfällen** diese Gründe als schutzwürdig angesehen werden können, wird jedoch von der untergerichtlichen Rechtsprechung festgestellt. Deshalb sollte in die Überlegungen einbezogen werden, ob der Mandant in der Vergangenheit bereits Rechtsstreitigkeiten geführt hat. Hat er sich dabei als unnachgiebig und/oder sogar querulatorisch gezeigt, kann dies bei einem Richter (und natürlich beim Vermieter) dazu führen, dass diese Kenntnisse bei einer Entschei-

---
1 OLG Oldenburg, WuM 1981, 125; *Heile* in Bub/Treier, II Rz. 821.
2 **A.A.** für Gewerberaummiete: OLG Düsseldorf, WuM 2002, 94 = ZMR 2001, 106 = MDR 2001, 83.
3 LG Hamburg, DWW 1988, 85; LG Gießen, NJW-RR 1995, 395.
4 OLG Karlsruhe, WuM 1981, 173.
5 *Heile* in Bub/Treier, II Rz. 821; **a.A.** AG Wiesbaden, WuM 1988, 400.
6 OLG Karlsruhe, WuM 1981, 173; OLG Hamm, NJW-RR 1995, 1478.

dung unterschwellig nachwirken. Hat der Rechtsanwalt diese Rechtsstreite nicht geführt, sollte er sich die Unterlagen darüber verschaffen, um die Situation des Mietverhältnisses richtig einschätzen zu können. Hier kann er sich zumindest durch „Querlesen" ein Bild verschaffen. Für diese Fälle sollte bereits in dem ersten außergerichtlichen Anschreiben an den Vermieter versucht werden aufzuzeigen, welche Vorteile eine Nachmietergestellung für ihn haben kann. Dabei sollte nicht so sehr darauf abgestellt werden, dass er einen unliebsamen Mieter loswerden kann. Vielmehr sollten andere Vorteile (z.B. Mieterhöhung etc.) hervorgehoben werden mit dem Hinweis, dass der Mieter sich dafür einsetzen wird.

Liegen Gründe vor, die **eindeutig** ein **schutzwürdiges Interesse** ergeben, sollte gleichwohl zunächst versucht werden, eine einvernehmliche Lösung mit dem Vermieter herbeizuführen und bei dieser Gelegenheit zu erfahren, welche (zusätzlichen) Anforderungen er stellt. Gelingt dies nicht, muss der Mieter einen Nachmieter suchen und diesen dem Vermieter präsentieren (vgl. oben *Rz. 259 ff.*). 274

Führen diese Bemühungen alle nicht zu dem gewünschten Ergebnis, endet das Mietverhältnis spätestens mit Ablauf des dritten Monats nach Stellung des (geeigneten) Nachmieters. Dies ergibt sich daraus, dass der Vermieter eine **Nachforschungs- und Überlegungsfrist** hat, die zwei bis drei Monate beträgt[1]. Etwas anderes tritt nur ein, wenn der oder die Nachmieterinteressenten ohne Prüfung unter Inanspruchnahme der Überlegungsfrist durch den Vermieter abgelehnt werden. Hier endet die Mietzahlungspflicht im Zeitpunkt der Ablehnung[2]. 275

Mit der Empfehlung, die **Mietzahlungen einzustellen**, wird provoziert, dass der Vermieter den eintretenden Mietrückstand einklagt. Im Hinblick darauf, dass er weiß, dass der Mieter aus dem Mietvertrag entlassen wird, wird er von dem Kündigungsrecht nach § 543 Abs. 2 Nr. 3 BGB nur dann Gebrauch machen, wenn er befürchten muss, dass seine Forderungen nicht mehr beizutreiben sein werden. Um hier ein **Risiko** zu vermeiden, sollte dem Mieter also empfohlen werden, zumindest Rückstellungen in Höhe der nicht gezahlten Mieten zu bilden oder diese monatlich auf ein separates Konto zu zahlen, damit bei einem verlorenen Prozess die Zwangsvollstreckung abgewendet werden kann. 276

bb) Vermieterberatung

Ergibt die Prüfung, dass ein schutzwürdiges Interesse des Mieters vorliegt, ergeben sich keine Unterschiede zur Vermieterberatung bei bestehender Nachmieterklausel (vgl. *Rz. 255 f.*). 277

---

[1] LG Gießen, WuM 1997, 264; LG Saarbrücken, WuM 1995, 313; AG Steinfurt, WuM 1997, 45.
[2] LG Oldenburg, WuM 1997, 491.

278 Ansonsten sollte der Mieter deutlich darauf hingewiesen werden, dass seine schutzwürdigen Interessen nicht anerkannt werden und der Mietvertrag als fortbestehend angesehen und behandelt wird, also insbesondere die Mietzahlungen gefordert werden. Dabei sind jedoch die Situationen zu bedenken, die sich bei einem vorzeitigen Auszug des Mieters ergeben können (vgl. *K Rz. 238 ff.*).

d) Gebühren

279 Die Tätigkeit im Zusammenhang mit einer Nachmieterstellung betrifft grundsätzlich das **Bestehen des Mietvertrages**. Der Gebührenberechnung kann daher gemäß § 41 Abs. 1 GKG die **Jahresmiete** (vgl. *N Rz. 485*) zugrunde gelegt werden, sofern die streitige Zeit nicht kürzer ist.

280 Das **Herbeiführen einer Nachmieterregelung** löst neben der Geschäftsgebühr (Nr. 2400 VV RVG) auch die Einigungsgebühr (1,5 gem. Nr. 1000 VV RVG) aus. Im Hinblick auf die Bedeutung für den Mandanten und den regelmäßig notwendigen Verhandlungsaufwand mit Vorbereitung, Durchführung und Formulierung bzw. Überprüfung einer Vereinbarung wird die angemessene Geschäftsgebühr im oberen Rahmen angesetzt werden können.

281 Wird der Rechtsanwalt auch bei der **Umsetzung** der Nachmieterregelung tätig, liegt eine **besondere Angelegenheit** gemäß § 18 RVG vor, wenn dieser Auftrag nicht von vornherein in der Art erteilt wurde (Begleitung bis zum Einzug des Ersatzmieters). Denn ebenso wie Kündigung und Räumungsklage zwei unterschiedliche Angelegenheiten sind (vgl. dazu *N Rz. 151*), sind auch die Herbeiführung und die Umsetzung einer vertraglichen Regelung auf unterschiedliche Erfolge gerichtet.

282 Regelmäßig wird auch die Einigungsgebühr nach Nr. 1000 Abs. 2 VV RVG entstehen, weil Vertragsverhandlungen stattfinden.

e) Fragen der Nachmietergestellung bei Gewerberaum-Miete

283 Relativ häufig wünschen Mieter im Laufe des Mietvertrages gegen Gestellung eines Ersatzmieters aus dem Mietverhältnis auszuscheiden. Ist eine solche Möglichkeit im Vertrag **nicht ausdrücklich vorgesehen**, ist der Mieter zunächst einmal grundsätzlich an die Vertragslaufzeit gebunden. Die Entwicklung von Literatur und Rechtsprechung zur Frage, wann aus dem Gesichtspunkt von Treu und Glauben der Vermieter bei Gestellung eines Ersatzmieters gehalten ist, den Mieter aus dem Mietvertrag zu entlassen, ist noch nicht abgeschlossen. Überwiegend wird jedoch ähnlich wie im Wohnraummietverhältnis verlangt, dass der Mieter zum einen ein das Fortsetzungsinteresse des Vermieters überwiegendes Interesse an der Vertragsbeendigung bzw. der Übertragung auf einen Dritten haben muss. Zum anderen muss das Festhalten an dem Vertrag für den Mieter eine gewisse

Härte bedeuten und der Abschluss des Vertrages mit dem gestellten Ersatz- bzw. Nachmieter für den Vermieter akzeptabel sein[1].

Ein **wirtschaftlicher Misserfolg** des Mieters am Objekt gibt regelmäßig keinen Anspruch auf Entlassung bei Gestellung eines Ersatzmieters. Das Gleiche gilt für gesundheitliche Gründe[2]. Gleichwohl sollte in entsprechenden Fällen bei Vorhandensein eines Ersatzmieters mit dem Vermieter verhandelt werden. Ihm wird bei wirtschaftlicher Betrachtung sicherlich zu verdeutlichen sein, dass die Fortführung des Vertragsverhältnisses mit dem Mandanten wenig sinnvoll erscheint. Von **Vermieterseite** werden in entsprechenden Verhandlungen regelmäßig Abschlagszahlungen in unterschiedlichster Höhe verlangt. Bei geschickter Beratung des Vermieters wird es vielfach möglich sein, entsprechende Zahlungen vom Mieter zu erlangen, da dessen Verhandlungsposition relativ schwach ist. Zusätzlich ist je nach Bonität des Ersatzmieters bei Beratung des Vermieters zu erwägen, ob der ausscheidende Mieter alternativ oder zusätzlich das Insolvenzrisiko im Hinblick auf den Ersatzmieter ganz oder teilweise übernimmt.

Aus Sicht des **Mieters** wird man immer zu überprüfen haben, ob zumindest aus taktischen Erwägungen die Zustimmung zu einer Untervermietung erbeten wird, um bei Verweigerung ggf. ein außerordentliches Kündigungsrecht gemäß § 540 Abs. 1 BGB ausüben zu können.

In allen denkbaren Fällen sollte auf Mieterseite berücksichtigt werden, dass der **Nutzungszweck** ein erhebliches **Hindernis** darstellen kann. Ist nämlich im Vertrag eine bestimmte Branche im Rahmen des Zwecks angegeben und will der Nach- und/oder Untermieter ein ganz anderes Geschäft betreiben, muss der Vermieter schon deshalb nicht zustimmen, weil damit eine **Vertragsänderung** verbunden ist[3]. Umso mehr sollte zunächst immer das Gespräch mit dem Vermieter gesucht werden, um z.B. eine generelle Nachmieterregelung zu erreichen. Deshalb sollte dieser Aspekt (Nutzungszweck) nicht von Mieterseite angesprochen werden. Regelmäßig wird der Vermieter dieses Thema aber von sich aus anschneiden, zumal, wenn er anwaltlich beraten ist. Dann sollte versucht werden, die „unerwünschten" Branchen zu ermitteln. Orientiert er sich dabei nur an seinen (möglichen) Konkurrenzschutzpflichten und ästhetisch-moralischen Motiven (z.B. Sexshop), bestehen gute Aussichten, eine möglichst flexible Regelung zu erreichen.

3. Tod des Mieters bei Wohnraummiete

a) Der Mieter hat allein in der Wohnung gelebt[4]

Mit dem Tod des Mieters gehen die Rechte und Pflichten aus dem Mietvertrag auf den **Erben** über, § 1922 BGB. Gemäß § 564 BGB sind der Vermieter

---
1 Vgl. OLG Düsseldorf, WuM 1994, 469 f.; OLG Hamburg, ZMR 1987, 93 f.; *Heile* in Bub/Treier, II Rz. 830 f.; *Fritz*, NJW 1996, 2068, 2070 f.
2 OLG Düsseldorf, WuM 2002, 94 = ZMR 2001, 106 = MDR 2001, 83.
3 BGH, NJW 1984, 1031, 1032.
4 Nur auf diese Konstellation ist § 564 BGB anwendbar: OLG Naumburg, ZMR 2001, 538.

und der Erbe berechtigt, das Mietverhältnis **außerordentlich** mit einer Frist von 3 Monaten (§ 573d BGB) zu **kündigen**. Die Kündigung muss innerhalb eines Monats nach Kenntnis vom Tod des Mieters und von einem nicht erfolgten Eintritt nach § 563 BGB erklärt werden[1].

aa) Vermieterberatung

(1) Das Beratungsgespräch

286 Für den Vermieter ist die entscheidende Frage, wer sein Mieter ist. Kann er dem Rechtsanwalt nur vage Informationen liefern, sollte eine **Erbenermittlung** angestellt werden. Hierzu kann das Nachlassgericht um Auskunft über die Erben gebeten werden. Beim **Nachlassgericht** wird eine Kartei geführt, in der die hinterlegten Testamente etc. aufgelistet sind. Ist dort der Tod des Mieters bereits bekannt und läuft z.B. das Testaments-Eröffnungsverfahren, wird eine Auskunft noch nicht erteilt werden, weil noch die Möglichkeit besteht, dass weitere, die hinterlegten letztwilligen Verfügungen aufhebende Testamente etc. gemäß § 2259 BGB beigebracht werden. Ist die Testamentseröffnung erfolgt, ist das Nachlassgericht einem Gläubiger gegenüber verpflichtet, Auskunft zu erteilen, sofern ein berechtigtes Interesse besteht, § 34 FGG. Das Gleiche gilt, wenn andere Nachlassverfahren anhängig sind (z.B. Ausschlagung, Nachlasspflegschaft). Das **berechtigte Interesse** des Vermieters kann dadurch begründet und glaubhaft gemacht werden, dass dem Auskunftsersuchen der Mietvertrag beigefügt wird. Sofern vorhanden, sollte vorsorglich auch eine Kopie der Sterbeurkunde vorgelegt werden.

287 Spätestens wenn die Auskunft beim Nachlassgericht erfolglos geblieben ist (besser gleichzeitig mit dem Auskunftsersuchen), sollte das für die Wohnung des verstorbenen Mieters **zuständige Standesamt** unter Angabe und Glaubhaftmachung des berechtigten Interesses gebeten werden, Auskunft über die Abkömmlinge zu erteilen. Auch hier reicht die Vorlage einer Kopie des Mietvertrages grundsätzlich aus.

288 Weitere **Informationen** können von dem Bestatter, aus dem Bekanntenkreis oder der Nachbarschaft des (verstorbenen) Mieters eingeholt werden. Sind die potentiellen Erben als Person bekannt, muss deren Erbrecht überprüft werden. Dies erfolgt nicht durch das Nachlassgericht, sondern ggf. im streitigen Verfahren. Bevor hier der langwierige Weg eines Schriftverkehrs gewählt wird, sollte versucht werden, mit Hilfe von Telefonbüchern oder Adressen-CDs telefonischen Kontakt zu ihnen zu erhalten, um diese Frage zumindest vorläufig zu klären. Bleibt dies erfolglos, müssen ggf. über langwierige Einwohnermeldeamtsanfragen die Adressen der Erben ermittelt werden.

---

1 Vgl. auch *Hinkelmann*, NZM 2002, 378.

Bleiben die **Erben** danach **unbekannt** oder lassen sich die potentiellen Erben nicht ausfindig machen, sollte die Errichtung einer **Nachlasspflegschaft** beantragt werden (vgl. *K Rz. 288*). 289

Werden die **Erben ermittelt**, kann die Frage, ob das Mietverhältnis fortgesetzt wird, geklärt werden. Ist in der Zwischenzeit ein nach § 543 Abs. 2 Nr. 3 BGB ausreichender Mietrückstand entstanden, kann den Erben die fristlose Kündigung zugestellt werden. 290

Will der Mandant auf Grund des Todes des Mieters sein **außerordentliches Kündigungsrecht** ausüben, kann dies mit der gesetzlichen Frist nach § 573d Abs. 2 BGB jetzt auch erfolgen, wenn sich der Vermieter nicht auf ein **berechtigtes Interesse** berufen kann (z.B. Eigenbedarf, vgl. dazu *J Rz. 166 ff.*)[1]. Die Kündigung muss allerdings innerhalb von 1 Monat nach Erlangung der Kenntnis vom Tod des Mieters bzw. von der mangelnden Fortsetzung des Mietvertrages mit einem Eintrittsberechtigten nach den §§ 563, 563a BGB erfolgen. Dieser Termin sollte vorsichtshalber **notiert** werden. 291

Die **Berechnung dieses Termins** kann in der Praxis zu Schwierigkeiten führen. Dazu muss ermittelt werden, wann der Mandant **Kenntnis** von 292

– dem Tod des Mieters,
– der Erbfolge,
– Namen und Adresse des/der Erben,
– einer nicht erfolgten Fortsetzung i.S.d. §§ 563, 563a BGB

erlangt hat[2].

Zunächst muss also geprüft werden, wann für den Mandanten bei Anwendung der im Verkehr erforderlichen Sorgfalt die Kündigung erstmals subjektiv möglich war[3]. Hierzu sollte der Mandant zunächst danach befragt werden, wann er vom Tod des Mieters erfahren hat. Sodann sollte erforscht werden, welche Maßnahmen er getroffen hat, um die Person seines Mieters bzw. des Erben zu ermitteln. 293

Liegen die Tatsachen danach offen, ist zu untersuchen, ob der Mandant seiner **Erkundigungspflicht** hinsichtlich der weiteren Umstände in ausreichender Weise nachgekommen ist[4]. Jedenfalls wird ein Zeitraum von zwei Wochen zwischen Kenntnis der letzten Tatsache und Entschluss zur Kündigung für ausreichend gehalten[5]. 294

Ist die **fristgemäße Ausübung** der Kündigung danach **zweifelhaft**, sollte mit dem Mandanten dieser Umstand erörtert werden. Bei **unbefristeten Miet-** 295

---

1 Zur Rechtslage bis 31.8.2001: BGH, NJW 1997, 1695; BVerfG, NJW 1997, 2746.
2 LG Köln, WuM 1973, 255.
3 RG, RGZ 74, 35, 38; OLG Düsseldorf, WuM 1994, 78; OLG Hamm, WuM 1981, 263.
4 Vgl. dazu OLG Hamm, WuM 1981, 263; *Lammel*, § 564 BGB Rz. 23.
5 LG Berlin, WuM 1985, 292.

verträgen führt eine Versäumung der Frist lediglich dazu, dass die ggf. nach § 573c Abs. 1 S. 2 BGB verlängerte Kündigungsfrist gilt, sofern ein Kündigungsgrund nach § 573 BGB vorliegt. Indessen kann hier eine Kündigung mit der Frist von 3 Monaten ausgesprochen werden, ohne dass die Kündigung dadurch unwirksam wird: die Angabe eines zu frühen Kündigungstermins im Kündigungsschreiben macht die Kündigung nicht unwirksam[1].

296 Bei **befristeten Mietverträgen** muss abgewogen werden, ob der Mieter oder ggf. das Gericht darauf stoßen können, dass das Sonderkündigungsrecht des § 564 BGB im Zeitpunkt der Ausübung nicht mehr bestand. Immerhin beträgt die Frist, sofern eine Fortsetzung des Mietvertrages nach den §§ 563, 563a BGB in Betracht kommt, wegen der Überlegungszeit für die eintrittsberechtigten Personen in der Regel mindestens 2 Monate und ist der Mieter/Erbe für eine frühere Kenntniserlangung beweispflichtig. Je länger die Frist zwischen Kenntnis der letzten Tatsache und Ausspruch der Kündigung war, umso höher ist das Risiko. Diese Umstände sollten dem Mandanten offen gelegt werden, damit er selbst die Entscheidung trifft. Die Entscheidung sollte dem Mandanten schriftlich bestätigt werden.

297 Zur Ausübung der Kündigung ergeben sich keine Besonderheiten gegenüber den allgemeinen Ausführungen (vgl. *J Rz. 47 ff.*).

(2) Gebühren

298 Im Hinblick auf die **Gebühren** muss zunächst das **Interesse des Mandanten** erforscht werden. Sucht er den Rechtsanwalt auf, um z.B. zu erfahren, wer ihm die offene Miete schuldet, kann die Beratung (Nr. 2100 VV RVG) oder die Tätigkeit nach außen (Nr. 2300 VV RVG) z.B. unter Zugrundelegung der offenen Miete abgerechnet werden. Liegt das Ziel des Mandanten in der Beendigung des Mietvertrages, ist grundsätzlich die Jahresmiete nach § 41 Abs. 1 GKG anzusetzen, sofern die streitige Zeit nicht kürzer ist (z.B. Streit über die Kündigungsfrist). Findet über die Beendigung nur eine Beratung statt oder soll nur die Kündigung ausgesprochen werden, kommt u.U. die Berechnung wie bei der zur Kündigung führenden Tätigkeit in Betracht (vgl. dazu *N Rz. 491*).

bb) Erbenberatung

299 Sucht der Erbe den Rechtsanwalt auf und will das Mietverhältnis beenden, muss als Erstes geprüft werden, wann der Erbfall eingetreten ist. Denn das **Sonderkündigungsrecht** des Mieters/Erben besteht ebenfalls nur innerhalb eines Monats. Versäumt der Erbe diese Frist, kann er einen befristeten Mietvertrag nicht mehr nach § 564 BGB kündigen. Ein unbefristetes Mietverhältnis kann jedoch jeder Zeit grundsätzlich mit 3-monatiger Frist gemäß § 573c Abs. 1 BGB gekündigt werden, auch wenn der Vertrag vor dem 1.9.2001 geschlossen wurde, Art. 229 § 3 Abs. 10 S. 2 EGBGB.

---

1 LG Köln in *Lützenkirchen*, KM 11 Nr. 3.

Für die zeitliche Beschränkung des **Sonderkündigungsrechts** gelten die gleichen Erwägungen wie für den Vermieter (vgl. *Rz. 291 f.*). Es muss also ermittelt werden, wann der Mandant Kenntnis 300

– vom Tod des Mieters,
– von seiner Erbfolge,
– ggf. von einer nicht erfolgten Fortsetzung i.S.v. §§ 563, 563a BGB,
– von Namen und Adresse des Vermieters

erlangt hat[1]. Insoweit ergeben sich auch hinsichtlich der Taktik keine Unterschiede zur Vermieterberatung (vgl. *Rz. 295*).

Ist das zeitliche Moment geklärt, sollte die Kündigung so schnell wie möglich erklärt werden, sofern der Erbe die Räume nicht selbst nutzen will und keine Bedenken an der Rechtzeitigkeit bestehen. Dabei gelten die üblichen Zustellhinweise (vgl. unten *J Rz. 110 ff.*). 301

Ist die **Frist abgelaufen**, kann bei einem befristeten Mietvertrag oder wenn ausnahmsweise (Individualvertrag aus der Zeit vor dem 1.9.2001 mit alten Kündigungsfristen) doch lange Kündigungsfristen gelten überlegt werden, ob gleichwohl eine Kündigung (z.B. beim befristeten Mietvertrag) erklärt wird, in der der Todestag des Mieters zunächst nicht angegeben wird. Diese Maßnahme macht Sinn, wenn berechtigter Anlass dazu besteht, dass der Vermieter von der Ausschlussfrist des § 564 BGB keine Kenntnis hat oder bereits erklärt hat, dass er bei Vorliegen einer schriftlichen Kündigung das Mietverhältnis drei Monate später beendet bzw. seiner Beendigung zustimmen wird. Schließlich kann ein gesteigertes Interesse des Vermieters bestehen, das Mietverhältnis so schnell wie möglich zu beenden. Dies gilt vor allem bei allen Mietverträgen mit geringer Miete oder dürftigen Nachlässen. 302

Gleichzeitig kann überlegt werden, die **Mietzahlungen einzustellen**, um die Voraussetzungen des § 543 Abs. 2 Nr. 3 BGB für den Vermieter herbeizuführen. Ob dieser Weg allerdings erfolgversprechend sein wird, hängt davon ab, ob die Mietsache jederzeit wieder vermietbar ist. Handelt es sich um ein qualitativ nicht sehr hochwertiges Mietobjekt oder z.B. eine Wohnung in einer nicht bevorzugten Wohnlage, so dass sich ein erhebliches Vermietungsrisiko ergibt, wäre der Vermieter schlecht beraten, wenn er von seinem fristlosen Kündigungsrecht Gebrauch macht. Dies gilt jedenfalls so lange, wie sich der Vermieter berechtigte Hoffnungen darauf machen kann, seine Forderung gegen den Erben realisieren zu können. Sollte also die Einstellung der Mietzahlungen (auf anwaltlichen Rat) erfolgen, sollten gleichzeitig „Botschaften" an den Vermieter übermittelt werden, aus denen sich für ihn **Zweifel an der Realisierbarkeit** seiner Forderungen ergeben. In diesem Zusammenhang ist daran zu denken, dass die Haftung des Erben auf den Nachlass beschränkt werden kann. 303

---

1 Staudinger/*Rolfs*, § 580 BGB Rz. 10 m.w.N.

304 Eine **weitere Möglichkeit** ergibt sich aus den Entscheidungen des LG Braunschweig[1] und des AG Brühl[2]. Danach soll der Vermieter aus den Grundsätzen der §§ 254, 242 BGB verpflichtet sein, sich um eine Neuvermietung zu bemühen, wenn der Mieter das Mietverhältnis (bei langer Kündigungsfrist) kündigt und die Wohnung geräumt zur Verfügung stellt (zum Vermieterverhalten in dieser Situation vgl. unten *K Rz. 252*). Der Erbe könnte also eine Kündigung erklären, die Wohnung vollständig räumen (ggf. in einen vertragsgemäßen Zustand versetzen) und dem Vermieter die Schlüssel übergeben mit dem Hinweis, dass er die Wohnung nicht mehr nutzen werde.

Unabhängig davon, ob die Auffassungen des LG Braunschweig und des AG Brühl zutreffend sind, woran erhebliche Zweifel bestehen (vgl. *K Rz. 252*), entsteht durch den Hinweis für den Vermieter eine Unsicherheit. Diese Unsicherheit sollte dadurch bestärkt werden, dass ihm einerseits die Entscheidungen schriftlich mitgeteilt (mindestens zitiert) werden und andererseits die Einstellung der Mietzahlung erfolgt. Ein vernünftig und wirtschaftlich denkender Vermieter wird in dieser Situation kaum noch das Risiko eingehen, die Mietzahlungen über mehrere Monate einzuklagen, ohne das Mietverhältnis selbst nach § 543 Abs. 2 Nr. 3 BGB fristlos zu kündigen. Ihm bleibt immerhin der Schadensersatzanspruch bis zur normalen Beendigung des Mietvertrages[3], sofern das erkennende Gericht den zitierten Entscheidungen nicht folgt. Hat der Erbe jedoch die Mietsache zwischenzeitlich geräumt, ergibt sich für ihn nicht das (erhebliche) Kostenrisiko einer Räumungsklage. Ihm entstehen allenfalls Prozesskosten in dem Verfahren wegen nicht gezahlter Miete (und ggf. Schadensersatz), die der Erbe jedoch gering halten kann, indem die Forderung sofort anerkannt wird. Werden Mietforderungen für einen **Zeitraum, der 3 bis 4 Monate nach Räumung** der Wohnung liegt, geltend gemacht, sollte allerdings in dem Prozess für diese Zeiträume kein Anerkenntnis mehr erfolgen, weil nach den Entscheidungen des LG Braunschweig und des AG Brühl innerhalb der Zeit von 3 bis 4 Monaten eine Neuvermietung durch den Vermieter hätte stattfinden können. Deshalb sollte unter Hinweis auf die Entscheidungen, die Kündigung und die Räumung durch den Mieter Klageabweisung beantragt werden.

305 Schließlich sollte der Mandant über die Folgen der Abwicklung beendeter Mietverträge (vgl. *K Rz. 325*) und ggf. einer Endrenovierungsverpflichtung aufgeklärt werden.

306 Die **Gebühren** berechnen sich nach dem Interesse des Mandanten, das regelmäßig auf die Beendigung des Mietvertrages gerichtet ist. Deshalb ist der Gebührenberechnung die Jahresmiete (vgl. *N Rz. 485*) gemäß § 41 GKG zugrunde zu legen, sofern nicht gemäß Abs. 1 dieser Vorschrift eine kürzere Frist anzusetzen ist.

---

1 LG Braunschweig, WuM 1998, 220.
2 AG Brühl v. 20.7.1995 – 25 C 698/94, n.v.
3 *BGH*, NJW 1985, 2253 m.w.N.

b) Tod eines von mehreren Mietern, § 563a BGB

Durch § 563a BGB wird das Erbrecht des § 1922 BGB an der Wohnung grundsätzlich ausgeschlossen, und es findet eine **Sondererbfolge** zugunsten des/der überlebenden Mieter/s, der den Vertrag mit abgeschlossen hat und i.S.v. § 563 BGB eintrittsberechtigt wäre (vgl. dazu Rz. 318), statt.

aa) Beratung des überlebenden Mieters

Im Hinblick darauf, dass der überlebende Mieter unter Ausschluss des Erben nach § 563a BGB das Mietverhältnis allein oder ggf. mit weiteren (überlebenden) Mietern fortsetzt, müssen keine besonderen Hinweise darauf erteilt werden, wie die Fortsetzung erfolgt. Es gelten die bisherigen Bedingungen des Mietvertrages.

In diesem Falle verlagert sich der **Schwerpunkt der Beratung** auf die **Haftung** für Mietschulden oder die Frage, was mit Mietvorauszahlungen zu geschehen hat, sofern der Mandant nicht kündigen will. Hierfür ordnet § 563b BGB eine Haftung für Altschulden an. Der Ehegatte muss also darüber aufgeklärt werden, dass er für Mietschulden im Verhältnis zum Vermieter gemeinsam mit dem Erben als Gesamtschuldner haftet. Im Innenverhältnis zwischen überlebendem Mieter und Erben haftet der Erbe für Mietschulden allein (§ 563b Abs. 1 BGB). Ob insoweit Anlass besteht, einen Freistellungsanspruch gegenüber dem Erben geltend zu machen, muss im Einzelfall entschieden werden.

Wurden **Mietvorauszahlungen** geleistet, besteht ein Anspruch des Erben auf Ausgleich des Vorteils, den der überlebende Mieter durch die fortdauernde Nutzung zieht (§ 563b Abs. 2 BGB). Im Ergebnis bedeutet dies nichts anderes, als dass der Erbe für die Zeit, für die die Mietvorauszahlungen geleistet worden sind, nunmehr „Miete" an den Erben leisten muss. Das Aufzeigen dieser Problemfelder ist in der Beratung sicherlich sinnvoll, um dem überlebenden Mieter für seine Entscheidung über die Fortsetzung des Mietvertrages eine geeignete Grundlage zu schaffen.

Bestehen **Mietschulden**, haftet der überlebende Mieter gesamtschuldnerisch. Soweit darin ein Anteil des verstorbenen Mieters enthalten ist, haftet der Erbe allein, § 563b Abs. 1 S. 2 BGB[1].

Will der überlebende Mieter das Mietverhältnis **beenden**, kann er gemäß § 563a BGB von seinem **Sonderkündigungsrecht** (mit gesetzlicher Frist = 3 Monate) Gebrauch machen. Diese Kündigung ist jedoch ebenso wie die nach § 564 BGB fristgebunden und muss innerhalb von einem Monat nach Kenntnis vom Tod des Mieters erklärt werden. Bei mehreren überlebenden Mietern kann das Kündigungsrecht nicht getrennt, sondern nur gemeinsam ausgeübt werden[2], wobei für die Fristberechnung auf die Kenntnis je-

---

1 Vgl. Staudinger/*Rolfs*, § 563b BGB Rz. 9.
2 *Lammel*, § 563a BGB Rz. 14.

des einzelnen abzustellen ist[1]. Insoweit gelten die Ausführungen zur Erbenberatung bei § 564 BGB (vgl. *Rz. 299*) entsprechend.

bb) Vermieterberatung

312 Auf Grund der Sonderrechtsnachfolge weiß der Vermieter in der gegebenen Situation, dass der überlebende Mieter nun sein (alleiniger) **Mieter** ist. Für ihn ergeben sich keine Besonderheiten. Im Gegenteil: Zukünftig muss er die Korrespondenz ggf. nur noch mit einem Mieter führen und kann auch Erklärungen des überlebenden Mieters ohne weiteres als bindend entgegennehmen.

313 Eine **Beendigung** des Mietvertrages durch den Vermieter ist allein auf Grund des Todes des Mieters nicht möglich. Will der Vermieter das Mietverhältnis beenden, bestehen die gesetzlichen Möglichkeiten, die auch ohne den Tod des Mieters gelten (z.B. § 573 BGB).

Erklärt der überlebende Mieter eine Kündigung nach § 563a BGB (innerhalb eines Monats nach Kenntnis vom Tod des Mieters) oder § 568 BGB, ergeben sich auch keine anderen Konsequenzen als bei einer normalen Kündigung.

314 Hinsichtlich der **Haftung** für bestehende Ansprüche ist der Vermieter darüber aufzuklären, dass ihm Erbe und überlebender Mieter nach § 563b BGB als Gesamtschuldner haften und er eine geleistete Kaution verwerten kann. Hatte der Mieter keine **Kaution** geleistet (z.B. weil keine Vereinbarung bestand), kann der Vermieter von dem überlebenden Mieter nach Maßgabe des § 551 BGB eine Sicherheit verlangen, § 563b Abs. 3 BGB. Dazu sollte eine Zahlungsaufforderung mit Fristsetzung erfolgen. Für die Höhe der Kaution ist die (Netto-)Miete im Zeitpunkt des Todes des Mieters maßgeblich.

cc) Beratung des Erben

315 Der Erbe muss zusätzlich über die Konsequenzen des § 563b BGB aufgeklärt werden. Danach haftet er für die Verbindlichkeiten, die bis zum Tod des Mieters entstanden sind, neben dem überlebenden Mieter gegenüber dem Vermieter; im Innenverhältnis haftet er – bezogen auf den Anteil des verstorbenen Mieters – allein[2].

dd) Gebühren

316 Soweit die Beratung des Mieters, Vermieters oder Erben auf die **Beendigung** des Mietvertrages gerichtet ist, ist die **Jahresmiete** (vgl. *N Rz. 485*) der Gebührenberechnung zugrunde zu legen, soweit nicht nach § 41 Abs. 1 GKG eine geringere Dauer anzusetzen ist.

---

1 *Lützenkirchen*, Neue Mietrechtspraxis, Rz. 677.
2 Vgl. dazu Staudinger/*Rolfs*, § 563b BGB Rz. 9 ff.

c) Tod des Alleinmieters, der mit anderen Personen einen gemeinsamen Haushalt geführt hat

§ 563 BGB regelt den Fall, dass die Wohnung zwar von mehreren Personen genutzt wurde, ein Vertragsverhältnis jedoch nur zu einem dieser Personen bestand und dieser Mieter verstorben ist. Bei dieser Konstellation vollzieht sich die **Sonderrechtsnachfolge** dreistufig, wobei die Personen der höheren Stufe die nachrangigen Personen grundsätzlich (zur Ausnahme vgl. *Rz. 320*) ausschließen und bei Gleichstufigkeit ein gemeinsames Eintrittsrecht besteht. 317

Unter den Personen, die mit dem Mieter einen (auf Dauer angelegten) gemeinsamen Haushalt geführt haben (vgl. dazu *Rz. 324*), besteht danach folgende **Rangfolge**: 318

1. **Ehegatte** des Mieters
2. **Lebenspartner und Kinder** des Mieters
3. **Familienangehörige** des Mieters und **sonstige Personen**, die in einem auf Dauer angelegten gemeinsamen Haushalt mit dem Mieter gelebt haben, ggf. gemeinsam mit **Kindern** des Mieters.

Im Hinblick auf den vorrangigen Schutz der Ehe durch Art. 6 Abs. 1 GG schließt der **Ehegatte** alle anderen Personen, die mit dem Mieter einen gemeinsamen Haushalt geführt haben, von der Sonderrechtsnachfolge aus, und zwar unabhängig von der Frage ihres Verwandtschaftsgrades oder der sonstigen Qualität der Beziehung (sog. Ehegattenprivileg). Das setzt voraus, dass die Ehe zum Zeitpunkt des Todes des Mieters rechtlich noch bestanden hat[1]. Dies ist grundsätzlich solange der Fall, wie die Ehe nicht rechtskräftig geschieden oder für nichtig erklärt worden ist[2]. (zu gemeinsamen Haushalt in diesem Fall vgl. *Rz. 326b*). 319

Der **Lebenspartner** des Mieters, der nach § 563 Abs. 1 S. 2 privilegiert wird, ist ein solcher i.S.d. Gesetzes zur Beendigung der Diskriminierung gleichgeschlechtlicher Gemeinschaften vom 16.2.2001 (LPartG)[3]. Optisch wird er dem Ehegatten auf eine gleiche Stufe gestellt, indem sein Eintrittsrecht ebenfalls in § 563 Abs. 1 BGB geregelt wird. Da der Ehegatte aber alle anderen Personen ausschließen soll, steht der Lebenspartner hinter dem Ehegatten in zweiter Stufe (obwohl die Konstellation, dass der Mieter einen Ehegatten und einen Lebenspartner i.S.d. § 563 Abs. 1 BGB hat, nicht denkbar ist). 320

Kinder sind zunächst die unmittelbaren Abkömmlinge des Mieters i.S.v. § 1589 BGB. Ihnen gleichgestellt sind die Adoptivkinder, § 1754 BGB. Pflegekinder fallen nicht darunter[4], weil sie den Abkömmlingen (verwandt- 321

---

1 *Lammel*, § 563 BGB Rz. 11.
2 Schmidt-Futterer/*Gather*, § 563 BGB Rz. 19.
3 BGBl. I S. 266.
4 Vgl. zum Begriff: BVerwG, FamRZ 1985, 183.

schaftlich) nicht gleichgestellt sind. Bei dieser Gruppe ist zu beachten, dass sie **neben allen anderen** in § 563 BGB genannten **Personen** außer dem Ehegatten in den Mietvertrag eintreten, so dass die Rechtswahrnehmung von und gegenüber allen zu erfolgen hat (wenn sie denn tatsächlich den Eintritt nicht rückgängig machen).

322 Der Begriff des **Familienangehörigen** wird nicht einheitlich definiert. Die h.M. interpretiert ihn entsprechend dem Zweck des § 563 BGB sehr weit[1]. Demgemäß sind Familienangehörige i.S.v. § 563 BGB

– Verwandte und Verschwägerte, unabhängig welchen Grades[2],

– Pflegekinder[3],

– Verlobte[4].

323 Ob ein **Verlobter** als Familienangehöriger i.S.v. § 563 Abs. 2 BGB anzusehen ist[5], kann rechtlich dahinstehen. Auch als Familienangehöriger muss er mit dem verstorbenen Mieter einen gemeinsamen Haushalt geführt haben (vgl. dazu Rz. 324). Liegen diese Voraussetzungen vor, werden regelmäßig ausreichend Anknüpfungstatsachen vorliegen, um von einer auf Dauer angelegten Beziehung auszugehen, die dem Verlobten ein Eintrittsrecht als „sonstige Person" i.S.v. § 563 Abs. 2 BGB einräumen. Denn beide Personenkreise stehen auf der gleichen Stufe und treten ggf. sogar gemeinsam mit den Kindern in den Mietvertrag ein.

324 Schließlich steht auf der dritten Stufe das Eintrittsrecht der **sonstigen Personen**, die mit dem Mieter in einem auf Dauer angelegten gemeinsamen Haushalt gelebt haben. Insoweit kommt es auf das Vorliegen geschlechtlicher Beziehungen (gleich welcher Art) im Gegensatz zu § 569a Abs. 2 BGB a.F. analog[6] nicht mehr an[7]. Maßgebend ist vielmehr, dass eine besonders enge Lebensgemeinschaft zwischen den Partnern besteht. Dabei sollen wegen der anknüpfenden Folgen (Eintrittsrecht) an die Intensität der Beziehung hohe Anforderungen zu stellen sein[8]. Das Bestehen einer solchen engen Lebensgemeinschaft kann anders als Ehe und Familie grundsätzlich nicht durch Urkunden oder andere Nachweise dokumentiert werden. Deshalb müssen zur Vermeidung von Rechtsmissbrauch im Interesse von Mietern und Vermietern **objektiv nachprüfbare Kriterien** ermittelt werden. Der Gesetzgeber hat deshalb auf die von BGH[9] zum Begriff der

---

1 BGH, NJW 1993, 1999 m.w.N.
2 BGH, NJW 1993, 999 m.w.N.
3 BGH, NJW 1993, 999, 1000.
4 LG Lüneburg, ZMR 1954, 46; **a.A.** LG Hamburg, MDR 1962, 222; LG München I, MDR 1963, 222; LG Wiesbaden, ZMR 1956, 195.
5 Vgl. zu diesem Problem die 1. Auflage C Rz. 285.
6 Vgl. dazu BGH, NJW 1993, 999.
7 *Lammel*, § 563 BGB Rz. 26; *Börstinghaus/Eisenschmid*, S. 401.
8 Begr. d. RefE, *Lützenkirchen*, Neue Mietrechtspraxis, Anhang Rz. 1182.
9 BGH, NJW 1993, 999.

"nicht ehelichen Lebensgemeinschaft" aufgestellten Anknüpfungstatsachen verwiesen, die sinngemäß auch für den Begriff des „auf Dauer angelegten gemeinsamen Haushalts" gelten sollen[1]. Durch diese Orientierung sollen bloße Haushalts- oder Wohngemeinschaften vom Privileg des § 563 BGB ausgeschlossen werden. Auch wenn der Wortlaut (zunächst) für die Einbeziehung dieser Gemeinschaften sprechen könnte, kann das ausfüllungsbedürftige Tatbestandsmerkmal des „auf Dauer angelegten gemeinsamen Haushalts" nur im Sinne dauerhaft personaler Verantwortungsgemeinschaften interpretiert werden[2].

Es ist daher zu untersuchen, ob die **Lebensgemeinschaft** 325
– auf Dauer angelegt ist,
– keine weitere Lebensgemeinschaft daneben zulässt,
– sich durch innere Bindung auszeichnet, die ein gegenseitiges Füreinandereinstehen begründen.

Sowohl die hetero- als auch die homosexuelle Partnerschaft wie auch das 326 dauerhafte Zusammenleben alter Menschen als Alternative zum Alters- oder Pflegeheim, die ihr gegenseitiges Füreinandereinstehen z.B. durch wechselseitige Versorgungsvollmachten dokumentieren, können grundsätzlich diese Kriterien erfüllen. Mit der Begriffsbestimmung wird aber auch deutlich, dass im Ergebnis nur eine **Zweierbeziehung** dem Schutz des § 563 Abs. 2 BGB unterliegen soll. Immerhin wird für die Gemeinschaft eine innere Bindung verlangt, die keine weitere Beziehung gleicher Art daneben zulässt. Dies ist jedoch nicht bedenkenfrei. Gerade alte Menschen kommen als Eintrittsberechtigte in Betracht. Als alternative Lebensform zum Alters- oder Pflegeheim ist deshalb auch denkbar, dass ältere Menschen eine Wohngemeinschaft bilden, bei der sowohl Lebenspartnerschaften als auch altruistische Verbindungen bestehen[3]. Ebenso wahrscheinlich ist das Zusammenleben von mehr als 2 älteren Menschen, die sich alle wechselseitig mit Versorgungsvollmachten ausstatten. In diesen Fällen würde der Fortbestand der (auf Dauer angelegten) Wohngemeinschaft von dem Zufall abhängen, dass gerade der Mieter als Letzter verstirbt. Wenn die anderen Kriterien erfüllt sind, sind daher auch mehrere ältere Menschen ggf. gleichzeitig (auch neben einem Lebenspartner) zum Eintritt nach § 563 Abs. 2 BGB berechtigt[4]. Um schlüssig darlegen und ggf. beweisen zu können, dass die Tatbestandsmerkmale einer ausreichenden **Lebensgemeinschaft** vorliegen, wird im Zweifel auf Indizien zurückgegriffen werden müssen. Als solche kommen insbesondere in Betracht:

---

1 Begr. d. RefE, *Lützenkirchen*, Neue Mietrechtspraxis, Anhang Rz. 1182.
2 Vgl. dazu: Herrlein/Kandelhard/*Kandelhard*, § 563 BGB Rz. 11.
3 Herrlein/Kandelhard/*Kandelhard*, § 563 BGB Rz. 13.
4 Herrlein/Kandelhard/*Kandelhard*, § 563 BGB Rz. 13.

Tatbestandsmerkmal	Anknüpfungstatsache
– auf Dauer angelegt	– Zeit des Bestehens der Haushaltsgemeinschaft – gemeinsame Anschaffung von Wohnungseinrichtung und sonstigen Gegenständen, die dauerhaft genutzt werden – gemeinsames Haushaltskonto – kein Partner hatte eine weitere Wohnung – jeder Partner hatte alle seine Wert- und sonstigen Gegenstände in der Wohnung – gemeinsame Zukunftspläne (z.B. Erwerb eines Eigenheims), die durch weitere Anknüpfungstatsachen (z.B. Bausparvertrag) belegt werden können
– keine weitere Lebensgemeinschaft zulassend	– alle Partner waren unverheiratet – kein Partner hatte seinen Wohnsitz in einer anderen Wohnung, in der ein früherer Partner lebt
– innere Bindung	– Dauer des Zusammenlebens – Versorgung von (gemeinsamen) Kindern und Angehörigen im gemeinsamen Haushalt – Befugnis, über Einkommen und Vermögensgegenstände des anderen zu verfügen – wechselseitige (Versorgungs-)Vollmachten

326a Alle eintrittsberechtigten Personen müssen im Übrigen mit dem Mieter einen **gemeinsamen Haushalt** geführt haben. Dabei ist auf die tatsächlichen Gegebenheiten abzustellen, wobei ein ständiges Zusammenleben nicht erforderlich ist, die Wohnung aber schon vor dem Tod des Mieters den **Lebensmittelpunkt** des Eintretenden dargestellt haben muss[1]. Die bloße Absicht des Zusammenzuges ohne tatsächliche Verwirklichung ist jedoch ebenso wenig ausreichend wie ein Einzug gegen oder ohne den Willen des Mieters oder ein Einzug ohne den Willen der gemeinsamen Haushaltsbegründung[2]. Bei einer vorübergehenden Trennung (z.B. beruflicher Auslandsaufenthalt, Krankenhausaufenthalt, zeitlich begrenzte Freiheitsstrafe) kommt es auf den Willen zur Rückkehr an, selbst wenn eine längere Dauer der Abwesenheit besteht[3]. Insoweit sollte nicht nur der Grund der **Trennung**, sondern z.B. auch untersucht werden, ob der „Abwesende" noch per-

---

1 LG München I, NZM 2005, 336.
2 *Lammel*, § 563 BGB Rz. 14.
3 LG Kiel, WuM 1992, 692.

sönliche Sachen in der Wohnung zurückgelassen hat, was für einen **Rückkehrwillen** spricht.

Ob innerhalb der Wohnung **getrennt lebende Ehegatten** (oder Lebenspartner i.S.d. LPartG) für sich das Eintrittsrecht nach § 563 BGB reklamieren können, ist streitig[1]. Richtigerweise muss auf den Sinn und Zweck der Vorschrift abgestellt werden, die die Erhaltung des Lebensmittelpunktes für den Ehegatten oder Lebenspartner erreichen soll. Im Gegensatz zu § 563 Abs. 2 S. 4 BGB wird hier gerade kein „auf Dauer" angelegter Haushalt vorausgesetzt, so dass das Eintrittsrecht zu bejahen ist. 326b

Bei **sonstige Personen** muss eine auf Dauer angelegte Haushaltsgemeinschaft bestehen. Hier kommen die gleichen Indizien wie bei der auf Dauer angelegten Gemeinschaft in Betracht (vgl. dazu oben *Rz. 326*). 326c

aa) Beratung eines oder mehrerer Eintrittsberechtigten

Oftmals erscheinen Mandanten, die mit dem verstorbenen Mieter in einer Wohnung gelebt haben, mit der bloßen Frage, was zu tun sei, ohne dass ihnen bewusst ist, dass sie möglicherweise in den Mietvertrag eingetreten sind. Nicht nur hier muss zunächst sorgfältig geprüft werden, ob der Mandant als Person zu dem privilegierten Kreis des § 563 BGB gehört und die Voraussetzungen für einen gemeinsamen Haushalt vorliegen. Insbesondere wenn sich eine **sonstige Person** i.S.v. § 563 Abs. 2 S. 4 BGB an den Rechtsanwalt wendet, sollte anhand des vorstehenden Schemas (vgl. *Rz. 326*) ermittelt werden, ob und ggf. welche Indizien (oder sogar andere) die Annahme rechtfertigen, dass der Mandant eintrittsberechtigt ist. 327

Bei den privilegierten Personen, die nie woanders gewohnt haben, wird die Prüfung in der Regel unproblematisch verlaufen. Auch die **Beweissituation** wird kaum Zweifel aufwerfen, da genügend Personen vorhanden sein werden, die auf Grund ihrer Besuche in der Wohnung bezeugen können, dass z.B. der Familienangehörige in der Wohnung ein eigenes Zimmer hatte oder die Ehegatten nicht getrennt gelebt haben. Sollte diese Voraussetzung gleichwohl streitig werden, kann zur Untermauerung des Vortrags und der Aussage der Zeugen eine **Melderegisterauskunft** vorgelegt werden. Dabei sollte die Meldebehörde ersucht werden, eine Bescheinigung darüber auszustellen, seit wann der Betroffene dort gemeldet ist. Ggf. kann dies auch durch einen Pass nachgewiesen werden. 328

Problematischer sind die Fälle, in denen der **Zuzug des Berechtigten** kurz vor dem Tod des Mieters stattgefunden hat. In der Praxis ist zu beobachten, dass z.B. in die Wohnungen pflegebedürftiger älterer Menschen kurz vor deren Ableben deren Enkel oder Urenkel einziehen. Dieses Phänomen tritt vor allem bei preiswertem Wohnraum auf. 329

---

1 Dafür: *Blank/Börstinghaus*, § 563 BGB Rz. 7; *Herrlein/Kandelhard/Kandelhard*, § 563 BGB Rz. 9; dagegen bei Vorliegen der Voraussetzungen des § 1567 Abs. 1 S. 2 BGB *Lammel*, § 563 BGB Rz. 17; *Palandt/Weidenkaff*, § 563 BGB Rz. 11.

330 Solange der Rechtsanwalt keinen Zweifel an der Glaubhaftigkeit der Aussage eines solchen Berechtigten nach § 563 BGB hat, müssen die **Lebensumstände** erfragt werden, die den gemeinsamen Hausstand begründen sollen. Allein die Vorlage einer Melderegisterauskunft oder eines Passes besagt noch nicht, dass eine gemeinsame Lebensführung stattgefunden hat. Die Aussage dieser Dokumente beschränkt sich darauf, dass die betreffende Person unter der angegebenen Anschrift gemeldet ist. Um die Wohnung als Mittelpunkt der gemeinsamen Lebens- und Wirtschaftsführung[1] **darstellen** und ggf. **beweisen** zu können, sollten zusätzlich folgende **Kriterien abgefragt** werden:

331 – Aufteilung der Wohnung
 – Verteilung der Zimmer auf die Nutzer
 – Arbeitseinteilung der Nutzer
 – Gemeinsame Haushaltskasse
 – Dauer des Zusammenlebens.

332 Sofern kein Haushaltsbuch mit Zu- und Abgängen geführt wurde, kommen für diese Umstände als **Beweismittel** regelmäßig nur Zeugen in Betracht. Hierzu sollte geklärt werden, wie oft die betreffende Person in der Wohnung anwesend war oder wann und bei welchem Anlass der Erblasser dem Zeugen gegenüber die gemeinsame Lebensführung bestätigt hat. Auch wenn sich auf Grund der behördlichen Anmeldung ein Indiz für einen gemeinsamen Hausstand ergibt, das allerdings vom Vermieter bestritten und erschüttert werden kann, sollte hier akribisch ermittelt werden. Denn normalerweise können Zeugen in dieser Situation nur ihren persönlichen Eindruck wiedergeben. Worauf sich dieser persönliche Eindruck stützt, sollte jedoch bereits vor einer gerichtlichen Beweisaufnahme erforscht werden. Dazu kann es angezeigt sein, ein oder zwei Personen, die als Zeugen in Betracht kommen, persönlich zu befragen. Denn in der Regel steht der Mandant (Eintrittsberechtigte) einer Räumungsklage gegenüber, weil der Vermieter ihn als nicht eintrittsberechtigt ansieht und deshalb den Erben wegen unberechtigter Untervermietung abgemahnt und anschließend nach § 543 Abs. 2 Nr. 2 BGB gekündigt hat. Für den Mieter ist die Wohnung aber häufig sein wichtigstes Gut. Dies muss der Rechtsanwalt berücksichtigen und deshalb die Prozessaussichten besonders sorgfältig abwägen.

333 Über jeden **Zweifel** sollte er den Mandanten (sicherheitshalber schriftlich) **aufklären** und mit ihm die Prozessrisiken abwägen.

Viele der in der Tabelle (*Rz. 326*) genannten oder in Betracht kommenden Indizien können auch anders interpretiert werden. So ist z.B. die Befugnis, über Einkommen und Vermögensgegenstände des anderen zu verfügen, auch ein Indiz für eine bloße Haushalts- und Wirtschaftsgemeinschaft[2].

---

1 Palandt/*Weidenkaff*, § 563 BGB Rz. 11.
2 *Lützenkirchen*, WuM 1993, 373, 374.

Gerade deshalb sollten so viele Indizien wie möglich zusammengetragen werden.

Ist der Indizienkatalog aufgestellt, muss die **Beweisbarkeit** überprüft werden. Denn der Vermieter wird den Vortrag des Mandanten regelmäßig mit Nichtwissen bestreiten dürfen. Die **Dauer des Bestehens** der Lebensgemeinschaft kann durch die Anfrage nach § 553 Abs. 1 BGB beim Vermieter, durch die Anmeldung bei der Meldebehörde oder durch Freunde, die beim Einzug geholfen haben, dargelegt werden. Die **gemeinsame Anschaffung** von Wohnungseinrichtungen ist jedoch schon schwieriger zu beweisen. Abgesehen davon, dass die Entscheidung, welche Möbel angeschafft werden sollen, grundsätzlich nicht unter Mitwirkung fremder Dritter erfolgt, kann der Möbelhändler die Anschaffung nur einem der Partner in Rechnung gestellt haben. Schließlich ist auch denkbar, dass der Eintrittsberechtigte in die vollmöblierte Wohnung des Mieters eingezogen ist (z.B. nach der Trennung von seinem bisherigen Lebenspartner) und lediglich Gebrauchsgegenstände (z.B. Fernseher) als Austausch für defekte Geräte angeschafft wurden. 334

Diese Beispiele verdeutlichen, wie **problematisch** die Prozessführung für einen Eintrittsberechtigten sein kann. Deshalb sollte jedes außergerichtliche Mittel ausgeschöpft werden, um eine einvernehmliche Lösung zu erreichen. Das Prozessrisiko lässt sich gerade bei diesem Verfahren, das auf Indizien gestützt wird, kaum einschätzen, zumal der Mandant als Beweismittel grundsätzlich nicht zur Verfügung steht. 335

Bestreitet der Vermieter das **Eintrittsrecht** des Lebensgefährten, sollte in dem außergerichtlichen Schreiben sowohl in tatsächlicher als auch in rechtlicher Hinsicht umfassend vorgetragen werden. 336

Bei der **Darstellung der Indizien** sollten so viele Belege wie möglich beigefügt werden, also z.B. Rechnungen über die Anschaffung gemeinsamer Möbelstücke und ggf. Kontoauszüge. Darüber hinaus kann die Vorlage eidesstattlicher Versicherungen, zumindest des Mandanten, eindrucksvoll sein. Auch wenn diese weder außergerichtlich noch im gerichtlichen Verfahren verwertbar sind und der Mandant grundsätzlich als Beweismittel nicht in Betracht kommt (Ausnahme: § 448 ZPO), kann damit dem Vermieter vor Augen geführt werden, dass es hier nicht um das „Erschleichen" preiswerten Wohnraumes geht. Je geringer die **Prozessaussichten** eingeschätzt werden, umso eher sollte – selbstverständlich nach Rücksprache mit dem Mandanten – die Möglichkeit in Betracht gezogen werden, dem Vermieter gleichzeitig ein Angebot zu unterbreiten, die Miete zu erhöhen oder z.B. im Hinblick auf eine unwirksame Renovierungsklausel einen neuen Mietvertrag mit wirksamen Regelungen abzuschließen. Auch wenn dies als Hinweis auf die eigene Einschätzung der Position des Mandanten ausgelegt werden kann, weshalb ein solches Angebot natürlich ohne Anerkennung einer Rechtspflicht erfolgen sollte, ist damit für den evtl. nachfol- 337 genden Prozess jedenfalls schon einmal ein Hinweis für den Richter erteilt worden, auf welcher Basis eine einvernehmliche Regelung getroffen werden kann.

338 Ist auf Grund der Rangfolge des § 563 BGB (vgl. dazu Rz. 318 f.) geklärt, dass der Mandant (ggf. gemeinsam mit anderen Personen) eintrittsberechtigt ist, muss untersucht werden, welches **Interesse der Mandant** verfolgt. Dazu sollte ihm erläutert werden, dass er mit dem Tod des Mieters (automatisch) in den Mietvertrag unter Ausschluss des Erben eingetreten ist. In der weiteren Beratung steht im Mittelpunkt, ob der Mandant den Vertrag fortsetzen oder beenden will.

(1) Der Mandant will den Mietvertrag fortsetzen

339 Will der Mandant den Mietvertrag fortsetzen, braucht er im Prinzip nichts zu tun. Allerdings sollte er über seine Haftung nach § 563b BGB aufgeklärt werden, damit er sich seine Entscheidung ggf. noch einmal überlegen kann. Nach § 563b BGB hat der Mandant zu berücksichtigen, dass

– er für bis zum Tod des Mieters entstandene **Forderungen des Vermieters** als Gesamtschuldner mit dem Erben haftet, jedoch gegen den Erben einen Regressanspruch geltend machen kann (§ 563b Abs. 1 BGB),

– er im Falle von **Mietvorauszahlungen** an den Erben dasjenige herauszugeben hat, was infolge der Vorausentrichtung der Miete erspart oder erlangt wird (§ 563b Abs. 2 BGB),

– der Vermieter von ihm die Leistung einer **Kaution** verlangen kann, falls der verstorbene Mieter keine Sicherheit geleistet hat (§ 563b Abs. 3 BGB).

340 Sofern mehrere Eintrittsberechtigte das Mietverhältnis fortsetzen, gelten die Haftungsfolgen für sie als Gesamtschuldner[1]. In dieser Situation sollte der Rechtsanwalt ermitteln, inwieweit der Mandant über die Haftungsfolgen Informationen erteilen kann. Ist dies nicht der Fall, sollte überlegt werden, den Vermieter anzuschreiben, um das Risiko der Fortsetzung abschätzen zu können. Dabei sollte gleichzeitig die Monatsfrist im Auge behalten werden, innerhalb derer das Ablehnungsrecht nach § 563 Abs. 3 BGB ausgeübt werden kann (vgl. dazu Rz. 343 f.). Insbesondere bei kurz bevorstehendem Fristablauf sollte die Monatsfrist im Fristenkalender notiert werden. Besteht danach ein Zeitdruck, sollte möglichst umgehend versucht werden, mit dem Vermieter persönlichen Kontakt (z.B. telefonisch) aufzunehmen, um wenigstens mündliche Informationen zu erhalten.

---

1 *Lammel*, § 563 BGB Rz. 39.

Bleibt ausreichend Zeit, kann der Vermieter z.B. wie folgt angeschrieben werden: 341

Rechtsanwalt
Peter Wichtig
Luxemburger Straße 101
50931 Köln

Herrn
Peter Lustig
Bahnhofplatz 2
51135 Köln

Sehr geehrter Herr Lustig,
Frau Katharina Meyer, Bernhardstraße 2, 50333 Köln hat mich mit der Wahrnehmung ihrer Interessen beauftragt. Die auf mich lautende Vollmacht füge ich in Kopie bei.
Meine Mandantin ist die 23-jährige Tochter des Herrn Josef Meyer, der am 28.6.2005, also vor einer Woche, verstorben ist. Seit dem Tod ihrer Mutter vor acht Jahren hat meine Mandantin mit ihrem Vater in der Wohnung Bernhardstraße einen gemeinsamen Haushalt geführt. Im Hinblick darauf ist meine Mandantin nach § 563 Abs. 2 BGB mit dem Tod ihres Vaters in den Mietvertrag eingetreten.
Meine Mandantin ist sich noch nicht schlüssig darüber, ob der Mietvertrag fortgesetzt werden soll. Ihre Entscheidung hängt auch davon ab, ob und ggf. in welchem Umfang Mietschulden bestehen, für die sie haftet. Ich bitte Sie daher, mir möglichst umgehend, spätestens innerhalb von 10 Tagen, mitzuteilen, ob rückständige Mieten oder andere Verbindlichkeiten gegenüber dem verstorbenen Mieter bestehen.
Sollte ich innerhalb der gesetzten Frist von Ihnen keine andere Nachricht erhalten, werde ich meine Mandantin dahin beraten, dass keine Mietschulden bestehen und auch keine weiteren Forderungen von Ihnen geltend gemacht werden.

Mit freundlichen Grüßen

Durch den Hinweis, wie bei einer unterlassenen Reaktion beraten wird, soll erreicht werden, dass sich der Vermieter andernfalls auf jeden Fall meldet. Antwortet nämlich der Vermieter nicht, verletzt er seine Fürsorgepflicht. Immerhin ist der Eintrittsberechtigte nun (zunächst einmal) Mieter. Damit muss der Vermieter alles unterlassen, was ihm Schaden zufügt. 342

Sollten Mietschulden bestehen, sollte in die Entscheidung des Mandanten einfließen, ob und inwieweit er allein dafür haftet (vgl. § 563b Abs. 2 BGB).

(2) Der Mandant will die Fortsetzung des Mietvertrages ablehnen

343 Will der Mandant den Mietvertrag nicht fortsetzen, muss zunächst geprüft werden, seit wann er **Kenntnis vom Tod** des Mieters hat – gemäß § 563 Abs. 3 BGB besteht innerhalb eines Monats nach Kenntniserlangung die Möglichkeit, dem Vermieter gegenüber zu erklären, dass das Mietverhältnis nicht fortgesetzt werden soll. Diese **Monatsfrist** sollte auf jeden Fall notiert werden.

344 Die Frist beginnt mit der positiven Kenntnis vom Tod des Mieters. Vermutungen oder Gerüchte reichen nicht aus[1]. Indessen wird der Eintrittsberechtigte analog § 1956 BGB die **Versäumung der Ablehnungsfrist** anfechten können, auch wenn es sich bei § 563 BGB nicht um eine Sondererbfolge[2], sondern um eine Sonderrechtsnachfolge kraft Gesetzes handelt[3]. Die Situation ist mit der des Erben vergleichbar, der in Unkenntnis der Ausschlagungsfrist die Erbschaft (fiktiv) angenommen hat.

345 Nur bei Ehegatten und Lebenspartnern muss sich die **positive Kenntnis** allein auf den Tod des Mieters beziehen. Gehörte der Mandant dagegen z.B. gemeinsam mit einem Ehegatten oder Lebenspartner zum Haushalt des verstorbenen Mieters, beginnt für ihn die Frist des § 563 Abs. 3 BGB mit der Kenntnis davon, dass der Ehegatte oder Lebenspartner wirksam den Eintritt in das Mietverhältnis abgelehnt hat[4]. Dies kann frühestens mit dem Zugang der Erklärung beim Vermieter der Fall sein. Insoweit ist der Wortlaut des § 563 Abs. 3 BGB ungenau. Bevor der Ehegatte/Lebenspartner jedoch den Eintritt nicht abgelehnt hat, besteht ein Eintrittsrecht der Kinder oder sonstigen Personen i.S.v. § 563 Abs. 2 BGB nicht. Im Übrigen ist die Kenntnis für jeden Eintrittsberechtigten individuell zu prüfen[5]. Dazu reicht grob fahrlässige Unkenntnis nicht aus. Es kommt auf die Kenntniserlangung der faktischen Umstände, also des Todes, an. Diese Kenntnis kann dem Mandanten durch jeden Dritten, insbesondere Eintrittsberechtigte, aber auch die Polizei, den den Totenschein ausstellenden Arzt oder die Mitteilung des Standesamtes oder des Nachlassgerichtes über den Tod verschafft werden. Insoweit kommt es immer auf die früheste Nachricht und darauf an, inwieweit der Mandant berechtigten Anlass hatte, die mitgeteilten Tatsachen anzuzweifeln. Insoweit wird allein die Lektüre der Todesanzeige in der örtlichen Tageszeitung z.B. nicht ausreichen[6], weil damit oft schon (makabre) Scherze getrieben worden sind.

346 Ist die Frist noch nicht abgelaufen, kann der Eintrittsberechtigte die Fortsetzung des Mietvertrages durch eine **einfache Erklärung** gegenüber dem Vermieter ablehnen. Ein Formerfordernis (z.B. Textform) ist nicht gegeben.

---

1 *Blank/Börstinghaus*, § 563 Rz. 50; *Rolfs* in Emmerich/Sonnenschein, § 563 BGB Rz. 19 m.w.N.
2 So aber: *Wenzel*, ZMR 1993, 489, 490.
3 Erman/*Jendrek*, § 563 BGB Rz. 3.
4 *Lammel*, § 563 BGB Rz. 47.
5 Herrlein/Kandelhard/*Kandelhard*, § 563 BGB Rz. 15.
6 *Kinne/Schach*, § 563 BGB Rz. 15.

Zu Beweiszwecken empfiehlt es sich jedoch, die Erklärung schriftlich abzugeben und den Zugang sicherzustellen. Soll die Erklärung durch den Rechtsanwalt abgegeben werden, sollte im Hinblick auf § 174 BGB vorsorglich eine Vollmacht beigefügt werden.

Unabhängig davon, ob anschließend ein anderer Eintrittsberechtigter i.S.v. § 563 BGB oder der Erbe nach § 564 BGB das Mietverhältnis fortsetzt, sollte der Mandant darauf hingewiesen werden, dass für die **zwischenzeitliche Nutzung der Wohnung** unter Umständen eine Haftung analog §§ 2020, 2021 BGB nach Bereicherungsgrundsätzen auf Herausgabe der Nutzungsvorteile (§ 818 Abs. 2 BGB), also der ersparten eigenen Mietzahlungen, besteht, sofern keine Zahlungen an den Vermieter erbracht wurden[1]. 347

Ist die **Frist versäumt**, kommt eine Wiedereinsetzung in den vorigen Stand nicht in Betracht[2]. Die Rechtsfolge des Eintritts ist auch nicht z.B. nach § 119 BGB anfechtbar[3]. Es kann nur der Versuch unternommen werden, analog § 1956 BGB die Fristversäumung anzufechten. 348

(3) Prozessuales

Kommt eine außergerichtliche Verständigung über das Eintrittsrecht nicht zustande, muss abgewogen werden, ob der Vermieter die **Prozessinitiative** ergreifen soll oder der Mandant selbst. In der gegebenen Situation wird der Vermieter auf Räumung klagen. Er hat die Möglichkeit, gegenüber dem Erben eine Abmahnung zu erklären (sofern nicht schon die Voraussetzungen des § 563 Abs. 4 BGB vorliegen) und nach erfolgloser Abmahnung das Mietverhältnis nach § 543 Abs. 2 Nr. 2 BGB fristlos zu kündigen. Demgegenüber muss der Mandant eine Feststellungsklage erheben, mit der er das Bestehen eines Mietverhältnisses mit dem Vermieter festgestellt wissen will. 349

Bei dieser **Abwägung** ist zunächst zu berücksichtigen, wie hoch die **Chancen** einzuschätzen sind, dass der Vermieter auf eine Räumungsklage verzichtet. Ist er als klagefreudig bekannt, sind die Chancen relativ gering. Hat er außergerichtlich jedoch mehrfach Klageerhebung angedroht, ist die Chance größer, dass er seine Absicht nicht realisiert. Zum anderen ist der Streitwert der Räumungsklage (Jahresmietwert) höher als der der Feststellungsklage (Jahresmietwert minus 20 %), so dass die Ungewissheit über das Fortbestehen des Mietvertrages durch die Feststellungsklage mit einem geringeren Kostenrisiko beseitigt werden kann. Schließlich sollte jedoch anhand des Geschäftsverteilungsplanes des zuständigen Amtsgerichts überprüft werden, welcher Richter für den einen oder den anderen Prozess zuständig ist. Ist einer der beiden Richter ein Formalist, wird es hier schwieriger sein, ihn von der Eindeutigkeit der Indizien zu überzeugen. 350

---

1 *Lammel*, § 563 BGB Rz. 43.
2 *Blank/Börstinghaus*, § 569a BGB Rz. 42.
3 *Heile* in Bub/Treier, II Rz. 844.

351 Fällt die Abwägung zugunsten der **Feststellungsklage** aus, kann beantragt werden,

> festzustellen, dass der Mietvertrag vom 2.5.1990 über die Wohnung im 2. OG des Hauses Luxemburger Str. 101, 50937 Köln, zwischen dem Beklagten und dem am 30.4.1999 verstorbenen Josef Schmitz mit der Klägerin zu unveränderten Bedingungen fortbesteht

oder

> festzustellen, dass die Klägerin durch den Tod des Herrn Peter Schmitz am 2.2.1999 in den Mietvertrag über die Wohnung im 2. OG des Hauses Luxemburger Str. 101, 50937 Köln, mit dem Beklagten eingetreten ist.

352 Hinsichtlich der **Darstellung des Sachverhaltes** in der Klageschrift ist abzuwägen, ob bereits alle Indizien vorgetragen werden sollen oder sich der Vortrag darauf beschränkt, dass ein Eintrittsrecht vorliegt, wozu das persönliche Verhältnis des Mandanten zum Mieter und die gemeinsame Haushaltsführung dargelegt werden müssen. Wird die kurze Fassung gewählt, könnte sich ergeben, dass der Vermieter (Beklagter) nur das Bestehen der gemeinsamen Haushaltsführung und/oder der auf Dauer angelegten Beziehung mit Nichtwissen bestreitet. In der Replik könnten dann (und zwar kurz vor dem Termin innerhalb der Fristen des § 132 ZPO) die vollständigen Indizien mit Beweisantritten vorgetragen werden. Damit kann für die mündliche Verhandlung eine Situation geschaffen werden, die substantiierten Vortrag nur auf Kläger-(Mieter-)Seite enthält. Da der Richter noch unter dem frischen Eindruck der (überzeugend dargestellten) Indizien steht, könnte in der mündlichen Verhandlung eine günstige Atmosphäre zum Abschluss eines Vergleichs geschaffen werden. Mit dieser Vorgehensweise ist aber auch die Gefahr verbunden, dass das Gericht den Vortrag in der Replik als verspätet ansieht. Zumindest wenn das schriftliche Vorverfahren angeordnet wurde, muss sich der Kläger so rechtzeitig wie möglich im Prozess erklären, § 296 Abs. 1 ZPO. Zwar besteht insoweit immer noch die Möglichkeit der **Flucht in die Säumnis**[1]. Indessen ist das damit verbundene Risiko einer Falschbehandlung durch das Gericht nicht zu unterschätzen.

353 Wer dieses **Risiko** scheut, sollte bereits in der Klageschrift umfassend vortragen und die einzelnen Indizien unter Beweis stellen. Dies sollte aber vor allem dann erfolgen, wenn bekannt ist, dass der Vermieter einen Teil der Indizien nicht nur mit Nichtwissen bestreiten kann, weil sie Gegenstand seiner eigenen Wahrnehmung waren. Dann besteht nämlich die Möglich-

---

[1] *Michel/von der Seipen*, S. 76.

keit, dass der Vermieter(-Rechtsanwalt) es übersieht, substantiiert zu bestreiten.

(4) Gebühren

Auch bei der **Beratung** über das Eintrittsrecht ist das Bestehen des Mietvertrages zweifelhaft, so dass gemäß § 41 Abs. 1 GKG grundsätzlich die Jahresmiete (vgl. *N Rz. 485*) der Gebührenberechnung zugrunde gelegt werden kann. Insoweit ergeben sich die Standard-Gebühren ohne Besonderheiten (vgl. *N Rz. 83 ff.*). 354

Der Streitwert der **Feststellungsklage** ergibt sich aus der Jahresmiete abzüglich 20 %[1]. Hier entstehen die Gebühren nach 3100, 3104 VV RVG.

bb) Vermieterberatung

(1) Wer ist Mieter?

Schon wegen der Frage, von wem die weiteren Mietzahlungen verlangt werden können, muss in der Konstellation des § 563 BGB schnell geklärt werden, wer in das Mietverhältnis eingetreten ist. Nach der **Reihenfolge** des § 563 Abs. 1 BGB ist zunächst der Ehegatte privilegiert. 355

Die Eintrittsberechtigten des § 563 BGB haben ein **Ablehnungsrecht**, das sie **innerhalb von einem Monat** nach Kenntnis vom Tod des Mieters ausüben müssen (§ 563 Abs. 3 BGB). Zur Berechnung der Frist kann nicht unbedingt auf den Todestag des Mieters abgehoben werden, da nach dem Gesetzeswortlaut **positive Kenntnis** erforderlich ist[2]. Ist dem Vermieter bekannt, dass der Mieter in der Wohnung gestorben ist, und war der Ehegatte dabei anwesend, bestehen hinsichtlich des Fristlaufes keine Zweifel. Etwas anderes kann sich aber schon dann ergeben, wenn der Ehegatte z.B. auf Reisen war. Auch wenn eine Kenntnis des Ablehnungsrechts nicht erforderlich ist, sollte zur Beschleunigung der Herbeiführung der Klarheit für den Mandanten der Mieter unter Hinweis auf die Monatsfrist aufgefordert werden, eine Erklärung über sein Ablehnungsrecht abzugeben. Dieses Schreiben könnte **z.B.** wie folgt formuliert werden: 356

Sehr geehrte Frau Fischer, 357

Herr Peter Wichtig, Normanenstr. 3, 53325 Euskirchen, hat mich mit der Wahrnehmung seiner Interessen beauftragt.

Zunächst darf ich Ihnen auch im Namen meines Mandanten das Beileid zum Tode Ihres Ehemannes aussprechen.

Trotz Ihrer seelischen Belastung bitte ich um Verständnis, dass mein Mandant ein gesteigertes Interesse daran hat, die Umstände des Mietvertrages zu klären. Das Gesetz sieht in § 563 Abs. 1 BGB vor, dass nach dem Tode des Mie-

---

[1] BGH, JurBüro 1975, 1598; Zöller/*Herget*, § 3 ZPO Rz. 16 „Feststellungsklage".
[2] Staudinger/*Rolfs*, § 563 BGB Rz. 37.

ters das Mietverhältnis mit dem Ehegatten fortgesetzt wird, sofern dieser nicht innerhalb eines Monats, nachdem er Kenntnis vom Tode des Mieters erhalten hat, den Eintritt in den Mietvertrag ablehnt.

Nach unseren Informationen waren Sie anwesend, als Ihr Ehemann am 1.3.2006 in der Wohnung verstarb. Mithin läuft die Monatsfrist am 1.4.2006 ab. Sollte ich von Ihnen bis dahin keine anders lautende Nachricht erhalten haben, setzt sich das Mietverhältnis (automatisch) mit Ihnen fort und Sie haften künftig für die Verpflichtungen aus dem Mietvertrag (Miete, Betriebskosten, Renovierung etc.).

Sollten Sie das Mietverhältnis nicht fortsetzen wollen, wäre ich Ihnen dankbar, wenn Sie mir Ihre Entscheidung so schnell wie möglich bekannt geben.

Ich bitte Sie, mir Ihre Entscheidung über Eintritt oder Nichteintritt in jedem Falle schriftlich mitzuteilen.

Mit freundlichen Grüßen

...

Rechtsanwalt

Zumindest wenn keine gesicherten Erkenntnisse darüber vorliegen, dass der Ehegatte beim Tod des Mieters anwesend war, sollte dieses Schreiben mit Zustellnachweis (Einschreiben/Rückschein, Zustellung nach § 132 BGB) versandt werden, denn möglicherweise tritt erst mit dem Zugang dieses Schreibens Kenntnis beim Ehegatten ein und beginnt dadurch die Frist zu laufen.

358 Die **Ablehnungserklärung** ist **nicht formgebunden**. Sie ist jedoch eine empfangsbedürftige Willenserklärung, die also dem Vermieter zugehen muss. In der vorgeschlagenen Formulierung wäre die Erklärung auch wirksam, wenn sie gegenüber dem Rechtsanwalt abgegeben wird.

359 Erfolgt die Erklärung mündlich gegenüber dem Vermieter oder dem Rechtsanwalt (ggf. gegenüber einer Angestellten), sollte eine **schriftliche Bestätigung** erfolgen, um Missverständnisse und Beweisschwierigkeiten zu vermeiden. Auch wenn die Grundsätze des kaufmännischen Bestätigungsschreibens nicht anwendbar sind, schafft dieses Bestätigungsschreiben Tatsachen, zumal wenn es wie nachfolgend **formuliert** ist:

Sehr geehrte Frau Fischer,

bekanntlich vertrete ich die Interessen des Herrn Wichtig.

Am 12.3.2006 haben Sie telefonisch in meinem Büro hinterlassen, dass Sie den Eintritt in den Mietvertrag über die Wohnung Bauerstr. 3, 53325 Euskirchen, ablehnen. Aus Gründen anwaltlicher Vorsorge bestätige ich Ihnen hiermit diese Ablehnung.

Sollte ich von Ihnen bis zum 20.3.2006 keine anders lautende Nachricht erhalten haben, gehe ich davon aus, dass Ihre mündliche Erklärung zutreffend war.

Mit freundlichen Grüßen

...

Rechtsanwalt

Ist danach geklärt, dass der Ehegatte nicht in das Mietverhältnis eintritt, ist zu untersuchen, ob und ggf. welche weiteren Personen eintrittsberechtigt sind. 360

Hier ergibt sich zunächst das **Problem**, wie die **Frist zu berechnen** ist. Aus § 563 Abs. 3 BGB könnte gefolgert werden, dass die Frist in jedem Fall mit dem Tod des Mieters zu laufen beginnt. Dies würde erfordern, dass z.b. ein Familienangehöriger vorsorglich die Ablehnung erklärt, obwohl er nicht weiß, ob er überhaupt eintrittsberechtigt ist. Derjenige, dem die gesetzliche Vorschrift unbekannt ist oder der sich erst über einen Eintritt Gedanken machen will, wenn er tatsächlich auch eintrittsberechtigt ist, würde dadurch benachteiligt. Deshalb beginnt die Frist nach herrschender Meinung, sobald der nachrangig Privilegierte davon erfährt, dass der oder die vorrangig Eintrittsberechtigten den Eintritt in den Mietvertrag abgelehnt haben[1]. 361

Um die vollständigen **Namen der Eintrittsberechtigten** zu erfahren, sollte dem Vermieter empfohlen werden, sich in die Wohnung zu begeben oder die Nachbarn zu befragen. Ist dies bereits erfolglos geschehen oder bestehen andere Hinderungsgründe (zu große Entfernung zwischen Wohnort des Vermieters oder Kanzleiort zur Mietwohnung) und ist auch keine andere Person (z.B. Hausmeister) in der Lage, die notwendigen Ermittlungen durchzuführen, kann über die Meldebehörde in Erfahrung gebracht werden, wer für die betreffende Wohnung gemeldet ist. 362

Ergeben die Ermittlungen, dass **mehrere Eintrittsberechtigte** mit dem Erblasser einen gemeinsamen Hausstand geführt haben, sollte jeder dieser Eintrittsberechtigten angeschrieben werden. Denn gemäß § 563 Abs. 3 BGB ist jeder Eintrittsberechtigte berechtigt, für sich allein die Ablehnung zu erklären. 363

(2) Der Vermieter will den Eintritt ablehnen

Der Vermieter kann den Eintritt grundsätzlich nicht verhindern. Hat der Mieter mit seinem Ehegatten oder sonstigen privilegierten Personen einen gemeinsamen Hausstand geführt, vollzieht sich der Eintritt automatisch, solange der Begünstigte nicht ablehnt. 364

---

1 Palandt/*Weidenkaff*, § 563 BGB Rz. 21; Staudinger/*Rolfs*, § 563 BGB Rz. 38 m.w.N.; **a.A.** *Kinne/Schach*, § 563 BGB Rz. 15.

365 Es kann daher nur überlegt werden, ob das **außerordentliche Kündigungsrecht** des § 563 Abs. 4 BGB ausgeübt werden kann. Voraussetzung ist das Vorliegen eines **wichtigen Grundes** in der Person des Eintrittsberechtigten. Der Beurteilungsmaßstab für den wichtigen Grund bei § 563 Abs. 4 BGB ist derselbe wie bei § 540 Abs. 1 BGB[1]. Zur Vorgehensweise kann daher auf die Ausführungen bei der Kündigung aus wichtigem Grund verwiesen werden (vgl. *G Rz. 102 f.*).

366 Bevor überprüft wird, ob ein wichtiger Grund vorliegt, muss beachtet werden, dass die **Kündigung** nach § 563 Abs. 4 BGB nur innerhalb eines Monats erfolgen kann, nachdem der Vermieter Kenntnis vom endgültigen Eintritt erlangt hat.

367 Zur **Fristberechnung** muss einerseits geprüft werden, wann der Eintritt des jeweils Privilegierten endgültig geworden ist, er also sein Ablehnungsrecht nach § 563 Abs. 3 BGB nicht mehr ausüben konnte. Andererseits setzt dies natürlich auch die positive Kenntnis des Vermieters vom Tod des Mieters (und damit seines Kündigungsrechts) voraus[2]. Wenn der Vermieter also nicht nur später als der Eintrittsberechtigte von dem Tod des Mieters Kenntnis erlangt, sondern gleichzeitig auch erfährt, dass der Eintrittsberechtigte bereits seit mehr als einem Monat selbst positive Kenntnis über den Tod des Mieters hat, beginnt die Monatsfrist gleichzeitig mit der Kenntnis vom Tod des Mieters, weil in diesem Zeitpunkt der Vermieter Gewissheit darüber hat, dass der Eintritt endgültig erfolgt ist. Ggf. ist hier bei mehreren Personen jeweils auf die Kenntnis des einzelnen Eintrittsberechtigten abzustellen. In jedem Fall beträgt die Dauer zwischen Tod des Mieters und Ablauf der Überlegungsfrist des § 563 Abs. 4 BGB danach 2 Monate, sofern der Eintrittsberechtigte dem Vermieter nicht vorher seinen endgültigen Eintritt bestätigt.

368 Erfolgt das Beratungsgespräch zu einem Zeitpunkt, in dem die Überlegungsfrist bereits **abgelaufen** ist, sollte untersucht werden, ob andere Kündigungsgründe geltend gemacht werden können oder der Abschluss einer Aufhebungsvereinbarung wahrscheinlich erscheint (vgl. *J Rz. 20 ff.*).

369 Besteht ein wichtiger Grund, sollte der Rechtsanwalt in der gegebenen Situation mit seinem Mandanten erörtern, ob zusätzlich ein **berechtigtes Interesse** i.S.d. § 573 BGB (vgl. dazu *J Rz. 165 ff.*) geltend gemacht werden kann. Denn ist dies nicht der Fall, wäre eine Kündigung nach § 563 Abs. 4 BGB unwirksam, weil es sich um ein außerordentliches Kündigungsrecht handelt, § 573d BGB. Will der Mandant gleichwohl sein Kündigungsrecht durchsetzen, sollte er schriftlich auf die Bedenken hingewiesen werden.

370 Im Kündigungsschreiben muss eine den Anforderungen des § 573 Abs. 3 BGB genügende Darstellung erfolgen (vgl. dazu *J Rz. 83 ff.*). Im Übrigen er-

---

1 *Lützenkirchen*, WuM 1990, 413.
2 *Kinne/Schach*, § 563 BGB Rz. 25.

geben sich keine Besonderheiten zum Ausspruch einer Kündigung im Allgemeinen (vgl. dazu *J Rz. 47 ff.*).

(3) Prozessuales

Hat der Vermieter die Kündigung ausgesprochen, muss eine **Räumungsklage** gegen die Nutzer der Wohnung erhoben werden, sofern keine freiwillige Räumung erfolgt (vgl. dazu *M Rz. 128 ff.*). In der Klageschrift muss neben dem **Mietvertrag** auch der **Eintritt** der Begünstigten dargestellt werden. Dazu reicht es aus, auf den Verwandtschaftsgrad (oder das Bestehen einer sonstigen privilegierten Lebensgemeinschaft) pauschal hinzuweisen, sofern diese Tatsache nicht bestritten werden soll. Ist die rechtzeitige Ausübung der Kündigung zweifelhaft, kann überlegt werden, ob hierzu in der Klageschrift bereits Ausführungen erfolgen sollen. Bei einem bloßen Hinweis auf den Tod des Mieters und die Vorlage des Kündigungsschreibens besteht die Möglichkeit, dass weder der Gegner noch das Gericht diese Frage problematisieren, weil dieser Punkt übersehen wird und die Möglichkeit offen ist, dass die Kündigung rechtzeitig nach Kenntnis vom Tod erklärt wurde. Bestehen allerdings keine Bedenken gegen die rechtzeitige Ausübung des Kündigungsrechts, sollte die zeitliche Reihenfolge der Ereignisse schon in der Kündigungsschrift vollständig dargelegt werden.

371

Hinsichtlich der **Darstellung des wichtigen Grundes** ist abzuwägen, welche Erkenntnisse und Beweismittel vorliegen. U.U. ist es sinnvoll, lediglich die Tatsachen, die den wichtigen Grund rechtfertigen sollen, pauschal mitzuteilen, ohne schon alle Beweismittel (z.B. Zeugen) offen zu legen. So wird der Mieter in der Ungewissheit belassen, welche weiteren Tatsachen und Beweismittel dem Vermieter noch zur Verfügung stehen. Allerdings muss abgewogen werden, inwieweit durch Offenlegung dieser Tatsachen und Beweismittel in einer Replik eine Verspätung gemäß § 296 ZPO droht.

372

Im Übrigen ergeben sich keine Besonderheiten zu den Ausführungen zur Räumungsklage im Allgemeinen (vgl. *M Rz. 128 ff.*).

(4) Gebühren

Kündigung und anschließende **Räumungsklage** bilden zwei **besondere Angelegenheiten** i.S.d. § 18 RVG (vgl. *N Rz. 285 ff.*). Sie können also separat abgerechnet werden. Der Berechnung ist die Jahresmiete gemäß § 41 Abs. 1 GKG zugrunde zu legen.

373

Hinsichtlich der Standard-Gebühren ergeben sich keine Besonderheiten (vgl. *N Rz. 83 ff.*).

IV. Die Verlängerung befristeter Mietverträge über Wohnraum

1. Der Vertrag mit einfacher Befristung nach § 564c Abs. 1 BGB a.F.

374 Seit dem 1.9.2001 ist der Abschluss einfach befristeter Verträge, wie sie § 564c Abs. 1 BGB a.F. vorsah, nicht mehr zulässig. Dies ergibt sich aus § 575 Abs. 4 BGB. Als Alternative dazu kann ein einseitiger oder wechselseitiger Verzicht auf das Recht zur ordentlichen Kündigung vereinbart werden (vgl. dazu *J Rz. 75a*). Einfache Zeitmietverträge, die vor dem 1.9.2001 bereits abgeschlossen wurden, verlieren jedoch nicht ihre Geltung. Vielmehr gilt für sie § 564c BGB a.F. weiter, bis sie ausgelaufen sind, Art. 229 § 3 Abs. 3 EGBGB. Im Hinblick darauf wird noch eine geraume Zeit der einfache Zeitmietvertrag die Praxis beschäftigen.

375 Für die echten (§ 575 BGB) bzw. qualifizierten Zeitmietverträge (§ 564c Abs. 2 BGB a.F.) gelten nach der Übergangsvorschrift (Art. 229 § 3 Abs. 3 EGBGB) die jeweiligen Vorschriften, die im Zeitpunkt des Abschlusses des Vertrages bestanden.

376 Im Hinblick darauf ist hinsichtlich der Rechtslage vor dem 1.9.2001 (*Rz. 377 ff.*) sowie der Rechtslage für Verträge, die ab dem 1.9.2001 geschlossen wurden (*Rz. 503 ff.*) zu unterscheiden.

377 Ist der Mietvertrag vor dem 1.9.2001 auf eine bestimmte Zeit befristet worden, ohne dass Regelungen zur Verlängerung getroffen wurden, kann der Mieter nach § 564c Abs. 1 BGB a.F. eine **Fortsetzung** des Mietverhältnisses **auf unbestimmte Zeit** verlangen. Dieses Fortsetzungsverlangen muss spätestens zwei Monate vor Ablauf der Mietzeit bei dem Vermieter eingehen[1]. Welche Konsequenzen das Fortsetzungsverfahren des Mieters auslösen kann, soll zunächst in einer Übersicht dargestellt werden, um die taktischen Möglichkeiten erörtern zu können.

---

1 Schmidt-Futterer/*Blank*, Nach § 575 BGB Rz. 21, 22.

Reaktionsschema bei schriftlichem Fortsetzungsverlangen des Mieters

- fristgerecht (2 Monate vor Ablauf der Mietzeit)
  - \+ Vermieterzustimmung → Fortsetzung des Mietvertrages auf unbestimmte Zeit
  - \+ entgegenstehendes Interesse des Vermieters
    - schriftlich erklärt – inhaltlich begründet – bis zum Ablauf der Mietzeit → Beendigung zum Ablauf der vereinbarten Mietzeit
      Ausnahme: § 556b BGB a.F.
    - schriftlich erklärt – inhaltlich begründet – nach Beendigung der Mietzeit → Fortsetzungsanspruch des Mieters gemäß § 564c Abs. 1 BGB a.F.
      Ausnahme: § 564b Abs. 4 u. 7 BGB a.F.
    - schriftlich erklärt – ohne Begründung → Fortsetzungsanspruch des Mieters gemäß § 564c Abs. 1 BGB a.F.
      Ausnahme: § 564b Abs. 4 u. 7 BGB a.F.
    - formlos erklärt → Fortsetzungsanspruch des Mieters gemäß § 564c Abs. 1 BGB a.F.
- \+ keine Reaktion des Vermieters → Fortsetzungsanspruch des Mieters gemäß § 564c Abs. 1 BGB a.F.
  - schriftlich erklärt → Fortsetzungsanspruch des Mieters gemäß § 564c Abs. 1 BGB a.F.
    aber: Erklärung des Vermieters kann als Kündigung nach § 564b BGB a.F. ausgelegt werden
  - formlos erklärt → Fortsetzungsanspruch des Mieters gemäß § 564c Abs. 1 BGB a.F.
  - Ausnahme: § 545 BGB gilt

a) Mieterberatung

379 Legt der Mieter dem Rechtsanwalt einen befristeten Vertrag vor (Schriftform ist wegen = § 550 BGB erforderlich), sind **drei Varianten** denkbar:
- der Mieter will den Vertrag nicht fortsetzen → *Rz. 380*
- der Mieter will den Vertrag auf unbestimmte Zeit fortsetzen → *Rz. 383 ff.*
- der Mieter will den Vertrag auf bestimmte Zeit fortsetzen → *Rz. 394 ff.*

Deshalb sollte die erste Frage auf das Interesse des Mandanten abzielen.

aa) Der Mieter will den Vertrag nicht fortsetzen

380 Will der Mieter den Vertrag nicht fortsetzen, kann sich die Beratung des Rechtsanwalts darauf beschränken, dass das Mietverhältnis ohne weiteres endet, wenn die im Vertrag vorgesehene Zeit abgelaufen ist. Der Mieter sollte darauf hingewiesen werden, dass er die Mietsache pünktlich zu **räumen** hat, um **Schadensersatzansprüche** des Vermieters zu vermeiden oder ggf. die Voraussetzungen des § 545 BGB nicht zu erfüllen. Ein besonderer Hinweis an den Vermieter, dass das Fortsetzungsverlangen nicht ausgeübt wird, ist nicht erforderlich.

381 **Gebührenmäßig** kann sich diese Beratung als Erstberatung i.S.d. Nr. 2100 VV RVG darstellen und pauschal nach Nr. 2102 VV RVG mit bis zu 190 Euro netto zzgl. Auslagen und MwSt. abgerechnet werden, wenn nicht die Gebühr gemäß Nr. 2100 VV RVG niedriger ist (vgl. *B Rz. 60* und *N Rz. 83 f.*).

bb) Der Mieter will den Vertrag auf unbestimmte Zeit fortsetzen

382 Will der Mieter den Mietvertrag fortsetzen, ist zunächst die zeitliche Komponente zu prüfen.

(1) Beratung bis zwei Monate vor Ablauf der Mietzeit

383 In diesem Stadium des Mietvertrages kann das Fortsetzungsverlangen immer noch gestellt werden. Inhaltlich werden keine hohen Anforderungen gestellt. Es muss eine **schriftliche Erklärung** abgegeben werden, die eindeutig erkennen lässt, dass der Mieter die Fortsetzung des Mietverhältnisses und nicht lediglich einen Räumungsaufschub begehrt[1].

384 Es empfiehlt sich, um Zweifel zu vermeiden, das Fortsetzungsverlangen nach dem Gesetzestext zu **formulieren**.

---

1 Schmidt-Futterer/*Blank*, Nach § 575 BGB Rz. 20.

> Sehr geehrter Herr Wichtig,
>
> ausweislich der beigefügten Vollmacht vertrete ich die Interessen Ihres Mieters Josef Schmitz, Luxemburger Str. 101, 50939 Köln.
>
> Gemäß § 2 des Mietvertrages vom 3.2.1996 endet der Vertrag am 31.5.2006. Namens und im Auftrage meines Mandanten verlange ich die Fortsetzung des Mietvertrages auf unbestimmte Zeit.
>
> Mit freundlichen Grüßen

Mit dem Mandanten sollte auch erörtert werden, ob es sinnvoll ist, das Fortsetzungsverlangen **durch den Rechtsanwalt** zu stellen. Denn gerade bei unprofessionellen Vermietern löst allein die Ankunft des Schreibens eines Rechtsanwalts häufig die Reaktion aus, dass sie ebenfalls einen Kollegen aufsuchen. Erfährt der Vermieter in dieser Beratung, welche Möglichkeiten er hat bzw. nicht hat, können sich sehr schnell für den Mandanten unliebsame Konsequenzen ergeben (z.B. Mieterhöhung, Kündigung etc.). In dieser Situation kann es sinnvoll sein, den Mieter das Fortsetzungsverlangen selbst erstellen zu lassen, wobei ihm der Text diktiert oder im Entwurf überlassen werden sollte, um die Eindeutigkeit der Erklärung zu gewährleisten. Entstehen nämlich Missverständnisse, die zu einer falschen Erklärung führen, wird der Mandant den Rechtsanwalt dafür verantwortlich machen. Weiterhin muss er darauf hingewiesen werden, dass das Fortsetzungsverlangen von allen Mietern zu unterschreiben ist.

385

Darüber hinaus sollte der **Zeitfaktor** geprüft werden. Findet das Beratungsgespräch wenige Tage vor Ablauf der Zweimonatsfrist statt, muss sichergestellt werden, dass das Schreiben den Vermieter rechtzeitig erreicht. Da eine Übermittlung per Telefax zur Einhaltung der Schriftform nicht ausreicht[1], sollte ein Bote dem Vermieter das Schreiben überbringen. Um den **Zugang** in anderen Fällen sicherzustellen, sollte das Schreiben (durch den Mandanten oder den Rechtsanwalt) mittels Einschreiben/Rückschein oder über den Gerichtsvollzieher (§ 132 BGB) übersandt werden. Von der Verwendung eines Einwurf-Einschreibens sollte wegen der Nachweisprobleme abgesehen werden[2].

386

(2) Beratung nach Ablauf der Zweimonatsfrist

Die Frist des § 564c Abs. 1 S. 1 BGB a.F. kann nicht verlängert werden und läuft auch ab, wenn der Vermieter zuvor keinen entsprechenden Hinweis erteilt hat[3]. Deshalb muss dem Mieter zunächst deutlich gemacht werden, dass er seine **Rechte aus § 564c Abs. 1 BGB a.F. verloren** hat.

387

Dieses „Schicksal" muss mit ihm erörtert werden. Dabei kann die Beratung darauf erstreckt werden, wie der Mieter die Chancen einschätzt, dass

---

1 Schmidt-Futterer/*Blank*, Nach § 575 BGB Rz. 20.
2 *Hosenfeld*, NZM 2002, 93, 95.
3 LG Hildesheim, WuM 1990, 209 m.w.N.

sein Vermieter doch mit der Fortsetzung des Mietverhältnisses einverstanden ist.

388 Wird der Vermieter als **rechtlich unerfahren** eingestuft, kann z.B. ein Fortsetzungsverlangen einfach noch gestellt werden, wobei u.U. noch der Hinweis darauf erfolgen könnte, dass der Mieter aus ganz besonderen Gründen (Krankheit, Urlaub etc.) gehindert war, die Frist einzuhalten. Dieser Versuch ist nicht strafbar.

389 Ist der Vermieter aber bekanntermaßen kompetent, sollte von vornherein ein **moderater Weg**, die Interessen des Mieters durchzusetzen, gesucht werden. Denn erreicht einen erfahrenen Vermieter ein Fortsetzungsverlangen nach Ablauf der Frist und wird zusätzlich auch noch im Sinne einer Wiedereinsetzung in den vorigen Stand argumentiert, besteht das Risiko, dass der Vermieter schon deshalb blockiert, weil er sich nicht ernst genommen fühlt, zumal wenn das Schreiben von einem Rechtsanwalt stammt. Entwaffnend ist in solchen Situationen immer die Wahrheit. Wird dem Vermieter (besser mündlich als schriftlich) dargestellt, dass der Mieter aus Unerfahrenheit die Frist versäumt hat, sich jedoch auf ein längeres Mietverhältnis eingestellt hat, oder kann sogar an das soziale Gewissen apelliert werden (z.B. Kinder besuchen den Kindergarten in der Nachbarschaft, pflegebedürftige Mutter wohnt nebenan), vergrößern sich die Chancen, eine einvernehmliche Regelung über die Fortsetzung des Mietvertrages zu erreichen. Dabei sollte mit dem Mandanten zuvor abgeklärt werden, ob und ggf. welche wirkungsvollen **Zugeständnisse** zunächst angedeutet und schließlich vereinbart werden können. Zu diesem Zweck sollte überprüft werden, seit wann die Miete unverändert ist und/oder ob im Rahmen des Mietvertrages einzelne vertragliche Regelungen bereits einmal streitig geworden sind. Ist Letzteres der Fall, sollte hier der Abschluss einer wirksamen Vereinbarung angeboten werden.

390 Töricht ist in diesen Situationen, eine **Position der Stärke** einzunehmen und diese auch noch drastisch darzustellen. Die Stärke der Position des Mandanten ergibt sich aus den vorher exakt festgelegten Zugeständnissen. Allein die drastische Darstellung ruft regelmäßig Argwohn des Vermieters hervor, so dass er sich aus einem mündlichen Gespräch mit hinhaltenden Bemerkungen flüchtet oder mit entsprechenden Schriftstücken zunächst seinen Rechtsanwalt aufsuchen wird. Damit ist für den (Mieter-)Mandanten nichts gewonnen. Zeichnet sich aber im Gespräch oder im Schreiben bereits eine einvernehmliche Lösung ab, werden viele Vermieter zunächst die Chance ergreifen, diese einvernehmliche Lösung selbst zu erreichen und damit eigene Rechtsanwaltskosten oder sogar Räumungsprozess-Kosten zu sparen.

391 Ist der **Vermieter** allerdings von vornherein **nicht bereit**, mit dem Mieter über eine Fortsetzung des Mietvertrages zu verhandeln, nutzt die beste Taktik nichts und sollte daher mit dem Mandanten erörtert werden, wie schnell er eine neue Wohnung finden kann. Ergeben sich aus dieser Diskussion konkrete Anhaltspunkte, sollte nach § 93b Abs. 3 ZPO verfahren

werden. Hierzu muss der Vermieter um die Gewährung einer **Räumungsfrist** gebeten werden. Dieses Begehren muss begründet werden, wobei konkrete Tatsachen **vorgetragen** werden müssen (Anschlussmietvertrag beginnt erst zwei Monate später).

Sehr geehrter Herr Wichtig,

bekanntlich vertrete ich die Interessen Ihres Mieters, Peter Schmitz, Luxemburger Str. 101, 50937 Köln.

Nachdem mein Mandant irrtümlich die Frist des § 564c Abs. 1 BGB a.F. versäumt hat und die Bemühungen, eine einvernehmliche Fortsetzung des Mietvertrages zu erreichen, gescheitert sind, hat sich mein Mandant nach einer anderen Wohnung umgesehen. Wie Sie wissen, ist mein Mandant auf Wohnraum in der Nähe der Grundschule Berrenrather Str. angewiesen, um einen Schulwechsel seiner beiden Kinder Karina (9 Jahre) und Sebastian (8 Jahre) während des Schuljahres zu vermeiden.

Mein Mandant konnte nun eine für die Familie angemessene Wohnung im Hause Konradstr. 10, 50937 Köln, anmieten. Das über diese Wohnung bestehende Mietverhältnis endet am 30.6.2006. Da der Vermieter zunächst noch Renovierungs- und Sanierungsarbeiten durchführen will, beginnt das Mietverhältnis meines Mandanten am 15.8.2006. Eine Kopie des Mietvertrages füge ich diesem Schreiben bei.

Im Hinblick auf das Ende des Mietvertrages am 30.4.2006 bittet mein Mandant daher um eine Räumungsfrist bis zum 15.8.2006. Selbstverständlich wird mein Mandant die bisherige Miete als Nutzungsentschädigung bis zum 15.8.2006 weiter entrichten.

Für den Fall, dass Sie gleichwohl eine Räumungsklage erheben wollen, wird mein Mandant den Räumungsanspruch sofort anerkennen, was gemäß § 93b Abs. 3 ZPO eine für Sie nachteilige Kostenfolge bewirkt.

Mit freundlichen Grüßen

...

Rechtsanwalt

392

Der **Hinweis auf § 93b Abs. 3 ZPO** sollte ausdrücklich erfolgen, denn diese Vorschrift ist nicht nur vielen Vermietern nicht geläufig. Andererseits wird dadurch deutlich, dass der Mandant tatsächlich ausziehen will und nicht auf diesem Wege eine Erschleichung der Fortsetzung des Mietvertrages erreicht werden soll.

393

cc) Der Mieter will den Vertrag auf bestimmte Zeit fortsetzen

Diese Möglichkeit wird durch § 556b BGB a.F. eröffnet. Hier wird im Gegensatz zu § 93b Abs. 3 ZPO eine Fortsetzung des Mietvertrages selbst verlangt, wobei Härtegründe vorliegen müssen (z.B. Schwangerschaft der Ehe-

394

frau). Hier ergeben sich keine Unterschiede zu § 556a BGB a.F. = § 574 BGB (vgl. *J Rz. 351 ff.*).

395 Liegen **keine Härtegründe** vor, muss zunächst geklärt werden, ob der Zeitraum, in dem der Mieter die Mieträume noch nutzen will, absehbar ist oder nicht.

396 Kann der Mandant abschätzen, wann er die Räume verlassen wird (**konkreter Auszugstermin**), z.B. weil sein neuer Mietvertrag zwei Monate später beginnt, sollte nach § 93b Abs. 3 ZPO verfahren werden, denn wenn der Mieter nicht rechtzeitig räumt, droht ihm eine Räumungsklage. Bittet er den Vermieter jedoch vor Beendigung des Mietvertrages unter Angabe der Gründe um eine Räumungsfrist, wird durch diese Verhaltensweise die für den Vermieter negative Kostenfolge ausgelöst, sofern er dennoch Räumungsklage erhebt und der Mieter den Anspruch sofort anerkennt. Zwar sieht § 93b Abs. 3 ZPO in der ersten Alternative die für den Vermieter nachteilige Kostenfolge bei sofortigem Anerkenntnis auch vor, wenn eine Fortsetzung des Mietvertrages gemäß § 574 BGB verlangt wird. Ein solches Vorgehen hat jedoch zwei Nachteile: Je nachdem, wie schnell der Vermieter Räumungsklage erhebt, ist der Rechtsanwalt gezwungen, im Prozess Klageabweisung zu beantragen und den Fortsetzungsanspruch nach § 556b BGB a.F. zu begründen. Erfolgt danach der Auszug des Mandanten, liegt kein sofortiges Anerkenntnis mehr vor, weil der (sofortige) Räumungsanspruch bestritten wurde[1]. Wird der Rechtsstreit danach für erledigt erklärt, wird das Gericht eine Kostenaufhebung gemäß § 92 ZPO anordnen, weil über die Gründe, die das Fortsetzungsverlangen rechtfertigen sollten, hätte Beweis erhoben werden müssen. Soll gleichwohl die Fortsetzung des Mietvertrages bis zum Auszug erreicht werden, sollte im Räumungsprozess nicht Klageabweisung beantragt, sondern ein Anerkenntnis bezüglich des voraussichtlichen Auszugstermins abgegeben werden.

397 Hat der Mieter noch keine andere Unterkunft gefunden oder ist aus sonstigen Gründen für ihn **nicht absehbar**, wann er die Mietsache räumen wird, bestehen grundsätzlich **zwei Möglichkeiten**. Zum einen kann auch hier nach § 93b ZPO verfahren werden, sofern z.B. Gründe dafür angegeben werden können, warum der Mieter bisher keine andere Wohnung beziehen konnte bzw. in Aussicht hat (z.B. Bauverzögerung, Baustopp). Hier sollte eine **Räumungsfrist** von 6 Monaten begehrt werden, um dem Mandanten Spielraum für Verhandlungen über die Räumungsfrist einzuräumen. Ggf. meldet sich der Vermieter, so dass mit ihm auch eine kürzere Räumungsfrist vereinbart werden kann. Zum anderen sollte geprüft werden, ob **§ 568 BGB** im Mietvertrag wirksam ausgeschlossen wurde[2], wofür eine klare und verständliche Regelung notwendig ist.

398 Ist dies nicht der Fall, sollte mit dem **Mandanten erörtert** werden, inwieweit er damit rechnet, dass der Vermieter innerhalb von zwei Wochen nach

---

1 Zöller/*Herget*, § 93b ZPO Rz. 6 ff.
2 Vgl. dazu OLG Schleswig, WuM 1996, 85; LG Berlin, WuM 1996, 707.

Beendigung des Mietvertrages **Widerspruch** gegen die fortgesetzte Nutzung erhebt.

Auch in diesen Fällen ist zu überlegen, ob es sinnvoll ist, dass der **Rechtsanwalt selbst handelt** oder ob er seinen Mandanten für ein Gespräch mit dem Vermieter instruiert. Ein offenes Zugehen des Mieters auf den Vermieter ist häufig unverfänglicher, als dass ein Rechtsanwalt schriftlich oder persönlich auftritt. Letzteres kann den Argwohn des Vermieters hervorrufen, dass er übervorteilt werden soll, oder den Wunsch, sich selbst zunächst Rechtsrat einzuholen. Der Mandant selbst hat die Möglichkeit, seinem Vermieter gegenüberzutreten, ohne dass dieser einen umfassend beurteilten rechtlichen Hintergrund vermutet. 399

dd) Mieterberatung nach Reaktion des Vermieters

(1) Zustimmung des Vermieters

Erfolgt die Zustimmung des Vermieters, **setzt sich das Mietverhältnis** zu den bis dahin bestehenden Bedingungen **fort**. 400

Liegt keine ausdrückliche Zustimmung des Vermieters vor, ist zu prüfen, ob eine **konkludente Zustimmung** erklärt wurde[1]. Dabei kann ein Schweigen des Vermieters auf das Fortsetzungsverlangen des Mieters grundsätzlich nicht als Annahme gewertet werden. Es muss ein (positives) Verhalten des Vermieters gegeben sein, dass den Schluss zulässt, dass er das mit dem Fortsetzungsverlangen verbundene Angebot auf Verlängerung des Mietvertrages auf unbestimmte Zeit zu den unveränderten Bedingungen des bisherigen Vertrages annimmt. In der widerspruchslosen Gebrauchsgewährung kann das Einverständnis erst gesehen werden, wenn sie über einen längeren Zeitraum dauert. Im Zweifel sollte hier dem Mieter empfohlen werden, das Fortsetzungsverlangen gerichtlich geltend zu machen, wenn er Klarheit haben will (vgl. dazu unten *Rz. 432 f.*). 401

Erklärt der Vermieter seine Zustimmung, verlangt jedoch **geänderte Bedingungen** (z.B. höhere Miete), liegt darin die Ablehnung des Fortsetzungsverlangens mit dem Angebot auf Abschluss eines geänderten Vertrages (§ 150 Abs. 2 BGB). In diesem Fall muss mit dem Mandanten erörtert werden, ob und inwieweit er mit den geänderten Bedingungen einverstanden ist. Verlangt der Vermieter z.B. eine höhere Miete, sollte dem Mandanten anhand der Ermittlung der ortsüblichen Vergleichsmiete nach § 558 BGB (vgl. unten *E Rz. 21 ff.*) aufgezeigt werden, dass der Vermieter auch bei dem auf unbestimmte Zeit fortgesetzten Mietvertrag diese Möglichkeit hat, wenn auch nur unter Beachtung der Fristen des § 558 BGB. Ergibt sich danach, dass das Begehren des Vermieters materiell berechtigt sein kann, sollte dem Mandanten empfohlen werden, zuzustimmen oder mit dem Vermieter Verhandlungen aufzunehmen. Bei diesen Verhandlungen sind ein wesentlicher Faktor die Fristen, innerhalb deren der Vermieter das Mieterhö- 402

---

1 Schmidt-Futterer/*Blank*, Nach § 575 BGB Rz. 25.

hungsbegehren stellen könnte. War für den Zeitpunkt der Befristung z.B. eine Mieterhöhungsmöglichkeit nicht vorgesehen (vgl. § 557 BGB), wirkt das Mieterhöhungsbegehren erst nach Ablauf der Mietzeit[1], so dass eine Mieterhöhung frühestens 2 Monate nach Mietende eintreten könnte. Diese zeitliche Verschiebung kann in die Verhandlungen mit dem Vermieter eingeführt werden, um für den Mandanten einen Vorteil zu erreichen.

403 Liegen die Bedingungen des Vermieters außerhalb jeder Realität, so dass Verhandlungen aussichtslos erscheinen, oder führen die Verhandlungen zu keinem Ergebnis, muss der **Fortsetzungsanspruch gerichtlich geltend gemacht** werden (vgl. *Rz. 432 f.*), sofern im Zweifel nicht anzunehmen ist, dass eine Fortsetzung des Mietvertrages über § 545 BGB stattgefunden hat oder stattfinden kann.

(2) Der Vermieter stimmt dem Fortsetzungsverlangen nicht zu

404 Die Ablehnung des Fortsetzungsverlangens ohne jede Begründung führt dazu, dass der Mieter seinen Fortsetzungsanspruch gerichtlich geltend machen muss (vgl. *Rz. 432 f.*).

405 Hat der Vermieter seine **Ablehnung schriftlich** formuliert, muss der Inhalt dieses Widerspruchs geprüft werden. Aus § 564c Abs. 1 S. 2 BGB a.F. ergibt sich, dass für den Widerspruch die gleichen Bedingungen gelten wie für die Kündigung nach § 573 BGB. Er muss also schriftlich erklärt und begründet werden. Widerspricht der Vermieter z.B. wegen Eigenbedarfs, sind hier dieselben Prüfungen vorzunehmen wie beim Vorliegen einer Eigenbedarfskündigung (vgl. *J Rz. 166 ff.*).

406 Ergibt die Prüfung einen (auch nur möglicherweise) **begründeten Widerspruch** des Vermieters, sollte mit dem Mieter überlegt werden, ob der Mieter die Rechte aus § 556b BGB a.F. geltend machen kann[2] oder der Weg über § 93b Abs. 3 ZPO gegangen werden soll (vgl. *Rz. 391*). Hier ist grundsätzlich der Weg über § 556b BGB a.F. zu empfehlen, sofern dessen Voraussetzungen vorliegen. Rechtfertigen die Härtegründe eine Fortsetzung von mehr als 6 Monaten, kann dadurch zumindest erreicht werden, dass ein Räumungsprozess des Vermieters erst nach Beweisaufnahme entschieden wird (in den anderen Fällen erledigt sich der Härtegrund regelmäßig vor dem Termin der letzten mündlichen Verhandlung).

ee) Gebühren

407 Die **Beratung** über die Fortsetzung des Mietvertrages ist eine Beratung über den Fortbestand des Mietverhältnisses. Streit über den Fortbestand ist Streit über das Bestehen[3]. Dem gemäß kommt gemäß § 41 Abs. 1 GKG

---

[1] OLG Hamm, NJW 1983, 829.
[2] Materiell ergeben sich insoweit die gleichen Anforderungen wie bei § 574 BGB, vgl. dazu *J Rz. 351*.
[3] Zöller/*Herget*, § 3 ZPO Rz. 16 „Mietstreitigkeiten".

auch für die Beratung regelmäßig die Jahresmiete zur Anwendung. Auch wenn gleichzeitig Gegenstand der Beratung der Widerspruch des Vermieters ist, führt dies nicht zu einer Werterhöhung. Denn würden sich beide Begehren in einem Rechtsstreit als Klage und Widerklage gegenüberstehen, würde gemäß § 45 Abs. 1 S. 3 GKG nur der werthöchste Streitgegenstand zugrunde gelegt. Fortsetzungsverlangen und Räumungsbegehren betreffen den gleichen Streitgegenstand, nämlich den Bestand des Mietvertrages.

Bei den Gebühren nach Nr. 2100 VV RVG und 2400 VV RVG ergeben sich keine Besonderheiten (vgl. *N Rz. 83 ff.*).

b) Vermieterberatung

aa) Der Vermieter will den Mietvertrag beenden

(1) Beratung bis zum Ablauf der Zweimonatsfrist

Gemäß § 564c Abs. 1 S. 1 BGB a.F. benötigt der Vermieter ein berechtigtes Interesse, sofern er bei der einfachen Befristung die Fortsetzung des Mietvertrages verhindern will. Für das **berechtigte Interesse** sind gemäß § 564c Abs. 1 S. 2 BGB a.F. i.V.m. § 564b BGB a.F. dieselben Voraussetzungen zu prüfen wie bei einer ordentlichen Kündigung des Vermieters (z.B. Eigenbedarf). 408

Liegt ein Fortsetzungsverlangen des Mieters noch nicht vor, sollten die berechtigten Interessen des Vermieters in der gleichen Weise geprüft werden wie bei der ordentlichen Kündigung nach § 564b BGB a.F. (vgl. unten *J Rz. 166 ff.*).

Ergeben sich **Zweifel an der Schlüssigkeit** der Gründe des Vermieters oder in rechtlicher Hinsicht (z.B. Eigenbedarf für Schwager oder Schwägerin[1]), sollte mit dem Vermieter diskutiert werden, wie wahrscheinlich ein Fortsetzungsverlangen seitens des Mieters ist: Denn reagiert der Mieter nicht, wird die Beendigung des Mietvertrages herbeigeführt, ohne dass der Vermieter seine (zweifelhaften) Gründe offenbaren muss. Eine beachtliche Zeitverzögerung tritt dadurch kaum ein. In diese Überlegungen sollte einbezogen werden, dass den wenigsten Mietern (und sogar einigen Juristen) bekannt ist, dass der Mieter von sich aus ohne Hinweis des Vermieters die Fortsetzung verlangen muss, und zwar schriftlich bis spätestens zwei Monate vor Ablauf der Mietzeit. Da es bei Fristversäumung eine Wiedereinsetzung in den vorigen Stand nicht gibt[2], ist der sicherste Weg der Beendigung, dass der Mieter das Fortsetzungsverlangen nicht stellt. 409

Hat sich jedoch bereits während des Mietvertrages eine Streitigkeit zwischen den Vertragsparteien ergeben, bei der sich der Mieter juristisch hat beraten lassen, muss damit gerechnet werden, dass er bei dieser Gelegenheit auch über den Mechanismus der Fortsetzung aufgeklärt worden ist. In diesem Fall kann es empfehlenswert sein, den Mieter schon **vor Ablauf der** 410

---

1 OLG Oldenburg, NJW-RR 1993, 526; LG Mainz, WuM 1991, 554.
2 Schmidt-Futterer/*Blank*, Nach § 575 BGB Rz. 22 m.w.N.

Zweimonatsfrist darauf **hinzuweisen**, dass der Vermieter einem Fortsetzungsverlangen widersprechen wird. Denn es besteht die Möglichkeit, dass der Gegner einerseits die Bedenken hinsichtlich der Schlüssigkeit nicht erkennt und zum anderen es wegen des Risikos nicht auf einen teuren Räumungsrechtsstreit ankommen lassen will und die verbleibende Zeit dazu nutzt, sich anderweitig nach Wohnraum umzusehen. Allerdings sollte diese Vorgehensweise nur gewählt werden, wenn der Mandant einer Fortsetzung des Mietvertrages auf keinen Fall zustimmen will und auch bereit ist, das Risiko eines Räumungsprozesses einzugehen. Denn man sollte „eine Pistole nur ziehen, wenn sie auch geladen ist". Stimmt der Mandant nach einem Fortsetzungsverlangen des Mieters (kleinlaut) der Fortsetzung des Mietvertrages zu, ist damit nicht nur ein Verlust an Optik und Glaubwürdigkeit verbunden, sondern auch für die Zukunft das Risiko entstanden, dass der Mieter die Erklärungen seines Vermieters nicht mehr ernst nimmt.

411 Auch der **Zeitpunkt**, zu dem die (vermeintlichen) berechtigten Interessen des Vermieters dargestellt werden sollen, muss gut gewählt sein. Nach dem Wortlaut des Gesetzes steht es dem Vermieter offen, seine berechtigten Interessen vor oder nach dem Fortsetzungsverlangen des Mieters in der Form der §§ 564b, 564a BGB a.F. = §§ 573, 568 BGB zu offenbaren. Hier ist abzuwägen, dass durch die Mitteilung des berechtigten Interesses einerseits der Mieter veranlasst werden soll, sich rechtzeitig um anderen Wohnraum zu bemühen, und andererseits inwieweit sich die Gründe des Vermieters bis zur tatsächlichen Beendigung des Mietvertrages verändern können. Denn eine Veränderung kann nur noch unter den aus § 564b Abs. 3 BGB a.F. = § 573 Abs. 3 BGB entwickelten Grundsätzen über das „Nachschieben von Gründen" geltend gemacht werden[1] (vgl. dazu *J Rz. 85*).

412 Stehen die Gründe fest (z.B.: Kind will einen eigenen Hausstand gründen), sollte ein möglichst früher Zeitpunkt gewählt werden, um den Mieter auf das Ende des Mietvertrages vorzubereiten. Je mehr Zeit der Mieter zur Wohnungssuche hat, umso größer ist die Chance, dass er nicht wegen des Überraschungseffektes „auf stur schaltet".

413 Auch wenn keine Möglichkeit mehr besteht, den Mieter z.B. 6 Monate vor Ablauf der Mietzeit zu informieren, sollte dem Vermieter geraten werden, das Schreiben, in dem seine berechtigten Interessen dargestellt werden, **persönlich zu übergeben**. Dies gilt auch dann, wenn das Schreiben von dem Rechtsanwalt formuliert wurde. Denn in einem persönlichen Gespräch kann der Mieter auf die Beendigung des Mietvertrages besser vorbereitet werden, wenn sich nicht bereits aus seinen Erklärungen ergibt, dass er ohnehin nicht an einer Fortsetzung des Mietvertrages interessiert ist. Andernfalls kann der Mieter in einem solchen Gespräch zu Erklärungen provoziert werden, die die Voraussetzungen des § 259 ZPO erfüllen.

---

1 AG Frankfurt/Main, WuM 1981, 237.

414 Das Schreiben, mit dem die **berechtigten Interessen** dargestellt werden, sollte ebenso formuliert werden wie eine Kündigungserklärung i.S.d. § 564b BGB a.F. = § 573 BGB (vgl. dazu unten *J Rz. 71 ff.*), also insbesondere die Belehrung über das Widerspruchsrecht nach § 556b Abs. 1 S. 2 BGB a.F. enthalten, und zwar allein schon deshalb, um den Mieter zu einer im Rahmen des § 259 ZPO verwertbaren Reaktion zu veranlassen. Zum Abschluss des Schreibens sollte darauf hingewiesen werden, dass wegen der angegebenen Gründe das Mietverhältnis zum vorgesehenen Zeitpunkt endet.

415 Reagiert der Mieter mit einem **Fortsetzungsverlangen**, hat der **Vermieter**(-Rechtsanwalt) folgende **Möglichkeiten**:
– sich still zu verhalten,
– den Mieter zur persönlichen Geltendmachung seines Fortsetzungsanspruches aufzufordern,
– die berechtigten Interessen noch einmal zu wiederholen,
– Räumungsklage einzureichen.

416 Verhält sich der **Vermieter(-Rechtsanwalt)** auf das Fortsetzungsverlangen des Mieters **still**, entsteht nach Beendigung des Mietvertrages ein Schwebezustand, sofern § 545 BGB nicht eingreift. Damit ein neues Mietverhältnis nicht durch vorbehaltlose Mietzahlung entsteht[1], sollte spätestens nach 3 Monaten dem Mieter mitgeteilt werden, dass die von ihm gezahlte Miete als Nutzungsentschädigung entgegengenommen wird und der Vermieter (Mandant) mit der Begründung eines (neuen) Mietvertrages nicht einverstanden ist. Diese abwartende Haltung ist eigentlich nur **sinnvoll**, wenn aus den Äußerungen des Mieters entnommen werden kann, dass er sich ernsthaft um eine andere Wohnung bemüht und die Kosten der Räumungsklage vermieden werden sollen. Ansonsten muss bedacht werden, dass mit fortschreitender Zeit die Schwelle für das berechtigte Interesse des Mandanten immer höher wird. Zumal wenn der Vermieter bereits längere Zeit vor Beendigung des Mietvertrages bekundet hat, dass er mit einer Fortsetzung des Mietvertrages nicht einverstanden ist, ist kein vernünftiger Grund ersichtlich, weshalb er keine Räumungsklage erhebt, sobald die Voraussetzungen vorliegen. Dies wird den Argwohn vor allem des Richters hervorrufen.

417 Die **Aufforderung zur gerichtlichen Geltendmachung** des Fortsetzungsanspruches sollte unverzüglich nach Eingang des Fortsetzungsverlangens erfolgen, wenn Grund zu der Annahme besteht, dass der Mieter eine gerichtliche Auseinandersetzung scheut. Dies kann z.B. in dem Gespräch aus Anlass der Übergabe des Schreibens, in dem die berechtigten Interessen dargestellt wurden, ermittelt werden. Denn in diesem Gespräch sollte auch das Szenario, das sich an die Beendigung des Mietvertrages nach § 564c Abs. 1 BGB a.F. anschließt, aufgezeigt werden. Wenn hierbei hervorgehoben wird, dass eine Auseinandersetzung über die Beendigung eines Mietvertrages auch und vor allem eine psychische Belastung im Hinblick

---
1 OLG Düsseldorf, ZMR 1988, 54.

auf den drohenden Verlust der Wohnung darstellt, lässt sich aus der Reaktion ablesen, wie entschlossen der Mieter zu einer solchen Auseinandersetzung ist. Durch die Aufforderung zur gerichtlichen Geltendmachung wird zusätzlich die Initiative zunächst auf die Mieterseite verlagert und noch einmal deutlich gemacht, dass der Mandant an seinen berechtigten Interessen festhält. Andererseits entsteht durch eine derartige Aufforderung natürlich ein **Zeitverlust** hinsichtlich der Durchsetzung der Interessen des Mandanten. Denn das Fortsetzungsverlangen des Mieters begründet gemäß § 259 ZPO das Recht zur Klage auf vorzeitige Räumung. Bestehen also Bedenken, ob der Mieter auf Grund dieser Aufforderung von seinem Fortsetzungsverlangen ablässt, sollte sofort Räumungsklage erhoben werden.

418 Die gleichen Überlegungen gelten im Prinzip für die **Wiederholung des berechtigten Interesses**. Diese Form der Reaktion kann z.B. dazu genutzt werden, dem Mieter das Fortbestehen der berechtigten Interessen zu verdeutlichen oder ihn außergerichtlich davon zu informieren, dass gleichzeitig Räumungsklage erhoben wurde. Hierdurch wird der Druck auf den Mieter vergrößert, der bei Abfassung seines Fortsetzungsverlangens die Hoffnung hatte, der Vermieter würde seine berechtigten Interessen fallen lassen oder hätte sie nur vorgeschoben.

419 Selbstverständlich kann dem Mandanten in dieser Situation auch geraten werden, noch einmal **Kontakt** mit seinem Mieter **aufzunehmen**, um zu erforschen, wie er sich verhalten will und wie er die Position des Vermieters bewertet. Eine unverfängliche Situation, die zudem nach außen die Stärke der eigenen Position vergrößert, entsteht dadurch, dass der Vermieter sich bei seinem Mieter meldet und um Vereinbarung eines Räumungstermins/Termins zur Wohnungsabnahme bittet. Ein solches Ansinnen bringt zum Ausdruck, dass der Vermieter keine Zweifel an der Durchsetzbarkeit seiner Position hat, und führt zumindest zur Verunsicherung des Mieters. Dies kann spätestens im nachfolgenden Prozess eine Einigung beschleunigen, aber eher noch eine außergerichtliche Verständigung.

(2) Beratung nach Ablauf der Zweimonatsfrist

420 Ist die **Zweimonatsfrist** des § 564c Abs. 1 S. 1 BGB a.F. fruchtlos **abgelaufen**, kann der Mieter eine Fortsetzung nicht mehr verlangen. U.U. kann in dieser Situation angezeigt sein, die Voraussetzungen einer Klage auf zukünftige Räumung zu schaffen (§ 259 ZPO). Dies gilt insbesondere dann, wenn nach den Beobachtungen des Vermieters der Mieter keinerlei Anstalten trifft, die Wohnung zum Mietende zu räumen.

421 Hierzu sollte darauf hingewirkt werden, dass der Vermieter sich mit seinem Mieter in Verbindung setzt und ihn wegen des Auszuges **befragt**. Sinnvollerweise sollte der Vermieter zu diesem Treffen einen **Zeugen** mitnehmen, um ggf. die Voraussetzungen des § 259 ZPO beweisen zu können. Die schriftliche Fristsetzung mit dem Hinweis, dass nach ergebnislosem Ablauf der Frist unterstellt wird, der Mieter würde sich zum Vertragsende nicht rechtmäßig verhalten bzw. nicht räumen, reicht nicht aus, um die

Voraussetzungen des § 259 ZPO zu begründen. Denn aus einem Schweigen lässt sich die Besorgnis, dass sich der Mieter der rechtzeitigen Erfüllung entziehen wird, nicht herleiten[1].

Gewinnt der Rechtsanwalt bei der Beratung des Vermieters den Eindruck, dass dieser eigentlich das Mietverhältnis **fortsetzen will**, sollte ihm noch einmal die Stärke seiner Position vor Augen geführt werden. Im Prinzip kann er den Mieter vor die Wahl stellen, auszuziehen oder veränderte Bedingungen (im Rahmen der §§ 5 WiStrG, 138 BGB) zu akzeptieren. Dieses Vorgehen empfiehlt sich vor allem, wenn sich in der zurückliegenden Zeit herausgestellt hat, dass z.B. die Betriebskostenregelung nicht sachgerecht oder eindeutig genug ist oder durch eine Veränderung der Rechtsprechung eine andere wirtschaftlich bedeutsame Regelung unwirksam geworden ist (z.B. Schönheitsreparaturen).

422

Diese Beratung erfordert nicht nur Fingerspitzengefühl des Rechtsanwalts, sondern vor allen Dingen eine umfassende Bewertung der Sach- und Rechtslage. Deshalb sollte in der gegebenen Situation, nachdem sich der Fristablauf herausgestellt hat, eine **Prüfung der wichtigsten Klauseln** erfolgen, sofern dem Rechtsanwalt nicht schon aus eigener (Prozess-)Erfahrung mit dem Mieter die Schwächen des Vertrages bekannt sind.

423

Zur Vorbereitung des Gesprächs zwischen den Mietvertragsparteien, das selbstverständlich auch der Rechtsanwalt für den Mandanten selbst führen kann, sollte dem Vermieter eine **vorbereitete Nachtragsvereinbarung** mit den besprochenen Bedingungen an die Hand gegeben werden. So wird vermieden, dass durch Missverständnisse die Regelungen nicht eindeutig gefasst werden oder andere Bedenken entstehen könnten.

424

bb) Der Vermieter will den Mietvertrag fortsetzen

Will der Vermieter den Mietvertrag zu den bisherigen Bedingungen fortsetzen, braucht er nur seine **Zustimmung** zu **erteilen**, wozu die Schriftform nicht erforderlich ist. Zur Vermeidung von Unsicherheiten sollte jedoch empfohlen werden, die Zustimmung schriftlich zu erklären. Schon im Hinblick auf deren Unkenntnis können dadurch für die Rechtsnachfolger nach §§ 1922, 571 BGB unangenehme Situationen vermieden werden.

425

Will der Vermieter zwar zustimmen, jedoch nur **unter geänderten Bedingungen**, muss eine Position gefunden werden, die dem Mieter hinsichtlich seines Fortsetzungsverlangens ein Risiko aufzeigt. Denn die bloße Zustimmung mit Änderungen gilt als Ablehnung, § 150 Abs. 2 BGB. Sie kann also nur im Verhandlungsweg durchgesetzt werden.

426

---

1 **A.A.** *Fischer* in Bub/Treier, VIII Rz. 31 für den Fall, dass der Mieter keine Anstalten zur Räumung macht.

427 Deshalb sollten zunächst die **Formalien des Fortsetzungsverlangens** geprüft werden, also insbesondere ob das Fortsetzungsverlangen
- von allen Mietern gestellt wurde,
- eindeutig formuliert wurde oder
- fristgerecht zugegangen ist.

428 Ergeben sich hieraus **zweifelsfreie Ansätze**, sollte in der gleichen Weise verfahren werden wie bei der Versäumung der Frist durch den Mieter (vgl. dazu oben *Rz. 387*). Sind die Ansätze jedoch **zweifelhaft**, weil z.B. die Interpretation des Inhalts des Fortsetzungsverlangens sowohl zugunsten des Mieters als auch zugunsten des Vermieters erfolgen kann, muss die Position des Vermieters so formuliert werden, dass einerseits beim Mieter der Eindruck entsteht, er habe die Frist versäumt, andererseits sich jedoch auch nicht die Gefahr realisiert, dass der Mieter sofort seinen Fortsetzungsanspruch gerichtlich durchsetzt.

429 In dieser Lage empfiehlt es sich, das **persönliche Gespräch** mit dem Mieter zu suchen. Das gesprochene Wort ist bekanntlich flüchtiger als das geschriebene. Im Hinblick darauf kann bei geschickter Formulierung der gewünschte Eindruck erweckt werden, ohne die Rechtsposition falsch, d.h. wahrheitswidrig, darzustellen. Ob der Vermieter dieses Gespräch mit dem Mieter selbst führen sollte, hängt sowohl von seiner Persönlichkeit als auch von seinem Verhandlungsgeschick ab. Ein erfahrener Vermieter wird eher in der Lage sein, sich taktisch richtig zu verhalten, als der Vermieter, der nur eine Eigentumswohnung hat (und diese möglicherweise zum ersten Mal vermietet hat).

430 Es ist jedoch auch nicht zu vernachlässigen, dass das **Auftreten** eines seriös handelnden Rechtsanwalts an sich bereits überzeugend sein kann. Im Ergebnis sollte die Frage, wer das Gespräch mit dem Mieter führt, von der Stärke der Position abhängig gemacht werden.

cc) Gebühren

431 Hier ergeben sich keine Abweichungen zur Gebührenberechnung auf Seiten des Mieters (vgl. *Rz. 407*).

c) Die gerichtliche Durchsetzung des Fortsetzungsanspruches

aa) Prozessuales

432 Da der Fortsetzungsanspruch ein Angebot auf unbefristete Verlängerung des Mietvertrages zu den bisherigen Bedingungen darstellt, muss der Mieter Klage auf **Abgabe einer Willenserklärung** erheben[1].

---

1 **A.A.** Schmidt-Futterer/*Blank*, Nach § 575 BGB Rz. 30: Leistungsklage auf Vertragsfortsetzung.

Der **Klageantrag** kann wie folgt formuliert werden: 433

> Den Beklagten zu verurteilen, der Verlängerung des Mietvertrages mit dem Kläger vom 3.2.1994 über die Wohnung im 3. Obergeschoss des Hauses Bahnhofstr. 3, 51107 Köln über den 1.3.2003 hinaus auf unbestimmte Zeit zuzustimmen.

Zur Begründung des Klageantrags muss der Abschluss eines befristeten Mietvertrages, der in Kopie beigefügt sein sollte, vorgetragen werden sowie die rechtzeitige Erklärung des Fortsetzungsverlangens, wozu das Schreiben selbst, aber auch der Zugangsnachweis vorgelegt werden sollten.

Je nachdem sollte aber aus taktischen Gründen die Vorlage des **Zugangsnachweises** zurückgehalten werden. Wurde das Schreiben z.B. durch Boten zugestellt und hat der Vermieter außergerichtlich den rechtzeitigen Zugang bestritten, sollte nicht schon in der Klageschrift offen gelegt werden, wie der rechtzeitige Zugang bewirkt wurde. Kann in der Replik sachlich und ohne polemische Bemerkungen dargestellt werden, wann und wie und unter Mitwirkung welcher Zeugen das Fortsetzungsverlangen bewirkt wurde, erscheint der Vermieter in einem schlechten Licht. Dies gilt vor allem dann, wenn der Bote oder die Zeugen über den Zustellungsakt einen Vermerk anlässlich der Zustellung gefertigt haben. Der Richter wird sich dieses Ereignis merken und vielleicht in einem späteren Prozess, bei dem die Rechtsposition des Mieters weniger günstig ist, dem Mieter wenigstens bei der Führung von Vergleichsgesprächen positiver zugeneigt sein. 434

Sofern der Vermieter Räumungsklage erhoben hat, muss der Fortsetzungsanspruch im Wege der **Widerklage**, die unter den Voraussetzungen des § 530 Abs. 1 ZPO noch im Berufungsverfahren erhoben werden kann, geltend gemacht werden[1]. Die Gegenmeinung[2] übersieht, dass § 308a ZPO nur für die Fälle der §§ 556a, 556b BGB a.F. eine Entscheidung des Gerichts ohne Klageantrag vorsieht. 435

bb) Gebühren

Der Streitwert für die Klage auf Fortsetzung des Mietvertrages bestimmt sich nach § 41 Abs. 1 GKG. 436

Die Gebühren richten sich nach den Nr. 3100 ff. VV RVG.

---

1 LG Berlin, WuM 1986, 340; LG Bonn, MDR 1976, 495; *Grapentin* in Bub/Treier, IV Rz. 265; Schmidt-Futterer/*Blank*, Nach § 575 BGB Rz. 30 m.w.N.
2 LG Berlin, GE 1996, 127; *Sternel*, Mietrecht, IV Rz. 296.

2. Die qualifizierte Befristung nach § 564c Abs. 2 BGB a.F.

437 Hat der Vermieter den Mieter bei Abschluss des Mietvertrages vor dem 1.9.2001 auf einen der Gründe des § 564c Abs. 2 BGB a.F. hingewiesen, was nicht notwendigerweise im Mietvertrag erfolgen muss, kann der Mieter grundsätzlich ein Fortsetzungsverlangen nicht stellen.

438 Sowohl der Vermieter als auch der Mieter-Rechtsanwalt müssen die **Voraussetzungen** des § 564c Abs. 2 S. 1 Ziff. 1–3 BGB a.F. sorgfältig prüfen, bevor sie das weitere Vorgehen mit ihren Mandanten erörtern. Die Voraussetzungen sind:

– keine Befristung über mehr als 5 Jahre,

– angegebener Grund:

– Eigennutz,

– Beseitigung der Räume in zulässiger Weise,

– zulässige wesentliche Veränderung der Räume, so dass die Maßnahme durch eine Fortsetzung des Mietverhältnisses erheblich erschwert würde,

– zulässige Instandsetzung, die durch eine Fortsetzung des Mietverhältnisses erheblich erschwert würde,

– Dienstwohnung, die für einen anderen zur Dienstleistung Verpflichteten benötigt wird,

– der Vermieter hat dem Mieter die Gründe bei Abschluss des Vertrages schriftlich mitgeteilt.

a) Vermieterberatung

439 Zunächst müssen die Tatbestandsvoraussetzungen des § 564c Abs. 2 BGB a.F. überprüft werden. Dabei macht die Befristung (nicht länger als 5 Jahre, vgl. § 564c Abs. 2 Ziff. 1 BGB a.F.) die wenigsten Probleme. Auch die formelle Voraussetzung des § 564c Abs. 2 Ziff. 3 BGB a.F. (schriftliche Mitteilung) ist unzweifelhaft, wenn sie – wie im Regelfall – im Mietvertrag selbst erfolgt ist. Andernfalls muss untersucht werden, ob die Mitteilung **rechtzeitig** erfolgt ist. Dies ist jedenfalls nicht der Fall, wenn sie erst nach Vertragsabschluss zugegangen ist[1]. Hier sollte sich der Rechtsanwalt die vor Abschluss des Vertrages geführte Korrespondenz vorlegen lassen, um zu ermitteln, ob der Vermieter nicht an irgendeiner Stelle (z.B. in einem früheren Vertragsentwurf) eine entsprechende Mitteilung gemacht hat.

440 Hinsichtlich der Gründe des § 564c Abs. 2 Ziff. 2 BGB a.F. muss eine **doppelte Prüfung** stattfinden. Einerseits müssen diese Gründe rechtzeitig, nämlich bei Vertragsschluss (vgl. § 564c Abs. 2 Ziff. 3 BGB a.F.), mitgeteilt worden sein. Andererseits müssen sie im Zeitpunkt der Beratung noch vorliegen.

---

1 Staudinger/*Rolfs*, § 575 BGB Rz. 33.

Bereits der **erste Teil** der Prüfung kann Schwierigkeiten bereiten, denn Einigkeit besteht darüber, dass die Mitteilung der Gründe **„hinreichend konkret"** sein muss[1]. Dafür wird einerseits verlangt, dass die Mitteilung so konkret verfasst ist, dass der Mieter ihre Rechtserheblichkeit und ihren Wahrheitsgehalt überprüfen kann[2]. Andererseits soll es ausreichen, wenn die Mitteilung so konkret gefasst ist, dass dadurch eine Bindung des Vermieters an die gewählte Verwendungsabsicht entsteht[3]. Die letztere Meinung verdient hier den Vorzug. Denn selbst in der Gesetzesbegründung[4] wird unterstellt, dass die Verwendungsabsicht über einen Zeitraum von 5 Jahren „noch hinreichend konkret" gefasst werden kann. 441

Es ist auch nicht notwendig, den Mieter über die Rechtsfolge, dass er **keinen Bestandsschutz** genießt, aufzuklären[5]. 442

Vor diesem Hintergrund reicht es nicht aus, dass der Vermieter **im Mietvertrag** eine der vorgegebenen Alternativen, die lediglich den Gesetzeswortlaut wiedergeben, angekreuzt oder wörtlich wiedergegeben hat. Vielmehr muss er den qualifizierten Befristungsgrund so konkret angeben, dass ein Austauschen ohne weiteres nicht mehr möglich ist. 443

Bei der Befristung wegen **Eigennutzes** reicht es daher nicht aus, auf „Angehörige" zu verweisen, denen die Wohnung nach Ablauf der Befristung überlassen werden soll[6]. Zwar muss nicht in jedem Fall die Angabe des Namens erfolgen, was z.B. bei einer nach 5 Jahren einzustellenden Pflegekraft auch unmöglich wäre[7]. Indessen muss die begünstigte Person bestimmbar sein, was z.B. durch den Hinweis auf den Sohn, Nichte o.Ä. der Fall ist. 444

Bei den **baulichen Maßnahmen** ist es nicht ausreichend, schlagwortartig die geplante Tätigkeit zu beschreiben (z.B. „Badezimmereinbau", „Zentralheizungseinbau")[8]. Dabei würde nämlich vernachlässigt, dass die Baumaßnahme eine Fortsetzung des Mietverhältnisses erheblich erschweren muss. Auch hierüber muss sich die Mitteilung verhalten. Dementsprechend müssen Umstände aus der Beschreibung ersichtlich sein, die die Auswirkungen auf die Nutzung der Räume zeigen und verdeutlichen, dass die Baumaßnahmen mindestens erheblich durch die fortgesetzte Nutzung erschwert werden. Bei der Badezimmererneuerung müssen z.B. Hinweise auf die Erneuerung der Zu- und Abflussleitungen erfolgen und mitgeteilt werden, welche Räume dadurch tangiert werden. 445

---

1 LG Hamburg, WuM 1992, 375.
2 LG Hamburg, WuM 1992, 375, 376.
3 *Grapentin* in Bub/Treier, IV Rz. 272; *Sternel*, Mietrecht, IV Rz. 313.
4 BT-Drucks. 9/2079, 8.
5 **A.A.** LG Berlin, ZMR 1993, 118; *Grapentin* in Bub/Treier, IV Rz. 272.
6 LG München I, WuM 1994, 543.
7 *Grapentin* in Bub/Treier, IV Rz. 272.
8 LG Hamburg, WuM 1992, 375.

446 Soweit die **Räume beseitigt** werden, genügt der Hinweis auf den Abriss des Objektes bzw. der Wohnung, ggf. auf die Maßnahme zur Integration der Räume in eine andere Wohnung.

447 Bei einer **Dienstwohnung** muss im Zeitpunkt des Vertragsabschlusses nicht bereits ein konkreter Bedarf bestehen. Die Absicht, die Wohnung künftig wieder für einen Arbeitnehmer zu verwenden, reicht aus[1]. Eine Dienstwohnung i.S.d. § 564c Abs. 2 Ziff. 2 lit. c BGB setzt im Übrigen einen Zusammenhang zwischen dem Mietvertrag und einem Dienstverhältnis voraus. Zu beachten ist, dass der Mietvertrag nach dem 1.9.1993 (In-Kraft-Treten der Gesetzesänderung) abgeschlossen worden sein muss, was jedoch im Hinblick auf die Fünfjahresfrist des § 564c Abs. 2 Ziff. 1 BGB a.F. mittlerweile unproblematisch sein dürfte.

448 In der **zweiten Stufe** ist zu untersuchen, ob die mitgeteilten Gründe in dieser Form noch **vorliegen** und ihre **Durchführung zulässig** ist. Bei baulichen Umgestaltungen wird regelmäßig eine öffentlich-rechtliche Baugenehmigung erforderlich sein, sofern Eingriffe in die Statik erfolgen. Deshalb sollte der Rechtsanwalt hier seinen Mandanten veranlassen, die Bestätigung eines Architekten, dass keine solche Eingriffe erfolgen, oder die Baugenehmigung selbst vorzulegen. Ist die Baugenehmigung noch nicht erteilt, muss der Vermieter darüber aufgeklärt werden, dass sie spätestens bei Beendigung des Mietvertrages beigebracht werden muss. Denn dieser Zeitpunkt ist maßgeblich[2]. Ergeben sich Bedenken hinsichtlich der rechtzeitigen Vorlage der Baugenehmigung, sollte mit dem Mandanten erörtert werden, inwieweit eine **Bauvoranfrage**, die regelmäßig von der Behörde kurzfristig beschieden wird, eingeholt werden kann. Ansonsten ist eine Verzögerungsanzeige i.S.d. § 564b Abs. 2 S. 2 BGB a.F. erforderlich.

aa) Die qualifizierten Gründe bestehen noch

449 Um die Beendigung des Mietvertrages herbeizuführen, muss der Vermieter gemäß § 564c Abs. 2 S. 2 BGB a.F. den Mieter spätestens **3 Monate vor Ablauf** der Mietzeit darauf hinweisen, dass die qualifizierten Befristungsgründe noch bestehen. Versäumt er diese Frist, hat der Mieter einen Anspruch auf Verlängerung des Mietverhältnisses „um einen entsprechenden Zeitraum". Das bedeutet, dass der Mieter aus den Versäumnissen des Vermieters keinen Vorteil ziehen kann, aber auch nicht benachteiligt werden soll. Er kann daher eine Verlängerung um einen der Verspätung der Mitteilung entsprechenden Zeitraum verlangen. Ist also die Frist vom Vermieter nicht gewahrt, hat dies für ihn **keinen Rechtsverlust** zur Folge. Vielmehr kann er immer noch eine Beendigung des Mietvertrages innerhalb von drei Monaten herbeiführen.

450 Der **Inhalt der Mitteilung** sollte so gestaltet werden, dass für den Mieter kein Zweifel besteht, dass die Beendigung des Mietvertrages drei Monate

---

[1] *Blank*, WuM 1993, 573, 576.
[2] *Grapentin* in Bub/Treier, IV Rz. 270.

später eintritt. Um hier sicherzugehen, sollten die Gründe, die bereits die Befristung qualifizieren, so angereichert werden, dass sie einer Kündigungserklärung nach § 564b Abs. 3 BGB a.F. = § 573 Abs. 3 BGB (vgl. dazu *J Rz. 71 ff.*) entsprechen. Denn für den Fall eines Prozesses besteht das Risiko, dass der Richter die Prüfung hinsichtlich einer ausreichenden Mitteilung bei Vertragsschluss mit einem anderen Ergebnis durchführt. Für diesen Fall kann die Mitteilung nach § 564c Abs. 2 S. 2 BGB a.F. als Widerspruch i.S.d. § 564c Abs. 1 BGB a.F. aufgefasst werden oder sogar als Kündigung nach § 564b BGB a.F. = § 573 BGB (jedenfalls für den Fall des **Eigennutzes**). Die Person, für die der „Eigenbedarf" geltend gemacht wird, sollte konkret mit Name und ggf. Anschrift angegeben und die Bedarfssituation anschaulich geschildert werden.

Sofern eine **Umgestaltung der Räume** stattfindet, sollte die Maßnahme anschaulich beschrieben werden und die Zulässigkeit durch entsprechende Nachweise (z.B. Kopie der Baugenehmigung, der Bauvoranfrage, der Bestätigung des Architekten, dass öffentlich-rechtliche Bestimmungen nicht entgegenstehen) glaubhaft gemacht werden. Außer im Falle der Beseitigung der Räume sollten auch die Auswirkungen dargestellt werden, damit ersichtlich wird, dass die Maßnahme durch eine Fortsetzung des Mietvertrages erheblich erschwert wird. Zur Vermeidung eines Haftungsrisikos sollte dabei ähnlich wie bei der Ankündigung nach § 554 Abs. 2 BGB vorgegangen werden. Erst wenn dem Rechtsanwalt selbst deutlich wird, wie die einzelnen Arbeitsabläufe umgesetzt werden, um die Maßnahme zu realisieren, kann er die Auswirkungen richtig bewerten (vgl. dazu *H Rz. 93 ff.*). Abgesehen davon ist gerade in diesem Bereich die Rechtsprechung hinsichtlich der Anforderungen kaum greifbar, so dass nur derjenige vor einer **Haftung** geschützt ist, der die Maßnahme so umfassend wie möglich darstellt. 451

Vorsichtshalber sollte der Mieter mit dem Schreiben auch darauf aufmerksam gemacht werden, dass die Mitteilung über das Fortbestehen der qualifizierten Befristungsgründe den **Ausschluss einer Räumungsfrist** bewirkt, §§ 721 Abs. 7, 794a Abs. 5 ZPO. Dabei sollten die gesetzlichen Vorschriften zitiert werden. Denn in den meisten Fällen wird der Mieter, wenn er das Mietverhältnis fortsetzen will, einen Rechtsanwalt aufsuchen, dem diese versteckten Vorschriften unbekannt sein könnten und der deshalb seinen Mandanten (falsch) dahin berät, dass er für ihn auch im Falle des Prozesses eine Räumungsfrist erreichen kann. Eine solche (falsche) Beratung bewirkt bei Mietern in der Regel, dass sie sich darauf einstellen, sich frühestens nach dem Schluss der mündlichen Verhandlung oder der Urteilsverkündung um anderweitigen Wohnraum bemühen zu müssen. Durch den Hinweis auf den Ausschluss der Räumungsfrist wird jedoch der Druck auf den Mieter, sich um einen Wohnungswechsel zu bemühen, erhöht. 452

453 Diese Überlegungen führen zu folgendem **Formulierungsvorschlag**:

Absender

...

Herrn
Peter Schmitz
Luxemburger Str. 101
50937 Köln

Sehr geehrter Herr Schmitz,

ausweislich der beigefügten Vollmacht vertrete ich die Interessen Ihres Vermieters, des Herrn Willi Wichtig.

Im Mietvertrag vom 2.5.1995 wurde eine Befristung bis zum 30.6.2007 vereinbart, weil unser Mandant die Wohnung für seine Tochter benötigt.

Nach dem Gesetz ist mein Mandant verpflichtet, Ihnen spätestens 3 Monate vor Ablauf der Mietzeit mitzuteilen, dass der Befristungsgrund noch besteht.

Die Tochter Sabine Wichtig wohnt im Hause meines Mandanten, Petersbergstr. 87, 50935 Köln. Ihr steht dort ein 15 m² großes Zimmer zur Verfügung. Die 25-jährige Tochter unseres Mandanten hat ihr Studium der Rechtswissenschaft beendet und beginnt am 1.8.2007 ihr Referendariat. Diesen neuen Lebensabschnitt will sie dazu nutzen, einen eigenen Hausstand zu gründen. Dazu will ihr mein Mandant – wie vorgesehen – die von Ihnen genutzte Wohnung zur Verfügung stellen, zumal diese in unmittelbarer Nähe zu ihrer Ausbildungsstätte, dem Landgericht Köln, liegt.

Ich weise ausdrücklich darauf hin, dass diese Mitteilung bewirkt, dass Ihnen für den Fall einer Räumungsklage gemäß den §§ 721 Abs. 7, 794a Abs. 5 ZPO keine Räumungsfrist gewährt werden kann.

Ich gehe davon aus, dass Sie sich rechtmäßig verhalten und die Wohnung spätestens am 30.6.2007 an meinen Mandanten zurückgeben.

Mit freundlichen Grüßen

...

Rechtsanwalt

---

bb) Die qualifizierten Gründe wurden nicht wirksam vereinbart

454 Wurde die **formgerechte und fristgerechte Mitteilung bei Vertragsschluss unterlassen** oder sind sonstige Zweifel gegeben (vgl. dazu *Rz. 441*), muss mit dem Vermieter das Risiko, dass der Mieter nun nach § 564c Abs. 1 BGB a.F. die Fortsetzung verlangen kann, erörtert werden (vgl. dazu *Rz. 408 f.*). Will er unter allen Umständen erreichen, dass das Mietverhältnis zum vorgesehenen Zeitpunkt beendet wird, bestehen zwei Möglichkeiten: Entweder werden Verhandlungen mit dem Mieter aufgenommen, um eine einvernehmliche Aufhebung des Mietvertrages zu erreichen, oder dem Mieter wird (so früh wie möglich, spätester Zeitpunkt: 3 Monate vor Ablauf des Mietvertrages) mitgeteilt, dass der Mieter zur Vermeidung eines Prozessrisikos sich um anderweitigen Wohnraum bemüht, so dass er zu dem vorgesehenen Zeitpunkt das Mietobjekt räumt, zumal wenn er rechtlich nicht beraten ist. Erfolgt die Mitteilung in der vorgeschlagenen Form (vgl. *Rz. 453*), ist dadurch gleichzeitig eine formgerechte Darstellung der berechtigten Interessen i.S.d. § 564b Abs. 1 BGB a.F. = § 573 Abs. 1 BGB gegeben (jedenfalls beim **Eigennutz**), um eine Beendigung nach dieser Vorschrift herbeizuführen (vgl. *Rz. 414*). Im Übrigen sollte vorsorglich in der Mitteilung zum Ausdruck gebracht werden, dass das Mietverhältnis auch zum nächst zulässigen Zeitpunkt **gekündigt** wird. Damit wird manifestiert, dass der Mandant das Mietverhältnis auf jeden Fall beenden will und die Erklärung ggf. als Kündigung aufgefasst werden muss, die noch nach Ablauf der Befristung wirken soll. Bei **baulichen Umgestaltungen** sollte geprüft werden, ob die Voraussetzungen des § 564b Abs. 2 Ziff. 3 BGB a.F. = § 573 Abs. 2 Nr. 3 BGB vorliegen (vgl. dazu *J Rz. 209 f.*), um die Mitteilung nach § 564c Abs. 2 BGB a.F. gleichzeitig als Kündigung wegen Hinderung der wirtschaftlichen Verwertung gestalten zu können. Dies kann insbesondere bei der Sanierung von Mietobjekten, die nicht mehr den heutigen Wohnansprüchen gerecht werden, erfolgversprechend sein, weil es für die Darstellung der wirtschaftlichen Situation des Vermieters ausreichen kann, dass ein erheblicher Nachteil des Vermieters bei der Fortsetzung des Mietverhältnisses in hohem Maße wahrscheinlich und nachvollziehbar ist[1].

Ein **Haftungsrisiko** auch für den Vermieter entsteht bei dieser Vorgehensweise kaum. Denn es kann nicht als Pflichtverletzung gelten, dass der Vermieter eine Maßnahme ergreift, die rechtlich zwar zweifelhaft ist, jedoch in das Kleid einer wirksamen Kündigung verpackt wird. Ohnehin begegnet die Rechtsprechung, die den Vermieter wegen unwirksamer Kündigung zum Schadensersatz verpflichtet[2], erheblichen Bedenken (außer, wenn die Gründe vorgeschoben werden). 455

Je nach Stärke der Zweifel muss überlegt werden, ob dem Mieter eine Räumung auf andere Weise „schmackhaft" gemacht werden kann. Ist die Dringlichkeit für den Vermieter sehr groß, kann z.B. eine andere **Ersatzwohnung** angeboten werden. Auch eine **Umzugsbeihilfe** sollte in Erwägung gezogen werden. 456

Fraglich ist allerdings, ob dies bereits **im ersten Schreiben** geschehen sollte. Denn u.U. erkennt der Mieter(-Rechtsanwalt) die Zweifel nicht, weil er die Voraussetzungen des § 564c Abs. 2 BGB a.F. nicht mit der gleichen Sorgfalt prüft oder der Mieter sich ohnehin auf eine Beendigung zum vorgesehenen Zeitpunkt eingestellt hat. Da die Ankündigung, dass die Gründe fortbestehen, einen Ausschluss des Fortsetzungsverlangens bewirken, kann hier je- 457

---
1 LG Köln in *Lützenkirchen*, KM 14 Nr. 4.
2 Vgl. die Übersicht bei *Sternel*, Mietrecht, II Rz. 631.

doch eine Aufforderung erfolgen, innerhalb einer kurzen Frist von 8 bis 10 Tagen mitzuteilen, ob das Objekt zum vorgesehenen Zeitpunkt geräumt wird. Erfolgt diese Mitteilung nicht, sollte zunächst mit dem Mieter das persönliche Gespräch gesucht werden. Dabei sollte der Rechtsanwalt selbst auftreten, sofern sein Mandant nicht über ein besonderes Verhandlungsgeschick verfügt und in der Vergangenheit bereits gezeigt hat, dass er in der Lage ist, schwierige Situationen zu seinen Gunsten zu gestalten.

458 Das **Gespräch mit dem Mieter** kann und sollte in dessen Wohnung stattfinden. Die Einladung zu einem Gespräch in die Kanzleiräume des Rechtsanwalts birgt die Gefahr, dass der (abgesprochene) Termin nicht wahrgenommen wird, weil für den Mieter die Hemmschwelle zu groß ist, den Rechtsanwalt seines Vermieters aufzusuchen. Wird jedoch ein Termin in der Wohnung vereinbart, kann damit gerechnet werden, dass das Gespräch auch stattfindet: Einerseits wird der Mieter neugierig sein, was ihm der Rechtsanwalt seines Vermieters zu berichten (ggf. anzubieten) hat. Andererseits wird der Mieter weniger argwöhnisch sein, weil er in dem Gefühl lebt, dass der Mieter innerhalb seiner Wohnung geschützt ist.

459 Zu Beginn dieses Gespräches empfiehlt es sich, auf § 312 BGB (Haustürgeschäfte) hinzuweisen, dessen Voraussetzungen vorliegen können, wenn der Vermieter-Rechtsanwalt **geschäftsmäßig** handelt, den Kontakt zum Mieter sucht und ihn in seinen Räumen aufsucht[1]. Denn der Besuch findet statt, um den Abschluss einer Aufhebungsvereinbarung herbeizuführen, bei dem der Verzicht auf wechselseitige Ansprüche die Entgeltlichkeit i.S.d. § 312 Abs. 1 BGB begründen kann. In einem Nebensatz sollte darauf hingewiesen werden, dass nach der eigenen Auffassung ein geschäftsmäßiges Handeln nicht vorliegt. Damit wird eine Hürde für die Ausübung des Widerrufsrechts aufgebaut. Mit der entsprechenden Belehrung, dass für den Fall einer einvernehmlichen Regelung die Widerrufsmöglichkeit des § 312 BGB eröffnet wird, erkennt der Mieter, dass der Vermieter(-Rechtsanwalt) in ehrlicher Absicht auftritt. Bei den Verhandlungen kann durch diesen Hinweis immer wieder im Mieter das Gefühl hervorgerufen werden, dass er sich ja noch nicht endgültig bindet, so dass er u.U. sogar bereit ist, mehr (bzw. weniger) zuzugestehen, als es aus seiner Sicht vielleicht sinnvoll wäre. Konsequenterweise muss am Ende der sodann schriftlich niedergelegten Vereinbarung über einen rechtzeitigen Auszug auf die Widerrufsmöglichkeit nach § 312 BGB hingewiesen werden. Dies muss natürlich in der Form der §§ 312 Abs. 2, 355 Abs. 2 BGB (mindestens Textform) erfolgen.

460 Auch wenn dies für den Vermieter das **Risiko** bedeutet, dass die Vereinbarung noch nicht endgültig ist, ist damit zunächst eine Vereinbarung geschaffen, von der sich der Mieter wieder lösen muss. Auf ihm lastet nun der Druck, den Widerruf rechtzeitig erklären zu müssen. Abgesehen davon hat er gezeigt, dass er einigungsbereit ist, und er wird sich schon aus mora-

---

1 LG Heidelberg, WuM 1993, 397; AG Stuttgart, WuM 1996, 467; AG Waiblingen, WuM 1996, 137.

lischen Gründen verpflichtet fühlen, für einen Widerruf Argumente anzuführen. Selbst wenn dies nicht geschieht, ist für den Vermieter ein Verhandlungsergebnis erreicht, auf dem sich weitere Gespräche aufbauen lassen und bei dem voraussichtlich nur noch in wenigen (ggf. unbedeutenden) Nebenpunkten weitere Zugeständnisse erfolgen müssen.

Scheitern die Verhandlungen oder widerruft der Mieter eine Vereinbarung, werden regelmäßig die Voraussetzungen des § 259 ZPO vorliegen, so dass Klage auf zukünftige Räumung erhoben werden kann. Das Prozessrisiko sollte nach der Stärke der Zweifel, die die Prüfung der Voraussetzungen des § 564c Abs. 2 S. 1 Ziff. 1–3 BGB a.F. ergeben hat, abgewogen werden. Dabei können auch die Ergebnisse der Verhandlungen berücksichtigt werden, die ggf. gezeigt haben, ob die Zweifel auf der Gegenseite erkannt worden sind. 461

cc) Die qualifizierten Gründe sind weggefallen

Der Wegfall der qualifizierten Befristungsgründe bewirkt (ebenso wie die unwirksame Vereinbarung nach § 564c Abs. 1 S. 1 Ziff. 1–3 BGB a.F.), dass der Mieter den **Fortsetzungsanspruch** gemäß § 564c Abs. 1 BGB a.F. geltend machen kann. Das Gleiche gilt, wenn zwar der ursprüngliche Befristungsgrund weggefallen ist, aber bei Beendigung ein neuer qualifizierter Grund besteht (Auswechseln des Befristungsinteresses)[1]. Voraussetzung dafür ist, dass der Mieter zwei Monate vor Ablauf der Mietzeit sein Fortsetzungsverlangen stellt. 462

Um diese Entscheidung treffen zu können, sieht das Gesetz die Mitteilungspflicht des Vermieters drei Monate vor Ablauf der Mietzeit vor. Infolgedessen besteht ein Anspruch des Mieters aus **positiver Vertragsverletzung**, wenn der Vermieter diese Mitteilung schuldhaft unterlässt. Die Mitteilung des Vermieters sollte also auch aus diesem Grund schriftlich erfolgen. 463

Das **Risiko des Schadensersatzes** sollte hier nicht in Kauf genommen werden. Denn der Mieter hat danach einen Anspruch darauf, so gestellt zu werden, als sei die Mitteilung rechtzeitig erfolgt, so dass er ein Fortsetzungsverlangen eigentlich jederzeit stellen kann, und zwar auch für den Fall, dass der Vermieter seine Verwendungsabsicht aufgegeben hat[2]. 464

Deshalb sollte dem Vermieter angeraten werden, die Mitteilung in jedem Falle wahrheitsgemäß und rechtzeitig zu überreichen. Dadurch kann nämlich auch bewirkt werden, dass der Mieter es unterlässt, seinen Fortsetzungsanspruch geltend zu machen, weil bei ihm der Eindruck entsteht, dass mit Wegfall der qualifizierten Befristungsgründe automatisch eine Verlängerung auf unbestimmte Zeit eintritt. Da im Rahmen des § 564c Abs. 1 BGB a.F. eine Hinweispflicht nicht besteht[3], ergibt sich für den Ver- 465

---
1 Schmidt-Futterer/*Blank*, § 575 BGB Rz. 40 m.w.N.
2 *Barthelmess*, § 564c BGB Rz. 157.
3 LG Hildesheim, WuM 1990, 209 m.w.N.

mieter daraus die Möglichkeit, für sich eine günstige Situation für neue Vertragsverhandlungen oder für eine Räumungsklage zu schaffen.

466 Andernfalls müssen Verhandlungen aufgenommen werden, sofern das Mietverhältnis trotz Wegfall der Gründe beendet werden soll (vgl. dazu Rz. 454 f.).

dd) Verzögerung der beabsichtigten Verwendung

467 Für diesen Fall sieht § 564c Abs. 2 S. 2 BGB a.F. ebenfalls eine **Mitteilungspflicht** des Vermieters vor Ablauf der Mietzeit vor und bewirkt eine der Dauer der Verzögerung entsprechende Fortsetzung des Mietvertrages. Auch hier führt die Unterlassung der Mitteilung zu einer Schadensersatzpflicht.

468 Diese Mitteilung muss nach § 564c Abs. 2 S. 2 BGB a.F. **schriftlich** erfolgen. Auf Grund dieser Mitteilung kann der Mieter frei entscheiden, ob er für den Zeitraum der Verzögerung eine Fortsetzung des Mietvertrages verlangen will oder auszieht.

469 Da eine Verzögerung den Bestandsschutz des Mietverhältnisses nur aufhebt, wenn der Vermieter die **Verzögerung nicht zu vertreten**[1] hat, muss der Inhalt der Mitteilung wohl abgewogen werden. Bekanntlich wird das Verschulden aus den Umständen abgeleitet. Kann der beabsichtigte Umbau jedoch nicht rechtzeitig begonnen werden, weil der Bauantrag verspätet gestellt wurde, ist zu untersuchen, ob dem Vermieter die Verspätungsgründe (ggf. über § 278 BGB wegen Fehlverhaltens des Architekten) zugerechnet werden können. Um hier das Risiko für den Vermieter zu vermeiden, dass sich der Mieter auf ein Verschulden des Vermieters beruft, sollte sich die **Mitteilung** darauf beschränken, dass eine Verzögerung eingetreten ist und für welche Dauer diese besteht. Dies kann etwa wie folgt geschehen:

470 Sehr geehrter Herr Schmitz,

im Mietvertrag vom 1.2.1994 haben wir eine Befristung bis zum 31.1.2006 vereinbart, weil ich beabsichtige, das Objekt ab Februar 2006 umzubauen.

Der Beginn der Umbauarbeiten verzögert sich voraussichtlich um 3 Monate, so dass mit den Arbeiten erst im Mai 2006 begonnen werden kann.

Mit freundlichen Grüßen

...

Vermieter

471 In dieser Situation obliegt es dem Mieter, die Umstände der Verzögerung zu ermitteln, denn im Rahmen des § 564c Abs. 2 BGB a.F. trägt jede Partei die **Darlegungs- und Beweislast** für die ihr günstigen Tatbestandsmerkma-

---

1 Vgl. *Grapentin* in Bub/Treier, IV Rz. 275.

le. Eine weitere Belehrung z.B. darüber, dass der Mieter nun eine (befristete) Verlängerung des Mietvertrages verlangen kann, ist nicht erforderlich und sollte deshalb auch unterbleiben, um die Möglichkeit offen zu halten, dass der Mieter sein Verlängerungsverlangen nicht stellt.

ee) Gebühren

Insoweit ergeben sich keine Unterschiede wie bei der Beratungssituation nach § 564c Abs. 1 BGB a.F. (vgl. *Rz. 407*). Die Gebühren nach Nr. 2100 VV RVG und Nr. 2300 VV RVG berechnen sich unter Zugrundelegung der Streitwerte des § 41 GKG. 472

b) Mieterberatung

aa) Der Mieter will den Vertrag fortsetzen

In dieser Situation sollte bedacht werden, dass der Mieter auch bei der Vereinbarung qualifizierter Befristungsgründe eine Verlängerung des Mietvertrages nur erreichen kann, wenn er ein Fortsetzungsverlangen nach § 564c Abs. 1 BGB a.F. stellt (vgl. dazu *Rz. 382*). Bei der weiteren Prüfung geht es daher nur um die Frage, ob dieses Fortsetzungsverlangen erfolgreich sein kann. 473

Da der Vermieter den Mieter gemäß § 564c Abs. 2 Ziff. 3 BGB a.F. über die qualifizierten Befristungsgründe bei Abschluss des Mietvertrages schriftlich hinweisen muss, ist es regelmäßig einfach, die notwendige **Belehrung** festzustellen. 474

Problematisch kann jedoch sein, ob die Mitteilung **zur rechten Zeit** erfolgt ist. Nach dem Gesetzeswortlaut muss der Hinweis bei Vertragsabschluss erfolgen. Insoweit kann auch der Zeitpunkt des Abschlusses des **Änderungsvertrages** maßgeblich sein. Deshalb ist zunächst das Datum festzustellen, an dem der qualifiziert befristete Mietvertrag geschlossen wurde. Danach richtet sich die Prüfung, ob die Mitteilung rechtzeitig erfolgte. 475

Ist die Mitteilung **nicht im Vertrag enthalten**, sondern außerhalb, aber schriftlich erfolgt, da z.B. längere Vertragsverhandlungen stattgefunden haben, kommt es darauf an, ob ein unmittelbarer **zeitlicher Zusammenhang** bestand. Insoweit reicht es aus, dass die Mitteilung während der Vertragsentstehung erfolgt ist[1]. Hierfür muss bei dem Mandanten der genaue Gang der Vertragsverhandlungen ermittelt werden. Insoweit kann jede Kleinigkeit wichtig sein. Da die Vertragsverhandlungen regelmäßig schriftlich und mündlich erfolgen, muss dabei gleichzeitig darauf geachtet werden, inwieweit der Inhalt mündlicher Verhandlungen unter Beweis gestellt werden kann (z.B. durch Vorkorrespondenz). Die **Gegenmeinung**, die die schriftliche Erklärung in unmittelbaren Zusammenhang mit dem Vertrags- 476

---

1 Staudinger/*Rolfs*, § 575 BGB Rz. 33.

schluss, also der Einigung verlangt[1], verkennt den praktischen Ablauf, den Vertragsverhandlungen nehmen können. Gerade bei Verträgen, die qualifiziert befristet werden sollen, finden häufig eingehende Verhandlungen statt, weil der Mieter wegen der abgekürzten Perspektive versucht, die Bedingungen des Vermieters zu mildern, und der Vermieter froh darüber ist, dass überhaupt jemand bereit ist, für die angebotene Zeit die Mietsache zu nutzen, obwohl sie ihm keine Perspektive bietet. Gleichwohl sollte der Mandant in diesem Fall entsprechend darauf hingewiesen werden, dass sich bei einer ausschließlich am Wortlaut orientierten Interpretation des § 564c Abs. 2 Ziff. 3 BGB a.F. für ihn eine vorteilhafte Rechtsposition ergibt.

477 Zeigen die Ermittlungen, dass die **Verhandlungen** zwischenzeitlich – von welcher Seite auch immer – **abgebrochen** worden waren, liegt der notwendige Zusammenhang grundsätzlich nicht mehr vor. Das Gleiche gilt, wenn zunächst ein Vertragsentwurf überlassen wurde, in dem die qualifizierten Gründe aufgeführt waren, der endgültige Vertrag jedoch nur noch eine einfache Befristung enthält.

478 Bei der Befragung des Mandanten sollte sich der Rechtsanwalt immer verdeutlichen, dass er den **Gang der Verhandlungen** ggf. schriftsätzlich vortragen muss. Im Hinblick darauf sollte er ein qualifiziertes Zeittableau erstellen, bei dem nicht nur jeder Verhandlungstermin nach Ort und Zeit, sondern auch das jeweilige Stadium der Verhandlungen soweit wie möglich festgehalten wird.

479 Liegt die Mitteilung des Vermieters **nach dem Abschluss** des Vertrages, ist sie nur beachtlich, wenn ebenfalls ein unmittelbarer zeitlicher Zusammenhang besteht[2]. Daran fehlt es jedenfalls dann, wenn sie länger als 8 Tage nach Abschluss des Vertrages erfolgt.

480 Als Nächstes ist zu prüfen, ob **ausreichende Qualifizierungsgründe** (noch) bestehen.

(1) Eigennutz

481 Hier ist zunächst zu untersuchen, ob die Qualifizierung hinreichend bestimmt wurde[3]. Hat der Vermieter bei Abschluss des Vertrages mitgeteilt, für welche namentlich **bekannte Person** er Eigennutz geltend machen will, kann hinsichtlich dieser Person zunächst eine **Einwohnermeldeamtsanfrage** und/oder eine **Anschriftenüberprüfung** erfolgen. Weiterhin sollte bei der **Eigentümerkartei** des zuständigen Amtsgerichts ermittelt werden, ob und ggf. welche weiteren Objekte dem Vermieter gehören. Aus den daraus gewonnenen Erkenntnissen kann ermittelt werden, ob der Vermieter die be-

---

1 MünchKomm/*Voelskow*, 3. Aufl., § 564c BGB Rz. 35; *Sternel*, Mietrecht, IV Rz. 312.
2 Staudinger/*Rolfs*, § 575 BGB Rz. 33.
3 Vgl. dazu LG Berlin, GE 1996, 127; LG Berlin, ZMR 1993, 118.

günstigte Person z.B. zwischenzeitlich in einer anderen ihm gehörenden Wohnung untergebracht hat. Auch wenn dies noch nicht uneingeschränkt dagegenspricht, dass der Eigennutz fortbesteht, ergeben sich doch Indizien dafür, dass eine Veränderung stattgefunden hat.

Diese Informationen geben Anlass, **weitere Recherchen** durchzuführen. Hierzu sollte allerdings – schon wegen des erheblichen Aufwandes – der Mandant selbst angehalten werden. Ihm kann geraten werden, ein unverfängliches **Gespräch mit dem Vermieter** über ein anderes Thema zu führen. Sinnvoll sind hier Themen, die eine gewisse Langzeitwirkung haben. Wendet sich z.B. der Mieter an den Vermieter mit der Absicht, Um- oder Einbauten vorzunehmen, muss der Vermieter regelmäßig bedenken, dass eine Befristung vereinbart wurde. Wird das Thema von ihm angesprochen, hat der Mieter die Möglichkeit festzustellen, ob die Person, für die Eigennutz geltend gemacht werden soll, noch mit derjenigen identisch ist, die bei Abschluss des Vertrages genannt wurde. Je nach Situation kann es dabei sinnvoll sein, den Vermieter mit den Informationen über den zwischenzeitlichen Wohnungswechsel der angeblichen Bedarfsperson zu konfrontieren. 482

Ergibt das **Gespräch** mit dem Vermieter, dass er nun für eine andere Person Eigennutz geltend machen will, die von der qualifizierten Begründung nicht erfasst ist, ist die qualifizierte Befristung hinfällig. 483

(2) Baumaßnahmen

Ob die bei Abschluss des Mietvertrages mitgeteilten Gründe noch bestehen, lässt sich z.B. durch eine **Anfrage** beim zuständigen **Bauordnungsamt** ermitteln. Denn sollen die Räume z.B. beseitigt werden, ist eine Abrissverfügung notwendig, der im Übrigen auch das Wohnungsamt zustimmen muss, weil Abriss eine Wohnraumzweckentfremdung darstellt. Auch andere umfangreiche Baumaßnahmen bedürfen i.d.R. der Baugenehmigung. Im Hinblick auf die mietvertragliche Situation besteht auch ein berechtigtes Interesse an der Auskunftserteilung. 484

Sollen bloß Sanierungsmaßnahmen durchgeführt werden, kann ein Gespräch mit dem zuständigen **Hausmeister** ergiebig sein. Denn derartige Arbeiten bedürfen ebenfalls i.d.R. einer umfangreichen Vorbereitung, in die der Hausmeister zumindest dadurch eingebunden ist, dass er den Fachplanern oder Handwerkern zur Erstellung von Kostenangeboten etc. Zutritt zum Objekt verschaffen musste. 485

(3) Werksmietwohnungen

Hier lässt sich regelmäßig in der **Personalabteilung** oder der für die Wohnungsfürsorge zuständigen Abteilung des Unternehmens, dem der Mandant regelmäßig selbst angehört, ermitteln, inwieweit der Qualifizierungsgrund noch besteht. 486

(4) Weitere Überlegungen

487 Bleiben diese Recherchen erfolglos, kann überlegt werden, den Vermieter um **Auskunft** zu bitten. Zwar wird ein (gerichtlich durchsetzbarer) Auskunftsanspruch im Ergebnis zu verneinen sein, weil der Vermieter nach § 564c Abs. 2 S. 2 BGB a.F. verpflichtet ist, den Mieter (erst) 3 Monate vor Ablauf der Mietzeit über das Fortbestehen seiner Verwendungsabsicht zu informieren. Indessen kann die außergerichtliche Aufforderung Erkenntnisse bringen, die für die weitere Beratung von Bedeutung sein können. Wird z.B. erfragt, für welche konkrete Person der Eigennutz geltend gemacht werden soll, kann aus der Antwort abgelesen werden, ob sie zu der bei Abschluss des Vertrages mitgeteilten Personengruppe gehört. Reagiert der Vermieter nicht, spricht dies regelmäßig dafür, dass er hinsichtlich der Realisierung der qualifizierten Gründe zumindest noch in einer Überlegungsphase ist. Dies ist auf jeden Fall Anlass genug, spätestens nach Ablauf der gesetzten Frist argwöhnisch zu werden: Jemand, der nichts zu verbergen hat, erteilt seinem Vertragspartner die gewünschten Auskünfte. Umso mehr sollte nun versucht werden, mit dem Vermieter persönlich Kontakt aufzunehmen. Je überraschender dies geschieht, also mit einem anderen Vorwand, umso besser kann die Reaktion auf die direkt gestellte Frage hinsichtlich des Fortbestandes der qualifizierten Befristungsgründe bewertet werden. Auch wenn sich daraus keine verifizierbaren Tatsachen ergeben, kann der Vermieter offen mit der Behauptung konfrontiert werden, dass vom Standpunkt des Mandanten aus die Gründe weggefallen sind.

488 Gleichzeitig sollte ein **Fortsetzungsverlangen** nach § 564c Abs. 1 BGB a.F. gestellt werden. Dies zwingt den Vermieter zu reagieren. Entweder er erteilt seinen Hinweis auf das Fortbestehen seiner Gründe und widerspricht damit einer Fortsetzung oder er stimmt der Fortsetzung zu. Andererseits kommt in Betracht, dass der Vermieter nicht seinen Hinweis nach § 564c Abs. 2 S. 2 BGB a.F. erteilt, sondern i.S.d. § 564c Abs. 1 BGB a.F. ein (anderes) berechtigtes Interesse darstellt. Damit wird für den Mandanten klar, dass zwar die qualifizierte Befristung obsolet geworden ist, er sich jedoch auf einen neuen Beendigungsgrund einstellen muss. Damit kann das Risiko der Rechtsverteidigung umfassend abgewogen werden. Denn wenn ein neuer Grund entsteht, besteht – ggf. mit verlängerter Kündigungsfrist – für den Vermieter die Möglichkeit einer Kündigung nach § 573 BGB. Damit wird i.d.R. deutlich, sofern die Gründe nicht nachweisbar vorgeschoben sind, dass eine dauerhafte Nutzung der Wohnung durch den Mandanten nicht mehr möglich sein wird.

489 Erteilt der Vermieter (ungefragt) den **Hinweis** nach § 564c Abs. 2 S. 2 BGB a.F., bleiben dem Mandanten (nur) noch **3 Monate**, um das Mietobjekt ohne das Risiko einer Räumungsklage zu verlassen. Hat die vorherige Prüfung Zweifel ergeben, sollte auf jeden Fall das **Fortsetzungsverlangen** nach § 564c Abs. 1 BGB a.F. gestellt werden, um sich nicht im Nachhinein dem Vorwurf auszusetzen, dass die Frist versäumt wurde. Denn auch bei einer verschuldeten Verzögerung tritt eine Verlängerung des Mietvertrages nur

nach § 564c Abs. 1 BGB a.F. ein[1], sofern nicht der Weg über die positive Vertragsverletzung nach den §§ 280, 241 Abs. 2 BGB gewählt wird.

Um zu vermeiden, dass daraus die **Voraussetzungen des § 259 ZPO** abgeleitet werden, sollte in dem Schreiben gleichzeitig formuliert werden, dass das Fortsetzungsverlangen nur aus Gründen anwaltlicher Vorsorge gestellt wird, der Mandant jedoch – ohne Anerkennung einer Rechtspflicht – bemüht sei, anderweitig Wohnraum zu erhalten. Zwar wird dadurch für einen evtl. späteren Prozess eine Räumungsbereitschaft signalisiert, die die Richter gerne zum Anlass nehmen, den Mieter zum Abschluss eines Räumungsvergleichs zu bewegen, ohne vorher mitzuteilen, wie sie die Aussichten der Räumungsklage bewerten. Diese Bereitschaft wird jedoch durch den Hinweis auf die fehlende Rechtspflicht abgeschwächt. Schließlich kann zur Vermeidung der eigenen **Haftung** des Rechtsanwalts nicht anders verfahren werden, es sei denn, das Risiko einer Klage auf zukünftige Räumung soll eingegangen werden, was für den Mandanten jedoch die Zeit zur Wohnungssuche verkürzen kann. 490

Erfolgt der Hinweis auf eine **verzögerte Ausführung**, muss mit dem Mandanten diskutiert werden, inwieweit für ihn eine um die Verzögerungszeit verlängerte Mietzeit sinnvoll ist. Hat sich der Mieter zwischenzeitlich um anderen Wohnraum bemüht und wird pünktlich ausziehen, kann dies (muss aber nicht) dem Vermieter mitgeteilt werden. Beginnt das neue Mietverhältnis des Mandanten erst nach der im Vertrag vorgesehenen Beendigung, sollte der Hinweis des Vermieters zum Anlass genommen werden, eine befristete Fortsetzung des Mietvertrages bis zum Beginn des neuen Mietverhältnisses zu verlangen. Erfolgt dieses Verlangen nicht, endet das Mietverhältnis an dem im Vertrag vorgesehenen Zeitpunkt. Denn eine Verlängerung muss ausdrücklich verlangt werden, § 564c Abs. 2 S. 2 BGB a.F. 491

Hat der Mandant sich noch nicht um anderweitigen Wohnraum bemüht bzw. insoweit fest gebunden, kann auch untersucht werden, inwieweit die Verzögerung vom Vermieter **zu vertreten** ist. Ergeben sich aus der Mitteilung des Vermieters nach § 564c Abs. 2 S. 2 BGB a.F. nicht ausreichend Anhaltspunkte, sollte ein spezifizierter Fragenkatalog aufgestellt und an den Vermieter gerichtet werden. Insoweit besteht zugunsten des Mieters ein durchsetzbarer **Auskunftsanspruch** aus § 242 BGB. Denn der Mieter ist in entschuldbarer Weise für Bestehen oder Umfang seiner Rechte aus § 564c BGB im Ungewissen und der Vermieter kann die Ungewissheit durch die Auskunft unschwer beseitigen[2]. Auch wenn sich die gerichtliche Durchsetzung dieses Auskunftsanspruchs regelmäßig dadurch erledigt, dass der Vermieter Räumungsklage erhebt, macht es Sinn, das Auskunftsbegehren außergerichtlich zu stellen. Denn dadurch wird dem Vermieter zumindest deutlich, worauf er sich in einem Prozess einzustellen hat. 492

---

1 *Sternel*, Mietrecht, IV Rz. 323 ff.
2 Vgl. dazu Palandt/*Heinrichs*, § 261 BGB Rz. 8 m.w.N.

493 Bei einer (angeblich) verzögerten Baumaßnahme sollte der Vermieter zumindest um **Auskunft** gebeten werden,

– ob und ggf. wann er einen Architekten beauftragt hat,
– wann der Bauantrag gestellt wurde,
– wann die Ausschreibung erfolgt ist,
– wann die Baugenehmigung erteilt wurde,
– wann die Aufträge an die Handwerker erteilt wurden.

494 Aus den dadurch gewonnenen Erkenntnissen kann abgelesen werden, ob der Vermieter **mangelnde Sorgfalt in eigenen Angelegenheiten** hat walten lassen[1]. Selbst wenn das Ergebnis nicht eindeutig ist, weil sich z.B. die regelmäßige Dauer von Baugenehmigungsverfahren nicht vorhersagen lässt, können durch die Auskunft die Prozessaussichten besser bewertet werden. Andererseits ist zu berücksichtigen, dass der Vermieter seit Abschluss des Vertrages Zeit hatte, die Maßnahme vorzubereiten.

bb) Der Mieter will den Mietvertrag nicht fortsetzen

495 Findet das Beratungsgespräch zeitlich vor dem **Hinweis des Vermieters** nach § 564c Abs. 2 S. 2 BGB a.F. statt, muss der Mandant zwar nur darüber belehrt werden, dass das Mietverhältnis zum vorgesehenen Zeitpunkt endet, sofern er kein Fortsetzungsverlangen nach § 564c Abs. 1 BGB a.F. stellt. Indessen kann es für den Mandanten vorteilhaft sein, mit der Verlautbarung seines beabsichtigten Auszuges abzuwarten. Übersieht der Vermieter nämlich seine Hinweispflicht, plant jedoch zum vorgesehenen Ende der Mietzeit den Beginn der Bauarbeiten oder hat sich auf den Eigennutz eingerichtet, kann aus dieser Position mit dem Vermieter verhandelt werden. Dabei kann z.B. erreicht werden, dass der Mieter nicht die vertraglich vorgesehenen Schönheitsreparaturen nachholen muss, Einbauten in der Wohnung zurücklassen kann oder sogar eine Entschädigung erhält.

496 Diese **Verhandlungen** sollten unmittelbar nach Ablauf der 3-Monats-Frist des § 564c Abs. 2 S. 2 BGB a.F. aufgenommen werden. Denn je näher das Vertragsende rückt, umso höher ist die Wahrscheinlichkeit, dass der Vermieter vom bevorstehenden Auszug des Mieters erfährt, so dass er zu keinen Zugeständnissen (mehr) bereit ist. Andererseits muss natürlich eine Verhandlungs-„Eröffnung" gefunden werden, die dem Vermieter nicht die Gewissheit verschafft, dass der Mieter zum vorgesehenen Vertragsende ohnehin ausziehen wird. Oftmals teilt der Mieter(-Rechtsanwalt) in diesen oder ähnlichen Situationen mit, dass der Vermieter zwar die Frist habe verstreichen lassen, ihm bzw. dem Mandanten jedoch gerade der Abschluss eines neuen Mietvertrages angeboten werde. Ein professioneller Vermieter(-Rechtsanwalt) reagiert darauf mit abwartender Gelassenheit. Denn der Abschluss eines Mietvertrages wird i.d.R. nicht ohne Grund angeboten. In nahezu fast allen Fällen hat sich der Mieter um eine Wohnung bemüht.

---

1 Vgl. dazu *Sternel*, Mietrecht, IV Rz. 321.

Sind die Verhandlungen aber soweit gediehen, dass der Abschluss des Mietvertrages bevorsteht, hat sich der Mieter i.d.R. schon für den neuen Wohnraum entschieden. Im Hinblick auf das Risiko, zu einem späteren Zeitpunkt ggf. unter dem Druck eines Räumungstitels ausziehen zu müssen und deshalb nicht mehr den angemessenen Wohnraum finden zu können, wird sich der Mieter im Zweifel für den Abschluss des ihm angebotenen Mietvertrages entscheiden. Um nicht „ausgepokert" zu werden, sollte der Mieter-(Rechtsanwalt) in der gegebenen Lage zur Eröffnung der Verhandlungen den **Vorteil des Vermieters** (Versäumung der Frist und auszugsbereiter Mieter) hervorheben und das Verlangen des Mieters formulieren (er hat noch keine andere Wohnung, wäre aber u.U. bereit, fristgerecht auszuziehen, um ihm – dem Vermieter – keinen Schaden zuzufügen). Ob und ggf. wie der Mieter anderweitig untergebracht werden kann, ist für die Verhandlungen grundsätzlich unbedeutend. Der Vermieter wird auf seinen Vorteil, nämlich pünktlich einziehen oder mit seinen Baumaßnahmen beginnen zu können, bedacht sein. Sollte sich die Frage gleichwohl ergeben, kann auf die Möglichkeit einer kurzfristig anderweitigen Unterbringung bei Verwandten oder Freunden verwiesen werden. Bei Familien mit Kindern ist dies zwar regelmäßig unrealistisch. Dies kann aber durch den Hinweis überspielt werden, dass der Mieter mit einem Fortsetzungsverlangen (das u.U. gestellt werden sollte, damit die eigene Position unterstrichen und die Frist nicht versäumt wird) dem Vermieter erhebliche Schwierigkeiten bereiten kann. Im Übrigen sollte auch hier auf die entsprechende Frage des Vermieters reagiert werden, dass dafür kurzfristig gesorgt werden könne.

Ist der **Hinweis der Vermieters** nach § 564c Abs. 2 S. 2 BGB a.F. **erfolgt**, muss der Mieter grundsätzlich nichts unternehmen, wenn das Mietverhältnis zum vorgesehenen Zeitpunkt beendet werden soll. Das Gleiche gilt, sofern die Mitteilung über eine Verzögerung in der Realisierung der qualifizierten Befristungsgründe erfolgt. 497

cc) Prozessuales

Ein **Klageverfahren**, das vom Mieter aktiv betrieben werden muss, kommt in Betracht, wenn 498
- die Befristung nicht wirksam vereinbart wurde,
- die (vermeintlichen) qualifizierten Gründe weggefallen sind,
- der Vermieter seiner Hinweispflicht drei Monate vor Ablauf der Mietzeit nicht nachgekommen ist.

In diesen Fällen kann der Mieter einen Fortsetzungsanspruch gerichtlich durchsetzen, wenn er ein **Fortsetzungsverlangen** in der Frist des § 564c Abs. 1 BGB a.F. **gestellt** hat. Hinsichtlich des Klageantrages und der tragenden Gründe ergeben sich zunächst keine Besonderheiten gegenüber der Darstellung oben (*Rz. 432 ff.*). 499

500 Liegt der Klageerhebung jedoch z.B. der Verdacht zugrunde, dass die **Gründe weggefallen** sind, obwohl der Vermieter außergerichtlich ihre Fortgeltung bestätigt hat, stellt sich die Frage, inwieweit die eigenen Erkenntnisse über den Wegfall bereits in der Klageschrift offenbart werden sollen. Das gleiche Problem ergibt sich, wenn nach Auffassung des Mandanten die Verzögerung vom Vermieter zu vertreten ist.

501 Für eine **umfassende Darstellung** in der Klageschrift, also auch die Offenbarung der eigenen Erkenntnisse, kann deren Überzeugungskraft sprechen. Liegen unverrückbare Beweise vor (z.B. der Abschluss eines Mietvertrages der Bedarfsperson über eine andere Wohnung kurz vor Beendigung des Mietvertrages des Mandanten), worüber der Vermieter außergerichtlich noch nicht informiert wurde, kann diese Vorgehensweise dazu führen, dass der Vermieter den Fortsetzungsanspruch anerkennt. Begründen die Erkenntnisse jedoch nur Indizwirkungen gegenüber den Behauptungen des Vermieters und besteht das Risiko, dass der Vermieter seine Behauptungen z.B. durch Zeugen beweisen kann, kann sich der Vortrag in der Klageschrift darauf beschränken, die Tatbestandsvoraussetzungen des Fortsetzungsanspruches darzustellen und erst in der Replik die Indizien als Erwiderung auf die Behauptungen des Vermieters zusammenzustellen. Ansonsten hat der Vermieter bereits mit der Klageerwiderung die Möglichkeit, seinen Vortrag auf diese Indizien einzustellen.

dd) Gebühren

502 Insoweit ergeben sich keine Abweichungen zur Gebührenberechnung im Falle des § 564c Abs. 1 S. 1 BGB a.F. (vgl. *Rz. 407*).

3. Die einfache Befristung durch wechselseitigen Kündigungsverzicht

503 Durch § 575 Abs. 4 BGB werden einfache Befristungen i.S. von § 564c Abs. 1 BGB a.F. verboten. Es ist also seit dem 1.9.2001 nicht mehr zulässig, ohne einen der drei geregelten Befristungsgründe des § 575 Abs. 1 BGB einen bestimmten Endtermin in einen Mietvertrag über Wohnraum zu regeln. Die Mütter der Mietrechtsreform sahen als Alternative in der Begründung ausdrücklich den wechselseitigen Kündigungsverzicht vor[1], wodurch eine Mindestlaufzeit des Mietvertrages erreicht werden kann. Denn ausgehend vom gesetzlichen Leitbild des unbefristeten Mietvertrages führt ein wechselseitiger Kündigungsverzicht dazu, dass der Vertrag wenigstens für die Zeit des vereinbarten Verzichts nicht gekündigt werden kann.

Da diese Möglichkeit der Vertragsgestaltung (wie bisher) im Gesetz nur im Zusammenhang mit der Staffelmiete in § 557a Abs. 3 BGB, nicht aber bei den Vorschriften über die Beendigung des Mietvertrages ausdrücklich erwähnt wurde (warum auch?), war die grundsätzliche Zulässigkeit eines wechselseitigen Kündigungsverzichts heftig umstritten. Die Meinungen

---

1 Vgl. Begr. d. RefE. in *Lützenkirchen*, Neue Mietrechtspraxis, Anhang Rz. 1208; *Grundmann*, NJW 2001, 2497; *Jansen*, BBauBl, 2001, 12, 17.

reichten von dem generellen Verbot, allerdings mit unterschiedlicher Begründung[1], über eine eingeschränkte Zulässigkeit, wenn der Kündigungsverzicht auf einen Wunsch des Mieters zurückgeht[2], bis hin zur uneingeschränkten Möglichkeit dieser Vertragsgestaltung[3]. Schließlich wurde vertreten, dass nur der Verzicht des Vermieters auf sein Recht zur ordentlichen Kündigung zulässig sein sollte[4].

Ebenso kontrovers war die dazu ergangene Rechtsprechung[5], in der die in der Berufung[6] allerdings aufgehobene Entscheidung des AG Itzehoe[7] eine Sonderstellung einnimmt. In dem entschiedenen Fall war nämlich vor dem 1.9.2001 ein wechselseitiger Kündigungsausschluss vereinbart worden. Die Grundsätze des neuen Mietrechts sollten anwendbar sein, weil am 30.9.2001 ein Nachmieter in den Mietvertrag eingetreten waren, was rechtsgültig am 10.9.2001 vereinbart worden war. 504

Der BGH hat durch Urteil vom 22.12.2003[8] den einseitigen Kündigungsverzicht zu Lasten des Mieters jedenfalls durch **Individualvereinbarung** für zulässig erklärt und dabei – richtigerweise – nicht nur auf die Vertragsfreiheit abgestellt, sondern auch hervorgehoben, dass durch § 575 Abs. 4 BGB allein eine automatische Beendigung des Mietvertrages durch Zeitablauf sanktioniert werden sollte und § 573c BGB erst zur Anwendung kommt, wenn überhaupt gekündigt werden kann.

Für den **formularmäßigen Kündigungsverzicht** hat der BGH[9] die Zulässigkeit auch bejaht, soweit er wechselseitig gilt, obwohl die Verfahren von einer immer noch vorhandenen Auffassung, dass jedenfalls ein formularmäßiger (wechselseitiger) Kündigungsverzicht nicht uneingeschränkt zulässig sei, begleitet wurde[10].

---

1 *Lammel*, Wohnraummietrecht, 2. Aufl., § 542 BGB Rz. 73; *ders.*, WuM 2003, 123; *Börstinghaus*, WuM 2003, 487; *Börstinghaus/Eisenschmid*, Arbeitskommentar neues Mietrecht, S. 558; *Rips/Eisenschmid*, Neues Mietrecht, S. 138; *Beuermann/Blümmel*, Das Neue Mietrecht, S. 210; *Wiek*, WuM 2001, 442; *Wiek*, Informationsservice Mietrecht, Nr. 2, S. 1 ff.; *Voßbeck*, MK 1/01, S. 7; *Feuerlein*, GE 2001, 970, 972.
2 *Derleder*, NZM 2001, 649, 653.
3 *Lützenkirchen.*, MDR 2001, 1385, 1388; *Blank/Börstinghaus*, Neues Mietrecht, § 575 BGB Rz. 15a; *Hannemann* in Hannemann/Wiegner, Wohnraummietrecht, § 44 Rz. 109; *Derckx*, NZM 2001, 826; *Maciejewski*, MM 2001, 347; *Grundmann*, NJW 2001, 2497; *Jansen*, BBauBl, 2001, 12, 17; *Blank*, ZMR 2002, 799.
4 *Wiek*, WuM 2001, 442, 443 m.w.N.
5 Untergerichtlich haben entschieden u.a. LG Krefeld, NZM 2003, 309 = WuM 2003, 212 = ZMR 2003, 574; AG Itzehoe, WuM 2003, 213 (Kündigungsverzicht nicht zulässig); LG Frankfurt/Oder, ZMR 2003, 741, 743; LG Itzehoe, WuM 2003, 329; AG Bocholt, DWW 2003, 50; AG Hamburg-Bergedorf, ZMR 2003, 745 (Kündigungsverzicht zulässig).
6 LG Itzehoe, WuM 2003, 329.
7 AG Itzehoe, WuM 2003, 213.
8 BGH, WuM 2004, 157 = ZMR 2004, 251 mit Anm. *Häublein*.
9 BGH, WuM 2004, 542; BGH, WuM 2004, 543.
10 *Fischer*, WuM 2004, 123; *Kandelhard*, WuM 2004, 129; *Derleder*, NZM 2004, 247; **a.A.** *Hinz*, WuM 2004, 126; *Häublein*, ZMR 2004, 252.

Mittlerweile wurde auch ein formularmäßiger einseitiger Kündigungsverzicht des Mieters für die Dauer von zwei Jahren im Hinblick auf § 557a Abs. 3 BGB für zulässig erachtet[1].

a) Mieterberatung

505 Bevor der Rechtsanwalt in die Untersuchung einsteigt, ob ein wirksamer Kündigungsverzicht vorliegt, sollte geprüft werden, ob nicht ausnahmsweise ein Recht zur **außerordentlichen Kündigung** des Vertrages mit gesetzlicher Frist (vgl. dazu *Rz. 142*) oder fristlosen Kündigung aus wichtigem Grund (vgl. dazu *Rz. 143*) vorliegt. Ergibt sich dafür kein Anhaltspunkt und soll auch nicht das Kündigungsrecht nach § 540 Abs. 1 BGB herbeigeführt werden (vgl. dazu *G Rz. 71 ff.*), sollte ermittelt werden, ob die **Formalien** eingehalten sind, die für einen wechselseitigen Kündigungsverzicht unablässlich sind. Dazu gehören:

– die Schriftform des § 550 BGB,

– eine transparente Formulierung,

– der Ort und die Dauer des Kündigungsverzichts.

aa) Einhaltung der Schriftform[2]

506 Sollte der Vertrag (mindestens) mehr als ein Jahr laufen, muss die **Schriftform** des § 550 Abs. 1 BGB eingehalten werden, was auch für den generellen[3] ebenso wie für den partiellen[4] Kündigungsverzicht mit entsprechender Laufzeit gilt. Dies gilt jedenfalls dann, wenn in der gegenüber § 566 BGB a.F. geänderten Formulierung des § 550 BGB keine Änderung des Gesetzeszwecks gesehen wird[5]. Gegen eine Zulassung der gewillkürten Schriftform spricht neben dem fehlenden Gestaltungswillen des Gesetzgebers[6] vor allem die Unsicherheit des Wortlautes des § 550 BGB, der sowohl die gesetzliche als auch die gewillkürte Schriftform meinen könnte. Umso mehr kann aber zur Auslegung auf die Gesetzesmaterialien zurückgegriffen werden, aus denen sich ohne Zweifel ergibt, dass gegenüber § 566 BGB a.F. keine Änderung der Rechtslage herbeigeführt werden sollte[7].

507 Vor allem auf dieser Seite des Mietvertrages sollte zunächst weder in der außergerichtlichen noch in der gerichtlichen Korrespondenz auf dieses Problem, das durch die Mietrechtsreform entstanden ist, hingewiesen werden.

---

1 LG Berlin, MietRB 2005, 312 f.; AG Charlottenburg, MietRB 2005, 61; **a.A.** LG Duisburg, MM 2002, 334 = NZM 2003, 354; *Wiek*, WuM 2001, 442, 443.

2 Die nachfolgende Darstellung gibt einen Überblick über die Probleme der Schriftform im Allgemeinen.

3 BGH v. 9.7.2008 – XII ZR 117/06, ZMR 2008, 883 = GuT 2008, 335.

4 BGH v. 4.4.2007 – VIII ZR 223/06, WuM 2007, 272.

5 So: *Heile*, NZM 2002, 505, 507; *Börstinghaus/Eisenschmid*, S. 158; *Sternel*, ZMR 2001, 937; **a.A.** *Ormanschick/Riecke*, MDR 2002, 247, 248; *Eckert*, NZM 2001, 409, 410; *Löwe*, NZM 2000, 577, 580.

6 Vgl. *Heile*, NZM 2002, 505, 507.

7 Begr. d. RefE, *Lützenkirchen*, Neue Mietrechtspraxis, Anhang Rz. 1153.

Stattdessen sollte der Standpunkt eingenommen werden, dass durch § 550 BGB keine Veränderung der Rechtslage eingetreten ist und auch der länger als ein Jahr dauernde wechselseitige Kündigungsverzicht der gesetzlichen Schriftform des § 125 BGB bedarf.

Beim erstmaligen Abschluss eines Mietvertrages, der aus mehreren Blättern besteht, kommt es nicht mehr auf eine körperlich feste Verbindung der einzelnen Blätter an[1]. Vielmehr reicht es aus, dass die **Einheit der einzelnen Blätter** sich aus anderen Umständen ergibt, wie z.B. der fortlaufenden Paginierung der einzelnen Blätter, fortlaufender Nummerierung der einzelnen Bestimmungen, einheitlicher graphischer Gestaltung des Textes, inhaltlichem Zusammenhang des Textes oder vergleichbaren Merkmalen[2]. Diese Grundsätze sind bei der Prüfung, ob der Vertrag an sich der Schriftform gerecht wird, fast ohne Schwierigkeiten umzusetzen. 508

Im ersten Schritt sollte geprüft werden, ob die **essentialia** des § 535 BGB schriftlich niedergelegt sind. Denn der Schriftform unterliegen alle **wesentlichen Vertragsabreden**, also insbesondere zur Mietsache, Miete und Mietzeit[3]. Im Übrigen muss nach dem Zweck des § 550 BGB (Schutz des Erwerbers) und/oder dem Willen der Parteien die Bedeutung der einer Regelung ermittelt werden. Einigen sich die Parteien z.B. entgegen dem schriftlichen Wortlaut des Vertrages mündlich auf eine unbeschränkt zulässige **Untervermietung**, liegt ein Formverstoss vor, weil der Erwerber nicht zuverlässig über ein wesentliches Recht des Mieters aufgeklärt wird[4]. Kein Formmangel entsteht, wenn sich die mit einer nur geduldeten unerlaubten Untervermietung verbundene Änderung der Nutzung der Miträume nicht wesentlich von der bisherigen Nutzung des Hauptmieters unterscheidet[5]. 509

(1) Unterschrift der Parteien

Zur Einhaltung der Schriftform ist es erforderlich, dass **alle Vertragspartner die Urkunde unterzeichnen**. Geben auf einer Seite mehrere die auf Vertragsschluss abzielenden Willenserklärungen ab, erfordert dies grundsätzlich die Unterschrift sämtlicher Vermieter[6]. 510

Nach § 126 Abs. 2 Satz 1 BGB ist es bei einem Vertrag zur Einhaltung der gesetzlichen Schriftform grundsätzlich erforderlich, dass **beide Vertragsparteien auf der selben Urkunde unterschreiben**. Diese Voraussetzungen sind nicht gegeben, wenn ein in Form eines fertigen Vertragsentwurfs gemachtes Angebot zum Abschluss eines Mietvertrages vom Mieter unterschrieben an den Vermieter übersandt wird, der Vermieter es zwar ebenfalls unterzeichnet, es aber mit einem Anschreiben an den Mieter übermittelt, in 511

---

1 So noch z.B.: BGH, BGHZ 40, 255, 263; BGH, LM § 566 BGB Nr. 6.
2 BGH, WuM 1997, 667; *Heile*, NZM 2002, 505.
3 Vgl. dazu *Maciejewski*, MM 2003, 135, 139.
4 OLG Düsseldorf, ZMR 2002, 741.
5 OLG Düsseldorf, NZM 2002, 824.
6 BGH, NJW 1999, 1649.

dem zusätzliche Bedingungen aufgeführt sind und der Mieter eine Kopie dieses Anschreibens gegengezeichnet an den Vermieter zurücksendet[1].

512 Zwar lässt § 126 Abs. 2 Satz 2 BGB es ausreichen, wenn über den Vertrag **mehrere gleich lautende Urkunden** aufgenommen werden und jede Partei die für die andere Partei bestimmte Urkunde unterzeichnet. Dies setzt aber auch voraus, dass jede der beiden Urkunden auch die zum Vertragsschluss notwendige rechtsgeschäftliche Erklärung des Vertragspartners enthält. Demzufolge genügt es nicht, wenn eine der unterschriebenen Urkunden nur die Willenserklärung einer Partei enthält und sich die Willensübereinstimmung erst aus der Zusammenfassung beider Urkunden ergibt.

513 Durch einen **Briefwechsel** kann die Schriftform selbst dann nicht eingehalten werden, wenn die Vertragsurkunde von beiden Parteien unterschrieben ist, die Unterschriften jedoch nicht die zur Herbeiführung der übereinstimmenden Willenserklärungen abgegebenen Erklärungen vollständig dokumentieren, diese vielmehr in dem außerhalb der Urkunde liegenden Schriftwechsel enthalten sind[2], was z.B. der Fall ist, wenn wesentliche Zusatzabreden in der vorangegangenen Korrespondenz enthalten sind. Aber auch die **Dokumentation des Einigungsaktes** selbst im Rahmen eines Briefwechsels kann problematisch sein. Unterbreitet die eine Partei ein schriftliches Vertragsangebot und nimmt die andere Partei dieses in einem separaten Schreiben an, ist die Schriftform schon deshalb nicht gewahrt, weil sich die Unterschriften auf verschiedenen Urkunden befinden, also Angebot und Annahme nicht in einer Urkunde enthalten sind. Deshalb sollte auch eine weitere Unterschrift des Antragenden erforderlich sein, wenn der Annehmende durch Gegenzeichnung unterhalb der Unterschrift des Antragenden das Angebot akzeptierte[3]. Denn dadurch war noch nicht die Einigung dokumentiert, sondern lediglich das Angebot und die gesonderte Annahme, solange der Text nicht darauf schließen ließ, dass eine mündliche Einigung bereits vorher stattgefunden hatte. Diese Anforderungen sind aber überzogen[4]. Denn diese Grundsätze sind auch auf den Fall übertragbar, dass die eine Partei der anderen den fertigen Vertragstext unterschrieben übermittelt und der Andere das gegengezeichnete Exemplar nur zurücksendet. Hat in diesem Fall vorher keine mündliche Einigung stattgefunden, wären auch nur Angebot und Annahme (getrennt) schriftlich dokumentiert. Juristisch nicht geschulten Vertragsparteien ist aber nicht zu vermitteln, dass in einem solchen Fall lediglich der später Unterschreibende den gesamten Vertrag unterzeichnet hat. Auch der Schutz des Grundstückserwerbers verlangt keine andere Sichtweise. Für ihn ist maßgeblich, dass der Inhalt der Einigung der Parteien schriftlich dokumentiert ist.

---

[1] BGH, WuM 2001, 112 = ZMR 2001, 97 = DWW 2001, 300.
[2] BGH, ZMR 2001, 98; BGH, ZMR 2000, 589.
[3] RGZ 105, 60, 62.
[4] BGH, WuM 2004, 534 = NZM 2004, 738 = MietRB 2004, 344; ähnlich bereits: BGH, WuM 2000, 351 = ZMR 2000, 590; ebenso: OLG Hamburg, ZMR 2000, 589.

Ein verwandtes Problem stellt sich im Hinblick auf **§ 147 Abs. 2 BGB** (vgl. dazu *Rz. 108 ff.*). Haben sich die Parteien noch nicht abschließend geeinigt (oder gelingt ein solcher Nachweis nicht) und übermittelt der eine Partner den unterschriebenen Mietvertrag, kann die Annahme (wirksam) nur innerhalb der Frist erklärt werden, in welcher der Antragende den Eingang der Antwort unter regelmäßigen Umständen erwarten darf. Diese Frist soll 2–3 Tage betragen und auch nicht deshalb zu verlängern sein, weil auf der anderen Seite[1] der Vertrag von zwei Personen zu unterschreiben war. Nach überwiegender Meinung soll die **regelmäßige Annahmefrist** aber nicht derartig kurz sein. Vielmehr soll sie bei einer Rücksendung des unterschriebenen Exemplars innerhalb von zwei und einer halben Woche noch rechtzeitig erfolgt sein[2]. Gleichwohl kann natürlich die Unterschrift des Annehmenden „zu spät" geleistet worden sein. In diesem Fall soll ebenso ein Formmangel vorliegen[3], wie bei Annahme nach Ablauf einer gesetzten Annahmefrist[4]. Denn die Einigung der Parteien ist nicht dokumentiert, weil die spätere Unterschrift als neues Angebot anzusehen ist und insoweit allenfalls eine schlüssige Annahme stattgefunden hat. Dieses Ergebnis (Schriftformmangel) erscheint jedoch zweifelhaft. Immerhin hält der BGH[5] auch die formal richtigen Anforderungen an die Dokumentation einer Einigung im Rahmen eines Briefwechsels für überzogen (vgl. *Rz. 513*).

514

Ist die Einigung schriftlich dokumentiert, reicht es aus, wenn nur **eines von mehreren Vertragsexemplaren** von allen Vertragsparteien **unterzeichnet** worden ist[6].

515

(2) Einheit der einzelnen Blätter (Lose-Blatt-Rechtsprechung)

Einstweilen sollte noch davon ausgegangen werden, dass § 550 BGB die Einhaltung der **gesetzlichen Schriftform** verlangt und die Parteien an ihre Stelle nicht die gewillkürte Schriftform setzen dürfen, um die Kündigungsfolge zu vermeiden[7]. Dazu muss beim erstmaligen Abschluss eines Mietvertrags, der aus mehreren Blättern besteht, nicht mehr eine körperlich feste Verbindung der einzelnen Blätter hergestellt werden[8]. Vielmehr reicht es aus, dass die **Einheit der einzelnen Blätter** sich aus anderen Umständen ergibt, wie z.B. der fortlaufenden Paginierung der einzelnen Blätter, fortlaufender Nummerierung der einzelnen Bestimmungen, einheitlicher graphi-

516

---

1 KG, WuM 2001, 111.
2 OLG Naumburg, NZM 2004, 825; OLG Dresden, NZM 2004, 827; a.A. LG Stendal, NZM 2005, 15.
3 KG v. 25.1.2007 – 8 U 129/06, GuT 2007, 87 = WuM 2007, 346 = ZMR 2007, 535 = NZM 2007, 517; *Leo*, MietRB 2003, 15; *Lindner-Figura/Hartl*, NZM 2003, 750; *Stiegele*, NZM 2004, 606.
4 LG Nürnberg-Fürth v. 26.8.2005 – 2 HK O 4406/05, GuT 2006, 13.
5 BGH, WuM 2004, 534 = NZM 2004, 738 = MietRB 2004, 344.
6 OLG Düsseldorf, WuM 2001, 113 = ZMR 2001, 446 = MDR 2001, 446.
7 **A.A.** *Eckert*, NZM 2001, 409; ähnlich *Löwe*, NZM 2000, 577, 580.
8 So noch z.B.: BGHZ 40, 255, 263; BGH, LM § 566 BGB Nr. 6.

scher Gestaltung des Textes, inhaltlichen Zusammenhang des Textes oder vergleichbaren Merkmalen[1]. Diesen Anforderungen genügt ein Mietvertrag nicht, mit dem mehrere Gebäude und ein (Betriebs-)Gelände vermietet werden sollen, wenn zur Beschreibung auf eine dem Vertrag nicht beigefügte Anlage verwiesen wird und im Vertragstext nur ein Gebäude beschrieben wird[2]. Dagegen ist die unterlassene Beifügung eines im Vertrag erwähnten **Lageplans** unschädlich, wenn das Mietobjekt in der Urkunde selbst ausreichend identifizierbar beschrieben ist („Grundstück ...-Straße 5 nebst Aufbauten")[3].

517 Unerlässlich für die Einhaltung der Schriftform ist insbesondere die genaue **Umschreibung des Mietobjektes**[4]. Insoweit wird der Schriftform genügt, wenn sich der Gesamtinhalt des Mietvertrages aus dem Zusammenspiel verstreuter Bestimmungen ergibt, sofern die Parteien zur Wahrung der Urkundeneinheit die Zusammengehörigkeit der einzelnen Schriftstücke oder Skizzen in geeigneter Weise kenntlich gemacht haben[5]. Zur Beschreibung einer von mehreren baugleichen Wohnungen muss deren Lage im Haus angegeben werden. Die Lage eines evtl. mitvermieteten Stellplatzes oder Kellerraumes muss jedoch nicht exakt mitgeteilt werden, weil sich deren Bestimmung über § 315 BGB ergibt[6], der notwendigerweise eine Zuordnung außerhalb der Urkunde erfordert[7]. Selbst die mündliche Einigung über diese Flächen würde keinen Formmangel begründen, weil sie eine im Sinne von § 550 BGB unwesentliche Abrede darstellt[8]. Auch die ca.-Angabe der Fläche begründet keinen Schriftformmangel[9]. Die Beschreibung in einer nachträglichen (formwirksamen) Urkunde heilt eine möglicherweise nicht ausreichende Beschreibung, wenn sie das Objekt bestimmbar definiert[10].

(a) Bezugnahme auf Anlagen

518 Zur Feststellung eines Formmangels dieser Kategorie muss zunächst untersucht werden, inwieweit durch die in Bezug genommene Anlage eine **wesentliche Vertragsbedingung** tangiert wird[11]. Nur wenn Anlagen wesentliche Bestimmungen des Mietvertrages enthalten (sollen), kommt eine

---

1 BGH, WuM 1997, 667.
2 OLG Rostock, NZM 2002, 955, 956.
3 BGH, GuT 2005, 143, 145.
4 BGH, WuM 1999, 516, 517; BGH, WuM 1999, 286.
5 BGH, WuM 1999, 516, 517; OLG Hamm, ZMR 1998, 623.
6 BGH v. 12.3.2008 – VIII ZR 71/07, WuM 2008, 290 = GE 2008, 796 = ZMR 2008, 608; OLG Frankfurt/M. v. 21.2.2007 – 2 U 220/06, ZMR 2007, 532; a.A. für den Fall, dass eine separate Miete für den Keller vereinbart wurde: AG Gießen v. 12.7.2004 – 48-M C 208/04, WuM 2004, 472.
7 BGH v. 8.11.1968 – V ZR 58/65, WPM 1968, 1394, unter II b; BGH v. 21.10.1983 – V ZR 121/82, NJW 1984, 612, unter II 2 m.w.N.
8 BGH v. 12.3.2008 – VIII ZR 71/07, WuM 2008, 290 = GE 2008, 796.
9 A.A. OLG Rostock, GuT 2006, 17.
10 BGH v. 21.11.2007 – XII ZR 149/05, GE 2008, 197 = GuT 2008, 38.
11 Vgl. BGH, WuM 1970, 20.

Verletzung der Schriftform in Betracht[1]. Allerdings führt die (lose) Beifügung eines Katalogs der umlegbaren Betriebskosten nicht zur Verletzung der Schriftform, wenn im Mietvertrag selbst eine Regelung enthalten ist, die die Umlagefähigkeit und den Umlagemaßstab regelt und in der Anlage keine davon abweichenden Bestimmungen enthalten sind[2]. Durch die lose Beifügung einer **Hausordnung** wird ein Formmangel nicht herbeigeführt, wenn darin lediglich belanglose Regelungen (z.B. Teppichklopfen, Waschküchenbenutzung, Beaufsichtigung von Kindern) enthalten sind[3]. Anders ist die Situation jedoch zu beurteilen, wenn der Vertrag bestimmt, dass die Nichteinhaltung der Hausordnung als Vertragsverletzung, die zur Kündigung berechtigt, anzusehen ist[4].

Bei einer **losen Beifügung von Anlagen** ist grundsätzlich die ausdrückliche Bezugnahme im Text des Mietvertrages sowie die Unterschrift der Parteien (auf jedem Blatt) der Anlage erforderlich, um die Einheit zwischen Urkunde und Anlage annehmen zu können[5]. Ist die Bezugnahme aber eindeutig (Verweis im Untermietvertrag auf den Hauptmietvertrag unter Angabe der Mietparteien) bedarf es einer zusätzlichen Unterschrift oder Paraphierung der Anlage nicht[6]. Ausnahmsweise kann auch die Unterschrift auf der letzten Seite einer (durchnummerierten) Anlage ausreichen, die aus mehreren Blättern besteht[7], oder der ausdrückliche Verweis im Text des Mietvertrages auf eine vom Vermieter handschriftlich ausgefüllte Anlage, die vom Mieter unterschrieben wird[8]. Eine Einheit zwischen einem Mietvertrag und seinen beigefügten Anlagen wird jedoch nicht hergestellt, wenn zwar Vertrag und Anlagen fortlaufend nummeriert sind, im Mietvertrag selbst aber nicht zu erkennen ist, in welchem Umfang Anlagen dem Vertragstext beigefügt sind und sich aus der fortlaufenden Nummerierung nicht entnehmen lässt, wo der Mietvertrag zu Ende ist[9]. Dieser Mangel der Schriftform kann auch weder durch ein Inhaltsverzeichnis noch durch die Unterzeichnung mit einem Kürzel auf jeder Seite der Anlage behoben werden. Vielmehr ist eine ausreichende (und zweifelsfreie[10]) Bezugnahme im Text erforderlich, wobei die Rückverweisung in der Anlage auf den Vertrag nicht mehr gefordert werden kann. Auch wenn sich aus der Anlage nicht ergibt, welcher Vertrag durch sie ergänzt werden soll, wird dadurch der Schutzzweck der Norm nicht tangiert, weil ein späterer Grundstückserwerber durch die Verweisung im Hauptvertrag auf die Existenz einer solcher Anla-

---

1 BGH, WuM 1999, 516 = ZMR 1999, 691.
2 BGH, WuM 1999, 516, 517.
3 BGH, WuM 1999, 516, 517.
4 OLG Naumburg, WuM 2000, 671.
5 BGH, ZMR 1999, 535 = WuM 1999, 286.
6 BGH, ZMR 2003, 337 = GuT 2003, 131.
7 KG, ZMR 1999, 705 = WuM 1999, 364.
8 OLG Köln, NJW-RR 1999, 1313.
9 OLG Dresden, ZMR 1998, 420.
10 BGH, ZMR 2003, 337 = NZM 2003, 281.

520 Die ausreichende Bezugnahme auf eine **Baubeschreibung** ist erst recht gewahrt, wenn im Hauptvertrag auf die Anlage Bezug genommen wurde und die Anlage selbst (auf allen Blättern) vom Mieter unterschrieben und vom Vermieter paraphiert wurde[2]; Letzteres ist nicht erforderlich, wenn im Vertrag auf die lose beigefügte, aber genau gekennzeichnete Anlage verwiesen wird[3]. Dieses Ergebnis wird nicht dadurch geändert, dass eine Nachtragsvereinbarung getroffen wird, in der die tatsächliche Größe der vom Reißbrett vermieteten Bürofläche festgestellt und eine Anpassung des Quadratmetermietzinses vereinbart wird, wenn diese von beiden Parteien unterzeichnet wurde und im Übrigen erkennen lässt, bis auf die vereinbarte Änderung solle es bei dem verbleiben, was ursprünglich beurkundet wurde. Das Gleiche gilt für **Grundrisszeichnungen**, wenn sie als bloßer Orientierungsbehelf ohne feste Verbindung dem Vertrag beigefügt werden[4], weil derartige Urkunden lediglich ergänzende oder erläuternde Funktionen ohne eigenständigen Regelungsgehalt haben[5]. Etwas anderes gilt jedoch, wenn sich erst aus den Grundrissplänen, die nicht mit der Urkunde fest verbunden und auch keine sonstige Bezugnahme zur Urkunde aufweisen, die vermietete Fläche konkret ergibt[6].

(b) Mietparteien/Auswechslung

521 Die Schriftform ist verletzt, wenn die Vertragsparteien (= essentialia) nicht wenigstens in einer bestimmbaren Form angegeben sind. Insoweit ist maßgeblich, dass der Erwerber nicht erst durch außerhalb der Urkunde liegende Informationen die Vertragspartei/-en ermitteln kann[7]. Dazu müssen die Parteien **bestimmbar** bezeichnet werden, was durch die Beschreibung eines bestimmten Vorgangs (z.B. die „zukünftigen Erwerber") geschehen kann[8]. Dies ist der Fall, wenn im Mietvertrag der Vermieter als „**Erbengemeinschaft** S" ohne Angabe einer Anschrift o.Ä. bezeichnet ist. Hier ist nicht ersichtlich, ob mit „S" der Erblasser oder die Erben benannt werden sollten und eine Bestimmbarkeit mangels Angabe der Anschrift nicht gewährleistet[9]. Unverwechselbar ist aber die Bezeichnung „Immobilien-Fond, ...straße", mit der eine Publikums-KG im Mietvertrag als Vermieter bezeichnet ist[10].

---

1 BGH, NJW 2000, 354 = ZMR 2000, 76.
2 BGH, NZM 2000, 907.
3 BGH, NZM 2005, 584 = GuT 2005, 154.
4 BGH v. 17.12.2008 – VIII ZR 57/07, NZM 2009, 198.
5 BGH, WuM 1999, 761, 762; ebenso: OLG Hamm, ZMR 1998, 623.
6 OLG Jena, NZM 1999, 906.
7 OLG Rostock, NZM 2005, 506: Angabe einer nicht im Handelsregister eingetragenen KG als Mieter.
8 BGH, GuT 2006, 10 = ZMR 2006, 116.
9 BGH, NJW 2002, 3389 = NZM 2002, 950.
10 OLG Hamm, NZM 1998, 720.

522 Mit Rücksicht auf den Schutzzweck des § 550 BGB, der vor allem dem Erwerber die Möglichkeit verschaffen soll, sich über den Umfang und Inhalt der auf ihn übergehenden Verpflichtungen zuverlässig zu unterrichten[1], gehört auch der **Beitritt** eines weiteren Mieters[2] oder das **Auswechseln der Mietparteien** zu den wesentlichen Bestimmungen. Vereinbaren Vermieter und Erwerber aber den Vermieterwechsel im Kaufvertrag, genügt die konkludente Zustimmung des Mieters zum Vermieterwechsel[3]. Vereinbart z.B. der Vermieter mit einem Dritten formlos, dass er der Schuld des Mieters beitritt, ist die Form des § 550 BGB verletzt, obwohl bei einem konstitutiven Schuldanerkenntnis trotz der Formvorschrift des § 781 BGB dieses Rechtsgeschäft auch ohne Einhaltung der Schriftform vollzogen werden kann[4]. Denn § 781 BGB dient allein der Rechtssicherheit durch Schaffung klarer Beweisverhältnisse unmittelbar zwischen Gläubiger und Schuldner. Ist in einem der Schriftform genügenden, langfristigen Mietvertrag die Berechtigung des Mieters vorgesehen, den Mietvertrag auf Mieterseite **auf einen Dritten zu übertragen**, so bedarf die Auswechselung des Mieters zu ihrer Wirksamkeit der Schriftform[5].

523 Veräußert der nicht im Grundbuch eingetragene Vermieter das noch nicht errichtete Mietobjekt an einen Dritten und wird in dem Kaufvertrag vereinbart, dass der Erwerber in den Mietvertrag auf **Vermieterseite** einrücken soll, bedarf die Zustimmung des Mieters zum Eintritt nicht der Schriftform[6]. Die gleichen Überlegungen greifen durch, wenn der Vermieter und der (alte) Mieter (formwirksam) vereinbaren, dass ein Dritter auf Mieterseite in den Vertrag anstelle des Mieters eintreten soll; auch hier kann die Zustimmung des Dritten formfrei erfolgen, ohne dass § 550 BGB tangiert ist[7].

(aa) Handeln von Vertretern

524 Handelt für eine Vertragspartei ein **Vertreter**, genügt die Unterschrift des Vertreters, wenn das Vertretungsverhältnis in der Urkunde zum Ausdruck kommt[8]. Insoweit ist ein Zusatz ausreichend, der den handelsrechtlichen Gepflogenheiten entspricht (vgl. §§ 51, 57 HGB). Aber auch ohne einen solchen Zusatz ist die Schriftform gewahrt, wenn allein der Vertreter unterschreibt und aus der Urkunde oder den Umständen[9] (§ 164 Abs. 1 Satz 2 BGB) deutlich wird, dass er nicht selbst Vertragspartner werden sollte, so dass er nur als Vertreter gehandelt haben kann, wie das z.B. bei der Unterschrift eines Geschäftsführers einer GmbH ohne Stempel der GmbH der

---

1 BGH, NJW 1979, 369.
2 BGH, NJW 1991, 3095.
3 BGH, NZM 2003, 476 = GuT 2003, 132 = ZMR 2003, 647.
4 BGH, NZM 2002, 291; BGH, NJW 1993, 584.
5 BGH, GuT 2005, 115.
6 BGH, MDR 2003, 865 = MietRB 2003, 34.
7 BGH, GuT 2005, 154.
8 RG, RGZ 80, 400, 405.
9 BGH v. 7.5.2008 – XII ZR 69/06, GE 2008, 798; BGH v. 19.9.2007 – XII ZR 121/05, NJW 2007, 3346 f.; BGH v. 6.4.2005 – XII ZR 132/03, NJW 2005, 2225, 2226.

Fall ist[1], oder in der Urkunde, wozu auch die Präambel zählt, wird deutlich, dass der Unterzeichner als Vertreter gehandelt hat[2]. Ein Schriftformmangel besteht aber, wenn der im Handelsregister als **Gesamtprokurist** Eingetragene allein unterschreibt[3]. Auf die Frage, ob der Handelnde tatsächlich bevollmächtigt oder als Vertreter ohne Vertretungsmacht gehandelt hat, kommt es im Rahmen der Schriftform nicht an. Denn wenn der Vertrag mangels ausreichender Vertretung nicht wirksam zustande gekommen ist, bedarf es keines Schutzes des Erwerbers[4].

(bb) Vertretung bei der GbR

525 Im Hinblick auf die vorstehenden Grundsätze zur Vertretung muss bei der GbR deutlich gemacht werden, dass Einzelvertretungsbefugnis gemäß § 714 BGB abweichend von § 709 BGB eingerichtet wurde[5]. Deshalb reicht die Unterschrift durch einen von zwei Gesamtvertretern aus, wenn erkennbar ist, dass der Unterzeichner nicht nur für sich, sondern zugleich in Vollmacht des anderen Vertretungsbefugten unterschrieben hat[6]. Dazu ist in der Regel ein Vertreterzusatz erforderlich[7]. Ohne eine solche Klarstellung ist die Urkunde in entscheidender Hinsicht unvollständig, denn es bleibt offen, ob die im Vertrag bezeichnete Partei die dokumentierte Erklärung gegen sich gelten lassen muss. Ist hinter dem Namen der GbR im Vertragsrubrum angegeben, dass die GbR durch A und B vertreten wird, reicht die Unterschrift von einem der beiden Gesellschafter zur Einhaltung der Schriftform nicht aus, wenn nicht gleichzeitig deutlich gemacht wird, dass Einzelvertretungsbefugnis gemäß § 714 BGB abweichend von § 709 BGB eingerichtet wurde[8].

526 An einen ausreichenden **Vertretungshinweis** werden keine besonderen **Anforderungen** gestellt. Auch eine Unterzeichnung als Vertreter ohne Vertretungsmacht würde der Schriftform nicht entgegenstehen[9]. Ob der Mietvertrag bereits mit dieser Unterzeichnung wirksam zustande kommt oder mangels Vollmacht des Unterzeichnenden erst noch der Genehmigung der von ihm vertretenen Partei bedarf, ist keine Frage der Schriftform, sondern des Vertragsschlusses. Denn § 550 BGB will den Erwerber lediglich über

---

1 BGH, GuT 2005, 143, 145 = NZM 2005, 502.
2 Vgl. z.B. OLG Köln, GuT 2005, 146 für KG).
3 LG Braunschweig, GuT 2005, 208.
4 BGH v. 19.9.2007 – XII ZR 121/05, NJW 2008, 365.
5 BGH, NZM 2003, 801 = GuT 2003, 209 mit Anm. Wiek, GuT 2003, 207; OLG Rostock, ZMR 2003, 261 = GuT 2003, 138.
6 RGZ 106, 268.
7 OLG Düsseldorf, GuT 2006, 9.
8 BGH, NZM 2003, 801 = GuT 2003, 209; OLG Rostock, ZMR 2003, 261 = GuT 2003, 138.
9 BGH v. 7.5.2008 – XII ZR 69/06, GE 2008, 798 = NJW 2008, 2178 = NZM 2008, 482.

den Inhalt eines gesetzlich auf ihn übergehenden Vertrages informieren und nicht darüber, ob überhaupt ein Vertrag besteht[1].

Enthält der Mietvertrag mit einer Rechtsanwaltssozietät auf der **Unterschriftsleiste** den Kanzleistempel und einen Namenszug, dem ein Vertretungszusatz nicht beigefügt war und sind weitere im Rubrum des Vertrages als Mieter aufgeführte Personen nicht im Kanzleistempel erwähnt, soll die Schriftform nicht eingehalten sein[2]. Unproblematisch soll es jedoch sein, wenn sich unterhalb der Unterschriftenleiste der Name der GbR befindet, die Leiste durch die Unterschriften der geschäftsführenden Gesellschafter vollständig ausgefüllt und zusätzlich ein Stempelaufdruck der GbR vorhanden ist, der den vollständigen Namen der GbR und deren Anschrift zeigt[3]. Für den Grundstückserwerber soll diese Konstellation deutlich machen, dass mehr Personen nicht unterschreiben sollten. Besteht die GbR aus mehreren juristischen Personen (hier: GmbH und AG) und wird nur für eine von diesen unterschrieben, ohne dass der Hinweis auf eine Vertretung ersichtlich ist, ist die Schriftform nicht gewahrt[4]. Davon kann jedoch nicht ausgegangen werden, wenn der Unterschreibende gleichzeitig Geschäftsführer aller GmbHs ist, die der GbR angehören. Wird unter der Unterschriftenleiste der vollständige Name des Gesellschafters wiederholt, der tatsächlich über dem Firmenstempel für die GbR zeichnet, ist ein ausreichender Vertretungshinweis gegeben[5]. 527

(3) Preisabsprachen

Die Höhe der Miete gehört grundsätzlich zu den wesentlichen Vertragsbestandteilen, die dem Beurkundungszwang unterliegen[6]. Dies soll dann aber nicht gelten wenn für sich genommen (auch mehrfach) **unwesentliche Änderungen** aufgrund eines Vorbehalts im Vertrag vorgenommen werden, da der Grundstückserwerber durch den Vorbehalt darauf aufmerksam gemacht wird, dass sich die Miete verändert haben kann[7]. 528

Auch eine Abrede, durch die die Miete dauerhaft **gesenkt** wird, ist formbedürftig. Denn ihre Höhe ist für einen etwaigen Grundstückserwerber, dessen Unterrichtung die Schriftform vorrangig dient, von erheblicher Bedeutung. Wird eine Mietänderung allerdings mündlich – jederzeit für die Zukunft – widerrufbar vereinbart, ist der Schutzzweck des § 550 BGB nicht tangiert[8]. 529

---

1 BGH v. 19.9.2007 – XII ZR 121/05, NJW 2007, 3346, 3347; BGH v. 6.4.2005 – XII ZR 132/03, NJW 2005, 2225, 2226.
2 OLG Nürnberg, MietRB 2004, 343 = GuT 2005, 4.
3 OLG Dresden, NZM 2004, 827.
4 OLG Naumburg, NZM 2004, 825.
5 OLG Köln, GuT 2005, 5.
6 OLG Karlsruhe, OLGR 2003, 201, 207; OLG Karlsruhe, OLGR 2001, 233; OLG Rostock, OLGR 2002, 34, 35.
7 KG, NZM 2005, 457 = GuT 2005, 151.
8 BGH, NZM 2005, 456 = GuT 2005, 148.

530 Mieterhöhungen, die ohne Einhaltung der Schriftform erfolgen, führen nicht zu einem Formverstoß, wenn sie einseitig erfolgen können und im Mietvertrag (z.B. Wertsicherungsklausel) angelegt sind oder auf gesetzlicher Grundlage (z.B. § 559 BGB) beruhen. Dies kann auch der Fall sein, wenn der Gewerberaummietvertrag einen Einigungsvorbehalt zur Mietanhebung enthält und die Parteien in dessen Anwendung die Miete in regelmäßigen Abständen ändern[1]. Beruht die Mieterhöhung aber auf einer Einigung, muss sie schriftlich selbst dann dokumentiert werden, wenn sie sich auf das Gesetz (z.B. § 558 BGB) stützt.

(4) Mietzeit

531 Zu den beurkundungspflichtigen Abreden gehört auch die Mietzeit. Diese kann insbesondere bei der **Vermietung vom Reißbrett** problematisch sein, wenn der Fertigstellungstermin ungewiss ist. Vielfach wird hier die Mietzeit an die Übergabe geknüpft, die vom Vermieter mit einer Frist anzukündigen sein soll. Insoweit ist maßgeblich auf den Zeitpunkt der Einigung abzustellen. Wird die Mietzeit im Vertrag mit „ab der Übergabe 15 Jahre" festgehalten, ist die Schriftform nicht verletzt, selbst wenn zur **Übergabe** keine schriftliche Anzeige des Vermieters erfolgen soll[2]. Denn im Zeitpunkt der Einigung ist die Mietzeit **bestimmbar**. Soll die Übergabe durch ein Protokoll, das von beiden Parteien zu unterschreiben ist, dokumentiert werden, ist die Schriftform erst recht eingehalten[3].

532 Die Schriftform ist verletzt, wenn das Formerfordernis für die Ausübung einer **Option** zwischen den Mietvertragsparteien formlos aufgehoben wird[4]. Dies ergibt sich bereits aus dem Schutzzweck, der vor allem dem Grundstückserwerber dient. Er muss wissen, ob und unter welchen Voraussetzungen der langfristige Fortbestand des Mietvertrages über das Ende der ursprünglich vereinbarten Mietdauer hinaus dokumentiert wird. Aus diesem Grund muss auch die **Ausübung der Option** in der Schriftform des § 126 BGB erfolgen[5].

533 Die Parteien können sich **während der Kündigungsfrist**, also nach Erklärung der außerordentlich befristeten oder ordentlichen Kündigung, darauf verständigen, die Wirkungen der Kündigung aufzuheben. Ein solcher Vertrag hat den Inhalt, dass sich die Parteien gegenseitig so behandeln wollen, als sei die Kündigung nicht erfolgt. Der gekündigte Vertrag bleibt damit, wenn und soweit keine Veränderungen vereinbart wurden, zu den bisherigen Bedingungen unverändert bestehen. Der Abfassung einer erneuten Ur-

---

1 KG, GuT 2005, 151.
2 BGH, MietRB 2006, 97 = GuT 2006, 11 = ZMR 2006, 115; OLG Naumburg, NZM 2004, 825.
3 OLG Dresden, NZM 2004, 827.
4 OLG Celle, ZMR 1998, 339.
5 OLG Köln v. 29.11.2005 – 22 U 105/05, n.v.; OLG Frankfurt/Main, NZM 1998, 1006; **a.A.** *Zöll* in Lindner-Figura/Oprée/Stellmann, Kap. 9 Rz. 26 m.w.N.

kunde unter Wahrung des Formzwanges (§ 550 BGB) bedarf es auch bei längerer Laufzeit des Vertrages prinzipiell nicht.

Diese Grundsätze sind aber nicht anzuwenden, wenn die Beendigung des Vertrages durch eine **fristlose Kündigung** erfolgt und die Parteien sich damit erst nach Beendigung des Mietvertrages darauf verständigen, dass die Kündigung nicht wirken soll[1]. In diesen Fällen besteht ein Vertragsverhältnis nicht mehr, das fortgesetzt werden könnte. Vielmehr ist in der Verabredung der Abschluss eines neuen Mietvertrages zu sehen, der den Anforderungen des § 550 BGB entsprechen muss. 534

(5) Auflockerungsrechtsprechung

Für **nachträgliche Änderungen des Mietvertrages** war schon seit längerem eine feste Verbindung mit dem Ursprungsvertrag nicht mehr erforderlich[2]. Vielmehr wurde eine eindeutige Bezugnahme als ausreichend angesehen, die durch die Bezeichnung des Mietobjektes der Parteien und des Datums des Ursprungsvertrages hergestellt werden konnte[3]. Allerdings muss in der Nachtragsurkunde auf **alle Schriftstücke** Bezug genommen werden, die wesentliche Vertragsabreden enthalten[4]. 535

§ 550 BGB ist erfüllt, wenn Veräußerer und Erwerber im Rahmen des notariellen Vertrages unter Mitwirkung des Mieters **Änderungen des Mietobjektes** (hier: Verringerung der Fläche) vereinbaren und im Übrigen festhalten, dass ansonsten der Mietvertrag unverändert bleiben soll[5]. Insoweit ist es unschädlich, wenn der Mietvertrag in der notariellen Urkunde nicht mit Datum und genauer Parteibezeichnung erwähnt ist; auch wenn über das Mietobjekt weitere Mietverträge mit anderen Mietern bestehen, reicht die Erwähnung des Mietvertrages mit dem mitwirkenden Mieter aus, wenn mit ihm nur ein Mietverhältnis besteht. Immerhin wirken Vermieter, Mieter und Erwerber in diesem Fall zusammen, so dass der Schutz des Erwerbers gewahrt ist. 536

Eine formwirksame Änderung heilt einen Formverstoß des Ursprungsvertrages[6]. Der **Formmangel eines Änderungsvertrages** führt dazu, dass der zunächst formwirksam geschlossene Vertrag nunmehr gleichfalls der Schriftform entbehrt und nach § 550 BGB kündbar ist[7]. Eine Ausnahme soll nur dann bestehen, wenn der Änderungsvertrag in den Inhalt des zur Zeit der Änderung bestehenden ursprünglichen Vertrages während der Laufzeit in keiner Weise eingreift, sondern lediglich zur Folge hat, dass der vereinbar- 537

---

1 BGH, NZM 1998, 628.
2 BGHZ 42, 333.
3 BGH, NJW-RR 1992, 654; WuM 1992, 316 = NJW 1992, 2283.
4 BGH v. 9.4.2008 – XII ZR 89/06, GE 2008, 805 = ZMR 2008, 701.
5 BGH, NZM 2000, 381.
6 BGH, NJW-RR 1990, 270; BGH, NJW-RR 1988, 201.
7 BGH, NJW 1994, 1649, 1651 m.w.N.

ten Laufzeit ein weiterer Zeitabschnitt angefügt wird, es sich also um einen reinen Verlängerungsvertrag handelt[1].

538 Ein Formverstoß tritt ein, wenn die Parteien nachträglich eine **Mietanpassung** vereinbaren, ohne ausreichend auf den Vertrag Bezug zu nehmen[2]. Das Gleiche gilt, wenn die Parteien eine Verlängerungsvereinbarung treffen, wonach das Mietobjekt bis zur Berentung des Mieters von diesem genutzt werden können soll[3]. In beiden Fällen ist der Mietvertrag zum Ablauf des 1. Jahres nach Überlassung kündbar.

539 Ansonsten geht die Auflockerungsrechtsprechung davon aus, dass der in Bezug genommene Ursprungsvertrag ebenfalls der Schriftform entsprochen hat. Verweist eine nach dem Beitritt unter der Geltung des BGB abgeschlossene Änderungsvereinbarung auf einen Ursprungsvertrag, der vor dem Beitritt auf dem Gebiet der ehemaligen **DDR** abgeschlossen worden ist, ist das nicht selbstverständlich, weil das ZGB/DDR eine dem § 550 BGB entsprechende Vorschrift nicht kannte. Nach dem ZGB konnten vielmehr auch langfristige Mietverträge formfrei abgeschlossen werden. Im Hinblick darauf kann es zweifelhaft sein, ob der in einer schriftlichen Abänderungsvereinbarung enthaltene Bezug auf einen vor dem Beitritt formlos abgeschlossenen Mietvertrag zur Einhaltung der Schriftform genügt[4]. Wird die Schriftform bei einer Vertragsverlängerung nicht eingehalten, kann insgesamt nicht mehr von einem befristeten Mietvertrag ausgegangen werden[5]. Dies betrifft insbesondere die Verlängerungen, die weit vor Ablauf des Mietvertrages vereinbart werden.

(6) Rechtsmissbrauch (Treu und Glauben)

540 Ein Mangel der durch Gesetz vorgeschriebenen Form kann nur ausnahmsweise **zur Vermeidung schlechthin untragbarer Ergebnisse** wegen unzulässiger Rechtsausübung unbeachtlich sein, weil sich grundsätzlich jede Partei darauf berufen darf, die für den Vertrag vorgeschriebene Form sei nicht eingehalten[6]. Ein solcher Ausnahmefall liegt z.B. vor, wenn die Parteien aus außerhalb der Urkunde liegenden Gründen zur Erfüllung der Schriftform verpflichtet sind[7]. Ebenso kann § 242 BGB eingreifen, wenn sich die Parteien bei der mündlichen Verabredung der Vertragsbedingungen zur schriftlichen Beurkundung verpflichtet haben, nachträglich aber nur eine wechselseitige Telefax-Bestätigung erfolgt ist[8]. Die gleiche Rechtsfolge tritt ein, sofern sich die Parteien in einem (formwirksamen) Nachtrag ver-

---

1 BGH, NJW 1994, 1649, 1651; OLG Naumburg, GuT 2004, 18 = MietRB 2004, 105.
2 OLG Karlsruhe, DWW 2001, 273.
3 OLG Köln, OLG-Report 2001, 107.
4 BGH, WuM 1999, 518, 521.
5 OLG Celle, NZM 2000, 863.
6 BGH, ZMR 2004, 106 = NZM 2004, 97.
7 BGH, ZMR 1964, 79 = WuM 1964, 184.
8 OLG Düsseldorf, NZM 2004, 143.

pflichtet haben, den Nachtrag dem (unerkannt formunwirksamen) Mietvertrag beizuheften[1].

Allein die Tatsache, dass der Vertrag **jahrelang anstandslos vollzogen** wurde, hindert eine Partei nicht, sich auf einen Schriftformmangel zu berufen[2]. Denn im Gegensatz zu § 311b BGB hat § 550 BGB nicht die Unwirksamkeit, sondern nur die Kündbarkeit nach einem Jahr zur Folge. Haben sich die Parteien also mündlich über eine Anhebung der Miete geeinigt, kann sich der Vermieter später ohne Verstoß gegen Treu und Glauben zur Kündigung des Mietvertrages auf die mangelnde Einhaltung der Schriftform berufen. Dies gilt auch, wenn die Parteien zur Vermeidung der Ausübung eines Sonderkündigungsrechts des Mieters eine Mietsenkung vereinbaren[3]. 541

Hingegen soll ein Rechtsmissbrauch vorliegen, wenn der Vermieter das Formular vollständig gestellt hat und sich anschließend auf die nicht ausreichende Dokumentation seiner Vertretungsverhältnisse beruft[4]. Ein Rechtsmissbrauch soll ebenso vorliegen, wenn der Mietvertrag eine Klausel vorsieht, in der sich die Parteien ausdrücklich **verpflichten**, im Falle eines Formmangels auf jederzeitiges Verlangen einer Partei die **Handlungen vorzunehmen** und Erklärungen abzugeben, die erforderlich sind, um dem gesetzlichen Schriftformerfordernis genüge zu tun und den Mietvertrag nicht unter Berufung auf die Nichteinhaltung der Schriftform zu kündigen[5]. 542

Bei der Annahme einer Pflicht zur Heilung eines Formmangels ist Vorsicht geboten. Sie stellt sich nämlich als Umgehung des unabdingbaren § 550 BGB dar. Sie kann insbesondere nicht aus einer salvatorischen Klausel hergeleitet werden[6]. Ist allerdings von vorneherein der Vertrag (bewusst) lückenhaft (hier: noch nicht festgelegte Freifläche), kann eine entsprechende Klausel über § 242 BGB ausnahmsweise eine Pflicht zur Nachbeurkundung begründen[7]. 543

bb) Transparente Formulierung

Hier sind viele Varianten denkbar. Entscheidend ist, dass die Formulierung des (wechselseitigen) Kündigungsverzichts den Grundsätzen des **Transparenzgebotes**[8] standhält. Das ist nur der Fall, wenn der Wortlaut z.B. nicht die Interpretation zulässt, dass von dem Kündigungsverzicht auch das Recht zur außerordentlichen fristlosen Kündigung aus wichtigem Grund 544

---
1 BGH, GuT 2005, 143, 145.
2 BGH, ZMR 2004, 106 = NZM 2004, 97; **a.A.** OLG Koblenz, NZM 2002, 293 (für Grundstückserwerber).
3 OLG Naumburg, GuT 2004, 18 = MietRB 2004, 105.
4 OLG Köln, GuT 2005, 52.
5 KG, MietRB 2004, 8.
6 BGH, NZM 2002, 823; **a.A.** *Schlicht*, ZMR 2004, 238, 240.
7 OLG Celle, NZM 2005, 219.
8 Vgl. dazu: *Bub* in Bub/Treier, II Rz. 416 m.w.N.

nach den §§ 543, 569 BGB erfasst sein soll[1]. Denn dabei handelt es sich um ein unabdingbares Recht beider Vertragsparteien[2]. Darüber hinaus ergibt sich bereits aus dem Gesetz selbst (vgl. z.B. § 561 BGB), dass zum Nachteil des Mieters das Recht zur außerordentlichen Kündigung mit gesetzlicher Frist nicht abdingbar ist.

545 Eine **Kollision mit dem Transparenzgebot** kann im Ergebnis nur dadurch vermieden werden, dass der Kündigungsverzicht gerade auf das Recht zur ordentlichen Kündigung beschränkt wird. Wird in der Regelung nur der Begriff der Kündigung verwendet, wird aus dem Blickwinkel des Transparenzgebotes ohne weiteres die Auffassung vertreten werden können, dass damit auch unabdingbare Kündigungsrechte erfasst sind. Dies führt nach § 307 BGB zur Unwirksamkeit der Klausel[3].

546 Insoweit spielt es keine Rolle, ob ausnahmsweise ein **Individualvertrag** vorliegt, wenn der Vermieter als **Unternehmer** handelt (vgl. dazu A Rz. 40). Denn gem. § 310 Abs. 3 BGB sind auf derartige Verträge die Grundsätze des § 307 BGB und damit auch das Transparenzgebot anwendbar. Auch in diesem Fall führt also eine Formulierung, die die Erfassung des Rechts zur außerordentlichen Kündigung mit gesetzlicher Frist oder aus wichtigem Grund möglich erscheinen lässt, zur Unwirksamkeit des wechselseitigen Kündigungsverzichts und damit zur Möglichkeit, den Vertrag ordentlich mit der Frist des § 573c Abs. 1 BGB zu kündigen.

547 Haben die Parteien eine **Formulierung** gewählt, die auf eine **einfache Befristung** i.S.v. § 564c BGB a.F. abzielt (z.B. *der Mietvertrag beginnt am 1.10.2002 und endet am 30.9.2004*), kommt es darauf an, ob eine individualvertragliche Regelung vorliegt oder die Klausel einseitig vom Vermieter gestellt wurde. Diese Umstände sollten mit dem Mandanten eingehend erörtert werden, um Klarheit über die Verhältnisse bei Abschluss des Vertrages zu erhalten. Haben die Parteien z.B. mit unterschiedlichen Ausgangspunkten über die Dauer der Befristung verhandelt, spricht die Annahme eher für einen Individualvertrag. In diesem Fall kann durch Auslegung das Ergebnis herbeigeführt werden, dass die Parteien wenigstens für die vorgesehene Zeitdauer einen wechselseitigen Kündigungsverzicht erreichen wollten[4]. Das gleiche Ergebnis wird erreicht, wenn die Grundsätze der Umdeutung (§ 140 BGB) angewendet werden[5]. Bei einem Formular- oder Verbrauchervertrag nach § 310 Abs. 3 BGB greift aber zwingend § 306 BGB ein, wonach an die Stelle der unwirksamen Regelung das geltende Recht tritt[6]. Danach greift aber § 575 Abs. 1 S. 2 BGB ein, wonach ein Mietvertrag auf unbestimmte Zeit läuft, sofern nicht ein Befristungsgrund i.S.d. § 575 Abs. 1 S. 1 BGB wirksam vereinbart wurde. Eine abweichende

---

1 *Lützenkirchen*, Neue Mietrechtspraxis, Rz. 393.
2 Begr. d. RefE, *Lützenkirchen*, Neue Mietrechtspraxis, Anhang Rz. 1145.
3 *Lützenkirchen*, Wohnraummiete, C. I. Inhalt der Erläuterungen zu § 2 Nr. 3.
4 *Lützenkirchen*, ZMR 2001, 769, 771.
5 *Blank/Börstinghaus*, § 575 BGB Rz. 17.
6 Insoweit missverständlich: *Blank/Börstinghaus*, § 575 BGB Rz. 17.

Auffassung würde gegen das Verbot der geltungserhaltenden Reduktion verstoßen[1].

cc) Ort und Dauer des Kündigungsverzichts

Wirksamkeitsbedenken können sich zum einen aus der **Stellung der Regelung im Mietvertrag** ergeben. Sofern die Bindung für den Mieter nicht ohne weiteres ersichtlich ist, kann ein Verstoß gegen § 305c BGB vorliegen[2]. Dies ist insbesondere der Fall, wenn eingangs des Vertrages der Abschluss eines „unbefristeten Mietvertrages" geregelt ist und erst am Ende in einem Zusatz deutlich wird, dass eine Mindestbindung in zeitlicher Hinsicht erfolgen soll[3]. Auch der umgekehrte Fall ist bedenklich[4]. Steht der wechselseitige Kündigungsverzicht jedoch im Zusammenhang mit der Regelung über die Mietzeit, bestehen unter dem Gesichtspunkt der Überraschungswirkung keine Bedenken, vor allem wenn die Regelung als solche auch noch überschrieben ist.

548

Einen **länger als vier Jahre** dauernden, formularmäßig begründeten Kündigungsverzicht hält der BGH wegen unangemessener Benachteiligung des Mieters für unwirksam[5]. Dieser Zeitraum ist vom Abschluss der Vereinbarung und nicht der Überlassung an zu rechnen, weil sich der BGH an § 557a Abs. 3 BGB orientiert. Regelungen, die eine längere Laufzeit vorsehen, sind unwirksam, weil eine Reduzierung auf ein Mindestmaß eine (unzulässige) teleologische Reduktion darstellen soll[6]. Vgl. im Übrigen *J Rz. 75a*.

549

b) Vermieterberatung

Auch bei der Beratung des Vermieters sollte der Rechtsanwalt zunächst sein Hauptaugenmerk darauf richten, ob die **Formalien** zur wirksamen Vereinbarung eines wechselseitigen Kündigungsverzichts eingehalten wurden (vgl. dazu *Rz. 506 ff.*).

550

Liegt eine **vorzeitige Kündigung** des Mieters vor und ergeben sich an der Wirksamkeit des Kündigungsverzichts Bedenken, sollte die Rechtslage **auch** im Hinblick auf die Wirksamkeit der Kündigung (vgl. dazu *J Rz. 426 ff.*) und ggf. die Abwicklung des beendeten Mietvertrages (vgl. *K Rz. 1 ff.*) geprüft werden. Bleibt danach allein die Vorzeitigkeit der Kündigung als Problem, muss mit dem Mandanten das Risiko eines Mietausfalls erörtert werden. Denn beharrt der Mandant auf der unwirksamen Mindestlaufzeit und stellt sich im Ergebnis heraus, dass der Kündigungsverzicht unwirksam war,

551

---
1 BGH, NJW 1982, 2309; BGH, NJW 1986, 1610; Ulmer/Brandner/*Hensen*, § 6 AGBG Rz. 14.
2 OLG Stuttgart, NJW-RR 1992, 887, 888.
3 LG Berlin, ZMR 1999, 26, 27.
4 *Derleder*, NZM 2001, 649, 654.
5 BGH, WuM 2005, 346.
6 BGH, WuM 2006, 385.

kann er selbst dann keine Nutzungsentschädigung nach § 546a BGB verlangen, wenn der Mieter die Räume über den Kündigungszeitpunkt hinaus nutzt. Denn durch einen **Kündigungswiderspruch** bringt der Vermieter zum Ausdruck, dass er die Mietsache nicht zurückhaben will. Maßgebliches Kriterium der Vorenthaltung nach § 546a BGB ist aber die fortgesetzte Nutzung gegen den Willen des Vermieters[1]. War die Kündigung aber unwirksam, stehen dem Mandanten Mietzahlungsansprüche aus § 535 BGB zu.

552 Deshalb sollte wie folgt verfahren werden: Zunächst sollte der Mieter unter Hinweis auf die Autoren, die einen wechselseitigen Kündigungsverzicht befürworten[2], darauf aufmerksam gemacht werden, dass die Vertragsfreiheit den wechselseitigen Kündigungsverzicht zulässt, und der Kündigung deshalb widersprochen werden. Gleichzeitig sollte der Hinweis erfolgen, dass die Kündigung erst zum Ablauf des Verzichtszeitraums entgegengenommen wird. Dem Mandanten sollte jedoch empfohlen werden, sich um einen Nachmieter zu bemühen. Sobald der Mandant einen neuen Mieter gefunden hat, kann dem bisherigen Mieter das Ende der Mietzeit zu dem Zeitpunkt, zu dem der neue Mietvertrag beginnen soll, bestätigt werden. Damit kommt unter Umständen nämlich zu diesem Endzeitpunkt ein **Aufhebungsvertrag** zustande, weil die vom Mieter (unwirksam) zu einem früheren Termin ausgesprochene Kündigung in ein Angebot zum Abschluss eines Aufhebungsvertrages zu jedem späteren Termin umgedeutet werden kann (vgl. *J Rz. 27*). Dadurch wird das wirtschaftliche Risiko auf den Zeitraum zwischen Ablauf der dreimonatigen Kündigungsfrist und dem Beginn des neuen Mietvertrages beschränkt.

553 Zuvor sollte jedoch noch einmal der **Mietvertrag überprüft** werden. Ist darin z.B. wirksam eine Endrenovierungsklausel (vgl. dazu *H Rz. 361 f.*) vereinbart oder ersichtlich, dass aus anderem Grund eine Endrenovierung geschuldet ist (z.B. wegen Ablauf der Fristen, vgl. dazu *H Rz. 530 f.*), sollte bereits mit dem Widerspruch gegen die Kündigung eine Fristsetzung nach § 281 Abs. 1 BGB („aus Gründen anwaltlicher Vorsorge") hinsichtlich der Schönheitsreparaturen erfolgen. Damit wird gewährleistet, dass zum Ablauf der Mietzeit, die durch den Aufhebungsvertrag bestimmt wird, gleichzeitig der Schadensersatzanspruch wegen unterlassener Schönheitsreparaturen geltend gemacht werden kann.

554 Will der **Vermieter** selbst (vorzeitig) **kündigen**, sollte vorab geprüft werden, ob er Verwender i.S.d. § 305 BGB ist. Denn ist die Klausel z.B. wegen Verstoßes gegen § 307 BGB unwirksam, kann sich der Vermieter auf die Unwirksamkeit nicht berufen[3]. Ansonsten ergeben sich keine Besonderheiten

---

1 OLG München, WuM 2003, 279; OLG Düsseldorf, ZMR 2001, 882.
2 *Blank/Börstinghaus*, Neues Mietrecht, § 575 BGB Rz. 15a; Hannemann/Wiegner/Hannemann, § 44 Rz. 109; *Derckx*, NZM 2001, 826; *Maciejewski*, MM 2001, 347; *Grundmann*, NJW 2001, 2497; *Jansen*, BBauBl 2001, 12, 17.
3 BGH, NZM 1998, 718 m.w.N.

gegenüber der bisherigen Darstellung und der Situation des Mandanten bei der Vermieterkündigung (vgl. dazu *J Rz. 33 ff.*).

c) Prozessuales und Gebühren

Insoweit ergeben sich keine Unterschiede zu den Situationen bei Vorliegen oder Geltendmachung der Rechtsfolgen einer Kündigung (vgl. dazu *J Rz. 304 f.*). 555

4. Echter Zeitmietvertrag nach § 575 BGB

Hier hat sich gegenüber der durch § 564c Abs. 2 BGB a.F. gestalteten Rechtslage keine Änderung in der Vorgehensweise ergeben (vgl. also *Rz. 437 ff.*). Die zum Teil nur in der Rechtsprechung entwickelten Grundsätze (z.B. Auskunftsanspruch) sind nun gesetzlich formuliert, allerdings auch z.T. fristgebunden. 556

D. Miete

	Rz.		Rz.
I. Die typische Beratungssituation	1	b) Gewerberaummietvertrag	49
1. Überblick	1	aa) Kombination von Vorauszahlungs- und Aufrechnungs*verbots*klausel	49
2. Prüfung von Grundfragen (Checkliste)	2	bb) Kombination von Vorauszahlungs- und *Ankündigungs*klausel zur Aufrechnung oder Ausübung eines Zurückbehaltungsrechts	50
a) Welche Miete ist vereinbart?	4		
b) Welche Miete ist fällig?	5		
c) Welche Mietforderungen sind erfüllt?	6	**IV. Erfüllung von Mietansprüchen**	53
d) Kommt eine Kündigung wegen Zahlungsverzuges in Betracht?	7	1. Überblick	53
e) Sind Mietforderungen des Vermieters oder Rückforderungsansprüche des Mieters verjährt?	9	2. Prüfung von Grundfragen (Checkliste)	56
		3. Die gesetzlichen Regelungen (§§ 269, 270 BGB)	57
II. Notwendige Ermittlungen und Feststellungen zu der vereinbarten Miete	10	4. Abweichende vertragliche Vereinbarungen	58
1. Feststellung der Mietstruktur	10	5. Zahlungsart	62
2. Feststellung der konkreten Miethöhe	17	a) Einzugsermächtigung/Abbuchung	62
3. Umsatzsteuer	19	b) Scheckzahlung	64
		c) Leistung unter Vorbehalt	65
III. Fälligkeit der Miete	21	6. Verrechnung von Zahlungen des Mieters	67
1. Die gesetzlichen Regelungen	22	a) Konkrete Verrechnung	67
2. Vorauszahlungsklauseln	23	b) Leistungsbestimmung des Mieters	68
a) Wohnraummietvertrag	28	c) Keine Leistungsbestimmung des Mieters (§ 366 Abs. 2 BGB)	69
aa) Kombination von Vorauszahlungs- und Aufrechnungsverbotsklausel	28	d) Abweichende vertragliche Vereinbarungen	70
bb) Kombination von Vorauszahlungs- und Aufrechnungs*ankündigungs*klausel	36	7. Mehrheit von Vermietern (Gläubigern) und Mietern (Schuldnern)	71
cc) Kombination von Vorauszahlungs- und *Ankündigungs*klausel zur Ausübung eines Zurückbehaltungsrechts	43	a) Personenmehrheit auf Mieterseite	71
		b) Personenmehrheit auf Vermieterseite	73
		c) Mieter ist gleichzeitig Vermieter	74

	Rz.
V. Nichterfüllung – Zahlungsverzug	75
1. Kündigung wegen Zahlungsverzuges	75
a) Überblick	75
b) Fristlose Kündigung des Mietverhältnisses	79
aa) Schreiben des beauftragten Rechtsanwaltes	80
bb) Die Kündigungsvoraussetzungen im Einzelnen	82
(1) Kündigung gem. § 543 Abs. 2 Ziff. 3a BGB	82
(2) Kündigung gem. § 543 Abs. 2 Ziff. 3b BGB	84
(3) Kündigungssperre gemäß § 569 Abs. 3 Nr. 3 BGB	86a
cc) Schonfristregelung bei Wohnraum (§ 569 Abs. 3 Ziff. 2 BGB)	87
dd) Muster einer kombinierten Räumungs- und Zahlungsklage nach fristloser Kündigung wegen Zahlungsverzuges	93
c) Kombination von fristloser und hilfsweise erklärter fristgerechter Kündigung	95
aa) Schreiben des beauftragten Rechtsanwaltes	95
bb) Rechtsgrundlagen einer fristgemäßen Kündigung bei Zahlungsverzug	96
2. Kündigung wegen laufend verspäteter Zahlungen	99
VI. Ermäßigung der Miete	102
1. Überblick	102
2. Minderung	107
a) Grundsatz	107
b) Notwendiger Sachvortrag und Aufgabenkreis des Rechtsanwaltes	108
c) Abdingbarkeit der gesetzlichen Regelung (§ 536 BGB)	112
3. Zurückbehaltungsrecht	114
a) Zurückbehaltungsrecht an der laufenden Miete im Allgemeinen	114
aa) Grundsatz	114

	Rz.
bb) Frankfurter Praxis	115
cc) Aufgabenkreis des Rechtsanwaltes	116
dd) Abdingbarkeit der gesetzlichen Regelung (§ 320 BGB – Zurückbehaltungsrecht)	118
b) Zurückbehaltungsrecht an laufenden Betriebskostenvorauszahlungen	121
4. Abweichung der tatsächlichen Fläche von der vertraglich vereinbarten/beschriebenen Fläche	123
a) Vereinbarung einer Miete pro Quadratmeter	123
b) Angabe einer unzutreffenden Quadratmeterzahl im Mietvertrag	126
5. Persönliche Verhinderung des Mieters (§ 537 BGB)	131
a) Überblick	131
b) Vorzeitige Aufgabe des Mietobjektes durch den Mieter und Weitervermietung zu einer niedrigeren, marktüblichen Miete an einen Dritten	132
c) Ersatzvermietung (Mietnachfolger)	136
d) Abdingbarkeit des § 537 BGB	139
VII. Verjährung und Verwirkung von Mietforderungen des Vermieters und Rückerstattungsansprüchen des Mieters	140
1. Verjährung	140
a) Fristen	140
b) Verjährungshemmung	142
c) Eintragung der Verjährungsfrist in den Fristenkalender	145
d) Überleitungsrecht	146
2. Verwirkung	149
VIII. Mietpreisüberhöhung nach § 5 WiStG	153
1. Überblick	153
2. Kernpunkte (Checkliste)	157
a) Feststellung der ortsüblichen Miete	158
b) Geringes Angebot	160
c) Laufende Aufwendungen des Vermieters	163
d) Beweislast	167

	Rz.
3. Die Tatbestandsmerkmale im Einzelnen und der notwendige Umfang des Sachvortrages	170
a) Unangemessen hohe Entgelte	170
b) Ausnutzung eines geringen Angebots	180
aa) Geringes Angebot	181
bb) Ausnutzung	188
c) Deckung laufender Aufwendungen	193
aa) Beispiel einer Wirtschaftlichkeitsberechnung	194
bb) Erläuterungen der Wirtschaftlichkeitsberechnung	195
(1) Allgemeine Hinweise	195
(2) Berechnungsart	196
(3) Kapitalkosten	197
(4) Abschreibung für Abnutzung	202
(5) Verwaltungskosten	203
(6) Instandhaltungskosten	204
(7) Mietausfallwagnis	205
(8) Abzüge bei Steuerersparnissen	206
(9) Betriebskosten gemäß BetrKV oder i.S.d. Anlage 3 zu § 27 II. BV	207
(10) Ergebnis des Beispielfalls (*Rz. 194*) einer Wirtschaftlichkeitsberechnung	208

	Rz.
4. Rechtsfolgen	210
a) Teilnichtigkeit und Berechnung von Rückforderungsansprüchen im Prozess	210
b) Änderungen der Rechtsfolgen durch Zeitablauf	211
IX. Mietwucher	216a
X. Kostenmiete	217
1. Überblick	217
2. Entgelt, das die Kostenmiete überschreitet	219
3. Rechtsfolgen einer überhöhten Kostenmiete	220
a) Auswirkungen auf die laufende Miete	221
b) Rückforderungsansprüche des Mieters für vergangene Zeiträume	222
aa) Die spezielle Vorschrift des § 8 Abs. 2 WoBindG	223
bb) Rückforderungsansprüche gemäß §§ 812 ff. BGB	224
4. Auskunftsanspruch des Mieters	226
XI. Miete und Mietprozess	227
1. Zuständigkeit	227
2. Klageantrag	228
3. Klage im Urkundenprozess	232

I. Die typische Beratungssituation

1. Überblick

Differenzen der Mietvertragsparteien zur Höhe der Miete zählen wohl zu den häufigsten Gegenständen anwaltlicher Beratung im Mietrecht. Typischerweise berichtet der **Vermieter** von – seiner Auffassung nach – schon eingetretenen Mietrückständen oder einer Ankündigung seines Mieters über zukünftig beabsichtigte Kürzungen der Miete. Womöglich hat der Vermieter in dieser Situation selbst schon etwas veranlasst, z.B. einen Mahnbescheid wegen der offenen Miete erwirkt, gegen den der Mieter nunmehr Widerspruch erhoben hat, oder eine fristlose Kündigung wegen Zahlungsverzuges ausgesprochen. Der **Mieter** als Mandant informiert den Rechtsanwalt typischerweise über von ihm nicht geleistete Mietzahlungen und möglicherweise hierauf schon erfolgte Reaktionen des Vermieters, oder er bittet den Rechtsanwalt zu prüfen, ob er zukünftig berechtigt ist, die Miete einzubehalten oder zu kürzen, etwa auf Grund von Mängeln der Mietsache (vgl. hierzu *Rz. 107 f.*) oder einer Mietpreisüberhöhung, die insbesondere bei Wohnraum in Betracht kommen kann (§ 5 WiStG, vgl. hierzu *Rz. 153 f.*).

2. Prüfung von Grundfragen (Checkliste)

2   Nahezu in allen Fällen dieser Art müssen von dem Rechtsanwalt bestimmte Grundfragen geprüft und geklärt werden. Hierbei empfiehlt sich die Beachtung folgender **Checkliste**:
   – Welche Miete ist vereinbart?
   – Welche Miete ist fällig?
   – Welche Mietforderungen sind erfüllt?
   – Kommt eine Kündigung wegen Zahlungsverzuges in Betracht?
   – Sind Mietforderungen des Vermieters oder Rückforderungsansprüche des Mieters verjährt?

3   Auf die Beantwortung der oben genannten Fragen ist größte Sorgfalt zu verwenden. **Fehler** innerhalb der Klärung dieser Grundtatbestände können fatale **Folgen** haben, etwa den Ausspruch einer unberechtigten fristlosen Kündigung, weil z.B. die hierfür notwendigen Mietrückstände (§ 543 Abs. 2 S. 1 Nr. 3 BGB) nicht erreicht sind, oder – umgekehrt – das Unterlassen einer solchen Kündigung, obwohl entweder vertraglich geregelte Voraussetzungen (was bei Gewerberaum relevant sein kann) oder die gesetzlichen Voraussetzungen (§ 543 Abs. 2 S. 1 Nr. 3 BGB) hierfür erfüllt sind.

a) Welche Miete ist vereinbart?

4   Diesem Punkt der Checkliste ist immer dann besondere Aufmerksamkeit zu widmen, wenn sich die aktuelle Miete nicht ohne weiteres aus einem schriftlichen Mietvertrag oder einer Ergänzungsvereinbarung ergibt. Angaben des Mandanten zur Höhe der seiner Auffassung nach geschuldeten Miete dürfen keineswegs unkritisch übernommen werden, es bedarf vielmehr **eigener Feststellungen und Prüfungen des Rechtsanwalts**. Zum Inhalt und Umfang dieser Prüfungspflicht im Einzelnen wird auf die Ausführungen unter *Rz. 10 f.* verwiesen.

b) Welche Miete ist fällig?

5   Abweichend von der bis zum 31.8.2001 maßgeblichen Rechtslage (vgl. § 551 BGB a.F.) hat der **Mieter von Wohnraum** gesetzlich die Miete zu Beginn der vereinbarten Zeitabschnitte, spätestens zum dritten Werktag, zu entrichten (§ 556b Abs. 1 BGB). Das Gleiche gilt für Mietverhältnisse über andere Räume, z.B. **Gewerberäume** (§ 579 Abs. 2 BGB). Die Auswirkungen dieser gesetzlichen Vorfälligkeitsregelungen und des erweiterten Katalogs

von Ansprüchen, mit denen der Wohnraummieter zwingend aufrechnen oder derentwegen er ein Zurückbehaltungsrecht geltend machen darf (vgl. § 556b Abs. 2 BGB im Vergleich zu § 552a BGB a.F.), auf die **bisherige Problematik der Wirksamkeit von (vertraglichen) Vorfälligkeitsklauseln** (wenn gleichzeitig zu Lasten des Mieters die Aufrechnung mit Gegenforderungen oder die Ausübung eines Zurückbehaltungsrechts formularmäßig beschränkt worden sind) sind noch nicht abschließend geklärt, insbesondere nicht für vor dem 1.9.2001 geschlossene Mietverträge (zu den Einzelheiten vgl. *Rz. 23 f.*).

c) Welche Mietforderungen sind erfüllt?

Hinter dieser auf den ersten Blick leicht zu beantwortenden Frage verbirgt sich indes erheblicher Zündstoff. Es kann nicht oft genug betont werden, dass Mietrückstände nicht einfach in der Weise ermittelt werden können, dass z.B. für den Zeitraum eines Jahres den Sollzahlungen die tatsächlichen Einnahmen des Vermieters gegenübergestellt werden. Eine derartige Saldierung ergibt zwar insgesamt rechnerisch die Höhe des Rückstandes, damit allein sind jedoch die offenen Mietforderungen, vor allem im gerichtlichen Verfahren, nicht hinreichend substantiiert. Vielmehr ist es – für den regelmäßig anzutreffenden Fall, dass monatliche Mietzahlungen erfolgen – **erforderlich, die Zahlungen des Mieters konkret auf bestimmte Monate zu verrechnen**. Die richtige Verrechnung ist oft nicht einfach, insbesondere bei unregelmäßigen Zahlungen des Mieters (vgl. dazu *Rz. 67 ff.*).

d) Kommt eine Kündigung wegen Zahlungsverzuges in Betracht?

Sowohl das Vermieter- als auch das Mieterinteresse erfordern regelmäßig bei Zahlungsrückständen auch die Prüfung der Frage, ob eine Kündigung des Mietvertrages wegen Zahlungsverzuges gerechtfertigt ist oder droht. Mag sich das artikulierte Interesse des Mandanten auch nur auf die Erfüllung von Zahlungsforderungen oder deren Abwehr richten, besteht gleichwohl die rechtliche Verpflichtung des Rechtsanwalts, auf in Betracht kommende Möglichkeiten einer Kündigung des Mietvertrages wegen Zahlungsverzuges hinzuweisen. Mit dem **Vermieter** wird er zu erörtern haben, ob es zweckmäßig ist, neben der Geltendmachung von Zahlungsansprüchen auch eine Kündigung auszusprechen, wenn in einem Umfang Rückstände vorliegen, die diesen Schritt rechtfertigen. Bestehen Mietrückstände, die zweifelsfrei eine fristlose Kündigung gemäß § 543 Abs. 2 S. 1 Nr. 3 BGB rechtfertigen, und beruhen jene Rückstände erkennbar nur auf einem Leistungsunvermögen des Mieters, muss aus anwaltlicher Sicht dem Vermieter **regelmäßig** geraten werden, das Mietverhältnis wegen Zahlungsverzuges sofort fristlos zu kündigen und ggf. **Zahlungs- und Räumungsklage** gegen den Mieter zu erheben. Nur mit dieser Vorgehensweise wird der Vermieter regelmäßig einen höheren wirtschaftlichen Schaden abwenden können. Die vordergründig gegenüber einem betroffenen Mieter „harte Linie" kann sich gleichwohl für ihn günstig auswirken, da oftmals erst eine anhängige Räumungsklage Veranlassung für Zahlungen des Wohnungs- oder Sozialamtes ist (vgl. § 569 Abs. 3 Nr. 2 BGB).

In Fällen, in denen die Berechtigung zur Kürzung der Miete zweifelhaft erscheint, wird dem **Mieter** zur Abwendung einer fristlosen Kündigung wegen Zahlungsverzuges anzuraten sein, Rückstände und/oder die laufende Miete **unter Vorbehalt zu zahlen**[1].

8 Die enge praktische Verknüpfung von ausstehenden Mietzahlungen oder auch ständig unpünktlichen Leistungen des Mieters mit den Möglichkeiten einer Kündigung des Mietvertrages wegen nicht gehöriger Erfüllung von Mietforderungen war Grund dafür, die entsprechenden Kündigungstatbestände im vorliegenden Kapitel im Einzelnen abzuhandeln (vgl. hierzu *Rz. 75 ff.*).

e) Sind Mietforderungen des Vermieters oder Rückforderungsansprüche des Mieters verjährt?

9 Wie in anderen Rechtsgebieten auch muss der Rechtsanwalt gleich zu Beginn des Mandatsverhältnisses prüfen, ob die im Raum stehenden Ansprüche des Mandanten verjährt sind oder von einem bestimmten Zeitpunkt an eine Verjährung droht. Auch wenn der Ablauf einer Verjährungsfrist noch relativ weit in der Zukunft liegt, empfiehlt es sich stets, die ermittelten Verjährungsfristen und Vorfristen dazu in den **Fristenkalender** eintragen zu lassen. Denn auch Streitigkeiten zur Miete können sich über einen längeren Zeitraum erstrecken, und es besteht dann doch die Gefahr, dass eine anfangs gesehene Verjährungsfrist in Vergessenheit gerät. Die Fragen zur Verjährung und auch Verwirkung von Ansprüchen werden im Einzelnen bei *Rz. 140 f.* besprochen.

II. Notwendige Ermittlungen und Feststellungen zu der vereinbarten Miete

1. Feststellung der Mietstruktur

10 Sogleich nach Übernahme des Mandates muss sich der Rechtsanwalt über die Art (die Struktur) der vereinbarten Miete Klarheit verschaffen. Denn **von der Beachtung oder Nichtbeachtung der Mietstruktur** kann im konkreten Falle auch die **Höhe der laufend geschuldeten Miete** durchaus **abhängig** sein.

11 Sowohl bei Wohnraum- als auch Gewerberaummietverträgen werden in der Regel eine **reine Nettokaltmiete** (Miete ohne jede Betriebskostenbe-

---

[1] Auch eine Zahlung unter dem – einfachen – Vorbehalt der Rückforderung bewirkt eine Erfüllung der Mietschuld, *Sternel*, Mietrecht aktuell, Rz. III 93 m.w.N.; bei dem sog. qualifizierten Vorbehalt (mit besonderen Zusätzen) tritt jedoch keine Erfüllung nach § 362 BGB ein – vgl. hierzu *Kinne/Schach/Bieber*, § 535 BGB Rz. 66 m.w.N.

standteile) **und daneben Vorauszahlungen auf Betriebskosten** vereinbart[1], über die der Vermieter in den vertraglich festgelegten Zeitabschnitten, bei Wohnraummietverträgen (§ 556 Abs. 3 BGB, § 20 Abs. 3 NMV) jährlich, abrechnet. Im Rahmen eines Wohnraummietvertrages können nur Vorauszahlungen auf die in § 2 – der seit dem 1.1.2004 in Kraft getretenen – BetrKV, vor diesem Zeitpunkt auf die in der Anlage 3 zu § 27 Abs. 1 II. BV genannten Betriebskosten vereinbart werden (nur sie können also bei der Vermietung von Wohnraum umgelegt werden)[2], während bei einem Gewerberaummietvertrag darüber hinausgehend zusätzliche Nebenkosten auf den Mieter jedenfalls durch individualvertragliche Regelung abgewälzt werden können[3], z.B. Verwaltungskosten. Stellt der beauftragte Rechtsanwalt fest, dass bei einem Wohnraummietvertrag der Mieter mit nicht umlagefähigen Betriebskosten belastet wird, müssen jene nicht umlagefähigen Positionen herausgerechnet und die Miete muss entsprechend gekürzt werden. Gelegentlich ist festzustellen, dass Vermieter von **Eigentumswohnungen** die vom Verwalter übermittelte Wohngeldabrechnung ohne Änderung dem Mieter weiterbelasten. In diesen Fällen ist meist ein ganzer Block von Abrechnungspositionen gegenüber dem Mieter nicht umlagefähig, da es sich hierbei nicht um die in § 2 BetrKV bzw. in der Anlage 3 zu § 27 Abs. 1 II. BV bezeichneten Betriebskosten handelt. In diesem nicht umlagefähigen „Block" sind meist aufgeführt die Verwaltungskosten, Bankgebühren, Instandhaltungsrücklage und andere Positionen über Instandhaltungsmaßnahmen.

Die Verknüpfung von **Mietstruktur** und (zulässiger) Höhe der Miete ergibt sich auch unter weiteren Aspekten: Sind – anders als eingangs dargestellt – Vorauszahlungen nicht vereinbart, besteht kein Recht des Vermieters, abzurechnen und für den Fall einer Unterdeckung unter Hinweis auf die Abrechnung für die Zukunft eine erhöhte Miete zu beanspruchen. 12

Bei Vereinbarung einer Betriebskosten**pauschale** kann der Vermieter von Wohnraum gemäß § 560 Abs. 1 und 2 BGB Erhöhungen der Betriebskosten anteilig auf den Mieter umlegen, soweit dies im Mietvertrag vereinbart ist. **Inklusiv- oder Teilinklusivmieten** können im Falle gestiegener Betriebskosten indes nur noch bei Altverträgen (vor dem 1.9.2001 abgeschlossen) isoliert erhöht werden[4] (vgl. dazu *E Rz. 225 f.*). In diesen Fällen ist ggf. zu prüfen, ob tatsächlich wirksame Mieterhöhungsanforderungen des Vermieters wegen gestiegener Betriebskosten vorliegen. Denn nur dann kann eine erhöhte Miete ab einem bestimmten Zeitpunkt rechtlich Bestand haben. Das Mieterhöhungsverfahren gemäß § 560 Abs. 1 und 2 BGB ist verhältnis- 13

---

1 Zur *Notwendigkeit* einer Vereinbarung, Betriebskosten gesondert auf den Mieter abwälzen zu können, vgl. *Langenberg*, Betriebskosten, B Rz. 1 ff., E Rz. 1 ff.; zu „Besonderheiten bei der Vereinbarung einer *Umsatzmiete*" im Rahmen eines Gewerberaummietvertrages: *Lindner-Figura*, NZM 1999, 492.
2 *Langenberg*, Betriebskosten, B Rz. 2.
3 *Langenberg*, Betriebskosten, B Rz. 3.
4 Art. 229 § 3 Abs. 4 EGBGB i.V. mit § 560 BGB; *Langenberg*, Betriebskosten, C Rz. 6 ff.; *Lammel*, § 560 BGB Rz. 87.

mäßig umständlich und kompliziert. Nicht selten kommen Vermieter damit nicht zurecht. Hier besteht anwaltlicher Beratungsbedarf.

14 Das tatsächliche Verhalten der Mietvertragsparteien entspricht gelegentlich nicht den Vereinbarungen zur Mietstruktur im schriftlichen Vertrag. So kommt es vor, dass trotz Vereinbarung einer Inklusiv- oder Teilinklusivmiete der Vermieter für vergangene Zeiträume über Betriebskosten abrechnet und der Mieter diese Abrechnungen akzeptiert, indem er z.B. Nachforderungen ausgleicht und im Falle einer Unterdeckung erhöhte laufende Mietzahlungen erbringt. Umgekehrt kann es passieren, dass bei Vereinbarung einer reinen Nettokaltmiete zuzüglich Vorauszahlungen[1] auf Betriebskosten der Vermieter die danach an sich geschuldeten Abrechnungen über die Nebenkosten unterlässt und der Mieter dies nicht beanstandet. Weiterhin kann es vorkommen, dass der Vermieter ein Mieterhöhungsverlangen gemäß § 558 BGB stellt, das der vereinbarten Mietstruktur nicht entspricht und dem der Mieter gleichwohl vorbehaltlos zustimmt. In alle jenen Fällen ist zu prüfen, ob die **ursprünglich vereinbarte Mietstruktur konkludent** (stillschweigend) im Nachhinein **abgeändert wurde**. Hierbei ist jedoch unbedingt zu beachten, dass von der Rechtsprechung insoweit verhältnismäßig hohe Anforderungen an eine stillschweigende Vertragsänderung gestellt werden (vgl. *L Rz. 18 f.*)[2].

Im Zweifel bleibt es bei der im schriftlichen Vertrag festgelegten Art der vereinbarten Miete. Sind beispielsweise eine Nettokaltmiete und Vorauszahlungen auf Betriebskosten im Mietvertrag vereinbart, ist nicht allein dadurch stillschweigend eine Inklusivmiete vereinbart, dass der Vermieter 8 Jahre lang seit Beginn des Vertrages Abrechnungen über die Betriebskosten unterlässt[3]. Jedoch wird man im folgenden Fall eine **konkludente Ver-**

---

[1] Nach wohl herrschender Ansicht schließt die Vorauszahlungsvereinbarung bereits das Erhöhungsrecht bei einer Unterdeckung ein, *Langenberg*, Betriebskosten, E Rz. 18 (Gewerberaum); bei preisfreiem Wohnraum gilt ab 1.9.2001 § 560 Abs. 4 BGB.

[2] Vgl. hierzu im Einzelnen *Langenberg*, Betriebskosten, B Rz. 42 ff.

[3] LG Stuttgart, NJW-RR 1991, 782 (im konkreten Fall durfte der Vermieter aber nach Treu und Glauben nicht mehr rückwirkend abrechnen); BGH, NZM 2008, 276 (keine Vertrgsänderung, obwohl Vermieter zwei Jahrzehnte über Betriebskostenvorauszahlungen nicht abrechnete); der BGH, NZM 2000, 961, hat bei Geschäftsraum eine konkludente Abänderung bei 6-jähriger, vom Vertrag abweichender Übung bejaht und diese Rechtsprechung auch für Wohnraum bestätigt (BGH, NZM 2004, 418 – beanstandungslose Abrechnung und Bezahlung von Kosten der Dachrinnenreinigung über einen Zeitraum von 10 Jahren); einschränkend aber wiederum BGH, NZM 2008, 81: für Vertragsänderung grundsätzlich nicht ausreichend, dass der Mieter Betriebskostenabrechnungen unter Einbeziehung bisher nicht vereinbarter Betriebskosten lediglich nicht beanstandet. AG Hamburg, ZMR 2005, 873 (keine Abrechnung über Betriebskostenvorauszahlungen über einen Zeitraum von 15 Jahren führt zu einer konkludenten Vertragsanpassung dahingehend, dass nur noch Pauschalen geschuldet werden); vgl. aber auch AG Hamburg, ZMR 2005, 370 (nur das schlichte Unterlassen von Betriebskostenabrechnungen über rund 20 Jahre ohne weitere Umstände soll nicht zu einer konkludenten Vertragsänderung führen); AG Pinneberg, ZMR 2005, 371 (zahlt der Mieter über mindestens 6 Jahre hinweg auf Betriebskostenabrechnungen, haben

tragsänderung bejahen können: Vertraglich vereinbart ist eine Inklusivmiete. Mit Wirkung ab dem 1.1.2008 hat der Vermieter ein Erhöhungsverlangen gemäß § 558 BGB gestellt, das deutlich eine Nettokaltmiete und daneben Vorauszahlungen auf umlagefähige Betriebskosten ausweist. Der Mieter stimmt diesem Erhöhungsverlangen uneingeschränkt zu. Er zahlt ab 1.1.2008 die erhöhte Miete. Unter **ausdrücklicher** Bezugnahme auf das vorangegangene Erhöhungsverlangen und mit dem Hinweis darauf, dass infolge der Zustimmung des Mieters hierzu nunmehr Vorauszahlungen vereinbart seien, übersendet der Vermieter im Februar 2009 dem Mieter eine Betriebskostenabrechnung für 2008 mit einer Nachzahlungsforderung, die von dem Mieter ausgeglichen wird. In diesem Falle ist davon auszugehen, dass beide Parteien einen **rechtsgeschäftlichen Änderungswillen** dahin gehend haben, dass an Stelle der ursprünglichen Inklusivmiete nunmehr eine Nettokaltmiete zuzüglich Vorauszahlungen auf umlagefähige Betriebskosten maßgeblich sein soll.

Übersieht der Rechtsanwalt die einschlägige BGH-Rechtsprechung zur stillschweigenden Abänderung einer Betriebskostenabrede durch jahrelange Übung (vgl. *Rz. 14*), haftet er dem Mandanten gegenüber auch dann, wenn das Gericht eine Entscheidung des BGH zu dieser Thematik übersieht[1]. 14a

Bei den obigen Ausführungen war vorausgesetzt, dass sich die Mietstruktur ohne weiteres dem regelmäßig schriftlich geschlossenen Mietvertrag entnehmen lässt. Nicht immer liegt dieser Idealfall vor, vielmehr wird der Rechtsanwalt auch auf Fälle stoßen, in denen **unklare Vereinbarungen**[2] getroffen wurden, insbesondere auf Grund einer nicht hinreichend sorgfältigen Ausfüllung von Formularmietverträgen[3]. In diesen Fällen bleibt nichts anderes übrig, als die Vereinbarungen der Parteien besonders sorgfältig zu prüfen, wobei ihr tatsächliches Verhalten im Laufe des Mietverhältnisses eine gewisse Indizwirkung für die Auslegung des Vertrages haben kann (vgl. dazu *B Rz. 138*). Der Rechtsanwalt sollte aber in Fällen dieser Art im Interesse des Mandanten jede sich bietende Gelegenheit nutzen, etwa im Rahmen eines **Vergleichs**, die Vereinbarungen zur Mietstruktur klarzustellen. Ist z.B. in einem Prozess wegen Zustimmung zur Mieterhöhung gemäß § 558 BGB strittig, ob eine Nettokaltmiete oder eine Inklusivmiete vereinbart worden ist, kann dem Vermieter nur empfohlen werden, im Rahmen eines Vergleichs bei der Höhe der Miete nachzugeben, wenn gleichzeitig der Mieter einer klaren Regelung zu der Art der vereinbarten 15

---

sich die Parteien stillschweigend darauf geeinigt, die von der Vermieterseite in Rechnung gestellten Betriebskosten auf den Mieter abzuwälzen).
1 BGH, NZM 2009, 193 (ob diese Entscheidung im Ergebnis der neueren BGH-Rechtsprechung (NZM 2008, 81 und NZM 2008, 276) zur stillschweidenden Abänderung von Betriebskostenabreden entspricht, erscheint allerdings fraglich).
2 Zur Auslegung und Bewertung derartiger Vereinbarungen vgl. *Langenberg*, Betriebskosten, E Rz. 10 ff.
3 Zur richtigen Ausfüllung von Mietvertragsformularen vgl. *Hinz/Junker/v. Rechenberg/Sternel*, S. 1 ff.

Miete zustimmt, hier also einer Nettokaltmiete zuzüglich Vorauszahlungen auf die umlagefähigen Betriebskosten.

16 Die richtige Feststellung der vereinbarten Mietstruktur ist also keineswegs eine akademische Spielerei. Sie hat vielmehr, wie die oben geschilderten Zusammenhänge verdeutlichen, handfeste praktische Konsequenzen für die zulässige Höhe der Miete.

2. Feststellung der konkreten Miethöhe

17 Vorbehaltlich der Frage, ob aus besonderen Gründen die vereinbarte Miete zu kürzen ist, ist die Feststellung der Miethöhe dann unproblematisch, wenn sich die aktuelle Miete ohne weiteres aus einem schriftlichen Mietvertrag oder einer Ergänzungsvereinbarung ergibt.

Weicht jedoch die Angabe des Mandanten zur gegenwärtigen Miethöhe von der im schriftlichen Mietvertrag oder einer späteren Ergänzungsvereinbarung angegebenen ab, ist die Entwicklung der Miete stets bis zu der letzten schriftlichen Vereinbarung zurückzuverfolgen. Diesen Zeitraum hat der Rechtsanwalt dahin gehend zu prüfen, **ob** die zwischenzeitlichen **Änderungen der Miete den** vertraglichen **Vereinbarungen oder** den **gesetzlichen Bestimmungen**, insbesondere denjenigen in den §§ 558–560 BGB, **entsprechen**. Die Angaben des Mandanten zur Höhe der seiner Auffassung nach geschuldeten Miete dürfen nicht einfach unkritisch übernommen werden. Dies mag das folgende **Beispiel** verdeutlichen: Der Vermieter gibt z.B. eine erhöhte Miete als geschuldet an, da der Mieter auf ein Mieterhöhungsverlangen gemäß §§ 558, 558a BGB kommentarlos für 2 Monate die erhöhte Miete zahlte, anschließend jedoch wiederum die bisherige Miete überwies. In diesem Beispielsfalle besteht Veranlassung, den Mandanten nach den genauen Umständen zu befragen, da im Einzelnen strittig ist, ob in einer erhöhten Zahlung des Mieters die konkludente Zustimmung zum Mieterhöhungsverlangen liegt (vgl. dazu *E Rz. 125*)[1]. In der oben beschriebenen Situation sollte der Rechtsanwalt schon zur Vermeidung einer eigenen **Haftung** dem **Vermieter** raten, Klage auf Zustimmung einzureichen, sofern die Klagefrist (§ 558b Abs. 2 BGB) noch nicht abgelaufen ist. Ist sie indes abgelaufen, sollte er ebenfalls zur Vermeidung der eigenen Haftung das Mieterhöhungsbegehren erneuern, es sei denn, dass sich in beiden angesprochenen Fällen auf Grund zusätzlicher Umstände eindeutig eine kon-

---

1 *Sternel*, Mietrecht aktuell, Rz. IV 261 f.; *Lammel*, Wohnraummietrecht, § 558b BGB Rz. 15; *Kinne/Schach/Bieber*, § 558b BGB Rz. 2; AG Leipzig, NZM 2002, 20 (konkludente Zustimmung bei zweimaliger, vorbehaltloser und fristgemäßer Zahlung des erhöhten Betrages); AG Berlin-Schöneberg, NZM 2009, 123 (Zahlung der erhöhten Miete für 3 Monate = konkludente Zustimmung trotz geringen Fehlbetrags zwischen geforderten und gezahlten Miete); vgl. auch BGH, ZMR 2005, 847 (konkludente Anpassung der Miethöhe außerhalb eines förmlichen Mieterhöhungsverlangens bei Zahlung der erhöhten Miete über einen Zeitraum von 9½ Jahren), siehe aber auch BGH, ZMR 2005, 848 (einseitig vorgenommene Mieterhöhung, keine stillschweigende Zustimmung des Mieters durch Zahlung der erhöhten Miete).

kludente Zustimmung ergibt. Im Zweifel ist aber die Klage einzureichen oder das Mieterhöhungsbegehren vorsorglich zu erneuern (siehe auch § 558b Abs. 3 BGB). Der **Mieter** wäre in der beschriebenen Situation danach zu befragen, weshalb er die beiden (erhöhten) Mieten gezahlt hat, und darauf hinzuweisen, dass eine zweimalige Zahlung in der Regel noch nicht als Zustimmung gewertet werden kann und die weitere Reaktion des Vermieters zunächst abgewartet werden sollte.

Allgemein gilt, dass sich bei der Feststellung der vereinbarten Miete im Rahmen eines Wohnraummietvertrages eher Probleme ergeben können als bei einem **Gewerberaummietvertrag**. Bei Letzterem sind ausschließlich die vertraglichen Vereinbarungen der Parteien maßgebend. Es gibt keine speziellen gesetzlichen Vorschriften über die Änderung der Miete bei der Vermietung von Gewerbeobjekten. 18

3. Umsatzsteuer

Der Mieter ist nur dann verpflichtet, neben der Miete Mehrwertsteuer zu zahlen, wenn dies vertraglich so geregelt ist[1]. 19

Die Vermietung von Grundstücken und Räumen ist grundsätzlich umsatzsteuerfrei. Indes kann der Vermieter nach § 9 UStG auf die Steuerbefreiung verzichten, also für die Umsatzsteuer optieren (vgl. zu weiteren Problemen bei Betriebskosten L Rz. 384s). Dies setzt allerdings voraus, dass der Umsatz an einen anderen Unternehmer für dessen Unternehmen ausgeführt wird. Beide Parteien, Vermieter und Mieter, müssen Unternehmer gemäß § 2 Abs. 1 UStG sein. Der Unternehmerbegriff des Umsatzsteuerrechts weicht erheblich vom allgemeinen Sprachgebrauch ab. Während man üblicherweise unter einem Unternehmer jemanden versteht, der sich unter Einsatz von Kapital und Arbeitskräften intensiv am Wirtschaftsleben beteiligt, geht der umsatzsteuerliche Begriff des Unternehmers weiter. Er stellt nicht auf ein äußeres Erscheinungsbild der Person des Unternehmers ab, sondern rein formal auf eine unter bestimmten Umständen ausgeübte Tätigkeit. Daher umfasst der Kreis der Unternehmer auch Privatleute, die aus der Nutzung ihres Vermögens (z.B. Grundbesitz) fortlaufend Einnahmen erzielen[2]. Mit Rücksicht auf diese Grundsätze ist eine Vereinbarung, wonach der Mieter neben der Miete die jeweils gültige Umsatzsteuer zahlen soll, unwirksam, wenn der Vermieter nicht wirksam nach § 9 Abs. 1 UStG zur Umsatzsteuer optiert hat[3]. 19a

Der Vermieter kann auch **während des laufenden Mietvertrages auf die Steuerfreiheit** von Umsätzen von Vermietung und Verpachtung **verzichten** 19b

---

1 LG Hamburg, ZMR 1998, 294; aktuell zur Umsatzsteuer bei der Gewerberaummiete: *Herrlein* in: Hinz/Junker/v. Rechenberg/Sternel, S. 1005 ff. mit Mustertexten.
2 *Bunjes/Geist*, UStG, § 2 UStG Rz. 5.
3 BGH, MDR 2004, 1406; zur Auslegung einer solchen Vereinbarung, dass der Mieter gleichwohl verpflichtet ist, den im Mietvertrag ausgewiesenen Endpreis inkl. Mehrwertsteuer zu zahlen, vgl. BGH, NZM 2009, 237.

("zur Mehrwertsteuer optieren"), wenn die entgeltliche Gebrauchsüberlassung an einen anderen Unternehmer für dessen Unternehmen erfolgt und ihm ein Wahlrecht vertraglich eingeräumt wurde[1].

19c Ist für ein gewerbliches Mietobjekt „Miete inklusive Mehrwertsteuer" vereinbart, macht sich **der Vermieter** dem Mieter gegenüber **schadensersatzpflichtig**, wenn er die Mehrwertsteuer nicht an das Finanzamt abführt und der Mieter dadurch den Vorsteuerabzug verliert[2].

19d Auch die **Nutzungsentschädigung** nach § 546a BGB unterliegt der Umsatzsteuer, wenn die bisherige Miete dieser Steuer unterworfen war[3]. Mehrwertsteuer fällt jedoch nicht an beim Mietausfallschaden, z.B. als Kündigungsfolgeschaden[4].

20 Aus Vermietersicht empfiehlt es sich, in Gewerbemietverträgen zu vereinbaren, **dass sich der Mieter verpflichtet, umsatzsteuerpflichtige Tätigkeiten in den Mieträumen durchzuführen**, damit evtl. Schadensersatzansprüche aus Vertrag geltend gemacht werden können und sich der Mieter insoweit nicht mit dem Argument aus der Verantwortung stehlen kann, dem Vermieter sei die mangelnde Umsatzsteuerpflicht des Mieters bekannt gewesen. Der Sinn einer solchen vertraglichen Absprache wird deutlich an folgendem Fall: Der Vermieter hatte ein Gebäude errichtet und wegen der Einkünfte aus Vermietung und Verpachtung zur Umsatzsteuer optiert. Einen Teil des Gewerbeobjektes vermietete er an den Betreiber eines Theaters. Im Mietvertrag war die Zahlung von Umsatzsteuer neben der Miete vereinbart. Im Hinblick auf die künstlerische Tätigkeit des Theaterbetreibers beantragte der Mieter beim zuständigen Finanzamt die Befreiung von der Umsatzsteuer, die ihm auch bescheinigt wurde. Nunmehr verlangte das Finanzamt von dem Vermieter einen Teil der im Rahmen der Baukosten gezogenen Vorsteuer zurück.

III. Fälligkeit der Miete

21 Abgesehen von der Frage, ob ein Zahlungsanspruch besteht, ist die richtige Bestimmung des Fälligkeitszeitpunktes von besonderer Bedeutung für die Prüfung, ob das Mietverhältnis wegen Zahlungsverzuges fristlos gekündigt werden kann (§ 543 Abs. 2 S. 1 Nr. 3 BGB). Ist in einem Mietvertrag über Geschäftsraum als Beginn der Mietzahlungspflicht die „**Fertigstellung**" der Sanierungsarbeiten vereinbart worden, besteht für den Mieter keine Übernahmeverpflichtung des Mietobjekts, wenn noch zahlreiche – auch kleinere – Mängel vorhanden sind; in einem solchen Falle ist die Miete wegen mangelnder Fertigstellung des Mietobjektes noch nicht fällig[5].

---

1 OLG Düsseldorf, MietRB 2005, 316.
2 OLG Hamm, ZMR 2003, 925.
3 *Sternel*, Mietrecht aktuell, Rz. III 23.
4 BGH, ZMR 2008, 867; BGH, ZMR 2007, 441 (für Leasing).
5 KG, MietRB 2005, 201 – bestätigt vom BGH, NZM 2007, 401.

1. Die gesetzlichen Regelungen

Abweichend von der früheren bis zum 31.8.2001 maßgeblichen Rechtslage (vgl. § 551 BGB a.F.) hat der Mieter von **Wohnraum** gesetzlich die Miete zu Beginn der vereinbarten Zeitabschnitte, spätestens zum 3. Werktag zu entrichten (§ 556b Abs. 1 BGB). Das Gleiche gilt für Mietverhältnisse über andere Räume, z.B. **Gewerberäume** (§ 579 Abs. 2 BGB). Bei Mietverträgen über ein **Grundstück**, ein im Schiffsregister eingetragenes **Schiff** und für **bewegliche Sachen** bleibt es jedoch auch nach neuem Recht bei der **nachschüssigen Zahlungsweise** (§ 579 Abs. 1 BGB). Die gesetzlichen Bestimmungen zur Fälligkeit der Miete bei Verträgen über Wohnraum oder andere Räume entsprechen nunmehr der gängigen Formularvertragspraxis, der zufolge regelmäßig vereinbart ist, dass die Miete monatlich im Voraus zu entrichten ist, spätestens bis zum 3. Werktag. **Achtung:** Auch nach Inkrafttreten des Mietrechtsreformgesetzes richtet sich die Fälligkeit der Miete für Mietverträge, die vor diesem Zeitpunkt (1.9.2001) abgeschlossen worden sind, nach altem Recht (Art. 229 § 3 Abs. 1 Nr. 7 EGBGB), diese Vorschrift wird auch für die Zeit ab 1.1.2003 von Art. 229 § 5 S. 2 EGBGB **nicht** verdrängt[1]. Sowohl für diese Altverträge als auch Mietverträge über Grundstücke, ein im Schiffsregister eingetragenes Schiff und für bewegliche Sachen bleibt daher relevant, ob die gesetzlichen Vorschriften auch **formularmäßig abdingbar** sind; diese Frage wurde schon bisher einhellig bejaht[2].

22

Regeln die Parteien die Fälligkeit der Miete abweichend von den gesetzlichen Bestimmungen, gehört diese Vereinbarung zu den wesentlichen Vertragsbedingungen und bedarf der **Schriftform**[3]. Wird sie nicht beachtet, sind befristete Verträge vorzeitig kündbar (§§ 550, 578 BGB).

22a

2. Vorauszahlungsklauseln

Danach sind grundsätzlich auch **formularmäßig vereinbarte Vorauszahlungsklauseln** wirksam. Sie können indes **unwirksam** sein, wenn gleichzeitig zu Lasten des Mieters die **Aufrechnung mit Gegenforderungen** oder die **Ausübung eines Zurückbehaltungsrechts** formularmäßig beschränkt wurde; Änderungen ergeben sich aber auch für diese Thematik durch die **Mietrechtsreform** (im Einzelnen: *Rz. 28 ff.*).

23

In diesem Zusammenhang besteht die erste Aufgabe des Rechtsanwalts darin, **den schriftlichen Mietvertrag daraufhin durchzusehen, ob Klauseln zu Lasten des Mieters die Aufrechnung mit Gegenforderungen oder die Ausübung eines Zurückbehaltungsrechts beschränken.** In den neueren Ausgaben z.B. des Hamburger Mietvertrages für Wohnraum, herausgegeben vom Hamburger Grundeigentümerverband, finden sich derartige Klauseln nicht mehr. Auch der im Harmonia Verlag erscheinende Vertrag des Gesamtverbandes der Wohnungswirtschaft enthält seit 1991 keine Aufrech-

24

---
1 BGH, NZM 2009, 315.
2 BGH, NJW 1982, 2242 (Gewerberaum); BGH, NJW 1995, 254 (Wohnraum).
3 BGH, ZMR 2008, 105.

nungsbeschränkungsklausel mehr. Allgemein gilt, dass Mietverträge, die vor 1995 abgeschlossen wurden, besonders auf Klauseln untersucht werden müssen, die entweder die Aufrechnung oder die Ausübung eines Zurückbehaltungsrechts beschränken. Entdeckt der Rechtsanwalt eine derartige den Mieter belastende Klausel, ist mit besonderer Sorgfalt zu prüfen, ob deswegen die gleichzeitig vereinbarte Vorfälligkeitsklausel unwirksam ist. Vor schematischen Verallgemeinerungen ist hier dringend zu warnen! Da in der Rechtsprechung weiterhin nicht alle Fragen hierzu abschließend geklärt sind, wird in den zweifelhaften Fällen das bestehende **Risiko** mit dem Mandanten zu besprechen und daran anschließend zu entscheiden sein, ob das Risiko einer Unwirksamkeit der Vorfälligkeitsklausel in Kauf genommen oder der sichere Weg beschritten werden soll, der von einer Fälligkeit der Miete – bei monatlich vereinbarter Zahlungsweise – erst am **Monatsende** ausgehen muss. Die Handlungsalternativen können an folgendem **Beispiel** verdeutlich werden: Am 10. November 2009 sind die Mieten für die Monate Oktober und November 2009 nicht gezahlt.

25 – **Sicherer Weg:** Der Rechtsanwalt reicht für den Vermieter eine Zahlungsklage wegen der offenen Miete für Oktober 2009 ein (oder beantragt insoweit den Erlass eines Mahnbescheides), unterlässt aber zunächst eine fristlose Kündigung wegen Zahlungsverzuges (§ 543 Abs. 2 S. 1 Nr. 3 BGB); sie wird ggf. erst Anfang Dezember 2009 ausgesprochen, wenn der Mieter bis dahin keine weitere Miete gezahlt hat, da sodann in jedem Falle zwei Mieten – Oktober und November 2009 – offen sind (§ 543 Abs. 2 S. 1 Nr. 3a BGB);

26 – **Risikobehafteter Weg:** Der Rechtsanwalt spricht für den Vermieter sogleich die Kündigung wegen Zahlungsverzuges aus (die dann aber sicherheitshalber Anfang Dezember 2009 wiederholt werden sollte, wenn bis dahin Zahlungen des Mieters nicht erfolgt sind), es wird sogleich eine Zahlungsklage wegen der Rückstände für Oktober und November 2009 und ggf. auch die Räumungsklage nach Ablauf der im Kündigungsschreiben gesetzten Räumungsfrist erhoben[1].

27 Im Rahmen einer **Analyse der bisherigen Rechtsprechung** zur Wirksamkeit oder Unwirksamkeit einer Vorfälligkeitsklausel ist zwischen einem Wohnraum- und einem Gewerberaummietvertrag und – bedingt durch die Mietrechtsreform – zwischen Alt- und Neuverträgen (also solchen, die vor dem 1.9.2001 bereits bestanden oder danach geschlossen oder in Vollzug gesetzt wurden[2]) zu unterscheiden:

---

1 Nur bei einem Wohnraummietvertrag kann die fristlose Kündigung durch nachträgliche Zahlung des Mieters abgewendet werden (§ 569 Abs. 3 Nr. 2 BGB); deswegen ist die Entscheidung des Vermieters in der oben beschriebenen Situation bei einem Gewerberaummietvertrag, ob eine fristlose Kündigung wegen Zahlungsverzuges schon ausgesprochen oder bis zum Ablauf des Monats zurückgestellt wird, von weitreichender Bedeutung.
2 Zu Einzelheiten der Übergangsvorschriften vgl. *Gellwitzki*, WuM 2001, 373, 379; AG Nordhorn, NZM 2002, 654.

a) Wohnraummietvertrag

aa) Kombination von Vorauszahlungs- und Aufrechnungsverbotsklausel

Grundlegend ist **der Beschluss des BGH vom 26.10.1994 – VIII ARZ 3/94**[1] **mit folgendem Leitsatz:** 28

„Die in einem Mietvertrag über Wohnraum enthaltene Formularklausel: ‚Die Miete ist monatlich im Voraus, spätestens bis zum dritten Werktag eines jeden Monats zu entrichten' ist unwirksam, wenn der Vertrag zugleich die folgende Klausel enthält: Der Mieter kann gegen eine Mietzinsforderung mit einer Forderung wegen Schadensersatz auf Grund eines Mangels der Mietsache (§ 538 BGB) nur aufrechnen oder wegen einer solchen Forderung ein Zurückbehaltungsrecht ausüben, wenn er seine Absicht dem Wohnungsunternehmen mindestens einen Monat vor der Fälligkeit des Mietzinses schriftlich angezeigt hat. Im Übrigen ist die Aufrechnung gegen Mietzinsforderungen ausgeschlossen, soweit der Mieter nicht unbestrittene oder rechtskräftig festgestellte Forderungen geltend macht."

Die Vereinbarung, der zufolge der Mieter mit einer Forderung gemäß § 538 BGB a.F. nur aufrechnen oder wegen einer solchen Forderung ein Zurückbehaltungsrecht ausüben kann, wenn er seine Absicht mindestens einen Monat vor der Fälligkeit der Miete dem Vermieter angezeigt hat, steht im Einklang mit § 552a BGB a.F. Soweit im Übrigen nach der hier maßgeblichen Klausel die Aufrechnung gegen Mietforderungen ausgeschlossen ist, sofern der Mieter nicht unbestrittene oder rechtskräftig festgestellte Forderungen geltend macht, begegnet die Klausel – wie der BGH ausführt – für sich genommen keinen Bedenken im Hinblick auf § 11 Nr. 3 AGBG (jetzt: § 309 Nr. 3 BGB), weil sie die Aufrechnung nicht über das nach dieser Vorschrift zulässige Maß hinaus ausschließt. Sie führe aber jedenfalls in Verbindung mit der Vorauszahlungsklausel **zu einer unzulässigen Einschränkung des Minderungsrechts**. Infolge der Kombination von Vorauszahlungs- und Aufrechnungsverbotsklausel könne der Mieter die Minderung – zumindest für den ersten Monat, in dem der Mangel auftritt – weder durch Abzug von der geschuldeten Miete noch durch Aufrechnung mit einem auf der Überzahlung der Miete in diesem Monat beruhenden Bereicherungsanspruch gegenüber der Mietforderung in den Folgemonaten durchsetzen. Im Streitfalle müsse er die Minderung stattdessen gerichtlich geltend machen. Jedenfalls in ihrer Gesamtwirkung würden die Klauseln deshalb zu einer gemäß § 537 Abs. 3 BGB a.F. (jetzt: § 536 Abs. 4 BGB) unzulässigen 29

---

1 BGH, MDR 1995, 142 = WuM 1995, 28 = ZMR 1995, 60; vgl. auch AG Aachen, ZMR 1999, 32 (in einem Wohnraummietvertrag war neben der Vorauszahlungsklausel folgende Klausel vereinbart: „Der Mieter ist nicht berechtigt, gegenüber dem Mietzins und den Nebenkosten und der jährlichen Nebenkostenabrechnung aufzurechnen oder Zurückbehaltungsrecht geltend zu machen, es sei denn, es liegt ein rechtskräftiger Titel vor" – zutreffend wurde auch hier die Vorauszahlungsklausel als unwirksam beurteilt) und LG Hamburg, WuM 1999, 326 (in einem Wohnraummietvertrag war neben der Vorauszahlungsklausel und einer Rechtzeitigkeitsklausel folgende Klausel vereinbart: „Kann der Mieter gegenüber dem Mietzins mit einer Gegenforderung nur aufrechnen oder ein Zurückbehaltungsrecht geltend machen, wenn die Gegenforderung auf dem Mietverhältnis beruht, unbestritten ist oder ein rechtskräftiger Titel vorliegt"), vgl. insoweit auch AG Hamburg, NZM 2009, 319.

Beschränkung des Minderungsrechts und zu einer unangemessenen Benachteiligung des Mieters führen.

30 Das durch die Mietrechtsreform geschaffene neue Recht wirft die Frage auf, ob mit ihm diese Rechtsprechung des BGH obsolet geworden ist. In zweifacher Hinsicht können sich Auswirkungen der neuen Gesetzeslage ergeben: Einerseits entspricht die Vorfälligkeit der Miete bei Wohnraummietverträgen nunmehr dem gesetzlichen Leitbild (§ 556b Abs. 1 BGB). Andererseits ist der Katalog von Ansprüchen, mit denen der Wohnraummieter zwingend aufrechnen oder derentwegen er ein Zurückbehaltungsrecht geltend machen darf (vgl. § 556b Abs. 2 BGB im Vergleich zu § 552a BGB a.F.), erheblich erweitert worden, insbesondere gelten diese Befugnisse des Mieters nunmehr auch für Ansprüche aus ungerechtfertigter Bereicherung wegen zu viel gezahlter Miete, in allen Fällen mit der Maßgabe, dass der Mieter seine Rechtsausübung gegenüber dem Vermieter mindestens einen Monat vor der Fälligkeit der Miete in Textform anzeigen muss.

→ **Neuverträge (ab 1.9.2001)**

31 Der zweite Teil der vom BGH beurteilten Klauselkombination, der ein partielles Aufrechnungsverbot zum Gegenstand hat, ist nach nunmehr geltender Rechtslage gemäß § 556b Abs. 2 BGB insgesamt unwirksam, da sowohl Aufrechnung als auch Zurückbehaltung entgegen dieser Vorschrift zu weitgehend eingeschränkt werden. Auch im Übrigen können aber bei Neuverträgen Klauselkombinationen der hier erörterten Art (Vorauszahlungs- und Aufrechnungs**verbots**klausel) unter Anwendung des Rechts der Allgemeinen Geschäftsbedingungen (§§ 305 ff. BGB) im Ergebnis nicht zu einer nachschüssigen Zahlungsweise zugunsten des Wohnraummieters führen. Denn selbst wenn man bei der hier besprochenen Kombination eine Vorfälligkeitsklausel für unwirksam ansehen würde, träte an ihre Stelle die gesetzliche Regelung (§ 306 Abs. 2 BGB)[1]. Wie oben dargelegt, ist nun aber gerade bei neu abgeschlossenen Wohnraummietverträgen die vorschüssige Zahlungsweise die gesetzliche Regelung (§ 556b Abs. 1 BGB). Im Ergebnis lässt sich mithin zu Recht sagen, dass bei neu abgeschlossenen Wohnraummietverträgen sich die hier angesprochene Problematik durch den berühmten Federstrich des Gesetzgebers in dem Sinne erledigt hat, dass an der Wirksamkeit von Vorfälligkeitsklauseln nicht mehr zu rütteln ist[2].

→ **Altverträge (vor dem 1.9.2001)**

32 Für Altwohnraummietverträge könnte sich deshalb eine andere Beurteilung ergeben, weil sich die Fälligkeit der Miete bei ihnen weiterhin nach altem Recht richtet (Art. 229 § 3 Abs. 1 Nr. 7 EGBGB)[3]. Für Altverträge gilt also weiterhin § 551 BGB a.F., wonach gesetzlich die Miete nachschüssig zu entrichten ist, also erst nach Ablauf der vereinbarten Zeitabschnitte, regelmäßig also am Ende des Monats. Somit stellt sich hier die Frage, ob sich

---

1 *Lützenkirchen*, Neue Mietrechtspraxis, Rz. 101; *Kinne/Schach/Bieber*, § 556b BGB Rz. 4.
2 *Lammel*, § 556b BGB Rz. 2.
3 BGH, NZM 2009, 315.

allein mit Einführung von § 556b Abs. 2 BGB eine veränderte Sichtweise ergibt. Wichtig ist dabei, dass § 556b Abs. 2 BGB mit seiner Einführung am 1.9.2001 sofort geltendes Recht wurde, also auch auf Altwohnraummietverträge anzuwenden ist[1]. Daraus folgt die Unwirksamkeit des zweiten Teils der vom BGH beurteilten Klauselkombination, nämlich desjenigen Teils, der Beschränkungen der Aufrechnung und der Zurückbehaltung formularmäßig regelt. Nach neuerer Rechtslage bestünde somit keine Veranlassung, die Wirksamkeit der vertraglichen Vorfälligkeitsklausel in der vom BGH entschiedenen Fallkonstellation in Frage zu stellen, da auch schon bisher anerkannt war, dass die nachschüssige Zahlungsweise formularmäßig abbedungen werden kann[2].

Wie aber wäre nun bei Altwohnraummietverträgen die Rechtslage zu beurteilen, wenn es um Klauselkombinationen mit Vorauszahlungs- und Aufrechnungsverbotsklausel geht, die **nicht** im Widerspruch zu § 566b Abs. 2 S. 1 BGB stehen. Beispielhaft könnte man sich vorstellen, dass (gleichsam im vorauseilenden gesetzgeberischen Gehorsam) in einem Altwohnraummietvertrag folgende Formularklauseln aufgenommen sind: 33

„Die Miete ist monatlich im Voraus, spätestens bis zum dritten Werktag eines jeden Monats zu entrichten." „Der Mieter kann gegen eine Mietforderung mit einer Forderung auf Grund der §§ 538, 547, 547a a.F. oder aus ungerechtfertigter Bereicherung wegen zu viel gezahlter Miete nur aufrechnen oder wegen einer solchen Forderung ein Zurückbehaltungsrecht ausüben, wenn er seine Absicht dem Vermieter mindestens einen Monat vor der Fälligkeit der Miete in Textform angezeigt hat. Im Übrigen ist die Aufrechnung gegen Mietforderungen ausgeschlossen, soweit der Mieter nicht unbestrittene oder rechtskräftig festgestellte Forderungen geltend macht."

Mit der Begründung, § 556b Abs. 2 S. 1 BGB sei (wie schon die Vorläufervorschrift § 552a BGB a.F.) gegenüber einer Überprüfung nach dem Recht der Allgemeinen Geschäftsbedingungen (§ 305 ff. BGB) subsidiär und **jede** formularmäßige Einschränkung des Aufrechnungs- und Zurückbehaltungsrechts des Mieters wegen Ansprüchen aus ungerechtfertigter Bereicherung wegen zu viel gezahlter Miete sei mit § 536 Abs. 4 BGB nicht in Einklang zu bringen und beeinträchtige mithin den Wohnraummieter unangemessen, wird auch weiterhin für Altmietverträge daran festgehalten, dass in der hier erörterten Konstellation die formularmäßige Vorauszahlungsklausel unwirksam sei[3]. Dieser Auffassung ist aber entgegenzuhalten, dass es der BGH im Hinblick auf das zwingende Mietminderungsrecht des Wohnraummieters als problematisch angesehen hat, dass dieser infolge der zu bewertenden Klauselkombination, zumindest wegen eines begrenzten Zeitraums, in die aktive Rolle der klagenden Partei gedrängt werde. **Diese** Situation ist aber gerade durch Einführung von § 556b Abs. 2 BGB ausgeschlossen. Der Mieter kann in jedem Falle, wenn auch mit einer zeitlichen Verzögerung von in der Regel wohl 2 Monaten, die Aufrechnung aus   34

---

1 *Lammel*, § 556b BGB Rz. 51; *Eisenschmid*, WuM 2001, 215, 218; *Gellwitzki*, WuM 2001, 373, 382.
2 BGH, MDR 1995, 142; BGH, ZMR 1998, 141.
3 *Gellwitzki*, WuM 2001, 373, 381 ff.; *Eisenschmid*, WuM 2001, 215, 218; AG Wetzlar, WuM 2002, 307; *Kinne/Schach/Bieber*, § 556b BGB Rz. 4.

ungerechtfertigter Bereicherung wegen zu viel gezahlter Miete gegen die Mietforderungen des Vermieters erklären. Angesichts dieses gesetzgeberischen Schutzes erscheint es in der Tat fraglich, ob ein weiter gehender Schutz des Wohnraummieters über das Recht der Allgemeinen Geschäftsbedingungen noch greifen kann oder weiterhin nach der Ratio der grundlegenden BGH-Entscheidung greifen muss[1]. In ähnlich erscheinender Konstellation hat der BGH jüngst den Mieter von Wohnraum auch nicht in die aktive Klagerolle gezwungen gesehen, wenn dem Vermieter gestattet wird, rückständige Miete im Urkundenprozess geltend zu machen[2].

34a Auch bei folgender Klauselkombination wird der Mieter nicht darauf verwiesen, seine aus der Minderung resultierenden Ansprüche gesondert klageweise geltend zu machen:

„Der Mieter kann nur mit Forderungen aus dem Mietverhältnis aufrechnen, wenn sie unbestritten, rechtskräftig festgestellt oder entscheidungsreif sind. Dies gilt nicht für Mietzinsminderungen, die wegen der (vereinbarten) Vorfälligkeit des Mietzinses im laufenden Monat entstanden sind. Diese Rückforderungsbeträge eines evtl. zu viel gezahlten Mietzinses für den laufenden Monat können in den Folgemonaten zur Aufrechnung gebracht werden".

Mit der oben (Rz. 34) angestellten Erwägung, dass der Mieter bei dieser Klauselkombination nicht in die aktive Klagerolle gezwungen wird, er seinen Minderungsanspruch also nicht im Klagewege durchsetzen muss, hat der BGH[3] bei dieser Vertragsgestaltung in einem Altvertrag die formularmäßig vereinbarte Vorauszahlungsklausel als wirksam angesehen.

Anders ist die rechtliche Beurteilung in einem Wohnraum-Altvertrag bei folgenden Klauseln:

„Die Ausübung des Zurückbehaltungsrechts an Mietzins oder die Aufrechnung gegenüber dem Mietzins mit einer unstreitigen oder rechtskräftig festgestellten Gegenforderung des Mieters ist zulässig. Die Ausübung dieser Rechte beschränkt sich der Höhe nach auf monatliche Teilbeträge, die 25 % des monatlichen Mietzinses nicht überschreiten dürfen.

In allen anderen Fällen ist die Ausübung dieser Rechte unzulässig, es sei denn, dass es sich ausschließlich um ein Mietverhältnis über Wohnraum handelt oder diesem gleichgestellt ist und dass sich bei der Gegenforderung des Mieters um solche nach § 538 BGB handelt (Ersatzforderung wegen Mängel der Mietsache).

---

1 *Lammel*, § 556b BGB Rz. 51: Der Mieter ist jetzt ausreichend über § 556b Abs. 2 BGB geschützt; vgl. auch *Emmerich/Sonnenschein*, § 556b BGB Rz. 13, allerdings nicht ausdrücklich für Altmietverträge; siehe auch Schmidt/Futterer/*Langenberg*, Rz. 11 zu § 551 BGB a.F., der ausführt: „Treffen eine Vorauszahlungsklausel und ein Aufrechnungsausschluss zusammen, bleibt die Vorfälligkeitsklausel daher nur bestehen, wenn die Aufrechnungsklausel den Anforderungen des § 11 Nr. 3 AGBGB und § 552a BGB (a.F.) Rechnung trägt ... **und** sie die Aufrechnung mit Bereicherungsansprüchen des Mieters aus Mietminderung, die auf Mängeln nach Mietzinszahlung beruht, zulässt". Die so formulierten Voraussetzungen sind mit Einführung von § 556b Abs. 2 BGB mit der Maßgabe erfüllt, dass der Wohnraummieter eine Ankündigungsfrist von einem Monat einhalten muss; **a.A.** *Hinz* in: Hinz/Junker/v. Rechenberg/Sternel, S. 182.
2 BGHReport 2005, 1232 mit Anm. *Junker*.
3 BGH, WuM 2008, 152 = MietRB 2008, 162.

Fälligkeit der Miete   Rz. 37 **D**

In jedem Fall hat der Mieter seine Absicht, diese Rechte auszuüben, dem Vermieter mindestens 1 Monat vor der Fälligkeit des Mietzinses schriftlich anzuzeigen".

Bei dieser Klauselkombnination muss wiederum der Mieter die Minderung im Klagewege durchsetzen[1]. Bei der zitierten Klauselkombination wird die Ausübung eines Minderungsrechts durch Aufrechnung für nachträgliche Mängel, die der Vermieter nicht zu vertreten hat, so dass er eine dadurch verminderte Gebrauchsfähigkeit der Mietsache auch nicht nach § 538l BGB a.F. einstehen muss, ganz ausgeschlossen. Zudem begrenzt die Klausel den Mieter ungeachtet des einem Mangel zukommenden Gewichts bei Ausübung seines Minderungsrechts auch sonst der Höhe nach dauerhaft auf einen Betrag von höchstens 25 % der monatlichen Miete.

Neben einer Vorauszahlungsklausel war in einem Altmietvertrag die Aufrechnungsmöglichkeit dergestalt beschränkt, dass die

„Gegenforderung auf dem Mietverhältnis beruht, unbestritten ist oder ein rechtskräftiger Titel vorliegt[2]."

Auch hier entschied sich das Gericht für eine Unwirksamkeit der Vorfälligkeitsklausel.

Der Rechtsanwalt wird allerdings in diesen bzw. ähnlich gelagerten Fällen **den Mandanten** auf die **nicht abschließend geklärte Rechtslage hinweisen** und mit ihm zu besprechen haben, ob ein sicherer oder eher mit einem Risiko behafteter Weg eingeschlagen werden soll (vgl. *Rz. 25 und 26*). 35

bb) Kombination von Vorauszahlungs- und Aufrechnungs-*ankündigungs*klausel

Mit dem Beschluss des BGH vom 26.10.1994[3] ist der Rechtsentscheid des BayObLG vom 6.5.1993[4] überholt, nach überwiegender und hier für zutreffend gehaltener Auffassung in Literatur und Rechtsprechung[5] indes nicht der Rechtsentscheid des OLG Hamm vom 15.3.1993[6], dem folgender Sachverhalt zugrunde liegt: Vermietet ist eine Wohnung. Nach § 4 des Formularmietvertrages ist die Miete im Voraus bis spätestens zum dritten Werktag des Monats zu zahlen. Nach § 5 des Vertrages kann der Mieter 36

„gegenüber Mietforderungen mit Gegenforderungen nur aufrechnen oder ein Zurückbehaltungsrecht ausüben, wenn er seine Absicht dem Vermieter mindestens einen Monat vor der Fälligkeit der Miete schriftlich angezeigt hat".

Die den Mieter nach § 5 des Vertrages belastende Klausel unterscheidet sich von der dem BGH zur Beurteilung vorgelegten Klausel-Kombination insbesondere dadurch, dass die Zulässigkeit der Aufrechnung mit Gegen- 37

---

1 BGH, NJW 2009, 315.
2 AG Hamburg, NZM 2009, 319.
3 BGH, MDR 1995, 142 = WuM 1995, 28 = ZMR 1995, 60.
4 BayObLG, WuM 1993, 335.
5 OLG Köln, ZMR 1998, 763 = WuM 1998, 23; LG Lüneburg, ZMR 1999, 175; *Hannemann*, WuM 1995, 8, 11; *Börstinghaus*, MDR 1995, 241, 242; *Kraemer*, WuM 2000, 515, 516; **a.A.** *Gellwitzki*, WuM 2001, 373, 383 (Fn. 89).
6 OLG Hamm, MDR 1993, 336.

forderungen nur von der Einhaltung einer Ankündigungsfrist abhängig, indes die Aufrechnung nicht einmal partiell ausgeschlossen ist. Auf den Aspekt, dass auch die Ausübung eines Zurückbehaltungsrechtes von der Einhaltung einer Ankündigungsfrist abhängig gemacht ist, wird im Folgenden noch einzugehen sein.

38 Zunächst gilt es festzuhalten: In Übereinstimmungen mit dem Beschluss des OLG Hamm vom 15.3.1993 ist nach wohl vorherrschender Ansicht eine **Vorauszahlungsklausel** jedenfalls dann **wirksam**, wenn im Übrigen formularmäßig die Zulässigkeit der **Aufrechnung** mit Gegenforderungen des Mieters **nur** davon abhängig gemacht wird, dass er seine Aufrechnungsabsicht dem Vermieter mindestens einen Monat vor der Fälligkeit der Miete schriftlich anzeigt. Es besteht nämlich wohl überwiegend Einvernehmen darüber, dass der Mieter in einem solchen Falle nicht unangemessen benachteiligt wird, da die Aufrechnung mit einem Bereicherungsanspruch – vor dem Hintergrund einer geminderten, aber schon ungemindert gezahlten Miete – nur um ein oder zwei Monate verzögert wird[1].
Der Mieter wird deshalb nicht in die Rolle einer klagenden Partei gezwungen.

39 Auch hier ist zu fragen, welche **Auswirkungen der Mietrechtsreform** sich ergeben.

→ **Neuverträge (ab 1.9.2001)**

40 Die hier erörterte Klauselkombination entspricht der neuen Vorschrift in § 556b Abs. 2 BGB. Selbst wenn man im Übrigen unter Anwendung des Rechts der Allgemeinen Geschäftsbedingungen (§§ 305 ff. BGB) die Vorfälligkeitsklausel für unwirksam ansehen würde, träte an ihre Stelle die gesetzliche Regelung (§ 306 Abs. 2 BGB). Für Neuverträge über Wohnraum hat sich mithin die Problematik erledigt (vgl. *Rz. 30 f.*).

→ **Altverträge (vor dem 1.9.2001)**

41 Im Kern wird mit der Begründung, **jede** formularmäßige Einschränkung des Aufrechnungs- und Zurückbehaltungsrechts des Mieters von Wohnraum wegen Ansprüchen aus ungerechtfertigter Bereicherung wegen zu viel gezahlter Miete sei mit § 536 Abs. 4 BGB nicht in Einklang zu bringen, auch weiterhin für Altmietverträge daran festgehalten, dass auch in der hier erörterten Konstellation die formularmäßige Vorauszahlungsklausel unwirksam sei (vgl. *Rz. 34*). Dieser Auffassung ist aber entgegenzuhalten, dass es der BGH im Hinblick auf das zwingende Mietminderungsrecht des Wohnraummieters als problematisch angesehen hat, dass dieser infolge der zu bewertenden Klauselkombination, zumindest wegen eines begrenzten Zeitraumes, in die aktive Rolle der klagenden Partei gedrängt werde. **Diese**

---

1 Vgl. BGH, WuM 2008, 152 = MietRB 2008, 162; *Lammel*, § 556b BGB Rz. 51; LG Berlin, GE 1996, 1185; LG Berlin, GE 1996, 978; LG Berlin, GE 1997, 185; LG Lüneburg, ZMR 1999, 175; LG Berlin, NZM 2002, 381; **a.A.**: LG Berlin, ZMR 1998, 33; LG Berlin (64. ZK), NZM 2001, 1030; LG München I, WuM 1996, 329; *Kinne/Schach/Bieber*, § 556b BGB Rz. 4); *Emmerich/Sonnenschein*, § 556b BGB Rz. 13.

Situation ist aber gerade durch Einführung von § 556b Abs. 2 BGB ausgeschlossen (vgl. *Rz. 34 und 34a*).

Der Rechtsanwalt wird auch hier den Mandanten auf die abschließend nicht ganz geklärte Rechtslage hinzuweisen und mit ihm zu besprechen haben, ob ein sicherer oder eher mit einem Risiko behafteter Weg eingeschlagen werden soll (vgl. *Rz. 25 und 26*). 42

cc) Kombination von Vorauszahlungs- und *Ankündigungs*klausel zur Ausübung eines Zurückbehaltungsrechts

Nach der **Mietrechtsreform** (gesetzliche Vorfälligkeit der Miete – § 556b Abs. 1 BGB – bei Neuverträgen und Einführung von § 556b Abs. 2 BGB – früher: § 552a BGB a.F. –) können die nachfolgenden Ausführungen nur noch Bedeutung im Rahmen von **Altverträgen** (die vor dem 1.9.2001 schon bestanden[1]) haben (vgl. im Einzelnen *Rz. 34*). 43

Höchstrichterlich ist trotz des Rechtsentscheids des OLG Hamm vom 15.3.1993 bisher **nicht die Gültigkeit einer Vorauszahlungsklausel geklärt, wenn gleichzeitig** nicht nur die Aufrechnung, sondern auch **die Ausübung eines Zurückbehaltungsrechts** zu Lasten des Mieters dahin gehend **beschränkt wird**, dass er die Ausübung des Zurückbehaltungsrechts innerhalb einer Frist von einem Monat dem Vermieter zuvor ankündigen muss. Das OLG Hamm hat sich im besagten Rechtsentscheid ausdrücklich nur mit dem Tatbestand eines Zusammentreffens von Vorauszahlungs- und Aufrechnungsbeschränkungsklausel (= Anzeigeklausel) befasst, obwohl nach dem mitgeteilten Sachverhalt gleichzeitig auch die Ausübung eines Zurückbehaltungsrechts davon abhängig war, dass der Mieter dem Vermieter eine entsprechende Absicht mindestens einen Monat vor der Fälligkeit der Miete schriftlich anzeigt. 44

Wie ist also die Rechtslage bei der Vermietung von Wohnraum im hier in Rede stehenden Zusammenhang zu beurteilen, wenn sich z.B. gleichzeitig im Mietvertrag die folgenden **Klauseln** finden: 45

„Die Miete und Nebenkosten sind monatlich im Voraus, spätestens am dritten Werktag des Monats porto- und spesenfrei an den Vermieter oder an die von ihm zur Entgegennahme ermächtigte Person oder Stelle zu zahlen. Der Mieter kann gegenüber Mietforderungen mit Gegenforderungen nur aufrechnen oder ein Zurückbehaltungsrecht ausüben, wenn er seine Absicht dem Vermieter mindestens einen Monat vor der Fälligkeit der Miete schriftlich angezeigt hat."

Ist bei dieser Klauselkombination die Vorauszahlungsklausel, der zufolge die Miete monatlich im Voraus zu zahlen ist, wirksam oder unwirksam? Diese Frage wird bisher in der Rechtsprechung unterschiedlich beantwortet, wobei sogar innerhalb des Landgerichts Berlin die Auffassungen divergieren[2]. 46

---

1 Zu Einzelheiten der Übergangsvorschriften vgl. *Gellwitzki*, WuM 2001, 373, 379.
2 Vgl. *Rz. 38* und die dort unter Fn. 5 zitierten Entscheidungen und LG Berlin, GE 1996, 679; OLG Köln, ZMR 1998, 763; OLG Hamburg, ZMR 1998, 220 (alle drei

47 Die Einschränkung des Zurückbehaltungsrechts, nämlich in der Weise, dass es einen Monat vor der Fälligkeit der Miete schriftlich anzuzeigen ist, verstößt gegen § 11 Nr. 2 AGBG (jetzt: § 309 Nr. 2 BGB)[1]. Die genannten unterschiedlichen Auffassungen beruhen nun darauf, welche Konsequenzen aus der Unwirksamkeit der Einschränkung des Zurückbehaltungsrechts zu ziehen sind. Soweit die Auffassung vertreten wird, in der hier fraglichen Konstellation sei damit auch die Vorfälligkeitsklausel unwirksam, wird dies einerseits abgeleitet aus dem **Verbot der geltungserhaltenden Reduktion von Formularklauseln** und andererseits aus der Erwägung, dass diese Klauselkombination gegen das **Transparenzgebot verstoße**, den Mieter deshalb unangemessen benachteilige. Die Stichhaltigkeit beider Argumente erscheint indes fraglich. Die hier beispielhaft erörterte Klausel (vgl. *Rz. 45*), die in dieser oder ähnlicher Form häufiger anzutreffen ist, ist – was die Beschränkung der Aufrechnung und des Zurückbehaltungsrechts anbelangt – sowohl sprachlich als auch inhaltlich teilbar, so dass sie im Hinblick auf die – nach § 11 Nr. 3 und § 9 AGBG (jetzt: § 309 Nr. 3 und § 307 BGB) zulässige[2] – Aufrechnungsbeschränkung aufrechterhalten werden kann, ohne dass ein Verstoß gegen das Verbot der geltungserhaltenden Reduktion vorliegt[3].

Das **Transparenzgebot** verpflichtet den Verwender, seine Allgemeinen Geschäftsbedingungen so zu gestalten, dass der rechtsunkundige Durchschnittsbürger in der Lage ist, die ihn benachteiligende Wirkung einer Klausel ohne Einholung von Rechtsrat zu erkennen; die Transparenzanforderungen dürfen allerdings nicht überspannt werden; abzustellen ist nicht auf den flüchtigen Betrachter, sondern auf den aufmerksamen und sorgfältigen Teilnehmer am Wirtschaftsverkehr[4]. Gemessen hieran wird man nicht sagen können, dass die vorherige Ankündigung einer Aufrechnung oder der Ausübung eines Zurückbehaltungsrechts unverständlich oder undurchsichtig sei[5].

48 Nach der hier vertretenen Auffassung ist also bei einem Zusammentreffen von Vorfälligkeitsklausel und einer Klausel, die die Ausübung des Zurückbehaltungsrechts von einer vorherigen Ankündigung von einem Monat abhängig macht, die Vorfälligkeitsklausel **nicht unwirksam**[6].

Der Rechtsanwalt wird allerdings in diesem Falle den Mandanten auf die abschließend nicht geklärte Rechtslage **hinweisen** und insbesondere die örtliche Rechtsprechung zu beachten haben. Um sie zuverlässig zu ermit-

---

zuletzt zitierten Entscheidungen betreffen allerdings einen Gewerberaummietvertrag).
1 OLG Celle, WuM 1990, 103, 111; *Emmerich/Sonnenschein* (7. Aufl.), § 552a BGB a.F. Rz. 4 (a.E.).
2 BGH, MDR 1995, 142 = WuM 1995, 28 = ZMR 1995, 60; OLG Hamm, MDR 1997, 927; OLG Rostock, NZM 1999, 1006 (Gewerberaummietvertrag).
3 BGH, WM 1989, 949, 951; OLG Celle, WuM 1990, 103, 111; OLG Hamm, ZMR 1998, 342, 343; LG Berlin, GE 1996, 978, 979.
4 Palandt/*Heinrichs*, § 307 BGB Rz. 16 f.
5 So auch LG Berlin, GE 1996, 978, 979; **a.A.**: LG Berlin, GE 1996, 679.
6 **A.A.**: *Eisenschmid*, WuM 2001, 215, 218.

teln, sollten insbesondere Informationsquellen der örtlichen Verbände genutzt werden. Das Presseorgan des Frankfurter Haus- und Grundbesitzervereins veröffentlicht z.B. nur Frankfurter Entscheidungen. Auch in der Zeitschrift „Hamburger Grundeigentum", Organ des Grundeigentümerverbandes Hamburg, werden insbesondere die Entscheidungen Hamburger Gerichte publiziert. Entsprechendes gilt auch für die Berliner Zeitschrift „Das Grundeigentum". Der junge Rechtsanwalt sollte sich auch nicht scheuen, den in Mietsachen erfahrenen Kollegen zu Besonderheiten der örtlichen Rechtsprechung einmal zu befragen.

b) Gewerberaummietvertrag

aa) Kombination von Vorauszahlungs- und Aufrechnungs*verbots*klausel

Soweit ersichtlich, ist bisher in der Rechtsprechung im Rahmen eines Gewerberaummietvertrages nicht ausdrücklich der Fall eines Zusammentreffens von Vorfälligkeits- und Aufrechnungs**ausschluss**klausel entschieden worden.

In seinem Beschluss vom 26.10.1994[1] hat der BGH bei einem Mietvertrag über Wohnraum wesentlich auf § 537 Abs. 3 BGB a.F. (= § 536 Abs. 4 n.F.) abgestellt, der jede zum Nachteil des Mieters von seinen Rechten bei Vorliegen von Mängeln abweichende Vereinbarung verbietet. Der Mieter dürfe wegen des ihm auf Grund eingetretener Minderung zustehenden Bereicherungsanspruches nicht in die aktive Klagerolle gezwungen werden. Diese Überlegungen kommen bei einem Gewerberaummietvertrag nicht zum Tragen. Deswegen wird man in der hier erörterten Konstellation die Vorfälligkeitsklausel als wirksam ansehen können[2].

bb) Kombination von Vorauszahlungs- und *Ankündigungs*klausel zur Aufrechnung oder Ausübung eines Zurückbehaltungsrechts

Erst recht ist bei einem Gewerberaummietvertrag das Zusammentreffen einer Vorauszahlungsklausel mit einer Aufrechnungsbeschränkungsklausel dahin gehend, dass die Aufrechnung einen Monat vorher dem Vermieter gegenüber anzukündigen ist, unbedenklich. Nach überwiegender Meinung gilt dies auch, wenn die Ausübung des Zurückbehaltungsrechts von einer entsprechenden Ankündigung formularmäßig abhängig gemacht wird[3]. In beiden Fällen ist also die Vorfälligkeitsklausel wirksam, wenngleich auch hier die Rechtslage noch nicht abschließend geklärt ist.

Auch für den Gewerberaummietvertrag stellt sich die Frage, welche Auswirkungen sich durch die **Mietrechtsreform** ergeben. Beide Klauselkombinationen (*Rz. 49* und *50*) können insoweit gleich behandelt werden.

---

1 BGH, MDR 1995, 142 = WuM 1995, 28 = ZMR 1995, 60.
2 Vgl. auch OLG Hamm, ZMR 1998, 342 und OLG Oldenburg, WuM 1999, 225, 228; Schmidt-Futterer/*Langenberg*, § 556b BGB Rz. 26.
3 OLG Hamburg, ZMR 1998, 220 (für den kaufmännischen Verkehr); OLG Köln, ZMR 1998, 763; **a.A.:** LG Berlin, GE 1996, 679.

→ **Neuverträge (ab 1.9.2001)**

51 Selbst wenn man bei den hier in Rede stehenden Kombinationen eine Vorfälligkeitsklausel für unwirksam ansehen würde, träte an ihre Stelle die gesetzliche Regelung (§ 306 Abs. 2 BGB). Nun ist aber gerade bei neu abgeschlossenen Gewerberaummietverträgen die vorschüssige Zahlungsweise die **gesetzliche** Regelung (§ 579 Abs. 2 BGB). Bei neu abgeschlossenen Gewerberaummietverträgen hat sich mithin die angesprochene Problematik durch den berühmten Federstrich des Gesetzgebers in dem Sinne erledigt, dass die Wirksamkeit von Vorfälligkeitsklauseln nicht mehr in Frage gestellt werden kann (vgl. *Rz. 30 ff.* für neu abgeschlossene Wohnraummietverträge).

→ **Altverträge (vor dem 1.9.2001)**

52 Auch nach In-Kraft-Treten des Mietrechtsreformgesetzes richtet sich die Fälligkeit der Miete für Mietverträge, die vor dem 1.9.2001 abgeschlossen worden sind, nach altem Recht (Art. 229 § 3 Abs. 1 Nr. 7 EGBGB)[1]. Für Altverträge gilt also weiterhin § 551 BGB a.F., wonach gesetzlich die Miete nachschüssig zu entrichten ist, also erst nach Ablauf der vereinbarten Zeitabschnitte, regelmäßig mithin am Ende des Monats. Deswegen ist die aufgeworfene Thematik für Altgewerberaummietverträge **nicht** obsolet geworden, es gelten hier weiterhin die oben ausgeführten Rechtsgrundsätze (*Rz. 49* und *50*).

IV. Erfüllung von Mietansprüchen

1. Überblick

53 Rechtsfragen zur Fälligkeit der Miete, der Erfüllung von Mietansprüchen, zur Kündigung wegen Zahlungsverzuges und zum – richtigen – prozessualen Vorgehen sind in der Praxis eng miteinander verwoben, wie nachstehend geschilderter **Ausgangsfall**[2] verdeutlichen soll, **auf den zur Veranschaulichung im folgenden Text immer wieder Bezug genommen wird.**

Es besteht ein Wohnraummietvertrag. Gemäß wirksamer Vereinbarung (s. hierzu die Ausführungen unter Rz. 23 f.) ist die Miete monatlich im Voraus, spätestens am 3. Werktag eines Monats fällig. Wegen Zahlungsverzuges mit den Mieten für die Monate Februar und März 2001 kündigt der Vermieter das Mietverhältnis mit Schreiben des von ihm beauftragten Rechtsanwaltes vom 13. März 2001 fristlos; am 16. März 2001 geht das Kündigungsschreiben dem Mieter zu. Am 19. März 2001 gehen die Mietbeträge für die Monate Februar und März 2001 auf dem Konto des Vermieters ein. Der Mieter behauptet, wegen dieser Beträge bei seiner Bank bereits am 12. März 2001 einen Überweisungsauftrag eingereicht zu ha-

---

1 Vgl. BGH, NZM 2009, 315.
2 Dem Sachverhalt liegt das Urteil des AG Hamburg vom 14.7.1999 zum Aktenzeichen 45 C 23/99 zu Grunde.

ben; mit dem Überweisungsbetrag wird das Konto des Mieters erst am 17. März 2001 belastet.

Mit Schreiben vom 18. Januar 2002 lässt der Vermieter das Wohnraummietverhältnis erneut durch den von ihm beauftragten Rechtsanwalt kündigen, da zu diesem Zeitpunkt nunmehr die Miete für die Monate Dezember 2001 und Januar 2002 offen sind. Anschließend erstellt der beauftragte Rechtsanwalt am 28. Januar 2002 eine Räumungsklage und reicht sie am folgenden Tag beim zuständigen Amtsgericht ein. Zu diesem Zeitpunkt war dem Vermieter und dem beauftragten Rechtsanwalt noch nicht bekannt, dass von dem Mieter zwischenzeitlich mit einem auf dem Vermieterkonto am 28. Januar 2002 gutgeschriebenen Betrag die Rückstände erneut ausgeglichen wurden. Der vom Mieter beauftragte Rechtsanwalt beantragt, die Räumungsklage abzuweisen, und hält – unter Beweisantritt – die Behauptung des Mieters aufrecht, er habe wegen der früheren Rückstände – Februar und März 2001 – seiner kontoführenden Bank bereits am 12. März 2001 einen Überweisungsauftrag erteilt.

Die Frage nach der Erfüllung von Mietansprüchen kann sich logisch erst dann stellen, wenn derartige Ansprüche fällig geworden sind. Hierzu wird verwiesen auf Rz. 21 f.; hier gilt es insbesondere zu beachten, dass grundsätzlich zulässige Vorauszahlungsklauseln auch nach der am 1.9.2001 in Kraft getretenen **Mietrechtsreform** in vor diesem Zeitpunkt geschlossenen Mietverträgen (**Altverträgen**) im Einzelfall unwirksam sein können (vgl. Rz. 32 f., für Altwohnraummietverträge [vor dem 1.9.2001 geschlossen] ist diese Rechtsfolge nach Einführung von § 556b Abs. 2 BGB strittig), mit der Folge, dass die regelmäßig vereinbarten monatlichen Mieten erst am Ende des Monats zur Zahlung fällig sind. 54

Sodann gewinnt die Frage nach der Erfüllung von Mietansprüchen **in prozessualer Hinsicht** Bedeutung. Dies gilt sowohl für eine Zahlungs- als auch eine Räumungsklage. Ein Zahlungs- wie auch ein Räumungsantrag können sich **in der Hauptsache erledigen**, wenn nach Rechtshängigkeit (das ist der Zeitpunkt der Zustellung der Klage bei der beklagten Partei) Mietforderungen erfüllt werden. Die Erledigung des Räumungsantrages kann deshalb eintreten, weil der Mieter von Wohnraum die Kündigung wegen Zahlungsverzuges noch durch Zahlung aller Mietrückstände bis zum Ablauf von zwei Monaten nach Eintritt der Rechtshängigkeit (innerhalb der so genannten Schonfrist) abwenden kann (§ 569 Abs. 3 Ziff. 2 BGB). 55

Tritt der Zeitpunkt der Erfüllung vor Rechtshängigkeit oder sogar vor Anhängigkeit der Klage, also vor dem Zeitpunkt ihrer Einreichung bei Gericht, ein, kann – wenn bereits Zahlungs- und/oder Räumungsklage erhoben wurde – **im Wege der zulässigen Klageänderung der Antrag auf Erstattung von Kosten umgestellt werden**, wenn der Mieter zum jeweils maßgeblichen Zeitpunkt im Verzug war, d.h. materiellrechtlich unter Verzugsgesichtspunkten ein Kostenerstattungsanspruch des Vermieters besteht. Alternativ besteht für den Vermieter die Option, die **Klage zurück-**

zunehmen und gemäß § 269 Abs. 4, Abs. 3 Satz 3 ZPO zu beantragen, dem Mieter als der beklagten Partei die Kosten des Rechtsstreits aufzuerlegen[1]. Wie unter *Rz. 57* (gesetzliche Regelungen) noch zu erläutern sein wird, ist im **Ausgangsfall** der Räumungsantrag unbegründet, wenn der Mieter beweisen kann, dass er wegen der früheren Rückstände bei der Bank am 12. März 2001 einen Überweisungsauftrag eingereicht hat. In diesem Falle hat der Mieter dem Vermieter als dessen Verzugsschaden aber jedenfalls die durch die zweite fristlose Kündigung erwachsenen anwaltlichen Kosten zu erstatten. Der **Rechtsanwalt des Vermieters** sollte dann jedenfalls hilfsweise einen auf die Erstattung dieser Kosten gerichteten Zahlungsantrag stellen.

2. Prüfung von Grundfragen (Checkliste)

56 Hat der beauftragte Rechtsanwalt zu **prüfen**, welche fälligen Mietforderungen ganz oder teilweise erfüllt sind, sind zwei Punkte besonders zu beachten:
– Gibt es von den gesetzlichen Bestimmungen abweichende **vertragliche Vereinbarungen über die Modalitäten der Erfüllung** von Ansprüchen?
– Welche Zahlungen des Mieters oder Dritter sind zu berücksichtigen und auf welche Mietansprüche konkret zu verrechnen?

Beide Bereiche sind für die Praxis von zentraler Bedeutung. Fehlen vertragliche Vereinbarungen, gelten die gesetzlichen Bestimmungen unter den §§ 269, 270 BGB. Ferner kommt es für die zutreffende Bestimmung offener Mietforderungen darauf an, bisherige Zahlungen des Mieters richtig zu verrechnen (s. hierzu die Ausführungen unter *Rz. 67 ff.*).

3. Die gesetzlichen Regelungen (§§ 269, 270 BGB)

57 Für die Rechtzeitigkeit der Mietzahlung ist bedeutsam, wann der Mieter das zur Übermittlung der Miete seinerseits Erforderliche getan hat[2], sofern der Vertrag nicht ausnahmsweise etwas anderes (vgl. *Rz. 58*) vorsieht. Mithin kommt es für die Beurteilung der Rechtzeitigkeit **nicht** auf die Ankunft des Geldes beim Vermieter (z.B. dem Tag der Gutschrift auf seinem Konto), sondern nur darauf an, wann der Mieter z.B. der Bank einen Überweisungsauftrag erteilte oder eine Bareinzahlung vornahm.

Im **Ausgangsfall** (vgl. *Rz. 53*) vereinbarten die Parteien lediglich, dass die Miete monatlich im Voraus, spätestens am 3. Werktag eines Monats fällig ist. Ab 6. März 2001 befand sich der Mieter mit der Erfüllung der Mieten für die Monate Februar und März 2001 im Verzug. Gleichwohl wäre die

---

[1] Vgl. hierzu Zöller/*Greger*, § 269 ZPO Rz. 18c ff.
[2] *Kinne/Schach/Bieber*, § 535 BGB Rz. 62; *Lammel*, § 535 BGB Rz. 279; *Schauer* in Schmid, Miete und Mietprozess, 3–77; Schmidt-Futterer/*Langenberg*, § 556b BGB Rz. 5 m.w.N.; OLG Naumburg, WuM 1999, 160.

erste Kündigung vom 13. März 2001 von Anfang an unwirksam, wenn der Mieter beweisen kann, dass er schon einen Tag vorher der Bank wegen der Rückstände einen Überweisungsauftrag erteilte und die Ausführung dieses Auftrages 5 Tage später nicht auf fehlender Kontodeckung beruhte. Erbringt der Mieter diesen Nachweis, stünde im Ausgangsfall fest, dass er noch vor Ausspruch der Kündigung das zur Übermittlung der Miete seinerseits Erforderliche getan hat, mithin bei Ausspruch der Kündigung[1] kein Verzug mehr vorlag.

4. Abweichende vertragliche Vereinbarungen

Nachstehend bezeichnete Formularklausel ist in dieser oder ähnlicher Form sowohl in Wohnraum- als auch Gewerberaummietverträgen[2] zu finden: 58

> Die Miete und Nebenkosten sind monatlich im Voraus, spätestens am 3. Werktag des Monats porto- und spesenfrei an den Vermieter oder an die von ihm zur Entgegennahme ermächtigte Person oder Stelle zu zahlen. Für die Rechtzeitigkeit der Zahlung kommt es nicht auf die Absendung, sondern auf die Ankunft des Geldes an.

Nach herrschender Meinung ist auch bei Wohnraum eine solche formularmäßige **Rechtzeitigkeitsklausel** zulässig[3]. Ist allerdings die Vorfälligkeitsklausel (Fälligkeit der Miete monatlich im Voraus, spätestens am 3. Werktag des Monats) aus den unter *Rz. 23 f.* erörterten Gründen unwirksam, wird daraus wohl auch die Unwirksamkeit der Rechtzeitigkeitsklausel abzuleiten sein[4]. Bei einer entsprechenden vertraglichen Vereinbarung, wie sie oben (*Rz. 58*) beispielhaft genannt wurde, ist demnach der Mieter verpflichtet, dafür zu sorgen, dass die Miete spätestens bis zum 3. Werktag auf dem Konto des Vermieters eingegangen ist. Im Nichtzahlungsfalle gerät der Mieter ab dem Tag, der dem 3. Werktag des Monats folgt, in Verzug (§ 286 Abs. 2 S. 1 BGB) Bei der Berechnung der so genannten Karenzzeit von 3 Werktagen ist der **Sonnabend als Werktag** mitzuzählen, wenn nicht 59

---

1 Dieser Zeitpunkt ist maßgeblich, nicht derjenige des Zugangs der Kündigung: *Sternel*, Mietrecht aktuell, Rz. XII 122; LG Köln, WuM 1992, 123; **a.A.:** LG Köln, WuM 1991, 263; zur Beurteilung der Rechtslage, wenn bei Ausspruch der Kündigung die sie rechtfertigenden Verzugsvoraussetzungen nicht mehr vollen Umfanges bestehen, vgl. die Ausführungen *Rz. 77*.
2 OLG Koblenz, NJW-RR 1993, 583 für den Fall eines Pachtvertrages mit folgender Klausel: „Der Pachtpreis ist monatlich im Voraus fällig, spätestens am fünften Werktag des Monats kostenfrei an den Verpächter auf das ihm angegebene Bankkonto zu zahlen".
3 *Kinne/Schach/Bieber*, § 535 BGB Rz. 62; *Lammel*, § 535 BGB Rz. 279; einschränkend *Sternel*, Mietrecht aktuell, Rz. III 91 und LG Hamburg, WuM 1999, 326.
4 *Kinne/Schach/Bieber*, § 535 BGB Rz. 62 und § 556b BGB Rz. 13.

der letzte Tag der Karenzfrist auf diesen Tag fällt[1]. Ist der 3. Werktag ein Samstag (Sonnabend) gilt § 193 BGB[2].

60 Ist vertraglich vereinbart, dass die Miete monatlich im Voraus spätestens bis zum 3. Werktag des Monats zu zahlen ist, muss sie – **wenn vertraglich der Zeitpunkt der Gutschrift auf dem Vermieterkonto maßgeblich ist** – auf seinem Konto – um einmal komplett beispielhaft das Jahr 2010 zu nennen – wie nachfolgend angegeben eingegangen sein:

Monat	Eingang auf dem Vermieterkonto spätestens am
Januar	4.1.2010
Februar	3.2.2010
März	3.3.2010
April	5.4.2010 (§ 193 BGB!)
Mai	4.5.2010
Juni	3.6.2010
Juli	5.7.2010 (§ 193 BGB!)
August	4.8.2010
September	3.9.2010
Oktober	4.10.2010
November	3.11.2010
Dezember	3.12.2010

61 Wie wichtig es ist, von den gesetzlichen Regelungen (§§ 269, 270 BGB) abweichende vertragliche Vereinbarungen zu beachten, zeigt wiederum der **Ausgangsfall** (vgl. Rz. 53), wenn dort die Parteien nicht nur eine Vorfälligkeits-, sondern auch eine Rechtzeitigkeitsklausel vereinbart hätten. Denn dann würde es im Zusammenhang mit der ersten Kündigung nicht auf den Tag der Überweisung (12. März 2001), sondern auf den Tag der Gutschrift des Betrages (19. März 2001) auf dem Vermieterkonto ankommen, mit der Konsequenz, dass die fristlose Kündigung vom 13. März 2001 zunächst berechtigt war, sodann aber mit Gutschrift des Betrages am 19. März 2001 nachträglich unwirksam wurde (§ 554 Abs. 2 Ziff. 2 BGB a.F.). Die zweite Kündigung vom 18. Januar 2002 hätte dann durch nachträgliche Zahlung vom Mieter nicht mehr abgewendet werden können (§ 569 Abs. 3 Ziff. 2 BGB). In dieser Variante ist also die Räumungsklage weiterhin begründet, wenn man mit der herrschenden Meinung auch im Rahmen eines Wohnraummietvertrages die Rechtzeitigkeitsklausel für wirksam ansieht[3]!

---

1 BGH, NJW 2005, 2154.
2 Palandt/*Weidenkaff*, § 556b BGB Rz. 4 – offen gelassen von BGH, a.a.O., vorige Fn.
3 Zu beachten ist aber: Bei Wohnraummietverträgen soll es zur Heilung der Kündigungswirkung gemäß § 554 Abs. 2 Ziff. 2 BGB a.F. = § 569 Abs. 3 Ziff. 2 BGB n.F. ausreichend sein, wenn der Mieter noch innerhalb der Schonfrist die Überweisung des Rückstandes auf das Konto des Vermieters beauftragt hat, da die hier erörterte Rechtzeitigkeitsklausel nur für die laufenden Mietzahlungen anzuwenden sei, LG Hamburg, WuM 1992, 124; LG Berlin, NJW-RR 1993, 144.

5. Zahlungsart

a) Einzugsermächtigung/Abbuchung

Einzugsermächtigung und Abbuchungsverfahren unterscheiden sich wesentlich[1]. Bei einer **Einzugsermächtigung** wird das Lastschriftverfahren – anders als bei der Giroüberweisung – nicht von dem Zahlenden, sondern von dem Zahlungsempfänger in Gang gesetzt. Dieser reicht bei **seiner** Bank (der ersten Inkassostelle) eine Lastschrift über einen bestimmten Betrag ein und gibt die Bankverbindung des Bezogenen an. Der Einreicher erhält sogleich eine Gutschrift über den Betrag der Lastschrift. Die erste Inkassostelle leitet die Lastschrift an die Bank des Bezogenen weiter (die so genannte Zahlstelle). Die Zahlstelle nimmt auf dem Konto des Bezogenen – Deckung oder eine ausreichende Kreditlinie vorausgesetzt – eine entsprechende Belastungsbuchung vor, wenn die Lastschrift den Vermerk trägt, dem Einreicher liege eine Einzugsermächtigung des Kontoinhabers vor. Beim **Abbuchungsverfahren** hat hingegen der Zahlungspflichtige seiner Bank (der Zahlstelle) im Voraus einen Abbuchungsauftrag erteilt. Die Bank belastet dementsprechend sein Konto mit seiner – des Kontoinhabers – Zustimmung. Deshalb kann er nach Einlösung der Lastschrift die Kontobelastung nicht mehr rückgängig machen. Belastungen seines Kontos muss er im Verhältnis zu seiner Bank grundsätzlich auch dann gegen sich gelten lassen, wenn der Lastschrift keine entsprechende Forderung des Einreichers zugrunde lag. Für den Bezogenen bringt das Abbuchungsverfahren daher ganz erhebliche Gefahren mit sich.

Für die anwaltliche Beratungspraxis ist vor allem zu beachten:

– Eine **Einzugsermächtigung** kann dem Vermieter auch formularmäßig erteilt werden[2], soweit sie aber auch zum Einzug von Einmalzahlungen (z.B. Betriebskostennachforderungen) berechtigen soll, muss die Klausel zur Vermeidung eines Verstoßes gegen § 307 BGB eine angemessene Frist (von mindestens fünf Tagen) zwischen Zugang der Rechnung und Belastung des Kontos vorsehen, weil der Kunde diese Zeit benötigt, um ggf. für eine ausreichende Deckung des Kontos zu sorgen[3].

– Eine Klausel hingegen, die den Mieter zur Teilnahme am **Abbuchungsverfahren** verpflichtet, ist nach herrschender Meinung unwirksam[4], wegen der damit für ihn verbundenen, oben aufgeführten Gefahren.

– Beabsichtigt der Vermieter von der ihm erteilten Einzugsermächtigung keinen Gebrauch mehr zu machen, so muss er seine Absicht dem Mie-

---

[1] BGH v. 29.5.2008 – III ZR 330/07, NZM 2008, 656; BGH, NJW 1996, 988, 989; vgl. auch die eingehende Darstellung bei *Hinz/Junker/v. Rechenberg/Sternel*, S. 183 f.
[2] Ausführlich: LG Köln, WuM 1990, 380; *Lammel*, § 535 BGB Rz. 282 m.w.N.; LG Köln, NZM 2002, 780 (in einem Sonderfall mit zusätzlichen Klauseln = Transparenzverstoß); *Sternel*, Mietrecht aktuell, II Rz. 143 und III Rz. 96.
[3] BGH v. 23.1.2003 – III ZR 54/02, NZM 2003, 367.
[4] LG Köln, WuM 1990, 380; *Lammel*, § 535 BGB Rz. 283 m.w.N.

ter zuvor anzeigen, andernfalls liegt kein Verzug des Mieters vor[1]. Diese Auffassung ist nicht unzweifelhaft, kommt sie doch einer Teilkündigung nahe. Jedenfalls wenn die Klausel die einseitige Lösungsmöglichkeit (z.B. aus wichtigem Grund) nicht vorsieht, soll ein Abstandnehmen des Gläubigers unzulässig sein[2].

b) Scheckzahlung

64 Es kommt nicht selten vor, dass nach einer Zahlungsaufforderung oder Kündigung wegen Zahlungsverzuges der vom Vermieter beauftragte Rechtsanwalt von dem Mieter einen telefonischen Anruf erhält, bei dem dieser mitteilt, er werde in Kürze über bestehende Mietrückstände zu deren gänzlichen oder teilweisen Ausgleich einen Scheck übersenden oder kurzfristig im Büro des Rechtsanwaltes abgeben. Wie soll der vom **Vermieter** beauftragte Rechtsanwalt in einer solchen oder ähnlichen Situation reagieren?

Zwar besteht keine Pflicht zur Annahme eines Schecks[3], indes kann in aller Regel ohne weiteres ein Scheck des Schuldners angenommen werden[4], wenn dieser nicht mit seiner Einlösung ausdrücklich bestimmte Bedingungen verknüpft, auf die der Gläubiger nicht eingehen will. In der oben beschriebenen Situation sollte der Rechtsanwalt den Schuldner darauf hinweisen, dass bei Zahlung durch Scheck eine Erfüllung erst mit endgültiger Gutschrift auf dem Konto des Vermieters oder des von ihm beauftragten Rechtsanwaltes eintritt[5]. Wird ein Scheck hingegeben, kann also im Regelfall der Rechtsanwalt diesen ohne weiteres seiner kontoführenden Stelle zum Einzug vorlegen, der im Scheck ausgestellte Betrag wird dann sofort seinem Konto gutgeschrieben. Nunmehr ist aber abzuwarten, ob die Gutschrift auch von Dauer ist. In der Praxis ist die Zahlung nach einem Zeitraum von fünf Werktagen ab dem Tag der Gutschrift als sicher auf dem Konto des Rechtsanwaltes eingegangen zu bewerten. Erst ab diesem Zeitpunkt kann der Rechtsanwalt von einer endgültigen Erfüllung der entsprechenden Mietforderung ausgehen. Erst danach, also nach Ablauf von fünf Werktagen, kommt eine Erledigungserklärung im Zahlungs- und/oder Räumungsprozess in Betracht. Denn auch eine Kündigung wegen Zahlungsverzuges bei Wohnraum kann nur dann (nachträglich) unwirksam werden, wenn mit der Scheckzahlung (der endgültigen Gutschrift des Scheckbetrages) alle bis dahin fälligen Ansprüche des Vermieters befriedigt werden (§ 569 Abs. 3 Ziff. 2 BGB).

---

1 *Sternel*, Mietrecht aktuell, III Rz. 98; OLG Stuttgart v. 2.6.2008 – 5 U 20/08, GuT 2008, 349.
2 BGH v. 7.12.1983 – VIII ZR 257/82, NJW 1984, 871, 872.
3 Da er kein gesetzliches Zahlungsmittel ist, OLG Frankfurt/Main, NJW 1987, 455.
4 Die Hingabe des Schecks erfolgt nur erfüllungshalber, Palandt/*Heinrichs*, § 364 BGB Rz. 5.
5 Palandt/*Heinrichs*, § 364 BGB Rz. 9; *Lammel*, § 535 BGB Rz. 278.

c) Leistung unter Vorbehalt

Auch eine Zahlung unter dem – einfachen – Vorbehalt der Rückforderung bewirkt eine **Erfüllung** der Mietschuld[1].

65

Eine Leistung unter Vorbehalt sollte der Rechtsanwalt des Mieters bei zweifelhafter Rechtslage empfehlen, insbesondere zur Abwehr einer drohenden oder bei Wohnraum schon ausgesprochenen (§ 543 Abs. 2 S. 1 Nr. 3 BGB) Kündigung des Vermieters wegen Zahlungsverzuges. Stets besteht die Verpflichtung des Rechtsanwaltes, seinem Mandanten zu raten, **einen sicheren Weg zu beschreiten**. Dies gilt umso mehr, wenn der Verlust von Wohn- oder Geschäftsraum infolge einer Kündigung des Vermieters ernsthaft in Betracht kommt. Erkennt z.B. der Rechtsanwalt, dass ein von dem Mieter reklamiertes Minderungsrecht deswegen zweifelhaft ist, weil über einen längeren Zeitraum die Miete in Kenntnis von Mängeln vorbehaltlos gezahlt wurde[2] (vgl. auch *F Rz. 201*), ist dem Mieter grundsätzlich zu empfehlen, die Rückstände jedenfalls unter Vorbehalt zunächst auszugleichen. Etwaige Rückforderungsansprüche bleiben in diesem Falle erhalten.

66

6. Verrechnung von Zahlungen des Mieters

a) Konkrete Verrechnung

Zahlungen des Mieters oder Dritter auf die Miete bedürfen stets einer konkreten Verrechnung auf die einzelnen, regelmäßig monatlich vereinbarten Mieten[3]. Das Erfordernis einer konkreten Verrechnung kann auch nicht dadurch umgangen werden, dass für einen bestimmten Zeitraum die geschuldeten Mieten (Soll) und die Zahlungen des Mieters (Haben) gegenübergestellt und der Unterschiedsbetrag geltend gemacht wird. Das ergibt zwar rechnerisch den offenen Betrag, indes bleibt mit einer derartigen **Saldierung** ungeklärt, welche Mieten für welche Monate noch nicht ausgegli-

67

---

1 *Sternel*, Mietrecht aktuell, Rz. III 93 m.w.N.; bei dem sog. qualifizierten Vorbehalt (mit besonderen Zusätzen) tritt jedoch keine Erfüllung nach § 362 BGB ein – vgl. hierzu *Kinne/Schach/Bieber*, § 535 BGB Rz. 66 m.w.N.
2 Für Mietzahlungen bis zum 1.9.2001 verlor der Mieter in analoger Anwendung von § 539 BGB a.F. sein Minderungsrecht, wobei in der Rechtsprechung eine vorbehaltlose Zahlung der Miete über etwa 6 Monate als ausreichend angesehen wurde, während für nach dem Inkrafttreten des Mietrechtsreformgesetzes fällig gewordene Mieten, also nach dem 1.9.2001, ein Verlust des Minderungsrechts nur noch unter den strengen Voraussetzungen der Verwirkung (§ 242 BGB) oder des stillschweigenden Verzichts in Betracht kommt (BGH, WuM 1997, 488; BGH, NZM 2003, 355 = ZMR 2003, 341; BGH, NZM 2003, 679 = ZMR 2003, 667; BGH, NZM 2005, 303; BGH, GuT 2005, 162).
3 Zu Einzelfragen der Verrechnung von Mietzahlungen vgl. ausführlich *Junker*, MietRB 2004, 150; das OLG Düsseldorf hat gegen eine „Saldoklage" dann keine Bedenken, wenn sich aus den Ausführungen zur Klagschrift i.V.m. einer der Klage beigefügten Saldoübersicht und i.V.m. dem Zinsantrag mit hinreichender Deutlichkeit ergibt, welche Forderungen im Einzelnen Gegenstand der Zahlungsklage sind = ZMR 2005, 943 (von einer solchen Vorgehensweise muss aber grundsätzlich abgeraten werden).

chen wurden, stets unter der Voraussetzung, dass die Leistung des Mieters nicht ausreicht, um den Mietrückstand vollen Umfanges auszugleichen.

Schon zur Vermeidung seiner eigenen **Haftung** muss der Rechtsanwalt Zahlungen des Mieters konkret und sachlich zutreffend verrechnen. Eine falsche Verrechnung lässt sich zwar der Sache nach im Prozess, z.B. auf richterlichen Hinweis hin, meist korrigieren, indes können sich daraus Kostennachteile des Mandanten ergeben. Wird z.B. im März 2010 eine Zahlungsklage erhoben wegen vermeintlicher Mietrückstände für die Monate Dezember 2009 und Januar 2010, sind hingegen tatsächlich offen die Monate Januar und Februar 2010, muss der Rechtsanwalt die Klage wegen des vermeintlichen Rückstandes für Dezember 2009 zurücknehmen und die bisherige Klage um den Rückstand für den Monat Februar 2010 erweitern. Bezüglich der Teilrücknahme hat aber der Kläger dann die Kosten des Verfahrens zu tragen (§ 269 Abs. 3 ZPO). Es ist also keineswegs ausreichend, wenn im Ergebnis die Summe des eingeklagten Mietrückstandes rechnerisch richtig ist. Vielmehr muss der prozessuale Streitgegenstand durch konkrete Verrechnung der Zahlungen des Mieters, bezogen auf die einzelnen Mieten, genau bestimmt werden.

b) Leistungsbestimmung des Mieters

68 Eine Bestimmung des Mieters ist stets **zu beachten**. Sind z.B. die Mieten für die Monate Oktober und November 2009 offen und überweist der Mieter Anfang Dezember 2009 mit der **ausdrücklichen** Zahlungs**bestimmung** „November und Dezember 2009" zwei volle monatliche Beträge, muss der Vermieter diese Bestimmung beachten mit der Konsequenz, dass die Miete für Oktober 2009 zunächst offen bleibt; nicht etwa ist der Vermieter befugt, entgegen der Leistungsbestimmung des Mieters im Beispielsfalle einen Teilbetrag auf die Miete für Oktober 2009 zu verrechnen. Zutreffend wird darauf hingewiesen, dass dem Gläubiger nach dem Gesetz nie ein Verrechnungsrecht zusteht[1]. Der Mieter kann auch stillschweigend eine Verrechnungsbestimmung treffen[2]. Ist beispielsweise wegen der **laufenden Miete** ein Dauerauftrag erteilt worden und wird dieser Auftrag mangels Deckung des Kontos für den Monat Oktober 2009 nicht ausgeführt, sodann aber weitergeführt, sind die folgenden Zahlungen per Dauerauftrag auf die gerade fälligen Mieten zu verrechnen, eine der folgenden Zahlungen im obigen Beispielsfalle also nicht auf den Rückstand für Oktober 2009[3].

---

1 *Sternel*, Mietrecht aktuell, Rz. III 106.
2 *Sternel*, Mietrecht aktuell, Rz. III 103; vgl. aber OLG Düsseldorf, WuM 2000, 209: Zahlt der Mieter die am 3. Werktag fällige Miete verspätet erst am 11. des Monats, so kann allein hieraus nicht geschlossen werden, dass er konkludent die Miete für den laufenden Monat erfüllen will.
3 Vgl. LG Köln in *Lützenkirchen*, KM 28 Nr. 2, wonach jede Zahlung ohne Tilgungsbestimmung zunächst auf den laufenden Monat zu verrechnen ist; a.A. OLG Düsseldorf, WuM 2000, 209.

c) Keine Leistungsbestimmung des Mieters (§ 366 Abs. 2 BGB)

Reichen die Zahlungen des Mieters nicht aus, um bestehende **Rückstände** voll abzudecken, gilt § 366 BGB entsprechend[1]. In der Regel läuft die Anwendung von § 366 Abs. 2 BGB darauf hinaus, dass bei fehlender Bestimmung des Mieters die Zahlung auf den ältesten Rückstand verrechnet werden kann, sofern nicht die **stillschweigende Bestimmung**[2] angenommen werden kann, dass die Zahlung zunächst auf die rückständige Miete für den laufenden Monat zu verrechnen ist. Vorrangig kann im Einzelfall die für den Mieter **lästige Schuld** zur Tilgung kommen, d.h. diejenige, die am ehesten eine fristlose Kündigung wegen Zahlungsverzuges nach sich ziehen würde[3].

d) Abweichende vertragliche Vereinbarungen

Formularklauseln mit vom Gesetz abweichenden Regelungen sind mit großer Vorsicht zu betrachten, da sie häufig unwirksam sind[4]. Der z.B. vom Grundeigentümer-Verband Hamburg herausgegebene „Hamburger Mietvertrag für Wohnraum", Ausgabe März 2009, enthält unter § 11 Ziff. 7 z.B. folgende Formularklausel:

„Befindet sich der Mieter mit der Zahlung der Miete in Verzug, so sind Zahlungen, sofern der Mieter sie nicht anders bestimmt, zunächst auf etwaige Kosten, dann auf die Zinsen, sodann auf die Mietsicherheit und zuletzt auf die Hauptschuld, und zwar zunächst für die ältere Schuld, anzurechnen."

Es muss davon abgeraten werden, eine derartige oder ähnlich formulierte Formularklausel praktisch anzuwenden, da die Wahrscheinlichkeit groß ist, dass sie im Streitfall vom Gericht für unwirksam angesehen wird[5].

7. Mehrheit von Vermietern (Gläubigern) und Mietern (Schuldnern)

a) Personenmehrheit auf Mieterseite

Mehrere Mieter haften für die Miete als **Gesamtschuldner** nach § 421 BGB[6]. Der Auszug eines Mieters befreit ihn nicht von der Haftung. Eine Haftungsfreistellung würde sein Ausscheiden aus dem Mietvertragsverhältnis infolge einer Vereinbarung zwischen der Vermieterpartei und allen Mietern voraussetzen.

---

1 Ausführlich: *Junker*, MietRB 2004, 150, 152 f.; *Emmerich/Sonnenschein*, §§ 535 BGB Rz. 50 m.w.N.; *Sternel*, Mietrecht aktuell, Rz. III 102; *Kinne/Schach/Bieber*, § 535 BGB Rz. 63.
2 Vgl. LG Köln in *Lützenkirchen*, KM 28 Nr. 2; LG Berlin, NZM 2002, 65; AG Hamburg-Wandsbek, ZMR 2002, 128 (primäre Verrechnung auf laufende Mieten, nachrangig auf Kautionsrückstand).
3 LG Hamburg, DWW 1993, 237.
4 *Sternel*, Mietrecht aktuell, Rz. II 215 f.; *Kinne/Schach/Bieber*, § 535 Rz. 63 m.w.N.
5 *Junker*, MietRB 2004, 150, 153 f.; OLG Celle, WuM 1990, 103, 109; LG München I, WuM 1994, 370, 371; LG Berlin, NZM 2002, 66; *Schauer* in Schmid, Miete und Mietprozess, 3–100 f.
6 *Sternel*, Mietrecht aktuell, Rz. III 78.

72 Nicht selten ist der Fall, dass ein Mieter an den Vermieter mit der Bitte herantritt, zusätzliche Personen, z.B. Familienangehörige, als Mieter in das Vertragsverhältnis aufzunehmen. Wenn gegenüber dem Mietinteressenten ansonsten keine Bedenken bestehen, kann dem Vermieter in Fällen dieser Art durchaus geraten werden, dem Wunsch des Mieters zu entsprechen, denn er „gewinnt" einen weiteren Gesamtschuldner. Probleme ergeben sich dann allenfalls, wenn einer der Mieter (wieder) auszieht und sein Aufenthalt nicht zu ermitteln ist, so dass z.B. ein Mieterhöhungsbegehren oder eine Kündigung öffentlich zugestellt werden muss (§ 132 BGB). Der Möglichkeit der zusätzlichen Haftung sollte vor diesen Problemen aber der Vorrang eingeräumt werden.

Die **Gesellschafter einer GbR** haften für die im Namen der Gesellschaft begründeten Verpflichtungen kraft Gesetzes grundsätzlich persönlich[1]. Diese Haftung des Gesellschafters kann nicht durch einen Namenszusatz oder einen anderen – den Willen, nur beschränkt für diese Verpflichtung einzustehen, verdeutlichenden – Hinweis eingeschränkt werden, sondern nur durch eine individualvertragliche Vereinbarung. Für die Annahme einer solchen Vereinbarung ist erforderlich, dass die Haftungsbeschränkung durch eine individuelle Absprache der Parteien in den jeweils einschlägigen Vertrag einbezogen wird[2].

Scheidet ein Gesellschafter während eines bestehenden Mietvertrages aus einer **offenen Handelsgesellschaft** aus, haftet er nach Maßgabe des § 160 Abs. 2 HGB für die späteren Mietforderungen. Dies gilt gemäß § 736 Abs. 2 BGB auch für den ausgeschiedenen GbR-Gesellschafter. Darauf, dass die Forderungen erst nach seinem Ausscheiden fällig werden, kommt es nicht an[3].

b) Personenmehrheit auf Vermieterseite

73 Mehrere Vermieter sind lediglich **Gläubiger zur gesamten Hand**[4].

Bei einer Zahlungsklage, z.B. gerichtet auf offene Mietrückstände für die Monate Januar und Februar 2010 in Höhe von jeweils 500 Euro, und der weiteren Maßgabe, dass vereinbarungsgemäß die Miete monatlich im Voraus, spätestens bis zum 3. Werktag eines Monats fällig ist, lautet der **Klageantrag** korrekt wie folgt:

---

1 BGH, NZM 2007, 565 (Mietklage gegen in GbR verbundene Rechtsanwälte persönlich).
2 BGH, NJW 1999, 3483, 3485; zur Frage der **Beschränkung der persönlichen Haftung eines GbR-Gesellschafters auf das Gesellschaftsvermögen** im Zusammenhang mit dem Abschluss eines Mietvertrages über gewerbliche Räume, vgl. – im Anschluss an BGH, NJW 1999, 3483 – BGH, ZMR 2005, 282 = NZM 2005, 218.
3 KG, ZMR 2005, 952.
4 *Sternel*, Mietrecht aktuell, Rz. III 75.

Erfüllung von Mietansprüchen Rz. 74 **D**

> Die Beklagten werden als Gesamtschuldner verurteilt, an die Kläger als Gläubiger zur gesamten Hand 1000 Euro zuzüglich Zinsen p.a. in Höhe von 5 % über dem Basiszinssatz auf jeweils 500 Euro ab 5.1. und 4.2.2010 zu zahlen.

c) Mieter ist gleichzeitig Vermieter

Es kann vorkommen, dass der Mieter gleichzeitig Mitglied einer Vermietergemeinschaft ist. Diese Konstellation kann z.B. gegeben sein, wenn eine **Wohnungseigentümergemeinschaft im Gemeinschaftseigentum stehende Räume** an ein Mitglied der Gemeinschaft **vermietet**[1]. Gerät dieser Mieter mit der Entrichtung der Miete in Verzug, können ihn die anderen Personen der Gemeinschaft gerichtlich auf Zahlung in Anspruch nehmen[2], allerdings mit der Maßgabe, dass die Leistung nur an die Wohnungseigentümergemeinschaft insgesamt gefordert werden kann[3]. Der beklagte Mieter ist in diesem Falle nicht etwa gleichzeitig auch als Kläger im Aktivrubrum aufzuführen. Denn niemand kann gleichzeitig Kläger und Beklagter sein[4]. Abweichend von der bisherigen Praxis und Rechtsprechung[5] ist im Falle einer Vermietung von Gemeinschaftseigentum durch die Wohnungseigentümergemeinschaft diese selbst als Verband teilrechtsfähig[6] und damit als solche im Prozess aktiv- oder passivlegitimiert, unabhängig davon, ob die Vermietung von Gemeinschaftseigentum an Dritte oder an einen Wohnungseigentümer der Gemeinschaft selbst erfolgt. Denn in beiden Fällen nimmt die Wohnungseigentümergemeinschaft als Verband im Rahmen der Verwaltung von Gemeinschaftseigentum am Rechtsverkehr teil. Die Vermietung von Gemeinschaftseigentum entspricht regelmäßig ordnungsgemäßer Verwaltung. Hinzu kommt, dass die Mieteinnahmen dem Vermögen des teilrechtsfähigen Verbandes, der Wohnungseigentümergemeinschaft, zufließen, jedem Wohnungseigentümer gebührt nur ein Bruchteil davon (§ 16 Abs. 1 Satz 1 WEG). Im oben genannten Beispielsfalle – Vermietung von Gemeinschaftseigentum bei einer Wohnungseigentümergemeinschaft – muss demnach der **Klagantrag** lauten:

74

---

1 Zur Beschlusskompetenz der Wohnungseigentümergemeinschaft dazu vgl. *Riecke/Schmidt* in AnwKommBGB, Anhang zu §§ 535–580a BGB: WEG Rz. 30.
2 Vgl. BGH, MDR 1998, 1090 für den Fall der Geltendmachung von Wohngeldansprüchen gegen einen einzelnen Wohnungseigentümer; beachte aber nunmehr BGH, NJW 2005, 2061, 2065 f.: Aktivlegitimiert ist die Wohnungseigentümergemeinschaft als teilrechtsfähiger Verband, vgl. auch § 10 Abs. 6 WEG.
3 LG Hamburg, Urt. v. 23.2.1999 – 316 S 204/98, n.v.
4 S. BGH, MDR 1998, 1090 für den Fall der Geltendmachung von Wohngeldansprüchen gegen einen einzelnen Wohnungseigentümer; beachte aber nunmehr BGH, NJW 2005, 2061, 2065 f.: Aktivlegitimiert ist die Wohnungseigentümergemeinschaft als teilrechtsfähiger Verband, vgl. auch § 10 Abs. 6 WEG.
5 Vgl. dazu *Riecke/Schmidt* in AnwaltsKommBGB, Anhang zu § 535–580a BGB: WEG, Rz. 32.
6 Siehe hierzu die Grundsatzentscheidung des BGH vom 2.6.2005, NJW 2005, 2061 und auch § 10 Abs. 6 WEG.

> Der Beklagte wird verurteilt, an die Wohnungseigentümergemeinschaft Schimmelmannstraße 24, 22043 Hamburg – Klägerin –, zu Händen der Verwalterin, Haus- und Grundbesitzbetreuung GmbH, ... Euro nebst Zinsen p.a. in Höhe von 5 % über dem Basiszinssatz auf ... seit dem ... zu zahlen.

V. Nichterfüllung – Zahlungsverzug

1. Kündigung wegen Zahlungsverzuges

a) Überblick

75 Die **materiell-rechtlichen Voraussetzungen** einer Kündigung wegen Zahlungsverzuges haben sich durch die am 1.9.2001 in Kraft getretene **Mietrechtsreform nicht geändert** (§ 543 Abs. 2 Ziff. 3 BGB = § 554 Abs. 1 BGB a.F.). Zu beachten ist aber, dass bei **Wohnraum** ab 1.9.2001 die außerordentliche fristlose Kündigung aus wichtigem Grund dem **Begründungszwang** unterliegt (§ 569 Abs. 4 BGB). Hierzu zählt auch die Kündigung wegen Zahlungsverzuges (zu den Einzelheiten vgl. *Rz. 82 ff.*). Mehr noch als bisher ist dem **Vermieter dringend anzuraten, sofort** wegen Zahlungsverzuges **zu kündigen**, wenn die Voraussetzungen hierfür erfüllt sind. Denn einerseits kann nach der (durch das Schuldrechtsmodernisierungsgesetz eingeführten) **Vorschrift des § 314 BGB** ein Dauerschuldverhältnis aus wichtigem Grund nur innerhalb einer angemessenen Frist nach Kenntnis vom Kündigungsgrund gekündigt werden (§ 314 Abs. 3 BGB)[1]. Zum anderen verlangt es das Vermieterinteresse, den Eintritt einer Kündigungssperre nach § 112 InsO zu vermeiden[2]. **Hinweis:** Zieht der (vorläufige) **Insolvenzverwalter**, der für das Insolvenzverfahren über das Vermögen eines Zwischenmieters bestellt worden ist, die Miete von dem Endmieter ein, so ist er verpflichtet, die vereinnahmte Miete in der geschuldeten Höhe an den Hauptvermieter weiterzuleiten. Erklärt er dennoch, er werde die Miete nicht weiterleiten, so ist der Hauptvermieter zur fristlosen Kündigung des

---

1 Ohne § 314 Abs. 3 BGB zu erwähnen, hat der BGH das Kündigungsrecht nicht als verwirkt angesehen, wenn der Mieter von Büroräumen vor der fristlosen Kündigung wegen Zahlungsverzuges über einen Zeitraum von knapp 3 Jahren sich mit der Zahlung von Mehrwertsteuer auf die Miete im Rückstand befand, weil der Vermieter immer wieder die Rückstände anmahnte und auch zuvor die fristlose Kündigung androhte: BGH, NJW 2005, 2775 = DWW 2005, 326 = NZM 2005, 703; § 314 Abs. 3 BGB steht nicht entgegen, wenn Vermieter ca. 6 Monate nach erstmaligem Eintritt eines zur Kündigung berechtigenden Rückstandes kündigt, wenn sich der Rückstand bis zur Kündigung fast verdoppelt hat, BGH WuM 2009, 231.
2 § 112 InsO lautet: „Ein Miet- oder Pachtverhältnis, dass der Schuldner als Mieter und Pächter eingegangen war, kann der andere Teil nach dem Antrag auf Eröffnung des Insolvenzverfahrens nicht kündigen:
   1. wegen eines Verzugs mit der Entrichtung der Miete oder Pacht, der in der Zeit vor dem Eröffnungsantrag eingetreten ist;
   2. wegen einer Verschlechterung der Vermögensverhältnisse des Schuldners.".

Zwischenmietverhältnisses berechtigt, auch wenn ein Zahlungsrückstand im Sinne des § 543 Abs. 2 Nr. 3 BGB noch nicht entstanden ist[1].

Während für **Wohnraum**mietverhältnisse insgesamt keine von den Voraussetzungen des § 543 Abs. 2 Ziffer 3 BGB abweichende, den Mieter benachteiligende Vereinbarungen getroffen werden dürfen (§ 569 Abs. 5 BGB), sind im Rahmen von **Gewerberaum**mietverhältnissen jedenfalls **individualvertragliche Absprachen** zulässig, die **zuungunsten des Mieters** die Voraussetzungen einer Kündigungsbefugnis verschärfen[2]. Demnach wäre etwa eine individualvertragliche Absprache bei einem Geschäftsraummietvertrag dahin gehend zulässig, dass der Vermieter zur fristlosen Kündigung schon dann berechtigt ist, wenn der Mieter mit einer Monatsmiete in Verzug geraten ist[3]. Hingegen werden abweichende **Vereinbarungen in Formularverträgen** über Gewerberaum **zuungunsten des Mieters** in der Regel unwirksam sein[4].

76

Die Kündigung des Vermieters wegen Zahlungsverzuges setzt fällige, vom Mieter **laufend geschuldete Mieten** voraus[5], ferner dürfen die Mietzahlungsansprüche des Vermieters zum Zeitpunkt der Abgabe der Kündigungserklärung[6] noch nicht erfüllt sein, die im Einzelfall erforderliche Leistungshandlung des Mieters muss insoweit noch ausstehen. Bei Prüfung der Kündigungsvoraussetzungen hat der Rechtsanwalt insoweit insbesondere **Vorauszahlungsklauseln**[7] und/oder **Rechtzeitigkeitsklauseln**[8] zu beachten und deren Wirksamkeit zu prüfen. Nicht gerade selten kommt es in der Praxis vor, dass der Mieter zunächst mit der Entrichtung der Miete in einem Umfange in Rückstand gerät, der die fristlose Kündigung (§ 543 Abs. 2 Satz 1 Ziff. 3 BGB) rechtfertigt, dieser **Rückstand aber zurzeit des Ausspruches der Vermieterkündigung nicht mehr vollen Umfanges besteht**. Zur Verdeutlichung der Problematik sei folgendes Beispiel genannt:

77

---

1 BGH, ZMR 2005, 688.
2 *Kinne/Schach/Bieber*, § 543 BGB Rz. 106 m.w.N.; *Sternel*, Mietrecht, IV Rz. 426.
3 *Sternel*, Mietrecht, IV Rz. 426; *Wetekamp* in Schmid, Miete und Mietprozess, 14–534.
4 BGH, NJW 1987, 2506; *Sternel*, Mietrecht aktuell, Rz. II 292 f.; **a.A.** *Kinne/Schach/Bieber*, § 543 BGB Rz. 106.
5 Weder eine vom Mieter nicht ausgeglichene *Nachforderung aus einer Betriebskostenabrechnung* noch offene *Rückstände aus einer rückwirkenden Mieterhöhung* auf der Grundlage eines Sachverständigengutachtens rechtfertigen eine fristlose Kündigung; s. hierzu OLG Koblenz, ZMR 1984, 351 und LG Hamburg, ZMR 1992, S. XV Nr. 8; *Sternel*, Mietrecht aktuell, Rz. XII 123; AG Gelsenkirchen, NZM 2002, 215; die laufende Miete umfasst die *Grundmiete* zuzüglich der *Betriebs- und Nebenkosten*: OLG Naumburg, WuM 1999, 160; daher ist der Vermieter gemäß § 543 Abs. 2 Satz 1 Nr. 3 lit. b BGB zur fristlosen Kündigung berechtigt, wenn der Mieter mit laufenden Betriebskostenvorauszahlungen in Höhe eines Betrages im Verzug ist, der zwei Monatsmieten überschreitet, BGH, NZM 2007, 35.
6 Dieser Zeitpunkt ist maßgebend, nicht erst derjenige des Zuganges des Kündigungsschreibens, *Sternel*, Mietrecht aktuell, Rz. XII 122.
7 Vgl. hierzu *Rz. 23f.*
8 Vgl. hierzu *Rz. 58.*

Am 13. April 2009 sind die Mieten für die Monate März und April 2009 offen. Mit Schreiben vom 15.4.2009, das dem Mieter am 17.4.2009 zugeht, kündigt der Vermieter das Mietverhältnis wegen Zahlungsverzuges mit den Mieten für die Monate März und April 2009 fristlos. Am 14.4.2009 hat der Mieter die Miete für den Monat März 2009 überwiesen, der Betrag wird dem Vermieterkonto am 16.4.2009 gutgeschrieben. Die Mietvertragsparteien haben keine von der gesetzlichen Regelung abweichende Vereinbarungen zur Fälligkeit getroffen.

Im Beispielsfall hat der Mieter in Bezug auf die Miete für den Monat März 2009 noch vor Ausspruch der Kündigung das zur Übermittlung der Miete seinerseits Erforderliche getan, bei Ausspruch der Kündigung befand sich der Mieter insoweit nicht mehr im Verzug (vgl. Rz. 57). Sowohl bei Ausspruch der Kündigung als auch bei ihrem Zugang befand sich im Beispielsfalle der Mieter nur noch mit der Miete für April 2009 in Verzug. Gleichwohl ist die Kündigung mit Schreiben des Vermieters vom 15.4.2009 wirksam geworden. Denn ein einmal gegebener Kündigungsgrund entfällt nach dem Gesetzeswortlaut (§ 543 Abs. 1 Satz 2 BGB) nur dann, wenn der Verzug vor Wirksamwerden der Kündigung durch vollständige Zahlung des gesamten Mietrückstandes beseitigt wird; es ist also nicht erforderlich, dass bei Ausspruch der Kündigung noch die die Kündigung rechtfertigenden Verzugsvoraussetzungen vollen Umfanges gegeben sind[1]. Die Gegenmeinung beruht augenscheinlich auf einem Missverständnis einer früheren Kommentierung von *Sternel*[2], bei der es heißt, der Kündigungsgrund müsse bei Abgabe der Kündigungserklärung bereits und bei Zugang der Erklärung noch vorliegen. Damit sollte indes erkennbar lediglich zum Ausdruck gebracht werden, dass es nicht ausreicht, wenn die die Kündigung rechtfertigenden Verzugsvoraussetzungen überhaupt erst nach Ausspruch der Kündigung eintreten.

Beispiel:
Am 27. April 2009 ist die Miete für April 2009 offen. Am 28. April 2009 kündigt der Vermieter das Mietverhältnis wegen Zahlungsverzuges fristlos, die Kündigung geht dem Mieter aber erst am 5. Mai 2009 zu, bis dahin hat er auch die Miete für Mai 2009 nicht gezahlt.

In diesem Beispielsfall lagen die die Kündigung rechtfertigenden Voraussetzungen erstmals mit Zugang des Kündigungsschreibens vor, das allerdings ist nicht ausreichend[3].

---

[1] BGH, BB 1987, 2173, 2174: „Im Übrigen ist bei allen Mietverhältnissen die fristlose Kündigung wegen Zahlungsverzuges nur dann ausgeschlossen, wenn der Verzug vor Wirksamkeit der Kündigung durch vollständige Zahlung der gesamten Rückstände beseitigt wird"; *Winkler*, ZMR 2006, 420; *Sternel*, Mietrecht aktuell, Rz. XII 137; AG Mannheim, DWW 1995, 318; **a.A.**: LG Lüneburg, WuM 1995, 705; AG Hamburg-Bergedorf, ZMR 2005, 876.
[2] *Sternel*, Mietrecht, IV Rz. 407.
[3] LG Köln, WuM 1992, 123; **a.A.** LG Köln, WuM 1991, 263.

Nichterfüllung – Zahlungsverzug   Rz. 79 **D**

Der Verzug mit Mietzahlungen setzt ein **Verschulden** des Mieters voraus[1]. 78
Dieser Aspekt spielt indes in der Praxis keine Rolle, wenn es nur darum
geht, dass der Mieter nicht leistungsfähig ist, denn für seine Leistungsfähigkeit hat er gemäß § 276 Abs. 1 S. 1 BGB stets einzustehen[2]. Ist eine
vom Mieter beanspruchte **Minderungsbefugnis** dem Grunde oder der gewählten Höhe nach deutlich fraglich, ist ihm aus verantwortlicher anwaltlicher Sicht zu raten, die rückständigen Beträge jedenfalls unter Vorbehalt
auszugleichen[3]; das Gleiche gilt, wenn sich der Mieter auf eine deutlich
zweifelhafte Mietpreisüberhöhung gemäß § 5 WiStG beruft.

b) Fristlose Kündigung des Mietverhältnisses

Bei Wohnraummietverhältnissen unterliegt die Kündigung auf Grund der 79
am 1.9.2001 in Kraft getretenen Mietrechtsreform dem **Begründungszwang**
(§ 569 Abs. 4 BGB). Es ist daher erforderlich, im Kündigungsschreiben die
vorliegenden Mietrückstände genau zu bezeichnen, in der Regel also anzugeben, welche Monate mit welchen Beträgen offen sind. Nicht ausreichend
ist es, wenn mit der fristlosen Kündigung wegen Zahlungsverzuges eine
Aufstellung überreicht wird, die z.B. mit einem Saldovortrag beginnt, aus
dem nicht ersichtlich ist, welche unterlassenen Zahlungen, nämlich Mietrückstände oder Rückstände aus Nebenkostenabrechnungen, diesem zugrunde liegen[4]. Aus Vermieterperspektive hat sich diese Problematik auf
den ersten Blick durch die Rechtsprechung des BGH[5] entschärft. Danach
genügt der Vermieter jedenfalls bei klarer und einfacher Sachlage seiner
Pflicht zur Angabe des Kündigungsgrundes, wenn er in dem Kündigungsschreiben den Zahlungsverzug als Grund benennt und den Gesamtbetrag
der rückständigen Miete beziffert. In diesem Falle ist die Angabe weiterer
Einzelheiten wie Datum des Verzugseintritts oder Aufgliederung des Mietrückstandes für einzelne Monate entbehrlich. Damit wird die Problematik
aber nur auf die Fragestellung verlagert, was ein einfach gelagerter Sachver-

---

1 S. hierzu eingehend und instruktiv: *Kinne/Schach/Bieber*, § 543 BGB Rz. 80 ff.,
  insbesondere auch zum Verschulden von Erfüllungsgehilfen (Sozialamt, Rechtsanwalt, Bank), Rz. 87; zum Verschulden eines beratenden Mietervereins: BGH
  NZM 2007, 35; BGH, NJW 2006, 51: Solange ein Mieter nach dem Tod seines Vermieters keine Gewissheit darüber erlangen kann, wer Gläubiger seiner Mietver-
  pflichtungen geworden ist, unterbleiben seine Mietzahlungen infolge eines Um-
  stands, den er nicht zu vertreten hat; LG Saarbrücken, ZMR 2006, 46: Es verstößt
  gegen Treu und Glauben, wenn der Vermieter bei Kenntnis der Übernahme der
  Miete durch das Sozialamt Mietrückstände auflaufen lässt und kündigt, ohne sich
  zuvor mit dem Sozialamt zu besprechen.
2 *Kinne/Schach/Bieber*, § 543 BGB Rz. 80; *Lammel*, § 543 Rz. 107; in besonders gelagerten Fällen *(Zahlungsrückstand auf Grund offensichtlichen Versehens des
  Mieters)* kann eine *Abmahnung vor Ausspruch der fristlosen Kündigung* wegen
  Zahlungsverzuges erforderlich sein, OLG Hamm, WuM 1998, 485, obwohl ansonsten gesetzlich eine Abmahnung nicht vorgesehen ist.
3 Vgl. *Sternel*, Mietrecht aktuell, Rz. III 93 m.w.N.
4 LG Hamburg, NZM 2003, 799.
5 BGH, MDR 2004, 438 = WuM 2004, 97.

halt ist[1]. Der beauftragte Rechtsanwalt sollte sich gar nicht erst auf dieses Parkett begeben und in allen Fällen in dem Kündigungsschreiben konkret diejenigen Mieten genau bezeichnen, die zum Zeitpunkt des Ausspruches der Kündigung offen sind. Die richtige Verrechnung von Zahlungen des Mieters (vgl. Rz. 67 f.) gewinnt vor dem Hintergrund des Begründungszwanges erhöhte Bedeutung. Werden im Kündigungsschreiben auf Grund unzutreffender Verrechnung falsche Rückstände angegeben, könnte eine erneute Kündigung im Hinblick auf § 314 Abs. 3 BGB problematisch werden. Bei der Kündigung eines Wohnraummietvertrages wegen Zahlungsverzuges sind aus Sicht des Vermieters folgende **Essentials** unbedingt zu beachten:

- sofortige Kündigung, wenn die Voraussetzungen erfüllt sind;
- richtige Verrechnung der Mieterzahlungen;
- genaue (und sachlich richtige) Angabe der Rückstände nach Zeit und Höhe im Kündigungsschreiben.

aa) Schreiben des beauftragten Rechtsanwaltes

80 Für den Regelfall kann die **fristlose Kündigung wegen Zahlungsverzuges nach folgendem Muster** vom Rechtsanwalt bzw. der beauftragten Rechtsanwaltssozietät **ausgesprochen werden**:

Einwurf-Einschreiben

Herrn Werner Müller
Kegelhofstraße 9
20251 Hamburg

16. Februar 2006

Mietverhältnis über Ihre Wohnung Kegelhofstraße 9, 20251 Hamburg
Vermieter: Inge und Dietrich Meyer

Sehr geehrter Herr Müller,

wir zeigen an, dass wir Ihre Vermieter anwaltlich vertreten. Vollmacht im Original anbei. Wegen Zahlungsverzuges für die Monate

Januar und Februar 2009 in Höhe von je 600 Euro

kündigen wir hiermit das bestehende Mietverhältnis über die oben bezeichnete Wohnung

fristlos.

Wir haben Sie aufzufordern, das Mietobjekt geräumt innerhalb **einer Woche** zu übergeben. Innerhalb dieser Frist sind auch die unten aufgeführten Kosten zu begleichen, die wegen Ihres Verzuges zu Ihren Lasten gehen. Gemäß § 545 BGB weisen wir darauf hin, dass eine Verlängerung des Mietverhältnisses

---

[1] *Börstinghaus*, MietRB 2004, 85, 86.

auch dann nicht in Betracht kommt, wenn Sie das Mietobjekt nicht fristgemäß räumen sollten.

Hochachtungsvoll

...

(Rechtsanwalt)

Kostennote:

**Gegenstandswert: 6000 Euro
(Jahresnettokaltmiete, 500 Euro × 12)**

0,5 Geschäftsgebühr gem. 2400 VV RVG	169,00 Euro
0,3 Erhöhung bei mehreren Auftraggebern gem. 1008 VV RVG	101,40 Euro
Pauschale für Post- und Telekommunikationsentgelte gem. 7002 VV RVG	20,00 Euro
16 % Mehrwertsteuer	46,46 Euro
Summe	336,86 Euro

Die **Gebühren** des eingeschalteten Rechtsanwaltes sind in der Regel nach der Jahresnettokaltmiete (Gegenstandswert) zu berechnen[1]. Ferner ist die Berechnung einer 0,5–1,3-Gebühr gemäß 2400 VV RVG angemessen, diese Bandbreite ist je nach den Umständen des Einzelfalles auszufüllen. Im Hinblick auf den Prüfungsumfang zu den Voraussetzungen einer fristlosen Kündigung wegen Zahlungsverzuges ist einerseits das anwaltliche Kündigungsschreiben kein einfaches Schreiben i.S.v. 2402 VV RVG, andererseits erscheint es im Regelfall unter Berücksichtigung von investierter Zeit und Schwierigkeitsgrad doch angezeigt, die Gebühr im unteren Bereich des Gebührenrahmens (0,5–2,5-Gebühr) anzusiedeln (vgl. zur Bewertung von Rahmengebühren N Rz. 83 ff.).

81

bb) Die Kündigungsvoraussetzungen im Einzelnen

(1) Kündigung gem. § 543 Abs. 2 Ziff. 3a BGB

Im oben unter *Rz. 80* genannten Beispielsfall ist die Kündigung gemäß § 543 Abs. 2 Ziff. 3a) BGB gerechtfertigt, da der Mieter für **zwei aufeinander folgende Termine** mit der Entrichtung der Miete in Verzug ist. Innerhalb dieser Variante ist es für die Kündigungsbefugnis ausreichend, wenn der Mieter für zwei aufeinander folgende Termine mit der Entrichtung **eines nicht unerheblichen Teils der Miete** im Verzug ist.

82

---

1 BGH, NZM 2007, 396 (§§ 23 I 3 RBG, 41 II GKG); zu Einzelheiten vgl. *Hinz/Junker/v. Rechenberg/Sternel*, S. 443 ff.; KG, ZMR 2005, 123 (der Gebührenstreitwert umfasst die Nebenkosten nur dann, wenn diese als Pauschale vereinbart worden sind); ein Großvermieter soll keinen Anspruch auf Erstattung vorgerichtlicher Anwaltskosten haben, AG Gießen, WuM 2009, 177.

Beispiel 1:

Monatliche Miete = 600 Euro; der Rückstand für Januar 2009 beträgt 600 Euro, derjenige für Februar 2009 450 Euro; die Kündigung ist unproblematisch gemäß § 543 Abs. 2 Ziff. 3a BGB zulässig.

Beispiel 2:

Monatliche Miete = 600 Euro; der Rückstand für Januar 2009 beträgt 480 Euro, derjenige für Februar 2009 200 Euro.

83 Für **Wohnraummietverhältnisse** ist zunächst § 569 Abs. 3 Ziff. 1 S. 1 BGB zu beachten. Danach ist der rückständige Teil der Miete nur dann als **nicht unerheblich** anzusehen, wenn er die Miete für einen Monat übersteigt. Diese Voraussetzung ist im Beispiel 2 erfüllt, da der rückständige Teil (680 Euro) die Monatsmiete (600 Euro) übersteigt. Generell kommt es darüber hinaus nach h.A. auf den **Gesamtrückstand** für beide Termine zur Beurteilung der Frage an, ob der Mieter mit einem nicht unerheblichen Teil der Miete im Verzug ist[1]. Auch hier gilt, dass der Gesamtmietrückstand dann nicht mehr unerheblich ist, wenn er die Miete für einen Monat übersteigt. Hingegen kommt es nach h.M. nicht darauf an, ob die Miete für **einen** Termin nur unerheblich rückständig ist (davon könnte im Beispiel 2 für die Miete Februar 2009 ausgegangen werden, wenn man die Erheblichkeitsgrenze bei 50 % der geschuldeten Miete ziehen würde). Nach h.A. ist mithin auch im Beispielsfall 2 die Kündigung nach der oben genannten Vorschrift zulässig.

83a Die vorstehende, herrschende Rechtsauffassung gilt auch für Mietverhältnisse über **Gewerbeobjekte**. Ein Verzug mit einem nicht unerheblichen Teil der Miete i.S. des § 543 Abs. 2 Satz 1 Nr. 3a Alt. 2 BGB liegt bei vereinbarter monatlicher Mietzahlung auch bei der Geschäftsraummiete jedenfalls dann vor, wenn der Rückstand den Betrag von einer Monatsmiete übersteigt[2]. Dies gilt auch, wenn **die Miete jählich** zu entrichten ist[3].

(2) Kündigung gem. § 543 Abs. 2 Ziff. 3b BGB

84 Die Kündigung nach dieser Vorschrift ist zulässig, wenn der Rückstand, der sich über **mehr als zwei Termine erstreckt**, eine Miete für zumindest zwei Monate erreicht hat.

Beispiel 1:

Monatliche Miete = 1000 Euro; es bestehen für folgende Monate die ausgewiesenen Rückstände:

Dezember 2009   700 Euro
Januar 2010   200 Euro

---

[1] BGH, NJW-RR 1987, 903; LG Berlin, ZMR 1995, 353, 355; *Lammel*, Wohnraummietrecht, § 543 BGB Rz. 115; *Kinne/Schach/Bieber*, § 543 BGB Rz. 88.
[2] BGH, ZMR 2009, 19.
[3] BGH, ZMR 2009, 106.

Februar 2010	*100 Euro*
April 2010	*900 Euro*
Juni 2010	*200 Euro*
Gesamtbetrag	*2100 Euro*

Im Juni 2010 kann der Vermieter die Kündigung gemäß § 543 Abs. 2 Ziffer 85 3b BGB aussprechen, da zu diesem Zeitpunkt ein Rückstand für zwei Monate erreicht ist. Zuvor war eine Kündigung gemäß § 543 Abs. 2 Ziffer 3a BGB nicht möglich.

Beispiel 2:
Monatliche Miete = 1000 Euro; es bestehen für folgende Monate folgende Rückstände:

Dezember 2009	*1000 Euro*
Februar 2010	*900 Euro*
März 2010	*200 Euro*
Gesamtbetrag	*2100 Euro*

In diesem Falle kann der Vermieter im März 2010 gemäß § 543 Abs. 2 86 Ziff. 3b BGB kündigen, nach jedenfalls h.M.[1] im Übrigen auch wegen der Rückstände Februar und März 2009 gemäß § 543 Abs. 2 Ziff. 3a BGB.

(3) Kündigungssperre gemäß § 569 Abs. 3 Nr. 3 BGB

Die genannte Vorschrift bezieht sich ausschließlich auf **Wohnraummiet-** 86a **verhältnisse**. Ist der Wohnraummieter rechtskräftig zur Zahlung einer erhöhten Miete nach den §§ 558–560 BGB verurteilt worden, so kann der Vermieter das Mietverhältnis wegen **Zahlungsverzugs des Mieters** nicht vor Ablauf von 2 Monaten nach rechtskräftiger Verurteilung kündigen, soweit der Rückstand auf den erhöhten Beträgen beruht. Der BGH hat mit der schon bis dahin herrschenden Meinung klargestellt, dass die 2-monatige Kündigungssperre für den Wohnraummieter nach § 569 Abs. 3 Nr. 3 BGB (ungeachtet eines missverständlichen Wortlauts des Gesetzes) auch dann gilt, wenn der Mieter rechtskräftig verurteilt worden ist, einer rückwirkenden Mieterhöhung **zuzustimmen** (wenn also der Titel sich nur auf Zustimmung, nicht schon auf Zahlung richtet)[2].

cc) Schonfristregelung bei Wohnraum (§ 569 Abs. 3 Ziff. 2 BGB)

Während der Mieter von **Gewerberaum** nach Zugang einer berechtigten 87 Kündigung wegen Zahlungsverzuges nur noch die Möglichkeit hat, unverzüglich nach der Kündigung die Aufrechnung mit Gegenforderungen zu er-

---

1 BGH, ZMR 2009, 19 (Gewerberaum); BGH, NJW-RR 1987, 903; LG Berlin, ZMR 1995, 353, 355; *Lammel*, Wohnraummietrecht, § 543 BGB Rz. 115; *Kinne/Schach/Bieber*, § 543 BGB Rz. 88.
2 BGH, ZMR 2005, 697; vgl. auch BGH, ZMR 2005, 699 (Verzug mit den Erhöhungsbeträgen erst nach Rechtskraft des Zustimmungsurteils).

klären (§ 543 Abs. 2 S. 3 BGB)[1], um die – nachträgliche – Unwirksamkeit der Kündigung zu erreichen, hat der Mieter von **Wohnraum** darüber hinaus das Recht, die Kündigung durch nachträgliche Zahlung der Rückstände zu Fall zu bringen (§ 569 Abs. 3 Ziff. 2 BGB). Für die anwaltliche Praxis sind folgende Punkte von Bedeutung:

88 – Der Wohnungsmieter kann die aufgelaufenen Mietrückstände noch bis zum Ablauf von zwei Monaten nach Zustellung der Räumungsklage ausgleichen. Nach Zugang der Kündigung kann der Mieter auch schon vor dem genannten spätesten Zeitpunkt die Rückstände nachträglich ausgleichen, mit der Folge, dass die Kündigung unwirksam wird, **nicht etwa ist die Schonfristregelung auf den Fall beschränkt, dass der Vermieter Räumungsklage erhebt**[2].

89 – **Innerhalb der Schonfrist**, die durch die am 1.9.2001 in Kraft getretene **Mietrechtsreform** von einem Monat **auf zwei Monate verlängert** wurde, muss der Mieter **alle** zum Zeitpunkt der Zahlung offenen **Mietrückstände** oder Ansprüche des Vermieters auf Zahlung von Nutzungsentschädigung in Höhe der zuletzt vereinbarten Miete **ausgleichen**.

Beispiel:

Die Miete beträgt monatlich 1000 Euro. Der Mieter bleibt vollen Umfanges die Miete für Januar 2009 und Februar 2009 schuldig. Mit Schreiben vom 11.2.2009 kündigt der Vermieter das Mietverhältnis fristlos. Nach Ablauf einer Woche wird Räumungsklage erhoben, die dem Mieter am 15.3.2009 zugestellt wird. Am 20.3.2009 überweist der Mieter die im Kündigungsschreiben ausgewiesenen Rückstände für Januar und Februar 2009.

*Mit der Zahlung vom 20.3.2009 wird die ausgesprochene Kündigung wegen Zahlungsverzuges **nicht** nachträglich unwirksam. Denn zugleich hätte auch die fällige Miete/Nutzungsentschädigung für März 2009 mit ausgeglichen werden müssen. Im Beispielsfalle hat der Mieter noch bis zum 15.5.2009 (Ablauf der Schonfrist) Zeit, die Rückstände vollständig auszugleichen. Zahlt er aber z.B. erst am 12.4.2009, müsste sodann neben der Miete/Nutzungsentschädigung für März 2009 auch die dann fällig gewordene Miete/Nutzungsentschädigung für April 2009 ausgeglichen werden (unter der Voraussetzung, dass eine wirksame Vorfälligkeitsvereinbarung besteht, vgl. hierzu die Ausführungen unter Rz. 23 f.).*

90 – Die Kündigung wird auch dann nachträglich unwirksam, wenn sich eine öffentliche Stelle gegenüber dem Vermieter verpflichtet, alle aufgelaufenen Rückstände zu übernehmen. Praktisch geht es hierbei im Wesentli-

---

1 In der Ankündigung einer zukünftigen Aufrechnung kann die konkludente Erklärung der Aufrechnung zu sehen sein, BGH v. 16.3.2005 – XII ZR 268/01, MietPrax, Arbeitskommentar, Entscheidung Nr. 18 zu § 535 BGB.
2 *Lammel*, § 569 Rz. 31; *Kinne/Schach/Bieber*, § 569 BGB Rz. 18, dies ist unbestritten.

chen um eine **Übernahmeerklärung** des für den Mieter zuständigen **Wohnungs-** oder **Sozialamtes** nach dem SGB XII[1]. Die Übernahmeerklärung muss an den **Vermieter** (nicht an Dritte, auch nicht an das Gericht) gerichtet sein und ihm innerhalb der Schonfrist zugehen[2]. Ist die Schonfrist noch nicht abgelaufen, sollte der Rechtsanwalt dem **Mieter** unverzüglich raten, Kontakt mit dem Wohnungs- oder Sozialamt aufzunehmen (persönliche Vorsprache!), sofern Leistungen dieses Amtes nach dem SGB XII in Betracht zu ziehen sind.

Gibt die zuständige **Behörde im Räumungsprozess rechtzeitig eine Übernahmeerklärung hinsichtlich aller bis dahin aufgelaufener Mietrückstände ab** und wird dadurch die Kündigung des Vermieters unwirksam, ist der Räumungsanspruch in der Hauptsache für erledigt zu erklären. Im Rahmen einer Entscheidung nach § 91a ZPO wird das Gericht die Kosten des Rechtsstreits regelmäßig dem Mieter auferlegen. Für den Kostenerstattungsanspruch des Vermieters ist die Behörde nicht eintrittspflichtig, er kann nur – ggf. im Wege der Zwangsvollstreckung – gegenüber dem Mieter verfolgt werden. Eine insoweit günstigere Situation kann sich für den Vermieter ergeben, wenn entweder die Schonfrist abgelaufen ist oder es sich bei der ausgesprochenen fristlosen Kündigung wegen Zahlungsverzuges um einen „Zweitfall" handelt (§ 569 Abs. 3 Ziff. 2 S. 2 BGB, vgl. dazu *Rz. 91*). In diesen Situationen kommt es nicht selten vor, dass die zuständige Behörde im Interesse einer Wohnungssicherung an den Vermieter oder dessen Rechtsanwalt herantritt mit dem Angebot, nicht nur alle Rückstände, sondern auch alle bisher zu Lasten des Vermieters angefallenen Kosten dann zu übernehmen, wenn das Mietverhältnis fortgeführt wird. Auf ein solches Angebot muss der Vermieter nicht eingehen, sollte dies aber in der Regel unter wirtschaftlichen Gesichtspunkten. Gegenüber der Behörde sollte in Fällen dieser Art der vom Vermieter beauftragte Rechtsanwalt erreichen, dass sich der Vermieter zunächst nur verpflichtet, aus einem Räumungstitel nicht zu vollstrecken, sofern die zukünftigen Raten auf Zahlung von Miete/ Nutzungsentschädigung vom Mieter pünktlich und vollständig gezahlt werden. Diese Konstruktion hat den Vorteil, dass der Vermieter bei erneuten Zahlungsrückständen nicht erneut wegen Zahlungsverzuges ein neu begründetes Mietverhältnis fristlos kündigen müsste, sondern unmittelbar im Wege der Räumungsvollstreckung gegen den säumigen Mieter vorgehen könnte. Je nach dem Wortlaut einer solchen Vereinbarung kann die spätere Zwangsvollstreckung jedoch unzulässig sein, weil durch die (pünktliche) Mietzahlung ein neuer Mietvertrag (vereinbarungsgemäß) begründet wurde[3]. Deshalb sollte in die Vereinbarung ei-

---

1 *Lammel*, § 569 BGB Rz. 36 ff.
2 Strittig ist, ob eine Übersendung per Fax ausreichend ist, vgl. hierzu *Lammel*, Wohnraummietrecht, § 569 BGB Rz. 40 (Übernahmeerklärung muss im Original zugehen) und andererseits *Sternel*, Mietrecht aktuell, Rz. XII 158 (Fax-Übermittlung ist ausreichend), jeweils m.w.N.
3 LG Köln in *Lützenkirchen*, KM 25, Nr. 2 = WuM 1991, 673; *Hinz/Junker/v. Rechenberg/Sternel*, S. 567 ff. mit dem Muster einer **Vollstreckungsabwehrklage gegen ein bereits vorliegendes Räumungsurteil**.

ne Frist (z.B. 6 Monate) und die ausdrückliche Bestimmung aufgenommen werden, dass innerhalb der Frist eingehende Zahlungen nur als Nutzungsentschädigung entgegengenommen werden und ein neuer Mietvertrag gerade nicht begründet werden soll. Dies alles ist aber eine Verhandlungssache gegenüber der zuständigen Behörde, die durch Übernahme der Rückstände und aller Kosten die Wohnung für den Mieter sichern möchte.

91 – Die fristlose Kündigung wegen Zahlungsverzuges kann dann nicht mehr durch nachträgliche Zahlung oder eine Übernahmeerklärung des Wohnungs- oder Sozialamtes innerhalb der Schonfrist abgewendet werden, wenn dieser Kündigung vor nicht länger als 2 Jahren eine bereits wegen nachträglicher Zahlung/Übernahmeerklärung unwirksam gewordene Kündigung vorausgegangen ist (§ 569 Abs. 3 Ziffer 2 S. 2 BGB).

Beispiel:

Wegen Nichtzahlung der Mieten für die Monate Dezember 2009 und Januar 2010 kündigt der Vermieter das Mietverhältnis mit Schreiben vom 8.1.2010 fristlos. Bereits mit Schreiben vom 15.12.2008 hatte der Vermieter das Mietverhältnis wegen Nichtzahlung der Mieten für die Monate November und Dezember 2008 gekündigt. Die damaligen Mietrückstände wurden mit Zahlung des Mieters vom 14.1.2009 ausgeglichen. Die neue Kündigung vom 8.1.2010 kann der Mieter nunmehr nicht mehr durch nachträgliche Zahlung abwenden.

92 Liegt ein solcher „Zweitfall" vor, sollte der vom Vermieter beauftragte Rechtsanwalt dies sogleich in der Räumungsklage konkret vortragen[1].

92a Der Anwendung der Schonfristregelung steht nicht entgegen, dass sich der Mieter mit einer bereits **titulierten Forderung auf Zahlung** von Miete in Verzug befindet[2].

dd) Muster einer kombinierten Räumungs- und Zahlungsklage nach fristloser Kündigung wegen Zahlungsverzuges

93 An das
Amtsgericht
Abteilung für Mietsachen

KLAGE

... (Name und Anschrift)
– klagende Partei –
Prozessbevollmächtigte: ...

---

[1] Hinz/Junker/v. Rechenberg/Sternel, S. 447 f., um bei Säumnis des Mieters schon im ersten Termin zu einem Versäumnisurteil zu gelangen, ebenda, S. 448 = **Muster einer entsprechenden Räumungsklage** = S. 447.
[2] LG Hamburg, ZMR 2005, 52.

gegen

... (Name und Anschrift)
– beklagte Partei –

wegen Räumung und Zahlung

Gegenstandswert:
Räumung: ... ... Euro
Zahlung: ... Euro
Summe: ... Euro

Es wird beantragt,

die beklagte Partei zu verurteilen,

1. die Wohnräume ... bestehend aus ... geräumt an die klägerische Partei herauszugeben;
2. ... Euro nebst Zinsen p.a. in Höhe von 5 %-Punkten über dem Basiszinssatz auf ... seit dem ... an die klägerische Partei zu zahlen.

Begründung:

Die klägerische Partei ist Vermieterin der im Klageantrag bezeichneten und von der Beklagten gemieteten Wohnung. Als

Anlage K 1
– nur für das Gericht –

überreichen wir einen Auszug aus dem Mietvertrag.

Die Miete ist monatlich im Voraus zur Zahlung fällig. Das Mietverhältnis wurde gem. § 543 Abs. 2 Nr. 3 BGB wegen Nichtzahlung der im Kündigungsschreiben vom ...

Anlage K 2
– nur für das Gericht –

genannten Mieten fristlos gekündigt. Zahlung der offenen Mieten ist auch anschließend nicht erfolgt, auch nicht Räumung des Mietobjekts, so dass Klage geboten ist.

Zu § 545 BGB wird verwiesen auf ...

Offen sind folgende Mieten: ...[1].

Der Rückstand an Miete beträgt somit insgesamt ... Euro

Hinzu kommen die in der Anlage K 2 berechneten, im Zahlungsantrag bereits erfassten Kosten der fristlosen Kündigung, die von der beklagten Partei als Verzugsschaden der klagenden Partei zu erstatten sind[2].

---

[1] Die offenen Mietrückstände sind genau nach Zeitabschnitten (in der Regel nach Monaten) und nach jeweiliger Höhe des Zeitabschnitts zu spezifizieren (vgl. die Ausführungen zu Rz. 79).
[2] Die Geschäftsgebühr des Rechtsanwalts für die fristlose Kündigung ist im Rahmen der Anlage 1 Teil 3, Vorb. 3 IV VVRVG auf die Verfahrensgebühr des Räu-

Sofern das Gericht das schriftliche Vorverfahren anordnet, wird für den Fall der nicht rechtzeitigen Verteidigungsanzeige bereits jetzt der

Erlass eines Versäumnisurteils

im schriftlichen Vorverfahren gemäß § 331 Abs. 3 Satz 2 ZPO beantragt[1].
Gemäß § 278 Abs. 2 Satz 1 ZPO wird das Gericht gebeten, von der Anberaumung einer Güteverhandlung abzusehen, da sie aufgrund der hier gegebenen Sach- und Rechtslage erkennbar aussichtslos erscheint.

...

(Rechtsanwalt)

c) Kombination von fristloser und hilfsweise erklärter fristgerechter Kündigung

aa) Schreiben des beauftragten Rechtsanwaltes

95 In Fällen, in denen der Vermieter bei Zahlungsverzug des Mieters auch vorsorglich eine fristgemäße Kündigung des Mietverhältnisses aussprechen will, empfiehlt es sich, die fristlose Kündigung mit einer **hilfsweise fristgemäßen** nach Maßgabe des folgenden **Musters** miteinander zu kombinieren:

Einwurf-Einschreiben

Herrn Werner Müller
Kegelhofstraße 9
20251 Hamburg

18. Januar 2006

Mietverhältnis über Ihre Wohnung Kegelhofstraße 9, 20251 Hamburg
Vermieter: Inge und Dietrich Meyer

Sehr geehrter Herr Müller,

wir zeigen an, dass wir Ihre Vermieter anwaltlich vertreten. Vollmacht im Original anbei. Wegen Zahlungsverzuges für die Monate

(... Angabe der einzelnen Monate mit dem jeweils bestehenden Rückstand für den einzelnen Monat)

---

mungsrechtsstreits anzurechnen, BGH, NZM 2007, 396, was beim Kostenfestsetzungsantrag zu berücksichtigen ist.

1 Streitig ist, ob **vor Ablauf der Schonfrist** (§ 569 Abs. 3 Ziff. 2 BGB) **ein Versäumnisurteil ergehen darf.** Die neuere Rechtsprechung hat dies bejaht (so LG Kiel, WuM 2002, 149; LG Stuttgart, DWW 2002, 340; LG Hamburg, WuM 2003, 275; LG Köln, NZM 2004, 65; ferner *O'Sullivan*, ZMR 2002, 259; **a.A.**: OLG Hamburg, ZMR 1988, 225; *Sternel*, Mietrecht, Rz. IV 424; König AIM (AnwaltsInfoMietrecht) 2003, 146.

Nichterfüllung – Zahlungsverzug Rz. 95 **D**

kündigen wir hiermit das bestehende Mietverhältnis über die oben bezeichnete Wohnung

fristlos.

Rein vorsorglich wird das Mietverhältnis hilfsweise auch fristgemäß zum nächstzulässigen Zeitpunkt gekündigt. Das ist nach derzeitiger Berechnung der (...).

Wir haben Sie aufzufordern, das Mietobjekt geräumt innerhalb **einer Woche** zu übergeben. Innerhalb dieser Frist sind auch die unten aufgeführten Kosten zu begleichen, die wegen Ihres Verzuges zu Ihren Lasten gehen. Gemäß § 545 BGB weisen wir darauf hin, dass eine Verlängerung des Mietverhältnisses auch dann nicht in Betracht kommt, wenn Sie das Mietobjekt nicht fristgemäß räumen sollten.

Ein Widerspruch gegen die fristlose Kündigung steht Ihnen nach dem Gesetz nicht zu. Für den Fall der vorsorglich ausgesprochenen fristgemäßen Kündigung weisen wir Sie darauf hin, dass Sie dieser fristgerechten Kündigung nach dem Gesetz widersprechen und Fortsetzung des Mietverhältnisses verlangen können, wenn Sie meinen, dass die vertragsgemäße Beendigung des Mietverhältnisses für Sie/Ihre Familie oder einen anderen Angehörigen Ihres Haushaltes eine Härte bedeuten würde, die auch unter Würdigung der berechtigten Interessen unserer Mandanten nicht zu rechtfertigen ist. Der Widerspruch müsste schriftlich erfolgen und bis spätestens 2 Monate vor der Beendigung des Mietverhältnisses bei uns oder unseren Mandanten eingehen. Der Widerspruch sollte begründet sein.

Hochachtungsvoll

...

(Rechtsanwalt)

Kostennote:

Gegenstandswert: (Jahresnettokaltmiete)

1,0 Geschäftsgebühr Nr. 2400 VV RVG	... Euro
Erhöhung mehrere Auftraggeber Nr. 1008 VV RVG	... Euro
Pauschale für Entgelte für Post- und Telefonkommunikationsdienstleistungen Nr. 7002 VV RVG	... Euro
16 % Mehrwertsteuer	... Euro
Summe	... Euro[1]

---

1 Zu den Gebühren des eingeschalteten Rechtsanwaltes und der Berechnung des Gegenstandswerts vgl. Rz. 81; die etwas schwieriger gestaltete Kombination von fristloser und hilfsweise erklärter fristgerechter Kündigung dürfte jedenfalls den Ansatz einer 1,0 Geschäftsgebühr rechtfertigen, die noch unterhalb der mittleren Gebühr von 1,3 liegt bei einem Gebührenrahmen von insgesamt 0,5–2,5 Gebühren.

bb) Rechtsgrundlagen einer fristgemäßen Kündigung bei Zahlungsverzug

96 Nach der Rechtsprechung kommt bei Zahlungsverzug des Mieters auch eine **fristgemäße Kündigung**, bei Wohnraum gemäß § 573 Abs. 2 Ziffer 1 BGB in Betracht[1]. Eine **analoge Anwendung der Schonfristregelung** (§ 569 Abs. 3 Ziff. 2 BGB) auf die fristgemäße Kündigung ist nicht zulässig[2]. Da die ordentliche Kündigung jedoch eine **erhebliche Vertragsverletzung** des Mieters voraussetzt, kann es zu seinen Gunsten berücksichtigt werden, wenn er die Rückstände nach Zugang der Kündigung tilgt[3]. Ferner setzt § 573 Abs. 2 Nr. 1 BGB im Gegensatz zur fristlosen Kündigung wegen Zahlungsverzuges ein Verschulden des Mieters voraus. Während der Mieter beim Zahlungsverzug für seine finanzielle Leistungsfähigkeit einzustehen hat und sich deswegen nicht auf § 286 Abs. 4 BGB berufen kann, entlastet ihn im Rahmen des § 573 Abs. 2 Nr. 1 BGB eine unverschuldete Zahlungsunfähigkeit[4].

97 Fristlose und ordentliche Kündigung können wegen ihrer Gestaltungswirkung weder alternativ noch kumulativ ausgesprochen werden[5]; zulässig ist aber die Staffelung in einem **Hilfsverhältnis**, wie im Musterschreiben Rz. 95[6]. Die hilfsweise erklärte Kündigung ist danach wirkungslos, wenn die primär ausgesprochene Kündigung wirksam war und demgemäß zum Zuge kommt. Die hilfsweise erklärte fristgemäße Kündigung wird jedoch nicht wirkungslos, wenn die wirksame fristlose Kündigung nachträglich gemäß § 569 Abs. 3 Ziff. 2 BGB ihre Wirkung verliert[7].

Wurde die fristlose Kündigung durch Nachzahlung geheilt, so kann allerdings eine **anschließende** ordentliche Kündigung nicht auf denselben Zahlungsverzug gestützt werden[8].

98 In der Praxis steht die fristlose Kündigung wegen Zahlungsverzuges im Vordergrund. Die Möglichkeit einer fristgemäßen Kündigung wegen Zahlungsverzuges hat demgemäß eine eher untergeordnete Bedeutung und darf in ihrer praktischen Auswirkung nicht überschätzt werden.

---

1 BGH, ZMR 2005, 356, 358; OLG Karlsruhe, ZMR 1992, 490; OLG Stuttgart, ZMR 1991, 423; *Kinne/Schach/Bieber*, § 573 BGB Rz. 10, 11; kritisch hierzu: *Sternel*, Mietrecht aktuell, Rz. XI 28.
2 BGH, ZMR 2005, 356.
3 BGH, ZMR 2005, 356; LG Berlin, GE 1993, 427; deswegen bedenklich: LG Wiesbaden, NJW-RR 2003, 1096 (der Mieter befand sich mit **einer**, allerdings titulierten Monatsmiete im Verzug, bezahlte diesen Rückstand aber nach der Kündigung innerhalb von ca. 3 Monaten, ohne dass es anschließend zu weiteren Rückständen kam).
4 BGH, ZMR 2005, 356, 358.
5 *Sternel*, Mietrecht, IV Rz. 24.
6 BGH, ZMR 2005, 356, 358 f.
7 BGH, ZMR 2005, 356, 358 f.; LG Berlin, GE 1993, 427; eine gegenteilige Auslegung soll aber nicht verfassungswidrig sein = BVerfG, NJW-RR 1996, 1479.
8 LG Berlin, GE 1994, 399.

2. Kündigung wegen laufend verspäteter Zahlungen

Allgemein anerkannt ist, dass eine fortgesetzt unpünktliche Zahlung der Miete die fristlose (§ 543 Abs. 1 BGB) oder jedenfalls fristgemäße Kündigung (§ 573 Abs. 2 Ziff. 1 BGB) rechtfertigen kann[1]. Eine fristlose Kündigung wegen ständig verspäteter Zahlungen ist nur zulässig, wenn der Mieter zuvor **abgemahnt** wurde[2], während eine Abmahnung als Voraussetzung einer ordentlichen (fristgemäßen) Kündigung nicht zwingend geboten ist[3]. Strittig ist, ob bei der Abmahnung ausdrücklich eine **Kündigung angedroht** werden muss[4]. Der Rechtsanwalt ist verpflichtet, für seinen Mandanten einen **sicheren Weg** zu gehen. Deswegen sollte in jedem Falle, sowohl für die fristlose als auch für die fristgemäße Kündigung[5], die folgende **Checkliste** bei der Vorbereitung und dem Ausspruch einer Kündigung wegen laufend verspäteter Zahlungen beachtet werden:

99

a) In dem **Abmahnungsschreiben** des Rechtsanwaltes wird der Mieter zunächst darauf hingewiesen, dass nach den mietvertraglichen Vereinbarungen die vereinbarte Miete zu einem bestimmten Zeitpunkt fällig ist, regelmäßig spätestens bis zum 3. Werktag des Monats. Sodann wird für die zurückliegenden Monate **konkret** aufgezeigt, in welchem Umfange die Mietzahlungen verspätet erfolgten. Zumeist wird dabei ein vergangener Zeitraum von etwa 6 Monaten (evtl. auch kürzer oder länger) zu betrachten sein. Sodann ist der Mieter aufzufordern, zukünftig die Miete fristgemäß zu zahlen, andernfalls er mit einer Kündigung des Mietverhältnisses, sei es fristlos und hilfsweise fristgemäß, zu rechnen habe.

100

b) Nach dem Abmahnungsschreiben empfiehlt es sich – jedenfalls wenn nicht ein vergleichbar krasser Fall wie vom BGH[6] entschieden vorliegt –, jedenfalls einen Zeitraum von weiteren **6 Monaten abzuwarten** und die weitere Zahlungsweise des Mieters zu beobachten. Setzt er beharrlich die unpünktliche Zahlungsweise fort, kann das Mietverhältnis nach Ablauf dieser Zeit fristlos, hilfsweise fristgemäß gekündigt werden[7]. Die Hand-

101

---

1 BGH, ZMR 2006, 425; *Hinz/Junker/v. Rechenberg/Sternel*, S. 389 ff. m.N.; *Sternel*, Mietrecht aktuell, Rz. XI 30 u. Rz. XII 174 mit Nachweisen; *Kinne/Schach/Bieber*, § 573 BGB Rz. 12; *Lammel*, § 543 BGB Rz. 27 f. mit Nachweisen.
2 *Sternel*, Mietrecht aktuell, Rz. XII 174; nach dem seit 1.9.2001 geltenden Recht muss der Kündigung wegen wiederholter unpünktlicher Mietzahlung regelmäßig eine Abmahnung vorausgehen (§ 543 Abs. 3 BGB), die in § 543 Abs. 3 Satz 2 Ziffer 1 und 2 BGB formulierten Ausnahmen werden bei der Kündigung wegen unpünktlicher Mietzahlung regelmäßig nicht zum Tragen kommen, vgl. hierzu auch *Hinz/Junker/v. Rechenberg/Sternel*, S. 390.
3 BGH, NZM 2008, 121; OLG Oldenburg, WuM 1991, 467; ausnahmsweise Abmahnung erforderlich, wenn Vermieter verspätete Zahlungen während des gesamten Mietverhältnisses geduldet hat, AG Pinneberg, NZM 2009, 432.
4 *Hinz/Junker/v. Rechenberg/Sternel*, S. 390; *Lammel*, § 543 BGB Rz. 152.
5 Die Missachtung einer der fristgemäßen Kündigung vorangehenden Abmahnung durch den Mieter kann dessen Vertragsverletzung das für die Kündigung erforderliche Gewicht verleihen, BGH, NZM 2008, 121.
6 BGH, ZMR 2006, 425.
7 Vgl. hierzu das Muster eines solchen Kündigungsschreiben in: *Hinz/Junker/v. Rechenberg/Sternel*, S. 389 mit Anmerkungen.

habung der Kündigung wegen laufend verspäteter Zahlungen erfordert von dem beauftragten Rechtsanwalt ein gewisses Fingerspitzengefühl. Als **Faustregel** kann gelten: Nur bei hartnäckiger und dauerhafter unpünktlicher Zahlungsweise sollte eine Kündigung, nach vorheriger Abmahnung, ausgesprochen werden, sei es fristlos oder fristgemäß.

VI. Ermäßigung der Miete

1. Überblick

102 Die in diesem Abschnitt behandelten Möglichkeiten einer Reduzierung der Miete auf Grund einer **Minderung**, der Ausübung eines **Zurückbehaltungsrechtes, einer tatsächlich geringeren Fläche** als der im Mietvertrag angegeben **und der in § 537 BGB geregelten Tatbestände** gelten grundsätzlich **gleichermaßen für Mietverträge über Wohn- und Gewerberaum**. Minderung und Zurückbehaltung der Miete werden hier nur in ihren Grundstrukturen behandelt. Sie haben sich durch die am 1.9.2001 in Kraft getretene Mietrechtsreform nicht verändert[1]. Wegen der zugunsten des Mieters in Betracht kommenden Gewährleistungsansprüche bei Mängeln der Mietsache im Einzelnen wird auf die Ausführungen unter *F Rz. 1 ff.* verwiesen. Die Folgen einer Mietpreisüberhöhung nach § 5 WiStG und Rechtsfolgen einer überhöhten Kostenmiete werden unter *Rz. 153 ff.* und *Rz. 217 ff.* dargestellt.

103 Nach Bestimmungen des BGB kommen eine Herabsetzung der Miete bei Ermäßigung von Betriebskosten (§ 560 Abs. 3) und bei sinkenden Lebenshaltungskosten eine Reduzierung der **Indexmiete** (§ 557b) in Betracht. Hingegen ist gesetzlich ein Anspruch des Mieters von Wohnraum auf Ermäßigung der Miete bei einem Sinken der ortsüblichen Vergleichsmiete nicht vorgesehen. Sofern es die Marktverhältnisse zulassen, könnte in einem solchen Falle der Mieter eine Reduzierung der Miete nur über eine **Änderungskündigung** erreichen.

104 Bei **Gewerberaummietverhältnissen** kommt als Reaktion auf geänderte Marktverhältnisse eine „reguläre" Ermäßigung der Miete nur **auf vertraglicher Grundlage** in Betracht. Regelmäßig vereinbaren die Mietvertragsparteien insoweit entweder eine **Mietanpassungs- oder Wertsicherungsklausel**.

105 **Beispiel einer Mietanpassungsklausel:**

> Ist seit der letzten Vereinbarung oder Änderung der Miete
> 1. entweder ein Zeitraum von mehr als einem Jahr verstrichen oder
> 2. der vom Statistischen Bundesamt ermittelte Verbraucherpreisindex für Deutschland um mehr als 5 % gestiegen oder gesunken,

---

1 *Sternel*, WuM 2002, 244, 251.

soll die Angemessenheit der Miete überprüft und die Miethöhe neu vereinbart werden. Die zuletzt geschuldete Miete ist in jedem Fall die Mindestmiete. Kommt es zu keiner Einigung über die künftige Miethöhe oder sind seit dem schriftlichen Verlangen einer der Parteien zwei Monate verstrichen, ohne dass es zu einer Einigung gekommen ist, soll ein von der Handelskammer Hamburg zu ernennender Sachverständiger als Schiedsgutachter die ortsübliche Miete nach billigem Ermessen feststellen. Die festgestellte Miete gilt ab Beginn des Monats, der auf den Zeitpunkt folgt, zu dem eine der Parteien das Verlangen auf Änderung der bisherigen Miete gestellt hat. Die Kosten des Gutachtens tragen die Parteien je zur Hälfte[1].

Beispiel einer Wertsicherungsklausel: 106

Steigt oder fällt der vom Statistischen Bundesamt ermittelte Verbraucherpreisindex für Deutschland gegenüber der jeweils letzten Mietvereinbarung um mehr als ... %, ändert sich die Miete jeweils in dem gleichen prozentualen Verhältnis, und zwar von Beginn des nächsten auf die Überschreitung des vereinbarten Prozentsatzes folgenden Kalendermonats an"[2].

Haben die Mietvertragsparteien die Anpassung der Miete an eine bestimmte Veränderung (Punktzahl) des „Index für die Lebenshaltung eines 4-Personen-Arbeitnehmer-Haushalts" vereinbart und fällt dieser Index später weg, kann im Wege ergänzender Vertragsauslegung auf den Verbraucherindex (VPI) abgestellt werden[3]. 106a

2. Minderung

a) Grundsatz

Der Wortlaut von § 536 Abs. 1 S. 1 BGB („ist der Mieter ... von der Entrichtung der Miete befreit ...") ergibt, dass im Mietrecht die Minderung kraft Gesetzes eintritt und nicht erst auf eine Einrede des Mieters hin[4]. Dieser dogmatische Grundsatz darf indes nicht missverstanden werden und nicht 107

---

1 Mietvertrag für Kontore, gewerbliche Räume und Grundstücke, herausgegeben vom Grundeigentümerverband Hamburg von 1832 e.V., Ausgabe März 2009; diese **Leistungsvorbehaltsklauseln** (§ 1 Nr. 1 PrKV) sind kommentiert bei *Hinz/Junker/v. Rechenberg/Sternel*, S. 38.
2 Auszug aus dem Mietvertrag für Kontore, gewerbliche Räume und Grundstücke, herausgegeben vom Grundeigentümerverband Hamburg von 1832 e.V., Ausgabe März 2009, als Beispiel einer als genehmigt geltenden Klausel i.S.v. § 4 Abs. 1 Nr. 1a PrKV, wenn der Vermieter mindestens 10 Jahre an den Mietvertrag gebunden ist; vgl. im Einzelnen A Rz. *321 ff.* und *Schultz*, NZM 1999, 905, 906; die **oben zitierte Wertsicherungsklausel** ist kommentiert bei *Hinz/Junker/v. Rechenberg/Sternel*, S. 37 f.
3 BGH, NZM 2009, 398.
4 BGH, NJW-RR 1991, 779; *Wolf/Eckert/Ball*, Rz. 314; *Lammel*, § 536 BGB Rz. 65.

darüber hinwegtäuschen, dass **der Mieter die Darlegungs- und Beweislast für von ihm behauptete Mängel trägt**[1].

b) Notwendiger Sachvortrag und Aufgabenkreis des Rechtsanwaltes

108 Somit ist es Aufgabe des Rechtsanwaltes, den Mandanten über den Umfang bestehender oder von der Gegenpartei behaupteter Sachmängel und die zeitliche Dauer ihres Bestehens zu befragen und dazu außergerichtlich oder gerichtlich substantiiert vorzutragen. Ausführungen zu den Ursachen der Mängel sind in diesem Falle aus Sicht des Mieters nicht notwendiger Bestandteil des Sachvortrages. Es genügt z.B. vorzutragen, seit Anfang Dezember 2009 habe sich an der nördlichen Wand des Schlafzimmers der Wohnung Feuchtigkeit gebildet mit deutlich sichtbaren Feuchtigkeitsrändern und beginnender Schimmelpilzbildung in den Eckbereichen zu den angrenzenden Wänden.

Aus Vermietersicht kann allerdings Veranlassung bestehen, zu den Ursachen vom Mieter gerügter Mängel vorzutragen, wenn nämlich dargelegt werden soll, dass die angezeigten Mängel vom Mieter zu vertreten sind. Im obigen Beispielsfall könnte etwa vom Vermieter eingewandt werden, anlässlich einer Ende Dezember 2009 vorgenommenen Ortsbesichtigung habe der Mieter in Gegenwart eines namentlich zu benennenden Zeugen geäußert, er pflege das Schlafzimmer aus Kostengründen niemals zu beheizen und nur kurz abends vor dem Zubettgehen zu belüften, in der übrigen Zeit sei das Schlafzimmerfenster geschlossen; somit sei die aufgetretene Feuchtigkeit nicht bausubstanzbedingt, sondern auf eine mangelhafte Beheizung und Belüftung des Schlafzimmers durch den Mieter zurückzuführen.

109 Streit zwischen Vermieter und Mieter gibt es häufig nicht nur über **einen** Mangel des Mietobjektes, sondern über eine Vielzahl von Beanstandungen des Mieters. Insbesondere in diesem Falle ist es Aufgabe des beauftragten Rechtsanwaltes, **von vornherein eine gründliche Sachaufklärung** zu betreiben (vgl. im Einzelnen F Rz. 5 ff.), auch wenn es sich dabei nicht selten um ein „mühsames" und zeitaufwendiges Geschäft handelt. Ungenauigkeiten oder Unklarheiten zu Beginn eines Mandatsverhältnisses gleichsam im Raum stehen zu lassen lohnt sich nicht. Zum einen muss in aller Regel die notwendige Aufklärungsarbeit dann doch zu einem späteren Zeitpunkt geleistet werden, zum anderen können sich zu Lasten des Mandanten bei anfangs nicht gründlicher Bearbeitung Rechtsnachteile ergeben. Eine **Ortsbesichtigung durch den Rechtsanwalt** ist grundsätzlich zu empfehlen, da sie eine bessere Einschätzung des Umfanges von Mängeln vermittelt. In jedem Falle sollte der Mandant gebeten werden, **Farbaufnahmen** vom Mietobjekt anzufertigen. Die Vorlage solcher Fotos auch im gerichtlichen Verfahren kann durchaus hilfreich sein.

---

1 BGH, ZMR 1999, 380; BGH, NJW 1985, 2328; *Wolf/Eckert/Ball*, Rz. 296; *Kinne/Schach/Bieber*, § 536 BGB Rz. 8; *Lammel*, § 536 BGB Rz. 19.

Oft wird bei Mängelrügen der **Zeitfaktor** vernachlässigt. Gerade bei einer 110
Vielzahl von Mängeln ist es unbedingt erforderlich, exakt vorzutragen, in
welchem Zeitraum sie vorgelegen haben. Denn die Miete ist nur für den
Zeitraum gemindert, in dem der jeweilige Mangel tatsächlich bestand.
Auch hierzu muss der Mandant genau befragt werden, um die jeweils in
Betracht kommende Höhe einer Mietminderung genau bewerten zu können. Würde der Zeitfaktor im Sachvortrag des Rechtsanwaltes vernachlässigt, würde er im günstigen Falle eine Auflage des Gerichts erhalten, das
Vorbringen „nachzubessern", in der ungünstigeren Variante das Minderungsbegehren wegen unsubstantiierten Sachvortrages gerichtlich zurückgewiesen.

Checkliste 111

Für **jeden einzelnen Mangel** sollte demnach der Sachvortrag umfassen
- seine genaue Kennzeichnung nach Ort, Art und Umfang (vgl. das Beispiel unter Rz. 108);
- den Zeitpunkt seines erstmaligen Auftretens/Entstehens;
- den Zeitpunkt seiner Beanstandung gegenüber dem Vermieter (§ 536c BGB);
- den Zeitpunkt seiner Beseitigung oder die Angabe, dass er fortbesteht.

c) Abdingbarkeit der gesetzlichen Regelung (§ 536 BGB)

Bei einem Mietverhältnis über **Wohnraum** ist eine zum Nachteil des Mieters abweichende Vereinbarung unwirksam (§ 536 Abs. 4 BGB). 112

Bei einem **Mietverhältnis über Gewerberaum** kann hingegen die Minderung durch **Individualvereinbarung** gänzlich ausgeschlossen werden. Der **endgültige** Ausschluss dieses Rechts durch **Formularklausel** bei einem Gewerbemietverhältnis benachteiligt indes den Mieter unangemessen (§ 307 BGB) und ist daher unwirksam[1]. 113

3. Zurückbehaltungsrecht

a) Zurückbehaltungsrecht an der laufenden Miete im Allgemeinen

aa) Grundsatz

Neben der Minderung kann der Mieter bei Fortbestehen der Mangelhaftigkeit des Mietobjektes nach herrschender Meinung die Einrede des nicht erfüllten Vertrages gemäß § 320 BGB erheben[2]. 114

---
[1] BGH, NZM 2008, 522; BGH, NZM 2008, 609; *Sternel*, Mietrecht aktuell, Rz. VIII 435 ff. m.w.N.
[2] BGH, NJW 1982, 2242; BGH, NJW 1984, 2687; BGH, NJW 1989, 3222; *Wolf/Eckert/Ball*, Rz. 324; **a.A.:** OLG Frankfurt/Main, ZMR 1999, 628; LG Frankfurt/

Das danach bestehende Zurückbehaltungsrecht kann in Höhe des Drei- bis Fünffachen der Minderungsquote ausgeübt werden[1]. Allerdings kann der Mieter nach Auffassung des BGH[2] gegen Treu und Glauben verstoßen, wenn er das Zurückbehaltungsrecht in vollem Umfang geltend macht. Ist dem Mieter zuzumuten, die Reparatur – nach erfolgloser Fristsetzung – selbst durchzuführen, so kann im Einzelfall ein Zurückbehaltungsrecht in Höhe des zur Reparatur erforderlichen Betrags gerechtfertigt sein. Die Annahme eines Zurückbehaltungsrechts in dreifacher Höhe der Herstellungskosten ist jedenfalls nicht übersetzt, wenn sich der Vermieter zur Erstellung einer Mauer verpflichtet hat.

bb) Frankfurter Praxis

115   Seit 1985 praktiziert das LG Frankfurt/Main[3] in ständiger Rechtsprechung den Ausschluss des Zurückbehaltungsrechts. Einige Frankfurter Amtsrichter halten sich dagegen an die herrschende Meinung. Der im Frankfurter Raum tätige Rechtsanwalt wird diese Spezialität zu beachten haben.

cc) Aufgabenkreis des Rechtsanwaltes

116   Auf der Grundlage der herrschenden Meinung ist es geboten, bei Mängeln der Mietsache neben der Minderung jedenfalls **hilfsweise** auch **die Einrede** des nicht erfüllten Vertrages **gemäß § 320 BGB zu erheben**. Sollte nämlich eine Minderung ganz oder teilweise nicht zum Zuge kommen (etwa weil der Mieter bei Abschluss des Mietvertrages den Mangel bereits kannte – § 536b BGB – oder über einen längeren Zeitraum in Kenntnis des Mangels die Miete gleichwohl vorbehaltlos zahlte[4]), erreicht der Rechtsanwalt für den Mieter-Mandanten jedenfalls eine Verurteilung zur Zahlung nur Zug um Zug gegen Beseitigung der Mängel[5], wenn er sich für ihn hilfsweise auf ein Zurückbehaltungsrecht wegen nicht beseitigter Mängel beruft (vgl. F Rz. 117 f.).

Main, PE 1986, 4; *Lammel*, § 536 BGB Rz. 5–7 mit ausführlicher Darstellung des Streitstandes; zur Thematik ebenso ausführlich: *Gellwitzki*, WuM 1999, 10 ff.

1 *Kinne/Schach/Bieber*, § 536 BGB Rz. 13; *Sternel*, Mietrecht aktuell, Rz. III 124 jeweils m.w.N.; LG Saarbrücken, NZM 1999, 757; LG Berlin, GE 2000, 1688 (nicht über Beseitigungskosten hinausgehend); LG München I, NZM 2000, 87 (Höhe nach objektiven Kriterien des Einzelfalles).
2 BGH, ZMR 2003, 416, 417 f. = WuM 2003, 439, 440.
3 LG Frankfurt/Main, PE 1986, 4; *Lammel*, § 536 BGB Rz. 5–7.
4 Für Mietzahlungen bis zum 1.9.2001 verlor der Mieter in analoger Anwendung von § 539 BGB a.F. sein Minderungsrecht, wobei in der Rechtsprechung eine vorbehaltlose Zahlung der Miete über etwa 6 Monate als ausreichend angesehen wurde, während für nach dem Inkrafttreten des Mietrechtsreformgesetzes fällig gewordene Mieten, also nach dem 1.9.2001, ein Verlust des Minderungsrechts nur noch unter den strengen Voraussetzungen der Verwirkung (§ 242 BGB) oder des stillschweigenden Verzichts in Betracht kommt (BGH, WuM 1997, 488; BGH, NZM 2003, 355 = ZMR 2003, 341; BGH, NZM 2003, 679 = ZMR 2003, 667; BGH, NZM 2005, 303; BGH, GuT 2005, 162).
5 *Sternel*, Mietrecht aktuell, Rz. III 126.

Denn das Zurückbehaltungsrecht besteht wegen seiner Ausrichtung auf den Erfüllungsanspruch auch dann, wenn der Mieter seine **Gewährleistungsansprüche** (nach §§ 526b, c BGB oder nach 242 BGB infolge Verwirkung) **verloren** hat[1]. 116a

Für die anwaltliche Beratungspraxis ist ferner zu beachten: Die gekürzten Beträge auf Grund einer Minderung sind für den Vermieter verloren. Hingegen sind die auf Grund eines Zurückbehaltungsrechts einbehaltenen Beträge nach Mängelbeseitigung an den Vermieter nachzuentrichten, allerdings ohne Verzinsungspflicht zu Lasten des Mieters[2]. 117

dd) Abdingbarkeit der gesetzlichen Regelung (§ 320 BGB – Zurückbehaltungsrecht)

Bei **Wohnraummietverhältnissen** kann die gesetzliche Vorschrift durch **Individualvereinbarung** abbedungen werden, indes nur innerhalb der von § 556b Abs. 2 BGB gezogenen Grenze; diese Bestimmung hat den früheren § 552a BGB a.F. zugunsten des Mieters erheblich erweitert. Im Übrigen kann bei einem Mietvertrag über Wohnraum das Zurückbehaltungsrecht wegen Mängeln der Mietsache **formularmäßig weder ausgeschlossen noch eingeschränkt werden** (§ 309 Ziff. 2 BGB)[3]. 118

Im **kaufmännischen Verkehr** (§ 310 BGB) kann **formularmäßig** die Ausübung eines Zurückbehaltungsrechts nach herrschender Meinung ohne Verstoß gegen § 307 BGB von einer **befristeten Vorankündigung** abhängig gemacht werden[4]. In Anlehnung an § 309 Nr. 3 BGB kann das Zurückbehaltungsrecht auch im Geschäftsverkehr zwischen Kaufleuten formularmäßig nicht ausgeschlossen werden, soweit die der Geltendmachung des Zurückbehaltungsrechtes zu Grunde liegenden Forderungen unbestritten, rechtskräftig festgestellt oder entscheidungsreif sind[5]. 119

Im Rahmen eines **Mietvertrages über Gewerberaum** kann das Zurückbehaltungsrecht im Übrigen durch **Individualvereinbarung** ohne weiteres ausgeschlossen oder beschränkt werden. 120

b) Zurückbehaltungsrecht an laufenden Betriebskostenvorauszahlungen

Im Allgemeinen vereinbaren die Mietvertragsparteien eine – monatliche – Nettokaltmiete zuzüglich bestimmter Beträge als Vorauszahlung auf Be- 121

---

1 BGH, NZM 2007, 484; BGH, ZMR 1997, 505; *Sternel*, Mietrecht aktuell, Rz. VIII 278 m.w.N.
2 *Wolf/Eckert/Ball*, Rz. 324.
3 OLG Celle, WuM 1990, 103, 111; *Emmerich/Sonnenschein* (7. Aufl.), § 552a BGB a.F. Rz. 4 (a.E.); *Sternel*, Mietrecht aktuell, Rz. III 132 m.w.N.; zu den Auswirkungen dieser unwirksamen Vereinbarung auf eine *Vorauszahlungsklausel* wird auf die Ausführungen unter *Rz. 23 f.* verwiesen.
4 OLG Hamburg, ZMR 1998, 220; *Sternel*, Mietrecht aktuell, Rz. III 133 m.w.N.
5 BGH, ZMR 1993, 320; OLG Hamburg, ZMR 1998, 220; *Sternel*, Mietrecht aktuell, Rz. III 132 m.w.N.

triebskosten i.S. von § 2 BetrKV[1], über die der Vermieter jährlich abzurechnen hat (§ 556 Abs. 3 BGB, § 20 Abs. 3 NMV)[2]. Rechnet der Vermieter nunmehr nicht fristgemäß über die vom Mieter geleisteten Vorauszahlungen ab, ist dieser nach allgemeiner Auffassung berechtigt, **die weiteren, laufenden Betriebskostenvorauszahlungen einzustellen**[3].

Beispiel:

122 *Mit Wirkung ab 1.1.2007 vereinbaren die Mietvertragsparteien eines Wohnraummietvertrages eine monatliche Nettokaltmiete von 700 Euro zuzüglich 250 Euro als Vorauszahlung auf alle Betriebskosten i.S. von § 2 BetrKV (ohne Heizungskosten). Für das Jahr 2007 rechnet der Vermieter über die Betriebskostenvorauszahlungen bis 31.12.2008 **nicht** ab. Der Mieter ist nunmehr berechtigt, ab 1.1.2009 die monatliche Betriebskostenvorauszahlung von 250 Euro einzustellen, bis der Vermieter die Abrechnung für das Jahr 2007 vorlegt.*

122a Ist das **Mietverhältnis** bereits **beendet**, ist jedenfalls der Wohnraummieter berechtigt, die vollständige Rückzahlung der geleisteten Abschlagszahlungen zu verlangen, wenn der Vermieter nicht fristgerecht über die Betriebskosten eines Abrechnungszeitraumes abrechnet (vgl. *L Rz. 395a*). Der Mieter ist nicht gehalten, zuerst auf Erteilung der Abrechnung zu klagen[4]. Würde etwa im o.g. Beispielsfall das Wohnraummietverhältnis zum 31.12.2008 enden, wäre der Mieter berechtigt, ab dem 1.1.2009 seine gesamten Vorauszahlungen auf die Betriebskosten für das Jahr 2007 zurückzufordern.

4. Abweichung der tatsächlichen Fläche von der vertraglich vereinbarten/beschriebenen Fläche

a) Vereinbarung einer Miete pro Quadratmeter

123 **Gewerbeobjekte** werden häufiger ausdrücklich auf der Grundlage einer qm-Miete angeboten und vermietet. Eine Vereinbarung dieser Art kann beispielhaft wie folgt formuliert sein:

---

1 Im Rahmen eines **Wohnraummietvertrages** können nur Vorauszahlungen auf die in § 2 – der seit dem 1.1.2004 in Kraft getretenen – BetrKV, vor diesem Zeitpunkt auf die in der Anlage 3 zu § 27 Abs. 1 II. BV genannten Betriebskosten vereinbart werden.

2 Im Zuge der **Mietrechtsreform** ist auch bei **preisfreiem Wohnraum** die **Abrechnungsfrist eine Ausschlussfrist** (§ 556 Abs. 3 S. 3 BGB, gleich lautend § 20 Abs. 3 S. 4 NMV für preisgebundenen Wohnraum).

3 BGH, NZM 2006, 533 (aber keine Rückzahlungen von Abschlagszahlungen bei bestehendem Mietverhältnis); BGH, WuM 1984, 127 zu Gewerberaum; BGH, WuM 1984, 185 zu preisgebundenem Wohnraum; *Sternel*, Mietrecht aktuell, Rz. III 129; *Langenberg*, Betriebskosten, G Rz. 100 f. m.w.N; LG Hamburg, ZMR 2005, 622 (Zurückbehaltungsrecht endet mit Vorlage einer formell ordnungsgemäßen Abrechnung des Vermieters).

4 BGH, ZMR 2005, 439.

Ermäßigung der Miete   Rz. 128 **D**

> Die Nettokaltmiete beträgt 18 Euro pro qm monatlich. Bei der vorläufig angenommenen Nutzfläche von 100 qm errechnet sich eine monatliche Nettokaltmiete von 1800 Euro.

Insbesondere bei Neubauprojekten können die Nutzflächen von Gewerbeeinheiten bei Abschluss des Mietvertrages noch nicht endgültig feststehen, sondern erst nach Fertigstellung des Projektes auf Grund einer **Vermessung** und Berechnung abschließend festgelegt werden. Wurde ausdrücklich ein qm-Preis vereinbart, ist die endgültige Miete unproblematisch der tatsächlichen Fläche anzupassen. Ergibt etwa im o.g. Beispielsfall eine abschließende Vermessung, dass die Gewerbeeinheit 95 qm Nutzfläche umfasst, beliefe sich die von dem Mieter zu zahlende monatliche Nettokaltmiete auf 1710 Euro (95 × 18 Euro).   124

Bei **Wohnraummietobjekten** wird nur selten eine qm-Miete vereinbart[1]. In der Regel wird als Gegenleistung für die Überlassung des Mietobjektes insgesamt eine einheitliche (monatliche) Miete festgelegt, ohne Bezugnahme auf die Wohnfläche. Aus der kalkulatorischen Bildung dieser Miete auf der Grundlage eines qm-Preises ergibt sich nicht die „echte" Vereinbarung einer Miete pro qm. Ebenso wenig folgt die Absprache eines qm-Preises aus der Stellung eines Mieterhöhungsverlangens des Vermieters gemäß §§ 558 ff. BGB, in dem die Miete rechnerisch gebildet wird aus der Multiplikation eines qm-Preises mit der im Erhöhungsverlangen angegebenen Wohnfläche und einer Zustimmung des Mieters zu einem solchen Erhöhungsverlangen.   125

b) Angabe einer unzutreffenden Quadratmeterzahl im Mietvertrag

In **Formularmietverträgen** wird der Mietgegenstand unter anderem regelmäßig auch nach seiner Fläche bezeichnet. Der entsprechende Textbaustein in den Formularverträgen lautet meistens wie folgt: 126

> Die Nutzfläche (Wohnfläche) beträgt ... m².

In die freie Zeile trägt der Vermieter, der sich regelmäßig eines Mustervertrages bedient, die Fläche des Mietobjektes ein, entweder mit oder ohne den Zusatz „ca.".   127

In der mietrechtlichen Praxis berufen sich Mieter immer wieder auf ein Recht zur Reduzierung der Miete, wenn sie feststellen, dass die tatsächliche Fläche der Wohnung oder der gemieteten Gewerbeeinheit kleiner ist als vom Vermieter im Mietvertrag angegeben. Für preisfreien Wohnraum gibt es keine gesetzliche Regelung der Flächenberechnung. Die zum   128

---

1 LG Berlin, NZM 2002, 733.

1.1.2004 in Kraft getretene WoFlV vom 25.11.2003 (BGBl. I S. 2346) gilt unmittelbar nur, wenn die Wohnfläche nach dem WoFG berechnet wird (§ 1 Abs. 1 WoflV); sie löst die §§ 42–44 II. BV ab. Nach Auffassung des BGH[1] ist der Begriff der „Wohnfläche" im Mietvertrag über preisfreien Wohnraum grundsätzlich anhand der §§ 42–44 II. BV, die ab dem 1.1.2004 durch die WoFlV im Wesentlichen gleich lautend ersetzt worden sind, auszulegen und zu ermitteln. Das bedeutet, dass jedenfalls bei Mietverträgen, die nach dem 1.1.2004 abgeschlossen werden, die Wohnfläche im Zweifel nach Maßgabe der WoFlV zu ermitteln ist[2]. Allerdings ist es möglich, dass die Parteien dem Begriff der Wohnfläche im Einzelfall eine abweichende Bedeutung beimessen oder ein anderer Berechnungsmodus ortsüblich oder nach Art der Wohnung nahe liegender ist[3].

128a Welche Rechte kommen nunmehr zugunsten des Mieters in Betracht, wenn z.B. in einem Wohnraummietvertrag der Vermieter die Wohnfläche mit „ca. 90 qm" bezeichnet, während hingegen die Wohnfläche tatsächlich nur 75 qm ergibt (z.B. weil der Vermieter entgegen § 44 II. BV die Flächen unter Schrägen voll berücksichtigte)?

128b Eine in Rechtsprechung und Literatur vertretene Meinung geht zunächst davon aus, dass es sich bei der Angabe einer Wohnfläche im Mietvertrag **nur um eine Objektbeschreibung, nicht um eine Zusicherung** (§ 536 Abs. 2 BGB) handelt[4]. **Allein** die Angabe einer Wohnfläche im Mietvertrag beinhaltet mithin nur eine bloße Beschaffenheitsangabe, nicht aber darüber hinausgehend auch die Zusicherung einer Eigenschaft der Mietsache[5]. Um eine Zusicherung annehmen zu können, müssten also darüber hinausgehende, besondere Umstände hinzukommen. Dies ist z.B. bei der Vermietung von Räumen der Fall, die erst noch geschaffen werden müssen[6]. Auch in Anbetracht der jetzt vorliegenden Rechtsprechung des BGH (vgl. dazu die nachfolgenden Ausführungen unter *Rz. 129*), derzufolge bei einer Flächenabweichung um mehr als 10 % nach unten ein zur Minderung der Miete berechtigender Mangel der Mietsache (§ 536 Abs. 1 Satz 1 BGB) vorliegt, sollte an der durch das Gesetz vorgegebenen dogmatischen Differenzierung zwischen Zusicherung einerseits (§ 536 Abs. 2 BGB) und Sachmangel andererseits (§ 536 Abs. 1. BGB) festgehalten werden[7].

129 Ist die tatsächliche Wohnfläche einer Mietwohnung oder einer gemieteten Gewerbeeinheit geringer als im Mietvertrag angegeben, kann ein zur **Min-**

---

1 BGH, ZMR 2004, 501 = WuM 2004, 337, 338; BGH, WuM 2009, 344 (Zeitpunkt des Mietvertragsabschlusses ist maßgeblich).
2 *Hinz/Junker/v. Rechenberg/Sternel*, S. 27; zur Übergangsproblematik siehe *Hinz*, WuM 2004, 380, 384.
3 BGH, ZMR 2004, 501 = WuM 2004, 337, 338 f.; BGH, WuM 2007, 441; *Hinz/Junker/v. Rechenberg/Sternel*, S. 7.
4 OLG Dresden, ZMR 1998, 417, 420 m.N.; *Lammel*, § 536 BGB Rz. 80.
5 OLG Dresden, ZMR 1998, 417, 420.
6 OLG Hamm, WuM 1998, 151.
7 Wohl **a.A.**, aber unscharf: *Kinne/Schach/Bieber*, § 536 BGB, Rz. 12 „aus praktischen Erwägungen".

derung der Miete führender Mangel der Mietsache vorliegen (§ 536 Abs. 1 BGB). Welche Voraussetzungen gegeben sein mussten, um bei einer solchen Flächendifferenz einen Sachmangel annehmen zu können, war früher sehr strittig. Zwischenzeitlich ist eine Klärung durch die Rechtsprechung des BGH erfolgt: Sowohl bei Wohnraum[1] als auch bei Geschäftsraum[2] liegt ein zur Minderung berechtigender Mangel der Mietsache i.S. des § 536 Abs. 1 Satz 1 BGB vor, wenn die tatsächliche Fläche um mehr als 10 % unter der im Vertrag angegebenen Fläche liegt; einer zusätzlichen Darlegung des Mieters, dass infolge der Flächendifferenz die Tauglichkeit des Mietobjekts zum vertragsgemäßen Gebrauch gemindert ist, bedarf es nicht. Diese Grundsätze gelten auch dann, wenn die Flächenangabe im Mietvertrag mit dem Zusatz „ca." versehen ist; eine über die 10 % hinausgehende Maßtoleranz ist im Interesse der Rechtssicherheit nicht anzunehmen[3]. Eine **Flächenabweichung unter 10 %** soll nur dann die Annahme eines Mangels i.S. von § 536 Abs. 1 BGB rechtfertigen, wenn hierdurch eine – vom Mieter darzulegende – **erhebliche Beeinträchtigung des vertragsgemäßen Gebrauchs** verursacht worden ist[4]. Diese Entscheidung erscheint bedenklich. Aus Gründen der Rechtssicherheit sollte auf der Grundlage der bisher vorliegenden BGH-Entscheidungen davon ausgegangen werden, dass bei einer Flächendifferenz von weniger als 10 % nach unten kein Mangel i.S. von § 536 Abs. 1 Satz 1 BGB vorliegt, der den Mieter zur Minderung der Miete berechtigt. Zwar ist letztlich die vom BGH gezogene 10 %-Grenze ein wenig willkürlich (man hätte sie grundsätzlich auch anders ziehen können), indes hat die nun vorliegende BGH-Rechtsprechung doch den Charme der Rechtssicherheit. Diese würde aufgeweicht, wenn man eine Minderung auch bei einer Flächenabweichung unter 10 % in Betracht ziehen würde[5]. Nach diesseitiger Auffassung kann daher eine Flächenabweichung unter 10 % nur dann Rechtsfolgen haben, wenn entweder eine „echte" qm-Miete vereinbart worden ist oder aufgrund besonderer Umstände des Einzelfalles von einer zugesicherten Eigenschaft (§ 536 Abs. 2 BGB) in Bezug auf die angegebene Fläche des Mietobjekts auszugehen ist.

In der **Beratungspraxis** ist **dem Vermieter zu empfehlen**, nicht allzu sorglos mit Flächenangaben in Formularmietverträgen umzugehen, sondern insbesondere in Zweifelsfällen zur Sicherung richtiger Angaben Flächenvermessungen vorzunehmen. Überlegenswert ist aber auch, im Mietvertrag **keine Angabe zur Größe des Mietobjekts** aufzunehmen. Dann fehlt es an einer Sollbeschaffenheit, so dass ein Mangel der Mietsache insoweit dann nicht in Betracht kommt[6]. Der Zusatz in einem Mietvertrag, „Sollten sich bei einer nachträglichen Vermessung Abweichungen von der obigen Zahl

129a

---

1 BGH, ZMR 2004, 495.
2 BGH, ZMR 2005, 612; so auch OLG Düsseldorf, ZMR 2005, 450.
3 BGH, ZMR 2004, 500.
4 KG, ZMR 2005, 950.
5 So auch LG Münster, ZMR 2008, 630, 631; **a.A.:** *Sternel*, Mietrecht aktuell, Rz. VIII 121.
6 So *Beuermann*, GE 2004, 663; *Hinz/Junker/v. Rechenberg/Sternel*, S. 7; *Lammel*, § 536 Rz. 64.

und Größe der Räume ergeben, so ist keine Partei berechtigt, deswegen eine Änderung des Mietpreises zu fordern" ist dahingehend zu verstehen, dass die vereinbarte Miete nicht von der tatsächlichen Größe der vermieteten Fläche abhängig sein soll, so dass bei einer Flächenabweichung ein Fehler im Sinne von § 536 Abs. 1 BGB (= § 537 Abs. 1 BGB a.F.) nicht vorliegt[1].

130 **Bemessungsgrundlage der Minderung** nach § 536 BGB ist die **Bruttomiete** (Miete einschließlich aller Nebenkosten); dabei ist unerheblich, ob die Nebenkosten als Pauschale oder Vorauszahlung geschuldet werden[2]. Dies gilt in gleicher Weise, wenn der zur Minderung führende Mangel auf einer **Abweichung der Wohnfläche** von der im Mietvertrag angegebenen Fläche um mehr als 10 % beruht[3]. Bemessungsgrundlage der Minderung nach § 536 BGB ist also auch bei einer erheblichen Flächenabweichung nach unten die Bruttomiete einschließlich einer Nebenkostenpauschale oder einer Vorauszahlung auf die Nebenkosten.

130a Bei einer Aufteilung der Miete in Grundmiete (Nettokaltmiete) und Betriebskostenvorauszahlungen – wie in der Praxis regelmäßig vereinbart – wird nach überwiegender Meinung der Minderungsbetrag unter Einbeziehung des Abrechnungsergebnisses der Betriebskostenabrechnung ermittelt[4].

130b Kommt nach dem Vorgesagten eine Minderung der Miete wegen erheblicher Flächenabweichung in Betracht, so erstreckt sich die kraft Gesetzes eintretende Mietminderung auf den **vollen Umfang der Flächendifferenz**. Ist z.B. die tatsächliche Fläche eines Mietobjekts um 15 % kleiner als im Mietvertrag angegeben, mindert sich die Miete entsprechend um 15 %, wobei die Bruttomiete zugrunde zu legen ist.

5. Persönliche Verhinderung des Mieters (§ 537 BGB)

a) Überblick

131 Der Mieter bleibt zur Zahlung der vereinbarten Miete auch dann verpflichtet, wenn er durch einen in seiner Person liegenden Grund das Mietobjekt nicht nutzen kann (§ 537 Abs. 1 S. 1 BGB); in diesem Falle muss sich indes der Vermieter ersparte Aufwendungen und Gebrauchsvorteile anrechnen lassen (§ 537 Abs. 1 S. 2 BGB). Die Anwendung dieser gesetzlichen Bestimmungen bereitet in der anwaltlichen Praxis im Allgemeinen keine Schwierigkeiten[5].

131a Erhebliche Bedeutung hat in der Beratung jedoch **§ 537 Abs. 2 BGB**, dem zufolge der Vermieter den Anspruch auf Zahlung der vereinbarten Miete

---

1 OLG Düsseldorf, ZMR 2005, 943.
2 BGH, ZMR 2005, 524.
3 BGH, ZMR 2005, 854.
4 Ausführlich mit Berechnungsbeispielen: *Sternel*, Mietrecht aktuell, Rz. VIII 265 ff.
5 Auf die ausführliche und instruktive Kommentierung bei *Kinne/Schach/Bieber*, § 537 BGB Rz. 1–12 kann beispielhaft verwiesen werden.

verliert, wenn er infolge einer Drittüberlassung des Mietobjektes außerstande ist, dem Mieter seine Nutzung weiterhin zu ermöglichen, insbesondere in der nachfolgend behandelten Fallkonstellation.

b) Vorzeitige Aufgabe des Mietobjektes durch den Mieter und Weitervermietung zu einer niedrigeren, marktüblichen Miete an einen Dritten

Sowohl bei Wohnraum- als auch Gewerberaumobjekten kommt es nicht selten vor, dass der Mieter bei einem langfristigen Mietverhältnis (in der Regel aus wirtschaftlichen Gründen) vorzeitig räumt und seine Mietzahlungen einstellt. Daraufhin wird das Mietobjekt vom Vermieter weitervermietet, allerdings kann er marktbedingt nur eine niedrigere Miete erzielen. Das bisherige Mietverhältnis wird vom Vermieter nicht fristlos wegen Zahlungsverzuges gekündigt (vgl. zu den einzelnen Fallkonstellationen *K Rz. 234 ff.*).

132

Nach überwiegender Auffassung hat der Vermieter in dem in *Rz. 132* geschilderten Fall einen **Anspruch auf Zahlung der Differenzmiete**, § 537 Abs. 2 BGB steht dem nicht entgegen[1]. Einen solchen Anspruch hat das OLG Karlsruhe dem Vermieter auch dann zugebilligt, wenn sich der Mieter eines langfristigen gewerblichen Mietvertrages im Interesse der Schadensminderung mit der Weitervermietung durch den Vermieter einverstanden erklärt und der Vermieter das Mietobjekt dem Nachmieter überlassen hat[2]. Vor dem Hintergrund dieser trotz der vorliegenden Rechtsprechung des BGH[3] nach wie vor umstrittenen Rechtslage sind in praktischer Hinsicht von dem Rechtsanwalt **zwei Aspekte** besonders zu beachten:

133

– Beabsichtigt der Vermieter – auch zur eigenen wirtschaftlichen Schadensbegrenzung – eine Weitervermietung des vorzeitig vom Mieter zurückgegebenen Mietobjektes, **empfiehlt sich vor einer Drittüberlassung eine fristlose Kündigung des bisherigen Mietverhältnisses wegen Zahlungsverzuges**, sofern die gesetzlichen Voraussetzungen (§ 543 Abs. 2 Ziff. 3 BGB) oder davon abweichende geringere vertragliche Voraussetzungen bei Gewerberaum erfüllt sind. **Den Mietausfall einschließlich Differenzmiete** kann der Vermieter sodann als **Kündigungsfolgeschaden** gegenüber dem Mieter beanspruchen[4]. Unterlässt der Vermieter in der beschriebenen Situation eine fristlose Kündigung wegen Zahlungsver-

134

---

1 BGH, NZM 2008, 206; BGH, ZMR 1993, 317 und BGH, NZM 2000, 184; OLG Düsseldorf, ZMR 1993, 114; OLG Düsseldorf, MDR 1992, 160; OLG Hamm, NJW 1986, 2321; LG München I, WuM 1996, 766; a.A.: OLG München, NJW-RR 1992, 204; OLG Düsseldorf, NJW-RR 1986, 507; LG Baden-Baden, NJW-RR 1997, 75; *Sternel*, Mietrecht aktuell, Rz. III 147.
2 OLG Karlsruhe, MietRB 2005, 94.
3 BGH, NZM 2008, 206; BGH, ZMR 1993, 317 und BGH, NZM 2000, 184.
4 BGH, ZMR 2005, 433 = NZM 2005, 340 (in der gegebenen Situation ist der Vermieter nicht verpflichtet, sofort um jeden Preis neu zu vermieten; die Beweislast für einen Verstoß des Vermieters gegen seine Schadensminderungspflicht trägt der Mieter); *Sternel*, Mietrecht aktuell, Rz. XII 192 ff.; LG Baden-Baden, NJW-RR 1997, 75; OLG München, NJW-RR 1992, 204; OLG Düsseldorf, ZMR 2001, 528 (der

zuges, läuft er Gefahr, dass ihm nach der zitierten Mindermeinung[1] der Anspruch auf Zahlung der Differenzmiete unter Hinweis auf § 537 Abs. 2 BGB versagt wird.

135 – Wird eine fristlose Kündigung wegen Zahlungsverzuges vermieterseits **nicht** ausgesprochen oder kann sie nicht erfolgen, sollte der Mieter in der hier erörterten Fallkonstellation vom Vermieter oder dessen Rechtsanwalt **über die beabsichtigte Weitervermietung informiert werden**. Eine solche Benachrichtigung des Mieters kann nach der Rechtsprechung Bedeutung erlangen. Denn „in Fällen, in denen aus der Sicht des Vermieters nicht eindeutig feststeht, ob der Mieter endgültig ausgezogen ist oder ob der Mieter mit nachvollziehbaren Gründen annehmen konnte, das Mietverhältnis sei beendet, kann eine Mitteilung des Vermieters an den Mieter, er werde versuchen, die Mietsache im beiderseitigen Interesse weiterzuvermieten, und dann nur noch eine eventuelle Mietdifferenz geltend machen, entscheidende Bedeutung gewinnen. Reagiert der Mieter nämlich auf eine solche Mitteilung nicht, so wird es ihm regelmäßig verwehrt sein, sich z.B. nachträglich darauf zu berufen, er habe die Mietsache nicht endgültig aufgeben wollen, sondern nur vorübergehend nicht genutzt"[2].

c) Ersatzvermietung (Mietnachfolger)

136 Kann der Mieter bei befristeten Verträgen durch einen in seiner Person liegenden Grund das Mietobjekt nicht länger nutzen oder räumt er aus sonstigen Gründen vorzeitig die Mieträume, ohne außerordentlich zur Kündigung berechtigt zu sein, oder kündigt er fristgemäß, besteht grundsätzlich keine Pflicht des Vermieters, die Mietsache vor Ablauf des Vertrages mit dem bisherigen Mieter weiterzuvermieten[3]. Nur bei Vereinbarung einer **Ersatzmieterklausel** besteht unter Umständen die Verpflichtung des Vermieters, einen vom Mieter gestellten Ersatzmieter zu akzeptieren. Sie ist ferner dann gegeben, wenn das berechtigte Interesse des Wohnraummieters an der vorzeitigen Aufhebung des Mietvertrages das Interesse des Vermieters am Fortbestand des Mietverhältnisses erheblich überragt und der Mieter dem Vermieter einen geeigneten Nachmieter präsentiert[4] (vgl. auch C Rz. 255 f.). Diese bislang herrschende Auffassung ist durch das Urteil des BGH vom 22.1.2003 – VIII ZR 244/02[5] nicht in Frage gestellt. Denn diese BGH-Entscheidung befasst sich im Kern nur mit der Frage der Zumutbarkeit und Eignung eines Nachmieters, wenn sich der Vermieter unter der

---

Schadensersatzanspruch umfasst auch den Mietausfall durch Insolvenz eines Mietnachfolgers).
1 OLG München, NJW-RR 1992, 204; OLG Düsseldorf, NJW-RR 1986, 507; LG Baden-Baden, NJW-RR 1997, 75; *Sternel*, Mietrecht aktuell, Rz. III 147.
2 BGH, ZMR 1993, 317, 319; vgl. zur Bedeutung einer Benachrichtigung des Mieters auch: OLG Hamm, NJW 1986, 2321; LG München I, WuM 1996, 766.
3 Vgl. hierzu eingehend und instruktiv *Kinne/Schach/Bieber*, § 537 BGB Rz. 17 ff.
4 Vgl. hierzu eingehend *Kinne/Schach/Bieber*, § 537 BGB Rz. 21 ff.
5 BGH, ZMR 2003, 413 = NZM 2003, 277 = WuM 2003, 204.

Bedingung, dass ein solcher Nachmieter gefunden wird, mit einer Entlassung des Mieters aus dem Mietvertrag einverstanden erklärt. Die Vertragsparteien hatten hier also die Stellung eines geeigneten Nachmieters ausdrücklich vereinbart. Ohne Ersatzmieterklausel oder Ersatzmietervereinbarung besteht weiterhin nur dann eine Verpflichtung des Vermieters, einen vom Mieter gestellten Ersatzmieter zu akzeptieren, wenn das berechtigte Interesse des Wohnraummieters an der vorzeitigen Aufhebung des Mietvertrages das Interesse des Vermieters am Fortbestand des Mietverhältnisses erheblich überragt und der Mieter dem Vermieter einen geeigneten Nachmieter benennt.

Für die anwaltliche Beratungspraxis ist der **Grundsatz** wichtig, dass **nur in Ausnahmefällen der Vermieter verpflichtet ist, für die Restlaufzeit eines Vertrages einen Ersatzmieter zu akzeptieren**, es sei denn, ausnahmsweise ist bereits im Mietvertrag geregelt, dass der Mieter berechtigt ist, einen Ersatzmieter zu stellen (echte Ersatzmieterklausel)[1]. Die Ersatzmieterklausel

> „der Mieter ist berechtigt, die Rechte und Pflichten aus diesem Vertrag auf einen Nachmieter zu übertragen, sofern in der Person oder in dem Geschäftszweck des Nachmieters kein wichtiger Grund zur Ablehnung vorliegt"

ist dahingehend zu verstehen, dass der Mieter aus dem Mietverhältnis ausscheidet und der Nachmieter in dieses mit allen Rechten und Pflichten eintreten soll[2].

Nicht gerade selten wird vom Mieter, auch im Prozess, der Einwand erhoben, der Vermieter habe doch – mündlich – zugesagt, solvente Nachmieter zu akzeptieren. Dem Vermieter ist grundsätzlich eine gewisse Zurückhaltung anzuraten, wenn er generell mit dem Wunsch des Mieters konfrontiert wird, das Mietverhältnis vorzeitig zu beenden. Nicht ohne Not sollte sich der Vermieter in diesem Zusammenhang durch mündliche Erklärungen – erstmalig – vertraglich zur „Annahme" eines Mietnachfolgers verpflichten, wozu er auf Grund des Mietvertrages und der gesetzlichen Bestimmungen im Allgemeinen gerade nicht verpflichtet ist[3]. Der beauftragte Rechtsanwalt sollte im Übrigen darauf achten, präzise zu formulieren,

---

1 **Musterschreiben**, mit und ohne vereinbarter Nachfolgeklausel, finden sich bei: Hinz/Junker/v. Rechenberg/Sternel, S. 409 ff. m. Anm.
2 BGH, ZMR 2005, 433 = NZM 2005, 340 (im konkreten Fall fehlte es aber im Hinblick auf eine fest vereinbarte Mietzeit an einer dem Schriftformerfordernis des § 566 BGB a.F. genügenden Mieteintrittsvereinbarung zwischen dem Mieter und dem Nachmieter).
3 Vgl. hierzu BGH, ZMR 2003, 413 = NZM 2003, 277 = WuM 2003, 204 **zur Frage der Zumutbarkeit und Eignung eines Nachmieters**, wenn sich der Vermieter unter der Bedingung, dass ein solcher Nachmieter gefunden wird, mit einer Entlassung des Mieters aus dem Mietvertrag einverstanden erklärt, im konkreten Fall durfte der Vermieter einen Nachmieter nicht deswegen ablehnen, weil er mit einem Kind in die Wohnung einziehen wollte.

zu welchen Konditionen eine Weitervermietung in Betracht kommen kann oder soll. Zwei Konstellationen sind insoweit grundlegend zu unterscheiden: Zum einen ist denkbar, dass ein Ersatzmieter für die **Restlaufzeit des Vertrages** mit allen Rechten und Pflichten in das Vertragsverhältnis, so wie es besteht, **eintritt**.

138 Davon zu unterscheiden ist die Möglichkeit, **das Mietobjekt zu neuen Konditionen weiterzuvermieten**. Innerhalb dieser Variante kann es entweder allein dem Vermieter zustehen, die neuen Konditionen zu bestimmen, oder es werden alternativ bestimmte Rahmenbedingungen für die Neuvermietung einvernehmlich zwischen den bisherigen Mietvertragsparteien festgelegt. Erst mit einer Neuvermietung kann der bisherige Mieter vorzeitig aus dem Mietvertragsverhältnis ausscheiden. Grundsätzlich muss gesehen werden, dass der Mieter in der beschriebenen Situation im Allgemeinen auf ein „Goodwill" des Vermieters angewiesen ist, es sei denn, er hat sich vertraglich von vornherein für den Fall einer vorzeitigen Beendigung des Mietvertrages durch eine Ersatzmieterklausel oder eine ähnliche Klausel abgesichert.

d) Abdingbarkeit des § 537 BGB

139 Die Vorschrift ist grundsätzlich abdingbar[1].

VII. Verjährung und Verwirkung von Mietforderungen des Vermieters und Rückerstattungsansprüchen des Mieters

1. Verjährung

a) Fristen

140 Das zum 1.1.2002 in Kraft getretene **Gesetz zur Modernisierung des Schuldrechts** hat auch weitreichende Veränderungen bei der Verjährung mietrechtlicher Ansprüche zur Folge. Während die Ansprüche der Gastwirte für die Gewährung von Wohnung und Beköstigung (§ 196 Abs. 1 Nr. 4 BGB a.F.) und die Ansprüche auf Zahlung von Miete bei gewerbsmäßiger Vermietung beweglicher Sachen (§ 196 Abs. 1 Nr. 6 BGB a.F.) **bisher in 2 Jahren verjährten**, ist für diese Ansprüche nunmehr **eine Verlängerung der Verjährungsfrist** gemäß § 196 BGB **auf 3 Jahre** eingetreten.

Für Zahlungsansprüche hatte im Mietrecht im Übrigen früher die **4-jährige Verjährungsfrist nach § 197 BGB a.F.** eine zentrale Bedeutung. **Gemäß § 195 BGB** tritt an die Stelle der früheren 4-jährigen Verjährungsfrist **eine 3-jährige Frist**, die gemäß § 199 Abs. 1 BGB vom Entstehen des Anspruchs und der Kenntnis der anspruchsbegründenden Tatsachen abhängig ist.

---

1 *Kinne/Schach/Bieber*, § 537 BGB Rz. 32 ff., siehe dort auch die aufgezeigten Schranken bei formularmäßigen Vereinbarungen.

Von der 4-jährigen Verjährungsfrist des § 197 BGB a.F. wurden früher folgende Ansprüche aus einem Wohn- oder Gewerberaummietvertrag erfasst, die nunmehr gemäß § 195 BGB in 3 Jahren verjähren:

Ansprüche des Vermieters

– Anspruch auf Zahlung der **laufenden** (in der Regel monatlichen) **Miete** und der laufenden Pacht einschließlich des Anspruches auf Zahlung von **Betriebskostenvorschüssen**[1],
– **Nachforderungsanspruch** aus **erteilter Betriebskostenabrechnung**[2] (vgl. L Rz. 365 f.),
– Anspruch auf Zahlung von **Nutzungsentschädigung** gemäß § 546a BGB (= § 557 Abs. 1 BGB a.F.) oder konkurrierender Anspruchsgrundlagen[3],
– **Schadensersatzanspruch** auf **Ausgleich des Mietausfalls** bei vorzeitiger Beendigung des Mietverhältnisses[4],
– Anspruch aus **Mietgarantie**, d.h. der Anspruch auf Ausgleich der Differenz zwischen tatsächlicher (vom Endmieter) erzielter und vom Garantiegeber garantierter Miete[5].

Ansprüche des Mieters

– der **Rückforderungsanspruch** im Falle der **Mietpreisüberhöhung gemäß § 5 WiStG**[6],
– **Rückforderungsanspruch** wegen Erstattens überzahlter Miete[7],
– sonstige **Rückerstattungsansprüche auf Grund nicht berechtigter Nebenkostenforderungen des Vermieters**[8].

---

1 Der Vermieter von Wohnraum ist verpflichtet, über Vorschüsse auf Nebenkosten innerhalb eines Jahres nach dem Ende des Abrechnungszeitraums abzurechnen (vgl. hierzu die Ausführungen unter Rz. 121, 122). Nach dem Eintritt der Abrechnungsreife schuldet der Mieter ohnehin keine weiteren Betriebskostenvorauszahlungen mehr, *Langenberg*, Betriebskosten, J Rz. 2 weist deshalb zu Recht darauf hin, dass für die Nachforderung von Betriebskostenvorauszahlungen die Verjährungsfrist jedenfalls bei Wohnraum nicht relevant ist. Denn der Zeitpunkt des Eintritts der Abrechnungsreife liegt vor Ablauf der Verjährungsfrist.
2 Der Anspruch des Vermieters auf Nachforderung *entsteht erst mit dem Zugang der Abrechnung beim Mieter* = BGH, NJW 1991, 835; a.A.: LG Berlin, GE 1995, 945, das – nicht überzeugend – hier zwischen Fälligkeit und Entstehen des Anspruches unterscheidet.
3 BGH, NJW 1977, 1335; KG, NZM 2002, 563.
4 BGH, NJW 1968, 692.
5 OLG Düsseldorf, NJW-RR 1994, 11.
6 OLG Hamburg, ZMR 1989, 146; LG Stuttgart, WuM 1990, 357.
7 OLG Düsseldorf, DWW 1995, 84; LG Frankfurt/Main, ZMR 1997, 187; OLG Köln, WuM 1999, 282 (Rückforderungsanspruch bei Mietminderung wegen Abweichung von der vertraglich vorgesehenen Fläche); LG Berlin, ZMR 2001, 544.
8 OLG Düsseldorf, ZMR 1990, 411 (Heizkostenerstattungsanspruch); OLG Hamm, NJW-RR 1996, 523 (Anspruch des Mieters auf Rückzahlung rechtsgrundlos geleisteter Nebenkostenvorschüsse); OLG Hamburg, NJW 1988, 1097 (Rückforderungsansprüche wegen überzahlter Heizkosten); OLG Düsseldorf, DWW 1993, 261; OLG Koblenz, ZMR 2002, 519 (Rückerstattung wegen überhöhter Vorauszahlungen).

141 Unberührt von dem neuen Verjährungsrecht bleibt **die Sondervorschrift des § 8 Abs. 2 S. 3 WoBindG**. Danach verjährt der Anspruch auf Rückerstattung überzahlter Kostenmiete nach Ablauf von 4 Jahren nach der jeweiligen Leistung, jedoch spätestens nach Ablauf eines Jahres von der Beendigung des Mietverhältnisses an. Nach herrschender Ansicht ist § 8 Abs. 2 WoBindG nicht analog anwendbar, wenn die – unzulässige – Belastung des Mieters erst erfolgt ist auf Grund einer einseitigen Mieterhöhung gemäß § 10 Abs. 2 WoBindG[1]. Der in diesem Falle bestehende bereicherungsrechtliche Rückforderungsanspruch des Mieters verjährte indes nicht in 30 Jahren (§ 195 BGB a.F.), sondern in analoger Anwendung von § 197 BGB a.F. in 4 Jahren[2]. An die Stelle der 4-jährigen Verjährungsfrist ist nunmehr gemäß § 195 BGB eine 3-jährige Frist getreten.

b) Verjährungshemmung

142 Das Schuldrechtsreformgesetz hat die bisherige Unterbrechung der Verjährung abgeschafft und regelt nur noch für das Anerkenntnis des Schuldners einen Neubeginn der Verjährung (§ 212 BGB). Im Übrigen kann die Verjährung nur gehemmt werden (§§ 203 ff. BGB).

Für das Mietrecht sind neben der Hemmung durch gerichtliche Maßnahmen zur Durchsetzung des Anspruchs (§ 204 Abs. 1 Nr. 1–5, 9–11 BGB) vor allem von Bedeutung die Durchführung des selbständigen Beweisverfahrens (§ 204 Abs. 1 Nr. 7 BGB) sowie die Streitverkündung (§ 204 Abs. 1 Nr. 6 BGB).

Der zum 1. September 2001 eingeführte § 548 Abs. 3 BGB, der die Unterbrechung der Verjährung durch die Einleitung eines selbständigen Beweisverfahrens vorsah, ist aufgehoben worden. Nunmehr gilt die allgemeine Vorschrift des § 204 Abs. 1 Nr. 7 BGB, wonach die Zustellung eines Antrags auf Durchführung eines selbständigen Beweisverfahrens die Verjährungsfrist hemmt.

Ferner ist hinzuweisen auf die Möglichkeit eines **Güteantrages des Vermieters oder Mieters bei einer Gütestelle** der in § 794 Abs. 1 Nr. 1 ZPO bezeichneten Art **zur Verjährungshemmung**. Gütestellen dieser Art sind **in Hamburg und Lübeck** eingerichtet. Wichtig ist hierbei, dass diese Gütestellen im Geltungsbereich der Bundesrepublik Deutschland eine Allzuständigkeit besitzen. Die Geltendmachung eines Anspruchs durch Anbringung eines Güteantrages etwa bei der als Gütestelle eingerichteten Öffentlichen Rechtsauskunft- und Vergleichsstelle der Freien und Hansestadt Hamburg hemmt die Verjährung auch dann, wenn der Anspruchsgegner (Antragsgegner des Güteverfahrens) dort keinen Gerichtsstand nach der ZPO besitzt[3].

---

1 OLG Hamm, WuM 1997, 543 m.w.N.; BayObLG, WuM 1985, 217; OLG Karlsruhe, NJW-RR 1986, 887; **a.A.:** *Sternel*, Mietrecht, III Rz. 960.
2 OLG Köln, WuM 1999, 282; OLG Hamm, WuM 1997, 543; OLG Düsseldorf, WuM 1993, 411; LG Essen, ZMR 1999, 557.
3 BGH, MDR 1994, 95.

Die Einleitung eines Güteverfahrens vor den Gütestellen ist oft eine **sinnvolle Alternative zur Erhebung einer Klage**. Zum einen wird hinsichtlich der geltend gemachten Forderungen die Verjährung gehemmt, zum anderen wird die Möglichkeit einer gütlichen Verständigung der Parteien eröffnet. Der Antragsgegner des Güteverfahrens ist allerdings nicht verpflichtet, sich an dem Verfahren zu beteiligen. Zu beachten ist ferner, dass die amtlichen **Gebühren** des Güteverfahrens erheblich geringer sind als die entsprechenden Gerichtsgebühren[1].

Der Rechtsanwalt muss im Güteverfahren beachten, dass die von dem Antragsteller geltend gemachten **Forderungen genau bezeichnet** werden. Zwar ist im Güteverfahren ein förmlicher Antrag nicht notwendig, gleichwohl ist das Maß einer Substantiierungspflicht einzuhalten, das auch für den Inhalt einer Klageschrift gilt. Nur soweit der Antragsteller Forderungen genau bezeichnet, tritt die Verjährungshemmung ein. Werden z.B. von dem Vermieter als Antragsteller im Güteverfahren rückständige Mieten beansprucht, ist in der Antragsschrift anzugeben, für welche Monate im Einzelnen die rückständigen Beträge in welcher Höhe beansprucht werden (zum Erfordernis einer konkreten Verrechnung von Zahlungen des Mieters vgl. *Rz. 67 f.*). 143

Im Zusammenhang mit Ansprüchen auf Zahlung von Miete oder Rückforderungen auf Erstattung überzahlter Miete hat hingegen das selbständige Beweisverfahren mit seiner verjährungshemmenden Wirkung kaum eine praktische Bedeutung. 144

c) Eintragung der Verjährungsfrist in den Fristenkalender

Auch wenn der Ablauf einer Verjährungsfrist noch relativ weit in der Zukunft liegt, ist es für den beauftragten Rechtsanwalt gleichwohl geboten, die von ihm ermittelte Verjährungsfrist und „sicherheitshalber" eine entsprechende Vorfrist dazu gleich zu Beginn des Mandatsverhältnisses in den Fristenkalender einzutragen (vgl. *Rz. 9*). 145

d) Überleitungsrecht

In Fällen, für die **bisher die 4- und die 30-jährige Verjährungsfrist galt**, ist bei Anwendung des Grundsatzes des Art. 229 § 6 Abs. 1 EGBGB durch die neue dreijährige Regelfrist des § 195 BGB eine **Verkürzung der Verjährung eingetreten**. 146

Art. 229 § 6 Abs. 4 EGBGB enthält eine Sonderregel für die Ansprüche, die vor dem 1.1.2002 entstanden sind. Danach ist aus Gründen des Schuldnerschutzes die kürzere Frist nach neuem Recht anzuwenden. Gemäß Art. 229 § 6 Abs. 4 S. 1 EGBGB beginnt die Frist jedoch erst am 1.1.2002 zu laufen. Voraussetzung, dass die Frist überhaupt zu laufen beginnt, ist die 147

---

1 Vgl. zum hier erörterten Güteverfahren auch *Hinz/Junker/v. Rechenberg/Sternel*, S. 539 f.

Kenntnis des Gläubigers von den anspruchsbegründenden Umständen gemäß § 199 Abs. 1 BGB.

148 Für die **alte 4-jährige Verjährungsfrist des § 197 a.F. BGB** hat dies also allein Bedeutung für Ansprüche, die im Jahr 2001 (bis zum 31.12.) entstanden sind, denn gemäß Art. 229 § 6 Abs. 4 EGBGB gelten die alten Fristen, wenn diese früher ablaufen. Für die Berechnung der Frist gelten zunächst die Grundsätze über die Entstehung des Anspruches nach § 198 BGB a.F. Nach dieser Berechnung läuft die Verjährung der im Jahre 2001 entstandenen Ansprüche gemäß § 197 BGB a.F. spätestens am 31.12.2005 ab. Nach Art. 229 § 6 Abs. 4 S. 1 EGBGB ist aber für die Berechnung der Frist auf den 1.1.2002 abzustellen, weil die Verjährungsfrist nach § 195 BGB kürzer ist. **Demnach tritt die Verjährung der im Jahre 2001 entstandenen Ansprüche, bei der erforderlichen Kenntnis des Gläubigers gemäß § 199 Abs. 1 BGB, am 31.12.2004 und nicht am 31.12.2005 ein.**

2. Verwirkung

149 Der Hauptanwendungsfall der Verwirkung von **Mietzahlungsansprüchen** wird in der Praxis durch eine vom Mieter vorgenommene **Minderung** ausgelöst. In der Rechtsprechung ist nämlich wiederholt entschieden worden, dass der Anspruch des Vermieters auf Zahlung rückständiger Miete der Verwirkung unterliegen kann, wenn er über einen längeren Zeitraum die Minderung beanstandungslos hinnimmt. Zu unterscheiden sind zwei Begründungsansätze: Einerseits kann eine Verwirkung nach allgemeinen Grundsätzen (§ 242 BGB) eintreten, wenn Zeit- und Umstandsmoment erfüllt sind. Ein spezieller Begründungsansatz hat sich ergeben durch einen Vergleich mit der Rechtsposition eines Mieters, der über einen längeren Zeitraum in Kenntnis eines Mangels die Miete ungekürzt und vorbehaltlos weiterzahlt. Nach herrschender, vom BGH mehrfach bestätigter Auffassung[1] war nämlich der Vorgänger des § 536b BGB (§ 539 BGB a.F.) entsprechend anwendbar, wenn dem Mieter während der Mietzeit ein Mangel bekannt wird und er die Miete gleichwohl über jedenfalls einen Zeitraum von ca. 6 Monaten vorbehaltlos weiterzahlt. In quasi spiegelbildlicher Anwendung des § 539 BGB a.F. sollte nunmehr auch der Vermieter seine Mietzahlungsansprüche verlieren, wenn er ebenfalls über einen Zeitraum von etwa 6 Monaten ohne Beanstandung eine Minderung seines Mieters hinnimmt, mag diese der Sache nach auch nicht berechtigt gewesen sein[2].

---

1 BGH, WuM 1997, 488; BGH, ZMR 2003, 355 = ZMR 2003, 341; BGH, NZM 2003, 679 = ZMR 2003, 667; BGH, GuT 2005, 162.

2 OLG Hamburg, WuM 1999, 281 = ZMR 1999, 328; LG München I, NZM 2002, 779; AG Gießen, ZMR 2001, 801; LG Gießen, ZMR 2001, 801, 802; AG Köln in *Lützenkirchen*, KM 28 Nr. 11; der BGH hatte die spiegelbildliche Anwendung des § 539 BGB a.F. auf Mietzahlungsansprüche des Vermieters zunächst offen gelassen: BGH, ZMR 2003, 341 = NZM 2003, 355; BGH, WuM 2004, 198 = MietRB 2004, 161; **er hat sich nunmehr aber gegen eine solche doppelte Analogie von § 539 BGB a.F. ausgesprochen – Urteil vom 19.10.2005 – XII ZR 224/03 MDR 2006, 562 = ZMR 2006, 107,** (Geschäftsraum; der BGH betont in dieser Entscheidung noch einmal, dass für die Annahme einer Verwirkung Zeit- und Umstandsmoment er-

Dieses Begründungsmuster ist allerdings für den Zeitraum ab 1.9.2001, dem Zeitpunkt des Inkrafttretens der Mietrechtsreform, nicht mehr möglich. Denn nach der zwischenzeitlich ergangenen Rechtsprechung des BGH verliert der Mieter in analoger Anwendung von § 539 BGB a.F. nur noch für Mietzahlungen bis zum 1.9.2001 sein Minderungsrecht, wenn er in Kenntnis eines Mangels über etwa 6 Monate die Miete vorbehaltlos zahlt, während für nach dem Inkrafttreten des Mietrechtsreformgesetzes fällig gewordene Mieten, also nach dem 1.9.2001, ein Verlust des Minderungsrechts nur noch unter den strengen Voraussetzungen der Verwirkung (§ 242 BGB) oder des stillschweigenden Verzichts in Betracht kommt[1]. Hintergrund dieser Rechtsprechung ist, dass mit Schaffung von § 536b BGB von einer planwidrigen Gesetzeslücke nicht mehr ausgegangen werden kann, sich mithin seine analoge Anwendung für den Fall verbietet, dass während der Mietzeit ein Mangel entsteht und der Mieter trotz Kenntnis dieses Mangels die Miete weiterhin vorbehaltlos zahlt. Ist demnach für diesen Fall mit Wirkung ab 1.9.2001 eine analoge Anwendung von § 536b BGB zulasten des Mieters ausgeschlossen, muss konsequenterweise auch eine spiegelbildliche Anwendung dieser Vorschrift zulasten des Vermieters entfallen[2]. Damit ist die Rückkehr zu den allgemeinen Grundsätzen einer Verwirkung angesagt: Wie der Mieter sein Minderungsrecht nur noch nach allgemeinen Grundsätzen verwirken kann, kommt auch eine Verwirkung von Ansprüchen des Vermieters auf Zahlung von Miete für den Zeitraum ab 1.9.2001 nur noch nach den allgemeinen Grundsätzen in Betracht[3].

Eine solche Verwirkung unter den allgemein anerkannten Grundsätzen ist von der Rechtsprechung wiederholt angenommen worden, wenn der Vermieter „ohne Protest" über einen längeren Zeitraum eine Minderung der Miete hingenommen hat, wobei die Zeiträume unterschiedlich ausgefallen sind, nach deren Ablauf eine Verwirkung bejaht wurde[4].

---

füllt sein müssen, insoweit beurteilt sich die Frage einer Verwirkung ganz nach den individuellen Umständen des Einzelfalles).

1 BGH, NZM 2003, 679 = ZMR 2003, 667; BGH, NZM 2005, 303.
2 Nach Auffassung des OLG Naumburg lebt das Nachforderungsrecht auch nach dem 1.9.2001 nicht wieder auf (gegen BGH, NZM 2003, 679, 680 = WuM 2003, 440), wenn ein Anspruch des Vermieters auf Nachzahlung von Miete bereits vor diesem Zeitpunkt verwirkt ist = OLG Naumburg, WuM 2004, 91; diese Ansicht ist aber jetzt letztlich überholt, da der BGH in der Revisionsinstanz bereits eine spiegelbildliche Anwendung des § 539 BGB a.F. auf Mietzahlungsansprüche des Vermieters abgelehnt hat = Urteil vom 19.10.2005 – XII ZR 224/03 (Geschäftsraum; der BGH betont in dieser Entscheidung noch einmal, dass für die Annahme einer Verwirkung Zeit- und Umstandsmoment erfüllt sein müssen, insoweit beurteilt sich die Frage einer Verwirkung ganz nach den individuellen Umständen des Einzelfalles).
3 Der BGH hat dies nunmehr auch schon für die Zeit vor dem 1.9.2001 so entschieden unter Ablehnung einer doppelten Analogie von § 539 BGB a.F. auf Mietzahlungsansprüche des Vermieters: BGH, MDR 2006, 562 = ZMR 2006, 107 (Geschäftsraum; der BGH betont in dieser Entscheidung noch einmal, dass für die Annahme einer Verwirkung Zeit- und Umstandsmoment erfüllt sein müssen, insoweit beurteilt sich die Frage einer Verwirkung ganz nach den individuellen Umständen des Einzelfalles).
4 BGH, NJW-RR 2003, 727 (3 Jahre); OLG Düsseldorf, NJW-RR 2003, 1016 (6 Jahre); OLG Hamburg, WuM 1999, 281 (2½ Jahre); LG Berlin, NZM 1999, 170 (3 Jahre);

Um den Eintritt einer Verwirkung von Mietzahlungsansprüchen zu vermeiden, wird in der Rechtsprechung teilweise gefordert, dass der Vermieter die Mietrückstände gerichtlich geltend macht, nur ein Widerspruch gegen die Minderung innerhalb eines die Verwirkung ausschließenden Zeitraums soll danach nicht genügen[1]. Die Notwendigkeit einer gerichtlichen Maßnahme ist indes in den in Frage kommenden Fällen abzulehnen[2].

Maßgeblich ist auf beiden Seiten des Mietvertrages, ob auf der anderen Seite ein Vertrauenstatbestand (Umstandsmoment) geschaffen wird, wonach redlicherweise davon ausgegangen werden kann, aus dem Mangel oder der Minderung würden keine Rechte hergeleitet. Um diesem Eindruck entgegenzuwirken, reicht es aus, wenn der Vermieter nach der Ankündigung oder Durchführung der Minderung dieser Maßnahme widerspricht. Dazu kann bereits eine Mahnung wegen des Rückstandes ausreichen. Erst wenn der Vermieter nach seinem Widerspruch längere Zeit untätig bleibt, kann das Umstandsmoment neu entstehen. Dafür müssen jedoch längere Zeitmomente gelten, z.B. 18 Monate[3].

Für den Rechtsanwalt ist durch diese oben geschilderten und noch nicht abschließend geklärten Tendenzen in der Rechtsprechung zur Verwirkung von Mietzahlungsansprüchen des Vermieters doch ein erhebliches **Risiko** entstanden. Denn wird er z.B. mit dem Einzug rückständiger Mieten beauftragt, ohne dass für ihn der Grund für die Teilzahlungen ersichtlich ist, kann eine vorgeschaltete außergerichtliche Mahnung dazu führen, dass bei der nachfolgenden Einleitung des gerichtlichen Verfahrens bereits Verwirkung eingetreten ist. Umso mehr sollte in diesen Fällen bei dem Mandanten der Grund für die Mietkürzung erfragt werden, insbesondere ob ein Widerspruch erfolgt ist. Ergibt sich daraus ein Risiko, sollte der Mandant darauf schriftlich hingewiesen und geprüft werden, ob die Forderung nicht z.B. sofort gerichtlich geltend gemacht werden muss.

Unabhängig davon sollte dem Mandanten, sofern Verwirkung eingetreten sein kann oder ist, empfohlen werden, spätestens jetzt die Mieträume zu besichtigen (zur Umsetzung vgl. *G Rz. 231 f.*) und entweder ein **gerichtliches Beweisverfahren** einzuleiten oder ggf. Mängelbeseitigungsarbeiten auszuführen. Um die Rechtsfolgen eines Anerkenntnisses zu vermeiden, kann die Mitteilung erfolgen, dass die Maßnahme ohne Anerkennung einer Rechtspflicht erfolgt. Da die Verwirkung auch für die Zukunft gilt, muss eine Mängelbeseitigung auf jeden Fall vorliegen, wenn sie gerichtlich festgestellt ist. Denn dadurch treten neue Umstände ein, die das Kürzungsrecht jedenfalls für die Zukunft entfallen lassen.

150 Eine Verwirkung kann im Übrigen Bedeutung gewinnen im **Betriebskostenrecht** (vgl. dazu *L Rz. 381 f.*). Allerdings greift die Verwirkung auch hier

---

vgl. auch Palandt/*Weidenkaff*, § 536 BGB Rz. 33 m.w.N.; *Kandelhard* hält zukünftig eine herrschende Meinung mit maximal 1 Jahr für denkbar, NZM 2005, 43, 45.
1 OLG Naumburg, WuM 2004, 91; LG München, NZM 2002, 780.
2 Vgl. auch LG Frankfurt/Main, WuM 2003, 30.
3 AG Köln in *Lützenkirchen*, KM 28 Nr. 11.

nur, wenn das **Zeit- und das Umstandsmoment** erfüllt sind[1]. Für den in der Praxis wichtigsten Fall, dass nämlich der Vermieter über einen längeren Zeitraum über vom Mieter geleistete Nebenkostenvorschüsse nicht abrechnet, ist in Anwendung des o.g. Grundsatzes zu beachten, dass allein durch den Zeitablauf Nachforderungsansprüche nicht verwirken. Der Vermieter ist verpflichtet, spätestens nach Ablauf von 1 Jahr nach der Abrechnungsperiode über Nebenkostenvorauszahlungen des Mieters abzurechnen (vgl. *L Rz. 30 ff.*). Unterlässt er eine solche Abrechnung z.B. für einen Zeitraum von 2 bis 3 Jahren nach Eintritt der Abrechnungsreife, ergibt sich allein daraus nicht, dass der Vermieter nunmehr nicht mehr dazu befugt wäre, z.B. über die letzte offene Abrechnungsperiode eine Abrechnung zu erstellen[2]. Für **Wohnraum** hat infolge der durch die Mietrechtsreform eingeführten **Ausschlussfrist** (§ 556 Abs. 3 S. 2 BGB) die Verwirkung ihre Bedeutung weitgehend verloren[3].

Mietforderungen können auch dann verwirken, wenn der Vermieter auf Grund einer **Wertsicherungsklausel** (Anbindung der Miete z.B. an den Verbraucherpreisindex) an sich zu berücksichtigende Erhöhungsbeträge gegenüber dem Mieter längere Zeit nicht geltend macht[4]. Auch wenn nach **Vereinbarung einer Staffelmiete** die ohne besondere Erklärung des Vermieters eintretende Mietanpassung viele Jahre nicht praktiziert wird, kann allein der Zeitablauf nicht zur Verwirkung der Ansprüche des Vermieters führen; auch hier müssen vielmehr weitere besondere Umstände hinzutreten[5]. 151

Der Mieter kann eine **Minderung verwirken**, wenn er über einen längeren Zeitraum in Kenntnis des Mangels die Miete vorbehaltlos zahlt[6] (vgl. dazu *F Rz. 202 f.*). 152

---

1 *Langenberg*, Betriebskosten, J Rz. 9 ff.; *Lammel*, § 556 Rz. 164, jeweils m.w.N.; LG Berlin, NZM 2002, 286 (Verwirkung eines Anspruches aus erteilter Abrechnung); OLG Düsseldorf, ZMR 2005, 42.
2 OLG Köln, NZM 1999, 170.
3 *Langenberg*, Betriebskosten, J Rz. 10.
4 OLG Düsseldorf, WuM 1999, 172; OLG Düsseldorf, NJW-RR 2001, 1666 (über den Zeitablauf hinaus müssen aber weitere besondere Umstände vorliegen); OLG Karlsruhe, MietRB 2003, 101 = OLGReport Karlsruhe 2003, 303: Klagt der Vermieter auf Zahlung von Miete, ohne sich die Geltendmachung der zwischenzeitlich eingetretenen Erhöhungen aufgrund einer **Wertsicherungsklausel** vorzubehalten, sind die Ansprüche auf Zahlung der Differenz mit Abschluss des Klageverfahrens jedenfalls **für die Vergangenheit verwirkt**.
5 KG, ZMR 2004, 577.
6 Für Mietzahlungen bis zum 1.9.2001 verlor der Mieter in analoger Anwendung von § 539 BGB a.F. sein Minderungsrecht, wobei in der Rechtsprechung eine vorbehaltlose Zahlung der Miete über etwa 6 Monate als ausreichend angesehen wurde, während für nach dem Inkrafttreten des Mietrechtsreformgesetzes fällig gewordene Mieten, also nach dem 1.9.2001, ein Verlust des Minderungsrechts nur noch unter den strengen Voraussetzungen der Verwirkung (§ 242 BGB) oder des stillschweigenden Verzichts in Betracht kommt (BGH, WuM 1997, 488; BGH, NZM 2003, 355 = ZMR 2003, 341; BGH, NZM 2003, 679 = ZMR 2003, 667; BGH, NZM 2005, 303; BGH, GuT 2005, 162).

VIII. Mietpreisüberhöhung nach § 5 WiStG

1. Überblick

153 In Bezug auf die Höhe der Miete ist die Vertragsfreiheit in zweifacher Hinsicht eingeschränkt[1]. Während der **Wuchertatbestand** (vgl. dazu Rz. 216a f.)[2] (§§ 291 StGB, 138 Abs. 2 und 134 BGB), der in der Praxis nur eine untergeordnete Rolle spielt (praktische Bedeutung gewinnt er am ehesten bei der Vermietung von Gewerbeobjekten), bei Ausnutzen einer individuellen Not- oder Zwangslage oder der Unerfahrenheit einer Person sowie einem Überschreiten der ortsüblichen Miete um mehr als 50 %[3] erfüllt und gleichermaßen als **Grenze bei Wohn- und Gewerberaummietverträgen** zu beachten ist, bezieht sich der Tatbestand der Mietpreisüberhöhung nach §§ 5 WiStG i.V.m. 134 BGB auf das Ausnutzen einer durch ein geringes Angebot bestimmten Marktsituation[4] (vgl. dazu im Einzelnen Rz. 188 ff.); er bildet zudem nur bei **Wohnraummietverträgen eine Grenze** der Mietpreisbildung und ist – bei Vorliegen der weiteren Tatbestandsmerkmale – erfüllt, soweit die ortsübliche Miete um mehr als 20 % überschritten wird. Ausnahmsweise darf sie auch im Rahmen dieses Tatbestandes um bis zu 50 % über die ortsübliche Miete hinausgehen, soweit der die 20 %-Grenze übersteigende Betrag zur Deckung laufender Aufwendungen des Vermieters erforderlich ist (§ 5 Abs. 2 S. 2 WiStG). Gemäß § 5 Abs. 2 S. 2 Ziff. 2 WiStG a.F. konnten nur für bestimmte Wohnraummietobjekte (nämlich wenn die Räume nach dem 1. Januar 1991 fertig gestellt worden waren oder das Entgelt vor dem 1.9.1993 bis zur Wuchergrenze vereinbart werden konnte) Aufwendungen des Vermieters im o.g. Sinne Berücksichtigung finden. Diese Beschränkung ist mit der Neufassung von § 5 WiStG im Zuge der am 1.9.2001 in Kraft getretenen **Mietrechtsreform** entfallen. Die Neuregelung gilt auch für **Altfälle**[5], d.h. der Vermieter kann nunmehr ohne zeitliche Beschränkung dem zivilrechtlich geltend gemachten Bereicherungsanspruch des Mieters entgegenhalten, die vereinbarte Miete decke nur seine laufenden Aufwendungen.

153a **Achtung:** Infolge der zwischenzeitlich vorliegenden **Rechtsprechung des BGH** hat § 5 WiStG erheblich an praktischer Bedeutung verloren. Insbesondere ist das Tatbestandsmerkmal der „Ausnutzung eines geringen Angebots" im Sinne von § 5 Abs. 2 Satz 1 WiStG nur erfüllt, wenn die Mangellage auf dem Wohnungsmarkt für die Vereinbarung der Miete **im**

---

1 Siehe die Zusammenfassung von *Hinz/Junker/v. Rechenberg/Sternel*, S. 285 ff.
2 Vgl. hierzu *Lammel*, § 291 StGB, Rz. 1 ff.
3 OLG Hamburg, NJW-RR 1992, 136; OLG Frankfurt/Main, NJW-RR 1994, 123; *Lammel*, StGB § 291 Rz. 1 ff.
4 Der BGH hat zwischenzeitlich grundsätzlich dazu Stellung genommen, unter welchen Voraussetzungen das Tatbestandsmerkmal „Ausnutzung eines geringen Angebots" erfüllt sein kann: BGHReport 2004, 862 = NJW 2004, 1740 = NZM 2004, 381 = ZMR 2004, 410.
5 *Beuermann*, GE 2001, 902, 905; *Lammel*, § 5 WiStG Rz. 62; **a.A.:** *Lützenkirchen*, PiG 65, S. 21 ff.

Einzelfall ursächlich war[1]. Dies muss der Mieter im Einzelnen darlegen und beweisen (vgl. dazu *Rz. 189 ff.*). Die frühere, überwiegende Auffassung unterstellte praktisch die Ausnutzung eines geringen Angebots, wenn ein solches vorlag, durch den Vermieter bei Vereinbarung einer überhöhten Miete. Dieser Begründungsansatz ist nach der nunmehr vorliegenden Rechtsprechung des BGH nicht mehr möglich. Um den höheren Anforderungen des BGH an die Substantiierungspflicht zu genügen, müsste der Mieter von Anfang an zunächst einmal seine Bemühungen um eine Anmietung einer Wohnung genauestens dokumentieren. Die bisherige Praxis zeigt indes, dass aufgrund der Rechtsprechung des BGH § 5 WiStG zu Gunsten des Vermieters von Wohnraum praktisch leer läuft. Die weiteren Ausführungen müssen stets unter diesem Vorbehalt gesehen und bewertet werden.

Die Beratung des Mandanten gerade auf dem Felde der durchaus als sensibel zu bezeichnenden Mietpreisüberhöhung sollte sich nicht auf eine rein rechtliche beschränken. Die Beratungspraxis zeigt, dass **Vermieter** teilweise wenig Verständnis dafür aufbringen, dass der Grundsatz „pacta sunt servanda" nach der in § 5 WiStG zum Ausdruck gebrachten gesetzgeberischen Wertung partiell nicht gilt und vor diesem Hintergrund das Verlangen des Mieters auf Herabsetzung der vereinbarten Miete als ein zumindest außerordentlich unfreundlicher Akt empfunden wird. Auch auf die Rechtsprechung scheint der Grundsatz „pacta sunt servanda" im hier erörterten Zusammenhang seinen Einfluss zu haben, wenn etwa in einem Urteil des Landgerichts Berlin über die klagenden **Mieter**, die sich auf eine Mietpreisüberhöhung beriefen, ausgeführt wird: „Wenn die Kläger meinten, eine derartige Wohnung sich leisten zu können, war es ihre Entscheidung"[2]. Somit kann eine Auseinandersetzung über die Höhe der Miete insgesamt zu einer erheblichen Belastung des Wohnraummietverhältnisses führen. Auch unter diesen **psychologischen Gesichtspunkten** sollte der Mieter schon sehr genau überlegen, ob er tatsächlich eine Herabsetzung der Miete verlangt und notfalls einen Prozess hierüber führt, insbesondere in Fällen, in denen nur eine verhältnismäßig geringfügige Überschreitung der 20 %-Grenze in Betracht kommt. Alternativ zu einem aktiven Vorgehen des Mieters kann in diesen Fällen die Überlegung zum Tragen kommen, dass vorerst jedenfalls die Miete vom Vermieter nicht gemäß §§ 558 ff. BGB erhöht werden kann. Ein **Verzicht des Mieters auf etwaige Herabsetzungsansprüche** bezüglich der Miete muss zukünftig verstärkt überlegt werden, nachdem der BGH die Darlegungs- und Beweislast für die „Ausnutzung eines geringen Angebots" im Sinne von § 5 Abs. 2 Satz 1 WiStG entgegen der bisher herrschenden Meinung zu Lasten des Mieters deutlich verschärft hat[3] (vgl. dazu im Einzelnen *Rz. 188 ff.*). Aus der **Sicht des Vermieters** kann umgekehrt den geltend gemachten Ansprüchen des Mieters auf Reduzierung oder Rückzahlung der Miete wegen Mietpreisüberhöhung auf der Grundlage dieser BGH-Rechtsprechung mit einiger Gelassenheit

154

---
1 BGHReport 2004, 862 = NJW 2004, 1740 = NZM 2004, 381 = ZMR 2004, 410.
2 LG Berlin, ZMR 1998, 494, 496.
3 BGHReport 2004, 862 = NJW 2004, 1740 = NZM 2004, 381 = ZMR 2004, 410.

begegnet werden. Im praktischen Ergebnis hat sich zweifellos die Rechtsposition des Vermieters erheblich verbessert, diejenige des Mieters in gleicher Weise verschlechtert.

155 Auch **wirtschaftliche Aspekte** sind verstärkt bei der Entscheidung darüber, ob und in welchem Umfange eine etwaige Mietpreisüberhöhung vom Mieter geltend gemacht werden soll, zu berücksichtigen. Das gerichtliche Verfahren kann unter zwei Gesichtspunkten mit erheblichen **Kostenrisiken** belastet sein: Einerseits kann der Streitwert verhältnismäßig hoch sein (vgl. dazu N Rz. 505), wenn z.B. Mietdifferenzen über einen Zeitraum von einigen Jahren zur Rückzahlung an den Mieter geltend gemacht werden und ein darauf gerichteter Leistungsantrag noch mit einem Feststellungsantrag über die zukünftig zulässige Höhe der Miete verbunden ist[1]; zum anderen können erhebliche Sachverständigenkosten anfallen, wenn über die Höhe der ortsüblichen Miete und/oder zum Vorliegen eines geringen Angebots bei Abschluss des Mietvertrages ein Sachverständigengutachten eingeholt werden muss.

156 Auch wenn der Rechtsanwalt von einer der Mietvertragsparteien mit Prüfung einer ganz anderen Frage konkret beauftragt wurde, kann es im Interesse des Mandanten liegen, die Höhe der vereinbarten Nettokaltmiete daraufhin ins Visier zu nehmen, ob sie unter Berücksichtigung des konkreten Mietobjektes und des Zeitpunktes des Vertragsschlusses überhöht ist. Je nach Interessenlage kann es im Rahmen von Verhandlungen unter Umständen nicht schaden, auf eine in Betracht kommende Mietpreiserhöhung hinzuweisen oder um diese Möglichkeit zu wissen. Nicht gerade selten kommt es vor, dass der Mieter z.B. wegen einer Differenz mit seinem Vermieter über eine wirtschaftlich völlig unbedeutende Position aus einer Betriebskostenabrechnung einen Rechtsanwalt konsultiert, der dann anlässlich seiner Beratung feststellt, dass eine deutliche Mietpreisüberhöhung bei der vereinbarten Nettokaltmiete vorliegt und der sodann im „Gegenzuge" den Vermieter mit einem Rückforderungsanspruch und einem Herabsetzungsverlangen der Nettokaltmiete für die Zukunft konfrontiert. Dieses aus Sicht des Vermieters unerfreuliche Ergebnis kann verhindert werden, wenn in der beschriebenen Situation dem Rechtsanwalt des Vermieters im Zuge der Beratung über die strittige Betriebskostenposition aufgefallen wäre, dass eine Mietpreisüberhöhung in Betracht kommt, und dem Vermieter geraten hätte, wegen der strittigen, wirtschaftlich unbedeutenden Betriebskostenposition nachzugeben.

2. Kernpunkte (Checkliste)

157 Wer die nachfolgenden Punkte, die im Einzelnen unter Rz. 170 f. und Rz. 210 f. weiter erläutert werden, sorgfältig beachtet, wird im Prinzip zuverlässig mit § 5 WiStG umgehen können.

---

1 Der Streitwert des Feststellungsantrages ist entsprechend § 9 ZPO in der Regel mit dem 3½fachen Jahresbetrag der strittigen Mietdifferenz zu beziffern, AG Hamburg, Beschl. v. 24.7.1998 – 45 C 206/96, n.v.

a) Feststellung der ortsüblichen Miete

Um eine Aussage darüber treffen zu können, ob die vereinbarte Miete die ortsübliche um mehr als 20 % übersteigt, muss zunächst die ortsübliche Miete für das konkrete Mietobjekt ermittelt werden. Hierzu kann grundsätzlich auf die Ausführungen unter *E Rz. 10 ff.* verwiesen werden. Im Rahmen von § 5 WiStG ist bei längerer Dauer des Wohnraummietverhältnisses die ortsübliche Miete nicht nur für den Zeitpunkt des Vertragsabschlusses zu ermitteln. Denn nach herrschender Meinung sind **Veränderungen in der Höhe der ortsüblichen Miete für die Zeit nach Abschluss des Vertrages zu berücksichtigen**[1].

158

Zur richtigen **Einschätzung des Kostenrisikos** des Mandanten **und der Erfolgsaussichten** in der Sache ist es insbesondere erforderlich, festzustellen, ob im gerichtlichen Verfahren die ortsübliche Miete anhand eines Mietenspiegels oder durch Einholung eines Sachverständigengutachtens ermittelt wird. Ein **Sachverständigengutachten** erhöht das Kostenrisiko und tendenziell die Erfolgsaussichten der Vermieterpartei. Besteht in der Gemeinde ein **Mietenspiegel**, insbesondere ein qualifizierter i.S.d. § 558d BGB[2] (vgl. dazu *E Rz. 35 ff.*), den die Gerichte ohne Hilfe durch Sachverständige anwenden[3], beschränkt sich die Ermittlung der ortsüblichen Miete für das konkrete Mietobjekt darauf, sofern der Mietenspiegel Werte für vergleichbare Objekte überhaupt aufweist. Gibt es für die Kategorie des zu beurteilenden Wohnraums nur ein „Leerfeld" im Mietenspiegel, muss im Prozess mit Einholung eines Gutachtens zur Höhe der ortsüblichen Miete gerechnet werden (vgl. im Einzelnen *Rz. 170 f.*).

159

b) Geringes Angebot

Nach bisher herrschender Meinung liegt ein geringes Angebot an Wohnraum vor, wenn das vorhandene Angebot an Wohnungen die Nachfrage nicht wenigstens spürbar, d.h. um zumindest 5 %, übersteigt[4]. Eine regelrechte **Mangellage** ist nicht erforderlich, um das Tatbestandsmerkmal „geringes Angebot" zu bejahen. Auch in der Terminologie von Gerichtsentscheidungen wird allerdings gelegentlich zur Umschreibung des hier

160

---

1 KG, ZMR 1995, 309; OLG Frankfurt/Main, NJW-RR 1994, 123; KG, NZM 2002, 19 (Negativer Rechtsentscheid); *Lammel*, § 5 WiStG Rz. 55 und *Sternel*, Mietrecht aktuell, Rz. III 33, jeweils m.w.N.; kritisch zur herrschenden Praxis: *Eisenhardt*, WuM 1998, 259, 262. **Achtung:** Nach dem Urteil des LG Hamburg, NZM 1999, 662 – ZK 11 – kann eine steigende ortsübliche Vergleichsmiete bei der Berechnung des Rückzahlungsanspruchs erst dann Berücksichtigung finden, wenn diese die bei Vertragsschluss zulässige und insoweit wirksam vereinbarte Miete übersteigt; **a.A.:** LG Hamburg, NZM 2000, 1002 und ZMR 2000, 538 – jeweils ZK 16 –.
2 Vgl. z.B. LG München I, NZM 2002, 781.
3 Das ist z.B. im Landgerichtsbezirk Köln nicht der Fall.
4 LG Hamburg, WuM 1994, 696; *Sternel*, Mietrecht aktuell, Rz. III 48; der BGH hat diese Auffassung zwischenzeitlich zumindest in Frage gestellt: BGH, MDR 2005, 978 = ZMR 2005, 530 = MietRB 2005, 226 (zu Einzelheiten vgl. *Rz. 181 ff.*).

fraglichen Tatbestandsmerkmales auch von einer „Mangellage" gesprochen.

161 Durch Rechtsentscheide[1] ist geklärt, dass es für das Vorliegen eines geringen Angebotes **nur auf den Zeitpunkt des Vertragsabschlusses** ankommt; denn ist infolge der Ausnutzung eines geringen Angebots an vergleichbaren Räumen eine überhöhte und deshalb teilweise nichtige Mietvereinbarung getroffen worden, so endet die Teilnichtigkeit hinsichtlich künftiger Mietansprüche nicht deshalb, weil nach Vertragsabschluss der Tatbestand des geringen Angebots an vergleichbaren Räumen entfällt.

162 Auch im Rahmen des hier erörterten Tatbestandsmerkmals ist es sowohl zur **Beurteilung** des **Kostenrisikos** als auch **der Erfolgsaussichten** wichtig festzustellen, ob die örtliche Rechtsprechung das Vorliegen eines geringen Angebotes für den jeweils zu beurteilenden Zeitpunkt als gerichtsbekannt gleichsam unterstellt oder vielmehr zur Klärung der Frage die Einholung eines Sachverständigengutachtens zu erwarten ist. Der beauftragte Rechtsanwalt wird hierzu die örtliche Rechtsprechung zu beachten haben (zu Informationsmöglichkeiten vgl. *Rz. 48*). Die Hamburger und Kölner Gerichte z.B. gehen erst für Mietvertragsabschlüsse ab dem Jahre 1995 davon aus, dass im Hinblick auf eine gewisse Entspannung des örtlichen Wohnungsmarktes nicht mehr ohne weiteres gerichtsbekanntermaßen von einem geringen Angebot ausgegangen werden könne (vgl. im Einzelnen *Rz. 181 f.*).

c) Laufende Aufwendungen des Vermieters

163 Soll geltend gemacht werden, dass zur Abdeckung laufender Aufwendungen des Vermieters die Miete zulässigerweise bis zur Grenze von 50 % über der ortsüblichen Miete vereinbart werden durfte, sind folgende Essentials zu beachten:

164 **aa)** Die laufenden Aufwendungen sind darzustellen anhand einer **Wirtschaftlichkeitsberechnung**, die sich auf

- Kapitalkosten → *Rz. 197 f.*
- Abschreibung für Abnutzung → *Rz. 202*
- Verwaltungskosten → *Rz. 203*
- Instandhaltungskosten → *Rz. 204*
- Mietausfallwagnis → *Rz. 205*

bezieht. Wichtig ist zu beachten, dass die Kostenansätze nicht unbedingt mit den tatsächlichen Belastungen des Vermieters in dem zu beurteilenden Zeitraum übereinstimmen müssen, da nach herrschender Meinung auch pauschalierte und fiktive Kostenansätze zulässig sind. Es wäre also grundsätzlich ein falscher oder jedenfalls nicht ausreichender Weg, wenn der Rechtsanwalt den Vermieter bitten würde, die Belege für den jeweils maß-

---

[1] OLG Hamburg, WuM 1999, 209; OLG Frankfurt/Main, WuM 2000, 535.

geblichen Zeitraum zu seinen tatsächlichen Aufwendungen zusammenzustellen. Andererseits ist die Wirtschaftlichkeitsberechnung auch nicht einfach losgelöst von den tatsächlichen Kosten zu erstellen. So ist es z.B. im Falle des Kaufs eines Miethauses durchaus erforderlich, die Erwerbskosten einschließlich aller Nebenkosten (z.B. Grundsteuer, Maklergebühren, Notar- und Gerichtskosten) konkret zu erfassen, um darauf die Kapitalkosten berechnen zu können (vgl. im Einzelnen *Rz. 197 f.*).

bb) Die Rechtsprechung stellt **hohe Anforderungen** an die Pflicht der Vermieterpartei, ihre **laufenden Aufwendungen substantiiert darzulegen**. Insoweit bedarf es nicht nur der Erstellung und Vorlage einer Wirtschaftlichkeitsberechnung, vielmehr müssen die einzelnen Kostenansätze im Kontext eines konkret darzulegenden Lebenssachverhaltes nachvollziehbar erläutert werden. Schließlich müssen Ausgaben**belege** beigebracht oder entsprechende Urkunden vorgelegt werden, z.B. der Kaufvertrag bei Erwerb eines Grundstücks. Belege sind nur dann entbehrlich, wenn Kostenansätze zulässigerweise pauschaliert oder fiktiv sind. 165

Dieses Maß der Substantiierung gilt nicht nur für den Prozessfall. Will der Rechtsanwalt ernsthaft **außergerichtlich** geltend machen, dass die Wesentlichkeitsgrenze (20 % über der ortsüblichen Miete) wegen nur kostendeckender laufender Aufwendungen des Vermieters überschritten werden darf, müssen die beschriebenen Anforderungen ebenfalls erfüllt werden. Nur allgemeine Hinweise auf erhebliche laufende Aufwendungen des Vermieters werden den Rechtsanwalt des Mieters nur wenig beeindrucken, im Zweifel wird er derartige pauschale Hinweise eher so deuten, dass der insoweit von dem Vermieter erhobene Einwand tatsächlich nicht greift. 166

d) Beweislast

Der **Mieter** hat darzulegen und zu beweisen, dass die vereinbarte Miete die ortsübliche Miete um mehr als 20 % übersteigt und in Ausnutzung eines geringen Angebotes vereinbart wurde. 167

Hingegen muss der **Vermieter** darlegen und beweisen, dass nur kostendeckende laufende Aufwendungen ausnahmsweise eine Überschreitung der Wesentlichkeitsgrenze rechtfertigen[1]. 168

Die Beweislastverteilung bestimmt auch die Verpflichtung der einen oder anderen Prozesspartei, Kostenvorschüsse bei der Gerichtskasse einzuzahlen. Hierauf wird sich insbesondere der Mieter einzurichten haben, da von ihm das Gericht einen Kostenvorschuss anfordern wird, wenn es zur Einholung eines Sachverständigengutachtens über das Tatbestandsmerkmal „geringes Angebot" und/oder zur Ermittlung der Höhe der ortsüblichen Miete kommt. 169

---

1 *Lammel*, § 5 WiStG Rz. 58 ff.

3. Die Tatbestandsmerkmale im Einzelnen und der notwendige Umfang des Sachvortrages

a) Unangemessen hohe Entgelte

170 Nach der Legaldefinition in § 5 Abs. 2 S. 1 WiStG sind Entgelte unangemessen hoch, die infolge der Ausnutzung eines geringen Angebots an vergleichbaren Räumen die üblichen Entgelte vergleichbarer Objekte um mehr als 20 % übersteigen. Der Begriff der „üblichen Entgelte" ist identisch mit der in § 558 Abs. 2 S. 1 BGB definierten ortsüblichen Miete.

Der Rechtsanwalt muss also zunächst für das konkrete Mietobjekt die ortsübliche Miete ermitteln, um sodann feststellen zu können, ob die vereinbarte Miete jene um mehr als 20 % übersteigt.

171 Besteht für die Gemeinde ein **Mietenspiegel**, ist die betreffende **Wohnung** nachvollziehbar in die Rasterfelder des Mietenspiegels einzuordnen. Zur Bestimmung der ortsüblichen Nettokaltmiete ist es z.B. nach dem Mietenspiegel 2007 der Freien und Hansestadt Hamburg erforderlich, anhand eines von der Behörde für Stadtentwicklung und Umwelt – Amt für Wohnen, Stadterneuerung und Bodenordnung – erstellten Wohnlagenverzeichnisses die Wohnlage (normal oder gut) zu ermitteln, die Größe und das Baualter der Wohnung sowie deren wesentliche Ausstattung (mit/ohne Bad bzw. Sammelheizung) zu bezeichnen. Mit diesen Angaben kann das Rasterfeld des Mietenspiegels bestimmt und die konkrete Wohnung ihm zugeordnet werden. Je nach **Beschaffenheit** und **Lage** des Mietobjektes im Übrigen ist die Spanne des einschlägigen Rasterfeldes konkret auszufüllen. Bei im Übrigen durchschnittlicher Lage und Ausstattung ist der Mittelwert des Rasterfeldes als ortsübliche Miete anzusetzen. Bei Wohnraumobjekten in einer besonders guten Lage (Adressenlage) bietet es sich an, vom Oberwert des Rasterfeldes als ortsüblicher Miete auszugehen. Der Mieter, der sich auf eine Mietpreisüberhöhung beruft, sollte im Einzelfall überlegen, ob es nicht zweckmäßig ist, von vornherein einen „**Sicherheitszuschlag**" in Bezug auf die Höhe der ortsüblichen Miete zu machen, um das Risiko einer Fehleinschätzung möglichst gering zu halten. Wird dabei gleichzeitig die Miete unter Vorbehalt geleistet, kann eine spätere andere (höhere) Bewertung noch geltend gemacht werden. Das Risiko besteht allein darin, dass der Vermieter auch wegen der Vorbehaltszahlung eine Feststellungsklage erhebt. Um dieses Risiko einzugrenzen, kann der Vorbehalt auf den Sicherheitszuschlag beschränkt werden.

172 Gibt es **in der Gemeinde keinen Mietenspiegel** oder fehlen in ihm Daten für das konkrete Mietobjekt (Leerfeld), kann die Höhe der ortsüblichen Miete praktisch nur durch ein **privates Sachverständigengutachten** dargelegt werden. Zur **formellen** Begründung eines Mieterhöhungsverlangens gemäß § 558 BGB reicht es aus, wenn der Vermieter drei konkrete Vergleichsobjekte benennt (§ 558a Abs. 2 Ziff. 4 BGB). Dies genügt aber zur materiellen Ermittlung der ortsüblichen Miete nicht. Bei fehlendem Mietenspiegel könnte der Vermieter zwar theoretisch selbst substantiierte Ausführungen zur Höhe der ortsüblichen Miete machen, wenn er über die-

jenigen Daten und Kenntnisse verfügt, die in ein Sachverständigengutachten einfließen. Da dieser Weg in der Regel wegen fehlender Kenntnisse nicht beschritten werden kann, muss ein **privates Sachverständigengutachten** zur Höhe der ortsüblichen Miete eingeholt werden. Die Kosten hierfür trägt allein der Mieter, eine **bestehende Rechtsschutzversicherung ist hierfür nicht eintrittspflichtig**. Kann die ortsübliche Miete nicht auf Grund eines Mietenspiegels oder eines bereits vorliegenden Gutachtens über eine vergleichbare Wohnung bestimmt werden, sollte daher dem Mieter in der Regel geraten werden, die vereinbarte Miete nicht in Frage zu stellen, sofern die wirtschaftliche Seite für ihn nicht völlig belanglos ist.

Zu beachten ist, dass sich die anhand des Mietenspiegels ermittelte ortsübliche Miete noch um **Zuschläge** entweder für Sonderleistungen des Vermieters (Möblierung, Überlassung einer Garage) oder die Gestattung von Sondernutzungen (Untervermietung, teilgewerbliche Nutzung) **erhöhen** kann[1]. Nicht gerade selten sind Fälle, in denen eine Wohnung (nach öffentlich-rechtlichen Bestimmungen zulässigerweise) vereinbarungsgemäß teilgewerblich genutzt werden darf (etwa die Vermietung einer Wohnung an freiberuflich tätige Personen), ohne dass hierfür ein besonderer Zuschlag vereinbart worden ist. In diesen Fällen kann im Rahmen der Bestimmung der ortsüblichen Miete analog § 26 Abs. 2 NMV ein **Gewerbezuschlag** von 50 % der auf den gewerblichen Teil entfallenden Miete berechnet werden[2]. Die konkrete Berechnung soll anhand des folgenden **Beispiels** verdeutlicht werden: 173

Bei Vermietung einer 100 qm umfassenden Wohnung können 45 qm teilgewerblich genutzt werden. Die ortsübliche Miete für den Wohnraum beträgt an sich 10 Euro pro qm netto kalt. Vereinbart ist eine einheitliche monatliche Miete von 14,70 Euro pro qm. Das sind bei der angegebenen Wohnfläche monatlich 1470 Euro netto kalt. Nach folgender Berechnung übersteigt diese Miete die ortsübliche Miete nicht um mehr als 20 %: 174

– Ortsübliche Miete für den Wohnraum (100 qm × 10 Euro) =	1000 Euro
– Gewerbezuschlag analog § 26 Abs. 2 NMV (45 qm × 10 Euro : 2) =	225 Euro
– ortsübliche Miete für das Gesamtobjekt	1225 Euro
zuzüglich 20 % =	245 Euro
zulässige Miete:	1470 Euro

Nach hier vertretener Auffassung sind die 20 % auf die um den Gewerbezuschlag schon erhöhte ortsübliche Miete zu berechnen. Denn es wurde unter Einschluss des Rechtes zur teilgewerblichen Nutzung eine einheitliche Miete vereinbart. 175

---

1 *Lammel*, § 5 WiStG Rz. 20 m.w.N.
2 OLG Brandenburg, WuM 2007, 14, 15 f.

176 Ein **anderes Ergebnis** würde sich im Beispielsfall (*Rz. 174*) ergeben, wenn man zunächst die übliche Vergütung für die gewerbliche Sondernutzung von der vereinbarten Miete abziehen und nur diese reduzierte Miete daraufhin überprüfen würde, ob sie die ortsübliche Miete um mehr als 20 % übersteigt:

Vereinbarte Miete insgesamt:	1470 Euro
./. üblicher Gewerbezuschlag:	225 Euro
verbleiben:	1225 Euro
um 20 % erhöhte ortsübliche Miete ohne Gewerbezuschlag:	1200 Euro
Differenz:	25 Euro

Bei dieser Berechnungsweise[1] würde daher die vereinbarte Miete die zulässige um 25 Euro übersteigen.

177 Schließlich ist bei der Darlegung, dass die vereinbarte Miete die ortsübliche um mehr als 20 % überschreitet, die zwischen den Parteien vereinbarte **Mietstruktur**[2] zu beachten. Unproblematisch ist der Fall der **Vereinbarung einer Nettokaltmiete** (Miete ohne jede Betriebskostenanteile) **zuzüglich** monatlicher **Vorauszahlungen** auf umlagefähige Betriebskosten, über die der Vermieter jährlich abrechnet. In diesem Fall bleiben die Nebenkosten vollständig außer Betracht, nur die vereinbarte Nettokaltmiete ist daraufhin zu überprüfen, ob sie die ortsübliche Miete (nettokalt) um mehr als 20 % übersteigt[3].

178 Nicht ganz so einfach ist die praktische Handhabung, wenn eine **Inklusiv- oder Teilinklusivmiete** vereinbart ist, d.h. Nebenkosten ganz oder teilweise in bezifferter oder nicht bezifferter Höhe in der vereinbarten Miete enthalten sind, über die der Vermieter demgemäß auch nicht abrechnen darf. Ist beispielsweise eine Inklusivmiete vereinbart mit Ausnahme der Heizkosten, auf die der Mieter gesondert Vorauszahlungen entrichtet und über die der Vermieter abrechnet, und basiert der Mietenspiegel der Gemeinde auf der Ausweisung von reinen Nettokaltmieten, ist zunächst anhand des Mietenspiegels die – rechnerische – ortsübliche Nettokaltmiete zu ermitteln und diese um eine ortsübliche Nebenkostenpauschale (ohne Heizkosten) zu erhöhen. Die so gebildete ortsübliche Inklusivmiete (mit Ausnahme der Heizkosten) darf sodann um 20 % erhöht werden; liegt die vereinbarte Inklusivmiete nicht darüber, ist sie wirksam vereinbart. In den Hamburger Mietenspiegel 2007 sind z.B. nur Netto-Kaltmieten eingeflossen. Aus einer Untersuchung haben sich folgende durchschnittliche Be-

---

[1] Sie scheint *Lammel* zu befürworten, wenn gefordert wird, dass die übliche Vergütung für die teilgewerbliche Nutzung von der vereinbarten Miete abgezogen werden muss; in Wohnraummietrecht, § 5 WiStG Rz. 20 a.E.; so vermutlich auch: OLG Brandenburg, WuM 2007, 14 („der Gewerbezuschlag ... wird ... durch § 5 WiStG (nicht) ... begrenzt").
[2] *Hinz/Junker/v. Rechenberg/Sternel*, S. 290.
[3] *Lammel*, § 5 WiStG Rz. 18.

triebskosten – pro qm monatlich – ergeben, die im Einzelfall auf Grund unterschiedlicher Kostenarten wie z.B. Kosten des Fahrstuhls, des Hausmeisters oder der Gartenpflege nach oben oder unten abweichen können[1]:

Betriebskosten (ohne Heizkosten)

Altbauwohnungen bis 1918	2,15 DM
1919 bis 1948	2,45 DM
Neubauwohnungen 1948 bis 1960	2,85 DM
1961 bis 1967	2,90 DM
1968 bis 1977	3,30 DM
1978 bis 1987	3,00 DM
1988 bis 31.12.1996	2,50 DM

Dasjenige Unternehmen (Analyse & Konzepte), das die Daten für den Hamburger Mietenspiegel 2007 erhoben hat, stellte gleichzeitig Befragungen an über von den Mietern gezahlte Betriebskosten. Es ergaben sich dabei folgende Erhebungen:

Kalte Betriebskosten nach Baualter und Ausstattung

Mietenspiegel 2007 der Freien und Hansestadt Hamburg Kalte Betriebskosten pro m² nach Baualter und Ausstattung*			
Baujahr	Spalte	Ausstattung	**2007**
			Euro/m²
Bis 1918	B	Bad oder SH	0,94
	C	Bad und SH	1,04
1919–1948	E	Bad oder SH	1,04
	F	Bad und SH	1,26
1949–1960	G	Bad oder SH	1,50
	H	Bad und SH	1,48
1961–1967	I	Bad und SH	1,48
1968–1977	K	Bad und SH	1,40
1978–1993	L	Bad und SH	1,42
1994–2006	M	Bad und SH	1,47

* ohne Kaltwasserkosten; daher ist ein Vergleich zum letzten Mietenspiegel nicht möglich

---

[1] Hamburger Mietenspiegel 1997, Erläuterungen, S. 5, die Angaben wurden in den späteren Ausgaben der Hamburger Mietenspiegel nicht fortgeführt.

Heiz- und Warmwasserkosten

Hamburger Mietspiegel 2007
Vergleich der monatlichen heiz- und Warmwasserkosten 2003 bis 2007
(in Euro pro m²)

Baujahr	Spalte	Ausstattung	2007				2005		2003	
			ZVW*		ohne ZVW*		ZVW*	ohne ZVW*	ZVW*	ohne ZVW*
			In Euro	%¹	In Euro	%¹	In Euro	In Euro	In Euro	In Euro
	B	Bad oder SH	–	–	–	–	–	–	–	0,85
	C	Bad und SH	0,97	10,2	0,88	4,8	0,88	0,84	0,84	0,78
1919–1949	E	Bad oder SH	–	–	–	–	–	–	–	–
	F	Bad und SH	0,93	9,4	0,92	4,5	0,85	0,88	0,82	0,79
1949–1960	G	Bad oder SH	–	–	–	–	–	–	–	–
	H	Bad und SH	1,01	17,4	0,88	8,6	0,86	0,81	0,89	0,78
1961–1967	I	Bad und SH	0,98	5,3	0,91	16,7	0,93	0,78	0,85	0,70
1968–1977	K	Bad und SH	1,04	10,6	0,82	12,3	0,94	0,73	0,86	0,78
1978–1993	L	Bad und SH	0,95	0	0,95	–	0,95	–	0,84	0,82
1994–2006	M	Bad und SH	0,86	14,7	–	–	0,75	–	0,75	–

* ZVW = zentrale Warmwasserversorgung
1 Veränderungen bezogen auf 2005

178a Der Hamburger Mieterverein „Mieter Helfen Mietern" (MHM) hat auf der Grundlage einer Auswertung von Abrechnungen der Jahre 2002 und 2003 auf Basis der Werte von 9851 Wohnungen in Hamburg die folgenden üblichen Durchschnittswerte an Heiz- und Betriebskosten ermittelt[1]:

Kostenarten	Monatliches Mittel pro qm
Heizkosten	0,76 Euro
Wasser-/Sielgebühren	0,46 Euro
Müllabfuhr	0,30 Euro
Hausreinigung	0,19 Euro
Grundsteuern	0,18 Euro
Versicherungen	0,14 Euro
Hauswart	0,13 Euro

1 MHM 2004 (Juli 2004), S. 4 (5).

Kostenarten	Monatliches Mittel pro qm
Gartenpflege	0,12 Euro
Antennen-/Kabelgebühren	0,09 Euro
Sonstige Betriebskosten	0,05 Euro
Kehrgebühren	0,04 Euro
Allgemeinstrom	0,03 Euro
Gehwegreinigung	0,03 Euro
Ungezieferbekämpfung	0,02 Euro

Ohne Heizungskosten ergeben sich danach für den Zeitraum 2002/2003 in Hamburg durchschnittliche Kosten von 1,78 Euro pro qm monatlich.

Der DMB hat für 2006 folgenden quadratmeterbezogenen Betriebskostenspiegel für Deutschland veröffentlicht: 178b

Kostenarten	Monatliches Mittel pro qm
Schornsteinreinigung	0,03 Euro
Allgemeinstrom	0,04 Euro
Sonstige	0,05 Euro
Straßenreinigung	0,05 Euro
Gartenpflege	0,09 Euro
Antenne/Kabel	0,10 Euro
Versicherungen	0,12 Euro
Gebäudereinigung	0,14 Euro
Aufzug	0,16 Euro
Müllbeseitigung	0,18 Euro
Grundsteuer	0,20 Euro
Hauswart	0,20 Euro
Warmwasser	0,22 Euro
Wasser inkl. Abw.	0,39 Euro
Heizung	0,85 Euro

Nach diesseitiger Auffassung wäre es im Beispielsfall (*Rz. 178*) aber auch vertretbar, der zunächst rechnerisch ermittelten ortsüblichen Nettokaltmiete die tatsächlich im jeweiligen Zeitraum konkret auf die Wohnung des Mieters entfallenden Nebenkosten an Stelle einer ortsüblichen Be- 179 triebskostenpauschale hinzuzurechnen[1]. Die tatsächlich anfallenden Nebenkosten werden in der Regel den üblicherweise anfallenden Kosten entsprechen[2].

b) Ausnutzung eines geringen Angebots

180 Der Tatbestand einer Mietpreisüberhöhung ist nicht schon erfüllt, wenn substantiiert (vgl. *Rz. 170*) dargelegt werden kann, dass die vereinbarte Miete die ortsübliche um mehr als 20 % überschreitet. Es muss hinzukommen, dass die jene 20 %-Grenze übersteigende Miete **„infolge der Ausnutzung eines geringen Angebots an vergleichbaren Räumen"** zustande gekommen ist. Die Rechtsprechung des BGH[3] hat in wichtigen Teilbereichen auch hier für Klärung bislang strittiger Fragen gesorgt und im Ergebnis Auslegungskriterien vorgegeben, die nicht der bislang überwiegenden Auffassung zum Tatbestandsmerkmal der „Ausnutzung eines geringen Angebots" im Sinne von § 5 Abs. 2 Satz 1 WiStG entsprechen.

aa) Geringes Angebot

181 Nach jedenfalls bisher herrschender Meinung liegt ein geringes Angebot an Wohnraum schon dann vor, wenn das vorhandene Angebot an Wohnungen die Nachfrage nicht wenigstens spürbar, d.h. um zumindest 5 %, übersteigt[4]. Wenn also noch eine Leerraumreserve von 5 % vorhanden ist, greift § 5 WiStG ein. Gegenüber dieser h.M. werden vom BGH Bedenken erhoben[5]: Nach dem allgemeinen Sprachverständnis bezeichne der Begriff „gering" im vorliegenden Zusammenhang eine relative Knappheit eines Gutes. Das könne dafür sprechen, ein geringes Angebot nur dann anzunehmen, wenn es die Nachfrage nicht erreicht, und es bereits dann zu verneinen, wenn Angebot und Nachfrage ausgeglichen seien oder das Angebot die Nachfrage, sei es auch nur geringfügig, übersteige. In der genannten Entscheidung lässt der BGH die Bedenken aber dahinstehen, da die Frage nach der allgemeinen Definition des „geringen Angebots" nicht entscheidungserheblich gewesen ist. Die Ausführungen des BGH sind aber doch deutliche Hinweise darauf, dass er bei nächster Gelegenheit auch hier die gewohnten Pfade zu § 5 WiStG verlassen könnte. Bei der Prüfung, ob im gesamten Sinne ein geringes Angebot vorliegt, wird auf **Teilmärkte** ab-

---

1 Analog der Rechtsprechung zur Erhöhung einer Inklusiv- oder Teilinklusivmiete gemäß § 558 BGB (früher gemäß § 2 MHG): BGH, NZM 2006, 101; BGH, NZM 2006, 864; BGH, NZM 2007, 594; OLG Stuttgart, NJW 1983, 2329; OLG Hamm, ZMR 1993, 112.
2 Vgl. zur Anwendung sog. Betriebskostenspiegel *Emmert*, WuM 2002, 467.
3 BGHReport 2004, 862 = NJW 2004, 1740 = NZM 2004, 381 = ZMR 2004, 410; BGH, MDR 2005, 978 = ZMR 2005, 530 = MietRB 2005, 226.
4 LG Hamburg, WuM 1994, 696; *Sternel*, Mietrecht aktuell, Rz. III 48; *Riecke/v. Rechenberg*, MDR 1998, 398 m.w.N. = Anmerkung zu LG Frankfurt/Main, MDR 1998, 397; *Kinne*, ZMR 1998, 473, 475; **a.A.:** *Lammel*, § 5 WiStG Rz. 27 ff.
5 BGH, WuM 2006, 161 = MietRB 2006, 159: BGH, MDR 2005, 978 = ZMR 2005, 530 = MietRB 2005, 226.

gestellt[1]. Die Notwendigkeit, Teilmärkte zu betrachten, ergibt sich unmittelbar aus § 5 Abs. 2 WiStG, wenn dort auf ein geringes Angebot „an vergleichbaren Räumen" abgehoben wird. So ist etwa eine 4-Zimmer-Wohnung, vermieterseits ohne Bad und Sammelheizung ausgestattet, in normaler Lage einer Großstadt nicht vergleichbar mit einer 2-Zimmer-Wohnung in besonders guter Lage, die vom Vermieter luxuriös – einschließlich Bad und Sammelheizung – ausgestattet ist. Beruft sich im Beispielsfall der Mieter der 4-Zimmer-Wohnung auf eine Mietpreisüberhöhung, kommt es also darauf an, ob bei Vertragsabschluss für **derartige** Wohnungen ein geringes Angebot bestand.

Die Bezugnahme auf Teilmärkte ist zwar vom Grundsatz her nicht umstritten, indes wird man sich im Detail nicht stets auf sicherem Terrain bewegen können[2]. Einerseits soll es geboten sein, auf **regionale Teilmärkte** abzustellen[3], während nach anderer Auffassung der Wohnungsmarkt insgesamt im Blickfeld der Betrachtung bleiben muss, also nur entscheidend ist, ob innerhalb der **gesamten Gemeinde** (insbesondere bei Großstädten) ein geringes Angebot an vergleichbaren Räumen bei Abschluss des Mietvertrages vorliegt, nach dieser Auffassung somit eine Verengung auf **einzelne Stadtteile** abzulehnen ist[4]. Der zuletzt genannten Ansicht hat der BGH nunmehr den Vorzug gegeben: Bei der Beantwortung der Frage, ob der Vermieter ein geringes Angebot an vergleichbaren Räumen ausgenutzt hat, ist auf das **gesamte Gebiet der Gemeinde** (im konkreten Fall: Hamburg) und **nicht lediglich auf den Stadtteil** (im konkreten Fall: Hamburg-Eppendorf) abzustellen, in dem sich die Mietwohnung befindet[5]. 182

Ferner sind Tendenzen in der Rechtsprechung dahin gehend zu erkennen, auf „**Sondermärkte**" oder „**Sonderobjekte**" § 5 WiStG überhaupt nicht anzuwenden[6]. In diesen Fällen wird zusätzlich in der Weise argumentiert, 183

---

1 *Sternel*, Mietrecht aktuell, Rz. III 49 ff.; *Riecke/v. Rechenberg*, MDR 1998, 398; *Kinne*, ZMR 1998, 473, 475 jeweils m.w.N.
2 Kritisch zur Bezugnahme auf Teilmärkte: *Eisenhardt*, WuM 1998, 259, 260.
3 LG Hamburg, WuM 1994, 696; LG Hamburg, WuM 1989, 22; *Sternel*, Mietrecht aktuell, Rz. III 49; LG Hamburg, NZM 2000, 180 (Bezirk Hamburg Mitte als Teilwohnungsmarkt) und WuM 2000, 426.
4 LG Berlin, ZMR 1998, 494, 496; LG Hamburg, WuM 1999, 338.
5 BGH, MDR 2005, 978 = ZMR 2005, 530 = MietRB 2005, 226.
6 LG Frankfurt/Main, WuM 1998, 169 = MDR 1998, 397 mit Anm. *Riecke/v. Rechenberg* (Mietgesuche des Mieters in bestimmten bevorzugten Stadtgebieten); LG Berlin, ZMR 1998, 494 (Maisonette-Wohnung in einem neugebauten/modernisierten Dachgeschoss); LG Hamburg, Urt. v. 6.5.1999 – 307 S 204/98, n.v. (Wohnung in besonders guter, exponierter Lage am Elbhang, „Blankeneser Treppenviertel"); LG Hamburg, Urt. v. 24.6.1999 – 307 S 196/98, n.v. (Mieter bemüht sich von vornherein um die Anmietung eines bestimmten Objektes zu weitgehend von ihm vorgegebenen Bedingungen); vgl. auch *Kinne*, ZMR 1998, 473, 475; LG Frankfurt/Main, ZMR 1998, 498 (die vom Mieter gesuchte Wohnung sollte insgesamt sieben Sondermerkmale aufweisen); LG Wiesbaden, WuM 1999, 338 (Mieter sucht eine Wohnung im gehobenen Preissegment und kann die Miete noch herunterhandeln); LG Frankfurt/Main, WuM 1999, 406 (Anmietung auf dem Sondermarkt eines Stadtteils und für möblierte Wohnungen); diese Rechtsauffassung ist *verfas-*

dass es an dem „Ausnutzen" eines etwa bestehenden geringen Angebots an vergleichbaren Mietobjekten fehle, wobei die Begründungen fließend sind und nicht stets eindeutig dem einen oder anderen Tatbestandsmerkmal zugeordnet werden können.

184 Nach verbreiteter Auffassung können bestimmte **Indiztatsachen** im Wege des Beweises des ersten Anscheines zugunsten des Mieters die Annahme rechtfertigen, dass ein geringes Angebot an jeweils vergleichbarem Wohnraum besteht[1]. Zu diesen Indiztatsachen gehören:
- ein Zweckentfremdungsverbot für das betreffende Gebiet;
- Ausweisung als Gebiet mit gefährdeter Wohnraumversorgung[2];
- erheblicher Nachfrageüberhang nach Sozialwohnungen;
- hohe und gleich bleibende Zahl von Wohnungsnotfällen;
- weitgehende Verwendung von Formularmietverträgen von Vermieterseite.

185 Vor diesem Hintergrund entspricht es der Praxis, dass der Mieter im Prozess lediglich unter Beweisantritt (Einholung eines Sachverständigengutachtens) behaupten muss, zum Zeitpunkt des Vertragsabschlusses habe ein geringes Angebot an vergleichbaren Mietobjekten bestanden. Diese Praxis wurde auch z.B. von den **Hamburger Gerichten** grundsätzlich gebilligt[3]. Es geht dann nur noch um die Frage, ob das Gericht ein geringes Angebot als gerichtsbekannt bzw. offenkundig annimmt oder zu dieser Frage die Einholung eines Sachverständigengutachtens anordnet. In Hamburg wurde zumindest für die Jahre 1988 bis 1994 ein geringes Angebot als gerichtsbekannt bzw. offenkundig angenommen[4].

186 Auch das **LG Berlin** hat keine höheren Anforderungen an die Substantiierungspflicht des Mieters gestellt[5]. Er kann sich zunächst allein darauf berufen, dass die Gemeinde als Gebiet mit gefährdeter Wohnraumversorgung eingestuft worden ist. Dieser Auffassung ist eine Kammer des Landgerichts Berlin entgegengetreten[6]. Welche konkreten Angaben zum Tatbestands-

---

sungsrechtlich nicht zu beanstanden: BVerfG, WuM 1999, 382; HessStGB, WuM 1999, 385, 388 f.; *Lammel*, NZM 1999, 989, 993 f.; LG Frankfurt/Main, NZM 1999, 1000; LG Hamburg, Hamburger Grundeigentum 1999, 289 (Wohnung in einer Villa am Elbhang mit Blick auf die Elbe); *Langenberg*, ZMR 2005, 97 (Sonderobjekte sind vom Anwendungsbereich des § 5 WiStG ausgenommen.
1 Vgl. aber BGH, WuM 2006, 161 = MietRB 2006, 159: bei Wohnung mit weit überdurchschnittlicher Qualität sind solche Indiztatsachen nicht hinreichend aussagekräftig, vgl. auch *Sternel*, Mietrecht, III Rz. 61, 62; LG Bochum, NZM 1999, 1001.
2 Z.B. nach dem früheren Gesetz über die Sozialklausel in Gebieten mit gefährdeter Wohnraumversorgung vom 22.4.1993, m.W.v. 1.9.2001 aufgehoben.
3 Siehe allerdings die in Fn. 32 zu *Rz. 183* zitierten Entscheidungen der 7. ZK des LG Hamburg vom 6.5.1999 und 24.6.1999.
4 *Riecke/v. Rechenberg*, MDR 1998, 398, 399.
5 LG Berlin, ZMR 1998, 348; LG Berlin, MM 1998, 80 und LG Berlin, MM 1998, 124; LG Berlin, NZM 1999, 412.
6 LG Berlin, ZMR 1998, 494.

merkmal „geringes Angebot" von dem Mieter erwartet werden, lässt diese Entscheidung allerdings offen. Es ist nur allgemein von „Einzelangaben zum Zustandekommen des Mietvertrages unter Berücksichtigung der konkreten Wohnsituation" die Rede. In der Literatur wird zur Erfüllung einer schärferen Darlegungs- und Beweislast abgestellt auf Ergebnisse einer Befragung der auf diesem Gebiet tätigen Makler über die im konkreten Zeitraum sich in ihrem Angebot befindlichen Vergleichswohnungen und der Vermarktungsdauer, ferner auf Vorlage von Immobilieninseraten in den Tageszeitungen für einen längeren Zeitraum[1]. Für den **in Berlin tätigen Rechtsanwalt** ist daher **zu empfehlen, mit zu berücksichtigen, welche Berufungskammer** im konkreten Streitfall **zuständig ist**.

Die erste 1. Zivilkammer des **LG Köln** hat in einem Urteil vom 26.11.1998[2] von dem klagenden Mieter verlangt, die „Mangellage" auf dem Teilmarkt seiner Wohnung bei Abschluss des Mietvertrages darzulegen, ohne zusätzlichen Sachvortrag sei das Beweisangebot auf Einholung eines Sachverständigengutachtens zur „Mangellage" unzulässig.

187

bb) Ausnutzung

Die überhöhte Miete muss nach dem Gesetzeswortlaut „infolge der Ausnutzung eines geringen Angebots an vergleichbaren Räumen" zustande gekommen sein (§ 5 Abs. 2 WiStG).

188

„Das geringe Angebot wird ausgenutzt, wenn feststeht, dass die Mietüberhöhung nicht erzielt worden wäre, wenn ein ausreichendes Angebot an Wohnraum vorhanden gewesen wäre. Auf die subjektiven Voraussetzungen kommt es nicht an, ebenso wenig auf die persönlichen Verhältnisse des betreffenden Mieters"[3]. Mit diesem Zitat ist die bislang herrschende Meinung zum Ausnutzen eines geringen Angebots gekennzeichnet. Der BGH hat es anders gesehen[4]: Das Tatbestandsmerkmal der „Ausnutzung eines geringen Angebots" im Sinne von § 5 Abs. 2 Satz 1 WiStG sei nur erfüllt, wenn die Mangellage auf dem Wohnungsmarkt für die Vereinbarung der Miete **im Einzelfall ursächlich war**. Dazu habe der Mieter darzulegen und ggf. zu beweisen,

189

– welche Bemühungen bei der Wohnungssuche er bisher unternommen hat,
– weshalb diese erfolglos geblieben sind

---

1 *Lammel*, § 5 WiStG Rz. 60.
2 NZM 1999, 404; vgl. auch LG Köln, WuM 1999, 123: Der klagende Mieter müsse im Einzelnen darlegen, dass er in Kenntnis des Marktangebots die Wohnung angemietet habe; generell zur *Kölner Praxis*: „Mangellage" unter § 5 WiStG vgl. *Scholl*, NZM 1999, 396.
3 *Sternel*, Mietrecht, III Rz. 63; LG Hamburg (ZK 16), NZM 2000, 1002 und ZMR 2000, 538 und WuM 2000, 424 (individuelle Situation des Mieters ist unerheblich); ebenso: LG Mannheim, NZM 2000, 86 und LG Hamburg (ZK 11), NZM 2000, 180.
4 BGHReport 2004, 862 = NJW 2004, 1740 = NZM 2004, 381 = ZMR 2004, 410; sich ihm anschließend: OLG Brandenburg, NZM 2007, 14, 15.

– und dass er mangels einer Ausweichmöglichkeit nunmehr auf den Abschluss des für ihn ungünstigen Mietvertrags angewiesen war.

Diese Auffassung des BGH war zuvor schon insbesondere vom **LG Frankfurt/Main** vertreten worden[1].

Je nach den Umständen des Einzelfalles werden von dem klagenden Mieter konkrete Angaben dazu verlangt, weshalb das Ausnutzen eines geringen Angebots bei Abschluss des Mietvertrages vorgelegen haben soll. Nach der Entscheidung vom 9.9.1997[2] hätten die Mieter **darlegen** müssen,

- warum sie aus ihrer bisherigen Wohnung ausgezogen sind,
- wie viel Zeit sie für die Wohnungssuche hatten,
- was sie unternommen haben, um eine neue Wohnung zu finden,
- ob sie bestimmte Vorstellungen über Lage und Ausstattung hatten oder nehmen mussten, was sich bot,
- ob sie unter mehreren Angeboten wählen konnten oder
- ob die streitige Wohnung das einzige Angebot war,
- ob der Vermieter die Vertragsbedingungen diktiert oder zur Disposition gestellt hat.

190 Nach dieser, vom BGH[3] bestätigten Rechtsprechung, werden also erheblich **höhere Anforderungen an die Substantiierungspflicht** geknüpft, soweit es darum geht, dass der klagende Mieter im konkreten Fall das Ausnutzen eines geringen Angebots darstellen muss. Nach dieser Auffassung muss demnach der Mieter darlegen, welchen Umfang, welche Dauer und Intensität seine Wohnungssuche hatte, um auf diese Weise nachzuweisen, dass ihm ein marktgerechtes Verhalten durch Ausweichen auf Alternativangebote nicht möglich gewesen ist[4].

191 Auch das **LG Hamburg** hat in einem Urteil vom 6.5.1999[5] festgestellt, dass im Hinblick auf den Wortlaut des Gesetzes („infolge der Ausnutzung eines geringen Angebots an vergleichbaren Räumen") kein Zweifel daran bestehe, „dass zumindest ein innerer Zusammenhang zwischen einem geringen Angebot an Wohnraum auf dem allgemeinen Wohnungsmarkt ... und der Anmietung gerade der streitigen Wohnung vorausgesetzt wird". Konkret war in jenem Fall ein „ganz exzeptionelles Objekt", nämlich eine Woh-

---

1 Urteil vom 16.12.1997 (WuM 1998, 167 ff.) und die weiter dort genannten Entscheidungen; WuM 1998, 167; WuM 1998, 167 f.; WuM 1998, 168 f.; vgl. auch AG Hamburg, WuM 1998, 167 (in jenem Falle fehlte aber offensichtlich jeglicher Vortrag zum Vorliegen eines geringen Angebots); LG Köln, NZM 2002, 340 (es ist auch auf die individuelle Situation des Mieters abzustellen); ebenso: LG Köln, ZMR 2001, 198; vgl. auch OLG Braunschweig, ZMR 2000, 18.
2 WuM 1998, 167.
3 BGHReport 2004, 862 = NJW 2004, 1740 = NZM 2004, 381 = ZMR 2004, 410; so auch: OLG Brandenburg, NZM 2007, 14, 15.
4 *Lammel*, § 5 WiStG Rz. 61 m.w.N.
5 LG Hamburg, Urt. v. 6.5.1999 – 307 S 204/98, n.v. (Wohnung in besonders guter, exponierter Lage am Elbhang, „Blankeneser Treppenviertel").

nung am Elbhang mit ungehindertem Ausblick über die Elbe zu beurteilen. Bezogen auf dieses Mietobjekt habe der Kläger nicht dargelegt, dass die getroffene Mietvereinbarung unter Ausnutzung eines geringen Angebots an Wohnraum zustande gekommen ist. Dieser Ansatz in der Rechtsprechung der 7. ZK des Landgerichts Hamburg wurde in einem weiteren Urteil vom 24.6.1999[1] bestätigt: An dem genannten inneren Zusammenhang fehle es auch, wenn der Mieter eine Wohnung nicht auf dem allgemeinen Mietmarkt sucht, sondern sich gezielt von vornherein um die Anmietung eines bestimmten Objektes zu weitgehend von ihm vorgegebenen Bedingungen bemüht.

Im Anschluss an die unter *Rz. 189* genannte Entscheidung des BGH hat die 16. ZK des Landgerichts Hamburg das Ausnutzen einer so genannten „Mangellage" verneint, wenn der Mieter seine Suche nach Wohnraum aus persönlichen Gründen auf ein bestimmtes Stadtgebiet einer Großstadt begrenzt[2]. 191a

Der **für den Mieter tätige Rechtsanwalt** wird sich nach dem erreichten Stand der Rechtsprechung (vgl. dazu die Ausführungen unter *Rz. 189–191*) also nicht mehr wie zu früheren Zeiten darauf beschränken können, allgemein vorzutragen, sein Mandant habe sich angesichts eines geringen Angebots an vergleichbaren Wohnungen genötigt gesehen, der vom Vermieter geforderten (überhöhten) Miete zuzustimmen und mit dieser Miethöhe den Mietvertrag einzugehen. Er wird vielmehr den mit der neueren Rechtsprechung verbundenen „Dreh an der Substantiierungsschraube"[3] zu beachten und den Mieter-Mandanten ausführlich zu den Modalitäten des Mietvertragsabschlusses zu befragen haben. Eine **vorbeugende Beratungspraxis** wird dem Mieter empfehlen, die einzelnen Vorgänge der Suche nach einer neuen Wohnung möglichst genau und umfassend zu dokumentieren, damit später dann ggf. dasjenige vorgetragen werden kann, was der BGH insoweit fordert (vgl. dazu *Rz. 189*). 192

Hingegen wird der **für den Vermieter tätige Rechtsanwalt** seinen Mandanten darauf hinzuweisen haben, dass allgemeine Darlegungen des Mieters nicht mehr ausreichend sind, um die Tatbestandsvoraussetzungen von § 5 WiStG darzulegen, vielmehr das „Ausnutzen eines geringen Angebots" nur erfüllt sein kann, wenn die Mangellage auf dem Wohnungsmarkt für die Vereinbarung der Miete im Einzelfall ursächlich war. Er wird dem Vermieter-Mandanten darauf aufmerksam machen, dass sich dessen Rechtsposition generell infolge der Rechtsprechung des BGH deutlich verbessert hat.

---

1 LG Hamburg v. 24.6.1999 – 307 S 196/98, n.v.
2 LG Hamburg, ZMR 2005, 458.
3 *Eisenhardt*, WuM 1998, 259, 260.

c) Deckung laufender Aufwendungen

193 Die ortsübliche Miete darf ausnahmsweise bis zu 50 % überschritten werden, soweit die vereinbarte Miete laufende Aufwendungen des Vermieters nur abdeckt (§ 5 Abs. 2 S. 2 WiStG)[1].

Spätestens im Prozess muss der Rechtsanwalt des Vermieters anhand einer **Wirtschaftlichkeitsberechnung** die Höhe der laufenden Aufwendungen nachvollziehbar darstellen und erläutern. Hierüber besteht in Rechtsprechung und Literatur zwar ein breiter Konsens, indes sind eine Reihe von Details durchaus nicht abschließend geklärt.

aa) Beispiel einer Wirtschaftlichkeitsberechnung

194 Die im Wesentlichen zu beachtenden Punkte sollen anhand des nachfolgenden **Beispiels einer Wirtschaftlichkeitsberechnung** zur Darlegung der laufenden Aufwendungen erläutert werden[2].

**Sachverhalt und Ausgangsdaten
(Neuerrichtung eines Wohn- und Bürohauses)**

- *Erwerb des Grundstücks im Jahre 2006 zum Kaufpreis von 200 000,00 Euro;*
- *die Erwerbsnebenkosten hierfür beliefen sich auf 17 500,00 Euro (Maklercourtage: 11 000,00 Euro; Grunderwerbsteuer: 4000,00 Euro; Notar- und Gerichtskosten: 2500,00 Euro);*
- *die frühere, überwiegend baufällige und nicht mehr genutzte Altbausubstanz wurde teilweise abgerissen bzw. entkernt und gleichzeitig erweitert. Es entstand praktisch ein Neubau mit einheitlicher Klinkerfassade und einheitlich neuem Dach;*
- *das neue Gebäude umfasst eine Wohnung im Dachgeschoss, zwei Wohnungen im Obergeschoss sowie Büroräume im Erdgeschoss und Souterrain und wurden insgesamt ab 1.4.2007 bezugsfertig;*
- *die Baukosten (Abriss, Renovierung, Neubau) betrugen 1 095 000,00 Euro, davon entfielen*
  - *auf den Gewerberaum: 657 000,00 Euro*
  - *auf den Wohnraum: 438 000,00 Euro;*
- *Gesamtherstellungskosten (einschließlich Erwerb des Baugrundstücks) demnach: 1 312 500,00 Euro, wovon entfielen*
  - *auf den Gewerberaum: 787 500,00 Euro;*
  - *auf den Wohnraum: 525 000,00 Euro;*
- *ohne Einsatz von Eigenkapital wurden die Gesamtkosten finanziert, hierauf sind 7 % Zinsen p.a. zu zahlen;*

---

[1] Zu den Änderungen der am 1.9.2001 in Kraft getretenen Mietrechtsreform insoweit vgl. *Rz. 153.*
[2] Siehe w. Bsp. in *Hinz/Junker/v. Rechenberg/Sternel,* S. 290 ff. nebst Erläuterungen und Schemata bei *Lammel,* § 5 WiStG Rz. 39.

- Wohn-/Nutzfläche und monatliche Nettokaltmiete ab 1.4.2007 ergeben sich im Einzelnen aus nachstehender Aufstellung:

	Lage	Wohn-/Nutzfläche	monatlich nettokalt Euro
Büro 1	Erdgeschoss	108,70 qm	1547,50
Büro 2	Erdgeschoss + Souterrain	88,56 qm	1262,50
Wohnung 1	Obergeschoss	49,94 qm	699,00
Wohnung 2	Obergeschoss	40,84 qm	571,50
Wohnung 3	Dachgeschoss	64,78 qm	907,50

Demnach ergeben sich
- Gesamtfläche = 352,82 qm
- Gesamtfläche/Geschäftsraum = 197,26 qm
- Gesamtfläche Wohnraum = 155,56 qm

- die ortsübliche Miete für die **Dachgeschosswohnung** beträgt 9,50 Euro/qm netto kalt; vereinbart ist eine Miete von 14,00 Euro/qm netto kalt. Der Mieter der Dachgeschosswohnung beruft sich beispielhaft für die Zeit ab 1.1.2008 auf eine Mietpreisüberhöhung.

Konkrete Berechnung der Aufwendungen für die Dachgeschosswohnung

Kostenarten	jährliche, ggf. auf Euro abgerundete Aufwendungen
Kapitalkosten 525 000,00 Euro (Gesamterwerbs- und Herstellungskosten für den Wohnraum) × 7 % (Zinssatz) = 36 750,00 Euro : 155,56 qm (Gesamtfläche/Wohnraum) = 236,24 Euro × 64,78 qm (Fläche der Dachgeschosswohnung)	15 303,00
Abschreibung für Abnutzung (§ 25 Abs. 2 II. BV analog) 438 000,00 Euro (Baukosten für den Wohnraum) : 155,56 qm = 2815,63 Euro × 64,78 qm = 182 396,00 Euro, hiervon 1 % =	1823,00
Verwaltungskosten (§ 26 Abs. 2 II. BV analog)	254,80
Instandhaltungskosten (§ 28 Abs. 2 Ziff. 1 II. BV analog) 7,87 Euro/qm × 64,78 qm	509,82
Mietausfallwagnis (§ 29 II. BV analog) 2 % von 10 890,00 Euro (Jahresnettokaltmiete für die Dachgeschosswohnung)	217,00
Summe	18 107,62

Ergebnis:

Nach vorstehender Wirtschaftlichkeitsberechnung übersteigen die laufenden Aufwendungen für die Dachgeschosswohnung (18 107,62 Euro) die vereinbarte jährliche Nettokaltmiete (10 890,00 Euro) deutlich. Die vereinbarte Nettokaltmiete (14,00 Euro/qm) ist voll wirksam, da sie die ortsübliche Miete nicht um mehr als 50 % übersteigt (ortsübliche Miete für die Dachgeschosswohnung = 9,50 Euro/qm + 50 % = 4,75 Euro = zusammen 14,25 Euro/qm).

bb) Erläuterungen der Wirtschaftlichkeitsberechnung

(1) Allgemeine Hinweise

195 Eine Mietpreisüberhöhung nach §§ 5 WiStG i.V.m. 134 BGB kann grundsätzlich in Betracht kommen, wenn die ortsübliche Miete um mehr als 20 % überschritten wird. Ausnahmsweise darf sie jedoch auch im Rahmen dieses Tatbestandes um **bis zu 50 %** über die ortsübliche Miete hinausgehen, soweit der die 20 %-Grenze übersteigende Betrag zur Deckung laufender Aufwendungen des Vermieters erforderlich ist (§ 5 Abs. 2 Satz 2 WiStG); s. hierzu bereits oben *Rz. 163 ff.*

(2) Berechnungsart

196 Auf Grund der Gesetzesmaterialien besteht grundsätzlich Einigkeit darüber, dass die laufenden Aufwendungen unter analoger Heranziehung von gesetzlichen Vorschriften über preisgebundenen Wohnraum (§§ 8, 8a, 8b WoBindG, II. BV) zu ermitteln sind[1]. Darüber hinaus können aber weitere Umstände berücksichtigt werden, die sich aus der Natur der Vermietung von nicht preisgebundenen Wohnungen ergeben.

Bei einem Gebäude mit mehreren Mietobjekten sind die laufenden Aufwendungen für die konkrete Wohnung desjenigen Mieters zu berechnen, der sich auf eine Mietpreisüberhöhung beruft. Hingegen kommt es nicht darauf an, in welchem Verhältnis die Gesamteinnahmen aller Mietobjekte zu den Gesamtaufwendungen stehen[2]. Im Beispielsfalle übersteigen aber auch die laufenden Aufwendungen für das Gesamtobjekt die Gesamtmieteinnahmen.

(3) Kapitalkosten

197 Die **Höhe** von Kapitalkosten ist entscheidend dafür, ob vom Vermieter überhaupt eingewandt werden kann, die vereinbarte Miete sei insgesamt oder bis zu einem bestimmten Betrage nur kostendeckend. Hat der Vermieter keine oder nur eine sehr geringe Kapitalkostenbelastung, kommt praktisch § 5 Abs. 2 S. 2 WiStG nicht zur Anwendung. Bei genügender

---

1 BGH, NJW 1995, 1838, 1839 f.; *Bub* in Bub/Treier, II Rz. 688 m.w.N.; einschränkend zu §§ 8, 8a WoBindG: *Sternel*, Mietrecht aktuell, Rz. III 40.
2 **A.A.:** LG Berlin, ZMR 1998, 556 mit – zu Recht – kritischer Anm. von *Greiner*.

Kapitalkostenbelastung können die weiteren Positionen (Abschreibung, Verwaltungskosten, Instandhaltungskosten und Mietausfallwagnis) der „Auffüllung" dienen, fehlt es indes an einer nennenswerten Kapitalkostenbelastung, wird in der Regel der Vermieter überhaupt nicht darlegen können, dass wegen laufender Aufwendungen die Miete auch um mehr als 20 % über der ortsüblichen Miete (bis maximal 50 % über der ortsüblichen Miete) liegen darf. Wird allein durch den Ansatz von Kapitalkosten die mangelnde Kostendeckung belegt, kann sich der Vermieter im Prozess darauf beschränken, den wesentlichen Sachverhalt und die Ausgangsdaten vorzutragen und nur die Kapitalkosten zu berechnen[1].

Der Zinsaufwand ist im Fall der Herstellung des vermieteten Wohnraums durch den Vermieter nach den **Herstellungskosten** und im Fall des entgeltlichen Erwerbs des vermieteten Wohnraums nach den **Erwerbskosten** zu berechnen[2]; das gilt auch für schenkweisen Erwerb oder Erwerb von Todes wegen. Hingegen kommt es auf den Verkehrswert von Grundstück und Gebäude zum Zeitpunkt des Abschlusses des Mietvertrages nicht an.

Im Falle der **Kreditaufnahme (Fremdmittel)** können die tatsächlich vom Vermieter gezahlten Zinsen in Ansatz gebracht werden; maßgebend sind die **tatsächlich geschuldeten**, nicht die marktüblichen Zinsen, wobei allerdings der Grundsatz der Wirtschaftlichkeit zu beachten ist[3]. Nach herrschender Meinung kann der Vermieter im Falle des tatsächlichen Einsatzes von **Eigenkapital** auch – **fiktive** – **Eigenkapitalkosten** berechnen[4] in Höhe der marktüblichen Zinsen für erste Hypotheken[5]. Im Gegensatz dazu wird aber auch die Ansicht vertreten, der Vermieter sei bei dem Ansatz von Eigenkapitalkosten auf die in § 20 Abs. 2 II. BV vorgeschriebenen Zinssätze beschränkt[6].

Bei **gemischt genutzten Gebäuden** müssen die Herstellungskosten für den Wohnraum grundsätzlich separiert werden, was im Einzelfall auf gewisse Schwierigkeiten stoßen kann. Kann der Vermieter nachvollziehbar darlegen und beweisen, dass bei gemischt genutzten Gebäuden die Herstellungskosten für den Gewerberaum mit Sicherheit unter denjenigen für den Wohnraum liegen, wird es gerechtfertigt sein, – zugunsten des Mieters – von einer einheitlichen Berechnung und einer Umlage nach qm ohne vorherige Kostentrennung auszugehen. Abgesehen von diesem Fall werden jedoch die Herstellungskosten für den Wohnraum gesondert zu ermitteln sein unter analoger Anwendung der §§ 32 ff. II. BV[7]. Nach diesen gesetzli-

---

1 *Sternel*, Mietrecht aktuell, Rz. III 45.
2 BGH, NJW 1995, 1838 = ZMR 1995, 344; *Hinz/Junker/v. Rechenberg/Sternel*, S. 294, 5a; **a.A.:** *Lammel*, § 5 WiStG Rz. 41: Der Erwerber eines vermieteten Objekts könne seine Aufwendungen nicht nach den Erwerbskosten berechnen.
3 LG Stuttgart, DWW 1997, 271, 272; *Hinz/Junker/v. Rechenberg/Sternel*, S. 295.
4 BGH, NJW 1995, 1838 = ZMR 1995, 344; *Sternel*, Mietrecht aktuell, Rz. III 43.
5 OLG Stuttgart, ZMR 1988, 463; *Bub* in Bub/Treier, II Rz. 688 m.w.N.
6 *Lammel*, § 5 WiStG Rz. 44.
7 *Lammel*, § 5 WiStG Rz. 39 (a.E.); für den Fall des Erwerbs einer Immobilie können die laufenden Kosten (Kapitalkosten, Abschreibung für Abnutzung) nach dem Ur-

chen Bestimmungen ist eine **Teilwirtschaftlichkeitsberechnung** aufzustellen, wenn das Gebäude neben dem Wohnraum, für den die Berechnung aufzustellen ist, auch Geschäftsraum enthält (§ 32 Abs. 1 II. BV). In der Teilwirtschaftlichkeitsberechnung sind nur die Gesamtkosten anzusetzen, die auf den Teil des Gebäudes oder der Wirtschaftseinheit fallen, der Gegenstand der Berechnung ist; soweit bei Gesamtkosten nicht festgestellt werden kann, auf welchen Teil des Gebäudes oder der Wirtschaftseinheit sie entfallen, sind sie bei Wohnraum nach dem Verhältnis der Wohnfläche aufzuteilen; enthält das Gebäude auch Geschäftsraum, so sind die Gesamtkosten **für den Wohnteil und den Geschäftsteil im Verhältnis des umbauten Raumes aufzuteilen** (§ 34 Abs. 1 II. BV). Erhöhte Kosten des Baugrundstücks, die durch die Geschäftslage veranlasst sind, dürfen nicht dem Wohnraum zugerechnet werden (§ 34 Abs. 2 II. BV).

201 Richtiger Auffassung nach sind auch Kapitalkosten (für Fremd- oder Eigenmittel) für einen **Modernisierungsaufwand** in die Berechnung der laufenden Aufwendungen mit einzustellen[1]. Das wird jedenfalls für den Fall anzunehmen sein, dass der Vermieter ein Objekt erwirbt, es modernisiert und sodann vermietet. Die gegenteilige Auffassung, wie sie insbesondere vom Kammergericht Berlin[2] vertreten wurde, kann nicht überzeugen. In einem nicht veröffentlichten Urteil vom 14.5.1997[3] hat sich das Amtsgericht Hamburg mit dieser Entscheidung des KG Berlin auseinander gesetzt und dazu das Folgende erfrischend Richtige festgestellt:

„Soweit sich der Kläger für seine gegenteilige Ansicht auf die Entscheidung des Kammergerichts Berlin (WuM 1992, 140 f.) beruft, vermag dieses die Ansicht des hiesigen Gerichtes nicht zu ändern. Das Argument der „Doppelbelastung" erweist sich bei näherem Betrachten als schlichtweg haltlos. Der sich in der vorgenannten Entscheidung des Kammergerichts mit dieser Frage befassende Bußgeldsenat hat im Übrigen in den Beschlussausführungen sein Argument der unzulässigen „Doppelbelastung" selbst widerlegt. Das Kammergericht führt nämlich aus, dass ein Vermieter dann nicht ordnungswidrig handele, solange er lediglich eine kostendeckende Miete verlange und diese kostendeckende Miete nicht in einem auffälligen Missverhältnis zu der eigenen Leistung des Vermieters steht. Bei der Frage, ob die dem Vermieter entstandenen und entstehenden laufenden Kosten, also die „laufenden Aufwendungen", in einem auffälligen Missverhältnis zu seiner eigenen Leistung stehen, muss natürlich der Zustand berücksichtigt werden, den der Vermieter tatsächlich dem Mieter zur Verfügung stellt! Wollte man dem Argument des Kammergerichts folgen, hieße das, dass bei der Einordnung einer zu beurteilenden Wohnung z.B. in dem Mietenspiegel die vom Vermieter vorgenommene Modernisierung durchaus zu einer den Mittelwert übersteigenden Einordnung führen kann, dass aber bei der Prüfung des „auffälligen Missverhältnisses" wegen Nichtberücksichtigungsfähigkeit der Kosten für die Modernisierung im Rahmen der laufenden Aufwendungen in Ver-

---

teil des LG Hamburg, NZM 1999, 662 *nach dem Verhältnis der Mieteinnahmen auf einen Gewerbe- und Wohnanteil aufgeteilt werden.*
1 KG, ZMR 1998, 279; *Bub* in Bub/Treier, II Rz. 688 (letzter Absatz); Schmidt-Futterer/*Blank*, § 5 WiStG, Rz. 46; *Hinz/Junker/v. Rechenberg/Sternel*, S. 294; differenzierend zwischen Eigentümer und Erwerber: *Lammel*, § 5 WiStG Rz. 42.
2 KG, WuM 1992, 140; ebenso: LG Berlin, MM 1995, 352.
3 AG Hamburg v. 14.5.1997 – 40b C 592/96, n.v.

gleich zu setzen wäre auf der einen Seite die Kosten des Vermieters – natürlich einschließlich der „Modernisierungskosten" – und auf der anderen Seite die Kosten einer nicht modernisierten Wohnung. Welchen Sinn das machen soll, bleibt diesem Gericht jedenfalls unerfindlich! Mit der gesetzlichen Regelung in § 5 des Wirtschaftsstrafgesetzbuches, wonach ein Überschreiten der üblichen Miete wegen laufender Aufwendungen zulässig ist, sofern kein auffälliges Missverhältnis vorliegt, ist diese Argumentation des Kammergerichts kaum vereinbar. Im Übrigen weist der Beklagte zu Recht darauf hin, wie das das hier erkennende Gericht auch schon in früheren Entscheidungen selbst getan hat, dass es keinen eine unterschiedliche Behandlung rechtfertigenden Unterschied machen kann, ob ein Vermieter ein bereits modernisiertes Haus/eine modernisierte Wohnung erwirbt zu einem dann entsprechend höheren Preis oder ob er eine Wohnung ohne Modernisierung zu dem entsprechend geringeren Preis erwirbt, um dann anschließend selbst die Modernisierung durchzuführen[1]."

(4) Abschreibung für Abnutzung

Die Abschreibung analog § 25 Abs. 2 II. BV kann nur vorgenommen werden auf den **Gebäudewert**, im Beispielsfalle (*Rz. 194*) auf die Baukosten für den Wohnraum ohne Grundstücksanteil. Die Abschreibung soll bei Gebäuden 1 % der Baukosten (bei Erbbaugrundstücken 1 % der Gesamtkosten) nicht überschreiten. Die h.M. nimmt bei der Wirtschaftlichkeitsberechnung immer einen festen Satz von 1 % an[2].

202

Eine höhere Abschreibung kann unter analoger Anwendung von § 25 Abs. 3 II. BV für bestimmte **Anlagenteile** in Betracht kommen, dabei ist jedoch zu beachten, dass die Abschreibungsgrundlage nach § 25 Abs. 2 II. BV um den Wert der Sonderabschreibungsgegenstände zu bereinigen ist.

(5) Verwaltungskosten

Sie können in entsprechender Anwendung des § 26 Abs. 2 II. BV **pauschal** angesetzt werden[3]. Gemäß § 26 II. BV sind **Verwaltungskosten** die Kosten der Verwaltung des Gebäudes und der Wirtschaftseinheit. Der Ausgangsbetrag von jährlich höchstens 230 Euro je Wohnung gemäß § 26 Abs. 2 II. BV verändert sich nach Abs. 4 der Vorschrift am 1.1.2005 und am 1.1. eines jeden darauf folgenden dritten Jahres um den Prozentsatz, um den sich der Verbraucherpreisindex für der der Veränderung vorausgehenden Monat Oktober gegenüber dem Verbraucherpreisindex den der letzten Veränderung vorausgehenden Monat Oktober verändert hat. Im Oktober 2004 betrug der Index 106,6 Punkte, im Oktober 2007, 113,0 Punkte. Die Veränderung beläuft sich auf 6,4 Prozentpunkte = 6,01 %. damit beträgt die Verwaltungskostenpauschale in dem Zeitraum 1.1.2008 bis 31.12.2010 254, 80 Euro je Wohnung (vgl. das Beispiel unter *D 194*). Nach diesseitiger

203

---

1 Mit dem gleichen Argument ist gleicher Auffassung wie das hier erkennende Gericht z.B.: *Blank* in Partner im Gespräch, Heft 35, S. 27 ff., 38).
2 Vgl. *Lammel*, § 5 WiStG, Rz. 39; *Herrlein* in Herrlein/Kandelhard, § 5 WiStG, Rz. 17; *Hinz/Junker/v. Rechenberg/Sternel*, S. 295.
3 LG Berlin, GE 1994, 345; AG Hamburg, Urt. v. 14.5.1997 – 40b C 592/96, n.v.; *Sternel*, Mietrecht aktuell, Rz. III 41 (kritisch); *Bub* in Bub/Treier, II Rz. 688b.

Auffassung bleibt es auch dann bei der Pauschale, wenn die Verwaltungskosten des Vermieters in dem zu beurteilenden Zeitraum tatsächlich geringer waren. Nach den oben erwähnten Gesetzesmaterialien ist es gerechtfertigt, die Vorschriften der II. BV über preisgebundenen Wohnraum analog zur Berechnung der laufenden Aufwendungen anzuwenden. In diesem Punkt sind keine besonderen Umstände dafür ersichtlich, von der für den Vermieter jeweils ungünstigsten Variante ausgehen zu müssen. Entweder werden Kosten konkret berechnet oder pauschaliert. Ein Hin- und Herspringen zwischen beiden Berechnungsarten ist systemwidrig und nicht durch zwingende Gründe geboten. Zu beachten ist, dass für Garagen oder ähnliche Einstellplätze zusätzliche Verwaltungskosten mit einem Ausgangsbetrag von zzt. 30 Euro jährlich je **Garage/Einstellplatz** angesetzt werden können (§ 26 Abs. 3 II. BV analog).

(6) Instandhaltungskosten

204 Wie bei den Verwaltungskosten erscheint es angezeigt, nur von den Ansätzen der Berechnungsverordnung auszugehen[1]. Die Höhe der Pauschalsätze richtet sich in erster Linie danach, wann die Wohnung bezugsfertig geworden ist; sie können sich je nach Ausstattungsstandard verringern oder erhöhen (§ 28 Abs. 2 II. BV analog). Weitere Modifikationen sind im Einzelfall zu beachten (§ 28 Absätze 3 bis 7 II. BV analog).

204a Im Einzelnen gilt Folgendes:
Gem. § 28 II. BV handelt es sich dabei um Kosten, die während der Nutzungsdauer zur Erhaltung des bestimmungsgemäßen Gebrauchs aufgewendet werden, um durch Abnutzung, Alterung oder Witterungseinwirkung entstehende Mängel ordnungsgemäß zu beseitigen. Instandhaltungskosten dürfen nicht nach ihrer tatsächlich angefallenen Höhe sondern nur pauschalisiert angesetzt werden. Die **Pauschalen** betragen unter Berücksichtigung der Indexklausel des § 28 Abs. 5a i.V.m. § 26 Abs. 4 II. BV derzeit (vom 1.1.2008 bis 31.12.2010) je m² und Jahr:
- für Wohnungen, deren Bezugsfertigkeit am Ende des Kalenderjahres weniger als 22 Jahre zurückliegt, höchstens 7,87 Euro,
- für Wohnungen, deren Bezugsfertigkeit am Ende des Kalenderjahres mindestens 22 Jahre zurückliegt, höchstens 9,97 Euro,
- für Wohnungen, deren Bezugsfertigkeit am Ende des Kalenderjahres mindestens 32 Jahre zurückliegt, höchstens 12,74 Euro.

Abzüge sind wie folgt vorzunehmen:
- bei eigenständiger gewerblicher Leistung von Wärme i.S. des § 1 Abs. 2 Nr. 2 HeizkV: 0,22 Euro,
- soweit der Mieter die Kosten für kleinere Instandhaltungen i.S. des § 28 Abs. 3 S. 2 II. BV trägt: 1,17 Euro,

Folgende **Zuschläge** kommen in Betracht:
- bei Wohnungen mit einem maschinell betriebenen Aufzug um 1,11 Euro,
- sind Garagen oder ähnliche Einstellplätze vermietet, ist hierfür ein Kostenansatz von 75,34 Euro jährlich zulässig,

---

1 *Bub* in Bub/Treier, II Rz. 688b; Hinz/Junker/v. Rechenberg/Sternel, S. 296.

– soweit der Vermieter die Kosten für Schönheitsreparaturen trägt (in Wohnraum-Mietverträgen die klare Ausnahme) 9,41 Euro.

(7) Mietausfallwagnis

Strittig ist, ob bei Vereinbarung einer Kaution diese Position wegfällt[1]. 205

(8) Abzüge bei Steuerersparnissen

In dem Beispielsfall (*Rz. 194*) – der Sachverhalt lag einem beim Amtsgericht Hamburg geführten Rechtsstreit zugrunde – hat der Vermieter einen recht erheblichen Verlust aus Vermietung und Verpachtung. Man kann voraussetzen, dass dieser Verlust, jedenfalls zum Teil, einkalkuliert war, da er zugleich Steuerersparnisse des Vermieters bewirkte. Richtiger Auffassung nach sind die laufenden Aufwendungen des Vermieters um die Höhe der Steuerersparnisse **nicht zu bereinigen, d.h. nicht zu kürzen**[2]. Gegen eine Berücksichtigung spricht, dass die einschlägigen steuerrechtlichen Bestimmungen nicht den Mieter entlasten, sondern dem Eigentümer einen Anreiz für Investitionen geben sollen[3]. 206

(9) Betriebskosten gemäß BetrKV oder i.S.d. Anlage 3 zu § 27 II. BV[4]

In dem Regelfall der Vereinbarung einer monatlichen **Nettokaltmiete** zuzüglich Vorauszahlungen auf Betriebskosten, über die der Vermieter abrechnet, spielen Nebenkosten bei der Berechnung der laufenden Aufwendungen keine Rolle, da von vornherein die Frage einer Mietpreisüberhöhung auf die Nettokaltmiete zu beschränken ist. Anders verhält es sich bei Vereinbarung einer **Inklusiv- oder Teilinklusivmiete**. In diesen Fällen können die in der Miete enthaltenen Nebenkosten den übrigen laufenden Aufwendungen hinzugesetzt werden[5]. 207

(10) Ergebnis des Beispielfalls (*Rz. 194*) einer Wirtschaftlichkeitsberechnung

Die tatsächlich vereinbarte Nettokaltmiete wird vollständig zur Deckung laufender Aufwendungen benötigt. Sie ist vollen Umfanges wirksam, weil 208

---

1 *Für Wegfall* bei Vereinbarung einer Kaution: AG Hamburg, Urt. v. 14.5.1997 – 40b C 592/96, n.v.; *gegen Wegfall*: LG Mannheim, DWW 1997, 152; *Lammel*, § 5 WiStG Rz. 47.
2 LG Mannheim, WuM 1996, 161; LG Frankfurt/Main, WuM 1996, 161; LG Ravensburg, WuM 1997, 121; *Schmidt-Futterer/Blank*, § 5 WiStG, Rz. 40; *Hinz/Junker/v. Rechenberg/Sternel*, S. 295; **a.A.**: LG Frankfurt/Main, WuM 1995, 443; LG Hamburg, ZMR 1992, 249; AG Bergheim, WuM 1999, 47 (der Vermieter habe im Prozess substantiiert zu der Steuerersparnis vorzutragen); *Herrlein* in: Herrlein/Kandelhard, § 5 WiStG, Rz. 22.
3 *Schmidt-Futterer/Blank*, § 5 WiStG, Rz. 40; *Hinz/Junker/v. Rechenberg/Sternel*, S. 295.
4 Vgl. hierzu *Rz. 11*.
5 *Lammel*, § 5 WiStG Rz. 46.

sie auch gleichzeitig die ortsübliche Miete um nicht mehr als 50 % übersteigt.

Berechnung:

ortsübliche Miete	9,50 Euro/m² netto kalt
zuzüglich 50 %	4,75 Euro/m² netto kalt
Summe	14,25 Euro/m² netto kalt
vereinbarte Miete	14,00 Euro/m² netto kalt

209 *Auch wenn die vereinbarte Miete über 150 % der ortsüblichen Miete liegt, kann sie bis zu 150 % wirksam sein, soweit sie zur Deckung laufender Aufwendungen benötigt wird[1]. Andererseits begrenzt aber auch die Höhe der laufenden Aufwendungen die zulässige Miete, soweit sie mit mehr als 120 % der ortsüblichen Miete vereinbart wurde. Ist z.B. eine Miete in Höhe von 145 % der ortsüblichen Miete vereinbart, wird aber nur ein Betrag von 135 % der ortsüblichen Miete zur Deckung laufender Aufwendungen benötigt, ist die Mietvereinbarung nichtig, soweit sie die Grenze von 135 % übersteigt.*

4. Rechtsfolgen

a) Teilnichtigkeit und Berechnung von Rückforderungsansprüchen im Prozess

210 *Liegt eine Mietpreisüberhöhung vor, hat diese nicht etwa die **Nichtigkeit** der gesamten Mietvereinbarung zur Folge, sondern nur desjenigen Teils, der die jeweils zulässige Grenze **übersteigt**. Im Regelfall werden im Prozess von dem Mieter für vergangene Zeiträume Rückforderungsansprüche geltend gemacht. Der Rechtsanwalt sollte die zurückverlangten Beträge in der Klage übersichtlich darstellen, etwa anhand einer Tabelle wie im nachstehenden **Beispielsfall**:*

Der nachfolgenden Tabelle können die überzahlten Beträge entnommen werden:

Zeitraum	ortsübliche Miete mtl.	maximal zulässige Miete mtl.	vereinbarte Miete mtl.	zu viel gezahlte Miete mtl.
1.10.2007–31.3.2008	6,00 Euro/m²	7,20 Euro/m²	9,70 Euro/m²	342,50 Euro (2,50 Euro × 137 m²)
1.4.2008–30.9.2008	6,50 Euro/m²	7,80 Euro/m²	9,70 Euro/m²	260,30 Euro (1,90 Euro × 137 m²)
1.10.2008–31.8.2009	6,50 Euro/m²	7,80 Euro/m²	10,00 Euro/m²	301,40 Euro (2,20 Euro × 137 m²)

---

1 OLG Hamburg, NJW-RR 1992, 1366; OLG Frankfurt/Main, NJW-RR 1994, 1233; *Lammel*, § 5 WiStG Rz. 53; *Sternel*, Mietrecht aktuell, Rz. III 39.

Addiert man die monatlichen Überzahlungsbeträge aus der Tabelle, so ergibt sich folgendes Bild:

6 × 342,50 Euro = 2055,00 Euro
6 × 260,30 Euro = 1561,80 Euro
11 × 301,40 Euro = 3315,40 Euro
Summe: 6932,20 Euro

b) Änderungen der Rechtsfolgen durch Zeitablauf

Die Beispielsberechnung (*Rz. 210*) macht bereits deutlich, dass bei der Berechnung von Rückforderungsansprüchen des Mieters Veränderungen in der Höhe der ortsüblichen Miete nach durchaus herrschender Auffassung zu berücksichtigen sind[1]. Im Beispielsfall erhöhte sich die ortsübliche Miete mit Wirkung ab 1.4.2008 auf 6,50 Euro/m². 211

Bei einer **Staffelmietvereinbarung** sind die einzelnen Staffeln jeweils zum Zeitpunkt ihres Einsetzens daraufhin zu überprüfen, ob sie die ortsübliche Vergleichsmiete um mehr als 20 % übersteigen, ohne dass einzelne, überhöhte (und deshalb teilweise nichtige und demgemäß herabzusetzende) Staffeln eine Nichtigkeit der Gesamtvereinbarung zur Folge haben[2]. Ein nachträgliches Absinken der ortsüblichen Vergleichsmiete führt aber nicht zur Unwirksamkeit einer späteren Mietstaffel, wenn die vereinbarte Miete zu einem früheren Zeitpunkt der Höhe nach zulässig war[3]. 212

Besteht für die Gemeinde ein **Mietenspiegel** und kann die ortsübliche Miete der konkreten Wohnung diesem Mietenspiegel durch entsprechende Einordnung entnommen werden, sind Veränderungen in der Höhe der ortsüblichen Miete im Zeitrhythmus der Erhebungsstichtage der jeweiligen Ausgabe des Mietenspiegels zu berücksichtigen. Der Hamburger Mietenspiegel 1995 z.B. basiert auf dem Stand 1.4.1995, der folgende Mietenspiegel 1997 auf dem Erhebungsstichtag 1.4.1997, die Mietenspiegel 1999 und 2001 basieren auf den Erhebungsstichtagen 1.4.1999 bzw. 1.4.2001 und die Mietenspiegel 2003, 2005 und 2007 schließlich auf dem Erhebungsstand 1.4.2003, 1.4.2005 bzw. 1.4.2007. Fehlen solche zeitlichen Anknüpfungspunkte, wird die Berechnung zumindest im **Jahresrhythmus**[4] erfolgen müssen. Bei kleineren Zeiteinheiten bestünde die erhebliche praktische 213

---

1 KG, ZMR 1995, 309; OLG Frankfurt/Main, NJW-RR 1994, 123; KG, NZM 2002, 19 (Negativer Rechtsentscheid); *Lammel*, § 5 WiStG Rz. 55 und *Sternel*, Mietrecht aktuell, Rz. III 33, jeweils m.w.N.; kritisch zur herrschenden Praxis: *Eisenhardt*, WuM 1998, 259, 262. **Achtung:** Nach dem Urteil des LG Hamburg, NZM 1999, 662 – ZK 11 – kann eine steigende ortsübliche Vergleichsmiete bei der Berechnung des Rückzahlungsanspruches erst dann Berücksichtigung finden, wenn diese die bei Vertragsschluss zulässige und insoweit wirksam vereinbarte Miete übersteigt; **a.A.:** LG Hamburg, NZM 2000, 1002 und ZMR 2000, 538 – jeweils ZK 16 –.
2 OLG Hamburg, NZM 2000, 232 (Rechtsentscheid).
3 KG, NZM 2001, 283 (Rechtsentscheid).
4 *Lammel*, § 5 WiStG Rz. 55; zur sog. *Stichtagsdifferenz* vgl. OLG Stuttgart, WuM 1994, 58; AG Köln in *Lützenkirchen*, KM 19 Nr. 28.

Schwierigkeit, Veränderungen in der Höhe der ortsüblichen Miete überhaupt feststellen zu können.

214 Zugunsten des Vermieters ist also ein **Anstieg der ortsüblichen Miete** innerhalb des Rückforderungszeitraums zu berücksichtigen, ohne dass es auf die sonstigen Erfordernisse des § 558 BGB (Wartefrist, Kappungsgrenze) ankommt[1]. Nach früherer Praxis wurde der in den Folgejahren angestiegenen ortsüblichen Vergleichsmiete jeweils noch ein Zuschlag von 20 % hinzugesetzt. Gegen diese verbreitete Handhabung hat sich das Landgericht Hamburg in einem Urteil vom 4.6.1999[2] ausgesprochen. Nach dieser Entscheidung soll eine steigende ortsübliche Vergleichsmiete bei der Berechnung des Rückzahlungsanspruches des Mieters erst dann – zugunsten des Vermieters – Berücksichtigung finden, wenn diese die bei Vertragsschluss zulässige und insoweit wirksam vereinbarte Miete übersteigt. Mit dieser Interpretation der „gleitenden Nichtigkeit" hat die 11. Zivilkammer des Hamburger Landgerichts der jahrelangen, anderweitigen Handhabung den Laufpass gegeben. Die 16. Zivilkammer des Hamburger Landgerichts hat sich mit der herrschenden Auffassung gegen diese Rechtsprechung ausgesprochen[3].

215 Hingegen kommt dem Vermieter eine Entspannung des Wohnungsmarktes nach Abschluss des Mietvertrages nicht zugute. Es ist also unerheblich, ob für einen Zeitraum nach Mietvertragsabschluss das Tatbestandsmerkmal eines geringen Angebots an vergleichbaren Mietobjekten entfällt[4].

216 Der **Rückforderungsanspruch** des Mieters **verjährte** gemäß § 197 BGB a.F. nach Ablauf von 4 Jahren[5]. Die Verjährungsfrist beträgt nunmehr gemäß § 195 BGB drei Jahre (siehe im Einzelnen *Rz. 140 ff.*). Die Verjährungsfrist beginnt gemäß § 199 Abs. 1 BGB

– mit dem Schluss des Jahres zu laufen, in dem der Anspruch entstanden ist und

– in welchem der Gläubiger Kenntnis von den anspruchsbegründenden Umständen erhalten hat oder ihm diese infolge grober Fahrlässigkeit unbekannt geblieben sind.

Ohne Rücksicht auf Kenntnis oder grob fahrlässige Unkenntnis des Gläubigers verjähren Ansprüche aus ungerechtfertigter Bereicherung gemäß § 199 Abs. 4 BGB spätestens in 10 Jahren von der Entstehung an.

Der Mieter muss also **Kenntnis** von den anspruchsbegründenden Tatsachen haben, damit die 3-jährige Verjährungsfrist zu laufen beginnen kann. Da dem Mieter keine Erkundigungsobliegenheit hinsichtlich der Verhältnisse auf dem Wohnungsmarkt trifft, könnte sich in der Praxis der Verjährungsbeginn künftig vielfach bis zur absoluten 10-Jahresgrenze hinausschieben[6].

---

1 *Sternel*, Mietrecht aktuell, Rz. III 33.
2 LG Hamburg, NZM 1999, 662.
3 LG Hamburg, NZM 2000, 1002 und ZMR 2000, 538.
4 OLG Hamburg, WuM 1999, 209; OLG Frankfurt/Main, WuM 2000, 535.
5 OLG Hamburg, ZMR 1989, 146; LG Stuttgart, WuM 1990, 357.
6 Vgl. hierzu im Einzelnen *Hinz/Junker/v. Rechenberg/Sternel*, S. 286 f.

IX. Mietwucher

Der Wuchertatbestand der §§ 138 Abs. 2 BGB, 294 StGB bezieht sich auf das Ausnutzen einer individuellen Not- oder Zwangslage oder der Unerfahrenheit einer Person (so genannter Individualwucher). Ein auffälliges Missverhältnis zwischen Leistung und Gegenleistung wird bei **Wohnraum** allgemein angenommen, wenn die vereinbarte Miete die ortsübliche Miete um mehr als 50 % überschreitet[1]. 216a

Anders als bei der Wohnraummiete ist ein auffälliges Missverhältnis i.S. des § 138 Abs. 2 BGB bei der **Gewerberaummiete** erst dann anzunehmen, wenn die **vereinbarte Miete die doppelte Höhe des Marktwertes erreicht**[2]. Dazu ist die Vergleichsmiete einzig anhand derjenigen Mieten zu ermitteln, die für vergleichbare Objekte erzielt wird[3]. Fehlen geeignete Vergleichsobjekte, ist der Wert zu schätzen. Statistische Ertragswerte, wie sie etwa bei der so genannten EOP-Methode herangezogen werden, bleiben hingegen unberücksichtigt[4]. 216b

Neben dem auffälligen Verhältnis zwischen Leistung und Gegenleistung müssen aber weitere **sittenwidrige Umstände** hinzutreten, z.B. eine **verwerfliche Gesinnung** des durch den Vertrag objektiv Begünstigten[5]. Während etwa im Bereich der Teilzahlungs- und Ratenkreditverträge mit privaten Kunden bei drastischer Überschreitung der marktüblichen Zinsen dem Darlehensgeber die Kenntnis dieses Missverhältnisses und deshalb zugleich eine verwerfliche Gesinnung unterstellt werden kann[6], muss bei gewerblichen Miet- und Pachtverhältnissen zumindest die Erkennbarkeit des Missverhältnisses für den Vermieter/Verpächter festgestellt werden[7]. Ein Verpächter muss sich nämlich bei Vertragsschluss nicht unbedingt dessen bewusst sein, dass er mit der geforderten Pacht weit über dem Mietniveau liegt. Oft ist es nicht einfach, die ortsübliche Pacht überhaupt festzustellen, da diese innerhalb derselben Stadt schon von Straße zu Straße deutlich schwanken kann. Deshalb muss trotz eines auffälligen Missverhältnisses i.S.v. § 138 BGB im Rahmen der tatrichterliche Würdigung ermittelt werden, ob sich der Vermieter/Verpächter bei Vertragsschluss z.B. leichtfertig der Erkenntnis verschlossen hat, dass die geforderte Miete/Pacht in einem auffälligen Missverhältnis zum Wert der Gegenleistung steht[8]. 216c

---

1 OLG Hamburg, NJW-RR 1992, 1366; OLG Frankfurt/Main, NJW-RR 1994, 1233.
2 BGH, ZMR 2009, 19, 20; BGH, NZM 2004, 741; BGH, NJW 1999, 3187 = NZM 1999, 664.
3 BGH, NJW 2002, 55.
4 BGH, MDR 2004, 1408 = NZM 2004, 741 = DWW 2004, 264 = MietRB 2005, 4; vgl. auch *Sternel*, Mietrecht aktuell, Rz. III 68 m.w.N.; **a.A.:** OLG München, NZM 2000, 1059; *Walterspiel*, NZM 2000, 70.
5 BGH, NJW 2000, 2669; BGH, NJW 1992, 899; BGH, BGHZ 110, 336 = NJW 1990, 1595; vgl. auch *Sternel*, Mietrecht aktuell, Rz. III 70 ff. m.w.N.
6 BGH, NJW 86, 2564; BGH, BGHZ 146, 248 = NJW 1999, 3187.
7 BGH, NJW 2002, 55 = NZM 2001, 810 = ZMR 2001, 788.
8 BGH, MDR 2005, 26 = MietRB 2005, 5.

216d Anders als bei einem Verstoß nach § 5 WiStG, der zu einer Teilnichtigkeit führt, bewirkt ein Verstoß gegen § 138 BGB die Nichtigkeit des gesamten Mietvertrages[1].

X. Kostenmiete

1. Überblick[2]

217 Der **öffentlich geförderte Wohnraum** unterliegt einer Mietpreisbindung. Es darf **kein höheres Entgelt** vereinbart werden **als der Betrag, der zur Deckung der laufenden Aufwendungen** des Vermieters **erforderlich ist**, vereinbart werden darf insoweit also nur die **Kostenmiete** (§ 8 Abs. 1 WoBindG)[3]. Auch bei einer **einseitigen Mieterhöhung gemäß §§ 10 WoBindG, 4 NMV** darf die **Kostenmiete nicht überschritten** werden[4]. Eine solche Mieterhöhungserklärung ist auch erforderlich, wenn **vereinbart** ist, dass die jeweils zulässige Miete die vertragliche Miete ist; § 10 Abs. 1 WoBindG gilt hier entsprechend (§ 4 Abs. 8 Satz 1 NMV). In diesem Falle ist die Erklärung aber nicht anspruchsbegründend, sondern die vertragliche Regelung. Daraus folgt, dass dem Mieter hinsichtlich des Erhöhungsbetrags ein vorübergehendes Leistungsverweigerungsrecht im Sinne des § 273 BGB zusteht, solange der Vermieter die Erhöhung nicht in der vorgeschriebenen Weise berechnet und erläutert hat[5].

Die in den **Allgemeinen Vertragsbestimmungen** eines Wohnungsmietvertrages enthaltene Klausel:

> bei preisgebundenem Wohnraum gilt die jeweils gesetzlich zulässige Miete als vertraglich vereinbart

verstößt nicht gegen das Transparenzgebot des § 307 Abs. 1 Satz 2 BGB[6].

---

1 *Sternel*, Mietrecht aktuell, Rz. III 64 m.w.N. (nicht unstreitig).
2 Der Gesetzgeber hat das Recht des sozialen Wohnungsbaus durch das WoFG zum 1.1.2002 neu geregelt. Im Hinblick darauf gelten die nachstehenden Ausführungen unter dem Vorbehalt des § 50 WoFG, wonach WoBindG, NMV und II. BV nur noch anwendbar sind, soweit eine Förderung nach dem II. WoBauG stattgefunden hat; instruktiver Überblick von *Wolbers* in: Hinz/Junker/v. Reckenberg/Sternel, S. 299 ff.
3 Zur Mietbildung bei preisgebundenem Wohnraum wird in Bezug auf Einzelfragen auf die instruktiven Ausführungen von *Wolbers* in: Hinz/Junker/v. Reckenberg/Sternel, S. 299 ff. verwiesen.
4 Vgl. das Muster einer solchen Erhöhungserklärung bei *Hinz/Junker/v. Rechenberg/Sternel*, S. 298 f. nebst Erläuterungen, S. 299 ff.
5 BGH, ZMR 2004, 103, 105 f. = NZM 2004, 93, 94; BGH, NJW 1982, 1587, 1588; *Hinz/Junker/v. Rechenberg/Sternel*, S. 462, Rz. 1.
6 BGH, ZMR 2004, 103, 106 = NZM 2004, 93, 94.

Legen die Parteien in einem Mietvertrag fest, dass es sich um einen mit öffentlichen Mitteln geförderten Neubau handelt, so liegt eine die Parteien bindende Vereinbarung vor. Der Mieter kann die Rückforderung von Erhöhungsbeträgen daher nicht darauf stützen, dass das Mietobjekt in Wirklichkeit nicht dem sozialen Wohnungsbaurecht zuzurechnen sei. Er verhält sich treuwidrig, wenn er zunächst über Jahre hinweg die sich aus der Geltung der Preisbindungsvorschriften ergebenden Erhöhungsbeträge zahlt und diese sodann zurückverlangt[1]. 217a

Der insbesondere vom Vermieter beauftragte Rechtsanwalt sollte darauf hinweisen, dass Vereinbarungen zur Miete auch für den Zeitraum **nach Auslaufen der Mietpreisbindung** getroffen werden können. So ist z.B. eine Vereinbarung in einem Mietverhältnis über preisgebundenen Wohnraum wirksam, gemäß der die Staffelmiete erst nach Auslaufen der Mietpreisbindung einsetzen soll[2]. 217b

Die zulässige Kostenmiete wird ermittelt auf der Grundlage einer **Wirtschaftlichkeitsberechnung**[3]. Die Behandlung von Fragen aus dem Bereich des preisgebundenen Wohnraums spielen im Vergleich zu anderen Themen des Mietrechts in der anwaltlichen Praxis im Allgemeinen eine eher ungeordnete Rolle. Die nachfolgenden Ausführungen sind auf Grundstrukturen und für den Rechtsanwalt wichtige Grundsatzfragen beschränkt. Innerhalb dieses Rahmens sind sodann Einzelfragen zur richtigen Berechnung der Kostenmiete je nach individueller Fallgestaltung zu klären. 218

2. Entgelt, das die Kostenmiete überschreitet

Es sind zwei verschiedene Fallgestaltungen zu unterscheiden: Zunächst kommt in Betracht, dass die Mietvertragsparteien ein die Kostenmiete übersteigendes Entgelt **vereinbaren** (vgl. § 8 Abs. 2 WoBindG). Zum anderen kann sich eine überhöhte Miete dann ergeben, wenn vermieterseits eine unwirksame Erhöhungserklärung abgegeben wird, wobei die Unwirksamkeit auf verschiedenen Ursachen beruhen kann: Es können die formellen Voraussetzungen von § 10 WoBindG verletzt sein[4], die Kostenmiete 219

---

1 LG Berlin, ZMR 2005, 125 (Revision wurde zugelassen, blieb aber erfolglos, BGH v. 25.10.2005, VIII ZR 262/04).
2 BGH, NZM 2004, 135 = WuM 2004, 28 = ZMR 2004, 175; kritisch hierzu: *Stermel*, Mietrecht aktuell, Rz. IV 20; vgl. auch BGH, ZMR 2009, 519 zur Wirksamkeit einer Staffelmietvereinbarung bei Preisbindung, wenn dem Mieter zusätzlich vertraglich eingeräumt wird, sich zu seinen Gunsten auf eine niedrigere ortsübliche Vergleichsmiete zu berufen.
3 Vgl. das Muster einer – vereinfachten – Wirtschaftlichkeitsberechnung bei *Hinz/Junker/v. Rechenberg/Sternel*, S. 303 ff. nebst Erläuterungen; Einnahmen des Vermieters aus der Vermietung von Dachflächen zum Betrieb einer Mobilfunkantenne stellen keine Erträge i.S.d. § 31 Abs. 1 II. BV dar und sind daher in der Wirtschaftlichkeitberechnung nicht anzusetzen, BGH, NZM 2006, 133.
4 *Wolbers* in: Hinz/Junker/v. Reckenberg/Sternel, S. 300 f.: Es werden nach wie vor strenge Anforderungen an die Mieterhöhungserklärung nach § 10 WoBindG gestellt.

kann überschritten sein, oder es können – kumulativ – formelle Fehler und materielle Mietüberhöhung gleichzeitig vorliegen.

3. Rechtsfolgen einer überhöhten Kostenmiete

220 Soweit das vereinbarte oder vom Vermieter einseitig im Wege einer Erhöhung geforderte Entgelt die Kostenmiete übersteigt, ist die Mietvereinbarung unwirksam (§§ 8 Abs. 2, S. 1 WoBindG, 134 BGB).

a) Auswirkungen auf die laufende Miete

221 Stellt der Rechtsanwalt im Einzelfall eine in dieser Weise überhöhte Miete fest, kann dem Mandanten zunächst geraten werden, die laufende, in der Regel monatlich vereinbarte **Miete** entsprechend **zu reduzieren.**

b) Rückforderungsansprüche des Mieters für vergangene Zeiträume

222 Darüber hinaus kommen aber auch Rückforderungsansprüche zugunsten des Mieters für die Vergangenheit in Betracht.

aa) Die spezielle Vorschrift des § 8 Abs. 2 WoBindG

223 Wird eine unzulässige, weil überhöhte Kostenmiete **vereinbart**, ist nach dieser gesetzlichen Bestimmung der überhöhte Teil der Miete an den Mieter zurückzuerstatten und vom Empfang an zu verzinsen. Es handelt sich hierbei um eine **Sonderregelung**, auf die die Vorschriften des Bereicherungsrechts keine Anwendung finden[1]. Auch der nicht nach den §§ 4, 5 WoBindG wohnberechtigte Mieter ist befugt, die überzahlte Miete nach § 8 Abs. 2 WoBindG zurückzufordern[2].

bb) Rückforderungsansprüche gemäß §§ 812 ff. BGB

224 Beruht indes die teilweise unzulässige Kostenmiete auf einer fehlerhaften, einseitigen Mieterhöhungserklärung des Vermieters gemäß § 10 WoBindG, richten sich Rückzahlungsansprüche des Mieters grundsätzlich nur nach Bereicherungsrecht, eine entsprechende Anwendung von § 8 Abs. 2 WoBindG wird insoweit von der herrschenden Ansicht abgelehnt[3]. Deshalb kommt eine Rückforderung nicht in Betracht, wenn der Mietvertrag eine Regelung i.S.v. § 4 Abs. 8 NMV enthält[4]. **Achtung:** Für die anwaltliche Praxis ist zu beachten, dass die hier erörterten Rückforderungsansprüche nach der am 1.1.2002 in Kraft getretenen Schuldrechtsreform gemäß § 195 BGB in drei Jahren verjähren, auch nach bisheriger Rechtsprechung wurde

---

1 OLG Karlsruhe, NJW-RR 1986, 887; *Sternel*, Mietrecht, III Rz. 953.
2 OLG Hamm, NJW-RR 1988, 1037.
3 OLG Hamm, WuM 1997, 543 m.w.N.; BayObLG, WuM 1985, 217; OLG Karlsruhe, NJW-RR 1986, 887; *Langenberg*, Betriebskosten, J Rz. 4; **a.A.:** *Sternel*, Mietrecht, III Rz. 960.
4 BGH, NJW 1982, 1589.

schon eine vierjährige Verjährungsfrist gemäß § 197 BGB a.F. angenommen[1].

Für die anwaltliche Beratungspraxis ist noch von Bedeutung, dass in der Rechtsprechung die Auffassung vertreten wird, die **Aufrechnung des Vermieters gegenüber dem Rückforderungsanspruch des Mieters** sei ausgeschlossen[2]. 225

4. Auskunftsanspruch des Mieters

Für den Bereich des preisgebundenen Wohnraums ist schließlich darauf hinzuweisen, dass der Vermieter dem Mieter auf Verlangen Auskunft über die **Ermittlung und Zusammensetzung der Miete** zu geben hat (§§ 8 Abs. 4 WoBindG, 29 NMV)[3]. Über diesen gesetzlichen Auskunftsanspruch besteht auch für den Rechtsanwalt die Möglichkeit, sich Klarheit zu verschaffen über Ermittlung und Zusammensetzung der Miete und auf diesem Wege darüber, ob das vereinbarte Entgelt tatsächlich nur zur Deckung der laufenden Aufwendungen erforderlich ist. 226

XI. Miete und Mietprozess

1. Zuständigkeit

Für sämtliche in diesem Kapitel erörterten Mietzahlungsansprüche des Vermieters oder Rückerstattungsansprüche des Mieters wegen überzahlter Miete ist **örtlich ausschließlich zuständig** das Gericht, in dessen Bezirk sich das Mietobjekt befindet (§ 29a Abs. 1 ZPO)[4]. Bei **Wohnraum** ist **ohne Rücksicht auf die Höhe des Streitwertes** ausschließlich **sachlich** zuständig das Amtsgericht (§ 23 Nr. 2a GVG), bei **Geschäfts- oder Gewerberaum** indes **nur bei einem Streitwert bis 5000 Euro**, bei höheren Streitwerten ist bei Gewerbeobjekten ausschließlich das Landgericht sachlich zuständig (§ 23 Nr. 1 GVG). 227

2. Klageantrag

Wird eine Mietforderung von einer **Mehrheit von Vermietern** gegenüber einer **Mehrheit von Mietern** geltend gemacht, lautet der vom Rechtsanwalt zu stellende Klageantrag korrekt wie folgt: 228

---

1 OLG Hamm, WuM 1997, 543; OLG Köln, WuM 1999, 282; OLG Düsseldorf, WuM 1993, 411; LG Essen, ZMR 1999, 557 zur Verjährung vgl. im Übrigen auch die Ausführungen unter *Rz. 140 f.*
2 LG Hamburg, WuM 1992, 591; **a.A.:** *Sternel*, Mietrecht, III Rz. 956.
3 Vgl. zu Einzelheiten: *Sternel*, Mietrecht, III Rz. 938 ff.; *Langenberg*, Betriebskosten, J Rz. 6 f.; LG Berlin, NZM 2002, 67.
4 Ausgenommen hiervon sind lediglich Streitigkeiten über Ansprüche aus Wohnraummietverhältnissen, die in § 549 Abs. 2 Nr. 1 bis 3 BGB genannt sind (§ 29a Abs. 2 ZPO).

> Die Beklagten werden als Gesamtschuldner verurteilt, an die Kläger als Gläubiger zur gesamten Hand ... Euro zuzüglich ... % Zinsen p.a. auf ... Euro ab ... zu zahlen[1].

229 Es kann vorkommen, dass der Mieter gleichzeitig Mitglied der das Mietobjekt vermietenden **Wohnungseigentümergemeinschaft** ist. Sowohl in diesem Falle wie auch bei einer Vermietung von Gemeinschaftseigentum an Dritte ist folgender Zahlungsantrag auf Entrichtung rückständiger Miete zu stellen:

> Der Beklagte wird verurteilt, an die Wohnungseigentümergemeinschaft Schimmelmannstraße 24, 22043 Hamburg, zu Händen des Verwalters, ... Euro ... nebst ... % Zinsen auf ... Euro ab ... zu zahlen[2].

230 Hat der Vermieter **Nebenkostenvorauszahlungen** eingeklagt und ist im Verlaufe des Rechtsstreits die Abrechnungsreife (vgl. *L Rz. 69*) eingetreten (vgl. *Rz. 121 f.*) so muss er die Hauptsache entweder für erledigt erklären oder die Klage auf Zahlung eines etwaigen Abrechnungssaldos zu seinen Gunsten ändern[3], es sei denn, der Mieter hat in der Abrechnungsperiode ausnahmsweise keine Vorauszahlungen geleistet[4].

231 Soweit die besonderen Sachurteilsvoraussetzungen der §§ 257 bis 259 ZPO vorliegen, kann auch ein **Antrag** auf Zahlung von Miete oder Nutzungsentschädigung **für zukünftige Termine** zulässigerweise gestellt werden[5]. In aller Regel wird formularmäßig vereinbart, dass die Miete monatlich im Voraus zur Zahlung fällig ist, spätestens bis zum 3. Werktag des jeweiligen Monats. Eine solche Vorauszahlungsklausel ist im Allgemeinen wirksam, kann indes im Einzelfall unwirksam sein, wenn gleichzeitig formularmäßig das Aufrechnungs- und/oder Zurückbehaltungsrecht des Mieters ausgeschlossen oder beschränkt worden ist (vgl. *Rz. 23 ff.*). Ist die Vorauszahlungsklausel unwirksam, muss die Miete/Nutzungsentschädigung allerdings nur noch bei Altwohnraum- und Altgeschäftsraummietverträgen (vor dem 1.9.2001 geschlossen) erst zum Ablauf des Monats gezahlt werden (vgl. *Rz. 23 ff.*). Somit kommt bei einer Klage auf künftige Leistung folgender **Antrag** in Betracht:

---

1 Vgl. hierzu die Ausführungen unter *Rz. 71 ff.*
2 Vgl. hierzu die Ausführungen unter *Rz. 74.*
3 OLG Hamburg, WuM 1989, 150.
4 BGH, GuT 2003, 61 = NZM 2003, 196.
5 BGH, NZM 2003, 231; BGH, ZMR 1999, 533; OLG Oldenburg, WuM 1999, 225; OLG Dresden, WuM 1998, 138 und NZM 1999, 173; AG Kerpen, WuM 1991, 439 (zahlt der Mieter längere Zeit [hier: 6 Monate] die Miete jeweils erst nach den vertraglich vereinbarten Fälligkeitsterminen, so gibt er damit Anlass zur Besorgnis, dass er sich auch zukünftig der rechtzeitigen Leistung entziehen werde); *Henssler*, NJW 1989, 138.

> Der Beklagte wird verurteilt, jeweils bis zum 3. Werktag (alternativ: bis zum letzten Tag) des Monats, erstmalig zum ..., an den Kläger ... Euro zu zahlen.

Ist der Vermieter vertraglich zur monatlichen **Abbuchung der Miete vom Konto des Mieters berechtigt**, ist Letzterer verpflichtet, sicherzustellen, dass die zu zahlende Miete bei Fälligkeit zur Abbuchung auf dem vereinbarten Konto zur Verfügung steht[1]. Soweit im Übrigen die Sachurteilsvoraussetzungen der §§ 257–259 ZPO vorliegen, kann in einem solchen Falle vom **Vermieter** folgender **Antrag** gestellt werden:

> Der Beklagte wird verurteilt, sicherzustellen, dass die jeweils zum 3. Werktag eines jeden Monats zu zahlende Miete in Höhe von ... Euro zur Abbuchung auf dem vereinbarten Konto ... zur Verfügung steht[2].

3. Klage im Urkundenprozess

Mit dem Beschluss des BGH vom 10.3.1999[3] war bereits für die **Geschäftsraummiete** geklärt, dass Mietforderungen auch im Urkundenprozess geltend gemacht werden können, soweit die zivilprozessualen Voraussetzungen (§§ 592 ff. ZPO) erfüllt sind. Nunmehr hat der BGH auch für **Wohnraum** entschieden, dass Ansprüche auf Miete aus Wohnraummietverträgen im Urkundenprozess geltend gemacht werden können[4].

Nachdem die lange umstrittene Rechtsfrage im dargelegten Sinne vom BGH entschieden wurde, wird der Rechtsanwalt mehr als bisher überlegen müssen, ob er seinem Mandanten eine Mietklage im Urkundenprozess empfehlen soll. Sie zu erheben ist angebracht bei **zweifelhafter Solvenz** des Mieters und/oder wenn zu erkennen ist, dass die Einwendungen des Mieters gegenüber der Mietforderung offensichtlich unbegründet sind. Der Rechtsanwalt muss eine Klage im Urkundenprozess dann in Erwägung ziehen, wenn für ihn ein besonderes Interesse des Mandanten, beschleunigt einen vollstreckbaren Titel zu erhalten, ersichtlich wird; andernfalls kann er sich gegenüber dem Mandanten schadensersatzpflichtig machen[5].

Auch eine **Klage auf Zahlung zukünftig fällig werdender Miete** ist im Urkundenprozess zulässig, sofern das besondere Rechtsschutzbedürfnis nach § 259 ZPO urkundlich belegt werden kann oder die Umstände hierfür un-

---

1 *Sternel*, Mietrecht, III. Rz. 110b; AG Köln, MietRB 2006, 36.
2 AG Köln, MietRB 2006, 36.
3 BGH, ZMR 1999, 380.
4 BGH, BGHReport 2005, 1232 mit Anmerkung *Junker* = ZMR 2005, 773; vgl. zu praktischen Fragen der Durchsetzung mietrechtlicher Forderungen im Urkundenprozess: *Krapf*, MietRB 2006, 15 (Arbeitshilfe).
5 BGH, NJW 1994, 3295.

streitig sind[1]. Auch der **Saldo aus einer Betriebskostenabrechnung** kann im Urkundenprozess geltend gemacht werden[2]. Die **Mietklage** ist im Urkundenprozess **unstatthaft**, wenn die Mietsache unstreitig mit einem anfänglichen Mangel behaftet war und der Vermieter die vom Mieter bestittene Beseitigung des Mangels nicht urkundlich zu beweisen vermag[3].

234 Im Urkundenprozess ergeht zugunsten des klagenden Vermieters ein **Vorbehaltsurteil**, dem beklagten Mieter bleiben die Ausführungen seiner Rechte im Nachverfahren vorbehalten (§§ 599, 600 ZPO). Das Vorbehaltsurteil ist für den Vermieter vorläufig vollstreckbar (§§ 599 Abs. 3, 708 Nr. 4 ZPO). Zu bedenken ist aber, dass der Vermieter als Kläger zum **Ersatz des Schadens** verpflichtet ist, der dem Mieter als Beklagten durch die Vollstreckung des Vorbehaltsurteils entstanden ist, wenn das zunächst ergangene Vorbehaltsurteil im Nachverfahren wieder aufgehoben wird (§§ 600 Abs. 2 i.V.m. 302 Abs. 4 S. 2 bis 4 ZPO). Dieses Schadensersatzrisiko muss im Blickfeld des beauftragten Rechtsanwaltes bleiben.

235 Voraussetzung für ein Vorgehen im Urkundenprozess ist, dass sämtliche zur Begründung der geltend gemachten Mietforderung erforderlichen Tatsachen **durch Urkunden bewiesen** werden können. Diese Urkunden sind dem Gericht im Verhandlungstermin im **Original** vorzulegen (§ 595 Abs. 3 ZPO)[4]. Die geltend gemachte Mietforderung kann sich unmittelbar aus einem schriftlichen Mietvertrag oder einer schriftlichen Ergänzungsvereinbarung ergeben. Bei einer zwischenzeitlichen Erhöhung der Miete gemäß § 558 BGB sind das Zustimmungsverlangen des Vermieters und die Zustimmungserklärung des Mieters als Urkunden vorzulegen; in der Praxis wird hier im Allgemeinen so verfahren, dass der Mieter auf dem Zustimmungsverlangen des Vermieters seine schriftliche Einverständniserklärung abgibt. Die Erhöhung der Miete gemäß § 558 BGB kann dann mit Vorlage einer Urkunde nachgewiesen werden. Bei Kündigung des Mietvertrages wegen Zahlungsverzugs des Mieters (§ 543 Abs. 2 Nr. 3 BGB) hat sich sowohl bei Wohnraum als auch bei Gewerberaum eine sich anschließende kombinierte Räumungs- und Zahlungsklage bewährt (vgl. hierzu *Rz. 93 f.*). Dieser Weg ist versperrt, wenn die rückständige Miete im Urkundenprozess geltend gemacht wird, da die Räumungsklage in dieser Prozessart nicht statthaft ist (§ 592 Abs. 1 ZPO). Die Trennung von Zahlungsklage im Urkundenprozess und Räumungsklage in der normalen Prozessart[5] bedingt zu Lasten der Vermieterpartei ein höheres Kostenrisiko, das ebenfalls zu bedenken und auch einer Rechsschutzversicherung ggf. näher zu erläutern

---

1 OLG Oldenburg, WuM 1999, 225, 228; *Sternel*, Mietrecht aktuell, Rz. XIV 111.
2 AG Berlin-Mitte, ZMR 2007, 42; *Sternel*, Mietrecht aktuell, Rz. XIV 110.
3 OLG Düsseldorf, NZM 2009, 435.
4 Die Vorlage einer Kopie reicht nur dann aus, wenn die Echtheit der Urkunde und die Übereinstimmung von Original und Kopie unstreitig sind, OLG Koblenz, WuM 2006, 216; vgl. auch *Sternel*, Mietrecht aktuell, Rz. XIV 112 m.w.N.
5 Nach Auffassung des OLG Koblenz = MDR 2004, 44 = MietRB 2004, 55 ist die Aufspaltung des Räumungs- und Zahlungsanspruchs nach einer fristlosen Kündigung gemäß § 543 Abs. 2 Nr. 3 BGB in zwei Prozesse grundsätzlich pflichtwidrig.

sein wird mit entsprechenden Hinweisen auf die Notwendigkeit, die rückständige Miete im Urkundenprozess zu verfolgen.

Auch ohne Einwilligung des Beklagten kann der Kläger bis zum Schluss der mündlichen Verhandlung von dem Urkundenprozess in das ordentliche Verfahren **übergehen** (§ 596 ZPO). Umgekehrt ist jedoch die Überleitung vom ordentlichen Verfahren in den Urkundenprozess nach Eintritt der Rechtshängigkeit nur zulässig, wenn der Beklagte zustimmt oder das Gericht die Sachdienlichkeit bejaht, die allerdings häufig zu verneinen sein wird[1].

---

1 Zöller/*Greger*, § 593 ZPO Rz. 3.

E. Beratung und Vertretung bei Mieterhöhungen

	Rz.
I. Mieterhöhungen nach dem BGB (*Kunze*)	1
1. Beratungssituation	1
2. Erhöhungsmöglichkeiten	3
3. Ausschluss von Erhöhungen	5
4. Einvernehmliche Erhöhung	7
5. Notwendige Vorinformationen	9
II. Mieterhöhung nach § 558 BGB	10
1. Überlegungen bei der Beratung des Vermieters	10
a) Taktische Überlegungen	11
aa) Fläche der Mietwohnung	12
bb) Weitere Wohnungsmerkmale	16
cc) Mietstruktur, frühere Mieterhöhungen	21
(1) Ausgangsmiete	21
(2) Kappungsgrenze	22
(3) Jahressperrfrist	26
dd) Zuschläge	30
b) Wie soll die Mieterhöhung begründet werden?	31
aa) Mietspiegel (*Walterscheidt*)	33
(1) Arten von Mietspiegeln	35
(a) Tabellenmietspiegel	36
(b) Regressionsmietspiegel	40
(2) Qualität von Mietspiegeln	42
(a) Der „einfache Mietspiegel"	43
(b) Der qualifizierte Mietspiegel	45
(aa) Die materiellen Anforderungen an qualifizierte Mietspiegel	49
(bb) Umsetzung der wissenschaftlichen Grundsätze	56
(cc) Rechtsmittel gegen qualifizierte Mietspiegel?	72
(3) Taktische Überlegungen	81
bb) Sachverständigengutachten	89
(1) Kurzgutachten	90
(2) Auswahl des Sachverständigen	91
(3) Anforderungen an Sachverständigengutachten	92
(4) Prüfungsschema	94
(5) Anforderungsprofil an ein Sachverständigengutachten	95
cc) Vergleichswohnungen (*Kunze*)	99
(1) Anzahl	100
(2) Bezeichnung	101
(3) Vergleichbarkeit	102
(4) Miethöhe	103
dd) Sonstige Begründungsmittel	104
c) Soll die Mieterhöhung nach § 558 BGB mit anderen Erhöhungen oder einer Änderung der Mietstruktur verbunden werden?	105
2. Hinweise zur praktischen Umsetzung	106
a) Checkliste: Mindestinhalt Erhöhungsverlangen	106
b) Checkliste: Zweckmäßige weitere Angaben	108
c) Muster einer Erhöhungserklärung nach § 558 BGB	109
d) Anlagen zur Erhöhungserklärung	110
aa) Vollmacht	110
bb) Begründungsmittel	111
cc) Betriebskostenaufstellung	112
dd) Berechnungen	113
ee) Zweitschrift	114
e) Fristentabelle	118
3. Reaktionsmöglichkeiten des Mieters	119
a) Checkliste: Notwendige Informationen zur Überprüfung der Mieterhöhung nach § 558 BGB	119
b) Checkliste: Prüfungsschritte	120

	Rz.		Rz.
c) Zustimmung, Teilzustimmung	121	1. Beratungssituation (*Kunze*)	161
aa) Ausgangsmiete	121	2. Überlegungen bei der Vermieterberatung	162
bb) Nachvollziehen der Berechnung	122	a) Sind ausreichend aussagekräftige Unterlagen vorhanden?	163
cc) Abgabe der (Teil-)Zustimmung	124	aa) Rechnungen	163
dd) Konkludente (Teil-)Zustimmung	125	bb) Abgrenzung der Instandhaltungskosten	164
d) Minderung, Zurückbehaltungsrecht	126	cc) Berechnung der Instandhaltungskosten	165
e) Kündigung	128	dd) Sonstige Berechnungen	166
f) Ablehnung der Mieterhöhung (Sich-verklagen-Lassen)	129	b) Wie sollen die ansatzfähigen Modernisierungskosten verteilt werden?	167
aa) Checkliste: Typische Fehler, die die Erhöhung unwirksam machen	129	c) Wie sind die Abzüge zu berechnen, wenn die Maßnahmen öffentlich gefördert sind?	168
bb) Checkliste: Fehler, die die Erhöhungserklärung ggf. unwirksam machen (streitig)	130	d) Auf welche Weise soll die Wohnwertverbesserung mietwirksam gemacht werden?	169
cc) Taktik bei eindeutig mangelhaftem Mieterhöhungsbegehren	131	3. Hinweise zur praktischen Umsetzung	174
dd) Taktik bei begründetem Mieterhöhungsbegehren	132	a) Checkliste: Mindestinhalt des Erhöhungsverlangens	174
ee) In jedem Falle empfehlen sich folgende prozessvorbereitende Überlegungen:	133	b) Erläuterungen der Checkliste	175
g) Mögliche Inhalte eines Einigungsvorschlags	134	aa) Einführung neuer Mietnebenkosten	175
4. Klage auf Zustimmung	135	bb) Fälligkeitszeitpunkt für die Mieterhöhung	176
a) Kostenüberlegungen	135	(1) Fertigstellung der Arbeiten	176
aa) Vermieterberatung	136	(2) Berechnungsgrundlage	177
bb) Mieterberatung	137	(3) Wirkungszeitpunkt der Mieterhöhung	178
cc) Berechnung des Kostenrisikos	138	cc) Vertragsändernde Wirkung der Erklärung nach § 559 BGB	179
b) Zulässigkeit der Klage	139	dd) Anlagen	180
c) Checkliste: Mindestinhalt Klagebegründung	146	ee) Zugang	181
d) Begründetheit der Klage (*Walterscheidt*)	147	c) Muster einer Erhöhungserklärung nach § 559 BGB	182
e) Überprüfung eines gerichtlichen Sachverständigengutachtens	151	4. Gegenargumente des Mieters	183
f) Nachprozessuales (*Kunze*)	156	a) Ausschluss von Mieterhöhungen wegen Modernisierung	183
g) Vergleich im Prozess	160	b) Bauherr der Modernisierungsmaßnahme	184
III. **Mieterhöhung nach § 559 BGB**	161	c) Duldung der Maßnahme	185
		d) Abgeschlossene Arbeiten	188

	Rz.
e) Öffentliche Förderung	189
f) § 5 WiStG	190
g) Mieterhöhungshöhe	191
h) Verwirkung	192
i) Checkliste zur Überprüfung der Erhöhungserklärung nach § 559 BGB	193
5. Gerichtliche Durchsetzung der Mieterhöhung nach § 559 BGB	195
a) Klagevorbereitung	195
b) Zahlungsklage	196
c) Berufungsfähigkeit	197
d) Mehrere Mieter	198
e) Formalien	198a
f) Checkliste: Mindestinhalt Klagebegründung	199
g) Begründetheit	200
6. Gerichtliche Abwehr der Mieterhöhung nach § 559 BGB	202
a) Zahlungsklage abwarten	202
b) Negative Feststellungsklage	203
c) Streitwert	204
d) Antrag	205
e) Einwände	206
f) Einigung	207
g) Nachzahlung	208
IV. Mietänderungen nach § 560 BGB	**209**
1. Beratungssituation (*Kunze*)	209
2. Überlegungen bei der Vermieterberatung (*Lützenkirchen*)	211
a) Mietvertragliche Vorgaben	211
aa) Anpassung der Vorauszahlungen nach § 560 Abs. 4 BGB	212
(1) Erhöhung ohne Abrechnung?	213
(2) Anforderungen an die Abrechnung	215
(3) Senkung der Vorauszahlungen durch den Mieter	217
(4) Abweichende Vereinbarungen	220
bb) Pauschale (*Kunze*)	221
cc) Bruttokalt- und Teilinklusivmieten	225
b) Berechnungsgrundlage	228

	Rz.
c) Kostensteigerung	231
d) Gebot der Wirtschaftlichkeit	232
e) Umstellung auf verbrauchsabhängige Abrechnung?	234
3. Hinweise zur praktischen Umsetzung	235
a) Checkliste: Inhalt des Erhöhungsverlangens	235
b) Anmerkungen zur Checkliste	236
aa) Formalien	236
bb) Wirtschaftseinheit	237
cc) Betriebskosten „alt" und „neu"	238
dd) Begründung	239
ee) Angabe von Rechnungsdaten	240
ff) Umlagemaßstab	241
gg) Vorwegabzug	242
hh) Wirkungszeitpunkt der Erhöhungserklärung nach § 560 Abs. 1 BGB	243
4. Reaktionsmöglichkeiten des Mieters	246
a) Überprüfung der Erhöhungserklärung	246
aa) Plausibilitätscheck	246
bb) Einsicht in Berechnungsunterlagen	247
cc) Typische Fehler von Betriebskostenerhöhungen	248
dd) Einwand der Unwirtschaftlichkeit	249
b) Zurückweisen der Erhöhungserklärung als unwirksam oder Eigenkorrektur	250
c) Zurückbehaltungsrecht	251
d) Anspruch auf Betriebskostensenkung/Pauschalenermäßigung	252
e) Anspruch auf Änderung des Verteilerschlüssels/auf verbrauchsabhängige Abrechnung?	255
f) Mietminderung statt Verweigerung der Betriebskostenzahlung	256
g) Kein Sonderkündigungsrecht	257
h) Mögliche Inhalte eines Einigungsvorschlags	258
5. Gerichtliche Durchsetzung der Mieterhöhung	259

	Rz.		Rz.
V. Mietvertraglich vorgesehene Mieterhöhungsmöglichkeiten	264	(c) Umsetzung der Vertragsänderung	286
1. Staffelmietvereinbarung	264	(4) Verträge seit 1.9.2001 (*Kunze*)	290
a) Beratungssituationen	264	bb) Laufzeit des Vertrages	291
b) Wirksamkeitsvoraussetzungen	266	cc) Form	292
aa) Schriftform	267	c) Vor- und Nachteile der Vereinbarung	293
bb) Angabe des Erhöhungsbetrages	267	d) Form und Inhalt der Erhöhungserklärung, § 557b Abs. 3 BGB	294
cc) Intervalle	267	e) Muster Erhöhungserklärung	296
dd) Höchstdauer?	267	f) Folgen für den Mieter	297
c) Vor- und Nachteile einer Staffelmietvereinbarung	267	VI. Mieterhöhung bei preisgebundenem Wohnraum	298
2. Indexmietvereinbarung	274	1. Vermieterberatung (*Lützenkirchen*)	306
a) Vorüberlegung	274	a) Mietänderungserklärung zur Erhöhung der Kostenmiete abgeben	307
b) Wirksamkeitsvoraussetzungen der Vereinbarung	275	b) Nachholung unwirksamer Mieterhöhungen	323
aa) Zeitpunkt der Vereinbarung	275	c) Klageweise Durchsetzung einer Mieterhöhung nach § 10 WoBindG	329
(1) Verträge aus der Zeit vom 1.1.1975–31.8.1993	276	d) Gebühren	332
(2) Verträge aus der Zeit vom 1.9.1993–31.12.1998	277	2. Mieterberatung	333
(3) Verträge aus der Zeit vom 1.1.1999–31.8.2001	279	a) Überprüfung der Mietänderungserklärung	333
(a) Anspruch auf Vertragsänderung (*Lützenkirchen*)	280	b) Prozessuales	342
(b) Umrechnung	283	c) Gebühren	346

I. Mieterhöhungen nach dem BGB

1. Beratungssituation

1 Im Regelfall geht es dem **Vermieter** darum, aus wirtschaftlichen Gründen im bestehenden Mietverhältnis periodisch die Mieteinnahmen anzupassen oder angefallene Kosten umzulegen, also die vertraglich vereinbarte oder sich aus der vorangegangenen Mieterhöhung ergebende **Miete** zu **erhöhen**. Er möchte anwaltlich überprüft wissen, ob und unter welchen Umständen dies möglich ist. Ggf. soll die Erhöhungserklärung anwaltlich erstellt werden. Ist die Erhöhung bereits geltend gemacht, aber nicht zugestimmt oder nicht gezahlt worden, soll sie gerichtlich durchgesetzt werden.

2 Der **Mieter**, der eine solche Erhöhungserklärung erhalten hat, will beraten werden, ob die Erhöhung **wirksam** ist und er ihr nachkommen muss oder sollte. Ist sie bereits eingeklagt, sollen die Erfolgsaussichten der **Rechtsverteidigung** dagegen geprüft und ggf. die anwaltliche Klageabwehr übernom-

men werden. Eine weitere Beratungssituation ist die vorsorgliche Prüfung im Hinblick auf einen Vertragsabschluss, eine Vertragsverlängerung oder eine Kündigung, in welchem Umfang in absehbarer Zeit Mieterhöhungen möglich sind.

2. Erhöhungsmöglichkeiten

Bei der Beratung des Vermieters gilt es zunächst festzustellen, welche **Erhöhungstatbestände** in Frage kommen. Das BGB bietet für Wohnraum, der nicht öffentlich gefördert ist (also Altbau und freifinanzierter oder auf Grund vereinbarter Förderung errichteter Neubau), folgende Erhöhungsmöglichkeiten – aber auch nur diese – an: 3

– Erhöhung auf die ortsübliche Miete, § 558
– Umlage von Kosten baulicher Maßnahmen des Vermieters, § 559
– Umlage von Betriebskostenerhöhungen, § 560 Abs. 1
– einvernehmliche Mieterhöhung, § 557 Abs. 1
– Staffelmieterhöhung, § 557a
– Indexmieterhöhung, § 557b.

Die Erhöhungsmöglichkeiten können unter Umständen auch **kombiniert** werden, wobei aber besondere Sorgfalt geboten ist, damit nicht die gesamte Erhöhungserklärung scheitert. Wenn bauliche Maßnahmen beabsichtigt oder bereits erfolgt sind oder sich Betriebskosten erhöht haben, kann sich auch die Frage stellen, in welcher **Reihenfolge** Erhöhungen der Miete rechtlich und wirtschaftlich sinnvoll erfolgen sollten. 4

3. Ausschluss von Erhöhungen

Ausgeschlossen sind Mieterhöhungen nach dem BGB, wenn 5
– es sich um preisgebundenen Wohnraum handelt,
– eine der weiteren Varianten des § 549 Abs. 2 Nr. 1 bis 3, Abs. 3 BGB vorliegt (Wohnraum nur zu vorübergehendem Gebrauch vermietet oder an Alleinstehenden vermieteter möblierter Teil der vom Vermieter selbst bewohnten Wohnung oder für Personen mit dringendem Wohnungsbedarf angemieteter Wohnraum oder Teil eines Studenten- oder Jugendwohnheims),
– eine Erhöhung durch Vereinbarung ausgeschlossen ist oder dieser Ausschluss sich aus den Umständen ergibt, § 557 Abs. 3 BGB. Eine ausdrückliche Vereinbarung dieser Art kann im Mietvertrag selbst oder gesondert und auch nachträglich getroffen werden; hiernach muss der anwaltliche Berater also gezielt fragen – ebenso wie danach, ob eine solche Vereinbarung etwa nachträglich wieder aufgehoben worden ist.

Bei Vorliegen folgender Indizien ist genauer zu prüfen, ob eine Mieterhöhung **nach den Umständen** ausgeschlossen ist, was auf Dauer oder 6 nur für bestimmte Erhöhungen oder zeitlich begrenzt der Fall sein kann[1]:

- das Mietverhältnis ist auf bestimmte Zeit ohne ausdrückliche oder konkludente Vereinbarung einer festen Miete abgeschlossen[2], etwa auf Lebenszeit[3];
- das Mietverhältnis ist auflösend bedingt;
- das ordentliche Kündigungsrecht des Vermieters ist ausgeschlossen worden;
- der Mieter hat einen Finanzierungsbeitrag, eine Mietvorauszahlung, einen Baukostenzuschuss geleistet (im Einzelnen streitig)[4];
- es hat Modernisierung und Instandsetzung mit öffentlicher Förderung stattgefunden;
- es ist eine Gefälligkeits- oder Lockvogelmiete vereinbart;
- es ist eine niedrige Miete sowie sonstige Gegenleistung des Mieters vereinbart, oder es ist eine geringere Wohnfläche als die tatsächliche vereinbart[5];
- der Vertrag enthält eine unwirksame Staffelmietvereinbarung[6];
- der Vertrag enthält unwirksame Gleit- oder Indexklauseln[7].

4. Einvernehmliche Erhöhung

7 § 557 Abs. 1 BGB lässt unabhängig von den Voraussetzungen der §§ 557a ff. BGB ausdrückliche oder konkludente **Vereinbarungen** über eine einmalige Mieterhöhung zu, solange sie **nach Abschluss** des Mietvertrages getroffen werden (Hinweis: Vereinbarungen, die vor dem 1.9.2001 getroffen worden sind, sind nach § 10 Abs. 1 MHG zu beurteilen). Das Einverständnis wird teilweise auch in einfacher oder mehrfacher Zahlung des vermieterseits vorgeschlagenen Betrags gesehen[8], wobei der Vermieter im Fall des § 550 BGB und bei Vorliegen einer mietvertraglichen Schriftformklausel die schriftliche Zustimmung des Mieters verlangen kann und sollte.

---

[1] Vgl. LG Offenburg, WuM 1998, 289 (zu Genossenschaftswohnungen); BayObLG, GE 1999, 443 (zu Wohnungsfürsorgewohnungen des Bundes); BayObLG, NZM 2001, 373 = GE 2001, 487 (zu Werkmietwohnungen).
[2] Die bisherige ausdrückliche Regelung, wonach bei Vereinbarung eines Mietverhältnisses auf bestimmte Zeit mit fester Miete eine Mieterhöhung im Regelfall ausgeschlossen war, ist gestrichen worden, vgl. hierzu *Eisenschmid*, NZM 2001, 11; *Lützenkirchen/Löfflad*, Neue Mietrechtspraxis, Rz. 173; zur bisherigen Rechtslage vgl. OLG Stuttgart, WuM 1994, 421 mit Anmerkung *Blank*.
[3] LG Mannheim, WuM 1987, 353; LG Berlin, GE 2000, 1032.
[4] Vgl. die Nachweise bei *Beuermann*, § 1 MHG Rz. 26.
[5] Vgl. die Nachweise bei *Sternel*, Mietrecht aktuell, Rz. IV 281.
[6] Vgl. dazu LG Berlin, WuM 1992, 198; LG Bonn, WuM 1992, 199; anders LG Berlin, GE 1993, 95 und LG Berlin, WuM 2001, 612 = GE 2002, 54.
[7] Vgl. OLG Frankfurt/Main, ZMR 1997, 473.
[8] Im Einzelnen ist hier vieles streitig, vgl. dazu *Artz*, WM 2005, 215 ff.; *Sternel*, Mietrecht aktuell, Rz. IV 1–13; BGH, WuM 2005, 518; BGH, WuM 2005, 581; BGH, WuM 2008, 225.

Der Höhe nach **beschränkt** sind derartige Vereinbarungen lediglich durch § 5 WiStG und § 291 StGB (vgl. dazu *D Rz. 153 ff.*). Es können auch andere zusätzliche Leistungen als Zahlung eines bestimmten Erhöhungsbetrags vereinbart werden (Beispiel: Mieter übernimmt Gartenpflegeleistungen). 8

5. Notwendige Vorinformationen

Wird im Anwaltsbüro um einen Besprechungstermin in einer Mieterhöhungssache gebeten oder – je nach Arbeitsweise der Kanzlei – telefonisch vorbesprochen oder per E-Mail nachgefragt, welche **Informationen** und Unterlagen vom Mandanten zur Bearbeitung einer Mieterhöhungssache übermittelt werden sollen, so ist vorab zu klären: 9

- Ist der Mandant **Mieter** oder **Vermieter**?
- Ist die Sache bereits **gerichtlich anhängig**? Wenn ja, laufen **Fristen**? Welche?
- Kann der Mandant alle notwendigen **Unterlagen** vorlegen? Dies sind mindestens der **Mietvertrag**, die fragliche **Erhöhung** und die vorangegangenen Erhöhungen der letzten drei Jahre; wenn eine Erhöhungserklärung vorbereitet werden soll, weiter diejenigen Unterlagen, aus denen der Mandant die Mieterhöhungsmöglichkeit herleitet.
- Wie soll die Beratung und ggf. Vertretung **finanziert** werden? Falls über eine Rechtsschutzversicherung, einen Mieterverein o.Ä., sind Versicherungspolice, Mitgliedsnummer o.Ä. nötig; falls über Beratungs- bzw. Prozesskostenhilfe, sind Einkommensunterlagen und Belege für die laufenden Ausgaben vorzulegen.

II. Mieterhöhung nach § 558 BGB

1. Überlegungen bei der Beratung des Vermieters

§ 558 BGB ist das richtige Instrument, wenn die Miete auf das Niveau der **ortsüblichen Miete** gebracht werden soll. Dies setzt weiter voraus, dass 10

- der Erhöhungsspielraum gewahrt wird (die Miete darf innerhalb von drei Jahren auf Grund von § 558 BGB um höchstens 20 % erhöht werden), sog. **Kappungsgrenze**;
- ein Jahr lang keine Mieterhöhung nach § 558 BGB erfolgt ist, sog. **Jahressperrfrist**.

a) Taktische Überlegungen

Bei der **Beratung des Vermieters** sollte zunächst ermittelt werden, ob ausreichende **tatsächliche Informationen** für die Abgabe einer Mieterhöhungserklärung vorliegen oder ob sie sich mit vertretbarem Aufwand beschaffen lassen. 11

aa) Fläche der Mietwohnung

12 Die Miete wird bezogen auf Quadratmeter erhöht. Die **Wohnfläche** ergibt sich in der Regel aus dem Mietvertrag oder früheren Mieterhöhungserklärungen; solche Angaben müssen aber nicht unbedingt richtig sein (veraltet, geschätzt, auf Planungsunterlagen beruhend). Weichen die tatsächliche und die mietvertraglich vereinbarte Fläche voneinander ab, so gilt:

– Ist die tatsächliche **Fläche geringer** als die vereinbarte, kommt es nach bisher h.M. auf die wirkliche Fläche an[1]. Der BGH hat dagegen entschieden, dass dies nur bei einer Abweichung von mehr als 10 % gilt; ist die Abweichung geringer, ist die vereinbarte Fläche maßgebend, der Mieter muss sich an der vereinbarten Wohnfläche festhalten lassen[2].

– Ist die tatsächliche **Wohnfläche größer** als die mietvertraglich vereinbarte, ist ebenso die vereinbarte ausschlaggebend, wenn die Flächenüberschreitung nicht mehr als 10 % beträgt[3].

13 Unter Umständen enthält der Mietvertrag (aus Vermietersicht durchaus sinnvollerweise) **keine Flächenangabe**, oder der Vertrag liegt ihm in Sonderfällen nicht vor (etwa bei im Wege der Zwangsversteigerung erworbener Eigentumswohnung). Hier ist zu prüfen, ob sich über Treu und Glauben ein Anspruch gegen den Mieter auf Vorlage des Mietvertrags begründen lässt[4].

14 Ob die Kosten eines **sachverständigen Aufmaßes** einer Kosten-Nutzen-Prüfung standhalten, muss der Vermieter entscheiden. Insoweit sollte auch ermittelt werden, ob nicht im Bekanntenkreis ein befreundeter Architekt in der Lage ist, die Wohnflächenberechnung, z.B. an Hand von Bauplänen, durchzuführen. Eigene Aufmaße (die auch Mieter zuweilen vornehmen) erweisen sich häufig als unzuverlässig.

15 Liegt eine **geringere Wohnfläche** vor, sollte bedacht werden, dass durch die Offenlegung dieses Tatbestandes Gewährleistungs- und Rückforderungsansprüche des Mieters ausgelöst werden können (vgl. *F Rz. 52 f.*).

bb) Weitere Wohnungsmerkmale

16 Für die Begründung der Erhöhung sind unabhängig vom Begründungsmittel neben der Größe auch die **Ausstattung, Beschaffenheit** und **Lage** der Wohnung von Bedeutung (wobei auch andere wohnwertbestimmende Faktoren eine Rolle spielen können, die der einschlägige Mietspiegel nicht als Kriterien nennt).

---

[1] OLG Hamburg, WuM 2000, 348 m.w.N.
[2] BGH, WuM 2004, 485 (kritisch dazu *Sternel*, Mietrecht aktuell, Rz. III 110); BGH, WuM 2009, 460.
[3] BGH, WuM 2007, 450; kritisch *Sternel*, Mietrecht aktuell, Rz. III 110a, IV 172b unter Hinweis darauf, dass in der Vereinbarung ein konkludenter Erhöhungsausschluss im Sinne des § 557 Abs. 3 BGB liegen kann.
[4] So etwa AG Stolzenau, WuM 1998, 212.

Dies macht Angaben zur **Baualtersklasse** notwendig, die sich aus Hausakten oder behördlichen Unterlagen ermitteln lässt, aber auch dazu, ob **Bad** und **Sammelheizung** vorhanden sind. Je nach den Kriterien des örtlich einschlägigen Mietspiegels, der Mietdatenbank, des begutachtenden Sachverständigen oder der heranzuziehenden Vergleichswohnungen kann es auf zahlreiche weitere bauliche Einzelheiten ankommen (vgl. die Auflistung „was soll vermietet werden" (*A Rz. 60*). Einfluss auf den Wohnwert haben etwa

17

– energetischer Zustand (Art der Energieversorgung, Qualität der Wärmedämmung) des Gebäudes

18

– Lärmbelastung des Umfelds

– Verkehrsanbindung, Nähe zu Geschäften, öffentliche Einrichtungen etc.

– Balkon, Terrasse, Loggia

– Garten(mit)nutzung

– Aufzug

– Fahrradabstellraum, Garagen, Stellplätze

– SAT-Anlage, Kabel

– Einbauschränke, Einbauküche, Badmöblierung, Küchenausstattung

– Art der Fußböden

– separates WC, zusätzliche Dusche.

Für die Möglichkeit, derartige **Wohnungsmerkmale** wohnwerterhöhend heranzuziehen, ist ausschlaggebend, ob Vermieter oder Mieter die entsprechenden Wohnungsmerkmale **geschaffen** haben[1] (hat der Mieter die Gasetagenheizung eingebaut? Auf wessen Kosten ist das Bad verfliest worden? etc.). Aus dem Mietvertrag ergibt sich dies in den wenigsten Fällen, eher schon aus früheren Besichtigungs- oder Wohnungsabnahmeprotokollen; entscheidend sind im Streitfall ohnedies wieder die tatsächlichen (und beweisbaren) Verhältnisse.

19

Kennen weder der Vermieter selbst noch Dritte (Handwerker, Hausmeister, Reparaturfirmen) die Wohnungsmerkmale, so kann in Ausnahmefällen ein einklagbarer **Auskunftsanspruch** gegen den Mieter bestehen. Ein Anspruch auf **Besichtigung** (vgl. zur Umsetzung *G Rz. 231 f.*) der Wohnung wird sich jedenfalls nicht mit der Begründung durchsetzen lassen, man wolle die Voraussetzungen für ein Mieterhöhungsverlangen feststellen[2]. Allerdings wird in der Literatur teilweise vertreten, der Mieter habe die Wohnungsbesichtigung durch einen Sachverständigen zur Feststellung des Mietwerts zu dulden[3].

20

---

1 BayObLG, WuM 1981, 208.
2 *Schlüter*, NZM 2006, 681 billigt ein Besichtigungsrecht zwecks Aufmaß aus Anlass einer Mieterhöhung zu.
3 *Kraemer* in Bub/Treier, III Rz. 1127, der weitergehend ein Besichtigungsrecht des Vermieters selbst einräumt; ebenso *Emmerich* in Staudinger, § 558a BGB Rz. 41; offen gelassen bei *Sternel*, Mietrecht aktuell, Rz. VII III 185.

Wenn dieser Weg zu langwierig ist, kann man nach Erfahrungsgrundsätzen eine Mieterhöhung, gestützt auf Mietspiegel, Mietdatenbank oder Vergleichswohnungen, durchführen und ggf. abwarten, welche Einwendungen im Prozess bezüglich der Wohnungsmerkmale vorgetragen werden.

cc) Mietstruktur, frühere Mieterhöhungen
(1) Ausgangsmiete

21 Erhöht wird die bisher gezahlte (ungeminderte) **Kaltmiete** (Heizkostenvorschüsse sind vorher abzuziehen und am Ende wieder hinzuzurechnen). Sind Betriebskostenvorschüsse oder eine Miete mit Betriebskostenpauschale vertraglich vereinbart, so ist Grundlage für die Erhöhung die Nettokaltmiete. Handelt es sich dagegen um eine Bruttokaltmiete oder Teilinklusivmiete, ist rechnerisch zu berücksichtigen, wie hoch die tatsächlich hierin enthaltenen Betriebskostenanteile aktuell sind[1], wenn zur Begründung auf Nettomieten Bezug genommen wird.

Diese können sich aus einer vorangegangenen Betriebskostenerhöhung ergeben; liegt eine solche nicht vor und ist auch für die anderen Wohnungen der Wirtschaftseinheit keine aktuelle Betriebskostenerhöhung oder -abrechnung vorhanden, so müssen die Betriebskosten im Einzelnen fest- und aufgestellt werden[2].

(2) Kappungsgrenze

22 Um eine korrekte Berechnung der sog. **Kappungsgrenze** zu ermöglichen, also des Spielraums für die beabsichtigte Erhöhung, muss weiter diejenige Miete bekannt sein, die für die betreffende Wohnung drei Jahre vor dem beabsichtigten Inkrafttreten der jetzt zu erstellenden Mieterhöhung gezahlt worden ist[3]. D.h.

Beispiel:
Beratungsgespräch   20.6.2009
Zugang der Mieterhöhung   30.6.2009
Wirksamwerden   1.9.2009
Miethöhe   1.9.2006

(hiervon 20 % = Kappungsgrenze)

Lag die Miete allerdings zu irgendeinem Zeitpunkt innerhalb dieser drei Jahre niedriger, so berechnet sich die Kappungsgrenze nach dieser niedrigsten Miete. Läuft der Mietvertrag noch keine drei Jahre, ist Ausgangsmiete die niedrigste seit Vertragsabschluss.

---

1 OLG Stuttgart, NJW 1983, 2329; OLG Hamm, WuM 1993, 29; KG, NZM 1998, 68; BGH, WuM 2006, 39 und WuM 2006, 569.
2 Vgl. hierzu die Beispielsrechnung bei *Hannemann*, NZM 1998, 612, 613; *Börstinghaus* in Schmidt-Futterer, § 558a BGB Rz. 56.; *Beuermann*, § 2 MHG Rz. 23b.
3 Vgl. dazu BVerfG, WuM 1995, 576; OLG Celle, WuM 1996, 86. Zur Berechnung bei Umstellung einer Brutto- in eine Nettomiete vgl. LG Berlin, GE 2002, 1433 mit Anmerkung *Blümmel*, GE 2002, 1374.

Notwendig ist weiter die Kenntnis aller etwaigen Mieterhöhungen nach § 558 BGB in der Zwischenzeit, d.h. im **Beispielsfall**
- alle Erhöhungen zwischen dem 1.9.2006 und dem 20.6.2009 (die dem Betrag nach von dem Betrag der Kappungsgrenze abzuziehen sind; Mieterhöhungen nach anderen Vorschriften spielen hier keine Rolle[1]).
- Betrug die Miete also am 1.9.2006 460,16 Euro, so liegt die Kappungsgrenze bei 92,03 Euro. Ist bereits zum 1.10.2007 eine Erhöhung um 40,90 Euro erfolgt, so liegt die Kappungsgrenze jetzt bei (92,03 Euro abzüglich 40,90 Euro =) 51,13 Euro. Sind zwischenzeitlich keine Erhöhungen erfolgt, bleibt es bei der Kappung von 92,03 Euro.

Ein diesbezüglicher **Auskunftsanspruch** gegen den Mieter besteht nicht; fehlen die genannten Angaben, müssen entsprechende Einwendungen vorab oder im Prozess riskiert werden.

23

In **einem** Ausnahmefall kommt es auf die Kappungsgrenze nicht an, nämlich bei den sog. **Fehlbelegern**, § 558 Abs. 4 BGB[2]. Dabei geht es um Fälle des **Übergangs** zur Vergleichsmiete nach Beendigung der gesetzlichen **Preisbindung**: War der Mieter zu einer Ausgleichszahlung (Fehlbelegungsabgabe) nach dem Gesetz zum Abbau der Fehlsubventionierung im Wohnungswesen von 1981 oder nach §§ 34–37 des Wohnraumförderungsgesetzes verpflichtet und erlischt diese Verpflichtung nun, weil die öffentliche Bindung des Wohnraums wegfällt, so kann die Miete nach § 558 BGB ohne Rücksicht auf die Kappungsgrenze bis zur Höhe des Betrags der (entfallenen) Ausgleichszahlung erhöht werden (soweit die übrigen Voraussetzungen eingehalten sind). Der Mieter soll also keinen wirtschaftlichen Vorteil daraus ziehen können, dass die Bindung entfallen ist. Der Vermieter kennt in dieser Fallkonstellation zwar den Wegfall der Bindung, weiß aber nicht, ob und in welcher Höhe der Mieter die Abgabe zu leisten hatte; um ihm die Mieterhöhung ohne Einhaltung der Kappungsgrenze zu ermöglichen, billigt ihm § 558 Abs. 4 S. 2 BGB demzufolge einen **Auskunftsanspruch** gegen den Mieter zu. Die Auskunft kann frühestens vier Monate vor Bindungswegfall verlangt werden und muss ggf. gerichtlich erzwungen werden.

24

Erteilt der Mieter die Auskunft nicht (rechtzeitig), sollen dem Vermieter **Schadensersatzansprüche** zustehen[3]. Dieser Weg ist **unpraktikabel**, da er voraussetzt, dass der Vermieter seinen Auskunftsanspruch einklagt und ggf. gem. § 888 ZPO vollstreckt. Erfolgt in dem Auskunftsbegehren der Hinweis, dass bei Nichterteilung der Auskunft unterstellt wird, der Mieter

25

---

1 Ebenso wenig sind nach der Rechtsprechung des BGH (WuM 2004, 344; WuM 2008, 255) modernisierungsbedingte Mieterhöhungen zu berücksichtigen, die auf einer Erhöhungsvereinbarung beruhen, kritisch dazu *Sternel*, Mietrecht aktuell, Rz. IV 146.
2 Nach *Blank*, WuM 1993, 503, 506 muss in der Mieterhöhungserklärung ausdrücklich auf diese Ausnahmeregelung Bezug genommen werden. Kritisch *Eisenschmid*, NZM 2001, 11, 12. Zu einer weiteren Ausnahme (Mieterhöhung nach den Grundsätzen des Wegfalls der Geschäftsgrundlage) BGH, WuM 2005, 132.
3 Vgl. dazu *Börstinghaus*, Miethöhe-Handbuch, Kap. 5 Rz. 184.

zahle den **Höchstbetrag** der Fehlbelegungsabgabe, kann der Vermieter ohne nachteilige Kostenfolge die Mieterhöhung bis zur Grenze des Höchstbetrages des Fehlbelegungsabgabe berechnen. Erteilt der Mieter im Zustimmungsprozess die Auskunft über eine geringere Fehlbelegungsabgabe, kann der Vermieter den Rechtsstreit insoweit in der Hauptsache für erledigt erklären mit der Folge, dass der Mieter insoweit die Kosten gem. § 91a ZPO zu tragen hat[1].

(3) Jahressperrfrist

26 Die weiter zu beachtende sog. **Jahressperrfrist** des § 558 Abs. 1 S. 2 BGB ist in der Regel einfach zu berechnen. Sie ist allerdings unbedingt zu beachten, ein verfrüht gestelltes Erhöhungsverlangen ist unwirksam[2].

Die **Frist beginnt** mit Vertragsabschluss oder mit dem Wirksamwerden der letzten Mieterhöhung nach § 558 BGB[3]; die nächste Erhöhung darf erst nach Ablauf eines Jahres dem Mieter zugehen. Bei Eintritt eines weiteren Mieters in das Mietverhältnis beginnt erst ab diesem Zeitpunkt die Wartefrist zu laufen[4]. Faktisch liegen also zwischen der vorangegangenen und der jetzt auszusprechenden Mieterhöhung 15 Monate.

Beispiel:
Mietvertragsbeginn oder Wirksamwerden der letzten   1.5.2008
Mieterhöhung
Mieterhöhung darf frühestens ausgesprochen werden   1.5.2009
Mieterhöhung wird wirksam zum   1.8.2009

27 Dasselbe gilt, wenn eine mietvertragliche **Staffelmietvereinbarung** ausläuft, auch hier kann erst ein Jahr nach In-Kraft-Treten der letzten Staffel eine Erhöhung erklärt werden.

Beispiel:
Vereinbarung im Mietvertrag: ... Die Miete erhöht sich zum 1.1.2007 auf 450 Euro und zum 1.1.2008 auf 480 Euro. (Für die Folgezeit ist keine Regelung vorgesehen.)

Mieterhöhung darf frühestens ausgesprochen werden   1.1.2009
Mieterhöhung wird wirksam zum   1.4.2009

28 Besonderheiten gelten beim **Wegfall der Mietpreisbindung**: Hier darf die ehemalige Kostenmiete noch während des Bindungszeitraums für den Zeit-

---

1 LG Köln, ZMR 1998, 783 = WuM 2000, 255; *Lützenkirchen*, MDR 1998, R 25.
2 BGH, WuM 1993, 388; zur Ausnahme beim Auslaufen der Preisbindung: LG Köln in *Lützenkirchen*, KM 19 Nr. 11; OLG Hamm, WuM 1980, 262; KG, WuM 1982, 102; *Lützenkirchen*, WuM 1995, 574.
3 Ebenso wenig wie Erhöhungen nach § 559 und 560 BGB sollen hier vereinbarte Mieterhöhungen nach Modernisierung eine Rolle spielen, BGH, WuM 2007, 703; BGH, WuM 2008, 355.
4 LG Berlin, GE 1997, 185.

punkt direkt nach Bindungswegfall erhöht werden (wobei Einzelheiten hierzu streitig sind)[1].

Problematisch wird es dann, wenn der Mieter einer vorangegangenen Mieterhöhung nach § 558 BGB nur **teilweise zugestimmt** hat. 29
Eine derartige Teilzustimmung ist grundsätzlich möglich („soweit", § 558b Abs. 1 BGB; vgl. *Rz. 122 f.*), da nach allgemeiner Ansicht im Mieterhöhungsverfahren nach § 558 BGB die Vorschrift des § 150 Abs. 2 BGB nicht gilt. Auch eine derartige Teilzustimmung löst die **Wartefrist** aus; nach einer auch in der Rechtsprechung vertretenen Meinung[2] gilt dies allerdings nicht, wenn das vorangegangene **Erhöhungsverlangen unwirksam** war. Will der Vermieter in einem derartigen Fall die einjährige Frist nicht abwarten, ist die (weitere) Zustimmung zu der früheren Erhöhung aber auch nicht eingeklagt worden, so sollte diese auf ihre Wirksamkeit überprüft und der Vermieter auf diese Rechtslage hingewiesen werden.

dd) Zuschläge

In folgenden (und nur in diesen[3]) Fällen lässt die Rechtsprechung **Zuschläge** zur ortsüblichen Miete zu: 30
– teilgewerbliche Nutzung ist mietvertraglich zugelassen[4];
– Untervermietung ist erlaubt;
– Wohnung ist vermieterseits ganz oder teilweise möbliert.
Die Bezifferung wird sehr unterschiedlich gehandhabt[5]. Nach überwiegender Auffassung wird der einmal zulässig vereinbarte Zuschlag Teil der Gesamtmiete und wird mit dieser zusammen erhöht.

b) Wie soll die Mieterhöhung begründet werden?

Hier müssen die Vor- und Nachteile der möglichen **Begründungsmittel** 31
– Mietspiegel,
– Sachverständigengutachten,
– Vergleichswohnungen,
– sonstige Begründungsmittel
bei der Beratung abgewogen werden.

---

1 Vgl. dazu *Schultz* in Bub/Treier, III Rz. 293 sowie die Nachweise bei *Börstinghaus* in Schmidt-Futterer, § 558 Rz. 36.
2 Vgl. etwa LG Frankfurt/Main, WuM 1990, 224; LG Berlin, WuM 1997, 51 = GE 1997, 247; *Kinne*, ZMR 2001, 775, 777 m.w.N.
3 Der BGH (WuM 2008, 560) hat vorläufig die Diskussion darüber beendet, ob bei unwirksamer formularmäßiger Übertragung der Schönheitsreparaturen stattdessen ein Mietzuschlag verlangt werden kann, dies verneint er. Zum Kleinreparaturzuschlag vgl. LG Dortmund, WuM 2006, 570.
4 Vgl. KG, WuM 2006, 38.
5 Vgl. dazu *Börstinghaus* in Schmidt-Futterer, § 558a BGB Rz. 58, 62 f., 65 f. m.w.N.; *Kinne*, GE 2006, 1388.

32 Das weitere, durch die Mietrechtsreform eingeführte Begründungsmittel der Auskunft aus einer **Mietdatenbank** (§§ 558a Abs. 2 Ziff. 2, 558e BGB) ist ein Fall der Sammlung von Daten über Vergleichswohnungen. Da eine solche Mietdatenbank bisher nur für **Hannover** existiert, wird die Frage hier nicht weiter vertieft[1].

aa) Mietspiegel

33 Die für die Partei, mithin in der Regel den Vermieter, **preisgünstigste Art**, ein Mieterhöhungsverlangen zu begründen, stellt eine „Übersicht über die ortsübliche Vergleichsmiete, soweit die Übersicht von der Gemeinde oder von Interessenvertretern der Vermieter und der Mieter gemeinsam erstellt oder anerkannt worden ist", mithin ein **Mietspiegel** i.S.d. § 558c BGB dar, der nach Absatz 2 dieser Vorschrift nicht nur für das Gebiet einer Gemeinde, sondern auch für mehrere Gemeinden oder für Teile von Gemeinden erstellt werden kann.

34 Ein solcher Mietspiegel ist mithin – zunächst jedenfalls – ein **formelles Begründungsmittel** des Erhöhungsverlangens. Dies gilt jedoch nur insoweit, als der Mietspiegel ordnungsgemäß erstellt ist, beispielsweise kann nicht nur eine Mietervereinigung oder ein Vermieterverband einen Mietspiegel – wirksam – erstellen. Außerdem ist darauf zu achten, dass als Begründungsmittel nur der Mietspiegel herangezogen werden kann, der im Zeitpunkt des Erhöhungsverlangens gültig ist, also insbesondere nicht etwa schon auf Daten zurückgegriffen wird, die möglicherweise für einen noch zu erstellenden Mietspiegel bereits bekannt geworden sind.

(1) Arten von Mietspiegeln

35 Die Mietspiegel werden unterschiedlich erstellt und stellen sich auch von ihrem Äußeren nicht gleich dar[2].

(a) Tabellenmietspiegel

36 Die z.Zt. wohl verbreitetste Art der Mietspiegel sind so genannte **Tabellenmietspiegel**, in denen für die einzelnen gesetzlichen Merkmale Rasterfelder ausgewiesen werden, die den jeweiligen Mietbereich für die dort aufgeführten Wohnungen ausweisen sollen. Bei der Anwendung ist darauf zu achten, ob Brutto-, Teilinklusiv- oder Nettomieten aufgeführt sind. In der Regel werden inzwischen Nettomieten ausgewiesen. Bei der Nutzung sollte im Einzelfall jedoch beachtet werden, dass bei der Vereinbarung einer

---

1 Zur Diskussion vgl. *Szameitat*, WuM 2002, 63; *Stöver*, WuM 2002, 65 = NZM 2002, 279.
2 Vgl. hierzu die Hinweise zur Erstellung von Mietspiegeln des Bundesministeriums für Verkehr, Bau und Wohnungswesen vom 1. Juli 2002, Seite 39 ff.; so auch schon die Hinweise zur Erstellung von Mietspiegeln 1997, herausgegeben vom Bundesministerium für Raumordnung, abgedruckt bei *Börstinghaus*, Mieterhöhung, Rz. 1018 ff.

Nettokaltmiete zuzüglich der Umlagefähigkeit sämtlicher zulässiger Nebenkosten *eher selten* in der Praxis wirklich alle Nebenkosten umgelegt werden; oft werden kostenmäßig nicht so ins Gewicht fallende Nebenkosten vom Vermieter getragen, so dass die durch den Mietspiegelersteller abgefragten Nettomieten tatsächlich auch Teilinklusivmieten enthalten können, da die Angaben der Mietparteien insoweit nicht überprüft werden (können).

Schließlich ist bei der Bearbeitung eines Mieterhöhungsbegehrens darauf zu achten, dass der Vermieter, der eine Bruttomiete vertraglich mit seinem Mieter vereinbart hat, bei der Nutzung eines Nettomieten-Mietspiegels die zuletzt auf die Wohnung angefallenen Betriebskosten abzusetzen hat[1].

Diese Mietspiegel sehen üblicherweise wie folgt aus: 37

A-Stadt
Wohnungen in Gebäuden, die bis ... bezugsfertig wurden

Euro/qm	in einfacher Wohnlage	in mittlerer Wohnlage	in sehr guter Wohnlage
Wohnungen um qm/Größe	x-y Euro	xx-yy Euro	xxx-yyy Euro

Der Mietspiegelersteller schreibt dann dazu in der Regel vor, wie der Mietspiegel anzuwenden ist, beispielsweise 38
- ob in dem Rasterfeld, in das die Wohnung des Mandanten einzuordnen ist, vom **arithmetischen Mittel** auszugehen ist und etwaige Qualitätsverbesserungen oder Verschlechterungen von diesem arithmetischen Mittel errechnet werden sollen;
- oder ob ein vom Mietspiegel aufgezeigter sog. **Medianwert** (das ist der mittlere Wert in einer Reihe von Werten) zugrunde zu legen ist und wie die Qualitätszu- und -abschläge sich von diesem Medianwert errechnen.
- Bei manchen Mietspiegeln ist eine Auflistung der verschiedenen wohnwerterhöhenden und -mindernden Merkmale beigegeben, die neben der genauen Einordnung in die Rasterfeldwerte centgenaue Zu- und Abschläge vorschreiben bzw. erlauben.

Im Rahmen des **vorprozessualen Begründungsverfahrens** darf nach richtiger Meinung die **Obergrenze der Tabelle** ausgeschöpft werden[2]. Eine Überschreitung des Tabellenwertes wird regelmäßig nicht für zulässig gehalten, jedenfalls dann nicht, wenn dies nicht durch ein **Sachverständigengutachten** belegt wird. Dies gilt selbst dann, wenn die Datenauswertung des Miet- 39

---
1 BGH, Urteil vom 26.10.2005 – VIII ZR 41/05; KG Urteil vom 20.1.2005, WuM 2005, 379.
2 Vgl. *Sternel*, Mietrecht aktuell, Rz. IV 211; BGH, WuM 2005, 394–396; BGH, NJW 2004, 1379; LG München, NZM 2002, 904 ff.; **a.A.** mit unzutreffender Begründung: AG Köln in *Lützenkirchen*, Kölner Mietrecht, Urteil vom 20.3.2003, XIX, Seite 85.

spiegels zweifelhaft ist und die Werte des Tabellenfeldes als zu niedrig erscheinen[1]. Es ist auch nicht erlaubt, auf Grund der veralteten Werte des Mietspiegels einen „Zuschlag" zu den Tabellenwerten zu schätzen, etwa auf Grund des allgemeinen Preisindexes für die Lebenshaltungskosten oder eines Wohnungsmietindexes (sog. **Stichtagsdifferenz**)[2]. Schließlich ist bei den Tabellenmietspiegeln darauf zu achten, dass sie grundsätzlich nur insoweit verwendet werden können, wie die einzelnen Tabellen aussagekräftig sind. Wird also ein Mietspiegel(-Raster) herangezogen, welches weder nach dem zu seiner Erstellung erfassten Datenmaterial noch seinem Aufbau eine Aussage über eine vergleichbare Wohnung trifft, so ist ein Mieterhöhungsverlangen mit einer Bezugnahme auf ein entsprechendes, nicht passendes Tabellenfeld unwirksam[3]. Darauf muss ein **Vermieter** als Mandant dann aufmerksam gemacht werden, wenn ihm die Mietspiegelwerte als zu niedrig erscheinen. Vorhandene Leerstellen, die darauf beruhen, dass der Mietspiegelersteller über nicht ausreichende Daten verfügte, können nicht durch Interpolation „aufgefüllt" werden. Einer Zustimmungsklage droht dann die Abweisung wegen Unzulässigkeit. Dies beruht auf der Überlegung, dass zum einen dem Mieter anhand des Mietspiegels eine halbwegs sichere Unterlage zur Überprüfung des begehrten Mieterhöhungsverlangens zur Verfügung gestellt werden soll, nicht jedoch die ungesicherte bloße Berechnung des Vermieters – soweit das Gesetz (etwa bei der Begründung mittels 3 Vergleichswohnungen) dies nicht ausdrücklich gestattet. Zum anderen führt eine Interpolation auch möglicherweise zu objektiv unrichtigen Ergebnissen: Es ist keinesfalls gesichert, dass eine bestimmte Wohnungsart, die zwischen zwei anderen in einem Tabellenmietspiegel platziert ist, tatsächlich auch – linear – im Mietwert dazwischen liegt. Sie kann beispielsweise einer erheblich höheren Nachfrage unterliegen (mit der Folge einer höheren Miete) oder umgekehrt, kaum nachgefragt sein, weshalb mit einer niedrigeren Vergleichsmiete zu rechnen ist. Ob dieser Grundsatz durch die neuere – zu Recht kritisierte Rechtsprechung des BGH zur Anwendbarkeit von Mietspiegeln auf Einfamilienhäuser- durchbrochen oder aufgeweicht wird, wird später erörtert werden[4].

→ **Hinweis:**

Sachverständige neigen zur Interpolation zwischen Leerfeldern oder aber Wohnungen, die „nicht so richtig" in das eine oder andere Rasterfeld passen, weil Sie entweder nicht über ausreichend eigene Daten verfügen oder aber den Aufwand einer Recherche scheuen. Hier ist Nachfrage erforderlich! Ein Sachverständiger hat zumindest zu prüfen und darzulegen, dass die durchgeführte Interpolation tatsächlich nicht

---

1 So z.B. AG Dortmund, WuM 1999, 171 f.; vgl. auch *Walterscheidt*, NZM 1998, 990 ff.
2 OLG Stuttgart, ZMR 1994, 109 ff. = WuM 1994, 58 = DWW 1994, 47 ff.; AG Münster, WuM 1993, 66; anders – erstaunlicherweise – die Regelung zur Fortschreibung der „qualifizierten Mietspiegel", siehe unten Rz. 45 ff.
3 LG Köln, WuM 1994, 333 ff. mit Anm. *Walterscheidt*.
4 BGH, WuM 2008, 727.

nur einen bloßen Rechenvorgang, sondern als Ergebnis die ortsübliche Vergleichsmiete darstellt.

(b) Regressionsmietspiegel

Die Anwendung eines **Regressionsmietspiegels** erscheint oft einfacher, da die Regressionsmietspiegel in der Regel wie folgt aufgebaut sind: 40

B-Stadt

Quadratmeter	Euro pro Quadratmeter
10	x Euro
11	y Euro
12	z Euro
usw.	usw.

Die sog. Zu- und Abschläge hinsichtlich der Qualität der Wohnung werden in einem solchen Regressionsmietspiegel dann im Einzelnen ausgewiesen, so dass sich das Problem der Einordnung in ein bestimmtes Rasterfeld und der entsprechenden Begrenzung hier häufig erledigt[1]. Bei den meisten Regressionsmietspiegeln wird mithin für jede Wohnungsgröße eine Quadratmetermiete ausgewiesen. Die unterschiedliche Miete für die unterschiedlichen Qualitäten berechnet sich dann allein aus den weiteren Angaben im Mietspiegel. „Leerfelder" wie im Tabellenmietspiegel gibt es nur insoweit, als der Mietspiegel nichts über Wohnungen unterhalb und oberhalb der angegebenen Wohnungsgrößen aussagt. Ansonsten gibt es Leerfelder nicht, selbst wenn konkrete Daten für bestimmte Wohnungsgröße nicht vorlagen: Die Felder werden durch – bloße – statistische Berechnung gefüllt, ein Kritikpunkt an solchen Mietspiegeln. Bei den so erstellten Mietspiegeln ist es durchaus denkbar, dass Mieten für Wohnungen „errechnet" werden, die so am Wohnungsmarkt gar nicht vorhanden sind. 41

○ **Hinweis:**
Die aufwändige Recherche und Berechnung sowie der Umstand, dass bei der statistischen Untersuchung eines Regressionsmietspiegels zunächst einmal „Äpfel und Birnen" miteinander vermischt werden, führt dazu, dass die ausgewiesenen Zu- und Abschläge nicht immer plausibel sind, sie gelten deshalb teilweise selbst bei ansonsten „qualifizierten" Mietspiegeln als bloße Schätzhilfe und nicht selbst qualifiziert (vgl. zum Begriff die Ausführungen weiter unten)[2]. Hier ist der Ansatz der Rechtsprechung kritisch zu hinterfragen: Kann die Datenerhebung „qualifiziert" sein, wenn die werterhöhenden oder -mindernden Merkmale bloße Schätzungen sind? Mitunter hilft beim Beratungsgespräch insoweit bloße Ortskenntnis: In manchen Stadtteilen

---
1 Zu den Bedenken der „Berechnung" der Zu- und Abschläge siehe unten *Rz. 44* und *Dröge*, S. 228.
2 BGH, WuM 2005, 394 ff. für den qualifizierten Mietspiegel von Berlin.

sind Wohnungen nachgefragt, ohne dass der Zustand sehr erheblich ist, in anderen, scheinbar gleichen Vierteln, muss die Wohnung bei gleicher Miete gut ausgestattet sein und mindestens über einen Balkon verfügen.

(2) Qualität von Mietspiegeln

42 Allen Mietspiegeln ist gemein, dass sie sich im Rahmen der Bestimmung der ortsüblichen Vergleichsmiete mit unbestimmten Rechtsbegriffen auseinander setzen müssen; den was Art, Beschaffenheit, Ausstattung und Lage bedeuten, ist nicht normiert. Selbst der scheinbar gesicherte Begriff „Größe" ist umstritten, worauf später noch eingegangen wird. Somit können allein durch die unterschiedliche Anwendung dieser Rechtsbegriffe uneinheitliche Ergebnisse produziert werden. Dies gilt natürlich auch für Sachverständigengutachten. Bei Gerichtsgutachten kann allerdings das Gericht den beauftragten Sachverständigen anleiten.

Für den Rechtsanwalt und seine Partei ist jedoch nicht nur die unterschiedliche Auslegung der unbestimmten Rechtsbegriffe und die Unterscheidung zwischen Tabellenmietspiegeln und Regressionsmietspiegeln zu beachten, darüber hinaus muss noch differenziert werden zwischen einem sog. **einfachen**, möglicherweise **ausgehandelten** Mietspiegel i.S.d. § 558c BGB und dem so genannten **„qualifizierten Mietspiegel"** i.S.d. § 558d BGB.

(a) Der „einfache Mietspiegel"

43 Mietspiegel i.S.d. § 558c BGB sind wirksame Begründungsmittel, für die aber nicht – anders als im § 558d Abs. 3 BGB für den qualifizierten Mietspiegel – die Vermutung der Richtigkeit spricht. Sie sind als Beweismittel im Prozess deshalb weniger geeignet. Gleichwohl gibt es wenig Grund, einer Partei abzuraten, einen bestehenden nicht qualifizierten, aber von der Bevölkerung und dem zuständigen Gericht akzeptierten Mietspiegel, dessen Werte in etwa stimmen könnten, nicht anzuwenden.

44 **Ausgehandelte Mietspiegel**, die regelmäßig nicht auf einer (ausreichenden) statistischen Erhebung, sondern einer Einigung z.B. zwischen den örtlichen Interessenverbänden beruhen, beinhalten aber die Gefahr, dass sie eine Differenzierung aufweisen, die nicht marktgerecht ist, und einer gerichtlichen Prüfung nicht standhalten[1]. Dieser Gefahr unterliegen aber auch Mietspiegel, die statistisch erstellt worden sind. So war mit großen Vorbehalten die Differenzierung beispielsweise im Mietspiegel der *Stadt Bonn 2000* zu sehen, in dem unter anderem Abschläge gemacht wurden für „weniger als drei Steckdosen je Raum", „keine getrennte Elektrosicherungen vorhanden" und Zuschläge gemacht werden für „besonders gestaltete Fenster" sowie „Rollläden ab dem ersten Obergeschoss". Wie noch später zu zeigen sein wird, erscheint eine solch ausgeprägte Differenzierung angesichts der Vielzahl von Einflüssen auf die ortsübliche Vergleichsmiete

---

1 *Clar*, WuM 1995, 252, 254.

nicht feststellbar, die Richtigkeit ist deshalb zu bezweifeln. Sollte ein solch außergewöhnlich differenzierter Mietspiegel Grundlage eines Mieterhöhungsbegehrens sein, ist dieser mit großen Vorbehalten zu betrachten. Bei der Beratung eines Mandanten sowie der Kontrolle der Daten sollte als Faustformel festgehalten werden, dass in Mietspiegeln häufig untergeordneten Werten eine – statistisch nicht nachweisbare – Bedeutung beigemessen wird, während erhebliche und messbare Einflussgrößen, wie beispielsweise die Größe der Häuser (z.B. Hochhaus oder Dreifamilienhaus), häufig keine Beachtung finden. Schließlich finden bei Mietspiegeln mit starker Differenzierung häufig Überlagerungsfaktoren keine Beachtung.

Beispiel:
In einer modernen, kleinen, gut geschnittenen und ausgestatteten Wohnung in guter Lage ist in der Regel auch das Treppenhaus in gutem Zustand. Ein Zuschlag für das gute Treppenhaus verbietet sich selbst dann, wenn dies nach dem Mietspiegel vorgesehen ist; denn der Mietpreis kommt durch die Vielzahl aller vom Markt als positiv nachgefragten Merkmale zustande, bei dem das Treppenhaus sich nicht im Preis auswirkt.

(b) Der qualifizierte Mietspiegel

Durch § 558d BGB ist dieser Mietspiegel als gesetzliches Begründungsmittel eingeführt. Ein Mietspiegel ist qualifiziert, wenn er 45
– nach anerkannten wissenschaftlichen Grundsätzen erstellt und
– von der Gemeinde oder den Interessenvertretern von Vermietern und Mietern anerkannt wurde und
– nach 2 Jahren durch Stichprobe oder Preisindex fortgeschrieben wurde und
– alle 4 Jahre neu erstellt wird.

Gibt es in einer Gemeinde einen qualifizierten Mietspiegel i.S.d. § 558d BGB, hat dies für die vorprozessuale Beratung und die Abgabe der Mieterhöhungsbegründung zunächst die Wirkung, dass der Vermieter gemäß § 558a Abs. 3 BGB auf den qualifizierten Mietspiegel und dessen Werte **hinweisen** muss, wenn dieser Mietspiegel Angaben für die streitgegenständliche Wohnung beinhaltet. Dies gilt selbst dann, wenn der Vermieter die Werte des qualifizierten Mietspiegels für unrichtig hält und deshalb eine Zustimmung zu einer höheren als der dort ausgewiesenen Miete begehrt und dies beispielsweise durch Beifügung eines Sachverständigengutachtens belegt. Es steht außer Frage, dass insoweit ein Rechtsstreit vorprogrammiert ist. Die Vorschrift des § 558a Abs. 3 BGB ist **zwingend**. 46

Regelmäßig wird der Mietspiegel selbst einen Hinweis über seine (besondere) Qualität enthalten. Ansonsten sollte der Rechtsanwalt, insbesondere wenn er nicht am Ort der Wohnung ansässig ist, bei einem örtlichen Verband nachfragen. Ergibt sich danach, dass ein qualifizierter Mietspiegel für das Mietobjekt gilt, sollte vorab eine **Prüfung** erfolgen, ob der als solcher 47 ausgewiesene Mietspiegel tatsächlich qualifiziert ist oder es sich nur um einen einfachen Mietspiegel handelt, wenn der Mandant mit den aus diesem Mietspiegel ersichtlichen Werten nicht einverstanden ist (oder sie z.B. im Verfahren nach § 5 WiStG für ihn keine Hilfe darstellen). Denn der qualifizierte Mietspiegel ist mit der (widerlegbaren) Vermutungswirkung des § 558d Abs. 3 BGB ausgestattet. Das hat zur Folge, dass derjenige, der sich auf abweichende Werte beruft, entweder den (vollen) Gegenbeweis führen oder die Vermutungswirkung erschüttern muss[1].

48 Um diese Prüfung durchführen zu können, sollte sich der Rechtsanwalt an den Mietspiegelersteller wenden und die **Übersendung der Dokumentation** anfordern, die über die Erstellung des Mietspiegels angefertigt wurde. Denn im Hinblick auf die Anforderungen des § 558d Abs. 1 BGB und die weitreichenden Konsequenzen eines qualifizierten Mietspiegels muss eine solche Übersicht vorliegen und jedermann zugänglich sein. Anhand dieser Informationen kann die Qualität des Mietspiegels untersucht werden.

(aa) Die materiellen Anforderungen an qualifizierte Mietspiegel

49 Mietspiegel sind nur dann qualifiziert und mit der Vermutung der Richtigkeit ausgestattet, wenn sie zum einen nach **anerkannten** wissenschaftlichen Grundsätzen erstellt[2], zum anderen von der Gemeinde oder den Interessenvertretern von Vermietern und Mietern anerkannt wurden.

50 Bedenklich ist immer das Merkmal der „**anerkannten wissenschaftlichen Grundsätze**". Nach den „Hinweisen zur Erstellung von Mietspiegeln" des Bundesministeriums für Verkehr-, Bau- und Wohnungswesen vom 1.7.2002[3] gelten sowohl Tabellen- als auch Regressionsmietspiegel als wissenschaftlich anerkannt. Dies ist unter Statistikern keinesfalls – bezogen auf die Mietspiegelerstellung – einhellige Meinung[4]. Dieser Streit der Statistiker kann hier nicht entschieden werden, zu beachten ist jedoch Folgendes:

51 Bei auf **Regressionsanalyse** beruhenden Mietspiegeln ist die Stichprobe eher klein, sie liegt teilweise bei unter 2000 Wohnungen[5]. Die von vielen Gerichten aufgestellte Behauptung, dass auf Grund der größeren Datenbasis ein Mietspiegel beispielsweise einem Sachverständigengutachten vorzuziehen

---

1 Vgl. *Lützenkirchen/Löfflad*, Neue Mietrechtspraxis, Rz. 282 f.
2 Insoweit bedenklich: LG München I, NZM 2002, 781, das nur auf das Merkmal „wissenschaftliche Grundsätze", nicht jedoch auf „anerkannt" abstellt.
3 Dort S. 39.
4 Dies zeigen auch schon die Titel der Veröffentlichungen, vgl. z.B. *Krämer*, Pro und contra die Erstellung von Mietspiegeln mittels Regressionsanalyse, WuM 1992, 172 ff.; *Aigner/Oberhofer/Schmidt*, Regressionsmethode versus Tabellenmethode bei der Erstellung von Mietspiegeln, WuM 1993, 10 ff.; *Aigner/Oberhofer/Schmidt*, Eine neue Methode zur Erstellung eines Mietspiegels am Beispiel der Stadt Regensburg, WuM 1993, 16 ff.; *Voelskow*, Zur Erstellung von Mietspiegeln, WuM 1993, 21 ff.
5 Vgl. *Barthelmess*, § 2 MHG Rz. 81 für Frankfurt und München.

ist[1], stimmt in dieser Allgemeinheit deshalb nicht. Sie ist im Übrigen in dieser Allgemeinheit – statistisch – falsch: Es kommt im Wesentlichen nicht auf die Größe der Stichprobe, sondern auf deren **Qualität** an. Eine kleine Stichprobe kann also zu einem erheblich besseren Ergebnis führen als eine große. Im Gerichtsverfahren wird man, wenn man das Gericht hiervon überzeugen muss, ein einfaches **Beispiel** herleiten können: Wenn z.B. vor einer Wahl die vorherige Befragung der Bevölkerung nur in Niederbayern oder nur im Ruhrgebiet stattfindet, ist im Zweifel mit dem Befragungsergebnis keine Vorhersage zu treffen, es kommt vielmehr mit großer Wahrscheinlichkeit zu Ergebnissen, die mit dem wirklichen Wahlergebnis nichts zu tun haben.

Zu beachten ist bei Regressionsmietspiegeln, dass die Vergleichsmieten teilweise nur **errechnet**, nicht jedoch konkret ermittelt werden. Diese statistisch anerkannte Methode ist insoweit bedenklich, als Vergleichsmieten schon wegen der gesetzlichen Vorgaben (z.B. Beschränkung auf die geänderten Bestandsmieten und Neuvermietungsmieten der letzten vier Jahre) *regelmäßig keine homogene Stichprobe bilden können*. 52

Bei statistisch erstellten **Tabellenmietspiegeln** ist eine erheblich umfangreichere Stichprobe erforderlich[2], um zu aussagekräftigen Tabellenfeldern zu kommen. 53

Die Anwendung beider Mietspiegelarten zeigt, dass insbesondere in „Eckbereichen" die Aussagekraft der Mietspiegel sinkt, wenn nicht gar zu falschen Ergebnissen führt. 54

Beispiel:
Der als qualifiziert anerkannte Mietspiegel der Stadt Hamburg von 2003 (nach LG Hamburg dem Sachverständigengutachten überlegen, s. Fußnote 39) weist z.B. für Wohnungen des Baujahres bis 21.6.1948 in guter Lage mit Bad und Sammelheizung (ohne weitere Zu- und Abschläge) eine Quadratmetermiete von 4,51–6,68 Euro/qm und einen ausgewiesenen Mittelwert von 6,84 Euro/qm für Wohnungen von 41 – unter 66 qm aus. Nach der Angabe des Mietspiegelerstellers ist, soweit keine Zu- und Abschläge gemacht werden, vom Mittelwert auszugehen, eine 41 qm große Wohnung kostet demnach 226,73 Euro.

Falls die Wohnung jedoch – zufälligerweise – nur 40 qm groß sein sollte, gerät sie in das Tabellenfeld 5,08–8,48 Euro, im Mietspiegel ausgewiesener Mittelwert 6,84 Euro, und kostet deshalb 273,50 Euro. Glücklich kann sich also der Mieter schätzen, der über die größere Wohnung verfügt, die weniger Miete kostet als die vergleichbare kleinere.

Sollte die zuerst genannte Wohnung allerdings zufälligerweise schon am 20.6.1948 fertig gestellt worden sein, kann der Mieter beruhigt wieder die größere anmieten. Nach dem qualifizierten Hamburger Mietspiegel kostet diese (wenn auch mit eingeräumter geringer Datenbasis) im ausgewiese-

---
1 So zuletzt LG Hamburg, WuM 2005, 726 f.
2 Vgl. *Alles*, WuM 1988, 241, 243.

nen Mittelwert lediglich 4,63 Euro/qm, mithin bei 41 qm im Monat 189,83 Euro.

Fazit: Es gibt auch bei so genannten qualifizierten Mietspiegeln keinen Grund, deren Ergebnissen blind zu vertrauen. Sie weisen auch für den statistischen Laien leicht zu durchschauende Schwächen und Fehler auf.

55 Die **mangelnde Aussagekraft** in den Eckbereichen ist sowohl bei Tabellenmietspiegeln – dort besonders leicht nachzuweisen – als auch bei Regressionsmietspiegeln nachweisbar, weshalb in diesem Bereich die Vermutung der Richtigkeit eher leicht zu erschüttern ist.

(bb) Umsetzung der wissenschaftlichen Grundsätze

56 Bedenklich sind sowohl bei Regressions- wie bei Tabellenmietspiegeln vor allem die sog. **Zu- und Abschläge**, die für bessere oder schlechtere Qualitäten der Wohnungen vorgenommen werden.

57 Zu Recht weist *Dröge*[1] darauf hin, dass die Aussagekraft eines Mittelwertes ohne Angabe eines Unsicherheitsbereichs erheblich abnimmt. Das heißt, bei jeder statistischen Untersuchung, mithin auch bei der statistischen Herstellung eines Mietspiegels, gibt es Schwankungsbreiten, wie sie in den Tabellenspiegeln durch die Rasterfelder dargestellt werden, die ausschließlich auf der Unsicherheit des gefundenen Wertes beruhen, mithin ein statistisches Problem darstellen. Es passt deshalb nicht, im Rahmen dieser Schwankungsbreiten Qualitätszu- und -abschläge zu machen, da die statistisch berechneten Spannen nichts mit Qualitätsdifferenzen zu tun haben[2].

Beispiel:
Ergibt ein Rasterfeld eine Mietpreisspanne zwischen 5 und 7 Euro für eine bestimmte Wohnungsart, beruht diese Spanne einzig darauf, dass unter Berücksichtigung der statistischen Berechnungen ein genauerer Wert nicht zu ermitteln ist. Es ist jedoch in keiner Weise festgestellt, dass etwa die qualitativ etwas besseren Wohnungen im oberen Bereich dieser Spanne befindlich sind.

58 Allen bisher veröffentlichten „qualifizierten Mietspiegeln" ist gemein, dass sie sich mit diesen statistischen Problemen nicht auseinander setzen. Umso mehr bestehen deshalb **erhebliche Zweifel an der Vermutung der Richtigkeit** dieser Mietspiegel.

59 Fragwürdig ist darüber hinaus, ob die **Erfassung und die Untersuchung der Mieten** durch die beauftragten Institute/Mietspiegelersteller tatsächlich immer ordnungsgemäß ist. Problematisch ist dabei Folgendes:

60 Neben den gesetzlichen Merkmalen haben so genannte **subjektive Merkmale** einen erheblichen Einfluss auf die Bildung der Miethöhe. Erheblich

---
1 *Dröge*, S. 227.
2 So *Dröge*, S. 228 m.w.N.

mietpreisbildend ist beispielsweise der Umstand, ob eine Wohnung von einem Altmieter oder von einem neuen Mieter bewohnt wird. So wurde in Leverkusen[1] festgestellt, dass in einer bestimmten Siedlung vom selben Vermieter für identische Wohnungen die qm-Preise zwischen 2 Euro und 5,50 Euro/qm streuen, einzig abhängig davon, ob es sich um ein altes (2 Euro/qm) oder neues (5,50 Euro/qm) Mietverhältnis handelte. Diese Streuung ist durchaus marktgerecht und gehört eigentlich in die statistische Auswertung, es ist jedoch nicht auszuschließen, dass einer dieser Werte oder gar beide als so genannte „Extremwerte" ausgesondert werden. Deshalb ist von den Erstellern der Mietspiegel eine genaue **Dokumentation** zu verlangen, aus der zu ersehen ist, wie sie hinsichtlich der Werte vorgegangen sind.

Bei der Erfragung der Mieten muss eine **Kontrolle der Interviewer** stattfinden und dokumentiert sein. Diese befragen häufig im Akkord, die Ergebnissicherheit ist nicht immer gewährleistet. Nie wird geprüft, ob die Daten, die die Interviewten angeben, stimmen. Dies ist insoweit bedeutsam, als beispielsweise eine Untersuchung in Lübeck ergeben hat[2], dass die tatsächlichen Wohnungsgrößen von den im Mietvertrag angegebenen Größen wie folgt abweichen: 61

Wohnungen im Vollgeschoss ohne Balkon:	2,5 %
Wohnungen im Vollgeschoss mit Balkon:	3,75 %
Wohnungen im Dachgeschoss mit Schrägen:	5,00 %

(jeweils zu Lasten des Mieters, gemessen nach DIN 283)

Dabei ist zu beachten, dass es sich hierbei um das *gesetzliche* Merkmal handelt, welches den Mietwert am meisten beeinflusst[3]. Mithin besteht eine gewisse Vermutung, dass die angegebenen Quadratmetermieten in Mietspiegeln in der Regel schon aus diesem Grunde nicht stimmen, was insbesondere bei der Anwendung des § 5 WiStG bedeutsam werden kann. 62

In diesem Zusammenhang ist weiter erwähnenswert, dass der für die Mietpreisbildung so wesentliche Begriff der Größe nicht eindeutig definiert ist. Nach der Rechtsprechung ist der Begriff „Wohnfläche" auslegungsfähig. So hat das BayObLG[4] in einer viel kritisierten Entscheidung die Regeln der §§ 42 ff. II. BV auch im frei finanzierten Wohnraum für anwendbar gehalten und erkannt, dass ein Balkon mit 0 bis 50 % in die Wohnfläche einzurechnen sei, abhängig von seiner Nutzungsqualität, einem Gedanken, der der II. BV fremd war. Herrschend wird weiterhin die vom Normenausschuss irrig zurückgezogene DIN 283 angewendet[5], die den Vorteil hat, dass sie technisch anerkannt und eindeutig ist (Balkon wird mit ¼ gerechnet). Die neu geschaffene WohnflächenVO sollte ursprünglich die Streitfra-

---

1 Kölner Stadt-Anzeiger vom 12.10.1997, Nr. 237, LE 13.
2 *Streich*, RDM – Informationsdienst für Sachverständige, 6/2002, S. 9 ff.
3 Leitfaden für die Erstellung von Gutachten zur Ermittlung von Wohnraummieten, S. 16 m.w.N.
4 BayObLG, WuM 1983, 254.
5 Vgl. Langenberg, NZM 2003, 117 ff.

ge beenden, da geplant war, zumindest im Bereich des Balkons von ¼ der Fläche analog der DIN 283 auszugehen. Leider spricht die WohnflächenVO in diesem Bereich davon, dass der Balkon in der Regel mit ¼ angerechnet wird, er kann aber – wenn er über besondere Qualität verfügt –, bis zu ½ in die Wohnfläche eingerechnet werden. Im Rahmen der neueren BGH – Rechtsprechung zur Frage des Mietminderungsrechts bei Wohnflächenabweichung zu Lasten des Mieters[1] hat dieser es auch für zulässig gehalten, dass die DIN 277 Anwendung findet oder aber, wenn dies feststellbar ist, die „örtliche Verkehrssitte" zur Berechnung der Wohnfläche[2]. Die Entscheidung des BGH soll hier nicht kritisiert werden; es bedarf aber keiner weiteren Ausführungen, dass die Korrektheit der durch die Mietspiegelersteller abgefragten Wohnungsgrößen bei der Vielzahl der denkbaren Unrichtig- und Ungenauigkeiten eher zu bezweifeln sein dürfte.

Darüber hinaus zeigt die Vielzahl der Entscheidungen des BGH zur Wohnungsgröße, dass dieser doch für die Bestimmung der ortsüblichen Vergleichsmiete so wesentliche Aspekt in der Rechtsprechung unklar und auch durch die höchstrichterliche Rechtsprechung jedenfalls bislang keine endgültige Klärung der Zweifelsfragen erfolgt ist[3].

Beachtlich ist vorliegend vielmehr, dass die Rechtsprechung des BGH die Grundsätze der Ermittlung einer ortsüblichen Vergleichsmiete jedenfalls insoweit ins Wanken bringt, als diese nicht bloß geschätzt, sondern möglichst genau ermittelt werden soll. Nach der Rechtsprechung des BGH darf der Vermieter nämlich die Zustimmung zur Erhöhung auf die ortsübliche Vergleichsmiete auch dann verlangen, wenn die Wohnungsgröße um bis zu 10 % größer mietvertraglich vereinbart worden ist, als sie sich tatsächlich darstellt. Es fragt sich, ob nunmehr Mietspiegel zwei Werte aufweisen sollten, nämlich die für korrekt aufgemessene Wohnungen und die für Wohnungen, die größer vermietet wurden, als sie tatsächlich sind. Im Übrigen können Vermieter, die irrig oder vorsätzlich eine Wohnung vermietet haben, bei denen die Flächen um mehr als 10 % zu groß angegeben ist, nicht mehr profitieren, sie erhalten lediglich die ortsübliche Miete anhand der „wahren" Fläche. Der Entscheidung des BGH insoweit kann nicht gefolgt werden. Die 10 %-ige Grenze ergibt sich weder aus dem Gesetz noch ist sie unter Gesichtspunkten der Praktibilität gerechtfertigt. Darüber hinaus können Flächenabweichungen, insbesondere bei kleinen Wohnungen, allein durch die Art der Flächenberechnung (beispielsweise bei der Anrechnung des Balkons) in erheblichem Umfang auftreten. Insoweit hat der BGH aber gerade keine – zwingenden – Vorgaben gemacht. Folge dieser Rechtsprechung dürfte im Übrigen sein, dass sowohl Mietspiegelersteller als auch Sachverständige im Unklaren sind, wie sie die Daten erfassen sollen. Die Qualität vor allem der nicht ausgehandelten, sondern ermittelten Mietspiegel dürfte dadurch sinken.

---

1 BGH, WuM 2004, 336 f.; BGH, NZM 2004, 699–701; BGH, WuM 2005, 712 f.
2 BGH, NZM 2004, 454–456; hierzu kritisch: *Isenmann*, WuM 2005, 687.
3 Vgl. BGH VIII ZR 138/06 und BGH VIII ZR 231/06, Urteile vom 23.5.2007; BGH VIII ZR 86/08, Urteil vom 22.4.2009.

Für den Mieteranwalt wird die Beratung schwierig: Erfährt er durch seinen Mandanten, dass die Wohnung größer vermietet wurde, als sie tatsächlich ist, stellt sich die für ihn kaum zu klärende Frage, ob sich die Verteidigung gegen eine Mieterhöhung lohnt, wenn nicht gesichert ist, dass die Flächenabweichung mehr als 10 % beträgt.

Zu beachten ist weiterhin der so genannte **Vierjahreszeitraum**; das heißt, in den Mietspiegel dürfen nur Mieten einfließen, die in den letzten vier Jahren neu abgeschlossen wurden, bzw. Bestandsmieten, die in den letzten vier Jahren geändert worden sind. Hierbei kann, je nachdem, ob Neuabschlussmieten oder geänderte Bestandsmieten in größerem Umfang in den Mietspiegel eingeflossen sind, eine erhebliche Veränderung der ermittelten Vergleichsmiete entstehen[1]. Nach einer Entscheidung des BayObLG[2] ist ein **ausgewogenes Verhältnis** zwischen alten und neuen Mieten anzustreben, wobei „beide mit ihrem tatsächlichen Bestand und damit gemäß ihrer Üblichkeit in der jeweiligen Gemeinde repräsentativ berücksichtigt werden und so an der Bildung der ortsüblichen Miete angemessen teilnehmen". Tatsächlich ist gerade bei geringeren Stichproben deshalb vorab die Überlegung anzustellen, in welchem Verhältnis Neuabschluss- und Bestandsmieten in den – qualifizierten – Mietspiegel einfließen sollen[3]. Eine unterschiedliche Gewichtung der Neu- zu den Bestandsmieten führt zu einer erheblich größeren Veränderung der Vergleichsmiete, als zum Beispiel die Frage, ob Rollläden vorhanden sind oder nicht. Hat sich der Mietspiegelersteller mit dieser Frage nicht hinreichend auseinander gesetzt und kann insbesondere deren Lösung nicht dokumentieren und begründen, bestehen erhebliche Zweifel an der Richtigkeit des Mietspiegels. Grundsätzlich führt eine Übergewichtung von Neuvermietungsmieten bei steigenden Mieten zu einer höheren „ortsüblichen Miete", da Neuvermietungsmieten i.d.R. nicht unbeträchtlich über den Bestandsmieten liegen. **Sachverständige** wie **Mietspiegelersteller** gelangen häufig leichter an Daten von Neuvermietungsmieten – beispielsweise durch Befragung von Maklern –, weshalb die Gefahr groß ist, dass insoweit eine unrichtige Verteilung das Ergebnis erheblich verfälscht. Dabei muss dem Anwalt klar sein, dass bei normalen Marktverhältnissen die **Nichtbeachtung** oder **Manipulation** der marktgerechten Aufteilung der Neu- und Bestandsmieten zu erheblich größeren Abweichungen führen kann, als dies bei jedem anderen der gesetzlichen Merkmale der Fall ist.

Eine *Besonderheit stellt die derzeitige Situation* vor allem in den neuen, teilweise auch in den alten Bundesländern dar: In manchen Bereichen gibt es Wohnungsleerstände. Dort finden auch praktisch keine Bestandsmietenerhöhungen statt. Neuvermietungsmieten liegen teilweise **unter** den Bestandsmieten. Hier dürfte es zulässig sein, *nur* Neuvermietungsmieten zu

---

1 Vgl. *Walterscheidt*, Typische Fehler in einem Vergleichsmietzinsgutachten, S. 27 m.w.N.
2 BayObLG, NJW 1981, 1219, 1220.
3 Diese Frage ist natürlich auch bei einem einfachen Mietspiegel sowie einem Sachverständigengutachten zu beantworten.

berücksichtigen, da sich der Markt so darstellt. Das Ergebnis stimmt auch mit der gesetzgeberischen Intention der Dämpfung des Mietanstiegs überein.

64 Der nicht unerhebliche **Aufwand** für die Erstellung eines qualifizierten Mietspiegels nimmt regelmäßig relativ viel Zeit in Anspruch. So stammten die Daten des als qualifiziert anerkannten Mietspiegels der Stadt München 1999 aus dem Januar 1998[1]. Hinsichtlich des Erhalts der so genannten Qualifizierung dürfte es auf den **Stichtag der Datenerhebung** und nicht etwa auf die Veröffentlichung des Mietspiegels ankommen. Dies beruht nicht nur darauf, dass ein qualifizierter Mietspiegel nach zwei Jahren einmal fortgeschrieben und nach vier Jahren neu erstellt werden muss, sondern auch darauf, dass sich die Aussagekraft des Mietspiegels darauf erstreckt, dass er die ortsübliche Miete unter dem gesetzlichen Gesichtspunkt widerzuspiegeln hat, dass Neuvermietungen und Bestandsmietenveränderungen der letzten vier Jahre einfließen, nicht jedoch Mieten, die älter sind[2].

65 Erschüttert wird die Vermutung der Richtigkeit eines qualifizierten Mietspiegels spätestens dann, wenn dieser gemäß § 558d Abs. 2 BGB **nach zwei Jahren angepasst** wird, indem die Entwicklung des vom statistischen Bundesamt ermittelten Preisindexes für die Lebenshaltung aller privaten Haushalte in Deutschland zugrunde gelegt wird. Zu Recht hat das OLG Stuttgart[3] in seinem Rechtsentscheid zur so genannten Stichtagsdifferenz festgestellt, dass für Ermittlung der Mietsteigerung die Bezugnahme auf den **Lebenshaltungskostenindex** oder einen undifferenzierten Wohnungsmietenindex ungeeignet ist. Dies beruht schon darauf, dass nicht nur einzelne Wohnungsarten in einer Gemeinde unterschiedliche preisliche Entwicklungen nehmen, je nachdem, wie die Marktlage ist. Zu beachten ist zudem, dass beispielsweise in manchen Gemeinden eine starke Wohnungsnachfrage, mithin tendenziell ein Mietpreisanstieg vorherrscht, während in anderen Gemeinden Wohnungsleerstand die Regel ist[4]. Die Fortschreibung des qualifizierten Mietspiegels anhand des Preisindexes erhält zwar die formale Rechtsstellung eines qualifizierten Mietspiegels, kann aber materiell gleichwohl zur Erschütterung der Vermutung der Richtigkeit führen. Das Problem ist dem Bundesministerium für Verkehr, Bau- und Wohnungswesen in den „Hinweisen zur Erstellung von Mietspiegeln"[5] durchaus aufgefallen. Dort wird ausgeführt:

„... Zwar kann die Mietentwicklung mit diesen Verfahren nicht überall exakt erfasst werden. Jedoch werden sich die Abweichungen im Allgemeinen in solch geringen Größenordnungen bewegen, dass sie in Kauf genommen werden können, wenn man den hohen Aufwand bedenkt, der ggf. zu Erzielung höherer Genauigkeit erforderlich sein dürfte."

---

1 Vgl. zu den Bedenken an diesem Mietspiegel LG München I, NZM 2002, 904 ff.
2 Vgl. zu den Bedenken insoweit auch *Müller-Jentsch*, Süddeutsche Zeitung vom 5.11.2002.
3 ZMR 1994, 109 = WuM 1994, 58 = DWW 1994, 47 = NJW-RR 1994, 334.
4 Vgl. *Walterscheidt*, Der „disqualifizierte" Mietspiegel, BIS, 2002, 161 ff. m.w.N.
5 Dort S. 45.

Dem kann in dieser Allgemeinheit nicht beigepflichtet werden, teilweise 66
sinken zurzeit die Mieten erheblich, obwohl der Index steigt. In der Vergangenheit sind die Mieten teilweise erheblich höher gestiegen als der Lebenshaltungskostenindex, beide Steigerungsraten haben in der Regel nichts miteinander zu tun[1].

Trotz dieser Bedenken ist beispielsweise der Mietspiegel der Stadt Lübeck aus 2004, einer Stadt mit Leerständen und in vielen Bereichen zumindest stagnierenden, oft auch sinkenden Mieten, mit dem Preisindex fortgeschrieben worden. Dies widerspricht der gesetzgeberischen Intention (Mietpreisdämpfung) und ist zweifellos nicht „qualifiziert".

Nach entspechender Kritik und aus Kostengründen wird der aktuelle Mietspiegel von Lübeck 2009 nicht weitergeschrieben und mit veralteten Daten als einfacher (nicht qualifizierter) Mietspiegel fortgeführt[2].

⊃ **Hinweis:**
Bei Vertretung eines Mieters ist zu prüfen, ob der vorhandene Mietspiegel wirklich die Marktlage vor Ort widerspiegelt.

Von den bisher angesprochenen Fragen zu trennen ist die Frage, **welche** 67
Mieten überhaupt **in den Mietspiegel einfließen** dürfen.

Dabei handelt es sich nicht um eine statistische, sondern um eine juristi- 68
sche Frage. Ob die Mietspiegelersteller und deren Auftraggeber sich vorher hierüber Gedanken gemacht haben und juristische Fragen vorab geklärt haben, lässt sich möglicherweise an der **notwendigen Dokumentation** des Mietspiegelverfahrens herausfinden[3]. Streitig ist, ob in einem qualifizierten Mietspiegel auch Index- und Staffelmieten einfließen dürfen[4] und ob in einem Mietspiegel Mieten berücksichtigt werden dürfen für Wohnungen, die auf Grund von Förderungen lediglich mittelbar zu einer niedrigeren Miete führen (beispielsweise Zuschüsse für kommunale Wohnungsgesellschaften)[5]. Keinesfalls dürfen Mieten für Wohnungen in den Mietspiegel einfließen, die unmittelbar einer Preisbindung unterliegen und bei denen nach Fortfall der Preisbindung eine Mietänderung noch nicht stattgefunden hat. Finden sich solche Werte im Datenmaterial, auf dem der „qualifizierte" Mietspiegel aufbaut, so ist die Vermutung der Richtigkeit erschüttert.

Qualifiziert ist der Mietspiegel auch nur dann, wenn er von der Gemeinde 69
oder von Interessenvertretern der Vermieter und Mieter „**anerkannt worden ist**".

---

1 Vgl. oben *Walterscheidt*, BIS, 2002, 161.
2 Lübecker Nachrichten vom 9.7.2009.
3 Vgl. Hinweise zur Erstellung von Mietspiegeln, S. 43, ist jedoch nicht zwingend vorgeschrieben.
4 Verneinend: *Lützenkirchen/Löfflad*, Neue Mietrechtspraxis, Rz. 240; bejahend: Hinweise zur Erstellung von Mietspiegeln, S. 18.
5 Verneinend: *Lützenkirchen/Löfflad*, Neue Mietrechtspraxis, Rz. 237; bejahend: Hinweise zur Erstellung von Mietspiegeln, S. 19.

70 Dabei ist zu beachten, dass beim Anerkenntnis durch die Gemeinde das **richtige Organ** das Anerkenntnis abgeben muss. Dies richtet sich nach den Fragen des Kommunalrechts der einzelnen Länder und kann hier in der Allgemeinheit nicht geklärt werden, problematisch dürfte aber sein, ob es sich um ein **Geschäft der laufenden Verwaltung** handelt[1] oder aber die Anerkennung eines Mietspiegels als qualifiziert hierüber hinausgeht. Es dürfte sich eher nicht um ein Geschäft der laufenden Verwaltung handeln. Dies beruht schon darauf, dass die Frage des Anerkenntnisses sich nur alle 2 Jahre stellt, mithin nicht „laufend". Davon hängt im Einzelfall die Wirksamkeit des Anerkenntnisses ab. Beim Anerkenntnis durch die Interessenvertreter der Vermieter und Mieter kommt es auf die gesetzlichen Vertreter dieser Vereinigungen an.

71 Führt die Überprüfung eines vorprozessualen Mieterhöhungsverlangens dazu, dass Bedenken sowohl an der Qualifizierung als auch an der Richtigkeit des Mietspiegels bestehen, ist im Einzelfall zu überlegen, auf welche Weise gegen einen solchen Mietspiegel vorgegangen werden kann und ob sich ein solcher Rechtsstreit für den Mandanten, dies ist in der Regel und zuerst der Vermieter, lohnt. Die Erfolgsaussicht als solche ist nicht unbedingt schlecht, es liegen bereits zwei Entscheidungen vor, bei denen Bedenken an der Richtigkeit des vorhandenen qualifizierten Mietspiegels geäußert worden sind[2]. In beiden Entscheidungen wird in der Sache einem Sachverständigengutachten der Vorzug vor den vorhandenen Mietspiegeln gegeben, wobei allerdings beide Entscheidungen noch nicht zur Qualifizierung des Mietspiegels Stellung nehmen konnten bzw. mussten.

(cc) Rechtsmittel gegen qualifizierte Mietspiegel?

72 Für den Vermieter stellt sich bei Bedenken an der Qualifikation des Mietspiegels immer die Frage, ob er den Verwaltungs- oder den ordentlichen Rechtsweg einschlagen will.

73 Es wird die Meinung vertreten, dass gegen den von der Gemeinde anerkannten qualifizierten Mietspiegel auf Grund der Vermutungswirkung die **Anfechtungsklage nach § 42 VwGO** zulässig sein könnte[3]. Denkbar wäre auch die Erhebung einer Feststellungsklage. Dies ist für den nicht qualifizierten Mietspiegel in der Vergangenheit von der Verwaltungsgerichtsbarkeit abgelehnt worden[4]. Diese Grundsätze gelten für den einfachen Mietspiegel auch weiterhin. Die Zulässigkeit eines verwaltungsgerichtlichen Verfahrens könnte mit der Begründung bejaht werden, dass entgegen der alten Regelung des § 2 MHG der qualifizierte Mietspiegel kraft Gesetzes

---

1 So Hinweise zur Erstellung von Mietspiegeln, S. 43.
2 LG München I, NZM 2002, 904; LG Lübeck, Urteil vom 2.10.2001 – 6 S 91/99, n.v.
3 *Löwe*, NZM 2000, 577; *Hinz*, WuM 2000, 455, 458; **a.A.** VG Minden, MM 2003, 91.
4 Vgl. z.B. VG München, ZMR 1994, 81 ff.; VG Gelsenkirchen, NZM 1999, 381; BVerwGE 100, 262.

über eine Vermutung i.S.d. § 292 ZPO verfügt und deshalb jeder Vermieter in seinen Rechten durch die Entscheidung der Gemeinde tangiert und ggf. beeinträchtigt wird. Tatsächlich erscheint eine solche Klage jedoch nicht unbedenklich, da zum einen auch bei einem qualifizierten Mietspiegel der Vermieter wie auch der Mieter nicht gehindert ist, die vermeintlich richtige ortsübliche Vergleichsmiete durch andere Begründung und Beweismittel darzulegen, insbesondere durch Einholung von Sachverständigengutachten. Zum anderen erstrecken sich verwaltungsrechtliche Feststellungsurteile nur auf die beteiligten Parteien, mithin ggf. auf den Vermieter und den Mieter, nicht jedoch auf nicht beigeladene Mieter und erst recht nicht auf nicht beteiligte Personen. Es ist deshalb nicht auszuschließen, dass die Verwaltungsgerichte auch heute noch die Zulässigkeit von Klagen gegen qualifizierte Mietspiegel ablehnen[1]. Es dürfte sich deshalb auch weiterhin anbieten, solche Rechtsstreitigkeiten nur vor den ordentlichen Gerichten zu führen, mithin Einzelfallentscheidungen treffen zu lassen.

Die vorstehenden Erwägungen gelten erst recht für die qualifizierten Mietspiegel, die durch die **Interessenvertreter** anerkannt worden sind. Hier wäre der Verwaltungsgerichtsweg keinesfalls eröffnet, allenfalls kämen Klagen gegen die eigenen Interessenvertreter in Betracht, die jedoch, da ein Verschulden nachzuweisen wäre, kaum aussichtsreich sein dürften.

Mithin bleibt der prozessual sichere und kostengünstigere Weg, die Frage der Wirksamkeit und Ordnungsgemäßheit eines qualifizierten Mietspiegels im zivilprozessualen Erkenntnisverfahren, also in dem Zustimmungsprozess nach den §§ 558 ff. BGB oder in der auf § 5 WiStG gestützten Klage, zwischen den Parteien vor dem ordentlichen Gericht klären zu lassen. 74

Bei der vorprozessualen Beratung ist dabei immer zu beachten, wer für die wechselseitigen Behauptungen im Rechtsstreit die **Beweislast** trägt. Nach den allgemeinen Beweisgrundsätzen muss derjenige, der sich auf eine für ihn günstige Tatsache (hier: Vermutung) beruft, das Vorliegen der Voraussetzungen des (Vermutungs-)Tatbestandes vortragen und ggf. beweisen. Begründet also der **Vermieter** das Mieterhöhungsbegehren unter Einordnung der Wohnung in die Werte und Merkmale eines qualifizierten Mietspiegels, muss er die herangezogenen Kriterien darlegen und beweisen. Dabei wird ihm – zunächst – nicht auferlegt werden können, substantiiert aufzuzeigen, dass der qualifizierte Mietspiegel nach wissenschaftlich anerkannten Grundsätzen erstellt wurde. Die Qualifikation des Mietspiegels ergibt sich nämlich zunächst bereits aus der Anerkennung durch die Gemeinde oder Interessenverbände. Diese Erklärung indiziert, dass die Voraussetzungen des § 558d vorliegen. 75

Bestreitet allerdings der Mieter, dass der als qualifiziert bezeichnete Mietspiegel nach anerkannten wissenschaftlichen Grundsätzen erstellt wurde, muss der Vermieter auch diese Voraussetzungen vortragen und beweisen. 76

---

1 So VG Minden, NZM 2004, 148 ff., für die dort erhoben Feststellungsklage; **a.A.** mit nicht überzeugender Begründung: LG Berlin, Grundeigentum 2004, 1296–1297.

Spätestens jetzt wird er als Kläger vor (aus heutiger Sicht) unlösbare Probleme gestellt. Denn die **einfache Behauptung**, dass der Mietspiegel unter Berücksichtigung der in § 558d Abs. 1 aufgestellten Grundsätze erstellt wurde, wird nur dann ausreichen, wenn das einfache Bestreiten des Mieters unbeachtlich ist. Dies wird jedoch erst der Fall sein, wenn sich zu dem qualifizierten Mietspiegel in der Gemeinde bereits eine entsprechende Gerichtspraxis durch mehrere Urteile und Überprüfungen herauskristallisiert hat, so dass die Voraussetzungen des § 558d Abs. 1 als offenkundig i.S.v. § 291 ZPO gelten. Bis dahin reicht das einfache Bestreiten des Mieters aus, weil die Tatsache der Erstellung nach anerkannten wissenschaftlichen Grundsätzen nicht in seinem Wahrnehmungsbereich liegt.

77 Insoweit kann sich der Vermieter nicht damit helfen, die **pauschale Behauptung** aufzustellen, die notwendigen Grundsätze seien beachtet worden, und dafür z.B. Beweis anzubieten durch ein Sachverständigengutachten, das Zeugnis der Vertreter der Interessenverbände oder Bediensteter der Gemeinde, die bei der Erstellung mitgewirkt haben. Vielmehr muss sich aus seinem Vortrag ergeben, nach welcher Methode der jeweilige Mietspiegel erstellt wurde und wie z.B. das Datenmaterial erhoben wurde. Dazu muss er entsprechende Recherchetätigkeiten durchführen. Dies kann nur erfolgreich gestaltet werden, wenn die Gemeinde oder die Interessenverbände auf Anforderung entsprechende Informationen zur Verfügung stellen, sofern sie nicht bereits in dem qualifizierten Mietspiegel enthalten sind.

78 Hat der Vermieter hingegen gem. § 558a Abs. 3 BGB sein Mieterhöhungsbegehren mit anderen Mitteln (z.B. 3 Vergleichswohnungen) begründet und auf das Bestehen eines qualifizierten Mietspiegels hingewiesen, muss der **Mieter** die Voraussetzungen des § 558d Abs. 1 BGB vortragen und beweisen. Denn in diesem Fall soll die Vermutung, dass der qualifizierte Mietspiegel die für die betreffende Wohnung ortsübliche Vergleichsmiete enthält, zu seinen Gunsten streiten. Hinsichtlich der Anforderungen an die Substantiierungslast gelten dabei die gleichen Voraussetzungen mit umgekehrten Vorzeichen (vgl. Rz. 77).

79 In jedem Fall muss das Gericht den (substantiierten) Hinweisen der Parteien nachgehen und ggf. vorab die Frage klären, ob der vorliegende Mietspiegel qualifiziert i.S.v. § 558d Abs. 1 BGB ist. Dazu wird es sich verschiedener **Erkenntnismittel** bedienen können. Neben einem Sachverständigengutachten, in dem die wissenschaftliche Methode, das Verfahren bei der Erstellung und das ausgewertete Datenmaterial, überprüft wird, kommen Zeugen in Betracht, die über die zu beachtenden Tatsachen Auskunft geben können. Rechtliche Gegebenheiten z.B. im Rahmen des Anerkennungsverfahrens kann das Gericht selbst überprüfen. Im Rahmen der Voraussetzungen des § 558d Abs. 1 BGB ist es dem Gericht jedoch in der Regel verwehrt, auf eigene Sachkenntnis zurückzugreifen. Jedenfalls sind hieran hohe Anforderungen zu stellen[1]. Immerhin geht es um Fragen der

---

1 Vgl. dazu BVerfG, JZ 1960, 124; BGH, NJW 1970, 419.

statistischen Wissenschaft. Im Zweifel wird auch über die unterschiedlichen Methoden sich das Gericht eines weiteren Sachverständigen bedienen müssen, um die statistischen Erkenntnisse richtig einordnen und bewerten zu können, damit die Frage, ob der qualifizierte Mietspiegel tatsächlich Grundlage einer Entscheidung werden kann, erschöpfend beantwortet wird[1].

Auf keinen Fall kann das Gericht die Frage der Qualifikation dahinstehen lassen, weil es sich um eine Zulässigkeitsvoraussetzung der Zustimmungsklage handelt. 80

(3) Taktische Überlegungen

Vorprozessual sollten bei der Anwendung des Mietspiegels durch den Rechtsanwalt, sei er auf Vermieter- oder Mieterseite tätig, zur Überprüfung **folgende Überlegungen** angestellt werden, soweit zur Begründung ein Mietspiegel herangezogen werden soll: 81

Vermieteranwalt	Mieteranwalt
Ist der Mietspiegel anwendbar für Mieterwohnung (z.B. Größe)?	Ist der Mietspiegel anwendbar für die Mieterwohnung (z.B. Größe)?
Ist durch den Mietspiegel eine Mieterhöhung zu erreichen?	Weist der Mietspiegel etwa zu hohe Mieten auf?
Ist der Mietspiegel von seiner Struktur mit dem Mietvertrag vergleichbar (Nettomiete, Teilinklusivmiete, Pauschalmiete)?	Hat der Vermieter die Struktur des Mietvertrages an den Mietspiegel angepasst?
Ist der Mietspiegel anerkannt, oder wird er von der Rechtsprechung, den Mieter- und Vermieterverbänden angegriffen?	dito
Handelt es sich überhaupt um einen Mietspiegel i.S.d. BGB?	dito

Ganz wichtig ist jedoch immer wieder die **Frage**: 82
- Lohnt sich der Rechtsstreit für den Mandanten?
- Steht der Kostenaufwand in einem vernünftigen Verhältnis zum angestrebten Erfolg?
- Sind die Bedenken des Mandanten erheblich entscheidungsrelevant?

Um die **wirtschaftliche Seite** des Mandats ausreichend beleuchten zu können, muss sich der Rechtsanwalt den Umfang der zu erwartenden Gerichts-, Anwalts- und Sachverständigenkosten vor Augen führen. 83

---

1 Anschauliches Beispiel: LG München I, WuM 1996, 709, 711.

Beispiel:

Wird eine Mieterhöhung von 50 Euro verlangt, ergibt sich ein Streitwert von 600 Euro. Danach betragen die Gerichtskosten 105 Euro, die Gebühren für zwei Rechtsanwälte (ohne besondere Auslagen und inklusive der Beweisgebühr) 359,60 Euro und die Kosten des Sachverständigen (unterstellt) 1000 Euro. Ermittelt der Sachverständige eine Erhöhung von 40 Euro, hat der Vermieter 20 % (= 292,92) der Kosten zu tragen. Somit kommt er erst nach 7,5 Monaten in den „Genuss" des zusätzlichen Ertrags.

84 Mit Rücksicht auf den **Einfluss der Miete auf den Ertragswert** kann das aufgezeigte Risiko zwar kein Anlass sein, dem Vermieter von der Prozessführung abzuraten. Indessen kann mit der Beispielsrechnung sein Wille zur außergerichtlichen Einigung gefördert werden, zumal bei einer erfolgreichen Verständigung nach 15 Monaten eine weitere Erhöhung durchgeführt werden kann.

85 Abgesehen davon ist ein Augenmerk darauf zu legen, dass mancher Rechtsstreit im Ergebnis selbst dann **kaum eine Änderung** bringt, wenn man obsiegt, was anhand folgender Beispiele gezeigt werden soll:

86 Die „**Lage**" ist ein häufiger Streitpunkt zwischen den Parteien. Sie wirkt sich auf den Mietpreis jedoch nicht immer so aus, wie die Parteien dies meinen[1]. Dies hängt teilweise von der Marktlage ab – gibt es in einer Gemeinde wenig Leerstand, werden auch Wohnungen in schlechteren Lagen ohne Mietabschlag angemietet –, teilweise beruht dies darauf, dass die Fluktuation in guten Lagen geringer ist.

87 Die „**Größe**" kann mit angemessenem Kostenaufwand allenfalls dm^2-genau ermittelt werden, ein Streit über 1 m^2 macht deshalb in der Regel wirtschaftlich keinen Sinn. Auf die oben angesprochene Problematik, dass im Zweifel noch zu klären ist, nach welchen Normen denn gemessen werden soll, wird verwiesen.

88 Auch der Angriff auf Mietspiegel, sei es auf einfache, sei es auf qualifizierte, ist nur dann wirtschaftlich vertretbar, wenn entweder deren Anwendung den Mandanten erheblich beeinträchtigt oder aber der Mandant eine grundsätzliche Entscheidung herbeiführen möchte. Dabei ist außerdem zu bedenken, dass solche Rechtsstreite das Vorhandensein kompetenter Sachverständiger erfordern, die nicht in jeder Gemeinde vorhanden sind.

➲ **Hinweis:**

Manche Gerichte tendieren – zulässigerweise – dazu, im Streitfall unter Anwendung des § 287 ZPO die Vergleichsmiete bei Anwendung eines vorhandenen Mietspiegels zu schätzen[2]. Im Rahmen der dort ausgewiesenen Spannen wird dabei mitunter die ortsübliche Miete **nor-**

---

[1] Leitfaden für die Erstellung von Gutachten zur Ermittlung von Wohnraummieten, S. 19 m.w.N.
[2] BGH, NJW 2005, 2074.

mativ ermittelt[1]. D.h., das Gericht schätzt Zu- und Abschläge unter dem Gesichtspunkt des Gesetzeswortlauts und der persönlichen Einstellung des erkennenden Richters. Dies ist für die Vertragsparteien natürlich vom Ergebnis wenig abschätzbar (hält das Gericht eine laute Innenstadtlage oder eine ruhige Vorortlage für „gut"?), jedoch wohl unter Kostengesichtspunkten vertretbar, wenn es nur um unwesentliche Streitpunkte geht. Der Marktgesichtspunkt, dessen Einfluss auf die Ermittlung der ortüblichen Miete ohnehin umstritten ist[2], kommt dabei eher nicht zum Tragen. Ein **Sachverständiger** darf nicht entsprechend vorgehen!

bb) Sachverständigengutachten

Die Einholung eines vorprozessualen Sachverständigengutachtens zur Begründung eines Mieterhöhungsverlangens ist aus **Kostengründen** problematisch. Der Vermieter hat die Kosten des vorprozessual zur Begründung seines Mieterhöhungsverlangens eingeholten Sachverständigengutachtens zu tragen, diese Kosten liegen in der Regel zwischen 600 und 1600 Euro. Sie sind nicht erstattungsfähig[3].

89

(1) Kurzgutachten

Mitunter werden von Sachverständigen sog. „**Kurzgutachten**" angeboten, damit die Kosten reduziert werden. Solche Kurzgutachten sind insoweit problematisch, da sie möglicherweise nicht ausreichend begründet sind und deshalb im gerichtlichen Verfahren das Mieterhöhungsverlangen als unwirksam und die Klage als unzulässig angesehen wird. Deshalb ist hier **Vorsicht** geboten[4]. Es ist kaum wahrscheinlich, dass ein Sachverständiger, der seriös arbeitet, für ein Kurzgutachten erheblich weniger liquidiert als für ein „normales", voll ausgearbeitetes Gutachten, da die grundsätzlichen Ermittlungen die gleichen sind. Mithin dürften sich die Kosten allenfalls im Bereich der abgerechneten Seitenzahl reduzieren, ein zu vernachlässigender Aspekt. Sollte der Sachverständige das Gutachten nur **auf 3 Vergleichswohnungen** stützen, ist schon zweifelhaft, ob es sich insoweit überhaupt um ein anwendbares Miethöhegutachten handelt[5]. Ein solches Gutachten ist zumindest wenig überzeugend und **leicht angreifbar**[6]. Der **Vermieter** als Mandant wird deshalb in der Regel darauf hinzuweisen sein, dass er dann, wenn er die Kosten des vorprozessualen Gutachtens selbst tragen muss, in der Regel selbst bei völligem Obsiegen die Kosten im Verlauf einer Mieterhöhungsperiode, die auf minimal 15 Monate anzusetzen

90

---

1 Vgl. AG Dortmund, NZM 2005, 258–260.
2 Vgl. LG Bochum, NJW-RR 1991, 1039; LG Berlin, GE 1993, 49; AG Schöneberg, GE 1993, 209; OLG Stuttgart, NJW 1981, 2365.
3 LG Köln in *Lützenkirchen*, KM 19 Nr. 38; Zöller/*Herget*, § 91 ZPO Rz. 13, Stichwort: „Mieter- und Vermietervereinigungen" m.w.N.
4 Vgl. umfassend zum Problem der „Kurzgutachten,": *Floter*, GuG 2005, 139.
5 Vgl. *Blank*, WuM 1993, 503 ff.; AG Neuss, ZMR, Leitsätze 3/94 IV.
6 *Walterscheidt*, Typische Fehler, Rz. 2, 3.

ist, nicht mehr hereinholen kann. Anderes mag dann gelten, wenn ein Großvermieter beispielsweise ein Typengutachten oder ein **Sammelgutachten**[1] einholen lassen will, bei dem die Gutachterkosten zwangsläufig pro Wohnung geringer sind.

(2) Auswahl des Sachverständigen

91 Bei der Beauftragung eines Sachverständigen ist zu beachten, dass nach § 558a Abs. 2 Ziffer 3 BGB das Gutachten nur durch einen **„öffentlich bestellten und vereidigten Sachverständigen"** erstellt werden kann. Es reicht also nicht aus, dass der beauftragte Gutachter sich selbst als Mietpreissachverständiger bezeichnet. Es genügt allerdings, wenn eine Bestellung auf einem verwandten Gebiet, etwa für die Ermittlung von Grundstücks- und Gebäudewerten, vorliegt[2]. Dies beruht auch darauf, dass die öffentlich bestellten und vereidigten Sachverständigen in diesem Bereich im Rahmen ihrer Fachüberprüfung nachweisen müssen, dass sie Mietgutachten erstellen können.

(3) Anforderungen an Sachverständigengutachten

92 Bei der Beurteilung eines vorprozessual eingeholten Sachverständigengutachtens sowohl auf Vermieter- als auf Mieterseite kann davon ausgegangen werden, dass die Anforderungen geringer sind als bei einem gerichtlich eingeholten Gutachten, übertriebene Anforderungen gelten allerdings als verfassungswidrig[3]. So wird man vorprozessual bei der Erstellung eines **Sammelgutachtens** wohl nicht verlangen können, dass der Sachverständige jede Wohnung besichtigt haben muss[4]. Nichtsdestoweniger sind auch vorprozessual eingeholte Gutachten von Sachverständigen angreifbar, insbesondere dann, wenn sie unter falschen Gesichtspunkten erstellt worden sind, beispielsweise unter **Rentabilitäts- und Kostengesichtspunkten**. Bedenklich und angreifbar sind ebenfalls Gutachten, die nicht eine **ausreichende Anzahl von Vergleichswohnungen** berücksichtigen. Dabei kann im Einzelfall darüber gestritten werden, was unter „ausreichend" zu verstehen ist. Als fehlerhaft erkannt werden müssen auch Gutachten, in denen der Sachverständige Wohnungen heranzieht, die mit der zu begutachtenden Wohnung weder von der Mietstruktur (Kaltmiete, Teilinklusivmiete, Inklusivmiete) noch mit den gesetzlichen Merkmalen (Art, Größe, Ausstattung, Beschaffenheit und Lage) übereinstimmen.

93 Ob und inwieweit der Sachverständige seine **„Befundtatsachen"** vorprozessual **offenbaren** muss, ist nicht unumstritten[5]. Es dürfte zumindest hier je-

---

1 Vgl. dazu *Sternel*, Mietrecht aktuell, Rz. 631.
2 So schon BGH, NJW 1982, 1701.
3 BVerfG, NJW 1987, 313.
4 OLG Celle, ZMR 1982, 341.
5 BVerfG, NJW 1995, 40; BGH, NJW 1994, 2899; *Walterscheidt*, WuM 1995, 83 f. m.w.N.

doch genügen, dass er die Vergleichsobjekte hinreichend beschreibt[1]. Im Prozess muss er die Befundtatsachen dann offen legen, wenn seitens einer Partei substantiiert bestritten wird und sich daraufhin Zweifel an der Richtigkeit seines Gutachtens ergeben. Wenn er unter Berufung auf seine Schweigepflicht die Befundtatsachen nicht offenbart und auch durch Befragung Klarheit nicht gewonnen werden kann, kann dies zur Unbrauchbarkeit des Gutachtens führen[2].

(4) Prüfungsschema

Wird die Mieterhöhung mit einem Sachverständigengutachten begründet, sollte der Rechtsanwalt des Vermieters und des Mieters **folgende Überlegungen** anstellen: 94
- Lohnt sich die Einholung eines Sachverständigengutachtens, gibt es eine wirtschaftliche Rechtfertigung hierzu?
- Ist das Sachverständigengutachten nachvollziehbar?
- Beruht das Sachverständigengutachten auf den gesetzlichen Merkmalen, insbesondere lässt das Gutachten nicht zu berücksichtigende Renditeüberlegungen außer Betracht?

(5) Anforderungsprofil an ein Sachverständigengutachten

Durch die Mietrechtsreform (Abschaffung u.a. des MHG) hat sich an den Anforderungen hinsichtlich der Qualität eines Sachverständigengutachtens nichts geändert. Das Institut für Sachverständigenwesen hat einen „Leitfaden für die Erstellung von Gutachten zur Ermittlung von Wohnraummieten"[3] erstellt, bei dem die Mindestansprüche, die an ein Gutachten gestellt werden, formuliert sind. Tatsächlich ist bei der Überprüfung eines Sachverständigengutachtens darauf zu achten, ob der Sachverständige ausschließlich nicht **nachvollziehbares Erfahrungswissen** niederlegt oder ob er anhand von Daten auf einem vorgegebenen Miethintergrund die ortsübliche Vergleichsmiete ermittelt[4]. 95

In diesem Zusammenhang weist *Dröge*[5] zu Recht auf Folgendes hin: 96

„Während die Statistik versucht, über etwas, das an sich unbekannt ist, eine Aussage zu treffen, ordnet der qualifizierte Sachverständige etwas ihm Bekanntes auf Grund einer vorauszusetzenden, umfangreichen Mietpreissammlung sowie einer entsprechenden Berufserfahrung schlüssig und nachvollziehbar ein. Insbesondere stützt er sein Ergebnis generell auf Vergleichswohnungen, deren Herkunft, Aussagekraft und Beschaffenheit ihm persönlich bekannt sind bzw. bekannt sein sollten."

---

1 BGH, NJW-RR 1995, 1225.
2 Vgl. Leitfaden für die Erstellung von Gutachten zur Ermittlung von Wohnraummieten, S. 26 f. m.w.N.; LG München II, WuM 2003, 97 ff.
3 Leitfaden für die Erstellung von Gutachten zur Ermittlung von Wohnraummieten, S. 26 f.
4 Vgl. *Sternel*, DS 1994, 16, 21.
5 *Dröge*, S. 236.

97 Mithin ist die Sachverständigentätigkeit keinesfalls eine bloße Schätzung und darf sich sowohl im vorgerichtlichen wie im gerichtlichen Bereich auch nicht darauf beschränken, einen vorhandenen Mietspiegel anzuwenden; ein solches Gutachten ist leicht angreifbar, da es tatsächlich kein Gutachten darstellt. Bei der Auseinandersetzung mit einem „qualifizierten Mietspiegel" wird sich der Sachverständige dann, wenn er zu einem anderen Ergebnis kommt als der qualifizierte Mietspiegel, auch damit auseinander zu setzen haben, woraus dies herzuleiten ist. Ein qualifizierter Sachverständiger wird relativ leicht belegen können, dass die Mietspiegelersteller nicht mit einer homogenen Stichprobe gearbeitet haben, was angesichts der gesetzlichen Vorgaben (Vierjahreszeitraum, Mischung von Bestandsmietveränderungen, Neupreismieten) de facto auch gar nicht möglich ist. Kann der Sachverständige eine Begründung nicht abgeben, ist sein Gutachten insoweit angreifbar.

98 Sachverständigengutachten sind unterschiedlicher Qualität. Die Korrektheit ihrer Feststellung lässt sich relativ leicht durch Plausibilitätsprüfungen nachfragen und prozessual in Form der Anhörungen überprüfen. Hierbei lässt sich relativ leicht feststellen, ob ein Sachverständiger sein Ergebnis schlüssig und nachvollziehbar begründen kann, was für die Korrektheit eines Gutachtens sprechen kann. Kann ein Sachverständiger sein Gutachten hinsichtlich der Begründung nicht nachvollziehbar erläutern, insbesondere Verständnisfragen nicht erklären, lohnt es sich, dieses Gutachten anzugreifen, da die Wahrscheinlichkeit für die inhaltliche Unrichtigkeit spricht. Verdächtig sind solche Gutachten, in denen auf einen Bestand von „tausenden bekannten" Vergleichswohnungen verwiesen wird, ohne dass eine einzige dieser Wohnungen in der Vergleichswertermittlung verwertet wird.

cc) Vergleichswohnungen

99 Das Begründungsmittel **Vergleichswohnungen** hat den Vorteil, kostengünstig zu sein, setzt aber voraus, dass die notwendigen Informationen beschafft werden können. **Folgende Angaben** sind **notwendig** und müssen im Mieterhöhungsverlangen enthalten sein:

(1) Anzahl

100 Es sind mindestens **drei** Vergleichswohnungen zu nennen. Eine Höchstzahl von Nennungen gibt es nicht[1], allerdings ruft erfahrungsgemäß eine allzu umfangreiche Auflistung Irritationen beim Mieter und ggf. auch beim Gericht hervor, so dass es geschickter ist, eine Auswahl zu treffen.

---

[1] BayObLG, WuM 1992, 52.

(2) Bezeichnung

Die Wohnungen sind nach Anschrift und Lage im Gebäude **auffindbar** zu bezeichnen, so dass der Mieter sie ohne weitere Rückfragen oder Nachforschungen finden kann[1]. Die Angabe der Namen der Vergleichswohnungsmieter ist unnötig; es kommt auch nicht darauf an, ob diese Mieter bereit sind, eine Besichtigung ihrer Wohnungen auf tatsächliche Vergleichbarkeit hin zuzulassen oder Auskünfte zu geben[2].

101

Die Vergleichswohnungen können aus dem Bestand **desselben Vermieters** stammen und können sich auch im **gleichen Wohnhaus** befinden[3]. Grundsätzlich sollen sie in derselben Gemeinde liegen[4].

(3) Vergleichbarkeit

Die **Mieten** der Vergleichswohnungen sind entweder als Quadratmeterpreis anzugeben, oder es ist der Gesamtmietpreis und die Fläche der Vergleichswohnung zu nennen[5]. Weitere Angaben zu den Vergleichswohnungen sind nicht mehr erforderlich[6], wobei es die Qualität des Erhöhungsverlangens sicher steigert, noch Zusatzangaben (Art der Wohnung, Beheizung, sonstige Charakteristika) zu machen. Falls die **Mietstruktur** einer Vergleichswohnung von der der Mietwohnung abweicht (etwa Netto- statt Bruttokaltmiete), ist dies anzugeben.

102

Hinsichtlich der **Flächen** der Vergleichswohnungen sind Abweichungen von der Fläche des Mieters akzeptabel und beeinträchtigen die Zulässigkeit des Mieterhöhungsverlangens nicht[7].

(4) Miethöhe

Die Mieten von mindestens drei der Vergleichswohnungen müssen **höher** sein als diejenige der Wohnung, deren Miete erhöht werden soll[8].

103

➲ **Hinweis:**
> Die geschilderte Benennung von Vergleichswohnungen ist lediglich ein formelles Begründungsmittel von geringem Informationswert[9] und stellt keinen Beweis dafür dar, dass die Mieten der Vergleichswohnun-

---

1 So zuletzt BGH, GE 2003, 318.
2 OLG Schleswig, WuM 1984, 23.
3 OLG Frankfurt/Main, WuM 1984, 123; BVerfG, WuM 1994, 139.
4 BVerfG, NJW 1994, 717 = WuM 1994, 136.
5 BayObLG, WuM 1982, 154; OLG Schleswig, WuM 1987, 140.
6 BVerfG, WuM 1994, 137.
7 BayObLG, WuM 1982, 154 unter Bezugnahme auf BVerfG, WuM 1980, 123; bestätigt von OLG Schleswig, WuM 1987, 140. *Barthelmess*, § 2 MHG Rz. 112 weist zutreffend darauf hin, dass ganz wesentliche Abweichungen mit einer Änderung des Wohnungstyps verbunden sind.
8 Teilweise wird es für zulässig gehalten, auch weitere, in der Miete billigere Vergleichsobjekte zu benennen, was nicht ratsam ist. Vgl. dazu OLG Karlsruhe, WuM 1984, 21; BayObLG, WuM 1984, 276.
9 So zutreffend schon OLG Frankfurt/Main, WuM 1984, 123, 124.

gen ortsüblich wären. Dementsprechend erfolgt im Prozess grundsätzlich keine Beweisaufnahme über die Vergleichbarkeit der herangezogenen Wohnungen.

dd) Sonstige Begründungsmittel

104 Abgesehen von den drei genannten sind **sonstige Begründungsmittel** zwar gesetzlich zugelassen, in der Praxis aber selten, weil sie in aller Regel qualitativ nicht an die drei üblichen Begründungsmittel heranreichen. In vereinzelten gerichtlichen Entscheidungen finden sich als Beispiele die **Offenkundigkeit** der Ortsüblichkeit einer bestimmten Miete, ein **Urteil** betreffend eine vergleichbare Wohnung oder ein **Gutachten**, das nicht für die Wohnung des Mieters erstellt ist, aber sich auf einen vergleichbaren Wohnungstyp bezieht[1]. Weiter werden genannt amtliche **Wohngeldstatistiken**, **Mietgutachten der Gemeinden**, substantiierte **Auskünfte von Gemeinden** oder zuständigen Behörden, Mietwertgutachten eines örtlich zuständigen Gutachterausschusses und die Mietpreisübersicht eines Finanzamts[2].

⇨ **Hinweis:**
Nicht in jedem Falle kann die volle ortsübliche Miete, die auf die vorbeschriebene Weise ermittelt worden ist, auch durchgesetzt werden. Vielmehr muss die rechnerisch denkbare Erhöhung mit der sog. Kappungsgrenze abgeglichen und die Erhöhung ggf. **gekappt** werden (vgl. Rz. 22).

Beispiel:
Betrug die Miete am 1.6.2006 460,16 Euro und liegt die Kappungsgrenze wegen einer zwischenzeitlichen Erhöhung um 40,90 Euro bei 51,13 Euro, die ortsübliche Miete dagegen bei 590 Euro, so kann 2009 nicht um (590 Euro abzüglich 460,16 Euro =) 129,84 Euro erhöht werden, sondern nur um 51,13 Euro.

c) Soll die Mieterhöhung nach § 558 BGB mit anderen Erhöhungen oder einer Änderung der Mietstruktur verbunden werden?

105 Sofern in Betracht kommt, auch eine Mieterhöhung wegen durchgeführter **Modernisierung** vorzunehmen, muss bei der anwaltlichen Überprüfung und Beratung abgewogen werden, auf welche Weise sich der Vermieter günstiger steht. Die Fragestellung wird unten (*Rz. 169 ff.*) besprochen.

Häufig besteht vermieterseits im Zusammenhang mit der beabsichtigten Erhöhung der Wunsch, z.B. die bisher vereinbarte Bruttokaltmiete **umzustellen** in eine (zu erhöhende) Nettokaltmiete zuzüglich Betriebskostenvorschüsse. In der Praxis findet sich auch immer wieder der Versuch, dies „stillschweigend" zu tun, ohne also ausdrücklich darauf aufmerksam zu

---

1 Vgl. die Nw. bei *Sternel*, Mietrecht aktuell, Rz. IV 256 f.
2 Gegenbeispiele bei *Barthelmess*, § 2 MHG Rz. 114.

machen, dass eine solche Änderung vereinbart werden soll. Einseitig kann eine solche Umstellung nicht durchgeführt werden, und es besteht ein erhebliches Risiko, die gesamte Erhöhung unwirksam zu machen, wenn dies versucht wird[1]. Auch eine Mietvertragsklausel, wonach die Mietstruktur einseitig geändert werden darf, führt hier nicht weiter, sie ist nach § 308 Ziff. 4 BGB unwirksam[2]. Wenn überhaupt, sollten dem Mieter deutlich die beiden in Frage kommenden Alternativen erläutert und explizit gebeten werden, sich mit der Umstellung einverstanden zu erklären.

2. Hinweise zur praktischen Umsetzung

a) Checkliste: Mindestinhalt Erhöhungsverlangen

- Absender (wie im Mietvertrag/Grundbuch; bei juristischer Person genaue Angaben! Bei BGB-Gesellschaft alle Gesellschafter nennen!)
- ggf. Vertreter des Absenders (ein Vertreter muss Vertretungsmacht haben und auf das Vertretungsverhältnis hinweisen; da die Einzelheiten hier umstritten sind, sollte vorsorglich der Name des Vermieters ausdrücklich angegeben werden)
- Adressat (wie im Mietvertrag; nicht auf Empfangsvollmachtsklausel im Formularmietvertrag verlassen!)[3]
- Ausgangsmiete und Höhe der verlangten Miete oder Erhöhungsbetrag
- Begründung, warum verlangte Miete ortsüblich ist[4]
- Angaben aus qualifiziertem Mietspiegel, falls vorhanden[5]
- im Falle öffentlicher Förderung: Angaben zu den Kürzungsbeträgen[6]
- Aufforderung zur Zustimmungserklärung

- Textform, §§ 558a Abs. 1, 126b BGB: Schon aus Dokumentations- und Beweisgründen ist davon abzuraten, Mieterhöhungserklärungen (nur) in Textform abzugeben, auch wo das Gesetz dies jetzt zulässt. Hinzu kommt, dass schriftformbedürftige Verträge mit längerer Laufzeit als einem Jahr durch eine Mieterhöhungserklärung nur in Textform jederzeit

---

1 OLG Hamburg, WuM 1983, 49; *Schultz* in Bub/Treier, III Rz. 332 m.w.N.; vgl. auch *Hannemann*, NZM 1998, 612 m.w.N. Fn. 5 und *Sternel*, Mietrecht aktuell, Rz. IV 115 m.w.N.
2 *Sternel*, NZM 1998, 833, 837; vgl. näher *von Seldeneck*, Betriebskosten im Mietrecht, Rz. 1144 ff.
3 Vgl. dazu BGH, NZM 1998, 22; *Sternel*, Mietrecht aktuell, Rz. IV 84 f. m.w.N.; *Schultz* in Bub/Treier, III Rz. 370 m.w.N.; für den Sonderfall des ausgezogenen Mitmieters vgl. BGH, WuM 2004, 480.
4 Die Nennung eines falschen Mietspiegelfeldes führt nicht zur formellen Unwirksamkeit, BGH, GE 2009, 512.
5 D.h. der „Schattenpreis", so plastisch *Haber*, NZM 2001, 305, 310; vgl. LG München I, WuM 2002, 427.
6 Vgl. etwa BGH, WuM 2009, 353.

mit gesetzlicher Kündigungsfrist kündbar werden, eine Folge, die vermutlich vermieterseits nicht gewünscht wird[1].

b) Checkliste: Zweckmäßige weitere Angaben

108 Bei den nachfolgenden zusätzlichen Angaben ist in der Rechtsprechung z.T. streitig, ob sie notwendiger Erklärungsinhalt sind; sinnvoll sind die Angaben in jedem Falle:
- der neue Quadratmeterpreis, um bei den Begründungsmitteln Mietspiegel und Vergleichswohnungen die Erhöhung verständlich begründen zu können
- Zeitpunkt, ab dem die Erhöhung verlangt wird[2]
- Begründung dafür, dass die Kappungsgrenze eingehalten ist (eine Mindermeinung hält das Zustimmungsverlangen sonst für unwirksam)
- Hinweis, dass Wartefrist eingehalten ist (ggf.: durch andere, nicht anzurechnende Erhöhungen nicht ausgelöst wird).

Eine **Klageandrohung**, wie sie sich in der Praxis häufig findet, ist nicht notwendig und häufig kontraproduktiv, weil sie nicht als Hinweis auf die Rechtslage, sondern als Drohung empfunden wird. Wenn nicht darauf verzichtet werden soll, empfiehlt sich eine **Formulierung** wie: „Sollten Sie dem Erhöhungsverlangen nicht wie erbeten zustimmen, so lässt uns das Gesetz nur die Möglichkeit, Ihre Zustimmung gerichtlich einzufordern, was wir gern vermeiden möchten" o.Ä.

Falls für die Erklärung Formulare oder Vordrucke verwendet werden sollen, ist hier erhöhte Sorgfalt erforderlich. In keinem Falle sollte das Zustimmungsverlangen mit anderen vertragsändernden Erklärungen verbunden werden.

c) Muster einer Erhöhungserklärung nach § 558 BGB

109 ... Ort, Datum

...

(Absender)

...

(Empfänger)

Sehr geehrte Mieterin,
sehr geehrter Mieter,

---

1 Vgl. dazu *Nies*, NZM 2001, 1071, 1072.
2 Vgl. OLG Koblenz, WuM 1983, 132.

gemäß § 558 BGB bitte ich Sie, der nachfolgend berechneten Erhöhung Ihrer Wohnungsmiete zuzustimmen.

Ihre Wohnung (Baujahr 19...) hat eine Wohnfläche von ... qm. Ihre aktuelle Nettokaltmiete beträgt insgesamt ... Euro, also ... Euro/qm monatlich.

Diese Miete wird um ... Euro je Quadratmeter Wohnfläche erhöht, so dass Ihre Nettokaltmiete sich dann auf ... Euro/qm, insgesamt also auf ... Euro beläuft. Hinzu kommen die unveränderten bisherigen Nebenkosten, so dass sich Ihre Gesamtmiete wie folgt zusammensetzt:

Nettokaltmiete	... Euro
Betriebskostenvorschuss	... Euro
Heizkostenvorschuss	... Euro
sonstiges (Stellplatz)	... Euro
	... Euro

Die erhöhte Miete wird ab dem 1. ... 2009 berechnet.

Damit wird die ortsübliche Vergleichsmiete für Ihre Wohnung nicht überschritten, denn diese liegt bei mindestens ... Euro/qm. Dies ergibt sich aus dem Mietspiegel vom ...; Ihre Wohnung ist in das Mietspiegelfeld ... einzuordnen, wonach ... Euro/qm ortsüblich sind.

oder

dem beigefügten Gutachten der öffentlich bestellten und vereidigten Sachverständigen Frau ... vom ...

oder

den Mieten, die gemäß der beigefügten Liste für vergleichbare Wohnungen gezahlt werden, und zwar

1. ...
2. ...
3. ...

Die Jahressperrfrist gemäß § 558 Abs. 1 S. 2 BGB für das vorliegende Mieterhöhungsverlangen ist eingehalten, da Ihre letzte Mieterhöhung zum 1. ... 2007 erfolgte.

Die erhöhte Miete liegt auch hinsichtlich der Kappungsgrenze von 20 %, bezogen auf drei Jahre, gemäß § 558 Abs. 3 BGB im gesetzlichen Rahmen, denn Ihre Miete betrug vor drei Jahren ... Euro.

Bitte senden Sie mir die beigefügte Kopie dieses Schreibens unterzeichnet zurück. Ihre Zustimmungserklärung muss spätestens am Ende des zweiten Kalendermonats, der auf den Zugang dieses Schreibens folgt, also bis zum ... 2009 bei mir eingegangen sein.

Mit freundlichen Grüßen

...

(Unterschrift)

d) Anlagen zur Erhöhungserklärung

aa) Vollmacht

110 Wenn die Erklärung nicht durch den Vermieter selbst, sondern anwaltlich, durch eine Hausverwaltung oder sonstige Dritte abgegeben wird, ist eine **Originalvollmacht** beizufügen[1] (Ausnahme: Hausverwaltung hat schon früher Vollmacht nachgewiesen und ist dem Mieter bekannt; die Außenvollmacht kann etwa auch im Mietvertrag enthalten sein). Ein Zwangsverwalter fügt Kopie des gerichtlichen Bestellungsbeschlusses bei.

> **Hinweis:**
> Wird die Erhöhung mangels Vollmacht zurückgewiesen, § 174 BGB, kann sie unter Beifügung der Vollmacht wiederholt werden. In diesem Fall laufen die Fristen aber neu, so dass ein anwaltliches **Haftungsrisiko** wegen des Mietausfalls auftreten kann.

bb) Begründungsmittel

111
- Der einschlägige **Mietspiegel** oder ein Auszug daraus braucht **nicht** beigefügt zu werden, wenn der Mietspiegel allgemein zugänglich ist[2]; dies kann aber sinnvoll sein, um den Mieter zu informieren und aus Gründen der Streitvermeidung.
- Das **Sachverständigengutachten** ist beizufügen, wobei eine einfache Kopie reicht. (Das Gutachten kann nachgereicht werden, dann muss aber die Erklärung wiederholt werden und wird erst später wirksam.)
- Die Auflistung der **Vergleichswohnungen** ist beizufügen, sie braucht nicht unterschrieben zu sein[3].

cc) Betriebskostenaufstellung

112 (Möglichst aktuelle) **Aufstellung** der **Betriebskosten**, wenn eine Bruttokaltmiete unter Bezugnahme auf einen Nettomietspiegel erhöht werden soll; bei einer Teilinklusivmiete beschränkt sich die Aufstellung auf die in der Grundmiete enthaltenen Betriebskosten.

dd) Berechnungen

113 Ggf. (nicht notwendig, aber evtl. hilfreich):
- Spanneneinordnung
- Darstellung der Rechenschritte, vgl. z.B. den Mietspiegel der Stadt Bonn.

---

[1] OLG Hamm, WuM 1982, 204.
[2] BGH, WuM 2008, 88; BGH, WuM 2009, 352; BGH, NZM 2009, 395 = MietRB 2009, 157.
[3] KG, WuM 1984, 101; s. dazu nunmehr § 126b BGB.

ee) Zweitschrift

Aus praktischen Gründen: **Doppel** der Erklärung zur Unterschrift oder vorbereitete Zustimmungserklärung (Text: „Das Mieterhöhungsverlangen vom ... habe ich erhalten. Ich stimme der Mieterhöhung zu."). 114

⮞ **Hinweis:** 115
Um nachweisen zu können, dass die Fristen in Lauf gesetzt worden sind, und einem Bestreiten des **Zugangs** im Prozess vorzubeugen, sollte dieser eindeutig nachgewiesen werden können. Will der Vermieter selbst zustellen lassen, geschieht dies in der Regel durch Einwurf des Erhöhungsschreibens in den Haus- oder Wohnungsbriefkasten durch einen Zeugen, der den Inhalt des Schreibens zuvor zur Kenntnis genommen hat; der Vorgang sollte dokumentiert werden (z.B. Liste für Hausmeister; Kopie mit Zeugenunterschrift). Entgegen einer häufigen Annahme ist es unnötig, sondern irritiert erfahrungsgemäß nur, auf dem Schreiben „durch Boten" zu vermerken. Von einer Übergabe an den Mieter in der Wohnung ist abzuraten, weil es zu Schwierigkeiten mit dem Widerrufsrecht bei Haustürgeschäften kommen kann.

Kann nicht durch Zeugen zugestellt werden, ist **Gerichtsvollzieherzustellung** gem. § 132 Abs. 1 BGB die einzige andere beweiskräftige Möglichkeit ohne anwaltliche Hilfe (die häufig empfohlene Zustellung mittels eingeschriebenem Brief weist den Inhalt des zugegangenen Briefs nicht nach!). 116

Die Übersendung per Einschreiben/Rückschein ruft das Risiko hervor, dass der Mieter die Sendung nicht annimmt und/oder sie nach Ablauf der Lagerfrist von 7 Tagen zurückgesendet wird. Beim Einwurf-Einschreiben kann der Zugang nicht mit der erforderlichen Sicherheit nachgewiesen werden, weil die Dokumentation der Post AG unzuverlässig ist. Soll der Zugang per Telefax erfolgen, können Beweisschwierigkeiten nur vermieden werden, wenn das Protokoll der Sendung so ausgestaltet ist, dass die Sendung, also das Mieterhöhungsschreiben, als versandt dokumentiert wird. 117

Bei Übersendung an einen Kollegen kann die Zustellung durch Empfangsbekenntnis nachgewiesen werden.

e) Fristentabelle

Vorangegangene Mieterhöhung nach § 558 BGB war wirksam zum ... 118
– Vorbereitung Erhöhungserklärung ...
– Erhöhung ausgesprochen am/bis zum ...
– Erklärung wird wirksam zum ...
– Zustimmungsfrist für Mieter läuft bis zum ...
– Klagefrist läuft bis zum ...
– erneute Erhöhungserklärung möglich ab ...
– erneute Erhöhung wird wirksam zum ...

Bei anwaltlicher Bearbeitung des Erhöhungsverlangens müssen unter Vorsorge- und **Haftungsgesichtspunkten** mindestens die **Klagefrist notiert** werden, sinnvollerweise auch die vorangehende **Zustimmungsfrist**, weil es sich anbieten kann, kurz vor oder nach deren Ablauf beim Mieter noch einmal zu erinnern und ggf. gerichtliches Vorgehen anzukündigen.

3. Reaktionsmöglichkeiten des Mieters

a) Checkliste: Notwendige Informationen zur Überprüfung der Mieterhöhung nach § 558 BGB

119
- Mietvertrag
- falls vorhanden: Schriftverkehr über Wechsel der Mietvertragsparteien; über Umstellung Brutto- auf Nettokaltmiete
- Mieterhöhung, die zu der vor drei Jahren berechneten Miete geführt hat
- alle Folgemieterhöhungen
- jetzige Mieterhöhung mit allen Anlagen
- örtlicher Mietspiegel
- falls einschlägig: Orientierungshilfen für die Spanneneinordnung (ausgefüllt), Angaben zu Sondermerkmalen
- ggf. Grundbuchauszug; Hausverwaltervollmacht
- Angabe, ob die Wohnung mit öffentlicher Förderung modernisiert worden ist.

b) Checkliste: Prüfungsschritte

120
- Ist der Absender des Mieterhöhungsverlangens berechtigt, diese auszusprechen?
- Handelt es sich um eine preisfreie Wohnung i.S.d. §§ 557 ff. BGB, liegt also keine Ausnahme nach § 549 Abs. 2 und 3 BGB vor?
- Wird eine Betriebskostenumstellung vorgenommen?
- Ist die Mieterhöhung ausgeschlossen, § 557 Abs. 3 BGB?
- Weist das Erhöhungsverlangen formale Fehler auf?
- Ist die einjährige Sperrfrist eingehalten?
- Ist die Kappungsgrenze eingehalten oder entfällt sie (Fehlbelegerfall)?
- Wären Kürzungsbeträge abzuziehen, und ist dies geschehen?
- Ist ein zulässiges Begründungsmittel angegeben?
- Stimmen die formalen Voraussetzungen des herangezogenen Begründungsmittels?

- Ist ein qualifizierter Mietspiegel vorhanden und in diesem Fall auf ihn hingewiesen, § 558a Abs. 3 BGB?
- Ist die richtige Wohnfläche zugrunde gelegt? Bei Abweichungen: Sind es weniger als 10 %?
- Sind ggf. die konkreten Betriebskosten (richtig) benannt?
- Ist der Wirksamkeitszeitpunkt richtig ermittelt?
- Besteht ein Zurückbehaltungsrecht am Mieterhöhungsbetrag?

c) Zustimmung, Teilzustimmung

aa) Ausgangsmiete

Die geschuldete teilweise oder vollständige Zustimmung des Mieters zu einem berechtigten Mieterhöhungsverlangen bezieht sich nicht auf den geforderten Erhöhungsbetrag, sondern auf den Betrag der künftig zu zahlenden Miete. Hier muss also vorab geprüft werden, ob der **Ausgangsbetrag** korrekt ist, was nicht immer der Fall sein muss, etwa dann, wenn die Berechtigung eines vorangegangenen Erhöhungsverlangens noch rechtshängig ist oder eine Erhöhung wegen gestiegener Betriebskosten vorangegangen ist, die nicht gerechtfertigt war.

bb) Nachvollziehen der Berechnung

Wenn sich ergibt, dass die Ausgangsmiete zutreffend ist, ist die **Zustimmung** zur Mieterhöhung die richtige Reaktion, wenn das Erhöhungsverlangen formal in Ordnung, inhaltlich begründet und der Höhe nach korrekt gerechnet ist; **Teilzustimmung** dann, wenn das Erhöhungsverlangen der Höhe nach nur zum Teil berechtigt ist. Hier muss der Berater denjenigen Betrag errechnen, auf den die Miete erhöht werden kann.

In folgenden Fällen kommt eine Teilzustimmung in Betracht:
- Kappungsgrenze nicht eingehalten
- Ausgangsmiete falsch/überhöht
- abweichende Spanneneinordnung/Bewertung Sondermerkmale durch Mieter
- falsches Mietspiegelfeld
- Mieten der Vergleichswohnungen enthalten Zuschläge
- Mietspiegelmiete liegt unter Mieten der Vergleichswohnungen
- Wohnfläche ist tatsächlich (um mehr als 10 %) niedriger als angegeben
- Wohnfläche laut Mietvertrag ist (um mehr als 10 %) niedriger als angegeben.

123 Formulierungsvorschlag für Teilzustimmung

> Ihrem Mieterhöhungsverlangen vom ... stimme ich in Höhe eines Teilbetrags, nämlich ... Euro, zu. Ich werde also ab ... eine Miete von ... Euro zahlen.

Eine **Begründung**, warum nur teilweise zugestimmt wird, ist nicht geboten, kann aber streitvermeidend sein.

Zu bedenken ist, dass bezüglich des überschießenden Teils der Mieterhöhung dem Vermieter die Zustimmungsklage offen bleibt, deren Berufungsfähigkeit von der Höhe des überschießenden Teils abhängt.

cc) Abgabe der (Teil-)Zustimmung

124 Die von allen Mietern unterzeichnete Zustimmungserklärung muss spätestens am Tage des Ablaufs der Überlegungsfrist dem Vermieter bzw. dessen Vertreter **zugehen**. Falls der Rechtsanwalt beauftragt ist, die Erhöhung zu prüfen und ggf. die Zustimmung zu erklären, muss die **Frist notiert** und überwacht werden, falls nicht, ist jedenfalls in der Beratung auf die Frist ausdrücklich hinzuweisen. Es empfiehlt sich, den Zugang der Zustimmungserklärung nachweisen zu können (quittieren lassen, durch Zeugen abgeben lassen o.Ä.), um keine Klage infolge nicht zugegangener Zustimmung zu riskieren. Ein Anspruch des Vermieters, früher zu erfahren, ob der Mieter die Erhöhung ganz oder teilweise akzeptiert, besteht nicht.

dd) Konkludente (Teil-)Zustimmung

125 Lediglich die geforderte erhöhte Miete zu **zahlen** (auch „unter Vorbehalt"), ohne ausdrücklich die Zustimmung zu erklären, birgt ebenfalls das Klagerisiko. Umgekehrt bedeutet mehrmalige **vorbehaltlose Zahlung** die Zustimmung, wobei umstritten ist, wie oft derartige Zahlungen erfolgen müssen (die Rechtsprechung reicht hier von „einmal genügt" bis zu „fünfmal genügt nicht")[1]. Ebenso umstritten ist, ob einem unwirksamen Erhöhungsverlangen durch Zahlung **konkludent** zugestimmt werden kann.

Die erhöhte Miete ist dann ab dem in der Erklärung genannten Monat zu zahlen, bei fehlerhafter Berechnung des Wirksamkeitszeitpunktes ab dem richtig berechneten Zeitpunkt, wobei dies mitgeteilt werden sollte.

---

1 Vgl. Übersicht bei *Emmerich* in Staudinger, § 558b BGB Rz. 5 und die Nachweise bei *Sternel*, Mietrecht aktuell, Rz. IV 261 f.; die nur konkludente Vereinbarung einer Mieterhöhung kann überdies wegen Verstoßes gegen das Schriftformerfordernis die weitreichende Folge haben, dass der Mietvertrag nach § 550 S. 1 BGB als auf unbestimmte Zeit geschlossen gilt, vgl. LG Berlin, GE 1996, 741.

d) Minderung, Zurückbehaltungsrecht

Stimmt der Mieter der Erhöhung zu, hat dies zur Folge, dass er ein **Mietminderungsrecht** wegen Wohnungsmängeln, welches zuvor durch Zeitablauf (vgl. dazu *F Rz. 202 f.*) verwirkt war, wieder geltend machen kann, wenn der zugrunde liegende Mangel fortbesteht; das Minderungsrecht „lebt wieder auf", der Höhe nach allerdings nach überwiegender Meinung begrenzt auf den Betrag der Mieterhöhung selbst. Dies wird damit begründet, dass die Verwirkung eines nicht ausgeübten Minderungsrechts darauf beruht, dass dem Mieter die Mietsache trotz ihrer Mängel den vereinbarten Mietpreis wert ist; steigt dieser jedoch, gilt dies nicht mehr[1].

126

Beispiel:

Bei einer Bruttokaltmiete von 250 Euro sind mehrere Fenster der Mietwohnung seit längerem feuchtigkeits- und zugluftdurchlässig, was eine Minderung von 10 % rechtfertigen soll. Der Vermieter verlangt gerechtfertigt eine Erhöhung auf 300 Euro. Folge: Die erhöhte Miete kann um 30 Euro monatlich bis zur Mängelbeseitigung gemindert werden.

Verlangt der Vermieter eine Erhöhung auf 270 Euro, so kann die Minderung nicht in voller Höhe von 27 Euro, sondern nur in Höhe von 20 Euro geltend gemacht werden.

Liegt ein derartiger Fall vor, empfiehlt es sich, die Zustimmung in voller (oder teilweiser) Höhe zu erklären und **gleichzeitig mitzuteilen**, dass bis zur Mängelbeseitigung eine (zu beziffernde) Minderung durchgeführt wird. Nach inzwischen gefestigter Rechtsprechung[2] ist der Mieter nicht berechtigt, an der Zustimmungserklärung selbst ein **Zurückbehaltungsrecht** auszuüben („Ich stimme der Mieterhöhung erst zu, wenn Sie die Fenster repariert haben"), sondern er ist lediglich berechtigt, den Erhöhungsbetrag selbst ganz oder teilweise im Wege der Minderung einzubehalten („Ich stimme der Mieterhöhung zu, zahle sie aber erst, wenn Sie die Fenster repariert haben").

127

Bei betragsmäßig nicht allzu hohen Erhöhungsverlangen kann man überlegen, unabhängig von der Berechtigung der Erhöhung dieser zuzustimmen, um das Minderungsrecht ausüben zu können. Ein entsprechender Vorbehalt muss mit der Zustimmung zusammen oder unverzüglich danach erklärt werden[3].

---

1 OLG Düsseldorf, WuM 1994, 324 = MDR 1994, 371; LG Berlin, ZMR 1997, 354; LG Düsseldorf, WuM 1998, 20; LG Berlin, GE 2002, 196; **a.A.** LG München I, NZM 2000, 616 (kein Wiederaufleben); LG Potsdam, NZM 1998, 760 (Wiederaufleben nicht auf Erhöhungsbetrag beschränkt).
2 OLG Frankfurt/Main, WuM 1999, 629.
3 Vgl. LG Berlin, ZMR 1997, 354.

e) Kündigung

128 Das Zustimmungsverlangen nach § 558 BGB gibt ein **Kündigungsrecht** nach § 561 BGB, und zwar unabhängig davon, ob das Erhöhungsverlangen wirksam ist[1]. Die **Fristen** sind

- Zugang Erhöhungsverlangen im Zeitraum bis 31.1.2009;
- Kündigung möglich im Zeitraum bis 31.3.2009;
- Kündigung wirkt zum 31.5.2009.

(Nach einer Mindermeinung, auf die man sich i.S.d. „sichersten Wegs" nicht verlassen sollte, könnte im obigen Beispiel auch schon am 31.1. zum 31.3. gekündigt werden oder bis zum 28.2. zum 30.4.)

Im Falle der Kündigung bleibt die Erhöhung unbeachtlich. Die Kündigung muss nicht begründet, aber wegen § 568 Abs. 1 BGB schriftlich erklärt werden.

f) Ablehnung der Mieterhöhung (Sich-verklagen-Lassen)

aa) Checkliste: Typische Fehler, die die Erhöhung unwirksam machen

129
- Vollmacht fehlt (wenn Vermieter und Absender nicht identisch sind);
- Mieterhöhung ist ausgeschlossen (§ 557 Abs. 3 BGB);
- Mieterhöhung lässt Absender nicht klar erkennen;
- nicht sämtliche Vermieter als Absender angegeben;
- Textform nicht eingehalten;
- bei juristischer Person haben nicht die/alle berechtigt handelnden Personen unterschrieben;
- Mieterhöhung ist nicht an alle Mieter gerichtet;
- Erhöhungsbetrag oder Betrag der neuen Miete ist nicht genannt;
- Netto-/Bruttokaltmieterhöhung unter Bezugnahme auf Brutto-/Nettomietspiegel ohne ausreichende Erläuterung;
- Mieterhöhung beinhaltet auch Umstellung von Brutto- auf Nettokaltmiete;
- jegliche Begründung fehlt, oder die Angaben zur Begründung sind unverständlich oder widersprüchlich;
- kein zulässiges Begründungsmittel angegeben;
- kein Mietspiegelfeld und keine Kriterien für die Einordnung in den Mietspiegel genannt;
- nicht genügend Vergleichswohnungen genannt/identifizierbar/vermietet/tatsächlich vergleichbar;

---

1 *Börstinghaus*, Miethöhe-Handbuch, Kap. 7 Rz. 39 ff.; *Sternel*, Mietrecht aktuell, Rz. IV 284 f. m.w.N.

Mieterhöhung nach § 558 BGB

– Quadratmeter-Miete der Vergleichswohnungen nicht angegeben/berechenbar;
– Sachverständigengutachten nicht beigefügt;
– Gutachter ist kein öffentlich bestellter und vereidigter Sachverständiger;
– Gutachten ist nicht nachvollziehbar;
– auf vorhandenen qualifizierten Mietspiegel wird nicht hingewiesen;
– Jahressperrfrist nicht eingehalten;
– keine Zustimmung verlangt (fälschlich etwa: „Ihre neue Miete beträgt ab ... ... Euro").

bb) Checkliste: Fehler, die die Erhöhungserklärung ggf. unwirksam machen (streitig)[1]

– Bei Mietermehrheit wird nur ein Mieter angeschrieben, der Mietvertrag enthält aber Bevollmächtigungsklausel;
– Ausgangsmiete ist überhöht angegeben;
– Wohnung ist mit öffentlicher Förderung instand gesetzt/modernisiert, Erhöhungserklärung nennt aber keine Kürzungsbeträge;
– Angabe eines falschen Mietspiegelfelds, wenn der Mieter die für die Einordnung in das richtige Feld notwendigen Daten (z.B. Baujahr) nicht kennt;
– Oberwert des einschlägigen Mietspiegelfelds wird ohne nähere Erläuterung überschritten.

130

cc) Taktik bei eindeutig mangelhaftem Mieterhöhungsbegehren

Liegen die genannten Mängel vor, so kann mit guter Erfolgsaussicht die etwaige **Zustimmungsklage** des Vermieters **abgewartet** werden (einzige Ausnahme: Fehlen der Vollmacht, dieser Mangel muss unverzüglich gerügt werden, § 174 BGB). Es besteht keine Verpflichtung, die Ablehnung ausdrücklich zu erklären, geschweige denn zu begründen, aber auch kein Rechtsschutzbedürfnis für eine eigene (negative) Feststellungsklage.

131

dd) Taktik bei begründetem Mieterhöhungsbegehren

Liegen keine oder nur unbedeutende Mängel der Erklärung vor, sondern ist lediglich unklar, wie **hoch** die **ortsübliche Miete** im Einzelfall ist, so kann ebenfalls die gerichtliche Klärung abgewartet werden. Im Hinblick auf eine mögliche längere Prozessdauer (etwa falls das Gericht ein Sachverständigengutachten einholt) und die Möglichkeit des Vermieters, derweil weitere Mieterhöhungen auszusprechen (deren Wirksamkeit dann ebenfalls streitig

132

---

[1] Schultz in Bub/Treier, III Rz. 359 f.

sein kann), ist der Mieter gut beraten, die Erhöhungsbeträge **anzusparen**. Weitere Konsequenzen (außer den Verfahrenskosten), als im Verurteilungsfalle diese Beträge nachzahlen zu müssen, drohen dem Mieter (der dies oft fürchtet und darüber belehrt werden sollte) nicht, sondern das Gesetz sieht eben den Weg der Zustimmungsklage, aber auch nur diesen, vor.

ee) In jedem Falle empfehlen sich folgende prozessvorbereitende Überlegungen:

133
- Ist Kostenschutz der Rechtsschutzversicherung oder Prozesskostenhilfe zu erlangen? Falls nicht: Will der Mieter das Kostenrisiko tragen?
- Führt der Rechtsstreit zu einer ungewollten[1] Belastung des Mietverhältnisses? Ist er wirtschaftlich sinnvoll?
- Gibt es „Schwachpunkte", die der Rechtsstreit aufdecken könnte (ungenehmigte Mietermaßnahmen, Mieterwechsel ohne Kenntnis des Vermieters o.Ä.)?
- Sind für die ausschlaggebenden Fragen (Anfangszustand der Wohnung, mietereigene Einbauten u.a.) Beweismittel vorhanden und greifbar?

g) Mögliche Inhalte eines Einigungsvorschlags

134 Unabhängig von der Wirksamkeit des Erhöhungsverlangens kann der Rechtsanwalt des Mieters es zum Anlass nehmen, mit dem Mandanten zu besprechen, ob hier eine außergerichtliche **Einigung** angestrebt werden soll. Die teilweise oder vollständige Zustimmung zur Erhöhung selbst und zu der bei Brutto- oder Teilinklusivmieten vom Vermieter regelmäßig gewünschten Umstellung auf Nettomiete zuzüglich Betriebskostenvorschuss kann im Vergleichswege angeboten werden im Gegenzug für sonstige Festschreibungen oder **Vorteile**, an denen der Mieter Interesse hat.

Beispiele:
- Erhöhung wird erst zu späterem Zeitpunkt wirksam
- Wirksamkeitszeitpunkt für Folgemieterhöhung wird hinausgeschoben
- Übergang auf eine Staffelmietvereinbarung
- Kündigungsfrist wird verkürzt oder verlängert
- eine Genehmigung wird erteilt (zur Untervermietung, zu Mietermodernisierungsmaßnahmen)
- ein Mieterwechsel wird vereinbart (getrennt lebender Ehepartner wird aus dem Mietverhältnis entlassen, Lebensgefährte wird Hauptmieter)
- Vermieter führt gewünschte Arbeiten an der Wohnung durch[2].

---

1 *Kossmann*, ZAP F. 4, S. 563, 578 weist zutreffend darauf hin, dass oft ein Mieterhöhungsprozess Anfang und eigentliche Ursache weiterer Auseinandersetzungen bis hin zur Kündigung und Räumungsklage ist.
2 Zu weiteren Vorschlägen bezüglich der Betriebskosten s.u. *Rz. 258.*

4. Klage auf Zustimmung

a) Kostenüberlegungen

Auf Vermieter- wie auf Mieterseite ist vor dem Eintritt in einen Rechtsstreit zur Mieterhöhung im Rahmen des § 558 BGB – wie bei allen anderen Prozessarten – das **Prozessrisiko** abzuwägen und hierbei im Regelfall der zu erwartende Gewinn mit den zu erwartenden Kosten zu vergleichen. 135

aa) Vermieterberatung

Für den **Vermieter** stellt sich die Frage der Kosten besonders deshalb, weil im Bereich der Mieterhöhungsklage in der Regel die erwartete Mieterhöhung, bezogen auf den Erhöhungszeitraum von ca. 15 Monaten (vorher ist eine weitere Mieterhöhung gemäß § 558 BGB auf die ortsübliche Vergleichsmiete nicht möglich), in der Regel dann durch die **Kosten des Gerichtsverfahrens** aufgezehrt werden, wenn der Vermieter nicht völlig obsiegt. Hat der Mieter bereits eine **Teilzustimmung** geleistet, kann es wirtschaftlich sinnvoll sein, auf eine vielleicht berechtigte Mieterhöhung zu verzichten, allein um das Kostenrisiko zu minimieren. Hat der Mieter jedoch das Mieterhöhungsverlangen bereits vorprozessual spezifiziert bestritten und handelt es sich um eine grundsätzliche, auch für die Zukunft **klärungsbedürftige Frage**, kann es selbst dann, wenn der Vermieter nicht voll obsiegt und mit einem Gerichtsgutachten zu rechnen ist, sinnvoll sein, diese Frage für die Zukunft gerichtlich klären zu lassen. 136

bb) Mieterberatung

Auch der **Mieter** als Mandant ist entsprechend zu beraten. Unter Umständen ist eine **Teilzustimmung** sinnvoll, um das Prozessrisiko möglichst gering zu halten und weitestgehend dem Vermieter aufzubürden. Auch der Mieter ist darauf aufmerksam zu machen, dass das Kostenrisiko erheblich ist und in der Regel in keinem **vertretbaren Ausmaß zum denkbaren Erfolg** steht. Dies gilt vor allem für Differenzen über die Wohnungsgröße oder Lage, die angesichts der ohnehin großen Spannbreiten und Unwägbarkeiten in der Regel nicht dazu führen, dass hier eine günstige Prozessprognose abgegeben werden kann. Gerade die von Mietern häufig in Frage gestellte „Lage" stellt in der Regel kein sehr erhebliches Gewinnpotential dar, da die Auswirkung der Lage auf die Höhe der Vergleichsmiete von Laien häufig überschätzt wird[1]. 137

cc) Berechnung des Kostenrisikos

Um dem Mandanten das Kostenrisiko zu verdeutlichen, sollte der Rechtsanwalt tatsächlich die Kosten ausrechnen. Dies kann etwa wie folgt geschehen: 138

---

1 *Börstinghaus/Clar*, Rz. 162 ff.

> Bei einer Mieterhöhung um monatlich 50,00 Euro beträgt der Streitwert 600,00 Euro (vgl. § 16 Abs. 5 GKG). Wenn eine Beweisaufnahme durchgeführt wird, entstehen auf jeder Seite Anwaltsgebühren, die sich wie folgt berechnen:
>
> | | |
> |---|---:|
> | Gegenstandswert: 600,00 Euro | |
> | Verfahrensgebühr, §§ 2, 13 RVG, VV Nr. 3100 – 1,3 | 58,50 Euro |
> | Terminsgebühr, §§ 2, 13 RVG, VV Nr. 3104 – 1,2 | 54,00 Euro |
> | Post- und Telekommunikationspauschale, VV Nr. 7002 | 20,00 Euro |
> | 19 % Mehrwertsteuer | 25,17 Euro |
> | | 157,67 Euro |
> | Für die Beurteilung des Kostenrisikos ist dieser Betrag für zwei Anwälte zu berechnen, so dass also insgesamt zu berücksichtigen sind. Drei Gerichtsgebühren nach | 315,34 Euro |
> | dem Streitwert von 600,00 Euro betragen | 105,00 Euro |
> | und die Kosten eines gerichtlichen Gutachtens sollen hier mit angenommen werden. Es ergeben sich damit insgesamt | 1000,00 Euro |
> | Kosten von | 1420,34 Euro |
> | Obsiegt der Mandant nur i.H.v. 10 %, hat er also Kosten von mind. | 1278,31 Euro |
> | zu tragen. | |

Dieser Betrag sollte dem wirtschaftlichen Erfolg (Mieterhöhung um „nur" monatlich 45 Euro) gegenübergestellt werden.

Die Betrachtung sollte sich nicht ändern, wenn der Mandant rechtsschutzversichert ist (vgl. dazu *B Rz. 29 f.*).

b) Zulässigkeit der Klage

139 Liegt nach Ablauf der Überlegungsfrist keine Zustimmung des Mieters zur Mieterhöhung vor, so gibt es zur Durchsetzung nur den Weg der **Zustimmungklage** (vereinzelt wird die Verbindung mit einer Zahlungsklage für zulässig gehalten, was zweifelhaft ist[1]). Ausnahmsweise ist eine Verbindung der Klage mit einer Auskunftsklage in den „Fehlbelegungsfällen" möglich (*Rz. 24*).

140 Die Klage muss innerhalb der **Ausschlussfrist** von weiteren drei Monaten erhoben werden.

Im Falle der „Zustellung demnächst" i.S.d. § 167 ZPO genügt die fristgerechte Klageeinreichung.

141 Die Kürze dieser Frist birgt **Haftungsrisiken** für den Rechtsanwalt und **Kostenrisiken** für den Vermieter in denjenigen Fällen, wo die Zustimmung des Mieters nicht eindeutig erklärt wird (Beispiele: nur einer von zwei Mietern unterzeichnet die Zustimmung; der Mieter zahlt ein oder zwei Teilbeträ-

---

1 BGH, WuM 2005, 458.

ge). Hier empfiehlt es sich dringend, schriftlich unter Hinweis auf die sonst zu erhebende Klage zu erinnern bzw. um Klärung zu bitten.

Zuständig ist das **Amtsgericht** nach § 29a ZPO.   142

Für die **Parteien** gilt dasselbe, wie oben zu Absender und Adressat der Erhöhungserklärung ausgeführt. Mehrere Mieter müssen wegen der gesamthänderischen Bindung der Mieter auch dann zusammen verklagt werden, wenn einer der Mieter vorprozessual seine Zustimmung erklärt hat[1].   143

Streitwert ist der Jahresbetrag der verlangten Erhöhung (vgl. § 16 Abs. 5 GKG).   144

Der **Antrag** lautet,   145

den Mieter zu verurteilen, einer Erhöhung der Miete für die Wohnung in (Ort, Straße, Hausnummer, Geschosslage) um ... Euro auf ... Euro zuzustimmen.

Nicht zwingend, aber sinnvoll ist der Zusatz „ab dem 1. (Monatsangabe)", weil sonst die Zustimmung (erst) ab Klagezustellung tituliert werden könnte[2].

Hat der Mieter der Erhöhung **teilweise zugestimmt**, ist der Klageantrag dem anzupassen.

Beispiel:
Verlangt werden 400 Euro, Teilzustimmung auf 370 Euro, Ausgangsmiete 350 Euro; Klageantrag auf Zustimmung zu einer Erhöhung um weitere 30 Euro auf 400 Euro.

c) Checkliste: Mindestinhalt Klagebegründung

– Bestehen eines Mietverhältnisses zwischen den Parteien   146
– Vermieter hat ein Mieterhöhungsverlangen um ... Euro auf ... Euro ausgesprochen
– Zugangszeitpunkt des Erhöhungsverlangens
– Mieter hat nicht (oder nur teilweise) zugestimmt
– die verlangte Miete ist ortsüblich, Beweis: (Mietspiegel, Sachverständigengutachten)
– Darlegung, dass die Kappungsgrenze eingehalten ist (weil die Miete vor drei Jahren ... Euro betrug)
– Ggf. Ansatz von Kürzungsbeträgen.

---
1 KG, WuM 1986, 106; *Kinne/Schach/Bieber*, II Rz. 30 m.w.N., Rz. 93 m.w.N.
2 Vgl. AG Charlottenburg, GE 1994, 1319.

Nicht zwingend, aber zweckmäßig ist weiter die Angabe, dass die Wartefrist eingehalten ist, weil die letzte Mieterhöhung zum ... erfolgte.

d) Begründetheit der Klage

147 Auf **Vermieter-**, mithin Klägerseite sind, neben der ausreichenden Klagebegründung, die Einwendungen des Mieters/Beklagten zu prüfen, damit hierauf ggf. entsprechend reagiert werden kann.

Hierbei hat der Rechtsanwalt bei den strategischen Überlegungen zunächst zu berücksichtigen, dass durch die Rechtsprechung nicht eindeutig geklärt ist, welcher Wert einem Mietspiegel im Prozess einzuräumen ist. Die Mietspiegel werden in einzelnen Gerichtsorten unterschiedlich angewendet und berücksichtigt. Hierbei kommt es im Einzelfall nicht einmal darauf an, ob die Mietspiegel ausgehandelt oder statistisch erstellt worden sind, da die Ortsrechtsprechung hier unterschiedliche Maßstäbe angelegt hat[1]. Auch die Unterscheidung zwischen einfachem und qualifizierten Mietspiegel führt nicht zwingend dazu, dass die Gewichtung sich – ohne die Führung intensiver Rechtsstreitigkeiten – zugunsten des qualifizierten Mietspiegels neigt. Dies zeigt das Beispiel Berlin: Bei der Recherche veröffentlichter Entscheidungen im Bereich von Mieterhöhungen ist die Anzahl Berliner Entscheidungen in den letzten Jahren überdurchschnittlich hoch, einer Stadt mit einem qualifizierten Mietspiegel. In Köln, einer Stadt mit einem einfachen Mietspiegel gibt es im gleichen Zeitraum nahezu keinen Streit, obwohl in Köln ständig – wenn auch leichte – Mietsteigerungen festzustellen sind. Dies beruht vor allem darauf, dass der Mietspiegel in Köln vor allem von den Bewohnern akzeptiert wird und nur im Einzelfall Aufklärung durch Einholung von Gutachten begehrt wird.

Wenn der vorhandene Mietspiegel vom zuständigen Gericht als **Beweismittel** anerkannt wird, ist dies für den **Vermieter** dann günstig, wenn er sich innerhalb der Mietspiegelspannbreite bewegt. Hier ist dann der **Mieter** als Mandant gefragt, der gegen die vorhandenen Mietspiegelwerte vortragen lassen muss. Hat der Vermieter sein Mieterhöhungsverlangen mit drei **Vergleichswohnungen** oder mit einem **Sachverständigengutachten** begründet und besteht in der Gemeinde ein vom Gericht akzeptierter Mietspiegel, so **muss der Vermieter darlegen**, weshalb er eine andere, in der Regel höhere Miete verlangt, als sie der Mietspiegel ausweist.

148 Im Einzelfall kann der **Angriff gegen** einen vorhandenen **Mietspiegel** erfolgreich sein[2], da Mietspiegel häufig schon in der Datenerfassung Fehler aufweisen[3]. Diese Fehler lassen sich durch Sachverständigengutachten ermit-

---

[1] Vgl. z.B.: LG Kiel, HambGE 1994, 233 ff.; LG München I, NJW-RR 1993, 1427 f.; LG Bochum, ZMR 1993, 284 ff. mit kritischer Anm. *Schopp*; AG Charlottenburg, WuM 1992, 138; AG Bremerhaven, WuM 1992, 28; LG Bonn, WuM 1994, 692 f.
[2] Vgl. z.B. LG München I, NJW-RR 1993, 1427 f.
[3] *Walterscheidt*, NZM 1998, 990 ff. für den Dortmunder Mietspiegel.

teln, der (Kosten-)Aufwand ist jedoch für die Partei, die sich darauf beruft, immens.

In der Regel liegt der Streit der Parteien jedoch **nicht** im Rahmen der grundsätzlichen Anfechtbarkeit des Mietspiegels, sondern darin begründet, dass die konkrete **Einordnung der Wohnung** in den Mietspiegel als fehlerhaft angesehen wird oder aber dass für die konkrete vermietete/angemietete Wohnung der Mietspiegel nicht „passt". Hierzu ist von der Partei, die sich darauf beruft, **spezifiziert vorzutragen**. Das heißt, jede Partei, die sich beispielsweise hinsichtlich der Wohnlage auf ein bestimmtes Mietspiegelmerkmal beruft, muss im Verfahren erläutern, weshalb gerade diese von ihr gewählte Kategorie für die vermietete bzw. angemietete Wohnung zutreffen soll, sie muss somit das Merkmal des Mietspiegels **ausfüllen**. 149

Auf **Vermieterseite** kann es sich deshalb im Einzelfall anbieten, den Mietspiegel nicht grundsätzlich anzugreifen, sondern darauf hinzuweisen, dass die vermietete Wohnung deshalb nicht in das Mietspiegelraster passt, weil dieses zu grob gefasst ist und deshalb den konkreten Wohnungstyp gar nicht aufweist. Beispielsweise zeigen viele Mietspiegel keine **Differenzierung** zwischen Hochhäusern und etwa Zweifamilienhäusern auf, weshalb Vermieter kleinerer Wohneinheiten mit Recht bezweifeln können, dass der Mietspiegel für die von ihnen vermietete Wohnung eine hinreichende Aussagekraft hat. Denn es gibt eine fast unwiderlegbare Vermutung dahin, dass üblicherweise in Hochhäusern geringere Mieten gezahlt als in kleineren Wohnungseinheiten. Wenn ein Mietspiegel eine solche Differenzierung nicht aufweist, spricht fast alles dafür, dass der Mietspiegel insoweit einen Fehler aufweist[1]. Ähnliches gilt auch in umgekehrter Weise für den **Mieter**, der möglicherweise darauf hinweisen kann, dass seine Wohnung, weil beispielsweise als „Hochhauswohnung" in einem ungünstigen Teilmarkt befindlich, niedriger in der ortsüblichen Miete anzusetzen ist, als dies ein Mietspiegel aufweist. Bei sinkenden Mieten finden man gerade Leerstände in Hochhäusern, die häufig sogar zu „Rückbau" oder Abriss führen, ein typisches Zeichen für einen ungünstigen Teilmarkt. 150

Auch der umgekehrte Fall ist denkbar: Manche Mietspiegel weisen auch Werte für *Einfamilienhäuser* auf. Dabei wird aber oft nicht berücksichtigt, dass die Nachfrager nach Einfamilienhäusern unter anderen Aspekten ein Haus suchen, wie Nachfrager für eine Geschosswohnung. Die ruhige vom Verkehrsgeschehen weit entfernte Lage mag für ein Einfamilienhaus mietwerterhöhend sein, die Wohnfläche ist eher weniger bedeutsam. Das Einfamilienhaus wird gewissermaßen als Gesamtpaket gemietet. Die Geschosswohnung wird im Wesentlichen unter dem Aspekt der Größe gewählt, häufig ist das pulsierende Leben mitten im Stadtzentrum gefragt. Dort wäre ein Einfamilienhaus schwerlich vermietbar.

---

1 Soweit das LG Lübeck (WuM 1995, 189 ff.) und das AG Dortmund (WuM 1999, 171 f.) anhand der Überprüfung der dortigen Mietspiegel festgestellt haben, dass die Mietspiegelersteller insoweit keine „Signifikanz" feststellen konnten, spricht vieles dafür, dass diese Daten nicht „signifikant" abgefragt worden sind.

Hier ist allerdings der BGH anderer Ansicht[1]. Nach dessen Rechtsprechung soll eine Mietspiegelanwendung für Einfamilienhäuser jedenfalls dann zulässig sein, wenn die geforderte Miete sich in der Mietspiegelspanne für Mehrfamilienhäuser bewegt. Dass soll selbst dann gelten, wenn der Mietspiegel gar keine Werte für Einfamilienhäuser aufweist. Der Ansicht des BGH kann aus den genannten Gründen nicht gefolgt werden. Der BGH beachtet nicht, dass die Quadratmetermiete für Einfamilienhäuser niedriger liegen kann, als die für Wohnungen in Mehrfamilienhäusern. Er vermischt hier unterschiedliche Teilmärkte, die schon aufgrund der bloßen Anwendung der gesetzlichen Vorschriften (Art, Beschaffenheit) zulässigerweise nicht miteinander verglichen werden können[2].

Deshalb kann weiterhin insoweit ein Mietspiegel im Einzelfall angegriffen und seine Richtigkeit bezweifelt werden, soweit hierzu spezifizierte Angaben gemacht werden können, ohne dass der gesamte Mietspiegel in Frage gestellt wird.

e) Überprüfung eines gerichtlichen Sachverständigengutachtens

151 Häufig wird im Streitfall ein **gerichtliches Sachverständigengutachten** eingeholt werden, bei dem der Sachverständige die ortsübliche Vergleichsmiete feststellen soll.

Diese gerichtlichen Gutachten können von beiden Parteien auf ihre **Plausibilität** und **Richtigkeit** bzw. Angreifbarkeit überprüft werden. Im Wesentlichen sollten dabei folgende **Gesichtspunkte** überprüft werden:

152 – Hat der Sachverständige einen vorhandenen Mietspiegel angewandt? Ist er **bloßer Mietspiegelanwender?**	Ein vorhandener **Mietspiegel muss** auch in einem Sachverständigengutachten **verwendet werden**, selbst dann, wenn Gericht und Sachverständiger diesen Mietspiegel für bezweifelbar halten[3]. Die bloße Anwendung eines Mietspiegels ist demgegenüber keine eigentliche Sachverständigentätigkeit und dürfte in der Regel nicht ausreichen[4].
153 – Hat der Sachverständige **statistisch gearbeitet?** Hat er die gesetzlichen Merkmale angemessen und	Es ist inzwischen unbestritten, dass der Sachverständige zumindest vom Grundsatz her auch statistisch zu arbeiten hat[5]. Das **bloße Sammeln von** verschiedenen an-

---

1 BGH WuM 2008, 729.
2 Vgl. auch Börstinghaus NZM 2009, 115–118.
3 So schon die „Hinweise für die Erstellung eines Sachverständigengutachtens zur Begründung des Mieterhöhungsverlangens nach § 2 Abs. 2 MHG", herausgegeben vom Bundesministerium der Justiz, abgedruckt z.B. in WuM 1980, 189 ff., 191 zu 6.1.2; vgl. auch AG Dortmund, WuM 1992, 138.
4 *Lützenkirchen*, WuM 1996, 735 f.; *Streich*, WuM 1997, 93 f.; *Isenmann*, WuM 1993, 154 ff.; *Reinecke*, WuM 1993, 191 ff.; **a.A.** *Fischer*, WuM 1996, 604 ff.
5 Vgl. *Dröge*, 41 ff. und 233 ff.

sachgerecht berücksichtigt? geblichen **Vergleichsdaten** ohne den Ansatz des Versuchs einer statistischen Auswertung ist demnach in der Regel nicht ausreichend und kann von beiden Parteien angegriffen werden. Dabei ist nicht ausreichend, dass der Sachverständige sich ausschließlich auf sein **Erfahrungswissen** beruft. Der Argumentation, der Sachverständige lege seinem Gutachten eine nicht so breite Datenbasis zugrunde, wie dies in dem Mietspiegel geschieht, lässt sich entgegenhalten, der Sachverständige könne sich auf seine **ständige Marktbeobachtung** und sein Erfahrungswissen berufen[1]. Soweit sich der Sachverständige auf **eigene Daten** und nicht etwa auf allgemein zugängliche Datenbanken und Tabellen bezieht, stellt sich die Frage, inwieweit in einem gerichtlichen Gutachten diese Daten und **Befundtatsachen offen gelegt** werden müssen. Wenn der Sachverständige lediglich behauptet, ihm sei eine entsprechende Anzahl von Vergleichsobjekten bekannt, kann man durch **substantiiertes Bestreiten** dieses Gutachten erschüttern. Hierbei ist allerdings zu beachten, dass Folgendes gilt:

„Ob und inwieweit das Gericht und die Verfahrensbeteiligten die Kenntnis von Tatsachen, die ein Sachverständiger seinem Gutachten zugrunde gelegt hat, für eine kritische Würdigung des Gutachtens tatsächlich benötigen, lässt sich nicht generell entscheiden. ... Grenzen können insbesondere dann gesetzt werden, wenn ein Beteiligter seine Zweifel nicht hinreichend substantiiert oder wenn bei vernünftiger Würdigung der Gesamtumstände nicht zu erwarten ist, dass durch eine Überprüfung das Gutachten in Frage gestellt wird[2]". Mithin kann in der Regel ein Sachverständiger zur **Offenlegung** der Befundtatsachen nur dann aufgefordert werden, wenn er weder im Ansatz erklärt, wie

---

1 So auch *Dröge*, 195 ff.
2 So BVerfG, WuM 1996, 749, vgl. zu diesem Komplex auch: BVerfG, WuM 1994, 661 und WuM 1993, 377; *Kamphausen*, DS 1995, 4 ff.; *Walterscheidt*, WuM 1995, 83 ff.

sich die Befundtatsachen zusammensetzen, und wie er an sie gelangt ist noch zu erkennen ist, wo sich die Vergleichsobjekte, deren Daten er verwendet, in etwa befinden und wie sie ausgestattet sind bzw. welche Größe sie haben und wann die erste oder letzte Mietänderung stattgefunden hat. Darüber hinaus ist das **Gutachten** insoweit nur **angreifbar**, wenn man selbst als Vermieter oder Mietervertreter hinreichend zu ähnlichen Objekten vorträgt, die eine höhere oder niedrigere Miete aufweisen, als der Sachverständige sie in seinen Daten als ortsüblich ermittelt hat.

154 – Hat der Sachverständige in seinem Gutachten die **Mietbildungsfaktoren** unter dem Aspekt der „ortüblichen Vergleichsmiete" korrekt und zulässig berücksichtigt? **Lohnt sich der Beweisantritt** „Einholung eines weiteren Gutachtens"?

Ein Teil der denkbaren Beanstandungen in einem Sachverständigengutachten sollten in Kauf genommen werden[1]! Der übliche Streit über die **Größe der Wohnung** ist jedenfalls dann unerheblich, wenn es sich nur um relativ kleine Unterschiede handelt. Die Wohnungsgrößenberechnung, die nicht nur von der Anwendbarkeit der entsprechenden Vorschriften bezweifelbar ist (sei es beispielsweise die DIN 283 oder die Regeln der II. BV), ist mit **wirtschaftlich vernünftigem Aufwand** korrekt nicht zu ermitteln, weil ein genaues Maß nur erhältlich ist, wenn jede Wohnung ausgeräumt und die Messstrecken entsprechend unter vermessungstechnischen Gesichtspunkten (aufwendig) ermittelt werden können. Streiten deshalb die Parteien etwa lediglich um 1 qm Wohnfläche, muss man sich darüber im Klaren sein, dass bei einem normalen Aufmaß, das nicht mit dem beschriebenen Aufwand getrieben wird, jede neue Messung zu einem anderen Ergebnis führt. Deshalb sollten Parteien dahin gehend beraten werden, bei minimalen Flächenstreitigkeiten auf eine Aufklärung zu verzichten. **Gravierender** und mit einem vernünftigen Aufwand nachprüfbarer erscheint die Auswahl der Vergleichsobjekte durch den Sachverständigen, soweit er inso-

---

1 Vgl. hierzu im Einzelnen *Walterscheidt*, Rz. 34 ff.

weit die **Befundtatsachen** nach hiesiger Ansicht offen zu legen verpflichtet ist.

Dabei ist auf Folgendes zu achten:

Nach § 558 Abs. 2 BGB in der derzeit gültigen Fassung ist ein Vierjahreszeitraum zu berücksichtigen, weil die geänderten **Bestandsmieten** und **Neuvermietungsmieten** einzufließen haben. Das **Mischungsverhältnis**[1] dieser Mieten ist im Einzelnen streitig und auch insbesondere bei Mietspiegeln in der Regel nicht offen gelegt. Wenn ein Sachverständiger nunmehr nur Neuvermietungsmieten in seine Mietbewertung einfließen lässt, ist das Gutachten unrichtig und bedarf der Nachbesserung. Ähnliches gilt im umgekehrten Fall, wenn nur Bestandsmietenveränderungen einfließen. Bei allen anderen gesetzlichen Merkmalen ist zu überprüfen, ob die Auswahl des Sachverständigen hinsichtlich der Vergleichsobjekte mit der streitgegenständlichen Wohnung übereinstimmt, und wenn nicht, ob er etwaige Ungleichheiten durch **Korrekturfaktoren** berücksichtigt hat.

Erkennbar unrichtig ist ein Gutachten, welches „**Zu- und Abschläge**" hinsichtlich der gesetzlichen Merkmale aufführt, die in gleichem Maße gewichtet werden. Es ist allgemein anerkannt, dass zur Mietbildung die einzelnen gesetzlichen Merkmale mit **unterschiedlichen Wertigkeiten** einfließen[2]. Bei gleicher Gewichtung der gesetzlichen Merkmale spricht viel dafür, dass das Sachverständigengutachten falsch ist.

Vorsicht ist auch geboten, wenn „**Teilmärkte**" berücksichtigt werden, deren Berücksichtigung nicht zulässig ist, beispielsweise der Teilmarkt der „Ausländer", „Studenten", „Alleinerziehenden" und Ähnliches mehr. Sollte ein Gutachten hierauf gestützt werden, ist dem Mandant anzuraten, das Gutachten insoweit anzugreifen.

---

1 Vgl. hierzu *Walterscheidt*, Rz. 19 m.w.N.
2 Vgl. z.B. *Dröge*, 172 ff. m.w.N. Bei gleicher Gewichtung der gesetzlichen Merkmale spricht viel dafür, dass das Sachverständigengutachten falsch ist.

155 Der Vermietervertreter sollte während des Prozessverlaufs im Auge behalten, ob ein wirksames Erhöhungsverlangen im Prozess **nachzuholen** oder (im Falle von Erhöhungserklärungen, die ab dem 1.9.2001 zugegangen sind) nachzubessern ist (§ 558b Abs. 3 BGB)[1]; unabhängig davon ist es zulässig, nach Ablauf der einjährigen Wartefrist ein neues Erhöhungsverlangen mit gleichem (oder anderem) Erhöhungsbetrag zuzustellen.

f) Nachprozessuales

156 Die **Berufungsmöglichkeit** für beide Seiten hängt (von der Zulassungsberufung abgesehen, siehe dazu *M Rz. 276 f.*) vom **Rechtsmittelstreitwert** ab. Dieser war bisher umstritten. Der BGH hat jetzt entschieden, dass sich die Beschwer nach dem 3,5-fachen Jahresbetrag des streitigen monatlichen Erhöhungsbetrags bemisst[2].

157 Ist der Mieter rechtskräftig zur (Teil-)Zustimmung verurteilt, muss er darauf hingewiesen werden, dass zur Meidung eines **Kündigungsrisikos** der Rückstand innerhalb von zwei Monaten nach Rechtskraft zu zahlen ist (§ 569 Abs. 3 Ziff. 3 BGB). Der Vermietervertreter wird seinerseits diese Frist entweder selbst notieren und überwachen oder seinen Mandanten hierauf gesondert hinweisen.

158 Ist durch die Mieterhöhung ein Minderungsrecht des Mieters „wiederaufgelebt" (s.o. *Rz. 126 f.*), so empfiehlt es sich, einen entsprechenden **Vorbehalt** schriftlich zu erklären.

Beispiel:

> Auf das Urteil des Amtsgerichts, wonach meine Mandantin seit ... eine erhöhte Miete von ... Euro zu zahlen hat, nehme ich Bezug. Wie Ihnen aus dem Schreiben vom ... bekannt ist, weist die Wohnung folgende Mängel auf, die bis heute nicht behoben worden sind: ... Bis zur Beseitigung dieser Mängel übt meine Mandantin ihr Mietminderungsrecht aus, und zwar in Höhe des ausgeurteilten Erhöhungsbetrages.

159 Ebenso empfiehlt sich ein Vorbehalt in denjenigen **„Fehlbelegungsfällen"**, in denen die Mieterhöhung auf einer höheren Abgabe beruht und der Mieter später über Rechtsbehelfe deren Senkung erreicht.

---

1 Zu den prozessualen Einzelheiten vgl. *Kinne/Schach/Bieber*, II Rz. 94 ff.; *Fischer* in Bub/Treier, VIII Rz. 67 ff.; ausführlich zum neuen Recht *Hinz*, NZM 2002, 633 ff. Die Prozessvollmacht des Mietervertreters ermächtigt diesen auch zur Entgegennahme eines weiteren Erhöhungsverlangens im Prozess, BGH, NZM 2003, 229.
2 BGH, NZM 2004, 617; BGH, WuM 2007, 32.

g) Vergleich im Prozess

Checkliste: Mögliche/Zweckmäßige Inhalte eines Prozessvergleichs 160

- Festlegung, ab wann die erhöhte Miete zu zahlen ist;
- Regelung, wie entstandene Rückstände zu tilgen sind;
- Mietstruktur festhalten (Beispiel: Der Mieter stimmt einer Erhöhung der Nettokaltmiete um ... Euro auf ... Euro zu. Daneben sind weiter Betriebs- und Heizkostenvorschüsse in Höhe von derzeit ... Euro und ... Euro monatlich zu zahlen.);
- Regelung zum Ausschluss/zu Modalitäten einer Kündigung, wenn Rückstand nicht gezahlt wird (Grund: die Schonfrist des § 569 Abs. 3 Ziff. 3 BGB gilt bei Vergleich nicht!)[1];
- etwaige „Gegenleistungen" des Vermieters präzise beschreiben (vgl. etwa die Beispiele oben *Rz. 134*);
- im Prozessverlauf geklärte Punkte aufnehmen (Beispiel: Die Parteien sind sich darüber einig, dass für künftige Mieterhöhungen die Wohnung als mit Sammelheizung ausgestattet i.S.d. Mietspiegels gilt; die Wohnfläche ... qm beträgt; die Kosten für ... mit der Miete abgegolten sind etc.).

III. Mieterhöhung nach § 559 BGB

1. Beratungssituation

Hat der Vermieter **wertverbessernde Maßnahmen** an der Mietwohnung 161 oder am Wohngebäude durchgeführt oder sonstige Arbeiten i.S.d. § 554 Abs. 2 BGB, so will er die hierfür aufgewendeten Kosten mietwirksam machen. Er sucht anwaltlichen Rat dazu, wie dies am effektivsten geschehen kann (die ggf. vorangegangene Beratung darüber, ob er einen Anspruch auf Duldung der Arbeiten durch den Mieter hat und wie dieser durchzusetzen ist, ist unter *H Rz. 44 ff.* behandelt).

Eine weitere Beratungssituation ist die, dass die entsprechende Mieterhöhung bereits berechnet und zugestellt ist, der Mieter ihr aber nicht nachkommt.

Der **Mieter** will die ihm zugegangene Erhöhung nach Grund und Höhe überprüft wissen; wird er bereits gerichtlich auf deren Zahlung in Anspruch genommen, will er sich über die Erfolgsaussichten der Klageabwehr informieren und ggf. vertreten werden.

---

1 OLG Hamm, WuM 1992, 54.

Modernisierungsmaßnahmen-ABC

Maßnahmen		Inhalt der Maßnahme
Allgemein	(–)	Wenn Arbeiten nur dem Vermieter zu Gute kommen, der nach deren Abschluss die Wohnung selbst beziehen will[1]
Antenne	(+)	Anbringen von **Gemeinschaftsantenne**, Anschluss an das **Kabel** ist i.d.R. Maßnahme zur **Modernisierung**[2]
	(+)	Erstmaliger Einbau einer Sammelantenne[3]
– Breitbandkabel	(+)	Installation eines **Breitbandkabelanschlusses** ist eine **Modernisierungsmaßnahme**[4]
	(+)	Anschluss an **Breitbandkabel** stellt nach derzeitigem **Stand der Informations- und Kommunikationstechnik** eine Maßnahme zur **Verbesserung** dar[5]
	(+)	Anschluss an rückhandfähiges Breitbandkabel im Empfangsbereich von DVB-T[6]
– Gemeinschaftsantenne/Satellitenempfangsanlage	(+)	Anstelle von Einzelantennen[7]
	(+)	Einbau einer **Gemeinschaftsantenne** ist **wertverbessernde Maßnahme**[8]
	(+)	Anschluss an **Kabelfernsehen** stellt Maßnahme zur **Verbesserung** dar[9]
	(–)	Anschluss an Kabelfernsehen stellt bei vorhandener Gemeinschaftsantenne **keine Wertverbesserung** dar[10] Wenn **Empfangsmöglichkeit** des Kabelanschlusses hinter dem der Antenne zurück bleibt, muss diese neben dem Kabelanschluss beibehalten werden[11]
Architektenkosten		Siehe *Baunebenkosten*
Außenanlagen	(+)	Erneuerung der Erholungsflächen[12]

---

1 AG Fritzlar, WuM 2002, 118.
2 BGH, WuM 1991, 381, 385.
3 LG Berlin, ZMR 2001, 277.
4 AG Köln, WuM 1991, 159.
5 KG, NJW 1985, 2031.
6 BGH, WuM 2005, 576.
7 Vgl. *Kinne* in Kinne/Schach, Miet- und Mietprozessrecht, 3. Aufl., § 554 BGB Rz. 61.
8 LG München I, WuM 1989, 27.
9 BGH, NJW 1991, 1750, 1754.
10 LG Berlin, WuM 1984, 82.
11 LG Berlin, NJW-RR 1986, 890.
12 AG Hamburg-Altona, WuM 2005, 778.

Maßnahmen		Inhalt der Maßnahme
Außenfassade	(+)	Aufgrund von **Energieeinsparungen** bei Klinker[1]
	(+)	Bei **Wärmedämmung**[2]
	(+)	Bei Wärmedämmung durch neue **Fassadenverkleidung**[3]
	(–)	Bei Renovierung der **Außenfassade** eines Altbaus[4]
	(+)	Bei Wärmedämmung an einem Mehrfamilienhaus[5]
Badezimmer/Sanitäre Einrichtungen	(+)	Bei erstmaligem Einbau[6]
	(–)	**Vergrößerung** des Bades durch Entfernen einer Speisekammer[7] (siehe auch *Grundrissänderungen*)
	(+)	Bei **Modernisierung** von veralteter sanitärer Einrichtung[8] **Insbes. bei:** – Einbau einer bislang nicht vorhandenen **Innentoilette**, eines **Bades**, einer **Duschecke**[9]; – Räumliche **Trennung von Bad und WC**[10] – Ersetzen unmoderner Bad- und WC-Einrichtungen durch nicht nur unwesentlich modernere und praktischere Einrichtungen[11]
	(–)	Erneuerung des Badezimmers einschl. der Wandfliesen und des Fußbodens, wenn der alte Zustand mängelfrei ist[12]
	(–)	Erneuerung jahrzehnte alter Sanitärinstallationen[13]
	(+)	Bei Ersetzen einer **Sitzbadewanne** in eine **Vollbadewanne**[14]

---

1 LG Paderborn, WuM 1993, 360.
2 *Kinne* in Kinne/Schach, Miet- und Mietprozessrecht, 3. Aufl., § 554 BGB Rz. 68.
3 *Scholz*, WuM 1995, 13.
4 AG Köln, WuM 1987, 31.
5 AG Celle, WuM 1992, 379.
6 LG Berlin, GE 1990, 255; LG Berlin, GE 1992, 39.
7 AG Mitte, MM 2000, 280.
8 LG Berlin, GE 1989, 99; LG Berlin, GE 1990, 255.
9 LG Berlin, GE 1989, 99; LG Berlin, GE 1992, 39: auch, wenn die Fläche der Küche dadurch halbiert wird; LG Berlin, GE 1990, 255.
10 *Kinne* in Kinne/Schach, Miet- und Mietprozessrecht, 3. Aufl., § 554 BGB Rz. 54.
11 **A.A.** teilw. *Kinne* in Kinne/Schach, Miet- und Mietprozessrecht, 3. Aufl., § 554 BGB Rz. 54.
12 AG Köln in *Lützenkirchen*, KM 32 Nr. 22.
13 AG Gelsenkirchen, NZM 1999, 801.
14 Vgl. *Scholz*, WuM 1995, 13, (14).

Maßnahmen		Inhalt der Maßnahme
	(+)	Bei ergänzender **Verfliesung des Bades** bis zur Decke[1]
	(+)	Bei erstmaliger Verfliesung des Bodens einschl. begleitender Maßnahmen (z.B. Estrich; Putzarbeiten)[2]
	(+)	bei Ersetzung einer **Gemeinschaftstoilette** durch **Klosetts mit Wasserspülung**[3]
	(+)	Austausch eines Stand-WCs durch wandhängendes Tiefspülbecken mit Zwei-Mengen-Spültechnik[4]
Balkon	(+)	Bei erstmaligem Bau[5]
	(–)	Bei Umbau eines Balkons in einen **Wintergarten**[6]
	(–)	**Betonsägen** zum Anbau neuer Balkone[7]
	(–)	Wenn erstmaliger Anbau zu einer unverhältnismäßigen Mieterhöhung führt (hier um ⅓)[8]
Baunebenkosten	(+)	Kosten für Architekten- und Ingenieurleistungen, auch entspr. Eigenleistungen[9]
Belichtung/Belüftung	(+)	In der Regel bei Verbesserung von Belichtung und Belüftung (etwa bei innenliegenden Räumen wie Küche und Bad durch Einbau einer Belüftungsanlage[10] (siehe auch bei *Fenster*)
Bleirohre	(+/–)	Für Trinkwasserversorgung: Austausch gegen verzinkte Rohre: **str**[11].
	(+)	Austausch durch Rohre anderen Materials mit größerem Querschnitt[12]
Bodenbelag	(+)	Bei Ersetzung eines vorhandenen durch pflegeleichten; **Parkett** oder **Teppichboden** statt **Linoleum** oder Dielenboden in Wohnzimmern[13]

---

1 LG Hamburg, WuM 1984, 217.
2 LG Berlin, ZMR 2001, 277.
3 *Barthelmess*, Wohnraumkündigungsschutzgesetz, Miethöhegesetz, 5. Aufl., § 3 MHG Rz. 10.
4 LG Berlin, MM 2006, 39.
5 LG München I, WuM 1989, 27.
6 LG Berlin, NJW-RR 1998, 300.
7 LG Potsdam, WuM 2000, 553.
8 AG Wiesbaden, WuM 2002, 309.
9 LG Halle/Saale, ZMR 2003, 35.
10 *Kinne* in Kinne/Schach, Miet- und Mietprozessrecht, 3. Aufl., § 554 BGB Rz. 51; AG Köln v. 6.6.2002 – 220 C 275/01, n.v.
11 Keine Modernisierung: AG Halle-Saalkreis, WuM 1992, 682; Modernisierung: LG Berlin, GE 1992, 1099.
12 LG Berlin, ZMR 2001, 277.
13 Vgl. zu beidem *Kraemer* in Bub/Treier, Handbuch der Geschäfts- und Wohnraummiete, 3. Aufl., III. A, Rz. 1101.

Maßnahmen		Inhalt der Maßnahme
	(–)	Austausch alter **Steingutfliesen** im Bad ohne drohende Gefahr von Bodenschäden durch sickerndes Wasser[1]
	(–)	Austausch von Fliesen/Fußbodenbelägen, wenn der bisherige Zustand mängelfrei ist[2]
Briefkästen	(–)	Bei Vergrößerung auf DIN-A 4-Umschläge[3]
Dachbodenisolierung	(+)	Bei Energieeinsparung[4]
Denkmalschutz	(–)	Zusatzkosten wegen Denkmalschutzauflagen im Zuge von Instandsetzungsmaßnahmen[5]
Drehstromzähler	(+)	Bei Einbau eines Drehstromzählers als Voraussetzung für den Anschluss an eine elektrische Heizung[6]
Drückergarnitur		Siehe *Wassereinsparung*
Dunstabzugshaube	(+)	Siehe *Kücheninstallation*
Durchlauferhitzer		Siehe *Kücheninstallation*
Einbruchhemmende Tür	(+)	**Modernisierungsgesichtspunkte** und größerer Schutz vor Einbrechern, **sichernder** und **vorbeugender Charakter**[7]
	(+)	Bei ausreichender **Erläuterung**, durch welche Konstruktionsmerkmale der Einbruchschutz erhöht worden ist[8]
	(+)	Einbau einer neuen Wohnungseingangstür mit Einbruchshemmung[9]
Elektroherd		Siehe *Kücheninstallation*
Elektroinstallation	(+)	Bei Einbau einer neuen Elektroinstallation und **Verstärkung der elektrischen Steigleitung**, wenn dadurch für den Mieter eine höhere Stromentnahme ermöglicht wird[10]
	(+)	Erneuerung von bisher **zweipoligen Stromleitungen**, Einbau eines **FI-Schalters**[11],

---

1 AG Mitte, MM 2000, 280.
2 AG Köln in *Lützenkirchen*, KM 32 Nr. 22.
3 LG Hannover, WuM 1982, 83.
4 LG Berlin, ZMR 1986, 444.
5 AG Lichtenberg, MM 2002, 227.
6 AG Leonberg, WuM 1984, 216.
7 LG Köln, WuM 1993, 608.
8 LG Berlin, MM 2001, 401 = HKA 2001, 39.
9 LG Halle/Saale, ZMR 2003, 35.
10 *Kinne* in Kinne/Schach, Miet- und Mietprozessrecht, 3. Aufl., § 554 BGB Rz. 53: zweifelhaft, wenn Verstärkung der Elektrosteigeleitungen nur wegen des Dachausbaus nötig wird.
11 AG Köln in *Lützenkirchen*, KM 32 Nr. 21.

Maßnahmen		Inhalt der Maßnahme
Energiesparmaßnahme		Siehe auch unter *Außenfassade, Dachbodenisolierung, Fenster, Heizung*
	(+)	bei Einsparung von **Strom**[1], auch durch Installation einer **Photovoltaik**-Anlage, **Sonnenkollektoren**, Nutzung von **Erdwärme** u.ä. alternativen Energiequellen, soweit wirtschaftlich[2]
Erschließungskosten	(–)	**Keine Kosten i.S.e. anderen baulichen Änderung** aufgrund von Umständen, die der Vermieter nicht zu vertreten hat[3]
	(–)	**Keine bauliche Maßnahme** des Vermieters[4]
Fassadenverkleidung	(+)	Bei **Energieersparnis**, siehe *Außenfassade*
Fahrstuhl	(+)	Erstmaliger Einbau eines Fahrstuhls[5]
Fenster		Entscheidend ist, dass eine **Energieersparnis**, bessere **Lichtausbeute** oder ein **verbesserter Schallschutz** erreicht wird:
	(+)	Einbau von Isolierfenstern in Küche und WC[6].
	(–)	Einbau von Isolierfenstern in Küche und WC[7]
	(+)	Isolierverglaste Fenster im Treppenhaus[8]
	(+)	**Isolierverglasung**[9]
	(–)	Bei Energieeinsparung von nur 2,5 %, da dann keine wesentliche Verbesserung der Wärmedämmung[10]
	(–)	Bei Verschlechterung des Raumklimas[11]
	(+)	Beim Austausch eines **kleinen Lüftungsfensters** gegen ein gut zugängliches **großes Fenster**[12]

---

1 *Kinne* in Kinne/Schach, Miet- und Mietprozessrecht, 3. Aufl., § 554 BGB, Rz. 67.
2 *Löfflad* in Lützenkirchen, Neue Mietrechtspraxis, Rz. 302.
3 OLG Hamm, NJW 1983, 2331.
4 LG Hildesheim, WuM 1985, 82.
5 *Kinne* in Kinne/Schach, Miet- und Mietprozessrecht, 3. Aufl., § 554 BGB Rz. 58: nicht für Erdgeschossmieter; AG Düsseldorf, WuM 1994, 548; AG München, WuM 1986, 91.
6 LG Berlin, GE 1990, 255.
7 LG Berlin, GE 1992, 1099.
8 LG Hannover, WuM 1982, 83.
9 AG Neumünster, WuM 1992, 258; zum Ganzen mit Hinweisen zur Berliner Rechtsprechung vgl. auch *Kinne* in Kinne/Schach, Miet- und Mietprozessrecht, 3. Aufl., § 554 BGB Rz. 72.
10 VG Berlin, NJW-RR 1992, 657.
11 *Kraemer* in Bub/Treier, Handbuch der Geschäfts- und Wohnraummiete, 3. Aufl., III. A, Rz. 1101.
12 *Kinne* in Kinne/Schach, Miet- und Mietprozessrecht, 3. Aufl., § 554 BGB Rz. 51.

Maßnahmen		Inhalt der Maßnahme
	(+)	Bei Einbau eines **Schallschutzfensters** in einer **Fluglärmzone**[1]
	(−)	Austausch von **Holzkastendoppelfenstern** gegen Kunststoff-Isolierglasfenster[2]
	(+)	Bei Ersatz von **Verbundfenstern** durch Isolierglasfenster, wenn Verringerung Heizwärmebedarf (durch Wärmebedarfsberechnung) dargelegt wird[3]
	(+)	Ersatz vorhandener Isolierglasfenster durch neue Fenster, wenn der Energiespareffekt erläutert wird[4]
Feuerwehrzufahrt	(+)	Neu geschaffene Feuerwehrzufahrt, die die Sicherheit der Bewohner erhöht[5]
Fliesen	(−)	Bei reinem Austausch[6]
	(+)	Bei erstmaligem Fliesen in **Bad, Küche**[7]
Gasherd		Siehe *Kücheninstallation*
Gegensprechanlage/ Schließanlage	(+)	Wertverbesserung durch Einbau einer **Gegensprechanlage**[8]
	(+)	**Gegensprechanlage** muss bei **Abhörsicherheit** geduldet werden[9]
	(+)	Einbau einer **Türöffner-** und Gegensprechanlage[10]
Gemeinschaftsraum	(+)	Bei Einrichtung von **Trockenraum, Waschküche, Fahrradraum**[11]
Grünfläche	(+)	Nur wenn **neuer Garten** angelegt wird[12]
Grundrissänderungen	(−)	Entfernung einer Speisekammer zur Vergrößerung des Badezimmers, auch wenn das halbe Badfenster verdeckt ist[13]

---

1 *Kinne* in Kinne/Schach, Miet- und Mietprozessrecht, 3. Aufl., § 554 BGB Rz. 52: in Gebieten, in denen anhaltende Geräusche von 50 dB (A) und mehr auftreten.
2 AG Mitte, MM 2000, 280; AG Mitte, MM 2003, 195; LG Berlin, WuM 2002, 337.
3 LG Berlin, MM 2001, 401.
4 BGH, WuM 2006, 157.
5 AG Hamburg-Altona, WuM 2005, 778.
6 AG Köln in *Lützenkirchen*, KM 32 Nr. 21.
7 LG Hamburg, WuM 1984, 217.
8 LG München I, WuM 1989, 27; AG Köln in *Lützenkirchen*, KM 32 Nr. 21.
9 AG Schöneberg, NJW 1986, 2059.
10 LG Berlin, ZMR 2001, 277.
11 *Kraemer* in Bub/Treier, Handbuch der Geschäfts- und Wohnraummiete, 3. Aufl., III. A, Rz. 1101.
12 *Barthelmess*, Wohnraumkündigungsschutzgesetz, Miethöhegesetz 5. Aufl, § 3 MHG Rz. 11; *Scholz*, WuM 1995, 13, (14); *Börstinghaus*, Mieterhöhung, S. 293.
13 AG Mitte, MM 2000, 280.

Maßnahmen		Inhalt der Maßnahme
Heizung	(+)	Bei erstmaligem Einbau eines Badezimmers mit WC zumutbar[1]
		Siehe auch *Wohnungszuschnitt*
		Siehe auch *TÜV*
	(–)	Wenn alte Heizung **instandsetzungsbedürftig** geworden ist[2]
	(+)	Bei Umstellung von **Öl** auf **Gas**, wenn Energieeinsparung[3]
	(+)	Bei Umstellung von einer **Kokszentralheizung** auf **Fernwärme**[4]
	(+)	Bei Umstellung von zentraler **Ölheizungsanlage** auf **Fernwärme** auch ohne individuelle Gebrauchsvorteile (bei Kraft-Wärme-Kopplung), jedoch dann nicht, wenn dadurch um 62 % höhere Heizkosten entstehen[5]
	(+)	Bei Umstellung von **Nachtstromspeicherheizung** auf **Gasetagenheizung** mit Warmwasserversorgung[6]
	(+)	Bei Umstellung von **Nachtstromspeicheröfen** auf **Gaszentralheizung**[7]
	(+)	Bei Einbau einer **Zentralheizung**[8]
	(+)	Einbau einer **Zentralheizung** statt **Kohleöfen**[9]
	(+)	Bei Einbau einer **Gaszentralheizung** statt eines **Ofens**[10]
	(–)	Bei Einbau einer **Nachtspeichertherme** statt eines **Ölofens**, da keine Verbesserung[11]
	(+)	Bei Einbau einer **Zentralheizung** statt **Kohle**[12]
	(+)	Bei Umstellung einer **Zentralheizung** von **Koks** auf **Öl**[13]

---

1 LG Berlin, GE 1989, 99; LG Berlin, GE 1990, 255; LG Berlin, GE 1992, 39.
2 *Börstinghaus*, Mieterhöhungen, S. 293.
3 AG Rheine, WuM 1987, 127.
4 LG Berlin, WuM 1991, 482.
5 LG Berlin, MM 2000, 278 = NZM 2002, 64.
6 AG Hamburg, WuM 1991, 30.
7 LG Hamburg, WuM 1990, 18.
8 LG Fulda, NJW-RR 92, 658; LG Kiel, WuM 2000, 613.
9 LG Berlin, ZMR 2001, 277.
10 LG Berlin, WuM 1984, 219.
11 AG Dortmund, WuM 1983, 291.
12 AG Bochum, WuM 1983, 140.
13 LG Düsseldorf, ZMR 1973, 81.

Maßnahmen		Inhalt der Maßnahme
	(+)	Bei Erweiterung einer **Zentralheizung** durch eine **Fußleistenheizung**[1]
	(+)	**Ölbeheizte Zentralheizung**[2]
	(+)	Bei Einbau eines **Ölbrenners** in eine **Kachelofenheizung**[3]
	(+)	Einbau von **Heizkostenzählern**[4]
	(+)	Einbau einer **Zweirohrheizungsanlage** mit Parallelschaltung der Heizflächen und Verkleinerung der Heizkörper[5]
	(+)	Einbau einer **Gasetagenheizung** anstelle vorhandener Gasaußenwandheizer[6]
	(−)	Einbau einer **Gasetagenheizung** bei Angst des alten Mieters vor dem Brennstoff Gas[7]
	(−)	Austausch der Gasetagenheizung durch einen **Fernwärmeanschluss**[8]
	(+)	Ersatz von Gaseinzelöfen durch eine **Zentralheizung** auch ohne Prüfung der Wirtschaftlichkeit der Maßnahme[9], oder Prüfung einer Energieersparnis[10]
	(+)	Einbau einer **Gaszentralheizung** bei vom Mieter von dessen Vormieter übernommenen Nachtstromspeicheröfen[11]
	(−)	Austausch einer vom Mieter mit Einverständnis des Vermieters eingebauten Gasetagenheizung gegen eine Gaszentralheizung[12]
	(+)	Einbau elektronischer Funk-Heizkostenverteiler[13]
Hofbefestigung	(+)	**Dauernde Verbesserung** der allg. Wohnverhältnisse[14]

---

1 AG Köln, WuM 1986, 313.
2 OVG Berlin, ZMR 1990, 75.
3 *Barthelmess*, Wohnraumkündigungsschutzgesetz, Miethöhegesetz, 5. Aufl., § 3 MHG Rz. 10.
4 LG Berlin, ZMR 2001, 277.
5 LG Halle/Saale, ZMR 2003, 35.
6 AG Tempelhof-Kreuzberg, MM 2002, 187.
7 LG Köln, WuM 2002, 669.
8 LG Hamburg, WuM 2002, 375.
9 LG Frankfurt/Main, WuM 2002, 171.
10 LG Berlin, ZMR 2003, 488.
11 LG Berlin, ZMR 2003, 488.
12 LG Berlin, MM 2003, 193.
13 AG Frankfurt/Main, NZM 2006, 537.
14 LG Hildesheim, WuM 1985, 340.

Maßnahmen		Inhalt der Maßnahme
Kabelanschluss		Siehe *Antenne*
Kanalisation	(+)	bei Anschluss an die gemeindliche Kanalisation (Frischwasser und Abwasser)[1]
	(–)	Grundsätzlich, da Sache des Vermieters[2]
Kellerdecke	(+)	Dämmung der Kellerdecke[3]
Kücheninstallation	(+)	Bei **Verbesserung der Kochmöglichkeiten**, wenn Gebrauchswert merklich erhöht wird: etwa beim **Austausch eines dreiflammigen** gegen einen **vierflammigen Herd**[4]
	(–)	Austausch eines Gasherdes gegen einen **Elektroherd**[5]
	(+)	Installation eines wesentlich moderneren **Gas-** oder **Elektroherdes** anstelle eines alten mitvermieteten Herdes[6]
	(+)	Ebenso beim Einzug einer **Dunstabzugshaube** oder eines **Ventilators**[7]
	(–)	Austausch eines gasbetriebenen durch einen elektrisch betriebenen **Durchlauferhitzer**[8]
Leitungen	(+)	**Bei Verlegung von Leitungen unter Putz**[9]
Luxusmodernisierung	(–)	Z.B. **Schwimmbad**[10]
Müllboxen	(+)	Bei **Verlagerung zur Straße** oder bei **Neuanlage**[11]
	(+)	Bei Verlagerung vom Keller in Müllboxbehälter vor dem Haus[12]
Rohrleitungen		Siehe auch *Steigleitungen*
	(–)	**Rohrverkleidungen** ohne Darlegung einer Verbesserung des Schallschutzes[13]

1 *Barthelmess*, Wohnraumkündigungsschutzgesetz, Miethöhegesetz, 5. Aufl., § 3 MHG Rz. 11.
2 LG Hildesheim, WuM 1985, 340.
3 LG Halle/Saale, ZMR 2003, 35.
4 *Kinne* in Kinne/Schach, Miet- und Mietprozessrecht, 3. Aufl., § 554 BGB, Rz. 55 a.E.
5 *Kinne* in Kinne/Schach, Miet- und Mietprozessrecht, 3. Aufl., § 554 BGB, Rz. 55 a.E; LG Berlin, MM 2003, 193; AG Mitte, MM 2000, 280.
6 *Scholz*, WuM 1995, 13, (14).
7 *Scholz*, WuM 1995, 13, (14).
8 LG Berlin, MM 2000, 131.
9 *Kraemer* in Bub/Treier, Handbuch der Geschäfts- und Wohnraummiete, 3. Aufl., III. A, Rz. 1101.
10 *Kraemer* in Bub/Treier, Handbuch der Geschäfts- und Wohnraummiete, 3. Aufl., III. A, Rz. 1101.
11 LG Hannover, WuM 1982, 83.
12 AG Hamburg, WuM 2002, 487.
13 LG Berlin, ZMR 2001, 277.

Maßnahmen		Inhalt der Maßnahme
Rollläden	(+)	Wenn **Schutz vor Einbrechern, Energieeinsparung** und **Schutz vor Sonnenstrahlen**[1]
Sanitäreinrichtungen		Siehe *Badezimmer*
Schaffung neuen Wohnraums	(+)	Vgl. § 554 Abs. 2 BGB
Schallschutz	(+)	[2]Siehe auch unter *Fenster*
Schließanlage	(+)	Siehe *Gegensprechanlage*
Sicherheitsschlösser	(+)	Austausch eines **Bartschlosses** gegen ein **Ikon-Schloss**[3]
Spardrücker	(+)	siehe *Wassereinsparung*
Spielplatz	(+)	Erstmaliger Bau eines Kinderspielplatzes[4]
	(+)	Erneuerung des Spielplatzes[5]
Steigleitungen für Wasser/Entwässerung/Elektro	(+)	Einbau von Rohren mit **größerem Querschnitt**[6]
	(–)	Einbau von **Feuerschutzbekleidungen** ohne Erläuterung[7]
	(+)	Erneuerung der Steigeleitungen für **Elektro, Warmwasser, Kaltwasser** und **Abwasser**[8]
Stellplätze	(+)	Bei Schaffung **zusätzlicher Stellplätze**[9]
Thermostatventile	(+)	bei Austausch alter **Heizungsventile** gegen Thermostatventile[10]
Treppenhaus	(–)	In den meisten Fällen[11]
	(+)	bei Erneuerung[12]
Treppenhausbeleuchtung	(–)	Ist vom Vermieter ohnehin geschuldet[13]

---

1 *Börstinghaus*, Mieterhöhung, S. 293.
2 *Scholz*, WuM 1995, 13; *Börstinghaus*, Mieterhöhung, S. 293.
3 VG Berlin, GE 1988, 687; *Scholz*, WuM 1995, 13, 14; LG Hannover, WuM 1982, 83.
4 *Scholz*, WuM 1995, 13, (14).
5 AG Hamburg-Altona, WuM 2005, 778.
6 LG Berlin, ZMR 2001, 277.
7 LG Berlin, ZMR 2001, 277.
8 AG Köln in *Lützenkirchen*, KM 32 Nr. 20.
9 *Scholz*, WuM 1995, 13, (14).
10 LG Berlin, ZMR 1986, 444.
11 *Börstinghaus*, Mieterhöhungen, S. 293.
12 *Barthelmess*, Wohnraumkündigungsschutzgesetz, Miethöhegesetz, 5. Aufl., § 3 MHG Rz. 10.
13 *Börstinghaus* in: Schmidt-Futterer, Mietrecht, 8. Aufl., § 559 BGB, Rz. 139.

Maßnahmen		Inhalt der Maßnahme
TÜV	(+)	Prüfung und Abnahme einer erstmals eingebauten **Zentralheizung**[1]
Ventilator		Siehe *Kücheninstallation*
Wärmedämmung	(+)	Grundsätzlich bei **Energieeinsparung**, siehe bei *Außenfassade, Dachbodenisolierung, Fenster, Kellerdecke*
Wassereinsparung	(+)	Wenn nachhaltige Einsparung von Wasser – etwa durch Einbau von **Wasserzählern**[2]
	(+)	Austausch von **Drückergarnituren** gegen **Spardrücker**, Einbau von **Spülkästen**[3]
Wasserversorgung	(+)	Wenn durch das **Verlegen neuer Leitungen** das neue Leitungsnetz eine größere lichte Weite erhält und mithin **mehr Wasser** entnommen werden kann, als bisher[4]
Wasserzähler		siehe *Wasserversorgung*
Wintergarten	(−)	bei Umbau eines **Balkons** in einen **Wintergarten**[5]
Wohnungszuschnitt	(+)	Wenn bauliche Maßnahmen den Zuschnitt der Wohnung **verbessern**[6]
		Siehe auch *Grundrissänderungen*

2. Überlegungen bei der Vermieterberatung

162 Bei der Beratung des Vermieters zur Vorbereitung und Abgabe der Mieterhöhungserklärung nach § 559 BGB können folgende Fragen eine Rolle spielen:

a) Sind ausreichend aussagekräftige Unterlagen vorhanden?

aa) Rechnungen

163 Die Kosten der Wertverbesserungsmaßnahmen müssen durch prüffähige **Rechnungen** belegt sein. Sind Arbeiten pauschal oder auf Grund von Kostenvoranschlägen abgerechnet worden, so ist es für Zwecke der Mieterhöhung notwendig, sie aufzugliedern und nachvollziehbar aufzulisten.

---

1 LG Berlin, ZMR 2001, 277.
2 *Bub*, NJW 1993, 2897, 2899; *Weidenkaff* in: Palandt, 62. Aufl., § 559 BGB Rz. 11; *Kinne* in Kinne/Schach, Miet- und Mietprozessrecht, 3. Aufl., § 554 BGB, Rz. 77.
3 *Kinne* in Kinne/Schach, Miet- und Mietprozessrecht, 3. Aufl., § 554 BGB, Rz. 77.
4 *Kinne* in Kinne/Schach, Miet- und Mietprozessrecht, 3. Aufl., § 554 BGB, Rz. 53.
5 LG Berlin, NJW-RR 1998, 300.
6 *Kinne* in Kinne/Schach, Miet- und Mietprozessrecht, 3. Aufl., § 554 BGB, Rz. 50.

bb) Abgrenzung der Instandhaltungskosten

Häufig werden gleichzeitig Modernisierungs- und **Instandsetzungsmaßnahmen** durchgeführt. So wird erstmals eine Klingel- und Gegensprechanlage eingebaut, gleichzeitig erhält das Treppenhaus einen neuen Anstrich und neuen Fußbodenbelag; es erfolgt eine Wärmedämmung der Fassade zugleich mit Umgestaltung des Innenhofs (Begrünung, Fahrradständer).

164

Da sich nur die Kosten der Modernisierung mieterhöhend auswirken können, ist darauf zu achten, dass die Arbeiten **detailliert** genug **beschrieben** sind, um beide Kostenarten genau auseinander halten zu können. Dies gilt auch für die evtl. angefallenen **Baunebenkosten** wie Kosten behördlicher Genehmigungen, Architektenhonorare[1], Gerüstaufstellungskosten. Im Zweifel sind nicht eindeutig zuzuordnende Kosten nicht umlegbar[2]. Ebenso wenig sind unnötige, unzweckmäßige oder ansonsten überhöhte Modernisierungsaufwendungen ansatzfähig[3].

cc) Berechnung der Instandhaltungskosten

Ein gängiger Streitpunkt sind die sog. **fiktiven Instandsetzungskosten**. Werden beispielsweise Holzfenster gegen Isolierglasfenster ausgetauscht, ist damit oft eine Instandsetzung eingespart worden, die sonst an den Holzfenstern fällig gewesen wäre; mit der Wärmedämmung einer schadhaften Fassade erledigen sich ansonsten nötige Verputzarbeiten[4]. Die Rechtsprechung lässt in diesen Fällen den vollständigen Ansatz der aufgewendeten Kosten nicht zu, sondern nur derjenigen Kosten, die die „reine" Wertverbesserung betreffen, also nicht derjenigen Kosten, die ohnehin für Instandsetzungsarbeiten hätten aufgewendet werden müssen[5]. Diese Kosten müssen nachvollziehbar belegt werden. Eine Angabe wie „**abzgl. pauschal 20 % für ersparte Instandsetzungskosten**" reicht jedenfalls dann **nicht aus**, wenn der Ansatz mieterseits bestritten wird. Abzuziehen sind nur die fiktiven Kosten bereits fälliger, nicht also künftiger Instandsetzungen[6].

165

dd) Sonstige Berechnungen

Insbesondere bei baulichen Maßnahmen zur nachhaltigen **Einsparung von Energie** oder Wasser ist ein häufiger Streitpunkt der, ob solche Einsparun-

166

---

1 Unter welchen Voraussetzungen diese überhaupt ansatzfähig sind, ist umstritten, vgl. dazu die Nw. bei *Kossmann*, ZAP Fach 4, 563, 569 und bei *Börstinghaus* in Schmidt-Futterer, § 559 Rz. 157.
2 Zu Einzelheiten vgl. LG Görlitz, WuM 2001, 613. Zur – umstrittenen – Frage, ob an den Mieter gezahlter Aufwendungsersatz umlegbar ist, vgl. die Nw. bei *Börstinghaus* in Schmidt-Futterer, § 559 BGB Rz. 158.
3 BGH, WuM 2009, 124.
4 Vgl. hierzu etwa LG Berlin, GE 1997, 1469.
5 Instruktiv KG, WuM 2006, 450 m.w.N.
6 H.M., vgl. – auch zur Gegenmeinung – die Nw. bei *Emmerich* in Staudinger, § 559 BGB Rz. 43a m.w.N.

gen tatsächlich zu erwarten sind bzw. eintreten, und wenn ja, in welcher Höhe. Die Maßnahmen müssen außerdem nach bisher überwiegender und richtiger Auffassung wirtschaftlich sein[1]. Der BGH[2] hat hierzu gegenteilig entschieden; seines Erachtens ist die Mieterhöhung wegen energiesparender Maßnahmen im Grundsatz nicht durch das Verhältnis der zu erzielenden Heizkostenersparnis begrenzt. Das KG[3] hatte für einige Aufregung dadurch gesorgt, dass es für die Mieterhöhungserklärung nach Modernisierung durch **Wärmedämmmaßnahmen** gefordert hatte, in der Erklärung durch eine Wärmebedarfsberechnung darzulegen, in welchem Maß Heizenergie eingespart werde. Der BGH[4] hat dazu klargestellt, dass es ausreichend ist, Tatsachen darzulegen, aus denen sich eine dauerhafte Energieeinsparung ergibt, was eben nicht unbedingt gerade in Form einer Wärmebedarfsberechnung erfolgen muss.

b) Wie sollen die ansatzfähigen Modernisierungskosten verteilt werden?

167 Betreffen die baulichen Veränderungen mehrere Wohnungen, so gibt das Gesetz nur vor, dass die aufgewendeten Kosten „**angemessen**" auf die einzelnen Wohnungen **aufzuteilen** sind. Die Umlage nach **Quadratmetern** ist der üblicherweise gewählte Maßstab, je nach Art der Arbeiten bieten sich aber auch andere Verteilungsschlüssel an oder sollten zumindest in Betracht gezogen werden. So sind Kosten des **Kabelanschlusses** nach Zahl der angeschlossenen Wohnungen zu verteilen, der Einbau von **Wasseruhren** ggf. nach Stückzahl, Kosten des **Fahrstuhleinbaus** können nach Geschosslage der Wohnungen gewichtet verteilt werden, weil die Mieter der höheren Etagen stärker profitieren als diejenigen der unteren Wohnungen. Bei **Wärmedämmmaßnahmen** sind die entstehenden Gebrauchsvorteile für verschiedene Wohnungen möglicherweise zu differenzieren. Sich hierüber im Vorfeld Gedanken zu machen, zahlt sich schon deswegen aus, weil der gewählte Verteilungsmaßstab ggf. begründet werden muss und es sich dann, wenn eine Mietpartei ihn erfolgreich angreift, als unmöglich herausstellen kann, nachträglich zu Lasten anderer Mietparteien den einmal gewählten Schlüssel zu ändern. Das Gericht kann über § 315 Abs. 3 S. 2 BGB den Verteilungsmaßstab **korrigieren**.

c) Wie sind die Abzüge zu berechnen, wenn die Maßnahmen öffentlich gefördert sind?

168 Diese Frage, die in § 559a BGB eingehend geregelt ist, hat wegen des Rückgangs der staatlichen Fördermaßnahmen an praktischer Bedeutung ver-

---

1 Grundlegend hierzu OLG Karlsruhe, WuM 1985, 17; vgl. weiter die Nw. bei *Börstinghaus* in Schmidt-Futterer, § 559 BGB Rz. 78 ff.
2 BGH, WuM 2004, 285.
3 KG, WuM 2000, 535 = GE 2000, 1179; vgl. auch zuvor VerfGH Berlin, GE 2000, 120 = NZM 2000, 231.
4 BGH, WuM 2002, 366 = GE 2002, 926 = NZM 2002, 519; BGH, WuM 2004, 154 und 155; anders in einem Sonderfall BGH, WuM 2006, 157.

loren. Die Einzelheiten sind kompliziert und stark umstritten, so dass an dieser Stelle auf Spezialliteratur verwiesen werden muss[1].

d) Auf welche Weise soll die Wohnwertverbesserung mietwirksam gemacht werden?

Die bisher erörterten Überlegungen betreffen die Möglichkeit, über § 559 BGB 11 % der aufgewendeten Kosten jährlich als Modernisierungszuschlag auf die Mieten umzulegen. Rechtlich möglich und ggf. wirtschaftlich sinnvoller ist es dagegen, eine Mieterhöhung nach § 558 BGB durchzuführen bzw. beide **Erhöhungsmöglichkeiten** zu verbinden[2]. Dabei ist Folgendes zu berücksichtigen: 169

Zulässig ist es jedenfalls, nach § 558 BGB eine Erhöhung auf die ortsübliche Vergleichsmiete für die Wohnungen in dem nicht modernisierten Zustand durchzuführen und anschließend oder gleichzeitig über § 559 BGB den Modernisierungszuschlag umzulegen. Umgekehrt kann zunächst nach § 559 BGB die Miete erhöht und dann – wenn diese Miete einschließlich Modernisierungszuschlag noch unter der ortsüblichen Miete für den modernisierten Wohnraum liegt – eine Erhöhung nach § 558 BGB verlangt werden. **Ausgeschlossen** ist es lediglich, die Modernisierungsarbeiten dadurch **doppelt mietwirksam** zu machen, dass vor der Erhöhung nach § 559 BGB die ortsübliche Miete für den modernisierten Wohnraum über § 558 BGB geltend gemacht wird. Welches der beiden Verfahren der Vermieter im Ergebnis auch wählt, die sich ergebende Miete darf nicht höher sein als die **Ausgangsmiete + 20 % hiervon + Modernisierungszuschlag**. 170

Für die Erhöhung nach § 559 BGB gelten weder eine Kappungsgrenze noch eine Wartefrist, die Modernisierungsmaßnahmen müssen lediglich **abgeschlossen** sein. Die Kappungsgrenze für die Erhöhung nach § 558 BGB berechnet sich ohne Berücksichtigung von Mieterhöhungen nach § 559 BGB in dem vorangegangenen 3-Jahres-Zeitraum, noch ältere Modernisierungszuschläge gehen dagegen in die Ausgangsmiete ein[3]. Auch für die Wartefrist spielen Erhöhungen nach § 559 BGB keine Rolle. 171

Wie das folgende Beispiel zeigt, empfiehlt sich eine **Prüfung der Mietentwicklung** der letzten drei Jahre und die Feststellung der ortsüblichen Miete für die nichtmodernisierte und die modernisierte Wohnung, um die Erhöhungsmöglichkeiten auszuloten – es sei denn, der Mandant beschränkt den Auftrag ausdrücklich darauf, (nur) den Modernisierungszuschlag gel- 172

---

1 Vgl. etwa die Beispiele bei *Schultz* in Bub/Treier, III Rz. 583 ff. und die Kommentierung zu § 559a BGB von *Börstinghaus* in Schmidt-Futterer; *Kunze/Tietzsch*, WM 2003, 423 ff.
2 Grundlegend dazu OLG Hamm, WuM 1983, 17 und OLG Hamm, WuM 1993, 106 = GE 1993, 155; LG Berlin, GE 2001, 279.
3 Zu der früher zulässigen Mieterhöhung wegen Kapitalkostensteigerung s. BGH, WuM 2004, 348; zum Sonderfall der einvernehmlichen Modernisierungsmieterhöhung s. weiter BGH, WM 2004, 256.

tend zu machen. Lautet der Auftrag dagegen, die Miete in weitestmöglichem Umfang zu erhöhen, sollte der anwaltliche Berater die von ihm angestellten **Vergleichsrechnungen** für den Vermieter und zu seiner eigenen Absicherung dokumentieren.

173 *Berechnungsbeispiel*

Miete für die Wohnung ohne Zentralheizung vor 2 Jahren	*400 Euro*
Miete für die Wohnung ohne Zentralheizung jetzt	*420 Euro*
Kappungsgrenze jetzt: 20 % von 400 Euro = 80 Euro abzüglich zwischenzeitlicher Mieterhöhung um 20 Euro = 60 Euro	
Modernisierungszuschlag für Zentralheizungseinbau	*180 Euro*
ortsübliche Miete für Vergleichswohnung ohne Heizung	*480 Euro*
ortsübliche Miete für Vergleichswohnung mit Heizung jetzt	*650 Euro*

Alternative 1
Erhöhung nach § 559 BGB: 420 Euro + 180 Euro =	*600 Euro*
dann Erhöhung nach § 558 BGB: 600 Euro + 50 Euro =	*650 Euro*

Alternative 2
Erhöhung nach § 558 BGB: 420 Euro + 60 Euro =	*480 Euro*
dann Erhöhung nach § 559 BGB: 480 Euro + 180 Euro =	*660 Euro*

Kontrollrechnung für beide Alternativen:
- *420 Euro + 20 % hiervon = 84 Euro + Modernisierungszuschlag = 180 Euro = 684 Euro sind nicht überschritten*
- *§ 5 WiStG: 650 Euro + 20 % hiervon = 130 Euro = 780 Euro sind nicht überschritten*

3. Hinweise zur praktischen Umsetzung

a) Checkliste: Mindestinhalt des Erhöhungsverlangens

174
- Bezeichnung der durchgeführten Maßnahmen und Begründung, inwieweit hierdurch eine Wertverbesserung, Energieeinsparung oder sonstige Änderung herbeigeführt worden ist
- Zusammenstellung der aufgewendeten, möglichst detailliert aufgegliederten Kosten für jede Maßnahme
- Angabe der einzelnen Rechnungspositionen der ausführenden Firmen (ein ausdrücklicher Hinweis auf das Recht des Mieters, die Unterlagen einzusehen, ist nicht nötig)
- ggf.: Mitteilung und Abzug ersparter Instandsetzungskosten
- Angabe und ggf. Erläuterung des zugrunde gelegten Verteilungsmaßstabes
- rechnerische Verteilung der Gesamtkosten nach dem gewählten Verteilungsmaßstab

- Berechnung des konkreten Erhöhungsbetrags
- ggf.: Abzug vereinnahmter öffentlicher Förderungsbeträge
- ggf.: Bezifferung neuer Mietnebenkosten
- Angabe des Zeitpunktes, ab dem die Erhöhung verlangt wird.

b) Erläuterungen der Checkliste

aa) Einführung neuer Mietnebenkosten

Modernisierungsmaßnahmen führen häufig dazu, dass nicht nur der Wertverbesserungszuschlag selbst zur bisherigen Miete dazukommt, sondern zusätzlich **Nebenkosten neu** entstehen. Der Vermieter, der eine Zentralheizung eingebaut hat, will Heizkostenvorschüsse erheben; durch den Einbau eines Fahrstuhls ergeben sich Betriebskosten für diesen. Eine gesetzliche Regelung hierzu fehlt. Es ist von einer vertraglichen Nebenpflicht des Mieters auszugehen, mit dem Vermieter eine Vereinbarung über die Vorauszahlung und Abrechnung der neu entstandenen Nebenkosten zu treffen[1]. Der gut beratene Vermieter wird sich hierzu bereits in der Modernisierungsankündigung erklären.

175

bb) Fälligkeitszeitpunkt für die Mieterhöhung

(1) Fertigstellung der Arbeiten

Die Wertverbesserungsmaßnahmen müssen vollständig **abgeschlossen** sein, eine bereits zuvor abgegebene Erhöhungserklärung ist unwirksam und muss nach Fertigstellung wiederholt werden. Erst recht unwirksam ist die gelegentlich anzutreffende Vereinbarung eines späteren Modernisierungszuschlags für den Fall einer Modernisierung schon im Mietvertrag[2].

176

(2) Berechnungsgrundlage

Die **Rechnungen** müssen vorliegen, nach Schätzkosten ist die Mieterhöhung nicht möglich. Liegen erst einige Rechnungen vor, so kann die Erhöhung auf Grund dieser Rechnungsbeträge bereits verlangt werden[3], wobei sich der ausdrückliche Vorbehalt empfiehlt, eine weitere Erhöhung nach Vorliegen der abschließenden Rechnungen verlangen zu wollen.

177

---

1 Allg. Ansicht, vgl. etwa *Scholz*, WuM 1995, 87, 90; LG Frankfurt/Oder, WuM 1999, 403; LG Berlin, GE 2004, 1395; a.A. LG Berlin, GE 2007, 597; vgl. auch *Sternel*, Mietrecht aktuell, Rz. IV 396 ff. sowie jetzt BGH, WuM 2007, 571 = MietRB 2007, 281 (ergänzende Vertragsauslegung).
2 Vgl. LG Köln, WuM 1989, 24. *Kossmann*, ZAP Fach 4, 563 hält dies unter sehr engen Voraussetzungen für möglich.
3 Streitig, vgl. *Sternel*, NZM 2001, 1058, 1065 und in Mietrecht aktuell, Rz. IV 375 m.w.N.

(3) Wirkungszeitpunkt der Mieterhöhung

178 Die Erhöhungserklärung **wirkt** zum 1. des 3. Monats nach ihrem Zugang.

Ausnahme: Ist dem Mieter die zu erwartende Mieterhöhung nicht in der Modernisierungsankündigung mitgeteilt worden oder überschreitet der geforderte Erhöhungsbetrag denjenigen aus der Modernisierungsankündigung um mehr als 10 %, so tritt die Erhöhung erst sechs Monate später in Kraft, § 559b Abs. 2 S. 2 BGB.

cc) Vertragsändernde Wirkung der Erklärung nach § 559 BGB

179 Anders als die Erhöhungserklärung nach § 558 BGB ist die vorliegende, ihre Richtigkeit vorausgesetzt, **einseitig** vertragsändernd wirksam, so dass nicht ausdrücklich um Zustimmung des Mieters gebeten zu werden braucht. Eine Bitte um Bestätigung ist natürlich zur Klarheit möglich, für den Mieter aber nicht verpflichtend. Klageankündigung bzw. -androhung ist nicht erforderlich.

dd) Anlagen

180 **Anlagen** sind der Erhöhungserklärung nicht beizufügen, es sei denn, ein Dritter gibt sie in Vertretung des Vermieters ab, so dass eine Vollmacht vorzulegen ist. Falls die durchgeführten Maßnahmen allerdings nicht nochmals im Einzelnen aufgeführt werden, sondern hierfür auf das Ankündigungsschreiben Bezug genommen wird, muss das Schreiben selbst beigefügt, mit der Erhöhungserklärung fest verbunden und von der Unterschrift des Vermieters gedeckt sein[1].

ee) Zugang

181 Wie auch sonst, sollten der **Zugang** und dessen Zeitpunkt beweisbar gemacht werden (vgl. dazu *Rz. 114 ff.*).

c) Muster einer Erhöhungserklärung nach § 559 BGB

182 ... Ort, Datum

...

(Absender)

...

(Empfänger)

Sehr geehrte Mieterin,
sehr geehrter Mieter,

---

1 Vgl. LG Berlin, GE 1998, 1213. Eine Auseinandersetzung darüber, ob die jetzt zulässige Textform geringere Anforderungen stellt, sollte vermieden werden.

Mieterhöhung nach § 559 BGB

entsprechend meiner Modernisierungsankündigung vom ... (Datum), die ich diesem Schreiben noch einmal in Kopie beifüge, sind inzwischen die Maßnahmen am Gebäude und in Ihrer Wohnung fertig gestellt.

1. Für den Fahrstuhleinbau hat mir die Firma A mit Rechnung vom ... (Datum) ... Euro berechnet, und zwar im Einzelnen: ...
2. Die Elektroarbeiten hierfür haben gemäß Rechnung der Firma B vom ... (Datum) ... Euro gekostet.
3. Die Kosten des Einbaus der Zentralheizung haben laut Rechnung der Firma C vom ... (Datum) ... Euro betragen, und zwar im Einzelnen: ...
4. Für den Einbau von Isolierglasfenstern sind je Fenster pauschal ... Euro gemäß Rechnung der Firma D vom ... (Datum) angefallen. Die Firma D hat einen Kostenvoranschlag vom ... (Datum) vorgelegt, wonach die Instandsetzung der vorhandenen Einfachfenster ... Euro pro Stück betragen hätte. Auf die reine Wertverbesserung entfällt danach je Fenster die Differenz von ... Euro.
5. Für Malerarbeiten, die durch den Heizungs- und Fenstereinbau in den Wohnungen des Hauses notwendig geworden sind, sind laut Rechnung der Firma E vom ... (Datum) ... Euro aufgewandt worden.

Die Gesamtkosten des Fahrstuhleinbaus einschließlich der Elektroarbeiten lege ich, wie angekündigt, den drei Erdgeschosswohnungen nicht zur Last, weil die dortigen Mieter allenfalls geringfügige Vorteile von dem Fahrstuhl haben. Die Kosten verteilen sich vielmehr auf die 12 Wohnungen der 1. bis 4. Etage. Dies ergibt je Wohnung ... Euro.

Die Gesamtkosten des Zentralheizungseinbaus und der Malerarbeiten belaufen sich bei einer Quadratmeterfläche des Hauses von ... qm auf ... Euro/qm. Dies ergibt bei Ihrer Wohnfläche von ... qm einen Betrag von ... Euro.

In Ihrer Wohnung sind vier Isolierglasfenster eingebaut worden. Dies ergibt Kosten von ... Euro.

Insgesamt entfallen auf Ihre Wohnung also ... Euro. Gemäß § 559 BGB können hiervon 11 % pro Jahr auf Ihre Miete aufgeschlagen werden, so dass sich die monatliche Mieterhöhung mit

... Euro: 100 × 11 : 12 = ... Euro

berechnet.

Die Heizkosten werden erfahrungsgemäß rund Euro 0,80/qm betragen, so dass ich Ihnen einen Heizkostenvorschuss von Euro 0,80 × qm Wohnfläche = ... Euro berechnen möchte. Die Abrechnungsperiode setze ich vom 1. 5 des Jahres bis zum 30. 4 des Folgejahres an und werde spätestens zum 31.10. jeden Jahres über Ihre Heizkostenvorschüsse abrechnen, wobei 60 % der Kosten nach Ihrem individuellen Verbrauch und 40 % der Kosten verbrauchsunabhängig abgerechnet werden. Ich behalte mir vor, Ihre Vorauszahlung angemessen zu erhöhen, sollte sie nicht kostendeckend sein.

Bitte zahlen Sie also ab dem 1. ... 2009 folgende Miete:

bisherige Miete	... Euro
Modernisierungszuschlag	... Euro
Heizkostenvorauszahlung	... Euro
	... Euro

Ich mache darauf aufmerksam, dass auch Kosten des laufenden Fahrstuhlbetriebs anfallen werden. Sobald mir hierzu Zahlenangaben vorliegen, werde ich Ihnen einen entsprechenden Betriebskostenvorschuss berechnen.

Mit freundlichen Grüßen

...

(Unterschrift)

4. Gegenargumente des Mieters

a) Ausschluss von Mieterhöhungen wegen Modernisierung

183 Zunächst ist hier, wie auch sonst, zu überprüfen, ob Mieterhöhungen wegen Modernisierung i.S.d. § 557 Abs. 3 BGB **ausgeschlossen** sind. Dies ist beispielsweise bei Vorliegen einer Staffelmietvereinbarung der Fall, aber auch, wenn etwa zu einem früheren Zeitpunkt Mietermodernisierungsmaßnahmen durchgeführt worden sind und im Zusammenhang hiermit vereinbart wurde, dass für einen Ausschlusszeitraum Vermietermodernisierungsmaßnahmen nicht mietwirksam werden.

b) Bauherr der Modernisierungsmaßnahme

184 In Veräußerungsfällen, in denen der frühere Vermieter Bauherr der Modernisierungsmaßnahmen war und diese vor Eintragung des Rechtsnachfolgers in das Grundbuch abgeschlossen sind, kann der Erwerber die Mieterhöhung geltend machen[1]. Der Vermieter kann umgekehrt den Erwerber ermächtigen, noch vor seiner Eintragung im Grundbuch Modernisierungsmaßnahmen anzukündigen und durchzuführen[2].

c) Duldung der Maßnahme

185 Hat der Mieter der Maßnahme nicht ausdrücklich zugestimmt, ist bei Arbeiten **innerhalb** der Mietwohnung ausreichend, dass er deren Durchführung **geduldet** hat, indem er den Handwerkern Zutritt gegeben hat. Ob die Modernisierungsankündigung ordnungsgemäß war, spielt dann keine Rolle mehr[3] und braucht bei der Fallbearbeitung nicht untersucht zu werden.

---

1 KG, WuM 2000, 300 und WuM 2000, 482 = GE 2000, 1104; die Frage war früher umstritten.
2 BGH, WuM 2008, 219.
3 OLG Stuttgart, WuM 1991, 332; OLG Frankfurt/Main, WuM 1991, 527.

Bei **Außenarbeiten** wie Fassadendämmung oder Fahrstuhleinbau, die keinen Zutritt zur Mietwohnung erfordern, also ohne Duldung des Mieters durchgeführt werden können, setzt die Mieterhöhung nach § 559 BGB voraus, dass der Mieter 186

– entweder ebenfalls ausdrücklich **zugestimmt** hat
– oder **zur Duldung** der Maßnahme **verpflichtet** war[1].

Nur im letztgenannten Fall müssen also die materiellen Voraussetzungen der Duldungspflicht nach § 554 BGB geprüft werden. Dies ist insoweit allgemeine Ansicht. Umstritten ist dagegen, ob die materielle Duldungspflicht ihrerseits auch voraussetzt, dass dem Mieter eine – die Duldungspflicht überhaupt erst auslösende – form- und fristgerechte Ankündigung zugegangen ist[2].

Nach richtiger Auffassung[3] ist in diesen Außenmodernisierungsfällen eine Mieterhöhung nach § 559 BGB nicht möglich, wenn eine Modernisierungsankündigung völlig unterblieben oder fehlerhaft gewesen ist[4]. § 559b Abs. 2 S. 2 BGB regelt dagegen nur den Fall, dass der Mieterhöhungsbetrag nicht oder um mehr als 10 % zu gering angekündigt worden ist. Der BGH[5] hat allerdings jetzt entschieden, dass es der Mieterhöhung nicht entgegensteht, wenn der Vermieter den Beginn der Arbeiten weniger als drei Monate vorher angekündigt und der Mieter der Maßnahme widersprochen hat. 187

d) Abgeschlossene Arbeiten

Solange die Arbeiten noch nicht **abgeschlossen** sind, ist keine Mieterhöhung möglich[6]. Dies führt in der Praxis vor allem in denjenigen Fällen zu Auseinandersetzungen, in denen zwar die Maßnahmen wie Zentralheizungs- oder Fenstereinbau stattgefunden haben, die Mietwohnung aber noch nicht (vollständig) wiederhergerichtet ist, weil etwa Anstrich der Heizkörper, Ersatz beschädigter Tapeten oder Lackierung der neuen Fensterbretter noch fehlen. Klare Maßgaben der Rechtsprechung zu diesen Fragen gibt es nicht, so dass der **Mietervertreter** – wenn das Mieterhöhungsverlangen sonst in Ordnung ist – raten sollte, die Zahlung des Moder- 188

---

1 KG, WuM 1988, 389.
2 So ausdrücklich KG, WuM 1988, 389 und LG Berlin, GE 2003, 187; dagegen ein Teil der Literatur, etwa *Schultz* in Bub/Treier, III Rz. 555 ff.; *Sternel*, Mietrecht aktuell, Rz. IV 350.
3 Vgl. hierzu im Einzelnen AG Tiergarten, GE 1998, 46.
4 AG Tiergarten, GE 1998, 46; *Emmerich* in Staudinger, § 559b BGB Rz. 20 ff., 26; *Kossmann*, ZAP Fach 4, 563, 576; *Barthelmess*, § 3 MHG Rz. 35; *Börstinghaus/Eisenschmid*, zu § 559b BGB. Anderer Ansicht die Begründung zum Referentenentwurf zu § 559b BGB mit dem – unzutreffenden – Hinweis, es bleibe bei der bisherigen Rechtslage; *Lützenkirchen/Löfflad*, Neue Mietrechtspraxis, Rz. 315 sowie jetzt *Börstinghaus*, Miethöhe-Handbuch, Kap. 9 Rz. 6. Vgl. weiter *Sternel*, NZM 2001, 1058, 1068 f.; *Kinne/Schach/Bieber*, § 559b Rz. 7.
5 BGH, WuM 2007, 630 = MietRB 2007, 309.
6 Allg. Ansicht, vgl. etwa LG Berlin, WuM 1990, 311.

nisierungszuschlags anzukündigen, sobald die im Einzelnen aufzuführenden Restarbeiten erledigt sind.

e) Öffentliche Förderung

189 Ist die Modernisierung mit **öffentlicher Förderung** durchgeführt worden, so sind nach § 559a BGB die hierfür vereinnahmten Fördermittel in Abzug zu bringen. Geschieht dies überhaupt nicht, ist das Erhöhungsverlangen nach richtiger und überwiegender Auffassung **unwirksam**[1].

Bei fehlerhafter Berechnung des Abzugs sollte sich der Rechtsanwalt nicht auf die gänzliche Unwirksamkeit der Erhöhungserklärung verlassen, sondern eine **Korrektur** verlangen. Hierzu ist ggf. die Vorlage einer Kopie des Fördervertrags zwischen Bauherrn und öffentlicher Hand zu verlangen, und es sind die zugrunde liegenden jeweiligen Förderrichtlinien heranzuziehen, die häufig Aufschluss über die Mietenbildung seitens des Förderungsempfängers geben.

f) § 5 WiStG

190 Nach inzwischen herrschender Meinung auch der Literatur ist **§ 5 WiStG** auch auf Mieterhöhungen nach § 559 BGB anzuwenden[2]. Übersteigt die verlangte Miete also die ortsübliche Vergleichsmiete für Wohnraum des modernisierten Standards um mehr als 20 bzw. 50 %, kann der übersteigende Betrag nicht verlangt werden.

Liegt für die Gemeinde ein Mietspiegel vor, so lässt sich die hier vom Rechtsanwalt durchzuführende Vergleichsrechnung relativ einfach bewerkstelligen. Ist das nicht der Fall, hilft nur die Heranziehung von Erfahrungswerten und bei greifbarem Verdacht die gerichtliche Überprüfung; hierbei ist die Behauptung der Mietpreisüberhöhung allerdings vom Mieter durch Sachverständigengutachten zu beweisen, was im Misslingensfall zur Belastung auch mit den durchaus beträchtlichen Sachverständigenkosten führt (vgl. im Einzelnen D Rz. 153 ff.).

g) Mieterhöhungshöhe

191 Auch aus anderen Gründen kann die verlangte Mieterhöhung nicht dem Grunde, aber der **Höhe** nach ungerechtfertigt sein (z.B. nicht ansatzfähige Kosten; Rechenfehler; Kostenaufwand unwirtschaftlich). Will sich der Mieter darauf berufen, es seien fiktive Instandsetzungskosten überhaupt oder

---

1 Vgl. die Zusammenstellung der Rechtsprechung bei *Kunze/Tietzsch*, WuM 1997, 308, 313 Fn. 36; sowie seitdem *Börstinghaus*, MDR 1998, 933, 935; VerfGH Berlin, GE 2001, 50; KG, WuM 2002, 144 = NZM 2002, 211 = GE 2002, 259; LG Berlin, GE 2002, 195 und 396 und 862.

2 OLG Karlsruhe, WuM 1983, 314 und OLG Karlsruhe, WuM 1985, 17; *Barthelmess*, § 3 MHG Rz. 23; *Beuermann*, § 3 Rz. 74; *Scholz*, WuM 1995, 87, 90 f.; *Schultz* in Bub/Treier, III Rz. 550, 589 unter Aufgabe der früheren gegenteiligen Auffassung und m.w.N.; *Sternel*, Mietrecht aktuell, Rz. IV 411; vgl. auch die Nw. bei *Kossmann*, ZAP Fach 4, 172.

in höherem Umfang als geschehen abzuziehen, so trägt er dazu die Substantiierungs- und Beweislast, was auf erhebliche praktische Schwierigkeiten stoßen kann[1].

h) Verwirkung

In manchen Fällen kommt noch eine **Verwirkung** des Mieterhöhungsrechts des Vermieters nach § 559 BGB in Betracht, und zwar bei einem Erhöhungsverlangen mehrere Jahre nach Abschluss der Maßnahme[2]. 192

i) Checkliste zur Überprüfung der Erhöhungserklärung nach § 559 BGB

– Ist die Erhöhung vertraglich ausgeschlossen? 193
– Ist der Vermieter Bauherr der Maßnahme?
– War im Falle von Außenarbeiten die Modernisierungsankündigung ordnungsgemäß, oder hat der Mieter zugestimmt?
– Hat das Erhöhungsverlangen den notwendigen Mindestinhalt?
– Handelt es sich um reine Wertverbesserungsmaßnahmen?
– Sind die Arbeiten tatsächlich durchgeführt worden und abgeschlossen?
– Bestehen Zweifel an der Höhe der angesetzten Kosten? (Rechnungskopien anfordern!)
– Sind etwa abgezogene fiktive Instandsetzungskosten korrekt beziffert? (Nachweise verlangen!)
– Sind die Kosten angesichts der zu erwartenden Energie- bzw. Wassereinsparungen wirtschaftlich vertretbar und verhältnismäßig?
– Sind die Arbeiten öffentlich gefördert gewesen? Ist dies berücksichtigt?
– Ist der Verteilungsmaßstab für die Kosten in Ordnung? Ist die Erhöhung rechnerisch korrekt? Entspricht der Betrag demjenigen aus der Modernisierungsankündigung?
– Liegt eine Mietpreisüberhöhung vor?
– Ist die Erhöhung verwirkt?
– Ab wann ist die Erhöhung fällig?

> **Hinweis:** 194
> Auch das Mieterhöhungsverlangen nach § 559 BGB löst ein **Sonderkündigungsrecht** aus, § 561 Abs. 1 BGB.

---

1 Vgl. dazu BGH, WM 2004, 154.
2 LG Hamburg, WuM 1989, 308: Jedenfalls nach vier Jahren; zustimmend *Schultz* in Bub/Treier, III Rz. 588; *Sternel*, Mietrecht aktuell, Rz. IV 404.

5. Gerichtliche Durchsetzung der Mieterhöhung nach § 559 BGB

a) Klagevorbereitung

195 Wird der Rechtsanwalt beauftragt, eine mieterseits nicht befolgte Mieterhöhungserklärung nach § 559 BGB gerichtlich **durchzusetzen**, wird er zunächst anhand der o.g. Kriterien prüfen, ob die Erhöhungserklärung grobe Fehler aufweist. In diesem Falle wird er raten, sie in ordnungsgemäßer Weise zu **wiederholen**. Erweist sich das Erhöhungsverlangen als im Wesentlichen in Ordnung, sollte der Mieter vorsorglich vor Klageerhebung noch einmal ausdrücklich unter Androhung gerichtlichen Vorgehens **in Verzug gesetzt** werden, wobei ggf. absehbare oder bereits geäußerte Einwände entkräftet werden können. Denn möglicherweise hat er die Mieterhöhung übersehen oder lässt sich von einem anwaltlichen Schreiben beeindrucken. Dem Mandanten sollten die Risiken zweifelhafter Positionen aufgezeigt werden, damit er die Entscheidung über eine eventuelle (teilweise) Reduzierung eines Erhöhungsverlangens treffen kann.

b) Zahlungsklage

196 Bleibt es bei der Zahlungsverweigerung, so ist **Zahlungsklage** wegen der bereits aufgelaufenen Mietrückstände zu erheben. Für eine etwaige Feststellungsklage des Vermieters würde nach überwiegender Ansicht das Rechtschutzbedürfnis fehlen. Eine Kündigung und Räumungsklage wegen der nicht gezahlten Erhöhungsbeträge verbieten sich nach ganz überwiegender und richtiger Ansicht, weil § 569 Abs. 3 Nr. 3 BGB davon ausgeht, dass eine Kündigung wegen Nichtzahlung von Mieterhöhungsbeträgen erst nach Ablauf von zwei Monaten nach rechtskräftiger Verurteilung zu deren Zahlung möglich sein soll.

c) Berufungsfähigkeit

197 Hier bietet sich die taktische Überlegung an, ob mit der Klageerhebung zugewartet werden soll, bis die Höhe des Rückstands die Sache **berufungsfähig** macht. Dieselbe Überlegung spielt im Prozessverlauf eine Rolle für die Frage, ob die Klage wegen der hinzugekommenen Rückstände **erweitert** werden soll.

d) Mehrere Mieter

198 Zahlen **mehrere Mieter** nicht, muss mit dem Mandanten besprochen werden, ob im Kosteninteresse zunächst nur eine Mietpartei verklagt werden soll. Dies kann dann sinnvoll sein, wenn nach dem Geschäftsverteilungsplan des zuständigen Amtsgerichts ohnehin dieselbe Abteilung und dieselbe Berufungskammer für alle Zahlungsklagen zuständig ist.

e) Formalien

198a Für die **Formalien** der Klage gelten keine Besonderheiten.

f) Checkliste: Mindestinhalt Klagebegründung

- Bestehen eines Mietverhältnisses zwischen den Parteien;
- Vermieter hat Wertverbesserungsmaßnahmen durchgeführt, und zwar ...;
- Mieter hat diesen zugestimmt oder sie geduldet oder war verpflichtet, sie zu dulden;
- die in Bezug genommene Mieterhöhung ist ausgesprochen worden;
- Zugangszeitpunkt der Mieterhöhungserklärung;
- Mieter hat seit Fälligkeit nicht gezahlt, so dass ein Rückstand von Erhöhungsbetrag × Monate = Klageforderung aufgelaufen ist.

199

g) Begründetheit

Die Klage ist **begründet**, wenn
- eine bauliche Maßnahme
- des Vermieters
- geduldet worden ist oder (bei Außenarbeiten) nach § 554 BGB geduldet werden musste,
- die wirtschaftlich ist,
- und eine formal und inhaltlich korrekte Mieterhöhung erfolgt ist.

200

Einen weiteren etwas kuriosen Begründungsweg, der sich in der Praxis nicht durchgesetzt hat, aber der Vollständigkeit halber erwähnt werden soll, hat das Kammergericht[1] gewiesen. Im zugrunde liegenden Fall hatte sich der Mieter in Kenntnis dessen, dass der Vermieter einen Aufzug einbauen wollte, passiv verhalten, insbesondere also nicht widersprochen; die Modernisierungsankündigung war fehlerhaft. Die spätere Benutzung des Aufzugs durch den Mieter hielt das Gericht für eine ungerechtfertigte Bereicherung auf Kosten des Vermieters, dem also kein Anspruch aus § 559 BGB, sondern aus §§ 812, 818 BGB (in Höhe des üblichen Entgeltes) zustehe.

Für sämtliche formellen und materiellen Voraussetzungen des Erhöhungsanspruchs ist der Vermieter **darlegungs- und beweispflichtig**. Insbesondere die nachhaltige Energieeinsparung muss nachvollziehbar vorgetragen werden, die Bezugnahme auf ein noch einzuholendes Sachverständigengutachten ist unzureichend.

201

---

[1] KG, WuM 1992, 514; kritisch hierzu *Beuermann*, § 3 Rz. 7; ablehnend etwa LG Leipzig, WuM 2002, 94.

6. Gerichtliche Abwehr der Mieterhöhung nach § 559 BGB

a) Zahlungsklage abwarten

202 Der Mieter, der das Erhöhungsverlangen nicht für gerechtfertigt hält, kann sich darauf beschränken, die Zahlungsklage **abzuwarten** und abzuwehren. Das Risiko einer Kündigung wegen nicht gezahlter Erhöhungsbeträge und nachfolgender erfolgreicher Räumungsklage besteht nicht. (Ausnahme: Es bestehen bereits andere Mietrückstände, § 569 Abs. 3 Nr. 3 BGB!).

b) Negative Feststellungsklage

203 Will der Mieter eine baldige Klärung, während der Vermieter zunächst auf die Nichtzahlung des Erhöhungsbetrages nicht reagiert, bietet sich die **negative Feststellungsklage** an. Erst recht gilt dies, wenn der Erhöhungsbetrag voraussichtlich jedenfalls teilweise geschuldet ist. Wenn der Mieter aus Unsicherheit über die Rechtslage den Erhöhungsbetrag zunächst – mit oder ohne **Vorbehalt** – gezahlt hat, kann der Feststellungsantrag für die Zukunft mit dem Zahlungsantrag auf Rückforderung der bereits gezahlten Beträge verbunden werden. Möglich ist es schließlich, der Zahlungsklage des Vermieters die negative Feststellungsklage als **Widerklage** entgegenzusetzen.

Gelegentlich lehnen Rechtsschutzversicherer den Deckungsschutz für eine Feststellungsklage wegen § 569 Abs. 3 Nr. 3 BGB mit dem Argument zunächst ab, da der Vermieter ja nicht kündigen könne, sei dem Mieter ein Abwarten auf dessen Zahlungsklage zumutbar. Hier hilft in der Regel der Hinweis weiter, dass angesichts der unsicheren Rechtslage eine Klärung notwendig ist, schon damit der Mieter nicht „zur Unzeit" einer Klage ausgesetzt wird und auf unabsehbare Zeit Beträge ansparen muss.

c) Streitwert

204 Die Berechnung des **Streitwerts** für eine derartige negative Feststellungsklage wird unterschiedlich gehandhabt. Es wird der streitige Erhöhungsbetrag für 12 oder 36 Monate angesetzt, ggf. unter Abzug von pauschal 20 %.

d) Antrag

205 Der **Antrag** kann etwa lauten

> festzustellen, dass der Mieter keinen Wertverbesserungszuschlag wegen (es folgt Bezeichnung der durchgeführten Arbeiten) schuldet, hilfsweise: ... lediglich einen Wertverbesserungszuschlag von ... Euro schuldet

oder

> festzustellen, dass sich durch die Erhöhungserklärung vom ... 2008 die geschuldete Miete für die Wohnung in ... nicht geändert hat.

e) Einwände

Besonders bei nicht rechtsschutzversicherten Mandanten sollte der **Einwand**, dass fiktive Instandsetzungskosten abzuziehen wären, gut überlegt werden. Der Abzug lässt sich möglicherweise nur über ein kostspieliges Sachverständigengutachten beziffern und beweisen. Ob es sinnvoll ist[1], hierzu im Vorfeld ein selbständiges Beweisverfahren durchzuführen, erscheint zweifelhaft.

206

Im Einzelfall schwierig kann auch die Erfüllung der dem Mieter obliegenden Darlegungs- und Beweislast dafür werden, dass Kürzungsbeträge abzuziehen wären.

f) Einigung

Für eine mögliche außergerichtliche oder gerichtliche **Einigung** gelten dieselben Überlegungen wie sonst im Mieterhöhungsverfahren. Ein denkbarer Gegenvorschlag des Mieters kann es auch sein, selbst die beabsichtigte Maßnahme (ggf. als öffentlich geförderte Mietermodernisierung) durchführen zu wollen. Ein Entgegenkommen des Vermieters kann darin liegen, für einen gewissen Zeitraum zuzusagen, keine weiteren Wertverbesserungsarbeiten durchzuführen oder eine Mieterhöhung nach § 558 BGB zu unterlassen oder zu begrenzen.

207

g) Nachzahlung

Unterliegt der Mieter im Verfahren, ist auch hier auf die Frist des § 569 Abs. 3 Nr. 3 BGB für die **Nachzahlung** zu achten.

208

IV. Mietänderungen nach § 560 BGB

1. Beratungssituation

Der regelmäßige Anstieg der **Bewirtschaftungskosten** für Wohngebäude führt periodisch zu der Notwendigkeit, die Kostensteigerungen anteilig auf die Mieter umzulegen, nachdem diese durch den Vermieter vorfinanziert worden sind. In der Beratungssituation ist zunächst zu klären, ob und in welchem Umfang dies möglich ist; ggf. soll die Erhöhungserklärung anwaltlich vorbereitet und/oder abgegeben werden, oder es soll überprüft werden, inwieweit Einwände der Mieter gegen eine bereits abgegebene Erklärung stichhaltig sind und die Erklärung nachgebessert, wiederholt oder

209

---

1 Wie *Kossmann*, ZAP Fach 4, 563, 579 vorschlägt.

die Mieterhöhung mit Erfolgsaussicht ganz oder teilweise eingeklagt werden kann.

210 Der **Mieter**, dem eine Erhöhungserklärung nach § 560 BGB zugegangen ist, ist darüber zu beraten, ob er ihr nachkommen muss, inwieweit sich eine eingehendere Überprüfung lohnt und ob der Versuch einer außergerichtlichen Klärung sinnvoll ist. Ist der Erhöhungsbetrag bereits eingeklagt, ist zu beurteilen, ob die Klageabwehr erfolgversprechend ist.

2. Überlegungen bei der Vermieterberatung

Die Beratung sollte folgende Fragen abdecken:

a) Mietvertragliche Vorgaben

211 Zunächst sind die **mietvertraglichen Vorgaben** zu klären. Die Umlage von Betriebskostenerhöhungen setzt voraus, dass dies ausdrücklich sowohl dem Grunde nach als auch nach der Art der abzuwälzenden Kosten vereinbart ist, die gesetzliche Regelung des § 535 Abs. 1 S. 3 BGB also wirksam abbedungen ist[1]. Der Mietvertrag kann vorsehen:

aa) Anpassung der Vorauszahlungen nach § 560 Abs. 4 BGB

212 Diese neu eingeführte, in ihrer Technik bisher unbekannte Möglichkeit zur Anpassung der Vorauszahlungen wird einheitlich, wenn auch mit unterschiedlicher Begründung, dahin verstanden, dass eine rückwirkende Anpassung nicht möglich ist[2]. Daneben ist weiterhin unstreitig, dass die Abrechnung, die das Anpassungsrecht auslösen soll, die Mindestanforderungen an eine fälligkeitsbegründende Nachforderung erfüllen muss[3]. Die Erklärung kann in **Textform** abgegeben werden und sollte, soweit der Vermieter handelt, mit der Abrechnung verbunden werden, weil die Erhöhung zwar nicht zu begründen, – nach wie vor – aber zu berechnen ist[4].

(1) Erhöhung ohne Abrechnung?

213 Auch unter der Geltung von § 560 Abs. 4 BGB wird diskutiert, ob der Vermieter **während der laufenden Abrechnungsperiode** berechtigt ist, eine Erhöhung geltend zu machen, ohne eine Abrechnung vorzulegen[5]. Neben der generellen Zulässigkeit dieser Verfahrensweise[6] wird die Auffassung ver-

---

1 Ganz h.M., vgl. etwa die Nw. bei LG Saarbrücken, WuM 1998, 722.
2 *Lützenkirchen/Löfflad*, Neue Mietrechtspraxis, Rz. 343; *Börstinghaus/Eisenschmid*, S. 370, 371; *Blank/Börstinghaus*, Neues Mietrecht, § 560 Rz. 21.
3 *Lützenkirchen/Löfflad*, Neue Mietrechtspraxis, Rz. 340; *Schmid*, MDR 2001, 1021.
4 *Langenberg*, Betriebskosten, E Rz. 22.
5 *Langenberg*, Betriebskosten, E Rz. 25 m.w.N.
6 *Barthelmess*, § 4 MHG Rz. 15; *Schmid*, Nebenkosten, Rz. 2030.

treten, dass ohne Abrechnung eine Erhöhung nicht möglich sei[1]. Andere machen dies von einer vertraglichen Abrede abhängig, die nicht gegen § 560 Abs. 6 BGB verstoßen soll[2].

Das Gesetz ist eindeutig: Es verlangt das Vorliegen einer Abrechnung. Hiervon kann auch nicht durch Vertrag (zum Nachteil des Mieters) abgewichen werden, § 560 Abs. 6 BGB. Allein durch das Absehen von einer (ordnungsgemäßen) Abrechnung wird der Mieter benachteiligt, weil der Vermieter sich ansonsten über eine Regelung im Vertrag die Mühen der Abrechnung sparen könnte oder bei zu niedrig angesetzten Vorauszahlungen schon unmittelbar nach Mietbeginn die Vorauszahlungen anheben könnte. Ohne Abrechnung kann der Vermieter die Rechte aus § 560 BGB also nicht geltend machen[3]. 214

(2) Anforderungen an die Abrechnung

Die für das Anpassungsrecht nach § 560 Abs. 4 BGB notwendige Abrechnung muss **formell einwandfrei** sein[4], also die Mindestanforderungen an eine Abrechnung erfüllen (vgl. dazu L Rz. 298 ff.). Sie kann zwar auch i.S.v. § 556 Abs. 3 S. 2 BGB verspätet vorgelegt werden[5]. Nach Eintritt der Abrechnungsreife i.S.v. § 556 Abs. 3 S. 2 BGB (vgl. dazu L Rz. 228 ff.) und vor Mitteilung der verspäteten Abrechnung besteht jedoch das Anpassungsrecht nicht (z.B. auf der Grundlage einer alten Abrechnung und/oder eines Wirtschaftsplans)[6]. Denn aus der Pflichtverletzung kann der Vermieter keinen Nutzen ziehen[7]. 215

Aus der amtlichen Überschrift des § 560 BGB („Veränderungen von Betriebskosten") wird hergeleitet, dass als ungeschriebenes Tatbestandsmerkmal des Anpassungsrechts für den Vermieter eine **tatsächliche Erhöhung** der Betriebskosten gegenüber dem Zeitpunkt des Vertragsabschlusses oder der letzten Erhöhungserklärung eingetreten sein muss[8]. Dem kann mit der Einschränkung zugestimmt werden, dass für die Beurteilung der Erhöhung gegenüber dem Zeitpunkt des Abschlusses des Vertrages nur auf die zu diesem Zeitpunkt vorliegende letzte Betriebskostenabrechnung des Vormieters abgestellt werden kann[9]. Sollte Bezugspunkt pauschal das dem Vertragsschluss vorangegangene Abrechnungsjahr, für das bei Abschluss des Vertrages noch keine Abrechnung vorliegen muss, oder sogar das Abrech- 216

---

1 *Blank/Börstinghaus*, Neues Mietrecht, § 560 BGB Rz. 16.
2 *Langenberg*, Betriebskosten, E Rz. 26.
3 Ebenso *Geldmacher* in Fischer-Dieskau/Pergande/Schwender, § 560 BGB Anm. 4.3.
4 BGH v. 28.11.2007 – VIII ZR 145/07, WuM 2008, 31 = GE 2008, 114 = ZMR 2008, 196 = NZM 2008, 121.
5 *Schmid*, MDR 2001, 1021.
6 *Lützenkirchen/Löfflad*, Neue Mietrechtspraxis, Rz. 340; **a.A.** *Schmid*, MDR 2001, 1021.
7 *Lützenkirchen*, MDR 2001, 1385, 1387.
8 *Schmid*, MDR 2001, 1021, 1022.
9 *Lützenkirchen*, MDR 2001, 1385, 1387.

nungsjahr, in dem der Vertragsschluss stattgefunden hat, sein, würde sich damit für die Vertragsparteien ein unüberschaubares Risiko ergeben. Denn solange über die Betriebskosten noch nicht abgerechnet ist, kann insbesondere im Hinblick auf verbrauchsabhängige Kosten nicht sicher vorhergesagt werden, ob die vereinbarten Vorauszahlungen tatsächlich das voraussichtliche Abrechnungsergebnis decken[1].

(3) Senkung der Vorauszahlungen durch den Mieter

217 Zeigt die Abrechnung für den Mieter ein **Guthaben**, kann der Mieter ohne Zweifel eine Erklärung in Textform unter Bezugnahme auf die Abrechnung abgeben, die sofortige (i.d.R. zum nächsten Fälligkeitstermin) Wirkung entfaltet[2]. Die Absenkung ist jedoch nur auf „angemessene Höhe" zulässig. Hierbei ist zunächst auf das Abrechnungsergebnis abzustellen[3].

218 Fraglich ist, ob für das Recht des Mieters zur **Senkung der Vorauszahlungen** nach § 560 Abs. 4 BGB auf die materielle Sachlage[4] oder allein auf die durch die vorgelegte Abrechnung repräsentierten Kosten abzustellen ist[5]. Wird auf die materielle Sachlage im Zeitpunkt der Erhöhungserklärung abgestellt, kann im Rahmen des Tatbestandsmerkmals „angemessene Höhe" berücksichtigt werden, wie sich die Betriebskosten im laufenden Abrechnungsjahr tatsächlich gestalten[6]. Haben gegenüber der abgerechneten Periode Kostensteigerungen stattgefunden, dokumentiert ein Abrechnungsguthaben nicht mehr die „angemessene Höhe", wobei unstreitig auf $1/12$ der Kosten abzustellen ist[7].

219 Richtigerweise ist hier rein formell vorzugehen, also allein auf das durch die vorgelegte Abrechnung repräsentierte Ergebnis. Macht nämlich der Mieter von dem Recht zur Senkung der Vorauszahlungen nach § 560 Abs. 4 BGB Gebrauch, ohne dass der Vermieter hieraus mit einem Hinweis auf eingetretene Kostensteigerungen oder eine eigene Erhöhungserklärung nach § 560 Abs. 4 BGB reagiert, läuft der Mieter Gefahr, dass sich ein nach § 543 Abs. 2 Nr. 3 BGB kündigungsrelevanter Tatbestand ergeben kann. Zwar kann das Verhalten des Vermieters im Rahmen des Verschuldens, das nach § 543 Abs. 2 Nr. 3 BGB zu prüfen ist, berücksichtigt werden. Wird jedoch die materielle Sachlage zur Beurteilungsgrundlage erhoben, müssen zur Ausübung des Anpassungsrechts nach § 560 Abs. 4 BGB alle Betriebskostenpositionen überprüft werden, um im Ergebnis eine Veränderung ge-

---

1 Vgl. zu diesem Problem: OLG Düsseldorf, WuM 2000, 591 = ZMR 2000, 605.
2 *Haas*, § 560 BGB Rz. 10; *Geldmacher* in Fischer-Dieskau/Pergande/Schwender, § 560 BGB Anm. 4.6; *Lützenkirchen/Löfflad*, Neue Mietrechtspraxis, Rz. 344.
3 *Langenberg*, Betriebskosten, E Rz. 41.
4 So scheinbar: *Blank/Börstinghaus*, Neues Mietrecht, § 560 BGB Rz. 20.
5 Vgl. *Lützenkirchen/Löfflad*, Neue Mietrechtspraxis, Rz. 346 f.
6 So offensichtlich *Langenberg*, Betriebskosten, E Rz. 45, der allerdings zur Begründung auf den umgekehrten Fall, in dem der Vermieter zuerst eine Erklärung abgibt, abstellt.
7 Vgl. *Lützenkirchen/Löfflad*, Neue Mietrechtspraxis, Rz. 345; *Schmid*, MDR 2001, 1021, 1022.

genüber dem letzten Abrechnungsergebnis feststellen zu können. Dies setzt aber zusätzlichen Prüfungsaufwand voraus. § 560 Abs. 4 BGB soll den Parteien jedoch gerade ein vereinfachtes Verfahren zur Anpassung der Vorauszahlungen zur Verfügung stellen[1].

(4) Abweichende Vereinbarungen

Auch das Recht nach § 560 Abs. 4 BGB steht gemäß § 560 Abs. 6 BGB unter der Einschränkung, dass zum Nachteil des Mieters **abweichende Vereinbarungen** unwirksam sind. Gleichwohl soll „zugunsten des Mieters" vertraglich geregelt werden können, dass die Erklärung des Vermieters nicht sofort[2], sondern erst mit zeitlicher Verzögerung geltend gemacht werden kann[3]. Dabei wird jedoch übersehen, dass sich eine Zeitverzögerung bei der Wirkung von Erhöhungserklärungen für den Mieter nachteilig auswirken kann. Denn der Anlass für eine Anpassungserklärung des Vermieters ist entweder eine (materielle) Erhöhung oder Verringerung der Betriebskostenlast des Mieters im Abrechnungsjahr. Damit führt eine zeitliche Verzögerung bei einer Erhöhung der Vorauszahlungen zu einer höheren Nachbelastung, wenn das laufende Abrechnungsjahr abgerechnet wird, oder einer zu hohen Zahllast für die laufenden Vorauszahlungen, wenn der Vermieter § 560 Abs. 4 BGB zur Senkung der Vorauszahlungen nutzen will. Deshalb kann ein von § 560 Abs. 4 BGB abweichender Wirkungszeitpunkt für die Anpassungserklärung nicht geregelt werden[4].

220

bb) Pauschale

Bei mietvertraglich vereinbarter Pauschale können Erhöhungen gemäß § 560 Abs. 1 BGB anteilig umgelegt werden, wenn dies **ausdrücklich im Mietvertrag vorgesehen** ist.

221

Die Möglichkeit der Vereinbarung einer Betriebskostenpauschale ist erstmals seit dem 1.9.2001 ausdrücklich gesetzlich vorgesehen. Gemeint ist damit, dass der Mietvertrag für die Betriebskosten einen bestimmten Betrag ausweist, den der Mieter unabhängig vom tatsächlichen Verbrauch bzw. den tatsächlich angefallenen Kosten zu zahlen hat. Der **Unterschied zur Vorauszahlung** besteht also darin, dass bei einer Vorauszahlung eine Abrechnung vorgenommen wird, während bei einer Pauschale eine spätere Abrechnung gerade nicht erfolgt. Der Unterschied zur (früheren) Bruttomiete wiederum soll der sein, dass die Betriebskosten überhaupt getrennt von der Grundmiete betragsmäßig besonders ausgewiesen sind[5].

222

---

1 Vgl. Begründung des Rechtsausschusses, NZM 2001, 798, 802.
2 Vgl. dazu *Lützenkirchen/Löfflad*, Neue Mietrechtspraxis, Rz. 343; *Börstinghaus/Eisenschmid*, S. 371.
3 *Schmid*, MDR 2001, 1021, 1022.
4 *Lützenkirchen*, OLG-Report, Beilage zu 13/2001, S. 8.
5 So die Begründung zum Referentenentwurf zu § 556 BGB. Zu Einzelheiten der Pauschalenvereinbarung *Schmid*, ZMR 2001, 761, 763 f.; Muster bei *Kinne/*

223 Belässt es der Mietvertrag bei einer Regelung der geschilderten Art, ist keine Umlage von Betriebskostenerhöhungen möglich. Dies setzt vielmehr zusätzlich voraus, dass im Mietvertrag (also nicht später während des Mietverhältnisses[1]) ausdrücklich vereinbart ist, dass die Pauschale erhöht werden kann.

Es spricht wenig dafür, dass sich die Betriebskostenpauschale ohne oder mit vereinbarter Erhöhungsmöglichkeit in der Praxis durchsetzen wird[2].

224 Allerdings wird es voraussichtlich zur versehentlichen Vereinbarung von Pauschalen ohne Erhöhungsmöglichkeit kommen, nämlich immer dann, wenn die Parteien eine **misslungene Betriebskostenvereinbarung** treffen[3]. Dies ergibt sich aus §§ 305c Abs. 2, 556 Abs. 4 BGB.

cc) Bruttokalt- und Teilinklusivmieten

225 Hier ist zu unterscheiden:

(1) Art. 229 § 3 Abs. 4 EGBGB bestimmt:

Auf ein am 1.9.2001 bestehendes Mietverhältnis, bei dem die Betriebskosten ganz oder teilweise in der Miete enthalten sind, ist wegen Erhöhung der Betriebskosten § 560 Abs. 1, 2, 5 und 6 des BGB entsprechend anzuwenden, soweit im Mietvertrag vereinbart ist, dass der Mieter Erhöhungen der Betriebskosten zu tragen hat; bei Ermäßigungen der Betriebskosten gilt § 560 Abs. 3 BGB entsprechend.

226 Um eine reine Brutto(kalt)miete handelt es sich etwa bei folgendem Beispiel:

Die monatliche Miete beträgt 600 Euro. In diesem Betrag sind die anteilig auf die Wohnung entfallenden Betriebskosten nach dem Stand vom 31.12.1998 enthalten, nämlich die Kosten für (folgt spezifizierte Auflistung der einzelnen Kostenarten). Erhöhen sich diese Kosten, so kann die Miete entsprechend erhöht werden.

227 Bei der so genannten Teilinklusivmiete wird vertraglich nur ein Teil der Betriebskosten neben der Miete auf den Mieter umgelegt und für diesen Teil dann vereinbart, dass Vorauszahlungen zu leisten sind oder dieser Betriebskostenanteil erhöht werden kann; die übrigen Betriebskosten sind in die Miete einkalkuliert.

Schach/Bieber, § 556 Rz. 11; *Lützenkirchen*, Wohnraummiete, C. I. Inhalt der Erläuterungen zu § 6 Nr. 5.
1 Vgl. dazu *von Seldeneck*, NZM 2001, 64, 67. **A.A.** ohne Begründung *Schmid*, ZMR 2001, 761, 763.
2 So weist *Emmerich*, NZM 2001, 777, 781 richtig darauf hin, dass der vermeintliche Vorteil der Pauschale für den Vermieter, nicht abrechnen zu müssen, durch die Herabsetzungspflicht des § 560 Abs. 3 BGB konterkariert wird.
3 Vgl. dazu OLG Düsseldorf, GE 2002, 858; OLG Dresden, NZM 2000, 827 mit ablehnender Anmerkung *Langenberg*, NZM 2000, 801; LG Berlin, ZMR 2001, 188; *Lützenkirchen*, Neue Mietrechtspraxis, Rz. 121, 321 m.w.N.

Mietänderungen nach § 560 BGB   Rz. 230 **E**

Bei diesen so genannten Altverträgen mit Anpassungsvorbehalt können also Erhöhungen ebenfalls nach § 560 BGB vorgenommen werden[1]. Fehlt der Vorbehalt, sind Erhöhungen nicht möglich[2].

(2) Ist eine derartige Vereinbarung dagegen seit dem 1.9.2001 abgeschlossen worden, so können Betriebskostenerhöhungen nicht mehr umgelegt, also mietwirksam gemacht werden. Es bleibt nur die Möglichkeit, die Miete insgesamt gemäß § 558 BGB zu erhöhen[3].

b) Berechnungsgrundlage

Ergibt sich danach, dass die Umlage von Betriebskostenerhöhungen vertraglich ausbedungen ist, so muss noch festgestellt werden, um **welche Betriebskosten** es sich handelt. Das Gesetz gibt hier vor, dass lediglich diejenigen Betriebskosten, die von § 556 Abs. 1 BGB, § 2 BetrKV bzw. § 27 der II. BV erfasst werden, umlagefähig sind, sonstige Betriebskosten also nicht. Diese Betriebskosten müssen im **Mietvertrag** bezeichnet sein, wofür mindestens eine ausdrückliche Bezugnahme auf § 27 der II. BV erforderlich ist[4]. Der Mieter muss erkennen können, welche Kostenarten umgelegt werden. Es gibt hierzu diverse Vertragsformulierungen, deren Wirksamkeit fragwürdig ist[5]. Die (einzig) klare und eindeutig **wirksame Formulierung** lautet: 228

Der Mieter hat neben der Miete folgende Betriebskosten gemäß § 19 WoFG zu tragen: (folgt spezifizierte Auflistung der einzelnen Kostenarten).

Zählt der Mietvertrag ausdrücklich die in Frage kommenden Betriebskostenarten auf, so verbleibt es dabei, „neue" Betriebskosten können dann nicht „eingeführt" werden. Eine Ausnahme hierzu gilt bei der modernisierungsbedingten Neueinführung von Betriebskosten (vgl. dazu Rz. 175).   229

Ein Sonderproblem stellen in diesem Zusammenhang noch die „**sonstigen Betriebskosten**" dar, die Ziff. 17 von § 2 BetrKV bzw. der Anlage 3 zu § 27 der II. BV anspricht (vgl. die Beispiele *L Rz. 167 ff.*). Wenn auch der Miet-   230

---

1 *Langenberg*, WuM 2001, 523, 530 und NZM 2001, 783, 795; *Maciejewski*, MM 2001, 417; *Franke*, ZMR 2001, 951, 954; *Schmid*, ZMR 2001, 761; *Kinne/Schach/Bieber*, § 560 Rz. 87.
2 So die frühere OLG-Rechtsprechung und jetzt BGH, WuM 2004, 153; BGH, WuM 2004, 151.
3 Allerdings ist eine indirekte Erhöhung im Fall der Umstellung auf verbrauchsabhängige Abrechnung möglich, vgl. dazu *Rz. 234*.
4 Die h.M. lässt die bloße Verweisung auf diese Vorschrift im Mietvertrag genügen; BayObLG, WuM 1984, 104; OLG Hamm, WuM 1997, 542; OLG Frankfurt/Main, WuM 2000, 411; OLG Jena, NZM 2002, 70. Erhebliche AGB-rechtliche Bedenken hiergegen äußern richtigerweise *Sternel*, NZM 1998, 833, 834 und *von Seldeneck*, Rz. 2107 ff.
5 Vgl. etwa die Beispiele bei *Kinne*, GE 1998, 838, 840 f.

vertrag es bei diesem Hinweis belässt, also nicht konkret auflistet, welche „sonstigen" Betriebskosten anfallen und abgewälzt werden sollen, reicht dies nach richtiger Auffassung nicht aus, dem Mieter diese nicht näher spezifizierten Kosten aufzuerlegen[1].

Dies gilt natürlich auch für vermietete **Eigentumswohnungen**, wo sich gelegentlich vermieterseits der Versuch findet, diejenigen Kosten überzubürden, die in der Wohngeldabrechnung dem Wohnungseigentümer abverlangt werden[2].

c) Kostensteigerung

231 Die Umlage setzt weiter voraus, dass der **Gesamtbetrag** der umlagefähigen Betriebskosten gestiegen ist; auf die einzelnen Betriebskostenpositionen kommt es in diesem Zusammenhang (noch) nicht an. Es sind also gegenüberzustellen

- die jährlichen Betriebskosten bei Mietvertragsabschluss oder bei Abgabe der letzten Erhöhungserklärung
- die jetzt im Jahr anfallenden Betriebskosten.

Ebenso gut kann natürlich erhöht werden, wenn lediglich eine Betriebskostenposition gestiegen ist. Anders als Mieter häufig meinen, gibt es keine Einschränkung dafür, wie oft und in welchen **Zeitabständen** Erhöhungen nach § 560 BGB durchgeführt werden können.

d) Gebot der Wirtschaftlichkeit

232 Die in den letzten Jahren ganz erheblichen Kostensteigerungen gerade auch bei den öffentlichen Versorgungsunternehmen[3] und das Gebot umweltverträglicher und sparsamer Nutzung der vorhandenen Ressourcen führen zu Überlegungen, wie die Betriebskostenbelastung **gesenkt** oder zumindest ihr Anstieg gebremst werden kann.

233 § 560 Abs. 5 BGB schreibt jetzt ausdrücklich auch für den preisfreien Wohnungsbau vor, dass bei Veränderungen von Betriebskosten der Grundsatz der Wirtschaftlichkeit zu beachten ist. Damit ist rechtlich mehr verbunden als ein bloßer Appell: Bewirtschaftungskosten, die nur deshalb entstehen, weil der Vermieter nicht ordnungsgemäß wirtschaftet, dürfen nicht als Betriebskosten umgelegt werden[4]. Die vorsätzliche oder fahrlässige Ver-

---

1 Vgl. die Nw. zum Streitstand bei *Wall*, WuM 1998, 524, 529 Fn. 87 und 93; *von Seldeneck*, Rz. 2116 ff. Der BGH hält allerdings für möglich, die Umlegung solcher Betriebskosten durch jahrelange Zahlung des Mieters stillschweigend zu vereinbaren, BGH, WuM 2004, 292; zu Recht kritisch etwa *Schumacher*, WuM 2004, 507 und *Sternel*, Mietrecht aktuell, Rz. V 133 ff.
2 Dagegen schon OLG Koblenz, WuM 1986, 50; vgl. weiter die Nw. bei *Sternel*, Mietrecht aktuell, Rz. V 328.
3 Vgl. hierzu etwa die Angaben bei *Bohlen*, WuM 1998, 332, 335.
4 *von Seldeneck*, Rz. 2643; zum Gebot der Wirtschaftlichkeit im Einzelnen Rz. 2600 ff.; *von Seldeneck*, ZMR 2002, 393 ff.; *Schmid*, GE 2000, 160 ff.; *Sternel*,

letzung dieser Verpflichtung begründet Schadensersatzansprüche (§ 280 Abs. 1 BGB)[1].

e) Umstellung auf verbrauchsabhängige Abrechnung?

Nach § 556a Abs. 2 BGB kann der Vermieter bezüglich solcher Betriebskosten, deren Verbrauch oder Verursachung erfasst werden (derzeit also Be- und Entwässerung, Müllabfuhrkosten), einseitig die verbrauchsabhängige Abrechnung einführen[2]. Dies gilt völlig unabhängig davon, in welcher Weise sonst die Betriebskosten vertraglich geregelt sind[3], also unabhängig von der sonstigen Mietstruktur, setzt allerdings voraus, dass dem Mieter überhaupt wirksam Betriebskosten überbürdet sind. Die entsprechende Erklärung kann in Textform erfolgen und muss vor Beginn der betreffenden Abrechnungsperiode abgegeben werden. Gleichzeitig kann ein Vorschuss auf diese Kosten verlangt werden[4]. Waren die betreffenden Kosten zuvor ganz oder teilweise in der Miete enthalten, ist diese entsprechend herabzusetzen. Praktisch geschieht dies dadurch, dass der feststehende letzte Jahresbetrag (etwa die Wasserkosten des Vorjahres) zu ermitteln, durch die Gesamtquadratmeter des Objekts sowie durch 12 Monate zu teilen und dann mit der Wohnfläche zu multiplizieren und dieser Betrag dann abzuziehen ist[5].

234

3. Hinweise zur praktischen Umsetzung

a) Checkliste: Inhalt des Erhöhungsverlangens

– Absender,
– Adressat,
– Wirtschaftseinheit,
– vollständige Betriebskosten „alt",
– vollständige Betriebskosten heute,
– Erhöhungsbetrag,
– Begründung für die Erhöhung,
– Umlagemaßstab,

235

Mietrecht aktuell, Rz. V 335 ff.; *Langenberg* in Schmidt-Futterer, § 560 BGB Rz. 71 ff.
1 BGH, WuM 2008, 29.
2 Eine erweiternde Auslegung der Regelung auch auf verbrauchsunabhängige oder neue Betriebskosten ist nicht möglich, insoweit missverständlich BGH, WuM 2004, 290; kritisch *Blümmel*, GE 2004, 585 und *Schmid*, GE 2004, 736.
3 *Lützenkirchen*, Neue Mietrechtspraxis, Rz. 162; *Rips/Eisenschmid*, S. 233; *Langenberg*, NZM 2001, 783, 791.
4 Allg. Ansicht trotz fehlender Regelung in § 556a Abs. 2 BGB, vgl. etwa *Schmid*, ZMR 2001, 761, 762; *Weitemeyer* in Emmerich/Sonnenschein, § 556a Rz. 38; *Langenberg* in Schmidt-Futterer, § 556a Rz. 136.
5 Vgl. *Börstinghaus* in Schmidt-Futterer, § 556a BGB Rz. 136.

– ggf. Vorwegabzug,
– auf den Mieter anteilig entfallender Betrag,
– Erhöhung zum (Datum).

b) Anmerkungen zur Checkliste

aa) Formalien

236 Für die **Formalien** Absender, ggf. Vollmacht, Adressat und Zustellungsnachweis gilt nichts Besonderes. Die Erhöhung einer Betriebskostenpauschale kann in Textform erfolgen.

bb) Wirtschaftseinheit

237 Als **Wirtschaftseinheit** muss nicht das jeweilige Wohngebäude gewählt werden (eine einzelne Eigentumswohnung ist keine Wirtschaftseinheit), sondern es können mehrere Objekte zusammengefasst werden, solange folgende **Kriterien**[1] erfüllt sind:
– die Gebäude gehören demselben Eigentümer oder werden zusammen verwaltet;
– sie stehen in einem örtlichen Zusammenhang und sind nach demselben bautechnischen Standard errichtet;
– sie haben dieselbe Bauweise und Ausstattung;
– sie dienen einer gleichartigen Nutzung und haben dieselbe Nutzungsart.

In der Praxis führt die Bildung von Wirtschaftseinheiten häufig zu Irritationen bei den Mietern. Lässt sich also darstellen, dass dies zu Kostenreduzierungen führt (Ganztagsstelle für einen Hauswart statt mehrerer Teilzeitkräfte), sollte das geschehen.

cc) Betriebskosten „alt" und „neu"

238 Die Betriebskosten **„alt"** sind diejenigen nach dem Stand der letzten Erhöhungserklärung (bei Altverträgen nach § 2 MHG oder nach § 4 Abs. 2 MHG, je nachdem, welche später liegt); bei erstmaliger Erhöhung sind es diejenigen bei Mietvertragsabschluss.

Die Betriebskosten **heute** sind zweckmäßigerweise die des vorangegangenen Kalenderjahres[2], sofern nicht ausnahmsweise die Kosten des laufenden Jahres bereits nachgewiesen werden können.

Beide Betriebskostenbelastungen müssen vollständig gegenübergestellt werden, auch wenn sich teilweise keine Änderungen ergeben haben.

Der **Erhöhungsbetrag** ist je Position und insgesamt anzugeben.

---

1 Vgl. OLG Koblenz, WuM 1990, 268.
2 Zum Problem der Zuordnung aperiodischer und einmaliger Kosten vgl. *L Rz. 357 ff.*

dd) Begründung

Zur **Begründung** (Floskeln wie „Tariferhöhung", „allgemeine Kostensteigerung" etc. reichen nicht) kann zunächst auf den Inhalt der gegenüberzustellenden Belege zurückgegriffen werden. Ggf. müssen Angaben von Vertragspartnern und Versorgungsunternehmen dazu eingeholt werden, worauf die Kostensteigerungen zurückzuführen sind.

Beispiele:
- *Anstieg der Schornsteinfegergebühren ab dem ... gemäß der Verordnung ...*
- *Neueinführung der Sozialversicherungspflicht für den Hauswart durch das Gesetz zur Neuregelung der geringfügigen Beschäftigungsverhältnisse.*
- *Erhöhung der Versicherungssteuer um ...% ab dem ...*

Falls Kostenvergleiche angestellt worden sind, ist deren Mitteilung zur Begründung hilfreich. Im Ergebnis muss ein durchschnittlicher, wohnungswirtschaftlich nicht vorgebildeter Mieter die Gründe für die Kostensteigerungen nachvollziehen können.

ee) Angabe von Rechnungsdaten

Das weitere, von der Rechtsprechung früher entwickelte Erfordernis, die **Daten** der jeweils zugrunde liegenden Rechnungen in der Erhöhungserklärung anzugeben, ist inzwischen überholt[1].

ff) Umlagemaßstab

Umlagemaßstab ist praktisch in aller Regel die (tatsächliche) qm-Zahl des Mietobjektes, bezogen auf die qm-Zahl der Wirtschaftseinheit, wobei es hierfür in erster Linie auf die vertragliche Vereinbarung ankommt, es sei denn, Verbrauch/Verursachung wurden gesondert erfasst. Kosten wie diejenigen des **Kabelanschlusses** werden zweckmäßig auf die Wohnungsanzahl verteilt. Zulässig ist jeder sachlich gerechtfertigte Maßstab, und zwar unabhängig davon, nach welchem Maßstab das jeweilige Versorgungsunternehmen seinerseits gegenüber dem Vermieter abrechnet; geändert werden darf er nur für die Zukunft und bei sachlichem Grund. Ein Anspruch des Mieters auf Änderung besteht nur ausnahmsweise, und zwar dann, wenn die Beibehaltung des bisherigen Maßstabs zu einem nicht mehr zumutbaren Ungleichgewicht zwischen den einzelnen Mietern bzw. zu grober Unbilligkeit führt[2]. **Leer stehende Wohnungen** und Hauswartswohnungen müssen in die Gesamtfläche einbezogen werden, so dass die dafür anfallenden Betriebskosten im Ergebnis nicht von den Mietern der übrigen Wohnungen mit getragen werden. Betriebskosten, die nur bei einzelnen Mie-

---
1 KG, WuM 1998, 474 unter Hinweis auf BGH, WuM 1982, 207.
2 Instruktiv hierzu etwa LG Bonn, WuM 1998, 353.

tern anfallen, müssen herausgerechnet und dürfen nur diesen Mietern in Rechnung gestellt werden.

gg) Vorwegabzug

242 Vgl. hierzu *L Rz. 496 ff.*

hh) Wirkungszeitpunkt der Erhöhungserklärung nach § 560 Abs. 1 BGB

243 Die erhöhte Betriebskostenpauschale wird zum übernächsten Monat nach Zugang der Erhöhung fällig. Die Zusendung sollte wie sonst auch nachweisbar gemacht werden (vgl. dazu *Rz. 114 ff.*).

244 Beruht die Erhöhungserklärung darauf, dass sich Betriebskosten **rückwirkend** erhöht haben, kann dies unter den einschränkenden Voraussetzungen des § 560 Abs. 2 S. 2 BGB geltend gemacht werden.

Voraussetzung ist zunächst, dass die Erhöhung tatsächlich rückwirkend, d.h. **vor Kenntnis des Vermieters** von seiner Pflicht zur Tragung erhöhter Kosten, eingetreten ist. Praktisch wird dies vor allem bei Grundsteuererhöhungen. Der Vermieter muss in diesem Fall innerhalb einer **Frist von drei Monaten** nach Kenntnis von der eingetretenen Kostensteigerung dem Mieter gegenüber die Erhöhungserklärung abgeben. Wird diese Frist nicht eingehalten, wirkt die Erhöhung (wie sonst auch) nur für die Zukunft.

Wird die Frist dagegen eingehalten, tritt die erhöhte Zahlungspflicht des Mieters ab dem Zeitpunkt ein, zu dem auch der Vermieter die Kostensteigerung aufzubringen hatte, dies allerdings höchstens ab dem 1. Januar des Jahres vor der Erhöhungserklärung.

245 Versuche, diese Rechtslage **formularvertraglich abzubedingen**, sind zwecklos. Klauseln wie

„Soweit zulässig, ist der Vermieter bei Erhöhung bzw. Neueinführung von Betriebskosten berechtigt, den entsprechenden Mehrbetrag vom Zeitpunkt der Entstehung umzulegen."

sind **unwirksam**[1].

4. Reaktionsmöglichkeiten des Mieters

a) Überprüfung der Erhöhungserklärung

aa) Plausibilitätscheck

246 Der Rechtsanwalt, dem eine Erhöhungserklärung nach § 560 Abs. 1 BGB zur Überprüfung vorgelegt wird, wird zunächst eine Art „**Plausibilitätscheck**" durchführen, um festzustellen, ob die Erklärung grobe Fehler aufweist oder ob in eine nähere Prüfung eingetreten werden muss. Hierzu ist es hilfreich, sich nicht nur den **Mietvertrag**, sondern auch ein oder zwei

---

1 BGH, WuM 1993, 109, 110; vgl. auch LG Limburg, WuM 1999, 219.

frühere **Betriebskostenerhöhungen** vorlegen zu lassen. Zur ersten Orientierung kann man durchsehen:
– Stimmt die Wohnfläche?
– Entspricht die Gesamtfläche derjenigen früherer Erhöhungen?
– Ist die Erhöhung rechnerisch richtig?
– Sind die üblichen Betriebskostenarten aufgeführt?
– Sind bei den Beträgen Stellen „hinter dem Komma" angesetzt?
– Ist eine nachvollziehbare Begründung für jede Erhöhungsposition gegeben?
– Stimmen die Betriebskosten „alt" mit denen in der vorangegangenen Erklärung überein?
– Entspricht der Gesamtbetrag (nicht der Erhöhungsbetrag!) der aufgeführten Betriebskosten, auf Quadratmeter Wohnfläche und Monat bezogen, in etwa den Erfahrungswerten[1]?

bb) Einsicht in Berechnungsunterlagen

Bei Bejahung dieser Fragen ist im zweiten Schritt mit dem Mandanten zu besprechen, ob sich der Zeit- und Kostenaufwand für eine **weitere Überprüfung** lohnt. Hierfür müssen (alle oder nur die problematischen) Betriebskostenpositionen der Höhe nach überprüft werden, wofür **zwei Möglichkeiten** zur Verfügung stehen:
– die Originalunterlagen werden beim Vermieter eingesehen;
– es werden Kopien der Unterlagen angefordert[2].

Die Einsicht durch den Rechtsanwalt verursacht Kosten, die in aller Regel außer Verhältnis zu der verlangten Mieterhöhung stehen, während dem Mieter selbst häufig die Sachkunde fehlt, die eine Unterlagensichtung ergiebig macht. Die Anforderung von Kopien verursacht Kosten von bis zu 0,50 Euro je Kopie (die eine Rechtsschutzversicherung nicht trägt), so dass es sich bestenfalls lohnt, ausgewählte und konkret bezeichnete Kopien zu einzelnen auffallenden Positionen zu verlangen, wobei es auch auf den Vergleich mit den Rechnungsposten des früheren Zeitraums ankommen kann.

247

---

1 Diese unterliegen naturgemäß örtlich starken Schwankungen, so dass sich der anwaltliche Berater, der öfter mit diesen Fragen zu tun hat, die entsprechenden Zahlen besorgen sollte. Die GEWOS erhebt etwa im Rahmen der Datenerhebung für den Berliner Mietspiegel stichprobenartig Angaben zu den jeweiligen kalten Betriebskosten; zum Betriebskostenspiegel von Regensburg s. *Schmidt*, WuM 2002, 359 ff.
2 Ein Recht des Mieters auf Überlassung von Kopien soll nur ausnahmsweise bestehen, BGH, WuM 2006, 200 und WuM 2006, 618; differenzierend *Sternel*, Mietrecht aktuell, Rz. V 396, und *Langenberg*, NZM 2007, 105. Strategien zur Belegprüfung bei *Derckx*, MietRB 2007, 46.

cc) Typische Fehler von Betriebskostenerhöhungen

248
- Die Belege lassen sich der Wirtschaftseinheit nicht zuordnen.
- Belege fehlen.
- Der Abrechnungszeitraum ist nicht durch Belege abgedeckt (z.B. es sind die Jahresabschlagszahlungen an Versorgungsunternehmen eingerechnet, es fehlt aber die Schlussrechnung).
- Der frühere Vergleichszeitraum ist von den Beträgen her zu niedrig angesetzt oder umfasst kein volles Abrechnungsjahr (mit der Folge, dass die Erhöhung zu hoch ausfällt).
- Der Vorwegabzug ist nicht korrekt ermittelt.
- Einzelne Betriebskostenpositionen sind in voller Höhe angesetzt, obwohl Abschläge zu machen wären (z.B. ein prozentualer Anteil für Instandhaltungskosten bei Aufzugswartungsverträgen).
- Die Position „Sonstiges" beinhaltet nicht ansatzfähige Kosten.

dd) Einwand der Unwirtschaftlichkeit

249 Dieser Einwand ist in der Praxis für den Mieter(vertreter) schwierig zu begründen, weil er Kenntnisse über die Kostenkalkulation und insbesondere über Alternativen zu der vorhandenen Bewirtschaftung voraussetzt, die sich jedenfalls durch schlichte Belegeinsicht nicht beschaffen lassen[1]. Möglicherweise gerät diese Problematik jetzt durch die ausdrückliche Normierung des Wirtschaftlichkeitsgebots in § 560 Abs. 5 BGB in Bewegung; die Aufstellung von Betriebskostenspiegeln und die Veröffentlichung von Erfahrungswerten sind immerhin Schritte in die richtige Richtung[2]. Sie können jedoch substantiierten Sachvortrag nicht ersetzen, sondern lediglich eine Orientierung für die Angemessenheit bieten, zumal bei vielen Positionen (z.B. Aufzug, Hausmeister) nicht ersichtlich ist, welcher Leistungsumfang den Ansätzen zugrundeliegt. Will der Mieter (im Prozess) die Höhe der Kosten angreifen, muss er im Zweifel darlegen und ggf. beweisen, dass ein anderer Anbieter im Abrechnungszeitraum die konkrete Leistung günstiger erbracht hat[3] (vgl. *L Rz. 380 ff.*).

b) Zurückweisen der Erhöhungserklärung als unwirksam oder Eigenkorrektur

250 Die Erhöhung nach § 560 Abs. 1 BGB ist der Höhe nach nicht durch eine Kappungsgrenze oder die ortsübliche Vergleichsmiete begrenzt, aber durch **§ 5 WiStG**[4].

---

[1] Vgl. z.B. die Vorschläge bei *Langenberg* in Schmidt-Futterer, § 560 BGB Rz. 126; *Streyl*, NZM 2008, 23.
[2] Der Deutsche Mieterbund hat im April 2009 den vierten bundesweiten Betriebskostenspiegel für das Abrechnungsjahr 2007 bekannt gemacht.
[3] BGH v. 13.6.2007 – VIII ZR 78/06, WuM 2007, 393 = ZMR 2007, 685 = GE 2007, 1051 = NZM 2007, 563.
[4] *Schultz* in Bub/Treier, III Rz. 649 unter Aufgabe der früheren Auffassung und m.w.N.

Bei auffallenden Kostensteigerungen wird der anwaltliche Berater also jedenfalls dann, wenn ein örtlicher Mietspiegel vorliegt, das Erhöhungsverlangen mit der Mietspiegelmiete (zuzüglich 20 bzw. 50 %) abgleichen.
Auch für Betriebskostenerhöhungen ist ein etwaiger **Ausschluss** nach § 557 Abs. 3 BGB zu prüfen.
Ansonsten fehlen verlässliche Kriterien dafür, bei welcher „**Fehlerschwelle**" eine Betriebskostenerhöhung absolut unwirksam ist und in welchen Fällen der Mieter gehalten ist, selbst den korrekten Erhöhungsbetrag zu ermitteln. Unwirksam sind Erhöhungen ohne jegliche oder mit nur floskelhafter Begründung; eine **Eigenkorrektur** wird dagegen sicherlich dann verlangt werden können, wenn leicht korrigierbare Rechenfehler vorliegen oder nur Einzelpositionen (weil nicht ansatzfähig oder nicht belegt) herauszurechnen sind. Im Zweifel empfiehlt es sich, im Wege der außergerichtlichen Korrespondenz die Nachbesserung vom Vermieter anzufordern.

c) Zurückbehaltungsrecht

Solange angeforderte Belege nicht übersandt oder auf substantiierte Nachfragen vermieterseits nicht geantwortet wird, besteht ein **Zurückbehaltungsrecht** an der geforderten Erhöhung. Es empfiehlt sich, sich hierauf ausdrücklich zu berufen. Der Mieter muss auf seine Nachzahlungspflicht hingewiesen werden, die besteht, wenn sich die Erhöhung als ordnungsgemäß erweist; ein Kündigungsrisiko besteht nicht.

251

d) Anspruch auf Betriebskostensenkung/Pauschalenermäßigung

Dieser Anspruch besteht gemäß § 560 Abs. 3 BGB für die Betriebskostenpauschale und kraft der Verweisung in Art. 229 § 3 Abs. 4 EGBGB auch weiterhin bei Altverträgen, und zwar bei der Vereinbarung einer Pauschale selbst dann, wenn umgekehrt deren Erhöhung nicht vereinbart ist[1]. Ebenso wie die Erhöhung setzt die Ermäßigung eine **Veränderung der Gesamtkostenlast** voraus[2] und ist dem Mieter unverzüglich mitzuteilen, wozu es keine besonderen formalen oder inhaltlichen Vorgaben gibt[3].

252

Der Herabsetzungsanspruch führt in der Praxis ein Schattendasein, weil Betriebskosten nur in seltenen Fällen (jedenfalls im Saldo) tatsächlich sinken (oder bei Beachtung des Wirtschaftlichkeitsgebots gesenkt werden könnten oder müssten) und der Mieter hierfür in noch selteneren Fällen Anhaltspunkte hat. Hat er solche Anhaltspunkte, so steht ihm ein Aus-

253

---

1 *Langenberg*, WuM 2001, 523, 531 und allg. Ansicht. Streitig ist allerdings, ob der Anspruch eine vorherige Erhöhung der Pauschale voraussetzt, vgl. dazu etwa *Sternel*, ZMR 2001, 937, 943.
2 *Langenberg*, WuM 2001, 523, 530 und allg. Ansicht.
3 *Kinne/Schach/Bieber*, § 560 Rz. 64 halten eine Begründung oder eine Gegenüberstellung der früheren mit den gesunkenen Kosten für erforderlich.

kunftsanspruch über die tatsächliche Entwicklung der Betriebskosten seit der letzten Erhöhung zu[1].

254 Der **Auskunftsanspruch**, der sich aus § 560 Abs. 3 BGB herleiten lässt[2], sollte nicht unterschätzt werden. Immerhin kann er als Druckmittel gegen den Vermieter eingesetzt werden, um ein anderes Ziel (z.B. Entlassung aus dem Mietvertrag) zu erreichen. Dabei sollte aber auch bedacht werden, dass der Vermieter dadurch möglicherweise erst gezwungen wird, sich über die Zusammensetzung der Kosten ein Bild zu verschaffen. Deshalb ist das Risiko einer Erhöhung der Pauschale abzuwägen, das natürlich nicht besteht, wenn es an dem Vorbehalt nach § 560 Abs. 1 BGB fehlt.

Beispiele für einen Senkungsanspruch:
- *Änderung der Grundsteuerbemessungsmaßstäbe;*
- *Wechsel des Maßstabs für Straßenreinigungsgebühren;*
- *Verbilligung bei Wahl anderer Müllgefäße;*
- *Sprengwasserabzug.*

e) Anspruch auf Änderung des Verteilerschlüssels/auf verbrauchsabhängige Abrechnung?

255 Erfahrungsgemäß machen Mieter immer wieder geltend, bei anderem Umlagemaßstab oder verbrauchsabhängiger Abrechnung finanziell günstiger wegzukommen (z.B. Wasserverbrauch nach Wasseruhr oder Köpfen je Haushalt). Ein durchsetzbarer **Anspruch** hierauf besteht nur in Ausnahmefällen[3].

f) Mietminderung statt Verweigerung der Betriebskostenzahlung

256 Ein weiteres gängiges Mieterargument ist der Hinweis darauf, die Aufwendungen für Betriebskosten kämen dem Mieter nicht zugute („Der Hauswart ist nie da"; Schneebeseitigung findet praktisch nicht statt). Ein Zurückbehaltungsrecht oder Abstriche von der Betriebskostenerhöhung lassen sich auf derartige Beanstandungen nicht stützen, sondern allenfalls eine **Mietminderung**.

g) Kein Sonderkündigungsrecht

257 § 561 BGB räumt für Erhöhungen nach § 560 Abs. 1 BGB kein **Kündigungsrecht** ein.

---

1 *Blank/Börstinghaus*, Neues Mietrecht, § 560 BGB Rz. 12; *Langenberg*, WuM 2001, 523, 530; *Sternel*, ZMR 2001, 937, 943 billigt Anspruch auf Auskunft über die Zusammensetzung der Pauschale zu.
2 *Lützenkirchen/Löfflad*, Neue Mietrechtspraxis, Rz. 331.
3 Vgl. die Nachweise bei *Sternel*, Mietrecht aktuell, Rz. V 256; BGH, WuM 2008, 288.

h) Mögliche Inhalte eines Einigungsvorschlags

- Hinausschieben der Fälligkeit der Erhöhung; 258
- Einführung verbrauchsabhängiger Abrechnung der Be- und Entwässerungskosten;
- Einbau von Wasseruhren ohne Leasingkosten oder Modernisierungszuschlag oder bei teilweiser Kostenübernahme durch den Mieter;
- Einholung der vorherigen Zustimmung der Mieter, wenn Arbeiten auf Fremdfirmen verlagert werden sollen;
- Eigenvornahme einzelner Arbeiten durch Mieter;
- Senkung der Hausbeleuchtungskosten durch Nutzung von Energiesparleuchten;
- getrennte Müllentsorgung und Senkung des Volumens der Restmülltonnen;
- Überprüfung der Versicherungskosten auf Notwendigkeit und Einsparmöglichkeiten;
- Leistungsverbesserungen;
- Änderung des Verteilerschlüssels;
- Änderung der Mietstruktur;
- sonstige Festlegungen für künftige Betriebskostenerhöhungen (Häufigkeit, Fälligkeit, Begründungsgenauigkeit).

5. Gerichtliche Durchsetzung der Mieterhöhung

Bei ausdrücklicher Zurückweisung oder stillschweigender Nichtbeachtung der Mieterhöhung durch den Mieter kommt nur die **Zahlungsklage** in Betracht; einer Feststellungsklage würde das Rechtsschutzbedürfnis fehlen, und eine Kündigung und Räumungsklage wegen der nicht gezahlten Erhöhungsbeträge ist in der Regel ausgeschlossen (s. dazu oben *Rz. 196*). 259

Je nachdem, ob der Vermietervertreter die Sache **berufungsfähig** machen will oder nicht, sich also vor dem Amts- oder dem Landgericht bessere Erfolgsaussichten ausrechnet, wird er nach ein bis zwei Monaten klagen oder entsprechend später. Während des Prozessverlaufs kann die Klage wegen weiterer Rückstände der Folgemonate erweitert werden. Falls **mehrere Mieter** nicht zahlen, gelten dieselben Erwägungen, wie *Rz. 198* ausgeführt. 260

Für die **Formalien der Klage** gilt nichts Besonderes. Die Begründung braucht inhaltlich zunächst nicht mehr zu enthalten als die Erhöhungserklärung selbst und den Vortrag, dass nicht gezahlt worden ist. 261

Ein pauschales **Bestreiten** des Mieters, dass die erhöhten Betriebskosten angefallen wären, reicht nicht aus und erhöht die **Darlegungslast des Vermieters** nicht. Ein substantiiertes Bestreiten wird dem Mieter häufig nur möglich sein, wenn vorab die Betriebskostenunterlagen eingesehen worden 262 sind[1]. Vorsorglich wird sich der Vermietervertreter in derartigen Fällen nicht darauf zurückziehen, dem Mieter sei ja Belegeinsicht angeboten worden, sondern er wird die Belege in Kopie zur Gerichtsakte übermitteln. Wird mangelnde Wirtschaftlichkeit gerügt, muss vermieterseits hierzu substantiiert vorgetragen werden, dasselbe gilt bei Ansatz ungewöhnlich hoher Kosten[2].

263 Dem Mieter steht die (negative) **Feststellungsklage** dahin gehend zu, keinen oder nur einen niedrigeren Erhöhungsbetrag zu schulden. Legt der Vermieter einen unangemessenen Verteilungsmaßstab zugrunde, kann weiter **Gestaltungsklage** auf gerichtliche Bestimmung eines der Billigkeit entsprechenden Umlagemaßstabs erhoben werden, ebenso wie ein Herabsetzungsanspruch oder -betrag auf diesem Weg verfolgt werden kann. Bei vermutetem Herabsetzungsanspruch ist **Auskunftsklage** möglich, ist der Anspruch bezifferbar, auch **Zahlungsklage**.

V. Mietvertraglich vorgesehene Mieterhöhungsmöglichkeiten

1. Staffelmietvereinbarung

a) Beratungssituationen

264 Der **Vermieter**, der in einen beabsichtigten Mietvertrag eine **gestaffelte Miete**, also vorweggenommene Mieterhöhungen, aufnehmen will, wird sich darüber beraten lassen, unter welchen Voraussetzungen dies möglich ist und welche rechtlichen und wirtschaftlichen Vor- und Nachteile eine derartige Vereinbarung hat. Dieselben Überlegungen sind anzustellen, falls während der Laufzeit eines Mietvertrages dem Mieter eine Einigung auf eine Staffelmiete vorgeschlagen werden soll, weil dies wünschenswert erscheint oder sich etwa im Zusammenhang mit sonstigen Vertragsänderungen oder im Rahmen eines gerichtlichen oder außergerichtlichen Vergleichs anbietet.

Ist eine Staffelmiete bereits vereinbart und der Mieter kommt ihr nicht nach oder wendet zu einem späteren Zeitpunkt ein, sie sei unwirksam oder überhöht, ist die Durchsetzbarkeit anwaltlich zu prüfen.

265 Spiegelbildlich stellt sich für den **Mieter** die Frage, ob die ihm vorgeschlagene oder bereits unterzeichnete Vereinbarung rechtswirksam oder dessen ungeachtet akzeptabel ist.

b) Wirksamkeitsvoraussetzungen

266 § 557a BGB lässt die vorherige Festlegung der für künftige Zeiträume jeweils zu zahlenden Mieten unter folgenden **Voraussetzungen** zu, und zwar

---

1 H.M., s. etwa AG Köln, WuM 1987, 275; AG Hannover, WuM 1990, 228; OLG Düsseldorf, GE 2000, 888; LG Berlin, GE 2001, 1469; KG, GE 2006, 1231; OLG Düsseldorf, MietRB 2007, 8. Das kann aber nicht verallgemeinert werden und gilt nur für das Bestreiten eines konkreten Kostenansatzes.
2 Vgl. dazu KG, GE 2006, 382.

unabhängig davon, ob ein Zeitmietvertrag oder ein Vertrag auf unbestimmte Zeit vorliegt:

aa) Schriftform

Die Vereinbarung muss **schriftlich** getroffen werden (vgl. *A Rz. 494 ff.* und *C Rz. 506 ff.*).

bb) Angabe des Erhöhungsbetrages

Die gestaffelte Miete oder deren jeweilige Höhe[1] müssen **betragsmäßig ausgewiesen** sein, so dass etwa prozentuale Angaben („erhöht sich jährlich um x%") unzulässig sind.

Beispiel:

Die monatliche Netto-(oder Brutto-)Miete beträgt am 1.10.2006 600 Euro. Ab dem 1.10.2007 beträgt sie 630 Euro, ab dem 1.10.2008 670 Euro, usf.

oder

Die monatliche Nettomiete beträgt am 1.10.2006 600 Euro und erhöht sich ab dem 1.10.2007 und ab dem 1.10. eines jeden Folgejahres, letztmals ab dem 1.10.2012, jährlich um 50 Euro[2].

cc) Intervalle

Die vereinbarte Miete muss jeweils (mindestens) **ein Jahr lang unverändert** bleiben, auch die erste Erhöhung darf also erst nach Ablauf eines Jahres wirksam werden. Die Vereinbarung längerer Zeiträume ist möglich.

dd) Höchstdauer?

Nach bisherigem Recht durfte die Vereinbarung höchstens einen Zeitraum von zehn Jahren ab Beginn der Vereinbarung[3] (also nicht unbedingt des Mietvertrags!) umfassen. War ein längerer Zeitraum vereinbart, so war

---

1 Eine Staffelmiete liegt bereits bei einer Mietänderung in der Zukunft, die auch eine Senkung sein kann, vor, BGH, WuM 2006, 102.
2 Die Möglichkeit, nur den Erhöhungs- und nicht den Endbetrag anzugeben, besteht seit dem 1.9.1993; ob eine davor getroffene derartige Vereinbarung auf Dauer unwirksam bleibt oder geheilt wird, ist streitig, vgl. die Nachweise bei *v. Brunn* in Bub/Treier, III Rz. 16; für Unwirksamkeit LG Berlin, GE 1996, 471.
3 BGH, WuM 2005, 519.

streitig, ob die Staffelmietvereinbarung dann insgesamt nichtig war oder nur diejenigen Staffeln, die über zehn Jahre hinausgingen[1]. Der BGH[2] hat sich jetzt für die letztere Auffassung entschieden.

Nach neuem Recht gibt es keine zeitliche Begrenzung mehr.

c) Vor- und Nachteile einer Staffelmietvereinbarung

267 Bei der **Abwägung**, ob eine Staffelmiete vereinbart werden soll, sind folgende Aspekte zu berücksichtigen:

268 – Die Vereinbarung schließt während ihrer Laufzeit **Mieterhöhungen** nach den §§ 558 bis 559b BGB aus. Dies erhöht die **Vorhersehbarkeit** der Mietentwicklung für den Mieter, der sich lediglich auf Betriebskostenerhöhungen[3] einzurichten braucht, und erspart dem Vermieter (insbesondere dort, wo kein einschlägiger Mietspiegel vorhanden ist) den Aufwand der regelmäßigen Überprüfung, ob eine Mieterhöhung auszusprechen ist, sowie Zeit und Kosten dafür, diese durchzusetzen. Die jeweilige Staffelmieterhöhung tritt automatisch in Kraft, ohne im Übrigen das ansonsten bei Mieterhöhungen bestehende **Sonderkündigungsrecht** des Mieters auszulösen[4]. Ob verwirkte **Minderungsrechte** wieder aufleben, ist umstritten[5]. Andererseits kann es problematisch sein, Kosten baulicher Änderungen, die auf vom Vermieter nicht zu vertretenden Umständen beruhen, nicht weitergeben zu können. Eigene Modernisierungsabsichten können dagegen durch eine entsprechend kürzere Laufzeit der Vereinbarung berücksichtigt werden.

269 – Für den **Vermieter** ist von Vorteil, dass die jährliche Mietanpassung die ansonsten für Erhöhungen auf die ortsübliche Vergleichsmiete einzuhaltende **Wartefrist** von 15 Monaten verkürzt. Die für Erhöhungen nach § 558 BGB ebenfalls einzuhaltende **Kappungsgrenze** (höchstens 20 % in 3 Jahren) gilt ebenfalls für Staffelmietvereinbarungen nicht.

270 – Zugunsten des **Mieters** ist auch auf die Staffelmietvereinbarung **§ 5 WiStG** anwendbar. Die jeweils geltende Staffel darf also der Höhe nach die ortsübliche Vergleichsmiete nicht um mehr als 20 %, ggf. 50 % über-

---

1 Vgl. etwa LG Gießen, WuM 1994, 693 einerseits, *Beuermann*, § 10 Rz. 32a andererseits.
2 BGH, NZM 2009, 154 = MietRB 2009, 94.
3 Bei einer vor dem 1.9.2001 abgeschlossenen Staffelmietvereinbarung mit Bruttomiete und Erhöhungsvorbehalt sind allerdings nur solche Betriebskosten im Wege einer Mieterhöhung umlagefähig, die sich nach der letzten Staffelstufe erhöht haben, und die Erhöhung ist bis zum Eintritt der nächsten Staffelstufe begrenzt, LG Berlin, GE 2002, 399 unter Hinweis auf KG, GE 1997, 1097 = NZM 1998, 68.
4 H.M., vgl. etwa *Blank/Börstinghaus*, Neues Mietrecht, § 561 Rz. 7; **a.A.** *Nies*, WuM 1995, 376.
5 Dafür *Emmerich*, NZM 2001, 690, 693.

steigen¹. Wie eine solche Mietpreisüberhöhung im Einzelnen zu ermitteln ist, ist umstritten².
Liegt ein Verstoß gegen § 5 WiStG vor, ist die Vereinbarung insgesamt nichtig, und an ihrer Stelle ist die ortsübliche Vergleichsmiete geschuldet³.

- Innerhalb dieser Vorgaben steht dem Vorteil der Klarheit und Vorhersehbarkeit der vereinbarten Mietentwicklung natürlich für beide Seiten das Risiko gegenüber, sich bei der **Prognose** über die Entwicklung der ortsüblichen Mieten zu verkalkulieren⁴. 271

- Für den Mieter ist in diesem Zusammenhang von Bedeutung, dass er im Falle wirksamer⁵ Vereinbarung einer festen Laufzeit des Mietvertrags in jedem Falle zum Ablauf von vier Jahren seit Abschluss der Staffelmietvereinbarung den Mietvertrag kündigen kann. Eine Überschreitung der Höchstfrist von vier Jahren für einen formularmäßigen vertraglichen Kündigungsausschluss führt zur Unwirksamkeit der Staffelmietvereinbarung insgesamt⁶, ein individualvertraglich vereinbarter Kündigungsverzicht des Mieters für länger als vier Jahre führt (nur) zur Unwirksamkeit des Kündigungsverzichts, soweit er vier Jahre überschreitet⁷. 272

- Stellt sich bei der Beratung des **Mieters** heraus, dass die vorliegende Staffelmietvereinbarung wegen Nichteinhaltung der formalen Voraussetzungen **unwirksam**⁸ ist, so wird der anwaltliche Berater dennoch ermitteln, wie sich die vereinbarte Miete zur ortsüblichen Miete verhält. Liegt diese höher, sollte der Mieter es bei der vereinbarten Miete belassen; auch kann eine formal unwirksame Vereinbarung sonstige Mieterhöhungen i.S.d. § 557 Abs. 3 BGB ausschließen⁹. 273

---

1 OLG Hamburg, WuM 2000, 111. Im preisgebundenen Wohnungsbau sind Staffelmietvereinbarungen dementsprechend möglich, solange die höchste Staffel die bei Vertragsschluss maßgebliche Kostenmiete nicht übersteigt, OLG Hamm, WuM 1993, 108.
2 Vgl. dazu HansOLG Hamburg, WuM 1999, 209; LG Hamburg, WuM 1999, 274 mit ausführlicher Darstellung des Streitstandes.
3 OLG Karlsruhe, WuM 1982, 128; LG Hamburg, WuM 1999, 274 m.w.N.; v. Brunn in Bub/Treier, III Rz. 15 m.w.N.
4 Im Sonderfall der öffentlich geförderten Modernisierung mit regelmäßigem Förderungsabbau gilt dies nicht, so dass hier dem Vermieter dringend der Abschluss von Staffelmietvereinbarungen anzuraten ist; vgl. hierzu AG Hamburg, WuM 2001, 558.
5 Vgl. dazu Langenberg, WuM 2001, 523.
6 BGH, WuM 2006, 152 und WuM 2006, 385.
7 BGH, WuM 2006, 445.
8 Oder der Anspruch verwirkt ist, vgl. dazu KG, WuM 2004, 348 und Kern, NZM 2008, 712.
9 Vgl. dazu LG Berlin, WuM 1992, 198; LG Bonn, WuM 1992, 199; LG Görlitz, WuM 1997, 682; anders LG Berlin, GE 1993, 95 und LG Berlin, WuM 2001, 612 = GE 2002, 54.

2. Indexmietvereinbarung

a) Vorüberlegung

274 Als zweite Form der vertraglich antizipierten Mieterhöhung lässt § 557b BGB die Vereinbarung zu, dass sich die Miete entsprechend dem **Preisindex** für die Lebenshaltung aller privaten Haushalte in Deutschland entwickelt. Dies kann im ursprünglichen Mietvertrag oder zu einem späteren Zeitpunkt vereinbart werden. Für Vermieter und Mieter stellt sich dann die Frage, ob die Klausel selbst wirksam ist und unter welchen Voraussetzungen die darauf basierende Mieterhöhung erfolgen kann.

b) Wirksamkeitsvoraussetzungen der Vereinbarung

aa) Zeitpunkt der Vereinbarung

275 Zunächst kommt es auf den **Zeitpunkt** an, zu dem die Indexklausel vereinbart worden ist:

(1) Verträge aus der Zeit vom 1.1.1975–31.8.1993

276 In diesem Zeitraum waren derartige Klauseln im Wohnraummietrecht generell unzulässig und bleiben dies auch ungeachtet der späteren Gesetzesänderungen[1].

(2) Verträge aus der Zeit vom 1.9.1993–31.12.1998

277 Für diesen Zeitabschnitt gilt, dass die jeweilige Klausel des konkreten Mietvertrags entweder gemäß § 3 WährG von der Landeszentralbank genehmigt worden sein muss oder aber (da § 3 WährG inzwischen aufgehoben worden ist) den Voraussetzungen der **Allgemeinen Genehmigung der Deutschen Bundesbank** entsprechen muss, die diese unter dem 3.11.1998 erteilt hat.

Diese lautet:

278 Mietanpassungsvereinbarungen in Mietverträgen über Wohnraum (§ 10a des Gesetzes zur Regelung der Miethöhe, § 3 des Währungsgesetzes und entsprechende währungsrechtliche Vorschriften) vom 3.11.1998 (BAnz. S. 16640)

§ 10a Abs. 1 des Gesetzes zur Regelung der Miethöhe in der Fassung des Gesetzes vom 21.7.1993 (BGBl. I S. 1257) bestimmt, dass in Mietverträgen über Wohnraum schriftlich vereinbart werden kann, dass die weitere Entwicklung des Mietzinses durch den Preis von anderen Gütern oder Leistungen bestimmt werden soll (Mietanpassungsvereinbarung) und dass eine solche Vereinbarung nur wirksam ist, wenn die Genehmigung nach § 3 des Währungsgesetzes oder entsprechenden währungsrechtlichen Vorschriften erteilt wird.

---

1 *Beuermann*, § 10a Rz. 18; *Blank*, WuM 1993, 503, 511; *Börstinghaus* in Schmidt-Futterer, § 557b BGB Rz. 11; **a.A.** LG Frankfurt/Main, WuM 1998, 603 (unwirksame Klausel als Erhöhungsbegrenzung nach § 1 S. 3 MHG). Zur Entwicklung der Indexmiete näher *Grothe*, NZM 2002, 54 ff.

Durch Art. 9 §§ 1–3 des Gesetzes zur Einführung des Euro vom 9.6.1998 (BGBl. I S. 1242) sind § 3 des Währungsgesetzes und die entsprechenden währungsrechtlichen Vorschriften zum 1.1.1999 aufgehoben worden bzw. ab diesem Tag nicht mehr anzuwenden.

Genehmigungen nach diesen Vorschriften können nach dem 31.12.1998 deshalb nicht mehr erteilt werden.

Hierzu gibt die Deutsche Bundesbank Folgendes bekannt:

Nach § 3 des Währungsgesetzes und Art. 3 der Anlage I des Vertrages über die Schaffung einer Währungs-, Wirtschafts- und Sozialunion zwischen der Bundesrepublik Deutschland und der Deutschen Demokratischen Republik vom 18.5.1990 werden hiermit erlaubt Mietanpassungsvereinbarungen (§ 10a Abs. 1 des Gesetzes zur Regelung der Miethöhe in der Fassung des Gesetzes vom 21.7.1993 [BGBl. I S. 1257]), wenn

a) der Vertrag
 – für die Lebenszeit einer der Parteien,
 – für die Dauer von mindestens zehn Jahren,
 – mit dem Recht des Mieters, die Vertragsdauer auf mindestens 10 Jahre zu verlängern,

oder

 – in der Weise abgeschlossen ist, dass er vom Vermieter durch Kündigung frühestens nach Ablauf von 10 Jahren beendet werden kann,

es sei denn, dass

 – einseitig ein Kurs-, Preis- oder Wertanstieg eine Erhöhung, nicht aber umgekehrt ein Kurs-, Preis- oder Wertrückgang eine entsprechende Ermäßigung des Zahlungsanspruchs bewirken oder nur der Gläubiger das Recht haben soll, eine Anpassung zu verlangen oder die Bezugsgröße zu bestimmen (Mindestklauseln, Einseitigkeitsklauseln), oder

 – der geschuldete Betrag sich gegenüber der Entwicklung der Bezugsgröße überproportional ändern kann (z.B. durch Gleichsetzung von Indexpunkten mit dem Prozentsatz der Änderung der Geldschuld),

b) die Mietanpassungsvereinbarungen nach dem 31.8.1993 und vor dem 1.1.1999 abgeschlossen worden sind oder werden und

c) die Entwicklung des Mietzinses durch die Änderung eines Preisindexes für die Lebenshaltung bestimmt werden soll mit Ausnahme von vor dem 1.5.1997 abgeschlossenen Mietanpassungsvereinbarungen, in denen ein für die neuen Bundesländer einschließlich Ost-Berlin berechneter Preisindex für die Lebenshaltung als Wertmesser verwendet wird.

(3) Verträge aus der Zeit vom 1.1.1999–31.8.2001

In diesem Zeitraum vereinbarte Indexklauseln bedurften keiner behördlichen Genehmigung mehr, sofern sie den Anforderungen des § 4 PrKV entsprachen[1], so dass ihre Wirksamkeit erst im Streitfall zivilgerichtlich geprüft wird. Neben dem Preisindex für die Lebenshaltung aller privaten Haushalte waren noch andere Verbraucherpreisindizes für drei verschiedene Haushaltstypen zulässig. Diese Indizes werden vom Statistischen Bun-

---

1 *Schultz*, NZM 1998, 905 mit Formulierungsbeispielen.

desamt seit dem 1.1.2003 nicht mehr errechnet[1]. Bei solchen Verträgen dürfte ein Anspruch des Vermieters auf Vertragsanpassung, also Umstellung auf den jetzt allein zulässigen Index, bestehen[2].

(a) Anspruch auf Vertragsänderung

280 Für bereits bestehende Mietverträge, in denen auf einen ab 1.1.2003 nicht mehr fortgeführten Index Bezug genommen wird, kann ab 2003 nur noch der einzig beibehaltene Index für die Lebenshaltung „aller privaten Haushalte" angewendet werden. Da jedoch weder Umrechnungs- noch Verkettungsfaktoren zur Verfügung gestellt werden, muss die neue Bezugsgröße vertraglich vereinbart werden. Denn der vertraglich vereinbarte Index (z.B. 4-Personen-Arbeitnehmerhaushalt mit mittlerem Einkommen) ist nicht mehr zu ermitteln.

Insoweit steht beiden Parteien **ein Anspruch auf Mitwirkung** bei der notwendigen Vertragsänderung zu.

281 Nach bisheriger Rechtslage führte es nicht zum Verlust der Anpassungsmöglichkeit, wenn eine Wertsicherungsklausel unwirksam war. Vielmehr wurde dem Vermieter im Wege der **ergänzenden Vertragsauslegung** ein Anspruch zugebilligt, vom Mieter die Vereinbarung einer wirksamen Wertsicherungsklausel zu verlangen[3]. Nach Ansicht des BGH ist der Mieter in den Fällen der Unwirksamkeit der Klausel verpflichtet, einer veränderten Klausel zuzustimmen. Denn die Parteien hätten sich bei Abschluss des Vertrages entsprechend verhalten, wenn sie die Unwirksamkeit gekannt oder vorhergesehen hätten.

282 Wird der zwischen den Parteien bei Vertragsschluss vereinbarte Preisindex nicht weitergeführt, so kann im Ergebnis nichts anderes gelten. Denn hätten die Parteien die Einstellung des von ihnen vereinbarten Index vorhergesehen, hätten sie entweder sofort einen anderen Index vereinbart oder eine entsprechende **Anpassung** vorgesehen. In der vorliegenden Konstellation ist die bisherige Wertsicherungsklausel noch nicht einmal unwirksam, so dass die Grundsätze der ergänzenden Vertragsauslegung erst recht zu einem Anspruch auf Vertragsänderung führen.

(b) Umrechnung

283 Haben die Parteien bei Vertragsschluss einen ab 2003 wegfallenden Index vereinbart, so stellt sich die Frage, ob bei einer Wertmessung nach dem 1.1.2003 für die gesamte Vertragslaufzeit nur der Index für die Lebenshaltung „aller privaten Haushalte" anzusetzen ist oder ob entsprechend dem zuvor vereinbarten Index eine Umrechnung zu erfolgen hat.

---

1 Siehe dazu die Hinweise des Statistischen Bundesamts in WuM 2003, 134.
2 Vgl. dazu *Lützenkirchen/Löfflad*, Neue Mietrechtspraxis, Rz. 190 f.; *Lützenkirchen*, NZM 2001, 835, 836 f.
3 BGH, NJW 1979, 2250; BGH, NJW 1986, 932; *Schultz* in Bub/Treier, III Rz. 248.

Soll nach dem 1.1.2003 eine Wertmessung vorgenommen werden, so kann eine komplette Umrechnung des zu diesem Zeitpunkt gültigen Indexwertes auf den vereinbarten, aber nicht mehr fortgeführten Index jedenfalls nicht erfolgen, da er auf Grund der Einstellung der Bewertung nicht mehr berechenbar ist und mangels Angabe eines Umrechnungsfaktors nicht ermittelt werden kann, welchen Wert er zu einem Berechnungszeitpunkt nach dem 1.1.2003 gehabt hätte. Daraus resultiert eine Vertragslücke, die im Wege der ergänzenden Vertragsauslegung zu schließen ist[1]. Hätten die Parteien bedacht, dass nur noch der Verbraucherpreisindex fortgeführt wird, hätten sie diesen Maßstab gewählt. 284

Mit dieser Erkenntnis lässt sich die Mietänderung einfach berechnen. Denn das Statistische Bundesamt stellt auf seiner Homepage[2] auch die Reihe des Verbraucherpreisindex für Zeiträume vor 2003 zur Verfügung. Mithin ist es zulässig, die Veränderung auf der Grundlage dieser Reihe zu berechnen, also sowohl den Ausgangswert als auch den Wert im maßgeblichen Zeitpunkt dem Vebraucherpreisindex zu entnehmen. 285

(c) Umsetzung der Vertragsänderung

Einer besonderen Vereinbarung z.B. in Form eines Nachtrages der den Anforderungen des § 550 BGB gerecht wird, bedarf es nicht. Denn der schriftformgerechte Vertrag wird nur ausgelegt. Deshalb kann der Vermieter sofort ein mit dem neuen Index begründetes Mietänderungsbegehren stellen. 286

Soweit die bisherige Klausel Beschränkungen enthielt, indem z.B. nur 60 oder 80 % der Indexänderung weitergegeben werden konnten, gelten diese fort. 287

Bei **Wohnraummietverträgen** sollten generell zusätzlich die Formalien des § 557b Abs. 3 BGB geregelt werden. Denn im Hinblick auf die kundenfeindlichste Auslegung des BGH[3] sowie das Transparenzgebot[4] muss bei der Formulierung der Eindruck vermieden werden, dass der Mieter über seine Rechte hinweggetäuscht werden soll. Lässt der Wortlaut also den Schluss zu, dass eine Mieterhöhung auch möglich sein soll, obwohl die Miete noch nicht ein Jahr unverändert war und ohne dass der Vermieter eine Erklärung abgibt, in der er die Veränderung entsprechend erläutert, kann sich eine Unwirksamkeit nach § 307 BGB ergeben. 288

Bei einem befristeten Mietvertrag muss darüber hinaus die **Schriftform** nach § 550 BGB eingehalten werden[5]. Denn bei der Änderung der Wertsicherungsklausel handelt es sich um eine wesentliche Vertragsbestimmung, so dass nach den Grundsätzen der Auflockerungsrechtsprechung 289

---
1 BGH v. 4.3.2009 – XII ZR 141/07, GuT 2009, 93 = NZM 2009, 398 = ZMR 2009, 591.
2 www.destatis.de.
3 BGH, WuM 1991, 381.
4 Vgl. dazu: *Bub* in Bub/Treier, II Rz. 416 m.w.N.
5 Vgl. *Lützenkirchen/Löfflad*, Neue Mietrechtspraxis, 2001, Rz. 350 ff.

des BGH[1] eine ausreichende Bezugnahme auf den ursprünglichen Vertrag notwendig ist.

(4) Verträge seit 1.9.2001

290 Seit Inkrafttreten der Mietrechtsreform darf nur noch auf den Preisindex für die Lebenshaltung aller privaten Haushalte in Deutschland Bezug genommen werden[2]. § 4 PrKV findet auf Wohnraummiete keine Anwendung mehr.

bb) Laufzeit des Vertrages

291 Die Laufzeit eines Vertrages mit Indexklausel musste nach bisherigem Recht mindestens zehn Jahre betragen, der Vermieter also für diesen Zeitraum auf das Recht zur ordentlichen Kündigung verzichtet haben, oder der Mietvertrag musste auf Lebenszeit des Mieters abgeschlossen sein[3]. Für Verträge ab dem 1.9.2001 entfällt diese Beschränkung, die Vertragslaufzeit kann also beliebig vereinbart werden, und Kombinationen mit anderen Mieterhöhungsvarianten sind möglich.

Derzeit ungeklärt und umstritten ist die Frage, ob die gesetzliche Neuregelung solche Altverträge heilt, in denen die Mindestlaufzeit unterschritten wurde[4] oder die aus anderen Gründen unwirksam waren[5].

cc) Form

292 Für die Mietanpassungsvereinbarung gilt die Schriftform des § 550 BGB (vgl. dazu *A Rz. 494* und *C Rz. 506*). Der Text darf nicht nur Erhöhungen, sondern muss auch Senkungen vorsehen. Bei Formularmietverträgen sollten wegen des Transparenzgebots die Anforderungen des § 557b Abs. 3 BGB an die Erhöhungserklärung und zum Erhöhungszeitpunkt in den Vertragstext aufgenommen werden[6].

Beispiel:

Die monatliche Miete von 400 Euro verändert sich im gleichen Verhältnis, in dem sich ab Vertragsbeginn jeweils der vom Statistischen Bundesamt

---

1 BGH, WuM 2000, 351 = NZM 2000, 712; *Lützenkirchen*, WuM 2000, 55, 64, jeweils m.w.N.
2 Nach *Rips/Eisenschmid*, S. 251 m.w.N., konnten schon vor dem 1.9.2001 mit Wirkung ab Inkrafttreten der Neuregelung solche Verträge geschlossen werden.
3 So ausdrücklich § 10a I 3 MHG, ebenso für den früheren Zeitraum die (ausgelaufenen) Genehmigungsgrundsätze der Deutschen Bundesbank zu § 3 WährG, abgedruckt bei *Börstinghaus*, Mieterhöhungen, Rz. 1039.
4 Vgl. dazu die Nw. bei *Langenberg*, WuM 2001, 523, 524; *Lützenkirchen*, PiG 65, S. 28 f.; *Rips/Eisenschmid*, Neues Mietrecht, S. 251 f.
5 Für fortdauernde Unwirksamkeit *Börstinghaus/Eisenschmid*, zu § 557b BGB; *Blank/Börstinghaus*, Neues Mietrecht, § 557b BGB Rz. 8.
6 *Lützenkirchen/Löfflad*, Neue Mietrechtspraxis, Rz. 203; *Lützenkirchen*, NZM 2001, 835, 837.

festgesetzte Preisindex für die Lebenshaltung aller privaten Haushalte in Deutschland gegenüber seinem Stand von 1995 = 100 Punkte verändert. Von Erhöhungen nach §§ 559 bis 560 BGB abgesehen, kann eine entsprechende Anpassung der Miete frühestens zum Ablauf eines Jahres verlangt werden, wobei die Berechnung jeweils den für den zweiten Monat vor der jeweils fälligen Mietzahlung festgestellten Monatsindex zugrunde zu legen hat.

c) Vor- und Nachteile der Vereinbarung

- Bei entsprechender Indexänderung tritt die Erhöhung nicht automatisch in Kraft, sondern muss durch eine Mieterhöhungserklärung umgesetzt werden. 293

- Die Vereinbarung schließt Mieterhöhungen nach § 558 BGB aus, ebenso solche nach § 559 BGB für Wertverbesserungsmaßnahmen, die der Vermieter von sich aus veranlasst. Möglich bleiben dagegen Erhöhungen nach § 559 BGB für solche baulichen Änderungen, die der Vermieter nicht zu vertreten hat (insoweit besteht für ihn hier ein Spielraum, den eine Staffelmietvereinbarung nicht eröffnet) und die Weitergabe von Betriebskostenveränderungen gemäß § 560 BGB.

- Von den vorgenannten Erhöhungen abgesehen, die also jederzeit möglich sind, muss die Miete jeweils (mindestens) ein Jahr lang unverändert bleiben. Längere Zeiträume zwischen den Erhöhungserklärungen sind möglich, für den Vermieter allerdings dadurch begrenzt, dass die Anpassungsmöglichkeit durch langjährige Nichtausübung verwirkt werden kann.

- Eine Kappungsgrenze gilt nicht. Der Höhe nach wird die jeweils angepasste Miete allerdings durch § 5 WiStG begrenzt[1], was ebenso für die frühere Fassung des § 10a MHG galt.

- Der Mieter kann sich bei einer Index-Mietanpassung nicht auf Grund eines Sonderkündigungsrechts vom Mietvertrag lösen[2].

d) Form und Inhalt der Erhöhungserklärung, § 557b Abs. 3 BGB

aa) Die Mieterhöhung auf Grundlage einer Mietanpassungsvereinbarung setzt zunächst voraus, dass diese selbst **wirksam** getroffen ist[3]. 294

bb) Die Erhöhung kann in **Textform** erklärt werden, bei Verträgen aus der Zeit vor dem 1.9.2001 und bei längerfristigen Verträgen in Schriftform. 295

---

1 *Blank* in Schmidt-Futterer, § 5 WiStG Rz. 2.
2 Die zum bisherigen Recht vertretene Mindermeinung, wonach eine Kündigung doch möglich sein sollte, dürfte sich erledigt haben, so ausdrücklich *Eisenschmid*, NZM 2001, 11; vgl. dazu auch *Grothe*, NZM 2002, 54, 56 m.w.N. in Fn. 30–32.
3 In der Literatur (vgl. *Blank*, WuM 1993, 503, 511; vgl. weiter die Nw. bei *Schultz* in Bub/Treier, III Rz. 634c) wird teilweise vertreten, dass bei Verstoß der Vereinbarung gegen § 10a MHG a.F., § 557b BGB die Parteien verpflichtet seien, in eine Änderung der Vereinbarung einzuwilligen.

cc) Von Mieterhöhungen nach §§ 559 bis 560 BGB abgesehen, muss die Miete nach dem Gesetzeswortlaut „jeweils **ein Jahr unverändert** bleiben". Dies dürfte so zu verstehen sein, dass die Erhöhungserklärung schon während des Jahres zugehen kann, solange sie nur für einen Zeitpunkt danach Geltung beansprucht[1].

dd) Für die sonstigen **Formalien** (Erklärung von allen Vermietern an alle Mieter, Vollmacht, Zustellungsnachweis) gilt nichts Besonderes (vgl. Rz. 106).

ee) Die Erhöhung muss die eingetretene **Indexänderung** angeben, wofür der Indexwert

- bei Vertragsschluss oder bei der letzten Erhöhung nach § 10a MHG a.F., § 557b BGB und
- zum jetzigen Zeitpunkt, d.h. praktisch 2 Monate vor der Zahlbarkeit der Erhöhung, anzuführen ist.

Darauf basierend muss die verlangte Miete oder die Erhöhung **berechnet**[2] und **beziffert** werden. Einer weiteren Begründung bedarf es nicht.

e) Muster Erhöhungserklärung

296

... Ort, Datum

...
Absender

...
Empfänger

Sehr geehrte Mieterin,

sehr geehrter Mieter,

Ihre Vermieterin, Frau ... (Name) wird von mir anwaltlich vertreten, auf mich lautende Vollmacht füge ich diesem Schreiben bei.

Sie haben mit meiner Mandantin für Ihre Mietwohnung im Mietvertrag unter § 3 eine Mietanpassungsvereinbarung getroffen. Namens meiner Mandantin teile ich mit, dass Ihre Miete auf Grund dieser Vereinbarung wie folgt angepasst wird:

Als Maßstab wurde vertraglich der Lebenshaltungskostenindex „alle privaten Haushalte" des Statistischen Bundesamts (Basis 2000 = 100 Punkte) vereinbart. Der Index hat sich seit der letzten Mieterhöhung, nämlich dem 1.11.2007, von ... auf ... Punkte zum 1.11.2008 erhöht. Dies entspricht einer

---

[1] H.M., vgl. die Nw. bei *Weitemeyer* in Emmerich/Sonnenschein, § 557b BGB Rz. 20, Fn. 67; *Sternel*, Mietrecht aktuell, Rz. IV 41; **a.A.** *Blank*, WuM 1993, 503, 510; *Emmerich*, NZM 2001, 690, 694.

[2] Zu den Rechenschritten s. *Neuhaus*, ZAP Fach 4, 677, 682.

Steigerung von ...%. Um diesen Prozentsatz erhöht sich Ihre Miete, also von ... Euro auf nunmehr ... Euro.

Bitte zahlen Sie die neue Miete zuzüglich der bisherigen Betriebskosten- und Heizkostenvorauszahlungen ab dem übernächsten Monat seit Zugang dieses Schreibens an meine Mandantin.

Mit freundlichen Grüßen

...

(Unterschrift)

f) Folgen für den Mieter

Die wirksame Erhöhungserklärung löst die **Zahlungspflicht** ab dem 1. des übernächsten Monats **nach Zugang** aus. Weist die Mietwohnung Mängel auf, ist aber das entsprechende **Minderungsrecht** wegen Zeitablaufs verwirkt, so lebt es mit der Mieterhöhung auf[1] und ist ggf. ausdrücklich geltend zu machen.

VI. Mieterhöhung bei preisgebundenem Wohnraum

Schon der Wegfall des Wohnungsgemeinnützigkeitsgesetzes durch das Steuerreformgesetz 1990 vom 25.7.1988 hat dazu geführt, dass Wohnungsunternehmen verstärkt die öffentlichen Mittel vorzeitig freiwillig zurückgezahlt haben. Das aktuelle, seit Jahren niedrige Zinsniveau verstärkt diese Tendenz. Gleichwohl bleibt die Technik der Mieterhöhung im preisgebundenen Wohnraum relevant, weil bei freiwilliger vorzeitiger Rückzahlung öffentlicher Mittel eine Nachwirkungsfrist von 10 Jahren bestehen kann (vgl. § 16 WoBindG). Abgesehen davon haben viele Gemeinden im Hinblick auf die Wohnraumknappheit Anfang der 90er Jahre Wohnungsbauprogramme aufgelegt, die zur Schaffung von neuem öffentlichen Wohnraum geführt haben.

Bei der Bearbeitung von Fällen aus dem öffentlich geförderten Wohnraum ist zunächst zu ermitteln, wann das Objekt **bezugsfertig** wurde bzw. worauf die öffentliche Förderung beruht. Denn zum 1.1.2002 ist das **Wohnungsbauförderungsgesetz** (WoFG) in Kraft getreten. Auch danach darf der Verfügungsberechtigte nur mit Personen Mietverträge abschließen, die ihre Wohnberechtigung durch Übergabe eines **Wohnberechtigungsscheins** nachweisen, § 27 WoFG. Der Wohnberechtigungsschein wird bei Einhaltung bestimmter Einkommensgrenzen erteilt, § 9 WoFG. Bei der Ermittlung dieser Einkommensgrenzen werden auch Lebenspartner und andere Partner einer auf Dauer angelegten Lebensgemeinschaft berücksichtigt, § 18 WoFG. Verstößt der Verfügungsberechtigte gegen Förderauflagen, kann die zuständige Stelle neben den sonstigen öffentlich-rechtlichen Sanktionen von ihm ver-

---
1 Vgl. *Rz. 126* und LG Düsseldorf, WuM 1998, 20.

langen, dass er das Mietverhältnis mit einem nicht wohnberechtigten Mieter kündigt. Vermag dieser die Kündigung nicht alsbald durchzusetzen, kann die zuständige Stelle gegenüber dem Mieter eine Räumungsverfügung erlassen, § 27 Abs. 6 WoFG.

298b Die **Bindung der Miete** wird nicht mehr nach den Kostengesichtspunkten der II. BV ermittelt, sondern durch die Förderzusage bestimmt. Die danach höchstzulässige Miete ist eine Nettomiete. Eine Mieterhöhung erfolgt nach den allgemeinen Grundsätzen der §§ 558 ff. BGB vgl. dazu *Rz. 10 ff.*). Dabei ist jedoch die **Höchstmiete**, die in der Förderzusage festgesetzt ist, zu beachten, § 28 Abs. 3 WoFG. Der Mieter kann sich auf die in der Förderzusage festgelegte Mietobergrenze berufen. Insoweit kann er vom Vermieter die dafür erforderlichen Auskünfte verlangen, § 28 Abs. 4, 5 WoFG. Deshalb sollte der Rechtsanwalt des Mieters zumindest den Bewilligungsbescheid anfordern, sofern der Vermieter nicht bereits entsprechende Auszüge dem Mieterhöhungsbegehren beigefügt hat. Hilfsweise kann er dieses Verlangen auch an die zuständige Stelle richten.

Die nachfolgende Darstellung befasst sich allein mit der **Steigerung der Kostenmiete**, setzt also eine Förderung vor dem 1.1.2002 voraus.

299 Der Rechtsanwalt, der sich zum ersten Mal mit einem Mietverhältnis über preisgebundenen Wohnraum befasst, sollte sich der Mühe unterziehen, die **II. Berechnungsverordnung** (II. BV) und die **Neubaumietenverordnung** (NMV) intensiv zu lesen. Nach der Lektüre beider Verordnungen erhält er einen Überblick über die Regeln, nach denen sich die **Kostenmiete** – als häufigste Erscheinungsform der Miete im öffentlich geförderten Wohnraum – ermittelt und welche Grundlagen dafür bestehen. Ohne Kenntnis dieser Regeln ist eine umfassende und sorgfältige Beratung im Mietvertrag über öffentlich geförderten oder steuerbegünstigten Wohnraum nicht möglich. Denn wer nicht weiß, wie eine Wirtschaftlichkeitsberechnung inhaltlich zu gestalten ist, kann auch deren Richtigkeit nicht überprüfen. Ohne eine (richtige) Wirtschaftlichkeitsberechnung ist jedoch eine Kostenmiete ohne Grundlage.

300 Aus dem Wesen der Kostenmiete folgt, dass sie sich nach oben und nach unten ändern kann. Die **zentrale Vorschrift** zur Umsetzung dieser Änderungen bildet § 10 WoBindG[1].

301 Die Begriffe des § 10 WoBindG sind im **Wohnungsbindungsgesetz** selbst, der Neubaumietenverordnung oder der II. Berechnungsverordnung definiert[2]. Bereits diese (öffentlich-rechtliche) Technik zeigt, dass die **Technik der Mietänderung** im öffentlich geförderten Wohnraum stark **formalisiert** ist. Dies wirkt sich auch auf das Mietänderungsverfahren im Mietverhältnis aus.

---

1 Zu den Ausnahmen vgl. § 18a ff. WoBindG.
2 Vgl. z.B. „zulässiges Entgelt" = § 8a Abs. 7 WoBindG; Betriebskosten = § 27 II. BV.

Um den Vermieter oder Mieter im Rahmen eines Mietvertrages über preisgebundenen Wohnraum beraten und vertreten zu können, benötigt der Rechtsanwalt folgende **Unterlagen**: 302

- Mietvertrag
- mindestens die letzte Wirtschaftlichkeitsberechnung
- mindestens die letzte Mietänderungserklärung nach § 10 WoBindG
- Unterlagen, die die aktuelle Mietänderung begründen sollen.

Im **Mietvertrag** muss nicht erwähnt sein, dass die Wohnung öffentlich gefördert ist. Denn ist das Objekt preisgebunden, kann der Vermieter nie die „ortsübliche Vergleichsmiete" verlangen, weil jede, das zulässige Entgelt übersteigende Miete unzulässig ist, §/8 Abs./2 WoBindG. Ebenso kann der zwingende § 10 WoBindG nicht umgangen werden. 303

Das zum 1.1.1990 weggefallene Wohnungsgemeinnützigkeitsgesetz (WGG) verpflichtete gemeinnützige Wohnungsunternehmen, sich bei der Miete auf eine nach den Bestimmungen der II.BV ermittelten Kostenmiete zu beschränken. Deshalb enthielten die vorgegebenen Musterverträge zumeist sog. **Kostenmietklauseln**. Diese sind seit 1.1.1990 unwirksam, weil durch den Wegfall der Steuerfreiheit des Vermieters sich die Vertragsgrundlagen so erheblich verändert haben, dass der Mieter sich redlicherweise auf die ortsübliche Miete hätte einlassen müssen, wenn dieser Punkt bei den Vertragsverhandlungen bedacht worden wäre[1].

Die **Bezeichnung im Mietvertrag** als preisgebundenen bzw. öffentlich-geförderten Wohnraum oder eine andere Form der Vereinbarung, die die Anwendbarkeit der Regelungen über den preisgebundenen Wohnraum herbeiführen könnte, obwohl das Objekt frei finanziert ist, ist wegen §§ 557 Abs. 4, 558 Abs. 6 BGB unwirksam. Immerhin wäre sonst eine Mieterhöhung ohne Zustimmung des Mieters möglich[2].

Die Vorlage der **letzten Wirtschaftlichkeitsberechnung** und der letzten Mietänderungserklärung nach § 10 WoBindG durch den Mandanten sollte schon deshalb verlangt werden, weil der Rechtsanwalt die richtige Fortschreibung der Werte überprüfen sollte. 304

Die **Unterlagen** über die **Begründung der Mietänderung** benötigt der Rechtsanwalt, weil die Mietänderung gemäß § 10 WoBindG berechnet und erläutert werden muss. Dazu reicht allein die Wirtschaftlichkeitsberechnung nicht aus. Denn die nach § 10 WoBindG geschuldete Erläuterung umfasst die Angabe, inwieweit sich Zins- und Tilgungsleistungen und Pauschalen verändert haben[3]. Dazu müssen im Zweifel die bisherigen den neuen laufenden Aufwendungen gegenüber gestellt werden[4]. Im Hinblick 305

---
1 BGH v. 14.6.2006 – VII ZR 128/05, WuM 2006, 520 = NZM 2006, 693 = ZMR 2006, 841.
2 BGH v. 7.2.2007 – VIII ZR 122/05, WuM 2007, 133 (unter Aufgabe der bisherigen Rechtsprechung).
3 AG Zossen v. 18.9.2008 – 3 C 110/08, GE 2009, 119.
4 AG Potsdam v. 4.9.2008 – 23 C 148/08, GE 2009, 118.

auf das stark formalisierte Verfahren sollte man sich insoweit nicht auf die Informationen des Mandanten verlassen, sondern z.B. die Mitteilungen der zuständigen Landesbehörde über Zinsänderungen oder den Wegfall von Aufwendungszuschüssen überprüfen. Der Mieter kann die Vorlage dieser Unterlagen gemäß § 10 Abs. 3 WoBindG bzw. § 29 NMV verlangen.

1. Vermieterberatung

306 Das **Haftungsrisiko** des Rechtsanwalts bei der Beratung des Vermieters öffentlich geförderten Wohnraums kann größer sein als weithin angenommen. Ist die Mietänderungserklärung, die mit Hilfe des Rechtsanwalts abgegeben wurde, unwirksam, haftet der Rechtsanwalt grundsätzlich für den eingetretenen Ausfall, sofern keine dem § 4 Abs. 8 NMV entsprechende Regelung getroffen und sich dadurch der Schaden mit Hilfe einer **rückwirkenden Mietänderung** ausgleichen lässt. Zumal wenn die Mietänderung für mehrere Mietverhältnisse verwendet werden sollte, ergibt sich relativ schnell ein Schaden in fünfstelliger Höhe. Das Gleiche gilt, wenn der Rechtsanwalt übersieht, dass die vom Mandanten abgegebene Mietänderungserklärung unwirksam ist. Auch wenn insoweit grundsätzlich keine Rückforderungsansprüche der Mieter bestehen (vgl. *D Rz. 224*), soweit die Miete der Höhe nach korrekt ist, tritt Mietverlust zumindest für den Zeitraum ein, der bis zur erneuten (wirksamen) Mietänderung verstreicht.

a) Mietänderungserklärung zur Erhöhung der Kostenmiete abgeben

307 Neben den allgemeinen Informationen, die der Rechtsanwalt von seinem Mandanten verlangen sollte (vgl. dazu oben *Rz. 302*), muss sich der Rechtsanwalt in diesem Mandat auf folgende Fragen konzentrieren:
- Wurden in der **Vergangenheit** wirksame Mietänderungserklärungen abgegeben?
- Welcher **Grund** führt zur Änderung der Kostenmiete?
- Wie wirkt sich die Änderung **rechnerisch** aus?
- Wie kann die Änderung dem Mieter plausibel **erläutert** werden?
- Welche **Unterlagen** müssen der Mietänderungserklärung beigefügt werden?
- Zu welchem **Zeitpunkt** soll die Mietänderung eintreten?
- Welche Kriterien sind zur Einhaltung der **Schriftform** zu beachten?

308 Gerade wenn der Vermieter bei einem schon länger andauernden Mietverhältnis einem Rechtsanwalt das Mandat zur Fertigung einer Mietänderungserklärung nach § 10 WoBindG erteilt, muss davon ausgegangen werden, dass er auf Schwierigkeiten gestoßen ist, die er nicht mehr ohne anwaltliche Hilfe erledigen kann. Die Bewilligung der öffentlichen Mittel geht regelmäßig einher mit einer Aufklärung und Beratung durch die bewilligenden öffentlichen Stellen über die Technik der Mietänderung im Rahmen von Mietverhältnissen über preisgebundenen Wohnraum. Umso mehr spricht eine Vermutung dafür, dass der Mandant trotz dieser Bera-

tung Probleme bei der Umsetzung seiner Rechte hat und in der **Vergangenheit** diese Probleme nicht erkannt oder übersehen hat. Da eine Mietänderung, die auf einer unwirksamen Mieterhöhung beruht, schon wegen ihrer falschen Berechnung (sie gründet sich auf eine der Höhe nach nicht bestehende Kostenmiete) formell unwirksam ist, sollte der Rechtsanwalt schon mit Rücksicht auf die **eigene Haftung** auch die in der Vergangenheit abgegebenen Erklärungen nach § 10 WoBindG überprüfen.

Um sich über den **Grund der Erhöhung** ein Bild zu verschaffen, reicht es regelmäßig aus, sich die Unterlagen des Mandanten, aus denen sich die Mietänderung ergeben soll, überreichen zu lassen. Diesen Informationen kann eine Änderung des **Zinssatzes** oder der Grund für den Wegfall von **Aufwendungszuschüssen** entnommen werden. Soll eine Veränderung der Instandhaltungs- oder Verwaltungspauschale geltend gemacht werden[1], ist der Mandant grundsätzlich im Besitz einer entsprechenden Mitteilung der Bewilligungsstelle. Ansonsten muss sich der Rechtsanwalt die neuesten Vorschriften z.B. durch Einsichtnahme in das Bundesgesetzblatt (BGBl. I) oder durch Erwerb entsprechender Gesetzestexte[2] besorgen. Bei einer Änderung der **Verwaltungspauschale** müssen sich die Ermittlungen des Rechtsanwaltes auf die Anzahl der Wohnungen im Gebäude oder der Wirtschaftseinheit bzw. die Anzahl der Garagen oder Einstellplätze erstrecken. Soll eine Erhöhung der **Instandhaltungspauschale** gemäß § 10 WoBindG umgesetzt werden, müssen auf der Basis der aktuellen Fassung des § 28 II. BV folgende Fragen geklärt werden: 309

– Wann wurde die Wohnung bezugsfertig[3]?
– Ist die Wohnung mit einem Bad oder einer Dusche eingerichtet[4]?
– Findet eine eigenständige gewerbliche Lieferung von Wärme i.S.v. § 1 Abs. 1 Nr. 2 Heizkostenverordnung (HeizkV) statt[5]?
– Ist das Gebäude mit einem Aufzug ausgestattet[6]?
– Trägt der Mieter die Kosten von Kleinreparaturen[7]?
– Trägt der Vermieter die Kosten von Schönheitsreparaturen[8]?
– Wenn ja: – Ist die Wohnung überwiegend nicht tapeziert[9]?
  – Sind Heizkörper in der Wohnung vorhanden[10]?
  – Ist die Wohnung überwiegend mit Doppelfenstern oder Verbundfenstern ausgestattet[11]?

---

1 Vgl. §§ 26, 28 II. BV.
2 Z.B. Beck-Texte im dtv: MietG.
3 § 28 Abs. 2 S. 1 II. BV.
4 § 28 Abs. 2 S. 2 II. BV.
5 § 28 Abs. 2 S. 2 II. BV.
6 § 28 Abs. 2 S. 3 II. BV.
7 § 28 Abs. 3 II. BV.
8 § 28 Abs. 4 S. 1 II. BV.
9 § 28 Abs. 4 S. 3 II. BV (in der bis 31.12.2001 gültigen Fassung).
10 § 28 Abs. 4 S. 3 II. BV (in der bis 31.12.2001 gültigen Fassung).
11 § 28 Abs. 4 S. 3 II. BV (in der bis 31.12.2001 gültigen Fassung).

Die letzten drei Fragen hinsichtlich der Ausstattung der Wohnung sind nach der Neufassung des § 28 Abs. 4 II. BV zum 1.1.2002 nicht mehr relevant. Gleichwohl dienen die Erkenntnisse der Überprüfung der früher angesetzten Pauschale.

Bei der Überprüfung bzw. Übernahme der Pauschalen in die Mietberechnung ist darauf zu achten, dass die in den §§ 26, 28 II. BV enthaltenen Beträge seit 1.1.2005 der **Indexierung** nach §§ 26 Abs. 4, 28 Abs. 5a II. BV unterliegen und jedes dritte Jahr zum 1. Januar angepasst werden können (und für den Rechtsanwalt bei seiner Tätigkeit: müssen). Maßgeblich ist dabei immer der Verbraucherpreis-Indexwert im Oktober des der Veränderung vorausgehenden Jahres. Demnach hat die erste Änderung zum 1.1.2005 stattgefunden, und zwar nach folgenden Maßstäben:

Verbraucherpreisindex für Deutschland: Basisjahr 2000 = 100
Oktober 2001 = 102,0
Oktober 2004 = 106,6

Berechnung der Veränderung: (106,6 : 102,0 × 100) – 100 = 4,5098 %

Damit hat sich z.B. die in § 26 II BV ausgewiesene Verwaltungspauschale um (230 Euro × 4,5098 % =) 10,37 Euro auf 240,37 Euro erhöht. Die Pauschale für die Garage nach § 26 Abs. 2 II. BV beläuft sich demnach aktuell auf 31,35 Euro. Nach der gleichen Berechnungsweise betragen die aktuellen Werte des § 28 II. BV seit 1.1.2005:

Abs. 2 Nr. 1:	7,42 Euro
Abs. 2 Nr. 2:	9,41 Euro
Abs. 2 Nr. 3:	12,02 Euro
Abs. 2 S. 2:	0,21 Euro
Abs. 2 S. 3:	1,05 Euro
Abs. 3:	1,10 Euro
Abs. 4:	8,88 Euro
Abs. 5:	71,07 Euro

Schließlich sind evtl. **Erträge** nach § 31 II. BV, die sich kostenmindernd auswirken, zu ermitteln. Dazu gehören nicht die Einnahmen aus der Vermietung von Dachflächen zur Installation von **Mobilfunkantennen**[1]. Insofern handelt es sich nämlich um außerordentliche Erträge, die in keinem Zusammenhang mit der ordnungsgemäßen Bewirtschaftung stehen.

310 Anhand dieser Informationen sollte zunächst die **Wirtschaftlichkeitsberechnung geändert** werden. Kann der Mandant die letzte Wirtschaftlichkeitsberechnung vorlegen, sollte jede Änderung dadurch kenntlich gemacht werden, dass der bisherige Ansatz mit „alt" und der geänderte Ansatz mit „neu" überschrieben wird. Ergibt sich z.B. eine Änderung des Zinssatzes, sollte die Spalte, in der der bisherige Zinssatz vermerkt ist, mit „alt" und die Spalte, in der der neue Zinssatz aufgeführt wird, mit „neu"

---

[1] BGH, WuM 2006, 26 = ZMR 2006, 188; LG Berlin, WuM 2005, 648; vgl. auch *Hitpaß*, ZMR 2002, 577.

überschrieben werden. Das Gleiche sollte hinsichtlich des absoluten Betrages geschehen. Hier sollten die bisherigen Ansätze wiederum mit „alt" überschrieben werden und daneben in die Spalte „neu" der geänderte Betrag eingetragen werden. Bei allen Änderungen muss berücksichtigt werden, dass sich das **Mietausfallwagnis**[1] ändert, so dass auch hier der neue absolute Betrag vermerkt werden sollte.

Auf diese Weise wird aus der Wirtschaftlichkeitsberechnung die neue **Durchschnittsmiete** ersichtlich. Vor allem bei älteren Mietverträgen ist die aus der Wirtschaftlichkeitsberechnung ersichtliche Durchschnittsmiete (Kostenmiete) nicht gleichmäßig auf die Wohnungen verteilt worden. Vielmehr waren sog. **Stockwerksstaffeln** gebräuchlich, denen die Annahme zugrunde lag, dass z.B. eine Erdgeschosswohnung nicht die gleiche Wohnqualität wie eine Wohnung im 2. Obergeschoss hatte, weil der Erdgeschossmieter z.B. Handwerkern öfter Einlass gewähren muss. Solche Besonderheiten mussten bei der Übertragung der in der Wirtschaftlichkeitsberechnung ermittelten Durchschnittsmiete auf das konkrete Mietverhältnis beachtet werden. Sie können entweder in der Wirtschaftlichkeitsberechnung am Ende ausgewiesen werden, in dem dort eine Tabelle aufgeführt wird, die den Prozentsatz, mit dem die Kostenmiete umgelegt wird, ausweist (z.B.: Erdgeschoss 98 %, 1. Obergeschoss 100 %, 2. Obergeschoss 102 %), oder in der eigentlichen Mietänderungserklärung vermerkt werden. Die bis hierin beschriebene Bearbeitung der Wirtschaftlichkeitsberechnung sollte konsequent durchgeführt werden, da die Wirtschaftlichkeitsberechnung im Regelfall der Mietänderungserklärung beigefügt werden muss[2]. In diesem Fall unterstützt die sichtbare Änderung der Ansätze der Wirtschaftlichkeitsberechnung die Erläuterung, die gemäß § 10 WoBindG der Mietänderungserklärung stattfinden muss. Andernfalls, z.B. bei einem Auszug aus der Wirtschaftlichkeitsberechnung, wird durch die hier vorgeschlagene Handhabung auf den ersten Blick deutlich, welche Ansätze übernommen werden müssen. 311

Insoweit sollte aber vor der Umsetzung der Mietänderung noch geprüft werden, ob der Vermieter von Anfang an eine Kostenmiete genommen hat, die der zulässigen Miete entsprach. Hat er nämlich eine geringere Miete vereinbart (**Lockmiete**), obwohl er Steigerungen (z.B. bei den Zinsen) kannte, soll ihm trotz Bestehens einer Gleitklausel nicht das Recht zustehen, die Differenz im Nachhinein durch eine Mietänderung geltend zu machen, und zwar auch dann nicht, wenn eine Gleitklausel vereinbart ist[3].

Die **Berechnung**, die § 10 WoBindG vorschreibt, setzt im Übrigen voraus, dass in der Mietänderungserklärung rechnerisch dargestellt wird, wie sich das **zulässige Entgelt** (vgl. § 8a Abs. 7 WoBindG), also die Einzelmiete oder die Vergleichsmiete = Grundmiete, die Betriebs- und Heizkostenvorauszahlungen sowie sonstige Zuschläge, entwickelt haben. Dazu ist zunächst der 312

---
1 Vgl. § 29 II. BV.
2 Vgl. BGH, WuM 1984, 70.
3 AG Mitte, MM 2005, 75.

in der Wirtschaftlichkeitsberechnung ermittelte Ansatz der Kostenmiete zu übertragen. Dort wurde der Gesamtbetrag der laufenden Aufwendungen durch die Gesamtwohnfläche des Gebäudes und der Wirtschaftseinheit dividiert. Der aus dieser Division ermittelte Wert ist (gegebenenfalls unter Berücksichtigung der Stockwerksstaffelung) in die Mietänderungserklärung zu übertragen und mit der Wohnfläche der betreffenden Wohnung zu multiplizieren. Um auch hier die Veränderung in absoluten Zahlen **transparent** zu machen, sollte die bisherige Miete und die neue Miete dargestellt werden. Dies kann durch folgendes Schema geschehen:

	bisherige Miete in Euro	**neue Miete in Euro**	**Änderung in Euro**
Grundmiete	500,00	517,40	17,40
Betriebskostenvorauszahlung	125,00	125,00	
Heizkostenvorauszahlung	60,00	60,00	
Garagenmiete	55,00	55,00	
Gesamtmiete	740,00	757,40	17,40

313 Ist sich der Rechtsanwalt über die Berechnungen im Klaren, so muss er die Mieterhöhung **erläutern**. Die Erläuterung muss so beschaffen sein, dass der Mieter aus der Mietänderungserklärung selbst entnehmen kann, aus welchen Gründen sich welche Kostenpositionen in welchem Umfang erhöht haben[1]. Bei einer Neufinanzierung muss die Erläuterung z.B. nähere Angaben zu Art und Laufzeit der früheren Finanzierung sowie Grund und Umstände der Neufinanzierung unter Angabe der Prozentsätze enthalten[2]. Bei einer Änderung der Instandhaltungspauschale müssen Kriterien, die der Berechnung zugrunde gelegt wurden, im Einzelnen angegeben werden. Hier sollte sich der Rechtsanwalt zum Grundsatz nehmen, dass er lieber ein Wort mehr, als eins zu wenig schreibt. Gerade wenn die Mietänderungserklärung in vielen Fällen verwendet werden soll, sind Mandanten geneigt, platzsparende Erläuterungen vorzunehmen, um Porto und Kuvertierarbeiten (Zusammenheften mehrerer Blätter) zu sparen. Hiervor kann nur gewarnt werden. Ein nicht ausreichend erläutertes Mieterhöhungsschreiben nach § 10 WoBindG ist unwirksam.

314 **Inhaltlich** wird die Erläuterung danach beurteilt, ob sie auch für einen durchschnittlichen, juristisch und wohnungswirtschaftlich nicht vorgebildeten Mieter nachprüfbar ist[3].

Insoweit bestimmt § 4 Abs. 7 S. 2 NMV, dass bei der Erläuterung die auf die einzelnen **laufenden Aufwendungen** entfallenden Beträge angegeben

---

1 LG Köln in *Lützenkirchen*, KM 17 Nr. 2; *Schultz* in Bub/Treier, III Rz. 694; *Pergande* in Fischer-Dieskau/Pergande/Schwender, § 10 WoBindG Anm. 2, 6 ff. m.w.N.
2 LG Köln in *Lützenkirchen*, KM 17 Nr. 2.
3 LG Berlin, WuM 1986, 187; LG Frankfurt/Main, ZMR 1984, 213.

werden müssen. Dazu gehören Angaben darüber, welche laufenden Aufwendungen bestehen und in welchem Umfang sie sich erhöht haben. Das gilt auch für Mieterhöhungen auf Grund von Modernisierungen. Die Aufwendungen müssen nach einzelnen Positionen **aufgeschlüsselt** sein[1]. Die bloße Beifügung einer Wirtschaftlichkeitsberechnung ist keine Erläuterung[2]. Mit Rücksicht darauf sollte der Rechtsanwalt in der Mietänderungserklärung den Gedankengang, der sich bei ihm selbst vollzogen hat, um die Änderung zu verstehen und zu berechnen, in jedem einzelnen Schritt schriftlich niederlegen.

§ 10 WoBindG gibt weiterhin vor, dass der Mietänderungserklärung eine **Wirtschaftlichkeitsberechnung** oder ein Auszug daraus **beizufügen** ist. Die Streitfrage, wann welche Unterlagen beizufügen sind, hat der BGH durch RE vom 11.1.1984[3] entschieden. Danach muss der Mietänderungserklärung eine vollständige Wirtschaftlichkeitsberechnung beigefügt werden, sofern sie dem Mieter im laufenden Mietverhältnis noch nicht übergeben wurde. Ansonsten reichen ein Auszug oder eine Zusatzberechnung[4] aus. Weitere Unterlagen müssen grundsätzlich nicht beigefügt werden.

315

Um diesem **formellen Mangel** vorzubeugen, sollte der Rechtsanwalt seinem Mandanten zunächst **empfehlen**, schon beim Abschluss des Mietvertrages dem Mieter die aktuelle Wirtschaftlichkeitsberechnung zu übergeben. Dadurch kann der Aufwand bei der Fertigung und Versendung von Mietänderungserklärungen nach § 10 WoBindG erheblich reduziert werden. Der **Auszug aus der Wirtschaftlichkeitsberechnung** kann in die Mietänderungserklärung eingefügt werden. Dabei sind nur die veränderten Positionen darzustellen. Wird die Form einer **Zusatzberechnung** gewählt, muss darauf geachtet werden, dass auch die Erträge dargestellt werden, wozu selbst dann Angaben erforderlich sein sollen, wenn sie sich nicht verändert haben[5].

316

Zu welchem **Zeitpunkt die Mieterhöhung eingreifen** soll, muss im Mietänderungsschreiben nicht ausdrücklich erwähnt werden. Denn § 10 Abs. 2 WoBindG definiert ausdrücklich, wann die Wirkungen der Mietänderungserklärungen eintreten. Entscheidend ist dabei, ob die Erklärung bis zum 15. d.M. abgegeben wurde; dann wirkt sie zum Beginn des nächsten Monats. Ansonsten tritt die Wirkung erst mit Beginn des übernächsten Monats ein.

317

Ausnahmsweise ist auch eine **rückwirkende Mieterhöhung** zulässig, wenn eine Vereinbarung i.S.d. § 4 Abs. 8 NMV besteht. Dazu reicht es aus, dass der Mietvertrag den Passus enthält:

318

---

1 LG Frankfurt/Main, ZMR 1984, 213.
2 LG Berlin, ZMR 1988, 183.
3 BGH, WuM 1984, 70 = ZMR 1984, 209.
4 Vgl. dazu § 39a II. BV.
5 AG Köln in *Lützenkirchen*, KM 17 Nr. 13.

> Die jeweils zulässige Miete gilt als vereinbart.

In diesem Fall kann die Mieterhöhung rückwirkend bis zum Beginn des vorangegangenen Kalenderjahres geltend gemacht werden. Dies muss allerdings ausdrücklich in der Mietänderungserklärung erwähnt werden.
Die Vereinbarung einer **Gleitklausel gem. § 4 Abs. 8 NMV** hat zur Folge, dass nicht die Erhöhungserklärung nach § 10 Abs. 1 WoBindG den Anspruch begründet, sondern die Vertragsklausel selbst anspruchsbegründend wirkt[1]. Dies ist bedeutsam für den Fall, dass dem Erhöhungsschreiben nicht die nach § 10 Abs. 1 Satz 2 WoBindG notwendige Erläuterung und Berechnung beigefügt war oder ein sonstiger formeller Mangel der Mieterhöhungserklärung besteht. Da die Klausel den Grund der Mietzahlung bildet, kann der Mieter nicht die Beträge zurückfordern, die er aufgrund einer unwirksamen Mietänderung geleistet hat. Solange die formellen Fehler aber nicht ausgeräumt sind, steht dem Mieter ein Zurückbehaltungsrecht zu.

Da derartige Klauseln regelmäßig vorformuliert sind, sind sie auch am **Transparenzgebot** des § 307 Abs. 1 Satz 2 BGB zu messen. Danach müssen die tatbestandlichen Voraussetzungen und Rechtsfolgen so genau beschrieben werden, dass für den Verwender keine ungerechtfertigten Beurteilungsspielräume entstehen. Eine Klausel ist dann ausreichend bestimmt, wenn sie im Rahmen des Zumutbaren die Rechte und Pflichten des Vertragspartners des Verwenders so klar und präzise wie möglich umschreibt[2].

Diesen **Anforderungen** werden folgende Klauseln **gerecht**:

> ... bei preisgebundenem Wohnraum gilt die jeweils gesetzlich zulässige Miete als vertraglich vereinbart[3].

oder

> Alle durch gesetzliche oder behördliche Regelungen allgemein oder im konkreten Fall zugelassenen Mieterhöhungen oder Erhöhungen bzw. Neueinführungen von Nebenkosten und Grundstücksumlagen jeder Art sind vom Zeitpunkt der Zulässigkeit ab vereinbart und zahlbar, ohne dass es einer Kündigung oder einer Mitteilung gemäß § 18 I BMG bedarf[4].

---

1 BGH, WuM 2004, 25 = ZMR 2004, 103 = NZM 2004, 93 = MietRB 2004, 98.
2 BGH, WuM 2004, 25 = ZMR 2004, 103 = NZM 2004, 93 = MietRB 2004, 98.
3 BGH, WuM 2004, 25 = ZMR 2004, 103 = NZM 2004, 93 = MietRB 2004, 98.
4 BGH, WuM 2004, 288; BGH, NZM 2004, 379= MietRB 2004, 197.

Die Anforderungen an die Transparenz werden bei den beiden Klauseln schon deshalb eingehalten, weil sie hinsichtlich der Höhe der möglichen Mietänderung auf die gesetzlichen und behördlichen Regelungen und wegen des Zeitpunktes der Mieterhöhung auf die „Zulässigkeit" verweisen.

Nicht gerecht wird aus diesem Grund dem Transparenzgebot folgende Klausel:

„Alle allgemein oder im konkreten Fall eintretenden Mieterhöhungen und/oder Erhöhungen sowie Neueinführungen von Nebenkosten und Grundstückslasten jeder Art sind vom Zeitpunkt des Eintritts ab vereinbart und vom Mieter zu zahlen. Unbeschadet bleibt das Kündigungsrecht des Mieters; für diesen Fall tritt eine Erhöhung der Miete nicht ein[1]."

Gelangt der Rechtsanwalt bei seiner Prüfung zu dem Ergebnis, dass die Gleitklausel **wirksam** ist, kommt es nach dem Wortlaut von § 4 Abs. 8 NMV für den **Zeitpunkt**, bis zu dem die Mietänderung **zurückwirken** soll, darauf an, ob der Vermieter die Nachforderung im Sinne einfacher Fahrlässigkeit zu vertreten hat.

Eine Mietgleitklausel liegt bei folgender Formulierung nicht vor[2]:

„Gilt die Kostenmiete des öffentlich geförderten Wohnungsbaues, so ist der Vermieter befugt, bei Änderung der Kostenmiete diese ab Zulässigkeit vom Mieter auch rückwirkend zu verlangen, ohne dass es des Verfahrens nach § 10 WoBindG bedarf."

Diese Klausel räumt dem Vermieter die Befugnis ein, bei einer Änderung der Kostenmiete diese – auch rückwirkend – zu verlangen. Ihrem Wortlaut nach begründet die Klausel damit aus der Sicht des insoweit maßgeblichen durchschnittlichen Mieters lediglich die Berechtigung des Vermieters, die Miete durch das Verlangen einer geänderten (erhöhten) Kostenmiete einseitig zu ändern, führt aber nicht selbst – ohne eine dahingehende Äußerung des Vermieters – die Änderung der geschuldeten Miete herbei.

Adressat der Mietänderungserklärung, die in jedem Falle schriftlich abzusetzen ist[3], müssen alle Mieter sein[4]. 319

Die eigenhändige **Unterschrift** ist zur Einhaltung der Schriftform ausnahmsweise nicht erforderlich, wenn die Erklärung mit Hilfe von automatischer Einrichtungen gefertigt wurde, § 10 Abs. 1 S. 5 WoBindG. Im Hinblick auf den Sinn und Zweck dieser Vorschrift ist ihr Anwendungsbereich auf die Fertigung mehrerer inhaltsgleicher Mietänderungserklärungen beschränkt[5]. Allein weil der Rechtsanwalt eine Mieterhöhung nach § 10 WoBindG mit Hilfe eines PC oder einer Speicherschreibmaschine anfertigt, ist die Unterschrift des Rechtsanwaltes und/oder des Vermieters nicht entbehrlich[6]. Denn insoweit gilt nicht die Textform des § 126b BGB, weil es an einer Verweisung auf diese Form fehlt. 320

---
1 BGH, WuM 2004, 285.
2 BGH v. 8.4.2009 – VIII ZR 233/08, GE 2009, 712.
3 Vgl. § 10 Abs. 1 S. 1 WoBindG.
4 LG Köln in *Lützenkirchen*, KM 17 Nr. 1.
5 BGH, WuM 2004, 666 = ZMR 2004, 901.
6 Vgl. zu den einzelnen Verfahrensweisen: *Schultz* in Bub/Treier, III Rz. 375; *Pergande* in Fischer-Dieskau/Pergande/Schwender, § 10 WoBindG Anm. 2.

321 Zur Vermeidung des Risikos einer **Zurückweisung** nach § 174 BGB sollte der Rechtsanwalt einem von ihm gefertigten Mietänderungsschreiben eine Vollmacht des Vermieters beifügen. Bezieht sich der Auftrag auf die Fertigung mehrerer Mietänderungserklärungen, sollte eine ausreichende Anzahl von Vollmachten vom Vermieter unterschrieben werden.

322 Der **Zugang** sollte nachweisbar erfolgen (vgl. dazu *J Rz. 110 ff.*).

b) Nachholung unwirksamer Mieterhöhungen

323 Hat der Mandant **in der Vergangenheit** (mehrere) **unwirksame Mieterhöhungen** abgegeben, sollte ihm empfohlen werden, die Mietänderungen erneut geltend zu machen. Auch wenn der Mieter sich bis dahin nicht auf die Unwirksamkeit berufen hat, sondern die geforderten Erhöhungen entrichtet hat, sollte dieser Rat nicht nur erteilt, sondern auch umgesetzt werden.

Der Umstand, dass der Mieter bisher die Unwirksamkeit der Mieterhöhungen nicht realisiert hat, kann auf den verschiedensten Gründen beruhen. Abgesehen davon, dass er bisher nicht beraten worden sein kann, kann er auch schlecht beraten worden sein. Spätestens wenn der Mandant die Mietänderungserklärung durch den Rechtsanwalt fertigen lässt, besteht das Risiko, dass der Mieter sich auch anwaltlicher Hilfe bedient. Im Übrigen gilt der Grundsatz, dass niemand vor besserer Erkenntnis des anderen geschützt ist.

324 Eine Mieterhöhung nach § 10 WoBindG, die auf einer unwirksam zustande gekommenen Kostenmiete aufbaut, ist jedoch unwirksam, da bereits die Berechnung falsch ist. Der **Nachholung** steht auch nicht entgegen, dass der Rückforderungsanspruch des Mieters verjährt ist. Abgesehen davon, dass die **Verjährungsregel** des § 8 Abs. 2 S. 2 WoBindG nur die Forderungen erfasst, die länger als 4 Jahre zurückliegen, führt der Eintritt der Verjährung nicht dazu, dass unwirksame Mieterhöhungen wirksam werden.

325 Die Nachholung der Mieterhöhungen kann praktisch derart **vollzogen** werden, dass jede einzelne Mieterhöhung bis hin zur letzten wirksamen Mietänderung, wie oben (*Rz. 307 f.*) beschrieben, erneuert wird. Bei mehreren Mietänderungen sollten dabei nicht mehrere getrennte Schreiben versandt werden. Dies stiftet nur Verwirrung, zumal wenn die Schreiben dem Mieter zu unterschiedlichen Zeitpunkten erreichen. Vielmehr sollte ein Anschreiben gefertigt werden, in dem die Reihenfolge der Mieterhöhungen aufgezeigt wird.

326 Entsprechend § 10 Abs. 2 WoBindG wirken diese Erklärungen alle auf den gleichen **Zeitpunkt**, nämlich den 1. des Folgemonats, sofern die Erklärungen den Mieter bis zum 15. d.M. erreichen. Besteht eine Vereinbarung gem. § 4 Abs. 8 NMV, kann die Mietänderung sogar mindestens auf den 1. Januar des vorangegangenen Kalenderjahres rückwirkend erklärt werden (vgl. *Rz. 318*).

327 Um das Risiko, dass der Mieter auf ggf. bloße formelle Fehler bei vorangegangenen Mieterhöhungen aufmerksam wird, für den Mandanten zu

verringern, sollte der Rechtsanwalt das Schreiben **nicht selbst versenden**, sondern die Mietänderungserklärungen mit dem Anschreiben für den Mandanten vorschreiben, so dass er sie nur noch unterschreiben muss. Vorsichtshalber sollte ihm dabei geraten werden, alle Mietänderungserklärungen, also nicht nur das Anschreiben, zu unterzeichnen.

Im Übrigen kann das Risiko auch durch eine entsprechende **Formulierung** des Anschreibens beschränkt werden. Denn wird der Mieter von dem Problem abgelenkt, erhöht sich die Wahrscheinlichkeit, dass er die geltend gemachte Mieterhöhung in der gleichen Weise behandelt wie in der Zeit vorher.

Dies kann z.B. wie folgt geschehen:

Peter Lustig
Virchowstraße 34
50935 Köln

Joseph Schmitz
Luxemburger Straße 101
50937 Köln

Betreff: Mietänderung zum 1.6.2003

Sehr geehrter Herr Schmitz,

die Aufwendungen für das Gebäude, in dem Ihre preisgebundene Wohnung liegt, haben sich erneut erhöht. Deshalb überreiche ich Ihnen als Anlage 1 zu diesem Schreiben die Mieterhöhung zum 1.6.2003.

Da das Mietverhältnis mittlerweile 10 Jahre besteht, möchte ich Ihnen die Entwicklung der Kostenmiete seit Abschluss des Vertrages noch einmal aufzeigen. Zu diesem Zwecke habe ich in den Anlagen 2–7 die jeweiligen Änderungen der laufenden Aufwendungen in Form von Mietänderungserklärungen dargestellt und als Anlage 8 die Wirtschaftlichkeitsberechnung zum 1.1.1989 beigefügt.

Für Ihre Zahlungsverpflichtung ab 1.6.2003 ist allein maßgeblich die Anlage A 1, aus der Sie ersehen können, dass Ihre Gesamtmiete ab diesem Zeitpunkt 785,20 Euro beträgt. Ich bitte Sie, Ihren Dauerauftrag entsprechend zu ändern.

Mit freundlichen Grüßen

...

(Unterschrift)

In den einzelnen Mietänderungserklärungen, die in dem vorstehenden Entwurf als Anlagen 1 bis 7 gekennzeichnet wurden, sollte der Satz aufgenommen werden:

> Diese Erklärung hat vertragsändernde Wirkung.

Damit wird deutlich, dass die Erklärungen tatsächlich die Wirkung des § 10 Abs. 2 WoBindG entfalten sollen, zumal wenn der Vermieter sie unterschrieben hat. Sind sie nicht i.S.d. § 8 WoBindG maschinell gefertigt, sollte eine Unterschrift unter jede Anlage erfolgen, weil sonst ein formeller Mangel besteht[1]. Bis auf die Unterschrift müssen aber auch bei der maschinellen Fertigung ansonsten die von der Rechtsprechung entwickelten Grundsätze der Schriftform bei zusammengesetzten Urkunden eingehalten werden (vgl. dazu *C Rz. 506 f.*), also zumindest ein innerer Zusammenhang zwischen den mehreren Blättern bestehen, was am einfachsten durch Paginierung und Unterschrift auf jedem Blatt erfolgen kann.

c) Klageweise Durchsetzung einer Mieterhöhung nach § 10 WoBindG

329 Da die Mietänderungserklärung nach § 10 Abs. 2 WoBindG dazu führt, dass sich die Miete zum Wirkungszeitpunkt unmittelbar erhöht, kann nach Eintritt der Fälligkeit der Mieter sofort auf Zahlung verklagt werden. Einer Mahnung bedarf es nicht. Sowohl bei einer wirksamen Vorauszahlungsklausel (vgl. dazu *D Rz. 23 ff.*) als auch bei einer Fälligkeit nach § 551 BGB liegt eine kalendermäßige Bestimmung i.S.d. § 284 Abs. 2 BGB vor.

330 In der **Klageschrift** muss zunächst der Abschluss des Mietvertrages sowie die Eigenschaft der Wohnung als öffentlich gefördert bzw. preisgebunden vorgetragen werden. Gerade bei länger andauernden Mietverhältnissen ist zweifelhaft, ob die Entwicklung der Miete vom Beginn des Mietvertrages bis zur aktuellen Mieterhöhung vorgetragen werden muss. Grundsätzlich reicht es zur Schlüssigkeit aus, die Basis der aktuellen Mieterhöhung mitzuteilen, also darzustellen, seit wann die letzte gültige Kosten- bzw. Gesamtmiete galt.

331 **Bestreitet der Mieter** jedoch, dass in der Vergangenheit wirksame Mietänderungserklärungen abgegeben wurden, muss regelmäßig die Entwicklung der Miete für die Dauer des Vertragsverhältnisses dargestellt werden. Eine Ausnahme kann bestehen, wenn der Mieter in der Vergangenheit seine Mietzahlungen den Mietänderungserklärungen angepasst hat[2].

d) Gebühren

332 Der Streitwert für die Gebührenberechnung bemisst sich gemäß §§ 23 Abs. 3 S. 1 RVG, 25 KostO maximal nach 25fachen Betrag der jährlichen Erhöhung, wenn der Rechtsanwalt für den Vermieter eine Mietänderung verfasst und keine Honorarvereinbarung getroffen, sondern nach RVG abrechnet, was allerdings auch besonders vereinbart werden muss, § 34 RVG. Wird der Rechtsanwalt für den Mandanten tätig, um ein Erhöhungsbegeh-

---

1 LG Berlin, MM 2001, 401.
2 AG Köln in *Lützenkirchen*, KM 17 Nr. 3.

ren für mehrere Mietverträge vorzubereiten, ist der Jahreswert mit der Anzahl der Mietverhältnisse zu multiplizieren, für die die Erklärung verwendet werden soll. Wirkt die Mieterhöhung nach § 4 Abs. 8 NMV zurück, ist der Nachzahlungsbetrag hinzuzurechnen.

2. Mieterberatung

a) Überprüfung der Mietänderungserklärung

Legt der Mieter seinem Rechtsanwalt eine Mietänderungserklärung nach § 10 WoBindG zur Prüfung vor, muss zunächst die **Wirksamkeit der Erklärung** an sich überprüft werden. Dazu sind die einzelnen Tatbestandsmerkmale des § 10 WoBindG zu untersuchen, nämlich: 333

– Mietvertrag über preisgebundenen Wohnraum
– keine (konkludente) Vereinbarung über den Ausschluss einer Mieterhöhung
– schriftliche Erklärung
– Erhöhung um einen bestimmten Betrag
– Berechnung der Erhöhung
– Erläuterung der Erhöhung
– Beifügung einer Wirtschaftlichkeitsberechnung oder die ersetzenden Unterlagen.

Unabhängig davon, ob die Erklärung in sich schlüssig ist, sollte der Rechtsanwalt von dem **Auskunftsrecht** nach den § 10 Abs. 3 WoBindG, § 29 NMV Gebrauch machen und den Vermieter um Übersendung der der Mieterhöhung zugrunde liegenden Unterlagen bitten. Oftmals ergibt sich nämlich gerade erst aus den Unterlagen, ob eine Differenz zwischen den Erläuterungen in der Erklärung nach § 10 WoBindG und dem tatsächlichen Grund der Mieterhöhung besteht. Im Übrigen kann dadurch aufgedeckt werden, ob der Vermieter die Mietänderung zum richtigen Zeitpunkt geltend gemacht hat. 334

Genügt die Mietänderungserklärung nicht den **formellen Anforderungen** des § 10 WoBindG, ist sie unwirksam (z.B. unzureichende Erläuterung, Nichtbeifügung einer Wirtschaftlichkeitsberechnung[1]). 335

Bei **materiellen Fehlern** ist zu unterscheiden: 336

Hat der Vermieter lediglich eine **zu hohe Miete** geltend gemacht, so verliert seine Erklärung dadurch nicht die Gültigkeit; vielmehr wird sie nur in der zulässigen Höhe wirksam[2]. Enthält jedoch die Wirtschaftlichkeitsberechnung **schwerwiegende Mängel**, führt dies zur Unwirksamkeit der

---

[1] Vgl. im Einzelnen *Pergande* in Fischer-Dieskau/Pergande/Schwender, § 10 WoBindG, Anm. 2.
[2] *Pergande* in Fischer-Dieskau/Pergande/Schwender, § 10 WoBindG Anm. 4.

Mieterhöhung[1]. Wann schwerwiegende Mängel vorliegen, lässt sich allgemein nicht sagen. Grundsätzlich wird jedoch angenommen, dass Fehler in der Berechnung, die sich richtig stellen lassen, ohne Anlage und Konzeption der Gesamtberechnung in Frage zu stellen, nur zu einer partiellen (also in Höhe des Fehlers) Unwirksamkeit der Mieterhöhungserklärung führen[2]. Unabhängig davon, ob die aktuelle Mietänderungserklärung wirksam ist, sollte auch die **Entwicklung der Miete** seit Beginn des Mietvertrages überprüft werden, soweit der Mieter noch in der Lage ist, die dazu erforderlichen Unterlagen vorzulegen. Denn nur so lässt sich ermitteln, ob bereits in der Vergangenheit eine Wirtschaftlichkeitsberechnung vorgelegt wurde oder ob noch weitere Angriffspunkte bestehen, damit ggf. der Rückforderungsanspruch nach § 8 Abs. 2 WoBindG, § 812 BGB geltend gemacht werden kann.

337 Das Gesamtergebnis der Überprüfung ist Ausgangspunkt für die **taktischen Überlegungen** hinsichtlich der weiteren Vorgehensweise. Hier ergeben sich mehrere Möglichkeiten:
– auf die Mietänderung soll überhaupt nicht reagiert werden
– der Vermieter wird auf die Unwirksamkeit (spezifiziert) hingewiesen
– es werden Rückforderungsansprüche geltend gemacht
– das Sonderkündigungsrecht nach § 11 WoBindG soll ausgeübt werden.

338 Mit **Schweigen** auf die Mietänderungserklärung zu reagieren, hat regelmäßig die klageweise Durchsetzung der Mieterhöhung durch den Vermieter zur Folge. Dabei kann davon ausgegangen werden, dass der Vermieter bzw. sein Rechtsanwalt nicht schon in den ersten 3 Monaten nach Eintritt des vermeintlichen Erhöhungszeitpunktes Klage erhebt, weil die Klage einen zu geringen Streitwert hat. Dieses **Zeitmoment** kann dadurch vergrößert werden, dass in dem Klageverfahren auf die eigentlichen Fehler erst kurz vor der mündlichen Verhandlung hingewiesen wird. Sofern keine Vereinbarung i.S.d. § 8 Abs. 4 NMV besteht, hat der Mandant zumindest den Vorteil, dass erst zu einem wesentlich späteren Zeitpunkt die Mieterhöhung wirksam werden kann.

339 Wird auf die Mieterhöhung mit einer (spezifizierten) außergerichtlichen **Erwiderung** geantwortet, wird dem Mandanten zwar dadurch das Gefühl vermittelt, dass er einen kompetenten Rechtsanwalt beauftragt hat. Für den Vermieter ergibt sich jedoch der Vorteil, dass er die (vermeintlichen) Fehler früher heilen kann. Dies ist gleichbedeutend mit einem entsprechenden Nachteil beim Mandanten. Deshalb sollte versucht werden, den Mandanten davon zu überzeugen, dass Schweigen wirkungsvoller ist. Ansonsten sollte nur reagiert werden, wenn z.B. auf Grund einer Vereinbarung i.S.d. § 10 Abs. 4 WoBindG für den Vermieter keine Möglichkeit besteht, den Fehler zu heilen.

---

1 *Pergande* in Fischer-Dieskau/Pergande/Schwender, § 10 WoBindG Anm. 3.
2 *Pergande* in Fischer-Dieskau/Pergande/Schwender, § 10 WoBindG Anm. 3; *Schultz* in Bub/Treier, III Rz. 698; *Sternel*, Mietrecht, III Rz. 925.

Durch die Geltendmachung von **Rückforderungsansprüchen** wird der Vermieter ebenfalls (gegenüber einem Klageverfahren) früher auf seine Fehler aufmerksam. Indes kann hier längeres Zuwarten im Hinblick auf die Verjährung von 4 Jahren[1] zu Nachteilen des Mandanten führen. Allerdings ergeben sich solche Rückforderungsansprüche nicht allein aus formell unwirksamen Erklärungen. Nur wenn die Zahlungen des Mandanten die tatsächlich zulässige Kostenmiete übersteigen, kann sich eine Rückforderung ergeben. 340

Für die Ausübung des **Sonderkündigungsrechts**, das zur Unbeachtlichkeit der Mieterhöhung führt, gelten keine anderen Regeln als bei der Ausübung der übrigen Sonderkündigungsrechte (vgl. *J Rz. 287 ff.* und *457 ff.*). Zu beachten ist hier jedoch, dass dieses Sonderkündigungsrecht mit einer **Frist** zum Ablauf des nächsten Monats wirkt[2]. Da der Mieter regelmäßig nicht in der Lage ist, innerhalb so kurzer Frist neuen Wohnraum zu finden, ist das Sonderkündigungsrecht praktisch kaum relevant. 341

b) Prozessuales

Erhebt der Vermieter **Klage auf Zahlung** des Erhöhungsbetrages, sollten die formellen Einwendungen gegen die Mieterhöhung spezifiziert vorgetragen werden. Steht dabei der Zeitgewinn im Vordergrund, kann sich der Rechtsanwalt in der Klageerwiderung mit dem Hinweis begnügen, dass das Mieterhöhungsschreiben unwirksam sei. Zur Vermeidung einer mangelnden Substantiierung sollte jedoch zumindest angedeutet werden, dass z.B. eine fehlerhafte Berechnung oder eine nicht ausreichende Erläuterung gegeben ist. 342

Regelmäßig wird der Vermieter-Rechtsanwalt darauf mit der Verteidigung der Mietänderungserklärung reagieren und noch keine neue Mieterhöhung nach § 10 WoBindG erklären. In der Stellungnahme zu dieser Replik sollten dann jedoch vorsichtshalber die Einwendungen spezifiziert werden, damit sie dem Richter plausibel werden.

Bei dieser Vorgehensweise droht in der Regel keine **Verspätung**. Denn besteht tatsächlich ein formeller Mangel, ist der Klagevortrag nicht schlüssig, weil es an einer wirksamen Mieterhöhung fehlt. Beschränkt sich die Unwirksamkeit auf materielle Fehler, kann der Nachweis der Fehlerhaftigkeit durch die Unterlagen, die im Rahmen der Auskunftserteilung vorgelegt wurden, geführt werden, so dass es grundsätzlich einer weiteren Beweisaufnahme nicht bedarf.

Anstatt mit Untätigkeit zu reagieren, kann der Rechtsanwalt auch eine **negative Feststellungsklage** erheben mit dem Ziel, dass die Unwirksamkeit der aktuellen Mietänderungserklärung festgestellt wird. Eine weiter gehende Feststellungsklage, bezogen auf die früheren Mietänderungserklärungen, ist unzulässig, weil insoweit Leistungsklage erhoben werden kann, 343

---

1 § 8 Abs. 2 S. 3 WoBindG.
2 § 11 Abs. 1 WoBindG.

wenn der Mandant die entsprechenden Zahlungen geleistet hat. Der negativen Feststellungsklage sollte ein außergerichtliches Aufforderungsschreiben vorausgehen, in dem der Vermieter zur Rücknahme der Mietänderungserklärung bzw. der Bestätigung ihrer Unwirksamkeit aufgefordert wird. Damit wird deutlich, dass er sich weiter auf die Vertragsänderung beruft. Der Antrag kann z.B. formuliert werden:

> 344 festzustellen, dass die Mietänderungserklärung vom 15.4.2003 unwirksam ist und zu keiner Erhöhung der Miete des Beklagten für die im 1. Obergeschoss des Hauses Luxemburger Straße 101, 50939 Köln, gelegene Wohnung geführt hat.

In der **Klageschrift** muss neben dem Mietvertrag und der Tatsache, dass eine öffentlich geförderte bzw. preisgebundene Wohnung vorliegt, vorgetragen werden, dass eine Mieterhöhungserklärung zum 15.4.2003 abgegeben wurde und dass diese Erklärung unwirksam ist. Auch hier kann der Rechtsanwalt mit der spezifizierten Darstellung der Unwirksamkeitsgründe bis kurz vor der mündlichen Verhandlung warten, da der Vermieter darlegen und ggf. beweisen muss, dass seine Mietänderungserklärung wirksam ist.

345 **Rückforderungsansprüche** nach den §§ 8 Abs. 2 WoBindG, 812 BGB können im Wege der Klage oder Widerklage geltend gemacht werden. Neben den allgemeinen Tatbestandsvoraussetzungen (Mietvertrag, preisgebundener Wohnraum) ist hier zumindest die unwirksame (frühere) Mietänderungserklärung zu bezeichnen und vorzulegen, die die rechtsgrundlose Zahlung des Mandanten begründen soll. Ergibt sich aus der Mietänderungserklärung selbst der Grund der Unwirksamkeit, muss zunächst hierzu nichts weiter erläutert werden. Allerdings muss die **Berechnung** des Rückforderungsanspruches aufgezeigt werden. Dazu muss die letzte wirksame Mieterhöhung angegeben werden und diesem Betrag die seit dem erfolgten monatlichen Zahlungen des Mieter gegenübergestellt werden.

c) Gebühren

346 Der Gebührenberechnung bei der außergerichtlichen Beratung über die Wirksamkeit einer Mietänderungserklärung ist gemäß §§ 23 Abs. 3 S. 1 RVG, 25 KostO maximal der 25fache Betrag der einjährigen Erhöhung anzusetzen (vgl. *N Rz. 495*), sofern nach RVG, also ohne Honorarvereinbarung gearbeitet wird. Auch hier ist bei einer rückwirkenden Mietänderung der auf die zurückliegende Zeit entfallende Betrag hinzuzurechnen. Der Jahreserhöhungswert gilt ebenfalls für eine negative Feststellungsklage. Ansonsten bildet der Zahlungsantrag den Streitwert.

F. Geltendmachung und Abwehr von Gewährleistungsrechten

	Rz.
I. Sachverhaltserfassung und Beratung über die Vorgehensweise	5
1. Mieterberatung	6
a) Ermittlung eines Mangels (Sachverhaltsarbeit)	8
aa) Beispiel 1	8
bb) Beispiel 2	13
b) Die rechtliche Würdigung	16
aa) Vertragliche Beschränkungen	17
(1) Beschränkung im Gewerberaummietvertrag	17d
(a) Minderung	17e
(b) Haftungsausschlüsse	17i
(2) Beschränkung im Wohnraummietvertrag	18
bb) Ermittlung der Soll-Beschaffenheit	19
cc) Baumängel	32
dd) Umweltfehler	38
ee) Öffentlich-rechtliche Beschränkungen	46
ff) Mängel im Haus	49
gg) Fehlen einer zugesicherten Eigenschaft	51a
(1) Allgemeines	51a
(2) Mietfläche als zugesicherte Eigenschaft	52
(3) Rechtsfolgen einer Flächenabweichung	57
hh) Erheblichkeit des Mangels	59
c) Prophylaktische Beweissicherung	61
d) Wie wird sich der Vermieter verhalten?	68
e) Die Wahl der richtigen Gewährleistungsinstrumente	88
aa) Mängelanzeige, § 536c BGB	89
bb) Minderung, § 536 BGB	98
cc) Mängelbeseitigungsaufforderung	110
dd) Zurückbehaltungsrecht, § 320 BGB	117
ee) Ersatzvornahme, § 536a Abs. 2, 1. Alt. BGB	124
ff) Vorschussanspruch, § 536a Abs. 2, 1. Alt. BGB	129
gg) Aufwendungsersatzanspruch, § 536a Abs. 2, 2. Alt. BGB	132
hh) Sonstige Verwendungen, § 539 Abs. 1 BGB	133b
ii) Kündigung	134
(1) Wegen Gebrauchsentziehung, § 543 Abs. 2 Nr. 1 BGB	134
(2) Wegen Gesundheitsgefährdung, § 569 BGB	135
jj) Schadensersatz, § 536a BGB	135e
(1) Garantiehaftung, § 536a Abs. 1, 1. Var. BGB	136
(2) Verschuldenshaftung, § 536a Abs. 1, 2. Var. BGB	137
(3) Verzugshaftung, § 536a Abs. 1, 3. Var. BGB	138
(4) Probleme bei der Geltendmachung von Schadensersatzansprüchen	139
kk) Zahlung unter Vorbehalt	151
ll) Taktische Überlegungen	154
2. Vermieterberatung	171
a) Feststellung des Sachverhaltes	173
aa) Welche Erkenntnisse über den Mangel liegen vor?	174
(1) Liegt eine ausreichende Mängelanzeige vor?	175
(2) Ist die Ursache des Mangels bekannt?	178
(3) Wie gestaltet sich die Beweislage?	183
(4) Hat der Mandant alle Erkenntnisquellen ausgeschöpft?	188
bb) Welche Rechte übt der Mieter aus?	193

	Rz.		Rz.
cc) Hat der Mieter die Ausübung weiterer Gewährleistungsrechte angekündigt?	195	aa) Selbständiges Beweisverfahren	231
		bb) Feststellungsklagen	237
		cc) Vorschussklage	244
dd) Liegen Anhaltspunkte für Ausschlussstatbestände vor?	198	dd) Klage auf Mängelbeseitigung	245
(1) § 536c Abs. 2 BGB	199	ee) Einstweilige Verfügung	246
(2) Unerheblichkeit des Mangels	200	c) Beweisführung	248
		d) Gebühren	252
(3) § 536b BGB und Verwirkung	201	e) Mängelbeseitigung während des gerichtlichen Verfahrens	253
(4) Annahmeverzug	205		
(5) § 326 Abs. 2 BGB	211	2. Vertretung des Vermieters im gerichtlichen Verfahren	255
(6) Abweichende Verantwortlichkeit für die Mängelbeseitigung	212a	a) Der Vortrag in der Antrags-/Klageschrift	257
(7) Verjährung	212c	b) Besonderheiten einzelner Antrags- und Klagearten	259
ee) Regressmöglichkeit gegen Dritte?	212d	aa) Zahlungsklage	259
b) Beweissicherung	213	bb) Negative Feststellungsklage	260
II. Gewährleistung nach Ablauf der Mietzeit	222a	cc) Klage auf Duldung	262
		dd) Klage auf Mängelbeseitigung	264
III. Prozessuales	223	ee) Selbständiges Beweisverfahren	266
1. Vertretung des Mieters	224	ff) Zutrittsklage	267
a) Vortrag in der Klage-/Antragsschrift	226	gg) Einstweilige Verfügung	268
b) Besonderheiten einzelner Antrags- und Klagearten	230	c) Gebühren	269

1 Für beide Seiten des Mietvertrages ist das Bestehen eines Mangels ein **Ärgernis**. Der **Mieter** wird kontinuierlich mit dem Missstand konfrontiert und ärgert sich, wenn trotz Mängelanzeige die Beeinträchtigung nicht unverzüglich behoben wird. Wird die Mängelbeseitigung nicht zu seiner Zufriedenheit erledigt, verringert sich sein Verständnis-Potential regelmäßig auf null, selbst wenn objektiv die Unzulänglichkeit nicht vom Vermieter zu vertreten ist, sondern auf unsolidem Handeln von Handwerkern beruht.

Der **Vermieter** befindet sich oft in der Zwickmühle zwischen dem unzufriedenen Mieter und den Handwerkern, die ihm eine Mängelbeseitigung nicht innerhalb der von ihm gewünschten Fristen zusagen können und im Übrigen nicht auf die Belange des Mieters, z.B. bei einer Terminsvereinbarung, Rücksicht nehmen wollen.

Auch in anderen Fällen, die keine Reparatur erfordern (z.B. Lärmbeeinträchtigungen), entstehen vergleichbare Situationen. Der Mieter erwartet eine sofortige Beseitigung der Quelle seiner Beeinträchtigung. Der Vermieter hätte sich gewünscht, dass der Mieter zur „Selbsthilfe" schreitet und ihn nicht belästigt.

Diese rein menschliche Seite sollte berücksichtigt werden, wenn der Mandant den Rechtsanwalt wegen Mängelansprüchen aufsucht. Nur in den seltensten Fällen erscheint der **Mieter** bei dem Rechtsanwalt, um sich zunächst nach den rechtlichen Möglichkeiten bei Bestehen eines Mangels zu erkundigen. Auch der **Vermieter** hat grundsätzlich eine längere Auseinandersetzung mit seinem Mieter hinter sich, bevor er seinen Rechtsanwalt aufsucht.

Unabhängig davon, welche Mietvertragspartei der Rechtsanwalt vertritt, ist für die weitere Bearbeitung ganz wesentlich, dass der **Sachverhalt** so vollständig wie möglich **erfasst** wird. Bei der Aufnahme des Sachverhaltes muss der Rechtsanwalt jedoch – wie in anderen Rechtsgebieten auch – die **gesetzlichen Möglichkeiten**, die dem Mandanten zur Seite stehen, vor Augen haben, um zu wissen, welche Maßnahmen ggf. noch zu treffen sind, oder nach den Umständen fragen zu können, die der Mandant von sich aus nicht offenbart, weil er sie nicht für wesentlich hält. Deshalb soll zunächst das Gerüst der **Gewährleistungsinstrumente** veranschaulicht werden:

F Rz. 2 — Geltendmachung und Abwehr von Gewährleistungsrechten

Gewährleistungs-Instrumente		Grundvoraussetzungen							Ausnahmetatbestände			Vertrag
	§§	Mangel oder Fehlen zuges. Eigenschaft	Anzeige	Beseitigungsaufforderung	Verschulden	Verzug	§ 326 Abs. 2 BGB	Annahmeverzug	unerheblicher Mangel	§ 536c Abs. 2 BGB	Verwirkung	
Mängelanzeige	536c BGB	+	+	–	–	–	–	–	–	+	–	dispositiv
Minderung	536 BGB	+	+	–	–	–	+	+	+	+	+	§ 536 Abs. 3 BGB
Mängelbeseitigungsaufforderung	536a BGB	+	+–	+	–	–	+	+	–	–	–	beschränkbar
Zurückbehaltungsrecht	320 BGB	+	+–	+	+	–	+	+	–	–	–	beschränkbar
Ersatzvornahme	538 Abs. 2, 1. Alt. BGB	+	+–	+	+	+	+	+	–	–	+	beschränkbar
Vorschussanspruch	536a Abs. 2, 1. Alt. BGB	+	+–	+	+	+	+	+	+	–	–	beschränkbar
Aufwendungsersatzanspruch	536a Abs. 2, 2. Alt. BGB	+	+–	+	+	+	+	+	+	–	–	beschränkbar
Kündigung wegen – Gebrauchsentziehung	543 Abs. 2 Nr. 1 BGB	+	+	+	–	Ausnahme § 543 Abs. 3 S. 2 BGB	+	+	–	–	+	grundsätzlich nicht dispositiv
– Gesundheitsgefährdung	569 Abs. 1 BGB	+ (aber nicht vorübergehend)	+	+	–	–	+	+	–	–	–	zwingend
Schadensersatzaus	536a BGB											
– Garantiehaftung	Abs. 1, 1. Var.	+	+	–	–	–	+	+	–	+	+	dispositiv
– Verschuldenshaftung	Abs. 1, 2. Var.	+	+	–	+	–	+	+	–	+	+	dispositiv
– Verzugshaftung	Abs. 1, 3. Var.	+	+	+	+	+	+	+	–	+	+	dispositiv

+ = muss vorliegen – = muss nicht vorliegen +–= muss nicht unbedingt vorliegen + = anwendbar – = nicht anwendbar

Neben diesen materiellen Möglichkeiten sollte sich der Rechtsanwalt während des Beratungsgesprächs die **Prozesssituationen** vor Augen führen, die durch die einzelnen Maßnahmen, die er mit dem Mandanten erörtert, entstehen können. Denn dadurch können die Reaktionen der Gegenseite am ehesten vorhergesehen und die eigene (taktische) Vorgehensweise entsprechend eingerichtet werden. Dabei kommen insbesondere in Betracht: 3

Mieter		Vermieter	
Klageart	Anwendungsfälle	Klageart	Anwendungsfälle
Leistungsklage	zur Erzwingung der Mängelbeseitigung	Zahlungsklage	bei Mietkürzung, Schadensersatz der Aufrechnung
Feststellungsklage	Bestehen eines Mangels	Feststellungsklage	bei Zahlung unter Vorbehalt und Ankündigung der Ausübung anderer Rechte
Zahlungsklage	bei Aufwendungsersatz, Schadensersatz oder Zahlung unter Vorbehalt	selbständiges Beweisverfahren	bei behauptetem Mangel
Vorschussklage	bei beabsichtigter Ersatzvornahme	Zutrittsklage	verweigerte Besichtigung
Einstweilige Verfügung	bei beabsichtigter Ersatzvornahme außerhalb der Mieträume und drohenden Gefahren (z.B. Heizungsausfall)	Klage auf Duldung	verweigerte Mängelbeseitigung
Selbständiges Beweisverfahren	bei Mangel zur Vorbereitung der Ersatzvornahme, Mängelbeseitigungsklage oder Sicherstellung der sonstigen Rechtsausübung	Einstweilige Verfügung	drohende Gefahren für die Mietsache (z.B. Rohrbruch) und Zutrittsverweigerung

4

Vor diesem Hintergrund sollte der Sachverhalt ermittelt werden.

I. Sachverhaltserfassung und Beratung über die Vorgehensweise

Vor jeder rechtlichen Würdigung sollte zunächst der Sachverhalt so vollständig wie möglich erfasst werden. Weist der Mandant auf einen Missstand der Mietsache hin, sollten zumindest folgende Kriterien abgefragt werden: 5

– Art des Missstandes;
– Umfang der Beeinträchtigung;
– Intensität der Beeinträchtigung;
– Auswirkungen der Beeinträchtigungen;
– Beginn und Dauer der Beeinträchtigungen;
– Was wurde bisher getan, um die Beeinträchtigung zu beseitigen?

Ist in diesem ersten Schritt der Sachverhalt eingegrenzt, ergeben sich **unterschiedliche Vorgehensweisen**.

1. Mieterberatung

6 In dieser Beratungssituation sollte bedacht werden, dass der Mieter grundsätzlich **darlegungs- und beweispflichtig** für das Vorliegen der Tatbestandsvoraussetzungen der Gewährleistungsansprüche ist[1]. Die allerorts bekannte Überlastung der Gerichte hat in den letzten Jahren dazu geführt, dass die **Anforderungen an die Darlegungslast** erhöht wurden. Jeder Prozess, der wegen mangelnder Substantiierung verloren geht, erweckt aber zunächst den Anschein einer Haftung des Rechtsanwalts. Denn unsubstantiierter Sachvortrag beruht entweder darauf, dass der Rechtsanwalt den Sachverhalt nicht vollständig ermittelt oder nur lückenhaft an das Gericht weitergegeben hat[2].

7 Insoweit sollte sich der Rechtsanwalt auch nicht darauf verlassen, dass das Gericht ihn in einem späteren Prozess schon auf Lücken im Vortrag **hinweisen** wird. Denn im Prozess kann der Sachverhalt regelmäßig nicht mehr gestaltet und verlorene Beweismittel nicht mehr hervorgezaubert werden. Auch die Erinnerung des Mandanten oder der Zeugen haben bis dahin regelmäßig gelitten, so dass die Gefahr besteht, dass Versäumnisse nicht nachgeholt werden können.

Um dieses eigene **Risiko** zu vermeiden, ist es daher geboten, die Schilderung des Mandanten akribisch nachzuvollziehen und insbesondere den behaupteten Mangel so zu erfassen, dass er in zeitlicher und sachlicher Hinsicht umfassend und schlüssig vorgetragen werden könnte. Dies soll an zwei Beispielen verdeutlicht werden:

a) Ermittlung eines Mangels (Sachverhaltsarbeit)

aa) Beispiel 1

8 *Rügt der Mandant die Beeinträchtigung der Wohnqualität durch Lärm (z.B. **Baulärm**), setzt er bei jedem, dem er davon berichtet, als bekannt voraus, welche Auswirkungen z.B. die Benutzung eines Pressluft- oder Bohrhammers hat. Der einmalige, kurzzeitige Einsatz eines solchen Geräts im Hause oder der Nachbarschaft berechtigt jedoch nicht unbedingt zur Min-*

---
1 Staudinger/*Emmerich*, § 537 BGB Rz. 108 m.w.N.
2 Vgl. hierzu: Palandt/*Heinrichs*, § 276 BGB Rz. 40.

derung. Im Hinblick darauf, dass die Miete monatlich geschuldet wird, muss z.B. zur Begründung eines Minderungsrechts dargestellt werden, in welchem zeitlichen Umfang und welcher Intensität die Lärmbeeinträchtigung stattfindet. Die Ermittlungen sollten sich daher konzentrieren auf:
- Den Beginn (Tag) der Bauarbeiten
- Welche Maschinen sind an welchem Tag in welcher Dauer verwendet worden?
- Wie hat sich dies konkret in den Räumen des Mandanten ausgewirkt (z.B. gestörter Fernsehempfang, Unterhaltung in Zimmerlautstärke nicht möglich)?

Nur in seltenen Fällen ist der Mandant in der Lage, im ersten Beratungsgespräch dem Rechtsanwalt eine umfassende Darstellung seiner Beeinträchtigung zu liefern, weil sein Erinnerungsvermögen dies nicht erlaubt und er keine Aufzeichnungen gemacht hat. Ein substantiierter Sachvortrag in einem gerichtlichen Verfahren wird jedoch nur möglich sein, wenn **Lärmprotokolle**[1] geführt wurden. Deshalb sollte dem Mandanten zunächst empfohlen werden, über einen Zeitraum von ca. 1 Woche die Beeinträchtigungen festzuhalten, wofür sich z.B. folgendes **Schema** anbietet:

9

Tag (Datum)	Dauer (von ... bis ... Uhr)	Art des Lärms	Auswirkungen	Beweismittel
2.3.2006	8.30 Uhr bis 9.15 Uhr	Stemmarbeiten mit Meißel unmittelbar an der Nachbarwand	Gespräch in Zimmerlautstärke nicht mehr möglich	Frau Grudrun Müller (Anschrift)
2.3.2006	9.30 Uhr bis 11.10 Uhr	Bohrereinsatz im Nachbarhaus	Radioempfang in Zimmerlautstärke nicht mehr möglich	Tonbandaufzeichnung

10

Die so gesammelten Informationen (vgl. auch Rz. 65) ermöglichen einen substantiierten Sachvortrag. Allerdings reicht im Prozess nicht die bloße **Bezugnahme**. Vielmehr bedarf es der Beschreibung der Beeinträchtigungen[2].

11

Insoweit sollte insbesondere darauf geachtet werden, dass die Auswirkungen auf den Gebrauch der Mietsache deutlich werden. Denn einerseits muss vor allem in einem Mehrparteienhaus herausgestellt werden, dass es sich nicht um Geräuschentwicklungen handelt, die in diesen Mietobjekten üblicherweise hinzunehmen sind (Sozialadäquanz, vgl. Rz. 35)[3]. Zum anderen sind pauschale Bewertungen (z.B. vehementes Trampeln) nicht geeignet, eine Beeinträchtigung zu veranschaulichen, weil sie infolge unter-

12

---

1 LG Köln in *Lützenkirchen*, KM 35 Nr. 27.
2 AG Mitte v. 21.1.2008 – 20 C 226/07, GE 2008, 485.
3 LG Paderborn, WuM 2002, 50.

schiedlicher Sensibilität subjektiv unterschiedlich beurteilt werden[1]. Natürlich reicht es nicht aus, die Aufzeichnungen nur für einen begrenzten Zeitraum zu führen. Vielmehr sollten die Protokolle **so lange weitergeführt** werden, wie die Beeinträchtigung dauert. Indessen wird durch die Darstellung eines begrenzten Zeitraumes für den Vermieter und das Gericht deutlich, in welchem Umfang der Mangel besteht. Für die vorangegangene Zeit, in der noch keine detaillierten Aufzeichnungen geführt wurden, kann sodann vorgetragen werden, dass keine Abweichungen gegeben sind. Zwar ist ein solcher Vortrag grundsätzlich nicht ausreichend spezifiziert. Indessen wird durch die substantiierte Beschreibung des späteren Zeitraums eine **Beweisaufnahme** möglich, so dass auch für den vorangegangenen Zeitraum Erkenntnisse gewonnen werden können, die bei der Berechnung der Minderung des Gerichts einfließen können oder prima facie den Schluss zulassen, dass sich nichts geändert hat.

bb) Beispiel 2

13 *Rügt der Mandant die Auswirkungen eines **Rohrbruches**, setzt er regelmäßig als bekannt voraus, dass zur Beseitigung des Rohrbruches Putz abgeschlagen werden muss und sich der Wasseraustritt auch auf weitere Teile der Mietsache oder Einrichtigungsgegenstände ausgewirkt hat. Um hier die Voraussetzungen für einen substantiierten Sachvortrag zu schaffen, sollte sich die Befragung zumindest auf folgende Punkte konzentrieren:*

– *Tag (Datum) des Auftretens der Feuchtigkeit*
– *Welche Räume wurden beeinträchtigt?*
– *Wie groß waren die Auswirkungen in jedem Raum (z.B. Größenangabe von Wasserflecken)?*
– *Wurden andere Teile der Mietsache (z.B. Fußbodenbelag) beeinträchtigt? Wenn ja, in welchem Ausmaß (Größenangabe)?*
– *Welche Auswirkungen hatten die Beeinträchtigungen der weiteren Teile der Mietsache?*
– *Wann wurde der Vermieter über den Mangel informiert?*
– *Welche Maßnahmen hat der Mieter zur Schadensminimierung getroffen?*
– *Wann (Tag/Datum) hat der Vermieter den Mangel beseitigt?*
– *Welche Auswirkungen hatte die Beseitigung (z.B. Lärmbeeinträchtigung durch Abschlagen des Putzes, Dauer!)?*
– *In welcher Zeit wurde der Mangel behoben?*
– *Welche Beeinträchtigungen sind durch die Mängelbeseitigung entstanden (Umfang des abgeschlagenen Putzes, Staubentwicklungen, Abdecken von Möbeln etc.)?*

---

1 AG Trier, WuM 2001, 237.

Hinsichtlich der **Größe von Beschädigungen** sollte der Mandant veranlasst 14
werden, ungefähre Angaben zu machen. Dabei ist es nicht unbedingt sinnvoll, ihn auf bestimmte Längen oder Umfänge (z.B. Meter, Durchmesser) festzulegen. Denn vor allem mit Längen- und Größenangaben können nicht geübte Mandanten überfordert sein. Vielmehr sollte anhand von Gegenständen versucht werden, in etwa eine Eingrenzung der Größe vorzunehmen (z.B. handtellergroß, daumenbreit). Ist der Mandant hierzu nicht ohne weiteres in der Lage, sollte er veranlasst werden, sich die Beeinträchtigung noch einmal in seinen Miethäusern zu veranschaulichen und dabei z.B. einen Zollstock zur Hilfe zu nehmen, um dem Rechtsanwalt anschließend ungefähre Größenangaben machen zu können.

Die vorstehenden Beispiele verdeutlichen, dass die Sachverhaltsarbeit nahezu unerschöpflich sein kann. Bei allem Verständnis, das Kollegen untereinander für die **zügige Abwicklung von Beratungsgesprächen** haben, muss berücksichtigt werden, dass die Gerichte eine zügige Abwicklung ihrer Tätigkeit durch eine möglichst schnelle Erledigung von Klageverfahren herbeiführen. Dies veranlasst überlastete Richter zunächst, den vorgetragenen Sachverhalt auf seine Plausibilität und Spezifizierung hin zu überprüfen, um eine Möglichkeit zu finden, wegen unsubstanziiertem Sachvortrag die Sache ohne Beweisaufnahme zu erledigen. Deshalb sollte der wesentliche Teil der Energie, die der Rechtsanwalt auf die Sache verwendet, hier bei der Sachverhaltserfassung liegen. Droht gleichwohl eine negative Entscheidung, kann als „Rettungsanker" der Beschluss des BGH vom 11.6.1997[1] angeführt werden. Danach ist der Vortrag zu einem bestehenden Mangel ausreichend spezifiziert, wenn ein **konkreter Sachmangel vorgetragen** wurde. Das Maß der Gebrauchsbeeinträchtigung und damit einen bestimmten Minderungsbetrag braucht der Mieter dagegen nicht darzustellen, weil das Gericht ggf. unter Heranziehung eines Sachverständigen diese Frage zu klären hat[2]. 15

b) Die rechtliche Würdigung

Nach der Erfassung des Sachverhaltes kann eine erste (gedankliche) rechtliche Würdigung erfolgen, um anschließend dem Mandanten eine konkrete Vorgehensweise vorzuschlagen. Hierzu kann in zwei Schritten vorgegangen werden, in dem untersucht wird, 16

– ob der Mietvertrag die Gewährleistungsrechte (in zulässiger Weise) einschränkt,
– ob überhaupt ein gewährleistungspflichtiger Mangel vorliegt.

Die Frage der vertraglichen Beschränkungen sollte vorgezogen werden. Einerseits setzt auch die Prüfung der Sollbeschaffenheit die Kenntnis des Vertrages voraus, so dass der Vertrag ohnehin gelesen werden muss. Andererseits kann es von Nutzen sein, bei der Prüfung des Mangels bestimmte 16a

---
1 BGH, WuM 1997, 488.
2 Vgl. BGH, WuM 1997, 488, 489.

Beschränkungen, die sich auch auf das vertragliche Soll beziehen können (z.B. eingeschränkter Sonnen- oder Konkurrenzschutz), zu kennen, um schon während der Prüfungsphase ein taktisches Konzept entwickeln zu können.

aa) Vertragliche Beschränkungen

17 Enthält der Mietvertrag **Beschränkungen der Gewährleistungsrechte** (vgl. dazu A Rz. *186* und *199*), sollte in dem Mandantengespräch „zweispurig gefahren" werden, indem das Vorgehen bei wirksamer und unwirksamer Beschränkung diskutiert wird. Denn ist dem Rechtsanwalt keine einschlägige Entscheidung bekannt, muss eine Prüfung erfolgen, die in Anwesenheit des Mandanten kaum mit der gebotenen Sorgfalt durchgeführt werden kann. Abgesehen davon muss immer der **sicherste Weg** gewählt werden, so dass ohnehin – jedenfalls solange keine einschlägige höchstrichterliche Rechtsprechung vorliegt – auf Risiken hingewiesen werden muss[1].

17a Bei der Prüfung des Mietvertrages sollte nicht nur nach dem Kapitel „Gewährleistungsrechte" gesucht werden, sondern der **Mietvertrag vollständig gelesen** werden. Denn auch ein Aufrechnungsverbot oder die Beschränkung des Zurückbehaltungsrechts wirken sich für das weitere taktische Vorgehen aus. Abgesehen davon ist in manchen Musterverträgen eine Regelung zu Gewährleistungsrechten auch im Zusammenhang mit anderen Verpflichtungen geregelt. Ob diese Regelung dann überraschend i.S.v. § 305c Abs. 1 BGB ist, muss besonders geprüft werden.

17b Bei der Lektüre des Mietvertrages kann der Rechtsanwalt auf Regelungen stoßen, die den Mandanten verpflichten, zu Beginn des Mietverhältnisses die Mietsache mit bestimmten Einrichtungen (z.B. Teppichboden, Gasetagenheizung) zu versehen. Im Extremfall hat sich z.B. der Vermieter von **Gewerberaum** vertraglich darauf beschränkt, einen Rohbau (oder einen sog. **Edelrohbau**) zu überlassen, und sich vom Mieter versprechen lassen, dass er den gesamten Innenausbau einschließlich wesentlicher Funktionsteile (z.B. Heizung, Stromversorgung, Schaufenster etc.) liefert. Nicht selten wird in diesen Fällen vergessen, eine Regelung für die Gewährleistung zu treffen, also die Frage, wen während der Dauer des Mietvertrages die **Erhaltungspflicht** trifft. Die Lösung dieses Problems kann nicht über die Bewertung, ob die Installationen des Mieters wesentliche Bestandteile i.S.d. §§ 93, 94 BGB darstellen, gefunden werden. Denn gemäß § 95 BGB ist im Zweifel anzunehmen, dass die Installationen gerade nicht wesentliche Bestandteile werden, weil der Mieter sie in Ausübung eines zeitlich begrenzten Nutzungsrechts vorgenommen hat[2]. Vielmehr sollte von dem Grundsatz ausgegangen werden, dass der Mieter insoweit zu Beginn des Mietvertrages eine Verpflichtung des Vermieters (vgl. § 535 Abs. 1 S. 2 BGB) übernommen hat und damit ein **verlorener Baukostenzuschuss** gere-

---

[1] BGH v. 25.10.2006 – VIII ZR 102/06, WuM 2007, 24 = GE 2007, 46 = NZM 2007, 35.
[2] Vgl. dazu: Palandt/*Heinrichs*, § 95 BGB Rz. 3 m.w.N.

gelt ist. Damit konkretisiert der Mieter mit der Durchführung baulicher Maßnahmen den Leistungsgegenstand auf den geänderten Zustand[1], so dass die Erhaltungspflicht nach wie vor den Vermieter trifft.

Von diesem Grundsatz gibt es jedoch vor allem in der **Gewerberaummiete** viele Ausnahmen. Dabei ist zu unterscheiden, ob es sich um eine reine Beschränkung von Gewährleistungsrechten handelt oder ob dem Mandanten durch den Vertrag wenigstens ein Teil der Erhaltungspflicht auferlegt wurde (vgl. dazu *H Rz. 20 ff.*). Im letzteren Fall ist anhand des Wortlauts zu untersuchen, ob die notwendige Maßnahme wirklich in den Pflichtenkreis des Mieters gehört. Wurde der Mieter z.B. verpflichtet, die Mietsache bzw. einzelne Teile instand zu halten, ist davon eine völlige Erneuerung nicht erfasst[2]. **Formularmäßig** ist jedenfalls eine Überbürdung auf den Mieter insoweit unwirksam, als damit der Mieter das Risiko des baurechtlich zulässigen Zustandes der Mietsache (auch nur teilweise) tragen soll[3].

17c

(1) Beschränkung im Gewerberaummietvertrag

Grundsätzlich ist es möglich in einem Gewerbemietvertrag die Gewährleistungsrechte zu beschränken oder sogar völlig auszuschließen.

17d

(a) Minderung

In einem Formularvertrag kann das Recht zur Minderung im Sinne der automatischen Kürzung, nicht aber der **Kern des Minderungsrechts** abbedungen werden[4]. Insoweit ist auch der BGH bisher davon ausgegangen, dass der Ausschluss des Minderungsrechts an sich dahin zu verstehen ist, dass der Mieter die Miete nicht kürzen darf, sondern den geminderten Teil der Miete nach § 812 BGB zurückfordern muss[5]. In der Zwischenzeit stellt der BGH aber § 305c Abs. 2 BGB in den Vordergrund und legt Klauseln, die nicht ausdrücklich vorsehen, dass ein Recht zur Rückforderung besteht, **im Zweifel** dahin aus, dass das Minderungsrecht ausgeschlossen ist[6]. Denn ein völliger Ausschluss der Minderung führt zu einer (unangemessenen) Störung des Äquivalenzverhältnisses[7]. Im Falle eines Mangels muss der Mieter also – bei wirksamen Minderungsausschluss – im Zweifel zunächst (unter Vorbehalt, vgl. dazu *Rz. 151*) zahlen und anschließend den Minderungsbetrag einklagen. Ebenso muss der Mieter bei zu viel gezahlter Miete agieren, wenn ein vertragliches **Aufrechnungsverbot** besteht. Führt

17e

---

1 *Sternel*, Mietrecht, II Rz. 23.
2 OLG Hamm, NJW-RR 1993, 1229, 1330.
3 BGH v. 24.10.2007 – XII ZR 24/06, GuT 2007, 434 = GE 2008, 120.
4 BGH, NJW 1988, 2664 = WuM 1988, 302; ebenso OLG München, ZMR 1987, 16; OLG Karlsruhe, GuT 2002, 179.
5 BGH, NJW 1984, 2402; NJW-RR 1993, 519, 520 = ZMR 1994, 370; OLG Hamm, NJW-RR 1998, 1020 = ZMR 1998, 342; OLG Düsseldorf, DWW 1990, 85; OLG München, ZMR 1987, 16.
6 BGH v. 12.3.2008 – XII ZR 147/05, ZMR 2008, 693; BGH v. 23.4.2008 – XII ZR 62/06, NZM 2008, 609 = GE 2008, 981 = ZMR 2008, 776.
7 KG, ZMR 2002, 823 = NZM 2002, 526.

das vertragliche Aufrechnungs- und Minderungsverbot aufgrund der Insolvenz des Vermieters aber zu einem endgültigen Forderungsverlust des Mieters, verstößt die Berufung des Vermieters auf diese Klausel gegen Treu und Glauben[1].

17f Wird in einem Formularmietvertrag die Minderung für Mängel ausgeschlossen, die im Zeitpunkt der **Überlassung** der Räume vorhanden sind, so bezieht sich der Ausschluss nur auf Mietsachen, die bei Vertragsschluss bereits fertig gestellt sind[2]. Der Ausschluss der Minderung ist allerdings überraschend, wenn er in einen 23 Einzelabschnitte umfassenden Katalog von Miet-AGB eines Gewerbemietvertrages eingefügt ist[3].

17g Andererseits ist die Beschränkung des Minderungsrechts durch eine **Ankündigungsverpflichtung** auch dann formularmäßig zulässig, wenn der Vertrag ein Aufrechnungsverbot (Aufrechnung nur mit unbestrittenen und rechtskräftig festgestellten Forderungen) enthält[4] oder sich der Minderungsausschluss darauf bezieht, dass die Situation nicht auf Umständen beruht, die der Vermieter nicht zu vertreten hat (z.B. Verkehrsumleitung, Straßensperrungen, Bauarbeiten in der Nachbarschaft etc.)[5]. Dies gilt jedenfalls solange, wie nicht im Zweifel eine Auslegungsmöglichkeit nahe legt, dass die Minderung auch nur für einen Teilbereich ausgeschlossen sein soll[6].

17h Der (wirksame) Ausschluss der Geltendmachung der Minderung wirkt grundsätzlich über die **Beendigung des Mietvertrages** und eine Rückgabe der Mietsache hinaus fort[7]. Das gilt nicht bei einer Ankündigungsverpflichtung, wenn nur noch gegenseitige Ansprüche abzuwickeln sind[8].

(b) Haftungsausschlüsse

17i Der Ausschluss der **Garantiehaftung** ist sogar formularmäßig zulässig[9]. Ein formularmäßiger Gewährleistungsausschluss, wonach der Vermieter keine Gewähr dafür leistet, dass die Geschäftsräume den **behördlichen Anforderungen** entsprechen und der Mieter behördliche Auflagen auf eigene Kosten zu erfüllen hat, ist aber unwirksam[10]. Das Gleiche gilt für die eine Klausel, die sich nicht nur auf den Fall bezieht, dass die Gaststättenkon-

---

1 OLG Rostock, GuT 2005, 17.
2 OLG Düsseldorf, MDR 1982, 850.
3 OLG Nürnberg, MDR 1977, 580.
4 KG, GuT 2002, 77 = NZM 2002, 387.
5 LG Hamburg, WuM 2004, 601.
6 BGH v. 23.4.2008 – XII ZR 62/06, NZM 2008, 609 = GE 2008, 981 = ZMR 2008, 776.
7 OLG Hamm, NZM 1998, 438.
8 OLG Düsseldorf, GuT 2005, 15.
9 BGH, BGH-Report 2002, 972; für die Wohnraummiete gilt dies ebenfalls: BGH, WuM 1992, 316.
10 OLG Düsseldorf, ZMR 1992, 446; OLG Dresden, NJW-RR 1997, 395; LG Berlin, ZMR 2002, 271.

zession aufgrund mangelnder persönlicher Eignung des Pächters versagt wird[1]. Denn für den **baulichen Zustand** kann sich der Vermieter nicht freizeichnen. Plant jedoch der Mieter einen erheblichen **Umbau der Geschäftsräume** und hat er hierfür wirksam die Beibringung der behördlichen Genehmigung übernommen, so kann er sich nicht auf eine Mangelhaftigkeit wegen fehlender Erlaubnis berufen, wenn er nicht einmal den Versuch unternommen hat, sie zu erlangen[2].

Im Übrigen kann die Haftung auch formularmäßig grundsätzlich auf **grobe Fahrlässigkeit** und Vorsatz beschränkt werden. Allerdings können die Grundsätze, die für die Wohnraummiete gelten (vgl. *Rz. 18b*), auch auf die Gewerberaummiete angewendet werden.   17j

Gewährleistungsrechte scheiden regelmäßig aus, wenn die Mietsache durch eine **vom Mieter gewünschte Veränderung** ohne Verschulden des Vermieters fehlerhaft wird[3]. Andererseits muss sich der Vermieter das Verschulden Dritter gemäß § 278 BGB zurechnen lassen. Das ist auch der Fall, wenn ein kommunales Energieunternehmen (Gaswerk) fahrlässig einen Defekt in der Energiezufuhr herbeiführt, woraus Heizungsstörungen resultieren[4].   17k

Auf einen Mangel der Mietsache kann sich der Mieter auch nicht berufen, wenn der Änderungswunsch im Rahmen der Herbeiführung des **Anfangszustandes** erfolgte (Kunststoffbelag statt Teppichboden) und er den Sonderwunsch durch den Handwerker ausführen ließ, den auch der Vermieter beauftragt hätte[5].   17l

(2) Beschränkung im Wohnraummietvertrag

Die **Minderung** ist nach § 536 Abs. 4 BGB und die Rechte zur fristlosen **Kündigung** schon aus der Natur der Sache nicht zum Nachteil des Mieters abdingbar. Dieses Verbot bezieht sich allerdings nur auf Regelungen in einer Vereinbarung, die bis zum Abschluss des Mietvertrages getroffen wird[6]. Vereinbarungen zur Einschränkung der Minderung, die nach Überlassung an den Mieter getroffen werden, sind davon nicht erfasst.   18

Die in der ersten Variante des § 536a Abs. 1 BGB geregelte **Garantiehaftung** kann auch im Wohnraummietrecht **formularvertraglich ausgeschlossen** werden[7]. Der Ausschluss kann grundsätzlich schon durch eine Klausel erreicht werden, in der „keinerlei Haftung für Schäden, die an der Einrichtung oder dem eingelagerten Gut entstehen können, es sei denn, der Scha-   18a

---

1 OLG Köln, VersR 1995, 840.
2 OLG Düsseldorf, DWW 1993, 99.
3 OLG Düsseldorf, DWW 1992, 81.
4 OLG Dresden, WuM 2002, 541.
5 KG, GuT 2004, 230.
6 *Lützenkirchen/Dickersbach*, ZMR 2006, 821.
7 BGH, WuM 1992, 316.

den sei durch den Vermieter oder seine Erfüllungsgehilfen vorsätzlich oder grob fahrlässig verursacht worden", erreicht werden[1].

18b Soll jedoch ein derart weitgehender Haftungsausschluss in einem Wohnraummietvertrag geregelt werden, ist nicht nur § 309 Nr. 7 BGB zu beachten, der eine Beschränkung auf Sachschäden verlangt, sondern auch eine Einschränkung vorzusehen, die vertragstypische Risiken von der Haftungsbeschränkung ausschließt. § 309 Nr. 7 BGB erlaubt zwar grundsätzlich die Beschränkung der **Haftung** des Verwenders auf grobe Fahrlässigkeit und Vorsatz. Soweit sich der Wortlaut der Haftungsmilderung aber auch auf eine Verletzung der Kernpflicht des § 535 Abs. 1 Satz 2 BGB beziehen kann, also insbesondere die **Erhaltungspflicht**, liegt eine unangemessene Benachteiligung des Mieters i.S.v. § 307 Abs. 2 BGB vor, wenn damit vertragstypische Risiken, gegen die sich der Mieter nicht, aber der Vermieter versichern kann, erfasst sein können[2]. Erfüllt die Klausel diese Anforderungen nicht, ist auch der Ausschluss der Garantiehaftung nicht wirksam, solange die Klausel nicht teilbar ist.

18c Der Ausschluss der Garantiehaftung verstößt auch dann nicht gegen **Treu und Glauben**, wenn die Parteien bei Abschluss des Vertrages eine gesundheitsgefährdende Schadstoffbelastung der Mietsache für möglich halten und diese sich später tatsächlich realisiert[3]. Denn der Verzicht des Mieters auf Gewährleistungsansprüche ist grundsätzlich auch im Hinblick auf eine Gesundheitsgefährdung zulässig, sodass die Berufung auf den Haftungsausschluss selbst dann keine unzulässige Rechtsausübung darstellt, wenn die Tauglichkeit der Mieträume zum vertraglich vorgesehenen Gebrauch völlig ausgeschlossen ist.

18d Bei **Individualverträgen** kommen neben den speziellen gesetzlichen Beschränkungsverboten (z.B. § 536 Abs. 4 BGB) als Grenzen vor allem die Sittenwidrigkeit (§ 138 BGB) und der Grundsatz von Treu und Glauben (§ 242 BGB) in Betracht.

Im Weiteren wird jedoch davon ausgegangen, dass **keine mietvertraglichen Einschränkungen** bestehen.

bb) Ermittlung der Soll-Beschaffenheit

19 Nach der Bestimmung des § 536 BGB ist die **Mietsache fehlerhaft**, wenn ein Zustand vorliegt, der ihre Tauglichkeit zu dem vertragsmäßigen Gebrauch aufhebt oder mindert. Dazu gehören gemäß § 536 Abs. 3 BGB auch **Rechtsmängel**. Die Gewährleistungsrechte greifen auch ein, wenn der Mietsache eine **zugesicherte Eigenschaft** fehlt (§ 536 Abs. 2 BGB)[4].

19a Ein **Rechtsmangel** kann nicht schon angenommen werden, wenn nur das der Gebrauchsüberlassung bzw. der Nutzung entgegenstehende Recht ei-

---
1 OLG Düsseldorf, WuM 1999, 279 = ZMR 1999, 391.
2 BGH, WuM 2002, 141 = NZM 2002, 116 = MDR 2002, 330 = GuT 2002, 45.
3 BGH, ZMR 2002, 899 = NZM 2002, 784.
4 Die weitere Darstellung befasst sich ausschließlich mit Sachmängeln.

nes Dritten besteht. Vielmehr muss dieses Recht auch geltend gemacht werden[1]. Deshalb reicht es z.B. nicht aus, dass der Vermieter (z.B. bei der Untervermietung) nicht Eigentümer ist. Der Eigentümer/Hauptvermieter muss die aus einer unberechtigten Untervermietung erwachsenen Rechte auch ausüben und damit dem (End- oder Untermieter) seinen Gebrauch streitig machen.

Als **Eigenschaft**, die zugesichert werden kann, kommen alle Umstände in Betracht, die Einfluss auf die allgemeine Bewertung der Mietsache haben und ihr unmittelbar und auf Dauer anhaften (vgl. auch *Rz. 51a*). Typische Beispiele sind bei der Vermietung vom Reißbrett die in einer Baubeschreibung enthaltenen Darstellungen über die Ausstattung des Mietobjektes oder z.B. die Angabe in einem Wohnraummietvertrag, dass das Objekt mit einer Zentralheizung ausgestattet ist. Das Vorhandensein (oder die Abwesenheit) derartiger Umstände muss von dem Vermieter **zugesichert** sein. Dazu muss einer Erklärung des Vermieters entnommen werden können, dass er unbedingt, also insbesondere ohne Rücksicht auf ein Verschulden, dafür einstehen will[2]. Dazu wird regelmäßig die bloße Bestätigung von selbstverständlichen Eigenschaften (z.B. die Wohnung ist frisch renoviert) nicht ausreichen. Macht aber der Mieter z.B. vom Vorhandensein bestimmter Umstände seine Abschlussentscheidung abhängig, kann die Bestätigung eine Zusicherung darstellen („Ist die Wohnung kinderfreundlich?"[3]). Ist eine Zusicherung gegeben, können Gewährleistungsrechte ohne Rücksicht darauf, ob eine wesentliche Beeinträchtigung i.S.v. § 526 Abs. 1 S. 3 BGB vorliegt, geltend gemacht werden. 19b

Mängel der Mietsache kommen in unterschiedlichster Form vor. Eine Gebrauchsbeeinträchtigung findet z.B. statt, wenn der Vermieter aktiv eine Nebenpflicht (z.B. Konkurrenzschutz) verletzt, der bauliche Zustand der Immobilie an sich also mangelfrei ist, die Nutzung des Mieters jedoch anderweitig beschränkt wird. Auch die Verletzung von Reinigungs- und Verkehrssicherungspflichten des Vermieters kann einen Mangel auslösen, der den Mieter z.B. zur Minderung berechtigt. Ebenso kommen Nutzungsbeschränkungen als Fehler der Mietsache in Betracht (z.B. Verbot des bisher erlaubten unentgeltlichen Parkens auf dem Grundstück[4] oder Zutrittsverbot für Lebensgefährten[5]). 20

Daneben stellt selbstverständlich jeder **schlechte Zustand der Mietsache**, der sich gebrauchsbeeinträchtigend auswirkt, grundsätzlich einen Fehler der Mietsache dar, wenn er von der vertraglich vereinbarten Sollbeschaffenheit abweicht. Insoweit kommt es zunächst nicht darauf an, ob eine für den Mieter nachteilige Veränderung z.B. durch **bauliche Maßnahmen** des 21

---

1 BGH, NJW 1996, 46, 47.
2 BGH, NJW 2000, 1714, 1716; BGH, NJW 1996, 1337; OLG Düsseldorf, MDR 1990, 342.
3 LG Essen, WuM 2005, 47.
4 LG Berlin, MM 2000, 375.
5 LG Gießen, NZM 2001, 232.

Vermieters (Nutzungsbeeinträchtigung des Balkons nach Aufstockung[1]), des Erwerbers (Wegfall der Hofdurchfahrt durch Errichtung einer Tiefgarage[2]), eines Nachbarn (Errichtung eines Parkplatzes in unmittelbarer Nähe des Wohn- und Schlafzimmers[3]) oder durch eine Änderung der Verkehrsführung[4] herbeigeführt wird. Maßgeblich ist allein der Grad der Abweichung. Hier kann allenfalls § 536b BGB eingreifen, wenn die Veränderung sich aufdrängte[5].

21a Schon aus dem Gesetzestext (vertragsmäßiger Gebrauch) ergibt sich die **subjektive** Komponente des **Fehlerbegriffs**, denn es kommt auf den „vertragsgemäßen Gebrauch" an[6]. Deshalb beurteilt sich die Frage, ob ein **Mangel** vorliegt, grundsätzlich danach, welchen Tauglichkeitsanforderungen (Sollbeschaffenheit) die Mieträume im Einzelnen genügen müssen. Das hängt von den getroffenen Vereinbarungen und ggf. der Auslegung des gesamten Mietvertrages ab (§§ 133, 157 BGB)[7]. Zu berücksichtigen sind alle den Parteien erkennbaren Umstände. Auch der bei Vertragsabschluss bekannte „Ist-Zustand" der Mietsache ist von Bedeutung[8]. Die Anforderungen an die Gebrauchstauglichkeit des Mietobjektes sind umso größer, je detaillierter die beabsichtigte Nutzung beschrieben ist[9].

22 Es sollte daher zunächst überprüft werden, ob die Parteien im Vertrag oder bei anderer Gelegenheit (z.B. Übergabeprotokoll) bestimmte Sollvoraussetzungen geregelt haben. Weiterhin kann der Mandant danach befragt werden, ob das Mietobjekt in besonderer Weise beworben wurde (z.B. Exposé). Zu denken ist aber auch an das **Alter, die Lage und die Beschaffenheit des Mietobjektes**. So liegt ein Mangel nicht vor, wenn nach Art, Lage und Alters der Mietsache selbstverständliche und daher vertraglich vorausgesetzte Nachteile für den Mietgebrauch vorliegen, also z.B. nicht dicht schließende Fenster im Altbau[10]. In solchen Fällen liegt regelmäßig eine **konkludente Vereinbarung über die Soll-Beschaffenheit** vor. Davon ist auch im Hinblick auf Lärmimmissionen auszugehen, wenn der Mieter in ein Mischgebiet mit Diskotheken und Industrieanlagen zieht[11].

23 Ergeben sich aus dem Vertrag, dem Übergabeprotokoll, der Vorkorrespondenz oder sonstigen Informationen keine konkreten Festlegungen zur Soll-Beschaffenheit und lassen sich solche auch nicht aus den besonderen Um-

---

1 LG Berlin, MM, 2000, 222.
2 LG Chemnitz, ZMR 2002, 350.
3 AG Spandau, MM 2000, 178.
4 AG Erfurt, WuM 2000, 592.
5 LG Köln, WuM 2001, 78; AG Sömmerda, WuM 2000, 591; vgl. aber auch AG Gießen, WuM 2000, 354.
6 Vgl. Staudinger/*Emmerich*, § 537 BGB Rz. 4 m.w.N.
7 OLG Dresden, NJW-RR 2001, 727, 728.
8 OLG Thüringen, OLG-NL 1997, 104, 105; OLG Hamburg, ZMR 1995, 120; OLG München, ZMR 1997, 236, 237.
9 RGZ 147, 304.
10 AG Steinfurt, WuM 1996, 268.
11 LG Berlin v. 13.7.2009 – 67 S 19/09, GE 2009, 1047.

ständen herleiten, wird für die Bestimmung des Umfanges des vertragsgemäßen Gebrauchs die **Verkehrsanschauung als Auslegungshilfe** herangezogen[1]. Daher muss in Zweifelsfällen anhand von Auslegungsregeln (vgl. dazu B Rz. 137 f.) geprüft werden, was der Vermieter alles im Rahmen des „vertragsgemäßen Gebrauchs" schuldet bzw. welchen Standard der Mieter auf Grund seines Vertrages vom Vermieter verlangen kann[2]. So kann z.B. die Vereinbarung einer besonders niedrigen Miete oder die Akzeptanz einer unzureichenden Beschaffenheit durch den Mieter bedeuten, dass ein bestimmter (schlechter) Zustand des Mietobjektes vertragsgemäß sein soll[3]. Deshalb liegt ein Mangel nicht vor, wenn der vertraglich vereinbarte Wohnungszustand die Ausstattung der Wohnung mit einem **abgenutzten Teppichboden** ist und sich im Laufe der Zeit ein höherer Abnutzungsgrad ergibt[4]. Umgekehrt sprechen die Ausstattung des Mietobjektes im Übrigen, seine exponierte Lage oder eine hohe Miete für höhere Anforderungen an die Soll-Beschaffenheit[5].

Die Ermittlung des Umfangs der Vermieterpflichten orientiert sich allein am **vertragsgemäßen Gebrauch**. Danach muss z.B. bei einem Mietvertrag über einen Lagerraum die Mietsache, auch wenn der Vertrag keine weiteren Bestimmungen enthält, zumindest die Eignung für eine normale Belastung haben[6] oder bei Geschäftsräumen, die mit Waren beliefert werden müssen, die Nutzung von Zugängen und Zufahrten möglich sein. 23a

Bei Wohnräumen führt der mangels anderweitiger Festlegung des vertragsgemäßen Zustandes notwendige Rückgriff auf die Verkehrsanschauung z.B. dazu, dass auch bei einer Wohnung mit zweiadrigen **Elektroleitungen**, die bei gleichzeitigem Betrieb von Waschmaschine und Staubsauger zu einer Überlastung des Stromnetzes und damit zur Unterbrechung durch Herausspringen der Sicherung führen, ein Mangel der Mietsache angenommen werden kann, weil der Betrieb dieser Elektrogeräte heute zum normalen Wohngebrauch dazu gehören, so dass eine davon abweichende Nutzungsmöglichkeit ausdrücklich geregelt werden muss. Dies gilt selbst dann, wenn die Mietsache im Übrigen dem **Standard aus der** Zeit der Bezugsfertigkeit entspricht und der Mieter die dieser Baualtersklasse entsprechende Miete zahlt[7]. Weiterhin ist auch bei **Fehlen einer Steckdose** im Badezimmer grundsätzlich eine unzureichende Elektrounterverteilung anzunehmen[8]. Dies gilt aber nicht, wenn der Mieter die (gestörte) Nutzung eines

---

1 OLG Köln, DWW 1994, 50.
2 LG Mannheim, WuM 1998, 663.
3 BayObLG, WuM 1987, 112.
4 LG Köln, WuM 2005, 240.
5 AG Potsdam, NZM 2002, 68 (nächtliche, störende Bürotätigkeit in Mietobjekt des oberen Preissegments); AG München, NZM 2001, 809 (Lärm von bosnischem Konsulat auf dem Nachbargrundstück wegen einer Vielzahl von Flüchtlingen infolge Krieg in bevorzugter, hochpreisiger Wohnlage); AG Charlottenburg, MM 2000, 223 (Rostflecken an der Wand bei 16,29 DM/qm Miete).
6 BGH, BB 1958, 575.
7 BGH v. 26.7.2004 – VIII ZR 281/03, WuM 2004, 527 = NZM 2004, 736.
8 AG Tempelhof-Kreuzberg v. 21.7.2008 – 20 C 103/08, GE 2008, 1199.

Elektroherdes reklamiert, obwohl in der Küche ein (vom Mieter nicht genutzter) Gasanschluss vorhanden ist[1].

Werden Räume für einen bestimmten Gewerbebetrieb – z.B. für ein Reisebüro – vermietet, ohne dass die Parteien eine spezielle Regelung getroffen haben, so müssen sie z.B. den jeweiligen Anforderungen der **Arbeitsstättenverordnung** in Verbindung mit der Arbeitsstättenrichtlinie AsR 6/1,3 und der DIN 1946 genügen[2]. D.h., es müssen bestimmte Raumtemperaturen eingehalten werden[3]. Umgekehrt müssen in Büroräumen (Rechtsanwaltskanzlei) ohne besondere Abrede Raumtemperaturen von 20 Grad Celsius erreichbar sein. Räume, die zum Betrieb eines Sonnenstudios, Kosmetik- oder Frisörsalons vermietet werden, sind so auszustatten, dass bei der Nutzung als Sonnenstudio die benachbarten Räume nicht vertrags- oder gesetzeswidrig beeinträchtigt werden[4]. Ob diese Anforderungen im Ergebnis vorliegen – insbesondere auch unabhängig von der Anzahl der Wärme erzeugenden Geräten im jeweiligen Zimmer – kann durch einen Sachverständigen ermittelt werden, der die Einwirkungen der Sonne anhand der durchschnittlichen Sonneneinstrahlung unter Berücksichtigung der baulichen Gegebenheiten bewertet.

24 Daneben kommen als **Auslegungshilfen** insbesondere **Richtlinien und sonstige Standards** in Betracht, die bei der Errichtung von Gebäuden und/oder Arbeitsplätzen, deren Unterhaltung, beim Umgang mit (gefährlichen) Stoffen etc. allgemein zu beachten sind[5]. Die Verletzung eines Standards begründet grundsätzlich aber nur dann Gewährleistungsrechte des Mieters, wenn sie sich konkret auf den Gebrauch auswirkt, da die bloße **Gefahr eines Mangels** prinzipiell noch keine Gebrauchsbeeinträchtigung darstellt[6]. Andererseits muss nicht jede Gebrauchsbeeinträchtigung eine Verletzung der Soll-Beschaffenheit darstellen. Wurde z.B. ein Haus 1950 erbaut, können denknotwendigerweise die zwischenzeitlich veränderten Anforderungen an Schallschutz und Wärmedämmung nicht erfüllt sein. Wirkt sich also z.B. die Lärmentwicklung in einem Treppenhaus störend auf die Wohnung aus, kann dies in einem älteren Haus noch innerhalb der Soll-Beschaffenheit liegen, obwohl mittlerweile höhere Anforderungen an den Schallschutz bestehen[7]. Der Mieter eines Objektes in den **neuen Bundesländern**, das vor dem 3.10.1990 bezugsfertig geworden ist, kann nicht die gleichen Anforderungen an die Bauqualität stellen wie ein Mieter in den

---

1 AG Köln v. 17.10.2005 – 222 C 210/05, WuM 2006, 94.
2 OLG Frankfurt/M. v. 19.1.2007 – 2 U 106/06, NZM 2007, 330; OLG Rostock, NZM 2001, 425 = NJW-RR 2001, 802; OLG Düsseldorf, MDR 1998, 1217 = ZMR 1998, 622; OLG Hamm, NJW-RR 1995, 143; OLG Köln, MDR 1993, 973 = WuM 1995, 35 = NJW-RR 1993, 466; a.A. *Busse*, NJW 2004, 1982.
3 OLG Hamm, NJW-RR 1995, 143.
4 OLG Düsseldorf, ZMR 2001, 206.
5 Zur Übersicht vgl. die Zusammenstellungen bei *Eisenschmid* in Schmidt-Futterer, § 537 BGB Rz. 40 ff. und *Kraemer*, WuM 2000, 515, 519 f.
6 LG Lübeck, ZMR 2002, 431; LG Hannover, WuM 1997, 434; LG Dortmund, WuM 1996, 141.
7 *Kraemer* in Bub/Treier, III Rz. 1329 m.w.N.

westlichen Bundesländern[1], zumal ein Anspruch des Mieters auf Anpassung an zeitgemäße Wohnverhältnisse grundsätzlich nicht besteht[2].

Standards werden inhaltlich danach unterschieden, ob sie dazu dienen, den **Wohnkomfort** und Funktionsabläufe zu verbessern oder zu sichern, oder ob ihr Zweck darin besteht, vom Nutzer Gefahren für seine **Gesundheit und Sicherheit** abzuwenden. Dies wirkt sich auf die Frage der Vertragsgemäßheit des Mietobjektes und auf eine Verpflichtung des Vermieters zur Nachrüstung aus, sofern sich die Wohnstandards oder die Risikobeurteilung und damit die Grenzwerte ändern[3]. Allerdings ist eine klare Grenzziehung nicht immer möglich. 25

Soweit Standards – etwa über das BImSchG – **Rechtsnormqualität** haben, sind sie unmittelbar verbindlich (z.B. die Grenzwerte nach Art. 2 zu § 2 Abs. 1 TrinkwasserVO in der Fassung vom 5.12.1990)[4]. Das gilt erst recht bei Verwendungsverboten wie z.B. für Asbest und Pentachlorphenol (PCP) in Holzschutzwirkstoffen (siehe § 15 Abs. 1 Ziff. 1, 12 GefahrstoffVO). Fehlt die Rechtsnormqualität, so dürfen Standards nicht – wie häufig – unkritisch übernommen werden, zumal es an der nötigen Verfahrenstransparenz fehlt. Es handelt sich nicht von vornherein um **antizipierte Sachverständigengutachten**[5], sondern um Empfehlungen entweder mit behördlichem oder mit Verbandscharakter. 26

Allein die Verletzung eines Standards rechtfertigt aber noch nicht die Annahme eines Mangels i.S.v. § 536 BGB. Vielmehr kommt einem solchen Tatbestand grundsätzlich nur **Indiz-Charakter** zu[6]. Gewährleistungsrechte werden erst ausgelöst, wenn auch eine Beeinträchtigung des Mietgebrauchs vorliegt[7]. Das gilt auch für sog. Vorsorgerichtwerte, die unterhalb von medizinischen Grenzwerten liegen und den Unsicherheitsbereich zur wahrscheinlichen Gefahrlosigkeit abgrenzen. Die Vermutung besagt, dass bei einer Überschreitung der Grenznorm eine Gefährdung nicht ausgeschlossen und bei ihrer Einhaltung es wahrscheinlich nicht zu Gesundheitsschäden kommen wird. Sie ist aber sowohl für den Vermieter als auch für den Mieter widerlegbar. Stets ist zu beachten, dass die Standards bestenfalls den Erkenntnisstand zur Zeit ihrer Aufstellung und damit vorbehaltlich besserer Erkenntnis wiedergeben. Ein Fehler i.S.v. § 536 BGB kann aber auch bei Einhaltung des einschlägigen Regelwerks vorliegen. So kann der Mieter auch bei der Anmietung eines experimentellen Niedrig- 27

---
1 OLG Naumburg, WuM 1995, 145; KreisG Erfurt, WuM 1993, 112; *Horst*, ZAP 1997, 1035, 1052.
2 *Eisenschmid* in Schmidt-Futterer, § 537 BGB Rz. 24; *Kraemer* in Bub/Treier, III Rz. 1347 jeweils m.w.N.
3 *Kraemer* in Bub/Treier, III Rz. 1347 m.w.N.
4 BVerfG, ZMR 2002, 578.
5 BVerwG, WuM 1987, 413 für DIN-Normen.
6 *Roth*, NZM 2000, 521; *Eisenschmid* in Schmidt-Futterer, § 537 BGB Rz. 20.
7 OLG Celle, WuM 1985, 9; LG Göttingen, WuM 1989, 409: kein Anspruch auf Instandhaltung allein wegen der Nichteinhaltung von DIN-Vorschiften zur Wärmedämmung.

energiehauses, das nach den Regeln der Technik errichtet wurde, erwarten, dass die Schallisolierung gegen Geräusche von außen nicht schlecht ist[1].

28 Bestehen **keine** – verbindlichen – **Richtwerte**, gelten erhöhte Anforderungen an die Darlegungslast für die Gebrauchsbeeinträchtigung[2]. Im Zweifel können diese nur durch ein (außergerichtliches) Gutachten erfüllt werden, das auch zu der Nutzungsbeeinträchtigung Feststellungen treffen muss und sich nicht nur auf die Analyse z.B. einer Staubprobe beschränken darf. Insoweit kann sich der Fehler i.S.v. § 536 BGB z.B. aus einer vermehrten Reinigungstätigkeit ergeben[3].

29 Ändern sich Standards, kann es problematisch sein, auf welchen **Zeitpunkt für die Beurteilung** der Soll-Beschaffenheit abzustellen ist. Im Zweifel wird es zunächst auf diejenigen ankommen, die **zur Zeit des Vertragsabschlusses** gelten[4]. Soweit es sich um technische Bauvorschriften handelt, die sich auf die Ausstattung und Beschaffenheit des Gebäudes beziehen, kommt aber auch in Betracht, auf die Standards **zur Zeit der Errichtung** des Gebäudes abzustellen; denn der Mieter kann im Allgemeinen nur denjenigen Standard erwarten, der der jeweiligen Bautypik innerhalb einer bestimmten **Baualtersklasse** entspricht[5].

30 Ausnahmen können sich ergeben, soweit durch den vorhandenen (baualtersklassegemäßen) Zustand **Gesundheit und Sicherheit** des Nutzers betroffen werden[6]. Ist ein hierauf bezogener Standard einschlägig, wird auf den Zeitpunkt des Vertragsabschlusses abzustellen sein, denn insoweit kann der Mieter – für den Vermieter erkennbar – erwarten, dass die Wohnung nicht sicherheits- und gesundheitsgefährdend ist[7]. **Verändern**, insbesondere verschärfen sich die Standards, so wird das Leistungsverhältnis zwischen den Mietparteien hierdurch zunächst nicht berührt. Der Vermieter schuldet nicht die Einhaltung bestimmter Standards, sondern den störungsfreien Mietgebrauch. Aber auch in diesem Zusammenhang kommt es darauf an, welchem **Zweck** die Standards dienen. Der Mieter hat grundsätzlich keinen Anspruch auf Einhaltung des jeweils technisch optimalen Zustands, soweit es sich um Wohnkomfort, um die Funktionsabläufe des Wohnens einschl. der Versorgung mit Energie, Wärme und Informationstechnik handelt[8]. Hier ist der vertragsgemäße Zustand auf die Verhältnisse zur **Zeit des Vertragsschlusses** festgeschrieben[9].

---

1 AG Trier, WuM 2002, 308.
2 LG Frankfurt/Main, NZM 2001, 522 (Schadstoffbelastung durch Parkettkleber).
3 LG Frankfurt/Main, NZM 2001, 890.
4 BayObLG, WuM 1993, 287; KG, WuM 1980, 255.
5 LG Hamburg, ZMR 1999, 404; OLG Celle, WuM 1985, 9.
6 *Kraemer* in Bub/Treier, III Rz. 1333.
7 BayObLG, ZMR 1999, 751, 752.
8 Zu den Ausnahmen siehe AG Schöneberg, WuM 1992, 113 zur Verbesserung der Stromabsicherung; AG Bremerhaven, WuM 1992, 601 zur unzureichenden Dimensionierung der Heizung.
9 LG Köln, WuM 1990, 424 für den Einbau von Wärmeschutzfenstern; LG Hannover, WuM 1991, 540 für eine Heizungsanlage; LG Berlin, GE 1995, 661 für Ent-

Anders verhält es sich aber mit **Sicherheits- und Gesundheitsstandards**. 31
Ändern sich die wissenschaftlichen Erkenntnisse und die Risikobeurteilung etwa durch verbesserte Messmethoden oder neue Forschungsergebnisse und führt das zu einer Verschärfung der Standards, so wird bei einer Verletzung der Mietgebrauch nicht mehr fehlerfrei gewährt unabhängig davon, ob die bei Errichtung des Gebäudes oder Abschluss des Mietvertrages gültigen Normen eingehalten wurden. Es kommt allein auf den geänderten Standard an[1]. Gewährleistungsrechte werden in diesem Fall jedoch erst ausgelöst, wenn der Mieter dem Vermieter eine angemessene **Frist zur Mängelbeseitigung** einräumt[2].

Insoweit bildet der **Brandschutz** eine besondere Kategorie. Besteht die konkrete und nahe liegende Gefahr, dass bereits ein kleiner Brand binnen kürzester Zeit erhebliche Gesundheitsschäden verursachen kann, kann der Mieter das Mietverhältnis fristlos nach § 569 Abs. 1 BGB kündigen. Denn es kommt allein auf die objektive Gesundheitsgefährdung im Zeitpunkt der Kündigung an[3]. 31a

Eine **weitere Ausnahme** gilt, wenn der Vermieter **bauliche Veränderungen** vornimmt, die Lärmimmissionen zur Folge haben[4]. Hier kann der Mieter erwarten, dass Lärmschutzmaßnahmen getroffen werden, die den Anforderungen der zur Zeit des Umbaus geltenden DIN-Normen genügen. Wenn die vorhandene Trittschalldämmung diesen Anforderungen nicht genügt, kann der Vermieter zur Herstellung eines normalen Trittschallschutzes von (z.Zt.) 53 dB nach DIN 4109 verurteilt werden. Anspruch auf erhöhten **Schallschutz** mit einem Grenzwert von 46 dB hat der Mieter dagegen nicht schon deswegen, weil die Mietwohnung vor der Aufstockung in der „Endetage" gelegen und deshalb keinerlei von darüber liegendem Wohnraum ausgehenden Trittschallbelästigung ausgesetzt war. Dies ist allenfalls anders, wenn der Vermieter im Zuge des Dachgeschossausbaus einen erhöhten Trittschallschutz zugesagt hat. Nicht hierher gehören die Fälle, in denen lediglich Bodenbeläge ausgetauscht werden (z.B. Teppichboden gegen Laminat), ohne in den Deckenaufbau substanziell einzugreifen, denn dabei handelt es sich nicht um bauliche Veränderungen[5]. 31b

Allgemein wird schon wegen der verschiedenen Standards unterschieden zwischen

- Baumängeln
- Umweltfehlern

---

lüftungsanlage; AG Osnabrück, ZMR 1989, 339: Verbesserung der elektrischen Anlage.
1 BayObLG, ZMR 1999, 751 = NZM 1999, 899.
2 BayObLG, ZMR 1999, 751 = NZM 1999, 899; LG Lübeck, NZM 1998, 190; LG Lübeck, ZMR 2002, 431.
3 OLG Brandenburg v. 2.7.2008 – 3 U 156/07, ZMR 2009, 191; KG, GuT 2003, 215.
4 BGH, NZM 2005, 60.
5 BGH v. 17.6.2009 – VIII ZR 131/08, WuM 2009, 457.

– öffentlich-rechtlichen Beschränkungen
– Mängeln im Haus.

cc) Baumängel

32 Als Baumängel kommen in Betracht:
– Schallschutzmängel
– schadhafte Wand- und Deckenisolierung
– fehlende Vorkehrungen gegen Verschmutzung (z.B. durch Tauben)
– undichte Fenster
– unzureichende Wärme- und Warmwasserversorgung
– Feuchtigkeitsschäden
– Montagefehler
– Abnutzungserscheinungen (z.B. verschlissener Teppichboden).

33 Als Standards kommen Grenzwerte und technische Normen in Betracht, die bei der Errichtung eines Gebäudes oder dessen Bewirtschaftung zu beachten sind. Häufig spielen dabei die
– Trinkwasserverordnung für bleihaltiges Wasser[1],
– Arbeitsschutzrichtlinien nach DIN 1946 Teil 2 (für Raumtemperatur)[2],
– DIN 4109 für Schallschutz,
– TA Lärm,
– TA Luft,
– bauordnungsrechtliche Vorschriften (z.B. für Außengeländer an einer Wendeltreppe)[3]

eine Rolle. Allein die Verletzung eines Standards bewirkt jedoch grundsätzlich nicht das Vorliegen eines Mangels (Ausnahme: Sicherheits- und Gesundheitsstandards, vgl. oben Rz. 31). So muss der Mieter z.B. bei einer mangelhaften Schallisolierung vortragen, dass er durch Schallübertragungen, z.B. aus der Nachbarwohnung, erheblich beeinträchtigt wird. Dies erfordert im Zweifel die Vorlage von **Lärmprotokollen**, aus denen sich die Zeit, Dauer, Art und Intensität der Lärmbeeinträchtigung ergibt (vgl. dazu Rz. 8). Um spätestens im Prozess die Anforderungen an die Darlegungs- und Beweislast erfüllen zu können, muss also die konkrete Gebrauchsbeeinträchtigung ermittelt werden, bei der der verletzte Standard ein Indiz für die Annahme eines Fehlers i.S.v. § 536 BGB darstellt. Dessen Werte sollten in Erfahrung gebracht werden.

34 Hierzu kann der Rechtsanwalt oder der Mandant zunächst bei einem **Sachverständigen** (Listen von Sachverständigen sind bei der Industrie- und Han-

---

[1] OLG Köln, ZMR 1992, 155; LG Berlin, NZM 2000, 709; LG Berlin, MM 2000, 222.
[2] OLG Düsseldorf, NZM 1998, 915; OLG Rostock, NZM 2001, 425.
[3] LG Hamburg, ZMR 1999, 404.

delskammer oder der Handwerkskammer zu erhalten) ermitteln, welche bautechnischen Voraussetzungen im Zeitpunkt des Vertragsabschlusses galten (z.B. besondere Bestimmungen zum Schallschutz, zur Wärmedämmung etc.) und ob sich diese zwischenzeitlich geändert haben. Auch wenn die entsprechenden Normen einen Mangel i.S.d. § 536 Abs. 1 BGB noch nicht endgültig indizieren, ist damit schon einmal eine Grundlage geschaffen, von der aus sich die Mängelbeurteilung erleichtert. Denn liegt z.B. eine Abweichung von einer Schallschutznorm vor, besteht zunächst einmal ein unzulässiger Zustand.

Im Weiteren sollte untersucht werden, ob und wie sich dieser unzulässige Zustand auf die Mietsache **auswirkt**. Bei den angesprochenen Verletzungen von Schallschutznormen muss dabei einerseits auf die Art der Beeinträchtigungen und andererseits auf das Ausmaß abgestellt werden. Die Art der Beeinträchtigung kann z.B. maßgeblich sein, wenn die Lärmeinwirkungen durch **Kleinkinder** verursacht werden[1], und zwar selbst am frühen Morgen beim Verlassen der Wohnung[2]. 35

Lässt sich aus der Schilderung des Mandanten ableiten, dass **sozialadäquates Verhalten** als Ursache für die Lärmeinwirkung in Betracht kommt[3], kann ein Mangel trotz Verletzung von Schallschutznormen nur vorliegen, wenn hinreichend deutlich gemacht und ggf. bewiesen werden kann, dass sich der Mangel bei Einhaltung der maßgeblichen Schallschutznormen nicht oder jedenfalls nicht so gravierend auswirken würde. Dafür sollte untersucht werden, aus welcher Etage die Lärmquelle stammt und/oder zu welchen Zeiten die Störungen stattfinden.

Ähnlich verhält es sich in anderen Fällen, in denen Baumängel eine Rolle spielen. Auch hier sollte immer überlegt werden, ob und ggf. wie sich die technische Unzulänglichkeit auswirkt (zu Feuchtigkeitsschäden vgl. unten *Rz. 184*). 36

Schließlich ist auch die **Art des Gebäudes** von Bedeutung. So ist der Standard in einem exklusiven Wohn- oder Bürogebäude anders zu bewerten als in einer Sozialwohnung aus der Nachkriegszeit, in der noch Ofenheizung betrieben wird. Insbesondere sind **subjektiv vorstellbare Verbesserungen** an der Mietsache kein Kriterium, um den Standard zu beeinflussen[4]. 37

---

1 AG Köln, WuM 1993, 606; AG Starnberg, WuM 1992, 471; AG Schöneberg, MM 1995, 397.
2 LG München I, NZM 2005, 339.
3 **Baden:** LG Köln in *Lützenkirchen*, KM 3 Nr. 25; **Trampeln, Laufen, Schreien, Poltern:** LG Köln in *Lützenkirchen*, KM 35 Nr. 12; **Kinder:** LG Heidelberg, WuM 1997, 38; LG Berlin, GE 1993, 423; LG Paderborn, WuM 2002, 50; AG Oberhausen, WuM 2001, 464 (Ermahnung von Kindern im Mehrparteienhaus).
4 AG Büdingen, WuM 1998, 281.

dd) Umweltfehler

38 Bei dieser Gruppe von Mängeln liegen **Einwirkungen** (von außen) auf die Mietsache vor[1]. Namentlich zu nennen sind hier insbesondere die Beeinträchtigungen, die in § 906 Abs. 1 BGB aufgeführt sind, also Zuführung von Gasen, Dämpfen, Gerüchen, Rauch, Ruß, Wärme, Geräusche, Erschütterungen u.Ä. Erforderlich ist allerdings stets eine **unmittelbare Beeinträchtigung** der Tauglichkeit bzw. eine unmittelbare Einwirkung auf die Gebrauchstauglichkeit der Mietsache. An einer Unmittelbarkeit soll es in der Regel fehlen, wenn Umfeldeinwirkungen den Zustand der Mietsache selbst sowie deren vertragsgemäße Nutzungsmöglichkeit unberührt lassen und sich allein auf die Menge potentieller Kunden auswirken[2]. Bei **Zugangsbehinderungen** oder -veränderung (vgl dazu im Einzelnen *L Rz. 45m*) kommt es insoweit insbesondere auf die Dauer und Intensität der Beeinträchtigung an[3].

39 Welche **Standards** gelten sollen, wird nicht einheitlich gesehen[4]. Teilweise wird darauf abgestellt, dass der Mieter die Beeinträchtigungen hinzunehmen habe, wenn er sie auch als Eigentümer nach § 906 BGB dulden müsste[5]. Überwiegend wird jedoch die Anwendung des § 906 BGB im Verhältnis zwischen Vermieter und Mieter abgelehnt, weil das Innenverhältnis zweier Vertragsparteien nicht mit dem Außenverhältnis des Eigentümers bzw. des Mieters zu Dritten verglichen werden kann[6]. Danach soll vielmehr maßgeblich sein, ob der Mieter bei Abschluss des Vertrages mit dem Eintritt der konkreten Störung rechnen musste (z.B. Gaststätte im Mietobjekt)[7], so dass im Ergebnis eine **Interessensabwägung** durchzuführen ist. Diese Meinung verdient den Vorzug, weil sie allein mit dem Gesetzestext, der auf den Vertragsabschluss abstellt (§ 536 Abs. 1 BGB), in Einklang steht. Deshalb kann sich der Mieter nicht auf einen Mangel berufen, wenn **Lärm** von einer (schon bei Abschluss des Vertrages vorhandenen) **Gaststätte** im Mietobjekt ausgeht[8], Lärm-, Licht- und Staubimmissionen im üblichen Umfang im öffentlichen Straßenbereich durch **Bauarbeiten** stattfinden, mit denen

---

1 *Sternel*, Mietrecht aktuell, VIII Rz. 86.
2 BGH, ZMR 2000, 508 = NJW 2000, 1714.; OLG Hamm, NJWE-MietR 1996, 80; LG Berlin v. 4.8.2008, 12 O 812/07, GE 2008, 1426 = NZM 2008, 844 für die Umgestaltung des Hauptbahnhofes in Ladennähe.
3 BGH v. 1.7.1981, VIII ZR 192/80, GE 1982, 137 = NJW 1981, 2405 (Schuhgeschäft); BGH v. 16.2.2000, XII ZR 279/97, ZMR 2000, 508 = NJW 2000, 1714 (Wäschegeschäftes in einem Einkaufszentrum); KG v. 12.11.2007, 8 U 194/06, GE 2008, 52 = GuT 2007, 436 (U-Bahn-Bau); OLG Celle v. 13.3.1996 – 2U53/95, NJW-RR 1996, 1099 (Gaststätte in verkehrsberuhigter Zone); OLG Frankfurt/M. v. 1.7.2005 – 24 U 234/04, zitiert nach juris (Rechtsanwalt und Schulbetrieb); OLG Rostock v. 11. Dezember 2008 – 3 U 138/08, GE 2009, 322 (Wachpersonal vor Spielothek); OLG Hamm, NJWE-MietR 1996, 80.
4 Vgl. zum Meinungsstand: Staudinger/*Emmerich*, § 537 BGB Rz. 41, 42.
5 OLG Düsseldorf, BB 1991, 159, 160; BGH, WM 1961, 654, 657.
6 BayObLG, WuM 1987, 112; OLG München, WuM 1993, 607.
7 OLG München, WuM 1993, 607; OLG Frankfurt/Main, ZMR 1964, 271.
8 OLG München, WuM 1993, 607; OLG Frankfurt, ZMR 1964, 271.

immer zu rechnen ist[1], auch soweit der Mieter das Ausmaß der zu erwartenden Baumaßnahmen und ihrer maschinenmäßigen Bearbeitung verkennt[2]. Allerdings muss der Mieter nicht mit einer völligen **Entkernung** des Nachbarhauses rechnen[3].

Zur Ermittlung des Standards für den vertragsgemäßen Gebrauch kann auch hier (vgl. Rz. 24) zunächst untersucht werden, ob **technische Normen** verletzt sind (z.B. für Schallschutz, Konzentrationswerte für bestimmte Gase)[4]. Ansonsten sollte überlegt werden, welche Voraussetzungen ein durchschnittlicher Mieter an ein störungsfreies Wohnen bzw. Nutzen der Mieträume stellen kann[5]. 40

Besteht die Abweichung von der Soll-Beschaffenheit in der Existenz eines sog. **Umweltgiftes**[6] (z.B. Asbest[7], Formaldehyd[8], Pentachlorphenol – PCP –[9], Perchlorethylen – PER –, Polychlorierte Biphenyle – PCB –, Pyrethroide, Radon), besteht in der Praxis für den Rechtsanwalt und den Mandanten die Schwierigkeit, dass die notwendigen Ermittlungen regelmäßig nicht selbst angestellt werden können. Häufig wird der Mandant nur vage Umstände berichten können, die für eine zu hohe Konzentration in der Raumluft der Mietsache sprechen, weil sich bei ihm oder einem Mitbewohner Krankheitssymptome (z.B. Kopfschmerzen, tränende Augen, Juckreiz) zeigen. Selbst wenn die Existenz gefährlicher Stoffe unzweifelhaft ist (z.B. in den Schächten einer Warmluftstromheizung sind Glasfaserdämmmatten vorhanden[10]) und das Risiko besteht, dass sie in die Raumluft gelangen können, muss eine tatsächliche Auswirkung auf den Mietgebrauch ermittelt werden. Ein Mangel kann in einem solchen Fall deshalb erst angenommen werden, wenn sich der gefährliche Stoff z.B. geruchsbelästigend und schleimhautreizend auswirkt[11]. 41

Allein aus der Existenz eines Umweltgiftes Gewährleistungsrechte herzuleiten und dem Mandanten eine Minderung zu empfehlen kann sehr **risikoreich** sein. Denn wenn sich im nachfolgenden Prozess mittels eines Sachverständigengutachtens herausstellt, dass eine Grenzwertüberschrei- 41a

---

1 AG Fürth v. 17.10.2006 – 310 C 1727/06, WuM 2007, 317.
2 LG Berlin v. 28.6.2006 – 62 S 73/06, WuM 2007, 386.
3 LG Berlin v. 2.4.2007 – 62 S 82/06, GE 2007, 1188.
4 Vgl. für asbesthaltige Nacht-Strom-Speicher-Heizgeräte z.B. *Isenmann*, NZM 1998, 143.
5 Vgl. dazu instruktiv: BGH v. 26.7.2004 – VIII ZR 281/03, WuM 2004, 527 = NZM 2004, 736.
6 Vgl. dazu *Kraemer* in Bub/Treier, III Rz. 1333; *Eisenschmid* in Schmidt-Futterer, § 537 BGB Rz. 123 ff.
7 LG Lübeck, ZMR 1998, 433; LG Hamburg, NZM 1998, 190; LG Hannover, WuM 1997, 434; LG Dortmund, WuM 1996, 141.
8 OLG Nürnberg, DWW 1992, 143; OLG Düsseldorf, DWW 1992, 140; LG München I, WuM 1991, 584; AG Königstein, NZM 2000, 822; AG Säckingen, 1996, 140.
9 BayObLG, WuM 1999, 568 = ZMR 1999, 751; LG Tübingen, WuM 1997, 41; AG Kerpen, *Lützenkirchen*, KM 35 Nr. 49.
10 LG Osnabrück, WuM 2003, 267.
11 AG Torgau, WuM 2003, 316.

tung nicht vorliegt oder trotz der Grenzwertüberschreitung keine (konkrete) Gesundheitsgefährdung eingetreten ist (vgl. dazu *Rz. 44*), droht dem Mandanten der Verlust der Wohnung, weil der Vermieter in der Zwischenzeit den Mietvertrag fristlos wegen Zahlungsverzug gekündigt hat.

Dies gilt auch bei der **Schimmelpilzbildung**, die viele Mieter zum Anlass für eine fristlose Kündigung wegen Gesundheitsgefährdung nehmen. Hier muss beachtet werden, dass die Darlegungslast des Mieters erfordert, dass vorgetragen wird, dass die Schimmelpilze tatsächlich toxinbildend sind und zu einer Gesundheitsbeeinträchtigung der Bewohner bzw. Nutzer geführt haben, wozu die Vorlage von Attesten, die nicht auf Laboruntersuchungen beruhen, nicht ausreicht (vgl. im Einzelnen *Rz. 135a*)[1].

42 Deshalb empfiehlt sich in diesen Fällen z.B. folgende **Vorgehensweise**:
 – Ermitteln, ob die Mietsache mit für Umweltgifte typischen Einrichtungsgegenständen ausgestattet ist (z.B. Nachtstromspeicherheizung, Holzvertäfelungen oder -decken, Ständerwände aus Pressspan);
 – Aufforderung an den Vermieter zur Mängelbeseitigung, wobei es ausreicht, die Gebrauchsbeeinträchtigung aufzuzeigen (*... beim Aufenthalt in der Wohnung stellen sich nach kurzer Zeit Kopfschmerzen ein ...*), wobei Mietzahlungen ab sofort vorsorglich unter Vorbehalt gestellt werden sollten;
 – Nachfragen bei einem Sachverständigen (z.B. TÜV), welche Untersuchungen notwendig sind und mit welchen Kosten zu rechnen ist;
 – Erörterung mit dem Mandanten, ob ein Privatgutachten in Auftrag gegeben oder ein selbständiges Beweisverfahren eingeleitet werden soll, wenn die Frist zur Mängelbeseitigung abgelaufen ist (vgl. *Rz. 67*);
 – Einholen eines ärztlichen Attestes über die Symptome und Ursachen der Krankheitserscheinungen, wobei insbesondere Blutwerte angegeben werden sollten, weil die konkrete Gesundheitsgefahr letztlich nur gegeben ist, wenn die Giftstoffe über das übliche Maß hinaus im Körper vorhanden sind, solange keine Richtlinien mit Rechtnormqualität vorliegen.

43 Selbst wenn ein unzulässiger Zustand festgestellt wurde, kann in vielen Fällen ein Mangel erst angenommen werden, wenn auch die nahe liegende und begründete **Besorgnis der Gefahr** für die Gesundheit besteht. So ist z.B. allein die Möglichkeit, dass eine Nacht-Strom-Speicher-Heizung asbesthaltig ist, noch kein Mangel. Vielmehr muss vorgetragen und ggf. nachgewiesen werden, dass zumindest produktbedingt die ernsthafte Möglichkeit einer Krebserkrankung durch Austritt von Asbest nicht nur unwesentlich erhöht wird[2]. Hier empfiehlt es sich, zunächst beim Hersteller derartiger Geräte zu ermitteln, ob sie asbesthaltig sind. Gleichzeitig sollte dort ange-

---

1 KG, ZMR 2004, 513.
2 LG Hannover, WuM 1997, 434; LG Dortmund, WuM 1996, 141; AG Hof, WuM 1998, 281; AG München, WuM 1996, 762.

fragt werden, wie sich die Asbestkonzentration auswirkt[1]. Mit diesen Erkenntnissen kann unter Berücksichtigung der in *Rz. 40* vorgeschlagenen Vorgehensweise vollständig gewürdigt werden, ob ein Mangel vorliegt.

In diesen Situationen ist immer zu beachten, dass **alle Erkenntnisquellen** ausgeschöpft werden müssen, um ein schuldloses Verhalten des Mandanten annehmen zu können[2]. Solange dies nicht feststeht – was praktisch solange der Fall ist, wie der BGH nicht über die aktuelle Beratungssituation schon entschieden hat –, ist im Zweifel davon auszugehen, dass der Mandant zumindest **fahrlässig** handelt, wenn er die Miete kürzt, so dass stets das Risiko einer Kündigung wegen Zahlungsverziges nach § 543 Abs. 2 Nr. 3 BGB, aber vor allem nach § 573 Abs. 2 Nr. 2 BGB im Auge behalten werden muss (vgl. dazu *Rz. 152* – Zahlung unter Vorbehalt).

Auf Erkenntnisse über wissenschaftliche Werte kommt es nicht mehr an, wenn der Vermieter z.B. Insektizide in der Wohnung verwendet, deren Anwendung in Wohnräumen bereits der Hersteller untersagt[3]. Ansonsten ist maßgeblich, **wie konkret die Gefahr** sich darstellt (Verdacht einer Gesundheitsgefährdung). Deshalb wird der Mandant im Zweifel nicht ohne eine außergerichtliche Feststellung durch einen Sachverständigen auskommen[4]. Dies gilt auch bei **Schimmelbildung**. Denn nur ca. die Hälfte der bekannten 300 Schimmelpilzarten sind überhaupt gesundheitsgefährdend. Allenfalls in Gewerberäumen mit Publikumsverkehr (z.B. Gaststätte) kann allein das Auftreten von Schimmelpilz ausreichen, um eine fristlose Kündigung zu begründen[5]. Allerdings kann insoweit ausreichen, dass der Mieter aufgrund der vorliegenden Umstände vernünftigerweise von einer Gesundheitsgefährdung ausgehen kann[6]. Dies kann aber erst angenommen werden, wenn dem Mieter von kompetenter Seite zumindest bescheinigt wird, dass eine Gesundheitsgefährdung nicht ausgeschlossen werden kann, so dass im Zweifel schon so früh wie möglich ein Sachverständiger hinzugezogen werden sollte.

44

Scheut der Mandant selbst die Ausgaben für ein außergerichtliches Gutachten, sollte er darauf hingewiesen werden, dass der Vermieter auf eine entsprechende Mängelanzeige hin von sich aus ein Sachverständigengutachten veranlassen kann. Sollte sich dann z.B. bei Feuchtigkeitsschäden herausstellen, dass diese auf fehlerhaftes Heiz- und Lüftungsverhalten zurückzuführen sind, kann sich eine Schadensersatzpflicht des Mieters ergeben[7]. Umgekehrt kann der Mieter Kostenersatz vom Vermieter verlangen, sobald die Voraussetzungen des Verzuges vorliegen.

45

---

1 LG Hannover, WuM 1997, 434.
2 BGH v. 16.1.2009 – V ZR 133/08, NZM 2009, 367.
3 AG Trier, WuM 2001, 486.
4 LG Lübeck, ZMR 2002, 431.
5 AG Altenburg, GuT 2002, 46.
6 LG Lübeck, ZMR 2002, 431.
7 AG Köln in *Lützenkirchen*, KM 35 Nr. 51.

45a Ausgewählte **Beispiele** für Umweltmängel:

45b – **Einbruchserie:** Ob mehrere Einbrüche die Qualität eines Fehlers erreichen und den Vermieter dazu zwingen, das Mietobjekt höheren Sicherheitsstandards anzupassen, wird nicht einheitlich beantwortet. Während das KG selbst dann keinen Mangel annimmt, wenn der Mieter wegen der Einbrüche keinen Versicherungsschutz mehr erhält[1], billigt das OLG Naumburg einem Mieter sogar das Recht zur fristlosen Kündigung nach § 543 Abs. 2 Nr. 1 BGB zu[2]. Das OLG Düsseldorf[3] sieht in einer Einbruchsserie keinen Fehler der Mietsache, weil es an einer Gebrauchsbeeinträchtigung fehlt. Darüber hinaus soll der Vermieter ohne vertragliche Vereinbarung nicht verpflichtet sein, den Sicherheitsstandard des Gebäudes veränderten Sicherheitserkenntnissen anzupassen, sodass der Mieter auch hieraus ein Minderungsrecht nicht ableiten kann.

45c – **Lärm:** Dieser kann einen Fehler der Mietsache begründen, unabhängig davon, ob er vom Vermieter, von Mitmietern oder von Dritten ausgeht[4]. Die Grenze zu gerade noch hinnehmbaren Einwirkungen ist schwierig zu ziehen und stark einzelfallbezogen, da gewisse Lärmbelästigungen infolge des Zusammenlebens nicht vermeidbar sind[5]. In solchen Grenzfällen ist zum einen auf die Abrede zwischen den Parteien (insbesondere die Miethöhe[6]) und zum anderen auf eine Interessensabwägung abzustellen. Dabei können die technischen Normen und Anleitungen eine Rolle spielen (vgl. oben *Rz. 24*). Die von technischen Anlagen bzw. Gewerbebetrieben ausgehenden Geräusche dürfen folgende Werte nicht übersteigen:

  – in reinen Wohngebieten tagsüber 40 dB(A) und nachts 30 dB(A)[7]
  – in allgemeinen Wohngebieten tagsüber 50 dB(A) und nachts 35 dB(A).
  – Eine Erhöhung der Maßgröße dB um 3 dB(A) bedeutet eine Verdoppelung und eine Erhöhung um 10 dB(A) eine Verzehnfachung der gemessenen Schallenergie. Ein Anstieg von 10 dB(A) wird subjektiv ungefähr als Verdoppelung der Lautstärke empfunden, so dass eine Grenzwertüberschreitung von 7 dB(A) eine erhebliche Beeinträchtigung des vertragsgemäßen Gebrauchs darstellt[8].

Ein besonderes Problem bildet der **Baulärm** von einem **Nachbargrundstück**. Einerseits wird – ohne weiteres – ein Mangel angenommen[9]. Andererseits wird bei üblichen Belästigungen ein Fehler grundsätzlich ver-

---

1 KG, NZM 1998, 437.
2 OLG Naumburg, NZM 1998, 438.
3 ZMR 2002, 820 = NZM 2002, 737.
4 BGH, NJW 1986, 2443.
5 LG Berlin, GE 1989, 93.
6 AG Münster, WuM 2003, 355.
7 BGH, MDR 1980, 655; LG Hamburg, WuM 1984, 79.
8 AG Aachen, WuM 1989, 12.
9 LG Hamburg, NJW-RR 1999, 378; LG Kassel, NJW-RR 1989, 1292; LG Göttingen, NJW 1986, 1112; LG Siegen, WuM 1990, 17.

neint[1]. Schließlich wird jedenfalls bei Einwirkungen von Baumaßnahmen mit denen bei Vertragsschluss zu rechnen war, eine Minderung abgelehnt[2], wobei teilweise die Wertung des § 906 BGB übernommen wird[3]. Solange keine konkreten Anhaltspunkte für eine abweichende Vereinbarung der Sollbeschaffenheit vorliegen, stellt auch Baulärm von einem Nachbargrundstück einen zur Minderung berechtigenden Mangel dar[4]. Denn die schuldrechtlich festgelegte Sollbeschaffenheit ist beeinträchtigt.

Der Rückgriff auf DIN-Normen, öffentlich-rechtliche Vorschriften der Länder oder des BImSchG darf nicht darüber hinwegtäuschen, dass es sich dabei nur um **Anhaltspunkte** für die Einstufung des **mietrechtlich relevanten Lärms** handelt[5]. Sie lassen allein, auch wenn die Geräusche innerhalb der zulässigen Messgrenze liegen, keine abschließende Beurteilung darüber zu, ob es sich bei dem Geräusch schon um eine Störung oder nur um eine hinzunehmende Belästigung handelt. Ebenso wenig kommt es darauf an, ob der Vermieter die Störung (z.B. Baulärm) nach § 906 BGB entschädigungslos hinnehmen muss[6]. Allerdings muss geprüft werden, ob die Störquelle im gleichen sozialen Rahmen wie die Nutzung angesiedelt ist oder ob sie z.B. von außen in den Wohnbereich eindringt. Denn maßgeblich für die Annahme von Lärm als Mangel ist die davon ausgehende Beeinträchtigung im Hinblick auf **Üblichkeit** und **Sozialverträglichkeit**. Deshalb ist das vor dem Gottesdienst eingeleitete Läuten von Kirchenglocken als sozialadäquate Einwirkung zu dulden, weil es zur Religionsausübung gehört[7]. Überlaut geführte nächtliche Streitgespräche können aber einen Mangel darstellen[8].

45d

– Es kann aber auch ein Mangel gegeben sein, wenn Geräusche schon „störend" vernommen werden, die auf eine **alltägliche Nutzung des Gebäudes** zurückzuführen sind[9]. Insoweit hat der Wohnungsmieter einen Anspruch darauf, dass technisch vermeidbare, schallschutzwidrige Lärmbelästigungen z.B. beim Öffnen und Schließen von Garagentoren oder der Haus- oder Wohnungstüre vom Vermieter im Rahmen der Instandhaltungspflicht unterbunden werden[10]. Ebenso sind Lärmbelästigungen durch haustechnische Anlagen zu behandeln(vgl. DIN 4109), wie z.B. durch Benutzung eines Müllschluckers[11], durch das Einwerfen

45e

---

1 AG Augsburg, ZMR 1988, 341.
2 OLG München, NJW-RR 1994, 654; OLG Frankfurt/M., ZMR 1964, 271.
3 LG Berlin v. 7.8.2008 – 22 U 100/07, GE 2009, 719.
4 Wie hier: BGH v. 16.3.2005 – XII ZR 268/01, MietPrax-AK § 535 BGB Nr. 18; BayObLG, NJW 1987, 1950; KG v. 8.4.1999 – 8 U 5397/97, KGR Berlin 1999, 266.
5 AG Lichtenberg, MM 1997, 154.
6 AG Hamburg-Blankenese, ZMR 2003, 746.
7 BVerwG, NJW 1984, 989.
8 AG Bergisch Gladbach, WuM 2003, 29.
9 OLG Düsseldorf, WuM 1997, 221.
10 AG Mainz, WuM 2003, 87.
11 LG Dresden, NJWE-MietR 1997, 197.

von Glasflaschen in entsprechende Container[1] oder durch die Heizungsanlage[2]. Ebenso der Betrieb einer Skaterbahn auf dem Nachbargrundstück[3].

45f — Kommt es wegen **Bauarbeiten** zu einer veränderten Verkehrsführung mit einer erhöhten Lärmbelästigung, kommt eine Minderung nur in Betracht, wenn die Störung nicht nur vorübergehend ist[4], sondern z.B. von einer benachbarten Großbaustelle herrühren[5].

— Regelmäßig können Mängel wegen Lärmimmissionen, insbesondere wenn sie zu unterschiedlichen Zeiten oder in verschiedenen Formen auftreten nur durch **Lärmprotokolle** (vgl. *Rz. 9*) ausreichend spezifiziert werden. Insoweit muss der Nachweis aber nicht vollständig erbracht werden. Vielmehr kann ein Gericht aufgrund **punktueller Zeugenaussagen** auf die Richtigkeit des gesamten Protokolls schließen[6]. Andererseits kann die Lebenserfahrung zeigen, dass gewisse Umstände (hier: Bauarbeiten) im und am Gebäude den vertragsgemäßen Gebrauch beeinträchtigen und daher von vorneherein eine bestimmte Minderung rechtfertigen[7].

— War allerdings schon **bei Abschluss des Mietvertrages erkennbar**, dass in der weiteren räumlichen Umgebung des Mietobjektes mit Bautätigkeiten zu rechnen ist, kann der Mieter keine Minderung durchführen, § 536b BGB[8].

45g — **Lichteinfall:** Die Beeinträchtigung der Belichtung und Besonnung einer Wohnung können sich wohnwertmindernd auswirken[9]. Dies ist insbesondere gegeben, wenn anlässlich durchzuführender Bauarbeiten die **Außenfassade** des Hauses durch Planen verhängt wird und dadurch die Zimmer verdunkelt werden[10] oder auf dem Nachbargrundstück eine hohe Mauer errichtet wird, die die Sichtverhältnisse einer Erdgeschosswohnung beeinträchtigen[11]. Aber auch bloße **Lichtreflexe**, die durch das Glasdach eines Bauwerkes auf dem Nachbargrundstück verursacht werden, können den Mieter aufgrund ihrer Blendwirkung an einer ungestörten Büronutzung hindern[12].

45h — **Mobilfunkantenne:** Die Errichtung einer Mobilfunkantenne auf dem Dach des Hinterhauses begründet für den Mieter einer Wohnung im Vor-

---

1 LG Berlin, GE 1995, 427.
2 AG Hamburg, WuM 1997, 551.
3 AG Emmerich, NZM 2000, 544.
4 AG Frankfurt/Oder, ZMR 2003, 268.
5 LG Hamburg, WuM 2001, 444.
6 AG Bergisch Gladbach, WuM 2003, 29.
7 AG Köln, WuM 2003, 318.
8 KG, NZM 2003, 718.
9 AG Berlin-Charlottenburg, GE 1990, 261.
10 LG Berlin, ZMR 1986, 54.
11 LG Hamburg, WuM 1991, 90; vgl. auch AG Köpenick, MM 2000, 376; Einblick auf Balkon: LG Berlin, MM 2000, 222.
12 LG Frankfurt/Main, DWW 1998, 58.

derhaus keine Minderung nach § 536 BGB, wenn bei dem Betrieb die Richtwerte der 16. BundesimmissionsschutzVO eingehalten werden[1].

- **Nachbarschaft/Umfeld:** Beeinträchtigungen durch die Nutzung des Nachbargrundstückes können einen Mangel rechtfertigen, wenn sie weder vorhersehbar waren noch im Bereich des sozialadäquaten Rahmens liegen. Allein die Fremdartigkeit des Wohnverhaltens und dadurch bedingter Beeinträchtigungen von Asylbewerbern rechtfertigt aber nicht die Minderung für die eingesessenen Mieter[2]. Das Gleiche gilt grundsätzlich, wenn sich im Umfeld der Wohnung eine **Drogenszene** entwickelt hat. Anders ist dies dann zu beurteilen, wenn in einem Miethaus ein öffentlicher Drogenhandel stattfindet[3]. Dadurch werden die Mitbewohner so stark belästigt, dass eine Mietminderung gerechtfertigt ist. 45i

- **Prostitution:** Prostitution im Wohnhaus ist ein Mangel der Mietsache unabhängig vom Stand und Wandel eines gesellschaftlichen Werturteils über die Prostitution, so dass der Mieter sogar fristlos kündigen kann[4]. 45j

- **Taubenplage:** Liegt eine für Großstädte als üblich anzusehendes starkes Aufkommen von Tauben vor, kann gleichwohl ein Mangel bestehen, wenn die vom Vermieter zu verantwortende Fassadengestaltung für den konkreten Taubenbefall am Mietobjekt und damit auch für die aus ihm folgende Gebrauchsbeeinträchtigung eine wesentliche Ursache bildet. Erhebliche Verschmutzungen durch Tauben muss der Mieter nicht als allgemeines Lebensrisiko hinnehmen[5]. Dies gilt auch dann, wenn der Vermieter dagegen nichts unternehmen kann[6]. Das Auftreten von Taubenzecken stellt nicht nur einen Mangel der Wohnung dar, sondern berechtigt wegen der damit verbundenen Gesundheitsgefährdung zur fristlosen Kündigung gemäß § 569 Abs. 1 BGB[7]. Das Anbringen eines Taubenschutzgitters, das aufgrund einer von keiner Partei zu vertretenden Taubenplage erforderlich wird, stellt aber nicht ohne weiteres eine dem Vermieter obliegende Erhaltungspflicht gemäß § 536 BGB dar[8]. 45k

- **Überschwemmung:** Mieträume müssen so beschaffen sein, dass sie bei gewöhnlichen, der örtlichen Lage entsprechenden Wasserverhältnissen gegen Eindringen des Wassers geschützt sind. Der Vermieter ist daher verpflichtet, entsprechende Vorkehrungen zum Schutz der Mietsache zu treffen[9]. Ist in einem Gebiet regelmäßig mit Hochwasser zu rechnen, das in das vermietete Haus eindringt, führt dies zu einer sich über das 45l

---

1 LG Berlin, NZM 2003, 60.
2 AG Lünen, WuM 1988, 348; AG Gronau, WuM 1991, 161.
3 LG Düsseldorf, NJW-RR 1995, 330.
4 AG Köln, WuM 2003, 145.
5 LG Freiburg, WuM 1998, 212.
6 AG Hamburg, WuM 1988, 121; WuM 1990, 424; **a.A.** LG Kleve, WuM 1986, 333.
7 LG Berlin, GE 1997, 689.
8 BayObLG, NZM 1998, 713.
9 LG Köln in *Lützenkirchen*, KM 30 Nr. 7.

ganze Jahr erstreckenden Mietminderung[1]. Das ist nur anders, wenn der Wassereintritt auf außergewöhnlichen Witterungslagen beruht[2]. Bei derartigen, nicht vorhersehbaren Naturereignissen soll der Mieter nicht von dem allgemeinen Lebensrisiko zu Lasten des Vermieters befreit werden[3]. Liegt ein Abwassereinlauf im Fußboden eines Mietraums unterhalb der Rückstauebene, so ist das Fehlen einer Rückstausicherung[4] dann ein Fehler der Mietsache, wenn deren Einbau bei Errichtung des Mietobjektes oder bei einem grundlegenden Umbau dem Stand der Technik entsprach. Das gilt auch dann, wenn nur seltene, im statistischen Durchschnitt alle 50 Jahre vorkommende Unwetter zu einer Überflutung des Mietobjektes führen können[5].

45m – **Zugang zu den Mieträumen:** Der ungehinderte Zugang zu den Mieträumen ist Voraussetzung für eine vertragsgemäße Nutzung insbesondere dann, wenn Gewerberäume vermietet wurden, und das dort betriebene Gewerbe auf Kundenverkehr angewiesen ist. Wird der Zugang zu einem von Kundenströmen frequentierten Ladenlokal erheblich erschwert, kann hierin ein Mangel der Mieträume im Sinne eines solchen Umfeldmangels liegen[6]. Um jedoch den Anwendungsbereich der Minderung nicht ausufern zu lassen, wird im Falle der Umwelt- und Umfeldmängel ihre Anwendung auf solche Mängel begrenzt, die sich **unmittelbar** und nicht nur mittelbar auf die Gebrauchstauglichkeit der Mieträume auswirken[7]. Ob eine unmittelbare oder mittelbare Gebrauchsbeeinträchtigung vorliegt, ist regelmäßig anhand der **Umstände des Einzelfalles** zu prüfen. An einer Unmittelbarkeit soll es in der Regel fehlen, wenn Umfeldeinwirkungen den Zustand der Pachtsache selbst sowie deren vertragsgemäße Nutzungsmöglichkeit unberührt lassen und sich allein auf die Menge potentieller Kunden auswirken[8]. Ob eine Zugangsbehinderung im Einzelfall eine mittelbare oder eine unmittelbare Beeinträchtigung der Gebrauchstauglichkeit darstellt, hängt zum einen vom Nutzungszweck der Mieträume und zum anderen von der Art der Zugangsbehinderung ab. So hat das KG[9] eine zur Minderung führende, unmittelbare Gebrauchsbeeinträchtigung in einem Fall angenommen, in dem durch den Bau der U-Bahn der Zugang zu einem Geschäft, in wel-

---

1 LG Kassel, NJW-RR 1996, 1355; AG Friedberg, WuM 1995, 393.
2 BGH, NJW 1971, 424.
3 OLG Frankfurt/Main, NJW-RR 1986, 108.
4 LG Freiburg, NJW 1987, 383.
5 OLG Hamm, WuM 1988, 349.
6 KG v. 12.11.2007, 8 U 194/06, GE 2008, 52 = GuT 2007;436; OLG Frankfurt v. 1.7.2005 – 24 U 234/04; *Wolf/Eckert/Ball*, Hb des gewerblichen Miet-, Pacht- und Leasingrechts, 9. Aufl., Rz. 242, 268; Schmidt-Futterer/*Eisenschmid*, Mietrecht, 9. Aufl., § 536 BGB Rz. 187; *Lindner-Figura/Opree/Stellmann*, 2. Aufl., Kap. 14 Rz. 263; *Kandelhard* in Herrlein/Kandelhard, Mietrecht, 3. Aufl., § 536 BGB Rz. 18; *Fritz*, NZM 2008, 825, 830.
7 BGH v. 16.2.2000, XII ZR 279/97, GE 2000, 671 = NJW 2000, 1714.
8 LG Berlin v. 4.8.2008, 12 O 812/07, GE 2008, 1426 = NZM 2008, 844 für die Umgestaltung des Hauptbahnhofes in Ladennähe.
9 KG v. 12.11.2007, 8 U 194/06, GE 2008, 52 = GuT 2007, 436.

chem Reiseliteratur, Stadtpläne, Ansichtskarten und Souvenirs verkauft wurden, welches also klassisch von Laufkundschaft lebt, nur noch über eine Behelfsbrücke erreichbar gewesen wäre. Könnten die Kunden eines solchen Geschäftes dieses wegen der Versperrung durch die Baustelleneinrichtung nicht mehr wie bisher erreichen, könne auch der Mietzweck, dieser Kundenschicht diese Artikel zum Kauf anzubieten und auch zu verkaufen, nicht mehr erreicht werden. Bei Vermietung eines Ladenlokals zum Betrieb eines Schuhgeschäftes hat der BGH[1] entschieden, es könne über die Eignung der Räume in ihrer baulichen Ausgestaltung hinaus auch der ungehinderte Zutritt des Publikums zu diesem Geschäft – also die Möglichkeit, es beschwerde-, gefahrlos und bequem betreten zu können – für die Gebrauchstauglichkeit unmittelbar bestimmend sein. Werde diese Möglichkeit durch bauplanerische oder bauausführende Maßnahmen in der näheren Umgebung des Ladenlokals nachhaltig beeinträchtigt, könne dies einen Mangel darstellen. Eine bloße mittelbare Gebrauchsbeeinträchtigung nahm der BGH in einem Fall an, in dem der Mieter eines Wäschegeschäftes in einem Einkaufszentrum geltend machte, es seien in der Nähe nicht ausreichend Parkplätze vorhanden und eine in Aussicht gestellte überdachte Zuwegung zwischen dem Hauptbahnhof und dem Einkaufszentrum sei nicht geschaffen worden, so dass die Kunden nicht trockenen Fußes in das Geschäft gelangen könnten, was ihre Entscheidung, dieses aufzusuchen, beeinflusse[2]. Verneint hat auch das OLG Celle eine unmittelbare Einwirkung für den Fall, dass eine Gaststätte in die Einrichtung einer verkehrsberuhigten Zone einbezogen wird und hierdurch ein Umsatzrückgang eintritt[3]. Ebenso nur eine mittelbare Beeinträchtigung hat das OLG Frankfurt für den Fall angenommen, dass ein Rechtsanwalt, der Räumlichkeiten für seine Kanzlei in einem eleganten Bürogebäude gemietet hat, ein Ausbleiben von Mandanten wegen des durch andere Mieter hervorgerufenen optischen Eindrucks befürchtete[4]. Für ein Ladenlokal, welches an einer Straße liegt, die ein Einkaufzentrum und den Markt verbindet, hat Fritz[5] eine Minderung verneint, wenn der Zugang vom Markt her wegen Bauarbeiten versperrt wird, vom anderen Ende der Straße her aber möglich bleibt. Ebenso besteht kein Minderungsrecht wegen nur mittelbarer Gebrauchsbeeinträchtigung der gemieteten Räume zur Nutzung als Spielothek, wenn die Beeinträchtigung durch das Postieren von Ordnungspersonal eines anderen Mieters auf dem gemeinsam zu nutzenden Kellerflur bestehen soll[6].

ee) Öffentlich-rechtliche Beschränkungen

Öffentlich-rechtliche Beschränkungen können als **rechtliche Verhältnisse** einen Mangel der Mietsache darstellen, wenn sie sich auf die Beschaffen- 46

---
1 BGH v. 1.7.1981, VIII ZR 192/80, GE 1982, 137 = NJW 1981, 2405.
2 BGH v. 16.2.2000, XII ZR 279/97, GE 2000, 671 = NJW 2000, 1714.
3 OLG Celle v. 13.3.1996 – 2U53/95, NJW-RR 1996, 1099.
4 OLG Frankfurt/M. v. 1.7.2005 – 24 U 234/04.
5 *Fritz*, NZM 2008, 825.
6 OLG Rostock v. 11.12.2008 – 3 U 138/08, GE 2009, 322.

heit, Benutzbarkeit oder Lage der Mietsache beziehen und nicht in persönlichen oder betrieblichen Umständen des Mieters ihre Ursache haben[1]. Deshalb ist eine Beschränkung der Nutzung z.B. wegen Entzugs der Betriebserlaubnis aufgrund einer Unzuverlässigkeit des Mieters unbeachtlich.

47 Wird der Mietvertrag trotz fehlender Nutzungsgenehmigung „in Gang gesetzt", fehlt es regelmäßig an einer Gebrauchsbeeinträchtigung, solange die Behörde nicht einschreitet. Hier können die Voraussetzungen des § 536 BGB frühestens angenommen werden, wenn die Behörde die Genehmigung (endgültig) versagt[2]. Aber auch in anderen Fällen ergibt sich häufig das Problem, dass sich die Verletzung öffentlich-rechtlicher Vorschriften noch nicht **konkret** auf den Gebrauch der Mietsache **ausgewirkt** hat, sondern lediglich die abstrakte Gefahr einer behördlichen Maßnahme besteht. Hier sollte daher zunächst geprüft werden, ob bereits eine Äußerung der Behörde (z.B. Anhörung nach § 28 VwVfG) vorliegt. Dabei ist es **risikoreich**, sich bloß auf eine Äußerung des Mandanten zu verlassen. Hat z.B. eine Kontrolle des Umweltamtes (Gewerbeaufsichtsamt) stattgefunden, bei der mündlich bestimmte Zustände beanstandet wurden, besteht das Risiko, dass der Mandant diese Äußerungen dramatisiert, weil er die Möglichkeit zur Minderung oder sogar Kündigung bzw. die Gefahr der Gebrauchsentziehung oder -beschränkung durch die Behörde sieht. Tatsächlich hält die Behörde, die den Grundsatz der Verhältnismäßigkeit zu beachten hat, den „Missstand" aber nicht für geeignet, eine z.B. ordnungsbehördliche Maßnahme anzuordnen. Andererseits kann der Betrieb in der bestehenden Form Bestandsschutz genießen und die höheren, vom Inspekteur angesprochenen Anforderungen (noch) nicht erfüllen müssen. Um diesem Risiko vorzubeugen, sollte die zuständige Behörde gebeten werden, zu dem Sachverhalt Stellung zu nehmen, um ermitteln zu können, ob die ernsthafte Gefahr eines Verbots oder einer Beschränkung der Nutzung besteht[3]. In der Regel wird es aber besser sein, auf die Initiative der Behörde zu warten. Immerhin lässt sich in diesem frühen Stadium zumeist noch nicht abschätzen, ob nicht Kontaktaufnahme zur Behörde später als „Denunziation" gewertet wird. Auch wenn daraus nur in den seltensten Fällen eine Kündigung hergeleitet werden kann, wird zumindest das Vertrauensverhältnis zum Vermieter getrübt.

48 Solange die Behörde trotz eines Verstoßes gegen ihre Bestimmungen oder Richtlinien den von den Parteien vereinbarten Gebrauch der Mietsache duldet, kommt die Ausübung von Gewährleistungsrechten nicht in Betracht[4]. Immerhin lässt sich ein Gewerbebetrieb, der z.B. entgegen dem Zweckentfremdungsverbot in Wohnräumen betrieben wird, ohne weiteres fortführen. Allerdings kann die **Androhung** einer ordnungsbehördlichen Maßnahme einen Mangel begründen, wenn sie zu einer Ungewissheit über

---
[1] BGH, NJW 1977, 285; BGH, NJW 1980, 777; BGH, NJW-RR 1992, 267; BGH, ZMR 1994, 253; OLG Düsseldorf, ZMR 1993, 275.
[2] KG v. 15.2.2007 – 8 U 138/06, GuT 2007, 214.
[3] Staudinger/*Emmerich*, § 537 BGB Rz. 34 m.w.N.
[4] OLG Nürnberg NZM 1999, 419; OLG Düsseldorf, ZMR 1976, 218.

die Möglichkeit des künftigen Gebrauchs führt und hierdurch gegenwärtige Interessen des Mieters beeinträchtigt sind[1]. Im Einzelfall kann eine auf Jahre hinaus zu erwartende Ungewissheit über die vertragsgemäße Nutzbarkeit einer Sache jedoch schon einen Sachmangel darstellen[2]. Bei einem Geschäftsbetrieb, der nicht von heute auf morgen verlegt werden kann, hängen z.B. die gegenwärtigen Interessen des Mieters davon ab, dass ihm in Zukunft der Gebrauch der Mietsache verbleibt. Bestehen Mängel z.B. am **Brandschutz** und kündigt die Behörde im Rahmen eines Anhörungsschreibens nach § 28 VwVfG den Erlass einer Ordnungsverfügung an, wobei sie auch eine Nutzungsuntersagung der Mietsache in Erwägung zieht, besteht die für die Annahme eines Mangels notwendige Ungewissheit[3].

ff) Mängel im Haus

Unter dieser Fallgruppe werden Missstände in der Beschaffenheit der Außenfassade[4], des Treppenhauses[5] sowie der Zugänge zusammengefasst. Gewährleistungsrechte können dadurch grundsätzlich nur ausgelöst werden, wenn die nach § 536 BGB erforderliche Gebrauchsbeeinträchtigung ermittelt werden kann. Denn rein **optische Mängel** stellen nur ausnahmsweise einen Mangel dar[6]. Insoweit kommt es im Einzelfall auf den vereinbarten Mietzweck, den Mietpreis sowie den dekorativen Zustand des Gebäudes bei Vertragsabschluss an[7]. Optische Mängel wegen Feuchtigkeit beeinträchtigen allerdings den Geltungswert der Mietsache[8]. 49

Vor allem bei einer Vermietung zu gewerblichen Zwecken kann das optische **Erscheinungsbild** (z.B. Teppichboden) zu einer erheblichen Beeinträchtigung des vertragsgemäßen Gebrauchs führen, insbesondere wenn Publikumsverkehr besteht[9]. Andererseits kann es auch darauf ankommen, inwieweit der Vermieter einen optischen Mangel verhindern kann (**Graffiti**[10]). Soll um ein Miethaus herum ein Garten angelegt werden und gleicht das hierfür vorgesehene Gelände über Jahre hinweg einer Baustelle, ist jedenfalls der Mieter der Erdgeschosswohnung zur Mietminderung berechtigt[11]. Ein Mangel ist auch gegeben, wenn der Vermieter Baumaterial auf dem Grundstück lagert[12]. Aufzugsanlagen müssen schallisoliert werden 50

---

1 BGH, WPM 1983, 660, 661; BGH, NJW 1971, 555; VGH Berlin, ZMR 2001, 694 = NZM 2001, 746.
2 OLG Düsseldorf v. 22.12.2005 – I-10 U 100/05, GuT 2007, 217.
3 OLG Düsseldorf, ZMR 2002, 739 = GuT 2002, 74 = NZM 2003, 556.
4 AG Leipzig, WuM 2001, 237 = NZM 2000, 102.
5 AG Köln, WuM 1997, 470.
6 *Eisenschmid* in Schmidt-Futterer, § 536 BGB Rz. 157.
7 *Kraemer* in Bub/Treier, III Rz. 1337; *Eisenschmid* in Schmidt-Futterer, § 537 BGB Rz. 157.
8 LG Hamburg, WuM 1985, 21; AG Altenburg, GuT 2002, 46; AG Köln, WuM 1988, 358.
9 OLG Celle, WuM 1995, 584.
10 AG Leipzig, WuM 2001, 237 = NZM 2000, 102.
11 LG Darmstadt, NJW-RR 1989, 1498.
12 AG Bad Segeberg, WuM 1992, 477.

und dürfen insbesondere bei Nachtbetrieb keinen unzumutbaren Lärm (nach DIN von über 30 dB) verursachen. Dabei sind nicht die leiseren Fahrgeräusche, sondern die höheren Anfahr- und Bremsgeräusche zu bewerten[1].

51 Gerade bei optischen Mängeln sollte der Rechtsanwalt den Mandanten veranlassen, **Fotos** vorzulegen. Nur so ist gewährleistet, dass ein Gericht sich ggf. einen ausreichenden Eindruck vom Umfang der Beeinträchtigung verschaffen kann.

gg) Fehlen einer zugesicherten Eigenschaft

(1) Allgemeines

51a Nach § 536 Abs. 2 S. 1 BGB steht das Fehlen einer zugesicherten Eigenschaft einem Mangel gleich. Da die Vorschrift nur auf Abs. 1 S. 1 verweist, kommt es bei Fehlen einer zugesicherten Eigenschaft auf eine erhebliche Tauglichkeitsminderung (Abs. 1 Satz 2) nicht an. Eine Zusicherung ist eine **vertragsmäßig bindende Erklärung** des Vermieters, aus der sich ergibt, dass er das Vorhandensein einer bestimmten Eigenschaft der Räume garantiert und dafür einstehen will[2].

51b Gegenstand einer Zusicherung können nicht nur unmittelbare Sacheigenschaften, sondern alle für die Wertschätzung oder Brauchbarkeit der Sache maßgebenden Umstände einschl. von Umfeldbedingungen sein. Die übliche Angabe des Mietzwecks im Mietvertrag („zum Wohnen") genügt dafür grundsätzlich noch nicht, ebenso wenig genügen bloße Anpreisungen oder Beschreibungen der Mietsache durch den Vermieter[3]. Allerdings übernimmt der Vermieter damit die Gewähr, dass die Mietsache für den vorgesehenen vertragsgemäßen Gebrauch geeignet ist, dem Mieter also z.B. eine Betriebserlaubnis nicht deshalb versagt wird, weil die baulichen Voraussetzungen nicht vorliegen (z.B. nicht ausreichende Anzahl von Toiletten für eine Gaststätte).

Eine Zusicherung kann auch **stillschweigend** erfolgen und sich aus dem Gesamtverhalten des Vermieters vor und bei Vertragsschluss ergeben oder in der Zusage einer für den Mieter erkennbar besonders wichtigen Sacheigenschaft liegen.

(2) Mietfläche als zugesicherte Eigenschaft?

52 Dass die Mietfläche eine Eigenschaft darstellt, weil sie ein wertbildender Faktor ist, steht außer Zweifel. Eine Zusicherung kommt in Betracht, wenn der Vermieter ohne Rücksicht auf ein Verschulden für das Vorhandensein dieser Eigenschaft einstehen will. Gemäß § 537 Abs. 2 S. 2 BGB a.F. stand die Zusicherung einer bestimmten Grundstücksgröße der Zusicherung einer Eigenschaft gleich, was gemäß § 580 BGB a.F. auch für die

---

1 AG Berlin-Schöneberg, WuM 1982, 183.
2 BGH, NJW 1980, 777.
3 *Kraemer*, WuM 2000, 515, 522.

Zusicherung von Raumgrößen galt. Trotz dieser Vorschrift, die die Vermutung nahe legte, dass allein die Angabe der Raumgröße eine Zusicherung darstellt, sah die ganz überwiegende Meinung z.B. in der Angabe einer Wohnfläche zunächst nur eine **unverbindliche Objektbeschreibung**[1]. Der Mieter pflege sich bei seiner Entscheidung über eine Anmietung von Räumen nicht nach den Größenangaben des Vermieters (im Mietvertrag), sondern nach dem von ihm bei einer Besichtigung gewonnenen Eindruck zu richten, um seine Entscheidung treffen zu können, ob er in dieser Wohnung z.B. seine Möbel aufstellen kann. Durch den Wegfall der genannten Vorschriften seit dem **1. September 2001** bzw. die fehlende Übernahme entsprechender Regelungen hat sich an dieser Rechtslage nichts geändert.

Einer Flächenangabe kommt jedoch die Bedeutung einer Eigenschaftszusicherung i.S.v. § 536 Abs. 2 BGB bei, wenn sie im Mietvertrag **vor der Errichtung des Gebäudes** erfolgt, so dass sich der Mieter darauf verlässt, dass die Mietsache für ihn eine entsprechende Größe bietet[2]. Wird die Angabe der Mietfläche in einem **Gewerberaummietvertrag** unter der Überschrift „Miete" aufgeführt, liegt eine zugesicherte Eigenschaft vor, weil bei der Vermietung von gewerblichen Flächen im Regelfall die Höhe der Miete anhand der qm-Zahl unter Berücksichtigung eines zwischen den Parteien abgestimmten qm-Preises ermittelt wird[3]. Liegt eine zum Nachteil des Mieters abweichende Fläche vor, werden Gewährleistungsrechte ausgelöst[4]. Bei einem **Wohnraummietvertrag** soll die nur mittelbare Regelung einer Wohnfläche durch Angabe eines Quadratmeterpreises neben der monatlichen Grundmiete aber grundsätzlich eine bloße Beschaffenheitsangabe sein[5]. 53

Solange von einer bloßen **Beschaffenheitsangabe** auszugehen ist, liegt keine zugesicherte Eigenschaft vor. Dies ist auch der Fall, wenn die Parteien bei einer Mieterhöhung eine größere Wohnfläche zugrunde gelegt haben, weil die Fläche in diesem Fall lediglich Berechnungsgrundlage ist[6]. Gleichwohl kann ein **Mangel** gegeben sein, wenn die **Flächendifferenz erheblich** ist[7]. Enthält der Mietvertrag eine Flächenangabe ist jede **über 10 %** hinausgehende Abweichung zu Lasten des Mieters erheblich und begründet einen Mangel i.S.v. § 536 BGB, ohne dass es auf die zusätzliche Feststellung einer Gebrauchsbeeinträchtigung ankommt[8]. Diese Regeln gelten aus Gründen der Rechtssicherheit auch dann, wenn die Größe der Räume im Vertrag nur mit „**ca.**" umschrieben ist[9] oder wenn die Wohnung auf Wunsch des Mieters vor Vertragsschluss umgebaut wurde[10]. Selbst bei der Vermietung 54

---

1 OLG Dresden, WuM 1998, 144; OLG Hamm, WuM 1998, 151 jeweils m.w.N.
2 OLG Hamm, WuM 1998, 151.
3 OLG Köln, WuM 1999, 282 = NZM 1999, 73.
4 Für den umgekehrten Fall vgl. OLG Düsseldorf, ZMR 2002, 594.
5 LG Gießen, ZMR 2004, 114 = WuM 2004, 89.
6 LG Hamburg, WuM 2000, 348.
7 OLG Dresden, WuM 1998, 144; LG Köln, WuM 2003, 265.
8 BGH, WuM 2004, 336 = NZM 2004, 453.
9 BGH, WuM 2004, 268 = NZM 2004, 456.
10 BGH, WuM 2005, 712.

eines **Einfamilienhauses** mit Garten ist allein die 10 %-Grenze relevant[1]. Allerdings soll ein bestimmter Flächeninhalt auch nicht in der Angabe einer „Mietraumfläche von ca. 61,5 m²" zu sehen sein, wenn ein privater Vermieter eine Dachgeschosswohnung vermietet, da der Mieter bei dieser Angabe nicht davon ausgehen kann, dass der Vermieter eine aufwendige Flächenberechnung nach §§ 42 ff. II.BV durchgeführt hat[2]. Unverbindlich sollen Angaben in einer **Annonce**[3] oder einer nach Vertragsschluss erteilten **Bescheinigung für die Wohngeldstelle**[4] sein. Allerdings können sie Indizien für eine vereinbarte Sollbeschaffenheit sein, wenn bei Abschluss des Vertrages über einen Quadratmeterpreis gesprochen wurde.

54a Für die Angabe einer Mietfläche in einem **Gewerberaummietvertrag** gelten die vorstehenden Grundsätze entsprechend[5]. Ist aber **vereinbart**, dass bei Abweichungen der Größe keine Partei eine Änderung des Mietpreises verlangen kann, ist bei verständiger Würdigung davon auszugehen, dass die Miete von der Fläche unabhängig sein soll, so dass eine Minderung wegen der Abweichung von der im Vertrag angegebenen Fläche nicht in Betracht kommt[6].

54b Liegt die **Abweichung unter 10 %**, ist die Annahme eines Mangels nicht ausgeschlossen. Der Mieter muss aber eine erhebliche Gebrauchsbeeinträchtigung vortragen[7]. Dies kann insbesondere relevant werden, wenn sich die Abweichung vor der Überlassung z.B. bei der Vermietung vom Reißbrett herausstellt, wenn sie dort nicht ohnehin als zugesicherte Eigenschaft zu bewerten ist[8]. Hier kann eine geringe Abweichung dazu führen, dass der Mieter Möbel nicht mehr – wie geplant – unterbringen kann.

54c Enthält der Mietvertrag **keine Flächenangabe**, soll eine Minderung auch dann nicht eintreten, wenn der Vermieter die Wohnung mit „ca. 90 m²" annonciert, bei der Besichtigung diesen Wert bestätigt und die Betriebskosten nach diesem Maßstab abgerechnet hat[9]. Dies ist jedoch zweifelhaft. Denn wird auf den Empfängerhorizont abgestellt, beinhaltet das (Vermietungs-) Angebot des Vermieters eben auch dieses Merkmal. Beruht aber die letzte Mietfestsetzung auf einem **Mieterhöhungsverfahren** nach § 558 BGB ist im Falle von Flächenabweichungen ein Rückforderungsanspruch gegeben[10], wobei es dahinstehen kann, ob ein Mieterhöhungsbegehren, in dem eine zu große Wohnfläche angegeben ist, wirksam ist oder nicht. Ist es

---

[1] BGH v. 28.10.2009 – VIII ZR 164/08, Juris.
[2] LG Krefeld v. 13.8.2008 – 2 S 22/08, NZM 2008, 800 = ZMR 2009, 41.
[3] LG Mannheim v. 8.11.2006 – 4 S 96/06, WuM 2007, 561.
[4] LG Dortmund v. 5.6.2007 – 1 S 96/06, WuM 2007, 503.
[5] BGH, GuT 2005, 163 = NZM 2005, 500; OLG Düsseldorf, GuT 2005, 15; OLG Düsseldorf, GuT 2005, 55.
[6] OLG Düsseldorf, ZMR 2005, 943.
[7] KG, GuT 2005, 211 = WuM 2005, 713 = ZMR 2005, 950.
[8] OLG Hamm, WuM 1998, 151.
[9] LG Mannheim v. 8.11.2006 – 4 S 96/06, DWW 2007, 118.
[10] BGH, WuM 2004, 485 = NZM 2004, 699 = MietRB 2004, 313 = BGH-Report 2004, 1204 m. Anm. *Börstinghaus*.

wirksam, greifen die Grundsätze über den **Wegfall der Geschäftsgrundlage** unter dem Gesichtspunkt des gemeinschaftlichen Kalkulationsirrtums, weil auch die Fläche einen nicht unbedeutenden Berechnungsfaktor der Mieterhöhung darstellt. Sieht man das Mieterhöhungsbegehren dagegen als unwirksam an, ergibt sich die gleiche Rechtsfolge aus **§ 812 BGB**.

Dies gilt jedoch nicht, wenn ein **Mieterhöhungsverlangen** durch Klage nach § 558b Abs. 2 Satz 1 BGB unter Zugrundelegung einer unzutreffenden Größe bei Verwendung z.B. eines Mietspiegels **gerichtlich durchgesetzt** worden ist. In einem solchen Fall gilt nämlich nach § 894 Abs. 1 ZPO die Erklärung des Mieters auf Zustimmung zur Mieterhöhung als mit der Rechtskraft des Urteils abgegeben, so dass insoweit auch keine weiteren Zwangsvollstreckungsmaßnahmen erforderlich sind[1]. Eine **Vollstreckungsabwehrklage** nach § 767 Abs. 1 ZPO wäre gemäß § 767 Abs. 2 BGB unzulässig, weil der Umstand der abweichenden Fläche schon immer bestand. Auf eine Kenntnis kommt es nicht an[2].

54d

Die maßgebliche **Wohnfläche** kann zur Mangelfeststellung auch im preisfreien Wohnraum grundsätzlich nach den §§ 42 ff. II. BV **berechnet** werden[3]. Bei Objekten, die ab 1. Januar 2004 bezugsfertig wurden, gilt insoweit die Wohnflächenverordnung (WflVO)[4]. Das gilt nur dann nicht, wenn

55

– die Parteien dem Begriff der Wohnfläche im Einzelfall eine abweichende Bedeutung beigemessen haben oder
– ein anderer Berechnungsmodus
  – vereinbart oder
  – ortsüblich ist oder
  – nach der Art der Wohnung näher liegt.

Zur Wohnfläche i.S. der II.BV gehört eine Garten**terrasse** selbst dann nicht, wenn sie von drei Seiten geschützt[5] oder nicht von der Wohnung aus begehbar ist[6]. Denn ein Freisitz ist eine Fläche, die unmittelbar an den Wohnraum angrenzt[7]. Ob die Terasse selbst gegen Einsicht geschützt ist, ist unerheblich[8]. Auch Räume, deren Nutzung zu Wohnzwecken nach den Vorschriften der Landesbauordnung materiell unzulässig ist, sollen nicht mitberechnet werden dürfen[9]. Allerdings setzt das voraus, dass die Parteien keinen davon **abweichenden Wohnflächenbegriff** bei Abschluss des Miet-

---

1 Vgl. *Stöber* in Zöller, § 894 ZPO Rz. 5.
2 *Thomas/Putzo*, § 767 ZPO Rz. 21.
3 BGH, WuM 2004, 337 = ZMR 2004, 501 = NZM 2004, 454.
4 BGH v. 24.3.2004 – VIII ZR 44/03, NJW 2004, 2230.
5 LG Rostock v. 17.3.2006 – 1 S 2/04, WuM 2006, 247.
6 BGH v. 8.7.2009 – VIII ZR 218/08, GE 2009, 1118; AG Hamburg v. 31.8.2006 – 49 C 572/05, WuM 2007, 405.
7 BGH v. 8.7.2008 – VIII ZR 218/08, WuM 2009, 514 = GE 2009, 1118.
8 BGH v. 28.10.2009 – VIII ZR 164/08, WuM 2009, 733.
9 LG Frankfurt/Main v. 2.12.2008 – 2/17 S 144/07, NZM 2009, 81; a.A. LG Berlin v. 13.3.2007 – 65 S 272/05, GE 2007, 1257 für Hobbyraum im Keller und Berücksichtigung bei der Umlage von Heizkosten.

vertrages zugrunde gelegt haben, was im Zweifel durch Auslegung (§§ 133, 157 BGB) zu ermitteln ist[1]. Insoweit hält es der BGH z.B. durchaus für möglich, dass die Parteien bei der Vermietung einer Maisonettewohnung allein die Grundfläche als Maßstab vereinbaren. Ein Mangel kann aber insbesondere dann nicht angenommen werden, wenn in einem Exposé die Wohnung mit einem Grundriss, in dem zusätzlich die – zutreffende – Größe der einzelnen Räume angegeben ist, dargestellt ist und sich die Flächenabweichung letztlich nur aus einer unterschiedlichen Bewertung des Ansatzes für eine Freifläche (hier: Dachterrasse) ergibt[2]. Dabei soll es i.S.v. § 307 BGB nicht zu beanstanden sein, wenn in einer **Formularklausel** bestimmt ist, dass zu der „Wohn- bzw. Nutzfläche im Sinne des Vertrages die vollen Grundflächen sämtlicher Räume" gehören[3]. Allerdings werden **Treppenpodeste** ohne besondere Vereinbarung nicht zur Wohnfläche eines Einfamilienhauses gezählt[4].

Erst recht sind **Kellerräume** oder Flächen eines „teilausgebauten Dachgeschosses" in der Flächenangabe zu berücksichtigen, wenn die Parteien diese Räume bei der Beschreibung des Mietobjektes aufgezählt haben[5]. Doch selbst ohne eine ausdrückliche oder stillschweigende Vereinbarung kann z.B. die DIN 277, die einen Abzug für Dachschrägen nicht vorsieht, herangezogen werden. Das setzt aber voraus, dass die vom Vermieter stammende Flächenangabe tatsächlich auf dieser Basis ermittelt wurde[6]. Flächen, die **öffentlich-rechtlichen Nutzungsbeschränkungen** unterliegen (z.B. ohne Genehmigung ausgebaute Dachgeschossräume), sind bei der Flächenberechnung so lange zu berücksichtigen, wie die Behörde noch nicht einschreitet[7]. Im Übrigen können sich die Berechnungsgrundsätze aber auch aus einer örtlichen Sitte ergeben[8]. In einem **Altenheim** sind zur Wohnfläche auch die anteiligen Gemeinschaftsflächen, die dem Mieter zur Verfügung stehen, zu berücksichtigen[9]. Haben die Parteien allerdings eine „Wohn-/Hobbyfläche" mit dem **Zusatz vereinbart**, dass bei einer Abweichung keine Partei eine Anpassung verlangen kann, soll der Mieter nicht mindern können[10]. Dies erscheint aber wegen § 536 Abs. 4 BGB bedenklich, wenn die Vereinbarung bereits bei Abschluss des Mietvertrages getroffen wurde[11].

Die „allgemeinen Regeln" des § 44 Abs. 2 II.BV, des § 4 Nr. 4 WoFlV und der DIN 283 sehen für die **Anrechnung von Außenflächen** (Balkonen, Loggien und Dachterrassen) unterschiedliche Anrechnungsquoten vor. Wäh-

---

1 BGH v. 23.5.2007 – VIII ZR 138/06, WuM 2007, 450.
2 LG Hamburg, NZM 2005, 103.
3 LG Wuppertal v. 11.11.2008 – 16 S 66/08, NZM 2009, 397.
4 LG Frankfurt/M. v. 20.1.2009 – 2/17 S 102/08, NZM 2009, 397.
5 LG Berlin v. 19.1.2007 – 63 S 241/06, GE 2007, 448.
6 LG Trier v. 2.11.2005 – 1 T 60/05, WuM 2006, 376; AG Trier v. 19.9.2005 – 7 C 76/05, WuM 2006, 90.
7 BGH v. 16.9.2009 – VIII ZR 275/08, WuM 2009, 661.
8 LG München I v. 16.11.2005 – 14 S 5926/05, WuM 2006, 91.
9 AG Hamburg-Blankenese v. 4.1.2006 – 508 C 230/05, ZMR 2006, 782.
10 LG Berlin v. 16.1.2007 – 63 S 267/05, GE 2007, 449.
11 Vgl. dazu *Lützenkirchen/Dickersbach*, ZMR 2006, 821.

rend die DIN 283 eine starre Anrechnung zu ¼ vorschreibt, lässt § 44 Abs. 2 II. BV eine Anrechnung bis zur Hälfte zu. Nach § 4 Nr. 4 WoFlV sind solche Flächen höchstens zur Hälfte, in der Regel aber mit ¼ anzurechnen. Es ist aber nicht gerechtfertigt, nach § 44 Abs. 2 II. BV die Anrechnungsquote mit ¼ anzusetzen, wenn der Vermieter den Mieter bei Vertragsabschluss nicht darauf hingewiesen hat, dass er Außenflächen mit einem „überdurchschnittlich hohen" Prozentsatz von mehr als 25 % angesetzt hat[1]. Vielmehr kann der Vermieter nach dem Wortlaut der Bestimmung die für ihn **günstigste Anrechnungsquote** bis zur Hälfte verbindlich bestimmen.

Bei einem **Gewerberaummietvertrag** muss ebenfalls im Wege der Auslegung ermittelt werden, nach welchen Maßstäben die Fläche von den Parteien bewertet wurde. Da bei Gewerberaum regelmäßig die Nutzfläche maßgeblich ist, kann der Mieter nicht erwarten, dass die Größe der Räume wie eine Wohnfläche ermittelt wird, also Raumteile mit einer geringeren (lichten) Höhe als 2 m nur anteilig berücksichtigt werden[2]. Hier ist es ohne weiteres zulässig, die DIN 277 zu vereinbaren, wonach die Bruttomietfläche, die durch Übermessen der Innenwände ermittelt wird, der Mietpreisberechnung zugrunde gelegt werden kann[3]. Fehlt eine vertragliche Festlegung des Maßstabes, sind die Flächen der Räume zu bewerten, die in der **Beschreibung des Mietobjektes** genannt sind oder von einer Grundrisszeichnung erfasst werden[4]. Damit kommen u.U. auch Flächen zur Anrechnung, die vom Mieter nicht alleine genutzt werden. Allein die Vereinbarung eines Vertragszwecks (hier: Betrieb einer Anwaltskanzlei) steht dabei der Einbeziehung von Terrassen- oder Balkonflächen nicht entgegen[5]. Enthält der Mietvertrag aber eine **Klausel**, nach der bei einer nachträglich festgestellten Flächenabweichung keine Partei eine Änderung der Miete verlangen kann, ergibt die Auslegung, dass die Miete nicht von der Fläche abhängig sein soll, so dass eine Minderung nicht geltend gemacht werden kann[6]. 56

(3) Rechtsfolgen einer Flächenabweichung

Die **Höhe der Minderung** folgt bei festgestellter Flächenabweichung dem Verhältnis der voneinander abweichenden Flächen[7]. 57

Macht der Mieter die Flächendifferenz nachträglich geltend, ergibt sich ein Anspruch aus § 812 BGB. Ein **Ausschluss der Minderung**, die hier zur rechtsgrundlosen Zahlung führt, wegen **grob fahrlässiger Unkenntnis** des Mangels (§ 536b BGB) oder Verwirkung kann jedenfalls nicht darauf gestützt werden, dass der Mieter die Räume nicht eher bzw. bei Vertrags- 57a

---

1 BGH v. 22.4.2009 – VIII ZR 86/08, WuM 2009, 344.
2 KG, MietRB 2006, 124.
3 BGH, NZM 2001, 234.
4 KG v. 5.2.2009 – 12 U 122/07, GE 2009, 516.
5 OLG Düsseldorf, ZMR 2005, 943.
6 OLG Düsseldorf, ZMR 2005, 943.
7 LG Köln, WuM 2003, 265.

schluss nachgemessen hat. Allenfalls in krassen Abweichungsfällen, die jedem auffallen müssen, kann dieser Einwand durchgreifen. Soweit die Minderfläche auf einer Falschberechnung wegen Dachschrägen beruht, wird man dem Mieter auch nicht entgegenhalten können, er habe die Dachschrägen gesehen, wenn er nach der Verkehrssitte bzw. den §§ 42 ff. II. BV erwarten durfte, dass die Schrägen in der Flächenangabe zutreffend berücksichtigt sind und deshalb die Grundfläche entsprechend größer ist. Etwas anderes kann aber gelten, wenn nicht die Wohn-, sondern die Grundfläche im Mietvertrag angegeben ist. Ein fehlender Vorbehalt i.S.v. § 814 BGB ist erst ab der **positiven Kenntnis** des Mieters von der Flächenabweichung relevant. Davon kann regelmäßig erst ausgegangen werden, wenn dem Mieter eine Berechnung der Fläche vorliegt, die die Abweichung aufzeigt. Umso mehr sollte der Rechtsanwalt, sofern nicht ohnehin sofort gemindert wird, die Zahlung unter Vorbehalt (vgl. dazu *Rz. 151*) stellen.

57b In zeitlicher Hinsicht kann die Minderung wegen der fehlenden Fläche durch die Verjährung nach § 195 BGB (3 Jahre) und durch ein in der Vergangenheit durchgeführtes Mieterhöhungsverfahren gemäß § 2 MHG bzw. § 558 BGB beschränkt sein. Die **Verjährung** der Ansprüche wegen überzahlter Miete richtet sich nach den gleichen Regeln wie die Verjährung der Mietforderung des Vermieters[1]. Für den Beginn der Verjährung ist daher die positive Kenntnis des Mieters oder zumindest grob (§ 199 BGB) erforderlich (vgl. dazu fahrlässige Unkenntnis der anspruchsbegründenden Tatsachen), jedenfalls soweit die Rückforderung auf Zeiträume seit dem 1. Januar 2002 gestützt wird. Davor gilt § 198 BGB a.F. bzw. Art. 229 § 6 EGBGB (vgl. dazu *L Rz. 368*).

57c Da es sich bei der Minderfläche um einen Mangel handelt, der von Anfang an gegeben war, kommt auch eine entsprechende **Kürzung der Mietsicherheit** in Betracht[2]. Der BGH ist dieser Meinung gefolgt, wobei er darauf abstellt, dass der Mangel (abweichende Wohnfläche) unbehebbar ist[3]. Ein unbehebbarer Mangel liegt vor, wenn der Vermieter nicht in der Lage ist, den Mangel zu beseitigen. Der Entscheidung lässt sich nicht entnehmen, ob der BGH die Flächenabweichung generell als unbehebbar ansieht oder nur im konkreten Fall. Dieser Feststellung hätte es aber bedurft, da der Vermieter z.B. durch Balkonanbau oder -erweiterung in der Lage ist, die Fläche zu verändern. Im Zweifel sollte daher eine Fristsetzung erfolgen, um die Reaktion des Vermieters abzuwarten. Hat er eine Idee, wie er den Mangel beheben kann, sollte die Umsetzung abgewartet werden, wobei zwischenzeitlich (und rückwirkend) natürlich gemindert werden kann.

57d Daneben kann der Mieter gemäß § 543 Abs. 2 Nr. 1 BGB außerordentlich fristlos **kündigen**, jedenfalls wenn er die Mietfläche noch nicht übernommen hat[4]. Bei späterer Kenntnis von der geringeren Fläche soll dies zweifel-

---

1 OLG Düsseldorf, DWW 1995, 84; LG Frankfurt/Main, ZMR 1997, 187.
2 **A.A.** LG Berlin, WuM 2005, 454 = Mietrecht express 2005, 55.
3 BGH, WuM 2005, 573 = NZM 2005, 699 = ZMR 2005, 854.
4 BGH, GuT 2005, 163 = NZM 2005, 500.

haft sein[1]. Auf jeden Fall sollte aber eine Fristsetzung i.S.d. § 543 Abs. 3 BGB erfolgen. Immerhin ist es denkbar, dass der Vermieter z.B. durch den Anbau eines Balkons oder eine sonstige Erweiterung der Räume den Mangel beheben kann.

Bevor sich der Rechtsanwalt auf einen solchen Fall einlässt, sollte er den Mandanten veranlassen, eine Flächenberechnung durch einen **Architekten** oder sonstigen Angehörigen der Baubranche ermitteln zu lassen. Nicht selten befindet sich im Freundeskreis eine kompetente Person, die weiß, wie die Messungen durchzuführen sind. Denn häufig kommen die Mandanten mit handschriftlichen Aufzeichnungen, aus denen nicht zu ersehen ist, ob die Fußleisten ausgespart sind und Erker o.ä. Raumteile richtig (vgl. z.B. § 43 Abs. 3 II. BV) gemessen wurden. Hat der Mandant bei einem Balkon oder einer Terrasse 25 % der Fläche angesetzt, sollte überprüft werden, ob sich die Differenz nicht allein aus dem Ansatz von 50 % durch den Vermieter ergibt, was grundsätzlich zulässig ist (§ 44 Abs. 2 II. BV). In diesem Fall sollte die Qualität dieses Bauteils ermittelt werden, weil u.U. eine eingeschränkte Nutzungsmöglichkeit (z.B. kein Regenschutz) den geringeren Ansatz rechtfertigt[2]. Auf jeden Fall sollte der Vermieter aufgefordert werden, seine Flächenberechnung vorzulegen oder zu veranlassen. 58

hh) Erheblichkeit des Mangels

Ein Teil der Gewährleistungsrechte (insbesondere die Minderung nach § 536 BGB) kann nicht ausgeübt werden, wenn der Mangel nicht erheblich ist. Davon ist auszugehen, wenn die **Gebrauchstauglichkeit** bei objektiver Betrachtungsweise nicht **spürbar gemindert** ist oder der Fehler leicht erkennbar ist und schnell mit geringen Kosten beseitigt werden kann[3]. Deshalb sind z.B. bei einem Gewerbemietvertrag Straßenbauarbeiten, die nicht länger als 5 Monate dauern und den Zugang zum Ladenlokal hindern, hinzunehmen[4]. Das Gleiche gilt, wenn unbedeutende Einrichtungsgegenstände der Mietsache (Neubau) fehlen, wie z.B. fehlende Verfugungen der Ränder der Türen und Fußleisten, fehlende Wäscheleinen im Trockenraum oder mangelnde Fertigstellung der Außenanlage (Rasen)[5]. 59

Die **notwendigen Erkenntnisse** dafür ergeben sich i.d.R. aus der Beschreibung des Mandanten selbst. Nicht selten sind es gerade die querulatorisch veranlagten Mandanten, die wegen derartiger Beeinträchtigungen den Rechtsanwalt aufsuchen. Hier sollte der Rechtsanwalt (auch bei bestehender Rechtsschutzversicherung, vgl. dazu B Rz. 28 f.) versuchen, Überzeugungsarbeit zu leisten. Indessen darf nicht übersehen werden, dass die Frage, ob ein Mangel erheblich ist, subjektiv unterschiedlichen Beurteilungen unterliegen kann. Ist die Sachlage nicht eindeutig, sollten im Zweifel die 60

---
1 *Scheffler*, NZM 2003, 17, 19 m.w.N.
2 Vgl. BayObLG, WuM 1983, 254.
3 BGH, WuM 2004, 531 = NZM 2004, 776 = MietRB 2004, 346.
4 OLG Naumburg, GuT 2002, 14.
5 AG Saarburg, WuM 2002, 29.

Gewährleistungsrechte geltend gemacht werden und der Mandant auf das Risiko **schriftlich hingewiesen** werden.

c) Prophylaktische Beweissicherung

61 Der vollständig erfasste Sachverhalt muss im nächsten Schritt auf seine **Beweisbarkeit** überprüft werden. Ein allein stehender Mandant ist schlecht beraten, ein Minderungsrecht z.B. wegen Lärmbelästigungen aus der Nachbarwohnung auszuüben, wenn er die Lärmimmissionen nicht beweisen kann. Hat der Mandant sich bisher um die Beweisführung noch nicht bemüht, können ihm gleichzeitig die für seine Situation geeigneten **Beweismittel** aufgezeigt werden und die **Vor- und Nachteile** abgewogen werden. Dabei können folgende Gesichtspunkte berücksichtigt werden:

62

Beweismittel	Vorteil	Nachteil	Ausgleich des Nachteils
Zeuge	jederzeit erreichbar, umfassende Darstellung möglich	Erinnerungsvermögen leidet; Nähebeziehung zum Mandanten kann Glaubwürdigkeit beeinträchtigen	Führen von Protokollen; Hinzuziehen weiterer Zeugen
Protokolle/ Aktenvermerke	detaillierte Aufzeichnung nach Ort, Zeit, Dauer, Intensität etc. ermöglichen substantiierte Darstellung im Prozess und bieten eine ausreichende Grundlage für die Bewertung der Beeinträchtigung	kein prozessuales Beweismittel	Bestätigungsvermerk durch natürliche Person (Zeuge, Vermieter)
Bestätigung des Vermieters	Tatbestand wird unstreitig (§ 138 ZPO); Anerkenntnis	Bietet keine ausreichende Bewertungsmöglichkeit, wenn keine detaillierte Beschreibung erfolgt	umfassende Darstellung bzw. Information
Sachverständiger	fachmännische Beurteilung und Ermittlung der geeigneten Mängelbeseitigungsmaßnahmen	als Parteigutachten im Prozess nur mit Einverständnis des Gegners verwertbar; Kosten	selbständiges Beweisverfahren (Nachteil: Dauer des Verfahrens)
Fotos/Film/ Video	bildliche Dokumentation von Missständen	geben nur eine Momentaufnahme; unfachmännische Handhabung verfälscht den tatsächlichen Zustand (z.B. Blitzlicht)	Datumsanzeige (ggf. durch Beifügung einer Tageszeitung); Beauftragung eines Fachmannes

Beweismittel	Vorteil	Nachteil	Ausgleich des Nachteils
Tonträger	akustische Dokumentation	nur eingeschränkt verwertbar, da je nach Technik und Standort des Mikrofons das tatsächliche Ergebnis verfälscht wird; kann die tatsächliche Beeinträchtigung kaum wieder geben; keine Datumsanzeige möglich	Aufnahme unter Zeugen

Außer den angegebenen Beweismitteln sind natürlich auch weitere geeignete Instrumente denkbar, die den Vortrag des Mandanten im Prozess bestätigen können. Dabei ist insbesondere an die **Kombination** der verschiedenen Beweismittel zu denken. Einem **allein stehenden Mandanten**, der wegen Lärmimmissionen mindern will, kann z.B. empfohlen werden, die Miete **unter Vorbehalt** zu zahlen und seinen Rückforderungsanspruch **abzutreten**. Auch wenn er als Quasi-Partei nicht der „geborene" Zeuge im Verfahren ist, kann der Sachvortrag aber beweisbar gestellt werden. Da ein Gericht bei Lärmimmissionen grundsätzlich einen Ortstermin durchführen muss[1], um die Wesentlichkeit der Beeinträchtigung zu ermitteln, bestehen gute Aussichten für den Prozess. Es sollte nur darauf geachtet werden, dass nicht Ansprüche des Vermieters offen stehen (z.B. Betriebskostennachforderung), weil sonst der Vermieter die Möglichkeit hat, durch eine Drittwiderklage (gegen den Mieter) die Zeugeneigenschaft zu beseitigen. 63

Die Aufgabe des Rechtsanwalts besteht vor allem darin, dem Mandanten den Sinn und den notwendigen **Inhalt der Beweissicherung** zu vermitteln. Es macht z.B. keinen Sinn, einen (teuren) Sachverständigen mit der Feststellung eines Feuchtigkeitsmangels zu beauftragen, wenn er in seinem Gutachten lediglich bestätigt, dass ein solcher vorhanden ist. Hier muss der Mandant veranlasst werden, das Auftragsschreiben schon so zu formulieren, dass auch eine detaillierte Beschreibung des aktuellen Zustandes sowie der notwendigen Maßnahmen erfolgt. Gerade bei unerfahrenen Mandanten sollte der Rechtsanwalt die **Beauftragung des Sachverständigen** übernehmen oder doch zumindest das Auftragsschreiben mit den notwendigen Fragestellungen vorformulieren (vgl. z.B. *Rz. 220*). Das Einverständnis mit der Beauftragung sollte im Hinblick auf § 179 BGB schriftlich vorliegen. Das **Kostenrisiko** des Mandanten ist verringert, wenn der Vermieter das Bestehen eines Mangels bestreitet. Denn nach zutreffender Ansicht sind für diesen Fall die notwendigen Kosten einer Beweissicherung durch 64

---

1 BGH, WuM 1992, 377; OLG Düsseldorf, WuM 1997, 221.

Sachverständigen aus dem Gesichtspunkt der positiven Vertragsverletzung ersatzfähig[1].

65 Gerade wenn der Mandant sich bisher noch nicht um die Beweissicherung bemüht hat, sollte er dazu veranlasst werden, sowohl für die Vergangenheit als auch die Zukunft entsprechende **Vorkehrungen** zu treffen. Insoweit kann er z.B. den beeinträchtigenden Zustand noch einmal schriftlich festhalten und versuchen, sich seine Darstellung durch die Unterschrift von Zeugen bestätigen zu lassen. Auf jeden Fall sollte er darauf achten, dass jeder Zeuge bei zukünftigen Beeinträchtigungen ihm schriftlich seine Wahrnehmung bestätigt. Zu diesem Zwecke kann er z.B. bei Lärmimmissionen ständig in der Wohnung ein Blatt Papier mit Stift liegen lassen, mit denen er zu gegebener Zeit die Aufzeichnung in Form von Lärmprotokollen (vgl. *Rz. 9*) fertigen kann. Alle Familienmitglieder sollten auf die Aufzeichnungsnotwendigkeit hingewiesen werden und ein gemeinsamer „Ablage"-Ort für Papier und Stift vereinbart werden. Zufällig anwesender Besuch sollte seine Wahrnehmung durch Unterschrift bestätigen. Auch Nachbarn etc. können veranlasst werden, gleich lautende Aufzeichnungen zu führen.

66 Soweit es um die Feststellung **statischer Zustände** geht, können ebenfalls weitere Hilfsmittel angewendet werden. Feuchtigkeitskränze, die sich weiterbilden, können mit einem Stift umrandet werden. Erfolgt dies unter Beiziehung von Zeugen, die bestätigen können, dass der Mandant an einen bestimmten Kranz ein Datum geschrieben hat, ist die Fortentwicklung der Beeinträchtigung im Prozess ohne weiteres beweisbar. Hier können auch Fotos helfen, die diese Kränze zeigen und auf denen die jeweilige Tageszeitung sichtbar ist, um die zeitliche Dimension verifizieren zu können.

67 Bei allem ist entscheidend, dass dem Mandanten deutlich gemacht wird, dass eine **erfolgversprechende Rechtsverfolgung** nur gewährleistet ist, wenn die Darstellung auch bewiesen werden kann. Gerade in der frühen Beratungssituation besteht noch die Möglichkeit, hierauf kreativ Einfluss zu nehmen. Insoweit sollte vor allem bei „statischen" Mängeln (z.B. Baumängel) auch überlegt werden, ob ein **selbständiges Beweisverfahren** eingeleitet wird. Insbesondere wenn die Feststellung des Zustandes und dessen Ursache im Ergebnis nur durch einen Sachverständigen erfolgen kann, bietet dieses Verfahren den Vorteil, dass es dem Mandanten eine gesicherte Grundlage für die Ausübung seiner Gewährleistungsrechte verschafft, und zwar regelmäßig zeitlich früher, als dies in einem Klageverfahren, in dem erst nach der mündlichen Verhandlung ein Beweisbeschluss erlassen wird, geschehen kann. Gleichwohl sollte bedacht werden, dass wegen der Überlastung der Sachverständigen vielerorts zwischen Einleitung des Verfahrens und Abgabe des Gutachtens ein Zeitraum von mind. 6 Monaten liegen kann. Deshalb kann sich insbesondere bei Gesundheitsgefährdungen (vgl. *Rz. 135*) anbieten, den oder die Sachverständigen **privat** zu beauftragen, um schneller Sicherheit über den Zustand und die daraus resultierenden Rech-

---

[1] BGH, WuM 2004, 466 = ZMR 2004, 659 = MietRB 2004, 284; AG Hannover, WuM 1999, 363 m.w.N.

te zu erlangen. Es sollte aber bedacht werden, dass ein **Rechtsschutzversicherer** grundsätzlich die Kosten eines Privatgutachtens nicht übernimmt. Hier sollte deshalb mit dem Versicherer vor der Beauftragung eine Abstimmung stattfinden.

d) Wie wird sich der Vermieter verhalten?

Die Ausübung von Gewährleistungsrechten durch den Mieter ruft unwillkürlich eine **Reaktion des Vermieters** hervor. Sofern er überhaupt die Möglichkeit hat, den Missstand zu beseitigen, wird er ihn entweder leugnen und versuchen, die Gewährleistungsrechte dadurch zu negieren, dass er selbst Klage (regelmäßig Zahlungsklage, möglicherweise sogar im Urkundenprozess (vgl. dazu *M Rz. 211 f.*) erhebt, oder er wird zur Beseitigung der Beeinträchtigung schreiten. Im letzten Fall ist immer ungewiss, ob der Vermieter dies in Anerkennung seiner Erhaltungspflicht unternimmt oder um für sich eine bessere Ausgangssituation für einen nachfolgenden Prozess schaffen will.

68

Auf diese Konsequenzen sollte der Mandant hingewiesen werden. Einerseits sind sie für ihn wichtig, um das **Prozessrisiko** abwägen zu können. Andererseits muss er wissen, wie er sich richtig verhält, um dem Vermieter nicht die Chance zu eröffnen, die Gewährleistungsansprüche zu unterlaufen (vgl. z.B. § 536c Abs. 2 BGB).

69

Insbesondere wenn bisher keine Äußerung vorliegt, sollte von einer **konsequenten Abwehrhaltung des Vermieters** ausgegangen werden. Von diesem Standpunkt kann der Mandant, der den Vermieter regelmäßig besser kennt, eher einschätzen, wie sein Vertragspartner reagiert. Auf diese (möglichen) Reaktionen sollte er vorbereitet werden, um zu verhindern, dass erst durch eine unvorbereitete Handlung dem Vermieter die Chance gegeben wird, die Gewährleistungsansprüche des Mandanten zu unterlaufen.

Im Wesentlichen ist dabei an folgende **Maßnahmen des Vermieters** zu denken:
– Angebot der Mängelbeseitigung → *Rz. 71 f.*
– Durchführung der Mängelbeseitigung → *Rz. 73*
– Besichtigung der Mietsache → *Rz. 74*
– Beweissicherung → *Rz. 75 f.*
– Zahlungs- oder Feststellungsklage → *Rz. 77 f.*

70

Das **Angebot zur Mängelbeseitigung** ist der Regelfall, solange der Vermieter keine konsequente Abwehrhaltung einnimmt. Hierzu versucht der Vermieter, mit dem Mieter einen **Termin** zu vereinbaren, oder kündigt die Mängelbeseitigung für einen bestimmten Termin an. Dieses Verhalten des Vermieters führt insbesondere bei **berufstätigen Mietern** zu Problemen. Dabei kollidieren die Pflicht des Vermieters zur unverzüglichen Mängelbeseitigung und der Wunsch des Mieters, durch den Missstand neben einer Beeinträchtigung der Qualität der Mietsache nicht auch noch Einbußen in

71

seinem Arbeitsverhältnis hinnehmen zu müssen. Dieser Konflikt sollte praktisch gelöst werden, so dass es auf die Frage, ob den Mieter bei der Durchführung von Erhaltungsmaßnahmen eine Mitwirkungspflicht trifft[1], nicht ankommt.

72 Auszugehen ist davon, dass der Vermieter die Arbeiten **nicht zur Unzeit** durchführen darf. Denn darauf bezieht sich die Duldungspflicht des Mieters gemäß § 554 Abs. 1 BGB nicht[2]. Dementsprechend muss ein Termin gefunden werden, der innerhalb der **üblichen Arbeitszeiten** für Handwerker liegt. Dabei ist auf besondere Belange des Mieters Rücksicht zu nehmen. Ist der Mieter z.B. nur halbtags beschäftigt oder ist nachmittags ein Familienangehöriger in der Wohnung, kann er darauf bestehen, dass der Handwerker in dieser Zeit kommt. Umgekehrt muss er nicht dulden, dass der Vermieter die Mängelbeseitigung in den **Abendstunden** oder am **Wochenende**, z.B. durch Schwarzarbeiter, ausführen lässt. Darüber hinaus muss auf die Art des Mangels abgestellt werden. Liegt eine akute Gefahr für die Mietsache vor, die eine Mängelbeseitigung dringend erforderlich macht, muss der Vermieter den Aufschub (auch von wenigen Tagen) nicht dulden[3].

Der Mieter sollte also darüber aufgeklärt werden, dass grundsätzlich weder er noch der Vermieter den Termin zur Mängelbeseitigung einseitig bestimmen können, sondern eine **Interessensabwägung** stattzufinden hat. Kommt ein Termin nicht zustande, weil die Parteien sich nicht verständigen können, droht dem Mieter das Risiko, dass seine Gewährleistungsansprüche ausgeschlossen sind, weil er sich im Verzug der Annahme (§§ 293 ff. BGB) befindet (vgl. dazu *Rz. 205*)[4].

73 Die vorstehenden Ausführungen gelten entsprechend für die **Durchführung der Mängelbeseitigungsarbeiten** durch den Vermieter bzw. den von ihm beauftragten Handwerker. Hier muss die zeitliche Situation durch eine sachgerechte Interessensabwägung zwischen den Belangen des Mieters und des Vermieters bestimmt werden.

74 Führt der Vermieter zunächst eine **Besichtigung** durch, muss der Mieter damit rechnen, dass der Vermieter eine Ursachenforschung betreiben will und dazu Handwerker, Sachverständige oder andere kompetente Personen mitbringt. Zwar soll es dem Vermieter nicht erlaubt sein, anlässlich einer Besichtigung in der Wohnung zu fotografieren, um deren Zustand festzuhalten[5]. Abgesehen von den grundsätzlichen Zweifeln, die sich gegen diese Ansicht ergeben (vgl. *G Rz. 237*), kann es jedenfalls nicht für den Fall

---

[1] Vgl. dazu: *Kinne/Schach*, § 554 Rz. 34; *Staudinger/Emmerich*, §§ 541a, 541b BGB Rz. 21.
[2] AG Mitte v. 12.7.2004 – 20 C 11/04, GE 2004, 1234; vgl. auch OLG Düsseldorf v. 1.10.2003 – 3 Wx 393/02, NZM 2004, 107 = ZMR 2004, 142.
[3] AG Neuss, NJW 1986, 891.
[4] AG Köln, WuM 2001, 153.
[5] AG Frankfurt/Main, WuM 1998, 343.

gelten, dass der Vermieter eigene Regressansprüche geltend machen will und daher den bestehenden Zustand dokumentieren muss.

Gleichwohl kann der Mieter darüber aufgeklärt werden, dass er nach der zitierten Entscheidung des AG Frankfurt/Main das Fotografieren in seiner Wohnung untersagen kann. Den Personen, die der Vermieter mitbringt, kann der Mieter den Zutritt nicht verweigern, wenn deren Anwesenheit zur Beurteilung des Zustandes bzw. zur Ermittlung der Ursachen und damit der richtigen Mängelbeseitigungsmaßnahme erforderlich ist. Im Übrigen vgl. zum Besichtigungsrecht *G Rz. 231 ff.*

Gerade wenn der Vermieter mit Begleitpersonen (Handwerker etc.) erscheint, muss der Mieter damit rechnen, dass eine **Beweissicherung** hinsichtlich des aktuellen Zustandes und der Ursachen des Missstandes erfolgen soll. Vor allem der Vermieter, der eine Abwehrhaltung einnimmt, wird dabei auf Grund seines subjektiven Empfindens alle in Betracht kommenden Ursachen erforschen (wollen), die eine Verantwortlichkeit des Mieters für den aktuellen Missstand begründen können.

75

Der Mieter kann dies grundsätzlich zwar nicht verhindern. Indem er auf diese mögliche Absicht des Vermieters aufmerksam gemacht wird, kann er jedoch **Vorkehrungen** treffen. In jedem Falle sollte er sich nicht darauf verlassen, dass der Vermieter den bestehenden Zustand so festhält (durch Aktenvermerk, Fotografien etc.), dass daraus ein Beweismittel für den Mieter hervorgeht. Deshalb sollte der Mieter den Zustand vor der Besichtigung selbst dokumentieren und anlässlich des Termins mindestens einen Zeugen haben. Eine **Verhinderung der Mängelbeseitigung** ohne nachteilige Konsequenzen (z.B. Annahmeverzug) wird nur in Ausnahmesituationen gerechtfertigt sein, z.B. wenn es nur um optische Mängel geht und die Beweiserhebung im Prozess bevorsteht[1]. Ansonsten muss der Mieter eine zumutbare Mängelbeseitigung zulassen[2]. Dies gilt grundsätzlich selbst dann, wenn der Vermieter die Mängelbeseitigung nicht durch **Fachkräfte** ausführen lassen will. Denn der Mieter hat keinen Anspruch auf eine bestimmte Ausführungsart, sondern „nur" auf Mängelbeseitigung. Eine Ausnahme kann allenfalls angenommen werden, wenn die gleichen Hilfskräfte schon in der Vergangenheit tätig waren und ihre Arbeiten zu inakzeptablen Ergebnissen geführt haben[3].

Lag ein Mangel in den Versorgungsleitungen vor, der zu einer Unterbrechung geführt hat, stellt es eine Besitzstörung durch verbotene Eigenmacht dar, wenn der Vermieter nach dem Wegfall der technischen Gründe der Unterbrechung die Instandhaltung der Leitungen unterlässt. Deshalb kann der Mieter im Weg der **einstweiligen Verfügung** auf Mängelbeseitigung drängen[4].

76

---

1 OLG Naumburg, GuT 2002, 15.
2 LG Hamburg, ZMR 2002, 599.
3 AG Wetzlar, WuM 2005, 715.
4 LG Berlin, WuM 2003, 508.

77 Ist nicht auszuschließen, dass der Vermieter gerichtlich vorgeht (z.B. **Zahlungs- oder Feststellungsklage**), sollte überprüft werden, ob ein Ansatz für eine Anwendung des § 536b BGB oder den Tatbestand der Verwirkung gegeben ist.

Danach kann sich der Mieter auf die in den §§ 536, 536a BGB (vgl. *Rz. 201 f.*) bestimmten Rechte nicht berufen, wenn er den Mangel bei Abschluss des Vertrages kannte. Das Gleiche soll gelten, wenn ihm der Mangel infolge grober Fahrlässigkeit unbekannt geblieben ist oder er die mangelhafte Sache übernommen hat, obwohl er den Mangel kannte, und er sich seine Rechte nicht vorbehalten hat. Schließlich kommt ein **Ausschluss der Gewährleistungsrechte** in Betracht, wenn der Mieter die Miete trotz Kenntnis des Mangels vorbehaltlos in voller Höhe über einen längeren Zeitraum fortgezahlt hat (Verwirkung, vgl. *Rz. 202*)[1]. Ob sich der Gewährleistungsausschluss auch auf das **Zurückbehaltungsrecht** nach § 320 BGB bezieht, ist umstritten[2]. Im Ergebnis ist die Verwirkung des Zurückbehaltungsrechts auf besondere Ausnahmefälle beschränkt (11 Jahre Kenntnis vom Mangel ohne entscheidende rechtliche Schritte[3]). Denn der Erhaltungsanspruch des § 535 Abs. 1 S. 2 BGB bleibt gerade von § 536b BGB unberührt[4]. Damit müssen auch die zu seiner Durchsetzung geschaffenen Rechte bestehen bleiben.

78 Hier muss also zunächst untersucht werden, seit wann der Mandant den Mangel kennt und (zur Vorbeugung der Verwirkung) ob und ggf. welche Äußerungen gegenüber dem Vermieter gefallen sind.

79 Hat der Missstand bereits bei der Übergabe bestanden, greift § 536b BGB unmittelbar ein. Es ist zu ermitteln, ob sich der Mandant (beweisbar) die Ausübung seiner Gewährleistungsrechte vorbehalten hat. Dazu kann es unter Umständen ausreichen, dass bei der Übergabe über den Mangel gesprochen wurde und der Vermieter dessen Beseitigung zugesagt hat, weil in diesem Fall ein Vorbehalt überflüssig wäre. Andererseits kommt eine Anwendung des § 536b BGB in Betracht, wenn der Mandant ein heruntergekommenes Haus angemietet hat, dass er selbst renovieren sollte[5]. Die anfängliche Sanierungsbedürftigkeit erfasst aber nicht spätere Rohrbrüche[6]. Allein die Klausel, der Mieter übernimmt das Objekt in vorhandenem Zustand, rechtfertigt aber keinen Rückschluss auf die Kenntnis von Mängeln[7].

80 **Grob fahrlässige Unkenntnis** i.S.v. § 536b BGB kommt insbesondere in Betracht, wenn bei der Übergabe bestimmte Zustände (z.B. Großbaustel-

---

1 OLG Naumburg, NZM 2002, 251; KG, ZMR 2002, 111, 114.
2 Dafür: LG München I, WuM 1999, 323; dagegen: OLG Köln, NJW-RR 1993, 466 m.w.N.; differenzierend BGH, NJW 1997, 2674, 2675.
3 LG München I, NZM 2001, 620.
4 OLG Naumburg, WuM 2000, 242.
5 AG Prüm, WuM 2002, 264.
6 LG Berlin, NZM 2002, 523.
7 BGH v. 18.4.2007 – XII 139/05, ZMR 2007, 605.

le[1]) oder Entwicklungen (z.B. Veränderung der Verkehrsführung[2]) bekannt waren, die sich erst später, etwa durch Lärm, auf die Mietsache auswirken. Insoweit besteht aber grundsätzlich **keine Untersuchungspflicht** des Mieters[3], solange keine besonderen Umstände vorliegen. Letzteres kann etwa bei einem Altbau der Fall sein[4].

Ist der Fehler erst im Verlauf der Mietzeit entstanden, kommt es für Zeiträume nach dem 1.9.2001 darauf an, ob der Tatbestand der **Verwirkung** hinsichtlich der Gewährleistungsrechte eingetreten ist. Insoweit kommt es zunächst auf die Kenntnis des konkreten Mangels sowie auf seine Auswirkungen auf die Gebrauchstauglichkeit an[5]. Es muss also ermittelt werden, seit wann welche Fakten bekannt waren. Hier ergibt sich in der Praxis u.a. häufig das Problem, dass der Mieter zwar schon längere Zeit **positive Kenntnis** von dem Mangel hatte, sich über die **Auswirkungen** jedoch kein vollständiges Bild gemacht hat und an die Geltendmachung von Gewährleistungsrechten erst denkt, wenn der Mangel ein größeres Ausmaß annimmt.

Beispiel:
Der Mieter merkt beim Befüllen der Badewanne, dass gelegentlich zu Beginn des Einlaufvorganges das Wasser braun verfärbt ist. Erst nach 6 Monaten zeigt sich dieses Phänomen nicht mehr nur gelegentlich und zu Beginn des Einlaufvorganges, sondern bei jeder Füllung der Badewanne und dabei permanent.

Die positive Kenntnis des Mangels (braune Verfärbung des Leitungswassers) ist im Beispiel dem Mieter länger als 6 Monaten bekannt. Auch wenn dem Mieter eine Überlegungsfrist einzuräumen ist[6], hätte er den Missstand spätestens nach dem dritten oder vierten Auftreten anzeigen müssen. Dabei kommt es nicht darauf an, dass sich der **Mangel „vergrößert"** hat. Entscheidend ist die positive Kenntnis von der Beeinträchtigung.

Allein die Kenntnis vom Mangel und der Zeitablauf sind allerdings grundsätzlich nicht ausreichend, um eine **Verwirkung** annehmen zu können. Vielmehr muss der Vermieter mindestens wissen, dass der Mieter den Mangel kennt, weil sonst bei ihm kein **Vertrauen** darauf erwachsen kann, der Mieter werde aus diesem Mangel keine Konsequenzen herleiten. Unabhängig davon, wie lange der Mieter von dem Mangel wusste (vgl. dazu *Rz. 203*), sollte ermittelt werden, ob und ggf. wie der Vermieter die Umstände in Erfahrung bringen konnte bzw. hätte bringen können. Andererseits soll es auf die vorbehaltlose Zahlung der Miete z.B. nicht ankommen, wenn der Mieter Mängel **gerügt** und der Vermieter deren Beseitigung zuge-

80a

---

1 LG Köln, WuM 2001, 78.
2 AG Sömmerda, WuM 2000, 591.
3 BGH v. 4.4.1977 – VIII ZR 143/75, NJW 1977, 1236; BGH, ZMR 1962, 82, 86.
4 *Blank/Börstinghaus*, § 536b BGB Rz. 7.
5 BGH, BB 1979, 292, 293.
6 Vgl. Staudinger/*Emmerich*, § 537 Rz. 99 m.w.N.

sagt hat[1]. Liegen entsprechende Äußerungen des Vermieters vor, muss die Beweisbarkeit überprüft werden, um das Risiko richtig einschätzen zu können. Weiterhin kann überprüft werden, wann die letzte Mieterhöhung (nach § 558 BGB, einer Staffelmietvereinbarung, einer Wertsicherungsklausel etc.) stattgefunden hat. Denn diese Maßnahmen lassen die durch § 536b BGB ausgeschlossenen Gewährleistungsrechte zumindest im Umfang des Erhöhungsbetrages wieder aufleben[2] (vgl. *E Rz. 126*). Ansonsten muss der Mandant (schriftlich) darauf hingewiesen werden, dass er nur noch den Erfüllungsanspruch (§ 535 Abs. 1 S. 2 BGB) geltend machen kann, um eine Mängelbeseitigung zu erreichen. Erst mit der Kenntnis dieser Gesamtumstände lässt sich das Risiko eines Gewährleistungsausschlusses (jedenfalls für die Vergangenheit) abschätzen. Hat der Mieter einen **Vorbehalt erklärt**, muss er in angemessener Zeit den Vorbehalt realisieren. Dies ist nach vier Jahren nicht mehr der Fall, so dass Verwirkung eingetreten ist[3].

81 Auf jeden Fall sollte bei Vorliegen von Bedenken, ob eine Verwirkung angenommen werden kann, der Vertrauenstatbestand **für die Zukunft beseitigt** werden. Dies kann schon dadurch geschehen, dass die Gewährleistungsrechte geltend gemacht werden.

Liegen die Voraussetzungen der Verwirkung vor, lebt das Minderungsrecht auch bei einer **Mieterhöhung** nicht wieder auf. Vielmehr beschränkt sich die Minderung dann auf den Erhöhungsbetrag[4].

82 Unabhängig davon, ob eine Anwendung des § 536b BGB oder eine Verwirkung nach der Schilderung des Mandanten in Betracht kommt, kann überlegt werden, ob nicht der Mandant **selbst gerichtlich aktiv** werden soll. Hierfür kann einmal die Frage des Streitwertes und anderseits die Regelung der Zuständigkeit maßgeblich sein. Welche Möglichkeiten hierzu im Wesentlichen in Betracht kommen, soll mit der folgenden **Übersicht** verdeutlicht werden:

---

1 OLG Düsseldorf, WuM 1995, 435.
2 **A.A.** LG München I, NZM 2000, 616.
3 LG Berlin, MM 2005, 299.
4 LG Berlin, MM 2005, 299.

Sachverhaltserfassung und Beratung über die Vorgehensweise   Rz. 83 **F**

Maßnahme des Mieters	Prozessuale Reaktion des Vermieters		vorbeugende Umsetzung des Mieters	
	Klageart	Streitwert	Klageart	Streitwert
Mängelanzeige	selbst. Beweisverfahren	Interesse des Vermieters (§ 3 ZPO = Abwendung des Mängelbeseitigungsanspruches des Mieters, siehe dazu nebenstehend)	selbst. Beweisverfahren	Interesse des Mieters = jährlicher Minderungsbetrag, § 41 Abs. 5 GKG
Mängelbeseitigungsaufforderung	selbst. Beweisverfahren	s.o.	selbst. Beweisverfahren	jährlicher Minderungsbetrag, § 41 Abs. 5 GKG
	Neg. Feststellungsklage		Klage auf Mängelbeseitigung	
			Klage auf Feststellung des Bestehens eines Minderungsrechts	
Minderung	selbst. Beweisverfahren	Jahresbetrag der angekündigten oder ausgeübten Minderung (str.)	selbst. Beweisverfahren	Höhe der behaupteten oder ausgeübten Minderung, wobei Ansatz des Jahresbetrages str.
	Zahlungsklage	Höhe des Klageantrages	Klage auf Feststellung des Bestehens eines Minderungsrechts	
Zahlung unter Vorbehalt	selbst. Beweisverfahren	Jahresbetrag der behaupteten oder ausgeübten Minderung (str.)	selbst. Beweisverfahren	Höhe der behaupteten Minderung, wobei Ansatz des Jahresbetrages str.
	Neg. Feststellungsklage		Zahlungsklage	Höhe des Zahlungsantrages
Ankündigung der Ausübung von Gewährleistungsrechten (z.B. Minderung, Zurückbehaltungsrecht, Ersatzvornahme)	selbst. Beweisverfahren	Höhe des behaupteten Rechts des Mieters, wobei Ansatz des Jahresbetrages str.	selbst. Beweisverfahren	Höhe des behaupteten Rechts, wobei Einzelheiten str.
	Neg. Feststellungsklage		Feststellungsklage (bei Bestreiten des Vermieters)	s.o.
			Klage auf Mängelbeseitigung	
Schadensersatz, § 536a Abs. 1 BGB	selbst. Beweisverfahren	Höhe der behaupteten Forderung	selbst. Beweisverfahren	Höhe des behaupteten Schadens (Klageantrag)
	Neu. Feststellungsklage		Zahlungsklage	

84 **Anmerkung zur vorstehenden Übersicht:**
Bei der Bemessung des *Streitwertes* ist durch § 41 Abs. 5 geklärt, dass für die Mängelbeseitigung und darauf aufbauende Verfahren (selbständiges Beweisverfahren), der Betrag der jährlichen Minderung zugrundezulegen ist. Dies wird auch als Orientierung für die anderen Verfahren anzunehmen sein.

85 Schließlich sollte die Frage, ob der Mandant die Initiative zur Einleitung gerichtlicher Schritte ergreift, auch davon abhängig gemacht werden, welche Abteilung oder Kammer im Ergebnis zuständig ist. Häufig richtet sich die **Zuständigkeit** nach dem Anfangsbuchstaben des Nachnamens des Beklagten. Abgesehen davon regeln viele Geschäftsverteilungspläne eine Konzentration der Zuständigkeit in der Weise, dass die Abteilung oder Kammer, bei der zwischen den Parteien ein Verfahren anhängig ist, auch für die weiteren Verfahren zuständig ist, selbst wenn diese mit umgekehrtem Rubrum eingeleitet werden, und zwar so lange noch ein Verfahren anhängig ist. Ist daher z.B. bekannt, dass das für die Klage des Vermieters zuständige Gericht eher vermieterfreundlich ist, kann die Zuständigkeit dieses Gerichts dadurch unterlaufen werden, dass z.B. vorher ein selbständiges Beweisverfahren durch den Mieter anhängig gemacht wird. Umgekehrt sollte der gleiche Weg gewählt werden, wenn bekannt ist, dass das Gericht eher mieterfreundlich ist oder in einem vergleichbaren Fall eine dem Mandanten günstige Entscheidung getroffen hat.

86 Richtet sich die Zuständigkeit nach der **Reihenfolge des Eingangs** bei Gericht kann erwogen werden, mehrere verfahrenseinleitende Schriftsätze einzureichen in der Hoffnung, dass die gewünschte Abteilung oder (Berufungs-)Kammer die Sache erhält. Die verursacht jedoch in der Regel höhere (Gerichts-)Kosten, weil auch nach Antragsrücknahme Gebühren erhoben werden.

87 Das **Ergebnis** dieser Abwägung, das mit dem Mandanten diskutiert werden sollte, sollte anschließend **schriftlich** gegenüber dem Mandanten **festgehalten** werden.

e) Die Wahl der richtigen Gewährleistungsinstrumente

88 Bereits die eingangs dieses Kapitels dargestellte Übersicht (vgl. *Rz. 2*) zeigt, dass der Mieter zwischen verschiedenen gesetzlichen Gewährleistungsrechten wählen kann. Bevor hier dem Mandanten die Entscheidungsgrundlagen vermittelt werden, muss der Vertrag dahin überprüft werden, ob er zu den gesetzlichen Regelungen **abweichende Vereinbarungen** enthält.

Bei **Wohnraummietverträgen** ist dies nur in eingeschränktem Maße zulässig, zumal wenn es sich um einen Formularvertrag handelt (vgl. oben *A Rz. 199*). Bei Mietverträgen über **Gewerberaum** bestehen allerdings größere Gestaltungsmöglichkeiten[1]. Ergeben sich danach weder Beschränkun-

---

1 Vgl. z.B. *Bub* in Bub/Treier, III Rz. 518 f.

gen noch sonstige Besonderheiten, können dem Mandanten die einzelnen Gewährleistungsbestimmungen kurz vorgestellt werden, um mit ihm das weitere Vorgehen erörtern zu können. Dabei kommen im Einzelnen in Betracht:

aa) Mängelanzeige, § 536c BGB

Damit der Mandant überhaupt Gewährleistungsansprüche ausüben kann, muss er dem Vermieter den Mangel grundsätzlich anzeigen. Denn ansonsten droht ihm der **Verlust** gemäß § 536c Abs. 2 BGB. Darüber hinaus besteht das Risiko des Schadensersatzes für den Mieter, wenn er einen Mangel nicht rechtzeitig anzeigt[1]. Eine **Ausnahme** besteht für unbehebbare Mängel, weil der Sinn und Zweck des § 536c BGB darin liegt, dem Vermieter die Mängelbeseitigung zu ermöglichen. Ebenfalls ist eine Mängelanzeige entbehrlich, wenn der Vermieter den Mangel kennt[2]. Insoweit reicht die Kenntnis der Gefahrenlage aus[3].

89

Der Anzeigepflicht unterliegen nicht nur Mängel i.S.d. § 536 BGB, sondern im Prinzip **jeder schlechte Zustand** der Mietsache[4]. Deshalb ist es ohne Bedeutung, ob durch den Missstand der vertragsgemäße Gebrauch beeinträchtigt wird[5]. Den Mieter trifft aber nicht die Verpflichtung, über leichte Pflegearbeiten hinaus den Pflanzenbewuchs am Haus im Einzugsbereich seiner Wohnung (hier: Efeu) auf Schadensentwicklungen am Gebäude zu überwachen[6].

90

Die Mängelanzeige muss **zeitnah** erfolgen. Längeres Zuwarten kann zum Verlust der Gewährleistungsansprüche führen, selbst wenn sich der Mangel zwischenzeitlich erheblich vergrößert[7]. Hat der Mieter die Mietsache geräumt, ohne dass eine Beendigung des Mietvertrages herbeigeführt wurde, und der bisherige Vermieter vor Übergang von Nutzen und Lasten auf einen **Erwerber** die Schlösser ausgetauscht hat, kann der Mieter ohne ausdrückliche Anzeige jedenfalls gegenüber dem Erwerber die Miete nicht vollständig einbehalten[8]. Deshalb sollte auch der Erwerber informiert werden, sobald der Vermieterwechsel angezeigt wurde. Zwar tritt er bei Verzug des (bisherigen) Vermieters mit der Mängelbeseitigung regelmäßig in diesen ein[9]. Ohne Kenntnis von Mängeln kann er aber nicht handeln, ohne dass in diesem Stadium bereits abgeschätzt werden kann, wofür diese Vorsorgemaßnahme später wichtig sein kann.

---

1 BGH, WuM 1987, 349.
2 *Sternel*, ZMR 2002, 1, 3.
3 OLG Düsseldorf v. 2.6.2008 – I-24 U 193/07, GE 2008, 1425.
4 *Kinne/Schach*, § 536c Rz. 3.
5 BGH, BGHZ 68, 281, 283.
6 AG Köln, WuM 2002, 668.
7 KG, NZM 2003, 26.
8 BGH, NZM 2002, 217.
9 BGH, WuM 2005, 2001 = ZMR 2005, 354.

Eine Anzeige muss auch erfolgen, wenn ein **Mangel** nicht vollständig oder nur **unzureichend behoben** wurde[1]. Bei nicht **konstant auftretenden Mängeln** (z.B. Lärmbeeinträchtigung durch Mitmieter) ist eine wiederholte Anzeige selbst dann erforderlich, wenn zwischen den Parteien bereits zwei Rechtstreite über das gleiche Phänomen geführt wurden[2].

Anwendungsfälle:
- alle Arten von Mietverträgen;
- der Mieter hat den Mangel bisher nicht angezeigt;
- es ist zweifelhaft, ob der Mieter die (ausreichende) Mängelanzeige beweisen kann;
- der Mangel wurde vom Vermieter nur unzureichend beseitigt.

Zu den taktischen Überlegungen vgl. *Rz. 157*.

91 In der Mängelanzeige muss der Missstand **beschrieben** werden. Der **Sinn und Zweck** des § 536c BGB besteht darin, den Vermieter vor Schäden an seinem Eigentum zu bewahren und ihm Gelegenheit zur Erfüllung seiner Erhaltungspflicht (§ 535 Abs. 1 S. 2 BGB) zu geben[3]. Im Hinblick darauf muss die Darstellung des Missstandes so gestaltet werden, dass der Vermieter in der Lage ist, sofort die für eine Abhilfe notwendigen Entscheidungen zu treffen[4]. Deshalb reicht die bloße Mitteilung des Mangels (z.B.: „Es bestehen Feuchtigkeitsschäden.") nicht.

92 Die Mängelanzeige sollte durch den Rechtsanwalt regelmäßig unmittelbar im Anschluss an das Beratungsgespräch **formuliert** werden, wenn sie nicht bereits durch den Mandanten zeitnah erfolgt ist. Ansonsten sollte der Sachverhalt in einem Aktenvermerk festgehalten werden. Damit ist gewährleistet, dass wichtige Informationen nicht verloren gehen. Im Übrigen kann die Beschreibung in der Mängelanzeige bei sorgfältiger Darstellung in einen späteren Schriftsatz im Rahmen einer gerichtlichen Auseinandersetzung übernommen werden. Bei der Formulierung sollte darauf geachtet werden, dass zumindest folgende Kriterien ersichtlich werden:
- Ort des Mangels;
- Ausmaß des Mangels;
- zeitliches Auftreten des Mangels (z.B. nach Regenfällen).

Bei der Anzeige von Lärmstörungen durch einen anderen Mieter reicht insoweit z.B. die Bezeichnung der Lage der Wohnung ohne Angabe des Namens des störenden Mieters[5].

93 Andererseits muss darauf geachtet werden, dass durch die Mängelanzeige dem Vermieter nicht Anhaltspunkte geliefert werden, die einen **Aus-**

---

1 OLG Düsseldorf, ZMR 1991, 24.
2 AG Pankow/Weißensee v. 13.9.2007 – 100 C 163/07, GE 2007, 1491.
3 BGH, BGHZ, 68, 281, 286; OLG Hamburg, WuM 1991, 328.
4 Staudinger/*Emmerich*, § 545 BGB Rz. 18.
5 AG Erfurt, WuM 2004, 660.

schluss der Gewährleistungsrechte z.B. wegen Verwirkung (vgl. *Rz. 202*) rechtfertigen können. Tritt ein Mangel z.B. in unterschiedlichen Zeitabständen auf, sollte vermieden werden mitzuteilen, wann dies zum ersten Mal bemerkt wurde, sofern daraus geschlossen werden könnte, dass der Mangel schon länger als 6 Monate bestand, was eine Verwirkung begründen kann (vgl. *Rz. 77 f.*).

Auch wenn der Mandant die Ausübung einer Minderung nicht wünscht, sollte der Hinweis erfolgen, dass die Zahlung der Miete ab sofort **unter Vorbehalt** erfolgt[1] (vgl. dazu *Rz. 151*). Nur wenn ein unerheblicher Mangel vorliegt und feststeht, dass er sich nicht zu einem erheblichen Missstand entwickeln kann, so dass eine Minderung nach § 536 Abs. 1 S. 3 BGB ausgeschlossen ist, kann dieser Hinweis unterbleiben. Denn im Zeitpunkt der Abfassung der Anzeige lässt sich regelmäßig nicht vorhersehen, wie sich der Mangel später auswirkt und ob der Mandant nicht seine Meinung zur Minderung ändert. Wird der Vorbehalt jedoch nicht erklärt, läuft der Mandant Gefahr, sein Minderungsrecht wegen Verwirkung zu verlieren. Jedenfalls kann er wegen § 814 BGB die (geminderte) Miete nicht zurückfordern. 94

Einer **Fristsetzung** bedarf es außer im Fall des § 543 Abs. 2 Nr. 1 BGB nicht, ist jedoch gleichwohl empfehlenswert, um sich alle Rechte vorzubehalten und z.B. den Verzugseintritt (§ 536a BGB) eindeutig festlegen zu können[2]. 95

Die Anzeige ist an den Vermieter oder dessen Vertreter (z.B. Hauswart, Hausverwalter) zu richten[3]. Zur Vermeidung von Beweisschwierigkeiten sollte dies mit **Zugangsnachweis** (vgl. dazu *J Rz. 110 f.*) erfolgen. 96

Der Beifügung einer **Vollmacht** bedarf es grundsätzlich nicht. Eine Zurückweisung nach § 174 BGB ist nicht zu befürchten, da die Anzeige nach § 536c BGB keine Willenserklärung, sondern eine bloße rechtserhebliche Handlung darstellt[4]. Sobald jedoch gleichzeitig eine Mängelbeseitigungsaufforderung erfolgt, empfiehlt sich die Vollmachtsvorlage. 97

bb) Minderung, § 536 BGB

Vielen Mandanten (auch den Vermietern) ist unbekannt, dass sich der Mieter nicht auf eine Minderung berufen muss, sondern sich die **Miete** entsprechend der Gebrauchsbeeinträchtigung unabhängig vom Verschulden des Vermieters **automatisch reduziert**[5]. Es ist auch unerheblich, ob der Mieter die Mietsache nutzt[6]. Gerät die Waage zwischen der geschuldeten Qualität der Mietsache und der Miete durch einen Mangel ins Ungleichgewicht, reduziert sich die Miete (automatisch) bis auf das Maß, bei dem die 98

---

1 Vgl. OLG Hamburg, WuM 1999, 281, 282.
2 Zur Fristsetzung vgl. *Rz. 113*.
3 Staudinger/*Emmerich*, § 536c BGB Rz. 19.
4 BGH, WuM 1991, 544; Staudinger/*Emmerich*, § 545 BGB Rz. 17.
5 BGH, NJW 1987, 432, 433; BGH, NJW-RR 1991, 779.
6 BGH, NJW 1958, 785.

Waagschalen wieder im Gleichgewicht stehen. Nach einer Mieterhöhung kann ein Minderungsrecht in Höhe der erhöhten Minderung wieder aufleben (vgl. *E Rz. 126*).

Anwendungsfälle:

– alle Arten von Mietverträgen;

– Mängelanzeige ist (nachweisbar) erfolgt;

– jede erhebliche Beeinträchtigung der Mietsache;

– kein Ausschluss nach § 536b BGB oder Verwirkung.

Zu den taktischen Überlegungen vgl. *Rz. 154 f.*

99 Da die Minderung kraft Gesetzes eintritt, muss ihr grundsätzlich eine (Ausübungs-)Erklärung des Mieters nicht vorausgehen. Bei **Gewerberaummietverträgen** sollten jedoch unbedingt die **vertraglichen Regelungen** überprüft werden, da hier nicht selten eine sog. Ankündigungsfrist vereinbart wird[1]. In die Mängelanzeige, die der Minderung gemäß § 536c Abs. 2 BGB grundsätzlich vorausgehen muss, sollte die Erklärung aufgenommen werden, dass sich der Mieter auf eine Minderung beruft, um den Ausschluss der Gewährleistungsrechte wegen Verwirkung (vorbehaltloser Fortzahlung der Miete) zu vermeiden[2]. Unabhängig davon, ob sich der Mandant entschließt, die Minderung sofort durch **Kürzung der Miete** durchzuführen oder die Miete zunächst **unter Vorbehalt zahlt**, um sie später zurückzufordern (vgl. zu den taktischen Überlegungen hierbei *Rz. 159*), sollte die Höhe der Minderung zumindest mit einer Quote (%) angegeben werden.

100 Durch den Wegfall der Verweisung auf das Kaufrecht (vgl. § 537 BGB a.F.) bedarf es keiner (komplizierten) **Berechnung der Minderung** mehr. Vielmehr ist gemäß § 536 Abs. 1 S. 2 BGB eine angemessene Herabsetzung der Miete zu ermitteln[3]. Dafür können

– Art und Umfang der Herabsetzung des vertragsgemäßen Gebrauchs,

– zeitlicher Umfang des Mangels,

– baulicher oder optischer Mangel,

– Berücksichtigung der Jahreszeit,

– flächenmäßiger oder qualitativer Anteil der vom Mangel betroffenen Räume,

– gesteigerte Qualitätsansprüche des Mieters im Hinblick auf die Miethöhe

als Bewertungskriterien herangezogen werden[4].

---

1 Zur Wirksamkeit vgl. z.B. KG, GuT 2002, 77.
2 Vgl. OLG Hamburg, WuM 1999, 281.
3 *Kinne/Schach*, § 536 BGB Rz. 10.
4 Nach *Sternel*, WuM 2002, 244, 245, soll auch das Verschulden des Vermieters, die Beeinflussbarkeit und Vermeidbarkeit des Mangels berücksichtigt werden können.

101 Der **Kürzungsbetrag** wird dabei mit Hilfe einer Quote (regelmäßig in Prozent) ermittelt. Auf welche **Bemessungsgrundlage** die Quote anzuwenden ist, ist umstritten.

Beispiel:

Der Mieter zahlt eine Gesamtmiete von 1000 Euro, wovon 800 Euro auf die Nettokaltmiete sowie 100 Euro auf Heiz- und Betriebskostenvorauszahlungen entfallen. Es soll eine Minderungsquote von 20 % zur Anwendung kommen. Werden diese 20 % von der Gesamtmiete ermittelt, ergibt sich ein Minderungsbetrag von 200 Euro. Bei einer Berechnung auf der Basis der Nettokaltmiete ergibt sich ein Minderungsbetrag von 160 Euro.

102 Da die **Nettokaltmiete** im Ergebnis das Entgelt für die Überlassung der (mangelhaften) Räume ist und die Vorauszahlungen in erster Linie als Ausgleich für anfallende Kosten gedacht sind, wurde die Meinung vertreten, dass eine Minderung nur nach der Nettokaltmiete berechnet werden kann[1]. Soweit sich der Mangel auch auf die Beheizung auswirkte, sollte die Minderungsquote auf die Nettokaltmiete **zzgl. der Heizkostenvorauszahlungen** berechnet werden können[2]. Das Gleiche sollte gelten, wenn sich die Minderung auf sonstige Nebenkosten erstreckt[3]. Schließlich wurde vertreten, dass sich die Minderung von der **Gesamtmiete** berechnet[4], zumal der Gesetzgeber ursprünglich zum 1.9.2001 eine gesetzliche Definition der Miete einführen wollte[5]. Auch deshalb hat der **BGH** entschieden, dass die Minderung nach der **Bruttomiete** zu berechnen ist[6]. Dies gilt gleichermaßen bei der Wohnraummiete, selbst wenn der Mangel durch eine abweichende Wohnfläche begründet wird[7].

Besteht ein **einheitlicher Mietvertrag**, in dem für zwei Mietobjekte (z.B. Wohnung und Garage) jeweils getrennt ein Mietbetrag ausgewiesen ist, soll bei einem Mangel, der sich allein auf einen Mietgegenstand bezieht, die Minderungsquote nur auf den dafür maßgeblichen Mietanteil anzurechnen sein[8]. Dies ist nicht konsequent. Es entspricht gerade dem Wesen des einheitlichen Vertrages, ihn einheitlich zu behandeln (vgl. B Rz. 99). Dies muss auch für Gewährleistungsrechte gelten. Ansonsten müsste eine Teilkündigung zulässig sein, wenn z.B. der Mangel des Stellplatzes dessen Tauglichkeit aufhebt.

---

1 LG Berlin, WuM 1998, 28; LG Berlin, WuM 1972, 191; AG Köln, WuM 1978, 126; AG Kerpen, WuM 1987, 272; *Lammel*, § 536 BGB Rz. 58; *Mutter*, ZMR 1995, 189 m.w.N.
2 OLG Düsseldorf, NJW-RR 1994, 399.
3 LG Berlin, GE 1994, 1381; *Kraemer* in Bub/Treier, III Rz. 1365.
4 OLG Hamm, NJWE-MietR 1996, 80, 82; LG Köln in *Lützenkirchen*, KM 35 Nr. 13; LG Hamburg, WuM 1983, 290; LG Hamburg, WuM 1988, 353; AG Hamburg, ZMR 1983, 277; AG Potsdam, WuM 1994, 376; *Sternel*, WuM 2002, 244, 246.
5 *Langenberg*, NZM 2001, 69, 70.
6 BGH, WuM 2005, 384 = NZM 2005, 455.
7 BGH, WuM 2005, 573 = ZMR 2005, 854 = NZM 2005, 699.
8 AG Steinfurt v. 5.3.2009 – 4 C 310/08, WuM 2009, 227.

103 Für die laufenden Zahlungen ist die Berechnung von der Bruttomiete unproblematisch. Bei einer Grundmiete mit Betriebskostenvorauszahlungen muss bei der **Verbuchung** auf dem Mietkonto darauf geachtet werden, dass die **Quote anteilig** auch auf die Vorauszahlungen angewendet wird[1]. In der Betriebskostenabrechnung sind dann die Ist-Vorauszahlungen anzusetzen.

104 Um zu vermeiden, dass der Vermieter durch die geminderten Vorauszahlungen bei der **Betriebskostenabrechnung** einen Teil der Minderung zurückerhält, muss die Minderungsquote auch auf die Betriebskostenabrechnung angewendet werden. Denn durch die Vereinbarung von Betriebskostenvorauszahlungen legen die Parteien fest, dass eine Jahresmiete gelten soll, die in ihrem variablen Teil innerhalb der Abrechnungsfrist festgelegt wird. War die Mietsache (zeitweise) mangelhaft, ist das Abrechnungsergebnis (= Summe aller Anteile des Mieters) um die Minderung für den entsprechenden Zeitraum zu kürzen. Dazu muss in einem ersten Rechenschritt zunächst ermittelt werden, wie hoch die Tagesmiete ist, um so den auf die Minderungszeit entfallenden Betrag errechnen zu können. Dem kann nicht entgegengehalten werden, dass die Kosten in tatsächlich entstandener Höhe weiterzugeben bzw. auszugleichen sind. Kann der Mieter z.B. während der Mietzeit 100 % mindern, müsste er bei einer anderen Berechnungsart am Ende noch eine Nachzahlung auf die (statischen) Betriebskosten leisten. Im Übrigen muss auch der Empfänger einer Bruttomiete ggf. die Betriebskosten des Mieters selbst finanzieren.

105 Die Miete ist nur für die **Zeit** gemindert, in der die Gebrauchstauglichkeit beeinträchtigt ist. Demnach muss ggf. eine weitere Quotierung stattfinden. Hat z.B. für zwei Tage ein Heizungsausfall stattgefunden, ist der Minderungsbetrag zeitlich auf 2/30 beschränkt.

106 Jede Berechnung einer Minderungsquote ist eine **Einzelfallentscheidung**. Umso mehr entsteht für den Rechtsanwalt das Risiko, im Interesse des Mandanten die Minderungsquote falsch, in der Regel zu hoch, zu bewerten[2]. Selbst wenn vergleichbare Fälle herangezogen werden können, muss jeweils untersucht werden, inwieweit Besonderheiten in den veröffentlichten Entscheidungen oder im konkreten Einzelfall bestehen. In diesem Zusammenhang muss noch einmal auf die Möglichkeit verwiesen werden, die Miete unter Vorbehalt zu leisten und den Minderungsbetrag einzuklagen (vgl. Rz. 162).

107 Das **Risiko** einer **überhöhten Minderung** besteht in der Gefahr einer Kündigung nach § 543 Abs. 2 Nr. 3 BGB. Dieses Risiko kann nicht durch ein selbständiges Beweisverfahren vermieden werden, in dem dem Sachverständigen auch die Frage nach dem Umfang der Mietminderung gestellt wird[3].

---

[1] BGH, WuM 2005, 573 = ZMR 2005, 854 = NZM 2005, 699.
[2] Vgl. dazu auch *Eisenschmid* in Schmidt-Futterer, § 537 BGB Rz. 269; *Kinne/Schach*, § 536 BGB Rz. 14.
[3] Vgl. dazu *Scholl*, NZM 1999, 108 ff.

Mit aller Vorsicht ist daher die nachstehende **Minderungstabelle** anzuwenden. Es wurde versucht, die wesentlichen Kriterien der jeweiligen Entscheidung aufzuführen, soweit sie aus der Veröffentlichung ersichtlich waren. Kein Fall ist jedoch wie der andere, so dass die angegebenen Werte nur eine **Orientierungshilfe** für die Praxis darstellen können und die Tabelle mehr ein **Fundstellennachweis** für bestimmte Mängel sein soll.

Stichwort	Mangel	Minderungsquote in %
Abstellraum	Wegfall des unter der Treppe im Hausflur gelegenen Raums zum Abstellen von Fahrrädern und Angebot eines Ersatzraums in der 5. Etage	2,5[1]
Abwasser	Stauung des Abwassers aus dem gesamten Haus, infolge defekter Abwasserinstallation; Austreten aus Toilette, zweimalige teilweise Überflutung der Wohnung	38[2]
	zeitweise Fäkalienrückfluss in der **Toilette**	5[3]
Asbest	Gesundheitsgefahr; Nachtstromspeicheröfen setzen **Asbest** frei, hier 2000 Fasern pro Kubikmeter anstatt der maximal zulässigen Konzentration von 1000	50[4]
	Nachtstromspeicherheizung mit **asbest**haltiger Bodenisolierung (5–10 %); Freisetzung von Asbestfasern beim Betrieb; Besorgnis der Gesundheitsgefährdung	20[5]
	Asbesthaltiger Nachtspeicherofen; ernsthafte Möglichkeit des Austritts ist produktionsbedingt nicht nur unwesentlich erhöht; keine erhöhte Konzentration in der Raumluft	18[6]
	asbesthaltige **Fußboden**platten kein Mangel, solange Asbestfasern in Platten gebunden und noch nicht in Raumluft gelangt sind	0[7]
Aufzug	s. *Fahrstuhl*	
Außenanlage	**Neubau**: nicht fertig gestellt, fehlende Außen**beleuchtung**, unfertiger **Hauseingang**, nicht angelegter **Vorgarten**	5[8]

---

1 AG Hamburg v. 22.8.2007 – 46 C 1/07, WuM 2008, 332.
2 AG Groß-Gerau, WuM 1980, 128.
3 AG Schöneberg, GE 1991, 527.
4 LG Dortmund, WuM 1996, 141.
5 AG Hof, WuM 1998, 281.
6 LG Hannover, WuM 1997, 434.
7 LG Berlin, GE 1999, 47.
8 LG Mannheim, WuM 1974, 52.

Stichwort	Mangel	Minderungs-quote in %
Bad	**Außenanlagen** und Zuwegung zum Haus der gemieteten Wohnung sind mit Hundekot übersät; hierdurch und durch weggeworfene Abfälle ebenfalls Verschmutzung des Hausflures (ungepflegter/verwahrloster Zustand)	ca. 11[1]
	überhöhte Geschwindigkeit von Kfz anderer Mieter, die mit Kfz den Zufahrtsweg zum Haus des Mieters überqueren	0[2]
	bei Behebung eines Wasserschadens werden die Badezimmer**fliesen** teilweise durch andersfarbige Fliesen ersetzt; Folge ist ein insgesamt unruhiger optischer Eindruck	5[3]
	Badeofen defekt, Unbenutzbarkeit des Bades	16[4]
	Toilettenschüssel gesprungen, unansehnlich	10[5]
	Wasserdruck der **Toilettenspülung** kurzfristig zu hoch	1[6]
	Hand**waschbecken** defekt, Fenstergriff muss befestigt werden	2[7]
	Bade**wanne**, **Toilette** nicht benutzbar, Wasser**anschluss** in Küche funktioniert nicht	50[8]
	Unbenutzbarkeit infolge Sanierungsarbeiten; Beeinträchtigung durch Lärm- und Schmutz von 7–20 Uhr; Neuverfliesung weicht von bisherigem Zustand farblich ab, so dass Anspruch auf **einheitliche Gestaltung**	Ohne Angabe[9]
	Geruch; Armaturen, Wanne und Fliesen verkeimt; Duschwand verkalkt, verkeimt, verdreckt	7[10]
	Einfrieren der Wasserleitungen und Rohre im Monat Januar	10[11]
	Toilette lässt sich nicht nach außen, sondern nur über die Küche entlüften	10[12]

1 AG Dortmund, WuM 1998, 570.
2 LG Berlin, MM 2001, 38.
3 LG Kleve, WuM 1991, 261; a.A. AG Köln, Urt. v. 8.9.1994 – 215 C 256/93, n.v., wenn vorhandene Fliesen nicht mehr erhältlich und ein optischer Kontrapunkt durch die neuen andersfarbigen Fliesen gesetzt wird.
4 AG Goslar, WuM 1974, 53.
5 AG Büdingen, WuM 1998, 281; vgl. AG Köln, WuM 1998, 570.
6 LG Berlin, GE 1996, 471.
7 LG Berlin, GE 1996, 471.
8 AG Hannover, WuM 1989, 565.
9 AG Neukölln, GE 1998, 360.
10 LG Berlin, WuM 2004, 234.
11 LG Berlin, GE 1996, 471.
12 AG Schöneberg, MM 1990, 231.

Sachverhaltserfassung und Beratung über die Vorgehensweise   Rz. 109 **F**

Stichwort	Mangel	Minderungs-quote in %
Badewanne	**Unbenutzbarkeit** des einzigen Bades und Dusche	33,3[1]
	Dusche nicht funktionstüchtig	16[2]
	6 **Fliesen** defekt	2[3]
	unzumutbar aufgerauht	3[4]
	Nutzung wird in der Hausordnung auf wenige Stunden beschränkt, Freitag: 18–22 Uhr, Samstag: 15–22 Uhr	23[5]
	fehlende Nutzbarkeit durch hochsteigendes Abwasser aus der Küche	⅙ der Gesamtmiete[6]
	Volumen der Badewanne ist durch einen Einsatz nach Instandsetzung um ca. 20 cm verkleinert, Minderung des Badegenusses	10[7]
	Abfluss defekt	3[8]
Bahntrasse	Bei Abschluss des Mietvertrages vorhandene Trasse wird zur ICE-Strecke mit erhöhter Lärmbelästigung ausgebaut	0[9]
Balkon	Nutzungsbeeinträchtigung durch **Wildtauben**, kein Einfluss des Vermieters, unbeherrschbare Umwelteinflüsse	0[10]
	Verunreinigungen durch am Haus nistende **Tauben**	5[11]
	Balkon**verunreinigung** durch **Taubenkot**, nicht ortsüblich	5[12]
	Taubenkot/-kadaver auf Balkon als Ursache für Befall der Wohnung mit Tauben**zecken**, Zeckenbisse bei 10 Monate altem Kind sind Gesundheits**beeinträchtigung**; fristlose Kündigung	Ohne Angabe[13]
	Minimale **Rostflecken**erscheinungen auf dem Oberflächenbelag, stark angerostete seitliche Abgrenzung des Balkons	0[14]

---

1 AG Köln, WuM 1998, 690.
2 AG Köln, WuM 1987, 271.
3 LG Berlin, GE 2001, 1607.
4 LG Stuttgart, WuM 1988, 109.
5 AG Helmstedt, WuM 1989, 564.
6 AG Köln in *Lützenkirchen*, KM 35 Nr. 56.
7 AG Dortmund, WuM 1989, 172.
8 AG Schöneberg, GE 1991, 527.
9 LG Berlin v. 14.3.2008 – 63 S 298/07, GE 2009, 53.
10 LG Kleve, WuM 1986, 333.
11 AG Hamburg, WuM 1988, 121.
12 AG Hamburg, WuM 1988, 121.
13 LG Berlin, GE 1997, 689.
14 AG Lüdinghausen, WuM 1998, 690.

Stichwort	Mangel	Minderungsquote in %
Bauarbeiten	**Neubau:** stark eingeschränkte Nutzbarkeit im Frühling wegen fehlender **Randplatten**	6[1]
	Abriss des Balkons	5[2]
	Unbenutzbarkeit durch **streunende Katzen**, die vom Nachbarn gefüttert werden; **Geruchsbeeinträchtigung**, Balkontüre muss geschlossen bleiben, Verschmutzen der Wäsche	15[3]
	Beeinträchtigung des **Lichteinfalles** in Büroräume durch Gerüst für Sanierungsarbeiten vor dem Haus; zeitweilig sind die **Stellplätze** unbenutzbar, **Baumaterial** im Hausflur	10[4]
	„**Einrüstung**" des Hauses und Verhängen mit **Planen**	15[5]
	s.a. *Einrüstung*	
	s.a. *Lärm*	
Baumaterial	**Lagerung** von Baumaterial auf Wohngrundstück	10[6]
Blickverbauung	s. *Lichteinfall*	
Blitzableiter	fehlt; infolge Blitzeinschlages werden wertvolle Elektrogeräte beschädigt; mangels besonderer Vereinbarung und Erfordernis nach LBauO kein Mangel	0[7]
Bodenbelag	**Teppichboden** löste sich in Diele, Schlaf- und Kinderzimmer vom Untergrund	4,65[8]
	Beschädigung des Parkettbodens im Wohnzimmer infolge des Eindringens von Regenwasser (2m²)	10[9]
	teilweise fehlende Verfugung von Fußbodenleisten in Neubauwohnung; nur optische Beeinträchtigung	0[10]
Bordell	im Haus; unmittelbare Belästigung	30[11]
	im Haus, ohne Belästigung	0[12]

---

1 LG Mannheim, WuM 1974, 52.
2 AG Potsdam, WuM 1994, 376.
3 AG Bonn, WuM 1986, 212.
4 LG Köln in *Lützenkirchen*, KM 1998, 35 Nr. 4.
5 AG Hamburg, WuM 1996, 30.
6 AG Bad Segeberg, WuM 1992, 477.
7 LG Marburg, NZM 1998, 909.
8 AG Köln, WuM 1988, 108.
9 LG Berlin v. 4.12.2006 – 67 S 223/06, GE 2007, 851.
10 AG Saarburg, WuM 2002, 29.
11 AG Charlottenburg, MM 1988, Nr. 12/31.
12 LG Berlin v. 21.4.2008 – 63 S 210/07, GE 2009, 453.

Stichwort	Mangel	Minderungs-quote in %
	im Erdgeschoss einer Großstadtwohnung; Kunden halten sich zum Teil im Hausflur auf, so dass Belästigungen und Beeinträchtigung des sittlichen Empfindens möglich; 30 % Minderung erfordern konkrete **persönliche** Belästigungen	10[1]
	in Nachbarwohnung, so dass ständiges Klingeln im Halbstundenrhythmus bis spät in die Nacht; herumirrende Besucher im Haus	20[2]
	allein die Existenz eines Bordells in Großstadt **ohne** Sperrbezirk ist **kein** Mangel; es müssen bordelltypische Störungen (Obszönitäten, Geschlechtsakt-/Foltergeräusche, Kondom im Bereich der Haustür, Handgreiflichkeiten unter den Gästen) vorliegen	20[3]
	in anderer Mietwohnung Belästigung durch Freier, falsches Klingeln, Betrunkene	22[4]
Briefkasten	Defekt	2[5]
	zu geringe Größe, so dass Probleme mit der Zustellung von Zeitschriften, Umschläge mit Größe DIN A4	0,5[6]
	schwer zu öffnender Briefkasten, regenbedingte Durchnässung eingeworfener Post	1[7]
Dach	undichtes Glasdach des Treppenhauses	3[8]
	Wasser tropft durch Zimmerdecke, Durchfeuchtung des Teppichbodens	Min. 50[9]
	undicht, Feuchtigkeitsschäden drohen, so dass ständig Vorsorge für Wassereintritt erforderlich	10[10]
	Undicht, so dass Wassereintritt	10 Euro/Monat[11]
Dachgeschoss	Gebrauchsbeeinträchtigung der **Wohnung** im Dachgeschoss durch zu hohe **Erwärmung** in den Monaten Juni–August	10[12]

---

1 LG Berlin v. 4.3.2008 – 65 S 131/07, GE 2008, 671; LG Berlin, GE 1995, 1133; LG Berlin, WuM 2004, 234.
2 AG Wiesbaden, WuM 1998, 315.
3 LG Berlin, NZM 2000, 377.
4 AG Regensburg, WuM 1990, 386.
5 AG Potsdam, WuM 1996, 760.
6 LG Berlin, MM 1990, 261.
7 AG Mainz, WuM 1996, 701.
8 AG Schöneberg, GE 1991, 527.
9 AG Leverkusen, WuM 1980, 163.
10 AG Hamburg, WuM 1998, 570.
11 AG Reutlingen, WuM 1990, 146.
12 LG Berlin, GE 1999, 717.

Stichwort	Mangel	Minderungsquote in %
Decke	Beeinträchtigung von Lärm, Schmutz, der Nutzung durch Ausbau	10[1]
	drei Deckendurchbrüche im Schlafzimmer, so dass Beobachtung im Schlaf möglich	30[2]
	Deckendurchbruch im Flur mit einer Größe von 20 × 20 cm	20[3]
Drogenszene	Zuzug einer Drogenszene in 60 m Entfernung ohne substantiierten Nachweis von konkreten Belästigungen	0[4]
Durchlauferhitzer	keine kontinuierliche Warmwasserversorgung in Bad und Küche	jeweils 3[5]
Einbruch	6 Einbrüche innerhalb von 1 Jahr in ein Ladengeschäft mit großen Schaufenstern in Großstadt; Fensterflächen sind nach der Baubeschreibung ungesichert	0[6]
Einrüstung	und Abhängen des Hauses mit Planen über **3 Monate**, Lärm der Bauarbeiter, erhebliche Verdunklung der Wohnung, Unbenutzbarkeit des Balkons und erhöhte Einbruchsgefahr	15[7]
	der Fassade	5[8]
	s.a. *Bauarbeiten*	
Elektrik	von 15 **Steckdosen** funktionieren 3, WC-Abfluss nicht frei, Post kann wegen fehlendem Briefkasten/-schlitz nicht ordnungsgemäß zugestellt werden	50[9]
	vollständiger **Ausfall** für Licht, Warmwasser, Küche	100[10]
	Defekte Steckdose	0,5[11]
	Defekte Hausbeleuchtung	1

---

1 LG Berlin, MM 1994, 396.
2 LG Berlin, GE 1996, 549, bezogen auf den Mietanteil für das Schlafzimmer.
3 LG Berlin, GE 1996, 549, bezogen auf den Mietanteil für den Flur.
4 LG Düsseldorf, NJW-RR 1995, 330.
5 LG Berlin, GE 1996, 471.
6 KG, NZM 1998, 437; **a.A.** OLG Naumburg, NZM 1998, 438.
7 AG Hamburg, WuM 1996, 30.
8 LG Berlin, MM 1994, 396.
9 AG Hamburg, WuM 1976, 53.
10 AG Neukölln, MM 1988, 151.
11 AG Schöneberg, GE 1991, 527.

Sachverhaltserfassung und Beratung über die Vorgehensweise   Rz. 109 F

Stichwort	Mangel	Minderungsquote in %
Elektrosmog	durch Mobilfunksendeanlage auf dem Nachbargrundstück; Messwerte **deutlich** unterhalb der Vorgaben der §§ 2, 3 der 26. BImSchV keine Gesundheitsbeeinträchtigung	0[1]
	durch Mobilfunkantenne auf dem Dach des Miethauses; Messwerte entsprechen den Vorgaben der §§ 2, 3 der 26. BImSchV	0[2]
	Mobilfunkantennenanlage in Nachbarschaft; Messwerte entsprechen den Vorgaben der §§ 2, 3 der 26. BImSchV; bloße theoretische Möglichkeit einer Gesundheitsbeeinträchtigung nicht ausreichend	0[3]
	durch Oberleitung einer am Grundstück angrenzenden S-Bahnstrecke; Störungen an PC-Bildschirmen; da Messwerte weit unterhalb der Vorgaben der 26. BImSchV liegen, kein Mangel	0[4]
Fahrradkeller	Entzug bei Mitbenutzungrecht	2,5[5]
Fahrstuhl	Wohnung im 5. Stock; nahezu gänzlicher **Ausfall** des kleinen Fahrstuhles und vielfacher Ausfall des großen Fahrstuhles an den Wochenenden	7,5[6]
	Wohnung im 4. Stock, **Ausfall**	10[7]
	ständige **Verschmutzung** des **Innen**raums, der Treppenaufgänge, Flure, Eingangstür	5[8]
Fenster	**Zustand** des Fensters ermöglicht ungehindertes Eindringen in das Haus	10[9]
	Defekter **Schließmechanismus** von zwei Schlafzimmerfenstern	4[10]
	Verkleinerung der Flächen um ca. 23 % infolge Modernisierung	3[11]
	Undichtigkeit der Fenster, Oberfenster nicht zu öffnen	5[12]

---

1 AG Frankfurt/Main, NZM 2001, 1031; vgl. OVG Koblenz, WuM 2001, 561 zur Frage der Gesundheitsgefahren bei Einhaltung der Grenzwerte gemäß der §§ 2, 3 der 26. BImSchV.
2 AG Gießen, WuM 2001, 546; AG Spandau, MM 2001, 443.
3 AG Traunstein, ZMR 2000, 389; **a.A.** AG München, WuM 1999, 111.
4 LG Frankfurt/Main, NZM 1998, 371.
5 AG Menden (Sauerland) v. 7.3.2007 – 4 C 407/06, WuM 2007, 190.
6 AG Bremen, WuM 1987, 383.
7 AG Charlottenburg, GE 1990, 423.
8 AG Kiel, WuM 1991, 343.
9 AG Bergisch Gladbach, WuM 1980, 17.
10 LG Köln, WuM 1990, 17.
11 LG Berlin, MM 2004, 124.
12 AG Potsdam, WuM 1994, 376.

Stichwort	Mangel	Minderungs-quote in %
	Oberlichter lassen sich wegen mangelhaftem Zustand nicht öffnen	10[1]
	Undichtigkeit aller Fenster	50[2]
	starke **Zugluft** durch undichte Fenster, Türen (Luftgeschw. 0,1–0,15 m/sec)	20[3]
	Trübung der Isolierglasscheibe von Fenstern in drei Zimmern und Küche auf Grund deren **Undichtigkeit**, defekter Teppichboden	5[4]
Fensterläden	**Fehlen** der Fensterläden wegen Entfernung	10[5]
Fernsehempfang	schlechter Empfang	10[6]
	Störung wegen Beseitigung der **Gemeinschaftsantenne**	5[7]
	schlechter **lagebedingter** Empfang ist kein Mangel; kein Anspruch des Mieters auf Kabelanschluss	0[8]
	Ausfall der Gemeinschaftsantenne und Ersatzstellung einer Zimmerantenne, mit der nur noch 4 Programme empfangen werden können	2[9]
	defekter Anschluss an Gemeinschaftsantenne, Gemeinschaftsantenne defekt	2[10] 1[11]
Gerüst	Beschränkung des **Lichteinfalls** infolge Arbeiten an der Fassade, wobei wegen der Nutzbarkeit des Balkons in den kälteren Monaten differenziert wurde	10–15 %[12]
Fahrradraum	*Siehe Abstellraum*	
Feuchtigkeit	**Durchfeuchtungen an 8 (Außen-)Wänden** eines Einfamilienhauses durch undichtes Dach, muffiger Geruch, drohender Schimmelpilzbefall	20[13]

---

1 AG Hagen, WuM 1982, 282.
2 AG Leverkusen, WuM 1981, U 9.
3 LG Kassel, WuM 1988, 108.
4 AG Köln, WuM 2001, 467.
5 AG Friedberg, WuM 1977, 139.
6 AG Schöneberg, GE 1988, 361.
7 LG Berlin, MM 1994, 396.
8 AG Hamburg, WuM 1990, 70.
9 AG Schwäbisch-Gmünd, NZM 2005, 105.
10 LG Berlin, GE 2000, 345.
11 LG Berlin, GE 1996, 471.
12 AG Ibbenbühren v. 10.12.2003 – 3 C 554/03, WuM 2007, 405.
13 AG Hamburg, WuM 1979, 103.

Stichwort	Mangel	Minderungsquote in %
	Durchfeuchtungen aller Außenwände einer Wohnung infolge fehlenden Wärmeschutzes der Giebelwände, Schimmelpilz in Wohn-, Schlafzimmer, Küche und Bad; sinnvolles Stellen der Möbel ohne Inanspruchnahme der Außenwände nicht möglich	20[1]
	Schimmelpilz in **Küche**, **Wohn**- und **Schlaf**zimmer, so dass dauernder Aufenthalt nur noch in kleinem Zimmer möglich	80[2]
	nicht fachgerechte **Abdichtung** eines **Flachdaches**, Gefahr von Durchfeuchtungsschäden	10[3]
	Wasser tropft durch Zimmerdecke, verursacht durch Schneesturm	30[4]
	eindringende Feuchtigkeit an **Fensterbrüstungen** hinter Heizkörpern	10[5]
	Durchlaufschäden an Wohnzimmerdecke und an Teilen der Wände	25[6]
	Feuchtigkeit in Wohn- und Schlafzimmer, z.B. durch **Kondensierung** an den Außenwänden	20[7]
	Feuchtigkeit in Gestalt von Braunverfärbungen, **Schimmel**pilz, übel riechender Dunst im Schlaf- und Arbeitszimmer	20[8]
	ständige Durchfeuchtung der **Außenwände**, **Rattenbefall** im Umfeld der Wohnung	100[9]
	nicht nur unerhebliche Beeinträchtigung durch Feuchtigkeit	10[10]
	Feuchtigkeit an den **Außenwänden**	20[11]
	Feuchtigkeitserscheinungen, **Schimmel**, Algenbefall	10[12]

---

1 AG Köpenick, MM 2002, 185; nachgehend LG Berlin, Urt. v. 6.7.2001 – 64 S 126/01, n.v.
2 LG Berlin, GE 1991, 625.
3 AG Hamburg, WuM 1998, 570.
4 AG Kiel, WuM 1980, 235.
5 AG Darmstadt, WuM 1980, 129.
6 AG Aachen, WuM 1974, 44.
7 AG Köln, WuM 1974, 241.
8 AG Ibbenbühren, WuM 2002, 216.
9 AG Potsdam, WuM 1995, 534.
10 AG Ravensburg, WuM 1976, 9.
11 LG Hamburg, WuM 1988, 353.
12 LG Flensburg, WuM 1988, 354.

Stichwort	Mangel	Minderungsquote in %
	Oberflächentauwasser aus der Raumluft schlägt sich an Außenwänden nieder, hohe Fugendurchlässigkeit der **Fenster**	15[1]
	Neubaufeuchtigkeit	10[2]
	Neubaufeuchtigkeit, Schimmelbildung	20[3]
	Neubau: Flecken an den Decken, insbes. im Wohnzimmer **feuchte Stellen** und **Risse** an den Wänden	10[4]
	Neubaufeuchtigkeit, Schimmelbildung in allen Räumen, so dass Aufstellen von Schränken an den Wänden unmöglich	75[5]
	Altbau, Feuchtigkeitsschäden, Baumangel	5[6]
	Feuchtigkeitsflecken in Toilette, Flur, Mädchenzimmer, Arbeitszimmer, Schlafzimmer	30[7]
	Feuchtigkeitsschäden als Baumangel, **Schimmel**pilz (Bewohnen mit Kleinkind)	20[8]
	zunächst im Wohnzimmer, später in der Abstellkammer und im Schlafzimmer	20[9]
	Wasserfleck im Schlafzimmer	3[10]
	Nässe dringt **bei Schlagregen** durch Fenster, Wasserflecken im Fensterbereich von Wohn- und Schlafzimmer	5[11]
	verbliebene Feuchtigkeitsschäden nach Behebung einer Dachundichtigkeit	2[12]
	Feuchtigkeit in Küche, Bad, Schlafzimmer und Kinderzimmer	10[13]
	Feuchtigkeit und Schimmelpilzbefall infolge von Kondenswasser in Außenwandbereichen von Küche und Bad; DIN-Anforderungen nur im Zeitpunkt der Wohnungserrichtung erfüllt	8[14]

---

1 LG Hannover, WuM 1988, 354.
2 LG Lübeck, WuM 1988, 351.
3 AG Bad Schwartau, WuM 1988, 55.
4 LG Hamburg, WuM 1976, 205.
5 LG Köln, WuM 2001, 604.
6 AG Rheine, WuM 1988, 302.
7 LG Hamburg, WuM 1989, 566.
8 LG Kassel, WuM 1988, 109.
9 AG Waldbröl, WuM 1989, 71.
10 LG Hamburg, WuM 1990, 149.
11 LG Berlin, MDR 1982, 671.
12 LG Hannover, WuM 1994, 463.
13 AG Neuss, WuM 1994, 382.
14 LG Hamburg, WuM 2001, 193.

Stichwort	Mangel	Minderungs-quote in %
	Stock- und **Schimmel**flecken im Bad	5[1]
	Feuchtigkeitseintritt bei **Schlagregen** ins Kinderzimmer	5[2]
	Schimmelbildung im Schlafzimmer, was dessen Nutzung ausschließt, Schimmelbildung ebenfalls in Bad und Küche, was zu einer Nutzungseinschränkung führt	25[3]
	Feuchtigkeitserscheinungen, **Schimmelbildung** im Bereich von 5–60 cm über dem Erdboden, neben der Wohnungsabschlusstür, der Küchenwand zum Flur, der gesamten ostseitigen **Außenwand** der Wohnung in der Küche, im Badezimmer und in einem der beiden Kinderzimmer; undichte Fenster und Wohnungsabschlusstüre	30[4]
	erhebliche Feuchtigkeit in/an Decken, Wänden, Möbeln und Böden durch von der Decke **tropfendes Wasser**	50[5]
	Wohnzimmer unbenutzbar, durchfeuchtete Decke muss mit Balken abgestützt werden	30[6]
	zur Regenzeit Wassereintritt im **Keller**, dadurch eingeschränkte Nutzungsmöglichkeit; Lärm durch an die Zweizimmerwohnung angrenzenden Kinderladen	16[7]
	Herkömmliche Feuchtigkeit in **Altbau-Keller**	0[8]
	bauwerksbedingte Feuchtigkeitsschäden mit Schwarz**schimmel**bildung in Gaststättenraum	15[9]
	zweifacher Wassereintritt in Ladenlokal eines Modehauses, so dass Feuchtigkeit in Decke und Wände eindringt; teilweises Ablösen der Tapete, Verfärbung, Geruchsbildung	10[10]
	Feuchtigkeitsschäden, Salzausblühungen, Wandrisse in Ladenlokal	23[11]

---

1 AG Potsdam, WuM 1994, 376.
2 AG Potsdam, WuM 1994, 376.
3 AG Düren, WuM 1991, 89.
4 AG Pasewalk, WuM 1992, 683.
5 AG Leverkusen, WuM 1980, 163.
6 AG Bochum, WuM 1979, 74.
7 AG Hamburg, WuM 1975, 209.
8 LG Osnabrück, WuM 2004, 233.
9 AG Altenburg, GuT 2002, 46.
10 LG Wuppertal, GuT 2002, 19.
11 OLG Naumburg, GuT 2002, 15.

Stichwort	Mangel	Minderungsquote in %
Fliesen	s. *Bad*	
Fluglärm	Ortsüblich, wenn in der weiten Umgebung seit Jahren große Bauprojekte wie ein Flughafen stattfinden	0[1]
Fogging	Schwarzverfärbungen in Küche, Wohnzimmer, Bad, nachdem Mieter Laminat-, Kunststoff- und Teppichböden verlegt hat; keine baulichen Mängel	0[2]
	Schwarzverfärbungen an Wänden, Decken, Einrichtungsgegenständen in der Heizperiode; Beeinflussung des seelischen und körperlichen Wohlbefindens; Ursachen unklar	14[3]
	Schwarzverfärbungen im Wohnzimmer durch vermieterseits verlegten PVC-Boden und Textiltapete und durch mieterseits verklebten Korkbelag, Kohleabrieb des Staubsaugers und starken Kerzenabbrand; Verantwortungsanteil Vermieter 40 %, Mieter 60 %	40[4]
Formaldehyd	Belastung von 97–110 µg/m3 und damit unterhalb des Grenzwertes des Bundesgesundheitsamtes von 120 µg/m3 ist keine Gesundheitsgefahrdung; Grenzwert der Weltgesundheitsorganisation von nur 60 µg/m3 irrelevant	0[5]
	Fertighaus; Belastung zwischen 124–221 µg/m3 begrundet konkrete Gesundheitsgefahr	50[6]
Fußboden	**Loch** im Badezimmer	2[7]
Garten	radikale Beschneidung der Bäume/Sträucher eines jahrelang als **Bio- und Naturgarten** genutzten Gartens durch Vermieterin; Mieterin standen Nutzung und Gestaltungsrecht an dem Garten zu; nunmehr ist eine Nutzung der Terrasse und des Gartens für Arbeits- und Besprechungsangelegenheiten und Ruhepausen eingeschränkt (Rechtsanwaltskanzlei)	5[8]
	willkürliche Entziehung der **Nutzungsmöglichkeit**, welche auf Widerruf gewährt wurde	5–7[9]

---

1 AG Frankfurt/Main, NZM 2005, 217.
2 AG Pinneberg, ZMR 2002, 359.
3 LG Ellwangen, WuM 2001, 545; AG Schwäbisch Gmünd, WuM 2001, 544.
4 AG Hamburg-Wandsbek, NZM 2000, 906.
5 AG Königsstein i.Ts., Urt. v. 6.7.2000 – 21 C 1807/99, n.v.
6 AG Mettmann, VuR 1990, 208.
7 LG Berlin, WuM 2004, 234.
8 LG Köln in *Lützenkirchen*, KM 1998, 35 Nr. 7.
9 AG Bergisch Gladbach, WuM 1989, 498.

Stichwort	Mangel	Minderungs-quote in %
Gegensprech-anlage	Ausfall, Wohnung in 4. Etage	5[1]
	Ausfall	2[2]
		1[3]
	Ausfall; Wohnung im 2. OG, so dass erhebliche Zugangserschwernis, überdurchschnittliche Miete von 682,70 Euro für 2-Zimmer Wohnung	5[4]
	Der Besucher ist nicht zu hören	3[5]
Geruch	unangenehme Gerüche aus **Pizzabäckerei** im Nachbarhaus, welche durch Lüftungsschacht in der Wohnung verbreitet werden	15[6]
	Hundekot im Treppenhaus und Geruchsbelästigung aus Wohnung des Hundehalters	20[7]
	intensive Geruchsbelästigung aus Nachbarwohnung, Schäden an der Fensteranlage	33,3/45[8]
	Beeinträchtigung durch **Essens-** und **Zigarettengeruch** aus Nachbarwohnung auf Grund der biophysikalischen Bauweise des Gebäudes	20[9]
	Beeinträchtigung durch **Zigarettengeruch** vom unterhalb liegenden Nachbarbalkon; biophysikalische Bauweise keine Ursache	0[10]
	Beeinträchtigung beim Lüften durch **Abluft** eines nahezu täglich betriebenen, nicht üblichen Wäschetrockners eines Nachbarn	10[11]
	Nach Fleisch- und Wurstwaren riechende Luft dringt durch Dielenboden	5[12]
	Versandung/unerträglicher Gestank aus **Teppichboden**, verursacht durch Überschwemmung, für einen Zeitraum von 2–3 Wochen	80[13]
	Im **Bad**	5[14]

---

1 AG Aachen, WuM 1989, 509.
2 LG Berlin, GE 2000, 345.
3 AG Schöneberg, GE 1991, 527.
4 LG Berlin, WuM 1998, 725.
5 LG Berlin, MM 2005, 75.
6 AG Köln, WuM 1990, 338.
7 AG Münster, WuM 1995, 534.
8 AG Köln, WuM 1989, 234.
9 LG Stuttgart, WuM 1998, 724.
10 AG Wennigsen, WuM 2001, 487.
11 LG Köln, WuM 1990, 385.
12 AG Pankow/Weißensee, MM 2005, 75.
13 AG Friedberg/Hessen, WuM 1984, 198.
14 LG Berlin, WuM 2004, 234.

Stichwort	Mangel	Minderungs-quote in %
Gesundheits-gefährdung	**Urin**gestank bei heißer Witterung aus Nachbarwohnung	5[1]
	Beeinträchtigung durch **Müll-/Biotonnen** eines nahe gelegenen Supermarktes in den Monaten Mai–September	5[2]
	Durch **asbest**haltige Elektronachtspeicheröfen s.a. *Asbest* s. *Formaldehyd* s. *Holzschutzmittel*	50[3]
	durch Verwendung von giftigen Insektiziden zur Bekämpfung von Käferplage in Wohnung, die lt. Hersteller nicht in Wohn-/Schlafraum angewendet werden dürfen	100[4]
Gewinnerwartung	Vermietung eines Ladenlokals zum Betrieb einer Buchhandlung in der Schalterhalle eines Hauptpostamtes mit 2000 Mitarbeitern; Schalter- und Postbetrieb werden später eingestellt, so dass Umsatzeinbußen durch Wegfall wesentlichen Publikumsverkehrs	20[5]
	Fachhandel im Einkaufszentrum; Vermieter duldet Leerstände und die Ansammlung von Billigläden, erwarteter Umsatz bleibt aus; enttäuschte Erwartung, dass auf Grund höheren Vermietungsstandards die Akzeptanz eines Einkaufszentrums größer ist, ist kein Mangel	0[6]
Graffiti-Sprüherei	Graffiti-Sprüherei an Außenfassade einer Tierarztpraxis, keine Beeinträchtigung der Nutzung bzw. geschäftsschädigende Wirkung	0[7]
Hauseingang	s. *Außenanlage* und *Treppenhaus*	
Hausnachbar	begründete Gefahr, Opfer krimineller Handlungen des Hausnachbarn zu werden	25[8]
	Attacken eines Mitbewohners wegen Betretens einer Gartenfläche, die nach Hausordnung dessen alleiniger Nutzung vorbehalten ist	0[9]

---

1 AG Charlottenburg, MM 2004, 221.
2 AG Gifhorn, WuM 2002, 215.
3 LG Dortmund, WuM 1996, 141.
4 AG Trier, WuM 2001, 486.
5 OLG München, ZMR 1999, 707.
6 OLG Naumburg, NZM 1998, 373.
7 AG Leipzig, WuM 2001, 237.
8 AG Köln, WuM 1980, 17.
9 AG Königstein, NZM 2001, 422.

Stichwort	Mangel	Minderungs-quote in %
Haustür	Schwergängigkeit	0[1]
Heizung	Durchschnitts**temperatur** niedrig, in Wohn-, Arbeits- und im Kinderzimmer ca. 15° C	30[2]
	Aufheizung der Räume nur auf 16–18° C möglich	30[3]
	Räume können von November bis **Februar** nur auf 14–15° C aufgeheizt werden	70[4]
	unzureichende Heizleistung in der Heizperiode	15[5]
	unterdimensionierte Heizkörper, es fehlen im Elternschlafzimmer 9 % und im Kinderzimmer 11 % Heizfläche; Minderung abhängig von der Witterung	5–10[6]
	Wohnungstemperatur 16° C bei –3° C Außentemperatur; 17–18° C bei Außentemperaturen über dem Gefrierpunkt	16–17[7]
	Wohnungstemperatur im Monat April nicht über 18° C; vertragliche Regelung, dass eine Temperatur von 18° C zwischen 7–22 Uhr vertragsgemäß ist, ist **un**wirksam; erforderlich sind mindestens 20° C	10[8]
	Heizung arbeitet mit ca. 60 % **Energieverlust**	10,2[9]
	keine bzw. ungenügende Beheizbarkeit von Schlaf- und Kinderzimmer, Küche und Bad	10[10]
	Total- und Teilausfall (im Oktober) der Gasaußenwandgeräte im Wohnzimmer und einem Kinderzimmer mit der Folge, dass von 4½ Zimmern nur 1 Zimmer zu beheizen war	20[11]
	Keine Heizmöglichkeit von September bis Februar	100[12]
	totaler **Heizungsausfall** an drei aufeinander folgenden Tagen im Januar (Minderungsquote bezieht sich auf die auf den entsprechenden Zeitraum entfallende Miete)	50[13]

1 LG Berlin v. 27.10.2006 – 63 S 186/06, GE 2007, 367.
2 LG Düsseldorf, WuM 1973, 187.
3 AG Görlitz, WuM 1998, 180.
4 AG Görlitz, WuM 1998, 315.
5 AG Köln, WuM 1975, 69.
6 AG Münster, WuM 1987, 382.
7 LG Hamburg, ZMR 1960, 38.
8 AG Charlottenburg, MM 2000, 39.
9 OLG Düsseldorf, MDR 1983, 229.
10 AG Potsdam, WuM 1994, 376.
11 AG Pasewalk, WuM 1992, 683.
12 OLG Dresden, ZMR 2003, 346; LG Berlin, GE 1993, 263; LG Hamburg, WuM 1976, 10.
13 AG Bergisch Gladbach, *Lützenkirchen*, KM 35 Nr. 9.

Stichwort	Mangel	Minderungs-quote in %
	Heizungsausfall von Mitte Dezember bis Ende Februar	50[1]
	Schlafzimmer (im Februar) wegen **Rohrbruch am Heizkörper** nicht beheizbar	20[2]
	fehlende **Beheizbarkeit** während Heizperiode	min. 75[3]
	Wohnung durch teilweise **Unbeheizbarkeit** unbewohnbar, bei unzureichender Heizbarkeit des Restes, Löcher in der Zimmerdecke, Unbenutzbarkeit der Gartentreppe	100[4]
	nach dem Einbau von Aluminiumfenstern höherer Heizungsaufwand und umfangreichere Lüftung erforderlich	15[5]
	Betrieb der Heizung mit **Propan**- statt Erdgas, so dass höhere Heizkosten	0[6]
	fehlende Heizmöglichkeit in **Küche** noch kein Mangel	0[7]
Heizungs-geräusche	s. *Lärm/Heizung*	
Hellhörigkeit	s. *Lärm/Isolierung*	
Holzschutz-mittel	Bronchialbeschwerden, Hauterkrankungen durch Holzschutzmittel in Holzdecke	100[8]
	akute Gesundheitsgefahr in Raumluft durch überhöhte PCP-Konzentration im Wohnzimmer 3700 ng/m3, im Badezimmer 2400 ng/m3, in Küche 7200 ng/m3	30[9]
Kakerlaken	s. *Ungeziefer*	
Keller	Unbenutzbarkeit	10[10]
	Feuchtigkeit; Berechnung der Minderung unter Berücksichtigung des Flächenanteils und des Nutzungszwecks	10[11]

---

1 LG Kassel, WuM 1987, 271.
2 LG Hannover, WM 1980, 130.
3 LG Berlin, ZMR 1992, 302.
4 AG Köln, ZMR 1980, 87; LG Wiesbaden, WuM 1980, 17.
5 AG Emden, NJW-RR 1989, 523.
6 LG Münster, WuM 2000, 354.
7 LG Berlin, WuM 1990, 16.
8 AG Stade, WuM 2000, 417.
9 AG Rheinbach, VuR 1990, 212.
10 AG Köln, WuM 1981, U 19.
11 LG Berlin, GE 2001, 1606.

Sachverhaltserfassung und Beratung über die Vorgehensweise Rz. 109 F

Stichwort	Mangel	Minderungsquote in %
	ersatzloser Wegfall einer zum mitvermieteten Kellerraum führenden Treppe, so dass dieser nur noch über Nachbarhaus erreichbar ist	3^1
Klimaanlage	Ausfall in einer Gaststätte im Sommer	20^2
Kinderspielplatz	Fehlen eines Kinderspielplatzes in Form eines Sandkastens im Bereich der Mietwohnungen	5^3
Klingel	fehlende Klingel	5^4
Konkurrenzschutz	vertraglich vereinbart; Vermietung eines weiteren Ladenlokals in unmittelbarer Nähe des Mietobjekts, in dem Mieter Einzelhandel betreibt	5^5
	Anmietung von Räumen in Ladencenter zum Betrieb einer Spielhalle; Vermieter duldet, dass anderer Mieter sein Spielcasino ebenfalls auf Betrieb einer Spielhalle umstellt; **Mangel** auch ohne Feststellung von Umsatzeinbußen	Ohne Angabe[6]
	Betrieb zur Arbeitnehmerüberlassung bevor Vermieter an Unternehmen zur gewerblichen Arbeitnehmerüberlassung	20^7
	Eröffnung eines Konkurrenzbetriebes durch den Vermieter selbst in 5m Entfernung	25^8
Küche	und **Toilette** unbenutzbar; Ersatzräume in einer anderen Wohnung des Hauses nutzbar	50^9
	entgegen vertraglicher Vereinbarung bei Überlassung der Wohnung nicht eingebaut	20^{10}
	Spüle undicht	5^{11}
	fehlende **Heiz**möglichkeit noch kein Mangel	0^{12}
	Tür des Unterschranks, hinter der sich ein Mülleimer befindet, schließt nicht richtig	0^{13}

---

1 AG Hamburg, NZM 2001, 234.
2 OLG Köln in *Lützenkirchen*, KM 35 Nr. 61.
3 LG Freiburg, ZMR 1976, 210.
4 AG Potsdam, WuM 1996, 760.
5 LG Chemnitz, ZMR 2002, 350.
6 OLG Düsseldorf, NZM 1998, 307.
7 OLG Düsseldorf v. 6.7.2001 – 24 U 174/000 – zitiert nach juris.de.
8 KG v. 16.4.2007 – 8 U 199/06, GE 2007, 1551.
9 LG Berlin, GE 1984, 47.
10 LG Dresden, WuM 2001, 336.
11 LG Berlin, GE 1996, 471.
12 LG Berlin, WuM 1990, 16; vgl. LG Berlin, GE 1997, 429.
13 LG Berlin, GE 1996, 471.

Stichwort	Mangel	Minderungsquote in %
Lärm – Bau	Setzrisse in Küche bei überdurchschnittlicher Miete; 682,70 Euro für eine 2-Zimmer Wohnung	2^1
	fehlende Anschlussmöglichkeit für Tiefkühlschrank bei überdurchschnittlicher Miete; 682,70 Euro für eine 2-Zimmer Wohnung	2^2
	Beeinträchtigung durch Staub und **Baulärm** vom **Nachbargrundstück**	12^3
	Beeinträchtigung durch Staub, Baulärm vom Nachbargrundstück	15^4
	Lärm, Staub und optische Beeinträchtigung durch **Großbaustelle**, Straßenbaumaßnahmen in der Nähe der Wohnung (30–40 m)	15^5
	Autobahnbaustelle, auf der von 6–22:00 Uhr eine Steinzerkleinerungsmaschine in Betrieb ist	15^6
	Beeinträchtigung durch Lärm und Staub einer **Großbaustelle**, bei vorheriger Kenntnis des Mieters über die tatsächlichen Umstände der künftigen Beeinträchtigung	0^7
	Großbaustelle in Innenstadtlage	12^8
	gegenüberliegende **Großbaustelle** beeinträchtigt den Wohnwert der Wohnung durch die Lärmimmissionen über Monate	15^9
	Beeinträchtigung durch Lärm, Geruch, Staub einer **Großbaustelle** und Sichtbehinderung durch 6 m von Terrasse entfernten Bauzaun	35^{10}
	mehrmonatige tägliche Beeinträchtigung durch Lärm und Erschütterung infolge Bauarbeiten an nahe gelegener Eisenbahnstrecke	18^{11}
	Lärmbelästigung infolge geänderter Verkehrsführung nach Straßenumbau und Installation einer Ampel, vermehrte Anfahrgeräusche	$13,5^{12}$

1 LG Berlin, GE 1998, 1275.
2 LG Berlin, GE 1998, 1275.
3 AG Saarburg, WuM 1999, 64.
4 LG Berlin, MM 2001, 38.
5 LG Siegen, WuM 1990, 17.
6 AG Suhl, WuM 2005, 656.
7 LG Lübeck, WuM 1998, 690.
8 LG Frankfurt/M. v. 6.3.2007 – 2-17 S 113/06, ZMR 2007, 698.
9 AG Köln, WuM 1996, 92.
10 LG Hamburg, WuM 2001, 444.
11 LG Köln, WuM 2001, 78.
12 AG Erfurt, WuM 2000, 592.

Stichwort	Mangel	Minderungs-quote in %
	Bauarbeiten im Haus, Ausbau eines Dachstuhles, Stemmarbeiten an Außenwänden u.a.	60[1]
	Starke Lärm- und Staubbelästigung durch **Aufstockung des Hauses** über der Wohnung um eine Dachgeschosswohnung, Feuchtigkeitsschäden im Mai, Juni, Balkon im Sommer nicht nutzbar	10[2]
	Lärm u. Schmutzbelästigung durch **Baulärm in unmittelbarer Nachbarschaft** überschreiten das üblich zu erwartende Maß bzgl. Ausmaß und Zeit: Öffnen des Fensters, normale Unterhaltung, Radio, Fernsehen unmöglich, Arbeiten auch nach 17 Uhr und an Samstagen und Sonntagen	25[3]
	durch Umbau und **Modernisierungsmaßnahmen** verursachte Lärmbeeinträchtigungen, teilweise auch von 17–20 Uhr bei einer Familie mit zwei Kindern	30[4]
	durch **Bauarbeiten** bedingte Lärmbelästigung, über drei Monate, Trocken- und Wäscheraum nicht nutzbar	50[5]
	durch Stemmarbeiten über mehrere Monate zur Verlegung von Steigleitungen und einer Gegensprechanlage; zwischen den Arbeiten liegen auch Tage ohne Beeinträchtigung	20[6]
– Feiern	Nach dem Lärmimmisionsschutzgesetz verbotene Störungen (lautstarke Feiern eines Rudervereins und von Kleingärtnern)	1–2[7]
– Fluglärm	s. dort	
– Heizung	Normale Fließ- und Strömgeräusche	0[8]
– Isolierung	mangelnder **Schallschutz**, entspricht nicht DIN 4109, Werte gem. VDI 2058 werden nicht eingehalten	20[9]
	Hellhörigkeit der Wohnung	10[10]

---

1 AG Hamburg, WuM 1987, 272.
2 AG Hamburg-Altona, WuM 1986, 245.
3 LG Darmstadt, WM 1984, 245.
4 AG Osnabrück, WuM 1996, 754.
5 AG Weißwasser, WuM 1994, 601.
6 AG Neukölln, MM 1994, 23.
7 AG Spandau v. 26.11.2008 – 4 C 207/08, GE 2009, 54.
8 LG Berlin v. 27.10.2006 – 63 S 186/06, GE 2007, 367.
9 AG Gelsenkirchen, WuM 1978, 66.
10 AG Lüdinghausen, WuM 1980, 52.

Stichwort	Mangel	Minderungs-quote in %
	Hellhörigkeit, die dazu führt, dass der Mieter intime Geräusche (z.B. **Darmwinde**) aus der Nachbarwohnung vernehmen kann	ca. 10 %[1]
	fehlende **Trittschalldämmung**, Bewohner wurden durch Geräusche aus der Oberwohnung häufig aus dem Schlaf gerissen, jede Tätigkeit aus jener Wohnung ist zu hören	20[2]
	schlechte **Trittschalldämmung**, schon normales Gehen in der darüber liegenden Wohnung ist deutlich zu vernehmen	5[3]
– Kinderspielplatz	Dort verursachter Lärm ist sozialadäquat, selbst wenn er als Treffpunkt von Jugendlichen außerhalb von Ruhezeiten zu Lärm verursachenden Aktivitäten genutzt wird	0[4]
– Gewerbe	Lärmbelästigung aus an die Wohnung angrenzendem **Billard-Café** ab 21–22 Uhr	20[5]
	Klopfgeräusche aus Lokal, insbesondere zu späten Nachtstunden	11[6]
	Lärm-/Geruchsbeeinträchtigung durch **Imbissstube**	20[7]
	Lärmbelästigung von Gaststätte im selben Haus in den Abend- und Nachtstunden; Richtwertüberschreitung von bis zu 10 dB, so dass Nutzung des Schlafzimmers unmöglich	50[8]
	Ruhestörung (Vibrationen/Geräusche) durch **Tanzschule** v. 22–24 Uhr, Mi, Do, Fr erheblicher Lärm durch Tanzveranstaltungen	20[9]
	Lärmbelästigung im 2. Stock durch **Waschsalon im EG**	7[10]
	durch **Kinderarztpraxis in EG**, **Lärm**, **Unruhe** und Verschmutzung im Treppenhaus, Betrieb der Praxis von 8–19 Uhr	10[11]

---

1 Geschätzt, da Minderungsquote aus der Veröffentlichung nicht zu ermitteln: AG Neuruppin, WuM 2005, 653.
2 AG Cloppenburg, WuM 1996, 760.
3 LG Hannover, WuM 1994, 463.
4 AG Frankfurt/Main v. 13.3.2009 – 33 C 2368/08-50, WuM 2009, 226.
5 AG Köln in *Lützenkirchen*, KM 1998, 35 Nr. 10.
6 LG Köln, WuM 1987, 272.
7 AG Braunschweig, WuM 1981, U 16.
8 AG Schöneberg, MM 1995, 28.
9 AG Köln, WuM 1988, 56.
10 AG Hamburg, WuM 1976, 151.
11 AG Bad Schwartau, WuM 1976, 259.

Sachverhaltserfassung und Beratung über die Vorgehensweise   Rz. 109 **F**

Stichwort	Mangel	Minderungsquote in %
	tägliche **Lärm**belästigung durch 1–3,5 Stunden dauernden Betrieb einer **Papppresse**, durch täglichen **Anlieferverkehr** beginnend ab 4 Uhr in Morgenstunden	15[1]
	Beeinträchtigung durch **Lärm**, **Fäkalien**, **Müll**, Klingeln an Wohnungstür, Betreten des Grundstücks von Besuchern eines benachbarten General**kons**ulats in Wohngegend mit **Spitzen**miete	20[2]
– Heizung	**Knackgeräusche der Heizung**, erhebliche Störung der Unterhaltung im einzigen Zimmer	5–10[3]
	Knackgeräusche des Gas-Raumheizers, Durchfeuchtungsschaden, Trittschallgeräusche	15[4]
	deutlich hörbare **Klopfgeräusche** im Schlafzimmer **durch** Betrieb der **Zentralheizung** (Minderung bzgl. der auf das Schlafzimmer entfallenden Quadratmetermiete)	75[5]
	laute **Knackgeräusche des Gas-Raumheizers**, primär im Schwachlastbetrieb	10[6]
– Kinder	vermeidbarer **Kinderlärm** in allgemeinen Ruhezeiten (13–15 und ab 20 Uhr)	10[7]
	Lärm durch 2–3 Jahre alte Kinder und lautere Ermahnungen durch Eltern in **älterem** Mehrparteienhaus	0[8]
	Auch wenn Erwartungen an kinderfreies Wohnen bestehen	0[9]
	Lärm durch **Fußball spielende Kinder** auf Kinderspielplatz (ortsüblich)	0[10]
	Lärm durch auf **Bolzplatz** in einer Wohnanlage Fußball spielende Kinder zwischen 7.30 und 21.30 Uhr (ortsüblich)	0[11]
	Lärm durch Fußball spielende Kinder auf einer Grünfläche zwischen zwei Wohnblocks	5[12]

---

1 AG Gifhorn, WuM 2002, 215.
2 AG München, NZM 2001, 809.
3 AG Hamburg, WuM 1987, 271.
4 LG Hannover, NJW-RR 1995, 331.
5 LG Mannheim, ZMR 1978, 84.
6 LG Hannover, WuM 1994, 463.
7 AG Neuss, WuM 1988, 264.
8 AG Oberhausen, WuM 2001, 464.
9 AG Frankfurt/Main, WuM 2005, 764.
10 AG Köln in *Lützenkirchen*, KM 1998, 35 Nr. 11.
11 AG Magdeburg, WuM 1998, 627.
12 AG Frankfurt/Main, NZM 2005, 617.

Stichwort	Mangel	Minderungsquote in %
	vier Kinder; **Trampeln** von 7–23 Uhr	11[1]
	Kinder in **älterem** Mehrparteienhaus (Bauzeit vor 1940) unter Berücksichtigung des Alters des Hauses, der Schallisolierung, Mieterzahl, Spielmöglichkeiten außerhalb des Hauses	0[2]
	Mitmieter im **Altbau** im Rahmen des normalen Wohngebrauchs	0[3]
	Kinderspielplatz in 4 m Entfernung von Terrasse; aus bestimmungsgemäßer Nutzung resultierende Geräusche sind sozialadäquat	0[4]
– Musik	ständiges Klavierspielen in Wohnung im 7. OG, Mieter wohnt im 5. OG; Klavierspielen ist nur 2 Stunden pro Tag und unter Einhaltung der Ruhezeiten (13–15, 20–7.00 Uhr) erlaubt	20[5]
	besonders lautes Klavierspielen des Mieters wird durch Klopfen anderer Mieter gestört; ausreichende Lärmdämmung	0[6]
– Nachbar	ständiger, wenn auch nicht täglicher ruhestörender **Lärm aus** einer anderen **Mietwohnung** zur Nachtzeit	20[7]
	erhebliche **Lärmerzeugung** nahezu jeden Tag, insbesondere nachts, **durch Wohngemeinschaft** und ihre Besucher	50[8]
	Erhebliche **Lärmbelästigung durch Mitbewohner** des Hauses	35[9] (20)[10]
	Jugendgästehaus, das im Interesse der Allgemeinheit betrieben wird	0[11]
	ständiger Lärm aus einer anderen, gewerblich genutzten Mietwohnung infolge Bürotätigkeit nach 22.00 Uhr, hohe Ortsmiete 19,20 DM/qm	9,5[12]

---

1 LG Köln, MDR 1971, 396.
2 AG Braunschweig, WuM 2002, 50.
3 AG München, NZM 2004, 499.
4 LG Berlin, GE 1999, 1287.
5 AG Düsseldorf, DWW 1988, 357.
6 AG Tiergarten, NJW-RR 1990, 398.
7 AG Kerpen, WuM 1987, 272.
8 AG Braunschweig, WuM 1990, 147.
9 AG Chemnitz, WuM 1994, 68.
10 Ergebnis des Vergleiches in der Berufung, LG Chemnitz, Sitzung v. 7.10.1993 – 6 S 3680/93.
11 AG Schöneberg v. 2.10.2007 – 3 C 14/07, WuM 2007, 638.
12 AG Potsdam, NZM 2002, 68.

Sachverhaltserfassung und Beratung über die Vorgehensweise   Rz. 109 **F**

Stichwort	Mangel	Minderungsquote in %
– sonstiges	Lärmbelästigung durch Betrieb einer **Tiefgarage**, Schlafzimmerfenster können wegen Lärm und Geruchsbelästigungen nachts nicht geöffnet werden	10[1]
	Lärmbelästigung durch Tor zur Tiefgarage unter der Wohnung nach Austausch des Antriebs	15[2]
	Wohnung liegt über einer **Tiefgaragen**einfahrt, während des Öffnungs-/Schließvorganges des Garagentores sind bei absoluter Stille ein knarrendes Geräusch und der Toranschlag wahrnehmbar; keine Erheblichkeit	0[3]
	Lärmbeeinträchtigungen von außerhalb der Wohnung	25[4]
	erheblicher **Fluglärm** von 6–23 Uhr, fehlende Isolierverglasung	je 10[5]
	bei Beginn des Mietverhältnisses vorhandener **Fluglärm** berechtigt nicht zur Minderung, auch wenn Besichtigung der Wohnung an einem Sonntag erfolgte	0[6]
	Lärmbelästigung durch verbotswidrig abgestellte Pkw vor Parterrewohnung trotz Gegenmaßnahmen durch Vermieter in Form der Abgrenzung des Grundstücks durch Holzpfähle auf Rasenfläche	0[7]
	Lärm- und Abgasbelästigung durch nachträglich errichteten Parkplatz in unmittelbarer Nähe von Wohn-, Schlafzimmer und Terrasse	5[8]
	Lärmbelästigung durch Benutzung einer Skaterbahn außerhalb der Schulzeiten (nach 22 Uhr) in Mischgebiet, das insbesondere für schulische, sportliche Zwecke ausgewiesen ist	5[9]
– Tiere	Lärmbelästigung durch minutenlanges, länger als 10–15 Minuten dauerndes **Gebell mehrerer Hunde** auf Nachbargrundstück, auch zur Nachtzeit	ohne Angabe[10]

---

1 AG Osnabrück, WuM 1986, 334.
2 LG Hamburg v. 26.3.2009 – 333 S 65/08, WuM 2009, 347.
3 AG Bonn, WuM 1990, 71.
4 AG Köln, WuM 1980, 17.
5 LG Kiel, WuM 1979, 128.
6 LG Berlin, GE 2001, 1607.
7 AG Leipzig, NZM 2001, 378.
8 AG Spandau, MM 2000, 38.
9 AG Emmerich, NZM 2000, 544.
10 AG Köln, WuM 2001, 493; vgl. OLG Düsseldorf, WuM 1990, 122 bzgl. ordnungsgemäße Haltung eines Papageis; OLG Hamm, WuM 1990, 123 bzgl. ordnungsgemäßer Hunde- und Hühnerhaltung.

Stichwort	Mangel	Minderungs-quote in %
	ab morgens nicht unerhebliche Lärmbeeinträchtigung durch **Taubenhaltung** des Nachbarn, zeitweilig notwendige Schließung der Fenster	25^1
Leerstand	Unvermietete Nachbarwohnung, so dass der Mieter verstärkt heizen muss	0^2
Leuchtreklame	In der Großstadt stellt der durch eine Leuchtreklame verursachte Lichteinfall keinen Mangel dar.	0^3
Lichteinfall	Grundsätzlich keine Minderung, weil Mieter mit der Schließung von Baulücken rechnen muss; anderes gilt aber, wenn die Abstandsflächen nicht eingehalten werden und direkt gegenüber dem Schlafzimmer ein Balkon errichtet wird.	5^4
	Einschränkung durch **Fassadenbegrünung**	3^5
Loch	Im **Fußboden** des Badezimmers	2^6
Madonna	Aufstellen einer Madonnenstatue im Treppenhaus, das auch von einer evangelischen Mieterin benutzt wird.	0^7
Mäuse	s. *Ungeziefer*	
Mobilfunkantenne	s. *Elektrosmog*	
Müllschlucker	Stilllegung	0^8
Mülltonne	Ständig überfüllt	5^9
	Müllsäcke und Kartons im Kellerbereich einer Mehrfamilienwohnung, Neubau	0^{10}
	Tür des Unterschranks, hinter der sich ein Mülleimer befindet, schließt nicht richtig	0^{11}
Nachbar	s. *Hausnachbar*	
	Austausch der Wohnungseingangstür im Wege einer Notmaßnahme ohne Aushändigung der neuen Schlüssel	100^{12}

---

1 AG Dortmund, WuM 1980, 6.
2 AG Frankfurt/Oder, ZMR 2005, 131 = WuM 2005, 766.
3 LG Berlin, ZMR 2004, 583 = NZM 2004, 548.
4 AG Potsdam, WuM 2004, 233.
5 AG Köln, ZMR 2004, 594.
6 LG Berlin, WuM 2004, 234.
7 AG Münster, NZM 2004, 299.
8 AG Hamburg, WuM 1985, 260.
9 AG Potsdam, WuM 1996, 760.
10 AG Saarburg, WuM 2002, 29.
11 LG Berlin, GE 1996, 471.
12 OLG Düsseldorf, ZMR 2005, 705.

Stichwort	Mangel	Minderungs-quote in %
Nutzungsbe-schränkung	Entzug der Nutzung eines **Trockenraumes**, worin eine Beeinträchtigung nur im Winter und bei Regenwetter zu sehen ist	2[1]
	Nutzungsentzug des **Wasch-** und **Trockenraumes** sowie des Gartens von Oktober bis Mai	20[2]
	Durch **Schädlingsbekämpfung**saktion	20[3]
	zwei im Souterrain gelegene Räume als Bestandteil einer Fünfzimmerwohnung können **bauordnungsrecht**lich nicht als Aufenthaltsräume genutzt werden	6[4]
	völlige **Umgestaltung der Wohnung** durch Neueinzug einer Decke, Neuverlegung der elektrischen Leitungen, Küche wegen Verlegung von Leitungen und Neuplattierung nicht nutzbar, Heizkörper aus Verankerung gerissen	100[5]
	kein Anschluss an die Gemeinschaftsantenne	2[6]
	Störung des Betriebsablaufes eines Einzelhandelsgeschäfts durch Wegfall der vertraglich vereinbarten Belieferungsmöglichkeit über eine Hofdurchfahrt	20[7]
	optische Beeinträchtigung von Schlaf- und Arbeitszimmer durch untapezierte Wände nach Entfernung verschimmelter Tapeten	10[8]
	drei Deckendurchbrüche im Schlafzimmer, so dass Beobachtung im Schlaf möglich	30[9]
	5 Monate Zugangsbeeinträchtigung zu Ladenlokal durch Straßenbauarbeiten, noch kein Fehler der Mietsache	0[10]
	Umbaumaßnahme im Einkaufszentrum, die zu einer Änderung des Kundenverhaltens führt; nur mittelbare Einwirkung auf die Eignung der Mietsache zum vertragsgemäßen Gebrauch	0[11]

---

1 LG Saarbrücken, WuM 1996, 468.
2 LG Köln in *Lützenkirchen*, KM 1998, 35 Nr. 16; AG Köln, WuM 2001, 467.
3 AG Bonn, WuM 1986, 113.
4 LG Lüneburg, WuM 1989, 368.
5 AG Köln, ZMR 1980, 87.
6 LG Berlin, NZM 2001, 986.
7 LG Chemnitz, ZMR 2002, 350.
8 AG Ibbenbühren, WuM 2002, 216.
9 LG Berlin, GE 1996, 549, bezogen auf den Mietanteil für das Schlafzimmer.
10 OLG Naumburg, GuT 2002, 14.
11 OLG Dresden, NZM 2001, 336.

Stichwort	Mangel	Minderungsquote in %
	ersatzloser Wegfall einer zum mitvermieteten Kellerraum führenden Treppe, so dass dieser nur noch über Nachbarhaus erreichbar ist	3[1]
	Verweigerung des Zugangs zur Wohnung für den Lebensgefährten des Mieters durch Vermieter; Erlaubnis- und Kontrollvorbehalt im Hinblick auf Schlüsselaushändigung an Mieter	100[2]
	Behördliche Untersagungsverfügung wegen Verstoß der Nutzung gegen Bauordnungsvorschriften	100[3]
	Gefahr der behördlichen Nutzungsuntersagung für den Betrieb eines Gewerbes	10[4]
Offener Kamin	Offener Kamin konnte nicht ordnungsgemäß betrieben werden, erheblicher **Rauch im Wohnzimmer** nach kurzer Zeit (Minderung nur in den Wintermonaten)	5[5]
PAK	polycyclische aromatische Kohlenwasserstoffe in Innenraumluft auf Grund schadstoffhaltigen Parketts; doppelte Konzentration gegenüber Außenluft	15[6]
Parkplatz	Unterschreitung der öffentlich-rechtlichen Stellplatzbreite um 10–12 cm ist geringfügig; keine unzumutbaren Rangiermanöver erforderlich, kein Mangel	0[7]
	Zusage der Errichtung eines Abstellplatzes in Hausnähe; später wird öffentlicher Parkplatz in Entfernung von 400–500 m eingerichtet	10[8]
PCP	Pentachlorphenol, s. *Holzschutzmittel*	
Perchlorethylen	Gefahr der **Gesundheitsbeeinträchtigung** im 1. OG durch Perchlorethylenaustritt in darunter liegenden Textilreinigungsbetrieben	50[9]
	Perchlorethylenkonzentration in der **Wohnung** von 3,6 mg/cbm, in der Wohnungsluft 0,03 und nach 24 Stunden Lüften 0,123 mg	0[10]
Prostitution	s. *Bordell*	

---

1 AG Hamburg, NZM 2001, 234.
2 LG Gießen, NZM 2001, 232.
3 LG Berlin v. 11.7.2008 – 63 S 476/07, GE 2009, 452.
4 OLG Hamburg, NJW-RR 1996, 1356.
5 LG Karlsruhe, WuM 1987, 382.
6 LG Frankfurt/Main, NZM 2001, 890.
7 AG Sömmerda, GE 1999, 1133.
8 AG Köln, WuM 1990, 146.
9 LG Hannover, WuM 1990, 337.
10 LG Hamburg, WuM 1989, 368.

Stichwort	Mangel	Minderungs-quote in %
Ratten	s. *Ungeziefer*	
Rauch	durch Schornsteinmängel bedingte **Rauchentwicklung**	10[1]
	Aus älteren Heizungsanlagen der Nachbarhäuser in zulässigem Umfang	0[2]
Risse	Risse in **Lehmwand**, beschädigte Decke über Ofen	16[3]
	Riss in Außenmauer des Badezimmers	15[4]
	3 cm lang, 1–2 mm breit in Balkontür, Tür schwergängig und Zugluft am unteren Türspalt	2[5]
	Setzrisse in Küche bei überdurchschnittlicher Miete in Höhe von 682,70 Euro für 2-Zimmer-Wohnung	2[6]
Schimmel	Im Wohnzimmer	50[7]
	In der Wohnung mit nachgewiesener Auswirkung auf Gesundheit (Lungenentzündung mit Bauchfellbeteiligung)	100[8]
Schmutz	s. *Treppenhaus* und *Außenanlage*	
	ständig in Wohnung eindringender Sand von nahe gelegener Baustelle	10[9]
Sichtbeeinträchtigung	Beeinträchtigung der Sicht-/Lichtverhältnisse durch den **Bau einer** 5,5 m hohen Mauer in einem Abstand von 7,5 m bzw. 9,5 m	10[10]
	s.a. *Einrüstung*	
	Beschattung der Wohnung durch große stattliche Bäume auf dem Hausgrundstück	0[11]
	Beeinträchtigung des ungestörten Fernblicks auf Landschaft (See, Wald, Berg) durch Neubau und Wegfall der Möglichkeit unentgeltlichen Parkens auf Grundstück	10[12]

---

1 AG Rendsburg, WuM 1975, 122.
2 AG Münster v. 24.7.2007 – 3 C 3832/06, WuM 2007, 505.
3 AG Goslar, WuM 1974, 53.
4 AG Bergheim, WuM 2000, 435.
5 LG Berlin, GE 1996, 549.
6 LG Berlin, GE 1998, 1275.
7 LG Hamburg v. 31.1.2008 – 144/07, ZMR 2008, 456.
8 LG Berlin v. 20.1.2009 – 65 S 345/07, GE 2009, 845.
9 LG Berlin, GE 2001, 1607.
10 LG Hamburg, WuM 1991, 90.
11 LG Berlin, NZM 2001, 986; LG Hamburg, NZM 2001, 91.
12 LG Berlin, MM 2000, 35.

Stichwort	Mangel	Minderungsquote in %
– Sichtbelästigung	Belästigung durch Neubau auf dem Nachbargrundstück, so dass nunmehr Einblick in Bad, Schlaf- und Wohnraum des Mieters möglich	10[1]
	Belästigung infolge der Aufstockung des Wohnhauses mit Dachgeschosswohnung, so dass tiefer liegender Balkon nicht mehr unbeobachtet benutzt werden kann	4[2]
– Sichtbeeinträchtigung und -belästigung	Beeinträchtigung der Sicht aus Wohnzimmer einer 2-Zimmer-Wohnung zu 40 % durch Neubau, durch den zugleich ein vollständiger Einblick ins Wohnzimmer aus 5 m möglich	16[3]
Silberfische	s. *Ungeziefer*	
Spielplatz	Einrichtung auf einer bei Mietbeginn vorhandenen Freifläche	0[4]
Stellplatz	kein Stellplatz, obwohl vertraglich vereinbart	10[5]
Tauben	s. *Balkon*	
Telefon	Anschluss fehlt; überdurchschnittliche Miete von 682,70 Euro für eine 2-Zimmer Wohnung	5[6]
Terrasse	Unbenutzbar	5[7]
	Unbenutzbarkeit, wegen zwischenzeitlichem Belag mit Kies und Folie	5[8]
	Nutzungsbeeinträchtigung einer zur Wohnung gehörenden Terrasse durch eine den anderen Mietern eingeräumte Mitbenutzung	7[9]
	erhebliche Nutzungsbeeinträchtigung in der Sommerzeit durch **Bauarbeiten**	15[10]
Tierhaltung	**Katzenhaltung** anderer Bewohner trotz Allergie des Mieters, solange diese nicht zu einer Verschmutzung der Gemeinschaftsflächen führt	0[11]
Toilette	**Verkalkt**	1[12]
	s.a. *Bad*	

---

1 LG Berlin, MM 2001, 38.
2 LG Berlin, MM 2000, 38.
3 AG Köpenick, NZM 2001, 334.
4 LG Berlin, MM 2004, 410.
5 AG Köln, WuM 1990, 146.
6 LG Berlin, WuM 1998, 725.
7 AG Potsdam, WuM 1996, 760.
8 AG Köln, WuM 1974, 258.
9 AG Augsburg, ZMR 1998, 354.
10 AG Eschweiler, WuM 1994, 427.
11 AG Bad Arolsen v. 8.3.2007 – 2 C 18/07 (70), WuM 2007, 191.
12 LG Berlin, WuM 2004, 234.

Stichwort	Mangel	Minderungs-quote in %
Treppenhaus	**Ungepflegter Zustand** einer Hochhausanlage: stark schmierige Schmutzbeläge an Treppenaufgängen, Eingangstür und Feuerschutztüren der Etagen; Schmierereien an den Wänden, Müllschlucker nicht sorgfältig gereinigt; Fahrstuhlkabine teilweise mit Hundekot verdreckt, Gleiches gilt für die Bedienungsleiste des Fahrstuhls, Sandspielplatz nicht von Hunde- und Katzenkot gereinigt; Briefkastenanlage oft zerstört, Postsendungen kamen abhanden; Lärmbelästigung	5[1]
	loser Putz, abblätternde Farbe	5[2]
	Neubau: nicht fertig gestelltes Treppenhaus, Wände nicht gestrichen/tapeziert, können abfärben	5[3]
	schlechter Zustand des **Treppenhauses** zwischen 3. OG und Dachgeschoss (herabblätternde Farbe, poröser sich lösender Putz)	5[4]
	Abblätternde Farbe und Verschmierungen	10[5]
	Verschmutzung infolge Renovierungsarbeiten	2[6]
Trinkwasser	s. *Wasser/Trinkwasser*	
Trockenraum	Nutzungsentzug s.a. *Nutzungsbeschränkung*	10[7]
Trocknungsgeräte	Aufstellen in der Wohnung wegen Durchfeuchtung des Bodens im Flur (zentrale Bedeutung für die Nutzung) bei nächtlich anderweitiger Unterbringung des Mieters auf Kosten des Vermieters	20[8]
Tür	s. *Haustür*	
Überschwemmung	der Kellerwohnung, so dass Umzug in Hotel erforderlich; Wohnung liegt im hochwassergefährdeten Gebiet; unterbliebener Hinweis des Vermieters bei Einzug	100[9]
Ungeziefer	Auftreten von insgesamt 26–36 **Ameisen** an 18 Tagen innerhalb von 6 Monaten kein Mangel, weil es sich dabei nur um eine sog. „Vorhut" von Späherameisen ohne konkrete Besiedelung handelt	0[10]

1 AG Kiel, WuM 1991, 343.
2 LG Köln, WuM 1990, 17.
3 LG Mannheim, WuM 1974, 52.
4 LG Köln, WuM 1990, 17.
5 AG Schöneberg, GE 1991, 527.
6 LG Berlin, MM 1994, 396.
7 AG Osnabrück, WuM 1990, 147; AG Brühl, WuM 1975, 145.
8 AG Scchöneberg v. 10.4.2008 – 109 C 256/07, WuM 2008, 477.
9 AG Friedberg, WuM 1995, 393.
10 AG Köln, ZMR 1999, 262.

Stichwort	Mangel	Minderungsquote in %
	Befall der Wohnung von **Kakerlaken** und **Mäusen** (mind. 60 in 10 Monaten)	10^1
	vereinzeltes Auftreten von **Kakerlaken** auch nach durchgeführten Schädlingsbekämpfungsmaßnahmen	10^2
	Kugelkäfer, die als Plage in Erscheinung treten (einschließlich Schimmel im Kinderzimmer)	50^3
	zahlreiche **Mäuse**, 15 tote Mäuse, Kot, angeknabberte Vorratstüten	10^4
	mehr als 10 **Mäuse** in **Stadt**wohnung, insb. Küche, zeitweise keine Bekämpfung der Plage durch Vermieter, Panikattacke beim Mieter	100^5
	Mäuse in Wohnung im **ländlichen** Siedlungsraum; keine bauphysikalischen Bedingungen, die Einnisten fördern	0^6
	Aufkommen von **Ratten** auf dem Balkon	5^7
	Befall des Haushofes mit **Ratten**	2^8
	ständiger Befall mit 5–10 Motten pro Raum	25^9
	täglich 25–30 **Silberfische** in der Wohnung	20^{10}
	Silberfische in **Feucht**räumen, **ohne** dass das übliche Maß übertroffen ist; kein Mangel	0^{11}
Untersagungsverfügung	s. Nutzungsbeschränkung	
Vorgarten	s. Außenanlagen	
Waschküche	Entzug der Nutzungsmöglichkeit	10^{12}
Wasser	zwischen 22.00–7.00 Uhr keine Warmwasserversorgung	$7,5^{13}$

---

1 AG Bonn, WuM 1986, 113.
2 AG Köln in *Lützenkirchen*, KM 1998, 35 Nr. 19.
3 AG Trier v. 11.9.2008 – 8 C 53/08, WuM 2008, 665.
4 AG Rendsburg, WuM 1989, 284.
5 AG Brandenburg a.d. Havel, WuM 2001, 605.
6 AG Prüm, ZMR 2001, 808, n. rkr.
7 AG Köln, ZMR 2004, 594.
8 LG Berlin, NZM 2001, 986.
9 AG Bremen, WuM 2002, 215.
10 AG Lahnstein, WuM 1988, 55.
11 LG Lüneburg, WuM 1998, 570.
12 AG Köln in *Lützenkirchen*, KM 25 Nr. 63; AG Osnabrück, WuM 1990, 147; AG Brühl, WuM 1975, 145.
13 AG Köln in *Lützenkirchen*, KM 1998, 35 Nr. 20.

Stichwort	Mangel	Minderungsquote in %
– Trinkwasser	Keine Warmwasserversorgung	10[1]
	teilweiser Ausfall der Warmwasserversorgung	10[2]
	Nutzung der Badewanne als Dusche mittels Handbrause; Temperaturschwankungen beim Duschen – sobald im Haus anderweitig Wasser entnommen wird – kein Mangel, weil bei einer Badewanne kein ständiger Wasserlauf, sondern nur einmaliges Einfüllen vorgesehen	0[3]
	Warmduschen nicht störungsfrei möglich	5[4]
	Warmwasserversorgung mit Durchlauferhitzer, aber wenn eine Person duscht, kann andere das Geschirr nicht spülen	3[5]
	Erzeugung von Warmwasser in Höhe von 37° C erst nach Vorlauf von 70 l Wasser	5[6]
	Trinkwasserversorgung aus dem das Haus speisenden Brunnen nicht möglich, **Nitratgehalt** über Grenzwert der Trinkwasserverordnung (max. 50 mg/l), hier: 168 mg/l	30[7]
	Frischwasser konnte nicht als Genusswasser wegen **Gesundheitsgefährdung (Nitratgehalt)** aus der Leitung entnommen werden, Haus wurde durch zum Grundstück gehörigen Brunnen mit Wasser versorgt	10[8]
	Bleigehalt im Trinkwasser 0,23 mg in den gemieteten Büro- und Lagerräumen (Grenze nach Trinkwasserverordnung 0,04)	5[9]
	Rostverfärbung	20[10]
	Braunfärbung des Trinkwassers bei einer Überschreitung der Grenzwerte für den **Mangangehalt** um das Fünffache, für den des Eisengehaltes um das Zehnfache	15[11]
	bräunliche **Verfärbung** des Trinkwassers	10[12]

---

1 LG Kassel, WuM 1979, 51.
2 AG Münster, WuM 1981, U 22.
3 LG Berlin, GE 1997, 689.
4 LG Berlin, MM 1991, 194.
5 AG Köln v. 9.4.2008 – 220 C 152/07, GE 2008, 1567.
6 LG Berlin, GE 2001, 1607.
7 AG Brühl, WuM 1990, 382.
8 AG Osnabrück, WuM 1989, 12.
9 OLG Köln in *Lützenkirchen*, KM 1998, 35 Nr. 18.
10 AG Görlitz, WuM 1998, 180.
11 AG Bad Segeberg, WuM 1998, 280.
12 AG Görlitz, WuM 1998, 315.

Stichwort	Mangel	Minderungsquote in %
Wasserschaden	bloße Überschreitung von Grenzwerten nach der TrinkwasserVO um das 2,2fache (Nickel) ohne Verdacht einer Gesundheitsgefährdung kein Mangel	0[1]
	Nitrat-Gehalt im Trinkwasser, der die Grenzwerte der TrinkwasserVO übersteigt; Kosten für alternative Trinkwasserbeschaffung als Schadensersatz für 3-köpfige Familie	75 Euro/ Monat[2]
	s. *Bad* und *Feuchtigkeit*	
	Wassereinbruch in Wohn- und Schlafzimmer führt zur Ablösung und Verfärbung der Tapete, Verfärbung der Stuckverzierung im Wohnzimmer auf Fläche von 20 cm × 1,50 m, der Wandseite auf Fläche von 50 × 30 cm	20[3]
Wohnungstür	Fehlt	15[4]
	mangels Trennwand zum Hausflur in der Neubauwohnung **fehlt** die Möglichkeit zum Abschluss der Wohnung	25[5]
– Zugangskontrolle	Der Vermieter bei Bezug vorhanden Z. außer Betrieb und vermietet anstatt – wie im Exposé angepriesen – an besucherarme Gewerbemieter an die Agentur für Arbeit.	15[6]

cc) Mängelbeseitigungsaufforderung

110 Mit diesem Instrument macht der Mieter seinen Erfüllungsanspruch nach § 535 Abs. 1 S. 2 BGB geltend. Er zeigt nicht nur den Mangel an, sondern verlangt dessen Beseitigung. Dieser Anspruch besteht unabhängig davon, ob Gewährleistungsrechte z.B. nach § 536b BGB ausgeschlossen sind[7]. Er ist setzt aber voraus, dass **mehr als optische Beeinträchtigungen** vorliegen[8] und die Parteien bei Abschluss des Vertrages nicht einen bestimmten (schlechten) **Zustand als vertragsgemäß** vereinbart haben. Dies kann auch **stillschweigend** geschehen, etwa indem bei Überlassung der Mietsache ein bereits verschlissener Teppichboden vorhanden ist und zur Änderung dieses Zustandes nichts vereinbart wurde. Allein weil eine Verschlechterung bei Vertragsbeginn absehbar ist, entfällt der Erhaltungsanspruch

---

1 LG Berlin, GE 2001, 1607.
2 LG Köln, ZMR 1991, 223; AG Köln in *Lützenkirchen*, KM 35 Nr. 62.
3 LG Berlin, GE 1996, 549, bezogen auf den Mietanteil für Wohn- und Schlafzimmer.
4 LG Düsseldorf, WM 1973, 187.
5 AG Potsdam, WuM 1996, 760.
6 OLG Stuttgart v. 21.12.2006 – 13 U 51/06, ZMR 2007, 272.
7 BGH v. 18.4.2007 – XII ZR 139/05, GuT 2007, 208.
8 LG Berlin v. 5.1.2009 – 67 S 270/07, WuM 2009, 175.

aber nicht[1]. Dem Erhaltungsanspruch unterliegen auch rein optische Mängel[2].

Durch die Aufforderung können die Verzugsvoraussetzungen des § 536a Abs. 1, 3. Var. BGB herbeigeführt werden, so dass die für die **Mahnung** geltenden Anforderungen zu beachten sind. Die Mahnung ist eine **bestimmte und eindeutige Aufforderung** zur Leistung[3]. Soll eine Kündigung nach § 543 Abs. 2 Nr. 1 BGB vorbereitet werden, muss zudem grundsätzlich eine Fristsetzung erfolgen, wenn keine Ausnahme nach § 543 Abs. 3 S. 2 BGB eingreift. Aus Beweisgründen sollte sie schriftlich erfolgen, und in ihr sollten die Mängel möglichst genau bezeichnet werden.

Anwendungsfälle:
- alle Arten von Mietverträgen,
- Mieter hat Mangel bisher nur angezeigt,
- Leistungsaufforderung ist nicht (nachweisbar) erfolgt,
- Mandant hat bestimmte Rechtsfolge angedroht (z.B. Ersatzvornahme) und wünscht nun eine andere (z.B. Kündigung)
- Mandant wünscht Beseitigung des Mangels,
- Mandant will Mietvertrag beenden.

Mit Rücksicht darauf sollte die Mängelbeseitigungsaufforderung so formuliert werden, dass sie eine
- Mahnung und
- Fristsetzung

111

enthält. Die **Mahnung** ist eine bestimmte und eindeutige Aufforderung zur Leistung[4]. Sie setzt nicht voraus, dass bestimmte Rechtsfolgen angekündigt werden. Vielmehr ist ausreichend, wenn unzweideutig zum Ausdruck gebracht wird, dass die geschuldete Leistung verlangt wird[5]. Droht der Mieter aber eine bestimmte Rechtsfolge an (z.B. Ersatzvornahme), soll er ohne weitere Aufforderung gehindert sein, eine andere Rechtsfolge (z.B. Kündigung) herbeizuführen[6]. Dies kann wegen § 543 Abs. 3 Nr. 1 BGB aber dann nicht gelten, wenn der Vermieter den Mangel durchgängig bestreitet[7].

112

Die Voraussetzungen können am einfachsten dadurch erreicht werden, dass der Mangel wie in der Mängelanzeige nach § 536c BGB beschrieben (vgl. Rz. 92) und anschließend formuliert wird:

---

1 AG Köln v. 26.6.2007 – 219 C 70/07, WuM 2008, 551.
2 AG Hamburg-Altona v. 30.4.2007 – 314a C 72/06, WuM 2008, 551.
3 Palandt/*Heinrichs*, § 286 BGB Rz. 16 ff.
4 Palandt/*Heinrichs*, § 286 BGB Rz. 17 und 19.
5 OLG Hamburg, MDR 1978, 577.
6 OLG Hamm, NJW-RR 1991, 1035.
7 BGH v. 13.6.2007 – VIII ZR 281/06, ZMR 2007, 686.

> Namens und im Auftrage meines Mandanten fordere ich Sie auf, den soeben beschriebenen Mangel zu beseitigen.

Bei der Formulierung sollte beachtet werden, dass kein Anspruch auf eine bestimmte **Art der Mängelbeseitigung** besteht[1]. Deshalb sollte vermieden werden, eine konkrete Mängelbeseitigungsmaßnahme zu fordern. Es ist völlig ausreichend, die Beseitigung des beschriebenen Mangels zu fordern.

113 An die Aufforderung sollte sich eine **Fristsetzung** anschließen oder mit ihr verbunden werden. Die **Dauer der Frist** kann in jedem Einzelfall unterschiedlich sein. Sie hängt insbesondere davon ab, wie viel Zeit der Vermieter für die Abhilfe selbst bei Anspannung aller Kräfte benötigt[2]. Bei einer mangelhaft funktionierenden Heizung ist z.B. eine kurzfristige Abhilfe nötig, so dass das Verlangen nach sofortiger oder unverzüglicher Abhilfe genügen kann[3]. Zwar kann eine zu kurz bemessene Frist durch eine angemessene Frist (notfalls durch Urteil) ersetzt werden[4]. Indessen ist auch insoweit Vorsicht geboten. Denn wird bewusst eine **zu kurze Frist** gesetzt, was letztlich durch das Gericht auf Grund der äußeren Umstände bewertet wird, kann dies auch zur Unwirksamkeit der Fristsetzung führen[5]. Zwar wird insoweit vertreten, dass die normale Reparaturzeit bei der Dauer der Fristsetzung nicht immer berücksichtigt werden muss, weil von dem Vermieter besondere Anstrengungen verlangt werden können[6]. Indessen empfiehlt es sich, diese Zeit einzukalkulieren, um ein Risiko von dem Mandanten und von sich abzuhalten. Mit Rücksicht darauf wird eine Frist von **einer Woche** für die meisten Mängel angemessen sein, wobei allerdings die Postlaufzeiten zu berücksichtigen sind.

114 Sowohl auf die Mahnung als auch die Fristsetzung kann ausnahmsweise verzichtet werden, wenn sie sich als bloße **Formalität** darstellen. Insoweit greifen dieselben Grundsätze wie bei § 286 Abs. 2 Nr. 3 BGB ein[7]. Es ist also sorgfältig zu überprüfen, ob eine Äußerung des Vermieters dahin gewertet werden kann, dass er die Erfüllung des Mängelbeseitigungsanspruches **endgültig** und **ernsthaft** verweigert. Insoweit werden strenge Anforderungen gestellt, so dass der Rechtsanwalt diesen Standpunkt nur einnehmen sollte, wenn die Erklärung des Vermieters als sein letztes Wort aufzufassen ist[8]. Im Hinblick auf § 543 Abs. 3 Nr. 2 BGB ist eine Fristsetzung oder Abmahnung auch dann entbehrlich, wenn die sofortige Kündigung aus besonderen Gründen unter Abwägung der **beiderseitigen Interessen** gerechtfer-

---

1 AG Mitte, MM 2001, 356, 357.
2 Staudinger/*Emmerich*, § 542 BGB Rz. 31.
3 RG, RGZ 75, 354.
4 LG Frankfurt/Main, WuM 1987, 55; LG Berlin, GE 1986, 37.
5 LG Köln in *Lützenkirchen*, KM 31 Nr. 37.
6 Staudinger/*Emmerich*, § 542 BGB Rz. 31.
7 *Lützenkirchen*, Neue Mietrechtspraxis, Rz. 909; vgl. auch *Lammel*, § 543 Rz. 156 f.
8 Vgl. Palandt/*Heinrichs*, § 281 BGB Rz. 14.

tigt ist[1]. Hier sind die Fälle namentlich zu nennen, wo wiederholte Reparaturversuche nicht den gewünschten Erfolg gebracht haben[2] oder die Räume für einen ganz bestimmten Termin benötigt werden. Anderseits kann eine Fristsetzung entbehrlich sein, wenn die Abhilfe im Hinblick auf die Art der Störung nicht möglich ist[3].

Anderseits ist der Mieter an der Durchsetzung des Erhaltungsanspruchs nicht dadurch gehindert, dass die **Ursache des Mangels** noch nicht feststeht. Lässt sich der Mangel z.B. durch eine Renovierung beseitigen, kann er sofortige Ausführung von Malerarbeiten verlangen[4].

Die Verpflichtung zur Mängelbeseitigung endet dort, wo der dazu erforderliche Aufwand die **Opfergrenze** übersteigt[5]. Treten solche Umstände ein, so können diese einen Fall der Unmöglichkeit begründen, der den Vermieter unter den Voraussetzungen des § 275 Abs. 2 BGB von seiner Wiederherstellungspflicht befreit; liegt kein Fall der Unmöglichkeit vor, so kann sich ein Überschreiten der dem Vermieter zumutbaren Opfergrenze aus einer an Treu und Glauben orientierten Gesamtwürdigung ergeben, die den Vermieter im Ergebnis ebenfalls von der Wiederherstellungspflicht befreit[6]. Demgemäss kann ein Mängelbeseitigungsverlangen treuwidrig sein, wenn ein krasses Missverhältnis zwischen Reparaturaufwand einerseits und dem Nutzen der Reparatur für den Mieter sowie der Höhe der Miete anderseits besteht und die Mangelhaftigkeit nicht vom Vermieter verschuldet worden ist[7]. Als Orientierung für die Frage, ob es sich um einen zumutbaren Aufwand handelt, kann dabei der Gesichtspunkt herangezogen werden, ob die aufzuwendenden Mittel innerhalb eines Zeitraums von ca. 10 Jahren durch eine erzielbare Rendite aus dem Mietobjekt ausgeglichen werden können.

Der vorsichtige Rechtsanwalt sollte von den Ausnahmen jedoch nur sorgsam Gebrauch machen. Immerhin handelt es sich um Einzelfallentscheidungen und erscheint es äußerst risikoreich, die notwendige (beiderseitige) Interessenabwägung vollständig und richtig vorherzusehen. 115

Grundsätzlich steht der Anspruch auf Mängelbeseitigung auch dem Mieter zu, der eine **Eigentumswohnung** gemietet hat, wenn **Mängel im Gemeinschaftseigentum** bestehen[8]. Zwar darf der vermietende Sondereigentümer, solange die Voraussetzungen des § 21 Abs. 2 WEG nicht vorliegen, eine Maßnahme im Gemeinschaftseigentum nicht durchführen. Daraus folgt eine Unmöglichkeit nach § 275 Abs. 1 BGB grundsätzlich aber erst, wenn 115a

---

1 Vgl. dazu *Sternel*, ZMR 2002, 1, 5.
2 OLG Hamm, NJW 1989, 2629, 2630; AG Gelsenkirchen-Buer, ZMR 1993, 573, 573.
3 BGH, NJW 1980, 777; OLG Köln, NJW 1972, 1814, 1815; OLG Karlsruhe, ZMR 1988, 223, 224; LG Hamburg, WuM 1986, 313.
4 LG Köln in *Lützenkirchen*, KM 35 Nr. 60.
5 BGH, WuM 2005, 713 = ZMR 2005, 935.
6 BGH, WPM 1977, 400; Bub/Treier/*Kraemer*, a.a.O., III Rz. 1192.
7 OLG Hamburg, WM 2001, 542.
8 BGH, WuM 2005, 713 = ZMR 2005, 936.

ein entgegenstehender Beschluss der Eigentümerversammlung vorliegt. Zunächst muss sich der Vermieter deshalb um die Herbeiführung eines solchen Beschlusses bemühen, wofür ihm nach § 21 Abs. 4 BGB eine Rechtsgrundlage zur Verfügung steht.

116 Weder für die Mahnung noch für die Fristsetzung ist eine bestimmte **Form** vorgeschrieben. Indessen sollte der Rechtsanwalt auch hier zur Vermeidung von Risiken ein Schriftstück absetzen, das er mit **Zugangsnachweis** (vgl. dazu *J Rz. 110 ff.*) versendet. Da auf die Mahnung die Vorschriften über Rechtsgeschäfte und Willenserklärungen entsprechend anwendbar sind[1], sollte auch eine **Originalvollmacht** beigefügt werden, um das Risiko einer Zurückweisung nach § 174 BGB zu vermeiden. Sie ist im Übrigen an den (alle) Vermieter oder dessen Vertreter zu richten.

dd) Zurückbehaltungsrecht, § 320 BGB

117 Da der Erfüllungsanspruch nach § 535 Abs. 1 S. 2 BGB zu dem Mietzahlungsanspruch nach § 535 Abs. 2 BGB in einem Gegenseitigkeitsverhältnis steht, kann der Mieter gemäß § 320 BGB ein Zurückbehaltungsrecht geltend machen[2], wenn der Mangel erheblich ist[3]. Die **Ausübung** setzt allerdings voraus, dass der Mangel dem Vermieter **angezeigt** oder ihm sonst bekannt geworden ist[4]. Dann aber besteht das Leistungsverweigerungsrecht unabhängig davon, ob sonstige Gewährleistungsrechte nach § 536b BGB ausgeschlossen oder verwirkt sind[5], jedenfalls solange der Erfüllungsanspruch aus § 535 Abs. 1 S. 2 BGB nicht verjährt ist. Letzteres soll 3 Jahre nach Kenntnis eintreten, §§ 195, 199 BGB[6], was jedoch nicht unproblematisch ist, da sich der Anspruch mit dem jeweiligen Zeitabschnitt, für den die Miete zu entrichten ist, wieder erneuert[7].

Das Leistungsverweigerungsrecht des Vermieters hat den **Sinn**, dem Mängelbeseitigungsverlangen des Mieters **Nachdruck** zu verleihen und dessen Durchsetzung zu erleichtern. Im Hinblick darauf entfällt dieses Recht bei Mängeln, die der Vermieter nicht beseitigen kann. Darunter fallen insbesondere Lärmbeeinträchtigungen durch Baumaßnahmen. Befindet sich auf dem Nachbargrundstück eine Baustelle, kann der Vermieter den dort verursachten Lärm genau so wenig abstellen wie bei Bau- oder Sanierungsarbeiten im eigenen Objekt.

118 Bei Verträgen, die vor dem **1. September 2001** abgeschlossen wurden, konnte dem Leistungsverweigerungsrecht nach nicht entgegengehalten werden,

---

1 Palandt/*Heinrichs*, § 286 BGB Rz. 16.
2 H.M., OLG Hamburg, WuM 2000, 242; **a.A.** OLG Frankfurt/Main, ZMR 1999, 628; LG Frankfurt/Main, PE 1986, 4; vgl. *D Rz. 114 f.*
3 AG Köln in *Lützenkirchen*, KM 35 Nr. 47.
4 LG Berlin, WuM 1998, 597; a.A. LG Bremen, WuM 1993, 605; vgl. auch BGH v. 27.9.2007 – IX ZR 86/04, WuM 2007, 625.
5 BGH v. 18.4.2007 – XII ZR 139/05, GuT 2007, 208.
6 LG Berlin v. 9.6.2008 – 62 S 250/07, GE 2008, 1196.
7 Vgl. *Lehmann-Richter*, NJW 2008, 1196.

dass eine (wirksame) Vorauszahlungsklausel vereinbart sei (vgl. dazu: D Rz. 32), weil damit nicht die nach § 320 Abs. 1 BGB notwendige Vorleistungspflicht tangiert sei[1]. Daran hat sich durch die Einführung der (gesetzlichen) Vorleistungspflicht nach § 556b Abs. 1 BGB, der nur für Verträge gilt, die ab 1.9.2001 geschlossen werden (Art. 229 § 3 Abs. 1 Ziff. 7 EGBGB), trotz der Kritik[2] nichts geändert[3].

In welchem **Umfang das Leistungsverweigerungsrecht** geltend gemacht werden kann, wird nicht einheitlich gesehen. Einerseits soll es mit dem drei- bis fünffachen Minderungsbetrag[4] andererseits mit einem Vielfachen des Mängelbeseitigungsaufwandes[5] angesetzt werden können. Auch wenn der zuerst genannten Meinung der Vorzug gebührt, weil sie den konkreten Bezug zwischen dem Mieterrecht und dem Mangel herstellt[6], muss im Einzelfall untersucht werden, ob die Ausübung angemessen ist. Dabei steht im Vordergrund, dass die Einrede nach § 320 BGB dem Mieter ein Druckmittel zur Verfügung stellen soll, mit dessen Hilfe er den Erhaltungsanspruch aus § 535 Abs. 1 S. 2 BGB durchsetzen kann. Für die nicht erfüllte vertraglich übernommene Verpflichtung zur Errichtung einer Brandmauer hat der BGH[7] jedenfalls das dreifache des Mängelbeseitigungsaufwandes für angemessen erachtet.

Für die Beratung ergibt sich das Problem, dass die Ausübung des Leistungsverweigerungsrechts alsbald zur Herbeiführung eines Tatbestandes führen kann, der das Recht des Vermieters zur **Kündigung wegen Zahlungsverzuges** begründet. Dabei ist Fahrlässigkeit des Mieters anzunehmen, wenn er nicht alle Erkenntnisquellen ausgeschöpft hat[8], insbesondere nicht untersucht hat, ob nicht ein Umstand aus seinem Risikobereich als Ursache in Betracht kommt[9]. Bei unsicherer Rechtslage muss er sich sicher sein, dass ein Gericht nicht anders entscheidet, wenn er ein Verschulden vermeiden will[10]. Dagegen steht § 813 BGB, der bei einer Zahlung unter Vorbehalt die Rückforderung verhindert. Im Zweifel ist dem Mieter daher von der Ausübung des § 320 BGB abzuraten.

Anwendungsfälle:

– alle Arten von Mietverträgen;
– neben der Minderung soll besonderer Druck auf den Vermieter zur Durchführung der Mängelbeseitigung ausgeübt werden;

---

1 BGH, NJW 1982, 2242.
2 *Börstinghaus/Eisenschmid*, S. 232.
3 *Sternel*, WuM 2002, 244, 247.
4 LG Hamburg, WuM 1989, 566.
5 LG Bonn, WuM 1991, 262.
6 *Sternel*, WuM 2002, 244, 248.
7 BGH, NZM 2003, 437 = GuT 2003, 144 = WuM 2003, 439 = MietRB 2003, 35.
8 BGH v. 16.1.2009 – V ZR 133/08, NZM 2009, 367.
9 BGH v. 23.1.2008 – VIII ZR 246/06, NJW 2008, 1147, 1148.
10 BGH v. 25.10.2006 – VIII ZR 102/06, WuM 2007, 24 = GE 2007, 46 = NZM 2007, 35.

– der Mieter hat sein Minderungsrecht wegen § 536b BGB oder Verwirkung verloren[1].

Zu den taktischen Überlegungen vgl. *Rz. 163 f.*

120 Soll wegen des angezeigten[2] Mangels das Zurückbehaltungsrecht bis zur Höhe des drei- bis fünffachen Minderungsbetrages ausgeübt werden, ist der einzubehaltende Betrag wie die Minderung von der Bruttomiete zu berechnen (vgl. *Rz. 102 f.*) Ob allein der Einbehalt der Miete als **Ausübung** des Zurückbehaltungsrechts ausgelegt werden kann, ist eine Frage des Einzelfalls[3]. Voraussetzung ist zumindest, dass das übrige Verhalten des Mieters erkennen lässt, dass er im Falle der Mängelbeseitigung bereit ist, die einbehaltenen Beträge an den Vermieter zu zahlen. Diese Annahme ist nicht gerechtfertigt, wenn der Mieter seine „Kürzung" der Miete wiederholt mit einer Minderung begründet hat[4]. Um Missverständnisse zu vermeiden, sollte der Rechtsanwalt eine klare schriftliche Mitteilung absetzen.

121 Bei einem **Gewerberaummietvertrag** sollte vor der Ausübung geprüft werden, ob nicht ein (wirksamer) Ausschluss des Zurückbehaltungsrechts vereinbart wurde[5]. Enthält die Klausel allerdings den Begriff „Zurückbehaltungsrecht", soll das Leistungsverweigerungsrecht des § 320 BGB davon nicht erfasst sein[6], was jedoch äußerst zweifelhaft ist[7]. Bei **Wohnraummietverträgen** kommt ein formularmäßiger Ausschluss wegen § 309 Nr. 2a BGB nicht in Betracht[8], und zwar auch dann nicht, wenn nur eine Beschränkung in Form der Ankündigungspflicht vorliegt[9].

122 Das Zurückbehaltungsrecht hindert den Eintritt der Fälligkeit[10]. Mit der erfolgreichen Mängelbeseitigung **entfällt** das Zurückbehaltungsrecht, so dass der Mandant darauf hingewiesen werden muss, dass er den zurückbehaltenen Teil der Miete unverzüglich an den Vermieter zu zahlen hat. Diese Folge sollte auch schon vor der Ausübung angesprochen werden mit dem Hinweis (vor allem bei zahlungsschwachen Mandanten), dass der einbehaltene Betrag zur Seite gelegt und nicht ausgegeben werden sollte. Denn der Vermieter wird nach einer Mängelbeseitigung kein Verständnis dafür haben, wenn der Mieter um Ratenzahlung für den einbehaltenen Betrag bittet. Deshalb droht ihm die fristlose **Kündigung wegen Zahlungsverzuges**, wenn die Zahlung nicht unverzüglich erfolgt. Nach einer (erfolglosen) Mängelbeseitigung muss der Rechtsanwalt gegenüber dem Mieter

---

1 LG Berlin, WuM 1998, 597; a.A. LG Bremen, WuM 1993, 605.
2 Ohne Anzeige oder sonstige Kenntnis des Mangels ist die Ausübung eines Zurückbehaltungsrechts unzulässig, vgl. LG Berlin, WuM 1998, 597.
3 BGH, WuM 1997, 488.
4 BGH v. 12.3.2008 – XII ZR 147/05, NJW 2008, 2254.
5 Vgl. dazu BGH, NJW 1982, 575; OLG Hamburg, NZM 1998, 264; *Fritz*, Rz. 152c m.w.N.
6 OLG Düsseldorf, MDR 1998, 588 = NJW-RR 1998, 587.
7 OLG Düsseldorf v. 12.2.2009 – 10 U 146/08, GE 2009, 451 m.w.N.
8 *Sternel*, WuM 2002, 244, 248.
9 LG Berlin, ZMR 1998, 33.
10 Palandt/*Heinrichs*, § 320 BGB Rz. 12.

aktiv werden und ermitteln, ob das Leistungsverweigerungsrecht noch in der ausgeübten Höhe besteht[1]. Ansonsten hat er die fristlose Kündigung des Vermieters zu vertreten.

Ein Zurückbehaltungsrecht kann nicht mehr geltend gemacht werden, wenn der **Mietvertrag** (zwischenzeitlich) **beendet** ist. Auch in diesem Fall sind einbehaltene Beträge an den Vermieter zu zahlen. Das Gleiche gilt, sobald ein **Vermieterwechsel** stattgefunden hat. Der Mieter muss die einbehaltenen Beträge an den bisherigen Vermieter zahlen[2]. Gegenüber dem Erwerber kann er die Ausübung fortsetzen. 123

ee) Ersatzvornahme, § 536a Abs. 2, 1. Alt. BGB

Der Mieter kann zur Ersatzvornahme schreiten, wenn der Vermieter trotz Aufforderung den Mangel nicht beseitigt. Einer besonderen **Ankündigung** oder Androhung dieser Maßnahme bedarf es nicht. Der Vermieter muss sich allerdings in **Verzug** befinden, also insbesondere schuldhaft handeln. Letzteres ist nur dann nicht der Fall, wenn feststeht, dass der Mangel durch den Mieter verursacht wurde[3]. 124

Anwendungsfälle:
– alle Arten von Mietverträgen;
– der Mieter hat (nachweisbar) den Vermieter zur Mängelbeseitigung aufgefordert;
– der Mieter will nach fruchtlosem Ablauf der Frist nicht länger auf die Mängelbeseitigung warten.

Befindet sich der Vermieter mit der Mängelbeseitigung in Verzug, besteht für den Mieter die Möglichkeit, den Mangel selbst zu beheben. Bevor diese Maßnahme empfohlen wird, sollte darauf hingewiesen werden, dass mit der Mängelbeseitigung ein Minderungs- und/oder Zurückbehaltungsrecht entfällt und vor allem die **Beweissituation** durch die Veränderung des Zustandes erschwert wird. Eine Ersatzvornahme sollte daher erst durchgeführt werden, wenn sicher ist, dass die Voraussetzungen des Anspruchs (insbesondere der Mangel) in einem evtl. Prozess bewiesen werden können (vgl. *Rz. 165*). Bietet der Vermieter in der Zwischenzeit, also nach Ablauf der gesetzten frist, die Mängelbeseitigung an, ist der Mieter grundsätzlich nicht berechtigt, diese Maßnahme zu verhindern. Denn das Recht des Vermieters endet nicht durch den Eintritt des Verzuges. 125

Die Ersatzvornahme ist nicht auf die eigentliche **Mietsache** beschränkt. Vielmehr darf der Mieter auch an **außerhalb** des Mietobjektes liegenden Teilen zur Selbsthilfe schreiten (z.B. Treppen, Flure, Keller, Böden, Zugänge, Heizung)[4]. Diese Möglichkeit besteht auch bei der Vermietung einer **Ei-** 126

---
1 BGH v. 27.9.2007 – IX ZR 86/04, WuM 2007, 625.
2 BGH v. 19.6.2006 – VIII ZR 284/05, NZM 2006, 696 = ZMR 2006, 761.
3 LG Berlin v. 10.2.2009 – 63 S 462/07, GE 2009, 718.
4 Staudinger/*Emmerich*, § 538 BGB Rz. 46.

gentumswohnung, wenn die Ursache des Mangels im Gemeinschaftseigentum liegt[1], obwohl der Vermieter/Sondereigentümer im Gemeinschaftseigentum keine (verändernden) Handlungen vornehmen darf[2], solange die Voraussetzungen des § 21 Abs. 2 WEG nicht vorliegen (vgl. auch *Rz. 115a*). Indessen sollte der Mieter gerade in diesen Fällen darauf achten, dass die Mängelbeseitigung durch **Fachkräfte** erfolgt. Während man ihm innerhalb der angemieteten Räume einen gewissen Gestaltungsspielraum zubilligen wird, so dass auch im Do-it-yourself-Verfahren[3] Mängel beseitigt werden können, ohne dass ein handwerklich einwandfreier Zustand herbeigeführt wird, muss bei außerhalb der Mieträume notwendigen Maßnahmen darauf geachtet werden, dass keine Gefahren für andere Mieter entstehen und der optische Gesamteindruck nicht beeinträchtigt wird.

126a Eine Verpflichtung des Mieters zur Ersatzvornahme besteht aber grundsätzlich nicht, auch nicht aus dem Gesichtspunkt des § 254 BGB[4]. In Ausnahmefällen kann ein Unterlassen aber ein **Mitverschulden** begründen, wenn z.B. der Mieter durch sein Handeln bei zumutbarem Aufwand dem Vermieter einen größeren Verlust ersparen kann und der Mangel in zumutbarer Weise einfach zu beseitigen ist[5].

127 Im Hinblick auf den Aufwendungsersatzanspruch des Mandanten nach § 536a Abs. 2 BGB und die grundsätzliche Möglichkeit, die Kosten vorbehaltlich entgegenstehender vertraglicher Regelungen im Wege der Aufrechnung gegenüber der Miete zu liquidieren, sollte im Zweifel empfohlen werden, einen **Fachmann** mit der Mängelbeseitigung zu **beauftragen**, um das Risiko des Mandanten zu minimieren. Vor allem bei größeren Reparaturen muss damit gerechnet werden, dass der Vermieter einwendet, dass er oder sein Handwerker die Arbeiten preiswerter ausgeführt hätten. Deshalb sollte im Einzelfall überlegt werden, ob vor Ausführung der Maßnahme **Alternativangebote** eingeholt werden können (vgl. aber auch *Rz. 132*).

128 Darüber hinaus sollte der Mandant darauf hingewiesen werden, dass in einem nachfolgenden Prozess die **Notwendigkeit** der Kosten problematisch werden kann. Dies gilt insbesondere, wenn Teile erneuert werden, weil hier der Vermieter regelmäßig einwenden wird, das Teil hätte repariert werden können. Ein weiteres Risiko entsteht, wenn die Mängelbeseitigung im Wege der Ersatzvornahme fehlschlägt. Denn insoweit besteht kein Aufwendungsersatzanspruch[6]. Will der Mandant trotz dieses Risikos die Selbsthilfe durchführen, sollte das ausgetauschte Teil verwahrt werden. Ist dies nicht möglich, sollte der Handwerker veranlasst werden, eine schriftliche Begründung für die Notwendigkeit zu liefern. Gerade in diesen Fällen

---

1 AG *Schöneberg*, MM 2001, 357; *Drasdo*, NZM 2001, 13, 17 m.w.N.
2 *Bärmann/Pick/Merle*, § 21 WEG Rz. 141 m.w.N.
3 Vgl. dazu *Lützenkirchen*, WuM 1989, 110.
4 *Eisenschmid* in Schmidt-Futterer, § 538 BGB Rz. 79; vgl. auch KG, MDR 2000, 1006.
5 OLG Düsseldorf, WuM 2003, 386.
6 AG Münster, WuM 2002, 233.

empfiehlt es sich jedoch, mehrere Handwerker zu bitten, Kostenvoranschläge zu liefern und zu begründen, weshalb die vorgeschlagene Maßnahme notwendig ist, wenn nicht vor Ausführung der Arbeiten ein Sachverständigengutachten eingeholt wird.

Die Ersatzvornahme sollte – sofern es die Zeit erlaubt – **angekündigt** werden. Damit wird dem Vermieter noch einmal deutlich, was auf ihn zukommt. Durch eine solche Ankündigung kann allerdings eine Bindung eintreten, so dass der Mieter z.B. erst die fristlose Kündigung nach § 543 Abs. 2 Nr. 1 BGB aussprechen kann, wenn eine Fristsetzung wiederholt wurde[1]. Letzteres ist aber eine reine Förmelei und damit überflüssig, wenn der Vermieter den Mangel bestreitet[2].

Zu den taktischen Überlegungen vgl. *Rz. 165*.

ff) Vorschussanspruch, § 536a Abs. 2, 1. Alt. BGB

Statt der Ersatzvornahme soll der Mieter berechtigt sein, vom Vermieter die **voraussichtlichen Kosten** der Mängelbeseitigung im Wege des Vorschusses zu verlangen, um mit diesen finanziellen Mitteln die Mängelbeseitigung durchführen zu können[3]. Dazu sollte der Mieter den Kostenvoranschlag eines Fachhandwerkers einholen, der die notwendigen Maßnahmen beschreibt und die dafür erforderlichen Beträge ausweist. Grundlage des Anspruchs kann aber auch ein Sachverständigengutachten sein. Nach Beendigung der Arbeiten muss über den Vorschuss abgerechnet werden[4]. Die Geltendmachung des Vorschussanspruchs kann **schikanös** sein, wenn der Vermieter das Mietverhältnis berechtigterweise gekündigt hat[5]. 129

Anwendungsfälle:
– siehe Ersatzvornahme;
– der Mieter will besonderen Druck auf den Vermieter ausüben;
– der Mieter verfügt nicht über die finanziellen Mittel, die Ersatzvornahme zu finanzieren.

Zur Umsetzung gelten zunächst die Ausführungen (*Rz. 124 f.*) zur Ersatzvornahme. Um den Vorschussanspruch geltend machen zu können, müssen die Mängelbeseitigungskosten kalkuliert werden. Dazu sollte das Angebot eines Fachmannes eingeholt werden. Unter Beifügung dieses Kostenvoranschlages kann die Endsumme beim Vermieter angefordert werden. 130

Unabhängig davon, ob der Vorschuss durch Zahlung des Vermieters oder durch **Aufrechnung** gegenüber der Miete geleistet wird, muss nach Ab- 131

---

1 OLG Hamm, NJW-RR 1991, 1035.
2 BGH v. 18.4.2007 – VIII ZR 182/06, WuM 2007, 319. BGH v. 13.6.2007 – VIII ZR 281/06, WuM 2007, 570 = ZMR 2007, 686 = GE 2007, 1179 = NZM 2007, 561.
3 BGH, NJW 1971, 1450; KG, NJW-RR 1988, 1039.
4 Staudinger/*Emmerich*, § 538 BGB Rz. 53.
5 LG Berlin, NZM 1999, 119.

schluss der Maßnahme über die Kosten angerechnet werden. Ein zu viel erlangter Betrag ist zurückzuzahlen. War der Vorschuss zu gering, kann der Differenzbetrag verlangt werden. Mit eigenen Ansprüchen, insbesondere aus rückständiger Miete, kann der **Vermieter** wegen der Zweckgebundenheit regelmäßig **nicht** gegen den Anspruch auf Vorschuss **aufrechnen**. Andernfalls würde § 536a Abs. 2 BGB ausgehöhlt, da Sinn und Zweck der Vorschrift gebieten, dem Mieter die Mängelbehebung zu ermöglichen[1].

131a Eine Beschränkung des Anspruchs kann sich daraus ergeben, dass der Vermieter **Nießbraucher** und der Mieter (Mit-)Eigentümer ist. Zwar trifft auch den Nießbraucher als Vermieter grundsätzlich die Erhaltungspflicht gemäß § 535 Abs. 1 S. 2 BGB. Auch ist er nach § 1041 S. 1 BGB für die Erhaltung der Sache in ihrem wirtschaftlichen Bestand verantwortlich. § 1041 S. 2 BGB schränkt diese Unterhaltungspflicht aber ein, indem Ausbesserungen und Erneuerungen nur insoweit geschuldet werden, als sie zu der gewöhnlichen Unterhaltung gehören. Dazu zählen solche Maßnahmen, die bei ordnungsgemäßer Bewirtschaftung regelmäßig, und zwar wiederkehrend innerhalb kürzerer Zeitabstände zu erwarten sind, also insbesondere normale Verschleißreparaturen[2]. Muss der Nießbraucher wegen § 535 Abs. 1 S. 2 BGB über die Verpflichtung des § 1041 BGB hinaus Arbeiten an der Mietsache ausführen lassen, steht ihm ein Verwendungsersatzanspruch gegen den (Mit-)Eigentümer nach § 1049 BGB (ggf. i.V.m. § 421 BGB) zu. Im Hinblick darauf widerspricht es Treu und Glauben (dolo petit), wenn der Eigentümer als Mieter eine Leistung verlangt, die er als Eigentümer zurückgeben bzw. erstatten muss[3].
Zu den taktischen Überlegungen vgl. *Rz.* 166.

gg) Aufwendungsersatzanspruch, § 536a Abs. 2, 2. Alt. BGB

132 Hat der Mieter die **Ersatzvornahme durchgeführt**, kann er die dafür erforderlichen Kosten ersetzt verlangen. Da zum Umfang der Mängelbeseitigung auch die Demontage und Wiederaufbau von Einrichtungsgegenständen gehört[4], kommt ein Anspruch auch in Betracht, wenn der Vermieter diese Leistung nicht erbringt. Solange sich der Vermieter nicht in Verzug befindet, ergibt sich die Anspruchsgrundlage aus § 554 Abs. 4 BGB. Insoweit kann er **Geldersatz** in Höhe der tatsächlich aufgewendeten Kosten oder Befreiung von der Verbindlichkeit des Handwerkers (§ 257 BGB) verlangen. Daneben ergibt sich ein **Zinsanspruch** (§ 256 S. 1 BGB). Die Ersatzpflicht beschränkt sich aber auf solche Kosten, die nach vernünftiger wirtschaftlicher Betrachtungsweise **nötig** und **zweckmäßig** sind[5]. Insoweit darf sich jedoch der Mieter grundsätzlich auf das Urteil eines Fachmannes ver-

---

1 OLG Stuttgart, WuM 1989, 199; AG Wetzlar, WuM 2005, 715.
2 BGH, NJW-RR 2003, 1290.
3 BGH, WuM 2005, 587 = ZMR 2005, 783 = NZM 2005, 780.
4 AG Erfurt v. 5.9.2008 – 2 C 1306/07, WuM 2009, 342.
5 BGH, NJW-RR 1989, 86; BGH, NJW-RR 1991, 789.

lassen¹. Ist die Maßnahme fehlgeschlagen, besteht kein Anspruch auf Aufwendungsersatz².

Anwendungsfälle:
- alle Arten von Mietverträgen;
- der Mieter hat die erforderlichen Mängelbeseitigungsarbeiten nach Verzug des Vermieters selbst ausgeführt.

Hat der Mandant die Ersatzvornahme ausführen lassen, können die notwendigen Kosten nach § 536a Abs. 2 BGB ersetzt verlangt werden. Theoretisch kann der Vermieter zunächst unter Übersendung der Rechnung aufgefordert werden, die Reparaturkosten an den Handwerker unmittelbar zu zahlen. Denn gemäß § 257 BGB besteht insoweit ein **Befreiungsanspruch**. Da der Vermieter jedoch die Mängelbeseitigung schon nicht ausgeführt hat, ist kaum damit zu rechnen, dass er die Handwerkerrechnung freiwillig begleicht. 133

Hat der Mieter die Kosten ausgeglichen, sollte sich der Rechtsanwalt den Nachweis der Zahlung vorlegen lassen (Überweisungsträger, Kontoauszug), um den Zinsanspruch gemäß § 256 BGB berechnen zu können. Danach sind nämlich die Aufwendungen vom Tage der Zahlung an zu verzinsen.

Zu den taktischen Überlegungen vgl. *Rz. 167*.

Ausnahmsweise **ohne Verzug** hat der Vermieter gemäß § 536 Abs. 2 Nr. 2 BGB die Kosten für sog. **Notmaßnahmen** zu erstatten. Voraussetzung ist, dass es sich um notwendige Aufwendungen handelt. Nicht notwendig sind Aufwendungen, die dazu dienen, die Mietsache in den vertragsgemäßen Zustand zu versetzen oder einen Sachmangel zu beheben, sofern es sich nicht um unerlässliche Notmaßnahmen handelt³, die keinen Aufschub dulden⁴. Deshalb können nach dieser Vorschrift z.B. die Kosten für die Tätigkeit des Elektro-Notdienstes zur Beseitigung eines Stromausfalls verlangt werden, wenn die eingetretene Störung der Stromversorgung auf einen Mangel in der elektrischen Anlage zurückzuführen ist, für den den Mieter keine Verantwortung trifft⁵. Weitere Beispiele sind vor allem der Ausfall der Heizung⁶, der durch den Werkkundendienst behoben wird⁷. Herrschen milde Außentempraturen ist dem Vermieter grundsätzlich die Möglichkeit einzuräumen, die Beseitigung des Mangels zunächst selbst herbeizuführen⁸. Schließlich liegt eine Notmaßnahme auch bei der Beseitigung eines Wasserrohrbruches vor⁹, wenn aus einem Heizkörper in erhebli- 133a

---

1 LG Berlin, GE 1991, 987, 989.
2 AG Osnabrück, WuM 2005, 48.
3 BGH, NJW-RR 1993, 522; BGH, NJW-RR 1991, 75.
4 BGH v. 16.1.2008 – VIII ZR 222/06, WuM 2008, 147 = ZMR 2008, 281.
5 AG Bonn, WuM 1987, 219.
6 BGH v. 16.1.2008 – VIII ZR 222/06, WuM 2008, 147 = ZMR 2008, 281.
7 LG Heidelberg, WuM 1997, 42.
8 AG Spandau v. 14.8.2008 – 6 C 345/08, GE 2008, 1199.
9 LG Hagen, WuM 1984, 215.

chem Umfang Wasser austritt oder auszutreten droht[1], ohne dass nach der Urlaubsrückkehr eine konstruktiv bedingte Verstopfung des WC-Abflusses vorgefunden wird[2]. Grundsätzlich darf der Mieter bei **Gefahr im Verzug** sofort zur Mängelbeseitigung schreiten. Die Auffassung, dass dies nur bei erheblichen Gefahren gelten soll, ist nicht richtig. Jedenfalls stellt z.B. ein Wespennest, das sich unter dem Dach befindet, eine nicht unerhebliche Gefahr für die Bewohner dar[3].

Ist der Vermieter **Nießbraucher** und der Mieter Eigentümer, kann dem Anspruch die dolo-petit-Einrede entgegengehalten werden (vgl. *Rz. 131a*).

hh) Sonstige Verwendungen, § 539 Abs. 1 BGB

133b Sog. **sonstige Aufwendungen** kann der Mieter nach § 539 Abs. 1 BGB ersetzt verlangen. Allerdings setzt die Anwendbarkeit dieser Vorschrift voraus, dass die Aufwendungen nicht (auch) zur Beseitigung eines Mangels erfolgten. Denn insoweit ist § 536a BGB Spezialnorm[4]. Die **Rechtsgrundverweisung** des § 539 BGB räumt dem Mieter bei objektiv erforderlichen Maßnahmen einen Kostenersatz über die Grundsätze der GoA ein[5]. Der dafür erforderliche **Fremdgeschäftsführungswille**, an dessen Vorliegen ohnehin strenge Anforderungen zu stellen sind[6], fehlt, wenn die Verwendungen nur den eigenen Zwecken und den eigenen Interessen des Mieters dienen[7]. Davon ist regelmäßig auszugehen, wenn der Mieter im Hinblick auf ein langfristiges Mietverhältnis investiert[8], insbesondere die Maßnahme allein der Verschönerung der Mietsache dient oder um sie den Bedürfnissen des Mieters entsprechend auszugestalten.

133c Gemäß § 683 BGB muss die Geschäftsführung dem Interesse und dem **wirklichen** oder **mutmaßlichen Willen** des Vermieters entsprechen. Dazu genügt nicht, dass der Vermieter mit der Maßnahme einverstanden ist und den damit verbundenen Vorteil akzeptiert[9], weil z.B. im Mietvertrag vorgesehen ist, dass der Vermieter über Veränderungen der Mietsache informiert werden will oder er entsprechende Maßnahmen immer an bestimmte Vertragsbetriebe vergibt[10].

133d Liegen die Voraussetzungen des § 683 BGB nicht vor, entspricht also das Geschäft nicht dem wirklichen oder mutmaßlichen Willen des Geschäftsherrn (Mieters) oder liegt die Geschäftsführung nicht in seinem **Interesse**, so hat der Geschäftsführer gegenüber dem Geschäftsherrn gemäß §§ 684,

---

1 AG Hamburg, WuM 1994, 609.
2 AG Saarburg v. 19.11.2008 – 5 C 454/08, WuM 2008, 725.
3 AG Meppen, WuM 2003, 356.
4 BGH v. 16.1.2008 – VIII ZR 222/06, WuM 2008, 147 = ZMR 2008, 281.
5 BGH, WuM 1974, 538.
6 BGH, NJW-RR 1993, 522.
7 BGH, NZM 1999, 19, 20.
8 OLG Rostock, ZMR 2005, 862.
9 BGH, NJW 1959, 2163.
10 LG Görlitz, WuM 1996, 406.

812 BGB einen Bereicherungsanspruch. Auch dieser Anspruch ist allerdings ausgeschlossen, wenn die Voraussetzungen des § 685 BGB vorliegen, also von vorneherein nicht die Absicht bestand, Ersatz zu verlangen. Diese Voraussetzungen liegen z.B. vor, wenn der Mieter bei einem Mietvertrag, der noch 25 Jahre dauert, einen Holzzaun installiert, dessen Lebensdauer 10 Jahre beträgt[1].

Bei dem Bereicherungsanspruch ist die (Ertrags-)**Werterhöhung** zu ermitteln[2].

ii) Kündigung

(1) Wegen Gebrauchsentziehung, § 543 Abs. 2 Nr. 1 BGB

Die Vorschrift greift nicht nur ein, wenn dem Mieter die Mietsache nicht oder nicht mehr zur Verfügung steht, sondern auch, wenn der **vertragsgemäße Gebrauch erheblich gestört** wird[3]. Voraussetzung ist jedoch, dass der Mieter nicht aus Gründen, die in seiner Person liegen, am Mietgebrauch gehindert ist. In diesem Fall besteht das Kündigungsrecht erst, wenn die Hinderungsgründe weggefallen sind und der Mieter zu erkennen gibt, dass er die Mietsache wieder gebrauchen will und kann (und der Vermieter dann nicht erfüllungsbereit ist)[4]. Vor Ausspruch der Kündigung muss der Mieter dem Vermieter eine angemessene **Frist zur Mängelbeseitigung** gesetzt haben. Die erste Fristsetzung ist aber nicht mehr maßgeblich, wenn die Parteien danach erfolglos zunächst über einen Termin zur Mängelbeseitigung verhandeln. Nach dem Scheitern der Verhandlungen muss dann eine erneute Frist gesetzt werden[5].

134

Anwendungsfälle:
– alle Arten von Mietverträgen;
– der Mieter hat (nachweisbar) den Vermieter zur Mängelbeseitigung unter Fristsetzung oder Abmahnung (vgl. § 543 Abs. 3 BGB) aufgefordert;
– der vertragsgemäße Gebrauch ist empfindlich gestört;
– der Mieter hat kurzfristig die Möglichkeit, ein anderes Domizil zu beziehen.

Zur Umsetzung der Kündigung vgl. *] Rz. 433 f.* Zu den taktischen Überlegungen vgl. *Rz. 168.*

(2) Wegen Gesundheitsgefährdung, § 569 BGB

Für die Frage der Gesundheitsgefährdung muss auf die **objektiven Umstände** abgestellt werden. Nicht der individuelle Gesundheitszustand des Mie-

135

---

1 OLG München, ZMR 1997, 235.
2 OLG Rostock, ZMR 2005, 862.
3 *Kinne/Schach*, § 542 BGB Rz. 9.
4 BGH, NJW 1970, 1791 m.w.N.
5 AG Köln in *Lützenkirchen*, KM 13 Nr. 19.

ters oder seiner Angehörigen ist maßgeblich[1], so dass es auch nicht darauf ankommt, ob der Mieter bereits länger in den Räumen lebt. Das Kündigungsrecht besteht solange wie die Gesundheitsgefährdung[2]. Nach dem Wortlaut der Vorschrift kommt es darauf an, dass **alle Räume**, die zum Aufenthalt von Menschen bestimmt sind[3], gesundheitsgefährdende Eigenschaften aufweisen. Ist nur ein **Teil der Mietsache** beeinträchtigt, ist entscheidend, wie sich diese Beeinträchtigung auf die Benutzbarkeit der Mietsache insgesamt auswirkt[4]. Insbesondere wenn die Räume nur von untergeordneter Bedeutung sind, ist das Kündigungsrecht nicht gegeben[5]. Dabei ist auf die (objektive) Situation des Mieters abzustellen und zu prüfen, ob er auf ein einziges Zimmer verzichten kann[6]. Ist aber z.B. die einzige zum Büroraum, der in einem Obergeschoss liegt, führende Treppe wegen Fehlens eines Geländers nicht verkehrssicher, kann die Kündigung begründet sein[7]. Auch die latente Gefahr eines Brandes, der sich wegen fehlenden Brandschutzes ausweiten kann, kann eine Gesundheitsgefahr begründen[8].

Ob der gesundheitsgefährdende Zustand bereits bei Abschluss des Mietvertrages vorlag (z.B. fehlendes Geländer an Galerie) ist unerheblich. **§ 536b BGB** ist schon deshalb nicht anwendbar, weil § 569 Abs. 1 BGB öffentlichen Interessen dient und daher **unverzichtbar** ist[9].

Anwendungsfälle:

– Mietverträge über Wohnräume oder sonstige Räume zum Aufenthalt für Menschen;
– Vermieter wurde (nachweisbar) zur Mängelbeseitigung unter Fristsetzung oder Abmahnung (vgl. § 543 Abs. 3 BGB) aufgefordert;
– Mandant will Mietvertrag beenden;
– Feststellung einer objektiven Gesundheitsgefährdung;
– Benutzbarkeit der gesamten Mietsache ist beeinträchtigt;
– der Mandant ist kurzfristig in der Lage umzuziehen.

Zur Umsetzung der Kündigung vgl. grundsätzlich *J Rz. 446 f*. Zu den taktischen Überlegungen vgl. *Rz. 169*.

135a Häufig ist in der Praxis festzustellen, dass Mieter auch nach anwaltlicher Beratung bei Auftreten von **Schimmelpilz** wegen Gesundheitsgefährdung (fristlos) kündigen. Das ist nicht ohne **Risiko**. Denn wie der Mieter auf

---

1 AG München, WuM 1986, 247; AG Köln, WuM 1979, 75.
2 OLG Brandenburg v. 2.7.2008 – 3 U 156/07, ZMR 2009, 190.
3 Vgl. dazu: *Kinne/Schach*, § 569 BGB Rz. 2.
4 LG Berlin, GE 1988, 733; AG Köln, WuM 1987, 120, 121.
5 OLG Celle, MDR 1964, 954.
6 Staudinger/*Emmerich*, § 544 BGB Rz. 16.
7 OLG Brandenburg v. 2.7.2008 – 3 U 156/07, ZMR 2009, 190; LG Landau/Pfalz, GuT 2003, 214.
8 KG, GuT 2003, 215.
9 OLG Brandenburg v. 2.7.2008 – 3 U 156/07, ZMR 2009, 190.

Schimmelpilze reagiert, also ob er dagegen z.B. allergisch ist, spielt hier zunächst keine Rolle. Denn es kommt auf die objektiver Gefahr an. Dass Schimmelpilzbildung grundsätzlich einen Mangel begründet, der zur Minderung berechtigt, ist mittlerweile allgemein anerkannt. Ob die Schimmelpilzbildung in Mieträumen jedoch eine Gesundheitsgefährdung im Sinne von § 569 Abs. 1 BGB darstellt, wird auch in der Rechtsprechung nicht einheitlich beurteilt[1]. Maßgeblich ist insoweit, ob die nahe liegende und begründete Besorgnis der **Gefahr für die Gesundheit** besteht[2].

Diese Voraussetzungen können noch nicht angenommen werden, weil eine festgestellte **Pilzart** (hier: Stachyburtys Chartarum) im Hinblick auf eine mögliche Bildung von Mykotoxinen als besonders **gesundheitsgefährdend** einzustufen sei. Vielmehr muss auch festgestellt werden, ob es sich um einen toxinbildenden Stamm handelt und welche konkreten Gesundheitsbeeinträchtigungen **ab welcher Konzentration** mit welcher Wahrscheinlichkeit zu erwarten seien[3]. Denn zu Gesundheitsbeschädigungen für Nichtallergiker kann es nur kommen, wenn herumfliegende Sporen bestimmte Giftstoffe (Mykotoxine) enthalten und wenn Pilzfäden (Myzele) flüchtige organische Substanzen abgeben. Nicht alle Myzele werden aber flüchtige organische Substanzen abgeben. Dementsprechend reicht es nicht aus, dass eine Gesundheitsbeeinträchtigung von Allergikern nicht ausgeschlossen werden kann. Insoweit sind auch konkrete Gesundheitsbeeinträchtigungen (z.B. Geschmacksstörungen, Reizhusten) allein nicht ausschlaggebend. Vielmehr muss zusätzlich durch Laboruntersuchungen ein konkreter Zusammenhang mit dem aufgetretenen Schimmelpilz festgestellt werden.

135b

Dies macht deutlich, dass der Mieter eine außerordentliche fristlose **Kündigung** nach § 569 Abs. 1 BGB wegen Schimmelpilzbildung im Prinzip erst **aussprechen** kann, wenn er nicht nur einen Sachverständigen mit der Feststellung der Schimmelpilzbildung in der Wohnung beauftragt hat, sondern auch konkrete Laboruntersuchungen stattgefunden haben, mit deren Hilfe er nachweist, dass einerseits es sich um einen toxinbildenden Stamm von Schimmelpilzen handelt und diese konkret zu einer Gesundheitsbeeinträchtigung geführt haben. Letzteres lässt sich im Ergebnis erst durch eine Blutuntersuchung feststellen, wenn nicht ausnahmsweise bereits eine Erkrankung eingetreten ist, die ihre Ursache allein in dem toxinbildenden Pilzstamm hat. Deshalb empfiehlt sich auch hier die unter *Rz. 135* dargestellte Vorgehensweise.

135c

---

1 **Dafür:** LG Düsseldorf, WuM 1989, 13; LG München, NJW-RR 1991, 975, 976; AG Köln, WuM 1986, 94; **verneinend:** KG, KG-Report 2004, 81; AG Osnabrück, WuM 1984, 199; **differenzierend:** LG Lübeck, ZMR 2002, 431; LG Mannheim, WuM 1988, 360.
2 Nach derzeitigen wissenschaftlichen Erkenntnissen sind nur etwa die Hälfte der ca. 350 bekannten Schimmelpilzarten überhaupt gesundheitsgefährdend.
3 KG, ZMR 2004, 513, 514 = MietRB 2004, 233.

135d Beruht die Gesundheitsgefährdung auf einer Pflichtverletzung ist zusätzlich eine Fristsetzung oder **Abmahnung** erforderlich[1]. Diese ist auch in der Mitteilung zu sehen, die Miete bis zur Behebung des Mangels zu mindern[2].

jj) Schadensersatz, § 536a BGB

135e Zu den taktischen Überlegungen vgl. *Rz. 170*.

(1) Garantiehaftung, § 536a Abs. 1, 1. Var. BGB

136 Lässt sich aus der Zustandsbeschreibung des Mieters herleiten, dass der Mangel bereits bei **Beginn des Mietvertrages** vorhanden war, kann er Schadensersatz verlangen. Dabei kommt es nach dem Wortlaut nicht auf ein Verschulden des Vermieters an. Ebenso unbeachtlich ist die Kenntnis des Vermieters oder ob der Mangel erkennbar war. Es reicht aus, wenn der Mangel latent existierte[3]. Deshalb liegt ein anfänglicher Mangel z.B. vor, wenn die Konzession für eine Gaststätte nicht erteilt wird, weil von vorneherein zu wenig Stellplätze vorhanden sind[4]. Auch die Nichteinhaltung der üblichen **Sicherheitsstandards** kann einen anfänglichen Mangel bedeuten[5]. Ein anfänglicher Mangel besteht aber auch dann, wenn sich bei Abschluss des Vertrages außerhalb der Mieträume, aber im selben Gebäude eine Gefahrenquelle wie eine defekte Elektroinstallation befindet[6].

Anwendungsfälle:
- sämtliche Arten von Mietverträgen;
- seit Beginn des Mietvertrages vorhandener Mangel;
- Schaden an Sachen, Körper etc. des Mieters (auch Mangelfolgeschäden)[7].

(2) Verschuldenshaftung, § 536a Abs. 1, 2. Var. BGB

137 Ist ein Mangel erst **nach Beginn** des Mietverhältnisses entstanden und hat der Vermieter dessen Eintritt zu vertreten, wobei er sich das Verschulden seiner **Erfüllungsgehilfen** über § 278 BGB zurechnen lassen muss, kann der Mieter ebenfalls Schadensersatz verlangen, und zwar auch hinsichtlich der Mangelfolgeschäden[8]. Für das Verschulden wird sehr häufig darauf abzustellen sein, inwieweit den Vermieter eine **Überprüfungspflicht** trifft. Hierbei ist zu prüfen, inwieweit z.B. Unfallverhütungsvorschriften, die anerkannten Regeln der Technik oder sonstige Bestimmungen verlangen, dass

---

1 LG Stendal, NZM 2005, 782.
2 OLG Brandenburg v. 2.7.2008 – 3 U 156/07, ZMR 2009, 190.
3 BGH, ZMR 1994, 420, 421; OLG München, NJW-RR 1990, 1099; LG Berlin, GE 1992, 677.
4 OLG München, ZMR 1995, 401.
5 BGH, GE 2006, 967.
6 BGH v. 27.3.1972 – VIII ZR 177/70, NJW 1972, 944.
7 Palandt/*Weidenkaff*, § 536a BGB Rz. 14.
8 Palandt/*Weidenkaff*, § 536a BGB Rz. 14.

der Vermieter Einzelteile der Mietsache regelmäßig inspiziert[1]. Hinsichtlich des Gebäudes wird eine regelmäßige Prüfungspflicht im Abstand von zwei Jahren angenommen[2]. Zweifelhaft sind derartige Prüfungspflichten hinsichtlich von Teilen der Mietsache, die von außen nicht ohne weiteres einzusehen sind (z.B. Rohrleitungen). Hier sollte von dem Grundsatz ausgegangen werden, dass der Vermieter die Mietsache regelmäßig auf ihren ordnungsgemäßen Zustand zu überprüfen hat[3]. Bei Installationen, die sich jedoch in den Mieträumen befinden und von außen nicht leicht überprüft werden können und nicht besonders gefährlich sind, kann der Vermieter von einer regelmäßigen Überprüfung absehen und sich darauf verlassen, dass evtl. Schäden von den Mietern rechtzeitig angezeigt werden[4].

Anwendungsfälle:

– alle Arten von Mietverträgen;
– Schaden an Sachen, Körper etc. des Mieters (auch Mangelfolgeschäden);
– Vermieter hat schuldhaft gehandelt (insbesondere Prüfungspflichten verletzt).

Im Rahmen der Haftung nach § 536a Abs. 1, 2. Var. BGB trägt der Vermieter für die Verschuldensfrage nach dem Rechtsgedanken der §§ 280, 535 Abs. 1 Satz 2, 538 BGB die **Beweislast**[5]. Fraglich ist, ob der Vermieter sich z.B. bei Sanierungsmaßnahmen (hier: Neueindeckung des Daches) darauf berufen kann, seine Handwerker hätten die während der Ausführung der Arbeiten zu beachtenden technischen Regelwerke eingehalten[6]. Eine solche Sichtweise ist bei der Beurteilung von Gewährleistungsansprüchen verkürzt. Hier muss sich der Maßstab der erforderlichen Sorgfalt in erster Linie daran orientieren, dass auch während der Bauarbeiten die mietvertraglich geschuldete Beschaffenheit der Mietsache grundsätzlich sicherzustellen ist[7]. Bei genutzten Räumen hat der Vermieter auch Vorkehrungen gegen außergewöhnliche Naturereignisse zu treffen und haftet, wenn starker Wind Abdeckplanen auf dem Flachdach hochwirbelt und es deshalb in der Wohnung zu einem Wassereinbruch kommt[8].

137a

Andererseits liegt ein **unverschuldeter Mangel** vor, wenn der Vermieter dem Mieter die Räume zu Vertragsbeginn nicht vollständig überlassen kann, weil der Vormieter einen Raum (⅕ der Mietsache) noch in Beschlag hält[9]. Der Vermieter darf darauf vertrauen, dass der Vormieter die Mieträume rechtzeitig zu Beginn des neuen Mietverhältnisses frei macht. Hat der Mieter einen Mangel gerügt (hier: wiederholtes Auftreten von Braunverfär-

137b

---
1 OLG Hamm, VersR 1981, 1161, 1162; LG Berlin, GE 1996, 322.
2 *Blank*, Mietrecht von A bis Z, „Instandhaltung und Instandsetzung" S. 236.
3 LG Köln in *Lützenkirchen*, KM 30 Nr. 7.
4 AG Köln in *Lützenkirchen*, KM 30 Nr. 20.
5 OLG Hamm, ZMR 1997, 520 m.w.N.
6 Vgl. dazu auch BGH, NJW 1985, 620, 621.
7 OLG Hamm, NZM 1999, 804, 805.
8 Vgl. AG Köln in *Lützenkirchen*, KM 30 Nr. 37.
9 OLG Frankfurt/Main, ZMR 1999, 814 = NZM 1999, 966, 967.

bung des Leitungswassers), kann sich der Vermieter nicht darauf berufen, dass bei einer einmaligen Überprüfung ein Mangel nicht festgestellt wurde[1].

Bei **unvermeidbaren Mängeln** liegt ein Verschulden nicht vor. Dies kommt in Betracht, wenn im Zuge einer Fassadensanierung das Gerüst mit schützenden Planen und Netzen verhangen wird und es zu einem Einbruch über den Balkon kommt[2].

(3) Verzugshaftung, § 536a Abs. 1, 3. Var. BGB

138 Ein Schaden des Mieters kann natürlich auch erst dadurch entstehen, dass der Vermieter mit der **Beseitigung** des angezeigten Mangels in **Verzug** gerät. Für diesen Fall ist er ebenfalls schadensersatzpflichtig.

Anwendungsfälle:
- alle Arten von Mietverträgen;
- unerledigte (nachweisbare) Mängelbeseitigungsaufforderung, die die Voraussetzungen einer Mahnung nach § 286 BGB erfüllt;
- Schaden an Sachen, Körper etc. des Mieters sowie Mangelfolgeschäden.

(4) Probleme bei der Geltendmachung von Schadensersatzansprüchen

139 Ist der richtige Zeitpunkt für die Geltendmachung von Schadensersatzansprüchen gewählt (vgl. *Rz. 170*), besteht gemäß § 249 BGB der Anspruch auf Naturalrestitution oder Ausgleich des Schadens in Geld[3]. In der Regel wird ein finanzieller Ausgleich verlangt.

Zunächst kann überprüft werden, ob nicht mehrere der drei Varianten des § 536a Abs. 1 BGB in Betracht kommen. Dadurch können Kausalitätsprobleme vermieden werden.

140 Zusätzlich sollte im Mietvertrag ermittelt werden, ob ein **Haftungsausschluss** geregelt ist. Insoweit ergeben sich bei der Garantiehaftung regelmäßig keine Probleme, da sie auch bei Wohnraummietverträgen formularmäßig abbedungen werden kann[4]. Sobald § 309 Nr. 7 BGB jedoch eingreift oder Mangelfolgeschäden auch insoweit ausgeschlossen werden, dass der Vermieter hierfür bei leichter Fahrlässigkeit nicht haftet, obwohl er sich gegen das Risiko einer Inanspruchnahme versichern kann[5], ist eine formularmäßige Haftungsbeschränkung unwirksam.

141 Sind **Schäden** am Körper oder an Sachen **Dritter** entstanden, bedarf es einer Abtretung von Ansprüchen nicht, weil diese ebenfalls vom Schutzzzweck des § 536a BGB umfasst sind, solange sie sich zulässigerweise in den

---

1 LG Berlin, NZM 2000, 709.
2 OLG Düsseldorf, NJW-RR 2000, 531.
3 Palandt/*Weidenkaff*, § 536a BGB Rz. 14.
4 BGH, WuM 1992, 316.
5 BGH, MDR 2002, 330 mit Anm. *Lützenkirchen*.

Mieträumen aufgehalten haben, also z.B. Angehörige, Arbeitnehmer[1]. Es braucht auch nicht zwischen Mangel und Mangelfolgeschäden unterschieden zu werden, da beide Schadenskomponenten von § 536a BGB erfasst werden[2].

Durch die **Schuldrechtsmodernisierung** wurde die Unterscheidung zwischen Schadensersatz und Schadensersatz statt der Leistung eingeführt (vgl. §§ 280, 281 BGB). Gleichzeitig wurden in § 536a BGB die Worte „wegen Nichterfüllung" gestrichen, so dass – bei synonymer Verwendung – nach § 536a BGB nur noch Schadensersatz i.S.v. § 280 BGB verlangt werden könnte. Gleichwohl soll nach wie vor der Nichterfüllungsschaden (=Schadensersatz statt der Leistung) geltend gemacht werden können. Als ersatzfähige Schäden kommen demnach **insbesondere** in Betracht (vgl. zu den nachfolgenden Schadenspositionen vor allem *I Rz. 95 ff.*): 141a

– Gesundheitsschäden des Mieters oder anderer geschützter Personen[3] 142
– Schäden an Sachen des Mieters (z.B. Mobiliar)[4]
– entgangener Gewinn (z.B. entgangene Untermiete)[5]
– die notwendigen Kosten der Rechtsverfolgung einschl. eines Beweisverfahrens[6]
– die Kosten eines Gutachtens zur Feststellung der Schäden und der Verantwortlichkeit des Vermieters[7]
– Rückforderung von Pauschalen zur Abgeltung von Schönheitsreparaturen[8]
– Verderb von Lebensmitteln infolge Stromausfalls[9]
– Rückzahlung von Mietvorauszahlungen, weil Ersatzmieter wegen des Mangels nicht in den Mietvertrag eintritt[10]
– Kosten für eine vorläufige Unterbringung in anderen Räumen[11]
– Mehrbetrag der Mietzahlungen für neu gemietete Wohnung[12]
– Verdienstausfall[13]

---

1 BGH, NJW 1983, 2935 m.w.N.
2 BGH, NJW 1985, 132; BGH, NJW 1971, 424.
3 BGH, NJW-RR 1991, 970; OLG Düsseldorf, VersR 1974, 1113.
4 LG Bremen, WuM 1954, 42.
5 *Kinne/Schach*, § 536a BGB Rz. 7.
6 LG Hannover, WuM 1980, 211; LG Offenburg, WuM 1984, 300; LG Köln, WuM 1990, 387, 388; AG Gelsenkirchen, WuM 1990, 204.
7 LG Hamburg, WuM 1983, 291; AG Hamburg, WuM 1984, 299; AG Koblenz, WuM 1987, 19.
8 AG Augsburg, NJW-RR 1987, 207.
9 AG Wiesbaden, WuM 1980, 245.
10 LG Hannover, ZMR 1971, 135.
11 LG Mannheim, MDR 1969, 313, 314; LG Hamburg, WuM 1989, 285.
12 Palandt/*Weidenkaff*, § 536a BGB Rz. 14.
13 BGH, NJW-RR 1991, 970 m.w.N.

- nutzlos aufgewendete Maklerkosten[1]
- Umzugskosten[2]
- Kosten für Einrichtungsgegenstände (z.B. Teppichboden[3], Gardinen), die in der neuen Wohnung nicht mehr verwendet werden können[4]
- Kosten für Änderung oder ggf. Neuanfertigung einer Einbauküche, Schrankwand oder Gardinen[5]
- erhöhte Kosten notwendiger Lebensführung (z.B. Essen, Baden)[6]
- erhöhte Heizkosten[7], auch für Trockenheizen[8]
- erhöhte Personalkosten[9]
- Schmerzensgeld[10].

Noch nicht abschließend geklärt ist die Frage, ob **§ 285 BGB** auf Schadensersatzansprüche nach § 536a BGB anzuwenden ist[11]. Entsprechende Konstellationen kommen insbesondere bei Vorliegen eines **Rechtsmangels** in Betracht, wenn der Vermieter aus dem Umstand, der zur Gebrauchsbeeinträchtigung führt, Vorteile erlangt.

143 Bevor die Schäden geltend gemacht werden, sollte überlegt werden, wie die Höhe der Ansprüche nachgewiesen werden kann. Als **Beweismittel** kommen in Betracht:
- Anschaffungsrechnung
- Kostenvoranschlag für Reparatur etc.
- Belege (Rechnungen, Quittungen) über aufgewendete Kosten
- Zeugen
- Sachverständigengutachten.

144 Die größten Schwierigkeiten ergeben sich regelmäßig bei der Beschaffung der Rechnungen über die **Anschaffungskosten**. Vor allem wenn der Erwerb des beschädigten Gegenstandes bereits geraume Zeit zurückliegt, sind Rechnungen nicht mehr vorhanden. Hier sollte die Möglichkeit untersucht werden, inwieweit Ersatzrechnungen beschafft werden können oder anhand von Katalogen der Anschaffungspreis ermittelt werden kann. Natür-

---

1 LG Köln, NJW-RR 1993, 524.
2 LG Duisburg, WuM 1989, 14, 15.
3 LG Wuppertal, GuT 2002, 19.
4 LG Duisburg, WuM 1989, 14, 15.
5 LG Saarbrücken, WuM 1991, 92.
6 LG Kassel, WuM 1979, 51.
7 AG Gelsenkirchen, WuM 1973, 76; AG Rendsburg, WuM 1975, 122; AG Würzburg, WuM 1980, 2; AG Düren, WuM 1982, 184; AG Ahrensburg, WuM 1986, 213.
8 AG Gengenbach, WuM 1986, 241.
9 LG Chemnitz, ZMR 2002, 350.
10 AG Hannover v. 10.10.2008 – 559 C 3475/08, WuM 2009, 346.
11 Vgl. BGH, MietRB 2006, 215.

lich kommen hier auch Zeugen als Beweismittel in Betracht. Da jedoch regelmäßig die exakte Höhe der Anschaffungskosten relevant ist und Zeugen meistens zwar die Anschaffung, jedoch nicht die Höhe des Preises bestätigen können, sollte zunächst überprüft werden, inwieweit die zuerst angesprochenen Beweismittel erlangt werden können.

Ist eine Reparatur noch nicht durchgeführt, kann der Handwerker zur Vorlage eines **Kostenvoranschlages** (abstrakte Schadensberechnung, vgl. *I Rz. 94*) veranlasst werden. Verlangt der Handwerker dafür eine Gebühr, kann diese ebenfalls als Schadensposition geltend gemacht werden.

Bei der Beschädigung von Sachen muss der **Abzug neu für alt** berücksichtigt werden[1], sofern nicht bloß eine Reparatur stattgefunden hat[2]. Hierzu muss die Relation der normalen Nutzungsdauer eines Gegenstandes mit dem neuen Gegenstand dargestellt werden[3]. Bei der Beschädigung von Sachen kann zunächst die **Anlage 5 zur Wertermittlungsverordnung**[4] herangezogen werden, die für eine Vielzahl von Einrichtungsgegenständen oder Teilen einer Mietsache Richtwerte für die normale Nutzungsdauer angibt. Bei der Beschädigung von Kleidern oder anderen Gebrauchsgegenständen gestalten sich die Ermittlungen jedoch schwierig. Hier könnte (ähnlich wie bei Autos) auf einen Marktwert abgestellt werden, nachdem sog. Secondhandläden sich mittlerweile etabliert haben. Hier kann also der Preis angesetzt werden, der in einem solchen Laden für vergleichbare Sachen erzielt werden kann.

145

Darüber hinaus kann berücksichtigt werden, welche **Aufwendungen** der Mieter **erspart** hat. Namentlich kommen hier Schönheitsreparaturen in Betracht. Muss anlässlich der Mängelbeseitigung wenigstens auch ein Teil der Mietsache renoviert werden, sind die Kosten entsprechend der Zeit seit der letzten Renovierung in Abzug zu bringen[5]. Insoweit ist zu beachten, dass der Abzug neu für alt nicht erst zu berücksichtigen ist, sobald der Mieter dies einwendet. Vielmehr gehört der Abzug zum schlüssigen Vortrag[6], weil er eine besondere Art der Vorteilsausgleichung darstellt[7]. Deshalb gehen Zweifel zu Lasten des Vermieters.

146

Einen Überblick über ausgeurteilte Abzüge neu für alt liefert die nachfolgende **Tabelle**, bei deren Anwendung jedoch immer berücksichtigt werden muss, dass es sich um Einzelfallentscheidungen handelt:

147

---

1 Palandt/*Heinrichs*, Vorbem. v. § 249 BGB Rz. 146.
2 KG v. 28.4.2008 – 8 U 154/07, WuM 2008, 724.
3 BGH, NJW 1996, 584.
4 Vgl. z.B. Baugesetzbuch, Beck-Texte im dtv, Kap. 3.
5 LG Berlin, NJW-RR 1997, 265.
6 LG Köln in *Lützenkirchen*, KM 30 Nr. 46.
7 OLG Koblenz, WuM 2003, 445.

Einrichtungsgegenstand	normale Lebensdauer in Jahren	Alter	Abzug in %
Armaturen			
– Hand- und Standbrausen	8[1]		
– Mischbatterien	8[2]		
Badewanne			
– aus Stahlblech	20–40[3] 23[4]	35	ca. 100
– aus Gusseisen	30–40[5]		
– Wannenbeschichtung	20[6]	14	70
Einbauschrank, -regal	über 30[7]		
Einbauküche mit einem Wert/ Größe von			
– ca. 6135,50 Euro ohne Elektrogeräte	20[8]	4	20
– 6517,00 Euro/1 Zeile	15[9]		
– ca. 7669,40 Euro		25	100[10]
– 10 109,00 Euro/1,5 Zeilen	14[11]		
– 15 850,00 Euro	17[12]		
– 21 985,55 Euro	20[13]		
Fliesen			
– in Küche	30[14]	30	50
– im Badezimmer	35	3½	10

---

1 *Langenberg*, Schönheitsreparaturen, I Rz. 10.
2 *Langenberg*, Schönheitsreparaturen, I Rz. 10.
3 AG Köln in *Lützenkirchen*, KM 30 Nr. 14.
4 *Langenberg*, Schönheitsreparaturen, I Rz. 10.
5 *Rössler/Simon/Kleiber*, 12. Teil Anh. 9.
6 AG Köln, WuM 1988, 106; AG Frankfurt/Main, ZMR 1990, 275.
7 OLG Düsseldorf, NJW-RR 1989, 332 bei normaler Pflege in Form regelmäßigen Anstreichens.
8 AG Nürnberg, WuM 1995, 180 unter Berücksichtigung der Einschränkung der Weiterverwendbarkeit der Küche infolge Umzuges des Mieters in Höhe von 30 %.
9 OLG Düsseldorf, NJW-RR 1996, 45.
10 LG Berlin, GE 2001, 1404.
11 OLG Koblenz, NJW-RR 1992, 760.
12 OLG Köln, NJW-RR 1999, 774.
13 OLG Braunschweig, OLG-Report 1996, 133.
14 LG Köln in *Lützenkirchen*, KM 30 Nr. 33 mit dem Hinweis, dass die Lebensdauer bei entsprechender Pflege auch wesentlich länger sein kann, andererseits aber auch dem jeweiligen Geschmack und der Mode unterfällt.

Sachverhaltserfassung und Beratung über die Vorgehensweise   Rz. 147 **F**

Einrichtungsgegenstand	normale Lebensdauer in Jahren	Alter	Abzug in %
Parkett	12–15[1] 15–20[2]	16	100
PVC-Belag	8–10[3] 15[4] 20[5]	19 26	10–12 pro Jahr 100 100
Sanitärbecken			
– Spülbecken aus Steingut/ Edelstahl	27[6]		
– Waschbecken aus Steingut/ Porzellan	20[7]		
Teppichboden			
– normale Qualität	5–10[8] 10[9] 10[10] 15[11]	11 1 2 10	100 15 20 67
– bessere Qualität	10[12] 15[13]	2 10	20 67
Tisch	10[14]	5	50
Türen			
– Innentür allgemein	100[15]	26	26
– Wohnungseingang	30–35[16]	30	100

---

1 AG Köln, WuM 1984, 197.
2 LG Wiesbaden, WuM 1991, 540.
3 LG Wiesbaden, WuM 1991, 540.
4 AG Staufen, WuM 1992, 430.
5 AG Kassel, WuM 1996, 757.
6 *Langenberg*, Schönheitsreparaturen, I Rz. 10.
7 *Langenberg*, Schönheitsreparaturen, I Rz. 10.
8 LG Kiel, WuM 1998, 215.
9 AG Böblingen, WuM 1998, 33 unter Hinweis auf einen erhöhten Wertverlust im 1. Benutzungsjahr.
10 LG Köln in *Lützenkirchen*, KM 30 Nr. 22.
11 LG Münster, WuM 1989, 508.
12 LG Dortmund, NJWE-MietR 1997, 100, sofern in der Wohnung Hundehaltung erlaubt ist.
13 LG Köln, WuM 1983, 126.
14 AG Köln, WuM 1992, 191.
15 AG Köln in *Lützenkirchen*, KM 30 Nr. 23.
16 LG Köln, WuM 2000, 548.

Einrichtungsgegenstand	normale Lebensdauer in Jahren	Alter	Abzug in %
– Badezimmer	50[1]	25	50
– Schließanlage	hoch[2]	10	15
WC			
– WC-Becken	ca. 30[3]	20	67
– WC-Brille	9[4]	9	100
– WC-Bürste	gering, insb. wertunabhängig[5]	mehrere Jahre	100

148 Schließlich muss bei der Schadensberechnung geprüft werden, inwieweit ein **Mitverschulden** des Mieters nach § 254 BGB anspruchsmindernd zu berücksichtigen ist[6].

149 Deshalb sollte ermittelt werden, ob der Vermieter nicht auf besondere Gefahrenquellen hingewiesen hat. Die allgemeine Empfehlung in der Hausordnung, Sachen im Keller oberhalb des Fußbodens zu lagern, begründet insoweit aber keine Verbindlichkeit[7].
Anhaltspunkte für ein Mitverschulden ergeben sich aus folgenden Gesichtspunkten:
– Verzögerung der Mängelbeseitigung[8]
– Unterlassen der Mängelbeseitigung trotz Zumutbarkeit[9]
– verzögerte Kündigung trotz Möglichkeit und Zumutbarkeit, adäquate Ersatzräume anzumieten[10]
– Ausspruch der Kündigung nach längerer Frist trotz vorheriger früherer Ankündigung[11].

150 Da die Schadensminderungspflicht **von Amts wegen** und nicht erst auf Einrede des Vermieters zu berücksichtigen ist[12], sollten diese Umstände bereits bei der Geltendmachung von Schadensersatzansprüchen berück-

---

1 AG Kassel, WuM 1996, 757.
2 LG Münster, WuM 1989, 508.
3 AG Rheine, WuM 1998, 250.
4 AG Brühl, WuM 2001, 469.
5 AG Köln, WuM 2001, 485, bei einem Kaufpreis von 95,15 Euro.
6 BGH, NJW-RR 1991, 970, 971 m.w.N.
7 AG Gera, WuM 2002, 265.
8 *Hartung* in Schmid, 8-179.
9 *Kraemer* in Bub/Treier, III Rz. 1390.
10 *Hartung* in Schmid, 8-180.
11 Staudinger/*Emmerich*, § 542 BGB Rz. 41; MünchKomm/*Voelskow*, § 538 BGB Rz. 15.
12 Palandt/*Heinrichs*, § 254 BGB Rz. 82 m.w.N.

sichtigt werden. Ergeben sich insoweit Anhaltspunkte, sollte allerdings auch überlegt werden, inwieweit der Vermieter (oder ggf. das Gericht) derartige Umstände ersehen können. Besteht eine Wahrscheinlichkeit dafür, dass ein mitwirkendes Verschulden verborgen bleibt, oder sind die Umstände streitig, sollte vorsichtshalber davon abgesehen werden, diese bei der Schadensberechnung zu berücksichtigen.

kk) Zahlung unter Vorbehalt

Gerade bei Weigerung des Vermieters zur Mängelbeseitigung kann die fortlaufende Ausübung des Minderungsrechts dazu führen, dass ein Mietrückstand entsteht, der für eine Kündigung nach § 543 Abs. 1 Nr. 3 BGB oder § 573 Abs. 2 Nr. 1 BGB ausreicht (vgl. *Rz. 159 f.*)[1]. Dies gilt erst recht bei der Ausübung eines Zurückbehaltungsrechts, weil hier der drei- bis fünffache Minderungsbetrag (vgl. *Rz. 119*) einbehalten werden kann, was allerdings streitig ist. Grundsätzlich kann sich der Rechtsanwalt nur in den seltensten Fällen sicher sein, das Minderungsrecht richtig zu bewerten[2]. Zwar entspricht es gängiger Praxis, für den Mandanten eher eine überhöhte Minderung zu reklamieren, um das Risiko einer tatsächlich höheren Minderung auszuschließen. Indessen kann gerade dieser Fall die Tatsachen begründen, die für die Annahme eines Verschuldens i.S.d. §§ 543 Abs. 2 Nr. 3, 573 Abs. 2 Nr. 1, 286 BGB ausreichen können[3]. Erklärt der Vermieter daraufhin eine Kündigung, kann diese nur im Fall des § 569 Abs. 3 Nr. 2 BGB (sicher) geheilt werden.

151

Um jedes **Risiko** im Zusammenhang mit der Kürzung der Miete, insbesondere eine Kündigung zu vermeiden, kann dem Mandanten empfohlen werden, die Mietzahlungen ab sofort unter Vorbehalt zu leisten[4]. Erst recht kommt die Vorbehaltszahlung in Betracht, wenn im Gewerberaummietvertrag die Ausübung der Minderung (wirksam) ausgeschlossen ist. Damit der Mieter den Vorbehalt nicht auf jedem Überweisungsträger kenntlich machen und ggf. seinen Dauerauftrag ändern muss, sollte schon in der Mängelanzeige formuliert werden, dass ab sofort **bis zur endgültigen Mängelbeseitigung** die Mietzahlungen unter Vorbehalt erfolgen. Wird keine **Minderungsquote angegeben**, ergibt sich dadurch das Risiko, dass der Vermieter eine negative Feststellungsklage (vgl. *Rz. 162*) erhebt und überwiegend gewinnt, wenn z.B. nur eine Minderungsquote von 10 % ermittelt wird. Um dieses **Kostenrisiko** zu vermeiden, sollte eine ungefähre Min-

152

---

1 Beispiele: BGH v. 16.2.2005 VIII ZR 6/04, WuM 2005, 250 = ZMR 2005, 356; BGH v. 28.11.2007 – VIII ZR 145/07, WuM 2008, 31 = GE 2008, 114 = NZM 2008, 121 = ZMR 2008, 196; BGH v. 25.10.2006 – VIII ZR 102/06, WuM 2007, 24 = GE 2007, 46 = NZM 2007, 35.
2 Vgl. zu den Risiken *Blank*, WuM 2007, 655.
3 BGH, NJW 1970, 464; LG Köln in *Lützenkirchen*, KM 12 Nr. 31; *Blank*, WuM 2007, 655.
4 Dies sieht der BGH als die richtige Vorgehensweise zur Vermeidung eines Risikos: BGH v. 25.10.2006 – VIII ZR 102/06, WuM 2007, 24 = GE 2007, 46 = NZM 2007, 35.

derungsquote angegeben werden und der Hinweis erfolgen, dass sich der Vorbehalt im Übrigen auch auf eine höhere, ggf. durch ein Gericht festgestellte Minderungsquote bezieht. Damit wird deutlich, dass Rückforderungsansprüche nur bis zur Höhe der tatsächlich gerechtfertigten Minderung geltend gemacht werden. Das Gericht ist in diesem Fall nicht gehindert, einen höheren als den vom Rechtsanwalt angegebenen Minderungsbetrag festzusetzen[1]. Selbst ohne den Hinweis auf eine evtl. höhere Quote steht dem Rückforderungsanspruch jedenfalls § 536b BGB analog nicht entgegen[2].

153 In der gleichen Weise kann verfahren werden, wenn ein Minderungsrecht vorsichtig ausgeübt wird, der Rechtsanwalt jedoch auch in Erwägung ziehen muss, dass eine **höhere Minderungsquote** angemessen sein kann. In diesem Fall sollte der Hinweis erfolgen, dass über die ausgeübte Minderung hinaus eine Zahlung unter Vorbehalt bis zur Höhe einer ggf. durch ein Gericht endgültig festgestellten Minderungsquote erfolgt. Diese Vorgehensweise hat den Vorteil, dass auch plötzlich bzw. kurzfristig auftretende zusätzliche Beeinträchtigungen erfasst werden und weder bei Gericht noch dem Gegner der Eindruck entsteht, dass durch die ausgeübte Minderung eine Obergrenze festgesetzt wird.

Der Vorbehalt muss **eindeutig erklärt** werden. Entsteht aufgrund der Formulierung z.B. der Eindruck, dass der Vorbehalt nur eingreifen soll, wenn die Mängel fortwirken (hier: Lärmbeeinträchtigung)[3], kann der Mieter sich darauf nicht mehr berufen, wenn der beanstandete Mangel in der Form nicht mehr auftritt. Deshalb sollte auf keinen Fall formuliert werden: „... behält sich mein Mandant vor ...", sondern:

„Die Mietzahlung erfolgt ab sofort wegen der beschriebenen Mängel unter dem Vorbehalt der Rückforderung im Umfang der angemessenen Minderung, die ich derzeit mit 20 % bewerte."

Erklärt der Vermieter die **fristlose Kündigung** nach § 543 Abs. 2 Nr. 3 BGB, wird der vorsichtige Rechtsanwalt seinem Mandanten raten, die Kündigungsfolgen durch Zahlung unter Vorbehalt des vollständigen Rückstandes gemäß § 569 Abs. 2 Nr. 2 BGB zu leisten. Denn auch die Zahlung unter Vorbehalt führt zu dieser „Wohltat" (vgl. *D Rz. 65 f.*). Allerdings sollte beachtet werden, dass dieser Vorbehalt insbesondere bei einer fehlerhaften Rechtsausübung dazu führt, dass ein Gericht bei der gleichzeitg ausgesprochenen Kündigung nach **§ 573 Abs. 2 Nr. 1 BGB** das Tatbestandsmerkmal der „Erheblichkeit" bejaht, weil durch den Vorbehalt zum Ausdruck gebracht wird, dass die „falsche" Rechtsausübung auch nach der Zahlung

---

1 LG Berlin, WuM 1998, 28.
2 OLG Köln, GuT 2002, 45.
3 Vgl. AG Hermeskeil, WuM 2005, 239.

noch geltend gemacht werden soll[1]. Will der Mandant jedes Risiko vermeiden, bleibt in der beschriebenen Situation nur eine Zahlung, die als Anerkenntnis zu werten ist, was vorsichtshalber dann auch schriftlich zum Ausdruck gebracht werden sollte. Wegen dieser Risiken sollte die Vorbehaltszahlung von Anfang an bevorzugt werden.

Bevor der **Rückzahlungsanspruch** geltend gemacht wird, sollte allerdings beachtet werden, dass gemäß **§ 813 BGB** nicht die Beträge verlangt werden können, die auf das Zurückbehaltungsrecht entfallen[2]. Der Anspruch des Mieters ist also auf die Teile der Miete begrenzt, die durch die Minderung begründet sind.

ll) Taktische Überlegungen

Sind die in der gegebenen Beratungssituation einschlägigen Gewährleistungsinstrumente herausgefiltert, sollte überlegt werden, **welches Mittel der Situation angemessen** ist und dem Interesse des Mandanten wirksam zum Erfolg verhelfen kann. Ebenso wenig, wie man mit Kanonen auf Spatzen schießen soll, sollte das Mietverhältnis unnötig belastet werden, indem z.B. wegen eines belanglosen Mangels sofort alle einschlägigen Gewährleistungsrechte geltend gemacht werden. Vor allem, wenn der Mangel gerade erst aufgetreten ist, sollte überlegt werden, ob und in welchem Umfang ein **stufenweises Vorgehen** sinnvoll ist.

154

Beispiel:

Hat der Mandant dem Vermieter wenige Tage zuvor angezeigt, dass die Heizung nicht ordnungsgemäß funktioniert, und der Vermieter zugesagt, dass er sich darum kümmern werde, ist es unangemessen, sofort neben der Minderung auch ein Zurückbehaltungsrecht in Höhe des drei- bis fünffachen Minderungsbetrages auszuüben. Vielmehr sollte zunächst die Mängelanzeige und Aufforderung zur Mängelbeseitigung schriftlich wiederholt werden, um diesen Tatbestand zu dokumentieren. Erst wenn die angemessene (hier: kurze) Frist abgelaufen ist, sollte das Zurückbehaltungsrecht ausgeübt werden, um dem Vermieter zu zeigen, dass seine Untätigkeit weitere Konsequenzen nach sich zieht. Je nach den Umständen kann das Gewährleistungsrecht der „nächsten Stufe" jeweils mit der Ausübung eines Gewährleistungsrechts angekündigt werden (was allerdings nicht erforderlich ist).

155

Eine abgestufte Vorgehensweise hat den **Vorteil**, dass der Druck auf den Vermieter weiter erhöht werden kann. Werden dagegen sofort alle in Betracht kommenden Gewährleistungsrechte geltend gemacht, kann der Druck bei dem Vermieter auch zu einer „Lähmung" führen, indem sich der Vermieter nur deshalb Zeit mit der Mängelbeseitigung lässt, um sich beim Mieter für die (zumindest aus seiner Sicht) unangemessene Aus-

156

---

[1] BGH v. 28.11.2007 – VIII ZR 145/07, WuM 2008, 31 = GE 2008, 114 = ZMR 2008, 196 = NZM 2008, 121.
[2] LG Berlin v. 21.8.2008 – 67 S 147/08, GE 2008, 1429.

übung seiner Gewährleistungsrechte zu revanchieren. Darüber hinaus sollte bedacht werden, dass der Vermieter eine unangemessene Ausübung von Gewährleistungsrechten nicht vergessen wird und daher in Fällen, in denen der Mieter das Entgegenkommen des Vermieters erwartet (z.B. Zustimmung zu Installationen, Tierhaltung), in vergleichbarer Weise reagieren kann.

157 Das Stufenverhältnis zwischen den einzelnen Instrumenten ergibt sich aus der Reihenfolge der Darstellung in der Übersicht oben *Rz. 2*. Um dem Interesse des Mandanten an einer zügigen Mängelbeseitigung gerecht zu werden, sollte sich der Rechtsanwalt in seinem ersten Schreiben nicht auf eine **Mängelanzeige** beschränken, sondern zugleich zur Mängelbeseitigung unter Fristsetzung auffordern. Damit schafft er die Voraussetzungen für die weiteren Ansprüche (z.B. Ersatzvornahme, Vorschussanspruch, Aufwendungsersatzanspruch, Kündigung, Verzugshaftung).

158 Will und kann der Mandant auch ein **Minderungsrecht** ausüben, sollte dies ebenfalls mitgeteilt werden. Dies erhöht den Druck auf den Vermieter. Im Übrigen wird durch die Kürzung das Gleichgewicht zwischen der Zahlungsverpflichtung des Mandanten und der mangelhaften Mietsache wieder hergestellt.

159 Bei der Ausübung der **Minderung** sollte immer bedacht werden, dass eine Kürzung der Miete über einen **längeren Zeitraum** das Kündigungsrecht des Vermieters nach §§ 543 Abs. 2 Nr. 3, 573 Abs. 2 Nr. 1 BGB begründen kann, zumal wenn die Minderung überhöht ist. Insoweit sollte der Mieter stets eine abweichende Beurteilung durch das Gericht in Betracht ziehen[1], so dass ein **Rechtsirrtum**, der sein Verschulden ausschließt, zweifelhaft sein kann[2]. Zwar gehen viele Instanzgerichte – fälschlicherweise und z.T. ohne weiteren Sachvortrag – bei vergleichbaren Konstellationen von einem Rechtsirrtum aus[3]. So hat der BGH[4] aber z.B. in folgendem Fall das Verschulden bzw. einen Rechtsirrtum des Mieters überhaupt nicht geprüft: der Mieter hatte die Miete um 30 % gemindert; die Instanzgerichte hatten ihm 5 % zugesprochen. Der BGH bestätigte die Verurteilung zur Räumung wegen einer Kündigung nach § 543 Abs. 2 Nr. 3 BGB.

160 Allein die Tatsache, dass die Minderung auf **Empfehlung des Rechtsanwalts** erfolgt, schützt den Mandanten nicht immer vor den Verzugsfolgen. Denn hat der Rechtsanwalt die Sachlage falsch eingeschätzt, muss sich der Mandant das **Verschulden des Rechtsanwalts zurechnen** lassen[5]. Dies sollte nie ausgeschlossen werden. Umso mehr sollte vor allem dem finanziell schwach gestellten Mandanten zumindest empfohlen werden, den

---
1 BGH, NJW 1983, 2318, 2321.
2 BGH v. 25.10.2006 – VIII ZR 102/06, WuM 2007, 24 = GE 2007, 46 = NZM 2007, 35; BGH, NJW 1984, 1028, 1030.
3 Vgl. zu den Anforderungen *Heinrichs* in Palandt, 63. Aufl., § 276 BGB Rz. 22.
4 BGH, MietRB 2004, 161.
5 BGH v. 25.10.2006 – VIII ZR 102/06, WuM 2007, 24 = GE 2007, 46 = NZM 2007, 35BGH, NJW 1970, 464.

einbehaltenen Betrag (zunächst) nicht auszugeben, sondern z.B. auf einem Sparbuch anzulegen. Macht der Vermieter dann von seinem Kündigungsrecht nach § 543 Abs. 2 Nr. 3 BGB Gebrauch, kann mit Hilfe des zurückgelegten Betrages die Rechtsfolge des § 569 Abs. 3 Nr. 2 BGB im Wege der **Zahlung unter Vorbehalt** herbeigeführt werden (vgl. *D Rz. 65 f.*). In dem evtl. nachfolgenden Streit über die Kosten eines in der Hauptsache erledigten Räumungsprozesses kann viel gelassener argumentiert und vorgegangen werden (z.B. Widerklage auf Rückzahlung des unter Vorbehalt gezahlten Betrages) als in dem Hauptsacheprozess, in dem die Räumung des Mandanten befürchtet werden muss. Wurde allerdings gleichzeitig die **fristgerechte Kündigung** nach § 573 Abs. 2 Nr. 1 BGB ausgesprochen, müssen die Überlegungen, die unter *Rz. 153* dargestellt sind, beachtet werden.

Die gleichen Überlegungen sind relevant, wenn die Ausübung des Minderungsrechts aus rechtlichen oder tatsächlichen Gründen zweifelhaft ist. Will der Mandant hier jedes Risiko ausschließen, also auch das einer zu geringen Minderung, kann ihm empfohlen werden, seine Mietzahlungen ab sofort **unter Vorbehalt** (vgl. *Rz. 151 f.*) zu leisten. Damit eröffnet sich für ihn die Möglichkeit, z.B. nach Beseitigung des Mangels den nach seiner Meinung geminderten Teil der Miete zurückzufordern. 161

Der Rechtsanwalt, der jedes **Risiko vermeiden** will, sollte in der Mängelanzeige/Beseitigungsaufforderung neben der Ankündigung einer Minderung mitteilen, dass die Mietzahlungen im Übrigen unter Vorbehalt einer angemessenen Minderung erfolgen (vgl. dazu *Rz. 153*). Dadurch bleibt die Möglichkeit offen, auch weitere Teile der **Miete zurückzuverlangen**, wenn eine spätere (bessere) Erkenntnis zeigt, dass ein höheres Minderungsrecht begründet war. Zu bedenken ist jedoch, dass jede Vorbehaltszahlung das Recht des Vermieters zur Erhebung einer Feststellungsklage begründet. Indessen kann dieses Risiko vernachlässigt werden, da dieser Prozess jedenfalls dann sehr unwahrscheinlich ist, wenn dem Vermieter bekannt ist, dass ein Mangel vorhanden ist; andererseits bringt dieser Prozess die Erkenntnis, ob ein Minderungsrecht besteht. Im Übrigen kann das Risiko einer Feststellungsklage vermieden werden, wenn der Vorbehalt auf die „angemessene Minderung" beschränkt wird (vgl. *Rz. 237*). 162

Kommt die Ausübung eines **Zurückbehaltungsrechts** in Betracht, sollte überlegt werden, ob dieses erhebliche Druckmittel schon ausgeübt werden soll oder ob es nicht sinnvoller ist, dies erst in einem zweiten oder dritten Schritt zu tun. Auf jeden Fall sollte dem Mandanten jedoch geraten werden, den einbehaltenen Betrag zurückzulegen. Durch die Ausübung eines Zurückbehaltungsrechts entsteht sehr schnell die Situation, dass die Mietzahlungen vollständig einbehalten werden, weil ein Minderungsrecht in Höhe von 20 % schnell erreicht ist und das Fünffache eben zum Einbehalt der vollständigen Miete berechtigen kann (vgl. *Rz. 119*). Umso mehr droht hier die oben bereits beschriebene **Gefahr der Kündigung** nach §§ 543 Abs. 2 Nr. 3, 573 Abs. 2 Nr. 1 BGB (vgl. *Rz. 160*). 163

164 Es können sich jedoch auch Fallkonstellationen ergeben, in denen die Ausübung eines Zurückbehaltungsrechts **sinnlos** ist (vgl. z.B. *Rz. 117*). Wird z.B. die Außenfassade erneuert, so dass sich der Lichteinfall durch das Gerüst an der Hauswand verschlechtert, macht es keinen Sinn, die Miete zur Durchsetzung des Erfüllungsanspruches zurückzuhalten. Denn der Vermieter benötigt das Gerüst. Der Erfüllungsanspruch geht ins Leere. In einem solchen Fall sollte vielmehr bedacht werden, dass der Mieter seinen Hausratversicherer über die Gefahrerhöhung informiert, um seinen Versicherungsschutz nicht zu verlieren.

165 Bei den **Rechten des § 536a Abs. 2 BGB** (Ersatzvornahme, Vorschussanspruch, Aufwendungsersatz) sollte abgewogen werden, welche Maßnahme dem Interesse des Mandanten gerecht wird. Die **Ersatzvornahme** führt zwar zu einer Beseitigung des Mangels. Sie schmälert jedoch auch seine Liquidität. Dies kann er zwar durch eine Aufrechnung gegenüber dem Mietanspruch vermeiden, wenn sie nicht (wirksam) ausgeschlossen wurde. Da durch die Beseitigung des Mangels jedoch auch die Beweissituation verschlechtert wird, kann sich hier erneut das Risiko einer fristlosen Kündigung nach § 543 Abs. 2 Nr. 3 BGB stellen.

166 Wählt der Mandant den **Vorschussanspruch**, wird seine Liquidität zwar nicht geschmälert. Hat die Angelegenheit aber bereits ein Stadium erreicht, in dem sich die Frage des Vorschussanspruches stellt, ist kaum damit zu rechnen, dass der Vermieter den Vorschuss freiwillig leisten wird. Muss der Vorschuss also erst gerichtlich geltend gemacht werden, verzögert sich die Mängelbeseitigung. Deshalb sollte abgewogen werden, ob der Mangel für den Mieter für die Dauer eines Prozesses erträglich ist oder der Vorschussanspruch **im Wege der Aufrechnung** geltend gemacht werden kann (Risiko: § 543 Abs. 2 Nr. 3 BGB).

167 Hinsichtlich des **Aufwendungsersatzanspruches** ergeben sich die gleichen Überlegungen wie bei der Ersatzvornahme. Hier sollte zuvor für eine ausreichende Beweissicherung gesorgt werden.

168 Bei der **Kündigung nach § 543 Abs. 2 Nr. 1 BGB** können sich grundsätzlich zwei unterschiedliche Positionen des Mandanten ergeben. Entweder sucht er den Rechtsanwalt auf, weil er den Mietvertrag (schon immer) kündigen wollte, oder der Mangel ist für den Mandanten so unerträglich, dass ihm keine andere Wahl bleibt. In der zuerst beschriebenen Situation besteht die Aufgabe des Rechtsanwalts darin, das Kündigungsrecht des Mieters (durch Fristsetzung oder Abmahnung) herbeizuführen, sofern § 543 Abs. 3 S. 2 BGB nicht eingreift. Gleichzeitig muss jedoch vermieden werden, dass der Vermieter zur Mängelbeseitigung schreitet. Hierzu bieten sich u.a. zwei Wege an, und zwar eine „harmlose" und eine „drastische" Vorgehensweise. Bei der harmlosen Vorgehensweise erfolgt lediglich die Fristsetzung. Bei der drastischen Vorgehensweise werden neben der Fristsetzung zugleich die Minderung und das Zurückbehaltungsrecht ausgeübt und evtl. weitere Maßnahmen angekündigt. Die Wahl der Vorgehensweise sollte davon abhängig gemacht werden, wie der Mandant die Reaktion des Vermieters ein-

schätzt. Dazu können insbesondere Erfahrungen aus der Vergangenheit in ähnlichen Situationen herangezogen werden. Hat der Vermieter z.B. bei einer früheren Gelegenheit eine Mängelbeseitigungsaufforderung missachtet und den Mangel erst nach Ablauf der gesetzten Frist beseitigt (ggf. erst auf zweite Mahnung), kann damit gerechnet werden, dass er sich bei der harmlosen Vorgehensweise ähnlich verhält. Umgekehrt kann aus einem früheren Verhalten auch entnommen werden, ob der Vermieter empfindsam ist und auf eine drastische Vorgehensweise mit Verzögerung reagiert. Ergeben sich keine Anhaltspunkte aus abgeschlossenen Fällen, sollte dem Mandanten, der den Vermieter regelmäßig besser kennt, die Entscheidung überlassen werden.

Problematisch ist in derartigen Fällen immer die **Wahl der angemessenen Frist**. Immerhin wünscht der Mandant die kurzfristige Klärung seiner Situation und wird deshalb Druck auf den Rechtsanwalt ausüben. Davon sollte er sich aber nicht beeinflussen lassen. Ist die Frist unangemessen besteht das Risiko, dass sie unwirksam ist, was nicht nur zu einem Regress führen kann. Die **Angemessenheit der Fristsetzung** beurteilt sich nach den Umständen des Einzelfalls. Die Frist muss so bemessen sein, dass der Vermieter die Leistung tatsächlich erbringen kann. Sie soll dem Vermieter, der noch nichts zur Erbringung der Leistung unternommen hat, nicht nur ermöglichen, mit der Leistungshandlung zu beginnen[1]. Vielmehr soll der Vermieter durch die Fristsetzung in die Lage versetzt werden, die bereits in Angriff genommene Leistung zu beenden[2]. Insoweit können in diesem Stadium von ihm größere Anstrengungen, insbesondere ein schnelleres Handeln erwartet werden, da er bisher seiner ursprünglichen Verpflichtung nicht nachgekommen ist. 168a

Eine **zu kurze Nachfrist** setzt dabei regelmäßig eine angemessene Frist in Lauf. Sie ist also nicht unbeachtlich oder unwirksam. Leistet der Vermieter innerhalb der angemessenen Frist, ist die Kündigung ausgeschlossen. Allerdings ist eine Fristsetzung wirkungslos, wenn sie **missbräuchlich** (zu kurz) erfolgt. Davon ist auszugehen, wenn schon in der Fristsetzung zu erkennen gegeben wird, dass er die Leistung nach Ablauf der Frist nicht mehr annehmen wird, obwohl sie innerhalb der objektiv angemessenen Frist erbracht wird[3], was z.B. durch eine Kündigungsandrohung bewirkt werden kann. Im Übrigen ist es rechtsmissbräuchlich, wenn die Frist von vornherein so bemessen ist, dass die Leistungserbringung innerhalb der Frist objektiv unmöglich ist (3-Tage-Frist ab Absendung für Renovierungsleistung)[4]. Deshalb sollte generell von einer Frist von 8–10 Tagen ausgegangen werden und eine Kündigungsandrohung unterbleiben. 168b

Bei der **Kündigung nach § 569 Abs. 1 BGB** muss die zeitliche Komponente berücksichtigt werden. Zwar soll der Mieter nicht unverzüglich nach Auf- 169

---

1 BGH, NJW 1995, 323; 1995, 857.
2 BGH, NJW 1982, 1280.
3 RGZ 91, 207.
4 LG Köln in *Lützenkirchen*, KM 31 Nr. 37.

treten des gesundheitsgefährdenden Zustandes kündigen müssen[1]. Indessen sollte darauf geachtet werden, dass keine ungebührlich große Verzögerung der Kündigung eintritt[2]. Ist der Mandant fest entschlossen, wegen des gesundheitsgefährdenden Zustandes zu kündigen, sollte mit ihm abgeschätzt werden, in welcher Zeit er andere Räume gefunden haben wird. Unter Berücksichtigung dieser Dauer kann die Kündigung dann auch **mit einer Frist erklärt** werden. Damit wird zumindest zum Ausdruck gebracht, dass auf Grund des Zustandes die Kündigung ausgesprochen wird.

170 Bei der Geltendmachung von **Schadensersatzansprüchen** kann es taktisch sinnvoll sein, abzuwarten, bis die Mängelbeseitigung erfolgt ist oder darüber eine gerichtliche Auseinandersetzung stattfindet. Ein sofortiger, also z.B. mit der Mängelanzeige erhobener Schadensersatzanspruch kann zu zwei Reaktionen des Vermieters führen: Entweder strengt er sich besonders an, um den Mangel unverzüglich zu beseitigen und weiteren Schaden zu verhindern; oder er bleibt untätig, weil im Hinblick auf die angekündigten finanziellen Konsequenzen es ihm auf die weitere Minderung des Mieters nicht mehr ankommt. Für eine spätere Geltendmachung können zudem arbeitsökonomische Gründe sprechen. Häufig lässt sich der vollständige Schaden erst nach Abschluss der Mängelbeseitigungsarbeiten ermitteln.

Im Übrigen kann die Frage, ob ein anfänglicher Mangel vorliegt, ebenso zweifelhaft sein wie die Höhe des eingetretenen Schadens. Um dieses Risiko zu verringern, sollte überlegt werden, ob ein selbständiges Beweisverfahren der Geltendmachung von Schadensersatzansprüchen vorangestellt wird.

2. Vermieterberatung

171 Der Vermieter beauftragt den Rechtsanwalt regelmäßig, wenn der Mieter ihm einen Mangel angezeigt hat und die Ausübung bestimmter Gewährleistungsrechte angekündigt wurde. Häufig hat die Angelegenheit bereits ein **Stadium** erreicht, in dem die Parteien aus den unterschiedlichsten Gründen nicht mehr zueinander finden. Unabhängig davon, ob der Mandant eine konsequente Abwehrhaltung vertritt oder von dem Mieter an der Mängelfeststellung oder -beseitigung gehindert wird, sollte zunächst das Stadium, in dem sich die Angelegenheit befindet, ermittelt und dabei erforscht werden, was sich zwischen den Parteien bisher abgespielt hat. Denn auch der zur Mängelbeseitigung bereite Mandant will vermeiden, dass der Mieter weitere Gewährleistungsrechte, insbesondere Mietkürzungen, vornehmen kann. Ohne eine vollständige Ermittlung des Sachverhaltes kann jedoch nicht beurteilt werden, ob Gewährleistungsrechte erfolgreich abgewehrt werden können. Dabei wird im Weiteren unterstellt, dass **der Vertrag** dazu **keine Regelungen** trifft, also die Gewährleistungsrechte in der gesetzlichen Weise zwischen den Parteien bestehen.

---

1 Staudinger/*Emmerich*, § 544 BGB Rz. 21.
2 Vgl. dazu LG Berlin, GE 1990, 541.

Unabhängig davon, welche weitere Vorgehensweise nach der Beratung mit dem Mandanten gewählt wird, sollte auf jeden Fall im Auge behalten werden, einer angekündigten oder durchgeführten **Minderung** zu **widersprechen**. Denn reagiert der Vermieter – aus welchen Gründen auch immer – zunächst nicht auf die Minderung, kann sein Zahlungsanspruch verwirken[1]. Dies wird teilweise schon nach 6 Monaten angenommen[2]. Abgesehen davon erhöht ein solcher Widerspruch das Risiko des Mieters im Hinblick auf Ansprüche des Vermieters, die ein Verschulden voraussetzen (vgl. *Rz. 43 a.E.*).

172

a) Feststellung des Sachverhaltes

Der Vermieter muss beachten, dass viele Gerichte ein Bestreiten der Mängel oder der Beseitigungspflicht nur zulassen, wenn der Vermieter eine Besichtigung[3] durchgeführt hat[4]. Immerhin hat er dazu das Recht und bestimmt § 535 Abs. 1 S. 2 BGB seine Pflicht zur Erhaltung. Allerdings bedarf es einer besonderen Ausübung des Besichtigungsrechts nicht, wenn die Miträume z.B. während der üblichen Öffnungszeiten ohne weiters zugänglich sind[5]. Indem der Rechtsanwalt dies berücksichtigt, sollte er sich auf folgende **Fragen** konzentrieren:

173

– Welche Erkenntnisse liegen über den behaupteten Mangel vor? → *Rz. 174 f.*
– Welche Rechte übt der Mieter aus? → *Rz. 193 f.*
– Hat der Mieter die Ausübung weiterer Gewährleistungsrechte angekündigt? → *Rz. 195 f.*
– Liegen Anhaltspunkte für Ausschlusstatbestände vor? → *Rz. 198 f.*

aa) Welche Erkenntnisse über den Mangel liegen vor?

Beruhen die Erkenntnisse des Vermieters über den Mangel bisher nur auf einer mündlichen oder schriftlichen Anzeige des Mieters, sollte überlegt werden, ob **weitere Ermittlungen** notwendig sind. Dafür kann sich der Rechtsanwalt auf folgende Fragen konzentrieren:

174

– Liegt eine ausreichende Mängelanzeige nach § 536c BGB vor?
– Ist die Ursache des Mangels bekannt?
– Wie gestaltet sich die Beweislage?
– Hat der Mandant alle Erkenntnisquellen ausgeschöpft?

---

1 BGH, WuM 2004, 198 = MietRB 2004, 161; OLG Hamburg, WuM 1999, 281, 282; LG Köln, WuM 2001, 79; LG Berlin, NZM 2001, 376.
2 LG Gießen, ZMR 2001, 801.
3 Zur Umsetzung vgl. *G Rz. 231*.
4 Vgl. z.B. LG Köln v. 20.6.2007 – 10 S 333/06, WuM 2008, 245.
5 OLG Düsseldorf v. 12.8.2008 – I-24 U 44/08, GE 2008, 1326.

(1) Liegt eine ausreichende Mängelanzeige vor?

175 Der Sinn und Zweck des § 536c BGB besteht darin, den Vermieter vor Schäden an seiner Sache zu bewahren und ihm Gelegenheit zur Erfüllung seiner Erhaltungspflicht (§ 535 Abs. 1 S. 2 BGB) zu geben[1]. Im Hinblick darauf muss die **Darstellung des Missstandes**, den der Mieter gemäß § 536c Abs. 1 BGB anzeigen muss, so gestaltet sein, dass der Vermieter in der Lage ist, sofort die für eine Abhilfe notwendigen Entscheidungen zu treffen[2].

176 Dazu reicht grundsätzlich der pauschale Hinweis auf das Bestehen eines Mangels nicht aus (z.B.: „Es bestehen Feuchtigkeitsschäden"). Gleichwohl sollte bei der Beratung das **Risiko** bedacht werden, dass ein Gericht im Zweifel die Einschätzung, ob die **Mängelanzeige ausreichend spezifiziert** ist, anders sehen kann. Immerhin spielt in diesem Zusammenhang häufig die Lebenserfahrung eine Rolle und werden auch die Anforderungen deshalb unterschiedlich gestellt, weil der ein oder andere Mieter sich nicht besonders artikulieren kann (z.B. Ausländer). Um dieses Risiko auszuschließen, kann dem Mandanten im Prinzip nur empfohlen werden, den Mangel zu besichtigen (vgl. dazu *Rz. 71*) und/oder – ggf. nach vorheriger Beweissicherung – die notwendigen Maßnahmen zu treffen, um den Missstand zu beheben, sofern sich keine Selbstverursachung durch den Mieter herausstellt. Denn in einem nachfolgenden Prozess kann das **Bestreiten des Mangels unzulässig** sein, wenn der Vermieter nicht wenigstens eine Besichtigung durchgeführt hat. Die sofortige Aktivität des Mandanten verhindert, dass der Mieter die Voraussetzungen für eine ordnungsgemäße Anzeige (noch) schafft.

176a Trotz dieser Empfehlung sollte einer **Minderung widersprochen** werden (vgl. *Rz. 172*). Dies sollte aber ohne den Hinweis auf die mangelnde Spezifizierung des Mangels erfolgen. Immerhin würde das dem Mieter die Möglichkeit eröffnen, diesen Mangel noch zu heilen. Deshalb sollte mit der **Geltendmachung des einbehaltenen Betrages** wenigstens solange gewartet werden, bis der Mandant sichere Erkenntnis über die Verantwortung des Mieters für den Mangel hat oder eine Beseitigung stattgefunden hat.

177 Im Übrigen werden bei einem **wiederholten Auftreten** des gleichen Mangels die Anforderungen an die Spezifizierung einer Mängelanzeige nicht sehr hoch anzusetzen sein.

(2) Ist die Ursache des Mangels bekannt?

178 Die **Feststellung der Ursache** eines Missstandes kann aus mehreren Gründen **wichtig** sein.

179 Ergeben sich die Mängel durch Einwirkungen Dritter, kann geprüft werden, inwieweit sich **Regressansprüche** ergeben. So soll z.B. nicht jede Einwirkung wegen Baulärms, die den Mieter zur Minderung berechtigt, einen

---

1 BGH, BGHZ 68, 281, 286; OLG Hamburg, WuM 1991, 328.
2 Staudinger/*Emmerich*, § 545 BGB Rz. 18.

Regressanspruch nach § 906 BGB gegen den Nachbarn ausschließen[1]; sobald (auf Hamburger Verhältnisse bezogen) ein Minderungsrecht von mehr als 6 % besteht, soll der Nachbar/Eigentümer nach § 906 BGB ausgleichspflichtig sein. Aber auch bei einer Konkurrenzsituation, Beschädigungen der Mietsache durch Dritte, Lärmbeeinträchtigungen durch andere Mieter im Hause der Nachbarn[2] o.ä. Ursachen sollte ein Merkposten notiert werden, um gleichzeitig (z.B. durch Abmahnung, Unterlassungsanspruch) oder in einem späteren Prozess (z.B. durch Streitverkündung) die Rechte des Mandanten zu wahren.

Aus dem Mangel selbst (z.B. bei Feuchtigkeit) lässt sich u.U. ableiten, ob zumindest ein **Verursachungsbeitrag des Mieters** vorliegt. Zwar reicht ein solcher Hinweis allein nicht aus, um die Verantwortung für den Mangel auf den Mieter abzuschieben. Indessen geben derartige Hinweise Anlass, den Sinn des Vermieters für weitere Recherchen zu schärfen. Denn gerade bei den angesprochenen **Feuchtigkeitsmängeln** (vgl. dazu im Einzelnen Rz. 184), die sich in der Praxis häufig durch Schimmel oder Stockfleckenbildung zeigen, wird aus der Obhutspflicht des Mieters geschlossen, dass er sein Verhalten dem Zustand der Wohnung anpassen und deshalb ggf., soweit zumutbar und erforderlich, zusätzlich heizen und lüften muss[3]. Deshalb sollten sich hier die Recherchen auch darauf erstrecken, ob z.B. bei einem **Vormieter** ähnliche Phänomene aufgetreten sind. War dies nicht der Fall, ist jedenfalls ein Indiz für eine Prima-facie-Beweisführung gegeben, dass kein unzumutbares Verhalten zur Vermeidung der Feuchtigkeitserscheinungen notwendig ist[4]. 180

Ansonsten können sich beachtliche Ursachen für Mängel vor allem daraus ergeben, dass der Mieter selbst **Veränderungen der Mietsache** vorgenommen hat. Hat er z.B. selbst die Elektroinstallation erweitert, spricht eine Vermutung dafür, dass Störungen in der Elektrik auf seinem eigenen Verhalten beruhen. Das Gleiche gilt, wenn Feuchtigkeit unterhalb eines Balkons entsteht, den der Mieter sauber zu halten hat. Hier spricht der erste Anschein dafür, dass der Ablauf des Balkons verstopft ist, der Mieter also seine Obhutspflicht verletzt hat. 181

Schließlich ist die Ursache des Mangels für die Frage der **Mängelbeseitigung** von Bedeutung. Es macht keinen Sinn, wenn der Vermieter z.B. Feuchtigkeitserscheinungen beseitigt, ohne die Ursache (z.B. Kältebrücke, Mauerbeschädigungen) zu beseitigen. 182

---

1 LG Hamburg, NZM 1999, 169.
2 AG Köln, WuM 2001, 493.
3 LG Lüneburg, WuM 2001, 465; LG Hamburg, WuM 2000, 329; LG Saarbrücken, WuM 1988, 351; LG Hamburg, WuM 1990, 290.
4 AG Köln in *Lützenkirchen*, KM 35 Nr. 32.

(3) Wie gestaltet sich die Beweislage?

183 Die Entwicklung einer Vorgehensweise kann und sollte sich daran orientieren, wer was zu beweisen hat. Grundsätzlich obliegt im Rahmen der Gewährleistungsrechte dem **Mieter** die Darlegungs- und Beweislast für das Bestehen eines Mangels. Ist das Bestehen eines **Mangels** jedoch **unstreitig**, also nur die Ursache aufzuklären, muss der Vermieter beweisen, dass der Mangel aus dem Obhutsbereich des Mieters stammt. Erst wenn alle Ursachen, die dem Obhuts- und Verantwortungsbereich des Vermieters unterliegen, ausgeräumt sind, trägt der Mieter die Beweislast dafür, dass er den Schadenseintritt nicht zu vertreten hat[1]. Ebenso trägt der Vermieter die Beweislast für die **Ausschlusstatbestände** (Unerheblichkeit, Annahmeverzug, etc.)[2]. Dies gilt auch, wenn es **unstreitig** ist, dass die **Beschädigung** der Mietsache durch den Mietgebrauch verursacht wurde. Hier hat der Vermieter nichts weiter zu beweisen. Der Mieter hingegen muss beweisen, dass er die Beschädigung nicht zu vertreten hat[3]. Ist zwischen den Parteien aber **streitig**, ob die vermieteten Räume durch den Mietgebrauch beschädigt worden sind, muss zunächst der Vermieter alle möglichen Ursachen für den Mangel, die in seinen Obhuts- und Verantwortungsbereich fallen können, ausräumen[4]. Dazu muss der Vermieter keine konkrete Schadensursache vortragen. Es genügt, dass aufgrund der Umstände nur eine Ursache aus dem Gefahrenbereich des Mieters in Betracht kommt[5]. Sodann hat der Mieter zu beweisen, dass er den „Schadenseintritt" nicht zu vertreten hat. Die Beweislast verteilt sich erneut anders, wenn der Mieter einen gescheiterten Reparaturversuch vorträgt. Hier muss der Vermieter beweisen, dass seine Mängelbeseitigung erfolgrech war[6].

Richtet sich die Strategie des Vermieters von vorneherein darauf, darzulegen und zu beweisen, dass die Ursache allein im Verantwortungsbereich des Mieters liegt, reicht es nicht aus vorzutragen, dass eine Verantwortlichkeit des Vermieters ausgeschlossen ist. Dieser Umstand hat nur die Qualität eines **Beweisanzeichens** und ersetzt nicht die Ermittlung, dass keine im Verantwortungsbereich des Vermieters liegende Ursache in Betracht kommt. Vielmehr muss zumindest die nahe liegende Möglichkeit vorgetragen und ggf. nachgewiesen werden, dass ein verantwortliches Verhalten des Mieters zur Entstehung des Mangels wesentlich beigetragen hat[7].

184 Dem erfahrenen Praktiker ist bekannt, dass die Vermieter in den gegebenen Situationen, insbesondere bei **Feuchtigkeitserscheinungen**, sofort die

---

1 BGH, WuM 2005, 54 = NZM 2005, 17 = MietRB 2005, 95, 19; LG Berlin, NZM 2002, 523; LG Berlin, ZMR 2002, 48.
2 OLG Celle, WuM 1985, 9, 10.
3 BGH, BGHZ 66, 349 ff. = NJW 1976, 1315.
4 BGH, WuM 2005, 54 = NZM 2005, 17 = MietRB 2005, 95; BGH, WuM 2005, 57 = NZM 2005, 100.
5 OLG Karlsruhe, NJW 1985, 142.
6 BGH, NZM 2000, 549; OLG Hamm, NJW-RR 1995, 525.
7 OLG Celle, WuM 1985, 9, 10; LG Lübeck, WuM 1990, 202; LG Hamburg, WuM 1990, 290.

Ursache in einem fehlerhaften Verhalten des Mieters (z.B. unzureichendes Lüften und Heizen) sehen. Umso mehr sollte der Sinn des Mandanten für die unterschiedlichen Ursachen und die für den Vermieter nachteilige Beweisverteilung geschärft werden. Von dem Rechtsanwalt können zwar grundsätzlich keine besonderen bauphysikalischen Kenntnisse[1] erwartet werden. Soll der Mandant jedoch vor Schaden bewahrt werden, der sich auch durch einen verlorenen Prozess realisieren kann, sollte ihm das mittlerweile in Literatur und Rechtsprechung ausgiebig diskutierte Phänomen der Feuchtigkeitsschäden veranschaulicht werden[2], für das die **Sphärentheorie**[3] entwickelt wurde. Dies kann z.B. wie folgt geschehen:

Durch die Atmung des Menschen entsteht Luftfeuchtigkeit. Um eine Sättigung der Luft in einem Zimmer zu vermeiden, ist ein Luftaustausch (Frischluftzufuhr) erforderlich. Wenn die Sättigung der Luft eingetreten ist, setzt sich die Luftfeuchtigkeit an den kältesten Stellen der Räume ab. Dies waren früher regelmäßig die Fenster, an denen sich die Luftfeuchtigkeit durch Beschlag zeigte. Als Folge der Ölkrise Anfang der 70er Jahre wurden auch in Altbauten zunehmend isolierverglaste Fenster installiert. Dies hat dazu geführt, dass nicht mehr die Fenster regelmäßig die kältesten Stellen sind, sondern sog. Kältebrücken im Mauerwerk der Anziehungspunkt für Luftfeuchtigkeit sind. Diese Kältebrücken entstehen z.B. durch mangelnde Isolierung der Mauern. Wenn sich an diesen Stellen Luftfeuchtigkeit absetzt, können durch chemische Reaktionen Schimmelpilze entstehen.

185

Diese Darstellung verdeutlicht dem Mandanten, dass die Entstehung von Feuchtigkeitsschäden zunächst durch die **Beschaffenheit der Mietsache** selbst gefördert wird. Soll gleichwohl die Verantwortung des Vermieters für den Mangel geleugnet werden, sollte sich die Ermittlung gleichzeitig darauf erstrecken, ob durch zumutbare Maßnahmen Feuchtigkeitsschäden hätten vermieden werden können[4]. Denn insoweit wird die Anforderung gestellt, dass sich eine Wohnung mit alltagsüblichem Lüftungsverhalten schimmelfrei halten lassen muss[5] und der Mieter sogar seine Obhutspflicht dem **Alter des Gebäudes** anpassen muss[6]. Hierzu sollte zunächst untersucht werden, ob und ggf. in welchem Umfang der Mieter durch den Vermieter (möglichst bereits im Mietvertrag) auf richtiges Heiz- und Lüftungsverhalten hingewiesen wurde (vgl. dazu *A Rz. 131*). Denn insbesondere nach der Durchführung von Sanierungsarbeiten muss der Mieter auf notwendige Änderungen seines Wohnverhaltens hingewiesen werden, wenn der Vermieter sich erfolgreich gegen Gewährleistungsrechte verteidi-

186

---

1 Vgl. dazu *Casties*, WuM 2001, 589; *Pfrommer*, WuM 2001, 532.
2 Vgl. dazu *Kraemer* in Bub/Treier, III Rz. 1339; Staudinger/*Emmerich*, § 536 BGB Rz. 63 jeweils m.w.N.
3 *Sternel*, Mietrecht aktuell, VIII Rz. 152.
4 Vgl. dazu: LG Lüneburg, WuM 2001, 465; LG Hamburg, WuM 2002, 329.
5 LG Aurich, WuM 2005, 573.
6 LG Berlin v. 14.3.2008 – 63 S 316/07, GE 2008, 1053.

gen will[1]. War dies nicht der Fall, sollte untersucht werden, welches Verhalten der Mieter hätte ausüben müssen, um die **Mängel zu vermeiden**[2].

187 Im Hinblick auf die veröffentlichten Entscheidungen kann insoweit **nur negativ** abgegrenzt werden. Unzumutbar ist jedenfalls

- das Halten einer Tagestemperatur von 22° C und fünf- bis sechsmal tägliches Lüften[3]
- täglich mehrfaches Stoßlüften und ein Halten der Raumtemperatur nicht unter 19° C auch in den Schlafräumen[4]
- ständige Beheizung des Schlafzimmers mit 20° C[5]
- Einbau einer Dämmung oder Aufstellen zusätzlicher Heizquellen[6]
- Abrücken der Möbel von Außenwänden[7].

Entsteht durch das mangelnde **Abrücken der Möbel** von den Wänden dahinter Schimmelpilz, ist ein Mangel der Mietsache nur dann ausgeschlossen, wenn der Vermieter den Mieter bei Abschluss des Mietvertrages auf die Notwendigkeit hingewiesen hat[8].

Der Mieter ist auch nicht verpflichtet, **Neubaufeuchte** durch **überobligatorisches Heizen und Lüften** auszugleichen; selbst die Erteilung allgemeiner Hinweise des Vermieters im Rahmen der Vertragsverhandlungen auf mögliche Restfeuchte in Neubauten begründen keine Mieterpflicht zu konkreten Verhaltensweisen[9]. Vielmehr sind insoweit **konkrete Hinweise** erforderlich[10]. Dies gilt (auch bei Altbauten) erst recht, wenn eine besondere Art der Lüftung (sog. U-Lüftung) durchgeführt werden muss[11].

Für **Fogging** gelten die Grundsätze der Sphärentheorie prinzipiell nicht. Hier trägt der „Begünstigte" die Darlegungs- und Beweislast. Das ist bei einem Anspruch aus **§ 536a BGB** der Mieter[12]. Wird der Vermieter auf **Beseitigung** in Anspruch genommen, muss er beweisen, dass die Fogging-Spuren auf vertragswidriges Verhalten des Mieters zurückzuführen sind[13].

---

1 LG Neubrandenburg, WuM 202, 309.
2 Zum Lüften vgl. OLG Frankfurt/Main, NZM 2001, 39.
3 LG Hamburg, WuM 1988, 353.
4 LG Düsseldorf, WuM 1992, 187.
5 AG Köln, WuM 1988, 358.
6 LG Lüneburg, WuM 2001, 465.
7 LG Hamburg, WuM 2000, 329; LG Berlin, ZMR 1988, 464; LG Köln, WuM 2001, 604; AG Köpenick, MM 2002, 185.
8 AG Tempelhof-Kreuzberg v. 23.12.2008 – 9 C 14/08, GE 2009, 331.
9 LG Wuppertal, WuM 2002, 667.
10 OLG Frankfurt/Main, 2001, 39.
11 LG Kleve, WuM 2003, 142.
12 BGH v. 25.1.2006 – VIII ZR 223/04, NZM 2006, 258.
13 BGH v. 28.5.2008 – VIII ZR 271/07, WuM 2008, 476 = ZMR 2008, 868 m. Anm. *Schläger*.

(4) Hat der Mandant alle Erkenntnisquellen ausgeschöpft?

Bevor die endgültige Strategie festgelegt wird, sollte der Sachverhalt erschöpfend ermittelt worden sein. Die vorstehenden Ausführungen über die Beweislage zeigen, dass sehr häufig der Fall eintreten wird, dass der Mandant weitere Ermittlungen anstellen muss. Dazu besteht zunächst die Möglichkeit, mit entsprechend formulierten Fragen ein **selbständiges Beweisverfahren** einzuleiten. Das bietet den Vorteil, dass der Zustand, die Ursachen und die Folgen zwischen den Parteien verbindlich festgestellt werden können. Andererseits entsteht jedoch das Risiko eines „Schneeballeffektes". Dem Mieter wird das Ergebnis eines Sachverständigengutachtens im selbständigen Beweisverfahren bekannt. Führen die Erkenntnisse eines Sachverständigen zu einem für den Mandanten **negativen Ergebnis**, ist nicht auszuschließen, dass der Mieter seine Nachbarn über das Ergebnis informiert. Sofern dort die gleichen Erscheinungen aufgetreten sind, die anderen Mieter bisher daraus jedoch keine Konsequenzen hergeleitet haben, weil sie z.B. ein Prozessrisiko scheuten, wird die Hemmschwelle für ein Vorgehen gegen den Vermieter verringert.

188

Mit dem Mandanten sollte dieses **Risiko** erörtert werden. Liegen dem Mandanten Hinweise dafür vor, dass auch in anderen Wohnungen entsprechende Mängel aufgetreten sein können (z.B. früherer Mieter einer anderen Wohnung hat schon Feuchtigkeitsschäden gerügt; Altbau, in dem nachträglich isolierverglaste Fenster eingebaut wurden), sollte das Risiko wohl abgewogen werden. Als Alternative kann der Mandant einen **Besichtigungstermin** mit einem Architekten oder Sachverständigen durchführen, der die notwendigen Untersuchungen nach den konkret gestellten Beweisfragen durchführt. Das Ergebnis dieses Gutachtens muss dem Mieter nicht zugänglich gemacht werden. Fällt es jedoch positiv für den Vermieter aus, hat er eine Grundlage, um entsprechend zu argumentieren und in einem evtl. Prozess vorzutragen.

189

Dabei sollte die Höhe der Kosten für den Mandanten kein Hindernis darstellen. Zwar kann auch das **außergerichtliche Gutachten** Kosten von ca. 1500 Euro verursachen und eine Kostenerstattung als Parteigutachten im Rahmen der Kostenausgleichung in einem nachfolgenden Gerichtsverfahren regelmäßig ausgeschlossen sein[1]. Allerdings kann sich bei unbegründeter Mängelanzeige ein materieller Ersatzanspruch aus dem Gesichtspunkt des Schadensersatzes ergeben[2]. Dazu muss jedoch im Zweifel nachgewiesen werden, dass dem Mieter die Verantwortlichkeit für den Mangel bewusst war. Indessen bietet das Privatgutachten neben dem bereits beschriebenen Vorteil der Geheimhaltung (vgl. *Rz. 188*) auch die Möglichkeit, dass es schneller erlangt wird. Denn mit dem Sachverständigen kann eine Vorlagefrist vereinbart werden. Im Übrigen halten sich nach den Erfahrungen des Verfassers viele Sachverständige Zeiten frei, um neben ihrer gerichtlichen Tätigkeit auch Privatgutachten, bei denen sie regelmäßig ihren

190

---

1 *Putzo* in Thomas/Putzo, § 91 ZPO Rz. 49.
2 Vgl. AG Ulm, ZMR 2001, 550.

Stundensatz gegenüber den Sätzen des ZSEG frei vereinbaren können, erstellen zu können. Insbesondere die Honorarfrage stellt dabei ein wichtiges Kriterium dar, um zu einer schnellen Vorlage des Gutachtens zu gelangen.

191 Um dem gebräuchlichen **Einwand gegen Parteigutachten** vorzubeugen, kann die Auswahl des Sachverständigen z.B. der Industrie- und Handelskammer überlassen werden, die schriftlich um die Benennung eines öffentlich bestellten und vereidigten Sachverständigen nachgesucht wird. In einem evtl. nachfolgenden Prozess kann durch Vorlage der Schreiben nachgewiesen werden, dass ein „neutraler" Sachverständiger beauftragt wurde. Ob dies im Ergebnis ausreicht für eine Entscheidung auf der Basis des Parteigutachtens, hängt im Wesentlichen von der Kompetenz des Sachverständigen ab.

192 Auch bei **anderen Mängeln** sollte ermittelt werden, ob für den Mandanten die Möglichkeit besteht, den Sachverhalt weiter zu recherchieren. Bei Mängeln innerhalb der Wohnung sollte die Möglichkeit geprüft werden, ob der Mandant von seinem Besichtigungsrecht Gebrauch macht. Bei Lärmimmissionen durch Nachbarn oder Bauarbeiten kann er sich z.B. bei anderen Mietern erkundigen, ob die Störungen dort ähnlich empfunden werden.

bb) Welche Rechte übt der Mieter aus?

193 Da für die Ausübung der Gewährleistungsrechte grundsätzlich **keine besondere Form** vorgeschrieben ist, sollte sorgfältig recherchiert werden, ob der Mieter bloß den Mangel angezeigt hat oder bereits eine Mängelbeseitigungsaufforderung mit Fristsetzung oder eine Abmahnung erfolgte. Im letzteren Fall sollte der Mandant darauf hingewiesen werden, dass der Mieter u.U. von seinem Kündigungsrecht nach § 543 Abs. 2 Nr. 1 BGB oder § 569 Abs. 1 BGB Gebrauch machen kann. Dies kann deshalb für den Mandanten bedeutsam sein, weil zwischen Fristsetzung und erstem Beratungsgespräch regelmäßig bereits ein Teil der vom Mieter zur Verfügung gestellten Frist abgelaufen ist. Kommt nach der Darstellung des Mandanten eine Kündigung in Betracht und will der Mandant die (fristlose) Beendigung des Mietvertrages unbedingt verhindern, muss überlegt werden, welche Anstrengungen der Vermieter in praktischer Hinsicht unternehmen kann und wie der Rechtsanwalt dieses Vorhaben unterstützen kann.

194 Zwar ist es rechtlich unbedeutend, wenn der Rechtsanwalt für den Vermieter die **Mängelbeseitigung ankündigt**, da z.B. das Kündigungsrecht nach § 543 Abs. 2 Nr. 1 BGB ausgeübt werden kann, sofern der Mangel nicht innerhalb der angemessenen Frist beseitigt ist[1]. Indessen führt ein solcher Hinweis u.U. auf Seiten des Mieters zu einer Verunsicherung. Insbesondere wenn der Rechtsanwalt dem Mieter schreibt, dass die von ihm gesetzte Frist im Hinblick auf den zu beseitigenden Mangel unangemessen war, kann eine solche Verunsicherung erreicht werden.

---

1 Staudinger/*Emmerich*, § 542 BGB Rz. 38.

Ansonsten können dem Mandanten die einzelnen Gewährleistungsrechte (vgl. *Rz. 88 ff.*) des Mieters dargestellt werden, damit er sich über die Situation, insbesondere die Rechtsfolgen eines Untätigbleibens, ein Bild verschaffen kann.

cc) Hat der Mieter die Ausübung weiterer Gewährleistungsrechte angekündigt?

Die Ankündigung weiterer Maßnahmen seitens des Mieters ist ein **Indiz für seine Strategie**. Dies sollte dankbar aufgenommen werden, auch wenn die Ankündigung als solche rechtlich unverbindlich ist.

195

Während der Mandant ohne die Ankündigung mit dem Schlimmsten rechnen muss, bietet ihm die Ankündigung eine Orientierung, die ihm Alternativen bietet. Kündigt der Mieter z.B. die **Ersatzvornahme** an und ist dem Mandanten bekannt, dass eine Terminsvereinbarung mit diesem Mieter (vgl. dazu *Rz. 71*) nur unter besonderen Schwierigkeiten zustande kommt, kann der Vermieter abwägen, ob er die besonderen Anstrengungen zur Terminsvereinbarung unternimmt oder es für ihn vorteilhafter ist, wenn der Mieter seine Ankündigung realisiert. Auch insoweit ist zwar zu bedenken, dass der Mieter zur Mängelbeseitigung nicht verpflichtet, sondern nur befugt ist[1]. Hier kann jedoch durch eine entsprechend gestaltete Antwort zumindest der Versuch unternommen werden, eine verbindliche Umsetzung herbeizuführen oder jedenfalls die Rechtslage für den Mandanten günstig zu gestalten. Denn wird z.B. in einer Entgegnung die Ankündigung als Angebot aufgefasst, das der Mandant annimmt, kann für den Mieter die Unsicherheit entstehen, ob er sein **Wahlrecht** zwischen den einzelnen Gewährleistungsmöglichkeiten z.B. des § 536a BGB[2] verloren hat. Dies wird zwar realistisch nicht der Fall sein, weil die Ausübung des Wahlrechts durch das Einverständnis des Gegners mit einem bestimmten Rechtsbehelf nicht beschränkt werden kann. Indessen können dadurch u.U. die Schadensersatzansprüche des Mieters im Hinblick auf § 254 BGB begrenzt werden. Denn durch das Einverständnis mit der angekündigten Selbsthilfe bringt der Mandant zum Ausdruck, dass er selbst den Mangel nicht beheben wird. Da der Mieter selbst die Möglichkeit einer Ersatzvornahme angesprochen hat, kann unterstellt werden, dass er sie auch ausüben könnte. Da ihn im Rahmen des § 536a BGB eine Schadensminderungspflicht aus § 254 Abs. 2 BGB jedenfalls insoweit trifft, als er den Vermieter aus Verschuldensgesichtspunkten in Anspruch nehmen will[3], kann es ihm verwehrt sein, weiter gehende Schäden geltend zu machen.

196

Schließlich kann die Situation bestehen, dass die **angekündigte Maßnahme verhindert werden** soll. Da eine Minderung automatisch eintritt (vgl. oben *Rz. 98*), kommt dies nur bei Maßnahmen in Betracht, die vom Willen des Mieters abhängen (z.B. Ersatzvornahme, Zurückbehaltungsrecht, Scha-

197

---
1 RGZ 100, 42, 44.
2 OLG Hamm, WuM 1983, 76, 78.
3 Staudinger/*Emmerich*, § 538 BGB Rz. 41.

densersatz). Hat der Mandant die Mängelbeseitigung z.B. bereits veranlasst und ist nicht gewährleistet, dass sie innerhalb der gesetzten Frist durchgeführt wird, sollte die Maßnahme auf jeden Fall angekündigt werden und ggf. Gründe vorgetragen werden (z.B. kein früherer Handwerkertermin erreichbar), die die „verspätete" Ausführung rechtfertigen. Dadurch wird der Mieter ebenfalls in der Ausübung weiterer Rechte verunsichert.

dd) Liegen Anhaltspunkte für Ausschlusstatbestände vor?

198 Wie die Übersicht eingangs dieses Kapitels (vgl. Rz. 2) zeigt, kommen als Ausschlusstatbestände vor allem in Betracht:

- § 536c Abs. 2 BGB;
- Unerheblichkeit des Mangels;
- § 536b BGB und Verwirkung;
- Annahmeverzug;
- § 326 Abs. 2 BGB,
- Verjährung.

(1) § 536c Abs. 2 BGB

199 Der Vermieter ist verpflichtet, die Mietsache für die Dauer des Mietverhältnisses instand zu halten bzw. instand zu setzen. Er hat jedoch ohne konkreten Anlass keine Verpflichtung zur **Untersuchung** der im ausschließlichen Besitz des Mieters befindlichen Räume oder Flächen[1]. Dies resultiert aus der **Obhutspflicht des Mieters**, die vom Gesetz als selbstverständlich vorausgesetzt wird und diese wiederum folgt aus der Natur des Mietverhältnisses, in dessen Vollzug die Sache in den Besitz des Mieters übergeht[2]. Aus dieser Obhutspflicht ergibt sich die Anzeigepflicht des Mieters i.S.v. § 536c Abs. 1 BGB. Denn damit wird dem Umstand Rechnung getragen, dass der Vermieter die Mietsache nicht laufend auf ihren Zustand überprüfen kann, ohne den Besitz des Mieters zu stören. Deshalb wird der Vermieter dagegen geschützt, dass der Mieter während der Mietzeit übersieht, „was jedermann sieht", sowie dagegen, dass der Mieter etwaige Mängel trotz positiver Kenntnis nicht anzeigt[3]. Zeigt der Mieter ihm bekannte Mängel nicht an, werden ihm nicht nur Gewährleistungsansprüche gemäß § 536c Abs. 2 S. 2 BGB versagt, er macht sich darüber hinaus gegenüber dem Vermieter schadensersatzpflichtig, § 536c Abs. 2 S. 1 BGB. Zu den ausgeschlossenen Ansprüchen im Falle der Nichtanzeige von Mängeln zählen auch solche am Körper sowie auf Zahlung von Schmerzensgeld[4]. Für die Erfüllung seiner Anzeigepflicht ist der Mieter darlegungs- und beweis-

---

1 Vgl. hierzu BGH, ZMR 1969, 271; OLG Frankfurt, ZMR 2003, 674; Wolf/Eckert/Ball, Rz. 282.
2 BGH, NJW 1977, 1236.
3 Vgl. BGH, NJW 1977, 1236, 1237.
4 Palandt/*Weidenkaff*, § 536a BGB Rz. 14.

belastet[1]. Der in dieser Vorschrift geregelte Fall ist in der Praxis relevant, wenn der Mieter **rückwirkend mindert** oder Schäden nach § 536a BGB geltend macht, die vor der Mängelanzeige eingetreten sind.

Hier kann zunächst z.B. anhand des Mangels überprüft werden, ob der Mieter nicht bereits **früher Kenntnis** hatte oder hätte haben müssen. Zwar besteht keine intensive Untersuchungspflicht für den Mieter[2]. Indessen darf er seine Augen vor einem Missstand auch nicht verschließen.

Liegt eine schriftliche Mängelanzeige vor, sollte untersucht werden, inwieweit sich bereits daraus positive Umstände für den Standpunkt des Mandanten ergeben. Zur Vermeidung eines Risikos sollte allerdings ermittelt werden, ob der Mandant tatsächlich erst durch diese Anzeige von dem Mangel erfahren hat oder ob für den Mieter die Möglichkeit besteht, eine frühere Mängelanzeige zu beweisen. Hatte der Vermieter (z.B. schon vor dem Mieter) Kenntnis von dem Missstand, kommt es auf eine Mängelanzeige nicht mehr an[3].

(2) Unerheblichkeit des Mangels

Ob diese Voraussetzung (vgl. *Rz. 59*), die im Rahmen des § 536 BGB und des § 543 Abs. 2 Nr. 1 BGB[4] eine Rolle spielt, vorliegt, ist immer eine Frage des **Einzelfalles**. Hier kann der Mieter jedoch darauf hingewiesen werden, dass aus Sicht des Mandanten eine Unerheblichkeit gegeben ist und ihn besondere Pflichten treffen. Denn vor allem bei leicht behebbaren Mängeln soll durch Anwendung des § 254 Abs. 2 BGB eine **Pflicht** des Mieters bestehen, den Mangel **selbst zu beseitigen**, wenn von der Unterlassung der Beseitigung erhebliche Schäden drohen[5].

200

(3) § 536b BGB und Verwirkung

Ergibt sich aus der Darstellung des **Mangels** selbst, dass er bereits bei Abschluss des Vertrages oder der Übergabe der Mietsache vorgelegen hat, können die Rechte nach den §§ 536, 536a BGB nach § 536b BGB ausgeschlossen sein. Dazu ist zu prüfen, ob der

201

– Mieter bei Abschluss des Vertrages positive Kenntnis von dem Missstand hatte,
– ihm der unzulängliche Zustand infolge grober Fahrlässigkeit unbekannt geblieben ist und insoweit keine arglistige Täuschung des Vermieters vorliegt oder
– die Mietsache in Kenntnis des Mangels übernommen hat und
– keinen Vorbehalt hinsichtlich des konkreten Zustandes erklärt hat.

---

1 BGH, NJW-RR 2002, 515.
2 Vgl. BGH, GE 2006, 967, 968.
3 *Sternel*, ZMR 2002, 1, 3.
4 Zweifelnd: *Kraemer*, WuM 2001, 163, 168.
5 RG, GE 1931, 1201; RG, GE 1941, 218.

201a Auch wenn diese abdingbare[1] Einwendung **von Amts wegen** zu berücksichtigen ist[2], setzt das Ermitteln ihrer Voraussetzungen in der Regel akribische Untersuchungen voraus. Denn es reicht zur Annahme einer **positiven Kenntnis** grundsätzlich nicht aus, dass der Mieter einen bestimmten **Zustand** (z.B. Gaststätte im Haus) kennt. Vielmehr müssen ihm auch die **Auswirkungen** (hier: Lärmbeeinträchtigungen, zu Dachundichtigkeiten[3]) bewusst sein[4]. Sich hier mit allgemeinen Erfahrungssätzen zu helfen, kann dazu führen, dass wichtige Sachverhaltdetails übersehen werden. Deshalb sollte die konkrete Situation der Besichtigung des Objektes ermittelt werden (Anzahl der Besichtigungen, Tageszeit, Dauer, besondere Vorkommnisse, Nachfragen des Mieters etc. – und mit Blick auf die Beweislage: wer kann das bezeugen?). Erst wenn diese Untersuchung unergiebig ist, sollte sich der Rechtsanwalt darauf beschränken, den bei Abschluss des Vertrages oder der Übergabe vorhandenen Zustand zu beschreiben, um die Wertung einer grob fahrlässigen Unkenntnis zu erreichen. Gelingt es z.B. darzustellen, dass der Mieter den Vertrag nach Besichtigung einer Wohnung abgeschlossen hat, deren Fenster von Anfang an undicht waren, Farbabplatzungen aufwiesen sowie die Fensterrahmen gerissen und verzogen waren, kommt eine Anwendung des § 536b BGB in Betracht, wenn es später zu **Feuchtigkeits- und Schimmelpilzbildungen** kommt[5]. Denn dann hätte es sich den Mietern geradezu aufgedrängt, die Fenster näher zu untersuchen, so dass grobe Fahrlässigkeit angenommen werden kann[6].

Im Übrigen trifft den Mieter in der Regel **keine Erkundungs- und Untersuchungspflicht**[7]. Grob fahrlässig handelt er, wenn er die erforderliche Sorgfalt bei Vertragsschluss in ungewöhnlich hohem Maße verletzt und dasjenige unbeachtet lässt, was im gegebenen Fall jedem hätte einleuchten müssen[8]. Grob fahrlässige Unkenntnis im Sinne des § 536b Satz 2 BGB ist anzunehmen, wenn die Umstände, die auf bestimmte Unzulänglichkeiten hindeuten, den Verdacht eines dadurch begründeten Mangels besonders nahe legen, der Mieter aber gleichwohl weitere zumutbare Nachforschungen unterlassen hat. Dazu muss der Mieter aber zumindest die Umstände erkennen können[9], was der Vermieter vorzutragen hat. Allein die Klausel, der Mieter erkenne den derzeitigen Zustand als vertragsgemäß an, schließt Gewährleistungsrechte nicht aus, weil sie sich nur auf den Zustand der Mietsache bezieht[10].

---

1 BGH, NJW-RR 2004, 12 = WuM 2003, 691.
2 BGH, NJW 1966, 343.
3 OLG Düsseldorf v. 23.10.2008 – I-24 U 25/08, GE 2009, 843.
4 LG Berlin, MM 2003, 46.
5 LG Berlin, MietRB 2005, 171.
6 Vgl. OLG München, WuM 1993, 607 = NJW-RR 1994, 654.
7 BGH v. 4.4.1977 – VIII ZR 143/75, NJW 1977, 1236.
8 BGH v. 28.11.1979 – VIII ZR 302/78, NJW 1980, 777.
9 BGH v. 18.4.2007 – XII ZR 139/05, GuT 2007, 208 = ZMR 2007, 605 = GE 2007, 840 = NZM 2007, 484.
10 BGH v. 18.4.2007 – XII ZR 139/05, GuT 2007, 208 = ZMR 2007, 605 = GE 2007, 840 = NZM 2007, 484.

Bei einem **Rechtsmangel** (vgl. *Rz. 19a*) reicht allein die Kenntnis der Umstände, die das Recht des Dritten begründen, nicht aus. Denn es ist nicht ungewöhnlich, dass bei der Miete das Recht eines Dritten besteht, wie schon der Fall der Untervermietung zeigt. Deshalb muss der Mieter sich zusätzlich darüber im Klaren sein, dass der Dritte sein Recht ausüben wird und das damit verbundene Risiko bewusst in Kauf nehmen[1]. Letzteres wird man nicht allein deshalb annehmen können, weil den Parteien z.B. bewusst war, dass die vorgesehene Untervermietung (im Verhältnis zum Vermieter) unberechtigt war. Vielmehr muss zumindest mit der konkreten Möglichkeit gerechnet worden sein, dass der Vermieter deshalb einschreitet. Dazu sollte nach einer entsprechenden Äußerung (am Besten des Vermieters) recherchiert werden oder die Erörterung der Parteien über diesen Punkt untersucht werden.

201b

Der Anwendungsbereich des § 536b BGB ist nicht auf die Zeit vor Mietbeginn bzw. bis zur Übergabe beschränkt. Die Sanktion greift auch ein, wenn eine **Verlängerung des Vertrages** stattfindet und der Mieter einen Mangel kennt bzw. grob fahrlässig nicht kennt. Wie die Verlängerung herbeigeführt wird, ist unerheblich. § 536b BGB greift bei einer einvernehmlichen Verlängerung ebenso ein wie bei der Ausübung einer Option, solange sich der Mieter seine Rechte nicht vorbehält[2]. Deshalb sollte die Ermittlung auch darauf gerichtet werden, ob der Mieter nicht bereits vor diesem Zeitpunkt bestimmte Missstände reklamiert hat. U.U. kann auch eine entsprechende Feststellung des Vermieters (z.B. in einem Begehungsprotokoll) den Ausschluss nach § 536b BGB indizieren, wenn sich daraus ableiten lässt, dass der Mieter Kenntnis davon hatte. Eine von § 536b BGB **abweichende Vereinbarung** muss der Mieter darlegen und beweisen[3].

201c

Vor dem **1.9.2001** wurde die Vorgängervorschrift (§ 539 BGB a.F.) analog angewendet, wenn der Mieter Kenntnis von einem **während der Mietzeit entstandenen Mangel** erhielt und für eine längere Zeit (i.d.R. sechs Monate) die Miete vorbehaltlos zahlte[4]. Diese Analogie lässt sich auf § 536b BGB nicht übertragen, weil der Gesetzgeber eine analoge Anwendung des § 536b BGB als Nachfolgevorschrift des § 539 BGB nicht wünschte und damit die für die Analogie erforderliche planwidrige Lücke weggefallen ist[5].

202

Deshalb muss in der Praxis danach unterschieden werden, für welche Monate der Mieter z.B. gemindert hat. Für die Zeiträume bis zum **31.8.2001** kann der Mieter sein Minderungs- oder sonstiges Gewährleistungsrecht nach § 539 BGB a.F. verloren haben. Selbst wenn dies der Fall ist, kann in

202a

---

1 BGH, NJW 1996, 46.
2 BGH, NJW 1970, 1740, 1742.
3 OLG Düsseldorf v. 23.10.2009 – I-24 U 25/08, GE 2009, 843.
4 BGH, WuM 2000, 416; BGH, WuM 1997, 488; OLG Düsseldorf, NJW-RR 1994, 399; OLG Hamm, ZMR 2000, 93; OLG Frankfurt/Main, ZMR 1999, 700; OLG Frankfurt/Main, WuM 2000, 116; OLG Naumburg, ZMR 2001, 617 = NZM 2002, 251; KG, ZMR 2002, 111, 114; OLG Dresden, WuM 2002, 541 = NZM 2002, 662; OLG Celle, GuT 2002, 180 = ZMR 2002, 657.
5 BGH, GuT 2005, 56; BGH, ZMR 2003, 667 = WuM 2003, 440 = NZM 2003, 679.

der gegebenen Konstellation (vorbehaltlose Zahlung der Miete in Kenntnis eines Mangels) ein Verlust der Gewährleistungsrechte ab dem 1.9.2001 nur noch über den Tatbestand der **Verwirkung** eintreten[1].

202b Im Hinblick auf den Zeitablauf und die (mittlerweile) verkürzte Verjährung nach § 195 BGB wird die Anwendung des § 539 BGB a.F. nur noch in den seltensten Fällen relevant werden. Jedenfalls muss für die Zeiträume nach dem 31.8.2001 geprüft werden, ob das für die Verwirkung notwendige **Zeit- und Umstandsmoment** vorliegt. Insoweit begibt sich der Rechtsanwalt z.Zt. noch auf ungesichertes Terrain, was eine besonders vorsichtige Vorgehensweise erfordert.

203 Für das **Zeitmoment** können nicht die Anforderungen (i.d.R. sechs Monate) übernommen werden, die vor dem 1.9.2001 galten. Vielmehr kommt eine Verwirkung frühestens in Betracht, wenn der Mieter den Mangel seit einem Jahr kennt. Hierzu sollte mit dem Mandanten überlegt werden, ob nicht Indizien dafür vorliegen, dass der Mieter den Mangel schon längere Zeit kennt. Solche **Indizien** können sich daraus ergeben, dass der Mandant anlässlich einer Wohnungsbesichtigung bereits selbst den Mangel gesehen hat. Auch aus dem Mangel selbst und seinem Ausmaß kann auf eine Entstehungszeit geschlossen werden. Insoweit kann dem Mandanten empfohlen werden, in einem persönlichen Gespräch mit dem Mieter (z.B. anlässlich einer Besichtigung) unverfänglich zu erfragen, wie lange der Mangel bereits vorliegt. Ergibt sich hieraus ein positives Ergebnis, kann der Mandant die Mängelbeseitigung durchführen, ohne befürchten zu müssen, dass der Mieter mindern kann. Mindert er trotzdem, kann der einbehaltene Betrag (gerichtlich) eingefordert werden (vgl. auch *Rz. 78 f.*).

203a Für das **Umstandsmoment** muss zunächst ermittelt werden, ob und seit wann der Vermieter den Mangel kannte. Denn ohne diese Kenntnis konnte er nicht darauf vertrauen, dass der Mieter künftig z.B. nicht mindert. Die Kenntnis kann er durch eigene Wahrnehmung aber auch durch eine Mitteilung des Mieters (oder eines Dritten) gewonnen haben. Dies allein reicht aber nicht aus. Vielmehr muss noch ein Umstand in Erfahrung gebracht werden, der die Annahme rechtfertigt, dass dem Mieter seine rechtlichen Möglichkeiten bewusst sind. Dies ist eindeutig der Fall, wenn er zum Ausdruck gebracht hat, dass er ja mindern könnte. Dieser Glücksfall wird aber nur in seltenen Fällen eintreten. Deshalb sollte z.B. nach früheren Fällen, in denen Mängel aufgetreten sind, recherchiert werden. Hat der Mieter in der Vergangenheit schon einmal gemindert oder die Ausübung des Minderungsrechts angedroht, weil ein unzulänglicher Zustand gegeben war, kann damit seine Kenntnis von seinen rechtlichen Möglichkeiten unterstellt werden. Dann ist die Annahme gerechtfertigt, dass er auch in der konkreten Situation sich bewusst war, entsprechend handeln zu können. Dies begründet auf der anderen Seite das Vertrauen des Vermieters, dass die Rechtsausübung unterbleibt.

---

1 So ausdrücklich: BGH, ZMR 2003, 667 = WuM 2003, 440 = NZM 2003, 679.

Sind die Anhaltspunkte für das Vorliegen der Voraussetzungen der Verwirkung **nicht eindeutig**, sollte vermieden werden, bereits in der ersten schriftlichen Äußerung auf den Ausschlusstatbestand hinzuweisen. Vielmehr sollte man sich mit einem Widerspruch gegen eine Minderung begnügen[1]. Je vorsichtiger vorgegangen wird, umso eher ist die Möglichkeit gegeben, Erkenntnisse über die Dauer des Missstandes zu gewinnen und daraus auf die positive Kenntnis des Mieters schließen zu können. Manchmal tragen Mieter erst im Prozess – zur Dramatisierung der Situation –, vor, wie lange sie bereits unter dem Mangel „leiden". 204

(4) Annahmeverzug

Nimmt der Mieter die ihm angebotene Leistung (hier: Mängelbeseitigung) nicht an, entfällt grundsätzlich der Verzug des Vermieters, sofern die Mängelbeseitigung zumutbar ist[2]. Darüber hinaus ist der Mieter während des Annahmeverzuges gehindert, das Zurückbehaltungsrecht geltend zu machen. Die Minderung kann jedoch fortbestehen, da grundsätzlich (objektiv) von einem Mangel auszugehen ist, so dass der Vermieter u.U. Gründe vortragen muss, die die Ausübung der Minderung als Verstoß gegen Treu und Glauben darstellen[3]. 205

Voraussetzung des Annahmeverzuges ist ein **tatsächliches Angebot** des Vermieters (§ 294 BGB). Insoweit besteht grundsätzlich keine Verpflichtung des Vermieters, die Mängelbeseitigung durch **Fachkräfte** ausführen zu lassen. Denn der Mieter hat keinen Anspruch auf eine bestimmte Ausführungsart, sondern „nur" auf Mängelbeseitigung. Eine Ausnahme kann allenfalls angenommen werden, wenn die gleichen Hilfskräfte schon in der Vergangenheit tätig waren und ihre Arbeiten zu inakzeptablen Ergebnissen geführt haben[4]. Darüber hinaus kann eine Verweigerung der Arbeiten nicht angenommen werden, wenn der Mieter bei einer Ungeziefermaßnahme zuvor wissen will, welche Kampfmittel zum Einsatz kommen[5]. 206

Für das tatsächliche Angebot reicht es nicht aus, dem Mieter den Namen und die Telefonnummer eines Handwerkers anzugeben, damit er mit diesem einen Termin zur Mängelbeseitigung vereinbaren kann[6]. Vielmehr muss die Mängelbeseitigung so angeboten werden, dass sie ausgeführt werden kann, von den Ausnahmen der §§ 295, 296 BGB abgesehen. Dazu sollte der Vermieter die notwendigen Maßnahmen treffen, die zur Mängelbeseitigung durchgeführt werden müssen. Insoweit kommen in Betracht: 206a

---

1 Was allerdings auch erforderlich ist, um der Verwirkung des Mietzahlungsanspruchs entgegenzuwirken: BGH, WuM 2004, 198 = MietRB 2004, 161.
2 LG Hamburg, ZMR 2002, 599.
3 LG Hamburg, ZMR 2002, 599, 600.
4 AG Wetzlar, WuM 2005, 715.
5 AG Trier v. 11.9.2008 – 8 C 53/08, WuM 2008, 665.
6 *Kinne/Schach*, § 536a BGB Rz. 6.

- Ermittlung des Mangels und seiner Ursache
- Beauftragung eines Handwerkers
- Mitteilung des Termins zur Mängelbeseitigung an den Mieter.

207 Die **Mitteilung** an den Mieter kann in der Weise erfolgen, dass ihm **zwei Termine** genannt werden und eine Frist bestimmt wird, innerhalb der er einen der beiden Termine verbindlich zusagt oder einen Ausweichtermin benennt. Dies kann beispielhaft so **formuliert** werden:

> Die Arbeiten werden am 19.5.2007 oder 21.5.2007 jeweils ab 8.30 Uhr morgens durchgeführt. Sollte ich von Ihnen bis zum 15.5.2007 keine anders lautende Nachricht erhalten haben, gehe ich davon aus, dass der Termin am 19.5.2007 zustande kommt.

208 Zur Vermeidung von Schwierigkeiten kann in der Ankündigung auch beschrieben werden, **welche Maßnahmen getroffen** werden und ob der Mieter **Mitwirkungshandlungen** (z.B. Möbelrücken) ausführen muss.

209 Ergibt die Darstellung des Mandanten, dass er zur Mängelbeseitigung bereit ist, jedoch bisher ein Termin nicht zustande gekommen ist, weil der Mieter zu keiner **Terminvereinbarung** bereit ist, sollte untersucht werden, ob die bisherigen Anstrengungen des Mandanten ausreichen, um einen Annahmeverzug zu begründen (vgl. dazu *Rz. 72*). Lässt sich dies nicht mit Sicherheit feststellen, sollte **vorsorglich** das oben beschriebene Procedere (*Rz. 206*) noch einmal durchgeführt werden. Im anderen Fall sollte der Mieter darauf hingewiesen werden, dass er sich in Annahmeverzug befindet und eine Mängelbeseitigung erst durchgeführt wird, wenn er von sich aus zu einer Terminsvereinbarung bereit ist.

210 Diese Vorgehensweise kommt natürlich nicht in Betracht, wenn auf Grund des Mangels ein Schaden für die Mietsache droht (z.B. Feuchtigkeitsschäden). Hier sollte überlegt werden, den Erhaltungsanspruch (§ 554 Abs. 1 BGB) klageweise, ggf. durch einstweilige Verfügung durchzusetzen (vgl. dazu *Rz. 246*).

(5) § 326 Abs. 2 BGB

211 Die Erhaltungspflicht des Vermieters gemäß § 535 Abs. 1 S. 2 BGB ist eine Hauptpflicht, so dass die §§ 320 ff. BGB anwendbar sind[1]. Demnach greift § 326 Abs. 2 BGB ein, wenn der **Mieter** einen Mangel der Mietsache in einer von ihm **zu vertretenden** Weise verursacht hat. Daraus folgt, dass an die Stelle der Erhaltungspflicht des Vermieters sein Anspruch aus positiver Vertragsverletzung wegen Verletzung der Obhutspflicht gegen den Mieter tritt. Im Übrigen ist der Mieter zur vollen Fortzahlung der Miete verpflich-

---

1 Palandt/*Weidenkaff*, § 535 BGB Rz. 30.

tet, ohne mindern zu können. Die gleichen Rechtsfolgen treten ein, wenn der Mieter über § 278 BGB für eine Verursachung des Mangels durch einen Dritten (z.B. Untermieter, § 540 Abs. 2 BGB) einzustehen hat[1].

Für den wichtigsten Anwendungsfall, die **Feuchtigkeitsschäden**[2], wurden die relevanten Untersuchungsschritte bereits oben dargestellt (vgl. *Rz. 184*). Daneben kommt eine **Selbstverursachung** des Mieters in Betracht z.B. wegen Nichterfüllung der vertragsgemäßen Schönheitsreparaturen[3] oder wenn der Mangel durch Veränderungen von Installationen etc. eingetreten ist. 212

(6) Abweichende Verantwortlichkeit für die Mängelbeseitigung

Ein Mangel der Mietsache löst nur dann Gewährleistungsrechte aus, wenn der unzulängliche Zustand in den Verantwortungsbereich des Vermieters fällt. Dies ist z.B. nicht der Fall bei vom Mieter eingebrachten **Einrichtungen** oder **Einbauten**. Ist der vertragsgemäße Anfangszustand durch den Mieter hebeigeführt worden, wie dies in der Gewerberaummiete häufig der Fall ist, muss ermittelt werden, ob der Mieter dies in eigener Verantwortung getan hat oder sich die Leistung als eine solche des Vermieters darstellt. Letzteres ist nicht schon deshalb der Fall, weil der Vermieter die Leistung in seiner ursprünglichen Kalkulation berücksichtigt hatte und der Mieter den gleichen Handwerker mit der Erbringung einer Ersatzleistung (z.B. höherwertigen Teppichboden) beauftragt, den der Vermieter für die Ursprungsleistung vorgesehen hatte, und der Vermieter ihm seinen kalkulierten Ansatz als Zuschuss zahlt[4]. 212a

Die Verantwortlichkeit des Mieters für die Mängelbeseitigung kann sich im Übrigen aus einer (auch partiellen) **Übertragung der Instandsetzungs- und Instandhaltungspflicht** ergeben. Zur generellen Zulässigkeit derartiger Vereinbarungen bei Wohnraum vgl. *H Rz. 30 ff.* und bei Gewerberaum *A Rz. 382 f.* Insoweit sind auch **Wartungs- und Reinigungsklauseln** zu beachten. Verpflichten diese z.B. zur alljährlichen Reinigung und Wartung der Gastherme, kommt eine Zuweisung der Verantwortung wegen Ausfalls der Therme an den Mieter aber nicht vor Ablauf des ersten Mietjahres in Betracht[5]. 212b

Ob eine abweichende Vereinbarung allein darin liegt, dass der Mieter einen **bestimmten Anfangszustand** selbst herbeiführen durfte, muss im Einzelfall entschieden werden. Im Zweifel ist in der Aufzählung bestimmter Arbeiten/Leistungen im Mietvertrag allein die Zustimmung des Vermieters zu den entsprechenden Änderungen der Mietsache zu sehen, ohne eine Pflicht zur Ausführung zu begründen[6]. Dann bleibt aber auch die Verantwortlichkeit des Vermieters unverändert.

---

1 RGZ 157, 363, 367.
2 Vgl. dazu: LG Berlin, ZMR 2002, 48.
3 BGH, WM 1978, 227, 228.
4 KG v. 16.8.2004 – 12 U 310/03, GuT 2004, 230 = ZMR 2004, 908.
5 AG Düsseldorf v. 22.1.2009 – 32 C 12149/08, WuM 2009, 176.
6 LG Frankfurt/Main v. 20.1.2009 – 2-17 S 78/08, WuM 2009, 285.

(7) Verjährung

212c Durch die generelle Verkürzung der Verjährungsfrist rückt auch diese Einrede wieder in den Blickpunkt bei der Bearbeitung von Fällen während des laufenden Mietverhältnisses. So soll z.B. der **Anspruch auf Mängelbeseitigung** drei Jahre nach Kenntnis des Mieters vom Mangel nach § 199 Abs. 1 BGB verjähren[1]. Dies ist aber nicht richtig[2]. Denn der Mängelbeseitigungsanspruch aus § 535 Abs. 1 Satz 2 BGB ist die Gegenleistung zur Miete und „erneuert" sich damit regelmäßig für die Zeitabschnitte, für die die Miete zu zahlen ist[3].

ee) Regressmöglichkeit gegen Dritte?

212d Der Vermieter erleidet bei der Ausübung von Gewährleistungsansprüchen durch den Mieter erfahrungsgemäß eine wirtschaftliche Einbuße. Selbst wenn er ein Minderungsrecht erfolgreich abwehren kann, bleiben regelmäßig die Kosten der Mängelbeseitigung bei ihm hängen. Umso mehr sollte in jedem Stadium des Verfahrens im Auge behalten werden, ob der Vermieter sich bei einem Dritten schadlos halten kann.

212e Bei der Beeinträchtigung durch **Baulärm**[4] kann sich eine Entschädigungspflicht aus **§ 906 Abs. 2 BGB** ergeben. Minderungen, die 6 % überschreiten, sollen die Zumutbarkeitsgrenze nach § 906 Abs. 2 BGB überschreiten und daher von dem die Bauarbeiten veranlassenden Nachbarn zu tragen sein[5]. Beruht die Lärmquelle allerdings auf einem **Planfeststellungsverfahren** (z.B. Flughafen[6] oder Autobahn[7]), so dass der Eigentümer die Möglichkeit hat, in dem Verfahren seine berechtigten Interessen einzubringen (z.B. zusätzliche Schallschutzmaßnahmen), erfasst der damit verbundene Ausschluss des öffentlich-rechtlichen Aufopferungsanspruchs auch den Anspruch aus § 906 Abs. 2 BGB.

212f Bei **Substanzschäden** liegen baurechtliche Gewährleistungsansprüche gegen Handwerker nahe. Bei Lärm oder sonstigen Gebrauchsbeeinträchtigungen ist zu prüfen, ob ein anderer Mieter auf Schadensersatz in Anspruch genommen werden könnte[8]. Damit diese (je nach Stadium noch vagen) Regressansprüche rechtzeitig vorbereitet sind, sollte der Rechtsanwalt schon beim ersten Anschein eines regressbegründenden Sachverhalts entsprechende Schritte gegen den/die potentiellen Schuldner vorbereiten. Dies kann durch Abmahnung gegenüber anderen Mietern geschehen oder durch

---

1 AG Düren v. 4.11.2008 – 46 C 303/08, GE 2009, 205.
2 AG Tiergarten v. 3.4.2009 – 9 C 1/07, WuM 2009, 453 = GE 2009, 1195; *Lehmann-Richter*, NJW 2008, 1196; *Feuerlein*, WuM 2008, 385.
3 BGH v. 3.4.2003 – IX ZR 163/02, = WuM 2003, 338 = ZMR 2003, 418 = NZM 2003, 472.
4 Vgl. *Schelinski*, NZM 2005, 211.
5 LG Hamburg, NZM 1999, 169.
6 BGH, NZM 2005, 226.
7 BGH, NJW 1999, 1247.
8 Sehr anschaulich: OLG Rostock, GuT 2003, 212.

einfache Unterlassungsaufforderung. Auch der bloße Hinweis auf mögliche Regressansprüche kann später die Inanspruchnahme des Dritten erleichtern, sei es, dass erst der Hinweis ein Verschulden begründet oder auch nur einer Verwirkung entgegengewirkt wird.

Ist der Vermieter **Nießbraucher** trifft ihn zwar grundsätzlich die Erhaltungspflicht gemäß § 535 Abs. 1 S. 2 BGB. Auch ist er nach § 1041 S. 1 BGB für die Erhaltung der Sache in ihrem wirtschaftlichen Bestand verantwortlich. § 1041 S. 2 BGB schränkt diese Unterhaltungspflicht aber ein, indem Ausbesserungen und Erneuerungen nur insoweit geschuldet werden, als sie zu der gewöhnlichen Unterhaltung gehören. Dazu zählen solche Maßnahmen, die bei ordnungsgemäßer Bewirtschaftung regelmäßig, und zwar wiederkehrend innerhalb kürzerer Zeitabstände zu erwarten sind, also insbesondere normale Verschleißreparaturen[1]. Muss der Nießbraucher wegen § 535 Abs. 1 S. 2 BGB über die Verpflichtung des § 1041 BGB hinaus Arbeiten an der Mietsache ausführen lassen, steht ihm ein Verwendungsersatzanspruch gegen den (Mit-)Eigentümer nach § 1049 BGB (ggf. i.V.m. § 421 BGB) zu. 212g

b) Beweissicherung

Bevor der Mandant zur Mängelbeseitigung schreitet oder ein Klageverfahren eingeleitet wird, sollte überlegt werden, ob eine Beweissicherung notwendig ist. 213

Da die Mietsache sich regelmäßig im **Obhutsbereich des Mieters** befindet, ist der Mandant nicht ohne weiteres in der Lage, die vermuteten Ursachen aus dem Bereich des Mieters vollständig darzustellen oder zu beweisen. Insbesondere besteht die Möglichkeit für den Mieter, vermeintliche Ursachen zu beseitigen, also das **Beweisergebnis** eines späteren Prozesses zu **beeinflussen**.

Mit Rücksicht darauf sollte dem Mandanten empfohlen werden, vor Einleitung irgendwelcher Maßnahmen die Beweislage für sich günstig zu gestalten. Hat der Mandant die Mängelbeseitigung bereits veranlasst, sollte er selbst zumindest bei Beginn der Arbeiten anwesend sein, um den Mangel zu besichtigen und seine Erkenntnisse zu dokumentieren (z.B. durch **Fotografieren**[2] oder **Vermerke**, die von Zeugen durch Unterschrift bestätigt werden). Die gleiche Hilfestellung kann durch einen Verwalter oder Architekten erfolgen. Es besteht auch die Möglichkeit, die relevanten Tatsachen durch die Handwerker feststellen zu lassen. Hier sollte jedoch darauf gedrängt werden, dass von den Handwerkern ein ausführlicher **schriftlicher Bericht** geliefert wird. Denn in einem nachfolgenden Prozess kann zwar die Mitteilung des Handwerkers zur Untermauerung des eigenen Sachvortrages vorgelegt werden. Als Erkenntnismittel kommt jedoch der Handwerker nur als **Zeuge** in Betracht. Insoweit ist zu vermuten, dass er wegen der Vielzahl der (Reparatur-)Fälle bis zu einer gerichtlichen Beweisauf- 214

---
1 BGH, NJW-RR 2003, 1290.
2 Zu den Problemen vgl. *G Rz.* 237.

nahme, die regelmäßig erst nach längerer Zeit stattfindet, sich nicht mehr mit der Gewissheit an die Einzelheiten erinnert, die der Mandant sich wünscht. Um diesem Risiko vorzubeugen, kann der Handwerker seine Feststellungen schriftlich festhalten oder der Mandant selbst einen Aktenvermerk über den mündlichen Bericht des Handwerkers fertigen, dessen Inhalt er sich von ihm schriftlich bestätigen lassen sollte.

215 Eine Beweissicherung kann auch im Rahmen der **Besichtigung** stattfinden (zur Umsetzung vgl. *G Rz. 231 ff.*). Hierzu sollte den Mandanten empfohlen werden, die Besichtigung mit Zeugen, die u.U. sofort eine kompetente Einschätzung der Sachlage liefern können (z.B. Architekt, Sachverständiger, Handwerker) durchzuführen. Nach der hier vertretenen Auffassung (vgl. oben *Rz. 74*) ist der Vermieter auch berechtigt, Fotografien des mangelhaften Zustandes bzw. der Ursachen im Rahmen der Besichtigung zu fertigen.

216 Soweit **Umweltmängel** (z.B. Störungen durch Dritte, vgl. *Rz. 38 f.*) gerügt werden, sollte die Möglichkeit geprüft werden, ob die Behauptungen des Mieters durch Dritte oder eine Untersuchung des Umfeldes zu verifizieren sind. Dazu können z.B. Nachbarn befragt werden, ob und wie sie die Beeinträchtigungen empfinden. Andererseits können Baustellen besichtigt werden, um das Ausmaß der Emissionen zu überprüfen.

217 Bei **öffentlich-rechtlichen Beschränkungen** (vgl. *Rz. 46 f.*) kann dem Mandanten empfohlen werden, mit der zuständigen **Behörde** Kontakt aufzunehmen. Dabei kann ermittelt werden, ob und ggf. wie ernsthaft die Gefahr einer Nutzungsbeschränkung ist. U.U. stellt sich dabei nämlich heraus, dass Anlass für das behördliche Vorgehen ein Verhalten des Mieters ist, was Gewährleistungsrechte ausschließen würde[1]. Andererseits bietet sich dadurch u.U. die Möglichkeit, mit der Behörde über eine Aussetzung der Auflage zu verhandeln oder sonstige günstige Bedingungen zu erreichen.

218 Unabhängig davon, welche Erkenntnisse über den Mangel oder dessen Ausmaß vorliegen, sollte mit dem Mandanten auch erörtert werden, ob die Einleitung eines **selbständigen Beweisverfahrens** (vgl. dazu *Rz. 231*) sinnvoll ist. Durch eine Mängelbeseitigung wird regelmäßig der Zustand, der die Gewährleistungsrechte begründen soll, beseitigt, so dass gerichtliche Beweisanordnungen eine unmittelbare Feststellung nicht mehr zulassen. Der Vermieter ist für die Tatsachen, die seine **Gegenrechte** begründen, beweispflichtig. Über die „richtige" Reparaturmaßnahme können bei Handwerkern unterschiedliche Auffassungen bestehen. Wird der Mieter z.B. selbst bei der Ausübung seiner Gewährleistungsrechte durch einen Fachmann (z.B. Handwerker) begleitet, ist nicht auszuschließen, dass in einem nachfolgenden Prozess unterschiedliche Aussagen über die Ursache eines Mangels getroffen werden. Damit besteht die Gefahr eines **non liquet**, das sich zu Lasten des Mandanten auswirken kann. Diese o.ä. Situationen geben Anlass, eine für beide Parteien verbindliche Beweissicherung zu erwägen.

---

1 Staudinger/*Emmerich*, § 537 Rz. 32 m.w.N.

Andererseits muss bedacht werden, dass das gerichtliche Beweisverfahren eine **zügige Mängelbeseitigung** regelmäßig verhindert. Zwischen Antragstellung und Ortstermin eines Sachverständigen können drei bis vier Monate oder mehr vergehen. In dieser Zeit kann sich der Zustand verschlimmern. Auf jeden Fall kann in dieser Zeit der Mieter berechtigt sein, seine Gewährleistungsrechte auszuüben, so dass sich der Schaden für den Mandanten vergrößert. Um dies zu vermeiden, kann der Mandant entweder selbst einen Sachverständigen beauftragen (vgl. dazu *Rz. 34*) oder versuchen, mit dem Mieter eine **Schiedsgutachterabrede** zu treffen. Die einseitige Beauftragung eines Sachverständigen ist ratsam, wenn das Ergebnis nicht unbedingt veröffentlicht werden soll (vgl. dazu *Rz. 188*). Ergeben sich solche Bedenken nicht, bestehen jedoch Zweifel an der Ursache des Mangels, kann eine Schiedsgutachterabrede ein schnelleres Ergebnis gewährleisten. Eine solche Abrede kann wie folgt formuliert werden: 219

Schiedsgutachter-Vereinbarung 220

zwischen

Herrn Peter Rüstig, Virchowstr. 20, 50935 Köln

– im Folgenden Vermieter genannt –

und

Herrn Josef Schmitz, Luxemburger Str. 101, 50937 Köln

– im Folgenden Mieter genannt –

1. In der Wohnung des Mieters im Hause Luxemburger Str. 101, 50937 Köln, sind am Sturz des Wohnzimmerfensters Schimmelpilzbildungen entstanden.
2. Zur Ermittlung der Ursache des unter Ziff. 1 dargestellten Mangels beauftragen die Parteien den öffentlich bestellten und vereidigten Sachverständigen Franz Lupe, Wasserweg 5, 51103 Köln mit der Beantwortung folgender Fragen:
    a) Befinden sich über dem Sturz des Wohnzimmerfensters im Hause Luxemburger Str. 101, 50937 Köln, Feuchtigkeitserscheinungen?
    b) Werden diese Feuchtigkeitserscheinungen durch einen Baumangel des Mietobjektes Luxemburger Str. 101, 50937 Köln, verursacht?
    c) Können die Feuchtigkeitserscheinungen trotz Vorliegen eines Baumangels durch zumutbare Maßnahmen des Mieters (heizen und lüften) verhindert werden?
    d) Welche Maßnahmen sind erforderlich, um den unter Ziff. 1 beschriebenen Mangel zu beseitigen, und wie hoch sind die Kosten der notwendigen Maßnahmen?
    e) Um welche Quote (%) ist die Gebrauchstauglichkeit der Mietsache im Verhältnis zu einer unbeeinträchtigten Wohnung gemindert[1]?

---

1 Vgl. dazu *Scholl*, NZM 1999, 108 f. und *Rz. 234*.

3. Der Sachverständige soll seine Feststellungen für beide Parteien verbindlich (§ 317 BGB) im Rahmen eines schriftlichen Gutachtens niederlegen. Dabei soll er gleichzeitig über die Kosten des Schiedsgutachterverfahrens entsprechend den §§ 91 ff. ZPO entscheiden.

Köln, den ...

...

(Unterschrift Vermieter)

Köln, den ...

...

(Unterschrift Mieter)

221 Die **Auswahl des Sachverständigen** sollte durch die Parteien gemeinsam erfolgen. Hierzu kann gemeinsam z.B. die Liste der Sachverständigen der Industrie- und Handelskammer abgeglichen werden. Zur Vorbereitung des Verfahrens kann jedoch die Industrie- und Handelskammer auch von einer der Parteien gebeten werden, einen Sachverständigen verbindlich für beide Parteien zu benennen. Diese Verfahrensweise hat jedoch den Nachteil, dass nicht vorab mit dem Gutachter abgeklärt werden kann, ob er in der Lage ist, sein Gutachten zeitgerecht vorzulegen bzw. zumindest einen Ortstermin innerhalb kürzester Zeit durchzuführen. Andererseits sollte natürlich bei der Auswahl des Gutachters berücksichtigt werden, ob und ggf. welche Erfahrungen bisher mit der jeweiligen Person bestehen.

222 Die zu den Feuchtigkeitserscheinungen empfohlene Vorgehensweise kann beim Auftreten des sog. **Foggingeffekts**[1] nicht angewendet werden. Denn im Hinblick daruf, dass die unterschiedlichen Verursachungsbeiträge wissenschaftlich immer noch nicht geklärt sind, gilt ohne Weiteres die allgemeine Aufteilung der Darlegungs- und Beweislast[2]. Gleichwohl kann natürlich der Versuch unternommen werden, unter Hinweis auf abweichende Rechtsprechung die gegenteilige Auffassung – mit dem damit verbundenen Risiko – durchzusetzen. Dazu muss aber zumindest ermittelt werden, ob der Mieter nach Überlassung der Mietsache Veränderungen (z.B. Renovierung oder Verlegen von Teppichboden) herbeigeführt hat, die zu einer Verursachung dieses „Mangels" beigetragen haben können. Auch insoweit soll den Vermieter allerdings grundsätzlich das Risiko bei mangelnder Aufklärung treffen[3]. Indessen wird auch vertreten, dass sich der Mieter in einem solchen Fall „entlasten" muss und eine Minderung nicht durchführen kann[4]. Verlangt er sogar Schadensersatz, trägt er die volle Beweislast[5]. Diese Grundsätze sollen nicht gelten, wenn der Mieter den Kostenvorschussanspruch für die Selbstvornahme geltend macht und feststeht, dass die Ursache allein aus seinem Risikobereich stammt[6]. Dann

---

1 Vgl. dazu *Hitpaß*, ZMR 2002, 337.
2 BGH v. 28.5.2008 – VIII ZR 271/07, WuM 2008, 476 = NZM 2008.607 = ZMR 2008, 868 m. Anm. *Schläger*; BGH v. 25.1.2006 – VIII ZR 223/04, WuM 2006, 147.
3 LG Ellwangen, WuM 2001, 544; AG Hamburg-Wandsbek, NZM 2000, 906.
4 AG Pinneberg, ZMR 2002, 359.
5 BGH, WuM 2006, 147.
6 LG Berlin v. 14.9.2007 – 63 S 359/06, GE 2007, 1487; a.A. LG Berlin, ZK 67, GE 2005, 995.

muss aber wegen § 538 BGB ein vom **vertragsgemäßen Gebrauch** nicht gedecktes Verhalten zu der Schwarzstaubbildung beigetragen haben[1], weil sonst eine Haftung entgegen dem klaren Wortlaut der Vorschrift begründet wird.

II. Gewährleistung nach Ablauf der Mietzeit

Ob und ggf. in welchem Umfang nach Ablauf der Mietzeit noch Gewährleistungsrechte geltend gemacht werden können, ist noch nicht vollständig geklärt. Die hM verlangt, dass der Vermieter die Grundversorgung des Mieters mit Heizung, Strom und Wasser sicher zu stellen hat[2]. Im Übrigen habe er alles zu unterlassen, was sich als **eigenmächtige Durchsetzung des Räumungsanspruchs** darstellt[3]. Deshalb soll z.B. in der weiteren Unterbrechung der Gasversorgung der Wohnung, die mit einem Gasanschluss ausgestattet ist, eine verbotene Eigenmacht liegen, wenn der Vermieter nach dem Wegfall der technischen Gründe der Unterbrechung die Instandsetzung der Gasleitung unterlässt. Denn der Besitz sei auch nach Kündigung des Mietvertrages geschützt[4]. 222a

Jedenfalls für die **Gewerberaummiete** ist durch den BGH festgestellt, dass die Unterbrechung der Versorgung mit Medien nach Vertragsende grundsätzlich **keine verbotene Eigenmacht** darstellt[5]. Im Übrigen können zwar aufgrund von Besonderheiten z.B. in der **Wohnraummiete** nachvertragliche Leistungspflichten des Vermieters bestehen. Diese gelten aber nicht, wenn die Beendigung auf Zahlungsverzug beruht[6]. 222b

Allerdings darf sich die Unterbrechung der Versorgung nicht als (unzulässige) **Selbstvollstreckung** eines noch nicht rechtskräftigen Räumungstitels darstellen. Dies ist bereits der Fall, wenn der Vermieter unter Bezugnahme auf die gerade verkündete Entscheidung im Räumungsrechtsstreit die Unterbrechung der Wasserversorgung ankündigt[7]. Entweder wird die Sperre also vor dem Titel (z.B. in der Kündigung) angekündigt oder doch zumindest ohne Bezugnahme auf einen Rechtsstreit/Titel. 222c

---

1 BGH v. 28.5.2008 – VIII ZR 271/07, WuM 2008, 476 = NZM 2008.607 = GE 2008, 982 = ZMR 2008, 868 m. Anm. *Schläger.*
2 *Eisenschmid* in Schmidt-Futterer, § 535 BGB Rz. 191 m.w.N.
3 LG Hamburg, NJW-RR 1996, 441 = ZMR 1986, 122.
4 OLG Saarbrücken, GuT 2005, 218; LG Berlin, WuM 2003, 508.
5 BGH v. 6.5.2009 – XII ZR 137/07, WuM 2009, 469 = NZM 2009, 482; KG, ZMR 2004, 905; GuT 2004, 905 = MietRB 2005, 3; LG Berlin v. 22.12.2008 – 12 O 480/08, GE 2009, 518; **a.A.** OLG Köln, MietRB 2004, 318; OLG Köln, ZMR 2000, 639; LG Berlin, MDR 1992, 478; AG Königstein i. Ts., NZM 2003, 106; vgl. für Wohnungseigentümergemeinschaft OLG Hamm, MDR 1994, 163 sowie KG, NZM 2001, 761, 762.
6 BGH v. 6.5.2009 – XII ZR 137/07, WuM 2009, 469 = NZM 2009, 482.
7 OLG Celle, NZM 2005, 741.

222d Auch wenn die höchstrichterlichen Entscheidungen zum Gewerberaummietrecht ergangen sind, lassen sich ihre tragenden Gründe ohne weiteres auf die **Wohnraummiete** übertragen[1]. Insoweit betont der BGH[2] ausdrücklich, dass bei der Wohnraummiete nachvertragliche Leistungspflichten bestehen können, im Fall des Zahlungsverzuges dem Vermieter aber in jedem Fall unzumutbar sei, den durch den Mieter verursachten zusätzlichen Verlust zu tragen. Der Vermieter, dem der Rechtsanwalt eine Versorgungssperre empfiehlt, sollte unter Hinweis auf die Rechtsprechung des BGH eine **Schutzschrift** beim zuständigen Gericht hinterlegen.

222e Eine **Minderung** tritt nach Beendigung der Mietzeit grundsätzlich nicht mehr automatisch ein. Vielmehr muss der Mieter sich ausdrücklich darauf berufen. Hat der Mieter also einen Mangel gerügt, kann er nicht mehr die Miete reduzieren, wenn er nicht mitgeteilt hat, dass er die Kürzung in Ausübung der Minderung vornimmt[3]. Ausnahmsweise ist eine Mitteilung entbehrlich, wenn die Minderung bereits vor Mietende berechtigterweise praktiziert wurde und die Nutzungsentschädigung in der gekürzten Weise weiter gezahlt wird.

III. Prozessuales

223 Die Konstellationen, in denen Gewährleistungsansprüche im Prozess eine Rolle spielen können, sind sehr vielfältig. Das taktische Vorgehen richtet sich dabei einerseits nach dem Stadium, in dem sich die Angelegenheit befindet, und andererseits nach den Risiken, die allgemein für prozessuale Auseinandersetzungen gelten.

1. Vertretung des Mieters

224 Der Mieter hat es in der Hand, den Ablauf der Angelegenheit zu bestimmen. Er wählt den richtigen Zeitpunkt für die Mängelanzeige und setzt damit die Angelegenheit in Gang. Da mit der Mängelanzeige zugleich die Minderung nach § 536 BGB einsetzen kann, können auch gerichtliche Verfahren (zumindest das selbständige Beweisverfahren) angezeigt sein. Welche Möglichkeiten sich regelmäßig ergeben und welche Risiken sowie Reaktionen des Vermieters erwartet werden können, soll mit der folgenden **Übersicht** gezeigt werden:

---

1 Deshalb ebenso: AG Bergheim, ZMR 2005, 53.
2 BGH v. 6.5.2009 – XII ZR 137/07, WuM 2009, 469 = NZM 2009, 482.
3 OLG Köln in *Lützenkirchen*, KM 35 Nr. 61.

Prozessuales   Rz. 225 **F**

225

gerichtliches Vorgehen	Antragsbeispiele	regelmäßige Anwendungsfälle	Streitwert	Reaktion des Vermieters
Selbständiges Beweisverfahren	einen öffentlich bestellten und vereidigten Sachverständigen mit der Beantwortung folgender Fragen zu beauftragen: 1. Verfügt die Brüstung des Balkons der Wohnung Luxemburger Str. 101, 50937 Köln, über eine ausreichende Höhe? 2. Ist die dauerelastische Verfügung an der Badewanne der Wohnung Luxemburger Str. 101, 50937 Köln, dicht? 3. Welche Maßnahmen sind erforderlich, um die zu Ziff. 1 und 2 festgestellten Mängel zu beseitigen? 4. Welche Kosten entstehen durch die Ziff. 3 festgestellten notwendigen Mängelbeseitigungsmaßnahmen? 5. Um welche Quote ist der Gebrauch der Mietsache gemindert¹?	– Risiko überhöhter Minderung soll vermieden werden – Zweifel, ob Mangel vorliegt, soll ausgeräumt werden – Ersatzvornahme soll vorbereitet werden – Mängelbeseitigungskosten sollen (verbindlich) ermittelt werden	Höhe der festgestellten oder behaupteten Minderung für 42 Monate (vgl. aber Rz. 84)	– Mängelbeseitigung – Selbständiges (Gegen- oder Ergänzungs-)Beweisverfahren
Feststellungsklage	festzustellen, dass der Kläger ab 10.5.1999 berechtigt ist, die monatliche Gesamtmiete von 500 Euro um 20 % zu mindern, bis der Beklagte den Feuchtigkeitsmangel im Wohn- und Schlafzimmer der Wohnung im 3. Obergeschoss des Hauses Luxemburger Str. 101, 50937 Köln, behoben hat.	– der Klage des Vermieters soll (z.B. wegen „günstigerer" Zuständigkeit) zuvorgekommen werden – als Begleitmaßnahme zum selbständigen Beweisverfahren, um zügige Entscheidung herbeizuführen – als Begleitmaßnahme zu einer Zahlungsklage bei Zahlung unter Vorbehalt, wenn in der letzten mündlichen Verhandlung nicht absehbar ist, dass Mangel beseitigt wird	Höhe der behaupteten Minderung für 42 Monate (vgl. aber Rz. 84)	– Zahlungsklage – Selbständiges Beweisverfahren, sofern die Voraussetzungen des § 485 Abs. 1 ZPO vorliegen

---

1 Vgl. *Scholl*, NZM 1999, 108, 111.

gerichtliches Vorgehen	Antragsbeispiele	regelmäßige Anwendungsfälle	Streitwert	Reaktion des Vermieters
	festzustellen, dass der Beklagte vom Kläger für den Monat Mai 1999 nicht mehr als 450 Euro Miete für die Wohnung im 3. Obergeschoss des Hauses Luxemburger Str. 101, 50937 Köln, fordern kann	– als Begleitmaßnahme zur Mängelbeseitigungsklage, um die Höhe der Minderung verbindlich feststellen zu lassen – bei Ausübung des Minderungsrechts – der Klage des Vermieters soll (z.B. wegen „günstigerer" Zuständigkeit) zuvorgekommen werden	Höhe der durchgeführten Minderung für 42 Monate (vgl. aber Rz. 84)	– Mängelbeseitigung
	festzustellen, dass der Kläger berechtigt ist, den Feuchtigkeitsmangel an der Fensterwand des Wohnzimmers der Wohnung im 3. Obergeschoss des Hauses Luxemburger Str. 101, 50937 Köln, selbst auf Kosten des Beklagten zu beseitigen	– Bestreiten des Vermieters hinsichtlich der Berechtigung zur Ausübung einzelner Gewährleistungsrechte (hier: Ersatzvornahme) – als Begleitmaßnahme zu einer der vorstehenden Feststellungsklagen oder des selbständigen Beweisverfahrens	Höhe der angemessenen Minderung für 42 Monate (vgl. aber Rz. 84)	– Mängelbeseitigung – Selbständiges Beweisverfahren, sofern die Voraussetzungen des § 485 Abs. 1 ZPO vorliegen – Zahlungsklage, bei durchgeführter Minderung
	festzustellen, dass durch die Kündigung des Klägers vom 10.5.1999 das Mietverhältnis mit dem Beklagten über die Wohnung im 3. Obergeschoss des Hauses Luxemburger Str. 101, 50937 Köln, beendet wurde	– bei fristloser Kündigung des Mieters nach den §§ 542, 544 BGB und Bestreiten der Kündigungsgründe durch den Vermieter	Jahresmiete, § 16 GKG	– Räumungsklage (wenn er sein Bestreiten aufgibt) – Zahlungsklage wegen rückständiger Miete
Zahlungsklage	den Beklagten zu verurteilen, an den Kläger 200 Euro nebst Zinsen i.H.v. 5 %-Punkten über dem Basiszinssatz seit dem 23.5.2003 zu zahlen	– bei Zahlung unter Vorbehalt – bei Geltendmachung von Schadensersatz	Höhe des Klageantrages	– Mängelbeseitigung

gerichtliches Vorgehen	Antragsbeispiele	regelmäßige Anwendungsfälle	Streitwert	Reaktion des Vermieters
Vorschussklage	den Beklagten zu verurteilen, an den Kläger 1800 Euro als Vorschuss zur Beseitigung der Feuchtigkeitsmängel an der Fensterwand des Wohnzimmers der Wohnung im 3. Obergeschoss des Hauses Luxemburger Str. 101, 50937 Köln, zu zahlen	– Vorbereitung der Ersatzvornahme – Vorschussanforderung auf Grund von Handwerkerangeboten – selbständiges Beweisverfahren, sofern die Voraussetzungen des § 485 Abs. 1 ZPO vorliegen – Zahlungsklage wegen rückständiger Miete, sofern Minderung durchgeführt wurde	Höhe des Zahlungsantrages	– Mängelbeseitigung
Klage auf Mängelbeseitigung	den Beklagten zu verurteilen, die Feuchtigkeitsmängel an der Fensterwand des Wohnzimmers der Wohnung im 3. Obergeschoss des Hauses Luxemburger Str. 101, 50937 Köln, zu beseitigen	– Nach Mängelbeseitigungsaufforderung – als Widerklage, wenn Vermieter auf Zahlung bei ausgeübter Minderung oder Zurückbehaltung bzw. auf Feststellung bei Zahlung unter Vorbehalt klagt	Höhe der behaupteten Minderung für 42 Monate (vgl. Rz. 84)	– Mängelbeseitigung – Selbständiges Beweisverfahren, sofern die Voraussetzungen des § 485 Abs. 1 ZPO vorliegen – Zahlungsklage, sofern gemindert wurde – Feststellungsklage, sofern Zahlung unter Vorbehalt erfolgte
Einstweilige Verfügung	wegen der Dringlichkeit ohne mündliche Verhandlung zu beschließen: Der Antragsgegner hat es bei Vermeidung eines Zwangsgeldes bis zu 250 000 Euro, ersatzweise Zwangshaft, zu unterlassen, die Wohnung im 3. Obergeschoss des Hauses Luxemburger Str. 101, 50937 Köln, ohne Zustimmung des Antragstellers zu betreten	– bei Besitzstörung (auch z.B. bei beabsichtigten Baumaßnahmen)	Interesse an der Beseitigung[1]	Feststellungsklage, Duldungsklage

[1] Zöller/*Herget*, § 3 ZPO Rz. 16 „Besitzstörungsklage".

a) Vortrag in der Klage-/Antragsschrift

226 Gegenstand der Klage des Mieters ist immer ein Mangel, der zu Rechten aus dem Mietvertrag führen soll. Demgemäß muss zunächst der **Mietvertrag** vorgetragen werden, wobei es sich empfiehlt, zumindest eine Kopie des Vertrages beizufügen, damit das Gericht überprüfen kann, dass kein Ausschluss der Gewährleistungsrechte oder deren Beschränkung z.B. durch Festlegung der Sollbeschaffenheit geregelt ist.

227 Der Mangel kann bereits in der Klageschrift spezifiziert dargestellt werden, wozu es allerdings nicht ausreicht, auf Fotos Bezug zu nehmen[1]. Vielmehr ist eine ausreichende Beschreibung des mangelhaften Zustandes erforderlich. Dies ist regelmäßig sinnvoll, um den Vermieter zu zwingen, in der Klageerwiderung substantiiert vorzutragen. Beschränkt sich der Vermieter auf **einfaches Bestreiten**, besteht die Möglichkeit, dass das Verfahren zugunsten des Mandanten ausgeht, weil dieses Bestreiten nicht ausreicht.

228 Zum **Umfang der Gebrauchsbeeinträchtigung** und damit ein bestimmter Minderungsbetrag muss nicht unbedingt vorgetragen werden, weil das Gericht ggf. unter Heranziehung eines Sachverständigen diese Frage zu klären hat[2]. Gerade deshalb sollte jedoch der Mangel selbst umfassend dargestellt werden, um dem Gericht eine Vergleichbarkeit zu anderen Fällen zu ermöglichen und die Höhe der Minderung zu ermitteln. Gleichwohl sollte – wenn möglich – auch zum Ausmaß der Gebrauchsbeeinträchtigung vorgetragen werden, um dem Gericht die Findung der richtigen Minderungsquote zu erleichtern und zu verhindern, dass das Gericht einen erheblichen Aspekt übersieht. Der Mandant, der über seine Beeinträchtigungen berichtet hat, erwartet ohnehin, dass sein „Leiden" dem Gericht mitgeteilt wird. Dabei sollte darauf geachtet werden, dass ausreichende Beweisangebote erfolgen, also bei Baumängeln insbesondere ein Sachverständigengutachten.

229 Bei anhaltenden **Lärmbeeinträchtigungen** sollte zumindest bei den Auswirkungen auf den Mietgebrauch auch eine „Augenscheinseinnahme" beantragt werden und das Gericht auf das Urteil des BGH vom 8.5.1992[3] hingewiesen werden. In der genannten Entscheidung hat der BGH festgestellt, dass zur Beurteilung von Lärmbeeinträchtigungen bzw. deren Intensität es maßgeblich auf das subjektive Empfinden ankommt, das regelmäßig nur bei Durchführung eines Ortstermines überprüft werden kann. Diese bei vielen Amtsgerichten unbekannte oder doch zumindest übersehene Entscheidung stellt richtigerweise darauf ab, dass das Ausmaß der Beeinträchtigung nicht durch eine Zeugeneinvernahme vollständig ermittelt werden kann bzw. dass die Ermittlungen nicht auf einen Dritten (z.B. Sachverständigen) verlagert werden können. Allein der Beweisantritt „Augenscheins-

---

[1] LG Braunschweig v. 12.3.2009 – 6 S 548/08, WuM 2009, 288; LG Köln in *Lützenkirchen*, KM 35 Nr. 59.
[2] BGH, WuM 1997, 488.
[3] BGH, WuM 1992, 377.

einnahme" ohne Hinweis auf die Entscheidung des BGH ruft die Gefahr hervor, dass das Gericht den Beweisantrag mangels „Tauglichkeit" übergeht.

b) Besonderheiten einzelner Antrags- und Klagearten

Neben den materiellen Voraussetzungen muss bei einigen Verfahrensarten die Zulässigkeit besonders geprüft werden. 230

aa) Selbständiges Beweisverfahren

Solange ein Rechtsstreit noch nicht anhängig ist, ist gemäß § 485 Abs. 2 Ziff. 1 ZPO ein Antrag auf Durchführung eines selbständigen Beweisverfahrens **zulässig**[1], wenn der Zustand der Sache (Mietsache) festgestellt werden soll. Voraussetzung dafür ist ein rechtliches Interesse, das gemäß § 485 Abs. 2 S. 2 ZPO vermutet wird, wenn die Feststellung der **Vermeidung eines Rechtsstreits** dienen kann. An diese Voraussetzung sind keine besonderen Anforderungen zu stellen, sofern nur ein Rechtsverhältnis und ein möglicher Prozessgegner ersichtlich sind[2] (vgl. dazu *M Rz. 296 f.*). Deshalb ist es ausreichend vorzutragen, dass der Antragsteller davon ausgeht, dass z.B. nach Vorlage des Gutachtens eine außergerichtliche Einigung der Parteien stattfindet. Ein rechtliches Interesse besteht aber nicht, wenn der Vermieter die Mängel einräumt und deren Beseitigung veranlasst[3]. 231

Bei der Formulierung der **Beweisfragen** empfiehlt es sich, den Umfang der Ermittlungen nicht zu sehr einzuschränken. Je allgemeiner die Beweisfragen (aber immer noch bezogen auf den Mangel) formuliert sind, umso eher hat z.B. der Sachverständige die Möglichkeit, umfassende Ermittlungen anzustellen. Dies kann zu dem Vorteil führen, dass auch bisher nicht entdeckte Ursachen oder Auswirkungen ermittelt werden. Ohnehin hat das Gericht die Beweisfragen zu überprüfen und wird Anträge, die der **Ausforschung** dienen, zurückweisen. Dies kann zwar zu einer negativen Kostenfolge führen, solange noch kein Hauptsacheverfahren anhängig ist[4]. Dies sollte jedoch im Zweifel in Kauf genommen werden. Denn im Zeitpunkt der Zulässigkeitsprüfung ist z.B. erst eine (Prozess-)Gebühr der Rechtsanwälte gemäß § 48, 31 I 1 BRAGO entstanden. Im Übrigen wird das Gericht vor Zurückweisung des Antrages wegen des Grundsatzes des rechtlichen Gehörs auf Bedenken hinweisen, so dass noch die Möglichkeit zur Antragsänderung (-präzisierung) besteht. 232

Ist ein **Hauptsacheverfahren** bereits anhängig, kommt ein selbständiges Beweisverfahren nur unter den Voraussetzungen des § 485 Abs. 1 ZPO in Betracht (vgl. dazu *M Rz. 297 f.*). 233

---

1 LG Hamburg, WuM 2001, 345.
2 KG, NJW-RR 1992, 574.
3 AG Köln in *Lützenkirchen*, KM 35 Nr. 74.
4 Vgl. *Putzo* in Thomas/Putzo, § 494a ZPO Rz. 5.

234 Umstritten ist die Frage, ob im Rahmen eines selbständigen Beweisverfahrens (bzw. überhaupt im Rahmen einer Beweisaufnahme) ein **Sachverständiger** mit der **Beurteilung des Minderungsumfanges** beauftragt werden kann. Der Streit entsteht bei der Frage, ob der Mietwert als Wert i.S.d. § 485 Abs. 2 Nr. 1 ZPO anzusehen ist[1]. Während die einen meinen, dass der Wert der Sache, und damit auch die Verminderung der Gebrauchstauglichkeit, allein vom Richter beurteilt werden kann[2], halten die anderen die Feststellungen eines Sachverständigen zumindest als Überlegungshilfe[3] oder als (Bewertungs-)Vorschlag[4] für zulässig, zumal derartige Feststellungen im Rahmen einer Beweisaufnahme im streitigen Verfahren ebenfalls zulässig sein sollen[5]. Die zuletzt genannte Meinung hat nicht nur die Historie des § 485 ZPO in der aktuellen Fassung für sich[6], sondern findet ihre Berechtigung vor allem in den mietrechtlichen Gewährleistungsregelungen. Die Ermittlung der angemessenen Minderungsquote ist ohne die Bewertung eines Sachverständigen in vielen Fällen (in kompetenter Weise) kaum möglich. Ansonsten müsste sich das Gericht von jeder Gebrauchsbeeinträchtigung und deren Auswirkungen ein eigenes Bild (Augenscheinseinnahme) verschaffen[7]. Unabhängig davon macht es keinen Sinn, die Zulässigkeit des selbständigen Beweisverfahrens in den Fällen anzunehmen, in denen das Verfahren der Vermeidung eines Rechtsstreits dienen kann, wenn nicht alle Fragen des Gewährleistungsrechts durch das Verfahren geklärt werden können.

235 In der Praxis kann es daher ratsam sein, die **Frage nach dem geminderten Zustand** auch bei der Beantragung eines selbständigen Beweisverfahrens zu stellen (zur Formulierung vgl. *Rz. 220*)[8]. Denn ebenso, wie das Gutachten im Rahmen eines streitigen Verfahrens für das Gericht eine „Überlegungshilfe" oder einen (Bewertungs-)Vorschlag darstellen kann, dient es den Parteien des Mietvertrages, eine außergerichtliche Einigung (vollständig) herbeizuführen. Ein besonderes Kostenrisiko ist mit der Beantragung der Feststellung des Minderwertes nicht verbunden. Bis zur Entscheidung des Gerichts über die (Un-)Zulässigkeit der Beweisfragen sind bei beiden Parteien nur die Prozessgebühren entstanden. Wird der Antrag zurückgewiesen, ist in einem nachfolgenden streitigen Verfahren zwar mit einer **Quote zu Lasten des Antragstellers** zu rechnen, da die Kosten des Beweisverfahrens auf das Hauptsacheverfahren angerechnet werden, § 48 BRAGO. Diese Quote dürfte aber sehr gering sein, zumal wenn umfangreiche Beweisfragen gestellt werden und in einem nachfolgenden Prozess auch noch

---

1 Vgl. *Scholl*, NZM 1999, 108 m.w.N.
2 LG Köln, WuM 1995, 490; LG Saarbrücken, WuM 1992, 144.
3 *Kinne/Schach*, § 537 BGB Rz. 10.
4 *Scholl*, NZM 1999, 108, 110.
5 BGH, NJW-RR 1991, 779.
6 *Scholl*, NZM 1999, 108, 109.
7 Was bei Lärmbeeinträchtigungen im Hinblick auf die subjektive Empfindung ohnehin gilt, BGH, WuM 1992, 377.
8 Insoweit **a.A.** *Walterscheidt*, M Rz. 8 (Vorauflage).

streitig verhandelt wird. Bei einer außergerichtlichen Einigung wird es ohnehin kaum zu einer vollständigen Kostenübernahme durch den Antragsgegner (hier: Vermieter) kommen.

Gemäß § 487 Ziff. 4 ZPO ist weiterhin die **Glaubhaftmachung** der Tatsachen, die die Zulässigkeit des selbständigen Beweisverfahrens und die Zuständigkeit des Gerichts begründen sollen, erforderlich. Hierzu sollte also der Mietvertrag in beglaubigter Fotokopie beigefügt werden und vorsichtshalber eine eidesstattliche Versicherung des Mandanten, dass ein Mangel vorhanden ist und dass er beabsichtigt, sich auf der Grundlage des Gutachtens mit dem Vermieter zu einigen. 236

bb) Feststellungsklagen

Diese Prozessart ist bei der Mietervertretung von besonderer Bedeutung. Einerseits kann hierdurch die gerichtliche Entscheidung **beschleunigt** werden, indem z.B. im Falle der Minderung nicht abgewartet wird, bis der Vermieter Zahlungsklage erhebt. Sie bietet auf der anderen Seite die Möglichkeit, je nach Geschäftsverteilungsplan die **Zuständigkeit** eines (vermeintlich) günstigeren Spruchkörpers zu erreichen (vgl. *Rz. 86*). 237

Die Wirkungen der Feststellungsklage sollten nicht unterschätzt werden. Nicht selten wartet der Vermieter vor allem bei der Ausübung des Zurückbehaltungsrechts, bis ein „Mietrückstand" entstanden ist, der gemäß **§ 543 Abs. 2 Nr. 3 BGB** zur fristlosen Kündigung berechtigt. Dies bedeutet für den Mandanten ein besonderes **Risiko**. Denn nicht immer folgen die Mandanten dem Rat des Rechtsanwalts, den einbehaltenen Betrag zur Seite zu legen, um ggf. die Heilungsmöglichkeit des § 569 Abs. 3 Nr. 2 BGB ergreifen zu können (vgl. *Rz. 160*). Abgesehen davon kann die Heilungswirkung des § 569 Abs. 3 Nr. 2 BGB nur eintreten, wenn der vollständige Rückstand ausgeglichen wurde. Dies setzt – was in der Praxis immer wieder übersehen wird – voraus, dass auch die bis zum Zeitpunkt der Zahlung fällige Miete vollständig gezahlt wird und nicht nur die im Kündigungsschreiben oder der Räumungsklage aufgeführten Rückstände[1]. 238

Mit der Feststellungsklage wird diesem abwartenden Verhalten des Vermieters vorgebeugt. Der Mandant kann schneller erreichen, dass über seine Gewährleistungsrechte entschieden wird. Abgesehen davon zeigt er mit diesem gerichtlichen Vorgehen, dass ihm die Sache ernst ist und er nicht nur einen Grund sucht, die Miete zu reduzieren. 239

Gemäß § 256 Abs. 1 ZPO ist die Feststellungsklage zulässig, wenn ein **besonderes Rechtsschutzbedürfnis** besteht. Dies ist regelmäßig anzunehmen, wenn der Beklagte (Vermieter) ein Recht (z.B. Minderung) des Klägers (Mieter) ernstlich bestreitet oder er sich eines Rechts gegen den Kläger (Mieter) berühmt und das erstrebte Urteil infolge seiner Rechtskraft geeignet ist, 240

---

1 AG Dortmund, WuM 2003, 273.

diese Gefahr zu beseitigen[1]. Diese Voraussetzungen sind regelmäßig gegeben, wenn der Vermieter schon in der außergerichtlichen Korrespondenz den Mangel bestreitet oder behauptet, der Mandant (Mieter) sei selbst für den Missstand verantwortlich.

241 Diese **Tatsachen** müssen **vorgetragen** werden, wozu es ausreicht, der Klageschrift die entsprechende Korrespondenz beizufügen. Liegen keine schriftlichen Äußerungen des Vermieters vor, sollte geprüft werden, inwieweit das Bestreiten des Vermieters nachgewiesen werden kann (z.B. durch Zeugen).

242 Die Möglichkeit einer Feststellungsklage sollte auch geprüft werden, wenn ein anderes Verfahren anhängig ist. Übt der Mieter z.B. sein Minderungsrecht aus und beantragt die Durchführung eines selbständigen Beweisverfahrens, wird der Vermieter erfahrungsgemäß bis zum **Abschluss des Beweisverfahrens** mit seiner gerichtlichen Gegenmaßnahme warten. Auf Grund der Nähe zum Zustand der Mietsache ist der Mieter jedoch regelmäßig in der Lage, die Erfolgsaussichten auch in tatsächlicher Hinsicht zu beurteilen, so dass er gleichzeitig ein Gerichtsverfahren anhängig machen kann. Damit ist die Möglichkeit gegeben, schon unmittelbar nach Vorliegen des Gutachtens (ggf. durch Antragsänderung) ein Urteil zu erreichen, das die Rechte des Mandanten manifestiert. Dabei muss natürlich darauf geachtet werden, dass im selbständigen Beweisverfahren die Zulässigkeit nicht damit begründet wird, dass auf der Basis z.B. eines Gutachtens eine außergerichtliche Einigung herbeigeführt wird. Durch die gleichzeitige Einreichung einer Feststellungsklage ergibt sich hierbei ein Widerspruch.

243 Reagiert der Vermieter auf die Feststellungsklage seinerseits mit einer (Wider-)Klage, muss geprüft werden, inwieweit sich dadurch das eigene Verfahren **erledigt**. Dies ist regelmäßig bei der negativen Feststellungsklage der Fall, wenn der Vermieter das kontradiktorische Gegenteil im Wege der Leistungsklage geltend macht (z.B. Feststellung des Minderungsrechts durch den Mieter; Zahlungsklage wegen des Rückstandes durch den Vermieter). In diesem Fall tritt eine Erledigung der Feststellungsklage ein (die ausdrücklich zu erklären ist), wenn über die Leistungsklage streitig verhandelt wurde, so dass diese Klage gemäß § 269 Abs. 1 ZPO **nicht mehr einseitig zurückgenommen** werden kann[2].

cc) Vorschussklage

244 Der Vorschussanspruch des Mieters ist mittlerweile allgemein anerkannt[3] (vgl. *Rz. 129*). Neben den allgemeinen Ausführungen zum **Mietvertrag** und dem Mangel muss hier insbesondere der voraussichtliche Mängelbeseiti-

---

[1] Zöller/*Greger*, § 256 ZPO Rz. 7.
[2] BGH, NJW 1994, 3107, 3108.
[3] BGH, NJW 1971, 1450; KG, NJW-RR 1988, 1039; Palandt/*Weidenkaff*, § 536a BGB Rz. 16.

gungsaufwand vorgetragen werden. Dazu sollte eine spezifizierte **Kostenermittlung** beigebracht werden, die in der Klageschrift im Einzelnen erläutert und vorsichtshalber ebenso wie die Notwendigkeit der Kosten durch Sachverständigengutachten unter Beweis gestellt werden sollte[1].

dd) Klage auf Mängelbeseitigung

Soll der Vermieter zur Mängelbeseitigung gezwungen werden, muss im Klageantrag **nicht im Einzelnen beschrieben** werden, welche Arbeiten zur Mängelbeseitigung durchgeführt werden müssen. Denn der Mieter ist nur verpflichtet, den Mangel anzuzeigen und dazu den Mangel der Art, dem Umfang und dem Zeitpunkt nach zu bezeichnen[2]. Wie der Vermieter den Mangel beseitigt, liegt in seinem Ermessen[3]. Dementsprechend reicht es aus, wenn im Klageantrag der **Mangel** so **lokalisiert** ist, dass er unverwechselbar bestimmt werden kann.

245

Ausnahmsweise kann sich die Klage auf Mängelbeseitigung auf einen **konkreten Leistungserfolg** richten, wenn eine Abhilfe erwiesenermaßen aussichtslos ist. Dies soll z.B. der Fall sein, wenn die einzige Möglichkeit zur Gewährleistung des vertragsgemäßen Gebrauchs der übrigen Wohnungen im Miethaus die **Kündigung des störenden Mieters** durch den Vermieter ist[4]. An diese Konsequenzen ist vor allem zu denken, wenn nicht mehr hinnehmbare Störungen durch Lärm bestehen und der störende Mieter auf Abmahnungen und „gutes Zureden" des Vermieters und der übrigen Mieter nicht reagiert.

Eine Besonderheit besteht bei **Sondereigentum**: hier darf der Vermieter bei **Mängeln im Gemeinschaftseigentum** eine Beseitigung ausnahmsweise nur selbst durchführen, wenn die Voraussetzungen des § 21 Abs. 2 WEG vorliegen. Die Maßnahme muss also zur Abwendung eines dem gemeinschaftlichen Eigentum unmittelbar drohenden Schadens notwendig sein. Werden diese Voraussetzungen nicht vorgetragen, ist der Klageantrag, mit dem der Vermieter zur Mängelbeseitigung im Gemeinschaftseigentum verpflichtet werden soll, auf eine unmögliche Leistung gerichtet, so dass die Klage unzulässig ist[5].

245a

Die Zwangsvollstreckung richtet sich nach § 887 ZPO[6].

ee) Einstweilige Verfügung

In dringenden Fällen können die Gewährleistungsrechte durch einstweiligen Rechtsschutz **begleitet** werden. Für eine Besitzstörung des Vermieters (z.B. Betreten der Mietsache ohne Zustimmung des Mieters) ist dies un-

246

---

1 LG München I, WuM 2002, 56.
2 *Kinne/Schach*, § 543 BGB Rz. 27.
3 AG Mitte, MM 2001, 356, 357.
4 LG Berlin, WuM 1999, 329.
5 BGH, WuM 2005, 713 = ZMR 2005, 936.
6 BGH, WuM 2005, 528.

zweifelhaft (§§ 858 ff. BGB). Diese Besitzstörung kann sich auch dadurch äußern, dass der Vermieter dem Mieter den Gebrauch bestimmter Nebenräume streitig macht (z.B. Fahrradkeller, Waschküche).

Dabei muss darauf abgestellt werden, inwieweit dem Mieter durch das behauptete Verhalten des Vermieters ein Schaden entstehen kann, so dass das Abwarten eines Hauptsacheverfahrens nicht zumutbar ist (vgl. im Einzelnen *M Rz. 327 f.*).

247 Zur Durchsetzung von Gewährleistungsrechten ist die einstweilige Verfügung regelmäßig nicht geeignet, da sie das Hauptsacheverfahren vorwegnimmt. Etwas anderes kann in **dringenden Notfällen** (z.B. Heizungsausfall im Winter) gelten (vgl. *M Rz. 345*).

c) Beweisführung

248 Wird ein selbständiges Beweisverfahren nicht vorangeschaltet, muss der Grundsatz beachtet werden, dass der **Mieter** grundsätzlich für das Vorliegen eines Mangels **darlegungs- und beweispflichtig** ist[1]. Dazu sollten bereits in der Klageschrift die **notwendigen Beweismittel** (Zeugen, Sachverständige) angegeben werden. Ausnahmsweise ist der Vermieter darlegungspflichtig für die Ordnungsgemäßheit der Mietsache, wenn er Feststellungen zu einem ihm angezeigten Mangel unterlässt[2].

249 Bei optisch fassbaren Mängeln ist es sinnvoll, der Klageschrift bereits (farbige) **Fotos** beizufügen, um dem Gericht ein Bild von der Situation zu verschaffen und eine Verwechslung des Mangels zu verhindern. Allerdings kann die Bezugnahme auf Fotos die Darlegung des Mangels grundsätzlich nicht ersetzen, zumal wenn der Vermieter eine (teilweise) Mängelbeseitigung vorträgt oder sich dieser Umstand sogar aus dem eigenen Vortrag des Mieters ergibt.

250 Da zwischen Abfassung der Klageschrift und Beweisaufnahme regelmäßig ein **längerer Zeitraum** vergeht, sollte bei Zeugenbeweisen geprüft werden, inwieweit deren Angabe bereits in der Klageschrift ohne Risiko erfolgen kann. Können z.B. Lärmbeeinträchtigungen von Nachbarn nur durch andere Mieter im Hause nachgewiesen werden, die ebenfalls Lärmprotokolle geführt haben, ist nicht auszuschließen, dass der Vermieter auf diese Mieter Druck ausübt, um für sich eine günstige (verharmlosende) Aussage zu erreichen. Dies kann vermieden werden, indem für die entsprechende Behauptung die „Zeugen N.N." angeboten werden. Zwar ist ein solcher Beweisantritt gemäß § 373 ZPO grundsätzlich sinnlos und daher unbeachtlich[3]. Indessen kann durch den Hinweis darauf, dass der Kläger (Mieter) befürchtet, dass der Beklagte (Vermieter) auf die Zeugen einwirken wird, und die Ergänzung „Zeugen N.N. (Mitmieter des Hauses)" erreicht wer-

---

1 Staudinger/*Emmerich*, § 537 BGB Rz. 108 m.w.N.
2 LG Köln v. 20.6.2007 – 10 S 333/06, WuM 2008, 245.
3 BGH, NJW 1989, 227 m.w.N.

den, dass die Zeugen individualisiert werden können und für das Gericht deutlich ist, dass sie spätestens in der mündlichen Verhandlung namentlich benannt werden können.

Im Übrigen sollte gerade bei **Lärmbeeinträchtigung** der Beweisantritt „Augenscheinseinnahme" oder „**Ortstermin**" erfolgen, wenn es um das Ausmaß der Störungen geht (vgl. dazu *Rz. 229*). 251

d) Gebühren

Zum Streitwert vgl. oben *Rz. 84*. Hinsichtlich der Gebühren ergeben sich keine Besonderheiten. 252

e) Mängelbeseitigung während des gerichtlichen Verfahrens

Der **Vermieter** ist grundsätzlich **nicht gehindert**, trotz eines laufenden Beweisverfahrens oder einer Klage die behaupteten Mängel zu beseitigen. Ausnahmsweise soll der Mieter berechtigt sein, die während des Verfahrens beabsichtigte Mängelbeseitigung abzulehnen[1]. Dieses Recht beschränkt sich aber auf optische Mängel, die zu keiner Substanzgefährdung oder sonstigen Veränderungen der Mietsache führen können. Mit der vollständigen Mängelbeseitigung tritt hinsichtlich der auf Mängelbeseitigung gerichteten Klagen (Mängelbeseitigungsklage, Vorschussklage, Feststellungsklage) Erledigung der Hauptsache nach § 91a ZPO ein. 253

Die **Erledigung der Hauptsache** führt regelmäßig zur nachteiligen Kostenfolge für den Vermieter, weil die Mängelbeseitigung als Anerkenntnis gewertet werden kann[2]. Insoweit lässt sich der Rechtsgedanke des § 93 ZPO heranziehen. Ein sofortiges Anerkenntnis ist nicht gegeben, wenn zuvor eine angemessene Frist gesetzt wurde, so dass Veranlassung zur Klageerhebung gegeben wurde[3]. Hinsichtlich der Zeiträume zwischen Klageerhebung und Mängelbeseitigung entstehen für den Mieter u.U. Beweisschwierigkeiten. Dies sollte vor Klageerhebung bedacht werden, spätestens jedoch, wenn der Vermieter die Mängelbeseitigung im laufenden Verfahren ankündigt. Zur Vermeidung von Nachteilen sollten daher Beweissicherungsmaßnahmen getroffen werden (vgl. oben *Rz. 61 f.*). 254

2. Vertretung des Vermieters im gerichtlichen Verfahren

Ebenso vielseitig wie die Möglichkeiten des Mieters kann der Vermieter auf die Ausübung von Gewährleistungsrechten **reagieren**. Entscheidend dabei sollte stets sein, welche Bemühungen der Vermieter bisher zur Ermittlung der Ursache des Mangels unternommen hat. Bei Mängeln, die außerhalb seines Einflusses liegen (z.B. Lärm von Nachbarn), sollte über- 255

---

1 OLG Naumburg, GuT 2002, 15.
2 Vgl. im Einzelnen Palandt/*Heinrichs*, § 208 BGB Rz. 2.
3 Zöller/*Herget*, § 93 ZPO Rz. 3 ff.

legt werden, ob es sinnvoll ist, gegen den Mieter vorzugehen oder Dritte wegen vertragswidrigem Gebrauch o.Ä. in Anspruch zu nehmen (vgl. dazu *I Rz. 281*). Immerhin bietet die Verfolgung der Ansprüche gegenüber dem Dritten die Möglichkeit, den Mieter als Zeugen im Prozess stellen zu können. Bei der Entscheidung, wer in Anspruch genommen wird, sollte abgewogen werden, wie detailliert die Mängelbeschreibung des Mieters ist. Bietet sie eine ausreichende Grundlage, um gegenüber dem Dritten vorzugehen, sollte eher diese Vorgehensweise gewählt werden, weil der Dritte sich im Zweifel nur auf ein Bestreiten der Beeinträchtigungen beschränken kann[1]. Unabhängig davon, gegen wen vorgegangen wird, sollte aber dem jeweils anderen der **Streit verkündet** werden, um bei einem (auch nur teilweisen) Unterliegen die weiter gehenden Ansprüche gegenüber dem Streitverkündeten geltend machen zu können (§§ 74 Abs. 3, 68 ZPO).

256 Welche Möglichkeiten dem Vermieter regelmäßig zur Verfügung stehen, soll anhand der nachfolgenden **Übersicht** deutlich gemacht werden:

---

[1] Sehr anschaulich: OLG Rostock, GuT 2003, 212.

Prozessuales   Rz. 256 **F**

gerichtliches Vorgehen	Antragsbeispiele	Regelmäßige Anwendungsfälle	Streitwert
Zahlungsklage	Den Beklagten zu verurteilen, an den Kläger 200 Euro nebst Zinsen i.H.v. 5 %-Punkten über dem Basiszinssatz seit dem 23.5.2003 zu zahlen	– durchgeführte Minderung des Mieters – Teilklage zur Vermeidung eines Prozessrisikos	Höhe des Zahlungsantrages
Negative Feststellungsklage	festzustellen, dass dem Beklagten hinsichtlich der Mietzahlungen für Mai und Juni 1999 kein Rückforderungsanspruch zusteht	– Zahlung unter Vorbehalt	Interesse des Mieters (vgl. N Rz. 454)
	festzustellen, dass der Kläger nicht verpflichtet ist, die Feuchtigkeit an der Fensterwand im Wohnzimmer der Wohnung im 3. Obergeschoss des Hauses Luxemburger Str. 101, 50937 Köln, zu beseitigen	– bei Aufforderung zur Mängelbeseitigung – entsprechende Formulierung bei Aufforderung zum Schadensersatz	
	festzustellen, dass der Beklagte nicht berechtigt ist, wegen der Feuchtigkeit an der Fensterwand der Wohnung im 3. Obergeschoss des Hauses Luxemburger Str. 101, 50937 Köln, die Mietzahlungen ab dem Monat Mai 1999 auch nur teilweise zurückzuhalten	– bei Ankündigung des Zurückbehaltungsrechts	Höhe der vom Mieter angekündigten Zurückbehaltung
Selbständiges Beweisverfahren	einen öffentlich bestellten und vereidigten Sachverständigen mit der Beantwortung folgender Fragen zu beauftragen: 1. Worauf sind die Feuchtigkeitserscheinungen an der Fensterwand des Wohnzimmers der Wohnung im 3. Obergeschoss des Hauses Luxemburger Str. 101, 50937 Köln, zurückzuführen? 2. Hätten sich die Feuchtigkeitserscheinungen durch Maßnahmen des Antragsgegners in Bezug auf sein Wohnverhalten vermeiden lassen? Wenn ja: welche? 3. Sofern ein Baumangel vorliegt: In welchem Verhältnis stehen die Ursachenbeiträge der Parteien? 4. Welche Maßnahmen müssen durchgeführt werden, um den zu Ziff. 1 ermittelten Mangel zu beseitigen? 5. Welche Kosten entstehen für die zu Ziff. 3 ermittelten Maßnahmen?	– behaupteter Mangel mit zweifelhafter Ursache – ggf. um Zuständigkeit einer bestimmten Abteilung zu binden (vgl. Geschäftsverteilungsplan)	Höhe der vom Mieter angekündigten Minderung für ein Jahr (vgl. Rz. 84)

gerichtliches Vorgehen	Antragsbeispiele	Regelmäßige Anwendungsfälle	Streitwert
Zutrittsklage	den Beklagten zu verurteilen, dem Kläger und/oder einem von ihm beauftragten Dritten Zutritt zur Wohnung im 3. Obergeschoss des Hauses Luxemburger Str. 101, 50937 Köln, werktags von 8.00 Uhr bis 18.00 Uhr zu gewähren, und zwar durch Öffnen der Wohnungs- und sämtlicher Korridortüren	- bei verweigertem Zutritt zwecks Besichtigung - als Begleitmaßnahme zur Klage auf Duldung (Mängelbeseitigung)	vgl. *N* Rz. 590
Klage auf Duldung	den Beklagten zu verurteilen, die Beseitigung von Feuchtigkeitsschäden an der Fensterwand des Wohnzimmers zur Wohnung im 3. Obergeschoss des Hauses Luxemburger Str. 101, 50937 Köln, zu dulden	- bei verweigerter Mängelbeseitigung	vgl. *N* Rz. 450
Klage auf Beseitigung	den Beklagten zu verurteilen, die Feuchtigkeitserscheinungen an der Fensterwand des Wohnzimmers der Wohnung im 3. Obergeschoss des Hauses Luxemburger Str. 101, 50937 Köln, zu beseitigen	- bei feststehender Mängelverursachung durch den Mieter	geschätzter Mängelbeseitigungsaufwand
Klage auf Unterlassung	1. den Beklagten zu verurteilen, den Betrieb eines Wäschetrockners mit Abluft bei geschlossenem Fenster in der Wohnung Luxemburger Str. 101, 50937 Köln, zu unterlassen; 2. den Beklagten für jeden Fall der Zuwiderhandlung ein Ordnungsgeld von bis zu 250 000 Euro, ersatzweise Ordnungshaft bis zu 6 Monaten, anzudrohen.	- bei Mitverursachung des Mangels durch den Mieter	Interesse des Vermieters gemäß § 3 ZPO[1]
Einstweilige Verfügung	wegen der Dringlichkeit der Angelegenheit ohne mündliche Verhandlung zu beschließen: Dem Antragsgegner wird bei Vermeidung eines Ordnungsgeldes bis zu 250 000 Euro, ersatzweise Ordnungshaft bis zu 6 Monaten, aufgegeben, es zu unterlassen, an dem Hauptverteiler der Elektroinstallation im Hause Luxemburger Str. 101, 50937 Köln, zu arbeiten	- bei nachweisbarer Mitverursachung und drohender Gefahr für die Mietsache	Interesse des Vermieters gemäß § 3 ZPO × 30 %[2]

---

[1] Vgl. *Scholl*, NZM 1999, 108, 111.
[2] *Zöller/Herget*, § 3 ZPO „Einstweilige Verfügung".

a) Der Vortrag in der Antrags-/Klageschrift

Der Vermieter muss zunächst das Bestehen eines **Mietvertrages** vortragen. Auch wenn der Mietvertrag selbst keine Einschränkungen der Gewährleistungsrechte vorsieht, ist es sinnvoll, den Mietvertrag mit der Antrags-/Klageschrift vorzulegen (in Kopie), damit dem Gericht die Prüfung ermöglicht wird, den Umfang des vertragsgemäßen Gebrauchs zu ermitteln.

257

Der weitere Vortrag richtet sich nach dem **Stadium der Angelegenheit**. Hat eine Besichtigung stattgefunden, sollte deren Ergebnis detailliert geschildert werden und auch die dabei gewonnenen Erkenntnisse dargestellt und unter Beweis gestellt werden, sofern sie für den Mandanten günstig sind.

Problematisch kann die Darstellung und Beweisführung bei Manipulationen oder der **Mitverursachung des Mieters** sein. Hier lässt sich nicht immer mit der ausreichenden Sicherheit (vorgerichtlich) ermitteln, ob eine Manipulation oder ein Ursachenbeitrag gegeben ist. Auf dieses Risiko sollte der Mandant, der regelmäßig eine entsprechende Behauptung aufstellt, hingewiesen werden. Um in diesen Fällen dem Mieter in der Klageerwiderung nicht die Möglichkeit zu geben, sich auf einen entsprechenden Vorwurf bereits einstellen zu können, sollten die entsprechenden Ausführungen bis zur Replik zurückgestellt werden. Denn stellt der Mieter, was regelmäßig der Fall sein wird, die Tatsachen, die seine Mitverursachung oder Manipulationen begründen, nicht dar, wird dadurch aufgezeigt, dass der Mieter nicht vollständig vorgetragen hat.

258

b) Besonderheiten einzelner Antrags- und Klagearten

aa) Zahlungsklage

Die Zahlungsklage kann grundsätzlich nur hinsichtlich der einbehaltenen Beträge erhoben werden. Zwar bietet § 259 ZPO die Möglichkeit, auch wegen **zukünftig fällig** werdender Leistungen Klage zu erheben, wenn die Besorgnis besteht, dass der Mieter sich „der rechtzeitigen Leistung entziehen werde". Diese (Zulässigkeits-)Voraussetzung kann jedoch noch nicht angenommen werden, wenn der Mieter wegen Mängeln der Mietsache in der Vergangenheit (bis zur mündlichen Verhandlung) die Miete einbehalten hat[1]. Vielmehr ist ein Verhalten bzw. eine Erklärung erforderlich, die darauf schließen lässt, dass der Mieter trotz eines negativen Ausganges des Verfahrens seine Minderung fortsetzt.

259

bb) Negative Feststellungsklage

Das **besondere Feststellungsinteresse** i.S.d. § 256 ZPO ergibt sich regelmäßig daraus, dass sich der Mieter bestimmter Rechte berühmt (Zahlung unter Vorbehalt = Minderungsrecht, Mängelbeseitigungsaufforderung = Erhaltungsanspruch nach § 536 BGB etc.). Das „Berühmen", das die Zuläs-

260

---

[1] Vgl. aber für den Fall der (vermuteten) Zahlungsunfähigkeit: BGH, NZM 2003, 231; OLG Dresden, WuM 2000, 138.

sigkeit der Feststellungsklage begründet, muss nicht notwendig ausdrücklich geschehen[1]. Deshalb ist allein die Zahlung unter Vorbehalt grundsätzlich bereits ausreichend für die negative Feststellungsklage, dass kein Rückforderungsanspruch besteht. Zur Vermeidung eines Risikos sollte der Mieter aber vorgerichtlich aufgefordert werden, den Vorbehalt zurückzunehmen. Dabei sollte der Hinweis erfolgen, nach Ablauf der Frist werde unterstellt, dass er die Zahlung zurückfordern will.

261 Berühmt sich der Beklagte im Verfahren nicht mehr seiner Rechte, **entfällt** dadurch nicht ohne weiteres das Feststellungsinteresse. Vielmehr ist eine Erklärung erforderlich, die die Rechte des Klägers (hier: Vermieter) endgültig sichert[2]. Um die Rechtsfolge des § 93 ZPO zu vermeiden, sollte die negative Feststellungsklage daher vorsorglich durch eine entsprechende Aufforderung, die Rechtsausübung zu unterlassen, vorbereitet werden.

cc) Klage auf Duldung

262 Ebenso wie bei den anderen Verfahren muss hier insbesondere vorgetragen werden, welche Maßnahmen der Vermieter zur Mängelbeseitigung getroffen hat und dass der Mieter diese nicht ermöglicht hat. Hier empfiehlt es sich, den Schriftverkehr vorzulegen und zu prüfen, ob die mündlichen Äußerungen des Mieters auch bewiesen werden können.

263 Die Klage auf **Duldung** kann mit einer **Zutrittsklage kombiniert** werden, um zu vermeiden, dass wegen des Öffnens der Türen erneut ein Klageverfahren durchgeführt werden muss. Denn nach der hier vertretenen Auffassung kann der Duldungstitel nur nach § 890 ZPO vollstreckt werden, die Zutrittsklage mit dem vorgeschlagenen Antrag jedoch nach § 887 ZPO (vgl. *G Rz. 241 f.*), so dass ohne weitere vom Mieter verursachte Verzögerung die Arbeiten auch im Wege der Zwangsvollstreckung ermöglicht werden können.

dd) Klage auf Mängelbeseitigung

264 Bei dieser Klage ist **Vorsicht** geboten. Bei vielen Mängelursachen wird ein Sachverständiger durch das Gericht beauftragt. Das Verfahren kann also sehr teuer werden. Wurde ein selbständiges Beweisverfahren nicht vorgeschaltet, sollte der Rechtsanwalt wegen des erheblichen Risikos den Mandanten auffordern, ihm alle Erkenntnisquellen so zugänglich zu machen, dass er sie selbst prüfen kann, um das Risiko richtig abschätzen zu können.

265 Auf jeden Fall sollte der Mandant darauf hingewiesen werden, dass das Klageverfahren schon deshalb negativ verlaufen kann, weil der Vermieter teilweise für den Mangel mitverantwortlich ist.

---

1 Zöller/*Greger*, § 256 ZPO Rz. 14a.
2 Zöller/*Greger*, § 256 ZPO Rz. 7c.

Hat der Vermieter die Mängelbeseitigung durchgeführt, ist dieser Einwand (**Erfüllung**) im Rahmen des Vollstreckungsverfahrens (z.B. nach § 887 Abs. 2 ZPO) relevant[1]. Dagegen muss er eine Unmöglich- oder **Unzumutbarkeit** z.B. wegen Zerstörung des Mietobjektes im Weg der Vollstreckungsgegenklage nach § 767 ZPO durchsetzen[2].

ee) Selbständiges Beweisverfahren

Hier gelten die gleichen Erwägungen wie auf Mieterseite (vgl. *Rz. 231 f.*). 266

ff) Zutrittsklage

Vgl. dazu *G Rz. 241 f.* 267

gg) Einstweilige Verfügung

Das Eilverfahren kommt in Betracht, wenn eine Mängelbeseitigung zur Schadensabwehr dringend erforderlich ist. Besteht also z.B. ein Rohrbruch, der sich in anderen Wohnungen auswirkt, können der Zutritt und die Duldung im Wege der einstweiligen Verfügung durchgesetzt werden. Das Gleiche gilt, wenn glaubhaft gemacht werden kann, dass ein Mangel durch unzulässige Manipulationen des Mieters verursacht wurde und die begründete Gefahr besteht, dass er diese Manipulationen wiederholt. 268

c) Gebühren

Zum Streitwert vgl. die in der Übersicht *Rz. 83* angegebenen Hinweise. Hinsichtlich der Gebühren ergeben sich keine Besonderheiten (vgl. *N Rz. 83 f.*). 269

---

1 BGH, NJW 2005, 367, 369.
2 BGH, WuM 2005, 528.

G. Die Umsetzung einzelner mietrechtlicher Ansprüche

	Rz.
I. Erlaubniserteilung	1
1. Tierhaltung im Wohnraum	3
a) Mieterberatung	11
aa) Ermittlungen im Beratungsgespräch	11
bb) Prozessuales	19
cc) Gebühren	21
b) Vermieterberatung	22
aa) Das Beratungsgespräch	22
bb) Prozessuales	31
(1) Klage auf Erlaubniserteilung	31
(2) Verfahren auf Erlass einer einstweiligen Verfügung	33
(3) Unterlassen und Beseitigung der Hundehaltung	35
cc) Gebühren	35
c) Checkliste	36
2. Untermiete	37
a) Untermiete nach § 540 BGB	38
aa) Mieterberatung	39
(1) Das Beratungsgespräch	39
(2) Die Verhandlung mit dem Untermiet-Interessenten	59
(3) Prozessuales	71
(a) Ausübung des Kündigungsrechts	72
(b) Klage auf Zustimmung zur Untervermietung	78
(c) Einstellung der Mietzahlung und Geltendmachung von Schadensersatz	86
(4) Gebühren	92
(a) Beratung und Klage bei Ausübung des Kündigungsrechts	92
(b) Beratung und Klage auf Zustimmung der Untervermietung	95
bb) Vermieterberatung	99
(1) Das Beratungsgespräch	99
(2) Prozessuales	113
(a) Der Mieter hat die Kündigung erklärt	113
(b) Vorbeugende Unterlassungsklage	118
(3) Gebühren	121
b) Gebrauchsüberlassung i.S.v. § 553 BGB	124
aa) Mieterberatung	125
(1) Das Beratungsgespräch	125
(2) Prozessuales	136
(3) Gebühren	139
bb) Vermieterberatung	140
(1) Der Vermieter will die Erlaubnis nicht erteilen	140
(2) Der Vermieter will zustimmen	149
(a) Prozessuales	151
(b) Gebühren	153
3. Bauliche Veränderungen am Beispiel der Parabolantenne	154
a) Mieterberatung	155
aa) Das Beratungsgespräch	155
bb) Prozessuales	174
cc) Gebühren	178
b) Vermieterberatung	179
aa) Das Beratungsgespräch	179
bb) Prozessuales	186
(1) Negative Feststellungsklage	186
(2) Die Verteidigung gegen die Klage auf Zustimmung	188
cc) Gebühren	191
II. Anspruch auf Leistung der vereinbarten Barkaution	192
1. Vermieterberatung	193
a) Das Beratungsgespräch	193
aa) Klauseln ohne Hinweis auf Ratenzahlungsmöglichkeit	195
bb) Übersicherung	205
b) Prozessuales	212
c) Sonderfall: Durchsetzung des Kautionsanspruchs nach Beendigung des Mietvertrages	218
d) Gebühren	223

	Rz.		Rz.
2. Mieterberatung	224	**IV. Ausübung des Vermieterpfand-**	
a) Das Beratungsgespräch	224	rechts	254
b) Prozessuales	229	1. Vermieterberatung	255
c) Gebühren	230	a) Das Beratungsgespräch	255
III. Besichtigungs- und Zutritts-		b) Die Ausübung des Selbsthil-	
recht	231	ferechts	264
1. Vermieterberatung	233	c) Verlust des Vermieterpfand-	
a) Das Beratungsgespräch	233	rechts?	266a
b) Prozessuales	241	d) Die Verwertung	267
c) Gebühren	245	e) Prozessuales	276
2. Mieterberatung	246	f) Gebühren	283
a) Das Beratungsgespräch	246	2. Mieterberatung	284
b) Gebühren	253	a) Das Beratungsgespräch	284
		b) Prozessuales	292
		c) Gebühren	294

I. Erlaubniserteilung

1 Schon das Gesetz stellt bestimmte **Gebrauchswerte** des Mieters (z.B. Untermiete, § 540 Abs. 1 BGB) unter den **Vorbehalt der Erlaubnis** des Vermieters. Darüber hinaus können Gebrauchsbeschränkungen vertraglich mit einem Erlaubnisvorbehalt versehen werden (z.B. bauliche Änderungen[1], Tierhaltung[2]). Weiterhin sind vertragsimmanente Erlaubnisvorbehalte bekannt[3].

2 Unabhängig davon, ob der Erlaubnisvorbehalt **vertraglich** oder **gesetzlich** geregelt ist, muss der Mieter in diesen Fällen vor der Ausübung des Gebrauchs die Zustimmung des Vermieters einholen. Dies wird oftmals – aus den unterschiedlichsten Gründen – unterlassen und führt zu **Belastungen des Mietvertrags**, weil der Vermieter seinen – nach vorheriger Abmahnung – Unterlassungsanspruch nach § 541 BGB geltend macht oder sogar eine Kündigung ausspricht. Um diese ebenso unnötigen wie unangenehmen Konsequenzen für das Mietverhältnis zu verhindern, sollte auf beiden Seiten eingehend geprüft werden, ob und ggf. in welchem Umfang der Gebrauch gestattet ist bzw. werden kann.

1. Tierhaltung im Wohnraum

3 Ob die Tierhaltung generell zum vertragsgemäßen Gebrauch zählt und damit grundsätzlich erlaubnisfrei zulässig ist, wird nicht einheitlich bewertet[4]. Es besteht aber Übereinstimmung, dass auch unabhängig von einer vertraglichen Regelung jedenfalls das Halten von **Kleintieren** nicht ver-

---

[1] *Bub* in Bub/Treier, II Rz. 502.
[2] BGH, WuM 1993, 109, 110; OLG Frankfurt/Main, WuM 1992, 56, 60; OLG Hamm, WuM 1981, 53.
[3] LG Karlsruhe, NZM 2002, 246.
[4] Vgl. z.B. AG Bremen v. 5.5.2006 – 7 C 240/05, WuM 2007, 124 (vertragsgemäß).

boten werden kann[1]. Hierunter fallen Tiere, von denen ihrer Art nach irgendwelche Störungen und Schädigungen Dritter unter keinen Umständen ausgehen können[2]. **Beispiele** sind:

Erlaubnisfreie Kleintiere

- Eidechsen[3]
- Chinchilla[4]
- Hamster[5]
- Katzen[6]
- Kleinvögel[7]
- ungefährliche Schlangen in Terrarien[8]
- Zierfische[9]
- Zwergkaninchen[10].

Die Haltung dieser Tiere ist jedoch nur dann erlaubnisfrei, wenn sie in **normalem** Umfang gehalten werden[11], wobei ein vertragliches Verbot auch ein **Beherbergen** erfasst (zwei- bis viermal wöchentlich für drei bis vier Stunden)[12]. Ob dieser Umfang überschritten wird, ist eine Frage des Einzelfalles. Hier muss ermittelt werden,

Ermittlung des Umfanges der Tierhaltung

- die Anzahl der Tiere
- die Anzahl der Aquarien oder Terrarien
- die Art der Haltung (z.B. freilaufende Zwergkaninchen)
- der Grund der Haltung (z.B. Zucht).

Unter Berücksichtigung dieser Kriterien sind folgende **Kleintierhaltungen** als unzulässig angesehen worden:

- ca. 100 freifliegende Vögel in einer Zweizimmerwohnung[13]

---

1 *Eisenschmid* in Schmidt-Futterer, § 535 BGB Rz. 462.
2 Staudinger/*Emmerich*, § 535 BGB Rz. 53.
3 *Kraemer* in Bub/Treier, III Rz. 1038.
4 AG Hanau, WuM 2002, 91.
5 *Schach* in Kinne/Schach, § 535 Rz. 33.
6 LG Mönchengladbach, ZMR 1989, 21; AG Steinfurt, WuM 1981, 2310; AG Sinzig, NJW-RR 1990, 652; AG Aachen, WuM 1992, 601; AG Düren, WuM 1983, 59; AG Schöneberg, WuM 1990, 192; **a.A.** AG Hamburg, NJW-RR 1992, 203; LG Berlin, GE 1993, 1273; *Kraemer* in Bub/Treier, III Rz. 1038.
7 Staudinger/*Emmerich*, § 535 BGB Rz. 52.
8 AG Köln, NJW-RR 1991, 10.
9 *Schach* in Kinne/Schach, § 535 Rz. 33; LG Kaiserslautern, WuM 1989, 177; AG Eschweiler, WuM 1992, 240.
10 AG Aachen, WuM 1989, 236.
11 LG Karlsruhe, NZM 2001, 891; *Kraemer* in Bub/Treier, III Rz. 1038.
12 AG Hamburg, ZMR 2006, 131.
13 LG Karlsruhe, NZM 2001, 891.

- 7 Katzen in einer Dreizimmerwohnung[1]
- 4 Katzen in einer Einzimmerwohnung[2]
- 27 Katzen in einer Doppelhaushälfte[3]
- Zooähnliche Verhältnisse (3 Schweine, Kaninchen, Meerschweinchen, Schildkröten und Vögel) auf einem gemieteten Hausgrundstück[4]
- Hundezucht (4 Schäferhunde) in Maisonettewohnung mit gemeinschaftlicher Gartennutzung[5].

6   Ergeben sich Bedenken, ob eine Kleintierhaltung in normalem Umfang vorliegt, sollte **im Zweifel** von einer **Erlaubnispflicht** ausgegangen werden, um nachteilige Konsequenzen für das Mietverhältnis zu vermeiden. Dies gilt umso mehr, wenn die Tierhaltung in einer Mietwohnung in einem Mehrparteienhaus stattfindet.

7   Im nächsten Schritt muss untersucht werden, ob nicht ausnahmsweise eine Tiergattung vorliegt, die in keinem Fall erlaubt ist. Dazu zählen **gefährliche Tiere** wie

- Bullterrier[6] und andere Kampfhunde[7]
- Giftschlangen[8]
- Schäferhund[9]
- Schlangen[10]
- Vogelspinnen[11].

8   Erst wenn derart negativ eingegrenzt ist, ob eine erlaubnisfreie oder nicht genehmigungsfähige Tierhaltung vorliegt, sollte sich der Rechtsanwalt mit der Frage befassen, wie die Erlaubnis herbeigeführt werden kann. Dazu muss zunächst der **Mietvertrag überprüft** werden. Hier sind folgende Konstellationen denkbar:
- der Mietvertrag enthält keine Regelung zur Tierhaltung
- der Mietvertrag stellt die Tierhaltung generell unter Erlaubnisvorbehalt
- der Erlaubnisvorbehalt im Mietvertrag ist an bestimmte Gründe geknüpft
- der Mietvertrag verbietet die Tierhaltung ausnahmslos.

---

1 AG Lichtenberg, NJW-RR 1997, 774.
2 KG, NJW-RR 1991, 1116.
3 OLG München, NJW-RR 1991, 17.
4 AG München, NZM 1999, 616.
5 OLG Zweibrücken, ZMR 1999, 853.
6 LG Karlsruhe, NZM 2002, 246 = DWW 2002, 100; LG Nürnberg-Fürth, ZMR 1991, 29; LG München I, WuM 1993, 669.
7 AG Rüsselsheim, WuM 1992, 117; LG Nürnberg, DWW 1990, 338; LG Gießen, NJW-RR 1995, 12; LG Krefeld, WuM 1996, 553.
8 AG Charlottenburg, GE 1988, 1051.
9 AG Kassel, WuM 1987, 144.
10 AG Rüsselsheim, WuM 1987, 144.
11 *Kinne/Schach*, § 535 Rz. 33.

Im Rahmen eines **Individualvertrages** ist die Tierhaltung in den Grenzen des § 138 BGB beschränkbar (vgl. oben A Rz. 186). Bei **Formularverträgen** muss jedoch geprüft werden, ob die Klausel zur Tierhaltung wirksam ist. Ein **Verstoß gegen § 307 BGB** ist vor allem anzunehmen, wenn

– die Klausel im Zweifel auch die Kleintierhaltung verbietet[1],
– die Erlaubniserteilung unter Schriftformvorbehalt steht[2].

Ergibt sich danach die **Unwirksamkeit** der Regelung zur Tierhaltung, muss der Streitfrage nachgegangen werden, ob die Haltung eines Tieres (insbesondere Hundes) durch den vertragsgemäßen Gebrauch des Wohnungsmieters gedeckt ist[3]. Sicherlich kann der Rechtsanwalt hier argumentativ zugunsten seines Mandanten jede Meinung vertreten. Zur Vermeidung eines **Risikos** sollte er sich jedoch zunächst nach der örtlichen Rechtsprechung erkundigen (z.B. bei einem in Mietsachen häufig tätigen Kollegen). Führt auch dies zu keinem Ergebnis, muss berücksichtigt werden, dass die herrschende Meinung insbesondere in **städtischen Wohngegenden** die Tierhaltung nicht zum vertragsgemäßen Gebrauch zählt und daher einen vertragsimmanenten Erlaubnisvorbehalt annimmt[4]. Lediglich in **ländlichen Gegenden** wird die Situation u.U. anders beurteilt[5]. Vor diesem Hintergrund sollte sodann die spezielle Beratung des Mandanten erfolgen.

a) Mieterberatung

aa) Ermittlungen im Beratungsgespräch

Spielt der Fall in einer **ländlichen Gegend** und enthält der Mietvertrag keinen Erlaubnisvorbehalt, kann ausnahmsweise das Risiko eingegangen werden, dem Mieter darzustellen, dass er nicht die Zustimmung des Vermieters einholen muss. Gleichwohl sollte bedacht werden, dass jede ungefragte Gebrauchserweiterung beim Vermieter zu Irritationen führen kann, woraus sich negative Konsequenzen für das Mietverhältnis ergeben können. Deshalb sollte im Zweifel die Tierhaltung wenigstens **angezeigt** werden. Dies kann in der Form geschehen, dass dem Vermieter die Rechtslage dargestellt und mitgeteilt wird, dass nach diesseitiger Auffassung eine Erlaubnispflicht nicht gegeben ist und die gleiche Meinung des Vermieters unterstellt wird, sofern er nicht innerhalb einer bestimmten Frist wider-

---

1 BGH v. 14.11.2007 – VIII ZR 340/06, WuM 2008, 23 = GE 2008, 48; BGH, WuM 1993, 109, 110; OLG Frankfurt/Main, WuM 1992, 56, 64.
2 OLG Frankfurt/Main, WuM 1992, 56, 64; **a.A.** LG Berlin, NZM 1999, 455 unter Berufung auf den RE des OLG Hamm (WuM 1981, 53), weil dort eine Klausel beurteilt wurde, die die Zustimmung unter den Vorbehalten der schriftlichen Zustimmung stellte.
3 OLG Hamm, WuM 1981, 53, 54; LG Karlsruhe, NZM 2002, 246 = DWW 2002, 100; vgl. dazu Staudinger/*Emmerich*, §§ 535, 536 Rz. 95; *Kraemer* in Bub/Treier, III Rz. 1039; *Kinne/Schach*, § 535 Rz. 37; Palandt/*Weidenkaff*, § 535 Rz. 26.
4 Staudinger/*Emmerich*, § 535 BGB Rz. 54 m.w.N.
5 OLG Hamm, WuM 1981, 53, 54; LG Hamburg, ZMR 1959, 12; LG Bonn, ZMR 1989, 179; LG Göttingen, ZMR 1959, 199; LG Berlin, WuM 1984, 130; LG Berlin, GE 1993, 421, 423.

spricht. Befindet sich das Tier allerdings schon in den Mieträumen, ist eine vorsichtige Formulierung geboten. Denn durch die Mitteilung der vermeintlich berechtigten Anschaffung kann beim Vermieter der Eindruck entstehen, dass die für den Mieter vorteilhafte Rechtsauffassung vertreten wird, um ein evtl. vertragswidriges Verhalten als legal darzustellen. In diesem Fall kann es ratsam sein, z.B. den Grund der Anschaffung (Geschenk, vorheriger Einbruch o.Ä.) anzugeben oder vielleicht eine Formulierung zu wählen, die offen lässt, ob das Tier bereits angeschafft wurde.

12 In **städtischen Wohngegenden** sowie bei wirksamen Regelungen eines Erlaubnisvorbehaltes ist zu untersuchen, wie die Erlaubnis erreicht werden kann. Zum Auffinden einschlägiger Entscheidungen kann dabei zunächst die **Tabelle** unter *I Rz. 251* „Tierhaltung" durchgesehen werden.

13 Im Übrigen ist zu berücksichtigen, dass der Vermieter grundsätzlich frei entscheiden kann, ob er die Tierhaltung genehmigen will oder nicht[1], sofern er nicht durch eine **vertragliche Regelung** oder sonstige Umstände **gebunden** ist. Allerdings ist es dem Vermieter verwehrt, die Mieter grundlos unterschiedlich zu behandeln, so dass er, wenn er selbst in demselben Haus ein Tier hält oder anderen Mietern die Tierhaltung genehmigt hat, weiteren Mietern nicht ohne sachlichen Grund die Tierhaltung untersagen kann[2]. Deshalb sollte zunächst ermittelt werden, ob im Hause oder dem Mietobjekt (ggf. Wirtschaftseinheit) weitere Tiere der gleichen Art oder Rasse gehalten werden. Ist dies der Fall, muss erfragt werden, um welche Tiere es sich handelt und welche Situationen bei den anderen Mietern herrschen, um prüfen zu können, dass **vergleichbare Sachverhalte** vorliegen. Hier sollte dem Mandanten auch empfohlen werden, bei den betreffenden Mietern nachzufragen, unter welchen Umständen der Vermieter die Tierhaltung genehmigt hat. Denn liegt eine ungenehmigte Tierhaltung vor, kann sich der Mieter darauf nicht berufen, solange er nicht nachweisen kann, dass der Vermieter trotz Kenntnis nicht gegen die Tierhaltung eingeschritten ist[3]. Andererseits können sich aus den Informationen Hinweise auf ein (anderes) erfolgreiches taktisches Verhalten ergeben. Bei den Ermittlungen sollte der Mandant sich von den anderen Mietern schriftlich bestätigen lassen, dass ihre Tierhaltung genehmigt ist, um ggf. „einfacher" Beweis führen zu können.

14 Wurden ausreichend viele Daten gesammelt, die zeigen, dass der Vermieter Tierhaltungen genehmigt, sollte unter Darlegung der einzelnen Tierhaltungen die **Erlaubnis schriftlich begehrt** und dargelegt werden, dass kein sachlicher Grund zur Abweichung zu den anderen erlaubten Tierhaltungen vor-

---

[1] BGH v. 14.11.2007 – VIII ZR 340/06, WuM 2008, 23 = GE 2008, 48; AG Köln in *Lützenkirchen*, KM 3 Nr. 16.
[2] LG Hamburg, MDR 1986, 937; LG Berlin, WuM 1987, 213; GE 1987, 1111; GE 1989, 41, 43; GE 1993, 1337; LG Braunschweig, NJW-RR 1988, 910; LG Bonn, ZMR 1989, 179; LG Stuttgart, WuM 1988, 121; LG Ulm, WuM 1990, 343; LG Köln, ZMR 1994, 478; AG Lörrach, WuM 1986, 247; AG Dortmund, WuM 1989, 495; AG Bonn, WuM 1990, 197; AG Sinzig, NJW-RR 1990, 652.
[3] AG Köln, Urt. v. 12.2.1997 – 219 C 438/96, n.v.

liegt. Sofern sogar ein besonderer Grund für die Anschaffung vorliegt, sollte dieser natürlich mitgeteilt werden.

Mangelt es an **vergleichbaren Fällen** im Mietobjekt, kann überlegt werden, ob die anderen Mieter des Hauses durch Unterschrift bezeugen sollen, dass sie gegen die konkrete Tierhaltung des Mandanten keine Einwände haben. Diese Maßnahme bietet den Vorteil, dass gleichzeitig ermittelt werden kann, ob nicht etwa besondere Gründe (z.B. Allergie gegen Tiere[1]) gegeben sind, die dem Vermieter einen ausreichenden Anlass bieten, die Tierhaltung zu untersagen. Mit einer erfolgreichen **(Unterschriften-)Aktion** kann zumindest der moralische Druck auf den Vermieter erhöht werden. Denn bei seiner Verweigerung lässt sich der Vermieter regelmäßig davon leiten, dass er Störungen des Hausfriedens vermeiden will. Sind die anderen Mieter jedoch mit der konkreten Tierhaltung einverstanden, braucht der Vermieter eine Störung des Hausfriedens nicht zu befürchten oder kann jedenfalls davon ausgehen, dass die anderen Mieter evtl. Störungen hinzunehmen bereit sind.

15

War die Aktion nicht erfolgreich, sollten noch einmal die Gründe untersucht werden, die zur Anschaffung des Tieres geführt haben bzw. führen. Denn in bestimmten **Ausnahmesituationen** kann der Vermieter die Tierhaltung nicht verbieten. Hier können folgende Beispiele angeführt werden:

16

Ausnahmegründe für die Tierhaltung
- Übernahme des alten Hundes der kranken Mutter des Mieters[2]
- bei gesundheitlichen Gründen, insbesondere zur psychischen Stabilisierung[3]
- der Mieter ist wegen körperlicher Behinderung auf ein Tier (z.B. Blindenhund) angewiesen[4]
- der Mieter benötigt aus triftigem Grund einen Wachhund[5]
- Weggabe des Tieres führt zu erheblichen seelischen Belastungen auf Grund depressiver Veranlagung des Mieters[6].

Liegt einer dieser Gründe vor, sollte geprüft werden, inwieweit sie glaubhaft gemacht und später **nachgewiesen** werden können. Gesundheitliche Umstände können durch ein ärztliches Attest nachgewiesen werden, wobei darauf geachtet werden muss, dass der Text nicht wie eine Gefälligkeit wirkt. Vielmehr sollte darauf hingewiesen werden, dass der Arzt z.B. auf eine lange Behandlungsdauer verweist. Hier sollte die Möglichkeit genutzt werden, selbst mit dem Arzt zu sprechen oder dem Mandanten aufzuzeigen, welche Angaben im Attest enthalten sein sollen. Sinnvollerweise soll-

17

---

1 AG Köln, WuM 1988, 122.
2 LG Ulm, WuM 1990, 343.
3 BayObLG, MDR 2002, 212; LG Karlsruhe, NZM 2002, 246 = DWW 2002, 100; LG Hamburg, WuM 1996, 532; AG Münster, WuM 1992, 116.
4 AG Hamburg, WuM 1985, 256; LG München I, WuM 1985, 263.
5 AG Neustrelitz, WuM 1995, 535.
6 LG Mannheim, ZMR 1992, 545.

te das Attest von einem Facharzt (und nicht vom Hausarzt) ausgestellt sein.

Ergeben die Ermittlungen keinen solchen Grund, die eine Zustimmung des Vermieters erwarten lassen, muss der Mandant darauf hingewiesen werden, dass eine Anschaffung des Tieres vertragswidrig ist und zu belastenden Konsequenzen (Unterlassungsklage, ggf. Kündigung nach § 564b Abs. 1 Ziffer 1 BGB) führen kann. Zur Vermeidung eines **Haftungsrisikos** sollte der Hinweis schriftlich, am besten schon in der Mandatsbestätigung wiederholt werden.

18 Soll der Rechtsanwalt gleichwohl versuchen, die Tierhaltung durchzusetzen, kann er nur auf sein Verhandlungsgeschick vertrauen. Hierzu kann, vor allem bei Einzelvermietern, der „Überrumpelungseffekt" eines Telefonates genutzt werden. Kann in dem Gespräch z.B. auf den „Herzenswunsch" eines kleinen Kindes nach einem Hund oder einer Katze verwiesen werden, besteht die Möglichkeit, dass die Vermieter zunächst nicht an potentielle Störungen des Hausfriedens denken. Auch kann durch die telefonische bzw. mündliche Vorgehensweise verhindert werden, dass der Vermieter seine Zustimmung unter einen Vorbehalt stellt. Zuvor ist es ratsam, mit dem Mandanten das Persönlichkeitsbild des Vermieters zu erörtern, um sich eine individuelle Gesprächstaktik zurechtzulegen. Kann oder soll ein Telefonat nicht geführt werden und besteht auch keine Möglichkeit, den Wunsch des Mandanten in einem persönlichen Gespräch mit dem Vermieter durchzusetzen, sollte schriftlich um die Erlaubnis nachgesucht werden. Am Ende dieses Schreibens kann mit der Unterstellung gearbeitet werden, dass ein Schweigen auf das Gesuch als Zustimmung aufgefasst wird. Insoweit muss der Mandant jedoch über das **Risiko** einer solchen Unterstellung aufgeklärt werden. Je schwächer die Position des Mandanten ist, umso mehr sollte das Gesuch jedoch mit vermeintlichen Gründen angereichert werden. Dabei kommt es nicht auf den Umfang der Begründung an, sondern auf die Anzahl der Argumente. Hat z.B. eine positive Unterschriftenaktion stattgefunden, sollten die Belege dafür beigefügt werden. Dadurch kann erreicht werden, dass der Vermieter im Falle seines Vetos befürchten muss, dass schon dadurch Unfrieden im Haus entsteht. Andererseits können auch Vorsichtsmaßregeln angeboten werden. Beispielhaft kann dargelegt werden, dass das Tier von der Wohnung nach draußen und zurück immer getragen wird, damit der Hausflur nicht verunreinigt wird, oder das Tier zunächst in den Keller geführt wird, um es dort zu reinigen. Um Störungen des Hausfriedens zu vermeiden, kann versichert werden, dass der Mandant dafür Sorge tragen wird, dass der Hund nicht allein in der Wohnung bleiben wird, ein unkontrolliertes Bellen also ausgeschlossen werden kann. Abschließend sollte die Selbstverständlichkeit vorgetragen werden, dass jeder durch das Tier entstehende Schaden von dem Mandanten ersetzt wird und dass hierfür eine Versicherung abgeschlossen wird. Der Nachweis dieser Versicherung kann, sofern noch nicht vorhanden, angeboten werden.

bb) Prozessuales

Hat der Vermieter auf das Begehren zur Erlaubniserteilung nicht reagiert oder die Erlaubnis verweigert, ist Klage geboten. Der Klageantrag ist auf **Abgabe einer Willenserklärung** (Erlaubniserteilung) gerichtet. Da kein Anspruch auf eine generelle Erlaubnis besteht, muss das Tier im Klageantrag so genau wie möglich bezeichnet werden. Deshalb kann z.B. beantragt werden,

> den Beklagten zu verurteilen, der Haltung des Yorkshireterriers Alma, geb. am 1.3.1999, Hundesteuer-Nr.: 0815, in der Wohnung Luxemburger Str. 101, 50933 Köln, zuzustimmen.

In der Klagebegründung muss neben dem **Mietvertrag**, ggf. einer **vertraglichen Regelung** und dem **Erlaubnisgesuch** vorgetragen werden, welche Umstände im vorliegenden Fall die Genehmigungsfähigkeit begründen sollen. Vorab ist zu überlegen, ob bereits in diesem Stadium alle Umstände detailliert vorgetragen werden. Hat z.B. eine (positive) Unterschriftenaktion stattgefunden, kann sich der Vortrag in der Klageschrift zunächst auf den Hinweis beschränken, dass kein Mieter im Haus Einwände gegen die Tierhaltung erhebt oder besser noch, alle Mieter der Tierhaltung zugestimmt haben. Ist dem Vermieter die Unterschriftenliste noch nicht bekannt, besteht die Möglichkeit, dass er diesen Vortrag als Schutzbehauptung oder Behauptung ins Blaue hinein wertet und deshalb nicht weiter nachforscht, was u.U. dazu führen könnte, dass der eine oder andere Mieter seine Zustimmung zurückzieht, weil er Repressalien des Vermieters ausgesetzt ist. Beschränkt sich aber der Vermieter auf ein einfaches Bestreiten, so können in einer kurz vor dem Termin (beachte § 132 ZPO) eingereichten Replik detailliert die für den Mandanten sprechenden Argumente vorgetragen, die Unterschriftenliste beigefügt und alle Mieter mit vollständigem Namen und Anschrift als Zeugen angegeben werden. Im Hinblick auf einen „schwachen" Vortrag des Vermieters kann dadurch eine bessere Ausgangssituation für die mündliche Verhandlung erreicht werden, zumal dem Gericht deutlich wird, dass der Mieter sich nicht einfach über die vertraglichen und gesetzlichen Regelungen hinwegsetzt, sondern ihnen durch seine Zustimmungsklage gerecht werden will.

cc) Gebühren

Der Geschäfts- oder **Streitwert** für die Gebühren richtet sich nach dem Interesse des Mandanten an der Erteilung der begehrten Zustimmung. Diesen Wert schätzen die Gerichte gemäß § 3 ZPO. Insoweit werden Werte zwischen 300 Euro und 1000 Euro angesetzt[1]. Die Praxis vor allem der

---

[1] LG Berlin, NZM 2001, 41 (400 Euro für Katze); LG Berlin, NZM 2001, 41 (300 Euro für Hund); LG Kassel, WuM 1998, 296 (1000 Euro für Hund); LG Düsseldorf, WuM 1993, 604 (1000 Euro für Hund); LG Braunschweig, WuM 1996, 291 (1000 Euro für

Amtsgerichte zeigt, dass diese geneigt sind, einen unter dem **Berufungswert** von 600 Euro liegenden Streitwert festzusetzen. Um einen höheren Wert zu erreichen, müssen die persönlichen Gründe für die Tierhaltung bei dem Mandanten ermittelt werden, wobei insbesondere die psychische Bedeutung eines Tieres in der „Anonymität der Großstadt" eine Rolle spielen kann. Befindet sich das Mietobjekt in einer ländlichen Gegend, kann die Bedeutung z.B. eines Hundes für die Sicherheit des Mietobjektes hervorgehoben werden. Je mehr Argumente für die Bedeutung der Tierhaltung zusammengetragen werden, umso größer ist die Chance, dass sich das Gericht zu einer höheren Festsetzung veranlasst sieht. Gleichwohl bleibt das Risiko, dass das Berufungsgericht die Beschwer anders wertet (vgl. *N Rz. 420 ff.*). Denn dafür ist der Kostenstreitwert nicht bindend[1]. Daneben kommt nur noch eine Zulassung der Berufung nach § 511 Abs. 2 Nr. 2 BGB in Betracht[2], was allerdings im Hinblick auf die mittlerweile als gefestigt anzusehende Rechtsprechung zur Tierhaltung wenig Erfolg versprechend erscheint.

b) Vermieterberatung

aa) Das Beratungsgespräch

22 Die vom Mieter mündlich oder schriftlich vorgetragenen Gründe sollten zunächst auf ihre **Plausibilität** untersucht werden. Durch Nachfragen zum sozialen Umfeld und den Lebensgewohnheiten des Mieters kann sich ergeben, dass die angegebenen Gründe in einem anderen Licht erscheinen.

23 Im nächsten Schritt ist zu untersuchen, ob und ggf. welche **vertragliche Regelung** besteht.

24 Ergibt sich danach ein **Erlaubnisvorbehalt**, muss geprüft werden, ob das Ermessen des Vermieters durch die Formulierung oder anderweitige Genehmigungen der Tierhaltung gebunden ist. Liegen genehmigte Tierhaltungen vor, ist der Frage nachzugehen, ob ein **sachlicher Grund zur Abweichung** im vorliegenden Fall gegeben ist. Hierzu muss ermittelt werden, welche Gründe zu den anderen Tierhaltungen geführt haben. Bestehen keine besonderen Gründe, ist es für den Vermieter schwierig, die angefragte Tierhaltung zu verweigern.

Liegen keine oder nur wenige Fälle vor, die der Mieter auch nicht anführt, sollte überlegt werden, wie groß die Wahrscheinlichkeit ist, dass der Mieter die anderen Tatbestände ggf. in einer prozessualen Auseinandersetzung anführt. Befinden sich die Mietverhältnisse, in denen der Vermieter die Tierhaltung erlaubt hat, z.B. in räumlich entfernten Mietobjekten, kann davon ausgegangen werden, dass der Mieter die unterschiedliche Praxis nicht bemerkt.

Hund); LG Hamburg, WuM 1996, 533 (1500 Euro für Hund); LG Wiesbaden, WuM 1994, 486 (1000 Euro für Hund).
1 *Thomas/Putzo*, § 511a ZPO Rz. 1.
2 Vgl. dazu z.B. *Ball*, WuM 2002, 296.

Andererseits ist natürlich auch der Fall denkbar, dass der Vermieter erst durch das Gesuch des Mieters darauf aufmerksam wird, dass auch andere Mieter (unerlaubterweise) Tiere halten. Hier sollte der Rechtsanwalt dem Mandanten empfehlen, gegenüber diesen Mietern die Tierhaltung **abzumahnen**. Dadurch wird die Möglichkeit des Mieters unterlaufen, sich im Hinblick auf diese Tierhaltungen auf den **Gleichbehandlungsgrundsatz** zu berufen[1]. Sofern der Vermieter insoweit bereits Abmahnungen oder Verbote ausgesprochen hat, sollte der Rechtsanwalt dafür sorgen, dass ihm die entsprechenden Schreiben vorgelegt werden oder ihm nach Ort und Datum mitgeteilt wird, wann die Abmahnungen bzw. Verbote (mündlich) ausgesprochen wurden.

25

Bei der **ersten Anfrage** zur Tierhaltung sollte dem Mandanten dargelegt werden, dass eine Tierhaltung potentiell die Gefahr hervorruft, dass es zu Störungen des Hausfriedens kommt. Denn naturgemäß schlagen z.B. Hunde, die allein in der Wohnung gelassen werden, bei einem Klingeln (selbst in der Nachbarwohnung) an und bellen zumeist über eine längere Zeit. Auch Verunreinigungen des Hauses z.B. durch Hundekot sind gerade bei jungen Tieren nicht auszuschließen. Abgesehen davon muss der Mandant darauf hingewiesen werden, dass eine einmal genehmigte Tierhaltung im Hinblick auf andere Erlaubnisbegehren anderer Mieter sein Ermessen bindet.

26

Ist der Vermieter gleichwohl bereit, die Tierhaltung zu **bewilligen**, sollte beachtet werden, dass u.U. die Schriftform des § 550 BGB (vgl. dazu *C Rz. 506*) einzuhalten sein soll, und zwar wenn bei einem Mietvertrag keine Regelung zur Gebrauchserweiterung vorhanden ist[2]. In jedem Fall sollte dem Vermieter die Möglichkeit vorgestellt werden, auch etwas **einzufordern**. Dies gilt insbesondere, wenn keine Verpflichtung zur Zustimmung besteht. Denkbar ist eine Mieterhöhung aber auch die „Bereinigung" einer unwirksamen Renovierungsklausel. Es besteht **Vertragsfreiheit**, die im laufenden Mietverhältnis insbesondere nicht durch die Mieterbegünstigungsklauseln (vgl. z.B. §§ 536 Abs. 4, 554 Abs. 5, 556 Abs. 4 BGB) beeinträchtigt wird[3] (vgl. auch *Rz. 165*). Im Hinblick darauf kann der Vermieter z.B. eine Mieterhöhung mit kürzeren Staffeln, als sie von § 557a BGB vorgesehen sind, einfordern oder eine Verlängerung der Abrechnungsfrist als Gegenleistung für die Zustimmung zur Tierhaltung. Eine Unwirksamkeit kann sich dann allenfalls aus § 307 BGB ergeben, weil der Vermieter stets in dieser Weise verfährt und ein Verhandeln i.S.v. § 305 Abs. 1 S. 3 BGB nicht stattfindet.

27

In jedem Fall sollte der Vermieter die Erlaubnis nur unter **Widerrufsvorbehalt** erteilen. Es ist ohne weiteres zulässig, dass der Vermieter die Erlaubnis z.B. davon abhängig macht, dass von dem Tier keine Störungen des

---

1 AG Köln, Urt. v. 12.2.1997 – 219 C 438/96, insoweit n.v.; LG Berlin, WuM 1987, 213; *Eisenschmid* in Schmidt-Futterer, §§ 535, 536 BGB Rz. 429 m.w.N.; **a.A.** LG Hamburg, MDR 1986, 937.
2 Vgl. *Sternel*, aktuell, VI Rz. 41.
3 Vgl. *Lützenkirchen/Dickersbach*, ZMR 2006, 821.

Hausfriedens ausgehen[1]. Mit einem derartigen Widerrufsvorbehalt verhindert der Vermieter, dass er im Falle eines Widerrufs an das Vorliegen eines wichtigen Grundes gebunden ist[2]. Denn für diesen Fall haben die Parteien sich darauf verständigt, dass ein wichtiger Grund vorliegt, wenn die vom Vermieter im Widerrufsvorbehalt angegebenen Gründe vorliegen. Ein **Widerrufsvorbehalt** kann wie folgt **formuliert** werden:

---

28 Sehr geehrter Herr Schmitz,

Ihr Vermieter, Herr Willi Wichtig, Venloer Str. 228, 50825 Köln, hat mich mit der Wahrnehmung seiner Interessen beauftragt. Eine auf mich lautende Vollmacht füge ich bei.

Auf Ihr Schreiben vom 22.2.1999 erteile ich Ihnen hiermit namens und im Auftrage meines Mandanten die Zustimmung zur Haltung des Cocker-Spaniels namens Jackie unter den nachfolgenden Bedingungen:

1. Die Erlaubnis steht unter dem Vorbehalt, dass sich kein Mieter oder Nachbar über den Aufenthalt des Tieres in Ihrer Wohnung oder dem Mietobjekt beschwert, insbesondere weil Störungen des Hausfriedens von dem Tier ausgehen.

2. Vor der Anschaffung des Tieres bitte ich, mir oder meinem Mandanten eine schriftliche Bestätigung der übrigen Bewohner des Hauses Luxemburger Str. 101 vorzulegen, dass grundsätzliche Bedenken (z.B. aus gesundheitlicher Sicht, z.B. Allergie) nicht bestehen, und den Nachweis einer Haftpflichtversicherung für das Tier zu erbringen.

Mit freundlichen Grüßen

...

Unterschrift Rechtsanwalt

---

29 Will der Vermieter wegen der bestehenden Risiken der Tierhaltung **nicht zustimmen**, braucht prinzipiell ein sachlicher Grund nicht angegeben zu werden, weil der Vermieter nach freiem Ermessen entscheiden kann[3]. Gleichwohl kann es sinnvoll sein, um den Mieter nicht zu brüskieren, auf das Vorliegen sachlicher Gründe hinzuweisen. Dies kann z.B. derart geschehen, dass auf „grundsätzliche Erwägungen" verwiesen oder das Risiko erwähnt wird, dass „Störungen des Hausfriedens nicht ausgeschlossen" werden können. Durch die Mitteilung von Gründen kann jedenfalls u.U. erreicht werden, dass der Mieter von einer Klage absieht.

30 Gleichzeitig sollte der Mieter unter **Fristsetzung** aufgefordert werden zu bestätigen, dass er wegen der Erlaubnisverweigerung von der Anschaffung

---

1 OLG Hamburg, ZMR 1957, 39; LG Berlin, ZMR 1975, 217; LG Heidelberg, NJW-RR 1987, 658; LG Berlin, GE 1993, 97; AG Köln in *Lützenkirchen*, KM 3 Nr. 28.
2 Vgl. dazu Staudinger/*Emmerich*, § 535 BGB Rz. 58.
3 LG Karlsruhe, NZM 2002, 246 = DWW 2002, 100.

des Tieres Abstand nimmt. Dadurch können u.U. die Voraussetzungen eines Unterlassungsanspruchs herbeigeführt werden.

bb) Prozessuales

(1) Klage auf Erlaubniserteilung

Der **Klageabweisung** beantragende Vermieter sollte in der Klageerwiderung auf jeden Fall auf den **RE des OLG Hamm** vom 13.1.1981[1] hinweisen und dazu vortragen, dass es danach im freien Ermessen des Vermieters steht, ob er die Tierhaltung genehmigt oder nicht. Von diesem Standpunkt aus lassen sich die Gründe des Mieters argumentativ leichter aushebeln. Es muss nicht zu konkreten Störungen des Hausfriedens gekommen sein. Es reicht aus, dass der Vermieter sein grundsätzlich **freies Ermessen** dahin gehend ausgeübt hat, dass er die Haltung von Tieren nicht genehmigt[2]. Zur Begründung dieser Ermessensentscheidung kann angeführt werden, dass es sich nie – selbst bei Katzen – vollständig ausschließen lässt, dass Geruchsbelästigungen oder sonstige Störungen des Hausfriedens stattfinden, selbst wenn dies auf der subjektiven Empfindlichkeit einzelner Mieter beruht. Im Hinblick auf den relativ geringen Streitwert (vgl. *Rz. 21*) wird durch eine am RE des OLG Hamm[3] orientierte Argumentation gleichzeitig der Hinweis deutlich, dass der Vermieter eine für ihn negative Entscheidung als Fall des § 511 Abs. 4 ZPO wertet.

31

Je nachdem, welche vertragliche Regelung vorliegt, muss die **Argumentation** natürlich daran ausgerichtet werden. Jedenfalls sollte in der Klageerwiderung umfassend Stellung genommen werden, um die Situation des Vermieters verständlich zu machen und der Gefahr vorzubeugen, dass der Mieter durch eine zusätzliche Argumentation in der Replik eine bessere Ausgangsposition für die mündliche Verhandlung schafft.

32

(2) Verfahren auf Erlass einer einstweiligen Verfügung

Bereits aus dem Gesuch, mit dem der Mieter um die Erlaubnis zur Tierhaltung bittet, kann sich ergeben, dass die **Anschaffung bereits veranlasst** ist (z.B. kurz bevorstehender Geburtstag des Kindes). Hat sich der Mieter bereits in der Vergangenheit über ausdrückliche Verbote des Vermieters hinweggesetzt (z.B. bei einer Untervermietung), liegt der Verdacht nahe, dass er dieses Verhalten wiederholt. Deshalb sollte der Mandant nicht nur ermitteln, ob sich der Verdacht erhärten lässt, sondern die Erlaubnisverweigerung auch mit der fristgebundenen Aufforderung versehen werden, das Unterlassen der Anschaffung zu bestätigen (vgl. *Rz. 30*). Legt der Mieter die gewünschte Bestätigung nicht vor und kann glaubhaft gemacht werden, dass die Anschaffung bereits veranlasst ist (wozu u.U. z.B. auch der Nachweis, dass bereits eine Versicherung abgeschlossen wurde, ausreicht), kann

33

---

1 OLG Hamm, NJW 1981, 1626.
2 AG Köln in *Lützenkirchen*, KM 3 Nr. 16.
3 OLG Hamm, NJW 1981, 1626.

zur Wahrung des Rechtsfriedens eine einstweilige Verfügung beantragt werden, wenn besondere **Nachteile** drohen.

34 Denkbar ist insoweit der **Nachahmungseffekt**. Liegt z.B. die Anfrage eines weiteren Mieters zwecks Tierhaltung vor, kann glaubhaft gemacht werden, dass die eine ungenehmigte Tierhaltung bereits zu einem weiteren (vertragswidrigen) Verhalten anderer geführt hat.

(3) Unterlassen und Beseitigung der Hundehaltung

Hat der Mieter das Tier bereits in die Mieträume aufgenommen, kann der Vermieter den Unterlassungs- und Beseitigunsanspruch aus § 541 BGB nach entsprechender Abmahnung geltend machen. Der Titel ist nach § 887 ZPO zu vollstrecken[1].

cc) Gebühren

35 Auf Vermieterseite entstehen zunächst die gleichen Gebühren wie auf Mieterseite (vgl. *Rz. 21*). Bei der einstweiligen Verfügung wird der Streitwert i.d.R. mit ⅓ des Hauptsachestreitwertes angesetzt[2].

c) Checkliste

36 **1. Welche Tierhaltung soll stattfinden?**

- Kleintiere
  - Eidechsen
  - Hamster
  - Katzen
  - Kleinvögel
  - ungefährl. Schlangen in Terrarien
  - Zierfische
  - Zwergkaninchen
- gefährl. Tiere
  - Bullterrier und andere Kampfhunde
  - Giftschlangen
  - Schäferhund
  - Schlangen
  - Vogelspinnen

---

1 AG Bremen v. 11.9.2006 – 7 C 240/06, WuM 2007, 144; vgl. auch BGH v. 25.1.2007 – I ZB 58/06, WuM 2007, 209.
2 Zöller/*Herget*, § 3 ZPO Rz. 16 „Einstweilige Verfügung".

- andere Tiere
- Umfang der Tierhaltung

2. Vertragliche Regelung

- Wirksamkeit der vertraglichen Regelung
  - Liegen die Voraussetzungen der vertraglichen Regelung vor?

3. Umfeld

- Ländliche Wohngegend
- städtische Wohngegend
  - Einfamilienhaus
  - Mehrfamilienhaus

4. Ermessensbindung

- Liegen andere genehmigte Tierhaltungen vor?
- Liegt die Zustimmung der übrigen Mieter im Hause vor?

5. Ausnahmetatbestände

- Übernahme des alten Hundes der kranken Mutter des Mieters
- bei gesundheitlichen Gründen, insbesondere zur psychischen Stabilisierung
- der Mieter ist wegen körperlicher Behinderung auf ein Tier (z.B. Blindenhund) angewiesen
- der Mieter benötigt aus triftigem Grund einen Wachhund
- Weggabe des Tieres führt zu erheblichen seelischen Belastungen auf Grund depressiver Veranlagung des Mieters
- vergleichbare Fälle.

2. Untermiete

Die §§ 540, 553 BGB regeln **2 Tatbestände**: Zum einen die „klassische" Untermiete (§ 540 Abs. 1 BGB) und zum anderen für den Fall der Wohnraummiete die Gebrauchsüberlassung (Aufnahme eines Dritten in die Wohnung, § 553 BGB), einem Unterfall der Untermiete.

a) Untermiete nach § 540 BGB

38 Der Tatbestand des § 540 Abs. 1 BGB ist in den letzten Jahren häufig missbraucht worden, um die Voraussetzungen des außerordentlichen Kündigungsrechts nach § 540 Abs. 1 S. 2 BGB zu schaffen. Ausgangspunkt derartiger Überlegungen war die Frage, ob sich der Mieter von einem längerfristigen Mietvertrag lösen kann, weil z.B. die Mietentwicklung, die durch eine Staffelmietvereinbarung vorgegeben war, nicht mehr den Erwartungen entsprach, die bei Abschluss des Mietvertrages zugrunde gelegt wurden, oder die Verkürzung der einjährigen Kündigungsfrist nach § 565 Abs. 2 BGB a.F erreicht werden sollte[1]. Versierte Kollegen haben sich dabei der Rechtsprechung bedient, die dem **Schweigen** des Vermieters auf die Anfrage des Mieters, ob generell Einwände gegen eine Untervermietung bestehen, die Bedeutung einer Ablehnung beigemessen hat[2].

Dieser **Ausnahmefall**, der durch den Rechtsentscheid des OLG Koblenz[3] mittlerweile zweifelhaft ist, soll hier zunächst (vgl. *Rz. 51 f.*) nicht erörtert werden. Vielmehr wird den Überlegungen zugrunde gelegt, dass ein konkretes Bedürfnis (z.B. langfristige Ortsabwesenheit oder Betriebsverlagerung) vorliegt. Denn darauf beschränkt sich durch den Wegfall der langen Kündigungsfristen im Wohnraummietrecht in der Regel nun die Anwendung des § 540 BGB.

aa) Mieterberatung

(1) Das Beratungsgespräch

39 § 540 Abs. 1 S. 1 BGB knüpft die Untervermietung, also die vollständige Gebrauchsüberlassung der Miträume an einen Dritten, an die **Erlaubnis** des Vermieters. Wird die Erlaubnis nicht erteilt, besteht grundsätzlich das Kündigungsrecht nach § 540 Abs. 1 S. 2 BGB. Wird die Untervermietung ohne Erlaubnis des Vermieters durchgeführt, ergibt sich nach vorheriger Abmahnung das Kündigungsrecht nach § 543 Abs. 2 Nr. 2 BGB oder § 573 Abs. 2 Ziff. 1 BGB.

40 Mit Rücksicht darauf muss bei einem entsprechenden Begehren des Mandanten zunächst ermittelt werden, warum und wie die Untervermietung durchgeführt werden soll. Auch wenn diese Umstände im Rahmen der Erlaubniserteilung unbedeutend sind, können sie das **taktische Vorgehen** bestimmen. Denn befindet sich der Mandant nur in der Überlegung, ob er seine Situation durch eine (vorübergehende) Untervermietung bereinigen kann, ist nicht die gleiche Eile oder der gleiche Druck gegeben, als wenn der Mandant z.B. kurz vor einem (ggf. vorübergehenden) Ortswechsel steht. Das Gleiche gilt, wenn nur abtrennbare Teile der Mietsache untervermietet werden sollen.

---

[1] Vgl. dazu: LG Braunschweig, WuM 1999, 216.
[2] LG Nürnberg-Fürth, WuM 1995, 587; LG Köln in *Lützenkirchen*, KM 3 Nr. 23 = WuM 1994, 468 und die Übersicht zur weiteren Rechtsprechung bei *Lützenkirchen*, WuM 2001, 55, 60.
[3] OLG Koblenz, WuM 2001, 272 = ZMR 2001, 530.

Ergibt der Vertrag keine Besonderheiten gegenüber der gesetzlichen Regelung, sollte zunächst erforscht werden, ob es sich bei der Person, der untervermietet werden soll, um einen **Dritten** i.S.d. § 540 BGB handelt. Das ist nicht der Fall, wenn der Mieter **nächste Familienangehörige** aufnehmen will. Dazu zählen **unstreitig**: 41

- der Ehepartner[1]
- die gemeinsamen Kinder[2]
- zum Haushalt gehörende Bedienstete oder Personen, die er zu seiner Pflege benötigt[3]
- der Lebenspartner i.S.v. § 1 LPartG[4].

Wird eine Lebenspartnerschaft nach § 1 Abs. 1 LPartG begründet, gilt der Lebenspartner als Familienangehöriger des anderen Lebenspartners (§ 11 LPartG). Die **Verwandten des Lebenspartners** gelten als mit dem anderen Lebenspartner verschwägert i.S.d. § 1590 BGB (§ 11 LPartG). Deshalb sind für diese Personen die nachfolgend aufgestellten Kriterien für Schwägerin und Schwager zu beachten. 42

Streitig ist, ob auch die nachfolgenden Personen keine Dritten sind: 43

- die Schwester des Mieters[5]
- sein Bruder[6]
- seine Eltern[7]
- seine Schwiegermutter[8]
- sein Schwiegersohn[9]
- seine Schwiegertochter[10]
- seine Schwägerin oder sein Schwager[11]
- sein Stiefsohn[12]
- der Verlobte seiner Tochter[13]

---

1 Staudinger/*Emmerich*, § 540 BGB Rz. 4; *Kraemer* in Bub/Treier, III Rz. 1013.
2 Staudinger/*Emmerich*, § 540 BGB Rz. 4; *Kraemer* in Bub/Treier, III Rz. 1013.
3 BGH, WuM 1991, 381; BayObLG, WuM 1984, 13; BayObLG, WuM 1991, 18; BayObLG, WuM 1995, 378; OLG Hamm, WuM 1982, 318.
4 *Lützenkirchen*, Neue Mietrechtspraxis, Rz. 514.
5 **Dafür**: LG Berlin, GE 1991, 897; **dagegen**: *Kraemer* in Bub/Treier, III Rz. 1013.
6 **Dafür**: *Kinne/Schach*, § 553 BGB Rz. 8; **dagegen**: BayObLG, WuM 1984, 13.
7 **Dafür**: unter bestimmten Umständen BayObLG, WuM 1997, 603; **dagegen**: LG München II, WuM 1997, 104.
8 **Dafür**: LG Berlin, GE 1980, 660; **dagegen**: *Kraemer* in Bub/Treier, III Rz. 1013.
9 **Dafür**: AG Limburg, WuM 1989, 372; **dagegen**: Staudinger/*Emmerich*, § 540 BGB Rz. 4; *Kraemer* in Bub/Treier, III Rz. 1013.
10 **Dafür**: AG Köln, MDR 1966, 331; **dagegen**: Staudinger/*Emmerich*, § 540 Rz. 4.
11 **Dagegen**: AG Schöneberg, GE 1990, 265.
12 **Dagegen**: LG Berlin, ZMR 1990, 458.
13 **Dafür**: AG Limburg, WuM 1989, 372; **dagegen**: LG Berlin, GE 1988, 409.

- der Freund der Tochter[1]
- sein Enkel[2]
- sein Lebensgefährte[3].

44 Bei dem **Lebensgefährten** des Mieters handelt es sich allerdings um einen Dritten i.S. der §§ 540, 553 BGB[4]. Denn gerade wegen der weitreichenden Konsequenzen der Bildung einer Lebensgemeinschaft in der Wohnung (z.B. § 563 BGB) muss der Vermieter über die Personen, die mit dem Mieter einen auf Dauer angelegten Haushalt begründen wollen, informiert werden.

45 Bei den übrigen Personen sollte der Rechtsanwalt wegen der bestehenden **Rechtsunsicherheit** ohnehin im Zweifel davon ausgehen, dass eine Erlaubnispflicht vorliegt, da seinem Mandanten bei einer fehlerhaften Beratung die (fristlose) Kündigung droht (vgl. § 543 Abs. 2 Nr. 2) und eine unrichtige Auskunft des Rechtsanwalts den Mieter grundsätzlich nicht entlastet[5]. Auf die Bedenken sollte schriftlich hingewiesen werden.

46 Bei einem **Gewerberaummietvertrag** müssen Vorüberlegungen über folgende Fragen angestellt werden:
- Enthält der Mietvertrag eine Aussage zur Untervermietung?
- Ist mit der Untervermietung eine Nutzungsänderung verbunden?
- Besteht in der Person des Dritten ein wichtiger Grund?

46a Oftmals enthalten **Mietverträge** über Gewerberaum Regelungen zur Untermiete, die als generelle Erlaubnis ausgelegt werden können. Dies kann insbesondere dadurch geschehen, dass der Mietvertrag besondere Fälle nennt, in denen der Vermieter die Zustimmung verweigern kann (z.B. „anstößiges Gewerbe"). Damit kann eine **Selbstbindung des Vermieters** eintreten mit der Folge, dass er jeder anderen nicht genannten Untervermietung zustimmen muss und der Mieter bei Verweigerung trotzdem kündigen kann, sofern nicht in der Person des Dritten ein wichtiger Grund liegt. Diese Regelungen sind regelmäßig gegenüber dem Gesetz vorrangig, weil sie den Mieter begünstigen.

46b Enthält der Mietvertrag keine Selbstbindung des Vermieters und tritt durch die beabsichtigte Untervermietung eine **Nutzungsänderung** ein, sind die Möglichkeiten des Mieters von vorneherein eingeschränkt[6]. Immerhin ist anerkannt, dass die mit einer Untervermietung verbundene **Sortiments-**

---

1 **Dafür:** LG Köln, MDR 1972, 612; LG Berlin, ZMR 1986, 313, 314; **dagegen:** Staudinger/*Emmerich*, § 540 BGB Rz. 4.
2 **Dafür:** LG Köln, MDR 1972, 612; **dagegen:** *Kraemer* in Bub/Treier, III Rz. 1013.
3 **Dafür:** LG Hamburg, WuM 1980, 255; LG Aachen, WuM 1989, 372; AG Hamburg, WuM 1982, 192; 1982, 193; **dagegen:** BGH, NJW 1991, 1750, 1751; OLG Hamm, WuM 1982, 318; OLG Schleswig, WuM 1992, 674, 677; OLG Hamburg, NJW-RR 1988, 1481, 1482.
4 BGH, WuM 2003, 688.
5 LG Köln in *Lützenkirchen*, KM 12 Nr. 31.
6 Vgl. KG v. 11.10.2007 – 8 U 34/07, GE 2008, 1626.

änderung einen wichtigen Grund i.S.v. § 540 BGB darstellt. Selbst bei einer dem Hauptmieter allgemein erteilten Erlaubnis zur Untervermietung kann der Vermieter der Untervermietung widersprechen, wenn der Untermieter in den Mieträumen ein Gewerbe betreiben will, dessen Ausübung dem Mieter selbst nach dem Mietvertrag nicht gestattet ist[1]. Dies gilt erst recht, wenn die Untervermietung zu einer völligen Veränderung der Branche des in den Räumen betriebenen Geschäfts führt[2]. Insoweit kommt es nicht darauf an, ob Umbauarbeiten oder Ähnliches stattfinden müssen, um den neuen Betrieb durchführen zu können[3]. Dies gilt erst recht, wenn durch die Untervermietung eine **Konkurrenzsituation** entsteht[4]. Dies entspricht allgemeiner Meinung[5]. In welchen sonstigen Fällen dies bereits entschieden ist, lässt sich der Tabelle unter *I Rz. 268* „§ 540 Abs. 1 BGB/Gewerberaum" entnehmen.

Schließlich sollten die Überlegungen dahin gehen, ob in der Person des Dritten ein (sonstiger) **wichtiger Grund** vorliegt (vgl. dazu *Rz. 102 f.*), so dass das Kündigungsrecht nach § 540 Abs. 1 S. 2 BGB ausnahmsweise ausgeschlossen ist. Denn es macht keinen Sinn, mit einem konkreten Untermieter Vertragsverhandlungen zu führen, wenn von vornherein klar ist, dass der Vermieter diese Person berechtigterweise ablehnen darf. Im Übrigen sollte zumindest vor der Aufnahme von Vertragsverhandlungen mit dem Vermieter abgeklärt werden, ob er der angedachten Untervermietung überhaupt zustimmen wird, um das Risiko abzuschätzen. 46c

Bei den weiteren Überlegungen sollte bedacht werden, dass der Mandant seinem Vermieter grundsätzlich spätestens, wenn die Genehmigung erteilt werden soll[6], einen **konkreten Untermieter** benennen muss, damit dieser seine Entscheidung über eine Erlaubniserteilung oder Verweigerung treffen kann. Denn zur Prüfung, ob er seine Einwilligung erteilen kann, kann der Vermieter zumindest verlangen, dass der Mieter ihm ausreichende Angaben zur Person des Untermieters zur Verfügung stellt (Name, Adresse[7], Geburtsdatum und Beruf bzw. Gewerbe) und die **Mietbedingungen**[8], die er mit dem Untermieter vereinbart hat zumindest hinsichtlich der Nutzungsart, Miethöhe, Laufzeit, etwaige Kündigungsmöglichkeiten und Übernahme einer **Betriebspflicht** offen legt[9]. Allerdings sind die Einzelheiten der Auskunftspflicht streitig[10]. Richtigerweise richtet sich der **Umfang der Auskunftspflicht** nach den Umständen des Einzelfalls. Der Vermieter 47

---

1 BGH, NJW 1984, 1031, 1032; OLGE Hamburg, 13, 364; OLG Nürnberg, WuM 1967, 202; OLG Koblenz, NJW-RR 1986, 1343.
2 LG Nürnberg-Fürth, WuM 1991, 344.
3 OLG Köln, NJW-RR 1997, 204 = WuM 1997, 620 = ZMR 1997, 298.
4 BGH, ZMR 1982, 11.
5 Vgl. Staudinger/*Emmerich*, § 540 BGB Rz. 22, *Blank* in Schmidt/Futterer, § 540 BGB Rz. 71).
6 LG Köln, WuM 1998, 154.
7 BGH, WuM 2003, 688.
8 Vgl.KG v. 11.10.2007 – 8 U 34/07, GE 2008, 1626.
9 OLG Dresden, GuT 2005, 170 (Revision BGH XII ZR 92/04).
10 Vgl. *Wiek*, WuM 2003, 690 m.w.N.

muss eine Entscheidung vorbereiten, die im Hinblick auf das Eintrittsrecht nach § 563 BGB weitreichende Konsequenzen haben kann. Da für seine Entscheidung nach den §§ 540 Abs. 1, 553 Abs. 1 BGB der wichtige Grund maßgeblich ist, darf er nach allen Umständen fragen, die er zur Bewertung dieses Tatbestandsmerkmals, das sich in § 563 Abs. 4 BGB wiederholt, benötigt, also z.B. auch nach einem Hobby (z.B. Musikinstrument) und dem bisherigen Vermieter. Dies findet seine Grenze im allgemeinen Persönlichkeitsrecht. Jedenfalls bei Gewerberaum, bei dem eine Betriebspflicht vereinbart ist, kann der Vermieter neben den Mietbedingungen, die im Untermietvertrag vereinbart sind, und der **finanziellen Ausstattung des Untermieters** fragen. Diese Umstände sind für die Frage relevant, ob der Untermieter überhaupt in der Lage ist, (für den Mieter) die Betriebpflicht einzuhalten[1]. Denn flacht die Konjunktur z.B. ab, kommt es für die Einhaltung dieser Vertragspflicht wesentlich darauf an, dass der Untermieter auch finanziell in der Lage ist, eine Zeit lang Verluste zu kompensieren. Dass der Mieter letztlich für die Einhaltung der Betriebspflicht einzustehen hat, ist ohne Belang. Denn er wird nicht ohne Vorlaufzeit seinen (unrentablen) Geschäftsbetrieb wieder aufnehmen können.

Ergeben sich aus der Herkunft oder den sonst mitgeteilten Einzelheiten keine Anhaltspunkte für einen wichtigen Grund, kann er den Untermietinteressenten deshalb nicht „zum Verhör" oder um Vorlage eines Lebenslaufs bitten.

Für den Mandanten erfordert dies zunächst die Suche nach einem Untermieter mit allen damit verbundenen Belastungen (Insertion, Besichtigungen, Verhandlungen etc.). Zur Vermeidung eines **steuerlichen Risikos**[2] sollte der Mandant die Suche nach dem Untermieter selbst durchführen (vgl. C Rz. 259). Die Tätigkeit des Rechtsanwalts sollte sich darauf beschränken, mit dem Interessenten die weitere Vorgehensweise abzustimmen.

48 Um sich diese – für den Fall der Verweigerung unnötige – Arbeit zu ersparen, kann zunächst versucht werden, mit dem Vermieter die Frage **abzuklären**, ob und ggf. unter welchen Voraussetzungen er die Untervermietung gestatten wird. Dies kann gesprächsweise, aber natürlich auch schriftlich erfolgen, wobei im Ergebnis immer wichtig ist, die Äußerungen des Vermieters zu manifestieren. Dies kann durch einen Aktenvermerk, besser aber wegen der Beweiswirkung durch ein **Bestätigungsschreiben** geschehen. Insbesondere in den Fällen der vorübergehenden oder teilweisen Untervermietung sollten die Gründe, die den Mieter zu seinem Handeln veranlassen, dargestellt werden, um auch Verständnis für die Position des Mandanten beim Vermieter zu wecken. Der Befürchtung des Vermieters, der Mieter wolle sich auf seine Kosten durch Erzielung einer **höheren Miete** bereichern, kann vorgebeugt werden, indem darauf verwiesen wird, dass selbstverständlich die maximal vereinbarte Miete verlangt werde oder eine

---

1 BGH v. 15.11.2006 – XII ZR 92/04, GE 2007, 142 = ZMR 2007, 184 = NZM 2007, 127; OLG Dresden v. 29.4.2004 – 16 U 237/04, GuT 2005, 170 = NZM 2004, 461.
2 *Ludwig Schmidt*, § 15 EStG Rz. 97–100 m.w.N.

höhere (Unter-)Miete an den Vermieter abgeführt wird. Da in der Regel der Vermieter vorwiegend wirtschaftliche Interessen verfolgt, kann durch einen solchen Hinweis ein Anreiz geschaffen werden, die Zustimmung zu erteilen.

Hat sich der Vermieter nicht eindeutig positiv geäußert oder sogar bereits eine abschlägige Entscheidung in Aussicht gestellt, ohne dass sie als ablehnende Haltung verstanden werden kann, bestehen **zwei Möglichkeiten**: Entweder wird ein Untermiet-Interessent präsentiert, um sich alle Optionen offen zu halten, oder die Voraussetzungen des Kündigungsrechts müssen herbeigeführt werden. 49

Will sich der Mieter die Suche nach einem Untermieter ersparen oder besteht begründeter Anlass zu der Annahme, dass der Vermieter generell nicht mit einer Untervermietung einverstanden ist, sollte geprüft werden, ob das **Kündigungsrecht** nach § 540 Abs. 1 S. 2 BGB nicht wirksam ausgeschlossen ist. Dies ist jedoch nur individualvertraglich im Gewerberaum zulässig[1]. Im Wohnraummietrecht gilt nichts anderes. Um das Kündigungsrecht herbeizuführen, kann der Vermieter aufgefordert werden, seine generelle Einstellung zu einer Untervermietung bekannt zu geben.

Nach der überwiegenden Rechtsprechung begründet nämlich bereits die **generelle Verweigerung** der Untervermietung das Kündigungsrecht nach § 540 Abs. 1 S. 2 BGB (und u.U. auch nach § 543 Abs. 1 Nr. 2 BGB), weil den Mietern in diesen Fällen nicht zumutbar sein soll, noch einen konkreten Untermieter zu suchen[2]. Allerdings sind auch immer die besonderen Umstände des Einzelfalles zu würdigen[3]. 50

Auf Grund der gegenteiligen Auffassung des OLG Koblenz[4] ruft dieses Vorgehen allerdings mittlerweile ein Risiko hervor. Zwar ist der Rechtsentscheid des OLG Koblenz in unzulässiger Weise ergangen, weil im Ergebnis von obergerichtlicher Rechtsprechung abgewichen wird und dies zur Vorlage der Rechtsfrage an den BGH gemäß § 541 Abs. 1 S. 3 ZPO a.F. gezwungen hätte[5]. Indessen ist diese Entscheidung grundsätzlich für die Mietabteilungen in Wohnraummietsachen (nach wie vor) bindend und kann daher allenfalls bei abweichender Meinung zur Annahme einer grundsätzlichen Bedeutung i.S.v. § 511 Abs. 4 ZPO führen. Unabhängig von der Richtigkeit des Rechtsentscheides muss dem Mandanten jedoch dargelegt werden, dass die Rechtslage nicht mehr als gesichert angesehen werden kann. 51

Will der Mandant gleichwohl im Zweifel bei einer Verweigerung das Kündigungsrecht ausüben, sollte das Schreiben mit Zustellnachweis und der

---

1 BGH, WuM 1995, 481.
2 KG, WuM 1996, 646 m.w.N.; OLG Köln, WuM 2000, 597; OLG Hamm, OLG-Report 1992, 275; *Lützenkirchen*, WuM 2001, 55, 60 m.w.N.; **a.A.** OLG Koblenz, WuM 2001, 272.
3 KG v. 10.10.2007 – 8 U 34/07, GuT 2008, 125.
4 OLG Koblenz, WuM 2001, 272.
5 *Lützenkirchen*, WuM 2002, 179, 188.

Unterstellung formuliert werden, dass ein **Schweigen** des Vermieters als **Ablehnung** aufgefasst wird[1]. Dies kann z.B. folgendermaßen geschehen:

---

52 Sehr geehrter Herr Wichtig,

Ihr Mieter, Herr Peter Schmitz, Luxemburger Str. 101, 50937 Köln, hat mich mit der Wahrnehmung seiner Interessen beauftragt.

Wie Sie wissen, betreibt unser Mandant in den hinter dem Ladenlokal befindlichen Räumen seine Backstube, aus der er auch seine anderen Filialen versorgt. Die erhöhten Auflagen des Umweltamtes zwingen meinen Mandanten, den Backbetrieb auszulagern. Deshalb trägt sich mein Mandant mit dem Gedanken, die hinteren Räume als Lager o.Ä. unterzuvermieten und in dem Geschäftslokal den Verkauf von Bäcker- und Konditorenware fortzusetzen.

Nach den vertraglichen und gesetzlichen Bestimmungen bedarf mein Mandant jedoch zu dieser Untervermietung Ihrer Zustimmung. Selbstverständlich würde unser Mandant eine Untervermietung nur zu den Konditionen durchführen, die mit Ihnen vereinbart sind. Ein evtl. Mehrerlös könnte an Sie abgeführt werden, wobei darüber eine der Schriftform entsprechende Vereinbarung zu treffen wäre.

Andererseits ist die Suche nach einem Untermieter mit erheblichem Aufwand für meinen Mandanten verbunden. Dieser Aufwand wäre nutzlos, wenn Sie generell nicht mit einer Untervermietung einverstanden wären. Ich bitte Sie daher um Mitteilung, ob generelle Einwände gegen eine Untervermietung (wenn ja: welche) bestehen.

Sollte ich von Ihnen bis zum 10.3.2006 ohne Nachricht sein, gehe ich davon aus, dass Sie mit einer Untervermietung generell nicht einverstanden sind.

Mit freundlichen Grüßen

...

(Rechtsanwalt)

---

53 Reagiert der Vermieter auf dieses Schreiben nicht, ist das Kündigungsrecht nach § 540 Abs. 1 S. 2 BGB eröffnet[2]. Der **vorsichtige Rechtsanwalt** wird sich jedoch noch einmal versichern, ob die von ihm vorgenommene Unterstellung auch zutreffend ist, und daher ein weiteres Schreiben mit Zustellnachweis versenden:

---

[1] Vgl. dazu OLG Köln, WuM 2000, 597; LG Nürnberg-Fürth, WuM 1995, 587; LG Köln in *Lützenkirchen*, KM 3 Nr. 23 = WuM 1994, 468.
[2] OLG Köln, WuM 2000, 597; KG, WuM 1996, 696; **a.A.** OLG Koblenz, WuM 2001, 272.

Sehr geehrter Herr Wichtig,

mit Schreiben vom 1.3.2006 habe ich Ihnen angezeigt, dass ich die Interessen Ihres Mieters, des Herrn Peter Schmitz, vertrete.

In dem Schreiben, das ich vorsichtshalber noch einmal in Kopie beifüge, hatte ich Sie darauf hingewiesen, dass ich Ihr Schweigen auf die Bitte zur Untervermietung dahin auslege, dass Sie generell nicht mit einer Untervermietung einverstanden sind.

Zur Vermeidung eines Missverständnisses bitte ich Sie daher, mir bis 25.3.2006 mitzuteilen, ob generelle Einwände gegen eine Untervermietung bestehen. Sollte ich bis zu dem genannten Zeitpunkt ohne Nachricht von Ihnen sein, fasse ich Ihr Schweigen als Bestätigung meiner Auslegung auf.

Mit freundlichen Grüßen

...

(Rechtsanwalt)

Vorsichtshalber sollte, bevor die Kündigung ausgesprochen wird, die **vertragliche Regelung** zur Untervermietung noch einmal daraufhin untersucht werden, ob eine Auslegung nicht bereits eine generelle Zustimmung ergeben kann. Enthält die Klausel z.B. den Hinweis, dass eine Untervermietung nur aus wichtigem Grund versagt werden darf, kann daraus gefolgert werden, dass der Vermieter generell mit der Gebrauchsüberlassung an einen Dritten einverstanden ist. Damit wird der vorgezeichnete Weg zweifelhaft. Vorsichtshalber sollte daher nach einem Untermietinteressenten gesucht werden. 54

Weiterhin ist zu überlegen, ob nicht der **Mandant** in der beschriebenen Weise **handeln** sollte und ihm die entsprechenden Schreiben vorformuliert werden sollten. Bei dem hier beschriebenen Weg besteht das Risiko, dass der Vermieter schon aus Gründen der „Chancengleichheit" selbst einen Kollegen aufsucht, der ihn über die Motive des Mieters aufklärt. Immerhin ist die vorgeschlagene Vorgehensweise seit langem bekannt[1]. Dadurch entsteht das Risiko, dass der Vermieter das Vorhaben unterläuft. Erscheint jedoch der Mieter als Verfasser des Schreibens, besteht die Möglichkeit, dass der Vermieter schon aus Gründen der Kostenersparnis auf eine rechtliche Beratung verzichtet und die Absicht des Mieters nicht erkennt. 55

Äußert sich der Vermieter nicht oder wird ein konkret benannter Untermieterinteressent von ihm abgelehnt (vgl. dazu *Rz. 58*), kann das Kündigungsrecht nach § 540 Abs. 1 S. 2 BGB ausgeübt werden (vgl. dazu *Rz. 71 f.*). Insoweit ist aber noch zu beachten, dass der Vermieter die Entscheidung über die Zustimmung erst nach einer angemessenen **Prüfungszeit** treffen muss[2]. Deshalb ist eine vom Mieter gesetzte Frist unbeacht- 56

---

1 *Schönleber*, NZM 1998, 948.
2 OLG Düsseldorf v. 2.8.2007 – I-10 U 148/06, GuT 2008, 122 = ZMR 2008, 783.

lich, die diese Überlegungsfrist, die drei Wochen betragen kann, nicht berücksichtigt.

57 Soll das **Kündigungsrecht in keinem Falle ausgeübt** werden, sollte in einem persönlichen Gespräch mit dem Vermieter ermittelt werden, welche Einwände gegen eine Untervermietung bestehen. Sehr häufig macht sich der Vermieter darüber Gedanken, ob die Untervermietung den Verlust einer bestehenden Betriebserlaubnis bedeutet oder andere öffentlich-rechtliche Belange berührt werden. Selbstverständlich sollte auch die Möglichkeit in Betracht gezogen werden, dass der Vermieter die Ausübung des Kündigungsrechts durch den Mieter provozieren will, um die Mieträume selbst zu nutzen oder zu einer höheren Miete zu vermieten. In diesen Fällen muss geklärt werden, wie dem Interesse des Vermieters entgegengewirkt werden kann. Neben dem Angebot einer höheren Miete ist dabei zu prüfen, ob die öffentlich-rechtlichen Bedenken ausgeräumt werden können, in dem z.B. eine entsprechende Voranfrage bei der Behörde gestellt wird.

Führen diese Verhandlungen zum Erfolg, sollte die Einigung schriftlich festgehalten werden, um gleichzeitig die Kriterien zu regeln, die für die Beurteilung eines zumutbaren Untermieters gelten sollten. Dies muss in der Schriftform des § 550 BGB geschehen (vgl. dazu *C Rz. 506 ff.*).

58 Wird ein **konkreter Untermieter-Interessent** präsentiert, müssen zumindest Name und Anschrift bekannt gegeben werden, damit der Vermieter ggf. Erkundigungen über seine Person einholen kann. Zur Vermeidung von Missverständnissen sollten dabei so viele **persönliche Daten** wie möglich in Erfahrung gebracht werden. (Alter, Beruf, Anschrift, Arbeitgeber, Nebeneinkommen, Familienstand, ggf. Anzahl der Kinder etc.[1]; im **Gewerbe** sollte vor allem die Dauer der Geschäftstätigkeit und die Höhe des Umsatzes ermittelt werden, ggf. eine Bankauskunft vorgelegt werden, wobei sogar die **Mietbedingungen**, die mit dem Untermieter vereinbart wurden zumindest hinsichtlich der Nutzungsart, Miethöhe, Laufzeit, etwaige Kündigungsmöglichkeiten und Übernahme einer **Betriebspflicht** offen gelegt werden sollen[2]) Hierzu ist der Untermiet-Interessent regelmäßig auch bereit. Denn er ist an der Anmietung interessiert. In welchem Umfang dem Vermieter die gesammelten Informationen im ersten Schritt offen gelegt werden, ist eine Frage des Einzelfalles. Sinnvollerweise sollte zunächst eine Selbstauskunft vorgelegt werden, aus der neben dem Namen und der Anschrift die finanziellen Verhältnisse des Untermieters ersichtlich sind und seine berufliche Stellung.

(2) Die Verhandlung mit dem Untermiet-Interessenten

59 Je mehr **Gewissheit** darüber besteht, ob der Vermieter generell eine Untervermietung akzeptiert, umso erfolgreicher können die Verhandlungen mit den Untermiet-Interessenten geführt werden. Denn ohnehin muss in den

---

1 Vgl. dazu AG Köln in *Lützenkirchen*, KM 6 Nr. 13.
2 OLG Dresden, GuT 2005, 170 (Revision BGH XII ZR 92/04).

Verhandlungen ein Ausgleich zwischen den Vorstellungen des Mandanten und den Interessen des potentiellen Untermieters gefunden werden. Ist hier ein Konsens zustande gekommen, wird das **Verhandlungsergebnis** wieder gefährdet, wenn der Vermieter seinerseits Bedingungen stellt, die der Mandant ohne einen Beitrag des Untermieters nicht zu erfüllen bereit ist.

Andererseits stehen die Verhandlungen unter **Zeitdruck**, wenn der Mandant so schnell wie möglich von seiner **Miet**-Zahlungsverpflichtung befreit werden möchte und andererseits für den Untermieter auch andere Mietobjekte in Betracht kommen. Auf Grund dieses Drucks sind sowohl der Mandant als auch der Rechtsanwalt häufig eher bereit, größere Zugeständnisse zu machen. Um zu vermeiden, dass dem Mandanten ein Verhandlungsergebnis präsentiert werden muss, das dadurch zustande gekommen ist, dass der Untermieter die prekäre Situation des Mandanten geschickt ausgenutzt hat, sollte mit dem Mandanten vor einer solchen Verhandlung der Rahmen dessen, was zugestanden werden darf, abgesteckt werden. Denn feststehende Grenzen ermöglichen im Verlauf der Verhandlungen, deutlich zu machen, dass keine Verhandlungsbereitschaft bzw. -möglichkeit mehr besteht. Damit wird dem Gesprächspartner deutlich, dass die Verhandlungen an diesem Punkt scheitern können. Sind die Grenzen jedoch nicht festgelegt, kann die Deutlichkeit in dem Gespräch nicht erzielt werden. Vielmehr besteht die Gefahr, dass bei beiderseits unnachgiebiger Haltung der Rechtsanwalt den Punkt offen lässt, um sich bei seinem Mandanten über den „Spielraum" noch einmal zu informieren. Damit kann jedoch für den Untermiet-Interessenten deutlich werden, dass eine nachgiebige Position besteht. 60

Im Wesentlichen muss mit dem Mandanten vor der Verhandlung 61

– der Mietpreis,
– die Betriebskostenregelung,
– die Laufzeit,
– die Instandhaltungen und Instandsetzungen,
– der Rückgabezustand

festgelegt werden. Die **ideale Lösung** besteht natürlich darin, dass der Untermieter den mit dem Vermieter abgeschlossenen **Vertrag akzeptiert**. Dies sollte auch, sofern der Vermieter nicht zusätzliche Bedingungen stellt, Ausgangspunkt der Verhandlungen sein.

Die Erfahrung zeigt jedoch, dass Untermiet-Interessenten versuchen, **bessere Konditionen** zu erhalten. 62
Dies gilt umso mehr, wenn dem Untermiet-Interessenten ein **Motiv** für die Untervermietung offenbart wird, das zeigt, dass sich der Mandant in einer Notlage befindet. Deshalb sollte vorab mit dem Mandanten erörtert werden, welches Motiv zur Untervermietung bekannt gegeben wird. Dieses darf sich natürlich nicht sehr weit von demjenigen entfernen, das dem Vermieter mitgeteilt wurde, weil auch im Laufe der Verhandlungen natürlich die Mög-

lichkeit besteht, dass Vermieter- und Untermieter-Interessent direkt zusammenkommen. Im Zweifel sollte bei der Abwägung, welches Motiv dem Vermieter und dem potentiellen Untermieter präsentiert wird, das Motiv gewählt werden, das gegenüber dem Untermiet-Interessenten nicht den Eindruck vermittelt, der Mandant befinde sich in einer Notlage oder sonstigen schwierigen Situation. Denn scheitern die Verhandlungen mit dem Vermieter, bleibt dem Mieter immer noch das Kündigungsrecht nach § 540 Abs. 1 S. 2 BGB oder § 543 Abs. 2 Nr. 1 BGB. Wird jedoch eine Notsituation ausgenutzt, entsteht dadurch wirtschaftlicher Schaden für den Mandanten.

63 Sofern die **Regelungen des Hauptmietvertrages** nicht auf das Untermietverhältnis **übertragen** werden können, muss darauf geachtet werden, dass wesentliche Regelungen jedenfalls **übereinstimmend** getroffen werden. Dies gilt zunächst für die Laufzeit. Die Laufzeit des Untermietvertrages darf die Laufzeit des Hauptmietvertrages nicht überschreiten. Besteht zugunsten des Mandanten im Hauptmietvertrag ein **Optionsrecht**, das bis zu einer bestimmten Frist vor Ablauf der Mietzeit ausgeübt werden muss, sollte mit dem Untermieter ein zeitlicher Puffer vereinbart werden (z.B. ein Monat), sofern ihm ebenfalls eine Option eingeräumt werden soll. Denn sind die Ausübungsfristen im Haupt- und im Untermietvertrag gleich, besteht die Gefahr, dass der Mandant das Optionsrecht nicht mehr zeitgerecht ausüben kann.

64 Die Einräumung eines Optionsrechts zugunsten des Untermieters sollte aber gut überlegt sein. Immerhin trägt der Mieter durch die Untervermietung ein **wirtschaftliches Risiko**. In der Regel sollte deshalb darauf hingewirkt werden, dass der Mietvertrag nur bis zum Ablauf der vorgesehenen Mietzeit des Hauptmietvertrages läuft. Ergeben sich bis dahin keine Schwierigkeiten im Untermietvertrag, wird der Hauptvermieter nur in Ausnahmefällen den Abschluss eines Anschluss-Haupt-Mietvertrages mit dem Untermieter verweigern. Allerdings sollte bedacht werden, dass auf die Übernahme eines Untermieters durch den Vermieter nach Ablauf des Vertrages kein Anspruch besteht[1].

65 Ist im Hauptmietverhältnis eine **Wertsicherungsklausel** vereinbart, sollte der Einfachheit halber mit dem Untermieter eine Regelung vereinbart werden, die bei jeder Mietanpassung auf Grund einer Indexänderung im Hauptmietvertrag die automatische Weiterleitung an den Untermieter ermöglicht. Da das Untermietverhältnis regelmäßig nicht die volle Laufzeit des Hauptmietvertrages erreicht, jedenfalls regelmäßig unter zehn Jahren liegt, ist bei einem Gewerberaummietvertrag eine nicht genehmigungsfähige Wertsicherungsklausel wirkungslos (vgl. dazu A Rz. 321 f.) und führt zu einer **Haftung** des Rechtsanwalts. Im Zweifel sollte deshalb ein Leistungsvorbehalt geregelt werden (vgl. dazu A Rz. 331).

66 Hinsichtlich der **Betriebskostenregelung** sollte ebenfalls keine Abweichung vom Hauptmietvertrag festgelegt werden. So hat der Mandant die

---

1 OLG Düsseldorf, DWW 1998, 20, 21.

Möglichkeit, die an ihn gerichtete Betriebskostenabrechnung mit einem kurzen Anschreiben an den Untermieter weiterzuleiten. Hinsichtlich der Kontrollrechte (z.B. Einsichtnahme in die Abrechnungsunterlagen) sollte eine Regelung aufgenommen werden, die die Ausübung beim Hauptvermieter bestimmt. Dadurch wird vermieden, dass der Mandant sich die von dem Untermieter z.B. gewünschten Abrechnungsunterlagen erst beim Hauptvermieter besorgen muss.

Bei **Renovierungen** und **Instandhaltungen** bzw. Instandsetzungen kann sich ein Verhandlungsspielraum daraus ergeben, dass der Mandant bestimmte Verpflichtungen zu Beginn des Untermietvertrages übernimmt, um seine Einbauten oder die von ihm verursachten Abnutzungserscheinungen zu vereinbaren. Jedenfalls muss hier vermieden werden, dass es am Ende des Untermietvertrages zu einem Streit darüber kommt, ob der Untermieter auch die von dem Mandanten (mit-)verursachten Arbeiten erledigen bzw. deren Kosten tragen muss. Dazu ist es erforderlich, dass mit dem Mandanten vorab der Umfang seiner Um- oder Einbauten geklärt wird bzw. die Frage, ob und in welchem Umfang er Renovierungsarbeiten vor Beginn des Untermietvertrages durchführen muss (oder will). Die Abgrenzung sollte durch eine mit einer akribisch erstellten Liste versehene Vereinbarung festgelegt werden. 67

Die gleichen Erwägungen gelten hinsichtlich der **Verpflichtungen**, die **bei Beendigung des Mietvertrages** zu erfüllen sind. Hier muss untersucht werden, ob und ggf. in welchem Umfang der Mandant eine Endrenovierung (ggf. als Nachholen der laufenden Schönheitsreparaturen) zu erbringen bzw. Rückbauverpflichtungen zu erfüllen hat. Bei der Abfassung derartiger Regelungen muss beachtet werden, dass je nach Umfang der durchzuführenden Arbeiten eine Hauptpflicht i.S.d. § 326 BGB a.F. bzw. § 281 BGB entstehen kann[1], so dass sich im Hauptmietverhältnis Probleme hinsichtlich der rechtzeitigen Rückgabe ergeben können, weil dem Untervermieter erst noch eine Frist (ggf. mit Ablehnungsandrohung[2]) gesetzt werden muss, um seine Verpflichtungen zu erfüllen. Der Einfachheit halber sollte vertraglich festgelegt werden, dass Rückbauverpflichtungen keine Hauptpflichten darstellen. 68

Ebenso wie bei den Vertragsverhandlungen für den Mieter mit dem Vermieter (vgl. dazu A Rz. 162 f.), sollte auch bei den Verhandlungen mit einem potentiellen Untermieter der wesentliche Verlauf in **Aktenvermerken** festgehalten werden, um Missverständnisse und **Haftungsrisiken**[3] zu vermeiden. Dabei muss sich der Rechtsanwalt auch des Zeitdrucks, unter dem der Mandant steht, bewusst sein. Damit dieser vom Verhandlungs- 69

---

1 BGH, WuM 1997, 217; BGH, WuM 1988, 272; BGH, WuM 1989, 376; BGH, WuM 1977, 65; vgl. auch *Eisenhardt*, WuM 1998, 447.
2 Insoweit ist zu beachten, dass es noch Vertragsmuster gibt, in denen eine Fristsetzung mit Ablehnungsandrohung als Voraussetzung für einen Schadensersatzanspruch verlangt wird.
3 Vgl. BGH, NJW 1986, 2570.

partner nicht ausgenutzt werden kann, kann die zügige Verhandlungsführung auch mit eigener zeitlicher Beschränktheit erklärt werden. Drängt der Rechtsanwalt also z.B. auf die Vereinbarung eines möglichst nahe liegenden (nächsten) Verhandlungstermins, sollte er beiläufig erwähnen, dass er ein anderes umfangreiches Mandat erwartet (auf das jeder Rechtsanwalt täglich hofft), so dass Schwierigkeiten für die sorgfältige Bearbeitung der Angelegenheit entstehen. Bei dieser Gelegenheit auf andere Untermiet-Interessenten zu verweisen kann gefährlich sein. Denn der **Hinweis auf Mitbewerber** kann bei dem Verhandlungspartner den Eindruck erwecken, dass ein Wettlauf stattfindet. Zur Vermeidung eines Risikos wird er sich deshalb auch um andere Objekte bemühen. Dadurch entsteht die Gefahr, dass er auf ein (noch) besseres Objekt stößt. Sicherer erscheint es daher, dem Untermietinteressenten jederzeit das Gefühl zu vermitteln, dass er den Vertrag erhalten wird. Je mehr sich der potentielle Untermieter mit dem Objekt beschäftigt, also z.B. Umbaupläne schmiedet, umso mehr kann davon ausgegangen werden, dass er die Einstellung gewinnt, die investierte Arbeit müsse sich auch lohnen, so dass er kompromissbereiter wird.

70 Andererseits wird die eigene **Verhandlungsposition** natürlich dadurch **gestärkt**, dass bereits zu einem frühen Zeitpunkt ermittelt wird, wie groß das Interesse des Untermiet-Interessenten ist. Da auch er versuchen wird, durch Gelassenheit bei den Verhandlungen nicht den Eindruck zu erwecken, er wolle das Objekt unter allen Umständen anmieten, wird er auf eine direkte Frage kaum eine konkrete (und ehrliche) Antwort geben. Deshalb kann das Maß des Interesses nur aus den äußeren Umständen abgelesen werden. Hat der Untermiet-Interessent z.B. bereits Umbaupläne entwerfen lassen, dafür oder z.B. für eine Außenwerbung Kostenvoranschläge eingeholt oder (bei einem Wohnraummietverhältnis) bereits entschieden, wie er welchen Raum nutzen und wo er welche Möbel aufstellen wird, kann daraus abgelesen werden, mit welcher Energie er sich mit dem Mietobjekt befasst hat. Je mehr Energie er verwendet hat, umso stärker ist sein Interesse. Da – insbesondere bei Gewerbemietverhältnissen – der Mietpreis auch immer davon abhängig ist, mit welchen Kosten die beabsichtigten Investitionen verbunden sind, kann der Untermiet-Interessent sogar aufgefordert werden, entsprechende Planungen (z.B. der äußeren Gestaltung eines Ladenlokals) oder Kostenvoranschläge einzuholen. Lehnt der Untermiet-Interessent dies ab, wird ersichtlich, dass er noch nicht fest entschlossen ist, weil er die Kosten scheut.

(3) Prozessuales

71 Hat der Vermieter die Untervermietungserlaubnis an einen konkret benannten Untermieter versagt, bestehen für den Mieter folgende Möglichkeiten:

– Ausübung des Kündigungsrechts nach § 540 Abs. 1 S. 2 BGB
– Klage auf Zustimmung zur Untervermietung
– Einstellung der Mietzahlung und Geltendmachung von Schadensersatz.

(a) **Ausübung des Kündigungsrechts**

Die Kündigung nach § 540 Abs. 1 S. 2 BGB bewirkt gemäß § 573d BGB die Beendigung des **Wohnraum**-Mietvertrages **zum Ablauf des übernächsten Monats**, wenn das Kündigungsschreiben spätestens am 3. Werktag eines Kalendermonats zugegangen ist. Bei einem Mietvertrag über **Gewerberäume** wirkt die Kündigung gemäß § 580a Abs. 4 BGB i.V.m. § 580a Abs. 2 BGB zum Ablauf des nächsten Kalendervierteljahres, wenn sie bis zum 3. Werktag des Quartals zugeht. Zur Ausübung ergeben sich keine Besonderheiten gegenüber den allgemeinen Regeln (vgl. *J Rz. 33 ff.*). 72

Nach Ausspruch der Kündigung kann es angezeigt sein, eine **Feststellungsklage** zur Wirksamkeit dieser Kündigung zu erheben. Räumt der Mandant nach der Kündigung das schwer vermietbare Mietobjekt, entsteht das **Risiko**, dass die Frage der Wirksamkeit der Kündigung erst entschieden wird, wenn der Vermieter nach Ablauf einer längeren Zeit Zahlungsklage wegen des zwischenzeitlich eingetretenen Mietverlustes erhebt. Damit vergrößert sich für den Mandanten auch das wirtschaftliche Risiko. Je länger die Entscheidung über die Frage, ob die Kündigung berechtigt war, hinausgeschoben wird, umso mehr droht die Gefahr, dass die entscheidungserheblichen Tatsachen nicht mehr verifizierbar sind oder sich durch später eintretende Umstände der bis dahin noch unsichere wichtige Grund bestätigt wird. 73

Zur **Vorbereitung** dieser Feststellungsklage sollte der Vermieter mit der Kündigung unter Fristsetzung aufgefordert werden, deren Wirksamkeit anzuerkennen. Weigert er sich, liegt ein Feststellungsinteresse i.S.d. § 256 Abs. 1 ZPO vor[1]. Denn der Mandant hat ein Interesse an alsbaldiger Feststellung, dass seine Kündigung wirksam ist. 74

Der **Feststellungsantrag** kann wie folgt formuliert werden: 75

---

festzustellen, dass das Mietverhältnis zwischen den Parteien über die Wohnung im 1. Obergeschoss rechts des Hauses Luxemburger Str. 101, 50937 Köln, durch die Kündigung des Klägers vom 20.2.2003 am 31.5.2003 endet.

In der Klageschrift muss der Mietvertrag sowie die Kündigung aus wichtigem Grund vorgetragen werden. Hierzu ist eine Darstellung erforderlich, aus der sich ergibt, dass der Mandant einen konkreten Untermieter benannt hat (oder eine generelle Verweigerung vorliegt). Hat der Vermieter den Untermieter aus wichtigem Grund abgelehnt, kann der Vortrag in der Klageschrift auf den Hinweis beschränkt werden, dass ein wichtiger Grund in der Person des Untermieter-Interessenten nicht besteht. 76

Erhebt der Vermieter während des Prozesses **Leistungs-(Wider-)Klage** auf Zahlung der rückständigen Mieten, muss die Feststellungsklage spätestens 77

---

1 Vgl. Zöller/*Greger*, § 256 ZPO Rz. 7.

in der mündlichen Verhandlung in der **Hauptsache** für **erledigt** erklärt werden. Denn sobald die Leistungs-(Wider-)Klage nicht mehr einseitig zurückgenommen werden kann (vgl. § 269 Abs. 1 ZPO), entfällt das ursprünglich vorhandene Feststellungsinteresse[1].

(b) Klage auf Zustimmung zur Untervermietung

78 Dieses Verfahren setzt voraus, dass der Vermieter den vom Mieter konkret benannten **Untermieter** unberechtigterweise **abgelehnt** hat. Um die Prozessaussichten richtig einschätzen zu können, sollte der Rechtsanwalt prüfen, ob ein wichtiger Grund gegeben ist. Da die Verweigerung der Erlaubnis nicht begründet werden muss[2], kann sich das Risiko ergeben, dass die Erfolgsaussichten ungeklärt sind. Deshalb sollte der Rechtsanwalt den Vermieter auffordern, seine **Gründe mitzuteilen**. Da der Vermieter nach Treu und Glauben verpflichtet sein soll, jedenfalls auf eine solche Anfrage die Gründe mitzuteilen[3], kann das Risiko einer Klageerhebung zumindest abgeschwächt werden. Denn entweder antwortet der Vermieter, so dass seine Gründe überprüft werden können, oder er reagiert nicht. Im letzteren Fall ist er dem Mieter zum **Schadensersatz** verpflichtet, wenn er seine Gründe erst im Prozess offen legt und der Mieter wegen der Aussichtslosigkeit seines Vorhabens deshalb die Klage zurücknimmt.

79 Können die **Prozessaussichten positiv** beurteilt werden, weil die von dem Vermieter angegebenen Umstände nicht das Tatbestandsmerkmal des „wichtigen Grundes" erfüllen, sollte mit dem Mandanten der **Zeitfaktor** erörtert werden. Dabei ist maßgeblich, dass die Mietprozesse länger als 1 Jahr dauern können. In der Zwischenzeit läuft die Verpflichtung zur Zahlung der Miete weiter. Gleichzeitig ist fraglich, ob der konkrete Untermietinteressent nach Ablauf der Zeit noch zur Verfügung steht.

80 Die **Belastung des Mieters** durch die monatliche Miete kann dadurch abgefedert werden, dass die Mietzahlung eingestellt wird. Dies provoziert jedoch die Zahlungsklage des Vermieters, die bei berechtigter Versagung der Untermieterlaubnis auch zum Erfolg führen wird. Die Einstellung der Mietzahlung, um die fristlose Kündigung des Vermieters nach § 543 Abs. 2 Nr. 3 BGB zu provozieren, ist kurzsichtig. Abgesehen von dem erheblichen Streitwert einer Räumungsklage, die den finanziellen Schaden des Mandanten noch erhöhen kann, ist der Mandant zur Zahlung der Miete aus dem Gesichtspunkt des Schadensersatzes in diesem Fall für die Dauer der vertraglichen Bindung verpflichtet, sofern die Untermieterlaubnis berechtigterweise versagt wurde[4]. Nur für den Fall, dass die Untermieterlaubnis unberechtigterweise versagt wurde, stehen dem Mandanten Schadens-

---

1 Zöller/*Greger*, § 256 ZPO Rz. 7d.
2 Staudinger/*Emmerich*, § 540 BGB Rz. 17.
3 Staudinger/*Emmerich*, § 540 BGB Rz. 17.
4 BGH, NJW 1984, 2687; OLG Düsseldorf, ZMR 1996, 324; OLG Düsseldorf, DWW 1991, 19; OLG Frankfurt/Main, ZMR 1993, 65.

ersatzansprüche aus positiver Vertragsverletzung zur Verfügung[1]. Ergibt sich jedoch bereits im Zeitpunkt der Klageerhebung, dass diese Schadensersatzansprüche des Mandanten bestehen, macht eine Klage auf Erteilung der Zustimmung zur Untervermietung nur noch Sinn, wenn sichergestellt ist, dass der **Untermietinteressent** nach Ablauf des Prozesses **noch zur Verfügung** steht.

Ist dies **nicht** der Fall, kann eine Klage auf Zustimmung zur Untervermietung nur mit dem „unbestimmten" **Antrag** gestellt werden, 81

> den Beklagten zu verurteilen, der Untervermietung der Wohnung im ersten Obergeschoss des Hauses Luxemburger Str. 101, 50937 Köln, an einen von dem Kläger mit Name, Geburtsdatum und Anschrift benannten Dritten zuzustimmen, sofern in dieser Person des Dritten kein wichtiger Grund gegeben ist.

Diese Klage ist **zulässig**, weil der Vermieter wegen der unberechtigten Versagung der Erlaubnis hinsichtlich des bereits genannten Untermieters sich vertragswidrig verhalten hat. Sie ist damit nichts anderes wie eine Feststellungsklage und könnte in ihrem Antrag auch entsprechend formuliert werden. Im Ergebnis verliert der Mandant dadurch jedoch (noch mehr) Zeit, weil erst nach Abschluss des Verfahrens die Umsetzung des Titels erfolgt. 82

Steht der Interessent auch nach Ablauf des Verfahrens **noch zur Verfügung**, sollte beantragt werden, 83

> den Beklagten zu verurteilen, der Untervermietung der Wohnung Luxemburger Str. 101, 50937 Köln, an Herrn Peter Zimmermann, geb. am 12.5.1955 in Köln, wohnhaft Paulinenhof 13, 50869 Köln, zuzustimmen.

In der **Klageschrift** ist neben dem Mietvertrag der Gang der Angelegenheit, beginnend mit der Anfrage zur Untervermietung und endend mit der Absage des Vermieters, **darzustellen**. 84

Dabei ist **abzuwägen**, ob zu den bekannten Umständen, die den wichtigen Grund des Vermieters rechtfertigen sollen, bereits in der Klageschrift Stellung genommen werden soll. Dafür spricht die Möglichkeit, dass der Vermieter sich von der Argumentation des Mieters überzeugen lassen könnte und nach Zustellung der Klageschrift auf den Mandanten zukommt, um die Untervermietung doch zu gewähren. Gegen die Darstellung der Argumente kann das Risiko sprechen, dass der Vermieter in der Klageerwiderung seine Argumentation auf den Vortrag des Klägers einstellt und ggf. sogar zusätzliche Gründe vorträgt. Zwar soll eine Bindung des Vermieters an 85

---

[1] AG Offenbach, WuM 1994, 537.

die außergerichtlich mitgeteilten Gründe entstehen, so dass ein Nachschieben von Gründen nur möglich sein soll, wenn sie ihm bei Mitteilung seiner ursprünglichen Gründe ohne Verschulden noch nicht bekannt waren[1]. Indessen kann insbesondere bei geschickter Darstellung zweifelhaft sein, ob es sich um neue Gründe handelt.

(c) Einstellung der Mietzahlung und Geltendmachung von Schadensersatz

86 Die unberechtigte Versagung der Untervermietungserlaubnis stellt eine Pflichtverletzung dar, die Ansprüche des Mieters aus einer **positiven Vertragsverletzung** gemäß § 280 Abs. 1 BGB begründen kann[2]. Der Schaden des Mandanten besteht in der durch die Untervermietung zu erwartenden Mietentlastung. In diesem Umfang kann die Einstellung der Mietzahlung erfolgen.

87 Um die **Prozessaussichten** umfassend prüfen zu können, sollte der Vermieter auch hier um Angabe seiner Versagungsgründe gebeten werden, sofern diese noch nicht bekannt sind (vgl. oben *Rz. 78*). Rechtfertigt diese Prüfung das hier beschriebene Vorgehen (vgl. *F Rz. 152*), sollten die Schadensersatzansprüche klageweise geltend gemacht werden. Damit ist für den Mandanten gewährleistet, dass er zügig erfährt, ob sein Rechtsstandpunkt zutrifft. Insoweit sollte nicht abgewartet werden, bis der Vermieter Zahlungs- oder sogar (nach Kündigung) Räumungsklage erhebt. Denn u.U. wartet der Vermieter bewusst eine Zeit lang ab, um z.B. den Berufungsstreitwert zu erreichen oder sogar die Zuständigkeit des Landgerichts.

88 Die forensische Umsetzung dieses Vorgehens kann durch eine Feststellungsklage erreicht werden. Hier kann **beantragt** werden,

> festzustellen, dass der Kläger seit dem ... (Datum des Zuganges der Versagung der Untervermietungserlaubnis) nicht mehr verpflichtet ist, die monatliche Miete gemäß Mietvertrag vom 8.2.1994 für die Wohnung Luxemburger Str. 101, 50937 Köln, zu zahlen.

89 In der **Klageschrift** ist neben dem Mietvertrag die Pflichtverletzung des Vermieters darzustellen. Dazu ist der gleiche Vortrag erforderlich wie bei einer Klage auf Erteilung der Zustimmung zur Untervermietung (vgl. *Rz. 78*). Hier kann es jedoch zweifelhaft sein, ob es ausreicht, sich auf den Vortrag zu beschränken, dass die Versagung der Untervermietungserlaubnis unberechtigterweise erfolgt ist. Jedenfalls sollte zumindest noch der Hinweis erfolgen, dass in der im Antrag bezeichneten Person kein wichtiger Grund i.S.d. § 540 Abs. 1 BGB vorliegt.

---

1 Staudinger/*Emmerich*, § 540 BGB Rz. 17 m.w.N.
2 AG Offenbach, WuM 1994, 537; vgl. auch *Sternel*, Mietrecht aktuell, VI Rz. 170.

Erhebt der Vermieter während des Prozesses **Leistungs-(Wider-)Klage** auf Zahlung der rückständigen Miete, muss die Feststellungsklage spätestens in der mündlichen Verhandlung in der Hauptsache für erledigt erklärt werden (vgl. *Rz. 77*). 90

Soll das Prozessrisiko für den Mandanten gering gehalten werden, kann ihm empfohlen werden, die **Miete unter Vorbehalt** weiter zu zahlen und nur die Miete bzw. den entsprechenden Anteil, den der Untermieter zahlen wollte, für ein oder zwei Monate zurückzuverlangen. 91

(4) Gebühren

(a) Beratung und Klage bei Ausübung des Kündigungsrechts

Für die Tätigkeit bis zur **Ausübung des Kündigungsrecht** ist nach richtiger Auffassung die dreifache Jahresmiete (vgl. *N Rz. 491*) zugrunde zu legen, sofern die streitige Zeit gemäß § 41 Abs. 1 GKG nicht kürzer ist. 92

Zu dem anschließenden Klageverfahren bildet diese Tätigkeit eine **besondere Angelegenheit** i.S.d. § 16 ff. RVG. Wird eine **Feststellungsklage** erhoben, handelt es sich um eine negative Feststellungsklage, für die gemäß § 41 Abs. 1 GKG ebenfalls die Jahresmiete (vgl. *N Rz. 454*) anzusetzen ist. Denn bei der negativen Feststellungsklage ist wegen der vernichtenden Wirkung eines obsiegenden Urteils der Streitwert so hoch zu bewerten wie der Anspruch, dessen sich der Gegner berühmt[1]. 93

Erhebt der Vermieter in den beschriebenen Situationen Leistungs**widerklage**, erfolgt grundsätzlich keine Erhöhung des Streitwertes, soweit sie sich auf den gleichen Streitgegenstand beziehen (§ 45 Abs. 1 S. 3 GKG). Dies könnte in dem beschriebenen Verfahren lediglich gegenüber dem Schadensersatzanspruch zweifelhaft sein. Der Streitwert des Schadensersatzanspruches selbst bemisst sich nach der Höhe des Schadens. Eine Feststellungsklage in diesem Fall würde streitwertmäßig nach dem möglichen Schaden abzügl. 20 % berechnet[2]. 94

(b) Beratung und Klage auf Zustimmung der Untervermietung

Wie sich der **Streitwert** für diese Tätigkeit des Rechtsanwalts ermittelt, wird nicht einheitlich beurteilt. Für den vergleichbaren Fall des Verfahrens auf Erteilung der Erlaubnis nach § 553 BGB hat das LG Bad Kreuznach[3] entschieden, dass in entsprechender Anwendung des § 41 GKG der Jahreswert des vom Mieter angebotenen Untermietzuschlages für die Streitwertbemessung maßgeblich sein soll. Dem ist das LG Hamburg[4] im Prinzip gefolgt, hat jedoch den dreifachen Jahresbetrag des gemäß § 26 Abs. 3 NMV 95

---

1 Zöller/*Herget*, § 3 ZPO Rz. 16 „Feststellungsklagen".
2 Zöller/*Herget*, § 3 ZPO Rz. 16 „Feststellungsklagen".
3 LG Bad Kreuznach, WuM 1989, 433.
4 LG Hamburg, MDR 1992, 577.

zulässigen Untermietzuschlages von 5 Euro zugrunde gelegt. Demgegenüber stellt das LG Kiel[1] gemäß § 3 ZPO auf den **Jahresbetrag der Mietentlastung ab**.

96 Sowohl für den Fall des § 540 Abs. 1 BGB wie auch den des § 553 BGB ist der Auffassung des LG Kiel zu folgen. Der Untermietzuschlag stellt ein zusätzliches Entgelt des Vermieters für eine zusätzliche Abnutzung dar. Für die Bemessung des Streitwertes ist jedoch auf das Interesse des Klägers abzustellen. Dessen Interesse wird nicht durch eine zusätzliche Abnutzung oder das dafür zu entrichtende Entgelt bestimmt, sondern durch eine Mietentlastung. Selbst im Falle des § 553 BGB, in dem wirtschaftliche Interessen nicht im Vordergrund stehen, sondern z.B. die Teilung der Kosten der Haushaltsführung, lässt sich das Interesse messen. Deshalb ist in jedem Falle auf die **Entlastung des Mieters** abzustellen.

97 Im Hinblick darauf sollte im **Beratungsgespräch** auch nach den finanziellen Auswirkungen, die sich der Mandant von der Untervermietung erhofft, gefragt werden und diese der Streitwertangabe in der Klageschrift bzw. der Kostenrechnung zugrunde gelegt werden, und zwar mit ihrem Jahresbetrag.

98 Bezüglich der Gebühren im Übrigen ergeben sich keine Besonderheiten (vgl. *N Rz. 83 ff.*).

bb) Vermieterberatung

(1) Das Beratungsgespräch

99 Trägt der Mieter seinen Wunsch zur Untervermietung an den Vermieter heran, muss zunächst entschieden werden, ob für den Vermieter ein **Erklärungsbedarf** besteht. Hat der Mieter lediglich mitgeteilt, dass er eine Untervermietung durchführen will, besteht für den Mandanten kein Anlass, hierauf zu reagieren. Ihm drohen keine Konsequenzen, da das Kündigungsrecht nach § 540 Abs. 1 S. 2 BGB grundsätzlich nur ausgeübt werden kann, wenn die Person des Untermieters konkretisiert wird[2].

100 Liegt eine Anfrage vor, ob der Vermieter generell mit einer Untervermietung einverstanden ist, ist **Vorsicht geboten**. Denn arbeitet der Mieter z.B. mit der oben (*Rz. 52*) dargestellten Unterstellung, ist dies ein deutliches Indiz dafür, dass er die Voraussetzungen des § 540 Abs. 1 S. 2 BGB schaffen will. Um dieses Vorhaben zu unterlaufen, kann dem Mieter mitgeteilt werden, dass generelle Einwände gegen eine Untervermietung nicht bestehen; die endgültige Entscheidung jedoch von der konkreten Person des Untermieters abhängig gemacht werden soll. Damit hat sich der Vermieter die Möglichkeit offen gehalten, einen konkreten Untermieter ggf. aus wichtigen Gründen abzulehnen.

---

[1] LG Kiel, WuM 1995, 320.
[2] OLG Celle, NZM 2003, 396 = ZMR 2003, 344.

Wird dagegen ein **konkreter Untermiet-Interessent** benannt, muss ermittelt werden, ob es sich dabei um einen **Dritten** i.S.d. § 540 BGB handelt (vgl. *Rz. 41 f.*) und wie sich die Interessenlage des Mandanten darstellt. Will der Mandant das Objekt selbst nutzen, besteht die konkrete Aussicht, dass Mietobjekt alsbald zu einer höheren Miete weiter zu vermieten oder würde eine Kündigung des Mieters den Interessen des Vermieters aus anderen Gründen (z.B. Verkauf, Umbau etc.) entgegenkommen, sollte die Untervermietung verweigert werden, um die **Kündigungsmöglichkeit** des Mieters zu **provozieren**. Selbstverständlich sollten diese Gründe dem Mieter nicht mitgeteilt werden, um zu vermeiden, dass er versucht, daraus, z.B. durch Vereinbarung einer Abfindung, Kapital zu schlagen. Erst wenn der Mieter nach geraumer Zeit sich mit seinem Vorhaben nicht mehr meldet, kann versucht werden, mit ihm zu einer einvernehmlichen Auflösung zu gelangen. 101

Ist eine solche Interessenlage nicht gegeben, sollte überprüft werden, ob der Dritte überhaupt einen Nutzungswunsch hat[1]. Bei **Verwandten** sind regelmäßig Zweifel an der Ernsthaftigkeit angebracht. Im Übrigen muss überprüft werden, ob der **Anspruch einwandfrei geltend gemacht** wurde[2]. Dazu kann der Vermieter sowohl im Rahmen des § 540 BGB als auch bei der Prüfung der Voraussetzungen des § 553 BGB verlangen, dass ihm der Mieter den Untermietinteressenten benennt und – auf Nachfrage – nähere Angaben zur Person macht. Der Umfang der Mitteilungspflicht ist im Einzelnen umstritten[3]. Richtigerweise muss der Vermieter aber ermitteln können, ob der potentielle Untermieter z.B. als streitsüchtig bekannt ist oder andere Umstände vorliegen, die einen **wichtigen Grund** in der Person des Untermieters darstellen können. Dazu kann der Vermieter Auskunft insbesondere über die **persönlichen Daten** verlangen (vgl. dazu *Rz. 47*), da er ansonsten nicht ermitteln kann, ob ein wichtiger Grund vorliegt. 102

Als **wichtige Gründe** kommen in Betracht:
- eine Erweiterung[4] oder sonstige Änderung des Verwendungszwecks[5];
- der Betrieb eines anstößigen Gewerbes[6];
- Untervermietung gewerblich genutzter Räume als Wohnung[7];
- Unterbringung von Asylanten[8];
- die Untervermietung eines Supermarktes an eine Spielhalle[9];

---

1 BGH v. 11.11.2009 – VIII ZR 294/08.
2 Vgl. dazu *Sternel*, Mietrecht aktuell, VI Rz. 175.
3 Vgl. *Lützenkirchen*, MietRB 2004, 93, 95.
4 OLG Düsseldorf v. 2.8.2007 – I-10 U 148/06, GuT 2008, 122 = ZMR 2008, 783.
5 BGH, NJW 1984, 1032; KG v. 11.10.2008 – 8 U 34/07, GE 2008, 1626; OLG Nürnberg, WuM 1967, 202; OLG Köln, WuM 1997, 620.
6 BGH, NJW 1984, 1032; LG Frankfurt/Main, MDR 1967, 216.
7 OLG Koblenz, MDR 1986, 496.
8 LG Berlin, GE 1984, 51, 53.
9 OLG Celle, OLGZ 1990, 88, 94.

- die völlige Veränderung der Branche des in den Räumen betriebenen Geschäftes[1];
- Konkurrenz des Gewerbes des Untermieters für den Vermieter oder anderen Mieter[2];
- erhöhte Abnutzung der Mietsache durch eine Vielzahl von Untermietern an Stelle eines Mieters[3];
- persönliche Feindschaft zwischen Untermieter und Vermieter oder anderen Mietern[4];
- Besorgnis der Belästigung der übrigen Hausbewohner[5];
- die Zahlungsunfähigkeit des Untermieters[6];
- erwiesene mangelnde Zahlungsmoral in der Vergangenheit[7];
- Beruf des Untermieters (Klavierlehrer, Berufsposaunist, Schlagzeuger, Sänger, Nachtarbeiter)[8];
- unsittlicher Lebenswandel[9];
- sonstige Eigenschaften des Untermieters (Trinker, Drogenabhängiger, entlassener Serienstraftäter, chronisch Kranker, Pflegebedürftiger)[10];
- fehlende Wohnberechtigung hinsichtlich einer öffentlich geförderten oder mit Wohnungsfürsorgemitteln geförderten Wohnung[11].

103 Liegt keines der Beispiele vor, ist zu prüfen, ob die Überlassung des Gebrauchs der Sache an den benannten Dritten aus anderen Gründen **unzumutbar** ist. Dazu müssen **Schädigungen** oder **Störungen** drohen[12]. Ergeben sich aus der Mitteilung des Mieters keine Anhaltspunkte über das Vorliegen eines wichtigen Grundes, kann nicht ausgeschlossen werden, dass auch tatsächlich solche nicht bestehen. Deshalb sollte, wenn kein persönliches Gespräch mit dem Untermieter geführt werden soll, der Mieter aufgefordert werden, Auskunft über die Person zu erteilen. Hierzu sollten konkrete Fragen formuliert werden, aus denen sich der Mandant – ebenso wie in einem persönlichen Gespräch – ein Bild über die Person verschaffen kann.

104 Daneben sollte dem Mandanten empfohlen werden, sich über die Person des Dritten anderweitig zu **erkundigen**. Neben einer Kontaktaufnahme zum bisherigen Vermieter ergeben sich insoweit Möglichkeiten durch die allgemeinen Auskunftsquellen (Auskunfteien, Banken etc.). Insoweit steht

---

1 LG Nürnberg-Fürth, WuM 1991, 344; OLG Köln, DWW 1997, 121.
2 BGH, ZMR 1982, 11; LG Oldenburg, NJW-RR 1989, 81.
3 KG, DR 1940, 1430; OLG Königsberg, GE 1941, 340.
4 Staudinger/*Emmerich*, § 540 BGB Rz. 22.
5 LG Bamberg, WuM 1974, 197.
6 Soergel/*Heintzmann*, § 569a BGB Rz. 11.
7 *Köhler/Kossmann*, § 28 Rz. 4; **a.A.** Staudinger/*Emmerich*, § 540 BGB Rz. 23.
8 *Lützenkirchen*, WuM 1990, 413.
9 *Blank* in Schmidt-Futterer, B 81.
10 *Köhler/Kossmann*, § 28 Rz. 4.
11 LG Koblenz, WuM 1987, 201.
12 Staudinger/*Emmerich*, § 540 BGB Rz. 21.

dem Mandanten eine angemessene **Prüfungszeit** im erforderlichen Umfang zur Verfügung[1].

Ergibt sich danach ein **wichtiger Grund**, kann die Erlaubnis versagt werden. Dazu reicht es aus, zunächst lediglich die Versagung der Erlaubnis mitzuteilen. Besteht die Besorgnis, dass der Mieter trotz des Verbots die Untervermietung durchführt, kann er unter Fristsetzung aufgefordert werden zu bestätigen, dass er sich vertragsgerecht verhält und die Räume nicht an den Dritten überlässt. Damit kann u.U. eine vorbeugende Unterlassungsklage (ggf. einstweilige Verfügung) vorbereitet werden.

105

Wird der Mandant aufgefordert, die Versagung der Erlaubnis zu **begründen**, wozu er verpflichtet sein soll[2], sollte der Text wohl abgewogen werden, um zu vermeiden, dass der Mieter oder der Untermietinteressent brüskiert werden und das Problem des Nachschiebens von Gründen entsteht (vgl. *J Rz.* 85).

106

Ergeben sich kein wichtiger Grund und aus der Interessenlage des Mandanten keine generellen Bedenken gegen eine Untervermietung, müssen **die Risiken der Untervermietung** mit dem Mandanten erörtert werden. Da zwischen Vermieter und Untermieter keine vertraglichen Beziehungen bestehen, muss Vorsorge hinsichtlich möglicher Schäden des Mandanten getroffen werden. Mit Rücksicht auf die **Haftung des Mieters** für den Untermieter gem. § 540 Abs. 2 BGB ergeben sich die Risiken im Wesentlichen daraus, dass die Person des Mieters und seine wirtschaftliche Entwicklung nicht mehr in gleicher Weise beobachtet werden können wie bei einer Nutzung der Mietsache durch ihn selbst. Insbesondere können Schwierigkeiten entstehen, den Mieter in der Zukunft ausfindig zu machen, weil er z.B. einen Wohnungswechsel ins Ausland vornimmt. Um dieses Risiko zu vermeiden, kann eine **Abtretung** der Ansprüche aus dem Untermietverhältnis vereinbart werden, wobei gleichzeitig geregelt werden sollte, dass der Vermieter berechtigt ist, alle Ansprüche aus dem Mietvertrag auch gegen den Untermieter geltend zu machen (z.B. Betriebskostenabrechnung, Mieterhöhung, Renovierung etc.).

107

Die wirksame **Formulierung einer Abtretungserklärung** kann jedoch problematisch sein[3]. Denn werden mehrere Forderungen derart im Voraus abgetreten, dass der Umfang dieser Forderungen mit dem Umfang der zu sichernden Forderung verknüpft ist, so muss dem Abtretungsvertrag genau und für jeden Stand der zu sichernden Schuld zu entnehmen sein, welche der abgetretenen Forderungen mit welchem Betrag jeweils auf den neuen Gläubiger übergegangen ist[4]. Darüber hinaus sollte klargestellt werden, unter welchen Voraussetzungen der Vermieter berechtigt sein soll, von der

108

---

1 OLG Düsseldorf v. 2.8.2007 – I-10 U 148/06, GuT 2008, 122 = ZMR 2008, 783.
2 Staudinger/*Emmerich*, § 540 BGB Rz. 17.
3 Vgl. OLG Hamburg, WuM 1999, 278 m.w.N.; OLG Celle, WuM 1990, 103, 105.
4 BGH, BGHZ 71, 75, 78; BGH, WM 1970, 848.

Abtretung Gebrauch zu machen, weil ansonsten die Voraussetzung der Verwertungsbefugnis nicht eindeutig bestimmt ist[1].

109 Damit bleibt nur noch das Risiko, dass der Mieter, z.B. bei einem vertragswidrigen Verhalten des Untermieters, nicht mehr abgemahnt oder ihm ggf. eine Kündigung zugestellt werden kann, wenn der Mieter seinen **Wohnsitz ins Ausland** verlegt. Für diesen Fall können die Parteien vereinbaren, dass ein Zustellungsbevollmächtigter im Inland benannt wird, wobei dem Vermieter selbstverständlich immer noch die Möglichkeit einer öffentlichen Zustellung gem. § 132 Abs. 2 BGB bleibt.

110 Bei der weiteren Beratung über die Zustimmung zur Untervermietung muss der Rechtsanwalt **vermeiden**, Empfehlungen für den konkreten Untermieter auszusprechen. Denn ergeben sich später (ggf. vorhersehbare) Schwierigkeiten bei der Abwicklung des Mietvertrages durch den Untermieter, wird der Mandant dafür den Rechtsanwalt verantwortlich machen. Es ist ein weitverbreitetes Phänomen, dass für Entscheidungen, die man nachträglich bereut, immer ein Schuldiger gesucht wird. Dies gilt erst recht, wenn ein Dritter bei der Entscheidung mitgewirkt hat. Hierdurch kann nicht nur eine Trübung des Mandatsverhältnisses eintreten. Deshalb sollte sich der Rechtsanwalt darauf beschränken, die Entscheidungskriterien, die für die Abwägung des Mandanten maßgeblich sind, darzustellen.

111 Schließlich muss der Mandant darüber aufgeklärt werden, dass er die einmal erteilte Genehmigung zur Untervermietung nur bei entsprechendem **Vorbehalt** oder aus wichtigem Grund[2] widerrufen kann. Zur Erleichterung dieses Rechts sollte daher die Erlaubnis nicht nur schriftlich, sondern auch unter dem jederzeitigen Widerrufsvorbehalt erteilt werden.

112 Bei einer **vollständigen Beratung** sollte der Vermieter darauf aufmerksam gemacht werden, dass der Mieter im Falle der Verweigerung der Untervermietung nicht nur das Kündigungsrecht nach § 540 Abs. 1 S. 2 BGB (ggf. auch nach § 543 Abs. 2 Nr. 1 BGB) ausüben kann, sondern der **Vermieter** einer trotz Verweigerung der Erlaubnis durchgeführten Untervermietung durch den **Unterlassungsanspruch** nach § 541 BGB oder einer **Kündigung** nach § 543 Abs. 2 Nr. 2 BGB begegnen kann. Erst wenn dieses Szenario vollständig dargestellt wurde, hat der Mandant eine ausreichende Entscheidungsgrundlage. Die Frage „wie würden Sie entscheiden" sollte dabei jedoch unbeantwortet bleiben. Hier sollte pro und contra abgewogen werden mit dem Hinweis, dass es im Ergebnis die Entscheidung des Mandanten ist.

(2) Prozessuales

(a) Der Mieter hat die Kündigung erklärt

113 Die Kündigung nach § 540 Abs. 1 S. 2 BGB wirkt bei der **Wohnraummiete** mit einer Frist von 3 Monaten (vgl. § 573d BGB). Bei **Gewerberaum** ist ge-

---

1 BGH, BGHZ 108, 98 ff., 105 f.
2 BGH, BGHZ 89, 308, 315.

mäß § 580a Abs. 4 BGB der § 580a Abs. 1 Nr. 3 BGB maßgeblich. Ist die Kündigung nach Auffassung des Rechtsanwalts unwirksam, weil ein wichtiger Grund nicht vorliegt oder die formellen Voraussetzungen der Kündigung nicht erfüllt sind, besteht die Möglichkeit einer (negativen) **Feststellungsklage**.

Das **Rechtsschutzbedürfnis** dieser Klage ist unproblematisch. Denn der Mieter berühmt sich eines Rechts[1]. Deshalb kann die Feststellungsklage ohne das Kostenrisiko des § 93 ZPO spätestens erhoben werden, wenn der Mieter auf die mit einer Fristsetzung verbundene Aufforderung, die Unwirksamkeit der Kündigung zu bestätigen, nicht reagiert. 114

Zwar wird die Feststellungsklage **unzulässig**, sobald Leistungsklage erhoben werden kann[2]. Dies ist spätestens der Fall, wenn der Mieter nach Ablauf der Kündigungsfrist die Mietzahlungen einstellt. Indessen kann durch die negative Feststellungsklage eine **Beschleunigung** des Verfahrens erreicht werden. Das Interesse des Vermieters ist darauf gerichtet, so schnell wie möglich zu erfahren, ob der Mieter weiterhin die Miete schuldet oder ob er sich ernsthaft nach einem neuen Mieter umsehen muss[3]. Wird mit der Einleitung des Verfahrens abgewartet, bis der Mieter die Mietzahlungen einstellt, kann wichtige Zeit verloren gehen. Ist die negative Feststellungsklage erhoben, kann im Wege der **Klageänderung** (§ 264 Ziff. 2 ZPO)[4] die Leistungsklage erhoben werden, ohne dass ein Zeitverlust droht. 115

Bei dieser negativen Feststellungsklage muss der Mietvertrag sowie die Kündigung des Mieters vorgetragen werden. Wurde die Untervermietung wegen eines wichtigen Grundes in der Person des Dritten abgelehnt, sollten die Umstände, die den wichtigen Grund rechtfertigen, bereits in der Klageschrift vollständig und substantiiert vorgetragen werden. Der **Antrag** kann lauten: 116

festzustellen, dass das Mietverhältnis der Parteien über die Wohnung im 1. Obergeschoss rechts des Hauses Luxemburger Str. 101, 50937 Köln, trotz der Kündigung des Beklagten vom 20.2.2003 unverändert fortbesteht. 117

(b) Vorbeugende Unterlassungsklage

Solange der Mieter keine Klage auf Zustimmung zur Untervermietung erhebt, kommt für den Vermieter eine **Unterlassungsklage** nach § 541 BGB in Betracht. Dies setzt allerdings voraus, dass eine konkrete Untervermietung bereits stattfindet und eine **Abmahnung** erfolgt ist (vgl. dazu unten J Rz. 266 f.). 118

---

1 Vgl. dazu Zöller/*Greger*, § 256 ZPO Rz. 7.
2 Zöller/*Greger*, § 256 ZPO Rz. 7a.
3 Vgl. hierzu auch: LG Braunschweig, WuM 1998, 220.
4 BGH, NJW 1992, 2296.

119 Gemäß § 541 BGB kann der Vermieter erst nach Abmahnung einen vertragswidrigen Gebrauch durch eine Unterlassungs- oder Beseitigungsklage ahnden. Ausnahmsweise ist jedoch eine **vorbeugende Unterlassungsklage** möglich, wenn Eingriffe bereits stattgefunden haben und die Besorgnis ihrer Wiederholung besteht[1].

120 Hat der Mieter sich bereits **in der Vergangenheit** über Verbote des Vermieters hinweggesetzt und wurde die Versagung der Untervermietungserlaubnis mit einer Aufforderung verbunden, die Untervermietung zu unterlassen, liegt das rechtswidrige Handeln des Mieters in „greifbarer Nähe", so dass zur Vermeidung eines Schadens für alle Beteiligten eine vorbeugende Unterlassungsklage zulässig ist. Insoweit kann gleichzeitig auch eine **einstweilige Verfügung** beantragt werden (vgl. Rz. 33), um den Erfolg der Unterlassungsklage zu sichern. Hier muss allerdings zusätzlich geprüft werden, ob ein Verfügungsgrund vorliegt.

(3) Gebühren

121 Hinsichtlich der Gebühren, die im Rahmen der **Beratung** entstehen, ergeben sich keine Unterschiede zur Mieterseite. Hier ist bei der Streitwertbemessung die (möglicherweise zu schätzende) Entlastung des Mieters anzusetzen (vgl. Rz. 95).

122 Bei der **negativen Feststellungsklage** ist das Bestehen eines Mietverhältnisses im Streit, so dass gemäß § 41 Abs. 1 GKG die Jahresmiete (vgl. N Rz. 539 f.) anzusetzen ist.

123 Bei der **vorbeugenden Unterlassungsklage** muss gemäß § 3 ZPO das Abwehrinteresse des Vermieters bewertet werden[2]. Die zu erwartende Beeinträchtigung des Vermieters einzuschätzen ist in den gegebenen Situationen schwierig. Denn es geht ihm in erster Linie nicht darum, eine höhere Abnutzung seiner Wohnung zu vermeiden, so dass ein Untermietzuschlag ggf. nach § 26 NMV als Orientierung dienen kann. Vielmehr besteht in der Person des Untermietinteressenten ein wichtiger Grund, der den Vermieter zur Versagung der Untervermietungserlaubnis bewegt hat. Deshalb sollte darauf abgestellt werden. Liegt z.B. die Besorgnis vor, dass andere Hausbewohner belästigt werden, kann das Interesse des Vermieters dadurch bestimmt werden, dass er Minderungsrechte Dritter vermeiden will. Hier könnten z.B. 10 % der Jahresmiete der anderen Mieter angesetzt werden.

b) Gebrauchsüberlassung i.S.v. § 553 BGB

124 Für Wohnraummietverhältnisse bestimmt diese Vorschrift einen **Anspruch des Mieters auf Zustimmung** des Vermieters zur Gebrauchsüberlassung an

---

1 LG München I, ZMR 1962, 272.
2 *Schneider*, Streitwert-Kommentar, Rz. 3114a.

Dritte, wenn sich der Mieter auf ein **berechtigtes Interesse**, das **nach Abschluss des Mietvertrages** entstanden ist, berufen kann[1].

aa) Mieterberatung

(1) Das Beratungsgespräch

Eine unberechtigte Gebrauchsüberlassung i.S.v. § 553 Abs. 1 BGB kann grundsätzlich das Kündigungsrecht des Vermieters nach § 543 Abs. 2 Nr. 2 BGB begründen[2]. Im Rahmen des § 543 Abs. 2 Nr. 2 BGB muss jedoch eine erhebliche Pflichtverletzung gegeben sein. Daran kann das Kündigungsrecht des Vermieters scheitern, wenn der Mieter einen **Anspruch auf Erlaubnis** hat, den er sogar noch im Prozess vortragen kann[3]. Im Hinblick darauf besteht der weit verbreitete **Irrtum**, dass der Mieter den Vermieter in den Fällen des § 553 Abs. 1 BGB nicht mehr um Erlaubnis zur Gebrauchsüberlassung ersuchen muss. Dabei wird übersehen, dass eine nicht nachgefragte Erlaubnis eine Vertragsverletzung ist, die auch den Kündigungstatbestand des § 573 Abs. 2 Ziffer 1 BGB begründen kann[4]. Gerade wegen der weitreichenden Konsequenzen der Gebrauchsüberlassung insbesondere im Hinblick auf § 563 BGB muss der Mieter vor der Aufnahme des Dritten den Vermieter um Zustimmung bitten und bei (unberechtigter) Verweigerung im Zweifel klagen (§ 894 ZPO)[5].

125

Vor diesem Hintergrund sollte die Beratung des Mandanten immer mit dem **Ziel** geführt werden, die **Erlaubnis einzuholen** oder, wenn die (teilweise) Gebrauchsüberlassung an den Dritten bereits stattgefunden hat, die Situation so schnell wie möglich zu legalisieren.

126

Bei **gemischten Mietverhältnissen**, die also teilweise gewerbliche und teilweise Wohnraumnutzung vorsehen, kann die Anwendbarkeit des § 553 BGB problematisch sein. Hier ist nach der **Übergewichtstheorie** zu prüfen, inwieweit die Regelungen über Wohnraummietverhältnisse anwendbar sind (vgl. *B Rz. 96*)[6].

127

Alsdann ist im nächsten Schritt zu untersuchen, ob die aufzunehmende Person ein **Dritter** i.S.d. § 553 BGB ist, was sich nach den gleichen Maßstäben wie bei § 540 BGB beurteilt (vgl. dazu *Rz. 41 f.*).

128

Gehört der Kandidat des Mieters nicht zu diesem privilegierten Personenkreis, muss das **berechtigte Interesse** untersucht werden. Dafür genügen einleuchtende wirtschaftliche oder persönliche Gründe, die **nach Abschluss des Mietvertrages** entstanden sind[7]. Bei dieser Überprüfung ist immer auf

129

---

1 Vgl. dazu *Sternel*, Mietrecht aktuell, VI Rz. 163.
2 OLG Hamburg, RES BDI, § 553 BGB Nr. 1.
3 BayObLG, WuM 1991, 18; *Pauly*, ZMR 1995, 574 m.w.N.
4 BayObLG, WuM 1995, 380; AG Köln in *Lützenkirchen*, KM 6 Nr. 13.
5 BGH, WuM 2003, 688.
6 *Reinstorf* in Bub/Treier, II Rz. 105 m.w.N.
7 OLG Hamm, NJW 1982, 2876; *Ossenforth* in Schmid, 12–17.

den Einzelfall abzustellen, so dass eine generelle Betrachtung nicht angezeigt ist[1]. Als **berechtigte Interessen** kommen insbesondere in Betracht:

130 **Berechtigte Interessen des Mieters**
- die Verkleinerung der Familie durch den Tod oder den Auszug einzelner Familienangehöriger[2];
- die Trennung von Eheleuten[3];
- wenn der Mieter auf Grund einer nachträglichen Verringerung seiner Einkünfte auf die Untervermietung aus finanziellen Gründen angewiesen ist (zu unterscheiden von dem Fall, dass der Mieter bloß die Absicht zur Erzielung zusätzlicher Einnahmen hat)[4];
- der Auszug eines Mitmieters, so dass der Mieter allein in der Wohnung verbleibt[5];
- die Schwangerschaft einer berufstätigen Mieterin[6];
- Heiratsabsichten des Untermieters, der den hochbetagten Mieter pflegt[7];
- Aufnahme eines in Not geratenen Familienangehörigen[8];
- Aufnahme des Lebenspartners, auch eines solchen gleichen Geschlechts[9].

131 **Kein berechtigtes Interesse** begründen regelmäßig folgende Umstände:
- vorübergehender Aufenthalt in einer anderen Stadt, damit die Mietwohnung während der Abwesenheit nicht leer steht[10];
- Abwesenheit des Mieters während eines längeren Urlaubs verbunden mit dem Wunsch, wirtschaftliche Vorteile durch eine Untervermietung zu erzielen[11];
- die dauerhafte Aufnahme der eigenen Eltern[12].

132 Zur Ermittlung des Interesses sollte der Mandant nach seinen Lebensumständen, der Größe der Wohnung, seinen Einkommensverhältnissen,

---

1 BayObLG, ZMR 1995, 301.
2 AG Friedberg, WuM 1981, 231; AG Tiergarten, GE 1987, 523.
3 LG Frankfurt/Main, WuM 1981, 39; AG Hamburg, WuM 1985, 87; LG Berlin, WuM 1987, 221; LG Berlin, GE 1986, 505.
4 OLG Hamburg, WuM 1993, 737; LG Hamburg, WuM 1994, 203; LG Landau, WuM 1989, 510; LG Berlin, GE 1992, 985, 987; LG Berlin, GE 1993, 651; LG Berlin, WuM 1993, 344, 345; AG Neukölln, GE 1984, 1083.
5 LG Berlin, NJW-RR 1990, 457.
6 LG Berlin, GE 1985, 479.
7 AG Hamburg-Blankenese, WuM 1985, 88; AG Tiergarten, WuM 1985, 88.
8 *Ossenforth* in Schmid, 12–21.
9 BGH, BGHZ 92, 213, 218; OLG Hamm, NJW 1992, 513; LG Berlin, GE 1988, 143; LG Berlin, GE 1991, 571; AG Aachen, NJW-RR 1991, 1112; LG Hamburg, WuM 1989, 510; AG Fürth, WuM 1991, 32.
10 LG Berlin, MDR 1982, 850; LG Hamburg, WuM 1994, 536; vgl. aber BGH, WuM 2006, 147 = ZMR 2006, 261.
11 LG Berlin, WuM 1996, 762.
12 BayObLG, WuM 1997, 603.

den persönlichen Daten des Dritten etc. befragt werden (vgl. zum Umfang der Auskunft Rz. 47). Ergeben sich danach Umstände, die **nach Abschluss des Mietvertrages entstanden** sind und ein berechtigtes Interesse begründen können, kann der Vermieter unter Darstellung der Gründe um die Erlaubnis gebeten werden. Dies sollte **schriftlich** und mit Fristsetzung erfolgen, um ggf. nachweisen zu können, dass um die Erlaubnis nachgesucht wurde, und um Missverständnisse bei der Darstellung des berechtigten Interesses zu vermeiden. Abgesehen davon kann der Vermieter ein ohne Begründung vorgetragenes Gesuch ohne nachteilige Konsequenz für sich zurückweisen.

Um eine prozessuale Auseinandersetzung zu vermeiden, kann es sinnvoll sein, das berechtigte Interesse des Mieters und dessen nachträgliche Entstehung schon im außergerichtlichen Bereich **glaubhaft zu machen**. Soll z.B. ein Lebensgefährte oder Freund in die Wohnung aufgenommen werden, sollte dessen Bestätigung mit seinen persönlichen Daten (Vorname, Name, Geburtsdatum, Berufsstand) beigefügt werden. Schwangerschaften können durch eine Kopie des Mutterpasses glaubhaft gemacht werden, veränderte wirtschaftliche Verhältnisse durch entsprechende Belege (z.B. Gehalts- oder Lohnabrechnung). 133

Zuvor sollte mit dem Mandanten noch diskutiert werden, ob in der Person des Dritten ein **wichtiger Grund** (vgl. Rz. 102) vorliegen könnte, der den Vermieter ausnahmsweise zur Versagung der Erlaubnis berechtigt. Häufig lassen sich hier keine eindeutigen Feststellungen treffen. Da es sich bei dieser Nachfrage jedoch um eine reine Vorsichtsmaßnahme handelt, um das Prozessrisiko für den Mandanten besser bewerten zu können, brauchen etwaige Erkenntnisse nicht in dem Gesuch mitgeteilt werden. Ergeben sich Anhaltspunkte dafür, dass möglicherweise ein wichtiger Grund vorliegt, sollte jedoch überlegt werden, wie einer Ablehnung durch den Vermieter vorgebeugt werden kann. Hier ergeben sich vielerlei Möglichkeiten. Neben Verhaltensmaßregeln, deren Einhaltung versprochen werden kann, kann es immer wirkungsvoll sein anzudeuten, dass der Mandant eine Mieterhöhung im Rahmen einer Vereinbarung über die Genehmigung der Gebrauchsüberlassung akzeptieren wird. Zunächst sollte das Gesuch jedoch so **formuliert** werden, dass die Umstände, die den wichtigen Grund rechtfertigen können, nicht offen zutage treten. 134

Schließlich muss der Mandant darauf hingewiesen werden, dass der Vermieter grundsätzlich die Erlaubnis von der Erhebung eines **Untermietzuschlages** abhängig machen kann, was jedoch praktisch kaum Relevanz hat und im preisgebundenen Wohnraum auf einen Betrag von 2,50 Euro bzw. 5 Euro monatlich beschränkt ist (vgl. § 26 Abs. 3 NMV). Allerdings soll es zulässig sein, bereits im Mietvertrag einen Untermietzuschlag zu vereinbaren, wenn die Wohnung an eine Einzelperson vermietet wurde und durch die Untervermietung eine 100 %ige Steigerung der Nutzung eintritt[1]. 135

---

1 LG Köln, WuM 1990, 219; **a.A.** LG Mainz, WuM 1982, 191; AG Langenfeld/Rhld., WuM 1992, 477.

(2) Prozessuales

136 Wird die Erlaubnis nicht erteilt, kann auf deren Erteilung geklagt werden. Dies macht jedoch nur Sinn, solange der Dritte **noch nicht** in die Wohnung **eingezogen** ist. Je nach Dringlichkeit der Gründe kann der Mieter nicht bis zum Abschluss dieses Prozesses warten. Auch wenn die unberechtigte Versagung eine **positive Vertragsverletzung** darstellt[1], ist dem Mandanten mit einem Schadensersatzanspruch in der Regel nicht geholfen. Kann der Mieter ausnahmsweise den Ausgang eines Prozesses abwarten, kann **beantragt** werden,

137 den Beklagten (Vermieter) zu verurteilen, dem Kläger die Aufnahme des Herrn Josef Müller, Venloer Str. 895, 50827 Köln, in die Wohnung im 2. OG des Hauses Luxemburger Str. 101, 50937 Köln, zu gestatten.

In der **Klageschrift** muss neben dem Mietvertrag das berechtigte Interesse substantiiert dargestellt werden, wobei darauf zu achten ist, dass die Darstellung die nachträgliche Entstehung der Gründe, die das berechtigte Interesse ergeben sollen, beinhaltet. Schließlich muss die Verweigerung bzw. mangelnde Reaktion des Vermieters erwähnt werden.

138 Hat der Mandant den Dritten **bereits** in seine Wohnung **aufgenommen**, kann zwar auch noch auf Abgabe einer Willenserklärung (nachträgliche Zustimmung = Genehmigung, § 184 Abs. 1 BGB) geklagt werden. In diesem Falle ist jedoch zu **beantragen**,

den Beklagten zu verurteilen, dem Kläger die Aufnahme des Herrn Josef Müller, Venloer Str. 895, 50827 Köln, in die Wohnung im 2. OG des Hauses Luxemburger Str. 101, 50937 Köln, zu genehmigen.

(3) Gebühren

139 Auch bei der Beratung des Mieters im Rahmen des § 553 BGB ist auf dessen **Interesse** an der Gebrauchsüberlassung abzustellen, also im Wesentlichen darauf, ob und ggf. in welcher Höhe für ihn hinsichtlich der Mietzahlung eine Entlastung eintritt (vgl. *Rz. 95*). Bei der Aufnahme eines Lebenspartners kann insoweit unterstellt werden, dass eine Entlastung in Höhe der Hälfte der Miete eintritt, so dass der halbe Jahresmietwert (vgl. *N Rz. 539 f.*) der Gebrauchsüberlassung zugrunde gelegt werden kann.

---

[1] AG Offenbach, WuM 1994, 537.

bb) Vermieterberatung

(1) Der Vermieter will die Erlaubnis nicht erteilen

Da § 553 Abs. 1 BGB einen Anspruch des Mieters auf Erlaubniserteilung regelt, ist die Verweigerung nur in **Ausnahmefällen** möglich. Dies erfordert, dass das berechtigte Interesse fehlt oder in der Person des Dritten ein wichtiger Grund vorliegt, der Wohnraum übermäßig belegt würde oder wenn sonst dem Vermieter die Überlassung nicht zugemutet werden kann[1]. Ein Erlaubnisbegehren kann daher schon deshalb zurückgewiesen werden, weil der Mieter **keine Gründe vorgetragen** hat, aus denen er ein nach Vertragsschluss entstandenes berechtigtes Interesse an der Untervermietung herleitet. Mit dieser Zurückweisung wird zumindest schon einmal Zeit gewonnen, in der der Mieter möglicherweise von seinem Vorhaben Abstand nimmt. Andererseits kann in diesen Fällen natürlich auch mit Schweigen reagiert werden. Dabei muss jedoch beachtet werden, dass der Mieter spätestens im Prozess (und hier spätestens nach der Klageerwiderung) sein berechtigtes Interesse darlegt. Ob dann noch ein sofortiges Anerkenntnis möglich ist, hängt von den Umständen des Einzelfalles ab und der Beurteilung, ob der Mieter tatsächlich nicht ausreichend im außergerichtlichen Schriftverkehr zu seinem berechtigten Interesse vorgetragen hat. 140

Legt der Mieter die Umstände, die sein **berechtigtes Interesse** begründen sollen, dar, sollte zunächst ermittelt werden, ob dem Mandanten Umstände bekannt sind, die gegen ein berechtigtes Interesse oder gegen die **nachträgliche Entstehung** der Gründe sprechen. Hat der Mieter z.B. vor Abschluss des Mietvertrages die Wohnung mit seiner Lebensgefährtin besichtigt, spricht eine Vermutung dafür, dass bereits damals der Entschluss zur Gründung einer Lebensgemeinschaft bestand, wenn er nun die Erlaubnis zur Aufnahme dieser Lebensgefährtin begehrt. Insoweit muss der Frage nachgegangen werden, ob und wie sich dieser Umstand (Zeugen) beweisen lässt. Auch bei finanziellen Gründen des Mieters sollte untersucht werden, ob und ggf. welche Erkenntnisse dem Vermieter z.B. aus einer vor Abschluss des Vertrags erteilten Selbstauskunft zur Verfügung stehen. 141

Außergerichtlich können die Bedenken hinsichtlich der nachträglichen Entstehung grundsätzlich gefahrlos gegenüber dem Mieter geäußert werden. Hier ist jedoch zu beachten, dass ein solcher Hinweis dem Mieter die Möglichkeit gibt, die Bedenken auszuräumen oder sein taktisches Vorgehen danach auszurichten. Besteht die Aussicht, dass der Mieter auf Grund einer Zurückweisung von seinem Vorhaben ablässt, weil er z.B. juristisch unerfahren ist, sollte nur pauschal der Hinweis erteilt werden, dass die gesetzlichen Voraussetzungen für eine Untermieterlaubnis nicht gegeben sind. Andernfalls sollte ins Kalkül gezogen werden, wie hoch das Risiko ist, dass der Mieter auf Erlaubniserteilung klagt oder die Aufnahme des Dritten vollzieht. Insoweit kann es auf Mieterseite beeindruckend wirken, wenn der Vermieter(-Rechtsanwalt) die Zurückweisung des Begehrens mit 142

---
1 Staudinger/*Emmerich*, § 549 BGB Rz. 79.

dem Hinweis auf die Rechtsfolgen des § 543 Abs. 2 Nr. 2 BGB verknüpft. Denn ein friedvoller Mieter wird sich nach einer anderen Wohnung umsehen, um z.B. eine Lebensgemeinschaft zu gründen, bevor er sich dem Risiko einer fristlosen Kündigung aussetzt, die auch eine Belastung seiner privaten Situation darstellt. Im Hinblick auf die Veröffentlichung in der **Tagespresse** sollte man allerdings unterstellen, dass dem Mieter bekannt ist, dass er nach § 553 Abs. 1 BGB einen Anspruch auf Erteilung der Erlaubnis hat, sofern ein nachträglich entstandenes berechtigtes Interesse vorliegt. Ergeben sich daher keine ernsthaften Zweifel am Vorliegen eines berechtigten Interesses, muss mit dem Mandanten geklärt werden, ob eine Ausnahmesituation (wichtiger Grund) gegeben ist.

143 Die Prüfung des **wichtigen Grundes** richtet sich nach denselben Kriterien wie sie oben (*Rz. 102*) dargestellt wurden. Ergänzend kommt der Tatbestand der „Überbelegung" in Betracht. Dafür ist das Verhältnis der Personenzahl der Nutzer zur Gesamtfläche der Wohnung sowie der Zahl der vorhandenen Räume maßgeblich[1]. Eine Richtschnur können dabei die Wohnungsaufsichtsgesetze der Länder bilden. Danach muss für eine Person mindestens ein Raum mit einer Nutzfläche zwischen 6 m² und 9 m² zur Verfügung stehen[2]. Allerdings müssen auch hier die weiteren Umstände des Einzelfalles berücksichtigt werden[3]. Deshalb muss in die Überlegungen der Grund für die Aufnahme ebenso einbezogen werden wie die Frage der allgemeinen Wohnungsmarktsituation. In Zeiten der Wohnraumknappheit ist der Maßstab großzügiger als bei einem Überangebot von Wohnraum anzusetzen. Besteht danach Grund zur Annahme einer Überbelegung, kann die Erlaubnis versagt werden. Der Mandant sollte jedoch (schriftlich) darauf hingewiesen werden, dass auf Grund der **Einzelfallbetrachtung** eine sichere Vorhersage für die Durchsetzbarkeit dieser Bewertung nicht gegeben werden kann.

144 **Sonstige Gründe** zur Versagung der Erlaubnis können sich aus einer **Veränderung des Verwendungszwecks** der Räume durch den Dritten[4], die **bevorstehende Beendigung** des Mietverhältnisses[5] oder die von dem Unter-

---

1 Staudinger/*Emmerich*, § 540 BGB Rz. 13 m.w.N.
2 Vgl. für Bayern: § 6 Bayerisches Wohnungsaufsichtsgesetz (mind. 10 m² Wohnfläche pro Person von mind. 6 Jahren, für jede jüngere Person mind. 6 m²; für einzelne Wohnräume: für jede Person mind. 6 m², zzgl. ausreichender Nebenräume zur Mitbenutzung); für Berlin: § 7 Wohnungsaufsichtsgesetz (für Wohnungen: mind. 9 m² Wohnfläche für jede Person, für jedes Kind bis zu 6 Jahren mind. 4 m²; für einzelne Räume: mind. 6 m² für jede Person, mind. 4 m² für jedes Kind bis zu 6 Jahren und ausreichenden Nebenräumen zur Mitbenutzung); für Hessen: § 7 des Hessischen Wohnungsaufsichtsgesetzes (für Wohnungen: mind. 9 m² für jede Person; für einzelne Wohnräume: mind. 6 m² Wohnfläche und Nebenräume zur Mitbenutzung); für Hamburg: § 7 des Hamburgischen Wohnungspflegegesetzes (mind. 10 m² pro Person, die Zahl der Bewohner soll die Zahl der Wohnräume über 6 m² Wohnfläche (ohne Küche) nicht überschreiten.
3 BGH, NJW 1993, 2528; OLG Hamm, WuM 1993, 31; LG Berlin, WuM 1987, 221, 222.
4 OLG Köln, WuM 1997, 620 m.w.N.
5 Staudinger/*Emmerich*, § 540 BGB Rz. 14.

mieter geplante **Hundehaltung** ergeben, sofern dem Mieter die Hundehaltung vertraglich verboten wurde[1]. Auch andere Umstände, die die Besorgnis der **Belästigung** der übrigen Hausbewohner begründen, können zur Versagung ausreichen[2]. Die **fehlende Solvenz** des Dritten ist nur dann ein Grund, wenn der Mieter sein berechtigtes Interesse damit begründet, dass er auf die Mietzahlungen des Dritten angewiesen sei[3].

Führt auch diese Prüfung nicht zu einer Stützung des Willens des Mandanten, sollte zunächst über das **Risiko** aufgeklärt werden, das mit einem Beharren auf der Verweigerung verbunden ist. Dieses besteht einerseits darin, dass der Mieter trotz Versagung der Erlaubnis die Gebrauchsüberlassung durchführt oder andererseits den Vermieter auf Erlaubniserteilung klageweise in Anspruch nimmt. Im ersteren Fall müsste der Vermieter (konsequenterweise) mit einer Kündigung nach § 543 Abs. 2 Nr. 2 BGB oder § 573 Abs. 2 Ziff. 1 BGB reagieren, wobei die Erfolgsaussichten mäßig sind (vgl. *J* Rz. 280 f.). Bei einer klageweisen Inanspruchnahme auf Erlaubniserteilung entsteht das durch die Gebühren bestimmte Prozessrisiko. 145

Um den Willen des Mandanten doch gerecht zu werden, können jedoch **Hindernisse** aufgebaut werden, die den Mieter davon abhalten, sein Vorhaben um- oder durchzusetzen. Gerade wenn der Mieter sein berechtigtes Interesse mit finanziellen Aspekten begründet, kann es wirksam sein, von ihm zunächst die Erfüllung seiner vertraglichen Renovierungspflicht, sofern diese fällig ist, zu verlangen. Auch das In-Aussicht-Stellen einer Mieterhöhung nach § 558 BGB oder einer Modernisierung mit anschließender Mieterhöhung nach § 559 BGB können wirksam sein. Ob der Vermieter in diesen Fällen ein Zurückbehaltungsrecht hinsichtlich der Erlaubnis ausüben kann, erscheint zweifelhaft. Dagegen sprechen dieselben Argumente wie für den Ausschluss des Zurückbehaltungsrechts des Mieters gegenüber dem Anspruch auf Zustimmung zur Mieterhöhung nach § 558 BGB[4]. Jedenfalls kann durch die Geltendmachung von Gegenansprüchen der Mieter von der Umsetzung seines Vorhabens abgehalten werden, aber auch der Untermieter, der weder Auslöser eines Streites zwischen Vermieter und Mieter sein noch in einer „streitbefangenen" Wohnung leben will, beeindruckt werden. 146

Eine Hürde kann auch dadurch aufgebaut werden, dass der **Eintritt** des Untermieters in das Mietverhältnis **verlangt** wird. Gerade wenn der Mieter eigene finanzielle Gründe anführt, kann hier ein berechtigtes Interesse des Vermieters dargelegt werden, der diesen Wunsch begründen kann. Der Untermieter, der für einen finanziell schwachen Mieter haften soll, wird sich die Sache zweimal überlegen, wenn er die Motive des Vermieters erfährt. 147

---

1 LG Berlin, MDR 1967, 405.
2 LG Bamberg, WuM 1974, 197.
3 *Grapentin* in Bub/Treier, IV Rz. 215; Staudinger/*Emmerich*, § 540 BGB Rz. 14.
4 Vgl. dazu LG Berlin, MDR 1984, 582; *Mutterer*, ZMR 1992, 185.

148 Im Übrigen kann (ausnahmsweise) an einen **Untermietzuschlag** gem. § 553 Abs. 2 BGB gedacht werden. Voraussetzung dafür ist, dass dem Mandanten die Überlassung an den Dritten ansonsten nicht zumutbar ist. Dabei ist auf die erhöhte Abnutzung abzustellen, die insbesondere bei der bisherigen Nutzung durch eine Person beachtlich ist. Höhere Zuschläge als 50 Euro sind aber kaum durchsetzbar[1]. Stimmt der Mieter einem Untermietzuschlag nicht zu, ist eine Klage auf Erlaubniserteilung abzuweisen.

(2) Der Vermieter will zustimmen

149 In diesem Fall konzentriert sich die Beratung darauf, den Vermieter **vor Schaden zu bewahren**.

Ein entsprechendes **Risiko** ergibt sich einmal aus der Person des Dritten, so dass untersucht werden muss, ob hier nicht ausnahmsweise ein wichtiger Grund vorliegt (vgl. dazu *Rz. 102*). Darüber hinaus sollte die Zustimmung so formuliert werden, dass sie jederzeit **widerrufen** werden kann[2]. Es muss also ein ausdrücklicher Widerrufsvorbehalt geregelt werden (vgl. *Rz. 111*).

150 Selbstverständlich kann auch hier geprüft werden, ob ggf. ein Untermietzuschlag oder eine sonstige **Mieterhöhung** verlangt werden kann. Rechnet der Vermieter die **Betriebskosten** nach dem Personenschlüssel ab, muss ihm erläutert werden, dass ab dem Einzug des Dritten dieser Schlüssel geändert werden muss. Dazu wird sinnvollerweise die Anzahl der Personen mit den Monaten multipliziert, in denen sie die Nutzung betrieben haben.

(a) Prozessuales

151 Das Risiko einer prozessualen Auseinandersetzung sollte auf Vermieterseite nur eingegangen werden, wenn Grund zu der Annahme besteht, dass die Argumente des Mandanten ausreichen, um einen **wichtigen Grund** i.S.d. § 553 BGB zu begründen. Dabei muss natürlich auch geprüft werden, wie sich die Beweissituation für den darlegungs- und **beweispflichtigen Vermieter**[3] darstellt.

In der Regel ergeben sich Umstände, die den wichtigen Grund rechtfertigen können, aus der Beschreibung des Mieters. Haben jedoch Erkundigungen über den Dritten stattgefunden, müssen diese offen gelegt werden. Dies kann bei vertraulichen Informationen problematisch sein.

152 Die Umsetzung der Interessen des Mandanten kann durch eine **vorbeugende Unterlassungsklage** (vgl. dazu *Rz. 118*) erfolgen, vor allem wenn der Mieter bereits in der Vergangenheit trotz der Versagung der Erlaubnis Dritte in die Wohnung aufgenommen hat. Ansonsten bleibt nur die Möglichkeit, gegen die unzulässige Gebrauchsüberlassung im Wege der **Beseiti-**

---

1 LG Mainz, WuM 1982, 191; AG Langenfeld, WuM 1992, 477.
2 Vgl. dazu Palandt/*Weidenkaff*, § 553 BGB Rz. 8.
3 *Kinne/Schach*, § 549 BGB Rz. 39.

gungs- und Unterlassungsklage bzw. der **fristlosen Kündigung nach § 543 Abs. 2 Nr. 2 BGB** (vgl. *J Rz. 280 f.*) vorzugehen.

(b) Gebühren

Insoweit ergeben sich keine Besonderheiten zu den Gebühren bei der Vermieterberatung im Rahmen des § 540 BGB (vgl. *Rz. 121 f.*). 153

3. Bauliche Veränderungen am Beispiel der Parabolantenne

Bauliche Veränderungen als solche, die die **Substanz der Mietsache** beeinträchtigen, unterfallen nicht dem Mietgebrauch. Unabhängig davon, ob der Mietvertrag sie unter einen Genehmigungsvorbehalt stellt, darf der Mieter Substanzbeeinträchtigungen nur mit Zustimmung des Vermieters vornehmen. Ausnahmen gelten insoweit, als notwendige Installationen z.B. mit Dübeln befestigt werden müssen[1]. 154

Aus den Grundsätzen, die die Rechtsprechung für die **Zulässigkeit baulicher Veränderungen** entwickelt hat, sind die Anforderungen entstanden, die in den Fällen der Installation von Parabolantennen angewendet wurden. Auch wenn wegen der Zunahme des Angebots im Kabel und der **Digitalisierung** diese Fälle mittlerweile nicht mehr so häufig auftreten, zeigen sie immer noch, mit welchen Strategien der Rechtsanwalt erfolgreich sein kann.

a) Mieterberatung

aa) Das Beratungsgespräch

Will der Mieter eine Parabolantenne (Satellitenschüssel) installieren, um einen fast unbegrenzten Fernseh-Programm-Empfang zu erhalten, muss zunächst geprüft werden, ob ein **Breitbandkabelanschluss** oder eine vergleichbare Empfangsquelle (terrestrisches Digitalfernsehen[2]) im Hause vorhanden ist. Denn in der vorliegenden Fallkonstellation müssen die Grundrechte des Mieters aus Art. 5 GG und des Vermieters aus Art. 14 GG gegeneinander abgewogen werden. Dies kann selbst dann gelten, wenn eine Gemeinschaftssatellitenanlage vorhanden ist, über die der Mieter nicht alle Heimatsender empfangen kann[3]. Die Abwägung führt bei vorhandenem Breitbandkabelanschluss o.ä. grundsätzlich zu einem Übergewicht des Interesses des Vermieters an der Unversehrtheit seines Eigentums bzw. seinem Selbstbestimmungsrecht zur optischen Darstellung des Objektes[4] Dies gilt erst recht, wenn der Anschluss mit einer **Set-Box** und **Smart-Card** ausgestattet ist, die den Empfang (ggf. weiterer) Heimatsender ermögli- 155

---

[1] LG Darmstadt, NJW-RR 1988, 80; LG Aurich, DWW 1989, 223, 225; LG Göttingen, WuM 1990, 199.
[2] Vgl. dazu BGH, ZMR 2005, 851.
[3] LG Kaiserslautern, NZM 2005, 739.
[4] OLG Naumburg, WuM 1994, 17; BVerfG, WuM 1993, 229.

chen[1], und zwar selbst dann, wenn der Mieter dafür zusätzliche Kosten in zumutbarem Umfang (hier: 8 Euro/mtl.) aufwenden muss[2].

156 Liegt diese Voraussetzung nicht vor, muss ermittelt werden, warum der Mieter die Installation einer Parabolantenne wünscht. Denn nicht jedes Interesse wird von Art. 5 GG geschützt. In der Regel führt der Mieter ein gesteigertes **Informationsinteresse** insbesondere wegen der über Satellit zu empfangenden Nachrichtensender (NBC, N-TV etc.) auf. Ein **ausländischer** Mieter wird sich darauf berufen, dass er über Satellit Heimatsender empfangen kann, so dass er Nachrichten in seiner Heimatsprache erhält und/oder seine Kinder darüber die Möglichkeit haben, ihre Heimatsprache und Kultur zu vertiefen. Dabei ist es unerheblich, wenn der Mieter gleichzeitig die deutsche Staatsangehörigkeit besitzt[3]. Der deutsche Mieter kann einen Anspruch nicht aus Art. 49 EG-Vertrag herleiten[4].

157 Ergibt sich danach ein **schutzwürdiges Interesse**, müssen die Voraussetzungen für den Zustimmungsanspruch geschaffen werden.

158 Insoweit bestehen auf Grund der ergangenen Rechtsentscheide unterschiedliche **Anforderungen**, soweit es sich um einen deutschen oder einen ausländischen Mieter handelt. Für **deutsche Mieter** hat das OLG Frankfurt/Main folgende Voraussetzungen aufgestellt[5]:
– die Antenne muss baurechtlich zulässig sein;
– sie muss von einem Fachmann installiert werden;
– die technisch geeignete Antenne muss an einem vom Vermieter bestimmten, möglichst unauffälligen Ort gesetzt werden, wo sie am wenigsten stört und wo sie zum Empfang der Sender tauglich ist;
– das Haus darf nicht über eine Gemeinschaftsparabolantenne oder über einen Breitbandkabelanschluss verfügen;
– der Mieter muss den Vermieter von allen dabei entstehenden Kosten und Gebühren freistellen.

159 Die Voraussetzungen, unter denen ein **ausländischer Bürger** die Zustimmung zur Installation verlangen kann, sind durch die Rechtsentscheide des OLG Karlsruhe[6], des OLG Hamm[7] und des OLG Stuttgart[8] festgelegt worden:

---

1 BVerfG, WuM 2005, 235 = NZM 2005, 252 = ZMR 2005, 932; BGH, NZM 2005, 335; LG Köln, WuM 2001, 235; LG Konstanz, WuM 2002, 210.
2 BVerfG, WuM 2005, 235 = NZM 2005, 252 = ZMR 2005, 932; vgl. auch BGH, WuM 2005, 237.
3 VerfGH Berlin v. 2.7.2007 – VerfGH 136/02, GE 2007, 1178.
4 LG Berlin, MM 2004, 264.
5 OLG Frankfurt/Main, WuM 1992, 458.
6 OLG Karlsruhe, WuM 1993, 525.
7 OLG Hamm, WuM 1993, 659.
8 OLG Stuttgart, WuM 1995, 306.

- die Installation der Antenne muss baurechtlich zulässig sein;
- sie muss von einem Fachmann ausgeführt werden;
- die Parabolantenne muss möglichst unauffällig und technisch geeignet sein;
- sie muss an einen für den Empfang von Satellitenprogrammen aus dem Heimatland des Mieters tauglichen Ort errichtet werden;
- mit der Anbringung darf kein erheblicher Eingriff in die Bausubstanz verbunden sein;
- der Mieter muss den Vermieter von allen anfallenden Kosten und Gebühren freistellen;
- der Mieter muss das Haftungsrisiko des Vermieters abdecken;
- der Vermieter kann Sicherheit verlangen für die voraussichtlichen Kosten der Wiederentfernung der Antenne[1].

Aus dem **Recht der Europäischen Gemeinschaft** lassen sich weder zusätzliche noch andere Abwägungskriterien herleiten. Auch hier sind Eigentum und Informationsfreiheit geschützt und gegeneinander abzuwägen[2].

Im Hinblick darauf, dass die Entscheidungen **Substanzverletzungen** durch die Installation der Antenne voraussetzen, sollte mit dem Mandanten geprüft werden, inwieweit eine „**mobile Installation**" möglich ist. Denn wird der Parabolspiegel z.B. an einer bereits vorhandenen Befestigung nur angeklemmt, liegt keine Beeinträchtigung der Bausubstanz vor, so dass eine Erlaubnisfreiheit für die Installation in Betracht kommt[3] (siehe auch die Beispielsfälle und *I Rz. 262*). Jedenfalls solange sich z.B. auf einem Balkon, der durch eine nicht durchsichtige Brüstung verkleidet ist, ein Installationsort einrichten lässt, der eine optische Beeinträchtigung des Hauses verhindert, können durch eine „mobile Installation" die Probleme des Mandanten gelöst werden. Das Gleiche gilt, wenn sich die optische Beeinträchtigung darauf beschränkt, dass ca. ein Drittel der Schüssel über das Balkongeländer hinausragt[4], oder die Antenne im mitvermieteten Garten des Wohnungsmieters moniert wird[5]. Ausgeschlossen ist aber ein Aufstellen im gemeinschaftlich genutzten Garten[6]. 160

Die **baurechtliche Zulässigkeit** der Antenne selbst ergibt sich aus der der Verpackung beigefügten Beschreibung. Ob gegen die Installation baurechtliche Bedenken bestehen, kann ggf. durch eine Bauvoranfrage geklärt werden. 161

---

1 Zustimmend: BGH v. 16.9.2009 – VIII ZR 67/08, GE 2009, 1550.
2 BGH, WuM 2006, 28, 31 = ZMR 2006, 195.
3 AG Bergisch Gladbach, *Lützenkirchen*, KM 3 Nr. 11; a.A. AG Köln in *Lützenkirchen*, KM 3 Nr. 12.
4 AG Hamburg-Altona v. 1.8.2008 – 314B C 95/08, WuM 2008, 661.
5 LG Freiburg, WuM 1993, 669; AG Regensburg v. 20.1.2003 – 10 C 4112/02, WuM 2007, 287.
6 AG Köln WuM 1999, 456.

162 In dem Aufforderungsschreiben sollte nicht nur versichert werden, dass die Installation „selbstverständlich" durch einen **Fachmann** erfolgen wird, sondern der Fachmann sollte bereits mit Namen und Anschrift angegeben werden. Abgesehen davon, dass dadurch das Begehren des Mandanten eine höhere Glaubhaftigkeit erhält, hat der Vermieter so die Möglichkeit, evtl. Bedenken mit dem Fachmann selbst zu erörtern. Dies gilt insbesondere wegen des Ortes der Installation. Hierzu muss ein **Ortstermin** durchgeführt werden, bei dem die wechselseitigen Interessen über den Ort der Installation ausgeglichen werden können. Dieser Ortstermin sollte durch das Aufforderungsschreiben vorbereitet werden. Ob der Rechtsanwalt an diesem Ortstermin selbst teilnimmt, sollte davon abhängig gemacht werden, welche weiteren Schwierigkeiten zu beseitigen sind. Dient der Termin allein der Abklärung, an welcher Stelle die Antenne bzw. Satellitenschüssel installiert werden soll, ist juristischer Rat nicht gefragt. Ist jedoch zu erwarten, dass auch rechtliche Fragen erörtert werden (z.B. Leistung einer Sicherheit), sollte das persönliche Zusammentreffen mit dem Vermieter dazu genutzt werden, eine außergerichtliche Verständigung herbeizuführen.

163 Neben den bereits erwähnten Angaben und dem überragenden Interesse des Mieters sollte in diesem Schreiben angekündigt werden, dass der Mieter alle **Kosten der Installation** übernimmt und hinsichtlich des **Haftungsrisikos** sogar eine Versicherung besteht bzw. abgeschlossen wird, sobald die Genehmigung erteilt wird[1]. Hinsichtlich der Versicherung muss eine aufmerksame Prüfung durch den Rechtsanwalt erfolgen. Das Interesse des Vermieters ist darauf gerichtet, seine Haftung aus § 836 BGB auszuschließen. Hierfür besteht eine Gebäude- und Haftpflichtversicherung. Diese erfasst jedoch nur die im Eigentum des Vermieters stehenden Gebäudeteile. Die Versicherung, die der Mieter für seine Parabolantenne braucht, muss gerade dieses Risiko (Parabolantenne als Gebäudeteil) abdecken. Die Versicherungsbranche bietet mittlerweile dafür besondere Versicherungen an. Andere Versicherer behandeln dieses Risiko als Teil der Hausratsversicherung. Der Mandant sollte sich also bei seinem Versicherer (Agenten) erkundigen, wie das Risiko abgedeckt werden kann und sich über den Abschluss einer Versicherung eine schriftliche Bestätigung erteilen lassen. Diese schriftliche Bestätigung sollte dem Ankündigungsschreiben beigefügt sein, um Zweifel auszuräumen bzw. nicht erst entstehen zu lassen.

164 Weiterhin muss der Mandant darüber aufgeklärt werden, dass der Vermieter u.U. eine **Sicherheitsleistung** verlangt, die die Kosten der Demontage abdeckt. Je nach dem Verlauf der Kabel (z.B. Wanddurchbrüche) und dem Ort der Installation (z.B. Entfernung von Dachziegeln) können dabei ganz beträchtliche Kosten entstehen. Zwar muss der Vermieter die Sicherheit zunächst verlangen und deshalb auch darlegen und **beweisen**, in welcher Höhe Demontagekosten entstehen können. Indessen muss in dem Bera-

---

[1] Vgl. BGH, WuM 2006, 28, 30 = ZMR 2006, 195.

tungsgespräch darauf hingewiesen werden, um von vornherein abzuklären, ob der Mieter zur Zahlung dieser Sicherheit bereit ist. Für diesen Fall sollte auch in etwa ermittelt werden, wie hoch sich die Kosten belaufen. Je nachdem wie viele Handwerker (Maurer, Putzer, Dachdecker) bei der Demontage beauftragt werden müssen, belaufen sich die Demontagekosten und damit die Sicherheit zwischen 250 Euro und 750 Euro.

Soweit in den Vorauflagen bezweifelt wurde, dass eine solche Kaution, wie sie in den Rechtsentscheiden bestimmt wurde[1], tatsächlich verlangt werden kann, wird diese Meinung nicht mehr aufrecht erhalten. Sie stützte sich auf § 551 Abs. 4 BGB und das daraus entwickelte sog. **Kumulationsverbot**, wonach mehrere vereinbarte Sicherheiten zusammengefasst werden, in ihrer Gesamtheit jedoch drei Nettomieten nicht übersteigen dürfen[2]. § 551 Abs. 4 BGB ist aber auf Vereinbarungen, die während des laufenden Mietvertrages getroffen werden nicht anwendbar[3]. 165

Fraglich bleibt dann nur noch, wer die (verbindliche) **Wahl der Sicherungsart** trifft, also der Mieter z.B. (für den Vermieter verbindlich) eine Barkaution anbieten darf[4] oder der Vermieter eine Bürgschaft verlangen kann[5]. Insoweit spricht bereits der Wortlaut des § 554a Abs. 2 BGB für das Wahlrecht des Vermieters, so dass diese gesetzgeberische Intention auch auf die vorliegende Konstellation übertragbar ist. Das Problem sollte aber praktisch gelöst werden: dem Vermieter sollte zunächst keine Sicherheit angeboten werden. Verlangt er eine, ohne genau die Art zu bezeichnen, sollte ihm das Sicherungsmittel i.S.v. § 232 BGB angeboten werden, dass der Mandant zur Verfügung stellen kann. In den meisten Fällen wird der Vermieter nicht widersprechen, wenn die Sicherheit geeignet ist. 166

Exkurs: Hat der Mieter eine Sicherheit für bauliche Maßnahmen hinterlegt, kann er deren **Rückzahlung** verlangen, sobald der Zweck weggefallen ist[6]. Das ist der Fall, wenn die bauliche Veränderung (hier: Parabolantenne) rückgängig gemacht und die Kaution nicht in Anspruch genommen wurde. Dann kann die Kaution auch bei laufendem Mietvertrag zurückgefordert werden und der Vermieter ist nicht berechtigt, z.B. mit Betriebskostennachforderungen aufzurechnen. 167

Sind die Voraussetzungen geschaffen, sollte der Vermieter zur Zustimmung **aufgefordert** werden. Dies kann z.B. wie folgt geschehen: 168

---

1 OLG Karlsruhe, WuM 1993, 525; OLG Hamm, WuM 1993, 659; OLG Stuttgart, WuM 1995, 306.
2 Staudinger/*Emmerich*, § 551 BGB Rz. 9 m.w.N.
3 *Lützenkirchen/Dickersbach*, ZMR 2006, 841.
4 So: *Eisenschmid* in Schmidt-Futterer, § 554a BGB Rz. 24; Staudinger/*Rolfs*, § 554a BGB Rz. 5.
5 *Geldmacher*, DWW 2002, 182, 184; *Rips*, S. 131.
6 AG Köln v. 27.4.2008 – 222 C 480/07, WuM 2008, 556.

Sehr geehrter Herr Wichtig,

ich vertrete die Interessen von Herrn Mustafa Öztürk, Venloer Str. 187, 50821 Köln.

Mein Mandant ist türkischer Staatsangehöriger, gehört jedoch zur Volksgruppe der Kurden. Er lebt mit seiner fünfköpfigen Familie (Ehefrau und 3 Kinder im Alter von 10, 12 und 13 Jahren) in der von ihnen gemieteten Wohnung. Mein Mandant beabsichtigt, in spätestens 5 Jahren mit seiner Familie in sein Heimatland zurückzukehren. Damit seine Ehefrau, die nur gebrochen Deutsch spricht, und seine Kinder über die Entwicklungen in ihrem Heimatland informiert werden, sind sie darauf angewiesen, türkische und kurdische Sender zu empfangen, über die sie Nachrichten und kulturelle Sendungen sehen können. Zwar ist das Objekt Venloer Str. 187 mit einem Breitbandkabelanschluss ausgestattet. Indessen kann über diesen Kabelanschluss nur der Staatssender TRT empfangen werden, dessen Nachrichten zensiert werden. So ist mein Mandant insbesondere gehindert, sich und seine Familie über die Entwicklungen in Kurdistan in seiner Muttersprache objektiv zu informieren. Deshalb möchte mein Mandant eine Parabolantenne (Marke ..., Typ ...) am Mietobjekt installieren. Wie Sie dem beigefügten Angebot der Firma Elektro Meier, Dürener Str. 229, 50935 Köln, bitte entnehmen, soll die Installation durch einen Fachmann erfolgen. Mein Mandant hat sich auch bei seinem Hausratsversicherer darüber informiert, dass ein evtl. Schaden, der durch die Parabolantenne verursacht wird, von dieser Versicherung abgedeckt ist. Die Bestätigung des Versicherers vom 22.2.2006 füge ich ebenfalls in Kopie bei.

Zurzeit geht mein Mandant davon aus, dass die Satellitenschüssel an der Innenwand der Loggia der Wohnung installiert werden kann. Die Befestigung erfolgt mittels 3 Schrauben, so dass eine erhebliche Substanzverletzung nicht zu erwarten ist. Allerdings sieht mein Mandant insoweit einer Abstimmung mit Ihnen entgegen. Hierzu kann ein Ortstermin stattfinden, bei dem Sie sich über die Größe der Satellitenschüssel und den beabsichtigten Ort der Installation informieren können. Sollte ich bis zum 15.3.2006 von Ihnen ohne Nachricht sein, gehe ich davon aus, dass Sie mit der Installation durch unseren Mandanten an der (vom Wohnzimmer aus gesehen) linken Außenwand i.H.v. ca. 1,80 m einverstanden sind.

Mit freundlichen Grüßen

...

(Rechtsanwalt)

169 Zwar kann **Schweigen** grundsätzlich nicht als **Zustimmung** ausgelegt werden[1]. Durch diese Formulierung bietet sich jedoch eher die Möglichkeit, dass der Vermieter reagiert. Denn wird er nur zur Zustimmung aufgefordert, legt er das Schreiben möglicherweise unbearbeitet zur Seite, weil er weiß, dass der Mieter ohne die Zustimmung die Parabolantenne nicht installieren darf. Wird dieses Verhalten jedoch mit einer bestimmten Kon-

---

1 Palandt/*Heinrichs*, Einf. vor § 116 BGB Rz. 9 f.

sequenz verknüpft, muss er befürchten, dass ggf. auch ein Gericht sein Verhalten entsprechend wertet. Dies gilt umso mehr, wenn der Vermieter ein zweites Mal angeschrieben und dabei darauf hingewiesen wird, dass sein Schweigen bisher schon als Zustimmung aufgefasst wurde und sein weiteres Schweigen als Bestätigung dieser Auslegung angesehen wird.

Selbst wenn es danach zu einer **prozessualen Auseinandersetzung**, z.B. im Rahmen einer Beseitigungsklage, kommt, muss der Vermieter substantiiert darlegen, weshalb er nicht geantwortet hat, um zu vermeiden, dass das Gericht eine Zustimmung durch Schweigen annimmt, weil sich der Mieter darauf beruft. Auf jeden Fall kann er nur noch unter erschwerten Bedingungen einen anderen Ort der Installation verlangen. — 170

Eine **Sicherheitsleistung** wurde in dem Entwurf (*Rz. 168*) ausdrücklich nicht angeboten. Denn nach den RE[1] muss der Vermieter diese zunächst verlangen. Es besteht grundsätzlich kein Anlass, den Vermieter auf diese Möglichkeit aufmerksam zu machen. Ist jedoch z.B. von anderen Mietern, die vom Vermieter die Erlaubnis zur Installation einer Parabolantenne erhalten haben, bekannt, dass der Vermieter von seinem Recht zur Sicherheitsleistung Gebrauch macht, sollte ein ausdrückliches Angebot erfolgen (zum Wahlrecht vgl. *Rz. 167*). Dadurch wird vermieden, dass der Vermieter z.B. den Abstimmungstermin hinauszögert, weil er zunächst Gewissheit haben will, dass der Mieter bereit ist, eine Kaution zu verlangen. — 171

Es kann auch sinnvoll sein, einen **Abstimmungstermin** vorzuschlagen anstatt eine Zustimmung zu unterstellen. Dies gilt z.B., wenn wegen der Erfahrungen in anderen Mietverhältnissen zu erwarten ist, dass der Vermieter reagiert. Auch hierdurch wird ein Zeitverlust vermieden. Dabei sollten wahlweise zwei Termine vorgegeben werden und ein Schweigen auf die Terminsvorschläge dahin interpretiert werden, dass der Vermieter den einen der beiden vorgeschlagenen Termine wahrnehmen wird. Dies kann z.B. wie folgt formuliert werden: — 172

Zur Abstimmung, an welchem Ort die Parabolantenne installiert werden kann, schlage ich Ihnen

Montag, den 1.3.2006, 9.00 Uhr

oder

Freitag, den 5.3.2006, 16.00 Uhr

in der Wohnung meines Mandanten vor. Sollte ich von Ihnen bis zum 23.2.2006 ohne Antwort sein, gehe ich davon aus, dass Sie den Termin am 1.3.2006 wahrnehmen, so dass ich einen Mitarbeiter der Firma Elektro Meier veranlassen werde, an diesem Termin teilzunehmen.

---

1 OLG Karlsruhe, WuM 1993, 525; OLG Hamm, WuM 1993, 659; OLG Stuttgart, WuM 1995, 306.

173 Durch diese **Formulierung** wird dem Vermieter deutlich, dass bei einem Schweigen ein erheblicher Aufwand des Mieters und Dritter entsteht. Wird für die Antwort eine angemessene Frist gesetzt (mind. 10 Tage), wird der Vermieter darauf schon deshalb reagieren, um einen unnötigen Aufwand zu vermeiden.

bb) Prozessuales

174 Hat der Vermieter die Zustimmung zur Installation versagt, kann Klage erhoben werden. Die Klage ist auf **Abgabe einer Willenserklärung** (Zustimmung) gerichtet. Deshalb kann beantragt werden,

> den Beklagten zu verurteilen, der Installation einer Satellitenschüssel der Marke ..., Typ ... auf Kosten des Klägers durch den Fernsehtechniker Peter Meier, Dürener Str. 202, 50935 Köln, am Objekt Luxemburger Str. 101, 50937 Köln, zuzustimmen.

In der Klageschrift müssen der Mietvertrag sowie die besonderen Voraussetzungen des Anspruchs (vgl. *Rz. 158 f.*) vorgetragen werden.

175 Problematisch ist dabei, wie das Recht des Vermieters, den (möglichst unauffälligen) **Ort zu bestimmen**, behandelt werden kann. Hier könnte erwogen werden, dieses Recht in den Klageantrag mit aufzunehmen. Dies führt jedoch gemäß § 894 Abs. 1 S. 2 ZPO zu einem Hindernis bei der Erteilung der vollstreckbaren Ausfertigung. Zwar könnte dieses Hindernis durch einen weiteren Feststellungsantrag ausgeräumt werden (z.B. festzustellen, dass der Beklagte sein Recht, einen Ort zur Installation am Objekt Luxemburger Str. 101, 50937 Köln, zu benennen, verloren hat). Indessen erscheint es zulässig, den Antrag in der vorgeschlagenen Weise zu stellen und die Frage, ob der Beklagte (Vermieter) noch mitwirken kann, in der Klageschrift zu behandeln. Erfüllt nämlich das Aufforderungsschreiben des Mieters die Voraussetzungen des Anspruchs, enthält es also insbesondere eine Aufforderung zur Bezeichnung eines Installationsortes, verhindert der Vermieter durch sein Schweigen oder seine Weigerung den Eintritt der für die Installation notwendigen Bedingung. Damit greift der Grundsatz des § 162 Abs. 1 BGB, wonach sich der Vermieter so behandeln lassen muss, als sei die Bedingung eingetreten.

176 Hat der Vermieter außergerichtlich eine **Sicherheitsleistung** verlangt, sollte dies im Klageantrag berücksichtigt werden (..., und zwar **Zug um Zug** gegen Leistung einer Sicherheit in Höhe von ... Euro). Insoweit sollte **zusätzlich** ein Feststellungsantrag gestellt werden:

festzustellen, dass sich der Beklagte hinsichtlich der Annahme der Sicherheitsleistung von ... Euro in Verzug befindet.

Bei der Abfassung eines **gerichtlichen Vergleichs** sollte darauf geachtet werden, dass die einzelnen vom Vermieter zu duldenden Arbeiten umfassend beschrieben werden, um in der Zwangsvollstreckung Probleme zu vermeiden[1].

Nur so kann gewährleistet werden, dass die Willenserklärung gemäß § 894 Abs. 1 Nr. 2, 726 Abs. 2 ZPO auch vollstreckt werden kann. Denn hier ist die Leistung des Schuldners (Beklagten) die Abgabe einer Willenserklärung. Deshalb muss durch eine öffentliche Urkunde zumindest der Annahmeverzug nachgewiesen werden[2]. 177

cc) Gebühren

Der **Streitwert** für die Gebühren richtet sich nach § 3 ZPO. Hier muss das Interesse des Mandanten an der Installation eingeschätzt werden. Dieses Interesse geht über die reinen Installationskosten hinaus. Dabei ist von Bedeutung, dass für den Mandanten die Lebensqualität steigt, er Kosten für weitere Informationen aus seinem Heimatland erspart hat (z.B. Erwerb von Zeitschriften) und seine Kinder eine zusätzliche Ausbildung in ihrer Heimatsprache erhalten. Um diese Werte zu ermitteln, sollte mit dem Mandanten erörtert werden, welchen Aufwand er betreiben würde, sofern ihm die Parabolantenne nicht genehmigt wird. Der dadurch ermittelte Aufwand sollte auf ein Jahr (§ 41 GKG) hochgerechnet werden. In der Regel wird der Streitwert zwischen 500 Euro[3] und 1000 Euro liegen[4]. 178

b) Vermieterberatung
aa) Das Beratungsgespräch

Liegt der Wunsch des Mieters zur Installation der Parabolantenne vor, muss zunächst sorgfältig geprüft werden, ob die von der Rechtsprechung entwickelten Anforderungen vorliegen (vgl. dazu auch die Tabelle unter *I Rz. 262*). Bedenken z.B. hinsichtlich der **baurechtlichen Zulässigkeit** muss nicht der Vermieter, sondern der Mieter ausräumen. Die baurechtlichen Anforderungen erstrecken sich jedoch regelmäßig auf die feste Verbindung und die nicht störende Installation (z.B. in Gebieten mit Bauhöhengrenzen). Sollten derartige Zweifel ersichtlich sein, können sie dem Mieter vorgetragen werden, damit er sie beseitigt. 179

Je nachdem, welche Zweifel sich ergeben (z.B. mangelnder Nachweis einer Haftpflichtversicherung), kann es **taktisch** sinnvoller sein, mit Schweigen 180

---
1 Gutes Beispiel: LG Köln, WuM 2006, 92.
2 Zöller/*Stöber*, § 726 ZPO Rz. 6.
3 LG Bremen, WuM 2000, 364.
4 LG Arnsberg, WuM 2001, 577.

zu reagieren. Gerade der ausländische Mitbürger ist regelmäßig fest entschlossen, seinen Anspruch durchzusetzen. Häufig ist die Parabolantenne bereits gekauft. Deshalb wird er nach fruchtlosem Ablauf der von ihm zur Erlaubniserteilung gesetzten Frist Klage einreichen. Insoweit besteht eine Vermutung, dass der Mieter die Mängel seiner außergerichtlichen Aufforderung auch nicht in der Klageschrift beseitigt, es sei denn, er beauftragt in der Zwischenzeit einen Kollegen. Dieser wird – schon aus Gründen der Vorsorge – zunächst noch einmal unter Beachtung der Anforderungen außergerichtlich zur Erlaubniserteilung auffordern. Darauf kann dann geantwortet werden. Geht das Kalkül auf und klagt der Mieter mit dem gleichen mangelhaften Vortrag zur Begründung seines Anspruches, braucht in einer Klageerwiderung nur darauf hingewiesen zu werden, dass der Vortrag nicht schlüssig ist. Die einschlägigen Entscheidungen, die ohnehin gerichtsbekannt sein dürften, können dann in der mündlichen Verhandlung zitiert werden. Zu diesem Zeitpunkt kann auch auf den konkreten Mangel in der Begründung hingewiesen werden.

181 Durch dieses Verhalten wird jedoch möglicherweise nur Zeit gewonnen. Denn der Mieter ist auch nach einer klageabweisenden Entscheidung eines Gerichts berechtigt, ein **erneutes Gesuch** zur Installation der Antenne zu stellen. Da sich der Streitgegenstand, der für die Beurteilung der Rechtskraft maßgeblich ist, auch nach dem Sachverhalt richtet[1], steht die Rechtskraft des klageabweisenden Urteils einem neuen Verfahren nicht entgegen. Denn dieses wird auf das neue Gesuch gestützt, also auf einen ganz anderen Sachverhalt. Allerdings kann für den Mandanten der Zeitgewinn von Vorteil sein: weil der Mieter glaubt, seinen Anspruch für immer verloren zu haben. Es ist aber auch nicht unwahrscheinlich, dass der Mieter nach einer klageabweisenden Entscheidung von seinem Vorhaben zurücktreten kann, dass er sich nur deshalb nach einer anderen Wohnung umsieht oder der Vermieter die Zeit nutzt, um das Objekt mit einer Gemeinschaftsparabolantenne oder einem Breitbandkabelanschluss auszustatten. Dieses **taktische Vorgehen** sollte mit dem Mandanten auch mit seinen Risiken diskutiert werden, wobei ihm die Entscheidung überlassen werden sollte, welche Variante eingeschlagen wird.

182 Die Beratung sollte so angelegt werden, dass jedenfalls eine prozessuale Auseinandersetzung nicht dadurch verursacht wird, dass die Mietparteien sich nicht über einen **Abstimmungstermin** einigen können. Sollten die vom Mieter vorgeschlagenen Termine vom Mandanten nicht wahrgenommen werden können, sollte mit (ggf. mehreren) Terminsvorschlägen geantwortet werden. Denn eine durch mangelnde Terminsabsprache entstandene prozessuale Auseinandersetzung wirft ein schlechtes Licht auf den Rechtsanwalt.

183 Ist das Objekt mit einem **Breitbandkabelanschluss** ausgestattet, sollte der Mandant darauf hingewiesen werden, dass die Deutsche Telekom mittler-

---

1 Zöller/*Vollkommer*, Einl. Rz. 60 ff.

weile sog. **Ausländerpakete** anbietet (sog. Set-Top-Box mit Smart-Card)[1]. Danach ist es mit einem Zusatzdecoder möglich, die Anzahl der ausländischen Fernsehsender, die über den Anschluss empfangen werden können, zu vergrößern. Lässt sich ein Paket zusammenstellen, das den Wünschen des Mieters nahezu gerecht wird, entfällt der Anspruch des Mieters auf eine Installation einer Parabolantenne[2]. Dies gilt jedenfalls dann, wenn die Parabolantenne an einer das Gesamtbild des Gebäudes störenden Stelle (Metallgitter eines Fensters an der rückwärtigen Front) stören würde[3]. Ergeben die Informationen des Mandanten, dass diese Installation durchgeführt wird, sollte der Mieter darauf hingewiesen werden. Dabei muss jedoch ein Zeitraum angegeben werden, innerhalb dessen die Erweiterung erfolgt, um dem Mieter deutlich zu machen, dass er in absehbarer Zeit mit dem Empfang der gewünschten Sender rechnen kann.

Ist ein Breitbandkabelanschluss nicht vorhanden und sind mehrere Wohnungen im Objekt an Ausländer **unterschiedlicher Nationalität** vermietet, sollte mit dem Mandanten diskutiert werden, ob nicht eine Gemeinschaftsparabolantenne aufgestellt wird. Denn die Praxis zeigt, dass eine Satellitenschüssel in der Regel weitere nach sich zieht. Dieses „Schüssel-Wald-Bild" sollte dem Mandanten vor Augen geführt werden, zumal mit jeder installierten Schüssel das Risiko, die Installation nicht mehr versagen zu können, steigt[4]. Wird er dann auch noch darauf hingewiesen, dass er die Kosten einer Gemeinschaftsparabolantenne nach § 559 BGB als Modernisierung umlegen kann[5], wird er eher diese Kosten auf sich nehmen, als Streitpotential zu säen. 184

Bestehen diese Möglichkeiten nicht und ist der Anspruch des Mieters auf Zustimmung zur Installation schlüssig dargestellt, sollte überlegt werden, ob und ggf. in welcher Höhe eine **Sicherheitsleistung** verlangt wird (zu den grundsätzlichen Bedenken vgl. *Rz. 165*). Denn solange die geforderte (angemessene) Sicherheitsleistung nicht erbracht ist, steht dem Mieter der Anspruch auf Installation nicht zu[6]. Hierzu sollte der Mandant aufgefordert werden, die Kalkulation eines Fachmannes (z.B. Architekt) einzuholen, um ggf. in einem Prozess anschaulich darstellen zu können, welche Beseitigungskosten entstehen. Weiterhin sollte auf der Leistung einer Barkaution bestanden werden, die der Vermieter entsprechend § 551 Abs. 3 BGB anlegt. Denn nur so ist zu gegebener Zeit die unmittelbare Zugriffsmöglichkeit für den Vermieter auf die Sicherheitsleistung gewährleistet, es sei denn, der Mieter überreicht eine unwiderrufliche selbstschuldnerische Bankbürgschaft, die auf erste Anforderung erfüllt werden muss und von der sich der Bürge nicht durch Hinterlegung befreien darf. 185

---

1 Vgl. dazu OLG Köln, WuM 2001, 235; LG Konstanz, WuM 2002, 210.
2 BVerfG, WuM 2005, 235 = NZM 2005, 252 = ZMR 2005, 932; LG Konstanz, WuM 2002, 210; LG Köln, WuM 2001, 235.
3 BGH, NZM 2005, 335.
4 Vgl. LG München I, WuM 2002, 50.
5 *Börstinghaus*, Mieterhöhung, Rz. 520.
6 LG Dortmund, NZM 2000, 544.

bb) Prozessuales

(1) Negative Feststellungsklage

186 Hat der Mieter den Wunsch zur Installation der Parabolantenne an den Vermieter herangetragen und liegen die Voraussetzungen nicht vor, kann er schriftlich unter Fristsetzung zur Bestätigung aufgefordert werden, dass er die Installation nicht ohne Zustimmung vornehmen wird. Reagiert der Mieter darauf nicht oder mit einer ablehnenden Haltung, sind die Voraussetzungen für eine Feststellungsklage nach § 256 ZPO gegeben. Denn der Mieter **berühmt** sich einer Rechtsposition.

187 Insoweit handelt es sich um eine negative Feststellungsklage, zu der **beantragt** werden kann,

> festzustellen, dass der Beklagte nicht berechtigt ist, am Mietobjekt Luxemburger Str. 101, 50937 Köln, eine Parabolantenne zu installieren.

In der Klageschrift muss vorgetragen werden, dass zwischen den Parteien ein Mietvertrag besteht und der Beklagte sich des Rechts zur Installation berühmt hat. Gleichzeitig sollte dargestellt werden, warum der Anspruch nicht besteht.

(2) Die Verteidigung gegen die Klage auf Zustimmung

188 Anhand der Rechtsentscheide des OLG Frankfurt/Main[1] sowie des OLG Karlsruhe[2], des OLG Hamm[3] und des OLG Stuttgart[4] sollte zunächst eingehend geprüft werden, ob in der Klageschrift tatsächlich alle Voraussetzungen des Anspruchs vorgetragen wurden. Ist dies nicht der Fall, sollte überlegt werden, ob nicht der Hinweis auf einen unschlüssigen Vortrag ausreicht.

189 Ansatzpunkte für **mangelnde Schlüssigkeit** können sich wie folgt ergeben:

Merkmal	Notwendiger Vertrag
Informationsinteresse	Ausländer will zurück in sein Heimatland und die Verbindung zu seiner Kultur nicht verlieren
Baurechtliche Zulässigkeit der Installation	Beifügung der Werksbeschreibung der Parabolantenne
Installation durch einen Fachmann	Benennung eines Fachmannes, der die Arbeiten ausführen soll

---

1 OLG Frankfurt/Main, WuM 1992, 458.
2 OLG Karlsruhe, WuM 1993, 525.
3 OLG Hamm, WuM 1993, 659.
4 OLG Stuttgart, WuM 1995, 306.

Merkmal	Notwendiger Vertrag
Ort der Installation	Abstimmung mit dem Vermieter war trotz des Angebots des Mieters nicht möglich
kein erheblicher Eingriff in die Bausubstanz	Beschreibung der Installation (z.B. mittels zwei Schrauben, für die Dübellöcher gebohrt werden müssen)
Kostenfreistellung	verbindliche Erklärung des Mieters
Abdeckung des Haftungsrisikos	Abschluss einer ausreichenden Versicherung
Sicherheitsleistung	Verlangen des Vermieters und Angebot der Sicherheitsleistung

Wurde die Sicherheitsleistung verlangt, aber vom Mieter nicht angeboten, ist zu überlegen, ob dieser Anspruch im Wege der (Hilfs-)**Widerklage** geltend gemacht wird. Dies bietet den Vorteil, dass der Mandant einen vollstreckbaren Titel erhält. Die Hilfswiderklage kann erhoben werden, wenn zwar unstreitig ist, dass der Vermieter eine Sicherheit verlangt hat, der Mieter diese jedoch nicht angeboten hat. Dann wird über die Hilfswiderklage nur entschieden, wenn das Gericht den Anspruch auch ohne das Angebot der Sicherheit für begründet ansieht.

cc) Gebühren

Auch hier bestimmen sich die Gebühren nach dem **Interesse des Mieters** i.S.d. § 3 ZPO. Dies ist für den Vermieter naturgemäß schwierig zu ermitteln. Anhand der gleichen Kriterien, die bei der Bewertung des Mieterinteresses angesetzt wurden (vgl. *Rz. 178*), kann der Vermieter jedoch eine Schätzung vornehmen. Dabei wird er im Ergebnis auf einen Betrag zwischen 500 Euro[1] und 1000 Euro[2] gelangen.

II. Anspruch auf Leistung der vereinbarten Barkaution

Die Leistung einer Sicherheit muss vertraglich besonders vereinbart werden. § 551 BGB grenzt die Möglichkeit ein.

1. Vermieterberatung

a) Das Beratungsgespräch

Leistet der Mieter zum vertraglich vereinbarten Zeitpunkt die Sicherheit nicht, kann der Vermieter auf Leistung klagen, u.U. jedoch auch (fristlos)

---

[1] LG Bremen, WuM 2000, 364.
[2] LG Arnsberg, WuM 2001, 577.

kündigen[1]. In beiden Fällen ist jedoch Voraussetzung, dass eine **wirksame Kautionsvereinbarung** getroffen wurde.

Die Wirksamkeit einer Kautionsabrede in einem Mietvertrag über **preisgebundenen Wohnraum** richtet sich zunächst nach § 9 Abs. 5 WoBindG. Ist die danach notwendige Beschränkung des Sicherheitszwecks auf Schadensersatzansprüche wegen Beschädigung der Mietsache oder unterlassener Schönheitsreparaturen nicht ausdrücklich erfolgt, ist die Regelung unwirksam mit der Folge, dass der Mieter gemäß § 821 BGB nicht zu leisten braucht oder die Kaution sogar zurückverlangen kann[2].

194 Ansonsten kann die Wirksamkeit von Kautionsklauseln in einem **Wohnraummietvertrag** bedenklich sein, weil

– eine Ratenzahlung nach § 551 Abs. 2 BGB nicht vorgesehen ist oder
– eine Übersicherung vorliegt.

aa) Klauseln ohne Hinweis auf Ratenzahlungsmöglichkeit

195 Wegen § 551 Abs. 4 BGB ist die Ratenzahlungsmöglichkeit nach § 551 Abs. 2 BGB zwingend. Im Hinblick auf das Transparenzgebot[3] wird deshalb die Auffassung vertreten, dass ein fehlender Hinweis auf die Möglichkeit zur **Ratenzahlung** die Unwirksamkeit der Kautionsabrede nach sich zieht[4]. Das Transparenzgebot verlangt von dem Verwender von Formularverträgen, dass die Rechte und die Pflichten seines Vertragspartners (Mieter) möglichst klar und durchschaubar dargestellt werden, wobei dem Vertragspartner belastende Wirkungen durch die gewählte Formulierung nicht unterdrückt, sondern deutlich gemacht werden müssen; der rechtsunkundige Durchschnittsbürger muss also in der Lage sein, die ihn benachteiligende Wirkung ohne Einholung von Rechtsrat zu erkennen[5]. Enthält die Kautionsklausel keinen Hinweis auf die Ratenzahlungsmöglichkeit, kann es dem (unredlichen) Vermieter gelingen, den Mieter durch Hinweis auf die Formulierung im Vertrag davon abzuhalten, seine gesetzlichen Rechte geltend zu machen, indem er z.B. auf eine vom Gesetz abweichende Vereinbarung verweist[6]. Gerade dies soll durch das Transparenzgebot vermieden werden[7]. Mit Rücksicht darauf wurden folgende Klauseln **beanstandet**:

---

1 OLG Düsseldorf, WuM 1995, 438.
2 AG Hannover, WuM 1998, 347.
3 Vgl. dazu: *Bub* in Bub/Treier, II Rz. 416 m.w.N.
4 OLG Hamburg, WuM 1991, 385, 387; LG Hamburg, WuM 1990, 416, 418; *Geldmacher*, DWW 2001, 178, 189; *Wiek*, WuM 2002, 300, 301 m.w.N.
5 BGH, NZM 1998, 710, 711 m.w.N.
6 *Lützenkirchen*, Neue Mietrechtspraxis, Rz. 469.
7 OLG Hamburg, WuM 1991, 385, 387.

Klauselformulierung	Fundstelle
Der Mieter ist verpflichtet, bei Abschluss des Mietvertrages dem Vermieter eine Kaution i.H.v. ... zur Verfügung zu stellen.	LG München I, WuM 1997, 612 (Verbandsklage)
Der Mieter gibt dem Vermieter für die Einhaltung der ihm aus diesem Vertrag obliegenden Verbindlichkeiten eine Sicherheit in Geld von ... (in Worten: ...)	LG Gießen, WuM 1996, 144
Der Mieter zahlt bei Beginn des Mietverhältnisses eine Kaution von ...	LG Potsdam, MM 2002, 54; AG Tempelhof-Kreuzberg, MM 2000, 282
Von dem/der Mieter/in ist eine Mietkaution i.H.v. 3 Grundmieten in Form eines/einer Sparbuches/Bankbürgschaft zu hinterlegen.	AG Homburg, NZM 2001, 1032
Die Kaution ist per Verrechnungsscheck vor Mietbeginn zu entrichten.	AG Dortmund, WuM 1997, 212
Der Mieter ist verpflichtet, unwiderruflich zur Deckung von Ansprüchen des Vermieters wegen unterlassener Reparaturen eine Mietsicherheit i.H.v. ... zusammen mit der ersten Miete zu zahlen.	AG Steinfurt, WuM 1999, 433
Die Kaution ist vor Einzug fällig.	AG Gießen, WuM 2000, 247
Die Mietkaution i.H.v. ... ist bis spätestens ... auf ein Sparbuch mit dreimonatiger Kündigungsfrist einzuzahlen und an den Vermieter zu verpfänden. Der Mietvertrag erhält erst Gültigkeit bei Einzahlung der Kaution und Übergabe des Sparbuches bzw. der Bankbürgschaft.	LG München I, WuM 2001, 280
Der Mieter leistet bei Abschluss des Mietvertrages eine Mietsicherheit i.H.v. ..., höchstens jedoch in Höhe der dreifachen Monatsmiete. Der Mieter ist berechtigt, die Mietsicherheit stattdessen in drei gleichen monatlichen Teilleistungen zu zahlen; die erste ist dann zu Beginn des Mietverhältnisses fällig.	OLG Hamburg, WuM 1991, 385, 387; LG Hamburg, WuM 1990, 416 (Verbandsklagen)
Dem Vermieter ist vor Aushändigung des Mietvertrages und der Schlüssel mittels Einzahlungsbeleg nachzuweisen, dass die Kaution i.H.v. 3 monatlichen Grundmieten à ... insgesamt ... eingezahlt wurde.	AG Görlitz, WuM 2000, 547
Die Mietkaution ist bei Beginn des Mietverhältnisses nach Maßgabe des § 550b BGB zu zahlen.	AG Pinneberg, ZMR 1999, 264
Der Mieter zahlt dem Vermieter eine unverzinsliche Kaution i.H.v. ..., fällig vor Einzug, die nach Beendigung der Schönheits- und anderen Reparaturen sowie nach Abrechnung etwaiger Gegenforderungen des Vermieters zurückgezahlt wird.	LG München, WuM 1994, 370, 371

197 In den vorstehenden Entscheidungen wurde jeweils die **Nichtigkeit** der gesamten Kautionsabrede ausgesprochen[1]. Dies hat zur Folge, dass der Mieter die Kaution, sofern er sie geleistet hat, zurückverlangen kann, ohne dass der Vermieter mit anderen Forderungen aufrechnen kann[2].

198 Ob tatsächlich bei jeder einzelnen Klausel Gesamtnichtigkeit eintritt, muss bezweifelt werden. Insbesondere im Schrifttum[3], aber auch in der Rechtsprechung[4] wird zunehmend die Auffassung vertreten, der fehlende Hinweis auf die Ratenzahlungsmöglichkeit nach § 551 Abs. 2 BGB führe nicht zur Unwirksamkeit der gesamten Kautionsabrede im Mietvertrag, sondern nur insoweit, als sie gegen die unabdingbare Regelung zur Ratenzahlung verstößt mit der Folge, dass eine **unwirksame Zahlungsabrede** durch die gesetzliche Ratenzahlungsmöglichkeit ersetzt wird.

199 Gerade wegen der Vielzahl von unterschiedlichen Regelungen kann eine pauschale **Beantwortung der Streitfrage** nicht erfolgen. Vielmehr muss jede einzelne Klausel danach untersucht werden, inwieweit eine Abweichung von der Ratenzahlungsmöglichkeit vorliegt und eine geltungserhaltende Reduktion möglich erscheint. Dabei ist von Folgendem auszugehen:

200 § 551 BGB begründet keine Pflicht des Mieters zur Beibringung einer Kaution. Vielmehr wird vorausgesetzt, dass eine entsprechende Vereinbarung zwischen den Parteien getroffen wird. Enthält die Formularklausel Zahlungsmodalitäten, die vom Wortlaut des § 551 Abs. 2 BGB abweichen, und lässt sich mit Hilfe des **blue-pencil-Tests**[5] der unwirksame Teil so wegstreichen, dass die Klausel ohne den unwirksamen Teil noch einen eigenen Regelungsgehalt behält, bleibt die Kautionsabrede an sich bestehen[6]. Dies hat der **BGH**[7] bestätigt. Im konkreten Fall sah der Mietvertrag neben der Vereinbarung der Kautionshöhe in § 5 Abs. 1 in § 5 Abs. 2 Satz 4 die Zahlung „mit Abschluss des Mietvertrages" vor. Zwar sei die Fälligkeitsklausel nach § 551 Abs. 4 BGB unwirksam, weil sie die Rechte des Mieters zur Ratenzahlung und Zahlung erst bei Beginn des Mietverhältnisses aus § 551 Abs. 2 BGB unzulässig einschränkt. Es handele sich aber um eine sprachlich und inhaltlich teilbare Formularbestimmung, die aus sich heraus verständlich sei und sich sinnvoll in einen zulässigen (Pflicht zur Kautions-

---

1 Bei den Verbandsklageentscheidungen reicht es im Hinblick auf den Unterlassungsanspruch nach § 1 UKlaG aus, wenn eine teilweise Unwirksamkeit der beanstandeten Klausel vorliegt, Palandt/*Bassenge*, § 1 UKlaG Rz. 4.
2 AG Dortmund, WuM 1997, 212; AG Tempelhof-Kreuzberg, MM 2000, 282; AG Gießen, ZMR 2001, 459.
3 *Blank* in Schmidt-Futterer, § 550b BGB Rz. 28, 44; *Bub* in Bub/Treier, II Rz. 443a; Erman/*Jendrek*, § 550b BGB Rz. 10; *Gramlich*, § 551 BGB Anm. 3; *Kraemer*, NZM 2001, 739; *Lammel*, § 551 BGB Rz. 34; *Lützenkirchen*, Wohnraummiete, C. I. Inhalt der Erläuterungen zu § 8 Nr. 3 m.w.N.
4 LG Lüneburg, NZM 2000, 376 = ZMR 2000, 303; AG Köln in *Lützenkirchen*, KM 5 Nr. 18.
5 Palandt/*Heinrichs*, vor § 307 BGB Rz. 11.
6 *Wiek*, WuM 2002, 300, 301.
7 BGH, WuM 2003, 495 = ZMR 2003, 729 = MietRB 2003, 65.

erbringung) und einen unzulässigen (Fälligkeitsklausel) Regelungsteil trennen lasse. Eine unzulässige geltungserhaltende Reduktion liege darin nicht. Die Auslegung entspreche auch Sinn und Zweck des § 551 BGB, weil Mietsicherheiten üblich seien und der Mieter berechtigt bleibe, die Kaution zu den gesetzlich vorgesehenen Fälligkeitszeitpunkten zu zahlen. Dies muss dann auch z.B. für die Klausel gelten:

> Der Mieter verpflichtet sich zur Leistung einer Barkaution i.H.v. ... Euro, die er vor der Übergabe der Mietsache an den Vermieter zahlt.

Bei dieser Regelung kann der zweite Halbsatz weggestrichen werden, ohne dass der verbleibende Teil seinen Regelungsgehalt verliert. Gemäß § 306 Abs. 2 BGB tritt an die Stelle des unwirksamen „Zahlungsteils" die Regelung des § 551 Abs. 2 BGB.

Problematischer wird die Aufrechterhaltung der Kautionsabrede jedoch z.B. bei folgender Klausel:

> Der Mieter zahlt vor Übergabe des Mietvertrages eine Kaution von ... Euro.

Können lediglich die Worte „vor Übergabe des Mietvertrages" weggestrichen werden, behält der restliche Teil einen eigenen Sinngehalt, so dass über § 306 Abs. 2 BGB die Ratenzahlungsmöglichkeit des § 551 Abs. 2 S. 1 BGB eingreift. Muss jedoch auch das Wort „zahlt" aus der Klausel eliminiert werden, weil es gerade die abweichende Leistungspflicht bestimmt, kann der Rest der Klausel nicht aufrechterhalten bleiben. Sie hat keinen Sinn mehr.

Der **BGH** hat sich für die erste Auslegungsvariante entschieden. Für den Fall, dass die Klausel den Mieter verpflichtet, „**bei Abschluss des Vertrages**"[1] oder „**bei Übergabe**"[2] die Kaution zu zahlen, bilden allein diese Formulierungen die unwirksame Fälligkeitsregelung, die weggestrichen werden kann, ohne dass die Regelung inhaltlich ohne Aussagewert bleibt. Selbst wenn die wirksame schriftliche Kautionsvereinbarung ohne Fälligkeitsregelung mit einer unwirksamen **mündlichen Zusatzabrede** sowie darüber hinaus mit einer unwirksamen schriftlichen Bürgschaftsvereinbarung gekoppelt ist, soll der Wohnraummieter die Rückzahlung einer Mietkaution nicht verlangen können[3].

Etwas anderes kann nur für eine formularmäßige Abrede gelten, die lediglich die Vereinbarung einer Kaution beinhaltet, wie z.B. die Klausel:

---
1 BGH, WuM 2004, 147 = NZM 2004, 217 = MietRB 2004, 136.
2 BGH, WuM 2004, 269.
3 BGH, WuM 2004, 473 = NZM 2004, 613 = MietRB 2004, 285.

> Es wird eine Mietkaution in Höhe von ... Euro vereinbart.

204 Die Formulierung lässt die Art der Kaution und die Zahlungsweise bzw. Fälligkeit völlig offen. Damit ist keine Abweichung von der gesetzlichen Regelung gegeben. Auch unter dem Gesichtspunkt des Transparenzgebotes erscheint es nicht möglich, dass der unredliche Vermieter den Mieter davon abhalten könnte, seine gesetzlichen Rechte geltend zu machen. Allein bei der Verwendung im preisgebundenen Wohnraum müsste darauf geachtet werden, dass eine dem Wortlaut des § 9 Abs. 5 WoBindG entsprechende Ergänzung erfolgt[1]. Allerdings kann die Klausel Streit über die Art der Sicherheit herbeiführen. Denn dazu ist eine Vereinbarung konkret nicht getroffen worden[2].

bb) Übersicherung

205 Eine **Übersicherung** liegt vor, wenn sich der Vermieter eine oder mehrere Sicherheiten versprechen lässt, die die Grenze des § 551 Abs. 1 von 3 Grundmieten übersteigt. Insoweit gilt das sog. Kumulationsverbot[3], wonach alle Sicherungsabreden zusammenzurechnen sind. Dabei werden nicht nur die klassischen Sicherheiten i.S.d. §§ 232 ff. BGB berücksichtigt, sondern alle kautionsähnlichen Leistungen[4], wie z.B. eine Mietsicherheit für Möblierung[5], ein Schlüsselpfand[6], eine Mietsicherheit für Teppichbodenabnutzung[7] oder die vorschüssige Zahlung auf die Auszugsrenovierung bereits bei Einzug[8]. Hierher gehören aber auch die formularmäßigen Verpflichtungen des Mieters zum Abschluss einer Haftpflicht- und/oder Hausratversicherung sowie die Abtretung derartiger Ansprüche[9]. **Ausnahmsweise** soll eine höhere Sicherheit in Form einer Bankbürgschaft zulässig sein, wenn der Mieter sie freiwillig angeboten hat, um Bedenken hinsichtlich der Zahlungsfähigkeit zu zerstreuen, was der Vermieter zu beweisen hat[10]. Deshalb sollte der gesamte Mietvertrag durchgesehen werden, ob nicht eine Klausel vorhanden ist, die dem Mieter im Sicherungsinteresse des Vermieters eine Verpflichtung auferlegt, weitere Leistungen zu erbringen.

Die Summe der Vereinbarungen ist hinsichtlich des Betrages bzw. der Verpflichtung, die die **zulässige Höhe** nach § 551 Abs. 1 BGB übersteigt, unwirksam[11]. Der Mieter kann gemäß § 821 BGB die Leistung in der übersteig-

---

1 Vgl. dazu: AG Hannover, WuM 1998, 347.
2 Vgl. dazu: *Kraemer*, NZM 2001, 739; *Derleder*, WuM 2002, 239.
3 BGB, NJW 1989, 1853.
4 *Lammel*, § 551 BGB Rz. 21.
5 LG Berlin, WuM 1992, 472, 473.
6 LG Berlin, NZM 1999, 305.
7 AG Aachen, WuM 1986, 336.
8 AG Köln, WuM 1992, 369.
9 LG München I, WuM 1997, 612; LG Berlin, WuM 1993, 261; LG Düsseldorf, WuM 1990, 336; AG Düsseldorf, NJW-RR 1990, 1429; *Emmert*, WuM 2000, 578.
10 AG Charlottenburg v. 29.8.2009 – 238 C 17/08, GE 2009, 523.
11 *Blank* in Schmidt-Futterer, § 550b BGB Rz. 21 m.w.N.

genden Höhe verweigern und eine bereits geleistete Sicherheit gemäß § 812 BGB zurückfordern. Ihm steht sogar ein Wahlrecht zu, welche der vereinbarten Sicherheiten er leisten will.

Bei **Genossenschaften** ist das Mitglied nach der Zuteilung der Wohnung regelmäßig nach der Satzung verpflichtet, weitere Genossenschaftsanteile zu zeichnen, die bei Beendigung des Mietvetrages nicht automatisch zurückgezahlt werden müssen, sondern erst nach Kündigung der Mitgliedschaft. Derartige Vereinbarungen verstoßen nicht gegen § 551 Abs. 4 BGB[1].

Liegt eine wirksame Vereinbarung zur Leistung einer Barkaution vor, muss überlegt werden, ob schon bei Ausbleiben der ersten Rate gerichtlich vorgegangen werden soll. Sofern der Vermieter am Mietverhältnis festhalten will, weil er z.B. sehr lange nach einem Mieter für die betreffenden Mieträume gesucht hat, spricht grundsätzlich nichts dagegen, nach Ablauf des Fälligkeitstermins **Leistungsklage** zu erheben. Allerdings kann es gerade in diesen Fällen das Mietverhältnis belasten, wenn bereits nach so kurzer Zeit ein Gerichtsverfahren durchgeführt wird, zumal die unterlassene Zahlung im Trubel des Umzuges untergegangen sein kann.

206

Die **Nichtzahlung** der Kaution sollte aber auch als **Warnzeichen** verstanden werden. Erfüllt der Mieter bereits bei Mietbeginn seine pekuniären Verpflichtungen nicht oder nur schleppend, besteht Anlass, sich über seine finanziellen Verhältnisse (noch einmal) ein umfassendes Bild zu verschaffen. Gerade wenn der Vertragsabschluss längere Zeit vor Bezug erfolgt ist, besteht eine Wahrscheinlichkeit dafür, dass eine Veränderung in den finanziellen Verhältnissen des Mieters stattgefunden hat. Deshalb sollte in diesen Fällen empfohlen werden, eine Bankauskunft oder sonstige Recherchen über die üblichen Auskunfteien durchzuführen.

207

Ergibt sich dabei eine **wesentliche Verschlechterung der finanziellen Verhältnisse**, können die Voraussetzungen für eine fristlose Kündigung gegeben sein[2]. Wofür allerdings Voraussetzung sein soll, dass ein besonderes Sicherungsbedürfnis des Vermieters besteht, etwa weil sich der Mieter bei seinen Zahlungen als unzuverlässig zeigt. Eine derartige Einschränkung des Kündigungsrechts ist nicht gerechtfertigt. Es ist grundsätzlich davon auszugehen, dass nach einer Abmahnung in solchen Fällen ein Recht zur fristlosen Kündigung des Vermieters besteht. Denn wegen des Sicherungsinteresses kann der Vermieter nicht darauf verwiesen werden, seinen Leistungsanspruch zunächst einzuklagen[3]. Allerdings fehlt es an der für § 543 Abs. 1 BGB notwendigen Unzumutbarkeit, wenn der Vermieter selbst

208

---

1 A.A. AG Saarbrücken v. 24.7.2007 – 37 C 132/07, WuM 2007, 506.
2 OLG Düsseldorf, WuM 1995, 438; **a.A.** LG Bielefeld, WuM 1992, 124, 125; LG Köln in *Lützenkirchen*, KM 12 Nr. 14; *Sternel*, Mietrecht, III Rz. 234 und IV Rz. 514 m.w.N.
3 BGH v. 21.3.2007 – XII ZR 36/05, ZMR 2007, 525 = GE 2007, 711 = NZM 2007, 400.

nicht vertragstreu ist und z.B. trotz mehrfacher Fristsetzungen eine Mietsache anbietet, die sich nicht im vertragsgemäßen Zustand befindet[1].

209 Je nach der Situation kann dem Mieter natürlich auch ein **Ratenzahlungsangebot** unterbreitet werden. Dies bietet sich vor allem dann an, wenn sich bei der Prüfung der vertraglichen Regelung herausgestellt hat, dass eine gegen § 551 BGB verstoßende Klausel vorliegt. Durch das Angebot einer Zahlung z.B. in 12 Raten (mit Verfallklausel) kann der Mieter einerseits davon abgehalten werden, die vertragliche Regelung rechtlich überprüfen zu lassen. Andererseits besteht aber auch die Möglichkeit, die Unwirksamkeit der Klausel zu heilen. Um dies zu erreichen, muss vermieden werden, dass in dem **Anschreiben** oder der Ratenzahlungsvereinbarung auf die unwirksame vertragliche Regelung Bezug genommen wird. Dies kann etwa wie folgt geschehen:

> Sehr geehrter Herr Schmitz,
>
> ich vertrete die Interessen Ihres Vermieters, des Herrn Willi Wichtig, Luxemburger Str. 101, 50939 Köln.
>
> Die im Vertrag vorgesehene Kaution haben Sie bisher nicht geleistet. Bevor mein Mandant die daraus möglichen Konsequenzen zieht (z.B. Kündigung des Mietvertrages), bietet er Ihnen an, eine vertragliche Sicherheitsleistung in 12 gleichen Raten zu zahlen.
>
> Den Vorschlag unseres Mandanten überreiche ich anliegend in Form einer Ratenzahlungsvereinbarung mit der Bitte, mir diese gegengezeichnet bis zum 10.3.2006 zurückzusenden.
>
> Mit freundlichen Grüßen
>
> ...
>
> (Rechtsanwalt)

210   **Anlage**

Ratenzahlungsvereinbarung

zwischen

Herrn Willi Wichtig, Luxemburger Str. 101, 50939 Köln

– im Weiteren Vermieter genannt –

und

Herrn Peter Schmitz, Venloer Str. 825, 50825 Köln

– im Weiteren Mieter genannt –

1. Der Mieter erkennt an, dem Vermieter eine Kaution für das Mietverhältnis über die Wohnung Venloer Str. 825, 50825 Köln, in Höhe von 1200 Euro zu schulden.

---

[1] BGH v. 21.3.2007 – XII ZR 255/04, GE 2007, 710 = ZMR 2007, 444 = NZM 2007, 401.

2. Der Mieter verpflichtet sich, den in Ziff. 1 genannten Betrag in 12 gleichen Raten, beginnend mit dem 1.3.2006 in Höhe von 100 Euro auf das ihm bekannte Konto des Vermieters zu zahlen. Die weiteren Raten sind jeweils am 1. eines Monats fällig.

3. Kommt der Mieter mit einer Rate länger als 14 Tage in Rückstand, wird der gesamte Restbetrag aus der in Ziff. 1 genannten Summe sofort fällig.

4. Der Vermieter verpflichtet sich, die auf diese Vereinbarung geleisteten Zahlungen gemäß § 551 Abs. 3 BGB getrennt von seinem Vermögen bei einem Kreditinstitut zu dem für Spareinlagen mit dreimonatiger Kündigungsfrist üblichen Zinssatz anzulegen.

Köln, den ...

...

(Vermieter)

Köln, den ...

...

(Mieter)

Gemäß § 551 Abs. 3 BGB muss der Vermieter eine Barkaution **von seinem Vermögen getrennt** bei einem Kreditinstitut zu den für Spareinlagen mit 3-monatiger Kündigungsfrist üblichen Zinssatz **anlegen**. Dies kann in verschiedener Weise geschehen. Dem Mandanten sollte insoweit geraten werden, eine Möglichkeit zu wählen, die jederzeit gewährleistet, dass er **Zugriff** auf die Sicherheitsleistung hat. Dabei kommt z.B. in Betracht, dass er den Geldbetrag auf ein eigens angelegtes Sparkonto mit 3-monatiger Kündigungsfrist einzahlt. Dieses Sparbuch sollte auf den Namen des Mandanten lauten und mit dem Vermerk „Kautionsguthaben" oder „Mietkaution" versehen sein. Damit wird deutlich, dass der Betrag treuhänderisch verwaltet wird[1]. Da der Mandant selbst aber Inhaber des Sparguthabens ist und das Sparbuch in den Händen hält, kann er jederzeit über das Guthaben verfügen. Missachtet der Vermieter das Gebot zur getrennten Anlage, kann darin die Erfüllung des Untreuetatbestandes i.S.v. § 266 StGB gesehen werden[2]. Dies gilt allerdings grundsätzlich – wegen der gesetzlichen Anordnung – nur für die Wohnraummiete[3]. 211

b) Prozessuales

Soweit die Zahlung einer **Barkaution** vereinbart wurde, ergeben sich keine besonderen Schwierigkeiten. Es muss ein Zahlungsantrag gestellt werden und in der Begründung der Abschluss des Mietvertrages sowie die Vereinbarung einer Kaution dargestellt werden. Allerdings sollen keine **Prozesszinsen** verlangt werden können[4], weil nach § 551 Abs. 3 S. 3 BGB dem Mieter die Zinsen zustehen sollen. Dieses Argument steht der Forderung der 212

---

1 Vgl. dazu *Geldmacher*, DWW 1993, 191.
2 OLG Zweibrücken v. 8.3.2007 – 1 Ws 47/07, GE 2007, 844 = ZMR 2007, 863 unter Hinweis auf BGHSt 41, 224.
3 BGH v. 2.4.2008 – 5 StR 354/07, WuM 2008, 336 = NZM 2008, 415 = ZMR 2008, 698.
4 LG Köln, WuM 1987, 257, 258; AG Braunschweig, WuM 1987, 257.

Prozesszinsen gemäß § 291 BGB jedoch gerade nicht entgegen[1]. Zinsen sind Früchte i.S.d. § 99 BGB. Ebenso wie Kautionszinsen berechnen sich auch die Prozesszinsen nach der Sicherheitsleistung selbst. Die gemäß § 291 BGB berechneten Zinsen der Hauptforderung sind damit auch Zinsen i.S.d. § 551 Abs. 3 S. 3 BGB. Selbst wenn der Mieter die Kaution vertragsgemäß geleistet hat und der Vermieter höhere Zinsen erwirtschaftet, steht der gegenüber § 551 Abs. 3 S. 3 BGB erwirtschaftete Mehrbetrag dem Mieter zu[2]. Die Zahlung des Mieters auf den in diesem Verfahren erwirkten Titel muss also einschl. Zinsen auf dem Kautionssparbuch angelegt werden.

213 Soweit der Mieter zur **Verpfändung** eines Sparbuches verpflichtet ist, ist der Titel auf eine nicht vertretbare Handlung gerichtet, die nach § 888 ZPO – also mit Ordnungsgeld – vollstreckt wird[3].

214 Bei einer Verpfändungsabrede bleibt dem Vermieter(-Rechtsanwalt) also nichts anderes übrig, als den Weg über die **Leistungsklage mit anschließender Pfändung nach § 887 ZPO** zu gehen. Der Leistungsantrag kann dabei wie folgt formuliert werden:

> Den Beklagten zu verurteilen, dem Kläger ein auf seinen Namen angelegtes Sparbuch eines deutschen Kreditinstituts mit einer Spareinlage von 1200 Euro zu verpfänden und zu übergeben.

215 Wurde die Übergabe einer (Bank-)**Bürgschaft** vereinbart, ist in gleicher Weise zu verfahren. Zunächst muss auf Leistung (Übergabe der Bürgschaft) geklagt werden. Danach müssen die Voraussetzungen des § 887 ZPO mit dem evtl. Leistungsanspruch geschaffen werden, was praktisch unmöglich erscheint.

216 Sieht die Klausel des Mietvertrages vor, dass der Mieter die Verpflichtung zur Zahlung einer Barkaution durch eine (selbstschuldnerische) **Bürgschaft** erbringen kann, ist darin eine Ersetzungsbefugnis zu sehen. Die Annahme einer Wahlschuld i.S.v. § 262 ff. BGB kommt nicht in Betracht. Denn ein Wahlrecht im Sinne einer Wahlschuld liegt nur vor, wenn mehrere verschiedene Leistungen, die als spezifizierte Einzelleistungen gedacht sind, in der Weise geschuldet werden, dass nach späterer Wahl des Schuldners nur eine von ihnen zu bewirken ist[4]. Als Rechtsfolge verpflichtet die Wahlschuld den Schuldner, nur eine Leistung zu erbringen, und gibt dem Gläubiger nur das Recht, eine Forderung zu verlangen. Dabei umfasst die schuldrechtliche Bindung alle Einzelleistungen, zu erbringen ist jedoch

---

1 OLG Düsseldorf, ZMR 2000, 452.
2 LG Köln in *Lützenkirchen*, KM 5 Nr. 11; AG Marburg, WuM 2001, 238; Palandt/*Weidenkaff*, § 551 BGB Rz. 13; *Geldmacher*, DWW 1993, 191.
3 LG Berlin v. 15.5.2007 – 67 T 34/07, GE 2007, 1191.
4 MünchKomm/*Keller*, § 262 BGB Rz. 3; Palandt/*Heinrichs*, § 262 BGB Rz. 1 m.w.N.

nur die gewählte[1]. Im Unterschied zur Wahlschuld hat die Ersetzungsbefugnis einen von Anfang an bestimmten Inhalt. Die Forderung erstreckt sich nicht wie bei der Wahlschuld auf mehrere „zur Wahl gestellte" Leistungen, sondern nur auf eine Leistung; der Schuldner ist jedoch berechtigt, durch eine andere als die geschuldete Leistung die Erfüllung herbeizuführen und sich zu befreien[2].

Mit Rücksicht darauf ist auch in diesem Fall eine **Zahlungsklage**, die allein auf Leistung der Barkaution gerichtet ist, zu erheben. Dem Mieter steht bis zur Zwangsvollstreckung die Möglichkeit offen, anstatt der Zahlung eine Bankbürgschaft zu übergeben. Insoweit ist er ggf. gezwungen, nach Leistung einer selbstschuldnerischen Bürgschaft den Zahlungstitel des Vermieters im Wege der Vollstreckungsgegenklage zu bekämpfen. 217

c) Sonderfall: Durchsetzung des Kautionsanspruchs nach Beendigung des Mietvertrages

Vereinzelt wird vertreten, dass der Anspruch auf Leistung der Sicherheit mit Beendigung des Mietvertrages wegen Zweckerreichung erlischt, da der Vermieter ab diesem Zeitpunkt in der Lage sei, seine Ansprüche abschließend zu prüfen und geltend zu machen[3]. Dem wird zu Recht entgegengehalten, dass das Recht aus einer entstandenen und fälligen Forderung nicht untergeht, wenn das Mietverhältnis endet[4]. Voraussetzung ist aber, dass dem Vermieter aus dem beendeten Vertrag noch **Forderungen zustehen**, wofür auf den Zeitpunkt der Klageerhebung abzustellen sein soll, und es als ausreichend angesehen wird, wenn der Vermieter seine Forderungen, deren Sicherung die Kaution dienen soll, schlüssig vorträgt[5]. Richtigerweise wird insoweit jedoch auf den Zeitpunkt der letzten mündlichen Verhandlung abzustellen sein. 218

Haben die Parteien die Leistung einer **Bürgschaft** vereinbart, wandelt sich dieser Anspruch unter den dargelegten Voraussetzungen (insbesondere schlüssiger Vortrag weiterer Ansprüche) in einen unmittelbaren Zahlungsanspruch nach Beendigung des Mietvertrages um[6]. Erfolgt die Mandatierung also erst nach Beendigung des Mietvertrages, besteht in der Geltendmachung der Kaution in der Regel eine einfachere und vor allem schnellere Möglichkeit, dem Vermieter zu einem Zahlungstitel zu verhelfen. Denn es reicht der schlüssige Vortrag weiterer Forderungen aus. Diese Forderungen können sich insbesondere aus Mietrückständen, aber vor allem aus Schadensersatzansprüchen wegen unterlassener Schönheitsreparaturen (vgl. dazu *H Rz. 551 ff.*) oder Beschädigungen der Mietsache (vgl. 219

---

1 MünchKomm/*Keller*, § 262 BGB Rz. 3 m.w.N.
2 Palandt/*Heinrichs*, § 262 BGB Rz. 8.
3 *Sternel*, Mietrecht, III Rz. 225.
4 BGH, NJW 1981, 976; OLG Celle, WuM 1993, 291; *Blank* in Schmidt-Futterer, § 550b BGB Rz. 29.
5 OLG Düsseldorf, ZMR 2000, 212.
6 OLG Düsseldorf, ZMR 2000, 452 = DWW 2000, 122.

dazu *K Rz. 346 f.*) ergeben. Selbstverständlich kommen auch Forderungen aus (zukünftigen) Nebenkostenabrechnungen in Betracht[1], auch soweit deswegen bei Abrechnung der Kaution nur ein Zurückbehaltungsrecht geltend gemacht werden könnte.

220 Bevor Schritte eingeleitet werden, sollte jedoch überprüft werden, ob nicht **Verjährung** eingetreten ist. Denn der Anspruch auf Leistung der Kaution unterliegt der regelmäßigen Verjährungsfrist von 3 Jahren gemäß § 195 BGB[2]. Bei Verträgen, die vor dem **1.1.2002** abgeschlossen wurden, war insoweit Art. 229 § 6 Abs. 4 EGBGB zu beachten. Danach musste von dem Grundsatz ausgegangen werden, dass die neuen, seit 1. Januar 2002 geltenden Fristen anzuwenden waren, weil nach neuem Recht kürzere Verjährungsfristen bestimmt sind. Die Fristen begannen dann jedoch erst am 1.1.2002 zu laufen, Art. 229 § 6 Abs. 4 S. 1 EGBGB, und zwar unter den Voraussetzungen des § 199 Abs. 1 BGB[3]. Dessen Voraussetzungen lagen jedoch im Zweifel vor, denn der Kautionsanspruch war in dem hier maßgeblichen Stadium schon längst entstanden und der Vermieter hatte in der Regel auch Kenntnis von der Person des Schuldners, so dass die Verjährung gem. Art. 229 § 6 Abs. 4 S. 1 EGBGB am **31.12.2004** eintrat[4]. Ansonsten, wenn also die Voraussetzungen des § 199 Abs. 1 BGB am 1. Januar 2002 ausnahmsweise nicht vorlagen, begann die Verjährungsfrist mit dem Schluss des Jahres, in dem die Voraussetzungen des § 199 Abs. 1 BGB (kumulativ) vorlagen[5]. Vorsichtshalber sollte gemäß Art. 229 § 6 Abs. 4 S. 2 EGBGB geprüft werden, ob die Verjährungsfrist nach altem Recht (§ 197 BGB a.F. = 30 Jahre) nicht vorher abgelaufen wäre.

221 Nicht nur, wenn die Prüfung der Verjährung zugunsten des Vermieters erfolgreich verlaufen ist, sollte der Mieter in einem **außergerichtlichen** Schreiben aufgefordert werden, die Kaution zu leisten. Immerhin müssen gleichzeitig auch Ansprüche dargestellt werden, zu deren Absicherung die Kaution (noch) dienen soll. Denn es sollte nicht ausgeschlossen werden, dass der Mieter die Kaution noch leistet.

222 Soll **Klage erhoben** werden, kann der Kautionsrückzahlungsanspruch nur in dem Umfang geltend gemacht werden, wie noch bestehende oder zukünftig entstehende Ansprüche schlüssig dargelegt werden können[6]. Deshalb muss eingehend geprüft werden, ob alle für die schlüssige Darstellung notwendigen Informationen und Unterlagen vorliegen[7]. Der Vorteil dieses Verfahrens besteht darin, dass das Gericht wegen der geltend gemachten

---

1 LG Berlin, ZMR 1999, 257; AG Flensburg, WuM 2000, 598.
2 KG v. 3.3.2008 – 22 W 2/08, ZMR 2008, 624; LG Darmstadt v. 7.3.2007 – 4 O 529/06, NZM 2007, 801.
3 Palandt/*Heinrichs*, Modernisierung, Art. 229 § 6 EGBGB Rz. 6 m.w.N.
4 *Mansel* in Dauner-Lieb, Art. 229 § 6 EGBGB Rz. 26; *Heß*, NJW 2002, 253, 258 (Fn. 70).
5 *Schmidt-Räntsch*, Rz. 1220; *Heß*, NJW 2002, 253, 258.
6 OLG Düsseldorf, ZMR 2000, 212.
7 Vgl. dazu in den jeweiligen Kapiteln die entsprechenden Hinweise.

Ansprüche nicht in eine Beweisaufnahme einsteigen wird, sondern allein die Schlüssigkeit prüft. Reichen die materiellen Forderungen aus dem Mietverhältnis nicht aus, um die gesamte Kautionshöhe zu unterlegen, können die in dem Verfahren entstehenden Gerichts- und Rechtsanwaltskosten nicht in die Berechnung der Klageforderung einbezogen werden[1]. Dabei handelt es sich nämlich um Forderungen, die nicht dem Sicherungsinteresse unterliegen. Abgesehen davon entsteht darüber nach Abschluss des Verfahrens ein (weiterer) Titel.

d) Gebühren

Der Streitwert bemisst sich in dem Verfahren auf Zahlung der Kaution nach dem Interesse des Vermieters, also der **Höhe der vereinbarten Kaution**.   223

2. Mieterberatung

a) Das Beratungsgespräch

Der Mieter-Rechtsanwalt muss im Wesentlichen die vertragliche Abrede   224
prüfen, insbesondere bei Wohnraummietverhältnissen vor dem Hintergrund der §§ 551 Abs. 4 und Abs. 2 BGB (vgl. dazu *Rz. 193 ff.*). Soweit der Mieter die Kaution gezahlt hat, besteht ein Auskunftsanspruch über die gesetzliche Anlage i.S.v. § 551 Abs. 3 BGB[2].
Im Übrigen steht dem Mieter in der Regel auch dann kein Zurückbehaltungsrecht nach § 273 BGB oder die Einrede des nicht erfüllten Vertrages nach § 320 BGB zu, wenn der Vermieter die Mietsache **nicht** in einem **vertragsgerechten Zustand** übergeben kann[3]. Denn die Mietsicherheit soll ihrer Natur nach ohne Rücksicht auf einen Streit der Parteien über die Begründetheit von Gegenrechten des Vermieters sicherstellen, dass der Vermieter wegen etwaiger verbleibender Ansprüche bis zur Höhe der Sicherheit ohne Rücksicht auf mögliche negative Veränderungen der Leistungsfähigkeit des Mieters Befriedigung erlangen kann. Dieser Sicherungszweck wird aktuell mit Beginn des Mietverhältnisses. Er würde durch die Ausübung eines Zurückbehaltungsrechts vereitelt[4].

Enthält der Mietvertrag eine Regelung, wonach die Kaution in einer **ande-**   225
ren Anlageform i.S.d. § 551 Abs. 3 S. 2 BGB verwahrt werden kann, ist zusätzlich zu prüfen, ob es sich dabei um eine vom Vermieter gestellte For-

---

1 OLG Düsseldorf, ZMR 212, 213.
2 BGH v. 20.12.2007 – IX ZR 132/06, WuM 2008, 149.
3 BGH v. 21.3.2007 – XII ZR 255/04, GuT 2007, 128; OLG Celle v. 20.2.2002 – 2 U 183/01, NZM 2003, 64, 65.
4 Ebenso: OLG Düsseldorf v. 24.11.1997 24 W 89/96, ZMR 1998, 159; OLG Düsseldorf v. 23.3.2000 – 10 U 160/97, ZMR 2000, 453; OLG Celle v. 23.4.1997 – 2 U 118/96, ZMR 1998, 272; OLG München v. 17.4.2000 – 3 W 1332/00, ZMR 2000, 528 = NZM 2000, 908.

mularklausel handelt. Denn diese wird allgemein für unwirksam gehalten[1]. Haben die Parteien über das mit der Anlageform verbundene Risiko jedoch ausdrücklich gesprochen oder ging die Initiative dazu sogar vom Mieter aus[2], ist die Regelung unbedenklich. Deshalb muss der Rechtsanwalt ermitteln, wie die Regelung zustande kam. Dazu sollte er die Darstellung des Mandanten, die oftmals von der gewünschten Rechtsfolge oder Erinnerungslücken beeinflusst ist, anhand der äußeren Umstände überprüfen. Ist z.B. das äußere Erscheinungsbild der Klausel mit den übrigen Regelungen drucktechnisch identisch, sprechen bereits die äußeren Umstände dafür, dass die Klausel vom Vermieter gestellt wurde. Dann reicht es nicht mehr aus, wenn der Vermieter den Mieter (bloß) über die mit der besonderen Anlage verbundenen Risiken aufgeklärt hat. Vielmehr müsste er zusätzlich die gewünschte Anlageform zur Disposition gestellt haben[3], um die Annahme einer Formularklausel zu widerlegen. Kann sich der Mandant nicht daran erinnern, ob und ggf. welche Gespräche über den Inhalt der besonderen Kautionsabrede stattgefunden haben, sollte vorsorglich noch untersucht werden, ob und ggf. in welchem Maße der Vermieter über den Inhalt der Vertragsgespräche Beweis führen kann. Dazu sollte der Mandant nach Zeugen des Vermieters gefragt werden, die insbesondere beim Abschluss des Vertrages durch Hausverwalter in Betracht kommen.

226 Hat der Mieter die Kaution (bisher) nicht geleistet, weil die Mietsache mangelhaft ist, muss er darauf hingewiesen werden, dass wegen Mietmängeln grundsätzlich **kein Zurückbehaltungsrecht** an der Kaution besteht[4]. Hat der Mieter jedoch bei Wohnraum die erste Rate gezahlt, besteht ein **Auskunftsanspruch** hinsichtlich der ordnungsgemäßen Anlage gem. § 551 Abs. 3 BGB[5]. Deshalb kann er die zweite und dritte Rate zurückhalten, bis der Vermieter den Nachweis der ordnungsgemäßen Anlage erbracht hat. Dies gilt selbstverständlich auch, wenn, z.B. im **Gewerberaum**, eine besondere Anlageform vereinbart wurde. In diesen Fällen sollte der Vermieter angeschrieben werden und um den Nachweis der Anlage gebeten werden. Eine ausdrückliche Erwähnung des Zurückbehaltungsrechts ist nicht erforderlich, dient allerdings der Klarheit.

227 Geht es dem Mieter nur um einen **Zahlungsaufschub**, weil er sich vorübergehend in einem finanziellen Engpass befindet, sollte versucht werden, mit dem Vermieter eine Ratenzahlungsvereinbarung zu treffen. Denn die Erfüllung der pekuniären Pflichten hat für den Vermieter überragende Bedeutung. Die Kaution dient seiner Sicherheit für den Fall der Insolvenz des

---

1 *Lützenkirchen*, Neue Mietrechtspraxis, Rz. 482; *Kraemer*, NZM 2001, 737, 739; *Derleder*, WuM 2002, 239, 240.
2 Vgl. dazu: *Kandelhard*, WuM 2002, 302.
3 BGH, NJW 1977, 624.
4 LG Köln, WuM 1987, 257; LG Hamburg, ZMR 1991, 344; LG Nürnberg-Fürth, NJW-RR 1992, 335; *Lützenkirchen*, KM 12 Nr. 14.
5 BayObLG, WuM 1988, 205; LG Kiel, WuM 1988, 266; LG Mannheim, WuM 1990, 293; LG Düsseldorf, WuM 1993, 400.

Mieters. Im Hinblick darauf sollte der Rechtsanwalt darauf hinwirken, dass der Vermieter beruhigt wird. Die angespannte finanzielle Situation lässt sich überzeugend mit den Kosten des Umzugs begründen. Vor allem, wenn der Mieter die Mietsache zunächst – entgegen § 535 Abs. 1 S. 2 BGB – in einen ordnungsgemäßen Zustand versetzen musste, wird der Vermieter sich einem Ratenzahlungswunsch kaum verschließen, zumal wenn deutlich gemacht wird, dass der Mieter aus der Verletzung der Verpflichtung aus § 535 Abs. 1 S. 2 BGB keine Rechte herleiten will.

Für Wohnungsmieter besteht zusätzlich die Möglichkeit, dass das **Wohnungsamt** die Kaution im Wege eines zinslosen Darlehens vorfinanziert. Finanziell schwach gestellten Mandanten sollte also empfohlen werden, sich hierzu mit dem zuständigen Wohnungsamt in Verbindung zu setzen. 228

Schließlich kann noch geprüft werden, ob sich der Vermieter in **Verzug der Annahme** befindet. Dazu muss der Mieter ihm die Kaution so wie vereinbart angeboten haben und der Vermieter sie nicht entgegengenommen haben. Liegen diese Voraussetzungen vor, reicht ein wörtliches Angebot aus, § 295 BGB. Davon kann aber noch nicht ausgegangen werden, wenn sich der Mieter mit der Kautionserbringung in Verzug befindet und für einen in der Zukunft liegenden, aber festen Termin die Kaution angeboten hat und nun ein Angebot auf sofortige Zahlung (mündlich) unterbreitet[1]. Denn den eigenen Verzug konnte er nur durch sofortige Leistung beseitigen.

b) Prozessuales

Kommt es dennoch zum Prozess, besteht gegenüber der **Leistungsklage** auf Zahlung bzw. Leistung der Kaution kaum eine Verteidigungsmöglichkeit, sofern die Kautionsregelung wirksam ist (vgl. dazu *Rz. 193 ff.*). Deshalb sollte hier zu einem **Anerkenntnis** geraten werden. Dies wird allerdings nicht zur Kostenlast des Vermieters führen, wenn Verzug vorgelegen hat, weil Geldschulden sofort zu zahlen sind[2]. 229

c) Gebühren

Hier ergeben sich keine Besonderheiten gegenüber den Gebühren bei der Vermieterberatung. Die dortigen Ausführungen gelten entsprechend (vgl. *Rz. 223*). 230

III. Besichtigungs- und Zutrittsrecht

Unzweifelhaft steht dem Vermieter auch ohne besondere vertragliche Regelung ein Besichtigungs- und Zutrittsrecht in folgenden **Fällen** zu: 231

---

1 BGH v. 21.3.2007 – XII ZR 36/05, NZM 2007, 400.
2 Zöller/*Herget*, § 93 ZPO Rz. 6, „Geldschulden" m.w.N.

- zur Abwehr drohender Gefahren[1]
- wenn der Mieter Mängel behauptet[2] oder dem Vermieter Mängel sonst bekannt geworden sind[3]
- wenn der Vermieter Reparatur- oder Modernisierungsmaßnahmen durchführen will[4]
- wenn der Vermieter Kaufinteressenten die Mietsache zeigen will[5]
- wenn der Vermieter kurz vor Ende des Mietvertrages Mietinteressenten die Mietsache vorführen will[6]
- zur Begutachtung vor einer Mieterhöhung nach § 558 BGB durch einen Sachverständigen[7]
- bei begründetem Verdacht eines vertragswidrigen Verhaltens des Mieters[8], z.B. unerlaubte Tierhaltung[9]
- zur Überprüfung durch einen Architekten zur Vorbereitung einer Abgeschlossenheitsbescheinigung[10]
- zur Sicherung des Vermieterpfandrechts[11]
- zur Ablesung von Messgeräten
- zur Vorbesichtigung bei bevorstehender Beendigung des Mietvertrages.

232 Dem Vermieter steht auch ohne besonderen Grund ein **periodisches Besichtigungsrecht** in Zeitabständen von 1 bis 2 Jahren zu[12], das unmittelbar aus § 535 BGB abzuleiten ist[13] und keiner besonderen (wirksamen) Regelung im Mietvertrag bedarf[14]. Zwar ist der Mieter gem. § 536c BGB zur Mängelanzeige verpflichtet. Dies allein ist jedoch kein ausreichender Grund, ein allgemeines, periodisches Besichtigungsrecht abzulehnen. Insbesondere sprechen praktische Bedürfnisse dafür. Verletzt der Mieter seine Anzeigepflicht, ist der Vermieter auf die Geltendmachung von Schadensersatzansprüchen (§§ 536c Abs. 2, 280 BGB) beschränkt. Dabei kann nur ein Schaden geltend gemacht werden, der aus der zeitlichen Verzögerung entstanden ist. Der Nachweis dieses Schadens ist praktisch unmöglich,

---

1 LG Bremen, BlGBW 1964, 139; *Kinne/Schach*, § 535 BGB Rz. 73.
2 AG Köln, WuM 1986, 86.
3 *Kraemer* in Bub/Treier, III Rz. 1127.
4 AG Schöneberg, GE 1987, 629.
5 RG, RGZ 106, 270; KG, OLGE 16, 426; AG Bergisch Gladbach, WuM 1977, 27; AG Lüdenscheid, WuM 1990, 489.
6 *Kraemer* in Bub/Treier, III Rz. 1127.
7 *Sternel*, Mietrecht aktuell, VII Rz. 185.
8 *Kraemer* in Bub/Treier, III Rz. 1127; Palandt/*Weidenkaff*, § 535 BGB Rz. 82.
9 AG Rheine, WuM 2003, 315; *Sternel*, Mietrecht aktuell, VII Rz. 185.
10 LG Hamburg, WuM 1994, 425; *Kraemer* in Bub/Treier, III Rz. 1127.
11 *Kraemer* in Bub/Treier, III Rz. 1127.
12 Dafür: LG Berlin, MM 2004, 125; AG Saarbrücken, ZMR 2005, 373; AG Münster, NZM 2001, 1030; AG Frankfurt/Main, WuM 1998, 343.
13 *Lützenkirchen*, NJW 2007, 2152.
14 AG Münster v. 18.12.2008 – 6 C 4949/08, WuM 2009, 288; a.A.: AG Coesfeld v. 12.11.2008 – 6 C 83/08, WuM 2009, 112.

was man sich am Beispiel von Feuchtigkeitsschäden ohne weiteres vor Augen führen kann. Ist der Vermieter aber berechtigt, in längeren Abständen von 1 bis 2 Jahren die Mietsache zu besichtigen, kann er ggf. unter Zuhilfenahme von Experten vorbeugende Maßnahmen treffen.

1. Vermieterberatung

a) Das Beratungsgespräch

Will der Vermieter die Mietsache besichtigen, sollten zunächst die Gründe ermittelt werden. Denn selbst wenn eine **unwirksame Besichtigungsregelung** im Mietvertrag enthalten ist[1], ist ein Besichtigungsrecht jedenfalls in den oben (*Rz. 231*) genannten Fällen gegeben. Allerdings muss der Vermieter dann den (besonderen) Grund bei der Ankündigung angeben[2]. 233

Liegt einer der genannten Fälle vor, muss die Besichtigung dem Mieter **angekündigt** werden, und zwar mindestens 24 Stunden vorher[3]. Dabei ergibt sich regelmäßig die Schwierigkeit, zwischen Vermieter und Mieter einen gemeinsamen **Termin** zu finden. Die Besichtigung muss in den ortsüblichen Besuchszeiten liegen, die in der Regel werktags von 10.00 bis 13.00 Uhr und von 15.00 bis 18.00 Uhr, ausnahmsweise bis 20.00 Uhr bestehen[4]. Gerade bei institutionalisierten Vermietern mit geregelter Arbeitszeit tauchen dabei **Probleme** auf, weil z.B. berufstätige Mieter (zumal wenn es um die Überprüfung der Erfüllung ihrer vertraglichen Pflichten geht) versuchen, das Besichtigungsrecht dadurch zu unterlaufen, dass sie vorgeben, während der Besuchszeiten nicht abkömmlich zu sein. Bevor hier ein Streit nur über die Besichtigungszeit entsteht, sollte mit dem Mandanten diskutiert werden, ob nicht doch die Möglichkeit besteht, von vornherein einen für den Mieter genehmen Termin durchzuführen. Dabei kann der Mandant darauf hingewiesen werden, dass auch die Durchsetzung seines Besichtigungsanspruchs erstinstanzlich 3 bis 6 Monate in Anspruch nehmen kann und in der Zwischenzeit die Mietsache ggf. noch mehr Schaden nimmt. Jedenfalls ist ein Termin verbindlich, der das Ergebnis einer Interessenabwägung ist (vgl. *F Rz. 71 f.*). 234

Unabhängig davon sollten, sofern der Mandant oder der Rechtsanwalt den Besichtigungstermin nicht mündlich oder telefonisch ankündigen wollen, in dem **Ankündigungsschreiben** zwei Termine genannt werden. Wird gleichzeitig darauf hingewiesen, dass das Schweigen nach Ablauf einer bestimmten Frist als Zustimmung zu einem der beiden Termine aufgefasst wird, wird der Mieter schon aus Gründen der Höflichkeit gezwungen, sich 235

---
1 LG München II v. 21.7.2008 – 12 S 1118/08, ZMR 2009, 371; AG Freiburg, WuM 1983, 112; AG Hamburg, WuM 1992, 540.
2 LG München II v. 21.7.2008 – 12 S 1118/08, ZMR 2009, 371.
3 AG Neustadt, WuM 1979, 143; AG Freiburg, WuM 1983, 112; AG Köln, WuM 1986, 86; AG Aachen, WuM 1986, 87; AG Tiergarten, GE 1987, 1136; AG Neuss, WuM 1989, 364.
4 *Kraemer* in Bub/Treier, III Rz. 1128.

mit dem Vermieter oder dem Rechtsanwalt in Verbindung zu setzen, um den oder einen anderen Termin zu vereinbaren (zur Formulierung vgl. z.B. *F Rz. 207* und *Rz. 172*).

236 Bei dieser Gelegenheit will der Mandant auch wissen, wie er die Besichtigung durchführen darf und worauf er ggf. zu achten hat. Selbstverständlich darf der Mandant den Termin in **Begleitung** eines Handwerkers und/oder eines Architekten (bzw. Sachverständigen) wahrnehmen. Sofern die Namen der Begleitpersonen zum Zeitpunkt der Formulierung des Ankündigungsschreibens bereits bekannt sind, sollten sie mitgeteilt werden, wenngleich der Mieter hierauf keinen Anspruch hat. Im Falle der **Kaufinteressenten** ist dies ausdrücklich entschieden. Hier kann der Mieter die Mitteilung des Namens und der Anschrift nicht verlangen, jedoch dass sich der Kaufinteressent vor Betreten der Wohnung ausweist[1].

237 Das Besichtigungsrecht umfasst **alle Räume** der Mietsache. Kommt es dabei auf den Zustand an, ist der Vermieter berechtigt, ein Protokoll anzufertigen, insbesondere durch Benutzung eines Diktiergerätes. Werden schadhafte Stellen festgestellt, deren Zustand veränderlich ist, ist der Vermieter auch berechtigt, diesen Zustand **fotografisch** festzuhalten[2]. Denn zumindest insoweit widerstreiten die Grundrechte der Parteien im Ergebnis zugunsten des Vermieters.

238 Solange ein besonderer Grund für die Besichtigung vorliegt, kann sie auch an **mehreren Terminen** erfolgen. Indessen ist hier auch auf die Belange des Mieters Rücksicht zu nehmen. Für **Kaufinteressenten** wurde entschieden, dass der Mieter deren Besichtigung nur einmal in der Woche zulassen muss[3]. Ansonsten kommt es auf den Grund der Besichtigung an. Der Vermieter sollte jedoch dazu angehalten werden, z.B. zur Vorbereitung einer **Modernisierungsmaßnahme** die Fachkräfte, die bei der Besichtigung anwesend sein müssen, auf einen oder doch so wenig wie mögliche Termine zu konzentrieren.

239 Dem Mandanten sollte auch empfohlen werden, schon aus Respekt die **Gebräuche des Mieters** nicht zu missachten. Bei einem moslemischen Mieter sollte er daher vor der Türe die Schuhe ausziehen oder – wenn der Mieter es aus welchen Gründen auch immer wünscht – sich Filzpantoffel überziehen[4].

240 Gerade in **spannungsgeladenen Mietverhältnissen** bietet das Besichtigungsrecht erhebliches Konfliktpotential, weil sich die Parteien – möglicherweise zum ersten Mal während des Streits – persönlich gegenüberstehen.

---

1 LG Stuttgart, WuM 1991, 578; LG Trier, WuM 1993, 185; AG München, WuM 1994, 425.
2 *Eisenschmid* in Schmidt-Futterer, § 535 BGB Rz. 161; a.A. AG Frankfurt/Main, WuM 1998, 343.
3 LG Kiel, WuM 1993, 52.
4 Vgl. dazu AG Waldbröl, WuM 1992, 599; AG München, WuM 1994, 425.

Umso mehr sollte dem Mandanten empfohlen werden, den Mieter durch höfliches Auftreten zu entwaffnen. Auch wenn sich mancher, insbesondere querulatorisch veranlagte Mieter davon nicht beeindrucken lassen wird, können die Umstände, die bei der Ausübung des Besichtigungsrechts eingetreten sind, ggf. in einem späteren Prozess eine Rolle spielen, z.B. um ein Charakterbild des Mieters zu zeichnen, von dem sich auch ein Gericht bei seiner Entscheidung nicht immer frei machen kann.

b) Prozessuales

Kommt ein Besichtigungstermin nicht zustande, muss der Besichtigungsanspruch im Wege der Leistungs- bzw. Duldungsklage durchgesetzt werden. Hierzu kann beantragt werden, 241

> den Beklagten zu verurteilen, dem Kläger und einem von ihm beauftragten Handwerker nach vorheriger schriftlicher Ankündigung eines Termins an einem Werktag zwischen 10.00 und 13.00 Uhr oder 15.00 und 18.00 Uhr Zutritt zu der Wohnung im 2. OG des Hauses Luxemburger Str. 101, 50937 Köln, zu gewähren, und zwar durch Öffnen der Wohnungseingangstür sowie sämtlicher Zimmertüren.

Der Grund für die Besichtigung muss im Antrag nicht bezeichnet werden. Er ist Teil der Begründung, so dass das Gericht prüfen kann, ob der Besichtigungsanspruch besteht. Wird der Anspruch auf **Zutrittsgewährung** beschränkt (also ohne den letzten Halbsatz), kann der Titel nur nach § 890 ZPO vollstreckt werden. Die Praxis zeigt, dass dies zu noch weiteren Verzögerungen führt. Mit dem **Zusatz** (durch Öffnen ...) wird eine vertretbare Handlung in den Antrag aufgenommen, die gem. § 887 ZPO auch von einem Dritten vorgenommen werden kann. Dadurch ist eine **Zwangsvollstreckung durch Ersatzvornahme** nach § 887 ZPO möglich. Der Mandant kann also nach nochmaliger Ankündigung ggf. eine Zwangsöffnung (mit Kostenvorschuss) durchführen[1]. 242

Die Gegenmeinung[2] fasst die Anträge zusammen und sieht den Schwerpunkt in dem Duldungsanspruch, nach dem sich die Zwangsvollstreckung einheitlich richten soll. Dabei wird verkannt, dass die ZPO hinsichtlich der einzelnen Vollstreckungshandlungen getrennte Vollstreckungsmöglichkeiten vorsieht und eine vertretbare Handlung nicht durch die Verbindung in einen Duldungsanspruch umgewandelt werden kann. Grundsätzlich könnte der Vermieter die Umsetzung seines Besichtigungsrechts auf die vertretbare Handlung (Öffnen der Türen) beschränken. Denn damit 243

---

1 OLG Zweibrücken, ZMR 2004, 268; AG Köln, Beschl. v. 25.4.1997 – 209 C 475/96, n.v. (ständige Rechtsprechung); **a.A.** LG Düsseldorf, Beschl. v. 29.1.1998 – 25 T 92/98, n.v. (ständige Rechtsprechung).
2 LG Düsseldorf, Beschl. v. 29.1.1998 – 25 T 92/98, n.v.

wird bereits deutlich, dass er die Wohnung betreten darf. Durch den Zusatz der Duldung der Besichtigung soll nur sichergestellt werden, dass der Mieter dem Vermieter nicht unmittelbar nach Betreten der Wohnung wieder die Türe weisen darf.

244 Im Wege der **einstweiligen Verfügung** kann das Besichtigungsrecht nur in ganz besonders gelagerten Ausnahmefällen durchgesetzt werden (vgl. auch *M Rz. 343*). Für die Besichtigung mit Kaufinteressenten oder zur Überprüfung der Renovierungsbedürftigkeit fehlt es an der erforderlichen Eilbedürftigkeit[1]. Denkbar ist das Verfahren jedoch, wenn sich äußerlich Mängel zeigen, die zunächst von einem Fachmann überprüft werden müssen, um die notwendigen Arbeiten veranlassen zu können. Mit Gewalt darf sich der Vermieter jedoch niemals Zugang zu den Räumen verschaffen (§ 123 StGB).

c) Gebühren

245 Bei der Beratung und Durchsetzung des Besichtigungsrechts ist gemäß § 3 ZPO zur Bewertung des Streitwerts auf das Interesse des Vermieters abzustellen. Nach der Erfahrung des Verfassers setzen die Gerichte hier Werte zwischen 250 Euro und 750 Euro an.

Diese pauschale Bewertung ist nicht gerechtfertigt. Soweit ersichtlich wird empfohlen, eine Monatsmiete anzusetzen[2]. Das AG Neuss hat den Streitwert für die Besichtigung gewerblicher Räume mit 5000 DM (= 2500 Euro) festgesetzt[3].

Richtigerweise wird man auf den Grund für das Besichtigungsrecht abstellen müssen. Besteht dieser z.B. in der Vorbereitung einer Mängelbeseitigung, dient die Besichtigung auch der Abwehr von Minderungsrechten des Mieters, so dass der 12fache (potentielle) Minderungsbetrag in Anlehnung an § 41 GKG Ausgangspunkt der Bewertung ist. Dient die Besichtigung der Vorbereitung einer Mieterhöhung nach § 558 BGB, ist die potentielle Mieterhöhung zugrunde zu legen. Soll überprüft werden, ob der Mieter seine Renovierungsleistungen erbracht hat, bildet die Basis der Bewertung der voraussichtliche Kostenaufwand.

Da die Besichtigung nur als Vorbereitung einer bestimmten Maßnahme des Vermieters dient, können die Wert der „Hauptsache" nicht in vollem Umfang angesetzt werden, sondern müssen mit einem Abschlag versehen werden, so dass sie mit einem Drittel des Hauptsacheinteresses zu bewerten sind.

Hinsichtlich der Gebühren ergeben sich keine Besonderheiten (vgl. dazu *N Rz. 83 ff.*).

---

1 AG Hamburg, WuM 1981, U 6; *Scholz* in Schmidt, 24–139.
2 Zöller/*Herget*, § 3 ZPO Rz. 16 „Besichtigung".
3 AG Neuss, WuM 1989, 364, 365.

2. Mieterberatung

a) Das Beratungsgespräch

Als Erstes muss für den Mandanten geprüft werden, ob das Besichtigungsrecht **wirksam angekündigt** wurde. Wurde kein Grund angegeben und will der Mandant nicht ohne weiteres eine Besichtigung gestatten, sollte der Vermieter aufgefordert werden, den Grund für die Besichtigung anzugeben. Denn auch das allgemeine, periodische Besichtigungsrecht kann nicht dazu ausgenutzt werden, dem Vermieter eine „Schnüffelei" zu ermöglichen. Hat der Mieter z.B. gerade erst Renovierungsarbeiten ausgeführt, sollte dies ausdrücklich erwähnt werden, vor allem, wenn dies durch Fachhandwerker geschehen ist.

246

Bei **spannungsgeladenen Mietverhältnissen** wird vom Mieter häufig ein Hausverbot gegen den Vermieter oder einen seiner Mitarbeiter ausgesprochen. Ungeachtet der rechtlichen Wirksamkeit[1] kann dies dem Besichtigungsrecht des Vermieters nicht entgegengehalten werden[2]. In diesen Fällen sollte der Rechtsanwalt auf seinen Mandanten auch beschwichtigend einwirken und notfalls den Termin gemeinsam mit ihm wahrnehmen. Denn gerade bei anhängigen Streitigkeiten versucht der Vermieter nicht selten, mit oder bei der Ausübung des Besichtigungsrechtes den Mieter zu provozieren, um ggf. einen Kündigungsgrund herbeizuführen oder eine Gelegenheit zu schaffen, mit ihm eine Aufhebungsvereinbarung zu schließen[3]. Auf dieses **Risiko** sollte der Mandant zumindest hingewiesen und ihm eindringlich vorgehalten werden, sich höflich und zuvorkommend zu verhalten und nichts zu unterschreiben, was er hinterher bereut.

247

Ein Anspruch darauf, dass der Vermieter **vor der Besichtigung bestimmte Verpflichtungen** (z.B. Ausziehen der Schuhe, Benennung der Personen, die die Wohnung betreten sollen) **eingeht**, steht dem Mieter[4] grundsätzlich nicht zu, es sei denn, es liegen besondere Umstände vor (z.B. Moslem). Deshalb sollten die Wünsche des Mieters für die Durchführung ermittelt und dem Vermieter schriftlich mitgeteilt werden, damit er sie beachten kann. Gleichzeitig sollte der Mandant jedoch darauf hingewiesen werden, dass die Verletzung der Pflichten in der Regel nicht das Recht begründet, die Besichtigung zu beenden.

248

Ist der Mieter zu den vom Vermieter vorgeschlagenen **Terminen verhindert**, muss nach den Gründen geforscht werden. Der Vermieter muss nur auf vorübergehende Hinderungsgründe (z.B. Krankheit, starker Geschäftsanfall) Rücksicht nehmen[5]. Ist der Mieter berufstätig und innerhalb der üblichen Zeiten nicht anwesend, sollte versucht werden, mit dem Vermieter

249

---

1 Vgl. dazu *Sternel*, Mietrecht, II Rz. 235.
2 *Kraemer* in Bub/Treier, III Rz. 1127.
3 Ob dabei ein Haustürgeschäft vorliegt, kann zweifelhaft sein; vgl. *Grapentin* in Bub/Treier, IV Rz. 289.
4 **A.A.** AG Waldbröl, WuM 1992, 599; AG München, WuM 1994, 425.
5 *Kraemer* in Bub/Treier, III Rz. 1128.

einen dem Mandanten genehmen Termin zu vereinbaren. Ansonsten muss der Mieter Urlaub nehmen oder einer Vertrauensperson (auf seine Kosten) seinen Schlüssel geben. Dies gilt vor allem, wenn der Vermieter auf den von ihm angekündigten Besichtigungstermin angewiesen ist, z.B. weil ihm sonst der Verlust eines wichtigen Kaufinteressenten droht[1].

250 Besteht der Grund für die Besichtigung darin, dass ein **vertragswidriges Verhalten** des Mieters vorliegt oder bei dem Vermieter ein entsprechender Verdacht entstanden ist, sollten mit dem Mandanten die Konsequenzen überlegt werden. Besteht der Grund für die Besichtigung z.B. in der mangelnden Ausführung von **Renovierungsarbeiten**, kann sich bei der Besichtigung „nur" die Nichterfüllung der vertraglichen Verpflichtungen herausstellen. Der Vermieter wird sich Gewissheit verschaffen und damit die Grundlage für seinen Erfüllungsanspruch erhalten. Allerdings muss er hier zunächst dem Mieter noch einmal Gelegenheit geben, die Arbeiten auszuführen, also eine Fristsetzung erklären. Der Schaden für den Mandanten, der bei einer Verweigerung der Besichtigung entsteht, ist also höher. Denn zu den ohnehin notwendigen bzw. durchzuführenden Renovierungsarbeiten kommen auch noch die Kosten für einen voraussichtlich verlorenen Prozess über das Besichtigungsrecht. In diesem Falle sollte dem Mandanten angeraten werden, mit den Renovierungsarbeiten unverzüglich zu beginnen. Gleichzeitig kann durch den Vorschlag anderer Besichtigungstermine ein **Zeitgewinn** für den Mandanten erreicht werden, um anlässlich der Besichtigung wenigstens den Eindruck zu erwecken, dass die Renovierungsarbeiten bereits begonnen wurden. Damit kann bei der Besichtigung die Grundlage geschaffen werden, um mit dem Vermieter eine großzügige zeitliche Abfolge festzulegen, innerhalb der die einzelnen Räume der Mietsache renoviert werden.

251 Ergeben sich jedoch Umstände, die z.B. eine **fristlose Kündigung** rechtfertigen können (z.B. unerlaubte Untervermietung), muss erörtert werden, ob und ggf. wie sich die Umstände so gestalten lassen können, dass das vertragswidrige Verhalten vor der Besichtigung beendet werden kann. Denn wird die Vertragswidrigkeit erst mit Gewissheit festgestellt, muss mit einer Abmahnung gerechnet werden. Zwar muss der Vermieter auch in der Abmahnung eine angemessene Frist setzen[2]. Indessen gerät der Mandant hierdurch unnötig unter Zeitdruck, was je nach dem Umfang bzw. dem Gewicht der Vertragsverletzung zu Schwierigkeiten bei der Beseitigung des vertragswidrigen Zustandes führen kann. Auch in diesem Fall muss daher versucht werden, für den Mandanten **Zeit zu gewinnen**. Dies kann dadurch geschehen, dass die vorgeschlagenen Termine abgesagt und neue Terminsvorschläge in größerer zeitlicher Entfernung vorgeschlagen werden. Denn auf Grund eines solchen Vorschlages wird der Vermieter kaum die prozessuale Auseinandersetzung suchen.

---

1 *Kraemer* in Bub/Treier, III Rz. 1128.
2 LG Köln in *Lützenkirchen*, KM 31 Nr. 37.

Hat der **Mandant** einen rechtzeitig angekündigten Besichtigungstermin ohne Angabe von Gründen **nicht zugelassen**, sollte sich der Rechtsanwalt bemühen, noch einen Besichtigungstermin zu ermöglichen. Hierzu ist unverzüglich Kontakt (ggf. telefonisch) zum Vermieter aufzunehmen, um ihm die mit dem Mandanten abgesprochenen Termine vorzuschlagen. Denn nur so kann das doch erhebliche Prozessrisiko für den Mandanten vermieden werden. Auch in dieser Situation sollten – ähnlich wie beim Ankündigungsschreiben des Vermieters – zwei Termine vorgeschlagen werden mit dem Hinweis, dass ein Schweigen nach Ablauf der gesetzten Frist dahin ausgelegt wird, dass der eine der beiden genannten Termine zustande kommt. Je nachdem können dadurch auch die Voraussetzungen für ein sofortiges Anerkenntnis i.S.d. § 93 ZPO geschaffen werden.

252

b) Gebühren

Insoweit ergeben sich keine Unterschiede zur Gebührenberechnung beim Vermieter (vgl. dazu *Rz. 245*).

253

IV. Ausübung des Vermieterpfandrechts

Das Vermieterpfandrecht[1] wird bei **notleidenden Mietverhältnissen** zwar sehr häufig angewendet. Vom Insolvenzverfahren abgesehen besteht die praktische Relevanz jedoch regelmäßig nur darin, es als **Druckmittel** einzusetzen. Denn die dem Pfandrecht unterliegenden Sachen können grundsätzlich nur im Wege des Verkaufs (§ 1228 BGB), der durch eine **öffentliche Versteigerung** (§§ 1233, 1235 BGB) durchgeführt wird, verwertet werden. Diese Art der Verwertung ist grundsätzlich viel zu aufwendig und risikoreich, jedenfalls bei Wohnraummietverhältnissen ist nur selten zu erwarten, dass die gebrauchten Sachen des Mieters einen nennenswerten Verkaufserlös erbringen können, zumal sie in der Regel unpfändbar sind. Die wertvollen Inventargegenstände, z.B. Maschinen bei Gewerberaummietverträgen, stehen regelmäßig nicht im Eigentum des Mieters, sondern sind entweder geleast oder sicherungsübereignet bzw. Unter Eigentumsvorbehalt erworben. Dies gilt umso mehr, als in dem Zeitpunkt, in dem das Vermieterpfandrecht ausgeübt werden soll, die Krise des Mieters meistens bereits das Endstadium erreicht hat, so dass die finanzierenden Banken oder Lieferanten sich die verwertbaren Gegenstände des Mieters bereits gesichert haben, wobei sie mittlerweile Kredite an Mieter ohnehin davon abhängig machen, dass der Vermieter auf sein Pfandrecht verzichtet oder nur nachrangig ausüben kann. Erfolgte die Besicherung allerdings nach Einbringung in die Mietsache ohne eine solche Vereinbarung, ist der Erwerber von vorneherein mit dem Vermieterpfandrecht belastet. Ein gutgläubiger Erwerb von (Sicherungs-)Eigentum ist gem. §§ 930, 936 BGB nur durch Verschaffung des unmittelbaren Besitzes möglich[2]. Im Übrigen bilden die

254

---

1 Vgl. *Spieker*, ZMR 2002, 327 ff.
2 BGH, NZM 2005, 665 = ZMR 2006, 23.

§§ 811 ff. ZPO, 50 ff. InsO (Absonderungsrecht) ein weiteres **Verwertungshindernis**.

1. Vermieterberatung

a) Das Beratungsgespräch

255 Regelmäßig erfolgt die Beratung des Vermieters über die Ausübung des Vermieterpfandrechts **unter Zeitdruck**. Der Mandant hat soeben erfahren, dass gegen seinen Mieter ein Antrag auf Eröffnung eines Insolvenzverfahrens gestellt wurde, sein Mieter verstorben ist und die Rechtsnachfolge ungeklärt ist, oder gerade erst bemerkt, dass der Mieter die Mietzahlungen eingestellt hat. Nicht selten wird der Rechtsanwalt hierüber telefonisch informiert und soll Anweisungen geben, wie das Vermieterpfandrecht ausgeübt werden kann.

256 In dieser Situation bleibt keine Zeit, den Vermieter über mögliche Schwierigkeiten und Verwicklungen im Hinblick auf **Rechte Dritter** etc. aufzuklären. Im Vordergrund steht die Frage, wie der Mandant seine **Ansprüche sichern** kann.

257 Allerdings sollte sich der Rechtsanwalt davon vergewissern, dass Grundlage der Ausübung des Vermieterpfandrechts nicht **zukünftige Entschädigungsforderungen** sind. Denn für diese Art der Ansprüche kann das Vermieterpfandrecht nach § 562 Abs. 2 BGB nicht geltend gemacht werden.

258 Ergibt sich eine zu sichernde Forderung, also auch zukünftige Mietforderungen in den Grenzen des § 562 Abs. 2 BGB, muss der Vermieter sein Vermieterpfandrecht ausüben, was durch einfache Erklärung gegenüber dem Mieter erfolgt. Ist ihm nicht bekannt, ob und ggf. welche Gegenstände dem Vermieterpfandrecht unterliegen, kann er den Mieter auf **Auskunft** in Anspruch nehmen, die er im Zweifel auch im Wege der **einstweiligen Verfügung** durchsetzen kann[1].

Ist der Mandant aus praktischen Gründen nicht in der Lage, die seinem Pfandrecht unterliegenden Gegenstände aus den Mieträumen fortzuschaffen, sollte ihm empfohlen werden, die Gegenstände des Mieters zu **inventarisieren** und als dem Vermieterpfandrecht unterworfen zu **kennzeichnen**. Dazu muss sich der Mandant in die Mieträume begeben, wobei er mindestens einen **Zeugen** mitnehmen sollte. Abgesehen davon, dass dieser bei der praktischen Abwicklung behilflich sein kann, führt die Ankündigung, das Vermieterpfandrecht ausüben zu wollen, bei dem Mieter regelmäßig zu Abwehrreaktionen oder verbalen Auseinandersetzungen, denen sich der Mandant nicht ohne Zeugen aussetzen sollte. Wird ihm der Zutritt gewährt, muss er die Gegenstände, auf die sich sein Pfandrecht beziehen soll, inventarisieren. Hierzu sollte er einerseits eine Inventarliste aufnehmen, in der die einzelnen Gegenstände so genau wie möglich beschrieben und nummeriert werden. Die Nummer des Inventarverzeichnisses sollte un-

---

[1] OLG Brandenburg v. 18.7.2007 – 3 W 20/07, GE 2007, 1316.

auffällig, aber gut sichtbar an dem jeweiligen Pfandgegenstand mit Hilfe eines **Aufklebers** vermerkt werden. Neben der Nummer sollte der Aufkleber auch den Hinweis „unterliegt dem Vermieterpfandrecht" enthalten, um nachfolgende Pfändungen durch einen Gerichtsvollzieher, wenn schon nicht abzuwenden (vgl. § 826 ZPO), so doch zu erschweren bzw. deutlich zu machen, dass das Vermieterpfandrecht **Priorität** genießt[1].

Ergibt sich bei der Pfändung Streit darüber, ob es sich um eine **Sache des Mieters** handelt, sollte der Mieter aufgefordert werden, den Nachweis für das fremde Eigentum zu erbringen. Denn gerade bei Sachen, die der Mieter bisher ständig wie eigene benutzt hat, muss er – in einem evtl. Prozess – im Einzelnen darlegen, aus welchen Gründen er gleichwohl kein Eigentum an dieser Sache hat, und diesen Tatbestand ggf. beweisen[2]. 259

Sofern die Zeit reicht, sollte dem Mandanten ein kurzer Abriss über **unpfändbare Gegenstände**[3] erteilt werden. Abgesehen davon, dass der Mandant darauf achten muss, ob die Sachen **eingebracht** wurden, also nicht nur vorübergehend in die Mieträume geschafft wurden[4], sind insbesondere die Gegenstände unpfändbar, die der Mieter zum persönlichen Gebrauch oder Haushalt[5] benötigt bzw. bei der Geschäftsraummiete zur Fortführung seines Betriebes[6]. 260

Ist die Pfändung vollzogen, sollte der Rechtsanwalt auf **Vorlage der Inventarliste** drängen und überprüfen, inwieweit Gegenstände nicht doch als unpfändbare Sachen angesehen werden können. Denn der Mandant wird **im Zweifel**, also wenn er sich nicht sicher ist, auch diese Gegenstände zunächst gepfändet haben mit dem Hinweis, dass sein Rechtsanwalt entscheiden soll, ob eine Pfändbarkeit gegeben ist. Sofern sich eine Unpfändbarkeit erweist, sollte die Sache umgehend freigegeben werden, was durch schriftliche Verzichtserklärung gegenüber dem Schuldner erfolgt. 261

Sobald sich weitere Gläubiger des Mieters melden, sollte von diesen der urkundliche **Nachweis ihres Eigentums** oder vorrangigen Rechts verlangt werden. Denn nach dem im Pfändungsrecht geltenden **Prioritätsprinzip** (vgl. dazu § 1209 BGB) muss der Mandant nur diejenigen Gegenstände freigeben, die entweder in fremdem Eigentum stehen oder vorrangig gepfändet wurden, wobei das Vermieterpfandrecht eben schon mit der Einbringug entsteht. Ergibt sich hier nicht zweifelsfrei der Vorrang des Dritten, muss mit dem Mandanten das **Prozessrisiko** abgewogen werden. Dabei sollte auch auf den wirtschaftlichen Wert der betreffenden Sache sowie der übri- 262

---

1 Vgl. dazu Staudinger/*Emmerich*, § 562 Rz. 36 m.w.N.
2 RG, RGZ 146, 334.
3 Vgl. zu den einzelnen Gegenständen die Kommentierung bei *Stöber* in Zöller, § 811 ZPO Rz. 11 ff. und *Spieker*, ZMR 2002, 327, 328 f.
4 *von Martius* in Bub/Treier, III Rz. 846.
5 *Sternel*, Mietrecht, III Rz. 261; *von Martius* in Bub/Treier, III Rz. 859.
6 OLG Frankfurt/Main, GuT 2002, 49; *Wolf/Eckert/Ball*, Rz. 720; *von Martius* in Bub/Treier, III Rz. 860.

gen, dem Vermieterpfandrecht unterworfenen Gegenstände, abgestellt werden. Denn reicht die weitere Sicherheit voraussichtlich aus, um den Mandanten schadlos zu halten, ergibt sich kein vernünftiger Grund, ein Prozessrisiko einzugehen. Der Wert kann im Zweifel durch einen Sachverständigen oder einen professionellen Verwerter ermittelt werden.

263 Abschließend sollte noch darauf hingewiesen werden, dass sich die Ausübung des Vermieterpfandrechts auch als **Vorbereitung für die Zwangsvollstreckung** anbietet. Ist ersichtlich, dass der Mieter die gerichtlich geltend gemachte Forderung des Vermieters nicht erfüllen wird (oder kann), sollten Vorsichtsmaßnahmen ergriffen werden, um eine Realisierung des späteren Titels zu gewährleisten. Durch die Ausübung des Vermieterpfandrechts kann nicht nur verhindert werden, dass zwischenzeitlich andere Gläubiger sich an den (ggf. letzten) Wertgegenständen des Mieters befriedigen, sondern vor allem, dass auch einer Entfernung der Gegenstände durch den Mieter während des Prozesses vorgebeugt wird. Denn ist ein Gegenstand einmal entfernt, ist es praktisch unmöglich für den Mandanten, dessen Verbleib zu ermitteln.

263a Auch zur Vermeidung der eigenen Haftung sollte der Rechtsanwalt den Vermieter aber darauf hinweisen, dass die **umfassende Ausübung** des Vermieterpfandrechts einem **Räumungs- und Herausgabeanspruch** entgegensteht[1]. Hat der Vermieter also z.B. fristlos wegen Zahlungsverzuges gekündigt, ist eine Räumungsklage abzuweisen, wenn er gleichzeitig sein Vermieterpfandrecht (ohne Beschränkung) geltendgemacht hat[2]. Im Prinzip macht daher die Ausübung nur Sinn, wenn zu erwarten ist, dass der Mieter einen Insolvenzantrag stellt, um sich die Rechte aus § 50 InsO zu sichern. In derartigen Krisensituationen sollten folgende Umstände abgewogen werden:

– Befindet sich in den Miträumen verwertbares Eigentum des Mieters?
– Droht die Kündigungssperre des § 112 InsO?
– Wird ein Insolvenzverwalter das Mietverhältnis zur Sicherung der Nutzung (Fortführung des Betriebes) fortsetzen?
– Hat die Durchsetzung des Räumungsanspruchs Vorrang?

263b Möglich ist natürlich die **Beschränkung des Vermieterpfandrechts** auf einige wertvolle bzw. gut verwertbare Gegenstände. In diesem Fall muss mit der entsprechenden Einschränkung der Räumungsanspruch geltend gemacht werden.

b) Die Ausübung des Selbsthilferechts

264 Vielfach sind die Mandanten geneigt, nach Ausübung des Vermieterpfandrechts die Miträume mit einem neuen Schloss zu versehen, um ein **Ent-**

---

1 OLG Rostock v. 8.6.2007 – 3 W 23/07, GuT 2007, 302.
2 KG, NZM 2005, 422 = WuM 2005, 348.

fernen der dem Pfandrecht unterworfenen Gegenstände zu **verhindern**. Dies ist grundsätzlich nicht erlaubt, weil darin eine verbotene Eigenmacht liegt, § 858 BGB, und auch Straftatbestände erfüllt sein können. In Betracht kommen insoweit die §§ 123, 240, 253, 22, 23 StGB.

Nach Ausübung des Vermieterpfandrechts muss sich der Mandant deshalb zunächst in regelmäßigen Abständen davon **vergewissern**, dass die gepfändeten Gegenstände sich noch in den Mieträumen befinden bzw. dass der Mieter oder Dritte nicht versuchen, die Gegenstände zu entfernen. Beobachtet der Vermieter derartiges Verhalten, muss er der **Entfernung** zunächst **widersprechen**[1]. Erst wenn sich keine begründeten Zweifel am Pfandrecht des Vermieters ergeben und der Mieter bzw. Dritte versuchen, die Gegenstände trotz des Widerspruchs des Mandanten zu entfernen, ist ein Auswechseln der Schlösser oder eine andere wirksame Maßnahme erlaubt[2]. Will der Mieter das Objekt weiternutzen, muss natürlich dafür gesorgt werden, dass er **Zutritt** hat, weil sonst die Mietzahlungspflicht entfällt (§ 537 Abs. 2 BGB). Bei gewerblichen Räumen kann dies durch Öffnen und Schließen zu den üblichen Ladenöffnungs- oder Bürozeiten erfolgen, wobei eine Vertrauensperson (z.B. Hausmeister) in regelmäßigen Abständen kontrollieren muss, dass die Räume wirklich zum Arbeiten betreten werden und nichts fortgeschafft wird oder werden soll. Bei Wohnraum ist dies praktisch unmöglich, solange kein Räumungstitel vorliegt.

265

Lässt sich der Mieter oder der Dritte durch den Widerspruch des Mandanten nicht beeindrucken, darf er dem Betroffenen die Sachen auch **abnehmen**[3]. Darin liegt die mildeste Form der Gewaltanwendung (**Verhältnismäßigkeitsgrundsatz**)[4]. Erst wenn sich der Mieter oder der Dritte die Sachen nicht abnehmen lassen, ist der Mandant auch zur **Gewaltanwendung** in angemessenem Umfang befugt[5]. Dazu gehört im Einzelfall auch das Versperren der Mieträume[6].

266

c) Verlust des Vermieterpfandrechts?

Vor dem Verlust des Vermieterpfandrechts ist der Vermieter im Wesentlichen durch **§ 562a BGB** geschützt. Danach erlischt das Vermieterpfandrecht mit der **Entfernung der Sache** aus den Mieträumen grundsätzlich nur, wenn dies mit seinem Wissen geschieht und er der Entfernung nicht widerspricht.

266a

Insoweit reicht allein die **Kenntnis des Vermieters** von der Entfernung von Gegenständen jedenfalls dann nicht zur Annahme eines Erlöschens aus,

266b

---

1 OLG München, WuM 1989, 128, 132.
2 OLG Karlsruhe, NZM 2005, 542.
3 OLG München, WuM 1989, 128, 132.
4 OLG Düsseldorf, ZMR 1983, 376, 377; *Sternel*, Mietrecht, III Rz. 269.
5 RG, DJZ 1905, 555; JW 1908, 581 Nr. 48; *von Martius* in Bub/Treier, III Rz. 896.
6 OLG Koblenz, NZM 2005, 784.

wenn der Vermieter ein ausdrücklich erklärtes **Einverständnis mit** einem „**Abverkauf**" damit verknüpft, dass der Abverkauf (= Entfernung) „nachvollziehbar dokumentiert" werde. Mit einer solchen oder ähnlichen Äußerung bringt der Vermieter zum Ausdruck, dass er mit einer Verwertung zu seinen Gunsten einverstanden ist, so dass im Insolvenzverfahren eine Verteilung nach § 170 InsO stattzufinden hat[1].

266c Wurden Gegenstände **ohne Wissen des Vermieters** aus den Mieträumen entfernt – also nicht durch den Vermieter selbst[2] –, hat dies ein Erlöschen des Vermieterpfandrechts erst zur Folge, wenn der Vermieter davon Kenntnis erlangt und nicht **innerhalb eines Monats** den **Herausgabeanspruch** zum Zwecke der Zurückschaffung gerichtlich geltend macht, § 562b Abs. 2 Satz 2 BGB. Diese Ausschlussfrist beginnt mit der positiven Kenntnis des Vermieters von der Entfernung. Bloße grobe fahrlässige Unkenntnis genügt nicht[3]. Eine Zurückverschaffung kann aber nicht im Wege der **einstweiligen Verfügung** (Vorwegnahme der Hauptsache) verlangt werden; hier kann allenfalls – nach Auszug des Mieters – Überlassung an einen Sequester verlangt werden[4].

266d Voraussetzung für die gerichtliche Geltendmachung des Herausgabeanspruchs ist natürlich, dass der Vermieter Kenntnis davon hat, **wer die entfernte Sache im Besitz hat**. Ist ihm dies nicht bekannt, kann er zur Wahrung der Frist des § 562b Abs. 2 Satz 2 BGB **Auskunftsklage** (oder Stufenklage[5]) gegen den Mieter/Insolvenzverwalter erheben[6]. Insoweit steht ihm ein Auskunftsanspruch auch gegen den aktuellen Insolvenzverwalter zu, obwohl die Entfernung der eingebrachten Sachen während der Tätigkeit seines Amtsvorgängers stattgefunden hat[7]. Ansonsten steht ihm insbesondere die Möglichkeit der einstweiligen Verfügung offen[8], auch hinsichtlich des Auskunftsanspruchs[9].

266e Selbst wenn das Vermieterpfandrecht jedoch **erloschen** ist, weil der Vermieter z.B. die Ausschlussfrist des § 562b Abs. 2 Satz 2 BGB versäumt hat, geht dem Vermieter die Sicherung seiner Ansprüche im Insolvenzverfahren nicht verloren. Vielmehr kann in einem solchen Fall ein Ersatzabsonderungsrecht analog § 48 Satz 2 InsO entstehen[10]. Damit kann der Vermieter Zahlung aus der Insolvenzmasse in Höhe der Gegenleistung verlangen, die der Mieter vor der Insolvenzeröffnung durch die Veräußerung des Gegenstandes erlangt hat.

---

1 BGH, WuM 2004, 222 = ZMR 2004, 331 = NZM 2004, 224 = MietRB 2004, 168.
2 Vgl. dazu OLG Stuttgart v. 10.4.2008 – 13 U 139/07, GuT 2008, 127.
3 *Lammel* in Schmidt-Futterer, Mietrecht, § 562b BGB Rz. 31.
4 OLG Brandenburg v. 18.7.2007 – 3 W 20/07, GuT 2007, 302 = GE 2007, 1316.
5 OLG Rostock, WuM 2004, 471 = MietRB 2004, 231.
6 *Herrlein* in Herrlein/Kandelhard, Mietrecht, § 562b BGB Rz. 9.
7 BGH, WuM 2004, 222 = ZMR 2004, 331 = NZM 2004, 224 = MietRB 2004, 168.
8 OLG Rostock, WuM 2004, 471 = MietRB 2004, 231.
9 OLG Brandenburg v. 18.7.2007 – 3 W 20/07, GE 2007, 1316.
10 BGH, WuM 2004, 222 = ZMR 2004, 331 = NZM 2004, 224 = MietRB 2004, 168.

d) Die Verwertung

Solange sich die Gegenstände, die gepfändet wurden, in den Mieträumen befinden, kann der Mieter sie nutzen, wodurch ein Verschleiß entsteht. Insoweit ist er z.B. auch berechtigt, mit einem vom Vermieterpfandrecht erfassten **Lkw** vom Mietgrundstück zu fahren, wenn dies zur betrieblichen Nutzung gehört[1]. Ist der Mieter ausgezogen, kann der Vermieter die Gegenstände **in Besitz nehmen** (§ 562b Abs. 1 S. 2 BGB). Indessen fehlt es sehr häufig an der Möglichkeit, die Gegenstände (kostenlos) unterzubringen. Abgesehen davon übernimmt der Mandant ab diesem Zeitpunkt die **Obhutspflicht**, so dass er regelmäßig für Beschädigungen beim Abtransport oder der Aufbewahrung haftet.

267

Deshalb sollte, solange der Mieter das Objekt noch nutzt, versucht werden, den durch die Ausübung des Vermieterpfandrechts entstandenen **Druck auszunutzen**.

268

Diese Bemühungen sind natürlich zwecklos, wenn der Mieter bereits aufgegeben hat, insbesondere die **Geschäftsaufgabe** bevorsteht (Indiz: Räumungsverkauf) oder ein Antrag auf Durchführung eines Insolvenzverfahrens gestellt und ein Verfügungsverbot erlassen wurde. Hier sollte nach der für den Mandanten wirtschaftlich schonendsten Möglichkeit gesucht werden, die Mietsache wieder zur Weitervermietung zur Verfügung zu stellen.

269

Führt der Mieter im Objekt jedoch noch seinen Geschäftsbetrieb, wird er regelmäßig davon ausgehen, dass er durch die Fortsetzung seiner Tätigkeit die **Krise überwinden** kann. Auch der Wohnungsmieter will verhindern, dass durch das Heraustragen einzelner Gegenstände aus der Wohnung den Nachbarn offenbar wird, dass er sich in einer wirtschaftlichen Krisensituation befindet. Andererseits kann sich der Druck auch aus den gepfändeten Gegenständen selbst ergeben, wenn z.B. beim Wohnungsmieter ein privat genutzter Computer beschlagnahmt wurde, an dem dem Mieter besonders viel liegt.

270

In diesen Fällen kann dem Mieter z.B. ein **Abholtermin angekündigt** werden. In der Ankündigung kann nicht nur auf den Straftatbestand der Pfandkehr (§ 289 StGB) hingewiesen werden, um dem Mieter aufzuzeigen, dass der Mandant gewillt ist, rechtswidriges Verhalten des Mieters durch staatliche Maßnahmen zu sanktionieren. Vielmehr sollte auch dargestellt werden, dass die vom Gesetz vorgesehene Verwertung durch Verkauf in einer öffentlichen Versteigerung erfahrungsgemäß nicht den Erlös bringt, der dem Wert der Sache entspricht, zumal die Kosten des Gerichtsvollziehers vorweg in Ansatz gebracht werden. Damit droht dem Mieter ein doppelter Verlust: Einerseits verliert er seinen (ggf. wertvollen) Gegenstand; andererseits erhält er nicht den entsprechenden Gegenwert, so dass seine Schuld sich nur geringfügig verringert. Vor allem, wenn sich herausgestellt hat, dass die Krise des Mieters nur vorübergehender Natur war, kann die Ankündigung mit einer Ratenzahlungsvereinbarung verbunden werden, die

271

---

1 LG Neuruppin, NZM 2000, 962.

jedoch, jedenfalls bei höheren Forderungen, an die Vorlage eines notariellen **Schuldanerkenntnisses** mit Unterwerfungsklausel nach § 794 Nr. 5 ZPO geknüpft werden sollte.

272 Dies kann z.B. wie folgt geschehen:

> Sehr geehrter Herr Schmitz,
>
> wie Sie wissen, vertrete ich die Interessen Ihres Vermieters, des Herrn Willi Wichtig.
>
> Am 2.3.2006 hat unser Mandant sein Vermieterpfandrecht ausgeübt, weil Sie aus der Betriebskostenabrechnung für 2003 noch die unstreitige Zahlung von 7635,81 Euro schulden. Die dem Vermieterpfandrecht unterliegenden Gegenstände wurden in der in Kopie beigefügten Inventarliste im Einzelnen vermerkt.
>
> Anlässlich Ihres letzten Zusammentreffens mit unserem Mandanten haben Sie erklärt, die Forderung nicht ausgleichen zu können. Mit Rücksicht darauf muss unser Mandant nun das Pfandrecht realisieren und die gepfändeten Gegenstände verwerten. Die Verwertung erfolgt durch öffentliche Versteigerung, die von dem zuständigen Gerichtsvollzieher Johann Pingel durchgeführt wird. Herr Pingel hat unseren Mandanten gebeten, die gepfändeten Gegenstände in die Pfandkammer der Neusser Str. 378 zur Vorbereitung der Versteigerung zu bringen.
>
> Dort werden die Gegenstände durch einen öffentlich bestellten und vereidigten Sachverständigen bewertet und anschließend, voraussichtlich Ende April 2006, öffentlich versteigert.
>
> Mein Mandant wird deshalb die gepfändeten Gegenstände am 16.3.2006, 9.00 Uhr, bei Ihnen abholen.
>
> Ich mache darauf aufmerksam, dass die Kosten der Abholung, Begutachtung und Versteigerung zu Ihren Lasten gehen. Denn schon aus dem Gesichtspunkt des Verzuges schulden Sie diese Kosten im Wege des Schadensersatzes. Ein etwaiger Versteigerungserlös wird von dem Gerichtsvollzieher zunächst zur Begleichung dieser Kosten verwendet. Der die Kosten übersteigende Betrag wird auf Ihre Forderung angerechnet. Die Kosten des Gutachtens belaufen sich nach Mitteilung des Gerichtsvollziehers voraussichtlich auf 1000 Euro.
>
> Um diese zusätzlichen Kosten abzuwenden, ist mein Mandant ohne Anerkennung einer Rechtspflicht und Präjudiz für das weitere Verhalten bereit, von einer Abholung abzusehen, sofern Sie die nachstehende Vereinbarung akzeptieren:
>
> 1. Sie legen bis zum 15.3.2006, 12.00 Uhr, ein notarielles Schuldanerkenntnis mit Unterwerfungserklärung gemäß § 794 Nr. 5 ZPO über einen Betrag von 7635,81 Euro nebst 5 Prozentpunkten über dem Basiszins seit dem 12.10.2004 sowie die Kosten meiner Inanspruchnahme gemäß beiliegender Kostenrechnung in Höhe von 381,64 Euro vor.

2. Die zu Ziff. 1 anerkannte Forderung wird von Ihnen in monatlichen Raten von 1000 Euro, beginnend mit dem 1.4.2006, ausgeglichen. Die Folgeraten sind jeweils zum 1. eines Monats fällig und zahlbar.

3. Kommen Sie mit einer Rate länger als 10 Tage in Rückstand, ist der gesamte Restbetrag sofort fällig. Mein Mandant ist sodann berechtigt, die Zwangsvollstreckung aus der notariellen Urkunde zu betreiben und die Rechte aus seinem Vermieterpfandrecht zu realisieren.

An dieses Angebot hält sich mein Mandant bis zum 15.3.2006 gebunden. Es kann nur durch schriftliche Bestätigung angenommen werden.

Mit freundlichen Grüßen

...

(Rechtsanwalt)

Anlage

Kostenrechnung

Gegenstandswert: 7635,81 Euro

1,0 Geschäftsgebühr VV 2400 RVG	412,00 Euro
Auslagen VV 7002 RVG	20,00 Euro
19 % MwSt. VV 7008 RVG	82,12 Euro
Summe	514,32 Euro

...

(Rechtsanwalt)

Bei der Berechnung der Gebühren wurde beim vorstehenden Entwurf eine Beauftragung des Rechtsanwalts bei der Mitwirkung des Pfändungspfandrechtes unterstellt. Durch die Ratenzahlungsvereinbarung entsteht keine Einigungsgebühr, weil die Forderung sowie das Vermieterpfandrecht im unterstellten Fall unstreitig sind, es also an einem **gegenseitigen Nachgeben** i.S.d. § 779 BGB fehlt[1]. Etwas anderes kann nur gelten, wenn auch der Gläubiger (Vermieter) z.B. wegen der Zinsen oder Kosten (wenn auch nur im geringen Umfang) nachgibt[2]. 273

Reagiert der Mieter hierauf nicht oder hat er die Miete bereits verlassen, sollte der Versuch unternommen werden, mit ihm einen „**freihändigen**" **Verkauf** zu vereinbaren. Bei Gewerbetreibenden kann die Einbindung des Mieters insoweit sinnvoll sein, weil sie eher in der Lage sind, Interessenten für ihr Inventar zu finden bzw. zu aktivieren. Ansonsten kann der Versuch unternommen werden, die gepfändeten Gegenstände einem Nachmieter zu veräußern, was insbesondere bei Einbauten erfolgversprechend sein kann. Selbstverständlich kann auch der Mandant ein Kaufangebot unterbreiten, wenn er die gepfändete Sache selbst verwenden kann. Dabei ist jedoch Vorsicht geboten. Der Mieter wird argwöhnen, dass der Vermieter 274

---

1 LAG Baden-Württemberg, JurBüro 1984, 871.
2 OLG Hamburg, MDR 1983, 589.

ein Eigentum billig erwerben will. Um dies zu verhindern, sollte entweder kein Preis genannt werden, um im Fall der Verkaufsbereitschaft die Vorstellungen des Mieters zu erfahren, oder das Kaufangebot eines Dritten vorgelegt werden mit dem Hinweis auf die Bereitschaft, diesen Preis zu zahlen.

275 Ob die Ankündigung und/oder das **Angebot** zum freihändigen Verkauf schriftlich oder mündlich erfolgen sollte, hängt von den Umständen des Einzelfalles ab. Regelmäßig drängt die Zeit, so dass in erster Linie versucht werden sollte, die Modalitäten der Verwertung im Rahmen einer persönlichen Besprechung zu erörtern und im unmittelbaren Anschluss daran schriftlich zu fixieren.

e) Prozessuales

Die prozessualen Schritte richten sich nach der gegebenen Situation:

276 **(1)** Wurde der gepfändete Gegenstand aus den Mieträumen entfernt, kann der Mandant vom Mieter und von dem Dritten gemäß den §§ 1257, 1227, 985, 1004, 562b Abs. 2 BGB die **Rückschaffung** in die Mieträume und nach dem Auszug des Mieters die Herausgabe an sich verlangen. Insoweit ist zu beantragen,

> den Beklagten zu verurteilen, den Personalcomputer Apple (Typ ..., Serien-Nr.: ...) in die Wohnung Luxemburger Str. 101, 50939 Köln, 3. OG rechts, zurückzuschaffen;

oder

> den Beklagten zu verurteilen, den Personalcomputer Apple (Typ ..., Serien-Nr.: ...) an den Kläger herauszugeben.

277 Neben dem Bestehen des Mietvertrages muss in der Klageschrift vor allem vorgetragen werden, dass der betreffende Gegenstand dem Vermieterpfandrecht unterlag. Dazu muss dargestellt werden, dass eine Forderung des Mandanten bestand und das Vermieterpfandrecht ausgeübt wurde. Hierzu kann die Inventarliste vorgelegt werden, deren Richtigkeit durch den bei der Pfändung anwesenden Zeugen unter Beweis gestellt werden kann. In der Klageschrift wird es ausreichen, pauschal zu behaupten, dass die in der Inventarliste aufgeführten Gegenstände vom Mieter in die Mietsache **eingebracht** wurden[1]. Sollte dies vom Mieter substantiiert bestritten werden,

---

[1] Vgl. dazu *von Martius* in Bub/Treier, III Rz. 846.

muss so spezifiziert wie möglich zu diesem Tatbestandsmerkmal vorgetragen werden. Insoweit sollte der Mandant befragt werden, ob er den Gegenstand bereits einige Zeit vor der Ausübung des Vermieterpfandrechts in der Mietsache gesehen hat, was natürlich ggf. bewiesen werden muss. Denn schon aus dem Zeitfaktor kann abgelesen werden, ob die betreffende Sache „nicht lediglich vorübergehend" in die Mieträume geschafft wurde. Weiterhin kann aus der Art des Einbaus auf eine dauerhafte Verschaffung in die Mieträume geschlossen werden. Bilder, die z.B. direkt an der Wand aufgehangen sind (also nicht an Bilderleisten), sollen regelmäßig dauerhaft in der Mietsache verbleiben. Auch hier kann z.B. ein Abhängen des Bildes von der Wand kontrolliert werden, ob auf Grund einer Schattenbildung darauf geschlossen werden kann, dass der Gegenstand dort schon länger hängt.

(2) Will der Vermieter die Gegenstände während des laufenden Mietverhältnisses verwerten, muss er nicht Rückschaffung beantragen, sondern kann sofort **Herausgabe** an sich oder den zuständigen **Gerichtsvollzieher** begehren. Dazu muss in der Klageschrift allerdings zusätzlich vorgetragen werden, dass die Verwertung erfolgen soll[1].

(3) Ist der Wert der Sache jedenfalls annähernd bekannt, kann der Vermieter von dem Mieter (was im Hinblick auf dessen wirtschaftliche Lage kaum sinnvoll erscheint) oder dem Dritten **Schadensersatz** verlangen, da die Wegschaffung des gepfändeten Gegenstandes eine Pfandkehr i.S.d. § 289 StGB darstellt und sich daher die Anspruchsgrundlage des § 823 Abs. 2 BGB i.V.m. § 289 StGB ergibt. Selbstverständlich ergibt sich auch ein Anspruch aus § 823 Abs. 1 BGB[2]. Hierbei muss ergänzend in der Klageschrift zum Wert der Sache vorgetragen werden. Liegt nicht ausnahmsweise darüber ein Sachverständigengutachten vor, kann ein Fachunternehmen auf Grund der Angaben über den Gegenstand, insbesondere dessen Alter, aufgefordert werden, ein Kaufangebot zu unterbreiten. Der Wert dieses Kaufangebotes sollte zur Grundlage der Schadensersatzforderung gemacht werden und (vorsorglich) beantragt werden, den Wert durch ein Sachverständigengutachten zu überprüfen.

(4) Hat der Mieter die Entfernung von eingebrachten Sachen des Mieters angekündigt, die dem Vermieterpfandrecht unterliegen, kann der Vermieter auch auf **Unterlassung** klagen (§ 1004 BGB). Dabei ist zu beantragen,

> den Beklagten zu verurteilen, es zu unterlassen, die in der als Anlage K 1 beigefügten Inventarliste bezeichneten Gegenstände aus der Wohnung Luxemburger Str. 101, 50939 Köln, 3. OG, zu entfernen.

---

1 OLG Frankfurt/Main, MDR 1975, 228.
2 *von Martius* in Bub/Treier, III Rz. 888; Palandt/*Thomas*, § 823 BGB Rz. 12.

Neben dem Mietvertrag und der Ausübung des Vermieterpfandrechts kommt es hier entscheidend darauf an, dass der Mieter sich vertragswidrig verhalten hat, also z.B. die Entfernung angekündigt oder mit der Entfernung bereits begonnen hat. Dieser Tatbestand muss spezifiziert **vorgetragen** werden, so dass darauf zu achten ist, dass sich insbesondere der Zeitpunkt der Ankündigung oder der Entfernung mitteilen lässt. Auch sollte bei einer Ankündigung die Ernsthaftigkeit der Erklärung untersucht werden, wofür der möglichst genaue Wortlaut der Erklärung des Mieters ermittelt werden muss. Regelmäßig kommt dieser Anspruch in Betracht, wenn der Mieter das Pfandrecht an sich bestreitet, weil er z.B. eine schuldnerfremde Sache behauptet. Auch hier muss vor Einleitung des Prozesses die Beweissituation geprüft werden. Die Abmahnung (vgl. dazu *J Rz. 266 f.*) und deren Zugang sollten ebenfalls in der Klageschrift vorgetragen werden.

281 **(5)** Hat eine **Veräußerung** der dem Vermieterpfandrecht unterliegenden Sache durch den Mieter oder den Dritten stattgefunden, ergeben sich Ansprüche des Vermieters aus § 816 BGB. Insoweit kann auf Zahlung geklagt werden, wobei sich in der Regel die Schwierigkeit ergibt, den Kaufpreis zu verifizieren.

282 **(6)** In allen vorgenannten Fällen ist jeweils zu prüfen, inwieweit eine **einstweilige Verfügung** in Betracht kommt, also insbesondere ein Fall der besonderen Dringlichkeit vorliegt. Sofern dabei Herausgabe verlangt wird, kann im Wege der einstweiligen Verfügung nur auf Herausgabe an einen Sequester (Gerichtsvollzieher) begehrt werden. Im Hinblick auf § 938 ZPO muss dies zwar nicht besonders beantragt werden. Ergibt sich jedoch für den Mandanten eine kostengünstige **Verwahrungsmöglichkeit**, sollte hierauf in der Antragsschrift besonders hingewiesen werden. Besitzt der Mandant z.B. einen ungenutzten Raum, in dem die Gegenstände untergebracht werden könnten, kann dieser als Verwahrungsort angeboten werden. Dabei muss jedoch gewährleistet sein, dass nur der Sequester Zugang zu diesem Raum hat. Deshalb sollte vorgetragen werden, dass der Raum mit einem neuen Schloss in Anwesenheit des Sequesters ausgestattet wird und nur dem Sequester die zu dem Schloss passenden Schlüssel ausgehändigt werden.

f) Gebühren

283 Das Interesse des Mandanten gemäß § 3 ZPO wird durch die **Höhe der Forderung**, die Grundlage der Geltendmachung des Vermieterpfandrechts ist, bestimmt. Im Übrigen berechnet sich sein Schadensersatzanspruch z.B. nach dem erwarteten Verkaufserlös, der dann ebenfalls Grundlage der Gebührenberechnung ist.

2. Mieterberatung

a) Das Beratungsgespräch

Der Vermieter übt das Vermieterpfandrecht aus, wenn er befürchten muss, dass seine laufenden Forderungen nicht mehr realisiert werden können. Häufig hat der Mieter den Vermieter zuvor bereits wegen ausstehender Zahlungen mit den unterschiedlichsten Ausreden vertröstet. In dieser Situation sollte der Rechtsanwalt von dem Mieter zunächst einen angemessenen **Vorschuss** verlangen, um wirtschaftlichen Schaden zu vermeiden. Die Reaktion auf dieses Begehren macht regelmäßig deutlich, ob der Mandant ein „fauler Schuldner" ist. Konsequenterweise sollte der Mandant, der bereits im Beratungsgespräch sitzt, ohne rechtliche oder taktische Auskunft fortgeschickt werden, sofern er den Vorschuss nicht in bar leisten kann. Kündigt sich der Mandant telefonisch an, sollte ihm im Telefonat die Vorschussforderung genannt werden. Dazu ist natürlich erforderlich, dass nach der Höhe der Forderung des Vermieters gefragt wird. Um der üblichen Neigung der Schuldner, die Forderung zu verharmlosen, vorzubeugen, sollte ein Vorschuss in Höhe von **1,5 Gebühren** verlangt werden. Denn es ist nicht auszuschließen, dass hier auch eine Besprechung stattfindet, so dass ohnehin ein höherer Gebührensatz anzuwenden ist.

284

Mit dem Mandanten ist zunächst die **Forderung des Vermieters** zu diskutieren. Ist die Forderung unstreitig, kann ein realistisches Ratenzahlungskonzept erarbeitet werden. Die Ratenzahlung sollte dem Vermieter jedoch nicht nur angekündigt werden. Vielmehr sollte die erste Rate von dem Mandanten gleich im Anschluss an das Beratungsgespräch an den Vermieter gezahlt werden, um dem Vermieter deutlich zu machen, dass tatsächlich **Zahlungswilligkeit** vorliegt. Um die Glaubwürdigkeit des Mandanten und des Rechtsanwalts nicht (weiter) zu erschüttern, sollte der Vorschlag der Ratenzahlung erst unterbreitet werden, wenn der Mandant die erste Rate bereits gezahlt hat. Floskeln wie „wir haben unserem Mandanten empfohlen, die **erste** Rate auf das bekannte Mietkonto zu **überweisen**", sind Leerformeln, wenn der Mandant der Empfehlung des Rechtsanwalts nicht folgt. Damit wird zugleich auch die Autorität des Rechtsanwalts in Zweifel gestellt. Denn aus Sicht des Vermieters wird deutlich, dass der Mandant dem Rat des Rechtsanwalts nicht folgt. Deshalb sollte mit dem Vorschlag zugleich der Nachweis der Zahlung (z.B. durch Überweisungsträger, besser noch durch Vorlage des Kontoauszuges) erbracht werden. Der Zahlungsvorschlag kann unabhängig davon erfolgen, ob die Ausübung des Vermieterpfandrechts im Übrigen rechtmäßig war. Denn nur so kann eine gerichtliche Auseinandersetzung mit den wirtschaftlich nachteiligen Folgen für den Mandanten vermieden werden.

285

Behauptet der Mandant, dass die gepfändete Sache nicht „eingebracht" war[1], müssen die näheren Umstände ermittelt werden. Hier muss insbesondere der Anschaffungs- bzw. Verwendungszweck der Sache erfragt

286

---

1 Vgl. dazu *Spieker*, ZMR 2002, 327; *von Martius* in Bub/Treier, III Rz. 846.

und untersucht werden, inwieweit sich die Darstellung des Mandanten unter Beweis stellen lässt. Wegen des latenten Verdachts, dass Schuldner immer erfindungsreich sind, um sich vor der Begleichung ihrer Schulden zu schützen, sollten auch Indizien ermittelt werden, die gegen diese Vermutung sprechen. Dem Mandanten sollte hierzu eröffnet werden, dass der Vermieter im Zweifel den soeben beschriebenen Verdacht hegen wird. Umso mehr wird der Mandant bemüht sein, seine Darstellung abzurunden. Wird nur eine vorübergehende Verschaffung des gepfändeten Gegenstandes in die Mietsache behauptet, sollte zumindest nach dem Tag der Anschaffung, dem Ort der Aufbewahrung und dem voraussichtlichen Zeitpunkt, zu dem eine Entfernung aus der Mietsache geplant war, gefragt werden. Ein wertvolles Bild, das erst einen Monat vorher angeschafft wurde, aber bereits an einer Wand befestigt war, kann sicherlich nicht mehr dafür herhalten, als Geschenk für einen Geschäftsfreund o.Ä. vorgesehen gewesen zu sein. Auch Sachen, die regelmäßig verpackt sind, wurden im Zweifel in die Mietsache eingebracht, wenn sie dort in ausgepacktem Zustand vom Vermieter vorgefunden wurden.

287 Behauptet der Mandant, dass **schuldnerfremde Sachen** gepfändet wurden, sollten die dafür geeigneten Nachweise verlangt werden. Bei einem Erwerb unter Eigentumsvorbehalt können z.B. die Kaufrechnung, die Ratenzahlungsvereinbarung, die Zahlungsbelege und die Geschäftsbedingungen, in denen der Eigentumsvorbehalt enthalten ist, vorgelegt werden. Dabei ist auch zu überlegen, inwieweit der Dritte gebeten werden soll, eine **Bestätigung** zu erteilen. Hier muss mit dem Mandanten erörtert werden, welche Gefahr daraus entstehen kann, dass Dritte von der Ausübung des Vermieterpfandrechts erfahren. Es enstehen auf jeden Fall Zweifel an der weiteren Kreditwürdigkeit des Mandanten. Deshalb darf der Rechtsanwalt nicht ohne Rücksprache mit seinem Mandanten um eine Bestätigung des Dritten bitten.

288 Erst wenn der Vermieter trotz der vorgelegten Nachweise das Pfand nicht freigibt, sollte dem Mandanten zur Vermeidung einer gerichtlichen Auseinandersetzung empfohlen werden, die Bestätigung des Dritten einzuholen. Insoweit kann nicht nur die Dauer eines Prozesses angeführt werden, sondern vor allem die Tatsache, dass über die gerichtliche Geltendmachung der Forderungen auch andere Kreditgeber möglicherweise informiert werden. In dieser Lage kann für den Mandanten **Schadensbegrenzung** dadurch erreicht werden, dass nur der eine bzw. die betreffenden Dritten informiert werden. Diesen sollte dargelegt werden, warum die Forderung des Vermieters entstanden ist (vorübergehender finanzieller Engpass, Versehen der Buchhaltung etc.) und dass eine Ratenzahlung stattfindet. Dadurch wird die Besorgnis der anderen Gläubiger zumindest gedämpft.

289 Kündigt der Vermieter die **Verwertung** der gepfändeten Gegenstände an und ist der Mandant auch nicht in der Lage, angemessene Raten zu zahlen, muss versucht werden, den Mandanten zur bestmöglichen Verwertung der Gegenstände zu aktivieren. Denn auch wenn die Verwertung nach den §§ 1228, 1233, 1235 BGB unrealistisch erscheint, wird der Vermieter zu ei-

ner anderen Vorgehensweise nur bereit sein, wenn er darin eine bessere Perspektive sieht. Dies kann z.B. dadurch erreicht werden, dass ihm geringere Kosten und ein besserer Erlös in Aussicht gestellt werden. Deshalb muss der Mandant zu der Überlegung motiviert werden, ob und ggf. wie die Möglichkeit realisiert werden kann, dass ein Dritter zum Kauf der Gegenstände und Zahlung des Kaufpreises an den Vermieter bereit ist. Die Hilfe des Rechtsanwalts sollte sich darauf beschränken, in seinem Umfeld, insbesondere bei seinen übrigen Mandanten und bei in Betracht kommenden Personen, anzufragen, ob sie am Erwerb der betreffenden Gegenstände oder auch nur eines davon interessiert sind. Denn ansonsten ergibt sich wieder die Gefahr, dass die Tätigkeit des Rechtsanwalts durch das Finanzamt als **gewerblich** qualifiziert wird (vgl. dazu oben *Rz. 47*). Der Mandant muss dies bei dem Verkauf eigener Sachen nicht befürchten.

290 Unterbreitet der Vermieter das oben (*Rz. 272*) dargestellte Angebot, das mit einem notariellen Schuldanerkenntnis verbunden ist, muss der Mandant über die Gefahr, dass dadurch schneller ein Titel geschaffen wird, aufgeklärt werden. Maßgeblich bei der Entscheidung sollte die Kostenfrage sein. Bei der Annahme des Angebots entstehen Notarkosten in Höhe von 48 Euro netto (§§ 44, 32 KostO). Wird der Titel im Mahnverfahren vom Vermieter erwirkt, entstehen Gerichtskosten von 83 Euro, wobei auch die Anwaltskosten sich erhöhen. Diese wurden im Entwurf (vgl. oben *Rz. 272*) mit einer 1,0-Geschäftsgebühr berechnet. Im Mahnverfahren entstehen bis zum Vollstreckungsbescheid 1,5-Gebühren zzgl. Auslagen, also insgesamt 638 Euro netto.

291 Sollte der Mandant aktuell nicht in der Lage sein, das **Ratenzahlungsangebot** einzuhalten oder nicht der Höhe nach erfüllen können, kann mit dem Vermieter darüber verhandelt werden. Erfahrungsgemäß macht dies jedoch nur dann Sinn, wenn ein konkreter Zahlungstermin und ein Grund genannt werden kann, weshalb die Zahlung gerade zu diesem späteren Termin erfolgen kann (z.B. Auszahlung einer gekündigten Lebensversicherung). Um zu vermeiden, dass bei dem Vermieter das Gefühl entsteht, dass er hingehalten werden soll, sollte angeboten werden, das Schuldanerkenntnis in der gewünschten Form zu errichten und im Falle der Zahlung durch einen Dritten (z.B. Lebensversicherer) die Abtretung der Ansprüche angeboten werden.

b) Prozessuales

292 Liegen begründete Einwendungen gegen das Vermieterpfandrecht vor (nicht bestehende Forderung, Pfändung nicht eingebrachter Sachen, Pfändung schuldnerfremder Sachen) und weigert sich der Vermieter, die Einwände des Mandanten anzuerkennen, muss durch einstweilige Verfügung verhindert werden, dass der Vermieter die Gegenstände verwertet. Der Antrag ist auf Unterlassung gerichtet und kann wie folgt formuliert werden:

> Im Wege der einstweiligen Verfügung – wegen der Dringlichkeit ohne mündliche Verhandlung – zu beschließen:
> 1. Der Antragsgegner hat es zu unterlassen, die in der Anlage 1 zu diesem Schriftsatz aufgeführten Gegenstände zu verwerten.
> 2. Dem Antragsgegner wird für jeden Fall der Zuwiderhandlung gegen die Verpflichtung gemäß Ziffer 1 ein Ordnungsgeld bis zur Höhe von 250 000 Euro, ersatzweise Ordnungshaft angedroht.
> 3. Der Antragsgegner trägt die Kosten des Verfahrens.

293 Sämtliche Tatsachen sind **glaubhaft zu machen** (§ 294 ZPO). Dazu sollten insbesondere die Nachweise vorgelegt werden, aus denen sich die Begleichung der Forderung des Vermieters oder das fremde Eigentum an den gepfändeten Sachen ergeben.

c) Gebühren

294 Auch die Gebühren des Mieter-Rechtsanwalts richten sich nach der Forderung des Vermieters, die Grundlage der Ausübung des Vermieterpfandrecht ist.

H. Erhaltung der Mietsachen

	Rz.
I. Erhaltungspflicht des Vermieters (*Dickersbach*)	1
1. Instandhaltung	3
2. Instandsetzung	5
3. Schutz- und Verkehrssicherungspflicht	9
4. Überprüfungspflichten des Vermieters	10
5. Opfergrenze	14
6. Vermietete Eigentumswohnung	17
7. Abweichende Vereinbarungen zur Instandhaltung und Instandsetzung	20
a) Gewerberaum	21
b) Wohnraummiete	30
aa) Kleinreparaturklauseln (Bagatellschäden)	31
(1) Höchstbetrag	32
(2) Höchstzeitgrenze	33
(3) Gesamtaufwandsbegrenzung	34
(4) Häufiger Zugriff des Mieters	35
(5) Musterformulierungen und Indexierung	36
bb) Vornahmeklauseln	39
cc) Wartungsklauseln	40
8. Der Duldungsanspruch des Vermieters	44
a) Objektiv erforderliche Erhaltungsmaßnahmen	45
b) Inhalt der Duldungspflicht	48
c) Ankündigung der Maßnahmen	51
d) Schadensersatzpflicht des Mieters	56
e) Beispiele fehlender Duldungspflicht	57
9. Mieterrechte bei Durchführung von Erhaltungsmaßnahmen	62
a) Wiederherstellung	62
b) Aufwendungsersatz (§ 554 Abs. 4 BGB)	63
c) Minderung	66

	Rz.
d) Schadensersatz	67
II. Modernisierung durch den Vermieter nach § 554 Abs. 2 BGB	68
1. Allgemeines	70
2. Anspruch auf Modernisierung	75
3. Abgrenzung zu Erhaltungsmaßnahmen gem. § 554 Abs. 1 BGB	79
4. Die Maßnahmen nach § 554 Abs. 2 BGB	81
a) Erhöhung des Gebrauchswerts der Wohnung	82
b) Bauliche Maßnahmen zur Verbesserung der allgemeinen Wohnverhältnisse	83
c) Maßnahmen zur Einsparung von Energie	84
aa) Maßnahmen zur Einsparung von Heizenergie	85
bb) Maßnahmen zur Einsparung von Strom	87
cc) Maßnahmen zur Einsparung von Wasser	88
d) Maßnahmen zur Wohnraumschaffung	89
e) Weitergehende Maßnahmen	90
5. Die Darlegungs- und Mitteilungspflicht des Vermieters (§ 554 Abs. 3 S. 1 BGB)	93
a) Art und voraussichtlicher Umfang der Maßnahmen	100
b) Voraussichtlicher Beginn der Arbeiten	105
c) Voraussichtliche Dauer	108
d) Zur voraussichtlichen Mieterhöhung	109
e) Bezifferung des Instandsetzungsaufwandes	112
f) Abweichende Vereinbarungen	114
g) Parteienmehrheit	115
h) Form der Ankündigung	117
i) Die unwirksame oder unterbliebene Ankündigung	120
j) Prüfungsliste und Mustertexte	121
6. Inhalt der Duldungspflicht	123

	Rz.		Rz.
7. Wegfall der Duldungspflicht – Interessenabwägung (§ 554 Abs. 2 S. 2 und 3 BGB)	124	aa) Einstweilige Verfügung des Vermieters	179
a) Vermieterinteressen	128	bb) Einstweilige Verfügung des Mieters	182
b) Mieterinteressen	129	b) Duldungsklage	185
aa) Geschützte Personen	129	aa) Klageantrag und Begründung	186
bb) Vorzunehmende Arbeiten	130	bb) Mustertext: Klage des Vermieters gegen den Mieter auf Duldung von Modernisierungsarbeiten	192
cc) Bauliche Folgen	131		
dd) Vorausgegangene Aufwendungen	132		
ee) Mieterhöhung	134	**III. Mietermodernisierung**	193
(1) Allgemein üblicher Standard	134	1. Duldungsanspruch	193
(2) Einkommensverhältnisse	135	2. Zustimmung des Vermieters	194
(3) Sonstige Härtegründe	137	3. Anspruch auf Zustimmung	195
ff) Härte	138	4. Weitere Voraussetzungen für die Zustimmung	198
(1) Beispiele für eine bejahte Duldungspflicht	139	5. Konsequenzen der Mietermodernisierung bei fehlender vertraglicher Regelung im laufenden Mietverhältnis	203
(2) Beispiele für eine verneinte Duldungspflicht	145		
(3) Mustertext: Ablehnung der Duldung von Modernisierungsarbeiten durch den Mieter	157	6. Vereinbarungen zur Mietermodernisierung	206
		a) Formularklauseln	206
8. Schadensersatz bei unberechtigter Verweigerung der Duldung	158	b) Individualvereinbarung	207
		c) Was ist bei einer Modernisierungsvereinbarung zu beachten?	210
9. Mieterrechte bei Maßnahmen nach § 554 Abs. 1 und 2 BGB	159	d) Formulierungsmuster Modernisierungsvereinbarung	219
a) Wiederherstellung des ursprünglichen Zustandes	159	7. Sonderfall: Barrierefreiheit	222
b) Aufwendungsersatz (§ 554 Abs. 4 Satz 1 BGB)	161	a) Ausgangslage	222
c) Anspruch auf Kostenvorschuss (§ 554 Abs. 4 S. 2 BGB)	167	b) Abwägung	223
		c) Berechtigter Personenkreis	225
d) Minderung (§ 536 BGB)	169	d) Beabsichtigte Maßnahme	227
e) Sonderproblem: Ausschluss des Minderungsrechts für Genossenschaftsmitglieder?	170	e) Zusätzliche Sicherheit	229
		f) Abweichende Vereinbarungen	231
f) Schadensersatz	174	g) Mietervertretung bei der Geltendmachung des Zustimmungsanspruches	232
g) Zurückbehaltungsrecht (§ 273 BGB)	175		
h) Sonderkündigungsrecht (§ 554 Abs. 3 S. 2 BGB)	176	h) Vermietervertretung	234
		i) Besonderheiten bei Eigentumswohnungen	237
i) Außerordentliche fristlose Kündigung (§ 543 BGB)	178	aa) WEG-rechtliche Ausgangslage	238
10. Gerichtliche Durchsetzung von Ansprüchen	179	bb) Mietrechtlicher Konflikt	241
a) Eilmaßnahmen	179	j) Entfernung der Veränderung oder Einrichtung	245

	Rz.
8. Verwendungen des Mieters nach §§ 536a Abs. 2, 539 BGB	248
a) Notwendige Aufwendungen – § 536a Abs. 2 Ziff. 2 BGB	249
b) Sonstige (nützliche) Aufwendungen	254
9. Wegnahmerecht des Mieters nach § 539 Abs. 2 BGB	258
10. Vereinbarungen im Zusammenhang mit der Wegnahme	265
IV. Schönheitsreparaturen (*Specht*)	300
1. Ausgangslage im Mandatsverhältnis	300
a) Sachverhaltsaufklärung: Was will der Mandant?	301
b) Prüfung der Mandantenunterlagen	303
aa) Der Mietvertrag	303
bb) Korrespondenz und sonstige Schriftstücke	304
2. Was gehört zu den Schönheitsreparaturen?	307
a) Wohnraummiete	308
aa) Begriff der Schönheitsreparaturen	308
bb) Anpassung der Begriffsbestimmung	312
cc) Erweiterung des Pflichtenkreises	316
(1) Formularvertragliche Erweiterung	316
(2) Individualvertragliche Erweiterung	319
dd) Vorarbeiten und Untergrundschäden	322
ee) Tapetenwechsel	328
ff) Fußbodenarbeiten	332
b) Exkurs: Neue Bundesländer	333
c) Gewerberaummiete	334
3. Abgrenzung Schönheitsreparaturen – Schadensersatz	340
a) Der vertragsgemäße Gebrauch der Mietsache	342
b) Der übermäßige Gebrauch der Mietsache	344
c) Abgrenzungskriterien	347
d) Beispielsfälle	349
aa) Schäden am Holz/Parkett	349

	Rz.
bb) Schäden am Fußbodenbelag	350
cc) Dübellöcher	353
dd) Ungewöhnliche Dekoration	356
(1) Gestaltungsspielraum während der Mietzeit	357
(2) Gestaltungsspielraum bei Mietende	359
ee) Rauchen in den Mieträumen	362
ff) Fogging	368
gg) Dekorationsschäden	375
hh) Sonstiges	377
e) Schadensfolgen	378
4. In welcher Qualität sind Schönheitsreparaturen auszuführen?	381
a) Allgemeine Grundsätze	381
b) „Fachgerechte Ausführung"	382
c) Vornahme durch Fachhandwerker	383
d) Qualitätsvorgaben für Material und Ausführung	384
e) Farbwahldiktat	387
aa) Vorgaben für das laufende Mietverhältnis	387
bb) Vorgaben für den Zeitpunkt der Rückgabe	389
f) Beibehaltung der bisherigen Ausführungsart	393
g) Verpflichtung zur Tapetenentfernung	396
h) Verpflichtung zur Beseitigung von Bodenbelägen	398
5. Wer muss die Schönheitsreparaturen ausführen?	399
a) Allgemeine Grundsätze	399
b) Die gesetzliche Renovierungspflicht des Vermieters	400
aa) Der vertragsgemäße Renovierungszustand	401
(1) Die Überlassung renovierter Räume	402
(2) Die Überlassung unrenovierter Räume	404
bb) Wann muss der Vermieter renovieren?	412
(1) Der renoviert übergebene Mietraum	412
(2) Der unrenoviert übergebene Mietraum	413
(3) Das endende Mietverhältnis	416

	Rz.
(4) Die „vorzeitige" Vertragsbeendigung	417
cc) Welcher Dekorationsumfang ist geschuldet?	420
dd) Wer bestimmt die Leistungszeit?	423
ee) Kann sich der Vermieter „freizeichnen"?	423b
ff) Unterliegt der Anspruch des Mieters der Verjährung?	423c
6. Die Übertragung der Schönheitsreparaturen auf den Mieter	424
a) Notwendigkeit einer Vereinbarung	426
b) Die Übertragung der Renovierung durch Formularvertrag	430
aa) Allgemeine Geschäftsbedingung	431
bb) Das Transparenzgebot	434
cc) Unklare/mehrdeutige Klauseln	435
dd) Überraschende Klauseln	436
ee) Besondere Klauselverbote	437
ff) Allgemeine Inhaltskontrolle	438
gg) Der Summierungseffekt	440
(1) Allgemeines	441
(2) Klauselkombinationen	443
hh) Rechtsfolgen unwirksamer AGB	455
(1) Allgemeines	455
(2) Keine geltungserhaltende Reduktion	457
(3) Trennung einzelner Bestandteile	458
c) Die Übertragung der Renovierung durch Individualvereinbarung	459
d) Besonderheiten bei der Geschäftsraummiete	466
7. Abreden zur Übertragung der Schönheitsreparaturen	468
a) Die Abwälzung der Anfangsrenovierung	468
aa) Individualvertragliche Abreden	468
bb) Formularvertragliche Abreden	473
cc) Besonderheiten bei der Geschäftsraummiete	476
b) Die Abwälzung der laufenden Renovierung	478
aa) Mündliche Abreden	478a
bb) Individualvertragliche Abreden	479
cc) Formularvertragliche Abreden	481
(1) Vereinbarungen zur Abwälzung	481
(2) Fälligkeitsregelungen für Schönheitsreparaturen	487a
(a) Bedarfsklauseln	488
(b) Fristenpläne	490
(aa) Verkürzte Fristen	495
(bb) Starre Fristen	499
(cc) Flexible Fristen	503
(dd) Fristbeginn	506
(3) Sonderfall: Die unrenoviert übergebene Wohnung	510
dd) Besonderheiten bei der Geschäftsraummiete	514
c) Die Abwälzung der Endrenovierung	520
aa) Individualvertragliche Abreden	521
bb) Formularvertragliche Abreden	524
cc) Besonderheiten bei der Geschäftsraummiete	534
8. Die Beteiligung des Mieters an Renovierungskosten	538
a) Allgemeines zu Abgeltungsregelungen	538
b) Wirksamkeitsvoraussetzungen für Abgeltungsklauseln	539
aa) Wirksame Übertragung der laufenden Dekoration	540
bb) Fehlende Fälligkeit der Schönheitsreparaturen	541
cc) Unverbindlicher Kostenvoranschlag	542
dd) Verbleibendes Selbstvornahmerecht des Mieters	546
ee) Regelfristen	548
ff) Transparenter Berechnungsmodus	553
c) Besonderheiten bei der Geschäftsraummiete	559

Erhaltung der Mietsachen   H

	Rz.
9. Welche Rechtsfolgen ergeben sich aus unwirksamen Schönheitsreparaturklauseln?	561
a) Wegfall der Dekorationspflicht des Mieters	561
b) Kein Vertrauensschutz zugunsten des Vermieters	565
c) Besonderheiten in der Geschäftsraummiete	567
10. Wie kann auf unwirksame Schönheitsreparaturklauseln reagiert werden?	571
a) Reaktionsalternativen aus Sicht des Vermieters	571
aa) Besteht ein Bereicherungsanspruch?	571
bb) Kann die Miete erhöht werden?	572
cc) Ist die Unterbreitung eines „Reparaturangebotes" sinnvoll?	574
dd) Ist ein Anspruch gegenüber dem Klauselersteller durchsetzbar?	579
ee) Sonderfall: Schlechtrenovierung trotz fehlender Verpflichtung	581
b) Reaktionsalternativen aus Sicht des Mieters	586
aa) Muss der Vermieter renovierten?	586
bb) Bestehen Ansprüche auf Ersatz getätigter Aufwendungen?	587
(1) Anspruchsgrundlage: Ersatzvornahme bei Mängeln?	588
(2) Anspruchsgrundlage: Geschäftsführung ohne Auftrag?	589
(3) Anspruchsgrundlage: Verwendungsersatz?	590
(4) Anspruchsgrundlage: Ungerechtfertigte Bereicherung?	591
(5) Anspruchsgrundlage: Verschulden bei Vertragsschluss oder positive Vertragsverletzung?	597
cc) Bestehen Ansprüche auf Erstattung von Abgeltungsbeträgen?	604

	Rz.
11. Der Renovierungsanspruch des Vermieters während der Mietzeit	605
a) Allgemeines	605
b) Prüfung des Mietvertrages	606
aa) Besteht überhaupt eine Abwälzungsvereinbarung?	606
bb) Ist die Abwälzungsvereinbarung wirksam?	609
c) Sind die Schönheitsreparaturen fällig?	610
aa) Welche Bedeutung hat der Fristenplan?	610
bb) Besteht Renovierungsbedarf?	614
cc) Sind Vorleistungen des Vermieters veranlasst?	616
d) Welche Vorgehensweise bietet sich an?	617
aa) Der Erfüllungsanspruch	620
bb) Der Anspruch auf Kostenvorschuss	628
e) Farbe und Material	635
f) Besonderheiten bei der Geschäftsraummiete	637
aa) Mietvertragsprüfung	637
bb) Erfüllungsanspruch/ Kostenvorschuss	640
12. Der Anspruch des Vermieters auf Kostenbeteiligung bei Vertragsende	641
a) Allgemeines	641
b) Prüfung des Mietvertrages	643
c) Prüfung der Anspruchsvoraussetzungen	644
13. Die Geltendmachung der Schlussrenovierung durch den Vermieter	650
a) Prüfung des Mietvertrages	651
aa) Vertragsklausel zur laufenden Renovierung	652
bb) Vertragsabsprachen zur Endrenovierung	659
cc) Vertragsabsprachen zur Farbwahl	662
b) Das Aufforderungsschreiben an den Mieter	663
c) Farbe, Material und Ausführung	668
d) Verjährung	670
e) Besonderheiten bei der Gewerberaummiete	671

	Rz.		Rz.
14. Der Schadensersatzanspruch des Vermieters wegen unterlassener Dekoration bei Ablauf des Mietvertrages	673	b) Welche Qualität kann der Mieter fordern?	771
a) Allgemeines	673	c) Musterschreiben zur Leistungsaufforderung	772
b) Voraussetzungen des Schadensersatzanspruchs	674	d) Wer schuldet die Nebenleistungen?	773
aa) Beendigung des Mietverhältnisses	678	e) Was tun bei Leistungsverweigerung des Vermieters?	774
bb) Leistungsaufforderung an den Mieter	679	17. Abwehrstrategien des Mieters	782
cc) Fristsetzung	687	a) Einwände gegenüber dem Renovierungsverlangen des Vermieters	782
(1) Welche Fristdauer ist angemessen?	687	aa) Wirksame Übertragung der Schönheitsreparaturen?	782
(2) Bedarf es einer Ablehnungsandrohung nach Fristablauf?	691	bb) Sind die Renovierungsarbeiten fällig?	784
(3) Wann ist die Fristsetzung entbehrlich?	692	cc) Welche Art/Qualität der Renovierung ist geschuldet?	788
(4) Zeitpunkt der Fristsetzung	701	b) Einwände gegenüber dem Vorschussverlangen bei fortbestehendem Mietvertrag	789
(5) Mustertext: Leistungsaufforderung mit Fristsetzung	704	c) Einwände gegenüber der Aufforderung zur Renovierung bei Mietende	792
dd) Verlangen nach Schadensersatz	705	aa) Besteht eine Verpflichtung zur Schlussrenovierung?	792
(1) Renovierungsschaden	706	(1) Mietvertragliche Regelungen	792
(2) Mietausfall	713	(2) Exkurs: Endrenovierung nach ehemaligen DDR-Mietverträgen	795
(3) Gutachterkosten	717	(3) Übermaßabnutzung	797
(4) Schadensminderung	722	(4) Anerkenntnis des Mieters	801
c) Beweislast	723	bb) Ist die Endrenovierung fällig?	805
d) Die Verjährung des Schadensersatzanspruchs	726	d) Gegenüber dem Kostenbeteiligungsverlangen bei Vertragsende	806
aa) Grundlagen	726	e) Gegenüber Schadensersatzforderungen des Vermieters nach § 281 BGB	815
bb) Beginn der Verjährung	729	18. Schönheitsreparaturen und Kündigung des Mietvertrages	821
cc) Verjährungshemmung	740	a) Kündigung durch den Vermieter	821
e) Die Verwirkung des Schadensersatzanspruchs	747	b) Kündigung durch den Mieter	822
f) Die Möglichkeit der Aufrechnung	751	c) Vorzeitige Vertragsbeendigung	824
g) Der Ausschluss des Anspruchs	755		
15. Ansprüche des Vermieters bei geplantem Umbau	758		
a) Geld statt Erfüllung	758		
b) Höhe der Ausgleichszahlung	765		
16. Die Durchsetzung der Renovierungspflicht des Vermieters	768		
a) Mietvertragliche Voraussetzungen	768		

	Rz.		Rz.
19. Abstandsvereinbarungen zu Schönheitsreparaturen	828	(a) Klage auf Erfüllung	846
a) Formularvertragliche Pauschalabgeltung	828	(b) Klage auf Kostenvorschuss	849
b) Einzelvereinbarung	829	(c) Klage auf Zahlung einer Kostenquote bei Vertragsende	852
20. Schönheitsreparaturen und „Hartz IV"	831	(d) Klage auf Zahlung von Schadensersatz nach § 281 Abs. 1 BGB	854
21. Schönheitsreparaturen im Mietprozess	834	b) Die gerichtliche Vertretung des Mieters	857
a) Die Vertretung des Vermieters	834	aa) Allgemeines	857
aa) Feststellung des Zustandes der vermieteten Räumlichkeiten	836	bb) Die Klageerwiderung des Mieters	860
bb) Sammlung der Beweisangebote	838	(1) Verteidigung gegenüber der Erfüllungsklage	860
cc) Aufklärung des Vermieters	840	(2) Verteidigung gegenüber der Kostenvorschussklage	862
(1) Hinweispflichten des Rechtsanwalts	841	(3) Verteidigung gegenüber der Kostenquotenklage	864
(2) Rechtsschutzversicherung	842	(4) Verteidigung gegenüber der Schadensersatzklage nach § 281 Abs. 1 BGB	866
dd) Die Abfassung der Klageschrift	843	cc) Klauselkontrolle durch Feststellungsklage	868
(1) Zuständigkeit	843	22. Vorschlag für eine Schönheitsreparaturklausel	872
(2) Parteienbezeichnung	845		
(3) Klagemuster	846		

I. Erhaltungspflicht des Vermieters

Die Erhaltungspflicht des Vermieters ist Ausgangspunkt vieler Beratungssituationen. Insbesondere im Zusammenhang mit Mängeln der Mietsache muss der Rechtsanwalt stets prüfen, ob und in welchem Umfang Erhaltungsmaßnahmen geschuldet werden, um den Anspruch auf Mängelbeseitigung (vgl. dazu *F Rz. 110*) oder ein Zurückbehaltungsrecht (vgl. dazu *F Rz. 117*) geltend machen zu können. Dies gilt erst recht, wenn z.B. bei einem Gewerberaummietvertrag die Gewährleistungsrechte beschränkt sind (vgl. dazu *A Rz. 346 f.*). Aber auch bei der Vertragsgestaltung muss die Erhaltungspflicht beachtet werden, weil sie nur eingeschränkt begrenzt werden kann. 1

Als **Hauptpflicht** des Vermieters ergänzt die Erhaltungspflicht nach § 535 Abs. 1 Satz 2 BGB die Kardinalpflicht aus § 535 Abs. 1 Satz 1 BGB zur Gewährung des Gebrauchs der Mietsache während der gesamten Mietzeit, § 535 Abs. 1 Satz 1 BGB. Danach muss der Vermieter die vermietete Sache dem Mieter in einem zu dem vertragsmäßigen Gebrauch geeigneten Zustand überlassen und sie während der Mietzeit in diesem Zustand erhalten. 2

Diese Hauptleistungspflicht[1] (§§ 320 ff. BGB), die der Mieter bis zum Ablauf der Mietzeit einfordern kann, § 535 Abs. 1 Satz 2 BGB, hat viele Facetten. Da sie dem Mieter eine gesetzliche Anspruchsgrundlage zur Durchführung erforderlicher Maßnahmen bietet, wird sie durch eine **Duldungspflicht** des Mieters nach § 554 Abs. 1 BGB zugunsten des Vermieters ergänzt[2].

Als Elemente der Erhaltungspflicht kommen vor allem in Betracht:

1. Instandhaltung

3 Im allgemein verstandenen Sinn umfasst der **Instandhaltungsbegriff** die Aufrechterhaltung eines ordnungsgemäßen Zustandes zur Vermeidung von Schäden und die Beseitigung von Gebrauchsbeeinträchtigungen auf Grund üblicher Abnutzung. Umfassend kann man den Begriff mit demjenigen von vorbeugenden Maßnahmen gleichsetzen[3].

4 **Beispiele zur Instandhaltung:**
- Umstellung der Therme von Stadt- auf Erdgas bei fehlender Umrüstungsfähigkeit der alten Therme[4]
- Wiederherstellung der Gasversorgung nach deren Ausfall[5]
- Wiederherstellung des Gasanschlusses für Etagenheizung, Warmwasser oder Herd nach Brand[6]
- Ersatz einer installierten Ausstattung zur Verbrauchserfassung für Wärme und Warmwasser durch eine andere[7]
- Ausstattung der Heizungsanlage mit Thermostatventilen[8]
- Versorgung der Wohnung mit Warmwasser[9]
- Erneuerung brüchiger Wasser- und Abwasserleitungen[10]
- Anbringung eines Korrosionsschutzes am Öltank[11]
- Ausbesserung beschädigter Putzflächen im Treppenhaus[12]
- Einbau einer Türschließanlage[13]

---

1 BGH, GE 1989, 669; AG Brandenburg, ZMR 2008, 976.
2 Lützenkirchen/Dickersbach, Vertragsstörungen im Mietrecht, Rz. 551.
3 BGH, NJW-RR 2006, 84; OLG Köln, ZMR 1994, 158; *Kinne*, GE 1999, 1394; vgl. OLG Brandenburg v. 18.3.2009 – 3 U 37/08.
4 AG Spandau, MM 1995, 128.
5 AG Mitte, MM 1995, 311.
6 LG Berlin, WuM 1998, 481.
7 AG Hamburg, WuM 1994, 695.
8 AG Gelsenkirchen, WuM 1993, 735.
9 AG Münster, WuM 1987, 382; AG Schöneberg, MM 1996, 401: 45° C nach 10 Sekunden.
10 LG Hamburg, WuM 1995, 267.
11 AG Regensburg, WuM 1995, 319.
12 LG München I, WuM 1993, 736.
13 AG Hamburg, WuM 1994, 200.

- Einbau eines Türschnappschlosses[1]
- Erneuerung des Teppichbodens[2]
- Ausreichende Beleuchtung der Zu- und Abgänge, der Treppen und Flure[3]
- Erhaltungsmaßnahmen außerhalb der Mieträume, insbesondere Fassadenarbeiten[4]
- Wiederherstellung der Balkonüberdachung nach Balkonerneuerung[5]
- Ausstattung vermieteter Räume zum Schutz von Nachbarräumen gegen Hitzeeinwirkung (Sonnenstudio)[6]
- Austausch von Holzfenstern durch Kunstofffenster[7]

2. Instandsetzung

Hingegen versteht man unter der **Instandsetzung** die Schadensbeseitigung durch Wiederherstellung eines ordnungsgemäßen Zustandes[8].

Beispiele zur Instandsetzung:
- Generelle Erneuerung untauglicher Teile[9] und damit die Beseitigung der Mängel.
- Einbau von Isolierglasfenstern an Stelle defekter Holzfenster[10], was allerdings nicht unumstritten ist. So wird der Fensteraustausch zum Teil auch als Veränderung der Mietsache angesehen, die über eine reine Instandsetzung hinausgeht[11]. Begründet wird diese Auffassung damit, dass sich das geänderte Material sowohl auf die Optik als auch auf das Raumklima auswirkt, was wiederum vom Mieter ein geändertes Lüftungs- und Heizungsverhalten nach sich zieht. Diese Ansicht wird jedoch nicht mehr haltbar sein, nachdem der Gesetzgeber durch die Mietrechtsreform gerade auch die Möglichkeiten der Energieeinsparung erweitern wollte[12].
- Erneuerung des mangelhaften Teppichbodens[13]
- Erneuerung des PVC-Belags[14]

---

1 AG Hamburg, WuM 1994, 676.
2 LG Duisburg, WuM 1989, 10; AG Köln, WuM 1997, 553.
3 AG Neuss, WuM 1989, 10.
4 LG Berlin, WuM 1987, 386 für Aufzug im Treppenhaus.
5 LG Braunschweig, WuM 2001, 510.
6 OLG Düsseldorf, GuT 2001, 10 (Ls.).
7 KG, GE 2007, 1561.
8 BGH, NJW-RR 2006, 84; BGH, NJW-RR 2004, 875.
9 AG Bremerhaven, WuM 1980, 63.
10 LG Berlin, MM 1985, 118.
11 LG Berlin, MM 2002 (97) 37; LG Berlin, WuM 1987, 348; AG Hamburg, WuM 1990, 68.
12 Begründung zum Referentenentwurf zu § 554 BGB, abgedruckt in *Lützenkirchen*, Neue Mietrechtspraxis, Rz. 1157.
13 AG Gelsenkirchen, WuM 1988, 13.
14 AG Staufen, WuM 1992, 430: Lebensdauer 15 Jahre für Durchschnittsqualität; AG Hamburg, WuM 1995, 652.

- Austausch gesundheitsgefährdender Trinkwasserleitungen[1]
- Instandsetzung des baufälligen Balkons[2]
- Erneuerung der Hausfassade[3]
- Beseitigung von Undichtigkeiten im Kellermauerwerk[4]
- Beseitigung von Löchern und Rissen im Teppichbelag einer Treppe[5]
- Erneuerung der Beschichtung des Heizöltanks[6]
- Beseitigung von Klopfgeräuschen der Heizung[7]
- Neuerrichtung eines Zauns nach Sturm[8]
- Wiedereinrichtung eines Kinderspielplatzes[9]
- Beseitigung von Wasserflecken und Schimmelbildung nach Wasserschaden[10]
- Austausch asbesthaltiger Nachtstromspeicheröfen[11]
- Dachsanierung[12]
- Erneuerung jahrzehntealter Sanitärkeramik[13]
- Erneuerung schadhafter Treppenstufen im Treppenhaus[14]
- Ersetzen einer defekten Heiztherme[15]

7 Die **Unterscheidung zwischen Instandsetzungs- und Instandhaltungsmaßnahmen** ist praktisch von untergeordneter Bedeutung. Sie kann aber ausnahmsweise relevant werden. Insbesondere dann, wenn z.B. bei Gewerberaummietverträgen Regelungen vorgesehen sind, die nur den einen oder anderen Begriff verwenden.

8 Die dargestellten Begriffe der Instandhaltung und Instandsetzung erschöpfen die Erhaltungspflicht nicht. Grundsätzlich fällt darunter auch die Pflicht zur **Erneuerung** (z.B. einzelner Teile der Mietsache) und **Wiederherstellung** (z.B. nach vollständiger Zerstörung). Diese Unterscheidung war bisher insbesondere von Bedeutung, wenn der (Gewerberaum-)Mietvertrag dem Mieter die Pflicht zur Instandhaltung und Instandsetzung überbürdet.

---

1 AG Hamburg, WuM 1993, 736; AG Halle-Saalkreis, WuM 1992, 683.
2 AG Mitte, MM 1995, 359.
3 AG Halle-Saalkreis, WuM 1992, 683; AG Hamburg, WuM 1995, 652.
4 LG Osnabrück, WuM 1992, 119.
5 OLG Köln, NJWE-MietR 1996, 179.
6 LG Frankenthal (Pfalz), WuM 1990, 32.
7 AG Hamburg, WuM 1987, 382.
8 AG Neuss, WuM 1991, 85.
9 LG Berlin, MM 1997, 192.
10 AG Wedding, MM 1995, 403.
11 LG Berlin, GE 1998, 1091.
12 OLG Düsseldorf, ZMR 1999, 627.
13 AG Gelsenkirchen, NZM 1999, 801; AG Coesfeld, WuM 2003, 206: Austausch der Badewanne.
14 LG Berlin, WuM 2005, 49.
15 AG Osnabrück, WuM 2005, 48.

Denn von einer solchen Regelung sollte eine Erneuerung nicht erfasst sein[1]. Dem ist der BGH entgegen getreten und hat in Anlehnung an § 28 Abs. 1 II. BV auch die Kosten einer Erneuerung (z.B. von Bodenbelege) als Instandsetzungskosten qualifiziert[2]. Diese Regelung schließt bestimmte Erneuerungskosten vom Begriff der Instandsetzungskosten aus, nämlich solche, für die eine besondere Abschreibung nach § 25 Abs. 3 II. BV zulässig ist. Im Umkehrschluss folgt hieraus aber, dass jedenfalls die II. BV die Erneuerung grundsätzlich vom Begriff der Instandsetzung erfasst ansieht. Diese gesetzgeberische Intention ist auch ausserhalb des unmittelbaren Anwendungsbereichs der II. BV zu berücksichtigen.

3. Schutz- und Verkehrssicherungspflicht

Zu den dem Vermieter aus § 535 Abs. 1 Satz 2 BGB erwachsenden Nebenpflichten gehören auch Verkehrssicherungspflichten (z.B. zur Gewährleistung des gefahrlosen Zugangs zur Mietsache; vgl. hierzu die Ausführungen unter *I Rz. 218 ff.*) und Schutzpflichten, die sich auch auf Dritte beziehen können. Denn ein Mietvertrag gehört zu den Rechtsverhältnissen, die den Schutz anderer Personen umfassen, die durch eine besondere Beziehung zum Mieter in engeren Kontakt mit der Mietsache kommen.

4. Überprüfungspflichten des Vermieters

Um seine Verpflichtung, die Mietsache **in einem gebrauchsfähigen Zustand zu erhalten** und den Mieter vor Schaden zu bewahren, erfüllen zu können, trifft den Vermieter eine Pflicht zur regelmäßigen Prüfung des Gebäudezustandes, wobei man Abstände von etwa 2 Jahren annimmt[3]. **Innerhalb der Mietsache** des Mieters muss er jedoch – sofern nicht gesetzlich vorgeschrieben[4] – nicht ohne konkreten Anlass Besichtigungen durchführen, um ggf. mögliche Gefahren den Mieter zu entdecken[5]. Von der Verkehrssicherungspflicht werden nämlich nur solche Maßnahmen erfasst, die ein umsichtiger und verständiger Mensch für notwendig, aber auch ausreichend erachtet, um Schäden auszuschließen. Ein Tätig werden ist daher nur dann erforderlich, wenn sich vorausschauend die nahe liegende Gefahr ergibt, dass Rechtsgüter anderer verletzt werden können[6]. Dies ist bei fachgerecht installierten Anlage und Leitung im Mietobjekt grundsätzlich zu verneinen. Anderseits darf der Vermieter mit der Überprüfung nicht warten, wenn der Mieter einen Mangel oder sonstigen gefährlichen Zustand der Mietsache anzeigt, sondern muss unverzüglich tätig werden[7] (§ 536c BGB; vgl. dazu im Weiteren die Ausführungen zu *G Rz. 231 ff.*).

---

1 OLG Hamm, NJW-RR 1993, 1229.
2 BGH, GuT 2005, 213 = DWW 2005, 372 = ZMR 2005, 844.
3 *Blank*, „Instandhaltung und Instandsetzung", S. 236.
4 Eine solche Überprüfungspflicht ist z.B. für Feuerstätten durch § 1 Abs. 1 des Gesetzes über das Schornsteinfegerwesen (BGBl I Nr. 51) vorgesehen.
5 BGH, WuM 2008, 719; OLG Frankfurt/Main, WuM 2003, 319.
6 BGH, NJW 2004, 1449.
7 BGH, WuM 2008, 719.

11 In der Praxis werden Rechtsfragen der Überprüfung oft bei Rohrleitungen, insbesondere für Wasser, relevant. In den Wänden verlaufende, also **von außen nicht leicht überprüfbare** Wasser- und Abwasserrohre müssen nur kontrolliert werden, wenn sich ein konkreter Korrosionsverdacht, z.B. aufgrund sich häufender Rohrbrüche stellt[1]. Dies ist bei kleineren Wasserschäden in längeren zeitlichen Abständen aber nicht grundsätzlich der Fall[2]. Das Gleiche gilt für defekte Einrichtungsgegenstände (hier: defekter Druckspüler) in den Räumen eines anderen Mieters[3]. Der Vermieter kann sich jedoch auch darauf verlassen, dass evtl. Schäden an Installationen innerhalb der Miträume, jedenfalls soweit sie nicht besonders gefährlich sind, von den Mietern rechtzeitig angezeigt werden[4]. Dies gilt auch für Elektroleitungen[5].

12 Andererseits darf sich der Vermieter nicht darauf einrichten, dass **Dritte**, die das Mietobjekt regelmäßig begehen, ihn auf Gefahrenquellen aufmerksam machen, wenn sich ihr Auftrag nicht auf die Überprüfung der Gefahr bezieht. So liegt eine **Sorgfaltspflichtverletzung** des Eigentümers vor, wenn er sich darauf verlässt, dass der Schornsteinfeger im Rahmen seiner jährlichen Kaminreinigung darauf achtet, ob die Standsicherheit des Schornsteins (weiterhin) gewährleistet ist[6]. Allerdings muss sich der Vermieter zurechnen lassen, wenn er einen Klempner mit Installationsarbeiten beauftragt und dieser Handwerker bei dieser Gelegenheit einen schadhaften Waschmaschinenschlauch entdeckt, ohne den Mieter oder den Vermieter auf die daraus resultierenden Gefahren hinzuweisen[7]. Bei Dacharbeiten hat der Vermieter für die Dauer der provisorischen Dacheindeckung ständig und insbesondere nach witterungsbedingten Auswirkungen das Dach auf seine Dichtigkeit zu überprüfen und ggf. durch geeignete Maßnahmen abzudichten[8].

13 Die Verletzung der Prüfungspflicht durch den Vermieter muss der Mieter darlegen[9]. Besteht die Verletzungshandlung in einem Unterlassen, muss der Geschädigte darlegung und beweisen, dass durch ein pflichtgemäßes Handeln des Vermieters der schädigende Erfolg verhindert worden wäre[10].

---

1 AG Menden (Saarland), ZMR 1999, 34.
2 OLG München, NJWE-MietR 1996, 177; BGH, WuM 1993, 122: keine Prüfung von Wasserabläufen unter Teich ohne besonderen Anlass bei Pacht; LG Berlin: nicht schon nach 17-jähriger Mietdauer; AG Wedding, GE 1999, 717.
3 OLG Frankfurt/Main, ZMR 2003, 675.
4 AG Köln in *Lützenkirchen*, KM 30 Nr. 20.
5 BGH, WuM 2008, 719.
6 AG Grevenbroich, WuM 2001, 121.
7 LG Hamburg, WuM 2003, 318.
8 AG Leipzig, ZMR 2003, 44.
9 LG Berlin, zitiert nach *Kinne*, GE 1999, 1394, 1396.
10 OLG Düsseldorf, OLGR Düsseldorf 2000, 288.

5. Opfergrenze

Die Erhaltungspflicht des Vermieters endet, wo der hierzu erforderliche Aufwand die so genannte Opfergrenze überschreitet[1]. In diesem Fall kann Unmöglichkeit im Rechtssinne vorliegen[2], sofern der Vermieter die hierzu führenden Umstände nicht zu vertreten hat. Dessen ungeachtet kommen Schadenersatzansprüche in Betracht (§ 275 Abs. 4 BGB). Die Opfergrenze lässt sich nicht allgemein definieren. Vielmehr ist auf die Umstände des Einzelfalls abzustellen[3]. Eine Orientierung kann § 275 Abs. 2 BGB bieten. Deshalb kann die Opfergrenze **überschritten** sein, wenn die Reparaturkosten den **Zeitwert** des Mietobjektes erheblich übersteigen[4]. Dabei kann darauf abgestellt werden, ob eine unverhältnismäßige Belastung des Vermieters bei nur unwesentlichen Vorteilen des Mieters eintritt[5]. Ferner kann berücksichtigt werden, inwieweit der Nutzen der Reparatur für den Mieter in krassem Missverhältnis zu den aus dem Objekt zu erzielenden Einnahmen steht[6]. Zum Teil wird die Opfergrenze als überschritten angesehen, wenn die Investitionskosten nicht durch die Mieteinnahmen der nächsten zehn Jahre gedeckt werden. Wurde die Wohnung durch Hochwasser beschädigt und ist eine erneute Schädigung durch Hochwasser denkbar, weil die Wohnung in einem Hochwassergebiet liegt, soll sich dieser Zeitraum sogar auf fünf Jahre verkürzen[7]. Schließlich kann darauf abgestellt werden, ob wegen der Höhe der Reparaturkosten noch eine angemessene Verzinsung des im Grundstück steckenden Eigenkapitals gewährleistet ist[8].

14

Andererseits soll dem Vermieter die Berufung auf die Opfergrenze nicht möglich sein, wenn die Wiederherstellung eines mitgemieteten Balkons einen **Aufwand** von (zum Entscheidungszeitpunkt) 33 000 DM nach sich ziehen würde[9]. Umso mehr gilt dies bei Kosten von 2500 Euro[10]. Gibt es zwei Möglichkeiten, die Erhaltungspflicht zu erfüllen, von denen eine die Opfergrenze überschreitet, steht dem Vermieter das **Wahlrecht** zu, die nicht die Opfergrenze überschreitende Maßnahme zu treffen[11].

15

Macht der Mieter Ansprüche im Wege der einstweiligen Verfügung wegen Besitzstörung geltend, ist zu beachten, dass der **Einwand der Opfergrenze** als

16

---

1 BGH, WuM 1990, 546; schon BGH, LM § 536 BGB a.F. Nr. 47; BezG Dresden, WuM 1991, 143; BGH, WuM 2005, 713 = ZMR 2005, 935.
2 OLG Hamburg, GE 2001, 1266 für teilweise Unmöglichkeit, wenn die aufzuwendenden Mittel nicht innerhalb von 10 Jahren durch die erzielbaren Einnahmen ausgeglichen werden können.
3 LG Dresden, NZM 2008, 165.
4 OLG Karlsruhe, ZMR 1995, 201 für teilweise durch Brand zerstörtes Gebäude.
5 LG Berlin, GE 1995, 1013; BGH, WuM 2005, 713 = ZMR 2005, 935.
6 OLG Hamburg, GE 2001, 1266 für teilweise Unmöglichkeit; BGH, WuM 2005, 713 = ZMR 2005, 935.
7 LG Dresden, NZM 2008, 165.
8 *Blank/Börstinghaus*, § 536 BGB Rz. 49 unter Hinweis auf BGH, WuM 1990, 546.
9 LG Berlin, GE 1995, 1013; vgl. auch BGH v. 20.7.2005 – VIII ZR 342/03, WuM 2005, 713.
10 LG Braunschweig, WuM 2001, 510: Wiederherstellung einer Balkonüberdachung.
11 AG Neukölln, GE 2002, 265.

materiell-rechtliche Einwendung des Vermieters nicht geltend gemacht werden kann.

6. Vermietete Eigentumswohnung

17 Bei der Durchsetzung des Anspruches des Mieters auf Erhaltungsmaßnahmen gegenüber dem Vermieter ist bei einer Eigentumswohnung grundsätzlich der Mietvertrag maßgebend. Deshalb kann der Mieter einer Eigentumswohnung den Anspruch auf Mängelbeseitigung auch dann durchsetzen, wenn ein **Eingriff in das Gemeinschaftseigentum** erforderlich ist, obwohl der Vermieter bei Mängeln im Gemeinschaftseigentum eine Beseitigung nur ausnahmsweise selbst durchführen darf, wenn die Voraussetzungen des § 21 Abs. 2 WEG vorliegen. Dies erfordert, dass die Maßnahme zur Abwendung eines dem gemeinschaftlichen Eigentum unmittelbar drohenden Schadens notwendig ist.

Beispiele für zulässige Notmaßnahmen:
- Noteindeckung/-reparatur eines Dachs nach Sturmschaden, nicht Dachneueindeckung[1]
- Beauftragung von Handwerken zur Behebung bereits eingetretener oder drohener Schäden, z.B. Rohrverstopfung, durch Einbruch beschädigte Haus-/Wohnungstüren und Fenster[2].

Liegen die Voraussetzungen für eine Notmaßnahme nicht vor, ist der Klageantrag, mit dem der Vermieter zur Mängelbeseitigung im Gemeinschaftseigentum verpflichtet werden soll, aber nur dann auf eine unmögliche Leistung gerichtet, wenn ein entgegenstehender Beschluss der Eigentümergemeinschaft vorliegt, was der Vermieter vorzutragen und zu beweisen hat[3]. Bis dahin bleibt der Vermieter zumindest verpflichtet, einen entsprechenden Beschluss herbeizuführen, wozu § 21 Abs. 4 WEG eine Rechtsgrundlage bildet.

18 Der Erhaltungsanspruch besteht auch uneingeschränkt gegenüber dem **gewerblichen Zwischenvermieter**, obwohl er gegenüber dem Eigentümer keine entsprechende Verpflichtung übernommen hat[4]. Dieser muss seinerseits die entsprechenden Maßnahmen einleiten oder den eigenen Erhaltungsanspruch gegenüber seinem Vermieter und Eigentümer geltend machen.

19 Ein insoweit ergehende Urteil wirkt allein zwischen den Mietvertragsparteien (§ 325 ZPO). Die **Vollstreckung** des Mieters wird nach § 888 ZPO durchgeführt. Denn es geht darum, den Vermieter dazu anzuhalten, seine Rechte aus § 21 Abs. 4 WEG den anderen Wohnungseigentümern gegenüber durchzusetzen[5].

---
1 OLG Hamburg, ZMR 2007, 129.
2 Vgl. Bärmann/Pick/Merle, WEG, § 21 Rz. 46.
3 BGH, WuM 2005, 713.
4 OLG Zweibrücken, WuM 1995, 144.
5 BGH, WuM 2005, 713, 714; KG, WuM 1990, 376 m.w.N.

7. Abweichende Vereinbarungen zur Instandhaltung und Instandsetzung

Bei der Zulässigkeit von Regelungen, mit denen die Erhaltungspflicht beschränkt werden soll, ist zwischen Wohn- und Gewerberaummietverträgen zu unterscheiden

a) Gewerberaum

Bei der Miete von **Gewerberaum** ist § 535 BGB formularvertraglich (und umso mehr individuellvertraglich) in gewissen Grenzen abdingbar[1]. Die engen Grenzen, die bei Wohnraummietverträgen zu beachten sind, gelten nicht bei der Vermietung gewerblicher Objekte. Dies hängt mit den unterschiedlichen Risiken und Abnutzungen zusammen, die bei der Überlassung von gewerblich genutzten Mietsachen im Vergleich zu Wohnungen auftreten. Dabei ist z.B. an Schäden zu denken, die von Maschinen und Anlagen in den Mieträumen ausgehen können. Die Verpflichtung des Mieters zur Instandsetzung und Instandhaltung setzt eine **eindeutige vertragliche Vereinbarung** voraus. Sie kann auch durch einen **Formularmietvertrag** erfolgen. Die bloße Übernahme der Instandhaltungspflicht durch den Vertragspassus, die Sache „mit der erforderlichen Sorgfalt zu behandeln und im guten und gebrauchsfähigen Zustand zu erhalten" bedeutet nicht zugleich die Übernahme einer weitergehenden Instandsetzungspflicht[2].

Ob sich aus der Übernahme der Instandsetzung und Instandhaltung durch den Mieter auch die Verpflichtung zur **Ersatzbeschaffung** herleiten lässt, ist nicht eindeutig. Während dies einerseits verneint wird[3], bezieht der BGH die Erneuerung in die Instandsetzung mit ein, allerdings für Instandsetzungen in Gemeinschaftsflächen[4]. Ob diese Auslegung auch für Instandsetzungen im Inneren ohne Einschränkung gelten kann, ist zweifelhaft. Immerhin ergibt sich auch insoweit ein Kostenrisiko des Mieters, das bei hoch-technisierten Räumen kaum kalkulierbar ist. Bei der Vertragsberatung sollte daher insoweit eine Einschränkung erfolgen.

Instandhaltungsklauseln sind jedoch grundsätzlich einschränkend dahingehend auszulegen, dass der **einwandfreie Zustand der Mietsache bei Vertragsbeginn** vorausgesetzt wird[5]. Im Übrigen dürfen durch die formularmäßige Übertragung der Erhaltungslast Reparaturverpflichtungen nur insoweit auferlegt werden, als sie sich auf Schäden erstrecken, die dem Mietgebrauch oder der Risikosphäre des Mieters zuzuordnen sind[6]. Fehlt es an einer ensprechenden Klarstellung, ist die Regelung entsprechend auszulegen[7]. Bei Formularverträgen kommt aber auch Unwirksamkeit nach § 305c Abs. 2 BGB oder § 307 Abs. 1 S. 2 BGB in Betracht.

---

1 OLG Dresden, GE 1996, 1237.
2 OLG Düsseldorf, DWW 1999, 294.
3 OLG Hamm, NJW-RR 1993, 1229.
4 BGH, DWW 2005, 372 = ZMR 2005, 844.
5 OLG Naumburg, NZM 2000, 383; OLG Düsseldorf, BBauBl 1997, 819.
6 OLG Düsseldorf, DWW 1992, 241.
7 OLG Brandenburg, Urt. v. 19.3.2008 – 3 U 37/08.

24 Allerdings ist es auch bei der Vermietung von Gewerberaum grundsätzlich nicht zulässig, die Pflicht zur Erhaltung der Mietsache **vollständig zu überwälzen**. Dies bedeutet die Freizeichnung des Vermieters von jeder Haftung und die Belastung des Mieters mit einem nicht im Voraus kalkulierbaren Risiko[1]. Nach einer solchen Klausel müsste der Mieter auch für Schäden und Abnutzungen aufkommen, die bereits vor Vertragsabschluss vorhanden gewesen sind. **Ausnahmsweise** kann eine **Individualvereinbarung** zulässig sein, mit der dem Mieter die gesamte Erhaltungslast überbürdet wird, wenn die Vertragsauslegung ergibt, dass der Vermieter nur die Anschaffungskosten tragen soll[2] oder bei der Anmietung eines Gesamtobjekts zum Ausgleich die Miete entsprechend reduziert wird. Grundsätzlich bestehen aber auch bei Individualvereinbarungen Bedenken, die Instandsetzungen und anfallenden Reparaturen in den Miträumen und am Dach des Mietobjekts ausschließlich zu Lasten des Mieters zu regeln[3]. Allerdings kann auch hier zu berücksichtigen sein, dass die Verpflichtung zur Erhaltung der Mietsache in die Kalkulation der Miete eingeflossen ist und die Notwendigkeit einer einschränkenden Auslegung der Regelung zu prüfen und zu berücksichtigen ist, ob sich bestimmte Risiken durch **Abschluss von Versicherungen** kalkulierbarer gestaltet haben[4].

25 Besondere Probleme ergeben sich bei den **„Dach-und-Fach"-Klauseln**. Grundsätzlich ist eine Klausel mit § 307 BGB unvereinbar, nach der der Mieter für die Unterhaltung der Mietsache an „Dach und Fach" aufzukommen hat[5]. Zum Teil wird in einer derartigen formularmäßigen Vereinbarung eine überraschende Klausel im Sinne von § 305c BGB mit der Konsequenz, dass sie nicht Vertragsbestandteil wird, gesehen. Das gilt aber nur, wenn sie vom Vermieter gestellt wurde. Hat der Mieter die Regelung aus Gründen des Kostenmanagements vorgeschlagen, ist sie einer Inhaltskontrolle entzogen[6]. Teilweise werden solche umfassenden Klauseln zumindest einschränkend dahin ausgelegt, dass lediglich alle durch den Mietgebrauch verursachten Abnutzungen durch Schönheitsreparaturen und Instandhaltungsarbeiten nach Bedarf und Erforderlichkeit zu beheben sind[7].

26 Soll der Bereich von „Dach und Fach" bei dem Vermieter verbleiben und die Instandsetzung und Instandhaltung im Rauminneren auf den Mieter übertragen werden, stellt sich die Frage einer konkreten **Begriffsbestimmung**. Insoweit hat sich eine eindeutige Definition des Begriffs „Dach und Fach" in der Rechtsprechung noch nicht herausgebildet. Überwiegend wird die Ansicht vertreten, dass darunter das Dach und die tragenden Gebäude-

---

1 OLG Köln, DWW 1994, 119; OLG Naumburg, ZMR 2000, 383.
2 OLG Saarbrücken, NZM 2003, 438.
3 BGH, NZM 2002, 655.
4 BGH, NZM 2002, 655.
5 OLG Hamburg, MDR 1967, 847; OLG Dresden, NJW-RR 1997, 395.
6 OLG Oldenburg, NZM 2003, 439.
7 OLG Naumburg, WuM 2000, 241; vgl. auch OLG Brandenburg, Urt. v. 19.3.2008 – 3 U 37/08.

teile zu verstehen sind¹. Nach Ansicht des OLG Hamburg² sollen Arbeiten am Mauerwerk unter die Instandhaltung von Dach und Fach gefasst werden, die der Erhaltung des Gebäudes in der Substanz dienen. Wenn denn auf den Begriff „Dach und Fach" im Vertrag nicht verzichtet werden soll, empfiehlt sich, ihn zumindest genauer zu beschreiben (z.B. Dach, Außenmauern, Fundamente).

Soweit es um Reparaturen geht, die **nicht dem Mietgebrauch** oder dem Risikobereich des Mieters zuzuordnen sind (z.B. Treppenhäuser, Gemeinschaftsflächen), kommt eine **Vornahmeklausel** von vorneherein nicht in Betracht. **Unwirksam** ist deshalb die **Formularklausel** bei der **Gewerberaummiete**, die dem Mieter insbesondere Wartung, Pflege, Instandhaltung und Instandsetzung aller Anlagen, Einrichtungen und Installationen überträgt³. Individualvertraglich bestehen gegen eine solche Klausel keine Bedenken. Unwirksam ist wegen fehlender **Transparenz** eine formularmäßige Vereinbarung, nach der gewerbepolizeilich betriebsbedingte Auflagen – z.B. das Weißen und Anbringen von feuerfesten Türen – der Mieter zu tragen hat⁴. Eine Kostenklausel hinsichtlich gemeinschaftlich genutzter Flächen muss im Hinblick auf § 307 BGB eine Höchstgrenze vorsehen⁵. Insoweit wird eine Klausel als zulässig angesehen, durch die die Verpflichtung auf 10 % der Jahresmiete begrenzt ist⁶. Nur auf diese Weise wird dem Mieter die Möglichkeit gegeben, sein finanzielles Risiko einzuschätzen. 27

Auch zur Zahlung der **Instandhaltungsrücklage** kann der Mieter von Teileigentum nicht wirksam formularmäßig verpflichtet werden, weil sie sich auch auf das Gemeinschaftseigentum – ohne Kostenbegrenzung – bezieht⁷. 28

Einen Sonderfall stellt der **Umbau des Mietobjekts** dar. Im Urteil vom 5.6.2002 hat der BGH⁸ die für den Bereich der Schönheitsreparaturen⁹ konstatierte ergänzende Vertragsauslegung, wonach dem Vermieter auf Grund eines geplanten Umbaus der Mietsache ein Anspruch auf Geldersatz wegen der **nutzlos gewordenen Durchführung** von Renovierungsarbeiten des Mieters zusteht, ausdrücklich auch auf Instandsetzungsklauseln ausgedehnt. Hat also der Gewerberaummieter wirksam bestimmte Instandsetzungsarbeiten übernommen und würde infolge des Umbaus des Mietobjekts die Durchführung dieser Arbeiten sinnlos, bleibt es dem Vermieter unbenommen, eine Entschädigung in Geld zu fordern. Auch in diesem Fall sind die Kriterien zur Höhe des Ausgleichs analog den Grundsätzen bei den Schönheitsreparaturen maßgebend (vgl. *Rz. 641 ff.*). Ansetzbar sind dementsprechend die reinen fiktiven Materialkosten und der Eigenanteil des Mieters 29

---

1 OLG Hamburg, MDR 1967, 845; Vgl. *Schlemminger/Tachezy*, NZM 2001, 416.
2 OLG Hamburg, MDR 1967, 845.
3 OLG Dresden, GE 1996, 1237.
4 OLG Frankfurt/Main, NJW-RR 1992, 396, 402.
5 BGH, DWW 2005, 372 = ZMR 2005, 844; OLG Düsseldorf, ZMR 2008, 45.
6 *Kraemer* in Bub/Treier, III Rz. 1080.
7 KG, NZM 2003, 395.
8 BGH, NZM 2002, 655.
9 BGH, BGHZ 77, 301; BGHZ 92, 363.

bei der Selbstvornahme der Arbeiten. Hätte der Mieter aber ein Fachunternehmen beauftragt oder sogar beauftragen müssen, kann der Vermieter seinen Anspruch auf einen Kostenvoranschlag stützen. Das **Wahlrecht**, die Arbeiten oder den Geldersatz zu verlangen, steht allein dem Vermieter zu[1]. Der Mieter kann trotz geplanten Umbaus die Arbeiten nicht mit dem Hinweis auf den Geldersatzanspruch verweigern.

b) Wohnraummiete

30 Der Mieter von **Wohnraum** kann formularvertraglich nicht verpflichtet werden, die allgemeine Instandhaltung oder Instandsetzung der Mieträume zu übernehmen. Eine Ausnahme findet sich bei den Schönheitsreparaturen (vgl. dazu *Rz. 270 ff.*) und den Bagatellschäden (= Kleinreparaturen).

aa) Kleinreparaturklauseln (Bagatellschäden)

31 Kleine Instandhaltungen und Instandsetzungen werden üblicherweise durch Formularklauseln auf den Mieter von Wohn- und Geschäftsraum übertragen (Kleinreparaturklausel). Für den Wohnraumbereich hat der BGH im Urteil vom 7.6.1989 bestimmte Wirksamkeitsvoraussetzungen[2] aufgestellt:

(1) Höchstbetrag

32 Für jeden Einzelfall ist ein Höchstbetrag festzulegen, wobei 50 Euro ohne weiteres zulässig sind. Auch **75 Euro** (150 DM) wurden für wirksam erachtet[3]. Mittlerweile wird sogar ein Betrag von 100 Euro als zulässig angesehen[4]. Zu beachten ist dabei, dass eine Kostenbeteiligung des Mieters an einer höheren Rechnung nicht in Betracht kommt. Denn sobald eine Reparatur mehr als den vereinbarten Höchstbetrag kostet, liegt eine Kleinreparatur nicht mehr vor[5].

(2) Höchstzeitgrenze

33 Erforderlich ist weiter eine Höchstzeitgrenze für den Fall, dass mehrere Kleinreparaturen innerhalb eines bestimmten Zeitraumes anfallen. Der BGH hält hierbei den **Jahreszeitraum** für unbedenklich („etwa binnen eines Jahres")[6]. Wichtig ist in diesem Zusammenhang für die Übertragung, dass bei zu langen Zeiträumen der Mieter bei der Aufgabe der Wohnung möglicherweise nicht in den Genuss der „reparaturfreien Zeit" kommen könnte.

---

1 KG v. 28.4.2008 – 8 U 154/07, GE 2009, 448.
2 BGH, WuM 1989, 324.
3 OLG Hamburg, WuM 1991, 385.
4 AG Braunschweig, ZMR 2005, 717.
5 OLG Düsseldorf, WuM 2002, 545, 547.
6 BGH, WuM 1989, 324; WuM 1991, 381.

(3) Gesamtaufwandsbegrenzung

Innerhalb der Höchstzeitgrenze ist auch der Gesamtaufwand festzulegen, da ohne ihn für den Mieter das **Risiko** nicht **überschaubar** wäre. Viele Mietverträge enthalten als Höchstgrenze eine Monatsmiete, was als zu hoch angesehen wurde[1]. Das Gleiche gilt für 10 % der Jahresmiete[2] oder höhere Prozentsätze[3]. Es empfiehlt sich deshalb, eine prozentuale Orientierung (z.B. 8 %) an der Jahresgrundmiete. Damit ist ein Maßstab gefunden, der unter einer Monatsmiete liegt, sich aber gleichwohl mit der Entwicklung der ortüblichen Vergleichsmiete verändern kann, die wegen § 558c Abs. 3 BGB jedenfalls mittelbar auch eine Marktentwicklung berücksichtigt.

34

(4) Häufiger Zugriff des Mieters

Die Klausel darf sich nur auf Teile der Mietsache beziehen, die dem häufigen Zugriff des Mieters ausgesetzt sind, nicht also etwa auf Heizungs- oder Wasserrohre, elektrische Leitungen oder Glasscheiben[4]. Es empfiehlt sich, bei der Beurteilung des „häufigen Zugriffs" auf **§ 28 Abs. 3 S. 2 II. BV** abzuheben. Danach umfassen kleine Instandhaltungen

35

> „das Beheben kleiner Schäden an Installationsgegenständen für Elektrizität, Wasser und Gas, den Heiz- und Kocheinrichtungen, den Fenster- und Türverschlüssen, den Verschlussvorrichtungen von Fensterläden".

Unter die Installationsgegenstände für **Elektrizität** fallen etwa Steckdosen, Schalter, Klingel, Raumstrahler. Solche für **Wasser** umfassen die Wasserhähne, Mischbatterien, Perlatoren, Wasch-, Spül- und Toilettenbecken sowie Brausen und Badewannen. Diejenigen für **Gas** umfassen die Absperrvorrichtungen und die Warmwasserbereitung, nicht jedoch die entsprechenden Uhren und Ablesegeräte sowie die Warmwassertherme[5]. Die **Heiz- und Kocheinrichtungen** umfassen Öfen, Kachelöfen, Heizkessel für Kohle, Heizöl, Gas, Elektrizität, Heizkörper, Kochplatten oder Kochherde für Kohle sowie elektrische Grillgeräte, nicht aber Dunstabzugshauben.

Die **Fenster- und Türverschlüsse** umfassen Fenstergriffe, Verschlussriegel, Umstellvorrichtungen zum Kippen oder Öffnen und Türgriffe. **Verschlussvorrichtungen** von Fensterläden sind Rollladengurte, Sicherungen gegen Einbruch, elektrische Rollladenöffner und -schließer. Zu den Kleinreparaturen zählt daher nicht eine Reparatur am Rollladenkasten[6].

---

1 OLG Hamburg, WuM 1991, 385.
2 OLG Zweibrücken, WuM 1995, 144; **a.A.** OLG Stuttgart, WuM 1988, 149 = 8–10 % max., unbedenklich 300 DM bis 400 DM jährlich; OLG Hamburg, WuM 1991, 385: bis 600 DM.
3 AG Bremen, NZM 2008, 247: 32 % der Jahresgrundmiete.
4 LG Hamburg, WuM 1990, 416; OLG Frankfurt/Main, WuM 1997, 610.
5 AG Hannover, WuM 2007, 504.
6 AG Leipzig, ZMR 2004, 120.

(5) Musterformulierungen und Indexierung

36 Ein Formulierungsbeispiel für eine Kleinreparaturklausel:

> Der Mieter trägt die Kosten der Kleinreparaturen bis zu einem Höchstbetrag von 75 Euro pro Einzelfall. Hierunter fallen Steckdosen, Schalter, Klingel, Raumstrahler, Wasserhähne, Mischbatterien, Brausen; die Warmwasserbereitung, Wasch-, Spül- und Toilettenbecken, Badewannen; Öfen, Heizkessel für Kohle, Gas, Elektrizität, Heizkörper, Kochplatten, elektrische Grillgeräte; Fenstergriffe, Verschlussriegel, Umstellvorrichtungen zum Kippen oder Öffnen, Türgriffe; Rollladengurte, Sicherungen gegen Einbruch, elektrische Rollladenöffner und -schließer. Der Jahreshöchstbetrag beläuft sich auf 8 % der Jahresgrundmiete.

37 Da die Indexmiete nach § 557b BGB bei Wohnraum keiner zeitlichen Beschränkung mehr unterliegt, ist es seit 1. September 2001 zulässig, eine Kleinreparaturklausel einer **Wertsicherung** zu unterstellen[1]. Immerhin ist die Kostenbeteiligung wegen Kleinreparaturen auch ein Teil der Miete (vgl. § 28 Abs. 3 II. BV). Dazu kann die Klausel z.B. wie folgt ergänzt werden:

> Erhöht oder ermäßigt sich seit Vertragsbeginn der vom Statistischen Bundesamt herausgegebene Verbraucherpreisindex (VPI) in Deutschland (Basisjahr 2000 = 100), können sich die vorstehenden Werte für eine Kleinreparatur oder/und der Jahreshöchstbetrag entsprechend ändern. Das Gleiche gilt für jede erneute Änderung des Lebenshaltungskostenindex. Eine Anpassung der Werte ist frühestens nach Ablauf von 12 Monaten seit Vertragsbeginn oder der letzten Änderung möglich. Die geänderten Werte gelten vom Beginn des übernächsten Monats nach dem Zugang der Änderungserklärung des Vermieters oder Mieters. In der Erklärung, die in Textform abgegeben werden kann, ist die jeweils eingetretene Änderung des vereinbarten Index anzugeben.

38 Noch nicht geklärt ist, ob dem Mieter – wie bei der Kostenbeteiligung im Zusammenhang mit der Durchführung von Schönheitsreparaturen – ein **Selbstvornahmerecht** (Abwendungsbefugnis) zur Seite steht. Unschädlich ist es aber, wenn hierzu wie folgt formuliert wird:

> Dem Mieter steht es frei, zur Vermeidung der Kostenübernahme die Kleinreparaturen selbst durchzuführen oder durchführen zu lassen.

---

[1] Vgl. *Lützenkirchen*, MietRB 2004, 23.

bb) Vornahmeklauseln

Dem Mieter kann lediglich eine Kostenbeteiligung auferlegt werden. Dementsprechend sind formularvertragliche Vornahmeklauseln, nach denen der Mieter die Kleinreparaturen selbst durchzuführen hat, **unwirksam**[1]. Unklarheiten gehen zu Lasten des Verwenders[2].

cc) Wartungsklauseln

Klauseln, die die Wartung von technischen Geräten in der Wohnung vorsehen (Gasthermen, elektrische Durchlauferhitzer) müssen ebenfalls eine **Obergrenze** enthalten, bis zu welcher der Mieter die jeweilig entstehenden Wartungskosten zu tragen hat[3] und dürfen keine Vornahmepflicht enthalten[4].

Bei der Vermietung von **Geschäftsraum** sollten die Grundsätze für Wohnraum-Kleinreparaturklauseln ebenfalls beachtet werden. Denn insoweit ist es noch ungeklärt, ob nicht – jedenfalls im nichtkaufmännischen Verkehr – die gleichen Anforderungen durch § 307 BGB wie bei der Wohnraummiete gestellt werden können[5]. Besteht eine Klausel, die sich mit einer Obergrenze auf Kleinreparaturen bezieht, kann sie einschränkend dahin ausgelegt werden, dass der Mieter bei größeren Schäden ganz frei ist. Lediglich alle kleinen Schäden bis zur Höchstgrenze sind dann vom Mieter zu tragen. Eine Kostenbeteiligung an größeren Summen bis zur vertraglichen Höchstgrenze scheidet danach aus[6].

Ungeklärt ist bislang, ob durch **Individualvereinbarung** die Kriterien des BGH im Wohn- oder Geschäftsraummietvertrag überschritten werden können. Will man sichergehen, wird hiervon jedenfalls für den Bereich des Wohnraumes abgeraten.

Bei **preisgebundenem Wohnraum** kann der Vermieter den in § 28 Abs. 3 II. BV bestimmten Anteil mieterhöhend geltend machen, wenn die formularvertragliche Kleinreparaturklausel unwirksam ist[7].

Führt der Mieter aufgrund der unwirksamen Wartungs- und Kleinreparaturklausel im Wohnungsmietvertrag Wartungsarbeiten an der Gastherme aus, kann er die hierfür gezahlten Beträge vom Vermieter jedenfalls über das Bereicherungsrecht herausverlangen[8].

---

1 BayObLG, WuM 1997, 362; OLG Frankfurt/Main, WuM 1997, 610.
2 AG Konstanz, WuM 1998, 214.
3 BGH, WuM 1991, 381.
4 AG Peine, NZM 2005, 799; AG Langenfeld, WuM 1994, 37.
5 OLG München, WuM 1989, 129.
6 OLG Düsseldorf, ZMR 2003, 27.
7 LG Hamburg, WuM 1992, 593.
8 AG Köln, WuM 2006, 261; AG Langenfeld, WuM 1994, 37; für Schönheitsreparaturen vgl. BGH v. 27.5.2009 – VIII ZR 302/07, WuM 2009, 395.

8. Der Duldungsanspruch des Vermieters

44 Gemäß § 535 Abs. 1 Satz 2 BGB obliegt dem Vermieter die Pflicht die Mietsache während der Dauer des Mietverhältnisses in einem zu dem vertragsgemäßen Gebrauch geeigneten Zustand zu erhalten[1]. Diese Verpflichtung entfällt nur ausnahmsweise bei völlig außer Verhältnis stehenden Maßnahmen, wobei nach Treu und Glauben auf die Umstände des Einzelfalls abzustellen ist[2]. Damit der Vermieter seiner Instandhaltungspflicht nachkommen kann, bestimmt § 554 Abs. 1 BGB, dass der Mieter Maßnahmen zur Erhaltung der Mietsache zu dulden hat. Durch die gegenüber § 541a BGB a.F. veränderte Terminologie ist keine Beschränkung des Duldungsanspruchs aus § 554 Abs. 1 BGB eingetreten. Schon wegen der Absicht des Gesetzgebers, insoweit allein eine sprachliche Harmonisierung mit dem Duldungsanspruch wegen Modernisierung herbeizuführen, ist eine abweichende Interpretation im Ergebnis nicht gerechtfertigt, zumal dies zu erheblichen Komplikationen in der Praxis vor allem wegen der Abwehrrechte des Mieters führen könnte. Diese sollten und sollen aber gerade nicht erweitert werden. Muss der Vermieter eine **objektiv erforderliche** Erhaltungsmaßnahme durchführen, hat der Mieter diese unbedingt zu dulden[3]. Eine Kündigung durch den Vermieter zur Durchführung von Erhaltungsmaßnahmen ist aber ausgeschlossen[4].

Für Maßnahmen, die der Vermieter nicht zu vertreten hat (z.B. gesetzlich angeordneter Einbau von Kaltwasserzählern), kann er zwar nach § 559 BGB eine Mieterhöhung verlangen. Eine Duldungspflicht ergibt sich aber weder aus § 554 Abs. 1 BGB noch § 554 Abs. 2 BGB, weil weder eine Erhaltungs- noch eine Modernisierungsmaßnahme ansteht. Hier ergibt sich der Duldungsanspruch aus § 242 BGB[5].

a) Objektiv erforderliche Erhaltungsmaßnahmen

45 Die von § 554 Abs. 1 BGB erfassten Maßnahmen werden nicht nur durch ihre **Zweckbestimmung**, nämlich die Substanzerhaltung, begrenzt, sondern zusätzlich dadurch, dass sie nach Art, Ort, Umfang und Zeit zur Erreichung des vorgegebenen Zwecks (objektiv) erforderlich sein müssen. Demnach hat der Mieter nur die Maßnahmen zu dulden, die im Hinblick auf den konkreten Mangel oder sonstigen Missstand erforderlich sind, entweder zur Verhinderung seines Eintritts oder zu seiner Beseitigung. Bei **vorbeugenden Maßnahmen** wird zusätzlich eine nahe liegende Gefahr für Schäden an den Mieträumen gefordert[6].

---

1 Vgl. hierzu OLG Düsseldorf v. 25.2.1999, 10 U 109/95; LG Erfurt v. 15.11.2007 – 2 T 468/07, NZM 2009, 395.
2 LG Osnabrück, WuM 1989, 370.
3 LG Erfurt, Beschl. 15.11.2007 – 2 T 468/07.
4 LG Berlin, MM 1997, 280; LG Wiesbaden, NZM 1998, 263.
5 BGH v. 4.3.2009 – VIII ZR 110/08, WuM 2009, 290 = GE 2009, 646 = NZM 2009, 394.
6 *Sternel*, Mietrecht, 3. Aufl., II Rz. 297.

Beispiele für objektiv notwendige Erhaltungsmaßnahmen sind: 46
- Anschluss des Hauses an die Ortskanalisation[1],
- Ersatz alter Wasserleitungen, Schönheitsreparaturen (Verschleiß),
- Ersatz verschlissener Fenster[2] und
- Ersatz der Gemeinschaftsantenne mittels Kabelanschluss[3]
- Beseitung von Feuchtigkeit, u.U. mit Einbau einer Horizontalsperre[4]
- Baulich Maßnahmen, die aufgrund behördlicher Anordnung oder gesetzlicher Verpflichtungen durchzuführen sind[5].

Werden mehrere Maßnahmen durchgeführt, kann für die Frage der Duldungspflicht nicht auf die Gesamtmaßnahme (z.B. **Sanierung eines Gebäudes**) abgestellt werden. Vielmehr ist allein die konkrete Maßnahme innerhalb des Gesamtprojektes für die Frage, ob § 554 Abs. 1 oder Abs. 2 BGB anwendbar ist, maßgeblich. Bei der Sanierung eines alten oder maroden Gebäudes muss der Mieter es deshalb nicht hinnehmen, dass der Vermieter eine Ersatzleistung erbringt, indem er z.B. eine Elektroheizung und einen Elektroboiler durch eine kombinierte Gasetagenheizung ersetzt[6]. Hierzu müssen die Voraussetzungen des § 554 Abs. 2 BGB dargelegt werden, da es sich um eine Maßnahme zur Modernisierung handelt. 47

b) Inhalt der Duldungspflicht

Im Rahmen des § 554 Abs. 1 BGB bedeutet dulden, dass der Mieter sich in Kenntnis der Modernisierungsabsicht des Vermieters **passiv verhält**[7]. Passiv verhält sich ein Mieter u.a. dann, wenn er weder dem Vermieter gegenüber der ihm bekannten Modernisierungsabsicht (mündlich oder schriftlich) widerspricht, noch diesen an der Durchführung der Verbesserungsmaßnahme hindert, etwa durch Verweigerung des Zutritts zu den Mieträumen oder – bei einer Außenmodernisierung – durch gerichtliche Unterlassungsverfügung[8]. 48

Umstritten ist die Frage, in welchem Umfang den Mieter **Mitwirkungspflichten** treffen. Einige sehen eine Pflicht des Mieters, seine persönlichen Sachen zusammenzustellen, damit sie vom Vermieter beiseite geschafft werden können. Andere erstrecken die Mitwirkungspflicht soweit, dass der Mieter die Mietsache so vorbereiten muss, dass die Handwerker sofort mit ihrer Arbeit beginnen können[9]. Mit der h.M. ist jedoch davon auszugehen, dass den Mieter insoweit grundsätzlich keine Mitwirkungspflicht 49

---
1 AG Niesbach WuM 1984, 196.
2 AG Neuss, NJW-RR 1986, 891.
3 KG, WuM 1985, 248.
4 LG Erfurt, Beschl. 15.11.2007 – 2 T 468/07, zitiert nach juris.
5 Vgl. BGH, WuM 2009, 290.
6 AG Leipzig, ZMR 2003, 43.
7 LG Berlin, WuM 1996, 143; NJW-RR 1996, 1163; KG, WuM 1992, 514.
8 So KG, WuM 1992, 515.
9 *Schläger*, ZMR 1986, 348.

trifft¹. Dies ergibt sich schon durch einem Umkehrschluss aus § 554 Abs. 4 BGB. Denn der Aufwendungsersatzanspruch würde (zumindest teilweise) leer laufen, wenn der Mieter die Mietsache in irgendeiner Weise zur Durchführung der Maßnahme vorbereiten müsste. Allenfalls kann verlangt werden, dass er seine höchstpersönlichen Sachen (z.B. Unterwäsche) zusammenräumt².

49a Allerdings können die Mietvertragsparteien hinsichtlich der Duldungspflicht des Mieters auch besondere Vereinbarungen treffen. § 554 Abs. 5 BGB verbietet nur von den Abs. 2 bis 4, also den Regelungen für Modernisierungsmaßnahmen, **abweichende Vereinbarungen**. Neben dem Umfang der vom Mieter zu duldenden Maßnahmen, also nicht nur erforderliche, sondern z.B. auch zweckmäßige, ist auch die Vereinbarung einer Mitwirkungspflicht möglich. Die Parteien können daher bereits bei Mietvertragsabschluss vereinbaren, dass der Mieter im Falle von Erhaltungsmaßnahmen verpflichtet ist, vorbereitend tätig zu werden, also beispielsweise eingebrachte Gegenstände zu entfernen. Eine formularmäßige Verpflichtung des Mieters an der eigentlichen Erhaltungsmaßnahme selbst aktiv mitzuwirken scheitert aber an § 307 Abs. 2 Nr. 2 BGB, da eine solche Regelung erheblich von dem gesetzlichen Leitbild abweichen würde.

49b Hat der Mieter den von dem Vermieter beauftragten Handwerkern wegen vorangegangener Auseinandersetzungen ein **Hausverbot** erteilt. Muss der Vermieter dies akzeptieren. Auch § 554 Abs. 1 BGB gibt dem Vermieter keinen Anspruch auf Aufhebung des Hausverbotes, da er andere Personen mit der Durchführung der notwendigen Aufgaben beauftragen kann³.

50 Eine **einstweilige Verfügung** auf Gestattung des Zutritts zur Mietwohnung kann der Vermieter nur im Fall besonderer Dringlichkeit der Maßnahmen erwirken, weswegen der Duldungsanspruch grundsätzlich auf dem Klageweg durchzusetzen ist (vgl. *Rz. 185 ff.*).

c) Ankündigung der Maßnahmen

51 Die **Ankündigung** der Erhaltungsmaßnahmen i.S.d. § 554 Abs. 1 BGB durch den Vermieter nach Art, Umfang und Dauer ist gesetzlich nicht geregelt. Sie wird in Rechtsprechung und Literatur aber – sofern es sich nicht um Notmaßnahmen handelt – als selbstverständlich angesehen, andernfalls bestand kein Duldungsanspruch gegen den Mieter⁴. Der Mieter ist also bei fehlender Ankündigung berechtigt, Handwerkern den Zutritt in seine Wohnung zu untersagen⁵. Er ist aber nicht berechtigt, vom Vermieter eine **Zusicherung** zur Übernahme etwaiger Schäden oder zur **Wiederher-**

---

1 *Blank/Börstinghaus*, Miete, 2. Aufl., § 554 BGB Rz. 35 m.w.N.
2 Palandt/*Weidenkaff*, § 554 BGB Rz. 7: Platzschaffung durch Wegräumen von Sachen des Mieters.
3 AG Hambur-Blankenese v. 27.7.2007 – 509 C 45/06, ZMR 2007, 866.
4 BGH, WuM 2009, 290; OLG München, WuM 1991, 481; AG Hamburg, WuM 1997, 531; *Sternel*, ZMR 2001, 937, 942.
5 AG Aachen, WuM 1986, 87.

stellung des ursprünglichen Zustandes zu verlangen und seine Duldung davon abhängig zu machen[1]. Unschädlich ist, wenn Erhaltungsmaßnahmen wie Modernisierungsmaßnahmen angekündigt werden[2]. Der Mieter ist aber nicht berechtigt, die Duldung von Instandsetzungsmaßnahmen von vorherigen umfangreichen Informationen zu Einzelheiten der Arbeiten analog § 554 Abs. 3 BGB abhängig zu machen[3]. Der Vermieter kann sich also an den Vorgaben dieser Norm orientieren, muss es aber nicht.

Ohne besondere **Form** muss der Vermieter den Mieter rechtzeitig vorher über Art, Umfang und Dauer der Maßnahme informieren. Die Anforderungen an die Ankündigung des Vermieters richten sich dabei nach den Umständen des Einzelfalls, insbesondere die Dringlichkeit und dem Umfang der Maßnahme. Besonderes Augenmerk ist auf die Terminierung der Arbeiten zu legen. Es muss ein **Termin** gefunden werden, der innerhalb der üblichen Arbeitszeiten für Handwerker liegt. Dabei ist auf besondere Belange des Mieters Rücksicht zu nehmen. So muss es der Mieter nicht dulden, dass der Vermieter die Erhaltungsmaßnahme in den Abendstunden oder am Wochenende z.B. durch Schwarzarbeiter ausführen lässt. Ist der Mieter nur halbtags beschäftigt oder ist nachmittags ein Familienangehöriger in der Wohnung, kann er darauf bestehen, dass der Handwerker in dieser Zeit kommt, sofern sich die Maßnahmen innerhalb weniger Stunden durchführen lassen und keine Gefahr im Verzug ist. Andererseits ist der Mieter nach Treu und Glauben verpflichtet, an einer baldigen Terminsabstimmung mitzuwirken, damit die erforderlichen baulichen Maßnahmen zeitnah durchgeführt werden können[4]. 52

Sollte nur der geringste Zweifel an einer wirksamen Ankündigung bestehen, sollte der umsichtige Rechtsanwalt eine **Ankündigung wiederholen**. Denn einerseits tritt durch einen verlorenen Prozess ein Zeitverlust ein. Im Übrigen kann allein die Einschaltung eines Rechtsanwalts in diesen Fällen den ohnehin oftmals nicht nachvollziehbaren Widerstand des Mieters überwinden. 53

Mustertext: Ankündigung von Instandsetzungsmaßnahmen innerhalb der Wohnung durch den Vermieter 54

Sehr geehrter Mieter,

ausweislich der beigefügten Vollmacht vertrete ich die Interessen ihres Vermieters, des Herrn Heinz Klapprig.

Mein Mandant beabsichtigt, sämtliche Wasser- und Abwassersteigestränge im Hause Venloer Str. 146 auszutauschen. Er hatte darüber bereits anlässlich des letzten Rohrbruches in Ihrer Wohnung vor zwei Wochen mit Ihnen gespro-

---

[1] LG Berlin, MM 1997, 280.
[2] LG Berlin, NZM 1999, 1137.
[3] AG Wedding v. 10.10.2007 – 18 C 267/07, GE 2007, 1557.
[4] BGH, WuM 2009, 290.

chen. Wie Sie wissen, kam es in den letzten Jahren vermehrt zu Rohrbrüchen. Die von meinem Mandanten konsultierten Handwerker bestätigten, dass die Zu- und Ableitungen marode sind und ausgetauscht werden müssen. Dies betrifft nur die Steigeleitungen. Die Stichleitungen innerhalb der Wohnungen wurden bereits vor ca. 10 Jahren erneuert.

In Ihrer Wohnung verläuft ein Steigestrang, und zwar in der Wand zwischen Bad und Küche. Zum Austausch der Leitungen ist es erforderlich, diese Wand, vom Bad aus, etwa im Bereich des Waschtisches und des WC's, in ganzer Höhe, aufzustemmen. Die Zu- und Ableitungen in der Wohnung werden abgeklemmt und nach Austausch der Steigeleitungen wieder angeschlossen, danach werden die Wand wieder verschlossen, evtl. entfernte Fliesen wieder angebracht und soweit erforderlich, Malerarbeiten durchgeführt.

Die Arbeiten sollen in zwei Wochen, also am ... beginnen und dauern bezogen auf die Gesamtmaßnahme ca. 3 Wochen, die Arbeiten in Ihrer Wohnung ca. 3 Tage, wobei nicht ununterbrochen, sondern wohl immer nur stundenweise dort gearbeitet wird. Die näheren Zeiten werden die Handwerker mit Ihnen vor Ort absprechen.

Die Wasserzufuhr und der Anschluss an das Abwasser werden für ca. 1 Arbeitstag unterbrochen sein. Mein Mandant bietet Ihnen an, für diesen Tag (incl. Übernachtung) auf seine Kosten in ein Hotel mittlerer Preisklasse Ihrer Wahl zu ziehen. Falls Sie daran interessiert sind, setzen Sie sich bitte mit meinem Mandanten unmittelbar in Verbindung.

Nur vorsorglich weise ich darauf hin, dass Sie nach § 554 Abs. 1 BGB verpflichtet sind, diese Maßnahmen zu dulden, denn es handelt sich um (dringende) Instandsetzungen. Ich gehe jedoch davon aus, dass die Arbeiten auch in Ihrem Interesse sind und bedanke mich schon jetzt für Ihr Verständnis und Ihre Mitarbeit.

Mit freundlichen Grüßen

Rechtsanwalt

55 **Formularvertragliche Einschränkungen** in diesem Zusammenhang sind nicht zulässig[1].

d) Schadensersatzpflicht des Mieters

56 Verweigert der Mieter unberechtigterweise die Durchführung von Erhaltungsmaßnahmen, sind auch Fälle vorstellbar, in denen dem Vermieter ein erheblicher **Schaden** entstehen kann, z.B. Zinssteigerungen für Kredite, die für die Realisierung der Maßnahme aufgenommen werden müssen oder zusätzliche Kosten bei Folgeschäden. Die gleiche Problematik stellt sich auch bei Modernisierungsmaßnahmen. Hier kommt zusätzlich auch ein Mietausfall in Betracht, der dadurch entsteht, dass auf die Modernisierungsmaßnahme gestützte Mieterhöhungen gegenüber anderen Mietern

---

1 *Sternel*, NZM 1998, 834, 835.

erst sehr viel später erklärt werden können. Es stellt die Frage, ob der Vermieter in diesen Fällen Regress beim Mieter nehmen kann. Ein solcher Schadensersatzanspruch setzt ein **Verschulden** des Mieters, also ein fahrlässiges oder vorsätzliches Handeln, voraus. Während letzteres ohne weiters angenommen werden kann, wenn der Mieter weiß, dass er die beabsichtigte Maßnahme des Mieters zu dulden hat, ist fraglich, ob ein fahrlässiges Handeln des Mieters vorliegt, wenn dieser – ggf. nach vorangegangener rechtlicher Beratung – davon ausgeht, nicht zur Duldung verpflichtet zu sein. In der Praxis wird eine solche Fehleinschätzung vor allem in Hinblick auf Modernisierungsmaßnahmen gemäß § 554 Abs. 2 Satz 2 BGB in Betracht kommen. Aber auch bei Erhaltungsmaßnahmen gemäß § 554 Abs. 1 BGB sind solche Fälle denkbar, z.B. wenn der Mieter der Auffassung ist, eine Erhaltungsmaßnahme wäre überflüssig, nicht rechtzeitig angekündigt oder wenn er von einem ihm nicht zustehenden Zurückbehaltungsrecht Gebrauch macht.

Meint der Mieter aufgrund einer falschen rechtlichen Würdigung des Sachverhalts die Maßnahme nicht dulden zu müssen, trifft ihn kein eigenes Verschulden, wenn er sich in einem **unvermeidbaren Rechtsirrtum** befindet. Allerdings kann ein unverschuldeter Rechtsirrtum nur in eng begrenzten Ausnahmefällen angenommen werden. Insbesondere ist zu verlangen, dass der Mieter die Rechtslage sorgfältig prüft, erforderlichenfalls **Rechtsrat** einholt und die höchstrichterliche Rechtsprechung berücksichtigt[1]. Diesen Anforderungen genügt ein Mieter regelmäßig erst dann, wenn er sich anwaltlich oder durch einen Mieterverein beraten lässt. In diesem Fall darf der Mieter auf die Empfehlungen der fachspezifischen Stellen vertrauen, so dass ihm ein eigenes Verschulden nicht angelastet werden kann[2].

56a

Für den Bereich der **Schadensersatzverpflichtung des Mieters** gemäß § 280 BGB hat der BGH seine strikte Rechtsprechung zwischenzeitlich in einem Urteil vom 16.1.2009[3] relativiert. Macht eine Mietvertragspartei unberechtigte Forderungen geltend, soll der Gläubiger der im Verkehr erforderlichen Sorgfalt (276 Abs. 2 BGB) entsprechen, wenn er geprüft hat, ob die Vertragsstörung auf eine Ursache zurückzuführen ist, die dem eigenen Verantwortungsbereich zuzuordnen, der eigene Rechtsstandpunkt mithin plausibel ist[4]. Mehr als diese **Plausibilitätskontrolle**[5] soll nicht verlangt werden können, wenn der Mieter alle verfügbaren Erkenntnisquellen ausschöpft. Bleibt dabei ungewiss, ob tatsächlich eine Pflichtverletzung der anderen Vertragspartei vorliegt, darf der Gläubiger die sich aus einer Pflichtverletzung ergebenden Rechte geltend machen, ohne Schadensersatzpflichten wegen einer **schuldhaften Vertragsverletzung** befürchten zu müssen, auch

56b

---

1 BGH v. 12.7.2006 – X ZR 157/05, BB 2006, 1819; BGH v. 4.7.2001 – VIII ZR 279/00, NJW 2001, 3114.
2 BGH v. 25.10.2006 – VIII ZR 102/06, WuM 2007, 24.
3 BGH v. 16.1.2009 – V ZR 133/08.
4 Vgl. BGH v. 23.1.2008 – VIII ZR 246/06, NJW 2008, 1147, 1148.
5 Ähnlich *Kaiser*, NJW 2008, 1709, 1712: Evidenzkontrolle.

wenn sich sein Verlangen im Ergebnis als unberechtigt herausstellt[1]. Dieser Entscheidung des BGH lag jedoch ein Sachverhalt zugrunde, in dem der auf Schadensersatz in Anspruch genommene Vertragsteil von einem unzutreffenden Sachverhalt ausging, bei dessen tatsächlichen Vorliegen die rechtlichen Schlussfolgerungen zutreffend gewesen wären. Es handelte sich daher gerade nicht um eine falsche rechtliche Bewertung eines zutreffend anerkannten Sachverhalts. Es ist daher davon auszugehen, dass der BGH an seinen engen Voraussetzungen für die Annahme eines Rechtsirrtums festhalten wird und die Plausibilitätskontrolle auf den Bereich eines fehlerhaft festgestellten Sachverhalts beschränken wird. Dies bleibt aber abzuwarten, da sich der BGH in seiner Entscheidung vom 16.1.2009 mit den Voraussetzungen eines Rechtsirrtums nicht auseinander setzt.

56c Trifft den Mieter selbst kein Verschulden, kommt noch eine Haftung für ein schuldhaftes Verhalten seiner **Erfüllungsgehilfen** in Betracht. Erfüllungsgehilfen sind nach der neueren Rechtssprechung des BGH aber auch die Rechtsberater des Mieters. Damit hat sich der VIII. Zivilsenat des BGH[2] von der häufig bei den Instanzgerichten festzustellenden gegenteiligen Auffassung[3] distanziert und sich der wohl überwiegenden Auffassung in der Literatur angeschlossen[4]. Zwar erging die Entscheidung des VIII. Zivilsenats im Zusammenhang mit einer Verschuldenszurechnung im Rahmen einer ordentlichen Kündigung, die aufgestellten Grundsätze können aber auf die vorliegende Konstellation übertragen werden.

56d Neben einer möglichen Regresspflicht riskiert der die Erhaltungsmaßnahme rechtswidrig blockierende Mieter auch die (ordentliche) Kündigung des Mietverhältnisses und damit den Verlust seiner Wohnung.

e) Beispiele fehlender Duldungspflicht

57 – Badezimmer

Die Entfernung der Speisekammer zum Zwecke der **Vergrößerung des Bades** muss der Mieter nicht dulden, da § 554 Abs. 1 BGB keine Maßnahmen erfasst, die der Umgestaltung des Vertragsgegenstandes dienen[5].

Gleiches gilt für den **Austausch von Fliesen** im Bad, sofern der Vermieter nicht darlegt, dass sonst konkrete Schäden eintreten werden[6].

---

1 BGH v. 23.1.2008 – VIII ZR 246/06, NJW 2008, 1147, 1148; *Haertlein*, MDR 2009, 1, 2.
2 BGH v. 25.10.2006 – VIII ZR 102/06, WuM 2007, 24.
3 Vgl. z.B. KG v. 15.6.2000 – 16 RE-Miet 10611/99, WuM 2000, 481.
4 Vgl. nur *Blank* in Schmidt-Futterer, § 573 BGB Rz. 19 und 31 i.V.m. § 543 BGB Rz. 97; Palandt/Weidenkaff, § 573 Rz. 14; MünchKommBGB/Häublein, § 573 Rz. 64; vgl. auch OLG Köln, Urt. v. 30.10.1997 – 12 U 29/97, ZMR 1998, 763, 766; LG Berlin, Urt. v. 6.2.1998 – 64 S 412/97, NZM 1998, 573.
5 AG Mitte, MM 2000, 280.
6 AG Mitte, MM 2000, 280.

Erhaltungspflicht des Vermieters   Rz. 62 **H**

Erneuerung des Badezimmers einschl. der Wandfliesen und des Fußbodens, wenn der **alte Zustand mängelfrei** ist[1].

Austausch alter **Steingutfliesen** im Bad ohne drohende Gefahr von Bodenschäden durch sickerndes Wasser[2].

– Durchlauferhitzer 58

Keine Duldungspflicht des Mieters besteht, wenn der Vermieter den vorhandenen Gasdurchlauferhitzer gegen einen elektrischen Durchlauferhitzer **austauschen** will[3], da dies weder eine Instandhaltungsmaßnahme i.S.d. § 554 Abs. 1 BGB, noch eine Wertverbesserung nach Abs. 2 ist.

– Fenster 59

Der auf § 554 Abs. 1 BGB gestützte Austausch von Holzfenstern gegen solche aus **Kunststoff** soll keine nach § 554 Abs. 1 BGB duldungspflichtige Maßnahme sein. Abgestellt wird dabei auf den entsprechenden Zustand der Mietsache bei Vertragsbeginn und ein zu änderndes Wohnverhalten des Mieters[4].

– Gasherd 60

Der Austausch eines Gasherdes gegen einen Elektroherd ist keine Instandhaltungsmaßnahme, sondern eine zustimmungsbedürftige Änderung der Wohnungsausstattung[5], die nur bei Erforderlichkeit aus zwingenden Gründen vom Mieter zu dulden ist[6].

– Kündigung 61

Ist der Mietvertrag gekündigt, wird dem Vermieter ein Anspruch auf Duldung von Modernisierungsmaßnahmen selbst dann verwehrt, wenn dem Mieter (lediglich noch) eine Räumungsfrist zusteht[7]. Da auf den Charakter der Maßnahme abzustellen und im Zweifel § 554 Abs. 2 BGB vorrangig ist, kann der Vermieter eine **Mängelbeseitigung** auch in diesem Stadium nicht **durch eine Wertverbesserung** herbeiführen.

9. Mieterrechte bei Durchführung von Erhaltungsmaßnahmen

a) Wiederherstellung

Da den Mieter grundsätzlich **keine Mitwirkungspflicht** bei der Durchführung der Maßnahmen trifft, hat der Vermieter die Möbel des Mieters auf dessen Verlangen hin zu entfernen und für deren Abtransport und das Wiederein- und -aufstellen zu sorgen. Daneben ist der Vermieter verpflichtet, einen früheren vertragsmäßigen Zustand wiederherzustellen. Umfasst sind 62

---

1 AG Köln in *Lützenkirchen*, KM 32 Nr. 22.
2 AG Mitte, MM 2000, 280.
3 LG Berlin, MM 2000, 131.
4 LG Berlin, MM 2002, 97.
5 LG Berlin, GE 1997, 185.
6 AG Mitte, MM 2000, 280.
7 LG Berlin, NZM 1999, 1137.

dabei in erster Linie **Aufräumarbeiten** und Beseitigung von **Verschmutzungen** nach Durchführung der Arbeiten. Waren im Zeitpunkt der Durchführung der Maßnahmen **Schönheitsreparaturen** fällig, sollen diese beim Mieter verbleiben[1]. Dies erscheint aber mittlerweile zweifelhaft. Denn nach Auffassung des BGH soll sich der Vermieter nicht darauf berufen können, dass ein optischer Mangel (Wasserfleck) durch die (längst fälligen) Schönheitsreparaturen des Mieters ohnehin beseitigt würde, weil die Schönheitsreparaturen nur den Zustand erfassten, der durch vertragsgemäßen Gebrauch verursacht werde[2]. Daraus lässt sich schließen, dass der Vermieter auf jeden Fall zur Mängelbeseitigung verpflichtet sein soll, auch wenn diese allein in der Vornahme von Schönheitsreparaturen besteht. Fehlte es hingegen an deren Fälligkeit, und hat das Aussehen von Wänden und Decken und des Holzwerks sowie anderen, vom Begriff der Schönheitsreparaturen umfassten Gegenstände und Flächen (vgl. dazu *Rz. 272 ff.*) gelitten, hat der Vermieter in jedem Fall für die anschließende Renovierung der Räume zu sorgen[3].

b) Aufwendungsersatz (§ 554 Abs. 4 BGB)

63 Der in § 554 Abs. 4 BGB geregelte Anspruch auf Aufwendungsersatz gilt nicht nur bei Modernisierungemaßnahmen (vgl. *Rz. 161 ff.*), sondern auch bei Maßnahmen nach § 554 Abs. 1 BGB. Solche Aufwendungen können z.B. die für Trockungsgeräte anfallenden Stromkosten sein, aber auch Mietkosten für Umzugswagen sein[4]. Die Durchführung von Erhaltungsmaßnahmen kann auch den vorübergehenden **Auszug** des Mieters erforderlich machen[5], wobei die Umstände des Einzelfalls maßgebend sind. In diesem Fall hat der Vermieter auch die insoweit anfallenden Kosten zu tragen. Wird das vom Mieter im Wege der genehmigten Mietermodernisierung gefliese Bad anlässlich einer Strangsanierung teilweise zerstört, hat der Mieter einen Anspruch auf Aufwendungsersatz, wenn er die Zerstörungen wieder durch Neuverfliesung beseitigt (ohne dass der Vermieter dies bei einer nachfolgenden Mieterhöhung nach § 558 BGB werterhöhend berücksichtigen kann)[6]. Der im Schadensrecht entwickelte Abzug „Neu für Alt" ist auf den Aufwendungsersatzanspruch nicht anzuwenden, da grundlegende Unterschiede bestehen[7].

64 Der Mieter kann auch einen **Vorschuss** verlangen (vgl. dazu unten *Rz. 161 ff.*), allerdings nicht für die Beseitigung vollkommen ungewisser, möglicherweise in der Zukunft eintretender Schäden[8]. Steht dem Mieter ein Vorschussanspruch zu, kann er bis zur Zahlung ein Zurückbehaltungs-

---

1 LG Aachen, WuM 1991, 341; *Kraemer*, WuM 1991, 237, 238.
2 BGH, WuM 2004, 531 = NZM 2004, 776 = MietRB 2004, 346.
3 AG Bad Bramstedt, WuM 1987, 18; vgl. auch *Horst*, NZM 1998, 193, 194.
4 AG Schöneberg v. 10.4.2008 – 109 C 256/07, WuM 2008, 477.
5 LG Köln, WuM 1989, 255.
6 AG Lichtenberg, MM 2004, 339.
7 LG Essen, WuM 1981, 67; vgl. Eisenschmid, NZM 2002, 889.
8 LG Berlin, GE 1992, 39.

recht geltend machen[1]. Dieser Vorschussanspruch kann auch mittels einer einstweiligen Verfügung geltend gemacht werden, da es sich ohnehin nicht um eine endgültige Regelung handelt. Nach Abschluss der Arbeiten muss über den Vorschuss abgerechnet werden[2].

Fraglich ist, ob der Vermieter auch dann einen Aufwendungsersatz schuldet, wenn der Mieter endgültig auszieht. Dies wird teilweise mit dem Argument verneint, dass der Aufwendungsersatz nach seinem Sinn und Zweck an den **Fortbestand des Mietverhältnisses** anknüpfe. Auch habe der Gesetzgeber in § 554 Abs. 3 Satz 2 BGB ein **Kündigungsrecht** für den Mieter vorgesehen, ohne diese mit einem Ersatzanspruch für umzugsbedingte Aufwendungen zu verknüpfen[3]. Der Hinweis auf das Kündigungsrecht des Mieters geht fehl. Dies ergibt sich bereits daraus, dass ein solches lediglich bei Modernisierungsmaßnahmen, nicht aber bei reinen Erhaltungsmaßnahmen nach § 554 Abs. BGB vorgesehen ist.Zudem sieht das Gesetz gerade kein strenges **Alternativverhältnis** zwischend der Kündigungsmöglichkeit sowie dem Aufwendungsersatzanspruch vor. Vielmehr stehen diese beiden Recht selbstständig nebeneinander. Auch kann § 554 Abs. 4 BGB keine Einschränkung dahin gehend entnommen werden, dass der Bestand des Mietverhältnisses vorausgesetzt wird. Vielmehr wird lediglich verlangt, dass die Aufwendungen dem Mieter infolge einer Erhaltungsmaßnahme entstanden sein müssen. Führen die Erhaltungsmaßnahmen dazu, dass der Mieter das Mieterverhältnis kündigt und hierdurch bedingt Umzugskosten entstehen, ist die erforderliche **Kausalität** gegeben[4]. Dies setzt allerdings voraus, dass tatsächlich die Erhaltungsmaßnahmen Anlass für die Kündigung war, was als anspruchsbegründende Voraussetzung vom Mieter darzulegen und gegebenenfalls zu beweisen ist.

65

c) Minderung

Sind mit den Arbeiten nicht nur unwesentliche Beeinträchtigungen des vertragsgemäßen Gebrauches der Mietsache verbunden, steht dem Mieter das Recht zur Minderung gem. § 536 BGB zur Seite[5]. Zu den Voraussetzungen der Minderung vgl. *F Rz. 98*. Das Minderungsrecht kann bei Wohnraummiete nicht eingeschränkt werden (§ 536 Abs. 4 BGB)[6].

66

d) Schadensersatz

Dem Mieter steht auch ein Anspruch auf Schadensersatz nach § 536a BGB zur Seite (vgl. dazu *F Rz. 136 ff.*). Dabei ist nicht die Wiederherstellung des vertragsgemäßen Zustands geschuldet, sondern des bestehenden Zustands bei Eintritt des Schadens, soweit Letzterer nicht vertragswidrig war.

67

---

1 Horst, NZM 1999, 193.
2 AG Köln, Urt. v. 26.2.1980 – 217 C 36/80, WuM 1981, 95.
3 *Eisenschmid* in Schmidt-Futterer, § 544 Rz. 330.
4 Vgl. auch AG Dresden v. 4.6.2003 – 142 C 6304/02, ZMR 2004, 435.
5 AG Schöneberg v. 10.4.2008 – 109 C 256/07, WuM 2008, 477.
6 LG München I, WuM 1997, 613; *Sternel*, NZM 1998, 833, 845.

II. Modernisierung durch den Vermieter nach § 554 Abs. 2 BGB

68 Im Hinblick auf die wirtschaftliche Bedeutung (vgl. § 559 BGB) und die Ankündigungsfrist von drei Monaten stellt die **Beratung des Vermieters** bei beabsichtigen Modernisierungsmaßnahmen hohe Anforderungen an die Sorgfalt des Rechtsanwalts. Denn hat er nicht erkannt, dass eine Ankündigung unwirksam ist, muss der Vermieter nach dem verlorenen Prozess die Ankündigung nachholen oder – wenn die Duldung im Vergleichswege erreicht wird – eine spätere Mieterhöhung hinnehmen, § 559b Abs. 2 S. 2 BGB. Zur Vermeidung von Haftungsfällen sind vor allem bei umfangreichen Maßnahmen oftmals technische Kenntnisse hilfreich. Kann der Vermietermandant die Maßnahme nicht so erläutern, dass der Rechtsanwalt sie im Hinblick auf die Auswirkungen für den Mietgebrauch während und nach Abschluss der Maßnahme nachvollziehen kann, sollte erwogen werden, z.B. den bauleitenden Architekten hinzuzuziehen. Immerhin kann dadurch auch ermittelt werden, ob und ggf. welche Maßnahmen möglich sind, um (absehbare) Härtegründe des Mieters „auszuhebeln".

69 Bei der **Beratung des Mieters**, der die Modernisierung nicht dulden will, sollte zunächst ermittelt werden, ob seine Motivation in Zusammenhang mit einem anerkannten Härtegrund steht. Ist dies nicht der Fall und genügt die Ankündigung nicht den formalen Anforderungen sollte mit ihm überlegt werden, inwieweit der formale Mangel dazu herangezogen werden sollte, für den Mieter einen Vorteil z.B. eine geringere Mieterhöhung auszuhandeln. Dabei muss auch das Zeitmoment beachtet werden. Wartet der Rechtsanwalt zu lange, also z.B. bis zur mündlichen Verhandlung im Duldungsprozess, kann sich das Interesse des Vermieters an einer Einigung verringert haben, da er die Maßnahme ohnehin verschieben musste und aufgrund eines Hinweises des Gerichts weiß, dass er das Verfahren noch einmal (ggf. mit zusätzlichen Angaben) einleiten muss, so dass es ihm auf einen oder zwei Monate mehr nicht mehr ankommt. Denn regelmäßig weiß der Vermieter in dieser Situation auch nicht, ob die seinerzeit kalkulierten Preise noch gelten. Deshalb sollte der Rechtsanwalt zwei bis drei Wochen vor dem Beginn der Maßnahme auf den Vermieter zugehen. In diesem Stadium ist die Einigungsbereitschaft regelmäßig höher, da der Vermieter die Planung endgültig stehen hat und die Schwierigkeiten sieht, wenn ein Mieter nicht „mitzieht".

1. Allgemeines

70 § 554 Abs. 2–4 BGB regeln den Duldungsanspruch des Vermieters bei Modernisierungsmaßnahmen sowie – im Gegensatz zu § 554 Abs. 1 BGB – Abwehrrechte des Mieters unter Festlegung von Interessenkriterien. Ferner werden Ankündigungserfordernisse geregelt, das Sonderkündigungsrecht des Mieters sowie der Aufwendungsersatzanspruch des Mieters. Die Voraussetzungen der § 554 Abs. 2–4 BGB sind zwingend, § 554 Abs. 5 BGB, so dass auch der Mieter einer **Genossenschaftswohnung** nicht allein aufgrund der genossenschaftlichen Verbundenheit gezwungen ist, einer baulichen

Maßnahme – ohne Einhaltung der gesetzlichen vorgesehenen Voraussetzungen – zuzustimmen (hier: Fenstervorbau der Loggia)[1].

Modernisierungsmaßnahmen gehen regelmäßig mit einer **Verbesserung der Mietsache** einher. Man spricht deshalb auch allgemein von Verbesserungsmaßnahmen. Unter die Modernisierungsmaßnahmen werden drei Gruppen gefasst: 71

– Maßnahmen zur Verbesserung der Mietsache, d.h. zur Verbesserung der gemieteten Räume oder sonstiger Gebäudeteile sowie der allgemeinen Wohnverhältnisse
– Einsparungen von Energie oder Wasser
– Maßnahmen zur Schaffung neuen Wohnraums.

Die sprachliche Änderung gegenüber § 541b BGB a.F. hat nicht etwa zu einer Konzentration auf Maßnahmen innerhalb der angemieteten Räume geführt[2]. Zwar sind nach dem Wortlaut nur Maßnahmen erfasst, die zur Verbesserung der **Mietsache** führen. Mit dieser Formulierung sollte aber nur eine Anpassung an den einheitlichen Sprachgebrauch erfolgen, ohne eine Beschränkung des Umfangs herbeizuführen[3]. Sinn und Zweck der Vorschrift, die dem Vermieter gerade die Möglichkeit einräumen soll, das Mietobjekt insgesamt modernen Verhältnissen anzupassen, gebieten insoweit eine **umfassende Auslegung** des Begriffs der Mietsache. 72

Ob eine Maßnahme zur Verbesserung der Mietsache dient, ist **objektiv zu bestimmen**, unabhängig von den Auswirkungen auf das bestehende Mietverhältnis und unabhängig von den Kosten oder der zu erwartenden Mieterhöhung[4]. Maßstab ist nicht das subjektive Interesse des Mieters, sondern die allgemeine Verkehrsanschauung, was regelmäßig Tatfrage ist[5]. Entscheidend ist, ob allgemein in den für das Mietobjekt in Betracht kommenden Mieterkreisen der Maßnahme eine **Wohnwertverbesserung** zugemessen wird, so dass der Vermieter damit rechnen kann, dass die Wohnung nach Durchführung der Maßnahme von künftigen Mietinteressenten – bei im Übrigen gleichen Konditionen – eher angemietet wird als eine vergleichbare Wohnung, bei der diese Maßnahme nicht durchgeführt worden ist[6]. Auch der Mieter, dessen Wohnung von den Arbeiten nur **mittelbar betroffen** ist (z.B. durch die Verlegung von Steigeleitungen oder die Anbringung einer Wärmedämmfassade), hat dies zu dulden, wenn die Maßnahme eine Modernisierung der Mietsache im Ganzen darstellt. Denn richtigerweise muss insoweit auf den Zweck der Maßnahme selbst abgestellt werden. Die Betrachtung darf sich nicht auf das Verhältnis beschränken, das durch das konkrete Mietverhältnis gebildet wird. Führt die Maßnahme 73

---

1 AG Köln, WuM 2002, 669.
2 *Sternel*, ZMR 2001, 935, 941.
3 Begr. d. RefE, *Lützenkirchen*, Neue Mietrechtspraxis, Anhang Rz. 1157.
4 KG, WuM 1985, 248, 250; BGH, WuM 2005, 576.
5 KG, WuM 1985, 248, 250; LG Mannheim, WuM 1987, 385; BGH, WuM 2005, 576.
6 BGH, WuM 2005, 576.

selbst (auch) zu einer Verbesserung der Mietsache im weit verstandenen Sinn, greift § 554 Abs. 2 BGB im Verhältnis zu allen betroffenen Mietern.

74 Bei der Beurteilung einer **Wohnwertverbesserung** kommt es nicht darauf an, ob durch die Maßnahmen ein bereits üblicher Standard geschaffen werden soll. Denn der Vermieter darf die Attraktivität seiner Wohnungen auch durch eine **überdurchschnittliche Ausstattung** erhöhen und damit etwa die Entwicklung auf dem Wohnungsmarkt erst vorantreiben, selbst wenn die Nachfrage danach noch verhältnismäßig gering sein mag. Die Grenze bildet die „Luxusmodernisierung". Dies aber ist eine Frage der Härteklausel des § 554 Abs. 2 Satz 2 BGB[1]. Nur in diesem Rahmen können wirtschaftliche Gesichtspunkte eine Rolle spielen. Ansonsten besteht die Duldungspflicht unabhängig von Fragen der **Wirtschaftlichkeit** der Maßnahme[2].

2. Anspruch auf Modernisierung

75 Grundsätzlich kann der Mieter vom Vermieter keine Verbesserung der Mietsache über die vertraglich vorausgesetzte Gebrauchstauglichkeit hinaus verlangen oder sogar einklagen[3]. Dies gilt insbesondere für die dauernde **Anpassung an veränderte Standards**. Soweit es sich um technische Bauvorschriften handelt, die sich auf die Ausstattung und Beschaffenheit des Gebäudes beziehen, ist auf die Standards zur Zeit der Errichtung des Gebäudes abzustellen[4], denn der Mieter kann im Allgemeinen nur denjenigen Standard erwarten, der der jeweiligen Bautypik innerhalb einer bestimmten **Baualtersklasse** entspricht[5].

76 Allerdings hat der Mieter unabhängig vom Baualter der Mietsache Anspruch auf einen Zustand, der eine Lebensweise zulässt, die üblich ist und dem **allgemeinen Lebensstandard** entspricht[6]. Deshalb kann er z.B. verlangen, dass die Elektro-Unterverteilung in der Wohnung so eingerichtet ist, dass er übliche Haushaltsgeräte (z.B. Geschirrspüler, Waschmaschine) gleichzeitig mit anderen Elektrogeräten betreiben kann.

77 Dies bedeutet einen **Modernisierungsanspruch** des Mieters „durch die Hintertür", nämlich über die Auslegung des § 535 Abs. 1 S. 2 BGB. Denn üblicherweise werden Erneuerungen der Elektro-Unterverteilung als Modernisierung i.S.v. §§ 554 Abs. 2, 559 BGB angesehen[7]. Dagegen kann sich der Vermieter nur durch eine auf die Baualtersklasse bzw. deren Standard bezogene Beschaffenheitsvereinbarung, die grundsätzlich im Mietvertrag geregelt sein muss, schützen.

---

1 BGH, WuM 2005, 576.
2 BGH, WuM 2005, 576; **a.A.** noch *Eisenschmid* in Schmidt-Futterer, § 554 BGB Rz. 61 m.w.N.
3 Vgl. auch BGH v. 31.10.2007 – VIII ZR 261/06, WuM 2007, 700.
4 BGH, WuM 2004, 715.
5 LG Hamburg, ZMR 1999, 404; OLG Celle, WuM 1985, 9.
6 BGH, WuM 2004, 527 = NZM 2004, 736 = MietRB 2005, 1.
7 AG Köln in *Lützenkirchen*, KM 32 Nr. 21; vgl. Blank/Börstinghaus, § 554 Rz. 16.

Eine weitere Ausnahme gilt, wenn der Vermieter **bauliche Veränderungen** 78
vornimmt, die Lärmimmissionen zur Folge haben. Hier kann der Mieter
erwarten, dass Lärmschutzmaßnahmen getroffen werden, die den Anforderungen der zur Zeit des Umbaus geltenden DIN-Normen genügen[1]. Auch
hat der Vermieter, der neue Fenster als Modernisierungsmaßnahme einbaut, dafür Sorge zu tragen, dass der Fenstereinbau entsprechend den zur
Zeit des Umbaus geltenden technischen Standards (hier: zum Lärmschutz)
erfolgt[2].

3. Abgrenzung zu Erhaltungsmaßnahmen gem. § 554 Abs. 1 BGB

Der Maßnahmenbegriff des § 554 Abs. 2 ist weiter als der der Erhaltungs- 79
maßnahmen i.S.v. § 554 Abs. 1 BGB. Denn Abs. 2 umfasst auch Vorhaben
des Vermieters, mit denen keine Einschränkung des vertragsgemäßen Gebrauches der Mietsache durch den Mieter verbunden sind[3]. Lässt sich eine
Maßnahme unter beide Vorschriften fassen (sog. modernisierende Instandhaltung), stellt **§ 554 Abs. 2 BGB die speziellere Vorschrift** dar[4]. Das typische Beispiel ist der Ersatz alter mangelhafter einglasiger Holzfenster
durch isolierverglaste Fenster. Die Beseitigung der mangelhaften Fenster
bedeutet eine Erhaltungsmaßnahme nach § 554 Abs. 1 BGB. Da der Erfolg
aber durch die zusätzliche Isolierung mit einer Wohnwertverbesserung
oder sogar einer Energieeinsparung verbunden ist, kommt eine Duldung
nur nach § 554 Abs. 2 BGB in Betracht.

Grober Anhaltspunkt zur **Unterscheidung** zwischen Modernisierungs- 80
maßnahmen i.S.d. § 554 Abs. 2 BGB gegenüber den Erhaltungsmaßnahmen
des Abs. 1 ist die Überlegung, dass Reparaturen zu den letztgenannten zählen. Bei Maßnahmen nach Abs. 1 gibt es keine Mieterhöhungsmöglichkeit,
während die Verbesserungsmaßnahmen nach Abs. 2 eine Mieterhöhung
nach § 559 BGB ermöglichen.

4. Die Maßnahmen nach § 554 Abs. 2 BGB

Anhaltspunkte für Verbesserungsmaßnahmen i.S.d. § 554 Abs. 2 BGB las- 81
sen sich den §§ 3 f. ModEnG entnehmen, insbesondere dem Katalog des
§ 4 Abs. 1 ModEnG. Die Vorschrift ist seit dem 1.1.1987 aufgehoben[5], wird
aber allgemein zur Beurteilung herangezogen, denn der Modernisierungsbegriff der §§ 554, 559 BGB ist dem der §§ 3 f. ModEnG nachgebildet[6].

---

1 BGH, WuM 2004, 715.
2 AG Köpenick v. 9.10.2007 – 5 C 117/05, WuM 2008, 25.
3 *Eisenschmid* in Schmidt-Futterer, § 554 BGB Rz. 14; *Emmerich* in Emmerich/Sonnenschein, § 554 BGB, Rz. 2.
4 LG Berlin, GE 1994, 927.
5 Rechtsbereinigungsgesetz v. 16.12.1986, BGBl. I, S. 2441.
6 *Börstinghaus* in Schmidt-Futterer, § 559 BGB Rz. 61; *Sternel*, PiG 41, 45, 48; vgl. BGH v. 24.9.2008 – VIII ZR 275/07, WuM 2008, 667.

a) Erhöhung des Gebrauchswerts der Wohnung

82 Als bauliche Maßnahmen, die den Gebrauchswert der Wohnungen erhöhen, gelten nach § 4 Abs. 1 ModEnG insbesondere Maßnahmen zur Verbesserung

- des Wohnungszuschnitts
- der Belichtung und Belüftung
- des Schallschutzes
- der Energieversorgung, der Wasserversorgung und der Entwässerung
- der sanitären Einrichtungen
- der Beheizung und der Kochmöglichkeiten
- der Funktionsabläufe in Wohnungen
- der Sicherheit vor Diebstahl und Gewalt sowie
- der Anbau, insbesondere soweit er zur Verbesserung der sanitären Einrichtungen oder zum Einbau eines notwendigen Aufzuges erforderlich ist
- besondere bauliche Maßnahme für Behinderte und alte Menschen, wenn die Wohnung auf Dauer für sie bestimmt ist.

Beispiele[1]:
- Elektrischer Türöffner[2]
- Gegensprechanlage[3]
- Neuverfliesung des Bades
- Verbesserung des Zugangs zur Mietwohnung[4]
- Verstärkung der elektrischen Steigleitung[5]
- Anschluss der Mietwohnung an das Breitbandkabelnetz[6] bzw. an ein rückkanalfähiges Breitbandkabel[7]
- Installation der Zentralheizung[8]
- Einbau eines Balkons[9]
- Einbau eines Fahrstuhls bei konkreter Gebrauchswerterhöhung[10]
- Vergrößerung des Badezimmers[11].

---

1 Vgl. auch das Modernisierungsmaßnahmen-ABC unter *E Rz. 161*.
2 AG Schöneberg, MM 1992, 31.
3 LG München I, WuM 1989, 27.
4 AG Dülmen, WuM 1998, 345.
5 AG Mitte, GE 1998, 621: auch wenn der Mieter alle elektrischen Geräte betreiben konnte.
6 KG, WuM 1985, 248, 250 für Kabelanschluss.
7 BGH, WuM 2005, 576.
8 LG Fulda, ZMR 1992, 393.
9 LG München I, WuM 1989, 27.
10 LG München I, WuM 1989, 27.
11 BGH v. 13.2.2008 – VIII ZR 105/07, WuM 2008, 219 = GE 2008, 469.

b) Bauliche Maßnahmen zur Verbesserung der allgemeinen Wohnverhältnisse

sind nach § 4 Abs. 2 ModEnG insbesondere 83
- die Anlage und der Ausbau von nicht öffentlichen Gemeinschaftsanlagen wie Kinderspielplätzen, Grünanlagen, Stellplätzen und anderen Verkehrsanlagen.

Weitere Beispiele[1]:
- Elektrischer Türöffner
- Einbau eines (Außen-)Aufzuges[2]
- Gegensprechanlage
- Anschluss an die Kanalisation
- Lifteinbau[3]
- Austausch der Plasti-Spinnen für die Kalt- und Warmwasserverteilung (die noch funktionieren) gegen solche aus Messing[4]
- Erneuerung des Spielplatzes und der Erholungsflächen der Wohnanlage[5]
- Neu geschaffene Feuerwehrzufahrt[6]
- Einbau von Rauchmeldern[7].

Nicht unter Verbesserungsmaßnahmen der allgemeinen Wohnverhältnisse fallen reine **Reparaturen** oder Maßnahmen zur Umweltsanierung[8] wie
- Asbestsanierungen,
- Austausch der Bleirohre gegen solche aus Zink.

c) Maßnahmen zur Einsparung von Energie

Schon nach altem Recht wurde der Begriff der energieeinsparenden Maßnahmen weit ausgelegt[9]. Dies ergab sich aus dem Zweck des Gesetzes, den hohen Energieverbrauch in Mietwohnungen zu beschränken. Dass die Durchführung von Wohnungsmodernisierungen volkswirtschaftlich sinnvoll ist und im öffentlichen Interesse liegt, wurde vom Reformgesetzgeber des Jahres 2001 ausdrücklich betont[10] und die Duldungspflicht auf Maß- 84

---

1 Vgl. auch das Modernisierungsmaßnahmen-ABC unter *E Rz. 161*.
2 LG Berlin, MM 2004, 374.
3 *Horst*, S. 16.
4 *Pfeifer*, DWW 1994, 10 ff.
5 AG Hamburg-Altona, WuM 2005, 778.
6 AG Hamburg-Altona, WuM 2005, 778.
7 AG Hamburg-Wandsbek v. 13.6.2008 – 716c C 89/08, NZM 2009, 581.
8 *Horst*, S. 16.
9 Staudinger/*Emmerich*, § 3 MHRG Rz. 60; *Sternel*, III 778; *ders.* PiG 41, 45, 52; *Langenberg*, PiG 40, 59, 74; *Sonnenschein*, PiG 13, 65, 72).
10 Begründung zum Referentenentwurf, abgedr. in *Lützenkirchen*, Neue Mietrechtspraxis, Rz. 1116.

nahmen zur Einsparung aller Arten von Endergie erweitert[1]. Die Einsparung von Energie ist eine ökologische Zielsetzung und soll nur mittelbar den Mieter kostenmäßig entlasten. Eine besondere Bedeutung kommt deshalb aus ökologischen Gründen der mengenmäßigen Beschränkung des Verbrauchs zu, die finanzielle Einsparung und Entlastung des Mieters kommt erst an zweiter Stelle. Denn das maßgebliche allgemein- und umweltpolitische Interesse lässt eine Bewertung allein nach Kostengesichtspunkten nicht zu[2]. Auch vor diesem Hintergrund ist der Katalog des § 4 Abs. 3 ModEnG nicht abschließend.

aa) Maßnahmen zur Einsparung von Heizenergie

85 § 4 Abs. 3 ModEnG spricht insbesondere von Maßnahmen zur
– wesentlichen Verbesserung der Wärmedämmung von Fenstern, Außentüren und Außenwänden, Dächern, Kellerdecken und den obersten Geschossdecken
– wesentlichen Verminderung des Energieverlustes und des Energieverbrauchs der zentralen Heizungs- und Warmwasseranlagen
– Änderung von zentralen Heizungs- und Warmwasseranlagen innerhalb des Gebäudes für den Anschluss an die Fernwärmeversorgung, die überwiegend aus Anlagen der Kraft-Wärme-Kopplung, zur Verbrennung von Müll oder zur Verwertung von Abwärme gespeist wird
– Rückgewinnung von Wärme
– Nutzung von Energie durch Wärmepumpen und Solaranlagen

Beispiele[3]:
– Austausch der einfach verglasten gegen isolierverglaste Fenster[4]
– Anschluss an das Fernwärmenetz (vorher: Ölzentralheizung), wenn Fernwärme überwiegend aus Kraft-Wärme-Kopplung gespeist wird[5]
– Anschluss an das Fernwärmenetz (vorher: Gasetagenheizung), wenn Fernwärme überwiegend aus Kraft-Wärme-Kopplung gespeist wird[6]
– Einbau einer Gasetagenheizung als Ersatz für Gasaußenwandeinzelöfen[7]
– Umstellung von Einzelöfen oder Gasaußenwandheizern auf Fernwärme[8]
– Wärmedämmung einer Fassade bei nachhaltiger Energieeinsparung[9]

---

1 BGH v. 24.9.2008 – VIII ZR 275/07, WuM 2008, 667; BT-Drs. 14/4553, S. 49.
2 BGH, WuM 2004, 285, 288; WuM 2004, 288, 290.
3 Vgl. auch das Modernisierungsmaßnahmen-ABC unter E Rz. 161.
4 LG Berlin, MM 2005, 262, 263; BGH, WuM 2004, 155 = NZM 2004, 252 = MietRB 2004, 134.
5 BGH v. 24.9.2008 – VIII ZR 275/07, WuM 2008, 667; LG Hamburg, NZM 2006, 536; LG Berlin, GE 2007, 849; LG Berlin, MM 2000, 278 = NZM 2002, 64.
6 LG Berlin v. 9.11.2007 – 63 S 75/07, GE 2008, 61.
7 AG Lichtenberg, MM 1997, 455.
8 LG Berlin, GE 1998, 616.
9 LG Berlin, GE 1999, 383.

– u.U. Austausch einer vorhandenen Wärmedämmung gegen eine Wärmedämmung mit zusätzlichem Kunstharzputz[1]
– Umweltfreundliche Heizenergiequellen

Bei instandsetzungsbedürftigen **Fassaden** ist darauf abzustellen, ob die Wärmedämmung gegenüber einer hypothetisch instandgesetzten Fassade wesentlich verbessert wird[2]. Maßnahmen zur Einsparung von Heizenergie oder Wasser dienen in erster Linie einer ökologischen Zielsetzung. Sie brauchen deshalb auch nicht zu einer Wohnwertverbesserung führen. Es genügt, wenn die erzielte **Einsparung wesentlich** ist und damit der Allgemeinheit zugute kommt[3]. 86

bb) Maßnahmen zur Einsparung von Strom

Die bisherige Fassung (§ 541b BGB) sah als Modernisierungsmaßnahme eine solche in der Folge des Einsparens von **Heizenergie**. § 554 Abs. 2 BGB spricht jetzt erweiternd von „Energie", so dass die **Stromeinsparung**, etwa durch den Einbau von Umwälzpumpen, Ventilatoren, Aufzugsmotoren und Energiesparlampen, mitumfasst ist[4]. Aber auch die Installation von Photovoltaik-Anlagen oder Sonnenkollektoren können nun eine Modernisierung begründen[5]. 87

cc) Maßnahmen zur Einsparung von Wasser

Umfasst sind hier das Installieren von **Wasserzählern** in der Mietwohnung zur Verbrauchserfassung[6], ferner der Einbau moderner Wasser- und Spülkästen zur Wasserdosierung[7]. Fraglich ist die Nutzung von Regenwasser zur Toilettenwasserersparnis und für Waschmaschinen des Mieters[8]. Im Ergebnis dürfte aber auch hier eine Modernisierung gegeben sein. Erfolgt der Einbau aufgrund **gesetzlicher Anordnung**, liegt eine vom Vermietrer nicht zu vertretende Maßnahme vor. Dafür ergibt sich die Duldungspflicht aus § 242 BGB, so dass die Formalien des § 554 Abs. 3 BGB nicht eingehalten werden müssen[9]. 88

1 LG Berlin, Urt. v. 10.9.2007 – 67 S 90/07, GE 2007, 1553.
2 LG Berlin, ZMR 1998, 166: Herausnehmen der hypothetischen Kosten; LG Berlin, GE 1998, 550; LG Berlin, GE 1998, 493: keine Wiederherstellungspflicht des Vermieters für Balkonverglasung.
3 BGH, WuM 2004, 155 = MDR 2004, 625; vgl. BGH, Urt. v. 24.9.2008 – VIII ZR 275/07, WuM 2008, 667.
4 Begründung zum Referentenentwurf, abgedruckt in *Lützenkirchen*, Neue Mietrechtspraxis, Rz. 1157; *Gather*, DWW 2001, 192, 199; *Sternel*, NZM 2001, 1058, 1059.
5 *Lützenkirchen/Löfflad*, Neue Mietrechtspraxis, Rz. 302.
6 BGH v. 17.12.2008 – VIII ZR 41/08, NZM 2009, 150; *Meyer* in Börstinghaus, Miet-Prax, Fach 4, Rz. 18.
7 *Eisenschmid* in Schmidt-Futterer, § 541 BGB Rz. 95; LG Berlin, MM 2006, 39.
8 Hierzu *Schläger*, ZMR 1994, 189, 197; *Kinne*, GE 2001, 1181.
9 BGH v. 4.3.2009 – VIII ZR 110/08, WuM 2009, 290 = GE 2009, 646 = NZM 2009, 394.

d) Maßnahmen zur Wohnraumschaffung

89 Nach dem Wortlaut des § 554 Abs. 2 BGB ist es nicht erforderlich, dass der Vermieter die Absicht hat, den (neu zu schaffenden) Wohnraum zu vermieten. Allerdings bezieht sich die Vorschrift ausschließlich auf die Schaffung von Wohnraum, nicht Geschäftsraum.

Beispiele[1]:
- Der Ausbau des Dachgeschosses
- Der Ausbau bisheriger Nebenräume
- Die Aufstockung, zumindest solange der Mietgegenstand dadurch nicht vollständig verändert wird[2]
- Der Anbau[3]

89a Auch die Verbesserung des Zuschnitts der bisherigen Wohnung ist eine Modernisierungsmaßnahme[4]. Eine solche kann beispielsweise vorliegen, wenn das Badezimmer durch Einbeziehung eines Abstellraums vergrößert werden soll[5]. Allerdings entzieht sich die Qualifizierung einer **Grundrissänderung** als Maßnahme zur Wohnwertverbesserung einer **generalisierenden Betrachtungsweise**. Maßgeblich ist vielmehr, ob allgemein in den für das Mietobjekt in Betracht kommenden Mieterkreisen der Maßnahme eine Wohnwertverbesserung zugemessen wird, so dass der Vermieter damit rechnen kann, dass die Wohnung nach Durchführung der Maßnahme von künftigen Mietinteressenten – bei im Übrigen gleichen Konditionen – eher angemietet würde als eine vergleichbare Wohnung, bei der diese Maßnahme nicht durchgeführt worden ist[6]

89b Wird aufgrund einer solchen Maßnahme jedoch die Wohnfläche um mehr als 10 % vergrößert wird teilweise vertreten, dass es sich nicht mehr um eine zu duldende Verbesserungsmaßnahme handelt[7]. Dies ist abzulehnen. Auch eine über 10 % der bisherigen Wohnfläche hinausgehende Vergrößerung stellt eine Maßnahme zur Schaffung von Wohnraum dar. Das Gesetz sieht insoweit gerade keine Begrenzung vor und verlangt auch nicht, dass eine neue Wohnung geschaffen wird. Maßgeblich ist allein, ob neue Wohnfläche geschaffen werden soll oder nicht[8]

---

1 Vgl. auch das Modernisierungsmaßnahmen-ABC unter E Rz. 161.
2 AG Vechta, WuM 1994, 476: Aufstockung eines Bungalows.
3 AG Pankow-Weißensee v. 30.1.2008 – 7 C 366/07, NZM 2008, 769; *Blank*, Verbesserungsmaßnahmen des Vermieters, S. 772.
4 LG Mannheim, WuM 1987, 385: Schaffung separater Küche und eines Badezimmers mit Zugang vom Flur.
5 BGH v. 13.2.2008 – VIII ZR 105/07, WuM 2008, 219.
6 BGH v. 20.7.2005 – VIII ZR 253/04, NJW 2005, 2995.
7 LG Köln in *Lützenkirchen*, KM 32 Nr. 7.
8 AG Pankow-Weißensee, Urt. v. 30.1.2008 – 7 C 366/07, NZM 2008, 769.

e) Weitergehende Maßnahmen

Für die Annahme einer Modernisierung im Sinne von § 554 Abs. 2 BGB kommt es entscheidend darauf an, dass eine **Verbesserung der Wohnverhältnisse** eintritt. Dies kann nur dadurch erreicht werden, dass die konkrete Maßnahme durch eine Erhöhung des Substanz- oder Gebrauchswertes der Wohnung eine bessere oder komfortablere Benutzung ermöglicht[1]. Maßnahmen, die weder unter den Begriff der Instandhaltung bzw. Reparatur einerseits noch den der Modernisierung andererseits fallen, gehen zu Lasten des Vermieters und sind vom Mieter grundsätzlich nur freiwillig zu dulden.

Beispiele[2]:
- Ersetzung des Gasherdes durch einen Elektroherd[3]
- Reine Verschönerungsmaßnahmen wie die reine Fassadenrenovierung
- Der Austausch einer Holztüre gegen eine Metalltüre
- Instandhaltung von Schwebedecken
- Der Austausch einer freistehenden Badewanne gegen eine zum Einfliesen geeignete
- Austausch eines mit Gas betriebenen gegen einen elektrischen Durchlauferhitzer[4]
- Verlegung von Postleerrohren für den Kabelanschluss
- Die Verstärkung der elektrischen Leitungen ohne Erhöhung der Anschlusswerte[5]
- Umstellung von Drehstrom ohne Null-Leiter (220 Volt) auf Drehstrom mit Null-Leiter
- Austausch des 5000 Liter umfassenden Heizöltanks gegen einen größeren[6]
- Auswechseln der Holkastendoppelfenster gegen Kunststofffenster[7]
- Austausch von 10 Jahren alten nicht defekten Kaltwasserleitungen gegen Edelstahleitungen[8]
- Umwandlung einer Loggia in einen Wintergarten[9].

Ebenso wird der Austausch alter, undichter und schadhafter Fenster durch neue doppelverglaste Fenster allein nicht als Modernisierungsmaßnahme angesehen. Vielmehr soll ein Nachweis erforderlich sein, dass die neuen **Fenster** im Vergleich zu den alten eine bessere Qualität mit Gebrauchs-

---

1 KG, WuM 1985, 248, 250; NJW-RR 1988, 1420.
2 Vgl. auch das Modernisierungsmaßnahmen-ABC unter *E Rz. 161*.
3 AG Mitte, MM 2000, 280.
4 LG Berlin, MM 2000, 131.
5 AG Hoyerswerda, WuM 1997, 228; AG Görlitz WuM 1993, 264.
6 Nach *Pfeifer*, DWW 1994, 10 m.w.N.
7 AG Mitte, MM 2000, 280.
8 AG Schöneberg v. 11.4.2007 – 14 C 561/05, MM 2007, 227.
9 AG Hamburg-Altona v. 7.8.2007 – 316 C 425/06, WuM 2008, 27.

werterhöhung aufweisen[1] bzw. zu einer Energieersparnis oder zu einem besseren Schallschutz führt[2]. Andere Gerichte sehen beim Ersatz einfacher Holzfenster durch solche mit Isolierverglasung mit Kunststoffrahmen die Modernisierung als solche allein in der Verglasung selbst[3]. Allein der Wechsel von Holz zu Kunststoff führt jedenfalls nicht zu einer so weitgehenden Veränderung des bisherigen Zustandes, die die Duldungspflicht entfallen lassen könnte. Die Frage, in welchem Zustand die alten einglasigen Fenster waren, stellt sich erst bei der Mieterhöhung und dem dann vorzunehmenden Abzug für ersparte Instandsetzungsaufwendungen[4].

92 In Ausnahmefällen kommt eine **Duldungspflicht nach § 242 BGB** in Betracht[5], wenn der Aufschub der Maßnahmen bis zum Ende des Mietverhältnisses für den Vermieter unzumutbar erscheint und die mit den Arbeiten verbundenen Auswirkungen dem Mieter zumutbar sind[6]. Eine solche Duldungspflicht wird teilweise auch bei der Durchführung behördlicher Auflage angenommen, sofern insoweit nicht bereits eine Duldungspflicht nach § 554 Abs. 1 BGB angenommen wird[7].

5. Die Darlegungs- und Mitteilungspflicht des Vermieters (§ 554 Abs. 3 S. 1 BGB)

93 Bei Modernisierungsmaßnahmen nach § 554 Abs. 2 S. 1 BGB hat der Vermieter dem Mieter spätestens **drei Monate** vor Beginn der Maßnahmen deren

– Art,

– voraussichtlichen Umfang,

– voraussichtlichen Beginn und

– die zu erwartende Mieterhöhung

in **Textform** mitzuteilen.

94 Die Ankündigung muss grundsätzlich **durch den Vermieter** erfolgen. Eine Vertretung gem. §§ 164 ff. BGB ist möglich. Die Ankündigung durch eine dritte Person, die die Vertretungsmacht nicht offen legt, ist unwirksam[8]. Das gilt auch für den Erwerber vor Eintragung in das Grundbuch[9]. Der Veräußerer und (noch) Vermieter kann den Erwerber auch ermächtigen Moder-

---

1 AG Wernigerode, WuM 1995, 442.
2 LG Berlin, Urt. v. 26.6.2008 – 62 S 439/07, MM 2008, 370.
3 LG Oldenburg, WuM 1980, 86; LG Aachen, WuM 1980, 203; AG Neumünster, WuM 1992, 258.
4 Vgl. zum Ersatz alter Holz-Doppelkastenfenster durch Kunststoff-Isolierglasfenster BGH, WuM 2004, 155.
5 BGH, NJW 1972, 723 = MDR 1972, 509; AG Hamburg-Altona, Urt. v. 7.8.2007 – 316 C 425/06, WuM 2008, 27.
6 BGH, NJW 1972, 723 = MDR 1972, 509; vgl. auch LG Göttingen, WuM 1990, 205; AG Berlin-Tiergarten, GE 1993, 209; *Emmerich*, PiG 16 (1984), 43, 58.
7 BGH v. 4.3.2009 – VIII ZR 110/08, WuM 2009, 290.
8 *Kinne*, GE 2001, 1181, 1182.
9 *Kinne*, GE 1993, 884; *Kinne*, GE 1997, 1288 ff.

nisierungsmaßnahmen im eigenen Namen anzukündigen und unter den Voraussetzungen der **gewillkürten Prozessstandschaft** gerichtlich geltend zu machen[1]. Hat der Veräußerer selbst die Modernisierung angekündigt, kann sich der Erwerber nach seiner Grundbucheintragung auf eine Ankündigung seines Vorgängers zu berufen[2].

Mitunter wird vertreten, dass sich die Ankündigungspflicht des Vermieters ausschließlich auf Arbeiten im **Inneren** der Mietwohnung bezieht. **Sinn und Zweck der Ankündigungspflicht** sei der unmittelbare Zusammenhang mit dem Sonderkündigungsrecht des Mieters nach § 554 Abs. 3 S. 2 BGB. Für die Entscheidung des Mieters, wegen der angekündigten Maßnahmen den Mietvertrag zu kündigen, sei der Beginn der Arbeiten außerhalb der Wohnung indessen weniger ausschlaggebend[3]. Dahinter steht die Überlegung, dass ansonsten der Vermieter bei einer Gesamtmodernisierung des Hauses, ungeachtet der Zustimmung der Mehrzahl der Mieter mit allen Arbeiten, abwarten müsste, bis der letzte Mieter der Maßnahme zugestimmt hat, und ggf. langwierige Duldungsprozesse in Kauf nehmen müsste.

Diese Auffassung lässt sich indessen nicht mit dem Gesetzeswortlaut vereinbaren. Die Bagatellklausel des § 554 Abs. 3 S. 3 BGB sieht den Ausschluss der Ankündigung der Maßnahmen und des Kündigungsrechts des Mieters nur bei Maßnahmen vor, die mit keiner oder nur einer unerheblichen Einwirkung auf die Miträume verbunden sind und zu keiner oder nur einer unerheblichen Mieterhöhung führen. Der Gesetzgeber hat damit klar umrissen, wann die Ankündigung entfällt und wann nicht. Von Außenarbeiten ist in der Bagatellklausel nicht die Rede[4].

§ 554 Abs. 3 S. 1 BGB legt den **Inhalt des Ankündigungsschreibens** fest. Darüber hinausgehende Angaben sind nicht erforderlich. Insbesondere bedarf die Maßnahme keiner Begründung.

Die geplanten Maßnahmen sind so konkret zu beschreiben, dass der Mieter seine Duldungspflicht überprüfen und sich hinreichend genaue **Vorstellungen über seine Wohnsituation während und nach der Durchführung der Maßnahme** machen kann[5]. Die Mitteilung des Vermieters sollte dem Mieter daher wenigstens folgende Fragen beantworten:

– Was ist im Einzelnen vorgesehen?
– Welchen Umfang nehmen die Arbeiten ein?
– Wann ist der Beginn der Arbeiten vorgesehen, und wie lange dauern sie?

---

1 BGH v. 13.2.2008 – VIII ZR 105/07, WuM 2008, 219.
2 LG Berlin, GE 1999, 1359.
3 LG Berlin, GE 1996, 415.
4 Vgl. KG, WuM 1988, 389; vgl. auch BayObLG, WuM 1996, 749; LG Berlin, WuM 1987, 386; OLG München, WuM 1991, 481; LG Berlin, GE 2002, 1626; LG Hamburg, Urt. v. 11.11.2008 – 334 S 38/08, ZMR 2009, 208.
5 LG Hamburg, WuM 2005, 60.

97 Insoweit sollte nicht übersehen werden, dass regelmäßig auch der **aktuelle Zustand**, und zwar zutreffend, beschrieben werden muss[1]. Es ist aber nicht erforderlich, die Außenmaße der einzelnen Heizkörper, die eingebaut werden sollen, anzugeben[2]. Dies kann jedoch anders sein, wenn sich die Größe auf den Gebrauch auswirken kann. Hat der Mieter z.B. eine Einbauküche aufgestellt, kann es für die Auswirkungen von Bedeutung sein, welche Maße der (erstmals) eingebaute Heizkörper hat.

98 Der Rechtsanwalt, der bei der **Abfassung der Ankündigung** tätig wird (also auch wenn sie vorsorglich wiederholt wird), sollte sich in die Situation des Mieters versetzen, dem sein Vermieter soeben berichtet hat, was er im Einzelnen vorhat und sich fragen, was er im Hinblick auf seine eigenen Lebens- und Wohnumstände zur Abwicklung der Maßnahme noch wissen möchte. Kann der Mandant dazu nicht alle Fragen erschöpfend beantworten, sollte der Architekt oder Handwerker hinzugezogen werden. Denn spätestens in der mündlichen Verhandlung muss der Rechtsanwalt alle Detailfragen beantworten können. Oftmals ergibt sich gerade bei großen Maßnahmen das Problem der zeitlichen Abwicklung der einzelnen Gewerke. Hierzu liegt regelmäßig ein **Bauzeitenplan** vor. Diesen sollte sich der Rechtsanwalt ebenso geben lassen wie die Angebote incl. der Leistungsverzeichnisse, um die Maßnahme chronologisch beschreiben zu können.

99 Daneben sollte sich der Rechtsanwalt überlegen, ob und ggf. in welchem Umfang der Mieter sein **bisheriges Wohnverhalten ändern** muss. Nach dem erstmaligen Einbau von Isolierglasfenstern können sich z.B. die raumklimatischen Verhältnisse derart ändern, dass der Mieter täglich zweimal eine sog. Stoßlüftung durchführen muss[3]. Unterlässt der Mieter dies, können sich Feuchtigkeits- und Stockflecken mit Schimmelpilz bilden. Zur Vermeidung von Rechts-, aber vor allem wirtschaftlichen Verlusten für den Vermieter sollte der Rechtsanwalt auf die Notwendigkeit der Stoßlüftung so früh wie möglich hinweisen[4]. Denn ansonsten besteht die Gefahr, dass der Vermieter weder Gewährleistungsansprüche des Mieters erfolgreich abwehren noch eigene Schadensersatzansprüche durchsetzen kann. Deshalb sollte durch Beifügung entsprechender Informationen (z.B. über richtiges Heizen und Lüften), die zumindest bei den Verbänden erhältlich sind, die notwendige Aufklärung bereits in der Ankündigung erfolgen (und bei der Mieterhöhung nach § 559 BGB noch einmal wiederholt werden). Konkret auf die Mietsache bezogene Hinweise müssen nur in besonderen Ausnahmefällen erteilt werden[5], z.B. wenn eine sog. U-Lüftung erforderlich wird[6].

---

1 LG Berlin, MM 2004, 339.
2 LG Berlin, MM 2005, 262.
3 Vgl. z.B. *Casties*, WuM 2001, 589 ff.; OLG Frankfurt/Main, NZM 2001, 39.
4 Zu einem Hinweis im Mietvertrag vgl. *Lützenkirchen*, Wohnraummiete, C. I. Inhalt der Erläuterungen zu § 11 Nr. 6.
5 **A.A.** LG Neubrandenburg, WuM 2002, 309 (generell konkret für die Mietsache).
6 LG Kleve, WuM 2003, 142.

a) Art und voraussichtlicher Umfang der Maßnahmen

Insoweit wurden bis zum 1.9.2001 unter der Geltung des § 541b BGB a.F. sehr hohe Anforderungen gestellt. Die beabsichtigten Arbeiten waren **genau zu beschreiben**[1]. Dies ging soweit, dass verlangt wurde, bei Einbau einer Heizungsanlage den genauen Verlauf der Heizungsrohre darzustellen[2] oder den Durchmesser der Heizungsrohre (auch soweit sie in Gemeinschaftsräumen wie dem Treppenhaus verlaufen sollten!) anzugeben[3].

100

Der Gesetzgeber wollte die **Anforderungen an die Modernisierungsmitteilung** ab **1.9.2001** senken[4], um die (gesetzgeberisch gewünschte) Modernisierung insgesamt praxisgerechter zu gestalten. Teilweise werden jedoch sehr hohe Anforderungen gestellt. So soll eine wirksame Modernisierungsankündigung für den Austausch von Fenstern nicht nur Angaben zur näheren Beschaffenheit der neuen Isolierglasfenster und zu ihrer Größe enthalten, sondern auch den alten und neuen **Wärmedurchgangskoeffizienten** der neuen Fenster mitteilen[5]. Beim Einbau einer Zentralheizung wird teilweise verlangt, dass mitgeteilt wird, wo welche Leitungen verlegt werden und wo in welchem Raum Heizkörper mit welchen Abmessungen installiert werden sollen[6]. Dies führt aber im Ergebnis nur zu einer größeren und zusätzlichen wirtschaftlichen Belastung des Vermieters und lässt sich weder mit dem Wortlaut noch dem Zweck des Gesetzes rechtfertigen. Denn ein wohnungswirtschaftlich nicht vorgebildeter Vermieter ist kaum in der Lage, alle technischen Details so präzise zu beschreiben, dass er den Anforderungen noch gerecht werden könnte. Ohne rechtliche Beratung wird er kaum noch auskommen.

101

Gleichwohl sollte sich der Rechtsanwalt – aus Gründen der Vorsorge – zunächst an den bisherigen Anforderungen orientieren, um ein **Risiko zu vermeiden**. Denn auch unter der Geltung des § 554 Abs. 2 BGB bleibt maßgeblich, dass der Mieter anhand der Ankündigung sich vorstellen kann, welche konkreten Auswirkungen die Durchführung an sich, aber auch die fertig gestellte Maßnahme haben wird[7]. Ob der Gesetzeswortlaut die Verwendung schlagwortartiger Begriffe jedenfalls dann zulässt, wenn es sich um (allgemein bekannte) übliche Arbeiten handelt (etwa „Austausch der einfachverglasten gegen isolierverglaste Holzfenster"[8]), muss bezweifelt werden. Deshalb sollte **eher detailliert als pauschal** beschrieben werden. Hierzu gehört auch, dass nicht nur die eigentliche Modernisierungsmaßnahme beschrieben wird (z.B. Balkonanbau), sondern auch, welche sons-

102

---

1 Vgl. nur: *Kinne* in Kinne/Schach, Miet- und Mietprozessrecht, 2. Aufl., § 541b BGB Rz. 70 ff.
2 AG Neukölln, MM 1995, 147; ähnlich LG Berlin, GE 1998, 616.
3 AG Schöneberg, GE 1987, 288; **a.A.** *Franke*, ZMR 1996, 77, 79.
4 Begr. d. RefE, *Lützenkirchen*, Neue Mietrechtspraxis, Anhang Rz. 1157.
5 LG Berlin v. 26.6.2008 – 62 S 439/07, MM 2008, 370; AG Dortmund v. 13.1.2009 – 425 C 8864/08, WuM 2009, 120.
6 AG Köpenick v. 28.5.2009 – 2 C 57/09, GE 2009, 1051.
7 Vgl. LG Berlin v. 26.6.2008 – 62 S 439/07, MM 2008, 370.
8 Vgl. *Beuermann*, GE 1986, 8.

tigen Änderungen und **Nebenfolgen** hiermit verbunden sind. Erfordert der Balkonanbau z.B. die Umsetzung eines Heizkörpers, ist dies ebenfalls mitzuteilen, da dies für den Mieter unter dem Gesichtspunkt der Möbilierung von Bedeutung sein kann[1].

103 Die Ankündigungspflicht umfasst aber nicht auch noch die Verpflichtung des Vermieters zu einem **klärenden Gespräch**, um die Arbeiten vor Ort anhand der Pläne mit den Handwerkern besprechen und klären zu können, ob die Heizungsanlage ausreichend dimensioniert ist[2]. Gleichwohl sollte dem Mandanten dazu angeraten werden, weil sich im persönlichen Gespräch die Befürchtungen oder Missverständnisse schneller ausräumen lassen. Gerade bei großen Maßnahmen, die viele Mieter betreffen, hat sich die Abhaltung von **Mieterversammlungen** (mit Freibier) bewährt. Wird der Mandant zuvor insbesondere auf gruppendynamische Entwicklungen aufmerksam gemacht, kann er durch geschicktes Steuern der Diskussion den Verlauf beeinflussen. Zwar wird man dadurch den notorischen Querulanten kaum „zähmen" können. Indessen können die Unentschlossenen für die Sache gewonnen werden, wenn die Vielzahl der Mieter die Maßnahme „gut heißen".

104 Generell bezieht sich die Ankündigungspflicht nicht auf reine **Vorbereitungsmaßnahmen** ohne Einwirkung auf den Gebrauch der Mietsache[3].

b) Voraussichtlicher Beginn der Arbeiten

105 Der Mieter soll sich aufgrund der Ankündigung in jedweder Hinsicht auf die bevorstehende Durchführung der Maßnahmen einstellen können. Er muss wissen, **wann die Handwerker in der Wohnung sind**, er muss Vorkehrungen treffen und ggf. die Voraussetzungen seines Sonderkündigungsrechtes nach § 554b Abs. 3 Satz 2 BGB prüfen können[4].

106 Die Einzelheiten waren bis 1.9.2001 umstritten. Mit dem „Beginn" sollte der „erste Hammerschlag" gemeint sein[5]. Gefordert wurde deshalb teilweise die Angabe des **genauen Datums**. Die Ankündigung eines „umgehenden Beginns" wurde nicht als ausreichend angesehen[6]. Anderen genügte es aber, wenn als Beginn die Mitte oder das Ende eines bestimmten Monats angegeben wurden[7]. Der Beginn der Arbeiten „Mitte/Ende April 1999" hingegen reichte nicht[8]. Kleinere Verzögerungen des Baubeginns, die dem Mieter rechtzeitig vorher mitgeteilt wurden, schadeten nicht. Verzögerungen von einer Woche indessen wurden als zu lang bewertet mit der Folge,

---

1 LG Berlin v. 12.11.2007 – 67 S 16/07, WuM 2008, 85.
2 LG Berlin, GE 1998, 249.
3 LG Berlin, GE 2002, 1626.
4 LG Hamburg, WuM 2005, 60.
5 AG Neukölln, MM 1995, 147.
6 AG Hamburg, WuM 1987, 131.
7 AG Lichtenberg, MM 1997, 455.
8 AG Neukölln, MM 1995, 147.

dass die Ankündigung wiederholt werden musste. Sollten in **mehreren Wohnungen** des Hauses (häufiger Fall) Arbeiten nacheinander ausgeführt werden, sollte der Vermieter verpflichtet sein, einen genauen Terminplan aufzustellen[1].

Der Wortlaut des § 554 Abs. 3 Satz 1 BGB macht bereits deutlich, dass die **Anforderungen** auch insoweit seit dem 1.9.2001 **gesenkt** wurden. Im Hinblick auf die Länge der Ankündigungsfrist von drei Monaten, lässt sich der genaue Beginn der Arbeiten oftmals auch nicht mehr exakt vorhersagen. Zu viele Unwägbarkeiten sind zu berücksichtigen. Sinn und Zweck der Vorschrift lassen aber auch keine vagen Zeitangaben zu. Es reicht deshalb nicht aus, den Arbeitsbeginn „zwischen Januar und Februar" oder für das „Frühjahr" anzukündigen. Das Gleiche gilt für die Angabe eines bestimmten Monats („im April"), zumal wenn es sich dabei um den dritten Monat nach der Ankündigung (hier: 16.1.) handelt, sodass die Möglichkeit besteht, dass die 3-Monats-Frist unterschritten wird[2]. Indessen wird die Mitteilung einer bestimmten Kalenderwoche ausreichen[3], insbesondere weil der Vermieter kurz zuvor den genauen Termin mit dem Mieter noch abstimmen kann.

Die 3-Monats-Frist, die zwischen dem Zugang der Ankündigung und dem Beginn liegen muss, wird nicht eingehalten, wenn der Vermieter in der Mitteilung formuliert, dass die Arbeiten „spätestens in drei Monaten" beginnen[4].

Soll eine Maßnahme durchgeführt werden, bei der **mehrere Gewerke** ineinander greifen, muss der Beginn jeder Einzelmaßnahme mitgeteilt werden. Denn ggf. muss der Mieter unterschiedliche Vorkehrungen zum Schutz seines Eigentums treffen, zumal wenn verschiedene Räume betroffen sind. Die bloße Beifügung eines Terminplanes ohne weitere Erläuterung reicht nicht aus[5]. Damit sich der Mieter auf die Dauer der Bauarbeiten einstellen kann, muss nicht nur der Beginn der Einzelmaßnahmen, sondern auch die Dauer der Einzelmaßnahmen mitgeteilt werden[6].

Hat der Mieter durch seine **Weigerung** den Beginn der Arbeiten verhindert und ist dadurch der Bauablaufplan durch Zeitablauf gegenstandslos geworden, ist ein Vermieter (insbesondere nach erwirktem Duldungsurteil) nicht verpflichtet, dem Mieter eine neue Ankündigung i.S.d. § 554 Abs. 3 BGB zuzustellen. Vielmehr kann der Vermieter von dem Mieter jederzeit verlangen, dass diese den beauftragten Handwerken den Zutritt ermöglicht[7].

---

1 AG Neukölln, MM 1995, 147.
2 LG Hamburg, WuM 2005, 60.
3 **A.A.** *Lammel*, § 554 BGB Rz. 73.
4 LG Hamburg, WuM 2005, 60.
5 LG Hamburg, WuM 2005, 60.
6 LG Berlin v. 12.11.2007 – 67 S 16/07, WuM 2008, 85.
7 LG Berlin v. 26.6.2008 – 67 S 337/07, GE 2008, 1052.

c) Voraussichtliche Dauer

108 Das Ankündigungsschreiben muss den Zeitraum der Baumaßnahmen so genau wie möglich benennen[1]. Bei längeren Zeiträumen, wie etwa einem Jahr, sollen bloße Datumsangaben unzureichend sein[2]. Ungenügend soll auch die Angabe „insgesamt sechs bis acht Wochen" sein[3]. Dem kann nicht gefolgt werden. Zwar wurde zu diesem Kriterium der Wortlaut gegenüber § 541b Abs. 2 BGB a.F. nicht verändert. Daraus jedoch eine umfassende Bestätigung der bisherigen Rechtslage herzuleiten[4] geht zu weit. Denn das lässt schon die Verlängerung der Ankündigungsfrist um einen Monat unberücksichtigt, die der Gesetzgeber ausdrücklich zur Begründung der Absenkung der Anforderungen an die Mitteilung hervorhebt[5]. Wörtlich heißt es dort:

„Damit soll insbesondere auch dem Umstand Rechnung getragen werden, dass der Vermieter zu dem vom Gesetz vorgesehenen Mitteilungszeitpunkt zu präziseren Angaben häufig noch gar nicht in der Lage sein wird. Dies gilt umso mehr, als die Mitteilungsfrist auf drei Monate verlängert wird."

Man wird darauf abstellen müssen, wie genau die Angaben „spätestens" drei Monate vor Beginn der Arbeiten sein können[6]. Auch nach diesem Maßstab aber genügen bloß ungefähre Angaben nicht[7]. **Bei Arbeitsverzögerungen** muss die Ankündigung erneut erfolgen[8]. Es genügen für die erneute Ankündigung eine bis zwei Wochen zuvor[9]. Bei mehreren Gewerken muss auch die Dauer der Einzelmaßnahme mitgeteilt werden[10].

d) Zur voraussichtlichen Mieterhöhung

109 Im Ankündigungsschreiben sollten die – voraussichtlichen – Kosten der Baumaßnahmen angegeben werden. Bei mehreren Wohnungen muss der Verteilerschlüssel zur rechnerischen Prüfung einer späteren Mieterhöhung nicht mitgeteilt werden[11]. Es genügt ein **bezifferter Erhöhungsbetrag**[12] ohne nähere Erläuterung, da diese Voraussetzung des Mieterhöhungsanspruches selbst ist[13]. Der Mieter muss in diesem Stadium nicht wissen, wie

---

1 LG Köln, WuM 1997, 212: unzureichend „im Sommer".
2 LG Köln, WuM 1997, 212.
3 AG Neukölln, MM 1995, 147.
4 *Lammel*, § 554 BGB Rz. 73; ähnlich *Kinne* in Kinne/Schach, § 554 BGB Rz. 142.
5 Begründung zum Referentenentwurf, abgedruckt bei *Lützenkirchen*, Neue Mietrechtspraxis, Rz. 1157.
6 *Emmerich*, § 554 BGB, Rz. 29.
7 Vgl. LG Berlin, ZMR 1999, 554; LG Hamburg, WuM 1992, 121; *Sternel*, PiG 62 (2002), 89, 108 f.
8 LG Berlin, WuM 1989, 287: ursprüngliche Ankündigung ist gegenstandslos; *Köhler/Kossmann*, § 48 Rz. 56.
9 LG Berlin, MM 2002, 141.
10 LG Berlin, Urt. v. 12.11.2007 – 67 S 16/07, WuM 2008, 85.
11 LG Fulda, ZMR 1992, 392; **a.A.** LG Berlin, WuM 1991, 165.
12 **A.A.** *Kinne*, GE 2001, 1181, die sich jedoch mit dem Gesetzeswortlaut nicht vereinbaren lässt.
13 LG Köln, WuM 1997, 212.

sich der Erhöhungsbetrag errechnet. Insbesondere muss der Anteil der ersparten Instandhaltungskosten nicht mitgeteilt werden[1]. Die fehlerhafte Berechnung der Mieterhöhung im Ankündigungsschreiben um mehr als 10 % führt nicht zur formellen Unwirksamkeit der Mitteilung, sondern zieht die Folge des § 559b Abs. 2 Satz 2 BGB nach sich. Erfolgt die Falschberechnung aber schuldhaft, können sich daraus Schadensersatzansprüche des Mieters nach §§ 280, 241 Abs. 2 BGB ergeben[2]. Unterbleibt die Ankündigung ganz oder wird der Beginn der Modernisierungsmaßnahmen weniger als drei Monate im Voraus angekündigt, führt dies nicht dazu, dass der Vermieter – nach durchgeführter Maßnahme – überhaupt keine Mieterhöhung erklären kann, vielmehr verschiebt sich der Beginn der Mieterhöhung wie bei einer Falschberechnung, § 559 Abs. 2 Satz 2 BGB[3].

Zur Miete zählen auch die **Betriebskosten**. Erhöhen sich diese oder werden sogar neue Betriebskosten eingeführt, muss dies im Ankündigungsschreiben mitgeteilt werden. Die Angabe der konkreten Höhe ist nicht erforderlich[4], jedoch sollten Erfahrungswerte angesetzt werden. Zu beachten ist dabei, dass das Recht, infolge einer Modernisierung entstehende Betriebskosten im Wege der Vorauszahlung umzulegen, auch dann besteht, wenn eine Bruttomiete vereinbart ist[5]. 110

Hat der Vermieter im Ankündigungsschreiben mitgeteilt, dass **keine Erhöhung der Miete** erfolgen wird, sind auch Angaben über eine theoretisch mögliche Mieterhöhung entbehrlich[6]. Diese Angabe ist auch für den Rechtsnachfolger des Vermieters bindend. 111

Die Ankündigungspflicht gemäß § 554 Abs. 3 Satz 1 BGB gilt nur für die infolge der Modernisierungsmaßnahmen beabsichtigten Mieterhöhung nach § 559 BGB. Eine etwaige Erhöhung der Vergleichsmiete nach § 558 BGB braucht hingegen nicht angekündigt zu werden. Dieses Recht zur Erhöhung steht selbständig neben den korrespondierenden Regelungen der § 554 Abs. 2 und 3 BGB einerseits und § 559 BGB andererseits. Dies verdeutlicht auch der Umstand, dass das Gesetz bei einer unterbliebenen Mitteilung nur eine Saktion hinsichtlich des Modernisierungszuschlags vorsieht[7]. 111a

e) Bezifferung des Instandsetzungsaufwandes

Im Ankündigungsschreiben müssen keine Angaben dazu gemacht werden, inwieweit durch die Arbeiten **Instandsetzungskosten erspart** werden. Dies hat erst Auswirkungen auf die Berechtigung zur Mieterhöhung (vgl. dazu 112

---
1 LG Berlin, MM 2005, 111.
2 LG Berlin, MM 2004, 374.
3 BGH v. 19.9.2007 – VIII ZR 6/07, NZM 2007, 882; a.A. AG Dortmund v. 13.1.2009 – 425 C 8864/08, WuM 2009, 120.
4 AG Tempelhof-Kreuzberg, MM 2002, 187.
5 LG Berlin, ZMR 2005, 192.
6 BayObLG, WuM 2001, 16.
7 BGH v. 24.9.2008 – VIII ZR 275/07, WuM 2008, 667.

E Rz. 162 f.). Im hiesigen Stadium geht es (nur) um die Frage, ob überhaupt eine Modernisierung beabsichtigt ist. Dies beurteilt sich grundsätzlich nach einem Vergleich des bestehenden mit dem geplanten Zustand. Dennoch sollte der Rechtsanwalt mit dem Mandanten schon jetzt den **aktuellen Zustand** der betroffenen Gewerke bzw. Ausstattungsmerkmale besprechen. Denn stellt sich heraus, dass dieser Zustand nicht mehr reparabel ist, würde es keinen Sinn machen, die vollen Kosten der Maßnahme der Berechnung der voraussichtlichen Mieterhöhung zugrunde zu legen, weil man so dem Mieter eventuell den Einwand einer unzumutbaren Härte (wegen der zu erwartenden Mieterhöhung) eröffnet. Das würde vermieden, wenn von vornherein nur die Mehrkosten des neuen – modernen – Ausstattungsmerkmales im Verhältnis zum Einbau eines neuen Ausstattungsmerkmales in alter Qualität in Ansatz bringt (Beispiel: Kosten neuer Isolierglasfenster ./. Kosten neuer einglasiger Holzfenster; Kosten der neuen Vollbadewanne ./. Kosten einer neuen Sitzbadewanne; Kosten des modernen Gasherdes[1] ./. Kosten eines neuen „alten" Herdes).

113 Unabhängig davon muss der Rechtsanwalt mit dem Mandanten besprechen, dass jetzt der durch die geplanten Modernisierungsarbeiten **tatsächlich ersparte Instandsetzungsaufwand** – eine Pauschale darf in der späteren Mieterhöhung nicht angesetzt werden[2] – ermittelt werden muss. Denn nach Abschluss dieser Arbeiten sind die **Beweismittel**, also z.B. die alten Fenster, in der Regel nicht mehr vorhanden. Der Vermieter sollte sich dazu Kostenvoranschläge über die notwendigen Reparaturarbeiten einholen und zwar zweckmäßigerweise von den Betrieben, die die Modernisierungen durchführen. Denn im Vorfeld müssen ohnehin oft erst Aufmaße genommen werden. Dabei kann der Fachmann auch den tatsächlichen Zustand der Einrichtung ermitteln und abschätzen, ob und was repariert werden muss. Dabei muss der den Vermieter vertretende Rechtsanwalt den Mandanten darauf hinweisen, dass nur der tatsächliche und aktuell vorhandene Reparaturaufwand zu berücksichtigen ist. Dies ist der Fall, wenn das berechnet wird, was aktuell unbedingt getan werden muss, um einen vorhandenen Mangel zu beseitigen. Fiktive, erst **künftig fällig werdende Reparaturen** braucht sich der Vermieter nicht anrechnen zu lassen[3].

f) Abweichende Vereinbarungen

114 § 554 Abs. 5 BGB verbietet vertragliche Regelungen, die die Anforderungen an die Ankündigung zum Nachteil des Mieters modifizieren. Deshalb kann sich der Mieter nicht schon im Mietvertrag verpflichten, bestimmte Modernisierungen der Wohnung zuzulassen bzw. zu dulden, ohne dass der Vermieter sich zur formal einwandfreien Ankündigung verpflichtet[4]. Dem

---

1 Vgl. *Scholz*, WuM 1995, 13, 14.
2 LG Berlin v. 10.7.2003 – 62 S 101/03, MM 2003, 471; AG Charlottenburg v. 27.2.2007 – 224 C 295/06, GE 2007, 989.
3 OLG Hamm, NJW 1981, 1622; OLG Celle, NJW 1981, 1625; OLG Hamburg, WuM 1983, 13.
4 LG Berlin, MM 2001, 202.

Abschluss einer (nachträglichen) **Modernisierungsvereinbarung** steht die Vorschrift aber nicht entgegen. Ebenso kann das Recht des Vermieters, Modernisierungen durchzuführen, beschränkt oder ausgeschlossen werden, weil § 553 Abs. 5 BGB nur zum Nachteil des Mieter abweichende Vereinbarung erfasst. Eine solche Vereinbarung kann auch konkludent geschlossen werden und wird z.B. bejaht, wenn der Mieter – mit Zustimmung des Vermieters – eine Gasetagenheizung installierte und vertraglich nicht nur die Pflicht zur Instandhaltung, sondern auch eine ggf. erforderliche Erneuerung übernommen hat. Die Auslegung dieser Vereinbarung ergibt, dass der Mieter für die Dauer des Mietverhältnisses für die Versorgung mit Wärme zuständig sein soll, und zwar unter Ausschluss der Rechte des Vermieters[1].

g) Parteienmehrheit

Die Ankündigung ist von **allen Vermietern** an **alle Mieter** zu richten. Kündigt die **Hausverwaltung** im eigenen Namen an, genügt dies, wenn sich für den Mieter aus den Umständen ergibt, dass die Erklärung (eigentlich) im Namen des Vermieters abgegeben wird[2]. 115

Zu beachten ist bei der Vertretung wegen § 174 BGB generell die Vorlage der **Originalvollmacht**. Das gilt für die Hausverwaltung, für den Rechtsanwalt des Vermieters oder sonstige Beauftragte, es sei denn, sie sind bereits als Vertreter des Vermieters im Mietvertrag aufgeführt. Insoweit sollte sich der Rechtsanwalt aber regelmäßig darauf beschränken, die Ankündigung für den Vermieter vorzuformulieren. Immerhin besteht die Gefahr, dass der Mieter nur deshalb, weil die Ankündigung von einem Rechtsanwalt stammt, meint, sich selbst Rechtsrat einholen zu müssen. Wird die Modernisierungsankündigung im Rahmen eines Klageverfahrens auf Duldung durch den Mieter vorsorlich durch den Rechtsanwalt wiederholt, ist § 174 BGB nicht anwendbar, da er auf die Prozessvollmacht keine Anwendung findet[3]. 116

h) Form der Ankündigung

Die Mitteilung nach § 554 Abs. 3 BGB muss mindestens in der **Textform** das § 126b BGB erfolgen, also per Telefax oder E-Mail. Die eigenhändige Unterschrift ist danach nicht mehr erforderlich, wenn der Abschluss der Erklärung in sonstiger Weise erkennbar ist, also z.B. durch die Grußformel. 117

Auch unter der Geltung von § 126b BGB wird eine **einheitliche Erklärung** verlangt werden können[4]. Es reicht also nicht aus, dass der Mieter sich die 118

---

1 KG v. 28.8.2008 – 21 U 99/08, WuM 2008, 597.
2 AG Lichtenberg, MM 1997, 455.
3 BGH v. 18.12.2002 – VIII ZR 141/02, WuM 2003, 149; KG v. 23.1.2003 – 8 U 340/01, KGR Berlin 2004, 157.
4 Vgl. zur Rechtslage bis 31.8.2001: LG Hamburg, WuM 2001, 359; LG Berlin, ZMR 1992, 546.

notwendigen Informationen aus mehreren Schriftstücken zusammensuchen kann. Ohnehin muss die Ankündigung von Modernisierungsmaßnahmen einheitlich erfolgen, so dass eine „Verteilung" auf mehrere Mitteilungen nicht zulässig ist. Etwas anderes gilt, wenn einzelne Gewerke klar voneinander abgrenzbar sind und unabhängig voneinander durchgeführt werden sollen.

119 Zur Vermeidung von Beweisschwierigkeiten sollte der **Zugang** der Erklärung sichergestellt werden, etwa durch Boten, Einschreiben/Rückschein oder Zustellung nach § 132 BGB (vgl. dazu *J Rz. 110*).

i) Die unwirksame oder unterbliebene Ankündigung

120 Eine formal fehlerhafte Ankündigung (z.B. „Durchführung spätestens in drei Monaten") kann die Duldungspflicht des Mieters nicht auslösen. Das Gleiche gilt, wenn die Ankündigung ganz unterbleibt[1]. Ein **Nachbessern** der fehlerhaften Ankündigung ist **nicht möglich**[2]. Denn diese Erklärung ist nur einheitlich, „uno actu" möglich. Entsprechend fehlt auch eine dem § 558b Abs. 3 BGB nachgebildete Regelung in § 554 BGB. Die fehlerhafte Ankündigung kann nur als Ganzes für die Zukunft wiederholt werden[3]. Umso mehr sollte der Rechtsanwalt beim geringsten Zweifel an einer ausreichenden Mitteilung unverzüglich die Ankündigung „vorsorglich" wiederholen.

Ob der Mieter im Einzelfall auf die Ankündigung auch **verzichten** kann, ist umstritten[4].

j) Prüfungsliste und Mustertexte

121 **Prüfungsliste für die Ankündigung nach § 554 Abs. 3 BGB**

Parteienmehrheit	Bei einer Mehrheit von Vermietern müssen alle Vermieter die Ankündigung abgeben, und zwar gegenüber allen Mietern.
Ankündigungsfrist	Spätestens drei Monate vor Beginn der Modernisierungsmaßnahmen.
Ankündigungsform	Textform § 126b BGB.
Ankündigungsinhalt	Art der Maßnahmen: Beschreibung der Modernisierungsmaßnahmen als solche für die konkrete Wohnung (z.B. „Fensteraustausch, Neueinrichtung der Heizung, Erneuerung des Bades"); bei

---

1 OLG München, WuM 1991, 481; LG Berlin, MM 1998, 391; LG Berlin, GE 1998, 1275; AG Tiergarten, GE 1998, 46; vgl. auch OLG Stuttgart, WuM 1991, 332; OLG Frankfurt/Main, DWW 1991, 336 = GE 1991, 929.
2 AG Berlin-Mitte, Urt. v. 25.7.2006 – 22 C 24/06, GE 2006, 1296; AG Stuttgart, Urt. v. 23.9.2005 – 30 C 3132/05, WuM 2006, 33.
3 *Sternel*, NZM 2001, 1058, 1063.
4 Dafür *Sternel*, Mietrecht, II Rz. 346; dagegen: LG Berlin, MDR 1986, 589.

	mehreren Modernisierungsmaßnahmen (z.B. Fensteraustausch und Einbau einer neuen Heizung) für jede Maßnahme einzelne Angaben.
Voraussichtlicher Umfang der Maßnahmen	Beschreibung des Ausmaßes der Arbeiten. Bei Heizungserneuerung Angabe des Verlaufs der Leitungen mit Wanddurchbrüchen, Standort der einzelnen Heizungskörper. Empfohlen wird hier die Beifügung von Planskizzen.
Voraussichtlicher Beginn der Maßnahmen	Möglichst genaues Datum mitteilen (nicht: „im Sommer" oder „in nächster Zeit", auch nicht „demnächst"; „in Kürze"). Bei mehreren Modernisierungsmaßnahmen für jede Maßnahme einzelne Angaben. Ggf. Terminplan beifügen.
Voraussichtliche Dauer der Maßnahmen	Möglichst genaue Angaben. Ungenau sind Angaben wie „im Sommer" oder „zwei bis drei Monate", deshalb: voraussichtlich vom (konkretes Datum) bis voraussichtlich zum (konkretes Datum). Bei mehreren Modernisierungsmaßnahmen für jede Maßnahme einzelne Angaben. Ggf. Terminplan beifügen.
Zu erwartende Erhöhung der Miete	Nachvollziehbare Begründung erforderlich. Zu nennen ist ein absoluter Eurobetrag, keine Prozentsätze, keine Preisspannen. Keine weiter gehende Erläuterungspflicht. Bei mehreren Maßnahmen sollte die zu erwartende Mieterhöhung einzeln angegeben werden. Angabe der Kosten der jeweiligen Baumaßnahmen. Nicht erforderlich ist die Erläuterung der Kalkulationsgrundlagen. Ferner empfiehlt sich die Darlegung der Verbesserung des Wohnwertes, der allgemeinen Wohnverhältnisse bzw. Einsparung von Heizenergie (vgl. *Rz. 85 ff.*). Zweckmäßig ist die Abfassung einer vorbereiteten Einverständniserklärung für den Mieter. Nicht zu vergessen sind Überlegungen zur Bereitschaft der Kostenübernahme für die Dauer der Arbeiten.

Mustertext: Ankündigung des Vermieters über geplante Modernisierungsmaßnahmen (Fensteraustausch) 122

Sehr geehrter Mieter,
ich vertrete die Interessen Ihrer Vermieterin, Frau XY. Eine Originalvollmacht finden Sie anbei. Meine Mandantin plant, folgende Arbeiten in Ihrer Wohnung durchzuführen:

1. Die vorhandenen Kohleöfen sollen durch eine Gasetagenheizung ersetzt werden. Dazu wird eine Therme in der Küche, in dem der Zimmertüre gegenüberliegenden Wandeck installiert und an den dortigen Kamin angeschlossen. Die Therme ist ca. 0,45 m breit, 0,40 m tief und 0,90 m hoch, sie wird in Mannshöhe an der Wand angebracht werden. Die notwendigen Gasleitungen werden vom Keller aus in einem neuen Steigestrang durch alle übereinander liegenden Wohnungen des Hinterhauses verlegt. Der Steigestrang wird voraussichtlich durch einen bereits vorhandenen Revisionsschacht in der Wand geführt und käme dann unmittelbar unterhalb der neuen Therme aus der Wand und würde dort angeschlossen werden. Alternativ wird im rechten Wandeck ein neuer Revisionsschacht abgemauert (das Gasrohr hat einen Durchmesser von ca. 18 mm). Von dort würde etwa in Höhe der Therme die Gasleitung zur Therme verlegt werden. Das Nähere wird unsere Mandantin noch mit Ihnen besprechen Zum Verlegen und Anschluss der neuen Gasleitung muss die Wand rechts neben dem Küchenfenster an einer kleinen Stelle aufgebrochen werden, möglicherweise auch der Fußboden im Wandeck. Diese Löcher würden danach wieder verschlossen werden. Der Gaszähler für Ihre Wohnung wird im Keller installiert.

   Zusätzlich sollen Flachheizkörper mit den Maßen von ca. 22 × 600 × 1000 mm, jeweils unter den Fenstern in der Küche, im Durchgangszimmer und im hinteren Zimmer installiert werden. Auch die Warmwasser-Bereitung in Küche und Badezimmer soll über die neue Therme erfolgen. Die Rohre von der Therme zu den Heizkörpern verlaufen jeweils von der Therme direkt zum Boden und von dort im Eck zwischen Boden und Wand zu den einzelnen Heizkörpern. Dazu muss die Wand zwischen Küche und Durchgangszimmer im Wandeck ebenso durchbohrt werden, wie die Trennwand zwischen Durchgangs- und hinterem Zimmer. Die Rohre werden dann durch Kunststoffleisten im Wandeck, die ca. 10 cm hoch und 4 cm breit sein werden, verdeckt werden. Die zentrale Raumtemperaturregelung wird im mittleren (Durchgangs-)Zimmer an der Wand installiert werden.

2. Zurzeit ist die Wohnung ausgestattet mit einglasigen Holzfenstern. Diese sollen ersetzt werden durch Isolierglasfenster mit weißem Kunststoffrahmen.

   Die neuen Fenster haben die gleichen Maße und die gleiche Aufteilung (z.B. Zahl der Fensterflügel), wie die vorhandenen. Sie verfügen über einen wesentlich besseren Wärmedämmwert, nämlich ... anstelle von bislang ... (k-Wert – Der k-Wert gibt an, wie viel Wärmeenergie bei einem Grad Temperaturunterschied (1K) zur Umgebungsluft in einer Zeiteinheit nach außen fließt. Dabei wird ein Quadratmeter eines Bauteils zugrunde gelegt) und tragen damit wesentlich zur Einsparung von Heizenergie bei. Außerdem verbessern sie den Schallschutz erheblich. Die alten Fenster werden aus der Fensteröffnung herausgenommen und die neuen anschließend eingefügt und ausgeschäumt. Dabei entsteht wenig Bauschutt, denn die Fensterlaibungen müssen nicht teilweise abgeschlagen oder verändert werden. Allerdings ist mit Staubentwicklung beim Ausbau zu rechnen.

3. Abschließend werden, soweit nötig, Beiputz-, Tapezier- und Streicharbeiten durchgeführt.

Mit den Arbeiten soll ab dem 16.10.2006 begonnen werden. Der Einbau der Gasetagenheizung inkl. der Heizkörper sowie der Verlegung der Rohre wird ca. 2 Tage dauern, der Einbau der neuen Fenster 1 Tag, die abschließenden Beiputz-, Tapezier- und Streicharbeiten ca. 1 Tag. Ein Ausfall der Heizung in Ihrer Wohnung soll möglichst dadurch vermieden werden, dass die vorhandenen Öfen erst nach Installation der Gasetagenheizung demontiert werden.

Bei den geschilderten Arbeiten handelt es sich um Modernisierungsmaßnahmen i.S.v. § 554 BGB. Sie verbessern nicht nur den Wohnkomfort, sondern führen auch zu einer deutlichen Energieeinsparung. Nach Durchführung der Arbeiten ist meine Mandantin deshalb berechtigt, Ihre Miete um 11 % der für Ihre Wohnung aufgewendeten Kosten zu erhöhen. Nach derzeitiger Kalkulation kosten die beschriebenen Maßnahmen für Ihre Wohnung ca. 5500 Euro. Dies würde zu einer Erhöhung Ihrer monatlichen Miete um ca. 50 Euro führen. Hinzu kommen Heizkosten für den Betrieb der Gasetagenheizung (also insbesondere für Gas), sowie Wartungskosten für die Therme. Die Gaskosten werden ihnen vom Versorger berechnet, mit dem Sie einen gesonderten Versorgungsvertrag abschließen müssen. Die Höhe der Kosten ist natürlich zunächst verbrauchsabhängig. Erfahrungswerte gehen von ca. 1–1,50 Euro/m^2 und Monat aus. Die Kosten für die Wartung der Therme von z.Zt. jährlich ca. 80 Euro wird meine Mandantin im Rahmen der Betriebskostenabrechnung berechnen.

Nach § 554 BGB sind Sie verpflichtet, die geschilderten Maßnahmen zu dulden.

Namens und im Auftrag meiner Mandantin bitte ich Sie, mir gegenüber Ihre Zustimmung bis zum ...[1] zu den geplanten Maßnahmen zu erklären. Mein Mandant ist grundsätzlich bereit, die Arbeiten, soweit dies möglich ist, schon früher durchzuführen, wenn sich damit auch alle Mieter einverstanden erklären. Sollte dies in Ihrem Interesse sein, bitten wir um Mitteilung.

Der Vollständigkeit halber weise ich darauf hin, dass Ihnen nach § 554 Abs. 3 Satz 2 das Recht zusteht, bis zum Ablauf des Monats, der auf den Zugang dieses Schreibens folgt, außerordentlich zum Ablauf des nächsten Monats zu kündigen.

Mit freundlichen Grüßen

6. Inhalt der Duldungspflicht

Hier ergeben sich keine Unterschiede zu § 554 Abs. 1 BGB (vgl. *Rz. 48 f.*).

---

[1] Zur Erklärungsfrist vgl. *Rz. 105 ff.*

7. Wegfall der Duldungspflicht – Interessenabwägung (§ 554 Abs. 2 S. 2 und 3 BGB)

124 Nicht erst der Rechtsanwalt, der den **Mieter** vertritt, sollte sich nach der Prüfung, ob eine wirksame Ankündigung vorliegt, Gedanken darüber machen, ob Umstände gegeben sind, die der Duldungspflicht entgegenstehen. Auch der **Rechtsanwalt des Vermieters** sollte seine Prüfung auf diese Gesichtspunkte schon in einem frühen Stadium der Beratung richten. Denn nur damit ist eine vollständige Untersuchung der Erfolgsaussichten einer Duldungsklage gewährleistet, so dass der Vermieter ggf. auf Risiken hingewiesen werden kann, was wiederum Anlass zur Entwicklung einer entsprechenden Strategie bietet. Oftmals treten solche Umstände offen zu Tage, weil der Rechtsanwalt den Mieter, dessen Wohnverhältnisse oder sonstige Belange aus Vorverfahren kennt oder eine bestimmte Maßnahme bzw. deren Folgen herkömmlicherweise eine bestimmte Einwendung hervorruft. Zeichnet sich z.B. durch die Maßnahem eine relativ **hohe Mieterhöhung** ab, was insbesondere bei Wärmedämmmaßnahmen der Fall ist, und sind die Einkommensverhältnisse z.B. aus einer Selbstauskunft des Mieters bekannt, kann schon in diesem frühen Zeitpunkt eine Bewertung der Relevanz der entsprechenden Einwendung des Mieters erfolgen. Je nach dem Ergebnis dieser Bewertung kann der Rechtsanwalt empfehlen, dem Mieter eine Nachbesserung anzubieten oder die Klage mit einer reduzierten Mieterhöhung zu erheben oder alles auf die Replik zu verlagern. Letzteres sollte allerdings nur realisiert werden, wenn mit Sicherheit vorhergesagt werden kann, dass die Interessen des Mieters unerheblich sind. Ansonsten sollte dem Vermieter das wirtschaftliche Risiko vermittelt werden. Immerhin kann die Dauer eines Prozesses zu einer Verteuerung führen. Ist die Mieterhöhung aber nicht vollständig durchsetzbar, weil wegen der (schwachen) Einkommensverhältnisse des Mieters der Duldungsanspruch nur durchsetzbar ist, wenn der Vermieter von vornherein auf einen Teil der möglichen Mieterhöhung verzichtet, erhöht sich auch für den Mandanten das Risiko.

125 Lassen sich die Prozessaussichten nicht sicher vorhersagen, sollte der Vermieter auf die Möglichkeit aufmerksam gemacht werden, mit der Ankündigung eine **Erklärungsfrist** zu verbinden[1]. § 554 Abs. 3 BGB verbietet nämlich nur den Beginn der Arbeiten vor Ablauf der Drei-Monats-Frist. Damit ist nicht ein Verbot verbunden, den Mieter aufzufordern, z.B. innerhalb von zwei Wochen mitzuteilen, ob er die Arbeiten dulden wird. Immerhin muss er sein Kündigungsrecht nach § 554 Abs. 3 S. 2 BGB auch innerhalb von einem Monat ausüben und damit die Entscheidung, ob er die Maßnahme dulden will, bereits vor Ablauf der Ankündigungsfrist treffen. Um dieser Erklärung jedenfalls moralisch Nachdruck zu verleihen, sollte angekündigt werden, dass nach Ablauf der Frist davon ausgegangen werde, dass der Mieter mit der Durchführung einverstanden ist. Auch wenn eine solche Unterstellung keinen Rechtsverlust für den Mieter herbeiführen kann, kann aus dem **Treuegesichtspunkt** hergeleitet werden, dass er schadens-

---
[1] Vgl. AG Charlottenburg v. 30.8.2005 – 216 C 20/05, MM 2005, 370.

ersatzpflichtig ist, wenn der Vermieter im Vertrauen auf den mangelnden Widerspruch eine Beauftragung der Handwerker veranlasst, so dass ihm bei nachfolgender Weigerung Kosten für Anfahrt etc. entstehen.

Insoweit ist immer zu bedenken, dass eine Duldungspflicht des Mieters entfällt, wenn eine der Voraussetzungen des § 554 Abs. 2 S. 2 oder 3 BGB vorliegt, also insbesondere, wenn die Maßnahme für den Mieter, seine Familie oder einen anderen Angehörigen seines Haushalts (vgl. *C Rz. 324*) eine **Härte** bedeutet, die auch unter Würdigung der **berechtigten Interessen** des Vermieters und anderer Mieter in dem Gebäude nicht zu rechtfertigen ist. 126

Erforderlich ist insoweit eine **Abwägung** der gegenseitigen Interessen, wobei das Gesetz vorsieht, dass „insbesondere" 127
– die vorzunehmenden Arbeiten
– deren bauliche Folgen
– vorausgegangene Aufwendungen des Mieters und
– die zu erwartende Mieterhöhung

zu berücksichtigen sind. Schon die Verwendung des Wortes „insbesondere" zeigt, dass die Auflistung der Kriterien in § 554 Abs. 2 S. 3 BGB nicht abschließend ist. Daneben sind von Fall zu Fall auch noch andere Kriterien zu berücksichtigen[1]. Stets ist eine **Interessenabwägung** im Einzelfall erforderlich, die dazu führen muss, dass die Modernisierungsarbeiten für den geschützten Personenkreis **unzumutbar** sind, wobei der Mieter für die Härtegründe **beweispflichtig** ist[2]. Bei einer Mehrheit von Mietern oder (Haushalts-)Angehörigen genügt es, wenn die Maßnahme für eine Person unzumutbar ist[3].

a) Vermieterinteressen

Auszugehen ist bei der Interessenabwägung vom **Modernisierungsinteresse** des Vermieters[4]. Dabei steht regelmäßig im Vordergrund, dass der Vermieter die langfristige Vermietbarkeit seiner Immobilie durch Angleichung der Ausstattung an moderne Wohnanforderungen sichern will und nebenbei andere Effekte (z.B. Energieeinsparung) erzielen will. Befindet sich die Wohnung in einer **Wohnungseigentumsanlage**, sind zugunsten des Vermieters auch die Interessen der anderen Eigentümer zu berücksichtigen[5]. Das Gleiche gilt für die Interessen der übrigen Mieter des Gebäudes. Damit ist in erster Linie der Fall gemeint, dass mehrere Mieter mit der Durchführung der Maßnahmen ausdrücklich einverstanden sind und es sich zusätzlich um Maßnahmen handelt, die sich auf das **ganze Gebäude** beziehen, wie etwa bei Zentralheizungen. Gleiches gilt, wenn die gesamten Fenster oder 128

---
1 *Blank/Börstinghaus*, § 554 Rz. 30.
2 BGH v. 13.2.2008 – VIII ZR 105/07, NZM 2008, 283.
3 AG Bergheim, WuM 1996, 415; Sternel, Mietrecht aktuell, Rz. VII 136.
4 *Blank/Börstiinghaus*, § 554 Rz. 29; vgl. dazu auch BGH, WuM 2005, 576.
5 *Blank/Börstinghaus*, § 554 BGB Rz. 29.

sonstige Einrichtungen ausgetauscht werden sollen, und ein einheitliches Erscheinungsbild allein schon von der Optik her geboten erscheint.

b) Mieterinteressen

aa) Geschützte Personen

129 Auf Mieterseite sind in die Abwägung einzubeziehen der Mieter selbst, seine Familie oder andere Angehörige seines Haushalts. Der **Begriff der Familie** wird hier im familienrechtlichen Sinn verstanden[1]. Hierzu zählen also Verwandte i.S.d. § 1589, 1590 BGB, auch der Ehegatte einschließlich Pflegekinder und Pflegeeltern sowie der Verlobte. „Angehörige des Haushaltes" können neben dem (gleichgeschlechtlichen oder eheähnlichen) Lebenspartner[2], alle Personen sein, mit denen der Mieter in einem auf Dauer angelegten Haushalt lebt oder sonstige im Haushalt des Mieters lebende Dritte, z.B. Kinder des Lebenspartners[3]. Im Ergebnis werden also neben dem Mieter selbst und seinen Familienangehörigen alle Personen in die Abwägung einbezogen, die sich berechtigt in der Mietsache aufhalten. Dieser Aufenthalt muss dauerhaft angelegt sein[4].

bb) Vorzunehmende Arbeiten

130 Üblicherweise werden hier als Kriterien **Art und Intensität** der geplanten Maßnahmen herangezogen. Gemeint sind in erster Linie Staub-, Schmutz- und Lärmentwicklungen. Dabei spielen auch Dauer und Umfang der Maßnahmen sowie die Frage, inwieweit der Aufenthalt in der Wohnung durch die Arbeiten eingeschränkt wird, eine Rolle. Gesundheitliche Gründe, z.B. **Suizidgefahr**[5] können hier genauso berücksichtigt werden wie das hohe Alter[6] des Mieters oder sonstiger geschützter Personen.

cc) Bauliche Folgen

131 Die baulichen Folgen der geplanten Maßnahmen können unzumutbar sein, wenn die Mietsache erheblich umgestaltet wird. Während der Mieter geringfügige Veränderungen ohne weiteres hinnehmen muss, sind Arbeiten unzumutbar, die zu einer **wesentlichen Veränderung** der Mietsache führen, sodass sie mit dem ursprünglichen Vertragsgegenstand nicht mehr ver-

---

1 *Köhler/Kossmann*, § 48 Rz. 38.
2 Begr. des RefE zum Mietrechtsreformgesetz, abgedruckt in Lützenkirchen, Neue Mietrechtspraxis Rz. 1123; *Blank/Börstinghaus*, § 554 BGB Rz. 29.
3 Vgl. Begr. des RefE zum Mietrechtsreformgesetz, abgedruckt in *Lützenkirchen*, Neue Mietrechtspraxis Rz. 1125; *Blank/Börstinghaus*, § 554 BGB Rz. 25.
4 *Lützenkirchen*, Neue Mietrechtspraxis Rz. 610; Palandt/*Weidenkaff*, § 554 BGB Rz. 18; **a.A.** *Sternel*, ZMR 2001, 1058, 1061: Die Dauerhaftigkeit ergibt sich weder aus dem Gesetzestext noch lässt sie sich aus dem Merkmal der Haushaltsaufnahme ableiten.
5 BVerfG, WuM 1992, 104 für Suizidgefahr.
6 *Scholz*, WuM 1995, 12, 15.

gleichbar ist[1]. Dies ist insbesondere der Fall bei nicht nur unwesentlichen Grundrissänderungen[2], vor allem, wenn sie nicht zu einer Verbesserung des Wohnungszuschnitts führen[3] oder bei Verkleinerung, etwa durch Wegfall einzelner Räumlichkeiten wie oftmals der Speisekammer[4]. Aber auch erhebliche Vergrößerungen der Wohnfläche werden nicht mehr als Verbesserung gewertet[5].

Die zu würdigenden **Folgen** erschöpfen sich jedoch nicht in Auswirkungen auf die Raumsituation. Auch ästhetische Gründe sind zu berücksichtigen. So kann die Zerstörung des architektonischen Gesamteindrucks eines durch Jugendstilfenster geprägten Raumes in einem Altbau in Verbindung mit einer Verkleinerung der Verglasung im Einzelfall als bauliche Folge des Einbaus von Isolierglasfenstern zu einer unzumutbaren Härte führen[6]. Ebenso sind ein wesentlicher Verlust an Licht und Sonne oder ein erhöhter Lüftungsbedarf zu beachten, wie mögliche Gesundheitsgefahren infolge des veränderten Zustandes. Auch das Alter des Mieters kann bei der Bewertung ausschlaggebend sein, wobei insbesondere seine subjektive Einschätzung der baulichen Folgen maßgeblich ist[7].

Beispiel[8]: Die 4 m breite, ungeteilte aber einfach verglaste Panoramascheibe im Wohnzimmer soll durch ein Isolierglasfenster mit 2 Flügeln ersetzt werden. Der Mieter leidet an einem Gefängnissyndrom, weil er 10 Jahre wegen Republikflucht in Bautzen eingesessen hat. Da er die Wohnung gerade wegen der ungeteilten Fenster angemietet hat, damit sein Syndrom nicht ausgelöst wird, ist ihm die Duldung nicht zumutbar.

dd) Vorausgegangene Aufwendungen

Grundsätzlich bleiben vorangegangene **Mietereinbauten** bei der Frage nach der Duldungspflicht unberücksichtigt. Denn es kommt darauf an, welchen Zustand gerade der Vermieter herstellen will. Zu vergleichen ist also der bisher vom Vermieter geschuldete Zustand mit dem Zustand, den er schaffen will[9]. Daher hat ein Mieter auch dann die (einheitliche) Ausstattung der Wohnung mit Rauchmeldern zu dulden, wenn er bereits eigene Rauchmelder installiert hat[10]. Eine Ausnahme gilt für Mieterleistungen im Rahmen einer **Modernisierungsvereinbarung**, die regelmäßig Vertragsbestand-

132

---

1 BGH, NJW 1972, 723.
2 AG Mitte, MM 2000, 280; AG Pankow-Weißensee, Urt. v. 30.1.2008 – 7 C 366/07, NZM 2008, 769, vgl. auch E Rz. 161 „Grundrissänderungen".
3 Vgl. BGH v. 13.2.2008 – VIII ZR 105/07, NZM 2008, 283.
4 Vgl. AG Mitte, MM 2000, 280; LG Berlin, MM 2004, 44.
5 *Staudinger/Emmerich*, § 541a BGB a.F. Rz. 22; LG Köln, WuM 1993, 40 m.w.N.: Vergrößerung um mehr als 10 %; vgl. auch Rz. 89b.
6 LG Berlin v. 26.6.2008 – 62 S 439/07, MM 2008, 370.
7 AG Köln in *Lützenkirchen*, KM 32 Nr. 16.
8 AG Köln in *Lützenkirchen*, KM 32 Nr. 15.
9 LG Hamburg, ZMR 1984, 60; LG Berlin, NZM 1999, 1036; *Sternel*, NZM 2001, 1058, 1061 f.
10 AG Hamburg-Wandsbek v. 13.6.2008 – 716c C 89/08, NZM 2009, 581.

teil werden[1]. Werden ansonsten vorausgegangene Aufwendungen des Mieters, die er noch nicht abwohnen konnte, durch die Modernisierungsmaßnahmen zerstört, entwertet oder nutzlos[2], kann dies zum Wegfall der Duldungspflicht führen. Typische Aufwendungen sind Bodenbeläge und Einbauten. Auf die Art der Aufwendung (z.B. notwendig oder nützlich) kommt es nicht an. Deshalb fallen auch der frühere Ausbau des Bades[3] oder der Küche durch den Mieter oder die Verlegung von Parkettböden oder auch Teppichböden darunter. In die Interessenabwägung fließen aber nur solche Aufwendungen ein, denen der **Vermieter** ausdrücklich oder konkludent **zugestimmt** oder die er geduldet hat[4]. Außerdem ist zu berücksichtigen, inwieweit der Mieter seine Investitionen ausreichend nutzen konnte. Nach überwiegender Ansicht sollen, in Anlehnung an § 2 des Gesetzes über die Rückerstattung von Baukostenzuschüssen[5], Investitionen in Höhe einer Jahresmiete in vier Jahren abgewohnt sein[6]. Eine vor mehr als 20 Jahren vom Mieter eingebaute Gasetagenheizung stellt gegenüber einer Modernisierungsmaßnahme des Vermieters daher in der Regel keine unzumutbare Härte dar[7].

133 Der Vermieter kann den **Härtegrund ausräumen**, indem er nicht abgewohnte Aufwendungen abgilt oder eine geringere Mieterhöhung verlangt[8]. Zu berücksichtigen ist auch, inwieweit der Vermieter durch einen Verzicht auf an sich zulässige Mieterhöhungen die Aufwendungen des Mieters mitfinanziert hat[9].

ee) Mieterhöhung

(1) Allgemein üblicher Standard

134 Die zu erwartende Erhöhung der Miete, die sich in erster Linie bei der Wohnraummiete stellt, da in der Geschäftsraummiete § 554 Abs. 2 bis 4 BGB abdingbar sind (§ 578 Abs. 2 BGB) und § 559 BGB keine unmittelbare Anwendung findet, ist in die Abwägung einzubeziehen, wenn die Mieträume und das Gebäude nicht lediglich „in einen **allgemein üblichen Zustand**" versetzt werden. Hier ist der Rechtsentscheid des BGH vom 19.2.1992[10] zu beachten. Danach werden die gemieteten Räume in einen

---

1 Vgl. *Kraemer* in: Bub/Treier, III Rz. 997.
2 Vgl. *Lammel*, § 554 BGB Rz. 62.
3 AG Schöneberg v. 11.4.2007 – 14 C 561/05, MM 2008, 227.
4 *Kraemer* in Bub/Treier, III Rz. 1109; *Eisenschmid* in Schmidt-Futterer, § 554 BGB Rz. 199; *Emmerich/Sonnenschein*, § 554 BGB Rz. 22; *Röder*, NJW 1983, 2665.
5 Richtig: Art. VI § 2 des Gesetzes zur Änderung des Zweiten Wohnungsbaugesetzes, anderer wohnungsbaurechtlicher Vorschriften und über die Rückerstattung von Baukostenzuschüssen vom 21.7.1961 (BGBl. I S. 1041).
6 LG Berlin, GE 1998, 616; LG Hamburg, MDR 1983, 1026; *Scholz*, WuM 1995, 12, 15; *Sternel*, NZM 2001, 1058, 1062, jew. m.w.N.
7 LG Berlin v. 4.12.2007 – 63 S 130/07, MM 2008, 75.
8 *Kraemer* in Bub/Treier, Rz. III 1109.
9 Amtl. Begründung des Gesetzesentwurfes, BT-Drucks. 9/2079, S. 12.
10 BGH, WuM 1992, 181; OLG Stuttgart, WuM 1991, 332.

allgemein üblichen Zustand versetzt, wenn dieser Zustand bei der überwiegenden Mehrzahl von Mieträumen (mindestens ⅔) in Gebäuden gleichen Alters innerhalb der Region angetroffen wird. Dabei kommt es nicht auf die Verhältnisse in einer bestimmten Gemeinde, sondern auf die Mehrheitsverhältnisse im jeweiligen Bundesland an[1].

(2) Einkommensverhältnisse

Wird ein „allgemein üblicher Zustand" der Räume durch die Maßnahmen des Vermieters nicht geschaffen, ist maßgebend, ob die vorgesehene Mieterhöhung für den Mieter eine Härte darstellt. Die **Einkünfte aller in die Interessenabwägung einzubeziehenden Personen** auf Mieterseite werden zusammengezählt, denn alle Mitglieder dieses geschützten Personenkreises bilden eine Wirtschaftseinheit[2]. Die angekündigte Miete ist ins Verhältnis zu dem Einkommen des Mieters einschließlich des Einkommens der mit ihm einen gemeinsamen Haushalt bildenden Familienangehörigen und sonstigen Personen zu setzen (zu den Begriffen vgl. *C Rz. 324*). Ist die Wohnung an **mehrere Mieter** vermietet, ist das Einkommen aller Mieter maßgebend, unabhängig von der Nutzung der Wohnung durch den oder die jeweiligen Mieter. Zu berücksichtigen ist weiter, ob der Mieter Anspruch auf **Wohngeld** oder sonstige staatliche Hilfen hat, unabhängig davon, ob er sie auch tatsächlich in Anspruch nimmt[3]. Maßgeblich ist das Einkommen zum **Zeitpunkt** des Duldungsbegehrens[4]. Dabei wird überwiegend auf bestimmte, der Höhe nach im Einzelnen unterschiedlich beurteilte Prozentsätze des zu berücksichtigenden (Netto-)Einkommens abgestellt, wobei die **Belastbarkeitsgrenze** überwiegend bei **25–30 % des (Netto-)Einkommens** angenommen wird[5]. Allerdings wird in diesem Zusammenhang zu Recht festgehalten, dass es „schlechthin unzumutbare Erhöhungen" deshalb nicht geben kann, weil das Gesetz objektive Schranken der Mieterhöhung nicht vorsieht[6]. Auch die Möglichkeit von dem Sonderkündigungsrecht nach § 554 Abs. 3 BGB Gebrauch zu machen, ist zu berücksichtigen[7].

Gegenüber dem Duldungsanspruch kann der Mieter eine Nichtbeachtung des **Wirtschaftlichkeitsgebots** nicht rügen[8]. Dies gilt nicht nur bei **Energie-**

---

1 *Blank*, „Verbesserungsmaßnahmen des Vermieters", S. 775; *Blank/Börstinghaus*, § 554 BGB Rz. 33.
2 *Lützenkirchen* in Neue Mietrechtspraxis Rz. 610; vgl. LG Berlin, GE 1991, 573, 575; 1992, 37; *Emmerich/Sonnenschein*, § 554 BGB Rz. 20.
3 KG, GE 1982, 701 = WuM 1982, 293; LG Berlin, MM 2005, 111.
4 LG Berlin, MM 2005, 111.
5 LG Berlin, WuM 1990, 206; NJWE-MietR 1997, 145; WuM 1993, 186; GE 1996, 1489; 1996, 1555; 2002, 930, 931; LG Hamburg, WuM 1986, 245; *Kraemer* in Bub/Treier, III Rz. 1112.
6 So richtig *Kraemer* in Bub/Treier, III Rz. 1112; *Blank*, „Verbesserungsmaßnahmen des Vermieters", II 1 m.w.N.; *Emmerich/Sonnenschein*, § 554 BGB Rz. 23 m.w.N; vgl. auch BGH, WuM 2004, 285; WuM 2004, 285 zur Begrenzung der Mieterhöhung bei Energieeinsparmaßnahmen.
7 AG Pankow-Weißensee v. 30.1.2008 – 7 C 366/07, NZM 2008, 769.
8 LG Berlin, GE 2003, 394; BGH, WuM 2004, 285; WuM 2004, 288.

einsparungsmaßnahmen, wo es insbesondere den Einwand eines bestimmtes (Miss-)Verhältnisses zwischen der zu erwartenden Mieterhöhung und des Geldwertes der möglichen Energieeinsparung betrifft. Denn es kommt allein darauf an, ob die zu erwartende Mieterhöhung nach den o.g. Kriterien eine unzumutbare Härte darstellt[1]. Das Gleiche gilt aber auch für alle sonstigen Modernisierungsmaßnahmen. Die Frage der Verbesserung der Mietsache richtet sich allein nach objektiven Kriterien. Die Frage, ob die Mieterhöhung in einem angemessenem Verhältnis zur Verbesserung steht, ist dabei unerheblich. Der Mieter kann nur geltend machen, dass die zu erwartende Mieterhöhung als solche für ihn eine Härte darstellt[2]

136a Auf eine theoretisch mögliche **Mieterhöhung nach § 558 BGB** kommt es im Rahmen der Härteklausel des § 554 Abs. 2 BGB nicht an. Ebenso wenig, wie diese von der Ankündigungspflicht erfasst wird, findet sie Einfluss in die vorzunehmende Interessenabwägung[3].

136b Macht der Mieter eine finanzielle Härte durch die zu erwartende Mieterhöhung geltend, obliegt ihm hinsichtlich seiner Einkommensverhältnisse die **Darlegungs- und Beweislast.** Beim Bestreiten des Vermieters genügt es insoweit nicht, allein ein prozentuales Verhältnis der erhöhten Miete in Bezug auf das Einkommen zu behaupten. Vielmehr müssen die Einkommensverhältnisse dargelegt werden, z.B. durch Vorlage eines Einkommensteuerbescheides, damit deren Richtigkeit überprüft werden können[4]. Bezieht der Mieter **Arbeitslosengeld II**, so liegt eine unzumutbare Härte nicht vor, wenn davon auszugehen ist, dass die Wohnkosten auch nach einer modernisierungsbedingten Mieterhöhung in voller Höhe durch die Sozialleistungen abgedeckt sein werden[5].

(3) Sonstige Härtegründe

137 Da die Auflistung der Abwägungskriterien in § 554 Abs. 2 BGB nicht abschließend ist, was die Verwendung des Wortes „insbesondere" zeigt, können auch andere Gesichtspunkte in die Abwägung einfließen. So können auch der Umstand einer bisher besonders günstigen Miete[6] oder die noch **verbleibende Mietzeit** berücksichtigt werden. Kommt dem Mieter danach die Verbesserung kaum noch zugute (Restmietdauer 6 Monate), muss der Vermieter die Maßnahme selbst dann zurückstellen, wenn er dadurch den erstrebten **Steuervorteil** nicht erreicht[7].

---

1 BGH, WuM 2004, 285; WuM 2004, 288.
2 BGH, WuM 2005, 576.
3 BGH v. 24.9.2008 – VIII ZR 275/07, WuM 2008, 667.
4 KG v. 10.5.2007 – 8 U 166/06, GE 2007, 907; LG Berlin v. 10.9.2007 – 67 S 90/07, GE 2007, 1553; AG Schöneberg v. 11.4.2007 – 14 C 561/05, MM 2007, 227.
5 KG v. 10.5.2007 – 8 U 166/06, GE 2007, 907.
6 AG Wiesbaden, WuM 2002, 309.
7 AG Fritzlar, WuM 2002, 118.

ff) Härte

Deutet sich für den Vermieter an, dass der Mieter sich auf eine Härte berufen kann, sollte versucht werden, dies **zu vermeiden**. Dies kann erfolgreich gestaltet werden, wenn 138

- dem Mieter der vorübergehende Aufenthalt, etwa in einem Hotel, angeboten wird,
- auf Mieterhöhung ganz oder zum Teil verzichtet wird,
- wenn noch nicht abgewohnte eigene Investitionen des Mieters durch Zahlungen abgelöst werden.

Die Verteidigungsabsicht des Mieters bei Ablehnung entsprechender Angebote dürfte dann wenig erfolgversprechend sein. Umso mehr sollte der **Rechtsanwalt des Mieters** derartige Reaktionen in seine Überlegungen einbeziehen und schon vorab das Risiko bzw. die eigene Reaktion darauf mit dem Mandanten erörtern.

(1) Beispiele für eine bejahte Duldungspflicht[1]

- Die Installation eines **Außenfahrstuhls** ist eine grundsätzlich zu duldende Verbesserungsmaßnahme[2]. 139
- **Examensvorbereitungen** eines Studenten sind kein Härtegrund, wenn die Arbeiten nur wenige Tage dauern und das Lernen anderswo möglich ist[3]. 140
- Der Einbau **neuer Fenster** innerhalb eines Tages ist auch in der kalten Jahreszeit hinzunehmen[4]. 141
- Verlegarbeiten für **Kabelfernsehen** sind grundsätzlich zu dulden[5], auch wenn der Mieter zunächst einen solchen selbst hat verlegen lassen[6]. 142
- Das Neuverlegen von **Be- und Entwässerungsleitungen** unter Putz erhöht den Wohnkomfort[7]. 143
- Das **Zusammenlegen** eines kleinen Waschraumes mit Dusche mit dem Badezimmer ist wohnwertverbessernd und daher zu dulden[8]. Das Gleiche gilt für das Verlegen weißer Bodenfliesen und das Anbringen weißer Keramikwandfliesen[9]. 144

---

1 Vgl. auch das Modernisierungsmaßnahmen-ABC unter E Rz. 161.
2 LG Berlin, NJWE-MietR 1997, 146.
3 AG Köln, WuM 1990, 388.
4 *Blank*, Verbesserungsmaßnahmen des Vermieters, S. 773.
5 KG, WuM 1985, 248.
6 AG Köln, WuM 1997, 647.
7 LG Berlin, GE 1997, 1473.
8 LG Berlin, GE 1997, 1473.
9 LG Berlin, GE 1997, 1473.

- Eine vor mehr als 20 Jahren vom Mieter eingebaute Gasetagenheizung stellt gegenüber einer Modernisierungsmaßnahme des Vermieters keine unzumutbare Härte dar[1].

(2) Beispiele für eine verneinte Duldungspflicht[2]

145	**Ankündigung**	Bei fehlender Ankündigung besteht keine Duldungspflicht[3]. Dies gilt bei **Außenmodernisierungs**arbeiten auch, wenn der Mieter sich rein passiv verhält[4]. Zum Widerspruch ist der Mieter nicht verpflichtet.
146	**Zeitpunkt der Durchführung der Arbeiten**	Unzulässig ist der Einbau dneuer Fenster und Türen während der kalten Jahreszeit[5] oder der Einbau einer Gasetagenheizung unmittelbar vor Weihnachten[6].
147	**Balkon**	Der Anbau eines bei Vertragsbeginn nicht vorhandenen Balkons ist vom Mieter dann nicht zu dulden, wenn er nicht allgemein üblich i.S.d. § 554 Abs. 2 S. 3 BGB ist. Dazu müssten aber zumindest 2/3 der Wohnungen gleichen Alters in der Gegend bereits einen Balkon aufweisen[7] (Rz. 134).
148	**Dringlichkeit**	Bei **nicht dringlichen Erhaltungsmaßnahmen** und Modernisierungsarbeiten wird der Vermieter für verpflichtet gehalten, diese zurückzustellen, sofern der Auszug des Mieters nach Vertragsende kurzfristig absehbar ist. Hierbei ist unerheblich, ob es sich um Maßnahmen nach § 554 Abs. 1 oder 2 BGB[8] handelt. Der frühere § 541b Abs. 2 S. 3 BGB sah vor, dass der Vermieter die Arbeiten bis zum Ablauf der Mietzeit zu unterlassen hatte. Durch die längere Ankündigungsfrist von drei Monaten gegenüber bisherigen zwei Monaten und ferner auf Grund der Tatsache, dass die Ankündigungsfrist nicht vor Ablauf der Kündigungsfrist selbst ablaufen kann[9], hat sich die bisherige Regelung erübrigt.
149	**Fenster**	– Hat der Einbau von Isolierglasfenstern in einen Altbau die Gefahr der **Feuchtigkeitsbildung** in

---

1 LG Berlin, Urt. v. 4.12.2007 – 63 S 130/07, MM 2008, 75.
2 Vgl. auch das Modernisierungsmaßnahmen-ABC unter E Rz. 161.
3 KG, WuM 1988, 389.
4 LG Düsseldorf, WuM 1999, 113.
5 AG Köln, WuM 1975, 225; *Blank/Börstinghaus*, § 554 Rz. 32.
6 AG Köln, WuM 1998, 315, Sternel, Mietrecht aktuell, Rz. VII 140.
7 AG Wiesbaden, WuM 2002, 309.
8 LG Köln, WuM 1995, 312.
9 *Sternel*, NZM 2001, 1058, 1064.

sich, besteht für den Mieter keine Duldungspflicht[1].

– Führt der Einbau isolierverglaster Fenster zu einem danach **erhöhten Lüftungsbedarf**, der die Zumutbarkeit für den Mieter überschreitet, liegt für diesen eine Härte vor[2].

– Das Gleiche gilt bei einer nachhaltigen **Verschlechterung des Lichteinfalls**[3].

– Steht fest, dass infolge des Austausches von Holzkastenkoppelfenstern oder Holzverbundfenstern gegen Kunststoffisolierglasfenster eine Verbesserung des Gebrauchswertes der Wohnung nicht eintreten wird, muss die Maßnahme mieterseits nicht geduldet werden[4].

Gesundheit Die gesundheitliche **Unversehrtheit** des Mieters ist stets vorrangig gegenüber dem Modernisierungsinteresse des Vermieters[5]. 150

Heizung – Die Umstellung von Nachtstromspeicherheizungen auf eine Gaszentralheizung wird nur dann als Modernisierungsmaßnahme angesehen, wenn dadurch nachhaltig Energie eingespart wird[6]. 151

– Der Einbau einer neuen **Zentralheizung** in der Zeit zwischen November und März ist nicht zumutbar, auch wenn damit sonst keine Beschränkung für den Mieter verbunden ist[7].

Mieterhöhung – Ist die Mieterhöhung höher als 400 % der **Heizersparnis**, besteht keine Duldungspflicht[8]. 152

– Wird die Mieterhöhung **nicht mitgeteilt**, entfällt die Duldungspflicht auch, wenn der Vermieter erklärte, der Mieter müsse für die Dauer des Mietvertrages keine höhere Miete bezahlen[9].

– Bei **Mietmehrbelastungen** von 25 bis 30 % des Nettoeinkommens einschließlich des Bezuges

---

1 LG Hamburg, NJW-RR 1994, 1101.
2 AG Hamburg-Altona, WuM 1986, 245.
3 AG Hamburg, WuM 1999, 160.
4 LG Berlin, WuM 2002, 337.
5 AG Hamburg, WuM 1988, 359 für 77-jährige Mieterin.
6 AG Siegburg, WuM 1994, 612.
7 AG Köln, WuM 1975, 225.
8 LG Berlin, NJW-RR 1996, 1036 = WuM 1996, 93; nach BGH, WuM 2005, 576 nicht mehr haltbar.
9 LG München I, DWW 1987, 260.

		von Wohngeld wird üblicherweise die Duldungspflicht verneint[1].
153	**Steuerersparnis**	Ist das Ende der Mietzeit absehbar und wäre der Mieter von den Lasten durch Lärm, Schmutz, Aufräumarbeiten betroffen, fällt eine mögliche Steuerersparnis von 40 % für den Vermieter dann nicht ins Gewicht, wenn fraglich ist, ob diese Ersparnis auf Grund eines vorgesehenen Selbstbezugs der Wohnung überhaupt anfallen kann[2].
154	**Strom/Steigleitungen**	Der Einbau verstärkter Steigleitungen ist nicht zu dulden, sofern damit nicht auch der Vorteil für den Einzelmieter verbunden ist, verbrauchsintensivere Geräte anschließen zu können[3].
155	**Veränderungen**	Regelmäßig unzumutbar sind so umfangreiche **Umgestaltungen** der Wohnung, die dazu führen, dass der Neuzustand mit dem alten Vertragszustand nicht mehr vergleichbar ist. Dies gilt etwa, wenn das Kinderzimmer durch die geplante Vergrößerung des Bades überwiegend in Wegfall käme[4].
156	**Verbesserungen**	Bewirkt eine Modernisierungsmaßnahme nicht zugleich auch eine Verbesserung im Zusammenhang mit einer Energieeinsparung, sondern dient sie lediglich der **Aufteilung des Gebäudes in Wohnungseigentum** durch die erforderliche Abgeschlossenheit, hat der Mieter die Maßnahme nicht zu dulden[5].

(3) Mustertext: Ablehnung der Duldung von Modernisierungsarbeiten durch den Mieter

157 Sehr geehrter Herr Vermieter,

Ihr Mieter, Herr Wichtig, hat mich gebeten, seine Interessen wahrzunehmen. In Ihrem Schreiben vom ... kündigen Sie verschiedene Arbeiten im Hause und in der Wohnung meines Mandanten an. Unter anderem planen Sie, eine Gasetagenzentralheizung und neuer Isolierglasfenster einzubauen sowie das Bad grundlegend zu verändern, indem Sie neue Kacheln und Armaturen anbrin-

---

1 LG Berlin, WuM 1993, 186.
2 AG Fritzlar, WuM 2002, 118.
3 LG Berlin, NZM 1999, 705.
4 LG Frankfurt/Main, WuM 1986, 138.
5 LG Stuttgart, WuM 1992, 13.

gen, die gesamte Keramik austauschen und die Badewanne durch eine Eckbadewanne ersetzen.

Mein Mandant wird die Arbeiten nicht dulden. Selbst wenn es sich dabei um Modernisierungen i.S.v. § 554 Abs. 2 BGB handeln würde, wären die Maßnahmen für meinen Mandanten unzumutbar.

Mein Mandant ist schwer herzkrank. Er muss sich in dreieinhalb Monaten – der Termin steht seit längerem fest – einer größeren Herzoperation unterziehen und benötigt zuvor und danach dringend Ruhe. Die vorgesehenen Arbeiten nehmen insgesamt vier Wochen in Anspruch. Die damit verbundenen Lärmbelästigungen, die tägliche Staub- und Schmutzverursachung, ganz allgemein der mit den Arbeiten verbundene Ärger und die Unannehmlichkeiten bergen die erhebliche Gefahr einer Verschlechterung des Gesundheitszustandes. Gerade nach der Operation muss jede Aufregung vermieden werden, sonst besteht Lebensgefahr. Dazu darf ich auf die ärztliche Bescheinigung verweisen, die ich in der Anlage beigefügt habe, in der aus medizinischer Sicht von einer Durchführung der Maßnahmen dringend abgeraten wird.

Hinzu kommt, dass mein Mandant nicht in der Lage wäre, die zu erwartende Erhöhung der Miete mit monatlich 150 Euro aufzubringen, ohne dass sein Lebensunterhalt ernsthaft gefährdet wäre.

Mit freundlichem Gruß

...

Rechtsanwalt

8. Schadensersatz bei unberechtigter Verweigerung der Duldung

Insoweit ergeben sich keine Unterschiede zu den Ausführungen in *Rz. 56 ff.*

9. Mieterrechte bei Maßnahmen nach § 554 Abs. 1 und 2 BGB

a) Wiederherstellung des ursprünglichen Zustandes

§ 554 Abs. 1 und 2 BGB regeln nur die Pflicht des Mieters, bestimmte Maßnahmen zu dulden. Sie muten aber dem Mieter nicht zu, darüber hinausgehende dauerhafte **Verschlechterungen der Mietsache** hinzunehmen. So wurde dem Mieter der Anspruch auf Wiederinstallierung einer verschließbaren Balkontüre zugesprochen, die bei Beginn des Vertrages vorhanden war und die durch das Erneuern der Fenster- und Türanlagen weggefallen war[1]. Das Wiederherstellen muss allerdings **technisch möglich** sein. Lediglich zwangsläufige Veränderungen auf Grund der Modernisierungsmaßnahmen, die nicht wiederherzustellen sind, sollen den Vermieter insoweit entbinden.

Da den Mieter grundsätzlich **keine Mitwirkungspflicht** trifft, hat der Vermieter die Möbel des Mieters auf dessen Verlangen hin zu entfernen und

---

[1] LG Bonn, WuM 1990, 388; *Horst*, NZM 1999, 193, 194 m.w.Bsp.

für deren Abtransport und das Wiederein- und -aufstellen zu sorgen. Ferner ist der Vermieter verpflichtet, einen früheren vertragsmäßigen Zustand wieder herzustellen. Umfasst sind dabei in erster Linie **Aufräumarbeiten**, Beseitigung von Verschmutzungen nach Durchführung der Arbeiten. Auch wenn in dem Zeitpunkt der Durchführung der Maßnahmen **Schönheitsreparaturen** fällig waren und dem Mieter wirksam die Renovierungsleistung überbürdet wurde, hat der Vermieter diese Arbeiten ebenso wie bei § 554 Abs. 1 BGB auszuführen (vgl. *Rz. 62*). Umso mehr schuldet der Mieter auch keinen Ausgleich, wenn noch keine Fälligkeit von Renovierungsleistungen eingetreten war[1].

b) Aufwendungsersatz (§ 554 Abs. 4 Satz 1 BGB)

161 Diese Vorschrift spielt eine nicht zu vernachlässigende Rolle und sollte sowohl auf Mieter wie auf Vermieterseite im **ersten Beratungsgespräch** diskutiert werden. Ergibt sich nämlich aus der Ankündigung z.B. nicht, dass der Vermieter auch die Aufräum- und Reinigungsarbeiten ausführen wird, hat der Vermieter derartige Aufwendungen zu ersetzen, und zwar in einem angemessenen Umfang. Will der Mieter nicht allein deshalb das Verfahren scheitern lassen oder ist es ihm im Hinblick auf besondere Ausstattungen sogar recht, dass er selbst die Endreinigung ausführen kann, sollte er auf die Notwendigkeit der **Beweissicherung** aufmerksam gemacht werden. Insoweit ist es für den Mieter immer von Vorteil, sich dafür einen **Vorschuss** geben zu lassen. Dann läuft er dem Ersatz nämlich nicht hinterher, sondern rechnet nach Abschluss der Maßnahme bzw. wenn seine Aufwendungen feststehen über den Vorschuss ab.

162 Der Ersatzanspruch des Mieters setzt danach die Durchführung gerade von Maßnahmen i.S.d. Vorschrift voraus sowie deren **Kausalität** für das Entstehen der Mieteraufwendungen[2]. Maßgebend ist dabei ein objektiver Maßstab für den erforderlichen, d.h. notwendigen Aufwand. Diese Frage kann regelmäßig nur anhand der Umstände des **Einzelfalles** bewertet werden. Verpflegungskosten sind aber generell zu kürzen um einen Betrag, den der Mieter ohne die Maßnahmen im Rahmen seiner gewöhnlichen Lebensführung hätte aufwenden müssen[3], was im Zweifel zu schätzen ist (§ 287 ZPO). Der Mieter ist aber nicht verpflichtet, sich über längere Zeit bei Bekannten einzumieten[4], sondern kann sich in ein Hotel einquartieren, das in etwa dem Standard seiner Wohnung entspricht.

163 Der Aufwendungsersatzanspruch des Mieters umfasst **nicht** Arbeiten, die infolge der Modernisierung in **zumutbarem Umfang** vom Mieter zu leisten sind, wie etwa das Zusammenstellen der **Möbel** oder der Zeitaufwand für die Beaufsichtigung der Überwachung der Arbeiten. Für Ersteres wird der

---

1 AG Bad Bramstedt, WuM 1987, 18; *Sternel*, II 342.
2 *Reissmann*, MM 1996, 399; *Scholz*, WuM 1995, 12, 17; *Harke*, WuM 1991, 1, 6; *Horst*, NZM 1999, 194.
3 *Reissmann*, MM 1996, 399 m.w.N.
4 AG Köln, WuM 1981, 95.

geringe Umfang herangezogen[1], für Letzteres das Eigeninteresse des Mieters[2]. **Erhöhte Betriebskosten** werden allgemein ebenfalls nicht unter die Ersatzpflicht des Vermieters fallen[3]. Diese sind aber bei der Betriebskostenabrechnung angemessen als Abzug zu berücksichtigen.

Beispiele:

- **Auslagern** der Möbel[4]
- Demontage und Wiederaufbau der Einbauküche[5]
- Installation einer Markise nach Demontage durch den Vermieter bei Fassadenarbeiten[6]
- Entfernung und **Entsorgung** von Öfen[7]
- Ersatz der Kosten der **Reinigung** der Wohnung von Staub und Schmutz einschließlich der Verwendung von Putzmaterialien
- **Hotelunterbringungskosten** bei Unbewohnbarkeit der Wohnung, sofern die Arbeiten nicht nur kurz dauern und nur tagsüber erfolgen[8];

  Kosten der Hotelrestaurant-/Pensionsverpflegung[9] oder Pflegeheimunterbringungskosten jeweils abzgl. ersparter Verpflegungskosten[10], es sei denn, der Mieter hat ein Hotelappartement mit Küche angemietet[11];

  Verpflegungskosten sind generell zu kürzen um einen Betrag, den der Mieter ohne die Maßnahmen im Rahmen seiner gewöhnlichen Lebensführung hätte aufwenden müssen[12]. Der Mieter ist aber nicht verpflichtet, sich über längere Zeit bei Bekannten einzumieten[13].

- **Schönheitsreparaturen** sind zu ersetzen, es sei denn, der Mieter ist seiner vertraglichen Renovierungspflicht nicht nachgekommen und muss ohnehin renovieren[14].

- Die Kosten von **Mietermodernisierungen** sollen zu ersetzen sein[15], was in dieser Allgemeinheit nicht richtig ist; vielmehr ist darauf abzustellen,

---

1 AG Braunschweig, WuM 1990, 340.
2 LG Essen, WuM 1989, 372.
3 *Scholz*, WuM 1995, 17.
4 AG Braunschweig, WuM 1990, 430; AG Schöneberg v. 10.4.2008 – 109 C 256/07, WuM 2008, 477.
5 AG Lichtenberg, MM 2002, 142.
6 AG Frankfurt/Main, NZM 2001, 379.
7 LG Hamburg, WuM 1993, 399.
8 *Reissmann*, MM 1996, 399.
9 LG Hamburg, WuM 1987, 387.
10 AG Genthin, WuM 1995, 534.
11 LG Hamburg, WuM 1987, 387.
12 *Reissmann*, MM 1996, 399 m.w.N.
13 AG Köln, WuM 1981, 95.
14 AG Bad Bramstedt, WuM 1987, 18; LG Aachen, ZMR 1991, 145 = WuM 1991, 341; *Eisenschmid* in Schmidt-Futterer, § 554 Rz. 322.
15 LG Hamburg, WuM 1993, 399, für den Ersatz mietereigener Nachtstromspeicheröfen; das Gericht lässt aber völlig offen, was zwischen den Vertragsparteien anlässlich des Einbaus der Öfen vereinbart worden war und wie alt die Öfen waren (vgl. z.B. § 2 des Gesetzes über die Rückerstattung von Baukostenzuschüssen).

ob der dadurch erhöhte Wohnwert noch vorhanden ist; dafür kann von dem Grundsatz ausgegangen werden, dass Aufwendungen in Höhe einer Jahresmiete in vier Jahren abgenutzt sind[1].

– Zu ersetzen sind auch **Anschaffungskosten** für neue Einrichtungsgegenstände, allerdings gegen einen entsprechenden Abzug neu für alt[2].

164 Bei der Bemessung des Ersatzanspruches für **Eigenleistungen** werden 10 Euro pro Stunde für angemessen gehalten[3]. Nach teilweise vertretener Ansicht[4] soll sich der Aufwendungsersatzanspruch an den Stundensätzen abhängiger Arbeitnehmer orientieren. Ersetzbar sind auch die Kosten von Arbeitshilfen. Der Zeitaufwand kann nach § 287 ZPO geschätzt werden, wobei auch eine Orientierung am Stundensatz des § 22 JVEG möglich ist[5]. Die Aufwendungen des Mieters sind nach §§ 246, 256 BGB ohne Verzugsvoraussetzungen mit dem gesetzlichen Zinssatz zu **verzinsen**.

165 Der Anspruch **verjährt** in der Frist des § 548 BGB[6].

166 Grundsätzlich verbietet § 554 Abs. 5 BGB zum Nachteil des Mieters **abweichende Vereinbarungen**, so dass auch der Aufwendungsersatzanspruch nicht beschränkt werden kann. Haben sich die Parteien jedoch vergleichsweise auf den Erlass einer Monatsmiete als Gegenleistung für die Aufwendungen geeinigt, kann sich der Mieter nicht auf § 554 Abs. 5 BGB berufen und nach Abschluss der Modernisierungsarbeiten die tatsächlichen (höheren) Kosten verlangen[7].

c) Anspruch auf Kostenvorschuss (§ 554 Abs. 4 S. 2 BGB)

167 Der Mieter ist berechtigt, sich den Aufwendungsersatzanspruch vorschussweise auszahlen zu lassen (vgl. Rz. 64). Im Prozessfall hat der Mieter konkrete Angaben zu Art, Umfang und Höhe hierzu zu machen[8], wobei er sich auch einer einstweiligen Verfügung bedienen kann[9]. Auch insoweit verbietet § 554 Abs. 5 BGB zum Nachteil des Mieters **abweichende Vereinbarun-**

---

1 Vgl. auch LG Berlin, GE 1998, 616; LG Hamburg, MDR 1983, 1026; *Scholz*, WuM 1995, 12, 15; *Sternel*, NZM 2001, 1058, 1062; LG Berlin v. 4.12.2007 – 63 S 130/07, MM 2008, 75.
2 *Reissmann*, MM 1996, 399 m.Bsp. und w.N.
3 LG Essen, WuM 1989, 372; AG Hamburg, WuM 1999, 364; AG Hohenschönhausen, MM 2004, 265; **a.A.** *Lammel*, § 554 BGB Rz. 88: Eigenleistungen mangels Vermögenseinbuße nicht ersetzbar.
4 AG Braunschweig, WuM 1990, 340; umfassend *Maciejewski*, MM 2001, 197.
5 AG Hohenschönhausen, MM 2004, 265 zu § 2 Abs. 3 Satz 2 ZSEG; vgl. auch AG Schöneberg v. 27.10.2005 – 9 C 158/05, MM 2006, 299, wonach der Mieter den Zeitaufwand substantiiert darzulegen hat.
6 LG Köln, WuM 1991, 588.
7 LG Berlin, MM 2002, 52.
8 Palandt/*Weidenkaff*, § 554 BGB Rz. 27.
9 AG Köln, WuM 1981, 95: Hotelkosten; *Horst*, NZM 1999, 194.

gen. Steht dem Mieter ein Vorschussanspruch zu, kann er bis zur Zahlung ein Zurückbehaltungsrecht geltend machen[1].

Mustertext: Geltendmachung von Aufwendungsersatz und Vorschusszahlung durch den Mieter 168

Sehr geehrter Vermieter,

mit Schreiben vom … haben Sie den von mir vertretenen Herrn Müller in Kenntnis gesetzt, dass Sie in der Zeit vom … bis … vorhaben, die Fenster in der Wohnung meines Mandanten gegen neue auszutauschen. Ferner möchten Sie das Bad neu gestalten, insbesondere die alten Kacheln und die Einrichtungsgegenstände ersetzen. Mein Mandant stimmt diesen Arbeiten zu. Für deren Dauer, die Sie mit 5 Tagen angeben, ist es ihm allerdings nicht möglich, die Wohnung ordnungsgemäß und vollständig zu benutzen. Mein Mandant muss deshalb mit seiner Familie in ein Hotel ziehen. Die Kosten dafür belaufen sich gemäß beigefügtem Kostenvoranschlag auf 750 Euro. Diesen Betrag, abzüglich anteiliger Miete i.H.v. 200 Euro mache ich hiermit im Wege des Vorschusses geltend, § 554 Abs. 4 Satz 2 BGB. Ich bitte Sie um Überweisung bis zum … Bis zur Zahlung des Vorschusses wird mein Mandant die Durchführung der Arbeiten nicht dulden. Er beruft sich insoweit auf sein Zurückbehaltungsrecht.

Die im Zusammenhang mit den erforderlichen Säuberungs- und Aufräumarbeiten entstehenden Kosten beziffere ich später. Ich stelle es Ihnen frei, in diesem Zusammenhang weitere 150 Euro vorschussweise zur Verfügung zu stellen.

Mit freundlichen Grüßen

…

Rechtsanwalt

---

d) Minderung (§ 536 BGB)

Die Durchführung von Modernisierungsarbeiten und deren Duldungspflicht für den Mieter schließt das Minderungsrecht auch dann nicht aus, wenn der Mieter den Arbeiten ausdrücklich zugestimmt hat[2]. Die Höhe der Minderung richtet sich nach dem Ausmaß der **Gebrauchsbeeinträchtigung**, wobei sich generelle Kriterien hierzu nicht festlegen lassen (vgl. hierzu auch *F Rz. 109*). 169

---

1 Horst, NZM 1999, 193.
2 LG Mannheim, WuM 1986, 139; LG Berlin, MM 1995, 187.

e) Sonderproblem: Ausschluss des Minderungsrechts für Genossenschaftsmitglieder?

170 Das Mitglied einer Wohnungsbaugenossenschaft als Mieter einer Genossenschaftswohnung unterliegt einer Doppelfunktion. Einerseits bestimmen sich seine Rechte auf der Grundlage eines Nutzungs- oder **Dauernutzungsvertrages**, der rechtlich nichts anderes ist als ein „normaler Mietvertrag"[1].

171 Eine grundlegende Abweichung vom „Normalmieter" liegt auf der anderen Seite in der Bindung des Mitglieds an den **Zweck der Genossenschaft**. In dieser Eigenschaft hat der Mieter zur Wirtschaftlichkeit und Leistungsfähigkeit (auch) durch die Bereitstellung von Mitteln beizutragen („genossenschaftliche Treuepflicht")[2].

172 Unter diesem Gesichtspunkt wird die Frage aufgeworfen, ob der Mieter einer Genossenschaftswohnung im Recht, das Nutzungsentgelt auf Grund von Mängeln kürzen zu können, beschränkt oder ausgeschlossen sein kann. Denn die Mindereinnahmen der Genossenschaft wirken sich auf der Ausgabenseite schmälernd aus, und letztlich werden entsprechende „Kosten" auch auf die Allgemeinheit der Mitglieder umgelegt.

173 Nur wenige Entscheidungen befassen sich mit dieser Problematik. Anzusetzen ist bei § 536 Abs. 4 BGB. Danach ist bei der Wohnraummiete eine zum Nachteil des Mieters vom Minderungsrecht **abweichende Vereinbarung unwirksam**. Es kann nun nicht zweifelhaft sein, dass auch auf das Verhältnis des Mieters einer Genossenschaftswohnung zur Genossenschaft die allgemeinen mietrechtlichen Vorschriften des BGB anwendbar sind[3]. Damit ist aber auch die Haftung des Vermieters für Sachmängel betroffen. So soll das Minderungsrecht nicht aufgrund des **genossenschaftlichen Treuegedankens** ausgeschlossen sein, wenn der Vermieter in Verfolgung seiner satzungsmäßigen Aufgaben handelt[4]. Die Annahme eines Ausschlusses des Minderungsrechts aus Gründen des genossenschaftlichen Zwecks in Verbindung mit der Treuepflicht des Mitgliedes würde dazu führen, dass das Mitglied einerseits die Zahlung des (vollen) Nutzungsentgelts zu erbringen hätte, wohingegen die Genossenschaft ihre Verpflichtung zur Überlassung einer mangelfreien Wohnung nicht zu erfüllen hätte, was dem Mitglied nicht zumutbar sei[5].

---

1 OLG Karlsruhe, WuM 1985, 78; OLG Stuttgart, WuM 1991, 379.
2 LG Offenburg v. 10.3.1998 – 1 S 191/97, WuM 1998, 289; Hannemann/Wiegner/*Möhlenkamp*, § 48 Rz. 102 f.
3 *Sternel*, Mietrecht, I Rz. 37; BGH v. 10.9.2003 – VIII ZR 22/03, WuM 2003, 691; BGH v. 14.10.2009 – VIII ZR 159/08, zitiert nach juris.
4 LG Köln v. 8.5.2008 – 1 S 387/06, ZMR 2008, 718; AG Köln in *Lützenkirchen*, KM 32 Nr. 9 = WuM 1995, 312; **a.A.** *Lützenkirchen*, WuM 1995, 423; Hannemann/Wiegner/*Möhlenkamp*, § 48 Rz. 123.
5 LG Dresden, ZMR 1998, 292.

Hat ein Genossenschaftsmitglied für die Dauer der Modernisierungsarbei- 173a
ten – im Gegensatz zu den übrigen Genossenschaftsmitgliedern – kann die
Genossenschaft nach Abschluss der Arbeiten eine **Mieterhöhung gemäß
§ 558 BGB** gegenüber diesem Genossenschaftsmitglied erklären, auch
wenn sie gegenüber den anderen hierauf verzichtet. Dem steht auch nicht
der genossenschaftliche Gleichheitsgrundsatz entgegen. Dieser verbietet
nämlich nur eine willkürliche Ungleichbehandlung. Indem der Mieter die
Miete gemindert hat, während andere Mitglieder der Genossenschaft im
Interesse der Genossenschaft hiervon abgesehen haben, hat der mindernde
Mieter selbst einen unterschiedlichen Tatbestand geschaffen, an den die
Genossenschaft unterschiedliche Konsequenzen knüpfen kann[1].

f) Schadensersatz

Dem Mieter ist auch ein Anspruch auf Schadenersatz gemäß § 280 BGB 174
aus **unerlaubter Handlung** nicht verwehrt, sofern sein Eigentum während
der Modernisierungsmaßnahmen beschädigt wird[2]. Aus dem Gesichtspunkt der Schadensminderung soll der Mieter aber verpflichtet sein, **Vorsichtsmaßnahmen** zu treffen, also z.B. seine Möbel abzudecken[3].

g) Zurückbehaltungsrecht (§ 273 BGB)

Die Duldung der Modernisierungsarbeiten kann der Mieter verweigern bis 175
zur Zahlung des verlangten Kostenvorschusses. Das Zurückbehaltungsrecht (§ 273 BGB) muss **ausgeübt** werden.

**Formulierungsbeispiel (vgl. den Mustertext unter Aufwendungsersatz und
Vorschuss, Rz. 168):**

> Bis zur Zahlung des angeforderten Vorschusses macht mein Mandant gegen-
> über Ihrem Duldungsanspruch ein Zurückbehaltungsrecht geltend.

h) Sonderkündigungsrecht (§ 554 Abs. 3 S. 2 BGB)

Dem Mieter steht das Recht zu, bei einer Ankündigung von Modernisie- 176
rungsarbeiten den Mietvertrag (außerordentlich) zu kündigen, es sei denn,
es würden nur Bagatellmaßnahmen gem. § 554 Abs. 3 Satz 3 angekündigt.
Das Kündigungsrecht besteht **bis zum Ablauf des Monats**, der auf den Zugang der Mitteilung folgt, und wirkt zum Ablauf des nächsten Monats. Damit endet die Kündigungsfrist regelmäßig vor dem geplanten Beginn der

---

1 BGH v. 14.10.2009 – VIII ZR 159/08, zitiert nach juris. LG Köln v. 8.5.2008 – 1 S
387/06, ZMR 2008, 718.
2 *Horst*, NZM 1999, 193, 195 m.w.N.
3 Sternel, Mietrecht aktuell, Rz. VII 122; **a.A.** LG Berlin, WuM 1996, 143.

Maßnahme. Auch der Gewerberaummieter kann das Sonderkündigungsrecht reklamieren, weil § 578 Abs. 2 BGB darauf verweist[1].

177 Für die Kündigung kommt es weder darauf an, ob der Mieter zur Duldung verpflichtet wäre[2], noch darauf, ob die Maßnahme rechtzeitig und formgerecht angekündigt wurde[3]. Vielmehr ist **allein maßgeblich**, ob die angekündigte Maßnahme nur mit unerheblichen Einwirkungen auf die vermieteten Räume verbunden ist und nur zu einer unerheblichen Mieterhöhung führt, wobei die Voraussetzungen kumulativ vorliegen müssen. Derartige Einwirkungen sind z.B. gegeben, wenn Modernisierungsmaßnahmen am Dach durchgeführt werden, die zu einer Mieterhöhung unter 5 % führen[4]. Auch der Einbau einer Klingel- und Gegensprechanlage ist als Bagatellmaßnahme anzusehen[5]. Bei einer Fassadenerneuerung (Wärmedämmfassade), die zu einer Erhöhung der Miete um mehr als 16 % führt, ist hingegen auf jeden Fall die Kündigung möglich[6].

i) Außerordentliche fristlose Kündigung (§ 543 BGB)

178 Bei umfangreichen Modernisierungsmaßnahmen ist eine fristlose Kündigung nach § 543 Abs. 2 Nr. 1 BGB denkbar. Erforderlich ist aber, dass der Mieter die Kündigung **nach Beginn der Arbeiten** unverzüglich ausspricht[7], da nur hierdurch zum Ausdruck kommt, dass die Fortsetzung des Mietverhältnisses für den Mieter unzumutbar ist.

Grundsätzlich aber gilt, dass eine außerordentliche Kündigung des Mieters wegen Beeinträchtigung des vertragsgemäßen Gebrauchs infolge der Durchführung von Erhaltungsmaßnahmen des Vermieters nur dann in Betracht zu ziehen ist, sofern dem Vermieter eine Verletzung seiner Verpflichtung auf Durchführung der laufenden Erhaltungspflicht vorgeworfen werden kann. Denn ansonsten steht dem Kündigungstatbestand des § 543 BGB die Duldungspflicht des Mieters entgegen[8].

10. Gerichtliche Durchsetzung von Ansprüchen

a) Eilmaßnahmen

aa) Einstweilige Verfügung des Vermieters

179 Nach allgemeiner Meinung muss der Duldungsanspruch aus § 554 BGB grundsätzlich im Wege der **Duldungsklage** durchgesetzt werden[9], und zwar auch dann, wenn der Mieter den Arbeiten ausdrücklich zugestimmt hat.

---

1 LG Köln, NZM 2005, 742.
2 *Lammel*, § 554 BGB Rz. 45.
3 LG Berlin, MM 1995, 187.
4 LG Köln, NZM 2005, 741.
5 *Kinne*, GE 2001, 1181, 1184.
6 LG Köln, NZM 2005, 742.
7 LG Berlin, GE 2001, 1676; LG Berlin, GE 1997, 555.
8 KG, GE 2002, 1562.
9 *Horst*, NZM 1999, 193, 195 m.w.N.

Insoweit scheidet bei Modernisierungen regelmäßig ein Eilverfahren aus, weil eine Wohnwertverbesserung oder Energieeinsparung nicht dringlich sein kann. Ausnahmen sind allenfalls denkbar, wenn gleichzeitig (erst recht: ausschließlich) ein gefährlicher Zustand (zunächst) beseitigt werden muss. Umso mehr sollte versucht werden, den Mieter schon vor dem angekündigten Beginn der Arbeiten zu einer – beweisbaren – Zustimmung zu bewegen. Denn dann kann ihm zumindest das Argument der Kostenlast einer Duldungsklage entgegengehalten werden.

Die meisten Entscheidungen im Eilverfahren setzen sich mit einem Antrag des Vermieters auf **Gestattung des Zutritts** durch Handwerker auseinander. Diese Anträge werden grundsätzlich für unzulässig gehalten, insbesondere weil sie die **Hauptsache vorwegnehmen**. Denn begehrt wird eine Leistungsverfügung, die zur Befriedigung des behaupteten Anspruchs des Vermieters führen würde, da etwa die Heizungsanlage eingebaut wäre[1]. 180

Daran ändert sich auch nichts, wenn der Vermieter für die Arbeiten bereits **feste Termine geplant** hat[2]. **Ausnahmsweise** kann ein Antrags auf Erlass einer einstweiligen Verfügung auf Gestattung des Zutritts der Handwerker in die Mietwohnung begründet sein, wenn dargelegt und **glaubhaft** gemacht wird, dass durch eine bereits erfolgte oder drohende Änderung des bestehenden Zustands die Verwirklichung eines Duldungsanspruchs vereitelt oder erschwert werden könnte (§ 935 ZPO) oder dass die Verfügung zur Abwendung wesentlicher **Nachteile** oder der Verhinderung drohender Gewalt (§ 940 ZPO) erforderlich ist. Gefordert wird also insbesondere eine **dringliche Notlage** für den Vermieter[3]. 181

Beispiel:

Erfolgreich war ein Antrag des Vermieters auf Erlass einer einstweiligen Verfügung auf Duldung der Installierung einer neuen Gasheizungsanlage, wobei fest stand, dass die Heizungsanlage dringend erneuerungsbedürftig war; es bestand jederzeit die Gefahr, dass sich die Zündsicherung des eingebauten Gasofens von selbst abstellte und damit die Gasflamme erlosch ohne Gewähr für das gleichzeitige Abstellen der Gaszufuhr[4].

bb) Einstweilige Verfügung des Mieters

Die Möglichkeiten des **Mieters**, durch einstweilige Verfügung die Arbeiten einstellen oder verhindern zu können, sind wesentlich größer. Der Mieter kann einen Anspruch auf Unterlassung bevorstehender oder bereits gegen seinen Willen begonnener Arbeiten grundsätzlich mit der einstweiligen Verfügung geltend machen, sofern die gemäß § 554 Abs. 3 BGB geforderte 182

---

1 BezGer Potsdam, WuM 1993, 599; LG Köln, WuM 1984, 199; AG Büdingen, WuM 1982, 282 für Umbauarbeiten in der Wohnung; AG Wuppertal, WuM 1980, 180.
2 AG Görlitz, WuM 1993, 390; LG Frankenthal/Pfalz, WuM 1993, 418.
3 LG Hamburg v. 27.6.2006 – 334 T 19/06, WuM 2006, 708; LG Hamburg, WuM 1986, 243; AG Neuss, WuM 1986, 244.
4 AG Münster, WuM 1987, 256.

Ankündigung durch den Vermieter fehlerhaft oder gar nicht erfolgte und gegen den Mieter kein rechtskräftiger Duldungstitel vorliegt[1]. Dies gilt auch für **Außenmodernisierungen**, die die Wohnung nicht unmittelbar betreffen[2], zumindest wenn der Mieter glaubhaft machen kann, dass mit der Außenmodernisierung eine nicht nur unerhebliche Gebrauchsbeeinträchtigung seines Mietobjekts verbunden ist[3]. Der Rechtsanwalt des Mieters sollte mit dem Mandanten überlegen, ob es sinnvoll ist, zunächst mit der einstweiligen Verfügung zu drohen, um den Vermieter zu einem günstigen **Verhandlungsergebnis** zu bewegen, das z.B. in einer geringeren Mieterhöhung als angekündigt liegen kann. Denn ein Baustopp in diesem Stadium kann erhebliche Kosten verursachen. Dies bietet sich vor allem an, wenn die Arbeiten unmittelbar bevorstehen, jedoch noch nicht begonnen haben. Finden die Arbeiten schon statt, wird in der Regel keine Zeit (mehr) für Verhandlungen sein. Hier muss zunächst versucht werden, eine vorläufige Einstellung zu erreichen.

183 Der Mieter kann darüber hinaus die **Wiederherstellung** eines der bisherigen Wohnqualität entsprechenden Wohnungszustandes mit einer einstweiligen Verfügung durchsetzen[4]. Voraussetzung ist aber auch hier die Eilbedürftigkeit, so z.B. bei der Entfernung des Eingangsbereiches im Zuge der Arbeiten mit der Folge, dass der Wohnbereich des Mieters nicht mehr abgesichert ist[5]. Dies gilt erst recht in Fällen, in denen der Vermieter „Fakten schafft", die Auswirkungen auf die Nutzung der Wohnung haben. So kann der Mieter per **einstweiliger Verfügung** die Wiederherstellung der **Gasversorgung** für die Gasetagenheizung geltend machen. Die Einwände des Vermieters, der Mieter habe den Anschluss an die neu geschaffene Gaszentralheizung und die Installation eines Elektroherdes nach § 554 Abs. 1 oder 2 BGB zu dulden, bleiben als materiell-rechtliche Einwände im Besitzschutzprozess ohne Berücksichtigung (§ 863, 864 Abs. 2 BGB)[6].

Durch einstweilige Verfügung kann der Mieter auch die **Beseitigung eines Baugerüstes** selbst dann verlangen, wenn er nach § 554 Abs. 1 BGB zu dessen Duldung verpflichtet wäre. Ohne diesen Anspruch gegen den Mieter geltend zu machen und gerichtlich durchzusetzen, begeht der Vermieter eine verbotene Eigenmacht (§ 858 Abs. 1 BGB)[7].

---

1 OLG München, WuM 1991, 481.
2 Vgl. LG Berlin, WuM 1996, 407 (Fahrstuhleinbau).
3 LG Hamburg v. 11.11.2008 – 334 S 38/08, ZMR 2009, 208; AG Pankow-Weißensee v. 15.2.2007 – 3 C 1014/06, GE 2007, 989.
4 AG Wolgast, WuM 1994, 265, Wiederabsicherung des Eingangsbereichs; **a.A.** LG Berlin, GE 1999, 317: nur bei Eingriff in das Besitzrecht des Mieters oder bei Drohung wesentlicher Nachteile für geplanten Lift.
5 AG Wolgast, WuM 1994, 265.
6 AG Mitte, MM 2002, 227.
7 AG Mitte, GE 1999, 985.

Mustertext: Einstweilige Verfügung des Mieters gegen den Vermieter auf Unterlassung von Modernisierungsarbeiten 184

Amtsgericht
...
in Sachen
Mieter, wohnhaft ...
– Antragsteller –
Verfahrensbev.:
Rechtsanwalt ...
gegen
Vermieter, wohnhaft ...
– Antragsgegner –
wegen einstweiliger Verfügung
wird – auf Grund der Eilbedürftigkeit der Angelegenheit ohne mündliche Verhandlung – der Erlass folgender

Einstweiligen Verfügung

beantragt:
1. Der Antragsgegner wird unter Androhung eines Ordnungsgeldes oder Ordnungshaft verpflichtet, jegliche Maßnahmen und Tätigkeiten im Zusammenhang mit der Modernisierung des Bades in der Wohnung des Antragstellers im 3. OG links des Hauses (genaue Bezeichnung), zu unterlassen und dem Antragsteller den Schlüssel zur Wohnung unverzüglich auszuhändigen.
2. Die Kosten des Verfahrens trägt der Antragsgegner.

Begründung:

1. Durch den in der Anlage beigefügten Vertrag vermietete der Antragsgegner an den Antragsteller die im Antrag bezeichnete Wohnung. Vor kurzem hat der Antragsgegner den Antragsteller bei einem zufälligen Treffen im Supermarkt darauf angesprochen, dass er – der Antragsgegner – die Absicht habe, demnächst das Bad sanieren zu wollen, wobei die Kacheln und die gesamte Sanitärinstallation erneuert werden sollen. Der Antragsteller erbat sich zunächst genauere Informationen, um sich räumlich und zeitlich einstellen zu können. Dies sagte der Antragsgegner zu. Ungeachtet dessen erhielt der Antragsteller soeben eine telefonische Mitteilung der Fa. Sanitär X, die ihn darauf hinwies, dass man vom Antragsteller den Auftrag zur Durchführung von Modernisierungsarbeiten im Bad der Wohnung des Antragstellers erhalten habe. Der Vermieter habe gebeten, mit den Arbeiten rasch zu beginnen.

Als der Antragsteller heute Vormittag um 11.00 Uhr nach seinem Einkauf nach Hause kam, musste er feststellen, dass zwei Mitarbeiter der Sanitärfirma mit der Demontage der Einrichtungen im Bad bereits begonnen hatten. Darauf angesprochen, wer ihnen den Zugang zur Wohnung verschafft habe, meinten sie, dass der Antragsgegner die Wohnung des Antragstellers aufgeschlossen und sie eingelassen habe, nachdem Entsprechendes mit der Firma vereinbart worden sei. Man sei deshalb davon ausgegangen, dass die Sache mit dem Antragsteller geklärt war. Der Antragsteller verwies die Handwerker zwar der Wohnung. Der Antragsgegner setzte sich daraufhin mit dem Antragsteller in Verbindung und erklärte ihm, er denke nicht daran, die Arbeiten einstellen zu lassen, und werde die Fa. Sanitär X anweisen, diese unverzüglich fortzusetzen.

2. Der Antragsteller ist nicht verpflichtet, die Arbeiten zu dulden. Er ist hierzu auch nicht freiwillig bereit. Unabhängig davon, ob es sich bei den vom Antragsgegner erwähnten Arbeiten um Modernisierungen nach § 554 Abs. 2 BGB handelt (wofür einiges spricht) oder um Instandsetzungen i.S.v. § 554 Abs. 1 BGB, hätte der Antragsgegner sie vorher ankündigen müssen, im Fall von Modernisierungen schriftlich drei Monate vorher. Dies hat der Antragsgegner nicht getan. Schon deshalb war er zu Eigenmächtigkeiten nicht befugt. Eine Einwilligung des Antragstellers gab es zu keinem Zeitpunkt. Der Antragsgegner hätte den Duldungsanspruch nach ordnungsgemäßer Ankündigung im Wege der Duldungsklage durchsetzen müssen. Da dies nicht geschehen ist, besteht seitens des Antragsgegners kein Duldungsanspruch, woraus der Verfügungsanspruch folgt. Da der Antragsgegner dem Antragsteller unmissverständlich erklärt hat, er werde die Arbeiten fortsetzen lassen und darüber hinaus im Besitze eines Wohnungsschlüssels ist, ergibt sich hieraus die Eilbedürftigkeit und damit der Verfügungsgrund.

3. Der Antragsgegner ist bereits seit Mietvertragsbeginn mit Einverständnis des Antragstellers im Besitze eines Schlüssels zur Wohnung. Da das Recht zum Besitz eines Wohnungsschlüssels durch den Vermieter vom Willen des Mieters abhängt und der Antragsgegner zu erkennen gab, vom Wohnungsschlüssel auch ohne Einwilligung des Antragstellers Gebrauch machen zu wollen, verlangt der Antragsteller den Schlüssel nunmehr heraus.

4. Zur **Glaubhaftmachung** der Darstellung des Antragstellers wird dessen Eidesstattliche Versicherung in der Anlage beigefügt.

Das Gericht wird wegen der Einbedürftigkeit gebeten, über den Antrag ohne mündliche Verhandlung zu entscheiden.

Rechtsanwalt

b) Duldungsklage

185 Der Vermieter muss den Duldungsanspruch mit der Klage durchsetzen. Die Duldungsklage ist eine **Leistungsklage**.

aa) Klageantrag und Begründung

186 Die baulichen Modernisierungsmaßnahmen sind detailliert im Duldungsantrag zu bezeichnen[1]. Wie **konkret** der Klageantrag **zu fassen** ist, wird

---

1 *Blank/Börstinghaus*, § 554 Rz. 64; Gies, NZM 2003, 545.

nicht ganz einheitlich bewertet. Vereinzelt wird vertreten, dass ein pauschaler Antrag reicht („den Einbau einer Zentralheizung zu dulden"), wenn die Maßnahmen in der Klagebegründung ausreichend erörtert werden[1]. Überwiegend wird jedoch angenommen, dass schon im Klageantrag die Arbeiten genügend spezifiziert genannt sein müssen[2]. Zur Vermeidung eines Risikos sollte der Vermieteranwalt den Antrag ausführlich gestalten. Gleichzeitig sollte der Duldungsantrag aber mit der Verpflichtung zur **Zutrittsgewährung** verbunden werden, um sich die Vollstreckung nach § 887 ZPO zu eröffnen (vgl. dazu *G Rz. 242*).

In der Klagebegründung sind die **geplanten Arbeiten** in jedem Fall mindestens genauso **präzise** und ausführlich zu schildern wie in einer Ankündigung nach § 554 Abs. 3 BGB. Dies gilt nicht für Bagatellmaßnahmen. Allerdings ist hier darzulegen, warum es sich nur um unbedeutende Arbeiten handelt und dass sich die Miete nur unerheblich erhöhen soll.

– **Wirtschaftlichkeit** als Begründetheitsvoraussetzung?

Darlegungen zur Wirtschaftlichkeit der Maßnahmen sind **keine Voraussetzung** für die Begründetheit der Klage[3]. Der Mieter kann allenfalls vortragen und ggf. unter Beweis stellen, dass die mitgeteilte Mieterhöhung als solche für ihn eine Härte darstellt. Das Gleiche gilt bei Maßnahmen zur Energieeinsparung zum Verhältnis der voraussichtlichen Mieterhöhung zum Gegenwert der für möglich gehaltenen Energieeinsparung[4]. 187

– **Beweislast**

Für die formellen und materiellen Voraussetzungen des § 554 BGB, die den Duldungsanspruch auslösen, ist der **Vermieter darlegungs- und beweisbelastet**. Die gilt insbesondere für den Zugang der Mitteilung gemäß § 554 Abs. 3 BGB an den Mieter, sofern dieser bestritten wird[5]. Deshalb sollte dem Vermieter empfohlen werden, eine sichere Art der Zustellung zu wählen (vgl. dazu *J Rz. 110*). Die **Härtegründe** hingegen muss der **Mieter** nachweisen. 188

Auch wenn der Duldungsanspruch durch die (wirksame) Ankündigung ausgelöst wird, sind materielle Fragen des Duldungsanspruchs nach der Sach- und Rechtslage zum **Zeitpunkt der letzten mündlichen Verhandlung** zu bewerten[6]. 189

– **Streitwertfragen**

Während der Streitwert der Duldungsklage vor Inkrafttreten der Neufassung des Gerichtskostengesetzes vom 5.5.2004 überwiegend mit dem 42fa- 190

---

1 *Fischer* in Bub/Treier, VIII Rz. 28.
2 *Blank/Börstinghaus*, § 554 Rz. 64.
3 Vgl. BGH, WuM 2002, 366; WuM 2005, 576.
4 Vgl. BGH, WuM 2002, 366; WuM 2004, 285; WuM 2004, 288; WuM 2005, 576.
5 *Horst*, S. 40, 158.
6 KG, WuM 1983, 128.

chen Betrag der monatlichen Minderung[1] oder dem 42fachen der monatlich veranschlagten Mieterhöhung[2] angenommen wurde, richtet er sich jetzt gem. § 41 Abs. 5 GKG nach dem **Jahresbetrag** einer möglichen Mieterhöhung oder, bei Instandsetzungsmaßnahmen, dem Jahresbetrag einer möglichen Minderung. (vgl. im Einzelnen *N Rz. 492 f.*).

Der **Beschwerdewert** im Berufungsverfahren soll bei einer Klage des Vermieters auf Gestattung des Betretens der Wohnung zur Durchführung von Modernisierungsarbeiten mit dem 12fache der monatlichen denkbaren Mietminderung bemessen werden[3]. Richtigerweise wird man auch hier auf die mit den Arbeiten zu begründende Mieterhöhung abstellen müssen. Der Beschwerdewert bemisst sich dann nach dem 42-fachen (möglichen) Erhöhungsbetrag gem. § 9 ZPO[4].

– Vollstreckung

191 Die Vollstreckung aus dem Duldungstitel gegen den Mieter erfolgt nach § 888 ZPO durch Verhängung von Zwangsgeld, wenn nicht der Klageantrag als vertretbare Handlung formuliert ist. Dann richtet sich die Vollstreckung nach § 887 ZPO.

bb) Mustertext: Klage des Vermieters gegen den Mieter auf Duldung von Modernisierungsarbeiten

192

Klage

des Herrn (Vermieter)

– Kläger –

Prozessbevollmächtigte:

gegen

die Eheleute Hans-Peter u. Gertrud (Mieter)

– Beklagte –

wegen

Duldung von Modernisierungsarbeiten

Streitwert: 2898 Euro

Hiermit bestellen wir uns zu Prozessbevollmächtigten des Klägers, erheben Klage und bitten um Anordnung des schriftlichen Vorverfahrens, wobei eine Güteverhandlung derzeit keine Aussicht auf Erfolg bietet.

---

1 OLG Hamburg, WuM 1995, 595; LG Berlin, MM 0220, 53; MM 2001, 152; GE 2000, 472; LG Kiel, WuM 2003, 37.
2 LG Freiburg, WuM 2002, 171.
3 LG Saarbrücken, WuM 1993, 746.
4 *BGH*, AnwBl. 2003, 597.

Wir werden **beantragen**

1. die Beklagten als Gesamtschuldner zu verurteilen, folgende Maßnahmen in und an der von ihnen angemieteten Wohnung im 3. OG Hinterhaus des Hauses (genaue Bezeichnung) zu dulden:

   a) Einbau eines Badezimmers durch Abtrennen eines separaten Badezimmers durch Installation einer Trockenwand in der Küche, ca. 1,10 m bis 1,20 m von der jetzigen Trennwand zum WC inkl. Fliesenarbeiten (Fliesenspiegel) im Küchenbereich und Abriss der jetzigen Trennwand zwischen Küche und WC;

   b) Installation einer neuen Duschtasse, eines neuen Hänge-WC's und eines Waschbeckens gem. beiliegender Grundrisszeichnung, jeweils mit Armaturen inkl. der notwendigen Be- und Entwässerungsanschlüsse mit anschließender Verfliesung des Bodens und der Wände bis ca. 2 m Höhe in der Farbe grau-meliert;

   c) Einbau einer Gasetagenheizung, d.h. einer Gastherme in der Küche, in dem der Zimmertüre gegenüberliegenden Wandeck rechts inkl. Kaminanschlussarbeiten, Verlegung einer Gasleitung innerhalb eines neuen Steigestranges im gleichen Wandeck der Küche und Installation eines Gaszählers im Keller, Verlegung einer Gasleitung innerhalb eines neuen Steigestranges im gleichen Wandeck der Küche und Installation eines Gaszählers im Keller;

   d) Einbau von Flachheizkörpern mit den Maßen von ca. 22 × 600 × 1000 mm, jeweils unter den Fenstern in der Küche, im Durchgangszimmer und im hinteren Zimmer sowie Einbau eines Handtuchhalter-Heizkörpers an der Badezimmerwand links neben der Dusche mit den Maßen ca. 25 × 50 × 110 cm inkl. Verlegen von Heizungsrohren von der Therme zu den einzelnen Heizkörpern im Eck zwischen Boden und Wand, die durch Kunststoffleisten, ca. 10 cm hoch und 4 cm breit abgedeckt werden und Installation der zentralen Raumtemperaturregelung im mittleren (Durchgangs-)Zimmer an der Wand;

   e) Anschluss der Warmwasserversorgung der Küche, der Dusche und des Waschbeckens im neuen Badezimmer an die neue Gastherme inkl. Verlegung der dazu notwendigen (Warmwasser-)Rohre von der Therme zu den einzelnen Zapfstellen, jeweils neben den Heizungsrohren im Fußbodeneck;

   f) abschließende Beiputz-, Tapezier- und Streicharbeiten

   durch

   Gewährung des Zugangs zur Wohnung für den Kläger, dessen Mitarbeiter und die von ihm beauftragten Handwerker, von Beginn bis zur vollständigen Beendigung der Arbeiten, durch Öffnen der Wohnungstüre und sämtlicher Zimmertüren

2. den Beklagten für jeden Fall der Zuwiderhandlung ein Ordnungsgeld bis 250 000 Euro, ersatzweise Ordnungshaft bis zu 6 Monaten anzudrohen.

Weiterhin werden folgende Verfahrensanträge gestellt:

1. Gemäß § 331 Abs. 3 ZPO gegen die Beklagten ohne mündliche Verhandlung das **Versäumnisurteil** zu erlassen, falls nicht rechtzeitig angezeigt wird, dass sich gegen die Klage verteidigen werden.
2. Von den ergehenden Urteilen eine vollständige Ausfertigung zu erstellen.
3. Falls das Urteil für die von uns vertretene Partei einen vollstreckungsfähigen Inhalt hat, Vollstreckungsklausel zu erteilen.

Begründung:

1.

Die Beklagten sind Mieter von 2 Wohnungen im Hause Zugweg, Köln. Zum einen handelt es sich um die im Klageantrag zu 1) näher bezeichnete Wohnung im 3. OG Hinterhaus, für die kein schriftlicher Mietvertrag existiert. Außerdem sind die Beklagten Mieter einer 4-Zimmer-Wohnung im Dachgeschoss, Vorderhaus gem. Vertrag vom 26.4.1988.

Die Wohnung im Hinterhaus ist ca. 45 m² groß, die Wohnung im Vorderhaus ca. 55 m².

Beweis: Sachverständigengutachten

Der Kläger hat des Eigentum am Objekt von der Vermieterin erworben und ist als neuer Eigentümer im Grundbuch eingetragen worden. Dies dürfte unstreitig sein.

2.

Der Kläger plant in der Wohnung Modernisierungsmaßnahmen. Zunächst überreichen wir zur Veranschaulichung der Örtlichkeit als

Anlage K 1

eine Grundrisszeichnung. Zurzeit wird die Wohnung über Kohleöfen beheizt. Ein abgetrenntes Badezimmer steht nicht zur Verfügung, lediglich ein WC ohne Heizung und Waschbecken (die auf der Anlage K 1 handschriftlich vermerkte Ständerwand soll erst eingebaut werden).

Beweis: Ortsbesichtigung

Im Einzelnen sind folgende Arbeiten geplant: ...

Mit Schreiben vom 13.9.2006 wurde die Ausführung der hier geschilderten Arbeiten ab dem 17.12.2006 angekündigt.

Beweis: anliegende Kopie des Schreibens vom 13.9.2002 (Anlage K 3)

Nach derzeitiger Kalkulation liegen die Kosten für die hier dargestellten Maßnahmen bei 10 000 Euro. Dies würde zu einer Erhöhung der Monatsmiete um ca. 91 Euro führen.

Da die Beklagten vorgerichtlich die Duldung der Maßnahmen ablehnten, ist Klage geboten. Ihr ist stattzugeben.

Rechtsanwalt

III. Mietermodernisierung

1. Duldungsanspruch

Eine dem § 554 BGB vergleichbare Regelung, die eine Verpflichtung des Vermieters regeln würde, bestimmten Maßnahmen des Mieters zuzustimmen oder sie zu dulden, gibt es nur für den Ausnahmefall, dass ein behinderter Mieter bauliche Veränderungen durchführen will – § 554a BGB, wobei es sich auch dabei nicht um Modernisierungen i.S.v. § 554 Abs. 2 BGB handeln muss. Daneben erwähnen die §§ 536a Abs. 2 Ziff. 2 BGB und 539 BGB (notwendige und sonstige) Aufwendungen des Mieters. Ansonsten ist in § 552 BGB lediglich festgelegt, dass der Vermieter grundsätzlich ausgleichspflichtig ist, wenn der Mieter geschaffene Einrichtungen auch nach dessen Auszug in der Wohnung zurücklassen soll. Liegen diese Voraussetzungen nicht vor, muss der Mieter spätestens beim Auszug alle Maßnahmen rückgängig machen und den ursprünglichen Zustand wieder herstellen (§ 258 Satz 1 BGB). Auch dort wird jedoch nicht danach differenziert, ob es sich dabei um Modernisierungen handelt. Über die Instandsetzungs- und Instandhaltungspflicht hinaus steht dem Mieter grundsätzlich **kein Anspruch** zu, Modernisierungen der Mietsache vom Vermieter verlangen zu können[1]. Führt der Vermieter Modernisierungsmaßnahmen durch, hat der Mieter aber einen Anspruch darauf, dass der Vermieter die geltenden technischen Normen einhält[2].

2. Zustimmung des Vermieters

Enthält der **Mietvertrag keine Regelungen** dazu, ob und unter welchen Voraussetzungen der Mieter Ein- oder Umbauten vornehmen darf, ist zu untersuchen, ob er im Einzelfall zur Durchführung der Maßnahme die **Zustimmung** des Vermieters einholen muss. Ein solcher Fall ist z.B. in § 536a Abs. 2 Nr. 2 BGB geregelt: Danach kann der Mieter **notwendige Verwendungen** auf die Sache machen, ohne vorher den Vermieter zu fragen[3].

Der den Mieter vertretenden Rechtsanwalt sollte mit dem Mandanten alle in Frage kommenden (auch technischen) Einzelheiten besprechen und sich im Zweifel Leistungsverzeichnisse oder Bestätigungen von Handwerkern über den Umfang und die baulichen Folgen der geplanten Arbeiten vorlegen lassen.

Prinzipiell bedarf der Mieter auch für Verbesserungsmaßnahmen **keiner Zustimmung** des Vermieters, wenn es sich bei den Maßnahmen um Arbeiten handelt, die weder das Mietobjekt in der **Substanz** noch die **Wohnanlage** oder **Mitbewohner** beeinträchtigen, da dem Mieter im Rahmen des Vertragszwecks der freieste Gebrauch gewährt werden soll. Bei Beendigung

---

1 LG Berlin, MM 2002, 331.
2 LG Berlin v. 11.2.2008 – 67 S 64/07, WuM 2008, 931.
3 OLG Frankfurt/Main, WuM 1981, 63: Verlegung der für die Versorgung der Wohnung mit Gas, Wasser und Strom erforderlichen Leitungen oder die zum Schutz notwendige Errichtung einer Einfriedung.

des Mietverhältnisses müssen sich aber die vorgenommenen Veränderungen leicht wieder **beseitigen** lassen[1].

Beispiele: Verlegung von Teppichboden, Aufstellen einer transportablen Duschkabine[2], Verkleidung des Balkons mit einem Plexiglas-Vordach[3] oder Installation moderner Haushaltsgeräte in der Küche[4]. In diesem Zusammenhang sind ebenfalls das Anbringen von Dübeln und Haken, das Bohren von Löchern, sowie das Installieren eines Türspions[5] und einer Klingelleitung[6] zu nennen.

3. Anspruch auf Zustimmung

195 Gehen die Maßnahmen des Mieters über den beschriebenen Umfang hinaus, ist die Zustimmung des Vermieters grundsätzlich einzuholen. Ob der Mieter einen Anspruch auf Zustimmung hat, ist im Rahmen einer **Abwägung** zu ermitteln[7]. Ausgangspunkt ist der **Vertragszweck**[8]. Insoweit ist zu berücksichtigen, ob der Mieter mit der Maßnahme lediglich einen Zustand herstellen will, wie er allgemein üblich ist, weil nur so die Wohnung diesem Standard entspricht. In diesen Fällen kann der Vermieter selbst bei einem vertraglichen Genehmigungsvorbehalt zur Zustimmung der Maßnahme verpflichtet sein[9].

196 Grundlos soll der Vermieter dem Mieter nicht eine bessere Nutzung der Mietsache verweigern dürfen[10]. Vielmehr müssen überwiegende Belange des Vermieters entgegenstehen[11]. Dabei ist insbesondere zu berücksichtigen, ob die vom Mieter geplanten Arbeiten zu nicht nur **geringfügigen Be-**

---

1 LG Essen, WuM 1987, 257.
2 LG Berlin, WuM 1990, 421.
3 LG Nürnberg-Fürth, WuM 1990, 422.
4 LG Konstanz, WuM 1989, 67.
5 AG Hamburg, WuM 1980, 197; WuM 1985, 256.
6 AG Münster, WuM 1983, 176.
7 Vgl. grundlegend BVerfG, WuM 2000, 298 („Treppenliftentscheidung").
8 LG Hannover WuM 1984, 129.
9 LG Berlin, ZMR 1975, 271 (für Duschkabine); LG Hamburg, WuM 1974, 145 (für Fensterlüfter); LG Berlin, MM 1998, 204 (Einbau einer Gasetagenheizung und E-Herd); AG Potsdam, WuM 2000, 179 (für Heizung); LG München, WuM 1989, 556 (für Markisen, Trockengestelle); LG Duisburg, ZMR 2000, 464 (für Einbau eines Treppenliftes; vgl. dazu auch BVerfG, WuM 2000, 298); LG Konstanz, WuM 1989, 67 (für Einbau einer Einbauküche); LG Berlin, MM 2002, 331 (für Installation einer Gasetagenheizung statt Kohleofen); AG Tiergarten, GE 2003, 396 (für Einbau von Kaltwasserzählern); LG Berlin, MM 2002, 331 (kleinere Substanzeingriffe, wie Einbauküche, Raumteiler, sind dem Mieter stets gestattet); **a.A.** LG Berlin, NJW-RR 1997, 1097, wenn vermieterseits gestellte Einbauküche ausgetauscht werden soll); AG Schöneberg, ZMR 2000, 685 (für Einbau von Fliesen); ablehnend für eine CB-Dachfunkantenne BayObLG, WuM 1981, 80; AG Hamburg, WuM 1998, 723 (für die Verlegung eines Laminatfußbodens); LG Hamburg, WuM 1983, 235 (allein das Interesse des Mieters an einer bequemeren Heizungsart genügt nicht).
10 LG Berlin, MM 1993, 30; LG Berlin, MM 2002, 331.
11 *Blank/Börstinghaus*, § 535 BGB Rz. 312; *Staudinger/Emmerich*, Neubearb. 2003, § 535 BGB Rz. 41.

einträchtigungen des Eigentums des Vermieters[1] führen oder welche sonstigen Folgewirkungen zu erwarten sind[2]. So handelt der Vermieter, der seine Zustimmung verweigert, nicht **rechtsmissbräuchlich**, wenn er die Umstellung der Heizungsart durch den Mieter deshalb nicht zulässt, weil damit nicht nur geringfügige Beeinträchtigungen seines Eigentums drohen würden[3] oder weil er demnächst selbst bauliche Veränderungen durchführen will, die der begehrten Mietermodernisierung im Wesentlichen gleichkommen[4]. Immerhin müsste er im letzteren Fall sonst Aufwendungsersatz nach § 554 Abs. 4 BGB leisten, wenn er seine geplante Maßnahme durchführen wollte. Dem Mieter ist es nicht gestattet, **Brunnenwasser** zur Toilettenspülung zu nutzen, wenn die Gefahr einer Verunreinigung der Wasserversorgung im öffentlichen Netz gegeben ist und damit eine Verminderung der Trinkwasserqualität hervorgerufen würde[5]. Ebenso darf der Mieter keine **Styropor-Decken** anbringen, da diese bei einem Brand giftige Gase abgeben[6].

Auch Auswirkungen auf das **Gesamtbild des Hauses** können von Bedeutung sein[7]. Auf keinen Fall darf der Mieter ohne Zustimmung des Vermieters **Eingriffe in die Bausubstanz** vornehmen. Ein solcher Eingriff ist gegeben, wenn der Mieter tragende Bauteile bearbeiten will und damit die Statik verändert. Gleiches gilt für **Mauerdurchbrüche**, die Installation einer Etagenheizung[8], Veränderungen an der Außenfassade sowie die Entfernung von festen Trennwänden[9]. Weitere Beispiele bestehen in dem Ersatz von Holzrahmenfenstern durch Kunststofffenster[10], dem Ausbau des Kellers zur Schaffung von zusätzlichem Wohnraum[11] oder das Aufstellen eines Großgartenhauses bei vereinbarter gärtnerischer Nutzung[12] sowie das Verändern einer stabilisierenden Bepflanzung an einer abschüssigen Böschung[13]. Insoweit ist es unbedeutend, ob der Einbau auch positive Effekte hat (z.B. Einbau von Wasseruhren)[14].

197

4. Weitere Voraussetzungen für die Zustimmung

Unabhängig davon kann der Vermieter seine Zustimmung von weiteren Voraussetzungen abhängig machen, deren Vorliegen und Durchsetzung der Rechtsanwalt mit dem Mandanten im Einzelnen besprechen sollte:

198

---

1 BGH, NJW 1963, 1539.
2 LG Hamburg, WuM 1974, 145.
3 BGH, NJW 1963, 1539.
4 AG Tempelhof-Kreuzberg, MM 1998, 204.
5 LG Gießen, WuM 1994, 681.
6 LG Braunschweig, WuM 1986, 248.
7 LG Hannover, WuM 1984, 129: Aufstellen einer Sauna in der Loggia.
8 LG Berlin, ZMR 1995, 594.
9 BGH, NJW 1974, 1463.
10 LG Berlin, ZMR 1985, 50.
11 LG Hamburg, WuM 1992, 190.
12 AG Brühl, WuM 1989, 498.
13 AG Köln, WuM 1991, 84.
14 *Sternel*, Mietrecht, II. Rz. 72.

199	**Anzeigepflicht**	Art und Umfang der vorgesehenen Maßnahmen müssen dem Vermieter zuvor mitgeteilt werden[1]. Der Vermieter muss in der Lage sein zu prüfen, ob ein Duldungsanspruch besteht. Vor Durchführung der Arbeiten muss der Mieter dem Vermieter deshalb durch Kostenvoranschläge, Baubeschreibungen oder Zeichnungen genau darlegen, auf welche Art und Weise wo und wie in den Räumlichkeiten Veränderungen stattfinden sollen[2]. Der Mieter ist berechtigt, dem Vermieter eine Frist von ca. drei Monaten zur Zustimmung zu setzen[3].
200	**Haftpflicht-versicherung**	Deren Abschluss muss der Mieter nachweisen[4] einschließlich der zusätzlichen Freistellung von berechtigten Drittansprüchen.
201	**Ordnungsgemäße Durchführung**	Der Mieter muss sicherstellen, dass die Durchführung der Modernisierungsmaßnahmen nach den Regeln das Handwerks, damit fachgerecht erfolgt. Hierzu zählt auch die Vorlage einer fachgerechten Planung.
202	**Sicherheitsleistung**	Der Vermieter kann nach h.M. seine Zustimmung von der Leistung einer zusätzlichen Sicherheit abhängig machen, wenn sich für ihn ein neues Haftungsrisiko ergibt (z.B. im Hinblick auf Rückbaukosten oder Gefährdung Dritter)[5]. Denn der Duldungsanspruch des Mieters und auch das ausdrücklich erklärte Einverständnis des Vermieters beinhaltet grundsätzlich keinen Verzicht des Vermieters, auf Wiederherstellung des ursprünglichen Zustandes bei Vertragsende[6]. Vgl. dazu aber auch *G Rz. 165*.

5. Konsequenzen der Mietermodernisierung bei fehlender vertraglicher Regelung im laufenden Mietverhältnis

203 Fehlen anderweitige vertragliche Vereinbarungen, lassen sich die Folgen mieterseits durchgeführter Modernisierungsmaßnahmen darin zusammenfassen, dass

– das **Eigentum** an den geschaffen Maßnahmen in der Regel beim Mieter verbleibt, jedenfalls dann, wenn die Sachen nur zu einem vorübergehen-

---

1 LG Berlin, MM 2002, 331; KG, GE 2002, 52; LG Berlin, GE 1999, 774.
2 KG, GE 2002, 52.
3 *Damrau-Schröter*, S. 123.
4 AG Hamburg, WuM 1980, 176, Dachfunkantenne.
5 OLG Hamm, WuM 1993, 659; OLG Stuttgart, WuM 1995, 306 (alle drei zur Installation von Parabolantennen); LG Berlin, GE 1994, 112; AG Hamburg, WuM 1996, 29.
6 LG Berlin, MDR 1987, 234; OLG Düsseldorf, ZMR 1990, 218; *Sternel*, Mietrecht, IV Rz. 599; **a.A.** LG Hamburg, WuM 1988, 305; vgl. auch OLG Frankfurt/Main, WuM 1992, 57.

den Zweck, nämlich für die Dauer der Mietzeit, eingebaut werden – § 95 Abs. 2 BGB[1].
- dem Mieter das **Nutzungsrecht** zusteht. Der Mieter ist darüber hinaus berechtigt, während des ungekündigten Mietvertrages die Einrichtung wieder zu beseitigen oder zu ersetzen. Daher ist eine Klausel, nach der ohne Erlaubnis des Vermieters durchgeführte Änderungen der Mietsache der Mieter unverzüglich wieder zu beseitigen hat, unwirksam.
- **Instandhaltungs- und Instandsetzungslast** beim Mieter verbleiben, was abweichend von den Parteien geregelt werden kann[2],
- der Mieter zusätzlich entstehende **Betriebskosten** zu tragen hat,
- der Mieter zur Wiederherstellung des ursprünglichen Zustandes bei Vertragsende verpflichtet ist,
- das ordentliche **Kündigungsrecht** des Vermieters grundsätzlich erhalten bleibt[3].

Einer ordentlichen Kündigung durch den Vermieter können Investitionen des Mieters auch nur in engen Ausnahmefällen im Rahmen der **Sozialklausel nach § 574 BGB** entgegengehalten werden. Voraussetzung dazu ist u.a., dass der Vermieter einen Vertrauenstatbestand dahin geschaffen hat, dass der Mieter gerade in Erwartung einer langen Mietdauer (notwendige, nützliche oder überflüssige) erhebliche Aufwendungen auf die Mietsache getätigt hat, die bei Vertragsende im Wesentlichen nicht zu ersetzen sind und die Verwendungen noch nicht abgewohnt sind, sodass es zu einem wesentlichen Verlust des Mieters kommen würde[4]. 204

Aus Sicht des Mieters sollte darauf geachtet werden, einen **Kündigungsausschluss** zu vereinbaren, was ohne weiteres zulässig ist für die ordentliche und die außerordentlich befristete Kündigung des Vermieters. Ob allerdings auch die außerordentliche fristlose Kündigung in zulässigerweise ausgeschlossen werden kann[5], muss bezweifelt werden. 205

6. Vereinbarungen zur Mietermodernisierung

a) Formularklauseln

Die meisten Formularmietverträge enthalten **Klauseln**, die die Einwilligung des Vermieters ausdrücklich vorsehen. Sie legen darüber hinaus die Wiederherstellung des ursprünglichen Zustandes der Mietsache bei Vertragsende fest. So lautet eine **gebräuchliche Klausel** 206

---

1 BGH, NJW 1991, 3031.
2 Eingehend *Damrau-Schröter*, S. 133 ff.
3 Eingehend *Damrau-Schröter*, S. 154.
4 OLG Karlsruhe, NJW 1971, 1182 = WuM 1971, 96 = ZMR 1971, 222; OLG Frankfurt/Main, WuM 1971, 168; *Blank* in: Schmidt-Futterer, § 574 BGB Rz. 51.
5 So *Damrau-Schröter*, S. 157.

> Veränderungen an und in der Mietsache, insbesondere Um- und Einbauten, Installationen und dergleichen, dürfen nur mit schriftlicher Einwilligung des Vermieters vorgenommen werden. Auf Verlangen des Vermieters ist der Mieter verpflichtet, die Um- oder Einbauten ganz oder teilweise im Falle seines Auszugs zu entfernen und den früheren Zustand wieder herzustellen, ohne dass es eines Vorbehaltes des Vermieters bei der Einwilligung bedarf.

Eine solche Klausel ist **unwirksam**[1]. Dies zum einen wegen des Schriftformerfordernisses auf Grund der Aufhebung des Vorrangs der Individualabrede (§ 307 BGB). Zum anderen trägt die Klausel den **Ausnahmen von der Beseitigungspflicht** des Mieters keine Rechnung. So ist denkbar, dass der Mieter Wertverbesserungen durchgeführt hat, die nur mit erheblichem Kostenaufwand zu beseitigen wären (z.B. der Einbau eines Kachelvollbades oder einer Heizung, an die vollflächige Verklebung eines hochwertigen Teppichbodens), deren Entfernung zudem das Mietobjekt in einen schlechteren Zustand versetzen würde. Hier soll der Mieter zumindest einen Erlaubnisvorbehalt des Vermieters erwarten dürfen[2]. Außerdem kommt in Betracht, dass ein Nachmieter zur Übernahme der eingebrachten Sachen des früheren Mieters bereit ist. Der Vermieter würde rechtsmissbräuchlich handeln, wenn er dennoch die Entfernung verlangen würde[3].

b) Individualvereinbarung

207 § 554 Abs. 5 BGB steht dem Abschluss einer Modernisierungsvereinbarung grundsätzlich nicht entgegen[4].

208 Folgende Punkte sollten jedenfalls im Rahmen einer Modernisierungsvereinbarung geklärt werden:

Regelungsinhalt einer Modernisierungsvereinbarung

- Inhalt der Modernisierungsmaßnahmen, deren Durchführung und zeitliche Fixierung
- Die konkreten Pflichtenverteilung bei der Vorbereitung der Maßnahmen
- Auflistung der einzelnen Kosten der Modernisierungsmaßnahmen
- Übernahme der Kosten für die Maßnahme/Kostenbeteiligung durch den Vermieter
- Festlegung der zu Gunsten des Mieters anzuerkennenden Modernisierungskosten unter Berücksichtigung von Dritt- bzw. Fördergeldern
- Abgrenzung des Genehmigungsrisikos einschließlich der Kostenübernahme für notwendige Genehmigungen

---

1 OLG Frankfurt/Main, WuM 1992, 57, 63, 64; LG Münster, WuM 1999, 515.
2 OLG Frankfurt/Main, WuM 1992, 56, 64.
3 OLG Frankfurt/Main, WuM 1992, 56, 64.
4 LG Berlin, MM 2002, 141.

– Abgrenzung des (Ausführungs-)Risikos in Bezug auf die vorhandene Bausubstanz
– Übernahme der Instandhaltungs- und Instandsetzungsverpflichtung der neuen Gebäudeteile
– Abschluss von Versicherungen
– Übernahme neu entstehender Betriebskosten
– Abwohndauer
– Vereinbarungen zum Eigentumsübergang
– Schicksal der baulichen Veränderungen bei Beendigung des Mietverhältnisses, z.B. Wegnahmerecht des Mieters oder Verbleib in der Wohnung, Mietnachfolgeklausel oder Restwertentschädigung
– Die Frage der Mieterhöhung bzw. eines (begrenzten) Ausschlusses jeglicher Mieterhöhung)
– Ausschluss des ordentlichen Kündigungsrechts des Vermieters (z.B. für die Dauer der Abwohnzeit)

Bei einer Modernisierungsvereinbarung ist die **Schriftform** des § 550 BGB zu beachten, sofern der Mietvertrag für längere Zeit als ein Jahr abgeschlossen wird. Unabhängig davon sollte der Rechtsanwalt schon aus Beweisgründen eine schriftliche Vereinbarung herbeiführen. Denn die Auseinandersetzungen entstehen meist lange Zeit nach Durchführung der Arbeiten, insbesondere wenn zwischenzeitlich eine Rechtsnachfolge auf Vermieterseite stattgefunden hat.

c) Was ist bei einer Modernisierungsvereinbarung zu beachten?

Zunächst wird es unerlässlich sein, **Kostenvoranschläge** über die Arbeiten einzuholen, die die notwendigen Lohn- und Materialkosten ausweisen, um die Grundlage für die weiteren Verhandlungen zu schaffen. Auf die Vereinbarung von Eigenleistungen sollte sich der Vermieter nur einlassen, wenn der Mieter „vom Fach" oder handwerklich begabt ist oder nur untergeordnete Arbeiten betroffen sind, die auf die Substanz des Gebäudes keine oder nur geringe Auswirkungen haben. Sollen Eigenleistungen möglich sein, sollte der Mieteranwalt dem Mandanten empfehlen, die einzelnen Arbeitstage und Arbeitsstunden detailliert aufzulisten und vom Vermieter abzeichnen zu lassen. Gibt es später Streit, bringt das Bestreiten der Arbeitszeiten den Mieter am leichtesten in Beweisnot. Anderes gilt natürlich, wenn die Parteien eine Pauschalsumme festsetzen.

Zu beachten ist § 312 BGB (Widerspruchsrecht bei **Haustürgeschäften**), der grundsätzlich auch beim Abschluss einer Modernisierungsmaßnahme anwendbar ist[1]. Der Vermieteranwalt sollte im Zweifel eine Widerrufsbelehrung aufnehmen. Da die Initiative zum Abschluss der Vereinbarung regelmäßig vom Mieter ausgehen wird, ist das Risiko eines Widerrufes relativ gering.

---

1 Vgl. *Löfflad*, MietRB 2004, 87.

212 Bezüglich der **Abwohndauer** orientiert sich das nachstehende Formulierungsmuster (vgl. *Rz. 214*) an der gesetzlichen Regelung über die Rückerstattung verlorener Baukostenzuschüsse[1]. Nach dessen § 2 gilt ein Betrag in Höhe einer **Jahresmiete durch eine Mietdauer von vier Jahren** von der Leistung an als getilgt. Die gesetzliche Vorschrift ist dabei nur Orientierungshilfe. Anderweitige vertragliche Regelungen sind zulässig, so z.B. die Vereinbarung der Abwohndauer auf einen bestimmten Termin.

213 Hingewiesen sei auf die Mustervereinbarung des Bundesjustizministeriums „Modernisierung durch Mieter"[2].

214 Das LG Berlin[3] vertritt in ständiger Rechtsprechung die Auffassung, dass Klauseln in Verträgen über Mietermaßnahmen zur Wohnungsmodernisierung, wonach **Zuschüsse aus öffentlichen Mitteln** bei der Berechnung einer dem Mieter bei Auszug zustehenden Entschädigung nicht zu berücksichtigen sind, so ausgelegt werden müssen, dass die öffentliche Hilfe vom Entschädigungsbetrag nicht abziehbar ist. Der Vorteil, den der Mieter im Einzelfall so erlange, sei hinzunehmen. Dies gilt etwa bei der Klausel

> Der Vermieter verpflichtet sich, im Falle der Beendigung des Mietverhältnisses dem Mieter eine Entschädigung für die von ihm durchgeführten Maßnahmen zu zahlen. Der Entschädigungsbetrag ermittelt sich aus den vom Mieter aufgewendeten Kosten für die Maßnahmen abzüglich 10 % dieses Betrages für jedes volle Kalenderjahr nach Durchführung der Maßnahmen. Er beträgt jedoch höchstens 70 % der vom Mieter aufgewendeten Kosten. Zuschüsse, die der Mieter aus öffentlichen Haushalten erhält, werden bei der Ermittlung des Entschädigungsbetrages nicht berücksichtigt.

215 Generell ist bei einer Modernisierungsvereinbarung zu beachten, dass von § 554 Abs. 2–4 BGB **abweichende Vereinbarungen** beim Wohnraummietvertrag unwirksam sind (§ 554 Abs. 5 BGB). Gleiches gilt für Abweichungen von § 559 BGB. In der folgenden Mustervereinbarung (vgl. *Rz. 219*) findet sich ein **Mieterhöhungsausschluss** bezüglich der § 558, 559 BGB für die Zeit der Abwohndauer. Vereinbarungen, die es dem Vermieter ermöglichen, die auf Kosten des Mieters geschaffenen Ausstattungsmerkmale bei einer Mieterhöhung nach §§ 558 ff. BGB zu berücksichtigen, sind unwirksam – §§ 558 Abs. 6, 557 Abs. 4 BGB. Denn dabei handelt es sich im Ergebnis um die verbindliche Festlegung bestimmter Wohnwertmerkmale zu Lasten des Mieters[4].

---

[1] Artikel VI des Gesetzes zur Änderung des Zweiten Wohnungsbaugesetzes, anderer wohnungsbaurechtlicher Vorschriften und über die Rückerstattung von Baukostenzuschüssen vom 21.7.1961, BGBl. I I S. 1041.
[2] Vgl. Mustervereinbarung „Modernisierung durch Mieter", ZMR 1984, 5, hierzu *Landfermann*, NJW 1982, 2344.
[3] LG Berlin, NZM 1999, 220.
[4] Vgl. *Börstinghaus* in Schmidt-Futterer, § 558 BGB Rz. 261 m.w.N.

Der **Mieteranwalt** muss bedenken, dass allein die Durchführung von 216
Modernisierungen durch den Mieter das – ordentliche – Kündigungsrecht
des Vermieters grundsätzlich nicht einschränkt und deshalb versuchen,
den **Kündigungsausschluss** für die Abwohnzeit zu regeln, um die mit einer
Auslegung des Vertrages verbundenen Unsicherheiten zu vermeiden. Zulässig ist es auch, das ordentliche Kündigungsrecht des Mieters für bestimmte Zeit auszuschließen.

Sollen die Einbauten nach **Beendigung des Mietverhältnisses** in der Mietsache 217
verbleiben, was die Regel sein wird, sollte (nicht nur im Hinblick auf
eine vorzeitige Auflösung des Mietvertrages) eine – zeitlich gestaffelte –
Entschädigungszahlung geregelt werden. Dies kann verbunden werden mit
der Vereinbarung einer – echten – **Nachmieterklausel**, was dem Mieter ermöglicht, mit dem Nachmieter eine Entschädigung gesondert zu vereinbaren. Allerdings hat der Mieter dabei die Grenzen des § 4a WoVermittG
zu beachten.

Wird eine solche **Vereinbarung nicht getroffen**, bleibt dem Mieter nur der beschwerliche Weg über § 812 BGB, wozu er eine Ertragswerterhöhung gerade
durch die zurückgelassenen Einbauten nachweisen muss[1]. Dazu muss er zumindest den Ertragswert der Mietsache ohne und mit den Einbauten ermitteln. Da es aber auf die tatsächliche Bereicherung des Vermieters ankommt,
muss sogar berücksichtigt werden, ob die Wertsteigerung tatsächlich realisiert wurde. Dazu kann zwar ein Sachverständigengutachten herangezogen
werden, in dem ausdrücklich der Ertragswert ermittelt wird. Der Vermieter
kann sich aber auf § 818 Abs. 3 BGB berufen, wenn er nachweist, dass der
(Nachfolge-)Mieter auch ohne die Investition die gleiche Miete gezahlt hätte.

Nach Fertigstellung der Modernisierungsarbeiten sollten die Parteien ein 218
Protokoll fertigen, um die Kosten, etwaige Mängel und ggf. Nachbesserungsarbeiten festzulegen oder die Arbeiten als mangelfrei und ordnungsgemäß zu bestätigen.

d) Formulierungsmuster Modernisierungsvereinbarung

Herr Franz Vermieter, 219
wohnhaft in ...

und

Herrn Max Mieter,
wohnhaft in ...

treffen hiermit folgende

Vereinbarung

über mieterseits durchzuführende Arbeiten in der vom Mieter mit Vertrag vom
... vom Vermieter angemieteten Wohnung im ...:

---

1 BGH, ZMR 2006, 185.

§ 1. Der Mieter verpflichtet sich, im Wohnzimmer Holzparkettboden ganzflächig zu verlegen. Hierzu hat der Mieter einen Kostenvoranschlag der Fa. Bodenfrisch eingeholt, der dem Vermieter zur Einsicht vorliegt. Die Kosten belaufen sich danach auf ... Euro. Die zu verlegende Fläche beträgt 40 qm. Als Holzart wird Eiche massiv vereinbart. Der Parkettboden wird ausschließlich von der Fachfirma verlegt, so dass Eigenleistungen durch den Mieter ausscheiden.

Im Schlafzimmer wird der Mieter das Fenster aus Holz durch ein solches aus Kunststoff (Kippflügel), Isolierung gegen Schall nach DIN, ersetzen. Hierzu hat der Mieter ebenfalls einen Kostenvoranschlag der Firma Rolff Fensterbau vom ... eingeholt. Danach belaufen sich die Kosten auf ... Euro. Auch hier scheidet eine Eigenleistung durch den Mieter aus.

Die Küche wird vom Mieter mit einem neuen PVC-Belag versehen und der Mieter verpflichtet sich, das Material auf seine Kosten zu besorgen und die Arbeiten selbst durchzuführen. Der bisherige PVC-Belag wird vom Mieter auf dessen Kosten entfernt, der Untergrund gesäubert und anschließend der neue Belag fachgerecht aufgebracht. Die Arbeitszeiten notiert der Mieter jeweils nach Tag und Stunde. Es wird ein Stundensatz von 15 Euro vereinbart.

§ 2. Instandhaltungs- und Instandsetzungskosten im Zusammenhang mit den festgestellten Maßnahmen des Mieters fallen dem Vermieter zur Last.

§ 3. Der Beginn der Maßnahmen wird auf den ... festgelegt, das Ende spätestens auf den ... Nach Fertigstellung der Arbeiten wird ein gemeinsames Protokoll erstellt (vgl. Anhang *Rz. 220*), in dem auch die entstandenen Kosten festgehalten werden.

§ 4. Der Investitionsbetrag in Höhe einer Jahresmiete gilt in vier Jahren als abgewohnt. Bei einer früheren Beendigung des Mietverhältnisses noch nicht abgewohnte Investitionskosten werden, unbeschadet der Ziff. 6, vom Vermieter erstattet.

Für die Dauer der Abwohnzeit sind Mieterhöhungen nach den § 558, 559 BGB ausgeschlossen.

§ 5. Während der Abwohnzeit ist das Recht zur ordentlichen Kündigung für den Vermieter ausgeschlossen.

§ 6. Für den Fall, dass der Mietvertrag vor Ablauf der Abwohnzeit, gleich aus welchem Grunde, endet, ist der Vermieter verpflichtet, einen vom Mieter zu stellenden geeigneten Nachmieter zu akzeptieren. Weiter ist Voraussetzung, dass dieser bereit ist, zu den gleichen Bedingungen in den Mietvertrag einzutreten. Schlägt der Vermieter einen Ersatzmieter selbst vor, muss dieser bereit sein, dem Mieter den bis zum Beginn seiner eigenen Mietzeit nicht abgewohnten Teil der Modernisierungsmaßnahmen nach Maßgabe des Verhältnisses der Gesamtkosten zur restlichen Abwohnzeit zu entschädigen.

§ 7. Der Vermieter verpflichtet sich, während der Dauer der Abwohnzeit die Arbeiten des Mieters nicht durch eigene Maßnahmen jedwelcher Art zu beeinträchtigen.

§ 8. Die mieterseits durchgeführten Einrichtungen gehen nach deren Fertigstellung und Unterzeichnung eines vorbehaltslosen Abnahmeprotokolls in das

Eigentum des Vermieters über. Das Wegnahmerecht des Mieters bei Vertragsende und für den Fall der vorzeitigen Vertragsauflösung ist ausgeschlossen.

Ort, Datum ...

...
(Unterschrift Vermieter)

...
(Unterschrift Mieter)

Anhang: Abnahmeprotokoll 220

Der Vermieter bestätigt dem Mieter verbindlich, dass die durchgeführten Modernisierungsarbeiten ordnungsgemäß verrichtet und fertig gestellt wurden.
(Alternativ): Folgende Mängel sind vom Mieter spätestens bis zum ... auf dessen Kosten zu beseitigen:
Die Gesamtkosten der Modernisierungsarbeiten sind hiermit wie folgt verbindlich vereinbart:
Parkettfußboden im Wohnzimmer ... Euro
Fensterkosten im Schlafzimmer ... Euro
Bodenbelagsarbeiten in der Küche ... Euro
Handwerkerleistungen ... Euro
Eigenleistungen ... Euro

Ort, Datum ...

...
(Unterschrift Vermieter)

...
(Unterschrift Mieter)

Beispiele von Modernisierungsmaßnahmen[1] 221
- Alarmanlage
- Bad-Einbau oder -Renovierung
- Bodenbeläge
- Diebstahlsicherung
- Einbauküche
- Einbauschränke
- Elektro-, Gas- und Sanitärleitungen erneuern bzw. verlegen
- Etagenheizung
- Fenstererneuerung
- Fliesen
- Fußbodenerneuerung
- Fußbodenheizung, Erneuerung bzw. Einbau

---

1 *Gundlach*, ZMR 1983, 220; vgl. auch die Rechtsprechungsnachweise unter E Rz. 161.

- Garagenbau
- Garagentorerneuerung
- Heimsauna
- Heizungsumstellung
- Innenputzerneuerung
- Isolierverglasung
- Kachelofeneinbau und Einbau eines offenen Kamins
- Keller-Ausbau (z.B. Sauna, Hobbyraum)
- Klempnerarbeiten
- Kochraum mit Entlüftungsmöglichkeiten und den erforderlichen weiteren Anlagen
- Malerarbeiten
- Markiseneinbau
- Radiatoren für Zentralheizung
- Raumteiler
- Rollladeneinbau
- Sanitäre Anlagen
- Schallschluckmaßnahmen (z.B. Wandverkleidungen)
- Schwimmbecken-Einbau
- Steckdosen und Schalter (zusätzlich)
- Tapezieren
- Teppichboden
- Terrassen- und Balkonrenovierung
- Thermostat-Ventil-Einbau
- Treppen- und Treppenbeläge-Erneuerung
- Türerneuerung
- Verkleidung von Außen- oder Innenwänden
- Verkleidung von Decken und Wänden (z.B. mit Holz)
- Verputzerneuerung
- Versetzen von Wänden
- Wärmeschutzmaßnahmen (z.B. Heizkörper-Nischen, Fußboden, Außenwände)
- Wärmepumpen-Einbau
- Warmwasseranlage-Einbau
- WC-Einbau
- Wohnungsabschluss
- Zentralheizungserneuerung

– Zwischendecke
– Zwischengeschosseinbau

7. Sonderfall: Barrierefreiheit

a) Ausgangslage

Die Vorschrift des § 554a BGB bildet von dem Grundsatz, dass der Vermieter bei seiner Entscheidung über die Zustimmung zu einer baulichen Veränderung unter anderem die Belange anderer Mieter, das Willkürverbot sowie die Interessen des Mieters zu berücksichtigen hat, keine **Ausnahme**. Durch die zum 1.9.2001 eingeführte Regelung sollen aber gerade ältere Menschen, für die ein Umbau wegen einer altersbedingten Gebrechlichkeit wichtig werden kann, um in der angestammten Wohnung bleiben zu können, ermutigt werden, in eine Auseinandersetzung mit dem Vermieter über behindertengerechte Einrichtungen einzutreten. 222

Ausgangspunkt des durch die Mietrechtsreform neu eingeführten § 554a BGB ist die grundlegende **Treppenlift-Entscheidung** des BVerfG[1], in der der Senat feststellte, dass das durch die Eigentumsgarantie des Art. 14 Abs. 1 GG ebenfalls geschützte Besitzrecht des Mieters verletzt werde, wenn bei der ablehnenden Entscheidung über die Zulässigkeit baulicher Veränderungen allein auf die Belange des Vermieters abgestellt werde. Die Interessen des Mieters würden durch eine möglichst ungehinderte Nutzung seiner Wohnung bestimmt. Dazu gehöre auch die Mitbenutzung des Treppenhauses, das zu seiner Wohnung hinführt. Habe der Mieter zulässigerweise einen Lebensgefährten in die Wohnung aufgenommen, erstrecke sich das Recht des Mieters i.S.v. Art. 14 Abs. 1 GG auch darauf, dass dem Lebensgefährten der Zugang zur Wohnung gewährt werde. Grundsätzlich unterliege zwar die bauliche Gestaltung der allen Mietern dienenden Gemeinschaftsanlagen der alleinigen Entscheidungsbefugnis des Vermieters. Art. 3 Abs. 3 Satz 2 GG, wonach niemand wegen seiner Behinderung benachteiligt werden darf, könne es dem Vermieter jedoch gebieten, dem Mieter die Erlaubnis zur Installation eines Behindertenliftes im Treppenhaus zu erteilen, wenn der Lebensgefährte des Mieters nur so ungehindert Zugang zur Wohnung habe, obwohl der Einbau möglicherweise zu Nachteilen für andere Mieter (Verengung der Fluchtwege) führe[2].

b) Abwägung

Die Frage der Zustimmung zu einer Umbaumaßnahme durch den Vermieter hängt von einer **umfassenden Abwägung** zwischen den durch Art. 14 Abs. 1 Satz 1 GG und Art. 3 Abs. 3 Satz 2 GG geschützten Interessen des Mieters und dem nach Art. 14 Abs. 1 Satz 1 GG grundrechtlich geschützten Interesse des Vermieters voraus. Daneben sind die Interessen der anderen Mieter angemessen zu berücksichtigen, § 554 Abs. 2 Satz 2 BGB. 223

---

1 BVerfG, WuM 2000, 298 = ZMR 2000, 435.
2 BVerfG, WuM 2000, 298 = ZMR 2000, 435.

224 Die Abwägung muss sich an allen generellen und im konkreten Einzelfall **erheblichen Umständen** orientieren, insbesondere an Art, Dauer, Schwere der Behinderung, Umfang und Erforderlichkeit der Maßnahme, Dauer der Bauzeit, Möglichkeit des Rückbaus, bauordnungsrechtliche Genehmigungsfähigkeit, Beeinträchtigungen der Mitmieter während der Bauzeit, Einschränkungen durch die Maßnahme selbst sowie mögliche Haftungsrisiken des Vermieters, etwa aufgrund der ihm obliegenden Verkehrssicherungspflicht. Daneben kann berücksichtigt werden, ob durch Auflagen an den Mieter, wie etwa den Abschluss einer Haftpflichtversicherung mögliche Nachteile für den Vermieter gemildert werden können, so dass sie insgesamt zur Zulässigkeit der Umbaumaßnahme führt. Nach § 554a Abs. 1 S. 3 BGB sind in die Abwägung der gegenseitigen Interessen auch die **Interessen anderer Mieter** im Gebäude einzubeziehen. Soweit diese sich ausschließlich auf deren Wohnungsinneres beziehen, bleiben sie außer Betracht. Betroffen kann aber, wie in der „Treppenliftentscheidung" des BVerfG, etwa die Frage eines Fluchtweges nach Durchführung der Maßnahme sein. Zugänge für Mitmieter dürfen nicht verhindert werden. Kein Argument ist eine mögliche Minderungsbefugnis des Mitmieters während oder nach Durchführung der Veränderung.

Der Vermieter kann seine Zustimmung zu der konkreten Maßnahme im Ergebnis **nur dann verweigern**, wenn die Abwägung dazu führt, dass sein Interesse an der Beibehaltung des unveränderten Zustandes der Wohnung oder des Hauses das Interesse des Mieters an einem Umbau überwiegt[1]. Ergibt die Abwägung eine **Gleichwertigkeit**, gehen die Interessen des Mieters vor[2].

c) Berechtigter Personenkreis

225 Den Anspruch auf Zustimmung kann der **Mieter** nicht nur geltend machen, wenn er selbst **behindert** ist, sondern im Ergebnis für all diejenigen Personen, die der Mieter berechtigterweise in seine Wohnung aufgenommen hat, ohne dass sie selbst Mietvertragspartei sind[3]. Dies sind alle **Personen**, die i.S.v. §§ 540, 553 BGB den Anspruch des Mieters auf Erteilung der Erlaubnis zur Untervermietung begründen, also insbesondere sein Ehegatte, Familienangehörige, sein Lebenspartner oder sein Lebensgefährte.

226 Der Begriff „**behindert**" ist nicht im engen Sinne des Sozialrechts, wie etwa in § 3 Schwerbehindertengesetz, zu verstehen. Vielmehr reicht jede erhebliche und dauerhafte Einschränkung der Bewegungsfähigkeit unabhängig davon, ob sie bereits bei Mietbeginn vorhanden ist oder erst im Laufe des Mietverhältnisses, z.B. aufgrund eines Unfalls oder des Alterungsprozesses, entsteht, aus[4].

Das typische Beispiel ist der alte Mieter, der die Wohnung altersbedingt umgestalten möchte, um nicht in ein Pflegeheim ziehen zu müssen.

---

1 BT-Drucks. 14/5663, S. 167.
2 *Drasdo*, WuM 2002, 123, 125.
3 BT-Drucks. 14/5663, S. 167.
4 BT-Drucks. 14/5663, S. 167.

d) Beabsichtigte Maßnahme

Die **beabsichtigte Maßnahme** muss nach dem Wortlaut weder unbedingt eine bauliche Veränderung im eigentlichen Sinne, also eine solche, die in die Substanz des Mietgebäudes eingreift, noch eine Modernisierung i.S.v. § 554 BGB darstellen. Vielmehr gilt § 554a für alle Umbauten innerhalb der gemieteten Wohnung sowie außerhalb, soweit der Zugang zur Wohnung ermöglicht oder verbessert werden soll und Anlass die behindertengerechte Einrichtung des Wohnraums ist. Der Begriff der „**sonstigen Einrichtung**" ist als Auffangmerkmal für Maßnahmen gedacht, die begrifflich nicht unbedingt unter eine bauliche Veränderung fallen, weil sie nicht massiv die bauliche Substanz verändern. Hierunter fallen z.B. die Befestigung besonderer Griffe an eine Wanne oder einer Vorrichtung über dem Bett an der Decke, an der sich der behinderte Mensch hochziehen kann. Deshalb kann sich der Anspruch auf Zustimmung auch auf andere Gebäudeteile beziehen wie etwa Veränderungen im Treppenhaus oder der Eingangstreppe. Ebenfalls können Veränderungen an Balkonen, Terrassen, Kellern oder Mansarden betroffen sein[1].

Beispiele Innenbereich:
- Treppenlift
- Haltegriffe im Bad
- Einbau einer Duschwanne
- Einbau eines behindertengerechten WC
- Türdurchbrüche zur Schaffung breiteren Durchganges

Beispiele Außenbereich:
- Beseitigung störender Stufen
- Errichtung einer Rampe zur Terrasse
- Verbreiterung der Hauseingangstüre
- Entfernung von Türschwellen
- Balkonabsturzsicherungen
- Versetzung von Müllcontainern[2]

227

Obwohl die Vorschrift dies nicht ausdrücklich erwähnt, muss der Mieter darstellen, dass die Maßnahme durch einen geeigneten **Fachmann** durchgeführt werden soll. Diese Kriterien wurden insbesondere im Zusammenhang mit der Erlaubniserteilung bei Parabolantennen herausgearbeitet[3] (siehe auch *G Rz. 154 f.*). Sie gelten aber auch hier, weil der Vermieter vor unfachmännischen Eingriffen in die Bausubstanz geschützt sein muss. Dabei reicht es jedoch aus, dass der Mieter nachweist, dass er die fachgerechte Leistung (ggf. durch befreundete Dritte) erbringen kann. Der Vermieter

228

---

1 *Drasdo*, WuM 2002, 123, 124; *Haas*, § 554 BGB Rz. 3.
2 LG Hamburg v. 29.4.2004 – 307 S 159/03, ZMR 2004, 914.
3 OLG Karlsruhe, WuM 1993, 525; OLG Hamm, WuM 1993, 659; OLG Stuttgart, WuM 1995, 306.

kann nicht auf der Ausführung durch einen von ihm ausgesuchten Handwerker bestehen.

e) Zusätzliche Sicherheit

229 Auch und gerade weil der Mieter verpflichtet ist, bei Beendigung des Mietvertrages die bauliche Veränderung rückgängig zu machen, kann der Vermieter gemäß § 554a Abs. 2 BGB seine Zustimmung von der Leistung einer **angemessenen zusätzlichen Sicherheit** für die Wiederherstellung des ursprünglichen Zustandes abhängig machen. Durch den Hinweis auf eine zusätzliche Sicherheit ist zunächst klargestellt, dass die nach § 551 geleistete Kaution im Rahmen der Abwägung nach § 554a Abs. 1 BGB keine Rolle spielt. Im Übrigen richtet sich die Höhe der Sicherheit nach den voraussichtlichen Kosten für den Rückbau, die z.B. durch einen Kostenvoranschlag belegt werden können. Dabei ist dem Vermieter ein Zuschlag für voraussichtliche Lohn- und Materialkostensteigerungen zuzubilligen.

230 § 554a Abs. 2 BGB verweist nicht auf § 551 Abs. 2 BGB. Somit kann der Vermieter die **ungeteilte Zahlung der Sicherheit** vor Beginn der Baumaßnahme verlangen. Der Mieter hat also kein Recht zur Teilzahlung. Im Übrigen kommen alle denkbaren Sicherheiten in Betracht. Durch den Verweis auf § 551 Abs. 3 BGB wird lediglich deutlich, dass eine Barkaution wie auch sonst vom Vermieter getrennt von seinem Vermögen und verzinslich anzulegen ist.

f) Abweichende Vereinbarungen

231 Nach § 554a Abs. 3 BGB sind zum Nachteil des Mieters von Abs. 1 abweichende Vereinbarungen unzulässig. Dem gemäß kann also insbesondere der Vermieter von einem behinderten Mietinteressenten nicht die Bestätigung verlangen, dass er auf die Ausführung seiner Rechte nach § 554a BGB verzichtet.

Von dem Verbot abweichender Vereinbarungen wird die Regelung in Absatz 2 ausdrücklich ausgenommen. Zwar verweist § 554a Abs. 2 BGB wiederum auf § 551 Abs. 4 BGB, wonach ebenfalls zum Nachteil des Mieters abweichende Vereinbarungen unwirksam sind. Diese Verweisung bezieht sich jedoch auf die Regelung des § 551 Abs. 3 BGB, auf die ebenfalls in § 554a Abs. 2 BGB verwiesen wird, so dass also eine andere als die vom Vermögen des Vermieters getrennte Aufbewahrung der Sicherheit unzulässig ist[1]. Inhaltlich aber kann § 554a Abs. 2 BGB auch zum Nachteil des Mieters abgeändert werden. Der Vermieter könnte also z.B. eine im Vertrag von vornherein der Höhe nach festgelegte Sicherheit verlangen, wobei jedoch die Grundsätze des § 307 BGB zu beachten sind.

---

1 BT-Drucks. 14/5663, S. 168.

g) Mietervertretung bei der Geltendmachung des Zustimmungsanspruches

Der den Mieter vertretende Rechtsanwalt muss die tatsächlichen Voraussetzungen im Einzelnen darlegen und konkret beschreiben. Pauschale Bezeichnungen („Einbau eines passenden WC") sind nicht ausreichend und lösen den Zustimmungsanspruch gegen den Vermieter deshalb nicht aus. Schon aus Gründen der besseren Nachweisbarkeit sollte die Anfrage schriftlich erfolgen. Zur weiteren **Spezifizierung** sollten dem Begehren auch Kostenvoranschläge, Zeichnungen, Baubeschreibungen und dergleichen beigefügt werden, damit der Vermieter in die Lage versetzt wird, sich eine konkrete Vorstellung von den Veränderungen bzw. Einrichtungen machen zu können. Die Leistung einer Sicherheit muss der Mieter nicht von sich aus anbieten. 232

Der Anspruch des Mieters ist auf Zustimmung gerichtet. Er wird prozessual im Wege der **Zustimmungsklage** geltend gemacht. Die Arbeiten, auf die sich die Zustimmung beziehen soll, sind dabei genauso detailliert im Klageantrag zu beschreiben, wie bei der Duldungsklage des Vermieters (vgl. Rz. 192). Das stattgebende Urteil ersetzt die Zustimmung und wird gem. § 894 Abs. 1 ZPO dadurch vollstreckt, dass die Willenserklärung mit Rechtskraft des Urteiles als abgegeben gilt. 233

h) Vermietervertretung

Steht fest, dass die Person, für die der Mieter die Arbeiten ausführen will, zum geschützten Kreis gehört und ist der Anspruch auf Zustimmung ordnungsgemäß geltend gemacht, insbesondere ausreichend begründet, sollte geprüft werden, ob die Arbeiten so technisch überhaupt durchführbar sind und ob **öffentlich-rechtliche Bestimmungen** deren Ausführung entgegenstehen. 234

Bestehen Bedenken im Hinblick auf die **Interessen der anderen Mieter** im Hause, muss überlegt werden, ob diese dadurch ausgeräumt werden können, dass dem Mieter Auflagen zur Ausführung gemacht werden. Dazu ist der Vermieter berechtigt[1] und u.U. sogar verpflichtet, bevor er seine Zustimmung verweigert. 235

Entsteht dem Vermieter durch die Ausführung der Arbeiten ein **Schadensrisiko**, wie regelmäßig bei Eingriffen in die Bausubstanz, sollte die Zustimmung davon abhängig gemacht werden, dass der Mieter eine Haftpflichtversicherung nachweist. Die Zustimmung kann verweigert werden, wenn die Arbeit nicht **fachhandwerklich** einwandfrei durchgeführt werden soll. Stehen sich verschiedene Alternativen zur Erreichung des Zwecks gegenüber, ist der Vermieter berechtigt, die **Wahl** zu treffen, was selbst dann gelten soll, wenn die ausgewählte Maßnahme teurer als die vom Mieter bevorzugte ist[2]. 236

---

1 *Drasdo*, WuM 2002, 123, 126.
2 *Drasdo*, WuM 2002, 123, 125; *Merrson*, NZM 2002, 313, 316.

i) Besonderheiten bei Eigentumswohnungen

237 Sobald der Mieter in dem aufgezeigten Rahmen eine Maßnahme plant, die das **Gemeinschaftseigentum tangiert**, greift er nicht nur in die Rechte des Vermieters, sondern auch der Eigentümergemeinschaft ein. Dies ist nicht nur der Fall, wenn eine der Treppenlift-Entscheidung[1] vergleichbare Konstellation gegeben ist, also der Mieter seinen Anspruch auf ungehinderten Zugang zur Mietsache realisieren will. Auch innerhalb der Mieträume kann das Gemeinschaftseigentum betroffen sein, wenn der Mieter Veränderungen an tragenden Wänden[2] oder der Wohnungseingangstüre[3] vornehmen will.

aa) WEG-rechtliche Ausgangslage

238 Nach § 22 Abs. 1 WEG können bauliche Veränderungen grundsätzlich nicht mehrheitlich beschlossen werden. Sie bedürfen vielmehr der Zustimmung eines jeden Wohnungseigentümers, dessen Rechts durch die Maßnahme über das in § 14 Nr. 1 WEG bestimmte Maß hinaus beeinträchtigt werden. An dieser Zustimmung kann es insbesondere bei größeren Eigentümergemeinschaften fehlen, so dass der Wohnungseigentümer nicht berechtigt sein wird, eine bauliche Veränderung vorzunehmen.

239 Unter bestimmten Voraussetzungen sind von § 22 Abs. 1 WEG abweichende Vereinbarungen zulässig, insbesondere kann in der Teilungserklärung bestimmt werden, dass für die wirksame Beschlussfassung über eine bauliche Veränderung eine **qualifizierte Mehrheit** ausreicht[4].

Aus dieser Feststellung folgen z.B. für die Frage der Installation einer Parabolantenne in der Regel aber keine zusätzlichen Komplikationen. Wenn der Mieter einen Anspruch auf Installation einer solchen Antenne gegenüber seinem Vermieter geltend machen kann, um seinem verfassungsrechtlich geschützten Informationsinteresse gerecht zu werden, kann der Wohnungseigentümer diesen Anspruch gleichermaßen gegenüber der Eigentümergemeinschaft einfordern. Dabei spielt es keine Rolle, dass nicht der Wohnungseigentümer selbst, sondern sein Mieter das Informationsinteresse hat. Gleiches muss dann auch gelten, wenn die Voraussetzungen des § 554a Abs. 1 BGB vorliegen.

240 Die Eigentümergemeinschaft hat allerdings ein **Mitsprache- und Direktionsrecht** hinsichtlich der Örtlichkeit der Installierung und die Kosten müssen ggf. vom betreffenden Wohnungseigentümer alleine getragen werden[5]. Ist die Gemeinschaft bereits an das Breitbandkabel angeschlossen, besteht grundsätzlich kein Anspruch auf zusätzliche Errichtung einer Para-

---

1 BVerfG, WuM 2000, 298 = ZMR 2000, 435.
2 BGH, NZM 2001, 196.
3 LG Saarbrücken, NZM 1998, 675; LG Düsseldorf, MDR 1990, 249.
4 *Vgl. hierzu Jennißen/Hogenschurz*, WEG, § 22 Rz. 40 ff.
5 Vgl. hierzu: *Müller*, Praktische Fragen des Wohnungseigentums, 3. Auflage, S. 226.

bolantenne. Solche Antennen beeinträchtigen den optischen Gesamteindruck, so dass ihre Unterlassung grundsätzlich nach § 14 Nr. 1 WEG gefordert werden kann. Eine Ausnahme ist dann gegeben, wenn der Kabelanschluss das Informationsinteresse des Ausländers, der daran interessiert ist, die Programme seines Heimatlandes zu empfangen, oder eines Deutschen, der berufsbedingt weitere Programme empfangen muss, nicht erfüllt. In solchen Fällen kann die zusätzliche Installation einer Parabolantenne gefordert werden. Die dargestellten Grundsätze gelten für eine Maßnahme der Barrierefreiheit entsprechend, so dass der Vermieter bei der Eigentümergemeinschaft die Zustimmung einholen muss.

bb) Mietrechtlicher Konflikt

Nicht nur im Bereich der Barrierefreiheit nach § 554a BGB besteht ein Anspruch des Mieters auf Durchführung baulicher Veränderungen[1]. In diesem Zusammenhang ist auch der Anspruch des Mieters auf Installation von Parabolantennen zu erwähnen[2]. Führt die **Interessenabwägung** zu einem Anspruch des Mieters, kann der Vermieter sich nicht darauf berufen, ihm sei z.B. die Erlaubnis zur Installierung eines Treppenliftes (oder einer Parabolantenne auf dem Dach) deshalb (rechtlich) unmöglich, weil dazu die Zustimmung der Eigentümergemeinschaft erforderlich ist. Die Interessensabwägung erfolgt ausschließlich im Verhältnis Vermieter/Mieter nach mietrechtlichen Grundsätzen. In diesem Verhältnis stellt die fehlende Zustimmung der Eigentümergemeinschaft zu einer Veränderung des Gemeinschaftseigentums zunächst nur ein **vorübergehendes Leistungshindernis** dar[3]. Der Vermieter ist also ggf. gezwungen, den gegen ihn gerichteten Anspruch des Mieters gegen die Eigentümergemeinschaft durchzusetzen[4].

241

Hat der Mieter den Vermieter gerichtlich in Anspruch genommen und stellt sich in dem Verfahren heraus, dass ein Anspruch des Vermieters auf Erteilung der Zustimmung gegen die Eigentümergemeinschaft nicht von vorneherein ausgeschlossen ist, kann der Mietprozess bis zur (bestands- oder rechtskräftigen) Entscheidung über die Zustimmung **ausgesetzt** werden[5].

Dieses – auch zeitlich – aufwendige Verfahren wäre entbehrlich, wenn in der nach § 554a Abs. 1 Satz 2 BGB notwendigen Interessenabwägung die **Belange der Eigentümergemeinschaft** zu berücksichtigen sind. Immerhin könnten sie als Bestandteil der Vermieterinteressen angesehen werden. Daneben ist auch eine Analogie zu dem gesetzlichen Hinweis auf beachtens-

242

---

1 Vgl. dazu: *Lützenkirchen*, Neue Mietrechtspraxis, Rz. 532 ff.
2 Vgl. dazu: OLG Hamm, MDR 1998, 527; OLG Naumburg, WuM 1994, 17; OLG Karlsruhe, WuM 1993, 525; OLG Stuttgart, WuM 1995, 306; OLG Frankfurt/Main, WuM 1992, 458.
3 *Bärmann/Pick/Merle*, § 21 WEG Rz. 146; vgl. *Sternel*, Mietrecht aktuell, Rz. VI 107; **a.A.** LG Berlin, WuM 1988, 156.
4 *Drasdo*, WuM 2002, 123, 129.
5 *Blank/Börstinghaus*, § 554a BGB Rz. 16.

werte Interessen anderer Mieter denkbar, weil dadurch deutlich wird, dass auch die Belange von Betroffenen außerhalb des Mietvertrages berücksichtigt werden können[1].

243 Dieser Verfahrensweise stehen jedoch erhebliche Bedenken entgegen. Der Wortlaut des § 554a BGB erweitert die Abwägung ausdrücklich nur auf die Interessen anderer Mieter. Die §§ 577 ff. BGB zeigen, dass der Gesetzgeber bei den Beratungen des MRRG auch die Bildung von Wohnungseigentum in seine Überlegungen einbezogen hat. Dies führt zwar zu dem kuriosen Ergebnis, dass – jedenfalls im Rahmen der Abwägung – die Rechte anderer Mieter höher anzusetzen sind als z.B. eines **selbstnutzenden Eigentümers**. Indessen kann nur auf diese Weise den unterschiedlichen Verfahren Rechnung getragen werden. Während der Vermieter die Interessen anderer Mieter schon im Rahmen seiner Fürsorgepflicht zu wahren hat, können die Interessen der anderen Sondereigentümer in sich schon gegenläufig sein und müssen daher im Rahmen des Willensbildungsprozesses nach dem WEG herausgebildet werden. Dafür besitzen die Mietvertragsparteien keine Zuständigkeit. Im Übrigen würde dies die Abwägung überfrachten.

244 Auch verfahrenstechnische Probleme stehen der umfassenden Abwägung im Rahmen des § 554a BGB entgegen. Ein Urteil im Zivilprozess würde gegen die Eigentümergemeinschaft nur Wirkung entfalten, wenn der Mieter sie gemeinsam mit dem Vermieter verklagen würde oder eine **Streitverkündung** stattfindet. Ein (gerichtlich durchsetzbarer) Anspruch gegen die Eigentümergemeinschaft besteht für den Mieter jedoch nicht. Seine Rechte stützen sich allein auf den Mietvertrag. Eine Streitverkündung hilft insoweit nicht, weil gemäß den §§ 74, 68 ZPO[2] nur die Umstände, die im Verhältnis der Mietvertragsparteien zu berücksichtigen sind, verbindlich werden. Der Entscheidungsprozess innerhalb der Eigentümergemeinschaft wird weder ersetzt noch behindert.

j) Entfernung der Veränderung oder Einrichtung

245 **Nach Vertragsende** ist der Mieter verpflichtet, die Maßnahme rückgängig zu machen, sofern der Vermieter dies fordert. Eine Abwendungsbefugnis sieht das Gesetz für den Mieter nicht vor. Die Rückbauverpflichtung folgt aus § 546 BGB.

246 Es wird auch vertreten, dass schon **vor Ende des Mietvertrages** eine Rückbauverpflichtung eintreten kann, etwa bei Wegfall der Behinderung oder infolge Todes[3]. Um dies zu verhindern, ist auch für diesen Fall eine Vereinbarung anzuraten.

---

1 *Mersson*, NZM 2002, 313, 319.
2 Vgl. dazu *Vollkommer* in Zöller, § 68 ZPO Rz. 9.
3 *Drasdo*, WuM 2002, 123, 128.

Dem Vermieter bleibt es unbenommen, nach § 552 Abs. 1 BGB vorzugehen und das Wegnahmerecht des Mieters nach § 539 Abs. 2 BGB durch Zahlung einer Entschädigung abzuwenden.

8. Verwendungen des Mieters nach §§ 536a Abs. 2, 539 BGB

Die Vorschriften regeln den Ersatzanspruch des Mieters nach durchgeführten Instandhaltungsarbeiten, Reparaturen und Modernisierungsmaßnahmen. Dabei wird **unterschieden** zwischen
– **erforderlichen Aufwendungen** (§ 536a Abs. 2 BGB)
– **sonstigen**, allgemein als „nützlich" bezeichneten **Aufwendungen** (§ 539 BGB).

Außer in den Fällen des Verzuges des Vermieters mit der Mängelbeseitigung, die dem Mieter das Rechts zur Ersatzvornahme und einen Ersatzanspruch für Aufwendungen eröffnet, die er vernünftigerweise für erforderlich halten durfte, ist der Anwendungsbereich der Vorschriften relativ begrenzt. Denn der Begriff der notwendigen Aufwendungen i.S.v. § 536a Abs. 2 Ziff. 2 BGB bezieht sich auf Ausnahmefälle, während Ersatz für sonstige Aufwendungen meist nicht in Betracht kommt, weil dem Mieter der Fremdgeschäftsführungswille fehlt.

a) Notwendige Aufwendungen – § 536a Abs. 2 Ziff. 2 BGB

Notwendige Aufwendungen sind Maßnahmen, die erforderlich sind, um die Mietsache vor Zerstörung, Untergang, Beschädigung oder Verlust zu bewahren[1]. Auch Aufwendungen zur Wiederherstellung einer teilzerstörten Mietsache können notwendig sein[2]

Beispiele:
– Erneuerung des Dachstuhls
– Erneuerung der Elektro- und Sanitärinstallationen
– Beseitigung von Feuchtigkeit im Wand- und Fußbodenbereich[3].
– Herrichtung eines Raums als Küche durch Verfliesung und Fußbodenverkleidung[4]
– Herstellung einer ausreichenden Beheizung
– Reinigung eines verstopften Abflussrohrs
– Reparatur der bei kalter Witterung ausgefallenen Heizung[5]
– Erneuerung eines Warmwasserboilers[6].

---

1 Blank, „Verwendungsersatzansprüche", S. 803; Eisenschmid in: Schmidt-Futterer, § 536a BGB Rz. 125; Blank/Börstinghaus, § 536a BGB Rz. 39.
2 BGH, NJW-RR 1993, 522; OLG Hamburg, WuM 1986, 82.
3 BGH, WM 1983, 766.
4 AG Dortmund, WuM 1992, 125.
5 LG Rottweil, WuM 1989, 288.
6 LG Hamburg, WuM 1988, 87.

250 Eine **grundlegende** Veränderung der Mietsache darf mit den Maßnahmen des Vermieters nicht verbunden sein[1].

251 Hinzu kommen muss auch hier wie bei den nützlichen Aufwendungen, dass der **Mieter für den Vermieter** tätig geworden sein muss, diesem sozusagen eine Erhaltungs- oder Reparaturlast abgenommen hat[2] (vgl. dazu K Rz. 502 f.).

252 Darüber hinaus wird der Begriff der notwendigen Aufwendungen auf **Notmaßnahmen** begrenzt, durch welche die Sache vor der unmittelbar bevorstehenden Gefahr der Verschlechterung oder des Untergangs bewahrt werden soll **und** bei denen eine Mängelanzeige nach § 536c BGB auf Grund der besonderen Eilbedürftigkeit im Einzelfall nicht mehr möglich ist oder der Vermieter sonst nicht erreichbar war[3].

253 Ansonsten sind **Reparaturen** zur **Beseitigung von Mängeln**, die lediglich der Wiederherstellung des vertragsgemäßen Zustandes der Mietsache dienen sollen, keine notwendigen Aufwendungen[4]. Der Anspruch des Mieters auf Aufwendungsersatz ist in diesen Fällen nach § 536a Abs. 2 Ziff. 1 BGB zu bewerten. Danach ist u.a. **Verzug** des Vermieters mit der Schadensbeseitigung Voraussetzung für einen Ersatzanspruch. Beseitigt der Mieter einen Mangel, ohne dass sich der Vermieter mit der Mängelbeseitigung im Verzug befindet oder eine Notmaßnahme vorliegt, so kann er seine Aufwendungen zur Mangelbeseitigung auch nicht nach § 539 Abs. 1 BGB oder als Schadensersatz gemäß § 536a Abs. 1 BGB ersetzt verlangen[5]. Andernfalls würde der Zweck des § 536a BGB unterlaufen. Nach der gesetzlichen Wertung dieser Vorschrift kommt dem Vermieter der Vorrang bei der Mangelbeseitigung zu. Dieser soll die Möglichkeit haben etwaige Gewährleistungsrechte des Mieters abzuwenden und zu prüfen, ob ein Mangel überhaupt besteht, auf welcher Ursache er beruht, wie er zu beseitigen ist und Gelegenheit haben Beweise zu sichern.

Kannte der Mieter bei Mietvertragsabschluss den schlechten Zustand der Räumlichkeiten und wurde daher eine erkennbar geringe Miete vereinbart, steht dem Mieter kein Aufwendungsersatzanspruch zu. Investitionen sind in einem solchen Fall nicht notwendig, da sie nicht dazu dienen, die Mietsache in einen vertragsgerechten Zustand zu versetzen oder einen Sachmangel zu beheben[6].

b) Sonstige (nützliche) Aufwendungen

254 Liegen die Voraussetzungen des § 536a Abs. 1 oder Abs. 2 BGB nicht vor, kommt allenfalls ein Ersatzanspruch für nützliche Aufwendungen nach

---

1 OLG Hamburg, WuM 1986, 82.
2 BGH, WuM 1994, 201.
3 AG Stuttgart-Bad Cannstadt, WuM 1990, 206; *Emmerich*, NZM 1998, 49.
4 BGH, WM 1983, 766; *Scheuer* in Bub/Treier, V Rz. 387.
5 BGH v. 16.1.2008 – VIII ZR 222/06, ZMR 2008, 281.
6 LG Dortmund v. 20.11.2007 – 3 O 223/07, ZMR 2008, 376.

§ 539 Abs. 1 BGB in Betracht. Darunter fallen Maßnahmen, die der Verbesserung der Mietsache in irgendeiner Weise dienen[1], ohne dass dadurch der vertragsgemäße Gebrauch erst hergestellt werden müsste[2].

Beispiele:
- Investitionen zur Befestigung der Hoffläche
- Wandfliesen in Küche und Bad und Einfliesung der Badewanne[3]
- Ausbau der Mieträume[4]
- Aufwendungen zur Ver- und Entsorgung mit Wasser und Strom
- An- und Umbauten[5].

Ob der Mieter in diesen Fällen Ersatz verlangen kann, richtet sich nach den Vorschriften über die **Geschäftsführung ohne Auftrag**. Dabei enthält § 539 Abs. 1 BGB eine **Rechtsgrundverweisung**, so dass die gesetzlichen Voraussetzungen der §§ 677 ff. BGB im Einzelnen vorliegen müssen:
- Der Mieter muss den Willen haben, ein Geschäft des Vermieters zu führen.
- Die Geschäftsführung muss ferner dem Interesse und dem wirklichen oder mutmaßlichen Willen des Vermieters entsprechen.

255

Daran fehlt es zumeist. Die Folgen für den Mieter können gravierend sein, wenn dieser bei Beginn des Mietvertrages, wenn auch im Einverständnis des Vermieters, erheblich in die Wohnung investiert und der Mietvertrag aus berechtigten Gründen vom Vermieter alsbald wieder aufgelöst wird oder der Mieter diesen selbst beenden muss oder will. Der Rat suchende Mieter wendet sich deshalb oft zu spät an den Rechtsanwalt. Denn schon vor der Vornahme der Investitionen muss an die Möglichkeit gedacht werden, später einmal Ersatz verlangen zu können, auch wenn sich der Mieter regelmäßig zunächst auf eine lange Mietzeit einstellt – zumal an das Vorliegen der gesetzlichen Voraussetzungen **strenge Anforderungen** zu stellen sind[6]. Markantes **Beispiel** sind Renovierungsarbeiten in der Mietwohnung[7] oder Aus- und Umbauten[8]. Ein Aufwendungsersatzanspruch nach § 539 Abs. 1 BGB ist erst recht ausgeschlossen, wenn die Aufwendung Teil der vom Mieter geschuldeten Miete sein sollte[9]. Diese Zusammenhänge sollte der den Mieter im Zusammenhang mit dem Abschluss eines Mietvertrages beratende Rechtsanwalt beachten und mit dem Mandanten besprechen, inwieweit dieser im Objekt bauliche Veränderungen plant.

255a

---

1 OLG Hamburg, WuM 1986, 82.
2 Vgl. *Blank/Börstinghaus*, § 539 Rz. 2.
3 LG Berlin, ZMR 1997, 243.
4 LG Düsseldorf, WuM 2002, 491: Erneuerung der Sanitärinstallationen nebst Fliesen in Bad und Küche.
5 OLG Köln, WuM 1996, 269.
6 BGH, WuM 1994, 201.
7 BGH, WuM 1994, 201.
8 OLG Köln, WuM 1996, 269.
9 *Emmerich*, NZM 1998, 49 m.w.N.

256 Liegen die Voraussetzungen der **Geschäftsführung ohne Auftrag** nicht vor, erhält der Mieter Ersatz nur

– bei Genehmigung der Geschäftsführung durch den Vermieter nach § 684 BGB oder

– nach Bereicherungsrecht nach §§ 812 ff. BGB.

Ersatzansprüche nach **Bereicherungsrecht** aus § 812 BGB (Bereicherung auf sonstige Weise) i.V. mit § 818 Abs. 2 BGB setzen zunächst voraus, dass der Vermieter vorzeitig und nicht erst mit Ablauf der vertraglich vorgesehenen Mietzeit in den Genuss der wertsteigernden Investitionen der Klägerin gekommen ist[1].

257 Bislang wurde überwiegend vertreten, dass die Bereicherung nur in der Erhöhung des **Ertragswertes** besteht[2] (weshalb bei kleineren Reparaturen Bereicherungsansprüche schon grundsätzlich verneint wurde[3]). Daher musste der Mieter darlegen und beweisen, wie viel mehr Miete der Vermieter ab dem Zeitpunkt der vorzeitigen Rückgabe dank der Investitionen des Mieters erzielt hätte[4] oder zumindest hätte erzielen können[5]. Ein Anhaltspunkt hierfür konnte die Zahlung einer höheren Miete durch den Nachmieter sein[6] (vgl. im Einzelnen K Rz. 512). Zwischenzeitlich hat der 8. Zivilsenat des BGH[7] allerdings für den Fall, dass ein Mieter – ohne wirksame mietvertragliche Verpflichtung – eine Endrenovierung durchführt, entschieden, dass der Wert der rechtsgrundlos erbrachten Leistung nach dem Betrag der üblichen, hilfsweise der angemessenen Vergütung für die ausgeführten Renovierungsarbeiten bemisst. Dabei müsse aber berücksichtigt werden, dass Mieter bei Ausführung von Schönheitsreparaturen regelmäßig von der im Mietvertrag eingeräumten Möglichkeit Gebrauch mache, die Arbeiten in Eigenleistung zu erledigen oder sie durch Verwandte und Bekannte erledigen zu lassen. In diesem Fall bemesse sich der Wert der Dekorationsleistungen üblicherweise nach dem, was der Mieter billigerweise neben einem Einsatz an freier Zeit als Kosten für das notwendige Material sowie als Vergütung für die Arbeitsleistung seiner Helfer aus dem Verwandten- und Bekanntenkreis aufgewendet habe oder hätte aufwenden müssen. Der Wert der erbrachten Leistung könne durch das Gericht gemäß **§ 287 ZPO geschätzt** werden. Diese Rechtsprechung kann grundsätzlich auch auf andere Investitionen übertragen werden, steht aber im Widerspruch zur bisherigen Rechtsprechung des BGH. Die weitere Entwicklung bleibt insoweit abzuwarten.

---

1 BGH, WM 1996, 1265 ff.; NJW-RR 2001, 727; GuT 2006, 32.
2 BGH v. 26.7.2006 – XII ZR 46/05, WuM GE 2006, 1224; BGH, WM 1996, 1265 ff.; ZMR 1999, 93; NJW-RR 2001, 727; GuT 2006, 32.
3 *Blank*, S. 806; **a.A.** LG Berlin, WuM 1989, 15 für Heizungs- und Warmwasserausfall bei Nichterreichbarkeit des Vermieters.
4 *Emmerich* in Emmerich/Sonnenschein, Miete 8. Aufl. § 539 Rz. 8 m.w.N.
5 BGH v. 13.12.2005 – XII ZR 43/02, GuT 2006, 32.
6 OLG München, NJWE-MietR 1996, 10, 12.
7 BGH v. 27.5.2009 – VIII ZR 302/07, NZM 2009, 395.

9. Wegnahmerecht des Mieters nach § 539 Abs. 2 BGB

Der Mieter ist berechtigt, eine Einrichtung, mit der er die Sache versehen hat, wegzunehmen (vgl. im Einzelnen *K Rz. 474 f.*). Der Anspruch ist auf **Duldung der Entfernung** gerichtet, wobei eine Duldungsklage die Einrichtung konkret bezeichnen muss. Eine Klage auf Herausgabe ist unzulässig[1]. 258

Einrichtungen selbst sind bewegliche Sachen, die so mit der Mietsache verbunden werden, dass sie wieder getrennt werden können und ihrem wirtschaftlichen Zweck dienen sollen[2].

Beispiele:
- Teppichboden[3]
- Parkettboden
- Badezimmereinrichtung[4]
- Einbauküche[5]
- Heizung[6]
- mieterseits gepflanzte Bäume[7]
- Sträucher
- Alarm- und Klingelanlagen[8].

Ob die Einrichtung durch die Verbindung mit der Mietsache deren wesentlicher Bestandteil wird, ist unerheblich[9]. Das Wegnahmerecht bezieht sich außerdem auf Einrichtungen, die im Eigentum des Vermieters (oder eines Dritten) stehen[10]. Der Anspruch ist abtretbar, was insbesondere für die Übernahme von Einrichtungen vom Nachmieter von Bedeutung ist. Denn mit der Übernahmevereinbarung ist zumindest konkludent eine Abtretungsvereinbarung verbunden[11]. 259

Der **Mieter** muss nach Ausübung seines Wegnahmerechts den **ursprünglichen Zustand** der Mietsache wieder **herstellen** (§ 258 S. 1 BGB). Bei Unmöglichkeit der Wiederherstellung darf das Wegnahmerecht nicht ausgeübt werden[12]. 260

Der den Vermieter vertretende Rechtsanwalt sollte die verlangte Duldung der Wegnahme von einer **Sicherheitsleistung** abhängig machen – § 258 S. 2 BGB.

---

1 OLG Düsseldorf, ZMR 1999, 386.
2 BGH, NJW 1987, 2861; OLG Düsseldorf, ZMR 1999, 386.
3 AG Aachen, WuM 1987, 123.
4 OLG Köln, WuM 1996, 269.
5 OLG München, WuM 1985, 90.
6 BGH, BGHZ 53, 324.
7 OLG Köln, ZMR 1994, 509; jedenfalls bei Umpflanzmöglichkeit.
8 OLG Hamburg, WuM 1997, 333.
9 BGH, WuM 1987, 263.
10 BGH, NJW 1991, 3031.
11 BGH, NJW 1969, 40.
12 *Scheuer* in Bub/Treier, V Rz. 255, bestr.

261 Der Vermieter ist berechtigt, die Ausübung des Wegnahmerechts durch Zahlung einer angemessenen **Entschädigung** abzuwenden, sofern kein berechtigtes Interesse des Mieters entgegensteht (§ 552 Abs. 2 BGB). Hierunter fällt auch das Liebhaberinteresse[1]. Insoweit reicht es nicht aus, dass der Vermieter eine verbindliche Zahlungszusage macht[2]. Nur wenn der Vermieter die Entschädigung in einer den Annahmeverzug begründenden Weise anbietet, darf der Mieter sein Wegnahmerecht nicht (mehr) ausüben.

262 Die Abwendungsbefugnis soll sich nicht auf Einrichtungen **außerhalb** der Miträume beziehen[3].

263 Die Angemessenheit der Entschädigung orientiert sich am **Zeitwert**, der ausgehend vom Anschaffungswert zu ermitteln ist[4] (vgl. im Einzelnen *K Rz. 484*).

264 **Verzichtet** der Mieters auf sein Wegnahmerecht, soll damit auch ein Verzicht auf Entschädigungsansprüche verbunden sein[5].

Die Ansprüche des Mieters auf Ersatz sonstiger Aufwendungen und das Wegnahmerecht verjähren gemäß § 548 Abs. 2 BGB binnen sechs Monate nach der Beendigung des Mietverhältnisses. Bei einer Beendigung des Mietverhältnisses durch Veräußerung des Mietobjekts beginnt die **Verjährungsfrist** aber erst mit der Kenntnis des Mieters von der Eintragung des Erwerbers im Grundbuch zu laufen[6].

10. Vereinbarungen im Zusammenhang mit der Wegnahme

265 Der **Ausschluss** des Wegnahmerechts ist bei Wohnraummiete nur bei angemessenem Ausgleich zulässig (§ 552 BGB). Vereinbarungen über eine entschädigungslose Wegnahme sind nicht zulässig (§ 552 Abs. 2). Anders kann es sein, wenn die Klausel eine Verpflichtung des Mieters beinhaltet, die Einrichtungen dem Vermieter zuvor **anzubieten**, seine Preisvorstellungen mitzuteilen, Herstellungskosten und Herstellungszeitpunkt ausgewiesen werden und ein **angemessener Ausgleich** durch den Vermieter vorgesehen ist. Häufig vereinbaren die Parteien als Gegenleistung des Vermieters für den Verzicht auf die Wegnahme einen Geldanspruch, aber auch eine lange Vertragsdauer, einen Verzicht des Vermieters auf Schönheitsreparaturen oder eine geringere Miete.

---

1 Palandt/*Weidenkaff*, § 552 BGB Rz. 2.
2 KG, MDR 2001, 984; Staudinger/*Emmerich*, § 547a BGB Rz. 25; *Lammel*, Wohnraummietrecht, § 553 Rz. 8; **a.A.** *Langenberg* in Schmidt/Futterer, § 547a BGB Rz. 22; *Blank/Börstinghaus*, § 552 Rz. 6.
3 OLG Köln, ZMR 1994, 509; jedenfalls bei Umpflanzmöglichkeit.
4 OLG Köln, WuM 1998, 345; *Scholl*, WuM 1998, 327 f.
5 *Scheuer* in Bub/Treier, V Rz. 269.
6 BGH v. 28.5.2008 – VIII ZR 133/07, WuM 2008, 402.

Formulierungsbeispiel:

„Als Ausgleich für den Verzicht auf Wegnahme der im Folgenden beschriebenen Einrichtungen des Mieters wird ein Mietnachlass von monatlich ... Euro vereinbart."

Bei **Geschäftsraum** sind abweichende Vereinbarungen möglich, denn § 578 Abs. 2 BGB verweist nur auf § 552 Abs. 1 BGB. Hat sich der Gewerbemieter vertraglich zu Investitionen verpflichtet, ist dies grundsätzlich Teil des Nutzungsentgeltes, was einen Wegnahmeanspruch ausschließt[1], was auch bei vorzeitigem Vertragsende gilt[2]. 266

Einstweilen frei. 267–299

IV. Schönheitsreparaturen

1. Ausgangslage im Mandatsverhältnis

Im Verlauf der vergangenen Jahre hat das Streitfeld der Schönheitsreparaturen in der Beratungstätigkeit des Rechtsanwalts beachtlich an Bedeutung gewonnen. Unzählige Vermieter befürchten bzw. beklagen sich, dass ihnen Wohnungen oder Geschäftsräume bei Ende des Mietverhältnisses unter Hinweis auf unwirksame Vertragsbedingungen ohne Renovierung zurückgegeben werden. Unter den Mietern bestehen wiederum erhebliche Unsicherheiten darüber, ob sie überhaupt noch, und – wenn ja – wann bzw. in welchem Umfang, die Durchführung von Dekorationsarbeiten schulden („Nur Kehren oder auch Streichen?"). Maßgeblicher Auslöser dieser Entwicklung ist der BGH mit einer Kaskade von Rechtssprüchen zur (Un-)Wirksamkeit verschiedenster Schönheitsreparaturklauseln. Vor allem der dort für das Wohnraummietrecht zuständige VIII. Zivilsenat hat seit Inkrafttreten der ZPO-Reform zum 1.1.2002 in die Landschaft der gängigen Formularmietverträge weite Breschen geschlagen. Die bundesweiten Auswirkungen einzelner Entscheidungen erzeugten ein zum Teil erhebliches Medienecho. Der Katalog der missbilligten Dekorationsklauseln wird immer länger. Fundierte Kenntnisse über die hierzu ergangenen Urteile, vor allem zu den jeweils vom BGH herausgearbeiteten Prüfungsmaßstäben, erweisen sich für den im Mietrecht tätigen Rechtsanwalt als unabdingbar, will er Haftungsfälle bei der Lösung aufgeworfener Rechtsfragen, insbesondere anlässlich der Klauselgestaltung und -prüfung, aber auch im Verlauf einer ihm übertragenen Prozessführung, vermeiden[3]. 300

---

1 BGH, NJW 1958, 2109; NJWE-MietR 1996, 33.
2 *Wolf/Eckert/Ball*, Rz. 1278.
3 Zur Pflicht des Anwalts, im Prozess auf ein die Rechtsauffassung des Mandanten stützendes BGH-Urteil hinzuweisen, vgl. BGH, NZM 2009, 193 – bestätigt durch BVerfG, NZM 2009, 579.

a) Sachverhaltsaufklärung: Was will der Mandant?

301 Die beiden Parteien des Mietvertrages sind regelmäßig bestrebt, die mit der Verschönerung der Mieträume zusammenhängenden wirtschaftlichen Belastungen nach Möglichkeit von sich abzuwehren. Der **Vermieter** wird daher den Rechtsanwalt zum Themenbereich der Schönheitsreparaturen mit folgenden **Anliegen** aufsuchen:

– Die Wohnung, das Haus oder der Gewerberaum soll vermietet werden. Der **Mietvertrag** ist **noch nicht abgeschlossen**. Der Mandant erkundigt sich, was zu tun ist, um den Mieter zur **Renovierung** der Räume bei **Beginn des Mietvertrags, während** der **Vertragslaufzeit** und/oder **bei Vertragsende** zu verpflichten. Im Allgemeinen ist dem Vermieter die Notwendigkeit einer vertraglichen Abwälzung der Schönheitsreparaturen auf den Mieter bekannt. Vielfach geht er aber rechtsirrig von einer grundsätzlich bestehenden, tatsächlich jedoch fehlenden gesetzlichen Verpflichtung des Mieters (vgl. § 535 Abs. 1 S. 2 BGB) aus.

– Vermieter und Mieter stehen in einem **ungekündigten** Vertragsverhältnis. Der Mietvertrag enthält Vereinbarungen über eine regelmäßige Renovierungspflicht des Mieters. Der Mandant möchte wissen, ob er die **Durchführung der Schönheitsreparaturen** zum jetzigen Zeitpunkt **verlangen** kann und **welche Arbeiten** hiervon erfasst sind.

– Der Vermieter hat in Erfahrung gebracht, dass der bereits abgeschlossene Mietvertrag **unwirksame Dekorationsklauseln** enthält und interessiert sich für eventuelle Reaktionsmöglichkeiten.

– Der Mietvertrag läuft in Kürze infolge Vertragsablaufs oder nach Kündigung aus. Der Vermieter erbittet Information darüber, ob er von seinem Vertragspartner eine **Schlussrenovierung** oder eine **Kostenbeteiligung** fordern kann – gegebenenfalls auch bei geplantem **Umbau** – und was hierbei beachtet werden muss.

– Vor seinem Auszug hat der Mieter Schönheitsreparaturen durchgeführt. Bei Überprüfung der Arbeiten anlässlich der Rückgabe der Mieträume oder im Verlauf einer Wohnungsbesichtigung stellt der Mandant die **mangelhafte Qualität der Renovierung** fest. Er fragt nach der gebotenen Vorgehensweise.

– Der Mieter ist bereits in ein anderes Mietobjekt **umgezogen, ohne** dass er zuvor – entgegen den vertraglichen Abreden – die **bisherigen Mieträume renoviert** hat. Der Vermieter erkundigt sich nach möglichen Vorgehensalternativen.

302 Der **Mieter** hingegen möchte von seinem Rechtsanwalt wissen,

– ob er – von sich aus bzw. nach entsprechender Aufforderung des Vermieters – überhaupt renovieren muss,

– falls ja, zu welchem Zeitpunkt,

– falls nein, ob er die Renovierung vom Vermieter verlangen kann,

– welche Arbeiten im Einzelnen geschuldet bzw. notwendig sind,

- welche Ersatzansprüche bestehen, falls er in vermeintlicher Verpflichtung die Renovierungsarbeiten bereits durchgeführt hat, obwohl dies nach der Vertragslage Sache des Vermieters gewesen wäre,
- ob geplante Umbauarbeiten des Vermieters eine bestehende Dekorationspflicht entfallen lassen,
- wie zu reagieren ist, wenn bei Mietende die im Mietvertrag angegebenen Renovierungsfristen noch nicht abgelaufen sind.

b) Prüfung der Mandantenunterlagen

aa) Der Mietvertrag

Er ist die **wichtigste Grundlage** für die Mandantenberatung. In den meisten Fällen ist der Mietvertrag bereits abgeschlossen. Der Rechtsanwalt verschafft sich zunächst einen allgemeinen Überblick über die mietrechtlichen Regelungen. Insbesondere wenn es um Verschönerungsarbeiten geht, finden sich die einzelnen Bestimmungen hierzu regelmäßig an **unterschiedlichen Stellen** im Vertrag. Nur selten stehen diese am Anfang. Nahezu sämtliche Mietvertragsexemplare, seien es Individualverträge oder – wie häufiger – gängige Formularverträge, enthalten Absprachen über die Durchführung von Schönheitsreparaturen etwa in der Mitte des Gesamtvertrages, vor allem, was die **Renovierung während der Mietzeit** anbelangt (**Renovierungsklauseln**), vorwiegend unter Überschriften wie „Instandhaltung" oder „Erhaltung der Mietsache". Regelungen zur Schlussrenovierung bzw. zur Kostenbeteiligung haben ihren Platz erfahrungsgemäß am Ende des Vertragstextes, oftmals unter dem Stichwort „Beendigung des Mietverhältnisses" oder „Rückgabe der Mietsache" (**Rückgabeklauseln**). Im Einzelfall finden sich unter den „Sonstigen Vereinbarungen" am Schluss des Vertrages noch ergänzende Abreden zur Dekoration der Miettäume. 303

bb) Korrespondenz und sonstige Schriftstücke

Danach sollte der Rechtsanwalt ausdrücklich fragen. Dasselbe gilt für **Anlagen** zum Mietvertrag wie z.B. Übergabeprotokoll, Zusatzvereinbarungen und Nachträge. Denn oftmals werden in entsprechenden Urkunden Zusatz- oder Änderungsvereinbarungen getroffen. Zwar wird der Mandant in der Regel den **Schriftwechsel** zur Besprechung **mitbringen**. Dass es indessen keine Regel ohne Ausnahme gibt, zeigt die praktische Erfahrung. Immer wieder wird ein sog. Leertermin vereinbart, der mangels Unterlagen (selbst des Mietvertrages) verschoben werden muss, was zu unnötigen **Verzögerungen**, wenn nicht gar zu erheblichen Nachteilen für den Mandanten führen kann. Der Rechtsanwalt sollte deshalb sein Personal anweisen, den Mandanten bereits bei der Terminsvereinbarung zur Mitnahme aller vorhandenen Dokumente in die Kanzlei zu bitten. Wird von vornherein ersichtlich, dass es sich um umfangreiche Akten oder um nicht einfach gelagerte Sachverhalte handelt, hat sich deren Übermittlung zum **Studium vor der Besprechung** bewährt. Es macht wenig Sinn, wenn der Rechtsanwalt in Anwesenheit des Mandanten „anfängt zu lesen". Die vorherige Sichtung 304 der Unterlagen, aus denen sich in den meisten Fällen bereits der Sachverhalt ergibt, ermöglicht auch im Vorhinein zumindest eine Vorabprüfung der Rechtslage, jedenfalls aber konkrete Nachfragen.

305 Bei der **Prüfung von Renovierungsansprüchen** des Vermieters gegenüber dem Mieter bzw. bei deren **Abwehr** spielen eine Rolle:
- Aufforderungsschreiben des Vermieters an den Mieter zur Vornahme fälliger Schönheitsreparaturen während des bestehenden Mietvertrages,
- Antwortschreiben des Mieters,
- Kostenvoranschlag des Vermieters zur Geltendmachung anteiliger Zahlung bei Mietvertragsende auf Grund einer Kostenbeteiligungsklausel,
- Aufforderungsschreiben des Vermieters zur Endrenovierung,
- Ablehnungsschreiben des Mieters,
- Außergerichtliches Gutachten, soweit vom Vermieter bereits eingeholt.

306 Anlässlich der Abklärung von Ansprüchen des Vermieters auf **Schadensersatz** bei Vertragsende auf Grund nicht durchgeführter Renovierung kommen vor allem in Betracht:
- Kündigungsschreiben des Vermieters oder Mieters,
- Abnahme- oder Rückgabeprotokoll, Aktenvermerk über die Rückgabe o.Ä.,
- Aufforderungsschreiben des Vermieters mit Fristsetzung,
- Bezifferung der Ersatzansprüche mittels Kostenvoranschlag, Handwerkerrechnung, außergerichtlichem Gutachten,
- Ablehnungsschreiben des Mieters,
- Fotos zum Zustand der Wohnung bzw. der Geschäftsräume.

2. Was gehört zu den Schönheitsreparaturen?

307 Die Beratungspraxis zeigt, dass es für viele Vermieter von Bedeutung ist, welche Instandsetzungspflichten sie ihrem Vertragspartner bei zu vereinbarender/vereinbarter Übertragung der Schönheitsreparaturen auferlegen; aus Sicht des Mieters ist hingegen zu klären, was der Vermieter von ihm an Dekorationsarbeiten überhaupt verlangen kann. Fehleinschätzungen in der Reichweite, speziell in der **Abgrenzung zu sonstigen Mängeln/Schäden** an der Mietsache (hierzu *Rz. 323, 340 ff.*), können zu beträchtlichen wirtschaftlichen Konsequenzen für den Mandanten und damit auch zu einem **Haftungsfall** beim Rechtsanwalt führen.

a) Wohnraummiete

aa) Begriff der Schönheitsreparaturen

308 Da eine für alle Mietverhältnisse geltende Legaldefinition der Schönheitsreparaturen fehlt, darf der Rechtsanwalt anlässlich der Klärung des damit

verbundenen Pflichtenkataloges auf die praktisch ausschließlich angewandte Tätigkeitsbeschreibung des § 28 Abs. 4 S. 3 II. BV[1] (gleich lautend § 7 des **Mustermietvertrages 1976**[2]) zurückgreifen, die auch im Gewerberaummietrecht mangels anderweitiger Vereinbarung der Parteien zur Begriffsbestimmung herangezogen wird[3]. Für **Wohnraum** ist der dort beschriebene Leistungsumfang **abschließend**. In Anlehnung hierzu fällt unter den Begriff der Schönheitsreparaturen nur

> das Tapezieren, Anstreichen und Kalken der Wände und Decken, das Streichen der Fußböden und Heizkörper einschließlich der Heizrohre und der Innentüren sowie der Fenster und der Außentüren von innen.

Trennt man die Arbeiten, ergibt sich folgende **Aufteilung**:
- Tapezieren, Anstreichen oder Kalken der Wände,
- Anstreichen oder Kalken der Decken,
- Streichen der Fußböden,
- Streichen der Heizkörper einschließlich der Heizrohre,
- Streichen der Innentüren (beidseitig),
- Streichen der Fenster von innen,
- Streichen der Außentüren von innen.

Die Art der aufgezählten Arbeiten zeigt, dass der Begriff einer „Reparatur" im eigentlichen Sinne nicht gemeint ist. Unter einer Reparatur versteht man üblicherweise die Beseitigung eines Schadens. Dagegen handelt es sich bei den Schönheitsreparaturen[4] – vereinfacht ausgedrückt – um die **Ausführung von Tapezier- und Anstreicharbeiten** einschließlich der üblichen **Vorarbeiten** (Untergrundbehandlung) zur Erhaltung eines **ansprechenden äußeren Erscheinungsbildes** (Verschönerung) der Miträume durch **Beseitigung der typischerweise vom Mieter an der Dekoration verursachten Spuren des vertragsgemäßen Gebrauchs**[5]. Zu solchen Gebrauchs- oder Verschleißspuren zählen normalerweise

- vergilbte, verschmutzte oder nachgedunkelte Stellen an Wänden oder Decken,

---
1 Die Bestimmungen der II. BV in der Fassung vom 12.10.1990, BGBl. I, S. 2178, gelten unmittelbar nur für preisgebundenen Wohnraum und sind auslaufendes Recht (vgl. § 50 Abs. 1 Nr. 1 WoFG). In Baden-Württemberg findet die II. BV seit 1.1.2009 keine Anwendung mehr. Aufgrund der Überleitungsregelungen in § 32 LWoFG gelten seither die Vorschriften des allgemeinen Wohnraummietrechts.
2 Beil. BAnz. Nr. 22 v. 3.2.1976; abgedruckt in ZMR 1976, 68 = Beck-Texte im dtv MietR, 44. Aufl., Nr. 329.
3 BGH, WuM 2010, 85; BGH, WuM 2009, 286.
4 Als „sprachlich unsinnig" brandmarkt Hensen in: *Ulmer/Brandner/ders.*, AGB-Recht, 10. Aufl., Anh. § 310 BGB Rz. 601, den Begriff der Schönheitsreparaturen.
5 BGH, NZM 2009, 126; BGH, WuM 1996, 91; OLG Düsseldorf, WuM 2002, 545.

- alt, vergraut und unansehnlich gewordene Farbanstriche[1],
- Rissbildungen und Schadstellen an Tapeten,
- Verschmutzungen/Verfärbungen im Bereich von Lichtschaltern und Bildern,
- Abriebspuren durch Möbel,
- Staubfahnen über den Heizkörpern,
- Flecken auf dem Fußboden(belag),
- Farbabplatzungen an Lackteilen,
- Verfärbungen auf Türen im Bereich der Klinken,
- kleine Schadstellen an Tapeten, Lackteilen und im Holz.

Die Grenze zu den üblichen, vom Mieter unter dem Gesichtspunkt der Obhuts- und Sorgfaltspflicht auch ohne ausdrückliche Vereinbarung geschuldeten **Reinigungsarbeiten**[2] ist dort zu ziehen, wo mehr erforderlich ist als eine in kurzen Zeitabständen regelmäßig wiederkehrende Säuberung. Wurden die Dekorationsarbeiten dem Mieter übertragen, gelten davon natürlich auch die normalen, „alltäglich" anfallenden Pflegemaßnahmen als mit umfasst[3].

310 Findet der Rechtsanwalt in einem zur Prüfung vorgelegten Mietvertrag **keine nähere Erläuterung** über den Inhalt der dort erwähnten Schönheitsreparaturen, kann er grundsätzlich die Begriffsbestimmung des § 28 Abs. 4 S. 3 II. BV als **Auslegungsrichtlinie** für den Pflichtenumfang zur Ausführung von Renovierungsarbeiten zu Grunde legen[4].

311 Er sollte den Mandanten allerdings darüber informieren, dass sich jedwede Renovierungsmaßnahme beim Wohnraummietvertrag grundsätzlich nur auf das **Wohnungsinnere** bezieht. Dies folgt aus der Begriffsdefinition des § 28 Abs. 4 S. 3 II. BV. Dekorationsmaßnahmen im Außenbereich sind dort nicht vorgesehen. Zusätzlich spricht § 28 Abs. 4 S. 1 II. BV von den „Kosten der Schönheitsreparaturen **in Wohnungen**". Zum Innern der Wohnung zählen dabei auch der Wintergarten, nicht jedoch Loggia[5], Terrasse[6], Balkon[7], Kellerräume, Dachboden, Garage oder sonstige Räume außerhalb der Wohnung wie etwa das Außen-WC oder Abstellräume, ferner nicht das Treppenhaus oder andere Gemeinschaftsflächen beim Mehrfamilienhaus. Da vom Inneren des Raumes nicht sichtbar, gehört das Streichen der **Falze** bei **Holzfenstern** gleichfalls nicht mehr zu den Schönheitsreparaturen[8];

---

1 KG, ZMR 1963, 138.
2 Hierzu BGH, NZM 2009, 126.
3 *Schmid*, GuT 2009, 8.
4 BGH, NZM 2009, 126; BGH, WuM 2008, 286; BGH, NJW 1985, 480; OLG Hamm, WuM 1991, 248.
5 BGH, WuM 2009, 286.
6 AG Langen, WuM 1991, 31.
7 AG Wedding, MM 2001, 444.
8 AG Hannover, WuM 2007, 406.

wohl aber fallen die Malerarbeiten an **Doppelfenstern** nebst Zwischenraum[1] unter die Definition.

bb) Anpassung der Begriffsbestimmung

Der ursprüngliche Pflichtenkreis der Schönheitsreparaturen erfährt zwischenzeitlich allerdings gewisse **Einschränkungen**: Ein „Kalken" der Wände und Decken kommt gegenwärtig nicht mehr in Frage. Die verputzten **Wände** werden entweder unmittelbar gestrichen oder zunächst mit Raufaser- oder Strukturtapeten – mit anschließend aufzubringendem Farbaufstrich – beklebt; denkbar ist zudem das Aufbringen einer Mustertapete. Die **Decken** werden gestrichen. Auch ein „Streichen der Fußböden" ist nicht mehr zeitgemäß; die früher üblichen Holzdielenböden sind kaum mehr anzutreffen. Der **Fußboden** wird heutzutage mit Auslegeware/Teppichen bzw. mit PVC-Belag versehen oder der Vermieter hat einen Parkett-, Kork- oder Laminatfußboden verlegt; im Wandel der Anforderungen ist daher die gründliche Reinigung des Bodenbelages (**Grundreinigung**) an die Stelle des Fußbodenanstrichs getreten[2]. Welche Säuberungsmaßnahmen einer solchen Grundreinigung unterfallen, ist bislang gerichtlich noch nicht entschieden; insoweit verbleiben Unsicherheiten. Bei Teppichen wird dies eine (maschinelle) Einarbeitung von Reinigungsmitteln mit anschließender Sprühextrahierung zur Beseitigung von tiefsitzendem Schmutz erfordern; für glatte Bodenbeläge reicht die Verwendung spezieller Reiniger, ggf. mit „Versiegelungswirkung". Finden sich in den Mieträumen gewachste oder geölte Holzböden, ist der Auftrag einer neuen Wachsschicht bzw. von Pflegeöl geboten. Entsprechend wird man bei modernen (**Metall-/Aluminium-/Kunststoff-)Fenstern und -türen** bzw. bei solchen mit **Furnierbeschichtung** anstelle von Malerarbeiten den Einsatz geeigneter **Pflegemittel** zur Beseitigung auch hartnackiger Verschmutzungen verlangen können. Der Begriff der Schönheitsreparaturen hat sich den derzeit üblichen Wohnverhältnissen angepasst; die Aufzählung in § 28 Abs. 4 S. 3 II. BV ist insoweit „veraltet"[3].

312

Folgende Maßnahmen werden daher üblicherweise von den Schönheitsreparaturen erfasst:

313

– das Streichen von Wänden,

– das Tapezieren von Wänden mit Mustertapeten,

– das Tapezieren von Wänden mit Raufaser- bzw. Strukturtapeten und anschließendem Anstrich,

– das Streichen der Decken,

– die Grundreinigung des Fußbodenbelags/des Teppichbodens,

– das Streichen (Ölen oder Wachsen) von Holzdielenböden,

– das Streichen von Heizkörpern und Heizrohren,

---

1 *Langenberg*, Schönheitsreparaturen, 3. Aufl., 1. Teil A Rz. 7.
2 BGH, NZM 2009, 126.
3 So *Schmid*, GuT 2009, 8.

- das Streichen von Innentüren (alternativ: Grundreinigung bei Furnier-/ Metall-/Aluminium- oder Kunststoffausführung) beidseitig,
- das Streichen der Fenster (alternativ: Grundreinigung bei Furnier-/Metall-/Aluminium- oder Kunststoffausführung) von innen,
- das Streichen der Außentür(en) (alternativ: Grundreinigung bei Furnier-/ Metall-/Aluminium- oder Kunststoffausführung) von innen.

314 Im Hinblick auf den sichersten Weg, den der mit der **Vertragsgestaltung** beauftragte Rechtsanwalt zu beachten hat[1], wird von ausdrücklichen **Bezugnahmen** auf § 28 Abs. 4 S. 3 II. BV abgeraten. Stattdessen sollte lediglich formuliert werden, dass der Mieter die Schönheitsreparaturen während der Mietzeit ausführt, soweit sie auf seiner Abnutzung beruhen.

Verlangt der Mandant eine **inhaltliche Bestimmung der Schönheitsreparaturen**, empfiehlt sich der Hinweis, dass selbst der BGH – bei Ermangelung einer vertraglichen Festlegung – auf § 28 Abs. 4 II. BV sogar in der Gewerberaummiete zurückgreift und dabei eine „Modernisierung" der gesetzlichen Definition zulässt, indem er z.B. die Grundreinigung von Teppichböden mit dem Anstreichen von Holzdielen gleichsetzt[2]; mit jeder inhaltlichen Festlegung im Vertrag wären einem Gericht derartige Auslegungs- und Anpassungsmöglichkeiten aus der Hand genommen. Abgesehen davon ergeben sich eben alle anderen Modalitäten (Fälligkeit = § 271 BGB; Qualität = § 243 BGB) aus dem Gesetz.

Besteht der Vermieter dennoch auf einer Definition, sollte **im Einzelnen aufgelistet** werden, welche konkreten Tätigkeiten unter die Schönheitsreparaturen im Sinne des Mietvertrages fallen. Dabei ist von einer Wiederholung des Wortlauts der genannten Bestimmung aus der II. BV abzuraten. Andernfalls wäre es bedenklich, wollten sich die Vertragsparteien später über diese ausdrückliche Vereinbarung im Mietvertrag (Kalken der Wände und Decken/Anstreichen der Fußböden/Streichen der Rahmen von Kunststofffenstern) hinwegsetzen. Auf jeden Fall sollte der **Begriff** „Schönheitsreparaturen" oder „Renovierung" **Verwendung** finden, wenngleich dies rechtlich nicht zwingend geboten ist.

Formulierungsvorschlag:

> Zu den Schönheitsreparaturen gehören nur die Arbeiten innerhalb der Mieträume, namentlich das Tapezieren oder Anstreichen der Wände und Decken, das Streichen der Heizkörper einschließlich der Heizrohre, das Streichen oder Lackieren der Innentüren (beidseitig), das Streichen oder Lackieren der Fenster und Außentüren von innen sowie die Grundreinigung etwaiger vom Vermieter gestellter Parkett-/Laminat- oder Teppichböden. Sind die zu den Mieträumen gehörenden Türen/Fenster aus Metall, Aluminium oder Kunststoff gefertigt bzw. mit Furnier beschichtet, genügt eine Grundreinigung der ent-

---

1 Vgl. BGH, WuM 2007, 24.
2 BGH, WuM 2009, 225.

sprechenden Flächen, soweit bei Mietbeginn dort nicht bereits ein Farbanstrich aufgetragen war.

Für den Bereich des **preisgebundenen Wohnraums** ergibt sich der Umfang der Schönheitsreparaturen bereits unmittelbar aus § 28 II. BV, soweit nicht vorrangige Verordnungen der einzelnen Bundesländer etwas anderes festlegen. Ob in Anbetracht der enumerativen Aufzählung hier – ohne Änderung der Verordnung – eine zulässige Ausweitung des Begriffs der Schönheitsreparaturen durch die Vertragsparteien überhaupt erfolgen kann, erscheint zumindest zweifelhaft. 315

cc) Erweiterung des Pflichtenkreises

(1) Formularvertragliche Erweiterung

Unter keinen Umständen sollte der Rechtsanwalt dem bei erbetener Vertragsgestaltung geäußerten Wunsch seines Mandanten folgen und den **Umfang** der auf den Mieter zu übertragenden Dekorationsarbeiten in einem Formularvertrag gegenständlich über den durch § 28 Abs. 4 II. BV festgelegten Umfang hinaus ausdehnen. Enthält nämlich die Vertragsregelung eine unangemessene **Erweiterung** des gesetzlichen Kataloges, wird eine Gesamtnichtigkeit der Übertragung der Schönheitsreparaturen angenommen[1] (vgl. Rz. 454). 316

Obwohl derartige Leistungen im Pflichtenkatalog des § 28 Abs. 4 II. BV nicht ausdrücklich erwähnt sind, wird allerdings eine Klausel, wonach der Mieter auch Streicharbeiten an offen liegenden **Versorgungs- und Abflussleitungen** der Wohnung auszuführen hat, nicht beanstandet[2]. Dasselbe gilt für vergleichbare Arbeiten an **Einbaumöbeln**[3] (Wandschrank u.ä.), z.B. in Flur, Küche oder Bad bzw. bei **Holzverkleidungen**[4] an Wänden und Decken. Anstriche sind in diesen Fällen ausschließlich an der „**Sichtfläche**"[5] geschuldet, keinesfalls im Schrankinneren oder an eingebauten Holzregalen bzw. an Raumteilern oder Einzelmöbeln. Entscheidend ist dabei, dass **gewöhnliche Malerarbeiten** ausreichen müssen; der Mieter darf keinesfalls verpflichtet werden, Holzflächen abzulaugen, abzuschleifen, zu grundieren und dann zu lasieren[6] (**Restauration**), wohl aber, die zu bearbeitenden Flächen zunächst zu glätten und auch mit erforderlichen Voranstrichen zu versehen (vgl. Rz. 325). 317

---

1 KG, GE 2008, 987; LG Regensburg, ZMR 2003, 933; LG Berlin, WuM 1994, 497; *Pfeilschifter*, WuM 2003, 550; **a.A.** *Heinrichs*, WuM 2005, 163.
2 BGH, WuM 2008, 722; BGH, WuM 2005, 241; OLG Düsseldorf, GuT 2008, 204 – Gewerberaum; **a.A.** OLG Celle, GE 2000, 155 – Wasserrohre; *Goch*, WuM 2004, 513 – Gasrohre.
3 BGH, WuM 2005, 241; ähnlich LG Marburg, ZMR 1980, 180.
4 *Langenberg*, Schönheitsreparaturen, 3. Aufl., 1. Teil A Rz. 5.
5 *Both*, WuM 2007, 3.
6 LG Potsdam, GE 2004, 821; AG u. LG Marburg, ZMR 2000, 539.

Sofern der Mandant trotz des aufgezeigten Risikos (vgl. Rz. 314) auf einer inhaltlichen Bestimmung der Schönheitsreparaturen besteht, kann insoweit formuliert werden:

Formulierungsvorschlag:

> Die Schönheitsreparaturen umfassen im Weiteren das Anstreichen der Sichtflächen von Einbaumöbeln oder Holzverkleidungen – soweit diese nicht mit Furnier beschichtet oder in Metall, Aluminium oder Kunststoff ausgeführt sind – und solchen Flächen, die – wie Sockelleisten bzw. auf Putz offen liegende Versorgungs- oder Abflussleitungen etc. – in einem dekorativ engen Zusammenhang mit der vom Mieter zu bearbeitenden Fläche stehen; regelmäßig ergibt sich ein solcher Zusammenhang aus einer farblich oder baustofflich gleichen Gestaltung bei Mietbeginn.

318 Eine Vorgabe zum **Außenanstrich** von **Fenstern und (Balkon-)Türen** darf sich der Vertragsklausel in keinem Fall entnehmen lassen, denn die Abnutzung erfolgt dort in der Regel witterungsbedingt und nicht als Folge eines Mieterverhaltens. Dennoch muss der Rechtsanwalt eindeutig formulieren. Bereits die Übertragung der Streicharbeiten „an Fenstern und Türen" ohne einschränkenden Hinweis, dass damit allenfalls Anstriche von Innentüren bzw. der Türen und Fenster von innen erfasst sein sollen, führt gemäß § 307 BGB zur Unwirksamkeit der gesamten Schönheitsreparaturabrede[1]. Auch die Instandsetzung der **Fensterverkittung** gehört nicht zu den Renovierungsarbeiten am Fenster einer Wohnung[2].

(2) Individualvertragliche Erweiterung

319 Die Frage, ob durch eine echte **Individualvereinbarung** der in § 28 Abs. 4 S. 3 II. BV näher beschriebene Leistungsumfang der Schönheitsreparaturen für den **Wohnraumbereich** ausgedehnt werden kann, z.B. im Hinblick auf eine Erneuerung des Teppichbodens oder auf das Abschleifen und Versiegeln des Parkettfußbodens bzw. der Deckenvertäfelungen oder auf außerhalb der Mietwohnung gelegene Räumlichkeiten oder Teile hiervon, etwa auf den Keller oder die Waschküche, auf die Garage, auf das Außen-WC[3] oder auf Außenfenster und -türen, muss – in Abkehr zu der in der Vorauflage vertretenen Auffassung – grundsätzlich verneint werden.

320 Denn allein dem **Vermieter** ist nach dem Willen des Gesetzgebers (§ 535 Abs. 1 S. 2 BGB) die Pflicht zur Instandhaltung, somit zur Beseitigung sämtlicher durch Abnutzung, Alterung und Witterungseinwirkung wäh-

---

1 BGH, WuM 2009, 286; KG, GE 2008, 987; LG Berlin, GE 2008, 478, MM 2007, 39 u. WuM 2004, 497; LG Berlin, GE 2001, 1674 u. 1604; **a.A.** LG Berlin, GE 2008, 478 – Teilunwirksamkeit.
2 LG Bautzen, WuM 2001, 279.
3 So LG Berlin, GE 1992, 677.

rend der Mietzeit entstehender baulicher oder sonstiger Mängel am Mietobjekt, auferlegt; ihm allein wird die hierzu zählende Schönheitsreparaturlast zugeordnet (vgl. *Rz. 399 ff.*). Beseitigt der Vermieter gravierende Abnutzungsspuren nicht, wäre der Mieter zur Mietminderung berechtigt (§ 536 Abs. 1 BGB).

Die individualvertragliche Ausdehnung der in § 28 Abs. 4 S. 3 II. BV konkretisierten Vornahmepflichten im Leistungskatalog der Schönheitsreparaturen würde es daher mit sich bringen, dass ein zusätzliches „Paket" von Erhaltungsaufgaben, die ursprünglich dem Vermieter zugewiesen sind, an den Mieter weitergereicht werden. Eine solche Verlagerung von Instandhaltungsmaßnahmen bedingt aber unweigerlich den Entzug gesetzlicher Gewährleistungsrechte hinsichtlich der dann später – bei eventueller Untätigkeit des Mieters – unrenoviert bleibenden „Erweiterungsflächen". Einer damit verbundenen Aushöhlung des Minderungsrechts („Renovierung statt Reduzierung") steht jedoch das für Wohnraum geltende, unabdingbare **Benachteiligungsverbot** des § 536 Abs. 4 BGB entgegen, welches auch auf Individualvereinbarungen unmittelbar Anwendung findet. Absprachen, die dem Wohnraummieter die Außenanstriche von Türen und Fenstern, die Renovierung der Innenflächen von Einbauschränken oder von außerhalb der Wohnung gelegenen Flächen, das Abschleifen und Versiegeln von Parkettflächen oder den Austausch von Teppichböden auferlegen, missachten die sich aus dem Benachteiligungsverbot ergebenden Grenzen und bedingen die Unwirksamkeit der Gesamtregelung. Von der ihm obliegenden umfassenden Erhaltungspflicht darf sich der Vermieter allenfalls in ganz engen Grenzen, und zwar nur innerhalb des Bereichs der gewöhnlichen Schönheitsreparaturen, entlasten; die Schranken hierzu sind mit den in § 28 Abs. 4 S. 3 II. BV definierten bzw. dieser Definition gleichstehenden Renovierungsarbeiten aufgezeigt. 321

dd) Vorarbeiten und Untergrundschäden

Bei der Beratung des Mandanten darf der Rechtsanwalt nicht unberücksichtigt lassen, dass zu den Schönheitsreparaturen auch die **malermäßige Beseitigung** solcher – weitergehender – Mängel/Schäden gehört, die der Mieter bei **vertragsgemäßem Gebrauch** der Mietsache herbeiführt und die er – soweit gegenteiliges nicht vereinbart – gemäß § 538 BGB nicht zu vertreten hat[1]. Anlässlich der Verschönerungsmaßnahmen sind danach die Folgen der im Rahmen des Vertragszwecks auftretenden **typischen Gebrauchsbeschädigungen** mit zu entfernen. Vor Durchführung der Renovierung hat der Verpflichtete daher regelmäßig nicht mehr benötigte **Dübel** aus der Wand zu nehmen und die **Löcher zu verspachteln**[2]. Für **Schraubenlöcher** darf nichts anderes gelten. Auch der Ausgleich kleinerer **Kratzer im Holzwerk** zählt mit zu den durchzuführenden Arbeiten[3]. 322

---

1 BGH, NJW-RR 1995, 123; BGH, WuM 1993, 109.
2 AG Nürtingen, WuM 2007, 316. Eine entsprechende Verpflichtung ergibt sich bei Mietende meist direkt aus § 258 BGB.
3 LG Berlin, GE 1995, 115.

323 Finden sich hingegen Schäden an der Dekoration der Räume, die auf
- Umweltereignissen bzw. höherer Gewalt (z.B. Hochwasser[1], Sturm, Feuer),
- Alterung des Gebäudes (Wasserflecken u.a.),
- Eingriffen Dritter,
- vom Vermieter durchgeführten oder veranlassten Bauarbeiten

beruhen, umfasst der sich daraus ergebende Anspruch des Mieters auf **Mängelbeseitigung** (§ 535 Abs. 1 S. 2 BGB) grundsätzlich die optisch einwandfreie, einheitliche Neurenovierung der Miträume durch den Vermieter[2]. Selbst bei Abwälzung der Erhaltungspflicht bleibt der Vermieter verpflichtet, die Brauchbarkeit der Miträume wieder herzustellen, sollte eine außerhalb des Mietgebrauchs liegende Ursache deren Unbrauchbarkeit bedingen[3]. Die Dekorationsschäden entstammen in diesen Fällen nicht dem reinen Mietgebrauch. Allerdings besteht hier eine **Ausnahme**: Im Zuge **ohnehin fälliger Schönheitsreparaturen** sind die Arbeiten vom Mieter mit zu übernehmen[4]. Der Vermieter bleibt in diesem Fall freilich gehalten, vorab die für eine Renovierung vorgesehenen Flächen in geeigneter Weise wiederherzustellen[5]. Waren die Wände z.B. mit Raufasertapeten versehen, die ohne weiteres gestrichen werden können und wurden diese durch einen bauseitigen Schaden zerstört, schuldet der Vermieter zunächst die Neutapezierung; der Neuanstrich ist dann Sache des Mieters. Unter den Voraussetzungen des § 536a Abs. 2 BGB kann der Mieter in diesem Zusammenhang die Kosten einer Ersatzvornahme geltend machen, sollte der Vermieter seiner Vorleistungspflicht nicht nachkommen[6].

Erledigt umgekehrt der Vermieter im Zuge der Sanierung die – wegen ohnehin bestehender Renovierungsbedürftigkeit dem Mieter obliegenden, fälligen – Schönheitsreparaturen gleich mit, ist ihm ein **Ausgleichsanspruch im Umfang des beim Mieter ersparten Eigenaufwands** (**Vorteilsausgleichung**) jedenfalls dann zuzugestehen[7], wenn er im Vorfeld der Maßnahme über seine Absicht informiert und dem Mieter die Möglichkeit einer alternativen, im Einzelfall kostengünstigeren, Selbstvornahme einräumt[8]. Liegt ein solcher Ausnahmefall nicht vor, müssen die Vorausetzungen der §§ 280, 286 BGB eingehalten sein, wenngleich der Vermieter bei bestehenden Mängeln immer vorleistungspflichtig ist.

---

1 Zu Schönheitsreparaturen nach Hochwasserschäden vgl. *Sternel*, WuM 2002, 585.
2 Vgl. BGH, WuM 2004, 531 – Feuchtigkeitsflecken; BGH, NJW-RR 1987, 906 – Brandschaden; KG, NZM 2005, 181; LG Berlin, WuM 1989, 283; LG Berlin, WuM 1987, 147; LG Nürnberg-Fürth, WuM 1993, 121; AG Bad Bramstedt, WuM 1987, 18; AG Hamburg, WuM 1984, 197.
3 Vgl. nur BGH, MDR 1987, 753.
4 LG Aachen, WuM 1991, 341; LG Berlin, NJW-RR 1997, 265; *Sternel*, WuM 2002, 585.
5 LG Berlin, NJW-RR 1997, 265; LG Aachen, WuM 1991, 341; AG Pinneberg, ZMR 2004, 199.
6 Vgl. LG Berlin, NJW-RR 1997, 265.
7 **A.A.** LG Berlin, WuM 1987, 147.
8 *Langenberg*, Schönheitsreparaturen, 3.Aufl., 1. Teil, E Rz. 351.

Auf Seiten des Mieters wird häufig versucht, die Durchführung der ihm 324
übertragenen Schönheitsreparaturen mit dem (Schein-)Argument zu umgehen, die Wohnung habe erheblichen **Sanierungs- bzw. Modernisierungsbedarf** und der Zustand der Dekorationsflächen lasse fachgerechte Malerarbeiten gar nicht zu. Nach Ansicht des Mieters müssten die Miethraum zunächst in einen neuzeitlichen, vermietungsfähigen Zustand versetzt werden.

Derartige Fälle erfordern in der anwaltlichen Beratung eine genaue Klärung des Sachverhalts, um die damit verbundenen Problembereiche konkret abzugrenzen. So setzt die Ausführung der Schönheitsreparaturen zunächst voraus, dass sich die Räume in einem **zur Dekoration geeigneten Zustand** befinden. Solange die Arbeiten aufgrund **bauseitiger Schäden** nicht sinnvoll und fachgerecht durchgeführt werden können, tritt keine **Fälligkeit** ein[1]. Die Herbeiführung der baulichen Voraussetzungen für eine sachgerechte Renovierung ist dann Sache des Vermieters. Es muss jedoch streng unterschieden werden, und zwar zunächst zwischen gebotener **Untergrundbehandlung** und eventuell bestehenden **Untergrundschäden**.

Erfordern die Malerarbeiten an Wand oder Holz eine **Behandlung der unmittelbaren Dekorationsflächen** vor Auftrag der Farbe, wie z.B. 325

– das Beseitigen kleinerer Putzrisse (Haarrisse) mit Füllstoff,
– das Spachteln von geringen Holzschäden,
– das An-, Abschleifen bzw. Glätten der zu behandelnden (Holz-)Flächen,
– das Aufbringen notwendiger Voranstriche (z.B. Tiefgrund),
– das Kleben von Glasvlies,
– das Abschleifen von Roststellen am Heizkörper,

zählt der damit verbundene Aufwand, der ohne weiteres von einem Maler mit erledigt werden kann, gleichfalls zum Pflichtenkreis der Schönheitsreparaturen[2].

Anderes gilt jedoch für die über gewöhnliche Streicharbeiten hinausgehende Beseitigung weitergehender **Untergrundschäden** an der baulichen Substanz der Mietsache, also an Holz, Putz, Mauerwerk oder Bodenbelag, wie z.B. 326

– von der Wand sich großflächig ablösender Putz,
– Schimmelbildung wegen bautechnischer Mängel,
– größere Risse im Deckenbereich[3],
– durchfeuchtetes Mauerwerk (Wasserflecke)[4],

---

1 KG, WuM 2008, 724; KG, Report 2004, 234 – Einwand der unzulässigen Rechtsausübung; **a.A.** LG Hannover, WuM 2002, 214, das ein – bei Mietende allerdings entfallendes – Zurückbehaltungsrecht des Mieters annimmt.
2 KG, GE 2002, 796; LG Münster, WuM 2005, 605; LG Berlin, GE 1995, 115; **a.A.** AG Gießen, WuM 2009, 454 – „Beseitigung kleinerer Holz- und Putzschäden".
3 LG Berlin, GE 2007, 653.
4 BGH, WuM 2004, 531; LG Berlin, GE 1989, 675; AG Köln, WuM 1980, 197.

- morsches Holz an Tür oder Fenster[1],
- Roststellen an Heizkörpern bei Undichtigkeiten,
- Schäden an Installationen.

Die anlässlich einer dann gebotenen **Grundsanierung** notwendigen „**Vorarbeiten**" am schadhaften Untergrund (z.B. Anbringen, Kleben und Glätten von Rissbrücken usw.) obliegen – weil **Instandsetzung** – allein dem Vermieter auf dessen Kosten[2]; anderes könnte allenfalls gelten, soweit der Mieter die „Vorschädigungen" bei übermäßigem Gebrauch der Mietsache selbst schuldhaft verursacht hat. Der Vermieter sollte – und hierauf wäre vom Rechtsanwalt hinzuwirken – die ihn treffende Beseitigung der Untergrundschäden tunlichst vor Ausführung der Dekorationsmaßnahmen erledigen. Andernfalls könnte der Mieter eine Renovierung auch der weiteren, von den Beschädigungen nicht betroffenen Flächen zumindest desselben Raumes verweigern, denn Teil- und spätere Nachfolgerenovierungen sind ihm in Anbetracht eines Mehraufwandes (z.B. zweimaliges Zusammenstellen von Möbeln, Abdecken von Einrichtungsgegenständen usw.) nicht zuzumuten. Der Vermieter ist insoweit vorleistungspflichtig.

327 Aus Sicht des Mieters lässt allerdings nicht jeder Untergrundschaden die Renovierung von vorneherein als (wirtschaftlich) sinnlos erscheinen; so stehen z.B. einige Risse in Wänden oder im Übergangsbereich zur Decke einer Ausführung der Malerarbeiten nicht entgegen[3]. Die **Beweislast** für die **Sinnlosigkeit der Maßnahme** trifft jeweils den Ausführungsverpflichteten. Der Mieter trägt daher ein nicht zu unterschätzendes Risiko, wenn er die gesamte Durchführung von Schönheitsreparaturen deshalb verweigert, weil er die Miträume für nicht renovierungsfähig bewertet. Er läuft Gefahr, zu Schadensersatz – bzw. in einem Umbaufall zu einem Geldausgleich (hierzu Rz. 758) – für partiell renovierbare Bereiche herangezogen zu werden, und zwar in der vom Vermieter vorgestellten Kostenhöhe. Greift der Mieter umgekehrt zu Pinsel und Farbe, ohne rechtzeitig gegenüber dem Vermieter vorgefundene Untergrundschäden zu rügen, gehen spätere **Ausführungsmängel** bei den Renovierungsarbeiten wegen eines schlechten Untergrunds zu seinen Lasten[4].

ee) Tapetenwechsel

328 Bei der Klärung von Reichweite und Grenzen der Schönheitsreparaturpflicht ist das Problem eines **notwendigen Tapetenwechsels** nicht zu unterschätzen. Üblicherweise genügt ein Übermalen der vorhandenen Raufaser- oder Strukturtapeten, sofern diese noch einen oder mehrere Anstriche verkraften[5]; hier wird vertreten, dass Raufasertapeten zumindest drei Anstri-

---

1 KG, DWW 2004, 56.
2 BGH, NJW 1988, 2790; LG Kassel, DWW 2004, 192; LG Berlin, NZM 2002, 909; LG Köln, WuM 1991, 341 u. WuM 1989, 506; vgl. auch *Gellwitzki*, NZM 2009, 881.
3 KG, WuM 2008, 724; AG Hamburg, ZMR 2002, 433.
4 LG Berlin, GE 1996, 1373.
5 AG Bielefeld, WuM 1990, 497; AG Marburg, ZMR 1989, 309.

che aushalten[1]. Für den Mandanten stellt sich allerdings die Frage, wer z.B. vorhandene Raufasertapeten beseitigt bzw. erneuert, falls diese einen **weiteren Farbauftrag** in Anbetracht der Vielzahl vorgängiger Anstriche nicht mehr zulassen, entweder weil die Musterung zugeschlämmt ist oder die Gefahr besteht, dass sie sich von der Wand lösen. Eine vergleichbare Problematik ergibt sich bei bereits **mehrfach überlackierten Türen**, vor allem im Bereich von Verzierungen oder Kassetten, sollte ohne Abtrag der bisherigen Farbschichten ein fachgerechter Neuanstrich nicht möglich sein. Erforderlich wäre in beiden Fällen eine sog. **Grundrenovierung**, mithin bei

– Tapete: die Entfernung der Alttapete mit anschließender Neutapezierung und Anstrich,
– Tür: die Entfernung der Altanstriche mit anschließender Neulackierung.

Bei der rechtlichen Beurteilung dieses Sachverhalts ist vom Rechtsanwalt zu differenzieren: War es der Mieter, der während der langen Mietdauer selbst die Tapeten/die Türen so oft überstrichen hat, dass jetzt ein „Ersatz" fällig wird, dann beinhaltet die ihm übertragene Schönheitsreparaturlast auch die Grundrenovierung[2]. Anders hingegen, wenn die mehrfach gestrichenen Flächen bereits bei **Mietbeginn vorhanden** waren und vom Mieter so übernommen wurden; hier besteht – nach entsprechender Fristsetzung – eine **Vorleistungspflicht** des Vermieters[3]. Die Gegenmeinung, wonach der Mieter auch in diesem Fall zur Grundrenovierung (z.B. Entfernung der Alttapeten) auf eigene Kosten verpflichtet sein soll[4] – gegebenenfalls mit anschließendem Ausgleichsanspruch[5] –, ist abzulehnen. Denn der Mieter darf mit Renovierungsleistungen nur insoweit belastet werden, als er selbst die Mieträume „abgewohnt" hat; hierzu gehören dekorative Mängel aus vorvertraglichen Abnutzungszeiträumen gerade nicht[6].

329

Dasselbe gilt, wenn im Vorfeld einer beabsichtigten, fachgerechten Neutapezierung zunächst die von Vormietern stammenden **mehreren Lagen Tapeten** von der Wand abzulösen sind. Auch in diesem Fall obliegt der mit der Entfernung solcher Dekorationsspuren aus der **Vormietzeit** verbundene Renovierungsaufwand – weil vom Abwohnverhalten des Mieters nicht verursacht – allein dem Vermieter[7] (**Vorleistungspflicht**). Vor Weiterführung eigener Dekorationsarbeiten sollte der Mieter daher seinen Vertragspartner mit einer Mängelanzeige gem. § 536c Abs. 1 BGB über die zu Tage getretenen Tapetenschichten informieren und – unter Fristsetzung – zur Beseitigung der vorgefundenen Abwohnspuren auffordern, will er bei späterer Er-

330

---

1 AG Münster, WuM 1998, 569.
2 *Harsch*, WuM 2006, 651; *Goch*, WuM 2003, 368.
3 LG Köln, WuM 2007, 125; *Harsch*, WuM 2006, 651.
4 LG Hamburg, WuM 20087, 69; LG Münster, WuM 2005, 605; LG Berlin, NZM 2001, 1075 u. GE 1994, 583; *Kinne*, ZMR 2003, 8.
5 *Langenberg*, Schönheitsreparaturen, 3. Aufl., Teil 1 A Rz. 115.
6 BGH, WuM 2005, 243; BGH, NJW 1988, 2790.
7 *Harsch*, WuM 2006, 651; **a.A.** LG Berlin, GE 1994, 584.

satzvornahme keine Aufwendungsersatzansprüche verlieren[1]. Die neue Tapete ist dann jedoch auf seine Kosten im Rahmen der eigenen Schönheitsreparaturverpflichtung aufzubringen.

331 Waren hingegen bei Bezug der Mieträume überhaupt **keine Tapeten** vorhanden, besteht für den Vermieter keine Möglichkeit, im Rahmen der Renovierungspflicht vom Mieter ein Tapezieren der Wände einzufordern[2]. Der Mieter darf aber von sich aus tapezieren, solange der Wanduntergrund einen Tapetenauftrag zulässt; das Anbringen einer Tapete auf Feinputz kann sich allerdings als Vertragsverletzung darstellen[3]. Natürlich ist dem Mieter gestattet, untapezierte Wandflächen jederzeit fachgerecht zu streichen.

ff) Fußbodenarbeiten

332 Soweit sie bei Übernahme der Wohnung farblich den Wänden angepasst waren, soll ein Anstrich der **Fuß- oder Sockelleisten** von der Dekoration mit umfasst sein[4].

Nicht zu den Schönheitsreparaturen zählt hingegen das **Abziehen/Abschleifen und Versiegeln** des **Parkettbodens**[5], wohl aber eine – in längeren Abständen erforderliche – **Grundreinigung der Teppiche** (Auslegeware) zur Auffrischung der Oberfläche, wenn der Belag einzelner Räume infolge vertragsgemäßer Nutzung und normaler Umwelteinflüsse unansehnlich geworden ist[6]. Entsprechend zulässig ist die – auch formularvertragliche – Vereinbarung einer bei Bedarf nach gewissen Zeiträumen durchzuführenden Grundreinigung des Teppichbodens oder des **Parketts**[7], so auch die Shamponierung der Auslegeware[8]. Die **Erneuerung** eines verschlissenen Teppichbodens zählt demgegenüber bei Wohnraum keinesfalls zu den abwälzbaren Renovierungsarbeiten[9]; eine dem widersprechende Klausel würde die Gesamtunwirksamkeit der Schönheitsreparaturregelung nach sich ziehen[10]. Die übliche Entfernung von sich allmählich ansammelndem **Schmutz** durch Staubsaugen von Teppichböden bzw. Feuchtreinigung von Parkett- oder Laminatbelägen schuldet der Mieter in jedem Fall aus der vertraglichen Obhuts- und Sorgfaltspflicht (vgl. Rz. 309). Hier können sich

---

1 Vgl. BGH, WuM 2008, 147.
2 KG, GE 2003, 952.
3 So ausdrücklich AG Münster, WuM 2000, 692 – Badezimmer.
4 LG Hamburg, WuM 2007, 69; *Kappus*, NZM 2006, 6.
5 BGH, WuM 2010, 85; OLG Düsseldorf, WuM 2003, 621; LG Regensburg, ZMR 2003, 933; LG Osnabrück, WuM 2001, 438; LG Berlin, GE 1999, 983; LG Berlin, NJW-RR 1996, 266; LG Köln, WuM 1994, 200; AG Münster, WuM 2002, 451; AG Bergisch Gladbach, WuM 1997, 211.
6 BGH, NZM 2009, 397; BGH, NZM 2009, 126; *Schach*, GE 2009, 83.
7 BGH, WuM 2004, 663; OLG Celle, WuM 2001, 393; OLG Stuttgart, WuM 1993, 528; *Langenberg*, Schönheitsreparaturen, 1. Teil A Rz. 4 m.w.N.
8 **A.A.** AG Pinneberg, ZMR 2004, 212.
9 OLG Hamm, WuM 1991, 248; AG Erfurt, WuM 2009, 343; AG Königstein, NZM 2000, 1181; AG Dortmund, NJWE-MietR 1996, 76.
10 LG Regensburg, ZMR 2003, 933.

in der Praxis allerdings schwierige Abgrenzungsprobleme ergeben, vor allem, wenn die Verpflichtung zur Dekoration beim Vermieter verbleibt. Denn das Erfordernis einer Grundreinigung ist umso früher gegeben, je stärker der Mieter seine eigene Reinigungspflicht vernachlässigt.

b) Exkurs: Neue Bundesländer

Für die Neuen Bundesländer gilt, dass die in DDR-Altverträgen – Abschluss vor dem 3.10.1989 – geregelte Pflicht zur **„malermäßigen Instandhaltung"** von Wohnungen (§ 104 Abs. 1 S. 2 ZGB) mit dem Begriff der Schönheitsreparaturen identisch ist; hierzu gehört die Durchführung von Anstricharbeiten an Wänden, Decken, der Innentüren, Innenfenster, Heizkörper und Rohre[1].   333

c) Gewerberaummiete

Auch bei der Gewerberaummiete findet der Leistungskatalog des § 28 Abs. 4 S. 3 II. BV zur Erläuterung des Umfangs durchzuführender Dekorationsarbeiten ohne weiteres Anwendung[2] (hierzu *Rz. 308 ff.*).   334

Den Schönheitsreparaturen unterfällt in diesem Mietbereich auch die Grundreinigung der Bodenbeläge[3], bei vermieteten Ladenbereichen zudem eine vergleichbare Pflege der Schaufensterfronten von innen. Die Dekorationsarbeiten sind allerdings nicht allgemein erweitert um das Abschleifen von **Parkett**[4] oder die **Erneuerung** anderer, vermieterseitig eingebrachter **Bodenbeläge**, insbesondere Teppichböden[5] bzw. PVC-Beläge[6].   335

Dies gilt jedoch nur insoweit, als die Parteien im Mietvertrag **anderes nicht vereinbart** haben. Für Gewerberäume soll es z.B. möglich sein – und hiervon wird häufig Gebrauch gemacht –, die Schönheitsreparaturlast durch Formularklausel auszudehnen auf den **Ersatz** eines verschlissenen **Teppichbodens**[7] oder auf das Abschleifen und Versiegeln von **Parkettfußböden**[8], soweit die Abnutzung durch den Mietgebrauch veranlasst ist und in den Risikobereich des Mieters fällt. Bei der anwaltlichen Beratung und insbesondere anlässlich der Erstellung von Musterverträgen ist hierbei al-   336

---

1 KG, WuM 2000, 590; LG Bautzen, WuM 2001, 279; LG Potsdam, WuM 2001, 279; LG Neuruppin, WuM 2001, 21; LG Rostock, WuM 2000, 414; LG Berlin, GE 1997, 807; AG Köpenick, MM 2000, 87.
2 BGH, NZM 2009, 126; OLG Düsseldorf, GuT 2008, 204; KG; NZM 2005, 181; vgl. *Schmid*, GuT 2009, 8.
3 BGH, NZM 2009, 126.
4 LG Osnabrück, NZM 2002, 943.
5 OLG Düsseldorf, GuT 2007, 211; OLG Celle, NZM 1998, 158; OLG Stuttgart, NJW-RR 1995, 1101; OLG Hamm, WuM 1991, 248; **a.A.** OLG Düsseldorf, NJW-RR 1989, 663.
6 OLG Düsseldorf, GuT 2008, 204.
7 OLG Karlsruhe, GuT 2006, 129; OLG Celle, NZM 1998, 158.
8 OLG Düsseldorf, GuT 2008, 204; OLG Hamm, ZMR 2002, 823 – Individualvereinbarung für Fußbodenerneuerung.

lerdings **Zurückhaltung** geboten. Die jüngste Rechtsprechung zu Schönheitsreparaturen im Gewerberaum lässt jedenfalls bei der Inhaltskontrolle nach § 307 BGB die Tendenz erkennen, dort die Maßstäbe denen, die für die Wohnraummiete gelten, anzunähern[1]. Zwar bleibt die formularmäßige Übertragung von Instandsetzungsarbeiten im Inneren der Gewerbemietflächen (derzeit) noch zulässig[2]. § 535 Abs. 1 S. 2 BGB trifft jedoch, was die Schönheitsreparaturen angeht, keine Entscheidung über eine **Privilegierung** des Wohn- oder Geschäftsraum(ver)mieters; im Gegenteil, das Gesetz behandelt die Vermieter in beiden Fällen gleich[3]. Dies kann im Einzelfall einen anderen Blickwinkel rechtfertigen.

Aus Gründen der Vorsicht sollte daher der Pflichtenkatalog der Schönheitsreparaturen formularvertraglich zu Lasten des Gewerberaummieters **keine Erweiterung** erfahren, zumal es nicht immer Sinn macht, z.B. einen Teppichboden alle sieben oder zehn Jahre (unbedingt) oder am Ende der Mietzeit (auf jeden Fall) zu erneuern. Zumindest empfiehlt es sich für die Ausarbeitung eines Mietvertrages über Gewerbeflächen, solche von § 28 Abs. 4 S. 3 II. BV abweichenden Arbeiten, die der Mieter in Ergänzung zu den üblichen Renovierungsmaßnahmen übernehmen soll, separat, z.B. bei der übrigen Instandhaltung, festzulegen.

337 Anlässlich der Vermietung von Gewerberaum kann der Rechtsanwalt jedoch ohne weiteres eine **individualvertragliche** Modifikation der Sacherhaltungspflichten in den Miträumen, damit auch der Schönheitsreparaturen, zu Lasten des Gewerberaummieters – weil zulässig[4] – empfehlen.

Formulierungsvorschlag:

> Dem Mieter obliegt die Durchführung der Schönheitsreparaturen in den Miträumen während der Mietlaufzeit. Hierzu zählen das Anstreichen der Glasfasertapeten und Decken, das vorherige Tapezieren der Wände bei nicht mehr tragfähigen Tapeten, das Streichen der Heizkörper und der Versorgungsleitungen, das Reinigen der Tür- und Fensterflächen nebst Rahmen, das Abschleifen und Versiegeln des Parkettfußbodens sowie der Ersatz des Teppichbodens, soweit dieser im Laufe der Mietzeit das Alter von 10 Jahren erreicht hat.

338 Der den Vermieter beratende Rechtsanwalt muss in diesem Fall darauf hinwirken, dass der Mieter von der **Abweichung** gegenüber der gesetzlichen Regelung in Kenntnis gesetzt wird, zum einen, was § 535 Abs. 1 S. 2 BGB inhaltlich betrifft, zum anderen hinsichtlich der Loslösung der einzelvertraglichen Gestaltung vom gesetzlichen Leitbild. Die Regelung ist zur Dis-

---

1 BGH, NZM 2009, 126 – Anwendung der Definition von § 28 Abs. 4. S. 3 II. BV im Gewerberaum; BGH, NZM 2005, 504 – Summierungseffekt im Gewerberaum; BGH, NZM 2008, 890 – starre Fristen im Gewerberaum.
2 Hierzu *Rz. 23 ff.*).
3 So ausdrücklich BGH, NZM 2008, 890; BGH, NZM 2005, 504.
4 BGH, NJW-RR 1987, 906 – vollständige Instandsetzung bei Auszug.

position des Mieters zu stellen. Andernfalls lässt sich eine Individualvereinbarung nicht herbeiführen, da es am erforderlichen „**Aushandeln**" i.S.d. § 305 Abs. 1 S. 3 BGB fehlt (vgl. *Rz. 459 f.*).

Für das genannte Formulierungsbeispiel **bedeutet** dies eine Aufklärung gegenüber dem gewerblichen Mieter darüber, dass   339

– ein etwa erforderliches **Neutapezieren** der Wände zwar unter die Vorleistungspflicht des Vermieters fällt, individuell aber vereinbart werden soll, dass die entsprechende Arbeit Sache des Mieters ist,

– das Abschleifen des Parketts oder der Austausch des Teppichbodens bei vertragsgemäßer Nutzung nicht zu den herkömmlichen Renovierungspflichten des Mieters zählt, individuell aber ebenfalls festgelegt werden soll, dass die entsprechenden Arbeiten dem Mieter auferlegt werden,

– dass der Mieter die **Gelegenheit** hat, nach ausführlicher Erörterung aller Renovierungsregelungen eigene, vom Vorschlag des Vermieters abweichende Vertragsgestaltungen einzubringen und diese ggf. neu zu besprechen und auszuhandeln sind.

3. Abgrenzung Schönheitsreparaturen – Schadensersatz

Das sich nähernde Ende eines Mietverhältnisses wird in der Praxis häufig   340
zum Anlass genommen, beim Rechtsanwalt Erläuterungen zum **vertragsspezifischen Leistungsumfang** für die anstehende Durchführung von Schönheitsreparaturen bzw. Instandsetzungsarbeiten einzuholen. Speziell für den Vermieter ist es wichtig zu wissen, ob der vom Mieter hinterlassene Zustand des Mietobjekts zumindest als Sachbeschädigung zu qualifizieren ist, sollte die Übertragung der Dekorationslast mangels wirksamer Klauseln gescheitert sein. In diesen Fällen ist dem Rechtsanwalt unbedingt zu empfehlen, sich **vor Ort** einen umfassenden **Überblick** über die in den Mieträumen tatsächlich bestehenden (Dekorations-)Schäden zu verschaffen. Nur so kann er beurteilen,

– ob der Mandant oder der Mieter für die Beseitigung vorhandener Schäden zuständig ist,

– unter welchen Voraussetzungen der Mandant Renovierungsansprüche durchsetzen kann,

– ob dem Mandanten überhaupt Schadensersatzansprüche zustehen,

– mit welchen Einwänden des Mieters gerechnet werden muss.

Erforderlich ist anschließend eine genaue **Abgrenzung** der Schönheitsreparaturen von solchen **Beschädigungen der Mietsache**, die der Mieter über § 538 BGB hinaus zu vertreten hat. **Fehleinschätzungen** des Rechtsanwalts könnten andernfalls dazu führen, dass der Mieter geschuldete Reparaturmaßnahmen mit der Begründung unterlässt, die Arbeiten seien – wegen vermeintlicher Zuordnung zu den Schönheitsreparaturen – nicht fällig bzw. vom Vermieter auszuführen, weil die Renovierungspflichten nicht wirksam übertragen sind. Umgekehrt verliert der Vermieter im Einzelfall   341

Ersatzansprüche, wenn er Schäden am Mietobjekt ohne vorherige Fristsetzung beseitigt, obwohl sie zu den Schönheitsreparaturen zählen, die dem Mieter obliegen. Die Notwendigkeit derartiger Differenzierungen ergibt sich, wenn

- die Schönheitsreparaturen von vornherein nicht auf den Mieter übertragen wurden, sondern beim Vermieter verbleiben;
- eine beabsichtigte Übertragung der Schönheitsreparaturen auf den Mieter gescheitert ist, sie somit vom Vermieter auszuführen sind;
- dem Mieter die Ausführung der Schönheitsreparaturen wirksam übertragen wurde.

a) Der vertragsgemäße Gebrauch der Mietsache

342 In solchen Abgrenzungsfällen hat der Rechtsanwalt die Vorschrift des § 538 BGB zu Grunde zu legen. Die Mietsache ist vom Mieter in dem Zustand zurückzugeben, in dem sie sich bei Überlassung befand[1]. Den Vermieter trifft hierbei die Darlegungs- und Beweislast für den unbeschädigten Zustand der Räume bei Mietbeginn[2]. Zu berücksichtigen sind dann allerdings die dort unvermeidlich eingetretenen Verschlechterungen infolge des **vertragsgemäßen Gebrauchs**[3]. Denn der Mieter ist zur Nutzung der Mieträume innerhalb der durch vertragliche Vereinbarungen gezogenen Grenzen berechtigt. Unausweichliche Veränderungen oder Verschlechterungen der Mietsache, die mit üblicher Abnutzung oder altersbedingtem Verschleiß[4] einhergehen, belasten den Mieter nicht[5]. Handelt es sich hierbei um reine **Dekorationsschäden**, werden diese allerdings vom jeweils Verpflichteten zusammen mit den Schönheitsreparaturen beseitigt.

343 Auf dieser Grundlage hat der Rechtsanwalt zunächst abzugrenzen, ob der Gebrauch der Mietsache, der zur **Verschlechterung** geführt hat, noch vertragsgemäß war bzw. ob der Mieter eine vertragswidrige Schadensursache zu vertreten hat. Die Unterscheidung erfordert stets die genaue Würdigung des **Vertragszwecks**. Bringt es der spezielle, vertraglich vereinbarte Zweck der Nutzung mit sich, dass bestimmte Schäden kaum zu verhindern sind und damit in der Natur der Sache liegen, ist der Mieter zu deren Beseitigung nicht verpflichtet. Denn in diesem Fall hat der Mieter den Schaden nicht zu vertreten (§ 538 BGB)[6]. Dies gilt jedoch nur, soweit im Mietvertrag Gegenteiliges (z.B. die Übertragung der Schönheitsreparaturen oder sonstiger Instandsetzungspflichten auf den Mieter) nicht wirksam vereinbart wurde.

---

1 BGH, NZM 2002, 913.
2 OLG Düsseldorf, ZMR 2003, 921; AG Rosenheim, WuM 1995, 583.
3 BGH, ZMR 1995, 578; OLG Düsseldorf, GE 2003, 1080; LG Regensburg v. 15.2.2007 – 6 O 1088/06, n.v.
4 BGH, WuM 2003, 436.
5 BGH, WuM 2006, 513; BGH, NZM 2002, 913.
6 BGH, NZM 2002, 913; OLG Brandenburg, NZM 1999, 374; OLG Düsseldorf, NJW-RR 1993, 712; AG Ravensburg, WuM 2007, 262.

b) Der übermäßige Gebrauch der Mietsache

Im Umkehrschluss hierzu muss der Mieter solche Veränderungen oder Verschlechterungen der Mietsache vertreten, die durch einen Gebrauch herbeigeführt werden, der nicht mehr als vertragsgemäß zu bezeichnen ist. Verletzt der Mieter ihm obliegende Nebenpflichten, indem er etwa die Grenzen des ihm zustehenden vertragsgemäßen Gebrauchs überschreitet und wird durch die Missachtung seiner Obhutspflichten die Mietsache beschädigt oder verschlechtert, haftet er unter dem Gesichtspunkt der **pVV** dem Vermieter sofort auf **Schadensersatz** (§§ 280 Abs. 1, 249 BGB). 344

In **Konsequenz** hierzu ist vom Rechtsanwalt folgende **Unterscheidung** zu treffen: 345

– Erfolgt mangels wirksamer Übertragung keine Verlagerung der Schönheitsreparaturlast, trifft den Vermieter die Verpflichtung zur Beseitigung solcher Schäden, die sich infolge eines **vertragsgemäßen Gebrauchs** des Mieters in den Mieträumen ergeben. Hierbei kann es sich durchaus auch um **Beschädigungen an der Dekoration** handeln, z.B. Malversuche von Kindern des Mieters mit Bunt- oder Filzstiften auf der Tapete im Kinderzimmer[1] oder Anfahrschäden bei vertragsüblicher Nutzung von Hubwägen in einem Warenlager[2], soweit sich die damit verbundenen Beeinträchtigungen mit Hilfe üblicher Verschönerungsarbeiten beseitigen lassen. Darüber hinausgehende Substanzverletzungen, die nicht mehr den Folgen einer vertragskonformen Mietnutzung zugeordnet werden können („**Übermaßgebrauch**"), sind demgegenüber vom Mieter im Rahmen der dann auflebenden Schadensersatzpflicht zu beseitigen; andernfalls hat er die damit verbundenen Mehrkosten (der Renovierung) dem Vermieter zu erstatten[3].

– Wurden hingegen die laufenden Schönheitsreparaturen wirksam übertragen, schuldet der Mieter nur die Beseitigung der **vertragstypischen Dekorationsschäden** (hierzu Rz. 309) bzw. Schadensersatz bei „Nichterfüllung". Letzteres allerdings nur bei Vorliegen der entsprechenden **Voraussetzungen** (z.B. fälliger Renovierungsbedarf, Fristsetzung usw.). Darüber hinausgehende Beschädigungen, die sich noch als Folge eines vertragsgemäßen Gebrauchs qualifizieren bzw. die sich nicht mehr im Wege üblicher Schönheitsreparaturen übertünchen lassen, hat der Vermieter zu entfernen. Den davon unabhängigen Schadensersatz bei überobligatorischer Nutzung mit weitergehenden Schäden an sonstigen Einrichtungen der Mieträume kann der Vermieter hingegen beim Mieter unmittelbar reklamieren.

---

1 **A.A.** wohl *Horst*, DWW 2007, 48 – „vermaltes Kinderzimmer" als Fall übermäßiger Abnutzung.
2 AG Pinneberg v. 24.1.2004 – 5 C 1480/01, n.v.
3 AG Kassel, WuM 1996, 757 – mäßige Beschädigungen des Putzes.

346 Übersicht – Beschädigungen der Mieträume durch den Mieter bei

Schönheits-reparaturlast trägt der	vertragsgemäßem Gebrauch		übermäßigem Gebrauch
	Schadensbeseitigung durch Schönheitsreparaturen möglich	Schadensbeseitigung durch Schönheitsreparaturen nicht mehr möglich	
Vermieter	Schadensbeseitigung obliegt dem **Vermieter** (§§ 535 Abs. 1, 538 BGB)	Schadensbeseitigung obliegt dem **Vermieter** (§ 535 Abs. 1, 538 BGB)	Schadensbeseitigung obliegt dem **Mieter** (§§ 280 Abs. 1, 249 BGB)
Mieter	Schadensbeseitigung obliegt dem **Mieter**	Schadensbeseitigung obliegt dem **Vermieter** (§ 535 Abs. 1, 538 BGB)	Schadensbeseitigung obliegt dem **Mieter** (§§ 280 Abs. 1, 249 BGB)

c) Abgrenzungskriterien

347 Maßgebliches Kriterium der Abgrenzung zwischen Schönheitsreparaturen und Schadensersatz ist nicht die Ursache, die Art oder der Umfang der Veränderung am Mietobjekt, sondern – worauf zu Recht hingewiesen wird[1] – die Beantwortung der Frage, **ob** sich die **Verschlechterung** der Mieträume (überhaupt noch) als Folge eines **vertragsgemäßen Gebrauchs** darstellt. Abgelaufene Teppichböden oder ein Laufspuren aufweisendes Holzparkett bedingen zweifelsohne eine Verschlechterung der Mietsache. Ursache ist jedoch deren üblicher Gebrauch; dasselbe gilt für die Spuren des Rauchens in den Mieträumen (hierzu *Rz. 362 ff.*). Der Rechtsanwalt sollte bei seiner Einschätzung grundsätzlich den Einzelfall, also das konkrete Mietverhältnis im Blick haben. So weist die Übernahme einer Mietwohnung durch eine Familie mit mehreren Kleinkindern erfahrungsgemäß einen deutlich höheren Abnutzungsgrad auf als er beispielsweise bei einem kinderlosen Zwei-Personen-Haushalt bestehen würde[2]. Eine Malaktion des Mieternachwuchses an den Wänden des Kinderzimmers wäre also noch dem zu erwartenden vertragsüblichen Gebrauch zuzuordnen und vom jeweils Dekorationsverpflichteten zu beseitigen.

348 Somit bleibt auch bei **Dekorationsschäden** in jedem Einzelfall die Bestimmung des § 538 BGB alleiniger Orientierungsmaßstab für den Rechtsanwalt. Nur für den Fall, dass sich Beschädigungen an Wänden, Decken oder Fußböden in Wohn- bzw. Geschäftsräumen aus einem **übermäßigen Mietgebrauchs** ergeben, hängt der Beseitigungsanspruch des Vermieters nicht davon ab, ob er selbst oder sein Vertragspartner die Durchführung der Schönheitsreparaturen schuldet. Denn die Spuren einer vertragswidrigen Nutzung sind in jedem Fall vom Verursacher, hier also vom Mieter, zu entfernen. Andernfalls wäre der sich vertragswidrig verhaltende Mieter bevorzugt, könnte er dem berechtigten Unterlassungs- oder Beseitigungsverlangen seines Vermieters eine allein diesem obliegende Dekorationslast bzw. die im Übrigen noch nicht fälligen Schönheitsreparaturen entgegenhalten.

---

[1] *Brüchert*, WuM 1989, 226; *Röchling*, WuM 1982, 171.
[2] AG Ravensburg, WuM 2007, 262.

Insoweit bleibt der Mieter auch bei Dekorationsschäden regelmäßig zum Schadensersatz aus positiver Vertragsverletzung verpflichtet, sofern die Grenzlinie des vertragsgemäßen Gebrauchs i.S.v. § 538 BGB überschritten wurde.

d) Beispielsfälle

aa) Schäden am Holz/Parkett

Geringfügige Anstoßstellen an Wohnungstüren werden dem vertragsüblichen Gebrauch der Mietsache zugeordnet[1]. Als Beispiel echter „Übermaßschäden" gelten hingegen tiefe bzw. massive **Kratzer und Schmarren** in Treppen, Türen und Türzargen – nicht selten die Folge einer Hundehaltung in den Mieträumen – oder vergleichbare Beschädigungen im Parkettfußboden, die oftmals sogar erst beim Wegzug des Mieters verursacht werden[2]. Eine Neuversiegelung des **Parketts** wird üblicherweise erst nach ca. 12–15 Jahren, je nach Holzart im Einzelfall nach 20 Jahren, erforderlich sein[3]. Die Nutzung eines **Bürostuhls** mit Rollen auf einem Parkettfußboden soll sogar bei hinterlassenen Vertiefungen (bis 3 mm) und deutlichen farblichen Veränderungen keine zum Schadensersatz verpflichtende Nutzung der Mietsache darstellen[4]. Mit dem Anbohren oder Ansägen von **Türen** ist der vertragsgemäße Gebrauch jedoch überschritten[5].

349

bb) Schäden am Fußbodenbelag

Ebenso verhält es sich – ein häufiger Fall –, wenn **Teppichböden** oder **PVC-Beläge** sichtbare Schäden aufweisen[6]. Beispiele hierfür sind **Rotwein-, Tierurin-, Rost- oder Brandflecken**[7]. Aber auch durch eine Grundreinigung nicht mehr zu beseitigende dunkle **Verfärbungen** oder sonstige Verschleißerscheinungen infolge häufiger Nutzung des Teppichbodens bei kurzer Mietdauer zählen zum Übermaßgebrauch[8]. Die normale Abnutzung eines Teppichbodens (Laufspuren, Druckstellen von Möbelstücken) ist demgegenüber – auch in der Wohnraummiete – ohne weiteres vom vertragsgemäßen Gebrauch gedeckt[9]. Beim Teppichboden im Wohnbereich wird üblicherweise eine „Lebensdauer" – je nach Qualität – zwischen fünf und

350

---

1 LG Hannover, WuM 2007, 191; AG Langen, WuM 1991, 31.
2 Druckspuren und kaum sichtbare Kratzer im Parkett, v.a. im Eingangsbereich, gelten allerdings als vertragsüblich: OLG Düsseldorf, WuM 2003, 621; Abdrücke von Pfennigabsätzen ebenso: OLG Karlsruhe, WuM 1997, 211; LG Berlin, GE 1996, 925; AG Freiburg, WuM 1991, 540.
3 LG Wiesbaden, WuM 1991, 540; AG Köln, WuM 1984, 197.
4 AG Leipzig, NZM 2004, 830; **a.A.** *Langenberg*, Schönheitsreparaturen, 3. Aufl., II. Teil, E Rz. 85.
5 AG Kassel, WuM 1996, 757; AG Erfurt, WuM 2000, 630 – Katzenklappe.
6 Hierzu *Harsch*, MietRB 2008, 121.
7 LG Dortmund, NJWE-MietR 1997, 100.
8 OLG Bamberg, NZM 2002, 917; OLG Celle, NZM 1998, 158.
9 OLG Hamm, WuM 1992, 248; zur Pflicht, bei sehr schweren Möbeln Unterlegscheiben zu benutzen, vgl. *Kraemer* in FS Blank (2006), 281.

zehn Jahren unterstellt[1], im Einzelfall (hochwertige Ware) auch fünfzehn Jahre[2]. Vergleichbares gilt für PVC-Beläge; anzunehmen ist hier eine übliche Abnutzungsdauer von acht bis zehn Jahren[3], bei besonderer Ausführung z.T. auch fünfzehn[4] bis zwanzig Jahre[5].

351 Die Abgrenzung zu den Verschleißerscheinungen und Schäden am **Bodenbelag**, die sich noch auf einen vertragsgemäßen Gebrauch zurückführen lassen, gestaltet sich speziell im Bereich der **Gewerberaummiete**, noch dazu bei industrieller Nutzung, als schwierig. So lassen sich Verschmutzungen und mechanische Beschädigungen durch Dreck, Öl- und Gummirückstände im Einzelfall durchaus noch als Folge des vereinbarten Geschäftsbetriebes, z.B. einer KfZ-Werkstatt, darstellen, mit denen der Vermieter nach der Lebenserfahrung üblicherweise zu rechnen hat und die mit dem vereinbarten Mietzins abgegolten sind[6]. Dasselbe soll für Laufstraßen, Rostrückstände und Flecken auf dem Fliesenbelag eines Discount-Verkaufsraumes gelten; bei Filialisten gelten auch Bohrungen im Fußboden für Anschraubungen von Sichtgittern zur Abtrennung des Kassen- und Einkaufsbereichs bzw. von Rammschutz in Lagerräumen als üblich[7].

352 Fragen zur Nutzungsdauer eines Bodenbelags, zum Umfang eines Schadensbildes, zu dessen Ursachen sowie zu den bestehenden Möglichkeiten der Beseitigung lassen sich in der Regel ohne Einschaltung eines **Sachverständigen** nicht klären. Hinzu kommt, dass der Rechtsanwalt im Zusammenhang mit einem möglichen Abzug „Neu für Alt" im Bereich des Schadensersatzes zum Alter des Belags und zu dessen Lebensdauer substantiiert und schlüssig vortragen muss; die verbreitete Annahme, ein Teppich halte durchschnittlich zehn Jahre, wäre in dieser Generalität verfehlt; abzustellen ist auf den jeweiligen Einzelfall. Der Mandant sollte grundsätzlich angehalten werden, zumindest einen Teil des beschädigten Teppichs zu Beweiszwecken noch aufzubewahren.

cc) Dübellöcher

353 In der Praxis wird auch eine den üblichen Rahmen sprengende Zahl an **Nagel-** oder **Dübellöchern** als echter Schaden gewertet. Hierzu hat der BGH[8] jedoch einschränkend festgehalten, dass die **formularmäßige Vereinbarung**, wonach „der Mieter verpflichtet ist, bei Beendigung des Mietvertrages Dübeleinsätze zu entfernen, Löcher ordnungsgemäß und unkenntlich zu verschließen und durchgebohrte Kacheln durch gleichartige zu ersetzen", **un-**

---

1 LG Kiel, WuM 1998, 215; AG Freiburg, WuM 1980, 80.
2 LG Köln, WuM 1983, 126; AG Wennigsen/Deister, WuM 1987, 258.
3 LG Wiesbaden, WuM 1991, 540.
4 AG Staufen, WuM 1992, 430.
5 AG Kassel, WuM 1996, 757.
6 OLG Düsseldorf, GuT 2008, 204; OLG Saarbrücken, WuM 1989, 133.
7 LG Regensburg v. 15.2.2007 – 6 O 1088/06, n.v.
8 BGH, WuM 1993, 109.

wirksam ist, sofern die Anbringung der Dübel zum vertragsgemäßen Gebrauch der Miträume unerlässlich war.

Vom Grundsatz her ist das Bohren von Dübellöchern vom vertragsgemäßen Gebrauch der Mietsache umfasst[1]. Die Angemessenheit bestimmt sich danach, ob mit den Dübeln Gegenstände an der Wand befestigt werden, die zu den üblichen Geräten und Vorrichtungen in einem Haushalt oder Geschäftsbetrieb gehören[2] und ob die Löcher noch mit geringem Aufwand beseitigt werden können[3]. Aus diesem Grund verbietet sich eine schematische Bewertung: So wurden beispielsweise 32 Dübellöcher im Bad für die Befestigung von Einrichtungsgegenständen noch für vertragsgemäß gehalten[4], während 110 Löcher den üblichen Rahmen überschreiten[5]. Gleiches gilt für **Halterungen**, die der Mieter wegen deren Fehlens im erforderlichen Umfang anbringen kann (z.B. Handtuchhalter, Seifenhalter usw.)[6]. Allerdings dürfen keine großen Löcher gebohrt werden, wenn kleine Dübel ausreichend sind[7]. Die **Beweislast** für eine übermäßige Verwendung von Dübeln trägt der Vermieter. 354

Besteht keine Renovierungspflicht, soll der Mieter auch nicht gehalten sein, eine **übliche Anzahl**[8] von Dübellöchern zu verschließen[9]. Diese Ansicht ist allerdings problematisch. Befestigt der Mieter in den Mieträumen z.B. Schilder, Lampen, Antennen, zusätzliche Badeinrichtungen, Wand- oder Hängeschränke, Raumteiler, Klimaanlagen usw., handelt es sich hierbei um **Einrichtungen**[10], zu deren Entfernung der Mieter bei Mietende berechtigt ist (§ 539 Abs. 2 BGB). Verbleiben nach dem Abbau Dübellöcher im Wand- oder Deckenbereich, greift die Bestimmung des § 258 BGB. Danach schuldet der Mieter die Wiederherstellung des vor der Montage der Einrichtung bestehenden Zustands, mithin auch das fachgerechte Entfernen der Dübel mit anschließendem Verschließen des Loches. 355

dd) Ungewöhnliche Dekoration

Auch die eigene, dekorative Gestaltung des Mieters im Hinblick auf **ungewöhnliche Farben und Tapeten** kann die Grenze des Erlaubten überschreiten und zu einem Schaden führen, den der Vermieter – unabhängig von den Vertragsregelungen zu den Schönheitsreparaturen – zu liquidieren berechtigt wäre. Hier hat der Rechtsanwalt bei der Beratung allerdings zu unterscheiden: 356

---

1 BGH, NJW 1993, 1061; LG Berlin, GE 2002, 261; LG Münster, WuM 1999, 720.
2 LG Mannheim, MDR 1975, 231; AG Rheinbach, NZM 2005, 822.
3 AG Burgwedel, WuM 2005, 777 – 2,5 Stunden für einen Fachmann sind nicht mehr unerheblich.
4 LG Hamburg, WuM 2001, 359.
5 AG Hamburg, WuM 2008, 27.
6 BGH, WuM 1993, 109; LG Hamburg, WuM 2001, 359; LG Berlin, GE 2002, 261.
7 AG Warendorf, WuM 1983, 235.
8 LG Münster, WuM 1999, 720.
9 OLG Frankfurt/Main, WuM 1992, 57.
10 Vgl. *Schmidt-Futterer*, Mietrecht, 9. Aufl., § 539 Rz. 12.

(1) Gestaltungsspielraum während der Mietzeit

357 Im **laufenden Mietverhältnis** ist es dem Mieter einer Wohnung unbenommen, die einzelnen Räume nach seinen persönlichen Geschmacksvorstellungen herzurichten[1]. Die Räume darf er nach Belieben gestalten. So besteht grundsätzlich keine Verpflichtung, bei der Durchführung von Schönheitsreparaturen die Wohnung mit Raufaser- oder Strukturtapete zu tapezieren und diese dann weiß oder nahezu weiß zu streichen[2]. Das gilt selbst bei Vermietung einer unrenovierten Wohnung. Eine Regelung im Mietvertrag, die nur einen Anstrich von Wänden und Decken zulässt, „dem das Anbringen einer weiß gestrichenen Raufasertapete gleichsteht", kann nur so verstanden werden, dass andere Ausführungsarten auch während des Mietverhältnisses nicht zulässig sind; die Klausel wäre unwirksam[3]. Anstelle von Tapete oder Farbe kann sich der Mieter für die Bearbeitung der Wände mit einer „Lasurtechnik" entscheiden[4]; strittig ist allerdings, ob eine Bindung an eine bereits vorgefundene **Technik der Raumgestaltung** besteht[5] (vgl. *Rz. 393 ff.*). Auf jeden Fall sollte der Rechtsanwalt darauf hinwirken, dass der Mieter die Bausubstanz nicht verletzt oder beschädigt; ein derartiger Eingriff wäre ihm nicht gestattet[6].

358 Der Wohnraummieter unterliegt während der Mietzeit auch keiner Pflicht zur Rücksichtnahme bei der **Farbauswahl** (§ 241 Abs. 2 BGB); in diesem Zeitraum kann er die Wohnung gemäß seinen Vorstellungen farblich gestalten[7]. Anstriche mit kräftigen Volltönen gelten als uneingeschränkt zulässig. Die Ausgestaltung der Miträume nach dem eigenen, durchaus eigenwilligen Geschmack des Mieters gehört zur Ausformung des persönlichen Lebensumfeldes und damit zum Kernbereich des vertragsgemäßen Gebrauch einer Mietwohnung[8]. Selbst die Verwendung von ausgefallenen „**Schockfarben**" („schrill und poppig") vermag eine Vertragswidrigkeit nicht zu begründen („Selbstverwirklichung durch Farbwahl"). Es fehlt an einer Obliegenheitsverletzung des Mieters, der davon ausgehen darf, die von ihm gewählte Dekoration abwohnen zu können. Ein Unterlassungsverlangen des Vermieters (§ 541 BGB) wäre daher im laufenden Mietverhältnis unbegründet.

Anders verhält es sich allerdings im Bereich von **Gewerbemietverhältnissen**, sobald dort der Zustand der Miträume **Außenwirkung** entfaltet. Vor allem bei immerwährender Einsehbarkeit der Mietflächen aufgrund von großflächigen Schaufensterfronten, speziell in Ladenzeilen oder Einkaufszentren, besteht ein berechtigtes Interesse des Vermieters, dass der dekora-

---

1 Vgl. BGH, WuM 2008, 472; LG Berlin, GE 1998, 181; AG Tempelhof, NZM 2002, 734; einschr. LG Aachen, WuM 1998, 596.
2 BGH, WuM 2009, 655; LG Berlin, NZM 2007, 801.
3 AG Gießen, WuM 2009, 454.
4 LG Mannheim, NZM 2003, 511.
5 Bejahend: AG Kerpen, WuM 1990, 198; ablehnend: LG Mannheim, NZM 2003, 511.
6 BGH, WuM 2008, 722.
7 KG, NZM 2005, 663; LG Hamburg, ZMR 1999, 405.
8 Vgl. BGH, WuM 2008, 722; BGH, WuM 2008, 472.

tive Zustand einen ansehnlichen Eindruck vermittelt. Die Farbwahl des Mieters darf in diesem Fall nicht zur Beeinträchtigung des gesamten Erscheinungsbildes oder zur Gefährdung des Mietwertes der Immobilie führen[1].

(2) Gestaltungsspielraum bei Mietende

Das Recht zur Selbstverwirklichung speziell in der Wohnraummiete bedeutet aber nicht, dass der Mieter die Miträume auch mit einem ungewöhnlichen Anstrich zurückgeben kann. Am Ende des Mietverhältnisses ist der Mieter vielmehr aufgefordert, auf die **Belange des Vermieters** Rücksicht zu nehmen (§§ 241 Abs. 2, 242 BGB)[2]. Grundlage hierbei ist das besondere Interesse des Vermieters an einer unproblematischen Weitervermietung. Die „Grenzen des normalen Geschmacks" dürfen bei Mietende nicht in einer Weise überschritten sein, dass eine beabsichtigte Neuvermietung im geschaffenen Zustand praktisch unmöglich wird. Der Vermieter kann daher verlangen, dass bei Rückgabe der Mietsache der Gesamtanstrich zumindest nicht in **ungewöhnlichen Farben** ausgeführt ist[3], er sich vielmehr in einem Zustand befindet, der es ermöglicht, allein mit den üblichen Vorarbeiten die Dekoration zu erneuern[4]. Die farbliche Gestaltung der Räume – auch einzelner Teile hiervon – hat der Mieter dabei so zu wählen, dass sie von möglichst vielen Mietinteressenten akzeptiert wird, die Wohnung folglich eine konventionelle Einrichtung aufnehmen kann, ohne das durchschnittliche Geschmacksempfinden zu stören[5]. Dies gilt nicht nur, wenn am Ende oder in der Gewissheit der baldigen Beendigung des Mietverhältnisses Renovierungen fällig sind. Auch die bei Beginn oder im Verlauf des Mietverhältnissen mit ausgefallenen Farben durchgeführten Schönheitsreparaturen hat der Mieter bis zur Rückgabe der Miträume auf ein „marktgängiges Normalmaß" zurückzuführen, selbst wenn die erneuten Streicharbeiten nach dem Grad der Abnutzung noch nicht geboten wären. Andernfalls würde der Mieter ihm obliegende Vertragspflichten bei Mietende verletzen (§ 280 BGB) und als Schadensersatz die zur Beseitigung des speziellen Farbanstrichs erforderlichen **Mehrkosten** schulden, so z.B. bei

– rotem Volltonanstrich in einem (Schlaf-)Zimmer[6],
– gelbem Anstrich mit zweifarbig braunem Muster in einem Zimmer[7],

---

1 *Neuhaus*, NZM 2000, 222.
2 LG Nürnberg-Fürth, WuM 2007, 406.
3 Vgl. BGH, WuM 2008, 722; BGH, WuM 2008, 472.
4 Vgl. AG Esslingen, ZMR 2005, 199.
5 LG Itzehoe, WuM 1980, 63.
6 KG, NZM 2005, 663; LG Frankfurt, NZM 2007, 922; AG Burgwedel, WuM 2005, 771; **a.A.** AG Pinneberg, ZMR 2004, 122.
7 KG, NZM 2005, 663; LG Hamburg, NZM 1999, 838; **a.A.** AG Königstein, NZM 2000, 1181.

- blauem Anstrich in einem Zimmer[1] oder in Gewerberäumen[2],
- moos- oder lindgrünem Anstrich in einem Zimmer[3],
- rosa Anstrich in einem Schlafzimmer[4],
- buntem Anstrich (rot, gelb, grün) in einem Zimmer[5],
- dunkelbrauner Anstrich mit nicht wasserdurchlässiger Farbe[6],
- Überstreichen des Klarlacks/der farblosen Lasur an Holzteilen mit (glänzendem) Farblack[7],
- Überstreichen von Türen, Heizkörpern oder -rohren in schwarz, violett oder türkis[8].

360 Demgegenüber ist die Ausführung der Malerarbeiten mit **neutralen, hellen (Pastell-)Farben** nicht zu beanstanden; sie begründet bei Rückgabe der Mietsache in keinem Fall einen Schadensersatzanspruch des Vermieters[9]. Umgekehrt aber besteht keine gesetzliche Verpflichtung des Mieters, die Mieträume nur und ausschließlich in diesen besonders „vermietungsfreundlichen" Farbtönen zurückzugeben[10]. Die Grenzziehung für das gerade noch zulässige – weil gewöhnliche – Farbspektrum ist schwierig und abhängig vom Einzelfall bzw. vom zeitlichen Allgemeingeschmack, denn selbst Helltöne (z.B. lindgrün, zartrosa, hellrot) passen nicht zu vielen Einrichtungen. In etlichen Fällen wird es auf die Ansicht der Instanzgerichte ankommen, ob die Grenze des guten Geschmacks überschritten wurde und dem Vermieter ein Schadensersatzanspruch wegen Beschädigung der Mietsache zugestanden werden kann. Als Bewertungsgrundlage kann einerseits der **Zustand der Mietsache** bei Mietbeginn, andererseits die Frage, ob dem Vermieter oder Nachmieter ein zusätzlicher **Sonderaufwand** bei der Beseitigung über die üblichen Schönheitsreparaturen hinaus entsteht, herangezogen werden. Nach der Rechtsprechung blieb bislang allerdings unbeanstandet ein

- weißer Anstrich in den Mieträumen[11],
- hellblauer Anstrich im Bad[12],

---

1 KG, NZM 2005, 663; AG Burgwedel, WuM 2005, 771.
2 KG, GE 1995, 1011.
3 KG, NZM 2005, 663; LG Berlin, NZM 2002, 120; LG Hamburg, NZM 1999, 838; AG Burgwedel, WuM 2005, 771.
4 LG Hamburg, NZM 1999, 838.
5 KG, NZM 2005, 663.
6 AG Esslingen, ZMR 2005, 199.
7 BGH, WuM 2008, 722; LG Aachen, WuM 1998, 596 – grau; LG Berlin, GE 2001, 1064 – dunkelblauer Fußboden; LG Berlin, GE 1995, 115 – blaue Türrahmen.
8 LG Landshut, Az. 3 C 1594/07, n.v.; LG Berlin, GE 1995, 249; LG Aachen, WuM 1988, 300.
9 BGH, WuM 2008, 722; BGH, WuM 2008, 472.
10 *Lehmann-Richter*, NZM 2008, 676; AG Neuruppin, WuM 2009, 514 – „unauffällige Farbe".
11 LG Berlin, GE 1995, 115; hierzu *Horst*, MietRB 2008, 370.
12 KG, NZM 2005, 663.

- gelber Anstrich im Flur[1],
- oranger Farbton in einem Zimmer[2],
- grauer Anstrich auf dem zuvor weißen Rollladenkasten[3],
- brauner Anstrich von Türen und Türrahmen[4].

Zu Lasten des Mieters besteht keine Verpflichtung, bei Rückgabe der Mieträume diese nach dem Farbwunsch des Vermieters umzustreichen, nur weil diesem die Farbgestaltung nicht zusagt[5]. Will sich der Vermieter eine bestimmte farbliche Gestaltung der Miträume bei Mietende, zumindest innerhalb einer bestimmten Bandbreite (z.B. neutrale, helle, deckende Farben) ausbedingen, sollte ihm bereits bei der Gestaltung des Mietvertrages die Aufnahme eine sog. **Farbwahlklausel** (vgl. hierzu *Rz. 389 ff.*) empfohlen werden.

Vorstehende Ausführungen gelten insgesamt auch für das Anbringen **individueller Muster- oder Fototapeten**. Selbst wenn die Miträume bei Vertragsabschluss mit gemusterten Tapeten ausgestattet waren, hat der Mieter dem Wandel der Vorstellungen von Innendekoration, vor allem bei einem langjährigen Mietverhältnis, Rechnung zu tragen[6]. In den Grenzen des vertragsgemäßen Gebrauchs – ohne dass bei Mietende Schadensersatzpflichten im Raum stehen – bewegt sich allerdings das Ankleben von

- speziellen Kinderzimmertapeten (Mustertapete mit Sternchen)[7] oder -bordüren[8],
- farblich unaufdringlichen Tapeten mit zurückhaltend gestaltetem floralem Muster[9],
- hellblau marmorierten Tapeten im Flur[10].
- nicht überstreichbaren Wasserschutz- oder Schaumtapeten[11].

Einer dezenten, dem allgemeinen Geschmack entsprechenden Gestaltung soll hingegen die Verwendung einer altrosa farbenen, intensiv gestalteten Mustertapete mit unterschiedlich glänzender Oberfläche ebenso wenig genügen[12] wie die Verwendung einer „Zebratapete" im Kinderzimmer[13]. Wegen außergewöhnlicher Mustergestaltung könnte der Vermieter hier am

361

---

1 AG Königstein, NZM 2000, 1181.
2 AG Miesbach, WuM 1992, 603.
3 LG Aachen, WuM 1998, 596.
4 AG Münster, WuM 1988, 110.
5 LG Lübeck, NZM 2002, 485.
6 LG Berlin, NZM 2007, 801.
7 LG Frankfurt, NZM 2007, 922.
8 LG Berlin, GE 2005, 867- Harry-Potter-Bordüre; **a.A.** LG Berlin, NZM 2002, 120 – Bordüre allgemein.
9 LG Berlin, NZM 2007, 801.
10 LG Lübeck, NZM 2002, 485.
11 BGH, WuM 2006, 308.
12 LG Berlin, NZM 2007, 801.
13 AG Reinbeck, ZMR 2008, 217.

Ende des Mietverhältnisses eine Neudekoration der betreffenden Wände fordern.

ee) Rauchen in den Mieträumen

362 Auch die Spuren des Rauchens in den Mieträumen sind vom vertragsgemäßen Gebrauch der Mietsache umfasst. Solange eine entgegenstehende Vereinbarung zwischen den Parteien des Mietvertrages nicht getroffen wurde, verhält sich ein Mieter, der in seiner Wohnung raucht und hierdurch während der Mietzeit Ablagerungen an Wänden und Decken, auf dem Holzwerk oder sonstigen Einrichtungen (z.B. Teppich) verursacht, grundsätzlich nicht vertragswidrig; Verunreinigungen durch Tabakkonsum begründen in diesem Fall keine Pflichtverletzung[1]. Sogar das „starke Rauchen" gilt hiernach als Ausfluss der **privaten Lebensführung**. Der Mieter ist demzufolge nicht gehalten, besondere **Vorkehrungen** zum Schutz der Mietsache zu treffen. Neben der Geruchsbelästigung sind daher Vergilbungen und Verfleckungen an der Oberfläche von Wand oder Tapete selbst durch verstärkte Nikotinablagerungen vom Vermieter zu tolerieren. Deren fachgerechte Beseitigung obliegt dem Instandhaltungspflichtigen, bei wirksamer Übertragung der Dekorationslast also dem Mieter. Schadensersatzansprüche des Vermieters scheiden für den Regelfall aus[2].

363 Eine Einschränkung ist allerdings anzunehmen, wenn exzessiver Tabakkonsum (**Raucherexzess**) in einer neu renovierten Wohnung einen erheblichen Renovierungsbedarf zur Folge hat. Sollte der Mieter derart stark rauchen, dass die Mieträume im Laufe der Mietzeit **Schaden** erleiden, wäre die Grenze des vertragsgemäßen Gebrauchs überschritten und der Mieter zum Schadensersatz verpflichtet. Hiervon ist auszugehen, falls sich die zur Beseitigung erforderlichen Maßnahmen nicht mehr auf übliche Tapezier-, Anstrich- und Lackierarbeiten, also auf gängige Schönheitsreparaturmaßnahmen i.S.v. § 28 Abs. 4 S. 3 II. BV, beschränken lassen, sondern ein darüber hinausgehender „**Mehraufwand**" an Instandsetzungsarbeiten erforderlich wird[3]. Die Tatsache, dass bereits nach kürzester Mietzeit (ein bis zwei Jahre) Renovierungsbedarf durch das Rauchen entstanden ist, soll allerdings zur Begründung einer Schadensersatzpflicht des Mieters nicht ausreichen[4]. Ansprüche des Vermieters auf Schadensersatz waren in der Rechtsprechung hingegen bejaht worden, wenn

– sich der Tabakgeruch „sozusagen wie in einer Gaststätte festsetzt"[5],

– sich Tapeten und Raufaser stark verfärben und ablösen[6],

---

1 BGH, NZM 2008, 318; BGH, WuM 2006, 513; LG Berlin, GE 2004, 1096; LG Karlsruhe, WuM 2002, 50; LG Hamburg, WuM 2001, 469; LG Köln, WuM 2001, 469 u. NZM 1999, 456; LG Saarbrücken, WuM 1998, 689.
2 AG Esslingen, ZMR 2005, 199.
3 BGH, NZM 2008, 318.
4 BGH, NZM 2008, 318.
5 AG Tuttlingen, NZM 1999, 1141; ähnlich AG Rosenheim, WuM 1995, 583.
6 AG Tuttlingen, NZM 1999, 1141.

- Tapeten bereits nach kurzer Mietzeit mehrfach gestrichen oder eigens behandelt werden mussten[1],
- Teppichböden trotz wiederholter Reinigung den Standort der Möbel wiedergeben[2],
- Drückerplatten zur Toilettenspülung derart vergilbt waren, dass der ursprünglich weiße Material-Farbton einem Braunton gewichen ist[3].

Ob die **Grenze zum Übermaßgebrauch** überschritten wurde, muss der Rechtsanwalt im Einzelfall feststellen und darlegen, was in der Regel die Einholung eines **Sachverständigengutachtens** erfordert. In diesem Zusammenhang sollte der Hinweis erfolgen, dass die üblicherweise verwendeten wasserlöslichen Farben beim Aufbringen an Wänden und Decken die Nikotinbestandteile aus dem Putz oder der Tapete wieder an die Oberfläche schwemmen und durch Zigarettenrauch vergilbte Wände selbst bei mehrfachem Farbauftrag vergilbt bleiben, zumindest wenn mit einem herkömmlichen weißen Anstrich gearbeitet wird[4]. Erforderlich wäre vielmehr eine vorherige Grundierung oder ein Voranstrich mit einer lösemittelfreien Farbe (Sperranstrich)[5]; zu denken wäre auch an eine Reinigung der vom Nikotinbelag betroffenen Wandflächen mit einem Lösungsmittel[6]. In diesen Fällen besteht ein „Mehraufwand" gegenüber den sonst üblichen Dekorationsarbeiten, was einen **Schadensersatzanspruch** des Vermieters auslöst. Unter diesem Gesichtspunkt können sich im Einzelfall auch noch weitere Forderungen des Vermieters ergeben, so bei nikotinbedingten Verfärbungen des Teppichbelags[7] oder bei rauchvergilbten Fugen im Bad[8], sollte eine Grundreinigung dort nicht mehr weiterhelfen. 364

Vor den Folgen des Zigarettenrauchs kann sich der Vermieter schützen, indem er mit seinem Mieter eine das Rauchen in den Mieträumen untersagende oder einschränkende **Vereinbarung** – eine bloße „Bitte" wäre nicht ausreichend – trifft (**Rauchverbot**). Hierauf sollte der Rechtsanwalt bei Bedarf hinwirken. Ob ein generelles und ausnahmsloses Rauchverbot für eine Wohnung oder Teile hiervon (bestimmte Räume) während der Mietzeit außerhalb einer Individualvereinbarung geregelt werden kann (**Nichtraucherklausel**), wurde bislang gerichtlich nicht geklärt[9], ist aber wegen Verstoß gegen § 307 Abs. 2 BGB zu verneinen[10]. 365

---

1 LG Paderborn, NZM 2000, 710; AG Bremerhaven, WuM 2006, 219; AG Cham, ZMR 2002, 761.
2 AG Magdeburg, NZM 2000, 657; AG Tuttlingen, NZM 1999, 1141.
3 LG Koblenz, ZMR 2006, 288; AG Cham, ZMR 2002, 761.
4 Vgl. Sachverhalt bei AG Cham, ZMR 2002, 761.
5 Vgl. LG Waldshut-Tiengen, DWW 2006, 287.
6 AG Bremerhaven, WuM 2006, 219.
7 AG Magdeburg, NZM 2000, 657.
8 LG Koblenz, ZMR 2006, 288.
9 Das LG Koblenz, ZMR 2006, 288 scheint nur individualvertragliche Regelungen als zulässig zu unterstellen.
10 So auch *Harsch*, WuM 2009, 76; *Paschke*, NZM 2008, 265; *Arzt*, PiG 85, 229; *Derleder*, NJW 2007, 812; *Stapel*, NZM 2000, 595; differenzierend: *Horst*, MietRB 2008, 188; *Kunze*, MietRB 2007, 4; **a.A.** *Lützenkirchen*, WuM 2007, 99.

366 Anders mag sich allerdings die Situation, was Vorgaben des Vermieters zum **Zustand der Mietsache** bei Mietende betrifft, darstellen. Denn nach der Rechtsprechung des BGH[1] gelten formularvertragliche Klauseln, die den Mieter zur Rückgabe der Wohnung in einem bestimmten Farbzustand verpflichten (hierzu *Rz. 389 ff.*), deshalb als zulässig, weil im Rahmen der gebotenen Abwägung das Interesse des Vermieters, die Wohnung mit einer Dekoration zurückzuerhalten, die von möglichst vielen Mietinteressenten akzeptiert wird, dasjenige des Mieters an einer – seinen Vorstellungen entsprechenden – Lebensgestaltung in den Mieträumen überwiegt. Dieser Rechtsansatz lässt sich ohne Weiteres auf eine „Raucherklausel" übertragen, die vorgibt:

> Der Mieter ist im weiteren verpflichtet, bei Mietende die Mieträume ohne sichtbare Nikotinspuren zurückzugeben.

Denn in Zeiten deutlich formulierter Vorbehalte gegen das Rauchen in der Öffentlichkeit, in Gaststätten und in Speiselokalen sowie unter der Geltung von Nichtraucherschutzgesetzen auf Bundes- und Länderebene beschränken auch die unübersehbaren Spuren des Rauchens – einschließlich der damit verbundenen „Geruchsbelästigungen" – in einer Wohnung deren Weitervermietbarkeit. Bei Verwendung der vorgeschlagenen Klausel bleibt dem Mieter ohne weiteres die Möglichkeit, während der Mietzeit zu rauchen. Ergeben sich in Folge des Tabakkonsums jedoch deutliche Hinterlassenschaften an Wand, Decke und Holzwerk, müsste der Mieter bis zu seinem Auszug tätig werden und diese durch geeignete Maßnahmen, ggf. durch Streicharbeiten, beseitigen, selbst wenn ein Renovierungsbedarf an sich (noch) nicht besteht.

367 Die Abgabe einer verbindlichen **Nichtraucherklärung**[2] durch den Mieter ist gleichfalls zulässig, ebenso ein individuell vereinbartes Rauchverbot[3]. Im weiteren unterliegt die formularvertragliche Untersagung des Rauchens in **Gemeinschaftsräumen** keinen Bedenken:

Formulierungsvorschlag:

> Aus Gründen der Sicherheit und im Interesse der Gesundheit aller Hausbewohner ist das Rauchen im Treppenhaus, im Aufzug, in der Waschküche, im Dachboden und in allen Kellerräumen ausdrücklich untersagt.

---

1 BGH, WuM 2008, 722.
2 Hierzu AG Albstadt, WuM 1992, 475.
3 Formulierungsvorschläge bei *Paschke*, NZM 2008, 265 u. *Harsch*, WuM 2009, 76.

ff) Fogging

Seit ca. einer Dekade macht der Rechtsprechung das Problem der „schwarzen Wohnungen"[1], das sog. **Fogging**, zu schaffen. Gekennzeichnet sind die auch als „Schwarzstaub" bezeichneten Erscheinungen dadurch, dass innerhalb kürzester Zeit an Decken, Wänden, Fenstern und Einrichtungsgegenständen ein dunkler, oft als ölig bezeichneter Belag erscheint, wobei auffällt, dass derartige Ablagerungen, die zumeist aus Staub bestehen, vornehmlich in Neubauten oder nach Renovierungen bzw. zu Beginn oder während einer Heizperiode auftreten. Die Ursache des Phänomens sehen Vermieter meist in einem nachlässigen Wohnverhalten des Mieters (z.B. Einsatz von Kerzen, auf dem Herd verbranntes Essen, zu viel Rauchen), der diesem Vorwurf wiederum mit einem Verweis auf angebliche bauliche Mängel (z.B. defekter Kamin, rußende Heizkörper) begegnet.

368

Die Gerichte bedienen sich zur Ursachenermittlung durchgehend der Einholung von **Sachverständigengutachten**, denen es, wie ergangene Entscheidungen zeigen, kaum befriedigend gelingt, den konkreten Grund für die dunklen Ablagerungen im Einzelfall festzustellen. Zumindest sollte der Rechtsanwalt frühzeitig darauf hinwirken, dass nicht ein allgemeiner Bausachverständiger, sondern ein **Sachverständiger für Innenraumschadstoffe** beauftragt wird. Denn häufig werden die hartnäckigen Erscheinungen noch mit Schwärze- oder Schimmelpilz verwechselt[2].

369

Als **Ursache** für die Schwarzstaubablagerungen, die sich mit handelsüblichen Haushaltsreinigungsmitteln kaum beseitigen lassen, stehen schwer lösliche **organische Verbindungen** (SVOC – semivolatile organic compounds) in Lösungsmitteln und Weichmachern, wie sie in Bodenbelägen aus Laminat, PVC, Teppichen, Styropor, Türen aus Kunststoffen, Tapeten aus Vinyl, Farben, Lacken, Klebemitteln und bestimmten Möbeln enthalten sind[3], als Ausgangsfaktoren ebenso in Verdacht wie **bauliche Gegebenheiten** (z.B. Kältebrücken, eingebaute Heizkörper, schadhafte Isolierungen, unzureichender Wärmeschutz) oder eine **besondere Raumnutzung**[4] (z.B. intensives Lüften im Winter). Mit Gefahren für die Gesundheit scheint das Fogging indes nicht verbunden zu sein[5]. Der Anstoß für Schwarzverfärbungen kann sich sowohl aus dem Bereich des Mieters – z.B. nach einer Renovierung – wie auch nach einer Maßnahme des Vermieters – z.B. im Anschluss an bauliche Veränderungen – ergeben. Die genauen Gründe bleiben oft unklar; häufig wirkt ein folgenschweres Zusammenspiel verschiedener mietrauminterner Faktoren[6].

370

---

1 Hierzu grundlegend *Szewierski/Moriske*, ZMR 2003, 550; *Moriske*, NZM 2000, 894.
2 *Isenmann*, WuM 2001, 428.
3 *Hitpaß*, ZMR 2002, 357.
4 *Tank/Rauh*, MietRB 2008, 251.
5 *Hitpaß/Oventrop*, ZMR 2005, 598; AG Düsseldorf, WuM 2009, 664.
6 Vgl. LG Berlin, GE 2007, 1487; AG Hamburg-Wandsbeck, NZM 2000, 906.

371 Zur Lösung derartiger Fälle hat der Rechtsanwalt die Möglichkeit, auf die von der Rechtsprechung entwickelten allgemeinen **Beweislastgrundsätze**, wie sie für das Gewährleistungsrecht gelten, zurückzugreifen. Denn Fogging-Erscheinungen gelten als Mangel der Mietsache[1]. Ist zwischen Vermieter und Mieter streitig, ob die vermieteten Räume durch den Mietgebrauch zu Schaden kamen, weil die Ursachen sich gutachterlich nicht feststellen lassen und fordert der **Mieter** ein Einschreiten gegen die unliebsamen Schwarzstaubablagerungen, schuldet der Vermieter deren kostenpflichtige **Beseitigung** (§ 535 Abs. 1 BGB), und zwar unabhängig davon, ob der konkrete Grund für den Mangel im eigenen oder im Gefahrenbereich des Mieters zu suchen ist[2]. Anders wäre es nur, hätte der Mieter die Entstehung der „schwarzen Wohnung" ausschließlich selbst verschuldet. Die Beweislast hierfür trägt der Vermieter. Ein Handeln des Mieters innerhalb der Grenzen des **vertragsgemäßen Gebrauchs**, z.B. durch

– Einbringen eines handelsüblichen Teppichbodens bzw. eines PVC- oder Laminatbelages,

– Streichen der Wände und Fenster mit einer gängigen Farbe, die Weichmacher enthält[3],

– Anbringung von zeitgemäßen Tapeten,

– Reinigen der Fenster im Winter,

darf allerdings zur Begründung eines Mieterverschuldens nicht herangezogen werden. Denn die mit einem solchen Verhalten verbundenen Verschlechterungen der Mietsache wären vom Mieter selbst dann nicht zu vertreten (§ 538 BGB), wenn der Vermieter gar keinen Einfluss darauf hat, welche Materialien sein Vertragspartner in die Miträume einbringt. Der Anspruch des Mieters auf Mangelbeseitigung besteht in diesen Fällen auch unabhängig davon, ob er darüber hinaus Gewährleistungsrechte (Mietminderung[4]/Schadensersatz – hierzu F Rz. 88 ff.) in Anspruch nimmt[5].

372 Verbleibt nach der vermieterseitig veranlassten Beseitigung der Schwarzstaubablagerungen in den Miträumen ein unansehnlicher Zustand des Anstrichs, dann resultieren die im Anschluss erforderlichen Malerarbeiten nicht aus einer typischerweise vom Mieter verursachten Abnutzung des dekorativen Erscheinungsbildes; sie sind vom Mieter allenfalls im Zuge ihm obliegender, **bereits fälliger** Schönheitsreparaturen mit zu übernehmen. Sollten diese Voraussetzungen nicht gegeben sein, wäre der Vermieter in der Pflicht.

373 Soll demgegenüber die Beseitigung der schwarzen Staubablagerungen **vom Mieter** im Wege des **Schadensersatzes** (§ 280 Abs. 1 BGB) eingefordert wer-

---
1 BGH, NZM 2008, 607; AG Düsseldorf, WuM 2009, 664.
2 BGH, NZM 2008, 607; LG Berlin, GE 2007, 1487 – Vorinstanz.
3 Vgl. AG Hamburg, GE 2002, 55; differenzierend AG Pinneberg, ZMR 2002, 359.
4 Minderungsquote: LG Ellwangen, WuM 2001, 545 – 14,3 %; AG Hamburg, GE 2002, 55 – 17,7 %; LG Berlin GE 2002, 1019 – 20 %; AG Düsseldorf, WuM 2009, 664 – 40 %.
5 BGH, NZM 2008, 607; BGH, NZM 2004, 736.

den, obliegt in diesem Fall allein dem Vermieter die Beweislast dafür, dass
- die Schadensursache ausschließlich dem Obhuts- oder Gefahrenbereich seines Vertragspartners entstammt,
- sie nicht aus dem Verhalten eines Dritten bzw. aus Baumängeln oder aus anderen, der Sphäre des Vermieters zuordenbaren Eigenschaften der Mietsache herrührt und
- dass der Mieter den Mangel zu vertreten hat[1].

Hierfür genügt es, wenn der Vermieter alle möglichen Schadensursachen aus seinem eigenen Verantwortungsbereich ausräumt. Anschließend müsste sich der Mieter seinerseits dahingehend entlasten, dass er die Schwarzfärbungen nicht zu vertreten hat[2]. Lässt sich jedoch nicht ausschließen, dass der Mieter den Schadenseintritt weder veranlasst noch beeinflusst hat, bleibt es bei der Beweislast des Vermieters[3]. In keinem Fall kann eine wirksame Klausel zur **Abwälzung von Schönheitsreparaturen** den Mieter zur Beseitigung der Fogging-Erscheinungen verpflichten, denn es fehlt an einem auf normalem Nutzungsverhalten beruhenden Dekorationsschaden[4].

Fordert umgekehrt der Mieter wegen der unansehnlichen Staubablagerungen **Schadensersatz** nach § 536a Abs. 1 BGB, ist es an ihm, sämtliche Voraussetzungen des Anspruchs, auch ein Verschulden des Vermieters, darzulegen und zu beweisen[5], soweit nicht bereits feststeht, dass die Ursache der „schwarzen Wohnung" im Herrschafts- und Einflussbereich des Vermieters gesetzt worden ist; nur im letztgenannten Fall müsste sich der Vermieter hinsichtlich des Verschuldens entlasten[6].

374

gg) Dekorationsschäden

Ansprüche des Vermieters auf Schadensersatz kommen auch dann in Betracht, sollte der Mieter die Dekorationsarbeiten in den Mieträumen **mangelhaft** ausführen oder Materialien verwenden, die dort zu **Substanzschäden** führen. Das wäre der Fall, wenn

hinsichtlich der **Tapezierung**

- Raufasertapeten durch mehrfaches Übermalen zugeschlämmt werden[7],
- offene Nähte zwischen den Tapetenbahnen verbleiben[8],

375

---

1 BGH, NJW 2005, 381; LG Duisburg, WuM 2003, 494; LG Berlin, NZM 2003, 434; LG Ellwangen, GE 2002, 53; AG München, NZM 2003, 975; AG Hamburg, GE 2002, 55; AG Pinneberg, ZMR 2002, 359.
2 LG Berlin, GE 2007, 1487.
3 Vgl. OLG Hamburg, r + s 2009, 156.
4 LG Duisburg, WuM 2003, 494.
5 BGH, WuM 2006, 147; BGH, WuM 2000, 1017; AG Cottbus, ZMR 2005, 626.
6 BGH, NJW 2006, 1061.
7 LG Düsseldorf, DWW 1996, 280; *Horst*, MietRB 2008, 370.
8 *Langenberg*, Schönheitsreparaturen, 3. Aufl., I. Teil, A Rz. 19.

- Tapeten nicht „auf Stoß", sondern überlappend geklebt sind[1],
- Tapetenbahnen verkehrt herum geklebt werden[2],
- nach dem Bekleben der Wände mit Tapeten Hohlstellen bleiben[3],
- eine Neutapezierung erfolgt, ohne zuvor die alten Tapeten zu entfernen[4],
- Wände an einigen Teilflächen (z.B. hinter mobilen Schränken) nicht tapeziert werden[5],

hinsichtlich des **Anstrichs**

- vor dem Auftrag einer waschbeständigen Dispersionsbinderfarbe die zuvor notwendige Grundierung der Wand- und Deckenflächen mit einem lösungsmittelfreien Tiefgrund unterbleibt (Gefahr der Rissbildung)[6],
- Textiltapeten überstrichen werden[7],
- Pinselhaare, Laufnasen, Farbläufer oder Schmutzpartikel auf dem Anstrich zurückbleiben[8],
- sich der Anstrich partiell „über den Rand" hinaus auf Schattenfugen, Holzwände, Holzdecken oder Einbauten erstreckt,
- der Anstrich nicht deckend, sondern scheckig, streifig oder wolkig erfolgt[9],
- eine nicht wisch- oder waschfeste Farbe[10] bzw. Leimfarbe[11] für den Innenanstrich verwendet wird,
- Lichtschalter, Steckdosen oder Wandfliesen übermalt oder lackiert werden[12],
- der aufgebrachte Anstrich für den betreffenden Raum ungeeignet ist (dampfdichte Farbe in kleinem Feuchtraum ohne Lüftungsmöglichkeit)[13] oder in einem Bad mit Feinputz eine Raufasertapete geklebt wird[14],
- Farben Verwendung finden, die sich nicht überstreichen lassen bzw. die beim Überstreichen mit einem hellen Farbton „durchscheinen",

---

1 LG Berlin, GE 1999, 189; AG Pinneberg, ZMR 2004, 121; AG Münster, WuM 2003, 562.
2 *Horst*, MietRB 2008, 370.
3 LG Berlin, GE 2000, 1255.
4 *Langenberg*, Schönheitsreparaturen, 3. Aufl., I. Teil, A Rz. 19.
5 AG Reinbeck, ZMR 2008, 217.
6 LG Münster, WuM 2005, 605.
7 *Horst*, MietRB 2008, 370; *Harsch*, MDR 1999, 325; *Hummel*, ZMR 1990, 368.
8 LG Berlin, GE 2000, 1255; AG Köln, WuM 1989, 136; *Horst*, MietRB 2008, 370.
9 BGH, WuM 2009, 224; LG Köln, WuM 2007, 125; LG Düsseldorf, DWW 1996, 280.
10 LG Bonn, WuM 2001, 631 für kreidende Farbe.
11 AG/LG Köln, WuM 2007, 125.
12 LG Köln, WuM 1997, 41; *Langenberg*, Schönheitsreparaturen, 3. Aufl., II. Teil, E Rz. 95.
13 *Langenberg*, Schönheitsreparaturen, 3. Aufl., I. Teil, A Rz. 20.
14 AG Münster, WuM 2000, 693; LG Hamburg, WuM 1991, 29.

oder wenn
- die Tapete entfernt und an deren Stelle ein Rau- oder Lehmputz aufgebracht wird[1],
- Tapeten bei Mietende heruntergerissen werden[2],
- nach Renovierung erneut dunkle Nikotinspuren auftreten[3].

Bei derartigen Sachverhalten ist vom Rechtsanwalt im Rahmen der Beratung vorrangig abzuklären, ob eine **erneute Erledigung** der Schönheitsreparaturen ausreicht, um die unsachgemäße Dekoration zu beseitigen. Denn in diesem Fall scheidet ein Anspruch des Vermieters auf Schadensersatz von vorneherein aus, sollten nach der Vertragssituation die Schönheitsreparaturen überhaupt nicht (wirksam) auf den Mieter übertragen sein. Erforderliche „Nacharbeiten" wären dann von Anfang an Bestandteil der ausschließlich beim Vermieter verbliebenen Instandhaltungspflicht, so dass ein Schaden gar nicht gegeben ist[4]. Eine andere Beurteilung ließe sich allenfalls rechtfertigen, wenn die mangelhafte Durchführung der nicht geschuldeten Dekoration zusätzliche, über die normale Renovierung hinausgehende Arbeiten/Unkosten nach sich zieht; dann kommen Schadensersatzansprüche des Vermieters aus Vertragsverletzung in Betracht.

376

hh) Sonstiges

Weitere Einzelfälle für mögliche Schadensersatzansprüche des Vermieters:
- verbliebene Klebereste nach Entfernen des Teppichbodens[5],
- größere Emaille-Abplatzungen an der Badewannenbeschichtung bzw. am Waschbecken[6],
- intensiv schwarz gewordene Fugen zwischen den Kacheln im Badezimmer, insbesondere an den Anschlüssen der Badewanne zur Wand[7],
- Verschleiß von Silikonfugen und Dichtungsgummis an Fenstern und Türen[8],
- größere Anstoßstellen an Türen[9] und Abstoßungen am Wandputz[10],

377

---

1 AG Kerpen, WuM 1990, 198.
2 AG Köln, WuM 2008, 215.
3 AG Cham, NZM 2002, 784.
4 Vgl. BGH WuM 2009, 224; LG Köln, WuM 2007, 125; AG Köln, WuM 2008, 215.
5 AG Köln, WuM 2001, 510.
6 OLG Köln, WuM 1995, 583; LG Köln, WuM 1999, 234; AG Osnabrück, WuM 2007, 406; AG Neustadt a. Rbge., WuM 2002, 233 – jeweils vertragsgemäßer Gebrauch.
7 AG Köln, WuM 1995, 312 – vertragsgemäßer Gebrauch.
8 BGH, WuM 2006, 513 – vertragsgemäßer Gebrauch.
9 AG Langen, WuM 1991, 31- vertragsgemäßer Gebrauch.
10 AG Kassel, WuM 1996, 757.

- Bekleben von Holzwerk (z.B. Türen) oder Wänden mit einer Kunststofffolie[1] oder Furnier[2], welche(s) sich nicht ohne weiteres ablösen lässt,
- Wasserflecken auf Holz-[3] bzw. Rostflecken auf Metallfensterbänken[4],
- üble Gerüche/Ausdünstungen[5].

e) Schadensfolgen

378 Bei schuldhafter Überschreitung des vertragsgemäßen Gebrauchs und damit verbundener Verschlechterung oder Beschädigung der Mietsache ist der Mieter aufgrund der **Verletzung einer Vertragspflicht** unmittelbar zum Schadensersatz verpflichtet (§§ 280 Abs. 1, 241 Abs. 2, 823 Abs. 1 BGB)[6], ohne dass der Vermieter Gelegenheit zur Nachbesserung geben oder gar eine Nachfrist setzen muss. Hinsichtlich des Verschuldens gelten die Vorschriften der §§ 276, 278 BGB. Der Anspruch umfasst grundsätzlich auch möglichen Mietausfall, Gutachterkosten und Aufwendungen im Zusammenhang mit der Rechtsverfolgung bzw. der Inanspruchnahme eines Rechtsanwalts.

Resultiert der Schaden hingegen aus einer nicht oder nicht wie geschuldet erbrachten (Schönheitsreparatur-)Leistung des Mieters, kommt ein Anspruch des Vermieters auf Schadensersatz statt der Leistung aus §§ 280 Abs. 1, Abs. 3, 281 Abs. 1 S. 1 BGB in Betracht; in diesem Fall ist Voraussetzung eine zusätzliche **Fristsetzung** zur Schadensbeseitigung gegenüber dem Mieter.

379 Freilich muss der Vermieter seine Ansprüche bei der Wohnungsrücknahme anmelden und die getroffenen Feststellungen zu den einzelnen Schadensbildern im Abnahmeprotokoll festhalten. Bei vorbehaltloser Rücknahme der Mieträume würde andernfalls ein Verlust sämtlicher Ansprüche drohen[7]. In einer evtl. folgenden Auseinandersetzung ist der Schaden konkret vorzutragen und unter Beweis zu stellen. Die Ersatzpflicht als solche richtet sich dann in **Art und Umfang** nach § 249 BGB. Der Mieter hat danach den Schaden zu beseitigen, folglich denjenigen Zustand herzustellen, der bestehen würde, wenn der zum Ersatz verpflichtende Umstand nicht eingetreten wäre. Dem Vermieter steht dabei das **Wahlrecht** zur Seite: Er kann entweder die **Herstellung** in natura oder den – im Hinblick auf den (Mehr-)Aufwand – erforderlichen **Geldbetrag**[8] verlangen, z.B. für das vollständige Reinigen oder Entfernen von Tapeten bzw. das notwendige Abbei-

---

1 LG Köln, WuM 1989, 136; LG Berlin, NZM 2001, 1075.
2 LG Hamburg, ZMR 2008, 296.
3 OLG Köln, WuM 1995, 582 – vertragsgemäßer Gebrauch.
4 AG Münster, WuM 2000, 693.
5 LG Mainz, WuM 2003, 624 – Tiergerüche; AG Rosenheim, WuM 1995, 583 – Tabakgeruch.
6 BGH, WuM 1996, 91.
7 LG Berlin, GE 2003, 524; LG Potsdam, IMR, 2009, 381; LG Hamburg, ZMR 1999, 405.
8 Vgl. AG Bremerhaven, WuM 2006, 219.

zen und Abschleifen von Holzteilen. Einen etwaigen **Vorteil**, vor allem den Abzug „Neu für Alt" (Beispiele dazu unter *F Rz. 147*), muss sich der Vermieter anrechnen lassen. Ein solcher Vorteil kann ggf. vom Richter nach § 287 ZPO geschätzt werden. Die Beschädigung der Mietsache durch den Mieter ist allerdings nicht mehr kausal für die Notwendigkeit der Erneuerung, sollte das Ende der jeweils für den beschädigten Bereich anzusetzenden Lebensdauer erreicht sein; hier kann der Vermieter keinen Schadensersatz mehr fordern[1].

War der Vermieter nach der Vertragssituation selbst mit der Durchführung der Schönheitsreparaturen belastet, ist sein Ersatzanspruch auf die Kosten der **zusätzlich notwendig** werdenden Arbeiten zur Beseitigung der (Dekorations-)Schäden, also auf die damit verbundenen Lohn-, Material- und Entsorgungskosten einschließlich der Umsatzsteuer – soweit eine solche anfällt (§ 249 Abs. 2 S. 2 BGB) – beschränkt. Eigenleistungen sind dabei mit einem Betrag bis 8,– Euro/Stunde anzusetzen[2]. Wenn sich der Missstand jedoch durch die dem Vermieter obliegenden Malerarbeiten – einschließlich der üblichen Vorarbeiten – vollständig beheben lässt, fehlt es an einer Substanzbeschädigung und damit an einer Vertragsverletzung, so dass ein Schadensersatzanspruch ausscheidet[3].

380

4. In welcher Qualität sind Schönheitsreparaturen auszuführen?

a) Allgemeine Grundsätze

Schönheitsreparaturen sind „stets fachgerecht in **mittlerer Art und Güte** (§ 243 Abs. 1 BGB) auszuführen"[4]. Eine Renovierung in DIN-Qualität ist ebenso wenig geschuldet[5] wie der höchstmögliche Ausführungsstandard, der bei Fachfirmen angelegt wird[6]. Für übertriebene Anforderungen besteht keine Grundlage[7]. Hierauf sollte der Mieteranwalt den Sachverständigen hinweisen, falls der Vermieter die Einholung eines Gutachtens zum Nachweis vermeintlich unzulänglich ausgeführter Dekorationsmaßnahmen veranlasst. Ausreichend ist vielmehr, wenn die Verschönerungsarbeiten mit der üblichen Sorgfalt (§ 276 BGB) und mängelfrei erbracht sind[8]. Der handwerklich geschickte Mieter darf die Renovierung durchaus in Eigenleistung durchführen, falls diese insgesamt einen ordnungsgemäßen Standard aufweist; kleinere Mängel hat der Vermieter dabei in Kauf zu nehmen (zu Ausführungsmängeln siehe *Rz. 375*). Eine Vermutung dafür, dass die Ausführung der Schönheitsreparaturen durch den Mieter selbst nicht fachge-

381

---

1 LG Wiesbaden, WuM 1991, 540; AG Brühl, WuM 1998, 689; AG Staufen, WuM 1992, 430.
2 Vgl. AG Ibbenbüren, WuM 2008, 84.
3 AG Hamburg, WuM 2008, 48.
4 BGH, NZM 2004, 615; BGH, NJW 1988, 2790; KG, DWW 2004, 56; OLG Celle, NZM 2001, 850.
5 LG Berlin, GE 2000, 1255.
6 LG Wiesbaden, WuM 1992, 603.
7 *Lützenkirchen*, WuM 1989, 111.
8 OLG Osnabrück, WuM 1988, 107.

recht ist, besteht nicht[1]. Mit einer **Hobby-Qualität** braucht sich allerdings keine der Parteien des Mietvertrages zufrieden zu geben[2]. Umgekehrt kann sich der Mieter nicht mit einem Hinweis auf die unzulängliche Arbeit des von ihm beauftragten Fachbetriebes entlasten[3].

b) „Fachgerechte Ausführung"

382 Unschädlich ist es, wenn dem Mieter der Formularmietvertrag eine „sachgerechte", eine „fachgerechte"[4], eine „fachmännische"[5] oder gar eine „handwerksgerechte"[6] Durchführung der Renovierungsarbeiten abverlangt. Qualitätsarbeit im Sinne des Malerfachhandwerks ist damit nicht geschuldet[7]; auch Eigenleistungen des Mieters werden hierdurch nicht ausgeschlossen[8]. Während des Mietverhältnisses sollen an die Qualität der mieterseitig ausgeführten Schönheitsreparaturen sowieso geringere Anforderungen zu stellen sein – solange eine Substanzgefährdung nicht eintritt – als bei Mietende[9].

c) Vornahme durch Fachhandwerker

383 Da der Mieter grundsätzlich berechtigt ist, die Schönheitsreparaturen selbst auszuführen, verstoßen **Fachhandwerkerklauseln**, die ihm vorschreiben, die Verschönerungsarbeiten nur durch einen „(autorisierten) Malerfachbetrieb", durch „Fachhandwerker", durch eine „Fachfirma" oder einen „Meisterbetrieb" ausführen zu lassen, gegen § 307 BGB und werden hinsichtlich des Fachhandwerkerpassus – zumindest im Bereich der **Wohnraummiete** – als unwirksam angesehen[10]; die übrige Abwälzung der Renovierungspflicht soll demgegenüber erhalten bleiben[11].

Bei der Vermietung von **Gewerberäumen** gelten Fachhandwerkerklauseln hingegen ohne weiteres als zulässig[12].

d) Qualitätsvorgaben für Material und Ausführung

384 Da auch Bau- und Discountmärkte diverse (Marken-)Farben in guter Qualität anbieten, benachteiligt eine formularvertragliche Vorgabe, wonach die

---

1 LG Osnabrück, WuM 1988, 107; LG Düsseldorf, DWW 1979, 238.
2 LG Berlin, GE 2000, 677.
3 LG Berlin, GE 2000, 811.
4 BGH, WuM 2009, 286; BGH, WuM 2007, 259; OLG Celle, NZM 2001, 850.
5 BGH, NJW 1988, 2790; a.A. LG Hannover, WuM 2008, 721.
6 BGH, WuM 2008, 722.
7 LG Berlin, GE 2000, 1255; *Lützenkirchen*, WuM 1989, 111.
8 BGH, NJW 1988, 2790.
9 LG Düsseldorf, WuM 1996, 90; kritisch hierzu *Sternel*, Mietrecht aktuell, 4. Aufl., IX Rz. 53.
10 OLG Stuttgart, WuM 1993, 528; LG München, NZM 2010, 40; LG Berlin, WuM 1993, 261; LG Koblenz, WuM 1992, 431; LG Köln, WuM 1991, 87.
11 **A.A.** *Blank* PiG 73, 163; *Heinrichs*, NZM 2005, 201; *Kraemer* PiG 73, 37 – Abwälzung insgesamt unwirksam.
12 BGH, NJW 1983, 446; *Heinrichs*, NZM 2005, 201.

zur Renovierung notwendigen Farben/Lacke ausschließlich bei einem Malerfachgeschäft zu erwerben sind, den Mieter unangemessen[1]. Entsprechend darf ihm auch keine Verpflichtung auferlegt werden, sich vor der Renovierung mit dem Vermieter in Verbindung zu setzen, um dort Anweisungen über die Art der einzusetzenden Farbe (z.B. Leim- oder Dispersionsfarbe) einzuholen[2]. Ohne rechtliche Folgewirkung bleibt gleichermaßen eine formularmäßige Abrede, die dem Mieter eine Ausführung „nach den anerkannten Regeln der Technik" oder nach den „Regeln der VOB"[3] vorschreibt bzw. mit der sich der Vermieter formularmäßig das Recht ausbedingt, dass Renovierungsarbeiten „nach seiner Weisung" auszuführen sind[4].

Als rechtlich bedenklich gelten daher auch Vorgaben, mit denen der Mieter anlässlich einer Renovierung auf die Verwendung ausschließlich **biologischer Substanzen**, z.B. baubiologischer Lacke und Farben, die frei sind von Konservierungsstoffen, Kunstharzdispersionen, chemischen Weichmachern oder Lösungsmitteln, festgelegt wird. Denn solche Verpflichtungen bedingen gleichfalls eine „unangemessene Einengung des Mieters in der Art der Ausführung der Schönheitsreparaturen"[5]. Allenfalls der Umstand, dass das Mietobjekt, evtl. das gesamte Mietgebäude, unter baubiologischen Aspekten, vor allem unter durchgehender Verwendung natürlicher und umweltschonender Materialien errichtet wurde, könnte ein anerkennenswertes Interesse des Vermieters an der Einschränkung seines Vertragspartners, was die Gestaltung von dessen persönlichen Lebensbereiches betrifft, rechtfertigen. Auf diese besondere Ausgangssituation müsste im Mietvertrag allerdings ausdrücklich hingewiesen werden. 385

In keinem Fall ist zu beanstanden, wenn der Vermieter die Verwendung gänzlich **ungeeigneter Materialien** für die Ausführung der Dekoration (z.B. Lackfarben für einen Wandanstrich) von vorneherein untersagt, denn damit wird eine bereits entsprechend bestehende Obliegenheit des Mieters wiedergegeben. 386

e) Farbwahldiktat

aa) Vorgaben für das laufende Mietverhältnis

Der Wohnraummieter soll frei entscheiden können, wie er während der Dauer des Mietverhältnisses dekoriert (vgl. *Rz. 357 f.*). Eine formularvertragliche Klausel, die ihm geschmackliche Vorschriften macht, ihn insbesondere verpflichtet, die ihm übertragenen Schönheitsreparaturen in jedem Fall – also auch im laufenden Mietverhältnis – in einer bestimmten Farbe, in einem vorgegebenen Farbton, in einem bestimmten Farbspektrum oder mit entsprechend gestalteten Tapeten auszuführen, ist daher we- 387

---
1 AG/LG Köln, WuM 2007, 125.
2 AG/LG Köln, WuM 2007, 125.
3 AG Köln, ZMR 2002, 131; AG Remscheid, NZM 2000, 89.
4 OLG Celle, ZMR 2003, 314.
5 Vgl. BGH, WuM 2009, 224.

gen unangemessener Benachteiligung – Einschränkung der „Renovierungsfreiheit" des Mieters, ohne dass dafür ein anerkennenswertes Interesse des Vermieters besteht – grundsätzlich unwirksam, was sich schlechthin auf die gesamte Dekorationsübertragung auswirkt[1]. Dem Regelungsbestreben des Vermieters in diesem Zusammenhang sollte der mit einer Vertragsausarbeitung befasste Rechtsanwalt daher entgegenwirken; ein „Weniger ist oft Mehr".

388 Ob diese einschränkende Handhabe ohne weiteres auch für **Gewerberaum**-Mietverhältnisse zutrifft, wurde bislang gerichtlich nicht entschieden, ist aber wohl zu verneinen, denn dem Vermieter von Gewerbeflächen kann – im Einzelfall – durchaus ein besonderes Interesse an der Beibehaltung einer speziellen optischen Gestaltung der Mieträume nicht abgesprochen werden (vgl. Rz. 358). Diese Interessenslage des Vermieters sollte dann aber im Text des Mietvertrages Erwähnung finden.

bb) Vorgaben für den Zeitpunkt der Rückgabe

389 Will der Vermieter in Anbetracht befürchteter farblicher „Gestaltungsauswüchse" eine erschwerte Anschlussvermietung der Wohnung von vornherein umgehen, besteht die Möglichkeit, den Vertragspartner zumindest für den Termin der Beendigung des Mietverhältnisses an weitervermietungsfreundliche Farbgebungen zu binden. Entsprechende Formularklauseln müssen sich in ihrem unmittelbaren Anwendungsbereich allerdings auf den Zeitpunkt der Rückgabe der Wohnung bei **Mietende** beschränken; darüber hinaus ist dem Mieter ein ausreichender **Entscheidungsspielraum**, was die Bandbreite farblicher Gestaltungsmöglichkeiten betrifft, zu gewähren[2].

Formulierungsvorschlag:

> Die Mieträume sind bei Mietende in neutralen, hellen, deckenden Farben und Tapeten zurückzugeben[3]. Farblos lackierte/naturlasierte Holzteile sind in dem Farbton zurückzugeben, wie er bei Vertragsbeginn vorgegeben war; farbig gestrichene Holzteile können auch in weiß oder hellen Farbtönen zurückgegeben werden[4].

390 Bei der Auswahl des vorzugebenden Farbspektrums sollte der Rechtsanwalt – und zwar in Abstimmung mit dem Vermieter – unbedingt die **konkrete Wohnungssituation** beleuchten. Denn in ansonsten weiß oder hell gestalteten Räumen findet sich häufig ein mit dunklen Farben abge-

---

1 BGH v. 20.1.2010 – VIII ZR 50/09; BGH, WuM 2009, 655; BGH, WuM 2009, 224; BGH, WuM 2008, 472.
2 BGH, WuM 2008, 722.
3 Arg. ex BGH, WuM 2008, 472.
4 Vgl. BGH, WuM 2008, 722.

setztes Holzwerk und der Vermieter möchte zumindest die damit verbundene „Kontraststruktur" beibehalten, auf diesen Flächen also gerade keine Angleichung an die Helligkeitsstufe der Wände zulassen. Aber selbst die allgemeine Festlegung der erwarteten Dekorationsgestaltung allein mit der Beschreibung „**helle Farbe oder Tapete**" könnte für den Vermieter zu bösen Überraschungen führen. Denn nicht jeder neu aufgetragene helle Farb- oder Tapetenton garantiert eine erleichterte Weitervermietung der Wohnung nach Rückgabe. Die mieterseitig aufgebrachte Wand- oder Deckenkolorierung in hellorange, lindgrün, vanillegelb, zartrosa, hellblau usw. entspricht dann zwar der vertraglichen Farbvorgabe, passt aber vielfach nicht zu gängigen Einrichtungsarten. Eine Eingrenzung der allgemein zu haltenden Farbbeschreibung kann mit dem ergänzenden Begriff „neutral" erfolgen.

Unzulässig wäre demgegenüber eine Beschränkung der Gestaltungsfreiheit durch Vorgabe nur eines **einzigen Farbtones**, z.B. „weiß", da dem Mieter hier keinerlei Bandbreite mehr an Wahlmöglichkeit belassen bleibt[1]. Ebenso zu vermeiden ist die formularmäßige Vorgabe – weil unwirksame Endrenovierungsverpflichtung (vgl. *Rz. 524 ff.*) –, die Schönheitsreparaturen auf jeden Fall bei Mietende in den **vorgegebenen Farben auszuführen**. Dasselbe gilt für die formularvertragliche Verpflichtung gegenüber dem Mieter einer „in neutralem Farbton gestrichenen Wohnung", diese „in dem so beschriebenen Zustand" zurückzugeben[2].

391

Der mit einer wirksamen Farbwahlklausel konfrontierte Mieter ist darüber zu belehren, dass er – unabhängig von der letzten Renovierung – bei Auszug zu einer „zustandsunabhängigen" Neudekoration verpflichtet ist, sollte er im Verlauf des Mietverhältnisses Wände, Decken oder Holzflächen der Wohnung in rechtlich zulässiger Weise in einem Farbton streichen wollen, der von der Klauselvorgabe abweicht[3]. Ihm wäre zu empfehlen, bereits anlässlich der Beschaffung von Farben und Lacken eine umfassende Beratung beim Fachhandel, was gängige Farbpaletten betrifft, in Anspruch zu nehmen und eine farbliche Gestaltung der Miträume zu wählen, die der für den Zeitpunkt der (späteren) Rückgabe geschuldeten entspricht. In diesem Fall sind bei Mietende Verschönerungsarbeiten nur dann auszuführen, wenn konkreter Renovierungsbedarf besteht (vgl. *Rz. 614 ff.*).

392

f) Beibehaltung der bisherigen Ausführungsart

In einer Vielzahl von Vermietungen – speziell bei Einfamilienhäusern – will der Vermieter von vornherein vermeiden, dass sein Mieter während der Mietlaufzeit in die Art und Weise der Ausstattung, was die von späteren Schönheitsreparaturen betroffenen Flächen betrifft, eingreift und diese ändert, also z.B.

393

---

1 LG Berlin, Info M 2006, 118; LG Lübeck, NZM 2002, 485.
2 BGH, WuM 2009, 224.
3 BGH, WuM 2008, 722; *Blank*, NJW 2009, 27 und *Börstinghaus*, PiG 85, 87; *Fischer*, WuM 2009, 169 sehen in der Regelung eine unzulässige Endrenovierungsverpflichtung; **a.A.** allerdings *Beyer*, NZM 2009, 137.

- andere als die bisherigen Farben verwendet,
- ursprünglich gestrichene Wände tapeziert,
- tapezierte Wände mit Holzpanelen verkleidet,
- an gestrichenen Zimmerdecken Styroporplatten anbringt,
- Tapeten entfernt und einen Anstrich in Lasur- oder Wischtechnik aufbringt[1].

394 Hier ist bei der Formulierung entsprechender Unterlassungen bzw. Zustimmungsvorbehalte im Mietvertrag höchste Vorsicht geboten. Denn seit langem wird anerkannt, dass der Vermieter dem Mieter nicht seinen Geschmack aufzwingen kann. Zumindest allgemein gehaltene Bezugnahmen auf die bisherige oder bei Einzug vorgefundene „Ausführungsart", von der (ohne Zustimmung des Vermieters) nicht (erheblich) abgewichen werden darf, gelten – weil zu unbestimmt – als unzulässig[2] und sind daher auch vom Rechtsanwalt zu vermeiden. In gleicher Weise verbietet sich das an den Mieter gerichtete Gebot, Schönheitsreparaturen nur in „**üblicher Ausführungsart**" vorzunehmen. Denn dem Mieter müssen in ausreichendem Umfang zustimmungsfreie Veränderungen und Abweichungen in der Art der Wand- und Deckenverkleidung, der Tapete oder eben auch in der Farbwahl möglich sein. Zulässige Einschränkungen bei der Gestaltungsfreiheit sind allenfalls denkbar unter Berücksichtigung der konkreten Einzelsituation im Mietobjekt und unter Beachtung eines schützenswerten Interesses des Vermieters an der Beibehaltung einer speziellen Ausführungsart – zumindest in einem eingegrenzten Haus- oder Wohnungsbereich –, soweit ein solches begründet werden kann.

Formulierungsvorschlag:

> In Anbetracht des im gesamten Einfamilienhaus einheitlich vorhandenen altbayerischen Baustiles mit hellem Holzwerk und weißem Wandputz bedarf der Mieter der Zustimmung des Vermieters für die Aufbringung von dunklen Farben bzw. für einen Farbauftrag in Wisch- oder Lasurtechnik an Wänden, Decken und Holz.

395 Noch nicht abschließend geklärt ist allerdings, inwieweit der Mieter anlässlich üblicher Schönheitsreparaturen auch den Zustand der Mieträume **grundlegend verändern** darf. Die Grenzen werden dort zu ziehen sein, wo Abweichungen von der vorgegebenen Ausführungsart zu einem **Substanzeingriff**[3] an der Mietsache führen bzw. **Mehrbelastungen** für den Vermieter/Nachmieter im Falle späterer Schönheitsreparaturen nach sich ziehen, so z.B. bei

---

1 Hierzu LG Mannheim, NZM 2003, 511.
2 BGH, WuM 2007, 259; LG Hamburg, WuM 2007, 194; AG Elmshorn, WuM 2009, 344.
3 Zur Unzulässigkeit von Substanzeingriffen vgl. BGH, WuM 2008, 722.

- Glätten eines vorhandenen Raupputzes mit anschließendem Tapetenauftrag,
- Anbringung eines Rau- oder Lehmputzes anstelle der ursprünglich angebrachten Tapeten[1],
- Entfernung von Korkbelägen an den Wänden[2],
- Verklebung von Styroporteilen an Zimmerdecken und -wänden[3],
- Farbige Lackierung naturbelassener Holzteile[4].

g) Verpflichtung zur Tapetenentfernung

Viele Vermieter planen, die Mieträume bei Mietbeginn im tapezierfähigen Zustand, also ohne Tapeten an den Wänden, zu überlassen und verlangen bei Mietende vom Mieter die Wiederherstellung dieses Zustandes, um die Räume auf jeden Fall „tapezierfähig" zurückzuerhalten. Der Mieter soll hiernach die von ihm angebrachten bzw. vom Vormieter übernommenen **Wand- und Deckentapeten beseitigen**. Wird die Tapetenentfernung dem Mieter mit einer individuell ausgehandelten Regelung übertragen, begegnet die Wirksamkeit einer solchen Vereinbarung keinen Bedenken[5]. Eine vorformulierte Klausel hingegen, die das bedingungslose Entfernen der Tapeten bei Auszug vom Mieter fordert, ist einer unzulässigen Endrenovierungsverpflichtung (hierzu *Rz. 524 ff.*) gleichzusetzen. Der konkrete Renovierungsbedarf bei Beendigung des Mietverhältnisses findet keine Berücksichtigung[6]. Aus der Formularabrede folgt vielmehr eine unangemessene Bevorzugung des Vermieters[7] – das Abnehmen der Tapeten bei Auszug ist allein für ihn vorteilhaft –, wobei die Unwirksamkeit der Regelung auf die turnusmäßig durchzuführenden Schönheitsreparaturen insgesamt durchschlägt[8].

396

Der Mieter schuldet die Wegnahme angebrachter Tapeten auch nicht unter dem Gesichtspunkt einer Verletzung der aus § 546 Abs. 1 BGB folgenden **Wiederherstellungspflicht** bei Rückgabe der Mieträume, zumindest solange er die Tapezierarbeiten im Rahmen seiner Verpflichtung zur Vornahme von Schönheitsreparaturen durchgeführt hat. Dies gilt unabhängig davon, ob die dem Mieter auferlegten Dekorationspflichten wirksam übertragen wurden bzw. ob sich die Abwälzungsklausel im Nachhinein als unwirksam herausstellt[9].

397

---

1 AG Kerpen, WuM 1990, 198.
2 AG Esslingen, ZMR 2005, 199.
3 AG Tempelhof/Kreuzberg, NZM 2002, 734.
4 Arg. ex BGH, WuM 2008, 722.
5 BGH, WuM 2006, 306.
6 BGH, WuM 2006, 308 und 310; LG Nürnberg-Fürth, ZMR 2005, 622; AG Wuppertal, WuM 2000, 183.
7 LG Saarbrücken, NZM 2000, 1179.
8 BGH, WuM 2006, 308 und 310; AG Wuppertal, WuM 2000, 185.
9 BGH, WuM 2006, 310.

h) Verpflichtung zur Beseitigung von Bodenbelägen

398 Gleichermaßen kann dem Mieter auch nicht die formularmäßige Verpflichtung auferlegt werden, einen lediglich durch vertragsgemäßen Gebrauch **verschlissenen Bodenbelag** bei Mietende zu erneuern[1]. Wegen des Summierungseffekts (hierzu Rz. 440) führt nicht nur die Formularklausel, sondern auch eine entsprechend formulierte Individualvereinbarung – bei gleichzeitig übertragener turnusmäßiger Renovierung – zur Unwirksamkeit der gesamten Abwälzungsvereinbarung, was die Schönheitsreparaturen anbelangt[2].

5. Wer muss die Schönheitsreparaturen ausführen?

a) Allgemeine Grundsätze

399 Die anwaltliche Praxis zeigt, dass vor allem Privatvermieter die Renovierungslast wie selbstverständlich allein dem Mieter zuordnen. Eine Information über die gesetzliche Ausgangslage löst dann Erstaunen aus. Denn einschlägig ist allein § 535 Abs. 1 S. 2 BGB; dort ist die **Erhaltungs- und Wiederherstellungspflicht** für die Mietsache geregelt. Die Vorschrift gilt sowohl für Wohnraum als auch für Gewerberaum. Dabei ist festgelegt, dass der **Vermieter** die gemietete Sache dem Mieter in einem zum **vertragsgemäßen Gebrauch geeigneten Zustand** zu überlassen und sie während der Mietzeit in eben diesem Zustand zu erhalten hat[3]. Die „Erhaltung" gilt dabei als Oberbegriff, dem die Instandsetzung, aber auch die Instandhaltung unterfallen[4]. Zur **Instandhaltung** zählen dabei sämtliche Maßnahmen, die zur Beseitigung der durch Abnutzung, Alterung und Witterungseinwirkung entstehenden baulichen oder sonstigen Mängel am Mietobjekt notwendig sind[5]. Unter die gesetzliche Normierung des § 535 Abs. 1 S. 2 BGB fällt daher auch die Aufgabe des Vermieters, die zum vertragsgemäßen Gebrauch erforderlichen **Schönheitsreparaturen** durchzuführen, also die Mieträume bei Bedarf zu renovieren[6]. Die verbreitete Meinung, es sei grundsätzlich Sache des Mieters, solche Dekorationsarbeiten vorzunehmen, ist daher rechtsirrig.

Der normale Verschleiß geht nach der Bestimmung des § 538 BGB zu Lasten des Vermieters; er schuldet bei Bedarf Reparatur oder Ersatz. Die Erfüllung der gesetzlichen Erhaltungspflicht, damit auch der Schönheitsreparaturen, kann der Mieter – solange das Mietverhältnis besteht – unmittelbar als **Leistungsanspruch** geltend machen[7]. Kommt der Vermieter dem nicht nach, stehen **Gewährleistungsansprüche** des Mieters nach den

---

1 OLG Stuttgart, NJW-RR 1995, 1101; OLG Hamm, NJW-RR 1991, 844; AG Gelsenkirchen, NJWE-MietR 1996, 76.
2 LG Regensburg, ZMR 2003, 933; AG Königstein, NZM 2000, 1181.
3 Zum Umfang der Erhaltungspflicht vgl. Löfflad, MietRB 2006, 110.
4 OLG Naumburg, MDR 2009, 500.
5 BGH, NZM 2005, 863 – zum Gewerberaummietrecht; BGH, NZM 2004, 417 – zum Wohnraummietrecht.
6 BGH, WuM 2006, 513 und 310; BGH, NJW 1985, 480.
7 LG Berlin, NZM 2002, 946; LG Frankfurt, NZM 2001, 130.

§§ 536 ff. BGB im Raum. Demgegenüber hat der Vermieter, der bei Überlassung einer frei finanzierten Wohnung auf die Abwälzung der Schönheitsreparaturen verzichtet, keine Möglichkeit, bei Mieterhöhungen nach § 558 ff. BGB einen **Zuschlag auf die ortsübliche Vergleichsmiete** zu den Werten des Mietspiegels geltend zu machen[1].

b) Die gesetzliche Renovierungspflicht des Vermieters

Enthält der Mietvertrag an **keiner** Stelle **Festlegungen** zur Renovierungspflicht als solcher, obliegt die Renovierung der Mieträume dem Vermieter. Ein solcher Fall kommt allerdings in der Rechtspraxis so gut wie nicht vor. Denn in Abkehr zur Gesetzeslage berücksichtigen – und dies seit Jahrzehnten – nahezu sämtliche gängigen Mietvertragsvordrucke eine ausdrückliche **Übertragung** der Schönheitsreparaturen auf den Mieter (vgl. Rz. 424 ff.). In der mietrechtlichen Beratung ergaben sich daher kaum Anfragen der Mandanten zu den originären Vermieterpflichten in diesem Bereich. Auch für die Rechtsprechung bildeten Streitfälle über den Umfang der Dekorationsaufgaben des Vermieters bislang die Ausnahme[2].

400

Aus einer entsprechenden Konstellation mit Seltenheitswert ist jedoch angesichts der jüngeren Rechtsprechung des BGH, die eine Vielzahl der üblichen Renovierungsklauseln „gekippt" hat, der **Regelfall** geworden. Es gilt immediat die gesetzliche Regelung. Mit den Folgen der unmittelbaren Anwendung von § 535 Abs. 1 BGB, was Inhalt und Umfang der nunmehr den Vermieter treffenden Schönheitsreparaturverpflichtung betrifft, wird sich der im Mietbereich tätige Rechtsanwalt in Zukunft verstärkt auseinander setzen müssen. Ausgangspunkt sämtlicher Überlegungen ist dabei die Frage, welchen Renovierungszustand der Vermieter während der Mietzeit überhaupt schuldet.

aa) Der vertragsgemäße Renovierungszustand

Maßnahmen der Instandhaltung – damit auch solche im Zusammenhang mit den Schönheitsreparaturen – sollen dem Mieter den vertragsgemäßen Gebrauch der Mietsache gewähren (§ 535 Abs. 1 BGB). Sie sind vom Vermieter (erst) dann durchzuführen, wenn zur Wahrung dieses Gebrauch ein Bedarf besteht[3]. Wann sich die (erneute) Durchführung von Schönheitsreparaturen als erforderlich erweist, beurteilt sich anhand des jeweils vorgefundenen Sachverhalts. **Ausgangspunkte** sind hierbei

401

– der **Vertragszweck** – mit den z.T. erheblichen Differenzierungen bei der Wohnraum- und Geschäftsraummiete –,

– der konkrete **Erhaltungsstand** der Mietsache bei Mietbeginn sowie

– der Umfang der festzustellenden **Abnutzungen**.

---
1 BGH, WuM 2009, 940; BGH, WuM 2008, 487.
2 Soweit ersichtlich bislang nur BGH, NZM 2008, 519; LG Kiel, ZMR 2009, 209.
3 BGH, WuM 1982, 296; KG, DWW 1987, 156.

(1) Die Überlassung renovierter Räume

402 Wird eine **Wohnung** vermietet, müssen die Räume zum Wohnen geeignet, also bezugs- oder gebrauchsfertig sein[1], so dass der Mieter die Wohnung beziehen kann, ohne alsbald Schönheitsreparaturen durchführen zu müssen[2]. Bei der Überlassung von **Gewerbeflächen** ist in der Regel die Eignung zum Betriebszweck vorrangig. Eine Aussage zum vertragsgemäßen Renovierungszustand ist damit weder in dem einen noch im anderen Fall getroffen; ausdrückliche mietvertragliche Festlegungen hierzu fehlen üblicherweise. Ein zumindest konkludent vereinbarter „**Sollzustand**" der Mietsache könnte daher dem Renovierungsumfang, wie er bei Mietbeginn gegeben ist, entnommen werden. Dies aber würde voraussetzen, dass die Parteien des Mietvertrages automatisch den **Anfangszustand** der Räume für die gesamte Laufzeit des Mietverhältnisses als vertragsgemäß unterstellen.

403 Zumindest bei der Anmietung „neu renovierter" Räume kann der Rechtsanwalt von dieser Prämisse ohne weiteres ausgehen. Der Vermieter schuldet in diesem Fall die **Erhaltung des anfänglich gegebenen Dekorationsumfangs** „neu" auch während der gesamten Mietzeit. Umgekehrt hat der Mieter einen Anspruch darauf, dass sich der bei Mietbeginn vorgefundene bzw. – konkludent – vereinbarte Instandhaltungsumfang im Verlauf der Mietzeit nicht verschlechtert. Von der Überlassung einer Wohnung als „frisch renoviert" ist sogar noch auszugehen, wenn dort zwar nicht unmittelbar vor Aufnahme des Mietverhältnisses, aber immerhin „kurz zuvor" Malerarbeiten durchgeführt wurden[3]; war die Wohnung bereits mehrere Monate vor Einzug des Mieters getüncht worden und zwischenzeitlich noch einem Vormieter überlassen, soll eine Qualifikation der Mieträume als „frisch renoviert" nicht mehr zulässig sein[4].

(2) Die Überlassung unrenovierter Räume

404 Das Erfordernis differenzierter Überlegungen zum „vertragsgemäßen Renovierungszustand" ergibt sich erst bei der Vermietung unrenovierter Mieträume. Der Rechtsanwalt wird hierbei zu klären haben, ob nach der Vorstellung der Mietparteien die Mietsache dauerhaft abgenutzt werden und bleiben darf bzw. ob die Vertragspartner die anfänglich **schlechte Renovierungssituation** auch für den Verlauf des gesamten Mietverhältnisses als **vertragsgemäß** – und vom Vermieter geschuldet – zu Grunde gelegt haben.

405 Der BGH bewertet die Anmietung einer nicht renovierten Wohnung als **Verzicht** des Mieters auf eine **Anfangsrenovierung**, solange nicht Vorbehalte wegen bestehender Renovierungsbedürftigkeit geltend gemacht werden[5]. Die abgenutzte Dekoration begründet insoweit keine Rechtspositio-

---

1 *Dose*, NZM 2009, 381.
2 LG Hamburg, MDR 1986, 938.
3 OLG Stuttgart, WuM 1989, 121.
4 LG Karlsruhe, WuM 1990, 201 – Renovierung 3 Monate vor Mietbeginn.
5 BGH, NJW 1987, 2575; vgl. auch *Börstinghaus*, WuM 2005, 657; *Sternel*, NZM 2007, 545.

nen des Mieters; vor allem ein Anspruch auf Durchführung einer Neurenovierung bei Mietbeginn scheidet aus[1]. Zwischen den Mietparteien gilt allein der bei Überlassung vorgefundene unrenovierte Zustand der Mietflächen als vertragsgemäß vereinbart. Das soll auch dann nahe liegen, wenn dem Mieter bei Vertragsabschluss bekannt ist, dass die Schönheitsreparaturen im Grundsatz vom Vermieter zu erbringen sind[2].

Als praxisrelevanter erweist sich im Beratungsalltag allerdings die Frage, ob die **Festlegung des Anfangszustands** der überlassenen Miteräume als **unrenoviert** eine Dekorationspflicht des Vermieters auch während des weiter fortlaufenden Mietverhältnisses dauerhaft **ausschließt**. Zu berücksichtigen sind hierbei vier unterschiedliche Konstellationen im Sachverhalt: 406

– **Vertrag ohne Abwälzungsklausel + freiwillige Anfangsrenovierung des Mieters** 407

Waren die Räume bei Einzug abgenutzt und nimmt der Mieter sie widerspruchslos entgegen, ist damit die vom Vermieter über die Dauer des Mietverhältnisses zu erhaltende Sollbeschaffenheit – zumindest schlüssig – festgelegt. Denn der Zustand einer Wohnung oder eines Gewerbeobjekts kann sich trotz eines Mangels als vertragsgemäß darstellen, wenn der Mieter die Mietsache in Kenntnis dessen ohne weiteres akzeptiert[3]. Schönheitsreparaturen, die der Mieter anschließend erbringt, bedingen **keine inhaltliche Erweiterung** in den Festlegungen der zum vertragsgemäßen Gebrauch geeigneten Raumsituation. Dem Mieter ist die Durchführung von Instandhaltungsmaßnahmen – bei Mietbeginn oder später – freigestellt. Renoviert er, handelt es sich um eine freiwillige Leistung[4]. Im Einzelfall werden beide Vertragspartner sogar davon ausgehen, dass der Mieter von sich aus Verschönerungsmaßnahmen im Interesse eines wohnlichen oder repräsentativen Erscheinungsbildes der Räume auf jeden Fall erledigt. Der Vermieter hingegen schuldet im weiteren Mietverlauf allein die **Erhaltung der unrenoviert überlassenen Miteräume** in ihrem Bestand. Ein gegen ihn gerichteter Erfüllungsanspruch auf Durchführung von Malerarbeiten mit dem Ziel, die vom Mieter geschaffene Anfangssituation wiederherzustellen, ist für die weitere Vertragslaufzeit ausgeschlossen[5]. Nach Verbrauch der eigenen Anfangsrenovierung besteht für den Mieter keine Möglichkeit, ein „Mehr" an Verschönerung im Vergleich zu dem bei Überlassung als vertragsgemäß bestimmten „schlechten Zustand der Mietsache" einzufordern.

– **Vertrag mit unwirksamer Abwälzungsklausel + freiwillige Anfangsrenovierung des Mieters** 408

Ist im Mietvertrag über nicht renovierte Räume eine Abwälzungsklausel zu den Schönheitsreparaturen aufgenommen, wird damit zum Ausdruck

---
1 OLG Hamburg, ZMR 1984, 342; KG, GE 1981, 1065.
2 *Flatow*, WuM 2009, 208.
3 Vgl. *Palandt/Weidenkaff*, 69. Aufl., § 535 Rz. 34; *Horst*, DWW 2007, 48.
4 BGH, NJW 1987, 2575.
5 Vgl. BGH, NJW-RR 2007, 1021.

gebracht, dass die Mietflächen im weiteren Verlauf der Mietzeit gerade nicht in einem derart abgenutzten Zustand verbleiben sollen[1]. Im Gegenteil, ein „Dauerverzicht auf die Renovierung" ist hiernach nicht gewollt. Dass den Vertragsparteien die Unwirksamkeit der Formularabrede bei Vertragsunterzeichnung nicht bewusst ist, ändert an diesem Ergebnis nichts. Sowohl Vermieter wie Mieter erachten eine Renovierung bei entsprechendem Bedarf für erforderlich; hinausgeschoben ist gerade einmal die **Fälligkeit** der Maßnahme[2]. Demzufolge gilt der **renovierte Zustand** der Mieträume als derjenige, den Vermieter und Mieter „zum vertragsgemäßen Gebrauch" festlegen, solange sich nichts Gegenteiliges aus den mietvertraglichen Vereinbarungen bzw. aus den Umständen des Vertragsabschlusses ergibt. Bei späterem Verbrauch der vom Mieter fakultativ erbrachten Anfangsrenovierung schuldet der Vermieter die Herbeiführung des so festgelegten „vertragsgemäßen Zustands", also die Folgerenovierungen.

409 Eine vergleichbare Situation besteht, wenn der Mietvertrag den Mieter auf der Basis einer unwirksamen Klausel zur **Anfangsrenovierung** verpflichtet. Mit dem Wegfall dieser Vertragsregelung ergibt sich gleichzeitig ein Anspruch des Mieters auf Durchführung von Renovierungsleistungen des Vermieters bei Mietbeginn. Dieser Anspruch soll allerdings einer Verwirkung von 6 Monaten unterliegen[3].

410 – **Vertrag ohne Abwälzungsklausel + Mieter unterlässt bei Mietbeginn die Anfangsrenovierung und nutzt die Räume weiter ab**

Der schlechte Anfangszustand einer vertragsgemäß unrenoviert übergebenen Wohnung begründet grundsätzlich keine Pflicht des Mieters, auf jeden Fall eine Anfangsrenovierung durchzuführen[4]. Belässt es der Mieter bei der bereits verbrauchten Anfangsdekoration, ist allerdings zu erwarten, dass die Mieträume im späteren Verlauf der Mietzeit weiter abgenutzt werden, sie im Einzelfall sogar „verkommen". Als „vertragsgemäß" wurde von den Parteien des Mietvertrages jedoch allein der Anfangszustand definiert. Nur dessen Erhaltung schuldet der Vermieter im weiteren Mietverlauf, solange der Mietvertrag nichts gegenteiliges regelt. Lediglich aus dem ursprünglich vorhandenen Renovierungsbedarf bei Mietbeginn kann der Mieter keine Ansprüche herleiten. Tritt in der Folgezeit eine wesentliche Verschlechterung gegenüber diesem Anfangszustand ein, greift wiederum die Instandhaltungspflicht des Vermieters, soweit diese nicht vertraglich vom Mieter übernommen wurde (v.a. bei Gewerberaum).

411 – **Vertrag mit unwirksamer Abwälzungsklausel + Mieter unterlässt bei Mietbeginn die Anfangsrenovierung und nutzt die Räume weiter ab**

Sieht der Mietvertrag die Durchführung der laufenden Schönheitsreparaturen durch den Mieter vor, gilt der renovierte Zustand als derjenige, den die

---

1 So auch *Flatow*, WuM 2009, 208, *Sternel*, ZMR 2008, 501 u. NZM 2007, 545; a.A. AG Frankfurt, Info M 2009, 317.
2 *Flatow*, WuM 2009, 208.
3 *Harsch*, MietRB 2004, 363.
4 LG/OLG Köln, WuM 1989, 502.

Parteien als „zum vertragsgemäßen Gebrauch" festgelegt haben. Die Mieträume sollen zumindest im Verlauf des Mietverhältnisses in einen renovierten Zustand versetzt werden (vgl. *Rz. 408*). Übernimmt der Mieter bereits verbrauchte Mietflächen, schuldet der Vermieter nach der Vertragslage – auch wenn die Unwirksamkeit der Abwälzungsregelung zunächst unerkannt bleibt – die spätere Herbeiführung des „vertragsgemäßen Zustands", also eine Renovierung nach „üblicher Abnutzungsfrist". Dass der Vermieter in diesem Fall auch eine Anfangsrenovierung erbringen soll[1], erscheint in Anbetracht der Tatsache, dass der Mieter wissentlich unrenovierte Mietflächen anmietet, nicht gerechtfertigt.

bb) Wann muss der Vermieter renovieren?

(1) Der renoviert übergebene Mietraum

Grundsätzlich schuldet der Vermieter die Renovierung erst, wenn zur Wahrung des vertragsgemäßen Gebrauchs der Mietsache ein objektiver **Renovierungsbedarf** dafür gegeben ist[2]. Die permanente Beseitigung geringer Abnutzungen ist nicht geboten. Der Rechtsanwalt sollte vielmehr den Einzelfall im Blick haben und allein auf den objektiven Renovierungsbedarf abstellen. Eine Renovierungsbedürftigkeit der Mieträume wird dann anzunehmen sein, sobald ein durchschnittlicher Nutzer in der gegebenen Situation Renovierungsarbeiten durchführen würde, weil der **ursprüngliche Dekorationszustand** der Mieträume aufgrund nicht nur unwesentlicher Abnutzungsspuren unansehnlich und verbraucht ist, sich die Räume also in einem mangelhaften Zustand befinden[3]. Auf eine bereits eingetretene **Substanzgefährdung** kommt es dabei nicht an[4]. Zeigen sich an Decken und Wänden aufgrund normaler Abnutzung erhebliche Gebrauchsspuren, muss der Vermieter zum Pinsel greifen[5]; den im Laufe der Jahre abgenutzen Teppich hat er einer Grundreinigung zu unterziehen[6]. Leichte Gebrauchsspuren sind vom Mieter zunächst hinzunehmen. Die Abstände der einzelnen Renovierungsintervalle hängen von den individuellen Lebensgewohnheiten bzw. vom Gebrauchsverhalten des Mieters ab und können erheblich differieren. Auf den Ablauf bestimmter Fristen kommt es dabei nicht an. Bei nur mäßiger Nutzung der Wohnung, z.B. durch eine Einzelperson, wird die Renovierung später fällig als bei einer Wohnraumnutzung durch eine mehrköpfige Familie. Die **Beweislast** für den sich (neu) ergebenden Renovierungsbedarf trägt der Mieter. Umgekehrt müsste der Vermieter einen eventuellen Übermaßgebrauch der Mietsache nachweisen.

412

Wird der Vermieter auf Vornahme von Schönheitsreparaturen in Anspruch genommen, ist ihm nahe zu legen, sich erst einmal vor Ort einen Über-

412a

---

1 So *Flatow*, WuM 2009, 208.
2 BGH, NJW 2005, 1862; *Dose*, NZM 2009, 381; *Beyer*, NJW 2008, 2065; *Sternel* NZM 2007, 545.
3 KG, WuM 2008, 725; KG, DWW 2004, 56.
4 BGH, WuM 2005, 383; OLG Düsseldorf, WuM 2002, 545.
5 BGH, NZM 2008, 519.
6 BGH, WuM 2009, 225.

blick darüber zu verschaffen, ob und in welchem Umfang das Renovierungsverlangen überhaupt gerechtfertigt erscheint. Der Mieter behauptet einen Mangel am Dekorationszustand[1], folglich besteht – sogar ohne gesonderte Vertragsregelung – ein Recht des Vermieters zur **Besichtigung** der betroffenen Mieteräume (vgl. *G Rz. 231 ff.*). Denn er benötigt Gewissheit über

– die Fälligkeit der Arbeiten im geforderten Umfang,
– die Reichweite der auszuführenden Renovierungsarbeiten,
– das zu beschaffende Material in Art, Qualität und Menge,
– das Ausmaß der notwendigen Vorbereitungsarbeiten (z.B. Untergrundschäden).

Dazu muss der Vermieter den Zustand des Mietobjekts kennen. Andernfalls kann er der Renovierungsaufforderung seines Vertragspartners nicht sachgerecht nachkommen. Das **Prüfungsrecht** in Gestalt des Zutrittsrechts steht ihm daher als **Einrede** vor der Erfüllung des Vornahmeanspruchs zur Seite[2]. Hierauf sollte sich der Vermieter in jedem Fall berufen. Er hat auf diesem Weg zudem noch die Möglichkeit, sich einen Überblick über solche Tatsachen zu verschaffen, die weitergehende Einreden und Einwendungen gegen den Anspruch des Mieters begründen könnten. Solange der Mieter eine Besichtigung seiner Räume verweigert, braucht der Vermieter nicht zu renovieren.

(2) Der unrenoviert übergebene Mietraum

413 Erfolgt die einvernehmliche Anmietung abgenutzter, zumindest nicht frisch renovierter Räume, schuldet der Vermieter grundsätzlich keine Dekorationsarbeiten bei Mietbeginn, denn der Mieter verzichtet – zumindest schlüssig – auf eine Anfangsrenovierung (vgl. *Rz. 405*). Auf den objektiven Renovierungsbedarf kommt es in diesem Fall nicht an.

414 In der anwaltlichen Beratung ergibt sich damit die Fragestellung, zu welchem Zeitpunkt im Mietverhältnis eine Dekoration vom Vermieter geschuldet ist bzw. unter welchen Voraussetzungen eine solche von Seiten des Mieters gefordert werden kann. Nicht sachgerecht wäre es, auch in diesem Fall auf den Zustand der Mieträume, also auf den objektiven Renovierungsbedarf abzustellen, denn ein solcher mag im Einzelfall bereits bei Mietbeginn oder nach kurzer Nutzungsdauer vorliegen. Wird gemäß den vertraglichen Abreden das Mietobjekt unrenoviert übergeben, wäre es treuwidrig, könnte der Mieter bei dieser Ausgangslage unter Verweis auf die tatsächlich bestehende Dekorationsnotwendigkeit die Schönheitsreparaturen unmittelbar nach Aufnahme des Mietverhältnisses bzw. nach geringer Mietzeit einfordern. Ausschlaggebend für eine Renovierungspflicht des Vermieters kann daher nur der Umfang einer **fortschreitenden Abnutzung** der Räume im laufenden Mietverhältnis sein, ausgehend von der – durch-

---

1 *Sternel*, ZMR 2008, 501.
2 *Horst*, DWW 2007, 48.

aus auch unzureichenden, aber vertraglich so vereinbarten – Qualität der Mieträume bei Übergabe („Soll-Zustand"). Erst die wesentliche Verschlechterung des ursprünglich akzeptierten, mangelhaften Anfangszustands führt zur erneuten Instandsetzungspflicht des Vermieters[1]. Die Bandbreite an noch hinzukommenden Abnutzungsspuren, die erforderlich sind, um bei Anmietung einer frisch renovierten Wohnung einen erstmaligen/erneuten Renovierungsbedarf auszulösen, muss bei der Überlassung unrenovierter Mietflächen dem Vermieter im selben Maße zu Gute kommen. Je schlechter der Ausgangslevel der Dekoration bei Mietbeginn, desto abgenutzter kann sich der Renovierungszustand der Mieträume im weiteren Verlauf des Mietverhältnisses darstellen, bevor der Vermieter dort Schönheitsreparaturen auszuführen hat. Die Intensität der vom Mieter hierbei hinzunehmenden Abnutzung liegt entsprechend höher als bei der Anmietung renovierter Flächen, und zwar in genau demselben Umfang, wie die (schlechte) Dekoration im konkreten Mietverhältnis von der im neu renovierten Zustand abweicht.

Die bei Mietbeginn bereits vorhandenen Dekorationsschäden sind daher vom Rechtsanwalt anlässlich einer im Verlauf des Mietverhältnisses erforderlich werdenden Beurteilung des aktuellen Schönheitsreparaturbedarfs „herauszurechnen" (**Subtraktion der anfänglichen Abnutzungsspuren**), was unzweifelhaft Probleme in der Praxis aufwirft, sollte eine Dokumentation über den „Anfangszustand" der Mietflächen, sei es durch ein ausführliches Übergabeprotokoll, sei es durch Fotos oder gar ein Gutachten, nicht möglich sein. Die **Beweislast** für eine weitergehende, die Dekorationspflicht des Vermieters auslösende Abnutzung der Mieträume gegenüber den Gebrauchsspuren bei Mietbeginn trägt der Mieter.

(3) Das endende Mietverhältnis

Rechtlich noch völlig ungeklärt ist, welche Arbeiten der Vermieter für den Fall schuldet, dass sich ein Renovierungsbedarf erst in der Endphase des Mietverhältnisses manifestiert und der Mieter eine Neurenovierung fordert, obwohl er in Kürze auszieht. Hierbei wird zu berücksichtigen sein, dass es sich bei dem Anspruch auf Erhaltung eines zum vertragsgemäßen Gebrauch geeigneten Zustands der Mietsache um einen **echten Erfüllungsanspruch** handelt, der dem Mieter neben seinen Gewährleistungsrechten (§§ 536 ff. BGB) zusteht[2]. Die Beachtung der Erhaltungspflicht ist eine der vertraglichen Gegenleistungen des Vermieters zur Mietzahlung und damit eine **Dauerverpflichtung**[3]. Der Anspruch des Mieters auf Instandhaltung (und Instandsetzung) entsteht bei Vorliegen der Voraussetzungen täglich aufs Neue[4]. Verstöße in diesem Zusammenhang rechtfertigen gegenüber dem Mietzahlungsanspruch die Einrede des nichterfüllten Vertrages (§ 320

---

1 OLG Düsseldorf, NZM 2000, 464.
2 BGH, NZM 2004, 736; BGH, NJW 1997, 2674.
3 BGH, WuM 2006, 338 m.w.N.
4 AG Tiergarten, WuM 2009, 453; **a.A.** AG Düren, GE 2009, 205 – dreijährige Verjährungsfrist.

BGB)[1]. Wegen des Mangels tritt zudem eine Minderung der Miete ein. Folgerichtig hat der Mieter bis zu seinem Auszug auch die Möglichkeit, jede bereits titulierte Verpflichtung zur Mängelbeseitigung gegenüber dem Vermieter im Wege der Zwangsvollstreckung durchsetzen[2]. Der Anspruch des Mieters auf Wiederherstellung eines vertragsgemäßen Dekorationszustandes ist daher – bei objektiv gegebenem Renovierungsbedarf – bis zum Vertragsende gegeben. Einer entsprechenden Aufforderung des Mieter könnte der Vermieteranwalt allerdings – je nach Einzelfall – das Gebot der Rücksichtnahme (§ 242 BGB) bzw. das Schikaneverbot (§ 226 BGB) entgegenstellen.

(4) Die „vorzeitige" Vertragsbeendigung

417 Ist seit Mietbeginn bzw. seit der letzten Renovierungsmaßnahme des Vermieters die Dekoration noch nicht so weit aufgebraucht, dass ein (erneuter) Renovierungsbedarf festgestellt werden kann, steht für den Mieter bei Vertragsende die Frage nach einem möglichen „Kostenausgleich" im Raum. Aus seiner Sicht waren die in der Vergangenheit erbrachten Mietzahlungen als Gegenleistung u.a. auch für die Erhaltung der Mietsache, also für Dekorationsarbeiten des Vermieters gedacht. Die Schönheitsreparaturen werden jedoch erst zu einem späteren Zeitpunkt, im Einzelfall sogar erst im Verlauf eines Folgemietverhältnisses fällig. Die erst künftig notwendigen Renovierungsarbeiten, so könnte der Mieter argumentieren, wurden bereits mit seiner Mietzahlung – zumindest anteilig – honoriert, wobei er selbst nichts mehr davon hat. Die späteren Arbeiten kommen ihm nicht mehr zugute, während die „Anzahlung" beim Vermieter verbleibt. Diese Beträge müsste der Vermieter nicht einmal für eine spätere Renovierung einsetzen; er kann die unrenoviert zurückgenommene Wohnung vielmehr als solche weitervermieten und somit ein „Geschäft" machen, je häufiger ein Mieterwechsel stattfindet.

418 Die Bestimmung des § 535 BGB als mögliche Anspruchsgrundlage für Erstattungsansprüche hilft dem Mieter allerdings nicht weiter. Dort ist zwar die Mietzahlung als Äquivalent u.a. für Gebrauchsüberlassung, Instandhaltung und Instandsetzung der Mieträume ausgestaltet. Die Verpflichtung des Vermieters zur Instandhaltung gelangt jedoch, was die Durchführung von Schönheitsreparaturen anbelangt, nur bei objektiv vorhandenem Renovierungsbedarf zur Anwendung. Endet das Mietverhältnis vor Ablauf der „Abnutzungsperiode", entsteht kein durchsetzbarer Instandhaltungsanspruch des Mieters. Einen Zahlungsausgleich sieht das Gesetz für diesen Fall nicht vor.

419 Im Ergebnis gilt dasselbe für vermeintlich im Raum stehende **Bereicherungsansprüche** des Mieters nach §§ 812 ff. BGB. So erhält zwar der Vermieter die ihm während der Mietzeit zukommenden Mietzahlungen als Gegenleistung nicht nur für die Überlassung des Mietobjekts, sondern

---

1 BGH, WuM 2006, 435.
2 BGH, WuM 2005, 139; BGH, FamRZ 2004, 868; BayObLG, NJW-RR 2002, 273.

auch für die Durchführung künftig dort fällig werdender Instandhaltungsmaßnahmen. Dieser Umstand mündet jedoch – bei fehlender Inanspruchnahme – nicht in eine Bereicherung des Vermieters, denn der Mieter leistet seine Mietzahlung bis Mietende immer noch mit Rechtsgrund, nämlich auf der Basis des Mietvertrages. Es fehlt allein an der Fälligkeit eines Teiles der vom Vermieter zu erbringenden Gegenleistung.

cc) Welcher Dekorationsumfang ist geschuldet?

Die Erhaltungspflicht des Vermieters beinhaltet im Grundsatz nur **durchschnittliche Renovierungsleistungen** mittlerer Art und Güte (vgl. *Rz. 381*). Deshalb darf der Vermieter auch eine Eigenleistung auf „Laienbasis" – soweit fachgerecht – abliefern; ein Anspruch des Mieters auf den Einsatz von Fachhandwerkern besteht nicht. 420

Hinsichtlich **Farbgebung und Tapetenwahl** sind allerdings die Belange des Mieters nach Treu und Glauben (Gebot der Rücksichtnahme – § 242 BGB)/ Schikaneverbot – § 226 BGB) mit zu beachten[1]. Diese gilt es im Vorfeld der Arbeiten abzuklären. Gegen neutrale, helle Farben und Tapeten kann sich der Mieter nur im Einzelfall wenden[2]. Einer Forderung des Mieters, wonach ihm die Auswahl von Farbe bzw. Tapete überlassen wird, braucht der Vermieter keine Beachtung schenken; in dieser Situation bietet sich allerdings die Möglichkeit, mit dem Mieter eine Kostenbeteiligung zu vereinbaren, wenn auf Sonderwünsche eingegangen werden soll. 421

War die Übertragung der Schönheitsreparaturen auf den Mieter nicht vorgesehen, schuldet der Vermieter bei ursprünglich **unrenoviert** vermieteten Räumen nur die Erhaltung der Mietsache im vertragsgemäßen Zustand, also wiederum unrenoviert. Anknüpfungspunkt ist dabei der Dekorationsumfang bei Anmietung (vgl. *Rz. 410*). Diesen gilt es zunächst zu ermittelt. Soweit nichts anderes vereinbart ist, hat der Vermieter auch nur diesen Ursprungszustand durch geeignete Instandhaltungsmaßnahmen wieder herzustellen. Zu beseitigen sind dabei allein die Abnutzungsspuren des Mieters; ein vorvertraglicher Verschleiß der Miträume bleibt außer Betracht. Führen die vom Vermieter dann geschuldeten (Maler)Arbeiten zu dem Ergebnis, dass dem Mieter jetzt die Räume in einem **besseren Zustand** als bei Anmietung zur Verfügung stehen, so ist damit ein Bereicherungsanspruch nicht ausgelöst. Denn unter rechtlichen Gesichtspunkten erbringt der Vermieter nichts anderes als eine mietvertraglich geschuldete Instandhaltungsleistung, die ordnungsgemäß und fachgerecht auszuführen ist. Sollten sich die Abnutzungsspuren des Mieters also nur mit dem Griff zum Malerpinsel und zur Tapezierbürste beseitigen lassen, entspricht das damit verbundene Resultat dem Willen des Gesetzgebers; ein Kostenausgleich nach dem Grundsatz „Neu für Alt" findet nicht statt[3]. 422

---

1 *Sternel*, WuM 2002, 585.
2 Vgl. LG Hamburg, DWW 1999, 152.
3 **A.A.** *Pfeilschifter*, WuM 2003, 543.

dd) Wer bestimmt die Leistungszeit?

423 Dem Vermieter ist das Wahlrecht zuzugestehen, dass er entweder selbst Hand anlegt oder die Dekorationsarbeiten in den Räumen des Mieters durch eigene Mitarbeiter oder mittels einer beauftragten Fachfirma durchführen lässt. Handwerker stehen jedoch nur zu den **üblichen Geschäftszeiten** zur Verfügung; der Vermieter braucht sich daher auf ein Verlangen seines (berufstätigen) Mieters, die Renovierung nur an Feiertagen, am Wochenende oder nach Feierabend zu leisten, nicht einzulassen. Umgekehrt kann der Vermieter sein Vornahmeangebot auf diese Hauptgeschäftszeiten beschränken; im Einzelfall wird der Mieter bei eigener Abwesenheit eben eine Vertrauensperson stellen müssen, die sich um Zutrittsmöglichkeiten zur Wohnung kümmert und die „nach dem Rechten sieht"[1].

423a Ob der Vermieter aus Gründen der Kostenersparnis seinerseits die Leistungszeit auf das Wochenende oder den Feierabend festlegen darf[2], erscheint hingegen zweifelhaft. Der Mieter wird sich auf allabendliche Arbeitsbesuche des Vermieters – noch dazu über einen längeren Zeitraum – nicht einlassen müssen; er hat vielmehr einen Anspruch darauf, dass die Renovierung zügig voranschreitet. Auch Störungen der Sonntagsruhe muss er nicht in Kauf nehmen. Demgegenüber sollte die Einbeziehung des Samstag, der als „Werktag" gilt[3], im Rahmen der Arbeitsplanung möglich sein. An einvernehmliche Absprachen zur Leistungszeit sind natürlich beide Vertragsparteien gebunden.

ee) Kann sich der Vermieter „freizeichnen"?

423b Rechtlich noch völlig ungeklärt ist die Frage, inwieweit sich der Vermieter von der ihn (möglicherweise) treffenden Pflicht, die laufenden Verschönerungsarbeiten im Verlauf des Mietverhältnis auszuführen, von vorneherein entledigen kann. Die Zulässigkeit einer mietvertraglichen **Freizeichnungsregelung** scheint außer Zweifel zu stehen. So hat der BGH[4] jüngst die Unwirksamkeit einer isoliert vereinbarten Endrenovierungsregelung festgestellt, und zwar unabhängig davon, ob

> es ihm (*dem Mieter*) überlassen ist, ob er auch im Verlauf des Mietverhältnisses (freiwillig) renoviert und nur die von Gesetzes wegen (§ 535 I 2 Halbs. 2 BGB) dem Vermieter obliegende Schönheitsreparaturverpflichtung stillschweigend ausgeschlossen werden soll.

Wenn also bereits eine konkludente Freizeichnung von Instandhaltungspflichten im Dekorationsbereich zugunsten des Vermieters möglich ist,

---

1 *Horst*, DWW 2007, 48.
2 So *Horst*, DWW 2007, 48.
3 BGH, NZM 2005, 532; **a.A.** LG Berlin, GE 2009, 198.
4 BGH, NZM 2007, 921.

muss Gleiches erst recht für ausdrückliche Vertragsvereinbarungen gelten, die wegen § 307 BGB allerdings individuell getroffen sein müssen[1] und wie folgt formuliert werden können:

> Eine Pflicht zur Durchführung der Schönheitsreparaturen durch den Vermieter ist in jedem Fall ausgeschlossen.

ff) Unterliegt der Anspruch des Mieters der Verjährung?

Völlig offen ist die umstrittene Frage, ob das Verlangen des Mieters nach Renovierung im Verlauf des Mietverhältnisses der **Verjährung** unterliegt. Ansätze für Überlegungen hierzu bietet das Gewährleistungsrecht. Erweist sich der ursprüngliche Dekorationszustand der Miträume aufgrund nicht nur unwesentlicher Abnutzungsspuren als unansehnlich und verbraucht, befinden sich die Räume in einem mangelhaften Zustand[2]. Die Forderung des Mieters zur Mängelbeseitigung im Wege der Instandhaltung oder Instandsetzung gilt wiederum als ein auf Überlassung und Erhaltung einer vertragsgemäßen Mietsache gerichteter **Daueranspruch**[3]. Er erneuert sich ständig und entsteht bei Vorliegen der Voraussetzungen täglich aufs Neue[4]. Eine Verjährung des Instandhaltungsanspruchs scheidet somit aus[5]. Die hierzu gegenteilig geäußerte Auffassung, wonach sich allenfalls der Gebrauchserhaltungsanspruch als unverjährbares „Stammrecht" präsentiert, welches sich bei Auftreten eines Mangels jeweils zu einzelnen Beseitigungspflichten konkretisiert, die gem. § 195, 199 BGB der dreijährigen Regelfrist unterworfen sind[6], überzeugt nicht.

423c

➲ **Hinweis:**
Bis zur endgültigen Klärung der Rechtsfrage durch eine höchstrichterliche Entscheidung kann sich die Einrede der Verjährung für den Vermieter als probates Mittel zur Abwehr von Renovierungsforderungen erweisen. Der Verjährungsbeginn richtet sich in diesem Fall nach dem Zeitpunkt des feststehenden Renovierungsbedarfs (Jahresende). Hier lohnt sich ein Blick in die Mietakte.

---

1 **A.A.** *Börstinghaus*, PiG 85, 87.
2 KG, WuM 2008, 725; KG, DWW 2004, 56.
3 BGH, WuM 2006, 435 m.w.N.
4 AG Tiergarten, WuM 2009, 453.
5 BGH v. 17.2.2010 – VIII ZR 104/09; so auch *Both*, GE 2009, 238; *Streyl*, WuM 2009, 630; *Häublein* in: MüKo – BGB, 5. Aufl., 2008, § 536 Rz. 107.
6 *Lehmann-Richter*, NJW 2008, 1296; in diesem Sinne auch LG Berlin, GE 2008, 1196; AG Düren, GE 2009, 205; AG Wetzlar, Info M 2009, 161 – dreijährige Verjährungsfrist.

6. Die Übertragung der Schönheitsreparaturen auf den Mieter

424 Die fortlaufende Renovierung der Mieträume durch den Vermieter liegt allerdings selten im gemeinsamen Interesse der Vertragsparteien. Der Vermieter scheut Kosten und Aufwand, um die Mieträume ansehnlich herzurichten; zudem resultieren die Abnutzungen aus dem alleinigen (Wohn)Verhalten des Mieters. Der wiederum möchte ohnehin eine Gestaltung nach eigenem Geschmack realisieren – ggf. in Abkehr vom Krankenhausflair weißer Raufasertapeten. Diese Interessenslage führt dazu, dass der Mieter während der Mietzeit die Schönheitsreparaturen übernehmen soll.

Dieser Zielsetzung kommt entgegen, dass die Vorschriften der §§ 535 Abs. 1 S. 2, 538 BGB – allerdings in nur beschränktem Umfang[1] – als disponibel und daher als **abdingbar** gelten. Das gesetzliche Leitbild zur Instandhaltung im Mietverhältnis steht somit einer Übertragung der Verschönerungsarbeiten auf den Mieter nicht entgegen. Eine Abwälzung auf den Mieter ist grundsätzlich zulässig. Von dieser Möglichkeit muss der Vermieter allerdings Gebrauch machen, will er erreichen, dass nicht er, sondern sein Vertragspartner die laufende Renovierung im Mietverhältnis übernimmt.

425 Die Abwälzung der Schönheitsreparaturen hat sich in der mietvertraglichen Praxis, insbesondere in Formularverträgen, bereits als **Verkehrssitte** etabliert („**Traditionstheorie**"); sie gehört zum Standardinhalt der gängigen Vertragsmuster. Die Parteien eines Wohnraummietverhältnisses sehen es heute als selbstverständlich an, dass nicht der Vermieter, sondern der Mieter die Dekoration durchführen soll; auch in der weit überwiegenden Anzahl aller Gewerberaum-Mietverträge ist die Pflicht zur Vornahme der Verschönerungsmaßnahmen dem Mieter auferlegt. Die höchstrichterliche Rechtsprechung geht davon aus, dass dessen „Zusatzbelastung" in aller Regel bei der Kalkulation der Miete in Form einer entsprechenden Entlastung mit berücksichtigt wird[2] (**Entgelttheorie**). Konsequenterweise zählt die Ausführung der Schönheitsreparaturen bei rechtswirksamer Überwälzung zu der vom Mieter geschuldeten **Gegenleistung**[3] und gilt als eine im Gegenseitigkeitsverhältnis stehende **Hauptpflicht** aus § 535 BGB[4].

a) Notwendigkeit einer Vereinbarung

426 Da § 535 Abs. 1 Satz 2 BGB die Instandhaltung, damit auch die Schönheitsreparaturen, dem Pflichtenkreis des Vermieters zuordnet (vgl. Rz. 399), be-

---

[1] Vgl. BGH, NZM 2005, 86 – Erhaltungslast bei Gemeinschaftsflächen; BGH, WuM 2002, 141- Haftungsausschluss.
[2] BGH, WuM 2004, 529; BGH, NJW 1988, 2790; kritisch hierzu *Emmerich*, NZM 2009, 16; *Sonnenschein*, NJW 1998, 2180; zweifelnd auch LG Kiel, WuM 2006, 312.
[3] BGH, NJW 1989, 2247; BGH, NJW 1988, 2790; BGH, WuM 1987, 306; BGH, NJW 1985, 480.
[4] BGH, NJW 1985, 480; BGH, ZMR 1980, 378.

darf es der Ausarbeitung einer **rechtswirksamen Bestimmung**, wonach es der Mieter übernimmt, Verschönerungsarbeiten während der Dauer des Mietverhältnisses in den Mieträumen durchzuführen. Die Übertragung der Schönheitsreparaturlast geschieht entweder durch **formularvertragliche Vereinbarung** oder im Rahmen **individueller Abreden**.

Mit der (Neu-)**Formulierung** einer solchen Abwälzungsregelung wird sich der Rechtsanwalt dann auseinander setzen müssen,
- sobald der Mandant den Abschluss eines **Mietvertrages** beabsichtigt oder
- wenn im **laufenden Mietverhältnis** der zugrunde liegende Mietvertrag keine bzw. eine rechtsunwirksame Renovierungsklausel enthält und nachträglich – im Einvernehmen der Vertragsparteien – die Renovierungspflicht auf den Mieter übertragen werden soll.

427

Aber auch bei Gelegenheit von Vertragsprüfungen oder anlässlich der Durchsetzung vermeintlicher Rechtspositionen im Zusammenhang mit den Dekorationsarbeiten wird der Rechtsanwalt häufig zu klären haben, ob die Schönheitsreparaturen überhaupt verbindlich vom Mieter übernommen wurden. Die Zulässigkeit entsprechender Vertragspassagen unterliegt dabei unterschiedlichen Grenzen, je nachdem, ob es sich um eine **Individualvereinbarung** handelt oder ob die Vereinbarung eine **Allgemeine Geschäftsbedingung** (fortan auch: AGB) bildet. Um die Wirksamkeit der Abreden prüfen zu können, ist stets vorab zu klären, welche der beiden Möglichkeiten im Streit- oder Anwendungsfall vorliegt.

428

Speziell im Wohnraummietrecht sind **Formularmietverträge** weit verbreitet. An die Stelle individuell ausgehandelter Vereinbarungen tritt in einer Vielzahl von Fällen ein vorformuliertes Vertragswerk. Bereits mit der **Auswahl des Formulars** erfolgt eine wichtige Weichenstellung für das zukünftige Mietverhältnis. Zahlreiche Gesetzesvorschriften werden regelmäßig zum Vorteil der Vertragspartei abbedungen, die den Mietvertragsvordruck auswählt und unterzeichnen lässt. Anders als bei individuell ausgehandelten Verträgen zeigt die tägliche Praxis zudem, dass Formularverträge häufig von der Gegenpartei unterzeichnet werden, ohne dass ihr gesamter Regelungsinhalt tatsächlich gelesen oder gar verstanden wurde. Je umfangreicher[1] der Vertragstext umso weniger besteht offenbar Bereitschaft, sich „einzulesen" oder gar über einzelne Bestimmungen zu verhandeln, noch dazu, wenn kleine Buchstabentypen mit geringem Zeilenabstand die **Lesbarkeit** der Vertragsklauseln zumindest erschweren[2]. An dieser Stelle ist es Aufgabe des eingeschalteten Rechtsanwalts, rechtzeitig und umfassend die Grundlagen für die Wahrung oder Durchsetzung der Interessen des Mandanten zu schaffen.

429

---

1 Der Umfang der AGB muss im Verhältnis zur Bedeutung des Mietvertrages stehen – BGH, NJW 2000, 651; für einen Wohnraummietvertrag sind 50 Seiten zu viel, vgl. AG Köln, WuM 2009, 450.
2 Zu den Anforderungen an die Lesbarkeit von AGB vgl. OLG Saarbrücken, NJW-RR 2009, 989.

b) Die Übertragung der Renovierung durch Formularvertrag

430 Auch die Überwälzung von Schönheitsreparaturen erfolgt nahezu ausnahmslos durch **Formularklauseln**. Dem Grundsatz nach gilt, dass die Übertragung der laufenden Renovierung auf den Mieter ebenso wie Vereinbarungen zur anteiligen Kostentragung bei noch nicht fälligen Verschönerungsarbeiten zum Zeitpunkt der Beendigung des Mietverhältnisses formularmäßig geregelt werden kann und zu keiner unangemessenen Benachteiligung des Mieters i.S.v. § 307 Abs. 1 BGB führt[1]. Jede formularmäßige Schönheitsreparaturklausel muss sich jedoch am strengen Maßstab des AGB-Rechts messen lassen.

aa) Allgemeine Geschäftsbedingung

431 Soll ein **vorgedrucktes Mietvertragsformular**, das über den Buchhandel, über einen Verlag bzw. über einen Interessenverband (z.B. Mieterverein, Grund- und Hausbesitzerverein) bezogen wird, Verwendung finden, unterliegt der damit begründete Vertrag der **Inhaltskontrolle** nach den §§ 305 ff. BGB. Gleiches gilt nach Art. 229 § 5 S. 2 EGBGB auch für vor dem 1.1.2003 abgeschlossene „Altmietverträge". Die Definition der Allgemeinen Geschäftsbedingungen in § 305 Abs. 1 S. 1 BGB entspricht im Wesentlichen der früheren Regelung des AGB-Gesetzes, so dass die hierzu ergangene Rechtsprechung nach wie vor aktuell ist. Die Abgrenzung zur Individualvereinbarung bereitet allerdings in Einzelfall erhebliche Schwierigkeiten.

432 Von § 305 BGB werden alle vorformulierten Bestimmungen erfasst, die bei Abschluss eines privatrechtlichen Vertrages von einer Partei der anderen gestellt werden. Dafür ist ausreichend, dass einer der Vertragspartner den Wunsch äußert, die von ihm beigebrachten Vertragsbedingungen oder gar ein bestimmtes Vertragswerk zu verwenden. Weder die zugestandene Möglichkeit, in einzelnen Absätzen des Vertrages zwischen alternativen Formulierungen zu wählen noch das ausdrückliche Angebot, konkrete Vertragspassagen zu streichen, ändern das Merkmal des „einseitigen Stellens"[2]. Auch darf nicht übersehen werden, dass eine Klausel bereits bei **erstmaligem Gebrauch** als AGB gilt, sofern ihre wiederholte Verwendung in einer „Vielzahl" von Fällen beabsichtigt ist[3]. Es genügt also, wenn der Mandant die **Absicht** hat, den Text oder Teile hiervon für mindestens **drei Verträge** zu verwenden[4]. Auch bei nur einmaliger Verwendungsabsicht („Einmalklauseln") sind AGB anzunehmen, wenn der Text des Mietvertrages, den der Mandant nutzt,

---

1 BGH, NZM 2009, 126; BGH, WuM 2004, 663; BGH, NZM 1998, 710; BGH, NJW 1985, 480.
2 LG Potsdam, GE 2008, 1054.
3 Vgl. z.B. LG Aachen, ZMR 1988, 60.
4 BGH, NJW 2004, 1454; BGH, NJW 2002, 138.

– von einem Dritten – z.B. Rechtsanwalt, Notar oder Verwalter – für eine Vielzahl von Verträgen verfasst wurde, um ihn mehrfach zu nutzen (**Mustertext**)[1],
– von einem Unternehmer gegenüber einem Verbraucher (Mieter) gestellt wird – Verbrauchervertrag gem. § 310 Abs. 3 BGB (hierzu *A Rz. 39)*[2].

Unterzeichnen Vermieter und Mieter ein vorgefertigtes Mietvertragsformular, ist die Formulareigenschaft der darin enthaltenen Klauseln offenkundig (Beweis des ersten Anscheins). Gleiches gilt für Vertragstexte, die ein Rechtsanwalt für den Mandanten erstellt oder die der Vermieter ersichtlich aus bereits bekannten Vordrucken hand- oder maschinenschriftlich übernommen hat, bzw. wenn einzelne Klauseln in einem Formularvertrag lediglich handschriftlich – wortgleich oder sinngemäß – wiederholt werden[3]. 433

bb) Das Transparenzgebot

Anlässlich der Gestaltung und Bewertung von Schönheitsreparaturklauseln hat der Rechtsanwalt das aus § 307 Abs. 1 S. 2 BGB abzuleitende **Bestimmtheitsgebot** zu beachten. Denn auch vorformulierte Renovierungsbedingungen sollen dem Mieter Gewissheit darüber geben, welche konkreten Rechte und Pflichten ihn zu welchem Zeitpunkt treffen. Dazu gehört, dass jede Formularbedingung sämtliche wirtschaftlichen Nachteile und Belastungen in Tatbestand und Rechtsfolgen soweit erkennen lässt, wie dies nach den Umständen erwartet werden kann[4]. Für den Verwender dürfen keine ungerechtfertigten Beurteilungsspielräume verbleiben[5]; zugunsten des Mieters muss darüber hinaus sichergestellt sein, dass er ohne fremde Hilfe möglichst einfach seine Rechte feststellen kann. Eine unangemessene Benachteiligung wäre andernfalls dem Umstand zu entnehmen, dass sich der Inhalt der Renovierungsregelung nicht als **klar, verständlich oder vollständig** darstellt[6]. Erscheint für den „durchschnittlichen Mieter" völlig undurchschaubar, was von ihm an Dekorationsarbeiten und sonstigen Leistungen im Zusammenhang mit den Schönheitsreparaturen wann gefordert wird, ist Gesamtunwirksamkeit anzunehmen[7]. Jedoch hält der BGH[8] nicht zu Unrecht fest: 434

„Gerade bei der Formulierung von Schönheitsreparaturklauseln treten erhebliche Schwierigkeiten auf, die verschiedenen tatsächlichen und rechtlichen Umstände und die vorhandenen Kombinationsmöglichkeiten zu erfassen."

---

1 BGH, WM 2006, 247; BGH, ZfBR 2005, 678; BGH, NJW 1991, 843; LG Freiburg, WuM 2008, 334.
2 Zur Beweislast vgl. BGH, NJW 2008, 2250.
3 Vgl. LG Köln, WuM 1994, 19.
4 BGH, NJW 2007, 2176; BGH, NJW 2006, 46.
5 BGH, NZM 2004, 93.
6 BGH, WuM 2007, 684; BGH, NJW 2006, 996.
7 Vgl. LG Mannheim, WuM 2000, 485.
8 BGH, WuM 2004, 663; BGH, WuM 1998, 592; ebenso: LG Mannheim, WuM 2000, 485.

Dem kann man nur zustimmen. Der Senat betont in diesem Zusammenhang aber auch, dass das **Gebot zur klaren und verständlichen Darstellung** beschränkt wird auf den Rahmen des Möglichen.

cc) Unklare/mehrdeutige Klauseln

435 AGB sind nach ihrem objektiven Inhalt und typischen Sinn – ausgehend von ihrem Wortlaut[1] – einheitlich so **auszulegen**, wie sie von verständigen und redlichen Vertragspartnern unter Abwägung der Interessen der typischerweise an Geschäften dieser Art beteiligten Kreise verstanden werden[2]. Vorrangiger Prüfungsmaßstab ist hier stets der Wortlaut der Klausel. Beim Mietvertrag soll es dabei auf die Sicht eines verständigen, juristisch nicht vorgebildeten Mieters ankommen[3]. Dieser „Durchschnittsmieter" ist dann gehalten,

> die Klausel im Zusammenhang, einschließlich einer etwaigen Fußnote – zu lesen und ihren Sinn zu ermitteln[4].

Wie die vom Vermieter vorgegebene Schönheitsreparaturklausel zu verstehen ist, ergibt sich daher nicht aus dessen individuell-konkreten Willen, sondern vielmehr aus den objektiven Umständen. Zweifel bei der Auslegung gehen nach § 305c Abs. 2 BGB zu Lasten des Verwenders. Lassen sich Unklarheiten bzw. Mehrdeutigkeiten im Rahmen der objektiven Auslegung nicht beseitigen und verstößt eine der Klauselvarianten gegen die Klauselverbote der §§ 307 ff. BGB, führt dies zur Unwirksamkeit der AGB (**kundenfeindliche Auslegung**)[5].

dd) Überraschende Klauseln

436 Eine Formularklausel zu den Verschönerungsarbeiten gilt als überraschend, wenn ihre Auslegung oder eine von mehreren Auslegungsmöglichkeiten nach den Umständen, insbesondere nach dem äußeren Erscheinungsbild des Vertrages, so **ungewöhnlich** ist, dass der Vertragspartner des Verwenders mit ihr nicht zu rechnen brauchte. Sie wird dann nicht Vertragsbestandteil (§ 305c Abs. 1 BGB) – **Überrumplungseffekt**[6]. Abzustellen ist dabei wiederum auf den Erfahrungshorizont eines durchschnittlichen Mieters/Vermieters[7]. Die Ungewöhnlichkeit einer Klausel kann sich bestimmen aus

---

1 BGH, NZM 2007, 921.
2 BGH, WuM 2009, 655; BGH, NZM 2009, 126; BGH NZM 2008, 890 u. 609; BGH, NZM 2005, 354.
3 BGH, NZM 2006, 254; BGH, NZM 2005, 860.
4 BGH, WuM 2005, 716; BGH WuM 2004, 333.
5 BGH, NJW-RR 2010, 63; BGH, NJW 2008, 2497; BGH, NZM 2008, 522; BGH, WuM 2007, 259.
6 BGH, NJW 2007, 3423; BGH, WM 2003, 36.
7 BGH, NJW 1995, 2637.

- den Umständen des Vertragsabschlusses,
- dem ungewöhnlichen äußeren Erscheinungs- und Gesamtbild des Vertrages[1],
- der Unterbringung an unerwarteter Stelle im Vertragstext – „Verstecken"[2],
- den Erwartungen, die der redliche Verkehr typischer Weise an den Vertragsinhalt knüpft[3].

Dem Überraschungsmoment kann der Rechtsanwalt allerdings durch **Hervorhebung** der maßgeblichen Vertragspassage mit auffälliger Schrift oder mit einem besonderem Hinweis entgegenwirken[4].

ee) Besondere Klauselverbote

Der Inhalt von AGB wird durch Klauselverbote mit Wertungsmöglichkeit (§ 308 BGB) und solche ohne Wertungsmöglichkeit (§ 309 BGB) begrenzt. Für die Übertragung der Schönheitsreparaturen auf den Mieter ist vor allem § 309 Nr. 12 BGB hervorzuheben, der eine Regelung, durch die der Vermieter die **Beweislast** zum Nachteil des Mieters ändert, für unwirksam erklärt. Dies wäre bei einem Fristenplan, der sich an zu kurzen Regelfristen orientiert, der Fall[5].

437

Gem. § 310 Abs. 1 S. 1 BGB finden die Klauselverbote der §§ 308 f. BGB keine Anwendung auf AGB, die u.a. gegenüber einem **Unternehmer** i.S.v. § 14 BGB verwendet werden. Diese Voraussetzung ist bei der Vermietung von **Gewerberaum** regelmäßig gegeben[6], denn die Anmietung von Gewerbeflächen erfolgt grundsätzlich zur Ausübung einer gewerblichen oder selbständigen beruflichen Tätigkeit des Mieters, selbst wenn der Vertragsabschluss noch in der Phase der „Existenzgründung" erfolgt[7].

ff) Allgemeine Inhaltskontrolle

Stehen der Wirksamkeit formularvertraglicher Renovierungsklauseln die besonderen Klauselverbote der §§ 308 f. BGB nicht entgegen, unterliegen die Vertragsabreden dennoch den Maßstäben der allgemeinen Inhaltskontrolle gem. § 307 BGB. Hiernach gelten Bestimmungen in AGB als unwirksam, wenn sie den Vertragspartner des Verwenders entgegen den Geboten von Treu und Glauben unangemessen benachteiligen (§ 307 Abs. 1 S. 1 BGB). Auf eine Beeinträchtigung des Vertragspartners im konkreten Mietverhältnis soll es dabei nicht ankommen (**generalisierende Betrachtungsweise**). Die **unangemessene Benachteiligung** kann sich bereits aus dem

438

---

1 BGH, MDR 2004, 344; BGH, MDR 2003, 16.
2 BGH, MDR 2006, 343; BGH, MDR 1989, 990.
3 BGH, WM 2006, 247.
4 BGH, NJW 1996, 191.
5 *Beyer*, NZM 2008, 465.
6 BGH, NZM 2008, 890.
7 BGH, NZM 2005, 342 m.w.N.

Umstand ergeben, dass die Bestimmung nicht klar und verständlich formuliert wurde (§ 307 Abs. 1 S. 2 BGB – vgl. *Rz. 434*), wobei in diesem Fall der Rechtsanwalt vorrangig zu prüfen hat, ob die AGB in der nach § 305c Abs. 2 BGB verwenderfeindlichsten Auslegung überhaupt Vertragsbestandteil geworden ist. Im Zweifel wird eine unangemessene Benachteiligung anzunehmen sein, wenn die Formularbestimmung mit wesentlichen **Grundgedanken der gesetzlichen Regelung**, von der abgewichen wird, nicht vereinbar ist (§ 307 Abs. 2 Nr. 1 BGB) oder wenn sie wesentliche Rechte und Pflichten, die sich aus der Natur des Vertrages ergeben, so einschränkt, dass die Erreichung des **Vertragszwecks** gefährdet wird (§ 307 Abs. 2 Nr. 2 BGB).

439 Nach diesem Maßstab müssen sich Vertragsklauseln zu Schönheitsreparaturen an den Grundgedanken der gesetzlichen Regelung, mithin am **gesetzlichen Leitbild** des § 535 Abs. 1 S. 2 BGB – Renovierung nach Bedarf – messen lassen. Je weiter sich die Formularabreden von dieser Richtschnur entfernen, desto eher ist eine unangemessene Benachteiligung i.S.v. § 307 BGB anzunehmen. Dies gilt vor allem für solche Dekorationsklauseln, die dem Mieter ein „Mehr" an Instandhaltungspflichten zuweisen, als der Vermieter dem Mieter gegenüber – ohne die vertragliche Abwälzung der Schönheitsreparaturen – gemäß § 535 Abs. 1 S. 2 BGB schulden würde[1].

gg) Der Summierungseffekt

440 Speziell Vermieter(-Rechtsanwälte) suchen immer wieder neue Vertragsformulierungen, um dem Mieter möglichst viel an Renovierungsverpflichtung aufzubürden. Der Vermieter soll zielgerichtet entlastet werden. Hier muss der juristische Berater allerdings mit Umsicht vorgehen. Gerade bei der Vertragsgestaltung kann sich dieses „Mehr" bereits zu Lasten des Mandanten auswirken, vor allem unter der Wirkung des sog. **Summierungseffekts**. Rechtlich zu würdigen ist hiernach nicht allein die einzelne Regelung, sondern vielmehr der **gesamte Vertragsinhalt** von Klauseln über die Verpflichtung des Mieters zur Übernahme von Schönheitsreparaturen, einschließlich der **individuell** ausgehandelten Abreden[2]. So mögen einzelne, inhaltlich aber zusammengehörige Klauseln/Individualregelungen jeweils für sich allein genommen unbedenklich und gültig sein; aus der **Gesamtwirkung** der Abreden im Verbund kann sich jedoch eine übermäßige Belastung und damit eine unangemessene Benachteiligung des Mieters ergeben[3]. Folge ist dann die Unwirksamkeit zumindest sämtlicher betroffener Formularklauseln; die Individualvereinbarung bleibt – soweit nicht ein einheitliches Rechtsgeschäft i.S.v. § 139 BGB anzunehmen ist – in ihrer Geltung aufrecht erhalten[4].

---

1 BGH, WuM 2006, 310; BGH, WuM 2004, 463.
2 BGH, WuM 1993, 175; OLG Celle, ZMR 1999, 469.
3 BGH, WuM 2006, 306; BGH, WuM 2003, 436.
4 Hierzu BGH, WuM 2009, 173; BGH, WuM 2006, 306.

(1) Allgemeines

Der Summierungseffekt gilt unabhängig davon, ob mehrere Abreden untrennbar miteinander verbunden sind oder ob jede für sich betrachtet einen eigenen Regelungsgehalt aufweist[1]. Die Ausnahmen vom Verbot der geltungserhaltenden Reduktion greifen in diesen Fällen nicht. Auf Grund der Vorgabe des **Transparenzgebots** (§ 307 Abs. 1 S. 2 BGB) soll es nicht zulässig sein, nur die für sich betrachtete Klausel fortgelten zu lassen[2]. Dabei spielt es keine Rolle, dass sich die Klauseln über **verschiedenen Stellen** des Mietvertrags verteilen[3] bzw. im laufenden Vertragstext und in einem Nachtrag zu finden sind[4].

441

Bei der Abfassung einer Formularklausel zur Abwälzung von Schönheitsreparaturen ist deshalb äußerste **Vorsicht** geboten. Der Summierungseffekt greift durch, sobald die gesamte Renovierungsleistung, wie sie im Vertrag geregelt ist, bei **abstrakter Bewertung** zu einer Störung des Äquivalenzverhältnisses führt, was wiederum eine unangemessene Benachteiligung des Mieters begründet. Vermeidbar sind die Wirkungen des Summierungseffekts allenfalls dann, wenn durch eine zusätzliche „**überobligatorische**" **Leistung** des Vermieters, die im Zusammenhang mit der Renovierungsverpflichtung des Mieters steht, das Gleichgewicht zwischen Leistung und Gegenleistung wiederhergestellt wird. Auf jeden Fall darf dem Mieter nur aufgegeben werden, die Spuren des **eigenen Gebrauchs** der Mietsache zu beseitigen.

442

(2) Klauselkombinationen

– Anfangsrenovierung – Laufende Renovierung

443

Sieht der Mietvertrag vor, dass der Mieter bei Vertragsbeginn zur Renovierung verpflichtet ist und er darüber hinaus die erforderlichen Renovierungsarbeiten nach einem Fristenplan durchzuführen hat, führt diese Kombination zur Gesamtunwirksamkeit der Klauseln auf Grund des Summierungseffektes[5]. Die Festlegung einer Renovierung bei Mietbeginn per Individualabrede bedingt für diese Ausgangskonstellation keine andere Bewertung[6], solange nicht dem Mieter eine Gegenleistung zur Kompensation zufließt (vgl. hierzu Rz. 470). Gleiches gilt natürlich, falls die Kombination von Anfangs- und laufender Renovierung um eine Vorgabe zur Dekoration bei Mietende erweitert wird[7].

---

1 LG Hamburg, WuM 2000, 544.
2 BGH, WuM 1995, 28.
3 BGH, WuM 2004, 660.
4 LG Hamburg, WuM 2000, 544; AG Wedding, MM 2001, 445.
5 OLG Hamburg, WuM 1995, 637; OLG Stuttgart, WuM 1993, 528; LG Hamburg, WuM 2004, 88; LG Frankfurt, WuM 1996, 208; AG Dortmund, WuM 2004, 87; AG Hamburg, NZM 2000, 1180.
6 BGH, WuM 1993, 175; KG, DWW 2005, 69; OLG Celle, ZMR 1999, 469; LG Konstanz, IMR 2008, 369.
7 KG, GE 1986, 1167 – Gewerberaum.

444 **– Laufende Renovierung – Starre Fristen**

Wird die Überwälzung der Schönheitsreparaturen verbunden mit einer für ihre Erfüllung maßgebenden Fristenregelung, die starre Intervalle vorgibt, wird die Renovierungsklausel von der dann unwirksamen Fristenbestimmung aufgrund des inneren Zusammenhangs „infiziert" mit der Folge einer Gesamtunwirksamkeit beider Regelungen[1]. Dieser Grundsatz ist auch im Bereich der **Gewerberaummiete** anzuwenden[2].

445 **– Laufende Renovierung – Endrenovierung**

Sieht der Mietvertrag vor, dass die **Wohnung** unter Beachtung eines allgemeinen Fristenplanes zu renovieren ist und ferner, dass sie am Ende der Mietzeit ohne Rücksicht auf den Fristenplan bzw. auf den Zeitpunkt der letzten Renovierung im neu hergerichteten Zustand zurückgegeben werden muss, dann haben die Parteien eine unwirksame Endrenovierungsregelung getroffen, die über den Summierungseffekt ebenfalls zur Unwirksamkeit der – für sich betrachtet – wirksamen Schönheitsreparaturklausel führt (**Infektion**)[3]. Gleiches gilt bei Abschluss eines **Zeitmietvertrages**, dessen Ablauf mit dem Fristenplan und der Schlussrenovierung „synchronisiert" wird[4].

Diese Rechtsfolge gilt nach Ansicht des BGH ohne weiteres auch für Mietverhältnisse über **Gewerberaum**[5].

446 Ein zur Unwirksamkeit der Renovierungsklausel führender Summierungseffekt wird vom BGH[6] im Bereich der **Wohnraummiete** sogar für den Fall angenommen, dass die – für sich gesehen – wirksame Übertragung der Dekorationsarbeiten mit einer – wiederum unter isolierter Betrachtung – wirksamen, **individuell vereinbarten Endrenovierungsregelung** zusammentrifft. Ob zumindest die Verpflichtung zur Endrenovierung in diesem Fall wirksam bleibt[7] oder beide Regelungen wegen ihres sachlichen Zusammenhangs ein einheitliches Rechtsgeschäft i.S.d. § 139 BGB darstellen, das bei Nichtigkeit eines Teils im Zweifel insgesamt nichtig ist, hat der BGH[8] mangels Entscheidungserheblichkeit ausdrücklich offen gelassen. Hiervon ist zumindest dann nicht auszugehen, wenn die Individualvereinbarung zur Schlussrenovierung erst in einem **nach Vertragsabschluss** gefertigten, nicht vorgedruckten Übergabeprotokoll getroffen wurde, da es insoweit an

---

1 BGH, WuM 2006, 513 u. 377; BGH, WuM 2006, 310 u. 308; BGH, WuM 2006, 248; BGH, WuM 2004, 660 u. 463.
2 BGH, NZM 2008, 890.
3 BGH, WuM 2007, 682; BGH, WuM 2006, 310 u. 308; BGH, NZM 2005, 504; BGH, NZM 2004, 497; BGH, WuM 2003, 436 u. 561; LG Hamburg, ZMR 2008, 454; **a.A.** BGH WuM 2006, 677; *Bub/von der Osten*, NZM 2007, 76; *Geyer*, GE 2007, 122.
4 LG München I, MietRB 2004, 134.
5 BGH, NZM 2005, 504.
6 BGH, WuM 2006, 306.
7 So LG Hanau, Info M 2006, 119; **a.A.** AG Dieburg, Info M 2009, 316; AG Mettmann, WuM 2004, 462.
8 BGH, NZM 2006, 623.

einer Einheitlichkeit des Rechtsgeschäfts fehlt[1]. Das Zusammentreffen von Formularbedingung und individueller Abrede in ein und **derselben Vertragsurkunde** könnte demnach ein anderes Ergebnis rechtfertigen[2] und sollte daher vom Rechtsanwalt vorsorglich solange vermieden werden, bis eine abschließende obergerichtliche Entscheidung hierzu Klarheit schafft.

Strittig sind die Rechtsfolgen, wenn dem Mieter eine **Endrenovierungsverpflichtung nur in Teilbereichen** aus dem Katalog der gesamten Schönheitsreparaturarbeiten auferlegt wird. Muss der Mieter die laufenden Schönheitsreparaturen durchführen und daneben bei Auszug das **Weißen von Decken und Wänden** fachmännisch ausführen, soll es nur **insoweit** zu einer Summierung kommen mit der Folge, dass der Mieter weiterhin verpflichtet bleibt, bei Mietende zumindest Fenster/Türen/Heizkörper zu streichen, falls die üblichen Fristen verstrichen sind[3]. Diese Auffassung ist abzulehnen. Entscheidend ist, dass dem Mieter mit einer entsprechenden Vertragsregelung bereits ein Übermaß an Renovierungspflichten auferlegt wird, deren Ausführung er in Anbetracht des Erhaltungszustandes der Wohnung (noch) nicht schuldet. Aus diesem Grund zieht bereits eine nur „eingeschränkte Endrenovierungsregelung" die Gesamtunwirksamkeit der Schönheitsreparaturverpflichtung nach sich[4]. 447

Zu keinem Fall der Gesamtunwirksamkeit führt demgegenüber die neben der Verpflichtung zur laufenden Renovierung getroffene Individualvereinbarung, nach welcher der Mieter „die Renovierung der Wohnung übernimmt". Damit ist nur die **doppelt vereinbarte Verpflichtung** zur Renovierung für die Laufzeit des Vertrages gemeint[5]. 448

– **Laufende Renovierung – Kostenbeteiligung** 449

Die Unwirksamkeit einer Quotenklausel infiziert nicht die an anderer Stelle des Mietvertrages wirksam vereinbarte Übernahme der laufenden Schönheitsreparaturen[6]. Beide Klauseln sind unabhängig voneinander zu beurteilen. Sie stehen – auch aus Sicht eines verständigen Mieters – nicht in einem derart engen Zusammenhang, dass sie zwingend das gleiche rechtliche Schicksal zu teilen hätten.

Umgekehrt entzieht jedoch die Unwirksamkeit der Regelung über die laufenden Schönheitsreparaturen der Anwendbarkeit einer Abgeltungsklausel den Boden[7].

---

1 BGH, WuM 2009, 173.
2 Vgl. BGH, NZM 2006, 623; **a.A.** wohl BGH, NZM 2009, 397 – Gewerberaum.
3 LG Nürnberg-Fürth, ZMR 2005, 622.
4 LG Berlin, Info M 2006, 118; AG Wedding, MM 2001, 445 – Streichen der Decken und Oberwände und Tapezieren der Wände.
5 LG Berlin, NZM 2000, 862.
6 BGH, WuM 2009, 36; BGH, WuM 2008, 472; LG Berlin, GE 2008, 332.
7 BGH, WuM 2006, 248; OLG Düsseldorf, WuM 2003, 621; LG Kiel, WuM 2006, 312; LG Regensburg, ZMR 2003, 933; LG Berlin, MM 2002, 481; LG Berlin, WuM 1996, 758; AG Dortmund, WuM 2005, 764; AG München, WuM 2005, 766.

450 – **Laufende Renovierung – Kostenbeteiligung – Endrenovierung**

Sieht der Mietvertrag die Durchführung der Schönheitsreparaturen nach einem Fristenplan vor, des Weiteren eine Kostenbeteiligung für den Fall der Beendigung des Mietvertrages vor Ablauf der Renovierungsfristen und zusätzlich, dass bei Auszug die Wohnung fachgerecht in frisch renoviertem Zustand zurückzugeben ist, erfasst der Summierungseffekt die Gesamtregelung[1] mit der Folge einer unwirksamen Übertragung der Dekorationspflicht.

451 – **Sonstiges**

Enthält die Klausel eine Bestimmung, wonach der Mieter neben den Schönheitsreparaturen auch **Reparaturen an Geräten und Anlagen** durchführen muss, führt die Unwirksamkeit der Reparaturregel nicht gleichzeitig zur Gesamtunwirksamkeit. Die Renovierungspflicht soll danach erhalten bleiben[2].

452 – **Laufende Renovierung – Vorgaben zur (ergänzenden) Ausführung**

Durch die Festlegung der Schönheitsreparaturen auf die bisherige „**Ausführungsart**" wird der Mieter in der für ihn ungünstigsten Auslegung angehalten, bei jedweder Abweichung eine Zustimmung des Vermieters einzuholen oder sich strikt an die vorgefundene Dekorationssituation zu halten. Die damit verbundene unangemessene Einengung des Mieters in der Art der Ausführung von Schönheitsreparaturen zieht daher die Unwirksamkeit der gesamten Abwälzung nach sich[3].

453 In gleicher Weise führen formularmäßige Beschränkungen des Mieters in der **Farbwahl**, allerdings nur soweit hiervon auch **turnusgemäße Renovierungen** betroffen sind, zu einer inhaltlichen Umgestaltung der Schönheitsreparaturverpflichtung und damit zur Gesamtunwirksamkeit der Übertragungsregelung schlechthin[4].

454 Dieselbe Rechtsfolge tritt ein, will der Vermieter mittels Formularklausel eine **gegenständliche Erweiterung** der dem Mieter auferlegten Renovierung über den in § 28 Abs. 4 S. 3 II. BV normierten Leistungsumfang hinaus durchsetzen[5], z.B.

– das Abschleifen und Versiegeln von Parkett/Fußboden bei Mietende[6],
– die Vornahme von Außenanstrichen an Fenstern und Türen[7],

---

1 LG Berlin, MM 2002, 481; AG Köln in *Lützenkirchen*, KM 31 Nr. 42.
2 LG München II, WuM 2001, 599; BayObLG, WuM 1997, 362.
3 BGH, WuM 2007, 259.
4 BGH, WuM 2009, 655 u. 224; BGH, WuM 2008, 472 u. 722.
5 BGH, WuM 2009, 286; BGH, WuM 2006, 308 u. 310.
6 OLG Düsseldorf, WuM 2003, 621; LG Regensburg, ZMR 2003, 933; LG Köln, WuM 1991, 342; **a.A.** LG Berlin, GE 1999, 1427.
7 BGH, WuM 2009, 286; KG, GE 2008, 987; LG Berlin, GE 2008, 478, MM 2007, 39 u. WuM 2004, 497; LG Berlin, GE 2001, 1674 u. 1604; **a.A.** LG Berlin, GE 2008, 478 – Teilunwirksamkeit.

– das Entfernen von Wand- und Deckentapeten bei Auszug[1],
– die Übernahme der gesamten Instandhaltung des Mietobjekts (Gewerberaum)[2],
– den Ersatz eines lediglich durch vertragsgemäßen Gebrauch verschlissenen Bodenbelags bei Mietende[3].

Vermieter und Rechtsanwalt müssen sich daher darauf einstellen, dass jede übermäßige formularvertragliche Ausweitung der **Ausführungsart** oder des **gegenständlichen Umfangs** der auf den Mieter abgewälzten Schönheitsreparaturen zur Gesamtunwirksamkeit der Renovierungsverpflichtung führt.

hh) Rechtsfolgen unwirksamer AGB

(1) Allgemeines

Sind einzelne Formularklauseln zu Schönheitsreparaturen nach den gesetzlichen Regelungen der §§ 305 ff. BGB nicht Vertragsbestandteil geworden oder unwirksam, treten die dispositiven **gesetzlichen Vorschriften** an deren Stelle (§ 306 Abs. 2 BGB), somit § 535 Abs. 1 S. 2 BGB[4]. Für einen **Vertrauensschutz** üblicher und in früherer Rechtsprechung nicht beanstandeter Klauseln ist regelmäßig kein Platz (vgl. *Rz. 565 f.*). Nur wenn passende Rechtsnormen für eine Vertragsergänzung fehlen, wäre im Wege der ergänzenden Vertragsauslegung die von den Parteien bei sachgerechter Abwägung dann getroffene Regelung zu ermitteln[5]. Die Wirksamkeit des Mietvertrages im Übrigen bleibt von der Unwirksamkeit einzelner Klauseln unberührt (§ 306 Abs. 1 BGB). 455

Davon unabhängig muss sich der Vermieter als Verwender an solchen – unwirksamen – Regelungen fest halten lassen, die dem Mieter im **Einzelfall günstig** sind; auf deren Unwirksamkeit kann er sich nicht berufen[6]. In gleichem Maße ist es dem Mieter möglich, an einer unwirksamen Renovierungsklausel festzuhalten, wenn er hierin die für ihn wirtschaftlich günstigere Lösung sieht[7]. 456

(2) Keine geltungserhaltende Reduktion

Vertragsklauseln zu Schönheitsreparaturen, die den Mieter nur teilweise unbillig belasten, werden **nicht** durch Auslegung mit einem gerade noch 457

---

1 BGH, WuM 2006, 308 und 310; LG Saarbrücken, NZM 2000, 1179; LG Nürnberg-Fürth, ZMR 2005, 622; AG Wuppertal, WuM 2000, 185.
2 OLG Köln, NJW-RR 1994, 524; **a.A.** OLG Nürnberg, ZMR 1991, 218.
3 LG Regensburg, ZMR 2003, 933; AG Königstein, NZM 2000, 1181.
4 BGH, NZM 2008, 363 und 605; BGH, NZM 2006, 924.
5 BGH, NJW 1999, 3195.
6 BGH, WuM 2006, 310; BGH, NJW-RR 2005, 314; BGH, NZM 1998, 718; OLG Koblenz, WuM 1999, 694.
7 Dazu *Lehmann-Richter*, WuM 2006, 449.

zulässigen Inhalt aufrechterhalten[1]. Hieran ändert auch eine **salvatorische Klausel** im Vertragswerk nichts[2]. Die geltungserhaltende Reduktion der unangemessenen Vertragsregelung verbietet sich auch dann, wenn die dem Mieter übertragene Dekoration als solche und ihre inhaltliche Ausgestaltung nicht in einer, sondern in verschiedenen Klauseln enthalten sind[3].

(3) Trennung einzelner Bestandteile

458 Die beanstandete Vertragsabrede kann allenfalls im Einzelfall mit einem zulässigen Teil Geltung behalten, sollte sich die Regelung nach ihrem Wortlaut, und zwar aus sich heraus verständlich und sinnvoll, in einen inhaltlich zulässigen und einen unzulässigen Regelungsteil trennen lassen. Davon ist insbesondere dann auszugehen, wenn bei Weglassen des unwirksamen Teils eine rechtlich zulässige und eindeutige Regelung verbleibt (vgl. *Rz. 383* – Fachhandwerkerklausel). Nur unter dieser Voraussetzung gilt die Aufrechterhaltung des unbeanstandeten Teils der Formularbedingung als rechtlich unbedenklich[4]. Der mit einer unwirksamen Schönheitsreparaturklausel konfrontierte Rechtsanwalt muss daher stets prüfen, ob die Unwirksamkeit die gesamte Dekorationsregelung erfasst oder ob die Formularklausel in mehrere inhaltlich unabhängige, sprachlich sinnvolle Teile aufgespalten werden kann („**blue-pencil-Test**")[5]. Im Zweifel wird man von der Unwirksamkeit der gesamten Klausel ausgehen müssen. Auch solche Klauseln, die zwar die Renovierung betreffen, aber selbständige Geltung haben sollen, also die eigentliche Renovierungspflicht des Mieters nicht ergänzen, sondern an ihre Stelle treten, werden nicht in die Gesamtbewertung einbezogen[6].

c) Die Übertragung der Renovierung durch Individualvereinbarung

459 Im Gegensatz zum Formularvertrag steht – auch was die Abwälzung der Schönheitsreparaturen auf den Mieter betrifft – die **Individualvereinbarung** (vgl. *A Rz. 41 ff.*). Maßgeblich für die Qualifikation einer entsprechenden Vertragsbedingung als Formular- oder Individualabrede ist zunächst § 305 Abs. 1 S. 3 BGB. Hiernach ist nicht von AGB auszugehen, soweit die Vertragsbedingungen zwischen den Parteien **im Einzelnen ausgehandelt** sind. Aushandeln bedeutet dabei mehr als Verhandeln[7]. Ein wirkliches Aushandeln kann sich ausdrücklich aus den vertraglichen Abreden, aber auch aus den Gesamtumständen des Einzelfalls ergeben. Wird nur eine spezielle Vertragsklausel aus einem ansonsten vorgegebenen Formularvertrag zu

---

1 BGH, NZM 2009, 126; BGH, NJW 2006, 1059; BGH, NJW-RR 2006, 1236; BGH, NJW 2001, 292.
2 BGH, NJW-RR 1996, 783.
3 BGH, WuM 2007, 260; BGH WuM 2004, 660.
4 BGH, NZM 2009, 126; BGH, GuT 2005, 213; BGH, NJW 1997, 3437; BGH, NJW 1998, 2284.
5 BGH, NJW 2001, 292; BayObLG, WuM 1997, 362.
6 *Beyer*, GE 2007, 122, 124.
7 BGH, NJW 1991, 1679; AG Köln, WuM 2009, 450; hierzu *Berger*, NJW 2001, 2152.

den Dekorationspflichten individuell abgestimmt, gelten die übrigen Abreden weiter als AGB. Legen die Vertragsparteien jedoch Teilbereiche aus dem Pflichtenkatalog der Schönheitsreparaturen (vgl. *Rz. 308, 313*) ausdrücklich individuell fest (z.B. Ausschluss der Grundreinigung des Teppichbodens), umfasst die Individualvereinbarung die gesamte Regelung zu den Schönheitsreparaturen mit der Folge, dass insoweit keine AGB mehr gegeben sind[1]. Treffen anlässlich einer Renovierungsregelung sowohl eine AGB als auch eine (mündliche) Individualvereinbarung aufeinander, gebührt der Individualabrede grundsätzlich der **Vorrang** (§ 305b BGB), und zwar ohne Rücksicht darauf,

– ob die Parteien eine Änderung der AGB beabsichtigt hatten oder sich der Kollision mit der AGB überhaupt bewusst waren[2],

– ob sich die Formularklausel über den selben Regelungsgegenstand im Nachhinein als unwirksam herausstellt[3].

Die Rechtsprechung nimmt übrigens den **Begriff des Aushandelns** wörtlich. Er beinhaltet, dass Vermieter und Mieter die konkrete (Renovierungs-)Vereinbarung genauestens besprechen. Das „Aushandeln" von Vertragsbedingungen erfordert darüber hinaus, dass der Verwender den in seinem Vertragstext enthaltenen gesetzesfremden Kerngehalt inhaltlich ernsthaft **zur Disposition** stellt. Es genügt nicht, wenn die Parteien – wie in der Praxis üblich – eine Klausel allenfalls „erörtern", „besprechen" oder „erläutern"[4]. Dem Vertragspartner muss Gestaltungsfreiheit zur Wahrung eigener Interessen eingeräumt werden, um ihm die Möglichkeit zu geben, die vorgesehenen Vertragsregelungen zu beeinflussen und mitzubestimmen[5]. Die Parteien begegnen sich dabei auf gleichwertiger Ebene. Ausschlaggebend für ein **Aushandeln** ist demzufolge: 460

– Der Verwender bringt bereits im Vorfeld seine **Verhandlungsbereitschaft** gegenüber dem Vertragspartner zum Ausdruck[6],

– die Klausel wird, was den gesetzesfremden Kerngehalt betrifft, vom Verwender **ernsthaft zur Disposition** gestellt[7],

– dem Verhandlungspartner wird Einfluss auf die inhaltliche Ausgestaltung zur Wahrung eigener Interessen tatsächlich eingeräumt[8],

– die Gegenpartei hat die reale Möglichkeit, auf den Inhalt der Vertragsbedingungen **Einfluss** zu nehmen[9], was bei schwer verständlichen Klau-

---

1 BGH, NZM 2009, 397.
2 BGH, NZM 2006, 59.
3 BGH, WuM 2009, 173.
4 BGH, NJW-RR 1993, 504; BGH, NJW 1991, 1677; OLG Düsseldorf, WuM 1994, 459; LG Düsseldorf, WuM 2007, 87.
5 BGH, NZM 2009, 397; BGH, NJW 2000, 1110; LG Berlin, MM 2002, 98.
6 AG Frankfurt, WuM 1996, 24.
7 BGH, NJW-RR 1987, 144; OLG Düsseldorf, ZMR 2003, 921.
8 BGH, GuT 2009, 99; BGH, NJW 2003, 1805; BGH, NJW 2002, 2388; BGH, NJW 2000, 1110.
9 BGH, NJW 1998, 3488; BGH, NJW 1992, 1107; BGH, NJW 1992, 2759; LG Düsseldorf, NZM 2002, 779.

seln voraussetzt, dass der Verwender auch über den **Inhalt und die Tragweite** der Klausel(n) im Einzelnen belehrt, solange nicht feststeht, dass der Vertragspartner deren Sinn erfasst hat[1].

461 Gemessen an diesen strengen Kriterien kommt eine „echte" Individualvereinbarung in der mietrechtlichen Praxis – noch dazu im Zusammenhang mit Festlegungen zu Schönheitsreparaturen – kaum vor. Das bloße **Besprechen** einzelner Vertragspassagen, ohne dass dem Mieter Einflussmöglichkeiten auf den Textinhalt zugestanden werden, genügt ebenso wenig wie das reine **Vorlesen** der Klausel. Der in die Vertragsverhandlungen eingeschaltete Rechtsanwalt muss sich bei der anderen Partei vielmehr ausdrücklich erkundigen, ob man dort Regelungsalternativen vorzuschlagen hat. Die **Darlegungs- und Beweislast** für die Vorformulierung und die fehlende Einflussnahme auf den Vereinbarungsinhalt trägt der Vertragspartner, meist der Mieter, der sich auf das Vorliegen von AGB beruft; für den Ausnahmefall des Aushandelns bleibt der Verwender, in der Regel der Vermieter, beweispflichtig[2].

462 Eine in den Vertragstext aufgenommene **Bestätigung** der Verhandlungsbereitschaft des Vermieters oder der Gelegenheit zum Verhandeln ändert an der beschriebenen Rechtslage nichts[3]. Dasselbe gilt für die formularmäßige Erklärung des Mieters in einem Anhang zum Mietvertrag, bestimmte Klauseln oder der gesamte Vertrag seien **individuell ausgehandelt**[4] bzw. von ihm zur **Kenntnis genommen**[5]. Selbst eine **Schriftformklausel** würde dem Vorrang der mündlichen Individualvereinbarung nicht entgegenstehen[6]. Bedarf es nach dem individuell zur Ausdruck gekommenen Willen der Parteien allerdings einer schriftlichen Vereinbarung, um diese Schriftformabrede wieder aufzuheben (**qualifizierte Schriftform**), kann das Schriftformerfordernis auf der Grundlage einer späteren mündlichen Vereinbarung nur abbedungen werden, wenn die Parteien bewusst von der Schriftformklausel abweichen wollen[7]. Diese Intention hat der Vertragspartner zu beweisen, der sich auf die neue Abrede beruft. Wurde die qualifizierte Schriftform allerdings nur durch eine Formularklausel in den Vertrag eingeführt, soll eine vom Vertragsinhalt abweichende Individualabrede grundsätzlich Vorrang erhalten[8].

---

1 BGH, NJW 2005, 2543.
2 BGH, NJW 2008, 2250; BGH, NJW-RR 2002, 13; BGH, NJW 1998, 2600; BGH, NJW-RR 1987, 148; OLG Düsseldorf, GuT 2008, 34; LG Düsseldorf, NZM 2002, 779; LG Gießen, ZMR 2002, 426.
3 BGH, NJW 1977, 624 u. 432.
4 LG Freiburg, WuM 2005, 650.
5 OLG Hamm, NJW 1981, 1049.
6 BGH, NZM 2006, 59; BGH, WuM 2005, 774; BGH, NJW 1995, 1488.
7 BGH NJW 2006, 138; BGH NJW 1976, 1395.
8 OLG Rostock, NZM 2009, 705; OLG Düsseldorf, GuT 2006, 188; ähnlich OLG Bremen, MDR 2007, 515; **a.A.** KG, NZM 2008, 129 u. NZM 2005, 908 – Schriftformklausel geht vor.

463 Ob **hand- oder maschinenschriftliche Einträge** im Klauselwerk ein Aushandeln vermuten lassen, ist umstritten[1]. Der Grundsatz, wonach **Vertragsabänderungen** oder **-zusätze** als Indiz gegen den Formularcharakter sprechen, gilt bei der Miete nur, solange derartige Abwandlungen im Hinblick auf die Besonderheiten des Einzelfalls, insbesondere mit Rücksicht auf die Person des Mieters bzw. auf das konkrete Mietverhältnis, erfolgt sind[2]. Für Modifikationen, die auf eine **gleichförmige Vermieterpraxis** hindeuten – so auch hinsichtlich der Abwälzung von Schönheitsreparaturen – gilt diese Indizwirkung nicht[3].

464 Wurde die Renovierungspflicht des Mieters an anderer Stelle im Mietvertrag bereits festgehalten, soll ein hand- oder maschinenschriftlicher Zusatz lediglich als unselbständige **Ergänzung** der formularmäßigen Verpflichtung – ohne eigene Rechtsbedeutung – zu werten sein[4]. Nur im Ausnahmefall gilt die Einfügung als vorrangige Individualvereinbarung[5], sollte sie eine eigenständige, neue Regelung (z.B. Pflicht zur Endrenovierung) enthalten[6]. Demgegenüber spricht der Formularcharakter einer maschinenschriftlich eingefügten Modifikation zunächst nicht für eine Individualabrede; eine Vorformulierung wird unterstellt[7]. Will der Vermieter mit Hilfe einer Vertragsergänzung gar eine unzulässige Klausel individuell durchsetzen, wird ihr die Wirksamkeit versagt[8]. Die **Beweislast** dafür, dass ein die Formularklausel ergänzender (handschriftlicher) Zusatz weder vorformuliert noch für mehrere Verwendungsfälle gedacht ist, er vielmehr ausgehandelt wurde, trägt der Vermieter[9]. Dasselbe ist anzunehmen für den Fall nachträglicher Änderungen des Klauselwerks[10]. Gelingt der Nachweis nicht, unterfällt die Einfügung als AGB der Inhaltskontrolle. Die Schriftart selbst ändert hieran nichts. Insoweit wird allein auf den Sinngehalt der Vorschrift abgehoben.

465 Weil die gesetzliche Regelung über die Durchführung von Schönheitsreparaturen (§ 535 Abs. 1 S. 2 BGB) grundsätzlich disponibel ist (vgl. *Rz. 424*), steht sie einer davon abweichenden Individualvereinbarung in aller Regel nicht entgegen. Die **Grenzen** der einzelvertraglichen Übertragung von Dekorationspflichten auf den Mieter ergeben sich erst aus den allgemeinen Vorschriften über Treu und Glauben (§ 242 BGB), über den Wegfall der Ge-

---

1 Bejahend: LG München II, NZM 2001, 951; verneinend: LG Gießen, ZMR 2002, 426 – maschinenschriftliche Zusatzvereinbarungen; LG Düsseldorf, NZM 2002, 779 – handschriftlicher Klauselzusatz.
2 Vgl. AG Strausberg, GE 2007, 521 – Übernahme der vom Vormieter geschuldeten Schönheitsreparaturen gegen Überlassung der Einbauküche.
3 LG Saarbrücken, NZM 2000, 1179.
4 BGH, WuM 1992, 316; LG Landau, ZMR 2002, 429.
5 So der Fall des AG Dortmund, NZM 2002, 121.
6 BGH, WuM 1992, 316; unrichtig daher LG Freiburg, WuM 2005, 650.
7 BGH, WuM 2003, 561.
8 LG Köln, WuM 1994, 19; AG Königstein, NJW-RR 2000, 370; LG Düsseldorf, NZM 2002, 779: Beweislast beim Vermieter.
9 LG Köln, WuM 1994, 19; vgl. auch LG Düsseldorf, NZM 2002, 779.
10 LG Freiburg, WuM 2005, 650.

schäftsgrundlage (§ 313 BGB), bei Verstoß gegen ein gesetzliches Verbot (§ 134 BGB) oder bei Sittenwidrigkeit (§ 138 BGB)[1].

d) Besonderheiten bei der Geschäftsraummiete

466 Die Abwälzung der Schönheitsreparaturen auf den Mieter setzt auch bei der Vermietung von Gewerberaum eine wirksame **Übertragungsvereinbarung** voraus. Die Möglichkeiten der vertraglichen Klauselgestaltung erweisen sich hierbei für den Vermieter – im Vergleich zur Wohnraumvermietung – als weniger eingeschränkt. Grund dafür ist, dass die Klauselverbote der §§ 308, 309 BGB auf Dekorationsklauseln, die im Rahmen eines gewerblichen Mietvertrages gegenüber einem **Unternehmer** verwendet werden, keine Anwendung finden[2]. Dennoch ist für den Rechtsanwalt Vorsicht geboten. Denn das gesetzliche Leitbild des § 535 Abs. 1 S. 2 BGB trifft, was die Schönheitsreparaturen anbelangt, keine Entscheidung über eine **Bevorzugung** des Geschäfts- oder Wohnraum(ver)mieters. Im Gegenteil, das Gesetz behandelt die Vermieter in beiden Fällen gleich[3]. Dies wiederum ist zumindest bei einer Inhaltskontrolle nach § 307 BGB zu berücksichtigen.

467 So gelten auch im Bereich der Geschäftsraummiete solche Renovierungsklauseln, die den **Bestimmtheitsgrundsatz** missachten, – unabhängig, ob formularvertraglich oder individuell vereinbart – als nicht wirksam. Betroffen hiervon wäre beispielsweise die dem Mieter auferlegte Verpflichtung, die Räume „ordnungsgemäß und schonend zu behandeln und sie nach Beendigung des Vertrages in dem sich aus einer ordnungsgemäßen Nutzung ergebenden Zustand zurückzugeben"[4].

7. Abreden zur Übertragung der Schönheitsreparaturen

a) Die Abwälzung der Anfangsrenovierung

aa) Individualvertragliche Abreden

468 Gelingt es, den Mieter von **preisfreiem Wohnraum** per Individualvereinbarung zur Übernahme der Anfangsrenovierung zu bewegen, ergeben sich hinsichtlich der Wirksamkeit keine Bedenken[5]; einem Erfüllungsanspruch des Vermieters würde jedoch der Einwand des Rechtsmissbrauchs nach § 242 BGB entgegenstehen, sollten sich die Mieträume bei Vertragsbeginn als nur geringfügig abgenutzt erweisen.

Eine individualvertragliche Übertragung der Dekorationsarbeiten bei Mietbeginn anlässlich der Vermietung von **preisgebundenen Wohnflächen** kann

---

1 BGH, NZM 2009, 397; BGH, NJW 2002, 2383.
2 BGH, NZM 2008, 890.
3 So ausdrücklich BGH, NZM 2008, 890; BGH, NZM 2005, 504.
4 OLG Düsseldorf, NJW-RR 1992, 1096.
5 AG Dortmund, NZM 2002, 121 – bei gleichzeitigem Verzicht auf die Abwälzung der laufenden Dekoration und der Endrenovierung.

demgegenüber nicht empfohlen werden; die Vereinbarung wäre wegen Verstoß gegen §§ 8, 9 WobindG nach § 134 BGB nichtig.

In jedem Fall sollte der Rechtsanwalt von einer **Kombination** der individuell vereinbarten Anfangsrenovierung mit einer formularvertraglichen **Abwälzung der laufenden Dekoration** abraten. Abzustellen ist dabei auf den **Summierungseffekt** (vgl. *Rz. 440, 443*). Wegen übermäßiger Gesamtbelastung des Mieters würde jedenfalls die Vornahmeklausel keine Wirksamkeit entfalten[1]. Eine gerichtliche Positionierung darüber, ob die daneben individuell festgelegte Anfangsrenovierung weiter Geltung behalten kann, fehlt bis heute. In Anbetracht der Tatsache, dass die Folgen des Summierungseffekts allein die Unwirksamkeit der Formularklausel, nicht aber die der Individualabrede bedingen – letztere unterliegt gerade nicht der Inhaltskontrolle nach § 307 BGB[2] –, behalten zumindest die individuell getroffenen Festlegungen zur anfänglichen Renovierung ihre Wirksamkeit[3]. Anderes gilt jedoch, sollten beide Vertragsbestimmungen wegen eines sachlichen Zusammenhangs ein **einheitliches Rechtsgeschäft** i.S.v. § 139 BGB bilden, das bei Nichtigkeit eines Teils im Zweifel insgesamt nichtig ist[4]. Von einer solchen Einheitlichkeit ist nicht auszugehen, soweit die Individualvereinbarung zur Anfangsrenovierung in einem **späteren Nachtrag** zum Mietvertrag aufgenommen wird[5]. Das Zusammentreffen von Formularbedingung und individueller Abrede in ein und **derselben Vertragsurkunde** könnte demgegenüber ein anderes Ergebnis rechtfertigen[6] und sollte daher vom Rechtsanwalt vorsorglich solange vermieden werden, bis eine abschließende obergerichtliche Entscheidung hierzu Klarheit schafft.

469

Der Rechtsanwalt kann allerdings dem Sog des Summierungseffektes und damit dem „Untergang" der Abwälzungsklausel dadurch entgegenwirken, dass dem Mieter für die mit der **Anfangsrenovierung** verbundenen Mehrbelastungen ein **geldwerter Vorteil**, z.B. in Form eines spürbaren **Mietnachlasses**, eines **Renovierungskostenzuschusses** oder eines **Mietverzichts** für einen gewissen Zeitraum, zufließt. Denn in diesen Fällen erfährt der dem Mieter entstehende, zusätzliche Arbeits- und Kostenaufwand einen adäquaten Ausgleich; die für eine wirksame Übertragung auch der laufenden Schönheitsreparaturen notwendige ausgeglichene Vertragslage bleibt erhalten. Der anwaltliche Berater muss allerdings dafür sorgen, dass sich die gewährte **Gegenleistung** tatsächlich als **angemessene Kompensation** für die Erledigung der Anfangsrenovierung darstellt. Im Endergebnis soll allein der Vermieter die Kosten aus der Erstbeseitigung der dekorativen Schäden tragen. Eine Kostenersparnis bei „begrenzter Mietfreiheit" wäre daher für den

470

---

1 BGH, WuM 1993, 175; KG, DWW 2005, 69; OLG Celle, ZMR 1999, 469; LG Konstanz, IMR 2008, 369.
2 BGH, WuM 2009, 173.
3 So für Endrenovierungsvereinbarung: BGH, WuM 2009, 173; BGH, NZM 2009, 397; BGH, NZM 2006, 623.
4 Hierzu insgesamt BGH, NZM 2006, 623.
5 BGH, WuM 2009, 173 – für Endrenovierungsabrede im Übergabeprotokoll.
6 **A.A.** wohl BGH, NZM 2009, 397 – Gewerberaum.

Mieter wertlos, könnte er die gemieteten Räume in diesem Zeitabschnitt deshalb nicht nutzen, weil dort gerade die Arbeiten zur Anfangsrenovierung laufen. Die mietfreie Zeit ist, um als Kostenausgleich zu wirken, von ihrer Dauer so zu kalkulieren, dass sie dem Mieter tatsächlich einen spürbaren, finanziellen Mietvorteil bringt[1]. Eine entsprechende Vergünstigung wird sich erst dann einstellen, wenn der Mieter die Mieträume – und zwar nach Abschluss der Arbeiten – tatsächlich über eine gewisse Phase kostenneutral oder mit reduzierter Miete bewohnen kann.

471 Der **angemessene Umfang** eines solchen Ausgleichs muss im Wert dem üblichen Aufwand für die anfänglichen Renovierungsarbeiten entsprechen. Zur Orientierung kann der Rechtsanwalt die in § 28 Abs. 4 S. 2 i.V.m. Abs. 5a, § 26 Abs. 4 II. BV angesprochenen **Wertansätze** (seit 1.1.2008: 9,39 Euro/qm Wohnfläche/Jahr) heranziehen. Als deutlich praktikabler erweist sich allerdings die Betrachtung des **objektiven Renovierungsaufwandes**[2]; hier findet der konkrete Einzelfall Berücksichtigung. Zugunsten des Vermieters ist dabei anzunehmen, dass der Mieter die Schönheitsreparaturen üblicherweise in Eigenleistung erbringt bzw. sie durch Verwandte und Bekannte erledigen lässt. Der Wert der auszugleichenden Dekorationsleistung bemisst sich dabei nach dem, was der Mieter billigerweise neben dem Einsatz seiner freien Zeit an Kosten für das notwendige Material sowie als Vergütung für die Arbeitsleistung seiner Helfer aufzuwenden hätte. Diese Kosten sind zu schätzen; sinnvoller Weise sollte eine Fachfirma zum erforderlichen Zeit- und Materialaufwand befragt werden. Folgende Kostenpositionen wären zu Grunde zu legen:

– Mietfreiheit während der Zeit der Anfangsrenovierung (Tage/Wochen/evtl. Monat),
– Kosten für Personaleinsatz (Personenanzahl × Stunden × Stundensatz),
– Kosten für Materialaufwand.

472 Empfohlen wird, den Umfang der bei Mietbeginn notwendigen Renovierungsmaßnahmen bereits anlässlich einer Wohnungsbesichtigung vor Vertragsabschluss festzulegen und anschließend im Mietvertrag zu erwähnen (z.B.: Überstreichen der Wände aller Zimmer, Verklebung sich lösender Tapetenflächen; Streicharbeiten an der Wohnzimmertür usw.). Für **Selbstarbeit** bietet sich als Berechnungsgrundlage ein Stundensatz von ca. 7,50 Euro[3] bis 8,– Euro[4] bzw. ein Gesamtkostenaufwand von ca. 9,– Euro/m² Renovierungs- bzw. Streichfläche[5] an. Als Ersatz für eine übernommene Anfangsrenovierung gewährt der Vermieter dann einen entsprechenden, zeitlich begrenzten Mietnachlass für die Phase bis zu den nächst

---

1 LG Berlin, ZMR 2006, 936; AG Mitte, MM 2003, 384 m. Anm. *Harsch*, MietRB 2004, 97.
2 Vgl. *Harsch*, MietRB 2004, 363; *Kinne*, ZMR 2003, 8.
3 LG Berlin, ZMR 2006, 936; AG Mitte, MM 2003, 384 m. Anm. *Harsch*, MietRB 2004, 97.
4 Vgl. AG Ibbenbüren, WuM 2008, 84.
5 Vgl. BGH, WuM 2009, 395.

fälligen Schönheitsreparaturen oder – alternativ – einen gleichwertigen Verzicht auf die ersten fälligen Mietzahlungen. An eine solche, individualrechtlich getroffene Vereinbarung über Anfangsrenovierung und angemessene Gegenleistung wäre dann ein Gericht gebunden.

bb) Formularvertragliche Abreden

Weil die Übernahme der Schönheitsreparaturen als Teil des Entgelts für die Gebrauchsüberlassung gilt (vgl. Rz. 425) wird die Schlussfolgerung gezogen, dass jedenfalls bei Verwendung von AGB der Vermieter weder einen vor- noch einen nachvertraglichen Renovierungsaufwand weitergeben darf. Aus diesem Grund erweist sich der Versuch, den Mieter über eine Formularklausel zur Anfangsrenovierung zu verpflichten, grundsätzlich als **untauglich**[1]. Zum einen, weil der Mieter gehalten wäre, Spuren einer vorvertraglichen Abnutzung zu beseitigen, zum anderen, weil das tatsächliche Ende des Mietvertrags im Ungewissen liegt und deshalb nicht feststeht, ob die anfänglich durchgeführte Renovierung auch voll umfänglich abgewohnt werden kann. Der anwaltliche Berater sollte deshalb die Verwendung von Formularklauseln mit folgendem oder vergleichbarem Inhalt von vornherein vermeiden:

473

– Der Mieter verpflichtet sich, die angemieteten Räumlichkeiten innerhalb von drei Monaten nach Vertragsbeginn zu renovieren[2].
– Die erstmaligen Renovierungsarbeiten sind innerhalb von drei Monaten nach Vertragsbeginn durchzuführen[3].
– Der Mieter verpflichtet sich, vor seinem Einzug, oder, falls dies nicht möglich ist, bis spätestens zum (...) folgende Arbeiten in den Mieträumen vornehmen zu lassen: (...)[4].
– Der Mieter hat die Schönheitsreparaturen je nach dem Grad der Abnutzung und Beschädigung sofort auszuführen[5].
– Bei Einzug hat der Mieter die notwendigen Tapezierarbeiten vorzunehmen.

Der Rechtsanwalt darf anlässlich der Ausarbeitung eines Formularmietvertrages eine Anfangsrenovierung gar nicht erst in Erwägung ziehen. Dem Vermieter ist vielmehr zu empfehlen, die Übertragung der Schönheitsreparaturen ausschließlich **für die Laufzeit des Mietvertrages** festzulegen. Denn auch die **Klauselkombination** von Anfangs- und laufender Renovierung führt zur Unwirksamkeit der Abwälzungsregelungen insgesamt[6] (vgl. Rz. 443). Gleiches würde umso mehr gelten für eine **3-fache Verpflichtung**

474

---

1 OLG Hamburg, WuM 1991, 523; KG, DWW 2005, 69; AG Hamburg, NZM 2000, 1180.
2 OLG Hamburg, WuM 1991, 523; LG Hamburg, WuM 2004, 88.
3 AG Hamburg, NZM 2000, 1180.
4 AG Dortmund, WuM 2004, 87.
5 KG, DWW 2005, 69.
6 BGH, WuM 1993, 175; LG Hamburg, WuM 2004, 88; AG Dortmund, WuM 2004, 87.

des Mieters zur Durchführung der Anfangsrenovierung, der laufenden Renovierung und der Schlussrenovierung[1].

475 Die Tatsache, dass der Mieter ohne vertragliche Absprache, also **freiwillig**, zu Anfang seiner Mietzeit die Renovierung übernimmt, bleibt grundsätzlich unberücksichtigt, selbst wenn (nur) die Überbürdung der laufenden Renovierung im Mietvertrag vereinbart wurde[2]. Unter dem Gesichtspunkt des § 310 Abs. 3 Nr. 3 BGB (Berücksichtigung der den Vertragsabschluss begleitenden Umstände) muss vom Rechtsanwalt allerdings geprüft werden, ob in Anbetracht einer **faktisch unumgänglichen Anfangsrenovierung** die Verpflichtung zu weiteren laufenden Schönheitsreparaturen unwirksam wird. Befinden sich die Räume bei Mietbeginn in einem nicht akzeptablen Zustand (verwohnt, völlig heruntergekommen) und gehen die Vertragsparteien stillschweigend davon aus, dass der Mieter zunächst die evident notwendige Renovierung durchzuführen hat, weil andernfalls ein vertragsgemäßer Gebrauch gar nicht möglich ist, so wäre dieser Umstand nach § 310 Abs. 3 Nr. 3 BGB wie eine Absprache zur Abwälzung der Anfangsrenovierung zu bewerten[3].

cc) Besonderheiten bei der Geschäftsraummiete

476 Die Vermietung und Überlassung nicht renovierter Geschäftsräume begründet in keinem Fall eine Verpflichtung des Mieters zur Renovierung bei Mietbeginn[4]. Fehlt eine Verständigung über Herrichtung und Kostentragung, gilt die Mietsache als in unrenoviertem Zustand gebilligt und vertragsgemäß[5]. Eine solche Ausgangssituation entspricht – wie die anwaltliche Praxis zeigt – vielfach sogar den tatsächlichen Bedürfnissen des Mieters, der die Ladenflächen nach seinen konkreten Vorstellungen erst umbauen und herrichten möchte. Für sich betrachtet gelten daher auch individuell vereinbarte Regelungen über eine singuläre **Anfangsrenovierung** zu Lasten des Gewerberaummieters als ebenso **unbedenklich**[6] wie reine Endrenovierungsabreden[7], solange nach dem anfänglichen Willen der Vertragsparteien dem Mieter ausreichend „Mietzeit" für die Abnutzung seiner Dekoration zugestanden wird[8]. In entsprechender Alleinstellung soll auch die Übertragung der anfänglichen Dekoration als AGB möglich sein[9].

477 Wegen des drohenden **Summierungseffektes** (vgl. *Rz. 440 ff.*) sollte der Rechtsanwalt allerdings Zurückhaltung bei Klauselkombinationen zeigen. Grundsätzlich gilt zwar der Gewerberaummieter gegenüber dem Wohn-

---

1 KG, GE 1986, 1167 – Gewerberaum.
2 BGH, WuM 1987, 306; BGH, WuM 1979, 61.
3 Vgl. *Pfeilschifter*, WuM 2003, 543.
4 LG/OLG Köln, WuM 1989, 502.
5 BGH, WuM 1987, 306.
6 OLG Celle, ZMR 1999, 470; KG, GE 1995, 1011.
7 OLG Hamm, ZMR 2002, 822.
8 KG, GE 1986, 1167 – nicht ausreichend ist eine Laufzeit des Mietvertrages von nur 13 Monaten, selbst bei verringerter Mietbelastung.
9 KG, GE 1995, 1011, *Blank*, PiG 73 (2005), 163; *Heinrichs*, NZM 2005, 201.

raummieter als weniger geschützt. Dennoch besteht die Gefahr, dass zu weit gehende Verknüpfungen von Anfangsrenovierung, Renovierung während der laufenden Mietzeit und Schlussrenovierung gegen Treu und Glauben verstoßen und an § 307 BGB scheitern. Die individualvertragliche Übernahme der Anfangsrenovierung in Kombination mit einer formularmäßigen Abwälzung der laufenden Schönheitsreparaturen wird allerdings als wirksam bewertet[1]. Demgegenüber scheitert die formularvertragliche Verknüpfung der laufenden Renovierung mit einer Anfangs- und Schlussrenovierung an der Klauselkontrolle[2].

Am sichersten erscheint es, den Mieter von Gewerberäumen entweder nur mit der Anfangs- oder ausschließlich mit der Schlussrenovierung zu belasten oder nur eine Verpflichtung zur Durchführung der laufenden Schönheitsreparaturen festzulegen verbunden mit einer Kostenbeteiligungsklausel, die den formularrechtlichen Grundsätzen (hierzu *Rz. 539 ff.*) entspricht.

b) Die Abwälzung der laufenden Renovierung

Es bedarf in jedem Fall einer **ausdrücklichen Vereinbarung** der Parteien, wenn die Verpflichtung zur Erledigung der mit den Schönheitsreparaturen verbundenen Arbeiten auf den Mieter übergehen soll[3]. Nur für den absoluten Ausnahmefall kann der anwaltliche Berater von einer **stillschweigenden Übernahme** der Dekorationspflichten seitens des Mieters ausgehen, wenn besondere Umstände Hinweis dafür geben, dass eine von der gesetzlichen Regelung abweichende Vereinbarung der Parteien gewollt war[4]. Die Tatsache, dass der Mieter – ohne hierzu vertraglich verpflichtet zu sein – die Schönheitsreparaturen bereits ein- oder mehrfach unaufgefordert ausgeführt hat, wäre bei weitem nicht ausreichend[5].

478

aa) Mündliche Abreden

Ohne weiteres sind natürlich **mündliche Absprachen** wirksam, wenn die Parteien übereinstimmend davon ausgehen, dass der Mieter „renovieren muss". Über das grundsätzliche Leistungssoll des Mieters kann dann kein Zweifel bestehen. Anzunehmen ist eine Pflicht des Mieters zur Durchführung der Renovierungsarbeiten während der **Laufzeit** des Mietvertrages und für den Fall, dass dem nicht Folge geleistet wurde, spätestens bei Vertragsende, sobald Renovierungsbedarf vorliegt. Bei mündlichen Vereinbarungen stellen sich freilich zu dem Zeitpunkt, zu welchem in der Regel die Renovierungsfrage akut wird (das ist mit Ablauf der Fristen der Fall oder wie meist bei Auszug des Mieters), **Beweisprobleme**. Sofern der **Ver-**

478a

---

1 OLG Celle, ZMR 1999, 469.
2 KG, GE 1986, 1167.
3 Vgl. OLG Nürnberg, ZMR 1991, 217.
4 OLG Celle, WuM 1980, 185; OLG Frankfurt/Main, MDR 1981, 489 – mündlicher Vertrag unter Verwandten, wenn Mieter 42 Jahre lang die Verschönerungsarbeiten erledigt.
5 LG Berlin, MDR 1991, 253; LG Berlin, GE 1991, 517; LG Berlin, WuM 1989, 232; AG Baden-Baden, DWW 1988, 52; **a.A.** OLG Frankfurt/Main, MDR 1981, 498.

mieter Ansprüche auf Durchführung von Renovierungsarbeiten stellt, trifft grundsätzlich ihn als Anspruchsteller die Beweislast. Weitere Voraussetzung für die Wirksamkeit einer mündlichen Vereinbarung ist, dass sich eine für später beabsichtigte Unterzeichnung des Mietvertrages nur als „**Formalität**" darstellt. In diesem Fall soll das Besprochene bereits als vereinbart gelten. Die Unterzeichnung wirkt dann nicht mehr vertragsbegründend. Anhaltspunkt hierfür kann insbesondere der Fall sein, wenn der Mieter die Räume bereits bewohnt und eine oder mehrere Monatsmieten bezahlt hat.

Demgegenüber kann von einer wirksamen mündlichen Vereinbarung nicht ausgegangen werden, wenn die Erörterung der Schönheitsreparaturen nur allgemeiner Natur war. Hiervon ist auszugehen, wenn beide Vertragsparteien die **Einzelheiten der Renovierung** noch ausdrücklich regeln wollten („Über die Schönheitsreparaturen unterhalten wir uns noch näher") oder wenn die Unterzeichnung des Mietvertrages nach dem beiderseitigen Willen von Vermieter und Mieter den Vertrag überhaupt erst wirksam begründen sollte.

bb) Individualvertragliche Abreden

479 Wird die Pflicht zur laufenden Renovierung auf den Mieter durch eine schriftliche Individualvereinbarung abgewälzt, bestehen gegen die Wirksamkeit einer derartigen Vertragsregelung keine Bedenken. Dies rechtfertigt sich schon aus der Überlegung heraus, dass bereits Formularabreden in diesem Zusammenhang uneingeschränkt für erlaubt erachtet werden (hierzu nachfolgend). Trifft die Individualregelung, wonach der Mieter „die Renovierung der Wohnung übernimmt", zusammen mit einer nahezu gleich lautenden Formularklausel, ist damit insgesamt nur eine **doppelt vereinbarte Verpflichtung** zur Renovierung für die Laufzeit des Vertrages gemeint[1].

480 Eine Individualvereinbarung zur laufenden Renovierung kann auch darin gesehen werden, dass der Vermieter dem Mieter die Übernahme der Wohnung **alternativ** in renoviertem oder in unrenoviertem Zustand anbietet und sich die Parteien für eine dieser beiden Möglichkeiten entscheiden. Zum selben Ergebnis gelangt man, wenn der Vermieter anlässlich der Vertragsverhandlungen mit dem Mieter die laufende Renovierung zur **Disposition** stellt, indem er für die Alternativen **unterschiedliche Mietpreise** nennt.

cc) Formularvertragliche Abreden

(1) Vereinbarungen zur Abwälzung

481 Die Übertragung der laufenden Schönheitsreparaturen auf den Mieter ist – auch bei preisgebundenem Wohnraum – formularmäßig ohne weiteres zu-

---

1 LG Berlin, NZM 2000, 862.

lässig[1]. Wurde der Vermieteranwalt beauftragt, entsprechende Vertragspassagen zu formulieren, empfiehlt sich in jedem Fall eine **eindeutige** Wortwahl. Der Begriff der Schönheitsreparaturen sollte Verwendung finden. Nachfolgende Klauseln sind denkbar:
- Die Schönheitsreparaturen werden vom Mieter getragen[2].
- Die Schönheitsreparaturen sind Sache des Mieters.
- Die Schönheitsreparaturen gehen zu Lasten des Mieters[3].
- Die Schönheitsreparaturen trägt der Mieter[4].
- Der Mieter verpflichtet sich, die laufenden (turnusmäßig) wiederkehrenden Schönheitsreparaturen auf eigene Kosten durchzuführen[5].
- Der Mieter ist verpflichtet, die Wohnung während der Mietzeit regelmäßig zu renovieren.
- Der Mieter ist verpflichtet, die während des Mietverhältnisses anfallenden Schönheitsreparaturen auf eigene Kosten durchzuführen.
- Der Mieter wird die Schönheitsreparaturen nach den Erfordernissen der Praxis vornehmen[6].
- Der Mieter übernimmt die während der Mietdauer erforderlich werdenden Schönheitsreparaturen[7].

Die Aufnahme einer ausdrücklichen Eingrenzung der Renovierungspflicht auf Dekorationsschäden, die sich „aus dem **Gebrauch des Mietobjekts**" ergeben, ist nicht geboten[8]. Eine solche Beschränkung wohnt bereits dem Begriff der Schönheitsreparaturen inne. Umgekehrt verbietet sich eine Vornahmeregelung, die dem Mieter eigens die Ausführung der Verschönerungsarbeiten auch für solche Schäden überträgt, deren Anlass nicht im **Mietgebrauch** liegt, sondern die „durch Modernisierungsmaßnahmen des Vermieters"[9] verursacht sind oder „durch Zufall erforderlich werden"[10]. Der BGH[11] hat allerdings – wohl mangels Entscheidungserheblichkeit – eine Formularklausel, die dem Mieter die Schönheitsreparaturen auferlegt, wenn es „der Zustand der Räume verlangt und den Vermieter (…) daran weder Vorsatz noch grobe Fahrlässigkeit" trifft, unbeanstandet gelassen, obwohl eine derartige Regelung den Mieter – dem Wortlaut nach – zur Renovierung auch bei Schädigung durch Dritte bzw. bei leicht fahrlässigem Verhalten des Vermieters verpflichtet.

482

---

1 BGH, WuM 2007, 682; BGH, WuM 2006, 306; BGH, WuM 1985, 46.
2 OLG Karlsruhe, WuM 1992, 349; vgl. hierzu auch *Heinrichs*, NZM 2003, 612.
3 OLG Nürnberg, ZMR 1991, 217 – Arztpraxis.
4 BGH, WuM 2005, 243; BGH, WuM 1994, 663; OLG Karlsruhe, WuM 1992, 349.
5 BGH, WuM 2004, 660.
6 OLG Düsseldorf, GuT 2007, 36 – Vermietung einer Arztpraxis.
7 *Beyer*, NZM 2008, 465.
8 **A.A.** AG Gießen, WuM 2009, 454.
9 LG Berlin, NZM 2002, 121.
10 LG Berlin, WuM 1993, 261.
11 BGH, NZM 2007, 879; ebenso LG Itzehoe, WuM 2007, 691.

483 Eine wirksame **Vornahmepflicht** entnimmt der BGH[1] auch folgender **Kostenklausel**

> Die Kosten der Schönheitsreparaturen trägt der Mieter

weil aus Sicht eines verständigen Mieters (Empfängerhorizont) die **Kostentragungspflicht** im Sinne einer Verpflichtung zur Durchführung von Schönheitsreparaturen wahrgenommen wird[2].

484 Stößt der Rechtsanwalt beim Ergänzen/Ausfüllen eines Formularmietvertrages auf vorgegebene Vertragspassagen wie

> – Die Schönheitsreparaturen trägt der Mieter/Vermieter.
> – Die Schönheitsreparaturen übernimmt ...

muss er das vom Mandanten Gewollte eindeutig ankreuzen oder durch- bzw. unterstreichen[3], und zwar auf beiden Mietvertragsformularen[4]. Andernfalls greift die Widerspruchsregel des § 305c BGB mit der Folge der gesetzlichen Lastenverteilung[5].

485 Eine Formulierung, wonach der Mieter die Räumlichkeiten **ordnungsgemäß zu erhalten**, sie **schonend zu behandeln** oder bei Mietende in einem **vertragsgemäßen Zustand** zurückzugeben hat, soll nicht für eine Überwälzung der laufenden Schönheitsreparaturen auf den Mieter genügen[6].

Keine Renovierungspflicht zieht gleichsam eine Klausel nach sich, die den Mieter (lediglich) verpflichtet, seine Wohnung **sauber oder besenrein** zu halten oder zu übergeben[7]. Der Begriff der „**Besenreinheit**" hat bereits etliche Gerichte beschäftigt, vom Amtsgericht[8] bis hin zum BGH[9]. Nach einhelliger Auffassung beschränkt sich hiernach die Verpflichtung des Mieters

---

1 BGH, WuM 2004, 529; ebenso OLG Köln, ZMR 2006, 859.
2 Anders bei der formularmäßigen Kostenübernahme von Kleinreparaturen – BGH, WuM 1989, 324.
3 Zur Renovierungspflicht bei verrutschtem Unterstrich vgl. AG/LG Potsdam, WuM 2009, 521.
4 Vgl. BGH, NZM 2004, 734.
5 OLG München, WuM 1985, 63; LG Koblenz, ZMR 2001, 622.
6 OLG Düsseldorf, ZMR 2003, 25; OLG Düsseldorf, NJW-RR 1992, 1096; **a.A.** BGH, NZM 2004, 734, der allerdings die Frage der Wirksamkeit einer solchen Klausel ausdrücklich offen lässt.
7 BGH, WuM 1985, 47; OLG Düsseldorf, WuM 1994, 323; LG Nürnberg-Fürth, WuM 2007, 406; LG Wiesbaden, WuM 2001, 236.
8 AG Schleiden, WuM 2000, 436 – ordentliches Durchkehren.
9 BGH, WuM 2006, 513; so auch LG Wiesbaden, WuM 2001, 236; LG Saarbrücken, WuM 1998, 690.

auf eine Beseitigung grober Verschmutzungen (Grobreinigung mit Besen – Kehren, Beseitigen von Spinnweben usw.). Der „**saubere Zustand**" umfasst demgegenüber normal gereinigte, nicht verschmutzte Räume[1] wie auch eine Fensterreinigung[2].

Bei Vermietung einer **preisgebundenen Wohnung** darf eine Abwälzung der bis dahin dem Vermieter obliegende Renovierungspflicht auf den Mieter für den Zeitraum **nach Ablauf der Belegungsbindung** nur festgelegt werden, wenn die Vertragsklausel[3] 486

– den Zeitpunkt des Ablaufs der Belegungsbindung konkret angibt und
– eine Regelung beinhaltet über die Verwendung der vom Mieter bis zur Übertragung der Schönheitsreparaturpflicht gezahlten Beträge, die tatsächlich nicht verbraucht sind, weil der Vermieter Dekorationsarbeiten im Zahlungszeitraum nicht ausgeführt hat.

Wird dem Mieter in einem Mietvertrag aus Zeiten der **DDR** die „malermäßige Instandhaltung" auferlegt, ist eine Renovierungspflicht angesprochen, die sich nach dem Recht des ZGB richtet[4]. 487

(2) Fälligkeitsregelungen für Schönheitsreparaturen

Im Hinblick auf § 271 BGB ist eine Fälligkeitsregelung im Mietvertrag grundsätzlich nicht erforderlich. Die bloße Formulierung der Vornahmepflicht reicht aus und verringert das Risiko der Unwirksamkeit der Schönheitsreparaturklausel durch Inhaltskontrolle begleitender Regelungen. Verlangt der Mandant trotzdem weitere Bestimmungen zum Zeitpunkt der Ausführung einer Renovierung, gelten folgende Maßstäbe: 487a

(a) Bedarfsklauseln

Bedarfsklauseln bestimmen die Fälligkeit von Schönheitsreparaturen ausschließlich nach dem **objektiven Renovierungsbedarf** in den Miträumen, also unabhängig von der verstrichenen Mietzeit bzw. der Zeit seit der letzten Renovierung. Bei Übergabe einer unrenovierten, aber renovierungsbedürftigen Wohnung wäre hiernach vom Mieter bereits zu Beginn des Mietverhältnisses eine Anfangsrenovierung geschuldet. Aber auch bei Vermietung frisch renovierter Mietflächen müsste der Mieter nach dieser Regelung solche Dekorationsschäden beseitigen, die nicht mit dem Mietgebrauch in Zusammenhang stehen, sondern allein auf Umwelteinflüsse, auf bauseitige Mängel oder auf ein dem Mieter nicht zurechenbares Verhalten Dritter zurückzuführen sind. Unter diesem Gesichtspunkt werden Bedarfsklauseln einer Anfangsrenovierung gleichgestellt; sie benachteiligen 488

---
1 AG Aachen, WuM 2008, 111.
2 *Lützenkirchen*, WuM 2007, 99.
3 Vgl. AG Flensburg, WuM 2003, 316.
4 KG, NZM 2000, 1174; LG Bautzen, WuM 2001, 279; LG Potsdam, WuM 2001, 279.

den Mieter unangemessen und sind **unwirksam**[1]. Gleiches gilt für die Vertragsregelung

> Der Mieter ist verpflichtet, während der Dauer des Mietvertrages bei Bedarf Schönheitsreparaturen auf eigene Kosten durch Fachhandwerker durchzuführen. Ein Bedarf gilt mindestens dann als gegeben, wenn die Fristen nach dem Fristenplan verstrichen sind

soweit die Wohnung bei Vertragsbeginn unrenoviert oder jedenfalls nicht vollständig renoviert und der Vermieter nicht zur Renovierung verpflichtet war[2].

489 Demgegenüber wird – bei gleicher Ausgangssituation – eine Klausel als rechtswirksam erachtet, wonach alle

> je nach dem „**Grad der Abnutzung oder Beschädigung**" erforderlichen Schönheitsreparaturen unverzüglich durchzuführen sind[3].

„**Bedarf**" und „**Abnutzungsgrad**" sind danach nicht gleichbedeutend. Der Bedarf wird im Zusammenhang mit dem Fristenablauf als **zeitliche Komponente** betrachtet, während die Abnutzung auf den **tatsächlichen Zustand** der Räume und den Umfang der erforderlichen Dekorationsarbeiten Bezug nimmt. Eine „Bedarfsformulierung" bestimmt demnach den Zeitpunkt der Arbeiten, der „Grad der Abnutzung" meint den Umfang der Schönheitsreparaturen[4]. Eine zulässige „bedarfsabhängige" Renovierungsverpflichtung soll hiernach bestehen, „wenn das Aussehen der Räume mehr als nur unerheblich durch den Gebrauch beeinträchtigt ist"[5]

(b) Fristenpläne

490 Es versteht sich von selbst, dass der Vermieter aus einer wirksamen Überwälzung der Schönheitsreparaturen nicht ableiten kann, dass der Mieter die Mieträume ständig in einem frisch renovierten Zustand erhält. Eine übliche Abnutzung muss zunächst hingenommen werden. Erst wenn die Räume dekorativ verbraucht sind, besteht ein Renovierungsanspruch. Als „Hilfsmittel" für die Feststellung des Renovierungszeitpunktes bietet sich daher an, in den Mietvertrag zumindest einen **Renovierungsturnus** mit auf-

---

[1] BGH, WuM 2004, 333 – verneinend für den Fristenplan im Mustermietvertrag 1976.
[2] OLG Stuttgart, WuM 1989, 121.
[3] BGH, WuM 2005, 243; OLG Celle, WuM 1996, 202; LG Duisburg, NZM 1999, 955.
[4] OLG Celle, WuM 1996, 202; **a.A.** wohl *Häublein*, ZMR 2000, 139.
[5] LG Hildesheim, GuT 2009, 178.

zunehmen, an dem sich die Vertragsparteien orientieren können. Grundsätzlich ist die Übertragung der Dekorationsarbeiten auch ohne eine solche Fristenregelung wirksam[1]. Ob dies zweckmäßig ist, muss bezweifelt werden. Will sich der Vermieter sinnvollerweise eines Fristenplanes bedienen, muss der mit der Ausarbeitung der Vertragsabreden beauftragte Rechtsanwalt genau formulieren, soll nicht die Wirksamkeit der gesamten Schönheitsreparaturklausel in Frage gestellt werden. Die **formularmäßige Vereinbarung** von Fristenregelungen begegnet keinen Bedenken; genügen soll sogar der grundsätzliche Hinweis im Vertragstext auf eine **Fußnote** mit den dort aufgelisteten Zeiträumen[2].

Allerdings wird vom juristischen Berater zu berücksichtigen sein, dass sich die Fristenregelung mindestens an den **üblichen Fristen** zur Renovierung orientiert. Bislang waren diese der Fußnote zu § 7 des **Mustermietvertrages 1976** zu entnehmen; die dort festgelegten Intervalle sollten sogar – im Wege der ergänzenden Vertragsauslegung – Geltung erlangen, wenn die Abwälzungsklausel im Mietvertrag gar keine Renovierungszeiträume benennt[3]. Entsprechend der üblichen Fristen waren **im Allgemeinen** zu renovieren

- die Nassräume (Küche, Bad und Dusche) alle **drei** Jahre,
- die Haupträume (Wohnzimmer, Schlafzimmer, Flur, Diele und Toilette) alle **fünf** Jahre,
- die Nebenräume (z.B. Abstellraum, Besenkammer u.a.) alle **sieben** Jahre.

Ergänzend hierzu hatte der BGH für **Anstriche** an Fenstern, Türen, Heizkörpern, Versorgungs- und Abflussleitungen sowie an Einbaumöbeln in Küchen und Bädern eine generelle Frist von **vier Jahren** für zulässig erachtet[4]. Da auch **Nebenräume** nicht zwingend zu einem Mietobjekt gehören, konnte im weiteren unterschieden werden, ob derartige Räume überhaupt Bestandteil der Mietsache sind oder nicht. Gehörten sie nicht zur Mietwohnung, war eine Fristenklausel über ein Renovierungsintervall von **fünf Jahren** für alle Miträume nicht zu beanstanden[5].

Ob die Renovierungsintervalle aus dem Jahr 1976 allerdings **handwerklich richtig** sind bzw. ob deren Dauer heute noch angemessen ist, wurde von der Literatur in letzter Zeit angesichts veränderter Wohnverhältnisse, bautechnischer Fortentwicklungen und verbesserter Dekorationsmaterialien (Wohnen in großräumigen, modernen Räumen mit schmutzarmer Zentral-

---

[1] BGH, NJW 2004, 2961; KG, GuT 2004, 172.
[2] BGH, WuM 2004, 333.
[3] BGH, WuM 2004, 529; BGH, WuM 2004, 463; BGH, WuM 2004, 333; BGH, WuM 1987, 306; BGH, WuM 1985, 46; KG, NZM 2005, 181.
[4] BGH, WuM 2005, 241; **a.A.** LG Berlin, GE 2004, 425; LG Hamburg, ZMR 2004, 37; LG Berlin, GE 2001, 1267; LG Köln, WuM 1999, 36.
[5] Vgl. auch *Kinne*, ZMR 2005, 921.

heizung, gekachelten Bädern und Küchen mit Dunstabzugshauben usw.) in Frage gestellt[1]. Die im Mustermietvertrag 1976 vorgegebenen Zeiträume werden als zu kurz kritisiert; gefordert wird deren **sinnvolle Verlängerung**, denn selbst der Vermieter renoviert eine selbstgenutzte Wohnung nicht in diesem Turnus. Auch die Instanzgerichte beanstanden eine Benachteiligung des Mieters, wenn er Holzwerk und Heizkörper in der Küche alle drei Jahre streichen muss[2]. Es erscheint daher fraglich, ob der BGH in Zukunft an seiner bisherigen Rechtsprechung zur Bemessung der Regelfristen festhält wird. Eine Änderung in der Bewertung ist bereits mit der Entscheidung des VIII. Senats vom 26.9.2007[3] angedeutet:

> **Ob bei neu abzuschließenden Verträgen** wegen inzwischen veränderter Wohnverhältnisse und verbesserter Dekorationsmaterialien zur Vermeidung einer unangemessenen Benachteiligung des Mieters für einzelne oder für alle Renovierungsarbeiten längere Regelfristen geboten sind oder ob im Hinblick auf die Abhängigkeit des regelmäßigen Renovierungsbedarfs von der Art und Weise der jeweiligen Dekoration und dem konkreten Wohnverhalten kein Anlass für eine Verlängerung der Fristen besteht, bedarf keiner Entscheidung. Jedenfalls für in der Vergangenheit geschlossene Mietverträge hält der Senat an seiner Rechtsprechung fest, dass der Fristenplan des Mustermietvertrages auch im Falle der formularvertraglichen Vereinbarung zulässig ist.

493 In Anbetracht dieser Erwägungen – die durchaus als **Warnung** an die Vermieter verstanden werden können – und aus Gründen anwaltlicher Vorsicht ist von der weiteren Verwendung der üblichen Regelfristen nach bisherigem Schema (3/5/7 Jahre) nachdrücklich abzuraten. Auf die Fortgeltung der bisherigen BGH-Rechtsprechung kann für die Zukunft nicht mehr vertraut werden; „Schonung" genießen lediglich Fristenpläne aus Altmietverträgen. Bei der Abfassung oder Prüfung **neuer Renovierungsklauseln** sollten künftig die **verlängerten Regelfristen**[4] mit mindestens folgenden Zeiträumen berücksichtigt – oder im Wege der Auslegung herangezogen – werden:

> – Nassräume (Küche, Bad und Dusche) alle **fünf** Jahre,
> – Haupträume (Wohnzimmer, Schlafzimmer, Flur, Diele und Toilette) alle **acht** Jahre,
> – die Nebenräume (z.B. Abstellraum, Besenkammer usw.) alle **10** Jahre.

---

1 *Langenberg*, WuM 2006, 122 u. WuM 2007, 231; *Blank*, FS Derleder (2005), S. 193; *Wiek*, WuM 2005, 283 u. WuM 2006, 680; *Kappus*, ZMR 2007, 31.
2 LG München II, WuM 2001, 599; LG Köln, WuM 1999, 36; AG Kerpen, ZMR 1997, 362.
3 BGH, NZM 2007, 879.
4 So auch *Beyer*, NJW 2008, 2065 unter Hinweis auf *Langenberg*, WuM 2006, 122.

Allerdings trifft der Rechtsanwalt auch mit der Festlegung eines solchen „modifizierten" Fristenplanes noch keine Aussage darüber, wann im Verlauf der folgenden Mietzeit eine Renovierung vom Mieter im Einzelfall auszuführen ist. Denn der Anspruch des Vermieters auf Durchführung der Schönheitsreparaturen wird grundsätzlich erst dann **fällig**, wenn objektiv ein **durch den Mietgebrauch verursachter Renovierungsbedarf** entstanden ist, und zwar unabhängig davon, ob die Mieträume bereits in ihrer Substanz gefährdet sind[1]. Der Ablauf der für den Mietvertrag geltenden Regelfristen gibt allenfalls einen **Anhaltspunkt** für den anstehenden Renovierungsbedarf[2]; der Fristenplan dient damit beiden Vertragspartnern als brauchbare, jedoch **unverbindliche Orientierungshilfe**[3] in Form einer widerlegbaren Vermutung. Denn erfahrungsgemäß sehen Mieter die Notwendigkeit zur Neudekoration häufig großzügiger, als es der Vermieter tun würde. In diesem Fall kann bei Überschreitung der vereinbarten Intervalle die Erforderlichkeit der Renovierung unterstellt werden[4].

494

(aa) Verkürzte Fristen

Bei Verwendung abgekürzter Dekorationsfristen wird der Mieter zur Vornahme von Schönheitsreparaturen verpflichtet, obwohl bei Fristablauf typischerweise noch gar kein Renovierungsbedarf besteht. Dieser Fall ist in der Praxis relativ häufig, denn unzählige Formularmietverträge sehen vor, dass der Vermieter Leerstellen zur Fristbestimmung handschriftlich ausfüllt und dort Jahresintervalle für die einzelnen Wohnungsräume einträgt. Dies gilt etwa, wenn festgehalten ist, dass

495

> der Mieter die Schönheitsreparaturen in der Mietwohnung wie folgt ausführt:
> In Küche, Bad und WC alle _2_ Jahre, in den übrigen Räumen alle _3_ Jahre[5].

Keinesfalls sollte der Vermieteranwalt einem Ersuchen des Mandanten, wonach Dekorationsintervalle möglichst kurz zu bemessen sind, nachgeben. Denn die Aufnahme **verkürzter Renovierungsfristen** in den Mietvertrag führt – wegen unangemessener Benachteiligung des Mieters (§ 307 Abs. 1 BGB) – zur Unwirksamkeit der gesamten Schönheitsreparaturabrede[6], selbst wenn Abwälzung und Fristenplan in **getrennten Klauseln** gere-

496

---

1 BGH, WuM 2005, 383; a.A. zur Erforderlichkeit einer Substanzgefährdung: LG München I, WuM 2004, 602; LG Berlin, WuM 1997, 210; LG Düsseldorf, WuM 1996, 90.
2 BGH, WuM 2004, 463.
3 BGH, WuM 2008, 722.
4 KG, NZM 2005, 181; LG Berlin, NZM 2002, 119; LG Berlin, GE 2002, 1435; LG Berlin, GE 2001, 1675; LG Berlin, NZM 2000, 862.
5 AG Frankfurt, WuM 1989, 233.
6 LG Hamburg, ZMR 2004, 37; LG Frankfurt, NZM 2004, 62; LG Berlin, GE 2004, 425; LG Berlin, ZMR 2003, 487; LG Berlin, WuM 2002, 668; LG Berlin, WuM 2000, 138; LG Berlin, NZM 1999, 954; LG Berlin, GE 1999, 983; LG Berlin, WuM

gelt sind[1]. Tragender Gesichtspunkt hierfür ist, dass eine „vorzeitige" Neudekoration nicht mehr der Beseitigung üblicher Gebrauchsspuren dient[2]. Eine Reduzierung der Abwälzungsklausel mit abgekürzten Fristen auf ein **geltungserhaltendes Maß**, welches die allgemeine Regelung über die Durchführung der Schönheitsreparaturen als wirksam belässt, wird konsequenterweise abgelehnt[3]. Andernfalls käme der Vermieter auf diesem Wege doch noch zu einer Renovierung.

497 Im Einzelfall kann allerdings ein Fristenplan – bei Trennbarkeit der einzelnen Klauselbestandteile (vgl. *Rz. 458*) – nur **teilweise** unwirksam sein, wenn z.B. die gesondert ausgewiesenen Fristen nur für die Lackierung des Holz- und Eisenwerks zu kurz bemessen sind[4] oder bei zu kurz festgelegten Zeiträumen für die Renovierung von Nebenräumen[5].

498 Von verkürzten Regelfristen wird man – mit Bedacht auf die begründet vorgetragenen Einwände zur Angemessenheit der kurzen Renovierungszeiträume des Mustermietvertrages 1976 (vgl. *Rz. 492 f.*) – auch dann ausgehen müssen, wenn bei **Neuabschluss** eines Mietvertrages nach Veröffentlichung der BGH-Entscheidung vom 26.9.2007[6] erneut die kurzen Dekorationsintervalle (3/5/7 Jahre) in die Schönheitsreparaturklausel aufgenommen wurden. Die Dauer einer wohl zuzugestehenden **Übergangsfrist** ist bislang noch ungeklärt. Nach hier vertretener Auffassung wird deren Ende mit Ablauf des Jahres 2007 gegeben sein; spätestens bis dahin hat das Urteil allgemeine Bekanntheit erlangt[7].

(bb) Starre Fristen

499 Bei der Formulierung von Abwälzungsklauseln sollte der Rechtsanwalt dem **Richtliniencharakter** von Fristenplänen tunlichst Beachtung schenken. Für den „Durchschnittsmieter" muss die Vertragsregelung erkennen lassen, dass er im Einzelfall, und zwar bei gutem Erhaltungszustand der Miträume, von den vorgegebenen Zeitintervallen jederzeit nach oben abweichen kann[8]; ihm soll die Möglichkeit offen stehen, Beweis darüber zu

---

1996, 758; LG Hamburg, WuM 1992, 476; AG Mettmann, WuM 2004, 462; AG Kerpen, ZMR 1997, 362; AG Lörrach, WuM 1996, 613.
1 LG Berlin, NZM 1999, 954.
2 LG Berlin, GE 2000, 890; LG Köln, WuM 1989, 506; LG Köln, WuM 1989, 70; LG Hamburg, WuM 1992, 476.
3 LG Hamburg, NZM 2004, 294; LG Berlin, GE 2003, 124; LG Berlin, GE 2003, 458; LG Berlin, WuM 2002, 669; LG Berlin, NZM 1999, 954; a.A. *Häublein*, ZMR 2000, 139; *Biemann/Raabe*, ZMR 2004, 169.
4 LG Köln, WuM 1999, 36; LG Köln, WuM 1997, 434; vgl. auch LG München I, WuM 1997, 549; zur zulässigen Verkürzung der Fristen für Anstriche von Fenstern, Türen u. Heizkörpern s. auch BGH, WuM 2005, 241.
5 BGH, WuM 2008, 278.
6 BGH, NZM 2007, 879.
7 **A.A.** *Beyer*, NZM 2005, 137 unter Hinweis auf BGH, NJW-RR 2004, 1463 – 5 Monate.
8 BGH, WuM 2006, 377 m.w.N.

führen, dass die Schönheitsreparaturen trotz des Fristenablaufs noch nicht erforderlich sind. Wird dem Mieter demgegenüber auferlegt, bei Verstreichen der üblichen Fristen **unabhängig** davon zu renovieren, wie sich der **tatsächliche Zustand** der Räume darstellt

> Der Mieter hat die Renovierung der Mieträume nach Ablauf der nachstehenden Fristen durchzuführen: Küche und Bad alle 5 Jahre, Wohnzimmer, Schlafzimmer, Flur alle 8 Jahre, sonstige Räume alle 10 Jahre

spricht man von einem „**starren Fristenplan**". Gleiches gilt etwa für die Klausel, wonach der Mieter

> wenn erforderlich, mindestens aber in der nachstehenden Reihenfolge: (...)

zu renovieren hat, denn der Ausdruck „Reihenfolge" oder „Zeitfolge" ist gleichzusetzen mit dem Ausdruck der „Fristen"[1].

Derartige Formularabreden, die eine Renovierungspflicht des Mieters allein an feste zeitliche Grenzen knüpfen, ohne dass der Erhaltungszustand der Mieträume eine Rolle spielt, werden grundsätzlich als **unwirksam** angesehen, was wiederum auf die gesamte Abwälzungsregelung durchschlägt (vgl. *Rz. 444*), und zwar ohne Möglichkeit des Rückgriffs auf die Regelfristen[2].   500

Dem Mieter muss vielmehr die Möglichkeit verbleiben, bei einem **geringeren Grad der Abnutzung** der Wohnung eine längere Renovierungsfrist in Anspruch zu nehmen. Denn das Erfordernis für die Durchführung von Schönheitsreparaturen hängt nicht vom Verstreichen eines vorgegebenen Zeitraumes ab, sondern vom **tatsächlichen Zustand** der Mieträume (Renovierungsbedarf); die Regelfrist dient insoweit nur als „Anhaltspunkt" (vgl. *Rz. 494*). Würde sich die Pflicht zur Vornahme von Dekorationsarbeiten nach starren Zeitabläufen richten, wäre der Mieter mit Instandsetzungsmaßnahmen belastet, die über den tatsächlichen Bedarf hinausgehen. Zudem würde dem Mieter deutlich mehr abverlangt, als der Vermieter ohne die vertragliche Vereinbarung leisten müsste. Denn der Vermieter schuldet im Rahmen des § 535 Abs. 1 S. 2 BGB nur dann Schönheitsreparaturen, wenn hierfür eine Notwendigkeit – zur Wahrung des vertragsgemäßen Gebrauchs – besteht (vgl. *Rz. 412*).   501

---

1 AG Gießen, ZMR 2002, 828.
2 BGH, WuM 2007, 260; BGH, WuM 2006, 513; BGH, WuM 2006, 377; BGH, WuM 2006, 310; BGH, WuM 2006, 308; BGH, WuM 2006, 248; BGH, WuM 2004, 463; BGH, WuM 2004, 660.

502 Bei der Bewertung einer Fristenregelung ist vom Rechtsanwalt also zu klären, ob dem Mieter jedweder Nachweis darüber abgeschnitten ist, dass die Räume nach Ablauf der vorgegebenen Zeiträume noch nicht renovierungsbedürftig sind. Von einem **starren Fristenplan** kann er ausgehen, sollte der Mietvertrag eine der nachfolgenden Regelungen beinhalten:

- Die Schönheitsreparaturen **werden** in folgenden Zeitabständen **fällig**: (…)[1].
- Die Schönheitsreparaturen **hat** der Mieter während der Vertragszeit jeweils **spätestens** nach Ablauf folgender Zeitspannen auszuführen zu lassen: (…)[2].
- Der Mieter ist insbesondere **verpflichtet**, auf seine Kosten die Schönheitsreparaturen in den Mieträumen, wenn erforderlich, **mindestens** aber in der nachstehenden Zeitfolge auszuführen: (…)[3].
- Die Schönheitsreparaturen sind **spätestens** nach Ablauf folgender Zeiträume auszuführen: (…)[4].
- Der Mieter ist **verpflichtet**, die Ausführung der Schönheitsreparaturen in (*Räume*) nach (*Jahre*) durchzuführen[5].
- Der Mieter **verpflichtet** sich, die Schönheitsreparaturen **innerhalb folgender Fristen** auszuführen: (*Räume:* alle … Jahre)[6].
- Für die Schönheitsreparaturen **gelten folgende Fristen**: (*Räume:* alle … Jahre)[7].
- Der Mieter **hat** während der Mietzeit die Schönheitsreparaturen auf seine Kosten sach- und fachgerecht auszuführen, und zwar: in (*Räume*) alle … Jahre[8].
- Der Mieter ist **verpflichtet**, die während der Dauer des Mietverhältnisses notwendigen Schönheitsreparaturen ordnungsgemäß auszuführen. Auf die **üblichen Fristen** wird insoweit **Bezug** genommen (z.B. … alle … Jahre)[9].
- Der Mieter ist **verpflichtet**, die während der Dauer des Mietverhältnisses **entsprechend nachstehenden Fristen** fällig werdenden Schönheitsreparaturen fachgerecht auszuführen (*Räume, Fristen*)[10].
- Während der Dauer des Mietverhältnisses **hat** der Mieter die Schönheitsreparaturen nach folgenden **Regelfristen** durchzuführen: (…)[11].

---

1 AG Dortmund, WuM 2005, 764.
2 LG Freiburg, WuM 2005, 650.
3 BGH, WuM 2004, 463; vgl. BGH, NZM 2008, 890 – Gewerberaum.
4 LG Hamburg, NZM 2005, 295; AG Pankow/Weißensee, WuM 2007, 192.
5 BGH, WuM 2004, 660.
6 BGH, WuM 2006, 513.
7 BGH, NZM 2008, 318.
8 BGH, WuM 2006, 248.
9 BGH, WuM 2006, 377; BGH, WuM 2006, 308.
10 BGH, WuM 2006, 310.
11 LG Hannover, WuM 2007, 191.

– Schönheitsreparaturen (...) **hat** der Mieter (...) **regelmäßig** auszuführen, und zwar während der Mietzeit **mindestens** in folgenden Zeitabständen: (...)[1].

Ob die Formulierung, wonach Schönheitsreparaturen „**bei normaler Abnutzung**" in vorgegebenen Zeiträumen zu erledigen sind, gleichfalls eine starre Fristenregelung bedingt, hat der BGH in einer jüngeren Entscheidung ausdrücklich offen gelassen[2]; bis zur endgültigen Klärung dieser Rechtsfrage sollte der Rechtsanwalt auf eine entsprechende Klauselergänzung verzichten.

(cc) Flexible Fristen

Fehler bei der Festlegung von Renovierungsintervallen kann der Rechtsanwalt vermeiden, wenn er die Fristenregelung von vorneherein sprachlich mit einer Öffnungsklausel „aufweicht". Erforderlich hierzu ist die Aufnahme eines ergänzenden **Zusatzes**, aus dem sich für den Mieter erschließt, dass die Verschönerungsarbeiten nach Ablauf bestimmter Fristen nur für den **Regelfall** vorgesehen sind, das Erfordernis der Maßnahmen folglich vom tatsächlichen Erhaltungszustand der Wohnung abhängig bleibt. Zur Vermeidung eines starren Fristenplanes stehen nachfolgende Klauselergänzungen zur Disposition:

503

– **Im Allgemeinen** sind Schönheitsreparaturen in den Mieträumen in folgenden Abständen erforderlich: (...)[3].
– **Üblicherweise** werden Schönheitsreparaturen in folgenden Zeitabständen fällig: (...)[4].
– **In der Regel** sind Schönheitsreparaturen ab Mietbeginn in Küchen, Bädern und Toiletten **spätestens** (...) auszuführen[5].
– **Normalerweise** sind Schönheitsreparaturen in folgenden Zeitabständen zu erledigen: (...).
– **Grundsätzlich** werden Schönheitsreparaturen (...) in folgenden Zeitabständen fällig: (...)[6].

Die Verknüpfung der Fristenregelung mit derartigen „**Weichmachern**" soll gegenüber dem Mieter zum Ausdruck bringen, dass Dekorationsarbeiten

---

1 BGH, WuM 2009, 173.
2 BGH, WuM 2009, 224; Bedenken äußert AG Wiesbaden, WuM 2009, 456 – mangelnde Transparenz.
3 BGH, WuM 2006, 677; BGH, WuM 2005, 243; BGH, WuM 2004, 663; BGH, WuM 2004, 333.
4 BGH, NZM 2008, 926.
5 BGH, WuM 2008, 278; BGH, WuM 2006, 306; BGH, WuM 2005, 716.
6 LG Konstanz, IMR 2008, 369; LG Berlin, GE 2006, 449; AG Titisee-Neustadt, NZM 2007, 328.

nicht zwingend nach Ablauf der vorgegebenen Zeiträume erwartet werden, die Fristen vielmehr eine Orientierungshilfe darstellen, von der im Einzelfall – und zwar unter Berücksichtigung von Zustand und Abnutzungsgrad der Mieträume – abgewichen werden kann.

504 Sind hingegen die Schönheitsreparaturen nach dem Vertragswortlaut „**regelmäßig**" in vorgegebenen Zeiträumen ausführen, soll die Abwälzungsklausel bereits durch einen starren Fristenplan gekennzeichnet sein[1]. Eine „Aufweichfunktion" dieses Klauselzusatzes war bislang nur bejaht worden anlässlich einer Kombination des Fristenplanes mit der dem Mieter ergänzend eingeräumten Möglichkeit, von den Fristen abzuweichen, falls der Zustand der Mieträume deren Einhaltung nicht erfordert[2] (hierzu Rz. 505). Die sprachliche Erweiterung „**regelmäßig ... mindestens**" bedingt in jedem Fall die Vereinbarung starrer Verschönerungsintervalle[3].

505 Der Rechtsanwalt sollte daher Formulierungen wie „innerhalb bestimmter Zeiten", „spätestens", „mindestens" „ist verpflichtet", „hat auszuführen", etc. im Zusammenhang mit den Fristen zur Durchführung von Schönheitsreparaturen tunlichst vermeiden, denn sie indizieren eine starre Renovierungsverpflichtung. Bedenklich erscheint auch eine Verbindung der Fristenregelung mit der Formulierung „**bei normaler Benutzung**"[4]. Ergänzt der anwaltliche Berater den Fristenplan im Klauseltext hingegen ausdrücklich mit einer Verpflichtung des Vermieters, bei unterdurchschnittlicher Abnutzung der Wohnung die Fristen zu verlängern (**Ausnahmevorbehalt**), ist insgesamt wiederum eine **bewegliche Fristenregelung** gegeben, was eine unangemessene Benachteiligung des Mieters ausschließt[5]:

> Lässt in besonderen Ausnahmefällen während der Mietzeit der Zustand einzelner Räume der Wohnung eine Verlängerung der vereinbarten Fristen zu, ist der Vermieter verpflichtet, die Fristen des Planes bezüglich der Durchführung einzelner Schönheitsreparaturen zu verlängern.

Das soll auch gelten, soweit sich ein im Mietvertrag festgeschriebenes **Ermessen** des Vermieters zur Fristverlängerung „auf Null" reduziert, falls der Zustand der Wohnung eine Renovierung nicht erfordert[6]:

---

1 KG, WuM 2008, 474; KG, NZM 2008, 643; offen gelassen bei BGH, WuM 2009, 240 u. WuM 2008, 560.
2 BGH, NZM 2007, 879; LG Itzehoe, WuM 2007, 691; krit. hierzu Beyer, NJW 2008, 2065.
3 BGH, WuM 2009, 173.
4 Offen gelassen in BGH, WuM 2009, 224.
5 Vgl. BGH, NZM 2007, 879; BGH, WuM 2005, 50; LG Hamburg, ZMR 2004, 37; BayObLG, NJW-RR 1987, 1298.
6 BGH, WuM 2005, 241 mit krit. Anm. Wieck; BGH, WuM 2005, 50; AG Pankow-Weißensee, WuM 2007, 192; vgl. auch Heinrichs, WuM 2005, 155 und Klimke, NZM 2005, 134.

> Lässt in besonderen Ausnahmefällen während der Mietzeit der Zustand einzelner Räume der Wohnung eine Verlängerung der vereinbarten Fristen zu oder erfordert er eine Verkürzung, so kann der Vermieter nach billigem Ermessen die Fristen des Planes bezüglich der Durchführung einzelner Schönheitsreparaturen verlängern oder verkürzen.

Im Vorfeld der Formulierung von Fristenregelungen sollte der Vermieteranwalt mit seinem Mandanten allerdings grundsätzlich abklären, ob die Vereinbarung solch „weichgespülter" Renovierungsintervalle überhaupt noch sinnvoll ist.

(dd) Fristbeginn

Solange der Vermieter die formularmäßige Abwälzung von Schönheitsreparaturen nach Maßgabe vorgegebener Zeiträume wünscht, ist der Fristenplan vom Rechtsanwalt so auszugestalten, dass die Renovierungsfristen erst mit dem **Anfang des Mietverhältnisses** zu laufen beginnen[1]; dies gilt umso mehr, wenn die Wohnung bei Vertragsbeginn **unrenoviert und renovierungsbedürftig** ist und der Anspruch des Mieters auf eine Anfangsrenovierung durch den Vermieter vertraglich ausgeschlossen wird[2]. An vorvertraglichen Abnutzungszeiträumen darf der Mieter keinesfalls beteiligt werden.

Damit zusammenhängend ist zu vermeiden, dass der Mieter den bereits vom **Vormieter verursachten Renovierungsbedarf** mit übernimmt. Eine Vorverlagerung der Fälligkeit von Schönheitsreparaturen im Hinblick auf einen bei Überlassung vorgefundenen unrenovierten Zustand der Wohnung muss umgangen werden. Unwirksam wäre daher eine Vertragsregelung, wonach die dem Mieter übertragene Schönheitsreparaturverpflichtung unabhängig vom Beginn des Mietverhältnisses **ausschließlich an einem objektiv bestehenden Renovierungsbedarf** anknüpft[3] (Bedarfsklausel – vgl. Rz. 488 ff.).

Der BGH[4] **unterstellt** in diesem Zusammenhang allerdings zu Gunsten des Vermieters

> Bei Verwendung eines **Fristenplans** beginnen die dort angegebenen Fristen grundsätzlich erst mit dem Anfang des Mietverhältnisses zu laufen, soweit nicht gegenteilige Anhaltspunkte vorliegen bzw. ausdrücklich eine anders lautende Regelung getroffen ist

---

1 BGH, NJW 2004, 2087; BGH, NJW 1988, 2790; BGH, WuM 1987, 306.
2 BGH, WuM 1987, 306.
3 BGH, WuM 2005, 243; BGH, WuM 2005, 50.
4 BGH, WuM 2005, 243.

so dass es eines ausdrücklichen Formulierungszusatzes, wonach der Fristenplan erst ab Mietbeginn Gültigkeit erlangt („**während der Mietzeit/des Mietverhältnisses/der Mietdauer**"), nicht bedarf[1]. Um jedoch Unklarheiten hinsichtlich des Fristenlaufs zu vermeiden, sollten – zum Zwecke der Verdeutlichung – solche Ergänzungen in den Klauseltext mit aufgenommen werden. Damit ist klargestellt, dass die Regelfristen nur den Zeitablauf ab Mietbeginn erfassen.

508 Damit verbleibt allerdings noch ein weiteres Rechtsproblem: Soweit im Vertrag **bewegliche Renovierungsfristen** (vgl. Rz. 505) vereinbart sind, wird dem Vermieter häufig die Möglichkeit eingeräumt, unter Berücksichtigung des verstärkten Abnutzungsgrades auch eine **Verkürzung** der üblichen Renovierungsfristen durchzusetzen.

> Lässt in besonderen Ausnahmefällen der Zustand einzelner Räume der Wohnung eine Verlängerung der vereinbarten Fristen zu oder erfordert der Grad der Abnutzung eine Verkürzung, so ist der Vermieter auf Antrag des Mieters verpflichtet, in anderen Fällen aber berechtigt, nach billigem Ermessen die Fristen des Planes bezüglich der Durchführung einzelner Schönheitsreparaturen zu verlängern oder zu verkürzen[2].

Bei Überlassung einer **unrenovierten Wohnung** besteht jedoch ein objektiver Renovierungsbedarf vielfach bereits bei Mietbeginn, im Übrigen zumindest vor Ablauf der üblichen Fristen. Der Fall, dass nach Fristablauf ein Renovierungsbedarf (noch) nicht gegeben ist, kommt – bei dieser Ausgangssituation – in der Praxis de facto nicht vor. Die dem Vermieter zugestandene Möglichkeit der „Fristverkürzung" lässt dann aber eine für den Mieter vorteilhafte Bindung an einen Fristenplan hinfällig werden. Hinzu kommt, dass während der Laufzeit des Mietvertrages zuverlässige Angaben über den allein vom Mieter verursachten Renovierungsbedarf kaum möglich sein werden, noch dazu, wenn vorvertragliche Abnutzungsspuren von dem späteren Zustand der Wohnung „subtrahiert" werden sollen. In einem solchen Fall kann allenfalls über § 242 BGB ein angemessener Ausgleich in der Weise gefunden werden, dass dem Mieter der Mehraufwand nur nach dem Verhältnis seiner Mietzeit zur gesamten Abnutzungsdauer angelastet wird[3]. Darüber hinaus wird zu überlegen sein, ob im Einzelfall der für den Vermieter vorgesehene Entscheidungsspielraum über eine Fristverkürzung den Mieter nicht unangemessen benachteiligt, was die Unwirksamkeit der Fristenregelung und damit der gesamten Abwälzungsklausel nach sich ziehen würde. Dem mit der Vertragsgestaltung beauftragten Rechtsanwalt muss daher aus Gründen der Vorsicht empfohlen werden, formularvertragliche Ausnahmeregelungen im Zusammenhang mit Fristverkürzungen,

---

1 **A.A.** AG Pankow/Weißensee, WuM 2007, 192.
2 Vgl. BGH, WuM 2005, 241; BGH, WuM 2005, 50; AG Pankow/Weißensee, WuM 207, 192.
3 Vgl. BGH, NJW 1988, 2790.

über die der Vermieter nach freiem Ermessen entscheidet, nur bei der Vermietung renovierter Wohnungen vorzusehen.

Unabhängig davon hat auch für diesen Fall ein bei Mietbeginn anzufertigendes **Übergabeprotokoll**, auf dessen sorgfältige Bearbeitung der Rechtsanwalt hinwirken sollte, großen Wert. Vor allem im Interesse des Mieters sind dort nicht nur Substanzschäden, sondern auch der dekorative Zustand der Wohnung im Detail aufzunehmen, um speziell bei einem Vermieterwechsel nach § 566 BGB eine Nachweismöglichkeit für den übernommenen „Ausgangszustand" der Wohnung zur Hand zu haben. Ergänzend hierzu bietet sich eine möglichst umfangreiche Fotodokumentation über die Wohnraumsituation bei Einzug an.

(3) Sonderfall: Die unrenoviert übergebene Wohnung

Auch wenn der Vermieter beabsichtigt, dem Mieter die Wohnung in einem **renovierungsbedürftigen Zustand** zu überlassen, ist die formularvertragliche Übertragung der laufenden Schönheitsreparaturen bislang noch ohne weiteres zulässig[1]. Voraussetzung ist allerdings[2], dass

– die Abwälzungsregelung mit einem Fristenplan verbunden wird,
– die Renovierungsfristen erst mit dem Beginn des Mietverhältnisses zu laufen beginnen und
– es sich nicht um einen starren Fristenplan handelt.

Dies soll selbst dann gelten, wenn der Vermieter vom Vormieter bereits einen Zahlungsausgleich wegen der Nichtdurchführung von Dekorationsarbeiten verlangt und erhalten hat, ohne anschließend den Schadensbetrag in diesem Sinn zu verwenden[3].

Ob an dieser Zulässigkeit der Abwälzungsregelung bei Vermietung unrenovierten Wohnraums in Zukunft uneingeschränkt festgehalten werden kann, ist zumindest mit Zweifeln behaftet. Denn für den Mieter ergeben sich **unlösbare Beweisschwierigkeiten**, will er sich gegenüber einem nach Ablauf der Regelfrist gestellten Renovierungsverlangen des Vermieters auf eine **unterdurchschnittliche Abnutzung**, somit auf eine Verlängerung des Dekorationsturnus, berufen. Wurden renovierungsbedürftige Räume vermietet, lässt sich in der Regel nicht feststellen, ob und in welchem Umfang die im Zeitpunkt des Fristenablaufs gegebene Abnutzung **vollständig während der Mietzeit** eingetreten ist. Möglich ist auch, dass sie ganz oder zumindest teilweise allein vom Vormieter herrührt. Dies gilt zumindest für den Fall, dass bei Mietbeginn eine Anfangsrenovierung nicht durchgeführt wurde. Will also der Mieter eine unterdurchschnittliche Abnutzung ins Feld führen, hilft ihm der Verweis auf den bei Fristablauf objektiv gegebenen Zustand der Miträume nicht weiter, sobald nicht ausgeschlossen werden kann, dass die vorhandenen Dekorationsschäden auch aus dem

---

1 BGH, WuM 2009, 36; BGH, WuM 2005, 244.
2 Vgl. BGH, WuM 2005, 50; BGH, WuM 2004, 463 u. 333; BGH, WuM 1987, 306.
3 KG, NZM 2005, 181.

Mietgebrauch des Vormieters herrühren. Es kann für diesen Fall nicht ausgeschlossen werden, dass der Vermieter nach Verstreichen der üblichen Fristen von seinem Vertragspartner Renovierungsleistungen verlangt, die – wollte man ausschließlich die bisherige (schonende) Mieternutzung in den Blick nehmen – in diesem Umfang noch gar nicht fällig wären. Der **Nachweis**, dass wegen dieses unterdurchschnittlichen Gebrauchs ein Abweichen von den Regelfristen geboten ist, wird dem Mieter in Anbetracht der „Gesamtabnutzung" abgeschnitten. Die persönliche Einflussnahme auf einen (verlängerten) Renovierungsturnus ist nicht hinreichend belegbar, was für den Mieter zu einer unangemessenen Benachteiligung führt, denn berechtigte Interessen des Vermieters an dem beschriebenen Ergebnis sind nicht erkennbar.

512 Mit vergleichbarer Begründung hat der BGH[1] bereits eine **Änderung in der Rechtsprechung** hin zur generellen Unzulässigkeit des Einsatzes einer „weichen Quotenabgeltungsklausel" bei einem Mietverhältnis über unrenovierte Räume angekündigt (vgl. *Rz. 550*). Hinzu kommt noch, dass § 309 Nr. 12 BGB jedwede Veränderung der Beweislast zu Lasten des Mieters untersagt. Hierzu zählen u.a. alle Arten von Erschwerungen von Beweispositionen. Es kann daher nicht ausgeschlossen werden, dass sich die Meinung des BGH auch auf übliche Abwälzungsklauseln mit weichen Fristenplänen erweitert. Hierauf sollte sich die Praxis zumindest in der Weise einstellen, dass im Fall der Überlassung unrenovierter Miträume eine Übertragung der laufenden Schönheitsreparaturen **nicht mit einem Fristenplan** verbunden wird, sich die Fälligkeit der Dekorationsarbeiten vielmehr nach dem allein vom Mieter verursachten Renovierungsbedarf richtet, dessen Vorhandensein dann der Vermieter ohne Einschränkung zu beweisen hätte.

Formulierungsvorschlag:

> Bei Überlassung unrenovierter oder renovierungsbedürftiger Miträume sind die Schönheitsreparaturen fällig, sobald sich die Mietsache in einem derart abgenutzten Zustand befindet, dass aus Sicht eines objektiven Betrachters üblicherweise ein Renovierungsbedarf besteht, wobei ausschließlich Abnutzungsspuren des Mieters berücksichtigt werden.

513 Macht – unabhängig davon – der Zustand der Wohnung bei Beginn des Mietverhältnisses eine **Renovierung** bereist deshalb **erforderlich**, weil anders eine Bewohnbarkeit der Mietsache überhaupt nicht erreicht werden kann, verbleibt es beim Anspruch aus § 535 Abs. 1 S. 2 BGB; der Mieter kann in diesem Fall die Übergabe renovierter Räume verlangen. Dieser Anspruch soll allerdings spätestens sechs Monate nach vorbehaltloser Übernahme der Wohnung **verwirkt** sein[2].

---

1 BGH, WuM 2007, 684.
2 BGH, WuM 1987, 306, 310.

dd) Besonderheiten bei der Geschäftsraummiete

Auch im Bereich der Geschäftsraummiete zählt die formularvertragliche Überwälzung von Schönheitsreparaturen zum Standardinhalt gängiger Formularmietverträge. Sie ist zulässig und begründet keine unangemessene Benachteiligung des Mieters[1], solange sie sich auf Abnutzungen erstreckt, die durch den Mietgebrauch veranlasst sind und die in den Risikobereich des Mieters fallen[2]. Die schlichte **Klausel**

> Der Mieter hat die Schönheitsreparaturen zu tragen

beinhaltet ohne weiteres eine Pflicht zur Durchführung der laufenden Renovierung[3]. Der Mieter hat hiernach sämtliche während der Mietzeit verursachten Abnutzungen im Rahmen der Schönheitsreparaturen innerhalb der üblichen Renovierungsfristen zu beseitigen, und zwar auch bei Übernahme unrenovierter Räume[4].

Die **Klausel**, wonach

> die Schönheitsreparaturen vom Mieter getragen werden und von Fachhandwerkern sach- und fachgerecht durchzuführen sind,

begründet ebenfalls eine rechtswirksame Vorgabe an den Mieter zur Durchführung der laufenden Renovierung. Die hierin enthaltene **Fachhandwerkerklausel** (vgl. *Rz. 383*) ist im Bereich der Gewerberaummiete nicht zu beanstanden[5].

Die für eine Wohnraumrenovierung geltenden **Regelfristen** sind in Anbetracht einer regelmäßig stärkeren Abnutzung der Räume auf das Gewerberaummietrecht nicht ohne weiteres übertragbar[6]. Enthält der Gewerberaummietvertrag bereits eine Fristenregelung, ist diese grundsätzlich beachtlich, solange keine starre Fristenregelung getroffen wurde (vgl. *Rz. 499 ff.*). Unter dem Gesichtspunkt, dass Gewerberäume im Einzelfall einer höheren Beanspruchung und damit einem weit intensiveren Verschleiß unterliegen[7], kann der Rechtsanwalt formularvertraglich (umso mehr individuell) **kürzere Renovierungsfristen**, die sich an der jeweiligen Art der vom Betrieb ausgehenden Abnutzung orientieren, festlegen. Beden-

---
1 BGH, NZM 2008, 890; BGH NZM 2005, 504; KG, NZM 2004, 424; OLG Hamm, NZM 2002, 988.
2 Vgl. BGH, NZM 2005, 863 – zur Instandhaltung.
3 OLG Karlsruhe, WuM 1992, 349.
4 KG, NZM 2004, 425.
5 BGH, NJW 1983, 446.
6 *Gather*, DWW 1993, 121, 129.
7 OLG Koblenz, NZM 2000, 1182.

kenlos soll daher eine Klausel sein, die dem Pächter einer Gaststätte bei zu erwartender, starker Abnutzung eine Renovierungspflicht in **jährlichen** Abständen auferlegt[1]. Für eine Massagepraxis werden Renovierungsfristen von **3 Jahren** für angemessen gehalten, wobei man sich insoweit (insgesamt) an die üblichen Fristen für Nassräume (Bäder/Duschen) anlehnen kann[2]. Bei einem Friseursalon wurde diese Frist aber als zu kurz angesehen[3].

Dem Gewerberaummieter soll allerdings die Berufung auf den fehlenden Ablauf einer vertraglich vereinbarten Renovierungsfrist versagt sein, sofern der Mietvertrag wegen **Zahlungsverzugs** durch den Vermieter fristlos gekündigt wurde[4].

517 Nicht erforderlich ist es, in den Mietvertrag überhaupt einen **Fristenplan** aufzunehmen. Die in den Gewerberäumen durchzuführenden Schönheitsreparaturen gelten auch in diesem Fall immer dann als fällig, sobald sich die Mietsache in einem so abgenutzten Zustand befindet, dass es aus Sicht eines objektiven Betrachters unter Berücksichtigung von Treu und Glauben im Rechtsverkehr und der Verkehrssitte unzumutbar ist, sie in diesem Zustand zu belassen[5]. In diesem Zusammenhang können die nach der Verkehrssitte üblichen Fristen – **bis Oktober 2007** solche des **Mustermietvertrages 1976** – als Richtlinie herangezogen werden (vgl. Rz. 490 ff.); ihr Ablauf gibt einen Anhaltspunkt für die Renovierungsbedürftigkeit[6] (vgl. Rz. 494). Dies gilt zumindest bei einem der Wohnraumnutzung entsprechendem Gebrauch der Gewerberäume. Andernfalls muss der Vermieteranwalt substantiiert vortragen und entsprechend nachweisen,

– nach welchen Zeiträumen bei den in Frage stehenden Gewerberäumen üblicherweise renoviert werden muss,

– dass die Renovierung tatsächlich nicht fristgerecht erfolgt ist,

– dass die Räume über Gebühr abgenutzt sind[7].

518 Mit Verzögerung hat die im Bereich der Wohnraummiete ergangene Rechtsprechung des BGH zur Unwirksamkeit **starrer Fristenpläne** (vgl. Rz. 499 ff.) zwischenzeitlich auch die Gewerberaummiete erreicht[8], nachdem die Instanzgerichte[9] bereits im Vorfeld entsprechende Tendenzen vorgezeichnet hatten. Der Mieter von Gewerbeflächen darf gleichfalls nicht mit Renovierungspflichten belastet werden, solange die Räume nach dem tatsächlichen Erscheinungsbild noch keinen Dekorationsbedarf ausweisen.

---

1 BGH, NJW 1983, 446; *Fritz*, Rz. 225; *Wolf/Eckert/Ball*, Rz. 374.
2 OLG Koblenz, NZM 2000, 1182 – Mustermietvertrag 1976.
3 OLG Düsseldorf, ZMR 2003, 25.
4 LG Düsseldorf, GuT 2001, 15.
5 OLG Düsseldorf, ZMR 2003, 25: Beweislast beim Vermieter.
6 OLG Düsseldorf, NZM 2006, 462; KG, NZM 2005, 181.
7 OLG Köln, WuM 1994, 274.
8 BGH, NZM 2008, 890; kritisch hierzu *Bieber*, NJW 2008, 3774; *Emmerich*, NZM 2009, 16.
9 OLG Düsseldorf, NZM 2007, 215; OLG München, NZM 2007, 215; OLG Düsseldorf, GuT 2007, 211; OLG Düsseldorf, NZM 2006, 462 – Vorinstanz; LG Düsseldorf, MietRB 2006, 125.

In Anbetracht der Feststellung des BGH[1] in einer früheren Entscheidung aus dem Jahr 2005, wonach es im Bereich der Schönheitsreparaturen an einer Besserstellung des Mieters von Wohnraum im Vergleich zum Gewerberaummieter fehlt und das Gesetz (§ 535 Abs. 1 BGB) die Vermieter in beiden Fällen gleich behandelt[2], muss sich der Rechtsanwalt darauf einstellen, dass noch weitere, mit der Übertragung der laufenden Schönheitsreparaturen im Zusammenhang stehende Grundsätze der BGH-Rechtsprechung aus dem Wohnraummietrecht (z.B. zu Bedarfsklauseln, flexiblen Fristen, Fristenbeginn usw.) anlässlich der Vermietung von Gewerberaum Anwendung finden. Schon deshalb sind Schönheitsreparaturklauseln mit besonderer Sorgfalt zu formulieren, denn die wirtschaftlichen Folgen einer ohne Rechtswirkung bleibenden Abwälzungsvereinbarung können speziell für den Vermieter von Gewerberäumen immens sein (vgl. *Rz. 567*). Als Anhaltspunkt kann dienen, in welchem Umfang das Klauselkontrollrecht der §§ 305 ff. BGB dem Gewerberaummieter einen vergleichbaren Schutz wie dem Wohnraummieter zukommen lässt. 519

c) Die Abwälzung der Endrenovierung

Erfahrungsgemäß konsultiert der Vermieter den Rechtsanwalt erst, wenn der Mieter die Wohnung nach Kündigung oder Vertragsablauf verlässt, ohne sich um die Ausführung der – vermeintlich – geschuldeten Schönheitsreparaturen zu kümmern. Gerade wenn die Räume ursprünglich **frisch renoviert** waren, unterstellt der Vermieter wie selbstverständlich, dass der Mieter ihm eine Rückgabe in genau diesem Zustand schuldet[3]. Zu Recht konstatiert daher der BGH[4] im grundlegenden Rechtsentscheid vom 1.7.1987, dass sich die Frage der Wirksamkeit einer Dekorationsklausel regelmäßig erst bei Vertragsende stellt. Zur Abgrenzung der Pflichtenkreise im Zusammenhang mit den Schönheitsreparaturen wird der Rechtsanwalt daher die Regelungen des Mietvertrages zur laufenden Renovierung, insbesondere aber auch solche zur Endrenovierung prüfen. 520

Wurde der anwaltliche Berater hingegen mit der Ausarbeitung eines „vermieterfreundlichen" Muster-Mietvertrages beauftragt, erhält er in einer Vielzahl der Fälle sogar die ausdrückliche Vorgabe, dafür Sorge zu tragen, dass der Mieter bei Vertragsende das Mietobjekt „unbedingt frisch renoviert zurückgibt". Auch in dieser Situation bedarf es der Klärung, inwieweit dem Mieter überhaupt eine Schlussrenovierung zulässigerweise übertragen werden kann.

aa) Individualvertragliche Abreden

Die Pflicht zur Endrenovierung einer Wohnung kann für sich allein **individuell wirksam** vereinbart werden; auf den Ablauf einer bestimmten Min- 521

---

1 BGH, NZM 2005, 504.
2 Bestätigt in BGH, NZM 2008, 890.
3 Zur Renovierung bei Vertragsende allgemein: *Harsch*, MDR 1999, 325 ff.
4 BGH, WuM 1987, 306; vgl. auch OLG Karlsruhe, NJW 1982, 2829.

dest-Vertragslaufzeit als Erfüllungsvoraussetzung kommt es dabei nicht an[1]. Dass die Vertragsparteien anstelle der Voll- nur eine gesonderte **Teil-Endrenovierung** festgelegt („Außerdem sind die Tapeten zu entfernen und die Decken zu streichen"[2]), ist dabei ebenso ohne Belang wie der Zeitpunkt der Absprache; neuerdings finden sich Individualabreden zur Schlussdekoration – eingeführt quasi durch die Hintertür – sogar erst in einem zeitlich nach Vertragsabschluss anlässlich der Wohnungsübergabe[3] bzw. der Wohnungsrückgabe[4] gemeinsam unterzeichneten – nicht vorgedruckten – Protokoll, wenn dort ergänzt wird:

> Der Mieter übernimmt vom Vormieter, Herrn (...) die Wohnung in renoviertem Zustand. Er verpflichtet sich dem Vermieter gegenüber, die Wohnung bei Beendigung des Mietverhältnisses ebenfalls in renoviertem Zustand zu übergeben.

Allerdings sollten Vermieter oder Rechtsanwälte davon absehen, künftig Über- oder Rückgabeprotokolle als Hort für Endrenovierungsabreden zu missbrauchen. Das andernfalls eröffnete Mienenfeld darf nicht unterschätzt werden. Tragender Gesichtspunkt hierfür ist, dass die hohen Anforderungen an eine Individualvereinbarung (vgl. *Rz. 459 ff.*) bei der Erstellung derartiger Niederschriften, in denen üblicherweise Feststellungen zum Zustand der Miträume, nicht jedoch Abreden zu neuen Vertragspflichten aufgenommen werden, schwerlich zu erfüllen sind[5]. Dies gilt umso mehr, wenn es sich bei dem Vermieter um einen Unternehmer i.S.v. § 14 BGB handelt (Einmalklausel – § 310 Abs. 3 BGB – vgl. *Rz. 432*)[6]. Darüber hinaus kann sich ein handschriftlicher Zusatz in einem Mietvertrag, wonach die Wohnung „beim Auszug fachgerecht renoviert zurückzugeben" ist, im Einzelfall nur vordergründig als vermeintliche Individualabrede darstellen, wenn dort bloß wiederholt wird, was sich als entsprechender Passus bereits im vorformulierten Vertragstext findet[7].

522 Anlässlich einer Wirksamkeitsprüfung über das individuelle Aushandeln von Endrenovierungsregelungen sollte der Rechtsanwalt immer auch den übrigen (vorformulierten) Teil des Mietvertrages heranziehen und vor einer **Kombination** der individuell vereinbarten Schlussrenovierung mit einer formularvertraglichen **Übertragung der laufenden Dekoration** warnen. Abzustellen ist wiederum auf den **Summierungseffekt** (vgl. *Rz. 440*). Wegen

---

1 BGH, WuM 2009, 395; BGH, WuM 2009, 173; BGH, WuM 2006, 306; LG Hanau, Info M 2006, 119; *Draber*, WuM 1998, 6.
2 Vgl. BGH, WuM 2006, 306.
3 BGH, WuM 2009, 173; kritisch hierzu *Kappus*, NJW 2009, 1076; *Derleder*, NZM 2009, 227.
4 BGH, WuM 2006, 306.
5 Vgl. LG Hannover, WuM 2008, 721.
6 Ebenso *Kappus*, NJW 2009, 1076; *Derleder*, NZM 2009, 227.
7 LG Wuppertal, WuM 1999, 301.

übermäßiger Gesamtbelastung des Mieters in diesen Fällen wäre zumindest die – für sich genommen wirksame – Abwälzungsklausel ungültig und der Mieter von jedweder Renovierung während der Mietzeit entbunden (vgl. Rz. 445 ff.).

Weil die Folgen des Summierungseffekts allein die Unwirksamkeit der Formularbedingung, nicht aber die der Individualabrede bedingen – letztere unterliegt gerade nicht der Inhaltskontrolle nach § 307 BGB –, behält die individualvertraglich getroffene Regelung zur Endrenovierung ihre Fortgeltung[1]. Sie würde auch nicht von der Unwirksamkeit einer Klausel zur Vornahme der laufenden Schönheitsreparaturen „infiziert" werden[2], zumindest solange sie nicht – wegen eines sachlichen Zusammenhangs – gemeinsam mit der Formularabrede ein **einheitliches Rechtsgeschäft** i.S.v. § 139 BGB bildet, das bei Nichtigkeit eines Teils im Zweifel insgesamt nichtig wäre[3]. Hiervon soll nicht auszugehen sein, wenn die Parteien die Individualvereinbarung zur Schlussrenovierung gesondert in einem **nach Abschluss des Mietvertrages** gefertigten, nicht vorgedruckten Schriftstück getroffen haben[4]. Das Zusammentreffen von Formularbedingung und individueller Abrede in ein und **derselben Vertragsurkunde** bzw. in einem zeitgleich unterzeichneten Anhang hierzu könnte demnach ein anderes Ergebnis rechtfertigen[5]. Derartige „Paketlösungen" sollte der Rechtsanwalt zumindest solange vermeiden, bis eine abschließende obergerichtliche Entscheidung hierzu Klarheit schafft. Denn selbst bei Aufnahme von Klauseln zur laufenden Dekoration und von Individualabsprachen zur Endrenovierung in unterschiedlichen Urkunden wird immer zu fragen sein, ob der Mieter die zusätzliche Sondervereinbarung auch dann getroffen hätte, wäre ihm die sich damit ergebende Unwirksamkeit der Abwälzungsklausel bekannt gewesen.

523

bb) Formularvertragliche Abreden

Enthält der Mietvertrag **keine spezielle Endrenovierungsverpflichtung**, wohl aber eine wirksame Regelung zur Übertragung der laufenden Schönheitsreparaturen, ist der Mieter – bei gegebenem Dekorationsbedarf – aufgefordert, **spätestens zum Vertragsende** die fälligen Dekorationsarbeiten nachzuholen. Einer ausdrücklichen Vereinbarung hierzu bedarf es nicht. Ein entsprechend klarstellender Hinweis bietet sich jedoch an und sollte vom Rechtsanwalt der Abwälzungsklausel in Ergänzung angehängt werden.

524

---

1 BGH, NZM 2009, 397; BGH, NZM 2006, 623; vgl. *Beyer*, NJW 2008, 2065.
2 BGH, WuM 2009, 173; LG Hanau, Info M 2006, 119; **a.A.** AG Mettmann, WuM 2004, 462; AG Dieburg, Info M 2009, 316.
3 Hierzu insgesamt BGH, NZM 2006, 623.
4 BGH, WuM 2009, 173 – Übergabeprotokoll; krit. *Kappus*, NJW 2009, 1076; *Derleder*, NZM 2009, 227.
5 Vgl. BGH, NZM 2006, 623; LG Hamburg, ZMR 2008, 454 – Nichtigkeit bejaht; **a.A.** wohl BGH, NZM 2009, 397 – Gewerberaum.

Formulierungsvorschlag:

> Der Mieter hat rechtzeitig, spätestens bis Ende des Mietverhältnisses, alle bis dahin nach dem Grad der Abnutzung erforderlichen Schönheitsreparaturen auszuführen – bei renoviert übergebenen Miethäumen, sofern die in Ziff. (...) genannten Fristen seit Übergabe der Mietsache bzw. seit den letzten durchgeführten Dekorationsmaßnahmen abgelaufen sind, bei unrenoviert oder renovierungsbedürftig überlassenen Mieträumen, sofern Renovierungsbedarf gem. Ziff. (...) besteht –, soweit nicht der neue Mieter die Schönheitsreparaturen auf seine Kosten – ohne Berücksichtigung beim Mietpreis – übernimmt oder dem Vermieter die Kosten erstattet. Werden Schönheitsreparaturen wegen des Zustandes der Wohnung bereits während der Mietdauer notwendig, so sind die erforderlichen Arbeiten jeweils unverzüglich zu erledigen.

Eine Verpflichtung zur Endrenovierung im eigentlichen Sinne wird mit einer solchen Vereinbarung nicht begründet („**unechte Rückgabeklausel**"). Der Regelungsgegenstand der vorstehenden Klausel, die sich vorliegend am Wortlaut von § 7 Abs. 3 des Mustermietvertrages 1976 orientiert, betrifft allein die **laufenden Schönheitsreparaturen**; er dokumentiert gegenüber dem Mieter eine Rechtsfolge, die sich bereits aus der Renovierungsregelung selbst ergibt, nämlich die Pflicht zur Erledigung bereits fälliger Arbeiten vor Rückgabe der Wohnung[1]. Daher verstößt eine entsprechende Klarstellung im Vertragstext – bei Zusammenwirken mit den allgemeinen Regelfristen – auch nicht gegen § 307 Abs. 1 BGB[2]. Dasselbe gilt übrigens für eine Klausel, die anstelle der Regelfristen dem Mieter aufgibt, bei Ende der Mietzeit die „**erforderlichen Schönheitsreparaturen**" auszuführen, denn auch in diesem Fall obliegt dem Mieter „nur" die Prüfung, ob nach dem konkreten Zustand der Mieträume eine Neudekoration geboten ist[3].

525 In keinem Fall darf aber die Verpflichtung des Mieters, die Schönheitsreparaturen spätestens bis zum Mietende nachzuholen, allein an das Verstreichen vorgegebener **(starrer) Fristen** angehängt werden. Eine solche eigenständige Fälligkeitsbestimmung wäre wiederum – weil unabhängig vom Renovierungsbedarf begründet – gem. § 307 BGB unwirksam[4].

526 Zu beachten hat der Rechtsanwalt zudem folgenden wichtigen **Grundsatz zur Endrenovierung**: Regelungen in einem Formularmietvertrag, die den Mieter verpflichten, bei Vertragsende – **ohne Rücksicht** auf die seit Mietbeginn oder seit der zuletzt vom Vermieter oder Mieter **ausgeführten Renovierung** verstrichenen Fristen – die Schönheitsreparaturen (erneut) vollständig durchzuführen, sind nach § 307 BGB **ungültig**[5]. Dasselbe gilt,

---

1 BGH, WuM 2004, 333.
2 BGH, WuM 2003, 561; OLG Bremen, NJW 1983, 689.
3 LG Hamburg, ZMR 2008, 295 – bei renoviert überlassener Wohnung.
4 BGH, WuM 2006, 513.
5 BGH, WuM 2009, 395; BGH, WuM 2009, 173; BGH, WuM 2007, 682 m.w.N.

wenn die Klausel eine von feststehenden Fristen abhängige Renovierungspflicht des Mieters bei Beendigung des Mieterverhältnisses vorsieht[1]. Auf die Frage, ob der Mieter daneben noch die laufende Renovierung während der Mietzeit schuldet, kommt es nicht an[2]. Wenn aber der Mieter auf jeden Fall die turnusmäßigen Verschönerungsarbeiten übernehmen soll, führt die Kombination mit einer Endrenovierungsklausel wegen der damit verbundenen „Infizierung" auch zur Unwirksamkeit der – für sich genommen wirksamen – Verpflichtung des Mieters zur Ausführung fälliger Dekorationsarbeiten während des laufenden Mietverhältnisses[3]. Denn mit der Vorgabe, die Mieträume unabhängig vom Zeitpunkt der Vornahme der letzten Schönheitsreparaturen bei Vertragsende renoviert zurückzugeben, werden dem Mieter Renovierungsleistungen abgefordert, die nicht auf eigener Abnutzung beruhen. Die mietvertragliche Regelung geht gleichsam davon aus, dass der Vermieter bei Auszug des Mieters **stets** eine völlig neu renovierte Wohnung zurückerhält[4], selbst wenn die Dekoration noch ansehnlich und nicht erneuerungsbedürftig ist, etwa aufgrund einer nur kurzen Mietzeit oder eines überaus sorgsamen Umgangs des Mieters mit der Wohnung. Dem Vermieter soll auf diesem Weg die Neuvermietung der Räume erleichtert werden; eine Gegenleistung hierfür erhält der Mieter nicht.

Als ungültig erweisen sich namentlich folgende Schlussrenovierungsregelungen:

- Bei Beendigung des Mietvertrages hat der Mieter die Wohnung renoviert zu übergeben.
- Der Mieter hat bei seinem Auszug die Wohnung komplett neu fachmännisch renovieren zu lassen[5].
- Der Mieter verpflichtet sich, die Wohnung bei Auszug malermäßig instandzusetzen.
- Der Mieter muss die Wohnung bei Vertragsende renoviert zurückgeben.
- Bei Auszug ist die Wohnung fachgerecht renoviert zurückzugeben[6].
- Bei Vertragsende ist der Mieter verpflichtet, die Schönheitsreparaturen in den Mieträumen durchzuführen.
- Hat der Mieter die Räume mindestens (…) Jahre benutzt, ohne diese Räume in der genannten Zeit renoviert zu haben, so hat er spätestens bei Mietende die Renovierung fachmännisch nachzuholen[7].

---

1 BGH, WuM 2007, 682 m.w.N.
2 BGH, WuM 2007, 682.
3 BGH, WuM 2004, 333; BGH, WuM 2003, 561; BGH, WuM 2003, 436; LG Düsseldorf, NZM 2003, 278; LG Hamburg, NZM 2000, 541; anders aber BGH, WuM 2006, 677.
4 LG Gießen, ZMR 2002, 426.
5 LG Freiburg, WuM 2005, 650.
6 BGH, WuM 2007, 682; BGH, WuM 2003, 561.
7 BGH, WuM 2006, 677; BGH, WuM 2006, 513.

In all diesen Formularregelungen bleibt der Zeitpunkt der letzten Renovierung bzw. der tatsächliche Renovierungszustand der Wohnung unberücksichtigt. Missverständlich sind solche Festlegungen ebenfalls nicht. Im Gegenteil: Der Mieter weiß, was er tun soll. Inhaltlich zielen solche Vereinbarungen einzig darauf ab, dass der Mieter unabhängig von der bisherigen Mietdauer und dem Zeitpunkt der zuletzt durchgeführten Schönheitsreparatur bzw. abhängig von feststehenden Fristen bei Auszug renovieren soll.

528 Das muss umso mehr gelten, wenn die Endrenovierungsklausel ausdrücklich vorsieht, dass es auf den **Zeitpunkt der letzten Renovierung** überhaupt nicht ankommt[1]:

- Die Mieträume sind bei Auszug sauber und ohne Rücksicht auf den für Schönheitsreparaturen in § ... vereinbarten Zeitablauf in fachmännisch renoviertem Zustand zurückzugeben[2].
- Der Mieter hat die Mieträume renoviert zurückzugeben, wobei es unberücksichtigt bleibt, in welchem zurückliegenden Zeitraum die letzte Schönheitsreparatur stattgefunden hat[3].
- Der Mieter ist verpflichtet, rechtzeitig vor seinem Auszug die Räume unbeschadet einer während der Mietzeit durchgeführten Renovierung auf seine Kosten renovieren zu lassen[4].
- Bei Beendigung des Mietverhältnisses hat der Mieter die Räume unabhängig von der Dauer in dem Zustand zurückzugeben, der einer ordnungsgemäßen Instandsetzung im Sinne des Absatzes (...) (= *Abwälzungsklausel*) entspricht[5].

529 Die Unwirksamkeit einer Endrenovierungsregelung kann der Rechtsanwalt auch für den Fall unterstellen, dass der Mieter formularvertraglich verpflichtet wurde, bei Mietende – wiederum ohne Rücksicht auf den Zeitpunkt der letzten Dekorationsmaßnahme – nur einen **Teilbereich** der Arbeiten **aus dem Leistungskatalog** der Schönheitsreparaturen (hierzu *Rz. 308 ff.*) auszuführen[6]. Heißt es in einer Klausel, dass der Mieter bei Auszug zumindest die Decken und Wände oder Türen und Fenster neu zu streichen bzw. alle von ihm angebrachten bzw. vom Vormieter übernom-

---

1 LG Berlin, MM 2002, 38 (98); LG Landau/Pfalz, ZMR 2002, 429; LG Gießen, ZMR 2002, 426; *Emmerich*, NZM 1999, 635.
2 BGH, WuM 2003, 436.
3 OLG Hamm, WuM 1981, 77.
4 BGH, WuM 1987, 306; OLG Frankfurt/Main, NJW 1982, 453.
5 BGH, WuM 2009, 173.
6 BGH, WuM 2006, 308; BGH, WuM 2006, 310; LG Berlin, Info M 2006, 118; LG Nürnberg-Fürth, ZMR 2005, 622; LG Lübeck, WuM 2001, 261; LG Saarbrücken, NZM 2000, 1179; AG Wuppertal, WuM 2000, 183.

menen **Tapeten zu entfernen** (hierzu auch *Rz. 396 f.*) hat, wird ein Übermaß an Renovierungspflichten übertragen, wenn es dieser Maßnahmen – unter Berücksichtigung des Erhaltungszustands der Wohnung – noch nicht bedarf. Gleiches kann gelten, wenn der Mieter der Verpflichtung unterliegt, bei Auszug eine **Grundreinigung** des vom Vermieter gestellten Teppichs vorzunehmen[1].

Eine Regelung, die den geforderten Zustand der Räume bei Mietende als „**bezugsfertig**", „**bezugsgeeignet**" oder „**bezugsfähig**" beschreibt 530

Der Mieter ist verpflichtet, die Wohnung während der Mietzeit regelmäßig zu renovieren und diese bei Beendigung der Mietzeit in bezugsfertigem Zustand herauszugeben

---

soll hingegen keine Vorgabe zur Auszugsrenovierung beinhalten[2]. Diese Ansicht ist abzulehnen; die Klausel begründet eine verdeckte Pflicht zumindest zur teilweisen Schlussdekoration[3]. Denn der Mieter schuldet nach dieser Absprache auf jeden Fall einen zur Weitervermietung geeigneten Zustand der Räumlichkeiten und damit ein „Mehr" gegenüber der vertragsgemäßen Abnutzung, wenn die Mietflächen einem Nachmieter bezugsfertig übergeben werden sollen, z.B. die Beseitigung von Dübellöcher[4].

Dieselbe Unwirksamkeit trifft eine Vertragsklausel, die dem Mieter eine Rückgabe der Mieträume in „**gut dekoriertem Zustand**" vorschreibt; damit ist etwas anderes gemeint als der vertragsübliche Zustand mit Abnutzungen und unvermeidbaren Beschädigungen, denn „gut" ist mehr als „durchschnittlich"[5]. 531

Die üblichen Rückgabeklauseln, wonach eine Rückgabe in „**vertragsgemäßem**" oder in „**ordnungsgemäßem**" Zustand bzw. eine „**Rückgabe wie übernommen**" oder „**wie bei Beginn des Mietverhältnisses**" zu erfolgen hat, gelten hingegen als unproblematisch; eine Pflicht des Mieters zur Schlussrenovierung ist ihnen nicht zu entnehmen[6]; sie verweisen allenfalls auf die Pflicht, mit den Räumen schonend und entsprechend ihrem Vertragszweck umzugehen und ggf. bei Mietende bereits fällige Schönheitsreparaturen nachzuholen. Anderes gilt jedoch – weil unzulässige Endrenovierungsrege- 532

---

1 Vgl. BGH, WuM 2007, 682.
2 BGH, WuM 1991, 550; OLG Düsseldorf, ZMR 2003, 25; OLG Düsseldorf, WuM 1994, 323; vgl. auch LG Mannheim, WuM 1977, 202; LG Koblenz, MDR 1976, 143; LG Kassel, WuM 1974, 235; LG Köln, MDR 1974, 583.
3 So auch *Sternel*, Mietrecht aktuell, 4. Aufl., IX Rz. 116; offen gelassen bei OLG Düsseldorf, NZM 2007, 215.
4 So OLG Düsseldorf, WuM 1994, 323 – Gewerberaum.
5 AG Hamburg-Altona, ZMR 2003, 502; **a.A.** LG Hamburg, WuM 1989, 283.
6 OLG Düsseldorf, WuM 2002, 545; OLG Düsseldorf, NJW-RR 1992, 1096; s. auch *Sternel*, Mietrecht aktuell, 4. Aufl., IX Rz. 115.

lung –, wenn der Mieter die Wohnung bei Beendigung des Mietverhältnisses **„in (fachgerecht) renoviertem Zustand"** bzw. in einem konkret **„beschriebenen Zustand"** zu übergeben hat[1] oder er bis dahin von der **„bisherigen Ausführungsart"** nicht abweichen darf[2]. Demgegenüber benachteiligen solche Formularklauseln, die eine Rückgabe der Miträume in einer bestimmten Farbbandbreite vorschreiben (**Farbwahlklauseln**), den Mieter nicht unangemessen[3] (vgl. hierzu Rz. 389 ff.).

533 Auch wenn der Vermieter eine **Monatsmiete erlässt**, weil der Mieter die Anfangsrenovierung übernimmt, ist dem Mieter damit nicht automatisch eine Endrenovierungspflicht auferlegt[4].

cc) Besonderheiten bei der Geschäftsraummiete

534 Bei der Vermietung von Gewerbeflächen bestehen grundsätzlich keine Bedenken, den Mieter **individualvertraglich** zur Endrenovierung, unabhängig vom tatsächlichen Erhaltungszustand der Räume, zu verpflichten[5]. Die Unwirksamkeit einer solchen Regelung ergibt sich auch nicht aus dem Zusammentreffen mit anderen (unwirksamen) Formularklauseln des Vertrages – z.B. Abwälzung der laufenden Schönheitsreparaturen mit starrer Fristenregelung – und einem dadurch hervorgerufenen **Summierungseffekt**, denn ein solcher bedingt allenfalls die Unwirksamkeit der Formularbedingung, er tangiert jedoch nicht die Fortgeltung der Individualabrede[6]. Eine Sondervereinbarung zur Schlussrenovierung können die Parteien bereits mit dem Mietvertrag treffen, jederzeit aber auch später, z.B. anlässlich der Aufhebung eines befristeten Mietverhältnisses, wenn der Mieter vor seinem Auszug – als Gegenleistung für die vorzeitige Entlassung aus der Vertragsbindung – noch die Schönheitsreparaturen erledigen soll.

535 Beinhaltet indessen der Gewerbemietvertrag eine vorformulierte Regelung, die dem Mieter auferlegt, die Gewerberäume bei Vertragsende **„voll renoviert"** zu verlassen, liegt hierin ein Verstoß gegen § 307 BGB[7]. Denn auch für Mietverhältnisse über Geschäftsräume gelten **Formularklauseln**, die den Mieter verpflichten, die Mieträume – unabhängig davon, wann die letzte Schönheitsreparatur erfolgt ist und ob ein Bedarf hierfür besteht – in jedem Fall bei Mietende renoviert bzw. **„in renoviertem Zustand"** an den Vermieter zurück zu geben, wegen unangemessener Benachteiligung als unwirksam[8]. Infolge des dabei auftretenden Summierungseffekts (vgl.

---

1 BGH, WuM 2007, 682; BGH, NZM 1998, 710; LG Wuppertal, WuM 1999, 301.
2 LG Hamburg, WuM 2007, 194; hierzu BGH, WuM 2007, 259.
3 BGH, WuM 2008, 722; Beyer, NZM 2009, 137; **a.A.** Blank, NJW 2009, 27; Fischer, WuM 2009, 169.
4 AG Solingen, WuM 1999, 301.
5 BGH, NZM 2009, 397; BGH, NJW-RR 1987, 906 – vollständige Instandsetzung der Mieträume bei Auszug.
6 BGH, NZM 2009, 397; OLG Köln, GuT 2006, 265.
7 So bereits OLG Hamm, NZM 2002, 988; LG Hamburg, WuM 1994, 675; **a.A.** OLG Celle, NZM 2003, 599.
8 BGH, NZM 2005, 504; OLG Düsseldorf, GuT 2007, 211.

Rz. 445) führt die Kombination von Endrenovierungsklausel mit einer solchen über turnusmäßig vorzunehmende Schönheitsreparaturen zur Unwirksamkeit der Gesamtabreden, ohne dass es dabei auf den Anfangszustand der Mietsache ankommt[1].

Noch ungeklärt ist jedoch, ob sich ein anderes Ergebnis rechtfertigt, falls die Vertragspartner einen **langjährig befristeten Mietvertrag** (z.B. mit 10-jähriger Vertragslaufzeit) über ein renoviertes Mietobjekt abschließen. Hierbei wird der Mieter zwar per Vertragsklausel zur Endrenovierung verpflichtet, es bleibt ihm dabei aber selbst überlassen, ob er auch im Verlauf des Mietverhältnisses (freiwillig) renoviert (**isolierte Endrenovierung**). Bei derartiger Ausgangslage gilt die dem Vermieter obliegende Schönheitsreparaturverpflichtung als stillschweigend ausgeschlossen[2] (Freizeichnung). Der Mieter hat also die Möglichkeit, sich von Mietbeginn an darauf einzustellen, dass zumindest zum Ende der Vertragslaufzeit eine Renovierung erforderlich wird. Zu beseitigen sind dann lediglich die Dekorationsschäden, die durch den bisherigen Mietgebrauch entstanden sind. Den Umfang der laufenden Schönheitsreparaturen wird der Mieter entsprechend einrichten. Steht das fest vereinbarte Ende des Mietvertrages auch noch im Einklang mit dem spätestens dann zu erwartenden Renovierungsbedarf, könnte es angesichts der Dispositionsmöglichkeit des Mieters zweifelhaft sein, ob eine formularmäßige Endrenovierungsverpflichtung auch in diesem Fall zu dessen unangemessener, treuwidriger Benachteiligung führt[3]. Solange hierzu allerdings eine abschließende obergerichtliche Entscheidung fehlt, sollte der Vermieteranwalt bei Abschluss eines befristeten Gewerbemietvertrages auf bestehende Risiken hinweisen und sicherheitshalber auf vorformulierte Regelungen über eine isolierte Schlussrenovierung verzichten. Denn für das Wohnraummietrecht ist bereits entschieden, dass isolierte Endrenovierungsabsprachen als Formularklauseln unwirksam sind[4].

Keine für den Geschäftsraum-Mietvertrag unzulässige Schlussrenovierungsregelung soll zumindest die Verpflichtung enthalten, das Mietobjekt „in **frisch ausgemaltem Zustand**" zurückzugeben, weil damit nicht die Durchführung einer kompletten Schönheitsreparatur bei Ablauf der Vertragszeit verlangt wird, sondern nur ein einfaches Übertünchen[5]. Ob dieser Auffassung uneingeschränkt gefolgt werden kann, ist in Anbetracht der Tatsache, dass dem Mieter zumindest Teilarbeiten aus dem Bereich der Schönheitsreparaturen bei Mietende ohne Rücksicht auf deren Erfordernis auferlegt werden, zu bezweifeln. Zwingend unwirksam ist hingegen die Formularklausel, nach welcher der Mieter von Gewerberaum „bei unerwartet entstehendem Auszug schon nach **mehr als zwei Jahren**" renovieren muss[6].

---

1 BGH, NZM 2005, 504.
2 Vgl. BGH, NZM 2007, 921.
3 Vgl. *Dose*, NZM 2009, 384.
4 BGH, WuM 2009, 395; BGH, WuM 2009, 173; BGH, WuM 2007, 682 m.w.N.
5 OLG München, GuT 2005, 215.
6 LG Hamburg, WuM 1991, 681.

8. Die Beteiligung des Mieters an Renovierungskosten

a) Allgemeines zu Abgeltungsregelungen

538 Die Übernahme der Schönheitsreparaturen entspricht rechtlich und wirtschaftlich einem Teil der Gegenleistung des Mieters für die Gebrauchsüberlassung der Mieträume[1]. Unter dieser Prämisse wird dem Vermieter die Möglichkeit zugestanden, den ausziehenden Mieter bei Ende des Mietverhältnisses prozentual an künftig anfallenden Renovierungskosten – ermittelt auf der Grundlage des Kostenvoranschlags eines vom Vermieter auszuwählenden Malerfachgeschäftes – im Verhältnis der Nutzungszeit zum allgemeinen Renovierungsturnus zu beteiligen, falls die laufende Dekoration mangels hinreichender Abnutzung zu diesem Zeitpunkt noch nicht fällig bzw. geschuldet ist und auch ein vorzeitiger Renovierungsbedarf nicht besteht (**Kostenbeteiligungs- bzw. Abgeltungs- oder Quotenregelung**). Auf diese Weise kann sich der Vermieter wenigstens einen Anteil an den Renovierungskosten entsprechend der „abgewohnten Mietzeit" seit der letzten Renovierung sichern[2]; der vom Mieter zu zahlende Betrag dient dem Ausgleich der noch „offenen" Gegenleistung. Die Abgeltungsklausel ergänzt dabei die vertragliche Verpflichtung des Mieters zur Durchführung der laufenden Schönheitsreparaturen nach einem Fristenplan.

b) Wirksamkeitsvoraussetzungen für Abgeltungsklauseln

539 An eine wirksame Abgeltungsregelung in Form einer Formularvereinbarung werden nicht unerhebliche **Zulässigkeitsanforderungen** gestellt. Diese sollten dem Rechtsanwalt geläufig sein, will der entsprechende Klauseln auf ihre Rechtswirksamkeit überprüfen bzw. solche für einen Neuvertrag formulieren. Hier drohen Fallstricke, die zu erheblichen Rechtsnachteilen für den Vermieter führen können. Der BGH hat sich bereits in mehreren grundlegenden Entscheidungen[3] mit Quotenklauseln befasst und nachstehende **Wirksamkeitsvoraussetzungen** formuliert:

- Die **laufenden Schönheitsreparaturen** müssen dem Mieter rechtswirksam übertragen sein,
- der vom Vermieter einzuholende **Kostenvoranschlag** eines Malerfachgeschäfts darf nicht ausdrücklich für verbindlich bezeichnet werden,
- die für die Abgeltung maßgeblichen **Fristen und Prozentsätze** zur Kostenbeteiligung haben sich am Verhältnis zu den üblichen Renovierungsfristen auszurichten, wobei die Fristen **flexibel** und die Berechnungsmethoden **transparent** auszugestalten sind,

---

[1] BGH, WuM 2007, 684; BGH, WuM 2006, 677; BGH, NJW 1998, 3114; BGH, WuM 1987, 307.
[2] BGH, WuM 2006, 677 m.w.N.
[3] BGH, WuM 2008, 213; BGH, WuM 2007, 684; BGH, WuM 2007, 260; BGH, WuM 2006, 677; BGH, WuM 2004, 663; BGH, WuM 2004, 466; BGH, NZM 1998, 710; BGH, NJW 1988, 2790; im gleichen Sinne OLG Stuttgart, WuM 1982, 124; OLG Hamm, WuM 1981, 196; LG Itzehoe, WuM 2007, 691.

- das Recht des Mieters, seiner anteiligen Zahlungsverpflichtung dadurch zuvorzukommen, dass er vor dem Ende des Mietverhältnisses Schönheitsreparaturen in kostensparender **Eigenarbeit durchführt**, darf nicht ausdrücklich ausgeschlossen sein und
- bei Vermietung einer unrenoviert oder renovierungsbedürftig überlassenen Wohnung dürfen die für die Durchführung wie für die anteilige Abgeltung der Schönheitsreparaturen maßgeblichen Fristen nicht vor dem **Anfang des Mietverhältnisses** zu laufen beginnen.

aa) Wirksame Übertragung der laufenden Dekoration

Die Vereinbarung einer verbindlichen Kostenbeteiligungsklausel setzt zunächst voraus, dass dem Mieter auch die Pflicht zur Durchführung der **laufenden Schönheitsreparaturen** nach einem (flexiblen) Fristenplan wirksam übertragen wurde[1]. Kommt der „**Primärklausel**" aus rechtlichen Gründen keine Bindungswirkung zu, fehlt es der hieran anknüpfenden Quotenregelung an einer rechtlichen Grundlage. Dem Vermieter wäre es in diesem Fall verwehrt, beim Mieter eine anteilige Zahlung zu verlangen.

540

Eine unwirksame Abgeltungsklausel zieht hingegen die für sich genommen wirksame Renovierungsregelung nicht mit in den Abgrund[2] (vgl. Rz. 449).

bb) Fehlende Fälligkeit der Schönheitsreparaturen

Aus Gründen der Transparenz sollte bei der Vertragserstellung zusätzlich ein klarstellender Hinweis aufgenommen werden, wonach die Quotenregelung nur zur Anwendung gelangt, wenn die Verpflichtung des Mieters zur Ausführung der Schönheitsreparaturen bei Beendigung des Mietverhältnisses nach dem vereinbarten Fristenplan noch nicht fällig ist und ein vorzeitiger Renovierungsbedarf auch nicht besteht; andernfalls könnte ein Verstoß gegen § 307 Abs. 1 BGB drohen[3].

541

Formulierungsvorschlag:

Sind bei Beendigung des Mietverhältnisses die laufenden Schönheitsreparaturen für die Wohnung oder einzelne Räume entsprechend den in Ziff. (...) angegebenen allgemeinen Fristen noch nicht fällig und besteht auch kein vorzeitiger Renovierungsbedarf, so ist der Mieter verpflichtet, (...)

---

[1] BGH, WuM 2006, 248; OLG Düsseldorf, WuM 2003, 621; LG Kiel, WuM 2006, 312; LG Regensburg, ZMR 2003, 933; LG Berlin, MM 2002, 481; LG Berlin, WuM 1996, 758; AG Dortmund, WuM 2005, 764; AG München, WuM 2005, 766.
[2] BGH, WuM 2009, 36; BGH, WuM 2008, 472; BGH, WuM 2006, 248; LG Berlin, GE 2008, 332; LG Itzehoe, WuM 2007, 691; LG Berlin, GE 2007, 1125.
[3] So LG Berlin, NJWE-MietR 1997, 101.

cc) Unverbindlicher Kostenvoranschlag

542 Die quotale finanzielle Beteiligung des Mieters bestimmt sich mit Hilfe des Voranschlags eines Malerfachgeschäfts, den der Vermieter beschafft und aus dem sich die Kosten für die (hypothetische) vollständige Renovierung der Wohnung ergeben[1].

Formulierungsvorschlag:

> (…), so ist der Mieter verpflichtet, sich gegenüber dem Vermieter an den künftig anfallenden notwendigen Kosten für die üblicherweise bei der Renovierung der Mieträume durchzuführenden Schönheitsreparaturen aufgrund des Kostenvoranschlags eines vom Vermieter auszuwählenden Malerfachgeschäftes nach folgender Maßgabe zu beteiligen: (…)

543 Um eine Übervorteilung des Vermieters von vornerein auszuschließen, ist bei der Gestaltung der Klausel jedwede Formulierung zu vermeiden, die ein solches Preisangebot ausdrücklich als **verbindlich** bezeichnet[2]. Das würde gelten für die Formulierung

> Der Kostenvoranschlag des Vermieters ist für beide Parteien als verbindlich vereinbart.

544 In einem solchen Fall wäre dem Mieter die Möglichkeit genommen, nachzuweisen, dass der Kostenvoranschlag des Vermieters unrichtig oder völlig überzogen ist. Gleiches soll übrigens gelten, wenn sich die Kosten der Renovierung „**im Zweifel**" nach einem Kostenvoranschlag des Vermieters richten[3]. Die Vorlage eines für den Mieter günstigeren Angebotes, aus dem hervorgeht, dass die Renovierung mit geringerem Kostenaufwand durchgeführt werden kann als vom Vermieter zugrunde gelegt[4], darf ihm ebenso wenig verwehrt sein wie die gerichtliche Überprüfung der Berechnungsgrundlage selbst. Einer **ausdrücklichen Erwähnung** der Unverbindlichkeit des Kostenvoranschlages in der Quotenklausel bedarf es allerdings nicht[5], die Aufnahme einer entsprechenden Ergänzung ist aus Gründen der Transparenz aber zu empfehlen.

---

1 BGH, WuM 2008, 278; BGH, NJW 1988, 2790.
2 BGH, WuM 2006, 677; WuM 2004, 663; BGH, NJW 1988, 2790; LG Berlin, ZMR 1998, 777; LG Duisburg, WuM 1990, 201.
3 AG Gießen, WuM 2009, 454.
4 Vgl. LG Stuttgart, WuM 1989, 70.
5 BGH, WuM 2004, 663; LG Berlin, ZMR 1998, 777.

Formulierungsvorschlag:

Der Mieter hat die Möglichkeit, innerhalb von drei Wochen nach Erhalt des Kostenvoranschlags auf Grund eines von ihm selbst besorgten Preisangebots eines Malerfachbetriebes nachzuweisen, dass die gleichen Arbeiten kostengünstiger durchgeführt werden können. In diesem Fall gilt der Kostenvoranschlag des Mieters zur Anteilsberechnung.

Unter dem Gesichtspunkt der praktischen Handhabung sollte die Höhe des Kostenansatzes nicht anhand des Kostenvoranschlags eines „von den Vertragsparteien" zu bestimmenden Malerfachbetriebes ermittelt werden, zumindest nicht, ohne in Ergänzung hierzu das weitere Verfahren festzulegen, falls die insoweit vorgesehene Einigung der Parteien nicht zustande kommt[1]. 545

dd) Verbleibendes Selbstvornahmerecht des Mieters

Dem Mieter muss nach dem Wortlaut der Formularabrede grundsätzlich die Möglichkeit verbleiben, bei Mietende eine Inanspruchnahme aus der Abgeltungsklausel durch Kosten sparende **Eigenleistung** der Schönheitsreparaturen abzuwenden[2]. Dem liegt die Überlegung zugrunde, dass bei Ablauf eines längeren Zeitraumes seit Mietbeginn bzw. seit Durchführung der letzten Schönheitsreparaturen die den Mieter treffende Kostenquote entsprechend hoch ist und eine Selbstvornahme den Mieter wesentlich günstiger kommen kann. Über den Bestand dieser Wahlmöglichkeit darf der Mieter in der Kostenklausel daher **nicht hinweggetäuscht** werden[3]. Einer **ausdrücklichen Erwähnung** des Rechts zur Eigenleistung in der Klausel bedarf es wiederum nicht[4]. Dennoch **empfiehlt** es sich, zur Klarstellung ausdrücklich aufzunehmen, dass der Mieter seine Zahlungsverpflichtung mittels Selbstrenovierung vermeiden kann. 546

Der Mieter ist von der Verpflichtung zur anteiligen Kostentragung befreit, wenn er sich bereit erklärt, die Wohnung in Eigenleistung zu renovieren.

Entscheidet sich der Mieter schließlich für die Eigenrenovierung, darf er an diese Festlegung durch den Klauseltext wiederum nicht gebunden sein[5]. 547

---

1 Die ansonsten entstehende Vertragslücke kann durch § 316 BGB geschlossen werden – BGH, WuM 2007, 684.
2 BGH, WuM 2006, 677; BGH, NJW 1988, 2790.
3 BGH, NJW 1988, 2790; OLG Celle, WuM 2001, 393; OLG Frankfurt/Main, NZM 1998, 150; OLG Stuttgart, WuM 1993, 528; AG Lörrach, WuM 1996, 613; AG Neukölln, MM 1998, 443.
4 BGH, WuM 2004, 663; LG Berlin, ZMR 1998, 777; vgl. auch BGH, WuM 2007, 684.
5 BGH, WuM 2004, 466.

ee) Regelfristen

548 Dem Rechtsanwalt ist zu empfehlen, sich bei der Abfassung einer Quotenklausel an den üblichen **Renovierungsintervallen** zu orientieren (vgl. Rz. 490 ff.) und danach das Maß des Abgeltungsanspruchs festzulegen. In Anbetracht der Überlegungen des BGH zur angemessenen Dauer der Regelfristen anlässlich seiner Entscheidung vom 26.9.2007[1] (hierzu Rz. 492) sollte allerdings von einem Rückgriff auf die kurzen Dekorationszeiträume des Mustermietvertrages 1976 absehen und verlängerten Zeitintervallen (z.B. 5/8/10 Jahre) der Vorzug gegeben werden. Die weitere Verwendung der verkürzten Regelfristen (3/5/7 Jahre) im Anschluss an das Bekanntwerden des erwähnten BGH-Urteils – nach hier vertretener Auffassung ab Ende des Jahres 2007[2] – könnte bereits eine unangemessene Benachteiligung des Mieters (§ 307 Abs. 1 BGB) bedingen und die Unwirksamkeit der gesamten Kostenbeteiligungsregelung nach sich ziehen.

549 Selbstverständlich dürfen auch im Rahmen der Abgeltung von Schönheitsreparaturen die maßgeblichen Fristen im Falle einer **unrenoviert oder renovierungsbedürftig** überlassenen Wohnung nicht vor dem **Anfang des Mietverhältnisses** zu laufen beginnen (vgl. Rz. 506 ff.); zieht der Mieter bereits im Vorfeld des ursprünglich vereinbarten Übergabetermins, z.B. zum Zwecke der Renovierung ein, bliebe jene Zeitspanne bis zum tatsächlichen Vertragsbeginn außer Betracht[3].

550 Allerdings werden im Schrifttum beachtliche **Bedenken** gegen die bislang vom BGH[4] angenommene Zulässigkeit einer Kostenbeteiligungsklausel bei der Vermietung einer **unrenoviert oder renovierungsbedürftig** überlassenen Wohnung erhoben bzw. für diese Fälle andere Berechnungsmodelle vorgeschlagen[5]. Diese Einwände haben zwischenzeitlich Gehör gefunden. So bekundet jetzt sogar der BGH[6] Zweifel, ob an der bisherigen Rechtsprechung festzuhalten sei; die Begründung für eine sich abzeichnende **Rechtsprechungsänderung** wird gleich mitgeliefert:

> Für eine Änderung könnte sprechen, dass entweder – wenn der Mieter keine Schönheitsreparaturen durchgeführt hat – sich am Ende der Mietzeit nicht feststellen lässt, in welchem Umfang die Abnutzung durch den Mieter selbst und wie weit sie durch den Vormieter herbeigeführt worden ist, oder der Mieter – wenn er im Laufe des Mietverhältnisses renoviert hat – doppelt belastet wird, indem er zusätzlich zu dem Schönheitsreparaturaufwand eine Kosten-

---

1 BGH, NZM 2007, 879 – Prüfung einer Abgeltungsklausel.
2 **A.A.** *Beyer*, NZM 2005, 137 unter Hinweis auf BGH, NJW-RR 2004, 1463 – 5 Monate ab Urteilsspruch.
3 *Eisele*, WuM 1997, 533.
4 Zuletzt BGH, WuM 2006, 677.
5 *Börstinghaus*, DWW 2005, 92; *Langenberg*, WuM 2007, 231; *Klimke/Lehmann-Richter*, ZMR 2005, 417.
6 BGH, WuM 2007, 684.

quote zu tragen hat, obwohl bzw. weil er die von ihm (jedenfalls auch zur Beseitigung der Abnutzung durch den Vormieter) vorgenommenen Dekorationsarbeiten noch nicht vollständig abgenutzt hat.

In Anbetracht dieser mehr als deutlich bekundeten Vorbehalte des BGH gegen die eigene „Altrechtsprechung" sollte der Rechtsanwalt bei er Vertragsgestaltung Zurückhaltung üben und tunlichst davon absehen, dem Mietvertrag anlässlich der Vermietung einer unrenovierten Wohnung eine Abgeltungsklausel hinzuzufügen.

Im Weiteren wird vom anwaltlichen Berater zu berücksichtigen sein, dass die jüngste Rechtsprechung des BGH[1] eine formularvertragliche Kostenbeteiligungsregelung, deren Berechnungsgrundlage sich an einem **starren Fristenplan** ausrichtet, ebenfalls als **unwirksam** bewertet[2]. Ein solcher Fall ist dann anzunehmen, wenn die Klausel für einen seit der letzten Renovierung verstrichenen Zeitraum eine bestimmte Abgeltungsquote festlegt, ohne dass dem Mieter die Möglichkeit eröffnet ist darzustellen, dass der tatsächliche Dekorationszustand der Mieträume eine Verlängerung der Fristen und damit eine Verringerung der anteiligen Kostenbelastung zulässt. Der Mieter läuft andernfalls Gefahr, dass er – gemessen ab Abnutzungsgrad der Wohnung und der Zeitspanne bis zur Fälligkeit der nächsten Schönheitsreparaturen – eine übermäßig hohe Abgeltungsquote zu tragen hat und somit auch künftige Instandhaltungskosten mit abgilt[3]. 551

Zur Vermeidung solch „**starrer Berechnungsgrundlagen**" empfiehlt sich die Ergänzung des Fristenplans um eine typische **Öffnungsklausel**, wie sie üblicherweise zur Aufweichung fester Renovierungsintervalle ausreicht (vgl. *Rz. 503*), vorzusehen. Die Anwendung der in einer Abgeltungsklausel festgelegten Fristen kann mit dem Zusatz „im Allgemeinen" oder „in der Regel" **flexibel** gestaltet werden; zudem bietet es sich an, in die Klausel eine Regelung mit aufzunehmen, wonach die den Mieter treffende Quote bei Vorliegen besonderer Erhaltungszustände der Wohnung erhöht oder ermäßigt werden kann.

Als Nächstes ist bei der Ausarbeitung bzw. Prüfung einer Quotenklausel zu beachten, dass die Kostenbeteiligungspflicht des Mieters **frühestens nach Ablauf des ersten Mietjahres** beginnen darf. Ausdrücklich wurde dies zwar bislang, soweit ersichtlich, noch nicht entschieden. Der BGH[4] hat aber festgehalten, dass dem Vermieter eine Beteiligung des Mieters an den zukünftigen Renovierungskosten für den Fall gesichert werden soll, dass das Vertragsende länger als ein Jahr ab Vertragsbeginn zurückliegt. Wird in Widerspruch hierzu die Kostenbeteiligung auch für eine Vertragslaufzeit unter 552

---

1 BGH, WuM 2008, 213; BGH, WuM 2007, 260; BGH, WuM 2006, 677; ebenso LG Mannheim, WuM 2006, 190; LG Hamburg, WuM 2005, 453; AG Hamburg, WuM 2006, 144; AG Oranienburg, GE 2006, 655.
2 Anders noch BGH, WuM 2004, 663; BGH, WuM 2006, 248.
3 BGH, WuM 2007, 260, so auch AG Gießen, WuM 2009, 454.
4 BGH, NJW 1988, 2790.

12 Monaten fixiert, würde der Mieter bereits nach kurzer Mietdauer mit Kosten belastet, was unangemessen erscheint[1]. Hier läuft der Vermieter Gefahr, wegen Unwirksamkeit der Klausel Zahlungsansprüche zu verlieren.

Formulierungsvorschlag:

> Liegt die bisherige Nutzungsdauer im Mietverhältnis unter 1 Jahr, entfällt der vom Mieter zu leistende Kostenanteil.

ff) Transparenter Berechnungsmodus

553 In der **Darstellung der Quote** und deren Berechnung steckt derzeit das Hauptproblem für die Ausarbeitung einer rechtswirksamen Abgeltungsklausel. Die hierzu jüngst vom BGH[2] formulierten Hürden liegen derart hoch, dass man durchaus von einer „gefahrgeneigten Arbeit" des Klauselerstellers sprechen kann.

554 Denn Formularbedingungen zur Kostenbeteiligung des Mieters gelten nur noch dann als beanstandungsfrei, wenn sie für die Berechnung der Quote eine Berücksichtigung des **tatsächlichen Erhaltungszustands** der Wohnung in der Weise ermöglichen, dass der Mieter bei einem unterdurchschnittlichen Abnutzungsgrad längere Renovierungsfristen in Anspruch nehmen kann (**Ermittlungsbestandteil**). Hierzu ist ausreichend, wenn die Klausel entweder **flexible Renovierungsintervalle** benennt oder auf eben solche – niedergelegt an anderer Stelle des Vertragstextes – ausdrücklich Bezug nimmt[3].

Hinzukommen muss aber, dass die Formularregelung zur Ermittlung der Quote das **Verhältnis** zwischen

– der **Mietdauer seit Durchführung** der letzten Schönheitsreparaturen und

– dem (imaginären) **Zeitraum nach Durchführung** der letzten Schönheitsreparaturen, nach dem bei einer hypothetischen Fortsetzung des Mietverhältnisses aufgrund des Wohnverhaltens des Mieters voraussichtlich erneuter Renovierungsbedarf besteht,

zugrunde legt, wobei der Wortlaut der Klausel eindeutig erkennen lassen muss, dass die Abgeltungsquote in eben dieser Art und Weise zu berechnen ist, dem Vermieter somit keine Möglichkeit offen stehen darf, den Mieter aufgrund einer anderen Berechnungsweise, die ebenfalls vom Wortlaut der Klausel gedeckt wäre, auf eine unangemessen hohe Quote in Anspruch zu nehmen (**Berechnungsbestandteil**)[4]. Aus Gründen der **Transparenz** soll der

---

[1] Zur Formularklausel, die dem Mieter bei Beendigung des MV die Vollrenovierung nach 1,5 Jahren Miete auferlegt, vgl. AG Neukölln, MM 1998, 443 (Unwirksamkeit bejaht).
[2] BGH, WuM 2008, 278; BGH, WuM 2007, 684; so auch LG Itzehoe, WuM 2007, 691.
[3] Vgl. BGH, WuM 2008, 278.
[4] BGH, WuM 2007, 684; LG Itzehoe, WuM 2007, 691.

Mieter hierbei, und zwar ohne fremde Hilfe, den Kostenanteil für seine Zahlungspflicht möglichst klar und einfach nachvollziehen können. („Aus welchem Wohnungszustand folgt welche Quote?"). Nicht hinreichend präzise wäre demzufolge eine Klausel, die den Mieter gerade einmal verpflichtet, „aufgelaufene Renovierungsintervalle zeitanteilig zu entschädigen"[1] oder die es der ergänzenden **Auslegung** überlässt, wie der zu zahlende anteilige Betrag errechnet werden soll[2].

Das angestrebte Ziel kann nur auf zwei Wegen erreicht werden: 555

– Die **bisherige Wohndauer** wird ins Verhältnis gesetzt zu der Zeit, nach der bei **fiktiver Fortsetzung des Mietverhältnisses**, also bei Nutzung der Wohnung durch den bisherigen Mieter, voraussichtlich eine Renovierung erforderlich sein würde. Endet z.B. das Mietverhältnis nach 6 (*Alt.: 4*) Jahren, wurde die Wohnung vom Mieter aber nicht stärker abgenutzt als es regelmäßig bei einer Mietdauer von 4 (*Alt.: 2*) Jahren zu erwarten wäre, ergibt sich – ausgehend von einem üblichen Renovierungsintervall von nunmehr 8 Jahren für Wohnräume – aufgrund des konkreten Mieter-Wohnverhaltens ein erneuter Renovierungsbedarf (voraussichtlich) erst nach insgesamt 12 (*Alt.: 16*) Jahren Mietzeit. In diesem Fall darf der Mieter mit maximal 6/12 = 1/2 (*Alt.: 4/16 = 1/4*) der ermittelten Renovierungskosten belastet werden. Voraussetzung ist allerdings, dass die Frist für die voraussichtlich erforderliche Vornahme der Renovierung den Zustand der Wohnung bei Beendigung des Mietverhältnisses entsprechend flexibel bestimmt (kein starrer Fristenplan) und dazu die tatsächliche Wohndauer ins Verhältnis gesetzt wird.

Formulierungsvorschlag I:

> Der vom Mieter zu leistende Kostenanteil entspricht dem Verhältnis der bisherigen Wohndauer seit Mietbeginn bzw. seit Durchführung der letzten Schönheitsreparaturen und der Zeit, nach der bei unterstellter Fortdauer des Mietverhältnisses – Weiternutzung der Wohnung durch den bisherigen Mieter – und unter Berücksichtigung der in Ziff. ... festgelegten allgemeinen Renovierungsfristen voraussichtlich eine Renovierung erforderlich wird. (*Beispiel*...)

– Die **der Abnutzung entsprechende fiktive Wohndauer** wird ins Verhältnis gesetzt zu der **allgemein üblichen Regelfrist**. War die Wohnung vom Mieter nach 6-jähriger (*Alt.: 4-jähriger*) Mietzeit nicht stärker abgenutzt, als es regelmäßig bei einer Mietdauer von 4 (*Alt.: 2*) Jahren zu erwarten wäre und gilt ein übliches Renovierungsintervall von 8 Jahren für Wohnräume, darf der Mieter wiederum nur mit maximal 4/8 = 1/2 (*Alt.: 2/8 = 1/4*) der Renovierungskosten belastet werden. Voraussetzung ist auch in

---

[1] BGH, WuM 2008, 278.
[2] AG Wiesbaden, WuM 2009, 456.

diesem Fall, dass die allgemeine Regelfrist flexibel bestimmt und dazu die der Abnutzung entsprechende fiktive Wohndauer ins Verhältnis gesetzt wird.

Formulierungsvorschlag II:

> Der vom Mieter zu leistende Kostenanteil entspricht dem Verhältnis der in Ziff. ... festgelegten allgemeinen Renovierungsfristen und der der tatsächlichen Abnutzung entsprechenden fiktiven Wohndauer des Mieters. (*Beispiel...*)

In diesem Zusammenhang bietet es sich an, den Berechnungsweg und vor allem die möglicherweise von den Regelfristen (5/8/10 Jahre – vgl. *Rz. 493*) abweichenden „prophetisch-fiktiven" Fristen anhand einer Beispielrechnung in der Klausel zu veranschaulichen.

556 Nach bisheriger Rechtsprechung (Berechnung der Abgeltungsquote nach starren Fristen) verbot sich eine formularvertragliche „**100 %-Beteiligung**" des Mieters an den zu erwartenden Renovierungskosten, da dies auf eine Missachtung der Voraussetzungen des § 281 BGB hinausliefe. Gab etwa der Mietvertrag die Abgeltung der Dekorationsaufwendungen gemäß Kostenvoranschlag im Umfang von 100 % nach fünf Jahren Mietdauer vor, war bereits eine Unwirksamkeit der Klausel zu bejahen[1]; eine Kostenbeteiligung von maximal 80 % blieb demgegenüber unbeanstandet[2]. Die in diesem Zusammenhang geführte Argumentation hat im Hinblick auf die zwischenzeitlich erfolgte Rechtsprechungsänderung nichts an Aktualität verloren. Denn auch bei der Aufnahme weicher Fristenpläne in die Abgeltungsklausel besteht zum Zeitpunkt einer Zahlungsverpflichtung von 100 % bereits ein Anspruch auf Erfüllung der Schönheitsreparaturen, der nur unter den Voraussetzungen der §§ 280, 281 BGB in einen Schadensersatz- und damit in einen Geldzahlungsanspruch umschlägt, so dass „Abgeltungsklauseln mit Vollamortisation" eine unzulässige Umgehung hierzu begründen würden.

Bis zur endgültigen Klärung der Mindestanforderungen an eine wirksame Abgeltungsklausel durch die Gerichte muss daher dem Rechtsanwalt weiterhin die Aufnahme einer entsprechenden „Deckelung" des den Mieter treffenden Kostenbetrages deutlich unter der 100 %-Marke angeraten werden.

557 Vergleichbare Überlegungen gelten für die Bestimmung des Umfangs der einzelnen Fristenzeiträume. Hierzu war bislang anerkannt, dass deren Aufteilung **nach Monaten** in eine unzulässige Erweiterung der Mieterpflichten

---

1 Vgl. OLG Karlsruhe, NJW 1982, 2829; LG Nürnberg-Fürth, ZMR 2005, 623; LG Berlin, NZM 2001, 231; LG Berlin, GE 1995, 1083; AG Leipzig, WuM 2003, 563; *Kraemer*, WuM 1991, 237, 238.
2 BGH, WuM 2004, 663; **a.A.** *Kinne*, ZMR 2005, 921.

mündet[1]. Deshalb ist dringend zu empfehlen, die Quote des Mieters ausschließlich nach **Jahren** auszurichten und keine kürzeren (Zwischen-)Zeiträume zu nehmen.

Unabhängig von alledem ist festzuhalten: Der Vermieterberater steckt derzeit in der Bredouille. Auf der einen Seite gewinnen Abgeltungsregelungen, mit denen ja die Folgen eines Mieterwechsels innerhalb eines Fälligkeitsturnus abgefangen werden sollen, bei zu erwartenden, längeren Renovierungsfristen erheblich an Relevanz. Andererseits bleibt eine Empfehlung, wie Quotenklauseln derzeit „abschusssicher" zu gestalten sind, in Anbetracht offener Berechnungsfragen als schwierig. Von der Aufnahme einer Kostenbeteiligung in den Mietvertrag wird teilweise sogar gänzlich abgeraten. Die Probleme sind vielfältig, denn jede „weiche" Klausel zur Abgeltung trägt die Gefahr der Unübersichtlichkeit in sich, sobald sie ausführlich formuliert und noch dazu mit Beispielen versetzt wird. Hier droht mangelnde Transparenz als „Stolperstein". Vor allzu ambitionierten Gestaltungen ist zu warnen. Dennoch braucht der Rechtsanwalt vor einem Versuch nicht zurückschrecken. Er sollte klare, aber typische Beispielsfälle bilden und in der Klausel verankern[2]. Unabhängig davon: Nach derzeitiger Rechtslage infiziert die unwirksame Quotenregelung (noch – ohne Zukunftsgarantie) nicht die allgemeine Renovierungs- und Vornahmeklausel; ein Summierungseffekt wird abgelehnt[3] (vgl. *Rz. 540*). Ob die strenge Rechtsprechung des BGH daher das „beklagenswerte Ende der Quotenklauseln am juristischen Horizont"[4] eingeläutet hat, darf bezweifelt werden. Der Mandant zumindest muss umfassend über das derzeit noch bestehende „Formulierungsrisiko" aufgeklärt werden.

c) Besonderheiten bei der Geschäftsraummiete

Die zeitanteilmäßige Belastung des Mieters mit zukünftigen Renovierungskosten bei fehlender Fälligkeit der Dekorationsarbeiten zum Zeitpunkt der Beendigung des Mietvertrages ist auch im Bereich der Gewerberaummiete ohne Bedenken **zulässig**. Die für die Formulierung einer wirksamen Quotenklausel im Wohnraummietrecht geltenden Mindestvoraussetzungen bestehen – mit geringfügigen Ausnahmen – uneingeschränkt auch im Fall der Ausarbeitung und Prüfung von Gewerbemietverträgen. Nur die Berücksichtigung **kürzerer Regelfristen** hat hier ihre Berechtigung, denn Geschäftsflächen, insbesondere solche mit industrieller Produktion, unterliegen häufig einer schnelleren Abnutzung (vgl. *Rz. 516*). Eine **starre Abgeltungsregelung** verbietet sich grundsätzlich; sie führt stets zur Unwirksamkeit der Kostenregelung insgesamt[5].

---

1 AG Gießen, ZMR 2002, 828; AG München, WuM 1997, 367.
2 Hierzu *Kappus*, NJW 2007, 3635.
3 BGH, WuM 2009, 36; BGH, WuM 2008, 472.
4 So *Emmerich*, NZM 2009, 16.
5 OLG Düsseldorf, GuT 2007, 211.

560 Was die **Höhe des Kostenanteils** betrifft, mit dem der Mieter belastet wird, sollte der Rechtsanwalt ebenfalls darauf achten, dass im Verhältnis zur (fiktiven) Renovierungsfrist keine Übervorteilung des Vermieters festgelegt (vgl. Rz. 553 ff.) und vor allem dem Transparenzgebot genüge getan wird.

9. Welche Rechtsfolgen ergeben sich aus unwirksamen Schönheitsreparaturklauseln?

a) Wegfall der Dekorationspflicht des Mieters

561 Nach überschlägiger Schätzung ist gut jeder zweite Mietvertrag mit unwirksamen Renovierungsregelungen „gespickt"; bei Altmietverträgen vor 2002 dürfte die Quote sogar deutlich höher liegen. Steht die Ungültigkeit von Schönheitsreparaturklauseln fest, sollte der Vermieteranwalt daher seinen Mandanten darüber belehren, dass künftig eine Verpflichtung des Mieters, Dekorationsarbeiten gemäß vertraglicher Grundlage vorzunehmen, ausscheidet, ohne dass dem Mieter damit ein vermögenswerter Vorteil (Bereicherung) zufließt[1]. Auch besteht kein **Gewohnheitsrecht**, was die Durchführung von Schönheitsreparaturen allein durch den Mieter anbelangt[2]. § 306 BGB weist grundsätzlich dem Verwender der AGB das Risiko der Unwirksamkeit und der daraus erwachsenen Folgen zu. Der Vermieter trägt (künftig) die Instandhaltungslast der Mieträume in vollem Umfang; die wirtschaftlichen Nachteile der fehlenden Klauselgeltung sind seiner Risikosphäre zugewiesen[3].

562 Die Aufnahme einer **salvatorischen Klausel** in den Mietvertrag, wonach die unwirksame Vertragsregelung durch eine solche ersetzt werden soll, die sinngemäß dem Willen der Parteien bei Vertragsabschluss entspricht, hilft dem Rechtsanwalt, der für seinen Mandanten einen Ausweg aufzeigen soll, nicht weiter. Derartige **Ersetzungsklauseln** werden von der Rechtsprechung als unwirksam betrachtet[4].

563 Ebenso scheitern Überlegungen im Zusammenhang mit den Grundsätzen über die **Störung der Geschäftsgrundlage** (§ 313 BGB)[5]. Dieser Rechtsgrundsatz findet keine Anwendung, sobald sich ein Risiko verwirklicht, welches einseitig dem Risikobereich einer Vertragspartei zuzurechnen ist[6]. Weicht der Vermieter mit seinen Dekorationsklauseln formularmäßig vom dispositiven Rechts ab, trägt er allein die Konsequenzen einer unwirksamen Regelung insoweit, als ihm wieder die gesetzlichen Pflichten obliegen[7].

---

1 LG Wuppertal, WuM 2005, 765.
2 LG Berlin, WuM 1991, 29; *Börstinghaus*, WuM 2005, 675.
3 BGH, WuM 2008, 487.
4 BGH, NZM 2005, 779 u. 502; BGH, NJW 1996, 789; KG, NJW 1998, 829; OLG Celle, WuM 1994, 893.
5 BGH, WuM 2008, 487.
6 BGH, WuM 2006, 440.
7 BGH, NZM 2005, 504; *Heinrichs*, WuM 2005, 159.

Aus denselben Gründen bleibt für eine **ergänzende Vertragsauslegung** (§§ 133, 157 BGB) bei unwirksamer Schönheitsreparaturvereinbarung kein Raum[1]. Die entstandene Lücke im Vertrag kann durch dispositives Gesetzesrecht (§ 535 Abs. 2 S. 1 BGB) geschlossen werden. Der damit verbundene Verbleib der Dekorationspflicht beim Vermieter bedingt keine unangemessene, den Interessen der Vertragspartner widersprechende Regelung. Berücksichtigt man zudem, dass bei Kenntnis der unwirksam vereinbarten Renovierungsregelung nicht eine Geldleistung[2], sondern eine wirksame Klausel zu den Schönheitsreparaturen festgelegt worden wäre[3], scheidet eine Vertragsanpassung und damit ein Anspruch des Vermieters auf **Ausgleichszahlung** für ersparte Aufwendungen aus.

564

b) Kein Vertrauensschutz zugunsten des Vermieters

Für eine Vielzahl von Vermietern ist schwerlich zu verstehen, dass sie gegenüber den wie auch immer gearteten Rechtsprechungsänderungen keine „Stichtagsregelung" für sich reklamieren können, was Altmietverträge betrifft, obwohl doch in höchstrichterlichen Entscheidungen eine ganze Reihe gängiger Renovierungsklauseln noch bis vor kurzem unbeanstandet blieben. Entsprechenden Forderungen in der Literatur[4] – unter Hinweis auf das Erfordernis eines Vertrauensschutzes – wurde von Seiten des BGH[5] schon deshalb eine klare Absage erteilt, weil nach § 306 Abs. 2 BGB die dispositive gesetzliche Bestimmung des § 535 Abs. 1 S. 2 BGB an die Stelle der unzulässigen Renovierungsklausel tritt und gerichtliche Urteile keine dem Gesetzesrecht vergleichbare Bindung entfalten[6]. Auf die Perpetuierung der BGH-Rechtsprechung zur „Klauselzulässigkeit" darf sich der Verwender von Musterverträgen also nicht verlassen. Das Risiko einer Rechtsprechungsänderung muss auch der mit der Erstellung eines Formularmietvertrages betraute Rechtsanwalt vergegenwärtigen; zur eigenen haftungsrechtlichen Absicherung sollte er zumindest auf eine im Einzelfall „begrenzte Haltbarkeit" bzw. auf die regemäßig fehlende Korrekturmöglichkeit von AGB bei sich später herausstellender Unwirksamkeit hinweisen.

565

Fazit:

566

Enthält der Mietvertrag unwirksame Schönheitsreparaturklauseln, kann sich der Mieter die Renovierung „schenken"; will er umziehen, braucht nur noch seine Einbauten entfernen, evtl. Schäden aus Übermaßgebrauch beseitigen, nochmal durchfegen – und fertig.

---

1 BGH, WuM 2008, 487; BGH, WuM 2006, 513 u. 677; LG Wuppertal, WuM 2005, 765; *Sternel*, ZMR 2008, 501; *Lehmann-Richter*, ZMR 2005, 170.
2 So aber *Lehmann-Richter*, ZMR 2005, 170.
3 *Krapf*, MietRB 2005, 274.
4 *Horst*, NZM 2007, 185; *Artz*, NZM 2007, 268; *Bub/von der Osten*, NZM 2007, 76.
5 BGH, WuM 2009, 225; BGH, WuM 2008, 278.
6 Vgl. auch BGH, WuM 2008, 487.

c) Besonderheiten in der Geschäftsraummiete

567 Die wirtschaftlichen Auswirkungen unwirksamer Schönheitsreparaturklauseln treffen den Vermieter von Gewerberaum in Anbetracht längerer Vertragslaufzeiten und größerer Mietflächen ungleich härter[1]. Mit dem „Wegfall" der Dekorationspflicht erspart sich der Mieter die z.T. immensen Kosten der Renovierung, mit denen sich jetzt der Vermieter konfrontiert sieht. Hier sind Beträge im 5- bis 6-stelligen Bereich schnell erreicht. Der Mieter hat zudem die Möglichkeit zur Mietminderung, sollten sich die Räume nicht mehr in einem vertragsgemäßen Zustand befinden (vgl. *Rz. 779*). Während der Renovierung durch den Vermieter besteht sogar ein erweitertes Minderungsrecht gegen Null, weil der Mieter in dieser Zeit seinen Betrieb nur eingeschränkt führen kann.

568 Die sich damit für den Vermieter aufdrängende Frage, ob eine derartige Verschiebung des Vertragsgleichgewichts gegenüber der ursprünglichen Vertragskalkulation zu einer grundlegenden Störung der Vertragsparität und damit zu einer Anpassungsmöglichkeit über eine **ergänzende Vertragsauslegung** oder unter Heranziehung der Grundsätze über die **Störung der Geschäftsgrundlage** (§ 313 BGB) führten kann[2], muss verneint werden. Das Gesetz stellt in § 535 BGB eine konkrete Regelung zur Ausfüllung der mit dem Wegfall der unwirksamen Schönheitsreparaturklausel entstandenen Vertragslücke zur Verfügung. Aus diesem Grund trägt auch der Vermieter von Gewerberaum allein das Risiko der unwirksamen Dekorationsklausel[3].

569 Im Einzelfall könnte allenfalls geprüft werden, ob das Festhalten an dem Vertrag für den Gewerberaumvermieter in Anbetracht einer damit verbundenen Gefährdung der Wirtschaftlichkeit des vermieteten Grundstücks und der Existenz des Gesamtunternehmens als **unzumutbare Härte** i.S.v. § 306 Abs. 3 BGB zu werten ist mit der Folge, dass den Parteien eine Fortsetzung der Vertragsbeziehung aus Gründen der Gerechtigkeit nicht mehr abverlangt werden kann[4]. Hierzu müsste feststehen, dass

– der Vermieter den Mietvertrag nicht ohne eine wirksame Übertragung der Schönheitsreparaturen auf den Mieter abgeschlossen hätte,

– eine einschneidende Störung des Äquivalenzverhältnisses vorliegt, die das Festhalten am Vertrag für den Vermieter unzumutbar macht (existenzbedrohende Auswirkung)[5],

– die Unwirksamkeit der Klausel für den Vermieter nicht ohne weiteres vorhersehbar war.

---

1 Vgl. hierzu *Möller*, MietRB 2006, 136.
2 So *Ahlt*, GuT 2005, 47.
3 BGH, NZM 2005, 504; vgl. auch BGH, WuM 2008, 487 – Wohnraum.
4 BGH, NZM 2007, 363; BGH, NZM 2002, 543; hierzu *Ahlt*, DWW 2005, 96; *Heinrichs*, NZM 2003, 6.
5 BGH, WuM 1996, 2018.

Eine solch schwerwiegende Störung des Vertragsgleichgewichts wäre anzunehmen, wenn die – letztendlich gescheiterte – Übertragung der Schönheitsreparaturen ursprünglich in die Kalkulation des Mietpreises durch entsprechende Reduzierung mit eingeflossen ist und der Vermieter z.B. in einem Einkaufszentrum jetzt für alle Mieter die Dekorationsarbeiten innerhalb kürzester Zeit durchzuführen und zu finanzieren hat oder wenn dem Vermieter die laufenden Mieterträge gerade so ausreichen, um die Finanzierungsaufwendungen gegenüber der Bank zu tilgen und ihm ansonsten weitere Einkünfte hierfür nicht zur Verfügung stehen[1].

Im Bereich der Anmietung von Gewerberaum ist es nicht unüblich, dass der **Mieter als Verwender** von AGB dem Vermieter einen vorgefertigten Vertragsentwurf vorlegt und der Vermieter darauf eingeht. Gerade große Handelsketten, Filialisten und Discounter legen Wert auf die Verwendung der eigenen, standardisierten Formularverträge. Soweit dort wirkungslose Schönheitsreparaturklauseln enthalten sind (z.B. in Form einer Renovierungsverpflichtung mit starrem Fristen), könnte sich der Mieter hierauf nicht berufen oder gar den Vermieter zur Durchführung der Malerarbeiten auffordern. Nach dem Grundsatz von Treu und Glauben muss sich der Mieter vielmehr an den eigenen unwirksamen Regelungen festhalten lassen, die dem Vermieter im **Einzelfall günstig** sind; ein Verweis auf deren Unwirksamkeit scheidet aus[2]. 570

10. Wie kann auf unwirksame Schönheitsreparaturklauseln reagiert werden?

a) Reaktionsalternativen aus Sicht des Vermieters

aa) Besteht ein Bereicherungsanspruch?

Stellt sich die Unwirksamkeit der Schönheitsreparaturklauseln heraus, könnte der benachteiligte Vermieter die Auffassung vertreten, sein Mieter sei **ungerechtfertigt bereichert**, weil in der Vergangenheit zu wenig an Miete verlangt wurde. Diesen Gedankengang sollte der Rechtsanwalt weder unterstützen noch weiterverfolgen, denn er ist abwegig. Der vermögenswerte Vorteil, den der Mieter durch die Nichtigkeit der Abwälzungsregelung erlangt, verbleibt bei ihm von Gesetzes wegen (§§ 305 ff. BGB)[3]. 571

bb) Kann die Miete erhöht werden?

Lange Zeit war fraglich ist, ob der Vermieter einer **frei finanzierten Wohnung** bei gescheiterter Überwälzung der Dekorationspflicht vom Mieter zumindest einen finanziellen Zuschlag im Wege einer **Mieterhöhung** für die Zukunft fordern kann. Von der Instanzrechtsprechung war ein solches 572

---

1 Möller, MietRB 2006, 136.
2 BGH, WuM 2006, 310; BGH, NJW-RR 2005, 314; BGH, NZM 1998, 718; OLG Koblenz, WuM 1999, 694.
3 LG Wuppertal, WuM 2005, 765.

Aufgeld weitgehend bejaht worden[1]. Zu diesem Rechtsproblem hat sich nunmehr auch der BGH[2] positioniert und zu Lasten der Vermieter festgestellt, dass eine Kompensation mittels Erhöhung der ortsüblichen Vergleichsmiete um einen – wie auch immer zu bemessenden Zuschlag – nicht möglich ist, und zwar deshalb, weil dem gesetzlichen Vergleichsmietensystem einzelne Kostenelemente fremd sind.

Unabhängig davon bleibt es dem Vermieter, der nunmehr die Schönheitsreparaturen zu tragen hat, natürlich unbenommen, vom Mieter eine höhere Miete nach §§ 558 ff. BGB zu verlangen, sofern die gesetzlichen Voraussetzungen hierzu vorliegen (vgl. hierzu *E Rz. 10 ff.*).

573 **Anders** ist allerdings die Ausgangslage im **preisgebundenen Mietrecht** zu beurteilen, denn die jeweils zulässige Miete des sozialen Wohnungsbaus orientiert sich nicht an den Verhältnissen des örtlichen Marktes, sondern setzt sich aus genau festgelegten Kostenelementen zusammen. Der Vermieter erhebt eine Kostenmiete (§§ 8 ff. WoBindG). Trägt der Vermieter die Schönheitsreparaturen, führt das nach § 28 II. BV zu erhöhten Instandhaltungskosten und damit zu erhöhten laufenden Aufwendungen. Unter diesem Gesichtspunkt besteht bei gescheiterter Abwälzung der Dekoration nach §§ 535 BGB, 10 Abs. 1 S. 1 WoBindG, 4 Abs. 1 NMV 1970 ein Anspruch auf Zahlung der erhöhten Miete[3], und zwar rückwirkend bis zum Beginn des der Erhöhung vorausgegangenen Kalenderjahres (§ 4 Abs. 8 S. 2 NMV). **Voraussetzung** ist allerdings, dass der Vermieter die mangelnde Berücksichtigung der Aufwendungen für Schönheitsreparaturen bei der anfänglichen Miete im Vertrauen auf die Geltung der Abwälzungsklausel nicht mit berücksichtigt hat und er dies wegen der ursprünglich offenen Rechtslage auch nicht vertreten muss[4].

Noch ungeklärt ist allerdings die Frage, ob die damit einhergehende „**Schlechterstellung**" des Mieters einer preisgebundenen Wohnung, der sich ja in einer Vielzahl der Fälle auch als der sozial schwächere präsentiert, als unangemessen zu bewerten ist mit der Folge des Erfordernisses einer Korrektur – wohl über § 242 BGB. Vorgeschlagen wird zumindest eine Verpflichtung des Vermieters, dem Mieter vorab die Vereinbarung einer jetzt wirksamen Abwälzungsklausel vorzuschlagen – die dann für die Zukunft gilt; sollte der Mieter ablehnen, käme § 10 WoBindG unmittelbar zum Tragen[5].

---

1 OLG Karlsruhe, WuM 2007, 454; OLG Frankfurt/Main, WuM 2008, 82; LG Wiesbaden, NZM 2008, 125; AG Langenfeld, NZM 2006, 178; AG Frankfurt, NZM 2005, 862; AG Bretten, DWW 2005, 293.
2 BGH, WuM 2009, 940; BGH, WuM 2008, 487; so auch LG Bonn, WuM 2009, 466.
3 LG Nürnberg-Fürth, WuM 2010, 85; LG Berlin, 63 S 283/08, n.v.; AG Wetzlar, WuM 2009, 172; AG Stuttgart, Info M 2009, 376; AG Berlin-Schönefeld, GE 2008, 1495; *Feßler/Roth*, WuM 2009, 560; *Bellinger*, WuM 2009, 158; **a.A.** AG Neukölln v. 10.9.2008, 17 C 125/08, n.v.; AG Tempelhof-Kreuzberg, WuM 2009, 480; *Wüstefeld*, WuM 2008, 697.
4 AG Stuttgart, WuM 2009, 674; **a.A.** *Bellinger*, WuM 2009, 158 – auf ein Vermieterverschulden kommt es überhaupt nicht an.
5 *Flatow*, WuM 2009, 208.

cc) Ist die Unterbreitung eines „Reparaturangebotes" sinnvoll?

Natürlich kann es vorkommen, dass der Mieter in Unkenntnis der Rechtslage und im Vertrauen auf die vermeintliche Geltung der vertraglichen Vereinbarungen bei Mietende renoviert. Auf dieses „Prinzip Hoffnung" sollte der Vermieter angesichts der dann im Raum stehenden Ersatzpflichten (vgl. *Rz. 591 ff.*) nicht bauen. Alternativen bestehen dennoch. So kann der Rechtanwalt die Empfehlung geben, die unwirksame Schönheitsreparaturklausel durch eine **nachträgliche Vereinbarung** mit dem Mieter aufzuheben, um sie durch eine rechtsgültige zu ersetzen. Erfahrungsgemäß besteht aus Sicht des betroffenen Mieters jedoch nur geringe Motivation, sich auf derartige Vertragsänderungen einzulassen; er bliebe mit der gegebenen Vertragslage besser gestellt.

574

Hier sollte der anwaltliche Berater situativ reagieren. Eine besondere Gelegenheit bietet sich, wenn der Mieter seinerseits an den Vermieter mit einem Begehren um „Sondererlaubnisse" bzw. um die Gestattung besonderer Rechte, die bislang in den mietvertraglichen Vereinbarungen keinen Niederschlag gefunden haben, herantritt wie z.B. der **Bitte um Zustimmung** zur Hundehaltung, einer Untervermietung oder sonstiger Besonderheiten. Besteht nicht ausnahmsweise eine Pflicht des Vermieters, die gewünschte Leistung zu erbringen, können Zugeständnisse mit einer wirksamen **Renovierungsklausel** verknüpft werden. In anderen Fällen bietet sich eine angemessene Kompensation in Form eines finanziellen Ausgleichs an, also z.B. eine Senkung der Miete oder ein Verzicht auf die Möglichkeit der vertraglichen oder gesetzlichen Mieterhöhung[1].

In jedem Fall ist darauf zu achten, dass der Mieter vorab über die bestehenden Zweifel, was die rechtliche Wirksamkeit der bereits in den Vertrag aufgenommenen Regelungen zur Renovierung betrifft, mit **größtmöglicher Offenheit** informiert wird. Der Vermieter hat von sich aus auf die Unzulässigkeit der Klausel hinzuweisen[2]. Andernfalls wäre die Gültigkeit einer neuen – formularmäßigen – Übertragung der laufenden Schönheitsreparaturen gefährdet[3]. Klarstellende Hinweise auf die Unwirksamkeit der bisherigen Formularabreden sind geboten. Keinesfalls darf der Vermieter den Anlass seines Anliegens aktiv herunterspielen oder gar verschleiern; andernfalls steht ein Anspruch des Mieters gem. § 280 Abs. 1 BGB auf Befreiung von der Heilungsvereinbarung im Raum. Bei vorsätzlichem Handeln muss der Vermieters mit einer Anfechtung der Änderungsvereinbarung wegen arglistiger Täuschung (§ 123 BGB) rechnen.

575

Noch ungeklärt ist allerdings, ob die Heilungsvereinbarung in jedem Fall auf den Mietbeginn **zurückwirkt** oder ob die Parteien nur für die Zukunft gebunden werden. Praktisch bedeutsam ist die Frage bei bisheriger Verwendung eines starren Fristenplans; mit einer ex nunc-Wirkung würden die neu festzulegenden Fristen erst bei Zustandekommen des Vertragsnachtra-

576

---
1 AG Schöneberg, GE 2009, 1195.
2 Vgl. *Arzt*, NZM 2007, 265.
3 Vgl. *Klimke*, ZMR 2005, 161.

ges zu laufen beginnen. Nach hier vertretener Auffassung ist jedoch von einer Rückwirkung auszugehen, soweit Gegenteiliges nicht ausdrücklich vereinbart wird, denn die Ersatzregelung bestätigt zumindest auch die bisherigen, ursprünglichen Vereinbarungen des Mietvertrages, so dass § 141 Abs. 2 BGB Anwendung findet[1].

577 Der **Inhalt** der neu abzuschließenden Vereinbarung richtet sich nach den Gründen, die zur Unzulässigkeit der Vertragsklauseln geführt haben. Waren bislang starre Renovierungsintervalle festgelegt, kommt eine Umwandlung in lediglich „im Allgemeinen" einzuhaltende Fristen in Betracht.

Formulierungsvorschlag:

> Wegen bestehender Zweifel über die Wirksamkeit der bisher im Mietvertrag getroffenen Regelung zur Durchführung von Schönheitsreparaturen treffen die Parteien nachfolgende Vereinbarung:
> Der Mieter führt gem. § (...) des Mietvertrages während der Mietzeit die laufenden Schönheitsreparaturen durch. Die in diesem Zusammenhang unter § (...) des Mietvertrages erwähnten Fristen sind jedoch nicht stets, sondern nur im Allgemeinen einzuhalten.

Denkbar ist auch, eine durch Prüfung festgestellte, unzulässige Summierung von weicher Renovierungspflicht und Endrenovierungsklausel durch einvernehmliche Aufhebung der Verpflichtung zur Schlussrenovierung zu beseitigen.

Formulierungsvorschlag:

> Wegen bestehender Zweifel über die Wirksamkeit der bisher im Mietvertrag getroffenen Regelung zur Durchführung von Schönheitsreparaturen treffen die Parteien nachfolgende Vereinbarung:
> Die Bestimmung über die Verpflichtung des Mieters zur Endrenovierung unter § (...) des Mietvertrages wird ersatzlos aufgehoben. Der Mieter bleibt weiterhin zur Durchführung der laufenden Schönheitsreparaturen gem. § (...) des Mietvertrages verpflichtet.

578 **Fazit:**

Der Vermieteranwalt sollte gegenüber seinem Mandanten insgesamt folgende **Vorgehensweise** anraten:

– offensives Zugehen auf den Mieter,

---

[1] **A.A.** LG München II, NZM 2008, 608 – ex nunc.

- Information des Mieters über die Rechtslage, insbesondere über die bestehende Unwirksamkeit der ursprünglichen Schönheitsreparaturklausel,
- Unterrichtung des Mieters, dass er nicht mehr verpflichtet ist, Schönheitsreparaturen während der Mietzeit oder bei Vertragsende auszuführen,
- evtl. Erläuterung des sachlichen Zusammenhangs zwischen Miethöhe und Schönheitsreparaturlast,
- Unterbreitung eines Vorschlags für eine einvernehmlichen Vertragsänderung,
- nur im preisgebundenen Wohnraum: Hinweis auf die Möglichkeit einer Mieterhöhung bei ungültiger Dekorationsvereinbarung und Vorbehalt einer solchen Mieterhöhung.

dd) Ist ein Anspruch gegenüber dem Klauselersteller durchsetzbar?

Hat der Vermieter den Formularvertrag mit den unwirksamen Schönheitsreparaturklauseln von einem lokalen Grundbesitzerverein, der derartige Verträge herausgibt bzw. vertreibt, bezogen, stehen Schadensersatzansprüche im Raum[1], zum einen wegen **Mangelhaftigkeit** des Formulars gemäß § 437 Nr. 3 BGB, zum anderen – bei gleichzeitiger Mitgliedschaft des Vermieters in diesem Interessensverband – aufgrund der Verletzung **mitgliedschaftsbezogener Sorgfaltspflichten**. Der Formular-Mietvertrag ist dazu bestimmt, dem meist rechtsunkundigen Verwender Vertragsformulierungen zur Wahrung konkreter Rechtspositionen an die Hand zu geben und ihn dadurch in die Lage zu versetzen, unwirksame Vereinbarungen und damit verbundene hohe Folgekosten zu vermeiden. Soll der Formularvertrag diesen Zweck erfüllen und für den Verwender überhaupt von Wert sein, muss er auf rechtswirksamen Vertragsklauseln aufbauen. Genügt das vorformulierte Vertragswerk diesem Mindestanspruch durch Verwendung unwirksamer Schönheitsreparaturklauseln nicht, ist zumindest von einem **Sachmangel** i.S.v. § 434 BGB auszugehen[2]. Die Haftung des Verkäufers setzt jedoch voraus, dass zum Zeitpunkt der Veräußerung des Vertragsformulars die Unwirksamkeit der maßgeblichen Formularabreden zur Renovierung in der Rechtsprechung entweder bereits festgestellt bzw. ernsthaft diskutiert worden ist[3].

Hat ein mit der Betreuung der Wohnung beauftragte **Mietverwalter** im Namen des Vermieters den Mietvertrag mit Renovierungsklauseln abgeschlossen, die den Grundsätzen des BGH widersprechen, macht er sich gegenüber seinem Vertragspartner schadensersatzpflichtig[4]. Denn dem Verwalter obliegt gleichfalls die Pflicht, keine Klauseln zu verwenden, die

---

1 *Börstinghaus*, WuM 2005, 675, 685; *Blank*, in: Festschrift für *Derleder*, S. 189; hierzu allgemein *Horst*, DWW 2008, 206.
2 Zur inhaltlichen Unrichtigkeit eines Anleitungsbuches vgl. BGH, NJW 1973, 843.
3 Vgl. BGH, WuM 2009, 395 – Klausel entsprach bei Abschluss des Mietvertrages der BGH-Rechtsprechung.
4 KG, WuM 2008, 81.

nach der Rechtsprechung unwirksam sind. Den Vermieter trifft jedoch ein Mitverschulden, sollte er es unterlassen haben, den ihm übermittelten Vertragsentwurf vor Unterzeichnung zu überblicken und Klauseln auf deren Wirksamkeit hin zu überprüfen[1].

ee) Sonderfall: Schlechtrenovierung trotz fehlender Verpflichtung

581 Ergibt die Prüfung des Mietvertrages, dass entweder keine oder keine wirksame Abwälzung der Schönheitsreparaturen vereinbart wurde und hat der Mieter – in der irrigen Annahme, hierzu verpflichtet gewesen zu sein – dennoch zum Malerpinsel gegriffen, stellt sich vor allem nach Auszug des Mieters die Frage, ob und ggf. welche Ansprüche des Vermieters bei **nicht fachgerechter Ausführung** (vgl. hierzu Rz. 375) der Renovierung bestehen.

582 Die Problematik ist äußerst **umstritten**. Verschiedene Gerichte nehmen eine uneingeschränkte **Schadensersatzpflicht des Mieters** an[2], weil die tatsächlich durchgeführten Renovierungsarbeiten (seien sie geschuldet oder nicht) fachgerecht auszuführen seien. Werde dem nicht Sorge getragen, stehe dem Vermieter ein Anspruch aus Verletzung einer Nebenpflicht aus dem Mietvertrag, also aus positiver Vertragsverletzung (§§ 280 Abs. 1, 241 Abs. 2 BGB) zu, der neben dem zur Beseitigung der Schäden erforderlichen Geldbetrag auch den Mietausfall bis zur Weitervermietung erfasst.

Nach anderer Ansicht soll es darauf ankommen, ob dem Vermieter in Anbetracht der unfachmännischen Ausführung ein **zusätzlicher Schaden** entstanden ist[3]. Diese Auffassung ist richtig. Nach den für das Schadenersatzrecht geltenden Grundsätzen muss geprüft werden, wie sich die Vermögenslage des Vermieters bei fehlerfreiem Verhalten des Mieters dargestellt hätte und wie sie sich heute nach dem fehlerhaften Vorgehen ergibt (sog. Differenzhypothese). Bei vertragsgemäßer Handhabung hätte der Mieter nicht renovieren müssen bzw. hätte er nicht renoviert. Demgemäß wäre bei Neuvermietung dem Vermieter eine Anfangsrenovierung oblegen, sofern ein renovierungsbedürftiger Zustand bestand. Muss der Vermieter nun infolge mangelhafter Ausführung durch den Mieter die Wohnung vollständig renovieren, ist ihm insoweit kein zusätzlicher Schaden entstanden[4].

583 Ein Schadenersatzanspruch des Vermieters kommt jedoch in Betracht, falls die mangelhafte Ausführung der nicht geschuldeten Schönheitsreparaturen zusätzliche Schäden an Wänden und Decken verursacht hat und sich jetzt ein **erhöhter Aufwand** oder **zusätzliche Maßnahmen** des Vermieters als notwendig erweisen[5], um die Schlechtleistung des Mieters gänzlich zu beseitigen. Zu demselben Ergebnis gelangt man, sollte der Mieter durch die von ihm vorgenommenen Streicharbeiten einen Zustand herbeigeführt ha-

---

1 LG Berlin, WuM 2008, 280.
2 LG Berlin, GE 1995, 115; LG Berlin, GE 1989, 43; LG Hamburg, WuM 1986, 311.
3 LG Berlin, MM 2002, 481; LG Berlin, NZM 2002, 214; Heller, WuM 1986, 369; Röschling, WuM 1982, 171.
4 Vgl. KG, WuM 2000, 590; AG Köln, WuM 2008, 215.
5 BGH, WuM 2009, 224; LG Berlin, MM 2002, 384.

ben, der schlechter ist als der Zustand unrenoviert[1]; auch in diesem Fall entstehen dem Vermieter **höhere Kosten** als wenn der Mieter überhaupt keine Arbeiten durchgeführt hätte. So z.B., wenn die Mieträume ursprünglich noch brauchbar dekoriert waren und durch die laienhafte Renovierung nun ein vollständiger Neuanstrich geboten ist („**Verschlimmbesserung**"). Ein weiteres Exempel ist das Überkleben der alten Tapete; hier ist zumindest der Mehrpreis für das Entfernen der weiteren Tapetenlage durchsetzbar. Im Einzelfall ergibt sich bei vorzeitig ausgeführter Schlechtrenovierung sogar ein Schadensersatzanspruch in Höhe des Anspruchs aus einer **Quotenklausel**, sofern der Vermieter wegen sonstiger Beschädigungen nicht selbst vorleistungspflichtig ist[2]. Eine Ersatzpflicht des Mieters im Fall unzureichender Dekoration lässt sich auch damit begründen, dass der Vermieter jetzt deutlich früher gezwungen ist, Schönheitsreparaturen durchzuführen[3].

In der Praxis ergeben sich für diese Fälle jedoch erhebliche **Beweisschwierigkeiten**, was die Einzelheiten des „Vorzustandes" anbelangt. Der Vermieter sollte daher vom anwaltlichen Berater angehalten werden, bei anstehender Beendigung des Mietverhältnisses einen Termin zur Vorwegbesichtigung zu vereinbaren und die dabei vorgefundenen Gegebenheiten auf jeden Fall vor Ort dokumentarisch festhalten, bevor anschließend der Mieter Abschlussarbeiten durchführt. 584

Als Anspruchsteller der Ersatzforderung ist der Vermieter anlässlich der Dokumentation seines Schadens zur Vorlage einer **Differenzberechnung** verpflichtet[4]. Maßgebend hierbei ist, inwieweit die von ihm zu tragenden Kosten auf Grund der mieterseitig (schlecht) durchgeführten Arbeiten höher sind, als sie bei einem Auszug ohne die Vornahme jeglicher Arbeiten gewesen wären. Hier ist konkret vorzutragen. Befand sich die Wohnung bei Vertragsbeginn bzw. vor der Malaktion des Mieters in einem derart desolaten Zustand, der den Vermieter bereits zur Instandsetzung verpflichtet hätte, fehlt es gänzlich am Schaden[5]. Gleiches gilt, wenn die Vertragsdauer so lange war, dass Renovierungsarbeiten vom Vermieter ohnehin hätten durchgeführt werden müssen[6]. 585

b) Reaktionsalternativen aus Sicht des Mieters

aa) Muss der Vermieter renovieren?

Bei Unwirksamkeit der Regelungen zu den Schönheitsreparaturen fällt die Renovierungspflicht an den Vermieter zurück[7]. In diesem Fall besteht ein 586

---

1 AG/LG Köln, WuM 2007, 125.
2 LG Frankfurt, WuM 2000, 545; LG Berlin, NZM 2002, 214; AG München, WuM 2005, 766; AG Königstein, NZM 2000, 1181; *Lützenkirchen*, WuM 1988, 380.
3 Vgl. AG Köln, WuM 2008, 215.
4 LG Berlin, WuM 2002, 517; AG Köln, WuM 2001, 443.
5 LG Berlin, WuM 2002, 517.
6 AG Köln, WuM 2000, 211.
7 Vgl. BGH, WuM 2008, 213.

Anspruch des Mieters gem. § 535 Abs. 1 S. 1 BGB auf Herstellung des vertragsgemäßen Zustands der Mieträume und damit auf Durchführung der notwendigen Dekorationsmaßnahmen durch den Vermieter. Der Mieter kann jetzt völlig risikolos den Vermieter zur Renovierung auffordern. Dies gilt zumindest für das laufende Mietverhältnis. Endet die mietvertragliche Beziehung der Parteien, schuldet der Mieter eine Rückgabe der Mietsache in üblicherweise gereinigtem, ordnungsgemäßem Zustand, ohne dass noch Schönheitsreparaturen von einem der Vertragspartner ausgeführt werden müssten[1]. Es genügt, wen die Situation in den Mieträumen – abgesehen von den Änderungen infolge des vertragsgemäßen Gebrauchs – dem status quo entspricht, wie sie bei der anfänglichen Überlassung bestand[2].

bb) Bestehen Ansprüche auf Ersatz getätigter Aufwendungen?

587 Bestätigt sich infolge einer Vertragsprüfung durch den Rechtsanwalts die Unwirksamkeit von Schönheitsreparaturklauseln, folgt aus Sicht des Mieters die wirtschaftlich bedeutsame Frage nach möglichen Ersatzansprüchen infolge solcher **Aufwendungen**, die im Zusammenhang mit bereits (mehrfach) durchgeführten Dekorationsleistungen in der Vergangenheit, speziell bei Mietende, erbracht wurden. Nicht selten greift der Mieter „gutgläubig" zu Pinsel und Farbeimer in der Annahme, hierzu „von Gesetzes wegen" oder aufgrund vermeintlich geltender Vertragsregelungen verpflichtet zu sein, also z.B.

– in Verkennung der **Gesetzeslage**,
– in Beachtung einer unerkannt unwirksamen **Abwälzungs-** oder **Endrenovierungsklausel**,
– zur Abwendung einer Zahlungspflicht aus einer scheinbar wirksamen **Abgeltungsklausel**.

Die in diesem Zusammenhang beim Mieter anfallenden Kosten für Material und Arbeitszeit können sich – speziell bei Beauftragung eines Malerfachbetriebes, noch dazu im Bereich der Gewerberaummiete – ohne weiteres auf vier- bis fünfstellige Beträge addieren. Dem Anliegen der Mieter, in diesen Fällen die Aussichten einer **Erstattung** zu prüfen und bereits geleistete Gelder möglichst beim Vermieter durchzusetzen, wird sich der Rechtsanwalt mit Blick auf die Unwirksamkeit unzähliger Schönheitsreparaturklauseln in gängigen Mustermietverträgen älterer Auflage vermehrt stellen müssen. Hierbei ist zunächst die einschlägige Anspruchsgrundlage zu klären.

(1) Anspruchsgrundlage: Ersatzvornahme bei Mängeln?

588 Kommt der Vermieter seiner gesetzlichen Instandhaltungspflicht bei bestehendem Renovierungsbedarf nicht nach, werden die Mieträume wegen des verminderten Geltungswertes als mangelhaft eingestuft[3]. Für bereits vom

---

1 Vgl. AG Ibbenbüren, WuM 2008, 84.
2 BGH, NJW 2002, 3234.
3 Vgl. *Sternel*, ZMR 2008, 501.

Mieter aufgewandte Renovierungskosten könnte sich daher ein Ersatzanspruch aus § 536a Abs. 2 BGH ergeben. Voraussetzung wäre allerdings, das sich der Vermieter zum Zeitpunkt der Mieterarbeiten mit einer eigenen Leistungspflicht **im Verzug** befand[1] bzw. die **umgehende Beseitigung** der Abnutzungserscheinungen durch den Mieter zur Erhaltung oder Wiederherstellung des Bestandes der Mietsache notwendig war. Letzteres scheidet von vorneherein aus, denn der Griff des Mieters zum Pinsel erfolgt nicht als dringend gebotene „Notmaßnahme", die keinen Aufschub duldet. Aber auch die Voraussetzungen für einen Verzug des Vermieters fehlen regelmäßig. Tragender Gesichtspunkt hierfür ist, dass der Mieter bei der Durchführung der Arbeiten in der Annahme handelt, hierzu vertraglich verpflichtet zu sein. Er kommt gar nicht auf die Idee, über vorhandene Abnutzungen bzw. den bestehenden Renovierungsbedarf zu informieren und den Vermieter anzumahnen. Dasselbe gilt umso mehr für die mit einer Fristsetzung verbundene Aufforderung an den Vermieter, konkret beschriebene Dekorationsmängel zu beseitigen. Gründe für einen sofortigen Verzug – ohne Mahnung – sind ebenfalls nicht ersichtlich.

Fazit:

Das Gewährleistungsrecht kommt als Grundlage für Ersatzansprüche des „irrenden Mieters", der Schönheitsreparaturen ausführt, ohne das Verfahren nach § 536a Abs. 2 BGB beachtet zu haben, nicht in Frage[2].

(2) Anspruchsgrundlage: Geschäftsführung ohne Auftrag?

In zutreffender Weise führt die Instanzrechtsprechung[3] – und ihr nunmehr folgend der BGH[4] – aus, dass einem Mieter auch unter dem Gesichtspunkt einer Geschäftsführung ohne Auftrag (§§ 677, 683 S. 1, 670 BGB) keine Erstattungsansprüche zur Seite stehen, sollte er aufgrund unwirksamer Schönheitsreparaturklauseln während der Mietzeit oder bei Mietende renovieren. Denn die Durchführung vermeintlich geschuldeter Malerarbeiten erledigt der Mieter ausschließlich im eigenen **Rechts- und Interessenskreis**; anzunehmen wäre allenfalls ein „auch-fremdes-Geschäft". Es fehlt also regelmäßig am **Fremdgeschäftsführungswillen**. Gerade bei Maßnahmen, die nur der Verschönerung der Mietsache dienen, erbringt der Mieter eine Leistung, die rechtlich und wirtschaftlich als Teil des von ihm für die Gebrauchsüberlassung geschuldeten Entgelts anzusehen ist[5].

---

1 Hatte der Mieter die Arbeiten zur Abwendung eines Zahlungsanspruchs aufgrund einer Quotenklausel durchgeführt, bestand zu diesem Zeitpunkt noch gar kein Mangel in Form eines Renovierungsbedarfs, dessen Beseitigung dem Vermieter oblag.
2 Vgl. hierzu BGH, NJW 2008, 1216; so auch *Schach*, MietRB 2008, 212.
3 LG Berlin, GE 2007, 517; LG Waldshut-Tiengen, WuM 2000, 240; AG Köln, WuM 2006, 261; AG München, NZM 2001, 1030; **a.A.** LG Landshut, WuM 2008, 335; LG Wuppertal, WuM 2007, 567; LG Karlsruhe, NZM 2006, 508.
4 BGH, WuM 2009, 395.
5 BGH, WuM 2009, 395.

(3) Anspruchsgrundlage: Verwendungsersatz?

590 Die Erstattung von **Investitionen** im Zusammenhang mit Schönheitsreparaturen, die der Mieter tätigt, weil er rechtsirrig von einer ihn per Gesetz treffenden Dekorationsverpflichtung ausgeht bzw. weil er die Zahlungspflicht aus einer unerkannt unwirksamen Abgeltungsklausel abwenden will, schuldet der Vermieter auch nicht in Form „**nützlicher Aufwendungen**" (sie dienen keiner Mangelbeseitigung) gem. § 539 Abs. 1 BGB[1]. Bei dieser Vorschrift handelt es sich um eine Rechtsgrundverweisung, die erfordert, dass zugleich die Voraussetzungen der Geschäftsführung ohne Auftrag vorliegen müssen, um zu einem Anspruch zu gelangen. Daran fehlt es, wie dargelegt (vgl. Rz. 589).

(4) Anspruchsgrundlage: Ungerechtfertigte Bereicherung?

591 In Betracht kommt stattdessen ein Anspruch aus **ungerechtfertigter Bereicherung** (§§ 812 Abs. 1, 818 Abs. 2 BGB). Unter Heranziehung dieser Vorschriften gelangt die Rechtsprechung[2] – nunmehr bestätigt durch den BGH[3] – zu dem Ergebnis, dass ein Zahlungsanspruch gegenüber dem Vermieter besteht, soweit der Mieter – ohne wirksame vertragliche Verpflichtung und damit ohne rechtlichen Grund – notwendige Schönheitsreparaturen erledigt. Gleiches soll gelten, wenn der Mieter nur deshalb renoviert, um seiner Zahlungspflicht aus einer unerkannt unwirksamen Quotenklausel zu entgehen[4]. In beiden Fällen ist der Vermieter auf Kosten des Mieters bereichert, da neu renovierte Mietflächen einen höheren Wert aufweisen als nicht renovierte. Auch die Vorschrift des § 814 BGB steht dem Bereicherungsanspruch nicht entgegen, denn eine Leistung in **Kenntnis einer Nichtschuld** wäre nur bei positivem Wissen des Mieters über die Rechtslage bzw. über die Unwirksamkeit der Renovierungsklausel anzunehmen. Gelingt dem Vermieteranwalt ein entsprechender Nachweis, wäre ein Ersatzanspruch des Mieters freilich ausgeschlossen. Zweifel am Bestehen der Verbindlichkeit wären indes ebenso wenig ausreichend wie ein Irrtum des Mieters über den Rechtsgrund hierzu, sofern die Schönheitsreparaturen nicht in der erkennbaren Absicht erfolgen, sie auch für den Fall der Nichtschuld bewirken zu wollen[5].

592 Strittig ist allerdings die **Höhe des Ausgleichsanspruchs**. Denn genau genommen ist dem Vermieter die Herausgabe der Bereicherung in Natur – also die Renovierung als solche – nicht möglich. Der Vermieter hat folglich

---

1 BGH, WuM 2009, 395.
2 LG Freiburg, WuM 2005, 383 u. 384; LG Stuttgart, WuM 2004, 665; LG Stuttgart, WuM 1986, 369; AG Nürtingen, WuM 2007, 316; AG Bergisch Gladbach, WuM 1995, 479.
3 BGH, WuM 2009, 395.
4 *Langenberg*, Schönheitsreparaturen, 3. Aufl., I. Teil D Rz. 277; *Arzt*, NZM 2007, 265.
5 Vgl. BGH, NJW 2002, 3772; LG Mainz, NJW-RR 2000, 906.

Wertersatz zu leisten (§ 818 Abs. 2 BGB). Hierbei ist in den Blick zu nehmen, was dem Vermieter an **Vermögensmehrung** zufließt.

Insoweit kann nicht ausschließlich auf eine renovierungsbedingte **Wertsteigerung** der Mieträume in Form von Vorteilen abgestellt werden, die dem Vermieter aus einem erhöhten objektiven **Ertragswert** tatsächlich zuteil werden, sollte er im Fall der Neuvermietung höhere Mieteinnahmen realisieren[1]. Der Rückgriff auf eine solche Ertragswerterhöhung rechtfertigt sich vor allem beim Ausgleich von Ansprüchen für Grundstücksverwendungen in Form von Mieterinvestitionen im Fall vorzeitiger Vertragsbeendigung[2]. Für den Ausgleich nicht geschuldeter Renovierung kann der Mieter auf diesen Ansatz allenfalls dann zurückgreifen, wenn er eine Wertsteigerung darstellt[3]. Dazu muss er zumindest vortragen und ggf. beweisen, dass der objektive Mietwert durch die Renovierung gesteigert wurde, die Wohnung also z.B. anstatt für 8,- Euro nun für 9,- Euro/m² vermietbar ist.

Da die erbrachte Leistung des Mieters (= nicht geschuldete Renovierung) einer **Werkleistung** ähnelt und zudem „Entgeltcharakter"[4] hat, kann der Mieter einfacher die Bereicherung des Vermieters durch den Ausgleich seiner Arbeitsleistung abschöpfen[5]. Diese bewertet sich nach der Höhe der tatsächlich **angefallenen Renovierungskosten**, begrenzt durch die **übliche, hilfsweise angemessene Vergütung** für die entsprechende Tätigkeiten. Der Anspruch umfasst also den Wert der Vergütung für die ausgeführte Leistung. Zugunsten des Vermieters darf der Rechtsanwalt dabei annehmen, dass der Mieter die Schönheitsreparaturen üblicherweise in Eigenarbeit erbringt bzw. sie durch Verwandte und Bekannte erledigen lässt. Der Wert der auszugleichenden Dekorationsleistung bemisst sich dabei nach dem, was der Mieter billigerweise neben dem Einsatz seiner freien Zeit an Kosten für das notwendige Material sowie als Vergütung für die Arbeitsleistung seiner Helfer aufzuwenden hätte[6]. Diese Kosten sind zu schätzen; sinnvoller Weise sollte eine Fachfirma zum erforderlichen Zeit- und Materialaufwand befragt werden. Folgende Kostenpositionen wären zu Grunde zu legen:

593

– Kosten für Personaleinsatz (Personenanzahl × Stunden × Stundensatz),
– Kosten für Materialaufwand.

---

1 A.A. LG Berlin, GE 2007, 517; AG Köln, WuM 2008, 215; AG Karlsruhe, DWW 2005, 374.
2 Hierzu BGH, NZM 2009, 514; BGH, WuM 2009, 113; BGH, NZM 2006, 15; BGH, NZM 1999, 19; BGH, WuM 1996, 1265; BGH, NJW 1985, 315; OLG Düsseldorf, GuT 2008, 341.
3 BGH, NZM 2006, 15.
4 BGH, WuM 2009, 395; BGH, WM 1982, 698.
5 BGH, WuM 2009, 395; so auch LG Freiburg, WuM 2005, 383 u. 384; LG Stuttgart, WuM 2004, 665 u. WuM 1986, 369; AG Nürtingen, WuM 2007, 316; AG Bergisch Gladbach, WuM 1995, 479.
6 BGH, WuM 2009, 395; BGH, NJW 1984, 480.

594 Für **Selbstarbeit** des Mieters bietet sich als Berechnungsgrundlage ein Stundensatz von ca. 7,50 Euro[1] bis 8,– Euro[2] bzw. ein Gesamtkostenaufwand von ca. 9,– Euro/m² Renovierungs- bzw. Streichfläche[3] an. Der „normale Fachhandwerkerlohn" bleibt bei Eigenleistungen des Mieters unberücksichtigt, es sei denn, die Ausführung der Schönheitsreparaturen war Gegenstand eines von ihm selbst geführten Malerfachbetriebes[4]; in diesem Fall rechtfertigt sich der Ansatz der dort üblichen Kostenpauschalen. Wurden die Schönheitsreparaturen in Eigenarbeit oder durch Freunde oder Verwandte erledigt, hilft dem Mieter die Darlegung der Arbeitsstunden und des nachgewiesenen Materials weiter. Bestreitet der Vermieter diese Angaben, bleibt bei fehlenden Zeugen die Möglichkeit eines Gutachtens.

595 Hatte sich der Mieter allerdings eines **Handwerkers** bedient, kann er die Rechnung an den Vermieter weiterreichen; die Bereicherung orientiert sich in diesem Fall an der Höhe des bezahlten Werklohnes und des Materials für die Renovierung[5], soweit sich die verlangten Beträge als üblich und angemessen präsentieren.

596 Besteht ein Bereicherungsanspruch des Mieters, soll dieser während der Mietzeit nach den Regelfristen der §§ 195, 199 Abs. 2 BGB verjähren; nach Mietende gilt die kurze **Verjährung** des § 548 Abs. 2 BGB[6].

(5) Anspruchsgrundlage: Verschulden bei Vertragsschluss oder positive Vertragsverletzung?

597 In der Rechtsprechung ist anerkannt, dass der Verwender von AGB durch den Einsatz unwirksamer Klauseln seine vorvertragliche **Pflicht zur Rücksichtnahme** (§ 241 Abs. 2 BGB) gegenüber dem Vertragspartner verletzt und ihm daher bei zumindest fahrlässigem Handeln Schadensersatz schuldet (§§ 280 Abs. 1, 311 Abs. 2 BGB), sollte der Vertragspartner in Unkenntnis der wirkungslosen Formularbedingung Aufwendungen tätigen[7]. Unter diesem Gesichtspunkt macht sich auch ein Vermieter schadensersatzpflichtig, wenn er dem Mieter gegenüber schuldhaft (§ 276 Abs. 1 BGB) unwirksame AGB über die Durchführung von Schönheitsreparaturen verwendet und der Mieter hieraufhin – in der verfehlten Annahme der Wirksamkeit dieser Bestimmungen – Renovierungsinvestitionen veranlasst[8].

---

1 LG Berlin, ZMR 2006, 936; AG Mitte, MM 2003, 384 m. Anm. *Harsch*, MietRB 2004, 97.
2 Vgl. AG Ibbenbüren, WuM 2008, 84; a.A. AG Weimar, Info M 2009, 422 – 12,– Euro.
3 Vgl. BGH, WuM 2009, 395.
4 BGH, WuM 2009, 395; krit. hierzu *Lorenz*, NJW 2009, 2576.
5 AG Nürtingen, WuM 2007, 316.
6 Vgl. BGH, NJW 1989, 2745; OLG Stuttgart, OLGReport Stuttgart, 2006, 455; *Sternel*, ZMR 2008, 501; *Paschke*, WuM 2008, 647; *Kappes*, NJW 2006, 3031.
7 BGH, MDR 1987, 227.
8 BGH, WuM 2009, 395; vgl. auch BGH, NZM 2008, 522; *Blank*, FS Derleder (2005), S. 189/198; *Börstinghaus*, WuM 2005, 675; *Sternel*, ZMR 2008, 501.

Bei diesen Fallgestaltungen liegt das Hauptproblem im Nachweis des zur Ersatzpflicht führenden **Verschuldensvorwurfs**. Maßgeblich dabei ist der Zeitpunkt des **Vertragsabschlusses** bzw. der **Leistungsaufforderung**. Der Rechtsanwalt hat abzuklären, ob zum jeweiligen Moment die nunmehr als unwirksam bewertete Renovierungsklausel von der Rechtsprechung bereits „gekippt" worden war oder sich entsprechende Tendenzen zumindest evident angedeutet haben. Sollte dies der Fall sein, ist zu unterstellen, dass der Vermieter von der Rechtsunwirksamkeit der verwendeten Klausel wusste oder er zumindest davon hätte Kenntnis haben müssen[1] (§ 276 BGB). Für den Fall der unberechtigten Geltendmachung von Ansprüchen und Rechten kommt hinzu, dass es innerhalb bestehender Schuldverhältnisse ein „Recht auf Irrtum" nicht gibt[2]. Eine Fehleinschätzung über die Einordnung der vermeintlich per Individualabrede getroffenen Endrenovierungsregelung als AGB soll allerdings noch kein fahrlässiges Vorgehen des Vermieters begründen[3]. 598

Etwas anderes wird anzunehmen sein, wenn der Vermieter eine als unwirksam erkannte Klausel deshalb nicht aus seinem Vertragswerk herausnimmt, weil er hofft, den „gutgläubigen" Mieter zu einer Leistung zu bewegen oder weil er sich den Irrtum seines Vertragspartners, der meint, renovierungspflichtig zu sein, zu Nutze machen will[4]. 599

Schwerer wiegt noch der Verschuldensvorwurf, sollte der Vermieter – oder die von ihm eingesetzte professionelle Hausverwaltung – die Renovierung bei Vertragsende **in Kenntnis** der rechtsunwirksamen Übertragung ausdrücklich einfordern und der Mieter dem Folge leisten[5]. Hier liegt der Pflichtenverstoß auf der Hand. Ein Vermieter, der den Mieter dazu veranlasst, aufgrund unwirksamer Vertragsklauseln scheinbar geschuldete Pflichten zu erfüllen, verletzt das Gebot der Rücksichtnahme (§ 241 Abs. 2 BGB) und handelt i.S.v. § 280 Abs. 1 BGB pflichtwidrig[6]. Den erforderlichen Kenntnisnachweis kann der Rechtsanwalt z.B. durch Bezugnahme auf bereits abgeschlossene Mietprozesse des Vermieters führen, in deren Verlauf die Nichtgeltung der jetzt beanstandeten Klausel rechtskräftig festgestellt worden war. In diesem Zusammenhang erweisen sich Erkundigungen bei weiteren Mitmietern desselben Vermieters, soweit dem Mandanten bekannt, oftmals als zielführend. Dort lässt sich erfragen,

– ob bereits gerichtlich geklärt wurde, dass die betreffende Klausel unwirksam ist.

– ob der Vermieter den anderen Mietern gegenüber dieselbe oder ähnliche Klauseln verwendet (hat).

Ein Verschuldensvorwurf würde indes ausscheiden, sollten die vom Vermieter in den Mietvertrag eingeführten Dekorationsklauseln bei Unter-

---

1 Vgl. LG Stuttgart, WuM 1986, 369.
2 Vgl. BGH, MDR 2009, 438.
3 BGH, WuM 2009, 395.
4 Vgl. *Arzt*, NZM 2007, 265.
5 Vgl. BGH, MDR 2009, 438; BGH, WuM 2008, 145; KG, NZM 2009, 616.
6 BGH, NZM 2009, 367; AG Hannover, WuM 2008, 721.

zeichnung des Mietvertrages mit der bisherigen BGH-Rechtsprechung in Einklang stehen[1].

600 Unkenntnis über die Rechtslage entlastet den Vermieter hingegen nicht. Bei Unsicherheiten muss er zumindest **Rechtsrat** einholen und sich über die Wirksamkeit der verwendeten Klauseln Informationen beschaffen, will er eine Pflichtverletzung vermeiden[2]. Gerade wenn der Vermieter die auf Vorrat gekauften Vertragsvordrucke über einen Zeitraum von mehreren Jahren „aufbraucht", ist Vorsicht geboten. Für die Folgen unrichtiger Auskünfte fachkundiger **Berater** (z.B. Rechtsanwalt, Vermieterverein usw.) haftet er nach § 278 BGB[3]. Ob er sich darüber hinaus ein Verschulden der **Herausgeber von Mustermietverträgen** zuzurechnen hat[4], erscheint allerdings fraglich[5]. Den Vermieter trifft weder eine gesetzliche noch eine vertragliche Verpflichtung, mit dem Mieter eine rechtswirksame Übertragung der Schönheitsreparaturen zu vereinbaren. Der Verfasser eines Vertragsformulars erfüllt gegenüber dem Mieter demzufolge keine dem Vermieter obliegende Verbindlichkeit als dessen Hilfsperson. Allerdings reicht in der Regel die Verwendung einer unwirksamen Klausel an sich, um die Haftung zu begründen, wenn der Vermieter schuldhaft gehandelt hat.

601 Noch weitestgehend ungeklärt ist die Frage bestehender **Informationspflichten des Vermieters**, deren Verletzung zur Annahme einer **positiven Vertragsverletzung** (§ 280 BGB) führen kann. Die Voraussetzungen können z.B. vorliegen, wenn der (Groß-)Vermieter im laufenden Mietverhältnis erkennt oder fahrlässig übersieht, dass die von ihm in der Vergangenheit zum Einsatz gebrachten Formularverträge unwirksame Renovierungsklauseln (z.B. starre Fristen) beinhalten. Unter dem Gesichtspunkt der Fürsorgepflicht des Vermieters ist wohl ein Gebot zur **aktiven Aufklärung** über die Rechtslage anzunehmen, soll verhindert werden, dass der Mieter im rechtsirrigen Vertrauen auf die Vertragslage z.T. nicht unerhebliche Investitionen in die Mieträume tätigt[6]. Jedenfalls kann eine Pflichtverletzung angenommen werden, wenn der Vermieter die **unwirksame Klausel aktiv geltend macht**, so z.B. in der Kündigungsbestätigung oder bei ausdrücklicher Nachfrage des Mieters.

602 Im Rahmen des sich dann aus der Pflichtverletzung ergebenden **Schadensersatzes** hat der Vermieter sämtliche vom Mieter aufgewendeten Mittel für die vermeintlich geschuldeten Schönheitsreparaturen zu ersetzen, wobei der Mieter so zu stellen ist, wie er bei pflichtgemäßem Handeln des Vermieters gestanden hätte. Unter die Erstattungspflicht fallen demnach die Kosten für die reinen Malerarbeiten ebenso wie die Investitionen im Zu-

---

1 Vgl. BGH, WuM 2009, 395; LG Berlin, GE 2007, 517 – Vorinstanz.
2 Vgl. BGH, NJW 2006, 3271; BGH, NJW 2001, 3114; *Blank*, WuM 2004, 243; *Möller*, MietRB 2006, 136 – Gewerberaum.
3 Vgl. BGH, WuM 2007, 24; *Sternel*, ZMR 2008, 501.
4 So *Lehmann-Richter*, WuM 2005, 747, 748.
5 Vgl. hierzu insgesamt *Blank*, FS Derleder (2005), 189.
6 So auch *Blank*, WuM 2004, 243; **a.A.** *Arzt*, NZM 2007, 265.

sammenhang mit Sicherungsmaßnahmen (Umräumen bzw. Abdecken der Möbel) und Reinigungsleistungen. Umfasst sind auch eventuelle Folgekosten wie entgangener Gewinn bei Betriebsschließungen bzw. -unterbrechungen oder Aufwendungen für die zeitweise Auslagerung von Ware oder Produktionsmaschinen, soweit erforderlich.

Vom Haftungsumfang mit erfasst gelten auch die im Zusammenhang mit der Abwehr des Anspruchs anfallenden **Rechtsanwaltsgebühren**, sollte der Vermieter auf der Basis unzulässiger Renovierungsklauseln unberechtigt zur Durchführung von Schönheitsreparaturen oder zur Zahlung eines Abgeltungsbetrages ausdrücklich auffordern[1]. Voraussetzung ist jedoch auch in diesem Fall, dass der Vermieter zumindest fahrlässig handelt und die Verletzung seiner Pflichten nach § 276 BGB zu vertreten hat (§ 280 Abs. 1 S. 2 BGB). Die Höhe der zu erstattenden Rechtsanwaltsgebühren berechnet sich im **Streitwert** nach der Höhe der Kosten für die geforderten Dekorationsarbeiten[2].

603

cc) Bestehen Ansprüche auf Erstattung von Abgeltungsbeträgen?

Begleicht der Mieter bei Vertragsende den – nach Maßgabe einer unerkannt gebliebenen **unwirksamen Quotenklausel** – vermeintlich bestehenden Abgeltungsanspruch des Vermieters, dann erfolgt diese Leistung rechtsgrundlos. Es besteht ein bereicherungsrechtlicher **Rückforderungsanspruch** nach den §§ 812, 818 BGB. Da es sich bei dem geleisteten Zahlbetrag nicht um Aufwendungen i.S.v. § 548 Abs. 2 BGB handelt, greift nicht § 548 BGB, sondern die dreijährige Regelverjährung des § 195 BGB[3]. Die Frist berechnet sich ab Kenntnis der anspruchsbegründenden Umständen, also ab Kenntnis der Tatsachen, aus denen sich die Unwirksamkeit der Abgeltungsregelung ergibt (§ 199 BGB). Unter diesem Gesichtspunkt sollte der Rechtsanwalt seine „**Altfälle**" gedanklich nochmals aus dem Archiv hervorholen. Denn die üblichen und gängigen Kostenbeteiligungsklauseln früherer Jahre mit starren Abgeltungsfristen und -quoten waren vom BGH durchgehend, zuletzt noch am 6.10.2004[4], für wirksam angesehen und erst zwei Jahre später, nämlich erstmalig mit Entscheidung vom 18.10.2006[5], beanstandet worden. Abgeltungszahlungen auf Grundlage der „Altrechtsprechung" erfolgten somit ohne Rechtsgrund, so dass ggf. noch Rückforderungsansprüche im Raum stehen, über die der Mandant informiert werden muss.

604

---

1 Vgl. BGH, MDR 2009, 438; BGH, WuM 2008, 145; hierzu *Jordans/Müller-Sartori*, MDR 2009, 779.
2 KG, NZM 2009, 616.
3 *Arzt*, NZM 2007, 265; *Klimke/Lehmann-Richter*, WuM 2006, 653.
4 BGH, WuM 2004, 663.
5 BGH, WuM 2006, 677.

11. Der Renovierungsanspruch des Vermieters während der Mietzeit

a) Allgemeines

605 Hat der Vermieter die laufenden Schönheitsreparaturen wirksam auf seinen Vertragspartner abgewälzt, schuldet der Mieter die damit verbundenen Arbeiten bei Vorliegen der entsprechenden Voraussetzungen. Die anwaltliche Praxis zeigt jedoch, dass vom Vermieter die Durchführung der Dekoration während des ungekündigten Mietverhältnisses selten eingefordert wird. Diese Großzügigkeit kann sich bei späterer (Nachlass-)Insolvenz des Mieters nachteilig auswirken. Der Rechtsanwalt sollte daher nicht versäumen, den Vermieter auf die vertraglich bestehende Möglichkeit, Schönheitsreparaturen bereits während der Mietzeit vom Mieter ausführen zu lassen, hinzuweisen. Ist ein **Hausverwalter** eingesetzt, sollte die **Überwachung** der Durchführung von Schönheitsreparaturen zu dessen Aufgabenbereich gehören; verletzt er entsprechende Vertragspflichten, kommt ein **Verwalterregress** in Betracht.

b) Prüfung des Mietvertrages

aa) Besteht überhaupt eine Abwälzungsvereinbarung?

606 Ob den Mieter eine Verpflichtung zur Durchführung von Schönheitsreparaturen während der Laufzeit des Mietvertrages trifft, ergibt sich in erster Linie aus den **Vereinbarungen** der Vertragsparteien. Fehlt eine Regelung (ein relativ seltener Fall), scheidet der Anspruch des Vermieters aus. Ist der gesamte Mietvertrag wegen **Anfechtung** von Anfang an als nichtig anzusehen[1], schuldet der vermeintliche Mieter ebenfalls keine Dekorationsarbeiten; die Abnutzung ist im Rahmen des Bereicherungsausgleichs zu berücksichtigen[2].

607 Gibt es – wie im Regelfall – einen schriftlichen Mietvertrag, enthält dieser aber **keine Renovierungsabsprache**, ist zu klären, ob die Mietvertragsparteien **mündlich** eine Dekorationspflicht des Mieters festgelegt haben. Dasselbe gilt selbstredend bei gänzlich fehlendem schriftlichen Mietvertrag. Das mündlich Vereinbarte kann zu einer wirksamen Verpflichtung des Mieters führen. Allerdings stellen sich hier **Beweisprobleme** erheblicher Art, die umso schwerer wiegen, je länger das Gespräch zurückliegt. Waren sich die Vertragsparteien darüber einig, dass „der Mieter die Wohnung renovieren muss", dürfte hierin grundsätzlich die Übernahme der laufenden Renovierung innerhalb der üblichen Fristen (vgl. *Rz. 490 ff.*) durch den Mieter zu sehen sein. Denn eine formularmäßige Klausel im Mietvertrag, nach welcher der Mieter „die Schönheitsreparaturen trägt", ergibt ebenso regelmäßig die entsprechende Pflicht[3], so dass das mündlich sinngemäß Vereinbarte keine andere Auslegung rechtfertigt.

---

1 Hierzu BGH, MDR 2009, 19.
2 *Schmid*, WuM 2009, 155.
3 BGH, WuM 2005, 243; BGH, WuM 1994, 663; OLG Karlsruhe, WuM 1992, 349.

Die Beurteilung der Wirksamkeit der mündlichen Abrede erfolgt nach den Kriterien über das Zustandekommen einer Individualvereinbarung. Das Vereinbarte muss dementsprechend eindeutig und von beiden Parteien gewollt und zuvor dem Mieter zur Disposition gestellt worden sein (vgl. Rz. 459 ff.).

Die Übernahme der Durchführung von Schönheitsreparaturen kann nur im absoluten Ausnahmefall **konkludent** erfolgen. Hierzu werden besondere Umstände gefordert, die darauf hindeuten, dass die Parteien eine von der gesetzlichen Regelung abweichende Vereinbarung treffen wollten[1]. Die Abwälzung der Malerarbeiten auf den Mieter bedarf grundsätzlich einer ausdrücklichen und eindeutigen Vereinbarung. Zu einer Überbürdung durch schlüssiges Verhalten kommt es nur, wenn die Grundlagen der Vertragsänderung/-ergänzung, nämlich Angebot und Annahme, klar erkennbar vorliegen. Den **Vermieter** trifft hierbei die **Beweislast**. Die Tatsache, dass der Mieter – ohne hierzu vertraglich verpflichtet zu sein – die Schönheitsreparaturen über einen längeren Zeitraum bereits ein- oder mehrfach unaufgefordert ausgeführt und sich deswegen nie an den Vermieter gewandt hat, wäre bei weitem nicht ausreichend[2]. Insoweit fehlt es an einem **Rechtsbindungswillen** des Mieters.

608

Der Rechtsanwalt sollte dennoch überprüfen, ob der Mieter in der Vergangenheit über die Renovierung mit seinem Vermieter korrespondiert oder gesprochen hat. Bestehen Anhaltspunkte dafür, dass sich der Mieter Gedanken über seine (vermeintliche) Renovierungspflicht gemacht hat und führt er die Schönheitsreparaturen anschließend aus, liegt die Annahme nahe, dass er eine zur Vertragslage abweichende Vereinbarung schaffen wollte.

bb) Ist die Abwälzungsvereinbarung wirksam?

Liegt demgegenüber ein schriftlicher Mietvertrag vor und findet sich dort eine Renovierungsregelung, folgt die **rechtliche Wirksamkeitsüberprüfung** (vgl. Rz. 468 ff.). Da der Vermieter bei der hier behandelten Variante die Durchführung der Renovierungsarbeiten während des laufenden Mietvertrages wünscht, sind Vereinbarungen über eine Renovierung zum Ende des Mietvertrages unbeachtlich (vgl. aber Summierungseffekt Rz. 445). Der „klassische Fall" der Verpflichtung des Mieters und damit auch der klarste ist die Formularklausel, nach welcher der Mieter „die Schönheitsreparaturen zu tragen hat", oder eine ähnliche, kurz gefasste, keiner zweideutigen Auslegung unterliegende Klausel (vgl. Rz. 481).

609

---

1 OLG Celle, WuM 1980, 185; OLG Frankfurt/Main, MDR 1981, 489.
2 LG Berlin, MDR 1991, 253; LG Berlin, GE 1991, 517; LG Berlin, WuM 1989, 232; AG Tempelhof-Kreuzberg, MM 1995, 31; AG Baden-Baden, DWW 1988, 52; **a.A.** OLG Frankfurt/Main, MDR 1981, 498; AG Schöneberg, GE 1988, 777.

c) Sind die Schönheitsreparaturen fällig?

aa) Welche Bedeutung hat der Fristenplan?

610 Zu fragen ist: Enthält der Mietvertrag einen **Fristenplan**? Ist dies der Fall, wird der Rechtsanwalt zunächst prüfen,
- ob die üblichen Regelfristen gelten (vgl. Rz. 490 ff.),
- ob die Fristen flexibel und nicht starr festgelegt wurden (vgl. Rz. 499 ff.).

611 Sind hiernach die **Fristen wirksam** vereinbart und nunmehr abgelaufen, ist der Vermieter allerdings nicht befugt, vom Mieter – unabhängig vom tatsächlichen **Zustand der Mietsache** – ohne weiteres den Griff zum Pinsel zu verlangen. Dabei ist zu berücksichtigen, dass Dekorationsarbeiten nur geschuldet sind, wenn hierfür eine Notwendigkeit besteht. Der folglich zu prüfende **Renovierungsbedarf** beurteilt sich unabhängig vom Vorhandensein eines Fristenplanes, also ausschließlich anhand objektiver Kriterien („kein Anspruch allein durch Zeitablauf"). Daher gelten die im Mietvertrag erwähnten Renovierungsfristen allenfalls als grobe **Anhaltspunkte** für die Notwendigkeit und Fälligkeit von Schönheitsreparaturen[1]; der Fristenplan bietet beiden Vertragspartnern eine brauchbare, jedoch **unverbindliche Orientierungshilfe**[2] in Form einer **widerlegbaren** Mutmaßung (vgl. Rz. 494). Zumindest spricht bei Überschreitung der vereinbarten Intervalle die **Vermutung** für eine Erforderlichkeit der Renovierung[3]. Insoweit gilt der **Grundsatz**: Vor Ablauf der üblichen Fristen ist der Mieter zu einer Renovierung der Wohnung nicht verpflichtet[4].

612 Diese Bewertung ist wichtig, da der **Vermieter** den **Beweis** zu führen hat, aufgrund welcher Gegebenheiten – aus Sicht eines objektiven Betrachters – konkreter **Renovierungsbedarf** anzunehmen ist. Sind die im Mietvertrag festgelegten (beweglichen) Fristen seit Mietbeginn bzw. seit der letzten Dekorationsmaßnahme abgelaufen, greift zu seinen Gunsten die Vermutung, dass bei Verstreichen des „Regelzeitraumes" die Schönheitsreparaturen üblicherweise fällig sind.

Der Mieter hat demgegenüber anhand der objektiv festzustellenden Abnutzungsspuren darzutun und ggf. zu beweisen, dass trotz des Fristenablaufs die Schönheitsreparaturen mangels Renovierungsbedürftigkeit (noch) **nicht geschuldet** sind, etwa wegen unterdurchschnittlicher Inanspruchnahme infolge eines besonders sorgsamen Umgangs mit der Mietsache oder in Anbetracht einer erst vor kurzem durchgeführten Gesamtrenovierung[5]. In letztgenanntem Fall genügt er seiner Beweislast durch Vorlage der Malerrechnung bzw. mit Benennung des Handwerkers als Zeugen, sollte ein **Ma-**

---

1 BGH, WuM 2004, 463; AG Hamburg-Blankenese, WuM 2008, 474.
2 BGH, WuM 2008, 722.
3 KG, NZM 2005, 181; LG Berlin, NZM 2002, 119; LG Berlin, GE 2002, 1435; LG Berlin, GE 2001, 1675; LG Berlin, NZM 2000, 862.
4 OLG Karlsruhe, WuM 1992, 349.
5 BGH, WuM 2007, 684; OLG Köln, ZMR 1987, 431; LG Berlin, WuM 1993, 261; vgl. auch OLG Frankfurt/Main, NZM 1998, 150.

lerfachbetrieb mit der Durchführung der Dekoration beauftragt worden sein. Bei der **Selbstvornahme** der Arbeiten bzw. bei einer Renovierung durch Bekannte wäre zur Beweisführung denkbar

– die Vorlage schriftlicher Bestätigungen über Umfang und Art der Arbeiten,
– die Vorlage von Quittungen über Auszahlung von Entgelt,
– die Benennung der Zeugen,
– die Vorlage von Fotos.

Sollten die mietvertraglichen Vereinbarungen einen **Fristenplan nicht vorsehen**, richtet sich das Erfordernis der Schönheitsreparaturen allein nach dem Grad der während der Mietzeit aufgetretenen Gebrauchsspuren, deren Umfang wiederum der Vermieter substantiiert darzulegen hat und die sich aus der Sicht eines objektiven Beobachters beurteilen[1]. Hier besteht natürlich ein weiter Wertungsspielraum. Der Renovierungsbedarf mag sich dabei in jedem Mietraum anders darstellen. Dem Vermieter ist daher nahe zu legen, sich vor Ort einen Eindruck vom Zustand der Wohnung zu verschaffen. Ein diesbezügliches **Besichtigungsrecht** steht außer Frage[2]. Erfahrungsgemäß wird der Mieter allerdings die Notwendigkeit einer (Neu-)Renovierung weit großzügiger beurteilen als der Vermieter. 613

bb) Besteht Renovierungsbedarf?

Renovierungsbedürftigkeit kann angenommen werden, sobald ein durchschnittlicher Mieter in der gegebenen Situation Renovierungsarbeiten durchführen würde, weil der ursprüngliche Dekorationszustand der Mieträume aufgrund nicht nur unwesentlicher Gebrauchsspuren unansehnlich und verbraucht ist, sich die Räume also in einem mangelhaften Zustand befinden[3]. Auf eine bereits eingetretene **Substanzgefährdung** kommt es dabei nicht an[4]. Zum Nachweis des Renovierungsbedarfs empfiehlt es sich, dass der Rechtsanwalt für den Vermieter den abgenutzten Zustand (vgl. Rz. 309) substantiiert beschreibt und vorträgt. Die Beweisführung erfolgt am einfachsten mittels Vorlage eines **Sachverständigengutachtens**[5]. Der Hinweis auf einige leicht gelbliche Flecke oder die starke Abnutzung nur an einer Stelle der Wohnung genügt allerdings nicht, um das Erfordernis von Malerarbeiten zu begründen[6]. Es bedarf insgesamt einer objektiven Bewertung der einzelnen Mieträume; auf die persönliche Vorstellung des Vermieters kommt es dabei nicht an. 614

Falls die **Fristen noch nicht verstrichen** sind, kann dennoch eine Dekorationspflicht des Mieters begründet sein. Dies gilt vor allem, wenn anlässlich 615

---
1 BGH, WuM 2005, 383; OLG Düsseldorf, NZM 2005, 823.
2 Offen gelassen von AG Bonn, NZM 2006, 698.
3 KG, WuM 2008, 725; KG, DWW 2004, 56.
4 BGH, WuM 2005, 383; OLG Düsseldorf, WuM 2002, 545.
5 Hierzu instruktiv *Scheidacker*, NZM 2009, 894.
6 LG Berlin, GE 2001, 137.

der Vermietung renovierter Räume im Mietvertrag die Möglichkeit einer Fristverkürzung bei gesteigerter Abnutzung vereinbart wurde (vgl. *Rz. 505*). In diesem Fall ist für den **Vermieter darzulegen**, dass ungeachtet des fehlenden Fristenablaufes der schlechte Zustand des Mietobjekts festgestellt werden kann[1]. Besteht demnach Renovierungsbedarf, kann die Durchführung entsprechender Arbeiten bereits vor Verstreichen der Regelfristen verlangt werden.

cc) Sind Vorleistungen des Vermieters veranlasst?

616 **Zu prüfen** ist im Zusammenhang mit der Fälligkeit von Dekorationsmaßnahmen noch, ob ggf. Arbeiten durchzuführen sind, hinsichtlich derer eine **Vorleistungspflicht** des Vermieters besteht. Zu denken ist etwa an Schäden am Mauerwerk auf Grund von Schimmelbildung wegen bautechnischer Mängel oder an einen Wassereintritt, der nicht auf das Verhalten des Mieters zurückzuführen ist (vgl. *Rz. 322 ff.*). Folgerichtig wird man hier vom Mieter verlangen müssen, dass er den Vermieter zur entsprechenden Vorleistung auffordert. Umgekehrt sollte der Vermieter, der die Ausführung der laufenden Renovierung verlangen will, auf das entsprechende **Zurückbehaltungsrecht** des Mieters aufmerksam gemacht werden.

d) Welche Vorgehensweise bietet sich an?

617 In der Praxis sind die Fälle selten, in denen der Vermieter – z.B. nach Ablauf der im Mietvertrag vereinbarten Renovierungsfristen – eine **Besichtigung** der Wohnung durchführt (vgl. hierzu *G Rz. 231 f.*), um zu kontrollieren, ob der Mieter die geschuldete Renovierung erbracht hat. Häufiger ergibt sich vielmehr die Situation, wonach anlässlich einer Begehung aus anderem Grund festgestellt wird, dass der Mieter „seit Jahren" keine Schönheitsreparaturen mehr ausgeführt hat oder sich die Wohnung aufgrund der Lebensweise des Mieters in einem verheerenden Zustand befindet.

618 Wird ein Besichtigungstermin vorgeschlagen, um den Umfang der Mietabnutzung vor Ort festzustellen und verweigert der Mieter den **Zutritt** zur Wohnung, bleibt für den Vermieter keine andere Möglichkeit, als diesen Anspruch zunächst gerichtlich geltend machen, will er den Zutritt erzwingen (vgl. dazu *G Rz. 241 f.*).

619 Unabhängig vom Umfang einer sich dann im Einzelfall als notwendig erweisenden Renovierung sollte der Rechtsanwalt rechtzeitig zusammen mit seinem Mandanten die weitere Vorgehensweise abstimmen. Dem Vermieter stehen dabei folgende Ansprüche gegenüber dem Mieter zur Auswahl:

– der Erfüllungsanspruch
– der Vorschussanspruch.

---

[1] LG Köln, WuM 1988, 107; AG Charlottenburg, GE 1999, 385 – es genügt der „Verbrauch der Dekoration".

aa) Der Erfüllungsanspruch

Bei Vorliegen der Voraussetzungen kann der Vermieter bereits **während der Mietzeit** die Durchführung von Schönheitsreparaturen durchsetzen[1]. Der Erfüllungsanspruch ist darauf gerichtet, dass der Mieter die erforderliche Renovierung kurzfristig durchführt. Der Anspruch entfällt auch nicht etwa mit **Vertragsende**[2] bzw. mit der Absicht des Vermieters, die Räume nach Ablauf der Mietzeit **umbauen** zu wollen[3], wohl aber bei **Veräußerung** des Mietanwesens mit dem Eigentümerwechsel[4]. 620

Anlässlich der Prüfung des Erfüllungsanspruchs darf nicht übersehen werden, dass bei einem fortbestehenden Mietverhältnis die Regelung des **§ 281 BGB grundsätzlich keine Anwendung** findet[5]. Dem Vermieter ist damit ein Anspruch auf Schadensersatz verwehrt, selbst bei Verzug des Mieters mit der gebotenen Renovierung. Denn mit der Wahl von Schadensersatz statt der Leistung würde der Mietvertrag untergehen (§ 281 Abs. 4 BGB). Im Übrigen könnte der Zweck der Schönheitsreparaturen, dem Mieter eine gebrauchsfähige Mietsache zu erhalten, über eine Geldleistung, mit welcher der Vermieter nach Belieben verfahren darf, nicht gewahrt werden. 621

Entscheidet sich der Vermieter für den Erfüllungsanspruch, erweist sich als weitere Folge der Unanwendbarkeit von § 281 BGB eine Fristsetzung gegenüber dem Mieter als nicht erforderlich. Die Fälligkeit der geschuldeten Arbeiten (als vertragliche Hauptflicht) steht fest. Dennoch empfiehlt es sich natürlich, den Mieter ordnungsgemäß zur Renovierung binnen angemessener **Frist aufzufordern**, um bei einem Rechtstreit das Kostenrisiko des § 93 ZPO zu vermeiden. 622

Dies gilt nach Ansicht des LG Berlin[6] auch für den Fall, dass die Wohnung gekündigt und bereits zurückgegeben wurde, der Mietvertrag aber **noch nicht abgelaufen** ist. Zu beachten ist dabei, dass das Wahlrecht gem. § 281 Abs. 4 BGB zwar erst mit Ablauf des Mietvertrages, jedoch auf Grund einer bereits vor Ablauf der Mietzeit erfolgten Fristsetzung ausgeübt werden kann[7], jedenfalls, solange die Fristsetzung im Abwicklungszeitraum, also zeitlich nach der Kündigung, erfolgt. Ob die Leistungsaufforderung zusätzlich noch eine **Zustandsbeschreibung** der Miträume enthalten muss, ist streitig (vgl. *Rz. 679 ff.*). Im Hinblick auf den „sichersten Weg" sollte der Rechtsanwalt in jedem Fall die beanstandeten Gebrauchsspuren skizzieren. 623

---

1 BGH, WuM 2005, 383; BGH, WuM 1990, 494; LG Hamburg, WuM 2007, 69; LG Berlin, GE 2005, 363 u. NZM 2004, 458.
2 OLG München, DWW 1987, 125.
3 KG, WuM 2008, 724.
4 LG Lübeck, WuM 1989, 562.
5 BGH, WuM 2005, 383 zu § 326 BGB a.F.; vgl. BGH, NJW 1990, 2376.
6 LG Berlin, GE 1999, 1647.
7 *Emmerich*, PiG 65, 1.

624 Musterschreiben an den Mieter (Leistungsaufforderung)

> Die im Mietvertrag vom (...) festgelegte Verpflichtung zur Durchführung von Schönheitsreparaturen während der Vertragslaufzeit findet sich in § (...). Danach sind Sie gehalten, in den Mieträumen die hierzu erforderlichen Arbeiten nach Maßgabe folgender Regelfristen durchzuführen: Nach drei Jahren in den Nassräumen, also in Küche, Bad und Dusche, nach fünf Jahren in den Wohn- und Schlafräumen sowie in Fluren, Diele und Toilette, nach acht Jahren in den übrigen Räumen. Diese Fristen sind – mit Ausnahme der Nebenräume – abgelaufen, da Sie die Wohnung seit über sechs Jahren nutzen und seither keine Malerarbeiten durchgeführt wurden.
>
> Im Verlauf der Besichtigung vom (...), an der Sie persönlich teilgenommen hatten, konnte festgestellt werden, dass der Zustand der Räume renovierungsbedürftig ist. So sind die Tapeten bzw. Anstriche an Wänden und Decken im Wohnbereich bereits von Nikotin verfärbt und vergilbt. Im Übrigen weisen sämtliche Wände starke Abnutzungsspuren und Flecken auf, vor allem im Wohn- und Kinderzimmer. Im Badezimmer löst sich unterhalb der Fensterbank die Tapete. Die Türen zeigen zahlreiche Abplatzungen und Kerben. Auch an den Heizkörpern ist der Lack abgeplatzt. Die Farbe an den Fensterinnenseiten ist vergraut. Die in der Wohnung verlegten Teppichbeläge sind speziell im Eingangsbereich stark verdreckt. Die Schönheitsreparaturen sind daher längst fällig. Namens und im Auftrag meines Mandanten habe ich Sie daher aufzufordern, Ihrer Renovierungspflicht bis zum (...) nachzukommen, indem Sie die Grundreinigung des Teppichbelages sowie das Anstreichen der Wände und Decken – ggf. dort das Tapezieren – und das Streichen der Heizkörper in der Küche, im Wohn- und Schlafzimmer sowie in der Diele, im Bad/Toilette und im Kinderzimmer ausführen bzw. durch geeignete Fachkräfte ausführen lassen; eine Renovierung der Nebenräume wird nicht verlangt. Ich weise darauf hin, dass mein Mandant nach Ablauf der Frist gerichtliche Hilfe in Anspruch nehmen wird.

625 Mit der fachgerechten **Ausführung anstehender Malerarbeiten** gilt der Anspruch des Vermieters als erfüllt. Dabei ist es grundsätzlich Sache des Mieters zu entscheiden, in welcher Weise die geforderten Schönheitsreparaturen erledigt werden. Seine Gestaltungsfreiheit, speziell was die Wahl von **Farbe und Material** betrifft, ist weit, solange zumindest berechtigte Interessen des Vermieters nicht beeinträchtigt sind (vgl. *Rz. 387 ff.*). Der Umstand, dass die Grundreinigung von Teppichböden in der Regel die Bearbeitung mit professionellen Reinigungsmaschinen und daher spezielles „know how" erfordert, dürfte jedoch die Möglichkeiten des Mieters, die Arbeiten in Eigenleistung auszuführen, beträchtlich einschränken.

626 Verstreicht dagegen die mit der Renovierungsaufforderung verbundene Frist ohne Reaktion, wird der Vermieter den Mieter auf Durchführung in Anspruch nehmen. Will der Vermieter den **Erfüllungsanspruch gerichtlich durchsetzen**, ist darauf zu achten, dass es nicht genügt, etwa lediglich ein-

zuklagen, dass der Mieter die Wohnung „renovieren muss". Vielmehr ist im **Antrag der Leistungsklage** genau anzugeben, in welchen Räumen und an welchen Gegenständen der Mieter welche Arbeiten durchzuführen hat[1] (vgl. Klagemuster *Rz. 847*). In einem obsiegenden Urteil würde also tenoriert, dass der Mieter die im Einzelnen bezeichneten Arbeiten auszuführen hätte[2].

Kommt der Mieter einem der Klage des Vermieters stattgebenden Leistungsurteil ebenfalls nicht nach, kann der Vermieter den mühsamen Weg über eine **Zwangsvollstreckung** einschlagen und den erstrittenen Titel gemäß § 887 ZPO durchsetzen (vgl. Rz. 848). Diese Vorschrift regelt die Verurteilung zu Handlungen, die auch ein Dritter vornehmen könnte. Nach § 887 Abs. 2 ZPO ist der Vermieter daher berechtigt, die geschuldeten Arbeiten – nach richterlicher Ermächtigung – selbst auf Kosten des Mieters vorzunehmen. Er darf sogar einen ausreichenden Kostenvorschuss anfordern, solange der Mieter nach Rechtskraft des Urteils die im Titel bestimmten Schönheitsreparaturen nicht erledigt. Dieses Verfahren ist insgesamt sehr langwierig bzw. kompliziert und findet daher in der Praxis kaum Anwendung. 627

bb) Der Anspruch auf Kostenvorschuss

Im Hinblick auf die mit der Durchsetzung des Erfüllungsanspruchs verbundenen praktischen Schwierigkeiten bietet es sich an, dass der Vermieter gleichzeitig eine **Vorauszahlung** in Höhe der zu erwartenden Erhaltungskosten geltend macht, um sein Ziel zumindest im Wege der Ersatzvornahme zu erreichen. Nach der Rechtsprechung des BGH[3] besteht ein solcher Vorschussanspruch gem. §§ 242, 536a Abs. 2 Nr. 1 BGB analog – ohne den Umweg über einen Leistungstitel –, sobald sich der unwillige Mieter mit den geschuldeten Schönheitsreparaturen in **Verzug** (§§ 280, 286 BGB) befindet[4]. Zur Herbeiführung des Verzuges ist eine **detaillierte Aufforderung** seitens des Vermieters, was die Beschreibung der notwendigen Arbeiten angeht, notwendig (Mahnung). Noch ungeklärt ist, ob die Mahnung auch eine **Zustandsdarstellung** der beanstandeten Mieträume erfordert. Obwohl § 286 BGB nur die Mahnung (= bestimmte Leistungsaufforderung) verlangt, sollte aus Gründen anwaltlicher Vorsicht das Mahnschreiben ergänzende Angaben zum Umfang der Abnutzungen enthalten. 628

Die Mahnung bedarf zwar keiner Fristsetzung, gleichwohl ist dem Mieter die Möglichkeit einzuräumen, innerhalb eines vorgegebenen Zeitraums – mit Enddatum – die Malerarbeiten auszuführen, damit sich der Eintritt des Verzuges auch zeitlich konkretisieren lässt. Die Leistungsaufforderung sollte daher mit einer **angemessenen Fristsetzung** verbunden sein. 629

---

1 *Hummel*, ZMR 1990, 370.
2 Vgl. LG Hamburg, WuM 2008, 69.
3 BGH, WuM 2005, 383; BGH, WuM 1990, 494.
4 So auch LG Berlin, WuM 2004, 465; LG Berlin, GE 2002, 1198; LG Berlin, GE 2001, 137.

630 Verstreicht die gesetzte Frist ungenutzt, was durch erneute Besichtigung der Räume festzustellen wäre, ist der Mieter zur Zahlung eines Vorschusses in Höhe der voraussichtlich notwendigen Renovierungskosten verpflichtet. Die **Angemessenheit** des geforderten Betrages ist vom Vermieter zu belegen; hierzu sollten mehrere Kostenvoranschläge von Fachfirmen eingeholt werden. Tragender Gesichtspunkt hierfür ist, dass im Fall einer späteren gerichtlichen Auseinandersetzung die Frage des Umfangs und der Erforderlichkeit der Renovierung auf der einen sowie die Höhe der verlangten Kosten auf der anderen Seite erfahrungsgemäß einen weiten Streitstoff bieten. Sollte der Vermieter dabei Detailvorgaben gegenüber den Anbieterfirmen formulieren, ist auf die Geschmacksvorstellungen des Mieters Rücksicht zu nehmen. Anhaltspunkte für die in den Kostenvoranschlag aufzunehmenden Leistungen kann auch der Zustand der Mieträume bei Mietbeginn bieten. Es besteht darüber hinaus kein Grundsatz, wonach sich der Vermieter auf den billigsten Anbieter verweisen lassen muss, vor allem, wenn die dort vorgelegte Leistungsbeschreibung keine ordentliche Arbeit erwarten lässt. Bei der Prüfung der eingeholten Voranschläge sollte dennoch darauf geachtet werden, dass sämtliche vom Mieter schon nach Renovierungsgrundsätzen **nicht geschuldeten Kosten** aus der Kalkulation gestrichen werden. Zu denken wäre etwa an anteilige Kosten für das Streichen der Wohnungstür oder der Fenster von außen. Solche Positionen fließen gerne in die Kostenangebote mit ein. Hier läuft der Vermieter Gefahr, dass eine spätere Klage zum Teil abgewiesen wird.

631 Die Entscheidung, vom Mieter (nur) einen Zahlungsvorschuss zu verlangen, hat zwar den Nachteil, dass der Vermieter im Ergebnis die Arbeiten selbst ausführen (lassen) muss. Wirkt der Mieter dabei nicht mit, hat der Vermieter auch das Wegrücken der Möbel etc. zu besorgen. Im Übrigen ist u.U. wiederum eine Zutrittsklage notwendig, sollte der Mieter die Durchführung der Arbeiten nicht freiwillig gewähren. Der Vorschussanspruch ist jedoch ein probates Mittel, den säumigen Mieter zur Durchführung der Schönheitsreparaturen anzuhalten. So mag es zwar einigen Aufwand bedeuten, die Renovierungsbedürftigkeit in den Mieträumen festzustellen und entsprechend darzulegen; eine bei Gericht eingereichte Klage beschleunigt jedoch regelmäßig die Leistungsbereitschaft des Mieters. Denn in dem Moment, wo er übersieht, welche Kosten auf ihn zukommen können, macht er i.d.R. von seinem Recht Gebrauch, die Renovierung in Eigenregie auszuführen. Dies ist für ihn wesentlich kostengünstiger.

632 **Ergänzung zum Musterschreiben** (vgl. Rz. 624) – **Vorschussanforderung**

> (...) Ich weise darauf hin, dass mein Mandant nach Ablauf der Frist als Abschlag die Zahlung des Endbetrages aus dem anliegenden Kostenvoranschlag des Malermeisters (...) für die Durchführung der erforderlichen Renovierungsarbeiten binnen einer Frist von einer weiteren Woche erwartet. Sollte auch die Zahlung nicht fristgerecht erfolgen, wird mein Mandant ge-

richtliche Hilfe in Anspruch nehmen und den Vorschuss klageweise geltend machen.

Dem Vermieter ist es untersagt, die Vorschusszahlung als zusätzliche **Kaution** – z.B. in Form eines auf einem Sparbuch eingezahlten Betrages – für nach einem Auszug des Mieters möglicherweise notwendig werdende Renovierungsarbeiten zu verlangen[1]. Nach **Erhalt des Vorschusses** muss der Vermieter vielmehr den entsprechenden Betrag **zweckgebunden**, also ausschließlich für die Schönheitsreparaturen, einsetzen. Denn während des laufenden Vertrages kommt die Renovierung als solche dem Mieter zugute. Solange also der Mieter den Vorschuss nicht oder nicht vollständig bezahlt, besteht für den Vermieter keine Pflicht zur Verwendung bereits erhaltener Teilbeträge. Je nach finanzieller Ausstattung des Mieters macht es daher Sinn, frühzeitig die Möglichkeit einer Ratenzahlung anzubieten bzw. zuzulassen. Diese kann sich gegebenenfalls bis zum Ende des Mietverhältnisses hinziehen mit dem Effekt, dass dem Vermieter dann – zusätzlich zur Kaution – liquide Mittel zur Ausführung von Renovierungsarbeiten zur Verfügung stehen.

633

Bislang ungeklärt ist, in welchem **Zeitrahmen** der Vermieter den Kostenvorschuss zu verwenden hat. Hier kann nur eine zügige Inangriffnahme der notwendigen Arbeiten angeraten werden. Hat der Mieter voll bezahlt, wehrt er sich aber gegen die Durchführung der Schönheitsreparaturen in seiner Wohnung, sollte der Vermieter auf der Grundlage des geleisteten Vorschusses die Vornahme der Arbeiten mehrfach – zumindest im Monatsrhythmus – anbieten, um sich nicht einem Rückforderungsanspruch wegen unterlassener Verwendung des Vorauszahlungsbetrages auszusetzen[2]. Nach Abschluss der Dekorationsmaßnahmen ist in jedem Fall über die erhaltenen Gelder **abzurechnen**. Nicht ausgeschlossen ist – bei **Unterdeckung** – ein sich dabei ergebender Anspruch des Vermieters auf Zahlung weiterer Beträge.

634

e) Farbe und Material

Befolgt der Mieter die Renovierungsaufforderung, entscheidet er allein, wie die einzelnen Räume – und zwar nach persönlichen Geschmacksvorstellungen – hergerichtet werden[3] (vgl. dazu insgesamt *Rz. 387*). Im laufenden Mietverhältnis besteht dabei ein weiter Gestaltungsspielraum[4]. Der Vermieter hat keine Möglichkeit, den Mieter mit Vorschlägen oder gar Vorgaben zu gängeln[5], solange berechtigte Interessen nicht tangiert sind, was regelmäßig erst bei absehbarem Mietende der Fall wäre (vgl. *Rz. 389 ff.*).

635

---

1 LG Hannover, NZM 2002, 120; vgl. AG Tiergarten, GE 2007, 155.
2 *Horst*, DWW 2007, 52.
3 Vgl. BGH, WuM 2008, 472; LG Berlin, GE 1998, 181; AG Tempelhof, NZM 2002, 734; einschr. LG Aachen, WuM 1998, 596.
4 Vgl. BGH, WuM 2008, 722; BGH, WuM 2008, 472.
5 KG, GE 1995, 1011.

Dem Mieter ist es daher unbenommen, jeder Modeerscheinung zu folgen und Wände sowie Decken gemäß seinen Vorstellungen in beliebiger Art und Farbe streichen[1] oder Muster- bzw. Fototapeten und Bordüren einsetzen. Natürlich steht es ihm auch frei, Wände und Decken untapeziert zu lassen. Anstelle des Farbanstrichs kann er sich für die Bearbeitung der Wände mit einer „Lasurtechnik" entscheiden[2]; strittig ist allerdings, ob eine Bindung an eine bereits vorgefundene **Technik der Raumgestaltung** besteht[3] (vgl. *Rz. 393 ff.*). Auf jeden Fall hat der Mieter darauf zu achten, dass die **Bausubstanz** nicht verletzt oder beschädigt wird; derartige Eingriffe wären ihm nicht gestattet[4]. Deshalb muss man vom Mieter zumindest verlangen, dass mit der üblichen Sorgfalt zumindest einwandfrei[5] gearbeitet wird, was schon aus § 276 BGB folgt. Allein die Wahl ausgefallener, schriller Farbtöne und -kombinationen begründet mangels Obliegenheitsverletzung keine Vertragswidrigkeit. Ein in diese Richtung zielendes Unterlassungsverlangen des Vermieters (§ 541 BGB) wäre daher unbegründet; der Mieter darf unterstellen, dass er im laufenden Mietverhältnis die von ihm gewählte Dekoration abwohnen kann.

636 Beinhaltet der Mietvertrag eine rechtswirksame **Farbwahlklausel**, die den Mieter verpflichtet, die Mieträume zumindest bei Mietende mit „weitervermietungsfreundlichen" Anstrichen zurückzugeben (vgl. *Rz. 389 ff.*), macht es Sinn, anlässlich einer anwaltlichen Beratung auch den Ablauf des Mietvertrages in den Blick zu nehmen. Denn der Mieter muss sich entscheiden, ob er mit einer „poppigen" Raumgestaltung in Kauf nehmen will, dass er am Ende des Mietverhältnisses (nochmals) einen Neuanstrich in neutralen Farben anbringt, obwohl die Dekoration zu diesem Zeitpunkt noch nicht verbraucht ist, oder ob er es vorzieht, die Schönheitsreparaturen bereits während der Mietzeit entsprechend der Farbwahlregelung auszuführen und sich auf diesem Weg möglicherweise eine „Schlussrenovierung wg. Farbwahldiktat" erspart.

636a Renoviert der Mieter allerdings schlampig oder schlecht (hierzu *Rz. 375 ff.*), handelt es sich um einen Fall der **positiven Vertragsverletzung**. Die Folge hiervon ist, dass wegen Schlechtleistung dem Vermieter auch während des laufenden Mietvertrages ein Anspruch auf Schadensersatz zusteht.

f) Besonderheiten bei der Geschäftsraummiete
aa) Mietvertragsprüfung

637 Hier gilt nichts anderes als bei der Wohnraummiete (vgl. *Rz. 605 ff.*): Für den Renovierungsanspruch des Vermieters muss eine Vertragsgrundlage vorhanden sein, wonach der Mieter die laufenden Schönheitsreparaturen

---

1 KG, NZM 2005, 663; LG Hamburg, ZMR 1999, 405.
2 LG Mannheim, NZM 2003, 511.
3 Bejahend: AG Kerpen, WuM 1990, 198; ablehnend: LG Mannheim, NZM 2003, 511.
4 BGH, WuM 2008, 722.
5 LG Wiesbaden, WuM 1992, 602; LG Osnabrück, WuM 1988, 107.

während der Mietzeit übernimmt. Eine solche manifestiert sich erfahrungsgemäß in den mietvertraglichen Regelungen.

Verlangt der Vermieter die Durchführung der laufenden Malerarbeiten, müssen diese auch im Bereich der Gewerberaummiete **fällig** sein. Enthält der Mietvertrag keine Vereinbarungen zu den jeweiligen Fälligkeitszeitpunkten der Renovierung (Fristenplan), bietet sich am ehesten der Abnutzungsgrad und damit das **konkrete Aussehen** der Räume als Entscheidungskriterium an. So bedarf es der substantiierten Darlegung auf Seiten des Vermieters[1], dass 638

– bei Gewerbeflächen der vermieteten Art oder derselben Nutzung in bestimmten, näher zu konkretisierenden Zeiträumen üblicherweise die Schönheitsreparaturen durchzuführen sind,
– dass diese nicht durchgeführt wurden und
– dass die Räume „überobligationsgemäß abgenutzt" sind.

Als eine angemessene Frist für die Neurenovierung wurden angesehen: 639
– Gaststätte: 1 Jahr[2],
– Massagepraxis: 3 Jahre[3],
– Friseursalon: 3 Jahre nicht ausreichend[4].

Häufig wird es allerdings an einer konkreten Renovierungsvereinbarung nicht fehlen. In diesem Zusammenhang ist zu bedenken, dass in Mietverträgen über Gewerbeflächen die **Fristen abweichend** von denen der Wohnraummiete geregelt werden können (vgl. *Rz. 516*). Nur bei der Vermietung von Büroräumen finden bislang die üblichen Intervalle des **Mustermietvertrages 1976** (3/5/7 Jahre) Verwendung; ihr Ablauf gibt dann einen Anhaltspunkt für die Renovierungsbedürftigkeit[5]. Im Zusammenhang mit dem Neuabschluss von Gewerberaummietverträgen ab 2008 wird jedoch zu überprüfen sein, ob im Einzelfall die dort vorgesehenen Renovierungszeiträume zu kurz bemessen sind (vgl. *Rz. 492*).

bb) Erfüllungsanspruch/Kostenvorschuss

Hier gilt vom Grundsatz her nichts anderes als bei der Wohnraummiete, so dass insoweit auf *Rz. 620 ff.* verwiesen werden kann. 640

12. Der Anspruch des Vermieters auf Kostenbeteiligung bei Vertragsende

a) Allgemeines

Bei der Kostenbeteiligung des Mieters handelt es sich um einen primären **Erfüllungsanspruch** des Vermieters **auf Zahlung**, also nicht etwa um Scha- 641

---

1 Vgl. OLG Düsseldorf, ZMR 2005, 705; OLG Köln, WuM 1994, 274.
2 BGH, NJW 1983, 446.
3 OLG Koblenz, WuM 1999, 720.
4 OLG Düsseldorf, WuM 2002, 545.
5 KG, NZM 2005, 181.

densersatz[1]. Das darf indes nicht darüber hinwegtäuschen, dass dem **Vermieter keine Auswahlmöglichkeit** eingeräumt ist dergestalt, dass entweder die Durchführung der Renovierung oder die Beteiligung an den veranschlagten Kosten verlangt werden kann[2]. Davon unabhängig muss dem **Mieter** formularvertraglich ein **Wahlrecht** zwischen der Zahlung eines Entschädigungsbetrages – auf der Basis eines Kostenvoranschlags – einerseits und der Ausführung der gebotenen Renovierungsarbeiten andererseits verbleiben[3]. Die **Entscheidung** darüber, ob zum Pinsel gegriffen oder ob die Quote bezahlt werden soll, obliegt allein dem Mieter. Die Wahl muss der Mieter grundsätzlich **bis zum Ablauf der Mietzeit** treffen, weil die Selbstvornahme eine Ersetzungsbefugnis im Rahmen des Abgeltungsanspruchs darstellt[4]. Einer ausdrücklichen Aufforderung zur Vornahme der Schönheitsreparaturen binnen einer vorgegebenen Frist bedarf es daher nicht[5].

642 Sieht demgegenüber die Abgeltungsregelung vor, dass zur Selbstvornahme der Schönheitsreparaturen ausdrücklich **unter Fristsetzung aufzufordern** ist, braucht der Mieter seine Wahl erst zu treffen, nachdem ihm der Vermieter die voraussichtlichen Kosten der Malerarbeiten mittels Kostenvoranschlag bekannt gegeben hat, was auch als Voraussetzung für einen Zahlungsanspruch angesehen wird[6]. Sollte der Mieter in diesem Fall bereits ausgezogen sein, ohne zuvor renoviert zu haben, schadet dies nicht, sofern er vorab keine Möglichkeit hatte, sein Wahlrecht auszuüben. Denn zur Renovierung war der Mieter ohnehin mangels Fälligkeit nicht verpflichtet, so dass auch der Auszug nicht als Erfüllungsverweigerung gewertet werden kann.

b) Prüfung des Mietvertrages

643 Ob den Mieter eine Verpflichtung zur Kostenbeteiligung bei Ende des Mietverhältnisses trifft, ergibt sich allein aus den **Abreden** der Vertragsparteien. Fehlt eine Regelung, scheidet ein Kostenanspruch des Vermieters naturgemäß aus, da eine besondere Vereinbarung notwendig ist[7].

Liegt ein schriftlicher Mietvertrag vor und findet sich dort eine Abgeltungsregelung, folgt die **rechtliche Überprüfung der Wirksamkeit** (vgl. dazu Rz. 539 ff.). In Anbetracht der Tatsache, dass der BGH[8] erst kürzlich die Grenzen für die Zulässigkeit von Quotenklauseln – vor allem unter dem Blickwinkel des Transparenzgebotes – immer enger gezogen hat, muss davon ausgegangen werden, dass die bislang üblicherweise verwendeten Vertragsbedingungen einer Wirksamkeitskontrolle nicht standhalten und ein

---

1 BGH, NJW 1988, 2790.
2 LG Berlin, GE 2001, 205.
3 BGH, NZM 2004, 615.
4 *Lützenkirchen*, WuM 1988, 380.
5 LG Köln, WuM 2000, 545.
6 LG Braunschweig, WuM 2001, 484.
7 BGH, MDR 1988, 1052; KG, KGR Berlin 2004, 455.
8 BGH, WuM 2008, 278; BGH, WuM 2007, 684 u. 260; BGH, WuM 2006, 677.

durchsetzbarer Zahlungsanspruch des Vermieters von vorneherein ausscheidet.

c) Prüfung der Anspruchsvoraussetzungen

Bei rechtswirksam vereinbarter Kostenbeteiligungsregelung ist **maßgebliche Voraussetzung** für das Zahlungsverlangen des Vermieters, dass zum Vertragsende die vereinbarten Renovierungsfristen seit Mietbeginn bzw. seit den letzten Malerarbeiten noch nicht abgelaufen sind, kein vorfristiger Dekorationsbedarf besteht und der Mieter die Schönheitsreparaturen auch nicht – zur Vermeidung einer Zahlungspflicht – vorzeitig ausgeführt hat oder ausführen ließ[1]. 644

Der vom Vermieter zu beschaffende **Kostenvoranschlag** muss sich nicht zwingend an der konkreten Mietwohnung orientieren. Die Vorlage eines Angebots für eine **baugleiche Wohnung** desselben Hauses genügt, solange die maßgeblichen Parameter wie Flächenmaße und Einheitspreise nachvollziehbar ausgewiesen sind und der Mieter die Möglichkeit zur Überprüfung hat[2]. **Aufwendungen** für die Einholung des Kostenangebots hat der Vermieter zu tragen. Wird die **Umsatzsteuer** ausgewiesen, hat der Vermieter die Möglichkeit, auch diesen Betrag in die Abgeltungsforderung mit einfließen zu lassen[3]. 645

Die Absicht des Vermieters, die Wohnung nach dem Umzug des Mieters **umzubauen** (vgl. hierzu *Rz. 758 ff.*), lässt die Kostenbeteiligung des Mieters nicht entfallen[4]. 646

Musterschreiben an den Mieter zur Geltendmachung der Kostenbeteiligung 647

Der Mietvertrag vom 17.8.2007 wurde von Ihnen gegenüber meinem Mandanten zum (...) gekündigt. Die Kündigung ist wirksam. Nach § (...) des Mietvertrages haben Sie sich zur Durchführung von Schönheitsreparaturen verpflichtet. Danach ist die Renovierung innerhalb der mietvertraglich festgelegten Regelfristen (3/5/7 Jahre) geschuldet. Diese Fristen sind noch nicht abgelaufen, da Sie lediglich seit 2,5 Jahren die Miträume bewohnen. Für diesen Fall enthält der Mietvertrag in § (...) eine Kostenbeteiligungsklausel, die zu rechtlichen Bedenken keinen Anlass gibt[5]. Hiernach errechnet sich der von Ihnen zu leistende Kostenanteil nach dem Verhältnis der allgemeinen Regelfristen und der der tatsächlichen Abnutzung entsprechenden (fiktiven) Wohndauer

---

1 BGH, WuM 2007, 260.
2 OLG Celle, WuM 2001, 393.
3 *Winkler*, ZMR 2007, 337; *Horst*, NZM 2003, 537; *Pfeilschifter*, WuM 2003, 543; *Wüstefeld*, WuM 2003, 15; **a.A.** *Langenberg*, Schönheitsreparaturen, 3. Aufl., 1. Teil F Rz. 402.
4 LG Potsdam, GE 2004, 821; LG Düsseldorf, WuM 1992, 431.
5 Nur bei Beachtung der Wirksamkeitsvoraussetzungen – hierzu *Rz. 540 ff.*

des Mieters. In Anbetracht der bisherigen Laufzeit des Mietverhältnisses von 2 vollen Jahren und einer anlässlich der Besichtigung am (...) gemeinsam mit meinem Mandanten festgestellten Abnutzung der Mieträume, die diesem Nutzungszeitraum entspricht, sind danach 2/3 = 66 % der Kosten zur Renovierung der Nassräume und 2/5 = 40 % der Kosten für die übrigen Räume fällig, wobei die Nebenräume der Wohnung unberücksichtigt bleiben. In der Anlage erhalten Sie den Kostenvoranschlag, den mein Mandant durch die Malerfirma (...) erstellen ließ und der die Kosten für die einzelnen Räume Ihrer Wohnung getrennt auflistet. Ihre Anteile belaufen sich für die Nassräume auf (...) Euro und für die weiteren Wohnräume auf (...) Euro. Ich habe Sie deshalb aufzufordern, den Gesamtbetrag bis zum (...) zu bezahlen oder innerhalb gleicher Frist – zur Abwendung des Zahlungsanspruchs – in der Wohnung die Schönheitsreparaturen fachgerecht auszuführen bzw. ausführen zu lassen. Sollte die Zahlung bzw. die Erledigung der Dekorationsarbeiten nicht fristgerecht erfolgen, wird mein Mandant gerichtliche Hilfe in Anspruch nehmen und den Abgeltungsbetrag klageweise geltend machen.

648 Die **Berechnung** der angemessenen Abgeltungsquote erfordert vom Rechtsanwalt eine Einschätzung, ob der bei Mietende in den Mieträumen vorgefundene Abnutzungszustand auch der bisherigen Mietdauer bzw. dem Zeitraum seit der Durchführung der letzten Schönheitsreparaturen entspricht. Anzusetzen sind nur volle Mietjahre[1]. Ausschlaggebend ist dabei, wie sich der Dekorationszustand tatsächlich darstellt, wie er sich bei durchschnittlicher Abnutzung darstellen würde und welchem Nutzungszeitraum bei durchschnittlicher Abnutzung der vorgefundene Zustand entspricht[2]. Hier ergeben sich in der Praxis nicht unerhebliche Schwierigkeiten, denn auch ein Sachverständiger müsste auf hypothetische und fiktive Annahmen aufbauen. Es bedarf einer Prognose, ob die vermeintlich unterdurchschnittliche Abnutzung eine Verlängerung des Renovierungsturnus rechtfertigt. Diese Probleme treffen in erster Linie den Mieter, der eine geringere Quote geltend machen will. Von seiner Seite ist in diesem Fall darzutun und ggf. zu beweisen, dass aufgrund seiner konkreten Mietnutzung eine Renovierung nach Ablauf der Regelfristen bei (fiktiver) Fortsetzung des Mietverhältnisses noch nicht anstehen würde[3]. Für den Vermieter spricht dagegen die Vermutung, dass spätestens bei Ablauf der vertraglich vereinbarten Regelfristen eine Renovierung erforderlich sein wird (vgl. *Rz. 610 f.*) und der Umfang der Gebrauchsspuren in den Mieträumen der bisherigen Mietdauer bzw. der Dauer seit Ausführung der letzten Schönheitsreparaturen entspricht.

649 Macht der Mieter von seinem **Recht der Kostenabwendung** durch Renovierung Gebrauch und stellt sich Dekorationsmaßnahme im Nachhinein als **fehlerhaft** heraus, besteht aus Sicht des Vermieters keine Notwendigkeit,

---

1 LG Berlin, GE 1989, 1113; AG Gießen, WuM 2002, 212.
2 Vgl. BGH, WuM 2007, 684; LG Kiel, WuM 2006, 312.
3 BGH, WuM 2007, 684.

nach § 281 BGB vorzugehen. Er hat die Möglichkeit, weiterhin die Kostenbeteiligung zu fordern, wobei die Beweislast für eine ordnungsgemäße Renovierung dem Mieter obliegt[1]. Das gleiche Ergebnis wird erzielt, wenn man in der unfachmännischen Renovierung eine Vertragsverletzung sieht, die einen Anspruch des Vermieters auf Schadensersatz nach § 280 Abs. 1 BGB auslöst. In seiner Höhe ist der Schadensersatz dann aber auf den Betrag der Kostenbeteiligung begrenzt[2], solange nicht gerade die mangelhafte Ausführung darüber hinausgehende Mehrkosten verursacht (z.B. Kleben der Tapete auf vorhandene Tapete = Zuschlag für das Entfernen der mehrlagigen Tapeten).

13. Die Geltendmachung der Schlussrenovierung durch den Vermieter

Voraussetzung für den Anspruch des Vermieters auf Durchführung der Dekorationsarbeiten bei Mietvertragsende ist 650
- die vertragliche Verpflichtung des Mieters zur (End-)Renovierung dem Grunde nach (Anspruchsgrundlage) sowie
- die Fälligkeit der Renovierungsmaßnahmen.

a) Prüfung des Mietvertrages

Zunächst wäre vom Rechtsanwalt zu prüfen, ob der Mieter überhaupt zur Durchführung von Schönheitsreparaturen verpflichtet ist. Denn ohne (wirksame) **Vertragsvereinbarung** ist das Verlangen nach einer Schlussrenovierung bereits dem Grunde nach nicht möglich. Der Mieter könnte in diesem Fall die Mieträume – selbst bei feststehender Renovierungsbedürftigkeit – besenrein zurückgeben. 651

aa) Vertragsklausel zur laufenden Renovierung

Enthält der Mietvertrag die rechtsgültige Verpflichtung des Mieters zur Durchführung von Schönheitsreparaturen während des bestehenden Vertrages und sind die üblichen **Fristen** für alle/einzelne Räume seit Vertragsbeginn oder seit der letzten Renovierung bereits **verstrichen**, ohne dass renoviert wurde, muss der Mieter die fälligen Arbeiten spätestens bis zum Mietende nachholen. Der Ablauf der Regelzeiträume begründet die Vermutung für einen Erfüllungsanspruch des Vermieters (vgl. *Rz. 610 f.*); dessen Anweisung an den Mieter, die Schlussrenovierung durchzuführen, wäre insoweit begründet[3]. In einem entsprechenden Aufforderungsschreiben genügt dann regelmäßig der Hinweis, dass in Anbetracht der verstrichenen Fristen ein Renovierungsbedarf angenommen werden kann und die Dekorationsarbeiten fällig sind. Dem Mieter obliegt in diesem Fall der Einwand – mit entsprechender Beweisführung – dass aufgrund schonender Raum- 652

---

1 LG Köln, WuM 2000, 545.
2 Vgl. *Lützenkirchen*, WuM 1988, 380, 383.
3 BGH, WuM 2005, 383; OLG Düsseldorf, WuM 2002, 545.

nutzung die Schönheitsreparaturen noch nicht geschuldet werden (vgl. Rz. 784 ff.).

653 Haben sich die Parteien in ihrer Vorkorrespondenz allerdings individualvertraglich darauf verständigt, dass der Mieter die Miträume unrenoviert zurücklassen kann, überlagert diese Abrede die zwischen den Parteien ursprünglich geltende Abwälzungsklausel[1].

654 Sollten hingegen die Fristen bei Vertragsende – zumindest hinsichtlich einzelner Räume – noch **nicht abgelaufen** sein, kann der Vermieteranwalt prüfen, ob von der Möglichkeit einer **Verkürzung der Renovierungsintervalle**, und zwar auf der Grundlage beweglicher Fristenregelungen (vgl. Rz. 503), Gebrauch gemacht werden kann. Ergibt sich wegen **erheblicher Abnutzung** der Miträume tatsächlich ein „vorfristiger" Renovierungsbedarf, kann der Mieter auch insoweit zur Endrenovierung aufgefordert werden[2]. Vorab ist jedoch mit der gebotenen Sorgfalt abzuklären, ob sich die (vorzeitige) Fälligkeit der Schönheitsreparaturen ausreichend substantiiert darstellen und belegen lässt. Denn einerseits besteht in dieser Situation vielleicht noch die Möglichkeit, notwendige Beweise mittels Fotos, Aktenvermerke, Zeugen etc. zu sichern. Andererseits können weitergehende Vorbereitungen (z.B. Einholung eines Kostenvoranschlags) getroffen werden, um zumindest den **Abgeltungsanspruch aus einer Quotenklausel** – soweit rechtswirksam vereinbart – **hilfsweise** geltend zu machen.

655 Ob ein tatsächlicher **Renovierungsbedarf** gegeben ist oder nicht, lässt sich im Einzelfall nur anhand des konkreten Zustands der Miträume beantworten (vgl. Rz. 309). Zur Abklärung der Abnutzungen empfiehlt sich für den Rechtsanwalt eine **Besichtigung der Miträume** vor Ort – soweit möglich. Die Erfahrung zeigt nämlich, dass hier nicht selten „übertrieben" wird, was den Umgang mit den Mietflächen betrifft, und zwar auf beiden Seiten. Viele Mieter sind geneigt, unter Hinweis auf eine vermeintlich schonende Nutzung bzw. auf einen guten dekorativen Zustand der Mietflächen einer Renovierung bei Auszug zu entgehen. Die Vorlage von Fotografien oder Videos vermittelt nur selten einen verlässlichen Eindruck. Deshalb sollte ein **Protokoll** erstellt werden, welches den Zustand für jeden einzelnen Raum festhält (vgl. dazu auch K Rz. 140 ff.).

---

656 **Besichtigungsprotokoll**

Ort:
Wohnung des Mieters (...),
(*Adresse*)

Termin: (*Datum*)

Anwesend: Vermieter (...); dessen Ehefrau (...); der Mieter (...), der Unterzeichner.

---

1 OLG Köln, Gut 2006, 265.
2 Vgl. BGH, WuM 2005, 50.

Feststellungen:
- *Küche:* Die Wandflächen hinter dem Herd zeigen erhebliche Fett- und Soßenspritzer.
- *Bad:* In den Ecken links und rechts unterhalb der Waschtisches sind Spuren von Schimmelbildung zu sehen, die jeweils ca. 20 × 20 cm breitflächig verlaufen.
- *Wohnzimmer:* Die Wand hinter dem Fernsehgerät ist auf ca. 40 × 40 cm dunkel verfärbt. An der gegenüberliegenden Wand sind die Tapetenbahnen an zwei Stellen heruntergerissen.
- *Kinderzimmer:* Alle Wände weisen breitspurig Malspuren im unteren Bereich vom Boden bis auf ca. 1 m Höhe auf.

Bei **fehlendem Renovierungsbedarf** besteht natürlich kein Anspruch auf Durchführung der Schönheitsreparaturen (zur Ausnahme vgl. *Rz. 662*). In Betracht kommt lediglich die Beteiligung des Mieters an den Kosten der zukünftigen Renovierung, sofern der Mietvertrag eine rechtswirksame Kostenbeteiligungsklausel enthält (vgl. hierzu *Rz. 539 ff.*).

Fehlt es mangels (verkürzten) Fristenablaufs an der Fälligkeit der Renovierungsarbeiten oder enthält der Mietvertrag gar keine Abwälzungsregelung, wäre abzuklären, ob der Mieter gleichermaßen eine (Teil-)Renovierung unter dem Gesichtspunkt des **Schadensersatzes** schuldet. Maßgebend ist danach, ob sich die Räume in einem zur **Weitervermietung geeigneten Zustand** befinden, was bei einer **Übermaßabnutzung** grundsätzlich nicht der Fall ist[1]. Gemeint ist dabei, dass sich die Räume in einem Zustand befinden, der von § 538 BGB nicht mehr gedeckt ist, z.B. bei einem mieterseitig zu verantwortenden Wasserschaden mit zurückgebliebenen Flecken an einer Stelle in der Wohnung oder wenn der Mieter während der Mietzeit die Wände in bunten Farben gestrichen hat. Dem Ablauf von Renovierungsfristen kommt dabei keine Bedeutung zu (vgl. *Rz. 375 ff.*).

Die **Übermaßabnutzung** der Dekoration durch den Mieter begründet in jedem Fall eine Pflichtverletzung, die unmittelbar zum Schadensersatz verpflichtet (§§ 280 Abs. 1, 241 Abs. 2, 823 Abs. 1 BGB)[2], ohne dass der Vermieter Gelegenheit zur Nachbesserung geben oder gar eine Nachfrist setzen muss. Hinsichtlich des Verschuldens gelten die Vorschriften der §§ 276, 278 BGB. Der Vermieter muss sich allerdings Abzüge anrechnen lassen, insbesondere wenn die übliche Renovierung nach der Vertragslage ihm allein obliegt, er also ohnehin die „Schadensbeseitigung" im Zuge notwendiger Schönheitsreparaturen durchführen müsste (vgl. *Rz. 380*). Anders sieht es aus, wenn das beanstandete Nutzungsverhalten des Mieters dazu führt, dass der Vermieter deutlich früher gezwungen wäre, Malerarbeiten

---

1 A.A. AG Charlottenburg, GE 1999, 385: „Verbrauch der bisherigen Dekoration – Vereinbarung eines Fristenplans"; BGH, ZMR 1991, 420.
2 BGH, WuM 1996, 91.

durchzuführen oder ihm insgesamt ein höherer Aufwand entsteht. Zumindest diese „Mehrbelastung" ist ihm vom Mieter zu erstatten.

bb) Vertragsabsprachen zur Endrenovierung

659 Die Renovierungsverpflichtung des Mieters kann auch aus einer **Endrenovierungsabrede** resultieren. Voraussetzung ist, dass eine solche **wirksam** vereinbart wurde.

660 **– Formularmäßige Endrenovierungsklausel**

Enthält der Mietvertrag eine Schlussrenovierungsklausel, ist sie nur wirksam, wenn die Verpflichtung zur Durchführung einer Endrenovierung davon abhängt, wann die letzte Renovierung durchgeführt wurde. Eine Formularabrede, die den Mieter zur Renovierung der Miträume bei Vertragsende **unabhängig vom Zeitpunkt der** zuletzt durchgeführten Renovierungsarbeiten verpflichtet, erweist sich demgegenüber als unwirksam (vgl. Rz. 526 ff.).

661 **– Individualvertragliche Endrenovierungsregelung**

Die durch echte Einzelvereinbarung festgelegte Endrenovierungsverpflichtung gilt als **unbedenklich** und wirksam (vgl. Rz. 521). Der Ablauf von Renovierungsfristen spielt dabei ebenso wenig eine Rolle wie fehlender Renovierungsbedarf. Dem kann man im Grundsatz zustimmen; war die Klausel dem Mieter bei Vertragsbeginn zur Disposition gestellt worden und hatte der Mieter dementsprechend die Möglichkeit eigener Einflussnahme auf die Vertragsgestaltung, liegt hierin grundsätzlich keine Belastung entgegen Treu und Glauben. Es wird aber im Einzelfall auf die Formulierung, aber auch auf die bisherige Mietlaufzeit ankommen. Unbillig und rechtsmissbräuchlich wäre es, den Mieter bereits nach **kurzer Vertragsdauer**, also etwa einigen wenigen Monaten, bei Vertragsende zur Komplettrenovierung der Wohnung heranzuziehen[1]. In solchen Fällen bleibt das Regulativ der §§ 242, 138 BGB[2].

cc) Vertragsabsprachen zur Farbwahl

662 Beinhaltet der Mietvertrag eine wirksame Formularabrede, wonach die Miträume bei Mietende in einem vorgegebenen Farbbereich zurückzugeben sind (**Farbwahlklausel** – hierzu Rz. 389 ff.) und hat der Mieter im Verlauf des Mietverhältnisses Wände, Decken oder Holzflächen in rechtlich zulässiger Weise in einem Farbton gestrichen, der von dieser Farbvorgabe abweicht, ist der Mieter verpflichtet, – unabhängig vom Zeitpunkt der letzten Renovierung – bei Auszug eine „zustandsunabhängige" Neudekoration

---

[1] Vgl. LG Aachen, WuM 1988, 55; AG Münster, WuM 1987, 53; *Derleder*, NZM 2009, 227.
[2] *BGH, NZM 2009, 397; BGH, NJW 2002, 2383.*

herbeizuführen[1]. Hier ist auf Seiten des anwaltlichen Beraters der Wortlaut des Vertragstextes genauestens zu prüfen. Beinhaltet nämlich die Farbklausel eine Bezugnahme auf den status-quo der Renovierung bei Mietbeginn („Der Mieter übernimmt die Wohnung neu gestrichen in neutralem Farbton ...") und verpflichtet sie den Mieter anschließend zur „Rückgabe in dem so beschriebenen Zustand", also ebenfalls „neu gestrichen", handelt es sich um eine formularmäßig vereinbarte Endrenovierungsklausel, die den Mieter unangemessen benachteiligt und daher unwirksam ist mit der Folge, dass die gesamte Renovierungsvereinbarung (also auch über die laufenden Schönheitsreparaturen) keine Geltung erlangt[2].

Umso mehr ist dem Klauselgestalter **abzuraten**, eine Farbwahlklausel in den Mietvertrag aufzunehmen. Im Hinblick auf das Transparenzgebot des § 307 Abs. 1 S. 2 BGB besteht jederzeit das Risiko, dass die Klausel anders interpretiert wird, als sie gedacht war.

b) Das Aufforderungsschreiben an den Mieter

Ergibt die Prüfung des Mietvertrages und der Mieträume, dass der Mieter die Endrenovierung auszuführen hat, muss der Vermieter grundsätzlich ein **Aufforderungsschreiben** an den Mieter richten, um die Voraussetzungen des § 281 BGB herbeizuführen. Dabei muss dem Mieter klar gemacht werden, welche **konkreten Maßnahmen** er erledigen soll. Enthält der Mietvertrag (wie oft) eine Leistungsbeschreibung der Schönheitsreparaturen, genügt es, hierauf zu verweisen. Zur Vermeidung eines Risikos kann der Text im Anschreiben wiederholt werden. Ebenso sollte eine **Zustandsbeschreibung** erfolgen, solange nicht geklärt ist, ob diese als Wirksamkeitsvoraussetzung einer Mahnung anzusehen ist (vgl. *Rz. 686*).

663

Kann die Fälligkeit der Schlussrenovierung nach dem Mietvertrag in der Vertragslaufzeit vom Mieter unzweifelhaft nachvollzogen werden, ist eine Fristsetzung entbehrlich. Dies gilt auch für die Leistungsaufforderung als solche. Die Renovierung wird dann spätestens bei Vertragsende fällig, ohne dass es entsprechender Schritte bedarf. Ungeachtet dessen empfiehlt es sich selbstredend, den Mieter zur Durchführung der Arbeiten anzuhalten und dabei eine Frist zu setzen, um Klarheit zu schaffen.

663a

➲ **Hinweis:**

Vor Vertragsende ist ein Wahlrecht des Vermieters zwischen Erfüllung und Schadensersatz statt der Leistung nicht gegeben, da eine Anwendung des § 281 BGB im noch laufenden Mietverhältnis ausscheidet (vgl. *Rz. 621*). Befindet sich das Vertragsverhältnis aber im Auflösungsstadium, kann die Fristsetzung vor Vertragsende (wirksam) erklärt werden.

---

1 Dasselbe gilt bei Anstrich der Mieträume in außergewöhnlichen Farben – hierzu *Rz. 359 ff.*
2 BGH, WuM 2009, 224.

664 **Formulierungsbeispiel 1:** Vertragsende – Vertragspflicht zur laufenden Renovierung – Renovierungsfristen noch nicht abgelaufen – Arbeiten im Mietvertrag definiert – Übermaßabnutzung

> Sehr geehrter Herr (...)
>
> Die Besichtigung Ihrer Wohnung hat ergeben, dass die Räume folgendes Aussehen aufweisen: (*Beschreibung des Wohnungszustandes oder Beifügung des Protokolls*). Zwar waren bei Vertragsende die Fristen zur Durchführung der Renovierungsarbeiten noch nicht abgelaufen. Die Räume sind aber nach einer Laufzeit von lediglich zwei Jahren seit Vertragsbeginn über Gebühr abgenutzt, zum Teil beschädigt. Sie werden deshalb aufgefordert, bis zum (*Datum*) die im Mietvertrag bezeichneten Renovierungsarbeiten in denjenigen Räumen durchzuführen, welche wie beschrieben betroffen sind. Andernfalls wird mein Mandant nach Fristablauf einen Maler beauftragen; die damit verbundenen Kosten sind von Ihnen zu erstatten.

665 **Formulierungsbeispiel 2:** Vertragsende – Vertragspflicht zur laufenden Renovierung – Renovierungsfristen abgelaufen – Arbeiten im Mietvertrag definiert

> Sehr geehrter Herr (...)
>
> Sie haben den Mietvertrag vom (...) zum Ablauf des (*Datum*) wirksam gekündigt. Bitte führen Sie die vertraglich vereinbarten Schönheitsreparaturen bis zum Vertragsende durch. Die im Mietvertrag festgelegte Verpflichtung zur Durchführung von Schönheitsreparaturen findet sich in § (...). Danach sind Sie gehalten, in den Mieträumen die hierzu erforderlichen Arbeiten nach Maßgabe folgender Regelfristen durchzuführen: Nach drei Jahren in den Nassräumen, also in Küche, Bad und Dusche, nach fünf Jahren in den Wohn- und Schlafräumen sowie in Fluren, Diele und Toilette, nach acht Jahren in den übrigen Räumen. Diese Fristen sind – mit Ausnahme der Nebenräume – abgelaufen, da Sie die Wohnung seit über sechs Jahren nutzen und seither keine Malerarbeiten durchgeführt wurden. Im Verlauf der Besichtigung vom (...), an der Sie persönlich mit teilgenommen hatten, konnte festgestellt werden, dass der Zustand der Räume renovierungsbedürftig ist. So sind die Tapeten bzw. Anstriche an Wänden und Decken im Wohnbereich bereits von Nikotin verfärbt und vergilbt. Im Übrigen weisen sämtliche Wände starke Abnutzungsspuren und Flecken auf, vor allem im Wohn- und Kinderzimmer. Im Badezimmer löst sich unterhalb der Fensterbank die Tapete. Die Türen zeigen zahlreiche Abplatzungen und Kerben. Auch an den Heizkörpern ist der Lack abgeplatzt. Die Farbe an den Fensterinnenseiten ist vergraut. Die in der Wohnung verlegten Teppichbeläge sind speziell im Eingangsbereich stark verdreckt. Die Schönheitsreparaturen sind daher längst fällig. Namens und im Auftrag meines Mandanten habe ich Sie daher aufzufordern, Ihrer Renovierungspflicht spätestens bis zum Auszug nachzukommen, indem Sie die

Grundreinigung des Teppichbelages sowie das Anstreichen/Tapezieren der Wände und Decken bzw. das Streichen der Heizkörper ausführen oder durch geeignete Fachkräfte ausführen lassen, und zwar in der Küche, im Wohn- und Schlafzimmer sowie in der Diele, im Bad/Toilette und im Kinderzimmer; eine Renovierung der Nebenräume wird nicht verlangt. Bitte erledigen Sie die Arbeiten fachgerecht bis zu Ihrem Auszug.

Entsprechend kann formuliert werden, wenn der Mietvertrag keinen Fristenplan enthält, da in diesem Falle die üblichen Fristen gleichermaßen anzuwenden sind.

Formulierungsbeispiel 3: Vertragsende – fehlende Regelung zur laufenden Renovierung – individualvertragliche Endrenovierungsabrede

Sehr geehrter Herr (…)
Sie haben den Mietvertrag vom (…) zum Ablauf des (Datum) wirksam gekündigt. Bis zum Vertragsende ist noch die vertraglich vereinbarte Schlussrenovierung durchzuführen. Die im Mietvertrag festgelegte Verpflichtung zur Erledigung von Schönheitsreparaturen bei Mietende findet sich im Anhang zum Mietvertrag unter Ziff. § (…). Danach sind Sie gehalten, in den Mieträumen die hierzu erforderlichen Arbeiten bis zu Ihrem Auszug erledigen. Hinsichtlich der im Einzelnen durchzuführenden Maßnahmen verweise ich auf die Regelung des Mietvertrages unter § (…). Hiernach umfassen die Schönheitsreparaturen nur die Arbeiten innerhalb der Mieträume, namentlich das Tapezieren oder Anstreichen der Wände und Decken, das Streichen der Heizkörper einschließlich der Heizrohre, das Streichen oder Lackieren der Innentüren (beidseitig), das Streichen oder Lackieren der Fenster und Außentüren von innen, das Anstreichen der Sichtflächen von Einbaumöbeln oder Wand- bzw. Deckenverkleidungen sowie die Grundreinigung etwaiger vom Vermieter gestellter Parkett-/Laminat- oder Teppichböden. Sind die zu den Mieträumen gehörenden Türen/Fenster/Einbaumöbel/Wand- oder Deckenverkleidungen aus Metall, Aluminium oder Kunststoff gefertigt bzw. mit Furnier beschichtet, genügt eine Grundreinigung der entsprechenden Flächen, soweit bei Mietbeginn dort nicht bereits ein Farbanstrich aufgetragen war. Die Schönheitsreparaturen umfassen im Weiteren auch Anstricharbeiten an solchen Flächen, die – wie Sockelleisten bzw. auf Putz offen liegende Versorgungs- oder Abflussleitungen etc. – in einem dekorativ engen Zusammenhang mit der vom Mieter zu bearbeitenden Fläche stehen; regelmäßig ergibt sich ein solcher Zusammenhang aus einer farblich oder baustofflich gleichen Gestaltung bei Mietbeginn. Bitte renovieren Sie dementsprechend die Räume spätestens bis zum Zeitpunkt des Vertragsablaufs.

c) **Farbe, Material und Ausführung**

668 Während der Mieter im Verlauf der Mietzeit bei der Farb- und Tapetenwahl großzügige Freiheiten genießt (vgl. *Rz. 357 ff.*), unterliegt sein Recht zur Selbstverwirklichung, was die Verwendung **ungewöhnlicher Farbtöne oder Tapeten** betrifft, anlässlich einer Renovierung bei Mietende erheblichen Beschränkungen. Zu diesem Zeitpunkt soll der Zustand der Miträume zumindest so beschaffen sein, dass der Vermieter oder ein Nachmieter problemlos nach eigenen Vorstellungen dekorieren kann[1]. Die farbliche Gestaltung ist vom Mieter so zu wählen, dass sie von einem möglichst großen Mietinteressentenkreis akzeptiert wird[2] (vgl. *Rz. 359 ff.*). Die Verwendung heller bzw. dezenter Anstriche ist in diesem Zusammenhang problemlos zulässig. Was als „dezente Farben" üblich ist, kann ein Sachverständiger mitteilen, weil er einen entsprechenden Überblick hat. Demgegenüber gelten Anstriche mit kräftigen Farbtönen (Schockfarben) als nicht hinnehmbar; sie überschreiten die Grenzen des „normalen Geschmacks". Wählt der Mieter für die Endrenovierung eine solche Gestaltung, könnte der Vermieter – selbst wenn sich die Miträume ansonsten in einem sehr **guten dekorativen Zustand** befinden – im Wege des Schadensersatzes (§§ 280 f. BGB) eine Neudekoration und unter den Voraussetzungen des § 281 BGB Schadensersatz fordern. Umgekehrt führt nicht jede Gestaltung mit Tapeten, die keine Raufaser- oder sonstige Struktur aufweisen, zwingend zu einer Neudekoration bei Mietende[3]; dasselbe gilt für helle Farbtöne, die vom Spektrum „weiß" abweichen.

669 Führt der Mieter die von ihm bei Mietende geschuldeten Schönheitsreparaturen nur **minderwertig** aus, kann der Vermieter Ersatz der gesamten Kosten für die Beseitigung der „Schlechtleistung" einerseits sowie für die anschließende vertragsgerechte Erledigung andererseits verlangen. Voraussetzung hierfür ist allerdings, dass dem Mieter vorab vergeblich – unter Fristsetzung – Gelegenheit zur Nachbesserung gegeben wurde und sich die Beanstandungen zur Ausführung der Malerarbeiten nicht als qualitativ unerheblich herausstellen (§ 281 Abs. 1 S. 3 BGB). Von einer schwerwiegenden Pflichtverletzung wird man ausgehen können, wenn sich nahezu die gesamten Anstriche des Mieters an Decken und Wänden als „durchscheinend", fleckig oder gar „wolkig" erweisen. Auf den Ausgleich nur des Minderwerts der erbrachten Leistung muss sich der Vermieter hingegen verweisen lassen, sollten nur einzelne, kleinflächige Teilbereiche vom unfachmännischen Anstrich betroffen sein.

d) **Verjährung**

670 Da es sich bei dem Renovierungsverlangen des Vermieters bei Mietende um einen Anspruch eigener Art handelt[4], unterliegt er selbständig der **Ver-**

---

1 Vgl. LG Nürnberg-Fürth, WuM 2007, 406.
2 BGH, WuM 2008, 722 u. 472.
3 LG Berlin, NZM 2007, 801.
4 BGH, NJW 1988, 2790.

jährung nach § 548 BGB und muss zum Zwecke der Hemmung gemäß § 204 BGB in unverjährter Zeit geltend gemacht werden[1]. Wird er bereits im Aufforderungsschreiben dargestellt, kann z.B. bei der Beantragung eines Mahnbescheides auf dieses Schreiben verwiesen werden, um den Anspruch ausreichend zu individualisieren.

e) Besonderheiten bei der Gewerberaummiete

Die Geltendmachung der Schlussrenovierung gegenüber dem Mieter von Gewerberaum richtet sich von der Prüfungsfolge her an derjenigen für Wohnraum aus. Insoweit kann auf die vorstehenden Ausführungen unter *Rz. 650 ff.* verwiesen werden. Erforderlich ist dementsprechend auch beim Gewerberaum eine mietvertragliche Anspruchsgrundlage, die sich in aller Regel direkt aus dem Mietvertrag ergibt. 671

Deshalb gilt hier ebenfalls der **Grundsatz**: Hat der Mieter trotz wirksam vereinbarter Schönheitsreparaturklausel während des fortbestehenden Vertrages nicht während des üblichen Turnus renoviert, besteht die entsprechende Vorgabe spätestens bei Vertragsende. In den sonstigen Fällen richtet sich die Verpflichtung des Mieters, abgesehen von den Fällen der Übermaßabnutzung (vgl. unter *Rz. 658*), nach einer formularrechtlichen Endrenovierungsklausel oder einer entsprechenden Einzelvereinbarung. Hinsichtlich der Möglichkeit, zulässige Vereinbarungen zur Endrenovierung zu treffen, sei verwiesen auf (vgl. *Rz. 534*). 672

14. Der Schadensersatzanspruch des Vermieters wegen unterlassener Dekoration bei Ablauf des Mietvertrages

a) Allgemeines

Die Durchführung der vom Mieter bis zur Beendigung des Mietvertrages geschuldeten Renovierungsarbeiten bildet einen Teil seiner **Hauptleistungspflicht**[2]. Sie hat geldwerten Charakter[3]. Kommt der Mieter dieser Vertragspflicht bei Fälligkeit (spätestens Mietende) nicht nach, hält das Gesetz für Ansprüche des Vermieters wegen unterlassener Renovierung bei Vertragsende folgende Alternativen bereit: 673

– Beibehaltung des Erfüllungsanspruchs (hierzu *Rz. 620 ff.*)
– Verlangen nach Schadensersatz.

b) Voraussetzungen des Schadensersatzanspruchs

Der Anspruch des Vermieters auf Schadensersatz statt der Leistung, also auf Geldzahlung, besteht bei schuldhafter Nichterfüllung der dem Mieter wirksam auferlegten Pflicht zur Vornahme der Schönheitsreparaturen 674

---
1 *Lützenkirchen*, WuM 1988, 381.
2 OLG Koblenz, WuM 2000, 22.
3 BGH, NJW 1987, 2575; BGH, NJW 1985, 480.

lediglich unter den Vorgaben der §§ 280 Abs. 1, Abs. 3, 281 Abs. 1 S. 1 BGB. Nur bei Vorliegen der dort beschriebenen Bedingungen wandelt sich aus Sicht des Vermieters der dem Mieter gegenüber bestehende Anspruch zur Durchführung der Schlussrenovierung in einen solchen auf Schadensersatz um.

675 Macht demnach der Vermieter Schadensersatz statt der Leistung geltend, **entfällt** der Erfüllungsanspruch – § 281 Abs. 4 BGB. Solange der Vermieter nicht ausdrücklich Schadensersatz verlangt, bleibt ihm der **Erfüllungsanspruch** bis zum Ablauf der Verjährung nach § 548 BGB erhalten. Erst mit Zugang der Schadensersatzforderung des Vermieters findet der **Übergang** zum Anspruch auf Zahlung statt. Liegen daneben die Voraussetzungen des Verzuges vor, kann der Vermieter auch einen **Vorschuss** auf die voraussichtlichen Kosten fordern (hierzu *Rz. 628 ff.*). Um hierbei die Wirkungen des § 281 Abs. 4 BGB zu vermeiden, muss er jedoch **ausdrücklich** klarstellen, dass er seinen **Erfüllungsanspruch aufrechterhält**. U.U. kann dies dazu führen, dass der Mieter sich später eines Besseren besinnt und statt des Risikos hoher Kosten die Renovierung in Eigenregie wählt. Zu bedenken ist aber, dass diese Vorgehensweise zu einem Mietausfall führen kann, den der Vermieter aus dem Gesichtspunkt der Schadensminderung nicht beim Mieter liquidieren darf.

676 Wegen nicht durchgeführter Schönheitsreparaturen kann der Vermieter **Schadensersatz** nach § 281 BGB vom Mieter nur verlangen, wenn[1]
- das Mietverhältnis beendet ist,
- die Schönheitsreparaturen spätestens bei Mietende fällig waren,
- der Mieter zur Ausführung der geschuldeten Arbeiten aufgefordert wurde,
- der Mieter eine dabei vorgegebene angemessene Leistungsfrist verstreichen ließ oder die geschuldeten Arbeiten nur minderwertig[2] ausgeführt hat,
- der Vermieter ausdrücklich Schadensersatz fordert.

677 Ein **Verzug** des Mieters mit den von ihm geschuldeten Arbeiten ist nicht mehr notwendig, um Schadensersatz wegen unterlassener Malerarbeiten verlangen zu können. Die Leistung muss nur fällig sein und der Vermieter muss eine Aufforderung unter Fristsetzung erklärt haben. Ebenso bleibt der Schadensersatzanspruch des Vermieters gegenüber dem **Vormieter** bestehen, selbst wenn der **Nachmieter** renoviert. Begründet wird diese Rechtsansicht damit, dass der Nachmieter eine eigene Pflicht erfüllt[3].

---

1 BGH, WuM 2009, 36.
2 Vgl. hierzu OLG Karlsruhe, GuT 2006, 129.
3 BGHZ 49, 56; LG Bückeburg, ZMR 1998, 799; **a.A.** LG Itzehoe, WuM 1992, 242; LG Nürnberg-Fürth, WuM 1984, 244; LG Duisburg, NZM 1999, 955.

aa) Beendigung des Mietverhältnisses

Für die Vorgehensweise ist zu beachten, dass während eines noch **bestehenden Mietvertrages** die Bestimmung des § 281 BGB keine Anwendung findet (vgl. *Rz. 621*). Kommt der Mieter seiner Verpflichtung zur Renovierung während des Mietvertrages oder bis zum Auszug nicht nach und war Fälligkeit eingetreten, berechtigt die Untätigkeit den Vermieter grundsätzlich erst **bei Mietende** zum Schadensersatz.

bb) Leistungsaufforderung an den Mieter

Der Mieter muss zunächst bestimmt und **eindeutig** zur Erledigung der fälligen Schönheitsreparaturen aufgefordert werden (**Bestimmtheitsgrundsatz**)[1]. Fehlt es an einer hinreichenden Substantiierung zur Durchführung der geschuldeten Arbeiten, ist die Leistungsaufforderung **unwirksam**[2]. Versäumnisse in diesem Zusammenhang können eine anwaltliche Pflichtverletzung begründen und Schadensersatzforderungen des Vermieters auslösen[3]. Daher wäre ein an den Mieter gerichtetes Verlangen, sich nur über seine **Leistungsbereitschaft** zu erklären, bei weitem nicht ausreichend[4]. Wie bei einer Mahnung ist vielmehr genau anzugeben, was vom Mieter verlangt wird. Eine Schadensbeschreibung allein würde an dieser Stelle nicht weiterhelfen, wenn nicht zeitgleich die Erbringung der Malerarbeiten auch ausdrücklich eingefordert wird.

Die Aufforderung zur Renovierung sollte dabei in **spezifizierter Form** erfolgen[5], etwa durch **Bezugnahme** auf eine beigefügte oder dem Mieter bereits vorliegende Mängelliste oder mit Hilfe eines Kostenvoranschlags bzw. einer Rechnung, die gleichermaßen nachvollziehbar sein muss. Der Mieter soll erkennen können, warum der Vermieter den Vertrag (noch) nicht als erfüllt ansieht[6]. In Folge der Fristsetzung soll ihm klar sein, was noch renoviert werden muss. Die geforderten Schönheitsreparaturen bedürfen daher einer **detaillierten Beschreibung**[7], und zwar möglichst unter Angabe der unterschiedlichen Mieträume (z.B.: Neuanstrich der Decken in Wohn- und Schlafzimmer mit Binderfarbe, Tapezieren der Wände im Flur). Dasselbe ist anzunehmen, wenn der Mieter vor seinem Auszug zwar Schönheitsreparaturen vorgenommen hat, der Vermieter jedoch Beanstandungen über die Art und Weise ihrer Ausführung erhebt; die konkreten Mängel sind auch in diesem Fall darzulegen und der gerügte Zustand anzugeben[8]. Es empfiehlt sich eine Art **Gegenüberstellung** des Ist-Zustandes zum einen und der auszuführenden Arbeiten in den einzelnen Zimmern zum anderen.

---

1 BGH, WuM 2006, 306.
2 LG Hamburg, WuM 1986, 242.
3 Vgl. OLG Hamm, MietRB 2009, 330.
4 KG, ZWE 2007, 103; OLG München, ZMR 1997, 178; OLG Düsseldorf, MDR 1993, 44.
5 KG, ZMR 2003, 676; KG, GE 2001, 1402; OLG Hamburg, WuM 1992, 70.
6 KG, ZWE 2007, 103; KG, GuT 2003, 145.
7 BGH, WuM 2006, 306.
8 KG, NJW-RR 2007, 1601; KG, WuM 2008, 592.

681 Wichtig ist, dass Vorgaben in **pauschaler Form** nicht genügen. Wird der Mieter nur aufgefordert, „die Wohnung zu renovieren"[1] oder die „vertraglich vereinbarten Schönheitsreparaturen vollständig durchzuführen"[2], ist die nötige Bestimmtheit grundsätzlich nicht erreicht. Gleiches gilt für das Verlangen, „hinsichtlich der Schönheitsreparaturen die notwendigen Arbeiten durchzuführen"[3]. Das allgemein gehaltene Verlangen, die in einem Gutachten „festgestellten Mängel zu beseitigen"[4] oder die „Decken fachgerecht wieder herzustellen"[5], wird als ebenso **unzureichend** bewertet wie die als unpräzise angesehene Aufforderung zur „Vornahme der Schönheitsreparaturen"[6] bzw. zur Erledigung der „notwendigen Arbeiten"[7]; umso mehr, wenn der Vermieter damit – wie oft in diesen Fällen – eine subjektive Wertung verbindet, was etwa bei der Formulierung gilt, wonach „die Wände unfachmännisch renoviert wurden". Zu demselben Ergebnis gelangt man übrigens, sollte der Vermieter nur eine „vertragsgemäße" bzw. eine „vollständige und fachgerechte" Renovierung fordern; die Angabe, auf welche genaue Art und mit welchen Materialien der Mieter die Schönheitsreparaturen durchzuführen hat, bedarf es hingegen nicht[8].

682 Auch der bloße Hinweis auf die in einer Renovierungsklausel beschriebene **Ausführungsform** erfüllt bei weitem nicht die Voraussetzungen einer eindeutigen Leistungsbezeichnung[9]. Gleiches gilt für das **Ankreuzen von Kästchen** mit formularmäßiger Aufforderung, „die Arbeiten auszuführen"[10]. Die geschuldete Leistung ist in jedem Fall inhaltlich spezifiziert zu bezeichnen, was nicht von vornherein ausschließt, dass dem Mieter eine **Wahlmöglichkeit** eingeräumt wird, zumal dann, wenn die alternativ geforderten Arbeiten den Mieter weniger belasten als die primär geschuldeten[11].

683 Nach Ansicht des KG[12] ist **hinreichende Bestimmtheit** gegeben, wenn der Mieter dazu aufgefordert wird, „die Renovierung der Räume einschließlich Fenster, Türen und Böden, Heizkörper und Rohre" vorzunehmen. Allerdings hatte der Vermieter im Verfahren gleichzeitig 25 Fotos zum Zustand der Räume übermittelt. Nicht genügen soll demgegenüber der Vortrag, die Wände seien „nicht fachmännisch tapeziert"[13] bzw. sie befinden sich in einem „verheerenden Zustand" oder ähnliche pauschale Ausdrücke. Die Leistungsaufforderung muss dem Mieter vielmehr verdeutlichen,

---

1 AG Solingen, WuM 1986, 311.
2 KG, WuM 2007, 71.
3 LG Berlin, GE 1987, 241.
4 OLG Düsseldorf, WuM 2004, 603, str.; a.A. zum Baurecht vgl. BGH, NJW 2009, 354; BGH NJW 1999, 1330.
5 KG, ZWE 2007, 103.
6 LG Berlin, GE 1988, 33.
7 KG, NJW-RR 2007, 1601 – Gewerberaum.
8 KG, NJW-RR 2007, 1601.
9 LG Karlsruhe, WuM 1991, 88.
10 LG Hamburg, WuM 1986, 311.
11 BGH, WuM 2006, 306.
12 KG, GE 1995, 1011.
13 *Langenberg*, Schönheitsreparaturen, 3. Aufl., 1. Teil F Rz. 455.

– welche konkreten Renovierungsmängel beanstandet werden,
– welche spezifizierten Arbeiten von ihm durchzuführen sind.

Eine Ausnahme vom **Bestimmtheitsgrundsatz** ist allerdings zuzulassen, wenn über den Umfang der durchzuführenden Arbeiten zwischen Parteien keine Meinungsverschiedenheiten bestehen. 684

In Fällen der Erstellung eines **Zustandsprotokolls** bei der Rückgabe der Mietsache kann dessen Aushändigung vor oder zusammen mit der Renovierungsaufforderung genügen. Im erstgenannten Fall muss aber auf das dem Mieter bereits vorliegende Protokoll verwiesen werden. Enthält das Protokoll indes nur eine allgemeine, wenn auch ausführliche Beschreibung, in der Mängel genannt sind, wobei ein Teil der notwendigen Arbeiten gar nicht genannt sind und bei denen zweifelhaft ist, ob der Mieter überhaupt zur Beseitigung verpflichtet ist, reicht dies allein nicht aus[1]. 685

Ob neben der spezifizierten Aufforderung eine **Zustandsbeschreibung** zur Begründung des Renovierungsbedarfs (Beispiele bei *Rz. 704*) in die Fristsetzung mit aufgenommen werden muss, ist umstritten[2]. Die besseren Argumente sprechen für das Erfordernis einer (spezifizierten) Darlegung der einzelnen Arbeiten, über deren Notwendigkeit nahezu regelmäßig Streit zwischen Vermieter und Mieter entbrennt. Der Mieter muss in der Lage sein zu prüfen, ob das Verlangen des Vermieters in der Sache selbst berechtigt ist, aber auch, ob er aus rechtlichen Gründen überhaupt zur Leistung verpflichtet ist. Aus Gründen der Risikovermeidung sollte die Zustandsbeschreibung daher grundsätzlich erfolgen, wobei auch auf ein Abnahmeprotokoll Bezug genommen bzw. dieses beigefügt werden kann. Vorsicht ist insoweit aber bei unübersichtlichen Formularen geboten[3]. 686

cc) Fristsetzung

(1) Welche Fristdauer ist angemessen?

Mit der Leistungsbestimmung ist zugleich eine **angemessene Frist** zu setzen. Ihre Länge hängt vom Einzelfall ab. Bei der Renovierung einer kleinen Wohnung/eines kleinen Büros sind 10 Tage angemessen, fünf bis sechs Tage erscheinen zu kurz. Umso mehr muss dies für eine 1-Tagesfrist gelten[4]. Für 3- oder 4-Zimmer-Wohnungen bzw. entsprechend große Gewerberäume gelten zwei Wochen als ausreichend[5]; bei Großwohnungen oder -büros verlängert sich die Frist je nach Erfordernis. 687

---

1 LG Hamburg, WuM 1986, 242.
2 Dafür: OLG Hamburg, WuM 1992, 70 (zu § 326 BGB a.F.) m.w.N.; dagegen: LG Köln in *Lützenkirchen*, KM 31 Nr. 6; *Emmerich*, NZM 2000, 1159.
3 LG Hamburg, WuM 1986, 242.
4 LG Berlin, GE 1999, 1497 – angemessene Frist, aber erst am Tag des Fristablaufs zugestelltes Schreiben.
5 KG, WuM 2007, 71; LG Berlin, GE 1989, 413.

688 In jedem Fall ist zu empfehlen, eine **kalendermäßig** bestimmte Frist zu setzen. Ansonsten bestehen Schwierigkeiten hinsichtlich der Fristberechnung. Eine **zu kurz bemessene Frist** gilt allgemein als unschädlich, da sie sich automatisch auf einen angemessenen Zeitraum verlängert, folglich eine angemessene Frist in Lauf setzt[1]. Dieser Grundsatz gelangt indes nicht zur Anwendung, sollte der Vermieter die Nachfrist nur zum Schein vorgeben oder erkennbar sein, dass trotz Fristsetzung eine Leistung des Mieters gar nicht akzeptiert wird[2]. Wurde die Frist bewusst zu kurz gewählt, gilt sie als unwirksam[3].

Letztendlich kann die Dauer der Frist auch durch einen unbestimmten Rechtsbegriff bezeichnet werden. Mit der Aufforderung, die noch ausstehenden Schönheitsreperaturen „in angemessener Zeit", „umgehend", „sofort", „unverzüglich" oder „so schnell wie möglich" zu bewirken, wird ein ausreichend bestimmbarer Zeitraum festgelegt[4].

689 Bei **mehreren Mietern** muss Fristsetzung gegenüber allen erfolgen[5]. Eine einmal gesetzte Frist kann nach Zugang beim Mieter nicht widerrufen werden. Die Fristsetzung ist an den Mieter zu richten und muss ihm auch dann zugehen, wenn für ihn ein **Betreuer** bestellt ist[6]. Der **Einzug eines Nachmieters** macht die Fristsetzung nicht entbehrlich[7]. Hat es der Mieter aber auf Grund bereits erfolgter Nachvermietung nicht mehr in der Hand zu renovieren, ist eine dennoch erfolgte Fristsetzung nicht wirksam[8].

690 Wichtig für den Vermieter ist es, den **Fristenablauf abzuwarten**. Renoviert er nämlich vorzeitig selbst, entfällt ein Ersatzanspruch[9].

(2) Bedarf es einer Ablehnungsandrohung nach Fristablauf?

691 Für vertragliche Hauptleistungspflichten aus dem Mietrechtsbereich gilt seit Inkrafttreten des Gesetzes zur Modernisierung des Schuldrechts spätestens seit dem 1.1.2003 im Recht der Leistungsstörungen die Bestimmung des § 281 BGB, unabhängig davon, wann der Mietvertrag begründet wurde – Art. 229 § 5 S. 2 EGBGB. Entfallen ist damit das Erfordernis einer Fristsetzung mit Ablehnungsandrohung (§ 326 Abs. 1 BGB a.F.). Trotzdem sollte der Rechtsanwalt den ihm vom Mandanten vorgelegten Mietvertrag vorsorglich vollständig prüfen. In vielen Vertragsmustern, insbesondere **Altmietverträgen** aus der Zeit noch vor dem 1.1.2002, finden sich Spezialregelungen über die Anforderungen für Schadensersatzansprüche. Ist darin bestimmt, dass Schadensersatz vom Mieter erst nach einer Fristsetzung mit Ablehnungsandrohung eingefordert werden kann, geht diese Sonder-

---

1 BGH, WuM 2009, 580; BGH, NJW 1985, 2640; OLG Hamburg, WuM 1998, 17.
2 BGH, NJW 1985, 2640; LG Köln in *Lützenkirchen*, KM 31 Nr. 37.
3 LG Köln in *Lützenkirchen*, KM 31 Nr. 37.
4 BGH, WuM 2009, 580; hierzu *Ludes/Lube*, MDR 2009, 1317.
5 *Gather*, DWW 1996, 114.
6 AG Königstein, NZM 2001, 667.
7 AG Köln, WuM 1984, 196.
8 LG Braunschweig, WuM 1999, 547.
9 LG Berlin, GE 1988, 411.

regelung dem § 281 BGB vor. Gleiches gilt, wenn dem Wortlaut nach ausdrücklich auf die Anwendung von § 326 BGB a.F. verwiesen wird[1]. Denn strengere Anforderungen können an den Gläubiger stets gestellt werden.

(3) Wann ist die Fristsetzung entbehrlich?

Entbehrlich ist die Fristsetzung nur in engen **Ausnahmefällen**. Angesprochen ist hier die **eindeutige und endgültige Erfüllungsverweigerung** des Mieters (§ 281 Abs. 2 BGB)[2]. Eine solche Verweigerung ist anzunehmen, wenn die Erfüllung bestimmt, ernstlich und definitiv abgelehnt wird und der Mieter zu keinem Zeitpunkt bereit ist, die Räume zu renovieren[3]. Im Ergebnis darf die Erklärung oder das Verhalten des Mieters keinen Zweifel daran lassen, dass er seinen vertraglichen Verpflichtungen nicht nachkommt, er vielmehr von sich aus erklärt, grundsätzlich keine Schönheitsreparaturen ausführen zu wollen und es deshalb als ausgeschlossen erscheint, dass er sich von einer Leistungsaufforderung mit Fristsetzung umstimmen lässt[4]. Die dahingehende Erklärung des Mieters muss als sein „letztes Wort" in dieser Sache aufzufassen und ein Sinneswandel nicht zu erwarten sein[5]. Nur in einem solchen Fall wäre die Leistungsaufforderung mit Fristsetzung reine „Förmelei"[6]. Die strengen Voraussetzungen der endgültigen Erfüllungsverweigerung liegen hingegen nicht vor, sollte sich die Erklärung des Mieters nur als Äußerung rechtlicher Zweifel, z.B. was die Wirksamkeit der Renovierungsklausel anbelangt, darstellen[7]. Maßgebend ist demnach stets die Würdigung aller Umstände des Einzelfalles.

692

Auf eine im Mietvertrag enthaltene **Vertragsklausel**, die den Vermieter nach Mietende berechtigt, die „Mieträume zu öffnen, zu reinigen und in einen **bezugsfertigen Zustand** zu bringen, ohne dass es insoweit einer Nachfristsetzung zur Mängelbeseitigung bedarf", kann ein Schadensersatzverlangen nicht gestützt werden; die Formularbedingung benachteiligt den Mieter unangemessen und ist nach § 307 BGB unwirksam[8].

693

Zweifel über eine endgültige Erfüllungsverweigerung wirken sich zu Lasten des Vermieters aus. Hierauf ist mit aller Deutlichkeit hinzuweisen. Auch der Rechtsanwalt kann hier Fehler machen, was u.U. **Regressansprüche** des Vermieters auslöst. Nicht wenige Schadensersatzprozesse gingen so für den Vermieter schon verloren.

694

Die Rechtsprechung hat sich zahlreich mit der **Problematik der Erfüllungsverweigerung** befasst. Feststellbar ist dabei, dass in weit mehr Fällen zugunsten der Mieter entschieden wurde, weil eine endgültige Verweigerung,

695

---

1 LG Kiel, Info-M 2005, 187.
2 BGH, WuM 1997, 217; OLG Hamburg, WuM 1998, 17.
3 BGH, NJW 1992, 971; LG Itzehoe, WuM 2007, 691.
4 KG, WuM 2008, 592.
5 KG, NJW-RR 2007, 1602.
6 Vgl. BGH, MDR 1992, 159.
7 KG, ZWE 2007, 103; LG Berlin, NZM 2000, 1178.
8 KG, WuM 2007, 71.

die Schönheitsreparaturen noch (weiter) durchzuführen, nicht angenommen wurde. Hierzu haben sich bestimmte **Fallgruppen** entwickelt.

(Vorzeitiger) Auszug des Mieters	Dieser Umstand reicht für sich allein gesehen grundsätzlich nicht aus[1] (Ausnahme vgl. Rz. 696), noch dazu, wenn der Vermieter ankündigt, er werde an den Mieter nach dem Auszug herantreten, sollten Schönheitsreparaturen noch auszuführen sein[2].
Rückgabe der Schlüssel	Diesem Vorgang soll zwar eine „beachtliche Bedeutung" beizumessen sein[3]. Daraus wird aber nicht zwangsläufig die endgültige Erfüllungsverweigerung hergeleitet, zumindest wenn dem Vermieter die neue Adresse des Mieters bekannt ist.
Mieterauszug ohne Angabe der neuen Anschrift	Auch dies genügt zur Erfüllungsverweigerung allein nicht[4]. Maßgebend sind die Umstände des Einzelfalls. So wird zum Teil gefordert, dass den Vermieter eine Erkundungspflicht beim Einwohnermeldeamt trifft[5]. Allerdings lässt das AG Münster[6] die fehlende Hinterlassung der neuen Adresse genügen, wenn der Mieter auch bei der Zwangsräumung nicht anwesend war.
Weigerung des Mieters mit dem Argument ordnungsgemäßer Renovierung	Der BGH[7] hat hierzu entschieden, dass auch ein solches Verhalten allein keine Erfüllungsverweigerung darstellt. Gleiches gilt, wenn der Mieter mit einer Renovierung beginnt, diese aber durch Zwangsräumung unterbrochen wird[8].
Hinweis des Mieters auf fehlenden Renovierungsbedarf	Im Bestreiten eines Mangels liegt nicht ohne weiteres eine endgültige Verweigerung der Nacherfüllung, die es ausgeschlossen erscheinen lässt, dass sich der Mieter von einer Fristsetzung zur Leistung umstimmen lässt[9].

---

1 BGH, WuM 1989, 141; OLG Hamburg, WuM 1998, 17 und WuM 1992, 70; LG Berlin, NZM 1999, 409; LG Wiesbaden, WuM 1996, 113.
2 KG, WuM 2008, 592.
3 LG Landau/Pfalz, WuM 1988, 119.
4 LG Itzehoe, WuM 1989, 508.
5 LG Wiesbaden, WuM 1986, 113.
6 AG Münster, WuM 2001, 467: Fälligkeit der Renovierung (erst) mit dem Vertragsende; ebenso: LG Köln in *Lützenkirchen*, KM 31 Nr. 32.
7 BGH, NJW 1986, 661; vgl. aber BGH, NJW-RR 1992, 1226; KG, NJW-RR 2007, 1602.
8 BGH, NJW 1977, 36.
9 BGH, MDR 2009, 675; BGH, NJW 2006, 1195; BGH, NJW-RR 1993, 882.

Hinweis des Mieters, vertraglich nicht zur Erbringung der geforderten Renovierungsarbeiten verpflichtet zu sein	Bestehen zwischen den Parteien offensichtlich Meinungsverschiedenheiten über den Inhalt des Vertrages bzw. über den Umfang der vertraglich vereinbarten Renovierungspflicht, kann von einer grundsätzlichen Leistungsverweigerung des Mieters nicht ausgegangen werden[1].
Keine Unterzeichnung des Rückgabeprotokolls	Verweigert der Mieter die Unterschrift auf dem Rückgabeprotokoll, liegt Erfüllungsverweigerung nicht vor, wenn sich aus der Niederschrift keine hinreichende Klarheit über das Ausmaß der Renovierung ergibt[2]; gegenteilig kann die Sachlage aber zu bewerten sein, wenn die Begleitumstände (hier: Schriftwechsel) für eine endgültige Verweigerung sprechen[3].
Gegenüber Dritten erklärte Weigerung	Auch diese Erklärung wird nicht als Fall der Erfüllungsverweigerung angesehen, es sei denn, dass der Erklärungsempfänger (z.B. Verwalter, Hausmeister oder Nachbar) die „faktische Betreuung" des Hauses innehat[4].
Vermieter erteilt dem Mieter Hausverbot	Im Falle des Unterbindens der Arbeiten durch den Vermieter wird der Mieter frei[5].

Eine **Erfüllungsverweigerung** wurde hingegen **bejaht**, wenn

– der Mieter die Mietsache unrenoviert zurückgibt, obschon er zuvor mehrfach auf die Notwendigkeit der Arbeiten hingewiesen wurde und überhaupt nicht reagiert[6],

– der Mieter die Wohnung in einem „verwohnten, abgewirtschafteten und katastrophalen Zustand" hinterlässt[7],

– der Mieter vor Vertragsende umzieht, ohne die neue Anschrift zu hinterlassen[8],

---

1 KG, ZWE 2007, 103; **a.A.** OLG Düsseldorf, IMR 2007, 112; OLG Köln, WuM 1988, 22.
2 LG Wuppertal, WuM 1996, 614.
3 LG Leipzig, DWW 2002, 333.
4 *Brüchert*, WuM 1989, 227, 228.
5 LG Mannheim, WuM 1975, 225.
6 BGH, WuM 1991, 550; BGH, MDR 1987, 272; KG, WuM 2007, 71; KG, GE 1991, 777; OLG München, ZMR 1995, 591; LG Berlin, GE 2002, 1199; LG Saarbrücken, WuM 1999, 547.
7 KG, WuM 2008, 592; vgl. auch LG Berlin, GE 1995, 1419; OLG München, DWW 1986, 117.
8 LG Köln in *Lützenkirchen*, KM 31 Nr. 32; AG Münster, WuM 2001, 467; AG Helmstedt, WuM 1986, 359; **a.A.** LG Itzehoe, WuM 1989, 508; LG Wiesbaden, WuM 1986, 113 u. AG Bremerhaven, WuM 1987, 250: Nachforschungspflicht des Vermieters.

- der Mieter bereits vor Rückgabe des Mietobjekts eine Schadensersatzleistung in einer noch auszuhandelnden Höhe mittels Zahlung eines „Abgeltungsbetrages" anbietet[1],
- der Mieter dem Grunde und der Höhe nach die Feststellungen eines Sachverständigengutachtens bestreitet[2],
- der Mieter seine Verpflichtung zur Durchführung der Schönheitsreparaturen abstreitet[3],
- der Mieter behauptet, er habe seine Rückgabeverpflichtung erfüllt und weitere Ansprüche des Vermieters würden nicht bestehen[4],
- der Mieter erklärt, er werde die Arbeiten nach Ablauf der gesetzten Frist erledigen, ohne seine Zusage einzuhalten[5],
- der Mieter anlässlich einer Ortsbesichtigung die Räume vorzeitig zurückgibt, ohne dass er die Renovierung durchführt[6].

697 Eine Fristsetzung ist auch in den Fällen des **Wegfalls des Erfüllungsinteresses nach § 281 Abs. 2 BGB** entbehrlich. Nach dieser Vorschrift bedarf es einer Frist zur Durchführung von Renovierungsarbeiten nicht, wenn besondere Umstände vorliegen, die unter Abwägung der beiderseitigen Interessen die sofortige Geltendmachung des Schadensersatzanspruchs rechtfertigen. Die Voraussetzungen dieses eng auszulegenden Ausnahmetatbestandes müsste der Vermieter darlegen und beweisen. Die Tatsache, dass der Mieter die Mietflächen geräumt und renoviert herausgegeben hat, genügt hierzu nicht. Zu denken wäre jedoch an den Fall der **unmittelbaren Anschlussvermietung**; im Einzelfall könnte sich hier unter dem Gesichtspunkt der Schadensminderungspflicht ein sofortiges und damit ein vorrangiges Interesse des Vermieters auf Zahlung von Schadensersatz begründen lassen, sollte andernfalls der Nachmieter nicht zum vertraglich vereinbarten Termin in die Wohn-/Geschäftsräume einziehen können. Liegt hingegen zwischen Rückerhalt der Miträume und dem mit dem Mietnachfolger vereinbarten Einzugstermin mindestens ein Zeitraum von 14 Tagen, bleibt eine Fristsetzung unentbehrlich[7].

698 Die vorstehenden Aufstellungen zeigen, wie wichtig es ist, die **Umstände des konkreten Falles** sorgfältig zu ermitteln. **Im Zweifel** sollte der Rechtsanwalt – wenn noch Gestaltungsmöglichkeit besteht – vorsorglich davon ausgehen, dass eine endgültige Erfüllungsverweigerung nicht vorliegt. Die Fristsetzung als Voraussetzung des Schadensersatzanspruchs ist im Hinblick auf die unsichere Rechtslage und unter dem Gesichtspunkt des „sichersten Weges" immer zu empfehlen, da andernfalls eine Pflichtverlet-

---

1 KG, NJW-RR 2007, 1602.
2 BGH, NJW-RR 1992, 1226.
3 OLG Düsseldorf, IMR 2007, 112; OLG Köln, WuM 1988, 22; **a.A.** KG, ZWE 2007, 103.
4 BGH, NJW-RR 1992, 1226; KG, NJW-RR 2007, 1602.
5 OLG Frankfurt/Main, NJWE-MietR 1997, 273.
6 BGH, ZMR 1998, 208.
7 KG, WuM 2007, 71.

zung im Mandatsverhältnis droht[1]. Steht allerdings die ernstliche Ablehnung des Mieters, was die geschuldete Durchführung von Schönheitsreparaturen anbelangt, bereits **vor der Beendigung** des Mietverhältnisses unbestreitbar fest, etwa weil der Mieter schriftlich erklärt, er werde definitiv keine Renovierungsleistungen erbringen, und räumt er die Mietflächen, ohne Anstalten für die Vorbereitung oder die Ausführung der Schönheitsreparaturen getroffen zu haben, entsteht spätestens mit der Rückgabe der Mieträume ein Schadensersatzanspruch des Vermieters in Geld[2].

Würde der Vermieter demgegenüber die Schönheitsreparaturen in die Wege leiten, ohne zuvor dem Mieter – unter Setzung einer Nachfrist – erfolglos Gelegenheit zur Nacherfüllung eingeräumt zu haben, scheitert sein anschließendes Schadensersatzbegehren, sollte eine ernsthafte Leistungsverweigerung seitens des Mieters zum **Zeitpunkt der Arbeiten** nicht gegeben sein[3]. Eine **nachträgliche Erklärung** des Mieters, keine Schönheitsreparaturen (mehr) zu erbringen, wäre nicht ausreichend, solange sie nicht den sicheren Rückschluss erlaubt oder dazu beiträgt, dass schon vor der Eigenleistung des Vermieters die Nacherfüllung seitens des Mieters ernsthaft und endgültig verweigert war[4]. 699

Unter diesem Gesichtspunkt hilft dem Vermieteranwalt auch der Rückgriff auf die vereinzelt gebliebene – und heftig kritisierte[5] – Ansicht des OLG Koblenz[6] nicht weiter, soweit dort dem Vermieter wegen nicht durchgeführter Schönheitsreparaturen zumindest ein **Bereicherungsausgleich** (§§ 812 ff. BGB) zugesprochen wurde, weil im Streitfall die Voraussetzungen des § 281 Abs. 1 S. 1 BGB nicht eingehalten waren, dem Mieter also keine Frist zur Vornahme der Arbeiten gesetzt wurde. Die Vorschrift des § 281 BGB darf jedoch nicht ihren Zweck dadurch verlieren, dass der Vermieter sie einfach unterläuft. Der Mieter soll Gelegenheit erhalten, sich darüber schlüssig zu werden, ob die Arbeiten zu Recht verlangt werden und – falls dies bejaht werden kann – welche eigene Abhilfe möglich ist. 700

(4) Zeitpunkt der Fristsetzung

Sofern die Renovierungsleistung fällig ist, kann die **Fristsetzung** bereits **vor Ablauf der Mietzeit** erfolgen[7]. Denn insoweit stellt § 281 BGB keine anderen Anforderungen als § 286 BGB. Für die Wahl des Vermieters zwischen Erfüllung und Schadensersatz (§ 281 Abs. 4 BGB) ist allein eine Fristset- 701

---

1 Vgl. BGH, WM 2006, 2055.
2 OLG Düsseldorf, IMR 2007, 112.
3 BGH, NJW 2006, 1195; BGH, MDR 2005, 673; KG, WuM 2007, 71.
4 BGH, MDR 2009, 675.
5 AG Köln, WuM 2001, 485; AG Hamburg-Blankenese, WuM 2000, 569; *Wiek*, WuM 2001, 11; *Wichert*, ZMR 2000, 220; *Ricker*, MDR 2000, 446; *Langenberg*, NZM 2002, 972; einschränkend: *Lützenkirchen*, WuM 2001, 55.
6 OLG Koblenz, WuM 2000, 22.
7 *Emmerich*, NZM 2002, 362.

zung erforderlich[1]. Anders beurteilt sich die Rechtslage aber z.B., wenn der Vertrag eine sog. **Stundungsabrede** (z.B.: „... spätestens bis zum Vertragsende nachzuholen."} enthält[2]. Hier kann die vor Vertragsende erklärte Fristsetzung keine Wirkung entfalten und muss wiederholt werden[3].

702 Ist nach § 326 BGB a.F. vorzugehen, weil der Mietvertrag eine entsprechende Regelung beinhaltet (vgl. *Rz. 691*), kann die Fristsetzung mit Ablehnungsandrohung ebenfalls bereits **vor Ablauf der Mietzeit** erklärt werden[4]. Geschuldet sind die fälligen Renovierungsarbeiten bis spätestens zum Ablauf des Vertrages. Deshalb empfiehlt es sich für den Vermieter, die Räume rechtzeitig zu besichtigen.

703 Findet allein **§ 281 BGB** Anwendung, sollte die Fristsetzung mit Eintritt der Fälligkeit der Renovierungsleistung erfolgen. Sinnvoll ist deshalb, entweder die Fristsetzung bereits in der Kündigungsbestätigung zu erklären oder eine Besichtigung (Vorabnahme) durchzuführen, um die Fälligkeit prüfen zu können. Wird die nach § 281 Abs. 1 S. 1 BGB notwendige Fristsetzung in dem durch die Kündigung eingeleiteten Abwicklungsstadium erklärt, kann der Vermieter mit Ablauf der Mietzeit sein Wahlrecht nach § 281 Abs. 4 BGB ausüben. Bei der Prüfung der Fälligkeit sind aber in jedem Fall eventuelle Stundungsabreden zu berücksichtigen.

(5) Mustertext: Leistungsaufforderung mit Fristsetzung

704 Sehr geehrter Herr (...),

bekanntlich vertrete ich die Interessen Ihres Vermieters, des Herrn (...).

Der Mietvertrag endete am (*Datum*). Die im Mietvertrag festgelegte Verpflichtung zur Durchführung von Schönheitsreparaturen findet sich in § (...). Danach waren Sie gehalten, während der Mietzeit in den Miträumen die hierzu erforderlichen Arbeiten nach Maßgabe folgender Regelfristen durchzuführen: Nach drei Jahren in den Nassräumen, also in Küche, Bad und Dusche, nach fünf Jahren in den Wohn- und Schlafräumen sowie in Fluren, Diele und Toilette, nach acht Jahren in den übrigen Räumen. Diese Fristen sind – mit Ausnahme der Nebenräume – bis Mietende abgelaufen, da Sie die Wohnung seit über sechs Jahren nutzen und seither keine Malerarbeiten durchgeführt wurden. Im Verlauf der Besichtigung vom (...) konnte festgestellt werden, dass der Zustand der Räume renovierungsbedürftig ist. So sind die Tapeten bzw. Anstriche an Wänden und Decken im Wohnbereich bereits von Nikotin verfärbt und vergilbt. Im Übrigen weisen sämtliche Wände starke Abnutzungs-

---

1 Vgl. auch *Langenberg*, NZM 2002, 972, 974, der insoweit zutreffend auf die Fälligkeit der Renovierungspflicht abstellt, aber zwischen laufenden Schönheitsreparaturen und objektbezogenen Pflichten unterscheidet.
2 *Langenberg*, NZM 2002, 972.
3 LG Köln in *Lützenkirchen*, KM 31 Nr. 6.
4 OLG Hamburg, NJW 1973, 2211; **a.A.** OLG München, ZMR 1995, 590; LG Berlin, ZMR 891; LG Berlin, NZM 2000, 1178; LG Köln in *Lützenkirchen*, KM 31 Nr. 6; AG Münster, WuM 2001, 412; AG Wuppertal, WuM 2001, 78.

spuren und Flecken auf, vor allem im Wohn- und Kinderzimmer. Im Badezimmer löst sich unterhalb der Fensterbank die Tapete. Die Türen zeigen zahlreiche Abplatzungen und Kerben. Auch an den Heizkörpern ist der Lack abgeplatzt. Die Farbe an den Fensterinnenseiten ist vergraut. Zudem sind die in der Wohnung verlegten Teppichbeläge speziell im Eingangsbereich stark verdreckt. Die Schönheitsreparaturen hätten Sie daher bis zu Ihrem Auszug erledigen müssen; dies ist nicht geschehen. Namens und im Auftrag meines Mandanten habe ich Sie daher aufzufordern, Ihrer Renovierungspflicht spätestens bis spätestens zum (*Datum*) nachzukommen, indem Sie die Grundreinigung des Teppichbelages sowie das Anstreichen/Tapezieren der Wände und Decken, und das Streichen der Heizkörper in der Küche, im Wohn- und Schlafzimmer sowie in der Diele, im Bad/Toilette und im Kinderzimmer ausführen bzw. durch geeignete Fachkräfte ausführen lassen; eine Renovierung der Nebenräume wird nicht verlangt. Sollten Sie entgegen dieser Aufforderung innerhalb der gesetzten Frist die Renovierung nicht durchgeführt haben, gilt die Vornahme der Arbeiten durch Sie als abgelehnt. Mein Mandant wird danach eine Fachfirma beauftragen und die Kosten als Schadensersatz geltend machen.

dd) Verlangen nach Schadensersatz

Mit dem fruchtlosen Ablauf der Frist entsteht der Schadensersatzanspruch des Vermieters. Daneben bleibt sein Erfüllungsanspruch bestehen. Er entfällt erst, wenn der Vermieter statt der Erledigung der Schönheitsreparaturen ausdrücklich Schadensersatz verlangt. Zweckmäßig ist es daher, wenn bereits die Leistungsaufforderung mit Fristsetzung zugleich die Erklärung enthält, dass nach Verstreichen der Frist Schadensersatz geltend gemacht wird.

(1) Renovierungsschaden

Die Grundlagen der Schadensberechnung ergeben sich aus den §§ 249 ff. BGB. Der Schadensersatz geht dabei auf Erstattung der durch die Nacharbeiten erforderlichen Kosten. Dem Vermieter steht ein Anspruch auf das **positive Interesse** zu. Demnach ist er wirtschaftlich so zu stellen, als wäre ordnungsgemäß erfüllt worden[1], was wiederum nach sich zieht, dass die **Kosten eines Malerfachbetriebes** für eine vertragsgerechte Ausführung angesetzt werden können[2]. Der Ersatzanspruch erfordert eine substantiierte Darstellung der Gebrauchsspuren und des Ausmaßes der zu deren Beseitigung erforderlichen Arbeiten[3]. Die Schadensbezifferung kann anschließend erfolgen durch eine

---

1 BGH, WuM 2004, 660; BGH, NJW 1998, 2901.
2 OLG Hamburg, ZMR 1984, 342.
3 AG Saarburg, WuM 2007, 127.

707 – **Konkrete Berechnung**

Grundlage der Schadensersatzforderung ist der konkrete Rechnungsbetrag, also die Kosten, die für die tatsächliche Renovierung des Mietobjekts ausgegeben worden sind. Der Vermieter darf jedoch nur die nach objektiven Gesichtspunkten zu ermittelnden notwendigen Kosten ansetzen. Dies kann durch Vorlage der Rechnung geschehen.

708 – **Abstrakte Berechnung**

Möglich ist auch die Abrechnung auf sog. Gutachter- oder Kostenvoranschlagsbasis. Auch hier gelten naturgemäß objektive Grundsätze zur Ermittlung der notwendigen Kosten. Es wird für ausreichend erachtet, wenn der Vermieter auf einen Kostenvoranschlag Bezug nimmt, ohne dass der Vermieter danach verpflichtet wäre, den Geldbetrag auch tatsächlich für die Renovierung zu verwenden[1]. Der Vermieter kann auch einen Sachverständigen mit der Ermittlung des Kostenaufwands beauftragen. Die Schadensersatzleistung erfolgt dann im Umfang der fiktiven Reparaturkosten.

709 **Mustertext für Zahlungsaufforderung:**

> Sehr geehrter Herr (…),
>
> bekanntlich vertrete ich die Interessen Ihres Vermieters, des Herrn (…).
>
> Am (*Datum*) sind Sie aus der Wohnung ausgezogen. Zu diesem Zeitpunkt endete der Mietvertrag. Die geschuldeten Renovierungsarbeiten haben Sie trotz Fristsetzung nicht durchgeführt. Ich hatte Sie mit meinem Schreiben vom (*Datum*) dazu aufgefordert, bis spätestens zum (*Datum*) die Schönheitsreparaturen durchzuführen und Ihnen für den Fall der Nichtvornahme erklärt, dass mein Mandant eine Fachfirma beauftragen würde. Dies ist in der Zwischenzeit geschehen. In der Anlage erhalten Sie dessen Rechnung. Die Kosten belaufen sich auf (*Betrag*) Euro. Ich fordere Sie auf, diesen Betrag an meinen Mandanten bis zum (*Datum*) auf das bekannte Mietkonto zu überweisen.

710 Bei Rechnung, Kostenvoranschlag oder Gutachten ist grundsätzlich auf das **konkrete Mietobjekt** abzustellen, so dass es nicht ohne Weiteres möglich ist, eine in Fläche und Ausmaß identische Wohnung heranzuziehen, die mieterseitig nicht genutzt wurde[2]. Allenfalls wenn mit Akribie dargestellt wird, dass die aufgeführten Leistungen im gleichen Umfang in der konkreten Wohnung angefallen wären, ist eine abstrakte Schadensberechnung denkbar. Ist die Durchführung der Schönheitsreparaturen noch nicht **in allen Räumen** fällig, genügt es nicht, wenn sich die zugrunde gelegten Unterlagen ohne konkrete Zuordnung zu den einzelnen Räumlichkeiten pauschal auf die Komplettrenovierung der ganzen Mietsache beziehen[3].

---

1 BGH, NJW 1990, 2376.
2 LG Hannover, WuM 1994, 676.
3 OLG Düsseldorf, ZMR 2005, 705.

Nach der Neufassung des für die ab 1.8.2002 eingetretenen Schadensfälle geltenden § 249 Abs. 2 S. 2 BGB schließt der bei der Beschädigung einer Sache erforderliche Geldbetrag die **Umsatzsteuer** nur noch dann ein, wenn und soweit sie tatsächlich anfällt. Fordert der Vermieter deshalb Ersatz in Geld auf Grund eines Kostenvoranschlages, ohne die Arbeiten tatsächlich vergeben zu haben, muss der Gesamtbetrag um die Mehrwertsteuer gekürzt werden[1]. 711

Hinsichtlich des individuell vereinbarten Vergütungsaufwands[2] für die Erstellung eines **Kostenvoranschlages** ist die Rechtslage durch Rechtsprechung bislang nicht geklärt. Nicht anzusetzen ist diese Kostenposition jedenfalls dann, wenn die entsprechenden Beträge bei der eigentlichen Schadensbeseitigung wieder gutgeschrieben werden, was allgemein üblich ist[3]. 712

(2) Mietausfall

Dem Vermieter steht des Weiteren ein Anspruch auf **Mietausfall** zu (vgl. dazu im Einzelnen *K Rz. 220*). Der Mietausfall ist entgangener Gewinn (§ 252 BGB) und damit Schadensersatz, der über §§ 280, 281 BGB geltend zu machen ist. Voraussetzung hierfür ist die Kausalität zwischen der mieterseitig bedingten Vertragsverletzung infolge der Nicht- oder Schlechtdurchführung der Renovierungsarbeiten und der anschließenden „Nichtvermietung". Daher muss der Vermieter den Ursachenzusammenhang zwischen den Pflichtverletzungen des Mieters und der entgangenen Miete nachweisen[4]. So kann Mietausfall nicht verlangt werden, wenn eine Weitervermietung der Wohnung/Gewerbeflächen gar nicht beabsichtigt ist[5]. Gleiches gilt, wenn aus sonstigen Gründen feststeht, dass eine Anschlussvermietung auch bei Durchführung der Renovierung durch den Mieter nicht erfolgt wäre. Fehlt es an einem Folgemieter, besteht kein Anspruch des Vermieters auf Ersatz des Verzögerungsschadens für die Dauer bis zur **Selbstausführung** der Renovierung. Dasselbe gilt für den Zeitraum, der für die **Schadensermittlung** – einschließlich der Zeit zur Durchführung eines selbständigen Beweisverfahrens – notwendig ist[6]. 713

Die **Beweislast** trifft insoweit den Vermieter. Hierbei kann nicht unterstellt werden, dass eine Wohnung in unrenoviertem Zustand nicht zu vermieten ist. Die Vermietbarkeit einer Wohnung hängt (auch) von anderen Faktoren ab, in erster Linie vom Bedarf und von der Miethöhe. Dasselbe gilt umso mehr bei Vermietung von Gewerberaum. Der Ablauf der Renovierungsfrist hindert den Vermieter nicht, die Mietsache zumindest zur 714

---

1 Vgl. AG Hamburg, WuM 2006, 436.
2 Zur Unwirksamkeit einer formularmäßig festgelegten Vergütungspflicht vgl. OLG Karlsruhe, ZGS 2006, 87.
3 Vgl. dazu auch Palandt/*Heinrichs*, 69. Aufl., § 249 Rz. 40.
4 BGH, WuM 1997, 217; *Emmerich*, NZM 2000, 1160.
5 LG Hamburg, WuM 1984, 74.
6 LG Hamburg, ZMR 2004, 37.

Anmietung anzubieten; dass der Vermieter hierzu schon aus Gründen der Schadensminderung (hierzu *Rz. 722 ff.*) gehalten ist, versteht sich von selbst. Ferner muss der Vermieter nach Fristablauf und Geltendmachung des Schadensersatzes zeitnah dafür sorgen, dass die Miträume wieder in einen bezugsfertigen Zustand versetzt werden[1].

715 Der Vermieter kann bei Mietausfall seinen Schaden dadurch **belegen**, indem er darlegt und im Bestreitensfall dokumentiert, dass die Räume bei ordnungsgemäßer Renovierung direkt an einen bereits vorhandenen **Mietinteressenten** hätten vermietet werden können oder dass bereits Anmietinteressenten vorhanden waren, die nur auf Grund des tatsächlichen (renovierungsbedürftigen) Zustandes der Mietflächen von deren Anmietung Abstand genommen haben[2] und welche Anstrengungen er in diesem Zusammenhang unternommen hat. Denn sonst fehlt es an der Kausalität zwischen der Nicht- bzw. Schlechterfüllung und dem Schaden[3]. Spricht man in diesem Zusammenhang dem Vermieter zu, sich auf § 254 BGB berufen zu können[4], ist also substantiiert darzulegen, dass die nahtlose Anschlussvermietung dem gewöhnlichen Verlauf der Dinge entsprochen hätte.

716 Der Schadensersatzanspruch wegen eines Mietausfalls wird auch nicht dadurch ausgeschlossen, dass der Vermieter

– die Räume nicht mehr renoviert,
– die Räume unrenoviert weitervermietet
– die Schönheitsreparaturen dem Nachmieter überlässt.

(3) Gutachterkosten

717 Unter die Ersatzpflicht der §§ 280, 281 BGB fallen grundsätzlich auch die Kosten eines vorprozessual zur zweckentsprechenden Rechtsverfolgung eingeschalteten **Privatgutachters**, der den Zustand der Mietsache im Falle der Nichtdurchführung der Schönheitsreparaturen sowie die erforderlichen Maßnahmen zur Beseitigung der Schäden bzw. der Abnutzungserscheinungen und deren Kosten feststellen soll[5].

718 **Einschränkungen**, wie sie von der Instanzrechtsprechung unter dem Gesichtspunkt der Erforderlichkeit bzw. der Schadensminderungspflicht erhoben wurden wie

– hinreichende Sachkunde des Vermieters[6],

---

1 OLG Frankfurt/Main, ZMR 1997, 522.
2 KG, GE 2004, 297; LG Hamburg, ZMR 2004, 37; LG Berlin in: MM 2002, 481; GE 2002, 734; GE 2002, 464; GE 2001, 926; GE 2001, 210; LG Landau/Pfalz, ZMR 2002, 429.
3 OLG Hamburg, WuM 1990, 77 für den Fall des Vorenthaltens der Mietsache und Ausübung des Vermieterpfandrechts.
4 LG Berlin, GE 2002, 462.
5 BGH, WuM 2010, 85; OLG Hamm, NJW 1983, 1332; KG, GE 1985, 249; OLG Köln, NJW-RR 1994, 524; LG Berlin, GE 2000, 811; LG Berlin, GE 2001, 1198.
6 KG, GE 1995, 1011.

– anderweitige, kostengünstige Möglichkeit, den Renovierungsaufwand festzustellen[1],
– alternative Benennung von Zeugen, etwa Bekannte oder Handwerker[2],
– bestehende Möglichkeit der Vorlage von Fotos oder Besichtigungsprotokollen[3],
– erforderliche Feststellungen können ohne weiteres von einem Laien oder dem Vermieter[4] selbst getroffen werden,

hält der BGH[5] – jedenfalls in der Regel – nicht für gerechtfertigt. Der Vermieter hat grundsätzlich ein dringendes und berechtigtes Interesse an der alsbaldigen Ausführung der Schönheitsreparaturen, um eine zügige Weitervermietung zu gewährleisten. Zur Beweissicherung ist daher das Gutachten ein objektives und geeignetes Beweismittel zur Klärung der Frage, ob Renovierungsmaßnahmen erforderlich sind bzw. ob diese bereits fachgerecht durchgeführt wurden.

In Fällen von nicht bzw. schlecht erledigten Schönheitsreparaturen, aber auch bei Nichterfüllung des vertraglichen Zahlungsanspruchs aus einer vereinbarten Quotenklausel, zählt die vorprozessuale Einschaltung eines Sachverständigen daher zu den notwendigen Maßnahmen der Rechtsverfolgung[6]. Um dem Einwand des einseitigen Parteigutachtens zu begegnen, empfiehlt es sich, das Gutachten über die zuständige Handels- oder Handwerkskammer einzuholen und sich dort mit einer neutralen Anfrage einen **öffentlich bestellten und vereidigten Sachverständigen** benennen zu lassen.

719

Die Kosten für ein **vorprozessual erstattetes Gutachten** kann der Vermieter bei Zahlungsverweigerung auch zum Gegenstand eines Klageverfahrens und die verauslagten Beträge bei Gericht geltend machen.

720

Nur im Ausnahmefall besteht die Möglichkeit, den Aufwand auch im Wege der **Kostenfestsetzung** als „Kosten des Rechtsstreits" i.S.d § 91 ZPO anzumelden[7], etwa wenn sich das Gutachten auf den konkreten Rechtsstreit der Parteien bezieht oder wenn es gerade mit Rücksicht auf einen sich abzeichnenden Prozess in Auftrag gegeben wurde (unmittelbare **Prozessbezogenheit**). Ein solcher Sonderfall kann angenommen werden, sollte der Mieter auf die Leistungsaufforderung des Vermieters mit einem Klageverfahren (negative Feststellungsklage) drohen[8]. Wird allerdings das Gutachten in Auftrag gegeben, bevor sich der Rechtsstreit einigermaßen konkret

---

1 LG Berlin, GE 2001, 697.
2 OLG Hamburg, WuM 1990, 75; LG Darmstadt, WuM 1987, 315.
3 LG Berlin, GE 2001, 697.
4 OLG Hamburg, WuM 1990, 75; KG, GE 1985, 249; LG Frankfurt, WuM 1977, 96 m.w.N.
5 BGH, NZM 2004, 615.
6 BGH, NJW 1974, 34; BGH, NJW-RR 1989, 953; KG, ZWE 2007, 103.
7 BGH, NJW 2008, 1597; BGH, MDR 2007, 54; BGH, NJW 2006, 2415; BGH, NJW 2003, 1398; OLG Frankfurt/Main, NJW-RR 2009, 1076; OLG Nürnberg, NJW-RR 2005, 1664; LG Berlin, GE 2001, 697.
8 Vgl. BGH, MDR 2007, 54; BGH, NJW 2003, 1398; OLG Koblenz, MDR 2009, 471.

abzeichnet, gelten die veranlassten Aufwendungen im Kostenfestsetzungsverfahren als nicht erstattungsfähig[1].

721 Ein **selbständiges Beweisverfahren** nach den §§ 485 ff. ZPO erscheint grundsätzlich der geeignetere Weg zu sein, zumindest wenn feststeht, dass der Mieter seiner Renovierungspflicht nicht nachkommen wird. Denn dieses Gutachten besitzt in der Regel Beweiswert und wird auch in einem anschließenden Verfahren verwertet. Das Privatgutachten hingegen ist immer Angriffen des Gegners im Hinblick auf die Rüge der Parteilichkeit ausgesetzt. Der **Nachteil** des gerichtlichen Verfahrens liegt regelmäßig in erheblichen zeitlichen Verzögerungen, da zwischen Antragstellung und Vorlage des Gutachtens oftmals mehr als sechs Monate verstreichen. Die Möglichkeiten, auf den Gutachter zur raschen Augenscheinseinnahme einzuwirken, sind beschränkt. Will der Rechtsanwalt seinem Mandanten eine möglichst schnelle Weitervermietung ermöglichen, um den Mietausfall so gering wie möglich zu halten, bleibt nur die Beauftragung eines Privatgutachters. Dazu sollte der beschriebene Weg (vgl. *Rz. 719*) über eine Kammer gewählt werden. Durch die neutrale Anfrage und die damit verbundene (zufällige) Auswahl kann man der Parteilichkeit des Gutachtens entgegenwirken. Ohnehin steht der Sachverständige in einem anschließenden Verfahren als sachverständiger Zeuge zur Verfügung. In dieser Funktion hat er regelmäßig den gleichen (Beweis-)Wert wie ein gerichtlich bestellter Sachverständiger.

(4) Schadensminderung

722 Wird Mietausfall geltend gemacht, trifft den Vermieter eine **Schadensminderungspflicht** nach § 254 Abs. 2 S. 1 BGB, sollte in Anbetracht fehlender Schönheitsreparaturen eine unmittelbare Anschlussvermietung zunächst nicht in Frage kommen. Hier bleibt die Vorgabe, die Wohnung/Geschäftsräume schnellstmöglich nach dem Auszug des Mieters wieder zu vermieten[2]. Dazu wird u.a. verlangt, dass der Vermieter die Mieträume unverzüglich nach Fristablauf renovieren lässt, um sie **weitervermieten** zu können[3]. Keinesfalls darf er nach Ablauf einer Nachfrist die Schönheitsreparaturen weiter zögerlich abwickeln[4]. Sollen die zur Ermittlung der Renovierungskosten erforderlichen Feststellungen durch einen Privatgutachter bzw. durch eine Fachfirma mittels Kostenvoranschlag ermittelt werden oder veranlasst der Vermieter zu diesem Zweck die Einleitung eines selbständigen Beweisverfahrens nach §§ 485 ff. ZPO, sind die Renovierungsarbeiten bereits unmittelbar im Anschluss an den **Ortstermin** auf den Weg zu bringen, um einen kurzfristigen Neubezug der Mieträume zu ermöglichen[5]. Über diesen Grundsatz sollte der Vermieteranwalt in jedem Fall informieren, insbesondere wenn neben dem Mietausfall ein weitergehender

---

1 BGH, MDR 2009, 231.
2 OLG Frankfurt/Main, DWW 1992, 336.
3 BGH, ZMR 1982, 180.
4 LG Berlin, GE 1999, 1131.
5 OLG Düsseldorf, GuT 2007, 210; a.A. OLG Koblenz, IMR 2009, 447.

Schadensersatz ausschließlich auf der Basis **fiktiver Renovierungskosten** (hierzu *Rz. 708*) geltend gemacht wird. Übernimmt der Folgemieter die Mieträume hingegen in unrenoviertem Zustand, ist eine weiteres Zuwarten nach Inaugenscheinnahme durch den Fachmann/Sachverständigen ebenfalls nicht veranlasst. Die Erstellung des Gutachtens bzw. der Abschluss eines Beweisverfahrens darf bis zur Weitervermietung nicht abgewartet werden.

c) Beweislast

Für sämtliche anspruchsbegründenden Voraussetzungen der §§ 280, 281 BGB ist der **Vermieter beweisbelastet**[1]. Dies gilt entsprechend für die Fristsetzung einschließlich des Zugangs, deren ergebnisloser Ablauf und die Schadenshöhe. Der Vermieter muss dabei substantiiert darlegen und nachweisen, welchen Zustand die Räumlichkeiten bei Mietende aufwiesen, wobei allgemeine Umschreibungen als „stark renovierungsbedürftig" und dergleichen nicht für ausreichend erachtet werden[2]. Besondere Bedeutung kommt hier dem Rückgabeprotokoll als Beweismittel zu, wenn der Mieter durch seine Unterschrift bestätigt, dass die dort aufgenommenen tatsächlichen Feststellungen zum Dekorationszustand zutreffend sind. Gefordert wird zudem vom Vermieter ein spezifizierter Kostenvoranschlag eines Malerfachbetriebes oder eine ebensolche Rechnung, die zumindest ein Aufmaß oder die Massen enthalten[3].

723

Die Beweislast liegt gleichfalls beim Vermieter, wenn es auf den **Anfangszustand** der Räume ankommt[4], so wenn der Mieter einen Verursachungsbeitrag zur Renovierungsbedürftigkeit (z.B. fehlerhafte Anstricharbeiten) bestreitet. Hier kann sich ein bei Mietbeginn erstelltes Übergabeprotokoll als hilfreich erweisen; Gleiches gilt für Fotos vom damaligen Zustand der Mietflächen – soweit vorhanden. Dadurch wird zumindest ein Rückgriff auf den Lebenserfahrungssatz ermöglicht, dass die zwischen Übergabe und Rückgabe eingetretenen Veränderungen oder Verschlechterungen an der Mietsache aus dem Verantwortungsbereich des Mieters stammen. Problematisch ist hingegen eine angekreuzte Klausel, wonach sich die Mieträume bei der Übergabe in einem ordnungsgemäßen Zustand befunden haben. Denn der Vermieter kann seine Darlegungs- und Beweislast nicht dadurch abwenden, dass er in den Vertrag **Formularabreden zum Anfangszustand** des Mietobjekts aufnimmt und sich eine beanstandungsfreie „Übergabe in (fachgerecht) renoviertem Zustand" bestätigen lässt[5].

724

Der Vermieter soll auch beweisbelastet sein für die Behauptung, der Mieter habe seit Mietbeginn überhaupt nicht bzw. nur vor sehr langer Zeit reno-

725

---

1 *Schmid*, DWW 1985, 144.
2 LG Berlin, GE 1994, 1119: „Tapeten stark beschädigt und verschmutzt".
3 KG, GE 2001, 1402.
4 LG Freiburg, WuM 2008, 334.
5 OLG Düsseldorf, NZM 2005, 823; LG Freiburg, WuM 2008, 334.

viert¹. Diese Auffassung ist bedenklich; richtigerweise ist im letztgenannten Fall der Mieter beweispflichtig, auch wenn der Vermieter als Anspruchsteller auftritt². Denn nur der Mieter weiß, ob und wann er Schönheitsreparaturen durchgeführt hat. Dies gilt erst recht, wenn seine Einwendung anspruchsvernichtend wäre. Nach § 280 Abs. 1 S. 2 BGB trägt der Mieter zudem die Darlegungs- und Beweislast dafür, dass er die Pflichtverletzung nicht zu vertreten hat.

d) Die Verjährung des Schadensersatzanspruchs

aa) Grundlagen

726 Die Verjährung der Ansprüche aus § 281 BGB infolge unterlassener Schönheitsreparaturen oder Beschädigung der Mietsache richtet sich nach **§ 548 Abs. 1 BGB**. Danach verjähren Ersatzansprüche des **Vermieters** wegen Veränderungen oder Verschlechterungen der vermieteten Sache in **sechs Monaten**. Für die Berechnung der Sechsmonatsfrist gelten die allgemeinen Vorschriften (§§ 185 ff. BGB); fällt der Ablauf der Verjährungsfrist auf einen Samstag, Sonntag oder Feiertag, findet § 193 BGB zumindest analog Anwendung³.

727 Der **Vermieteranwalt** darf im Rahmen seiner Mandatsführung diese kurze Verjährungsfrist zu keinem Zeitpunkt aus dem Blick verlieren, will er sich nicht selbst einem Schadensersatzanspruch aussetzen. Vorkehrungen gegen eine drohende Verjährung sind rechtzeitig zu treffen. Diese Pflicht trifft den Rechtsanwalt deutlich früher als der Eintritt der Verjährung selbst⁴. Das Gebot des „sichersten Weges" ist zu beachten. Denn im Zusammenhang mit den Schönheitsreparaturen sind von der Vorschrift des § 548 BGB folgende Ansprüche betroffen:

– Erfüllungsanspruch auf Erledigung und Vornahme von Schönheitsreparaturen,
– Anspruch auf Zahlung eines Kostenvorschusses anlässlich nicht durchgeführter Malerarbeiten,
– Anspruch auf Zahlungen entsprechend einer Quotenklausel⁵,
– Schadensersatzanspruch nach § 281 BGB bei vertragswidrig verweigerter Renovierung,
– Anspruch auf Geldausgleich bei beabsichtigtem Umbau der Miettäume⁶ (hierzu Rz. 758 ff.),

---

1 LG Köln, WuM 1988, 107.
2 Ebenso AG Hannover, WuM 1983, 126; *Kraemer*, WuM 1991, 239.
3 BGH, MDR 2008, 375.
4 BGH, WM 2009, 282.
5 LG Berlin, NZM 2002, 121; LG Kassel, WuM 1989, 135; *Lützenkirchen*, WuM 1988, 380.
6 OLG München, GuT 2005, 215; LG Duisburg, ZMR 1997, 82.

– Anspruch auf Erstattung von Kosten, die gemäß gesonderter Abrede beim Vermieter für die Übernahme und Erledigung der mieterseitig geschuldeten Renovierung anfallen[1].

Die Verjährungsfrist des § 548 BGB erfasst auch Forderungen aus **anderen Anspruchsgrundlagen**[2] wie etwa Verzug, Auftrag, Bereicherung, Eigentumsverletzung, auch wegen Mietausfalls, Gutachterkosten.

bb) Beginn der Verjährung

Die Verjährungsfrist **beginnt zu laufen**, sobald der Vermieter die Mietsache **zurückerhält**. Auf den Ablauf der dem Mieter zur Erledigung der noch ausstehenden Renovierungsarbeiten gesetzten Frist des § 281 BGB kommt es dabei nicht an[3]. Auf Grund der einheitlichen Verjährungsfrist für Erfüllungs- und Schadensersatzansprüche ist allein der Zeitpunkt des **Rückerhalts der Mietsache**[4] maßgebend. Seit dem 1.1.2002 ist dieses Problem durch § 200 BGB geregelt[5]. Ohne Bedeutung bleibt daher der Zeitpunkt von **Entstehung** bzw. **Fälligkeit** des Schadensersatzanspruchs; dieser kann durchaus auch erst nach demjenigen des Verjährungseintritts liegen. Nach der Rechtsansicht des BGH[6] gilt dieser Ansatz auch für Mietverhältnisse, die vor dem 1.9.2001 begründet wurden. Abgestellt wird dabei auf die **Rückerlangung** der Mietsache. Anhand dieses Termins sollte der Rechtsanwalt die Verjährungsfrist baldmöglichst – unter Heranziehung der Bestimmungen der §§ 186 ff. BGB berechnen – und den Fristablauf im Fristenkalender notieren.

Der Begriff „Zurückerhalten" i.S.v. § 548 BGB entspricht nicht zwingend einer „Rückgabe" i.S.v. § 546 BGB[7]. Der BGH[8] fordert für den Zurückerhalt einer Wohnung neben der Entfernung der vom Mieter eingebrachten Einrichtungsgegenstände[9] nur die **Änderung der Besitzverhältnisse**, unabhängig davon, ob der Mieter den Besitz freiwillig aufgibt oder er ihm entzogen wird. Hierfür reicht es nicht aus, dass der Vermieter sich lediglich vorübergehend Kenntnis vom Zustand der Räume verschaffen kann, die ihn in die Lage versetzt, Ansprüche geltend zu machen. Wenn der Mieter eine solche Kenntnisnahme gestattet (obschon er die Mietsache noch innehat), dann hat der Vermieter keinen „freien Zutritt" zur Mietsache. Der Vermieter

---

1 OLG Hamburg, Urt. v. 10.7.1991 – 4 U 69/91, n.v.; AG Dortmund, WuM 1994, 208.
2 BGH, WuM 1992, 71.
3 So noch BGH, ZMR 2004, 800; BGH, NJW 1998, 981.
4 AG Cuxhaven, ZMR 2003, 501; *Lützenkirchen*, ZMR 2002, 889.
5 *Lützenkirchen*, ZMR 2002, 889; *Langenberg*, WuM 2002, 71.
6 BGH, WuM 2005, 381; BGH, NJW 2005, 739.
7 Vgl. OLG Düsseldorf, WuM 2008, 554; OLG Bamberg, ZMR 2000, 282; OLG Hamm, ZMR 1996, 372.
8 BGH, WuM 2004, 21; BGH, WuM 2004, 381; BGH, NJW 2000, 3203; BGH, WuM 1988, 272; BGH, NJW 1983, 1049.
9 Eine vollständige Räumung des Mietobjekts ist nicht notwendig, vgl. BGH, WuM 1981, 262.

muss vielmehr in die Lage versetzt werden, sich durch Ausübung der **unmittelbaren Sachherrschaft** ungestört ein umfassendes Bild von den Mängeln, Veränderungen und Verschlechterungen in den Mieträumen zu machen[1]; man spricht insoweit auch vom „freien Schalten und Walten" des Vermieters[2]. Hierzu ist eine **vollständige** und eindeutige **Besitzaufgabe** des Mieters erforderlich, von der der Vermieter wiederum Kenntnis erlangen muss. Dabei ist grundsätzlich der Zustand der zurückgegebenen Mietsache unerheblich; insbesondere kommt es für die Erfüllung der Rückgabepflicht nicht darauf an, ob die vereinbarten Schönheitsreparaturen erledigt wurden[3].

731 Die Rückgabe der Mietsache erfolgt regelmäßig zu dem Zeitpunkt, als **sämtliche Schlüssel** zu den Mieträumen wieder in den Besitz des Vermieters gelangen[4]. Zur Abklärung der Verjährungsfrist muss der beratende Rechtsanwalt daher Erkundigungen beim Vermieter einholen, wann er die Schlüssel vom Mieter zur Überprüfung des Mietobjekts erstmals zurückerhalten und ungehinderten Zutritt zu den Mieträumen hatte. Der Verbleib einzelner Schlüssel beim Mieter bleibt dabei ohne Belang[5]. Hat der Mieter die Räume ohne Aushändigung der Schlüssel an den Vermieter verlassen, ist es ausreichend, wenn der Vermieter zur Untersuchung der Mieträume dennoch in der Lage ist und er hinreichend sicher von der endgültigen Besitzaufgabe des Mieters ausgehen kann[6]. Eine Rückgabe der Mietsache ist aber nicht deshalb ausgeschlossen, weil durch Belassen oder (Wieder-)Aushändigen eines Schlüssels an den Mieter nur ein unmittelbarer Mitbesitz des Vermieters begründet wird[7]. So kann zwar ein Vorenthalten der Mieträume (als Voraussetzung für eine Nutzungsentschädigung) dann nicht angenommen werden, wenn der Vermieter vom Mieter nicht sämtliche Schlüssel heraus verlangt, damit dieser in der Lage bleibt, noch Schönheitsreparaturen durchzuführen[8]; der weiterhin ausgeübte Mitbesitz des Mieters entspricht in diesem Fall jedoch dem Willen des Vermieters. Die Verjährungsfrist beginnt daher auch bei einer **Schlechterfüllung** der Rückgabepflicht zu laufen[9].

732 Will der Vermieter Schadensersatzansprüche wegen unterlassener Schönheitsreparaturen nach Mietende erfolgreich durchsetzen, hat die **Fristsetzung** gegenüber dem Mieter zur Leistung oder Nacherfüllung **innerhalb der 6-monatigen Verjährungsfrist** des § 548 BGB zu erfolgen, da andernfalls die

---
1 BGH, NZM 2006, 624; BGH, NJW-RR 2004, 1566; BGH, WuM 1991, 550; OLG Düsseldorf, GuT 2009, 180 u. WuM 2008, 554; OLG München, GuT 2006, 235.
2 OLG Düsseldorf, WuM 1993, 272.
3 KG, ZMR 2007, 194; KG, KGReport Berlin 2004, 175.
4 BGH, WuM 1991, 550; vgl. OLG Düsseldorf, NJW-RR 2007, 13.
5 OLG Düsseldorf, IMR 2009, 421 u. WuM 2008, 554.
6 OLG München, GuT 2006, 234; OLG Hamm, ZMR 1993, 372.
7 OLG Düsseldorf, GuT 2006, 243.
8 OLG Düsseldorf, IMR 2010, 15 u. GuT 2009, 180; KG, NZM 2001, 849; OLG Bamberg, GuT 2002, 182; OLG Köln, NZM 1999, 710; OLG Hamburg, WuM 1990, 75; AG Lemgo, NZM 1999, 961.
9 OLG München, GuT 2006, 234; OLG Hamm, ZMR 1996, 373.

Einrede der Verjährung droht[1]. Erst der Ablauf einer angemessenen Frist i.S.d. § 281 Abs. 1 S. 1 BGB wandelt den originären Erfüllungsanspruch in einen Schadensersatzanspruch um. Das gilt allerdings nur für solche Dekorationsarbeiten, zu deren Ausführung der Mieter unter Fristsetzung konkret aufgefordert wurde[2].

Für den Rechtsanwalt des Vermieters ist allerdings zu prüfen, ob die Verjährungsfrist für Schadensersatzansprüche des Mandanten im Einzelfall sogar **vor dem rechtlichen Ende** des Mietverhältnisses zu laufen beginnt. Denn nach der Rechtsprechung des BGH[3] wird die Verjährung der Ersatzansprüche des Vermieters gem. §§ 548 Abs. 1 S. 2, 200 S. 1 BGB auch dann mit dem Zurückerhalt der Mietsache in Gang gesetzt, sollten die Ansprüche erst zu einem späteren Zeitpunkt entstehen. Das gilt nicht nur, wenn der Mietvertrag zum Zeitpunkt der Rückgabe der Wohnung bereits beendet ist, sondern auch für den Fall, dass er erst später ausläuft[4]. Das Problem greift etwa dann, wenn der Mieter die Räume lange vor Ablauf der regulären Mietzeit räumt und an den Vermieter unrenoviert zurückgibt[5]. Ein Erfüllungsanspruch des Vermieters, der sich nach § 281 BGB in einen Schadensersatzanspruch umwandelt, kann jedoch frühestens nach Ende des Mietverhältnisses fällig werden; während des laufenden Mietvertrages findet § 281 BGB keine Anwendung (vgl. *Rz. 621*). Abzustellen ist vielmehr darauf, dass nach dem Zweck von § 548 BGB zeitnah zur Rückgabe der Mietsache eine möglichst schnelle Klarstellung über bestehende Ansprüche im Zusammenhang mit dem Zustand der Mietsache erreicht werden soll. Aus diesem Grund kommt der Beendigung des Mietvertrages für den Fristenlauf der Verjährung keine Bedeutung zu.

⊃ **Hinweis:**
Eine Rückgabe der Miträume mehr als sechs Monate vor Vertragsende kann also dazu führen, dass Ersatzansprüche des Vermieters aus §§ 280, 281 BGB bei Vertragsende bereits verjährt sind, obwohl sie bis zu diesem Zeitpunkt nicht geltend gemacht werden können.

An diesem Ergebnis ändert auch die mietvertragliche Vereinbarung, wonach der Mieter eine (Schluss-)Renovierung erst zum **Vertragsablauf schuldet**, nichts, da mit einer derartigen Fälligkeitsregelung kein Hemmungstatbestand gem. § 205 BGB (hierzu *Rz. 740 ff.*) i.S. eines Leistungsverweigerungsrechts ausgelöst wird[6]. Gleiches gilt für Festlegungen, die von den Mietparteien in einem üblichen **Abnahmeprotokoll** vor Vertragsende getroffen werden; soll der Mieter die darin festgehaltenen Renovie-

---
1 AG Bergisch Gladbach, WuM 2006, 93.
2 AG Münster, WuM 2003, 562.
3 BGH, NZM 2005, 535; ebenso OLG Saarbrücken, NZM 2009, 458; OLG Düsseldorf, IMR 2009, 421; LG Marburg, IMR 2010, 17.
4 BGH, NZM 2006, 624; BGH, NZM 2006, 503; BGH, NZM 2005, 535 – dort noch unausgesprochen.
5 Vgl. OLG Düsseldorf, NJW-RR 2007, 13.
6 OLG München, NJW-RR 2007, 13.

rungsmaßnahmen „bis zur Wohnungsrückgabe, spätestens bis zum Vertragsende ausführen, tritt hierdurch eine Hemmung der Ansprüche des Vermieters (keine Stundungsvereinbarung nach §§ 205, 209 BGB) nicht ein[1].

735 Bei diesem Ergebnis verbleibt für den beratenden Rechtsanwalt eine nicht zu unterschätzende **Unsicherheit** im Rahmen der Beurteilung der Frage, **ob und wann ein Mietverhältnis rechtlich beendet** wurde. Besteht zwischen den Parteien Streit über die Wirksamkeit einer Kündigung, läuft der Vermieter Gefahr, dass er zu früh bzw. zu spät, nämlich in verjährter Frist, das Verfahren nach § 281 BGB betreibt. Dieser Unsicherheitsfaktor ist jedoch nicht zu vermeiden und besteht im Übrigen nicht nur in dieser Situation. Der Vermieter wird sich daher entscheiden müssen, ob er die Kündigung des Mieters „annehmen" will. Damit wäre das Mietverhältnis beendet mit der Folge, dass dann ein Anspruch auf die Miete nicht mehr besteht, der Vermieter jedoch Schönheitsreparaturen und gegebenenfalls Schadensersatz wegen Pflichtverletzung des Mieters verlangen kann. Wehrt sich der Vermieter erfolgreich gegen die Kündigung, hat er bis zum rechtlichen Ende des Mietverhältnisses den Mietanspruch und danach gegebenenfalls noch Ansprüche wegen nicht durchgeführter Schönheitsreparaturen.

736 Der Vermieter sollte daher eine **vorfristige Durchführung** des Verfahrens nach § 281 BGB in Erwägung ziehen. Möglich ist sie, wenn sich die Mietvertragsparteien gesondert dazu einigen. Eine solche Vorgehensweise wäre für beide Vertragspartner vorteilhaft, weil bereits bei Rückgabe der Mieträume Klarheit über einen möglichen Schadensersatzanspruch des Vermieters wegen nicht durchgeführter Schönheitsreparaturen geschaffen werden kann, während der Streit um möglicherweise noch fällige Mieten ausgeklammert wird.

737 Kommt keine Einigung zustande, sollte der Vermieter noch vor Vertragsende – auch hilfsweise – die Zahlung eines sofort fälligen **Vorschusses** in Höhe der erforderlichen Renovierungskosten einfordern (vgl. *Rz. 628 ff.*). Hinsichtlich der Verpflichtung des Mieters zur Durchführung der Schönheitsreparaturen ist an die Einreichung einer **Leistungsklage** zu denken. Für den Fall der noch ausstehenden Endrenovierung sollte eine **Klage auf Feststellung** (§ 256 ZPO) erhoben werden, dass der Mieter zur Durchführung entsprechender Arbeiten verpflichtet ist; ein dafür erforderliche Feststellungsinteresse besteht wegen der drohenden Verjährung ohne Zweifel[2]. Beide Klagearten hemmen die Verjährung auch des Schadensersatzanspruchs (§§ 204 Abs. 1 Nr. 1, 213 BGB). Zu berücksichtigen sind zudem noch Folgeansprüche des Vermieters; daher empfiehlt sich ein ergänzender Feststellungsantrag, der den Mieter verpflichtet, die aufgrund des Unterlassens der Renovierung **künftig entstehenden Schäden** (insbesondere wegen Mietausfall, evtl. Mietminderung) zu ersetzen. Ein Klageverfahren lässt sich allerdings insgesamt vermeiden, wenn der Mieter auf die Einrede der Verjährung verzichtet; hierüber sollte der Anwalt verhandeln.

---

[1] BGH, NZM 2006, 503.
[2] BGH, NZM 2006, 503; OLG München, NJW-RR 2007, 13.

Bereits im Rahmen der Vertragsgestaltung bei Begründung des Mietverhältnisses – oder in einem Nachtrag – kann der Vermieteranwalt die Möglichkeit des § 202 Abs. 2 BGB nutzen und – unter Beachtung der Schranken des § 307 Abs. 2 Nr. 1 BGB – eine moderate **Verlängerung der Verjährungsfrist** für den Fall vereinbaren, dass die gemieteten Räume vorzeitig zurückgegeben werden. Auf diesem Weg könnten dann Ersatzansprüche des Vermieters noch nach Beendigung des Mietverhältnisses geltend gemacht werden. Unter Berücksichtigung der Belange des Mieters wird eine pauschale Erstreckung der Verjährungsfrist auf 12 Monate für zulässig erachtet[1], wobei die Fristverlängerung für die Ansprüche des Mieters entsprechend paritätisch ausgestaltet sein sollte.

Formulierungsvorschlag

Ersatzansprüche des Vermieters wegen Veränderungen oder Verschlechterungen der Mietsache verjähren abweichend von § 548 BGB in 12 Monaten. Die Verjährung beginnt mit dem Rückerhalt des Mietobjekts. Die Ansprüche des Mieters auf Ersatz von Aufwendungen oder auf Gestattung der Wegnahme einer Einrichtung verjähren in 12 Monaten nach der Beendigung des Mietverhältnisses.

cc) **Verjährungshemmung**

Die **Klageerhebung** führt gem. § 204 Abs. 1 Nr. 1 BGB zur Verjährungshemmung für Ansprüche in der Gestalt und in dem Umfang, wie er mit der Klage geltend gemacht wird, also nur für den streitgegenständlichen, prozessualen Anspruch[2]. Letzterer bestimmt sich aus dem Klageantrag, in dem sich die vom Vermieter geltend gemachte Forderung konkretisiert, und nach dem Lebenssachverhalt, aus dem der Vermieter seinen Erstattungsanspruch herleitet (vgl. im Einzelnen zur Umsetzung Rz. 854 ff.).

Auch die Zustellung des **Mahnbescheids** bedingt im Mahnverfahren gem. § 204 Abs. 1 Nr. 3 BGB eine Hemmung der Verjährung (nur) des dort vom Vermieter geltend gemachten Schadensersatzanspruchs. Notwendig ist dabei eine ausreichende Individualisierung der geforderten Beträge, was u.a. durch aussagekräftige Anlagen (z.B. Rechnung oder Kostenvoranschlag) erreicht werden kann, die dem Mahnantrag beizufügen sind[3]. Wird im Mahnantrag nur ein Teilbetrag, bestehend aus mehreren Einzelforderungen, geltend gemacht, bedarf es einer genauen Aufschlüsselung der unterschiedlichen Positionen[4].

---

1 *Kandelhard*, NZM 2002, 929; *Fritz*, NZM 2002, 713; *Fuder*, NZM 2004, 851 – 2 Jahre.
2 BGH, NJW 2005, 2004.
3 BGH, MDR 2008, 1294.
4 BGH, MDR 2009, 14.

742 Wichtig ist, dass eine Hemmung der Verjährung auch durch einen Antrag auf Durchführung des **selbständigen Beweisverfahrens** nach den §§ 485 ff. ZPO auf Grund des § 204 Nr. 7 BGB erfolgt. Dieser Antrag ist von allen Vermietern gegen alle Mieter zu stellen.

743 Eine Veranlassung der Anzeige des erstmaligen Antrags auf Gewährung von **Prozesskostenhilfe** führt gem. § 204 Abs. 1 Nr. 14 BGB ebenfalls zur Verjährungshemmung, wenn das Gericht die Bekanntgabe an den Gegner wirklich durchführt, was vom Vermieteranwalt ausdrücklich verlangt werden sollte[1]. Die Begründung des Antrags oder dessen Vollständigkeit sind hierbei nicht maßgebend, es genügt allein die Antragstellung.

744 Wird im Prozess (hilfsweise) die **Aufrechnung** erklärt, kann dies ebenfalls eine Verjährungshemmung zur Folge haben – § 204 Abs. 1 Nr. 5 BGB[2]. Voraussetzung ist allerdings, dass sich die Aufrechnung gegen eine Forderung richtet, die Gegenstand des Rechtsstreits ist; daran fehlt es hinsichtlich eines die Hauptforderung übersteigenden Teils der Gegenforderung[3].

745 Führen die Mietparteien nach der Rückgabe der Mieträume **Verhandlungen** über Ansprüche im Zusammenhang mit der Ausführung von Schönheitsreparaturen – oder über die solche Ansprüche begründenden Umstände –, ist derweil der Lauf der Verjährungsfrist ebenfalls gehemmt (§ 203 BGB), und zwar auch gegenüber dem Bürgen[4]. Der Begriff der „Verhandlung" ist dabei weit auszulegen[5]. Es genügt jeder Meinungsaustausch über den Schadensersatzanspruch zwischen dem Vermieter und dem Mieter, sofern nicht sofort und eindeutig jeder Ersatz abgelehnt wird[6]. Verhandlungen schweben schon dann, wenn der Mieter Erklärungen abgibt, die dem Vermieter die Annahme gestatten, der Mieter lasse sich auf Erörterungen über die Berechtigung der Ansprüche ein. Ebenso zählen hierzu Gespräche darüber, ob der Mieter für einen bestimmten Zeitpunkt auf die Erhebung der Einrede der Verjährung verzichtet[7]. Ein Beginn des Verhandelns ist bereits dann anzunehmen, wenn der Mieteranwalt antwortet, dass er sich nach „Prüfung und interner Erörterung der Angelegenheit mit seinem Mandanten" beim Vermieter melden werde[8]. Das Signal einer Bereitschaft zum Vergleich bzw. zum Entgegenkommen ist nicht erforderlich[9]. Die Hemmungswirkung schwebender Verhandlungen zwischen den Parteien erfährt auch durch die Erklärung des Mieters, bis zu einem bestimmten Zeitpunkt auf die Erhebung der Einrede der Verjährung zu verzichten, grundsätzlich keine Einschränkungen[10].

---

1 Vgl. BGH, MDR 2008, 643.
2 Vgl. BGH, MDR 2008, 875.
3 Vgl. BGH, MDR 2009, 793.
4 BGH, WM 2009, 1597.
5 BGH, NJW 1983, 2075.
6 BGH NJW 2007, 587; BGH, ZMR 2004, 800.
7 OLG Karlsruhe, MDR 2006, 1392.
8 BGH, MDR 2007, 337.
9 BGH, NJW 2001, 1723; BGH, NJW-RR 2001, 1168.
10 BGH, MDR 2004, 809.

Geraten die Verhandlungen **ins Stocken** oder meldet sich die Gegenpartei nicht mehr („**Einschlafen**" der Verhandlungen), kann monatelanges Schweigen in der Sache das Ende der Verjährungshemmung herbeiführen[1]. Gleiches gilt, sollte der Mieter auf eine vorgegebene Erklärungsfrist nicht reagieren[2]. Für die Beendigung der Hemmung reicht es aus, wenn der Mieter den Zeitpunkt versäumt, zu dem eine Antwort auf die letzte Anfrage des Vermieters spätestens zu erwarten gewesen wäre, falls die Regulierungsverhandlungen mit verjährungshemmendem Effekt hätten fortgesetzt werden sollen[3]. Die Hemmungswirkung endet definitiv, sobald eine Partei klar und definitiv erklärt, dass die Fortsetzung weiterer Verhandlungen abgelehnt oder verweigert wird[4]. Den Verhandlungsabbruch muss der Betreffende durch ein klares und eindeutiges Verhalten zum Ausdruck bringen[5], gefordert wird im Einzelfall sogar ein doppeltes „Nein" zum Anspruch überhaupt und zu weiteren Gesprächen über diesen[6]. Da es grundsätzlich Sache des Vermieters ist, sich um eine zeitnahe Durchsetzung seines Erstattungsanspruchs zu bemühen, sollte sein Rechtsanwalt den Fortgang der Verhandlungen stetig überwachen und den Verhandlungsgang dokumentieren. Dem Vermieter kommt zumindest die dreimonatige Ablaufhemmung des § 203 S. 2 BGB zur Hilfe.

746

e) Die Verwirkung des Schadensersatzanspruchs

Wird ein Recht längere Zeit nicht ausgeübt und rechtfertigen **besondere Umstände** die Annahme des Mieters, dass der Schadensersatzanspruch auch in Zukunft nicht mehr geltend gemacht wird, liegt Verwirkung vor[7]. Dabei handelt es sich nicht um eine Einrede, die vom Mieter geltend gemacht werden müsste. Das Gericht hat den Gesichtspunkt der Verwirkung von Amts wegen auf Grund der Umstände des Einzelfalles zu betrachten. Viele Einzelentscheidungen zur Verwirkung von Schönheitsreparaturen gibt es indes nicht.

747

Das AG Flensburg[8] hat entschieden, dass Verwirkung eingreift, wenn der Mieter einen Abnahmetermin wünschte, dieser vom Vermieter ohne Grund abgelehnt wurde und der Vermieter sich drei Monate seit Verlassen der Wohnung durch den Mieter mit Ansprüchen nicht gemeldet hat.

748

Gleichermaßen in den Bereich der Verwirkung fallen Fallgestaltungen, in denen der Vermieter Renovierungsansprüche reklamiert, die zwar mangels Übertragung auf den Mieter grundsätzlich nicht geschuldet sind, die der Mieter jedoch – regelmäßig oder unregelmäßig –, jedenfalls lange Zeit, oft-

749

---

1 BGH, WM 2009, 282 – seit dem letzten Gespräch waren 12 Monate verstrichen.
2 OLG Zweibrücken, IMR 2007, 584 – 1 Monat nach Fristablauf.
3 BGH, WM 2009, 282 m.w.N.
4 BGH, WM 2009, 282; OLG Karlsruhe, MDR 2006, 1392.
5 BGH, MDR 2004, 809.
6 OLG Oldenburg, MDR 2008, 311.
7 BGH, NZM 2006, 58; BGH, NJW 2003, 824.
8 AG Flensburg, WuM 1996, 619.

mals über Jahrzehnte hinweg in der Annahme einer Verpflichtung durchgeführt hat.

750 Dem Grundsatz nach kann jedoch festgehalten werden, dass bereits unter dem Gesichtspunkt der kurzen Verjährungsfrist von sechs Monaten der Verwirkungsgesichtspunkt bei den Schönheitsreparaturen keine allzu große Rolle spielt; allgemeinhin gilt die Überlegung, dass bei einer kurzen Verjährungsfrist die Grundsätze der Verwirkung nicht zur Anwendung kommen[1].

f) Die Möglichkeit der Aufrechnung

751 Erkennt der Vermieteranwalt den bereits eingetretenen Verlust von Ersatzansprüchen seines Mandanten im Zusammenhang mit vom Mieter nicht oder schlecht ausgeführten Schönheitsreparaturen wegen abgelaufener Verjährungsfrist bzw. Verwirkung, wird er die Möglichkeit einer **Aufrechnung** (§ 388 BGB) mit Gegenforderungen des Mieters prüfen. In Frage kommen der

– Anspruch des Mieters auf Rückzahlung der Kaution, die auch verjährte Forderungen sichert (§ 216 Abs. 2 S. 1 BGB),

– Anspruch des Mieters auf Auszahlung eines Guthabens aus der Betriebskostenabrechnung.

752 Für die Vornahme einer erfolgreichen Aufrechnung ist allerdings Voraussetzung, dass sich die beiderseitigen Ansprüche zumindest in **unverjährter Zeit** erfüllbar gegenüberstanden[2] (§ 215 BGB). Der Vermieter muss hierzu in unverjährter Zeit seinen Erfüllungsanspruch durch Fristsetzung in einen Schadensersatzanspruch umgewandelt[3] haben (vgl. Rz. 732). Will er die Aufrechnung mit einem Guthaben des Mieters aus der Betriebskostenabrechnung erklären, hat er dazu die Nebenkostenabrechnung ebenfalls innerhalb von 6 Monaten ab Rückgabe der Mieträume dem Mieter vorzulegen[4].

753 Eine **Verrechnungserklärung** des Vermieters bliebe jedoch **ohne Wirkung**, soweit der Mieter bereits vorab eine zulässige Aufrechnung seiner Abwicklungsansprüche mit den Forderungen des Vermieters aus dem Mietverhältnis ausgesprochen oder der Vermieter seinerseits eine entsprechende Verrechnung mit derartigen Ansprüchen vorgenommen hatte.

754 Steht dem Vermieter als Sicherheit eine **Bankbürgschaft** zur Verfügung, ist er gehalten, den **Bürgen** in **unverjährter Zeit** in Höhe seiner Schadensersatzforderung in Anspruch zu nehmen. Er darf allerdings nicht versäumen, zeitgleich durch geeignete Maßnahmen die Verjährung auch gegenüber dem **Mieter** zu hemmen, da sich andernfalls der Bürge sogar bei

---

1 OLG Naumburg, IMR 2007, 325.
2 BGH, NJW 2006, 2773.
3 AG Bergisch Gladbach, WuM 2006, 93.
4 AG Ahlen, WuM 2004, 23.

Vorliegen eines rechtskräftigen Zahlungsurteils auf die Verjährung der durch die Bürgschaft gesicherten Forderung berufen könnte[1], § 768 BGB.

g) Der Ausschluss des Anspruchs

Der Vermieter ist mit seinem Zahlungsverlangen nicht dadurch ausgeschlossen, dass der Folgemieter die Mieträume im unrenovierten Zustand übernimmt, er sich mietvertraglich zur laufenden Renovierung verpflichtet und fakultativ sogar eine Anfangsrenovierung ausführt, zumindest solange der Vermieter den neuen Mieter beibringt[2].

755

Hat der Vermieter hingegen nach Beendigung des Mietvertrages die Mieträume zurückgenommen, ohne die Durchführung der mieterseitig geschuldeten Schönheitsreparaturen zu verlangen bzw. ohne einen entsprechenden Vorbehalt bei der Abnahme der Mieträume im Protokoll zu formulieren, scheidet ein späterer Anspruch auf Durchführung der Renovierung und damit ein solcher auf Schadensersatz bei Erfüllungsverweigerung aus[3], noch dazu, wenn der Mieter die Räume in dem übernommenen Zustand bereits weitervermietet und dem Mieter die Kaution zurückerstattet hat[4].

756

Noch ungeklärt ist hingegen die Frage, ob ein Schadensersatzanspruch des Vermieters nach § 281 BGB ausscheidet, falls er die Mieträume verkauft, bevor er vom Mieter den geforderten Geldbetrag erhalten hat. In diesem Fall soll die **Veräußerung** wegen damit verbundener **Unmöglichkeit** der Naturalrestitution den Anspruch des Vermieters nach § 249 Abs. 2 S. 1 BGB zum Erlöschen bringen[5]. Damit verbliebe dem Vermieter nur eine Kompensation nach §§ 251, 252 BGB.

757

In Abweichung hierzu wird – auch in Anlehnung an die Rechtsprechung des BGH[6] zum Kfz-Schadensrecht, wonach der Anspruch des Geschädigten auf Zahlung der Herstellungskosten bestehen bleibt, wenn das Fahrzeug veräußert worden ist – die Auffassung vertreten, dass ein Wohnungsverkauf dem Schadensersatzanspruch des Vermieters wegen nicht durchgeführter Schönheitsreparaturen keinesfalls entgegensteht[7]. Denn alle vor der Veräußerung entstandenen und fällig gewordenen Ansprüche gegen den Mieter – etwa auch wegen rückständiger Schönheitsreparaturen – bleiben wegen der Zäsurwirkung des Eigentumswechsels in jedem Fall beim bisherigen Vermieter[8]. Bis zur abschließenden Klärung dieser Rechtsfrage

---

1 BGH, NJW 2003, 1250; BGH, ZMR 1999, 230; BGH, WuM 1998, 224; OLG Düsseldorf, NJW-RR 2005, 1495.
2 BGH, NJW 1968, 491.
3 BGH, NJW 1983, 446; LG Potsdam, IMR 2009, 381; LG Berlin, GE 2003, 524.
4 Vgl. LG Moosbach, WuM 1996, 618.
5 BGH, NJW 2001, 2550; BGH, NJW 1999, 3332; BGH, NJW 1982, 98; OLG Brandenburg, IMR 2007, 324.
6 BGH, NJW 1985, 2469; zum Werkvertrag BGH, MDR 2005, 86.
7 AG Hamburg, WuM 2006, 150.
8 BGH, ZMR 2007, 529; BGH, NJW 1989, 451.

kann dem Vermieter daher nur empfohlen werden, zunächst die Herstellungskosten einzuklagen und – mit einem Hilfsantrag – den Vermögensschaden nach § 251 BGB geltend zu machen.

15. Ansprüche des Vermieters bei geplantem Umbau

a) Geld statt Erfüllung

758 Einem Vermieter steht ein Anspruch auf Zahlung einer Entschädigung in Geld ohne vorherige Fristsetzung nach den Grundsätzen der ergänzenden Vertragsauslegung zu, wenn die am Ende der Mietzeit fälligen Schönheitsreparaturen wegen anschließenden Umbaus sinnlos werden[1]. Denn will der Vermieter die Mieträume nach dem Auszug des Mieters verändern, ist er regelmäßig an einer Sachleistung des Mieters nicht mehr interessiert. Bei dieser Sachlage wäre es zum einen widersinnig, den zum Umbau entschlossenen Vermieter an dem Anspruch auf Vollzug der von dem Mieter vertraglich übernommenen Verpflichtung zur Ausführung von Schönheitsreparaturen festzuhalten, obwohl bei Erfüllung dieser Pflicht das Geschaffene alsbald wieder zerstört würde. Zum anderen würde es regelmäßig in Widerspruch zu dem Inhalt des Mietvertrages stehen, den Mieter von seiner Verpflichtung zu befreien, ohne dass er hierfür einen Ausgleich entrichten müsste. Denn die im Vertrag übernommene Verpflichtung des Mieters zur Vornahme der Schönheitsreparaturen stellt sich im Regelfall als Teil des Entgelts dar, das er als Gegenleistung für die Leistung des Vermieters zu entrichten hat. Daher entspricht es nach Treu und Glauben und der Verkehrssitte dem mutmaßlichen Willen der Vertragsparteien, dem Vermieter anstelle des wirtschaftlich sinnlos gewordenen Anspruchs auf Durchführung von Schönheitsreparaturen einen entsprechenden Geldanspruch zu geben. Ist lediglich der Umbau **einzelner Räume** vorgesehen, bleibt der Mieter zur Renovierung der übrigen Teile verpflichtet; der Geldanspruch bezieht sich dann nur auf die Teile, die nachfolgend zerstört würden[2].

759 Das **Rücksichtnahmegebot** in § 241 Abs. 2 BGB begründet im Übrigen die Verpflichtung, den Mieter im Falle der Vertragsbeendigung **rechtzeitig** auf die beabsichtigte Umgestaltung der Mieträume **hinzuweisen**, will sich der Vermieter nicht schadensersatzpflichtig machen[3]. Dem Mieter ist es dann untersagt, dennoch zu renovieren[4]. Ein entsprechendes Angebot muss der Vermieter nicht akzeptieren. Der Ausgleich in Geld steht dem Vermieter folgerichtig auch für den Fall zu, dass der Mieter die Räume bei Mietende doch renoviert, obgleich der Vermieter die Umbaumaßnahmen zuvor angekündigt und den Geldausgleich gefordert hatte[5].

---

1 BGH, WuM 2005, 50; BGH, NZM 2002, 655; BGH, NJW 1985, 480; BGH, NJW 1980, 2347; KG, WuM 2008, 724; OLG Celle, ZMR 2003, 914; OLG Oldenburg, WuM 1992, 229; LG Münster, WuM 2000, 628.
2 LG Hannover, WuM 1994, 428.
3 *Timme*, NZM 2005, 777.
4 BGH, BGHZ 77, 301.
5 OLG Oldenburg, NZM 2000, 828.

Ist der Mieter bis zur Beendigung des Mietverhältnisses seiner **laufenden** **Renovierungspflicht** nachgekommen und erweist sich eine Neudekoration bei Vertragsablauf als noch nicht fällig, scheidet der Ausgleichsanspruch aus[1]. Enthält der Mietvertrag jedoch eine rechtswirksame Kostenbeteiligungsklausel (vgl. hierzu *Rz. 538 ff.*), gilt diese[2]. Man kann dies mit „vorgehendem Recht der Abgeltung" begründen.

760

Steht fest, dass die Schönheitsreparaturen durch die Bauarbeiten **überwiegend nicht beeinträchtigt** werden, steht dem Vermieter ein Geldanspruch nicht zur Seite; vielmehr muss er wie bei der üblichen Renovierung bei Vertragsende vorgehen. Gleiches gilt, sollte sich nachträglich herausstellen, dass die durchgeführten Umbau- und Modernisierungsarbeiten die zuvor mieterseitig ausgeführten Schönheitsreparaturen nicht zunichte gemacht haben[3]. Ebenso ist der Fall zu beurteilen, wenn vor Beendigung des Mietvertrages vom Vermieter Modernisierungsarbeiten durchgeführt wurden, wie etwa die Erneuerung von Fenstern, wodurch die Renovierungspflicht des Mieters nicht berührt wird[4].

761

Sieht der Mietvertrag eine **Befristung** i.S.v. § 575 BGB vor, die der Vermieter mit geplanten, umfangreichen Renovierungs- und Umbaumaßnahmen an Fenstern, Türen, Fußboden, Wandbelag und Elektroinstallationen in allen Räumen begründet, soll es gegen Treu und Glauben verstoßen, vor dem Hintergrund der vorgesehenen Maßnahmen den Mieter bei Mietende zur Durchführung von Schönheitsreparaturen zu verpflichten[5]. Als tragendes Argument wird hierbei angeführt, dass der Umbau dem Mieter von Anfang an verbindlich mitgeteilt wurde, so dass insoweit auch eine Regelungslücke fehlt, die einer ergänzenden Vertragsauslegung zugänglich wäre. Hierzu kann man auch anderer Auffassung sein. Denn die Schönheitsreparaturen gelten als geschuldeter Bestandteil des Entgelts (vgl. *Rz. 425*). Es ist kein Grund ersichtlich, dem Mieter diese „Gegenleistung" zu schenken, speziell wenn er die Mieträume langjährig nutzt, ohne zu renovieren. Ein Ausgleichsanspruch besteht zumindest dann, wenn das Mietobjekt mittels **Brand** oder **Abriss** völlig zerstört wird[6].

762

Voraussetzung für den Anspruch des Vermieters auf eine Entschädigungsleistung ist allerdings die uneingeschränkte **Erfüllungsbereitschaft** des Vertragspartners. Steht dagegen fest, dass der Mieter die geschuldete Ausführung der Schönheitsreparaturen grundsätzlich ablehnt, schuldet er Schadensersatz nach §§ 280 ff. BGB in Höhe des Betrages, den der Vermieter zur Ersatzvornahme für eine (fiktive) Vollrenovierung hätte aufwenden müssen[7]; in diesem Fall kann der Vermieter seinen Anspruch auf der

763

---

1 OLG Schleswig, WuM 1983, 75.
2 LG Potsdam, GE 2004, 821; LG Düsseldorf, WuM 1992, 431.
3 LG Berlin, WuM 1986, 112.
4 LG München, WuM 1985, 288.
5 LG Hamburg, WuM 1998, 663.
6 BGH, WuM 1985, 46; LG Berlin, ZMR 1998, 428; AG Augsburg, WuM 2001, 335.
7 BGH, WuM 2005, 50.

Grundlage des Kostenvoranschlags eines Malers berechnen[1]. Eine ablehnende Haltung kann auch unterstellt werden, wenn der Mieter dem Vermieter erklärt, er könne die Renovierung wegen der geplanten Maßnahme nicht (mehr) verlangen und müsse sich auf den Zahlungsanspruch in Höhe der ersparten Eigenleistung beschränken[2]. Insoweit steht dem Vermieter nämlich ein **Wahlrecht** zu; er entscheidet, ob die „Gegenleistung Schönheitsreparaturen" in Natur oder in Geld erbracht werden soll.

Der Schadensersatzbetrag wird allerdings der Höhe nach **begrenzt**[3]

– durch die Ersatzvornahmekosten, die der Mieter ohne die Umbaumaßnahmen hätte leisten müssen bzw.

– soweit durch den Umbau ein Renovierungsaufwand, etwa durch Verkleinerung der Wohnfläche oder durch Herausnahme von Wänden entfällt[4].

764 Auch der Ausgleichsanspruch des Vermieters unterliegt der kurzen **Verjährung** des § 548 BGB; hierüber hat der Rechtsanwalt den Vermieter rechtzeitig zu informieren[5].

b) Höhe der Ausgleichszahlung

765 Bei der Höhe des Anspruchs ist zu unterscheiden: durfte der Mieter nach dem Mietvertrag die Arbeiten in **Eigenleistung** bzw. durch Verwandte oder Bekannte ausführen lassen, schuldet der Mieter als Ausgleich nur die Materialkosten und ein geringes Entgelt, das an „Freunde" gezahlt wird; maßgebend für den Umfang des Zahlungsanspruchs sind dabei die **theoretischen Materialkosten** sowie die beim renovierungswilligen Mieter[6] bzw. bei dessen Verwandten oder Bekannten[7] entstehenden **Kosten der (fiktiven) Eigenleistung**, die gegebenenfalls gem. § 287 ZPO zu schätzen sind[8]. Wäre eine **Grundreinigung der Teppichbeläge** notwendig gewesen, richtet sich der Umfang des Erstattungsbetrages nach den voraussichtlich anfallenden Kosten der Säuberung, die sich wiederum am Grad der Unansehnlichkeit der betroffenen Flächen orientieren[9].

766 **Beweisbelastet** zur Kostenhöhe ist der **Vermieter**. Sinnvollerweise wird ein Kostenvoranschlag vorgelegt – gegebenenfalls unter Herausrechnung der von den Umbaumaßnahmen betroffenen (Wand-)Flächen. Hätte der Mieter die Arbeiten in Eigenleistung ausführen wollen, ist es gerechtfertigt, nur

---

1 KG, WuM 2008, 724; LG Dortmund, WuM 1985, 226.
2 KG, GE 2009, 448.
3 BGH, WuM 2005, 50.
4 **A.A.** *Timme*, NZM 2005, 132; *Wieck*, WuM 2005, 10: Schadensersatz in Höhe der üblichen Handwerkerkosten.
5 OLG München, GuT 2005, 215; LG Duisburg, ZMR 1997, 82.
6 BGH, WuM 2005, 50; BGH, NJW 1985, 480; OLG München, GuT 2005, 215; LG Berlin, ZMR 1999, 485; LG Berlin, GE 1988, 943.
7 BGH, WuM 2005, 50; LG Frankfurt, WuM 1989, 562.
8 LG Münster, WuM 2000, 628; LG Berlin, GE 1999, 775: 10,– Euro mangels substantiierten Vortrags des Vermieters.
9 BGH, NZM 2009, 126.

einen bestimmten Prozentanteil (ca. ein Drittel) der von einem Handwerksmeister berechneten Leistungen neben den Materialkosten anzusetzen[1]. Für **Selbstarbeit** bietet sich als Berechnungsgrundlage ein Stundensatz von ca. 7,50 Euro[2] bis 8,– Euro[3] bzw. ein Gesamtkostenaufwand von ca. 9,– Euro/m^2 Renovierungs- bzw. Streichfläche[4] an.

Hatte der Vermieter vorab **nicht** über die bevorstehenden Umbaumaßnahmen nach Mietende **informiert**, ist dieser Umstand zu Gunsten des Mieters in der Auseinandersetzung über die Höhe der vom Mieter zu zahlenden fiktiven Kosten der Schönheitsreparaturen gem. § 254 BGB zu berücksichtigen[5]. 767

16. Die Durchsetzung der Renovierungspflicht des Vermieters

a) Mietvertragliche Voraussetzungen

Möchte der Mieter den Vermieter **während des bestehenden Mietvertrages** auf Durchführung von Schönheitsreparaturen in Anspruch nehmen (§ 535 Abs. 1 S. 2 BGB – hierzu vgl. *Rz. 400 ff.*), müssen zunächst folgende Voraussetzungen gegeben sein, für die der Mieter darlegungs- und beweispflichtig ist: 768

Fehlende Pflicht des Mieters zur Renovierung	Dieser Fall liegt vor, wenn – der Mietvertrag keinerlei Regelungen über die Renovierungspflicht an sich enthält und wenn auch diesbezüglich nichts mündlich vereinbart wurde oder – die Verpflichtung des Vermieters zur Renovierung mietvertraglich ausdrücklich festgelegt ist oder – der Mietvertrag eine unwirksame Renovierungsregelung zu Lasten des Mieters enthält und – der Vermieter sich von seiner Renovierungspflicht nicht rechtswirksam freigezeichnet hat.
Die Schönheitsreparaturen sind fällig	Hierzu ist Voraussetzung – Die Dekoration der gesamten Mietsache oder Teile davon ist gegenüber dem geschuldeten Zustand verbraucht bzw. abgewohnt (Renovierungsbedarf). – Sind die Miträume **übermäßig abgenutzt**, kommt es darauf an, auf wessen Verhalten dies

---

[1] KG, WuM 2008, 724.
[2] LG Berlin, ZMR 2006, 936; AG Mitte, MM 2003, 384 m. Anm. *Harsch*, MietRB 2004, 97.
[3] Vgl. AG Ibbenbüren, WuM 2008, 84.
[4] Vgl. BGH, WuM 2009, 395.
[5] *Timme*, NZM 2005, 777.

zurückzuführen ist. Hat der Mieter einen vertragswidrigen Gebrauch der Mieträume verschuldet (§ 541 BGB), dementsprechend seine Obliegenheit zur pfleglichen Behandlung der Mieträume außer Acht gelassen und ist es dadurch zu Schäden gekommen, scheidet insoweit eine Renovierungspflicht des Vermieters aus.

– Hat dagegen der **Vermieter** entgegen seiner vertraglichen Pflicht zur Renovierung bzw. unter Missachtung seiner gesetzlichen Erhaltungspflicht (§ 535 Abs. 1 BGB) jahrelang die Mieträume vernachlässigt und ist es dadurch zu Substanzschäden gekommen, ist der Anspruch des Mieters begründet.

769 Der Mieter ist nicht gezwungen, sein Verlangen auf Renovierung der Mietflächen unmittelbar nach Ablauf der üblichen Fristen oder bei auftretendem Dekorationserfordernis geltend zu machen. Ebenso wenig hindert seinen Anspruch die Tatsache, dass er während der Mietzeit bereits mehrfach Schönheitsreparaturen in **Eigenleistung** selbst erledigt hat. Wurde in der Vergangenheit – über viele Jahre hinweg – die Durchführung der Arbeiten trotz feststehendem Renovierungsbedarf bei Vermieter niemals eingefordert, stellt sich neben der Frage der **Verjährung des Erfüllungsanspruchs** (hierzu *Rz. 423c*) allerdings das Problem einer im Raum stehenden **Verwirkung**. So vertritt das LG Berlin[1] die Auffassung, dass bei vierzigjähriger Unterlassung der Geltendmachung der Renovierung durch den Mieter dessen Ansprüche schon auf Grund der langen Mietdauer auch für die Zukunft nicht mehr geltend gemacht werden können. Bei dieser Entscheidung wurde allerdings das Zeit- sowie das Umstandsmoment gleichgesetzt. Demgegenüber hat ebenfalls das LG Berlin in einem neueren Urteil[2] ausgesprochen, dass das Recht des Mieters, die Renovierung zu verlangen, auch nach 14 Jahren bei mehrfacher Eigendekoration nicht verwirkt sei.

770 Darüber hinaus muss der Vermieter, der **unwirksame Klauseln** verwendet, damit rechnen, dass der Mieter die Unwirksamkeit der Formularabreden nicht sofort bei Auftreten des Renovierungsbedarfs bemerkt, sondern dies erst später erkennt und sich dann – ohne dass ihm ein widersprüchliches Verhalten vorzuwerfen wäre – auf eine Renovierungspflicht des Vermieters sowie die Minderung bis dahin beruft[3].

b) Welche Qualität kann der Mieter fordern?

771 Inhaltlich ist der Anspruch des Mieters auf eine **neutrale Dekoration** der Mieträume beschränkt (hierzu *Rz. 421 ff.*). Auch der Vermieter darf nur

---

1 LG Berlin, GE 1996, 473.
2 LG Berlin, NZM 2002, 946; vgl. auch AG Baden-Baden, DWW 1988, 52.
3 BGH, NZM 2008, 522.

helle und dezente Anstriche/Tapeten verwenden[1]. So ist er zwar gehalten, das Gestaltungsinteresse des Mieters zu berücksichtigen; jeden besonderen Ausführungswunsch (**Farbwahl**) muss er jedoch nicht befriedigen. In der Regel ist Maßstab die Gestaltung der Wohnung bei Anmietung und Übergabe, soweit die Vertragsparteien nichts anderes vereinbart haben. Selbstverständlich müssen die Arbeiten des Vermieters fachgerecht sein. Will der Mieter einen höheren Qualitätsstandard als die vom Vermieter geschuldete „mittlere Art und Güte (§241 Abs. 1 S. 1 BGB) erreichen, sollte er sich rechtzeitig mit dem Vermieter über Zuzahlungen oder Materialgestellung auf eigene Kosten verständigen.

c) Musterschreiben zur Leistungsaufforderung

Mängelanzeige (§ 536c BGB) und Aufforderung des Vermieters zur Renovierung (Mahnung)

Sehr geehrter Herr (…),
ich vertrete die Interessen Ihres Mieters, des Herrn (…).

Namens und im Auftrage meines Mandanten fordere ich Sie hiermit auf, die fälligen Schönheitsreparaturen in der Mietwohnung (*Adresse*) durchzuführen.

Der Mietvertrag mit meinem Mandanten wurde am (*Datum*) abgeschlossen. Seit Mietbeginn sind nunmehr neun Jahre vergangen, so dass die üblichen Renovierungspflichten für die betroffenen Räume Platz greifen. Das Aussehen der Mietwohnung weist die nach dieser Zeit üblichen Gebrauchsspuren auf. So sind die Tapeten bzw. Anstriche an Wänden und Decken im Wohnbereich bereits von Nikotin verfärbt und vergilbt. Im Übrigen weisen sämtliche Wände starke Abnutzungsspuren und Flecken auf, vor allem im Wohn- und Kinderzimmer. Im Badezimmer löst sich unterhalb der Fensterbank die Tapete. Die Türen zeigen zahlreiche Abplatzungen und Kerben. Auch an den Heizkörpern ist der Lack abgeplatzt. Die Farbe an den Fensterinnenseiten ist stumpf und vergraut. Zudem sind die in der Wohnung verlegten Teppichbeläge speziell im Eingangsbereich stark verdreckt. Die Schönheitsreparaturen sind daher längst fällig. Namens und im Auftrag meines Mandanten habe ich Sie daher aufzufordern, Ihrer Renovierungspflicht spätestens bis zum (*Datum*) nachzukommen, indem Sie die Grundreinigung der Teppichbeläge sowie das Anstreichen der Wände und Decken, ggf. das Tapezieren und das Streichen der Heizkörper in der Küche, im Wohn- und Schlafzimmer sowie in der Diele, im Bad/Toilette und im Kinderzimmer ausführen bzw. durch geeignete Fachkräfte ausführen lassen; eine Renovierung der Nebenräume wird nicht verlangt. Sollten die geforderten Arbeiten innerhalb der vorgegebenen Frist nicht erledigt sein, wird mein Mandant (…).

---

1 LG Hamburg, DWW 1999, 152.

d) Wer schuldet die Nebenleistungen?

773 Erklärt sich der Vermieter zur Durchführung der Schönheitsreparaturen bereit, so steht die Folgefrage im Raum, wer die damit verbundenen **Nebenarbeiten und -leistungen** wie

- Abhängen der an den Wänden befestigten Hängeschränke, Regale, Bilder usw.,
- Demontage von Lampen und Deckenleuchten,
- Zusammenstellen bzw. Versetzen und Sichern der Möbel mit Planen/Folien,
- ggf. Ausräumen der betroffenen Zimmer,
- Abdecken der Fußböden,
- vorübergehende anderweitige Unterbringung/Zwischenlagerung des Mobiliars und der sonstigen Einrichtungen des Mieters,
- Neuaufbau der Möbel und Wiedereinrichtung der Räume nach Abschluss der Renovierung – nebst Reinigung.

zu übernehmen bzw. die damit zusammenhängenden Kosten zu tragen hat. Ein einheitliches Meinungsbild hierzu besteht nicht. So wird zunächst vertreten, dass der zur Renovierung verpflichtete Vermieter in keinem Fall auch Vorbereitungsarbeiten erledigen muss; diese seien vielmehr – als Vorleistung – vom Mieter geschuldet[1]. Dem wird richtigerweise entgegengehalten, dass der zur Instandsetzung verpflichtete Vermieter generell auch die zur Vornahme dieser Arbeiten erforderlichen Nebenleistungen selbst zu erbringen hat[2]. In Konsequenz hierzu wird dem Mieter für Reinigungsarbeiten in der Wohnung infolge von vermieterseitig durchgeführten Erhaltungsmaßnahmen auch ein Aufwendungsersatzanspruch zugestanden[3], für den § 554 Abs. 4 BGB die Anspruchsgrundlage bietet.

e) Was tun bei Leistungsverweigerung des Vermieters?

774 Hat der Vermieter entgegen seiner Verpflichtung trotz Mängelanzeige und Mahnung (= Verzug nach § 286 BGB) innerhalb angemessener Zeit die **fälligen**[4] **Renovierungsleistungen nicht erbracht**, stehen dem Mieter folgende **Reaktionsmöglichkeiten** zur Seite:

- Der Mieter **renoviert selbst** oder lässt renovieren und macht die entsprechenden Kosten als Aufwendungsersatzanspruch (Ersatzvornahme) geltend, § 536a Abs. 2 Ziff. 1 BGB[5]. Erforderlich ist vorab ein **Verzug** des Vermieters, basierend auf Mängelanzeige (§ 536c BGB) nebst Mahnung. Die Mahnung verlangt nur eine Leistungsaufforderung, aus der erkennbar wird, dass einem Ausbleiben der Schönheitsreparaturen rechtliche

---

1 Vgl. *Horst*, DWW 2007, 53.
2 AG Erfurt, WuM 2009, 342, AG Wuppertal, WuM 1988, 15.
3 AG Hamburg, WuM 2007, 445.
4 BGH, WM 2008, 368 – auch bei grundloser Erfüllungsverweigerung setzt der Verzug die Fälligkeit der Forderung voraus.
5 LG Kiel, ZMR 2009, 209; LG Berlin, ZMR 2002, 825.

Konsequenzen folgen[1]. Die Verbindung der Mängelanzeige mit einer Fristsetzung ist bereits ein sehr deutliches Indiz für eine Mahnung.
- Der Mieter besorgt sich den Kostenvoranschlag eines Malerfachbetriebes über die voraussichtlich zur Renovierung erforderlichen Kosten und verlangt danach den entsprechenden Geldbetrag als **Vorschuss**, um ihn anschließend zur tatsächlichen Renovierung zu verwenden, § 536a BGB[2].
- Der Mieter nimmt den Vermieter gerichtlich auf **Erfüllung** in Anspruch[3], § 535 Abs. 1 S. 2 BGB.

775 Von den aufgezeigten Möglichkeiten wird die **Eigenrenovierung** im vornehmlichen Interesse des Mieters liegen. So ist der Wohnraummieter oft froh, wenn er den Vermieter nicht in sein Domizil lassen muss. In der gewerblichen Miete ist das Bestreben des Mieters darauf gerichtet, die erforderlichen Schönheitsreparaturen möglichst schnell erledigt zu bekommen, damit die Räume wieder einen ansprechenden, geschäftsfördernden Zustand erhalten. Will der Mieter nicht auf die Abhilfe des Vermieters warten, kann er die Malerarbeiten also selbst fachgerecht durchführen und Ersatz seiner Aufwendungen verlangen. In jedem Fall muss sich die Forderung des Mieters an dem im individuellen Vertragsverhältnis geschuldeten Dekorationszustand der Mieträume orientieren. Würde der Mieter jedoch **eigenmächtig** zu Pinsel und Farbe greifen, ohne den Vermieter zuvor wegen der ausstehenden Renovierung in Verzug zu setzen und ihm eine angemessene Zeit zur Erledigung zuzubilligen, scheidet ein anschließender Anspruch auf Erstattung der mit der Renovierung verbundenen Kosten prinzipiell aus[4].

776 Im Verzugsfall schuldet der Vermieter im Übrigen noch **weitergehenden Schadensersatz** nach § 536a Abs. 1 BGB im Zusammenhang mit Schäden, die dem Mieter neben den Kosten für die Dekorationsarbeiten zusätzlich entstehen. Zu nennen sind hier beispielhaft entgangener Gewinn, Verdienstausfall, Schäden an eingebrachten Sachen, Kosten der Rechtsverfolgung, entgangene Untermiete, sonstige Begleitschäden.

777 **Musterschreiben des Mieters:**

Nach Durchführung der Renovierung werden die Kosten verlangt

Sehr geehrter Herr (…),
bekanntlich vertrete ich die Interessen Ihres Mieters, des Herrn (…).
Meiner Aufforderung zur Renovierung der Wohnung sind Sie trotz Mahnung gemäß Schreiben vom (*Datum*) innerhalb der von mir gesetzten Frist nicht nachgekommen. Es werden daher die Kosten der Ersatzvornahme geltend

---
1 So bereits BGH, MDR 1952, 155.
2 Vgl. BGH, WuM 2008, 607; BGH, WuM 1984, 307; BGH, NJW 1971, 1450; KG, WuM 1988, 142; LG Berlin, GE 2007, 1487.
3 LG Berlin, NZM 2002, 946; LG Frankfurt, NZM 2001, 130.
4 BGH, WuM 2008, 147.

gemacht. Mein Mandant hat den Malermeister (*Name*) beauftragt, welcher die Schönheitsreparaturen in dem Umfang, wie in meinem Schreiben vom (*Datum*) aufgelistet, ordnungsgemäß durchgeführt hat. In der Anlage erhalten Sie dessen Rechnung vom (*Datum*), die mein Mandant verauslagt hat. Ich fordere Sie auf, den dort ausgewiesenen Betrag in Höhe von (…) bis zum (*Datum*) auf mein Konto zu überweisen.

◌ **Hinweis:**

Der Mieter kann nun bei Zahlungsverweigerung diesen Betrag einklagen oder – soweit nicht vertraglich wirksam ausgeschlossen – Aufrechnung mit den laufenden Mieten erklären.

778 **Musterschreiben des Mieters:**

Zahlungsverlangen auf Grund eines Kostenvoranschlages

Sehr geehrter Herr (…),

bekanntlich vertrete ich die Interessen Ihres Mieters, des Herrn (…).

Meiner Aufforderung zur Renovierung der Wohnung sind Sie trotz Mahnung gemäß Schreiben vom (*Datum*) innerhalb der von mir gesetzten Frist nicht nachgekommen. Es wird nunmehr ein Zahlungsvorschuss verlangt. Mein Mandant hat zwischenzeitlich die erforderlichen Renovierungskosten von einem Malerfachbetrieb schätzen lassen. Diesen Kostenvoranschlag finden Sie in der Anlage. Er gibt im Einzelnen die Arbeiten wieder, die in meinem Schreiben vom (*Datum*) aufgelistet wurden. Ich fordere Sie hiermit auf, den dort ausgewiesenen Betrag in Höhe von (…) bis zum (*Datum*) auf mein Konto zu überweisen.

◌ **Hinweis:**

Hier ist darauf zu achten, dass der Kostenvoranschlag detailliert zwischen den einzelnen Räumen und Arbeiten unterscheidet. Wichtig ist dies für den Fall, dass der Mieter den entsprechenden Betrag einklagen möchte. Dazu muss später ein substantiierter Klageantrag formuliert werden.

779 Im Weiteren kann der Mieter bis zur Durchführung der Schönheitsreparaturen

– die Miete nach Mängelanzeige – evtl. geringfügig, weil nur optischer Mangel[1] – mindern[2], soweit das **Minderungsrecht** vertraglich nicht ausgeschlossen wurde, § 536 BGB,

---

1 Vgl. AG Hamburg-Altona, WuM 2008, 551.
2 Zu prüfen ist im Einzelfall, ob überhaupt eine erhebliche Beeinträchtigung der Tauglichkeit vorliegt, was zumindest bei Vermietung von Gewerberaum regelmäßig der Fall sein wird.

– hinsichtlich der zukünftigen Mieten ein **Zurückbehaltungsrecht** in Höhe des ca. 3-fachen Minderungsbetrages[1] geltend machen und die Einrede des nicht erfüllten Vertrages nach § 320 BGB erheben,
– das Mietverhältnis – nach angemessener Fristsetzung – außerordentlich **kündigen** (§ 543 Abs. 2 Ziff. 1 BGB).

Insoweit wird auf die Darstellung der Gewährleistungsrechte unter *F Rz. ff.* verwiesen.

Der Mieteranwalt sollte in keinem Fall aus dem Blick verlieren, dass jedweder Aufwendungsersatzanspruch seines Mandanten – gleich, ob er sich aus einer gesetzlichen Vorschrift oder aus vertraglichen Vereinbarungen herleitet – innerhalb der kurzen Frist des § 548 Abs. 2 BGB **verjährt**[2]. Entscheidend hierfür ist allein die rechtliche Beendigung des Mietverhältnisses. Besondere Relevanz entwickelt die Problematik, sollte der Vermieter das Mietanwesen während der Vertragslaufzeit des Mietvertrages und im Anschluss an die Eigenvornahme der Schönheitsreparaturen durch den Mieter an einen Dritten **veräußern**. In diesem Fall endet die Vertragsbeziehung zum bisherigen Anspruchsgegner[3]. Die Frist des § 548 Abs. 2 BGB beginnt bei dieser Sachlage ab Kenntnis des Mieters vom Verkauf, also von der Eintragung des Erwerbers im Grundbuch, zu laufen; eine Obliegenheit, sich Kenntnisse hierüber selbst zu beschaffen, besteht für den Mieter nicht[4]. 780

Der Aufwendungsersatzanspruch soll zumindest während der Vertragslaufzeit auch der **Verwirkung** unterliegen, wenn es der Mieter längere Zeit unterlässt, ihn beim Vermieter geltend zu machen[5]. 781

17. Abwehrstrategien des Mieters

a) Einwände gegenüber dem Renovierungsverlangen des Vermieters

aa) Wirksame Übertragung der Schönheitsreparaturen?

Wird der Rechtsanwalt vom Mieter mit der Abwehr eines – vermeintlich – unbegründeten Renovierungsverlangens des Vermieters während des bestehenden Mietvertrages beauftragt, beinhaltet die **Prüfung des Mietvertrages** 782
– ob es überhaupt eine Renovierungsregelung im Vertrag gibt,
– ob die Durchführung von Schönheitsreparaturen dabei dem Mieter auferlegt ist,
– falls ja: die Wirksamkeit der Abwälzungsabrede.

Enthält der Mietvertrag keine Vereinbarung zur Durchführung von Schönheitsreparaturen, obliegen diese dem Vermieter nach § 535 Abs. 1 S. 2 BGB. 783

---
1 Vgl. LG Berlin, WuM 1989, 28; LG Hamburg, WuM 1989, 172.
2 Zur Verjährung des Erfüllungsanspruchs vgl. *Rz 423c.*
3 BGH, NZM 2008, 519.
4 BGH, NZM 2008, 519; BGH, NJW 1965, 1225.
5 LG Kiel, ZMR 2009, 209.

Verlangt der Vermieter die Durchführung der laufenden Renovierung, muss es hierfür eine Vertragsgrundlage geben. Diese kann in einer **mündlichen Vereinbarung** bestehen, oder sie kann – wie zumeist – dem Mietvertrag selbst entnommen werden (hierzu *Rz. 606 ff.*).

bb) Sind die Renovierungsarbeiten fällig?

784 Steht die grundsätzliche Renovierungspflicht des Mieters während der Vertragslaufzeit fest, schließt sich die Prüfung der **Fälligkeit** der verlangten Arbeiten an. Zu fragen ist, ob der Mietvertrag einen **Fristenplan** enthält. Sind die Fristen (vor allem betreffend der Laufzeiten) wirksam vereinbart (vgl. *Rz. 490 ff.*), muss nun auf den Zeitpunkt des Vertragsbeginns bzw. der zuletzt durchgeführten Schönheitsreparaturen abgestellt werden. Der jeweilige Fristablauf lässt die **Erforderlichkeit der Renovierung** vermuten. Das Gegenteil müsste der Mieter nachweisen.

785 Den **Nachweis** einer **fehlenden Renovierungsbedürftigkeit** der Wohnräume kann der Mieter mit folgenden Darlegungen führen:

– **vom Üblichen abweichende Nutzungsintensität:** Bewohnt die Wohnung ein berufstätiger, alleinstehender Mieter, ist von einem deutlich späteren Renovierungsbedarf auszugehen als bei einer Wohnraumnutzung durch eine mehrköpfige Familie.

– **Wohnverhalten des Mieters:** Nutzt der Mieter während der Mietzeit die Wohnung oder einzelne Räume nicht als ständigen Lebensmittelpunkt, etwa im Falle langer Abwesenheitszeiten (Wochenendheimfahrer, reiselustiger Pensionär, längerer Auslandsaufenthalt, Arbeitsplatz in anderer Stadt – dort Zweitwohnung), ergibt sich daraus möglicherweise ein eingeschränkter, wenn nicht gar entfallender Dekorationsbedarf. Auch kann die Renovierung einer Küche nach Ablauf der Regelfrist deshalb nicht erforderlich sein, weil dort unter der Woche angesichts der vom Mieter am Arbeitsplatz in Anspruch genommenen Kantinenverpflegung nicht gekocht wird und der Mieter auch am Wochenende viel unterwegs ist. Vergleichbares mag für ein Bad gelten, wenn die Mieter selten zu Hause baden oder duschen und dort auch keine Wäsche waschen. Wohnräume, insbesondere Schlafzimmer, können auch nach Ablauf des üblichen Zeitintervalls noch in einem Zustand sein, der eine Renovierung nicht erfordert, vor allem, wenn die Wohnung nur von einer Person bewohnt wird[1]. Zu denken ist auch an die nach dem Auszug der Kinder leer stehenden Kinderzimmer.

– **Verwendung langlebiger Dekoration:** Hat der Mieter anlässlich früherer Dekorationsmaßnahmen besonders hochwertige Materialien – z.B. Tapeten oder Farben[2] – verwendet, kann es an einer Renovierungsbedürftigkeit der Räume fehlen.

---

1 Vgl. AG Gießen, WuM 2002, 213.
2 Zur „technischen" Lebensdauer bestimmter Tapeten und Anstriche vgl. *Lützenkirchen*, ZMR 1998, 605.

Je länger die allgemeinen Regelfristen abgelaufen sind, desto eher wird ein Renovierungsbedarf in der Wohnung anzunehmen sein.

Gelangt der mieterseitig mit der Überprüfung der vertraglichen Situation beauftragte Rechtsanwalt zu dem Ergebnis, dass sein Mandant derzeit bzw. grundsätzlich nicht zur Ausführung von Schönheitsreparaturen verpflichtet ist, kann – bei entgegenstehender Ansicht des Vermieters – die Rechtslage bereits im laufenden Mietverhältnis durch Erhebung einer **Feststellungsklage** abgeklärt werden[1]. 786

Sollten die im Mietvertrag vorgesehenen Fristen noch nicht abgelaufen sein, kann sich dennoch ein Renovierungsanspruch des Vermieters ergeben, und zwar in den Fällen der **positiven Vertragsverletzung**. Namentlich sind hier vom Mieter verursachte Dekorationsschäden gemeint, die vom vertragsgemäßen Gebrauch der Mietsache (§ 538 BGB) nicht mehr erfasst sind oder – vereinfacht ausgedrückt – wenn innerhalb der bisherigen Vertragsdauer die Mieträume **über Gebühr abgenutzt** sind. Die Erfahrung zeigt, dass es durchaus Situationen gibt, in denen die Räume nach kurzer Mietdauer ein derartiges Aussehen aufweisen, dass von einer „normalen Abnutzung" im Rahmen des vertragsgemäßen Gebrauchs nicht mehr die Rede sein kann (vgl. *Rz. 349 ff.*). 787

cc) Welche Art/Qualität der Renovierung ist geschuldet?

Im **laufenden Mietverhältnis** entscheidet der Mieter, wie er die einzelnen Räume – und zwar nach seinen persönlichen Geschmacksvorstellungen – herrichtet[2] (vgl. hierzu insgesamt *Rz. 357 f.*). Bereits an dieser Stelle sollte der Mieter allerdings auf die Gefahren aufmerksam gemacht werden, welche durch **unsachgemäße** Arbeiten auf ihn zukommen können (vgl. *Rz. 375 f.*). Es handelt sich hierbei wiederum um einen Fall der positiven Vertragsverletzung, der Ansprüche auf Schadensersatz für den Vermieter auslösen könnte. 788

b) Einwände gegenüber dem Vorschussverlangen bei fortbestehendem Mietvertrag

Fordert der Vermieter den Mieter zur Zahlung eines Geldbetrages für die Durchführung fälliger Schönheitsreparaturen auf, ist zu beachten, dass in diesem Fall nur ein **Kostenvorschuss** verlangt werden darf (vgl. *Rz. 628 ff.*). Während des laufenden Mietvertrages ist § 281 BGB nicht anwendbar. Schadensersatzansprüche sind damit ausgeschlossen. Steht fest, dass der Mieter renovieren muss, tritt die Vorschusspflicht mit dem Verzug ein. 789

---

1 LG Berlin, ZMR 2003, 487.
2 Vgl. BGH, WuM 2008, 472; LG Berlin, GE 1998, 181; AG Tempelhof, NZM 2002, 734; einschr. LG Aachen, WuM 1998, 596.

790 Für den Vermieter genügt es nicht, einfach einen bestimmten Betrag „in den Raum zu stellen". Vielmehr sind entweder **detaillierte Angaben** über die anfallenden Kosten im Einzelnen oder die von einem Malerbetrieb veranschlagte Kosten darzulegen. Andernfalls kann das Zahlungsverlangen des Vermieters mangels Substantiierung zurückgewiesen werden. Die Forderung eines **„Sicherheitszuschlages"** ist nicht zulässig. Für den Fall unerwarteter Mehrkosten ist der Vermieter auf spätere Nachforderungen zu verweisen.

791 Vom Mieter geleistete Geldbeträge sind tatsächlich und ausschließlich zur Durchführung der geforderten Renovierung zu verwenden. Denn während des laufenden Mietvertrages muss die Schönheitsreparatur dem Mieter zugute kommen. Deshalb sollte der Vermieter unmittelbar nach Übermittlung des Vorschusses zur Ausführung der Instandhaltungsarbeiten aufgefordert (ggf. mit anschließender gerichtlicher Durchsetzung) und – nach Beendigung derselben – die umgehende Abrechnung des Vorschusses verlangt werden.

c) Einwände gegenüber der Aufforderung zur Renovierung bei Mietende

aa) Besteht eine Verpflichtung zur Schlussrenovierung?

(1) Mietvertragliche Regelungen

792 In Betracht kommen insoweit

– **Regelungen für die Vertragslaufzeit**

Hat der Mieter fällige Schönheitsreparaturen auf Grund wirksamer Übertragung auf ihn seit Vertragsbeginn oder dem Zeitpunkt der letzten Schönheitsreparatur nicht durchgeführt und sind die üblichen Fristen abgelaufen, ist Anspruchsgrundlage nicht eine eigentliche Endrenovierungsklausel, sondern diejenige für die Vertragslaufzeit (vgl. Rz. 652).

– **Endrenovierungsklausel**

Zu trennen ist hier zwischen einer individuell vereinbarten Schlussrenovierungsklausel und den formularvertraglich festgelegten Endrenovierungsvereinbarungen.

793 Gründet sich das Endrenovierungsverlangen des Vermieters auf eine **individuell ausgehandelte Schlussrenovierungsklausel**, ist diese grundsätzlich gültig (vgl. Rz. 521). Der Ablauf der Renovierungsfristen soll dabei unbeachtlich sein. Dies kann allerdings nicht uneingeschränkt gelten. Denn auch in diesem Fall finden die **allgemeinen Grenzen** Anwendung, die sich aus den Vorschriften über Treu und Glauben (§ 242 BGB), über den Wegfall der Geschäftsgrundlage (§ 313 BGB), bei Verstoß gegen ein gesetzliches Verbot (§ 134 BGB) oder bei Sittenwidrigkeit (§ 138 BGB) ergeben[1]. Soll der Mieter bereits nach kurzer Mietzeit und geringer Abnutzung die Schön-

---

[1] BGH, NZM 2009, 397; BGH, NJW 2002, 2383.

heitsreparaturen – trotz fehlendem Renovierungsbedarf – komplett durchführen, kann sich das Begehren des Vermieters durchaus als rechtsmissbräuchlich i.S.v. § 242 BGB darstellen, je nach den Umständen des Einzelfalles[1].

Zu beachten und durch Befragen des Mieters zu prüfen ist die Frage, ob es sich tatsächlich um eine echte Individualvereinbarung handelt. Derlei einzelvertraglich ausgehandelte Passagen im Mietvertrag liegen in der mietrechtlichen Praxis äußerst selten vor.

Formularklauseln, die den Mieter verpflichten, bei Vertragsende **auf jeden Fall** zu renovieren, sind nicht wirksam (vgl. *Rz. 524 ff.*). 794

(2) Exkurs: Endrenovierung nach ehemaligen DDR-Mietverträgen

Die in den alten Mietverträgen der neuen Bundesländer anzutreffenden Regelungen über die Durchführung von Renovierungen bleiben bestehen. Das KG hat im Rechtsentscheid vom 16.10.2000[2] festgelegt, dass aus der üblichen Vertragsregelung, nach der „für die malermäßige Instandhaltung während der Dauer des Mietvertrages der Mieter verantwortlich" ist, nicht gefolgert werden kann, dass der Mieter grundsätzlich auch zu einer **Endrenovierung** herangezogen werden kann, sofern der Mieter seiner Pflicht zur Durchführung der Schönheitsreparaturen während des Mietvertrages nicht nachkam. Nach früherer Ansicht[3] traf den Mieter nämlich ausschließlich die laufende Renovierung, nicht jedoch die Pflicht, bei Vertragsende zu streichen. Nichts anderes folgt auch aus dem Wortlaut der früher üblichen Vertragsbestimmung. 795

Ausnahmen in den neuen Ländern vom erwähnten Grundsatz, der auch auf der früheren Bestimmung des § 107 ZGB basiert, gelten nur dann, sollte der Mieter an der Bausubstanz auf Grund erhöhter Abnutzung Mängel verursacht haben, die einen Mehraufwand erfordern. Maßgebend ist demzufolge die Rechtslage zum Zeitpunkt des Vertragsabschlusses, wobei auch ein zusätzlicher Vertragspassus, wonach „die Wohnung in einem bewohnbaren Zustand zu hinterlassen" ist, keine Endrenovierungspflicht des Mieters nach sich zieht[4]. Gleiches gilt für die Rückgaberegelung der „Besenreinheit unter Berücksichtigung des normalen Verschleißes"[5]. Soweit der Mietvertrag die „laufende Instandhaltung" für den Mieter beinhaltet und darüber hinaus festhält, dass „der Mieter bei Verletzung dieser Pflicht dem Vermieter nach Vertragsende zum Ersatz der dadurch entstehenden Mehrkosten verpflichtet" ist, ist es dem Vermieter dennoch verwehrt zu verlan- 796

---

1 *Derleder*, NZM 2009, 227.
2 KG, WuM 2000, 590; KG, WuM 1998, 149.
3 LG Rostock, WuM 2000, 414; Kommentar zum ZGB, Staatsverlag der DDR, Anm. 1.3 zu § 104 ZGB; *Strasberg*, NJW 1977, 65; *Nissel*, NJW 1976, 301.
4 LG Potsdam, WuM 2001, 279; LG Berlin, ZMR 2000, 24.
5 LG Rostock, WuM 2000, 414.

gen, dass eine mieterseitig aufgebrachte Mustertapete überstrichen wird[1]. Gleiches gilt für die Wiederherstellung der Dichtigkeit der Fenster[2].

(3) Übermaßabnutzung

797 Das Endrenovierungsverlangen des Vermieters könnte auch auf Grund einer Übermaßabnutzung gerechtfertigt sein. Der **Ablauf von Fristen** ist in diesem Falle **unerheblich**. Dementsprechend muss ein Mieter dann renovieren, wenn die Räume „überobligationsgemäß verbraucht" sind. Betroffen ist hier ein Grenzbereich zum Schadensersatz (vgl. *Rz. 340 ff.*). Anknüpfungspunkt bildet § 538 BGB. Danach hat der Mieter Veränderungen oder Verschlechterungen der Mietsache zu vertreten, die durch einen Gebrauch herbeigeführt werden, der nicht mehr als vertragsgemäß bezeichnet werden kann. Unproblematisch sind dabei die Fälle der echten Beschädigungen der Mietsache.

798 Befinden sich die Mieträume bei Mietende in einem sehr guten dekorativen Zustand, kann der Mieter dennoch zur Durchführung der Schönheitsreparaturen unter dem Gesichtspunkt der positiven Vertragsverletzung verpflichtet sein, sollte er die Mieträume durch die Wahl **auffallender Farben** exzentrisch ausgestaltet haben (vgl. *Rz. 356*). Der beratende Rechtsanwalt muss in dieser Situation darüber aufklären, dass der Mieter keinesfalls auf evtl. noch vorhandene, nicht aufgebrauchte Farbeimer für die Endrenovierung zurückgreifen darf, sondern jetzt „moderate", geschmacksneutrale Farben wählen muss, will er weitergehende Ansprüche des Vermieters ausschließen. Was an dezenten Farben üblich ist, kann ein Sachverständiger mitteilen, weil er einen entsprechenden Überblick hat.

799 Die Frage, ob eine Abnutzung der Wohnung derart gravierend ist, dass sie angesichts der bisherigen Mietdauer als nicht mehr vertragsgemäß bezeichnet werden kann, ist stets eine Frage des **Einzelfalles** und erfordert eine Wertung. Allgemein verbindliche Richtlinien lassen sich zur Abgrenzung von den übrigen Fällen nicht aufstellen. Starke **Rauchspuren** an Wänden und Decken rechtfertigen für sich allein gesehen keinen Renovierungsanspruch des Vermieters (vgl. *Rz. 362 ff.*). Das Gleiche gilt für übliche **Staubablagerungen** auf Grund des Aufhängens von Bildern. Allgemein lässt sich dementsprechend festhalten, dass ein Fall der Übermaßabnutzung jedenfalls dann gegeben ist, wenn der Mieter unter Schadensersatzgesichtspunkten herangezogen werden kann.

800 In diesen Fällen wird jedoch zu prüfen sein, ob dem Vermieter überhaupt ein **Schaden** entstanden ist. Davon ist nicht auszugehen, wenn der Vermieter vor einer Neuvermietung seinerseits hätte renovieren müssen, etwa weil die Schönheitsreparaturen nicht wirksam auf den Mieter übertragen wurden, die allgemein üblichen Fristen bereits abgelaufen sind und ihm jetzt im Rahmen einer Neudekoration keine Mehrkosten entstehen.

---

1 LG Berlin, ZMR 2000, 24.
2 LG Bautzen, WuM 2001, 279.

◐ **Hinweis:**
Einen berechtigten Renovierungsanspruch des Vermieters kann der Mieter dadurch umgehen, dass er mit dem **Nachmieter**, den er sinnvollerweise selbst beibringt, die Übernahme der Wohnung im derzeitigen (farblichen/nikotinbelasteten/abgenutzten) Zustand vereinbart, denn auf diesem Weg entfällt der rechtfertigende Grund des Vermieters, vom scheidenden Altmieter noch den Neuanstrich (z.B. in unauffälligen Farben) zu verlangen[1].

(4) Anerkenntnis des Mieters

Das **abstrakte Schuldanerkenntnis** (§ 781 BGB) kann eine **neue Anspruchsgrundlage** dahingehend schaffen, dass sich der Mieter zur Durchführung von Schönheitsreparaturen gesondert – also unabhängig vom Mietvertrag – verpflichtet (konstitutive Wirkung). Dadurch wird eine **Umkehr der Beweislast** zu seinem Nachteil erwirkt. Voraussetzung ist ein tatsächliches Verhalten des Mieters, aus dem der Vermieter „das Bewusstsein vom Bestehen der Forderung unzweideutig entnehmen kann[2]. Wichtig ist dieser Fall, sollte der Vermieter – etwa wegen fehlender Renovierungsregelung oder in Anbetracht unwirksamer Formularabreden – die Durchführung der Schönheitsreparaturen vom Mieter gar nicht fordern können. Erforderlich ist daher eine dem Wortlaut nach eindeutige, eigenständige Vereinbarung/Erklärung, die keine Auslegung als Bestätigung einer vermeintlichen Renovierungspflicht zulässt, sondern zusätzlich die Kenntnis/Ungewissheit der Mietvertragsparteien über das Nichtbestehen der Pflicht nach Vertragslage wiedergibt[3]. Besteht bereits **Uneinigkeit** über die (Un-)Wirksamkeit der Verpflichtung des Mieters zur Durchführung der Dekoration und treffen die Mietvertragsparteien hierzu eine streitbeendende Vereinbarung oder erklärt der Mieter, die Kaution könne „mit den Renovierungskosten verrechnet werden", ist ein deklaratorisches Schuldanerkenntnis anzunehmen[4]. Dem Mieter wäre es in diesem Fall verwehrt, die grundsätzliche Verpflichtung zur Durchführung der Schönheitsreparaturen abzustreiten. Zeitgleich resultiert aus dem Anerkenntnis ein **Neubeginn der Verjährung** (§ 212 Abs. 1 Nr. 1 BGB), soweit die Erklärung vor Ablauf der Verjährungsfrist des § 548 BGB erfolgt[5].

801

Bestätigt der Mieter mit seiner Unterschrift in einem **Rückgabeprotokoll** nicht nur die Richtigkeit der dort getroffenen Feststellungen, sondern erklärt er darüber hinaus, dass er die vom Vermieter als noch ausstehend beanstandeten Schönheitsreparaturen nachholt, so gibt er ein **deklaratorisches Schuldanerkenntnis** mit Bestätigungswirkung ab[6]. Ein solches

802

---
1 Vgl. AG Neuruppin, WuM 2009, 514 – bunte Wohnung; LG Itzehoe, WuM 1992, 242.
2 BGH, NJW-RR 2007, 403; BGH, NJW 2002, 2872 m.w.N.
3 *Harsch*, WuM 2006, 528.
4 Vgl. LG Lüneburg, NZM 2007, 771.
5 Vgl. BGH, NZM 2008, 477.
6 LG Berlin, GE 1998, 618.

Schuldanerkenntnis – welches formfrei erklärt werden kann – richtet sich in seiner Wirkung auf die Feststellung und Durchführung einer **bestehenden Verpflichtung**[1]. Entsprechend seinem Zweck schließt es i.d.R. alle Einwendungen tatsächlicher und rechtlicher Art für die Zukunft aus, die der Schuldner bei der Abgabe kannte oder hätte kennen müssen[2]. Die spätere Erfüllung der übernommenen Verpflichtung muss der Mieter dartun und beweisen[3].

803 Von einem deklaratorischen Anerkenntnis ist allerdings dann nicht auszugehen, wenn durch den Vertrag ein Schuldgrund erst geschaffen werden soll[4]. Hat daher der Mieter in **Verkennung seiner Verpflichtung** in einem bei Rückgabe der Mietsache erstellten **Protokoll** die noch ausstehende Durchführung von – wegen unwirksamer Klauseln gar nicht geschuldeter – Schönheitsreparaturen zugestanden, scheidet ein Anerkenntnis i.S. einer Bestätigung (§ 141 BGB) aus[5]. Entscheidend dabei ist allein, ob der Mieter das Dekorationsverlangen des Vermieters materiell für berechtigt halten durfte, weil er keinen Anlass hatte, an der Richtigkeit der Angaben des Vermieters zu den geschuldeten Schönheitsreparaturen zu zweifeln. Auch wenn der Mieter sich unter dem Eindruck der als bestehend angenommenen Renovierungsverpflichtung zu einer (einvernehmlichen) Schlussrenovierung bereit erklärt, ohne auf die formale Wirksamkeit der mietvertraglichen Formularbedingungen abzustellen, gibt er seine Erklärungen nicht aus freien Stücken ab, sondern in der Vorstellung, dazu jedenfalls nach dem Mietvertrag materiell verpflichtet zu sein[6]. Eine unter diesen Umständen zustande gekommene Erklärung in einem Rückgabeprotokoll kann eine eigenständige Neuverpflichtung des Mieters nicht begründen. Dem Mieter fehlt nämlich erkennbar der **Rechtsbindungswille**, da er ja unterstellt, eine entsprechende Pflicht bestehe bereits[7]. Das Bewusstsein von der Unverbindlichkeit der bisherigen Vertragslage fehlt. Unter diesem Gesichtspunkt kann auch der schriftlich geäußerten Bitte des ausziehenden Mieters „um eine weitere Frist zur Ausführung von Renovierungsarbeiten" – nachdem er vom Vermieter zur Durchführung von Schönheitsreparaturen aufgefordert worden war – nicht die Qualität eines abstrakten Schuldanerkenntnisses zugewiesen werden[8], solange eine rechtswirksame Verpflichtung zur Vornahme von Schönheitsreparaturen mangels gültiger Klauseln gar nicht bestand und dem Mieter diese Rechtslage unbekannt war.

804 Bestätigt umgekehrt der Vermieter in einem **Übergabeprotokoll** gegenüber dem Mieter die vertragsgemäße Rückgabe der Mietsache in ordnungsgemä-

---

1 BGH, NJW 1995, 960.
2 BGH, NJW 2006, 903 m.w.N.; BGH, WM 1974, 410.
3 LG Berlin, GE 1998, 1027.
4 LG Hannover, WuM 2003, 355.
5 BGH, WuM 2006, 306; LG Rostock, WuM 2000, 414; AG Hildesheim, NJW-RR 2009, 1613; **a.A.** LG Berlin, IMR 2007, 41.
6 Vgl. BGH, NZM 2009, 429.
7 BGH, NJW 2006, 2116.
8 **A.A.** KG, WuM 2006, 436 m. abl. Anm. *Harsch*, WuM 2006, 528.

ßem Zustand, gilt dies als **negatives Schuldanerkenntnis** i.S.v. § 397 Abs. 2 BGB, das eventuelle Ansprüche des Vermieters zum Erlöschen bringt. Einem Verlangen auf Durchführung der vertraglichen Schönheitsreparaturen braucht der Mieter nicht mehr zu folgen[1]. Der Mieter kann nur für solche Schäden verantwortlich gemacht werden, die im Übergabeprotokoll ausdrücklich vermerkt sind[2].

bb) Ist die Endrenovierung fällig?

Ein wirksames Renovierungsverlangen des Vermieters setzt des Weiteren die Fälligkeit der Renovierungsarbeiten zu Lasten des Mieters voraus. Hierzu sind wiederum die **üblichen Fristen** (vgl. *Rz. 490 ff.*) zu beachten. Sind diese nicht abgelaufen und liegt kein Fall der positiven Vertragsverletzung durch übermäßige Abnutzung der Wohnräume vor, ist der Vermieter allenfalls erfolgreich bei einem Zahlungsverlangen auf Grund einer Kostenbeteiligungsklausel. Lässt der Zustand der Mieträume bei Beendigung des Mietverhältnisses gar eine **Verlängerung** der Fristen zu, entfällt die Renovierungspflicht des Mieters nicht automatisch, sondern nur, wenn der Mieter eine solche Verlängerung einfordert. Hierauf muss der Rechtsanwalt hinwirken.

805

d) Gegenüber dem Kostenbeteiligungsverlangen bei Vertragsende

In diesem Fall müssen **drei Voraussetzungen** gegeben sein (vgl. hierzu ausführlich (vgl. *Rz. 641 ff.*):
- die Renovierungsverpflichtung des Mieters als solche,
- fehlende Fälligkeit der Renovierung,
- eine wirksam vereinbarte Kostenbeteiligungsregelung.

806

Nachdem der BGH jüngst die Anforderungen an eine rechtswirksame Quotenklausel – vor allem unter dem Gesichtspunkt des Transparenzgebotes – erheblich verschärft hat (vgl. *Rz. 539 ff.*), dürfte derzeit wohl jedweder Zahlungsanspruch des Vermieters aus einer entsprechenden Formularbedingung am Prüfungsmaßstab der §§ 307 ff. BGB scheitern. Hier sollte der Rechtsanwalt genau prüfen.

Unabhängig davon bleibt zu berücksichtigen, dass im Anwendungsbereich einer Abgeltungsklausel dem Mieter der **Einwand** offen steht, wonach im speziellen Mietverhältnis ein **längeres Renovierungsintervall** – gegenüber den allgemeinen Instandhaltungsfristen – und damit eine geringere Quote in Betracht kommt, wenn die Mieträume seit der letzten Renovierung selten genutzt oder mit ihnen schonend und pfleglich umgegangen wurde (vgl. *Rz. 553 ff.*).

807

---

1 AG Lörrach, WuM 2003, 438.
2 BGH, NJW 1983, 446; LG Potsdam, IMR 2009, 381; LG Braunschweig, WuM 1987, 470.

808 Ansatzpunkte für Einwendungen des Mieters ergeben sich vor allem aus dem Umstand, dass die vermietete Wohnung bei Mietbeginn **unrenoviert** war. Ein Zahlungsanspruch des Vermieters scheidet in diesem Fall – nach sich abzeichnender Rechtsprechung des BGH (vgl. Rz. 550) – grundsätzlich aus.

809 Der Mieter dürfte auch nur an den **notwendigen Kosten** einer Renovierung beteiligt werden. Hierzu gehört auch die **Umsatzsteuer**[1]. Der vom Vermieter vorgelegte Kostenvoranschlag ist daher seinem Inhalt nach, was die Richtigkeit und Angemessenheit der einzelnen Abrechnungspositionen betrifft, zu überprüfen. Der Mieter kann die Richtigkeit oder Angemessenheit der angeführten Arbeitspositionen bzw. Beträge bestreiten. Herauszurechnen sind Aufwendungen für die Beseitigung von **Untergrundschäden** (z.B. Risse in der Wand) bzw. sonstigen Vorleistungen (z.B. Entfernung von Alttapeten), die dem Vermieter obliegen (vgl. Rz. 326).

810 Für den Mieter könnte es sich zudem als noch kostengünstiger erweisen, an Stelle der Zahlung des Abgeltungsbetrages die Möglichkeit der **Endrenovierung in Eigenarbeit** zu nutzen, und sei es auch nur in Form einer **Teilrenovierung**. Es bestehen nämlich keine Bedenken dagegen, dass der Mieter zur Reduzierung der Abgeltungsquote nur in einzelnen Räume der Wohnung Malerarbeiten durchführt und für die anderen Räume den Abgeltungsbetrag leistet[2]. Vor einem „Renovierungsmix" sollte der Rechtsanwalt hingegen warnen. So dürfte es zwar unbedenklich sein, wenn sich die Maßnahmen auf den Anstrich von Wänden und Decken eines Raumes beschränken und die Holzteile unbehandelt bleiben; das Streichen nur einzelner Wände im Raum muss der Vermieter nicht hinnehmen[3].

Im Rahmen von Überlegungen zur „Abwendungsleistung" ist zu ermitteln, ob die Zahlung des Kostenanteils nach der Abgeltungsklausel eine **höhere Belastung** des Mieters bedingt als seine Eigenleistung. Zur Abklärung genügt eine Aufforderung gegenüber dem Vermieter, die voraussichtlichen Kosten einer Renovierung bekannt zu geben. Vor Erhalt eines Kostenvoranschlages braucht der Mieter über seine Vorgehensweise nicht zu entscheiden[4]. Eine Kostenersparnis mag sich für den Mieter bei nur verhältnismäßig kurzer Mietzeit nicht ergeben. Sind indes die Regelfristen für die Haupträume des Mietobjekts beinahe abgelaufen, wird es sich für den Mieter empfehlen, selbst zu renovieren (so er hierzu in der Lage ist).

811 Zu prüfen bleibt abschließend noch, ob der Vermieter nach Beendigung des Mietverhältnisses **Umbauarbeiten** in den Mieträumen plant. In diesen Fällen verliert die Abgeltungsregelung zwar nicht ihre Geltung[5]. Für die Be-

---

1 *Winkler*, ZMR 2007, 337; *Horst*, NZM 2003, 537; *Pfeilschifter*, WuM 2003, 543; *Wüstefeld*, WuM 2003, 15; **a.A.** *Langenberg*, Schönheitsreparaturen, 3. Aufl., 1. Teil F Rz. 402.
2 BGH, NZM 2007, 879; BGH, NZM 2004, 615.
3 *Beyer*, NJW 2008, 2065.
4 LG Braunschweig, WuM 2001, 484.
5 LG Potsdam, GE 2004, 821; LG Düsseldorf, WuM 1992, 431.

rechnung des Abgeltungsbetrages sollen jedoch nicht die Handwerkerkosten für eine Endrenovierung, sondern der Wert der fiktiven Eigenarbeiten als Grundlage heranzuziehen sein, aus dem dann die anteilige Quote zu ermitteln wäre[1] (vgl. *Rz. 765 ff.*).

Dem Mieter ist daneben zu empfehlen, bereits rechtzeitig vor Mietende die geeigneten **Beweismittel** für die bisherige ordnungsgemäße Durchführung der Schönheitsreparaturen zu sichern, um sie erforderlichenfalls vorlegen zu können[2]. 812

Hat der Mieter bereits **Zahlungen** auf der Grundlage einer Kostenbeteiligungsklausel an den Vermieter **geleistet** und stellt sich im Nachhinein angesichts einer Vertragsprüfung durch den Rechtsanwalt heraus, dass wegen Unwirksamkeit der Klausel gar keine Zahlungspflicht bestand, muss der Vermieter empfangene Beträge zurückerstatten. Der Mieter kann nach §§ 311 Abs. 2, 280 Abs. 1, 241 Abs. 2 BGB Schadensersatz durch Rückzahlung des überwiesenen Geldes verlangen, soweit sich die Verwendung der unwirksamen AGB-Regelung als Sorgfaltsverstoß des Vermieters darstellt (vgl. *Rz. 597 ff.*). Andernfalls steht dem Mieter der Weg des § 812 Abs. 1 BGB offen, weil er ohne Rechtsgrund Zahlungen an den Vermieter geleistet hat (vgl. *Rz. 604*). 813

Hat der Vermieter in einem **Übergabeprotokoll** bereits gegenüber dem Mieter die Rückgabe der Mietsache in ordnungsgemäßem Zustand bestätigt, gilt dies als **negatives Schuldanerkenntnis** (vgl. *Rz. 804*) mit der Folge, dass damit auch ein Zahlungsanspruch des Vermieters aus einer Kostenbeteiligungsklausel ausgeschlossen sein soll[3]. 814

e) Gegenüber Schadensersatzforderungen des Vermieters nach § 281 BGB

Stellt der Vermieter Ansprüche auf Zahlung von Schadensersatz nach Beendigung des Mietvertrages, bleibt es dem Mieter überlassen, zu überprüfen, ob er rechtlich zur Durchführung der Dekorationsarbeiten verpflichtet und welche Art der Erfüllung angemessen ist. Dabei ist abzuklären, 815
- ob den Mieter eine rechtswirksame Vertragspflicht zur Durchführung von Renovierungsarbeiten trifft,
- ob die Schönheitsreparaturen fällig sind,
- ob die Voraussetzungen des § 281 Abs. 1 BGB vorliegen.

Der **Schadensersatzanspruch** statt der Leistung (§ 281 Abs. 1 BGB) entsteht bei Mietende unter drei Voraussetzungen (vgl. *Rz. 674 ff.*): 816
- eine vom Mieter zu vertretende Pflichtverletzung (§§ 280 Abs. 1 S. 2, 276 BGB),

---
1 LG Potsdam, GE 2004, 821.
2 Vgl. OLG Celle, WuM 2001, 393.
3 AG Lörrach, WuM 2003, 438 m. Anm. *Harsch*.

- die erfolglose Bestimmung einer angemessenen Frist zur Leistung durch den Vermieter (§ 281 Abs. 1 S. 1 BGB),
- das Verlangen des Vermieters nach Zahlung des Schadensbetrages (§ 281 Abs. 4 BGB).

817 Soweit der Vertrag nichts anderes regelt, ist die früher in § 326 BGB a.F. geforderte **Ablehnungsandrohung** nicht (mehr) erforderlich. Was den **Verzug** des Mieters betrifft, liegt in der Fristsetzung gleichzeitig die Mahnung des § 286 Abs. 1 S. 1 BGB[1] und kann daher zumindest auch im Abwicklungsstadium vor Ablauf der Mietzeit erklärt werden. Die bloße Fristsetzung (in einfachem Schreiben) genügt. Der Schadensersatzanspruch wird erst ausgelöst, wenn das **Verlangen nach Zahlung** der Geldsumme tatsächlich gegenüber dem Mieter gestellt wird (hierzu Rz. 675). Der Mieter ist erst ab Erhalt dieses Verlangens nicht mehr zur Durchführung von Schönheitsreparaturen berechtigt. Der Vermieter verliert seinen Erfüllungsanspruch deshalb noch nicht mit Ablauf der seinerseits dem Mieter vorgegebenen Frist. Der Mieter kann umgekehrt – trotz Fristablauf – noch Malerarbeiten ausführen, solange das Verlangen des Vermieters nach Zahlung von Schadensersatz noch aussteht.

818 Der Schadensersatzanspruch des Vermieters nach §§ 280, 281 BGB setzt die **Fälligkeit** von Schönheitsreparaturen voraus. Dies ist regelmäßig der Fall, wenn die üblichen Fristen abgelaufen sind und ein Renovierungsbedarf in den Miträumen besteht.

818a Bei der Einhaltung der gesetzlichen Voraussetzungen des § 281 Abs. 1 BGB treten recht häufig **Formfehler** auf Vermieterseite auf. Der gröbste Fehler besteht darin, dass die Vorschrift völlig unbeachtet bleibt. Besser kann sich der Mieter nicht stellen. So, wenn es an jeglicher Fristsetzung fehlt, der Vermieter also gleich nach dem Auszug des Mieters den Maler mit der Renovierung beauftragt und dem Mieter danach die Rechnung übermittelt (vgl. Rz. 699).

Weiterhin sollte die notwendige **Leistungsaufforderung** untersucht werden. Ist sie nicht ausreichend bestimmt, ist die Fristsetzung unwirksam. Die Arbeiten müssen also konkret beschrieben sein (vgl. Rz. 679 ff.).

Die Fristsetzung ist nur in eng begrenzten Ausnahmefällen **entbehrlich**. Zu beachten ist zunächst, dass der bloße Auszug des Mieters in aller Regel hierzu nicht genügt (vgl. die Übersicht unter Rz. 695 f.). Entbehrlich ist die Fristsetzung vielmehr nur in Fällen der echten **Erfüllungsverweigerung**. Hier sollte der Mieter eingehend befragt werden, wie er bisher auf das Renovierungsverlangen des Vermieters reagiert hat.

Wichtig für den Rechtsanwalt des Mieters ist in diesem Falle die Prüfung der Frage, ob den Vermieter ein **Mitverschulden** (§ 254 BGB) an der Entstehung der Schadensersatzansprüche trifft, was insbesondere den Mietausfall, die Nutzungsentschädigung oder die Gutachterkosten anbelangt.

---

1 *Emmerich*, NZM 2002, 366.

Für die Voraussetzungen des § 281 BGB trifft den **Vermieter** als Anspruch- 819
steller voll umfänglich die **Darlegungs- und Beweislast** (vgl. *Rz. 723 ff.*). Sofern der Mietvertrag keine Definition der durchzuführenden Schönheitsreparaturen enthält, ist der Vermieter gehalten, dem Mieter gegenüber
genau mitzuteilen, welche Arbeiten er als durchgeführt wünscht. Allgemeine Umschreibungen genügen insoweit nicht und können schon deshalb den Anspruch des Vermieters zum Scheitern bringen[1] (vgl. *Rz. 681 ff.*).

Anders verhält es sich, wenn der Mieter sich auf die fehlende Fälligkeit er- 820
neuter Schönheitsreparaturen auf Grund bereits durchgeführter Renovierungsarbeiten vor Vertragsende beruft. In diesem Fall muss der Mieter Zeitpunkt, Art und Umfang dieser Maßnahmen darlegen und im bei Bestreiten
nachweisen.

Schadensersatz wegen unterlassener Durchführung der Schönheitsrepa- 820a
raturen bei Auszug soll der Vermieter wegen Verletzung seiner **Schadensminderungspflicht** allerdings nicht verlangen können, wenn es dem Mieter
gelingt, einen akzeptablen **Nachmieter** anzubieten, der seinerseits bereit
ist, freiwillig die Renovierung bei Einzug vorzunehmen und der Folgemiet-
vertrag mit dem Nachmieter auch zustande kommt[2]. Zumindest entfällt
der Anspruch, falls die Vereinbarung zur Neurenovierung unmittelbar zwischen dem scheidenden Altmieter und dem Nachmieter getroffen wird[3].
Hierauf sollte der Mieteranwalt hinwirken.

18. Schönheitsreparaturen und Kündigung des Mietvertrages

a) Kündigung durch den Vermieter

Ein Kündigungsgrund für den **Vermieter** liegt nicht grundsätzlich in der 821
Tatsache, dass der Mieter fällige Schönheitsreparaturen nicht ausführt[4]. Eine Ausnahme besteht allerdings bei wesentlicher **Gefährdung des Mietobjekts** (§ 543 Abs. 2 Nr. 2 BGB) wegen Vernachlässigung der dem Mieter
obliegenden Sorgfaltspflichten, sobald erhebliche Schäden drohen[5]. Die
fristlose Kündigung soll daher begründet sein, wenn sich der Mieter beharrlich weigert, trotz bestehender Verpflichtung zu renovieren[6] oder einen
Kostenvorschuss zu zahlen[7]; in diesen Fällen kann der Vermieteranwalt
ohne weiteres eine Pflichtverletzung des Mieters i.S.v. § 543 Abs. 1 BGB
unterstellen. Ein die Kündigung auslösender Sachverhalt kommt zudem in
Frage[8], wenn der Mieter

---

1 LG Berlin, GE 1994, 1119.
2 LG Berlin, ZMR 1997, 243; LG Itzehoe, WuM 1992, 242; LG Aurich, WuM 1991, 342; **a.A.** BGH, NJW 1968, 491; OLG Hamburg, ZMR 1984, 343.
3 AG Neuruppin, WuM 2009, 514.
4 LG Münster, WuM 1991, 33; AG Hamburg-Altona, WuM 2000, 419.
5 LG Siegen, WuM 2006, 158.
6 LG Hamburg, WuM 1984, 85; AG Münster, WuM 2007, 70 – Missachtung einer bereits erfolgten Verurteilung.
7 LG Berlin, GE 1999, 1052.
8 Vgl. AG Hamburg, NZM 2002, 735.

- seit mehr als einem Jahrzehnt nicht renoviert hat,
- sich auch nicht bemüht, das Sozialamt um Kostenübernahme zu ersuchen und
- wenn auf Grund der finanziellen Situation des Mieters Grund zur Annahme besteht, dass beim Tod des Mieters nicht damit zu rechnen ist, dass auf seine Kosten noch Renovierungsarbeiten durchführbar sind.

b) Kündigung durch den Mieter

822 Umgekehrt darf auch der **Mieter** zur fristlosen Kündigung des Mietverhältnisses greifen, sollte der Vermieter die ihm obliegenden Schönheitsreparaturen nicht durchführen und dadurch die Miträume verwahrlosen (§ 543 Abs. 2 Nr. 1 BGB). In diesem Fall besteht angesichts eines objektiv vertragswidrigen Zustands ein nicht unerheblicher Mangel[1] der Mietsache. Ein weiteres Abwarten auf Abhilfe nach dem Verstreichen angemessener Fristen (§ 543 Abs. 3 BGB) muss der Mieter daher nicht akzeptieren.

823 Ist der Mieter **aus sonstigen Gründen** zur fristlosen Kündigung berechtigt, stellt sich die Frage nach der Berechtigung des Vermieters, vom Mieter die Durchführung von Schönheitsreparaturen zu verlangen. Man muss hier **unterscheiden**:
- Waren die Renovierungsarbeiten zum Zeitpunkt der Kündigung **bereits fällig**, verbleibt es bei der Verpflichtung des Mieters, denn er hätte bereits renovieren müssen. Auch steht die Kündigung in diesem Fall in keinem Kausalitätsverhältnis zur Renovierungspflicht.
- Fehlt es zur Zeit der Kündigung an der Fälligkeit der Renovierung, folgt aus dem Gesichtspunkt der Schadensersatzpflicht des Vermieters – er hat Anlass zur fristlosen Kündigung gegeben –, dass der Mieter so gestellt werden muss, als ob der vorzeitige Auszug nicht erforderlich geworden wäre. Damit entfällt auch dessen Verpflichtung zur Durchführung von Schönheitsreparaturen[2].

c) Vorzeitige Vertragsbeendigung

824 Eine **besondere Fallgestaltung** bietet sich in Fällen der sonstigen vorzeitigen Vertragsbeendigung.

825 Beim **Mietaufhebungsvertrag** wird die Pflicht des Mieters zur Durchführung fälliger Renovierungsarbeiten nicht berührt. Fehlt es zum Zeitpunkt der Vertragsaufhebung indes an der Fälligkeit der Schönheitsreparaturen, wird der Mieter frei.

826 In den Fällen der **Nachmietergestellung** gilt Folgendes: Ist der Vermieter im Grundsatz mit der Auswechslung des Vertragspartners einverstanden und stellt der Mieter den Nachmieter, ändert sich an der Renovierungs-

---

1 Vgl. hierzu BGH, NZM 2005, 500.
2 LG Darmstadt, WuM 1980, 52.

pflicht zur Durchführung fälliger, vom bisherigen Mieter geschuldeter Renovierungsarbeiten zu dem Zeitpunkt, zu welchem der Mietvertrag endet, nichts. Gleiches gilt, wenn der Mieter die Voraussetzungen für seine vorzeitige Entlassung aus dem befristeten Mietvertrag (oder dem Mietvertrag mit langer Kündigungsfrist) in Form eines berechtigten Interesses erfüllt und einen Nachmieterinteressenten stellt, der vom Vermieter akzeptiert werden muss, sofern in dessen Person oder aus sonstigen Gründen keine Einwendungen des Vermieters möglich sind. Umgekehrt ist der Vermieter nicht gehalten, einen vorgeschlagenen Nachmieter zu akzeptieren, sofern der Mieter seiner bestehenden Renovierungspflicht für die fälligen Arbeiten nicht Genüge getan hat.

Probleme des § 281 BGB können sich bei vereinbartem **Zeitmietvertrag** dann nicht ergeben, wenn zum Zeitpunkt der (vorfristigen) Auflösung des Mietvertrages eine Fälligkeit der Renovierungspflicht des Mieters (noch) nicht gegeben war. Fällt der Beendigungstermin hingegen mit der **Fälligkeit der Schönheitsreparaturen** zusammen, bleibt der Mieter zur Dekoration verpflichtet. Verweigert der Mieter in diesem Fall die Malerarbeiten, muss der Vermieter nach § 281 BGB vorgehen. Dies würde selbst dann gelten, wenn unmittelbar nach dem Auszug des Mieters der Nachmieter einzieht, da insoweit die Fristsetzung nicht für entbehrlich gehalten wird (vgl. Rz. 697). 827

19. Abstandsvereinbarungen zu Schönheitsreparaturen

a) Formularvertragliche Pauschalabgeltung

Es gilt der Grundsatz, dass **formularvertragliche Pauschalabgeltungsklauseln** der Wirksamkeit entbehren. Namentlich wurde dies entschieden für die sog. „Treppenhausrenovierungspauschale"[1] oder für die „Tapetenabwohnpauschale"[2] bzw. eine „Raufaserbeteiligungspauschale"[3]. Das Gleiche gilt für eine Formularklausel, nach der der Mieter bei Auszug die Kosten für Maler- und Reinigungsarbeiten übernimmt, wobei für die Ausführung von Malerarbeiten bestimmte Pauschalbeträge nach Höhe und Mietdauer festgelegt werden (§ 309 Nr. 5 BGB)[4]. 828

b) Einzelvereinbarung

Hingegen ist eine echte Individualvereinbarung über eine Abstandszahlung oder Abfindung uneingeschränkt im Rahmen der §§ 138 u. 242 BGB wirksam. Sie ist sogar ausdrücklich zu empfehlen, vor allem dann, wenn sich für den Mieter die Durchführung von Schönheitsreparaturen wegen Krankheit, Gebrechlichkeit etc. als nicht durchführbar erweist. 829

---

1 LG Kassel, WuM 1983, 94.
2 AG Köln, WuM 1991, 579.
3 AG Bielefeld, WuM 1990, 497.
4 LG München, WuM 1994, 370, 372.

Vereinbarungsmuster

> Zur Abgeltung der dem Mieter obliegenden Verpflichtung, bei Mietende die Schönheitsreparaturen durchzuführen, zahlt dieser an den Vermieter einen einmaligen Betrag in Höhe von 1500,– Euro.

Eine Rückforderung des Zahlbetrages steht jedoch im Raum, sollte der Mietvertrag gar keine bzw. nur eine rechtsunwirksame Verpflichtung des Mieters zur Durchführung von Renovierungsarbeiten enthalten (vgl. *Rz. 803*). Andernfalls stellt sich die Zahlung des Mieters an den Vermieter als abschließend dar.

830 Zu denken ist weiterhin an die Möglichkeit für den Mieter, Schönheitsreparaturverpflichtungen durch Vereinbarung an einen **Folgemieter** gegen Zahlung einer Entschädigung „weiterzureichen". Das kann auch gelten für die alleinige „Übernahme" der Fristläufe. Es handelt sich hierbei um einen Vertrag zugunsten eines Dritten (§ 328 BGB), aus dem der Vermieter direkt berechtigt ist[1].

20. Schönheitsreparaturen und „Hartz IV"

831 Nach § 22 Abs. 1 SGB IV übernimmt das JobCenter die von einem hilfsbedürftigen Mieter geschuldeten Leistungen für Unterkunft und Heizung in angemessener Höhe. Sind im Mietvertrag die Schönheitsreparaturen rechtswirksam auf den Mieter abgewälzt, zählen auch die **damit zusammenhängenden Kosten** zu den vom JobCenter mit zu tragenden Beträgen[2], ohne dass eine partielle Anrechnung der zusätzlich gewährten Regelleistungen erfolgen darf, selbst wenn in deren Bemessung Anteile für „Reparatur und Instandhaltung der Wohnung" mit einfließen[3]. Denn bei diesen Anteilen handelt es sich speziell um solche Aufwendungen, die in einer Mietwohnung üblicherweise auch außerhalb von Schönheitsreparaturen – z.B. im Zusammenhang mit der Beseitigung kleinerer Schäden – mit anfallen[4]. Nur solche Ausbesserungen muss der Mieter aus den Regelleistungen bestreiten. Der ALG II-Mieter ist demgegenüber nicht gehalten, zur Vornahme von Schönheitsreparaturen Beträge aus den Regelleistungen anzusparen.

832 Zu beachten ist allerdings, dass vom JobCenter nur die **„angemessenen Kosten"** einer Renovierung getragen werden; übernimmt etwa der Mieter

---

1 AG Münster, WuM 2003, 562.
2 Bay. LSG v. 15.11.2007, Az. L 7 AS 80/07 – www.sozialgerichtsbarkeit.de; LSG Berlin, ZMR 2008, 306.
3 BSG, Info M 2009, 64.
4 BSG, Info M 2009, 64.

die **Einzugsrenovierung**, kommt eine Kostenübernahme für Teppichböden, Tapeten und Farbe allenfalls in engen Grenzen in Betracht[1], so
- wenn die Maßnahmen erforderlich sind, um die **Bewohnbarkeit** der Wohnung herzustellen, was sich nach objektiven Kriterien (Ausstattungsstandard im unteren Wohnsegment[2] – üblicherweise mit einfachem Wand- und Fußbodenbelag) richtet,
- wenn die Einzugsrenovierung bei Wohnungen **ortsüblich** ist, weil keine renovierten Wohnungen im unteren Wohnsegment in nennenswertem Umfang zur Verfügung stehen, wobei die Ortsüblichkeit im räumlichen Vergleich der Vergleichsmieten zu ermitteln ist[3] und
- wenn die Kosten der Höhe nach zur Herstellung des Standards einer Wohnung im unteren Wohnsegment **erforderlich** sind.

Entsprechend zählen auch die notwendigen Kosten einer **Endrenovierung** – soweit angemessen – zum Unterkunftsbedarf i.S.v. § 22 Abs. 1 S. 1 SGB II, sollte der Mieter die Renovierungsarbeiten nach den mietvertraglichen Regelungen bei Auszug schulden[4]. 833

Für den Vermieter bietet es sich an, generell von einer Abwälzung der Schönheitsreparaturen auf den ALG II-Mieter abzusehen und stattdessen neben der Grundmiete einen monatlichen „Anteil Instandhaltungskosten für die vom Vermieter übernommenen Schönheitsreparaturen" im Mietvertrag auszuweisen; zur Bemessung der Höhe des Zuschlags sollte dabei auf die im sozialen Wohnungsbau gem. § 28 Abs. 4 S. 2 i.V.m. Abs. 5a, § 26 Abs. 4 II. BV üblichen Wertansätze – seit 1.1.2008: Euro 9,39/qm Wohnfläche/Jahr – zurückgegriffen werden. Zum Einen zählen solche Renovierungszuschläge ebenfalls zu den Unterkunftskosten i.S.v. § 22 Abs. 1 S. 1 SGB II[5], die das JobCenter übernimmt. Darüber hinaus gelangt der Vermieter zu beachtlichen Vorteilen wie verbesserte Vermietungschancen aufgrund Eigenrenovierung sowie vermindertes Ausfallrisiko bei den Dekorationsaufwendungen. Zudem bleibt er von den Unwägbarkeiten der Rechtsprechung, was die Wirksamkeit einschlägiger Renovierungsklauseln anbelangt, künftig verschont. 833a

21. Schönheitsreparaturen im Mietprozess

a) Die Vertretung des Vermieters

Der Vermieter befindet sich, was den Streitkomplex „Schönheitsreparaturen" anbelangt, zumeist in der Rolle des Klägers. Seltener muss er sich gegen eine Klage des Mieters (insbesondere auf Durchführung von Renovie- 834

---

1 BSG v. 16.12.2008, Az. B 4 AS 49/07 R – www.bundessozialgericht.de; LSG Niedersachsen-Bremen, Info M 2007, 88.
2 BSGE 97, 231.
3 BSGE 97, 254; BSGE 97, 231.
4 LSG Baden-Württemberg, NZM 2007, 258 – zu §§ 41, 41 Abs. 1 Nr. 2, 29 SGB XII; LSG Niedersachsen-Bremen, Info M 2007, 88.
5 BSG, Info M 2009, 64.

rungsarbeiten) verteidigen. Beim Vermieter geht es zumeist um folgende **Probleme**:

- Feststellung des Wohnungszustandes während des laufenden Mietvertrages oder (wie häufiger) bei Vertragsende;
- Durchführung fälliger Schönheitsreparaturen durch den Mieter während des fortbestehenden Mietvertrages;
- Zahlung eines Kostenvorschusses durch den Mieter zur Durchführung der Schönheitsreparaturen während der Mietlaufzeit;
- Geltendmachung von Schadensersatz gemäß § 281 Abs. 1 BGB nach Erfüllungsverweigerung bei oder nach Ende des Mietvertrages;
- Verlangen nach Zahlung eines Kostenanteils (Abgeltungquote) durch den Mieter wegen nicht fälliger Schönheitsreparaturen bei oder nach Vertragsende.

835 Alle Klagearten setzen einen **substantiierten Vortrag** des Vermieters mit **Beweisangeboten** voraus. Deshalb gilt es für den Rechtsanwalt des Vermieters

- den Zustand der Wohnung oder der Gewerberäume genau festzuhalten;
- bei Einreichung der Klage die Beweise anzubieten und Beweisantritte zu formulieren.

aa) Feststellung des Zustandes der vermieteten Räumlichkeiten

836 Ein Risiko für den Rechtsanwalt beinhaltet das bloße Vertrauen auf die Angaben seines Mandanten. Genauso wie der Mieter oftmals „untertreibt", wenn er nach dem Aussehen der Räume und etwaigen Schäden gefragt wird, ist beim Vermieter das Gegenteil zu beobachten. Hier wird nicht selten „übertrieben" und der Abnutzungszustand als gravierender dargestellt, als er sich tatsächlich zeigt. Aus diesem Grund kann dem Rechtsanwalt nur dringend nahe gelegt werden, sich persönlich mittels **Augenschein** zu vergewissern und über die eigenen Feststellungen ein **Zustandsprotokoll** aufzunehmen, und zwar entweder durch Direktdiktat an Ort und Stelle oder durch handschriftliche Notizen. Dabei ist unbedingt darauf zu achten, neben Ort, Datum und den anwesenden Personen (die neben dem Rechtsanwalt als spätere Zeugen in Betracht kommen), den Zustand der einzelnen Räume getrennt und möglichst genau und neutral zu beschreiben. Die Anforderungen an einen substantiierten Vortrag bei Erfüllungs- und Schadensersatzklagen, aber auch zur Vorbereitung eines Antrags auf gerichtliche Sicherung des Beweises nach §§ 485 ff. ZPO sind mittlerweile erheblich gestiegen. Nicht zu empfehlen sind **wertende Festlegungen** im Zustandsprotokoll, also etwa Formulierungen wie „das Wohnzimmer erfordert unbedingt eine Renovierung" oder ähnliche Formulierungen. Das Protokoll sollte sich auf die Beschreibung der tatsächlichen Gegebenheiten beschränken.

Wird bereits im Klageantrag vorgetragen, dass der die Klage einreichende 837
Rechtsanwalt die Räume persönlich in Augenschein genommen und protokolliert hat, kann sich dies nur **vorteilhaft** auswirken. Stets von Nutzen erweist es sich auch, zur Ortsbesichtigung den Mieter zu bitten. Hierzu kann dieser freilich nicht gezwungen werden. Oft wird er aber schon im eigenen Interesse und in der Hoffnung, an Ort und Stelle eine einvernehmliche Regelung herbeizuführen, an der gemeinsamen Begehung teilnehmen. Unterzeichnet der Mieter in diesen Fällen auch noch das **Protokoll** sowie einen entsprechenden Zusatz, wonach er bestimmte, noch ausstehende Malerarbeiten kurzfristig erledigen wird (vgl. *Rz. 802*), ist der Vermieter sogar im Besitz eines schriftlichen bestätigenden Schuldanerkenntnisses mit der Folge späteren Einwendungsausschlusses für erkennbar gewesene Mängel.

bb) Sammlung der Beweisangebote

Neben der eigenen Inaugenscheinnahme durch den Rechtsanwalt des Vermieters sind zur Vorbereitung einer Klage folgende Beweisangebote vom Mandanten zu erfragen bzw. zu sichern: 838

– das Besichtigungsprotokoll, unterzeichnet von allen am Ortstermin teilnehmenden Personen,
– die Zeugen, insbesondere der Malermeister und dessen Mitarbeiter, Bekannte des Vermieters, der Verwalter, der Wohnungsmakler, der Sachverständige eines privat in Auftrag gegebenen Gutachtens, der oder die Nachmieter,
– das Gutachten des Privatsachverständigen,
– fotografische Aufnahmen und Videoaufnahmen[1],
– Kostenvoranschlag und Rechnung des Malermeisters.

In der Klageschrift selbst sind neben der Vorlage dieser Beweisangebote auch **Beweisantritte** erforderlich in Form 839
– der Einvernahme von Zeugen,
– eines richterlichen Augenscheins,
– der Einholung eines gerichtlichen Sachverständigengutachtens,
– des Antrags auf Beiziehung von Verfahrensakten, insbesondere eines möglicherweise vorausgegangenen Verfahrens nach §§ 485 ff. ZPO.

cc) Aufklärung des Vermieters

Der Vermieter möchte regelmäßig vom Rechtsanwalt wissen: 840
– Wie stehen die Erfolgsaussichten einer Klage?
– Welche Kosten sind mit diesem Verfahren für den Vermieter verbunden?

---

1 LG Berlin, GE 1992, 677 – unterstützendes Beweismittel.

(1) Hinweispflichten des Rechtsanwalts

841 Der Mandant ist stets darauf hinzuweisen, dass der Rechtsanwalt **keine sichere Erfolgsaussicht**, was den Prozesserfolg betrifft, zusagen kann. Empfehlenswert scheint es zu sein, über den Inhalt der jeweiligen Mandantengespräche in Anwesenheit des Mandanten oder zumindest unmittelbar nach dem beendeten Gespräch eine **Notiz** (Aktenvermerk) für die Handakte des Rechtsanwalts zu diktieren und diese dem Mandanten anschließend zuzuleiten. Auf diese Weise verringert sich für den Rechtsanwalt das **Risiko** bei einem möglichen Regresses des Mandanten. Bewährt hat sich darüber hinaus ein gesonderter Termin zum Zwecke des direkten Diktats der Klage oder der Übersendung eines Entwurfs mit der Bitte, Änderungswünsche binnen einer bestimmten Frist mitzuteilen. Die zwar nicht erforderlichen, aber stets ratsamen Rechtsausführungen können regelmäßig nachgereicht werden.

(2) Rechtsschutzversicherung

842 Nicht zu vergessen ist das regelmäßige Befragen des Mandanten nach dem **Bestehen einer Rechtsschutzversicherung**. Die Frage wird auch oftmals pauschal bejaht, ohne dass der Mandant sich im Klaren darüber ist, dass das streitbefangene Versicherungsrisiko (Grundstückseigentum und Miete) nicht gesondert abgesichert ist. Wenngleich die Einholung des Rechtsschutzes dem Mandanten obliegt, wird der Rechtsanwalt im Regelfall die Kostendeckung selbst in die Wege leiten. Denn der Rechtsanwalt ist am besten in der Lage, die Erfolgsaussichten der Klage zu bewerten und diese der Rechtsschutzversicherung darzulegen, z.B. durch Übersendung eines Klageentwurfs (vgl. im Übrigen *B Rz. 36 ff.*).

dd) Die Abfassung der Klageschrift

(1) Zuständigkeit

843 Geht es um die Durchführung von Schönheitsreparaturen, also um die Art der Ausführung/Erfüllung, oder verlangt der Vermieter einen Geldbetrag in Form eines Kostenvorschusses, der Zahlung einer Kostenbeteiligung oder wegen nicht durchgeführter Schönheitsreparaturen, sind für den Vermieter von **Wohnraum** die **Amtsgerichte** ausschließlich nach § 23 Nr. 2a GVG sachlich zuständig. Dies gilt für Werkmietverträge genauso wie für Untermietverträge, nicht jedoch für Werkdienstwohnungen, für welche während der Mietzeit das **Arbeitsgericht** zuständig ist[1]; nach Beendigung des Dienstverhältnisses ist jedoch auch hier das Amtsgericht anzurufen[2].

844 Bei der Miete von **Gewerberäumen** richtet sich die funktionale Zuständigkeit von Amts- oder Landgericht nach dem jeweiligen Streitwert, wobei die Grenze bei 5000,– Euro liegt (§ 23 Nr. 1 GVG).

---

1 BAG, ZMR 2000, 361.
2 LG Detmold, ZMR 1968, 321; LG Augsburg, ZMR 1994, 333; AG Garmisch, ZMR 1972, 117.

Die **örtliche Zuständigkeit** richtet sich nach § 29a ZPO. Danach sind die Gerichte zuständig, in deren Bezirk sich die Mieträume befinden. Die Vorschrift gilt dabei sowohl für Wohn- als auch Gewerberäume (Ausnahmen § 29a Abs. 2 ZPO). 844a

(2) Parteienbezeichnung

Kläger ist im Regelfall der Vermieter. Bei einer **Personenmehrheit** sollten sämtliche Personen als Kläger einbezogen werden. Jedenfalls unterzieht sich der Rechtsanwalt einem erheblichen Risiko, wenn er nur einen Vermieter als Kläger nimmt, um den oder die anderen als Zeugen zu gewinnen. Abgesehen davon bewerten viele Gerichte die Glaubwürdigkeit von Zeugen als gering, die ein eigenes Interesse am Verfahrensausgang haben. Dies gilt insbesondere für Eheleute. Soll gleichwohl derart verfahren werden, muss eine Abtretung erfolgen oder auf Zahlung an alle Vermieter geklagt werden. 845

(3) Klagemuster

(a) Klage auf Erfüllung

Bei einer Klage auf Durchführung fälliger Schönheitsreparaturen **besteht der Mietvertrag** fort. Freilich ist die Erfüllungsklage auch beim beendeten Mietvertrag möglich. Dieser Fall dürfte allerdings nicht praktisch relevant werden, da der Vermieter nach ergebnislosem Fristablauf regelmäßig nach § 281 BGB vorgeht oder den entsprechenden Weg schon zusammen mit der Aufforderung zur Durchführung der Schönheitsreparaturen eingeschlagen hat. Ohnehin ist der Vermieter nach Beendigung des Mietvertrages verpflichtet, sich unverzüglich um die Weitervermietung zu bemühen. Auch unter diesem Gesichtspunkt empfiehlt es sich nicht, den Mieter nach Vertragsende noch auf Durchführung der Schönheitsreparaturen in Anspruch zu nehmen, sondern nach §§ 280, 281 BGB vorzugehen und danach Schadensersatz wegen Nichterfüllung geltend zu machen. Vorzutragen ist: 846

– zwischen den Parteien besteht ein ungekündigter Mietvertrag,
– der Mieter hat die Verpflichtung zur Durchführung der Schönheitsreparaturen wirksam übernommen (Darstellung der Rechtsverpflichtung des Mieters auf Grund der Regelungen des Mietvertrages unter Rechtsprechungszitaten),
– der Kläger verlangt die Erfüllung desselben,
– die Dekorationsarbeiten sind fällig (Hinweis auf Ablauf der vereinbarten Regelfristen, Schilderung des Wohnungszustandes in den einzelnen Räumen und Beweisantritt),
– der Mieter wurde schriftlich ohne Erfolg unter Fristsetzung zur Erledigung aufgefordert.

Der Vermieter ist nur berechtigt, eine Verurteilung des Mieters mit dem Ziel zu beantragen, **bestehenden Renovierungsbedarf zu beseitigen**. Die Verwendung bestimmter Farbe bzw. genau bezeichneten Materials darf dem Beklagten dabei nicht vorgeschrieben werden, weil eine Verurteilung aufgrund eines entsprechenden Antrages den Mieter in seiner Gestaltungsfreiheit zu sehr einengen würde.

847 **Mustertext**

An das Amtsgericht
(...)

In Sachen

Herr (*Vermieter*), wohnhaft (*Adresse*)
– Kläger –

Prozessbev.: RA (...)

gegen

Herr (*Mieter*), wohnhaft (*Adresse*)
– Beklagter –

wegen: Handlungsvornahme

Streitwert: 5500,– Euro

erhebe ich

Klage.

Ich kündige folgenden

Klageantrag

an:

Der Beklagte wird verurteilt, in der von ihm gemieteten 3-Zimmer-Wohnung in (*Adresse*), erste Etage links, die Schönheitsreparaturen nach folgender Maßgabe durchzuführen:

1. In Küche, Bad (WC), Wohn- und Schlafzimmer, Kinderzimmer und Abstellraum sind die Raufasertapeten sowie die Decken zu streichen, die Heizkörper sind zu lackieren. Die Fensterinnenseiten sowie die Türen beidseitig sind in den genannten Räumen ebenfalls zu streichen.

2. Im Flur sind die in Ziffer 1 genannten Arbeiten durchzuführen mit der Maßgabe, dass die Wohnungseingangstüre nur von innen zu streichen ist.

Begründung:

Zwischen den Parteien besteht über die im Antrag beschriebene Wohnung ein ungekündigter Mietvertrag auf unbestimmte Zeit. Das Mietverhältnis begann am 1.3.2002.

Beweis: Mietvertrag vom 19.2.2002 als Anlage 1.

Mit der Klage macht der Kläger seinen Erfüllungsanspruch auf Durchführung fälliger Schönheitsreparaturen geltend.

Mit Schreiben vom (*Datum*) wurde der Beklagte unter Fristsetzung zur Renovierung aufgefordert.

Beweis: Dieses Schreiben als Anlage 2.

Der Beklagte hat die geschuldeten Arbeiten während der bisherigen Mietzeit jedoch nicht durchgeführt. Die Räume der Mietwohnung zeigen heute folgendes Aussehen: Die Wände weisen in allen Räumen nach inzwischen über 7-jähriger Mietzeit starke Abnutzungsspuren auf; die Tapeten im Wohnzimmer sind überall ausgeblichen und verfleckt. Die Decken sind vergraut, in den Ecken nahezu schwarz. An den Stellen, an welchen Bilder hängen, finden sich deutlich sichtbare Staubablagerungen. Dies ist im Wohnzimmer, im Schlafzimmer und im Flur der Fall. Die Wände im Kinderzimmer weisen Malspuren auf. Sämtliche Wände und Decken sind zudem vom Nikotin gelb-braun verfärbt. Der Lack auf den Heizkörpern ist stellenweise abgeplatzt. Die Farbe an Fenstern und Türen ist rissig und vergilbt und stellenweise bereits abgeplatzt.

Beweis: Zeugnis (*Zeuge*), richterlicher Augenschein, Einholung eines Sachverständigengutachtens.

Der Beklagte hat sich in § (...) des Mietvertrages zur Durchführung der turnusmäßigen Schönheitsreparaturen verpflichtet. Danach „trägt der Mieter die Schönheitsreparaturen". Diese Bestimmung beinhaltet, dass die Wohnung nach Ablauf der üblichen Regelfristen zu renovieren ist (BGH, WuM 2005, 243).

Die üblichen Fristen belaufen sich nach der vertraglichen Regelung für Küche, Bad und Dusche auf drei Jahre; für Wohnzimmer, Schlafzimmer, Flur, Diele und Toilette auf fünf Jahre und für sonstige Räume auf sieben Jahre. Diese Fristen des Mustermietvertrages 1976 sind – weil „Altmietvertrag" – für den Streitfall weiterhin maßgebend (BGH, NZM 2007, 879; BGH, WuM 2004, 529).

Nach den vorläufigen Kostenvoranschlag der Fa. (...) sind die Kosten für die auszuführenden Arbeiten auf etwa 5500,– Euro zu schätzen, eine genauere Angabe ist erst nach einem Aufmaß möglich.

Beweis: Kostenvoranschlag.

Anträge nach §§ 307 und 331 ZPO sind hiermit gestellt.

Der Kostenvorschuss wird durch beigefügten Verrechnungsscheck bezahlt.

...

Rechtsanwalt

Die **Zwangsvollstreckung** aus dem Urteil richtet sich nach § 887 ZPO. Die vollstreckbare Ausfertigung des Urteils ist nebst Klausel und Zustellungsnachweis beim Prozessgericht des ersten Rechtszuges einzureichen verbunden mit dem Antrag, die Arbeiten auf Kosten des Vermieters vornehmen zu lassen. Gleichzeitig kann nach § 877 Abs. 2 ZPO ein Vorschuss gefordert werden, über den nach Durchführung der Arbeiten abgerechnet wird. Mit dem Beschluss nach § 887 ZPO hat der Vermieter auch ein Zutrittsrecht zur Wohnung, welches mit Hilfe des Gerichtsvollziehers erzwungen werden kann[1] (§ 892 ZPO).

---

1 Vgl. OLG Hamm, NJW 1985, 275; OLG Köln, NJW-RR 1988, 832.

(b) Klage auf Kostenvorschuss

849 Der Vermieter macht in diesem Fall bei fortbestehendem Mietvertrag die Zahlung eines Vorschusses für vom Mieter geschuldete Schönheitsreparaturen geltend, welche seitens des Mieters nicht ausgeführt wurden. Der Vorschuss ist nach Erhalt zur Renovierung zu verwenden. Die Vorschrift des § 281 Abs. 1 BGB findet während des fortlaufenden Mietvertrages keine Anwendung.

850 In der **Klageschrift** sind darzustellen:
- zwischen den Parteien besteht ein ungekündigter Mietvertrag,
- der Mieter hat die Verpflichtung zur Durchführung der Schönheitsreparaturen wirksam übernommen (Darstellung der Rechtsverpflichtung des Mieters auf Grund der Regelungen des Mietvertrages unter Rechtsprechungszitaten),
- der Kläger verlangt einen Kostenvorschuss zur Durchführung fälliger Schönheitsreparaturen,
- die Dekorationsarbeiten sind fällig (Hinweis auf Ablauf der vereinbarten Regelfristen, Schilderung des Wohnungszustandes in den einzelnen Räumen und Beweisantritt),
- der Mieter wurde schriftlich ohne Erfolg unter Fristsetzung zur Erledigung aufgefordert,
- der Mieter wurde schriftlich ohne Erfolg unter Fristsetzung zur Vorschusszahlung aufgefordert,

851 **Mustertext**

Klageantrag

Der Beklagte wird verurteilt, an den Kläger insgesamt (...) Euro nebst Zinsen hieraus in Höhe von 5 %-Punkten über dem Basiszinssatz seit dem (...) zu bezahlen.

Begründung:

Zwischen den Parteien besteht ein ungekündigter Mietvertrag über eine 3-Zimmer-Wohnung in (*Adresse*), erste Etage links. Der Mietvertrag läuft auf unbestimmte Zeit. Das Mietverhältnis begann am 1.3.2002.

Beweis: Mietvertrag vom 19.2.2002 als Anlage 1.

Mit seiner Klage verlangt der Kläger die Zahlung eines Kostenvorschusses in Höhe der mutmaßlichen Kosten zur Durchführung von fälligen Schönheitsreparaturen in der Mietwohnung des Beklagten.

Mit Schreiben vom (...) wurde der Beklagte unter Fristsetzung aufgefordert, die dort im Einzelnen spezifiziert bezeichneten Abnutzungsspuren in der Wohnung mittels Durchführung der Schönheitsreparaturen zu beseitigen.

Beweis: Dieses Schreiben als Anlage 2.

Der Beklagte hat der Aufforderung des Klägers keine Folge geleistet.

Der dekorative Zustand der Räume weist folgendes Aussehen auf (*Zustandsschilderung*).

Beweis: Zeugnis (*Zeuge*), richterlicher Augenschein, Einholung eines Sachverständigengutachtens.

Der Kläger hat nach Ablauf der dem Beklagten gesetzten Frist einen Kostenvoranschlag des Malerbetriebs (...) erstellen lassen. Dieser wird beigefügt. Hierauf wird Bezug genommen.

Beweis: Kostenvoranschlag als Anlage 3.

Die veranschlagten Arbeiten sind erforderlich, um die Mieträume ordnungsgemäß zu renovieren.

Beweis: Zeugnis des Malermeisters (...), Einholung eines Sachverständigengutachtens.

Die veranschlagten Kosten in Höhe von (...) sind üblich und angemessen.

Beweis: Zeugnis des Malermeisters (...), Einholung eines Sachverständigengutachtens.

Die Rechtsverpflichtung des Beklagten zur Durchführung von Schönheitsreparaturen während des Mietvertrages ergibt sich aus § (...) des Vertrages. Danach hat der Mieter sich verpflichtet, die laufenden Schönheitsreparaturen durchzuführen. Da er dieser Verpflichtung keine Folge geleistet hat, ist der Kläger berechtigt, die veranschlagten Kosten vom Beklagten zu verlangen (BGH, WuM 2005, 383).

Da der Beklagte es unterlassen hat, die erforderlichen Schönheitsreparaturen durchzuführen, wurde er mit Schreiben des Klägers vom (...) unter Fristsetzung aufgefordert, einen Vorschuss in Höhe der voraussichtlichen Kosten (... Euro) auf der Grundlage des Kostenvoranschlags zu bezahlen. Auch auf dieses Schreiben hat der Beklagte nicht reagiert.

...

Rechtsanwalt

(c) Klage auf Zahlung einer Kostenquote bei Vertragsende

In diesem Fall verlangt der Vermieter Zahlung einer Kostenquote als Anteil für zukünftig fällige Schönheitsreparaturen. Der Mietvertrag endet hier vor deren Fälligkeit, so dass grundsätzlich die Durchführung von Schönheitsreparaturen seitens des Mieters nicht geschuldet ist. Erforderlich ist, dass der Mietvertrag neben der Verpflichtung des Mieters zur Durchführung der laufenden Schönheitsreparaturen während der Vertragslaufzeit eine rechtswirksame Kostenbeteiligungsklausel enthält. Zur Schlüssigkeit der Zahlungsklage gehört folgender **Vortrag**:

- der zwischen den Parteien abgeschlossene Mietvertrag ist beendet,
- der Mieter hat die Verpflichtung zur Durchführung der Schönheitsreparaturen wirksam übernommen (Darstellung der Rechtsverpflichtung des

Mieters auf Grund der Regelungen des Mietvertrages unter Rechtsprechungszitaten),
- der Kläger verlangt Zahlung eines Kostenanteils für nicht fällige Schönheitsreparaturen,
- der Mieter hat vor seinem Auszug von seinem Selbstvornahmerecht keinen Gebrauch gemacht, die Wohnung also nicht renoviert,
- der Mieter wurde ohne Erfolg zur Zahlung des quotalen Anteils aufgefordert,
- Darstellung der rechtlichen Verpflichtung des Mieters,
- Errechnung des Kostenanteils.

853 **Mustertext**

Klageantrag

Der Beklagte wird verurteilt, an den Kläger ... Euro nebst Zinsen hieraus in Höhe von 5 %-Punkten über dem Basiszinssatz seit dem ... zu bezahlen.

Begründung:

Zwischen den Parteien bestand ein Mietvertrag über eine 3-Zimmer-Wohnung in (*Adresse*), erste Etage links. Der Mietvertrag lief auf unbestimmte Zeit.

Beweis: Mietvertrag vom (...) als Anlage 1

Mit Schreiben vom (...) hat der Beklagte den Mietvertrag zum (...) aufgekündigt.

Beweis: Kündigungsschreiben in Anlage 2.

Mit seiner Klage verlangt der Kläger die Zahlung einer Kostenquote als Anteil für zukünftig fällige Schönheitsreparaturen.

Der Beklagte war vom Kläger mit Schreiben vom (...) zur Zahlung des Kostenanteils aufgefordert worden. In diesem Schreiben hatte der Kläger den Beklagten darauf hingewiesen, dass ihm – dem Beklagten – zur Vermeidung seiner Zahlungspflicht freistehe, die Renovierung selbst durchzuführen.

Beweis: Dieses Schreiben als Anlage 3.

Der Beklagte hat weder den Kostenanteil bezahlt, noch hat er die Miträume in Eigenarbeit renoviert.

Die Verpflichtung des Beklagten zur anteilsmäßigen Kostentragung folgt aus den §§ (...) und (...) des Mietvertrages. In § (...) ist festgehalten, dass der Mieter während der Dauer seines Mietvertrages turnusgemäß die Schönheitsreparaturen zu tragen hat. § (...) bestimmt eine Verpflichtung des Beklagten, sich gegenüber dem Vermieter an den künftig anfallenden notwendigen Kosten für die üblicherweise bei der Renovierung der Miträume durchzuführenden Schönheitsreparaturen auf der Grundlage des Kostenvoranschlags eines vom Vermieter auszuwählenden Malerfachgeschäftes prozentual zu beteiligen, solange die allgemeinen Regelfristen bei Mietende noch nicht abgelaufen sind.

Die gemeinsame Mietzeit der Parteien dauerte vom (...) bis zum (...); dementsprechend sind seit Beginn des Vertrages (...) Jahre vergangen. Aus diesem Grund war der Mieter zur Durchführung der Schönheitsreparaturen noch nicht verpflichtet (BGH, WuM 2004, 663).

Deshalb kommt vorliegend § (...) zum Tragen, der die Pflicht des Mieters zur Zahlung anteiliger Renovierungskosten regelt. Nach (...) Jahren Mietdauer und entsprechend üblicher Abnutzung beläuft sich der Kostenanteil des Beklagten für die Nassräume auf (...)%, für die übrigen Räume auf (...)%.

Ausgehend von den veranschlagten Gesamtkosten des Malermeisters (...) gem. Kostenvoranschlag vom (...)

Beweis: Mietvertrag vom (...) als Anlage 4

beläuft sich der Kostenanteil des Beklagten für die Nassräume auf (...) Euro und für die übrigen Räume auf (...) Euro.

...

Rechtsanwalt

(d) Klage auf Zahlung von Schadensersatz nach § 281 Abs. 1 BGB

Diese Klage ist maßgebend nach Beendigung des Mietvertrages und erfolgloser Aufforderung des Mieters zur Durchführung der Schönheitsreparaturen unter Fristsetzung (oder in den Fällen endgültiger Erfüllungsverweigerung). Sie ist auf Zahlung von Schadensersatz in Form der veranschlagten oder tatsächlich entstandenen Renovierungskosten nebst Folgeansprüchen, insbesondere in Form von Mietausfall, gerichtet. Der **schlüssige Vortrag** muss mindestens folgende Gesichtspunkte berücksichtigen: 854

- Der Mietvertrag zwischen den Parteien ist beendet,
- der Mieter hat die Verpflichtung zur Durchführung der Schönheitsreparaturen wirksam übernommen (Darstellung der Rechtsverpflichtung des Mieters auf Grund der Regelungen des Mietvertrages unter Rechtsprechungszitaten),
- der Kläger verlangt Zahlung von Schadensersatz wegen nicht durchgeführter Schönheitsreparaturen (nebst Mietausfall o.ä.),
- die Dekorationsarbeiten sind fällig (Hinweis auf Ablauf der vereinbarten Regelfristen, Schilderung des Wohnungszustandes in den einzelnen Räumen und Beweisantritt),
- der Mieter wurde ohne Erfolg zur Durchführung der Renovierung unter Fristsetzung aufgefordert (der Mieter hat die Erledigung der Schönheitsreparaturen ernsthaft und endgültig verweigert),
- Schilderung des Zustandes der Miеträume,
- Darstellung der Schadenshöhe und des Schadensersatzes,

855 Mustertext

Klageantrag

Der Beklagte wird verurteilt, an den Kläger (...) Euro nebst Zinsen hieraus in Höhe von 5 %-Punkten über dem Basiszinssatz seit dem ... zu bezahlen.

Begründung:

Zwischen den Parteien bestand ein Mietvertrag über eine 3-Zimmer-Wohnung in (*Adresse*), erste Etage links. Der Mietvertrag lief auf unbestimmte Zeit.

Beweis: Mietvertrag vom 19.2.2002 als Anlage 1

Mit Schreiben vom (...) hat der Beklagte den Mietvertrag zum (...) aufgekündigt.

Beweis: Kündigungsschreiben in Anlage 2.

Der Mietvertrag dauerte acht Jahre, nämlich vom (...) bis (...).

Mit der Klage verfolgt der Kläger Zahlung von Schadensersatz wegen nicht durchgeführter Schönheitsreparaturen sowie den Mietausfallschaden für die Zeit seit Vertragsende bis zur Weitervermietung der Wohnung nach 1 Monat.

Der Beklagte hat die Mieträume am Tage des Ablaufs der Kündigungsfrist komplett geräumt.

Beweis: (*Zeugen*).

Durch Schreiben vom (...) hat der Kläger den Beklagten unter Fristsetzung aufgefordert, die dort im Einzelnen spezifiziert bezeichneten Abnutzungsspuren mittels Durchführung der detailliert beschriebenen Renovierungsarbeiten zu beseitigen.

Beweis: Schreiben vom (...) als Anlage 3.

Der Beklagte hat auch innerhalb der Frist nicht renoviert. Das Aussehen der Räumlichkeiten stellt sich wie folgt dar: (*Beschreibung des Zustandes der Mieträume*).

Beweis: Zeugnis (*Zeuge*), richterlicher Augenschein, Einholung eines Sachverständigengutachtens.

Nach Ablauf der Frist zur Vornahme der Schönheitsreparaturen ließ der Beklagte die Räume von Malermeister (...) renovieren.

Beweis: Malermeister (...) als Zeuge, weitere Zeugen, Rechnung vom (...) als Anlage 4.

Die durchgeführten Arbeiten waren erforderlich, um einen ordnungsgemäßen Zustand der Mietsache herbeizuführen. Die Kosten der Renovierung laut beigefügter Rechnung entsprechen der Üblichkeit.

Beweis: Malermeister (...) als Zeuge, Einholung eines Sachverständigengutachtens.

Nach der vorgelegten Rechnung belaufen sich die Kosten der Renovierung auf (...) Euro.

Der Beklagte hat darüber hinaus den Mietausfallschaden zu tragen. Dieser beläuft sich auf den Betrag in Höhe von (…) Euro. Die Wohnung konnte über 1 Monat nach Ablauf der Kündigungsfrist und dem Auszug der Beklagten wegen der nicht durchgeführten Schönheitsreparaturen dem Nachmieter, Herrn (…), nicht zur Verfügung gestellt werden. Der Nachmieter hätte die Räumlichkeiten unmittelbar nach dem Auszug des Beklagten bereits angemietet. Davon hat er jedoch abgesehen, nachdem er die Miträume besichtigt und den entsprechenden Zustand festgestellt hatte. Mit dem Nachmieter war die Zahlung einer monatlichen Kaltmiete von (…) Euro vereinbart.

Beweis: Der Nachmieter als Zeuge (*Bezeichnung*), Mietvertrag vom (…).

Die Neuvermietung hat sich nunmehr aufgrund der notwendigen Durchführung von Schönheitsreparaturen nach Ablauf der dem Beklagten gesetzten Frist um 1 Monat verzögert. Der Kläger verlangt als Mietausfallschaden die Kaltmiete für die Zeit von (…) bis (…).

Die rechtliche Verpflichtung des Beklagten zur Durchführung von Schönheitsreparaturen folgt aus § (…) des Mietvertrages. Danach hat sich der Beklagte verpflichtet, „während der Dauer seiner Mietzeit die Schönheitsreparaturen zu tragen". Diese Klausel beinhaltet die Durchführung der Schönheitsreparaturen nach Ablauf der üblichen Regelfristen (BGH, WuM 2005, 243). Die als üblich angemessen angesehenen Fristen belaufen sich für die Nassräume auf drei Jahre, für die Haupträume auf fünf Jahre und für die Nebenräume auf sieben Jahre. Der BGH hält die Fristen des Mustermietvertrages 1976 für „Altverträge" weiterhin für maßgebend (BGH, NZM 2007, 879).

Sollte der Beklagte in der Klageerwiderung vortragen, er habe innerhalb dieser Fristen, gerechnet vom Zeitpunkt des Vertragsbeginns bzw. der letzten Renovierung, die Räume erneut gestrichen, wird diese Behauptung bereits jetzt bestritten.

Der Beklagte hatte bereits auf ein Schreiben des Klägers vom (…), also vor zwei Jahren, nicht reagiert, durch welches er zur Durchführung der Schönheitsreparaturen in den Hauptmieträumen aufgefordert worden war. Hinzu kommt, dass die Räume bei Auszug des Beklagten das eingangs erwähnte Aussehen aufwiesen, so dass auch auf Grund der entsprechenden Abnutzung der Wohnung davon auszugehen ist, dass zu keinem Zeitpunkt während der Vertragsdauer Schönheitsreparaturen durchgeführt wurden.

Beweis: Malermeister (…) als Zeuge, Einholung eines Sachverständigengutachtens.

…

Rechtsanwalt

Die Leistungsklage des Mieters auf Ersatz eines **Mietausfallschadens** unterbricht die Verjährung für künftige Mietausfälle nicht[1]. Diese Ansprüche verjähren ebenfalls nach 6 Monaten gem. § 548 BGB. Die Notwendigkeit einer **Feststellungsklage** ist daher stets zu prüfen.

---

1 BGH, ZMR 1998, 208.

> **Klageantrag**
> Es wird festgestellt, dass der Beklagte verpflichtet ist, dem Kläger alle weiteren Schäden für nicht ausgeführte Schönheitsreparaturen zu ersetzten.

b) Die gerichtliche Vertretung des Mieters

aa) Allgemeines

857 Angesprochen ist hier vor allem die **Verteidigung** des Wohn- und Gewerberaummieters **gegenüber einer Klage** des Vermieters

- auf Erfüllung des Mietvertrages, also gegenüber dem Verlangen des Vermieters auf Durchführung der Renovierung während des fortbestehenden Mietverhältnisses,
- auf Zahlung eines Kostenvorschusses für vorgesehene Schönheitsreparaturen während des fortbestehenden Mietvertrages,
- Zahlung einer Kostenquote bei nicht fälligen Schönheitsreparaturen im Falle der Beendigung des Mietvertrages,
- gegenüber einem Schadensersatzverlangen des Vermieters nach § 281 BGB.

Die Vertretung des Mieters von Wohn- und Gewerberaum kann darüber hinaus auch die **aktive Geltendmachung** einer Renovierungspflicht des Vermieters zu Beginn oder während des Mietvertrages zum Gegenstand haben. Denkbar ist darüber hinaus ein Klageantrag auf **Feststellung** (§ 256 ZPO), dass eine Verpflichtung des Mieters zur Durchführung von Schönheitsreparaturen bzw. zur Zahlung einer Abgeltungsquote – mangels wirksamer Vertragsvereinbarung – nicht gegeben ist.

858 Legt der Mieter dem Rechtsanwalt die Klageschrift vor, sind zunächst die **Fristen zu notieren** und erforderlichenfalls verlängern zu lassen.

Dem Studium der Klageschrift schließt sich die Besprechung mit dem Mandanten an, wobei neben der Aufklärung über die Rechtslage und die Erfolgsaussichten auch die Sammlung der Beweisangebote zu besorgen ist. Dementsprechend lässt sich der Rechtsanwalt die bisherige Korrespondenz vorlegen sowie die sonstigen Unterlagen in Form von Fotografien, Protokollen, Benennung von Zeugen. Die Klärung der Rechtsschutzfrage ist nicht zu vergessen.

859 Des Weiteren sollte bei unverändertem Zustand der Miträume, also insbesondere bei Erfüllungsklagen und bei Klagen auf Zahlung des Kostenvorschusses bzw. auf Schadensersatz, der Rechtsanwalt die Mietsache selbst in Augenschein nehmen und hierüber ein Protokoll erstellen.

bb) Die Klageerwiderung des Mieters

(1) Verteidigung gegenüber der Erfüllungsklage

Bei der Erfüllungsklage verlangt der Vermieter die Durchführung der Schönheitsreparaturen während des fortbestehenden Mietvertrages. Voraussetzung ist dementsprechend die **Renovierungspflicht** des Mieters für die Dauer des Vertrages. Selten sind die Fälle eines anfänglichen Renovierungsverlangens. Steht auf Grund des Vertrages die Verpflichtung des Mieters fest, ist Voraussetzung für die Schlüssigkeit der Erfüllungsklage die **Fälligkeit** der Schönheitsreparaturen. Dementsprechend ist auch hier wieder der Ablauf von Renovierungsfristen zu prüfen. Seltener sind die Fälle der Übermaßabnutzung während des bestehenden Mietvertrages.

Mustertext

An das Amtsgericht
(...)

In Sachen

Herr (*Vermieter*), wohnhaft (*Adresse*)
– Kläger –

Prozessbev.: RA (...)

gegen

Herr (*Mieter*), wohnhaft (*Adresse*)
– Beklagter –

wegen: Handlungsvornahme

Streitwert: (...) Euro

Aktenzeichen (...)

legitimiere ich mich für den Beklagten. Ich kündige den

Antrag auf Klageabweisung

an und führe zur

Begründung

Folgendes aus:

Die Klage ist zurzeit unbegründet. Richtig ist, dass zwischen den Parteien das in der Klage bezeichnete Mietverhältnis besteht. Indes ist der Beklagte zur Durchführung von Schönheitsreparaturen derzeit nicht verpflichtet. Zwar wurde die Verpflichtung des Mieters, die Schönheitsreparaturen während der Vertragslaufzeit durchzuführen, wirksam in der Mietvertragsklausel festgelegt, wonach der Beklagte die laufenden Schönheitsreparaturen trägt. Voraussetzung für das Verlangen des Klägers ist jedoch die Fälligkeit der geforderten Schönheitsreparaturmaßnahmen.

Nach den insoweit maßgebenden Grundsätzen belaufen sich die allgemeinen Regelfristen zur Renovierung der Nassräume im streitgegenständlichen Mietverhältnis gem. § (...) des Mietvertrages auf drei Jahre, der Wohn- und Schlafräume, Flure, Dielen und Toiletten auf fünf Jahre, der Nebenräume auf sieben Jahre. Hieran fehlt es im Streitfall. Denn der Beklagte hat ausweislich der in der Anlage beigefügten Rechnung des Malermeisters (...) seine Wohnung bereits am (...) komplett herrichten lassen und hierfür (...) Euro bezahlt.

Beweis: Zeugnis des Malermeisters (...), Rechnung vom (...).

Seit diesem Zeitpunkt sind aber schon die Fristen für die Renovierung der Nassräume nicht erneut verstrichen, so dass es insgesamt an der Fälligkeit des Renovierungsverlangens mangelt. Während der bisher verstrichenen Zeit unterlagen die Räumlichkeiten zudem einer normalen Abnutzung. Das Mietobjekt befindet sich in Bezug auf die Dekoration in einem vertragsgemäßen Zustand. Insbesondere hat der Beklagte keinerlei Schäden verursacht, welche eine vorzeitige Renovierung rechtfertigen könnten.

Beweis: Richterlicher Augenschein, Gutachten eines Sachverständigen.

...

Rechtsanwalt

➲ **Hinweis:**
Bei der Miete von **Gewerberaum** sollte unabhängig von der entsprechenden Prüfungspflicht des Gerichts dessen Zuständigkeit nachvollzogen werden. Es kommt durchaus vor, dass in diesen Fällen Klagen bei den Amtsgerichten erhoben werden, obschon das zugeordnete Landgericht zuständig ist.

(2) Verteidigung gegenüber der Kostenvorschussklage

862 Auch hier ist der ungekündigte Mietvertrag maßgebend.
Der Rechtsanwalt des Mieters prüft daher

– die Anspruchsgrundlage zur Renovierung durch eine Vertragsregelung,
– die Fälligkeit des Renovierungspflicht durch Fristenablauf und Renovierungsbedarf,
– die erfolglose Aufforderung gegenüber dem Mieter zur Durchführung der Renovierung,
– die Höhe des geltend gemachten Betrages,
– Verjährung.

Mustertext 863

In Sachen (...)
ist die Klage abzuweisen.

Begründung:
Zwar wurde der Beklagte durch den Mietvertrag zur Durchführung laufender Schönheitsreparaturen wirksam verpflichtet (...). Zutreffend ist auch, dass der Kläger den Beklagten erfolglos zur Renovierung aufgefordert hatte. Der Kläger legt indessen einen Kostenvoranschlag vor, der nicht geeignet ist, den Anspruch der Klage schlüssig darzulegen: So werden pauschal „Renovierungsarbeiten" in der Wohnung des Beklagten veranschlagt, ohne dass Art, Umfang und Höhe der Kosten ausreichend genug substantiiert aufgeführt werden. Dementsprechend ist auch nicht auszuschließen, dass in den veranschlagten Kosten solche mit enthalten sind, die nach dem üblichen Begriff der Schönheitsreparaturen gar nicht vom Beklagten durchzuführen sind, wie etwa der Anstrich der Eingangstüre von außen oder derjenige der Fenster von außen (...)

...

Rechtsanwalt

---

(3) Verteidigung gegenüber der Kostenquotenklage
Diese Klage hat zum Gegenstand die Geltendmachung eines Kostenanteils bei beendetem Mietvertrag und fehlender Fälligkeit der Renovierung durch den Mieter. 864

Mustertext 865

Die Klage ist abzuweisen.

Begründung:
Richtig ist, dass zwischen den Parteien das in der Klage näher bezeichnete Mietverhältnis über die Mietwohnung in (...) bis zum (...) bestand. Den Beklagten traf in diesem Zusammenhang auch die Pflicht zur Durchführung von Schönheitsreparaturen während der Laufzeit des Mietvertrages. Unstreitig bestand eine solche Pflicht auf Grund fehlenden Fristenablaufs bei Mietende nicht, da seit Beginn des Mietvertrages bis zu dessen Ende lediglich 2 ½ Jahre vergangen sind. Der Kläger stützt seinen Anspruch deshalb auf die Vereinbarung, die den Beklagten in diesem Falle zur Zahlung einer Kostenquote verpflichtet.

Die Quotenklausel ist indessen nicht wirksam. So richten sich die maßgeblichen Prozentsätze zur Berechnung des Kostenanteils an starren Renovierungsfristen aus. Die Klausel legt für einen seit der letzten Renovierung verstrichenen Zeitraum eine bestimmte Abgeltungsquote fest. Demnach soll der Beklage nach Ablauf der bisherigen Mietzeit zwingend 40 % der Renovierungskosten übernehmen, ohne dass ihm die Möglichkeit eröffnet ist darzustellen, dass der tatsächliche Dekorationszustand der Miträume eine Verlängerung der Fristen und damit eine Verringerung der anteiligen Kostenbelastung zulässt. Der Beklagte läuft somit Gefahr, dass er – gemessen ab Abnutzungsgrad der Wohnung und der Zeitspanne bis zur Fälligkeit der nächsten Schönheitsreparaturen – eine übermäßig hohe Abgeltungsquote zu tragen hat und daher auch künftige Instandhaltungskosten mit abgilt (BGH, WuM 2008, 213; BGH, WuM 2007, 260; BGH, WuM 2006, 677).

...

Rechtsanwalt

(4) Verteidigung gegenüber der Schadensersatzklage nach § 281 Abs. 1 BGB

866 Für den Mieter ist zu prüfen
- die Anspruchsgrundlage zur Renovierung durch eine Vertragsregelung,
- die Fälligkeit der Schönheitsreparaturen durch Fristenablauf und Renovierungsbedarf,
- die Voraussetzungen des § 281 Abs. 1 BGB, vornehmlich Fristsetzung und Zahlungsverlangen,
- Erfüllungsverweigerung,
- die Höhe des Schadensersatzes,
- Verjährung.

867 **Mustertext**

Das Verlangen des Klägers ist unbegründet. Der Mietvertrag verpflichtet den Beklagten zwar zur Durchführung der laufenden Schönheitsreparaturen. Bei Vertragsende waren die üblichen Fristen auch abgelaufen (...). Richtig ist ferner, dass der Beklagte die Wohnung nicht renoviert hat.

Der Kläger hatte es jedoch unterlassen, dem Beklagten eine angemessene Frist zur Durchführung der Renovierungsarbeiten zu setzen. Ein Fall der Erfüllungsverweigerung liegt nicht vor. Zwar ist der Beklagte nach Vertragsende aus der Wohnung ausgezogen. Dies allein genügt jedoch nicht, um die Fristsetzung entbehrlich zu machen.

Dem Anspruch des Klägers steht im Weiteren die Einrede der Verjährung entgegen, die hiermit erhoben wird.

...

Rechtsanwalt

cc) Klauselkontrolle durch Feststellungsklage

Gelangt der vom Mieter mit einer Vertragsprüfung beauftragte Rechtsanwalt zu dem Ergebnis, dass sein Mandant mangels rechtswirksamer Renovierungsklauseln derzeit bzw. grundsätzlich nicht zur Ausführung von Schönheitsreparaturen verpflichtet ist, kann – bei entgegenstehender Ansicht des Vermieters – die Rechtslage bereits im laufenden Mietverhältnis durch Erhebung einer (negativen) **Feststellungsklage** – mit dem Mieter auf Klägerseite – abgeklärt werden[1]. Denkbar sind nachfolgende Klageanträge:

– Es wird festgestellt, dass der Kläger im Rahmen des durch Vertrag vom (...) begründeten Mietverhältnisses über die Wohnung in (Adresse) nicht verpflichtet ist, gegenwärtig bzw. während der Mietzeit oder bei Mietende Schönheitsreparaturen auszuführen.

– Es wird festgestellt, dass § (...) des Mietvertrages der Parteien über die Wohnung in (Adresse) unwirksam ist mit der Folge, dass eine Verpflichtung des Klägers zur Vornahme der Schönheitsreparaturen nicht besteht.

– Es wird festgestellt, dass der Beklagte im laufenden Mietverhältnis zur Ausführung von Schönheitsreparaturen verpflichtet ist.

– Es wird festgestellt, dass der Kläger im Rahmen des durch Vertrag vom (...) begründeten Mietverhältnisses über die Wohnung in (Adresse) zu Zahlungen aus der in § (...) niedergelegten Kostenbeteiligungsklausel nicht verpflichtet ist.

868

Als problematisch erweist sich die Darlegung des für eine vollständige Klagebegründung notwendigen **Feststellungsinteresses**, denn ein solches Interesse besteht grundsätzlich nur, wenn dem subjektiven Recht des Mieters eine gegenwärtige **Gefahr der Unsicherheit** dadurch droht, dass der Vermieter es ernstlich bestreitet oder sich eines Rechts gegenüber dem Mieter berühmt und wenn das Urteil infolge seiner Rechtskraft geeignet ist, diese Gefahr zu beseitigen[2].

869

Die drohende Gefahr liegt in der Regel darin, dass der Vermieter sich eines entsprechenden Renovierungsanspruchs berühmt. Hierzu genügt es, wenn die ablehnende Position des Mieters **ernsthaft bestritten** wird oder der Vermieter ausdrücklich zur Erledigung von Malerarbeiten **auffordert**. Bekundet der Vermieter unter Hinweis auf noch laufende Fristen, derzeit nicht gegen den Mieter vorgehen zu wollen, kann ein Feststellungsinteresses ohne weiteres bejaht werden; der Vermieter geht nach eigenem Bekunden zu-

870

---

1 Vgl. BGH, WuM 2007, 682; AG Hamburg-Blankenese, WuM 2008, 474.
2 BGH, NJW 1984, 1118.

mindest von einem in der Zukunft durchsetzbaren Anspruch aus[1]. Sind die dem Mietvertag zugrunde liegenden Renovierungsintervalle – zumindest teilweise – bereits abgelaufen, ist gleichfalls ein Feststellungsinteresse anzunehmen[2].

871 Anders soll sich die Rechtslage allerdings darstellen, wenn der Vermieter vom Mandanten bislang noch gar keine Leistungen im Zusammenhang mit vermeintlich abgewälzten Schönheitsreparaturen eingefordert hat und die Dekorationsarbeiten nach dem ausdrücklichen Vertragswortlaut mangels Fristablauf überhaupt nicht fällig sind; in diesem Fall wird die Feststellungsklage für (noch) nicht zulässig erachtet[3]. Diese Auffassung überzeugt allerdings nicht, denn das Interesse an der Feststellung eines Rechtsverhältnisses setzt nicht voraus, dass der Vermieter einen aktuell durchsetzbaren Anspruch gegenüber dem Mieter behauptet. Der entscheidende **Vertragsverstoß** ergibt sich nicht erst aus der Leistungsaufforderung; er resultiert bereits aus der Aufnahme einer rechtsunwirksamen Renovierungsklausel in das Vertragsverhältnis, wenn sich hieraus Forderungen gegenüber dem Vertragspartner herleiten lassen oder eigene Vertragspflichten des Vermieters zum Wegfall gebracht werden. Denn die Rechtstellung des Mieters ist bereits dann schutzwürdig betroffen, sobald sich ein Anspruch des Vermieters unter bestimmten Voraussetzungen ergeben *kann*[4]. Mit der gewählten Vertragsgestaltung bringt der Vermieter zum Ausdruck, dass er spätestens bei Vorliegen der dort bestimmten Voraussetzungen Renovierungsarbeiten oder Geldleistungen des Mieters erwartet. Erweist sich die Abwälzung der Schönheitsreparaturen daher von vorneherein als nicht gültig, kann der Mieter – unabhängig von Fristabläufen, von Leistungsaufforderungen des Vermieters bzw. vom Weiterbestand des Mietverhältnisses – die Klauselunwirksamkeit jederzeit gerichtlich feststellen lassen. Sollte sich der Vermieter im Rechtstreit auf die Rechtswirksamkeit der Renovierungsklausel berufen, ist das Interesse des Mieters an der alsbaldigen Feststellung, ob die Pflicht zur Ausführung von Schönheitsreparaturen wirksam übertragen worden ist, ohne weiteres zu bejahen[5].

22. Vorschlag für eine Schönheitsreparaturklausel

872 § ... Schönheitsreparaturen

1. Der Mieter übernimmt alle während der Mietzeit anfallenden Schönheitsreparaturen, deren Erforderlichkeit auf seinem Mietgebrauch beruht. Eine Pflicht zur Durchführung der Schönheitsreparaturen durch den Vermieter ist in jedem Fall ausgeschlossen.

---

[1] LG Berlin, GE 2007, 1125.
[2] BGH v. 13.1.2010 – VIII ZR 351/08; LG Berlin, ZMR 2003, 487.
[3] LG Berlin, GE 2008, 1125.
[4] BGH, NJW 1992, 436.
[5] BGH, WuM 2008, 472.

2. Zu den Schönheitsreparaturen gehören nur die Arbeiten innerhalb der Mieträume, namentlich das Tapezieren oder Anstreichen der Wände und Decken, das Streichen der Heizkörper einschließlich der Heizrohre, das Streichen oder Lackieren der Innentüren (beidseitig), das Streichen oder Lackieren der Fenster und Außentüren von innen, das Anstreichen der Sichtflächen von Einbaumöbeln oder Wand- bzw. Deckenverkleidungen sowie die Grundreinigung etwaiger vom Vermieter gestellter Parkett-/Laminat- oder Teppichböden. Sind die zu den Mieträumen gehörenden Türen/Fenster/Einbaumöbel/Wand- oder Deckenverkleidungen aus Metall, Aluminium oder Kunststoff gefertigt bzw. mit Furnier beschichtet, genügt eine Grundreinigung der entsprechenden Flächen, soweit bei Mietbeginn dort nicht bereits ein Farbanstrich aufgetragen war. Die Schönheitsreparaturen umfassen im Weiteren auch Anstreicharbeiten an solchen Flächen, die – wie Sockelleisten bzw. auf Putz offen liegende Versorgungs- oder Abflussleitungen etc. – in einem dekorativ engen Zusammenhang mit der vom Mieter zu bearbeitenden Fläche stehen; regelmäßig ergibt sich ein solcher Zusammenhang aus einer farblich oder baustofflich gleichen Gestaltung bei Mietbeginn.

3. Im Allgemeinen werden Schönheitsreparaturen bei anfänglich **renoviert übergebenen Mieträumen** in folgenden Zeitabständen erforderlich sein:

   a) in Küchen, Bädern und Duschen alle 5 Jahre,

   b) in Wohn- und Schlafräumen, Fluren, Dielen und Toiletten alle 8 Jahre,

   c) in anderen Nebenräumen alle 10 Jahre.

   Die Fristen werden vom Zeitpunkt des Beginns des Mietverhältnisses bzw., soweit Schönheitsreparaturen später vom Mieter fachgerecht ausgeführt wurden, von diesem Zeitpunkt an berechnet. Lässt in besonderen Ausnahmefällen der Zustand der Mieträume eine Verlängerung der Fristen erwarten, so ist auf Antrag des Mieters der Vermieter verpflichtet, die Fristen nach billigem Ermessen zu verlängern. Erfordert der bisherige Grad der Abnutzung hingegen eine Verkürzung der Fristen, so ist der Vermieter berechtigt, diese nach billigem Ermessen zu reduzieren.

4. Bei Überlassung **unrenovierter oder renovierungsbedürftiger** Mieträume sind die Schönheitsreparaturen fällig, sobald sich die Mietsache in einem derart abgenutzten Zustand befindet, dass aus Sicht eines objektiven Betrachters üblicherweise ein Renovierungsbedarf besteht, wobei ausschließlich vom Mieter verursachte Abnutzungsspuren berücksichtigt werden.

5. Der Mieter hat rechtzeitig, spätestens bis Ende des Mietverhältnisses, alle bis dahin nach dem Grad der Abnutzung oder Beschädigung erforderlichen Schönheitsreparaturen auszuführen – bei **renoviert** übergebenen Mieträumen, sofern die in Ziff. 3 genannten Fristen seit Übergabe der Mietsache bzw. seit den letzten durchgeführten Dekorationsmaßnahmen abgelaufen sind, bei **unrenoviert oder renovierungsbedürftig** überlassenen Mieträumen, sofern Renovierungsbedarf gem. Ziff. 4 besteht –, soweit nicht der neue Mieter die Schönheitsreparaturen auf seine Kosten – ohne Berücksichtigung beim Mietpreis – übernimmt oder dem Vermieter die Kosten erstattet. Werden Schönheitsreparaturen wegen des Zustandes der Woh-

nung bereits während der Mietdauer notwendig, so sind die erforderlichen Arbeiten jeweils unverzüglich zu erledigen. Die Schönheitsreparaturen müssen grundsätzlich fachgerecht ausgeführt werden.

6. Die Mieträume sind bei Mietende in neutralen, hellen, deckenden Farben und Tapeten zurückzugeben. Farblos lackierte/naturlasierte Holzteile sind in dem Farbton zurückzugeben, wie er bei Vertragsbeginn vorgegeben war; farbig gestrichene Holzteile können auch in weiß oder hellen Farbtönen zurückgegeben werden. Der Mieter ist im weiteren verpflichtet, bei Mietende die Mieträume ohne sichtbare Nikotinspuren zurückzugeben.

7. Der Mieter ist verpflichtet, dem Vermieter die Durchführung von Schönheitsreparaturen nach Art und Umfang unverzüglich anzuzeigen.

8. Kommt der Mieter trotz Aufforderung und Fristsetzung durch den Vermieter seinen Verpflichtungen zur Durchführung fälliger Schönheitsreparaturen gem. Ziff. 1–6 nicht oder nicht vollständig nach, ist der Vermieter berechtigt, die Arbeiten auf Kosten des Mieters auszuführen bzw. ausführen zu lassen. Der Mieter hat die Arbeiten zu dulden. Im noch laufenden Mietverhältnis wird der Vermieter den Beginn der Arbeiten sowie deren voraussichtliche Dauer und Kosten dem Mieter mindestens 3 Wochen vorher ankündigen.

9. War die Wohnung bei Mietbeginn in **renoviertem Zustand** übergeben und sind bei Beendigung des Mietverhältnisses die Schönheitsreparaturen für die Wohnung oder einzelne Räume entsprechend den in Ziff. 3 Abs. 1 angegebenen allgemeinen Fristen noch nicht (wieder) fällig und besteht auch kein vorzeitiger Renovierungsbedarf, so ist der Mieter verpflichtet, sich gegenüber dem Vermieter an den künftig anfallenden notwendigen Kosten für die üblicherweise bei der Renovierung der Mieträume durchzuführenden Schönheitsreparaturen auf der Grundlage des Kostenvoranschlags eines vom Vermieter auszuwählenden Malerfachgeschäftes nach folgender Maßgabe zu beteiligen:

    a) Der vom Mieter zu leistende Kostenanteil berechnet sich zeitanteilig nach vollen abgelaufenen Jahren. Er entspricht dem Verhältnis der in Ziff. 3a–c festgelegten allgemeinen Renovierungsfristen und der der tatsächlichen Abnutzung entsprechenden fiktiven Wohndauer des Mieters seit Mietbeginn bzw. seit der letzten Renovierung.

    Bei **durchschnittlicher Abnutzung** beträgt der Kostenanteil des Mieters

    – für die in Ziff. 3a genannten Räume nach 1 Jahr Mietzeit seit Beginn des Mietverhältnisses bzw. seit der letzten Renovierung $1/5$, nach 2 Jahren $2/5$, nach 3 Jahren $3/5$ und nach 4 Jahren $4/5$ der ermittelten Kosten,

    – für die in Ziff. 3b genannten Räume nach 1 Jahr Mietzeit seit Beginn des Mietverhältnisses bzw. seit der letzten Renovierung $1/8$, nach 2 Jahren $2/8$, nach 3 Jahren $3/8$, nach 4 Jahren $4/8$, nach 5 Jahren $5/8$, nach 6 Jahren $6/8$ und nach 7 Jahren $7/8$ der ermittelten Kosten.

    – Für die in Ziff. 3c genannten Räume entfällt der Kostenanteil.

Bei **unterdurchschnittlicher Abnutzung** der Räume ist für die Berechnung des Kostenanteils nicht die Mietzeit seit Beginn des Mietverhältnisses bzw. seit der letzten Renovierung zugrunde zu legen, sondern an deren Stelle der seither verstrichene kürzere Zeitraum, der dem der Abnutzung entspricht (fiktive Mietzeit entsprechend der reduzierten Abnutzung).

Bei **überdurchschnittlicher Abnutzung** der Räume ist für die Berechnung des Kostenanteils nicht die Mietzeit seit Beginn des Mietverhältnisses bzw. seit der letzten Renovierung zugrunde zu legen, sondern an deren Stelle der seither verstrichene verlängerte Zeitraum, der dem der Abnutzung entspricht (fiktive Mietzeit entsprechend der verstärkten Abnutzung).

b) Der Mieter hat die Möglichkeit, innerhalb von drei Wochen nach Erhalt des vom Vermieter beigebrachten Kostenvoranschlags durch einen von ihm selbst einzuholenden Voranschlag eines Malerfachgeschäftes nachzuweisen, dass die gleichen Arbeiten kostengünstiger durchgeführt werden können. In diesem Fall ist der Kostenvoranschlag des Mieters zur Anteilsberechnung maßgebend, soweit nicht der Vermieter die Angemessenheit der von ihm geltend gemachten Kosten nachweist.

c) Der Mieter kann die anteilige Kostentragung durch eine fachgerechte Renovierung der Wohnung bei Mietende abwenden.

I. Die Abwehr von Vertragsverletzungen vor und während der Mietzeit

	Rz.
I. Verletzungen der Gebrauchsgewährpflicht durch den Vermieter	2
1. Beratung vor der Überlassung der Mietsache	12
a) Mieterberatung	16
aa) Geltendmachung des Überlassungsanspruchs	17
(1) Mangelhaftigkeit der Mietsache	18
(2) Verweigerung der Übergabe	25
(3) Doppelvermietung	30
(4) Fortgesetzte Nutzung des Vormieters	42
(5) Mangelnde Fertigstellung	46
(6) Teilüberlassung	50
(7) Zu erwartende Reaktionen des Vermieters	53
(8) Prozessuales	56
(a) Klage auf Überlassung der Mietsache	57
(b) Einstweilige Verfügung	65
(9) Gebühren	68
bb) Auflösung des Vertrages	69
(1) Tatsächliches Leistungshindernis	70
(2) Anfänglicher Rechtsmangel	79
(3) Haftungsausschlüsse?	82
(4) Prozessuales	83
(5) Gebühren	85
cc) Schadensersatzansprüche	86
(1) Anspruchsgrund	87
(2) Umfang des Schadens	93
(a) Schadenspositionen	95
(aa) Unterbringungskosten	97
(bb) Kosten eines Zwischenumzuges	101
(cc) Entgangener Gewinn	102
(dd) Prozesskosten für Räumung der Ersatzwohnung	106
(ee) Investitionen in die Mietsache	108
(ff) Planungskosten	116
(gg) Kosten der geplanten Geschäftseröffnung	117
(hh) Lohnkosten für Personal	119
(ii) Mehrkosten für die Anmietung von Ersatzraum	120
(jj) Differenz der Miete des Ersatzobjektes zum Vertragsobjekt	121
(kk) Mehrkosten für Einbauten, die im Vertragsobjekt vorhanden waren	124
(ll) Entgangene Nutzung als solche	125
(mm) Renovierung und Instandsetzung der Ersatzräume	127
(nn) Vertragskosten für Anmietung des Ersatzobjektes	129
(oo) Maklerkosten	129a
(pp) Rechtsanwaltsgebühren für Geltendmachung des Schadensersatzes	130
(qq) Kosten der Beweissicherung	136
(rr) Schmerzensgeld	137a
(ss) Zeitaufwand des Geschädigten	138
(tt) Herausgabe des Ersatzes	139a
(b) Begrenzung des Schadens	140
(3) Anforderung des Schadensersatzes	142
(4) Prozessuales	144
(5) Gebühren	145
b) Vermieterberatung	146
aa) Der Mandant will das Mietverhältnis fortsetzen	150
bb) Der Mandant wünscht den Mietvertrag zu lösen	153
cc) Der Mieter weigert sich (grundlos) die Mietsache zu übernehmen	157a
dd) Prozessuales	158
ee) Gebühren	162
2. Die Überlassung der Mietsache	162a
a) Die Übergabe	162c

	Rz.		Rz.
b) Der Willensakt	162d	5. Reinigungs- und Verkehrssicherungspflichten	218
3. Beratung nach der Überlassung der Mietsache	163	6. Leistungspflichten	224
a) Geltendmachung des Überlassungsanspruches	168	7. Mieterberatung	228
aa) Mieterberatung	169	a) Prozessuales	233
bb) Vermieterberatung	171	b) Gebühren	235
cc) Prozessuales und Gebühren	172	8. Vermieterberatung	236
b) Beseitigung und Unterlassung von (teilweisen) Besitzstörungen	173	a) Prozessuales	238
		b) Gebühren	239
aa) Mieterberatung	174	**IV. Verletzung nachvertraglicher Pflichten durch den Vermieter**	239a
(1) Prozessuales	179	1. Geltendmachung unberechtigter Forderungen	239b
(2) Gebühren	181	2. Aufklärungspflichten bei unwirksamen AGB	239e
bb) Vermieterberatung	182		
II. Vorvertragliche Auskunftspflichten	185a	3. Räumung durch den Vermieter	239h
1. Auskunftspflichten des Vermieters	185c	4. Versorgungssperre	239j
		5. Folgen des ausgeübten Vermieterpfandrechts	239o
2. Auskunftspflichten des Mieters	185h	6. Mietschuldenfreiheitsbescheinigung	239s
III. Verletzung von Nebenpflichten durch den Vermieter während der Mietzeit	186	**V. Rechtswidriges Verhalten des Mieters**	240
1. Aufklärungspflichten	189	1. Beratung vor Überlassung der Mietsache	241
2. Treuepflichten	195	2. Beratung nach Überlassung der Mietsache	247
3. Fürsorgepflichten	196	a) Bestimmung des vertragsgemäßen Gebrauchs	247a
4. Konkurrenzschutzpflichten	197	aa) Zulässige Nutzung	247b
a) Grundsätze	197	bb) Nutzungsänderung	247c
b) Vertragliche Regelungen	200a	cc) Bestimmung eines Mangels i.S.v. § 536 BGB	247d
c) Konkurrenzschutz bei Einkaufszentren und Supermärkten	200g	dd) Einräumung des vertragsgemäßen Gebrauchs	247f
d) Konkurrenzschutz bei Supermärkten	201	ee) Haftung des Mieters für vertragsgemäßen Gebrauch?	247h
e) Konkurrenzschutz bei freien Berufen	201b	b) Einzelne Gebrauchsrechte	248
f) Ansprüche gegen den Konkurrenten und den Vermieter	201e	aa) Durchführung des Gebrauchs	250
g) Übersicht Konkurrenzsituationen	203	(1) Betriebspflicht des Mieters	250a
h) Zeitliche Grenzen des Konkurrenzschutzes	204	(a) Konkludente Vereinbarung	250c
i) Mieterberatung	207		
j) Vermieterberatung	212		

	Rz.		Rz.
(b) Formularvertragliche Regelungen	250e	dd) Erweiterungen des vereinbarten Mietgebrauchs	263
(c) Leistungshindernisse, § 275 BGB	250h	ee) Gebrauchsüberlassung an Dritte	266
(d) Nichterfüllung der Betriebspflicht	250j	ff) Vermieterberatung	269
(e) Prozessuales	250n	(1) Prozessuales	281
(2) Beispiele für Gebrauchsrechte	250o	(2) Gebühren	288
bb) Die Verletzung der Obhuts- und Sorgfaltspflichten	252	gg) Mieterberatung	289
		(1) Prozessuales	293
		(2) Gebühren	296
cc) Bauliche Veränderungen	258	VI. Exkurs: Die „Mieterbegünstigungsklausel"	296a

Auf beiden Seiten des Mietvertrages können Vertragsverletzungen aktiv und passiv begangen werden. Der **Vermieter** kann durch positives Handeln dem Mieter den **Gebrauch vorenthalten, beeinträchtigen** oder **entziehen**. Die gleichen Folgen können durch ein bloßes Dulden („Gewährenlassen") des Vermieters eintreten. Der **Mieter** kann sich in gleicher Weise verhalten und dadurch **Störungen des Hausfriedens** herbeiführen, seine Gebrauchsrechte erweitern oder sonstige vertragliche oder gesetzliche **Verpflichtungen missachten**.

In der Praxis wird der Rechtsanwalt nur selten beauftragt, prophylaktisch die beschriebenen Zustände zu verhindern (z.B. durch Schaffung entsprechender Regelungen). Regelmäßig wird sein Handeln gefordert, um für den Mandanten die gewünschte **Rechtsfolge** aus dem Missstand herbeizuführen. Dabei ist nicht selten Eile geboten, weil der Eintritt von Nachteilen für den Mandanten droht.

I. Verletzungen der Gebrauchsgewährpflicht durch den Vermieter

Vertragsverletzungen durch den Vermieter – im hier verstandenen Sinne – ergeben sich aus aktiven oder passiven **Handlungen** in Bezug auf die **Gebrauchsrechte des Mieters**. Sachmängel im herkömmlichen Sinne der Zustandshaftung wurden bereits im Kapitel F besprochen.

Die mietrechtlichen Gewährleistungsvorschriften der §§ 536 ff. BGB stellen nach herrschender Meinung eine **spezielle Ausgestaltung** des allgemeinen Leistungsstörungsrechts für den Überlassungsanspruch nach § 535 Abs. 1 BGB dar. Sie erfassen sowohl die mangelnde Existenz der Mietsache, Beeinträchtigungen der Mietsache als auch deren Wegfall. Gleichwohl sind auch die Vorschriften des allgemeinen Leistungsstörungsrechts im Mietrecht anwendbar.

4 Der BGH[1] differenziert für die Anwendbarkeit der allgemeinen Regeln des Leistungsstörungsrechts und der spezielleren Regelungen des Gewährleistungsrechts für **Sachmängel** zwischen dem Zeitraum nach und vor der **Übergabe**. Bis zur Überlassung des Mietobjekts sind die §§ 275 ff. BGB anwendbar. Danach richten sich die Rechte und Pflichten der Parteien nach den §§ 536 ff. BGB.

5 Insoweit muss auch nicht differenziert werden, ob der Mietvertrag vor dem 1. Januar 2002 abgeschlossen wurde. Denn gemäß Art. 229 § 5 S. 2 EGBGB ist das Allgemeine Schuldrecht in der seit 1.1.2002 gültigen Fassung auf jeden Fall ab dem 1.1.2003 anzuwenden. Mietverträge, die nach dem 31.12.2001 geschlossen wurden, unterliegen ohne Einschränkung den neuen Vorschriften[2].

6 Bei entgegenstehenden Rechten Dritter besteht ein **anfänglicher Rechtsmangel**. Derartige Rechte können sich ergeben aus
– Veräußerung des Mietobjektes vor Überlassung,
– Miteigentum eines Dritten,
– Nießbrauch eines Dritten am Mietobjekt,
– Vermietung von Wohnungseigentum widerspricht der Teilungserklärung,
– Doppelvermietung,
– unerlaubte Untervermietung.

Bei einem **Rechtsmangel** bildet § 536 Abs. 3 BGB auch vor der Überlassung eine Spezialnorm, die die allgemeinen Vorschriften verdrängt mit der Folge, dass sich die Rechte des Mieters nach den §§ 536, 536a und 543 Abs. 2 Nr. 1 BGB richten[3]. Allein der Bestand eines Drittrechts führt aber noch nicht zu einem die Gewährleistungsrechte auslösenden Mangel. Der Dritte muss seine Rechte vielmehr geltend machen, so dass der Vermieter seiner Verpflichtung zur Überlassung bzw. Belassung der Sache in dem geschuldeten Zustand ganz oder teilweise nicht mehr nachkommen kann[4].

7 An der Notwendigkeit zur **Unterscheidung zwischen einem anfänglichen Sach- und Rechtsmangel**, die auf der Auslegung der herrschenden Meinung beruht[5], hat sich durch die Schuldrechtsreform demnach nichts geändert[6].

---

1 BGH, NZM 2001, 1145; BGH, NJW 1985, 1025; BGH, NJW 1987, 948; BGH, NJW 1991, 204; BGH, NJW 1992, 1036; BGH, NJW 1992, 3226.
2 *Horst*, DWW 2002, 6, 10.
3 BGH, WuM 1991, 3277; BGH, NJW 1985, 1025; OLG Düsseldorf, WuM 1999, 394 m.w.N.
4 BGH v. 10.7.2008 – IX ZR 128/07, NZM 2008, 644; BGH, NJW-RR 1995, 715.
5 Vgl. zu der **a.A.** die Zitate bei Palandt/*Weidenkaff*, § 536a BGB Rz. 3.
6 Palandt/*Weidenkaff*, § 536a BGB Rz. 3; **a.A.** v. *Westphalen*, NZM 2002, 368, 373: Auch bei Rechtmängeln greift das allgemeine Leistungsstörungsrecht, weil sich weder beim Grundtatbestand noch bei der Rechtsfolge Unterschiede zu § 536a BGB ergeben.

Liegt ein Rechtsmangel nicht vor, ist von einem (tatsächlichen) **Leistungshindernis** i.S.d. § 275 BGB auszugehen. Hier kommen folgende Fälle in Betracht:

– Zerstörung der Mietsache nach Vertragsschluss,
– Mangelhaftigkeit der Mietsache,
– verweigerte Übergabe,
– mangelnde Herausgabe der Mietsache durch den Vormieter,
– mangelnde Fertigstellung der Mietsache,
– Angebot zur teilweisen Überlassung der Mietsache.

§ 275 Abs. 1 BGB regelt alle Fälle der anfänglichen und nachträglichen Unmöglichkeit mit Ausnahme der **vorübergehenden Leistungshindernisse**[1]. Für die Frage, ob z.B. der Überlassungsanspruch untergegangen ist, muss daher grundsätzlich weder zwischen anfänglicher und nachträglicher noch subjektiver und objektiver Unmöglichkeit unterschieden werden[2]. Der Vertrag bleibt grundsätzlich wirksam, § 311a Abs. 1 BGB. Der Überlassungsanspruch kann aber nach § 275 Abs. 1 BGB in diesen Fällen untergehen, woran sich verschiedene Rechtsfolgen knüpfen können; z.B. Schadensersatz nach den §§ 280 ff. BGB und/oder ein Rücktritt vom Vertrag nach § 323 BGB.

Bis zur Schuldrechtsreform war gesetzlich nicht geregelt, wie **vorübergehenden Leistungshindernisse** zu behandeln sind. Mietrechtlich wurde ein vorübergehendes Leistungshindernis, das keinen Rechtsmangel darstellt, angenommen, wenn dem Mieter ein Zuwarten zumutbar und der Endzeitpunkt (= Wegfall des Leistungshindernis) absehbar war[3]. Dies ist nun in § 275 Abs. 2 BGB ausdrücklich geregelt. Da der Mieter zur Annahme von Teilleistungen (vgl. § 266 BGB) nicht verpflichtet ist, liegt z.B. ein unbehebbares Leistungshindernis vor, wenn der Vermieter sich außerstande sieht, die Mietsache wegen (teilweiser) Mangelhaftigkeit herzurichten, ihm die Mängelbeseitigung nicht zumutbar ist und der Mieter deshalb die Annahme der mangelhaften Sache verweigert[4]. Dabei ist insbesondere im Gewerbemietrecht zu prüfen, wer für die Herbeiführung des Anfangszustandes verantwortlich ist. Hat der Mieter die Herbeiführung des vertragsgerechten Anfangszustandes übernommen, gerät er bei der Weigerung, eine mangelhafte Mietsache zu übernehmen, in Annahmeverzug, § 294 BGB. Gleiches gilt aber auch dann, wenn sich der Wohnraummieter individualvertraglich verpflichtet hat, eine Anfangsrenovierung durchzuführen[5] und die Annahme mit der Begründung verweigert, die Wohnung befände sich in keinem zu Wohnzwecken geeigneten Zustand.

---
1 *Schmidt-Räntsch*, Rz. 280.
2 Anders noch vor dem 1. Januar 2003 bei Geltung der §§ 323 ff. BGB.
3 *Kraemer* in Bub/Treier, III Rz. 1190; *Simon*, WuM 2000, 575; vgl. auch BGH v. 19.10.2007 – V ZR 211/06, NZM 2007, 925. **a.A.** OLG Frankfurt/Main, WuM 2000, 116.
4 BGH, NJW-RR 1995, 715.
5 Vgl. insoweit auch BGH v. 14.1.2009 – VIII ZR 71/08, WuM 2009, 173.

11 Dabei ist zu beachten, dass der Mieter bei einem vorübergehenden Leistungshindernis seinen Überlassungsanspruch nur für die Vergangenheit verliert, sofern die Leistung (= Überlassung) nicht nachgeholt werden kann. Dies ist aber dann der Fall, wenn nach den Abreden der Parteien ein langfristiger Mietvertrag überhaupt erst mit Übergabe der bezugsfertigen Mietsache beginnen soll, so dass bei einer Verzögerung der Übergabe die versäumte Zeit später nachgeholt werden kann[1].

1. Beratung vor der Überlassung der Mietsache

12 Eine wichtige Aufgabe des Rechtsanwalts ist eine möglichst vollständig Ermittlung des Sachverhalts. Dazu gehört in diesem Stadium die Klärung der Frage, ob bereits ein **wirksamer Mietvertrag** vorliegt (vgl. dazu B Rz. 61 ff.).

13 Unabhängig davon, ob der Vertrag, auf den sich der Mandant (Mieter/Vermieter) beruft, schriftlich oder mündlich abgeschlossen wurde, sollte zunächst untersucht werden, ob die bestehende Vereinbarung überhaupt einen Überlassungsanspruch begründet. Das ist nicht der Fall, wenn nur ein (Miet-)**Vorvertrag** geschlossen wurde. Denn dieser Vertragstyp verpflichtet nur zum Abschluss eines (Haupt-)Mietvertrages[2]. Es ist daher zu prüfen, ob die Einigung der Parteien den sicheren Schluss darauf zulässt, dass der Vermieter mit Rechtsbindungswillen die konkrete Mietsache überlassen wollte und der Mieter für diesen Vertragsgegenstand die vereinbarte Miete zahlen wollte.

In der Praxis ergeben sich häufig **Abgrenzungsschwierigkeiten**, weil der Mieter z.B. anlässlich einer Besichtigung erklärt, er wolle die Mietsache zu den Bedingungen des Vermieters „nehmen" und der Vermieter den Mieter aus dem Kreis der Interessenten auswählt und ihm erklärt, er werde ihm die Mietsache „geben". Ist eine solche oder ähnliche Situation gegeben, kann der Rechtsanwalt nicht ohne weiteres vom Abschluss eines Mietvertrages ausgehen. Vielmehr können die Umstände, insbesondere die **Praxis** der einen wie der anderen Partei, dafür sprechen, dass der (Haupt-)Mietvertrag erst zustande kommen sollte, wenn beide Parteien einen schriftlichen Vertrag unterzeichnet haben.

Zwar genügen die skizzierten Erklärungen, um eine Einigung i.S.d. § 535 BGB anzunehmen, da sich die wesentlichen Vertragsessentialia (Parteien, Mietsachen, Miete vgl. § 535 BGB) aus den Umständen (z.B. dem Inserat) ergeben. Indessen zeigt die tägliche Vermietungspraxis, dass der Vermieter dem Mieter ankündigt, ihm den schriftlichen Mietvertrag zuzusenden, oder sich die Parteien zwecks Aushandeln der weiteren Bedingungen noch einmal verabreden. Hier sollte der Rechtsanwalt deshalb beharrlich **nachfragen**, um sich die Situation, in der die Erklärungen abgegeben wurden, im Einzelnen vor Augen führen zu können. Vor allem wenn bereits **Korrespondenz** zwischen den Parteien geführt wurde, sollte er diese studieren, um evtl. Vorbehalte, die sich vor allem aus § 154 Abs. 2 BGB ergeben kön-

---

[1] BGH, NJW 1992, 3226.
[2] *Reinstorf* in Bub/Treier, II Rz. 137.

nen[1], hinsichtlich einer endgültigen Bindung erkennen zu können. Dabei sollte im Zweifel bei Vermietern, die über größeren Grundbesitz verfügen, oder Hausverwaltern, aber auch bei gewerblichen Mietern, die Gewerberäume an mehreren Standorten unterhalten (z.B. Filialisten) im Zweifel davon ausgegangen werden, dass der eigentliche Mietvertrag erst mit Unterzeichnung einer Vertragsurkunde zustande kommen sollte, § 154 Abs. 2 BGB.

Steht fest, dass ein Mietvertrag abgeschlossen wurde, ist zu ermitteln, worin die **Vertragsverletzung** besteht. Die häufigsten Fälle sind: 14
- Zerstörung der Mietsache,
- Mangelhaftigkeit der Mietsache,
- ausdrückliche Verweigerung der Übergabe,
- Doppelvermietung[2],
- mangelnde Herausgabe der Mietsache durch den Vormieter,
- mangelnde Fertigstellung der Mietsache
- Angebot zur teilweisen Überlassung der Mietsache.

Um diese Tatbestände vollständig erfassen zu können, sollte sich der Rechtsanwalt vor allem auf die gewechselte **Korrespondenz** konzentrieren. U.U. ist ein Eilverfahren durchzuführen oder abzuwehren, so dass der Inhalt gewechselter Schriftstücke die beste Möglichkeit bietet, den Sachverhalt vollständig vorzutragen. Gleichzeitig sollte daran gedacht werden, das **Mietobjekt zu besichtigen**, um die Angaben des Mandanten verifizieren und ggf. bestätigen zu können. Schließlich sollte überlegt werden, ob nicht die Panik des Mandanten Ursache für **Missverständnisse** sein kann. In den vielen Fällen muss z.B. der Mieter seine bisherigen Miträume verlassen und ist deshalb auf eine pünktliche Übergabe der neuen Miträume angewiesen. Vor allem wenn hier kein zeitlicher „Puffer" von ihm eingeplant wurde, ist er geneigt, Erklärungen des Vermieters (z.B. über eine nicht vollständige pünktliche Fertigstellung) misszuverstehen oder eigene Wahrnehmungen (z.B. über den Baufortschritt des Mietobjektes oder mangelnde Vorbereitungen des Vormieters zum Auszug) zu dramatisieren. Je besonnener der Rechtsanwalt in dieser Situation handelt, umso mehr ist er in der Lage, Schaden von seinem Mandanten abzuwenden. 15

Kann der Rechtsanwalt nach der Schilderung des Mandanten ausschließen, dass nur ein Vorvertrag oder Unwirksamkeitsgründe (vgl. *B Rz. 61 ff.*) vorliegen, unterscheidet sich die Vorgehensweise je nach vertretener Mietpartei.

a) Mieterberatung

Ergeben die Feststellungen des Rechtsanwalts, dass dem Mandanten die Mietsache nicht oder nicht pünktlich in der vertraglich vorgesehenen 16

---
1 Vgl. dazu *Lützenkirchen*, Wohnraummiete, A. II; *Bub* in Bub/Treier, II Rz. 359.
2 OLG Celle v. 29.9.2008 – 2 W 199/08, OLGR Celle 2008, 888.

Form überlassen werden (kann), muss das **Interesse des Mandanten** ermittelt werden. Dieses ergibt sich regelmäßig in den Rechtsfolgen:
- Geltendmachung des Überlassungsanspruchs → *Rz. 17 ff.*
- Auflösung des Vertrages → *Rz. 69 ff.*
- Schadensersatz → *Rz. 86 ff.*

aa) Geltendmachung des Überlassungsanspruchs

17 Besteht ein Mietvertrag, hat der Mieter gemäß § 535 Abs. 1 BGB einen Anspruch auf Überlassung eines ordnungsgemäßen Mietobjkts. Ob sich das Mietobjekt in einem ordnungsgemäßen Zustand befindet, richtet sich in erster Linie nach den vertraglichen Regelungen.

(1) Mangelhaftigkeit der Mietsache

18 Vor der Überlassung der Mietsache ergeben sich die Rechte des Mieters im zuvor skizzierten Rahmen aus den Vorschriften des allgemeinen Schuldrechts, wobei es auf ein Verschulden des Vermieters nicht ankommt. Allerdings sollte davon ausgegangen werden (schon zur Vermeidung eines Haftungsrisikos), dass die Mangelhaftigkeit der Mietsache grundsätzlich nur ein vorübergehendes Leistungshindernis i.S.d. § 275 Abs. 2 BGB darstellt. Denn dieser Bewertung liegt in der Regel eine Einzelfallbetrachtung zugrunde, die kaum sicher vorhergesehen werden kann. Hier sind erneut zunächst die **Absprachen der Parteien** zu überprüfen. Haben die Parteien im Vertrag geregelt, in welchem Zustand die Mietsache übergeben werden soll, ist damit grundsätzlich die „**Sollbeschaffenheit**" definiert, die den ordnungsgemäßen Zustand der Mietsache bei Übergabe klarstellt[1].

19 Hat sogar der **Mieter** die Herstellung der „Sollbeschaffenheit" vertraglich übernommen, sollte untersucht werden, ob diese Regelung **wirksam** ist. Dabei ist zu unterscheiden, ob der Mieter sich „nur" zur Durchführung der Anfangsrenovierung verpflichtet hat oder sogar weiter gehende Instandsetzungsmaßnahmen übernommen hat. Für den Bereich des **Gewerberaummietrechts** ergeben sich hinsichtlich der Wirksamkeit dieser Vereinbarung grundsätzlich keine Bedenken (vgl. *H Rz. 407 ff.*). Der Mieter von **Wohnraum** kann jedoch nur individualvertraglich verpflichtet werden, die Anfangsrenovierung durchzuführen (vgl. *H Rz. 396 ff.*).

20 Ist von einer **wirksamen Verpflichtung** des Mieters zur Herbeiführung des Anfangszustandes auszugehen, stellt die Weigerung des Vermieters, irgendwelche Arbeiten zur Herbeiführung der vertraglich vorgesehenen Sollbeschaffenheit auszuführen, kein Hindernis für die Überlassung der Mietsache dar. Der Mieter muss demgemäß befürchten, in einem Prozess auf Überlassung der Mietsache wegen § 93 ZPO die Kosten tragen zu müssen, weil der Vermieter die Leistung ordnungsgemäß (im vertraglichen Sinne) angeboten und damit keine Veranlassung zur Klageerhebung gegeben hat.

---

1 BGH, ZMR 1964, 79; OLG Düsseldorf, BB 1991, 799.

21 Liegt dagegen **keine wirksame Vereinbarung** über die Verpflichtung des Mieters, an der Herbeiführung der vertraglich vorgesehenen Sollbeschaffenheit mitzuwirken, vor, ist das Angebot einer mangelhaften Sache durch den Vermieter nicht ordnungsgemäß. Der Mieter gerät nicht in **Annahmeverzug**. Bevor in dieser Situation jedoch der Erfüllungsanspruch (gerichtlich) geltend gemacht wird, sollte mit dem Mandanten das **Risiko** erörtert werden. Dieses wird dadurch geprägt, dass die Herbeiführung des ordnungsgemäßen Zustandes durch den Vermieter nicht im Wege der einstweiligen Verfügung geltend gemacht werden kann. Denn dies wäre eine Vorwegnahme der Hauptsache[1]. Das Prozessverfahren, in dem der Erfüllungsanspruch geltend gemacht wird, dauert jedoch i.d.R. mindestens sechs Monate. Während dieser Zeit besteht das Risiko für den Mandanten, dass er (bei einem verlorenen Prozess) die Mietzahlungen leisten muss, obwohl er die Mietsache nicht nutzt. Andererseits wird ein Vermieter, der von seinem Mieter wegen nicht ordnungsgemäßer Überlassung der Mietsache in Anspruch genommen wird, kaum das Ende eines solches Prozesses abwarten, ohne seine Immobilie anderweitig zu verwerten, da für ihn in dieser Zeit ein Mietverlust entsteht. Deshalb wird er sich nach einem anderen Mieter umsehen, wodurch ihm die Überlassung an den Mandanten unmöglich wird.

22 Deshalb sollte der Rechtsanwalt in den hier einschlägigen Fällen die Möglichkeit mit dem Mandanten erörtern, die Mietsache zu beziehen und anschließend **Schadensersatzansprüche** geltend zu machen. Denn dadurch wird auch verhindert, dass sich der Vermieter wegen der entstehenden Unsicherheit zu einer (Neu-)Vermietung an einen Dritten entschließt. Nach der Überlassung richten sich die Ansprüche nach § 536a BGB. Auch wenn insoweit von einem anfänglichen Mangel ausgegangen werden kann, empfiehlt es sich jedoch, den Vermieter unter **Fristsetzung** zur Herbeiführung der vertraglich geschuldeten Sollbeschaffenheit aufzufordern, sofern nicht bereits eine eindeutige Erklärung des Vermieters vorliegt, er werde die Räume nicht weiter umgestalten oder renovieren[2]. Durch diese Aufforderung wird das Risiko vermieden, dass ein Gericht aus seiner ex post-Betrachtung von einem vorübergehenden Leistungshindernis ausgeht (vgl. dazu Rz. 42 f.) und dass wegen einzelner evtl. vom Vermieter nicht geschuldeter Leistungen gerade kein anfänglicher Mangel angenommen wird. Insoweit ist eine Fristsetzung von 10 bis 14 Tagen völlig ausreichend. Bei Übernahme des Mietobjekts sollte der Rechtsanwalt (in nachweisbarer Form) unbedingt deutlich zum Ausdruck bringen, dass sich der Mieter seine Gewährleistungsrechte vorbehält. Andernfalls droht ihm der Verlust seiner Rechte gemäß § 536b Satz 3 BGB.

23 Enthält der Mietvertrag hinsichtlich der Sollbeschaffenheit keine besonderen Vereinbarungen, sollte der Rechtsanwalt bedenken, dass der Mieter keinen Anspruch auf eine **frisch renovierte Mietsache** hat[3]. Vielmehr müs-

---

1 Vgl. dazu Zöller/*Vollkommer*, § 938 ZPO Rz. 3 m.w.N.
2 BGH, WuM 1978, 86.
3 LG Hamburg, WuM 1986, 386.

sen sich z.B. die Wohnräume nur in einem nach durchschnittlichen Maßstäben zu Wohnzwecken geeigneten Dekorationszustand befinden und brauchen dazu nicht neu hergerichtet zu werden[1]. Bevor für den Mieter also der Überlassungsanspruch oder der Anspruch auf Durchführung eines vollständig renovierten Mietobjektes geltend gemacht wird, sollte sich der Rechtsanwalt so weit wie möglich davon **überzeugen**, in welchem Zustand sich die Mietsache befindet. Besteht nicht die Möglichkeit, die Mietsache gemeinsam mit dem Mandanten zu besichtigen, sollte der Mandant veranlasst werden, mit einem Sachverständigen die Räume zu begehen. Insoweit kann der Mieter vom Vermieter die Herausgabe der Schlüssel mit dem Argument verbinden, er wolle mit einem Fachmann die Mieträume begehen, um zu ermitteln, welche Arbeiten (noch) durchzuführen sind. Hat der Vermieter vorher bereits bestritten, zur Ausführung weiterer Arbeiten verpflichtet zu sein, besteht sogar die Möglichkeit, dass der Mandant die Kosten des Sachverständigen im Wege des Schadensersatzes ersetzt verlangen kann[2].

23a Ob der Vermieter **Versorgungsleistungen** schuldet bzw. bereit stellen muss, hängt von den Umständen des Einzelfalls ab. Grundsätzlich beschränkt sich die Gebrauchgewährungspflicht des Vermieter darauf, dem Mieter den Zugang zu dem allgemeinen Versorgungsnetz zu ermöglichen. Hinsichtlich der Elektrizitätsversorgung genügt es, wenn er dem Mieter die technischen Möglichkeiten für den Abschluss eines Anschlussnutzungsvertrages mit einem Stromversorgungsunternehmen eröffnet[3]. Eine private Stromversorgung entspricht nicht der Verkehrsitte, welche bei der Auslegung von Verträgen gemäß § 157 BGB zu berücksichtigen ist.

Auch hinsichtlich sonstiger Versorgungsleistungen wie Gas, Wasser und Fernwärme können die Mietvertragsparteien vereinbaren, dass der Mieter selbst einen Versorgungsvertrag unmittelbar mit den Versorgungsunternehmen abschließen muss[4]. Für eine solche Annahme bedarf es aber einer hinreichend deutlichen Vertragsabsprache, da der Vermieter gemäß § 535 Abs. 1 Satz 2 BGB die Überlassung im vertragsgemäßen Zustand schuldet. Bei Räumlichkeiten, in denen sich regelmäßig Personen aufhalten, setzt dies nach der Verkehrsitte die Beheizbarkeit und eine Wasserversorgung grundsätzlich voraus[5]. Etwas anderes kann sich aber auch aus den Umständen des konkreten Einzelfalls ergeben. Wird eine Lagerhalle vermietet, kann nicht ohne weiteres davon ausgegangen werden, dass die Vertragsparteien die Beheizbarkeit vereinbaren wollten.

24 Ergeben diese Ermittlungen, dass sich die Mietsache nicht in einem ordnungsgemäßen Zustand befindet, kann der **Überlassungsanspruch** in Ver-

---

1 BGHZ 49, 56, 58; BGH, WuM 1982, 296.
2 AG Hannover, WuM 1999, 363.
3 OLG Brandenburg v. 31.8.2006 – 3 U 79/06, GuT 2007, 204; vgl. auch BGH v. 30.6.1993 – XII ZR 161/91, NJW-RR 1993, 1159.
4 Vgl. nur BGH v. 15.1.2008 – VIII ZR 351/08, WuM 2008, 139.
5 Palandt/*Weidenkaff*, § 535 BGB Rz. 63.

bindung mit einem **Leistungsanspruch** wegen noch vom Vermieter durchzuführender Arbeiten geltend gemacht werden.

(2) Verweigerung der Übergabe

Der Vermieter kann die Übergabe durch eine **ausdrückliche/konkludente** 25
Erklärung oder das Verstreichenlassen einer vom Mieter gesetzten Frist verweigern.
In dieser Situation der („grundlosen") Verweigerung sollte der Rechtsanwalt ermitteln, ob die Ursache des Verhaltens des Vermieters in der Person seines Mandanten liegt. In erster Linie sollten sich die Untersuchungen dabei auf die **finanzielle Situation** des Mandanten erstrecken. Denn häufig verweigern Vermieter die Erfüllung vertraglicher Verpflichtungen vor Überlassung der Mietsache, weil ihnen zwischenzeitlich Umstände bekannt wurden, die auf eine mangelnde Solvenz des Mieters hinweisen.

Sind derartige Umstände gegeben, sollte der Versuch unternommen werden, 26
gemeinsam mit dem Mandanten die (vermeintlichen) **Bedenken** des Vermieters **auszuräumen**. Hierzu muss der Mandant befragt werden, ob und ggf. welche Umstände sich seit Abschluss des Mietvertrages im Hinblick auf seine finanzielle Situation ergeben haben. Ist in der Zwischenzeit z.B. ein Mahnbescheid beantragt worden oder sogar (wegen Versäumung der Widerspruchsfrist) ein Vollstreckungsbescheid ergangen, aus dem die Zwangsvollstreckung betrieben wird, liegt die Vermutung nahe, dass der Vermieter hierüber über Auskunfteien o.Ä. (z.B. Schufa) erfahren hat und daraus seine (falschen) Schlüsse zieht. In dieser Situation sollte auch dem **Wohnungsmieter**, mit dem eine unwirksame Kautionsvereinbarung geschlossen wurde (vgl. dazu *G Rz. 195 f.*), empfohlen werden, dem Vermieter „Geld zu zeigen". Durch die freiwillige Leistung von Zahlungen lassen sich Vermieter regelmäßig überzeugen. Wenn diese Zahlungen auch noch mit entsprechenden Ankündigungen des Rechtsanwalts verbunden werden, erhöht sich für den Vermieter das Risiko, wegen der Nichtüberlassung der Mietsache auf Grund nicht gesicherter Erkenntnisse Schadensersatz leisten zu müssen.

Durch diesen Versuch wird das **Risiko** eingeschränkt, dass der Mandant 27
nur deshalb im Ergebnis die Mietsache nicht erhält, weil der Vermieter während des Klageverfahrens auf Überlassung zur Vermeidung von Verlusten die Mietsache **anderweitig vermietet**.

Formulierungsbeispiel: 28

Sehr geehrter Herr Wichtig,

wir zeigen an, dass ich die Interessen des Herrn Peter Müller, Franzstr. 81, 50935 Köln, vertrete.

Am 12.2.2009 haben Sie mit unserem Mandanten einen Mietvertrag über die Räume im 2. Obergeschoss des Hauses Luxemburger Str. 101, 50937 Köln, geschlossen. Danach sollte das Mietverhältnis am 1.5.2009 beginnen. Bisher haben Sie die Überlassung der Mietsache an unseren Mandanten verweigert, ohne dazu eine Erklärung abzugeben.

Mittlerweile hat unser Mandant, der sich bis Ende April 2009 auf einer mehrwöchigen Auslandsreise befand, erfahren, dass gegen ihn ein Vollstreckungsbescheid ergangen ist, aus dem bereits die Zwangsvollstreckung betrieben wird. Wir vertreten unseren Mandanten in diesem Verfahren. Deshalb können wir Ihnen versichern, dass wir gegen den Vollstreckungsbescheid Einspruch eingelegt und gleichzeitig die Einstellung der Zwangsvollstreckung beantragt haben. Dem Gläubiger haben wir angeboten, dass unser Mandant zur Abwendung der Zwangsvollstreckung aus dem Vollstreckungsbescheid eine Sicherheit i.H.v. 5000 Euro leistet und dieser Sicherheitsbetrag auf dem Anderkonto seines Rechtsanwalts hinterlegt werden kann. Mittlerweile ist der Betrag auf unserem Anderkonto eingegangen, so dass wir jederzeit in der Lage sind, aus den Mitteln unseres Mandanten die geforderte Sicherheit zu leisten.

Da nach unseren Informationen keine weiteren Anhaltspunkte dafür gegeben sind, die ihre Weigerung, die Mietsache an unseren Mandanten zu übergeben, begründen könnten, gehen wir davon aus, dass Sie – aus welcher Quelle auch immer – davon erfahren haben, dass gegen unseren Mandanten ein Titel besteht und Sie befürchten, dass unser Mandant nicht ausreichend solvent ist, um die Verpflichtungen aus dem Mietvertrag einzuhalten. Bereits die Tatsache, dass unser Mandant ohne gerichtliche Veranlassung uns einen Betrag von 5000 Euro zur Verfügung gestellt hat, um die Zwangsvollstreckung aus dem Vollstreckungsbescheid abzuwenden, macht deutlich, dass unser Mandant über ausreichend liquide Mittel verfügt.

Um letzte Zweifel auszuräumen, hat unser Mandant heute auf das von Ihnen benannte Mietkonto die vereinbarte Kaution sowie die erste Monatsmiete gezahlt. Eine Kopie des Überweisungsträgers fügen wir diesem Schreiben bei.

In diesem Zusammenhang machen wir darauf aufmerksam, dass nach unserer Prüfung die Vereinbarung über die Kaution unwirksam ist, weil sie die nach § 551 Abs. 2 BGB vorgesehene Ratenzahlung nicht berücksichtigt. Unser Mandant war jedoch trotz unseres Hinweises bereit (und in der Lage), die geforderte Kaution sowie die Miete in vollem Umfang zu zahlen, weil ihm nichts ferner liegt, als Zweifel an seiner Bonität entstehen zu lassen. Die Zahlung erfolgt selbstverständlich unter dem Vorbehalt, dass Sie unserem Mandanten nun die Mietsache pünktlich überlassen. Sollte dies bis zum 15.5.2009 geschehen sein, wird unser Mandant auch keine Rückforderungsansprüche für die Zeit vom 1. bis zum 14.5.2009 geltend machen.

Sollten Sie sich jedoch weiterhin weigern, unserem Mandanten die Mietsache zu überlassen, werden Sie bereits jetzt zur Rückzahlung des Kautionsbetrages sowie der Miete für Mai 2009 bis zum 15.5.2009 aufgefordert.

Mit freundlichen Grüßen

...

Rechtsanwalt

Anmerkung zum vorstehenden Beispiel: 29

Das vorgeschlagene Vorgehen (Zahlung unter Vorbehalt) sollte nur gewählt werden, wenn keine Bedenken an der Bonität des Vermieters bestehen. Andernfalls besteht das Risiko, dass der Rückforderungsanspruch des Mieters mangels ausreichender Solvenz des Vermieters nicht realisiert werden kann.

(3) Doppelvermietung

Nur selten wird ein Vermieter (schon im eigenen Interesse) bewusst mit 30 zwei verschiedenen Mietern einen Mietvertrag über das gleiche Mietobjekt abschließen. Häufiger sind die Fälle, in denen der Vermieter annimmt, das Mietverhältnis mit dem einen oder anderen Mieter sei beendet.

Je stärker der Mandant auf die Überlassung des Mietobjektes **angewiesen** 31 ist, umso intensiver muss der Rechtsanwalt handeln. Dabei sollte beachtet werden, dass die Rechtsprechung den **Mieter bevorzugt**, dem der Vermieter bereits den **Besitz überlassen** hat[1]. Deshalb sollte zunächst die Information des Mandanten über die Doppelvermietung verifiziert werden. Nur in Ausnahmefällen wird der Mieter in der Lage sein, dem Rechtsanwalt dazu den Mietvertrag mit dem anderen Mieter vorzulegen. Häufiger wird es eine entsprechende Erklärung des Vermieters geben, der z.B. die Schlüsselübergabe zur Durchführung vorbereitender Arbeiten mit dem Hinweis auf eine anderweitige Vermietung verweigert hat.

Selbst wenn die Information des Mandanten nur auf Gerüchten beruht, 32 sollte der Rechtsanwalt den unmittelbaren persönlichen oder schriftlichen **Kontakt zum Vermieter** suchen. Er sollte ihn mit dem Tatbestand konfrontieren und versuchen, in Erfahrung zu bringen, was der Vermieter tatsächlich vorhat. Der Inhalt eines etwaigen Gespräches sollte auf jeden Fall in einem ausführlichen **Aktenvermerk** festgehalten werden, um jederzeit auf die Informationen zurückgreifen zu können (vgl. auch *A Rz. 33*).

Im nächsten Schritt sollte gemeinsam mit dem Mandanten überlegt wer- 33 den, ob nicht die Möglichkeit besteht, in die „**geschützte Position**" des Besitzers zu **gelangen**. Dabei sollte berücksichtigt werden, dass der Erlass einer Unterlassungsverfügung gegen den Vermieter regelmäßig nicht in Betracht kommt[2].

Auf der Suche nach dem Weg, wie der Mandant in die geschützte Position des Besitzers gelangen kann, sollte bedacht werden, dass die Rechtsordnung einerseits nur den rechtmäßigen Besitzer schützt (vgl. §§ 858 ff. BGB) und auch strafbares Verhalten (z.B. nach § 123 StGB) grundsätzlich nicht zu rechtfertigen ist. Handelt es sich jedoch z.B. um eine größere Vermietungsgesellschaft, die evtl. sogar ihren Sitz nicht am Ort des Mietobjektes

---
1 BGH, MDR 1962, 398; *Sternel*, Mietrecht, II Rz. 594; *Kraemer* in Bub/Treier, III Rz. 1185 m.w.N.
2 OLG Celle, Beschl. v. 29.9.2008 – 2 W 199/08, OLGR Celle 2008, 888; OLG Hamm v. 15.10.2003 – 30 U 131/03, NZM 2004, 192; LG München I, WuM 1991, 577.

hat, kann es erfolgversprechend sein, wenn der Mieter bei dem Hausmeister oder dem örtlichen Hausverwalter vorspricht (z.B. zum Ausmessen der Räume), um die Schlüssel in Empfang zu nehmen. Sind diese über die Doppelvermietung (noch) nicht informiert, bestehen gute Aussichten, dass der Mandant den Besitz erlangt.

34 Scheitern diese Bemühungen und ist einstweiliger Rechtsschutz nicht zu erlangen (vgl. dazu *Rz. 65 f.*), sollte geprüft werden, ob das **Erfüllungsinteresse** des Mandanten auf andere Weise befriedigt werden kann. Hierzu bestehen grundsätzlich zwei Möglichkeiten:

– Auflösung des Mietvertrages mit dem anderen Mieter;
– Überlassung eines (Ersatz-)Mietobjektes durch den Vermieter.

35 Die **Auflösung** des Mietvertrages gegenüber dem anderen Mieter kann durch eine **Kündigung** oder eine **Abfindung**[1] in Verbindung mit einem Aufhebungsvertrag erreicht werden. Die Fälle der Kündigung werden dabei in der Praxis selten sein. Der Vermieter von **Gewerberaum** schließt prinzipiell einen befristeten, nur außerordentlich kündbaren Vertrag auf längere Zeit. Bei der mietweisen Überlassung von **Wohnraum** benötigt der Vermieter ein berechtigtes Interesse i.S.d. § 573 BGB (vgl. dazu *J Rz. 165 f.*).

36 Im Hinblick darauf wird der Vermieter allenfalls die Möglichkeit haben, das Mietverhältnis durch Zahlung der entsprechenden **Abfindung** aufzulösen. In dieser Situation sollte der Rechtsanwalt dem Vermieter deutlich machen, welche **Schadensersatzpositionen** von seinem Mandanten geltend gemacht werden (vgl. dazu *Rz. 93 f.*). Je mehr Positionen angeführt werden können, umso eher ist die Chance gegeben, dass der Vermieter den anderen Mieter, z.B. durch Übernahme von Umzugskosten zzgl. einem Aufschlag, dazu bewegen kann, auf seinen Überlassungsanspruch zu verzichten, zumal wenn der andere Mieter das Mietobjekt noch nicht bezogen hat.

37 In der hier beschriebenen Situation ist stets **zügiges Handeln** des Rechtsanwalts gefragt, da er auch die minimalste Chance seines Mandanten, das Objekt doch noch zu erhalten, nutzen muss. Deshalb sollte der Mandant angehalten werden, die für die Verifizierung der Schadensersatzpositionen notwendigen Unterlagen (vgl. dazu *Rz. 95 f.*) so schnell wie möglich zu besorgen bzw. vorzulegen. Andererseits sollte der begonnene **Kontakt zum Vermieter** nicht abgebrochen werden. Je öfter der Vermieter an den eigenen Mandanten (Mieter) erinnert wird und ihm geschildert werden kann, in welcher finanziellen und menschlichen Sorge der Mandant lebt, umso eher ist damit zu rechnen, dass der Vermieter eine Entscheidung i.S.d. Mandanten herbeiführen kann. Dabei kann es u.U. auch sinnvoll sein, sich unmittelbar mit dem **anderen Mieter** in Verbindung zu setzen, um dessen Interesse an dem Mietobjekt zu erfahren. Insoweit ist jedoch Vorsicht geboten, da auf seiner Seite die gleiche Strategie entwickelt werden kann, wenn er

---

[1] Vgl. OLG Düsseldorf v. 4.10.1990 – 10 U 93/90, NJW-RR 1991, 137; LG Köln v. 30.11.1989 – 1 S 296/89, WuM 1990, 65.

von der Doppelvermietung erfährt oder den Eindruck gewinnt, dass der Mandant mehr als er selbst das Mietobjekt benötigt. Bei einer solchen Unterredung kann jedoch in Erfahrung gebracht werden, welche Vorbereitungen der andere Mieter schon getroffen hat, um dem Vermieter ggf. aufzeigen zu können, dass sein Schaden geringer ausfallen wird. Schließlich kann daran gedacht werden, z.B. über Auskunfteien o.Ä. *K Rz. 67 f.*) Informationen über den anderen Mieter zu beschaffen, die dem Vermieter zugänglich gemacht werden. Damit kann u.U. aufgezeigt werden, dass die Entscheidung zugunsten des Mandanten eine sicherere Grundlage für ein dauerhaftes Mietverhältnis bietet.

38 Bleiben diese Bemühungen erfolglos, kann vor allem bei größeren Vermietern geprüft werden, inwieweit diese in der Lage sind, dem Mandanten ein **Ersatzobjekt** anzubieten. Insbesondere bei großen Wohnungsunternehmen ist dieser Gedanke nicht fern liegend, wenn die angemietete Wohnung in einem größeren Gebäudekomplex liegt. Eine Pflicht zur Annahme eines entsprechenden Angebots des Vermieters besteht jedoch nicht. Sie kann auch nicht aus der Schadensminderungspflicht des § 254 BGB hergeleitet werden.

39 Auf jeden Fall sollte – auch wenn mit dem Vermieter telefonischer Kontakt besteht – der **Erfüllungsanspruch** des Mandanten **schriftlich geltend gemacht werden**. Dieses Schreiben sollte so schnell wie möglich den Vermieter erreichen, also per Telefax, E-Mail oder durch Boten (ggf. Telegramm) übermittelt werden. Inhaltlich kann dieses Schreiben z.B. wie folgt formuliert werden:

---

40 Sehr geehrter Herr Wichtig,

wie ich Ihnen bereits telefonisch mitgeteilt habe, vertrete ich die Interessen von Herrn Peter Schmitz, Luxemburger Str. 101, 50937 Köln. Dies wird hiermit anwaltlich versichert.

Sie haben mit unserem Mandanten am 12.4.2009 einen Mietvertrag über die im 3. Obergeschoss links des Hauses Kölschplatz 3 in 51103 Köln gelegene Wohnung geschlossen. Das Mietverhältnis sollte am 1.5.2009 beginnen.

Wie Sie mir telefonisch bestätigt haben, haben Sie bereits am 3.4.2009 mit Herrn Josef Müller, Bahnhofstr. 2, 50767 Köln, einen Mietvertrag über das gleiche Mietobjekt geschlossen, der ebenfalls zum 1.5.2009 beginnen soll. Diesen Mietvertrag haben Sie fristlos gekündigt, nachdem Sie erfahren haben, dass gegen das Unternehmen, bei dem Herr Müller beschäftigt ist, ein Antrag auf Eröffnung eines Insolvenzverfahrens gestellt wurde und Sie deshalb befürchteten, dass Herr Müller in absehbarer Zeit arbeitslos wird. Nachdem sich Herr Müller gegen diese Kündigung gewehrt hat und Sie auf Grund einer rechtlichen Beratung erfahren haben, dass ein Kündigungsgrund nicht gegeben ist, haben Sie unserem Mandanten mitgeteilt, dass Sie den am 12.4.2009 geschlossenen Mietvertrag nicht erfüllen werden. Letzteres haben Sie mir in unserem Telefonat vom heutigen Tage bestätigt.

Meinem Mandanten steht aus dem Mietvertrag vom 12.4.2009 ein Anspruch auf Überlassung der oben beschriebenen Wohnung zu. Er ist auch dringend auf die Überlassung angewiesen. Seine jetzt genutzte Wohnung muss er am 30.4.2009 verlassen. Der Vermieter dieser Wohnung hat mitgeteilt, dass die Wohnung ebenfalls zum 1.5.2009 bereits vermietet ist und auch der neue Mieter ab 1.5.2009 seine Wohnung verlassen muss.

Dagegen ist Herr Müller nicht so dringend auf die Wohnung angewiesen. Wie Sie mir bestätigt haben, lebt Herr Müller in einer Wohnung, über die ein ungekündigter Mietvertrag besteht. Herr Müller will sich lediglich von seiner Ehefrau trennen.

Unabhängig davon fordere ich Sie auf, mir bis morgen Mittag, 12.00 Uhr, zu bestätigen, dass Sie den Mietvertrag vom 12.4.2009 erfüllen und meinem Mandanten die Wohnung fristgerecht überlassen.

Sollte ich diese Bestätigung nicht (rechtzeitig) erhalten, werde ich meinem Mandanten empfehlen[1], seinen Anspruch gerichtlich durchzusetzen und zur Wahrung seiner Rechte eine einstweilige Verfügung zu beantragen.

Bereits jetzt verschulden Sie aus dem Gesichtspunkt des Schadensersatzes nach § 280 Abs. 1 BGB die Kosten meiner Inanspruchnahme, die sich wie folgt berechnen:

Gegenstandswert: 12 × 750 Euro = 9000 Euro

1,3 Geschäftsgebühr VV 2400 RVG	583,70 Euro
Auslagen VV 7002 RVG	20,00 Euro
16 % MwSt. VV 7008 RVG	96,59 Euro
Summe	**700,29 Euro**

Die Zahlung dieses Betrages erwarte ich bis zum 25.4.2009.

Mit freundlichen Grüßen

...

Rechtsanwalt

41 **Anmerkung zum vorstehenden Muster:** Ob es sinnvoll ist, die Androhung der Klage und des Antrags auf Erlass einer einstweiligen Verfügung in ein solches Schreiben aufzunehmen, kann zweifelhaft sein. Der Vermieter kann versuchen, durch Einreichung einer Schutzschrift bei dem zuständigen Gericht den Erlass einer einstweiligen Verfügung ohne mündliche Verhandlung zu verhindern. Dadurch erhält er nicht nur die Gelegenheit, auf entgegenstehende Rechtsprechung hinzuweisen[2], sondern es tritt auch eine zusätzliche zeitliche Verzögerung ein.

---

1 Vgl. dazu VV-RVG 3101, 3201, 3506, 3207.
2 Z.B. OLG Celle v. 29.9.2008 – 2 W 199/08, OLGR Celle 2008, 888; OLG Hamm v. 15.10.2003 – 30 U 131/03, NZM 2004, 192.

(4) Fortgesetzte Nutzung des Vormieters

In diesem Fall ist zwar auch eine Doppelvermietung gegeben, die dazu führen kann, dass dem Vermieter die **Erfüllung des Überlassungsanspruches unmöglich** wird[1]. Je nach Interessenslage des Mandanten kann jedoch auch hier versucht werden, dem Mandanten das Objekt doch noch zu sichern. 42

Dazu sollte unverzüglich bei dem Vermieter ermittelt werden, ob und ggf. wann mit einem **Freiwerden der Wohnung** zu rechnen ist. Wurde das Mietverhältnis mit dem Vormieter gekündigt, muss einkalkuliert werden, dass sich daran ein Räumungsprozess anschließt. Liegt bereits ein Räumungstitel vor oder ist sogar die Zwangsvollstreckung beauftragt, lässt sich in etwa absehen, wann dem Mandanten die Wohnung zur Verfügung gestellt werden kann. Zwischen der Beauftragung eines Gerichtsvollziehers und der Anberaumung eines Räumungstermines liegen regelmäßig 2 bis 4 Monate. Die Ordnungsbehörde darf zur Vermeidung einer Obdachlosigkeit die Miträume max. zweimal für je 3 Monate beschlagnahmen[2], so dass bei Wohnraum eine Zeit von 6 bis 9 Monaten bis zum Freiwerden bei Vorliegen eines (rechtskräftigen) Räumungstitels veranschlagt werden kann. Bei **Gewerberaummietsachen** verkürzt sich dieser Zeitraum, weil eine Beschlagnahme zur Vermeidung von Obdachlosigkeit nicht möglich ist[3]. 43

Besteht auch nach diesem Zeitraum noch **Interesse für den Mandanten**, das Mietobjekt zu beziehen, kann eine Klage auf zukünftige Leistung (§ 259 ZPO) vorbereitet werden. Zwar fehlt im Falle der Überlassung der Mietsache an einen Dritten einer Klage auf sofortige Leistung grundsätzlich das **Rechtsschutzbedürfnis**, da zu einer unmöglichen Leistung nicht verurteilt werden darf[4]. Im vorliegenden Fall ist die Unmöglichkeit jedoch „vorübergehend" und der Vermieter nach der Räumung durch den Vormieter in der Lage, dem Mandanten den Besitz einzuräumen. In diesem Fall wird das Rechtsschutzbedürfnis mit dem Rechtsgedanken des § 283 BGB a.F. und § 255 ZPO begründet werden können[5]. Dazu sollte der Vermieter aufgefordert werden, eine **Bestätigung** abzugeben, dass er die Miträume unmittelbar nach Freiwerden dem Mandanten überlässt. Dies kann etwa wie folgt geschehen: 44

Sehr geehrter Herr Wichtig, 45

wie ich Ihnen bereits telefonisch angezeigt habe, vertrete ich die Interessen von Herrn Peter Schmitz, Luxemburger Str. 101, 50937 Köln. Dies wird hiermit anwaltlich versichert.

---

1 *Kraemer* in Bub/Treier, III Rz. 1190; *Simon*, WuM 2000, 575 m.w.N.
2 VG Köln, WuM 1990, 579.
3 Vgl. hierzu auch LG Bremen v. 19.8.1994 – 2 T 443/94, WuM 1995, 49.
4 BGH, BGHZ 56, 308, 311.
5 *Sternel*, Mietrecht, II Rz. 594; ähnlich: BGH, ZMR 1962, 175; OLG Düsseldorf, NJW-RR 1991, 137; LG Berlin, WuM 1995, 123; LG Berlin, ZMR 1988, 178; LG Köln, WuM 1990, 65.

Sie haben mit unserem Mandanten am 12.4.2009 einen Mietvertrag über die Räume im 3. Obergeschoss links des Hauses Balthasarstr. 12, 50767 Köln, geschlossen. Der Mietvertrag soll am 1.5.2009 beginnen.

Wie Sie mir telefonisch bestätigt haben, kann die Überlassung der Räume nicht fristgerecht erfolgen, weil der Vormieter die Wohnung nicht freiwillig verlässt. Mittlerweile liegt Ihnen ein rechtskräftiges Räumungsurteil vor, und Ihr Rechtsanwalt hat Ihnen bestätigt, dass der Räumungsauftrag an den Gerichtsvollzieher bereits erteilt ist.

Im Hinblick darauf gehe ich davon aus, dass Sie meinem Mandanten die Räume spätestens in 9 Monaten zur Verfügung stellen können. Selbstverständlich würde mein Mandant die Räume auch zu jedem früheren Zeitpunkt übernehmen.

Ich bitte um Bestätigung, dass Sie in der Zwischenzeit über die Räume nicht anderweitig verfügen und meinem Mandanten die Räume unmittelbar nach Freiwerden durch den Vormieter im ordnungsgemäßen Zustand überlassen.

Wegen des abweichenden Vertragsbeginns war mein Mandant gezwungen, das bestehende Mietverhältnis mit seinem jetzigen Vermieter zu verlängern. Deshalb benötigt er eine Vorlaufzeit von mind. 3 Monaten, um einen reibungslosen Übergang der beiden Mietverhältnisse gewährleisten zu können. Mit Rücksicht darauf bitte ich ebenso um Bestätigung, dass mein Mandant für die Zeit, in der er aus dem Mietvertrag für seine jetzige Wohnung Miete schuldet, die Mieträume im Objekt Balthasarstr. 12 mietfrei nutzen darf. Ich weise darauf hin, dass Sie aus dem Gesichtspunkt des Schadensersatzes ohnehin verpflichtet sind, die meinem Mandanten entstehenden Schäden (hier: mind. doppelte Mietzahlung) zu ersetzen.

Ihre Bestätigung erwarte ich bis zum 25.4.2009.

Mit freundlichen Grüßen

...

Rechtsanwalt

(5) Mangelnde Fertigstellung

46 Hat der Mandant Räume in einem **Neubau** gemietet, wird bei vorsichtiger Vorgehensweise schon der Vermieter Regeln für eine evtl. Verzögerung im **Mietvertrag** vorgesehen haben. Gängig ist insoweit, z.B. bei Gewerberaummietverträgen, den Vertragsbeginn auf die Bezugsfertigkeit festzulegen und eine Mitteilung des Vermieters über die Bezugsfertigkeit zu regeln, die mit einer Ankündigungsfrist (z.B. ein Monat) erfolgen muss[1]. Wird damit bei einem Gewerberaummietvertrag die Regelung verbunden, dass das Mietverhältnis 120 Monate nach Bezugsfertigkeit endet, bestehen auch in den

---

1 Vgl. z.B. *Lützenkirchen*, Wohnraummiete, C. I. Inhalt der Erläuterungen zu § 2 Nr. 5.

Fällen, in denen es auf eine 10-jährige Laufzeit ankommt (z.B. Wertsicherungsklausel, vgl. *A Rz. 321 f.*), keine Bedenken.

Legt der Mietvertrag jedoch ein **bestimmtes Datum** als Mietbeginn fest, liegt ein **absolutes Fixgeschäft** vor[1], das grundsätzlich zur Unmöglichkeit führt. Beruht die mangelnde Fertigstellung des Objektes jedoch nicht auf einem **dauerhaften Umstand** (z.B. Vermögenslosigkeit des Vermieters) und ist absehbar, dass der Vermieter leisten können wird (z.B. Bauverzögerung), erlischt der Erfüllungsanspruch des Mieters für die Zukunft nur unter den Voraussetzungen der **§§ 281 Abs. 1 und 4, 323 BGB**[2]. Für die Zeit der Leistungsverzögerung ist der Mieter – wie in den anderen Fällen auch – von der Verpflichtung zur **Mietzahlung befreit**. 47

In dieser Situation sollte sich der Rechtsanwalt darum bemühen, vom Vermieter zu erfahren, bis wann das Objekt fertig gestellt ist. Denn nur anhand solcher Informationen kann mit dem Mandanten abgewogen werden, ob die Erfüllung des Vertrages für ihn noch von Interesse ist. Dabei sollte den (mündlichen) **Erklärungen des Vermieters** nicht allzu große Bedeutung beigemessen werden. Erfahrungsgemäß verzögern sich Bauarbeiten gegen Ende. Dies kann auf mangelhafter Bauleistung, aber auch auf fehlender Zahlungsfähigkeit des Eigentümers beruhen. Umso mehr sollte sich der Rechtsanwalt und/oder der Mandant darum bemühen, die Angaben des Vermieters zu verifizieren. Dazu sollte Kontakt zu dem Architekten und den Bauhandwerkern aufgenommen werden. Auch sollte das Objekt (mehrfach) besichtigt werden, um festzustellen, ob überhaupt noch gearbeitet wird. Anhand dieser Informationen lässt sich für den Mandanten einschätzen, ob und ggf. wann mit einem Bezug gerechnet werden kann. 48

Bleibt danach das Interesse an der Überlassung bestehen, sollte dem Vermieter diese Tatsache mitgeteilt werden und gleichzeitig um die Bestätigung gebeten werden, dass eine anderweitige Vermietung nicht erfolgt (vgl. das Beispiel unter *Rz. 40*). 49

(6) Teilüberlassung

Kann der Vermieter zum vorgesehenen Vertragsbeginn nur einen Teil der Mieträume überlassen (z.B. wegen Neubaus, Sanierung, nicht weichender Untermieter über Teile der Mietsache), braucht der Mieter das Angebot auf (teilweise) Überlassung grundsätzlich **nicht anzunehmen**, § 266 BGB. In diesem Fall droht ihm weder Annahmeverzug (vgl. § 294 BGB) noch die Inanspruchnahme auf Zahlung der Miete. Die Rechtslage ist mit der der mangelnden Fertigstellung des Objektes vergleichbar (vgl. *Rz. 46 f.*). 50

Deshalb sollte auch hier mit dem Mandanten auf der Grundlage der vom Vermieter eingeholten Informationen überlegt werden, ob ein Zuwarten 51

---

1 *Sternel*, Mietrecht, II Rz. 506; Staudinger/*Emmerich*, Vorbem. zu § 537 BGB Rz. 19.
2 BGH, WuM 1992, 687; *Kraemer* in Bub/Treier, III Rz. 1197.

für den Mandanten von **Interesse** ist. Ist dies der Fall, kann dem Mandanten empfohlen werden, den angebotenen Teil in Besitz zu nehmen, um (zumindest insoweit) eine Weitervermietung zu verhindern. Handelt es sich um separat abschließbare Teile der Mietsache, kann er die Schlüssel in Empfang nehmen und/oder doch bereits Umzugsgut deponieren. Ob diese Möglichkeit auch ergriffen werden sollte, wenn die angebotenen Teile nicht abschließbar sind, muss im Einzelfall geprüft werden.

52 Um zu vermeiden, dass durch diese teilweise Nutzung die Verpflichtung zur **Mietzahlung** entsteht, sollte der Vermieter ausdrücklich darauf hingewiesen werden, dass keine Nutzung im Vertragssinn erfolgt und bisher eine ordnungsgemäße Erfüllung wegen der Unteilbarkeit der Leistung nicht vorliegt. Damit ist zumindest im Hinblick auf § 536b BGB ein Vorbehalt erklärt, der vorsichtshalber auch als solcher bezeichnet werden kann. Solange tatsächlich der vertragliche Zweck (Wohnen oder Betrieb eines Gewerbes) nicht ausgeübt werden kann, hat jedenfalls eine Besitzverschaffung im Vertragssinne nicht stattgefunden. Der Mietzahlungsanspruch kann nicht entstehen. Andernfalls sollte zumindest ein Zurückbehaltungsrecht i.S.d. § 320 BGB geltend gemacht werden (vgl. dazu *F Rz. 117*)[1].

(7) Zu erwartende Reaktionen des Vermieters

53 Bevor der Überlassungsanspruch gerichtlich geltend gemacht oder gesichert wird, sollte der Rechtsanwalt überlegen, welche Reaktionen des Vermieters zu erwarten sind. Zwar können sich **Indizien** dafür bereits aus dem **persönlichen Kontakt** ergeben. Erfahrungsgemäß sind diese Informationen jedoch nicht vollständig. Entweder handelt der Vermieter unprofessionell und verlässt sich nur auf sein „Rechtsgefühl", oder er gibt sich bewusst unwissend, um seine eigene Strategie nicht zu gefährden. Haben sich aus den persönlichen Gesprächen von Anfang an Hinweise auf professionelles Handeln ergeben, sollte das weitere Vorgehen erst recht sorgfältig abgewogen werden.

54 Neben den unter *Rz. 34* dargestellten Rechten des Vermieters sollte zumindest der Mietvertrag dahin überprüft werden, ob ein **Rücktrittsvorbehalt** besteht. Im Hinblick auf § 308 Nr. 3 BGB wird eine solche Regelung in einem Formularmietvertrag nur bei Anknüpfung an einen sachlich gerechtfertigten Grund wirksam sein und kann sich insbesondere nicht auf Umstände erstrecken, die der Vermieter bei gebotener Sorgfalt schon bei Vertragsschluss hätte erkennen können[2].

55 Schließlich muss – wie bei jeder Strategie – bedacht werden, dass der Vermieter u.U. eine völlig **andere Sicht der Dinge** hat. Insbesondere wenn aus seinen Reaktionen abzulesen ist, dass er von einer ordnungsgemäßen Erfüllung bzw. Angebot in richtiger Weise ausgeht, hilft es dem Mandanten wenig, wenn der Rechtsanwalt die Prozessaussichten z.B. wegen einer für den

---

1 Vgl. zur Annahme einer Teilleistung ohne entsprechende Vorbehalte: BGH, NJW 1989, 3222.
2 BGHZ 99, 182; *Kraemer* in Bub/Treier, III Rz. 1201.

Vermieter ungünstigen **Beweislage** positiv bewertet. Denn auch solche Prozesse können verloren gehen. Deshalb sollte vor allem in den Fällen, in denen der Mandant auf die Überlassung unbedingt angewiesen ist oder ein gesteigertes Interesse an der Mietsache besteht, dem Mandanten aufgezeigt werden, dass der **sicherste Weg** darin besteht, die Mietsache in der angebotenen Weise in Besitz zu nehmen und anschließend nach § 536a BGB z.B. im Wege der Ersatzvornahme vorzugehen (vgl. dazu *F Rz. 124 f.*). Denn während des Prozesses auf Überlassung muss jederzeit damit gerechnet werden, dass der Vermieter nach § 543 Abs. 2 Nr. 3 BGB zu kündigen versucht und das Mietobjekt einem Dritten überlässt.

(8) Prozessuales

Entschließt sich der Mandant zur gerichtlichen Durchsetzung seines Überlassungsanspruchs, muss immer im Auge behalten werden, dass das Erkenntnisverfahren über die erste Instanz allein mindestens 6 Monate dauern kann. Bis dahin kann der Vermieter über die Mietsache ggf. nach vorheriger fristloser Kündigung nach § 543 Abs. 2 Nr. 3 BGB bereits anderweitig verfügt haben. Deshalb sollte in Erwägung gezogen werden gleichzeitig mit Einreichung der **Klage** auch eine **einstweilige Verfügung** zu beantragen (siehe hierzu aber *Rz. 65 ff*). Je nach den Umständen kann auch zunächst eine einstweilige Verfügung und die Durchführung eines **selbständigen Beweisverfahrens** beantragt werden. Entscheidet sich der Mandant für diese Variante, sollte die Klage auf Erfüllung des Mietvertrages erst eingereicht werden, wenn das selbständige Beweisverfahren angeordnet ist. Denn während eines Klageverfahrens ist die Durchführung des selbständigen Beweisverfahrens nur mit Zustimmung des Prozessgegners (Vermieter) zulässig, § 485 Abs. 1 ZPO.

(a) Klage auf Überlassung der Mietsache

Der Anspruch aus § 535 Abs. 1 BGB geht auf **Verschaffung des unmittelbaren Besitzes**[1]. Dazu muss der Besitz im Einvernehmen vom Vermieter auf den Mieter übertragen werden, was letztlich durch die Übergabe der Schlüssel dokumentiert wird[2].

Im Hinblick auf § 885 Abs. 1 ZPO („... überlassen ...") kann der **Antrag** formuliert werden,

den Beklagten zu verurteilen, dem Kläger die im 1. Obergeschoss rechts des Hauses Luxemburger Str. 101, 50937 Köln, gelegene Wohnung, bestehend aus drei Zimmern, Küche, Diele und Bad, sowie den dazugehörigen Kellerraum unter Aushändigung sämtlicher Schlüssel zu überlassen.

---

1 BGHZ 65, 137, 139.
2 LG Berlin, NJW-RR 1988, 203.

60 Die Gestaltung des Antrages kann problematisch sein, wenn, wie z.B. im Fall der fortgesetzten Nutzung des Vormieters (vgl. *Rz. 42 f.*), eine Klage auf **zukünftige Überlassung** erhoben werden soll. Die Angabe eines konkreten Datums im Antrag kann dazu führen, dass das **Datum** zu spät gewählt ist, so dass zwischen Rechtskraft des Urteils und Fälligkeit des Klageanspruches ein zu großer Zeitraum liegt, der die Rechte des Mandanten wiederum gefährden kann, weil der Vermieter eine Weitervermietung durchführt. Fehlt eine Datumsangabe im Antrag, kann die Auslegung ergeben, dass ein Anspruch auf sofortige Überlassung geltend gemacht wird, so dass die Unzulässigkeit wegen mangelndem Rechtsschutzbedürfnis droht[1], weil das Gericht von einer Unmöglichkeit ausgeht. Dieses **Problem** kann dadurch **gelöst** werden, dass in der Klageschrift ausdrücklich ausgeführt wird, dass eine Klage auf zukünftige Leistung erhoben wird und im Hinblick auf die bei Klageeinreichung unsicheren Zustände spätestens in der mündlichen Verhandlung präzisiert wird, zu welchem Zeitpunkt (frühestens) die Überlassung verlangt wird. Dabei handelt es sich zumindest um einen Fall der zulässigen Klageänderung i.S.d. § 264 Ziff. 2 ZPO. Ein evtl. Kostenrisiko, das sich aus einer als teilweisen Klagrücknahme bewerteten Präzisierung ergibt, sollte dabei in Kauf genommen werden. Nach der hier vertretenen Auffassung ist mit dieser Ankündigung in der Klageschrift jedoch klargestellt, dass von Anfang an der in der mündlichen Verhandlung präzisierte Antrag als gestellt gilt[2].

61 Selbstverständlich muss in diesem Fall auch zu den **Voraussetzungen des § 259 ZPO** vorgetragen werden. Dabei reicht es nicht aus darzustellen, dass die Wohnung z.B. noch von dem Vormieter genutzt wird. Vielmehr müssen sich aus dem Verhalten des Vermieters Anzeichen dafür ergeben, dass er den Überlassungsanspruch nicht erfüllen wird. Diese Indizien liegen z.B. vor, wenn der Vermieter seinerseits eine Kündigung erklärt oder den Anspruch des Mieters in sonstiger Weise leugnet.

62 Ergeben sich die anspruchsbegründenden Tatsachen (Mietvertrag, Verweigerung der Überlassung) aus Urkunden, kann auch daran gedacht werden, eine Klage im **Urkundenprozess** zu erheben (vgl. dazu *M Rz. 211 f.*). Hierfür bedarf es aber der Vorlage des Originalvertrages spätestens in der mündlichen Verhandlung.

63 Der **Mieter** ist **beweispflichtig** für das Vorliegen des Mietvertrages als anspruchsbegründende Tatsache. Wendet der Vermieter Unmöglichkeit ein, ist er gleichwohl zur Überlassung des Besitzes zu verurteilen, wenn er den ihm obliegenden Beweis der Unmöglichkeit nicht erbringen kann, also ein **non liquet** entsteht[3]. Denn der Gläubiger soll sich in der Zwangsvollstreckung davon überzeugen können, ob die Erfüllung noch möglich ist[4]. Deshalb sollte neben dem Antrag auf Besitzverschaffung begehrt werden,

---

1 BGHZ 56, 308, 311.
2 Zur Auslegung von Anträgen vgl. Zöller/*Vollkommer*, § 308 ZPO Rz. 2 ff.
3 OLG Düsseldorf, NJW-RR 1991, 137.
4 Palandt/*Heinrichs*, § 275 BGB Rz. 25 m.w.N.

> 1. ... (Besitzverschaffung)
> 2. dem Beklagten zur Überlassung eine Frist von 6 Wochen zu setzen, nach deren Ablauf der Kläger die Annahme der gemäß Ziff. 1 beantragten Leistung ablehnt;
> 3. festzustellen, dass der Beklagte nach Ablauf der gem. Ziff. 2 gesetzten Frist dem Kläger zum Ersatz jeglichen Schadens verpflichtet ist, der ihm aus der Nichterfüllung der Verpflichtung gem. Ziff. 1 entsteht.

Diese zusätzlichen Anträge können bereits mit der Klage in der Hauptsache (Besitzverschaffung) wegen **§ 255 ZPO** verbunden werden[1]. 64

(b) Einstweilige Verfügung

Der Erlass einer einstweiligen Verfügung setzt voraus, dass ein **Verfügungsanspruch** und ein **Verfügungsgrund** dargelegt und glaubhaft gemacht werden. Verfügungsanspruch kann grundsätzlich jeder Individualanspruch sein, der nicht auf eine Geldleistung gerichtet ist[2]. Der Anspruch auf Besitzübelassung aus dem Mietvertrag ist ein solcher Anspruch auf eine Individualleistung, der in einem Hauptprozess durchgesetz und vollstreckt werden kann. 65

Zutreffend[3] verneint die h.M. in Rechtsprechung[4] und Literatur[5] einen Verfügungsanspruch im Fall der **Doppelvermietung**. In diesem Fall kann der Vermieter seine (doppelte) Verpflichtung nur gegenüber einem seiner Mieter erfüllen. Die Überlassungsansprüche der Mieter stehen gleichrangig nebeneinander, da es keinen Grundsatz gibt, dass ältere mietvertaglichen Ansprüche Vorrang haben[6]. Es obliegt grundsätzlich der Entscheidungsbefugnis des Vermieter wem gegenüber er seine Verpflichtungen erfüllt und wem gegenüber er eine Schadensersatzpflicht begründet[7]. Die Erwirkung einer einstweiligen Verfügung eines der Mieter hätte zur Folge, dass dem Überlassungsanspruch des anderen Mieters die rechtliche Durchsetzbarkeit genommen und damit die Privatautonomie des Vermieters und des konkurrierenden Mieters in unzumutbarer Weise eingeschränkt wird. In Anbetracht dessen, dass keinem der Mieter eine stärkere Rechtsposition 66

---

1 Jendrek/*Scholl*, B. III. 1.
2 Zöller/*Vollkommer*, § 935 Rz. 6; *Grunsky* in Stein/Jonas, § 935 ZPO Rz. 2.
3 Entgegen der bis zur 3. Auflage vertretenen Auffassung. Vgl. auch *M Rz. 327 ff.*
4 OLG Koblenz, ZMR 2008, 50; KG, ZMR 2007, 614; OLG Hamm, NZM 2004, 192; OLG Frankfurt/Main, ZMR 1997, 22; Brandenburgisches OLG, MDR 1998, 98; LG München I, WuM 1991, 577; **a.A.** OLG Düsseldorf, NJW-RR 1991, 137.
5 *Fritz*, Rz. 600a; *Scholz* in Schmid, 24–148; **a.A.** Derleder/Pellegrino, NZM 1998, 550, 556; Stackmann/Zimmermann, Der Mietprozess, 2006, 11. Kapitel, Rz. 17 ff., 20.
6 OLG Brandenburg, MDR 1998, 98; OLG Hamm, NJW-RR 2004, 521, OLG Schleswig, MDR 2000, 1428; a.A. BGH, MDR 1962, 398; *Wichert*, ZMR 1997, 16, 17.
7 KG WuM 2007, 207; OLG Brandenburg, MDR 98, 98; OLG Frankfurt, NJW-RR 97, 77; OLG Hamm, NJW-RR 2004, 521.

zukommt, wäre dies nicht aktzeptabel. Zudem hätte dies prozessual kaum zu lösende Folgen. Der konkurrierende Mieter könnte seinen Überlassungsanspruch gerichtlich geltend machen, da er an die einstweilige Verfügung nicht gebunden ist. Allerdings dürfte der Vermieter dem (berechtigten) Anspruch des konkurrierenden Mieters aufgrund der einstweiligen Verfügung nicht nachkommen. Es bestände daher die Gefahr, dass für den Vermieter widerstreitende Vollstreckungstitel ergehen, nämlich die Untersagung der Überlassung an den konkurrierenden Mieter in Form einer einstweiligen Verfügung und zum anderen ein Urteil zugunsten desselben. Dem kann auch nicht entgegen gehalten werden, dass der Vermieter auf diese Weise in seinem vertragswidrigem Verhalten geschützt werde[1]. Vielmehr begründet der Vermieter eine Schadensersatzverpflichtung, wenn der das Mietobjekt dem konkurrierenden Mieter überlässt. Der Mieter ist daher nicht schutz- und rechtslos gestellt. Zudem wird die Erfüllung des Überlassungsanspruchs durch den Vermieter nicht automatisch mit der Überlassung des Mietobjekts an den konkurrierenden Mieter unmöglich. Dies ist erst dann der Fall, wenn der konkurrierende Mieter endgültig die Rückgabe des Mietobjetks verweigert. Ein Verfügungsanspruch besteht erst recht nicht, wenn bislang lediglich ein **Mietvorvertrag** geschlossen wurde[2]. In diesem Fall steht dem (künftigen) Mieter noch nicht einmal ein Überlassungsanspruch zu, sondern lediglich der Anspruch auf Abschluss eines Mietvertrages.

67 Sofern in Abweichung von der hier vertretenen Auffassung ein Verfügungsanspruch bejaht wird, ist die Darlegung und Glaubhaftmachung eines Verfügungsgrundes, als die besondere Eilbedürftigkeit regelmäßig kein Problem. Im Fall der Doppelvermietung muss jederzeit mit der Überlassung an den Dritten gerechnet werden.

(9) Gebühren

68 Im Gegensatz zum Zuständigkeits- und Rechtmittelstreitwert, der sich nach § 8 ZPO richtet, ermittelt sich der Gebührenstreitwert auch hier nach § 41 GKG mit der **Jahresmiete** (vgl. *N Rz. 539*), weil das Bestehen eines Mietverhältnisses in Streit ist. Bei der einstweiligen Verfügung kommt ein entsprechender Bruchteil (i.d.R. ⅓) zum Ansatz[3]. Hinsichtlich der Gebühren in der außergerichtlichen Vertretung ergeben sich keine Besonderheiten (vgl. *N Rz. 83 ff.*).

bb) Auflösung des Vertrages

69 Verliert der Mandant vor Überlassung der Mietsache wegen der eingetretenen Leistungsstörung das **Interesse an der Mietsache**, muss der Rechtsanwalt prüfen, unter welchen Voraussetzungen der Mandant das Mietverhältnis auflösen kann.

---

1 *Fischer* in Bub/Treier, VIII Rz. 118.
2 OLG Celle v. 29.9.2008 – 2 W 199/08, OLGR Celle 2008, 888.
3 Zöller/*Herget*, § 3 ZPO Rz. 16 „Einstweilige Verfügung" mwN.

(1) Tatsächliches Leistungshindernis

Unter den Voraussetzungen des § 323 BGB kann der Gläubiger vom Vertrag zurücktreten, wenn der Schuldner die Leistung nicht oder nicht vertragsgemäß erbringt. Verweigert der Vermieter z.B. die Überlassung des Mietobjektes oder ist er hierzu nicht in der Lage, da der konkurrierende Mieter eine Rückgabe endgültig verweigert hat, ist ein solcher **Rücktritt** grundsätzlich möglich.

70

Neben dem Rücktritt kann der Mieter auch **Schadensersatz** verlangen kann, § 325 BGB. Dies ist insbesondere in den zuvor (*Rz. 18 f.* und *25 f.*) dargestellten Fällen der nicht ordnungsgemäßen oder verweigerten Überlassung von Bedeutung.

71

§ 323 BGB knüpft den **Rücktritt** an die Voraussetzung einer angemessenen Fristsetzung. Dies erfordert (anders als bei § 326 BGB a.F.) nicht notwendigerweise einen Verzug des Schuldners und erst recht keine synallagmatische Verknüpfung[1]. Der Anspruch muss wirksam, fällig und durchsetzbar sein. Liegt eine dauernde (z.B. Verjährung) oder aufschiebende Einrede vor, ist das Rücktrittsrecht ausgeschlossen, und zwar auch dann, wenn sich der Schuldner hierauf zunächst nicht beruft.

72

Inhaltlich gelten für die **Fristsetzung** die gleichen Anforderungen wie für die Mahnung nach § 286 BGB[2]. Sie muss eine bestimmte und eindeutige Leistungsaufforderung enthalten. Dabei muss nicht auf die möglichen Rechtsfolgen der Fristversäumung (z.B. Rücktritt oder Schadensersatz) hingewiesen werden. Sie muss aber mehr als ein höfliches Drängen zur Leistung sein und dem Schuldner deutlich machen, dass es nach Ablauf der Frist „ernst" wird. Die Aufforderung, sich über seine Leistungsbereitschaft zu erklären, ist nicht ausreichend[3].

73

Die **Angemessenheit der Fristsetzung** beurteilt sich nach den Umständen des Einzelfalls[4]. Die Frist muss so bemessen sein, dass der Schuldner die Leistung tatsächlich erbringen kann. Allerdings muss sie dem Schuldner, der noch nichts zur Erbringung der Leistung unternommen hat, nicht ermöglichen, mit der Leistungshandlung zu beginnen[5]. Vielmehr soll der Schuldner durch die Fristsetzung in die Lage versetzt werden, die bereits in Angriff genommene Leistung zu beenden[6]. Da der Schuldner bisher seiner ursprünglichen Verpflichtung nicht nachgekommen ist, können in diesem Stadium von ihm größere Anstrengungen, insbesondere ein schnelleres Handeln, erwartet werden[7].

74

---

1 Palandt/*Heinrichs*, § 325 BGB Rz. 10; *Dauner-Lieb* in Dauner-Lieb, § 323 BGB Rz. 7.
2 Palandt/*Heinrichs*, § 323 BGB Rz. 12.
3 Palandt/*Heinrichs*, § 323 BGB Rz. 13.
4 *Dauner-Lieb* in Dauner-Lieb, § 323 BGB Rz. 11.
5 BGH, NJW 1995, 323; BGH, NJW 1995, 857.
6 BGH, NJW 1982, 1280.
7 *Dauner-Lieb* in Dauner-Lieb, § 323 BGB Rz. 11.

75 Eine **zu kurze Nachfrist** setzt dabei regelmäßig eine angemessene Frist in Lauf[1]. Sie ist also nicht unbeachtlich oder unwirksam. Leistet der Schuldner innerhalb der angemessenen Frist, ist ein Rücktritt nach § 323 BGB ausgeschlossen. Allerdings ist eine Fristsetzung wirkungslos, wenn sie missbräuchlich (zu kurz) erfolgt[2]. Dies ist z.B. der Fall, wenn der Gläubiger zu erkennen gibt, dass er die Leistung nach Ablauf der Frist nicht mehr abnehmen wird, obwohl sie innerhalb der objektiv angemessenen Frist erbracht wird[3], oder von vornherein so bemessen ist, dass die Leistungserbringung innerhalb der Frist objektiv unmöglich ist (3-Tage-Frist ab Absendung für Renovierungsleistung)[4].

76 Nach § 323 Abs. 2 BGB ist eine **Fristsetzung entbehrlich**, wenn eine endgültige Erfüllungsverweigerung vorliegt (Nr. 1), ein absolutes Fixgeschäft vereinbart wurde (Nr. 2)[5] oder besondere Umstände gegeben sind, die unter Abwägung der beiderseitigen Interessen den sofortigen Rücktritt rechtfertigen (Nr. 3 = Generalklausel)[6]. Hinsichtlich der zuletzt genannten Voraussetzung des § 323 Abs. 2 Nr. 3 BGB sollte vor allem in der beratenden Praxis Zurückhaltung geübt werden, da es sich um eine Einzelfallabwägung handelt. Insoweit sollte zur Vermeidung eines Risikos die Fristsetzung vorsorglich immer erklärt werden, solange keine eindeutige Erfüllungsverweigerung vorliegt (vgl. dazu *H Rz. 484 f.*).

77 Aus dem umfassenden Regelungsgehalt wird deutlich, dass der Rücktritt auch bei **vorübergehenden Leistungshindernissen** möglich ist[7]. Bei einem anfänglichen Rechtsmangel (z.B. fehlende Verfügungsbefugnis des Vermieters mangels Eigentum) bleibt § 536 Abs. 3 BGB lex specialis, so dass nur unter den Voraussetzungen des § 543 Abs. 2 Nr. 1 BGB gekündigt werden kann[8] (vgl. dazu *J Rz. 258 ff.*).

78 § 323 BGB ist **dispositiv**[9]. Ein Ausschluss durch **allgemeine Geschäftsbedingungen** wird aber jedenfalls bei der Wohnraummiete grundsätzlich an § 307 Abs. 2 Nr. 1 BGB scheitern. Auch eine formularmäßige Regelung, nach welcher der Rücktritt gegenüber dem Verwender nur durch Einschreiben erklärt werden kann, ist gemäß § 309 Nr. 13 BGB unwirksam[10]. Gleiches gilt für den formularmäßigen Verzicht auf eine Fristsetzung zugunsten des Verwenders, § 309 Nr. 4.

---

1 Palandt/*Heinrichs*, § 323 BGB Rz. 14; *Dauner-Lieb* in Dauner-Lieb, § 323 BGB Rz. 11.
2 Palandt/*Heinrichs*, § 323 BGB Rz. 11.
3 RGZ 91, 207.
4 LG Köln in *Lützenkirchen*, KM 31 Nr. 37.
5 Palandt/*Heinrichs*, § 323 BGB Rz. 19 f.
6 *Dauner-Lieb* in Dauner-Lieb, § 323 BGB Rz. 18.
7 *Dauner-Lieb* in Dauner-Lieb, § 323 BGB Rz. 6.
8 Palandt/*Heinrichs*, § 323 BGB Rz. 4.
9 Palandt/*Heinrichs*, § 323 BGB Rz. 2.
10 LG Berlin v. 29.11.2007 – 5 O 72/07, GE 2008, 332; vgl. BGH v. 28.2.1985 – IX ZR 92/84, NJW 1985, 2585.

Ein einmal begründetes Rücktrittsrecht geht nicht dadurch wieder unter, dass der Gläubiger zunächst weiter Erfüllung verlangt[1]. Der Gläubiger muss seine gesetzlichen Rechte gegenüber dem Schuldner nicht erst durch eine erneute Fristsetzung wieder begründen, sondern kann den Rücktritt erklären, wenn der Schuldner auch nach erneuter Leistungsanforderung nicht leistet

(2) Anfänglicher Rechtsmangel

Bei einem anfänglichen Rechtsmangel ergibt sich die Möglichkeit zur Auflösung des Vertrages aus § 543 Abs. 2 Nr. 1 BGB[2]. Voraussetzung dieses **Kündigungsrechts** ist aber in jedem Fall, dass dem Mieter der vertragsgemäße Gebrauch der Mietsache tatsächlich nicht gewährt wird, der Dritte also seine Rechte geltend macht[3]. Die bloße Existenz des Rechts eines Dritten an der Mietsache begründet noch keinen Rechtsmangel i.S.d. § 536 Abs. 3 BGB[4] und damit auch kein Kündigungsrecht nach § 543 Abs. 2 Nr. 1 BGB[5]. Hat der Mieter von dem entgegenstehenden Recht eines Dritten vor Überlassung der Mietsache Kenntnis, sollte er darauf hingewiesen werden, welches **Risiko** bei der Übernahme der Mietsache entsteht. Ist nämlich z.B. der Schadensersatzanspruch nach § 536a Abs. 1 S. 1, 1. Var. BGB (Garantiehaftung) wirksam ausgeschlossen[6], entsteht für den Mandanten die Gefahr, dass er nach Übernahme des Objektes z.B. wegen einer behördlichen Anordnung die Mietsache räumen muss, dafür jedoch von dem Vermieter keinen Schadensersatz verlangen kann. Andererseits können diese Umstände zur Anwendung des § 536b BGB führen. Dabei reicht für die Kenntnis i.S.d. § 536b BGB bereits aus, wenn er sich über das Recht des Dritten im Klaren ist und bewusst in Kauf nimmt, dass der Dritte sein Recht möglicherweise geltend machen wird[7]. Gemäß Satz 2 genügt auch die grob fahrlässige Unkenntnis bei Vertragsabschluss für den Gewährleistungsausschluss[8]. Insoweit muss aber ein Zustand gegeben sein, bei dem sich das Vorliegen eines Mangels geradezu aufdrängen muss.

Um die dadurch entstehenden **Risiken zu vermeiden**, sollte der Rechtsanwalt seinem Mandanten empfehlen, mit dem Dritten (Behörde, Miteigentümer, Nießbraucher, Untermieter etc., vgl. oben Rz. 6) Kontakt aufzunehmen, um herauszufinden, wie wahrscheinlich die Möglichkeit des Eintritts des Rechtsmangels ist. Im Hinblick auf das hier erörterte Interesse des Mandanten (Auflösung des Vertrages), kann der Dritte dabei ver-

---

1 BGH v. 20.1.2006 – V ZR 124/05, NJW 2006, 1198.
2 *Kraemer* in Bub/Treier, III Rz. 1187 m.w.N.
3 Blank/Börstinghaus, § 536 Rz. 104.
4 BGH, NJW-RR 1995, 715; BGH, NJW 1996, 46; *Kraemer* in Bub/Treier, III Rz. 1265.
5 BGH, WuM 1987, 116; BGH, NJW-RR 1989, 77; OLG Köln, WuM 1981, 102.
6 Vgl. dazu *Kraemer* in Bub/Treier, III Rz. 1293 und III Rz. 1384 jeweils m.w.N.
7 BGH, NJW 1996, 46, 47.
8 LG Berlin, GE 1996, 471.

anlasst werden, sein Recht tatsächlich geltend zu machen. Ist er dazu ohne weiteres nicht bereit oder ist z.B. die Ausübung des Rechts noch von weiteren Bedingungen abhängig, sollte überlegt werden, ob die Situation entsprechend gestaltet werden kann. Dabei ist jedoch Vorsicht geboten. Das Verhalten des Mandanten darf nicht dahin ausgelegt werden können, dass er den Eintritt des Rechtsmangels herbeigeführt hat. Denn dies kann dazu führen, dass er seine Rechte verliert.

81 Weitere Voraussetzung des § 543 Abs. 2 Nr. 1 BGB ist gemäß § 543 Abs. 3 BGB das Setzen einer **angemessenen Frist**. Davon kann nur abgesehen werden, wenn eine der dort beschriebenen Ausnahmen vorliegt. Zur Vermeidung eines Risikos sollte in jedem Fall eine Frist gesetzt werden (vgl. dazu oben *F Rz. 113*). Liegen danach die Voraussetzungen vor, sollte die Kündigung ausgesprochen werden (vgl. dazu *J Rz. 433 f.*).

(3) Haftungsausschlüsse?

82 Schließlich sollte der Rechtsanwalt vor der Ausübung des Rücktritts- oder Kündigungsrechts den Mietvertrag dahin überprüfen, ob **Haftungsausschlüsse** gegeben sind (vgl. dazu *A Rz. 199* und *430 f.*). Dabei muss jedoch im Zweifel angenommen werden, dass der Ausschluss der Haftung des Vermieters für nicht rechtzeitige Gebrauchsgewährung nur Schadensersatzansprüche betrifft, nicht aber sonstige Rechte des Mieters[1], insbesondere nicht den Erfüllungsanspruch. Denn als Kernpflicht kann die Übergabe formularmäßig auch in einem Gewerbemietvertrag nicht beschränkt werden[2]. Kommt der Vermieter seinem Erfüllungsanspruch daher trotz angemessener Fristsetzung nicht nach, kommt trotz Haftungsausschluss ein Rücktritt in betracht.

(4) Prozessuales

83 Wurde die Kündigung bzw. der Rücktritt erklärt, kommt eine vom Mieter aktiv beschriebene Auseinandersetzung nur in Betracht, wenn er befürchten muss, dass der Vermieter die Kündigung nicht anerkennt und deswegen auch für den anschließenden Zeitraum weiter Zahlungen verlangen wird[3]. In diesem Fall steht dem Mieter die Möglichkeit offen, durch eine **Feststellungsklage** eine zügige Klärung der Rechtslage herbeizuführen. Allerdings sollte dem Vermieter vor Klageerhebung zunächst eine Frist zur Stellungnahme gesetzt werden, um die Folgen eines sofortigen Anerkenntnisses gemäß § 93 ZPO zu vermeiden.

---

1 *Kraemer* in Bub/Treier, III Rz. 1214.
2 OLG Düsseldorf, DWW 1993, 197; *Eisenschmid* in Schmidt-Futterer, §§ 535, 536 BGB Rz. 11.
3 LG Berlin, GE 1996, 737.

Der Antrag einer Feststellungsklage kann dabei wie folgt formuliert werden:

> festzustellen, dass durch die Kündigung vom ... der Mietvertrag vom ... über die Mieträume im 1. Obergeschoss des Hauses Luxemburger Str. 101, 50937 Köln, mit sofortiger Wirkung aufgelöst wurde (alternativ: zum ... enden wird).

Ob es sinnvoll ist, diese Klage einzureichen oder den Vermieter auf Mietzahlung klagen zu lassen, kann auch von der Zuständigkeit des Gerichts abhängen (vgl. dazu *F Rz. 86*). Weiter ist zu berücksichtigen, dass stets der Kläger die anfallenden Gerichtskosten zu verauslagen hat. 84

(5) Gebühren

Im Falle der Auflösung des Mietvertrages durch Rücktritt oder Kündigung berechnen sich die Gebühren nach § 41 GKG. Es ist also der Jahresmietwert anzusetzen (vgl. *N Rz. 539*), es sei den der streitige Zeitraum ist kürzer bemessen. Hinsichtlich der Gebühren ergeben sich keine Besonderheiten (vgl. *N Rz. 83 ff.*). 85

cc) Schadensersatzansprüche

Stellt sich vor der Überlassung der Mietsache heraus, dass der Vermieter dem Mieter die Räume nicht überlassen kann, kann dies für den Mieter unangenehme Folgen haben. Hat er z.B. sein bisheriges Mietobjekt gekündigt, droht ihm ein Räumungsprozess. In dieser Situation sollte der Rechtsanwalt bei der Vertretung des Mieters von Wohnraum unbedingt an § 93b ZPO, insbesondere Abs. 3, denken und aus Vorsorge die dafür notwendigen Voraussetzungen gegenüber dem (alten) Vermieter schaffen (vgl. dazu *C Rz. 391 f.*)[1], indem er für seinen Mandanten um – unter Mitteilung der konkreten Umstände – eine Fortsetzung des Mietverhältes oder eine angemessene Räumungsfrist bittet. Auch wenn die Frist zur Einlegung des Widerspruchs nach § 574b BGB noch nicht abgelaufen ist, sollte zusätzlich dieser Weg vorsorglich beschritten werden (vgl. dazu *J Rz. 351 f.*). 86

(1) Anspruchsgrund

Anspruchsgrundlage für die Geltendmachung von Schadensersatzansprüchen sind neben § 536a BGB die §§ 280, 281, 282, 283, 284, 286, 311a Abs. 2 BGB. Gem. § 325 BGB kann Schadensersatz auch parallel zum Rücktritt geltend gemacht werden. 87

Die Rechtsfolge des Schadensersatzes ist in allen Anspruchsgrundlagen an die **Pflichtverletzung** geknüpft. Dazu muss der Schuldner hinter dem 88

---

1 Vgl. Rechtsprechungsübersicht bei *Harsch*, WuM 1995, 246.

„Pflichtenprogramm des Schuldverhältnisses zurückbleiben"[1]. Insoweit kommt es nicht darauf an, ob die Leistung ganz oder teilweise auf Dauer ausbleibt oder in zeitlicher oder qualitativer Hinsicht Defizite aufweist[2]. Von der „Pflichtverletzung" ist die Nichterfüllung ebenso umfasst wie die Verletzung von Schutz-, Aufklärungs- und sonstigen Nebenpflichten[3].

89 Mit diesem Regelungsumfang bildet § 280 Abs. 1 BGB den **Grundtatbestand** für den Schadensersatzanspruch eines Gläubigers, wobei durch Satz 2 klargestellt wird, dass die Rechtsfolge ein **Verschulden des Schuldners** (Vermieter) voraussetzt, der sich allerdings exkulpieren, also den Entlastungsbeweis führen kann[4]. Dies führt im Ergebnis dazu, dass regelmäßig allein die objektive Pflichtverletzung die Schadensersatzhaftung des Vermieters begründet, weil ihm eine Exkulpation in der Regel nicht möglich sein wird.

90 Will der Mieter den **Verzögerungsschaden** verlangen, muss er gemäß § 280 Abs. 2 BGB zusätzlich die Voraussetzungen des § 286 BGB herbeiführen, also im Zweifel den Schuldner mahnen[5]. Von der Primärleistung (hier: Überlassung) kann der Gläubiger nur unter den Voraussetzungen des § 281 BGB zum Schadensersatz (statt der Leistung) übergehen, wozu grundsätzlich eine Fristsetzung erforderlich ist. Allerdings erlischt der Erfüllungsanspruch nicht automatisch mit dem Ablauf der gesetzten Frist[6]. Vielmehr muss der Gläubiger ausdrücklich oder konkludent Schadensersatz verlangen, § 281 Abs. 4 BGB. Erst wenn er also Schadensersatz beansprucht, ist der Anspruch auf die Leistung ausgeschlossen.

91 Für die Fälle des anfänglichen **Unvermögens** und der anfänglichen **Unmöglichkeit** bestimmt § 311a Abs. 2 S. 1 BGB eine Verschuldenshaftung nach § 280 Abs. 1 BGB, während es in den Fällen der anfänglichen Rechtsmängel bei der (abdingbaren[7]) Garantiehaftung aus § 536a Abs. 1, 1. Var. BGB bleibt[8]. Demgemäß muss in den Fällen des anfänglichen Unvermögens (subjektive Unmöglichkeit) streng unterschieden werden, ob ein anfänglicher Rechtsmangel vorliegt, so dass sich die Rechte des Mieters nach den §§ 536 Abs. 3, 536a Abs. 1 BGB richten oder die allgemeinen Vorschriften der §§ 311a, 275 BGB eingreifen. Im zuletzt genannten Fall haftet der Vermieter auf Schadensersatz statt der Leistung oder Aufwendungsersatz (§ 284 BGB) nur noch, wenn er das Leistungshindernis bei Vertragsabschluss kannte oder kennen musste, § 311a Abs. 2, 284 BGB[9].

---

1 *Schlechtriem*, IHR 2001, 12 ff., 16; *Anders*, ZIP 2001, 184, 185.
2 *Schmidt-Räntsch*, Rz. 304.
3 Palandt/*Heinrichs*, § 280 BGB Rz. 12 f.
4 Palandt/*Heinrichs*, § 280 BGB Rz. 40; *v. Westphalen*, NZM 2002, 368, 369.
5 Für die Mahnung gelten die gleichen inhaltlichen Anforderungen wie für die Fristsetzung nach § 323 BGB (vgl. dazu oben *Rz.* 73 *f.*).
6 Anders als bei § 326 BGB a.F.
7 BGH, WuM 1992, 316; *Lützenkirchen*, MDR 2002, 331, 332.
8 *Emmerich*, NZM 2002, 362, 363.
9 Vgl. hierzu auch AG Eisenach v. 18.1.2007 – 54 C 502/03, zitiert nach juris.

Hinsichtlich der Rechtsfolge muss in den oben unter *Rz. 14* beschriebenen Fällen danach unterschieden werden, ob Schadensersatz wegen der Pflichtverletzung selbst (§ 280 BGB), Schadensersatz statt der Leistung (ehemals: Nichterfüllungsschaden, § 281 BGB) verlangt oder der Verzögerungsschaden (§§ 280 Abs. 2, 286 BGB) geltend gemacht wird. 92

(2) Umfang des Schadens

Eine wesentliche Aufgabe des Rechtsanwalts besteht in dieser Situation darin, dem Mandanten den Weg der **richtigen Schadensberechnung** aufzuzeigen, um ihn für alle in Betracht kommenden Schadenspositionen zu sensibilisieren. Der Schadensersatz ist nach ganz herrschender Meinung nach der **Differenzmethode** zu ermitteln, wobei sich der Schaden abweichend von § 249 S. 1 BGB allein auf Geldersatz richtet[1]. Dannach ist der Geschädigte so zu stellen, wenn ordnungsgemäß erfüllt worden wäre. Es muss daher ein Vergleich der tatsächlichen Vermögenslage mit der (hypothetischen) Vermögenslage bei ordnungsgemäßer Erfüllung angestellt werden. Die Differenz ist der zu ersetzende Schaden[2]. 93

Der Schaden kann **konkret** oder **abstrakt berechnet** werden[3]. Insoweit steht dem Mieter ein Wahlrecht zu[4]. Dabei kann der Mieter noch während des Prozesses von der einen zur anderen Berechnungsweise übergehen, ohne dass hierin eine Klageänderung zu sehen ist[5]. Innerhalb einer Schadensposition kann der Mieter jedoch nur eine der Berechnungsarten wählen. Bei der abstrakten Berechnung besteht aber kein Anspruch auf die (z.B. im Kostenvoranschlag ausgewiesene) **Umsatzsteuer**, § 249 Abs. 2 S. 2 BGB. Diese kann nur gefordert werden, wenn sie auch tatsächlich angefallen ist. Insoweit sollte im Rahmen eines Prozesses aber auch an die Möglichkeit gedacht werden, die Verpflichtung zur Erstattung eines künftigen Schadens feststellen zu lassen. 94

(a) Schadenspositionen

Bei der Beurteilung des Schadens kann unterschieden werden zwischen den Einbußen, die dem Mieter zur endgültigen Beendigung des Mietvertrages entstehen (**Verzögerungsschaden**), und den Positionen, die unmittelbar mit dem dauernden Leistungshindernis zusammenhängen. Auch wenn der **Nichterfüllungsschaden** (= Schadensersatz statt der Leistung) geltend ge- 95

---

1 BGH, NJW 1999, 3115; BGH, NJW 1994, 3351; kritisch dazu: *Dauner-Lieb* in Dauner-Lieb, § 281 BGB Rz. 29.
2 Vgl. Palandt/*Heinrichs*, § 281 BGB Rz. 19.
3 Vgl. BGH v. 2.10.1981 – V ZR 147/80, BGHZ 81, 385; AG Hamburg v. 11.9.2006 – 644 C 248/04.
4 BGH, BGHZ 2, 313; Schmidt-Futterer/*Langenberg*, § 538 Rz. 322.
5 BGH v. 2.10.1981 – V ZR 147/80, BGHZ 81, 385; AG Hamburg v. 11.9.2006 – 644 C 248/04; Palandt/*Heinrichs*, § 281 BGB Rz. 31.

macht wird, bildet der Verzögerungsschaden eine Position der Schadensberechnung[1].
Die häufigsten Schadenspositionen sind:

Verzögerungsschaden

– Unterbringungskosten (z.B. Hotel, Lagerung von Einrichtungen)[2] → Rz. 97 f.
– Kosten eines Zwischenumzuges[3] → Rz. 101
– entgangener Gewinn[4] → Rz. 102 f.
– Prozesskosten für Räumung des bisherigen Mietobjektes → Rz. 105 f.

Nichterfüllungsschaden

– Investitionen in die Mietsache (z.B. maßgefertigte Einbaumöbel, Gardinen)[5] → Rz. 107 f.
– Planungskosten → Rz. 116
– Kosten der geplanten Geschäftseröffnung[6] → Rz. 117
– Lohnkosten für Personal → Rz. 119
– Mehrkosten für die Anmietung von Ersatzraum (z.B. Zeitungsanzeigen, Maklerprovision)[7] → Rz. 120
– Differenz der Miete des Ersatzobjektes zum Vertragsobjekt[8] → Rz. 121
– Mehrkosten für Einbauten, die im Vertragsobjekt vorhanden waren (z.B. Einbauschränke) → Rz. 124
– entgangene Nutzung als solche[9] → Rz. 125
– Renovierung und Instandsetzung der Ersatzräume → Rz. 127
– Vertragskosten für Anmietung des Ersatzobjektes → Rz. 129
– Rechtsanwaltsgebühren für Geltendmachung des Schadensersatzes[10] → Rz. 130
– Kosten der Beweissicherung (z.B. Sachverständigengutachten, Fotos) → Rz. 136
– Gesundheitsschäden des Mieters oder geschützter Personen[11] (Schmerzensgeld, § 253 Abs. 2 BGB) → Rz. 137a
– Zeitaufwand des Geschädigten → Rz. 138.
– Herausgabe des Ersatzes → Rz. 139a.

---

1 BGH, NJW 1975, 1740; Erman/*Westermann*, § 281 Rz. 26.
2 LG Duisburg, WuM 1989, 14.
3 LG Saarbrücken, WuM 1991, 91.
4 BGH, NJW 1996, 46, 48.
5 BGH, NJW 1984, 2664; LG Saarbrücken, WuM 1991, 91.
6 BGH, NJW 1988, 2664.
7 BGH, NJW-RR 1995, 715; LG Köln, NJW-RR 1993, 524.
8 LG Lübeck, WuM 1992, 605.
9 BGH, NJW 1988, 251; LG Köln, WuM 1992, 14.
10 BGH, VersR 1974, 642; Palandt/*Heinrichs*, § 286 Rz. 47.
11 BGH, NJW-RR 1991, 970; OLG Düsseldorf, VersR 1974, 1113.

Für den Eintritt eines Schadens ist der **Mieter** nach den allgemeinen 96
Grundsätzen darlegungs- und **beweispflichtig**. Im Hinblick darauf sollte bereits vor der Geltendmachung eingehend geprüft werden, ob und wie sich die einzelnen Schadenspositionen belegen lassen. Dabei ist immer zu beachten, ob der Rechtsanwalt einen gewerblichen Mieter vertritt, der i.S.d. § 15 UStG vorsteuerabzugsberechtigt ist. Bei diesen Mietern stellt die **Umsatzsteuer** keine Schadenspositionen dar[1], so dass nur Nettobeträge bei der Schadensberechnung angesetzt werden können.

(aa) Unterbringungskosten

Diese Schadensposition kann entstehen, wenn der Mieter seine bisherigen 97
Räume verlassen muss und, bevor er Ersatzräume beziehen kann, anderweitige Unterbringungsmöglichkeiten nutzt. Dabei ist zu unterscheiden hinsichtlich der Unterbringung des Mieters selbst (z.B. im **Hotel**) und seines **Mobiliars**, Inventars, Warenvorräte etc.[2]

Die Unterbringung **des Mieters** selbst findet regelmäßig in einem Hotel 98
statt, sofern absehbar ist, dass er alsbald Ersatzwohnraum beziehen kann. Dabei sind ihm zunächst die reinen Hotelkosten zu ersetzen, die für eine seinen Verhältnissen angemessene Unterbringung entstehen. Insoweit muss auf die jeweilige Person, aber auch auf das (nicht durchgeführte) Mietverhältnis abgestellt werden. Daneben fallen zusätzliche Kosten der Lebenshaltung an. Insoweit sollte dem Mieter empfohlen werden, die Rechnungen über Verpflegung etc. zu sammeln. Gleichzeitig müssen schadensmindernd die Positionen berücksichtigt werden, die er erspart hat (insbesondere Kosten für Strom, Wasser, Heizung). Bei den ersparten Kosten können z.b. die Verbrauchsrechnungen der letzten 12 Monate zugrunde gelegt werden und auf den Zeitraum der Unterbringung angerechnet werden. Im Übrigen darf nicht übersehen werden, dass auch für die Verpflegung Kosten angefallen wären. Diese können angemessen geschätzt werden (§ 287 ZPO). Insoweit ist lediglich entscheidend, dass dem Vermieter (und letztlich dann dem Gericht) eine angemessene Schätzgrundlage dargestellt wird.

Bei einem Aufenthalt im Hotel bzw. einer nicht durchgeführten gewerb- 99
lichen Vermietung muss auch das **Mobiliar** anderweitig untergebracht werden. Dies kann z.B. in Lagerräumen einer Spedition erfolgen, die dafür Lagerkosten berechnet. Diese Rechnung sollte der Mieter dem Rechtsanwalt vorlegen.

Bei dieser Schadensposition sollte sich der Rechtsanwalt darauf einstellen, 100
dass der Vermieter die **Notwendigkeit dieser Kosten** bestreiten wird. Deshalb sollte eingehend geprüft werden, ob tatsächlich die Unterbringung z.B. im Hotel notwendig war oder ob der Mieter z.B. nach § 93b Abs. 3 ZPO hätte vorgehen können und seine bisherige Wohnung zunächst weiter nut-

---
1 BGH, NJW 1972, 1460.
2 LG Duisburg, WuM 1989, 14.

zen können. Dies wird nicht angenommen werden können, wenn die Wohnung bereits weitervermietet war und der Vermieter mit Schadensersatzansprüchen des anderen Mieters gedroht hat. Deshalb sollte hierüber ein entsprechender Nachweis, z.B. durch entsprechende Schreiben des Vermieters, erbracht werden.

(bb) Kosten eines Zwischenumzuges

101 Diese Kosten können auch bei der vorgenannten Position entstehen. Die Kosten eines **Leihwagens**, eines **Spediteurs, Trinkgelder** für Bekannte, die bei einem Umzug geholfen haben, etc. sind zu ersetzen. Hierüber sollten entsprechende Nachweise (Quittungen, Rechnungen etc.) beigebracht werden.

Dabei ist zu beachten, dass der Bezug der Mieträume, die nicht zur Verfügung gestellt werden konnten, ebenfalls Kosten verursacht hätten. Müssen z.B. **zwei Umzüge** stattfinden, bis ein endgültiges Domizil bezogen werden kann, sollten die fiktiven Kosten des Umzuges in die eigentlichen Mieträume und die tatsächlich entstandenen Kosten gegenübergestellt werden. Die Differenz ist auszugleichen. Auch hier ist darauf zu achten, dass jede einzelne (Unter-)Schadensposition aufgeführt und möglichst betragsmäßig beziffert wird, um einen unsubstantiierten Vortrag zu vermeiden[1].

(cc) Entgangener Gewinn

102 Für diese Schadensposition bietet § 252 BGB insoweit eine **Beweiserleichterung**, als grundsätzlich der Gewinn als entgangen gilt, welcher nach dem gewöhnlichen Lauf der Dinge oder nach den besonderen Umständen, insbesondere nach den getroffenen Anstalten oder Vorkehrungen, mit Wahrscheinlichkeit erwartet werden konnte. Maßgeblich ist insoweit die Beurteilung eines objektiven Betrachters[2].

103 Bei **etablierten Gewerbemietern** bietet sich insoweit eine Beweisführung an, bei der die bisherigen Umsätze (z.B. der letzten 12 Monate) mit der entsprechenden Kostenbelastung dargestellt und diese der neuen Umsatzentwicklung gegenübergestellt werden. Zeigt diese Gegenüberstellung z.B. eine vergleichbare Gewinnsituation (§ 287 ZPO), kann gemäß § 252 BGB unterstellt werden, dass dieser Gewinn auch in dem Zeitraum entgangen ist, in dem der Mieter die vorgesehenen Räume nicht nutzen konnte[3]. Dazu sollte sich der Rechtsanwalt von seinem Mandanten entsprechende **Belege** (Bilanzen, betriebswirtschaftliche Auswertungen, Summen- und Saldenlisten, Gewinn- und Verlustrechnungen, Umsatzbögen, Steuererklärungen, Steuerbescheide, Wareneingangsbücher etc.) vorlegen lassen. Oft sind die Mandanten nicht bereit, diese Unterlagen oder Informationen zu offenbaren. In diesem Fall sollte der Rechtsanwalt den Mandanten aus-

---

1 Vgl. LG Saarbrücken, WuM 1991, 91, 93.
2 BGH, NZM 1998, 666.
3 Vgl. Palandt/*Heinrichs*, § 252 BGB Rz. 5 ff.

drücklich darauf hinweisen, dass sein Begehren letztlich nicht erfolgreich sein kann, wenn nicht substantiiert vorgetragen wird.

Schwieriger wird die Beweisführung bei **Existenzgründern** oder Filialisten. Hier fehlen i.d.R. die Vergleichszahlen für den Zeitraum vor der Anmietung. Hier sollte sich der Rechtsanwalt eine entsprechende Standortanalyse vorlegen lassen, die regelmäßig zuvor durch einen Steuerberater oder einen Sachverständigen der IHK erstellt wurde. Hat der Mandant Ersatzräume angemietet, kann die in der Analyse enthaltene Prognose für die Geschäfts- und damit die Gewinnentwicklung durch den tatsächlichen Verlauf bestätigt werden. Ein Anspruch auf entgangenen Gewinn kann jedenfalls nicht mit dem Argument abgelehnt werden, dass in der Anlaufphase nach der Neueröffnung eines Geschäftsbetriebes in der Regel noch keine oder nur geringe Gewinne erwirtschaftet werden. Vielmehr genügt für die Auslösung des Ersatzanspruchs, wenn ohne die Verzögerung der Geschäftseröffnung die Gewinnzone entsprechend früher erreicht worden wäre[1]. 104

Kann der geschädigte Mieter Tatsachen schlüssig darlegen, welche aber nicht ausreichend erscheinen, den gesamten geltend gemachten Schaden durch Schätzung zu ermitteln, rechtfertigt dies grundsätzlich nicht die Abweisung der Schadensersatzklage im vollem Umfang. Dies kommt nur in Betracht, wenn eine Schadensschätzung mangels greifbarer Anhaltspunkte völlig in der Luft hängen würde. Stehen hingegen Haftungsgrund und Schadenseintritt als solche fest, so ist zu prüfen, in welchem Umfang die vorgetragenen Tatsachen eine hinreichende Grundlage für die Ermittlung eines in jedem Fall eingetretenen **Mindestschadens** bieten[2]. 105

(dd) Prozesskosten für Räumung der Ersatzwohnung

Diese Schadensposition entsteht, wenn sich der Mieter dazu entschlossen hat, seine bisherigen Räume weiter zu nutzen, bis er Ersatzraum gefunden hat, und sein bisheriger Vermieter seinen Räumungsanspruch prozessual durchsetzt. Hier muss der Rechtsanwalt damit rechnen, dass seinem Mandanten angelastet wird, er habe nicht alle Möglichkeiten ausgeschöpft, die **Kostensituation** günstiger zu gestalten (z.B. § 93b ZPO, vgl. dazu *C Rz. 391*). 106

Ergibt sich also in der Beratungssituation die Abwägung, ob die bisherigen Räume beibehalten oder sie verlassen werden sollen, um z.B. einen Zwischenumzug ins Hotel durchzuführen, sollten beide **Risikopositionen** gegeneinander **abgewogen** werden: auf der einen Seite die fortgesetzte Nutzung mit ihren Prozesskosten (ermittelt auf der Basis der Vertretung durch zwei Rechtsanwälte zzgl. Gerichtskosten) und auf der anderen Seite die Kosten des Zwischenumzuges. Fällt diese Abwägung zugunsten der Pro- 107

---

1 BGH, NZM 1998, 666.
2 BGH v. 28.2.1996 – XII ZR 186/94, NJW-RR 1996, 1077; BGH v. 12.10.1993 – X ZR 65/92, JZ 1994, 530.

zesskosten aus, sollte überprüft werden, inwieweit Schadensersatzansprüche des bisherigen Vermieters drohen.

(ee) Investitionen in die Mietsache

108 Die vergeblichen („frustrierten") Aufwendungen werden durch § 284 BGB allgemein dem negativen Interesse des Gläubigers/Mieters zugeordnet[1]. Um Ersatz dieser Aufwendungen zu erhalten, kommt es auf eine Rentabilitätsvermutung nicht (mehr) an[2]. Ersatzfähig sind z.B. Finanzierungskosten, Umbaumaßnahmen, Transport und Vorsorge für Lagerung und Aufstellung[3].

109 Ersetzt verlangen kann der Mieter die Aufwendungen allerdings nur, wenn er sie **„billigerweise"** tätigen durfte[4], es sei denn, deren Zweck wäre auch ohne die Pflichtverletzung des Schuldners nicht erreicht worden. Letzteres ist z.B. der Fall, wenn sich nach dem Bruch eines Mietvertrages über eine Halle für eine Parteiveranstaltung herausstellt, dass die vorgesehene Veranstaltung ohnehin mangels Mitgliederinteresses abgesagt worden wäre[5]. Aufwendungen zur Vertragsanbahnung sind nicht zu erstatten, da diese nicht im Vertrauen auf den Erhalt der Leistung getätigt wurden, da ein solches erst mit Abschluss des Vertrages entstehen kann[6].

110 Da sich der Zweck i.S.v. § 284 BGB nicht auf wirtschaftliche Zielsetzungen beschränkt[7], gilt der Aufwendungsersatzanspruch auch für **Wohnraummietverträge**[8]. Der Zweck, nach Abschluss des Mietvertrages die Wohnung einzurichten, ist grundsätzlich billigenswert, so dass lediglich zu überprüfen ist, inwieweit die Investitionen noch verwertbar sind.

111 Stellt sich heraus, dass bereits **maßgefertigte Möbel** oder **sonstige Einbauten** (z.B. Gasetagenheizung, Telefonanschluss, maßgefertigte Gardinen, behindertengerechte Ausstattung) im Ersatzobjekt nicht verwendet werden können, sollten die dafür aufgewendeten Kosten durch entsprechende Rechnungen belegt werden. Ist dies ausnahmsweise nicht möglich, weil z.B. die Anfertigung durch einen Verwandten als Gefälligkeit erfolgte, sollte eine abstrakte Schadensberechnung auf der Basis eines Kostenvoranschlags durchgeführt werden.

---

1 *Zimmer*, NJW 2002, 1, 10.
2 Gesetzesbegründung zu § 284 BGB, BT-Drucks. 14/6040, S. 142 f.; *Schmidt-Räntsch*, Rz. 380.
3 Erman/*Westermann*, § 284 BGB Rz. 6.
4 Vgl. dazu *Canaris*, JZ 2001, 499, 517.
5 *Zimmer*, NJW 2002, 1, 10; *Schmidt-Räntsch*, Rz. 380.
6 Palandt/*Heinrichs*, § 284 Rz. 6.
7 *Schmidt-Räntsch*, Rz. 380.
8 *Dauner-Lieb* in Dauner-Lieb, § 284 BGB Rz. 4; Palandt/*Heinrichs*, § 284 BGB Rz. 4.

Die schon erbrachte **Gegenleistung** wird von § 284 BGB nicht erfasst, da diese nach dem parallel statthaften Rücktritt herausverlangt werden kann[1]. 112

Fraglich ist, ob neben dem Anspruch aus § 284 BGB ein auf das negative Interesse gerichteter Schadensersatzanspruch nach § 280 BGB, insbesondere nach § 280 Abs. 3 BGB i.V.m. §§ 281–283 BGB, in Betracht kommt. § 284 BGB ist so zu verstehen, dass der Gläubiger anstatt des Schadensersatzes statt der Leistung die vergeblichen Aufwendungen verlangen kann. Dies zeigt bereits der Wortlaut, der nicht als „nach Maßgabe" oder „unter den Voraussetzungen" zu interpretieren ist[2]. Dagegen kommt der Ersatz vergeblicher Aufwendungen nicht im Rahmen des einfachen Schadensersatzes nach § 280 BGB in Betracht. Durch den Verweis auf den Schadensersatz statt der Leistung in § 284 BGB wird deutlich, dass der Schuldner zunächst noch einmal die Chance der vertragsgemäßen Leistung haben soll[3]. Möglich ist aber, dass neben dem Aufwendungsersatz Schadensersatzansprüche aus § 280 Abs. 1 BGB bestehen[4]. 113

Zumindest bei einem **Rechtsmangel** kommt § 536a BGB als Anspruchsgrundlage in Betracht. Dessen Wortlaut wurde zum 1.1.2002 durch die Streichung der Worte „wegen Nichterfüllung" geändert, so dass er nun insoweit (nur noch?) Schadensersatz als Rechtsfolge vorsieht. Damit soll eine Anpassung an die neue Terminologie erfolgt sein[5]. Streng genommen würde sich damit der Schadensersatz nach § 536a BGB auf den Regelungsumfang des § 280 Abs. 1 BGB beschränken, obwohl auch durch die Mietrechtsreform keine Änderung hinsichtlich der Rechtsfolge eintreten sollte. Es gibt aber keinen Anhaltspunkt dafür, dass der Rückgriff auf § 284 BGB im Mietrecht allgemein und in dem hier besprochenen Fall der Verletzung der Überlassungspflicht nicht möglich sein sollte[6]. Ansonsten entsteht das kuriose Ergebnis, dass der Vermieter bei (mutwilliger) Zerstörung der Mietsache auf Ersatz der vergeblichen Aufwendungen haftet, nicht jedoch bei (vorsätzlicher) Doppelvermietung. Abgesehen davon wollte der Gesetzgeber durch die Einführung des § 284 BGB gerade die Rentabilitätsvermutung abschaffen und einen weiten Aufwendungsersatzanspruch einräumen, der gerade auch dem Wohnraummieter zuzubilligen ist[7]. 114

Andererseits wird der Sinn der Beschränkung auf „Schadensersatz" in § 536a BGB in der Notwendigkeit gesehen, auch den Fall zu berücksichtigen, dass der Mieter Verwender i.S.v. § 305 BGB ist[8]. Wäre nach § 536a 115

---
1 Jauernig/*Vollkommer*, § 284 Rz. 8; Erman/*Westermann*, § 284 Rz. 10.
2 Palandt/*Heinrichs*, § 284 BGB Rz. 4; Staudinger/*Ott*, § 284 BGB Rz. 18; *Zimmer*, NJW 2002, 1, 10.
3 *Dauner-Lieb* in Dauner-Lieb, § 284 BGB Rz. 7.
4 BGH, NJW 2005, 2848.
5 BT-Drucks. 14/6857, S. 67 zu Nr. 121.
6 *Dauner-Lieb* in Dauner-Lieb, § 284 BGB Rz. 4; vgl. auch Schmidt-Futterer/*Eisenschmid*, § 536a Rz. 94.
7 *Emmerich*, NZM 2002, 362, 364.
8 *von Westphalen*, NZM 2002, 368, 370.

Abs. 1 BGB Schadensersatz statt der Leistung geschuldet, könnte der Mieter für geschuldete Reparaturmaßnahmen in den AGB keine garantiemäßige Haftung des Vermieters begründen. Denn im Hinblick auf die nach § 281 BGB notwendige Fristsetzung wäre stets ein Verschulden (im Fall der Haftung) gegeben.

(ff) Planungskosten

116 Vor allem bei der Einrichtung von Geschäftsräumen entstehen nicht selten Kosten für die Planung und behördliche Genehmigungen (Nutzungsänderung[1], Betriebserlaubnis etc.). Diese Kosten sind regelmäßig speziell für das konkrete Mietobjekt entstanden und können daher ebenfalls als **„nutzlose Aufwendungen"** bei gewerblichen Mietverhältnissen, für die die Rentabilitätsvermutung gilt, ersetzt verlangt werden. Bei diesen Mietverhältnissen wird (widerlegbar) vermutet, dass sich die getätigten Aufwendungen bei einem reibungslosen Vollzug des Mietverhältnisses amortisiert hätten. Nicht die Aufwendungen als solche, sondern der Verlust, diese bei ordnungsgemäßer Vertragserfüllung zu kompensieren, stellen den Schaden dar[2]. Die Rentabilitätsvermutung wird dann widerlegt, wenn feststeht, dass die Aufwendungen auch bei ordnungsgemäßer Erfüllung nutzlos gewesen wären, was vom Vermieter nachzuweisen ist[3].

Ohne Rentabilitätsvermutung sind die Aufwendungen nach § 284 BGB in den unter *Rz. 108* beschriebenen Fällen zu ersetzen. Hierüber sollte sich der Rechtsanwalt die Rechnungen der Planer (Architekten, Innenarchitekten, Trockenbauer, Innenausstatter, Makler[4] etc.) oder Behörden ggf. mit den entsprechenden Zahlungsbelegen vorlegen lassen.

(gg) Kosten der geplanten Geschäftseröffnung

117 Je nach dem, wann das Leistungshindernis aufgetreten ist, können die Vorbereitungen des Mieters zur Geschäftseröffnung soweit gediehen sein, dass er bereits **Werbeanzeigen** und/oder z.B. Visitenkarten[5] in Auftrag gegeben oder sonstige **Events** geplant hat. Hier muss im Rahmen der Schadensminderungspflicht des Mieters zunächst geprüft werden, inwieweit diese Aufträge storniert werden können und ggf. welche Kosten dadurch entstehen. Insoweit ist vor allem § 649 BGB zu beachten.

118 Regelmäßig wird sich zur Kündigungsmöglichkeit nach § 649 BGB aus den Vertragsunterlagen eine Bestimmung ergeben. Ist hier eine **pauschalierte Abfindung** vereinbart[6], an deren Wirksamkeit keine Bedenken bestehen, kann der dadurch ermittelte Betrag geltend gemacht werden. Ansonsten sollte zunächst der von dem jeweiligen Werkunternehmer (ggf. Künstler)

---

1 Vgl. OLG Düsseldorf v. 10.7.1992 – 10 U 142/91, ZMR 1992, 446.
2 BGH, NJW 2000, 2342; Schmidt-Futterer/*Eisenschmid*, § 536a Rz. 91.
3 OLG München, ZMR 1995, 401.
4 AG Hamburg-St. Georg v. 22.12.2005 – 914 C 445/05, WuM 2006, 302.
5 BGH, MDR 2000, 878.
6 Vgl. dazu Palandt/*Sprau*, § 649 BGB Rz. 3.

berechnete Betrag an den Vermieter weitergegeben werden. Werden seitens des Vermieters Einwendungen erhoben, sollten diese an den Unternehmer i.S.d. § 649 BGB weitergeleitet werden, um seine Argumentation gegenüber dem Vermieter zu verwenden. U.U. ist zu prüfen, ob eine **Zahlung unter Vorbehalt** an den Unternehmer das Risiko des Mandanten mindert. Der Vorbehalt ist erforderlich, um ggf. Rückforderungsansprüche geltend machen zu können, wenn ein Gericht die Kosten herabsetzt[1].

(hh) Lohnkosten für Personal

Sofern der Gewerbemieter sein Personal bis zum Bezug der Ersatzräume weiterbezahlen muss, steht ihm insoweit ein Ersatzanspruch zu. Zu den Lohnkosten zählen neben dem vereinbarten **Bruttoentgelt** auch die **Arbeitgeberanteile** zur Sozialversicherung. Daneben sollte geprüft werden, ob (anteilig) Beiträge für **Berufsgenossenschaft** oder sonstige Vereinigungen entstehen.

Die Kosten können regelmäßig durch die Gehaltsbescheinigungen, Lohnlisten etc. nachgewiesen werden. Entsprechende Beitragsrechnungen liegen dem Mandanten ebenfalls vor.

(ii) Mehrkosten für die Anmietung von Ersatzraum

Soweit sich der Mieter um ein neues Mietobjekt bemüht, wird er regelmäßig alle vorhandenen Möglichkeiten ausschöpfen, umso schnell wie möglich seine prekäre Situation zu beenden. Dazu wird er selbst **Zeitungsanzeigen** aufgeben und sich bei **Maklern** und Hausbesitzern schriftlich oder mündlich vorstellen, um deren Angebote prüfen zu können. Die dabei entstehenden Kosten, also auch die Provision, die an den Makler zu zahlen ist, sind ersatzfähig[2].

Deshalb sollte dem Mandanten empfohlen werden, die Rechnungen über die Zeitungsanzeigen, die Maklerprovision etc. aufzuheben und dem Rechtsanwalt möglichst im Original zu überreichen. Sinnvoll ist auch den Schriftwechsel (Auftrag an den Makler etc.) aufzuheben, um ggf. dem Einwand entgegentreten zu können, die Rechnungen seien gestellt.

(jj) Differenz der Miete des Ersatzobjektes zum Vertragsobjekt

Auch diese Position ist grundsätzlich als Schadensersatz anerkannt[3]. Sowohl bei Gewerbe- als auch bei Wohnraum muss jedoch zunächst geprüft werden, ob und inwieweit beide **Objekte** miteinander **vergleichbar** sind, die Mieten also tatsächlich gegenübergestellt werden können. Insofern ist

---

1 Ob hier eine Streitverkündung im Einzelfall sinnvoll ist, sollte eingehend geprüft werden.
2 BGH, NJW-RR 1995, 715; LG Köln, NJW-RR 1993, 524; *Kraemer* in Bub/Treier, III Rz. 1213.
3 LG Lübeck, WuM 1992, 605; AG Hamburg-St. Georg v. 22.12.2005 – 914 C 445/05, WuM 2006, 302.

wie bei einer Mieterhöhung nach § 558 BGB nach den Kriterien der Art, Lage, Ausstattung etc. vorzugehen (vgl. dazu *E Rz. 12 f.*).

122 Ergibt sich danach **keine Vergleichbarkeit**, muss überprüft werden, ob der Mieter die Möglichkeit hatte, tatsächlich vergleichbaren Mietraum zu beziehen. Die h.M.[1] hält dies für einen Gesichtspunkt der Schlüssigkeit. Hierzu sollte dem Mandanten empfohlen werden, die Wochenendausgaben der örtlichen Presse aufzubewahren und bei – augenscheinlich – vergleichbaren Objekten mit Zeugen Stichproben durchzuführen. Die Abweichungen sollten in Vermerken festgehalten werden, um die Erkenntnisse zu sichern.

123 Verbleibt eine **Differenz**, muss überlegt werden, für welchen Zeitraum diese geltend gemacht werden kann. Insoweit besteht zunächst die Möglichkeit, den Anspruch sukzessive **gemäß der Fälligkeit** der jeweiligen Mehrbeträge zu verlangen[2]. Diese Vorgehensweise hat für sich, dass die tatsächliche Differenz liquidiert wird. Ansonsten kann der Schaden im Wege der Klage auf zukünftige Leistung nach § 257 ZPO geltend gemacht werden. Dies kann jedoch wegen der Dauer der Verträge und zukünftiger Mieterhöhungen Probleme bringen. Der Vermieter ist allerdings nur für den Zeitraum zum Schadensersatz verpflichtet, in dem der zur Leistung verpflichtet und gegen seinen Willen am Vertrag festgehalten werden konnte[3]. Es muss daher auch die Vereinbarung von Sonderkündigungs- oder Rücktrittsrechten geprüft werden.

(kk) Mehrkosten für Einbauten, die im Vertragsobjekt vorhanden waren

124 Diese Schadensposition entsteht, wenn das Ersatzobjekt über eine **geringere Ausstattung** verfügt. Bevor diese Position geltend gemacht wird, sollte geprüft werden, inwieweit sich die geringere Ausstattung im Mietpreis niedergeschlagen hat. Ist dies nicht der Fall, können die Kosten durch entsprechende Rechnungen nachgewiesen werden.

(ll) Entgangene Nutzung als solche

125 Diese Schadensposition kommt in Betracht, wenn das Vertragsobjekt zu einer gegenüber der Marktmiete **geringeren Miete** vermietet werden sollte. Denn in der Vorenthaltung einer vertraglich zugesicherten Nutzungsmöglichkeit liegt ein Vermögensschaden[4]. Damit liegt der Nichterfüllungsschaden im Unterschied zwischen dem entsprechend der Marktmiete zu veranschlagenden Nutzungsinteresse und der tatsächlich vereinbarten geringeren Miete.

126 Hierzu muss zunächst die Differenz zur Marktmiete belegt werden. Dies wird grundsätzlich nur durch ein **Sachverständigengutachten** (vgl. auch un-

---

1 OLG Düsseldorf, NZM 2004, 502; LG Lübeck, WuM 1992, 605.
2 BGH, MDR 1972, 411; *Sternel*, Mietrecht, II Rz. 579.
3 BGH v. 12.1.1972 – VIII ZR 26/71, MDR 1972, 411.
4 BGH, NJW 1988, 251, 252.

ten *Rz. 136*) möglich sein, das der Mandant in Auftrag geben sollte. Etwas anderes kommt in Betracht, wenn zwischen den Parteien eine entsprechende Einigung erzielt wurde, also z.B. ein Mietnachlass vereinbart wurde. Hier sollte die entsprechende Korrespondenz und/oder die Einigung gesichert werden, damit ggf. der Nachweis erbracht werden kann.

Allerdings kommt diese Schadensposition nur in Betracht, wenn nicht die Differenz der Miete des Ersatzobjektes zum Vertragsobjekt (vgl. *Rz. 121*) und Schadenspositionen im Zusammenhang mit der Beschaffung des Ersatzobjektes geltend gemacht werden[1].

(mm) Renovierung und Instandsetzung der Ersatzräume

Die Kosten für die Herrichtung der Ersatzräume stellen grundsätzlich einen ersatzfähigen zusätzlichen Aufwand des Mieters dar. Dabei kommt es jedoch entscheidend darauf an, dass sich der **abweichende Zustand** zum Vertragsobjekt nicht auch in der Miete niedergeschlagen hat. Sind die beiden Mietobjekte vergleichbar, können die zusätzlichen Herstellungskosten als Schadensposition geltend gemacht werden. Ansonsten muss ein Weg gefunden werden, wie die Kosten aufgeteilt werden können. 127

Um die **Höhe** und die **Notwendigkeit** der Kosten ausreichend **nachweisen** zu können, sollte der Zustand des Ersatzobjektes festgehalten werden. Dies kann durch Fotos, Sachverständigengutachten oder Zeugen geschehen. Hier muss im Einzelfall entschieden werden, welches Beweismittel die größte Sicherheit bietet. Sobald technische Details zu klären sind, sollte dem Mandanten empfohlen werden, einen Fachmann beizuziehen, der ihm die Notwendigkeit hinsichtlich der Ursache und der Höhe der Kosten schriftlich bestätigt. 128

(nn) Vertragskosten für Anmietung des Ersatzobjektes

Auf Grund der Situation, dass sich der Mieter ein neues Objekt suchen muss, kann sich dieser Schaden zunächst daraus bilden, dass der Vertrag über das neue Objekt der **notariellen Form** bedarf (vgl. dazu *A Rz. 503*). Andererseits kann aber auch der Umstand, der zum Scheitern des Vertrages geführt hat, es notwendig erscheinen lassen, dass sich der Mieter bei Abschluss des Vertrages über das Ersatzobjekt **anwaltlich beraten** lässt. Diese Kosten können dann vom Vermieter im Wege des Schadensersatzes geltend gemacht werden, wenn besonders schwierige Regelungen zu treffen sind[2]. 129

(oo) Maklerkosten

Auch diese Kosten sind ersatzfähiger Schaden, wenn sie (unnütz) für den gescheiterten Mietvertrag[3] oder den neuen Vertrag anfallen. Im ersten Fall 129a

---
1 LG Köln, WuM 1992, 14, 15.
2 Palandt/*Heinrichs*, § 249 BGB Rz. 21 m.w.N.
3 AG Hamburg-St. Georg v. 22.12.2005 – 914 C 445/05, WuM 2006, 302.

kann können die unnütz aufgewendeten Kosten über § 284 BGB ersetzt verlangt werden.

Insoweit muss sich der Mieter auch nicht entgegenhalten lassen, er hätte seine bisherige Wohnung eine zeitlang (rechtswidrig) weiternutzen können, um „in Ruhe" neuen Wohnraum zu suchen und die Maklerkosten zu sparen. Der Mieter verstößt auch dann nicht gegen eine ihm obliegende Schadensminderungspflicht, wenn er sich nicht um eine Fortsetzung seines bisherigen Mietverhältnisses bemüht bzw. das bisherige Mietverhältnis nicht fortsetzen möchte. Die Entscheidung des Mieters, seinen bisherigen Mietvertrag zu kündigen und eine neue Wohnung zu beziehen, ist zu respektieren[1].

(pp) Rechtsanwaltsgebühren für Geltendmachung des Schadensersatzes

130 Die Kosten der Rechtsverfolgung bilden eine eigene Schadensposition. Insoweit besteht ein unselbständiger materiell-rechtlicher **Kostenerstattungsanspruch**[2]. Da in der gegebenen Situation der Schadensersatzanspruch bereits entstanden ist, bedarf es insoweit eines Rückgriffs auf die Voraussetzungen des Verzuges zur Erstattung der Rechtsanwaltsgebühren nicht.

131 Der **Nachweis der Kosten** kann ohne weiteres durch den Rechtsanwalt selbst erfolgen, indem er die Gebührenberechnung entweder innerhalb des Aufforderungsschreibens vornimmt oder die dem Mandanten erteilte Rechnung in Kopie beifügt. Dabei sollte jedoch beachtet werden, dass so lange nur ein **Freistellungsanspruch** gegen den Vermieter besteht, wie der Mieter die Kosten dem Rechtsanwalt noch nicht ausgeglichen hat. Wird der Vermieter im Klageverfahren trotzdem auf Zahlung in Anspruch genommen, ist die Klage unbegründet.

132 Bei der Berechnung des **Streitwertes** ist zu berücksichtigen, ob der Mandant ganz allgemein über die Situation beraten werden oder von vornherein Schadensersatz verlangen wollte. Im letzteren Fall bildet den Bezugspunkt für die Gebührenberechnung die Höhe des Schadens. Im anderen Fall hat eine Beratung zumindest auch über die Beendigung (Auflösung) des Mietvertrages stattgefunden. Im Fall des anfänglichen Rechtsmangels, in dem die Kündigung nach § 543 Abs. 2 Nr. 1 BGB erklärt werden muss (vgl. oben *Rz. 79*), liegen **verschiedene Angelegenheiten** i.S.v. § 17 RVG vor, weil sie auf eine andere Rechtsfolge gerichtet ist. In diesem Fall kann also zumindest die Geschäftsgebühr nach Nr. 2400 VV RVG nach dem Wert der Jahresmiete (§ 41 GKG) separat berechnet werden. Das Gleiche gilt, wenn neben Schadensersatz der Rücktritt nach § 323 BGB erklärt wird.

133 Die vorangeschaltete Fristsetzung nach den §§ 281, 323 BGB ist keine besondere Angelegenheit. Hinsichtlich der **Höhe der Gebühren** ist zu über-

---

1 AG Steinfurt v. 30.10.2003 – 4 C 336/03, WuM 2007, 383.
2 Palandt/*Heinrichs*, § 249 BGB Rz. 20; vgl. LG Köln v. 12.1.1989 – 6 S 48/88, WuM 1990, 387.

prüfen, ob ausnahmsweise ein Abweichen von der Mittelgebühr gerechtfertigt ist (vgl. dazu N Rz. 83 ff.).

Wird über den Schadensersatz ein **Klageverfahren** notwendig, gehen die außergerichtlich entstandenen Kosten in die Prozesskosten über, soweit sie sich mit dem Interesse, das im Prozess geltend gemacht wird, decken[1]. Dies ist grundsätzlich nicht der Fall hinsichtlich des Gebührenteils, der durch die Beendigung des Mietvertrages entstanden ist. Weiterhin ist zu beachten, ob und in welcher Höhe Schadensersatzpositionen anerkannt bzw. ausgeglichen wurden. 134

Beispiel: 135

Miete des aufgelösten Vertrages: 1000 Euro

Schadensersatz: 10 000 Euro

vorgerichtlich ausgeglichener Schaden: 5000 Euro

außergerichtliche Kosten der Rechtsverfolgung:
Gegenstandswert: 1000 Euro × 12 + 10 000 Euro = 22 000 Euro

1,3 Geschäftsgebühr §§ 13, 14 Nr. 2400 VV RVG	839,00 Euro
0,65 Anrechnung gem. Vorbem. 3 IV VV RVG aus Wert 5000,00 Euro	– 195,65 Euro
Gegenstandswert: 5000,00 Euro	
1,3 Verfahrensgebühr § 13, Nr. 3100 VV RVG	391,30 Euro
Auslagen Nr. 7002 VV RVG (2 × 20 Euro)	40,00 Euro
Zwischensumme	1075,45 Euro
19 % MwSt. Nr. 7008 VV RVG	204,34 Euro
Summe	**1279,79 Euro**

(qq) Kosten der Beweissicherung

Hiebei können Kosten sowohl hinsichtlich des Vertragsobjektes entstehen, um das Leistungshindernis zu dokumentieren, als auch hinsichtlich des Ersatzobjektes, um den Zustand festzuhalten, der weitere Schadensersatzpositionen begründen soll. Kosten entstehen dabei durch **Sachverständigengutachten, Fotos, Fahrgelder** für Zeugen etc.[2] Die Kosten lassen sich regelmäßig durch Quittungen oder Rechnungen belegen, die dem Rechtsanwalt vorgelegt werden sollten. 136

Als Schadenspositionen können diese Kosten geltend gemacht werden, wenn sie zur **zweckentsprechenden Rechtsverfolgung** notwendig waren[3]. Dabei kommt es nicht darauf an, ob das Gutachten objektiv zur Schadens- 137

---

1 Palandt/*Heinrichs*, § 249 BGB Rz. 20.
2 BGH, WuM 2004, 466 = ZMR 2004, 659 = NZM 2004, 615 = MietRB 2004, 284; OLG Hamm, NJW 1983, 1332 = WuM 1983, 76; KG, GE 1985, 249; OLG Köln, NJW-RR 1994, 524; KG, GE 1995, 1011; LG Berlin, GE 2000, 811; LG Berlin, GE 2001, 1198.
3 BGH, NJW 1974, 35; BGH, NJW-RR 1989, 956; OLG Stuttgart, NJW-RR 1996, 255.

feststellung geeignet ist[1]. Die Voraussetzungen für eine zweckentsprechende Rechtsverfolgung müssen aus der Sicht des Mieters (Geschädigten) beurteilt werden, der die Verfolgung seiner Schadensersatzansprüche beabsichtigt. Bestreitet der Vermieter z.B. den Anspruchsgrund, sind die Kosten des Sachverständigengutachtens ersatzfähig[2].

(rr) Schmerzensgeld

137a Wirkt sich die Pflichtverletzung des Vermieters in einer Verletzung des Körpers oder der Gesundheit aus, kann gemäß § 253 Abs. 2 BGB auch Schmerzensgeld verlangt werden. Auch ein Schmerzensgeldanspruch wegen erlittener Sorge um den Bestand des Mietvertrages kommt in Betracht. Allerdings setzt dies voraus, dass es beim Verletzten zu gewichtigen psycho-pathologischen Ausfällen von einiger Dauer kommt, die nach allgemeiner Verkehrsauffassung als Verletzung des Körpers oder der Gesundheit anzusehen sind[3].

Greift der Vermieter rechtswidrig, z.B. durch eine eigenmächtige Räumung, in das Besitzrecht des Mieters ein, kommt ebenfalls ein Schmerzensgeldanspruch in Betracht. Zwar fehlt es in diesem Fall an der Verletzung des Körpers, der Gesundheit, der Freiheit oder der sexuellen Selbstbestimmung, nach der Rechtsprechung kommt ein Schmerzensgeldanspruch aber auch über den Wortlaut des § 253 Abs. 2 BGB hinaus in Betracht. Voraussetzung ist aber, dass es sich um eine schwerwiegende Beeinträchtigung handelt, welche nicht anders ausgeglichen werden kann[4]. Die eigenmächtige Räumung einer Wohnung stellt aber einen Eingriff in den Schutzbereich des Art. 13 GG dar, der – wie auch ein Eingriff in das allgemeine Persönlichkeitsrecht – nicht anders als durch Gewährung eines Schmerzensgeldes geahndet werden kann[5].

(ss) Zeitaufwand des Geschädigten

138 Nach ständiger Rechtsprechung bildet der Zeitaufwand des Geschädigten bei der außergerichtlichen Abwicklung von Schadensersatzansprüchen **keine** selbständige bzw. ersatzfähige **Schadensposition**[6]. Das Gleiche muss für Ansprüche wegen **vertanen Urlaubs** gelten[7].

---

1 OLG Hamm, BB 1994, 1525.
2 AG Hannover, WuM 1999, 363 m.w.N.
3 AG Leipzig v. 26.6.2007 – 165 C 8909/06, WuM 2007, 517.
4 BGH NJW 1995, 861; BGH, NJW 2005, 215, *Katzenmeier*, JZ 2002, 1029; *Hacks, u.a.*, S. 14 f. m.w.N.
5 AG Reinbek v. 20.5.2008 – 5 C 624/06, ZMR 2008, 719; AG Wedding v. 26.11.1992 – 8a C 484/1992.
6 BGH, BGHZ 66, 114; 75, 231; BGH, NJW 1977, 35; AG Hamburg-St. Georg v. 22.12.2005 – 914 C 445/05, WuM 2006, 302.
7 Palandt/*Heinrichs*, Vorbem. v. § 249 BGB Rz. 40; **a.A.** LG Köln in *Lützenkirchen*, KM 32 Nr. 11; AG Bergisch Gladbach, *Lützenkirchen*, KM 30 Nr. 25.

Dagegen kann für Telefon, Porto und Fahrtkosten ohne weitere Spezifizierung eine **Auslagenpauschale** verlangt werden[1], die bei 30 Euro angesetzt werden kann. 139

(tt) Herausgabe des Ersatzes

Diese Rechtsfolge eröffnet § 285 BGB. Im Hinblick auf den Vorrang der mietrechtlichen Gewährleistungsrechte vor den allgemeinen Vorschriften jedenfalls bei einem Rechtsmangel stellt sich die Frage, ob bei **Ansprüchen aus § 536a BGB** auch diese Rechtsfolge geltend gemacht werden kann. So enthält § 536a BGB z.B. keine Entsprechung für § 285 BGB, der ohnehin keinen Schadensersatz bietet[2]. Für den Fall der Herausgabe einer vom Hauptvermieter an den Hauptmieter für die Aufhebung des Mietvertrages gezahlten Abfindung an den Untermieter hat der BGH die Anwendung der Vorgängervorschrift (§ 281 BGB a.F.) jedenfalls bejaht[3], zuletzt aber Zweifel geäußert[4]. Ohnehin verlangt § 285 BGB eine Identität zwischen der entgangenen und der erzielten Nutzung. Dies ist bei der ursprünglich vorgesehenen Parkplatznutzung und der rechtswidrig vom Vermieter (zusätzlich) durchgeführten Überlassung zum Betrieb von Marktständen nicht der Fall[5]. 139a

(b) Begrenzung des Schadens

Der Schaden (z.B. entgangener Gewinn) kann grundsätzlich für die **gesamte Laufzeit** des Vertrages berechnet werden[6]. Bei unbefristeten Verträgen muss untersucht werden, wann der Vermieter frühestens ordentlich hätte kündigen können[7], wozu bei Wohnraummietverhältnissen ein berechtigtes Interesse i.S.d. § 573 BGB erforderlich ist[8]. Im Übrigen, also vor allem bei Gewerbemietverträgen, sollte der Vertrag dahin überprüft werden, ob dem Vermieter ausnahmsweise ein Sonderkündigungsrecht oder die Möglichkeit zum Rücktritt vorbehalten wurde. Durch die Möglichkeit der Ausübung derartiger Rechte wird der Schaden der Höhe nach begrenzt. 140

Andererseits ist der Mieter aus dem Gesichtspunkt der **Schadensminderung** (§ 254 BGB) verpflichtet, nach einer angemessenen Überlegungsfrist selbst zu kündigen, um den **Verzögerungsschaden** zu begrenzen[9]. Welche Frist insoweit angemessen ist, richtet sich nach den Umständen des Ein- 141

---

1 Palandt/*Heinrichs*, § 249 BGB Rz. 26.
2 BGH, MietRB 2006, 215.
3 BGH, NJW-RR 1986, 234.
4 BGH, MietRB 2006, 215.
5 BGH, MietRB 2006, 215.
6 BGH, NJW-RR 1995, 715; *Kraemer* in Bub/Treier, III Rz. 1212.
7 Vgl. BGH v. 12.1.1972 – VIII ZR 26/71, MDR 1972, 411; *Sternel*, Mietrecht aktuell, Rz. VIII 298.
8 *Sternel*, Mietrecht aktuell, Rz. VIII 298 möchte eine Zeitraum von 3,5 Jahren zugrunde legen.
9 *Kraemer* in Bub/Treier, III Rz. 1212 und 1390.

zelfalles. Hier muss der Rechtsanwalt bedenken, ob z.B. die Möglichkeit besteht, das Leistungshindernis doch noch zu beseitigen. Im Hinblick auf die Rechtslage (vgl. *Rz. 70*) ist der Zeitpunkt der Kündigung gleichzusetzen mit demjenigen, zu welchem der Schadensersatz statt der Leistung begehrt wird.

(3) Anforderung des Schadensersatzes

142 In den meisten Fällen wird die Aufforderung an den Vermieter, Schadensersatz zu leisten, den **Zeitpunkt** dokumentieren, in dem der Mieter nicht mehr am Vertrag festhält, § 281 Abs. 4 BGB. Andernfalls (z.B. bei § 280 Abs. 1 BGB) sollte klargestellt werden, dass kein Schadensersatz statt der Leistung verlangt wird. Indessen wird der Schaden zu diesem Zeitpunkt kaum in seinem vollen Ausmaß bereits nachweisbar berechnet werden können. Umso mehr sollte im Anschreiben deutlich gemacht werden, dass der Schaden noch nicht abschließend berechnet ist.

143 Soweit **Verwendungen** auf die Mietsache stattgefunden haben (z.B. Einbauten), sollte beachtet werden, dass die Ersatzansprüche insoweit gem. § 548 Abs. 2 BGB 6 Monate nach Beendigung des Mietvertrages **verjähren**. Diese Frist sollte der Rechtsanwalt vorsorglich im Fristenkalender **notieren** und in dem Aufforderungsschreiben dem Vermieter eine Frist setzen, innerhalb der er seine Verpflichtung zum Schadensersatz dem Grunde nach anerkennt. Damit sind die Voraussetzungen für eine Feststellungsklage gegeben, mit der die Verjährungsfrist unterbrochen werden kann, wenn der Schaden innerhalb der Verjährungsfrist noch nicht der Höhe nach (abschließend) berechnet werden kann.

(4) Prozessuales

144 In der hier beschriebenen Situation muss der Rechtsanwalt regelmäßig eine Klage auf Zahlung des Schadensersatz einreichen. Dabei handelt es sich um eine übliche Zahlungsklage (vgl. *M Rz. 168 f.*). Hier muss zum schlüssigen Vortrag nicht nur der Mietvertrag als solcher, sondern auch das Leistungshindernis vorgetragen werden, das – ggf. nach Fristsetzung – zur Schadensersatzpflicht des Vermieters geführt hat. Bei der Darstellung der Schäden sollte schon in der Klageschrift so spezifiziert wie möglich vorgetragen werden, damit der Leser (Richter) keine Zweifel an der Schlüssigkeit hegt.

(5) Gebühren

145 Hinsichtlich der Berechnung des Streitwertes kann auf die Ausführungen zu *Rz. 132* verwiesen werden. Bei der außergerichtlichen Beratung ergeben sich keine Besonderheiten zur Gebührenhöhe (vgl. dazu *N Rz. 83 ff.*).

b) Vermieterberatung

Bei der **Sachverhaltsermittlung** sollte sich der Rechtsanwalt zunächst den Mietvertrag und die geführte Korrespondenz vorlegen lassen, um die Beweissituation, aber auch die Schlüssigkeit der Darstellung des Mandanten überprüfen zu können. Dabei sollte vor allem der **Mietvertrag** dahin untersucht werden, inwieweit die Parteien Regelungen getroffen haben, die den Zustand der Mietsache zu Vertragsbeginn und die sich daran anschließende Haftung betreffen. Oft messen die Mandanten z.B. Gewährleistungsausschlüssen in diesem Zusammenhang keine Bedeutung bei, obwohl bei Vorliegen eines Rechtsmangels z.B. der Ausschluss der Haftung nach § 536a BGB (Garantiehaftung) maßgeblich sein kann (vgl. oben Rz. 91).

146

Im nächsten Schritt sollten die Umstände ermittelt werden, die zu dem **Leistungshindernis** geführt haben. Dabei sollte immer bedacht werden, dass die Umstände ggf. in einem Prozess bewiesen werden müssen und sich auch ein non liquet zu Lasten des Vermieters auswirkt[1]. Zu denken ist dabei insbesondere daran, Zeugenaussagen durch schriftliche Niederlegung zu sichern und/oder den Zustand der Mietsache durch ein Sachverständigengutachten festzuhalten.

147

Schon in dieser Phase der Beratung sollten sich die Überlegungen des Rechtsanwalts auch darauf erstrecken, ob und inwieweit seinem Mandanten für den Fall, dass er den Eintritt des Leistungshindernisses zu vertreten hat und deshalb auf Schadensersatz in Anspruch genommen werden kann, **Regressansprüche gegen Dritte** zustehen. Als Anspruchsgegner kommen dabei in Betracht der mit der Ausführung beauftragte Architekt, Bauhandwerker, der nicht weichende Vormieter etc. Sollten sich aus diesen Vertragsbeziehungen **Verjährungs**probleme z.B. wegen § 634a BGB ergeben, sollten die entsprechenden Fristen im Fristenkalender notiert und für die weitere Korrespondenz vorgesehen werden, dass die Dritten über den jeweiligen Stand informiert und entsprechend in Anspruch genommen werden. Im Prozess sollte an eine **Streitverkündung** gedacht werden.

148

Für die weitere Vorgehensweise ist das **Interesse des Mandanten** maßgeblich. Hierbei kann im Wesentlichen danach unterschieden werden, ob
– der Mandant das Mietverhältnis fortsetzen will oder
– das Mietverhältnis aufzulösen wünscht.

149

aa) Der Mandant will das Mietverhältnis fortsetzen

Bei nur **vorübergehenden Leistungshindernissen**, bei dem der Mieter seine Rechte über § 323 BGB geltend machen muss, sollten mit dem Mandanten Wege diskutiert werden, wie das Leistungshindernis zügig beseitigt werden kann. In diese Überlegungen sollte der Mieter unbedingt eingebunden werden, um vorschnelle Reaktionen zu vermeiden. Deshalb sollte dem Mandanten grundsätzlich empfohlen werden, hier gegenüber dem Mieter mit

150

---

1 OLG Düsseldorf, NJW-RR 1991, 137; Palandt/*Heinrichs*, § 275 BGB Rz. 25 m.w.N.

"offenen Karten" zu spielen und ihm den Sachverhalt so vollständig wie möglich mitzuteilen. Dadurch kann eine Vertrauensbasis geschaffen werden, in der der Mieter zumindest vorübergehend davon abgehalten wird, mit allem Nachdruck seine Rechte zu verfolgen. Gleichzeitig sollte überlegt werden, inwieweit dem Mieter freiwillig Vergünstigungen zugestanden werden können. Dabei ist vor allem an mietfreie Zeiten zu denken.

Gleichzeitig sollte mit allem Nachdruck daran gearbeitet werden, das Leistungshindernis zu beseitigen. In diese Überlegungen sollte einbezogen werden, ob z.B. der Wechsel des Architekten oder Bauhandwerkers sinnvoll ist oder dem Mieter ein Vergleichsobjekt angeboten werden kann.

151 Auch bei einem **dauernden Leistungshindernis** und anfänglichem **Rechtsmangel** sollte mit dem Mandanten diskutiert werden, ob durch außergewöhnliche Maßnahmen verhindert werden kann, dass der Mieter Schadensersatzansprüche geltend machen kann. Dabei ist in erster Linie daran zu denken, ob der Dritte, der ein Recht an der Mietsache reklamiert, durch finanzielle Zuwendungen davon abgehalten werden kann, sein Recht zu realisieren. Im Fall der Doppelvermietung sollte mit dem Mandanten abgewogen werden, welcher der Mieter voraussichtlich den geringeren Schadensersatz verlangen kann bzw. für welchen Mieter es geringere Einbußen hervorruft, wenn der Vertrag nicht zur Durchführung gelangt. Insoweit sollte auch bedacht werden, welcher Mieter für die veranschlagte Vertragszeit das geringere Insolvenzrisiko bietet.

152 Ergeben die Ermittlungen des Rechtsanwalts auch nur Zweifel am Bestehen eines Leistungshindernisses, sollte der Mieter in **Annahmeverzug** gesetzt werden (vgl. *F Rz. 205 f.*). Dazu muss hier die Übergabe angeboten werden. Dem Mieter sollte also schriftlich mitgeteilt werden, wann sich der Vermieter am Mietobjekt einfindet, um ihm sämtliche Schlüssel zu übergeben (tatsächliches Angebot).

bb) Der Mandant wünscht den Mietvertrag zu lösen

153 Unabhängig von dem Bestehen eines Leistungshindernisses kann sich dieses Interesse des Mandanten daraus ergeben, dass er neue Erkenntnisse über die Vermögenslage oder über die Verschlechterung der **Vermögenslage** seit Vertragsbeginn gewonnen hat. Leistet der Mieter z.B. nicht die im Vertrag vorgesehene **Kaution**, besteht ein Leistungsverweigerungsrecht des Vermieters nach § 273 BGB[1]. Dabei muss bei der Vermietung von Wohnraum jedoch überprüft werden, ob die Regelung im Hinblick auf § 551 Abs. 2 BGB wirksam ist (vgl. dazu *G Rz. 194 f.*).

Ein **Zurückbehaltungsrecht** steht dem Vermieter auch dann zu, wenn die Mietvertragsparteien vereinbart haben, dass vor Übergabe des Mietobjekts die erste Miete gezahlt werden muss und der Mieter dem nicht nachkommt. Eine solche Regelung kann auch bei der Wohnraummiete formu-

---

1 Palandt/*Weidenkaff*, § 551 Rz. 5; *Kraemer*, NZM 2001, 737; vgl. BGH, NJW-RR 1998, 1464; BGH, BGHZ 112, 279.

larmäßig vereinbart werden und ist nicht gemäß § 307 Abs. 2 Nr. 1 BGB unwirksam. Der Vermieter hat ein Interesse daran, sich durch die Vereinbarung einer Vorleistungspflicht des Mieters eine – wenn auch eingeschränkte- Kontrollmöglichkeit hinsichtlich dessen Leistungsbereitschaft beziehungsweise Leistungsfähigkeit vorzubehalten. Nach Übergabe der Miträume kann sich der Vermieter nur noch unter engen Voraussetzungen durch eine fristlose Kündigung vom Mietvertrag lösen und Herausgabe der Miträume verlangen[1].

Allein die Nichtzahlung der Kaution oder der ersten Miete wird jedoch kaum ausreichen, um z.B. die fristlose Kündigung nach § 543 Abs. 1 BGB, die auch schon vor Beginn des Mietvertrages zulässig ist[2], aussprechen zu können. Vielmehr müssen **weitere Umstände** hinzutreten, die eine wesentliche Vermögensverschlechterung begründen. Zu denken ist dabei z.B. an folgende Umstände: 154

– nicht eingelöste Schecks des Mieters[3];
– Beantragung eines Insolvenzverfahrens über das Vermögen des Mieters;
– Wechselprotest;
– fristlose Kündigung des vorherigen Vermieters wegen Zahlungsverzuges;
– fruchtlose Pfändungsmaßnahmen von Gläubigern gegen den Mieter.

Wegen der weitreichenden Konsequenzen einer unbegründeten fristlosen Kündigung sollte der Rechtsanwalt darauf bedacht sein, diese **Erkenntnisse nachweisbar zu sichern**. Zu denken ist dabei insbesondere an die Auskunft bei entsprechenden Dateien (vgl. dazu *K Rz. 67*), der Nachfrage bei der Schuldnerkartei des zuständigen Amtsgerichts oder die schriftliche Bestätigung eines Gläubigers. Reichen danach die Erkenntnisse aus, um eine fristlose Kündigung zu erklären, sollte in der bereits unter *F Rz. 168* beschriebenen Weise verfahren werden. 155

Auch wenn Streit zwischen den Parteien darüber besteht, ob sich die Mietsache in einem ordnungsgemäßen Zustand befindet oder z.B. nur eine vom Mieter nicht akzeptierte Teilleistung[4] vorliegt, sollte nach dem (vermeintlichen) Eintritt der Fälligkeit der zweiten Monatsmiete die **fristlose Kündigung** nach § 543 Abs. 2 Nr. 3 BGB erklärt werden, um zu erreichen, dass Schadensersatzansprüchen des Mieters der Boden entzogen wird. 156

Neben den ansonsten bestehenden Möglichkeiten zur ordentlichen oder außerordentlichen Kündigung (vgl. dazu *J Rz. 48 ff.*) sollte im Übrigen der Vertrag dahin überprüft werden, ob dem Vermieter ein **Rücktrittsrecht** oder ein **Sonderkündigungsrecht** eingeräumt wurde. 157

---

1 AG Siegburg v. 6.1.2009 – 111 C 310/08.
2 OLG Düsseldorf, WuM 1995, 438.
3 OLG Düsseldorf, WuM 1995, 438.
4 Vgl. dazu BGH, NJW 1989, 3222; OLG Düsseldorf, ZMR 1986, 164.

cc) Der Mieter weigert sich (grundlos) die Mietsache zu übernehmen

157a In dieser Fallkonstellation kommen zahlreiche Varianten in Betracht. Der Mieter kann z.B. ein anderes, besser ausgestattetes Mietobjekt zu günstigeren Konditionen gefunden haben oder seine wirtschaftliche Lage lässt einen Umzug nicht mehr zu.

157b Zunächst muss sein Interesse ermittelt werden. Will er sich vom **Vertrag lösen**, kann er dies unter den gleichen Voraussetzungen erreichen, die unter *Rz. 153 ff.* dargestellt wurden. Daneben kann er aber auch **Schadensersatz** nach § 280 Abs. 1 BGB verlangen, weil die grundlose Weigerung des Mieters eine Pflichtverletzung darstellt, selbst wenn sie schon vor dem eigentlichen Mietvertragsbeginn erfolgt.

Neben dem Mietausfall zählen zum Umfang des Anspruchs auch Umbau- und Rückbaukosten, wenn der Mieter bereits erhebliche Baumaßnahmen veranlasst hat[1].

dd) Prozessuales

158 In der beschriebenen Situation kann es für den Vermieter sinnvoll sein, seinen Rechtsstandpunkt einer gerichtlichen Klärung zuzuführen. Ist z.B. das Leistungshindernis streitig, will der Vermieter aber am Vertrag festhalten, kann es angezeigt sein, den **Übergabeanspruch** gerichtlich durchzusetzen. Dabei sollte überlegt werden, ob diesem Verfahren ein **selbständiges Beweisverfahren** vorgeschaltet wird, um den vertragsgemäßen Zustand des Mietobjekts möglichst kurzfristig gerichtlich dokumentiern zu lassen. Denn durch die Dauer eines Prozesses kann der Zustand der Mietsache verändert werden. Im Übrigen lässt sich regelmäßig nicht ausschließen, dass im Laufe der Zeit das Interesse des Mandanten wechselt und er die Mietsache anderweitig verwerten will (z.B. durch Vermietung an einen Dritten), was zwangsläufig ebenfalls zu Veränderungen des Zustandes führt.

159 Wurde dem Mieter die Übergabe der Mietsache in ordnungsgemäßem Zustand **angeboten** (vgl. dazu *Rz. 17*), von diesem aber nicht angenommen, befindet er sich im Annahmeverzug. In diesem Fall liegen die Voraussetzungen für eine **Feststellungsklage** vor. Insoweit kann beantragt werden,

> festzustellen, dass sich der Beklagte mit der Annahme der Übergabe des Mietobjektes im 3. Obergeschoss links des Hauses Luxemburger Str. 101, 50937 Köln, im Verzug der Annahme befindet.

160 Ist im Vertrag eine **Betriebspflicht** geregelt, kann auch daran gedacht werden, eine Leistungsklage mit dem Ziel, den Betrieb zu eröffnen und zu un-

---

1 OLG München, WuM 2003, 443.

terhalten, einzureichen. Auch eine einstweilige Verfügung kommt insoweit in Betracht (vgl. dazu Rz. 250a)[1].

Soweit eine **Kündigung** ausgesprochen wurde und der Mieter die Räume noch nicht bezogen hat, kann ebenfalls zur Herbeiführung der Rechtssicherheit eine **Feststellungsklage** mit dem Antrag, 161

> festzustellen, dass die Kündigung des Klägers vom ... den Mietvertrag vom ... über die Räume im 3. Obergeschoss links des Hauses Luxemburger Str. 101, 50937 Köln, mit sofortiger Wirkung beendet hat.

erhoben werden. Auch insoweit sollte zur Vermeidung eines sofortigen Anerkenntnisses und der damit verbundenen Kostenfolge gemäß § 93 ZPO dem Mieter zunächst eine Erklärungsfrist gesetzt werden.

ee) Gebühren

Die Beratung des Vermieters bei Leistungshindernissen vor Überlassung findet immer im Zusammenhang mit der Frage statt, ob das Mietverhältnis noch Bestand hat. Im Hinblick darauf kommt für die Gebührenberechnung grundsätzlich die **Jahresmiete** (vgl. dazu N Rz. 539) zur Anwendung. Hinsichtlich der Gebühren im außergerichtlichen Bereich ergeben sich keine Besonderheiten (vgl. dazu N Rz. 83 ff.). 162

2. Die Überlassung der Mietsache

Gemäß § 535 Abs. 1 Satz 2 BGB hat der Vermieter dem Mieter die Mietsache zum vertragsgemäßen Gebrauch zu überlassen. Regelmäßig erfolgt die Überlassung durch Einräumung des Besitzes am Mietobjekt, also die **Übergabe**. Allerdings müssen Überlassung und Übergabe nicht stets deckungsgleich sein. Auch insoweit kommt es auf die vertraglichen Absprachen an. Nur dann, wenn der Gebrauch des Mietobjekts zwingend auch deren Besitz voraussetzt, hat der Vermieter diesen einzuräumen. Überlässt der Grundstückseigentümer einem Unternehmen entgeltlich eine bestimmte Fläche zur Errichtung, Unterhaltung und Betrieb einer Breitbandkabelanlage liegt ein Mietvertrag vor. In diesem Fall schuldet der Vermieter nur, dass die nötige Fläche für die Verteilerkästen und die Leitungen zur Verfügung gestellt und ihr für die laufende Wartung und Instandhaltung den Zutritt zu den ortsüblichen Geschäftszeiten gewährt wird. Die Einräumung weitergehender Besitzrechte ist nicht erforderlich[2]. 162a

Die Überlassung von Wohn- und Geschäftsräumen setzt grundsätzlich die **Verschaffung des Besitzes** voraus. Je nach Vertragsgestaltung kann aus- 162b

---
1 OLG Frankfurt/M. v. 10.12.2008 – 2 U 250/08, ZMR 2009, 446.
2 BGH v. 17.7.2002 – XII ZR 86/01, NJW 2002, 3322; vgl. auch für die Vermietung eines Zufahrtsweges BGH v. 1.2.1989 – VIII ZR 126/88, ZMR 1989, 212.

nahmsweise auch die Verschaffung des mittelbarene Besitzes genügen[1]. Vereinbaren die Parteien eines Mietvertrages z.B., dass die Mietsache vom Vermieter unmittelbar einem Dritten zur Nutzung überlassen wird, erlangt der Mieter keinen unmittelbaren Besitz, was vom Vermieter in diesem Fall aber auch nicht geschuldet ist.

a) Die Übergabe

162c Wie bereits dargelegt, setzt die Übergabe die Besitzverschaffung voraus. Dies erfordert bei Räumlichkeiten die Aushändigung der Schlüssel, da der Mieter erst hierdurch die Möglichkeit erlangt, die Mietsache zu nutzen[2]. Die bloße Gewährung des Zugangs zu den Mieträumlichkeiten ohne Schlüsselübergabe genügt grundsätzlich nicht. In diesem Fall hat der Mieter keine Möglichkeit Dritte vom Zutritt auszuschließen[3]. Neben den **Wohnungsschlüsseln** sind auch die **Briefkastenschlüssel**[4] und die Schlüssel zu etwaigen Nebenräumen wie Keller, Fahrradkeller, Dachspeicher usw. auszuhändigen, sofern die Mitbenutzung vereinbart wurde. Gleiches gilt, wenn statt Schlüsseln Magnetkarten verwendet werden oder Codziffern zur Öffnung von Türen eingegeben werden müssen. In diesem Fall ist auch eine Einweisung erforderlich. Übergibt der Vermieter nicht sämtliche Schlüssel, Codekarten etc., ist er seiner Überlassungspflicht nicht (vollständig) nachgekommen. Die Möglichkeiten des Mieters richten sich in diesem Fall danach, ob der Vermieter trotz Einbehalts von Schlüssel den alleinigen Besitz einräumen wollte oder nur Mitbesitz.

b) Der Willensakt

162d Neben der realen Übergabe bedarf es noch eines übereinstimmenden Willens der Mietvertragsparteien, so dass die Besitzergreifung durch den Mieter allein nicht genügt[5]. Der Wille der Parteien muss nach außen dokumentiert werden. Eine solche Dokumentation ist in der Schlüsselübergabe zu sehen und kann regelmäßig nur so ausgelegt werden, dass dem Mieter Alleinbesitz eingeräumt wird. Dies gilt auch dann, wenn der Vermieter heimlich einen **Zweitschlüssel** behält[6], da dies an der nach außen dargestellten Besitzaufgabe nicht ändert. Verweigert der Vermieter die Herausgabe des Zweitschlüssels kommt er seinen vertraglichen Verpflichtungen nicht nach. Der Mieter kann die Herausgabe des Zweitschlüssels gerichtlich geltend machen oder nach einer Fristsetzung gemäß §§ 280, 281 BGB Schadensersatz verlangen. Der Schaden des Mieters kann beispielsweise in angefallenen Rechtsanwaltsgebühren oder den Kosten für einen Schlossaustausch bestehen. Benutzt der Vermieter in diesem Fall den Zweit-

---

1 A.A. *Flatow*, PiG 83, 87.
2 AG Potsdam v. 3.11.1994 – 26 C 530/93, WuM 1995, 34.
3 LG Berlin, NJW-RR 1988, 203.
4 AG Mainz v. 6.5.1996 – 8 C 98/96, WuM 1996, 701.
5 OLG Celle v. 11.5.2005 – 4 U 8/05, OLGR Celle 2005, 597.
6 RG, JW 22, 219.

schlüssel um die Mieträumlichkeiten zu betreten, ist der Mieter zur fristlosen Kündigung ohne vorherige Abmahnung berechtigt[1].

Macht der Vermieter dagegen bei Schlüsselübergabe deutlich, dass er einen Zweitschlüssel ohne vertragliche Absprache einbehält und sich auch vorbehält, dass Mietobjekt zu betreten, räumt er dem Mieter von vornherein nur **Mitbesitz** ein[2]. Ein Schlossaustausch durch den Mieter kommt in diesem Fall nicht in Betracht, da dies eine verbotene Eigenmacht gemäß § 858 Abs. 1 BGB gegenüber dem Mitbesitz des Vermieters wäre[3]. Der Vermieter kann in diesem Fall die Wiedereinräumung des Mitbesitzes sogar im Wege der einstweiligen Verfügung verlangen. Der Mieter hat in diesem Fall nur die Möglichkeit die erstmalige Einräumung seines alleinigen (unmittelbaren) Besitzes auf den Klagewege durchzusetzen[4]. Daneben kann der Mieter bei Vorliegen der Voraussetzungen auch vom Vertrag zurücktreten und Schadensersatz verlangen (vgl. *Rz. 69 ff.*).

162e

Neben der Schlüsselübergabe setzt die Erfüllung der mietvertraglichen Überlassungspflicht weiter voraus, dass der Mieter in die Lage versetzt wird, das Mietobjekt auch vertragsgemäß zu nutzen[5]. Dies erfordert aber, dass die Räumlichkeiten geräumt und bezugsfertig sind[6]. Etwas anderes kann sich aus den mietvertraglichen Vereinbarung ergeben. Eine solche liegt vor, wenn möblierter Wohnraum vermietet wird oder sich der Mieter verpflichtet hat, den in den Räumlichkeiten befindlichen Unrat zu entsorgen. Bei Wohnraum dürfte eine entsprechende formularmäßige Regelung aber an § 307 BGB scheitern.

162f

3. Beratung nach der Überlassung der Mietsache

Gebrauchsbeeinträchtigungen seitens des Vermieters durch aktives oder passives Handeln nach der Überlassung der Mietsache sind in vielfältiger Form möglich. Dabei ist zunächst an den Fall zu denken, dass der Vermieter dem Mieter nach einer durchgeführten Instandsetzungs- und/oder Modernisierungsmaßnahme die **Rückkehr in die Mieträume** verwehrt. Aber auch die **Beschränkung des Gebrauchs von Gemeinschaftsflächen** stellt eine Vertragsverletzung im hier verstandenen Sinne dar.

163

Bei den Überlegungen, wie die Interessen des Mandanten umgesetzt werden können, sollte immer bedacht werden, dass jede Gebrauchsbeeinträchtigung **Gewährleistungsrechte** hervorruft. Wegen der Umsetzung dieser Rechte wird auf die Darstellung im Kapitel F verwiesen. Die dort behandelten Instrumente sind hier entsprechend anwendbar.

164

---

1 LG Berlin v. 9.2.1999 – 64 S 305/98, NZM 2000, 543.
2 Vgl. BGH v. 10.1.1979 – VIII ZR 302/77, NJW 1979, 714.
3 Palandt/*Bassenge*, § 866 BGB Rz. 5.
4 Vgl. hierzu auch Jendrek/*Scholl*, III. 1.
5 BGH v. 15.11.2006 – XII ZR 120/04, NJW 2007, 2394.
6 Schmidt-Futterer/*Eisenschmid*, § 535 BGB Rz. 15.

165 Das **Interesse des Mandanten** kann sich neben den Rechtsfolgen, die die §§ 536 ff. BGB zur Verfügung stellen, jedoch auch auf andere Rechtsfolgen richten, die sich aus der **Gebrauchsgewährungspflicht** des Vermieters nach § 535 Abs. 1 S. 2 BGB ergeben. Zu denken ist insoweit vor allem an die
– Überlassung der Mietsache,
– Beseitigung und Unterlassung der Störung.

166 Um das Ausmaß der Beeinträchtigung festzustellen und die Rechtsfolge richtig bestimmen zu können, sollte sich der Rechtsanwalt durch die **Lektüre des Mietvertrages** vergewissern, was (Umfang des Gebrauchs) und zu welchem Zweck dem Mieter überlassen wurde. Dabei sollte er jedoch beachten, dass neben den im Mietvertrag selbst genannten Räumen auch die im Objekt befindlichen Räume zum gemeinschaftlichen Gebrauch und sonstige Bestandteile und Einrichtungen des Gebäudes dem Mietvertrag unterfallen können[1]. Welche Einrichtungen und Zubehörräume insoweit in Betracht kommen, ist im Einzelfall verschieden. Eine Übersicht bietet die Checkliste unter *A Rz. 54 ff.*

167 Bei der Ermittlung, ob dem Mieter die entsprechenden **Zubehörräume** „mitvermietet" wurden, darf nicht nur nach dem Buchstaben des Vertrages vorgegangen werden. Häufig werden im Mietvertrag nur die unmittelbar zur Wohnung oder Gewerbeeinheit gehörenden Räume bezeichnet. Gleichwohl erhält der Mieter Schlüssel zum Trockenraum, zur Waschküche, zur Tiefgarage, dem Hof, dem Garten[2] o.ä. Teilen des Grundstücks. Solange der Mieter den entsprechenden (Mit-)**Besitz vom Vermieter ableiten** kann, kann unterstellt werden, dass die Benutzung dieser Räume auch ohne ausdrückliche Regelung im Mietvertrag Gegenstand des Mietvertrages ist und damit seinem Schutz unterliegen. Gleiches gilt für solche Gemeinschaftsflächen die zum ungestörten Mietgebrauch erforderlich sind, wie z.B. Grundstücks- und Hauszugänge, Treppenhäuser, Aufzug und ähnliche dem gemeinschaftlichen Gebrauch der Mieter dienende Räume[3].

a) Geltendmachung des Überlassungsanspruches

168 Der Anspruch auf Einräumung des Besitzes, der sich aus § 535 Abs. 1 BGB ergibt, muss geltend gemacht werden, wenn der Vermieter den Mieter vom Besitz ausschließt, also ihm den **Zutritt zu seiner Wohnung verweigert**. Derartige Fälle kommen vor, wenn das Mietobjekt vom Mieter vorübergehend geräumt wurde, damit der Vermieter Instandsetzungs- und/oder Modernisierungsmaßnahmen durchführen konnte. Aber auch unmittelbar nach der Übergabe bereuen Vermieter schon einmal die Vermietung und kommen durch eine „Aussperrung" (Auswechseln der Schlösser) einem Einzug des Mieters zuvor. Hier stehen dann zunächst Ansprüche aus dem Besitzrecht (§§ 861 ff. BGB) im Vordergrund, die regelmäßig im Wege der

---
1 Vgl. *Kraemer* in Bub/Treier, III Rz. 1182.
2 AG Pankow-Weißensee v. 10.4.2007 – 9 C 359/06, Info M 2007, 204.
3 KG v. 3.6.2004 – 8 U 8/04, ZMR 2004, 752.

einstweiligen Verfügung geltend werden (possessorische Ansprüche)[1]. Spätestens danach ist aber der vertragliche (petitorische) Anspruch umzusetzen.

aa) Mieterberatung

Für die Geltendmachung des Überlassungsanspruches ist **der Zeitpunkt** von maßgeblicher Bedeutung, in dem der Mieter/Rechtsanwalt von der Besitzentziehung erfährt. Kann noch verhindert werden, dass ein **Dritter Besitz** von der Mietsache ergreift, muss schnell gehandelt werden und müssen alle Vorbereitungen getroffen werden, um u.U. eine **einstweilige Verfügung** erwirken zu können.

169

Aber auch wenn nicht zu befürchten ist, dass ein Dritter die Mietsache übernimmt, sollten sich die Überlegungen darauf richten, das **Besitzrecht** des Mieters durch einstweilige Verfügung zu **sichern**. Hat der Vermieter z.B. den Mieter nur aus den Räumen gesetzt, um seiner Forderung auf Mietzahlung Nachdruck zu verleihen, liegen regelmäßig die Tatbestände der verbotenen Eigenmacht (§ 858 BGB) und des Hausfriedensbruchs (§ 123 StGB[2]) vor. Hier sollte der Vermieter deshalb unverzüglich angeschrieben und zur Wiedereinräumung des Besitzes aufgefordert werden. Dafür kann eine kurze Frist (von wenigen Stunden) gesetzt werden. Verstreicht die Frist, sollte die einstweilige Verfügung beantragt werden.

170

bb) Vermieterberatung

Der Rechtsanwalt des Vermieters hat in den gegebenen Situationen vor allem die Aufgabe, seinen Mandanten **vor Schaden zu bewahren**. Selbst wenn die Voraussetzungen für eine fristlose Kündigung z.B. nach § 543 Abs. 2 Nr. 3 BGB gegeben sind und diese sogar ausgesprochen wurde, ist der Vermieter nicht berechtigt, das Besitzrecht des Mieters durch Selbsthilfe zu stören, solange der Besitz des Mieters selbst nicht fehlerhaft ist (vgl. § 859 BGB). Deshalb kann der Rechtsanwalt dem Vermieter nur dringend empfehlen, den Besitz wieder einzuräumen, um gleichzeitig die Rechte auf Räumung und Herausgabe geltend zu machen (vgl. dazu *J Rz. 304 ff.* und *M Rz. 128 f.*). Im Fall der **Doppelvermietung** sollte gemeinsam mit dem Mandanten geprüft werden, von welchem Mieter der höhere Schadensersatzanspruch zu erwarten ist und/oder bei welchem Mieter ein Nachgeben erwartet werden kann. Mit dem Ziel, den Schaden für den Mandanten zu verringern, sollten daher mit beiden Mietern Verhandlungen aufgenommen werden (vgl. dazu *Rz. 150*).

171

---

1 OLG Düsseldorf v. 9.6.2008 – 24 W 33/08, GE 2008, 1254.
2 Der gemäß § 123 Abs. 2 StGB nur auf einen Strafantrag hin von den Strafverfolgungsbehörden verfolgt wird.

cc) Prozessuales und Gebühren

172 Auch hinsichtlich der prozessualen Umsetzung der hier besprochenen Ansprüche und der Berechnung der Gebühren ergeben sich keine Unterschiede zur Situation vor Überlassung der Mietsache (vgl. dazu Rz. 162).

b) Beseitigung und Unterlassung von (teilweisen) Besitzstörungen

173 Wesentlich häufiger sind in der Praxis die Fälle, in denen der Vermieter dem Mieter den Gebrauch außerhalb des eigentlichen Mietobjektes streitig macht, indem er ihn z.B. vom Gebrauch von Gemeinschaftsflächen (Trockenraum, Waschküche, Fahrradkeller, Garten etc.) ausschließt bzw. ausschließen will. Dabei besteht bereits **Anlass zum Handeln**, wenn der Vermieter ein entsprechendes Verbot ausspricht, weil der Mieter ab diesem Zeitpunkt nicht mehr sicher sein kann, ob er diese Räume weiterhin nutzen kann. Vergeht erst eine Weile, ohne dass der Mieter Widerspruch erhebt, besteht die Gefahr, dass sein Verhalten als Duldung der Beschränkung aufgefasst wird und damit eine stillschweigende Vertragsänderung eintritt.

aa) Mieterberatung

174 Der Rechtsanwalt des Mieters sollte sich in diesen Situationen zunächst damit auseinander setzen, ob die Räume, die der Mieter nicht mehr nutzen können soll, tatsächlich mitvermietet wurden. Kann der Mieter seinen **Besitz vom Vermieter ableiten**, kann davon ausgegangen werden, dass sie dem Schutz des Mietvertrages unterliegen. Eine derartige Ableitung kann sich daraus ergeben, dass der Vermieter dem Mieter die Schlüssel zu den entsprechenden Räumen überlassen hat, ihn auf eine entsprechende Praxis im Hause verwiesen hat (Verteilung des Schlüssels zum Trockenraum in einer entsprechenden Reihenfolge unter den Mietern) oder der Vermieter über einen längeren Zeitraum Kenntnis von der Nutzung der Zubehörteile durch den Mieter hatte, ohne Einwendungen dagegen erhoben zu haben. Im zuletzt genannten Fall ist jedoch zu berücksichtigen, dass eine nachträgliche Erweiterung des Mietobjekts grundsätzlich deutliche Anhaltspunkte voraussetzt. Allein die Duldung der Nutzung dürfte daher regelmäßig nicht genügen.

175 Liegen derartige Umstände vor, kann davon ausgegangen werden, dass die **Zubehörflächen mitvermietet** wurden. Bevor eine Tätigkeit des Rechtsanwalts erfolgt, sollte jedoch noch überprüft werden, ob und ggf. wie sich diese Gebrauchsüberlassung **beweisen** lässt. Der Mieter ist als Anspruchssteller für den Besitz beweispflichtig. Regelmäßig kommen als Beweismittel nur **Zeugen** (z.B. Familienangehörige, die die Besitzverhältnisse kennen, Nachbarn, Angestellte) in Betracht, wenn der Mietvertrag die Mietsache nur mit der Wohnung oder der Gewerbeeinheit beschreibt.

176 Sodann ist zu untersuchen, wie dieser Besitz dem Mieter streitig gemacht wurde. Mit dem **Beseitigungsanspruch** wird grundsätzlich das **kontradikto-**

rische Gegenteil der Verletzungshandlung verlangt. Hat der Vermieter also lediglich ein Verbot ausgesprochen, muss er aufgefordert werden, das Verbot zurückzunehmen. Macht er dem Mieter den Besitz durch Worte streitig, bezieht sich die Aufforderung auf die Bestätigung, dass das Recht des Mieters (weiterhin) besteht. Hat der Vermieter bereits dem Mieter den Besitz entzogen, so dass eine verbotene Eigenmacht vorliegt, muss er zur Wiedereinräumung des Besitzes aufgefordert werden (§ 861 BGB).

Bevor das Gericht angerufen wird, sollte dem Vermieter eine **angemessene Frist** gesetzt werden, um sich seine Handlung noch einmal zu überlegen und ihm die Möglichkeit zu geben, selbst anwaltliche Hilfe in Anspruch zu nehmen, um sich eines Besseren belehren zu lassen. Bei einer verbotenen Eigenmacht ist eine kurze Frist zu setzen, um nicht den Verfügungsgrund wegen eigenen zu langen Zuwartens zu gefährden. 177

Daneben sollte die Beseitigungsaufforderung mit einem **Unterlassungsbegehren** verbunden werden. Dazu sollte der Vermieter aufgefordert werden, schriftlich bis zur genannten Frist zu bestätigen, dass er den Besitz zukünftig nicht mehr streitig macht. Denn reagiert er darauf nicht, ist eine **Wiederholungsgefahr** gegeben[1]. 178

(1) Prozessuales

Ebenso wie das Aufforderungsschreiben richtet sich der Inhalt des **Klageantrages** nach der Verletzungshandlung des Vermieters. Neben dem Antrag auf **Beseitigung** der Störung sollte dabei gleichzeitig der **Unterlassungsantrag** gestellt werden, sofern der Vermieter nicht oder nicht in der aufgeforderten Weise reagiert hat. Die Formulierung des Beseitigungsantrages richtet sich dabei nach dem kontradiktorischen Gegenteil (vgl. *Rz. 176*). Im Fall des Verbots, z.B. den Fahrradkeller zu benutzen, können die **Anträge** z.B. wie folgt formuliert werden: 179

1. den Beklagten zu verurteilen, dem Kläger den Zutritt zu dem Fahrradkeller im Hause Luxemburger Str. 101, 50937 Köln, zu gewähren;
2. den Beklagten zu verurteilen, es künftig zu unterlassen, dem Kläger ohne sachlich rechtfertigenden Grund den Besitz am Fahrradkeller im Objekt Luxemburger Str. 101, 50937 Köln streitig zu machen;
3. den Beklagten für jeden Fall der Zuwiderhandlung ein Ordnungsgeld bis zur Höhe von 250 000 Euro oder Ordnungshaft anzudrohen.

In der Klageschrift sollte unter Beweisantritt anschaulich dargestellt werden, dass der Mieter bis zu dem Verbot die Besitzrechte ausgeübt hat und ein sachlicher Grund für das Verbot nicht besteht. Die Zwangsvollstreckung erfolgt gemäß § 890 ZPO (vgl. dazu *M Rz. 409*).

---

1 Palandt/*Bassenge*, § 1004 BGB Rz. 29.

180 Hinsichtlich der Beantragung einer **einstweiligen Verfügung** wegen verbotener Eigenmacht ergeben sich keine Besonderheiten.

(2) Gebühren

181 Der **Streitwert** für die Gebührenberechnung bemisst sich gemäß § 3 ZPO nach dem Interesse des Mieters. Dafür wird man in Analogie zu § 41 Abs. 1 GKG einen **fiktiven Mietwert** der Zubehörräume, über die der Streit besteht, ansetzen können. Insoweit dürfte regelmäßig ein Anteil von monatlich bis zu 30 Euro angemessen sein. Da sowohl Beseitigungs- als auch Unterlassungsklage selbständige Ansprüche darstellen, also eine Klagehäufung vorliegt, ergibt sich im Beispielsfall ein Streitwert von 720 Euro (30 Euro × 12 Monate × 2 Anträge).

bb) Vermieterberatung

182 Vor allem wenn der Mieter den Besitz schon längere Zeit ausgeübt hat, besteht für den Vermieter kaum eine Möglichkeit, ihm den Besitz an Zubehörräumen streitig zu machen. Nach der **Verkehrsanschauung** wird unterstellt, dass diese Räume mitvermietet wurden[1].

183 Gleichwohl kann der Rechtsanwalt des Vermieters überlegen, wie das Verhalten des Mandanten legalisiert werden kann. Hierzu bietet sich u.a. eine Möglichkeit in § 573b BGB, wonach eine **Teilkündigung** zulässig ist, wenn Nebenräume zur Schaffung von neuen Wohnraum benötigt werden.

184 Regelungen in Mietverträgen, die vorsehen, dass die Nutzung bestimmter Räume unter **Widerrufsvorbehalt** stehen, dürften in Formularverträgen unwirksam sein, sofern eine Abweichung von den §§ 542, 568 ff. BGB in Betracht kommt. Denn im Zweifel wird hier anzunehmen sein, dass ein einheitliches Mietverhältnis vorliegt (vgl. dazu *B Rz. 76 ff.*), so dass die Zubehörräume nur nach den gleichen Regeln gekündigt werden können, die für das Hauptmietverhältnis gelten. Im Übrigen gilt § 308 Nr. 4 BGB.

185 **Gebühren**

Die Gebühren des Rechtsanwalts des Vermieters bemessen sich in der gleichen Weise wie die des Mieters (vgl. *Rz. 181*).

II. Vorvertragliche Auskunftspflichten

185a Die Verletzung vorvertraglicher Pflichten kann zu einem Anspruch auf **Schadensersatz** wegen Verschuldens bei Vertragsschluss führen, §§ 280 Abs. 1, 241 Abs. 2, § 311 Abs. 2 BGB. Durch die aufgezeigte Kette von Vorschriften wird die Anspruchsgrundlage der früheren c.i.c. geregelt. Danach wird ein Schuldverhältnis, das Pflichten nach § 241 Abs. 2 BGB begründen kann, bereits durch die Aufnahme vom Vertragsverhandlungen (§ 311

---

1 Vgl. z.B. KG v. 3.6.2004 – 8 U 8/04, ZMR 2004, 752.

Abs. 2 Nr. 1 BGB), die Anbahnung eines Vertrags, bei welchem der eine Teil im Hinblick auf eine evtl. rechtsgeschäftliche Beziehung dem anderen Teil die Möglichkeit zur Einwirkung auf seine Rechte, Rechtsgüter und Interessen gewährt oder ihm diese anvertraut werden (§ 311 Abs. 2 Nr. 2 BGB) oder durch ähnliche geschäftliche Kontakte (§ 311 Abs. 2 Nr. 3 BGB) begründet. Neben der Folge des Schadensersatzes (§ 249 BGB) kann eine Verletzung vorvertraglicher Aufklärungspflichten eine **Anfechtung** wegen arglistiger Täuschung (§ 123 BGB) oder eine **Kündigung** aus wichtigem Grund (vgl. dazu *J Rz. 257 ff.*) rechtfertigen.

Gibt der Bericht des Mandanten Anhaltspunkte für eine vorvertragliche Pflichtverletzung, muss der Rechtsanwalt zunächst das **Rechtsschutzziel ermitteln**. Immerhin sind insbesondere Anfechtung (§ 124 BGB) und Kündigung (§ 314 Abs. 3 BGB) auch wesentlich vom Zeitmoment abhängig. Häufig werden sich im weiteren Verlauf Beweisschwierigkeiten zeigen, weil die Vertragsverhandlungen allein zwischen den Parteien geführt wurden. Dazu sollte der Mandant nach weiteren Informationen befragt werden. Manchmal ergeben sich nämlich zumindest Indizien aus Inseraten, Exposés oder sonstigen Anpreisungen. Vor allem bei Gewerberaummietverträgen liegt aber oftmals Korrespondenz vor und können Berater (Einrichter, Architekten, Makler etc.) befragt werden. 185b

1. Auskunftspflichten des Vermieters

Der Vermieter ist vor Vertragsschluss zur Aufklärung über diejenigen Umstände verpflichtet, die für den Entschluss des an den Vertragsverhandlungen beteiligten Dritten zur vertraglichen Bindung erkennbar von Bedeutung sind[1]. Dies bedeutet nicht, dass er ungefragt irgendwelche Umstände (Dauer, wirtschaftlicher Erfolg, Zeitpunkt der Schließung etc.) aus dem vorangegangenen Mietverhältnis[2] darlegen muss. Allerdings müssen **besondere Eigenschaften** und rechtliche Beziehungen des Vertragsgegenstandes offenbart werden, wie die Anordnung der Zwangsversteigerung oder Zwangsverwaltung[3]. Das Gleiche gilt für eine bevorstehende langfristige **Straßensperrung**[4]. Liegt dem Vermieter z.B. ein Gutachten über die Schadstoffbelastung der Wohnung vor, ist er selbst dann zur Unterrichtung des Mieters verpflichtet, wenn diese zwischen den Parteien streitig ist[5]. Bei Abschluss eines Mietvertrages muss der Vermieter über bekannte Umbaupläne oder Planungen zur Umgestaltung der Umgebung[6] aufklären. Grundsätzlich kann der Vermieter die Fragen des Mieters abwarten, insbesondere muss er nicht auf offenliegende Umstände (z.B. Gaststätte im Haus) hin- 185c

---

1 BGH v. 16.2.2000, XII ZR 279/97, NJW 2000, 1714; BGH, WPM 1980, 1365; LG Hamburg v. 26.1.2006 – 307 S 130/05, ZMR 2007, 198; z.B. Erbbaurecht: BGH, DWW 1968, 301; ZMR 1963, 104.
2 OLG Düsseldorf, GuT 2006, 27.
3 OLG Hamburg, BB 1988, 1842; OLG Hamm, NJW-RR 1988, 784.
4 AG Berlin-Hohenschönhausen, NJWE-Mietrecht 1997, 57.
5 AG Osnabrück, WuM 2004, 336.
6 BGH, NJW 1989, 1793.

weisen, selbst wenn sie zu einer Einschränkung des vertragsgemäßen Gebrauchs führen können. Da sich der Umfang der Aufklärung jedoch nach der Person des Mieters richtet und der für den Vermieter erkennbaren Geschäftserfahrenheit oder Geschäftsunerfahrenheit seines Vertragspartners[1], kommt es maßgeblich auf die Umstände des Einzelfalls an. Den Vermieter trifft daher z.B. nur dann eine Aufklärungspflicht hinsichtlich der geplante Errichtung einer **Mobilfunkantenne**, wenn für ihn erkennbar ist, dass der Mietinteressent diesem Umstand besondere Bedeutung beimisst[2]. Die Darlegungs- und Beweislast für eine Aufklärungspflichtverletzung durch den Vermieter obliegt dem Mieter[3].

185d Im vorvertraglichen Stadium stellt sich insbesondere die Frage, inwieweit der Vermieter über die Höhe der **Betriebskostenvorauszahlungen** aufzuklären hat. Nach einer verbreiteten Meinung[4] mussten neben der zu niedrigen Höhe der geschuldeten Vorauszahlungen besondere Umstände hinzutreten, um dem Mieter einen Schadensersatzanspruch zuzubilligen. Hiernach war nämlich Voraussetzung, dass der Vermieter arglistig handelt, um den Mieter zu täuschen. Hingegen nahmen andere Gerichte[5] auch schon dann einen Schadensersatzersatzanspruch des Mieters unter dem Gesichtspunkt des Verschuldens bei Vertragsschluss (= §§ 280 Abs. 1, 241 Abs. 2, 311 Abs. 2 BGB) an, wenn der Vermieter nicht darauf hingewiesen hatte, dass die Vorschüsse nicht kostendeckend seien, obwohl er dies hätte erkennen können.

185e Sowohl bei Wohn-[6] als auch bei Gewerberaum[7] stellt der BGH demgegenüber **strengere Anforderungen** an einen Schadensersatzanspruch. Fahrlässige Unkenntnis des Vermieters allein reicht nicht aus. Eine vorvertragliche Pflichtverletzung könne nicht darin gesehen werden, dass der Vermieter zunächst zu niedrige Vorauszahlungen beanspruche. Der Vermieter sei ohne besonderen Anlass nicht verpflichtet, die Höhe der Vorauszahlung überschlägig so zu kalkulieren, dass sie jedenfalls in etwa kostendeckend seien. Auch bestehe grundsätzlich keine Aufklärungspflicht, ob die Vorauszahlungen nicht kostendeckend seien bzw. dass eine seriöse Vorabkalkulation gar nicht erfolgt sei. Denn der Vermieter sei schon nicht verpflichtet, überhaupt Vorschüsse zu erheben. Nach § 556 Abs. 2 Satz 2 BGB sei nur eine unangemessene Überhöhung untersagt. Etwas anderes könne sich nur dann ergeben, wenn der Vermieter die Angemessenheit der Vorschüsse zugesichert oder er den Mieter über die tatsächlichen Kosten getäuscht habe, um ihn zum Vertragsabschluss zu bewegen. Entgegen einer in der Instanz-

---

1 BGH, NJW 2000, 1714, 1718; OLG Düsseldorf v. 14.12.2006 – 10 U 117/06, GuT 2007, 13.
2 LG Hamburg v. 26.1.2006 – 307 S 130/05, ZMR 2007, 199.
3 OLG Düsseldorf v. 14.12.2006 – 10 U 117/06, GuT 2007, 13.
4 LG Berlin, NZM 1999, 637 = GE 1999, 907; OLG Düsseldorf, ZMR 2000, 604 = WuM 2000, 591.
5 LG Karlsruhe, WuM 1998, 479; LG Hamburg, WuM 2002, 117; LG Frankfurt, NZM 2002, 485.
6 BGH, WuM 2004, 201 = ZMR 2004, 347 = NZM 2004, 251 = MietRB 2004, 162.
7 BGH, NZM 2004, 619; KG v. 25.6.2007 – 8 U 208/06, ZMR 2007, 963.

rechtsprechung zu findenen Auffassung, können solche besonderen Umstände aber gerade nicht allein darin gesehen werden, dass dem Vermieter aufgrund der Abrechnungen des Vormieters für die letzten Jahre weiß, dass die Vorauszahlungen nicht deckend sind[1], da diese Argumentation wieder einer allgemeinen Aufklärungspflicht gleichkommen würde. Erkundigt sich der Mieter nach der Höhe der Betriebskosten, ist der Vermieter allerdings zur wahrheitsgemäßen Beantwortung verpflichtet[2].

Für das Vorliegen „besonderer Umstände", also etwa die **arglistige Täuschung**, trifft den Mieter die volle Beweislast. Selbst aber dann, wenn der Mieter eine Täuschung beweist, wird dem Mieter der Nachweis eines Schadens schwer fallen. Z.T. wird angenommen, dass der Schadensersatzanspruch des Mieters in diesen Fällen darauf gerichtet ist, zumindest teilweise von den Betriebskosten freigestellt zu werden. Der Mieter soll also so behandelt werden, als wenn er den Vertrag zu günstigeren Konditionen abzuschließen, ohne dass er die Voraussetzungen des § 249 BGB nachweisen muss[3]. Dem kann nicht gefolgt werden. Allein dadurch, dass der Mieter von niedrigeren tatsächlichen Nebenkosten ausgehen durfte, wird ein Schaden nämlich gerade noch nicht belegt[4]. Vielmehr ist erforderlich, dass der Mieter darlegt und beweist, dass er bei Kenntnis der tatsächlichen Kostenlast eine vergleichbare Mietsache zu günstigeren Konditionen angemietet hätte[5]. Nur dann hat der Mieter durch das Verhalten des Vermieters auch tatsächlich eine Vermögenseinbuße erlitten. Dieser Nachweis wird dem Mieter in der Regel nicht gelingen.

Unabhängig hiervon steht ihm allerdings das Recht zur Anfechtung des Vertrages wegen arglistiger Täuschung zu[6]. Um eine – nicht eingehaltene – Zusicherung des Vermieters nachzuweisen, sollte sich der Mieter vom Vermieter im Vertrag bestätigen lassen, dass die Vorschüsse den voraussichtlichen Kosten entsprechen. Andererseits sollte der Vermieter, der die Vorauszahlungen niedrig ansetzt, darauf hinweisen, dass die tatsächlichen Kosten höher liegen können[7]. Insoweit muss sich auch der **Grundstückserwerber** das schuldhafte Verhalten des ursprünglichen Vermieters hinsichtlich der völlig unzureichenden Höhe der Betriebskostenvorauszahlung im Mietvertrag zurechnen lassen, zumal er bei Eintritt in den Mietvertrag verpflichtet ist, den Vertrag auch hinsichtlich der Nebenkostenvorauszahlungen zu überprüfen[8].

---

1 AG Göttingen v. 29.8.2007 – 28 C 34/07, WuM 2007, 574.
2 KG v. 25.6.2007 – 8 U 208/06, ZMR 2007, 963.
3 KG v. 25.6.2007 – 8 U 208/06, ZMR 2007, 963; OLG Hamm v. 6.11.2002 – 30 U 44/02, NZM 2003, 717.
4 **A.A.**: LG Hamburg, WuM 2002, 117; LG Karlsruhe, WuM 1998, 479.
5 OLG Dresden, NZM 2004, 68; LG Berlin, GE 2000, 893; LG Berlin, GE 2001, 347.
6 Vgl. OLG Hamm, NZM 2003, 717.
7 Vgl. hierzu ausführlich *Leo*, MietRB 2003, 118.
8 AG Hannover, WuM 2001, 448; auch eine vor Eigentumsübergang eingetretene Verzugslage wirkt in der Person des Erwerbers fort, BGH v. 9.2.2005 – VIII ZR 22/04, NZM 2005, 253.

185g Kann der Mieter einen Schaden in dem hier verstanden Sinn nachweisen, ist zweifelhaft, ob in jedem Fall eine auch für die Zukunft geltende Freistellungsverpflichtung des Vermieters angenommen werden kann[1]. Insoweit ist ggf. auch zu berücksichtigen, ob der Vermieter nachträglich berechtigt ist, z.B. nach § 560 Abs. 4 BGB die Vorauszahlungen anzuheben (vgl. dazu E Rz. 209 ff.).

Ein besonderer zur Aufklärung verpflichtender Umstand kann auch dann vorliegen, wenn das Mietobjekt lediglich mit einem **Einrohrheizsystem** ausgestattet ist, da bei dieser selbst bei abgedrehten Thermostatventilen an den Heizkörpern ein Wärmeverbrauch stattfindet, solange nicht der Hauptabsperrhahn am Wärmemengenzähler geschlossen ist. Ein solches Heizsystem führt zu höheren Kosten, als bei einem Zweirohrheizsystem. Etwas anderes gilt aber dann, wenn das Heizungssystem während der Sommermonate insgesamt abgeschaltet wird[2].

2. Auskunftspflichten des Mieters

185h Auf **Mieterseite** kann sich eine Verletzung vorvertraglicher Auskunftspflichten z.B. dann ergeben, wenn der Mieter eine sog. **Selbstauskunft** falsch beantwortet. Einem Mieter obliegt wie einem Vermieter grundsätzlich eine Aufklärungspflicht hinsichtlich der Umstände und Rechtsverhältnisse, die von besonderer Bedeutung für den Entschluss des Vertragspartners zur Eingehung des Vertrages seien. Entscheidend ist, ob der andere Teil nach Treu und Glauben unter Berücksichtigung der Verkehrsanschauung redlicherweise Aufklärung erwarten durfte[3]. Diese Umstände sind vom Mieter ungefragt zu offenbaren[4]. So muss ein Mietinteressent, der beabsichtigt, in bevorzugter Innenstadtlage einer Landeshauptstadt ein Ladengeschäft anzumieten und dort das Warensortiment einer Marke anzubieten, die in der Presseberichterstattung in Zusammenhang mit der rechtsextremen Szene gebracht wird, dem Vermieter bei den Vertragsverhandlungen die Marke des Warensortiments von sich aus offenbaren[5].

185i Auch wenn der Mieter nicht verpflichtet ist, bestimmte Umstände ungefragt mitzuteilen, kann er seine ihm obliegenden Aufklärungspflichten verletzen, wenn er Fragen des Vermieters falsch beantwortet. Allerdings müssen nur zulässige Fragen wahrheitsgemäß beantwortet werden[6]. Ob eine Frage zulässig ist, richtet sich danach, ob der Vermieter ein berechtigtes, billigenswertes und schutzwürdiges Interesse an deren Beantwortung hat[7]. Gemäß § 28 Bundesdatenschutzgesetz ist die Erhebung und Verarbeitung von personenbezogenen Daten für im Rahmen eines Vertragsverhältnisses

---

[1] Vgl. dazu im Einzelnen: *Langenberg*, Betriebskosten, G Rz. 214.
[2] LG Berlin v. 10.12.2007 – 67 S 164/07, GE 2008, 269.
[3] OLG Naumburg v. 28.10.2008 – 9 U 39/08, Info M 2008, 425 = NZM 2009, 128.
[4] Palandt/*Heinrichs*, BGB, § 123 Rz. 5 ff.; BGH, NJW 1971, 1795.
[5] OLG Naumburg v. 28.10.2008 – 9 U 39/08, Info M 2008, 425 = NZM 2009, 128; **a.A.** LG Nürnberg-Fürth, v. 12.6.2009 – 14 O 139/09, NZM 2009, 584.
[6] *Weichert*, WuM 1993, 724: „Auf unzulässige Fragen darf gnadenlos gelogen werden".
[7] *Blank*, Mietrecht von A–Z, „Selbstauskunft des Mieteres".

nämlich nur insoweit zulässig, als es zur Wahrung berechtigter Interessen dient.

Zulässig sind Fragen nach dem derzeitigen **Arbeitsverhältnis**[1], nach dem **Einkommen**[2], nach der **Zahlungsfähigkeit**[3], danach, ob der Mieter schon früher eine Wohnung des Vermieters angemietet hatte[4], also solchen Umständen, welche für die ordnungsgemäße Durchführung des Mietverhältnisses unmittelbare Relevanz haben.
Unzulässig sind grundsätzlich Fragen nach Ermittlungsverfahren oder **Vorstrafen**[5], nach der Art der Beendigung früherer Mietverhältnisse[6], nach **Kinderwünschen** oder bestehender Schwangerschaft[7].

185j

Ungefragt muss der Mieter grundsätzlich Angaben über seine Vermögens- und Einkommensverhältnisse auch dann nicht machen, wenn seine Fähigkeit zur Vertragserfüllung „irgendwie zweifelhaft" ist[8]. Ist aber über das Vermögen des Mietinteressenten das **Insolvenzverfahren** eröffnet, muss er dem Vermieter sogar ungefragt einen Hinweis erteilen, dass das vorherige Mietverhältnis fristlos gekündigt wurde und er zur Räumung verurteilt wurde[9].

185k

Die nachfolgenden Aufstellung bietet eine Übersicht über die Rechsprechung zu unzulässigen und zulässigen Fragen des Vermieters:

185l

Identität des Mieters	zulässig nach Namen, Vornamen, Anschrift und Telefonnummer zu fragen
Anzahl und Alter der Personen im Haushalt	zulässig, Vermieter hat ein überwiegendes Interesse daran zu erfahren, wie viele Personen das Mietobjekt bewohnen und wie stark es abgenutzt werden könnte bzw. ob sich z.B. eine Großfamilie in die Hausgemeinschaft eingliedert
Künftiger Einzug von Kindern in die Wohnung	unzulässig, Aufnahme von nahen Familienangehörigen fällt unter das Gebrauchsrecht des Mieters; zudem besonderer Schutz der Familie durch Art. 6 GG, der auch in das Mietverhältnis ausstrahlt[10]

---

1 LG Köln, WuM 1984, 297.
2 AG Bonn, WuM 92, 597.
3 LG München, WuM 87, 379.
4 LG Braunschweig, WuM 1984, 297 für gemeinnütziges Wohnungsunternehmen.
5 AG Hamburg, WuM 1992, 598.
6 AG Rendsburg, WuM 1990, 508; **a.A.** LG Wuppertal, WuM 1999, 39.
7 *Blank* in Schmidt-Futterer, § 543 BGB Rz. 191.
8 *Weichert*, WuM 1993, 723, 725; **a.A.** AG Frankfurt/Main, WuM 1989, 620 für die ungefragte Auskunft über das Einkommen, wenn der Mieter 75 % hiervon für die Miete aufwenden müsste.
9 LG Bonn, WuM 2006, 24.
10 Vgl. dazu LG Mannheim ZMR 1965, 185, 186; Hummel, ZMR 1975, 291; Kämmerer, S. 16.

Schwangerschaft	unzulässig, da besonderer Schutz der Familie und ein Verstoß gegen das allgemeine Persönlichkeitsrecht vorliegen dürfte[1]
früheres Mietverhältnis mit dem Vermieter	zulässig[2]
Art der Beendigung früherer Mietverhältnisse	unzulässig[3]
Familienstand	zulässig[4]; z.T. wird in der Literatur jedoch vertreten, dass diese Auffassung nicht mehr zeitgenössisch sei, da die Ehe, die nicht eheliche Lebensgemeinschaft und die Lebenspartnerschaft heutzutage weitgehend gleiche Rechte genießen, sodass ein schutzwürdiges Interesse an dieser Frage bestehe
Eidesstattlichen Versicherungen gem. § 807 ZPO	zulässig, da Abgabe der eidesstattlichen Versicherung ernsthafte Zweifel an der Solvenz des Betroffenen begründen[5]
Einkommen von Angehörigen	unzulässig, anders wenn Angehörige selbst in Mietvertrag einbezogen werden sollen, z.B. als Bürgen
Vorstrafen	unzulässig[6], damit Resozialisierung nicht unnötig erschwert wird[7]
anhängiges Ermittlungsverfahren	unzulässig[8]
Beschäftigungsverhältnis und Beruf	nach h.M. zulässig[9]
Arbeitgeber	zulässig[10]

---

1 Vgl. Simon, JA 1985, 450, 451.
2 LG Braunschweig, WuM 1984, 297 für gemeinnütziges Wohnungsunternehmen.
3 AG Rendsburg, WuM 1990, 508; a.A. LG Wuppertal, WuM 1999, 39.
4 LG Landau WuM 1986, 133; LG Hannover WuM 1983, 142.
5 LG Wuppertal, WuM 1999, 39, 40; AG Köln, WuM 1984, 297, 299; AG Rendsburg, WuM 1990, 508; AG Hagen, WuM 1984, 296; **Vertiefung:** AG Bonn, WuM 1992, 597; LG Wuppertal, WuM 1999, 39, 40; LG Köln, WuM 1984, 297, 299; AG Miesbach, WuM 1987, 379; *Weichert*, WuM 1993, 723, 725 f.
6 So auch *Sternel*, I Rz. 262; *Simon*, JA 1985, 450, 451.
7 *Weimar*, DB 1982, 1259, 1260.
8 AG Hamburg, WuM 1992, 598, WuM 1992, 598.
9 Vgl. LG Köln, WuM 1984, 297; AG Gelsenkirchen-Buer, WuM 1984, 299; AG Bonn, WuM 1992, 597; LG Mannheim, ZMR 1990, 303; Bub/Treier/*Bub*, II Rz. 669; *Weichert*, WuM 1993, 723, 725; a.A. *Lau*, WuM 1978, 61, 62; *Simon*, JA 1985, 575.
10 LG Köln, WuM 1984, 297, 298.

Nettoeinkommen	zulässig[1], den Mieter soll sogar eine Aufklärungspflicht treffen, wenn die Miete 75 % seines Nettoeinkommens beträgt, da dies zu einer unerträglichen finanziellen Belastung für den Mieter führt[2]
Sozialhilfe	zulässig, Mieter trifft eigene Aufklärungspflicht, wenn er die Miete nur noch mit Unterstützung des Sozialamtes aufbringen kann[3]
Insolvenzverfahren	zulässig, den Mieter trifft sogar eigene Aufklärungspflicht[4]
Frage nach Mietschulden aus früheren Mietverhältnissen	zulässig[5]
Rasse, Nationalität und Hautfarbe	unzulässig
Nationalität des Ehegatten	unzulässig[6]
Aufenthaltsberechtigung in Deutschland	unzulässig[7]
Religion	unzulässig; Ausnahme: Vermieter repräsentiert selbst eine bestimmte Religionsgemeinschaft, z.B. eine Kirche vermietet Zimmer an Studenten der gleichen Konfession
Vorvermieter	unzulässig[8]
frühere Mietverhältnisse und Anschrift des letzten Vermieters	unzulässig[9]
Mitgliedschaft im Mieterverein, Partei	unzulässig
Geistesschwäche	unzulässig[10]
Rauchen	zulässig[11]
Musikvorlieben, Hobbys	unzulässig

---

1 AG Bonn, WuM 1992, 597; Bub/Treier/*Bub*, II Rz. 669; Staudinger/*Emmerich*, Vorb. zu BGB, § 535 BGB Rz. 71; *Weichert*, WM 1993, 723, 724 f.; **a.A.** *Lau*, WM 1978, 61 f.; *Schmid*, DWW 1985, 302 f.; *Simon*, JA 1985, 572, 575; vermittelnd AG Rendsburg, WM 1990, 508.
2 AG Frankfurt/M., WuM 1989, 620.
3 AG Frankfurt/M., WuM 1989, 620; AG Saarlouis, NZM 2000, 459.
4 LG Bonn, WuM 2006, 24.
5 LG Itzehoe v. 28.3.2008 – 9 S 132/07, WuM 2008, 281.
6 AG Nürnberg, WuM 1984, 295.
7 AG Wiesbaden, WuM 1992, 597.
8 LG Berlin, 7.6.1993 – 62 S 85/93.
9 AG Kerpen WM 1980, 62.
10 BVerfG WM 1991, 463.
11 LG Saarbrücken, NJW-RR 1992, 1360.

III. Verletzung von Nebenpflichten durch den Vermieter während der Mietzeit

186 Neben den Hauptpflichten des § 535 Abs. 1 BGB (zu den Schönheitsreparaturen vgl. *H Rz. 267 ff.*) treffen den Vermieter während des laufenden Mietverhältnisses zahlreiche Nebenpflichten aus dem Mietvertrag[1]. Diese können bei grober Aufteilung wie folgt **unterschieden** werden:
- Aufklärungspflichten → *Rz. 189 f.*
- Treuepflichten → *Rz. 195*
- Fürsorgepflichten → *Rz. 196*
- Konkurrenzschutzpflichten → *Rz. 197*
- Verkehrssicherungspflichten → *Rz. 218 f.*
- Leistungspflichten → *Rz. 224 f.*

187 Bei der Prüfung, ob eine Verletzung der dargestellten Pflichten vorliegt und welche **Rechtsfolgen** der Mieter daraus herleiten kann, sollten vor allem folgende Ansprüche geprüft werden:
- Erfüllung
- Auskunft
- Unterlassung
- Beseitigung
- Schadensersatz
- Kündigung.

188 Soweit sich aus der Verletzung von Nebenpflichten unmittelbar eine Beeinträchtigung der Gebrauchsmöglichkeit des Mietobjekts ergibt, sind die §§ 536 ff. BGB einschlägig. Dies gilt vor allem für Verletzungen der Konkurrenzschutzpflicht (vgl. dazu oben *A Rz. 436* und *Rz. 197 ff.*)[2], da es sich insoweit um einen Sachmangel handelt.

1. Aufklärungspflichten

189 Das Mietverhältnis beschränkt sich nicht auf den Austausch der Leistungen, die § 535 BGB ausdrücklich erwähnt, sondern verknüpft die Parteien auch in persönlicher Hinsicht. Dies gilt vor allem im Wohnraummietrecht, in dem der **Partnerschaftsgedanke**[3] im Vordergrund steht. Eine gesetzliche Verankerung haben die Aufklärungspflichten dort erhalten, wo der Vermie-

---

1 Vgl. *Eisenschmid* in Schmid-Futterer, §§ 535, 536 BGB Rz. 75 ff.
2 *Kulik*, NZM 1999, 546, 548 m.w.N.; **a.A.** OLG Schleswig, MDR 1998, 642, 643; OLG Hamm, NJW-RR 1997, 459, die Schadensersatzansprüche aus pVV (= § 280 Abs. 1 BGB) herleiten.
3 Vgl. dazu *Sternel*, Mietrecht, II Rz. 111; OLG Hamburg, RE v. 19.1.1988 – 4 U 242/87, NJW 1988, 1097; AG Neukölln, Urt. v. 22.5.1990 – 6 C 348/89, MM 1991, 195.

ter die Möglichkeit hat, den **Mietvertrag einseitig zu ändern**. Dies gilt insbesondere in folgenden Fällen:
– Aufklärung bei Modernisierungsmaßnahmen nach § 554 Abs. 2 BGB
– Aufklärung über Form und Frist des Kündigungswiderspruchs nach § 568 Abs. 2 BGB
– Aufklärung über den Kündigungsgrund nach § 573 Abs. 3 BGB
– Aufklärung über die Verwendungsabsicht bei Abschluss eines Zeitmietvertrages nach § 575 Abs. 1 BGB
– Aufklärung über die ortsübliche Vergleichsmiete bei Mieterhöhungen nach § 558 BGB
– Berechnung der Mieterhöhung nach den §§ 559 ff. BGB, 10 Abs. 1 WoBindG
– Aufklärung über die Bildung und Zusammensetzung der Kostenmiete nach § 29 NMV
– Aufklärung bei beabsichtigter Umlage von Mietkosten für eine Heizkostenverteilerausstattung nach § 4 Abs. 2 HeizkV.

Daneben ergeben sich aus § 242 BGB herzuleitende Aufklärungspflichten, z.B. bei Abschluss eines Mietvertrages über bekannte **Umbaupläne** oder Planungen zur Umgestaltung der Umgebung[1] oder bei der Änderung bestehender Verträge über die Rechtslage (z.B. Kappungsgesetz des § 558 BGB)[2]. Aufklärungspflichten des Vermieters können sich auch im Anschluss an die Durchführung von **Modernisierungsmaßnahmen** ergeben. Lässt der Vermieter z.B. isolierverglaste Fenster einbauen, muss er den Mieter sachgerecht und präzise auf die neuen Anforderungen an sein Heiz- und Lüftungsverhalten in dem geänderten Raumklima hinweisen. Dagegen ist der Mieter nicht verpflichtet, seinerseits Überlegungen zu einem veränderten Lüftungsverhalten anzustrengen[3]. 190

Besteht aufgrund der baulichen Gegebenheiten des Mietobjekts – mangels hinreichender Luftzirkulation – die Gefahr der **Schimmelpilzbildung**, wenn ein Schrank an eine Außenwand des Mietobjekts gestellt wird, verletzt der Vermieter ebenfalls seine Aufklärungspflicht. Dem Mieter steht in diesem Fall hinsichtlich der Schimmelpilzbildung die ganze Bandbreite der Gewährleistungsrechte zu. Es gehört nämlich zum vertragsgemäßen Gebrauch, dass ein Mieter bei Bezug einer Wohnung auch Möbelstücke an die Außenwände stellen kann. Etwas anderes kann nur dann gelten, wenn der Mieter bei Beginn oder während des laufenden Mietverhältnisses durch den Vermieter darüber informiert wird, dass ein Mindestabstand zwischen Schrank und Außenwand einzuhalten ist[4]. 191

---

1 Vgl. *Sternel*, Mietrecht, II Rz. 110.
2 AG Frankfurt/Main, WuM 1998, 480.
3 LG München I v. 8.3.2007 – 31 S 14459/06, NZM 2007, 642.
4 Vgl. LG Nürnberg-Fürth, WuM 1988, 155; LG Berlin, ZMR 1987, 378; LG Hamburg, WuM 1985, 21.

192 Besonders anschaulich zum Umfang der Aufklärungspflichten des Vermieters war die Rechtsprechung zum **Wegfall des Eigenbedarfs** vor Räumung durch den Mieter. Danach sollte der Vermieter zur Vermeidung einer eigenen Schadensersatzpflicht dem Mieter mitzuteilen haben, wenn sein Eigenbedarf weggefallen ist, und zwar vor Ablauf der Kündigungsfrist[1], im Prozess[2], nach Abschluss einer Aufhebungsvereinbarung[3] und auch nach Vorliegen eines Räumungstitels[4].

Richtigerweise hat der BGH die Aufklärungspflicht des Vermieters auf die Mietzeit, also bis zum Ablauf der Kündigungsfrist beschränkt. Eine einmal eingetretene Rechtsfolge, die durch ein Gestaltungsrecht herbeigeführt wurde, lässt sich auch über Treu und Glauben, grundsätzlich nicht rückgängig machen bzw. sanktionieren[5]. Alles andere würde auf eine nachvertragliche Treuepflicht des Vermieters gegenüber dem Mieter hinauslaufe[6]n. Setzt der Vermieter seinen geltend gemachten Eigenbedarf nach Auszug des Mieters aber nicht um, wird er sich häufig dem Vorwurf des vorgeschobenen Eigenbedarfs ausgesetzt sehen. Macht der Mieter sodann gerichtlich Schadensersatz geltend, wird dem Vermieter von der Rechtsprechung die **sekundäre Behauptungslast** auferlegt und damit die Obliegenheit, über das schlichte Bestreiten hinaus nachvollziehbar und schlüssig darzulegen, wieso der in der Kündigung geltend gemachte Eigenbedarf im Nachhinein entfallen sein soll[7].

193 Im Einzelfall muss hier der Rechtsanwalt die Umstände prüfen und den Vermieter vorsorglich darauf hinweisen, dass im Zweifel eine Aufklärungspflicht besteht. Als Vertreter des Mieters sollten bei Unwägbarkeiten **Auskunftsansprüche** geltend gemacht werden. Zur Aufklärungspflicht des Vermieters bei der Verwendung unwirksamer allgemeiner Geschäftsbedingungen vgl. *Rz. 239d*.

194 Die **Darlegungs- und Beweislast** für eine Aufklärungspflichtverletzung durch den Vermieter obliegt dem Mieter[8].

2. Treuepflichten

195 Aus der personenbezogenen Komponente des Mietvertrages wird – wie bei anderen Verträgen – hergeleitet, dass der Vermieter vor der Ausübung von Rechten die **Rechtslage** vollständig **prüfen** und sich erforderlichenfalls be-

---

1 OLG Koblenz, WuM 1989, 253.
2 OLG Zweibrücken, WuM 1983, 209.
3 LG Berlin, ZMR 1994, 18.
4 LG Hamburg, ZMR 2005, 127 = WuM 2005, 134; *Sternel*, Mietrecht aktuell, 3. Aufl., Rz. 1087; **a.A.** LG Köln, WuM 1994, 212.
5 BGH, WuM 2005, 782.
6 BGH v. 4.6.2008 – VIII ZR 292/07, WuM 2008, 497.
7 BGH v. 18.5.2005 – VIII ZR 368/03, WuM 2005, 521; BVerfG v. 30.5.1997 – 1 BvR 1797/95, WuM 1997, 361; AG Bremen v. 13.2.2008 – 23 C 223/06, WuM 2008, 413.
8 OLG Düsseldorf v. 14.12.2006 – 10 U 117/06, GuT 2007, 13.

raten lassen muss[1]. Diese Verpflichtung wirkt sich vor allem bei **Kündigungen** aus. Kündigt der Vermieter dem Mieter und macht diesem somit den Besitz an dem Mietobjekt streitig, ohne dass ein Kündigungsgrund besteht, verletzt er seine mietvertraglichen Nebenpflichten. In diesem Fall bestehen Schadensersatzansprüche[2] oder sogar das Recht des Mieters selbst zu kündigen[3]. Gleiches gilt für ein unberechtigtes Zahlungsverlangen[4]. Der Vermieter kann sich auch nicht darauf berufen vor Ausspruch der Kündigung seine Berechtigung, das Mietverhältnis einseitig zu beenden, sorgfältig geprüft zu haben. An das Vorliegen eines – das Verschulden ausschließenden – **Rechtsirrtums** sind grundsätzlich strenge Maßstäbe anzulegen. Der Schuldner muss die Rechtslage unter Einbeziehung der höchstrichterlichen Rechtsprechung sorgfältig prüfen. Entschuldigt ist ein Rechtsirrtum nur dann, wenn der Irrende bei Anwendung der im Verkehr erforderlichen Sorgfalt mit einer anderen Beurteilung durch die Gerichte nicht zu rechnen brauchte[5], was nur dann der Fall sein wird, wenn exakt der gleiche Sachverhalt bereits höchstrichterlich entschieden wurde. Bedient sich ein Vermieter der Hilfe fachspezifischer Stellen trifft ihn wohlmöglich kein eigenes Verschulden, er muss sich aber auch das schuldhafte Verhalten seiner **Erfüllungsgehilfen** zurechnen lassen[6]. Die gleichen Verpflichtungen treffen den Vermieter bei einseitigen **Mieterhöhungen**[7].

Daraus wird für den Rechtsanwalt des Vermieters deutlich, dass er bei den genannten Gestaltungserklärungen den Sachverhalt sorgfältig ermitteln muss, da sein Verschulden dem Vermieter über § 278 BGB zugerechnet wird[8]. 195a

Schaltet der Vermieter zur Begründung, Durchführung und Abwicklung Erfüllungsgehilfen (Mitarbeiter, Hausverwaltungen, Rechtsanwälte oder sonstige Dritte) ein, ist er dem Mieter gegenüber auf desen Verlangen verpflichtet, die vollständigen Namen und letzten bekannten Anschriften der eingeschalteten Personen mitzuteilen[9]. Aufgrund seiner nebenvertraglichen Treuepflicht muss der Vermieter dem Mieter die Möglichkeit ver- 195b

---

1 *Sternel*, Mietrecht, II Rz. 112.
2 BGH v. 18.5.2005 – VIII ZR 368/03, ZMR 2005, 702; BGH, NJW 1988, 1268, 1269; BGH, NJW 1984, 1028; AG Jülich v. 25.4.2006 – 11 C 19/06, WuM 2006, 562; vgl. auch BGH v. 16.1.2009 – V ZR 133/08, NJW 2009, 1262.
3 BGH, NZM 2002, 291, 292.
4 BGH v. 16.1.2009 – V ZR 133/08, NJW 2009, 1262; dies gilt aber auch für den umgekehrten Fall, z.B. ein unberechtigtes Mängelbeseitigungsverlangen des Mieters, BGH v. 23.1.2008 – VIII ZR 246/06, NJW 2008, 1147.
5 BGH v. 25.10.2006 – VIII ZR 102/06, WuM 2007, 24; BGH v. 12.7.2006 – X ZR 157/05, BB 2006, 1819.
6 BGH v. 25.10.2006 – VIII ZR 102/06, WuM 2007, 24, vgl. auch Schmidt-Futterer/*Blank*, § 573 BGB Rz. 19 und 31 i.V.m. § 543 BGB Rz. 97; Palandt/*Weidenkaff*, § 573 Rz. 14; MünchKommBGB/*Häublein*, § 573 Rz. 64; vgl. auch OLG Köln v. 30.10.1997 – 12 U 29/97, ZMR 1998, 763, 766; LG Berlin v. 6.2.1998 – 64 S 412/97, NZM 1998, 573.
7 AG Berlin-Mitte v. 8.1.2008 – 5 C 287/07, GE 2008, 273.
8 Palandt/*Heinrichs*, § 276 BGB Rz. 39 ff.
9 AG Charlottenburg v. 23.11.2000 – 14 C 394/99, GE 2001, 142.

schaffen, Rücksprache mit den zwischengeschalteten Dritten zu halten oder wohlmöglich sogar unmittelbare Ansprüche gegen diese geltend zu machen. Zu denken ist insoweit z.B. an die Eigenhaftung des Vertreters bei Vertragsverhandlungen. Für den Rechtsanwalt stellt dieser Auskunftsanspruch des Mieters, sofern er durchgesetzt werden kann, zudem eine mögliche weitere Informationsquelle bei der Eruierung des Sachverhaltes dar.

3. Fürsorgepflichten

196   Hierunter fallen vor allen Dingen die Verpflichtungen des Vermieters, das **Zusammenleben der Mieter im Objekt** nicht einseitig zu stören und die Mieter nicht willkürlich in „gut und böse" aufzuteilen[1]. Daraus folgt zwar noch keine allgemeine Pflicht zur Gleichbehandlung[2]. Der Vermieter darf jedoch gleich gelagerte Tatbestände nicht ohne sachlichen Grund ungleich behandeln. Dies gilt insbesondere im Zusammenhang mit Erlaubniserteilungen (vgl. dazu *G Rz. 1 ff.* und die Übersicht *Rz. 262*).

Der Vermieter ist aber aufgrund seiner Fürsorgepflicht ohne Zustimmung der Mieter nicht berechtigt, den Zugang zum Mietobjekt über eine private oder öffentliche Fläche durch eine **Videokamera** zu überwachen, auch wenn diese – unerkennbar – nicht funktionsfähig ist[3]. Etwas anderes gilt nur dann, wenn überwiegende Interessen des Vermieters zum Schutz des Gebäudes oder Mieter die Maßnahme rechtfertigen[4]. Daneben trifft den Vermieter die Pflicht Einwirkungen auf die Mietsache zu unterlassen und Beschädigungen der vom Mieter eingebrachten Sachen zu unterlassen[5].

Die Fürsorgepflicht kann aber auch ein aktives Tätigwerden des Vermieters erfordern, z.B. wenn für das Eigentum des Mieters eine Gefahr droht[6]. U.U. kann die dem Vermieter obliegende Fürsorgepflicht sogar dazu führen, dass er das mit einem anderen Mieter bestehende Mietverhältnis kündigt, wenn von diesem Gefahren oder unzumutbare Belästigungen (**Gerüche**[7], **Störung des Hausfriedens** durch nicht gewaltfernen Mieter[8] etc.) für der übrigen Mieter ausgehen. Auch bei der Erteilung/Verweigerung einer Erlaubnis zur **Hundehaltung** hat der Vermieter die Ängste und Sorgen der übrigen Mieter zu berücksichtigen, jedenfalls hinsichtlich einer in einer Gefahrenordnung als gefährlich eingestuften Hunderasse[9]. Andererseits kann die Fürsorgepflicht, als besondere Ausprägung des allgemeinen Überlassung- und Erhaltungspflicht des Vermieters, auch zu einer gesteigerten **Rücksichnahmepflicht** auf die Belange des Mieters führen, sofern dies für

---

1 BayObLG, WuM 1981, 80, 81; LG Mannheim, WuM 1981, 17.
2 *Kummer* in Soergel, § 535 BGB Rz. 227.
3 AG Lichtenberg v. 24.1.2008 – 10 C 156/07, WuM 2008, 331; AG Spandau, WuM 2004, 214.
4 LG Berlin, WuM 2005, 663.
5 BGH v. 22.10.2008 – XII ZR 148/06, GuT 2008, 434; Staudinger/*Emmerich*, § 535 BGB Rz. 82.
6 OLG Koblenz v. 1.6.1992 – 5 W 293/92, ZMR 1993, 68.
7 AG München v. 18.10.2006 – 424 C 13626/06, WuM 2006, 621.
8 LG Hamburg v. 3.11.2005 – 307 S 124/05, NZM 2006, 377.
9 AG Hamburg-Barmbek v. 14.12.2005 – 816 C 305/05, ZMR 2006, 535.

den Vermieter zumutbar ist. Stellt der Mieter z.B. entgegen der Hausordnung sein Kraftfahrzeug auf dem zum Mietwohnhaus gehörenden Grundstück ab, so ist der Vermieter in der Regel gehalten, den Mieter zunächst zum Wegfahren aufzufordern, bevor er dessen Fahrzeug abschleppen lässt[1]. Die mietvertragliche Fürsorgepflicht geht aber nicht soweit, dass der Vermieter allen denkbaren abstrakten Gefahren entgegenwirken muss. Bei dem Betrieb einer **Mobilfunksendeanlage** genügt er z.B. der ihm obliegenden Fürsorgepflicht, wenn er die Richt- und Grenzwerte nach der Bundesimmissionsschutzverordnung einhält, die sich an nachweisbaren Gesundheitsgefahren durch Hochfrequenzfelder orientieren[2].

4. Konkurrenzschutzpflichten

a) Grundsätze[3]

Aus der dem Vermieter obliegenden Überlassungs- und Erhaltungspflicht des § 535 Abs. 1 S. 2 BGB wird die Pflicht des Vermieter gewerblich zu nutzender Räume hergeleitet, auch ohne Bestehen einer vertraglichen Regelung, den Mieter gegen Konkurrenz im selben Haus durch andere Mieter oder Vermieter selbst zu schützen[4]. Dieser **vertragsimmanenter Konkurrenzschutz** besteht mangels anderweitiger Vereinbarung auch, wenn ein zunächst vereinbarter Wettbewerbsschutz durch Zeitablauf beendet ist für die anschließende Vertragsdauer[5]. Personel beschränkt ist der Konkurrenzschutz jedoch auf Neuvermietungen oder Gewerbeausweitungen anderer Mieter, weil insoweit auch das **Prioritätsprinzip** gilt[6]. Der Konkurrenzschutz gilt sowohl für den gewerblichen, als auch für freiberuflichen Bereich[7].

197

Danach muss der Vermieter dem Mieter jedoch nicht jeden fühlbaren oder unliebsamen Wettbewerb fernhalten, vielmehr muss er nach den Umständen des einzelnen Falles abwägen, inwieweit nach Treu und Glauben unter Berücksichtigung der Belange der Parteien die Fernhaltung von Konkurrenz geboten ist. **Mindestvoraussetzung** für einen vertragsimmanenten Konkurrenzschutz ist, dass jedenfalls der vertragsgemäße Gebrauch vertraglich festgelegt ist, da der Mietzweck andernfalls freigegeben wäre[8]. Wird der Vertragszweck nicht deutlich formuliert, ist die Regelung auszulegen, um den Willen der Parteien zu ermitteln. Nur über den Mietzweck kann nämlich ermittelt werden, wer tatsächlich ein Konkurrent ist. Insbesondere der den Mieter bei Abschluss des Mietvertrages beratende

198

---

1 AG Tempelhof-Kreuzberg v. 23.11.2006 – 8 C 106/06, MM 2008, 299.
2 Vgl. BGH v. 15.3.2006 – VIII ZR 74/05, NZM 2006, 504.
3 Vgl. *Jendrek*, NZM 2000, 1116 ff.
4 BGH, NJW 1979, 1404, 1405; OLG Nürnberg v. 3.11.2006 – 5 U 754/06, NZM 2007, 567; KG v. 17.1.2005 – 8 U 212/04, GuT 2005, 54; OLG Frankfurt/M. v. 11.5.2004 – 11 U 27/03, NZM 2004, 706.
5 KG, GuT 2005, 54.
6 OLG Köln v. 27.5.2005 – 1 U 72/04, GuT 2005, 157.
7 OLG Köln v. 27.5.2005 – 1 U 72/04, GuT 2005, 157.
8 *Neuhaus*, Rz. 1010.

Rechtsanwalt sollte daher besonderes Augenmerk auf die Regelung des Vertragszweckes legen.

Der vertragsimmanente Wettbewerbsschutz bezieht sich nicht auf sämtliche Artikel, die in dem geschützten Geschäft vertrieben werden. Vielmehr soll grundsätzlich nur das sog. **Hauptsortiment** geschützt sein, das dem Geschäft sein Gepräge gibt. Hauptarktiel sind solche Waren, die den Stil eines Geschäfts bestimmen und ihm das eigentümliche Gepräge geben[1].

199 Die **Abgrenzung zwischen Haupt- und Nebenartikeln** ist in der Praxis nicht immer einfach. Teilweis wird dem Umsatzanteil des in Rede stehenden Artikels am Gesamtumsatz eine Indizwirkung beigemessen[2]. So soll der Anteil des Umsatzes des betreffenden Artikels am Gesamtumsatz von 8 % nur eine Qualifizierung als Nebenarteikel rechtfertigen[3]. Richtigerweise kommt es aber darauf an, ob der Verkehr, d.h. die potentiellen Kunden, den Artikel insbesondere auf Grund der Angebotstiefe und Vielfalt sowie Präsentation, Aufmachung und Werbung als Hauptartikel des jeweiligen Geschäfts ansehen[4] und nicht auf Umsatzanteile[5].

199a Eine Vertragsverletzung kommt nur in Betracht, wenn Konkurrenz zwischen **Hauptartikeln beider Geschäfte** bestehen. Es reicht grundsätzlich nicht aus, dass Nebenartikel eines Geschäfts mit Hauptartikeln des geschützten Geschäfts konkurrieren[6], solange der Erstmieter trotz der Konkurrenz seine Mieträumlichkeiten noch im vertraglich niedergelegten Umfang nutzen kann[7]. Absolute Gleichartigkeit der Hauptartikel ist indes nicht immer erforderlich. Es kann ausreichen, wenn beide Hauptartikel zur Deckung desselben Bedarfs geeignet und bestimmt sind und der potentielle Kunde einen vorhandenen Bedarf nur mit einem der konkurrierenden Artikel deckt[8]. So kann z.B. durchaus eine unzumutbare Konkurrenzsituation zwischen einem Pizza- und einem Gyros-Stand bestehen. Andererseits besteht möglicherweise keine Konkurrenz, je weiter die Waren oder Leistungen auseinander fallen.

200 Grundsätzlich erstreckt sich der vertragsimmanente Konkurrenzschutz in **räumlicher Entfernung** nur auf das Grundstück bzw. Gebäude, in dem sich Mieträumlichkeiten befinden[9]. Der Vermieter darf nach Mietvertragsabschluss daher nicht einen nur wenige Meter entfernten Konkurrenzbetrieb auf dem gleichen Grundstück eröffnen[10]. Unzulässig ist auch Konkurrenzbetrieb in einem anderen Gebäude auf dem gleichen Grundstück[11].

---

1 BGH v. 3.7.1985 – VIII ZR 128/94, NJW-RR 1986, 9.
2 *Fritz*, Rz. 76; *Jendrek*, NZM 2000, 1116, 1117.
3 OLG Frankfurt/M. v. 27.8.1981 – 6 U 75/81, NJW 1982/707.
4 *Kraemer* in Bub/Treier, III Rz. 1245.
5 OLG Hamm v. 13.1.1987 – 7 U 193/86, NJW-RR 1988, 911.
6 BGH, NJW-RR 1986, 9.
7 BGH, NJW 1974, 2317; OLG Köln v. 12.1.1998 – 16 U 67/97, WuM 1998, 342.
8 BGH, NJW-RR 1988, 717; OLG Hamm, NJW-RR 1997, 459.
9 BGH, ZMR 1955, 200; BGH, ZMR 1961, 226.
10 KG v. 16.4.2007 – 8 U 199/06, IMR 2007, 217.
11 OLG Hamburg, MDR 1964, 508.

Eine grundbuchrechtliche Teilung des Grundstückes lässt den Konkurrenzschutz nicht entfallen, da dies eine unzulässige Umgehung wäre. Auch wenn die Grundstücke bereits vor Abschluss des Mietvertrages geteilt oder von vornherein geteilt waren, genießt der Erstmieter in räumlicher Hinsicht auch in Bezug auf das benachbarte im Eigentum des Vermieters stehende Grundstück Konkurrenzschutz[1]. Dies gilt aber dann nicht mehr, wenn sich zwischen den Grundstücken des Vermieters ein im Eigentum eines Dritten stehendes Grundstück befindet[2] oder die Grundstücke in einer Entfernung von 100 m an unterschiedlichen Straßen liegen[3]. Steht das Nachbargrundstück nicht im Eigentum des Vermieters scheidet Konkurrenzschutz aus.

b) Vertragliche Regelungen

Die dem Vertrag immanente Verpflichtung zum Konkurrenzschutz kann individuell oder durch allgemeine Geschäftsbedingungen **ausgeschlossen**[4], räumlich **ausgedehnt** oder auf Nebenartikel erstreckt werden. 200a

Der Ausschluss des Konkurrenzschutzes kann bereits die kurze Formulierung „kein Konkurrenzschutz" herbeigeführt werden. Es bedarf für die Einschränkung des vertragsimmanenten Konkurrenzschutzes nicht zwingend einer ausdrücklichen Regelung. Vielmehr kann eine solche auch durch konkludentes Handeln, wie z.B. die Bezugnahme auf andere Mieter, herbeigeführt werden[5]. Der **formularmäßige Ausschluss** des Konkurrenzschutz kann nicht als unangemessene Benachteiligung des Mieters gemäß § 307 BGB qualifiziert werden. Dies gilt erst recht, wenn die vermieteten Praxisräume in einem Gebäudekomplex eines großstädtischen Geschäftsviertels liegen, in dem sich weitere Arztpraxen verschiedener Fachrichtungen befinden[6].

Ein Verstoß gegen § 307 BGB liegt auch dann nicht vor, wenn der Mieter verpflichtet wird, **keine Waren zu führen**, die bereits in einem anderen Geschäftslokal des Hauses geführt werden. Zum Teil wird dies anders bewertet, wenn der Wettbewerber ein **völlig gleiches Warenangebot** hat oder gleiche Dienstleistungen anbietet. In diesem Fall soll eine entsprechende Klausel unvereinbar mit dem gesetzlichen Leitgedanken uneingeschränkter Überlassungspflicht des Vermieters sein und als Verstoß gegen die Benachteiligungsklausel des § 307 BGB anzusehen sein[7]. Dies ist abzulehnen. Grundsätzlich kommt ohnehin nur der Erstmieter in den Genuss des vertragsimmanenten Konkurrenzschutzes. Der Zweitmieter kann sich auf ei- 200b

---

1 BGH, ZMR 1978, 210.
2 OLG Hamm v. 6.11.1990 – 7 U 135/90, NJW-RR 1991, 975.
3 OLG Rostock v. 10.1.2005 – 3 W 130/04, NZM 2006, 295.
4 OLG Düsseldorf v. 11.6.1992 – 10 U 165/91, ZMR 1992, 445; OLG Hamburg v. 17.12.1986 – 4 U 237/85, DWW 1987, 72; OLG Rostock, MietRB 2005, 178.
5 KG v. 18.5.2007 – 12 U 99/07, NZM 2008, 248.
6 OLG Hamburg, ZMR 1987, 94.
7 OLG Düsseldorf v. 11.6.1992 – 10 U 165/91, DWW 1992, 368 = NJW-RR 1992, 1290.

nen solchen – im Verhältnis zum Erstmieter – nicht berufen. Der Ausschluss jeglichen Konkurrenzschutzes hat daher nur deklaratorische Bedeutung. Eine weitergehende Regelung, nach der der Zweitmieter keine Waren anbieten darf, die bereits in einem anderen Geschäft des gleichen Gebäudes bzw. Grundstücks vertrieben wird, stellt keine Frage des Konkurrenzschutzes, sondern des Vertragszwecks dar. Warum diese Regelung unwirksam sein sollte, ist nicht erkennbar. Im Rahmen der Privatautonomie kann selbstverständlich auch der Erstmieter auf jeglichen Konkurrenzschutz verzichten. Zudem ist der Zeitpunkt des Vertragsabschlusses maßgeblich für die Frage der Wirksamkeit einer vertraglichen Regelung, auch einer Allgemeinen Geschäftsbedienung. Die spätere Vermietung an Konkurrenten kann hierauf keinen Einfluss haben, ebenso wenig, wie deren Sortiment. Etwas anderes kann allenfalls dann gelten, wenn es sich um eine überraschende oder dem **Transparenzgebot** nicht genügende Klausel handelt.

200c Die Vereinbarung eines **Zustimmungsvorbehalts** zu Gunsten des Erstmieters stellt eine weitere (zulässige) Modifikation des vertragsimmanenten Konkurrenzschutzes dar und bedarf hinsichtlich der gewollten Reichweite ggf. der Auslegung. Der Vermieter eines spezialisierten Arztes kann sich beispielsweise verpflichten, weitere Räumlichkeiten nur mit Zustimmung des mietenden Arztes an andere Ärzte mit gleicher Fachrichtung zu vermieten[1].

200d Die Parteien eines Gewerberaummietvertrages können grundsätzlich auch **nachvertragliche Wettbewerbsverbote** vereinbaren. Voraussetzung ist, dass das Wettbewerbsverbot örtlich, zeitlich und gegenständlich das notwendige Maß unter Berücksichtigung des schützenswerten Interesses des Vermieters nicht überschreitet[2]. Als schutzwürdiges Interesse des Vermieters ist dabei insbesondere der Gesichtspunkt zu berücksichtigen, dass der Vermieter auch nach dem Ende des Mietverhältnisses ein erhebliches wirtschaftliches Interesse daran hat, dass der frühere Mieter in der Nähe keinen Konkurrenzbetrieb eröffnet. Von einem derartigen Betrieb können nämlich erhebliche Beeinträchtigungen für die Weitervermietung des Mietgegenstandes ausgehen. Vor diesem Hintergrund ist eine vertragliche Abrede grundsätzlich nicht zu beanstanden, welche dem ausscheidenden Mieter zumutet, zunächst auf die Eröffnung eines Betriebes der genannten Art im näheren Umkreis des Mietobjekts zu verzichten. Unverhältnismäßig ist aber ein nachvertragliches Wettbewerbsverbot bei einem Blumenladen, bei dem sich der Zeitraum des Verbots bei einer vereinbarten Mietvertragsdauer ca. 8½ Jahre auf 5 Jahre erstreckt[3].

200e Die Frage, ob sich eine Konkurrenzschutzklausel auch auf **Nebenartikel** bezieht, ist den Umständen des jeweiligen Einzelfalles zu entnehmen[4]. Die

---

1 OLG Düsseldorf v. 28.9.2006 – 10 U 28/06, NZM 2007, 357.
2 BGH, NJW 1997, 3089; OLG Celle, ZMR 1990, 414.
3 OLG Celle, NZM 2000, 550, 551.
4 BGH, NJW-RR 1986, 9.

Auslegung einer Klausel, die dem Vermieter eines EDEKA-Marktes untersagt, an kein „Wettbewerbsobjekt" (SB-Markt/SB-Warenhaus bzw. Laden oder Einkaufszentren mit ähnlichen Märkten) zu vermieten, kann im Wege der Auslegung ergeben, dass die Vermietung an einen Schlecker-Drogeriemarkt unzulässig ist, weil die Klausel auch den Schutz von Nebenartikeln erfasst[1]. Ebenso ist Konkurrenzschutz zu gewähren, wenn im Mietvertrag mit einem Nagelstudiobetreiber für eine Nachbareinheit eine Ausnahme für den Betrieb von „Friseur und Nagelstudio" vorgesehen ist, in dieser Einheit die Nutzung aber auf den Betrieb eines reinen Nagelstudios umgestellt wird[2].

Im Zweifel ist eine Konkurrenzschutzklausel i.S. eines umfassenden Konkurrenzschutzes zu werten. Dies ergibt sich bei formularmäßigen Klauseln bereits aus § 305c Abs. 2 BGB, sofern der Mietvertrag durch den Vermieter gestellt wurde. Allerdings erlangt der Mieter selbst durch eine ausdrückliche Konkurrenzschutzklausel keinen Schutz vor bereits bei Anmietung ansässigen Konkurrenten. Konkurrenzschutzklauseln entfalten nur für die Zukunft Geltung[3]. 200f

c) Konkurrenzschutz bei Einkaufszentren und Supermärkten

Ob ein vertragsimmanenter Konkurrenzschutz auch in Einkaufsstraßen oder **Einkaufszentren** gilt, ist in der Vergangenheit von der Rechtsprechung unterschiedlich beurteilt worden[4]. Die Spannbreite der Auffassungen reichte von einem Ausschluss des Konkurrenzschutz im Einzelfall bis zur Verpflichtung des Vermieters, sich auch hinsichtlich der Miteigentümer bzw. der anderen Sondereigentümer bei WEG-Objekten dahin gehend abzusichern, dass diese nicht an einen Konkurrenten vermieten. 200g

Die jüngere Rechtsprechung tendiert zutreffenderweise dahin, auch bei der Anmietung von Gewerbeflächen in Einkaufszentren einen vertragsimmanenten Konkurrenzschutz zu gewähren[5]. Allerdings können an die räumliche Reichweite des Konkurrenzschutzes nicht die gleichen Maßstäbe angesetzt werden, wie außerhalb eines Einkaufszentrums. Der Gewerberaummieter in einem Einkaufszentrum weiß bei Vertragsabschluss, dass die besondere Anziehungskraft eines solchen Zentrums für den Kunden und damit auch der vom Mieter erhoffte Profit wesentlich davon abhängt, dass eine Vielzahl von unterschiedlichen Geschäften auf engstem Raum angesiedelt sind. Bei Größen von 100–150 Geschäften in einem Einkaufszentrum lassen sich Sortimentsüberschneidungen nicht vermeiden und werden von den Kunden sogar erwartet. Daher muss der Mieter gerade 200h

---
1 OLG Schleswig, MDR 2001, 81.
2 KG v. 21.1.2008 – 8 W 85/07, GuT 2008, 111.
3 LG Köln v. 18.5.1989 – 2 O 363/87, WuM 1990, 379.
4 LG Frankfurt/M., NJW-RR 1989, 1246; OLG Celle, ZMR 1992, 448; LG Karlsruhe, WuM 1991, 83.
5 KG v. 18.5.2007 – 12 U 99/07, NZM 2008, 248; KG v. 5.9.2005, – 12 U 95/05, GuT 2005, 252; OLG Rostock v. 15.8.2005 – 3 U 196/04, GuT 2006, 17.

zwingend mit solchen rechnen. Da die Parteien den Mietvertrag in Kenntnis dieses Umstandes abschließen, können die vertraglichen Vereinbarungen nur derart ausgelegt werden, dass der Mieter nur in Bezug auf die unmittelbare Nachbarschaft Konkurrenzschutz genießt. Möchte der Mieter einen darüber hinausgehenden Konkurrenzschutz steht es ihm frei, entsprechende Regelungen auszuhandeln.

d) Konkurrenzschutz bei Supermärkten

201 Ein besondere Schwierigkeit ist der Konkurrenzschutz bei einem **Supermarkt** oder einem SB-Warenhaus. Hier wird sich nur ausnahmsweise eine unter dem Gesichtspunkt des vertragsimmanenten Konkurrenzschutzes relevante Konkurrenzsituation feststellen lassen. Denn die Angebotspalette derartiger Häuser kann in aller Regel nicht in Haupt- und Nebenartikel aufgeteilt werden. Das weit gefächerte Warenangebot, nicht aber einzelne Warengruppen oder ein bestimmter Artikel gibt diesen Geschäften das Gepräge. Die Auffassung, dass ein Supermarkt auch mit Nebenartikeln keine Konkurrenz betreiben dürfe, ist daher zu eng[1]. Dies würde im Ergebnis dazu führen, dass Supermärkte grundsätzlich keine Nebenartikel führen dürfen, die den vorhandenen Läden Konkurrenz machen[2]. Dadurch würde eine zu große Einengung des freien Wettbewerbs entstehen[3]. Von einer nicht mehr hinnehmbaren Konkurrenzsituation kann jedoch ausgegangen werden, wenn der SB-Markt trotz seines weit gefächerten Warenangebots gerade die Artikel des konkurrierenden Fachhandels in einer Vielfalt, Auswahlmöglichkeit, Geschlossenheit und Übersichtlichkeit anbietet, dass der Zweck und das Gepräge des SB-Markts/Warenhauses von Waren dieser Art zumindest mitbestimmt wird. Dies ist vor allem dann anzunehmen, wenn in dem SB-Markt/Warenhaus erkennbar abgetrennte und als solche herausgestellte **Fachabteilungen** mit entsprechendem vielfältigen Warenangebot und mit Fachberatung gebildet werden[4]. In diesem Fall kann aber auch der Supermarkt selbst gegenüber später hinzukommenden Fachgeschäften Konkurrenzschutz geltend machen[5].

201a Bei einer **shop-in-shop-Vermietung** allerdings gilt der vertragsimmanente Schutz[6].

e) Konkurrenzschutz bei freien Berufen

201b Die Verpflichtung zum Konkurrenzschutz gilt auch für Praxen freiberuflich tätiger Ärzte, Anwälte, Steuerberater, Architekten etc., obwohl sie keine Gewerbe im eigentlichen Sinne betreiben. Denn auch diese Berufsgruppen, zumal wenn sie **derselben Fachrichtung** angehören, stehen in

---

1 So OLG Celle v. 13.5.1992 – 2 U 99/91, ZMR 1992, 448.
2 So aber: OLG Hamburg, MDR 1966, 678; *Fritz*, Rz. 76.
3 *Jendrek*, NZM 2000, 1116, 1118.
4 BGH, NJW-RR 1986, 9; OLG Hamm, NZM 1998, 511.
5 OLG Hamm, Urt. v. 16.12.1997 – 7 U 64/97, NJW-RR 1998, 1019.
6 KG, GuT 2005, 252.

wirtschaftlicher Konkurrenz zueinander. Allerdings wird der räumlichen Nähe zu einer anderen Praxis nicht immer dieselbe Bedeutung eingeräumt wie bei Läden oder Gaststätten. Fachliches Können, Geschick im Umgang mit Patienten und Wertschätzung bei Kollegen anderer Disziplinen spielen eine beachtliche Rolle[1]. Auch bei **Personalüberlassungsunternehmen** stellt sich die Konkurrenzsituation in einer den freien Berufen/Einzelhandelsgeschäften vergleichbaren Weise dar[2].

Von besonderer Bedeutung sind auch hier die Umstände des Einzelfalles. Bei dem Problem der **Konkurrenzverschärfung** wird maßgeblich darauf abgestellt, ob in der näheren Umgebung des hinzukommenden Mieters schon zahlreiche Praxen von Konkurrenten existieren bzw. ob der hinzutretende Mieter mit dem Geschäftsprofil des Konkurrenten rechnen muss[3]. Insoweit kommt es zusätzlich bei (Fach-)Ärzten und sonstigen Heilberufen konkret auf das typische Berufsbild bzw. ärztliche Leistungsspektrum an. So ist der Vermieter, der Praxisräume an einen Zahnarzt im Stadtzentrum vermietet, generell (vertragsimmanent) nicht verpflichtet, bei Vermietung weiterer Räume desselben Hauses an einen anderen Zahnarzt auf den bereits vorhandenen Mieter Rücksicht zu nehmen[4].

201c

Es können aber auch **Prioritätsgesichtspunkte** von Bedeutung sein. Deshalb steht dem mit vertraglich vereinbarten Konkurrenzschutz ausgestatteten Fachanwalt für Arbeitsrecht keine Einwirkungsmöglichkeit gegenüber seinem Vermieter zu, wenn der zu Vertragsbeginn vorhandene Fachanwalt für Strafrecht seinen Sohn in die Kanzlei aufnimmt, der die Bezeichnung Fachanwalt für Arbeitsrecht führt[5].

201d

f) Ansprüche gegen den Konkurrenten und den Vermieter

Der dem Mieter zustehende Schutz gegen Konkurrenz berechtigt ihn nicht, den Mieter, der zu ihm in Wettbewerb tritt, auf Unterlassung in Anspruch zu nehmen. Erst recht besteht kein vorbeugender **Unterlassungsanspruch** bei einem unmittelbar drohenden Konkurrensverstoß. Ein Anspruch ist nur gegeben, wenn ein Fall von **unlauterem Wettbewerb** vorliegt[6]. Hierfür reicht aber selbst die Verletzung einer mietvertraglichen Konkurrenzschutzklausel nicht aus[7]. Erforderlich ist vielmehr, dass der hinzukommende Mieter bewusst am Vertragsbruch mitwirkt[8].

201e

Den vertragsimmanenten Konkurrenzschutz **schuldet allein der Vermieter**. Denn nur er ist dem Mieter zur Erfüllung der durch den Mietvertrag be-

202

---

1 BGH, BGHZ 70, 80.
2 OLG Düsseldorf, NZM 2001, 1033.
3 *Kraemer* in Bub/Treier, III B Rz. 1247; *Eisenschmid* in Schmidt-Futterer, § 535 BGB Rz. 515.
4 OLG Karlsruhe, NJW 1972, 2224.
5 OLG Köln, GuT 2005, 157 = ZMR 2005, 861.
6 OLG Frankfurt/M. v. 27.8.1981 – 6 U 75/81, NJW 1982, 707.
7 BGH, NJW 1987, 313.
8 BGH, NJW 1976, 2301; Vogt, MDR 1993, 498.

gründeten Vermieterpflichten gehalten. Mieter sind einander regelmäßig nicht zum Konkurrenzschutz verpflichtet[1]. Das gilt grundsätzlich auch dann, wenn einer der Mieter die Wettbewerbslage durch mietvertragswidrige Sortimentserweiterung/-Änderung herbeigeführt hat[2]. Im Rahmen eines Untermietverhältnisses steht dem **Untermieter** gegen den Hauptvermieter kein Konkurrenzschutz zu, da zwischen beiden keine vertraglichen Beziehungen bestehen[3]. Konkurrenzschutz schuldet bei einer gewerblichen Untervermietung lediglich der Untervermieter[4].

202a Ist die Konkurrenzsituation eingetreten, können gegenüber dem Vermieter in erster Linie Gewährleistungsansprüche (Minderung[5], Schadensersatz) geltend gemacht werden, aber auch der aus § 535 Abs. 1 BGB resultierende und auf Verhinderung bzw. Beseitigung gerichtete **Erfüllungsanspruch**. Gewährleistungs- und Erfüllungsansprüche stehen aber nicht dem zweitmieter zu[6]. Mindert der Erstmieter die Miete, hängt die Höhe der zulässigen Minderung von den Umständen des Einzelfalls ab. Bei einer Konkurrenz durch einen Blumenhändler auf einem Wochenmarkt wurde eine Minderungsquote von 20 % für angemessen erachtet[7]. Allerdings soll nach einer teilweise vertretenen Auffassung bei der Bemessung der Minderung auch der Umstand eine Rolle spielen, ob sich die geschäftliche Tätigkeit des Mieters bereits etabliert hat. So wurde für ein neu eröffnetes Restaurant, welches durch die anschließende Vermietung an einen weiteren Restaurantbetreiber beeinträchtigt wurde, für die ersten drei Jahre lediglich eine Minderungsquote von 7,5 % bis 12, 5 % anerkannt[8]. Dies ist abzulehnen, da die spätere Vermietung an einen Konkurrenten dem Erstmieter die Etablierung seines Restaurants sogar unmöglich machen, zumindest erheblich erschweren kann. Es könnte daher sehr gut argumentiert werden, dass die Minderungsquote sogar höher ausfallen müsste, als bei einem länger vorhandenen Betrieb.

202b Die Darlegungs- und Beweislast für die Konkurrenzsituation im Rahmen eines Klageverfahres obliegt dem Mieter. Er muss möglichst konkret darlegen und ggf. beweisen in welchem Bereich sich die offerierten Waren oder Dienstleistungen überschneiden[9]. Bei einem Antrag auf Erlass einer **einstweiligen Verfügung**[10] zur Verhinderung einer drohenden Vermietung sind diese Umstände glaubhaft zu machen.

---

1 *Wolf/Eckert/Ball*, Rz. 704.
2 *Kraemer* in Bub/Treier, III Rz. 1253.
3 *Jendrek*, NZM 2000, 1116, 1119.
4 LG Koblenz, NJW-RR 1993, 842.
5 Vgl. dazu KG v. 16.4.2007 – 8 U 199/06, IMR 2007, 217; KG v. 25.1.2007 – 8 U 140/06, NZM 2007, 566; OLG Koblenz v. 15.12.2006 – 10 U 1013/05, NZM 2008, 405 und *F* Rz. 109 „Konkurrenzschutz".
6 BGH v. 23.12.1953 – VI ZR 244/52, BB 1954, 177.
7 OLG Düsseldorf v. 18.7.2005 – 24 W 33/05, GuT 2006, 82.
8 OLG Karlsruhe v. 7.4.1989 – 14 U 16/86, ZMR 1990, 214.
9 Vgl. z.B. OLG Hamm v. 19.4.1991 – 30 U 56/91, NJW-RR 1991, 1483.
10 Eine solche wird überwiegend für zulässig erachtet, KG v. 21.1.2008 – 8 W 85/07, GuT 2008, 244; OLG Hamm 6.11.1990 – 7 U 135/90, NJW-RR 1991, 975.

Ist die Konkurrenzsituation eingetreten, ist der Erstmieter berechtigt, neben den mietrechtlichen Gewährleistungsansprüchen auch ein **Zurückbehaltungsrecht** gemäß § 320 BGB an der laufenden Miete geltend zu machen[1]. Schafft der Vermieter trotz Abmahnung keine Abhilfe kommt auch eine **fristlose Kündigung** des Mietverhältnisses durch den Mieter in Betracht[2]. Der hieraus resultierende Folgeschaden hat der Vermieter dem Mieter zu erstatten. Der Mieter kann seine Ansprüche u.U. auch **verwirken**, wenn er in Kenntis der Wettbewerbssituation die Miete ohne Vorbehalt jahrelang weiterzahlt. Dies setzt aber voraus, dass Mieter das vertragswidrige Verhalten in seinem vollem Umfang erkennen konnte[3].

g) Übersicht Konkurrenzsituationen

In welchen **Beispielsfällen** Konkurrenzschutz ohne ausdrückliche Regelung im Vertrag zu gewähren ist (+) oder der Vermieter in der Vermietung eines Gewerberaumes frei ist (–), zeigt die nachfolgende Übersicht: 203

Vertragsgewerbe	Konkurrenzschutz	Konkurrierendes Gewerbe
Apotheke	(–)	Selbstbedienungsdrogerie im gleichen Haus[4]
Arbeitnehmerüberlassung	(+)	gleiches Gewerbe im gleichen Haus[5]
Arztpraxis	(+)	Arztpraxis mit ähnlicher Fachrichtung[6]
Arzt: Praktischer Arzt speziell hausärztlicher Internist	(+)	Praktischer Arzt mit chinesischer Naturheilkunde[7]
Bäckerei	(–)	Milch- und Lebensmittelfachgeschäft mit Brotverkauf[8]
Bäckerei	(–)	Verbrauchermarkt, der zwei Brötchensorten und verpacktes Brot anbietet[9]
Bäckerei	(–)	Supermarkt ohne besondere Backwarenabteilung[10]

---

1 *Neuhaus*, Rz. 1034.
2 OLG Rostock v. 15.8.2005 – 3 U 196/04, GuT 2006, 17.
3 OLG Frankfurt/M. v. 11.5.2004 – 11 U 27/03, NZM 2004, 706.
4 KG, GuT 2005, 228; OLG Frankfurt/Main, NJW 1982, 707.
5 OLG Düsseldorf, ZMR 2002, 38.
6 OLG Hamm, ZMR 1991, 975.
7 KG v. 25.1.2007 – 8 U 140/06, NZM 2007, 566.
8 BGH, ZMR 1955, 200.
9 OLG Köln, NZM 1998, 512.
10 OLG Hamm, NZM 1998, 511.

Vertragsgewerbe	Konkurrenzschutz	Konkurrierendes Gewerbe
Bäckerei, die Kaffee verkauft	(–)	ein Spezialgeschäft für Kaffee[1]
Baumarkt mit Abteilung für Bodenbeläge	(–)	Fachgeschäft für Orientteppiche[2]
Café mit Konditorei	(+)	Eissalon[3]
Drogeriemarkt	(+)	Supermarkt nebst Drogerieabteilung mit dem Angebot einer Fachdrogerie[4]
Facharzt für innere Krankheiten	(+)	Facharzt für innere Krankheiten[5]
Fliesengroß- u. Einzelhandel	(+)	Baumarkt mit großem Fliesenangebot[6]
Frisör	(–)	Parfümerie[7]
Gaststätte	(+)	Gaststätte mit unterschiedlichen Spezialitäten[8]
Gastwirtschaft (bürgerlich-rustikal)	(+)	Imbissverkauf für dieselbe Verbrauchergruppe
Gastwirtschaft	(+)	Aufstellung eines Zigarettenautomaten neben dem Gaststätteneingang[9]
Gastwirtschaft mit monopolartigem Kantinencharakter, die gegen hohe Abstandszahlung angemietet wurde	(+)	Café mit Eisdiele[10]
Juwelier	(+)	Juwelier im Nachbarhaus[11]
Krankengymnastikpraxis	(+)	erweiterte ambulante Physiotherapie[12]
Lebensmittelgeschäft mit Blumenverkauf	(–)	Blumenfachgeschäft[13]

---

1 *Wolf/Eckert/Ball*, Rz. 689.
2 OLG Nürnberg v. 3.11.2006 – 5 U 754/06, NZM 2007, 567.
3 OLG Frankfurt/Main, DB 1970, 46; BGH, WuM 1979, 144.
4 BGH, MDR 1968, 657.
5 BGH, NJW 1976, 2301.
6 BGH, BB 1957, 167.
7 *Kummer* in Soergel, §§ 535, 536 BGB Rz. 192.
8 OLG Karlsruhe, ZMR 1990, 215.
9 LG Detmold, MDR 1969, 56.
10 BGH, ZMR 1961, 226.
11 RG, RGZ 131, 274.
12 OLG Schleswig, MDR 1998, 642.
13 *Wolf/Eckert/Ball*, Rz. 689.

Vertragsgewerbe	Konkurrenzschutz	Konkurrierendes Gewerbe
Metzgerei mit „heißer Theke„	(–)	Imbissstand[1]
Milch- und Lebensmittelgeschäft	(–)	Feinkostgeschäft[2]
Papierwarengeschäft	(+)	Supermarkt[3]
Papierwarenladen mit Postern als Hauptartikel	(+)	Blumengeschäft im selben Haus mit Angebot gleichartiger Plakate[4]
Rechtsanwalt (FA f. Arbeitsrecht)	(–)	Rechtsanwalt (FA f. Strafrecht, der bei Abschluss d. Mietvertrages schon im Haus residierte und seine Kanzlei durch Aufnahme eines FA f. Arbeitsrecht erweitert)[5]
Reformhaus	(–)	Lebensmittelgeschäft[6]
Restaurant	(+)	Café oder Laden mit Imbissverkauf[7]
Schuhgeschäft	(+)	Schuhgeschäft auf Nebengrundstück[8]
Schuhgeschäft mit Strümpfen	(–)	Bekleidungsgeschäft[9]
Spielhalle	(+)	aus einem Spielcasino umgewandelte weitere Spielhalle
Supermarkt (EDEKA)	(+)	Schlecker-Drogeriemarkt, bei Klausel mit Verbot der Vermietung an „Wettbewerbsobjekt"[10]
Tankstelle	(+)	Tankstelle in derselben Straße[11]

---

1 OLG Hamm, ZMR 1988, 136.
2 BGH, ZMR 1960, 139.
3 OLG Celle, WuM 1992, 538.
4 LG Mannheim, ZMR 1972, 276.
5 OLG Köln, GuT 2005, 157.
6 *Kummer* in Soergel, §§ 535, 536 BGB Rz. 192.
7 BGH, WM 1988, 876.
8 BGH, ZMR 1954, 78.
9 *Wolf/Eckert/Ball*, Rz. 689.
10 OLG Schleswig, MDR 2001, 81.
11 RG, RGZ 136, 366.

Vertragsgewerbe	Konkurrenzschutz	Konkurrierendes Gewerbe
Tierhandlung (Tiernahrung etc.)	(–)	Lebensmittelsupermarkt mit einem Regal für Tiernahrung etc.[1]

h) Zeitliche Grenzen des Konkurrenzschutzes

204 Grundsätzlich schuldet der Vermieter für die ganze **Vertragslaufzeit** den Konkurrenzschutz. Allerdings kann der Konkurrenzschutz auch während des Mietverhältnisses enden. Dies gilt vor allem bei entsprechenden vertraglichen Klauseln, wobei immer zu Bedenken ist, dass ein vorher vertraglich geschuldeter Schutz dadurch in einen vertragsimmanenten Konkurrenzschutz umgewandelt werden kann. Allerdings kann die Auslegung der Vereinbarung auch ergeben, dass nach Ablauf eines bestimmten Zeitraumes überhaupt kein Konkurrenzschutz mehr durch den Vermieter geschuldet wird.

205 Der **vertragsimmanente Konkurrenzschutz** geht zwar nicht mit der Veräußerung auf den Erwerber unter. Bezieht er sich jedoch auch auf ein Nachbargrundstück, endet er mit dessen Veräußerung, soweit der Erwerber nicht auch Eigentümer/Vermieter der Mietsache wird. Das Gleiche gilt bei einer Aufteilung des Gebäudes, in dem sich das Mietobjekt befindet, nach § 8 WEG[2]. Denn der vertragsimmanente Konkurrenzschutz besteht immer nur in den beschriebenen räumlichen Grenzen auf die der Vermieter Zugriff hat.

206 Bei dem **vertraglich zugesicherten Konkurrenzschutz** gilt dies nicht ohne weiteres. Hier muss zunächst ermittelt werden, inwieweit er sich überhaupt auf das Gebäude beschränkt oder darüber hinaus gelten soll[3]. Jedenfalls geht auch dieser Schutz grundsätzlich auf einen Erwerber über, § 566 BGB. Bezieht sich der Konkurrenzschutz auch auf benachbarte Grundstücke, tritt ein Fall der Unmöglichkeit nach § 275 Abs. 1 BGB durch Veräußerung des Nachbargrundstücks oder Aufteilung nach § 8 WEG nicht ohne weiteres ein. Vielmehr ist zu prüfen, ob die Gewährung von Konkurrenzschutz von vorneherein unmöglich ist oder sich der Nachbar (oder andere Teileigentümer[4]) nicht doch bereit erklärt, an nicht konkurrierende Betriebe zu vermieten (rechtliche Unmöglichkeit[5]). Kann letzteres nicht völlig ausgeschlossen werden, besteht eine Unmöglichkeit erst, wenn die Voraussetzungen des § 275 Abs. 2 BGB vorliegen, also z.B. die Vermietung stattgefunden hat und der andere Vermieter sich weigert, „freiwillig" den Vertrag zu beenden oder seine Bereitschaft von unzumutbar hohen Aufwendungen abhängig macht.

---

1 OLG Hamm, OLG Report 1997, 15.
2 Vgl. dazu *Fritz*, Rz. 474.
3 Vgl. dazu *Lindner-Figura/Oprée/Stellmann*, Kap. 14 Rz. 119 ff. m.w.N.
4 BGH, WuM 1975, 163.
5 Vgl. dazu Palandt/*Heinrichs*, § 275 BGB Rz. 25.

i) Mieterberatung

Zumeist meldet sich der Mandant, wenn die Geschäftseröffnung des Mitbewerbers unmittelbar bevorsteht oder gerade stattgefunden hat. In der gegebenen Situation muss der Rechtsanwalt zunächst die **vertraglichen Regelungen** prüfen. Enthält der Vertrag eine Konkurrenzschutzklausel sollte in die Prüfung auch der Überlassungszweck, der regelmäßig zu Beginn des Vertrages festgelegt ist, einbezogen werden. Denn grundsätzlich kann die Klausel nicht losgelöst von dem Überlassungszweck beurteilt werden. Im Rahmen dieser Prüfung kann regelmäßig schon ermittelt werden, ob der Mandant eine einseitige Änderung des Geschäftszwecks herbeigeführt hat, was in die nachfolgenden Überlegungen einbezogen werden muss. 207

Unabhängig davon, ob die Pflicht des Vermieters, Konkurrenzschutz zu gewähren, vertraglich begründet ist, müssen die **Sortimente abgeglichen** werden. Dazu sollte der Mandant eine Aufzählung der in seinem Geschäft angebotenen Waren vorlegen oder die Dienstleistungen beschreiben, die in seinen Gewerberäumen angeboten werden. Um eine Unterscheidung zwischen Haupt- und Nebenartikel zu ermöglichen, sollte – von der Firma des Mandanten ausgehend – einerseits der räumliche Umfang der Waren ermittelt werden, also welche Größe das Warenangebot jeweils in den Gewerberäumen einnimmt, und andererseits der jeweilige Umsatz. Letzteres kann regelmäßig anhand von betriebswirtschaftlichen Auswertungen oder Einkaufsrechnungen überprüft werden. 208

Um das Angebotsgepräge des Mandanten mit dem anderen Mieter vergleichen zu können, sollte der Mandant die räumliche **Geschäftssituation des Mitbewerbers** beschreiben. Dabei kommt es nicht nur auf dessen Firma und den Platz an, den das oder die jeweiligen Angebote einnehmen. Auch die Präsentation der Ware durch den anderen Mieter kann prägend sein. 209

Auch mit Blick auf einen eventuellen einstweiligen Rechtsschutz (vgl. dazu Rz. 65) sollte die Situation vor und in den Geschäften **fotografisch dokumentiert** werden. Daneben können Lagepläne, die z.B. den Verkaufsraum mit der Aufteilung des Sortiments zeigen, der besseren Veranschaulichung dienen. Schließlich sollte sich der Rechtsanwalt ein eigenes Bild von den Verhältnissen verschaffen, um die Konkurrenzsituation besser beschreiben zu können und auf eventuelle Vergleichsvorschläge des Vermieters oder des Gerichts vorbereitet zu sein. 210

Bei der schriftlichen **Abmahnung des Vermieters** bietet es sich an, alle in Betracht kommenden Rechtsfolgen (z.B. Schadensersatz wegen Umsatzeinbuße, fristlose Kündigung aus wichtigem Grund) anzuführen, wobei der Unterlassungs- und Beseitigungsanspruch in den Vordergrund gestellt werden sollte, weil er den effektivsten Schutz des Mandanten bietet. Im Interesse des Mandanten sollten auch keine zu langen Fristen gesetzt werden. Hat der Mandant die Konkurrenzsituation allerdings **jahrelang geduldet** und vorbehaltlos die Miete gezahlt, kann hinsichtlich etwaiger Min- 211 derungs- und Schadensersatzansprüche **Verwirkung** eingetreten sein[1]. Steht die Geschäftseröffnung des anderen Mieters unmittelbar bevor, muss die Frist so bemessen sein, dass noch ausreichend Zeit bleibt, eine einstweilige (Regelungs-) Verfügung zu erwirken[2]. Dabei hat es sich zur besseren Überwachung in der Praxis bewährt, die Frist nicht nur mit einem Datum, sondern auch mit einer Uhrzeit zu versehen. In besonders eiligen Fällen sollte der Antrag auf Erlass der einstweiligen Verfügung (vgl. dazu M Rz. 327 f.) sofort gefertigt werden, um die eidesstattliche Versicherung des Mandanten vorliegen zu haben und unmittelbar nach Ablauf der Frist den Antrag einreichen zu können (ggf. vorab per Telefax).

j) Vermieterberatung

212 Nur selten wird der Mandant den Rechtsanwalt aufsuchen, um **vor der Vermietung** an einen vermeintlichen Konkurrenten die Situation abklären zu lassen. Ergeben sich dabei Unsicherheiten, sollte durch Gespräche mit allen Beteiligten versucht werden, eine einvernehmliche Lösung herbeizuführen. Insoweit sollte zunächst mit dem potentiellen Mieter erörtert werden, worin er sein Hauptsortiment sieht und wie er dieses und die Nebenartikel präsentieren will. Betreibt er schon eine oder mehrere Filialen, sollten diese aufgesucht werden, um sich einen eigenen Eindruck zu verschaffen. Damit können für das Gespräch mit dem existierenden Mieter wichtige Erkenntnisse gewonnen werden, die das Herausarbeiten von Vergleichsvorschlägen erleichtern. In der gleichen Weise sollte mit dem vermieteten Gewerberaum verfahren werden.

213 Haben die Erkenntnisse aus den Besichtigungen und den Gesprächen nicht schon eine Lösung aufgezeigt, sollte das **Interesse der Konkurrenten** untersucht werden. Möglicherweise können beide nebeneinander existieren, wenn sie ihr Angebot aufeinander abstimmen oder bei der Präsentation (und Werbung) auf die Situation des jeweils anderen Rücksicht nehmen.

214 Der Mieter wird insoweit bemüht sein, die Vermietung an den Interessenten zu verhindern, weil er erst gar keine Konkurrenzsituation entstehen lassen will. Deshalb sollte **vor einem Gespräch** mit ihm überprüft werden, ob andere Interessen bestehen, die im Rahmen der Verhandlungen „als Draufgabe" angeboten werden können. Insoweit ist insbesondere an bauliche Veränderungen, zusätzliche Stellplätze oder Eigenarten der Betriebskostenabrechnung zu denken. Erst zuletzt sollte mit dem Mandanten über ein Entgegenkommen bei der Miete (z.B. Absenkung, Aussetzen einer Staffel oder Wertsicherungsklausel) diskutiert werden.

215 Wird der Mandant auf Gewährung von Konkurrenzschutz in Anspruch genommen, sollte ihm das **Risiko** aufgezeigt werden, das sich bei einer negativen gerichtlichen Entscheidung vor allem aus einem Unterlassungstitel

---

1 OLG Frankfurt/M., NZM 2004, 706.
2 Vgl. dazu KG v. 21.1.2008 – 8 W 85/07, GuT 2008, 111; OLG Hamm, ZMR 1991, 295.

ergibt. Denn danach muss er dem Mieter gegenüber dafür sorgen, dass der Mitbewerber sein konkurrierendes Verhalten aufgibt, was u.U. zu einer Existenzgefährdung führen kann. Schon im frühestmöglichen Stadium des Mandats sollte daher geprüft werden, ob sich nicht eine Möglichkeit bietet, dass Mietverhältnis mit einem der Mitbewerber aufzulösen. Neben den Gründen zur außerordentlichen Kündigung mit gesetzlicher Frist (insbesondere § 550 BGB) müssen dafür auch die Tatbestände der fristlosen Kündigung aus wichtigem Grund untersucht werden.

Bei der Frage der **Auflösung einer der Verträge** sollte dem Mandanten das wirtschaftliche Risiko dargestellt werden, das sich in jedem Vertragsverhältnis realisieren kann. Im Zweifel sollte dabei nicht nur von Minderungen i.S.v. § 536 BGB, gerichtlichen (Abwehr-)Maßnahmen und Umsatzeinbußen, sondern von der Existenzgefährdung mit den daraus resultierenden Folgen ausgegangen werden. Dazu gehört vor allem, dass der Mieter, über dessen Vermögen ein Insolvenzverfahren eröffnet wird, regelmäßig keine Miete mehr zahlen wird. Auf Grund dieses Szenarios kann der Mandant den „worst case" ersehen und dem Rechtsanwalt aufzeigen, wo seine „Schmerzgrenze" für eine Abfindungszahlung an einen der Konkurrenten oder seinen sonstigen finanziellen Beitrag an einer einvernehmlichen Lösung liegt. 216

Auf jeden Fall sollte aber erwogen werden, eine **Schutzschrift** zu fertigen und bei allen potentiell zuständigen Kammern (Kammer für Handelssachen, allgemeine Zivilkammer etc.) zu hinterlegen, damit über einen etwaigen Antrag auf Erlass einer einstweiligen Verfügung durch den beeinträchtigten Mieter nicht ohne mündliche Verhandlung entschieden wird. 217

Nicht nur bei der Neuvermietung, sondern auch während laufender Mietverhältnisse kann es zu Konkurrenzsituationen kommen. Dies ist dann der Fall, wenn einer der Mieter sein Sortiment vertragswidrig umstellt oder erweitert und es auf diese Weise zu Überscheidungen mit dem Hauptsortiment des geschützten Konkurrenten kommt[1]. Gleiches gilt für offerierte Dienstleistungen. In diesem Fall sollte dem Vermieter geraten werden unverzüglich seinen Anspruch auf **Unterlassung gemäß § 541 BGB** geltend zu machen oder die Kündigung zu erklären, um nicht selbst den Ansprüchen des beeinträchtigten Konkurrenten ausgesetzt zu werden. Die dem Vermieter zustehenden Ansprüche setzen aber eine fruchtlose **Abmahnung** voraus. Ob eine vertragswidrige Umstellung oder Erweiterung des Sortiments gegeben ist, hängt von dem vereinbarten Vertragszweck ab. Nur dann, wenn dies der Fall ist, hat der Vermieter die Möglichkeit rechtlich gegen den Mieter vorzugehen. 217a

Der den Vermieter bereits bei Vertragsabschluss beratende Rechtsanwalt sollte darauf bedacht sein, neben einer möglichst konkret formulierten Konkurrenzschutzklausel auch Vereinbarungen bezüglich späterer Sortimentserweiterungen oder -umstellungen in den Mietvertrag aufzunehmen. 217b

---

1 *Joachim*, BB 1986, Beilage 6, S. 13.

Jede mieterseitige Änderung birgt nämlich das Risiko von Ansprüchen der mietenden Konkurrenten. Denkbar ist z.B. die Vereinbarung eines Zustimmungsvorbehaltes zugunsten des Vermieter bei Änderungen des Vertragszwecks. Dies setzt aber wiederrum voraus, dass letzterer hinreichend genau definiert wird.

5. Reinigungs- und Verkehrssicherungspflichten

218 Zum Inhalt des Mietvertrages gehört auch die Verpflichtung des Vermieters, dem Mieter den **gefahrlosen Gebrauch der Mietsache** zu gewährleisten. In diese Verpflichtung tritt der **Zwangsverwalter** gemäß §§ 152, 148 Abs. 2 ZVG mit der Beschlagnahme ein[1]. Diese Pflicht kann der Vermieter sowohl durch positives Tun, als auch durch ein Unterlassen verletzen. Ein Unterlassen als Tathandlung kommt in Betrach, wenn eine ensprechende Rechtspflicht bestand, Vorkehrungen zu treffen[2]. Insoweit schuldet der Vermieter zunächst nur den Standard, der bei der Errichtung des Gebäudes galt. Besondere Schutzmaßnahmen (z.B. Sicherheitsglas bei der Vermietung an Familien mit Kindern) muss er nicht treffen[3]. Allerdings sind besondere Gefahrenquellen im Mietobjekt zu beseitigen und ihre Entstehung zu verhindern.

Deshalb kann z.B. eine Pflicht bestehen, Vorkehrungen gegen das Entstehen von Glätte zu treffen, obwohl aktuell noch keine Räum- und Streupflicht besteht, wenn hinreichend konkrete Umstände dafür vorliegen, dass sich in absehbarer Zeit an der betreffenden Stelle Glatteis bilden wird[4]. Dazu kann es notwendig sein, die allgemeinen **Zuwege** regelmäßig zu reinigen (insbesondere im Winter zu streuen) und andere **Gefahrenquellen im Mietobjekt** zu verhindern oder zu beseitigen[5]. Insoweit hatte der BGH[6] zunächst eine „jederzeitige Begehbarkeit" gefordert, später jedoch klargestellt, dass daraus keine Streupflicht bei Eis- und Schneeglätte „rund um die Uhr" abgeleitet werden könne[7]. Vielmehr soll sie auf den zeitlichen Umfang, den die „billige Rücksicht nach der Verkehrsauffassung" gebietet, begrenzt sein. Im Hinblick darauf ist der Vermieter selbst dann nicht verpflichtet, einen Treppenabgang morgens vor 6.00 Uhr zu streuen, wenn ihm bekannt ist, dass der Mieter um diese Zeit seinen Weg zur Arbeit antritt[8]. Eine solche zeitliche Ausweitung der Streupflicht ist unzumutbar, da um diese Zeit der allgemeine Verkehr noch nicht eingesetzt hat. Auch wenn z.B. zwischen 1.00 Uhr und 4.00 Uhr Zeitungsausträger ihren Dienst beginnen und Bäcker zur Arbeit gehen, setzt der allgemeine Verkehr, der eine gewisse Verkehrsverdichtung erfordert, regelmäßig erst gegen 7.00 Uhr ein, es sei den der Vermieter hat es zu vertreten, dass auf seinem Ge-

---

[1] OLG Hamm, WuM 2004, 675.
[2] OLG Jena v. 20.12.2006 – 4 U 865/05, WuM 2007, 138.
[3] BGH v. 16.5.2006 – VI ZR 189/05, WuM 2006, 388.
[4] OLG Brandenburg v. 18.1.2007 – 5 U 86/06, WuM 2007, 137.
[5] Zum Umfang der Vermieterpflicht: OLG Düsseldorf, ZMR 2001, 106.
[6] BGH, VersR 1977, 431, 432.
[7] BGH, NJW 1985, 270.
[8] OLG Düsseldorf, WuM 2002, 89, 90.

lände zur Nachtzeit vertragsgemäß erheblicher Publikumsverkehr stattfindet[1].

Räumlich muss der Vermieter **nicht jede Zugangsmöglichkeit** zur Mietsache „gefahrlos" halten. Denn die Nutzer haben insoweit eine eigene Sorgfalt zu beachten[2]. Deshalb ist es dem Mieter zumutbar, von seiner Garage zunächst zur Straße und von dort über den (geräumten) Bürgersteig zum Hauseingang zu gehen, ohne dass eine Pflicht des Vermieters besteht, den vorhandenen direkten Verbindungsweg (zusätzlich) zu streuen. Eine Orientierungshilfe bieten die vielerorts bestehenden **Räum- und Streusatzungen** der Gemeinden. Sofern der Vermieter die Verkehrssicherungspflicht auf einen Mieter überbürden will, sollte im Mietvertrag auf eine bestehende Ortssatzung hingewiesen werden.

Einen wesentlichen Teil dieser Verpflichtungen versuchen die Vermieter auf die Mieter vertraglich abzuwälzen (z.B. Treppenhausreinigung). Dies erfolgt häufig in **Hausordnungen**, die dem Mietvertrag beigefügt oder im Treppenhaus ausgehängt worden sind. Auch die Einbeziehung von Hausordnungen richtet sich nach § 305 Abs. 2 BGB[3]. Diese kann nicht ohne weiteres durch Bezugnahme erreicht werden[4]. Allerdings kann es überraschend sein, wenn in einer Hausordnung selbständige Verpflichtungen geregelt sind, also z.B. Reinigungspflichten[5], so dass in einem solchen Fall die Unwirksamkeit der Verpflichtung u.U. anzunehmen ist[6]. 219

Darüber hinaus sollte geprüft werden, ob die Verpflichtung ausreichend **transparent** ist. Ebenso wie bei der Verpflichtung zur Kostenbeteiligung bei Kleinreparaturen[7] und Wartungskosten[8] ist die Wirksamkeit von Klauseln, mit denen dem Mieter Pflichten mit finanziellem Risiko überbürdet werden, nach hier vertretener Auffassung ein Hinweis auf das finanzielle Risiko erforderlich. Einerseits handelt es sich nämlich um Leistungen, deren Überbürdung dem Vermieter eine finanzielle Entlastung bringt (also für den Mieter eine entsprechende Belastung). Andererseits ruft die auch nur fahrlässige Verletzung der Verpflichtungen für den Mieter ein erhebliches finanzielles Risiko hervor, sofern er nicht haftpflichtversichert ist. Der Mieter muss daher zumindest in der Regelung auf dieses finanzielle Risiko hingewiesen werden. Eine Verpflichtung zum Abschluss einer entsprechenden Haftpflichtversicherung muss nicht begründet werden. 220

---

1 Vgl.auch OLG Koblenz v. 20.2.2008 – 5 U 101/08, GuT 2008, 112.
2 OLG München, ZMR 2003, 259.
3 LG Frankfurt/M., NJW-RR 1988, 782; *Lützenkirchen*, Wohnraummiete, C.V. Inhalt der Erläuterungen zur Hausordnung.
4 BGH, WuM 1991, 381, 384.
5 LG Frankfurt/Main, NJW-RR 1988, 782; **a.A.** OLG Frankfurt/Main, WuM 1988, 399; LG Stuttgart, WuM 1988, 399.
6 MünchKomm/*Voelskow*, vor § 536 BGB Rz. 283; **a.A.** LG Aachen, ZMR 1988, 265; *Kraemer* in Bub/Treier, III Rz. 1085 m.w.N.
7 BGH, WuM 1991, 381, 384.
8 BGH, WuM 1991, 381, 383.

221 Besteht danach eine wirksame Verpflichtung eines Mieters, kommt im Falle der Verletzung, z.B. der Reinigungs- und Streupflicht, immer in Betracht, sowohl den Mieter[1], der die Pflicht übernommen hat, auf Schadensersatz **in Anspruch zu nehmen** als auch den Vermieter. Denn dieser bleibt überwachungspflichtig. Dazu kann der Vermieter aufgefordert werden, den Mietvertrag mit dem Mieter, der die Verpflichtung übernommen hat, vorzulegen, damit die Wirksamkeit der Überbürdung geprüft werden kann. Nimmt ein gestürzter Postbote den Vermieter auf Schadensersatz in Anspruch, weil der nach dem Mietvertrag verpflichtete Mieter seiner Räum- und Streupflicht nicht nachgekommen ist, kann sich der Vermieter im Innenverhältnis gegenüber seinem Mieter schadlos halten. Besteht aber eine Haftpflichtversicherung für das gemietete Gebäude, die der Mieter über die Betriebskosten finanziert, hat er einen Anspruch gegen den Vermieter, dass dieser die Versicherung in Anspruch nimmt[2]. Etwas anderes gilt dann, wenn der Mieter den Schaden vorsätzlich herbeigeführt hat[3]. Schließlich müssen auch **Haftungsausschlüsse** geprüft werden, deren formularmäßige Vereinbarung vor dem Hintergrund des § 309 Nr. 7 BGB gewertet werden[4].

Da Verkehrssicherungspflichten wie Schutzgesetze und Unfallverhütungsvorschriften **typische Gefährdungen** entgegenwirken sollen, wird auch bei ihrer Verletzung der Beweis **des ersten Anscheins** anerkannt[5], wenn sich in dem Schadensfall gerade diejenige Gefahr verwirklicht, der durch die Auferlegung bestimmter Verhaltenspflichten begegnet werden soll.

222 Insgesamt ist die Palette der Reinigungs- und **Verkehrssicherungspflichten** des Vermieters nahezu unerschöpflich. Sie beziehen sich gegenüber dem Mieter gegenständlich auf das Mietobjekt sowie die zum gemeinschaftlichen Gebrauch bestimmten Teile des Grundstücks, also insbesondere Treppen, Zuwegungen, allgemein genutzte Räume und Einrichtungen (z.B. Waschküche, Fahrstuhl)[6].

223 Ohne Anspruch auf Vollständigkeit soll die nachstehende **Tabelle** insoweit eine **Arbeitshilfe** und Übersicht bieten:

Aufklärung
- Pflicht zur Warnung vor erhöhter Gefahr von Einbruchdiebstahl[7];
- Pflicht zur Aufklärung über Grassieren einer Pferdekrankheit bei Vermietung eines Mietstalls[8].

---

1 Sowie sonstige Beauftragte, BGH v. 22.1.2008 – VI ZR 126/07, WuM 2008, 235.
2 BGH, VersR 2005, 408.
3 OLG Oldenburg v. 18.12.2007 – 9 U 45/07, NZM 2008, 622.
4 Vgl. OLG Dresden, WuM 1996, 553; *Kraemer* in Bub/Treier, III Rz. 1085a.
5 BGH, WuM 1994, 218.
6 *Sternel*, Mietrecht, II Rz. 83.
7 OLG Hamburg, WuM 1988, 68; OLG Hamburg, NJW-RR 1988, 1481.
8 BGH, WuM 1991, 82.

Bauliche Maßnahmen
- Pflicht, sich von der Beendigung von Bauarbeiten und der anschließenden gefahrlosen Benutzbarkeit der Mietsache[1] zu vergewissern;
- keine Pflicht, in schneearmen Gebieten durch das Anbringen von Schneegittern die Entstehung von Dachlawinen zu verhindern[2];
- Pflicht zur Überwachung, dass durch Bauarbeiten auf dem Nachbargrundstück das Mietobjekt nicht beschädigt wird und dem Mieter dadurch Schäden entstehen[3].

Beleuchtung
- Pflicht zur ausreichenden Beleuchtung der Treppen[4];
- Pflicht zur ausreichenden Beleuchtung des Außenzuganges[5].

Standsicherheit
- Pflicht zur Überprüfung von Teilen des Mietobjektes auf Standsicherheit besteht nur bei besonderem Anlass und Zumutbarkeit[6].

Dachlawine
- Pflicht zum Anbringen von Schneegittern zur Vorbeugung von Dachlawinen ist in schneearmen Gebieten weder ortsüblich noch angemessen[7].

Elektrische Anlage
- keine Pflicht zur regelmäßigen Überprüfung von elektrischen Anlagen ohne besonderen Anlass[8].

Gasherd
- keine Pflicht zur Überprüfung eines alten Gasherdes in der Mieterwohnung (Anzeigepflicht des Mieters)[9].

Gasleitungen
- Pflicht zur Durchführung von Druckproben an den Gasleitungen[10].

Hochwasserschutz
- Pflicht zum Einbau von Schutzvorrichtungen gegen Hochwasser[11];

---

1 LG Berlin, WuM 1990, 378.
2 LG Köln in *Lützenkirchen*, KM 30 Nr. 32.
3 OLG Karlsruhe, ZMR 1988, 52.
4 OLG Koblenz, WuM 1997, 50.
5 LG Flensburg, WuM 1996, 215.
6 BGH, MDR 1993, 866 = WuM 1993, 123.
7 LG Köln in *Lützenkirchen*, KM 30 Nr. 32.
8 BGH v. 15.10.2008 – VIII ZR 321/07, WuM 2008, 719; a.A. OLG Saarbrücken, NJW 1993, 3077; für gewerblich genutzte Räume OLG Celle, NJW-RR 1996, 521.
9 LG Hamburg, DWW 1992, 83 = ZMR 1991, 440.
10 OLG Stuttgart, DWW 1972, 82; MDR 1973, 588 = ZMR 1973, 145.
11 OLG Düsseldorf, ZMR 1988, 222; OLG Hamm, ZMR 1988, 138; LG Freiburg, WuM 1987, 383; einschränkend: BGH, NJW 1971, 424; OLG München, WuM 1991, 681.

- Pflicht, einen vorhandenen Rückstauschieber funktionsfähig zu halten[1] und regelmäßig zu überprüfen[2].

Lärmstörungen und sonstige Belästigungen durch Dritte
- Pflicht des Vermieters zum Vorgehen gegen Dritte bei:
- ständige Lärmstörungen durch Ladenbetrieb und Warenbelieferungen eines Mitmieters[3];
- Gebäudeerschütterungen durch Gewerbebetrieb von Mitmieter[4];
- Lärm und Gerüche aus einer Gaststätte[5];
- Abluft aus Wäschetrockner[6];
- störendes Klavierspielen[7];
- Lärm und Geruch aus Bäckerei[8];
- Kinderlärm[9];
- bordellartiger Betrieb im Wohnhaus[10];
- Zugangsbehinderung, z.B. durch abgestellte Sachen oder Kfz[11].

Rauchabzug
- Vermeidung von Fettablagerungen im Rauchabzug zur Verhinderung von Brandschäden[12].

Schachtabdeckung
- Pflicht zur Erhaltung der ordnungsgemäßen Schachtabdeckung[13];
- Pflicht zur Sicherung einer Lichtschachtabdeckung gegen Abheben[14].

Schneesturz
- Plicht zur Installation hängt von den örtlichen Gegebenheiten ab[15].

Stolpergefahr
- Unebenheiten sind noch keine Gefahrenquelle[16].

---

1 BGH, WuM 1976, 152.
2 LG Köln in *Lützenkirchen*, KM 30 Nr. 7.
3 LG Hamburg, WuM 1984, 79.
4 BGH, ZMR 1966, 209.
5 LG Hamburg, WuM 1987, 218.
6 LG Köln, WuM 1990, 385.
7 LG Offenburg, DWW 1990, 273.
8 LG Berlin, MM 1995, 353.
9 LG Berlin, WuM 1999, 329; AG Schöneberg, MM 1995, 397.
10 AG Hamburg, WuM 1984, 280; LG Kassel, WuM 1987, 122; KG, WuM 1988, 286.
11 BGH, BGHZ 38, 295; OLG Koblenz, ZMR 1993, 68.
12 BGH, NJW-RR 1988, 659.
13 AG Potsdam, WuM 1998, 288.
14 BGH, NJW 1990, 1236.
15 OLG Jena v. 20.12.2006 – 4 U 865/05, WuM 2007, 138.
16 LG Duisburg, VersR 1983, 164.

Tiefgarage
- Pflicht, Vorkehrungen gegen Beschädigungen an Kfz durch Schrankenanlagen in Tiefgaragen[1] zu treffen.

Treppenhaus
- Pflicht zur Abhilfe bei gefährlicher Treppenhausverglasung aus Fensterglas[2],
- Pflicht, bei der Reinigung vom Treppenhaus das Pflegemittel dem Belag anzupassen, um übermäßige Glätte zu vermeiden[3],
- Pflicht zur Anbringung von Handläufen an Wendeltreppen[4],
- Keine Pflicht zum nachträglichen Anbringen eines Handlaufs, der über die letzte Treppenstufe hinausgeht, an einer 1938/1939 erbauten Treppe in einem öffentlichen Gebäude[5].

Unkrautvernichter
- Pflicht, die Verwendung von chemischen Unkrautvernichtungsmitteln an Stellen, wo Kinderspielgeräte, eine Ruhebank oder Fahrradständer aufgestellt sind, zu unterlassen[6].

Wasserleitung
- Pflicht zum Aufgraben einer Wasserleitung zwecks Kontrolle[7],
- Pflicht zur Überprüfung des Sperrschiebers eines Löschwasserrohres[8],
- Pflicht zur Überwachung von frostgefährdeten Leitungen in leer stehenden Räumen[9].

Winterglätte
- Pflicht, Maßnahmen gegen Winterglätte zu treffen[10],
- Keine Pflicht, direkten Zugang zu ermöglichen[11],
- Entstehen einer Überwachungspflicht bei Überwälzung der Streupflicht auf den Mieter[12],
- Keine Pflicht des Vermieters gegenüber dem Mieter eines Pkw-Stellplatzes zum Winterdienst[13].

---

1 AG Köln, WuM 1992, 362.
2 BGH, NJW 1994, 22, 32.
3 BGH, MDR 1994, 613 = WuM 1994, 218 = ZMR 1994, 149.
4 LG Hamburg, NZM 1999, 663.
5 OLG Karlsruhe, Urt. v. 17.9.2007 – 19 U 29/07, GE 2007, 1552.
6 LG München I, WuM 1989, 500.
7 BGH, ZMR 1957, 305.
8 BGH, NJW 1989, 500.
9 BGH, WM 1988, 1382.
10 BGH, ZMR 1968, 300; BGH, ZMR 1966, 77; BGH, WuM 1986, 66; LG Bonn, NJW 1971, 809.
11 OLG München, ZMR 2003, 259.
12 BGH, NJW 1985, 275; BGH, WuM 1986, 66.
13 OLG Düsseldorf v. 19.5.2008 – 24 U 161/07, GuT 2008, 363.

Zugangsüberwachung

– Pflicht, Vorkehrungen zur Abwehr Unbefugter[1] zu treffen;
– Pflicht zum Verschließen der Haustür zur Nachtzeit[2].

Die Verpflichtungen des Vermieters bestehen auch, wenn das **Mietverhältnis beendet** wurde[3]. Macht der Mieter Schadensersatz geltend, kann im Rahmen des § 254 BGB sogar eine Reduzierung auf Null eintreten, wenn der Mieter den mangelhaften Zustand schon mehrere Jahre kennt[4].

6. Leistungspflichten

224 Zur Gebrauchsgewährpflicht des Vermieters gehört, dass er diejenigen **Leistungen** erbringt, die den **Mietgebrauch ermöglichen** bzw. begleiten. Dazu rechnet vor allem die

– Versorgung mit Wärme[5], Energie und Wasser[6];
– Entsorgung von Abwässern und Müll.

225 In den **herkömmlichen Mietverträgen** werden diese Leistungen des Vermieters häufig über die Betriebskostenabrechnung erfasst. Im Zuge der Energieeinsparung ist jedoch zunehmend die Tendenz festzustellen, dass entsprechende Leistungen unmittelbar zwischen Mieter und Versorgungsunternehmen abgerechnet werden sollen. Damit schließt der Mieter selbst die Ver- oder Entsorgungsverträge, so dass der Vermieter entlastet wird. Deshalb sollte der Rechtsanwalt hier den Mietvertrag überprüfen, inwieweit überhaupt noch eine Verpflichtung des Vermieters besteht, und andererseits die Rechtsentwicklung verfolgen, die mit der **Überwälzung der Ent- und Versorgungsverpflichtung** einhergeht[7]. Im Zuge der zunehmenden Privatisierung, aber auch dem Bestreben der öffentlichen Behörden, umweltschonende Entsorgungsverfahren zu entwickeln[8], entsteht für Mietverträge insoweit ein neues Spannungsfeld.

226 Aktuell obliegt es nach den meisten Mietverträgen noch dem **Vermieter**, die Versorgungsleistungen zu erbringen, also insbesondere die notwendigen **Versorgungsverträge** abzuschließen und zu unterhalten. Eine **Verletzung** dieser Verpflichtungen kommt insbesondere in folgenden Fällen in Betracht:

---

1 BGH, ZMR 1953, 337; LG München, ZMR 1988, 434; LG Göttingen, WuM 1990, 75; AG Hamburg, WuM 1994, 676.
2 LG Berlin, ZMR 1987, 334.
3 *Sternel*, Mietrecht, II Rz. 1983.
4 OLG Düsseldorf, ZMR 2001, 962.
5 *Sternel*, Mietrecht aktuell, Rz. VII 196.
6 *Sternel*, Mietrecht aktuell, Rz. VII 207 ff.
7 Vgl. z.B. *Röhl*, NZM 1999, 101; Dortmunder Erklärung 1998 des Ersten Deutschen Mietgerichtstages (Nr. 5), NZM 1998, 804.
8 Vgl. zu einem solchen Fall: AG Moers, WuM 1996, 96.

– mangelnde Bevorratung (z.B. Heizöl);
– Liefersperre des Versorgungsunternehmens (Strom, Wasser, Fernwärme, Gas etc.);
– Defekte in den Versorgungseinrichtungen;
– Absperren von Versorgungseinrichtungen;
– unwirtschaftlicher Betrieb von Versorgungseinrichtungen (z.B. Heizung, Warmwasser).

Problematisch ist die Frage, ob der Vermieter während des laufenden Mietverhältnisses berechtigt ist, diese Leistungen zurückzuhalten, wenn sich der Mieter mit der Zahlung der Miete in Verzug befindet. Während des laufenden Mietverhältnisses wird nach der noch überwiegenden Auffassung in Rechtsprechung und Literatur dem Vermieter das Recht zur Vornahme einer **Versorgungssperre** aberkannt und bei einem entsprechenden Vorgehen des Vermieters eine Besitzstörung in Form der verbotenen Eigenmacht angenommen[1]. Insoweit wird vor allem auf die mietvertraglich übernommene Nebenpflicht zur Belieferung des Mieters mit Energie- und Versorgungsleistungen verwiesen. Teilweise wird sogar vertreten, dass bei einem fortbestehendem Mietvertrag die mehrfache Drohung mit der Kappung der Energieversorgung und die einmalige Sperrung die **fristlose Kündigung** des Mieters rechtfertigen soll[2]. Dem kann nicht gefolgt werden.

227

Eine Besitzbeeinträchtigung scheidet bereits aus dem Grunde aus, weil der Besitz als solcher am Mietobjekt nicht tangiert wird. Der Vermieter stellt lediglich seine, neben der Besitzgewährung, erbrachten Leistungen ein[3]. Ein Eingriff in die tatsächliche Sachherrschaft des Mieters ist hiermit aber nicht verbunden[4]. Weiter kann sich der Vermieter, wenn sich der Mieter mit der Zahlung der geschuldeten Miete im Verzug befindet, auf sein **Zurückbehaltungsrecht** gemäß den §§ 273, 320 BGB berufen[5]. Dem kann auch nicht der Einwand entgegen gehalten werden, ein Zurückbehaltungsrecht erlaube nur eine zeitweise Leistungseinstellung, die nach Wegfall des Verweigerungsrechts nachgeholt werden könne, was aber bei Versorgungsleistungen nicht möglich sei[6]. Hierbei handelt es sich um die typischen Auswirkungen des Zurückbehaltungsrechts bei einer Vielzahl von gegenseitigen Leistungsverpflichtungen, insbesondere im Rahmen von Dauerschuldverhältnissen. Andernfalls müsste auch ein Zurückbehaltungsrecht an den noch nicht übergegebenen Mieträumlichkeiten bis zur Kautionszahlung – im Wohnraummietverhältnis bis zur Zahlung der ersten Kauti-

227a

---
1 KG v. 29.8.2005 – 8 U 70/05, ZMR 2005, 951.
2 LG Münster v. 22.11.2006 – 1 S 173/06, WuM 2007, 274.
3 Vgl. *Beuermann*, GE 2002, 1601; *Herrlein*, NZM 2006, 527.
4 So jetzt auch BGH v. 6.5.2009 – XII ZR 137/07, NJW 2009, 1947, jedenfalls für das beendete Mietverhältnis. Er lässt aber offen, ob sich eine Besitzstörung im laufenden Mietverhältnis wohlmöglich aus einem pflichtwidrigen Unterlassen der vertraglichen Verpflichtungen ergeben kann.
5 Vgl. *Beuermann*, GE 2002, 1601; *Herrlein*, NZM 2006, 527, 529.
6 *Börstinghaus*, MietRB 2007, 209, 210.

onsrate – verneint werden, da auch eine Besitzüberlassung für die Vergangenheit nicht möglich ist. Dennoch wird ein solches bejaht. Gleiches gilt bei der Nichtzahlung der ersten Miete[1]. Kann jedoch bei Nichtzahlung der ersten Miete bereits die vollständige Überlassung des Mietobjekts berechtigterweise verweigert werden, ist nicht einsichtig, dass der Vermieter nach Übergabe nicht berechtigt sein soll, seine Leistung zumindest teilweise zurückzuhalten, unabhängig davon, in welchem Umfang der Mieter seinen vertraglichen Verpflichtungen nachkommt.

227b Teilweise wird allerdings verlangt, dass die **familiäre und gesundheitliche Situation** des Mieters berücksichtigt wird[2]. Solche Gesichtspunkte fallen jedoch in die Risikosphäre des Mieters. Dies gilt umso mehr, als dass ein in finanzielle Not geratener Mieter die Hilfe der öffentlichen Hand in Anspruch nehmen kann. Allenfalls in ganz extremen Ausnahmesituationen wird ein Mieter dem geltend gemachten Zurückbehaltungsrecht des Vermieters den Einwand von Treu und Glauben gemäß § 242 BGB entgegenhalten können[3]. In der Regel wird der Mieter hiermit nicht durchdringen können. Es ist nicht einzusehen, dem Vermieter das **Insolvenzrisiko** des Mieters aufzuerlegen, mithin dem Vermieter abzuverlangen, darauf zu hoffen, dass er die von ihm verauslagten Kosten für die Versorgungsleistungen auch tatsächlich zurückerstattet erhält. Allenfalls kann eine Einschränkung des Zurückbehaltungsrechts über § 242 BGB angenommen werden, wenn die Mietrückstände gering sind. Es ist angemessen, ein Zurückbehaltungsrecht erst dann dem Vermieter zuzugestehen, wenn ein für die fristlose Kündigung ausreichender Rückstand gegeben ist. In dem Recht zum Ausspruch der fristlosen Kündigung ist nämlich zugleich das Recht des Vermieters enthalten, sich von seinen gesamten vertraglichen Leistungen zu befreien, also auch von der Erbringung der geschuldeten Versorgungsleistungen[4].

227c Sofern ein Zurückbehaltungsrecht grundsätzlich verneint wird oder die Voraussetzungen für die Ausübung nicht vorliegen, greifen die gesetzlichen **Gewährleistungsrechte** ein, deren Umsetzung im Kapitel F dargestellt wurde. Um die Rechtslage jedoch vollständig prüfen zu können, sollte der Rechtsanwalt auch versuchen, den Grund für die Entstehung dieser Mängel zu ermitteln. Erfolgt z.B. die **Liefersperre**, weil der Vermieter die Rechnungen des Versorgungsunternehmens nicht ausgeglichen hat, kann daran gedacht werden, unmittelbar das Versorgungsunternehmen in Anspruch zu nehmen, um eine alsbaldige Lieferung zu erreichen[5]. Ob ein solcher **Direktanspruch** gegen das Versorgungsunternehmen aus dem Gesichtspunkt eines Vertrages mit Schutzwirkung für Dritte oder Besitzschutzansprüchen

---

1 *Eisenschmid* in Schmidt-Futterer, § 535 BGB Rz. 577.
2 *Gaier*, ZWE 2004, 109, 115.
3 Vgl. BGH v. 6.5.2009 – XII ZR 137/07, NJW 2009, 1947, für das beendete Mietverhältnis.
4 *Herrlein*, NZM 2006, 527, 531.
5 Vgl. dazu *Schmitz-Justen*, WuM 1998, 520 f.

besteht, ist umstritten[1]. Andererseits bietet die Aufhebung der Liefersperre durch das Versorgungsunternehmen gerade die schnellste Möglichkeit für den Mieter, den ihn beeinträchtigenden Zustand zu beheben. Deshalb sollte mit ihm diskutiert werden, ob nicht die Möglichkeit besteht, durch **Kostenübernahmeerklärung** hinsichtlich der weiteren Zahlungen bei dem Versorgungsunternehmen zu erreichen, dass eine Lieferung für die Zukunft wieder stattfindet. Dazu müssen ggf. auch die anderen Mieter einbezogen werden. Zumindest wenn die Voraussetzungen der **Ersatzvornahme** (vgl. F Rz. 124) vorliegen[2], kann dem Mieter in dieser Situation empfohlen werden, die entsprechenden Leistungen an das Versorgungsunternehmen mit der Miete zu verrechnen. Die gleichen Überlegungen gelten bei einer Liefersperre der **Eigentümergemeinschaft** gegenüber dem Sondereigentümer, der mit Wohngeldzahlungen in Rückstand ist[3]. Hier sollte allerdings überprüft werden, ob ein rechtmäßiger Beschluss der Eigentümerversammlung vorliegt. Dieser muss insbesondere verhältnismäßig sein, was bei einem Rückstand von mehr als 5000 Euro[4] oder sechs Monatsbeiträgen der Fall ist[5]. Der Rückstand mit einem Jahresbetrag genügt erst recht[6].

7. Mieterberatung

Bei der Verletzung von Nebenpflichten ist dem Mieter oder einem Dritten, der unter den Schutzbereich des Mietvertrages fällt[7], regelmäßig ein Schaden entstanden oder es droht ein solcher einzutreten. Soweit Gebrauchsrechte beeinträchtigt oder Sachen des Mieters beschädigt wurden, ergeben sich grundsätzlich keine anderen Strategien als bei der Ausübung von **Gewährleistungsrechten** (vgl. dazu F Rz. 1 ff.). Ist jedoch ein **Körperschaden** entstanden, sollte auch daran gedacht werden, dass gleichzeitig § 823 BGB eine Anspruchsgrundlage bildet, so dass gemäß § 847 BGB auch Schmerzensgeld verlangt werden kann.

228

Bei der **Ermittlung des Sachverhaltes** sollte vor allem die vertragliche Situation überprüft werden. Dazu können zunächst die Pflichten überprüft werden, die sich aus dem Vertrag selbst ergeben. Daneben sind die Absprachen der Parteien über die Einrichtung besonderer Vorkehrungsmaßnahmen zu untersuchen. Ansonsten muss durch eingehendes Befragen des Mandanten ermittelt werden, wie der tatsächliche Zustand vor der eingetretenen Vertragsverletzung war, um nachvollziehen zu können, wie es zum Schadenseintritt gekommen ist. Dabei sollte nicht vorschnell der

229

---

1 **Dafür:** LG Bonn, WuM 1980, 231; LG Saarbrücken, MDR 1987, 54; LG Aachen, NJW-RR 1998, 1522; AG Siegen, WuM 1996, 707; AG Frankfurt/Main, WuM 1998, 42; **dagegen:** LG Neuruppin, NZM 2001, 1028; LG Frankfurt/M., WuM 1998, 495; LG Gera, WuM 1998, 496; AG Wuppertal, NJW-RR 1998, 251.
2 Vgl. hierzu auch BGH v. 16.1.2008 – VIII ZR 222/06, NZM 2008, 279.
3 **A.A.** OLG Köln, ZWE 2000, 543 für vermietete Eigentumswohnung.
4 BayObLG, WuM 1992, 207; *Armbruster*, WE 1999, 14.
5 OLG Dresden v. 12.6.2007 – 3 W 82/07, ZMR 2008, 140.
6 AG Peine, WE 2000, 128.
7 *Straßberger* in Bub/Treier, II Rz. 234.

Hinweis des Mandanten auf eine bestimmte Pflichtverletzung übernommen werden, sondern tatsächlich akribisch der **zeitliche Verlauf** nachvollzogen werden. Dadurch kann vermieden werden, dass z.B. Rechtfertigungsgründe für den Vermieter übersehen werden. Gleichzeitig ergibt sich die Möglichkeit, die voraussichtlich andere Sichtweise des Vermieters zu erkennen, um die eigene Strategie darauf einstellen zu können.

230 Im nächsten Schritt sollte die **Beweissituation** ermittelt werden. Dabei ist vor allem an die unter *F Rz. 62* dargestellten Beweismittel zu denken und zu überlegen, ob eine Beweissicherung stattfinden muss. Dies ist insbesondere anzunehmen, wenn der Vermieter die Möglichkeit hat, den Zustand durch einseitige Handlungen zu verändern. In diesem Zusammenhang sollte auch daran gedacht werden, inwieweit durch einen typischen Geschehensablauf eine Beweiserleichterung eintreten kann[1].

231 Ist der Geschehensablauf bzw. der Tatbestand nachvollzogen, sollte dem Mandanten aufgezeigt werden, welche **Rechtsfolgen** er herbeiführen kann (vgl. *Rz. 187*). Dabei sollte im Einzelnen abgewogen werden, welche Rechtsfolge dem Mandanten die größte „Befriedigung" bietet und/oder ob mehrere Rechtsfolgen nebeneinander herbeigeführt werden können. So ist es z.B. immer sinnvoll, neben der **Unterlassung** vertragswidrigen Verhaltens gleichzeitig auch die **Beseitigung** eines vertragswidrigen Zustandes zu verlangen. Besteht die Gefahrenquelle nach wie vor, sollte auf Erfüllung (§ 535 Abs. 1 S. 2 BGB) gedrängt werden. Sind Umstände, die zur Geltendmachung der Ansprüche benötigt werden, unbekannt, kann ein Auskunftsanspruch geltend gemacht werden. Daneben kann der Schaden liquidiert werden.

232 Ob es sinnvoll ist, die Ansprüche gleichzeitig oder nacheinander geltend zu machen, muss im Einzelfall entschieden werden. Für ein **umfassendes Verlangen** sprechen arbeitsökonomische Gründe des Rechtsanwalts und die Möglichkeit, dass der Vermieter den „Ernst der Lage" erkennt. Eine nachgeschaltete Geltendmachung, z.B. von Schadensersatzansprüchen, kann sich anbieten, wenn zu befürchten ist, dass der Vermieter z.B. die dringender benötigte Abhilfe zurückstellt und zunächst die anderen geltend gemachten Ansprüche abwehren will.

a) Prozessuales

233 In jeder Lage der Beratung sollte daran gedacht werden, eine Beweissicherung durch ein **selbständiges Beweisverfahren** (vgl. dazu *F Rz. 231*) herbeizuführen und/oder die Ansprüche des Mandanten durch ein Verfahren auf Erlass einer **einstweiligen Verfügung** (vgl. *Rz. 65*) geltend zu machen.

234 Kommen daneben Klageverfahren in Betracht, müssen die Anträge dem Begehren des Mandanten angepasst werden (vgl. *Rz. 176*). In der Klageschrift

---

[1] BGH, WuM 1993, 273; AG Grevenbroich, WuM 2001, 121.

sollte sodann neben dem Mietvertrag der Geschehensablauf substantiiert dargestellt werden.

b) Gebühren

Auch für die hier beschriebenen Fälle bestehen keine gesetzlichen Vorschriften, die einen **Gebührenstreitwert** betragsmäßig festlegen. Deshalb ist das Interesse des Mieters gemäß § 3 ZPO zu ermitteln. Beispiele sind in der Streitwertübersicht (*N Rz. 399 ff.*) aufgeführt. 235

8. Vermieterberatung

Als Vertreter des Vermieters sollte neben der Sachverhaltsermittlung überprüft werden, ob und ggf. in welchem Umfang **Regress bei Dritten** genommen werden kann. In Betracht kommen hier 236
– der Mieter, der Pflichten des Vermieters (wirksam) übernommen hat,
– Mieter, die rechtswidrige Zustände herbeigeführt haben,
– Dritte (z.B. Hausmeisterservice), die bestimmte Verpflichtungen übernommen haben,
– Haftpflicht- oder Gebäudeversicherer,
– Dritte, die rechtswidrige Zustände herbeigeführt haben (z.B. Hausmeisterservice, Nachbarn, Handwerker),
– Versorgungsunternehmen.

Besteht eine Möglichkeit, bei diesen Personen Regress zu nehmen, sollten diese vorsorglich in Anspruch genommen werden. Ist der Fall eindeutig, kann dem Mieter vorgeschlagen werden, unmittelbar mit dem Dritten seine Ansprüche abzuwickeln. In jedem Fall ist daran zu denken, dass der Vermieter gegenüber Versicherern bestimmte **Obliegenheiten** zu erfüllen hat, deren Verletzung zum Verlust des Versicherungsschutzes führen können. Dazu gehört vor allem die unverzügliche Anzeige des Versicherungsfalles gegenüber dem Versicherer[1]. Hierüber muss der Rechtsanwalt aufklären und ggf. entsprechende Maßnahmen treffen. 237

a) Prozessuales

Ist eine prozessuale Auseinandersetzung unvermeidbar, sollte hinsichtlich der Möglichkeit, bei einem Dritten **Regress** zu nehmen, an eine **Streitverkündung** gedacht werden. Im Übrigen ist im Rahmen von Schadensersatzansprüchen auch ein etwaiges **Mitverschulden** des Mieters zu prüfen, um den Schaden für den Mandanten gering zu halten. Dabei kommt nicht nur ein mitwirkendes Verschulden bei der Schadensverursachung[2], sondern auch bei der Schadensabwendung und -minderung[3] in Betracht. Dazu ist 238

---

1 Vgl. im Einzelnen *Martin*, Sachversicherungsrecht, XII 1 ff.
2 Vgl. Palandt/*Heinrichs*, § 254 BGB Rz. 12.
3 Vgl. Palandt/*Heinrichs*, § 254 BGB Rz. 32.

regelmäßig der Vermieter darlegungs- und beweispflichtig[1], so dass die Umstände spezifiziert vorzutragen sind.

b) Gebühren

239 Insoweit ergeben sich keine Besonderheiten gegenüber der Beratung des Mieters (vgl. *Rz. 235*).

IV. Verletzung nachvertraglicher Pflichten durch den Vermieter

239a Auch nach Beendigung des Mietverhältnisses treffen den Vermieter vielfältige Pflichten, deren Verletzung eine Schadensersatzverpflichtung begründen können.

1. Geltendmachung unberechtigter Forderungen

239b Gerade nach Beendigung eines Mietverhältnisses ist häufig schwierig zu beurteilen, welche Forderungen dem Vermieter noch zustehen. Solche Forderungen können insbesondere noch Ansprüche auf Zahlung von **Nutzungsentschädigung** gemäß § 546a Abs. 1 BGB, Mietausfallschaden oder Schadensersatzansprüche sein. Macht der (ehemalige) Vermieter nicht bestehende Ansprüche geltend, verletzt er seine aus den §§ 535, 242 BGB hergeleitete **nachvertragliche Pflicht**, die Geltendmachung unbegründeter Forderungen zu unterlassen[2].

239c Die Verletzung einer nachvertraglichen Pflicht kann auch darin bestehen, dass der Vermieter aktiv die Durchführung von Schönheitsreparaturen oder einen anteiligen Ausgleich (Quotenklausel) verlangt, obwohl die diesbezüglichen mietvertraglichen Regelungen unwirksam sind[3], z.B. weil formularmäßig eine Endrenovierungsverpflichtung vereinbart wurde[4]. Auch dann, wenn der Vermieter einen – tatsächlich nicht bestehenden – vertraglichen Anspruch geltend machen, berühmt er sich nämlich einer nicht berechtigten Forderung[5].

239d Ein etwaiges Fehlverhalten des eingeschalteten Rechtsanwalts muss sich der Vermieter zurechnen lassen. In einer fehlerhaften rechtlichen Beratung verbirgt sich für den Rechtsanwalt ein erhebliches **Regressrisiko**, da er seinerseits seinem Mandanten zum Schadensersatz verpflichtet ist. Es muss daher besonderes Augenmerk auf die aktuelle höchstrichterliche Rechtsprechung gelegt werden, da die Auswertung der veröffentlichten Rechtsprechung und deren verständige Prüfung selbstverständlicher Bestandteil der **anwaltlichen Beratungstätigkeit** ist und im Falle der Versäumung zu ei-

---

1 Palandt/*Heinrichs*, § 254 BGB Rz. 82.
2 LG Stendal, Urt. v. 12.10.2006 – 22 S 86/06, MDR 2007, 389.
3 *Artz*, NZM 2007, 265.
4 BGH v. 12.9.2007 – VIII ZR 316/06, NZM 2007, 921.
5 Vgl. auch *Artz*, NZM 2007, 265.

nem Anwaltsverschulden führt, das dem beratenen Mandanten über § 278 BGB zuzurechnen ist[1]. Sollte die Höhe eines Schadensersatzanspruches unklar sein, da z.B. der vorzunehmende Abzug „neu für alt" trotz umfangreicher Ermittlungen nicht genau bestimmt werden kann, sollte der Vermieter auf jeden Fall auf das hieraus resultierend Kostenrisiko hingewiesen werden.

2. Aufklärungspflichten bei unwirksamen AGB

Dem Verwender unwirksamer **allgemeiner Geschäftsbedingungen** ist es verwehrt sich auf eine unwirksame Klausel zu berufen[2]. Verlangt er trotzdem durch aktives Tun die nach der unwirksamen Klausel geschuldete Leistung, verhält er sich pflichtwidrig i.S.d. § 241 Abs. 2 BGB und begründet seine Schadensersatzverpflichtung. Fraglich ist allerdings, ob den Vermieter in diesem Fall sogar eine eigene Aufklärungspflicht trifft. Von besonderer Bedeutung ist dies im Zusammenhang mit der Durchführung von Schönheitsreparaturen bei Beendigung des Mietverhältnisses. Regelmäßig wird der Mieter aufgrund der (unwirksamen) **formularmäßigen Schönheitsreparaturklausel** davon ausgehen, zur Renovierung verpflichtet zu sein.

239e

Teilweise wird jedenfalls dann eine Aufklärungspflicht angenommen, wenn der Vermieter erkennt, dass seinen formularmäßige Regelung unwirksam ist und der Mieter iirig von der Wirksamkeit der betreffenden Regelung ausgeht[3]. Dem wird aber zutreffend entgegen gehalten, dass eine **allgemeine Aufklärungs- und Informationspflicht** selbst bei Dauerschuldverhältnissesn mit persönlichem Einschlag nicht existiert. Der Mieter darf gerade nicht darauf vertrauen, dass er von seinem Vertragspartner mit entgegen gesetzten Interesse rechtlich beraten oder gar über neuere Entwicklungen in der Rechtsprechung informiert wird[4]. Etwas anderes wird teilweise dann angenommen, wenn der Vermieter bereits in einem **Verbandsprozess nach dem UKlaG** verurteilt wurde die weitere Verwendung einer bestimmten Klausel zu unterlassen. In diesem Fall sei der Vermieter gegenüber seinen (ehemaligen) Vertragspartnern zur aktiven Aufklärung verpflichtet, soweit dies möglich und zumutbar ist[5]. Auch dies ist abzulehnen, da der Vermieter durch eine Verurteilung nur zur Unterlassung verurteilt wird, künftig eine bestimmte Klausel zu nicht mehr zu verwenden[6]. Würde eine Klausel z.B. erst aufgrund der fortentwickelten Rechtsprechung unwirksam, liefe die gegenteilige Auffassung letztlich auf eine **Rechtsberatungspflicht** des Vermieters gegenüber dem Mieter hinaus. Eine solche kann auch nicht durch eine Verurteilung nach dem UKlaG begründet werden. Erst dann, wenn der Mieter bei dem Vermieter anfragt, ob er renovieren muss, ist der Vermieter gehalten eine erkannte Unwirksamkeit

239f

---

1 LG Stendal v. 12.10.2006 – 22 S 86/06, MDR 2007, 389.
2 Palandt/*Bassenge*, § 1 UKlaG Rz. 8; vgl. auch BGH, NJW 2003, 367.
3 *Blank*, WuM 2004, 243.
4 *Artz*, NZM 2007, 265, 272.
5 Hefermehl/Köhler/Bornkamm, § 1 UKlaG Rz. 12; *Artz*, NZM 2007, 265, 272.
6 Paland/*Bassenge*, § 1 UKlaG Rz. 8.

zu offenbaren. Andernfalls würde er nämlich einen nicht bestehenden Anspruch geltend machen.

239g Die Problematik der Aufklärungspflicht bei umwirksamen allgemeinen Geschäftsbedingung beschränkt sich selbstverständlich nicht nur auf Durchführung von Schönheitsreparaturen bei Beendigung des Mietverhältnisses. Auch während des laufenden Mietverhältnisses begeht der Vermieter eine **Pflichtverletzung**, sofern er sich auf unwirksame Klauseln beruft. Regelmäßig wird der Mieter aber bereits aus eigenem Antrieb die notwendigen Schönheitsreparaturen während der Mietdauer durchführen, so dass sich diese Frage nicht stellt. Darüber hinaus ist die Situation bei anderen (unwirksamen) formularmäßigen Klauseln (z.B. **Kleinreparaturklauseln** ohne Oberbegrenzung[1]) gleichermaßen zu beurteilen.

3. Räumung durch den Vermieter

239h Ist das Mietverhältnis beendet, ist der Mieter zur Räumung und herausgabe verpflichtet. Kommt er dem nicht nach, ist der Vermieter nicht berechtigt, das Mietobjekt gleichsam einer Ersatzvornahme selbst zu räumen. Vielmehr muss er im Rahmen eines gerichtlichen Verfahrens einen **Räumungstitel** erwirken, um anschließend die Zwangsräumung zu betreiben. Führt er die Räumung hingegen selbst aus, stellt dies ein schwerwiegendes Fehlverhalten dar. Zunächst stellt eine solche eigenmächtige Räumung eine Verletzung des Besitzes des Mieters an der (ehemaligen) Mietwohnung und damit eine **verbotene Eigenmacht** gemäß § 858 BGB dar, gegen die sich der Mieter mittels einer einstweiligen Verfügung erwehren kann. Mit dem Einwand, dass das Mietverhältnis beendet ist, wird der Vermieter insoweit nicht gehöhrt, § 863 BGB. Daneben verwirklicht der Vermieter aber auch den Tatbestand des Hausfriedensbruchs (§ 123 StGB[2]).

239i Weiter wird in der eigenmächtige Räumung einer Wohnung teilweise ein **schwerwiegender Eingriff in den Schutzbereich des Art. 13 GG** gesehen, der – wie auch ein Eingriff in das allgemeine Persönlichkeitsrecht – nicht anders als durch Gewährung eines Schmerzensgeldes geahndet werden kann[3]. Ein sonstiger aus dem Vorgehen des Vermieters resultierender Schaden ist ebenfalls zu erstatten.

4. Versorgungssperre

239j Eine immer stärker werdende Auffassung in Rechtsprechung in Literatur geht davon aus, dass jedenfalls bei einem **Geschäftsraummietverhältnis** die Verpflichtung des Vermieters zur Versorgung des Mieters mit Heizung, Wasser und Strom, mit der wirksamen Beendigung des Mietverhältnisses

---

1 Vgl. BGH v. 7.6.1989, WuM 1989, 324.
2 Der gemäß § 123 Abs. 2 StGB nur auf einen Strafantrag hin von den Strafverfolgungsbehörden verfolgt wird.
3 AG Reinbek v. 20.5.2008 – 5 C 624/06, ZMR 2008, 719; AG Wedding v. 26.11.1992 – 8a C 484/92, MM 1994, 248.

endet¹. Die dadurch bedingten Unannehmlichkeiten für den (ehemaligen) Mieter würden lediglich das Gebrauchsrecht betreffen, nicht aber den Besitz². Die bislang herrschende Meinung in der Rechtssprechung sah in der Unterbrechung von Versorgungsleistungen allerdings nicht nur eine bloße Gebrauchshinderung, sondern eine Besitzstörung durch **verbotene Eigenmacht** gem. § 858 BGB³. Immerhin rechtfertige selbst ein Räumungsurteil keine Selbsthilfe⁴. Zwischen Besitz und Mietgebrauch, der nicht von § 858 BGB geschützt wird, könne nicht differenziert werden⁵.

Bei Wohnraummietverhältnissen bejaht die Rechtsprechung teilweise ebenfalls die Möglichkeit für den Vermieter, die Versorgungsleistungen zurückzuhalten⁶. Die weitaus überwiegende Auffassung qualifiziert die Einstellung von **Versorgungsleistungen** aber auch hier als verbotene Eigenmacht⁷. Eine vermittelnde Ansicht bejaht die Verpflichtung des Vermieters zumindest gewisse minimale Versorgungsleistungen aufrecht zu erhalten, wenn die Rückstände nur wenige Monatsmieten betragen⁸. Erst wenn höhere Rückstände bestünden, sei der Vermieter zur Vornahme der Versorgungssperre berechtigt⁹. 2.39k

Der BGH¹⁰ hat sich nunmehr jedenfalls für den Bereich der Gewerberaummiete der zuerst genannten Auffassung angeschlossen. Ist das Mietverhältnis beendet, besteht keine Verpflichtung des Vermieters mehr, seinen (ehemaligen) vertraglichen Verpflichtungen nachzukommen. Dieser **Erfüllungsanspruch** des Mieters endet mit Ablauf der Mietdauer, was sich § 535 Abs. 1 Satz 2 BGB entnehmen lässt. Hat der Vermieter im Mietvertrag die Lieferung von Versorgungsleistungen übernommen, endet diese Verpflichtung mit Beendigung des Mietverhältnisses. Der Besitz – i.S. einer tatsächlichen Herrschaftsgewalt – als solcher am (ehemaligen) Mietobjekt wird hierdurch nicht tangiert. Der Vermieter stellt lediglich seine, neben der Besitzgewährung, erbrachten Leistungen ein¹¹. Eine nachvertragliche Pflicht zur Erbringung von Versorgungsleistungen kann nach Treu und Glauben nur dann gerechtfertigt sein, wenn sie auf der anderen Seite den berechtigten Interessen des Vermieters nicht in einer Weise zuwiderläuft, die ihm die weiter Leistung unzumutbar macht. Dies kann z.B. dann der Fall sein, 2.39l

---

1 KG v. 6.9.2006 – 8 U 49/07, NZN 2007, 923; KG v. 17.12.1998 – 8 U 7247/98; GE 2004, 622.
2 Vgl. KG v. 8.7.2004 – 12 W 21/04, MDR 2005, 165; LG Berlin, GE 2009, 518.
3 OLG Celle v. 28.4.2005 – 11 U 44/05, NZN 2005, 741.
4 *Briesemeister* in Festschrift für Blank, 2006, S. 591, 597.
5 OLG Saarbrücken v. 25.9.2005 – 8 W 204/05-30, GuT 2005, 218.
6 AG Bergheim v. 15.12.2003 – 27 C 744/03, ZMR 2005, 5; vgl. auch AG Detmold v. 2.7.2007 – 6 C 318/07, zitiert nach juris.
7 LG München I v. 24.11.2005 – 15 T 19143/05; *Gaier*, ZWE 2004, 109.
8 *Gather* in Schmidt-Futterer, § 546a BGB Rz. 47; *Börstinghaus*, MietRB 2007, 209, 211.
9 LG Berlin v. 28.11.2006 – 65 S 220/06, GE 2007, 150.
10 BGH v. 6.5.2009 – XII ZR 137/07, NJW 2009, 1947.
11 BGH v. 6.5.2009 – XII ZR 137/07, NJW 2009, 1947 m.w.N.; vgl. auch *Beuermann*, GE 2002, 1601; *Herrlein*, NZM 2006, 527.

wenn dem Mieter eine Räumungsfrist nach §§ 721, 765a, 794a ZPO gewährt worden ist und dem Vermieter wegen der regelmäßig entrichteten Nutzungsentschädigung kein Schaden entsteht. Liegt ein solcher Ausnahmefall nicht vor, trifft den Vermieter nur noch die Abwicklungspflicht, dem Mieter die Unterbrechung der Versorgungsleistungen so rechtzeitig mitzuteilen, dass sich dieser darauf vorbereiten kann.

239m Trotz der hier und vom BGH vertretenen Auffassung, sollte der den Vermieter beratende Rechtsanwalt in der Praxis Vorsicht walten lassen. Auch im Falle des beendeten Mietverhältnisses kann unter dem Gesichtspunkt von Treu und Glauben eine (nachvertragliche) Pflicht zur Erbringung von Versorgungsleistungen bestehen. Dem Rechtsanwalt, welcher mit einem entsprechenden Anliegen seines Mandanten konfrontiert wird, kann nur empfohlen werden, zunächst Informationen zu sammeln, um zu überprüfen, ob ein solcher Ausnahmefall vorliegt. In diesem Fall hätte der Antrag des (ehemaligen) Mieters auf Erlass einer einstweiligen Verfügung voraussichtlich Erfolg. In jedem Fall sollte der Vermieter umfassend auf die mit einem solchen Vorgehen verbundenen Risiken hingewiesen werden, um eine eigene **Regresspflicht** zu vermeiden.

239n Weiter sollte der Vermieter/Vermieteranwalt genau prüfen, ob tatsächlich die Voraussetzungen für eine Versorgungssperre vorliegen. Insbesondere muss geprüft werden, ob einem Mieter möglicherweise wegen vorhandener Mängel ein **Minderungs- und Zurückbehaltungsrecht** zusteht. In einem solchen Fall besteht kein Mietrückstand und damit auch keine Berechtigung des Vermieters zum Ausspruch einer Kündigung sowie zur Vornahme einer Versorgungssperre. Die Konsequenzen einer rechtswidrigen Versorgungssperre können erheblich sein. Ist ein Mieter gezwungen, auf Grund einer rechtswidrigen Versorgungssperre die Wohnung zu verlassen oder zumindest bestimmte Tätigkeiten außerhalb der Wohnung auszuüben, ist der Vermieter zur Erstattung der hierfür entstehenden Kosten verpflichtet.

5. Folgen des ausgeübten Vermieterpfandrechts

239o Hat der Vermieter einen Räumungstitel erwirkt und kommt der Mieter seiner Verpflichtung nicht freiwillig nach, kommt auf den Vermieter häufig erst die größte Kostenposition zu, nämlich der vom Gerichtsvollzieher verlangte Räumungskostenvorschuss. Dieser kann je nach Größe des Mietobjekts schnell einen fünfstelligen Betrag ausmachen. Aber auch bei kleineren Wohnungen setzt der Gerichtsvollzieher die Kosten selten auf unter 3000,00 Euro fest. Viele Vermieter umgehen die Zahlung des Räumungsvorschusses, indem sie sich auf das Vermieterpfandrecht gemäß § 562 BGB berufen („Berliner Modell"). Ob die Voraussetzungen hierfür vorliegen, ist vom Gerichtsvollzieher nicht zu prüfen, da er den Anordnungen des Gläubigers Folgen leisten muss[1]. Der Gerichtsvollzieher weist den Vermieter nur noch in bestizt der Mietsache ein, was durch Übergabe sämtlicher Schlüssel oder durch den Austausch des Wohnungstürschlosses erfolgt.

---

[1] BGH, NZM 2006, 149; BGH, WuM 2006, 580.

Mit der Ausübung des Vermieterpfandrechts vermeidet der Vermieter zunächst einmal die Zahlung eines Räumungskostenvorschusses. Allerdings übernimmt er zugleich mit der Einweisung in den Besitz der Wohnung durch den Gerichtsvollzieher die Obhutspflicht hinsichtlich des Räumungsguts. Er macht sich Schadensersatzpflichtig, wenn 239p

- Räumungsgut bei der Verbringung aus dem Mietobjekt beschädigt wird oder verloren geht[1],
- Räumungsgut fälschlicherweise als Müll bewertet und beseitigt wird[2],
- Räumungsgut nicht nach den Regelungen über den Pfandverkauf (§ 1233 BGB) oder über den Selbsthilfeverkauf (§ 383 BGB) verkauft wird,
- Räumungsgut nach den Regeln des Pfandverkaufs veräußert wird, obwohl ein Vermieterpfandrecht nicht bestand[3],
- Räumungsgut im Wege eines unrechtmäßigen Selbsthilfeverkaufs veräußert wird[4] und
- nicht versteigerbares Räumungsgut entsorgt wird.

Der Schadensersatzanspruch ergibt sich aus § 280 und § 823 BGB[5]. Der Mieter ist jedoch für seinen Anspruch darlegungs- und beweisbelastet, er hat ein Verschulden und einen Schaden darzulegen. Darüber hinaus kommt ein Anspruch nach § 285 BGB in Betracht. Etwa bis zur Verwertung **gezogene Nutzungen** wären über die Grundsätze der ungerechtfertigten Bereicherung herauszugeben[6]. 239q

Der beratende Rechtsanwalt sollte den Vermieter vor Ausübung des Vermieterpfandrechts im Rahmen der Zwangsräumung genau über die möglichen Konsequenzen informieren. Ob eine solche Vorgehensweise letztlich kostengünstiger ist, hängt insbesondere davon ab, ob mit dem Mieter nach dem Räumungstermin eine einvernehmliche Regelung über die freiwillige Räumung zustande kommt. Andernfalls muss der Vermieter die (aufwendige) **ordentliche Verwertung des Vermieterpfandrechts** herbeiführen[7]. Ist es dazu erforderlich, das Inventar aus der Wohnung zu schaffen, empfiehlt sich eine **Inventarisierung**, die mit entsprechenden Fotos unterlegt wird. Der Vermieter darf das Räumungsgut nicht einfach entsorgen. In diesem Fall haftet er gemäß § 823 Abs. 1 BGB. Wird der Vermieter mit entsprechenden Schadensersatzansprüchen des Mieters konfrontiert, kann er auch nicht mit etwaigen Mietrückständen aufrechnen. Gemäß § 393 BGB ist eine **Aufrechnung** gegen Forderungen aus einer ovrsätzlich begangenen unerlaubten Handlung ausgeschlossen. Das bedeutet, dass der Vermieter einen 239r

---

1 *Schuschke*, NZM 2006, 284, 286.
2 *Börstinghaus*, NZM 2006, 721, 731.
3 Schmidt-Futterer/*Lammel*, § 562 Rz. 50.
4 MünchKomm-BGB/*Wenzel*, § 383 Rz. 9.
5 *Schuschke*, NZM 2006, 284, 285; OLG Frankfurt am Main, WuM 1979, 191.
6 Schmidt-Futterer/*Lammel*, § 562 Rz. 50.
7 Vgl. insoweit *Lützenkirchen/Dickersbach*, Rz. 1216 ff.

etwaigen Schaden ersetzen muss, ohne die eigenen Ansprüch auch nur teilweise befriedigen zu können.

6. Mietschuldenfreiheitsbescheinigung

239s Immer mehr Vermieter machen die Vermietung von Wohnraum davon abhängig, dass die (künftigen) Mieter vor Abschluss des Mietvertrages eine sog. „Mietschuldenfreiheitsbescheinigung" vorlegen, also eine Erklärung des Vorvermieters, dass keine Mietschulden vorhanden sind. Insoweit stellt sich für den Mieter die Frage, ob der ehemalige Vermieter zur Ausfertigung einer solchen Bescheinigung verpflichtet ist.

239t Teilweise wird eine entsprechende Nebenpflicht des ehemaligen Vermieters gemäß § 241 Abs. 2 BGB bejaht. Eine solche Erklärung diene einerseits dem nachvollziehbaren Interesse ds Mieters, einem künftigen Vermieter die eigene Zahlungsfähigkeit nachzuweisen, andererseits könne sie vom ehemaligen Vemieter ohne größeren Aufwand erteilt werden[1]. Dies ist abzulehnen. Die sich aus dem Schuldverhältnis ergebenden **Treue- und Mitwirkungspflichten** finden jedenfalls dort ihre Grenze, wo es nur noch um die Erleichterung des Abschlusses eines neuen Mietvertrages durch Ausstellung einer Bescheinigung geht, die vom Mieter ohne weitere Mitwirkung des Vorvermieters belegbare Sachverhalte lediglich zusammenfasst oder die noch nicht abgeschlossene Sachverhalte betreffen und keinen positiven Erklärungswert für einen neuen Vermieter aufweisen[2]. Die stets pünktliche und vollständige Zahlung der geschuldeten Miete und/oder Nachforderungen aus Betriebskostenabrechnungen kann der Mieter selbst durch Vorlage entsprechender Belege gegenüber dem potenziellen neuen Vermieter nachweisen[3]. Dem kann auch nicht entgegen gehalten werden, dass eine entsprechende Erklärung für den Vorvermieter ohne weiteres möglich ist. Zum einen stellt dies kein überzeugendes juristisches Argument dar und zum anderen kann es auch für den Vormieter u.U. einen erheblichen Aufwand darstellen, zu überprüfen, ob tatsächlich stets die Miete pünktlich und vollständig gezahlt wurde. Dies gilt insbesondere dann, wenn das beendete Mietverhältnis lange gedauert. Aus welchem Grund dieser etwaige erhebliche Arbeitsaufwand dem Vorvermieter, der an dem angestrebten neuen Mietverhältnis nicht beteiligt ist, abgewälzt werden soll, ist nicht ersichtlich. Weiter ist der praktische Nutzen für den neuen Vermieter relativ gering, da dieser den Mieter nach offenen Zahlungsverbindlichkeiten befragen darf und der Mieter zur wahrheitsgemäßen Beantwortung verpflichtet ist[4]. Zudem besteht die Gefahr, dass bei Annahme einer rechtlichen Verpflichtung „geschönte" Bescheinigungen erteilt werden, weil der Vorvermieter weitere Auseinandersetzungen – wie z.B. bei

---

1 AG Hohenschönhausen v. 30.3.2006 – 16 C 239/05, GE 2006, 974.
2 LG Dresden v. 29.7.2008 – 4 S 97/08, MietRB 2008, 291 (die Revision beim BGH wird unter dem Az. VIII ZR 238/08 geführt; AG Schöneberg v. 19.6.2006 – 16b C 55/06, GE 2006, 975.
3 BGH v. 30.9.2009 – VIII ZR 238/08, WuM 2009, 647.
4 LG Itzehoe v. 28.3.2008 – 9 S 132/07, WuM 2008, 281.

der Erteilung von **Zeugnissen** im Arbeitsrecht – vermeiden will. Solche beschönigten Erklärungen sind für den neuen Vermieter praktisch wertlos.

V. Rechtswidriges Verhalten des Mieters

Um das Beratungsgespräch und damit die Sachverhaltsermittlung mit anschließender Entwicklung der Vorgehensweise in die richtigen Bahnen lenken zu können, muss auch bei dieser Fallkonstellation ebenso wie bei den Vertragsverletzungen des Vermieters (vgl. dazu *Rz. 2 f.*) zwischen dem Stadium **vor und nach Überlassung der Mietsache unterschieden** werden. Denn ebenso wie die Konsequenzen bei Vertragsverletzungen des Vermieters kommen hier die allgemeinen Regeln der §§ 275 ff. BGB zur Anwendung, solange das Mietverhältnis noch nicht in Vollzug gesetzt wurde.

1. Beratung vor Überlassung der Mietsache

In diesem Stadium sind Leistungshindernisse, die dem Verantwortungsbereich des Mieters unterfallen, denkbar, wenn der **Mieter vertraglich Verpflichtungen übernommen** hat, die für die Durchführung des Mietverhältnisses notwendig sind (vgl. z.B. *Rz. 19*). Hier findet § 326 Abs. 2 S. 1 BGB Anwendung mit der Folge, dass der Anspruch auf Mietzahlung bestehen bleibt[1]. Das Gleiche gilt, wenn eine fristgerechte Gebrauchsüberlassung daran scheitert, dass der Mieter ihm obliegende **Mitwirkungshandlungen** vor dem Überlassungstermin nicht oder nicht rechtzeitig vornimmt[2] oder wenn der Vermieter die Fertigstellung des Mietobjektes wegen endgültiger **Übernahmeverweigerung** des Mieters nicht weiter betreibt[3]. Zu denken ist in diesem Zusammenhang daran, dass sich der Vermieter gemäß den §§ 326 Abs. 2 S. 2, 537 Abs. 1 S. 2 BGB die **Aufwendungen anrechnen** lassen muss, die er infolge der Nichtnutzung durch den Mieter erspart hat (z.B. Verbrauchskosten bei Bruttomiete). Die Voraussetzungen des § 326 BGB muss der Vermieter **beweisen**[4], so dass gerade der Rechtsanwalt des Vermieters darauf bedacht sein sollte, alle notwendigen Unterlagen und Informationen zu erhalten.

Im Zweifel sollte der Mieter in **Annahmeverzug** gesetzt werden (vgl. dazu *Rz. 152*), um das Risiko auszuschließen, dass der Mieter sich darauf beruft, die Mietsache sei ihm nicht fristgerecht angeboten worden. Sobald Annahmeverzug gegeben ist, kann der Vermieter gemäß § 304 BGB seine **Mehraufwendungen**, die er für das erfolglose Angebot (z.B. vergebliche Anreise zum Übergabetermin) oder für die zwischenzeitliche Beaufsichtigung der Mietsache (z.B. durch entgeltliche Beauftragung eines Wachdienstes) machen musste, ersetzt verlangen[5].

---
1 BGH, WuM 1991, 25; *Dauner-Lieb* in Dauner-Lieb, § 326 BGB Rz. 4.
2 OLG Düsseldorf, ZMR 1992, 536.
3 OLG Düsseldorf, ZMR 1994, 510.
4 BGH, NJW 1992, 683; Palandt/*Heinrichs*, § 326 BGB Rz. 14.
5 *Kraemer* in Bub/Treier, III Rz. 924.

243 Dabei ist zu berücksichtigen, dass grundsätzlich **keine Abnahmeverpflichtung** des Mieters besteht. Eine Ausnahme kann nur angenommen werden, wenn eine **Betriebspflicht** zumindest konkludent vereinbart wurde (vgl. dazu auch *Rz. 250c*).

244 Ergibt sich trotz der Annahmeverweigerung des Mieters das **Interesse des Vermieters** am Vertrag festzuhalten, können die Mietforderungen ab dem vertraglich vorgesehenen Beginn bzw. dem Angebot zur Übernahme des Mietobjektes geltend gemacht werden. Möchte sich der Vermieter vom Vertrag lösen, können sich **Auflösungsgründe** vor allem ergeben aus

- § 323 BGB,
- § 543 Abs. 2 Nr. 3 BGB,
- § 550 BGB,
- positiver Vertragsverletzung, § 281 Abs. 1 BGB.

245 Ob die positive Vertragsverletzung insoweit neben § 323 BGB hinsichtlich der Rechtsfolge Kündigung/Rücktritt noch eine eigenständige Bedeutung hat, kann wegen der inhaltlich gleichen Voraussetzungen dahinstehen. Der Mieter ist zum Schadensersatz verpflichtet, wenn er die Erfüllung des abgeschlossenen Mietvertrages vor dem vereinbarten Überlassungstermin **endgültig** und **ernsthaft ablehnt**[1]. Ein derartiger Fall ist auch gegeben, wenn der Mieter nach Abschluss des Vertrages auf eine Vertragsänderung besteht und die Verhandlungen mit dem Vermieter darüber scheitern[2]. In diesen Fällen ist regelmäßig eine Fristsetzung sowohl nach § 281 Abs. 2 BGB als auch nach § 323 Abs. 2 BGB entbehrlich. Gleichwohl sollte sie aus Gründen „anwaltlicher Vorsorge" erfolgen.

246 Vorsichtshalber sollte auch die Einhaltung der **Schriftform** geprüft werden (vgl. dazu *A Rz. 494* und *C Rz. 506 ff.*), um ggf. eine ordentliche Kündigung zu erklären. Ansonsten sollte nach Ablauf von 2 Monaten, sofern nicht ausnahmsweise ein geringerer Rückstand ausreicht, die Kündigung wegen **Zahlungsverzuges** nach § 543 Abs. 2 Nr. 3 BGB ausgesprochen werden (vgl. dazu *J Rz. 277* und *D Rz. 75 f.*).

2. Beratung nach Überlassung der Mietsache

247 Ebenso unterschiedlich wie die Persönlichkeiten sind auch die Lebensgewohnheiten und die Anschauungen darüber, was vom **vertragsgemäßen Gebrauch** der Mietsache noch gedeckt ist und was die Grenzen vertragsgemäßen Verhaltens überschreitet. Um – vor allem in Mietobjekten, die von mehreren Parteien bewohnt bzw. genutzt werden – eine einheitliche Praxis herbeizuführen, sind viele Vermieter bemüht, möglichst viele Sachverhalte, die den Gebrauch der Mietsache betreffen, **vertraglich** zu **regeln**.

---

1 MünchKomm/*Emmerich*, § 275 BGB Rz. 120 m.w.N.
2 BGH, WM 1968, 1202.

a) Bestimmung des vertragsgemäßen Gebrauchs

Nach § 535 Abs. 1 BGB hat der Vermieter dem Mieter die Mietsache in einem zum „vertragsgemäßen" Gebrauch geeignetem Zustand zu überlassen und sie während der Mietzeit in diesem Zustand zu erhalten. Der Begriff des vertragsgemäßen Gebrauchs stellt das **zentrale Kriterium des Mietrechts** dar. Wenn das Gesetz für die Nutzungsrechte des Mieters von dem Gebrauch ausgeht, der dem Vertrag gemäß ist, so folgt daraus, dass es sich hierbei nicht um ein objektives Kriterium handelt. 247a

aa) Zulässige Nutzung

Zunächst wird durch die Bestimmung, welche Nutzung nach dem Vertrag zulässig sein soll, festgelegt, wie bzw. zu welchem Zweck der Mieter die Räume nutzen darf. Dies ist bei einem „Wohnraummietvertrag" unproblematisch. Bei der **Gewerberaummiete** engt die vertragliche Festlegung des Nutzungszwecks aber zunächst die **unternehmerische Tätigkeit** des Mieters ein. So wird z.B. durch die Erlaubnis zur Weitervermietung für ein Technologiezentrum der Betrieb eines Call-Centers nicht gedeckt[1]. Von dem Nutzungszweck „Grillstube (Gaststätte)" ist zwar der Betrieb einer Pizzeria gedeckt, nicht aber eines Pizza-Taxi-Betriebes[2]. 247b

bb) Nutzungsänderung

Jede Nutzungsänderung begründet generell einen vertragswidrigen Gebrauch mit den möglichen Sanktionen durch die §§ 541, 543, 573 Abs. 2 Nr. 1 BGB. Ohne besondere vertragliche Abrede, ist der Vermieter grundsätzlich nicht verpflichtet, an einer Nutzungsänderung mitzuwirken. Etwas anders kann sich nur aus den Grundsätzen ergeben, die der Vermieter bei der Zustimmung zur **Untervermietung** (vgl. dazu *G Rz. 46b*) oder beim Eintritt eines **Nachmieters** (vgl. dazu *C Rz. 230 f.*) zu beachten hat[3]. Dazu muss ein dringendes und überwiegendes Interesse des Mieters vorliegen, das sich nicht allein aus dem Verkauf eines (Teil-)Betriebes ergibt, selbst wenn dies aus Altersgründen erfolgt. 247c

cc) Bestimmung eines Mangels i.S.v. § 536 BGB

Ob ein **Mangel** vorliegt, beurteilt sich grundsätzlich danach, welcher Tauglichkeitsanforderung (Sollbeschaffenheit) die Miträume im Einzelnen genügen müssen. Das hängt von den getroffenen Vereinbarungen und der Auslegung des Mietvertrages ab (§§ 133, 157 BGB)[4]. Zu berücksichtigen sind alle den Parteien erkennbaren Umstände. Auch der bei Vertragsabschluss bekannte „Ist-Zustand" der Mietsache ist wegen § 536b BGB 247d

---

1 OLG Düsseldorf, WuM 2003, 136 = ZMR 2003, 349.
2 OLG Düsseldorf v. 29.5.2006 – 24 U 179/05, DWW 2007, 117.
3 KG Berlin v. 11.10.2007 – 8 U 34/07, NZM 2008, 287; OLG München, NZM 2003, 23.
4 OLG Dresden, NJW-RR 2001, 727, 728.

von Bedeutung[1]. Für den Umfang des vertragsgemäßen Gebrauchs kann mangels einer **Vereinbarung** ferner die **Verkehrsanschauung** maßgebend sein[2]. Um späteren Meinungsverschiedenheiten vorzubeugen, sollten die Mietparteien eindeutige Abreden darüber treffen, zu welchem **Nutzungszweck** die Vermietung erfolgt.

Die Anforderungen an die Gebrauchstauglichkeit des Mietobjektes sind umso größer, je detaillierter die beabsichtigte Nutzung beschrieben ist[3].

247e Wird der Mietvertrag über einen **Lagerraum** abgeschlossen, so muss die Mietsache, auch wenn der Vertrag keine weiteren Bestimmungen enthält, zumindest die Eignung für eine normale Belastung haben[4]. Werden Geschäftsräume vermietet, die mit Waren beliefert werden müssen, hat der Vermieter dem Mieter die Nutzung von Zugängen und Zufahrten zu ermöglichen. Werden Räume für einen bestimmten Gewerbebetrieb – z.B. für ein Reisebüro – vermietet, so müssen sie den Anforderungen der **Arbeitsstättenverordnung** in Verbindung mit der Arbeitsstättenrichtlinie AsR 6/1,3 und der DIN 1946 genügen[5], d.h., es müssen bestimmte Raumtemperaturen eingehalten werden[6]. Umgekehrt müssen in Büroräumen (z.B. Rechtsanwaltskanzlei) ohne besondere Abrede Raumtemperaturen von 20 Grad Celsius erreichbar sein[7]. Räume, die zum Betrieb eines Sonnenstudios, Kosmetik- oder Frisörsalons vermietet werden, sind so auszustatten, dass bei der Nutzung als Sonnenstudio die benachbarten Räume nicht vertrags- oder gesetzeswidrig beeinträchtigt werden[8].

dd) Einräumung des vertragsgemäßen Gebrauchs

247f Im Hinblick auf die Überlassungspflicht (= Kardinalpflicht) kann der Vermieter grundsätzlich das Risiko, ob die vertraglich vereinbarte Nutzung in den Räumen überhaupt stattfinden kann und darf, nicht auf den Mieter abwälzen. Deshalb ist die formularmäßige Freizeichnungsklausel, wonach der Vermieter keine Gewähr dafür leistet, dass die Geschäftsräume den **behördlichen Vorschriften** entsprechen und/oder der Mieter behördliche Auflagen auf seine Kosten zu erfüllen hat, unwirksam, weil sie auch den baulichen Zustand der Räume erfasst[9]. Eine Beschränkung ist nur zulässig, soweit sie in persönlichen oder betrieblichen Umständen des Mieters ihre

---

1 OLG Thüringen, OLG-NL 1997, 104, 105; OLG Hamburg, ZMR 1995, 120; OLG München, ZMR 1997, 236, 237.
2 OLG Köln, DWW 1994, 50.
3 RG, RGZ 147, 304.
4 BGH, BB 1958, 575.
5 OLG Rostock, NZM 2001, 425 = NJW-RR 2001, 802; OLG Düsseldorf, MDR 1998, 1217 = ZMR 1998, 622; OLG Hamm, NJW-RR 1995, 143; OLG Köln, MDR 1993, 973 = WuM 1995, 35 = NJW-RR 1993, 466; **a.A.** OLG Frankfurt/Main, Urt. v. 19.1.2007 – 2 U 106/06, NZM 2007, 330.
6 OLG Hamm, NJW-RR 1995, 143.
7 KG Berlin v. 28.4.2008 – 8 U 209/07, ZMR 2008, 790.
8 OLG Düsseldorf, ZMR 2001, 206.
9 OLG Düsseldorf, ZMR 2003, 21, 22; LG Berlin, NZM 2002, 787 m.w.N.

Ursache haben[1]. Deshalb verstößt – jedenfalls gegenüber einem Nichtkaufmann – die Verwendung der Klausel „der Mieter übernimmt die Mieträume in dem vorhandenen und ihm bekannten Zustand nach eingehender Besichtigung... als vertragsgemäß, insbesondere als in jeder Hinsicht bezugsfertig und unbeschädigt mit folgenden Ausnahmen ..." gegen § 309 Nr. 13b BGB[2].

Mit der Vertragsunterzeichnung übernimmt der Vermieter auch die **Haftung** dafür, dass die **Nutzung tatsächlich stattfinden kann**. Umso mehr ist – auch vom Vermieter – darauf zu achten, dass der im Vertrag über Gewerberäume formulierte Vertragszweck tatsächlich auch **genehmigungsfähig** ist, weil der Mieter sonst nach § 543 Abs. 2 Nr. 1 BGB außerordentlich fristlos kündigen kann.

247g

Beispiel:
Im Vertrag ist u.a. als Zweck eine „Pizza- und Pastaauslieferung" beschrieben. Versagt die Behörde die Betriebserlaubnis, weil damit eine über das Wohngebiet hinausgehende überregionale Versorgung verbunden ist, ist die Kündigung des Mieters nach § 543 Abs. 2 Nr. 1 BGB begründet, wenn die Behörde für den Fall der Betriebsaufnahme Sanktionen androht[3].

ee) Haftung des Mieters für vertragsgemäßen Gebrauch?

Allein mit der Festlegung des vertragsgemäßen Gebrauchs ist dem Vermieter nicht unbedingt gedient. Vielmehr kann es auch sinnvoll sein, die **Grenzen der Nutzung** für den Mieter aufzuzeigen. Denn wird allein der Betriebszweck festgelegt, gelten nach der Verkehrsanschauung die für das jeweilige Gewerbe geltenden **Umweltrichtlinien** oder sonstigen Standards[4], so dass der Vermieter keine Ansprüche wegen Beschädigung der Mietsache herleiten kann, wenn diese Anforderungen eingehalten und im Übrigen nichts besonderes geregelt sind.

247h

Deshalb können bei einem **Tankstellengrundstück** Kontaminationen, die durch ordnungsgemäßes Betanken von Fahrzeugen entstehen, vom vertragsgemäßen Gebrauch gedeckt sein, wenn der Betrieb die geltenden Richtlinien einhält[5]. Das Gleiche gilt, wenn in einem Mietvertrag über eine Tankstelle bzw. Kfz-Werkstatt nebst Verkaufsbüro eine Instandhaltung nach den gesetzlichen Vorschriften vorgesehen ist, besteht im Fall einer **Kontamination** von Grund und Boden aufgrund Überlaufens eines Koaleszenzabscheiders nebst anschließender Sanierung kein Ausgleichsanspruch des Vermieters gegen den Mieter[6].

247i

---

1 BGH, ZMR 1994, 253.
2 OLG Düsseldorf, WuM 2003, 621.
3 LG Hamburg, GuT 2005, 166.
4 BGH, ZMR 2002, 901.
5 BGH, GuT 2004, 233; BGH, ZMR 2002, 901.
6 BGH, MDR 2005, 26 = MietRB 2005, 6.

b) Einzelne Gebrauchsrechte

248 Vor allem im Bereich der **Formularverträge** ergeben sich durch die Grenze der „unangemessenen Benachteiligung" (vgl. § 307 BGB) dabei erhebliche Schwierigkeiten, das zulässige Maß wirksam festzulegen (vgl. A Rz. 199). Da Regelungen zum vertragsgemäßen Gebrauch im Gesetz nur partiell vorhanden sind (z.B. §§ 536c, 540, 553, 554a BGB) und die regelmäßig tangierten **Nebenpflichten** Ausfluss des Grundsatzes von Treu und Glauben (§ 242 BGB) sind, hat sich eine nahezu unübersehbare Flut von Entscheidungen ergeben, die teilweise sogar widersprüchlich sind. Der Rechtsanwalt ist in seiner Praxis sowohl auf Vermieter- wie auf Mieterseite oft geneigt, seine eigenen Vorstellungen der Bewertung des Sachverhaltes zugrunde zu legen. Dabei wird er sich – ebenso wie Richter – sehr häufig (wenn auch unbewusst) davon leiten lassen, ob er selbst Vermieter oder Mieter ist. Um die Bewertung objektivieren zu können, können zwar die in Kommentaren und Lehrbüchern aufgestellten Grundsätze nachvollzogen werden[1], jedoch wird eine sichere, d.h. eine Beratung mit möglichst wenig Restrisiko nur möglich sein, wenn eine nahezu einschlägige Entscheidung der Bewertung zugrunde gelegt werden kann. Vor diesem Hintergrund soll die nachfolgende Übersicht die Entscheidungsfindung, ob ein vertragswidriger oder vertragsgemäßer Gebrauch vorliegt, unterstützen und eine **Orientierungshilfe** bieten.

249 Ein vertragswidriges Verhalten des Mieters kann sich ergeben aus
– der Durchführung des Gebrauchs → *Rz. 250 f.*
– der Verletzung von Obhuts- und Sorgfaltspflichten → *Rz. 252 f.*
– der Durchführung baulicher Änderungen → *Rz. 258 f.*
– der Erweiterung des vereinbarten Mietgebrauchs → *Rz. 263 f.*
– der Gebrauchsüberlassung an Dritte → *Rz. 266 f.*

aa) Durchführung des Gebrauchs

250 Außer bei der Vereinbarung einer Betriebspflicht trifft den Mieter **keine Gebrauchspflicht**, was sich aus § 537 BGB ergibt.

(1) Betriebspflicht des Mieters

250a Der Mietvertrag verpflichtet den Mieter grundsätzlich nicht zur Nutzung der gemieteten Räume, wie sich schon aus § 537 Abs. 1 BGB ergibt. Bei der **Wohnraummiete** ist die Vereinbarung einer Nutzungs- oder Betriebspflicht nicht zulässig. Allerdings muss der Mieter trotzdem seine Obhutspflichten wahrnehmen.

250b Diese Grundsätze gelten auch für den Mieter von **Gewerberaum**. Hier kann aber ein besonderes Interesse des Vermieters an der kontinuierlichen Nutzung durch den Mieter bestehen. Dies kann z.B. bei einer vermieten-

---
1 Vgl. z.B. *Kraemer* in Bub/Treier, III Rz. 931 ff.; *Sternel*, Mietrecht, II Rz. 151 ff.

den Hotelimmobilie der Fall sein, da solche Objekte, die über einen Zeitraum geschlossen werden, schnell an Anziehungskraft und Kundenstamm verlieren. Angesichts des herrschenden starken Wettkampfes im Hotelgewerbe können verlorene Kunden später nur schwerlich wieder zurück gewonnen werden, wenn das Hotel erst geschlossen ist und dieses nicht mehr aufgesucht werden kann[1]. Zumeist will der Vermieter aber sicher stellen, dass jedenfalls bei mehreren Geschäftslokalen in einem Objekt (z.B. **Einkaufszentrum**) während der üblichen Ladenöffnungszeiten sein Objekt von Kunden frequentiert wird, um allen gewerbetreibenden Mietern gleiche Geschäftschancen zu bieten und den Wert seines Objektes zu erhalten. Soll sichergestellt werden, dass das Mietobjekt auch genutzt wird, so muss der Vermieter mit dem Mieter grundsätzlich eine **ausdrückliche Vereinbarung** treffen, die den Mieter zum Betrieb des Geschäftes verpflichtet.

(a) Konkludente Vereinbarung

Die Vereinbarung über die Betriebspflicht kann auch **konkludent** getroffen werden. Insoweit werden aber strenge Anforderungen gestellt. Immerhin muss aus den Umständen zunächst erkennbar gewesen sein, dass der Vermieter auf das kontinuierliche Betreiben des Geschäfts in den Mieträumen besonderen Wert gelegt hat und der Mieter dies erkannt hat und damit einverstanden war[2]. Die **konkludente Vereinbarung** einer Betriebspflicht ist z.B. anzunehmen, wenn der Vermieter, der zuvor im Ladenlokal selbst eine Bäckerei mit Café betrieben hat, bei den Vertragsverhandlungen Wert auf die Fortsetzung der Tradition legt und über die Öffnungszeiten des vom Mieter zu betreibenden Bistros gesprochen wird[3]. Erst recht ist bei der Anmietung einer Verkaufsfläche in einem Einkaufszentrum für ein Geschäft, das wegen seines Warensortiments als **Zugpferd** dienen soll und eine Monopolstellung hat, von einer Betriebspflicht auch ohne ausdrückliche Vereinbarung[4] auszugehen.

250c

Nicht ausreichend zur Annahme einer Betriebspflicht durch schlüssige Vereinbarung ist allein die Vereinbarung einer **Umsatzmiete**, obwohl für den Vermieter auch unter diesem Gesichtspunkt ein wirtschaftliches Interesse an einer Nutzung besteht[5]. Unterlässt der Mieter in diesem Fall eine Ausübung des Gewerbes, so wird der Betrag als Miete geschuldet, der dann in Betracht kommt, wenn das Objekt weiterhin zum vertraglich vorgesehenen Zweck verwendet worden wäre[6]. Eine Beschränkung auf die vereinbarte Mindestmiete ist schon deshalb nicht vertretbar, weil sie regelmäßig nur dazu dient, den Vermieter dagegen zu sichern, dass die Miete unter

250d

---

1 OLG Frankfurt v. 10.12.2008 – 2 U 250/08, ZMR 2009, 446.
2 Vgl. *Jendrek*, NZM 2000, 526, 527; *Peters/Welkering*, ZMR 1999, 369, 370.
3 OLG Köln, OLG-Report, 2000, 478.
4 LG Hannover, ZMR 1993, 280; **a.A.** LG Lübeck, NJW-RR 1993, 78 (Betriebspflicht nur bei ausdrücklicher Vereinbarung).
5 BGH, NJW 1979, 2351; *Lindner-Figura*, NZM 1999, 492.
6 BGH, NJW 1979, 2351; *Jendrek*, NZM 2000, 526, 527.

dem Betrag absinkt, der zur Kostendeckung notwendig ist[1]. Bei der Vereinbarung einer Umsatzmiete kann vom Mieter auch ohne entsprechende Abrede verlangt werden, Auskünfte über die Umsätze zu geben und Einsicht in die Belege zu gestatten.

(b) Formularvertragliche Regelungen

250e Die Vereinbarung der Betriebspflicht kann grundsätzlich auch in einem **Formularmietvertrag** enthalten sein[2]. In diesem Fall führt aber das **Fehlen jeglichen Konkurrenzschutzes** verbunden mit einer Sortimentsbindung zur Unwirksamkeit der Klausel über die Betriebspflicht nach § 307 BGB, weil die unternehmerische Freiheit unangemessen eingeschränkt wird[3]. Dagegen bestehen jedenfalls in einem **Einkaufszentrum** gegen eine formularvertragliche Betriebspflicht selbst dann keine Bedenken, wenn ein Konkurrenzschutz nicht gewährt wird[4].

250f Nimmt die Klausel auf die **gesetzlichen Ladenöffnungszeiten** Bezug, ist wegen § 305c BGB im Zweifel zugunsten des Mieters davon auszugehen, dass die bei Abschluss des Vertrages geltenden Bestimmungen sich nicht mit der Änderung des Ladenschlussgesetzes verändern[5]. Bei einer Individualregelung müsst durch Auslegung ermittelt werden, ob eine dynamische Regelung gewollt war. Im Übrigen muss sich auch eine formularmäßige Betriebspflicht dem Transparenzgebot genügen. Eine Klausel, die nach dem Wortlaut für den Umfang der Betriebspflicht des Mieters eines Ladenlokals in einem Einkaufszentrum darauf abstellt, wie lange „die überwiegende Mehrzahl aller Mieter ihre Geschäfte offen hält", erweckt den Anschein, eine Ausweitung der Betriebspflicht hängt nicht vom Willen des Vermieters, sondern allein von der Mehrheit der übrigen Mieter des Einkaufszentrums ab. Die Klausel verstößt gegen das Transparenzgebot, wenn der Vermieter mit der überwiegenden Mehrzahl der Mieter (sog. Kleinmieter) des Einkaufszentrums Formularmietverträge abgeschlossen hat, wonach „dem Vermieter die abschließende Festlegung der Ladenöffnungszeiten vorbehalten bleibt"[6].

Ob eine Formularvereinbarung die üblichen **Betriebsunterbrechungen** wegen Inventur, Betriebsferien, Ladenöffnungszeiten etc. ausdrücklich berücksichtigen muss, ist streitig[7]. Jedenfalls gehören solche Stilllegungen

---

1 BGH, NJW 1979, 2351.
2 BGH, NJW-RR 1992, 1032.
3 OLG Schleswig, NZM 2000, 1008.
4 BGH, ZMR 1993, 57 = NJW-RR 1992, 1032; OLG Naumburg v. 15.7.2008 – 9 U 18/08, NZM 2008, 772; KG, MDR 2004, 84; OLG Rostock, NZM 2004, 461; OLG Hamburg, GuT 2003, 57.
5 BGH v. 29.11.2006 – XII ZR 121/04, ZMR 2007, 187.
6 BGH v. 7.5.2008 – XII ZR 5/06, GuT 2008, 339; vgl. auch BGH v. 16.5.2007 – XII ZR 13/05, NJW 2007, 2176.
7 Dafür: *Kraemer* in Bub/Treier, Handbuch der Geschäfts- und Wohnraummiete, III Rz. 938; dagegen: *Wolf/Eckert/Ball*, Rz. 659.

zur Verkehrssitte und begründen keinen Schadensersatzanspruch[1]. Der den Vermieter beratende Rechtsanwalt sollte als „sichersten Weg" auf eine entsprechende Klarstellung hinwirken.

Musterformulierung:

> Der Mieter ist verpflichtet, während der gesetzlichen Öffnungszeiten[2] das Mietobjekt offen zu halten und sein Geschäft zu betreiben. Dies gilt nicht während der Betriebsferien, einer Inventur oder sonstigen regelmäßig wiederkehrenden Ereignissen, die den Mieter in einem üblichen Umfang zur vorübergehenden Schließung zwingen. Werktags hat der Mieter die Schaufenster in der Zeit von ... Uhr bis ... Uhr sowie an Sonn- und Feiertagen von ... Uhr bis ... Uhr zu beleuchten.

Bei Fehlen einer Konkurrenzschutzklausel im Individualvertrag kann die Berufung auf die vereinbarte Betriebspflicht gemäß § 242 BGB treuwidrig sein, wenn der Vermieter in unmittelbarer Nachbarschaft einen Wettbewerber des Mieters angesiedelt hat und dadurch Umsatzeinbußen bei dem Mieter eintreten.

250g

(c) Leistungshindernisse, § 275 BGB

Die Betriebspflicht entfällt nicht, wenn der Mieter infolge **gesundheitlicher Beeinträchtigungen** nicht mehr in der Lage ist, sein Geschäft zu betreiben. In diesem Fall muss er sich im Zweifel einen Dritten besorgen, der für ihn das Geschäft führt. Dies gilt auch dann, wenn die Gesundheitsbeeinträchtigungen durch Fremdverschulden hervorgerufen wurden[3] oder die Fortführung des Betriebes (z.B. durch einen Untermieter) zu wirtschaftlichen Verlusten führt[4]. Der Vermieter eines Ladenlokals ist grundsätzlich in einem solchen Fall noch nicht einmal verpflichtet, einer Sortimentsänderung zuzustimmen, und zwar auch dann nicht, wenn sich die Zusammensetzung der Kundschaft in einem Einkaufszentrum verändert hat[5].

250h

Die **mangelnde Rentabilität** ist bei einem Verstoß des Mieter gegen die Betriebspflicht generell unbeachtlich, da die Wirtschaftlichkeit grundsätzlich in die Risikosphäre des Mieters fällt. Etwas anderes kann nur dann gelten, wenn der Mieter vermögenslos ist. In diesem Fall kann dem Mieter in Abwägung der widerstreitenden Interessen beider Parteien die Erfüllung der

250i

---

1 OLG Düsseldorf, NZM 1999, 124 = ZMR 1999, 171 ff.
2 In einem Einkaufszentrum wird man sinnvollerweise auf die dort herrschenden Grundsätze, die z.B. durch eine Werbegemeinschaft vorgegeben werden, abstellen; sofern das jeweilige Landesgesetz keine Regulierung der Öffnungszeiten vorsieht, bedarf es einer konkreten Zeitangabe.
3 OLG Düsseldorf v. 13.3.2007 – I-10 W 17/07, GuT 2007, 206.
4 OLG Düsseldorf, ZMR 2004, 508.
5 OLG Hamburg, WuM 2003, 268.

Betriebspflicht letztlich nicht zugemutet werden. Bei Fortführung der Geschäftstätigkeit müsste der Mieter Arbeits- und Lieferverträge eingehen, bei deren Abschluss schon abzusehen ist, dass er sie nicht wird erfüllen können. Dies würde aber den Straftatbestand des Betruges verwirklichen[1]. Sofen die wirtschaftlichen Verhältnisse des Mieters ausnahmsweise von Bedeutung sind, müssen sie substantiiert dargetan werden. Dazu gehört die Vorlage der Gewinn- und Verlustrechnung[2]. Ausnahmsweise kann das Risiko für die Erzielung von Einnahmen in den Risikobereich des Vermieters fallen. Das ist z.B. der Fall, wenn der Vermieter die Funktionsfähigkeit eines Einkaufszentrums auch zu seinem Risiko gemacht hat, weil von ihm erklärt worden ist, nur betreibbare Läden zu vermieten[3]. In diesem Fall besteht für den Mieter keine Betriebspflicht, wenn sich für ihn nach Eröffnung des Geschäfts herausstellt, dass eine Weiterführung nur Verluste einbringt. **Nach einer fristlosen Kündigung** trifft den Mieter eine Betriebspflicht bis zur Räumung jedenfalls dann nicht, wenn keine besondere diesbezügliche Vereinbarung getroffen wurde[4].

(d) Nichterfüllung der Betriebspflicht

250j Verstößt der Mieter gegen die Betriebspflicht, so stellt dies eine Vertragsverletzung dar, die den Vermieter (nach vorheriger Abmahnung oder Fristsetzung) zur **fristlosen Kündigung** aus wichtigem Grund berechtigt[5]. Macht er davon keinen Gebrauch und vermietet an einen Nachmieter, bleibt der Mieter trotz § 537 BGB weiter zur Zahlung einer etwaigen Differenzmiete verpflichtet[6]. Allerdings begründet die Einstellung des Betriebes zur Vermeidung eines Insolvenzverfahrens regelmäßig keinen wichtigen Grund[7]. Auch die Schließung eines von zwei vorher stets geöffneten Eingängen eines Ladens in einem Einkaufszentrum verstößt nicht gegen die vertraglich vereinbarte Betriebspflicht des Mieters[8].

250k Der Vertragsverstoß kann darüber hinaus einen **Schadensersatzanspruch** in Höhe des bis zum vereinbarten Vertragsende entstehenden Mietausfalls begründen. Allerdings kann sich der Anspruch durch ein **Mitverschulden** des Vermieters mindern, wenn der Vermieter z.B. einen zumutbaren Ersatzmieter nicht akzeptiert[9].

250l Im Rahmen des Schadensersatzanspruchs muss sich der Vermieter grundsätzlich nur die Vorteile anrechnen lassen, die er tatsächlich zieht[10]. Der

---

1 LG Köln v. 28.12.2004 – 87 O 109/04, NZM 2005, 621.
2 BGH, NJW-RR 1992, 1032.
3 OLG Celle, NJW 1978, 2510.
4 OLG Düsseldorf, ZMR 2001, 181.
5 OLG Düsseldorf, DWW 1998, 85 (Betreiben eines Ladenlokals in einem Einkaufszentrum an nur drei Tagen für wenige Stunden).
6 OLG Karlsruhe, GuT 2005, 18.
7 BGH, GuT 2005, 60.
8 OLG Dresden v. 24.7.2007 – 5 U 489/07, NZM 2008, 131.
9 BGH v. 29.4.1992 – XII ZR 221/90, ZMR 1993, 57.
10 OLG Düsseldorf, GuT 2005, 56.

Mieter kann sich auch nicht darauf berufen, der Vermieter sei aus in seiner Person liegenden Gründen zu einer vorteilhaften Weitervermietung nicht in der Lage gewesen, wenn dieser zur Ermöglichung einer etwaigen Weitervermietung kleinere Umbauarbeiten (Austausch eines Schiebeelementes an der Schaufensterfront, Arbeiten an der Jalousieanlage) durchführen lässt und die Stromversorgung wegen des Auszuges des Mieters auf sich anmeldet[1].

Die Betriebspflicht kann auch mit einer **Vertragsstrafe** bewehrt werden. Insoweit braucht eine Begrenzung auf einen bestimmten Zeitraum nicht vorgesehen zu werden und die Höhe von 125 % der auf den Tag entfallenden Miete ist nicht unangemessen hoch[2].   250m

(e) Prozessuales

Den Erfüllungsanspruch aus der Betreiberpflicht kann der Vermieter im Wege der **Leistungsklage** geltend machen. Dies kann grundsätzlich auch im Verfahren der **einstweiligen Verfügung** erfolgen[3], und zwar auch kurz vor Vertragsschluss[4]. Zur Begründung des Verfügungsgrundes muss aber ein **konkreter Schadenseintritt** vorgetragen werden. Dafür reicht der Hinweis auf den drohenden Verlust der Vielfalt seiner Warenangebote (im Einkaufszentrum) und die Annahme eines „Dominoeffektes" noch nicht aus[5]. Als derartiger Schaden kommen in Betracht, dass bei gleichzeitiger Vereinbarung einer Umsatzmiete entsprechende Einnahmen verloren gehen oder z.B. kurz vor Mietende die Verhandlungen mit einem Mietinteressenten, der das gleiche oder ein ähnliches Sortiment führen will, gefährdet werden, was allerdings glaubhaft zu machen ist.   250n

Ihre Vollstreckung richtet sich nach § 888 ZPO. Eine Vollstreckung nach **§ 888 ZPO** ist auch nicht bereits deshalb ausgeschlossen, weil es wegen Unmöglichkeit der zu erbringenden Leistungen nicht zur Verhängung von Zwangsmitteln kommen kann[6]. Zwar mag es gelegentlich zweifelhaft sein, ob die Erfüllung einer Betriebspflicht in allen Fällen allein von dem Willen des Mieters abhängt, weil zum Betrieb eines Geschäftes auch die Mitwirkung Dritter, insbesondere der Angestellten und die Lieferanten erforderlich ist. Dieser Umstand führt aber nicht dazu, dass § 888 ZPO grundsätzlich nicht anwendbar ist. Es obliegt vielmehr dem Mieter darzulegen hat, dass es ihm trotz zumutbarer Anstrengungen unmöglich ist, der Betriebspflicht nachzukommen[7].

---

1 OLG Düsseldorf, GuT 2005, 56.
2 OLG Rostock, NZM 2004, 461.
3 OLG Frankfurt v. 10.12.2008 – 2 U 250/08; OLG Hamburg, GuT 2003, 231= WuM 2003, 641; LG Bamberg, ZMR 2004, 581; **a.A.** OLG Naumburg, WuM 1998, 320 = OLGR Naumburg 1998, 312.
4 OLG Düsseldorf, NJW-RR 1997, 648.
5 KG, ZMR 2005, 47 = GuT 2004, 236 = NZM 2005, 620.
6 OLG Celle, NJW-RR 1996, 585.
7 OLG Frankfurt v. 10.12.2008 – 2 U 250/08; OLG Düsseldorf, GuT 2004, 17; einschränkend: KG, ZMR 2005, 47 = GuT 2004, 236 = NZM 2005, 620.

(2) Beispiele für Gebrauchsrechte

2500 Bei der Durchführung des Gebrauchs hat der Mieter Nebenpflichten zu beachten, die insgesamt die Grenzen des vertragsgemäßen Gebrauchs darstellen. Bezogen auf die Benutzung der Mietsache wurde der Gebrauch z.B. als **vertragswidrig** (+) oder **vertragsgemäß** (–) in folgenden Fällen beurteilt:

251 **Baden**
- (–) nächtliche Badegeräusche, solange andere Mieter nicht unerträglich beeinträchtigt sind[1]
- (–) Benutzung des Bades in einem Mehrfamilienhaus zum Duschen und Baden während der Nachtzeit von 22.00 Uhr bis 6.00 Uhr, selbst wenn dadurch andere Hausbewohner in ihrer Nachtruhe gestört werden können[2]
- (–) Duschen in der Badewanne, obwohl die Fliesen nicht deckenhoch verlegt sind und dadurch eine Durchfeuchtung des Putzes eintritt[3]
- (–) Duschen und Baden von 22.00 Uhr bis 6.00 Uhr nur in Ausnahmefällen[4]

Balkon
- (–) Wäschetrocknen über eigens dafür angebrachte Vorrichtungen[5]
- (–) Aufstellen einer nicht störenden Parabolantenne[6]
- (–) Installation einer Außensteckdose[7]
- (+) allseitige Umhüllung des Balkons mit einem an Schienen aufgehängten Vorhang[8]

Befahren des Grundstücks
- (–) Befahren einer zum Mietobjekt führenden Straße zum Zwecke des Be- und Entladens[9]

Belegung *siehe Zweckentfremdung*

Beleidigung/ Bedrohung
- (+) anonymes Übersenden eines Zeitungsberichts über eine Gasexplosion in einem Miethaus mit Todesfolge[10]
- (–) Veröffentlichung eines Zeitungsartikels, in dem dem Vermieter Insiderhandel und Umlage von Instandhaltungskosten als Modernisierung unter-

---

[1] LG Köln, WuM 1997, 323 = *Lützenkirchen*, KM 3 Nr. 25.
[2] OLG Düsseldorf, WuM 1991, 288.
[3] LG Bochum, WuM 1992, 431.
[4] AG Rottenburg, ZMR 1995, 163.
[5] LG Nürnberg-Fürth, WuM 1990, 199; AG Nürnberg, DWW 1997, 47.
[6] AG Lichtenberg v. 28.5.2008 – 14 C 95/08; AG Lörrach, WuM 2004, 658.
[7] AG Hamburg v. 10.10.2006 – 39A C 118/05, WuM 2007, 505.
[8] AG Münster, WuM 2001, 445.
[9] AG Hamburg, WuM 1996, 534.
[10] AG Köln, WuM 2000, 356.

Besuch

stellt werden, wenn in der Wahrnehmung berechtigter Interessen gehandelt wird[1]

(–) das Empfangen von Personen aus der Verwandtschaft des Mieters als Besucher, obwohl mietvertraglich geregelt ist, dass bestimmte Personen aus der Verwandtschaft nicht empfangen werden dürfen[2]

(–) Mieter gewährt seinem Besucher trotz Hausverbot des Vermieters Zugang zu den Mieträumlichkeiten[3]

(+) regelmäßige Trinkgelage mit mehreren Personen, wodurch die übrigen Mitbewohner insbesondere nachts gestört werden[4]

s.a. *Feier*

Betriebspflicht[5]

(–) aus der bloßen Tatsache der Vereinbarung einer Umsatzmiete ergibt sich keine Betriebspflicht (hier: Apotheke)[6]

(+) eine formularmäßige Betriebspflicht mit strikter Sortimentsbindung verstößt gegen § 307 BGB[7]

(+) in einem Mietvertrag über Marktstände verstößt eine dem Mieter auferlegte Betriebspflicht während der Öffnungszeiten der Markthalle nicht gegen § 307 BGB[8]; dasselbe gilt in einem Einkaufszentrum, auch wenn kein Konkurrenzschutz vereinbart ist[9].

(+) wenn Vertrag die Verpflichtung zur Einhaltung der schankpolizeilichen Vorschriften enthält, die Gaststätte als Haupterwerb zu betrachten und das Lokal als gutbürgerliche Gaststätte zu führen ist, bei der ein Ruhetag in der Woche eingelegt werden darf[10]

(–) wurden Gewerberäume zum Betrieb eines Supermarktes in einem Ladenzentrum vermietet, besteht ohne ausdrückliche Vereinbarung im Mietvertrag keine Betriebspflicht[11]

---

1 LG Leipzig, NZM 2002, 247.
2 LG Hagen, WuM 1992, 430.
3 AG Köln v. 22.9.2004 – 209 C 108/04, WuM 2004, 673.
4 LG Köln in *Lützenkirchen*, KM 12 Nr. 17.
5 Zu Grundsätzen und Rechtsfolgen vgl. *Hamann*, ZMR 2001, 581.
6 BGH, NJW 1979, 2351.
7 OLG Schleswig, NZM 2000, 1008.
8 BGH, NJW-RR 1992, 1032.
9 OLG Hamburg, GuT 2003, 57.
10 OLG Düsseldorf, ZMR 1994, 402.
11 LG Lübeck, NJW-RR 1993, 78.

	(+)	Betreiben eines Ladenlokals nur an drei Wochentagen für wenige Stunden trotz vertraglich vereinbarter Betriebspflicht innerhalb der gesetzlichen Ladenöffnungszeiten[1]
Be- und Entladen	(−)	mit dem Mietgebrauch zusammenhängende Ladetätigkeit (Mieter hat daher Anspruch auf dauerhafte Aushändigung eines Schlüssels zur Toreinfahrt)[2]
	(−)	Befahren und Benutzen des Garagenhofes zum Be- und Entladen, auch wenn der Mieter keine Garage gemietet hat[3]
	(−)	Nutzung eines befahrbaren Zuweges zum Wohnhaus zum Be- und Entladen[4]; zumindest wenn ihm eine Anfahrtsmöglichkeit bzw. Be- und Entlademöglichkeit unmittelbar auf der öffentlichen Straße nicht zur Verfügung steht[5]
		s.a. *Befahren des Grundstücks*
Blumenkübel	(−)	Aufstellen von Blumenkübeln auf der Terrasse des Mietgrundstückes[6]
	(+)	Aufstellen von Blumenkübeln, Liegestühlen, Strandkörben und anderen Sachen in dem Gemeinschaftsgarten, wenn im Mietvertrag vorgesehen ist, dass der Vermieter die endgültige Regelung über die Nutzung des Gartens treffen kann[7]
		s.a. *Rz. 262 Blumenkästen*
Bordell	(+)	der Mieter ist nicht berechtigt in einer zu Wohnzwecken gemieteten Wohnung der Prostitution nachzugehen[8]
	(+)	die Mieterin ist verpflichtet, nicht den Eindruck entstehen zu lassen, sie gehe in der Wohnung der Prostitution nach[9]
	(−)	Bordellbetrieb bei teilgewerblicher Vermietung von Wohnraum, wenn hierdurch keine Störungen verursacht werden[10]

---

1 OLG Düsseldorf, WuM 1997, 266.
2 LG Wuppertal, WuM 1996, 267.
3 AG Augsburg, WuM 1998, 438.
4 LG Lübeck, WuM 1990, 336.
5 AG Hohenschönhausen v. 22.2.2007 – 10 C 492/07, GE 2007, 725.
6 AG Langen, WuM 1999, 31.
7 LG Berlin v. 27.1.2006 – 63 S 287/05, GE 2006, 579.
8 AG Berlin-Mitte, GE 1994, 813; LG Lübeck, NJW-RR 1993, 525; AG Mönchengladbach-Rheydt, ZMR 1993, 171.
9 AG Münster, WuM 1995, 538.
10 AG Aachen, Urt. v. 26.9.2006 – 10 C 181/06, ZMR 2007, 41.

	(+) der Mietvertrag über eine Wohnung zum Betrieb eines Bordells ist nichtig, wenn die Miete überhöht ist und nur durch wirtschaftliche Ausbeutung der Prostituierten vom Mieter aufgebracht und erwirtschaftet werden kann[1]
	(–) Wirksamkeit des Vertrages über Räume für Prostituierte[2]
Briefkasten	s. *Namensschild*
Brunnen	(–) Der Mieter ist berechtigt, einen zum Garten gehörenden Brunnen zu benutzen[3]
Duschen	s. *Baden*
	(–) Duschen in der Badewanne bei halbhoher Verfliesung[4]
Fahrrad	(–) Abstellen des Fahrrades im Kellerraum, obwohl die Hausordnung die Benutzung des eigens hergestellten Fahrradkellers regelt[5]
	(–) Abstellen außerhalb der Wohnung (z.B. am Gitterzaun), obwohl die Hausordnung dies verbietet und Fahrradständer vorhanden ist[6]
	(–) Abstellen eines Fahrradanhängers für den Transport von zwei Kleinkindern im Hof des Miethauses[7]
	(–) Längerfristiges Abstellen von Fahrrädern im Hof, soweit es nicht behindernd ist[8]
	s.a. *Kinderwagen*
Feier	(+) das Grundrecht auf freie Entfaltung der Persönlichkeit gibt dem Wohnungsmieter nicht das Recht, einmal im Monat durch lautstarkes Feiern die Nachtruhe zu stören[9]
	(+) der Mieter ist dafür verantwortlich, dass von einer Geburtstagsfeier kein Lärm ausgeht, der die Nachtruhe der Nachbarn zu stören geeignet ist[10]
	(+) wenn es bei gelegentlichen Feiern wiederholt zu Lärmbelästigungen der Mitbewohner und zu Störungen der Nachtruhe kommt[11]

---

1 BGH, NJW-RR 1988, 1379; OLG Koblenz, NZM 1998, 479.
2 BGH, BGHZ 1963, 365; BGH, NJW-RR 1988, 1379.
3 AG Görlitz, WuM 2004, 600.
4 LG Bochum, WuM 1992, 431.
5 AG Münster, WuM 1994, 198.
6 AG Schöneberg, NZM 2001, 233.
7 AG Schöneberg v. 12.12.2005 – 6 C 430/05, MM 2006, 39.
8 AG Schöneberg v. 6.4.1999 – 19 C 532/98, NZM 2001, 233.
9 OLG Düsseldorf, WuM 1990, 116.
10 OLG Düsseldorf, WuM 1990, 116.
11 LG Bonn, WuM 1998, 439.

	(+)	regelmäßige Trinkgelage mit mehreren Personen, wodurch die übrigen Mitbewohner insbesondere nachts gestört werden[1]
		s.a. *Besuch*
	(+)	Auszugsparty mit 120 Personen[2]
	(+)	Gartenparty[3]
Fensterln	(+)	jedenfalls in Frankfurt/Main gehört das nächtliche Einsteigen mittels einer Leiter in die Wohnung einer Mitmieterin gegen deren Willen nicht zum kulturellen Erbe[4]
Garten	(–)	Aufstellen einer Hundehütte im mitgemieteten Garten[5]
	(+)	Änderung der Bepflanzung einer abschüssigen Böschung des mitvermieteten Hausgartens, wenn die bauartliche und gärtnerische Gestaltung der Festigkeit dieser Fläche dient[6]
	(–)	Durchführen einfacher Pflegetätigkeit (Rasenmähen), obwohl der Mietvertrag die Verpflichtung vorsieht, Garten und Wiese zu pflegen[7]
	(–)	die Übernahme von Gartenpflegearbeiten durch den Mieter beinhaltet mangels weiter gehender Vereinbarung keine zeit- und kostenaufwendigen sowie gärtnerisch gestaltenden Arbeiten[8]
	(–)	unterlassene Pflegeleistung des Mieters, wenn ihm ein Zurückbehaltungsrecht wegen Gebrauchsbeeinträchtigung am Garten durch den Vermieter (Nutzung als Auslauf für den Hund des Vermieters) zusteht[9]
	(–)	Anlage eines Teiches im Garten eines Reihenhauses, solange der Mietvertrag keinen entgegenstehenden Vorbehalt enthält und der Teich bei Vertragsende folgenlos beseitigt werden kann[10]
	(–)	Ernten von Obst der im Garten eines Einfamilienhauses stehenden Bäume[11]

---

1 LG Köln in *Lützenkirchen*, KM 12 Nr. 17.
2 AG Bad Homburg, NJW-RR 1992, 335.
3 OLG Düsseldorf, ZMR 1995, 415.
4 AG Frankfurt/Main, NZM 2000, 961.
5 AG Hamburg-Wandsbek, WuM 1996, 401.
6 AG Köln, WuM 1991, 84.
7 LG Siegen, WuM 1991, 85; vgl auch OLG Düsseldorf, WuM 2004, 603.
8 LG Detmold, WuM 1990, 289.
9 LG Köln in *Lützenkirchen*, KM 3 Nr. 5 = WuM 1996, 402.
10 LG Lübeck, WuM 1993, 669.
11 AG Leverkusen in *Lützenkirchen*, KM 3 Nr. 8 = WuM 1994, 199.

(−) wenn der Mieter die Gartenpflege nicht wie ein Fachmann ausführt, obwohl der Mietvertrag vorsieht, dass der Garten vom Mieter „gärtnerisch" zu unterhalten ist[1]

(−) Durchführung von Pflegearbeiten entgegen den Anweisungen des Vermieters[2]

(−) Anlage eines Naturgartens, solange der Garten nicht verwildert und verkommt[3]

(−) Gartenpflege umfasst Rasenmähen und Nachsäen, Schneiden von Bäumen und Sträuchern, Beseitigung von Unkraut und Reinigung des Gartens[4]

(−) Beschädigung eines nachträglich errichteten Zauns um den zuvor von den Mietern genutzten Garten zur Wiederherstellung des Zutritts[5]

(−) beschränktes Recht zur Gartengestaltung bei Vermietung[6]

(+) Geruchsbelästigung durch Gartenparty[7]

(+) Aufstellen von Blumenkübeln, Liegestühlen, Strandkörben und anderen Sachen in dem Gemeinschaftsgarten, wenn im Mietvertrag vorgesehen ist, dass der Vermieter die endgültige Regelung über die Nutzung des Gartens treffen kann[8]

Gartenzwerg (+) Aufstellen von „Frustzwergen" mit untypischen Gesten (hier: herausgestreckte Zunge und erhobener Mittelfinger = sog. „Fuck-you-Zeichen")[9]

(−) wenn dem zuvor beschriebenen Zwerg der Mittelfinger verbunden und mit einer Blume verziert wurde[10]

Gemeinschafts- (−) Spielen der Kinder der Hausbewohner auf gemein-
fläche schaftlichen Grundstücksflächen (auch mit ihren Freunden)[11]

---

1 LG Wuppertal, WuM 2000, 353.
2 OLG Düsseldorf, WuM 2004, 603 = ZMR 2005, 187; LG Köln, WuM 1996, 402 = Lützenkirchen, KM 3 Nr. 9.
3 LG Köln, WuM 1996, 402 = Lützenkirchen, KM 3 Nr. 15.
4 LG Berlin, GE 1988, 355.
5 AG Schöneberg, NZM 2001, 335.
6 AG Hamburg-Blankenese, ZMR 1998, 569.
7 OLG Düsseldorf, ZMR 1995, 415.
8 LG Berlin v. 27.1.2006 – 63 S 287/05, GE 2006, 579.
9 AG Grünstadt, NJW 1995, 889.
10 AG Elze, ZMR 2001, 625.
11 LG Heidelberg, WuM 1997, 38.

	(+)	Abstellen größerer Gegenstände auf (nicht mitvermieteten) Stellplätzen für längere Zeit[1]
Gehhilfen	(–)	Abstellen im Treppenhaus bei alter Mieterschaft[2]
Gerüche	(–)	die Verbreitung von Gerüchen im Mietobjekt, die beim haushaltsüblichen Kochen entstehen[3]
Grillen	(–)	Mieter in einem Mehrfamilienhaus dürfen in der Zeit von April bis September einmal monatlich auf dem Balkon oder der Terrasse grillen, wenn sie die Mieter im Haus, deren Belästigung durch Rauchgase unvermeidlich ist, 48 Stunden vorher darüber informieren[4]
	(+) (–)	Es kommt auf die Umstände des Einzelfalles an, insbesondere die Lage und Größe des Gartens, bzw. der sonstigen Örtlichkeiten, die Häufigkeit des Grillens und das verwendete Grillgerät[5]
	(–)	Grillen kann nur untersagt werden, wenn dadurch Imponderabilien i.S.d. § 906 BGB einwirken, wobei der Gestörte die Unzumutbarkeit beweisen muss[6]
Haushaltsgeräte	(+)	das Betreiben eines Ablufttrockners in der Form, dass der Schlauch für das Kondenswasser aus dem Fenster gehängt wird[7]
	(–)	Aufstellen und Benutzen einer Waschmaschine in der Mietwohnung, auch wenn im Mietvertrag die Pflicht zur Nutzung einer Gemeinschaftswaschmaschine im Hause vereinbart ist[8]
	(–)	Aufstellen von Waschmaschinen, Geschirrspülern und andern gebräuchlichen Haushaltsgeräten, sofern diese fachgerecht betrieben und aufgestellt werden; kann nicht durch AGB ausgeschlossen werden[9]
Hausreinigung	(–)	Durchführung der Treppenhausreinigung, obwohl Vermieter – allerdings ohne Einverständnis des Mieters – die Hausreinigung einem gewerblichen Reinigungsunternehmen übertragen hat[10]

---

1 AG Hamburg, WuM 1996, 534.
2 AG Hannover, WuM 2006, 27.
3 AG Hamburg-Harburg, WuM 1993, 39.
4 AG Bonn, WuM 1997, 325.
5 OLG Frankfurt/M. v. 10.4.2008 – 20 W 119/06, NZM 2008, 736.
6 AG München, WuM 2004, 368.
7 AG Altena, WuM 1997, 470; LG Köln in *Lützenkirchen*, KM 3 Nr. 24.
8 LG Detmold, WuM 2002, 51; AG Köln, WuM 2001, 276; AG Hameln, WuM 1994, 426.
9 LG Düsseldorf v. 18.4.2008 – 21 T 38/08, WuM 2008, 547.
10 AG Frankfurt/Oder, WuM 1997, 432.

	(+)	Unterlassen der Hausreinigung, obwohl diese vertraglich vereinbart und die Verpflichtung durch Urteil bestätigt wurde (fristgerechte Kündigung)[1]
	(–)	wenn der Mieter die vertraglich vereinbarte Reinigung der allgemein genutzten Flächen des Hauses zu einer ihm genehmen Zeit während der Woche erledigt[2]
	(+)	Unterlassen der Reinigung des Trockenbodens innerhalb der in der Hausordnung vorgegebenen Zeitspanne, weil es nach dem subjektiven Sauberkeitsempfinden des Mieters nicht notwendig war[3]
	(–)	wenn Treppenhaus montags trotz Verpflichtung in verschärfter Form („große und kleine Hauswoche") nicht in einem blitzblanken Zustand ist[4]
	(–)	Reinigungs- und Verkehrssicherungspflichten des Vermieters[5]
Haustür	(–)	unterlassenes Abschließen (tagsüber), obwohl Hausordnung dies ausdrücklich für den ganzen Tag vorsieht[6]
	(+)	im Einzelfall, wenn Hausordnung das Verschließen zur Nachtzeit (z.B. von 22.00 bis 6.00 Uhr) vorsieht, obwohl Gründe des Brandschutzes[7] dagegen sprechen
Hausverbot	(–)	Vom Vermieter bei der Beauftragung zur Instandsetzunge zu beachten, wenn von Mieter gegenüber Handwerkern nach vorangegangenen nachhaltigen Auseinandersetzungen erteilt wurde[8]
Heimarbeit	(–)	Heimarbeit mit Maschinen, deren Lärm Nachbarn beeinträchtigt und die in nicht unerheblichem Umfang ausgeübt wird (normaler Wohngebrauch)[9]
Kamera	(+)	Überwachungskamera oder deren Attrappe am Mehrfamilienhaus[10]

---

1 AG Hamburg-Blankenese, WuM 1998, 286; **a.A.** AG Wiesbaden, NZM 2001, 334.
2 AG Reichenbach, WuM 1994, 322.
3 AG Münster, WuM 1994, 428.
4 AG Braunschweig, WuM 2002, 211.
5 OLG Köln, DWW 1995, 188.
6 BayObLG, WuM 1988, 410; LG Trier, WuM 1993, 192.
7 *Jacoby*, WE 2000, 156; *Eisenschmid* in Schmidt-Futterer, §§ 535, 536 BGB Rz. 285.
8 AG Hamburg-Blankenese v. 27.7.2007 – 509 C 45/06, ZMR 2007, 867.
9 AG Steinfurt, WuM 1996, 405.
10 AG Hamburg-Wandsbek v. 11.10.2007 – 716 C 230/07, WuM 2008, 22.

Kinderwagen	(−)	Abstellen vor der Briefkastenanlage im Hausflur, wenn die Erreichbarkeit der Briefkästen dadurch gegeben bleibt[1]
	(−)	Abstellen eines Kinderwagens im Treppenhaus, auch wenn damit Unbequemlichkeiten für die Nachbarn verbunden sind[2]
	(−)	nicht nur vorübergehendes Abstellen eines Kinderwagens im Hausflur, auch wenn eine entgegenstehende Bestimmung in der Hausordnung vorhanden ist, solange für den Mieter keine zumutbare anderweitige Abstellmöglichkeit besteht[3]
	(−)	Abstellen im Hausflur, obwohl Hausordnung dies für den Fall verbietet, dass Hausflur nicht mehr als Fluchtweg genutzt werden kann (nicht als generelles Verbot anzusehen)[4]
	(+)	Abstellen des Kinderwagens fremder Kinder, die die Mieterin als Tagesmutter betreut[5]
kriminelle Handlungen	(+)	Anbau von Cannabis im Garten zum Konsum in den Mieträumen, wenn Maßnahmen der Ermittlungsbehörde sich nachteilig auf den Ruf des Vermieters auswirken[6]
	(−)	Der ein- oder zweimalige Anbau von Cannabis, eventuell verbunden mit Eigenkonsum[7]
	(+)	Der umfangreiche Cannabisanbau im Keller einer Doppelhaushälfte berechtigt den Vermieter zur fristlosen Kündigung ohne vorhergehende Abmahnung[8]
Lagerung gefährlicher Stoffe	(−)	Lagern alter Kleidung oder Sperrmülls in der Wohnung ohne Beeinträchtigung der Sicherheit des Hauses[9]
Lärm	(+)	Lärmstörungen im Mehrparteienhaus darf der Gestörte nicht durch Lärmstörung seinerseits beantworten[10]
	(+)	Kinderlärm, der das übliche Maß überschreitet[11]

---

1 AG Köln, WuM 1995, 652 = *Lützenkirchen*, KM 3 Nr. 20.
2 AG Reichenbach, WuM 1994, 322.
3 LG Bielefeld, WuM 1993, 37; BGH v. 10.11.2006 – V ZR 46/06, WuM 2007, 29.
4 AG Winsen/Luhe, NZM 2000, 237.
5 LG Hamburg, WuM 1992, 188.
6 LG Lüneburg, WuM 1995, 708.
7 AG Köln v. 28.3.2003 – 208 C 141/02, WuM 2006, 220.
8 AG Hamburg-Blankenese, Urt. v. 8.2.2008 – 518 C 359/07, WE 2008, 137.
9 AG Friedberg (Hessen), WuM 1991, 686.
10 AG Hamburg, WuM 1996, 214.
11 LG Berlin, WuM 1999, 329.

	(–)	eine allgemein durch die Hausordnung beachtliche Ruhe und Ordnung und Sauberkeit verkürzt nicht das Toleranzgebot gegenüber der Beurteilung der Wesentlichkeit von Kinderlärm[1]
	(–)	üblicher Kinderlärm; die Üblichkeit bestimmt sich nicht nach den Ruhe- und Ordnungsvorstellungen Dritter, sondern nach den Lebensbedingungen sowie den Bedürfnissen der Kinder und ihrer pflegenden und erziehenden Eltern[2]
	(+)	im Rahmen der Beweiswürdigung bei der fristlosen Kündigung wegen Störung des Hausfriedens darf das Gericht aus dem Gesamteindruck der vom Mieter benannten Zeugen auf deren Alkoholabusus und auch auf ihr dadurch bedingtes unzuträgliches Verhalten als häufige Gäste des Mieters schließen[3]
	(–)	gelegentliches „Türenknallen" und Beleidigungen der Nachbarn durch regelmäßig den Mieter besuchende Familienangehörige oder Verängstigung gegenüber sonstigen Besuchern des Mieters (unerhebliche Verletzung)[4]
	(+)	Benutzung eines Garagentores, das beim Öffnen und Schließen Lärm verursacht, der die Nachtruhe stört, außerhalb der Nachtzeit von 22.00 Uhr bis 6.00 Uhr (§ 9 Immissionsschutzgesetz NW)[5]
	(+)	Lärm durch Musik, Streit, lautes Stöhnen[6]
	(+)	Lärm durch Behinderte[7]
	(+)	Lärm durch Sportplatz bei Altanlagen[8]
	(+)	Lärm durch Kuhglocke[9]
	(+)	Lärm durch Hundegebell[10]
Lüften	(–)	Öffnen eines Fensters im Hausflur zum Lüften[11]
	(+)	Herbeiführen eines massiven Schimmelschadens durch Unterlassen einer zwei- bis dreimal täglichen Stoßlüftung von 10–15 Minuten[12]

---

1 LG Heidelberg, WuM 1997, 38.
2 AG Braunschweig, WuM 2002, 50; AG Kassel, WuM 1991, 558.
3 AG Rheine, WuM 1997, 217.
4 AG Reichenbach, WuM 1994, 322.
5 OLG Düsseldorf, WuM 1991, 438.
6 AG Warendorf, DWW 1997, 344.
7 OLG Köln, ZMR 1998, 161.
8 VG Arnsberg, ZMR 1998, 389.
9 VGH Baden-Württemberg, ZMR 1996, 401.
10 VGH Baden-Württemberg, ZMR 1996, 347.
11 AG Altena, WuM 1990, 144.
12 AG Hannover, WuM 2005, 767.

	(+) notwendige Änderung des Wohn- und Lüftungsverhaltens nach Modernisierung[1]
	(−) Keine Mieterpflicht zum übermäßigen Lüften (bis zu 7mal tääglich), wenn nur auf diese Weise Schimmelbildung vermieden werden kann[2]
Mülltonnen	(−) Abstellen von Mülltonnen außerhalb der vermieteten Räumlichkeiten auf dem Mietgrundstück[3]
Musizieren	(−) Klavierspielen über täglich bis zu 90 Minuten. in einem hellhörigen Mietwohnhaus außerhalb der Ruhezeiten[4]
	(−) Verbringung eines Flügels in die Mietwohnung. Das Musizieren gehört zu den Gebrauchsrechten des Mieters, es zählt zur Ausübung des Persönlichkeitsrechts[5]
	(+) unabhängig von der Gestaltung des Klavierspiels durch mietvertragliche Regelungen ist die Ausübung auf Zeiten zu beschränken, die den konkreten Wohnverhältnissen im Hause Rechnung tragen[6], ein völliger Ausschluss ist aber unzulässig, was bei dem Gebot, nur in Zimmerlautstärke zu musizieren, angenommen werden kann[7]
	(−) Überschreiten um 10 bis 25 Minuten der vereinbarten Hausmusikzeiten von zwei bis drei Stunden an den Wochentagen von Montag bis Samstag zwischen 15.00 und 19.00 Uhr[8]
	(−) Übungszeiten eines Schlagzeugspielers im Wohngebäude sind in zumutbarem Rahmen von den Nachbarn in die eigene Lebensgestaltung einzuplanen[9]
	(−) Erteilung von wöchentlich 6–7 Stunden Musikunterricht[10]
	(−) außerhalb der Ruhezeiten durch Berufsmusiker[11]

---

1 AG Erkelenz, DWW 1996, 22.
2 LG Dortmund v. 20.11.2007 – 1 S 49/07, WuM 2008, 333.
3 AG Brühl, WuM 1997, 549.
4 AG Frankfurt/Main, WuM 1997, 430.
5 LG Frankfurt v. 3.6.2005 – 2/11 T 36/05, WuM 2006, 142.
6 LG Frankfurt/Main, WuM 1990, 287.
7 BayObLG, ZMR 2002, 64.
8 AG Königstein, NZM 2001, 1033.
9 LG Nürnberg-Fürth, WuM 1992, 253.
10 AG Freiburg, WuM 1991, 686.
11 LG Flensburg, DWW 1993, 102.

Namensschild
(+) in den Ruhezeiten am Wochenende (Sonntag ist Ruhetag)[1]
(+) Anbringen von Namens- und/oder Firmenschildern am Briefkasten, die nicht den Namen des Mieters oder berechtigterweise in die Räume aufgenommene Personen tragen[2]

Parken
(−) Abstellen des Fahrzeuges auf dem Hof an den Karnevalstagen[3]
(+) Abstellen eines Pkw auf den zum Wohngrundstück gehörenden Flächen ohne ausdrückliche Gestattung[4]
(+) Abstellen eines Pkw auf nicht mitvermieteten Stellplätzen auf dem Grundstück, das zum Mietobjekt gehört[5]
(−) Abstellen eines Mofas auf dem Hof (Gemeinschaftsfläche)[6]
(+) Abstellen eines Pkw auf einem Stellplatz, so dass Belästigungen der Hausbewohner durch Abgase entstehen[7]
(+) Abstellen eines Pkw auf einer teilweise unbefestigten Grundstücksauffahrt, wenn Mietvertrag darüber ausdrücklich keine Regelung enthält[8]
(−) jahrelanges, vom Vermieter geduldetes Abstellen eines Pkw auf der Hoffläche des Hausgrundstückes[9]
(+) wenn der Vermieter im Innenhof einzelne Stellplätze vermietet hat, nachdem er die zunächst zur unentgeltlichen Parkmöglichkeit wegen zunehmender Motorisierung der Mieter genutzte Innenhoffläche umgewidmet hat, weil nicht mehr ausreichend Stellflächen für alle Mieter vorhanden waren[10]
(+) Abstellen eines abgemeldeten Pkw auf einem gemieteten Stellplatz[11]

---

1 OLG Braunschweig, WuM 1986, 353.
2 AG Schöneberg, MM 2000, 335.
3 AG Brühl, WuM 1997, 549 = *Lützenkirchen*, KM 3 Nr. 27.
4 LG Wuppertal, WuM 1996, 267.
5 AG Hamburg, WuM 1996, 434.
6 AG Flensburg, WuM 1996, 613.
7 AG Wiesbaden, WuM 1998, 605.
8 LG Görlitz, WuM 1995, 388.
9 AG Gießen, WuM 1994, 198.
10 AG Neubrandenburg, WuM 1994, 262.
11 AG Detmold, WuM 2002, 51.

	(–)	bei Widerruf der Erlaubnis, den Pkw auf dem Wohngrundstück abzustellen, sofern ein sachlicher Grund für den Widerruf nicht gegeben ist[1]
Pflanzen	(–)	Anpflanzen von Knöterich, der am Haus rankt[2]
	(+)	Anpflanzen von Knöterich, der durch seinen Wuchs Schäden am Gebäude tatsächlich anrichtet[3]
Plakate	(–)	zwei briefbogengroße Aushänge mit Politvokabular, das nicht ernst zu nehmen ist, in den straßenwärts gelegenen Fenstern einer von einer Wohngemeinschaft gemieteten Wohnung (unerhebliche Vertragsverletzung)[4]
	(+)	Anbringen eines Schildes im Treppenhaus mit der Aufschrift „Militärischer Sicherheitsbereich, Unbefugtes Betreten verboten, Vorsicht Schusswaffengebrauch. Der Kasernenkommandant"[5]
	(–)	Anbringen eines durchschnittlich auffälligen Plakates mit der Inschrift „Wir bleiben hier!", auch wenn der Vermieter die Eigentumswohnung veräußern möchte[6]
	(–)	plakative Meinungsäußerung in kritischer Form zu dem Verhalten der Grundstückseigentümer, denen ein unseriöses und spekulatives Verhalten vorgeworfen wird, solange sie nicht als Schmähkritik zu werten ist[7]
	(–)	die Zulässigkeit des Anbringens von Plakaten hängt von deren Inhalt ab[8]
Polizeieinsätze	(+)	gegen nicht gewaltfernen Mieter wegen nachhaltiger Hausfriedensstörungen[9]
Rauchen	(–)	intensives Rauchen in der Mietwohnung[10]
	(–)	übermäßiges Rauchen, auch wenn es dadurch zu starken Nikotinablagerungen auf den Wänden und Decken kommt[11]

---

1 AG Düsseldorf, WuM 1994, 426.
2 AG Köln, WuM 1993, 604.
3 AG Bonn, WuM 1993, 735.
4 AG Waldkirch, WuM 1996, 219.
5 AG Brühl, WuM 1994, 198 = *Lützenkirchen*, KM 3 Nr. 2.
6 AG Stuttgart-Bad Cannstadt, WuM 1991, 28.
7 AG Schöneberg, ZMR 2001, 982.
8 BayObLG, NJW 1984, 496.
9 LG Hamburg, WuM 2005, 768.
10 LG Karlsruhe, WuM 2002, 50; LG Köln, WuM 1998, 596; AG Nordhorn, NZM 2001, 892.
11 LG Köln, WuM 2001, 467; LG Köln, WuM 1991, 578; LG Hamburg, WuM 2001, 469; LG Saarbrücken, WuM 1998, 690; **a.A.** LG Baden-Baden, WuM 2001, 603; LG Paderborn, MDR 2000, 878 = NZM 2000, 710.

	(–)	im Treppenhaus wahrnehmbarer Zigarettenrauch aus der Wohnung[1]
	(+)	Intensives Rauchen in der Mietwohnung, wenn dadurch Verschlechterungen der Wohnung verursacht werden, die nicht mehr durch Schönheitsreparaturen beseitigt werden können, sondern hinausgehende Instandsetzungsarbeiten erfordern[2]
	(+)	nikotinbedingte Verfärbungen des Teppichbodens nach zwei Jahren Mietdauer[3]
	(–)	der Vermieter ist verpflichtet, dem Mieter auch dann den Wohnraum zu überlassen, wenn er Raucher ist[4]
Rollladen	(+)	Instllation an den Fenstern im Erdgeschoss aus Sicherheitsgründen[5]
Rollstuhl	(–)	Abstellen im Treppenhaus, auch wenn sich dadurch der Zugang zur Kellertreppe auf weniger als 1 m Breite verengt, sofern dem Mieter wegen der Lage seiner Wohnung der Transport nicht möglich ist[6]
Rohrverstopfung	(–)	verursacht durch Fett und Essensreste in der Küchenleitung und Haaren aus dem gegenüberliegenden Waschbecken des Badezimmers[7]
Schwarzarbeit	(–)	Montage der Einbauküche durch „Schwarzarbeiter"[8]
	(–)	Anzeige des Mieters gegen den Vermieter wegen des Verdachts der Schwarzarbeit, wenn objektiv ein eigenes Interesse des Mieters an der Aufklärung des ihm verdächtigen Sachverhalts vorliegt, obwohl er fahrlässig nicht erkannt hat, dass der angezeigte Sachverhalt unzutreffend ist[9]
Staub	(–)	durch das Ausschütteln von Bodenbelägen wie Teppichen, Matten u.Ä. Textilien im Freien in den Wohnbereich eines Hausnachbarn fliegende Staubflusen[10]

---

1 AG Reichenbach, WuM 1994, 322.
2 BGH v. 5.3.2008 – VIII ZR 37/07, ZMR 2008, 524.
3 AG Magdeburg, NZM 2000, 657.
4 AG Alpstadt, WuM 1992, 475.
5 LG Hamburg v. 2.2.2006 – 334 S 39/05, WuM 2007, 502.
6 AG Wennigsen/Deister, WuM 1996, 468; vgl. auch BGH v. 10.11.2006 – V ZR 46/06, WuM 2007, 29.
7 AG Ravensburg, NZM 2005, 538.
8 AG Tiergarten, MM 2000, 90.
9 LG Mannheim, NZM 2000, 543.
10 AG Kassel, WuM 1994, 610.

Tierhaltung

- Allgemein
  - (–) wenn sich der Vermieter im Formularmietvertrag die interessengerechte Zustimmung zur Tierhaltung in der Mietwohnung vorbehalten hat, genügt er der vereinbarten Ermessensbindung im Einzelfall nicht dadurch, dass er nach einem allgemeinen, für seinen Wohnungsbestand entworfenen Kriterienkatalog über eine Zustimmung entscheidet[1]
  - (+) wenn der Mieter vorträgt, auf das Halten eines Tieres aus gesundheitlich-psychischen Gründen angewiesen zu sein, das Halten eines Tieres jedoch nicht die einzige zumutbare Möglichkeit zur Überwindung einer depressiven Störung ist[2]
  - (–) wenn der Mieter bei Vertragsschluss subjektiv die Vorstellung haben durfte, ihm sei die Tierhaltung erlaubt[3]
  - (+) bei Formularvertrag vorbehaltenem Widerruf wegen Unzuträglichkeiten durch die Tierhaltung[4]
  - (–) Trotz vertraglichem Verbot, wenn alle Mitbewohner und Nachbarn mit der Haltung des Hundes (Schulterhöhe 25 cm) einverstanden sind[5]
  - (–) eine Klausel, die die Haltung von Haustieren ohne nähere Spezifizierung auf bestimmte Tiere verbietet, ist unwirksam[6]

- Hunde
  - (+) Halten eines Schäferhundes in einer Siedlungswohnung, wenn der Vermieter sein Ermessen bei Versagung der Erlaubnis nach allgemeinen Maßstäben sachgerecht ausübt[7]
  - (–) wenn Vermieter in benachbarten Gebäuden die Hundehaltung genehmigt hat (Gleichbehandlung)[8]
  - (+) Halten eines Yorkshire-Terriers in der Mietwohnung ohne vertraglich vorbehaltene Zustimmung des Vermieters[9]
  - (–) das Halten eines nicht störenden kleinen Hundes entgegen einem mietvertraglichen Verbot zur Hun-

---

1 AG Köln, WuM 1997, 366.
2 LG Hamburg, WuM 1996, 532.
3 LG Frankenthal (Pfalz), WuM 1990, 118.
4 AG Hamburg-Bergedorf, WuM 1990, 489.
5 AG Hamburg-Bergedorf, NZM 2003, 898.
6 BGH, DWW 1993, 74.
7 AG Köln, WuM 1997, 109.
8 AG Leonberg, WuM 1997, 210.
9 LG Kassel, WuM 1997, 260.

dehaltung (hier: durch Hundehaltung begleiteter Drogenentzug)[1]

(−) wenn der Mieter auf das Halten eines Tieres angewiesen ist[2]

(+) Halten eines Bull-Terriers in der Mietwohnung, wenn der Halter keine Eignung hat, den Hund seiner Rasse entsprechend zu führen (Mieter muss zu seiner Eignung Konkretes vortragen)[3]

(+) Halten von zwei Kampfhunden in einem Einfamilienhaus, wenn nennenswerte Beeinträchtigungen der Nachbarschaft durch bedrohliches Verhalten der Tiere oder nachlassende Beaufsichtigung entsteht[4]

(+) Halten eines Hundes, der fast täglich durch Bellen, Jaulen und dergleichen die übrigen Mitbewohner stört und hierdurch eine schwerwiegende und nachhaltige Störung des Hausfriedens verursacht[5]

(−) Neuanschaffung eines Wachhundes für ein einsam gelegenes Wohngrundstück, wenn dem Mieter für eine frühere Haltung eines Wachhundes eine Erlaubnis erteilt war und eine mehrjährige Unterbrechung bis zur Neuanschaffung vorliegt[6]

(+) wenn der Mieter zur Rechtfertigung der Tierhaltung nur vorbringen kann, den Hund zum Schutz bei Ausgängen des Nachts zu benötigen (kein Angewiesensein)[7]

(−) gelegentlich Verschmutzungen des Treppenhauses durch den Hund des Mieters (keine erhebliche Vertragsverletzung)[8]

(−) Halten eines kleinen Hundes in der Mietwohnung auch ohne Erlaubnis[9]

(+) Halten eines Kampfhundes (hier: Staffordshire-Bullterrier) in der Wohnung[10]

---

1 LG Hamburg, WuM 1997, 674.
2 LG Hamburg, WuM 1996, 532.
3 LG Krefeld, WuM 1996, 533.
4 LG Offenburg, WuM 1998, 285.
5 AG Potsdam, WuM 1998, 316.
6 AG Neustrelitz, WuM 1995, 535.
7 LG Lüneburg, WuM 1995, 704.
8 AG Reichenbach, WuM 1994, 322.
9 LG Düsseldorf, WuM 1993, 604.
10 LG München I, WuM 1993, 669.

	(–)	Halten von zwei Hunden, wenn der Mieter auf die Tiere aus gesundheitlichen Gründen angewiesen ist[1]
	(+)	Halten eines als allgemein als gefährlich erachteten Hundes in der Mietwohnung[2]
	(–)	Mitbringen von Hunden durch die Besucher des Mieters[3]
	(+)	bei vertraglich ausdrücklich geregeltem Verbot der Hundehaltung, auch wenn der Hausmeister von der Tierhaltung Kenntnis hat oder Prokurist bei gelegentlichen Besuchen Notiz von dem Tier genommen hat[4]
	(+)	bei Widerruf der Erlaubnis zur Hundehaltung, wenn das Tier untypisch die Hausbewohner belästigt oder besondere Ruhestörungen bewirkt[5]
	(+)	wenn die Tierhaltung widerrufen wird, weil der Hund im Mietobjekt nicht unerhebliche Schäden verursacht hat[6]
	(+)	Halten eines Rottweilers in einem Ein-Zimmer-Appartement[7]
	(+)	Hundehaltung in einer Mietwohnung gehört nicht zum Mietgebrauch[8]
	(+)	Vermieter ist bei Erteilung von Hundehaltungserlaubnis nicht durch sachliche Gründe eingeschränkt[9]
	(+)	Haltung von Kampfhunden[10]
	(–)	Haltung eines Kampfhundes, wenn dessen Gefährlichkeit durch ein Negativattest entkräftet wird[11]
– Katzen	(–)	Halten von Katzen gehört in einer Großstadt zum Lebensbereich „Wohnen", selbst dann wenn Katzenuringeruch entsteht (dieser verschwindet nach dem Auszug wieder automatisch)[12]

---

1 AG Münster, WuM 1992, 116.
2 LG Darmstadt, WuM 1992, 117.
3 AG Aachen, WuM 1992, 432.
4 AG Westerburg, WuM 1992, 600.
5 AG Hamburg-Wansbek, WuM 1991, 94.
6 AG Steinfurt, WuM 1991, 260.
7 AG Bergisch Gladbach, WuM 1991, 341.
8 LG Göttingen, WuM 1991, 536.
9 LG Köln, ZMR 1994, 478.
10 LG Gießen, NJW-RR 1995, 12; LG Nürnberg, DWW 1990, 338.
11 LG München I v. 8.11.2006 – 14 S 23517//05, MietRB 2007, 57.
12 AG Hamburg, WuM 1996, 613.

	(+)	Katzenhaltung, wenn sie im Einzelfall erhebliche Beeinträchtigungen der Nachbarschaft verursacht[1]
	(–)	bei Katzenhaltung, die die Tochter des in die Wohnung aufgenommenen Lebensgefährten aus gesundheitlich-psychischen Gründen durchführt[2]
	(+)	Ausführen der Katze oder des Hundes in den Spielplatzbereich der Wohnanlage auch bei genehmigter Tierhaltung[3]
	(–)	wenn Katzen seit Beginn des Mietvertrages in der Wohnung gehalten wurden und seit dem Einzug mehr als 5 Jahre vergangen sind[4]
	(–)	Katzenallergie des Vermieters rechtfertigt die Untersagung der Katzenhaltung nur bei konkreter Gesundheitsgefährdung[5]
	(+)	Halten von Katzen trotz Erlaubnisvorbehalt im Mietvertrag, das der Vermieter nach freiem Ermessen ausüben darf[6]
	(+)	Halten von 7 Katzen, 1 Schäferhund und 2 Chinchillas in einer Zweizimmerwohnung[7]
	(–)	das Halten von Katzen gehört zu den Gebrauchsrechten des Mieters (str.)[8]
– sonstige Tiere	(–)	das Halten von Zierfischen im Aquarium kann formularvertraglich nicht unterbunden werden (Verstoß gegen § 9 Abs. 1 AGBG)[9]
	(–)	Aufstellen von vier Aquarien mit je 60, 80 und 160l[10]
	(+)	Halten einer Ratte in der Wohnung eines Mehrparteienhauses[11]
	(–)	Halten ungefährlicher Schlangen in der Wohnung im Terrarium[12], selbst dann, wenn sich andere Mieter davor ekeln können, aber keine messbaren Störungen von ihr ausgehen[13]

---

1 LG München I, WuM 1999, 217.
2 AG Bonn, WuM 1994, 323.
3 AG Köln, WuM 1992, 365.
4 AG Aachen, WuM 1992, 601.
5 AG Bonn, WuM 1990, 197.
6 AG Köln in *Lützenkirchen*, KM 3 Nr. 16.
7 LG Mainz, WuM 2003, 624.
8 Ja: AG Sinzig, NJW-RR 1990, 652; nein: AG Hamburg, NJW-RR 1992, 203.
9 BGH, WuM 1993, 109.
10 AG Eschweiler, WuM 1992, 240.
11 LG Essen, WuM 1991, 340.
12 AG Köln, WuM 1990, 343.
13 AG Bückeberg, NZM 2000, 238.

	(–)	Halten eines Schweins in der Wohnung, solange davon keine Belästigungen ausgehen[1]
	(–)	Halten von Papagei[2]
	(–)	Halten von Echsen[3]
	(+)	Halten von Ratten im Terrarium[4]
Treppenhaus	(–)	Abstellen von Schuh- und Besenschränken im Hausflur, wenn der Vermieter dies jahrelang geduldet hat[5]
	(–)	Abstellen von Kinderwagen oder Rohlstuhl, wenn Mieter hierauf angewiesen und die Größe des Hausflurs das Abstellen zulässt[6]
Überbelegung	(–)	Nutzung einer 78 m² großen Wohnung durch insgesamt 7 Personen, obwohl vertraglich die Höchstbelegung der Wohnung mit 5 Personen vereinbart ist[7]
	(–)	bei Zuzug und Geburt von Familienangehörigen, obwohl die Mindestwohnfläche pro Person gemäß dem Wohnungsaufsichtsgesetz des Landes geringfügig unterschritten wird[8]
	(–)	Nutzung einer Dreizimmerwohnung mit WC, Küche, Bad und Flur durch 7 Personen[9]
	(+)	Einrichtung einer sog. Großpflegestelle in der Wohnung, bei der werktäglich 5 Kinder gegen Entgelt betreut werden, und zwar auch dann, wenn der Betrieb der Großpflegestelle im öffentlichen Interesse liegt und Mitmieter sich durch diesen Betrieb nicht beeinträchtigt fühlen[10]
	(–)	wenn durch Zuzug von Kindern des Mieters Überbelegung in erheblichem Umfang entsteht, den Vermieter beeinträchtigende Auswirkungen indessen nicht festgestellt werden können[11]
	(–)	teilweise Untervermietung an eine Familie, um in Form einer Wohngemeinschaft durch gemeinsame Nutzung von Räumlichkeiten die nach Abschluss

---

1 AG Köpenick, NZM 2001, 892; AG München, WuM 2005, 649.
2 LG Nürnberg-Fürth, DWW 1996, 50.
3 AG Essen, ZMR 1996, 37.
4 LG Essen, NJW-RR 1991, 908.
5 AG Bergisch Gladbach, WuM 1994, 197 = *Lützenkirchen*, KM 3 Nr. 3.
6 BGH, Urt. v. 10.11.2006 – V ZR 46/06, WuM 2007, 29.
7 LG Kempten (Allgäu), WuM 1997, 371.
8 AG Hanau, WuM 1997, 556.
9 AG Zwickau, WuM 1996, 409.
10 LG Berlin, WuM 1993, 39.
11 BGH, WuM 1993, 529.

		des Hauptmietvertrages durch Auszug eines Hauptmieters erhöhten wirtschaftlichen Belastungen tragen zu können (berechtigtes Interesse)[1]
	(–)	wenn unter Berücksichtigung der Wohnungsgröße, der Wohnungsmarktlage und daraus folgender sozialüblicher Raumbeanspruchung die Abwägung zugunsten des Mieters ausfällt[2]
	(+)	Vergrößerung der Familie in erheblichem Umfang, wenn die Abwägung der Wohnungsgröße, der Wohnungsmarktlage und daraus folgender sozial üblicher Raumbeanspruchung zugunsten des Vermieters ausfällt (hier 2 Erwachsene und 3 Kinder in 36 m² großer Wohnung)[3]
Uhr	(–)	Aufstellen einer Penduluhr, deren halbstündiges Schlagen in der Nachbarwohnung zu vernehmen ist[4]
Videokamera	(+)	Installieren der Attrappe einer Kamera zum Schutz des Privateigentums[5]
Wäschetrocknen	(–)	Trocknen „kleiner Wäsche" auf einem Wäscheständer, der im Wesentlichen durch die Balkonbrüstung gegen Sicht abgedeckt ist[6]
	(–)	das Trocknen sog. kleiner Wäsche eines Zweipersonenhaushaltes etwa 7 × jährlich in der Wohnung, ohne dass die Mietsache erheblich gefährdet wird (unerhebliche Pflichtverletzung)[7]
	(+)	Aufstellen einer Wäschespinne im Garten eines Mehrparteienhauses, der einem anderen Mieter zur alleinigen Nutzung und Pflege überlassen ist[8]
	(–)	Wäschetrocknen in der Wohnung trotz vorhandenem (gemeinschaftlichem) Trockenraum und (unwirksamen) Verbot in der Hausordnung[9]
	(–)	Wäschetrocknen auf dem Balkon über eigens dafür angebrachte Vorrichtungen[10]
Waschmaschine	(–)	Aufstellen in der Wohnung durch eine Familie mit drei kleinen Kindern trotz vermieterseits gestellter

---

1 AG Bielefeld, WuM 1992, 122.
2 AG Köln, WuM 1990, 508.
3 LG Köln in *Lützenkirchen*, KM 12 Nr. 18.
4 AG Spandau, MM 2004, 264.
5 AG Aachen, NZM 2004, 339.
6 AG Euskirchen, WuM 1995, 310.
7 AG Naumburg, WuM 1992, 680.
8 AG Brilon, WuM 2001, 392.
9 AG Düsseldorf v. 23.7.2008 – 53 C 1736/08, WuM 2008, 547.
10 LG Nürnberg-Fürth, WuM 1990, 199; AG Nürnberg, DWW 1997, 47.

		Waschmaschine im Keller; allerdings muss das besondere Energiekonzept des Hauses beachtet werden[1].
Zweckentfremdung		
Preisgebundener Wohnraum	(–)	Unterbelegung ohne ausreichende Aufklärung[2]

bb) Die Verletzung der Obhuts- und Sorgfaltspflichten

252 Die nebenvertragliche **Obhuts- und Sorgfaltspflicht** des Mieters bezieht sich darauf, **vorhersehbare und vermeidbare Beschädigungen** der Mietsache sowie sonstiger Teile des Gebäudes oder auch sonstige Beschädigungen infolge unsachgemäßen Gebrauchs der Mietsache zu unterlassen bzw. zu vemeiden[3]. Diese Verpflichtung hat im Mietrecht eine wesentliche Bedeutung, da der Vermieter (Eigentümer) dem Mieter sein Vermögen anvertraut. Er darf daher erwarten, dass der Mieter es vor Schaden bewahrt[4]. Verletzt der Mieter seine ihm obliegende Verpflichtung haftet der dem Mieter gemäß § 280 Abs. 1 BGB auf Ersatz des hierdurch bedingten Schadens. Der Mieter haftet auch nicht nur für eigenes Fehlverhalten, sondern ebenfalls für das dasjenige seiner Hilfspersonen, die für ihn nach den tatsächlichen Verhältnissen als **Erfüllungsgehilfen** gemäß § 278 S. 1 BGB tätig sind. Denn ein Erfüllungsgehilfe kann auch bei der Erfüllung einer Obhuts- und Sorgfaltspflicht mitwirken, sofern ihm durch den Mieter in Bezug auf die Mietsache irgendeine Funkion übertragen wurde[5]. Erfüllungsgehilfen sind insbesondere Arbeitnehmer des Mieters, wenn sie mit Wissen und Wollen im Pflichtenkreis des Mieters tätig werden[6].

253 Ein gesetzliches Beispiel für diese Nebenverpflichtung des Mieters findet sich in der **Anzeigepflicht** des § 536c BGB, nach der der Mieter auch Gefahren für die Mietsache anzuzeigen hat (vgl. *F Rz. 89*). Der Verantwortungsbereich des Mieters kann jedoch nicht weiter gehen, als sein vertragsgemäßer Gebrauch sich erstreckt. Er beschränkt sich daher auf den durch den Mietvertrag begründeten Macht- und Einflussbereich, solange im Mietvertrag nichts anderes geregelt ist[7]. Diese Verpflichtung hört nicht mit der **Beendigung des Mietvertrages** auf, sondern erlischt erst mit der Rückgabe der Mietsache[8]. Während der Mietzeit muss der Mieter daher auch bei **länger**

---

[1] LG Aachen, NZM 2004, 459.
[2] AG Hamburg-Blankenese v. 4.7.2007 – 508 C 68/07, ZMR 2007, 705.
[3] RG, RGZ 84, 222, 224; KG v. 11.2.2008 – 8 U 151/07, ZMR 2008, 618; OLG Dresden v. 17.4.2007 – 5 U 8/07, NZM 2007, 803.
[4] *Kraemer* in Bub/Treier, III Rz. 942.
[5] OLG Dresden v. 17.4.2007 – 5 U 8/07, NZM 2007, 803; OLG Bamberg, OLG Report 1998, 213.
[6] KG, Urt. v. 11.2.2008 – 8 U 151/07, ZMR 2008, 618.
[7] OLG Karlsruhe, WuM 1984, 267.
[8] *Kraemer* in Bub/Treier, III Rz. 944.

andauernder Abwesenheit (z.B. Betriebsferien, Urlaub) für eine regelmäßige Betreuung der Räume und die Durchführung etwa erforderlich vorhandener Sicherungsmaßnahmen durch eine vertrauenswürdige Person sorgen[1]. Vernachlässigt dieser Dritte die ihm übertragenen Aufgaben und entsteht dadurch ein Schaden an der Mietsache, so haftet der Mieter dem Vermieter gegenüber nach § 278 BGB[2].

In subjektiver Hinsicht trifft den Mieter grundsätzlich der **Sorgfaltsmaßstab** des § 276 BGB. Dabei ist nicht auf die Kenntnis und Fähigkeiten des jeweiligen Mieters, sondern auf einen durchschnittlichen Mieter abzustellen, also zu fragen, was von einem Mieter des betreffenden Verkehrskreises normalerweise erwartet werden kann[3].

Aus der Vereinbarung, dass der Mieter die Kosten der Gebäudeversicherung anteilig zu tragen hat, folgt im Übrigen nicht mehr die **stillschweigende Beschränkung** seiner Haftung auf Vorsatz und grobe Fahrlässigkeit[4]. Der Vermieter ist aber verpflichtet, den Versicherer auf Schadensausgleich in Anspruch zu nehmen, soweit nicht ausnahmsweise ein besonderes Interesse an einem Schadensausgleich durch den Mieter besteht, wenn der Mieter, der auch die anteiligen Kosten der Gebäudeversicherung trägt, durch leichte Fahrlässigkeit einen (Wasser-)Schaden verursacht[5]. Verletzt der Vermieter diese Verpflichtung, steht dem Mieter ein Schadensersatzanspruch aus pVV zu, der dem Schadensersatzanspruch des Vermieters entgegengehalten werden kann.

254

Daneben besteht ein **Regressverzicht** des Gebäudefeuerversicherers bei (einfacher) Fahrlässigkeit des Mieters, der sich im Wege der ergänzenden Vertragsauslegung ergibt[6]. Dieser Regressverzicht wird auch nicht dadurch gehindert, dass der Mieter selbst Haftpflicht versichert ist[7]. Diese Rechtsprechung ist auf die **Hausratversicherung** des Vermieters, sofern es zu einem Schaden an dem Hausrat des im gleichen Gebäude lebenden Vermieters kommt, nicht übertragbar[8].

Der Mieter bleibt aber zum Schadensersatz verpflichtet, wenn er **grob fahrlässig oder vorsätzlich** gehandelt hat. Grob fahrlässig ist ein Verhalten, wenn ein Schadensverursacher die im Verkehr erforderliche Sorgfalt gröblich außer Acht lässt und das nicht beachtet, was unter den gegebenen

---

1 OLG Düsseldorf, WuM 1994, 461.
2 LG Berlin, ZMR 1982, 86.
3 Palandt/*Heinrichs*, § 276 BGB Rz. 16.
4 So noch: BGH, NJW 1996, 715; OLG Düsseldorf, NJW-RR 1998, 1159; OLG Hamm, WuM 1998, 221.
5 BGH, WuM 2005, 57 = ZMR 2005, 116 = NZM 2005, 100 = MietRB 2005, 65.
6 BGH, ZMR 2001, 175.
7 BGH v. 20.12.2006 – VIII ZR 67/06, WuM 2007, 144; BGH v. 28.5.2008 – IV ZR 276/06, WuM 2008, 430; vgl. zum Ausgleichsanspruchs des Gebäudeversicherers gegen den Haftpflichtversicherers des Mieters bei Regressverzicht, BGH, Urt. v. 18.6.2008 – IV ZR 108/06, WuM 2008, 502.
8 BGH v. 13.9.2006 – IV ZR 26/04, WuM 2006, 577.

Umständen jedem hätte einleuchten müssen; sein Verhalten muss darüber hinaus auch subjektiv unentschuldbar sein[1].

Im Übrigen bezieht sich die Haftungsmilderung nur auf das Verhältnis zu Mitbewohnern und solchen Personen, bei denen nach ihrer Inanspruchnahme durch den Vermieter oder seinen Sachversicherer ein Rückgriffs- oder Freistellungsanspruch gegen den Mieter in Betracht kommt. Dazu gehört ein **Besucher** des Mieters nicht[2].

255 Im Einzelfall, insbesondere bei Notfällen, ist der Mieter verpflichtet, besondere **Abwehrmaßnahmen** (z.B. Herbeiholen der Feuerwehr oder sonstiger Stördienste) zu treffen.

256 Problematisch kann die **Beweislage** sein, weil der Vermieter insbesondere bei Beschädigungen der Mietsache nicht auf Zeugen zurückgreifen kann. Insoweit ist von folgenden Grundsätzen auszugehen: Zunächst trifft den Gläubiger die Beweislast. Steht fest, dass die Schaden stiftende Handlung in dem durch den Mietgebrauch begrenzten Bereich stattgefunden hat, ist eine Beweislastverteilung zum Nachteil des Mieters gerechtfertigt[3]. Dazu muss der Vermieter ausräumen, dass eine in seinem Risiko- und Verantwortungsbereich liegende Schadensursache in Betracht kommt[4]. Dies bedarf regelmäßig einer sorgfältigen Analyse, die nicht nur alle in Betracht kommenden Schadensursachen erfasst, sondern z.B. auch das Schadensbild[5].

257 Obhuts- und Sorgfaltspflichten wurden z.B. in folgenden Bereichen **bejaht** (+) oder **verneint** (–):

Beseitigung von Schäden	(+)	die Beseitigung schuldhaft verursachter Beschädigungen der Mietsache kann der Vermieter auch dann sofort vom Mieter verlangen, wenn es sich um kleinere Schäden handelt; ein Zuwarten bis zur Beendigung des Mietvertrages kann grundsätzlich nicht gefordert werden[6]
Bodenbelag	(+)	Schäden, die durch das Verkleben oder Entfernen von Teppichböden an noch gebrauchsfähigem Bodenbelag (auch insbesondere Parkett) entstehen[7]
	(–)	Beschädigung eines PVC-Belags durch sog. Weichmacherauswanderung zwischen diesem und einem lose aufgelegten Teppichboden[8]

---

1 BGH, BGHZ 119, 149; BGH, NJW 2003, 1118.
2 OLG Hamm, ZMR 2001, 183.
3 OLG München, NJW-RR 1989, 1499, 1501 = WuM 1989, 128.
4 BGH, WuM 1994, 466; OLG Karlsruhe, NJW 1985, 142, 143 = WuM 1984, 267.
5 Vgl. z.B. LG Hildesheim, WuM 2005, 717.
6 AG Köln, WuM 1991, 679.
7 LG Mannheim, WuM 1976, 49; LG Mannheim, WuM 1976, 181; LG Mannheim, WuM 1976, 205.
8 LG Duisburg, WuM 1975, 189; **a.A.** Sternel, Mietrecht, II Rz. 213 (Fn. 36).

	(–)	Beschädigung eines Parkettbodens durch Pfennigabsätze[1]
	(+)	Beschädigung eines Parkettbodens in Geschäftsräumen mit Publikumsverkehr[2]
	(–)	Beschädigung des Parkettbodens durch das Begehen mit Straßenschuhen (Besucher)[3]
	(–)	Abdrücke durch schwere Möbel, soweit nicht vermeidbar (z.B. Teppichboden)[4]
	(+)	Aufstellen eines Klaviers oder Flügels ohne Unterlegscheiben[5]
	(–)	Flecken von Blumenkübeln auf der Terrasse[6]
	(+)	Unterlassene Reinigung des Bodens von dem sich ansammelnden Schmutz[7]
Brandschäden	(+)	bei unsachgemäßer Lagerung feuergefährlichen Materials[8], erst recht nach Aufforderung zur Lagerung von Klebern und Lösungsmitteln in feuerbeständigem Raum oder Schrank[9]
	(+)	unvorsichtiger Umgang mit defekter Propangasflasche[10]
	(+)	Schäden durch falsches Aufstellen von Öfen oder Heizgeräten[11]
	(–)	Rauchen einer Morgenzigarette im Bett (keine grobe Fahrlässigkeit)[12]
	(+)	Rauchen einer Zigarette im Bett vor dem Einschlafen[13]
	(+)	mangelhafte Installation einer Gasheizung durch einen vom Mieter beauftragten Handwerker (§ 278 BGB)[14]
	(+)	laienhafte Durchführung einer elektrischen Installation[15]

---

1 LG Mannheim, MDR 1974, 314; a.A. AG Freiburg, WuM 1991, 262.
2 OLG Karlsruhe, WuM 1997, 211.
3 AG Siegburg, WuM 2002, 209.
4 *Kraemer* in Bub/Treier, III Rz. 946.
5 *Kraemer* in Bub/Treier, III Rz. 946; a.A. *Sternel*, Mietrecht, II Rz. 281.
6 AG Langen, WuM 1991, 31.
7 BGH v. 8.10.2008 – XII ZR 15/07, GuT 2008, 484.
8 BGH, BGHZ 66, 349.
9 LG Coburg, GuT 2002, 20.
10 OLG Hamm, NJW-RR 1992, 906.
11 OLG Köln, VersR 1969, 860.
12 OLG Düsseldorf, ZMR 2001, 149 = WuM 2002, 115.
13 OLG Köln, R+S 1994, 24; OLG Hamm, VersR 1989, 1256.
14 OLG Düsseldorf, ZMR 1965, 51.
15 LG Mannheim, WuM 1975, 59.

	(+)	Brandlöcher auf Teppich- oder sonstigen Böden[1]
	(−)	wenn Mieter bei Verlassen des Raumes teils offenbar niedergebrannte und teils ausgeblasene Kerzen nicht eingehend prüft (keine grobe Fahrlässigkeit)[2]
	(−)	Implosion eines Fernsehgerätes[3]
	(−)	Defekt an einem Wäschetrockner[4]
	(+)	Defekt an einem Wäschetrockner bei unbeaufsichtigtem Betrieb[5]
	(−)	Verlassen der Wohnung, um den Hund eine Stunde auszuführen, ohne die brandneue Heizdecke auszuschalten[6];
	(+)	Erhitzen von Fett während eines Telefonats[7]
Dübel	(−)	soweit ein übliches Maß nicht überschritten wird[8]
	(−)	Anbohren von Kacheln oder Fliesen, wenn dies zur Herbeiführung einer normalen Ausstattung (z.B. Spiegel, Handtuch- oder Papierhalter) erforderlich ist[9]
Feuchtigkeitsschäden	(+)	wenn sie durch unzureichende Heizung und Lüftung der Räume verursacht sind[10]
	(−)	wenn der Mieter die Notwendigkeit verstärkter Belüftung oder Beheizung der Räume vernünftigerweise nicht erkennen kann oder muss[11]
	(+)	wenn es dem Mieter zumutbar ist, Feuchtigkeitsschäden bei einer Wärmedämmung, die den heutigen Vorschriften nicht mehr entspricht, durch verstärktes Heizen und Lüften entgegenzuwirken[12]
		s.a. *Heizung* und *F Rz. 184*.
Frostschäden	(+)	der Mieter darf im Winter die Wohnräume nicht unbeheizt lassen, so dass die Gefahr besteht, dass

---

1 *Kraemer* in Bub/Treier, III Rz. 947.
2 OLG Düsseldorf, NJW-RR 1998, 1159.
3 OLG Köln, DWW 1988, 278; LG Stendal, WuM 1993, 597.
4 LG Saarbrücken, WuM 1986, 367; LG Saarbrücken, NJW-RR 1987, 1496.
5 *Kraemer* in Bub/Treier, III Rz. 947.
6 OLG Düsseldorf, WuM 2004, 461.
7 AG Köln, Urt. v. 30.8.1999 – 214 C 90/99, n.v.
8 BGH, WuM 1993, 109; LG Mannheim, WuM 1975, 50; AG Speyer, WuM 1983, 139.
9 LG Darmstadt, NJW-RR 1988, 80; OLG Frankfurt/Main, WuM 1992, 56, 61; LG Hamburg, WuM 2001, 359; **a.A.** *Kraemer* in Bub/Treier, III Rz. 948, wenn die Möglichkeit besteht, die Bohrlöcher in Fugen zu setzen.
10 LG Berlin, WuM 1985, 22; LG München, ZMR 1987, 468.
11 LG Mannheim, WuM 1985, 24; LG Lübeck, WuM 1988, 351.
12 LG Hamburg, WuM 1990, 290; LG Hannover, WuM 1988, 354; LG München I, WuM 1988, 352; LG Lüneburg, WuM 1987, 214; AG Steinfurt, ZMR 1987, 179.

	bei ortsüblichem Frost die Wasserleitungen bersten und deshalb die Räume nicht unerheblich beschädigt werden[1]
	(+) wenn der Mieter bei zeitweiliger Nichtbenutzung der Räume nicht für entsprechende Vorkehrungen sorgt[2]
Hausschlüssel	(+) wenn der Vermieter aus berechtigter Sorge, mit dem verschwundenen Schlüssel könne Missbrauch betrieben werden, die Schlösser tatsächlich austauscht[3]
Haustüre	(+) unterlassenes Abschließen der Hauseingangstüre zu den in der Hausordnung angegebenen Zeiten[4]
Heizung	s. *Frostschäden*
	(+) der Mieter muss sein Wohnverhalten (Heizen und Lüften) im zumutbaren Rahmen der Beschaffenheit des ordnungsgemäß errichteten Gebäudes anpassen[5]
Leichengeruch	(–) als Folge des Versterbens an sich[6]
Mängelanzeige	(+) die Pflicht zur Mängelanzeige und die Haftung für Schäden wegen Unterlassens der Anzeige treffen auch den aus der Wohnung ausgezogenen Mitmieter[7]
	(+) zeigt der Mieter einen Defekt an der Wasserspülanlage des WC nicht an und kommt es zu Wasserverlust, hat der Vermieter einen Schadensersatzanspruch in Höhe der Kosten der verlorenen Wassermenge[8]
	(+) Verpflichtung des Mieters, dem Vermieter einen angedrohten Brandanschlag mitzuteilen[9]
	(+) unterlässt der Mieter die Anzeige von Baumängeln, haftet er dem Vermieter für den daraus entstandenen (Wasser-)Schaden[10]

---

1 LG Görlitz, WuM 1994, 669.
2 BGH, NJW 1972, 34; BGH, NJW 1969, 41; OLG Hamm, NJW-RR 1988, 530; OLG Hamm, WuM 1996, 470.
3 LG Wiesbaden, WuM 2002, 49; vgl. auch *Lützenkirchen*, Wohnraummiete, C. I. Inhalt der Erläuterungen zu § 19 Nr. 4.
4 LG Trier, WuM 1993, 192.
5 LG Hamburg, WuM 1990, 290.
6 AG Bad Schwartau, NZM 2002, 215.
7 LG Lübeck, WuM 1991, 482.
8 LG Frankfurt/Main, WuM 1990, 425.
9 AG Wesel, WuM 1990, 508.
10 LG Köln in *Lützenkirchen*, KM 30 Nr. 1.

	(+)	wenn der Mieter Feuchtigkeits- oder gar eine Schimmelbildung nicht anzeigt[1], sofern sie dem Vermieter nicht ohnehin bekannt ist[2]
Reinigungs- und Streupflicht	(−)	die formularmäßige Abwälzung der Schneereinigungspflicht auf den Mieter eines Mehrparteienhauses ist unwirksam, wenn die Hausordnung die Erdgeschossmieter allein zur Leistung verpflichtet[3]
	(−)	Der Mieter wird von seiner vertraglichen Winterdienstpflicht jedenfalls dann frei, wenn ihm persönlich aus gesundheitlichen Gründen die Ausführung nicht mehr möglich ist und weder private noch gewerbliche Dritte am Ort zur Übernahme bereit sind[4].
	(+)	Die gerichtliche Freistellung des schwerbehinderten Mieters von der mietvertraglichen Winterdienstpflicht entbindet ihn nicht von der Bezahlung eines Dritten, den der Vermieter zur Durchführung gewonnen hat[5].
	(+)	Wenn der Mieter seiner Reinigungspflicht nicht nachkommt, z.B. Abwischen von Türen, Fenstern, etc.
Schlüssel	(−)	Hinterlassen von Schlüssel zum Mietobjekt im Inneren eines auf öffentlich zugänglichen Straßen/ Plätzen abgestellten Fahrzeuges, weil die Lebenserfahrung zeigt, dass Diebe jede sich bietende Gelegenheit – und sei es innerhalb eines Zeitrahmens von einer Viertelstunde tagsüber in einer belebten Straße – zu einem Einbruchdiebstahl in das Fahrzeuginnere ausnutzen; mit einer solchen Straftat muss stets gerechnet und es müssen Sicherungsvorkehrungen dagegen getroffen werden[6]
Schwere Gegenstände	(+)	wenn der Mieter schwere Gegenstände (z.B. Maschinen) in die Miträume einbringt, ohne sich vorher zu vergewissern, ob die Tragfähigkeit des Bodens dazu ausreicht[7]; s.a. *Bodenbelag*
Tierhaltung	(+)	durch im Rahmen der unter die Gefährdungshaftung des § 833 BGB fallenden Verletzungen[8]

---

1 OLG Celle, WuM 1985, 9.
2 OLG Düsseldorf, ZMR 1991, 24.
3 AG Schwelm, WuM 1991, 86.
4 LG Münster, WuM 2004, 193.
5 AG Münster, WuM 2005, 648.
6 KG v. 11.2.2008 – 8 U 151/07, ZMR 2008, 618; OLG Bamberg v. 25.6.1987, 1 U 30/87.
7 BGH, ZMR 1964, 79.
8 *Kraemer* in Bub/Treier, III Rz. 953.

Veränderung der Mietsache	(+)	bei mangelhafter Installation einer Gasheizung[1]
	(+)	bei unsachgemäßer Installation einer elektrischen Anlage[2]
Verkalken von Armaturen	(−)	im Hinblick auf die Härte des Kölner Wassers liegt in der Verkalkung von Waschbeckenarmaturen grundsätzlich kein vertragswidriger Gebrauch[3]
Wasserschäden	(+)	mehrfache Verursachung erheblicher Wasserschäden in der Nachbarwohnung (fristlose Kündigung)[4]
	(+)	soweit sie aus seinem Verantwortungsbereich hervorgehen[5]
	(+)	wenn ein Angestellter des Mieters den Wasserhahn einer abgestellten Wasserleitung offen lässt[6]
	(+)	wenn der Zuleitungsschlauch zu einer Spül- oder Waschmaschine nicht an einen abstellbaren Wasserhahn angeschlossen wurde, der nur für die Dauer des Betriebes des Gerätes geöffnet wird[7]
	(+)	wenn der Mieter den Betrieb einer Spül- oder Waschmaschine nicht beaufsichtigt[8]
	(+)	wenn der Mieter den Betrieb einer Spül- oder Waschmaschine nicht in regelmäßigen Zeitabständen kontrolliert und z.B. durch Offenstehenlassen der Tür sicherstellt, dass er das Geräusch ausströmenden Wassers sogleich bemerken kann[9]
	(−)	wenn Wasserzuleitung mit einer technischen Sicherungsanlage (elektromagnetisches Wasserabsperrventil) versehen ist, die über einen längeren Zeitraum bei ständiger Benutzung einwandfrei funktioniert hat und mit einer das Funktionieren der Anlage signalisierenden Kontrollanzeige versehen ist[10]
	(+)	Anschluss eines Zuleitungsschlauchs einer Waschmaschine an einen ständig geöffneten Wasserhahn

---

1 OLG Düsseldorf, ZMR 1965, 51.
2 LG Mannheim, WuM 1975, 50, 51.
3 LG Köln in *Lützenkirchen*, KM 30 Nr. 2.
4 AG Görlitz, WuM 1994, 668.
5 OLG Karlsruhe, WuM 1984, 267.
6 RG, RGZ 84, 222.
7 OLG Karlsruhe, WuM 1987, 325.
8 OLG Düsseldorf, NJW 1975, 171; LG München I, ZMR 1994, 478.
9 OLG Hamm, WuM 1985, 253.
10 BGH, WuM 1986, 145.

		ohne zwischengeschaltete Aqua-Stop-Vorrichtung ohne jemals Kontrollen durchzuführen[1]
	(–)	wenn der Mieter moderne haushaltsübliche Geräte nicht periodisch hat warten lassen[2]
Wohnen	(+)	der Mieter muss die mangelhaft (gewordene) Wohnung mit der gebotenen Sorgfalt, den Schaden gering zu halten, bewohnen[3]
	(+)	wenn der Mieter im Rahmen des Zumutbaren sein Wohnverhalten nicht auf die Beschaffenheit der Räume abstellt[4]
	(+)	wenn der Mieter bei nachträglicher Änderung der Wohnverhältnisse (z.B. durch Einbau von Isolierglasfenstern) sein Wohnverhalten (z.B. Heizen und Lüften) nicht den geänderten Anforderungen anpasst[5]
Zerkratzen	(+)	das Zerkratzen von Türen, Fenstern und Innenwänden des Hauses durch Hunde des Mieters[6]

Regressansprüche des Vermieters gegen den Mieter, weil dieser seine Obhuts- und Sorgfaltspflichten verletzt hat und der Vermieter daher geschädigten Dritten Ersatz zu leisten hatte (z.B. nach § 836 BGB), unterliegen der **Regelverjährung** und nicht der kurzen Verjährung gemäß § 548 Abs. 1 BGB[7].

cc) Bauliche Veränderungen

258 Der Mieter muss die Mieträume in dem Zustand belassen, in dem er sie angemietet hat. Will er **auf eigene Kosten** Veränderungen durchführen, bedarf er grundsätzlich der Zustimmung des Vermieters, und zwar auch dann, wenn der Mietvertrag keinen ausdrücklichen **Erlaubnisvorbehalt** enthält[8].

259 Eingriffe in die bauliche Substanz sind dem Mieter deshalb regelmäßig nicht gestattet[9]. Von der **Zustimmungspflicht ausgenommen** sind

– Hilfsmaßnahmen bei der Einrichtung und Ausstattung der Räume (z.B. Bildernägel, Dübel, Scheuerleisten);

---

1 OLG Oldenburg, WuM 2005, 587.
2 LG Landau, WuM 1996, 29.
3 AG Kassel, WuM 1996, 30.
4 OLG Celle, WuM 1985, 9; LG Lüneburg, WuM 1987, 214; LG Berlin, GE 1987, 37; **a.A.** *Sternel*, Mietrecht, II Rz. 279.
5 LG Hannover, WuM 1985, 22; LG Hannover, WuM 1988, 354; LG Köln, WuM 1985, 24; LG München, ZMR 1987, 468; LG Saarbrücken, WuM 1988, 351; LG Hamburg, WuM 1990, 290.
6 LG Oldenburg, WuM 1998, 316.
7 OLG Dresden, Urt. v. 17.4.2007 – 5 U 8/07, NZM 2007, 803.
8 BGH, NJW 1974, 1463, 1464.
9 BGH, NJW 1974, 1463, 1464; *Kraemer* in Bub/Treier, III Rz. 982; *Sternel*, Mietrecht, II Rz. 211.

– Einrichtungsmaßnahmen (Raumteiler, Einbauküche);
– notwendige Verwendungen (§ 547 BGB).

Erfasst sind jedoch von vornherein Eingriffe, die die Mietsache in ihrer **räumlichen Aufteilung** oder ihrem **baulichen Zustand** verändert. Dabei kommt es nicht darauf an, ob der jeweilige Substanzeingriff ohne Folgen für die Statik des Objektes ist und ob die Maßnahmen bei Vertragsende folgenlos beseitigt werden können[1]. Denn der Vermieter kann seine Zustimmung von Bedingungen abhängig machen, die seinem schutzwürdigen Interesse dienen (z.B. Sicherheitsleistung, vgl. dazu *G Rz. 164 f.*).

Je nach dem Grund für die bauliche Veränderung besteht ein **Anspruch** des Mieters **auf Zustimmung** zur Durchführung der beabsichtigten Maßnahme. Dabei kommt es entscheidend darauf an, ob die Veränderung z.B. zur Anpassung des Mietgebrauchs an einen üblichen Standard dient und dass sie auf Kosten des Mieters vorgenommen wird[2]. Hier muss im Einzelfall geprüft werden, ob die bauliche Veränderung z.B. im Zusammenhang mit der Ausübung von Grundrechten (z.B. Informationsfreiheit) steht, so dass die Zustimmung zwar von Bedingungen abhängig gemacht, aber nicht versagt werden kann (z.B. Parabolantenne, vgl. dazu *G Rz. 154 f.*). Dies gilt auch für bauliche Maßnahmen außerhalb der angemieteten Räume und sogar dann, wenn die Maßnahmen im Interesse von Personen erfolgen sollen, die sich berechtigterweise in den Räumen aufhalten[3]. Die Wirkung einer vom Vermieter erteilten Zustimmung bzw. der dem Vermieter obliegenden Genehmigungspflicht erstreckt sich lediglich auf die Mietzeit. Aus ihr folgt nicht, dass der Mieter bei Beendigung des Mietverhältnisses das Mietobjekt in verändertem Zustand zurück gegeben darf. Dies folgt bereits aus § 546 BGB[4]. Der Mieter hat keinen Anspruch auf **Verzicht des Rückbaus** und **Erstattung des Zeitwertes** durch den Vermieter bei Beendigung des Mietvertrages[5] und kann daher diese Bedingungen auch nicht mit dem Zustimmungsverlangen verknüpfen[6].

Ob im Einzelfall eine **Zustimmung erforderlich** ist (+) oder nicht (–), ist z.B. für folgende Veränderungen entschieden worden:

Antenne

– Fernsehantenne (–) Umrüstung der Gemeinschaftsantenne auf den Empfang weiterer ausgestrahlter Fernsehprogramme auf eigene Kosten des Mieters[7]

---

1 *Kraemer* in Bub/Treier, III Rz. 982; **a.A.** *Sternel*, Mietrecht, II Rz. 218.
2 *Kraemer* in Bub/Treier, III Rz. 985; *Lützenkirchen*, Wohnraummiete, C. I. Inhalt der Erläuterungen zu § 13 Nr. 8 m.w.N.
3 BVerfG, WuM 2000, 298 = ZMR 2000, 435.
4 OLG Brandenburg, Urt. v. 1.10.2007 – 3 U 28/06, zitiert nach juris; AG Hamburg v. 11.9.2006 – 644 C 248/04, zitiert nach juris.
5 LG Dortmund v. 20.11.2007 – 3 O 223/07, ZMR 2008, 376.
6 AG Potsdam, WuM 2000, 179.
7 AG Hamburg, WuM 1990, 422.

– Funkantenne	(+)	Installation auf dem Balkon der Wohnung im Mehrfamilienhaus[1]
– Parabolantenne[2]	(–)	Aufstellen auf dem Balkon, solange die Außenfassade des Hauses ästhetisch nicht beeinträchtigt ist[3]
	(–)	Befestigung an einer Teleskopstange, die zwischen oberem und unterem Fensterrahmen eingespannt wird und deren Kabel mit einem Adapter unterhalb der Fensterrahmen ohne Substanzverletzung in die Wohnung geführt werden[4]
	(+)	Aufstellen einer Parabolantenne in einem mit Sand gefüllten Eimer auf dem Balkon und das Durchbohren des Kunststoffrahmens der Balkontür, um das Kabel in die Wohnung zu führen[5]
	(+)	Wenn die Befestigung an dem Boden des Balkons der Mietwohnung zu Substanzgefährdungen führt[6]
	(+)	Installation an einem (Sonnen-)Schirmständer auf dem Balkon[7]
	(–)	Aufstellen im Garten, wenn die weiteren Gärten der Wohnanlage vergleichbar (ohne Beanstandung des Vermieters) genutzt werden[8]
	(+)	Installation auf einem Holzpfahl, der in der Grünfläche vor der Wohnung des Mieters eingelassen ist (Einzelfallfrage)[9]
	(+)	bei Angebot des Vermieters, gewöhnliche Satellitenfernsehprogramme des Auslands zu marktüblichen Anschluss- und Bereitstellungskosten über eine zu installierende Gemeinschaftsparabolantenne empfangen zu können (kein Anspruch auf Installation einer Einzelparabolantenne)[10]
	(+)	bei überwiegend beruflichem Interesse (Künstler) muss dargelegt werden, auf welche Weise eine solche Anlage gegenüber decoder- bzw. internetgestütztem Empfang leistungsfähiger ist[11]

---

1 AG Kenzingen, WuM 1996, 403.
2 Siehe auch *G Rz. 154 f.*
3 AG Leverkusen, WuM 1996, 612; AG Herne-Wanne, WuM 2001, 277; AG Hamburg-Altona v. 1.8.2008 – 314b C 95/08, WuM 2008, 661; AG Lichtenberg, Urt. v. 28.5.2008 – 14 C 95/08, zitiert nach juris.
4 LG Berlin, MM 2005, 263.
5 LG Bremen, WuM 1995, 43.
6 LG Köln, WuM 1997, 40.
7 AG Köln in *Lützenkirchen*, KM 3 Nr. 12.
8 LG Frankfurt/Main, WuM 1990, 492.
9 AG Aachen, WuM 1994, 199.
10 LG Nürnberg-Fürth, WuM 1997, 486.
11 VerfGH Berlin, NZM 2002, 560.

(+) Installation zugunsten des ausländischen Ehegatten eines deutschen Mieters (Anspruch auf Erlaubnis)[1]

(+) Installation an einem vom Vermieter nicht genehmigten Ort (Beseitigungspflicht)[2]

(−) wenn Vermieter den Standort so bestimmt, dass ein Empfang von Satellitenprogrammen nicht möglich ist[3]

(−) Die formularvertragliche Untersagung der Anbringung einer Parabolantenne ist unwirksam[4]

(−) wenn über das Breitbandkabel nur vier türkische Sender zu empfangen sind[5]

(+) für deutschen Mieter nur bei außergewöhnlichen, vom typischen Durchschnittsfall abweichenden Umständen[6]

(−) Anspruch eines ausländischen Mieters auf Installation einer eigenen Satellitenantenne bei vorhandenem Kabelanschluss[7]

(+) wenn Breitbandkabelanschluss vorhanden ist und Mieter mit Set-up-Box und Smart-Card sein Informationsbedürfnis befriedigen kann[8], weil er nicht immer den Anspruch auf die billigste Lösung hat[9]

(−) Wenn Fernsehsender, die regelmäßig gottesdienstliche Handlungen ausstrahlen nur über Satelliten empfangen werden können (alevitischer Glaube)[10]

(+) Beseitigungspflicht bei Nichtleistung einer Sicherheit zur Deckung von Haftungsrisiko und Rückbaukosten[11]

(−) Hat Vermieter bereits einem ausländischen Mieter die Anbringung einer Parabolantenne gestatten, ist

---

1 LG Wuppertal, WuM 1997, 324.
2 AG Hamburg, WuM 1996, 29; LG Wiesbaden, WuM 1996, 403; vgl. AG Bonn v. 31.7.2008 – 4 C 129/08, ZMR 2009, 44.
3 LG Hamburg, WuM 1998, 277.
4 BGH v. 16.5.2007 – VIII ZR 207/04, WuM 2007, 381.
5 LG München I, WuM 2002, 50.
6 VerfGH Berlin, MM 2002, 95.
7 LG Hagen, ZMR 1996, 32.
8 BVerfG, NZM 2005, 252; LG Konstanz, WuM 2002, 210; LG Berlin, Urt. v. 27.11.2007 – 65 S 123/07, GE 2008, 198.
9 BGH, Beschl. v. 17.4.2007 – VIII ZR 63/04, WuM 2007, 380; LG Köln, WuM 2001, 235 mit Anm. *Schönleber*, Info-Letter der ARGE Mietrecht und WEG im DAV 2/2002, S. 21.
10 OLG München v. 6.11.2007 – 32 Wx 146/07, NZM 2008, 91; **a.A.** LG Krefeld v. 28.2.2007 – 2 S 64/06, zitiert nach juris.
11 LG Düsseldorf, ZMR 1997, 423.

		er auch einem anderen ausländischen Mieter – bei gleicher Interessenlage – zur Genehmigung verpflichtet, selbst wenn dieser zwischenzeitlich die deutsche Staatsangehörigkeit erlangt hat (Deutscher mit kurdischer Herkunft)[1]
Aufzug	(+)	Installation eines (Treppen-)Aufzuges vom Erdgeschoss in die 2. Etage für den gehbehinderten Mieter (kein Anspruch auf Zustimmung)[2]
	(+)	Installation eines Teppenlifts zugunsten des gehbehinderten Lebensgefährten[3]
Außenfassade	(–)	Installation von Reklameeinrichtungen durch den Gewerbemieter[4]
	(–)	Installation von Warenautomaten[5]
	(+)	Anbringung einer Reklameeinrichtung vor den im Obergeschoss gelegenen Mieträumen[6]
	(+)	Anbringung eines Schildes zum Hinweis auf ein vom Wohnraummieter ausgeübtes Kleingewerbe (Nachhilfe, Musikunterricht etc.)[7]
	(–)	Anbringung einer Außenjalousie[8]
	(–)	Anbringen von Außenjalousien, wenn Vermieterinteressen dadurch nicht beeinträchtigt werden[9]
	(+)	Verkleidung mit blauen und goldenen Keramikfliesen über die gesamte Front im Erdgeschoss[10]
	(+)	Installation von Außenrollladen, sofern dadurch die Wärmedämmung beschädigt wird (kein Anspruch auf Zustimmung)[11]
Badezimmer	(+)	Einbau oder Umbau eines Bades[12], Sicherheit kann verlangt werden[13]
	(–)	Installation eines neuen Toilettentopfes[14]

---

1 KG v. 11.10.2007 – 8 U 210/06, WuM 2007, 618.
2 LG Köln in *Lützenkirchen*, KM 3 Nr. 26.
3 BVerfG, WuM 2000, 298 = ZMR 2000, 435.
4 MünchKomm/*Voelskow*, §§ 535, 536 BGB Rz. 44; *Kraemer* in Bub/Treier, III Rz. 989.
5 OLG Hamm, NJW 1958, 1239; *Kraemer* in Bub/Treier, III Rz. 989.
6 OLG Düsseldorf, NJW 1958, 1094.
7 *Kraemer* in Bub/Treier, III Rz. 990.
8 LG Hamburg, HambGE 1995, 291.
9 AG Zeitz, WuM 1998, 16.
10 AG Säckingen, GuT 2002, 18.
11 LG Köln in *Lützenkirchen*, KM 3 Nr. 32.
12 LG Hamburg, HambGE 1992, 51; LG Berlin, GE 1995, 429.
13 AG Hamburg, WuM 1996, 29.
14 LG Köln, WuM 1996, 93.

	(–)	Austausch der Mischbatterie und des WC-Beckens[1]
	(+)	Umbau eines Badezimmers aus geschmacklichen Gründen[2]
	(–)	Neuverfliesung eines Bades[3]
Balkon	(+)	Anbringen einer Balkonverkleidung[4]
	(+)	Installation eines Plexiglasvordaches über dem Balkon (Anspruch auf Zustimmung, wenn Vermieter die Installation von Markisen und Außenvorhängen auf anderen Balkonen duldet)[5]
	(–)	Anbringen einer Wäschetrocken-Vorrichtung
Barrierefreiheit	(+)	wenn nach Abwägung aller beteiligten Interessen das Interesse des Mieters überwiegt, § 554a BGB[6]
	(–)	Anspruch des schwerbehinderten Mieters auf Installation einer Videokamera im Treppenhaus, wenn nur so seinem Sicherheitsbedürfnis Rechnung getragen werden kann und ausgeschlossen ist, dass eine Aufzeichnung der von Hausbewohnern und -besuchern gefertigten Aufnahmen erfolgt[7]
Blumenkästen	(–)	beim Anbringen auf äußeren Fensterbänken oder Balkonbrüstungen, soweit sie genügend gesichert sind und Vorkehrungen getroffen wurden, dass z.B. auslaufendes Wasser das Mietobjekt nicht beschädigt oder Dritte belästigt[8]
	(+)	weil Nutzung des Fensterbretts außerhalb der Wohnung eine Sondernutzung darstellt (im konkreten Fall lag eine jahrelange Duldung vor)[9]
Bodenbeläge	(–)	Erneuerung von Bodenbelägen[10]
	(–)	Verlegung eines Laminatbodens, auch wenn dadurch die Zimmertüren gekürzt werden müssen[11]
	(+)	Verlegen von Fußbodenfliesen[12]

---

1 LG Lüneburg, WuM 1995, 701.
2 LG Hamburg, HambGE 1992, 51.
3 AG Schöneberg, GE 1995, 703.
4 LG Hamburg, HambGE 1990, 185; **a.A.**, solange optische Beeinträchtigungen nicht gegeben sind, AG Köln, WuM 1999, 328.
5 LG Nürnberg-Fürth, WuM 1990, 422.
6 BVerfG, WuM 2000, 298; *Mersson*, NZM 2002, 313 f.; *Drasdo*, WuM 2002, 123 f.
7 AG Köpenik v. 13.11.2002 – 7 C 211/02, MM 2004, 79.
8 *Kraemer* in Bub/Treier, III Rz. 991.
9 AG Schöneberg, MM 2001, 442.
10 LG Köln, WuM 1996, 93.
11 AG Hamburg, WuM 1998, 723.
12 AG Birkenfeld/Nahe, WuM 1993, 191.

	(−)	Verfliesung und Fußbodenverkleidung der Küche, so dass dieser Raum erst als solcher nutzbar wird[1]
	(+)	Verkleben eines Teppichbodens auf einem vorhandenen Teppichboden[2]
Briefkasten	(−)	soweit nur ein Sammelbriefkasten vorhanden ist[3]
	(−)	der Mieter hat Anspruch auf einen Briefkasten mit einem DIN-gerechten Einwurfschlitz[4]
Dachboden	(+)	Ausbau zu Wohnzwecken[5]
Decken		s. *Wände*
Dübeln	(−)	in angemessenem Umfang, insbesondere um notwendige Installationen zu befestigen[6]; s.a. *Rz. 257*
Duschkabine	(−)	Aufstellen einer Duschkabine im Badezimmer[7]
	(−)	Aufstellen einer transportablen Duschkabine in der Küche[8]
Fenster	(+)	Austausch von Holz- in Kunststofffenster[9]
	(+)	Zumauern von Fensteröffnungen[10]
Fliesenspiegel	(−)	Anbringung gehört zur üblichen Ausstattung einer Küche[11]
Garten	(+)	Errichtung eines Gartenhauses[12]
	(−)	Einrichten eines Sandkastens im mitgemieteten Garten[13]
	(−)	Errichtung von Wegsperren oder Einfriedungen, die die Gesamterscheinung des Gartens nicht beeinträchtigen[14]
	(−)	Umgestaltung des zur Wohnung gehörenden Gartens, auch wenn dabei geringfügig Mutterboden verloren geht[15]

---

1 AG Dortmund, WuM 1992, 125.
2 LG Köln in *Lützenkirchen*, KM 30 Nr. 4.
3 *Kraemer* in Bub/Treier, III Rz. 990.
4 AG Charlottenburg, MM 2001, 402.
5 LG Hamburg, WuM 1992, 190.
6 LG Darmstadt, NJW-RR 1988, 80; LG Aurich, DWW 1989, 223, 225; LG Göttingen, WuM 1990, 199.
7 LG Berlin, ZMR 1975, 27.
8 LG Berlin, WuM 1990, 421.
9 LG Berlin, MDR 1985, 57.
10 OLG Düsseldorf, WuM 1996, 410.
11 AG Fürstenwalde, MM 2002, 143.
12 AG Brühl, WuM 1989, 498.
13 AG Bonn, WuM 1994, 20.
14 AG Münster, WuM 1997, 486.
15 LG Münster, WuM 1996, 756.

	(−)	Errichtung eines Spielplatzes in dem zur Mitbenutzung überlassenen Garten[1]
	(+)	Anlage von Gartenteichen[2]
	(−)	Anpflanzungen auf Freiflächen[3]
Gartenpflege	(−)	Die Übernahme unter Bezugnahme auf § 2 Nr. 10 BetrKV verpflichtet, erforderlichenfalls Bäume und Sträucher zu beschneiden, Rasenflächen neu anzulegen und kranke oder morsche Bäume zu fällen[4]
Heizung	(+)	Einbau einer Gasetagenheizung[5]
	(+)	Umrüstung einer Heizung auf andere Brennstoffe[6]
Küche	(−)	Einbau einer Einbauküche[7]
Namensschilder	(−)	soweit der Wohn- oder Geschäftsraummieter außerhalb der Miträume in üblichem Umfang auf seine Residenz hinweist
Rollladen	(+)	Installation von Außenrollläden im Erdgeschoss (wegen des Sicherungsinteresses besteht Anspruch auf Zustimmung)[8]
Sauna	(+)	Einbau in der Loggia[9]
	(+)	Einbau im Schlafzimmer einer Mietwohnung[10]
	(+)	Einbau im (mitgemieteten) Kellerraum[11]
Solaranlage	(−)	Aufstellen auf der Terrasse der Mietwohnung, ohne dass Substanzeingriffe notwendig sind[12]
Stromversorgung	(+)	Stromentnahme aus der zur Wohnung gehörenden Anlage, um das nicht beheizte Badezimmer gegen Frostschäden aufzuheizen[13]
Türen	(−)	Kürzen der Türblätter zwecks Verlegung von Teppichböden[14]
	(−)	Aushängen von Zimmertüren und Verbringen in den Keller[15]

---

1 AG Bonn, WuM 1994, 20.
2 LG Dortmund, WuM 2001, 278.
3 BGH v. 13.6.2007 – VIII ZR 387/04, ZMR 2007, 684.
4 LG Frankfurt/Main, NZM 2005, 338.
5 LG Berlin, GE 1985, 1259; LG Berlin, GE 1995, 109.
6 BGH, NJW 1963, 1539.
7 LG Konstanz, WuM 1989, 67.
8 LG Hamburg v. 2.2.2006 – 334 S 39/05, WuM 2007, 502.
9 LG Hannover, WuM 1984, 129.
10 AG Dortmund, WuM 1985, 263.
11 *Kraemer* in Bub/Treier, III Rz. 983.
12 AG München, WuM 1991, 537.
13 AG Potsdam, WuM 1995, 40.
14 LG Mannheim, DWW 1977, 20; AG Köln, WuM 1987, 152.
15 LG Berlin, WuM 1996, 138.

Wände	(+)	Durchbohren der Badezimmertür zum Anbringen von Kleiderhaken[1]
	(+)	Ersetzen der Tapete durch Rauputz[2]
	(–)	Aufbringen eines wischfesten Anstrichs[3]
	(–)	Aufstellen von Leichtbauwänden[4]
	(+)	farbliche Umgestaltung, die das äußere Erscheinungsbild der Wohnung wesentlich verändert[5]
	(–)	Anbringen einer Holzvertäfelung[6]
	(+)	Installation von Styroporplatten, jedenfalls wenn diese leicht entflammbar sind[7]
Wasserversorgung	(+)	Entnahme von Brunnenwasser zur Toilettenspülung, die von den zuständigen Wasserwerken beanstandet wird[8].

dd) Erweiterungen des vereinbarten Mietgebrauchs

263 Der Zweck des Mietvertrages ist regelmäßig vertraglich vorgegeben. Entweder sind die Räume zu **Wohnzwecken** oder zur **gewerblichen Nutzung** überlassen. Bei Mischmietverhältnissen muss untersucht werden, welcher Nutzungstyp das Übergewicht bildet (vgl. dazu *B Rz. 96 f.*).

264 Nicht jede **Abweichung** vom Vertragszweck ruft ein vertragswidriges Verhalten hervor. Vielmehr ist zu prüfen, inwieweit der Charakter der vertraglichen Nutzung erhalten bleibt und Störungen anderer Hausbewohner sowie Verschlechterungen der Mietsache zu befürchten sind[9]. Auch hier müssen jeweils die Umstände des Einzelfalles geprüft werden, so dass der Rechtsanwalt auf beiden Seiten des Mietvertrages recherchieren sollte, welche Absprachen vor Beginn des Vertrages getroffen wurden und wie die aktuelle Nutzung zustande gekommen ist. War dem Mieter z.B. von Anfang an erlaubt, in der Wohnung eine (untergeordnete) nebenberufliche Tätigkeit auszuüben, kann sie sich zu einem vertragswidrigen Gebrauch entwickeln, wenn die nebenberufliche Tätigkeit zunehmend Publikumsverkehr entwickelt (z.B. Steuerberatung), der zu einer höheren Abnutzung und größerem Raumbedarf führt.

---

1 AG Kassel, WuM 1996, 757.
2 AG Kerpen, WuM 1990, 198.
3 LG Berlin, WuM 1996, 138; **a.A.** *Kraemer* in Bub/Treier, III Rz. 983.
4 LG Essen, WuM 1987, 257.
5 LG Aachen, WuM 1998, 596.
6 LG Osnabrück, WuM 1986, 231.
7 LG Braunschweig, NJW 1986, 322; LG Bad Kreuznach, WuM 1990, 292.
8 LG Gießen, WuM 1994, 681.
9 *Kraemer* in Bub/Treier, III Rz. 1002.

Im Einzelnen wurden z.B. folgende **vertragswidrige** (+) oder **vertragsgemäße** 265
(–) Nutzungen angenommen:

Gewerberaum
- (+) bei ausschließlicher Nutzung zu Wohnzwecken[1]
- (–) bei ausschließlicher Nutzung als Wohnraum, solange Vermieterinteressen nicht beeinträchtigt sind[2]
- (–) gelegentliches Übernachten oder Einrichtung einer Kleinküche in Praxisräumen[3]
- (–) bei unklarer Zweckvereinbarung[4]
- (+) bei völliger Umwandlung des vereinbarten Geschäftszwecks (Drogerie in Café oder Spielhalle)[5]
- (+) bei Umwandlung eines Cafés (Tageslokal) in ein Nachtcafé mit Tanzgelegenheit[6]
- (+) bei Umwandlung einer Kfz-Werkstatt in einen Supermarkt[7]
- (+) bei Umwandlung eines Ladens in eine Gaststätte oder einen Stehimbiss[8]
- (+) bei Umwandlung einer Eisdiele in ein Bierlokal[9]
- (+) bei Umwandlung einer Metzgerei in einen Imbissbetrieb oder ein Bekleidungsgeschäft[10]
- (+) bei Nutzung vermieteter Büroräume zur Unterbringung von Asylbewerbern[11]
- (+) bei Nutzung eines zum Unterstellen eigener Pferde gemieteten Stalls als Pension für Fremdpferde[12]
- (–) bei Erweiterung des Sortiments (z.B. Schneiderei), die Betrieb auf industrielle Fertigung von Konfektionsware umstellt[13]
- (–) Durchführung von Theaterveranstaltungen in einer als „Konzeptions- und Design-Center" gemieteten Halle[14]

---

1 OLG Koblenz, NJW-RR 1986, 1343; OLG Düsseldorf, ZMR 1987, 423.
2 OLG Köln, WuM 1996, 270.
3 BayObLG, NJW-RR 1994, 1423.
4 BGH, NJW 1984, 1031.
5 *Kraemer* in Bub/Treier, III Rz. 999.
6 BGH, NJW 1957, 1833.
7 BGH, NJW 1985, 2527.
8 OLG Düsseldorf, NJW-RR 1993, 587.
9 OLG München, WuM 1992, 326.
10 LG Nürnberg-Fürth, WuM 1991, 344.
11 OLG Düsseldorf, ZMR 1991, 176.
12 OLG Karlsruhe, ZMR 1987, 419.
13 BGH, NJW 1957, 1833.
14 OLG Düsseldorf, WuM 1996, 410.

Wohnraum

(+) Nutzung eines „Ladens" als
   - Teestube mit Spielsalon[1]
   - Salatrestaurant ohne Alkoholausschank[2]
   - Gaststätte[3]
   - Sportvereinskantine[4]
   - Sexshop oder Sexkino[5]
   - Kindertagesstätte bzw. Schülerladen[6]
   - Spielsalon[7]

(+) Betrieb von „zu beliebigen geschäftlichen Zwecken" überlassenen Räumen als Bordell[8]

(+) Betreiben einer Kleintierarztpraxis anstatt Zahnarztpraxis[9]

(+) Betreiben einer bewegungstherapeutischen Praxis, auch wenn Patienten nur in geringem Umfang behandelt werden[10]

(+) hauptberufliche Nutzung eines Zimmers als Ingenieurbüro zusammen mit einem weiteren Ingenieur, der nicht Mieter ist, und das Büro auch Laufkundschaft anziehen soll[11]

(+) bei gleichzeitiger Nutzung der Wohnung als kommerzielle Kindertagesstätte[12]

(−) Nutzung eines untergeordneten Teils der Wohnung zu Buchhaltungs- und Bürotätigkeiten mit dem Computer[13]

(−) Eröffnung eines Schreibbüros in der Mietwohnung[14]

(+) teilgewerbliche Nutzung, wenn sie mit unzumutbaren Störungen oder einer erhöhten Abnutzung des Mietobjektes verbunden ist[15]

(−) gelegentliche, büromäßige Nutzung der Wohnung[16]

---

1 BayObLG, WuM 1985, 235.
2 KG, WuM 1985, 236.
3 BayObLG, WuM 1985, 238.
4 KG, WuM 1986, 287.
5 BGH, NJW 1979, 2351.
6 KG, NJW-RR 1992, 1102.
7 OLG Saarbrücken, NJW-RR 1987, 464.
8 KG, NJW-RR 1987, 1160.
9 OLG Köln, ZMR 1997, 298.
10 LG Stuttgart, WuM 1997, 215.
11 LG Schwerin, WuM 1996, 214.
12 LG Heidelberg, WuM 2001, 359.
13 LG Frankfurt/Main, WuM 1996, 532.
14 LG Lüneburg, WuM 1995, 706.
15 LG Hamburg, WuM 1993, 188.
16 LG Hamburg, WuM 1992, 241.

(–) Einrichtung der Wohnung mit einem handelsüblichen Personalcomputer und einem Telefaxanschluss, um dort gewerblich angemeldet Informationen zu verarbeiten[1]

(–) Nutzung eines Zimmers der Wohnung als Büro mit Telefaxanschluss[2].

(–) Bordellbetrieb bei teilgewerblicher Vermietung von Wohnraum, wenn hierdurch keine Störungen verursacht werden[3]

ee) Gebrauchsüberlassung an Dritte

Die Untervermietung, die gemäß § 553 Abs. 1 BGB auch gegeben ist, wenn Wohnräume teilweise an einen Dritten überlassen werden, nimmt in der beratenden Praxis einen großen Raum ein, zumal dieses Institut in den letzten Jahren häufig missbraucht wurde, um mit Hilfe des außerordentlichen Kündigungsrechts nach § 540 Abs. 2 BGB befristete Mietverträge vorzeitig zu aufzulösen oder die Kündigungsfrist abzukürzen[4]. Im Hinblick auf die Bedeutung wurde diesem Tatbestand ein eigenes Kapitel gewidmet (vgl. *G Rz. 37 ff.*), in dem die Fragen der Erlaubnisregelung dargestellt wurden.

266

Häufiger sind jedoch die Fälle, in denen eine Drittüberlassung **bereits stattfindet** und der Rechtsanwalt durch den Vermieter beauftragt wird, die daraus notwendigen Konsequenzen zu ziehen bzw. als Vertreter des Mieters diese abwehren soll. Dabei ist neben dem einzelnen Tatbestand (Gebrauchsüberlassung an Dritte, vgl. dazu *G Rz. 41 f.*) immer zu prüfen, ob dem Mieter gemäß § 553 BGB nicht ein **berechtigtes Interesse** zusteht, so dass der eigentlich gegebene vertragswidrige Gebrauch nicht geahndet werden kann. Dabei kann jedoch im Einzelfall die Tatsache, dass der Mieter nicht um Erlaubnis nachgesucht hat, eine Ahndung des vertragswidrigen Gebrauchs rechtfertigen[5].

267

In der nachfolgenden **Übersicht** soll gezeigt werden, bei welchen Sachverhalten der Vermieter berechtigt war, die Rechtsfolgen aus der unberechtigten Gebrauchsüberlassung **herbeizuführen** (+) und wo dies z.B. wegen berechtigter Interessen des Mieters **nicht zugebilligt** wurde (–):

268

§ 540 Abs. 1 BGB

Gewerberaum (+) Bisherige Nutzung als Zahnarztpraxis mit Labor, soll untervermietet werden an Tierarztpraxis für Kleintiere[6]

---

1 AG Köln, WuM 1991, 577.
2 AG Regensburg, WuM 1991, 678.
3 AG Aachen v. 26.9.2006 – 10 C 181/06, ZMR 2007, 41.
4 Vgl. z.B. *Schönleber*, NZM 1998, 948.
5 BayObLG, WuM 1995, 378; *Lützenkirchen*, WuM 1996, 67, 72.
6 OLG Köln, WuM 1997, 620 = ZMR 1997, 298.

- (+) Bisherige Räume zur Nutzung als Steuerberaterpraxis sollen als Wohnung untervermietet werden[1]
- (+) Betrieb eines anstößigen Gewerbes[2]
- (+) Untervermietung eines Supermarktes an eine Spielhalle[3]
- (+) Bisherige Metzgerei soll als Geschäft für Damenoberbekleidung genutzt werden[4]
- (+) Konkurrenz des Gewerbes des Untermieters für den Vermieter oder andere Mieter[5]
- (+) Bisher zur Unterbringung von Betriebsangehörigen genutzte Räume sollen als Hotel garni untervermietet werden[6]

Wohnraum

- (+) Überlassung der Wohnung an den Sohn des Mieters und dessen Familie nach Auszug, trotz Einrichtung eines Arbeitszimmers in der Wohnung für den Mieter[7]
- (+) bei Auszug des Mieters, obwohl Genehmigung sich auf mehrere Untermieter/Personen bezieht[8]
- (+) wenn der Mieter eine Untervermietung vornimmt und den Untermietinteressenten unter Verwendung gefälschter Vertragsunterlagen des Vermieters über seine Vermietungsbefugnis zu täuschen versucht[9]
- (+) unerlaubte Untervermietung der gesamten Wohnung[10]
- (+) ohne Benennung eines konkreten Untermieters bei Überlassung der gesamten Wohnung[11]
- (–) wenn der Mieter nach Abmahnung des Vermieters das Untermietverhältnis fristlos kündigt (keine unbefugte Gebrauchsüberlassung)[12]
- (–) nach Ablauf der befristet erteilten Erlaubnis zur Untervermietung; Fortdauer der Gebrauchsüberlas-

---

1 OLG Koblenz, NJW-RR 1986, 1343.
2 BGH, NJW 1984, 1032; LG Frankfurt/Main, MDR 1967, 216.
3 OLG Celle, OLGZ 1990, 88, 94.
4 LG Nürnberg-Fürth, WuM 1991, 344.
5 BGH, ZMR 1982, 11; LG Oldenburg, NJW-RR 1989, 81.
6 OLG Nürnberg, WuM 1967, 202.
7 LG Cottbus, WuM 1995, 38.
8 Hess. StGH, WuM 1999, 565.
9 AG Bad Homburg, WuM 1994, 327.
10 AG Potsdam, WuM 1994, 527.
11 LG Berlin, NZM 2002, 338 = ZMR 2002, 117.
12 LG Hamburg, WuM 1994, 536.

sung kann aber ein schuldhafter Vertragsverstoß sein[1]

(+) Überlassung sämtlicher Räume an einen Dritten, wenn sich der Mieter unter weiter gehender Besitzaufgabe nur noch gelegentlich beim Untermieter (besuchsweise) aufhält[2]

(+) nach Räumung und Verlagerung des überwiegenden Lebensmittelpunktes ins Ausland und Überlassung an seine erwachsenen Kinder[3]

(−) wenn der Mieter anlässlich einer Untervermietung die erforderliche Genehmigung des Vermieters nicht eingeholt hat[4]

(+) bei der Begründung von zwei Untermietverhältnissen wegen eines längeren Auslandsaufenthaltes[5]

§ 553 Abs. 1 BGB (+) Überlassung der Wohnung an Partner einer nicht ehelichen Lebensgemeinschaft, mit dem tatsächlich keine durch gemeinsame Wirtschafts- und Haushaltsführung geprägte Lebensgemeinschaft besteht, weil der Mieter sich überwiegend im Ausland aufhält[6]

(−) Überlassung der Wohnung an Dritten wegen mehrmonatigen Auslandsaufenthalts zu Studienzwecken (Student), wenn der Mieter regelmäßig die Wohnung weiter nutzt[7]

(+) Überlassung der Wohnung an Dritten während 6-monatigem Auslandsaufenthalt[8]

(+) mehrmonatiger Auslandsaufenthalt zu Studienzwecken des studentischen Mieters, wenn der Mieter regelmäßig zeitweilig die Wohnung weiter benutzt[9]

(−) Aufnahme eines Dritten nach Auszug eines Mitmieters, damit die verbleibenden Mitmieter weiterhin in einer Wohngemeinschaft leben können[10]

---

1 LG Stuttgart, WuM 1992, 122.
2 LG Berlin, WuM 1991, 483.
3 LG Frankfurt/Main, WuM 2002, 92.
4 LG Köln in *Lützenkirchen*, KM 12 Nr. 24.
5 LG Köln in *Lützenkirchen*, KM 3 Nr. 22.
6 LG Berlin, WuM 1995, 38.
7 LG Hamburg, WuM 1994, 535.
8 AG Köln, WuM 2001, 305.
9 LG Hamburg, WuM 1995, 536.
10 LG Hamburg, WuM 1992, 432.

(–) Gebrauchsüberlassung an einen Dritten ohne Erlaubnis des Vermieters, wenn der Mieter einen Anspruch auf Erteilung der Erlaubnis hat[1]

(+) bei gleichzeitiger Anmietung einer weiteren Wohnung durch den Mieter, um von dort aus seinen Lebensunterhalt zu verdienen[2]

(+) Aufnahme des Lebensgefährten der Tochter des Mieters[3]

(–) Aufnahme eines Lebensgefährten, obwohl dieser Mietschulden beim Vermieter hat[4]

(–) Aufnahme der Eltern auch ohne Erlaubnis des Vermieters, wenn eine konkrete mietvertragliche Vereinbarung fehlt und wegen der Art und dem Zuschnitt der Wohnung die Aufnahme unproblematisch ist und die Zahl der Personen nicht überschritten wird, mit deren Aufnahme in der Wohnung der Vermieter bei Abschluss des Mietvertrages nicht rechnen musste[5]

(+) bei nachträglicher Benennung des eingezogenen Dritten und Weigerung, außer dem Namen weitere Daten anzugeben[6]

(+) ständiges Überlassen eines Schlüssels an den Freund der Tochter, um ihm den Gebrauch der Wohnung dauernd zu ermöglichen[7]

(–) Aufnahme einer erwachsenen Person mit Kind in die Mietwohnung, um gestiegene Wohnkosten zu senken und die Versorgung der eigenen Kinder zu verbessern (berechtigtes Interesse)[8]

(–) obwohl die Bauförderungsbestimmungen nur die Nutzung durch einen beschränkten Personenkreis zulassen[9]

(–) Aufnahme eines Kindermädchens[10]

(–) Gebrauchsüberlassung an einen Dritten durch mehrere Mitmieter nach Auszug eines Mitmieters, wenn sie dadurch finanziell spürbar entlastet wer-

---

1 BayObLG, WuM 1991, 18.
2 LG Berlin, ZMR 2002, 49; **a.A.** LG Hamburg, ZMR 2001, 973.
3 OLG Hamm, WuM 1997, 364.
4 AG Hamburg, WuM 1997, 554.
5 BayObLG, WuM 1997, 603.
6 AG Köln in *Lützenkirchen*, KM 6 Nr. 13.
7 AG Münster, WuM 1991, 56.
8 AG Büdingen, WuM 1991, 585.
9 LG Berlin, WuM 2002, 116.
10 AG Friedberg (Hessen), WuM 1991, 683.

den und ein regelmäßiges Unbewohntsein der Wohnung für mehrere Tage in der Woche ausgeschlossen werden soll (berechtigtes Interesse)[1]
(+) unbefugte Gebrauchsüberlassung an den Lebensgefährten[2].

In jedem Fall ist der Mieter bei der beabsichtigten oder bereits erfolgten Gebrauchsüberlassung an Dritte zur Auskunft gegenüber dem Vermieter verpflichtet. Verletzt er die ihm obliegende **Auskunftspflicht**, verhält er sich vertragswidrig. Die Auskunft des Mieters soll dem Vermieter die Prüfung ermöglichen, ob er die Erlaubnis zur Gebrauchsüberlassung erteilt oder nicht. Erst recht muss er bei einer bereits erfolgten Gebrauchsüberlassung diese Prüfmöglichkeit erhalten. Notwendig ist in jedem Fall die namentliche Benennung des Dritten. Auf Nachfrage ist der Mieter auch verpflichtet nähere Angaben zur Person zu machen. Nur so hat er die Gelegenheit festzustellen, ob eine Störung des Hausfriedens zu befürchten ist, weil der Dritte z.B. mit einem anderen Hausbewohner verfeindet ist. Im Bereich der Gewerberaummiete ist – u.a. wegen etwaigen Konkurrenzschutzverpflichtungen – zudem das vom Dritten betriebene Gewerbe von immenser Bedeutung[3].

Problematisch war lange Zeit, ob der Vermieter auch Angaben zu den wirtschaftlichen Verhältnissen des künftigen Untermieters verlangen konnte. Dies wurde teilweise abgelehnt, da die wirtschaftlichen Verhältnisse, insbesondere die **Kreditwürdigkeit** des Dritten, keinen wichtigen Grund für die Versagung der Erlaubnis darstellen könnte[4]. Zumindest für den Bereich der **Gewerberaummiete** hat der BGH klargestellt, dass jedenfalls dann ein Bedürfnis des Vermieter besteht, die wirtschaftlichen Verhältnisse zu kennen, wenn eine Betriebspflicht vereinbart ist[5]. In diesem Fall wird das Interesse des Vermieters nicht allein durch die Solvenz des Untermieters gedeckt. Vielmehr hat er auch ein Interesse daran, dass der Betreiber des Geschäfts nicht zu häufig wechselt oder das Objekt leer steht. Hierunter leide die Wertschätzung des Mietobjekts und letztlich auch desen Vermietbarkeit.

Aber auch im Übrigen ist ein berechtigtes Interesse der Vermieter zu bejahen, und zwar auch bei Wohnraum[6]. Endet das Mietverhältnis mit dem Hauptmieter, ist auch der Dritte zur Räumung verpflichtet. Kommt er dieser Verpflichtung nicht nach, muss er auf Räumung gerichtlich in Anspruch genommen werden. Während des Zeitraums ab Beendigung des Mietverhältnisses schuldet der Dritte gemäß §§ 987, 990 BGB eine **Nutzungsentschädigung.** Der Vermieter hat daher ein Interesse zu erfahren, ob

---

1 AG Köln in *Lützenkirchen*, KM 3 Nr. 21.
2 OLG Hamm, DWW 1998, 211.
3 BGH v. 15.11.2006 – XII ZR 92/04, NZM 2007, 288.
4 Vgl. Herrlein/Kandelhard, Mietrecht, 2. Aufl., § 540 Rz. 27 m.w.N.
5 BGH v. 15.11.2006 – XII ZR 92/04, NZM 2007, 288; ebenso OLG Hamm, DWW 1996, 162.
6 A.A. LG Hamburg, WuM 1991, 585; LG Berlin, NZM 2002, 947.

dem Dritten eine Zahlung der Nutzungsentschädigung bei einem etwaigen vertragswidrigen Verhalten nach Beendigung des Mietverhältnisses möglich ist. Ob der eigentliche Mieter daneben gemäß § 546a BGB haftet, kann dem nicht entgegen gehalten werden. Gerät der Mieter in Vermögensverfall hat der Vermieter lediglich die Möglichkeit, sich bei dem Dritten zu befriedigen.

ff) Vermieterberatung

269 Der Vermieter, der den Rechtsanwalt wegen eines (vermeintlich) vertragswidrigen Gebrauchs des Mieters aufsucht, befürchtet regelmäßig weitere Konsequenzen, nämlich z.B. Störungen des Hausfriedens, Nachahmungseffekte oder Schaden für die Mietsache. Vor allem wenn die **Lebensgewohnheiten des Mieters** Gegenstand der Beschwerde sind, sollte damit gerechnet werden, dass die Angelegenheit nicht mit einer einmaligen Abmahnung erledigt ist.

270 Umso mehr muss der Rechtsanwalt den **Sachverhalt** vollständig **ermitteln** und die **Beweisbarkeit** des beanstandeten Verhaltens oder Zustandes prüfen. Zeigen sich dabei Lücken, sollte untersucht werden, ob diese in zumutbarer Weise geschlossen werden können. Dabei ist vor allem daran zu denken, eine (prophylaktische) Beweissicherung (vgl. dazu *F Rz. 61*) oder eine **Besichtigung** (vgl. dazu *G Rz. 231*) durchzuführen, Nachbarn anzuschreiben, um eine genauere Datenerfassung (z.B. durch Lärmprotokolle, vgl. dazu *F Rz. 8 f.*) zu erreichen oder den Mandanten zu veranlassen, weitere **Recherchen** anzustellen (z.B. Gewerbemeldeamtsauskunft, Einwohnermeldeamtsanfrage bei Untervermietung). Bleibt danach der Sachverhalt unvollständig, muss das Risiko abgewogen werden, ob trotz der Lücke gegen den Mieter vorgegangen werden kann. Dafür kann insbesondere sprechen, dass der Vermieter z.B. gegenüber anderen Mietern deutlich machen muss, dass er die Störungen des Hausfriedens nicht tatenlos hinnimmt.

271 Um ein vertragswidriges Verhalten des Mieters zu ahnden, stehen dem Vermieter verschiedene Instrumente zur Verfügung, und zwar,

– Abmahnung,

– Beseitigung,

– Unterlassung,

– fristgerechte Kündigung,

– fristlose Kündigung,

– Schadensersatz.

272 Bei der **Abwägung**, welche Rechtsfolge auf Grund des konkreten Tatbestandes herbeigeführt werden soll, sollte der Vermieter einerseits bedenken, dass im Rahmen des vertragswidrigen Gebrauchs der **Grundsatz der Verhältnismäßigkeit** zu beachten ist und andererseits einige Rechtsfolgen (z.B. fristlose Kündigung nach § 543 Abs. 3 BGB, Unterlassungsanspruch nach § 541 BGB) eine Abmahnung voraussetzen.

Das **mildeste Mittel** für den Vermieter, mit dem er auf einen Vertragsverstoß reagieren kann, ist die **Abmahnung** (vgl. dazu *J Rz. 266 f.*). Mit ihr wird der Mieter darauf hingewiesen, dass sein Verhalten beanstandet wird und ihm angedroht, dass der Vermieter bei Fortsetzung des vertragswidrigen Gebrauchs eine bestimmte Rechtsfolge (z.B. Unterlassung) herbeiführen wird. Insbesonder wenn das Ziel der Beratung die Ausübung des ordentlichen Kündigungsrechts nach § 573 Abs. 2 Ziff. 1 BGB ist, sollte der vorsichtige Rechtsanwalt bedenken, dass die Rechtsprechung zumindest bei leichteren Vertragsverletzungen (z.B. Treppenhausreinigung) auch insoweit eine Abmahnung voraussetzen kann[1]. Auch wenn dies erheblichen Zweifeln begegnet[2], sollte bedacht werden, dass die Kündigung im Bereich der Vertragswidrigkeiten des Mieters immer als ultima ratio angesehen wird, so dass vor allem die Instanzgerichte bei leichten Vertragsverstößen mit diesem Vehikel dem Mieter versuchen, seine Wohnung zu erhalten.

273

Die Abmahnung ist zugleich Voraussetzung, um den **Beseitigungs- und Unterlassungsanspruch** nach § 541 BGB geltend zu machen. Zur Herbeiführung dieser Rechtsfolgen muss der Sachverhalt also zweimal ermittelt werden, nämlich einmal vor Ausspruch der Abmahnung und sodann nach Ablauf der Frist, die in der Abmahnung dem Mieter zur Beseitigung des vertragswidrigen Zustandes gesetzt werden sollte. Dabei sollte bedacht werden, dass **erneute Vertragsverstöße** ermittelt werden müssen, wenn der vertragswidrige Gebrauch nicht in einem Dauerzustand besteht. Dies ist vor allem bei Lärmbeeinträchtigungen der Fall. Bevor hier eine Unterlassungsklage erhoben wird, muss der Mandant grundsätzlich neue Vertragsverstöße mitteilen. Denn § 541 BGB setzt voraus, dass der Mieter den vertragswidrigen Gebrauch „ungeachtet" der Abmahnung **fortsetzt**. Diese Tatbestandsvoraussetzung kann nicht dadurch herbeigeführt werden, dass der Mieter (erfolglos) aufgefordert wird, eine Bestätigung zu erteilen, dass er zukünftig vertragswidriges Verhalten in der beschriebenen Form nicht mehr ausüben wird. Bei Dauerzuständen (z.B. baulichen Veränderungen, Drittüberlassung) kommt es lediglich darauf an, dass der Zustand bis zum Ablauf der Frist nicht beseitigt wurde.

274

Neben dem Unterlassungsanspruch sollte **gleichzeitig** ein **Beseitigungsanspruch** geltend gemacht werden, wenn der vertragswidrige Gebrauch (Zustand) andauert, z.B. bei der vertragswidrigen Anbringung einer Parabolantenne. Denn nur in dieser Kombination wird dem Interesse des Vermieters vollständig Rechnung getragen.

275

Kommt, z.B. nach vorangegangener Abmahnung, die Ausübung eines **Kündigungsrechts** in Betracht, sollte die bei diesen Tatbeständen empfohlene Vorgehensweise berücksichtigt werden (vgl. dazu *J Rz. 237 f., 258 f.*).

276

---

1 LG Köln in *Lützenkirchen*, KM 7 Nr. 1; AG Frankfurt/Main, WuM 2002, 52; *Lützenkirchen*, MDR 2001, 1385, 1391; **a.A.** OLG Oldenburg, WuM 1991, 467; MünchKomm/*Voelskow*, § 564b BGB Rz. 45; *Grapentin* in Bub/Treier, IV Rz. 62.
2 OLG Oldenburg, WuM 1991, 467.

277 Zu jedem Zeitpunkt sollte auf Vermieterseite jedoch geprüft werden, ob der Mieter einen **Anspruch auf Erlaubnis** geltend machen kann. Denn grundsätzlich ist die Ahndung (vermeintlich) vertragswidrigen Verhaltens in diesen Fällen ausgeschlossen. Eine Ausnahme kann bestehen, wenn das Verhalten des Mieters zeigt, dass er sich bewusst über die Rechte des Vermieters hinwegsetzt, indem er z.B. eine Untervermietung durchführt, obwohl ihm bekannt ist, dass er dazu der vorherigen Zustimmung des Vermieters bedarf[1]. Ein Anspruch auf Erlaubnis kann sich dabei aus den unterschiedlichsten Tatbeständen ergeben. Neben den unter *G Rz. 129* dargestellten Erlaubnistatbeständen ergibt sich eine Duldungspflicht des Vermieters **insbesondere**

- aus einer höherrangigen Grundrechtsausübung des Mieters[2],
- aus dem Zustand der Mietsache, wenn der Mieter sie an den üblichen Standard anpassen will[3],
- dem Verbot, gleiche Sachverhalte ungleich zu behandeln[4],
- aus einer Duldung des vertragswidrigen Verhaltens, das als Zustimmung ausgelegt werden kann.

278 Um zu ermitteln, ob einer dieser Tatbestände gegeben ist, sollte der Rechtsanwalt nach dem Vermieter bekannten Gründen für das Verhalten des Mieters fragen, aber auch **recherchieren**, seit wann dem Vermieter der beanstandete Gebrauch bekannt ist und was er bisher dagegen unternommen hat. Werden vom Mieter erst in einer Erwiderung auf die Abmahnung oder sonstige Erklärungen Tatbestände offenbart, die als Berufungsfälle angesehen werden sollen, sollte der Vermieter vorsorglich darauf hingewiesen werden, dass er zur Vermeidung eines Rechtsverlustes auch gegenüber den genannten Mietern vorsichtshalber eine Abmahnung erteilen sollte.

279 Hat sich das vertragswidrige Verhalten in einem **Schaden des Vermieters** niedergeschlagen, können neben den dargestellten Rechtsfolgen auch Schadensersatzansprüche gemäß § 280 Abs. 1 BGB (**positive Vertragsverletzung**) geltend gemacht werden. Dazu sollte der Rechtsanwalt den Sachverhalt (insbesondere den Mietvertrag) auf evtl. Haftungsbeschränkungen untersuchen. Abgesehen davon, dass der Mieter insoweit für seine Erfüllungsgehilfen (Mitbewohner, Besuch, der auf seine Veranlassung mit der Mietsache in Kontakt kommt[5], Handwerker, Angestellte, Kunden, Lieferanten, Transporteure etc.) einzustehen hat, können sich **Haftungserleichterungen** unmittelbar oder mittelbar aus den vertraglichen Regelungen ergeben. Allerdings wird nicht mehr angenommen, dass der Mieter, der anteilig die Kosten der Gebäudeversicherung zu tragen hat, bei Wasser- und Brandschäden nur für grobe Fahrlässigkeit und Vorsatz haftet[6].

---

1 BayObLG, WuM 1995, 380 mit Anm. *Lützenkirchen*, WuM 1996, 67, 72.
2 BVerfG, NJW 1992, 493.
3 *Kraemer* in Bub/Treier, III Rz. 985.
4 *Sternel*, Mietrecht, II Rz. 110.
5 BGH, WuM 1991, 381.
6 Anders noch BGH, NJW 1996, 715.

Der **Höhe** nach wird der Wert der beschädigten Sachen unter Berücksichtigung eines Abzuges „neu für alt" berechnet. Der Anspruch auf Zahlung der (ungekürzten) Miete bleibt neben dem Schadensersatzanspruch aufrechterhalten[1]. Hat der vertragswidrige Gebrauch des Mieters zu einer erheblichen Beeinträchtigung des Gebrauchs geführt, kann der Mieter von seinem Kündigungsrecht nach § 543 Abs. 2 Nr. 1 BGB nicht Gebrauch machen[2]. Nur wenn bei Beendigung des Mietvertrages ein **erheblicher Aufwand** für die Wiederherstellung des ursprünglichen Zustandes erforderlich ist, ist eine Fristsetzung nach § 281 BGB erforderlich[3] (vgl. dazu K Rz. 149 f.). Selbstverständlich sollte der Rechtsanwalt des Vermieters auch die Frage seines Mitverschuldens oder einer Mitverursachung prüfen[4].

280

(1) Prozessuales

Vor einer prozessualen Inanspruchnahme des Mieters sollte geprüft werden, ob es nicht sinnvoll ist, (zunächst) gegen einen Dritten vorzugehen. Bei Störungen des Hausfriedens kann sich z.B. die Situation ergeben, dass andere Mieter wegen der Belästigungen die Miete gemindert haben. Auch bei der Verletzung von Sorgfaltspflichten kann einem Dritten ein Schaden entstanden sein, dessen Abwehr zunächst abgewartet werden sollte. Inwieweit hier ein **aktives Vorgehen gegenüber dem Mieter oder dem Dritten** betrieben werden sollte, sollte danach abgewogen werden, in welchem Verhältnis sich die für den Mandanten günstigere Beweissituation ergibt (vgl. auch F Rz. 255). Reklamiert der Dritte z.B. Störungen des Hausfriedens, ist er in dem Prozess, in dem seine vermeintlichen Gewährleistungsansprüche geklärt werden sollen, beweispflichtig. Macht sich der Vermieter die Behauptungen des Dritten (hier: über Störungen des Hausfriedens) zu Eigen, trägt er das Prozessrisiko, weil er gegenüber dem Mieter beweispflichtig ist. In jedem Falle sollte in dem einen wie in dem anderen Verfahren dem jeweiligen Dritten der **Streit verkündet** werden.

281

Da der Vermieter für die anspruchsbegründenden Voraussetzungen des § 541 BGB **beweispflichtig**[5] ist, sollte vor Einreichung der Klage vorsichtshalber noch einmal geprüft werden, ob tatsächlich alle Tatbestandsvoraussetzungen in ausreichendem Maße dargestellt und bewiesen werden können. Dauert der rechtswidrige Zustand an, sollte **Unterlassung** und **Beseitigung** begehrt werden. Denn die Beseitigung kann nach § 887 ZPO vollstreckt werden, während die Unterlassung nur mit Ordnungsgeld nach § 890 ZPO durchgesetzt werden kann. Mit der Zwangsvollstreckung nach § 887 ZPO, insbesondere dem dort vorgesehenen Vorschussanspruch nach § 887 Abs. 2 ZPO, ist jedoch nach Vorliegen eines Titels eine effiziente Umsetzung des Interesses des Vermieters gewährleistet. Denn er kann ggf.

282

---

1 BGH, WuM 1977, 5; OLG Düsseldorf, ZMR 1988, 222.
2 BGH, BGHZ 66, 349.
3 BGH, NJW 1977, 36; BGH, BGHZ 104, 6; BGH, BGHZ 107, 179.
4 Vgl. dazu *Kraemer* in Bub/Treier, III Rz. 958b.
5 *Kraemer* in Bub/Treier, III Rz. 1061.

zur Selbsthilfe schreiten und muss nicht den umständlichen Weg über die Androhung und Vollstreckung eines Ordnungsgeldes gehen. Für den Fall der verbotenen Tierhaltung kann ein **Antrag** z.B. wie folgt formuliert werden:

283 den Beklagten zu verurteilen, den Rottweiler namens Cherry aus der Wohnung im ersten Obergeschoss links des Hauses Luxemburger Str. 101, 50937 Köln, zu entfernen und nicht wieder in die Wohnung aufzunehmen.

Teilweise lassen die Gerichte auch einen abstrakteren (weiter gehenden) Unterlassungsantrag zu, der z.B. wie folgt ausgestaltet werden kann:

den Beklagten zu verurteilen, den Rottweiler Cherry aus der Wohnung im ersten Obergeschoss rechts des Hauses Luxemburger Str. 101, 50939 Köln, zu entfernen und nicht ohne Zustimmung des Klägers in der Wohnung wieder eine Tierhaltung zu betreiben.

284 Schließlich kann bei Erhebung einer Unterlassungsklage daran gedacht werden, die gemäß § 890 Abs. 2 ZPO erforderliche **Androhung** bereits im Klageantrag vorzusehen (vgl. dazu *M Rz. 338*).

285 Immer wieder übersehen wird in der Praxis, dass eine Beseitigung des rechtswidrigen Zustandes während des Klageverfahrens nur zu einer **Erledigung** des Beseitigungsantrages in der **Hauptsache** führt. Der Unterlassungsanspruch wird dadurch in der Hauptsache nicht erledigt, da § 541 BGB keine Wiederholungsgefahr voraussetzt[1]. Ein sofortiges **Anerkenntnis** i.S.d. § 93 ZPO ist bei einer Unterlassungsklage nach § 541 BGB ebenfalls undenkbar, da der Mieter durch das vertragswidrige Verhalten, das er nach der Abmahnung fortgesetzt hat, Anlass zur Klageerhebung gegeben hat.

286 Je nachdem, worauf die Unterlassungsklage gestützt werden soll, kann auch überlegt werden, dem Klageverfahren ein **selbständiges Beweisverfahren** voranzustellen. Daran sollte vor allem gedacht werden, wenn sich der Mieter auf einen Duldungsanspruch oder Anspruch auf Erlaubnis beruft bzw. berufen kann, der Vermieter jedoch wegen nicht fachgerechter Ausführung den Standpunkt vertritt, der Mieter sei zur Beseitigung verpflichtet.

287 Schließlich kann geprüft werden, ob die Voraussetzungen einer **einstweiligen Verfügung** (§ 935 BGB) vorliegen (vgl. dazu *M Rz. 327 ff.*). Denn der Unterlassungsanspruch kann auch im einstweiligen Rechtsschutzverfahren verfolgt werden, um den Rechtsfrieden vorläufig zu sichern.

---

1 Palandt/*Weidenkaff*, § 541 BGB Rz. 5.

(2) Gebühren

Der Gebühren**streitwert** bei vertragswidrigem Gebrauch richtet sich nach dem Interesse des Vermieters an der Beseitigung bzw. Unterlassung. Da die Abmahnung eine Vorstufe zur (fristlosen) Kündigung darstellt, kann insoweit die halbe Jahresmiete zugrunde gelegt werden. Ansonsten bestimmt sich der Streitwert nach freiem Ermessen des Gerichts. Regelmäßig kommen Streitwerte zwischen 500 Euro und 750 Euro zur Anwendung (vgl. die Beispielsfälle *N Rz. 278 ff.*). 288

gg) Mieterberatung

Als Vertreter des Mieters muss einerseits der vom Vermieter erhobene Vorwurf überprüft und andererseits geklärt werden, ob der Mieter ausnahmsweise einen Anspruch auf Zustimmung zu dem von ihm geübten Gebrauch hat (vgl. dazu *Rz. 277*). 289

Dazu kann es sinnvoll sein, die Wohnung zu **besichtigen**, um einerseits den Zustand zu überprüfen oder zusätzliche Entlastungstatbestände (z.B. Hellhörigkeit) zu ermitteln. Ansonsten sollte daran gedacht werden, die gesamte Darstellung des Mandanten kritisch zu durchleuchten, um die Schwachstellen seiner Argumentation aufzudecken, damit hier ggf. durch Gestaltung des Sachverhaltes noch Vorsorge getroffen werden kann. 290

In welcher Form auf das Begehren des Vermieters **reagiert** wird, ist im Einzelfall verschieden. Ist die Beanstandung nicht (ganz) grundlos, sollten dem Mieter Verhaltensweisen aufgezeigt werden, die sich im Rahmen des vertragsgemäßen Gebrauchs halten. Ob der Rechtsanwalt in diesem Fall gegenüber dem Vermieter überhaupt tätig werden sollte, sollte wohl abgewogen werden. Ein **Zurückweisen der Vorwürfe** bietet dem Vermieter u.U. eine Klagemöglichkeit (Feststellungsklage). Ist die Beweissituation jedoch für den Mieter ungünstig, sollte dieses Risiko vermieden werden. Denn durch den Zeitablauf kann sich die Beweislage für den Mieter eher günstiger gestalten, weil die Erinnerung der dem Vermieter zur Verfügung stehenden Zeugen leidet oder es der Vermieter z.B. bei der Abmahnung belässt und der Rechtsfrieden danach nicht weiter tangiert wird, weil der Mandant sich entsprechend eingerichtet hat. Erst recht sollte in dieser Weise verfahren werden, wenn die Vorwürfe des Vermieters unzweifelhaft berechtigt sind, so dass der Mieter zur Vermeidung einer gerichtlichen Auseinandersetzung nur in das „vertragsgemäße Verhalten flüchten" kann. 291

Sind die Vorwürfe allerdings unberechtigt, kann überlegt werden, ob sie durch **Vorbereitung eines gerichtlichen Verfahrens** (z.B. Feststellungsklage) aus der Welt geschafft werden sollten. Insoweit sollte der Mandant jedoch (schriftlich) darauf hingewiesen werden, dass jeder Prozess ein Restrisiko behält. Auch wenn sich die Sachlage in der Beratung noch so eindeutig darstellt, kann sie im Prozess durch überraschende (zusätzliche) Darstellun- 292 gen des Vermieters oder durch unerwartete Zeugenaussagen ungünstiger werden.

(1) Prozessuales

293 Entschließt sich der Mandant zu einem (aktiven) prozessualen Vorgehen, kommt regelmäßig nur die **Feststellungsklage** (vgl. dazu *M Rz. 191 f.*) in Betracht. Dadurch, dass der Vermieter sich eines Rechtes berühmt (z.B. Abmahnung), ist das notwendige Rechtsschutzbedürfnis gegeben. Der **Antrag** kann z.B. wie folgt formuliert werden:

> festzustellen, dass der Kläger berechtigt ist, mit Frau Bettina Müller in der Wohnung im ersten Obergeschoss rechts des Hauses Luxemburger Str. 101, 50937 Köln, zusammenzuwohnen.

294 In diesem Fall sollte in der Klageschrift so kurz (und schlüssig) wie möglich vorgetragen werden. Denn auch hier muss der Vermieter den vertragswidrigen Gebrauch **beweisen**, so dass der Mieter nur seinen Anspruch auf Zustimmung darlegen muss. Aber auch dies sollte – jedenfalls in der Klageschrift – zunächst nur in der gebotenen Kürze erfolgen, um dann in der Replik die Gelegenheit zu nehmen, das „berechtigte Interesse" durch die gegebenen Umstände auszufüllen.

Gegen eine etwaige **Abmahnung** selbst kann der Mieter nicht vorgehen. Mit seinem Urteil vom 20.2.2008 stellte der BGH[1] klar, dass der Mieter weder Beseitigung noch Unterlassung der Abmahnung verlangen kann, selbst wenn die diese unberechtigt erfolgte. Ein solcher Anspruch ist gesetzlich nicht geregelt und sich auch nicht aus §§ 241 Abs. 2, 242 BGB herleiten, weil eine unberechtigte Abmahnung den Mieter noch nicht in seinen Rechten verletzt. Die Unzulässigkeit einer Abmahnung kann auch nicht im Wege der **Feststellungsklage** geklärt werden, da eine solche nur auf die Feststellung eines Rechtsverhältnisses i.S. des § 256 Abs. 1 ZPO gerichtet sein kann. Dazu können auch einzelne, aus einem Rechtsverhältnis sich ergebende Rechte und Pflichten gehören, nicht aber bloße Elemente oder Vorfragen eines Rechtsverhältnisses, reine Tatsachen oder etwa die Wirksamkeit von Willenserklärungen, wie einer erklärten Abmahnung[2].

295 Selbstverständlich kann auch hier überlegt werden, ein **selbständiges Beweisverfahren** (vgl. dazu *M Rz. 296 f.*) einzuleiten. Dies gilt vor allem, wenn der vom Mieter veränderte Zustand der Räume Gegenstand der Beanstandung des Vermieters ist.

---

1 VIII ZR 139/07, WuM 2008, 217.
2 BGH v. 2.10.1991 – VIII ZR 21/91, WM 1991, 2081; BGH v. 19.4.2000 – XII ZR 332/97, NJW 2000, 2280.

(2) Gebühren

Insoweit ergeben sich keine Besonderheiten gegenüber der Vermieterberatung (vgl. Rz. 288).

VI. Exkurs: Die „Mieterbegünstigungsklausel"[1]

Um Beurteilen zu können, ob sich die Mietvertragsparteien überhaupt vertragswidrig verhalten, bedarf es häufig zunächst einer Prüfung der wechselseitig im Mietvertrag vereinbarten Verpflichtungen auf deren Wirksamkeit. Hierbei muss aber berücksichtigt werden, dass die grundsätzlich im BGB geltende Privatautonomie im Bereich des Mietrechts erhebliche Einschränkungen erfährt.

Mit der zum 1.9.2001 in Kraft getretenen Mietrechtsreform wurde in einer Vielzahl von Vorschriften bestimmt, dass eine „**zum Nachteil des Mieters abweichende Vereinbarung**" unwirksam ist[2]. Hierdurch wurde die bis dahin nur vereinzelt vorgesehene „**Mieterbegünstigungsklausel**" flächendeckend in das Wohnungsmietrecht eingeführt. Durch diese werden den Konturen des gesetzlichen Mietvertrages, wie er in den §§ 535 ff. BGB festgelegt ist, starre Grenzen gesetzt, ohne dass es einer Inhaltskontrolle nach den §§ 307, 310 Abs. 3 BGB bedarf; abweichende Vereinbarungen sind kraft Gesetzes unwirksam.

Nach der gesetzlichen Formulierung bleibt aber die zeitlichen Reichweite der „Mieterbegünstigungsklausel" offen, insbes. ob sie unabhängig von dem Zeitpunkt der Abschlusses der Vereinbarung jegliche für den Mieter nachteilige Abweichung vom Inhalt der jeweiligen Norm verhindern soll. Die **Rechtsprechung und Literatur** haben sich bislang mit dieser Frage nur spärlich und stets nur im Zusammenhang mit einzelnen Normen auseinander gesetzt[3]. Zu § 556 Abs. 4 BGB wird z.B. vertreten, dass der Anwendungsbereich auf generelle Absprachen im Mietvertrag beschränkt sein soll[4]. Gleiches gilt für § 554 Abs. 5 BGB[5]. Dies wird damit begründet, dass der Schutzzweck der Norm gerade nicht verlange, dass der Vermieter auch im laufenden Mietverhältnis in allen Fällen an die Voraussetzungen der § 554 Abs. 2–4 BGB gebunden sei. Im Zusammenhang mit § 551 Abs. 4 BGB wird – trotz gleichen Wortlauts – andererseits vertreten, dass sich die Wirkung dieser Regelung auch auf Vereinbarung erstreckt, die während des

---
1 Hierzu ausführlich *Lützenkirchen/Dickersbach*, ZMR 2006, 822.
2 Vgl. §§ 547 Abs. 2, 551 Abs. 4, 553 Abs. 3, 557 Abs. 4, 557a Abs. 4, 557b Abs. 4, 558 Abs. 6, 558a Abs. 5, 558b Abs. 4, 559 Abs. 3, 559a Abs. 5, 559b Abs. 3, 560 Abs. 5, 561 Abs. 2, 563a Abs. 3, 565 Abs. 3, 571 Abs. 3, 573 Abs. 4, 573a Abs. 4, 573b Abs. 5, 573d Abs. 3, 574 Abs. 4, 574a Abs. 3, 574b Abs. 3, 574c Abs. 3, 575 Abs. 4, 575a Abs. 4, 576 Abs. 2, 576a Abs. 3, 576b Abs. 2, 577 Abs. 5, 577a Abs. 3 BGB.
3 Vgl. insoweit *Lützenkirchen/Dickersbach*, ZMR 2006, 821.
4 Schmidt-Futterer/*Blank*, § 556 Rz. 412.
5 LG Berlin v. 11.1.2001 – 67 S 120/00, MM 2001, 202; AG Leipzig v. 22.6.1999 – 45 C 876/99, NZM 2000, 619; Emmerich/Sonnenschein, § 554 Rz. 37.

laufenden Mietverhältnisses abgeschlossen werden[1], also z.B. die Vereinbarung einer höheren als durch Abs. 1 zugelassene Mietsicherheit. Auch hinsichtlich § 536 Abs. 4 BGB wird vertreten, dass das Minderungsrecht des Mieters während des laufenden Mietverhältnisses nicht abbedungen werden kann[2].

Nach der hier vertretenen Auffassung würde eine umfassende Geltung der „Mieterbegünstigungsklausel" eine zu starke und durch nichts zu rechtfertigende Einschränkung der Vertragsfreiheit darstellen und ist deshalb abzulehnen. Die „Mieterbegünstigungsklausel" bezweckt unstreitig den **Schutz des Wohnraummieters**. Andererseits war es Ziel des Mietrechtsreformgesetz, durch das die „Mieterbegünstigungsklausel" erst flächendeckend normiert wurde, die **Vertragsfreiheit zu stärken**. Dies wurde bereits in der Begründung zum Referentenentwurf vom 20.3.2000 herausgestellt[3]. Der Zweck des Mietrechtsreformgesetzes sowie Sinn und Zweck der „Mieterbegünstigungsklausel" erscheinen aber nur auf den ersten Blick widersprüchlich. Aus der Verbindung der Gesichtspunkte des Mieterschutz und der Stärkung der Vertragsfreiheit ergibt sich zwingend, dass die „Mieterbegünstigungsklausel" lediglich dort Geltung beansprucht, wo der Mieterschutz dies erfordert. Ein solcher Schutz des Mieters ist aber nur bei Abschluss des Mietvertrages geboten. In dieser Situation befindet sich der Vermieter grundsätzlich in einer stärkeren (Verhandlungs-)Position als der Mieter. Die Überlassung der Wohnung hängt letztlich allein von seinem Willen ab. Diese Position ermöglicht es, für ihn günstige Bedingungen (vertraglich) durchzusetzen. Die „Mieterbegünstigungsklausel" soll diesem **Übergewicht des Vermieters** entgegenwirken.

Während des laufenden Mietverhältnisses fehlt es aber an einer vergleichbaren Machtposition des Vermieters. Die Mietvertragsparteien stehen sich vielmehr auf „**Augenhöhe**" gegenüber. Insbesondere können Änderungen des Mietvertrages grundsätzlich nur einvernehmlich herbeigeführt werden, wozu der Mieter aber gerade nicht verpflichtet ist. Willigt er in eine entsprechende Änderungen der vertraglichen Grundlage ein, ist er nicht schutzwürdig, da eine Zwangssituation nicht gegeben ist. Nachträgliche, vom Gesetz abweichende, Vereinbarungen zwischen Mieter und Vermieter sind gerade Ausdruck der Privatautonomie. Diese bezweckte das Mietrechtsreformgesetz aber gerade zu fördern[4].

Die „Mieterbegünstigungsklausel" kann daher lediglich bei Abschluss des Mietvertrages Geltung beanspruchen. Ab diesem Zeitpunkt können die Mietvertragsparteien vom Gesetz abweichende Regelungen vereinbaren, und zwar ausdrücklich oder stillschweigend, individuell oder formularvertraglich. Die Grenzen werden allein durch die §§ 123, 138, 242, 307 BGB gezogen.

---

[1] Bamberger/Roth/*Ehlert*, § 551 Rz. 31.
[2] AG Köln v. 26.5.1994 – 214 C 92/94, *Lützenkirchen*, Kölner Mietrecht, 32 Nr. 9.
[3] Begründung zum Gesetzentwurf, BT-Drucks. 14/4553, S. 1, 34.
[4] *Lützenkirchen/Dickersbach*, ZMR 2006, 821, 824.

J. Beendigung des Mietvertrags

	Rz.
I. Modalitäten der Vertragsbeendigung	1
1. Kündigung	2
2. Rücktritt	7
3. Anfechtung	11
4. Beendigung durch Fristablauf	15
5. Beendigung durch Bedingungseintritt	18
6. Mietaufhebungsvereinbarung	20
7. Umdeutung von Erklärungen	24
a) Umdeutung unwirksamer fristloser in ordentliche Kündigung	25
b) Umdeutung unwirksamer fristloser Kündigung in Abmahnung	25a
c) Umdeutung fristgemäßer Kündigung zu unrichtigem Beendigungstermin in Kündigung zum zulässigen Termin	26
d) Umdeutung unwirksamer Kündigung in Angebot zur Vertragsaufhebung	27
e) Umdeutung beiderseitiger Kündigungen in Aufhebungsvereinbarung	28
f) Umdeutung unwirksamer Abtretung des Kündigungsrechts in wirksame Ermächtigung zum Kündigungsausspruch	31
g) Umdeutung eines verfrühten Räumungsantrags	32
II. Kündigung durch den Vermieter	33
1. Überlegungen vor Kündigungsausspruch	33
a) Gegenstand des Mandats	33
b) Besteht überhaupt ein Mietverhältnis?	34
c) Kündigen oder verhandeln?	38
d) Planung und Vorbereitung des Kündigungsausspruchs	42
e) Bestimmung des Beendigungstermins	43a

	Rz.
f) Abmahnung bzw. Fristsetzung vor Kündigungsausspruch	44
g) Gebührenfragen	46
2. Grundsätze des Kündigungsausspruchs	47
a) Wer muss die Kündigung aussprechen?	47
b) An wen muss sich die Kündigungserklärung richten?	57
c) Wem muss die Kündigung zugestellt werden?	59
d) Form der Kündigung	63
e) Kündigungsfristen, §§ 580a, 573c BGB	64
f) Inhalt des Kündigungsschreibens	71
g) Befristeter Ausschluss des ordentlichen Kündigungsrechts	74a
h) Vertragliche Beschränkungen der Kündigungsbefugnis	75
i) Kündigungssperrfristen (nach Umwandlung in Wohnungseigentum)	76
j) Begründung der ordentlichen Wohnraumkündigung	83
k) Mehrheit von Kündigungsgründen	90
l) Haupt- und Hilfskündigung, Wiederholung des Kündigungsausspruchs	91
m) Weitere Erklärungen im Kündigungsschreiben	96
aa) Belehrung über Kündigungswiderspruch gem. § 574 BGB	97
bb) Vorsorglicher Fortsetzungswiderspruch gem. § 545 BGB	99
cc) Verlangen erhöhter Nutzungsentschädigung gem. § 546a Abs. 1 BGB	100
dd) Geltendmachung des Vermieterpfandrechts gem. § 562 BGB	103
ee) Hinweis auf Pflichten des Mieters bei Vertragsende	104

	Rz.
ff) Angebot zum Abschluss einer Mietaufhebungsvereinbarung	105
gg) Auskunftsverlangen über Mitbewohner	109
n) Zustellung des Kündigungsschreibens	110
o) Weitere Maßnahmen im Zusammenhang mit der Kündigung	119
3. Ordentliche (fristgebundene) Kündigung	122
a) Kündigung von Geschäftsraum	122
b) Änderungskündigung bei Geschäftsraum	123
c) Kündigung von Wohnraum ohne Kündigungsschutz	127
aa) Die gesetzlichen Ausnahmetatbestände	127
(1) Wohnraum zu vorübergehendem Gebrauch	128
(2) Möblierter Wohnraum innerhalb der Wohnung des Vermieters	132
(3) Zwischenmietverhältnisse der öffentlichen Hand zu Zwecken der Wohnungsfürsorge	136
(4) Wohnraum in Studenten- oder Jugendwohnheimen	137
(5) Ferienwohnungen	138
bb) Besonderheiten bei untervermietetem Wohnraum	139
d) Erleichterte Kündigung der Einliegerwohnung, § 573a BGB	145
e) Teilkündigung, § 573b BGB	157
4. Wohnraumkündigung aus berechtigtem Interesse, § 573 BGB	165
a) Eigenbedarf, § 573 Abs. 2 Nr. 2 BGB	166
aa) Allgemeine Grundsätze	166
bb) Benötigen	175
cc) Familienangehörige	183
dd) Haushaltsangehörige	186
ee) Nachträgliche Veränderungen der Bedarfslage	188
ff) Nachträglicher Wegfall des Eigenbedarfs	193

	Rz.
(1) Vermieterwechsel	194
(2) Freiwerden einer anderen Wohnung des Vermieters (Alternativwohnung)	197
(3) Mitteilungspflicht bei Wegfall des Eigenbedarfs	205
b) Hinderung angemessener wirtschaftlicher Verwertung, § 573 Abs. 2 Nr. 3 BGB	209
aa) Allgemeine Grundsätze	209
bb) Verkauf	223
cc) Sanierung/Umbau	230
dd) Abriss	234
c) Schuldhafte, nicht unerhebliche Pflichtverletzung, § 573 Abs. 2 Nr. 1 BGB	237
aa) Allgemeine Grundsätze	237
bb) Abmahnung bzw. Fristsetzung vor Kündigungsausspruch	241
cc) Verhältnis zur fristlosen Kündigung gem. §§ 543, 569 BGB	242
dd) Typische Fälle	243
d) Sonstige Kündigungsgründe, § 573 Abs. 1 S. 1 BGB	245
aa) Betriebsbedarf	247
bb) Beruflicher Bedarf	249a
cc) Erfüllung öffentlich-rechtlicher Aufgaben	250
dd) Besonderheiten bei Genossenschaftswohnungen	252
ee) Fehlbelegung von Sozialwohnungen	253
ff) Überbelegung	256
gg) Abrisskündigung wegen Leerstands	257a
5. Außerordentliche fristlose Kündigung aus wichtigem Grund	258
a) Allgemeine Grundsätze	258
aa) Unzumutbarkeit der Vertragsfortsetzung, § 543 Abs. 1 S. 2 BGB	260
(1) Umstände des Einzelfalles	262
(2) Verschulden der Parteien	263
(3) Abwägung der beiderseitigen Interessen	264
(4) Restlaufzeit des Vertrages	265
bb) Abmahnung bzw. Fristsetzung, § 543 Abs. 3 BGB	266

	Rz.
(1) Grundsätze	266
(2) Abfassung der Abmahnung	271
cc) Angemessene Frist zum Kündigungsausspruch, § 314 Abs. 3 BGB	275
dd) Begründung fristloser Wohnraum-Kündigung, § 569 Abs. 4 BGB	276
b) Zahlungsverzug, § 543 Abs. 2 S. 1 Nr. 3 BGB	277
c) Vernachlässigung der Sorgfaltspflicht, § 543 Abs. 2 S. 1 Nr. 2, 1. Alt. BGB	278
d) Unbefugte Gebrauchsüberlassung, § 543 Abs. 2 S. 1 Nr. 2, 2. Alt. BGB	280
e) Störung des Hausfriedens durch den Mieter, § 569 Abs. 2 BGB	283
f) Sonstige wichtige Gründe, § 543 Abs. 1 BGB	284
g) Störung der Geschäftsgrundlage, § 313 Abs. 3 BGB	285
h) ABC der fristlosen Kündigung des Vermieters	286
6. Außerordentliche Kündigung mit gesetzlicher Frist (Sonderkündigungsrechte)	287
a) Gemeinsamkeiten der Sonderkündigungsrechte, § 573d BGB	287
b) Kündigung nach Tod des Mieters	288
aa) Kündigung gegenüber dem Erben, § 564 S. 2 und § 580 BGB	288
bb) Kündigung nach Eintritt begünstigter Haushaltsangehöriger, § 563 Abs. 4 BGB	290
c) Kündigung von Verträgen über mehr als 30 Jahre, § 544 BGB	292
d) Kündigung des Erstehers in der Zwangsversteigerung, § 57a ZVG	294
e) Kündigung nach Beendigung des Nießbrauchs, § 1056 Abs. 2 S. 1 BGB	297
7. Kündigungssperre im Insolvenzverfahren	298

	Rz.
III. Beendigung des befristeten Mietvertrages durch den Vermieter	299
IV. Die Räumungsklage	304
1. Vorbereitung der Klageerhebung	304
a) Aktivlegitimation – Wer kann, wer muss klagen?	305
b) Passivlegitimation – Gegen wen ist die Klage zu richten?	310
2. Zeitpunkt der Klageerhebung, insbesondere Klage auf künftige Räumung	312
3. Inhalt der Klageschrift	316
a) Fassung des Klageantrags	316
b) Beschleunigung des Verfahrens	319
4. Abwendung der Klageabweisung durch rechtzeitige Nachbesserung	323
a) Erneute Kündigung	323
b) Behebung fehlender Aktivlegitimation durch Abtretung	326
c) Behebung fehlender Passivlegitimation durch Klageerweiterung	327
5. Besonderheiten bei Widerspruch des Mieters gem. § 574 BGB	328
V. Rechtswahrung des Mieters nach Empfang der Kündigung	337
1. Beurteilung der Wirksamkeit der Kündigung	337
2. Entwicklung eines Verteidigungskonzeptes	342
a) Vereinbarung über Vertragsfortsetzung	343
b) Vereinbarung über Vollstreckungsverzicht	343a
c) Verzögerung der Räumung	344
d) Vermeidung einer Räumungsklage	346
e) Weitere nützliche Überlegungen	349
3. Kündigungswiderspruch gem. § 574 BGB	351

	Rz.
VI. Gerichtliche Rechtsverteidigung des Mieters	360
1. Allgemeine und taktische Überlegungen	360
a) Einschätzung der Erfolgsaussichten	360
b) Aktive Verbesserung der Erfolgsaussichten	361
c) Hilfsziele	364
aa) Zeitgewinn	364
bb) Abschluss eines Räumungsvergleichs	365
2. Verteidigung gegen die Räumungsklage	366
a) Formelle Einwendungen gegen die Klage	366
b) Einwand fortdauernden Besitzrechts	370
aa) Keine wirksame Kündigung	370
(1) Formelle Einwendungen gegen die Kündigung	370
(2) Geltung von Wohnraummietrecht	373
(3) Unzureichende Begründung im Kündigungsschreiben	374
(4) Bestreiten der Kündigungsgründe	375
(5) Bestreiten innerer Tatsachen (Absichten)	376
bb) Keine wirksame Befristung	380
cc) Verlängerung, Fortsetzung, Neuabschluss des Vertrags	382
(1) Stillschweigende Verlängerung gem. § 545 BGB	383
(2) Fortsetzung und Neuabschluss durch Vereinbarung	386
dd) Keine Beendigung des Zeitmietvertrags gem. § 575 BGB	390
ee) Fortsetzungsanspruch gem. § 564c BGB a.F.	391
(1) Wirksames Fortsetzungsverlangen	391
(2) Kein Ausschluss durch qualifizierten Zeitmietvertrag	392

	Rz.
(3) Prozessuale Geltendmachung	393
ff) Fortsetzungsanspruch nach der Sozialklausel, § 574a BGB	395
c) Einwand des Rechtsmissbrauchs	396
d) Einwendungen des Untermieters	397
e) Einwendungen des Endmieters bei Zwischenvermietung	398
f) Einwendungen gegen Herausgabeverlangen des Erwerbers	399
g) Räumungsfrist	400
h) Anträge zur Vollstreckbarkeit	404
3. Negative Feststellungsklage des Mieters	410
a) Rechtliches Interesse	410
b) Wann ist die Feststellungsklage sinnvoll?	416
VII. Der gerichtliche Räumungsvergleich	418
1. Grundsätze	418
2. Inhalt des Vergleichs	419
3. Widerruf des Vergleichs	421a
4. Anfechtung des Vergleichs	422
5. Zwangsvollstreckung aus dem Vergleich	423
VIII. Kündigung durch den Mieter	424
1. Überlegungen vor Kündigungsausspruch	424
2. Grundsätze des Kündigungsausspruchs	426
3. Ordentliche (fristgebundene) Kündigung	427
a) Allgemeine Grundsätze	427
b) Ausschluss der ordentlichen Kündigung des Mieters	427a
c) Kündigungsfristen des Mieters, §§ 580a, 573c BGB	428
4. Außerordentliche fristlose Kündigung aus wichtigem Grund	430
a) Allgemeine Grundsätze	430

	Rz.
b) Hinderung des Gebrauchs, § 543 Abs. 2 Nr. 1 BGB	433
aa) Voraussetzungen	433
bb) Ausschlussgründe	440
cc) Fallgruppen	445
c) Gesundheitsgefährdung, § 569 Abs. 1 BGB	446
aa) Voraussetzungen	446
bb) Ausschlussgründe	450
cc) Fallgruppen	452
d) Störung des Hausfriedens durch den Vermieter, § 569 Abs. 2 BGB	453
e) Sonstige wichtige Gründe, § 543 Abs. 1 BGB	454
f) Störung der Geschäftsgrundlage, § 313 Abs. 3 BGB	455
g) ABC der fristlosen Kündigung des Mieters	456
5. Außerordentliche Kündigung mit gesetzlicher Frist (Sonderkündigungsrechte)	457
a) Vorbemerkung, Gemeinsamkeiten	457
b) Kündigung wegen verweigerter Untervermieterlaubnis, § 540 Abs. 1 S. 2 BGB	459
c) Kündigungsrecht des Erben, § 564 S. 2 und § 580 BGB	466
d) Kündigung von Verträgen über mehr als 30 Jahre, § 544 BGB	468
e) Versetzung von Militärpersonen, Beamten, Geistlichen, Lehrern, § 570 BGB a.F.	469
f) Kündigungsrecht bei Mieterhöhung, §§ 561 Abs. 1 BGB, 11 WoBindG	472
g) Kündigungsrecht bei Modernisierung, § 554 Abs. 3 S. 2 BGB	473
h) Kündigungsrecht des Insolvenzverwalters, § 109 InsO	474
IX. Beendigung des befristeten Mietvertrages durch den Mieter	475
1. Vertragsgemäße Beendigung	475
a) Automatische Beendigung durch Ablauf der Vertragszeit	475
b) Beendigung des befristeten Vertrages mit Verlängerungsklausel	478
c) Beendigung des qualifizierten Zeitmietvertrages	479
2. Vorzeitige Beendigung	480
a) Grundsätze	480
b) Vertragliche Ersatzmieterklausel	481
c) Ersatzmieterstellung bei berechtigtem Interesse des Wohnraum-Mieters	482
d) Ersatzmieterstellung bei Geschäftsraummiete	489a
X. Beendigung durch Bedingungseintritt	490
XI. Die Mietaufhebungsvereinbarung	492
1. Grundsätze	492
2. Form	496
3. Inhalt	497
a) Interessenlage der Parteien	497
b) Notwendige und nützliche Regelungen	498

I. Modalitäten der Vertragsbeendigung

Die Situationen, in denen der Rechtsanwalt mit der Beendigung eines Mietvertrages in Berührung kommt, sind vielfältig. Auf **Vermieterseite** geht es häufig darum, die Kündigung des Mandanten im Wege der Räumungsklage durchzusetzen oder einen konkreten Sachverhalt dahin zu überprüfen, ob er eine Kündigung rechtfertigt. Dagegen stehen die Fälle, in denen die Wirksamkeit der Kündigung des Mieters geprüft werden soll, um eine Beendigung des Mietvertrags abzuwenden.

Der **Mieter** sucht den Rechtsanwalt häufig in den umgekehrten Situationen auf. Auf seiner Seite des Vertrages sollte stets bedacht werden, dass die Wohnung den Lebensmittelpunkt des Mandanten bildet und der Gewerberaum die Grundlage seines Einkommens. Streitigkeiten über die Beendigung des Mietvertrages sind für den Mieter deshalb regelmäßig von existentieller Bedeutung und führen – zumindest wenn die Kündigung vom Vermieter ausgeht – zu einer erheblichen psychischen Belastung des Mandanten. Geht die Kündigung vom Mieter aus, müssen, z.B. bei einer außerordentlichen Kündigung, die Risiken einer zusätzlichen wirtschaftlichen Belastung bedacht werden.

Die Möglichkeiten der Beendigung eines Mietvertrages sind vielfältig. Sie werden in der Praxis vor allem durch die einseitigen Rechte wie Kündigung, Rücktritt etc. genutzt. Aber auch die **einvernehmliche Herbeiführung** einer Vertragsbeendigung kommt in den unterschiedlichsten Konstellationen vor und sollte selbst dann, wenn eine einseitige Erklärung der Ausgangspunkt der anwaltlichen Tätigkeit ist, in jedem Stadium der Beratung (erneut) geprüft werden.

Im Wesentlichen wird die Beendigung von Mietverträgen durch folgende **Instrumente** herbeigeführt:

1. Kündigung

2 Die Kündigung ist eine **einseitige, empfangsbedürftige Willenserklärung**, die auf die Beendigung eines Vertragsverhältnisses gerichtet ist. Bei Vorliegen der materiellen und formellen Wirksamkeitsvoraussetzungen beendet sie den Vertrag mit **Zugang beim Empfänger**, und zwar als fristlose Kündigung mit sofortiger Wirkung und als fristgebundene Kündigung mit Wirkung zum Ablauf der vertraglichen oder gesetzlichen Kündigungsfrist. Der Empfänger kann ihre Wirksamkeit durch eigene Erklärungen oder Handlungen grundsätzlich nicht beeinflussen (Ausnahme: Aufrechnung bzw. Nachzahlung nach fristloser Kündigung wegen Zahlungsverzugs). Ein vom Empfänger erklärter **Widerspruch** berührt ihre Wirksamkeit nicht. Umgekehrt führt das Unterlassen eines Widerspruchs nicht zur Wirksamkeit einer an sich unwirksamen Kündigung oder zum Verlust des Rechts des Empfängers, sich auf ihre Unwirksamkeit zu berufen. Auch der Kündigungswiderspruch nach der **Sozialklausel** (§ 574 BGB) macht eine wirksame Kündigung nicht unwirksam, sondern kann einen Anspruch auf Fortsetzung des beendeten Vertrages begründen.

3 Auch die „**Annahme**" einer Kündigung geht rechtlich an sich ins Leere; bei einer unwirksamen Kündigung kommt jedoch in Betracht, dass es dem Kündigenden gem. § 242 BGB (Verbot widersprüchlichen Verhaltens) verwehrt ist, sich auf ihre Unwirksamkeit zu berufen.

4 Die Kündigung ist als fremdwirkendes Gestaltungsrecht grundsätzlich **bedingungsfeindlich**[1]; dies gilt jedoch nicht für Bedingungen, deren Eintritt

---

1 BGH, WuM 2004, 269 = MDR 2004, 269.

der Erklärungsgegner allein in der Hand hat. Beispiele hierfür sind die Kündigung wegen Gebrauchsentziehung für den Fall, dass innerhalb einer bestimmten Frist ein Mangel der Mieträume nicht beseitigt ist[1] oder die Kündigung wegen Zahlungsverzugs für den Fall, dass die Rückstände nicht bis zu einem bestimmten Termin ausgeglichen sind[2].

Die Kündigung muss einen **eindeutigen Erklärungsinhalt** haben. Dazu ist die Verwendung des Wortes „Kündigung" nicht unerlässlich. Es kann z.B. genügen, wenn der Vermieter erklärt, er sehe das Mietverhältnis wegen der Vertragsverletzungen des Mieters als beendet an[3]. Auch ein **schlüssiges Verhalten** kann genügen, wenn sich aus ihm zweifelsfrei ergibt, dass eine Partei das Mietverhältnis beenden möchte[4]. Dies kann der Fall sein, wenn sich der Mieter auf die Kündigungsandrohung des Vermieters mit der Vertragsbeendigung einverstanden erklärt[5] oder wenn ein gewerblicher Mieter das Mietobjekt räumt und die Mietzahlungen einstellt[6]. Die fälschliche Verwendung der Bezeichnung „**Rücktritt**" kann selbst in einem Anwaltsschreiben unschädlich sein, wenn der Wille, den Vertrag zu beenden, unmissverständlich zum Ausdruck kommt[7]. Ist dies nicht der Fall, so **haftet** der Rechtsanwalt für einen eventuellen Schaden[8]. 5

Die Erklärung muss von einem **Kündigungswillen** getragen sein, der für den Empfänger erkennbar ist; bloße Unmutsäußerungen („Ziehen Sie doch aus, wenn es Ihnen hier nicht passt!") sind keine Kündigung und in der Regel auch kein Angebot zum Abschluss einer Mietaufhebungsvereinbarung. Am Kündigungswillen fehlt es auch, wenn die Erklärung nicht **konstitutiv für die Vertragsbeendigung** sein will, sondern eine bereits zuvor ausgesprochene Kündigung nur bekräftigen oder aufrechterhalten will. Darauf ist insbesondere beim (erstmaligen oder erneuten) Kündigungsausspruch in einem prozessualen Schriftsatz zu achten (vgl. dazu *Rz. 92*).

Die **Abtretung** des Kündigungsrechts ist an sich unzulässig, kann jedoch in eine wirksame **Ermächtigung** umgedeutet werden; ob dies auch für die Wohnraummiete gilt, ist zweifelhaft (vgl. im Einzelnen *Rz. 31*). 6

2. Rücktritt

Der Rücktritt vom Vertrag hat im Mietrecht geringe Bedeutung. **Gesetzliche Rücktrittsrechte** sind weitestgehend beschränkt auf den Zeitraum **vor Überlassung** des Mietgebrauchs. Nach Überlassung an den Mieter wird das allgemeine Recht der Leistungsstörungen durch die speziellen mietrechtlichen Gewährleistungsvorschriften verdrängt. Diese sehen nur die Kündi- 7

---

1 OLG Hamburg, ZMR 2001, 25 = NZM 2001, 131.
2 KG Berlin, GE 2003, 740 = KGR Berlin 2004, 105.
3 LG Frankfurt/Main, Urt. v. 10.2.1976 – 2/11 S 432/75, n.v.
4 BGH, NZM 2001, 1077 = NJW-RR 2002, 8.
5 BGH, NJW 2000, 1105 = MDR 2000, 323.
6 OLG Frankfurt/Main, NZM 2005, 619 = ZMR 2005, 617.
7 BGH, WuM 1987, 116 = MDR 1987, 491.
8 BGH, WuM 1996, 555 = NJW 1996, 2648.

gung als Mittel der Vertragsbeendigung vor. Die Ausübung gesetzlicher Rücktrittsrechte scheidet **nach Überlassung** des Mietgebrauchs jedenfalls dann aus, wenn die Möglichkeit zur fristlosen Kündigung (insbesondere gem. § 543 Abs. 2 Nr. 1 BGB) besteht[1].

8 Auch **vertragliche Rücktrittsrechte** haben praktische Bedeutung fast nur vor Gebrauchsüberlassung. Für die **Wohnraummiete** regelt § 572 Abs. 1 BGB, dass der Vermieter sich auf ein vertragliches Rücktrittsrecht nach Überlassung des Wohnraums nicht berufen kann. Bei der **Geschäftsraummiete** kann ein Rücktrittsrecht zwar auch für die Zeit nach Überlassung vereinbart werden; wegen der Schwierigkeiten der Rückabwicklung eines schon in Vollzug gesetzten Mietverhältnisses geschieht dies jedoch in der Praxis sehr selten, und wenn es geschieht, muss im Wege der Auslegung geprüft werden, ob tatsächlich der Rücktritt oder die Kündigung gewollt sind.

9 Die Erklärung des Rücktritts kann in eine Kündigung **umzudeuten** sein, wenn der rechtsgeschäftliche Wille, das Vertragsverhältnis unter allen Umständen zu beenden, unmissverständlich zum Ausdruck kommt[2].

10 ⮕ **Hinweis:**
Nach Überlassung der Miträume sollte im Zweifel statt des Rücktritts die Kündigung erklärt werden. Besteht jedoch im Einzelfall ein besonderes Interesse am Rücktritt, so sollte hilfsweise hierzu die fristlose Kündigung erklärt werden.

3. Anfechtung

11 Ein Mietvertrag kann von Vermieter und Mieter wegen Irrtums (§ 119 BGB), falscher Übermittlung (§ 120 BGB), arglistiger Täuschung oder Drohung (§ 123 BGB) durch Erklärung gegenüber dem anderen Vertragsteil (§ 143 Abs. 1 BGB) angefochten werden[3]. Er ist dann **von Anfang an nichtig** und muss gem. §§ 812 ff. BGB rückabgewickelt werden[4].

Nach früherer Rechtsprechung kam die Anfechtung vor allem **vor Überlassung des Mietgebrauchs** in Betracht[5]. Nunmehr ist höchstrichterlich geklärt, dass sie auch nach Überlassung, ja selbst nach Beendigung des Mietvertrages neben der Kündigung möglich ist[6]. Sie wirkt gem. § 142 Abs. 1 BGB auf den Zeitpunkt des Vertragsabschlusses zurück. Da das Recht zur Anfechtung wegen arglistiger Täuschung andere Sachverhalte regelt und andere Schutzzwecke hat als die mietrechtlichen Gewährleistungs- und

---

1 BGH, BGHZ 50, 312.
2 BGH, WuM 1987, 116 = MDR 1987, 491.
3 Grundsätzlich zur Anfechtung von Mietverträgen *Schmid*, WuM 2009, 155.
4 *Emmerich*, NZM 1998, 692; KG Berlin, NZM 2002, 21 = KGR Berlin 2001, 394.
5 KG Berlin, GE 2001, 1131; LG Trier, MDR 1990, 342.
6 BGH, Urt. v. 6.8.2008 – XII ZR 67/06, NZM 2008, 886 = MDR 2009, 19.

Kündigungsvorschriften, wird es auch nach Vollzug des Mietvertrags durch letztere nicht verdrängt[1].

Ein Anfechtungsrecht wurde **bejaht**: 12

- bei objektiv unzutreffenden Erklärungen des Vermieters über die **Wohnungsgröße** anlässlich der Vertragsverhandlungen (Anfechtung vor Überlassung)[2],
- bei abredewidrigem Ausfüllen eines mit Blankounterschrift versehenen Formularmietvertrags[3],
- wenn der Mieter bei Vertragsschluss nicht offenbart hat, dass er die **eidesstattliche Versicherung** gem. § 807 ZPO abgegeben hat (Anfechtung gem. § 119 Abs. 2 BGB)[4],
- bei **Täuschung** des Vermieters über die wirtschaftlichen Verhältnisse des Mieters bei Abschluss eines Mietvertrages[5] oder Mietvorvertrages[6], Zur Täuschung genügt das Verschweigen desolater wirtschaftlicher Verhältnisse (z.B. hohe Schulden, Abgabe der Eidesstattlichen Versicherung)[7],
- wenn der Mieter in einer **Selbstauskunft** der Wahrheit zuwider versichert, dass in den letzten 5 Jahren kein Insolvenzverfahren gegen ihn eröffnet worden sei[8],
- wenn der Vermieter eines Ladenlokals dem Mieter bevorstehende langwierige **Bauarbeiten** am Haus mit Behinderung des Zugangs zum Ladenlokal verschweigt[9],
- wenn der gewerbliche Mieter nicht offenbart, dass er nahezu ausschließlich Bekleidung einer Marke anzubieten beabsichtigt, die mit rechtsradikalen Gesinnungen in Verbindung gebracht wird[10],
- wenn der Hauptmieter von Geschäftsraum bei Untervermietung verschweigt, dass er mit seinen Mietzahlungen an den Vermieter in einem zur fristlosen Kündigung berechtigenden Umfang in **Verzug** ist[11],
- wenn der Vermieter verschweigt, dass über die Mieträume **Zwangsverwaltung** und **Zwangsversteigerung** angeordnet sind[12],

---

1 BGH, Urt. v. 6.8.2008 – XII ZR 67/06, NZM 2008, 886 = MDR 2009, 19.
2 LG Mannheim, MDR 1974, 672.
3 LG Köln, WuM 1980, 235.
4 AG Hagen, WuM 1984, 296.
5 AG Saarlouis, NZM 2000, 459.
6 AG Wolfsburg, NZM 2001, 987.
7 LG Gießen, Beschl. v. 23.3.2001 – 1 S 590/00, ZMR 2001, 894; a.A. AG Dresden, Urt. v. 4.8.2004 – 141 C 3027/04, ZMR 2004, 918.
8 AG Hamburg, ZMR 2003, 744 = MietRB 2004, 133 mit Anm. *Harsch*.
9 KG Berlin, KGR Berlin 1999, 314.
10 KG Berlin, Urt. v. 28.5.2009 – 8 U 223/08, GuT 2009, 176; OLG Naumburg v. 28.10.2008 – 9 U 39/08, NZM 2009, 128; a.A. LG Nürnberg-Fürth v. 12.6.2009 – NZM 2009, 584.
11 OLG Köln, NZM 1999, 417 = OLGR Köln 1999, 101.
12 OLG Hamm, MDR 1988, 585 = NJW-RR 1988, 784.

- wenn eine alleinerziehende Mutter einen Mietvertrag abschließt, nachdem sie darauf hingewiesen hat, für sie komme nur eine **kinderfreundliche Wohnung** in Betracht, und beim ersten Besuch der Wohnung (vor dem Einzug) sich eine Nachbarin über das Trampeln des Kindes beschwert (Anfechtung nach § 119 Abs. 2 BGB)[1].

13 Ein Anfechtungsrecht wurde **verneint**:
- bei Irrtum über die Vermögensverhältnisse des Mieters als verkehrswesentlicher Eigenschaft (wegen Vorrangs der Kündigungsmöglichkeit)[2],
- bei gelegentlichem Rauchen der Mieterin in der Einlieger-Mietwohnung trotz ihrer Versicherung bei Vertragsschluss, sie habe aufgehört zu rauchen[3],
- wenn der Vermieter in einer Zeitungsanzeige eine falschen Wohnungsgröße angibt[4],
- wenn der Vermieter vor Vertragsschluss die – objektiv unrichtigen – Angaben des Vormieters zur Kundenzahl eines Fitness-Centers an den Mieter weitergibt[5].

14 Auf Seiten des Anfechtungsgegners sollte immer geprüft werden, ob nicht mittlerweile eine **Bestätigung** i.S.d. § 144 BGB vorliegt. Eine solche ist auch konkludent möglich, wenn der anfechtbare Vertrag in Kenntnis des Anfechtungsgrundes vorbehaltlos durchgeführt wird, auf Seiten des Mieters insbesondere durch Weiterbenutzung der Mietsache[6].

◯ **Hinweis:**
Nach Überlassung der Mieträume sollte im Zweifel statt der Anfechtung die Kündigung erklärt werden. Besteht jedoch im Einzelfall ein besonderes Interesse an der Anfechtung, so sollte hilfsweise hierzu die fristlose Kündigung erklärt werden.

4. Beendigung durch Fristablauf

15 Ist ein Mietverhältnis auf bestimmte Zeit (befristet) abgeschlossen, so endet es gem. § 542 Abs. 2 BGB **automatisch durch Zeitablauf**, ohne dass die Parteien eine Erklärung abgeben müssen. Dies gilt auch,
- wenn ein ursprünglich unbefristeter Vertrag nachträglich befristet wird,
- wenn ein anfänglich befristeter Vertrag um einen bestimmten Zeitraum verlängert wird oder

---

1 LG Essen, WuM 2005, 47.
2 LG Ravensburg, WuM 1984, 297.
3 LG Stuttgart, NJW 1993, 73 = NJW-RR 1992, 1360.
4 AG Frankfurt/Main, Urt. v. 5.5.2007 – 33 C 582/06-50, WuM 2007, 315 = MDR 2007, 26.
5 OLG Düsseldorf, WuM 2003, 138 = OLGR Düsseldorf 2003, 192.
6 *Fischer*, ZMR 2007, 157.

Modalitäten der Vertragsbeendigung   Rz. 22 **J**

– wenn sich der Vertrag durch Ausübung einer Verlängerungs-Option um einen bestimmten Zeitraum verlängert.

Nach Vertragsablauf kann jedoch gem. § 545 BGB eine **stillschweigende Vertragsverlängerung** auf unbestimmte Zeit eintreten, wenn der Mieter den Gebrauch der Miträume fortsetzt und weder er noch der Vermieter innerhalb von 2 Wochen einer Fortsetzung widersprechen. Ist die Vorschrift wirksam abbedungen (vgl. dazu *A Rz. 186* und *199*), kommt eine Verlängerung durch schlüssiges Verhalten in Betracht (vgl. dazu *B Rz. 108*). 16

Einer **Kündigung** bedarf es hingegen bei befristeten Verträgen mit **Verlängerungsklausel** („Der Vertrag verlängert sich jeweils um 6 Monate/1 Jahr, wenn er nicht mit den gesetzlichen Fristen gekündigt wird"). Gleiches gilt, wenn die automatische Verlängerung eintreten soll, wenn ihr nicht widersprochen wird. Ein solcher „Widerspruch" ist der Sache nach eine Kündigung und sollte ungeachtet der Formulierung im Mietvertrag auch als solche bezeichnet und bei einem Wohnraummietvertrag gemäß § 573 Abs. 3 BGB begründet werden. 17

5. Beendigung durch Bedingungseintritt

Während die Befristung durch den Eintritt eines gewissen künftigen Ereignisses – meist ein Kalenderdatum – markiert wird, ist der Eintritt einer auflösenden Bedingung ungewiss. So ist der Mietvertrag auf **Lebenszeit** des Mieters ein befristeter Vertrag, da der Tod ein gewisses Ereignis ist[1]. 18

Wie bei der Befristung tritt auch bei der auflösenden Bedingung das Vertragsende automatisch ein. Bei der **Wohnraummiete** kann jedoch gem. § 572 Abs. 2 BGB eine auflösende Bedingung nur zugunsten des Mieters wirksam vereinbart werden. 19

6. Mietaufhebungsvereinbarung

Die Mietaufhebungsvereinbarung ist ein Vertrag zwischen Mieter und Vermieter, durch den das bestehende Mietverhältnis einvernehmlich beendet wird. Es gelten die allgemeinen Regeln des Vertragsschlusses. 20

Obwohl der Abschluss einer solchen Vereinbarung für den Wohnraummieter einen **Verzicht auf Mieterschutzrechte** beinhaltet, bestehen keine durchgreifenden Bedenken gegen die Wirksamkeit solcher Vereinbarungen, die im Übrigen häufig auf Initiative des Mieters zustande kommen. Sie werden typischerweise geschlossen, um entweder dem Mieter ein vorzeitiges Ausscheiden aus einem langfristigen Vertragsverhältnis zu ermöglichen oder um den Streit über eine Kündigung des Vermieters vergleichsweise zu erledigen. 21

Auch ein gerichtlicher **Räumungsvergleich** kann eine Mietaufhebungsvereinbarung beinhalten, wenn darin das Einvernehmen der Parteien zum 22

---
1 BayObLG, WuM 1993, 523 = MDR 1993, 972.

Ausdruck kommt, dass das Mietverhältnis zu einem bestimmten Zeitpunkt enden soll.

23 Zum wirksamen Abschluss einer Mietaufhebungsvereinbarung genügt die Einigung der Vertragsparteien über den Zeitpunkt der Beendigung. Der **Abschluss ist formfrei**[1]; eine vertragliche Schriftformklausel gilt nicht ohne weiteres auch für die Aufhebungsvereinbarung.

7. Umdeutung von Erklärungen

24 Einseitige Rechtsgeschäfte, wie z.B. Kündigungserklärungen, sind fehleranfällig. Eine nichtige Erklärung lässt sich jedoch bisweilen durch Umdeutung retten. Gem. § 140 BGB müssen dazu zwei **Voraussetzungen** vorliegen:

- Das tatsächlich vorgenommene, nichtige Rechtsgeschäft entspricht zugleich den Erfordernissen eines anderen Rechtsgeschäfts;
- es ist anzunehmen, dass bei Kenntnis der Nichtigkeitsgründe das andere, wirksame Rechtsgeschäft vorgenommen worden wäre.

Beide Voraussetzungen müssen im Einzelfall überprüft werden. Dabei ist zu beachten, dass die Umdeutung nicht dazu führen darf, dass das Ersatzgeschäft über den Erfolg des ursprünglich gewollten Geschäfts hinausgeht[2]. In der Praxis kommen vor allem folgende Fälle vor:

a) Umdeutung unwirksamer fristloser in ordentliche Kündigung

25 Sie setzt zunächst voraus, dass die ordentliche Kündigung zulässig ist. Daran fehlt es, wenn eine feste Vertragslaufzeit vereinbart ist[3]. Erforderlich ist weiter, dass der **Wille**, den Vertrag auf jeden Fall zum nächstmöglichen Termin zu beenden, für den Kündigungsempfänger zweifelsfrei **erkennbar** ist. Dieser Wille kann sich auch aus Umständen außerhalb der Kündigungserklärung ergeben[4]. Er wurde auch bejaht, wenn der Kündigung mehrere Abmahnungen bzw. die Androhung der Kündigung vorausgegangen sind[5]. Bei der Kündigung des Mieters kann ein solcher Umstand im Auszug aus der Wohnung oder in der Einstellung des Geschäftsbetriebes liegen[6]. Wurde die Kündigung von einem **Rechtsanwalt** ausgesprochen und ausdrücklich als fristlose bezeichnet, soll ihre Umdeutung nicht in Betracht kommen[7], ebenso, wenn der Mieter ausdrücklich wegen einer nicht beseitigten Gebrauchsbeeinträchtigung fristlos gekündigt hat[8]. Dies lässt sich

---

1 BGH, BGHZ 65, 49, 55.
2 BGH, BGHZ 26, 320.
3 BGH, NZM 2004, 430 = MDR 2004, 737.
4 BGH, WuM 1981, 106 = MDR 1981, 665; OLG Hamburg, WuM 1998, 160 = NJW-RR 1998, 807; OLG Düsseldorf, DWW 1990, 304.
5 OLG Köln, Urt. v. 23.11.2004 – 22 U 77/04, GuT 2005, 52 = OLGR Köln 2005, 55.
6 OLG Rostock, OLGR Rostock 2005, 990.
7 LG Köln in *Lützenkirchen*, KM 12 Nr. 19.
8 KG Berlin, GE 2003, 48 = KGR Berlin 2003, 97.

jedoch mit § 140 BGB kaum vereinbaren, da es hier nicht auf den Inhalt der Erklärung, sondern auf die erkennbare Interessenlage des Erklärenden ankommt.

Zudem muss die fristlose Kündigung den im Einzelfall an die ordentliche Kündigung zu stellenden Wirksamkeitsanforderungen genügen; bei Kündigung von Wohnraum gem. § 573 BGB muss sie ausreichend begründet sein (§ 573 Abs. 3 BGB)[1].

b) Umdeutung unwirksamer fristloser Kündigung in Abmahnung

Eine unwirksame fristlose Kündigung kann in eine Abmahnung umgedeutet werden, auf die eine erneute Kündigung wegen Fortsetzung des abgemahnten Verhaltens gestützt werden kann, sofern die unwirksam gebliebene Kündigung den Anforderungen an eine Abmahnung genügt hatte[2]. Erforderlich ist hierzu, dass die beanstandete Vertragsverletzung klar zum Ausdruck gebracht wurde[3]. 25a

c) Umdeutung fristgemäßer Kündigung zu unrichtigem Beendigungstermin in Kündigung zum zulässigen Termin

Eine solche Umdeutung wird meist möglich sein[4]. Denn die exakte Kündigungsfrist ist in der Regel kein bestimmendes Moment für die Entscheidung zum Kündigungsausspruch. Liegt zwischen dem angegebenen und dem nächstmöglichen Kündigungstermin nur ein verhältnismäßig geringer Zeitraum, so kann davon ausgegangen werden, dass die Kündigung hilfsweise zum nächstmöglichen Termin wirken sollte, falls keine gewichtigen Anhaltspunkte für einen abweichenden Willen bestehen[5]. Nach einer Mindermeinung führt die falsche Angabe des Beendigungszeitpunktes grundsätzlich zur Unwirksamkeit der Kündigung[6]. 26

Da jedoch die **Auslegung der Umdeutung vorgeht**[7], ist zunächst zu prüfen, ob sich die Kündigungserklärung dahin auslegen lässt, dass eine fristwahrende Kündigung ausgesprochen sein sollte; dann führt schon die Auslegung zum Ergebnis, dass zum nächstmöglichen Termin gekündigt wurde[8].

d) Umdeutung unwirksamer Kündigung in Angebot zur Vertragsaufhebung

Eine unwirksame Kündigung des Vermieters, die den Mieter zur Räumung der Mieträume veranlasst, kann grundsätzlich nicht in ein Angebot zur 27

---

1 LG Hamburg, WuM 1990, 19; LG Berlin, GE 1991, 1033.
2 KG Berlin, MM 2005, 31 = KGR Berlin 2005, 441; LG Frankfurt/Main, PE 2005, 336.
3 OLG München, Urt. v. 26.1.2001 – 21 U 3595/94, ZMR 2001, 347.
4 BGH, NJWE-MietR 1996, 58 = NJW-RR 1996, 144.
5 OLG Frankfurt/Main, NJW-RR 1990, 337.
6 LG Göttingen, WuM 1991, 266; LG Osnabrück, WuM 1990, 81.
7 BGH, Urt. v. 6.12.2000 – XII ZR 219/98, NJW 2001, 1217 = BGHReport 2001, 221.
8 BAG, Urt. v. 15.12.2005 – 2 AZR 148/05, NJW 2006, 2284 = MDR 2006, 1118.

Vertragsaufhebung umgedeutet werden, welches der Mieter annimmt, indem er die Mieträume herausgibt[1]. Die Umdeutung einer einseitigen rechtsgestaltenden Willenserklärung in ein annahmebedürftiges Vertragsangebot ist nach der Rechtsprechung des BGH nur dann zulässig, wenn sich aus der Erklärung ergibt, dass sie hilfsweise auf den Abschluss einer Vereinbarung gerichtet ist, was z.B. in einer Aufforderung zur Stellungnahme zum Ausdruck kommen kann[2]. Ist diese Aufforderung jedoch mit weiteren Forderungen verknüpft (z.B. Anerkennung einer Schadensersatzpflicht), so kommt eine Einigung nicht zustande, wenn der Vermieter zwar die Kündigung akzeptiert, deren Gründe jedoch bestreitet und Schadensersatzansprüche zurückweist[3].

Erklärt jedoch der Empfänger, er nehme die Kündigung an, so liegt darin i.d.R. ein Angebot zur Vertragsaufhebung, welches auch konkludent angenommen werden kann[4].

Im Falle eines **Räumungsverlangens** des Vermieters nach unwirksamer Kündigung des Mieters wurde das Zustandekommen eines Aufhebungsvertrages hingegen bejaht[5].

e) Umdeutung beiderseitiger Kündigungen in Aufhebungsvereinbarung

28 Auch wenn Vermieter und Mieter wechselseitig unwirksame Kündigungen aussprechen, kommt eine Mietaufhebungsvereinbarung nur dann zustande, wenn dies mit den jeweiligen Erklärungen erkennbar als Hilfsziel bezweckt wurde. Letzteres ist keineswegs selbstverständlich, wenn man bedenkt, dass eine berechtigte fristlose Kündigung Schadensersatzansprüche auslösen kann. Droht nach fristloser Kündigung durch den Vermieter erheblicher Schaden durch Mietausfall, so hat der Mieter ein vitales Interesse, den Vertrag seinerseits fristlos zu kündigen, um den Mietausfall zu begrenzen. Daraus folgt jedoch nicht, dass er das Mietverhältnis auf jeden Fall beenden wollte. Ein Aufhebungsvertrag kann deshalb bei wechselseitiger Kündigung grundsätzlich nicht angenommen werden[6].

29 Kommt es jedoch nach wechselseitiger unwirksamer Kündigung zur **einvernehmlichen Rückgabe** der Mieträume, so kann darin eine schlüssige Mietaufhebungsvereinbarung zu sehen sein[7].

30 Unabhängig von der Frage der Umdeutung wird in den Fällen unwirksamer Kündigung meist entscheidend sein, dass der Kündigende sich nach Treu und Glauben nicht zu Lasten des Vertragspartners auf die Unwirksamkeit

---

1 BGH, BGHZ 89, 296 = MDR 1984, 571; BGH, WM 1984, 171 = GE 1984, 377.
2 BGH, WuM 1981, 57 = ZMR 1981, 84.
3 OLG Köln, MDR 2002, 390 = ZMR 2001, 967.
4 OLG Düsseldorf, WuM 2003, 621 = ZMR 2003, 921.
5 OLG Hamm, NJW-RR 1997, 264.
6 Vgl. auch BVerfG, Beschl. v. 19.8.1996 – 2 BvR 2488/94, WuM 1997, 27 = ZMR 1997, 19; danach bestehen gegen diese Auffassung „zivilrechtlich erhebliche Bedenken".
7 KG Berlin, NZM 1999, 462 = GE 1999, 44.

seiner Kündigungserklärung berufen kann, da er sich zu seinem eigenen Verhalten in Widerspruch setzt und rechtsmissbräuchlich handelt[1].

f) Umdeutung unwirksamer Abtretung des Kündigungsrechts in wirksame Ermächtigung zum Kündigungsausspruch

Sie ist nach der Rechtsprechung des BGH jedenfalls bei der **Geschäftsraummiete** möglich[2]; bei der Wohnraummiete könnte entgegenstehen, dass der Mieter bestimmte Schutzrechte nur gegenüber dem Vermieter geltend machen kann, insbesondere einen eventuellen Anspruch auf Vertragsfortsetzung[3]. Dagegen kann die (ohne Zustimmung des Mieters unwirksame) Regelung in einem Grundstückskaufvertrag, dass der Käufer mit dem Tag des Vertragsschlusses in einen bestehenden Mietvertrag eintritt, nicht in eine Ermächtigung zur Kündigung umgedeutet werden[4].

31

g) Umdeutung eines verfrühten Räumungsantrags

Eine Klage auf Räumung zu einem Zeitpunkt, zu dem das Mietverhältnis noch gar nicht wirksam beendet ist, lässt sich nicht dahin gehend umdeuten, dass die Räumung zum Zeitpunkt ihrer Fälligkeit verlangt wird. In diesem Falle ist der Klagevortrag unschlüssig[5], sofern nicht ausnahmsweise die Voraussetzungen des § 259 ZPO vorliegen.

32

II. Kündigung durch den Vermieter

1. Überlegungen vor Kündigungsausspruch

a) Gegenstand des Mandats

Die Prüfung des vom Mandanten vorgetragenen Sachverhalts kann ergeben, dass die von ihm gewünschte Kündigung nicht zu begründen oder mit einem hohen Risiko behaftet ist. Es versteht sich, dass der Rechtsanwalt über etwaige **Risiken aufklären** und u.U. vom Kündigungsausspruch abraten muss.

33

Aber auch der umgekehrte Fall ist möglich: Der Sachverhalt legt einen Kündigungsausspruch nahe, an den der Mandant selbst gar nicht gedacht hatte. Hierbei ist besondere Zurückhaltung und besonders eingehende, möglichst schriftliche Aufklärung über vorhandene Risiken geboten. So besteht zwar kein Zweifel, dass die Durchführung eines Sanierungsvorhabens erheblich erleichtert wird, wenn der Mieter die Wohnung frei macht; aber die Erfolgsquote einer Kündigung, die mit Sanierungsbedarf

---

1 LG Berlin, GE 1987, 93.
2 BGH, WuM 1998, 99 = MDR 1998, 271.
3 Deshalb gehen von der Unzulässigkeit aus: LG München I, WuM 1999, 161; AG Mitte, MM 2004, 375.
4 OLG Celle, ZMR 1999, 618 = NZM 2000, 93.
5 LG Bonn, WuM 1993, 464.

begründet wird (vgl. *Rz. 230*), ist vergleichsweise gering. Stets muss präsent bleiben, dass der Kündigungsausspruch **ultima ratio** der Interessenwahrnehmung ist, vor allem im Bereich der Wohnraummiete.

b) Besteht überhaupt ein Mietverhältnis?

34 Der Ausspruch einer Kündigung zwecks Erlangung eines Räumungsanspruchs ist nur erforderlich, wenn überhaupt ein Mietverhältnis besteht (vgl. *B Rz. 61 f.*). Dies steht im Regelfall außer Zweifel. Selbst in den Fällen, in denen der beabsichtigte Vertrag auf Grund von Willensmängeln nicht wirksam geschlossen wird, kommt er meist in der Folgezeit durch **schlüssiges Verhalten** (u.U. zu anderen Bedingungen) zustande (vgl. im Einzelnen *B Rz. 108*).

34a Es kommt jedoch vor, dass Mieträume bereits vor dem beabsichtigten Vertragsschluss an den Mieter überlassen werden, der Vertrag dann aber nicht zustande kommt. Geschah die Überlassung aufgrund eines **Mietvorvertrags**, so kann der Vermieter die Räumung erst verlangen, wenn der Abschluss des Hauptvertrags endgültig gescheitert ist[1]. Solange der Vermieter jedoch aufgrund des Vorvertrags zum Abschluss des Hauptvertrags verpflichtet ist, steht seinem Räumungsverlangen der Einwand des Rechtsmissbrauchs entgegen[2].

35 Auch wenn ein wirksamer Mietvertrag besteht, können sich Zweifel ergeben, ob bei **Veräußerung** der Mieträume deren Erwerber gem. § 566 BGB in den Vertrag eingetreten ist. Dies ist grundsätzlich nur dann der Fall, wenn der Mieter den Mietvertrag mit dem Eigentümer (und bei mehreren Miteigentümern mit allen Miteigentümern) geschlossen hatte oder der Vermieter jedenfalls im Zeitpunkt der Veräußerung (nicht unbedingt schon bei Vertragsschluss) Eigentümer war[3] (vgl. im Einzelnen *C Rz. 12 f.*). Ein nicht mit dem Eigentümer geschlossener bestehender Mietvertrag ist zwar wirksam[4]; der Erwerber ist an diesen Vertrag – jedenfalls bei der **Geschäftsraummiete** – aber nicht gebunden, so dass er von dem Mieter (der nicht sein Mieter geworden ist) grundsätzlich gem. § 985 BGB Räumung verlangen kann.

36 Im Bereich der **Wohnraummiete** besteht Rechtsunsicherheit. Nur ein bestimmter Fall ist durch Rechtsentscheid des OLG Karlsruhe[5] entschieden: § 566 BGB greift auch dann ein, wenn nur einer von mehreren Miteigentümern einen Mietvertrag geschlossen hat, die anderen dem Vertragsschluss jedoch zugestimmt oder ihn genehmigt haben.

---

1 AG Winsen, ZMR 2004, 123.
2 OLG Köln, WuM 1992, 361 = MDR 1992, 1085.
3 OLG Rostock, Urt. v. 15.8.2005 – 3 U 196/04, NZM 2006, 262 = MDR 2006, 439.
4 BGH, Urt. v. 21.11.2007 – XII ZR 149/05, GuT 2008, 38 = MietRB 2008, 102, m. Anm. *Bittner*.
5 OLG Karlsruhe, WuM 1981, 179 = ZMR 1982, 90.

Umstritten sind die Fälle, in denen im Einvernehmen mit dem Eigentümer ein ihm **nahe stehender Dritter** (z.B. ein Angehöriger, Verwalter, Treuhänder) den Mietvertrag im eigenen Namen geschlossen hat. Hier wird teilweise entsprechend dem Wortlaut von § 566 BGB ein Besitzrecht des Mieters gegenüber dem Erwerber verneint[1]. Richtiger dürfte jedoch sein, über die vom BVerfG[2] entwickelten Grundsätze zum Schutz des Endmieters bei der gewerblichen Zwischenvermietung zu einer entsprechenden Anwendung von § 566 BGB zu gelangen[3].

c) Kündigen oder verhandeln?

Der Ausspruch einer Kündigung ist an sich das einfachste Mittel zur Beendigung eines Mietverhältnisses, weil der Kündigende durch einseitige Erklärung die Vertragsbeendigung herbeiführt. Die Kündigung ist jedoch nicht das sicherste Mittel, denn ihre materielle Wirksamkeit und prozessuale Durchsetzbarkeit kann von zahllosen Voraussetzungen abhängen, die sich nicht vollständig vorhersehen und steuern lassen. Ob die Kündigung die erwünschte Wirkung entfaltet, erweist sich oft erst lange nach ihrem Ausspruch. Die **Kündigung** ist deshalb **planungsfeindlich**.

Als **Alternative** sollte stets die Möglichkeit zum Abschluss einer **Mietaufhebungsvereinbarung** in Betracht gezogen werden. Sie hat den Vorteil, dass beide Seiten sofortige Gewissheit haben, dass und wann der Vertrag endet. Da der Mieter zum Abschluss einer solchen Vereinbarung jedoch meist keine Veranlassung hat, muss der **Vermieter** ihm die Sache schmackhaft machen, indem er ihn zu überzeugen versucht, dass sein Angebot zur Vertragsbeendigung vorteilhafter als eine Kündigung ist, dass sie jedenfalls das geringere Übel ist, weil sie z.B. günstigere Abwicklungskonditionen als der Mietvertrag vorsieht.

Um dies zu beurteilen, muss der **Mieter** beide Alternativen miteinander vergleichen können. Dazu muss vor ihm auf dem Tisch neben dem Aufhebungsvertrag auch die Kündigung liegen. Die Antwort auf die Frage „kündigen oder verhandeln" lautet deshalb „kündigen **und** verhandeln", genauer: erst kündigen und dann verhandeln.

Es mag in bestimmten Fällen sinnvoll sein, vor Kündigungsausspruch erst einmal ein Gespräch mit dem Mieter zu suchen. Fatal ist es jedoch, wenn der Eindruck entsteht, der Vermieter suche sein Heil in Verhandlungen, weil er keine wirksame Kündigung zustande bringt. Wird dann nach Monaten vergeblicher Verhandlungen am Ende doch gekündigt, leidet die Glaub-

---

1 LG Frankfurt/Main, WuM 1999, 42; LG Frankfurt/Main, Urt. v. 17.6.1997 – 2/11 S 586/96, n.v. (Vermietung durch Vater der Eigentümerin); LG Berlin, GE 1995, 1207; LG Berlin, Urt. v. 14.7.1998 – 63 S 405/97, n.v. (Vermietung durch Ehefrau des Eigentümers); *Lammel*, § 566 BGB Rz. 23.
2 BVerfG, BVerfGE 84, 197 = WuM 1991, 422.
3 LG Berlin, WuM 1994, 79 = NJW-RR 1994, 781; *Eisenhardt*, WuM 1999, 20.

würdigkeit des Vermieters. Wer wirksam kündigen kann, sollte es auch zeigen, indem er es tut.

d) Planung und Vorbereitung des Kündigungsausspruchs

42 Eine unwirksame **Kündigung** bringt für den Vermieter folgende **Risiken** mit sich:
- Zeitverlust,
- Schadensersatzverpflichtung bei schuldhaftem Handeln (z.B. für Anwaltskosten des Mieters, umzugsbedingte Kosten, wenn der Mieter im Vertrauen auf die Wirksamkeit der Kündigung auszieht),
- Prozesskosten, wenn der Mieter negative Feststellungsklage erhebt.

43 Der Kündigungsausspruch sollte deshalb sorgfältig vorbereitet werden. Vor allem bei der Wohnraumkündigung aus berechtigtem Interesse ist nicht nur ihre **Wirksamkeit** im Zeitpunkt des Zugangs beim Mieter, sondern auch ihre **Durchsetzbarkeit** bis zum Auszug des Mieters bzw. Beendigung des Mietvertrages entscheidend. Ist etwa bei einer Eigenbedarfskündigung absehbar, dass einer der bei Kündigungsausspruch bestehenden Bedarfsgründe in naher Zukunft wegfallen könnte, so sollte bereits aus dem Kündigungsschreiben hervorgehen, dass und warum damit nicht das berechtigte Interesse insgesamt entfällt.

e) Bestimmung des Beendigungstermins

43a Die außerordentliche fristlose Kündigung ist bei Vorliegen ihrer Voraussetzungen jederzeit möglich. Allerdings ist eine **außerordentliche Kündigung** unwirksam, die nicht mit sofortiger Wirkung oder mit einer angemessenen und exakt bestimmten Auslauffrist, sondern zu dem noch **nicht feststehenden Zeitpunkt**, an dem der Mieter andere Geschäftsräume beziehen könne, ausgesprochen wird[1]. Sie ist wegen ihrer Befristung, die für den Vermieter bezüglich des Beendigungszeitpunkts zu einer unsicheren Lage führt, unwirksam. Für eine derartige Befristung kann nämlich nichts anderes gelten als für eine bedingte Kündigung, die ebenfalls grundsätzlich unwirksam ist. Denn der Vermieter muss auch bei einer von ihm verursachten außerordentlichen Kündigung disponieren und neu vermieten können. Immerhin ist der Mieter mit dem aufgrund der Kündigung eingetretenen Ende der Mietzeit nicht nur zum Auszug und zur Rückgabe berechtigt, sonder auch verpflichtet (§ 546 BGB).

Bei der **ordentlichen Kündigung** hängt der nächstmögliche Kündigungstermin oft nicht nur von der Länge der Kündigungsfrist ab, sondern auch von Beschränkungen durch Gesetz (Kündigungssperrfrist nach Veräußerung umgewandelten Wohnraums) oder Vertrag (befristeter Kündigungsausschluss, Verlängerungsklauseln). Führen vertragliche Beschränkungen zu

---

[1] BGH, WuM 2004, 271 = NZM 2004, 66 = MietRB 2004, 72.

einer Bindung über mehr als ein Jahr, ist die Wahrung der **Schriftform** (vgl. dazu *C Rz. 506 f.*) zu prüfen[1].

Bei **Wohnraummietverträgen, die vor dem 1.9.2001 geschlossen** wurden, können sich erhebliche Abweichungen von der nach neuem Recht für den Vermieter längstmöglichen Kündigungsfrist von 9 Monaten ergeben, wenn eine längere vertragliche Kündigungsfrist mit einer Verlängerungsklausel zusammen trifft (vgl. *Rz. 67*).

f) Abmahnung bzw. Fristsetzung vor Kündigungsausspruch

Für Dauerschuldverhältnisse gilt seit jeher der **allgemeine Grundsatz**, dass sich eine Vertragspartei wegen Vertragsverletzungen der anderen Partei vom Vertrag erst dann einseitig lösen kann, wenn der andere nachdrücklich auf die Folgen weiterer Vertragsverletzungen hingewiesen wurde[2]. Dieser Grundsatz besteht seit 1.1.2002 kraft Gesetzes für die fristlose Kündigung eines jeden Dauerschuldverhältnisses (§ 314 Abs. 2 i.V.m. § 323 Abs. 2 u. 3 BGB) und schon seit 1.9.2001 für die außerordentliche fristlose Kündigung von Mietverhältnissen wegen Vertragsverletzungen mit Ausnahme des Zahlungsverzuges (§ 543 Abs. 3 BGB)[3].

44

Für die **fristgebundene Wohnraumkündigung** wegen Vertragsverletzungen des Mieters gem. § 573 Abs. 2 Nr. 1 BGB besteht kein gesetzliches Abmahnungserfordernis. Auch nach der Rechtsprechung ist eine Abmahnung jedenfalls grundsätzlich nicht zwingend erforderlich[4]. In vielen Fällen erlangt jedoch die Pflichtverletzung des Mieters das für eine Kündigung erforderliche Gewicht erst dadurch, dass der Mieter diese trotz Abmahnung fortsetzt. Deshalb gebietet der **sicherste Weg** gebietet jedoch, auch hier den für die fristlose Kündigung geltenden Regeln zu folgen[5]. Wegen der Einzelheiten wird auf die Ausführungen unter *Rz. 266 ff.* Bezug genommen.

45

g) Gebührenfragen

Zur Gebührenberechnung bei der Kündigung siehe *N Rz. 151* und *491*.

46

2. Grundsätze des Kündigungsausspruchs

a) Wer muss die Kündigung aussprechen?

Zum Ausspruch der Kündigung eines Mietverhältnisses ist nur der **Vermieter** berechtigt, nicht dagegen ein Eigentümer oder sonst dinglich Berechtigter, welcher nicht zugleich Vermieter ist. Für den Eigentümer, der

47

---

1 BGH, MDR 1960, 221 = NJW 1960, 475.
2 BGH, NJW 1992, 496; BGH, MDR 1976, 834.
3 Zum Verhältnis von § 543 BGB zu § 314 BGB vgl. *Emmerich*, NZM 2002, 362, 366.
4 BGH, Urt. v. 28.11.2007 – VIII ZR 145/07, WuM 2008, 31 = MDR 2008, 258.
5 Vgl. auch *Lützenkirchen*, MDR 2001, 1385, 1391.

nicht Vermieter ist, stellt sich allenfalls die Frage, ob der Besitzer der ihm gehörenden Räume ihm gegenüber zum Besitz berechtigt ist (§ 986 BGB). Zweifel über die Person des Vermieters können sich ergeben, wenn der Vertrags durch eine **Hausverwaltung** geschlossen wurde. Tritt sie bei Abschluss des Mietvertrags nicht erkennbar als Vertreterin des Hauseigentümers auf, wird sie selbst Vermieter[1]. Hat der Vermieter das Mietobjekt nach Vertragsschluss veräußert, sich zugleich jedoch den **Nießbrauch** daran vorbehalten, so bleibt er als Nießbraucher Vermieter[2]. Bestellt der Eigentümer einer vermieteten Wohnung an dieser ein **dingliches Wohnrecht** gem. § 1093 BGB zu Gunsten eines Dritten, so tritt dieser Dritte für die Dauer des Mietverhältnisses gem. §§ 567 S. 1, 566 Abs. 1 BGB in entsprechender Anwendung des Grundsatzes „Kauf bricht nicht Miete" an Stelle des Vermieters in den Mietvertrag ein[3]. Dies gilt jedenfalls dann, wenn sich das Wohnrecht auf sämtliche vermieteten Räume erstreckt, so dass dem Mieter durch die Ausübung des Rechts der vertragsgemäße Gebrauch vollständig entzogen würde[4].

48 Bei **Personenmehrheit** auf Vermieterseite muss die Kündigung von allen Vermietern gemeinsam ausgesprochen werden. Unschädlich ist es hingegen, wenn sie zusätzlich von einer weiteren Person ausgesprochen wird, die nicht Vermieter ist[5].

49 Wird die Kündigung durch einen **Vertreter** ausgesprochen, so sollte dem Kündigungsschreiben eine **Vollmacht** des Vermieters bzw. aller Vermieter beigefügt werden, da sie andernfalls vom Kündigungsempfänger gem. § 174 S. 1 BGB unverzüglich zurückgewiesen werden kann, sofern der Vollmachtgeber den Kündigungsempfänger nicht anderweitig über die Bevollmächtigung unterrichtet hat (§ 174 S. 2 BGB). Die Vollmacht muss im **Original** vorgelegt werden; eine beglaubigte Abschrift der Vollmacht genügt nicht und kann zur Zurückweisung führen[6]. Kündigt der Vertreter fristlos und hilfsweise ordentlich unter Beifügung einer Vollmacht zur fristlosen Kündigung, so kann die ordentliche Hilfskündigung zurückgewiesen werden[7].

Das Erfordernis der Vollmachtsvorlage gilt grundsätzlich auch bei Kündigung durch den **Hausverwalter**, da von dessen Bevollmächtigung zum Kündigungsausspruch auch dann nicht generell ausgegangen werden kann,

---

[1] LG Berlin, GE 1987, 831; AG Wedding, GE 1991, 885; vgl. auch KG, MDR 1998, 529 = KGR Berlin 1998, 21; OLG Brandenburg, ZMR 1997, 598 = NJWE-MietR 1997, 135.
[2] OLG Düsseldorf, Urt. v. 6.5.2003 – 24 U 99/02, ZMR 2003, 570 = GE 2003, 878; LG Baden-Baden, WuM 1993, 357.
[3] OLG Frankfurt/Main, Urt. v. 28.6.2007 – 3 U 210/06, NZM 2008, 423 = OLGR Frankfurt 2008, 374.
[4] BGH, Urt. v. 2.6.1972 – V ZR 154/70, BGHZ 59, 51.
[5] LG Berlin, ZMR 2004, 192.
[6] BGH, NJW 1981, 1210 = MDR 1981, 664; OLG Karlsruhe, OLGR Karlsruhe 2003, 201 = NZM 2003, 513.
[7] LG Berlin, GE 2002, 331.

wenn er den Mietvertrag für den Vermieter abgeschlossen hat[1]. Hier kann jedoch statt des Originals eine Kopie der Vollmacht genügen[2]. Unabdingbar ist die zutreffende Angabe des **Vertretungsverhältnisses**: Der durch die Hausverwaltung des Vermieters beauftragte Rechtsanwalt muss **namens des Vermieters** kündigen, nicht namens der Hausverwaltung[3].

Als **entbehrlich** gilt die Vollmachtsvorlage hingegen, wenn der **Prozessbevollmächtigte** des Vermieters **im Räumungsverfahren** schriftsätzlich die Kündigung des Mietverhältnisses ausspricht[4].

50 Mit Anerkennung der Rechtsfähigkeit und Parteifähigkeit der **Außen-GbR** durch den BGH[5] kann diese durch einen Alleinvertretungsberechtigten (§ 710 BGB) oder sämtliche Gesamtvertretungsberechtigte (§§ 709, 714 BGB) Erklärungen für die GbR abgeben und entgegennehmen; ist die Vertretungsmacht jedoch nicht durch **Vollmacht** aller Gesellschafter oder durch Gesellschaftsvertrag nachgewiesen, können einseitige Willenserklärungen gem. § 174 BGB zurückgewiesen werden[6].

51 Der **Erwerber** einer vermieteten Immobilie ist vor **Eintragung in das Grundbuch** nicht zur Kündigung des Mietvertrages im eigenen Namen berechtigt[7]. Ein im Kaufvertrag vereinbarter Nutzen- und Lastenwechsel vor dem Eigentumsübergang regelt nur die Rechtsbeziehungen der Kaufvertragsparteien und hat keine Außenwirkung[8]. Eine verfrüht ausgesprochene Kündigung ist unwirksam und kann auch nicht vom Voreigentümer genehmigt werden[9]. Der Erwerber kann sich nach herrschender Meinung die **Kündigungsbefugnis** vom Veräußerer auch **nicht abtreten** lassen[10]. Isoliert abtretbar ist nur der Räumungsanspruch aus § 546 BGB.

52 Die (unwirksame) Abtretung des Rechts zur Kündigung ist jedoch gemäß § 140 BGB in eine **Ermächtigung** (§ 185 BGB) zum Kündigungsausspruch umzudeuten, mit der Folge, dass der Ermächtigte im eigenen Namen zum Kündigungsausspruch befugt ist[11]. Eine Ermächtigung zum Ausspruch einer fristlosen Kündigung wegen Zahlungsverzugs wurde sogar in der Abtretung von Mietzinsansprüchen im Zusammenhang mit einer – mangels Zustimmung des Mieters unwirksam gebliebenen – Vertragsübernahme ge-

---

1 LG Berlin, WuM 1986, 331 = ZMR 1986, 439; a.A. LG Frankfurt/Main, Urt. v. 25.11.2003 – 2/11 S 48/03, PE 2006, 142.
2 OLG Frankfurt/Main, NJW-RR 1996, 10 = OLGR Frankfurt 1995, 97.
3 LG Berlin, GE 2001, 1403.
4 KG Berlin, KGR Berlin 2004, 181.
5 BGH, BGHZ 146, 341 = MDR 2001, 459.
6 BGH, MDR 2002, 269 = NZM 2002, 163; vgl. auch *Kraemer*, NZM 2002, 465.
7 OLG München, OLGR München 1997, 62; OLG Celle, ZMR 1999, 618 = NZM 2000, 93.
8 LG Berlin, GE 2002, 1064.
9 LG Osnabrück, WuM 1990, 81.
10 LG Berlin, ZMR 1996, 325; LG Kiel, WuM 1992, 128; LG Augsburg, NJW-RR 1992, 520.
11 BGH, WuM 1998, 99 = MDR 1998, 271.

sehen[1]. Eine Ermächtigung kann sich auch aus der **Vereinbarung im Kaufvertrag** ergeben, wonach der Erwerber berechtigt sein soll, die Vermieterrechte ab Besitzübergang bis zur Grundbuchumschreibung auszuüben[2]: Sie ist gegenüber dem Mieter jedoch nur wirksam, wenn sie ihm offen gelegt wird[3].

53 Der **Nachweis der Ermächtigung** ist gesetzlich nicht geregelt. Nahe liegend ist jedoch eine entsprechende Anwendung der Vorschriften über die Stellvertretung (§ 174 S. 1 BGB) bzw. die Abtretung (§ 410 Abs. 1 S. 2 BGB)[4]. Ebenso kommt § 182 i.V.m. § 111 S. 2 BGB (zustimmungsbedürftiges Rechtsgeschäft) in Betracht[5]. In allen Fällen ist die Vorlage einer vom Berechtigten ausgestellten Urkunde vorgesehen, sofern die Bevollmächtigung, Abtretung oder Zustimmung nicht schon durch den Berechtigten erklärt wurde. Praktisch bedeutet dies, dass dem Kündigungsschreiben das Original einer **Ermächtigungsurkunde** beigefügt werden sollte. Wird die Ermächtigung fälschlich als „Vollmacht" bezeichnet, so ist dies jedenfalls dann unschädlich, wenn sich aus dem Zusammenhang der Erklärung eindeutig ergibt, dass der „Bevollmächtigte" Vermieterrechte im eigenen Namen ausüben soll[6].

Ermächtigung

54 Hiermit ermächtige ich Frau ..., den zwischen mir und ... bestehenden Mietvertrag vom ... über die Wohnung ... im eigenen Namen durch Kündigung, Mietaufhebungsvereinbarung oder in sonstiger Weise zu beenden und alle hierzu erforderlichen Erklärungen, wie z.B. den Widerspruch gegen eine Fortsetzung des Mietverhältnisses, im eigenen Namen abzugeben. Die Ermächtigung umfasst auch die Befugnis, den Anspruch auf Räumung und Herausgabe der Mieträume im eigenen Namen außergerichtlich und gerichtlich geltend zu machen und im Wege der Zwangsvollstreckung durchzusetzen.

55 Wird die Kündigung namens des Ermächtigten von einem Bevollmächtigten ausgesprochen, so ist **zusätzlich Vollmachtsvorlage** erforderlich. Außerdem muss klar erkennbar sein, dass der Bevollmächtigte im Namen des Ermächtigten (und nicht etwa des Ermächtigenden) handelt[7].

56 Von der Möglichkeit der Ermächtigung zum Kündigungsausspruch sollte jedoch nur bei Kündigungen Gebrauch gemacht werden, die nicht an das

---

1 BGH, ZfIR 2003, 121.
2 KG Berlin, Urt. v. 4.2.2008 – 8 U 167/07, WuM 2008, 153 = ZMR 2008, 365.
3 LG Berlin, Urt. v. 13.9.2007 – 67 S 65/07, GE 2007, 1489.
4 *Beuermann*, GE 1999, 84.
5 *Lammel*, § 542 BGB Rz. 36.
6 BGH, Urt. v. 13.2.2008 – VIII ZR 105/07, WuM 2008, 219 = MDR 2008, 557; unklar KG Berlin, Urt. v. 4.2.2008 – 8 U 167/07, WuM 2008, 153 = ZMR 2008, 365.
7 Vgl. dazu LG Berlin, GE 1999, 777.

Kündigung durch den Vermieter   Rz. 60 **J**

Vorliegen von Kündigungsgründen gebunden sind (vor allem die ordentliche Kündigung von Geschäftsraummietverhältnissen), da die Kündigungsgründe in der Person des Vermieters (Veräußerers) bestehen müssen[1], dieser jedoch meist gar kein Beendigungsinteresse mehr hat, da er mit Vollzug des Verkaufs aus dem Mietverhältnis ausscheidet[2].

b) An wen muss sich die Kündigungserklärung richten?

Die Kündigung ist gegenüber dem **Mieter** bzw. seinem **gesetzlichen Vertreter**, bei einem geschäftsunfähigen Mieter gegenüber dem Betreuer zu erklären[3]. Bei **Mietermehrheit** ist die Kündigung an alle Mieter zu richten. Wer Mieter ist, ergibt sich meist aus dem Mietvertrag und eventuellen schriftlichen oder mündlichen Nachtragsvereinbarungen. Es muss aber auch an die Möglichkeit einer formlosen – mündlichen oder schlüssigen – Vertragsänderung (Mieterwechsel, Aufnahme eines weiteren Mieters) gedacht werden. 57

Im Zweifel gilt: **Lieber zu viel als zu wenig**. Denn eine Kündigung, die nicht gegenüber allen Mitmietern erklärt wird, ist grundsätzlich unwirksam. Dies gilt grundsätzlich auch für Mitmieter, die bereits vor längerer Zeit aus der Wohnung ausgezogen sind. Diese sind nur dann rechtlich aus dem Mietvertrag ausgeschieden, wenn hierüber nachweisbar eine allseitige Vereinbarung getroffen wurde. 58

c) Wem muss die Kündigung zugestellt werden?

Die Kündigung muss nicht nur gegenüber allen Mietern **erklärt** werden, sondern grundsätzlich auch allen Erklärungsempfängern **zugestellt** werden und ihnen zugehen. Dies ist vor allem dann von Bedeutung, wenn nicht (mehr) alle Mieter unter der Anschrift des Mietobjektes erreichbar sind. Besteht eine wirksame **Empfangsvollmacht**, die auch im Mietvertrag als gegenseitige Vollmacht der Mieter enthalten sein kann[4], so genügt es, wenn die an alle Mieter gerichtete Kündigungserklärung einem der Mieter zugeht. Im Hinblick auf die Rechtsunsicherheiten bei Vollmachtsklauseln (vgl. *A Rz.* 22) sollte davon jedoch zur Vermeidung von Risiken möglichst abgesehen werden. Als Empfangsvollmacht für eine Kündigungserklärung gilt regelmäßig auch die einem Rechtsanwalt zur Abwehr einer Räumungsklage erteilte **Prozessvollmacht**[5]. 59

Werden bei einer **Mehrheit** von Kündigungsempfängern mehrere Kündigungsschreiben versandt, so muss zwischen den einzelnen Kündigungserklärungen ein enger **zeitlicher Zusammenhang** gewahrt sein. Dieser ist 60

---

1 LG Berlin, MM 2005, 191.
2 Siehe auch *Flatow*, WuM 2004, 316.
3 AG Hamburg, ZMR 2001, 898.
4 BGH, BGHZ 136, 314 = MDR 1997, 1111.
5 BGH, NZM 2000, 382 = NJW-RR 2000, 745.

bei einem Abstand von mehr als 1 Monat nicht mehr gewahrt[1]. Bis zu 30 Tage Abstand können u.U. noch unschädlich sein[2]. Im Zweifel sollte vorsorglich noch einmal gekündigt werden.

61 Praktische Probleme treten auf, wenn der **Aufenthalt** ausgezogener Mitmieter **unbekannt** ist. Hier sollten frühzeitig zumutbare Anstrengungen zur Anschriftenermittlung unternommen werden (zumindest eine Anfrage an die verbliebenen Mitmieter und das Einwohnermeldeamt), damit die Kündigung notfalls gemäß § 132 Abs. 2 BGB zugestellt werden kann und später im Falle der Klageerhebung die Voraussetzungen der öffentlichen Zustellung gem. § 203 Abs. 1 ZPO geschaffen werden (vgl. *Rz. 116*).

62 Ausnahmsweise kommt in den Fällen des unbekannt verzogenen Mitmieters auch in Betracht, dass der verbliebene Mieter eine nur ihm zugestellte, ja selbst eine nur an ihn gerichtete Kündigung nach Treu und Glauben gegen sich gelten lassen muss[3]. Dies gilt insbesondere dann, wenn der verbliebene Mieter verpflichtet gewesen wäre, an der Entlassung des scheidenden Mieters mitzuwirken[4]. Wann eine solche Ausnahme vorliegt, lässt sich jedoch kaum mit Gewissheit beurteilen.

d) Form der Kündigung

63 Nur für die **Wohnraumkündigung** schreibt § 568 BGB zwingend die **Schriftform** vor. Hier sind deshalb die Erfordernisse der gesetzlichen Schriftform (§ 126 BGB) zu beachten. Auch die Nichtbeachtung der durch **Vertrag** vereinbarten Schriftform führt zur Unwirksamkeit der Kündigung, nicht hingegen die Nichtbeachtung einer vertraglich vereinbarten Versendungsart (Einschreiben); in diesen Fällen genügt die Einhaltung der einfachen Schriftform, da die Übermittlungsform nur Beweisfunktion hat[5].

Die Schriftform ist nicht gewahrt, wenn nicht erkennbar ist, wer unterzeichnet hat. Bei **unleserlicher Unterschrift** muss deshalb die Grußformel auch den Namen des Unterzeichners enthalten[6]. Eine **E-Mail** genügt nicht dem Schriftformerfordernis[7]. Für die gewillkürte Schriftform, also insbesondere im Gewerbemietrecht, ist aber § 127 Abs. 2 BGB zu beachten.

Fehlt im gewerblichen Mietvertrag eine Schriftformklausel, so kann die Kündigung auch durch – allerdings eindeutiges[8] – **schlüssiges Verhalten** erklärt werden. Dies wurde z.B. angenommen für den Fall, dass der Mieter

---

[1] OLG Düsseldorf, MDR 1987, 1026 = NJW-RR 1987, 1369; LG Cottbus, WuM 1995, 38 = ZMR 1995, 30.
[2] LG München I, WuM 1999, 218.
[3] OLG Frankfurt/Main, WuM 1991, 76 = ZMR 1991, 103.
[4] BGH, WuM 2004, 280 = NZM 2004, 419; BGH, WuM 2005, 341 = ZMR 2005, 522.
[5] BGH, WuM 2004, 269 = MDR 2004, 560; OLG Frankfurt/Main, NZM 1999, 419 = NJW-RR 1999, 955.
[6] AG Dortmund, NZM 2000, 32 = NJW-RR 2000, 151.
[7] KG Berlin, KGR Berlin 2001, 380 = GE 2001, 849.
[8] KG Berlin, Urt. v. 16.1.2006 – 8 U 157/05, WuM 2006, 193.

erklärt, er werde das Mietobjekt definitiv nicht beziehen[1] oder er werde ausziehen[2]. Im Einzelfall kann sogar die Räumung des Mietobjektes unter Einstellung der Mietzahlungen als schlüssige Erklärung der fristlosen Kündigung zu werten sein[3].

e) Kündigungsfristen, §§ 580a, 573c BGB

In den meisten Fällen kann die Kündigung nur **zum Ende eines Monats** (oder Quartals) ausgesprochen werden, wobei es genügt, wenn sie dem Empfänger bis zum 3. Werktag des ersten Kündigungsmonats zugeht. Dieser Termin muss im Auge behalten werden, wenn das Kündigungsschreiben zum nächstmöglichen Termin zugestellt werden soll. Mit dem Mandanten sollte deshalb schon beim ersten Gespräch geklärt werden, wie das Kündigungsschreiben zugestellt werden kann (vgl. dazu *Rz. 110 ff.*), damit der gewünschte Beendigungstermin einzuhalten ist.

64

Lautet eine vertragliche Regelung z.B. „Die Kündigungsfrist beträgt 3 Monate", so können jedenfalls nach dem Wortlaut keine Karenztage berücksichtigt werden. Da die Vertragsauslegung ergeben kann, dass die Kündigung auch hier nur zum Ablauf eines Monats (und nicht zu einem beliebigen Datum) zulässig sein soll[4], muss in diesem Falle zur Vermeidung von Risiken die Kündigung bis zum Monatsletzten erklärt und zugestellt werden, damit sie zum Ablauf des dritten Folgemonats wirkt.

Ist die Kündigung hingegen nach Gesetz oder Vertrag bis zum 3. Werktag des ersten Kündigungsmonats zulässig, so ist ein in die Karenztage fallender Samstag als Werktag mitzuzählen[5]. Dies gilt auch dann, wenn der letzte Karenztag auf einen Samstag fällt. Denn § 193 BGB ist auf Kündigungsfristen weder unmittelbar noch entsprechend anwendbar[6].

65

Bei der **Geschäftsraummiete** geht eine vertragliche Regelung der Kündigungsfrist den dispositiven Vorschriften von § 580a BGB grundsätzlich vor. Problematisch ist aber z.B. die längere Kündigungsfrist, wenn der Gewerberaummietvertrag wegen eines Schriftformmangels gekündigt werden kann. Denn dann liegt in der Verlängerung möglicherweise eine Umgehung des § 550 BGB, der die Kündigung mit gesetzlicher Frist jedenfalls nach dem ersten Vertragsjahr zulassen will. Die für die **Wohnraummiete** geltenden Fristen des § 573c Abs. 1 und 3 BGB dürfen nicht zum Nachteil des Mieters abgeändert werden. Eine für den Mieter nachteilige Regelung (verlängerte Kündigungsfrist für beide Parteien) in einem vom Vermieter gestellten Formularvertrag ist jedoch nur personal **teilunwirksam**, d.h. der Mieter

66

---

1 BGH, NZM 2001, 1077 = NJW-RR 2002, 8.
2 OLG Düsseldorf, GE 2003, 183 = OLGR Düsseldorf 2003, 23.
3 OLG Frankfurt/Main, NZM 2005, 619 = ZMR 2005, 617.
4 BGH, WuM 2003, 635 = MDR 2003, 109.
5 BGH, WuM 2005, 465 = MDR 2005, 1100.
6 BGH, WuM 2005, 247 = NJW 2005, 1354.

kann sich auf den Inhalt der unwirksamen Klausel berufen, soweit sie für ihn vorteilhaft ist[1]. Der Vermieter bleibt gebunden.

67 Für den **Mieter von Wohnraum** gilt seit 1.9.2001 grundsätzlich eine einheitliche Kündigungsfrist von 3 Monaten, § 573c Abs. 1 BGB. Selbst bei einem Vertrag aus der Zeit vor dem 1.9.2001 gilt § 573c BGB gemäß Art. 229 § 3 Abs. 10 Satz 2 EGBGB, wenn die (längeren) alten Kündigungsfristen formularvertraglich geregelt sind und die Kündigung ab dem 1.6.2005 zugeht. Die Länge der vom **Vermieter** einzuhaltenden Kündigungsfrist hängt dagegen von der **Dauer der Überlassung** der Wohnräume ab. Sie beträgt

- in den ersten 5 Jahren der Überlassung   3 Monate,
- nach 5 Jahren Überlassung   6 Monate,
- nach 8 Jahren Überlassung   9 Monate.

Bei **Altverträgen**, die vor dem 1.9.2001 geschlossen wurden, gelten vertragliche Kündigungsfristen, die länger als die Fristen des § 573c BGB sind, für den Vermieter grundsätzlich unverändert fort. Unerheblich ist dabei, ob sie individuell oder formularmäßig vereinbart wurden. Eine vertragliche Verlängerung der Kündigungsfrist des Vermieters kann auch in der Weise vereinbart sein, dass anlässlich eines Umzugs des Mieters im selben Haus in einem neuen Mietvertrag vereinbart ist, dass dieser nur eine Ergänzung des bisherigen Vertrags sei, in dem nach 10-jähriger Mietdauer eine 12-monatige Kündigungsfrist vereinbart ist[2]. Die Übergangsvorschrift des Art. 229 § 3 Abs. 10 EGBGB findet hier keine Anwendung, da sie nur die Ausnahme vom Verbot der Benachteiligung des Mieters (§ 573c Abs. 4 BGB) regelt[3]. Praktisch relevant sind vor allem die zahlreichen Fälle, in denen ab einer Überlassungsdauer von 10 Jahren die Kündigungsfrist 12 Monate beträgt. Diese Regelung gilt für den Vermieter weiter.

Für die „Überlassung" ist der Zeitpunkt der **Besitzverschaffung** (nicht des Vertragsschlusses) maßgeblich[4], und zwar auch dann, wenn ein Mietverhältnis erst nach Besitzverschaffung begründet wurde. Dies kann der Fall sein, wenn der Mietvertrag nur mit einem Ehegatten geschlossen wurde und der andere nach dessen Tod in den Vertrag eintritt[5] oder wenn ein mit Zustimmung des Vermieters eingezogener Untermieter später Hauptmieter wird, sei es durch Vereinbarung mit dem Vermieter oder kraft Gesetzes bei Beendigung der gewerblichen Weitervermietung (§ 565 Abs. 1 BGB).

68 Bei einem **Mieterwechsel** bei fortlaufendem Vertrag ist die Überlassung an den früheren Mieter maßgeblich. Umstritten ist, ob bei einem **Wohnungs-**

---

1 OLG Koblenz, Urt. v. 11.12.2007 – 3 U 570/07 Lw, ZMR 2008, 369. Dies entspricht einem allgemeinen Grundsatz des AGB-Rechts, siehe etwa BGH, Urt. v. 25.3.1987 – VIII ZR 71/86, WuM 1987, 259.
2 BGH, Urt. v. 22.6.2005 – VIII ZR 326/04, WuM 2005, 584 = GE 2005, 1351.
3 BGH, Urt. v. 12.3.2008 – VIII ZR 71/07, WuM 2008, 290 = MDR 2008, 677; *Börstinghaus*, NJW 2005, 1900; *Barthelmess*, ZMR 2005, 913.
4 BGH, BGHZ 65, 137; BGH, NJW-RR 1989, 589 = MDR 1989, 628.
5 OLG Stuttgart, WuM 1984, 45 = MDR 1984, 405.

wechsel des Mieters innerhalb eines Mehrfamilienhauses auf die Überlassung der ursprünglichen[1] oder der späteren Wohnung abzustellen ist[2].

Für die Kündigung eines Mietvertrages, der **mangels Schriftform** als für unbestimmte Zeit geschlossen gilt, sind (an sich vorrangige) vertragliche **Kündigungsfristen** dann nicht maßgebend, wenn sie länger als die gesetzlichen Fristen sind[3]. 69

In Fällen der Unsicherheit des frühesten Kündigungstermins empfiehlt sich der Zusatz „hilfsweise zum nächstzulässigen Termin". Auf diese Weise wird deutlich, dass die Voraussetzung einer Umdeutung der Kündigung vorliegt, was bei einem größeren Zeitabstand der Termine nicht immer selbstverständlich ist[4].

Nach §§ 573c und 580a BGB kann wie folgt gekündigt werden: 70
Wohnraum:
– spätestens am dritten Werktag eines Kalendermonats zum Ablauf des übernächsten Monats (§ 573c Abs. 1 BGB, für Mieter unabdingbar),
– für den Vermieter: nach 5 und 8 Jahren seit Überlassung Verlängerung um je 3 Monate[5].
Wohnraum zu vorübergehendem Gebrauch:
– wie oben, jedoch auch kürzere Frist möglich (§ 573c Abs. 2 BGB).
Möblierter Wohnraum innerhalb der Vermieterwohnung:
– spätestens am 15. eines Monats zum Ablauf des Monats (§ 573c Abs. 3 BGB, für Mieter unabdingbar).
Geschäftsraum:
– spätestens am dritten Werktag eines Kalendervierteljahres zum Ablauf des nächsten Kalendervierteljahres (§ 580a Abs. 2 BGB).
Grundstücke und Räume, die keine Geschäftsräume sind:
– Miete nach Tagen – an jedem Tag zum Ablauf des folgenden Tages, (§ 580a Abs. 1 Nr. 1 BGB),
– Miete nach Wochen – spätestens am ersten Werktag der Woche zum Ablauf des folgenden Sonnabends (§ 580a Abs. 1 Nr. 2 BGB),
– Miete nach Monaten – spätestens am dritten Werktag eines Kalendermonats zum Ablauf des übernächsten Monats, bei unbebauten Gewerbegrundstücken jedoch nur zum Ablauf eines Kalendervierteljahres (§ 580a Abs. 1 Nr. 3 BGB).

---

1 So AG Bochum, WuM 1987, 56.
2 Differenzierend *Grapentin* in Bub/Treier, IV Rz. 59.
3 BGH, NZM 2000, 545 = MDR 2000, 821.
4 BGH, Beschl. v. 25.10.1995 – XII ZR 245/94, NJW-RR 1996, 144.
5 Für Verträge aus der Zeit vor dem 1.9.2001 vgl. *Rz. 67*.

f) Inhalt des Kündigungsschreibens

71 Im Kündigungsschreiben müssen eindeutig bezeichnet sein:
- der **Vermieter** (alle Vermieter), der die Kündigung ausspricht oder aussprechen lässt,
- der **Vertreter**, der im Namen des Vermieters die Kündigung ausspricht,
- der **Mieter** (alle Mieter), gegen den sich die Kündigung richtet,
- der **Mietvertrag** (alle Mietverträge), der gekündigt werden soll,
- das **Mietobjekt** (mit genauer Bezeichnung aller Bestandteile), das durch den zu kündigenden Vertrag vermietet wurde,
- der **Beendigungstermin**, z.B. „fristlos" oder „zum 31.1.2010", hilfsweise „zum nächstzulässigen Termin".

72 Die Angabe des **Kündigungstatbestandes** (z.B. § 569 BGB) ist nicht erforderlich.

73 Der **Begründung** bedarf die Kündigung von **Wohnraum**, und zwar
- die ordentliche Kündigung aus berechtigtem Interesse gem. § 573 Abs. 3 BGB (vgl. dazu *Rz. 83 ff.*),
- die erleichterte Vermieterkündigung gem. § 573a Abs. 3 BGB,
- die fristlose Kündigung aus wichtigem Grund gem. § 569 Abs. 4 BGB,
- die außerordentliche Kündigung mit gesetzlicher Frist gem. § 573d Abs. 1 BGB,
- die Teilkündigung von Nebenräumen gem. § 573b BGB (streitig, vgl. dazu *Rz. 162 ff.*).

74 Gem. § 568 Abs. 2 BGB soll der Vermieter den Mieter rechtzeitig auf die Möglichkeit, die Form und die Frist des **Widerspruchs** nach den §§ 574 bis 574b BGB hinweisen.

g) Befristeter Ausschluss des ordentlichen Kündigungsrechts

74a Enthält der Mietvertrag einen wirksamen befristeten Ausschluss des ordentlichen Kündigungsrechts des Vermieters oder beider Parteien, so ist die Kündigung frühestens zum Ablauf des vereinbarten Zeitraums zulässig. Die Fragen der Wirksamkeit formularmäßiger Kündigungsausschlüsse sind aus Sicht des Vermieters von geringer Bedeutung, da in der Regel der Vermieter Verwender des Mietvertragsformulars ist und sich als solcher i.d.R. nicht auf die Unwirksamkeit einer von ihm gestellten Klausel berufen kann. Für die seltenen Ausnahmefälle wird auf die Ausführungen zum Ausschluss des Kündigungsrechts des Mieters verwiesen (vgl. *Rz. 427a ff.*).

h) Vertragliche Beschränkungen der Kündigungsbefugnis

75 Der vertragliche **Ausschluss einer Kündigung** wegen Eigenbedarfs und Hinderung angemessener wirtschaftlicher Verwertung gilt auch gegenüber

dem Rechtsnachfolger des ursprünglichen Vermieters[1], sofern bei einer Geltungsdauer des Ausschlusses von mehr als einem Jahr die Schriftform eingehalten ist (§ 550 Satz 1 BGB)[2]. Dasselbe gilt für eine Verschärfung der Anforderungen an eine ordentliche Kündigung (Notwendigkeit der Vertragsbeendigung wegen wichtiger berechtigter Interessen), die ihren Grund in einer besonderen Rechtsbeziehung des Mieters zum ursprünglichen Vermieter (Wohnbaugenossenschaft) hat[3]. Dagegen bindet eine **letztwillige Verfügung** des Vermieters zugunsten des Mieters den Grundstückserwerber nicht[4].

Sieht ein **Formularvertrag** eine Kündigungsregelung vor, die für den Vertragspartner des Verwenders günstiger als die gesetzliche Regelung ist, muss er sich daran auch dann festhalten lassen, wenn die von ihm verwendete Klausel gem. § 307 BGB unwirksam ist[5].

Sind in einem Mietvertrag nach der Eingangserklärung „Da die Wohnung dem Mieter und seiner Familie ein dauerndes Heim bieten soll ..." neben den Kündigungsmöglichkeiten wegen grober Pflichtverletzung die Gründe für eine fristlose Kündigung abschließend aufgeführt, so kann daraus gemäß §§ 133, 157, 242 BGB zugleich der Ausschluss der ordentlichen Kündigung (hier: wegen Eigenbedarfs) folgen[6]. Setzt eine Kündigung aus wichtigem Grund nach dem Mietvertrag einen nachhaltigen Verstoß gegen die Interessen des Vermieters voraus, ist hierfür ein sich über einen längeren Zeitraum hinziehender erheblicher Vertragsverstoß erforderlich[7].

Auch die grundsätzliche Wirksamkeit von **Kündigungsverzichten zu Lasten des Mieters** begegnet keinen Bedenken mehr. Der BGH hat den einseitigen Kündigungsverzicht durch **Individualvereinbarung**[8] als auch in **formularmäßiger Form**[9] gebilligt. Auch der **formularmäßige wechselseitige Kündigungsverzicht** begegnet grundsätzlich keinen Bedenken mehr[10], wenn folgende Kriterien eingehalten werden: 75a

– Wenn der Kündigungsverzicht länger als ein Jahr dauern soll, muss die Schriftform des § 550 BGB beachtet sein.
– In Verbindung mit einer Staffelmiete ist ein vierjähriger einseitiger Verzicht zulässig[11].

---

1 LG Berlin, MM 1992, 242; LG Berlin, MM 1996, 289 = NJWE-MietR 1996, 221.
2 BGH, Urt. v. 4.4.2007 – VIII ZR 223/06, WuM 2007, 272 = MDR 2007, 943.
3 OLG Karlsruhe, WuM 1985, 77 = ZMR 1985, 123; LG Kaiserslautern, MDR 1983, 56.
4 AG Trier, WuM 2002, 31.
5 BGH, NZM 1998, 718.
6 LG Düsseldorf, WuM 1993, 341 = DWW 1992, 244.
7 OLG Düsseldorf, GuT 2006, 37 = GE 2006, 325.
8 BGH, WuM 2004, 157 = ZMR 2004, 251 mit Anm. *Häublein*.
9 LG Berlin, MietRB 2005, 312; AG Charlottenburg, MietRB 2005, 61; **a.A.** LG Duisburg, MM 2002, 334 = NZM 2003, 354; *Wiek*, WuM 2001, 442, 443.
10 BGH, WuM 2004, 542; BGH, WuM 2004, 543.
11 BGH, WuM 2006, 97 = ZMR 2006, 262.

- **Individuell** kann eine längere Zeit ausgehandelt werden und auch ein einseitiger Verzicht zu Lasten des Mieters bestimmt werden[1].
- Ein länger als vier Jahre dauernder Kündigungsverzicht (vom Abschluss der Vereinbarung an gerechnet) in einem **Formularmietvertrag** ist unwirksam[2]. Diese Grundsätze gelten unabhängig davon, ob der Kündigungsverzicht vor dem 1.9.2001 vereinbart wurde[3].
- Daneben muss inhaltlich im Hinblick auf den Prüfungsmaßstab des § 307 BGB das **Transparenzgebot** beachtet werden. Danach darf der Wortlaut nicht die Interpretation zulassen, dass mit der Regelung z.B. auch das Recht zur außerordentlichen befristeten oder außerordentlichen fristlosen Kündigung aus wichtigem Grund erfasst wird. Denn dabei handelt es sich um unabdingbare Rechte beider Vertragsparteien[4].

i) Kündigungssperrfristen (nach Umwandlung in Wohnungseigentum)

76   Wurde nach Überlassung des Wohnraums an den Mieter Wohnungseigentum begründet und dieses sodann veräußert, so darf der in das Mietverhältnis eingetretene Erwerber erst nach Ablauf einer Sperrfrist von mindestens 3 Jahren wegen **Eigenbedarfs** kündigen. Bei der Kündigung wegen **Hinderung angemessener wirtschaftlicher Verwertung** ist eine Sperrfrist nur unter bestimmten Voraussetzungen zu beachten. Auf andere Kündigungsgründe i.S.v. § 573 Abs. 1 S. 1 BGB ist § 577a BGB **nicht analog** anwendbar[5].

Das Wohnungseigentum wurde auch dann „nach der Überlassung an den Mieter" begründet, wenn dieser erst später als Angehöriger des ursprünglichen Mieters mit dessen Tod in das Mietverhältnis eingetreten ist[6].

Die Mindestsperrfrist von 3 Jahren ergibt sich aus § 577a Abs. 1 BGB. Sie gilt in allen Fällen der **Eigenbedarfskündigung**. Für die **Verwertungskündigung** gilt sie nur, wenn die Wohnung nach dem 31.8.2001 veräußert wurde.

77   In Gemeinden, in denen ausweislich einer entsprechenden Landesverordnung die ausreichende Versorgung der Bevölkerung mit Mietwohnungen zu angemessenen Bedingungen besonders gefährdet ist, kann eine Sperrfrist von bis zu 10 Jahren gelten.

Für diese verlängerten Sperrfristen galt nach der Übergangsvorschrift des Art. 229 § 3 Abs. 6 EGBGB **altes Recht** noch **bis 31.8.2004**. Danach konnte für Eigenbedarf und Verwertungskündigung eine 5-jährige Sperrfrist gem. § 564b Abs. 2 Nr. 2 u. Nr. 3 BGB a.F. und eine 10-jährige Sperrfrist nach

---

1 BGH, WuM 2004, 157 = ZMR 2004, 251 mit Anm. *Häublein*.
2 BGH, WuM 2005, 346.
3 AG Gießen, WuM 2006, 196.
4 Begr. d. RefE. in *Lützenkirchen*, Neue Mietrechtspraxis, Anhang Rz. 1145.
5 BGH, Urt. v. 11.3.2009 – VIII ZR 127/08, WuM 2009, 294 = NJW 2009, 1808.
6 BGH, WuM 2003, 569 = MDR 2003, 1410.

dem sog. Sozialklauselgesetz vom 22.4.1993 gelten, wenn die Wohnung in einer Gemeinde mit gefährdeter Wohnraumversorgung lag. Das **neue Recht** des § 577a Abs. 2 BGB gilt **seit 1.9.2004**. Danach kann der Landesgesetzgeber nicht nur die Gemeinden mit gefährdeter Wohnraumversorgung, sondern auch die Länge der Sperrfrist bis zu 10 Jahren bestimmen. Während die Verordnungen nach altem Recht befristet oder unbefristet sein konnten, müssen sie nach neuem Recht auf maximal 10 Jahre befristet sein. Ist die Verordnung verfassungswidrig, so bindet sie das Zivilgericht nicht; es gilt dann die 3-jährige Sperrfrist[1].

Die Sperrfrist beginnt mit der **Eintragung des ersten Erwerbers** im Wohnungsgrundbuch. Für nachfolgende Erwerber beginnt sie nicht neu zu laufen; diese treten vielmehr gem. § 566 BGB in die laufende Frist ein[2]. Erst nach Ablauf der Sperrfrist darf die Kündigung ausgesprochen werden, so dass Sperrfrist und Kündigungsfrist sich addieren[3].   78

Als **Veräußerung** i.S.d. § 577a BGB gilt auch   79
– die Teilung gem. § 8 WEG durch die vermietenden Miteigentümer mit anschließender Übertragung des Wohnungseigentums auf einen derselben[4],
– die Realteilung eines mit mehreren Reihenhäusern bebauten Grundstücks (in entsprechender Anwendung von § 577a BGB)[5],
– Veräußerung des Wohnungseigentums durch den Vermieter unter gleichzeitiger **Nießbrauchsbestellung** zu seinen Gunsten[6] (zweifelhaft, da mangels eines Wechsels in der Person des Vermieters[7] keine Erhöhung des Kündigungsrisikos eintritt[8]),
– der Zuschlag von Wohnungseigentum im Wege der **Zwangsversteigerung**[9],
– die Übertragung von Wohnungseigentum in **Erfüllung eines Vermächtnisses**[10].

Keine Veräußerung liegt vor,   80
– wenn nach Überlassung der Wohnung an den Mieter das Hausgrundstück von einer **Bruchteilsgemeinschaft** erworben und gem. § 3 WEG ge-

---

1 AG Mannheim, WuM 2005, 467.
2 BayObLG, WuM 1982, 46 = NJW 1982, 451.
3 BGH, Urt. v. 9.7.2003 – VIII ZR 26/03, WuM 2003, 569 = MDR 2003, 1410; OLG Hamm, WuM 1981, 35 = ZMR 1981, 115.
4 BayObLG, WuM 1982, 46 = NJW 1982, 451.
5 BGH, Urt. v. 28.5.2008 – VIII ZR 126/07, WuM 2008, 415 = MDR 2008, 908.
6 LG Berlin, NJW-RR 1992, 1165.
7 BGH, Urt. v. 7.9.2005 – VIII ZR 24/05, WuM 2005, 769; OLG Düsseldorf, Urt. v. 6.5.2003 – 24 U 99/02, ZMR 2003, 570.
8 Vgl. hierzu BGH, Urt. v. 16.7.2009 – VIII ZR 231/08, GE 2009, 1119.
9 BayObLG, WuM 1992, 424 = ZMR 1992, 440.
10 BayObLG, ZMR 2001, 795 = MDR 2001, 1230.

teilt wird und sodann der Sondereigentümer kündigt[1], sofern nicht ausnahmsweise eine Umgehung der Sperrfrist anzunehmen ist[2],

– wenn nach Überlassung der Wohnung an den Mieter das Hausgrundstück von einer **BGB-Gesellschaft** erworben wird und die Gesellschaft sodann zugunsten des Gesellschafters kündigt, dem durch Gesellschaftsvertrag das ausschließliche Nutzungsrecht an der Wohnung zugewiesen wurde[3], und zwar auch dann, wenn nach der Kündigung Wohnungseigentum der Gesellschafter begründet wird und dies bereits bei Erwerb des Anwesens beabsichtigt war[4].

– wenn ein weiterer Gesellschafter zu einer BGB-Gesellschaft hinzutritt, deren bisherige Mitglieder im Grundbuch als Eigentümer des von ihnen vermieteten Grundstücks mit dem Zusatz „in Gesellschaft bürgerlichen Rechts" oder ähnlich eingetragen sind[5].

81 Weggefallen ist die besondere Sperre für Kündigungen wegen Eigenbedarfs gem. § 6 Abs. 7 WoBindG.

82 Es empfiehlt sich, bei der Kündigung einer vermieteten Eigentumswohnung nach folgendem **Prüfungsschema** vorzugehen:

Zeitpunkt der Überlassung des Wohnraums

– nach Umwandlung: keine Sperrfrist,
– vor Umwandlung: weiter prüfen.

Veräußerung der Wohnung nach Umwandlung

– noch nicht veräußert: keine Sperrfrist,
– bereits veräußert: weiter prüfen.

Wohnung in Gemeinde mit gefährdeter Wohnraumversorgung

– nein: Sperrfrist von 3 Jahren, für Verwertungskündigung jedoch nur bei Erstveräußerung nach dem 31.8.2001,
– ja: Sperrfrist bis maximal 10 Jahre aufgrund VO nach § 577a BGB.

j) Begründung der ordentlichen Wohnraumkündigung

83 Auf die **Abfassung** einer ordentlichen Wohnraumkündigung muss der Rechtsanwalt besondere Sorgfalt verwenden, denn nicht wenige Räumungsklagen scheitern an der unzureichenden Begründung des Kündi-

---

1 BGH, BGHZ 126, 357 = NJW 1994, 2542; KG Berlin, WuM 1987, 138 = ZMR 1987, 216.
2 OLG Karlsruhe, WuM 1992, 519 = ZMR 1992, 490.
3 OLG Karlsruhe, WuM 1990, 330 = ZMR 1990, 338.
4 BGH, Urt. v. 16.7.2009 – VIII ZR 231/08, GE 2009, 1119.
5 OLG Düsseldorf, NJW-RR 1992, 1291 = MDR 1993, 143.

gungsschreibens. Dies gilt insbesondere für Kündigungen wegen Eigenbedarfs und Hinderung angemessener wirtschaftlicher Verwertung. Gerade bei diesen beiden Kündigungsgründen, die allein in der Sphäre des Vermieters liegen, gerät der Mandant oft in einen Zwiespalt, weil er Sachverhalte aus seiner Privatsphäre – familiäre und finanzielle Verhältnisse – zur Sprache bringen muss, die er normalerweise Außenstehenden niemals offenbaren würde.

Dem Mandanten muss jedoch klargemacht werden, dass er im Räumungsprozess nur obsiegen wird, wenn es gelingt, seine Gründe im Kündigungsschreiben **nachvollziehbar** und im Prozess **nachprüfbar** zu machen. Größtmögliche Offenheit und Genauigkeit sind aber nicht nur rechtlich geboten, sondern auch taktisch sinnvoll. Das Ziel der Kündigungsbegründung sollte nicht nur sein, eine gesetzliche Hürde möglichst sicher zu nehmen, sondern auch, den Sachverhalt so klar und **überzeugend** zu schildern, dass der Mieter und sein hoffentlich kompetenter Berater zu dem Fazit gelangen müssen: Wenn das alles stimmt, dann wird gegen die Kündigung letztlich nichts zu machen sein. Unter diesem Gesichtspunkt kann es auch sinnvoll sein, zu erwartende Einwände schon im Kündigungsschreiben vorauseilend zu entkräften und damit dem Kündigungsempfänger Wind aus den Segeln zu nehmen.

Wird der Rechtsanwalt mit der Erhebung einer Räumungsklage auf Grund einer vom Vermieter selbst ausgesprochenen Kündigung beauftragt und ergeben sich Zweifel an ihrer Wirksamkeit, so muss die Kündigung **vorsorglich mit besserer Begründung wiederholt** werden. Zur Vermeidung von Zustellungsmängeln sollte dies jedoch **nicht nur in der Klage** selbst, sondern **auch durch außergerichtliches Kündigungsschreiben** geschehen. 84

Die rechtlichen Anforderungen ergeben sich aus § 573 Abs. 3 BGB. Danach sind **alle Gründe** für ein berechtigtes Interesse des Vermieters **schon im Kündigungsschreiben** zu benennen; denn andere Gründe dürfen im Prozess nur dann berücksichtigt werden, wenn sie erst nach Kündigungsausspruch entstanden sind. Das sog. **Nachschieben** von Gründen kann nach ganz herrschender Meinung niemals der Nachbesserung einer unzureichend begründeten Kündigung dienen[1]. Nachgeschobene Gründe können deshalb nur berücksichtigt werden, wenn schon die ursprüngliche Kündigung wirksam war[2]. Diese Auslegung der Vorschrift ist **verfassungskonform**[3]. Die Eigentumsgarantie ist nicht verletzt, wenn eine **Heilung** der unwirksamen Kündigung durch nachgeschobene Gründe **verneint** wird[4]. Nachgeschobenes Klagevorbringen muss nur berücksichtigt werden, soweit es der **Ergänzung** und **Untermauerung** eines im Kündigungsschreiben schon angegebenen Gesichtspunktes dient[5]. Das Gleiche gilt für die **unwesentliche** 85

---

1 LG Hamburg, WuM 1989, 256.
2 LG Frankfurt/Main, PE 1999, 219.
3 BVerfG, WuM 1989, 483.
4 BVerfG, WuM 1993, 235.
5 BVerfG, NJW 1988, 2725 = WuM 1988, 246.

Korrektur oder **Präzisierung** eines im Kündigungsschreiben angeführten Grundes nach dem aktuellen Erkenntnisstand[1].

Damit sind nachträglich entstandene Gründe nur dann von Bedeutung, wenn sie an die Stelle eines bei Kündigungsausspruch gegebenen und später weggefallenen Grundes treten[2]. Denn wenn die im Kündigungsschreiben angegebenen Gründe zur Darlegung eines berechtigten Interesses ausreichen und diese Gründe fortbestehen, dann müssen auch keine zusätzlichen Gründe nachgeschoben werden.

86 Durch Rechtsentscheid des BayObLG[3] wurden die **Anforderungen an die Begründung** des berechtigten Interesses wie folgt bestimmt:
- Alle Gründe für ein berechtigtes Interesse sind auch dann nochmals anzugeben, wenn sie dem Mieter bereits zuvor mündlich oder schriftlich mitgeteilt oder in einem Vorprozess geltend gemacht worden waren.
- Die Gründe müssen so ausführlich bezeichnet sein, dass sie identifiziert und von anderen Gründen (Sachverhalten, Lebensvorgängen) unterschieden werden können.

Nach der Rechtsprechung des BGH soll die Begründung dem Mieter zum frühestmöglichen Zeitpunkt Klarheit über seine Rechtsposition verschaffen und ihn dadurch in die Lage versetzen, rechtzeitig alles Erforderliche zur Wahrung seiner Interessen zu veranlassen.

Das **Verbot der Bezugnahme** auf frühere Erklärungen wurde vom BVerfG[4] **eingeschränkt**: Zulässig ist die Bezugnahme auf den Inhalt einer vorausgegangenen Kündigung, wenn diese nur vorsorglich wiederholt werden sollte, weil Zweifel bestanden, dass die erste Kündigung im Hinblick auf eine Sperrfrist verfrüht war.

87 Das Kündigungsschreiben muss eine **schlüssige Darlegung** des Kündigungsgrundes enthalten[5], nicht jedoch einen substantiierten Vortrag wie im Prozess[6]. Es ist deshalb nicht erforderlich, dass bereits das Kündigungsschreiben die gerichtliche Feststellung erlaubt, dass die Kündigungsvoraussetzungen vorliegen[7]. Da die Begründungspflicht nur das anerkennenswerte **Informationsbedürfnis des Mieters** schützt[8], dürfen die Anforderungen an die Darlegung der Gründe aber auch nicht überspannt und insbesondere nicht von Darlegungsregeln bestimmt sein[9].

---

1 BVerfG, NZM 2000, 456 = ZMR 2000, 434.
2 BVerfG, WuM 1993, 235.
3 BayObLG, WuM 1981, 200 = NJW 1981, 2197; bestätigt durch BayObLG, WuM 1985, 50 = ZMR 1985, 96.
4 BVerfG, NJW 1992, 1877 = WuM 1993, 233; BVerfG, NJW 1992, 2752 = WuM 1993, 234.
5 *Lammel*, § 573 BGB Rz. 134.
6 BVerfG, WuM 1998, 463 = NJW 1998, 2662.
7 BVerfG, WuM 2003, 435 = NZM 2003, 592.
8 BVerfG, NJW 1994, 310 = ZMR 1994, 59.
9 BVerfG, WuM 1998, 463 = NJW 1998, 2662.

Das BVerfG hatte über zahlreiche Verfassungsbeschwerden zu entscheiden, 88
in denen Vermieter eine Verletzung der **Eigentumsgarantie** geltend machten, weil ihre auf Eigenbedarf gestützte Räumungsklage abgewiesen wurde. Nach seiner Rechtsprechung ist die **Klageabweisung verfassungsgemäß**,
– wenn im Kündigungsschreiben nicht dargelegt wurde, weshalb es dem Vermieter auf die Nutzung der Erdgeschosswohnung mit Garten ankam, obwohl er bereits die gleich große Wohnung im 1. OG innehatte und auch den Garten nutzen konnte, der den Mietern der Erdgeschosswohnung nicht mitvermietet war[1],
– wenn die Eigennutzungsabsicht auf die Belastung des Grundstücks gestützt wurde, hierzu aber im Kündigungsschreiben keine konkreten Angaben gemacht wurden[2],
– wenn im Kündigungsschreiben nicht mitgeteilt wurde, dass der Vermieter 75 km außerhalb seines Wohn- und Arbeitsortes ein Haus besitzt, in dem er sich an den Wochenenden aufhält[3].

Dagegen war die **Klageabweisung verfassungswidrig**, wenn sie darauf ge- 89
stützt wurde,
– dass im Kündigungsschreiben nicht erklärt wurde, dass der Kündigungsgrund erst nach Abschluss des Mietvertrags entstanden war[4],
– dass der Prozessvortrag, der Verkauf der vermieteten Wohnung sei nur mit 30 % Preisnachlass möglich, nicht vom Kündigungsschreiben gedeckt sei, in dem der Preisnachlass mit 40 % beziffert war[5],
– dass die Unmöglichkeit des Verkaufs eines Wohnhauses zu einem angemessenen Preis nicht durch konkrete vergebliche Verkaufsbemühungen nachgewiesen wurde[6],
– dass die Behauptung der Vermieterin, sie erziele mit der gekündigten Wohnung weniger Miete als sie selbst für ihre aktuelle Wohnung zahle, nicht durch betragsmäßige Angaben untermauert sei[7],
– dass der erhöhte Raumbedarf der Vermieterin nur durch Angaben zur Anzahl der Zimmer der aktuellen und der beanspruchten Wohnung begründet wurde und nicht durch einen Vergleich der Wohnflächen[8],
– dass der langjährige Lebensgefährte der Vermieterin, welcher dem Beklagten bekannt war, im Kündigungsschreiben nur als Lebensgefährte bezeichnet, nicht jedoch namentlich benannt wurde[9].

---

1 BVerfG, WuM 1995, 142 = ZMR 1994, 252.
2 BVerfG, WuM 1993, 231 = NJW 1992, 3032.
3 BVerfG, NJW 1992, 1379 = WuM 1992, 178.
4 BVerfG, WuM 1998, 463 = NJW 1998, 2662.
5 BVerfG, WuM 1992, 417 = NJW 1992, 2411.
6 BVerfG, WuM 1998, 463 = NJW 1998, 2662.
7 BVerfG, WuM 2003, 435 = NZM 2003, 592.
8 BVerfG, WuM 2003, 435 = NZM 2003, 592.
9 BVerfG, WuM 2003, 435 = NZM 2003, 592.

k) Mehrheit von Kündigungsgründen

90 Eine Kündigung kann gleichzeitig auf mehrere Gründe gestützt werden, sofern die Voraussetzungen mehrerer Kündigungstatbestände vorliegen und diese sich nicht gegenseitig ausschließen. Im letzteren Fall ist zu prüfen, ob eine **Staffelung** nach Haupt- und Hilfsbegründung in Betracht kommt.

Bei einer auf **berechtigte Interessen** gem. § 573 BGB gestützten ordentlichen Kündigung muss das Gericht die angeführten Gründe unter allen im Rahmen dieser Vorschrift relevanten Gesichtspunkten überprüfen. Wurde die Kündigung auf Hinderung angemessener wirtschaftlicher Verwertung gestützt, weil der Vermieter sich finanziell gezwungen sieht, in die kleine Wohnung des Mieters einzuziehen, um seine eigene große Wohnung vermieten zu können, so ist dieses Begehren auch unter dem Gesichtspunkt des Eigenbedarfs zu prüfen[1].

l) Haupt- und Hilfskündigung, Wiederholung des Kündigungsausspruchs

91 Fristlose und ordentliche Kündigung können wegen ihrer Gestaltungswirkung **weder alternativ noch kumulativ** ausgesprochen werden[2]; zulässig ist nur die Staffelung in einem Hilfsverhältnis. Darin liegt keine unzulässige Bedingung; vielmehr ist auch die ordentliche Kündigung unbedingt erklärt mit der Einschränkung, dass die Wirksamkeit dieser Kündigung erst nachrangig zu prüfen ist[3]. So ist gesichert, dass die Kündigungswirkung nur einmal eintreten kann. Die hilfsweise erklärte Kündigung ist danach wirkungslos, wenn die primär ausgesprochene Kündigung wirksam war.

92 In der Erhebung einer **Räumungsklage** kann u.U. eine **erneute Kündigung** gesehen werden[4] (vgl. auch Rz. 323 ff.). Voraussetzung ist, dass deutlich wird, dass die Klageschrift nicht nur der Durchsetzung der bereits ausgesprochenen Kündigung dient, sondern auch eine auf die Vertragsbeendigung gerichtete **materiell-rechtliche Willenserklärung** enthält, was sich jedoch aus den Umständen ergeben kann[5]. Zur Vermeidung von Unklarheiten sollte der Rechtsanwalt daher den (vorsorglichen) Ausspruch der Kündigung in der Klageschrift standardmäßig vorsehen.

Eine erneute fristlose Kündigung konnte jedenfalls bis zum 1.7.2002 auch noch mit der **Berufungsbegründung** ausgesprochen werden[6]. Ob dies heute noch gilt, erscheint wegen § 531 ZPO zweifelhaft.

93 Daneben müssen aber auch alle **sonstigen Wirksamkeitsvoraussetzungen** der ausgesprochenen Kündigungen vorliegen. Im Falle einer Kündigung wegen Vertragsverletzungen muss – soweit vorherige Abmahnung notwendig

---
1 BVerfG, BVerfGE 84, 366 = WuM 1991, 661.
2 *Sternel*, IV, Rz. 24.
3 BGH, WuM 2005, 250 = MDR 2005, 680.
4 BGH, NJW-RR 1997, 203 = ZMR 1997, 280.
5 BGH, NZM 2001, 1077, 1078; BGH, NJW-RR 1997, 203; OLG Rostock, NZM 2002, 955, 957.
6 LG Frankfurt/Main, PE 1999, 49.

ist – der erforderliche **zeitliche Zusammenhang** zwischen Abmahnung, erneuter Vertragsverletzung, Ausspruch und Zugang der Kündigung gewahrt sein.

Die Kündigung von **Wohnraum** gem. § 573 BGB erfordert eine ausreichende Begründung. Dies dürfte eine erneute Kündigung durch Klageerhebung zwar nicht generell ausschließen[1]; es ist jedoch kaum vorstellbar, dass ohne ausdrückliche Kündigungserklärung sämtliche Wirksamkeitsvoraussetzungen einer ordentlichen Wohnraumkündigung einzuhalten sind.

94

Die Kündigung eines Mietverhältnisses über Wohnraum kann in erster Linie auf § 573a BGB (**Einliegerwohnung**) und hilfsweise z.B. auf § 573 Abs. 2 Nr. 1 BGB gestützt werden[2].

95

m) Weitere Erklärungen im Kündigungsschreiben

Die Beendigungswirkung der Kündigung kann nachträglich auf unterschiedliche Weise aufgehoben werden. Dies lässt sich jedoch durch geeignete Erklärungen verhindern oder steuern.

96

aa) Belehrung über Kündigungswiderspruch gem. § 574 BGB

Der Mieter von **Wohnraum** kann der Kündigung gem. § 574 BGB widersprechen, wenn die Vertragsbeendigung für ihn, seine Familienangehörigen oder Angehörige seines Haushalts eine **ungerechtfertigte Härte** darstellt (vgl. *Rz. 351 ff.*). Der Widerspruch muss zwei Monate vor Ablauf der Kündigungsfrist beim Vermieter eingehen. Diese Frist gilt gem. § 574b BGB jedoch nur, wenn der Vermieter ihn auf die Möglichkeit des Widerspruchs und auf dessen Form und Frist schriftlich hingewiesen hat. Hat er ihn nicht oder nicht ausreichend belehrt, kann der Mieter den Widerspruch noch in der mündlichen Verhandlung des Räumungsprozesses erklären. Widerspricht der Mieter, so weiß der Vermieter, dass er klagen muss. Im Regelfall kann er dann auch sofort klagen, weil der Widerspruch die Besorgnis der Nichterfüllung begründet.

97

Um frühzeitig die vom Mieter geltend gemachten Härtegründe beurteilen zu können, sollte die Belehrung mit der **Aufforderung zur Begründung** des Widerspruchs verbunden werden.

98

Die **Belehrung** kann den folgenden Wortlaut haben:

Vermieteranwalt an Mieter

Sie haben die Möglichkeit, dieser Kündigung zu widersprechen, wenn die Vertragsbeendigung für Sie, ihre Familie oder Angehörige Ihres Haushalts eine

---

[1] So aber LG Berlin, GE 1998, 1341 = ZMR 1999, 32.
[2] OLG Hamburg, WuM 1982, 151 = ZMR 1982, 282.

nicht zu rechtfertigende Härte bedeuten würde. Der Widerspruch muss schriftlich spätestens zwei Monate vor Ablauf der Kündigungsfrist bei mir oder meinem Mandanten eingehen. Zur besseren Beurteilung einer eventuellen Härte bitte ich Sie, den Widerspruch zu begründen.

bb) Vorsorglicher Fortsetzungswiderspruch gem. § 545 BGB

99 Diese Vorschrift bewirkt die **Verlängerung** des Mietverhältnisses auf unbestimmte Zeit, wenn nicht eine der Vertragsparteien binnen zwei Wochen einer solchen Verlängerung widerspricht. Für den Vermieter beginnt die Frist mit Kenntnis der **Gebrauchsfortsetzung**.

Folgendes ist zu beachten:

– Der Widerspruch sollte **nicht in der Klageschrift** erklärt werden, da er dem Mieter in diesem Falle erst mit Zustellung der Klage zugeht, was innerhalb der Zweiwochenfrist nicht gewährleistet ist. Die Erhebung der Räumungsklage innerhalb der Widerspruchsfrist genügt nicht[1].

– Er kann nur **ausnahmsweise schon im Kündigungsschreiben** erklärt werden, nämlich dann, wenn zwischen Widerspruchserklärung und Vertragsbeendigung ein enger zeitlicher Zusammenhang besteht[2]. Dieser ist zweifellos **bei der fristlosen Kündigung** gegeben[3], bei der ordentlichen Kündigung jedoch selbst bei 3-monatiger Kündigungsfrist nicht sicher gewahrt[4], was oft übersehen, aber auch selten gerügt wird. Bei der Geschäftsraummiete soll der im Kündigungsschreiben erklärte Verlängerungswiderspruch selbst bei einer Kündigungsfrist von 9 Monaten wirksam sein[5]. Es dürfte sich aber kaum überzeugend begründen lassen, warum hier andere Maßstäbe gelten sollen.

– Der **vertragliche Ausschluss** der stillschweigenden Vertragsverlängerung ist zwar auch durch Formularvertrag zulässig; diese Klauseln können jedoch unwirksam sein, wenn nur die Gesetzesvorschrift, nicht jedoch ihr Inhalt erwähnt ist (vgl. dazu A Rz. 186 und 199 „stillschweigende Verlängerung"). Dies muss erst recht gelten, wenn die Vorschrift im Mietvertrag noch mit der vor der Mietrechtsreform gültigen Bezeichnung (§ 568 BGB) zitiert ist.

---

1 OLG Stuttgart, WuM 1987, 114 = MDR 1987, 499.
2 BayObLG, WuM 1981, 253 = MDR 1982, 56.
3 OLG Hamburg, WuM 1981, 205 = NJW 1981, 2258; OLG Schleswig, WuM 1982, 65 = MDR 1982, 322.
4 OLG Hamm, OLGR Hamm 1993, 221; **a.A.** LG Bonn, WuM 1992, 617.
5 OLG Düsseldorf, WuM 2002, 481 = OLGR Düsseldorf 2002, 359.

Die **Formulierung** des Widerspruchs kann lauten:

Vermieteranwalt an Mieter

Einer stillschweigenden Verlängerung des Mietverhältnisses durch Fortsetzung des Gebrauchs über das Vertragsende hinaus wird bereits jetzt widersprochen.

---

cc) **Verlangen erhöhter Nutzungsentschädigung gem. § 546a Abs. 1 BGB**

Mit Beendigung des Mietverhältnisses schuldet der Mieter keine Miete mehr, sondern eine Nutzungsentschädigung. Der Anspruch besteht mindestens und **ohne weitere Begründung** in Höhe der bisherigen Miete. Lag diese unter der ortsüblichen Miete, kann der Vermieter bis zur Rückgabe der Mieträume Nutzungsentschädigung in Höhe der ortsüblichen Miete verlangen.

100

Vermieteranwalt an Mieter

Für den Fall nicht fristgerechter Räumung und Herausgabe der Mieträume mache ich namens meines Mandanten für die Zeit ab Beendigung des Mietverhältnisses bis auf weiteres eine monatliche Nutzungsentschädigung gem. § 546a Abs. 1 BGB in Höhe der ortsüblichen Vergleichsmiete geltend. Diese liegt über der gegenwärtig gültigen Nettomiete von 800 Euro. Sie beträgt nach der beigefügten Berechnung anhand des Mietspiegels monatlich 920 Euro. Neben diesem Betrag ist die monatliche Betriebskostenvorauszahlung von 130 Euro wie bisher zu zahlen, insgesamt also ein monatlicher Gesamtbetrag in Höhe von 1050 Euro. Die Nutzungsentschädigung einschließlich der Betriebskostenvorauszahlung ist fällig zum gleichen Termin wie die bisher gezahlte Miete.

Ein solches formloses Verlangen genügt den Anforderungen von § 546a BGB[1]. Die Kappungsgrenze gilt nicht[2]. Eine eingehende Begründung wie bei einem Mieterhöhungsverlangen gem. § 558 BGB kann jedoch zur besseren Nachvollziehbarkeit und Vorbereitung der gerichtlichen Durchsetzung sinnvoll sein.

101

Entgegen einer früher verbreiteten Meinung übt der Vermieter mit dieser Erklärung kein nur für die Zukunft wirkendes Gestaltungsrecht aus; der Anspruch steht ihm vielmehr kraft Gesetzes zu. Deshalb kann die erhöhte Nutzungsentschädigung auch im Nachhinein **rückwirkend** verlangt wer-

102

---

1 LG Freiburg, WuM 1993, 671.
2 LG Stuttgart, ZMR 1987, 153 = NJW-RR 1987, 401; **a.A.** AG Hamburg-Blankenese, ZMR 2001, 630.

den[1]. Dennoch ist es sinnvoll, den Anspruch möglichst frühzeitig geltend zu machen, also

- bei fristloser Kündigung schon im Kündigungsschreiben,
- bei fristgebundener Kündigung jedenfalls vor Ablauf der Kündigungsfrist.

Zu beachten ist allerdings, dass ein Anspruch auf Zahlung von Nutzungsentschädigung voraussetzt, dass dem Vermieter die Mietsache **vorenthalten** wird, was seinerseits einen Rücknahmewillen des Vermieters voraussetzterfordert[2] (vgl. *K Rz. 207*).

dd) Geltendmachung des Vermieterpfandrechts gem. § 562 BGB

103 Vor allem bei der Kündigung wegen Zahlungsverzuges nach § 543 Abs. 2 Nr. 3 kann daran gedacht werden, das **finanzielle Risiko** des Vermieters durch Ausübung des Vermieterpfandrechts zu verringern (vgl. dazu im Einzelnen *G Rz. 254 f.*). Dies darf jedoch nicht schematisch geschehen, da die Maßnahme auch nachteilige Folgen haben kann, und zwar nicht nur die Verzögerung der Weitervermietung bis zur Verwertung des Pfändungsgutes. Denn die umfassende Ausübung des Vermieterpfandrechts steht einem Räumungs- und Herausgabeanspruch entgegen. Hat der Vermieter also z.B. fristlos wegen Zahlungsverzuges gekündigt, ist eine Räumungsklage abzuweisen, wenn er gleichzeitig sein Vermieterpfandrecht (ohne Beschränkung) geltend gemacht hat (vgl. auch *G Rz. 263a*)[3]. Denn der Mieter ist bei rechtmäßigem Verhalten gerade nicht in der Lage, die Mietsache zu räumen und dem Vermieter den vollständigen unmittelbaren Besitz zu verschaffen.

Möglich ist natürlich die Beschränkung des Vermieterpfandrechts auf einige wertvolle bzw. gut verwertbare Gegenstände. In diesem Fall muss mit der entsprechenden Einschränkung der Räumungsanspruch geltend gemacht werden. Andererseits kann der Räumungsanspruch von vornherein nur auf **Herausgabe** (= Besitzverschaffung) **beschränkt** werden[4].

Ebenso kann im Falle verspäteter Räumung bei **umfassender Ausübung des Vermieterpfandechts** ein Anspruch auf Nutzungsentschädigung gem. § 546a Abs. 1 BGB entfallen[5].

ee) Hinweis auf Pflichten des Mieters bei Vertragsende

104 Kennt der Vermieter den **Zustand der Wohnung**, so wird es ihm in der Regel schon bei Kündigungsausspruch möglich sein, konkrete Forderungen

---

1 BGH, BGHZ 142, 186 = MDR 1999, 1255.
2 BGH, Urt. v. 5.10.2005 – VIII ZR 57/05, WuM 2005, 771 = NZM 2006, 52.
3 KG, WuM 2005, 348 = NZM 2005, 422.
4 BGH, NZM 2006, 149.
5 OLG Düsseldorf, Urt. v. 7.9.2006 – I-10 U 30/06, ZMR 2006, 927 = OLGR Düsseldorf 2006, 817.

hinsichtlich des bei Rückgabe geschuldeten Zustands zu formulieren, insbesondere im Hinblick auf
- Durchführung von Schönheitsreparaturen,
- Behebung von Schäden an den Mieträumen,
- Beseitigung von Einrichtungen des Mieters,
- Wiederherstellung des früheren Zustands (Rückbau) nach Veränderungen durch den Mieter.

Ebenso kann er schon bei Kündigungsausspruch ein eventuelles Interesse an der **Übernahme von Mietereinrichtungen** (z.B. Einbauküche) äußern.

Kennt der Vermieter den Zustand der Mieträume nicht hinreichend, kann er anlässlich des Kündigungsausspruchs eine **Besichtigung** für den letzten Mietmonat verlangen[1]. Zur Durchsetzung des Anspruchs vgl. *G Rz. 231 ff.*

ff) Angebot zum Abschluss einer Mietaufhebungsvereinbarung

Aus der wirksamen Kündigung erwächst dem Vermieter ein Anspruch auf fristgerechte Räumung und Herausgabe der Mieträume, aber keine Garantie, dass dies auch wirklich geschieht. Ein gewisser Druck kann von den möglichen Folgen des Räumungsverzuges ausgehen: 105

- Kosten eines Räumungsprozesses,
- Zahlung erhöhter Nutzungsentschädigung,
- Schadensersatz.

Bei der **Wohnraummiete** sind Schadensersatzansprüche jedoch rechtlich stark eingeschränkt und spielen praktisch keine Rolle. Die Zahlung eines ortsüblichen Entgelts für die Raumüberlassung ist ohnehin der Normalfall. Allenfalls die Prozesskosten können schmerzen, wenn der Mieter keine Rechtsschutzversicherung hat. Deshalb kann es nützlich sein, **Anreize** für die fristgerechte Räumung zu schaffen. Dies ist möglich durch einseitige Erklärungen, wie etwa einen bedingten **Verzicht auf Vermieterrechte**: 106

Vermieteranwalt an Mieter

Für den Fall der fristgerechten Räumung und Herausgabe der Wohnung verzichtet mein Mandant
auf die Vornahme der fälligen Schönheitsreparaturen
oder
auf den Rückbau des von Ihnen vorgenommenen Wanddurchbruchs
oder
auf die Nachzahlung aus der Betriebskostenabrechnung für das Jahr 2008.

---

1 AG Köln, WuM 1980, 85.

> Im Falle der vorzeitigen Räumung und Herausgabe der Wohnung verzichtet mein Mandant außerdem auf die restliche Miete ab dem Tag, der auf die Herausgabe folgt.

107 Einseitige Anreize geben dem Vermieter jedoch kein Mehr an Planungssicherheit; diese lässt sich nur durch eine zweiseitige Vereinbarung erlangen. Im Kündigungsschreiben kann deshalb signalisiert werden, dass Bereitschaft zum Entgegenkommen besteht; es kann aber auch gleich ein fix und fertiges Angebot unterbreitet werden. Dabei kann die Wirksamkeit der Kündigung als Prämisse einer Abwicklungsregelung dienen:

> **Mietaufhebungsvereinbarung**
>
> Das zwischen den Parteien bestehende Mietverhältnis über die Wohnung ... endet auf Grund der Kündigung des Vermieters vom 27.2.2010 am 31.12.2010. Im Hinblick darauf wird Folgendes vereinbart:
> (...)

Es kann aber auch ein anderer (auch variabler) Beendigungstermin vereinbart werden, durch den die Kündigung (auch ohne ausdrückliche Aufhebung ihrer Beendigungswirkung) gegenstandslos wird.

> **Mietaufhebungsvereinbarung**
>
> Die Parteien sind sich einig, dass das zwischen ihnen bestehende Mietverhältnis über die Wohnung ... am 31.12.2010 endet.
> Der Mieter ist jedoch berechtigt, das Mietverhältnis vorzeitig mit einer Frist von 2 Wochen zum Monatsende zu kündigen.
> (...)

108 Die Vereinbarung sollte dem Kündigungsschreiben als separater Text in doppelter Ausfertigung, vom Anbieter unterzeichnet, beigefügt und ihre **Annahme befristet** werden, wobei angesichts der Tragweite der Vereinbarung eine Frist von einem Monat angemessen sein kann.

> **Vermieteranwalt an Mieter**
>
> Das beigefügte Angebot können Sie bis zum ... durch Rücksendung eines gegengezeichneten Exemplars der Vereinbarung annehmen. Nach Ablauf dieser Frist ist mein Mandant an sein Angebot nicht mehr gebunden.

Wegen der Mietaufhebungsvereinbarung im Allgemeinen wird auf *Rz. 492 ff.* verwiesen.

gg) Auskunftsverlangen über Mitbewohner

Die spätere Räumungsklage ist nicht nur gegen den oder die Mieter, sondern gegen alle sonstigen erwachsenen **Mitbewohner**, auch erwachsene Kinder des Mieters, zu richten, sofern diese Mitbesitz an der Wohnung haben. Unklarheiten sollten schon vor Klageerhebung beseitigt werden. Jedenfalls bei kurzer Kündigungsfrist kann schon in das Kündigungsschreiben eine entsprechende Anfrage aufgenommen werden. 109

Vermieteranwalt an Mieter

Nach einer Auskunft der Meldebehörde
oder
nach Ihrem Briefkastenschild
oder
nach Mitteilung von Hausbewohnern

wohnt in Ihrer Wohnung außer Ihnen noch Frau Petra Mustermann. Bitte teilen Sie mir innerhalb von 3 Wochen nach Erhalt dieses Schreibens mit, ob Frau Mustermann noch bei Ihnen wohnt und ob außer ihr oder an ihrer Stelle noch weitere erwachsene Personen in Ihrer Wohnung wohnen. Sollten sich künftig Veränderungen ergeben, bitte ich Sie, mir diese ebenfalls umgehend mitzuteilen.

Erteilt der Mieter keine Auskunft, kann in die Räumungsklage ein Antrag auf Auskunftserteilung aufgenommen werden; denn der herausgabepflichtige Mieter ist dem Vermieter auskunftspflichtig über die von ihm begründeten Untermietverhältnisse[1]. Wird die Auskunft im Prozess erteilt, kann die Klage auf die Mitbewohner erweitert werden. Ansonsten kommen Schadensersatzansprüche gegen den Mieter in Betracht, wenn sich die Räumung durch den Gerichtsvollzieher verzögert, weil sich in der Wohnung erwachsene, nicht im Titel aufgeführte Personen aufhalten und deshalb die Räumung nicht durchgeführt wird. Wird der Auskunftsanspruch erst nach Erlangung eines Räumungstitels gegen den Hauptmieter geltend gemacht, müsste bei Verweigerung der Auskunft ein separates Verfahren eingeleitet werden, da der Anspruch jedenfalls im Vollstreckungsverfahren nicht durchsetzbar ist[2]. Wegen der Einzelheiten des Auskunftsanspruchs vgl. *Rz. 311.*

---

[1] OLG Hamburg, WuM 1997, 223 = GE 1997, 489; OLG Hamburg, NZM 1998, 758 = ZMR 1999, 106.
[2] BGH, Beschl. v. 27.11.2008 – I ZB 46/08, WuM 2009, 142 = NJW-RR 2009, 433.

n) Zustellung des Kündigungsschreibens

110 Folgende **Möglichkeiten** kommen in Betracht:
- Zustellung durch Boten,
- Aushändigung gegen Quittung,
- Einschreiben mit Rückschein,
- Einwurf-Einschreiben,
- Zustellung durch Gerichtsvollzieher,
- Öffentliche Zustellung,
- Zustellung von Anwalt zu Anwalt.

111 Bei **Zustellung durch Boten** ist im Streitfalle der Bote als Zeuge zu benennen. Es sollte also jemand gewählt werden, der dann auch voraussichtlich zur Verfügung stehen wird, z.B. ein Bekannter des Vermieters. Als Gedächtnisstütze empfiehlt es sich, dass der Bote auf einer Kopie des Kündigungsschreibens Ort, Zeitpunkt und Art der Zustellung vermerkt.

> **Vermerk über Zustellung durch Boten**
>
> Das Original dieses aus 2 Seiten bestehenden Schreibens nebst Originalvollmacht und 1 Anlage (ärztliches Attest vom 15.1.2010) habe ich am 26.2.2010 gegen 17 Uhr bei Herrn A. B., C-Straße 1 in D, in den Hausbriefkasten eingeworfen (oder: ... Herrn A. B. persönlich ausgehändigt).

Der **Vorteil** dieser Vorgehensweise ist, dass der Absender den Zeitpunkt der Zustellung selbst unter Kontrolle hat, was bei der Zustellung durch Gerichtsvollzieher oder per Einschreiben/Rückschein nicht der Fall ist. Der Nachteil ist die umständlichere Beweisführung im Streitfall (Zeugenbeweis statt Urkundsbeweis). Erfahrungsgemäß wird der Zugang eines per Boten zugestellten Schreibens jedoch kaum bestritten.

112 Die **Aushändigung gegen Quittung** sollte so geschehen, dass der oder die Kündigungsempfänger auf einer Fotokopie des Kündigungsschreibens dessen Erhalt bestätigen. Die Quittung dient im späteren Prozess als Urkunde über den Zeitpunkt der Zustellung. **Nachteilig** ist, dass sich der Zeitpunkt des Zugangs nicht sicher vorherbestimmen lässt, vor allem, wenn bei mehreren Adressaten nicht alle zeitgleich angetroffen werden. Der sicherste Weg besteht deshalb darin, die Aushändigung gegen Quittung durch einen Boten zu organisieren, der im Zweifel bzw. bei Nichtantreffen des oder der Empfänger die Zustellung über den Hausbriefkasten bewirkt.

113 Die Versendung per **Einschreiben mit Rückschein** birgt Risiken. Wird der Empfänger nicht angetroffen, erhält er eine Benachrichtigung über die Niederlegung bei dem zuständigen Postamt, wo die Sendung 7 Tage zur Abho-

lung aufbewahrt und danach an den Absender zurückgesandt wird. Dadurch kann wertvolle Zeit verstreichen.

Zwar muss sich ein unredlicher Adressat im Zweifel so behandeln lassen, als sei ihm eine Postsendung zugegangen, bzw. als sei sie ihm trotz verzögerter Abholung von der Post rechtzeitig zugegangen[1]. Dazu muss jedoch im Prozess dargelegt und bewiesen werden, dass der Mieter mit einer Kündigung rechnen musste und der Postbote die notwendige Benachrichtigung ordnungsgemäß durchgeführt hat. Dies führt zu einer (weiteren) Verzögerung des Prozesses. Ist die Entgegennahme von Postsendungen durch den Mieter unsicher, so sollte von dieser Zustellungsart auch zur Vermeidung eines **Risikos für den Rechtsanwalt** abgesehen werden. Dies gilt vor allem bei fristlosen Kündigungen und allgemein bei eilbedürftiger Zustellung.

Die Übersendung mit **Einwurf-Einschreiben** ist zwar kostengünstiger als die Übermittlung per Einschreiben/Rückschein und gibt dem Mieter grundsätzlich auch nicht die Möglichkeit, die Annahme zu verweigern. Die Dokumentation des Zugangs durch Einwurf in den Briefkasten findet jedoch nicht in einer Weise statt, die den Nachweis des Zugangs im Prozess zweifelsfrei ermöglicht[2]. Immerhin liefert aber der ordnungsgemäß ausgefüllte Auslieferungsbeleg den Beweis des ersten Anscheins für den Einwurf in den Briefkasten des Empfängers[3]. 114

Die Zustellung durch den **Gerichtsvollzieher** wird dadurch vorbereitet, dass dem Original des Kündigungsschreibens (und der Vollmacht) eine beglaubigte Kopie der zuzustellenden Urkunde beigefügt wird. Diese Schriftstücke werden mit einem Auftragsschreiben an den zuständigen Gerichtsvollzieher oder die Verteilerstelle für Gerichtsvollzieher beim Amtsgericht geschickt. Nach erfolgter Zustellung erhält der Absender die beglaubigten Kopien mit einer Zustellungsurkunde zurück. Diese Zustellungsart hat den **Vorteil**, dass sie den Zugang relativ sicher bewirkt und dieser durch eine öffentliche Urkunde i.S.d. § 415 ZPO nachgewiesen werden kann. Ein Risiko ergibt sich jedoch aus dem u.U. „langen" Weg bis zur Zustellung, für die 5 bis 8 Tage eingeplant werden müssen. 115

Die **öffentliche Zustellung** (vgl. auch *K Rz. 276 f.*) wird durch das zuständige Amtsgericht bewirkt (zur Umsetzung vgl. *K Rz. 278*). Sie ruft auf jeden Fall eine Zeitverzögerung hervor, da das Kündigungsschreiben erst nach Ablauf der vom Gericht nach Ermessen gesetzten Zustellungsfrist als zugegangen gilt. Gleichwohl sollte sie zur ordnungsgemäßen Beendigung herbeigeführt werden, wenn der Aufenthaltsort auch nur eines (potentiellen) Mieters unbekannt ist[4]. 116

---

1 OLG Düsseldorf, WuM 2004, 270 = OLGR Düsseldorf 2004, 229; LG Freiburg, WuM 2004, 490 = NZM 2004, 617.
2 Vgl. BGH, Urt. v. 11.7.2007 – XII ZR 164/03, MDR 2007, 1331 = NJW-RR 2007, 1567; *Hosenfeld*, NZM 2002, 93, 95.
3 OLG Koblenz, Beschl. v. 31.1.2005 – 11 WF 1013/04, OLGR Koblenz 2005, 869.
4 Vgl. OLG Düsseldorf, Urt. v. 29.9.2005 – I-10 U 20/05, GuT 2006, 37 = GE 2006, 325.

117 Eine **Zustellung von Anwalt zu Anwalt** kommt in Betracht, wenn der Mieter bisher bereits von einem Kollegen vertreten wurde. Hierzu können entweder die handelsüblichen Empfangsbekenntnisse (Formulare) verwendet werden oder eine Zweitschrift mit der Bitte um Rücksendung mit Empfangsbestätigungsvermerk. Zuvor sollte sich der Rechtsanwalt jedoch vergewissern, ob der Kollege zustellungsbevollmächtigt ist. Liegt die Vollmacht des Kollegen nicht vor, sollte er ausdrücklich (telefonisch) befragt werden, ansonsten sollte das Kündigungsschreiben dem Mieter direkt und dem Kollegen zur Kenntnisnahme übersendet werden. Dadurch wird vermieden, dass es zu Verzögerungen kommt, weil der Kollege das Kündigungsschreiben mangels Mandats zurückgibt.

118 Die Kündigung per **Telefax, E-Mail, Telegramm** oder **Fernschreiben** ist bei Geltung von Wohnraummiete generell unwirksam, da durch sie die gesetzliche Schriftform nicht gewahrt wird. Anders u.U. bei der Geschäftsraummiete, wo die Schriftform nicht gesetzlich, oft jedoch vertraglich vorgeschrieben ist. Hier ist u.U. § 127 Abs. 2 BGB zu beachten.

o) Weitere Maßnahmen im Zusammenhang mit der Kündigung

119 Bei der ordentlichen Kündigung sollten der Ablauf der Kündigungsfrist und der frühestmögliche Ablauf der Widerspruchsfrist gem. § 545 BGB (2 Wochen später) im **Fristenkalender** notiert werden. Der tatsächliche Ablauf der Widerspruchsfrist wird von der Kenntnis der Gebrauchsfortsetzung abhängen und kann deshalb später liegen.

120 Der Mandant kann ermuntert werden, nach Zustellung des Kündigungsschreibens ein **Gespräch mit dem Mieter** zu suchen, um in Erfahrung zu bringen, ob mit einer fristgerechten Räumung zu rechnen ist. Ergibt sich daraus die Besorgnis der Nichterfüllung, weil der Mieter erklärt, die Kündigung sei unwirksam bzw. er werde nicht räumen, so ist gem. § 259 ZPO die sofortige Klage mit dem Antrag auf Räumung zum Beendigungstermin möglich. Die entsprechenden Äußerungen des Mieters müssen jedoch beweisbar sein.

Dabei ist allerdings zu beachten, dass jedenfalls der Wohnraummieter – auch auf Nachfrage des Vermieters – nicht verpflichtet ist, sich vor Ablauf der Kündigungsfrist zu seiner Erfüllungsbereitschaft zu äußern, so dass sein Schweigen nicht die Besorgnis der Nichterfüllung begründet. Anders bei **Geschäftsraummiete:** Zwar muss auch hier der Mieter seine Erfüllungsbereitschaft nicht von sich aus bekunden[1]; hier wird jedoch vertreten, dass sein Schweigen auf die Anfrage des Vermieters zur Besorgnis der Nichterfüllung führt[2].

121 Gegenüber eventuellen Untermietern oder **Mitbewohnern** sollte im Hinblick auf den Räumungsanspruch aus § 546 Abs. 2 BGB ein **Räumungsver-**

---

1 OLG Hamm, ZMR 1996, 499.
2 OLG Stuttgart, WuM 1999, 414 = MDR 1999, 1189; OLG Nürnberg, MietRB 2004, 203.

langen ausgesprochen werden. Andernfalls trägt der Vermieter bei sofortigem Anerkenntnis die Verfahrenskosten[1]. Im Übrigen ergibt sich daraus die Möglichkeit, bei nicht fristgerechter Räumung **Nutzungsentschädigung** nach den §§ 989, 990 BGB auch von dem/den Untermieter/n zu verlangen[2]. Insoweit steht dem Vermieter allerdings nur ein Wahlrecht zu[3], dessen Ausübung wohl bedacht sein muss[4].

Sind die fraglichen Personen bekannt, so sollten sie schon parallel zum Kündigungsausspruch angeschrieben werden. Da das Schreiben nur der Information über einen kraft Gesetzes bestehenden Anspruch dient, müssen nicht die Formalien einer Kündigung beachtet werden. Allerdings sollte zumindest das Kündigungsschreiben in Kopie beigefügt werden. Immerhin ist Bösgläubigkeit erforderlich.

3. Ordentliche (fristgebundene) Kündigung

a) Kündigung von Geschäftsraum

Für die Kündigung von Geschäftsräumen gilt § 542 i.V.m. § 580a BGB, d.h. eine ordentliche Kündigung setzt nur voraus, dass **keine feste Vertragszeit** (durch Befristung oder auflösende Bedingung) vereinbart ist und die vertragliche Kündigungsfrist, hilfsweise die gesetzlichen Kündigungsfristen des § 580a BGB eingehalten sind.   122

Zu beachten sind die unterschiedlichen Kündigungsfristen bei der **Raummiete** und der **Geschäftsraummiete** in § 580a BGB.

Der **Begriff der Geschäftsräume** ist hier eng auszulegen i.S.v. Räumen, die zur geschäftlichen Nutzung vermietet sind, und nicht als Auffangbegriff zur Abgrenzung von der Wohnraummiete. Während also eine separat vermietete Garage zwar dem Recht der Geschäftsraummiete im weiteren Sinne unterliegt (weil sie nicht zu Wohnzwecken vermietet ist), ist sie gleichwohl kein Geschäftsraum im engeren Sinne von § 580a Abs. 2 BGB, wenn der Mietvertrag nicht ihre geschäftliche Nutzung vorsieht[5].

b) Änderungskündigung bei Geschäftsraum

Eine Änderungskündigung beinhaltet eine ordentliche Kündigung, die mit einem Angebot zur Fortsetzung des Mietverhältnisses zu geänderten Bedingungen (meist höherer Miete) verbunden ist.   123

Während im Wohnraummietrecht die Änderungskündigung durch § 573 Abs. 1 S. 2 BGB ausgeschlossen ist, stellt sie im Bereich der sonstigen Raummiete einschließlich der Geschäftsraummiete im engeren Sinne ein zulässiges **Mittel zur Durchsetzung einer Mieterhöhung** oder einer sons-   124

---

1 OLG Schleswig, WuM 1993, 541.
2 LG Köln, WuM 1997, 46.
3 BGH, MDR 1969, 128.
4 OLG Hamburg, WuM 1997, 223.
5 AG Wuppertal, WuM 1996, 548.

tigen Vertragsänderung dar[1]. Eine rechtsmissbräuchliche (§ 242 BGB) oder gar schikanöse (§ 226 BGB) Änderungskündigung dürfte in all den Fällen von vornherein ausgeschlossen sein, in denen der Vermieter mit ihr ein rechtmäßiges und aus seiner Sicht rechtlich oder wirtschaftlich vorteilhaftes Ziel verfolgt.

125 Vor Ausspruch einer Änderungskündigung müssen mit dem Mandanten zum einen die **Erfolgsaussichten** der erstrebten Vertragsänderungen und zum andern die Möglichkeiten anderweitiger Vermietung eingeschätzt werden. Maßgebliche Gesichtspunkte hierfür können sein:
– Standortabhängigkeit des Mieters,
– Bindung des Mieters an die Miethäume (z.B. infolge von Investitionen),
– aktuelle Marktmiete,
– aktuelle Nachfragesituation,
– Instandsetzungskosten vor Neuvermietung.

126 Der erste Schritt sollte jedoch in **Verhandlungen** des Mandanten mit dem Mieter über die gewünschten Änderungen bestehen. Kommt es zu einer Einigung, genügt statt der Kündigung eine Nachtragsvereinbarung; wird man sich nicht einig, so lassen sich daraus zumindest Anhaltspunkte für das zweckmäßige weitere Vorgehen gewinnen.

c) Kündigung von Wohnraum ohne Kündigungsschutz

aa) Die gesetzlichen Ausnahmetatbestände

127 Das Gesetz nimmt in § 549 Abs. 2 BGB eine Reihe von **atypischen Wohnraum-Mietverhältnissen** von dem Kündigungsschutz der §§ 573 ff. BGB aus, weil besondere Interessenlagen der Vertragsparteien eine abweichende Regelung ohne Verstoß gegen Art. 3 GG rechtfertigen[2]. Maßgeblich ist dabei stets der vereinbarte Vertragszweck, nicht eine davon abweichende tatsächliche Nutzung. Der Kündigungsschutz gem. § 573 BGB fällt deshalb nicht etwa nachträglich weg, wenn der Mieter die Wohnung nur noch als Zweitwohnung nutzt[3].

(1) Wohnraum zu vorübergehendem Gebrauch

128 Der Mieter, der in der Mietwohnung **keinen dauerhaften Lebensmittelpunkt** begründen will, sondern diese nur aus besonderem Anlass für begrenzte Zeit anmietet, ist weniger schutzbedürftig. § 549 Abs. 2 Nr. 1 BGB nimmt diese Mietverhältnisse deshalb vom Kündigungsschutz aus.

---

1 BGH, MDR 1998, 177 = NJW 1998, 76; OLG Hamburg, GuT 2003, 182 = OLGR Hamburg 2003, 474.
2 BVerfG, BVerfGE 84, 197 = WuM 1991, 422.
3 LG Frankfurt/Main, Urt. v. 19.8.2003 – 2/11 S 57/03, n.v.

Entscheidend für das Tatbestandsmerkmal „vorübergehender Gebrauch" 129
ist nicht so sehr die Vertragsdauer, welche nur ein zusätzliches Indiz bildet, als vielmehr der besondere Anlass des Vertragsschlusses, welcher auf die **Befriedigung eines vorübergehenden Wohnbedarfs** gerichtet ist[1]. Das vorübergehende Nutzungsinteresse muss beim Mieter liegen; ein nur vorübergehendes Überlassungsinteresse des Vermieters (z.B. wegen demnächst anstehender Sanierung[2] oder wegen geplanten Verkaufs des Hauses[3]) genügt nicht. Allerdings muss die Dauer des Mietverhältnisses absehbar sein, was nicht der Fall ist, wenn die Wohnung im Hinblick auf deren späteren – nach Zeitpunkt und Konditionen nicht näher bestimmten – Erwerb durch den Mieter überlassen wird[4].

In Betracht kommen zum einen Mietverhältnisse über eine **zeitweise** 130
Zweitwohnung, die zu vorübergehendem Aufenthalt an einem anderen Wohnort begründet werden (vorübergehende Versetzung durch den Arbeitgeber, Abordnung eines Beamten, Forschungsaufenthalt eines Wissenschaftlers, Montageaufenthalt eines Facharbeiters oder Ingenieurs etc.), zum anderen Mietverhältnisse, die zur **Überbrückung** eingegangen werden, weil die zum künftigen Lebensmittelpunkt erwählte Wohnung noch nicht bezugsfertig ist.

Hingegen fällt eine auf Dauer – z.B. als **Ferienwohnung** – angemietete 131
Wohnung nicht ohne weiteres unter den Tatbestand des vorübergehenden Gebrauchs[5]. Auch die Anmietung einer Wohnung durch einen Studenten oder eine studentische Wohngemeinschaft ist in der Regel nicht auf einen vorübergehenden Gebrauch gerichtet[6].

(2) Möblierter Wohnraum innerhalb der Wohnung des Vermieters

Dieser Ausnahmetatbestand vom Kündigungsschutz betrifft das klassische 132
Untermietverhältnis („möblierter Herr"). Gem. § 549 Abs. 2 Nr. 2 BGB müssen kumulativ folgende **Voraussetzungen** vorliegen:
- Die Mietsache ist Teil der vom Vermieter selbst bewohnten Wohnung,
- die Wohnungseinrichtung ist ganz oder überwiegend vom Vermieter zu stellen,
- die Mietsache dient nach dem Inhalt des Vertrags nicht zum dauernden Gebrauch für eine Familie.

An diese Voraussetzungen knüpft § 573c Abs. 3 BGB zudem eine erhebliche **Verkürzung der Kündigungsfristen**. Danach ist die Kündigung spätestens am Fünfzehnten eines Monats zum Ablauf dieses Monats zulässig. 133

---

1 LG Berlin, GE 1990, 1083.
2 LG Freiburg, WuM 1991, 172.
3 LG Köln, WuM 1991, 190.
4 LG Frankfurt/Main, PE 2002, 210.
5 OLG Hamburg, WuM 1992, 634 = ZMR 1992, 538.
6 LG Köln, WuM 1992, 251.

134 **Innerhalb der Vermieterwohnung** liegt der Wohnraum nur dann, wenn er räumlich und funktional in den Wohn- und Lebensbereich des Vermieters einbezogen ist. Eine bloße Mitbenutzung von Treppenaufgängen oder Wirtschaftsräumen reicht nicht aus[1]. Auch die nur räumliche Zugehörigkeit zur Vermieterwohnung genügt nicht, wenn eine vorhandene Verbindungstür verschlossen ist und der Mieter einen separaten Zugang zum Treppenhaus hat[2]. Um die „vom Vermieter selbst bewohnte Wohnung" handelt es sich nur dann, wenn der Vermieter dort seinen Lebensmittelpunkt hat, auch wenn er nicht ständig anwesend ist[3].

135 Für den Umfang der **Ausstattung mit Einrichtungsgegenständen** durch den Vermieter ist der Inhalt des Mietvertrags entscheidend. Enthält er dazu keine ausdrückliche Regelung, so kommt es darauf an, mit welcher Ausstattung der Wohnraum überlassen wurde.

(3) Zwischenmietverhältnisse der öffentlichen Hand zu Zwecken der Wohnungsfürsorge

136 Kein Kündigungsschutz besteht gem. § 549 Abs. 2 Nr. 3 BGB auch für „Wohnraum, den eine juristische Person des öffentlichen Rechts oder ein anerkannter privater Träger der Wohlfahrtspflege angemietet hat, um ihn Personen mit dringendem Wohnungsbedarf zu überlassen, wenn sie den Mieter bei Vertragsschluss auf die Zweckbestimmung des Wohnraums und die Ausnahme von den in § 549 Abs. 2 BGB genannten Vorschriften hingewiesen hat."

Diese Vorschrift findet ihre Entsprechung und Ergänzung in der restriktiven Rechtsprechung des BGH zu § 565 BGB (§ 549a BGB a.F.)[4], welche die Zwischenvermietung an einen gemeinnützigen Verein zum Zwecke der Betreuung und Fürsorge für hilfebedürftige Personen aus dem Anwendungsbereich des § 565 BGB und damit aus dem Kündigungsschutz herausnimmt.

(4) Wohnraum in Studenten- oder Jugendwohnheimen

137 Eine weitgehende Einschränkung des Kündigungsschutzes regelt § 549 Abs. 3 BGB für „Wohnraum, der Teil eines Studenten- oder Jugendwohnheims ist". Die ordentliche Kündigung erfordert kein berechtigtes Interesse; der Mieter kann ihr jedoch – anders als in den Fällen des § 549 Abs. 2 BGB – gem. § 574 BGB aus Härtegründen widersprechen. Zweifelhaft kann im Einzelfall sein, was alles unter den Begriff des Studentenwohnheims oder Jugendwohnheims fällt[5].

---

1 AG Königswinter, WuM 1994, 689.
2 LG Detmold, NJW-RR 1991, 77.
3 LG Berlin, WuM 1980, 134 = MDR 1980, 404.
4 BGH, BGHZ 133, 142 = WuM 1996, 537.
5 Vgl. etwa AG Frankfurt/Main, NJW-RR 1997, 1503.

(5) Ferienwohnungen

Für Mietverhältnisse über Wohnraum in Ferienhäusern und Ferienwohnungen in Ferienhausgebieten, die vor dem 1.9.2001 begründet wurden, galt noch bis 31.8.2006 die Beschränkung des Kündigungsschutzes nach § 564b Abs. 7 Ziff. 4 BGB a.F. Nach dieser Vorschrift bestand für solchen Wohnraum kein Kündigungsschutz, 138

– wenn er dem Mieter vor dem 1. Juni 1995 überlassen wurde und
– wenn der Vermieter den Mieter bei Vertragsschluss auf die Zweckbestimmung des Wohnraums und die Ausnahme von § 564b Abs. 1 bis 6 BGB a.F. hingewiesen hat.

Das Mietverhältnis über eine Ferienwohnung kann jedoch auch unter den Ausnahmetatbestand des vorübergehenden Gebrauchs (§ 549 Abs. 2 Nr. 1 BGB) fallen; dann spielt der Zeitpunkt der Überlassung keine Rolle, und ein Hinweis auf die Zweckbestimmung ist nicht erforderlich[1].

bb) Besonderheiten bei untervermietetem Wohnraum

Soll ein Mietverhältnis über Wohnraum gekündigt werden, der vom Mieter nicht selbst bewohnt, sondern erlaubterweise weitervermietet (= insgesamt untervermietet) wurde, so unterliegt das Hauptmietverhältnis nach h.M. nicht dem Recht der Wohnraummiete und kann deshalb **ohne Vorliegen eines berechtigten Interesses** gekündigt werden[2]. Wenn aber mit der Kündigung im Ergebnis die Rückerlangung der Mieträume (und nicht nur der Austausch des Zwischenvermieters) erstrebt wird, dann stellt sich die Frage, welche Auswirkungen die Kündigung des Hauptmietverhältnisses auf das Untermietverhältnis hat. Hier sind 2 Fallgruppen zu unterscheiden: die gewerbliche Zwischenvermietung und die sonstige Zwischenvermietung (Untervermietung, Weitervermietung). 139

Bei der **gewerblichen Zwischenvermietung** werden durch die Beendigung des Hauptmietverhältnisses die Rechtsfolgen von § 565 BGB ausgelöst. Dabei gibt es **zwei Alternativen**: 140

– Der (Haupt-)Vermieter tritt durch die Kündigung automatisch an Stelle des Zwischenvermieters in den Untermietvertrag ein, der dadurch zum Hauptmietvertrag wird. Eine ordentliche Kündigung dieses Vertrages mit dem bisherigen Untermieter richtet sich dann nach § 573 BGB.
– Der (Haupt-)Vermieter wendet seinen Eintritt in den Untermietvertrag dadurch ab, dass er einen neuen Hauptmietvertrag mit einem neuen Hauptmieter abschließt; dann tritt Letzterer als neuer Zwischenvermieter in den Untermietvertrag ein.

In den sonstigen Fällen der **nichtgewerblichen Zwischenvermietung** (z.B. aus karitativen oder fürsorgerischen Gründen) ist nach h.M. § 565 BGB 141

---

1 Zur Abgrenzung vgl. OLG Hamburg, WuM 1992, 634 = ZMR 1992, 538.
2 BGH, NJW 1981, 1377 = MDR 1981, 752; BGH, BGHZ 84, 90 = NJW 1982, 1696.

nicht unmittelbar anwendbar[1]. Ob in solchen Fällen eine analoge Anwendung in Betracht kommt, ist umstritten. Ebenso ist umstritten, ob der Untermieter oder Endmieter in anderer Weise gegen ein Herausgabeverlangen gem. § 546 Abs. 2 BGB geschützt ist.

142 Soweit dem Untermieter in diesen Fällen überhaupt **Kündigungsschutzrechte** zuerkannt werden, besteht jedoch Einigkeit, dass er dadurch nicht besser gestellt werden darf, als ein Hauptmieter von Wohnraum[2]. Eine solche sachlich nicht gerechtfertigte Besserstellung würde sich jedoch dann ergeben, wenn man ihm Kündigungsschutzrechte auch gegenüber einem Hauptvermieter zuerkennen würde, wenn dieser ein berechtigtes Interesse i.S.v. § 573 BGB hat, weil er z.B. Eigenbedarf an den Räumen geltend machen kann. Dies führt zu folgenden Überlegungen:

143 Der (Haupt-)Vermieter braucht zwar zur Kündigung des Hauptmietverhältnisses kein berechtigtes Interesse geltend zu machen; wenn er ein solches jedoch hat, sollte er es dennoch aus **zwei Gründen** sowohl gegenüber dem Hauptmieter als auch gegenüber dem Untermieter geltend machen:

1. Dem Untermieter führt er damit vor Augen, dass dieser gegenüber seinem Räumungsverlangen aus § 546 Abs. 2 BGB keine Schutzrechte beanspruchen kann,
2. dem Zwischenvermieter gibt er u.U. eine Handhabe, seinerseits das (der Wohnraummiete unterliegende) Untermietverhältnis aus berechtigtem Interesse zu kündigen[3]. Eine solche Kündigung ist für den Zwischenvermieter insofern sinnvoll, als er damit Schadensersatzansprüche des Mieters abwehren kann, die ihm im Falle eines erfolgreichen Herausgabeverlangens des Hauptvermieters trotz fortbestehenden Untermietverhältnisses drohen können.

144 ➪ **Hinweis:**

Im Kündigungsschreiben an den Zwischenvermieter sollte das berechtigte Interesse so dargelegt werden, dass es den Anforderungen des § 573 Abs. 3 BGB genügt.

Dabei sollte die Kündigung so frühzeitig ausgesprochen werden, dass dem Zwischenvermieter noch die Möglichkeit bleibt, seinerseits zum gleichen Ablauftermin zu kündigen.

Der Untermieter sollte unter Bezugnahme auf das in Kopie beizufügende Kündigungsschreiben an den Zwischenvermieter zur Räumung und Herausgabe der Wohnung bei Ablauf des Hauptmietverhältnisses aufgefordert werden.

---

1 BGH, WuM 1996, 537; BayObLG, WuM 1995, 638 = ZMR 1995, 526; BayObLG, WuM 1995, 642 = ZMR 1995, 582; OLG Hamburg, NJW 1993, 2322; vgl. auch LG Duisburg, NJW-RR 1997, 712.
2 OLG Stuttgart, WuM 1993, 386 = GE 1993, 745.
3 OLG Stuttgart, WuM 1993, 386.

d) Erleichterte Kündigung der Einliegerwohnung, § 573a BGB

Da für die Kündigung nach dieser Vorschrift **kein berechtigtes Interesse** i.S.v. § 573 BGB erforderlich ist, findet zwar der Begründungszwang des § 573 Abs. 3 BGB keine Anwendung; im Kündigungsschreiben ist jedoch anzugeben, dass die Kündigung auf die besonderen Voraussetzungen von § 573a Abs. 1 oder 2 BGB gestützt wird.

145

Anwendbar ist jedoch im Falle des Kündigungswiderspruchs nach der Sozialklausel § 573a Abs. 3 BGB. Danach dürfen bei der auf den Widerspruch des Mieters vorzunehmenden Interessenabwägung nur die im Kündigungsschreiben genannten „berechtigten Interessen" berücksichtigt werden. Dies bedeutet jedoch nicht, dass die Kündigung entgegen ihrem Wortlaut durch den Widerspruch des Mieters nachträglich doch den strengen Anforderungen von § 573 BGB unterworfen wird; vielmehr wird hier deutlich, dass der Begriff „berechtigtes Interesse" in unterschiedlicher Bedeutung gebraucht wird:

146

Bei § 573 BGB geht es um das allein **aus Sicht des Vermieters** zu beurteilende berechtigte Interesse an der Vertragsbeendigung; bei § 574 BGB geht es um das berechtigte Interesse an der Durchsetzung der Kündigung gegen den Widerspruch des Mieters und trotz der von ihm geltend gemachten Härtegründe. In beiden Fällen muss das Vermieterinteresse vernünftig und nachvollziehbar sein. Im ersteren Fall vernünftig genug, um die Vertragsbeendigung zu begründen, im zweiten Fall vernünftig genug, um die Beendigungswirkung der Kündigung gegenüber dem Widerspruch des Mieters zu verteidigen. Da sich die unterschiedlichen Anforderungen nicht klar bestimmen lassen, sollte der sicherste Weg – lieber zu viel als zu wenig – beschritten werden.

→ **Hinweis:**

147

Zumindest in den Fällen, in denen mit einem ernst zu nehmenden Widerspruch des Mieters zu rechnen ist, sollte die Einliegerkündigung nach den durch § 573 Abs. 3 BGB bestimmten Grundsätzen einer Kündigung aus berechtigtem Interesse begründet werden, also klar, wahr, vernünftig und nachvollziehbar. Die Gründe müssen nicht das gleiche Gewicht wie bei der Kündigung aus berechtigtem Interesse haben.

Kündigungsschreiben Einliegerwohnung

Hiermit kündige ich namens von Frau P. und unter Bezugnahme auf die beigefügte Original-Vollmacht das zwischen meiner Mandantin und Ihnen auf Grund Vertrags vom 1.3.2002 bestehende Mietverhältnis über die Erdgeschosswohnung im Haus meiner Mandantin in der A-Straße 5 in B. zum 31.10.2010. Die Kündigung stützt sich auf § 573a Abs. 1 BGB. Danach ist in einem nur von Vermieter und Mieter bewohnten Gebäude die Kündigung auch ohne Geltendmachung eines berechtigten Interesses gem. § 573 BGB zulässig. In diesem Falle verlängert sich die gesetzliche Kündigungsfrist um 3 Mo-

148

nate. Bei einer Mietdauer von derzeit 7 Jahren würde die Frist 6 Monate betragen; nach dem zuvor Gesagten erhöht sie sich auf insgesamt 9 Monate, so dass sie zum 31.10.2010 wirkt.

Sie können der Kündigung bis spätestens zwei Monate vor Vertragsbeendigung, also bis 31.8.2010, widersprechen, wenn die vertragsgemäße Beendigung des Mietverhältnisses für Sie, Ihre Familie oder Angehörige Ihres Haushalts eine Härte bedeuten würde, die auch bei Berücksichtigung der Interessen meiner Mandantin nicht zu rechtfertigen ist.

Ich gehe jedoch davon aus, dass die Interessen meiner Mandantin größeres Gewicht haben. Denn seit der Auseinandersetzung um die Gartennutzung im vergangenen Sommer ist der Hausfrieden so schwer gestört, dass meine Mandantin das Mietverhältnis nicht weiterführen möchte.

149 **Maßgeblicher Zeitpunkt** für das Vorliegen der Voraussetzung in § 573a BGB, dass sich in dem Gebäude nicht mehr als zwei Wohnungen befinden, ist in der Regel derjenige der Begründung des Mietverhältnisses und nicht der des Ausspruchs der Kündigung[1]. Dies gilt z.B. auch für den Fall, dass in dem Haus neben den Wohnungen des Vermieters und des Mieters noch weitere Räume vorhanden sind, die zum Wohnen geeignet sind und früher auch als Wohnung genutzt wurden, wenn diese weiteren Räume schon bei Abschluss des Vertrags mit dem Mieter gewerblich genutzt wurden[2].

Auf die Verhältnisse bei Kündigungsausspruch soll jedoch bei Verträgen abgestellt werden, die auf dem Gebiet der ehemaligen DDR vor der Wiedervereinigung abgeschlossen wurden[3].

150 Die Kündigungsmöglichkeit des § 573a BGB besteht auch dann, wenn der Vermieter bei Vertragsschluss **noch nicht im Haus gewohnt** hat[4]. Will er nach Auszug des Mieters auch selbst ausziehen, so wird man im Hinblick auf den Gesetzeszweck die Kündigungsbefugnis verneinen müssen. Dies wurde jedenfalls für den Fall entschieden, dass der Vermieter den Abriss des Hauses und die anschließende Errichtung eines Mehrfamilienhauses plant[5], sowie für den Fall, dass der Vermieter kündigt, um das Haus in unvermietetem Zustand besser verkaufen zu können[6].

151 Durch die **Mietrechtsreform** überholt ist die frühere Rechtsprechung, nach der dem Vermieter die vereinfachte Kündigung dann nicht möglich war, wenn außer den Wohnungen von Vermieter und Mieter im selben Gebäude

---

1 OLG Hamburg, WuM 1982, 151 = ZMR 1982, 282.
2 BGH, Urt. v. 25.6.2008 – VIII ZR 307/07, WuM 2008, 564 = MDR 2008, 1150.
3 LG Berlin, GE 1999, 507.
4 OLG Koblenz, WuM 1981, 204 = ZMR 1981, 371; BayObLG, WuM 1991, 249 = NJW-RR 1991, 1036; OLG Karlsruhe, WuM 1992, 49 = ZMR 1992, 105.
5 LG Mannheim, WuM 2004, 99 = NZM 2004, 256.
6 LG Duisburg, Urt. v. 18.1.2005 – 13 S 333/04, NZM 2005, 216 = ZMR 2005, 366; LG Stuttgart, Urt. v. 25.1.2006 – 13 S 357/05, WuM 2007, 75.

noch **Gewerberäume** vorhanden waren[1]. Denn während die frühere Regelung sich ausdrücklich nur auf „Wohngebäude" bezog, spricht § 573a BGB von „einem vom Vermieter selbst bewohnten Gebäude".

Der Vermieter kann auch kündigen, wenn in einem Haus mit **3 Wohnungen**, von denen der Vermieter eine selbst bewohnt, der Mieter im Laufe des Mietverhältnisses die dritte Wohnung zum Zweck der einheitlichen Nutzung mit der zunächst angemieteten Wohnung hinzugemietet und die beiden Wohnungen nach außen miteinander verbunden hat, auch wenn diese Umbauarbeiten mit vertretbarem Aufwand jederzeit wieder rückgängig gemacht werden können[2]. Das Gleiche gilt, wenn zwei von drei vorhandenen Wohnungen bereits bei Mietbeginn vom Vermieter gemeinsam genutzt wurden. Denn der Schutzzweck der Vorschrift gebietet eine **funktionale Auslegung** des Begriffs Wohnung[3]. 152

Nicht erforderlich ist, dass Vermieter und Mieter in dem Gebäude eine Gelegenheit zum **Zusammentreffen** haben; insbesondere ist nicht erforderlich, dass ein gemeinsames Treppenhaus, ein gemeinsamer Hauseingang oder sonstige gemeinschaftlich zu nutzende Räume oder Flächen vorhanden sind[4]. Entscheidend ist nur, ob die Wohnungen **im selben Haus** liegen, was allerdings bereits bei einem Reihen- oder Doppelhaus zu verneinen ist[5]. 153

Die Vorschrift wird – entgegen ihrem Wortlaut – auch dann für anwendbar gehalten, wenn Mieter und Vermieter auf einem Grundstück in **zwei getrennten Gebäuden** leben (Haupthaus und Nebengebäude), die jeweils nur eine Wohnung umfassen[6]. Zweifelhaft kann sein, ob ein „Gebäude mit nicht mehr als zwei Wohnungen" vorliegt, wenn dieses Teil eines größeren Gebäudekomplexes ist[7]. 154

Umstritten ist, welche **Mindestanforderungen** an das Vorhandensein einer **dritten Wohnung** im Haus zu stellen sind, insbesondere bei Mansarden- und Souterrainräumen. Teilweise wird vertreten, eine Wohnung ohne Bad sei keine Wohnung i.S.v. § 573a BGB[8]. Entscheidend dürfte sein, ob die zur Führung eines selbständigen Haushaltes nötigen Einrichtungen wie Wasser- und Energieanschluss, Kochgelegenheit und Ausguss hinter dem Wohnungsabschluss liegen. Eine eigene Küche ist nicht erforderlich[9]. 155

---

1 OLG Frankfurt/Main, WuM 1982, 15 = ZMR 1982, 15; OLG Karlsruhe, WuM 1992, 49 = ZMR 1992, 105.
2 OLG Karlsruhe, WuM 1983, 253 = NJW 1984, 2953.
3 LG Saarbrücken, Urt. v. 31.3.2006 – 13 B S 112/05, ZMR 2007, 540; a.A. *Sonnenschein*, NZM 2000, 1, 5.
4 OLG Saarbrücken, WuM 1992, 520 = ZMR 1992, 492.
5 BGH, Urt. v. 25.6.2008 – VIII ZR 307/07, WuM 2008, 564 = MDR 2008, 1150.
6 LG Frankfurt/Main, Urt. v. 6.8.1996 – 2/11 S 197/9 PE 1997, 196.
7 LG Köln, WuM 2003, 278.
8 LG Berlin, GE 1999, 507.
9 AG Miesbach, WuM 2003, 91.

Teilweise wird auch die Definition in **DIN 283** herangezogen. Danach ist eine Wohnung „die Summe der Räume, welche die Führung eines Haushalts ermöglichen, darunter stets eine Küche oder ein Raum mit Kochgelegenheit. Zu einer Wohnung gehören außerdem Wasserversorgung, Ausguss und Abort"[1].

156 Die Kündigung eines Mietverhältnisses über Wohnraum kann in erster Linie auf § 573a BGB und **hilfsweise** auf ein berechtigtes Interesse nach **§ 573 BGB** gestützt werden[2].

156a Der Vermieter kann ein Mietverhältnis über Wohnraum innerhalb der von ihm selbst bewohnten Wohnung auch dann gem. § 573a Abs. 3 BGB kündigen, wenn die Wohnung in einem Mehrfamilienhaus liegt[3].

Die Vorschrift ist nicht entsprechend anwendbar, wenn sich die Wohnung des Mieters innerhalb der vom Vermieter selbst genutzten **Gewerberäume** befindet[4].

e) Teilkündigung, § 573b BGB

157 Da das Mietverhältnis unteilbar ist, gilt grundsätzlich das Verbot einer Kündigung von Teilen der Mietsache. Eine Ausnahme gilt gem. § 573b BGB, wenn der Vermieter sein Grundstück z.B. durch einen Dachgeschossausbau oder durch Schließung einer Baulücke besser ausnutzen und dabei **neuen Wohnraum zum Zwecke der Vermietung** schaffen will. Die Kündigungsfrist beträgt 3 Monate, unabhängig von der Dauer der Überlassung der Räume.

158 Die Vorschrift ist verfassungsrechtlich nicht zu beanstanden[5]. Sie ist grundsätzlich unanwendbar, wenn der Vermieter den neu geschaffenen Wohnraum selbst beziehen will, es sei denn, er will seine bisherige Wohnung weitervermieten[6]. Will er die bisherige Wohnung hingegen veräußern, ist die Teilkündigung unzulässig[7].

159 Gegenstand einer Teilkündigung gem. § 573b BGB können nur „**nicht zum Wohnen** bestimmte Nebenräume oder Teile eines Grundstücks" sein. In Betracht kommen insbesondere Abstellräume, Speicher und Kellerräume, Werkstätten, Ateliers, Garagen, Kfz-Stellplätze, auch Gartenteile[8]. Ob Räume „zum Wohnen bestimmt" sind, richtet sich nach herrschender Meinung nicht nach Bauordnungsrecht, sondern allein nach dem Mietvertrag[9].

---

1 LG Saarbrücken, Urt. v. 31.3.2006 – 13 B S 112/05, ZMR 2007, 540.
2 OLG Hamburg, WuM 1982, 151 = ZMR 1982, 282.
3 KG Berlin, WuM 1981, 154 = MDR 1981, 760.
4 AG Hamburg, Urt. v. 7.2.2007 – 46 C 109/06, WuM 2007, 710.
5 BVerfG, WuM 1992, 47 = NJW 1992, 494.
6 BVerfG, WuM 1992, 228 = NJW 1992, 1498; **a.A.** LG Stuttgart, WuM 1992, 24 = NJW-RR 1992, 206.
7 LG Duisburg, NJW-RR 1996, 718 = ZMR 1996, 664.
8 LG Berlin, ZMR 2002, 118; LG Berlin, NZM 1998, 328 = NJW-RR 1998, 1543.
9 Vgl. Schmidt-Futterer/*Blank*, § 573b BGB Rz. 5.

Die Teilkündigung ist deshalb auch zulässig, wenn der Mieter die Räume bereits längere Zeit vertragswidrig zu Wohnzwecken nutzt[1]. Hat der Vermieter hiervon Kenntnis, so ist zu prüfen, ob konkludent eine Änderung des Nutzungszwecks vereinbart wurde.

Ist ein Nebenraum durch Teilung nach WEG Eigentum eines anderen Wohnungseigentümers geworden, so genügt es nicht, wenn der Eigentümer des Nebenraumes die Kündigung ausspricht. Diese muss vielmehr von allen Eigentümern der verschiedenen Bestandteile der Mietsache gemeinschaftlich ausgesprochen werden[2]. 160

Wenn durch Kündigung des Nebenraums lediglich der Einbau eines **Fahrstuhls** ermöglicht werden soll, ist die Kündigung nicht möglich[3], es sei denn, der Fahrstuhl ist notwendig, um die Wohnung zu erreichen, etwa bei einer Behinderten-Wohnung[4]. 161

Die beabsichtigte **Zusammenlegung** zweier Wohnungen rechtfertigt keine Teilkündigung[5].

Nach Wortlaut und Systematik des Gesetzes findet § 573 Abs. 3 BGB (Angabe der Gründe im **Kündigungsschreiben**) auf die Teilkündigung keine unmittelbare Anwendung, da ihre Voraussetzungen nicht mehr, wie bei § 564b Abs. 2 Nr. 4 BGB a.F., als berechtigtes Interesse ausgestaltet sind[6]. Nach wohl überwiegender Meinung ist § 573 Abs. 3 BGB jedoch entsprechend anzuwenden[7], was teilweise mit einem Redaktionsversehen des Reformgesetzgebers begründet wird[8], in der Sache jedenfalls insofern gerechtfertigt ist, als die Teilkündigung einen Eingriff in ein geschütztes Wohnraummietverhältnis darstellt. 162

Unabhängig von der Angabe der Gründe im Kündigungsschreiben muss die Kündigung im Zeitpunkt ihres Zugangs beim Mieter **begründet** sein. Begründet ist sie nur, wenn bei Kündigungsausspruch die folgenden Voraussetzungen vorliegen:

– ernsthafte Ausbauabsicht alsbald nach Ablauf der Kündigungsfrist,

– grundsätzliche Realisierbarkeit des Bauvorhabens,

– zu erwartender Baubeginn alsbald nach Ablauf der Kündigungsfrist.

Die **baurechtliche Zulässigkeit** der Maßnahme muss bis zum Ablauf der Kündigungsfrist feststehen[9]. Ist eine Baugenehmigung erteilt, aber noch 163

---

1 AG Pankow-Weißensee, MM 1994, 399.
2 BGH, WuM 2005, 790; OLG Celle, OLGR Celle 1996, 37 = WuM 1996, 222.
3 AG München, WuM 1995, 112.
4 AG Berlin-Mitte, MM 2002, 186.
5 AG Charlottenburg, MM 2000, 86.
6 Vgl. *Lützenkirchen*, Neue Mietrechtspraxis, Rz. 722.
7 *Sonnentag*, ZMR 2006, 19.
8 AG Frankfurt/Main, ZMR 2005, 794.
9 AG Hamburg, WuM 1998, 348.

nicht bestandskräftig, so kommt eine Aussetzung des Verfahrens allenfalls bei einem offensichtlich rechtswidrigen Bescheid in Frage[1].

164 Der von der Teilkündigung betroffene Mieter kann eine **angemessene Senkung der Miete** verlangen. Ein entsprechendes Angebot oder ein Hinweis des Vermieters ist jedoch nicht Wirksamkeitsvoraussetzung der Kündigung.

4. Wohnraumkündigung aus berechtigtem Interesse, § 573 BGB

165 Die Vorschrift entspricht inhaltlich § 564b BGB a.F., der durch das Zweite Wohnraumkündigungsschutzgesetz vom 18.12.1974[2] in das BGB eingefügt wurde. Sie gehört zum Kernbestand des sozialen Mietrechts. Sie ist im Hinblick auf die Eigentumsgarantie des Art. 14 Abs. 1 GG unbedenklich[3].

a) Eigenbedarf, § 573 Abs. 2 Nr. 2 BGB

aa) Allgemeine Grundsätze

166 Der Vermieter hat Eigenbedarf an der vermieteten Wohnung, wenn er diese für sich selbst, für Familienangehörige oder für Angehörige seines Haushaltes **benötigt**. Die Voraussetzungen dieses Kündigungstatbestandes sind durch zwei Grundsatzentscheidungen von BGH und BVerfG aus den Jahren 1988/89 geklärt.

167 Durch **Rechtsentscheid des BGH**[4] wurde klargestellt: Der Vermieter benötigt die Wohnung, wenn er beabsichtigt, dort selbst einzuziehen bzw. sie einer der vom Gesetz privilegierten Personen zu überlassen, und wenn er hierfür **vernünftige Gründe** hat; eine bisher unzureichende Unterbringung ist nicht erforderlich. **Entgegenstehende Interessen** des Mieters sind nur auf seinen Widerspruch gem. § 574 BGB zu berücksichtigen; im Rahmen von § 573 BGB findet **keine Interessenabwägung** statt; anders lautende frühere Rechtsprechung ist überholt[5].

168 Durch **Urteil des BVerfG**[6] wurde festgestellt, dass diese Grundsätze verfassungskonform sind. Gleichzeitig wurde klargestellt, dass im Hinblick auf Art. 14 Abs. 1 GG die Entscheidung des Eigentümers über seinen Wohnbedarf grundsätzlich zu achten ist. Damit ist der Mieter jedoch nicht rechtlos; denn die Gerichte dürfen den Erlangungswunsch des Eigentümers darauf überprüfen,

---

1 LG Berlin, ZMR 2002, 118.
2 BGBl. I S. 3603.
3 BVerfG, BVerfGE 68, 361 = WuM 1985, 75.
4 BGH, BGHZ 103, 91 = NJW 1988, 904.
5 Dies gilt insbesondere für den Rechtsentscheid des OLG Karlsruhe, WuM 1983, 9 = NJW 1983, 579.
6 BVerfG, BVerfGE 79, 292 = WuM 1989, 114.

– ob dieser Wunsch **ernsthaft** verfolgt wird,
– ob er auf **vernünftige und nachvollziehbare Gründe** gestützt ist,
– ob er **rechtsmissbräuchlich** ist, etwa weil
   – der Vermieter einen **überhöhten Wohnbedarf** geltend macht[1],
   – die gekündigte Wohnung die Nutzungswünsche des Vermieters überhaupt nicht erfüllen kann (**Zweckverfehlung**)[2],
   – der Wohnbedarf in einer anderen, **frei gewordenen Wohnung** des Vermieters ohne wesentliche Abstriche befriedigt werden kann.

Obwohl dieser Kündigungsgrund stark durch den grundrechtlichen Eigentumsschutz geprägt ist, kann Eigenbedarf nicht nur vom Eigentümer geltend gemacht werden, sondern auch von einem **Untervermieter**[3]. Allerdings lässt sich die Auffassung vertreten, dass an die Eigenbedarfskündigung eines Nicht-Eigentümers höhere Anforderungen zu stellen sind, insbesondere ein echter Wohnbedarf im Sinne einer bisher unzureichenden Unterbringung zu fordern ist. 169

Eigenbedarf kann nur von **natürlichen Personen** geltend gemacht werden; dazu gehören auch Gemeinschaften (z.B. Erbengemeinschaft) und Personengesellschaften, insbesondere die **GbR**. Diese kann Eigenbedarf für einen ihrer Gesellschafter geltend machen, sofern dieser bereits bei Abschluss des Mietvertrags Gesellschafter war[4] oder die GbR in den bereits bestehenden Mietvertrag gem. § 566 BGB eingetreten ist[5]. Dagegen kann eine **Kommanditgesellschaft** nicht wegen Eigenbedarfs kündigen, da sie schon begrifflich keinen Wohnbedarf haben kann und auch keine Angehörigen hat, für die sie einen solchen Bedarf geltend machen könnte[6]. Das Gleiche gilt für eine **Genossenschaft**[7]. Offen gelassen hat der BGH die Frage, ob Eigenbedarf für einen **Gesellschafter der KG** geltend gemacht werden kann[8]. Bei einer Mehrheit von Vermietern genügt es, wenn Eigenbedarf für einen von ihnen besteht[9]. Einvernehmen besteht, dass eine juristische Person keinen Eigenbedarf haben kann, da sie als solche nicht wohnen kann[10]. Möglich ist allerdings, dass der Bedarf der juristischen Person als **Betriebsbedarf** anzuerkennen ist[11] (vgl. dazu *Rz. 247 ff.*). 170

Der Eigenbedarf muss sich auf die **ganze Wohnung des Mieters**, nicht nur auf einen Teil derselben beziehen, da eine **Teilkündigung** grundsätzlich un- 171

---

1 LG München I, WuM 1990, 352.
2 LG Frankfurt/Main, WuM 1989, 246.
3 LG Lüneburg, DWW 1999, 296.
4 BGH, Urt. v. 27.6.2007 – VIII ZR 271/06, WuM 2007, 515 = MDR 2007, 1301.
5 Vgl. hierzu BGH, Urt. v. 16.7.2009 – VIII ZR 231/08, GE 2009, 1119.
6 BGH, Urt. v. 23.5.2007 – VIII ZR 113/06, WuM 2007, 459 = ZMR 2007, 767.
7 BGH, Urt. v. 10.9.2003 – VIII ZR 22/03, WuM 2003, 691 = ZMR 2003, 904.
8 BGH, Urt. v. 23.5.2007 – VIII ZR 122/06, WuM 2007, 457 = MDR 2007, 1304.
9 LG Berlin NZM 2001, 583 = GE 2001, 57.
10 AG Frankfurt/Main, WuM 1977, 99 = ZMR 1978, 86; AG Köln, WuM 1988, 161.
11 LG Aachen, ZMR 1990, 303 = DWW 1990, 305.

zulässig ist. Eine solche soll jedoch in Ausnahmefällen nach der Generalklausel des § 573 Abs. 1 S. 1 BGB möglich sein, wenn dadurch die Interessen des Mieters nicht unzumutbar beeinträchtigt werden[1].

172 Die gekündigten Räume müssen vom Vermieter **als Wohnung** benötigt werden. Dies schließt ohne weiteres auch die Nutzung eines Zimmers als Arbeitszimmers ein. Ebenso muss eine berufliche Mitnutzung dem Wohnzweck nicht entgegenstehen, wenn diese in den Wohnbereich integriert ist und öffentlich-rechtliche Vorschriften (Zweckentfremdung von Wohnraum, baurechtliche Genehmigung) nicht verletzt werden. Unproblematisch ist dies z.B. bei bestimmten Freiberuflern, die typischerweise zu Hause arbeiten (z.B. Übersetzer). Aber auch, wenn die Wohnung überwiegend **zu beruflichen Zwecken** genutzt werden soll (z.B. als Architekturbüro), kann ein berechtigtes Kündigungsinteresse – in diesem Falle nach § 573 Abs. 1 S. 1 BGB – bestehen[2]. Auf welchen Tatbestand des § 573 BGB die Kündigung gestützt wird, ist allerdings auch in Zweifelsfällen nicht entscheidend, da das Gericht ihre Wirksamkeit unter allen Gesichtspunkten eines berechtigten Interesses prüfen muss[3].

173 Schwierig zu beurteilen sind die Fälle, in denen der Vermieter in der gekündigten Wohnung keinen dauernden oder keinen ausschließlichen Lebensmittelpunkt begründen will, sondern diese entweder nur als vorübergehenden Wohnsitz oder als Zweitwohnung nutzen möchte[4]. Eine **vorübergehende Nutzungsabsicht** für nur begrenzte Zeit, u.U. nur 1½ Jahre, kann Eigenbedarf begründen, wenn vernünftige und nachvollziehbare Gründe dafür bestehen[5]. Umfang und Dauer des Erlangungsinteresses sollten dann bereits im Kündigungsschreiben und müssen jedenfalls im Räumungsprozess substantiiert dargelegt werden, damit die Vernünftigkeit dieses Interesses nachvollzogen werden kann[6]. Anerkannt wurde ein berechtigtes Interesse z.B. für den Fall, dass der Vermieter die Wohnung seinen beiden Söhnen für die Dauer eines Studiums von 2 Jahren zur Verfügung stellen möchte und ungewiss ist, ob sie auch danach noch benötigt wird[7]. Auch bei nur **gelegentlicher Nutzung** wird Eigenbedarf je nach den Umständen teilweise bejaht[8] und teilweise verneint[9].

174 Der Kündigungsausspruch vor Ablauf von 5 Jahren nach Vertragsschluss kann **treuwidrig** sein, wenn der Eigenbedarf schon bei Vertragsschluss bestand oder vorhersehbar war und gleichwohl weder von der Möglichkeit des Abschlusses eines Zeitmietvertrags ohne Kündigungsschutz Gebrauch

---

1 OLG Karlsruhe, WuM 1997, 202 = MDR 1997, 449; LG Mainz, WuM 2001, 489.
2 BGH, WuM 2005, 781.
3 BVerfG, BVerfGE 84, 366 = WuM 1991, 661.
4 Siehe dazu *Weßel*, WuM 2004, 581.
5 BayObLG, WuM 1993, 252 = ZMR 1993, 327.
6 LG Frankfurt/Main, Urt. v. 17.3.2005 – 2/11 S 239/04, n.v.
7 LG Frankfurt/Main, Urt. v. 4.4.2006 – 2/11 S 245/05, PE 2007, 175.
8 LG Hamburg, WuM 1994, 431.
9 LG Regensburg, WuM 1992, 192; AG Schöneberg, WuM 1992, 19; AG München, ZMR 2004, 44.

gemacht, noch der Mieter über den zu erwartenden Eigenbedarf informiert wurde[1]. Diese auf § 242 BGB gestützte Rechtsprechung verletzt nicht die Eigentumsrechte des Vermieters[2], sofern nicht im Einzelfall unzumutbar überzogene Anforderungen an seine Lebensplanung gestellt werden[3].

Nicht anwendbar ist diese Rechtsprechung **bei Neuabschluss** eines Mietvertrags über eine vom Mieter bereits seit Jahren bewohnte Wohnung[4].

bb) Benötigen

Nach dem Rechtsentscheid des BGH vom 20.1.1988 besteht das Tatbestandsmerkmal „**benötigen**" aus zwei Elementen, nämlich aus der **Nutzungsabsicht** und ihrer **Vernünftigkeit**. Es genügt jedoch nicht, dass der Vermieter vernünftige Gründe hat; er muss sie auch nachvollziehbar machen. 175

Die **Nachvollziehbarkeit** der Eigenbedarfsgründe spielt eine besondere Rolle, weil die Wohnbedarfsplanung des Vermieters gerade nicht allgemeingültig sein muss, sondern individuell auf die eigene Person zugeschnitten sein kann. Er kann deshalb selbst mit ausgefallenen Nutzungswünschen vor Gericht Gehör finden, wenn es ihm gelingt, seine individuellen Vorstellungen von angemessenem Wohnen plausibel zu machen. 176

Das Erfordernis der (objektiven) Nachvollziehbarkeit des Nutzungswunsches stellt damit ein Gegengewicht zu seiner (subjektiven) Vernünftigkeit dar und erschwert willkürliche Kündigungen. Es verbietet zugleich eine **schematische und kasuistische Betrachtungsweise**, die sich an allgemeinen Plausibilitätsvorstellungen orientiert. Denn wenn fast nichts unmöglich ist, dann versteht sich auch fast nichts von selbst. So mag es zwar sehr plausibel klingen, dass der mittlerweile erwachsene Sohn des Vermieters nach Abschluss seiner Berufsausbildung das Elternhaus verlassen und einen eigenen Hausstand gründen will; aber da es auch Söhne gibt, die sich gern noch ein paar Jahre länger „hätscheln" und „bekochen" lassen, muss der Vermieter hierzu konkret vortragen und Beweis anbieten, kann der Mieter alles mit Nichtwissen bestreiten und darf das Gericht nichts unterstellen, was nicht unstreitig oder bewiesen ist. Leerformelhafte Begründungen, wie z.B. die Tochter des Vermieters brauche für ihre Persönlichkeitsentwicklung eine eigene Wohnung, mögen zwar oft zutreffend sein, werden aber i.d.R. von den Gerichten als nicht ausreichend für ein wirksames Kündigungsschreiben und einen substantiierten Klagevortrag erachtet[5]. 177

---

1 LG Berlin, NZM 1998, 433 = GE 1998, 619; LG Gießen, WuM 1996, 416; LG Hamburg, WuM 1993, 677 = NJW-RR 1994, 465; LG Frankfurt/Main, PE 1993, 149; LG Heidelberg, WuM 1991, 270 = NJW-RR 1991, 1164.
2 BVerfG, BVerfGE 79, 292 = NJW 1989, 970.
3 BVerfG, WuM 1994, 132 = ZMR 1993, 505.
4 BGH, Urt. v. 21.1.2009 – VIII ZR 62/08, WuM 2009, 180.
5 So etwa LG Hamburg, Beschl. v. 15.12.2006 – 316 S 122/06, WuM 2007, 457.

Dem Gericht steht es auch nicht zu, darüber zu befinden, ob die tatsächlichen Wohnverhältnisse für den Kündigenden und seine Familie „ausreichend" sind und seinen Lebensumständen entsprechen[1].

178 Eindeutig vernunftwidrig sind meist nur die Fälle der **Zweckverfehlung**, in denen die gekündigte Wohnung dem vom Vermieter selbst formulierten Anspruch nicht gerecht wird (Vermieter beansprucht mehr Wohnfläche, die gekündigte Wohnung ist jedoch nicht größer als seine bisherige), und die Fälle objektiver **Ungeeignetheit** (Wohnung im 4. Obergeschoss ohne Aufzug für schwer gehbehinderte Person).

179 Als unvernünftig gilt u.a. die Geltendmachung eines **überhöhten Wohnbedarfs**. Ein solcher wurde z.B. angenommen,
- wenn der allein stehende Sohn des Vermieters ein gut vermietetes Einfamilienhaus nutzen soll, ohne dass er über entsprechende Einkünfte verfügt[2],
- wenn die Tochter des Vermieters als Studienanfängerin am Studienort in einem geräumigen Einfamilienhaus mit Garten wohnen soll[3],
- wenn die Tochter des Vermieters als Studentin von 22 Jahren allein in eine 107 m^2 große 4-Zimmer-Wohnung einziehen soll[4],
- wenn die Tochter des Vermieters eine Wohnung von knapp 80 qm (einschließlich Gästezimmer) nutzen will[5],
- wenn eine 4½-Zimmer-Wohnung von 132,38 m^2 durchschnittlich nur einmal pro Woche zur Übernachtung genutzt werden soll, auch wenn der Vermieter gut verdient und einen entsprechend hohen Lebensstandard hat[6].

180 Überhöhter Wohnbedarf wurde **verneint**,
- wenn ein 40 Jahre alter, allein stehender Lehrer, welcher vermögend ist und zurzeit nicht arbeitet, für sich allein eine 150 qm große Wohnung beansprucht, in der auch ein Arbeitszimmer eingerichtet werden soll[7],
- wenn der Vermieter für sich, seine Ehefrau, zwei Kinder und die Schwiegereltern ein Haus mit einer Wohnfläche von 432 qm beansprucht[8].

181 Ungewöhnliche Nutzungswünsche sind nicht per se unvernünftig. Wenn sie nicht durchdringen, kann dies auch andere Gründe haben:
Im Kündigungsschreiben muss gem. § 573 Abs. 3 BGB der Eigenbedarf schlüssig dargelegt werden, d.h. es muss die Nutzungsabsicht so vorgetragen werden, dass sie – ihre Richtigkeit unterstellt – als vernünftig zu er-

---
1 LG Frankfurt/Main, PE 2001, 55.
2 LG Köln, WuM 1990, 119.
3 AG Bonn, WuM 1990, 214.
4 LG Frankfurt/Main, WuM 1990, 479 = NJW 1990, 3277.
5 LG Potsdam, GE 1999, 647.
6 LG Berlin, NJW-RR 1997, 74.
7 LG Berlin, MM 1999, 397.
8 LG Hamburg, ZMR 2004, 39.

kennen ist. Je ungewöhnlicher der Nutzungswunsch ist, umso größer wird der Begründungsaufwand sein.

Das **Kündigungsschreiben** sollte deshalb **folgende Angaben** enthalten: 182
Nutzungswunsch
- **Nutzungswunsch** des Vermieters, seines Angehörigen und eines eventuellen Partners (z.B. Lebensgefährte der Tochter),
- **Bezeichnung** des Angehörigen und eventuellen Dritten (Namen, Anschrift, Alter, Berufstätigkeit)[1],
- aktuelle **Wohnverhältnisse** aller Bedarfspersonen[2],
- **Angehörigen-Eigenschaft** (Verwandtschaftsgrad mit dem Vermieter, besondere Bindung, Gründe für rechtliche oder moralisch empfundene Fürsorgepflicht),
- Angaben zu anderweitig verfügbarem Wohnraum[3] und Begründung, warum dieser nicht oder weniger geeignet ist.

Aus den Darlegungen zur Bedarfssituation muss sich ergeben, dass diese aktuell besteht oder jedenfalls ihr Eintritt konkret absehbar ist und in einem engen zeitlichen Zusammenhang zum Ablauf der Kündigungsfrist steht; denn eine so genannte „Vorratskündigung", bei der ungewiss ist, ob und ggfls. wann der Bedarf eintritt (z.B. ein künftiger Pflegebedarf, dazu unten mehr), wäre unwirksam[4].

Vernünftigkeit
- Vergleichende Darstellung der bisherigen und künftigen Wohnsituation; bei hohem Raumbedarf Darlegung geplanter Raumaufteilung und etwaiger Umbauten,
- Geeignetheit und Vorteile der herausverlangten Wohnräume im Hinblick auf Lage, Größe, Zahl der Räume, Ausstattung,
- Auswahlkriterium für gekündigte Wohnung (falls mehrere in Betracht kommen) im Hinblick auf die von einer Mindermeinung geforderte **Sozialauswahl**[5]. Allerdings ist festzuhalten, dass der Vermieter grundsätzlich frei wählen kann, welchem von mehreren Mietern er kündigen will[6].

---

1 LG Berlin, GE 1998, 1341 = ZMR 1999, 32; vgl. auch KG Berlin, WuM 1998, 594 = ZMR 1998, 695.
2 LG Frankfurt/Main, WuM 2000, 606; vgl. auch OLG Karlsruhe, WuM 1989, 124 = NJW-RR 1989, 456.
3 AG Hamburg, WuM 1995, 109; a.A. LG München I, WuM 1996, 38; differenziert LG München I, NZM 2003, 20 (wenn Angaben zu Wohnungsbestand gemacht werden, müssen sie vollständig sein).
4 BGH, Urt. v. 18.5.2005 – VIII ZR 368/03, WuM 2005, 521.
5 AG Gelsenkirchen, ZMR 1999, 179; **a.A.** LG Siegen, WuM 1990, 23.
6 BGH, BGHZ 126, 357 = MDR 1995, 33; BayObLG, WuM 1982, 125 = MDR 1982, 582.

Alternativwohnung
- Angebot der Alternativwohnung zu angemessenen Bedingungen[1] oder Begründung, warum keine Anbietepflicht besteht.

Beispiele anerkannter Eigenbedarfsgründe aus der **Rechtsprechung** sind:

Drohender Wohnungsverlust
- Die vom Vermieter gemietete Wohnung ist gekündigt worden[2].

Unzureichende Unterbringung
- Erwachsenes **Kind der Vermieter** lebt in der Wohnung der Eltern und hat dort nur ein Zimmer zur Verfügung[3],
- Vermieter oder andere begünstigte Person ist unzureichend untergebracht.

Vergrößerung von Familie und Haushalt
- Heirat,
- Zusammenleben mit Lebensgefährten,
- Zusätzlicher Raumbedarf nach Familienzuwachs[4],
- Kinderwunsch. Dieser muss sich nicht schon bei Kündigungsausspruch oder während des Räumungsprozesses durch eine Schwangerschaft konkretisiert haben[5].

Gesundheitliche Gründe
- Erkrankung des Vermieters erschwert Nutzung der bisherigen Wohnung,
- Vermieter, der krankhafter **Schnarcher** ist, benötigt eigenes Schlafzimmer für seine Ehefrau[6],
- im Kündigungsschreiben genügt die Angabe, die bisherige Wohnung könne aus gesundheitlichen Gründen nicht mehr beibehalten werden, nicht[7].

Wirtschaftliche Gründe
- Vermieter muss bisher bewohnte Wohnung wegen verschlechterter wirtschaftlicher Verhältnisse vermieten[8],
- Miete des Vermieters ist höher als die vom Mieter zu entrichtende Miete[9],

---

[1] LG Hamburg, WuM 1990, 302 = NJW-RR 1990, 1295.
[2] BayObLG, WuM 1981, 200 = MDR 1981, 1020.
[3] LG Berlin, MM 1999, 351; LG Frankfurt/Main, DWW 1988, 324.
[4] AG Stuttgart, WuM 1989, 414.
[5] BVerfG, WuM 1995, 260 = ZMR 1995, 198; BVerfG, WuM 2003, 435 = NZM 2003, 592.
[6] LG Koblenz, WuM 1999, 461.
[7] LG Wuppertal, WuM 1989, 386 = ZAP EN-Nr. 283/89.
[8] BVerfG, WuM 1993, 231 = NJW 1992, 3032.
[9] BVerfG, ZMR 1994, 59 = NJW 1994, 310.

– Vermieter möchte Wohnung geringerer Größe wegen der geringeren Kosten[1].

Berufliche Gründe
– Beruflich bedingter Bedarf nach größerer Wohnung[2],
– Berufsbedingter Ortswechsel[3],
– Verkürzung der Anfahrt zu einem neuen Arbeitsplatz[4],
– Vermieter möchte nach der **Geburt eines weiteren Kindes** in unmittelbarer Nähe zu seiner Betriebsstätte wohnen, auch wenn er zuvor über Jahre hinweg erhebliche Fahrzeiten auf sich genommen hat[5],
– Ungenügend ist die Angabe, die Tochter des Vermieters wolle nach ihrer Berufsausbildung an den Ort der herausverlangten Wohnung ziehen[6].

Gründe der Lebensgestaltung
– Bessere Lage oder besserer Zuschnitt der beanspruchten Wohnung[7],
– Vermieter will die herausverlangte Wohnung als „**Stadtwohnung**" nutzen[8],
– Wunsch des Vermieters, seinen Lebensabend im Elternhaus zu verbringen[9].

Aufnahme einer Pflegeperson
Es sind folgende Fallgestaltungen denkbar:
– Der in einem Mehrfamilienhaus wohnende Vermieter benötigt eine Wohnung im Haus, um diese der Pflegeperson zur Verfügung zu stellen.
– Der Vermieter benötigt eine Wohnung für eine Pflegeperson seiner im selben Gebäude wohnenden **Eltern**[10].
– Der Vermieter benötigt eine größere Wohnung, um dort gemeinsam mit der Pflegeperson zu wohnen[11].
– Der Vermieter will die gekündigte Wohnung selbst beziehen, um seine bisherige der Pflegeperson zu überlassen[12].
– Die Pflegeperson muss bei Kündigungsausspruch – jedenfalls bei längerer Kündigungsfrist – noch nicht feststehen[13]. Im Prozess muss der Ver-

---

1 LG Frankfurt/Main, WuM 1990, 347.
2 LG München I, WuM 1989, 296.
3 LG Hamburg, WuM 1990, 118.
4 LG Hamburg, NJW-RR 1994, 204.
5 BVerfG, WuM 1999, 449 = NJW-RR 1999, 1097.
6 LG Berlin, MM 1999, 439.
7 LG Landau/Pfalz, WuM 1993, 678.
8 LG Hamburg, ZMR 2001, 620.
9 LG Konstanz, WuM 1989, 632.
10 LG Koblenz, Beschl. v. 24.8.2007 – 6 T 102/07, WuM 2007, 637; dazu kritisch *Winning*, WuM 2007, 608; siehe auch LG Potsdam, Urt. v. 3.11.2005 – 11 S 146/05, WuM 2006, 44 = GE 2005, 1553.
11 LG Potsdam, WuM 2006, 44.
12 LG Karlsruhe, DWW 1990, 238.
13 OLG Hamm, WuM 1986, 269 = ZMR 1986, 398.

mieter jedoch darlegen und beweisen, dass er sich vom Zeitpunkt der Kündigung an nachdrücklich um eine Pflegeperson bemüht hat. Teilweise wird sogar verlangt, dass solche Bemühungen schon bei Kündigungsausspruch vorlagen[1].

– Akute Pflegebedürftigkeit muss bei Kündigungsausspruch noch nicht vorliegen, doch muss sie auf Grund äußerer Umstände mit einiger Sicherheit in naher Zukunft zu erwarten sein[2]; dient die Kündigung also der objektiv erforderlichen Vorsorge, so ist der Einwand der **Vorratskündigung** unbegründet[3]. Um eine Vorratskündigung kann es sich indes handeln, wenn vorgetragen wird, der Sohn der 82 Jahre alten Vermieterin solle in ihre Nähe ziehen, damit er ihr helfen könne, „für den Fall, dass ihr etwas zustößt oder sie Hilfe benötigt"[4].

– In der Kündigung ist darzulegen, warum die Pflegeperson nicht in der Wohnung des Vermieters untergebracht werden kann[5].

– Bestand die Pflegebedürftigkeit des Vermieters bereits bei Vertragsschluss, ist eine spätere Kündigung zugunsten einer Pflegeperson bei unveränderten Umständen nicht möglich[6].

Der Vermieter muss nicht nur nachvollziehbar machen, dass er vernünftige Gründe zur Kündigung hat; er muss seine Gründe **im Prozess** auch substantiiert vortragen und – bei Bestreiten durch den Mieter – beweisen. Dies gilt auch für seine Nutzungsabsicht, die ja die Grundlage seines Benötigens bildet. Dies hat insbesondere das BVerfG wiederholt hervorgehoben[7]. Der Beweis kann über Hilfstatsachen und Indizien geführt werden. Schon bei Vorbereitung der Kündigung sollte mit dem Mandanten deshalb auch die spätere Beweisbarkeit der Kündigungsgründe erörtert werden. Der Räumungsprozess kann verloren werden, wenn der Beweis nicht gelingt, dass die Nutzungsabsicht der Bedarfsperson (aller Bedarfspersonen) schon bei Kündigungsausspruch ernsthaft bestand und sich nicht erst später herausgebildet hat.

cc) Familienangehörige

183 Der Vermieter kann Eigenbedarf nicht nur für sich selbst, sondern auch für Familienangehörige geltend machen, wobei es keinen Unterschied macht, ob diese bei Kündigungsausspruch in der Wohnung des Vermieters oder anderswo wohnen.

Der Begriff der Familienangehörigen ist gesetzlich nicht definiert und entzieht sich nach der hierzu bestehenden Rechtsprechung auch einer all-

---

1 LG Kiel, WuM 1990, 22.
2 BayObLG, WuM 1982, 125 = ZMR 1982, 368; LG Bochum, NZM 1999, 902.
3 LG Saarbrücken, WuM 1992, 690.
4 LG Frankfurt/Main, Urt. v. 13.1.2005 – 2/17 S 83/04, PE 2006, 461.
5 LG Nürnberg-Fürth, ZMR 1993, Nr. 3, III.
6 LG Mainz, WuM 1991, 554.
7 BVerfG, WuM 1989, 481 = NJW 1989, 3007; BVerfG, WuM 1990, 536 = ZMR 1991, 18; BVerfG, WuM 1991, 146; BVerfG, WuM 1993, 380 = NJW 1993, 2165; BVerfG, WuM 1995, 140 = NJW-RR 1995, 392.

gemeinen Festlegung. Nur bei engsten Angehörigen wie Ehegatten, Eltern, Kindern und Geschwistern bedarf es im Einzelfall keiner weiteren Begründung der Eigenschaft „Familienangehöriger". Ansonsten fallen unter diesen Begriff alle entfernteren Verwandten, zu denen der Vermieter eine **engere persönliche Bindung** hat und denen gegenüber er rechtlich oder moralisch zur Unterhaltsgewährung oder Fürsorge verpflichtet ist[1]. Die Rechtsprechung hierzu ist kaum überschaubar (vgl. *Rz. 185*); sie befasst sich in erster Linie mit der Frage, ob außer den engsten Angehörigen bestimmte andere Angehörige auch unabhängig von einer besonderen Bindung Familienangehörige i.S.d. Vorschrift sind.

Zur schlüssigen Darlegung des Eigenbedarfs im **Kündigungsschreiben** gehört die Begründung, warum die Bedarfsperson Familienangehöriger ist[2]. Grundsätzlich erforderlich ist eine eindeutige **Identifizierung** der Bedarfsperson. Als unzulässig gilt z.B. die Kündigung für eine der 3 Töchter des Vermieters ohne Festlegung, welche der Töchter in die Wohnung einziehen soll[3]. Soweit ein Wahlrecht bejaht wird, muss der Bedarf für alle in Frage kommenden Angehörigen mitgeteilt werden[4]. Dasselbe gilt für eine Kündigung „wegen Eigenbedarfs der Wohnung für Pflegeperson", wenn unklar ist, ob die Pflegeperson für die Vermieterin selbst oder einen Familienangehörigen benötigt wird[5].

184

Die **Rechtsprechung** hat sich u.a. mit folgenden Fällen befasst:

185

Adoptivvater	nur bei enger Bindung[6]
Cousin/Cousine	nur bei enger Bindung[7]
Eltern	ja[8]
Eltern der Lebensgefährtin (u. Großeltern gemeins. Kindes)	nur in besonderen Fällen[9]
Enkel	ja[10]/grundsätzl. ja[11]/nur in bes. Fällen[12]
Geschiedener Ehegatte	nein[13]

---

1 BGH v. 3.3.2009 – VIII ZR 247/08, WuM 2009, 294 = DWW 2009, 189 = GE 2009, 714; LG Heidelberg, DWW 1991, 244.
2 BGH v. 3.3.2009 – VIII ZR 247/08, WuM 2009, 294 = DWW 2009, 189 = GE 2009, 714; LG Berlin, MM 2004, 123.
3 LG München I, WuM 1991, 490; ebenso AG Frankfurt/Main, WuM 1991, 39.
4 LG Neuruppin, GE 2000, 894.
5 AG Frankfurt/Main, WuM 1990, 155 = NJW-RR 1990, 591.
6 LG Frankfurt/Main, PE 1997, 199.
7 OLG Braunschweig, WuM 1993, 731 = NJW-RR 1994, 597; LG Frankfurt/Main, WuM 2004, 209.
8 LG Kaiserslautern, MDR 1982, 56.
9 LG Lübeck, WuM 1999, 336.
10 AG Nürnberg, WuM 1991, 39; AG Köln, WuM 1989, 250.
11 AG Hamburg, WuM 1990, 25; LG Stade, WuM 1990, 23.
12 AG Osnabrück, WuM 1980, 255.
13 AG Hamburg, WuM 1996, 39.

Geschwister	ja[1], ohne Einschränkung[2]
Getrennt lebender Ehegatte	ja[3]/ja, bis zum Scheidungsantrag[4]
Großnichte	nur bei enger Bindung[5]
Kind d. Cousins u. Patenkind	nein[6]
Kind der Schwiegertochter	nur bei enger Bindung[7]
Kind des Lebenspartners	nein[8]
Nebenfrau	nein[9]
Neffe/Nichte	ja[10]/nur bei enger Bindung[11]/grundsätzlich nein[12]/nein[13]
Neffe u. Patenkind	nur bei enger Bindung[14]
Neffe d. verstorbenen Ehegatten	nein[15]
Nicht eheliches Kind u. Mutter	ja[16]
Onkel/Tante	grundsätzlich nein[17]/nur bei besonderer persönlicher Beziehung[18]
Schwager/Schwägerin	i.d.R. ja[19]/nur bei enger Bindung[20]/ i.d.R. nein[21]/grundsätzlich nein[22]
Schwiegereltern	ja[23]/nur bei enger Bindung[24]

---

1 BayObLG, WuM 1984, 14 = ZMR 1984, 89.
2 BGH, WuM 2003, 464 = MDR 2003, 1105.
3 LG Dortmund, WuM 1989, 632.
4 LG Frankfurt/Main, NJW-RR 1996, 396.
5 LG Wiesbaden, NJW-RR 1995, 782.
6 AG Waiblingen, WuM 1994, 542.
7 LG Stuttgart, WuM 1993, 352.
8 AG Winsen, WuM 1994, 432.
9 LG Aachen, WuM 1989, 633.
10 AG Ludwigsburg, WuM 1990, 391.
11 AG München, WuM 1990, 511.
12 LG Wiesbaden, WuM 1991, 491; AG Leonberg, Beschl. v. 23.5.2003 – 8 C 1269/02, WuM 2007, 91.
13 LG Münster, WuM 1991, 107 = NJW-RR 1991, 1356; LG Berlin, MM 1992, 356.
14 AG Merzig, WuM 2005, 727.
15 LG Frankfurt/Main, PE 1999, 378.
16 LG Berlin, GE 1992, 101.
17 AG Dortmund, WuM 1993, 615.
18 LG Berlin, MM 2004, 123.
19 LG Freiburg, WuM 1993, 126.
20 BGH, Beschl. v. 3.3.2009 – VIII ZR 247/08, WuM 2009, 294 = NZM 2009, 353; LG Mainz, WuM 1991, 554; AG Langenfeld, ZMR 2000, 767.
21 OLG Oldenburg, WuM 1993, 386 = NJW-RR 1993, 526.
22 AG Springe, WuM 1991, 554.
23 LG Köln, WuM 1994, 541.
24 LG Frankfurt/Main, PE 1987, Nr. 12, S. 7.

Stiefkind	ja[1]/nur bei enger Bindung[2]
Tante des Ehemannes	nur bei enger Bindung[3]
Tochter der Schwiegertochter	nein, auch nicht bei enger Bindung[4]

dd) Haushaltsangehörige

Haushaltsangehörige sind Personen, die mit dem Vermieter auf Dauer in dessen Haushalt leben. Darunter fallen insbesondere Lebenspartner i.S.v. § 1 LPartG und deren Kinder, Partner einer nichtehelichen Lebensgemeinschaft, Hausangestellte, Pflegepersonen, Erzieher und Betreuer[5]. **Keine** Haushaltsangehörigen sind z.B. 186

– Personen, die noch nicht im Haushalt des Vermieters leben, sondern in diesen erst aufgenommen werden sollen (z.B. Au-pair-Mädchen). Für deren Wohnbedarf kann jedoch eine Kündigung gem. § 573 Abs. 1 S. 1 BGB in Betracht kommen[6].
– der Mitbewohner einer Wohngemeinschaft[7],
– Mitglieder der Glaubensgemeinschaft, welcher der Vermieter angehört und die er bei sich aufgenommen hat[8].

Im **Kündigungsschreiben** ist darzulegen, inwiefern es sich bei der Bedarfsperson um einen Haushaltsangehörigen handelt. Hierzu sollte zumindest angegeben werden, welche Funktion die betreffende Person im Haushalt des Vermieters hat oder künftig ausüben soll und (im ersteren Falle) seit wann sie diese ausübt. 187

ee) Nachträgliche Veränderungen der Bedarfslage

Vom Ausspruch der Kündigung bis zur letzten mündlichen Verhandlung im Räumungsprozess können viele Monate, bisweilen auch ein oder zwei Jahre liegen. In dieser Zeit kann sich die Bedarfslage des Vermieters auf vielfältige Weise ändern. Die mit Kündigungsausspruch geltend gemachte Nutzungsabsicht kann ganz wegfallen; daneben gibt es aber auch Fälle, in denen sich nur einzelne Gründe des Kündigungsausspruchs ändern, die Kündigung aber gleichwohl weiterverfolgt werden soll. 188

---

1 LG Hamburg, WuM 1997, 177; LG München I, WuM 1990, 23; LG Aschaffenburg, DWW 1989, 363.
2 AG Oldenburg, WuM 1990, 512; LG Frankfurt/Main, PE 1996, 498.
3 AG Frankfurt/Main, WuM 1991, 108.
4 LG Weiden i.d. OPf., WuM 2003, 210.
5 Vgl. im Einzelnen: *Lützenkirchen*, Neue Mietrechtspraxis, Rz. 21 ff.
6 BGH, Urt. v. 11.3.2009 – VIII ZR 127/08, WuM 2009, 390 = NZM 2009, 430; *Winning*, WuM 2007, 608.
7 LG Wuppertal, WuM 1994, 543.
8 AG Köln, WuM 1994, 211.

189 Ein Paradefall ist der **Austausch der Bedarfsperson**. Der Vermieter hat berechtigt zugunsten seines Sohnes gekündigt. Dieser entschließt sich um und will nicht mehr in die gekündigte Wohnung einziehen. Mittlerweile hat sich aber die Tochter des Vermieters entschlossen, aus dem Elternhaus auszuziehen. Der Vermieter will nun ihr die gekündigte Wohnung zur Verfügung stellen, dazu aber nicht eine neue Kündigung aussprechen, sondern die alte nun zugunsten der Tochter weiterverfolgen. Dazu müssen 2 Voraussetzungen vorliegen.
- Die ursprüngliche Kündigung muss wirksam gewesen sein;
- die neue Bedarfssituation begründet ebenfalls ein berechtigtes Kündigungsinteresse.

190 Ist dies der Fall, kann die Bedarfsperson auch noch im **Berufungsverfahren** ausgetauscht werden[1].

191 Entsprechend einem solchen Wechsel der Personen kann auch ein **Wechsel sonstiger Umstände** eintreten: Der Vermieter hatte gekündigt, weil die vermietete Wohnung näher an seinem Arbeitsplatz liegt und weil er dort mit seiner neuen Lebensgefährtin zusammenleben möchte, was in seiner bisherigen Wohnung nicht möglich ist. Nach Kündigungsausspruch trennt er sich von seiner Lebensgefährtin, verfolgt die Kündigung jedoch weiter. Von zwei Gründen ist also einer übrig geblieben.

192 Die ursprüngliche Absicht, mit der Lebensgefährtin zusammenzuziehen, war bestimmend für den Kündigungsausspruch, sie war ein Stück **Lebensplan**. Aus einem solchen **Gesamtkonzept** lassen sich einzelne Teile nicht ohne weiteres herausnehmen, selbst wenn der verbleibende Rest auch für sich eine Kündigung tragen könnte. In einem solchen Fall muss deshalb konkret vorgetragen werden, dass und warum der verkürzte Arbeitsweg für sich genommen ein vernünftiger und nachvollziehbarer Grund zum Umzug in die Wohnung des Mieters ist.

ff) Nachträglicher Wegfall des Eigenbedarfs

193 Der Eigenbedarf kann aus unterschiedlichen Gründen wegfallen.

(1) Vermieterwechsel

194 Verliert der Vermieter nach Kündigungsausspruch aber vor Ablauf der Kündigungsfrist seine Rechtsstellung, die ihn zum Ausspruch der Kündigung berechtigte, so stellt sich die Frage, ob er oder sein Rechtsnachfolger (Erwerber, Ersteher in der Zwangsversteigerung, Erbe etc.) die Kündigung weiterverfolgen können (vgl. *C Rz. 59 f.*).

Für den Bereich der **Geschäftsraummiete** ist im Hinblick auf die Fälligkeitstheorie der Erwerber berechtigt, die Räumung zu verfolgen. Anders bei der **Wohnraummiete**:

---

[1] LG Limburg, NJW-RR 1998, 1626.

Eine **Eigenbedarfskündigung** kann vom Vermieter in der Regel nicht mehr weiterverfolgt werden, wenn er seine Vermieterstellung verliert. Dies gilt auch dann, wenn im Kaufvertrag vereinbart ist, dass die mit dem Grundbesitz verbundenen Rechte und Nutzungen mit Vertragsschluss auf den Erwerber übergehen sollen[1]. Eine Ausnahme kann nur dann angenommen werden, wenn der bisherige Vermieter mit dem Erwerber vereinbart hat, dass die Bedarfslage nach Veräußerung befriedigt werden kann[2]. Teilweise wird angenommen, dass er an der Weiterverfolgung schon dann gehindert ist, wenn er im Falle des Verkaufs zwar selbst noch Eigentümer ist, die wirtschaftliche Nutzung jedoch bereits auf den Käufer übertragen hat[3]. Auch sein Rechtsnachfolger kann aus der Kündigung selbst dann keine Rechte herleiten, wenn er selbst Eigenbedarf hat, es sei denn, er ist selbst die durch die Kündigung begünstigte Bedarfsperson[4]. 195

Die Rechte aus einem **Zeitmietvertrag** gem. § 575 BGB oder § 564c Abs. 2 BGB a.F. kann dagegen auch der Rechtsnachfolger geltend machen, wenn er die bei Vertragsbeginn genannte Umbauabsicht selbst weiterverfolgt[5]. 196

Tritt der **Vermieterwechsel aber nach der Beendigung** des Mietvertrages ein, ist der Erwerber auch bei der Wohnraummiete nicht gehindert, Räumung zu verlangen. Maßgeblich ist insoweit allein, dass eine Beendigung eingetreten ist.

(2) Freiwerden einer anderen Wohnung des Vermieters (Alternativwohnung)

Wird nach Kündigungsausspruch eine andere Wohnung des Vermieters frei, so kann sich der Eigenbedarf erledigen, wenn der Vermieter diese statt der gekündigten Wohnung tatsächlich in Anspruch nimmt oder ihm dies jedenfalls zuzumuten wäre, weil er seinen **Wohnbedarf ohne wesentliche Abstriche** auch in der frei gewordenen Wohnung befriedigen kann[6]. Wird die freie Wohnung den Ansprüchen des Vermieters nicht gerecht, so darf der Vermieter am Eigenbedarf festhalten[7]. Es stellt sich dann aber die Frage, ob und zu welchen Konditionen er die Wohnung dem Mieter anbieten muss. 197

Nach herrschender Rechtsprechung[8] gilt Folgendes: Der Vermieter muss dem gekündigten Mieter eine nach Zugang der Kündigung frei gewordene 198

---

1 LG Osnabrück, WuM 1990, 81.
2 LG Hamburg, WuM 1997, 680.
3 AG Frankfurt/Main, WuM 1991, 591.
4 OLG Hamm, MDR 1992, 1054 = WuM 1992, 460.
5 LG Berlin, ZMR 1999, 30.
6 OLG Düsseldorf, WuM 1993, 49 = ZMR 1992, 386; BVerfG, BVerfGE 83, 82 = WuM 1990, 535; BVerfG, WuM 1991, 247 = NJW 1991, 2273.
7 BVerfG, BVerfGE 79, 292 = WuM 1989, 114; BVerfG, WuM 1994, 184 = NJW 1994, 995.
8 BGH, WuM 2003, 464 = MDR 2003, 1105; OLG Karlsruhe, WuM 1993, 105 = ZMR 1993, 159.

andere Wohnung **im selben Haus** oder derselben Wohnanlage, nicht jedoch in anderen Häusern[1], zur Anmietung **anbieten**. Unterlässt er dies, wobei ihm auch Versäumnisse seiner Beauftragten (z.B. Makler) zugerechnet werden[2], so ist die Weiterverfolgung seines Räumungsbegehrens **rechtsmissbräuchlich**, sofern nicht besondere Umstände die Neubegründung eines Mietverhältnisses mit diesem Mieter als unzumutbar erscheinen lassen. Diese Anbietepflicht besteht jedoch nur **bis zum Ablauf der Kündigungsfrist**; denn andernfalls würde derjenige Mieter privilegiert, der trotz wirksamer Vertragsbeendigung weiter in der gekündigten Wohnung bleibt[3]. Maßgeblich ist, dass die andere Wohnung bis zum Ablauf der Kündigungsfrist **tatsächlich verfügbar** ist; es genügt nicht, dass das Mietverhältnis über die andere Wohnung gekündigt wurde und einen Monat nach dem durch Eigenbedarfskündigung beendeten Mietverhältnis endet[4].

199 Eine Anbietepflicht wird teilweise auch für die vom Vermieter bisher **selbst bewohnte Wohnung** angenommen[5]. Da ein zeitgleicher Umzug meist nicht möglich sein wird, muss der Mieter seine bisherige Wohnung u.U. vorübergehend frei machen, damit der Vermieter sie für sich herrichten kann. Mit dieser Maßgabe sollte der Vermieter seine Wohnung zum Tausch anbieten[6].

200 Zu beachten ist auch eine Entscheidung des **BVerfG**[7], welche klarstellt, dass eine Anbietepflicht nur für solche Wohnungen besteht, „die freistehen und die der Vermieter ohnehin zu vermieten beabsichtigt." Sie entfällt jedoch nicht dadurch, dass der Vermieter nachträglich von seiner Vermietungsabsicht Abstand nimmt, um die freie Wohnung nunmehr einem Familienangehörigen zur Verfügung zu stellen[8].

201 Die im Rechtsentscheid des BayObLG genannte **Ausnahme** von der Anbietepflicht ist eng gefasst: Sie kommt zum Zug, wenn „dieser Mieter" dem Vermieter nicht mehr zumutbar ist. Dies kann bei **Verfeindung** der Parteien[9] der Fall sein oder bei **Zerrüttung** des Vertragsverhältnisses nach mehrfachen gerichtlichen Auseinandersetzungen, in denen der Vermieter obsiegt hat[10]. Die Erheblichkeitsschwelle sollte jedoch nicht unter derjenigen für eine außerordentliche Kündigung aus wichtigem Grund oder für eine ordentliche Kündigung wegen Pflichtverletzungen angesetzt werden[11].

---

1 Diese Beschränkung ist verfassungsrechtlich unbedenklich, VerfGH Berlin, GE 2000, 1324 = NZM 2001, 847.
2 LG Köln, ZMR 2001, 897.
3 BGH, WuM 2003, 463 = MDR 2003, 1104.
4 BGH, Urt. v. 4.6.2008 – VIII ZR 292/07, WuM 2008, 497 = MDR 2008, 1028.
5 LG Berlin, GE 2002, 400; LG Stuttgart, WuM 1988, 276; LG Nürnberg-Fürth, WuM 1991, 110.
6 *Eisenhardt*, WuM 1997, 476.
7 BVerfG, WuM 1994, 13 = ZMR 1994, 61.
8 LG Berlin, GE 2002, 400.
9 LG Regensburg, WuM 1991, 109.
10 LG Karlsruhe, WuM 1991, 41.
11 LG Mannheim, WuM 1996, 475 = NJW-RR 1997, 332.

202 Der **BGH** verneint eine Anbietepflicht generell, wenn der Vermieter vernünftige und nachvollziehbare Gründe hat, gleichwohl auf Räumung der gekündigten Wohnung zu bestehen[1]. In Betracht kommt etwa, dass der Vermieter hinsichtlich der freien Wohnung ein berechtigtes Interesse i.S.v. § 573 BGB, z.B. **Eigenbedarf** für einen anderen Angehörigen[2] hat. Ausreichend ist hier unter Berücksichtigung der verfassungsgerichtlichen Rechtsprechung[3] auch die bloße **Eigennutzungsabsicht**.

203 **Weitere Ausnahmen** werden von der Rechtsprechung z.B. in folgenden Fällen angenommen:
– Mieter, der vom Freiwerden einer Wohnung im Haus weiß, bekundet **kein Interesse**[4],
– Miete für die Alternativwohnung ist für den Mieter erkennbar **nicht finanzierbar**[5],
– Alternativwohnung ist für den Mieter **ungeeignet**[6].

Den letzteren beiden Ausnahmen lässt sich entgegenhalten, dass nur der Mieter selbst entscheiden kann, welcher finanziellen Belastung er sich aussetzt[7] und welche Ersatzwohnung für ihn geeignet ist[8]. Allerdings kann sich der Mieter nur dann auf Rechtsmissbrauch des Vermieters wegen unterlassenen Tauschangebotes berufen, wenn er glaubhaft geltend machen kann, dass er die Wohnung genommen hätte, wenn sie ihm angeboten worden wäre.

204 Umstritten ist, zu welchen **Mietkonditionen** die Alternativwohnung anzubieten ist. Diese Frage ist für beide Parteien äußerst heikel: Stellt der Vermieter unangemessene Bedingungen, so hat er seine Anbietepflicht nicht ordnungsgemäß erfüllt[9], wird so behandelt, als habe er die Wohnung überhaupt nicht angeboten, und verliert damit seinen Räumungsanspruch. Lehnt dagegen der Mieter ein ihm unangemessen erscheinendes Angebot des Vermieters zu Unrecht ab, verliert er nicht nur die gekündigte Wohnung, sondern hat auch die „Option" auf die Alternativwohnung verspielt. Da es bei der Alternativwohnung nicht um die Fortsetzung, sondern um die **Neubegründung** eines Mietverhältnisses geht, hat sich die Miete jedenfalls nicht primär an dem vom Mieter bisher gezahlten Betrag zu orientieren, sondern an der bisherigen Miete für die frei gewordene Wohnung[10]

---

1 BGH, WuM 2005, 741.
2 LG Frankfurt/Main, PE 1995, 258.
3 BVerfG, WuM 1994, 13 = ZMR 1994, 61.
4 LG Frankfurt/Main, PE 1994, 409.
5 LG Frankfurt/Main, PE 1995, 258; LG Frankfurt/Main, PE 2001, 55.
6 LG Berlin, MDR 1999, 1435 = NJW-RR 2000, 305; LG Hamburg, WE 2000, 10 = AIZ 2000, 26; LG Frankfurt/Main, PE 2004, 368.
7 LG Bochum, WuM 1994, 473.
8 BVerfG, WuM 1992, 180 = ZMR 1992, 230.
9 LG Mannheim, ZMR 1996, 34; AG Hamburg-Wandsbek, WuM 1996, 622.
10 OLG Karlsruhe, WuM 1993, 105 = ZMR 1993, 159.

bzw. an der dafür ortsüblichen Miete¹. Es kann dem Vermieter grundsätzlich auch nicht verwehrt sein, die Miete zu fordern, die er auch von einem sonstigen Interessenten rechtmäßig verlangen könnte, also die **rechtlich zulässige Miete**². Allerdings ist im Einzelfall zu prüfen, welche Mietsteigerung sich letztlich für den Mieter ergeben würde und ob diese noch angemessen und tragbar erscheint.

Angesichts des beiderseitigen **Risikos** ist auch die Möglichkeit in Betracht zu ziehen, mit dem Angebot der Alternativwohnung Verhandlungsbereitschaft zu signalisieren oder bezüglich der Miethöhe ein einseitiges Leistungsbestimmungsrecht des Vermieters zu vereinbaren, welches der Mieter dann u.U. gem. § 315 Abs. 3 S. 2 BGB gerichtlich überprüfen lassen kann³.

(3) Mitteilungspflicht bei Wegfall des Eigenbedarfs

205 Die Wirksamkeitsvoraussetzungen einer Kündigung müssen bei ihrem Zugang vorliegen. Bei den „Bedarfskündigungen" des § 573 BGB ist allgemein anerkannt, dass die Bedarfsgründe auch noch nach Zugang der Kündigung fortbestehen müssen. Fallen sie nachträglich weg, so kann der Vermieter u.U. keine Rechte mehr aus der Kündigung herleiten und ist verpflichtet, auf Verlangen des Mieters das Mietverhältnis fortzusetzen. Umstritten istwar, bis zu welchem **Zeitpunkt** der Wegfall des Kündigungsgrundes beachtlich ist. Der BGH hat entschieden, dass eine Mitteilungspflicht des Vermieters nur besteht, wenn der Kündigungsgrund **vor Ablauf der Kündigungsfrist** entfallen ist⁴. Diese Auffassung ist verfassungsrechtlich unbedenklich⁵.

206 Besteht nach diesen Grundsätzen eine Mitteilungspflicht, so stellt ihre Missachtung eine zum **Schadensersatz** verpflichtende Vertragsverletzung dar⁶. Die Mitteilungspflicht wird zugleich auch als strafrechtlich relevante **Garantenpflicht** gesehen, deren Verletzung den Tatbestand des Betrugs durch Unterlassen erfüllen kann⁷.

207 Die vorgenannte BGH-Entscheidung erging zur Schadensersatzklage eines Mieters. Fraglich ist, ob ihre Grundsätze auch gelten, wenn der Mieter den Wegfall des Eigenbedarfs gegen die Weiterverfolgung des Räumungsanspruchs⁸ oder die Durchsetzung eines bereits ergangenen Räumungstitels einwendet. Im letzteren Fall wurde bisher die Zwangsvollstreckung

---

1 *Barthelmess*, § 564b BGB Rz. 71.
2 LG Mannheim, ZMR 1996, 34.
3 Vgl. *Eisenhardt*, WuM 1997, 476.
4 BGH, WuM 2005, 782 = BGHReport 2006, 146, mit Anm. *Eisenhardt*.
5 BVerfG, Beschl. v. 18.4.2006 – 1 BvR 31/06, WuM 2006, 300 = NZM 2006, 459.
6 OLG Karlsruhe, WuM 1982, 11 = NJW 1982, 54.
7 BayObLG, WuM 1987, 129 = NJW 1987, 1654.
8 Verneinend AG Frankfurt/Main, Urt. v. 22.12.2005 – 33 C 3827/05-26, n.v.; vgl. auch LG Hamburg, WuM 2005, 134 = ZMR 2005, 127.

teilweise als zulässig[1], teilweise als unzulässig[2] betrachtet, was dem Mieter die **Vollstreckungsgegenklage** gem. § 767 ZPO eröffnete[3], und zwar auch gegenüber einem **Räumungsvergleich**[4].

Betrachtet das Gericht die Vollstreckungsgegenklage grundsätzlich als zulässig, muss es über den substantiiert vorgetragenen Wegfall des Eigenbedarfs Beweis erheben[5]. Ob allerdings eine solche Klage bei Wegfall des Eigenbedarfs nach Ablauf der Kündigungsfrist nach neuerer BGH-Rechtsprechung überhaupt noch in Betracht kommt, ist – wie gesagt – fraglich.

b) Hinderung angemessener wirtschaftlicher Verwertung, § 573 Abs. 2 Nr. 3 BGB

aa) Allgemeine Grundsätze

Die Kündigung wegen Hinderung angemessener wirtschaftlicher Verwertung (Verwertungskündigung) gem. § 573 Abs. 2 Nr. 3 BGB zeigt Parallelen zur Kündigung wegen Eigenbedarfs insofern, als beide Tatbestände Ausprägungen eines Rückerlangungsinteresses sind, welches allein der **Sphäre des Vermieters** entspringt. Während dieses Interesse im Falle des Eigenbedarfs primär personenbezogen ist (Wohnbedarf), können mit der Verwertungskündigung – unter engen Voraussetzungen – **wirtschaftliche Interessen** des Vermieters als berechtigtes Interesse an der Vertragsbeendigung Anerkennung finden.

Da die Grenze zwischen persönlichem und wirtschaftlichem Erlangungsinteresse fließend ist und das Gesetz die Fälle eines berechtigten Interesses nicht abschließend regelt, sondern nur drei wichtige und typische Fälle nennt, ist bei „gemischter" Interessenlage das Vorliegen eines berechtigten Interesses unter allen rechtlichen Gesichtspunkten – Eigenbedarf, Hinderung angemessener wirtschaftlicher Verwertung und der Generalklausel des § 573 Abs. 1 S. 1 BGB – zu prüfen[6].

Die praktische Bedeutung der Verwertungskündigung ist deutlich geringer als diejenige der Eigenbedarfskündigung. Ein Grund hierfür sind die von der Rechtsprechung bisher sehr **hoch angesetzten Anforderungen** an eine wirksame Verwertungskündigung. Eine gewisse **Lockerung** dieser Anforderungen dürfte aber von der neueren **BGH-Rechtsprechung** ausgehen[7].

Das Gesetz scheidet in § 573 Abs. 2 Nr. 3 BGB von vornherein zwei Interessen aus: **Unzulässig** ist eine Kündigung, die darauf gerichtet ist,

---

1 LG Köln, WuM 1994, 212, mit Anm. *Scholl.*
2 AG Tempelhof-Kreuzberg, GE 1994, 865.
3 LG Siegen, WuM 1992, 147.
4 LG Heidelberg, WuM 1992, 30.
5 BVerfG, WuM 1990, 536 = ZMR 1991, 18.
6 BVerfG, BVerfGE 84, 366 = WuM 1991, 661.
7 Vgl. BGH, Urt. v. 16.1.2008 – VIII ZR 254/06, WuM 2008, 233 = MDR 2008, 558; BGH, Urt. v. 28.1.2009 – VIII ZR 8/08, WuM 2009, 182 = NZM 2009, 234.

- durch anderweitige Vermietung eine höhere Miete zu erzielen oder
- die Wohnung nach Umwandlung in Wohnungseigentum zu veräußern.

212 **Typische Fälle** eines berechtigten Verwertungsinteresses sind:
- Verwertung durch **Abriss** und Neubau,
- Verwertung durch **Sanierung**, Umbau, Ausbau,
- Verwertung durch **Veräußerung** oder sonstige dingliche Verfügungen.

213 Folgende **Tatbestandsvoraussetzungen** müssen kumulativ vorliegen:
- Der Vermieter ist an einer angemessenen wirtschaftlichen Verwertung gehindert,
- Ursache hierfür ist das Bestehen des Mietverhältnisses,
- als Folge der Hinderung erleidet der Vermieter erhebliche Nachteile.

214 Der Vermieter muss also zunächst darlegen, dass die aktuelle wirtschaftliche Verwertung durch die bestehende Vermietung unangemessen ist. Dies ist ohne weiteres zu bejahen, wenn **keine Rendite** erwirtschaftet wird; geht es jedoch darum, anstatt einer bescheidenen eine höhere Rendite zu erwirtschaften, so wird die Beurteilung schon an dieser Stelle unsicher. Dann kann sich die Unangemessenheit der erzielten Rendite nur aus einem Vergleich mit der möglichen Rendite ergeben.

215 **Angemessen** i.S.v. § 573 Abs. 2 Nr. 3 BGB ist eine wirtschaftliche Verwertung dann, wenn sie von vernünftigen, nachvollziehbaren Erwägungen getragen wird[1]. Aus der Feststellung einer **unangemessenen Rendite** folgt aber nicht notwendig der Schluss auf eine **Hinderung des Vermieters**; denn die Unwirtschaftlichkeit der bisherigen Verwertung kann ihren Grund auch darin haben, dass mögliche Maßnahmen zur Rentabilitätsverbesserung unterlassen wurden. Maßgeblich sind nämlich nicht die tatsächlichen, sondern die erzielbaren Mieteinnahmen[2]. Da der Vermieter auch für die Hinderung die Darlegungslast trägt, muss also auch vorgetragen werden, dass Mieterhöhungen entweder nicht durchsetzbar sind oder – im Falle einer Erhöhung nach § 559 BGB – keine nennenswerte Verbesserung der Rentabilität erwarten lassen.

216 Steht fest, dass der Vermieter unter den gegebenen Bedingungen keine angemessene Rendite erwirtschaften kann, so ist damit noch nicht gesagt, dass das bestehende Mietverhältnis hierfür als **ursächlich** zu betrachten ist. Verneint wird dies von einer wohl jedenfalls bisher vorherrschenden Meinung vor allem in den Fällen, in denen eine zuvor wirtschaftliche Immobilie höchst unrentabel wird, weil sie unter hohem Einsatz von Fremdkapital in der spekulativen Erwartung eines stattlichen Gewinns durch Entmietung, Umwandlung und Weiterverkauf erworben wurde[3].

---

1 BGH, Urt. v. 28.1.2009 – VIII ZR 8/08, WuM 2009, 182 = NZM 2009, 234.
2 LG Flensburg, WuM 2000, 80.
3 LG Berlin, GE 1991, 685; LG Berlin, GE 1993, 807; LG Köln, WuM 1992, 132.

Ein Verwertungshindernis ist jedoch gegeben, wenn die Verwertung des Mietobjekts gerade **wegen des bestehenden Mietverhältnisses** nicht oder nur zu unzumutbaren Bedingungen möglich wäre[1].

Mit dem Nachweis der Hinderung angemessener wirtschaftlicher Verwertung sind die Voraussetzungen an ein berechtigtes Interesse jedoch noch nicht erfüllt, da dem Vermieter in Anbetracht des Bestandsinteresses des Wohnraummieters gewisse Nachteile aus unwirtschaftlicher Verwertung zugemutet werden; nur **erhebliche Nachteile** berechtigen zur Kündigung. Deshalb lässt sich auch unter Berücksichtigung seines Eigentumsrechts aus der Kündigungsvorschrift kein genereller Anspruch herleiten, aus dem Eigentum den höchstmöglichen Nutzen zu ziehen[2]. 217

Bei der Beurteilung der Erheblichkeit eines dem Vermieter drohenden Nachteils soll nach neuerer BGH-Rechtsprechung auch eine **Abwägung mit dem Bestandsinteresse des Mieters** stattfinden[3].

Auf der anderen Seite entfällt das Kündigungsrecht nicht schon deshalb, weil der Eigentümer Haus oder Wohnung schon in vermietetem Zustand gekauft hat[4]. Dieser Umstand kann jedoch zur Verneinung der Erheblichkeit des Nachteils führen, da dem Grundstück dann von Anfang an der durch die Vermietung begründete Minderwert anhaftet[5].

Die Darlegung der erheblichen Nachteile nötigt den Vermieter spätestens im Prozess zu einer weitgehenden Offenlegung seiner gesamten finanziellen Verhältnisse. Beruft er sich u.a. auch auf **steuerliche Nachteile** bei Fortbestehen des Mietverhältnisses, so hat er auch diese im Einzelnen darzulegen, ohne sich auf Datenschutz berufen zu können[6]. 218

Für die **Darlegung** des berechtigten Interesses im **Kündigungsschreiben** gelten auch hier die Regeln des § 573 Abs. 3 BGB; der Unterschied ist nur, dass es unendlich viel schwieriger ist zu begründen, warum eine bestimmte Maßnahme zur Abwendung erheblicher wirtschaftlicher Nachteile geboten ist, als etwa verständlich zu machen, warum nächtliche Ruhestörungen des Mieters die Fortsetzung des Mietverhältnisses unzumutbar machen oder warum die erwachsene Tochter mit Freund und Schwangerschaftsbescheinigung eine eigene Wohnung braucht. 219

Angesichts der Unsicherheiten der hierzu ergangenen Rechtsprechung muss gerade bei der Abfassung eines Kündigungsschreibens wegen Hinderung angemessener wirtschaftlicher Verwertung zu einem vorsorglichen Übermaß an substantiierter Darlegung geraten werden. Dies gilt insbe- 220

---

1 BGH, Urt. v. 16.1.2008 – VIII ZR 254/06, WuM 2008, 233 = MDR 2008, 558.
2 BVerfG, BVerfGE 84, 382 = WuM 1991, 663.
3 BGH, Urt. v. 28.1.2009 – VIII ZR 8/08, WuM 2009, 182 = NZM 2009, 234.
4 OLG Koblenz, WuM 1989, 164 = ZMR 1989, 216.
5 BGH, Urt. v. 16.1.2008 – VIII ZR 254/06, WuM 2008, 233 = MDR 2008, 558; LG Kiel, Urt. v. 2.9.2008 – 1 S 26/08, GE 2008, 1427.
6 LG Berlin, GE 1994, 107.

sondere für die **vergleichende Ertragsberechnung**, die ohnehin im Räumungsprozess vorzulegen ist, ansatzweise aber auch schon im Kündigungsschreiben anzustellen ist, weil nur so der Kündigungsempfänger die Wirksamkeit der Kündigung beurteilen kann[1]. Wenngleich das Bundesverfassungsgericht wiederholt Berufungsurteile wegen überzogener Anforderungen an die Begründungspflicht aufgehoben hat, sollte man sich nicht darauf verlassen, dass daraus eine allgemeine Lockerung der inhaltlichen Anforderungen an die Kündigungserklärung folgt. Auch die neuere BGH-Rechtsprechung weicht insoweit von den Grundsätzen der Rechtsentscheide der 1980er Jahre nicht erkennbar ab.

221 Auch die Rechtsprechung der Landgerichte kann keine praktische Sicherheit vermitteln. Zwar soll es nicht erforderlich sein, die der Kündigung zugrunde liegende wirtschaftliche Kalkulation bereits in der Kündigungserklärung in allen Einzelheiten mitzuteilen[2]; es bedarf (im Kündigungsschreiben) auch nicht der Darstellung eines Vermögensstatus des Vermieters, welcher betriebswirtschaftlichen und steuerrechtlichen Anforderungen genügt[3]; im Kündigungsschreiben soll jedoch eine überschlägige Berechnung aufgestellt werden, die die Erträge bei Fortbestand des Mietverhältnisses mit denen bei dessen Wegfall vergleicht[4].

222 Unzulässig ist es jedoch, wenn die Gerichte verlangen, der Vermieter müsse im Kündigungsschreiben darlegen, dass die von ihm genannten Gründe für den Verkauf der Wohnung erst nach Abschluss des Mietvertrags eingetreten sind[5].

bb) Verkauf

223 Der Eigentümer eines Wohnhauses oder einer Eigentumswohnung kann seine Immobilie u.a. durch Veräußerung verwerten. Der Bestand eines Wohnraum-Mietverhältnisses kann diese Verwertung erheblich erschweren. Der Verkaufserlös kann dadurch so gemindert werden, dass ein Verkauf wirtschaftlich sinnlos ist und sich das Mietverhältnis als faktisches Verkaufshindernis darstellt.

224 Unter Hinweis auf Art. 14 GG hat das Bundesverfassungsgericht festgestellt, dass auch der beabsichtigte Verkauf von Wohnraum Gegenstand einer Verwertungskündigung sein kann, wobei ein erheblicher Nachteil nicht erst dann angenommen werden darf, wenn der Eigentümer andernfalls in Existenznot gerät[6].

---

1 Vgl. etwa LG Berlin, ZMR 2003, 837.
2 LG Berlin, GE 1993, 807.
3 LG Osnabrück, WuM 1994, 214.
4 LG Berlin, GE 1994, 1055.
5 BVerfG, WuM 1998, 463 = NJW 1998, 2662.
6 BVerfG, BVerfGE 79, 283 = WuM 1989, 118.

Macht der Vermieter substantiierte Angaben in Bezug auf die **„praktische Unverkäuflichkeit"** der Wohnung im vermieteten Zustand, so muss das Gericht ihnen nachgehen[1].

Die geforderte Substantiierung gebietet jedoch nicht nur präzise Angaben im **Kündigungsschreiben**, sondern eine gründliche **Vorbereitung des Kündigungsausspruchs**. In der Regel geben sich die Gerichte nämlich nicht zufrieden mit allgemeinen Angaben über erzielbare Kaufpreise in vermietetem und unvermietetem Zustand, die durch das Zeugnis von Maklern unter Beweis gestellt werden; vielmehr wird häufig verlangt, dass solche Angaben auf Grund konkreter Verkaufsbemühungen gemacht werden[2]. Der bloße Hinweis auf die bekannte Tatsache, dass z.B. Einfamilienhäuser im vermieteten Zustand schwerer verkäuflich sind, weil sie gewöhnlich zur eigenen Nutzung nachgefragt werden, kann die Darlegung eines Verwertungshindernisses nicht ersetzen[3]. Darüber hinaus soll sich schon aus dem Kündigungsschreiben das Ausmaß der zu erleidenden **Nachteile** ergeben, damit nachvollziehbar wird, dass ein Verkauf unter Wert für den Vermieter wirtschaftlich sinnlos wäre[4]. 225

Hierzu ist die beabsichtigte **Verwendung des Verkaufserlöses** darzulegen. Aus der Rechtsprechung sind u.a. folgende anerkannte Fälle bekannt:

– Auflösung der Gemeinschaft nach Ehescheidung[5];
– Bau behindertengerechten Hauses nach schweren Unfallverletzungen[6];
– Beschaffung neuen Wohnraums für den Vermieter[7];
– Kauf einer Eigentumswohnung für die Tochter des Vermieters[8];
– Aufbau einer Arztpraxis[9];
– Eigenheimfinanzierung (Ablösung eines teuren Zwischenkredits[10] oder eines durch Zinserhöhung stark verteuerten Kredits)[11];
– Tilgung von Verbindlichkeiten, die durch laufende Einkünfte nicht zu decken sind[12] oder die den Vermieter in wirtschaftliche Schwierigkeiten gebracht haben[13].

---

1 BVerfG, ZMR 1992, 17 = WuM 1992, 46.
2 LG Bielefeld, WuM 1997, 267.
3 Etwas missverständlich BGH, Urt. v. 16.1.2008 – VIII ZR 254/06, WuM 2008, 233 = MDR 2008, 558; hier waren letztlich die für den Erwerber besonders ungünstigen Mietbedingungen ausschlaggebend.
4 LG Stuttgart, WuM 1994, 686.
5 AG Bayreuth, WuM 1991, 180.
6 LG Trier, NJW-RR 1991, 1414.
7 LG Frankenthal, WuM 1991, 181.
8 LG München II, NJW-RR 1987, 1165 = DWW 1988, 45.
9 AG Bad Homburg, WuM 1989, 303.
10 LG Düsseldorf, WuM 1991, 593 = NJW-RR 1991, 1166.
11 LG Düsseldorf, NJW-RR 1992, 552.
12 LG Stuttgart, WuM 1991, 201.
13 LG Mannheim, ZMR 1995, 315.

226 **Ausgangspunkt** der Beurteilung des **erheblichen Nachteils** ist der Vergleich der möglichen Verkaufserlöse, der im Kündigungsschreiben angegeben sein muss[1]. Kann z.B. für eine vermietete Eigentumswohnung mit einem Verkehrswert von ca. 275 000 Euro nur ein Preis von ca. 195 000 Euro erzielt werden, so kann dies zur Annahme eines erheblichen Nachteils ausreichen[2]; in einem anderen Fall wurde es für nicht allein ausreichend erachtet, dass statt eines erzielbaren Preises von ca. 275 000 Euro in vermietetem Zustand nur ca. 225 000 Euro realisiert werden konnten[3]. Für nicht ausreichend wurde auch erachtet, dass der zu erwartende Verkaufserlös von ca. 54 000 Euro eines 20 Jahre zuvor in vermietetem Zustand erworbenen Hauses gemessen an den damaligen Erwerbskosten von ca. 39 000 Euro hinter der allgemeinen Preisentwicklung zurückbleiben würde, während das Haus in unvermietetem Zustand zum Preis von ca. 102 500 Euro verkäuflich wäre[4]. Daraus folgt, dass auch eine erhebliche Kaufpreisdifferenz dann nicht zu einem erheblichen Nachteil führt, wenn der Vermieter mit dem Verkauf zumindest die **Anschaffungskosten** der Immobilie bzw. ihren Wert im Zeitpunkt des Erwerbs realisieren kann[5]. Ein „erheblicher Nachteil" wurde selbst bei einem Mindererlös von 30 bis 40 % verneint, wenn der Vermieter das Haus unentgeltlich und in vermietetem Zustand erworben hat[6]. Auf der anderen Seite wurde im Verkauf einer Eigentumswohnung zu einem 17 500,- Euro unter dem Verkehrswert von 116 500,- Euro liegenden Preis bei schlechten wirtschaftlichen Verhältnissen des Vermieters ein erheblicher Nachteil gesehen[7].

227 Bei der Beurteilung können auch die **tatsächlichen Aufwendungen des Vermieters zum Erwerb** der Mieträume berücksichtigt werden; dieser muss sich bei Beurteilung des Nachteils u.U. anrechnen lassen, was er selbst durch den Erwerb der Wohnung im vermieteten Zustand erspart hat[8], bzw. wird der Nachteil berechnet nach der Differenz zwischen dem vom Vermieter gezahlten Kaufpreis und demjenigen Preis, der beim Verkauf mit dem bestehenden Mietverhältnis zu erzielen ist[9].

228 Die kuriose Auffassung, die Hinderung angemessener wirtschaftlicher Verwertung lasse sich nur durch **Dokumentation von Verkaufsbemühungen** in der Zeit zwischen dem Kündigungsausspruch und dem Ablauf der Kündigungsfrist darlegen, hielt einer Verfassungsbeschwerde nicht stand[10], ver-

---

1 LG München I, NJW-RR 1992, 520.
2 LG Mannheim, ZMR 1995, 315.
3 LG Köln, WuM 1996, 39.
4 LG Hamburg, NZM 2001, 1029.
5 OLG Stuttgart, WuM 2005, 658 = OLGR Stuttgart 2005, 826; ähnlich BVerfG, ZMR 2004, 95 = NZM 2004, 134.
6 LG Köln, Beschl. v. 4.9.2006 – 6 S 156/06, WuM 2007, 135.
7 LG Wiesbaden, Urt. v. 22.2.2007 – 2 S 80/06, WuM 2007, 201 = ZMR 2007, 701.
8 LG Berlin, NJW-RR 1997, 10 = NJWE-MietR 1997, 28.
9 LG Mannheim, ZMR 1994, 568; LG Lübeck, WuM 1993, 616; ähnlich LG Berlin, GE 1993, 319.
10 BVerfG, WuM 1998, 465 = NJW-RR 1998, 1231.

deutlicht aber die Rechtsunsicherheiten, mit denen bei einer Verwertungskündigung gerechnet werden muss.

Das **Kündigungsschreiben** sollte deshalb **folgende Angaben** enthalten: 229
- erzielbare Rendite mit und ohne Verkauf[1],
- unternommene Verkaufsbemühungen (wann, wie, wie oft),
- Verkaufserlös in vermietetem und unvermietetem Zustand[2],
- Angabe der Erwerbskosten oder des anfänglichen Wertes des Grundstücks bzw. Berücksichtigung des Preisvorteils, wenn es vermietet erworben wurde[3],
- Verwendung des Verkaufserlöses,
- Begründung der drohenden wirtschaftlichen und sonstigen Nachteile.

cc) Sanierung/Umbau

Erstrebt der Vermieter eine bessere wirtschaftliche Verwertung seiner Immobilie durch Sanierung, Modernisierung oder Umbau, so stellt sich zunächst die Frage, ob diese Maßnahmen eine Beendigung des Mietverhältnisses erfordern oder ob der Mieter verpflichtet wäre, sie gem. § 554 Abs. 1 oder Abs. 2 BGB zu dulden. Denn die Beendigung eines Mietverhältnisses zum Zwecke der Sanierung eines Gebäudes soll immer nur als „**ultima ratio**" in Betracht kommen[4]. Deshalb setzt ein schlüssiger Klagevortrag u.U. Angaben zum **Fehlen einer Duldungsverpflichtung** des Mieters voraus[5]. Grundsätzlich keine Duldungspflicht besteht in Bezug auf Umbauten oder sonstige Veränderungen der Miträume. 230

Sind sehr umfangreiche Instandsetzungen an Haus und Wohnung erforderlich, so kann eine Kündigung jedenfalls dann nicht ausgesprochen werden, wenn der Vermieter den schlechten Zustand des Gebäudes dadurch herbeigeführt hat, dass er in der Vergangenheit seinen **Erhaltungspflichten** nicht nachgekommen ist[6]. Dies ergibt sich schon aus dem Rechtsgedanken des § 162 Abs. 2 BGB (treuwidriges Herbeiführen einer Bedingung). Ebenso ist – wie in den Fällen von Abriss und Neubau (vgl. Rz. 235) – die Kündigung ausgeschlossen, wenn der Vermieter das Grundstück in **Kenntnis der Unwirtschaftlichkeit** zum Zwecke der Sanierung und anschließenden teureren Vermietung erworben hat[7].

---

1 LG Hamburg, NJW-RR 1991, 1166.
2 LG Stuttgart, DWW 1995, 143; LG München I, NJW-RR 1992, 520; LG Hamburg, NJW-RR 1991, 1166.
3 LG Berlin, NJW-RR 1997, 10 = NJWE-MietR 1997, 28; LG Hamburg, NJW-RR 1991, 1166.
4 LG Frankenthal/Pfalz, WuM 1991, 171.
5 LG Köln, WuM 1989, 255; LG Frankfurt/Main, PE 1994, 592.
6 LG Frankfurt/Main, WuM 1995, 441 = NJW-RR 1996, 266; LG Hamburg, WuM 1999, 720.
7 LG Berlin, MM 2005, 191.

231 In folgenden Fällen wurde ein **berechtigtes Interesse bejaht**:
- Ausstattung von Altbau mit Bad und eigenem WC, wenn dadurch die betreffende Wohnung wegfällt[1];
- Aufteilung einer 6-Zimmer-Wohnung in drei abgeschlossene kleinere Wohnungen[2];
- Sanierung im öffentlichen Interesse[3];
- Umbau und Umwidmung einer Wohnung für betriebliche Zwecke des Vermieters[4];
- Herstellung einer Wohnung mit Bad/WC aus mehreren Einzelzimmern mit Gemeinschaftsbad und Toilette im Treppenhaus[5].

Es genügt für die Wirksamkeit einer Kündigungserklärung, wenn in dem Kündigungsschreiben bei einer geplanten Sanierung die Art und der Umfang der beabsichtigten Umbauarbeiten und ein Grund hierfür angegeben wird, nur durch den Umbau eine wirtschaftlich angemessene Verwertung des Grundstücks herbeiführen zu können[6].

232 In folgenden Fällen wurde ein **berechtigtes Interesse verneint**:
- umfassende Sanierung der Mietwohnung nach Tod des Mieters[7],
- Verbindung zweier Wohnungen zur Steigerung des Mietertrags[8],
- Erhöhung der Rendite von 1 % auf 4 %[9],
- Umgestaltung und Modernisierung eines Altbaus zur Schaffung neuen seniorengerechten Wohnraums[10].

233 Im **Kündigungsschreiben** ist darzulegen[11]
- die wirtschaftliche **Gebotenheit** der Maßnahme,
- eine **Ertragskalkulation** für die Wohnung vor und nach Sanierung,
- die **Bezifferung** der drohenden Nachteile,
- die **Begründung** der Erheblichkeit der Nachteile.

Zwar muss aus dem Kündigungsschreiben die wirtschaftliche Situation des Vermieters nicht im Einzelnen hervorgehen, der Eintritt eines erheblichen wirtschaftlichen Nachteils jedoch als in hohem Maße wahrscheinlich dargelegt werden[12].

---

1 BayObLG, NJW 1984, 372 = MDR 1984, 234.
2 LG Hamburg, WuM 1989, 393.
3 LG Freiburg, WuM 1991, 172.
4 LG Berlin, NJW-RR 1992, 1231; AG Bergheim, WuM 1991, 164.
5 LG Köln in *Lützenkirchen*, KM 14 Nr. 5.
6 LG Düsseldorf, ZMR 1991, 438 = DWW 1991, 338.
7 LG Berlin, GE 1999, 1429.
8 AG Charlottenburg, MM 2000, 86.
9 LG Bonn, WuM 1987, 225.
10 LG Flensburg, ZMR 2001, 711.
11 Vgl. etwa LG Wiesbaden, WuM 1997, 496 = NZM 1998, 263; LG Karlsruhe, WuM 1991, 168.
12 LG Köln in *Lützenkirchen*, KM 14 Nr. 5.

dd) Abriss

Für den Abriss **zum Zwecke des Neubaus** gilt grundsätzlich das Gleiche wie für die Sanierungsfälle. Dagegen ist der **ersatzlose Abriss** eines Gebäudes ist keine wirtschaftliche Verwertung i.S.v. § 573 Abs. 2 Nr. 3 BGB. Denn er stellt keine Realisierung eines dem Grundstück innewohnenden Wertes dar. Möglich ist aber u.U. eine Kündigung nach der allgemeinen Regelung des § 573 Abs. 1 BGB[1]. 234

Im Hinblick auf die erforderlichen öffentlich-rechtlichen Genehmigungen ist Folgendes zu beachten: Zwar wird das Vorliegen einer **Abbruchgenehmigung** bei Kündigungsausspruch teilweise für nicht erforderlich erachtet[2]. Allerdings kann sich die Kündigung als unzulässige **Vorratskündigung** darstellen, wenn bei ihrem Ausspruch nicht absehbar war, ob und wann die Genehmigung zum Abriss erteilt wird[3]. Der Abriss muss sich bei Kündigungsausspruch und bis zur letzten mündlichen Verhandlung als **realisierbar** darstellen. Dies kann zweifelhaft sein, wenn die Abrissgenehmigung unter Auflagen oder Bedingungen erteilt wurde[4].

Das Vorliegen einer **Baugenehmigung** für den Neubau ist nicht Voraussetzung für die Wirksamkeit der Kündigung; dementsprechend bedarf es hierzu auch keiner Angaben im Kündigungsschreiben[5]. Erforderlich ist aber auch hier die Realisierbarkeit des Vorhabens[6].

Unterliegt der zu beseitigende Wohnraum dem Verbot der Zweckentfremdung, so ist umstritten, ob eine erforderliche **Zweckentfremdungsgenehmigung** bei Kündigungsausspruch bereits erteilt sein und im Kündigungsschreiben erwähnt werden muss. Nach einem älteren Rechtsentscheid war dies Wirksamkeitsvoraussetzung für die Kündigung[7]; nach einer neueren Entscheidung kommt es nicht darauf an, ob die erforderliche Genehmigung bereits beantragt wurde oder gar vorliegt[8].

Zur Vermeidung von Risiken sollte jedoch bereits das Kündigungsschreiben Angaben zur **Realisierbarkeit** des Vorhabens enthalten. Im Prozess sollte der Vermieter eine **genehmigungsfähige Planung** darlegen können, um damit auch etwaigen Zweifeln an der Ernsthaftigkeit seines Vorhabens begegnen zu können[9].

Der Erwerb eines Hausgrundstücks in **Kenntnis der Unwirtschaftlichkeit** zum Zwecke des Abrisses und der Neubebauung ist kein Kündigungsgrund[10]. Das KG Berlin hat den Erlass eines Rechtsentscheids zu dieser Frage abgelehnt, weil dazu keine Kontroverse in der Rechtsprechung er- 235

---

1 BGH, WuM 2004, 277 = NZM 2004, 377.
2 LG Itzehoe, WuM 1983, 143.
3 LG München I, WuM 1992, 612.
4 LG Berlin, ZMR 1991, 346 = GE 1991, 627.
5 BayObLG, MDR 1993, 1200 = WuM 1993, 660.
6 LG Berlin, GE 1993, 807.
7 OLG Hamburg, WuM 1981, 155 = NJW 1981, 2308.
8 LG Mannheim, WuM 2004, 99 = NZM 2004, 256.
9 Vgl. dazu OLG Frankfurt/Main, WuM 1992, 421 = MDR 1992, 964.
10 LG Berlin, MM 1990, 96; AG Neukölln, MM 1992, 140.

kennbar sei[1]. Das Gleiche gilt, wenn das abzureißende Gebäude erst durch die Finanzierung seines Erwerbs unwirtschaftlich wird[2].

236 Der Abriss muss sich als **wirtschaftlich notwendig** darstellen[3], jedenfalls als wirtschaftlich **vernünftig und nachvollziehbar** darstellen. Dies kann der Fall sein, wenn schon eine „Minimalsanierung" angesichts der geringen Restnutzungsdauer des Gebäudes einen nicht vertretbaren Aufwand erfordern würde[4]. Das Gleiche gilt, wenn der Vermieter das vermietete Grundstück zur Erweiterung seines andernfalls nicht mehr rentabel zu führenden Geschäftsbetriebs benötigt[5]. Hierzu sind jedoch eingehende Darlegungen im **Kündigungsschreiben** erforderlich[6].

Eine vergleichende **Ertragskalkulation** wird überwiegend für erforderlich gehalten, wenn an Stelle der zu beseitigenden Wohnungen Neubauwohnungen errichtet werden sollen[7].

c) Schuldhafte, nicht unerhebliche Pflichtverletzung, § 573 Abs. 2 Nr. 1 BGB

aa) Allgemeine Grundsätze

237 Gegenüber Vertragsverletzungen durch **Tun oder Unterlassen** (vgl. die Übersichten unter *I Rz. 243 ff.*) kann der Vermieter Unterlassungs-, Beseitigungs- und Schadensersatzansprüche geltend machen und in gravierenderen Fällen das Mietverhältnis kündigen. Neben der fristlosen Kündigung gem. § 543 BGB und § 569 BGB kommt bei der Wohnraummiete auch die ordentliche Kündigung in Betracht. Ihr sachlicher Anwendungsbereich ist enger, da sie **nur schuldhafte Pflichtverletzungen** erfasst. Während nach einer früher vertretenen, am Wortlaut von § 573 Abs. 2 Nr. 1 BGB orientierten Auffassung und dabei ein eigenes Verschulden des Mieters für erforderlich gehalten wurde,(nicht auch seiner Erfüllungsgehilfen) erfordert[8], hat der BGH mittlerweile klargestellt, dass der Mieter **auch** für ein **Verschulden seiner Erfüllungsgehilfen** – u.a. auch seiner Rechtsberater – einzustehen hat[9]. welches jedoch auch darin bestehen kann, dass der Mieter wiederholtes Fehlverhalten eines Dritten nicht unterbindet[10]. Damit kommt die ordentliche Kündigung wegen Pflichtverletzungen auch als **Hilfskündigung** zu jeder auf ein schuldhaftes Verhalten gestützten fristlosen Kündigung in Betracht.Erfasst werden ßinnerhalb dieses Bereiches jedoch auch diejenigen Fälle, in denen trotz schwerer Pflichtverletzung kein wichtiger

---

1 KG Berlin, ZMR 2002, 341 = NZM 2002, 381.
2 LG Berlin, GE 1993, 807.
3 LG Trier, WuM 1993, 193.
4 BGH, Urt. v. 28.1.2009 – VIII ZR 8/08, WuM 2009, 182 = NZM 2009, 234.
5 LG Osnabrück, WuM 1994, 214.
6 LG Mannheim, WuM 1991, 695.
7 LG Berlin, WuM 1996, 770 = NJW-RR 1997, 585; LG Berlin, GE 2003, 49 = WE 2004, 124; **a.A.** LG Kempten, WuM 1994, 687.
8 KG Berlin, WuM 2000, 481 = NZM 2000, 905.
9 BGH, Urt. v. 25.10.2006 – VIII ZR 102/06, WuM 2007, 24 = MDR 2007, 454.
10 OLG Stuttgart, WuM 1982, 269 = ZMR 1983, 17.

Grund (= Unzumutbarkeit der Vertragsfortsetzung) vorliegt. Von Bedeutung ist dieser Tatbestand deshalb auch als **Hilfskündigung** zur fristlosen Kündigung.

Die **Erheblichkeit** bezieht sich auf die Pflichtverletzung, nicht auf das Verschulden; Fahrlässigkeit genügt. Unverschuldete Pflichtverletzungen fallen nicht unter § 573 Abs. 2 Nr. 1 BGB. Sie lassen sich nur durch die Generalklausel des § 573 Abs. 1 S. 1 BGB erfassen. 238

Die Anforderungen an das **Gewicht der Pflichtverletzung** können wegen § 573 Abs. 4 BGB nicht durch Vertrag zu Lasten des Mieters herabgesetzt werden; dies gilt auch, wenn die Parteien den Mietvertrag zunächst „probeweise" abgeschlossen haben[1].

Anders als bei der fristlosen Kündigung können auch länger zurückliegende Vertragsverletzungen mitberücksichtigt werden; die Kündigung muss jedoch **zeitnah zur letzten Pflichtverletzung** ausgesprochen werden[2]. 239

Da der Kündigungsausspruch grundsätzlich „ultima ratio" sein sollte, wird in Fällen des vertragswidrigen Gebrauchs (z.B. unerlaubte Tierhaltung) zum Teil die Auffassung vertreten, die Kündigung sei subsidiär zum Unterlassungsanspruch aus § 541 BGB[3]. Dieser Einwand dürfte aber zumindest dann nicht gelten, wenn der vertragswidrige Gebrauch erfolglos abgemahnt wurde[4]. Zur Vermeidung eines Risikos sollte der Rechtsanwalt grundsätzlich die Abmahnung vorziehen[5]. 240

bb) Abmahnung bzw. Fristsetzung vor Kündigungsausspruch

Auch wenn die ordentliche Kündigung wegen Pflichtverletzung nicht als Hilfskündigung ausgesprochen wird, empfiehlt sich eine vorhergehende Abmahnung oder Fristsetzung wie bei der fristlosen Kündigung. Zwar ist diese für die ordentliche Kündigung gesetzlich nicht geregelt und auch nach der Rechtsprechung **nicht zwingend erforderlich**[6]. Auch hier gilt jedoch, dass die gerügte Vertragsverletzung oft erst durch die Missachtung einer Abmahnung das für die Kündigung erforderliche Gewicht erhält[7], so dass selbst eine für sich genommen nicht besonders schwere Pflichtverletzung (z.B. unterlassene Treppenhausreinigung) erheblich werden kann, wenn sie trotz Abmahnung wiederholt wird[8]. 241

---

1 OLG Stuttgart, WuM 1982, 269 = ZMR 1983, 17.
2 LG Berlin, ZMR 2000, 529.
3 LG München I, WuM 1999, 217.
4 LG Berlin, ZMR 1999, 28 = GE 1999, 46.
5 Vgl. auch auch *Lützenkirchen*, MDR 2001, 1385, 1391.
6 OLG Oldenburg, WuM 1991, 467 = ZMR 1991, 427.
7 BGH, Urt. v. 28.11.2007 – VIII ZR 145/07, WuM 2008, 31 = MDR 2008, 258; dazu *Blank*, WuM 2008, 91.
8 LG Köln in *Lützenkirchen*, KM 7 Nr. 1; LG Frankfurt/Main, PE 1996, 406.

cc) Verhältnis zur fristlosen Kündigung gem. §§ 543, 569 BGB

242 Der wesentliche Unterschied zur fristlosen Kündigung wegen Pflichtverletzungen besteht nicht in der Art der Pflichtverletzung an sich, sondern in ihren Folgen: Nur wenn die Fortsetzung des Mietverhältnisses bis zur frühestmöglichen ordentlichen Vertragsbeendigung unzumutbar ist, kann fristlos gekündigt werden; ansonsten nur ordentlich. Die ordentliche Kündigung wegen Pflichtverletzungen setzt nicht voraus, dass dem Vermieter die Vertragsfortsetzung unzumutbar ist[1].

Ein eher scheinbarer Widerspruch liegt darin, dass die ordentliche Kündigung stets, die fristlose jedoch nur im Regelfall ein **Verschulden** des Kündigungsgegners erfordert. Der Grund ist, dass § 543 BGB die ganze Bandbreite der Unzumutbarkeitsfälle erfasst, unter denen die Pflichtverletzungen nur einen Teil ausmachen. Von der ordentlichen Kündigung nicht erfasst werden deshalb nur die wenigen Fälle der unverschuldeten erheblichen Pflichtverletzung. Sie fallen zwar nicht unter § 573 Abs. 2 Nr. 1 BGB, lassen sich jedoch unter die Generalklausel fassen.

Anders als bei der fristlosen Kündigung bleibt das Verhalten des Mieters nach Kündigungsausspruch nicht gänzlich unberücksichtigt; vielmehr kann sein Fehlverhalten durch eine anschließende „Wiedergutmachung" in einem milderen Licht erscheinen[2].

dd) Typische Fälle

243 Eine nicht unerhebliche Pflichtverletzung wurde in folgenden Fällen **bejaht**:
- **Beleidigung** des Vermieters[3];
- **Diebstahl** innerhalb der Hausgemeinschaft (ohne Abmahnung)[4];
- **Gebrauchsüberlassung, unerlaubte**, auch bei Anspruch auf Erlaubnis[5];
- **Gebrauchsüberlassung, unerlaubte**, an nahe Angehörige[6];
- **Mängelanzeige**, Unterlassung bei Feuchtigkeitsschäden[7];
- **Mietzahlungen, unpünktliche** (u.U. auch ohne Abmahnung)[8];
- **Nichtbeheizen** der Wohnung über einen längeren Zeitraum[9],
- **Schadensverursachung**, wiederholte Wasserschäden[10];

---

1 BGH, Urt. v. 11.1.2006 – VIII ZR 364/04, WuM 2006, 193 = NZM 2006, 338.
2 So für den Fall des Zahlungsverzugs BGH, WuM 2005, 250 = MDR 2005, 680.
3 LG Hamburg, NZM 1999, 304.
4 LG Berlin, ZMR 2000, 529.
5 BayObLG, WuM 1995, 378 = MDR 1995, 689; **a.A.** LG Berlin, GE 2003, 880.
6 AG Neuss, NZM 1999, 309; **a.A.** LG Hamburg, WuM 1999, 687.
7 LG Düsseldorf, DWW 1988, 117.
8 BGH, WuM 2006, 193; OLG Oldenburg, WuM 1991, 467 = ZMR 1991, 427.
9 LG Hagen, Urt. v. 19.12.2007 – 10 S 163/07, ZMR 2008, 972 = DWW 2008, 180.
10 LG Berlin, GE 1986, 283.

- **Schönheitsreparaturen**, beharrliche Weigerung[1];
- **Strafanzeige** gegen Vermieter ohne vorherigen Klärungsversuch[2];
- **Täuschung** über tatsächliche Nutzung der Wohnung[3];
- **Tierhaltung**, unerlaubte[4];
- **Überbelegung** durch Geburt weiterer Kinder; Frage des Einzelfalles[5];
- **Verweigerung** der absprachegemäßen Übergabe eines unterschriebenen Mietvertragsformulars[6];
- **Zahlungsverweigerung** bei titulierten Forderungen[7].
- **Zahlungsverzug** mit Miete[8] und/oder Betriebskostenvorauszahlungen[9].

Kein Kündigungsgrund: 244

- **Anschwärzen des Vermieters** bei der Polizei wegen des Verdachts der Beschäftigung von Schwarzarbeitern ist kein Kündigungsgrund, wenn der Mieter zwar fahrlässig, jedoch in Wahrnehmung eines eigenen Interesses an der Aufklärung des Sachverhaltes handelt[10];
- **Füttern von Katzen** auf dem Grundstück des Vermieters für zwei Wochen[11];
- **Lärmbelästigungen** durch die Kinder eines taubstummen Ehepaares, wenn wirksame Maßnahmen zur Abhilfe ergriffen wurden[12];
- **Verweigerung des Zutritts** zur Wohnung, wenn unter Berücksichtigung des durch Art. 14 Abs. 1 GG geschützten Besitzrechts des Mieters und seines Rechts aus Art. 13 Abs. 1 GG auf ungestörtes Wohnen eine erhebliche Pflichtverletzung zu verneinen ist[13].

d) Sonstige Kündigungsgründe, § 573 Abs. 1 S. 1 BGB

Neben den in § 573 Abs. 2 BGB ausdrücklich genannten 3 Fällen berechtigter Interessen können nach der Generalklausel des Abs. 1 auch andere Gründe von vergleichbarem Gewicht die ordentliche Wohnraumkündigung begründen. 245

---

1 LG Berlin, GE 1999, 1052; LG Hamburg, WuM 1984, 85 = ZMR 1984, 90; AG Hamburg, NZM 2002, 735.
2 LG Berlin, GE 1991, 1033.
3 LG Berlin, NZM 1999, 71; LG Berlin, NZM 2002, 338.
4 LG Berlin, ZMR 1999, 28 = GE 1999, 46; LG Frankfurt/Main, PE 1996, 404.
5 OLG Hamm, WuM 1982, 323 = ZMR 1983, 66.
6 LG München I, WuM 1980, 255.
7 LG Frankfurt/Main, PE 1988, 221; LG Wiesbaden, NZM 2003, 713 = NJW-RR 2003, 1096.
8 BGH, Urt. v. 16.2.2005 – VIII ZR 6/04, WuM 2005, 250 = MDR 2005, 680.
9 BGH, Urt. v. 28.11.2007 – VIII ZR 145/07, WuM 2008, 31 = MDR 2008, 258; BGH, Urt. v. 25.10.2006 – VIII ZR 102/06, WuM 2007, 24 = MDR 2007, 454.
10 LG Mannheim, NZM 2000, 554.
11 LG Hamburg, ZMR 2001, 972.
12 LG Regensburg, NZM 1999, 220.
13 BVerfG, WuM 2004, 80 = MDR 2004, 266.

246 **Kein berechtigtes Interesse** besteht in folgenden Fällen:
- Vermieter kann von der geringen Miete nicht einmal die anfallenden Nebenkosten decken[1],
- Vermieter hat bauordnungsrechtliche Räumungsverfügung erhalten, nachdem er dem Mieter bewusst die bauordnungswidrigen Räume zu Wohnzwecken überlassen hat[2],
- Vermieter will die vermietete Wohnung umfassend renovieren[3],
- Hauptmieter will die Wohnung aufgeben, obwohl ihm durch die Fortsetzung des Untermietverhältnisses keine Nachteile drohen[4],
- Die Beendigung des (Haupt-)Pachtvertrages begründet allein noch kein berechtigtes Interesse des Zwischenvermieters an der Beendigung des (Unter-)Mietvertrages[5].

aa) Betriebsbedarf

247 Eine **Organisation** (juristische Person, Körperschaft des öffentlichen Rechts etc.) kann ein berechtigtes Interesse dadurch erlangen, dass sie die zu kündigende Wohnung an eine Person vermieten will, die ihrem Betrieb angehört oder eingestellt werden soll. Hinzukommen muss jedoch, „dass gerade das Bewohnen dieser Räume durch diesen Arbeitnehmer für die ordnungsgemäße Führung des Betriebes erforderlich ist"[6]. oder zumindest nennenswerte Vorteile bietet, was auch für den Geschäftsführer einer Gesellschaft gilt[7].

248 Letzteres muss sich schon aus der **Begründung** der Kündigungserklärung erkennen lassen[8]. Der bloße Hinweis auf erwarteten Bedarf reicht nicht aus, ebenso wenig der Hinweis im Kündigungsschreiben, dass die Wohnung dringend für die Unterbringung eines aktiven Bediensteten benötigt wird[9]. Die **Bedarfsperson** ist zu benennen[10]; daneben wird teilweise auch die Darlegung ihrer Wohnverhältnisse verlangt[11]. Bei Großunternehmen wird teilweise die Vorlage einer **Bewerberliste** als ausreichend betrachtet[12]. Dies erscheint zweifelhaft, weil es den Grundsätzen der obergerichtlichen

---

1 LG Bonn, WuM 2000, 35.
2 AG Hamburg, ZMR 1999, 770 = NZM 1999, 1046; LG Stuttgart, WuM 1992, 487; LG Hamburg, WuM 1992, 129.
3 AG Essen, ZMR 1997, 423.
4 LG Berlin, GE 1996, 739.
5 LG Köln, WuM 1995, 709.
6 OLG Stuttgart, WuM 1991, 330 = ZMR 1991, 260.
7 BGH, Urt. v. 23.5.2007 – VIII ZR 122/06, WuM 2007, 457 = MDR 2007, 1304; BGH, Urt. v. 23.5.2007 – VIII ZR 113/06, WuM 2007, 459 = ZMR 2007, 767.
8 LG Hamburg, WuM 1994, 208.
9 OLG Stuttgart, WuM 1986, 132 = ZMR 1986, 236.
10 AG Frankfurt/Main, NJW-RR 1993, 526; **a.A.** LG Berlin, GE 1993, 427.
11 LG Stuttgart, WuM 1992, 25.
12 LG Frankfurt/Main, PE 1996, 550.

Rechtsprechung zur Begründung einer Kündigung wegen Eigenbedarfs[1] widerspricht, welche beim Betriebsbedarf entsprechend anzuwenden sind[2].

In folgenden Fällen wurde **Betriebsbedarf bejaht**:
- Ein Staat beabsichtigt, das vermietete Gebäude künftig als Sitz seiner **Botschaft** zu nutzen[3];
- Der Bund will den von Bonn nach Berlin umziehenden Mitarbeitern und Parlamentariern bundeseigene Wohnungen zur Verfügung stellen[4];
- Der Bund will einem bestimmten Bundesbediensteten im Zuge des Regierungsumzuges nach Berlin Wohnraum zur Verfügung stellen[5];
- Eine Körperschaft des öffentlichen Rechts will zur Erfüllung der ihr zugewiesenen Aufgaben einem Gemeindebediensteten eine Wohnung zur Verfügung stellen[6];
- Eine Gemeinde benötigt Wohnraum für einen **Hausmeister**[7], sofern es sich nicht nur um eine Nebentätigkeit handelt[8];
- Eine **GmbH** benötigt die Wohnung für ihren Alleingesellschafter und Geschäftsführer[9].

In folgenden Fällen wurde **Betriebsbedarf verneint**: 249
- Unternehmer will die an einen **Betriebsfremden** vermietete Wohnung neu anzuwerbenden Fachkräften oder einem Arbeitnehmer mit konkretem Wohnbedarf zur Verfügung stellen[10].
- Werkdienstwohnung wurde an einen Betriebsfremden vermietet, obwohl schon zum Zeitpunkt des Vertragsabschlusses Betriebsbedarf an der fraglichen Wohnung bestand (Verbot widersprüchlichen Verhaltens)[11].
- Vermieter einer Betriebswohnung will Betriebsablauf dadurch verbessern, dass die Wohnung auf dem Betriebsgelände einem Arbeitnehmer zur Durchführung der dort zu verrichtenden Arbeiten überlassen wird[12].

bb) Beruflicher Bedarf

Ein berechtigtes Interesse an der Beendigung des Mietverhältnisses i.S.v. 249a
§ 573 Abs. 1 S. 1 BGB ist auch dann gegeben, wenn der Vermieter die Wohnung nur teilweise für eigene Wohnzwecke, **überwiegend** jedoch **für eigene**

---

1 BayObLG, WuM 1985, 50 = ZMR 1985, 96.
2 OLG Celle, WuM 1985, 142 = ZMR 1985, 160.
3 LG Berlin, MDR 1999, 540 = NZM 1999, 800.
4 LG Berlin, MM 1999, 301.
5 LG Berlin, GE 2001, 422.
6 LG Frankfurt/Main, PE 1990, 389.
7 LG Regensburg, WuM 1998, 160.
8 AG Schöneberg, MM 1994, 247.
9 LG Berlin, GE 1999, 506.
10 OLG Stuttgart, WuM 1991, 330 = ZMR 1991, 260; LG Frankfurt/Main, NJW-RR 1992, 1230; a.A. LG Berlin, WuM 1996, 145 = NJW-RR 1996, 907.
11 LG Frankfurt/Main, PE 1993, 246.
12 LG Berlin, ZMR 1997, 472.

berufliche Zwecke (z.B. Einrichtung eines Architekturbüros) nutzen will. Denn im Hinblick auf die durch Art. 12 Abs. 1 GG geschützte Berufsfreiheit ist sein Erlangungsinteresse nicht geringer zu bewerten als der Eigenbedarf des Vermieters zu Wohnzwecken[1].

cc) Erfüllung öffentlich-rechtlicher Aufgaben

250 Auch öffentliche Interessen, insbesondere im Bereich der Daseinsvorsorge (Schaffung von Altenwohnungen)[2] oder der Verwirklichung eines bestimmten Stadtentwicklungskonzeptes (Abriss wegen weitgehenden Leerstandes zwecks anderweitiger Nutzung des Grundstücks)[3], können eine Kündigung aus berechtigtem Interesse rechtfertigen. Voraussetzung ist jedoch, dass der Vermieter in Erfüllung **eigener Aufgaben** handelt bzw. eine Verpflichtung zur Erfüllung dieser Aufgaben hat[4]. Ein privater Vermieter kann sich deshalb nicht auf das allgemeine öffentliche Interesse an der Durchführung eines Sanierungsvorhabens nach dem Städtebauförderungsgesetz berufen[5].

251 In folgenden Fällen wurde ein **berechtigtes Interesse bejaht**:
– Gemeinde will Wohnraum zu einem **Kindergarten** ausbauen[6],
– Gemeinde will ihr zugewiesene **Asylbewerber**, Aussiedler oder Obdachlose unterbringen[7],
– Gemeinnützige Wohnungsbaugesellschaft im Eigentum der öffentlichen Hand will eine von den Mietern nur als **Zweitwohnung** genutzte Wohnung einer Familie zur Verfügung stellen[8],
– Gemeinde benötigt Einfamilienhaus zur Unterbringung von **Bediensteten** (Gemeinde-Fotoarchiv, Friedhofsamt und Abteilung öffentliche Einrichtungen) und Arbeitsmaterial (Aktenräume, Dunkelkammer)[9].

Ein berechtigtes Interesse wurde in folgendem Fall **verneint**:
– Gemeinnützige **Wohnungsbaugenossenschaft** will die Wohnung anderweitig vermieten, weil der Mieter sie überwiegend leer stehen lässt[10],
– Gemeinde will sozial schwachen **Familien** preisgünstigen Wohnraum zur Verfügung stellen[11].

---

1 BGH, WuM 2005, 781.
2 LG Flensburg, ZMR 2001, 711.
3 AG Halle-Saalkreis, ZMR 2002, 600 = NZM 2002, 782.
4 LG Kiel, WuM 1992, 129.
5 LG Kiel, WuM 1984, 223 = ZMR 1983, 234.
6 AG Neustadt (Rübenberg), NJW-RR 1996, 397.
7 LG Kiel, WuM 1992, 129; AG Göttingen, NJW 1992, 3044.
8 LG München I, WuM 1992, 16 = NJW-RR 1992, 907.
9 LG Bad Kreuznach, WuM 1990, 298.
10 LG Köln, WuM 1991, 589.
11 LG Gießen, WuM 2004, 208 = ZMR 2003, 34.

dd) Besonderheiten bei Genossenschaftswohnungen

Die **genossenschaftliche Treuepflicht** kann eine Wohnungsgenossenschaft berechtigen, insbesondere bei krasser Unterbelegung[1], das Mietverhältnis mit dem Mitglied/Mieter fristgemäß zu kündigen, wenn die Wohnung an eine größere Familie mit entsprechendem Wohnbedarf vermietet werden soll. Der Bedarf der Genossenschaft kann durch eine Liste wohnungssuchender Mitglieder dargelegt werden[2]. Vor Ausspruch der Kündigung ist dem Mitglied jedoch eine andere Wohnung anzubieten[3]. Dies gilt jedoch nicht, wenn der Mieter aus der Genossenschaft ausgetreten ist oder seine Mitgliedschaft aus sonstigen Gründen verliert[4]. 252

Wurde das Genossenschaftsmitglied gem. § 68 GenG wegen genossenschaftswidrigen Verhaltens **ausgeschlossen** und wird die von ihm genutzte Wohnung für ein anderes Mitglied benötigt, so rechtfertigt auch dies die ordentliche Kündigung aus berechtigtem Interesse[5].

Die **fehlende Mitgliedschaft** in der Genossenschaft bzw. deren Aufgabe kann jedoch kein Kündigungsinteresse begründen, wenn die Wohnungsgenossenschaft erst als Grundstückserwerberin in ein bestehendes Mietverhältnis eingetreten ist[6].

ee) Fehlbelegung von Sozialwohnungen

Allein die Tatsache, dass eine öffentlich geförderte Wohnung von einem Mieter ohne Wohnberechtigung gem. § 4 WoBindG bewohnt wird, begründet kein berechtigtes Interesse an der Vertragsbeendigung. Es müssen vielmehr stets **erschwerende Umstände** hinzukommen. 253

In folgenden Fällen wurde ein **berechtigtes Interesse bejaht**: 254
- wenn die zuständige Behörde wegen fehlender Wohnberechtigung des Mieters die Kündigung verlangt und andernfalls erhebliche wirtschaftliche Nachteile androht[7] bzw. solche Nachteile objektiv drohen[8],
- wenn der Berechtigte die Wohnung geräumt hat und nur die (nicht berechtigte) geschiedene Ehefrau in der Wohnung verblieben ist[9],
- wenn der Mieter die Wohnung nur als **Zweitwohnung** (Stadtwohnung) nutzt[10].

---

1 OLG Stuttgart, WuM 1991, 379 = ZMR 1991, 297.
2 *Lützenkirchen*, WuM 1994, 5; *Möhlenkamp* in Hannemann/Wiegner, § 48 Rz. 129 f.
3 *Lützenkirchen*, WuM 1994, 5, 9.
4 *Lützenkirchen*, WuM 1994, 5; *Loewe*, NJW 1975, 9; vgl. auch LG Hamburg, WuM 1988, 430.
5 BGH, WuM 2003, 691 = MDR 2003, 1347.
6 AG Weißwasser, WuM 2003, 331.
7 OLG Hamm, WuM 1982, 244 = MDR 1982, 1020.
8 BayObLG, WuM 1985, 283 = MDR 1985, 1030.
9 LG München I, WuM 1988, 213.
10 LG München I, WuM 1992, 16 = NJW-RR 1992, 907.

255 Ein berechtigtes Interesse wurde **verneint**:
- wenn die bei Vertragsschluss bestehende Wohnberechtigung später weggefallen ist[1].

ff) Überbelegung

256 Nach einem Rechtsentscheid des OLG Hamm kann eine erhebliche Überbelegung der Wohnung (8 Personen auf 56,94 qm) nach vergeblicher Abmahnung eine ordentliche Kündigung rechtfertigen, auch wenn die Überbelegung erst durch Geburt weiterer Kinder nach Bezug der Wohnung entstanden ist[2]. Dabei sind jedoch die **Umstände des Einzelfalles** umfassend zu würdigen. Auch die Entscheidung des BVerfG zur fristlosen Kündigung wegen Überbelegung[3] ist zu beachten, da das durch Art. 14 GG geschützte Besitzrecht des Mieters auch bei der Auslegung und Anwendung von § 573 BGB zu berücksichtigen ist[4]. Zur Orientierung sollten die Grundsätze des Rechtsentscheids des BGH[5] zur fristlosen Kündigung wegen Überbelegung herangezogen werden. Danach muss zum Tatbestand der Überbelegung stets eine konkrete und erhebliche **Beeinträchtigung der Interessen des Vermieters** hinzukommen. Die allgemeine Wahrscheinlichkeit einer erhöhten Abnutzung der Wohnung genügt hierfür nicht. Die Rechtsprechung aus der Zeit vor dem Rechtsentscheid des BGH vom 14.7.1993 ist weitestgehend überholt.

257 Aus den genannten Grundsätzen folgt, dass im **Kündigungsschreiben** neben dem Tatbestand der erheblichen Überbelegung (nach Maßgabe einschlägiger Verwaltungsvorschriften über die Mindestwohnfläche pro Person) auch die bereits eingetretene erhebliche Beeinträchtigung der Interessen des Vermieters anzugeben ist[6].

gg) Abrisskündigung wegen Leerstands

257a Ein durch die demografische Entwicklung bedingter erheblicher Leerstand in einem Mehrfamilienhaus, der eine vernünftige Bewirtschaftung des Grundstücks unmöglich macht, kann als ultima ratio eine Kündigung nach § 573 Abs. 1 S. 1 BGB rechtfertigen, wenn der Abriss des Gebäudes auch mit der Stadtentwicklungsplanung korrespondiert[7]. Auf ein Recht zur Kündigung kann sich der Vermieter jedoch nicht berufen, wenn er das finanzielle Missverhältnis selbst zu vertreten hat oder wenn ein Abriss

---

1 AG Lüdenscheid, WuM 1990, 553.
2 OLG Hamm, WuM 1982, 323 = MDR 1983, 133.
3 BVerfG, WuM 1994, 119 = NJW 1994, 41.
4 BVerfG, NJW 1993, 2035 = MDR 1993, 728.
5 BGH, BGHZ 123, 233 = NJW 1993, 2528.
6 LG Frankfurt/Main, Urt. v. 11.4.2006 – 2/11 S 66/05, PE 2007, 132.
7 LG Gera, WuM 2003, 467 = NZM 2003, 640, bestätigt durch BGH, WuM 2004, 277 = NZM 2004, 377; AG Hoyerswerda, ZMR 2003, 503 = GE 2003, 889.

durch Sanierung des Gebäudes und anschließende Vermietungsmaßnahmen abwendbar ist[1].

Im **Kündigungsschreiben** sind demnach darzulegen:
- Die Gründe des Leerstands,
- die laufenden Kosten und die erzielten Mieteinnahmen sowie die Anzahl der vermietbaren Wohnungen und deren tatsächliche Belegung[2],
- das Fehlen einer Alternative zum ersatzlosen Abriss.

5. Außerordentliche fristlose Kündigung aus wichtigem Grund

a) Allgemeine Grundsätze

Die Mietrechtsreform vom 1.9.2001 hat das System der fristlosen Kündigung von Mietverträgen in § 543 BGB vereinheitlicht und im Vorgriff auf § 314 Abs. 1 BGB den allgemeinen Regeln der Kündigung von Dauerschuldverhältnissen angepasst. Beide Parteien können – im Regelfall nach vorheriger Abmahnung oder Fristsetzung – bei Vorliegen eines wichtigen Grundes außerordentlich fristlos kündigen. Dies kann auch schon vor Überlassung der Mietsache geschehen[3]. Ein **wichtiger Grund** liegt vor, wenn einer Vertragspartei die Fortsetzung des Mietverhältnisses bis zum nächstmöglichen regulären Beendigungstermin nicht mehr zumutbar ist.

258

Die **Unzumutbarkeit** ergibt sich für den Vermieter meist daraus, dass der Mieter seine Vertragspflichten nicht, nicht vollständig oder nicht ordentlich erfüllt, insbesondere die Hauptpflicht zur **Mietzahlung**, die kardinale Nebenpflicht, die Mietsache nur zum **vertragsgemäßen Gebrauch** zu nutzen, aber auch die vielfältigen **Treuepflichten**.

259

Bei der Beurteilung sind **sämtliche Umstände** zu berücksichtigen, auch die Interessen der anderen Partei und deren etwaiges **Verschulden**. Die Hervorhebung des Verschuldens unter den zu berücksichtigenden Umständen unterscheidet § 543 BGB als lex specialis von § 314 Abs. 1 BGB.

aa) Unzumutbarkeit der Vertragsfortsetzung, § 543 Abs. 1 S. 2 BGB

Kündigungsgrund und wichtiger Grund i.S.v. § 543 BGB ist nicht das pflichtwidrige Verhalten einer Partei oder der vertragswidrige Zustand der Mietsache, sondern die Wirkung der Vertragsstörung auf die betroffene Partei – die Unzumutbarkeit der Vertragsfortsetzung. Die Unzumutbarkeit ist bei den in § 543 Abs. 2 S. 1 Nr. 1 bis Nr. 3 BGB aufgeführten Kündigungsgründen schon gegeben, wenn deren tatbestandliche Voraussetzungen er-

260

---

1 AG Leipzig, WuM 2003, 276 = GE 2003, 887.
2 AG Leipzig, WuM 2003, 276 = GE 2003, 887.
3 OLG Celle, ZMR 2002, 505 = OLGR Celle 2002, 91; OLG München, OLGR München 1996, 26 = NJWE-MietR 1996, 127; OLG Düsseldorf, WuM 1995, 438 = OLGR Düsseldorf 1995, 167.

füllt sind; denn bei diesen Tatbeständen handelt es sich um gesetzlich **typisierte Fälle** der Unzumutbarkeit[1].

Wird die Kündigung hingegen auf die **Generalklausel** des § 543 Abs. 1 BGB gestützt, so sind bei der Beurteilung zu berücksichtigen:

- alle Umstände des Einzelfalles,
- insbesondere ein etwaiges Verschulden der Parteien,
- das Gewicht der beiderseitigen Interessen,
- die Restlaufzeit des Vertrages.

261 Der Schluss auf die Unzumutbarkeit muss das Ergebnis einer **Gesamtwürdigung** sein[2]. Er ist stets **Tatfrage** und nicht Rechtsfrage[3] und ist deshalb im Revionsverfahren nur beschränkt überprüfbar[4]. **Beurteilungsmaßstab** ist nicht das subjektive Empfinden des Kündigenden, sondern die Sicht eines vernünftigen Durchschnittsbetrachters, der die Besonderheiten des Vertragsverhältnisses kennt[5]. Grundsätzlich gilt, dass Pflichtverletzungen mit nur geringfügigen Auswirkungen nicht zur fristlosen Kündigung berechtigen[6]. Die Unzumutbarkeit kann sich aber auch aus einer **Gesamtschau** einzelner Ereignisse ergeben, selbst wenn diese jeweils für sich genommen die Kündigung nicht rechtfertigen würden[7].

Ein in der Person des Veräußerers der Mietsache entstandenes Recht zur fristlosen Kündigung geht nicht auf den Erwerber über, da Pflichtverletzungen des Mieters vor Eigentumsübergang für den Erwerber nicht zur Unzumutbarkeit der Vertragsfortsetzung führen[8].

(1) Umstände des Einzelfalles

262 Zu der umfangreichen Kasuistik wird auf die Übersicht unter *Rz. 286* Bezug genommen. Zu den Umständen des Einzelfalles gehören aber auch Fragen, die das Vertragsverhältnis insgesamt betreffen, wie z.B.

- wie das bisherige Vertrauensverhältnis zwischen den Parteien ausgestaltet war,
- ob der Vermieter und der Mieter bislang vertragstreu waren,
- wie sich der Vermieter in der Vergangenheit zu gleich gelagerten Vertragsverletzungen gestellt hat,
- ob die Vertragsverletzung in ihrer Tragweite schwerwiegend war und

---

1 BGH, Urt. v. 29.4.2009 – VIII ZR 142/08, WuM 2009, 349 = MDR 2009, 793.
2 BGH, BGHZ 50, 312; OLG München, OLGR München 1996, 246 = ZMR 1996, 654.
3 BayObLG, WuM 1983, 129 = ZMR 1983, 352.
4 BGH, Urt. v. 11.1.2006 – VIII ZR 364/04, WuM 2006, 193 = NZM 2006, 338.
5 OLG Rostock, OLGR Rostock 1996, 185.
6 BGH, BGHZ 123, 233 = MDR 1993, 970.
7 LG Frankfurt/Main, WuM 1989, 619; BGH, BGHZ 50, 312.
8 OLG Brandenburg, Urt. v. 12.3.2009 – 5 U (Lw) 63/08, zitiert nach juris.

– wie die Tragweite und das Ausmaß der Vertragsverletzung im Verhältnis zu der Mietdauer zu sehen sind[1].

Nicht nur das Verhalten des Kündigungsgegners, sondern auch dasjenige des Kündigenden ist zu würdigen. Denn die von ihm behauptete Unzumutbarkeit kann u.U. durch sein eigenes Verhalten widerlegt werden. Beispielsfälle sind:
– der Vermieter bietet dem Mieter unmittelbar vor Kündigungsausspruch die Anmietung eines anderen Objekts an[2],
– der Kündigende wartet entgegen § 314 Abs. 3 BGB zu lange mit dem Kündigungsausspruch.

(2) Verschulden der Parteien

Ein **Mitverschulden** des Vermieters kann der Unzumutbarkeit entgegenstehen[3]. Es genügt jedoch nicht, dass auch der Vermieter sich Vertragsverletzungen hat zu Schulden kommen lassen; nur wenn er das Verhalten des Mieters **provoziert** hat, ist ihm die Kündigungsbefugnis versagt[4].

263

Dass auf das Verschulden der Vertragsparteien abzustellen ist, schließt eine **Zurechnung des Verhaltens Dritter** nicht aus. Soweit es sich dabei um ein Verhalten des Untermieters handelt, folgt dies unmittelbar aus § 540 Abs. 2 BGB. Im Übrigen ist § 278 BGB anwendbar, wonach sich jede Vertragspartei das Verschulden eines Dritten, der mit ihrem Wissen in ihrem Pflichtenkreis tätig wird, zurechnen lassen muss[5]. Dritter ist jeder Familienangehörige, Angehöriger des Haushalts oder Besucher. Das KG will zwar eine ordentliche Kündigung nur bei einem eigenen Verschulden des Mieters zulassen[6]. Unabhängig von der grundsätzlichen Kritik an dieser Entscheidung[7] würde die Übertragung dieser Entscheidung auf die Kündigung aus wichtigem Grund bedeuten, dass bei einem schuldlosen Verhalten einer Vertragspartei die Kündigung aus wichtigem Grund gerechtfertigt wäre, bei einem schuldhaften Verhalten eines Dritten jedoch nicht. Deshalb ist bei der Abwägung auch ein schuldhaftes Verhalten eines Dritten zu berücksichtigen. Dies hat sich die jeweilige Vertragspartei über § 278 BGB zurechnen zu lassen. Im Hinblick auf das Abmahnerfordernis nach § 543 Abs. 3 BGB wird in der Regel jedoch ein eigenes Verschulden der Vertragspartei im Kündigungszeitpunkt vorliegen, so dass die Zurechnungsproblematik eher theoretischer Natur ist.

Während die **Darlegungslast** für das Vorliegen eines wichtigen Grundes grundsätzlich beim Kündigenden liegt, verlagert sie sich hinsichtlich des

---

1 LG Dortmund, WuM 1989, 178.
2 OLG Düsseldorf, ZMR 1996, 436 = OLGR Düsseldorf 1996, 250.
3 LG Köln, WuM 1991, 98; LG Aachen, WuM 2002, 427.
4 OLG Frankfurt/Main, OLGR Frankfurt 1999, 61.
5 Palandt/*Heinrichs*, § 278 BGB Rz. 7.
6 KG, WuM 2000, 481 = ZMR 2000, 822 = MDR 2000, 1238.
7 *Lützenkirchen*, WuM 2001, 55, 62; *Kraemer*, WuM 2001, 163, 169.

Verschuldens auf den Kündigungsgegner, dem die Pflichtverletzung anzulasten ist[1].

(3) Abwägung der beiderseitigen Interessen

264 Bei der hier gebotenen Gesamtabwägung sind auch die Grundrechte der Parteien zu beachten. Hierzu hat der BGH entschieden, dass der Schutz von Leben und körperlicher Unversehrtheit (Art. 2 Abs. 2 GG) sowie das allgemeine Persönlichkeitsrecht (Art. 2 Abs. 1 GG) des Mieters nicht nur im Verfahren der Räumungsvollstreckung zu beachten ist, sondern im Falle einer fristlosen Kündigung bereits bei der Abwägung der Belange der Mietvertragsparteien gem. § 543 Abs. 1 S. 2 BGB. Danach kann sich der Ausspruch einer fristlosen Kündigung wegen Störung des Hausfriedens durch einen psychisch kranken Mieter als unwirksam erweisen, wenn im Falle eines Räumungsurteils die ernsthafte Gefahr eines Suizids besteht[2].

Die Interessenabwägung kann z.B. auch dazu führen, dass die Vertragsfortsetzung trotz erheblicher Hausfriedensstörungen nach **Auszug eines Mieters** mit dem anderen Mieter zumutbar ist, sofern der in Aussicht gestellte Auszug zur Wiederherstellung des Hausfriedens geeignet ist[3].

Ebenso sind, wie bei der ordentlichen Wohnraumkündigung, die durch Art. 14 GG geschützten Rechtspositionen von Vermieter und Mieter gegeneinander abzuwägen[4].

(4) Restlaufzeit des Vertrages

265 Während § 554a BGB a.F. auf die Unzumutbarkeit der „Fortsetzung des Mietverhältnisses" abstellte, präzisiert § 543 BGB, dass es um die Fortsetzung „bis zum Ablauf der Kündigungsfrist oder bis zur sonstigen Beendigung des Mietverhältnisses" geht. Das kann heißen, dass ein weiterer Monat noch zumutbar ist[5], ein Jahr aber nicht mehr. Bei der Bestimmung der nächstmöglichen ordentlichen Vertragsbeendigung ist auch eine vorzeitige Kündigungsmöglichkeit wegen fehlender Schriftform in Betracht zu ziehen[6]. Für den Kündigenden folgt daraus jedoch nur die ohnehin regelmäßig interessengerechte **Empfehlung**, die Kündigung auch bei langfristigen Verträgen hilfsweise als ordentliche zum nächstmöglichen Termin zu erklären.

Die gesetzliche Formulierung macht einerseits deutlich, dass die außerordentliche fristlose Kündigung aus wichtigem Grund die **ultima ratio** der Sanktionsmöglichkeiten darstellen soll. Anderseits ergibt sich die

---

1 BGH, BGHZ 150, 365 = MDR 2002, 1053; BGH, WuM 2000, 598 = MDR 2000, 875.
2 BGH, WuM 2005, 125 = ZMR 2005, 183.
3 LG Frankfurt/Main, WuM 1987, 21.
4 VerfGH Berlin, Beschl. v. 22.1.2008 – VerfGH 70/06, ZMR 2008, 605 = NZM 2008, 517.
5 LG Stuttgart, WuM 1976, 262 = ZMR 1977, 333.
6 OLG Rostock, OLGR Rostock 2005, 990.

scheinbar paradoxe Situation[1], dass eine fristlose Kündigung umso eher begründet ist, je länger die Parteien sich ursprünglich vertraglich binden wollten bzw. je länger die Kündigungsfrist oder die Restlaufzeit des Vertrages ist[2]. Dogmatisch soll dies dadurch aufzulösen sein, dass die Kündigung aus wichtigem Grund als verselbständigter Sonderfall des Wegfalls der Geschäftsgrundlage anzusehen ist[3]. Für die Praxis ist daraus zu schließen, dass für den Wohnraummieter neben den in §§ 543 Abs. 2, 569 BGB geregelten Beispielsfällen des wichtigen Grundes eine außerordentliche fristlose Kündigung eines Mietvertrages auf unbestimmte Zeit nur noch **in ganz besonders gelagerten Ausnahmefällen** in Betracht kommt, sofern er zu jedem beliebigen Termin mit der Drei-Monats-Frist des § 573c Abs. 1 BGB kündigen kann. Denn diese Frist gilt als angemessen für beide Parteien, um ein neues Mietobjekt bzw. eine neuen Mieter zu finden[4].

bb) Abmahnung bzw. Fristsetzung, § 543 Abs. 3 BGB

(1) Grundsätze

Abmahnung und Fristsetzung dienen beide zwei entgegengesetzten Zwecken: Zum einen sollen sie der anderen Vertragspartei Gelegenheit zur Änderung ihres Verhaltens und die Chance zur Abwendung der Vertragsbeendigung geben[5]. Zum andern sollen sie aber auch die Voraussetzung der Vertragsbeendigung schaffen, da diese in aller Regel erst nach vergeblicher Abmahnung oder Fristsetzung begründet ist; denn in der Regel erlangt die Pflichtverletzung das für eine Kündigung erforderliche Gewicht erst dadurch, dass dem anderen sein Fehlverhalten vor Augen geführt und klargestellt wird, dass es nicht (mehr) geduldet werden wird[6]. Erst wenn durch Fortsetzung des abgemahnten Verhaltens die **Gefahr weiterer Vertragsuntreue** droht, wird die Vertragsfortsetzung unzumutbar[7]. Der für die Kündigungsbefugnis ausschlaggebende Umstand liegt damit in der Aufrechterhaltung oder Wiederholung der Vertragsverletzung trotz Abmahnung[8]. Bei der dann zu prüfenden Frage der Unzumutbarkeit ist jedoch nicht nur auf das Verhalten nach Abmahnung, sondern auch auf die vorausgegangenen Vertragsverletzungen abzustellen[9]. 266

Das Erfordernis der Abmahnung ist seit 1.9.2001 gesetzlich geregelt in § 543 Abs. 3 BGB für alle Fälle der fristlosen Kündigung wegen **Vertragsverletzungen** mit Ausnahme des Zahlungsverzuges, während nach altem 267

---
1 *Kraemer*, WuM 2001, 163, 167.
2 So OLG Celle, Beschl. v. 7.10.2008 – 2 U 99/08, ZMR 2009, 192 = OLGR Celle 2008, 886.
3 *Kraemer*, WuM 2001, 163, 167; *Häublein*, ZMR 2005, 1.
4 Begr. d. RefE, *Lützenkirchen*, Neue Mietrechtspraxis, Anhang Rz. 1202.
5 BGH, WuM 2006, 193.
6 BGH, Urt. v. 11.1.2006 – VIII ZR 364/04, WuM 2006, 193 = NZM 2006, 338; BGH, Urt. v. 18.11.1999 – III ZR 168/98, NZM 2000, 241 = NJW-RR 2000, 717.
7 OLG Koblenz, OLGR Koblenz 1998, 469.
8 LG Berlin, WuM 2003, 208 = MM 2003, 243.
9 BGH, WuM 2006, 193.

Recht die Abmahnung zwingend nur für den Fall des vertragswidrigen Gebrauchs (§ 533 BGB a.F.) und eine Fristsetzung als Regelfall nur bei Kündigung des Mieters wegen Gebrauchsentziehung (§ 542 BGB a.F.) vorgesehen war. Die mietrechtliche Vorschrift ist weitgehend inhaltsgleich mit § 314 Abs. 2 i.V.m. § 323 Abs. 2 u. 3 BGB.

Mit der Neuregelung der fristlosen Kündigung aus wichtigem Grund ist die frühere Subsidiarität von § 554a BGB a.F. (schuldhafte Pflichtverletzungen) gegenüber § 553 BGB a.F. (vertragswidriger Gebrauch) weggefallen und die dazu ergangene Rechtsprechung[1] gegenstandslos geworden.

Eine unwirksame fristlose Kündigung lässt sich in eine Abmahnung **umdeuten**, auf die eine erneute fristlose Kündigung wegen des gleichen Sachverhalts gestützt werden kann[2].

268 Abgesehen vom Fall des Zahlungsverzugs sind Abmahnung oder Fristsetzung **ausnahmsweise entbehrlich**,
- wenn eine Frist oder Abmahnung offensichtlich keinen Erfolg verspricht,
- aus besonderen Gründen unter Abwägung der beiderseitigen Interessen.

Der erstgenannte Ausnahmetatbestand ist nur dann gegeben, wenn eine Änderung des vertragswidrigen Verhaltens des Vertragspartners unter keinen Umständen zu erwarten ist[3]. Dies kommt z.B. bei einem schuldunfähigen Mieter in Betracht[4]. Unter dem Gesichtspunkt des sichersten Weges muss für die erste Fallgruppe die Überlegung gelten, dass eine zwecklose Abmahnung nur zu einem geringfügigen Zeitverlust führt, während die Fehleinschätzung der Zwecklosigkeit zur Unwirksamkeit der Kündigung führen kann.

269 Die zweite Fallgruppe umfasst besonders **schwerwiegende Vertragsverletzungen**, welche auch nach früherer Rechtsprechung ausnahmsweise schon nach einmaliger Begehung eine Kündigung rechtfertigen, wenn die Vertrauensgrundlage des Vertrages endgültig zerstört ist[5]. Beispiele aus der Rechtsprechung sind:
- **Schusswaffengebrauch** des Mieters gegen Nachbarn[6];
- erweislich **falsche Anschuldigung** des Vermieters bei Behörden (s. aber auch *Rz. 244*)[7];
- in der Presse veröffentlichte schwere **Beleidigung**[8];
- nachhaltige **Zerrüttung des Vertrauensverhältnisses**[9],

---

1 OLG Koblenz, WuM 1997, 482 = MDR 1997, 1113.
2 LG Frankfurt/Main, PE 2005, 336.
3 OLG Düsseldorf, WuM 2004, 603 = NZM 2004, 866.
4 AG Braunschweig, ZMR 2005, 369.
5 BGH, NJW 1981, 1264 = MDR 1981, 839; BGH, NZM 2004, 430 = MDR 2004, 737.
6 LG Berlin, GE 1993, 207.
7 LG Frankfurt/Main, WuM 1994, 15 = NJW-RR 1994, 143.
8 LG Köln, DWW 1988, 325.
9 OLG Celle, Beschl. v. 7.10.2008 – 2 U 99/08, OLGR Celle 2008, 886.

– vertragswidrige **Bordell-Nutzung** von Gewerberaum[1];
– **Handel** mit **Drogen** in der Wohnung[2];
– ständige **unpünktliche Mietzahlungen** (in 16 Monaten nur 4 pünktliche Zahlungen)[3].

Auch auf das Vorliegen dieser Voraussetzungen sollte sich der Rechtsanwalt jedoch nicht verlassen, sondern die andere Partei vor Kündigungsausspruch zu einer **Stellungnahme** binnen kurzer Frist auffordern, die je nach Sachlage mit einer Aufforderung zur Entschuldigung, zum Widerruf einer Behauptung oder einer sonstigen Erklärung verbunden sein kann. Dies gilt insbesondere bei dem Verdacht einer strafbaren Handlung[4]. Ein entsprechendes Schreiben könnte etwa so aussehen:

270

Vermieteranwalt an Mieter

Dieser Sachverhalt führt dazu, dass meinem Mandanten die Fortsetzung des Mietverhältnisses nicht mehr zumutbar ist und damit die Voraussetzungen einer fristlosen Kündigung aus wichtigem Grund gem. § 543 BGB vorliegen. Obwohl ich mir eine Rechtfertigung dieser schwerwiegenden Vertragsverletzung nicht vorstellen kann, möchte ich Ihnen hiermit Gelegenheit zur Stellungnahme binnen einer Woche nach Erhalt dieses Schreibens geben. Höre ich nichts von Ihnen oder führt Ihre Stellungnahme zu keiner veränderten Beurteilung, werde ich die fristlose Kündigung aussprechen.

Bei **Pflichtverletzungen Dritter**, für deren Verhalten der Mieter einzustehen hat, ist die Abmahnung stets erforderlich, da der Mieter die Möglichkeit hat, Wiederholungen zu unterbinden[5].

(2) Abfassung der Abmahnung

Die Abmahnung ist eine rechtsgeschäftsähnliche Erklärung[6], die den Anforderungen an eine einseitige, empfangsbedürftige Willenserklärung genügen muss[7]. Für die **Formalien** der Erklärung gelten die gleichen Grundsätze **wie beim Kündigungsausspruch** (vgl. dazu *Rz. 47 ff.*). Sie muss bei einer Mehrheit von Vermietern von allen Vermietern ausgesprochen[8] und bei Mietermehrheit gegenüber allen Mietern erklärt werden. Wird sie von ei-

271

---

1 AG Berlin-Mitte, GE 1994, 813.
2 LG Berlin, GE 1990, 255.
3 LG Frankfurt/Main, PE 1990, 485.
4 AG Lichtenberg, NZM 2003, 153 = ZMR 2003, 506.
5 AG München, WuM 2004, 204.
6 BGH, Urt. v. 11.1.2006 – VIII ZR 364/04, WuM 2006, 193 = NZM 2006, 338.
7 *Sternel*, Mietrecht, IV Rz. 393.
8 LG Heidelberg, NZM 2001, 91.

nem Bevollmächtigten ohne **Vollmachtsnachweis** ausgesprochen, kann sie vom Empfänger gem. § 174 S. 1 BGB zurückgewiesen werden[1].

272 Bei der Abfassung von Abmahnung und Fristsetzung sind folgende **Grundsätze** zu beachten:
- Die Abmahnung sollte alsbald nach Kenntnis der Vertragsstörung ausgesprochen werden.
- Die Vertragsstörungen müssen genau bezeichnet werden[2], denn nur die ausdrücklich gerügten Vertragsstörungen werden bei der nachfolgenden fristlosen Kündigung berücksichtigt[3].
- Die Abmahnung sollte ausdrücklich als solche bezeichnet und für den Fall der Wiederholung oder des vergeblichen Fristablaufs die Kündigung angedroht werden[4] (qualifizierte Abmahnung).
- Eine der anderen Partei gesetzte Frist muss angemessen sein.

Die Kündigungsandrohung als Voraussetzung einer späteren Kündigung ist umstritten, wird von den Gerichten jedoch vielfach verlangt[5]. Um Risiken zu vermeiden, ohne zugleich Festlegungen für das weitere Vorgehen zu treffen, kann etwa wie folgt formuliert werden:

> **Vermieteranwalt an Mieter**
>
> Sollten Sie die vorstehend geschilderten Vertragsverletzungen auch künftig fortsetzen, müssen Sie mit weiteren rechtlichen Schritten bis hin zum Ausspruch einer außerordentlichen fristlosen Kündigung rechnen.

Die Abmahnung ist nur wirksam, wenn bei ihrem Ausspruch tatsächlich ein vertragswidriges Verhalten (schon) vorlag[6].

273 Das Risiko einer **zu kurz bemessenen Frist** liegt grundsätzlich bei demjenigen, der sie setzt. Dies ist misslich, denn das innerhalb der Frist geforderte Tun oder Unterlassen spielt sich in der Sphäre des Gegners ab, welcher deshalb besser weiß, welche Frist erforderlich ist. Der in ihren Rechten verletzten Partei muss es deshalb erlaubt sein, einen Teil dieses Risikos dem Gegner zuzuschieben, z.B. so:

---

1 OLG Celle, WuM 1982, 206 = MDR 1982, 410.
2 OLG Naumburg, WuM 2000, 246 = ZMR 2000, 381.
3 LG Frankfurt/Oder, GE 1997, 306.
4 LG Hamburg, WuM 1986, 338 = NJW-RR 1986, 11; LG Frankfurt/Main, WuM 1992, 370.
5 Vgl. OLG Hamburg, WuM 1986, 12 = ZMR 1985, 410.
6 AG Frankfurt/Main, NZM 1999, 707.

> **Vermieteranwalt an Mieter**
>
> Sollte die von mir gesetzte Frist zu knapp bemessen sein, bitte ich um unverzügliche Mitteilung, bis wann Sie der hier erhobenen Forderung entsprechen können. Ich bin zu einer Fristverlängerung bereit, wenn Sie mir deren Notwendigkeit nachvollziehbar begründen.

Soweit das Kündigungsrecht erst mit Ablauf einer angemessenen Abhilfefrist entsteht, ist zu beachten, dass diese Voraussetzung erst bei Zugang des Kündigungsschreibens und nicht schon bei dessen Unterzeichnung oder Absendung vorliegen muss[1].

cc) Angemessene Frist zum Kündigungsausspruch, § 314 Abs. 3 BGB

Nach § 314 Abs. 3 BGB kann die Kündigung eines Dauerschuldverhältnisses aus wichtigem Grund nur innerhalb angemessener Frist ab Kenntnis des Kündigungsgrundes ausgesprochen werden. Diese Regelung ist grundsätzlich auch auf die fristlose Kündigung nach § 543 BGB anzuwenden[2]. Offen geblieben ist in der Rechtsprechung des BGH nur, ob sie auch für die Kündigung wegen Zahlungsverzugs gem. § 543 Abs. 2 S. 1 Nr. 3 BGB gilt[3]. Wartet der zur Kündigung Berechtigte zu lange, kann dies den Schluss rechtfertigen, dass ihm die Fortsetzung des Vertrages in Wahrheit doch zuzumuten ist[4] oder dass er sein Kündigungsrecht verwirkt hat[5]. Nach einer Mindermeinung soll § 314 Abs. 3 BGB nur für die Kündigung gem. § 543 Abs. 1 BGB gelten, nicht dagegen für die speziellen Tatbestände von § 543 Abs. 2 BGB[6].

Eine starre Grenze für die **Angemessenheit der Überlegungsfrist** lässt sich nach herrschender Meinung nicht ziehen; vielmehr ist auf den Einzelfall abzustellen[7]. Als Obergrenze wird verschiedentlich ein Zeitraum von 2 Monaten[8], teilweise sogar 3 Monaten[9] genannt. Auch in diesem Zusammenhang kann (wie bei der Frage der Unzumutbarkeit) die **restliche Mietzeit** eine Rolle spielen; bei einer Restlaufzeit von ca. 6 Jahren wurde die Kündigung 4 Monate nach Kenntnis des Kündigungsgrundes als noch angemessen betrachtet[10]. Die Mindermeinung, nach der die 2-Wochen-

---

1 OLG Celle, ZIP 2002, 993 = OLGR Celle 2002, 140.
2 BGH, Urt. v. 21.3.2007 – XII ZR 36/05, NZM 2007, 400 = MDR 2007, 1009.
3 BGH, Urt. v. 11.3.2009 – VIII ZR 115/08, WuM 2009, 231 = NZM 2009, 314.
4 BGH, WM 1983, 660.
5 BGH, NJW 1984, 871 = MDR 1984, 573.
6 *Kandelhard*, NZM 2005, 43, 46.
7 *Grapetin* in Bub/Treier, IV Rz. 150.
8 KG Berlin, KGR Berlin 2003, 186; KG Berlin, MM 2005, 31.
9 OLG Saarbrücken, MDR 1999, 86 = OLGR Saarbrücken 1998, 457; Schmidt-Futterer/*Blank*, § 543 Rz. 32.
10 BGH, Urt. v. 21.3.2007 – XII ZR 36/05, NZM 2007, 400 = MDR 2007, 1009.

Frist des § 626 Abs. 2 BGB analoge Anwendung finden soll[1], war schon in der Vergangenheit kaum vertretbar, da diese Vorschrift keinen allgemeinen Rechtsgedanken enthält[2]. Nachdem die Frage seit 1.1.2002 gesetzlich geregelt ist, kommt eine Analogie nicht mehr in Betracht. In der Rechtsprechung des BGH lag die kürzeste Frist bei **1 Monat**[3]. Länger sollte mit dem Ausspruch der Kündigung nicht gewartet werden[4].

Bei **Dauertatbeständen** (z.B. Nichtleistung der vereinbarten Mietsicherheit) soll eine Kündigung auch noch nach mehr als zwei Jahren zulässig sein, wenn ihr eine zeitnahe Abmahnung oder Fristsetzung vorausgegangen ist[5]. Dies steht jedoch nicht im Widerspruch zu § 314 Abs. 3 BGB, wenn man davon ausgeht, dass jedenfalls bei einer Vertragsverletzung durch Unterlassen der Kündigungsgrund i.d.R. überhaupt erst mit vergeblicher Abmahnung oder Fristsetzung entsteht.

Keinesfalls sollte eine fristlose Kündigung durch prozessualen Schriftsatz oder in einer Räumungsklage erklärt werden, da hier über den Zeitpunkt der Zustellung keine Kontrolle besteht.

dd) Begründung fristloser Wohnraum-Kündigung, § 569 Abs. 4 BGB

276 Anders als nach altem Recht bedarf die **fristlose Wohnraum-Kündigung** des Vermieters nunmehr gem. § 569 Abs. 4 BGB der **Begründung**. Aus der Formulierung „**ist** in dem Kündigungsschreiben anzugeben" ergibt sich, dass die Begründung **Wirksamkeitsvoraussetzung** ist. Es empfiehlt sich deshalb, die Darlegungen am Begründungserfordernis der Wohnraumkündigung aus berechtigtem Interesse (§ 573 Abs. 3 BGB) zu orientieren[6], was ohnehin immer dann erforderlich ist, wenn hilfsweise ordentlich gekündigt wird.

Die Begründung soll dem Mieter vor Augen führen, auf welche Vorgänge und welches Verhalten der Vermieter die Kündigung stützt. An ihren Inhalt dürfen keine zu hohen und übertrieben formalistischen Anforderungen gestellt werden[7]. Die Gründe müssen jedoch so konkretisiert werden, dass der Kündigungsempfänger überprüfen kann, ob sie zutreffen. Dies gilt insbesondere, wenn die Unzumutbarkeit auf eine Vielzahl von Einzelvorfällen gestützt wird[8]. Da zur Begründetheit der fristlosen Kündigung im Regelfall die vergebliche **Abmahnung** oder **Fristsetzung** gehört, sollte diese mit Datum und wesentlichem Inhalt im Kündigungsschreiben erwähnt werden. Weiter sollte in diesem Fall erwähnt werden, dass, wann in wel-

---

1 OLG Frankfurt/Main, WuM 1991, 475 = NJW-RR 1992, 143; LG Frankfurt/Main, PE 1994, 470; LG Berlin, GE 2001, 1676.
2 BGH, NJW 1982, 2432 = MDR 1982, 662.
3 BGH, WM 1967, 515.
4 So auch KG Berlin, GE 2002, 1265 = KGR Berlin 2003, 153.
5 KG Berlin, Urt. v. 20.12.2004 – 8 U 66/04, MM 2005, 31 = KGR Berlin 2005, 441.
6 So auch LG Berlin, WuM 2003, 208 = MM 2003, 243.
7 BGH, WuM 2004, 97 = NZM 2004, 187.
8 LG Berlin, WuM 2003, 208 = MM 2003, 243.

cher Weise die abgemahnte Vertragsverletzung wiederholt oder fortgesetzt wurde[1].

Dagegen bedarf es bei der **Geschäftsraummiete**, wie schon vor der Reform von 2001, keiner Begründung, so dass im Räumungsprozess Gründe **nachgeschoben** werden können[2].

b) Zahlungsverzug, § 543 Abs. 2 S. 1 Nr. 3 BGB

Die beiden Kündigungstatbestände des Zahlungsverzugs werden unter *Rz. 75 ff.* besprochen.

277

c) Vernachlässigung der Sorgfaltspflicht, § 543 Abs. 2 S. 1 Nr. 2, 1. Alt. BGB

Das Gebrauchsrecht des Mieters beinhaltet die Pflicht zu einem **schonenden Umgang** mit der Mietsache. Aus seinem Alleinbesitz ergeben sich **Obhutspflichten**. Die Verletzung dieser Pflichten kann zum Verlust von Gewährleistungsrechten, zur Schadensersatzpflicht und in schwerwiegenden Fällen zur Kündigung führen. Diese kann ordentlich gem. § 573 Abs. 2 Nr. 1 BGB oder fristlos gem. § 543 Abs. 2 S. 1 Nr. 2, 1. Alt. BGB ausgesprochen werden. Sie sollte stets **hilfsweise fristgemäß** ausgesprochen werden.

278

In Betracht kommen insbesondere **folgende Verhaltensweisen**:

279

- **Verwahrlosung** der Mietsache (einschließlich **Garten**, Außenanlagen, Gemeinschaftsflächen), sofern davon Belästigungen Dritter (z.B. **Gestank**) ausgehen oder **Substanzschäden** drohen,
- **Schadensverursachung** durch grobe Nachlässigkeit oder Unachtsamkeit (**Brandschäden**, **Wasserschäden**).

Zu Einzelfällen vgl. die vorgenannten Stichworte unter *Rz. 286*.

d) Unbefugte Gebrauchsüberlassung, § 543 Abs. 2 S. 1 Nr. 2, 2. Alt. BGB

Gem. § 540 Abs. 1 S. 1 BGB ist der Mieter ohne Erlaubnis des Vermieters weder zur Überlassung noch zur Weitervermietung an einen Dritten berechtigt. Dies gilt für jedes Mietverhältnis und erfasst sowohl die vollständige als auch die teilweise Überlassung. Auch für Wohnraummietverhältnisse gilt keine Ausnahme vom Erfordernis der Erlaubnis. Auf ihre Erteilung hat der **Wohnraummieter** jedoch unter den Voraussetzungen von § 553 Abs. 1 u. 2 BGB einen gesetzlichen Anspruch, welcher die Erteilung der Erlaubnis jedoch nicht schon ersetzt[3]. Denn zur Erteilung der Erlaubnis ist der Vermieter erst verpflichtet, wenn der Mieter ihm seine Gründe dargelegt hat[4] und wenn er prüfen konnte, ob ihm die Erlaubniserteilung zu-

280

---
1 LG Stuttgart, Beschl. v. 7.6.2006 – 19 T 33/06, WuM 2006, 523.
2 BGH, WuM 1987, 53 = MDR 1987, 312; OLG Karlsruhe, WuM 1982, 241 = NJW 1982, 2004.
3 BGH, WuM 2003, 688 = MDR 2004, 141.
4 BGH, BGHZ 92, 213 = MDR 1985, 401.

mutbar ist (§ 533 Abs. 1 S. 2 und Abs. 2 BGB). **Erlaubnisfrei** ist nur die Aufnahme nächster **Angehöriger**, da diese nicht als „Dritte" i.S.v. § 533 BGB gelten[1]. Auch ihnen darf die Wohnung jedoch nicht vollständig überlassen werden[2].

Die früher umstrittene Frage, ob der Mieter auch dann einen Anspruch auf teilweise Gebrauchsüberlassung hat, wenn er selbst seinen **Lebensmittelpunkt** (z.B. aus beruflichen Gründen) nicht mehr in der Wohnung hat, wurde vom BGH nun bejaht[3]; denn auch der Wunsch nach einer Entlastung von den berufsbedingt erhöhten Wohnungs- und Reisekosten ist ein berechtigtes Interesse zur Untervermietung eines Teils der Wohnung.

281 Bei der Frage der Kündigungsmöglichkeit wegen unbefugter Gebrauchsüberlassung ist zu differenzieren: Setzt der Mieter eine unerlaubte Gebrauchsüberlassung trotz Abmahnung fort, **ohne Anspruch** auf die Erlaubniserteilung zu haben, so rechtfertigt dies i.d.R.kann dies den Ausspruch einer fristlosen Kündigung rechtfertigen, ohne dass es der Feststellung einer erheblichen Beeinträchtigung der Rechte des Vermieters bedarf[4]. Hatte der Mieter jedoch im Zeitpunkt der Kündigung einen **Anspruch auf die Erlaubnis**, so ist die fristlose Kündigung i.d.R. unbegründet[5].

282 Bei der regelmäßig erforderlichen Abmahnung oder Abhilfefrist ist zu beachten, dass diese ihre Warnfunktion nur dann erfüllen kann, wenn dem Mieter die Chance gegeben wird, eine bereits realisierte Gebrauchsüberlassung wieder zu beenden. Kündigt der Mieter seinem Untermieter nach Erhalt der Abmahnung, so wird eine Kündigung i.d.R. so lange unbegründet sein, wie mit einer zeitnahen Beendigung der Untervermietung gerechnet werden kann[6].

Die Kündigung sollte stets **hilfsweise fristgemäß** ausgesprochen werden.

Zu Einzelfällen vgl. Stichwort **Gebrauchsüberlassung** unter Rz. 286 und I Rz. 268.

e) Störung des Hausfriedens durch den Mieter, § 569 Abs. 2 BGB

283 Unter diesen Begriff lassen sich insbesondere folgende Verhaltensweisen gegenüber dem Vermieter oder Mitmietern fassen:
- **Beleidigungen** (üble Nachrede, Verleumdung, falsche Anschuldigung bei Behörden etc.),

---

1 BGH, WuM 2003, 688 = MDR 2004, 141.
2 LG Berlin, MM 2005, 335; LG Frankfurt/Main, NJW-RR 1993, 143.
3 BGH, WuM 2006, 147 = MDR 2006, 740.
4 Für die Wohnraummiete: OLG Frankfurt/Main, ZMR 1988, 461 = MDR 1989, 67; OLG Hamburg, WuM 1982, 41 = NJW 1982, 1157; für die Geschäftsraummiete: BGH, WuM 1985, 88 = MDR 1985, 665; offen gelassen durch BGH, Beschl. v. 23.11.2007 – LwZR 4/07, ZMR 2008, 359 = GuT 2008, 55.
5 BayObLG, WuM 1991, 18 = MDR 1991, 253; OLG Düsseldorf, WuM 2002, 673 = ZMR 2003, 177.
6 Anders jedoch LG Hamburg, ZMR 2001, 39.

- **Rufschädigungen** des Hauses und seiner Bewohner (z.B. Prostitution, Drogenhandel, Provokation von Polizeieinsätzen),
- **Belästigungen** (z.B. Störungen durch Lärm, Gerüche, Schmutz, Tierhaltung, unerlaubte Nutzung nicht gemieteter Flächen),
- **Gewalttätigkeiten** und deren Androhung (Hausfriedensbruch, Sachbeschädigung, Körperverletzung etc.).

Auch Hausfriedensstörungen durch einen Ehegatten oder sonstigen **Mitbewohner** des Mieters können die fristlose Kündigung rechtfertigen, wenn der Mieter selbst gegen die Störungen nichts unternimmt[1]. Bemüht sich hingegen eine Mieterin vor und nach Ausspruch der Kündigung, die Störungen durch ihren Ehemann u.a. durch Erwirkung eines familiengerichtlichen Wohnungszuweisungs- und Räumungsbeschlusses zu beenden, so wird die Unzumutbarkeit der Vertragsfortsetzung zu verneinen sein[2].

Die Kündigung sollte stets **hilfsweise fristgemäß** ausgesprochen werden.

Zu Einzelfällen vgl. die vorgenannten Stichworte unter *Rz. 286* und *I Rz. 251 f.*

f) Sonstige wichtige Gründe, § 543 Abs. 1 BGB

Die Vorschrift ist ein Auffangtatbestand für die nicht ausdrücklich im Gesetz erwähnten Beispielsfälle der Unzumutbarkeit. Sie schließt damit auch diejenigen Fälle ein, die nach altem Recht auf § 242 BGB gestützt wurden, sofern sie nicht unter § 313 Abs. 3 BGB (Störung der Geschäftsgrundlage) fallen.

284

Zu erwähnen sind beispielhaft die folgenden **Fallgruppen**:
- Vertragswidriger Gebrauch (**Prostitution, Überbelegung, zweckwidriger Gebrauch**),
- Verletzung vertraglicher Hauptpflichten (unpünktliche **Mietzahlung**, Verweigerung vertraglich übernommener **Schönheitsreparaturen** oder **Instandsetzungen**),
- Treuepflichtverletzungen (**Täuschung, Vertrauensbruch**).

Die Kündigung sollte stets **hilfsweise fristgemäß** ausgesprochen werden.

Zu Einzelfällen vgl. die vorgenannten Stichworte unter *Rz. 286*.

g) Störung der Geschäftsgrundlage, § 313 Abs. 3 BGB

Gem. § 313 Abs. 3 BGB kommt die Kündigung nur in Betracht, wenn eine Anpassung des Vertrages nicht möglich oder einer Partei nicht zumutbar ist. Allgemein gilt, dass eine außerordentliche Kündigung wegen Wegfalls der Geschäftsgrundlage immer dann unbegründet ist, wenn der Kündigungs-

285

---

1 AG Brandenburg, GE 2001, 1134.
2 AG Hamburg, ZMR 2003, 581 = WE 2004, 17.

grund im eigenen **Risikobereich** des Kündigenden liegt[1]. Die praktische Bedeutung dieses Kündigungstatbestands ist gering.

Es wird auf den nachstehend wiedergegebenen Rechtsprechungsnachweis zum Stichwort **Geschäftsgrundlage** verwiesen.

h) ABC der fristlosen Kündigung des Vermieters

Anzeige, Anschuldigung

- Vorsätzlich **falsche Anschuldigung** eines Mieters gegen andere Mieter[2];
- erweislich **falsche Anschuldigung** des Vermieters bei Behörden (fristlose Kündigung ohne Abmahnung)[3];
- leichtfertig falsche Strafanzeige[4];
- unverhältnismäßige Anzeige aus Böswilligkeit oder nichtigem Anlass, selbst wenn sie auf zutreffenden Angaben beruht[5],
- **nicht:** Strafanzeige, der eine im Kern zutreffende Sachverhaltsschilderung zugrunde liegt[6],
- **nicht:** inhaltlich **unrichtige Strafanzeige**, wenn sie weder vorsätzlich noch leichtfertig erstattet wurde[7] oder wenn sie auf altersbedingter Fehleinschätzung beruht[8];
- **nicht:** Beschwerde gegenüber einer Behörde wegen der Befürchtung ungerechtfertigter Maßnahmen des Vermieters[9];
- **nicht**, wenn gegenüber dem langjährigen Mieter aufgrund hohen Alters bei bisher ungetrübtem Mietverhältnis ein erhöhtes Maß an Rücksichtnahme und Verständnis geboten ist[10].

Auskunftspflicht, Verletzung

- Verweigerte Auskunft über **gesellschaftsrechtliche Verfassung** der Mieterin, die bei Vertragsschluss als Gründungsgesellschaft firmierte[11];
- vorsätzlich falsche **Mieterselbstauskunft** zu vertragswesentlichen Punkten[12],
- wissentliche **falsche Auskunft** zu der Frage nach dem Bestand eines **Arbeitsverhältnisses**[13],

---

1 BGH, ZMR 2004, 248 = GuT 2004, 12; BGH, NJW 1996, 714 = MDR 1996, 355.
2 LG Kaiserslautern, WuM 1983, 263.
3 LG Frankfurt/Main, WuM 1994, 15 = NJW-RR 1994, 143.
4 BVerfG, WuM 2002, 22 = NZM 2002, 61; KG Berlin, GE 2002, 1265 = KGR Berlin 2003, 153.
5 OLG Brandenburg, Urt. v. 19.4.2006 – 3 U 157/05, MietRB 2007, 65.
6 AG Hamburg-Blankenese, Urt. v. 3.5.2006 – 517 C 25/04, ZMR 2006, 619.
7 LG Wiesbaden, WuM 1995, 707; LG Osnabrück, WuM 1993, 617.
8 LG München I, NZM 2002, 697.
9 AG Schöneberg, GE 1990, 429.
10 LG München I, NZM 2002, 697.
11 OLG Celle, BB 1978, 576.
12 AG Zittau, Urt. v. 27.11.2005 – 5 C 36/05, zitiert nach juris.
13 LG Kiel, 6.5.2004 – 1 T 34/04, zitiert nach juris.

- wahrheitswidrige Verneinung der Frage nach **Mietschulden** in Mieterselbstauskunft[1],
- Vorlage wahrheitswidriger Erklärung des Arbeitgebers des Mieters, es bestehe keine **Gehaltspfändung**[2],
- Verweigerte Auskunft über künftige **Zahlungsfähigkeit** des Mieters bei begründetem Anlass (unregelmäßige Mietzahlungen, Mieter hat kein geregeltes Einkommen und kein Bankkonto und zahlt unregelmäßig)[3].

Auszug aus der Wohnung
- **nicht:** Vorzeitiger Auszug des Mieters aus der angemieteten Wohnung[4].

Belästigung
- Bombardement mit **Mängelrügeschreiben** (hier: 174 Schreiben in etwa 14 Wochen)[5].

Beleidigung
- Bewusste und wiederholte **grobe** B. des Vertragspartners, die keinem momentanen Kontrollverlust entspringt[6];
- **Verbalinjurien**, wie z.B. „Götz"-Zitat[7], Bezeichnung des Vermieters als „Arschloch"[8]; „Penner" und „Sau"[9];
- **beleidigende SMS** („dumme Kuh" und „Arschloch")[10],
- B. von Angehörigen, Mitarbeitern oder Hausverwalter des Vermieters (Götz-Zitat)[11];
- B. von Mitarbeitern eines Großvermieters – wegen fehlender persönlicher Nähe nur nach Abmahnung[12],
- Anbringen eines den Vermieter beleidigenden Transparents an der Außenwand[13];
- in der **Presse** veröffentlichte **schwere** B. (Kündigung ohne Abmahnung)[14];
- **nicht:** Äußerung des Mieters, der Vermieter sei „krankhaft streitsüchtig"[15];

---

1 LG Itzehoe, Urt. v. 28.3.2008 – 9 S 132/07, WuM 2008, 281 = ZMR 2008, 536; dazu *Wüstefeld*, jurisPR-MietR 10/2008 Anm. 1.
2 OLG Koblenz, Beschl. v. 6.5.2008 – 5 U 28/08, WuM 2008, 471 = NZM 2008, 800.
3 LG Hamburg, WuM 2001, 281.
4 LG Frankfurt/Main, WuM 1986, 249.
5 LG Bielefeld, WuM 2001, 553.
6 LG Köln, WuM 1993, 349.
7 LG Frankfurt/Main, PE 1999, 298; LG Berlin, WuM 1987, 56; LG Köln, WuM 1993, 349; **a.A.** LG Offenburg, WuM 1986, 250.
8 LG Berlin, GE 1991, 151.
9 LG Berlin, GE 1991, 933.
10 LG Berlin, Beschl. v. 22.2.2005 – 63 S 410/04, GE 2005, 675.
11 LG Berlin, WuM 1987, 56.
12 LG Fulda, Beschl. v. 13.3.2006 – 1 S 176/05, WuM 2007, 220.
13 LG München I, WuM 1983, 263.
14 LG Köln, DWW 1988, 325.
15 LG Mannheim, DWW 1995, 316.

- **nicht:** Bezeichnung des Pkw des Vermieters als „Zuhälterwagen"[1];
- **nicht:** objektiv törichte B. des Vermieters („Massenmörder")[2];
- **nicht: einmalige B.** ohne Wiederholungsgefahr („Verbrecherische Methode, Gangster, Verbrecher")[3];
- **nicht:** einmalige B. des nicht im selben Haus wohnenden Vermieters („**Drecksack**, den man erschießen müsste")[4];
- **nicht:** Anrede „Sehr geehrtes **Verwalterlein**", wenn der bisherige Schriftverkehr mit der Hausverwaltung von der Kundgabe wechselseitiger Missachtung geprägt war[5];
- **nicht: vulgäre Beschimpfungen** der Familie des **Hauswarts**, wenn auch dieser sich gegenüber dem Mieter vulgär ausdrückt[6],
- **nicht:** B. im Rahmen eines verständlichen **Wutausbruchs** des Mieters bei ansonsten unbelastetem Mietverhältnis[7];
- **nicht:** ehrverletzende Äußerungen in Wahrnehmung berechtigter Interessen i.S.v. § 193 StGB bzw. im Schutzbereich von Art. 5 Abs. 1 S. 1 GG[8].

Beschuldigung
- **nicht:** Vorwurf des Verstoßes gegen § 5 WiStG[9];
- **nicht:** Äußerungen des Mieters im Rechtsstreit mit dem Vermieter, die zur **Rechtswahrung** geeignet sind[10], z.B. Vorwurf des versuchten **Prozessbetrugs**[11].

Betriebspflicht
- **Geschäftsraummiete:** Verletzung der B.[12].

Diebstahl
- **Stromdiebstahl** zu Lasten des Vermieters[13]; bei geringfügiger Beeinträchtigung jedoch nur nach Abmahnung[14];

---

1 AG Hamburg-Harburg, WuM 1997, 266.
2 LG Berlin, GE 1990, 537.
3 AG Köln, WuM 1988, 126.
4 LG Stuttgart, DWW 1988, 45.
5 LG Berlin, Urt. v. 13.6.2008 – 63 S 352/07, ZMR 2009, 207 = GE 2008, 1197.
6 AG Neukölln, Urt. v. 25.7.2005 – 6 C 93/05, GE 2005, 1555.
7 LG Köln in *Lützenkirchen*, KM 12 Nr. 7.
8 LG Leipzig, NZM 2002, 247.
9 AG Reutlingen, WuM 1991, 98.
10 OLG München, ZMR 1996, 487 = OLGR München 1996, 109; LG Bonn, ZMR 2000, 27.
11 AG Köln, WuM 1985, 202.
12 BGH, NJW-RR 1992, 1032 = ZMR 1993, 57; OLG Köln, OLGR Köln 2000, 478 = NZM 2002, 345; OLG Düsseldorf, WuM 1997, 266 = ZMR 1997, 296.
13 LG Köln, NJW-RR 1994, 909.
14 KG Berlin, DWW 2005, 21 = KGR Berlin 2005, 60.

- Kündigung wegen **Stromdiebstahls** durch Untermieter, wenn der nicht abgemahnte Hauptmieter das Untermietverhältnis unverzüglich beendet hat[1],

Drogen
- **Aufbewahrung** von D.[2] oder **Handel** mit D.[3] in der Wohnung (ohne Abmahnung) oder in der Wohnanlage (ohne Abmahnung)[4];
- **Cannabis**-Anbau im Garten[5], in erheblichem Umfang in der Wohnung[6] oder auf dem Balkon in strafbarer Menge[7];
- **Rufschädigung** der gemieteten Gaststätte durch Aufbewahrung von **D.** in den Mieträumen[8].

Drohung
- D. mit Gewaltanwendung[9];
- D. des Mieters gegenüber Geschäftsführer der Vermieterin „er werde ihm die **Zähne ausschlagen** und ihn **totschlagen**, wenn er nochmals ausstehende Mietzahlungen gegenüber seinen Mitarbeitern anmahne"[10],
- nicht: wenn D. nicht **ernst zu nehmen** ist (Sprengung eines Mehrfamilienhauses mit einer Sauerstoffflasche)[11].

Duldungspflichten, Verletzung
- Verweigerte Duldung der **Mängelbeseitigung** rechtfertigt Kündigung nur bei Hinzutreten weiterer Umstände[12];
- nicht: verweigerte Duldung von Instandsetzungen[13],
- nicht: Weigerung, Heizkostenverteiler anbringen zu lassen[14].

Eigenbedarf
- nicht: Eine Kündigung des auf 10 Jahre befristeten Mietverhältnisses wegen E. ist nicht möglich[15].

Einbauten, Umbauten
- eigenmächtiger Ausbau eines Dachbodens zu Wohnzwecken[16];

---

1 LG Berlin, Urt. v. 6.5.2002 – 34 O 554/01, GE 2002, 996.
2 AG Linz, NJW-RR 1991, 1225.
3 LG Berlin, GE 1990, 255.
4 AG Pinneberg, NJW-RR 2003, 944 = WE 2003, 32.
5 LG Lüneburg, WuM 1995, 708.
6 AG Köln, Urt. v. 25.3.2008 – 219 C 554/07, WuM 2008, 595.
7 LG Ravensburg, WuM 2001, 608.
8 AG Frankfurt/Main, NJW-RR 1990, 911.
9 LG Berlin, GE 1991, 933.
10 OLG Düsseldorf, Beschl. v. 8.3.2005 – I-10 U 32/05, DWW 2006, 116 = NZM 2006, 295.
11 LG Berlin, GE 2000, 541.
12 LG Schwerin, WuM 1996, 767.
13 LG Saarbrücken, Urt. v. 8.2.2008 – 10 S 33/08, ZMR 2008, 974.
14 LG Hamburg, WuM 1992, 245 = NJW-RR 1992, 717.
15 LG Arnsberg, WuM 1989, 380.
16 LG Hamburg, WuM 1992, 190.

- eigenmächtige Veränderungen an der **Heizungsanlage**[1];
- Verweigerung der Entfernung **ungenehmigter** E. (Dusche, Handwaschbecken und Toilettenschüssel) trotz Abmahnung[2];
- Einbau einer **Toilettenspülanlage** zur Nutzung von Brunnenwasser nach Beanstandung durch städtisches Wasserwerk und Abmahnung durch Vermieter[3];
- **bauliche Veränderungen** gegen den ausdrücklichen Willen des Vermieters[4];
- **nicht:** wenn sie sich als Verbesserung darstellen (WC-Schüssel, Fußbodenbeläge)[5] oder wenn durch sie erst der vertragsgemäße Zustand hergestellt wird[6];
- **nicht:** Einbau einer einbruchssicheren **Wohnungstür** (nur Beseitigungsanspruch bei Mietende)[7].

Garten
- **Unterlassene Gartenpflege** und unpflegliche Behandlung der Wohnung[8];
- unberechtigte **Nutzung des Gartens** durch Mieter[9].

Gebrauchsüberlassung
- **Unerlaubte Gebrauchsüberlassung** trotz Abmahnung, wenn kein Anspruch auf Erteilung der Erlaubnis besteht[10];
- **nicht** jedoch bei Anspruch auf Erlaubniserteilung[11];
- **eigenmächtige Gebrauchsüberlassung** während laufender Verhandlungen über die Aufnahme eines Ersatzmieters[12], **verneint** für Untervermietung gegen den Willen des Vermieters, wenn ein Anspruch auf Untervermietung besteht[13];
- Überlassung der Wohnung an Familienangehörige nach **Auszug des Mieters**[14];

---

1 AG Saarburg, WuM 2003, 357.
2 AG Tiergarten, GE 2000, 127.
3 LG Gießen, WuM 1994, 681 = NJW-RR 1994, 1102.
4 LG Köln in *Lützenkirchen*, KM 12 Nr. 44; AG Schöneberg, ZMR 2000, 685.
5 LG Köln, WuM 1996, 93.
6 OLG Frankfurt/Main, NZM 1999, 125.
7 LG Detmold, WuM 2002, 51.
8 LG Oldenburg, ZMR 1995, 597 = NJWE-MietR 1996, 31.
9 AG Steinfurt, WuM 1987, 260.
10 Für die Wohnraummiete: OLG Frankfurt/Main, ZMR 1988, 461 = MDR 1989, 67; OLG Hamburg, WuM 1982, 41 = NJW 1982, 1157; für die Geschäftsraummiete: BGH, WuM 1985, 88 = MDR 1985, 665.
11 BayObLG, WuM 1991, 18 = MDR 1991, 253.
12 LG Frankfurt/Main, PE 1988, 495.
13 OLG Düsseldorf, WuM 2002, 673 = ZMR 2003, 177; LG Hamburg, ZMR 2001, 973; **a.A.** AG Hamburg, ZMR 2003, 42.
14 LG Frankfurt/Main, NJW-RR 1993, 143; AG Zwickau, WuM 1996, 409; LG Hannover, ZMR 1993, 473 = FamRZ 1994, 39.

- Weitgehende Freimachung der Wohnung für den **erwachsenen Sohn** des Mieters und dessen Familie, die aus einer eigenen Wohnung hierher umzieht[1];
- Untervermietung unter Umgehung gesetzlicher Vorschriften (Apotheke)[2];
- Aufnahme eines Mitgesellschafters in gewerbliche Mieträume[3];
- Überlassung gewerblicher Räume an Dritte zu Wohnzwecken[4];
- **nicht:** Vertragseintritt einer Gesellschaft im Wege der Verschmelzung nach dem Umwandlungsgesetz[5].

Gerüche
- Verursachung von starkem **Gestank** in der Wohnung[6];
- unzumutbare **Geruchsbelästigungen** aus der Wohnung, die auch nach Schließen der täglich mehrfach geöffneten Wohnungstüre noch einige Zeit **im Hausflur** verbleiben[7],
- **Geruchsbelästigungen** durch Katzenhaltung[8].

Geschäftsgrundlage, Störung
- Dringender Bedarf an dem vermieteten Grundstück zum Bau eines Kraftwerks; Mieter hat jedoch Anspruch auf angemessene Entschädigung[9];
- **nicht:** Nichtvereinbarkeit der vertragsgemäßen Nutzung mit Teilungserklärung[10];
- **nicht:** Leerstand aller übrigen Räume des Gebäudes, da dessen Wirtschaftlichkeit in die Risikosphäre des Vermieters fällt[11].

Gewalt
- Bedrohung des Vermieters mit einem **Messer**[12] oder einer **Pistole**[13];
- **Verletzung** eines Beauftragten des Vermieters durch **Faustschläge** – Kündigung ohne Abmahnung[14],

---

1 LG Cottbus, WuM 1995, 38 = ZMR 1995, 30.
2 OLG Zweibrücken, OLGR Zweibrücken 1998, 78.
3 LG Berlin, GE 1993, 41.
4 AG Hamburg, ZMR 2005, 297.
5 BGH, BGHZ 150, 365 = NZM 2002, 660.
6 LG Hamburg, WuM 1988, 18.
7 LG Braunschweig, Urt. v. 10.4.2007 – 6 S 313/06 (101), ZMR 2007, 536.
8 LG Berlin, NJW-RR 1997, 395 = NJWE-MietR 1997, 102.
9 BGH, ZMR 1996, 309.
10 BGH, NJW 1996, 714 = MDR 1996, 355.
11 OLG Dresden, WuM 2003, 32 = NZM 2003, 356.
12 AG Plau, DWW 1996, 342.
13 AG Warendorf, WuM 1996, 412.
14 LG Berlin, Beschl. v. 26.6.2008 – 67 S 337/07; GE 2008, 1052.

- **Tätlichkeiten** gegen Hausverwalter[1] oder Beauftragten des Vermieters[2], **nicht** jedoch bei leichter Rangelei mit Hausmeister[3];
- **Angriff auf Mitmieter** (Tritte und Faustschläge) und Versuch, in dessen Wohnung einzudringen[4],
- **Schusswaffengebrauch** des Mieters gegen Nachbarn (Kündigung ohne Abmahnung)[5];
- Versuch des Mieters, im Haus eine **Gasexplosion** herbeizuführen[6];
- **nicht: Tätlichkeiten** gegen Mieter eines anderen Hauses[7].

Hausfriedensbruch

- nächtliches **Eindringen in Wohnung einer Mitmieterin** durch offen stehendes Fenster[8];
- **Eintreten der Wohnungstür** eines Mitmieters[9].

Hausfriedensstörung

- Eigenmächtige **Abschaltung des Heizungsstroms** eines Hausnachbarn bei sehr kaltem Wetter[10];
- **Belästigung** von **Mitmietern** durch nächtliche Beleuchtung der Hausfassade durch Scheinwerfer mit Bewegungsmelder[11];
- **Lagerung sperrigen Gerümpels** (Matratzen, Einkaufswagen, Müll) in großem Umfang auf Gemeinschaftsflächen innerhalb und außerhalb des Hauses durch psychisch kranken Mieter nach Abmahnung[12],
- hausordnungswidriges **Grillen** und Frittieren auf dem Balkon trotz Abmahnung[13];
- Provokation mehrfacher **Polizeieinsätze** durch lautstarke handgreifliche Auseinandersetzungen zwischen den Mietern einer Wohnung[14];
- wiederholte **schwere Belästigungen** und grundlose Verursachung von Polizeieinsätzen durch paranoide (schuldunfähige) Mieterin[15];
- **nicht:** Störungen des Hausfriedens durch krankheitsbedingt schuldunfähigen Mieter, wenn die bisherige Mietzeit (15 Jahre) störungsfrei verlief, der Mieter die Erkrankung nicht durch eigenes Verhalten herbeigeführt

---

1 LG Köln, WuM 1981, 233.
2 LG Berlin, GE 2001, 1673.
3 AG Köln, WuM 2005, 249.
4 AG Münster, Urt. v. 28.8.2006 – 48 C 1739/06, WuM 2007, 19.
5 LG Berlin, GE 1993, 207.
6 AG Helmstedt, WuM 1989, 569.
7 LG Paderborn, WuM 1992, 191.
8 AG Frankfurt/Main, NZM 2000, 961.
9 LG Berlin, GE 1984, 83.
10 AG Warendorf, WuM 2001, 337; LG Münster, WuM 2002, 52.
11 LG Frankfurt/Main, PE 1996, 356.
12 LG Frankfurt/Main, Urt. v. 10.10.2005 – 2/11 S 42/05, PE 2007, 133.
13 LG Essen, ZMR 2002, 597 = WuM 2002, 337.
14 LG Hamburg, WuM 2005, 768 = DWW 2006, 24.
15 LG Berlin, NZM 2002, 733.

hat und die Notwendigkeit einer Behandlung einsieht, und wenn zu erwarten ist, dass er sich dementsprechend verhalten wird[1],
- **nicht:** Störungen durch Wohnverhalten und persönliches Befinden eines hochbetagten und langjährigen Mieters[2],
- **nicht**, trotz erheblicher Störungen nach Abmahnung, wenn bei psychisch krankem Mieter im Falle der Räumung ernsthafte Suizidgefahr besteht[3]; **nicht:** Belästigungen durch altersbedingt **geistig verwirrten Mieter**, wenn diese bei grundgesetzorientierter Wertung als hinnehmbar angesehen werden müssen[4];
- **nicht:** Empfang von Besuchern, denen der Vermieter ohne hinreichenden Grund Hausverbot erteilt hat[5];
- **nicht:** bei Störhäufigkeit von 5 Vorfällen in einem jährlichen Abstand bei einer Mietdauer von 7 Jahren[6];
- **nicht:** Beeinträchtigungen durch vertragsgemäße Nutzung der Mieträume als **Swinger-Club**[7].

Hausordnung
- Hartnäckige Weigerung des Mieters, Anordnungen des Hausverwalters zur Hausordnung zu befolgen[8];
- Nachhaltige Verletzung der Hausordnung trotz mehrfacher Abmahnung (Grillen auf dem Balkon und Gestattung des Parkens Dritter im Hof)[9];
- **nicht: Nichtabschließen der Hauseingangstüre** zu den in der Hausordnung angegebenen Zeiten[10].

Instandsetzung
- Erhebliche **Substanzgefährdung** der vermieteten Räume durch Verzug des Mieters mit vertraglichen Instandsetzungspflichten[11].

Kaution
- Kündigungsrecht hängt von **Umständen des Einzelfalles** ab, wobei auch zu berücksichtigen ist, ob der Vermieter selbst sich vertragstreu verhalten hat[12],

---

1 LG Frankfurt/Main, Urt. v. 17.1.2006 – 2/17 S 1/05, PE 2007, 415.
2 LG Siegen, Urt. v. 10.1.2006 – 1 S 117/05, WuM 2006, 158.
3 BGH, WuM 2005, 125.
4 OLG Karlsruhe, MDR 2000, 578 = OLGR Karlsruhe 2000, 111; LG München I, NZM 2002, 697.
5 AG Köln, WuM 2004, 673.
6 LG Frankfurt/Main, PE 1987, Nr. 8, S. 4.
7 KG Berlin, ZMR 2004, 261 = KGR Berlin 2004, 75.
8 LG Göttingen, WuM 1990, 18.
9 LG Essen, ZMR 2002, 597 = WuM 2002, 337.
10 LG Trier, WuM 1993, 192.
11 LG Düsseldorf, WuM 1999, 333.
12 BGH, Urt. v. 21.3.2007 – XII ZR 255/04, ZMR 2007, 444 = MDR 2007, 1126; OLG Karlsruhe, Urt. v. 11.5.2006 – 9 U 204/05, Justiz 2007, 139.

- Hartnäckige Weigerung, die K. zu erbringen bei Wohnraum-[1] und Geschäftsraummiete[2];
- **Geschäftsraummiete:** Nichtleistung der K. nach mehrfacher Mahnung[3], wenn dadurch das Sicherungsbedürfnis des Vermieters erheblich tangiert ist[4], z.B. bei unberechtigten Abzügen von der Miete[5] oder bei auch ansonsten unzuverlässigem Zahlungsverhalten des Mieters[6];
- **Geschäftsraummiete:** Erklärung eines von mehreren Mietern bei Vertragsbeginn, er könne die vereinbarte K. nicht zahlen[7].

Kündigung, unberechtigte
- **Geschäftsraummiete:** unberechtigte fristlose Kündigung[8].

Lärm
- **Türenknallen** und **Schreien** aus Nachbarwohnung[9];
- **anhaltender Lärm** – bisweilen mehrfach am Tag mehr als zwei Stunden – auch nach 22 Uhr – Kündigung nach Abmahnung[10],
- Lärmstörungen durch unerlaubt gehaltenen **Hund**[11];
- wiederholt lautstarke **Trinkgelage**[12];
- laute **Musik** während der Nacht trotz Abmahnung[13];
- **nicht:** laute **Musik** in den Abendstunden zweimal in 5 Monaten[14];
- **nicht:** normaler **Kinderlärm**[15] oder **Geschrei** und gelegentliches Trampeln von **Kleinkindern**[16].

Mietzahlungen
- Unpünktliche Mietzahlungen nach Abmahnung[17]; einmalige unpünktliche Zahlung nach Abmahnung kann genügen[18]; nachträgliche Zahlung heilt die Kündigung nicht[19];

---

1 LG Berlin, GE 2000, 1475.
2 OLG Düsseldorf, OLGR Düsseldorf 1996, 85.
3 OLG München, MDR 2000, 1006 = GE 2000, 749; OLG Celle, ZMR 2002, 505 = NZM 2003, 64.
4 OLG Celle, NJW-RR 1998, 585 = ZMR 1998, 272.
5 BGH, Urt. v. 21.3.2007 – XII ZR 36/05, NZM 2007, 400 = MDR 2007, 1009.
6 OLG Düsseldorf, WuM 1995, 438 = NJW-RR 1995, 1100.
7 KG Berlin, GE 1999, 715.
8 OLG Düsseldorf, NZM 2002, 292 = OLGR Düsseldorf 2001, 239.
9 LG Frankfurt/Main, PE 1990, 166.
10 LG Frankfurt/Main, Urt. v. 1.4.2003 – 2/11 S 230/02, PE 2006, 175.
11 AG Frankfurt/Main, WuM 1978, 127.
12 LG Köln in *Lützenkirchen*, KM 12 Nr. 8.
13 AG Coburg, Urt. v. 29.11.2007 – 11 C 977/07, bei juris.
14 LG Bonn, WuM 1998, 439.
15 AG Kiel, WuM 1989, 570; LG Lübeck, WuM 1989, 627.
16 AG Frankfurt/Main, WuM 2005, 764.
17 OLG Hamm, NJW-RR 1993, 1163 = OLGR Hamm 1992, 62; BGH, NJW-RR 1988, 77; LG Berlin, GE 1994, 705.
18 BGH, WuM 2006, 193.
19 BGH, NJW-RR 1988, 77 = MDR 1988, 225.

- Unpünktliche Mietzahlungen **nur**, wenn dies **wiederholt** und aus **Absicht** oder **Nachlässigkeit** geschieht[1],
- auch geringe Überschreitung der Zahlungstermine nach zweiter Abmahnung[2];
- ständige **unpünktliche Mietzahlungen** (in 16 Monaten nur 4 pünktliche Zahlungen) – Kündigung ohne Abmahnung[3];
- wiederholt **unpünktliche Mietzahlungen bei Geschäftsraum**[4];
- beharrliche Weigerung, **titulierte Forderungen** aus dem Mietverhältnis zu begleichen[5];
- **Nichtzahlung titulierten Vergleichsbetrages** trotz Mahnung und Kündigungsandrohung[6],
- **nicht:** unpünktliche Mietzahlungen durch Sozialamt[7].

Mitwirkungspflichten, Verletzung
- **Geschäftsraummiete:** Schuldhafte Weigerung, an einer vertraglich vorgesehenen **Mietanpassung** mitzuwirken[8].

Möblierung
- **nicht:** Auslagerung der Einrichtungsgegenstände einer teilmöbliert vermieteten Wohnung während der Dauer der Mietzeit[9].

Nebenkosten
- **Geschäftsraummiete:** wiederholt **unpünktliche Nebenkostenvorauszahlungen**[10];
- **Geschäftsraummiete:** Abzüge von **Nebenkostennachzahlung** nur, wenn besondere Umstände zur Unzumutbarkeit führen[11];
- **nicht: Nichtzahlung titulierter Forderung** aus Betriebskosten-Abrechnung[12].

Parabolantenne
- Installation einer P. auf der Fensterbank trotz Abmahnung[13];
- Wiederanbringung einer P. trotz rechtskräftiger Verurteilung zur Entfernung[14].

---

1 OLG Brandenburg, Urt. v. 18.4.2007 – 3 U 188/06, zitiert nach juris.
2 OLG Rostock, OLGR Rostock 2003, 30 = OLG-NL 2003, 50.
3 LG Frankfurt/Main, PE 1990, 485.
4 BGH, NJW-RR 1997, 203 = ZMR 1997, 280; BGH, MDR 1969, 657.
5 LG Frankfurt/Main, PE 1998, 346.
6 LG Berlin, Urt. v. 24.5.2005 – 65 S 39/05, GE 2005, 1195.
7 KG Berlin, WuM 1998, 85 = ZMR 1998, 159.
8 LG Heilbronn, ZMR 2001, 803.
9 LG Landau (Pfalz), WuM 1997, 428 = ZMR 1993, 569.
10 OLG München, MDR 2001, 745 = ZMR 2001, 535.
11 OLG München, MDR 2001, 745 = ZMR 2001, 535.
12 LG Köln in *Lützenkirchen*, KM 12 Nr. 37.
13 AG Köln in *Lützenkirchen*, KM 12 Nr. 45.
14 LG Kleve, ZMR 1995, 313 = NJW-RR 1996, 206.

Pkw-Stellplatz
- **Vertragswidrige Nutzung** eines Pkw-Stellplatzes als Kfz-Werkstatt[1];
- Wiederholtes Parken auf fremdem Stellplatz (Kündigung des gemieteten Stellplatzes)[2].

Polizeieinsatz
- Wiederholte nächtliche **Polizeieinsätze** gegen gewalttätigen Mieter[3],
- Veranlassung eines **Polizeieinsatzes** und Weigerung, dieser die Tür zu öffnen, so dass die Wohnungstür aufgebrochen werden muss[4].

Prostitution
- vertragswidrige **Bordell-Nutzung** von Gewerberaum (ohne Abmahnung)[5] oder Wohnraum[6]; schon der nahe liegende **Verdacht** kann genügen, wenn die Mieterin ihn nicht ausräumt[7];
- **Förderung der Prostitution** in Räumen, die als Diskothek und Tanzbar angemietet wurden[8];
- **nicht**: bordellartige Einrichtung, wenn das Mietobjekt nach Erlass des Prostitutionsgesetzes „zu Wohnzwecken und auch zu gewerblichen Zwecken" vermietet wurde, nicht gegen Vorschriften des öffentlichen Rechts verstoßen wird und Mitbewohner nicht belästigt werden[9],
- **nicht**: bei Einverständnis des Vermieters mit Nutzung der Wohnung als **Bordell**[10].

Räumungsprozess
- **Geschäftsraummiete**: Versuch **der Zeugenbeeinflussung** im Räumungsprozess[11].

Schadensverursachung
- Wiederholte Verursachung von schweren **Wasserschäden**[12];
- Unterlassene Entfernung einer unerlaubt in die Wohnungstür eingebauten **Katzenklappe** trotz Abmahnung mit Fristsetzung[13],
- **nicht**: einmalige Obhutsverletzung (**Wohnungsbrand**)[14];
- **nicht**: von Kindern verursachter **Wohnungsbrand**[15].

---

1 LG Berlin, GE 1991, 1253.
2 AG Lörrach, WuM 1989, 180.
3 LG Hamburg, Urt. v. 3.11.2005 – 307 S 124/05, WuM 2005, 768 = NZM 2006, 377.
4 LG Mannheim, DWW 1994, 50.
5 AG Berlin-Mitte, GE 1994, 813.
6 LG Lübeck, NJW-RR 1993, 525; AG Mönchengladbach-Rheydt, ZMR 1993, 171.
7 AG Münster, WuM 1995, 538.
8 BGH, NJW 1998, 374 = MDR 1998, 148.
9 AG Aachen, Urt. v. 26.9.2006 – 10 C 181/06, ZMR 2007, 41.
10 AG Köln, WuM 1984, 281.
11 BGH, WuM 1986, 60.
12 LG Berlin, GE 1988, 145; AG Wiesbaden, NJW-RR 1992, 76.
13 LG Berlin, Urt. v. 24.9.2004 – 63 S 199/04, GE 2004, 1394.
14 LG Wuppertal, WuM 1992, 370.
15 AG Siegen, WuM 1990, 503.

Schönheitsreparaturen
- **Geschäftsraummiete:** beharrliche Verweigerung der Vornahme vertraglich geschuldeter S.[1].

Sorgfaltspflichtverletzung
- Verursachung von **Feuchtigkeitsschäden** in Mietwohnung durch falsches Lüftungsverhalten trotz Abmahnung[2];
- **Geschäftsraummiete:** Verursachung einer beträchtlichen **Brandgefahr** trotz Abmahnung und Feuerbeschau[3].

Täuschung
- Nur, wenn wesentliche Vertragsinteressen des Vermieters verletzt oder gefährdet sind[4];
- bewusst **wahrheitswidrige Angaben** über Vermögensverhältnisse in der sog. Mieterselbstauskunft[5];
- **nicht**, wenn Falschangabe in Selbstauskunft erst entdeckt wird, nachdem die Miete längere Zeit beanstandungslos gezahlt wurde[6];
- **Geschäftsraummiete:** wiederholt **unrichtige Umsatzangaben** bei vereinbarter Umsatzmiete[7];
- **Geschäftsraummiete:** Verschweigen der Abgabe der **eidesstattlichen Versicherung** berechtigt zur Kündigung, solange das Mietobjekt noch nicht übergeben ist[8]; nach Übergabe genügt dies allein noch nicht ohne weiteres;
- **nicht: Wahrheitswidriges Bestreiten des Zugangs** einer schriftlichen Abmahnung[9].

Tierhaltung
- Übermäßige Tierhaltung, z.B. 60 Chinchillas in 40 Käfigen (auch in ländlicher Gegend unzumutbar)[10]; oder 100 freifliegende Vögel in 2-Zimmer-Wohnung[11]; 2 Schäferhunde in Ein-Zimmer-Wohnung in Mehrfamilienhaus[12]; zooähnliche Tierhaltung von 3 Schweinen, Kaninchen, Meerschweinchen, Schildkröten und Vögeln am Rande einer Großstadt, wenn Mietvertrag nur Haltung eines Hundes erlaubt[13];

---

1 LG Frankfurt/Main, Urt. v. 15.8.2000 – 2/30 O 261/00, n.v.
2 AG Hannover, WuM 2005, 767.
3 LG Coburg, GuT 2002, 20.
4 OLG Hamburg, WuM 1997, 216 = ZMR 1997, 353.
5 LG Wuppertal, WuM 1999, 39; LG Mannheim, ZMR 1990, 303.
6 LG Wiesbaden, WuM 2004, 399.
7 OLG Düsseldorf, NZM 2001, 1033 = OLGR Düsseldorf 2001, 242.
8 OLG München, OLGR München 1994, 85.
9 LG Köln, ZMR 1996, 666.
10 LG Frankfurt/Main, PE 1987, Nr. 12, S. 4.
11 LG Karlsruhe, NZM 2001, 891.
12 AG Frankfurt/Main, WuM 2000, 569.
13 AG München, NZM 1999, 616.

- Übermäßige T. unter Verletzung eines gerichtlichen Vergleichs über deren zulässigen Umfang[1];
- Unerlaubte Hundehaltung trotz Abmahnung auch, wenn im Haus Erlaubnis zur Haltung einer Katze erteilt wurde[2];
- Unerlaubte Hundehaltung trotz Abmahnung auch, wenn der Vermieter ihn kurzfristig geduldet hatte[3];
- Fortsetzung ungenehmigter T. trotz rechtskräftiger Verurteilung[4];
- Fortsetzung der T. trotz widerrufener Genehmigung[5];
- Fortsetzung der Haltung eines **Kampfhundes** trotz Abmahnung[6];
- **Lärmstörungen** durch unerlaubt gehaltenen Hund[7];
- Lautes und anhaltendes Hundegebell und Gestank[8];
- Unzulässiges Füttern von Tauben[9];
- **Geruchsbelästigungen** durch Katzenhaltung[10];
- **Hunde- oder Katzenhaltung** an sich ist Frage des Einzelfalles[11];
- **nicht:** Errichtung von **Taubenschlägen** auf gemietetem Hausgrundstück, wenn diese problemlos entfernt werden können[12],
- **nicht:** Haltung eines **Kampfhundes**, wenn Tierhaltung durch Mietvertrag nicht untersagt ist und der Hund den Hausfrieden nicht stört[13],
- **nicht:** gelegentliches **Urinieren** des Hundes ins Treppenhaus[14].

Überbelegung

- Erhebliche **Überbelegung** durch Zuzug von Kindern des Mieters, nur wenn Interessen des Vermieters beeinträchtigt sind[15];
- **nicht:** bloße Überschreitung der vereinbarten Bewohnerzahl[16].

Üble Nachrede, Verleumdung

- Bei übler Nachrede trägt analog § 186 StGB derjenige die Beweislast für die Richtigkeit der Behauptung, der sie aufgestellt hat[17];

---

1 LG Frankfurt/Main, PE 1986, Nr. 4, S. 4.
2 LG Waldshut-Tiengen, DWW 2003, 36.
3 AG Waldshut-Tiengen, DWW 2002, 234.
4 LG Köln in *Lützenkirchen*, KM 12 Nr. 10.
5 LG Berlin, GE 1993, 97.
6 AG Spandau, GE 2002, 670 = MM 2002, 298.
7 AG Frankfurt/Main, WuM 1978, 127.
8 AG Potsdam, NZM 2002, 735.
9 AG Frankfurt/Main, WuM 1977, 66.
10 LG Berlin, NJW-RR 1997, 395 = NJWE-MietR 1997, 102.
11 LG München I, WuM 1999, 217; LG Berlin, GE 1995, 621.
12 AG Jülich, Urt. v. 25.4.2006 – 11 C 19/06, WuM 2006, 562.
13 LG Berlin, Urt. v. 6.5.2005 – 64 S 503/04, GE 2005, 871.
14 AG Köln, WuM 2001, 512.
15 BGH, BGHZ 123, 233 = NJW 1993, 2528; BVerfG, WuM 1994, 119 = NJW 1994, 41.
16 LG Kempten, NJW-RR 1996, 264.
17 BGH, BGHR § 554a BGB Üble Nachrede 1.

- **nicht:** wenn sie durch Art. 5 GG gedeckt ist (herabsetzende Äußerungen in der Presse)[1];
- **nicht: öffentliche Kritik** an überhöhter Miete[2].

Unrentabilität der Zwischenvermietung
- **nicht:** Enttäuschte Erwartung steuerlicher Vorteile aus der Zwischenvermietung im Bauherrenmodell[3].

Untersagung der Vermietung durch Eigentümergemeinschaft
- **nicht: Geschäftsraummiete:** Untersagung der Vermietung von Teileigentum durch Eigentümergemeinschaft **kein Kündigungsgrund**[4].

Vermögensverfall
- Abgabe der **eidesstattlichen Versicherung** gem. § 807 ZPO ist **allein** noch kein Kündigungsgrund[5]; **anders,** wenn dadurch eine berechtigte Nebenkostennachforderungen nicht durchsetzbar ist und der Mieter die Zahlung verweigert[6],
- Eröffnung des **Insolvenzverfahrens** ist kein Kündigungsgrund wegen Kündigungssperre gem. § 109 InsO[7].

Verschmutzungen
- **Müllabwurf** aus dem Fenster in den Hof trotz mehrfacher Abmahnung[8];
- **Urinieren** im Keller[9];
- **Verschmieren** der Wohnungstür eines Mitmieters mit **Fäkalien** (fristlose Kündigung ohne Abmahnung trotz Schuldunfähigkeit des Mieters)[10].

Vertragswidriger Gebrauch
- **teilgewerbliche Nutzung** einer Wohnung als Ingenieurbüro mit **Publikumsverkehr** gemeinsam mit einem Berufskollegen, der nicht Mieter ist[11]; **nicht** jedoch Ausübung von Buchhaltungs- und **Bürotätigkeiten** ohne Publikumsverkehr durch Mieterin allein[12] oder Ausübung einer Nebentätigkeit als **Versicherungsvertreter**[13];
- Betrieb einer **Krabbelstube** in Mietwohnung täglich von 8.30 Uhr bis 13.30 Uhr[14];

---

1 LG Leipzig, NZM 2002, 247.
2 AG Solingen, WuM 1991, 97.
3 LG Tübingen, WuM 1991, 553.
4 BGH, WuM 1996, 105 = NJW 1996, 714.
5 OLG München, OLGR München 1997, 159 = ZMR 1997, 458; LG Berlin, ZMR 2005, 789.
6 OLG Brandenburg, Urt. v. 14.11.2007 – 3 U 86/07, ZMR 2008, 116.
7 OLG Hamm, NZM 2002, 343.
8 LG Frankfurt/Main, PE 2005, 336.
9 AG Zerbst, NZM 2003, 897.
10 AG Braunschweig, ZMR 2005, 369.
11 LG Schwerin, WuM 1996, 214 = NJW-RR 1996, 1223.
12 LG Frankfurt/Main, WuM 1996, 532.
13 AG Charlottenburg, MM 1992, 357.
14 LG Frankfurt/Main, PE 1994, 100.

- **Taubenfüttern** in der Mietwohnung mit Verschmutzung des Hauses und Lärmbelästigung trotz mehrfacher Abmahnung[1],
- **nicht:** fünfminütiges Parken auf dem Mietgrundstück und die damit verbundenen Beeinträchtigungen Dritter beim Bringen und Abholen der von der Tagesmutter in der Mietwohnung erlaubterweise betreuten Kinder[2];
- vollständige Wohnungsnutzung eines ausschließlich zur Freizeitnutzung vermieteten Grundstücks[3];
- Umwandlung einer ländlichen Gaststätte in eine **Diskothek** durch den Pächter[4];
- Unterbringung von Asylbewerbern statt vereinbarter Nutzung als Lager, Ausstellungsräume und Café mit Betriebswohnungen[5];
- **nicht:** unbefugtes **Trocknen von Wäsche** auf dem Geländer des Laubenganges[6],
- **nicht:** Abstellen von Gegenständen auf einem nur dem Mieter zugänglichen Laubengang bis zur maximalen Höhe der Brüstung[7],
- **nicht: Lagerung feuergefährlicher Stoffe** (25 kg Munition und 2 l Petroleum) in Räumen zum Betrieb eines Dentallabors, wenn keine Gefährdung der Mieträume ersichtlich ist[8],
- **nicht:** Teilweise Nutzung einer zu gewerblichen Zwecken vermieteten Wohnung in einem Mehrfamilienhaus zu Wohnzwecken[9].

Vertrauensbruch

- unsachlich **herabsetzende Äußerungen** zur Mietwohnung gegenüber Kaufinteressenten[10];
- Unterstützung von **Hausbesetzern** durch den Mieter[11];
- Einbeziehung des Arbeitgebers des Vermieters in Mietstreitigkeit[12];
- **nicht:** Aufzeichnung eines Gesprächs mit dem Vermieter in der Wohnung mit offen gehandhabtem Diktiergerät[13];

---

1 AG Frankfurt/Main, Urt. v. 17.12.1975 – 33 C 4831/74, WuM 1977, 66.
2 AG Wiesbaden, WuM 2003, 88.
3 KG Berlin, KGR Berlin 2003, 77.
4 AG Aichach, Urt. v. 17.4.1979 – C 591/78, zitiert nach juris.
5 OLG München, ZMR 2001, 347 = OLGR München 2001, 63.
6 LG Berlin, Urt. v. 23.2.2007 – 63 S 280/06, MM 2007, 181.
7 LG Berlin, Urt. v. 9.5.2008 – 63 S 376/07, MM 2009, 74.
8 OLG Stuttgart, Urt. v. 15.9.2005 – 13 U 63/05, ZMR 2005, 953 = OLGR Stuttgart 2006, 39.
9 OLG Köln, NJW-RR 1996, 265 = WuM 1996, 270.
10 LG Hannover, WuM 1995, 538.
11 AG Wedding, WuM 1981, 210.
12 AG Warendorf, WuM 2001, 337; LG Münster, WuM 2002, 52.
13 LG Hamburg, WuM 1999, 333.

- **nicht: Kritische Meinungsäußerungen** des Mieters zu Vorhaben des Vermieters in Bezug auf die Mietsache, wenn die Grenze zur Schmähkritik nicht überschritten wird[1],
- nicht: Verteilung von **Flugblättern an Kaufinteressenten** mit dem Aufdruck „Mieter wehren sich erfolgreich", wenn dies durch das Grundrecht auf freie Meinungsäußerung gedeckt ist[2],
- nicht: Aufruf an Mitmieter zur Unterstützung im Kampf gegen „Willkür" des Vermieters[3].

Verwahrlosung
- **Verwahrlosung** der Wohnung, wenn dadurch die Substanz des Mietobjektes gefährdet ist[4] oder unzumutbarer **Gestank** ins Treppenhaus und die übrigen Räume eindringt[5]; Kündigung nach Abmahnung[6],
- nicht: bloße Anhäufung von Gerümpel ist kein Kündigungsgrund[7].

Zerrüttung des Vertrauensverhältnisses
- Nicht schon bei einer Vielzahl gerichtlicher Verfahren, auch wenn dies einen hohen Lästigkeitswert hat[8],
- **Geschäftsraummiete: Nicht** ohne weiteres infolge zahlreicher **Prozesse**, wenn diese sachlich geführt wurden[9].

Zutritt
- **nicht:** Verweigerung des **Zutritts** zur Wohnung[10]; hier sind die Grundrechte des Mieters aus Art. 13 und Art. 14 GG zu beachten[11];
- nicht: Verweigerung der **Wohnungsbesichtigung** durch Kaufinteressenten[12] bzw. Duldung von nur einer Besichtigung pro Woche[13];
- **nicht: ungewöhnliche Einbruchssicherung**, die ungewollt einen Gerichtsvollzieher von der Wohnungsdurchsuchung abhält[14].

---

1 LG Berlin, Urt. v. 22.9.2006 – 63 S 126/06, GE 2007, 723.
2 VerfGH Berlin, Beschl. v. 22.1.2008 – VerfGH 70/06, ZMR 2008, 605 = NZM 2008, 517.
3 LG Koblenz, WuM 1976, 98.
4 LG Frankfurt/Main, PE 1988, 285; AG Frankfurt/Main, WuM 1998, 343 = NJW-RR 1999, 596; AG Rheine, WuM 1987, 153.
5 AG Saarbrücken, DWW 1994, 186; LG Hamburg, WuM 1988, 18.
6 AG Rheine, Urt. v. 26.2.2008 – 4 C 731/07, WuM 2008, 218 = ZMR 2008, 803.
7 AG Friedberg/Hessen, WuM 1991, 686.
8 LG Hamburg, Urt. v. 23.6.2005 – 307 S 32/05, ZMR 2005, 867.
9 OLG Hamm, NJW-RR 1993, 16.
10 LG Berlin, ZMR 2000, 535.
11 BVerfG, WuM 2004, 80 = MDR 2004, 266.
12 AG Erkelenz, WuM 1986, 251.
13 LG Kiel, WuM 1993, 52.
14 LG Frankfurt/Main, WuM 1992, 608.

6. Außerordentliche Kündigung mit gesetzlicher Frist (Sonderkündigungsrechte)

a) Gemeinsamkeiten der Sonderkündigungsrechte, § 573d BGB

287 In einer Reihe gesetzlich geregelter Fälle löst der Eintritt eines bestimmten Ereignisses für eine der Parteien ein Sonderkündigungsrecht aus. Folge seiner Ausübung ist stets, dass längere Kündigungsfristen und vertragliche Befristungen auf die gesetzliche Frist abgekürzt werden.

Die **gesetzliche Frist** beträgt:
- Für **Wohnraum** 3 Monate, § 573d Abs. 2 BGB („spätestens am dritten Werktag eines Kalendermonats zum Ablauf des übernächsten Monats"),
- für möblierten **Wohnraum innerhalb der Vermieterwohnung** 2 Wochen zum Monatsende, § 573d Abs. 2 BGB („spätestens am Fünfzehnten eines Monats zum Ablauf dieses Monats"),
- für **Geschäftsräume** 6 Monate zum Quartalsende, § 580a Abs. 4 i.V.m. Abs. 2 BGB („spätestens am dritten Werktag eines Kalendervierteljahres zum Ablauf des nächsten Kalendervierteljahres"),
- für **sonstige Räume** bei monatlicher Mietzahlung 3 Monate, § 580a Abs. 4 i.V.m. Abs. 1 Nr. 3 1. Alt. BGB („spätestens am dritten Werktag eines Kalendermonats zum Ablauf des übernächsten Monats"),
- für **unbebaute Gewerbegrundstücke** 3 Monate zum Ablauf eines Kalendervierteljahres, § 580a Abs. 4 i.V.m. Abs. 1 Nr. 3 2. Alt. BGB (wie vorstehend „... jedoch nur zum Ablauf eines Kalendervierteljahres").

Neben der Kündigungsfrist sind bei den einzelnen Kündigungstatbeständen unterschiedliche Fristen zur Ausübung des Kündigungsrechtes zu beachten.

Gem. § 575a Abs. 1 BGB kann der Vermieter von **Wohnraum** die Sonderkündigungsrechte – mit Ausnahme der Kündigung gegenüber dem Erben des Mieters – nur bei Vorliegen eines **berechtigten Interesses** i.S.v. § 573 BGB ausüben.

b) Kündigung nach Tod des Mieters

aa) Kündigung gegenüber dem Erben, § 564 S. 2 und § 580 BGB

288 Nach dem Tod des Mieters ist der Vermieter berechtigt, dem **Erben** des Mieters mit der gesetzlichen Frist zu kündigen. Dies ist für **Wohnraum** in § 564 S. 2 BGB, für **Geschäftsraum** in § 580 BGB geregelt. Auch ein Wohnraummietverhältnis kann gegenüber dem Erben (anders als vor der Mietrechtsreform) **ohne berechtigtes Interesse** gekündigt werden. Dies ergibt sich aus der Ausnahmeregelung in § 575a Abs. 1 BGB. Die anders lautende Rechtsprechung zu § 569 BGB a.F.[1] ist dadurch gegenstandslos geworden.

---

[1] BGH, BGHZ 135, 86 = WPM 1997, 321; OLG Hamburg, WuM 1983, 310 = MDR 1984, 56; BayObLG, WuM 1985, 52 = ZMR 1985, 97; OLG Karlsruhe, WuM 1990, 60 = ZMR 1990, 108.

Die Kündigung ist nur **innerhalb eines Monats** zulässig. Die Frist beginnt bei Geschäftsraum mit **Kenntnis** vom Tod des Mieters, bei Wohnraum mit Kenntnis vom Tod des Mieters und davon, dass keine der begünstigten Personen in das Mietverhältnis eingetreten ist oder dieses fortsetzt. Sind Eintrittsberechtigte vorhanden, so addiert sich die Kündigungsfrist des Vermieters zur Überlegungsfrist des Eintrittsberechtigten, so dass die Frist mindestens 2 Monate ab dem Tod des Mieters beträgt.
Weiterführende Hinweise unter *C Rz. 285 ff.*

289

bb) Kündigung nach Eintritt begünstigter Haushaltsangehöriger, § 563 Abs. 4 BGB

Erschwert ist dagegen die Kündigungsmöglichkeit des Vermieters von Wohnraum gegenüber den Personen, die gem. § 563 BGB in das Mietverhältnis eingetreten sind. Hier muss ein **wichtiger Grund** in der Person des Eingetretenen vorliegen (§ 563 Abs. 4 BGB). An den wichtigen Grund sind die gleichen Anforderungen zu stellen wie bei § 553 Abs. 1 BGB (Erlaubnis zur teilweisen Gebrauchsüberlassung). Zusätzlich muss hier aber auch gem. § 575a Abs. 1 BGB ein **berechtigtes Interesse** bestehen. Da der wichtige Grund und das berechtigte Interesse nicht inhaltsgleich sind[1], führt das Zusammentreffen beider Voraussetzungen logischerweise zu einer Einengung und folglich Verschärfung der Kündigungsvoraussetzungen. Dies dürfte wegen Verstoßes gegen Art. 14 i.V.m. Art. 3 GG **verfassungswidrig** sein, da für eine Erschwerung der Kündigung kein sachlicher Grund ersichtlich ist.

290

Die **Kündigungsfrist** beträgt einen Monat nach Kenntnis vom „endgültigen Eintritt" des Berechtigten. Endgültig ist der Berechtigte in das Mietverhältnis erst mit Ablauf seiner einmonatigen Überlegungsfrist gem. § 563 Abs. 3 BGB eingetreten. Auch hier addieren sich also die Fristen, wenn Eintrittsberechtigte vorhanden sind, so dass dem Vermieter eine Frist von mindestens 2 Monaten ab dem Tod des Mieters zur Verfügung steht.
Weiterführende Hinweise unter *C Rz. 285 f.*

291

c) Kündigung von Verträgen über mehr als 30 Jahre, § 544 BGB

Von einem Mietvertrag mit einer Laufzeit von mehr als 30 Jahren können sich beide Parteien nach Ablauf von 30 Jahren durch Kündigung mit gesetzlicher Frist lösen, wenn der Vertrag nicht auf Lebenszeit geschlossen ist. Der Lauf dieser Frist wird durch eine Veräußerung des Mietobjekts und die damit verbundene Neubegründung eines Mietverhältnisses zwischen dem Erwerber und dem Mieter gem. § 566 BGB nicht beeinflusst[2].

Für den Vermieter von Wohnraum ist ein berechtigtes Interesse erforderlich.

292

---

1 OLG Karlsruhe, WuM 1984, 43 = NJW 1984, 2584.
2 OLG Karlsruhe, Urt. v. 21.12.2007 – 1 U 119/07, WuM 2008, 552 = MDR 2008, 620.

§ 544 BGB ist **nicht abdingbar**. Die Kündigungsmöglichkeit nach § 544 BGB kann daher nicht durch Festlegung eines besonderen Vertragszwecks ausgeschlossen werden[1].

293 Ein Vertrag über mehr als 30 Jahre liegt auch in folgenden Fällen vor:
- wenn das Mietverhältnis frühestens nach Ablauf von 30 Jahren mit einer Frist von einem Jahr gekündigt werden kann[2],
- bei einseitigem Kündigungs-Ausschluss für mehr als 30 Jahre[3];
- wenn eine Partei die Laufzeit des Vertrages durch Ausübung einer Verlängerungsoption auf über 30 Jahre ausdehnen kann[4];
- wenn eine Kündigung erst nach Eintritt eines bestimmten Ereignisses zulässig ist, das auch erst nach mehr als 30 Jahren eintreten kann[5].

Vereinbaren die Parteien eine **Verlängerung** der ursprünglichen Vertragsdauer in der Weise, dass eine der Parteien mehr als 30 Jahre an den Vertrag gebunden ist, so beginnt die 30-Jahres-Frist des § 544 BGB erst mit Abschluss der Verlängerungsvereinbarung[6].

Ein Mietverhältnis auf **Lebenszeit** kann auch anzunehmen sein, wenn im unbefristeten Mietvertrag vereinbart ist, dass der Vermieter zur Kündigung nicht berechtigt ist, solange der Mieter die Miträume vertragsgemäß (hier: zum Betrieb einer Apotheke) nutzt[7].

Hingegen ist ein Pachtvertrag auf 99 Jahre kein Vertrag auf Lebenszeit, auch wenn beide Parteien sich darüber einig waren, dass der Pächter das Vertragsende nicht erleben werde[8].

d) Kündigung des Erstehers in der Zwangsversteigerung, § 57a ZVG

294 Gem. § 57a ZVG ist der Ersteher berechtigt, ein bestehendes Miet- oder Pachtverhältnis mit der gesetzlichen Frist (§ 580a Abs. 4 BGB) zum erstmöglichen Termin zu kündigen (bei Wohnraum jedoch nur, wenn er ein berechtigtes Interesse hat). Dabei wird ihm nur eine kurze **Überlegungsfrist** von höchstens einer Woche zugebilligt[9], die sich vom Zuschlag (und nicht von der Rechtskraft des Beschlusses) berechnet. Die bloße theoretische Möglichkeit zur Kündigung (Zuschlag am 3. Werktag) bestimmt jedoch nicht den Kündigungstermin. Maßgebend ist vielmehr, ob dem Ersteher die Ausübung unter Beobachtung der erforderlichen Sorgfalt tatsäch-

---

1 OLG Hamm, NZM 1999, 753 = OLGR Hamm 1999, 367.
2 OLG Frankfurt/Main, NZM 1999, 419 = NJW-RR 1999, 955; OLG Hamm, NZM 1999, 753 = OLGR Hamm 1999, 367.
3 OLG Hamm, NZM 1999, 753 = OLGR Hamm 1999, 367.
4 OLG Düsseldorf, ZMR 2002, 189 = OLGR Düsseldorf 2002, 115.
5 OLG Hamburg, WuM 1997, 233 = ZMR 1998, 28.
6 BGH, WuM 1996, 476 = MDR 1996, 784; OLG Hamm, NZM 2002, 218 = ZMR 2002, 196.
7 LG Stuttgart, NJW-RR 1992, 908 = WuM 1992, 438.
8 OLG Frankfurt/Main, OLGR Frankfurt 1994, 146.
9 OLG Oldenburg, OLGR Oldenburg 2002, 47 = GuT 2002, 48.

lich möglich war[1]. Dazu reicht eine Woche in der Regel aus. Der Rechtsanwalt muss deshalb für eine zügige und sichere Zustellung vor Ablauf des ersten Kündigungstermins sorgen (vgl. dazu Rz. 110 ff.). Unschädlich ist die unrichtige Angabe des Beendigungstermins, an dessen Stelle der nächstmögliche Termin gilt[2].

Der **Zuschlag** von Wohnungseigentum im Wege der Zwangsversteigerung ist als **Veräußerung** i.S.d. § 577a Abs. 1 BGB anzusehen. Dies bedeutet, dass eine etwa bestehende Sperrfrist (vgl. dazu Rz. 76 ff.) auch von dem Ersteher zu beachten ist[3]. 295

Die Ausübung des Kündigungsrechts kann missbräuchlich und deshalb nach § 242 BGB **unzulässig** sein, wenn der Inhaber des Rechts sich dieses durch unredliches Verhalten verschafft hat oder wenn die Zwangsversteigerung ausschließlich zu dem Zweck betrieben wird, die Mietverträge zu kündigen und dadurch die Mieter zu schädigen[4]. 296

e) Kündigung nach Beendigung des Nießbrauchs, § 1056 Abs. 2 S. 1 BGB

Besteht das Mietverhältnis nicht mit dem Eigentümer der Miträume, sondern einem Nießbraucher, so tritt gem. §§ 1056 Abs. 1, 566 ff. BGB nach Beendigung des Nießbrauchs der Eigentümer in das Mietverhältnis ein. Gem. § 1056 Abs. 2 S. 1 BGB hat dieser die Möglichkeit, das Mietverhältnis mit gesetzlicher Frist zu kündigen, bei Wohnraum jedoch nur, wenn er ein berechtigtes Interesse hat[5]. 297

Die Ausübung dieses Sonderkündigungsrechtes ist an **keine Frist** gebunden. Die daraus für den Mieter resultierende Unsicherheit wird dadurch kompensiert, dass der Mieter den Vermieter zur Entscheidung zwingen kann, indem er ihm eine angemessene **Erklärungsfrist** setzt. Kündigt der Vermieter dann nicht innerhalb der Frist, hat er das Sonderkündigungsrecht verloren.

Das Sonderkündigungsrecht besteht **nicht**, wenn der Eigentümer persönlich an den Mietvertrag gebunden ist, weil er bereits vor Bestellung des Nießbrauchs Vermieter war[6].

7. Kündigungssperre im Insolvenzverfahren

Ab Einreichung des Antrags auf Eröffnung des Insolvenzverfahrens über das Vermögen des Mieters darf der Vermieter in zwei Fällen nicht mehr kündigen: 298

---

1 OLG Düsseldorf, WuM 2002, 674 = ZMR 2003, 177.
2 BGH, NJWE-MietR 1996, 58 = NJW-RR 1996, 144.
3 BayObLG, WuM 1992, 424 = ZMR 1992, 440.
4 BGH, WuM 1978, 164 = ZMR 1979, 349.
5 LG Münster, WuM 1996, 37.
6 OLG Koblenz, NZM 2002, 293 = OLGR Koblenz 2001, 149.

- wenn der Mieter bereits vor dem Insolvenzantrag mit den Mietzahlungen in Verzug geraten war,
- wenn die Vermögensverhältnisse des Mieters sich verschlechtern.

Ob die Sperre auch für eine Kündigung wegen **unpünktlicher Mietzahlungen** gilt[1], wird noch durch die Rechtsprechung zu klären sein. Der Mandant sollte jedenfalls auf das Risiko hingewiesen werden.

Die unbedingte Kündigung wird als Willenserklärung mit ihrem Zugang beim Empfänger wirksam (§ 130 BGB). Daher bleiben bereits ausgesprochene Kündigungen, die vor dem Eingang des Insolvenzantrages beim Amtsgericht zugegangen sind, wirksam[2]. Andererseits wird dem Vermieter das schon entstandene Kündigungsrecht genommen, wenn zwar sämtliche **Kündigungsvoraussetzungen bei Antragstellung** vorlagen, er aber noch nicht gekündigt hatte. Das ist auch der Fall, wenn der Vermieter unter der Bedingung der Nichtzahlung nach Ablauf einer Frist kündigt (sog. Potestativbedingung, vgl. oben *Rz. 4*) und vor Ablauf der Frist der Insolvenzantrag gestellt wird[3].

Das Recht zur ordentlichen Kündigung und zur fristlosen Kündigung aus anderen als den in § 112 InsO genannten Gründen bleibt unberührt.

Eine Kündigungssperre gem. § 112 InsO besteht nicht, wenn der Mietrückstand, auf den die fristlose Kündigung des Vermieters gestützt wird, erst nach Insolvenzantragstellung aufgelaufen ist[4].

Die Vorschrift gilt nicht für den Fall des Zahlungsverzugs des vorläufigen Insolvenzverwalters[5].

III. Beendigung des befristeten Mietvertrages durch den Vermieter

299 Der befristete Mietvertrag endet an sich automatisch ohne Zutun der Parteien (§ 542 Abs. 2 BGB). Besonderheiten gelten jedoch
- beim befristeten Wohnraummietvertrag gem. § 564c Abs. 1 BGB a.F. (vgl. dazu *C Rz. 374 f.*),
- beim qualifizierten Zeitmietvertrag gem. § 564c Abs. 2 BGB a.F. (vgl. dazu *C Rz. 437 f.*),
- beim Zeitmietvertrag gem. § 575 BGB (vgl. dazu *C Rz. 533*).

300 Während bei der Vertragsbeendigung durch Kündigung der aktive Teil das Geschehen i.d.R. aufmerksam überwacht, kann die Vertragsbeendigung durch Zeitablauf von den Parteien übersehen werden. Dann kann eine **stillschweigende Verlängerung** gem. § 545 BGB eintreten.

---

1 So *Minuth/Wolf*, NZM 1999, 289.
2 *Franken*, Mietverhältnisse in der Insolvenz, Rz. 175.
3 KG, MietRB 2004, 73.
4 BGH, BGHZ 151, 353 = BGHReport 2002, 953; OLG Celle, ZInsO 2004, 207 = ZVI 2004, 484.
5 BGH, BGHZ 151, 353 = BGHReport 2002, 953.

Aber auch bei wirksamem Ausschluss der Geltung von § 545 BGB kann es zum **konkludenten Neuabschluss** des Vertrages kommen, wenn die Parteien das Mietverhältnis weiterführen wie bisher und zum Ausdruck bringen, dass sie dies auch wollen (vgl. dazu B Rz. 108 f.). 301

Die Beendigung des befristeten Vertrages mit **Verlängerungsklausel** war bis zum 31.8.2001 in § 565a Abs. 1 BGB a.F. geregelt. Diese Vorschrift gilt für Altverträge aus der Zeit vor dem 1.9.2001 gem. Art. 229 § 3 Abs. 3 EGBGB weiter. Danach tritt die vereinbarte Verlängerung des Mietverhältnisses ein, „wenn es nicht nach den Vorschriften des § 565 BGB gekündigt wird." In § 565 BGB a.F. sind die gestaffelten Kündigungsfristen des alten Rechts geregelt. Danach hätte der Vermieter bei mehr als 10-jähriger Überlassung der Mietsache statt der gesetzlichen Höchstfrist von 9 Monaten weiterhin eine Kündigungsfrist von 12 Monaten einzuhalten. Ob dies vom Gesetzgeber wirklich beabsichtigt war, ist zweifelhaft[1], dürfte aber für den Vermieter von geringer praktischer Bedeutung sein, da vielfach die alten Fristen ohnehin auch vertraglich vereinbart sind und – anders als für den Mieter – auch als AGB fortgelten[2]. 302

Im Einzelfall kann vereinbart sein, dass sich der Vertrag nach Ablauf der Befristung (Grundmietzeit) verlängert, und zwar entweder

– auf unbestimmte Zeit,
– einmalig oder mehrmalig um einen bestimmten Zeitraum oder
– jeweils um einen bestimmten Zeitraum,

sofern nicht eine der Parteien ihn mit den gesetzlichen Fristen kündigt oder seiner Verlängerung widerspricht. Die Begriffe **„Kündigung"** und **„Widerspruch"** sind sachlich **gleichbedeutend**, so dass ein vertraglich vorgesehener Fortsetzungswiderspruch auch in Form einer „Kündigung" wirksam erklärt werden kann[3].

In allen 3 Fällen kann der Vertrag erstmals **zum Ablauf der Grundmietzeit** gekündigt werden. Danach ist bei Verlängerung auf unbestimmte Zeit die Kündigung zu jedem beliebigen Monatsende möglich, bei Verlängerung um einen bestimmten Zeitraum dagegen immer nur zum Ablauftermin[4].

Bei Wohnraummietverhältnissen gilt dies nur noch für Verträge, die vor dem 1.9.2001 abgeschlossen wurden. Denn diese genießen gem. Art. 229 § 3 Abs. 3 EGBGB auch über den 1.9.2001 hinaus **Bestandsschutz**[5]. Befristete Wohnraummietverträge, die ab dem 1.9.2001 geschlossen wurden, sind jedenfalls hinsichtlich der Verlängerungsklausel gem. § 573c Abs. 4 BGB unwirksam. Denn diese regelt zwar einerseits die Fortsetzung des Mietverhältnisses, sie enthält jedoch zugleich eine Vereinbarung über Kün-

---

[1] Eisenhardt, WuM 2005, 487.
[2] BGH, Urt. v. 12.3.2008 – VIII ZR 71/07, WuM 2008, 290.
[3] OLG Düsseldorf, WuM 2002, 606 = ZMR 2002, 910.
[4] OLG Düsseldorf, DWW 1993, 101 = MDR 1993, 441.
[5] BGH, Urt. v. 20.6.2007 – VIII ZR 257/06, WuM 2007, 463; BGH, Urt. v. 6.4.2005 – VIII ZR 155/04, WuM 2005, 342.

digungsfristen, weil sie das Kündigungsrecht in der Weise beschränkt, dass der Vertrag nur zu bestimmten Terminen ordentlich gekündigt werden kann[1]. Ob **altes oder neues Recht** gilt, hängt vom Zeitpunkt des Vertragsschlusses und nicht vom Beginn der Mietzeit ab. Altes Recht ist deshalb auch anwendbar, wenn die Mietzeit erst am 1.9.2001 oder später begonnen hat, der Mietvertrag jedoch vor dem 1.9.2001 abgeschlossen wurde[2]. Altes Recht bleibt auch dann anwendbar, wenn ein vor dem 1.9.2001 geschlossener Vertrag danach geändert wird, sofern nicht die Änderung den Vertrag in seinem sachlichen Kern zu einem neuen Geschäft macht[3].

303 Endet z.B. die Grundmietzeit am 31.10.2006 und verlängert sich der Vertrag mangels Kündigung um jeweils 12 Monate, so ist die Kündigung immer nur zum 31. Oktober eines Jahres zulässig. Beträgt die Kündigungsfrist 6 Monate und geht die Kündigung dem Mieter am 6.5.2006 zu, so wirkt sie erst zum 31.10.2007, weil für eine Kündigung zum 31.10.2006 die 6-monatige Kündigungsfrist nicht mehr eingehalten ist.

IV. Die Räumungsklage

1. Vorbereitung der Klageerhebung

304 Die Rechtsfolge einer wirksamen Kündigung ist der Räumungsanspruch gegen den Mieter nach § 546 Abs. 1 BGB und gegen sonstige (Mit-)Besitzer der Miethaus nach § 546 Abs. 2 BGB.

a) Aktivlegitimation – Wer kann, wer muss klagen?

305 Aktivlegitimiert ist für den Räumungsanspruch aus § 546 BGB der Vermieter, für den Anspruch aus § 985 BGB der Eigentümer. Ergibt sich die Aktivlegitimation nicht aus einem Mietvertrag, muss sie dargelegt und auf Bestreiten bewiesen werden. Der in den Vertrag eingetretene **Erwerber** muss dazu eine lückenlose Kette von Veräußerungstatbeständen vom ursprünglichen Vermieter bis zu sich selbst darlegen[4]. Der **Erbe** kann den Nachweis der Vermieterstellung durch Vorlage des Erbscheins erbringen[5]; aber auch andere Nachweise sind nicht ausgeschlossen, insbesondere ein eröffnetes öffentliches Testament[6].

306 Klagt bei Vorliegen einer **Außen-GbR** statt der GbR die Gesamtheit ihrer Gesellschafter, so ist das Klagerubrum dahin zu berichtigen, dass die GbR selbst Klägerin ist[7]. Klagt die GbR als solche, so muss eine eventuelle Al-

---

1 BGH, Urt. v. 27.4.2005 – VIII ZR 206/04, WuM 2005, 465.
2 BGH, Urt. v. 19.9.2006 – VIII ZR 336/04, WuM 2006, 620.
3 BGH, Urt. v. 7.2.2007 – VIII ZR 145/06, WuM 2007, 202.
4 LG Berlin, GE 1984, 867.
5 AG Köln, WuM 1996, 95; AG Charlottenburg, WuM 2003, 86.
6 BGH, WuM 2005, 524.
7 BGH, WuM 2005, 791 = NZM 2005, 942.

leinvertretungsmacht des Geschäftsführers durch Vorlage des Gesellschaftsvertrages oder eines Gesellschafterbeschlusses nachgewiesen werden[1].

Hat bei einer **Vermietermehrheit** ein Vermieter den anderen beim Vertragsschluss vertreten, indem er auch in seinem Namen den Mietvertrag unterzeichnet hat, so ist er auch im weiteren Verlauf des Mietverhältnisses allein vertretungsberechtigt und prozessführungsbefugt[2]. 307

Die Voraussetzungen einer Klage in gewillkürter **Prozessstandschaft** sind[3]: 308
- Ermächtigung des Klägers, den Anspruch im eigenen Namen einzuklagen (= materiell-rechtliche Voraussetzung),
- eigenes rechtliches Interesse des Klägers an der Prozessführung (= Zulässigkeitsvoraussetzung).

Ein rechtliches Interesse besteht z.B. regelmäßig dann, wenn der Prozessstandschafter im Falle des Obsiegens von einer eigenen Verbindlichkeit befreit wird[4].

Ob die **Abtretung** des Eigentumsherausgabeanspruchs (§ 985 BGB) rechtlich möglich ist, ist zweifelhaft; unbedenklich ist bei der **Geschäftsraummiete** jedenfalls die Abtretung des Anspruchs auf Räumung und Herausgabe aus dem Mietvertrag (§ 546 Abs. 1 BGB)[5]. Anders wird dies bei der **Wohnraummiete** gesehen, wenn dem Räumungsanspruch eine ordentliche Kündigung gem. § 573 BGB zugrunde liegt. Denn hier hängt im Falle des Kündigungswiderspruchs gem. § 574 BGB die Entscheidung vom Ergebnis einer Interessenabwägung zwischen den Mietvertragsparteien ab, die zur Verurteilung des Vermieters zur Fortsetzung des Mietverhältnisses führen kann. Diese ist jedoch nur möglich, wenn der Vermieter Prozesspartei ist[6]. 309

b) Passivlegitimation – Gegen wen ist die Klage zu richten?

Der erstrebte Räumungstitel bietet nur dann eine sichere Grundlage für eine erfolgreiche Zwangsvollstreckung, wenn die Klage gegen alle Mieter und eventuelle Untermieter[7] und bei einem Wohnraummietverhältnis auch gegen sonstige **Mitbewohner** gerichtet ist[8], insbesondere **Ehegatten** und sonstige Personen, die mit dem Mieter in einer auf Dauer angelegten Gemeinschaft in der Wohnung leben[9], nicht jedoch für seine **minderjäh-** 310

---

1 *Kraemer*, NZM 2002, 465.
2 LG Frankfurt/Main, PE 1999, 50.
3 BGH, BGHZ 78, 1 = NJW 1980, 2461; LG Görlitz, WuM 1997, 682.
4 OLG Brandenburg, NZM 1999, 222 = ZMR 1999, 97.
5 BGH, NJW 1983, 112 = MDR 1983, 306; OLG München, ZMR 1996, 375 = NJW-RR 1996, 907.
6 LG München I, WuM 1999, 161.
7 BGH, NZM 2003, 802 = MDR 2004, 53.
8 BGH, Beschl. v. 19.3.2008 – I ZB 56/07, WuM 2008, 364; KG Berlin, MDR 1994, 162 = WuM 1994, 32.
9 BGH, NZM 2004, 701 = MDR 2004, 1257.

rigen Kinder[1] oder Besucher[2]. Liegt nur gegen einen Ehegatten ein Titel vor, so wird die Zwangsvollstreckung auch gegen den Titelschuldner für unzulässig gehalten[3]; denn ist der Räumungstitel zur Herbeiführung des Vollstreckungszieles ungeeignet, fehlt es am Rechtsschutzbedürfnis für die Vollstreckung[4]. Kann aus dem Räumungstitel nicht gegen alle Mitbesitzer der Miträume vollstreckt werden, kommt eine **Anwaltshaftung** in Betracht[5].

Früherer Rechtsprechung, wonach die Zwangsvollstreckung gegen einen im Titel nicht genannten Dritten ausnahmsweise dann für zulässig erachtet wurde, wenn dieser den Mitbesitz an den Miträumen ohne Kenntnis des Vermieter erlangt hatte[6], hat der BGH eine ausdrückliche Absage erteilt[7]. Für den Vermieter ist es deshalb unerlässlich, sich vor Erhebung der Räumungsklage über die tatsächlichen Besitzverhältnisse an dem Mietobjekt zu informieren. Darauf muss der Rechtsanwalt ihn hinweisen.

Andererseits ist aber klarzustellen, dass die Existenz mehrerer Mieter bzw. Mitbesitzer nur die Zulässigkeit einer eventuellen Zwangsvollstreckung, nicht jedoch die Zulässigkeit der Räumungsklage berührt[8].

Ein **Rechtsschutzbedürfnis** für die Räumungsklage besteht auch gegenüber einem Mitmieter, der aus den Miträumen endgültig ausgezogen ist[9]. Denn wer bei Vertragsende noch Mieter ist, bleibt auch Räumungsschuldner. Wurde der Mieter, der mit der Ehefrau gemeinsam die Wohnung angemietet hat, nach dem Gewaltschutzgesetz der Wohnung verwiesen, so berührt dies seinen Status als Mieter nicht[10]. Der Räumungsanspruch setzt nicht voraus, dass der Mieter unmittelbarer oder mittelbarer Besitzer der Mietsache ist[11]. Im Zweifel sollte deshalb auch der aus der Wohnung ausgezogene Mitmieter verklagt werden. Dies kann auch unter dem Gesichtspunkt einer **Mithaftung** für die Kosten des Räumungsprozesses und einer eventuellen Räumungsvollstreckung sinnvoll sein.

Nach Eröffnung des **Insolvenzverfahrens** über das Vermögen des Mieters ist die Räumungsklage gegen den Insolvenzverwalter zu richten[12].

---

1 LG Lüneburg, NJW-RR 1998, 662 = NZM 1998, 232; OLG Hamburg, NJW-RR 1991, 909 = MDR 1991, 453; AG Augsburg, NZM 2005, 480.
2 BGH, Beschl. v. 14.8.2008 – I ZB 39/08, WuM 2008, 678.
3 OLG Frankfurt/Main, WuM 2003, 640; LG Oldenburg, DGVZ 1998, 10.
4 OLG Oldenburg, ZMR 1991, 268 = MDR 1991, 968.
5 OLG Koblenz, ZMR 2003, 257 = MDR 2003, 600.
6 KG Berlin, NZM 2003, 105 = GE 2002, 799; OLG Hamburg, WuM 1992, 548 = MDR 1993, 274.
7 BGH, NZM 2003, 802 = MDR 2004, 53.
8 LG Frankfurt/Main, Urt. v. 29.1.2002 – 2/11 S 329/01, PE 2004, 211; LG Essen, Beschl. v. 23.11.2007 – 15 S 232/07, ZMR 2008, 294.
9 BGH, NJW 1996, 515 = MDR 1996, 251.
10 AG Ludwigsburg, WuM 2004, 608 = DWW 2004, 263.
11 BGH, BGHZ 56, 308.
12 AG Lübeck, SchlHA 2003, 167.

Zweifel, wer Mitbesitzer ist, lassen sich klären durch 311
- direktes Befragen des Mieters, des Mitbesitzers oder der Nachbarn,
- Kontrolle von Briefkasten- oder Klingelschildern,
- Anfrage beim Einwohnermeldeamt.

Führt all dies zu keinem Ergebnis, muss ein **Auskunftsanspruch** gegen den Mieter geltend gemacht werden[1]. Dies kann schon vor Erhebung der Räumungsklage durch separate Klage geschehen oder zusammen mit der Räumungsklage, die dann nach Auskunftserteilung auf die anderen Mitbesitzer erweitert wird.

2. Zeitpunkt der Klageerhebung, insbesondere Klage auf künftige Räumung

Die Räumungsklage ist grundsätzlich erst zulässig nach **Ablauf der Mietzeit**, bei fristloser Kündigung also sofort nach Zugang der Kündigungserklärung, sofern keine Räumungsfrist gewährt wurde. Eine Ausnahme gewährt § 259 ZPO, wenn „die Besorgnis gerechtfertigt ist, dass der Schuldner sich der rechtzeitigen Leistung entzieht." 312

Diese Voraussetzungen liegen noch nicht vor, wenn der Mieter die Kündigungserklärung lediglich aus formalen Gründen – z.B. gem. § 174 S. 2 BGB wegen Vollmachtlosigkeit – zurückgewiesen hat[2]. Auch ein vorsorglicher Widerspruch gegen die Kündigung begründet für sich genommen keine Besorgnis der Nichterfüllung[3]. Dasselbe gilt, wenn der Mieter den Räumungsanspruch grundsätzlich anerkennt, jedoch um eine Räumungsfrist bittet[4]. 313

Die Besorgnis der Nichterfüllung i.S.d. § 259 ZPO ist jedoch begründet, wenn der Schuldner den **Anspruch ernstlich bestreitet**[5]. Sie besteht deshalb auch schon vor Ablauf der Widerspruchsfrist, wenn der Mieter der Kündigung widerspricht mit der Begründung, der angegebene Kündigungsgrund liege nicht vor[6]. Deshalb sollte der Rechtsanwalt mit seinem Mandanten (Vermieter) erörtern, ob es eine Gelegenheit gibt, den Mieter zu einer entsprechenden Erklärung zu veranlassen. Erklärungen oder Umstände vor Kündigungsausspruch, die darauf schließen lassen, dass der Mieter nicht freiwillig räumen wird, können dabei grundsätzlich nicht berücksichtigt werden. Anders wurde dies jedoch beurteilt für den Fall, dass der Mieter auf eine erste formunwirksame ordentliche Kündigung erklärt hatte, eine 314

---

1 Vgl. dazu OLG Hamburg, NZM 1998, 758 = ZMR 1999, 106.
2 LG Berlin, GE 1997, 429.
3 AG Fritzlar, WuM 1998, 606.
4 LG Köln, WuM 1993, 542.
5 BGH, BGHZ 5, 342 = NJW 1952, 817; BGH, BGHZ 43, 28 = NJW 1965, 440; BGH, NJW 1999, 954 = MDR 1999, 434.
6 OLG Karlsruhe, NJW 1984, 2953 = MDR 1999, 434.

ordentliche Kündigung sei aufgrund einer Verlängerungsoption noch auf Jahre hinaus ausgeschlossen[1].

Bei **Geschäftsraummiete** kann schon die Nichtbeantwortung einer Anfrage des Vermieters zu den Räumungsabsichten des Mieters die Besorgnis der Nichterfüllung begründen[2].

315 Andererseits kann es auch Gründe geben, nicht sofort Klage zu erheben. Dann sollte jedoch ausdrücklich erklärt werden, dass an dem Räumungsanspruch festgehalten wird. Zwar hat der BGH die Klageerhebung 9 Monate nach Ausspruch der fristlosen Kündigung nicht als **verwirkt** angesehen; Voraussetzung ist jedoch, dass der Vermieter unmissverständlich zu verstehen gibt, dass er das wirksam beendete Mietverhältnis nicht fortsetzen möchte[3].

3. Inhalt der Klageschrift

a) Fassung des Klageantrags

316 Insoweit wird zunächst auf die Ausführungen unter *M Rz. 129* verwiesen.

Weitere mögliche Anträge sind:

317 **Zwischenfeststellungsklage** gem. § 256 Abs. 2 ZPO bezüglich der Beendigung des Mietverhältnisses. Ihr Zweck ist, dass die Rechtskraft des Urteils sich nicht nur auf die Verpflichtung zur Räumung und Herausgabe, sondern auch auf die Beendigung des Mietverhältnisses erstreckt, was für spätere Auseinandersetzungen von Bedeutung sein kann. Der Antrag ist gem. § 256 Abs. 2 ZPO jedoch nur insoweit zulässig, als die Feststellung der Beendigung (im Zeitpunkt der letzten mündlichen Verhandlung) begehrt wird, nicht soweit Feststellung der Beendigung in einem bestimmten Zeitpunkt begehrt wird[4]. Letzteres kann nur durch einen selbständigen Feststellungsantrag gem. § 256 Abs. 1 ZPO erreicht werden, welcher jedoch ein besonderes Feststellungsinteresse voraussetzt.

> **Zwischenfeststellungsklage**
>
> Es wird festgestellt, dass das durch Vertrag vom 15.12.1995 begründete Mietverhältnis zwischen den Parteien über die im Antrag zu Ziff. 1) (Räumungsantrag) bezeichneten Räume beendet ist.

318 Leistungsantrag auf **Zahlung künftiger Nutzungsentschädigung** bis zur Räumung, wenn die Nichtzahlung der Miete in der Vergangenheit die Be-

---

1 OLG Koblenz, WuM 2004, 621.
2 OLG Stuttgart, MDR 1999, 1189; OLG Nürnberg, MietRB 2004, 203.
3 BGH, NJW-RR 1988, 77 = MDR 1988, 225.
4 OLG Hamburg, WuM 1991, 683 = ZMR 1992, 13.

sorgnis i.S.v. § 259 ZPO begründet, dass auch künftig, bis zur Räumung, keine Zahlungen mehr geleistet werden[1]:

Zahlungsantrag – künftige Leistung

Der Beklagte wird weiter verurteilt, ab November 2006 bis zur Räumung und Herausgabe der im Antrag zu Ziff. 1) (Räumungsantrag) bezeichneten Räume an den Kläger eine monatliche Nutzungsentschädigung in Höhe von 800 Euro zu zahlen, und zwar jeweils im Voraus bis zum 3. Werktag eines Monats.

---

b) Beschleunigung des Verfahrens

Vgl. zunächst *M Rz. 184 f.* Sollen neben dem Räumungsanspruch noch andere Ansprüche, z.B. Zahlungsansprüche, anhängig gemacht werden, so ist abzuwägen zwischen dem Kostenvorteil bei gemeinsamer Verfolgung der Ansprüche und dem Zeitvorteil, den ein **schlanker Prozess** bieten kann.

Hat z.B. die rasche Erlangung eines Räumungstitels absolute Priorität, weil der Mieter zahlungsunfähig geworden ist, dann sollte das Verfahren nicht unbedingt durch eine streitige Betriebskostennachforderung belastet werden. Forderungen, die keinen sachlichen Zusammenhang mit dem Kündigungsgrund haben und deren Verfolgung nicht ebenso eilbedürftig wie die Räumung ist, sollten dann besser in einem **separaten Verfahren** (unstreitige Zahlungsansprüche im Mahnverfahren) verfolgt werden.

Da der Versuch der Verfahrensbeschleunigung in sein Gegenteil umschlägt, wenn das Gericht die beiden Verfahren verbindet, sollte das zweite Verfahren erst anhängig gemacht werden, wenn keine Verbindung mehr droht. Um nicht dem Einwand der Verwirkung Vorschub zu leisten, sollte ausdrücklich erklärt werden, dass die Geltendmachung weiterer Ansprüche vorbehalten bleibt.

Sind jedoch neben dem Räumungsanspruch noch andere Ansprüche rechtshängig, so ist bei Entscheidungsreife des Räumungsanspruchs auf den Erlass eines **Teilurteils** hinzuwirken. Gemäß § 301 ZPO muss bei teilweiser Entscheidungsreife durch Teilurteil entschieden werden. Eine Ausnahme gilt nur, wenn der Erlass eines Teilurteils nach Lage der Sache unangemessen wäre. Ein Teilurteil darf jedoch nur ergehen, wenn es von der Entscheidung über den Rest des Anspruchs unabhängig ist, wenn also die **Gefahr widersprechender Entscheidungen**, auch infolge abweichender Beurteilung durch das Rechtsmittelgericht, ausgeschlossen ist[2]. Diese Gefahr kann z.B. dann bestehen, wenn nach Kündigung wegen Zahlungsverzugs auf Räumung und Zahlung geklagt wird, die Höhe des Zahlungsverzugs jedoch

---

1 BGH, ZMR 2003, 333 = NZM 2003, 231; OLG Dresden, NZM 1999, 173.
2 BGH, BGHZ 107, 236, 242 f. = MDR 1989, 895.

streitig ist. Hier werden deshalb grundsätzliche Bedenken gegen die Zulässigkeit eines Teilurteils auf Räumung gesehen[1].

Anders liegen die Dinge jedoch, wenn dem Räumungsanspruch noch ein **weiterer Kündigungstatbestand**, etwa § 569 Abs. 2 BGB, zugrunde liegt. Bejaht das Gericht die Wirksamkeit dieser vom Umfang des Zahlungsverzugs unabhängigen Kündigung, ist es am Erlass eines Teilurteils nicht gehindert.

Ein Teilurteil dürfte aber auch dann zulässig sein, wenn ein selbständiger Teil des Zahlungsanspruchs, der schon für sich genommen die fristlose Kündigung rechtfertigt, entscheidungsreif ist.

Beispiel:

321 *Kündigung wegen Zahlungsverzugs in Höhe von 4 Monatsmieten à 500 Euro. Der Mieter hat in Höhe von 1200 Euro mit einem Aufwendungsersatzanspruch gem. § 536a Abs. 2 BGB aufgerechnet, in Höhe von 800 Euro beruft er sich auf Mietminderung gem. § 536 BGB. Das Gericht bejaht eine Minderung der Miete dem Grunde nach und erlässt wegen der Höhe einen Beweisbeschluss. Gleichzeitig erlässt es ein Teilurteil auf Räumung und Zahlung von 1200 Euro, weil es einen Aufwendungsersatzanspruch wegen fehlenden Verzugs des Vermieters verneint und deshalb die Kündigung unabhängig von der Frage der Mietminderung begründet war.*

322 Da keine Gewähr besteht, dass das Gericht jederzeit von sich aus die Voraussetzungen eines Teilurteils prüft, sollten hierzu **begründete Hinweise** gegeben und der Erlass eines Teilurteils nachdrücklich angeregt werden.

4. Abwendung der Klageabweisung durch rechtzeitige Nachbesserung

a) Erneute Kündigung

323 Entsteht nach Erhebung der Räumungsklage ein weiterer Kündigungsgrund und will sich der Vermieter auch darauf stützen, so ist eine erneute Kündigungserklärung erforderlich. Der Kläger muss klarstellen, dass er sein Räumungsbegehren nunmehr auch oder ausschließlich auf die neue Kündigung stützt. Darin liegt eine **Klageänderung** nach § 263 ZPO[2]. Sie ist nur zulässig, wenn der Beklagte einwilligt oder das Gericht sie nach seinem Ermessen für sachdienlich erachtet. Die **Sachdienlichkeit** wird in der Regel verneint, wenn durch die neue Kündigung völlig neuer Streitstoff eingeführt wird[3], vor allem, wenn eine Beweisaufnahme erforderlich wird[4]. Die gleichen Grundsätze gelten für eine im **Berufungsverfahren** ausgesprochene Kündigung. Der damit verbundene **Verlust einer Instanz** ist keine grundrechtswidrige Verkürzung des rechtlichen Gehörs[5]. Eine in der Revi-

---

1 OLG Stuttgart, MDR 1998, 960 = OLGR Stuttgart 1998, 213.
2 OLG Zweibrücken, WuM 1981, 177 = MDR 1981, 585.
3 LG Hamburg, NZM 1999, 464.
4 OLG München, OLGR München 1996, 186 = ZMR 1996, 496.
5 BayVerfGH, NZM 1999, 68.

sionsinstanz ausgesprochene Kündigung ist hingegen gem. § 559 Abs. 1 S. 1 ZPO unbeachtlich[1].

Die Kündigung kann auch in einem prozessualen **Schriftsatz** ausgesprochen werden. Die **Schriftform** des § 568 Abs. 1 BGB ist gewahrt, wenn dem Mieter eine vom Prozessbevollmächtigten des Vermieters selbst beglaubigte Abschrift des die Kündigung aussprechenden Schriftsatzes zugeht. Eine Unterschrift des Prozessbevollmächtigten unter der Abschrift ist neben oder statt der Unterschrift unter dem Beglaubigungsvermerk nicht erforderlich[2], aber gleichwohl sinnvoll.

324

Die Kündigung kann unter den genannten Voraussetzungen auch in der **Klageschrift** ausgesprochen werden. Dann muss für den beklagten Mieter aber eindeutig erkennbar sein, dass neben der Klage als Prozesshandlung eine Kündigung des Mietverhältnisses als **materiellrechtliche Willenserklärung** abgegeben worden ist[3].

325

Dies ist nicht der Fall, wenn die Klageschrift von der Wirksamkeit vorher erklärter Kündigungen ausgeht[4], aber zum Beispiel, wenn die Räumungsklage auf neue, nach der Kündigung eingetretene Mietrückstände gestützt wird, die für sich genommen den Tatbestand des § 543 Abs. 2 Nr. 3 BGB erfüllen[5]. Eine weitere fristlose Kündigung sollte in der Klageschrift oder einem prozessualen Schriftsatz jedoch nur ausgesprochen werden, wenn von einer raschen und sicheren Zustellung ausgegangen werden kann (Prozessgegner hat anwaltlichen Vertreter mit Empfangsvollmacht auch für Kündigung), da andernfalls der Einwand des verspäteten Kündigungsausspruchs droht (vgl. dazu *Rz. 275*).

b) Behebung fehlender Aktivlegitimation durch Abtretung

Stellt sich nach Erhebung der Räumungsklage heraus, dass der Mandant nicht – oder nicht alleiniger – Vermieter ist, so muss er versuchen, sich den Anspruch von dem oder den wirklichen Vermieter(n) abtreten zu lassen. Selbständig abtretbar ist jedoch nur der **Herausgabeanspruch gem. § 546 BGB**, nicht derjenige gem. § 985 BGB[6].

326

Ergibt sich hingegen, dass die Kündigung nicht vom richtigen Vermieter oder nicht von allen Vermietern ausgesprochen wurde, so muss die **Kündigung wiederholt** werden. Bei fristgebundener Kündigung muss zugleich der Klageantrag umgestellt werden auf Räumung und Herausgabe zum künftigen Vertragsende. Des Weiteren sind die Voraussetzungen von § 259 ZPO (Besorgnis der Nichterfüllung) darzulegen, wenn der beklagte Mieter sich bis dahin nur mit dem Einwand fehlender Sachbefugnis des (falschen) Klä-

---

1 BGH, Urt. v. 9.7.2003 – VIII ZR 26/03, WuM 2003, 569 = MDR 2003, 1410.
2 OLG Hamm, WuM 1982, 44 = NJW 1982, 452.
3 BayObLG, WuM 1981, 200 = NJW 1981, 2197.
4 OLG München, OLGR München 1997, 62.
5 OLG Düsseldorf, WuM 1995, 434 = ZMR 1995, 203; *Lützenkirchen*, WuM 1996, 71, 76.
6 OLG München, ZMR 1996, 375 = NJW-RR 1996, 907.

gers zum Kündigungsausspruch und/oder dessen fehlender Aktivlegitimation zur Prozessführung verteidigt hatte.

c) Behebung fehlender Passivlegitimation durch Klageerweiterung

327 Eine Nachbesserung ist notwendig, wenn nicht alle Mieter und eventuelle Mitbesitzer (vgl. *Rz. 310 f.*) verklagt wurden. Die Klageerweiterung ist auch noch im Berufungsverfahren möglich; sie wurde z.B. in Bezug auf den **Untermieter** als sachdienlich i.S.v. § 263 ZPO erachtet[1].

5. Besonderheiten bei Widerspruch des Mieters gem. § 574 BGB

328 Der Vermieter ist im Prozess gegenüber dem auf die Sozialklausel gestützten Fortsetzungsverlangen nicht nur auf Sachvortrag zu den gegeneinander abzuwägenden Parteiinteressen beschränkt, sondern kann durch **Einreden** und **Einwendungen** den Widerspruch insgesamt zu Fall bringen.

329 Ist z.B. die Widerspruchserklärung nicht eindeutig, so kann sich im Wege der **Auslegung** ergeben, dass in Wahrheit nur eine **Räumungsfrist** begehrt wurde.

330 Der Widerspruch kann auch wegen Nichtbeachtung der **Schriftform** unwirksam sein. Sie fehlt bei **telegrafischer Übermittlung**[2] und bei Übermittlung (nur) per **Telefax**[3] und per **E-Mail**[4].

331 Wurde der Widerspruch trotz vollständiger und rechtzeitiger Belehrung durch den Vermieter **verspätet** eingelegt, so ist er auf entsprechende **Einrede** des Vermieters unbeachtlich.

332 Der Widerspruch des Mieters ist gem. § 574 Abs. 1 S. 2 BGB unbeachtlich, wenn für den Vermieter ein **Grund zur fristlosen Kündigung** besteht. Dieser kann auch nach Ausspruch der ordentlichen Kündigung entstanden sein[5]. Auf den tatsächlichen Ausspruch der Kündigung kommt es nicht an.

333 Umstritten ist, ob zwischen der tatsächlich ausgesprochenen ordentlichen Kündigung und der möglichen, aber unterlassenen fristlosen Kündigung ein sachlicher und zeitlicher Zusammenhang bestehen muss. Die Vorschrift wird teilweise so ausgelegt, dass sie nur zur Anwendung kommt, wenn die Gründe der ordentlichen Kündigung auch eine fristlose Kündigung gerechtfertigt hätten[6]; teilweise wird der Anwendungsbereich beschränkt auf Kündigungstatbestände, die an Vertragsverletzungen an-

---

1 LG Frankfurt/Main, PE 1998, 346.
2 OLG Karlsruhe, NJW 1973, 1001.
3 Vgl. BGH, NJW 1997, 3169 = MDR 1997, 1006 (allgemein für empfangsbedürftige Willenserklärungen, die der Schriftform bedürfen).
4 KG Berlin, KGR Berlin 2001, 380 = GE 2001, 849.
5 Schmidt-Futterer/*Blank*, § 574 BGB Rz. 12.
6 *Sternel*, Mietrecht, IV Rz. 186.

knüpfen[1]; nach anderer Auffassung genügt das Bestehen jedes beliebigen Grundes zur fristlosen Kündigung[2].

Besteht jedoch ein Kündigungsgrund, sollte die fristlose Kündigung auch tatsächlich ausgesprochen und der Räumungsanspruch ausdrücklich auch auf die fristlose Kündigung gestützt werden. 334

Dies sollte selbst dann geschehen, wenn Zweifel bestehen, ob das Kündigungsrecht nicht schon verwirkt ist. Denn scheitert die an sich begründete Kündigung nur daran, dass sie zu spät ausgesprochen wurde, kann das Bestehen der Kündigungsgründe jedenfalls zum Ausschluss des Kündigungswiderspruchs führen. 335

Auf jeden Fall muss der Kündigungsgrund substantiiert dargelegt und unter Beweis gestellt werden. 336

V. Rechtswahrung des Mieters nach Empfang der Kündigung

1. Beurteilung der Wirksamkeit der Kündigung

Der Zugang einer Kündigung kann der Beginn einer jahrelangen Auseinandersetzung sein, die mit dem rechtskräftigen Abschluss eines Räumungsprozesses oft nicht beendet ist. Obsiegt der Mieter, so wird mancher Vermieter sein Ziel in einem zweiten oder dritten Anlauf weiterverfolgen. Aber auch mit dem Auszug des Mieters muss die Auseinandersetzung nicht zu Ende sein; so kann es über die Abwicklung des Mietverhältnisses (Schönheitsreparaturen, Mängelbeseitigung, Wegnahme von Mietereinrichtungen und vieles mehr) zu einer erneuten und nicht minder langen Auseinandersetzung kommen, die nach vorausgegangenem Räumungsprozess meist härter geführt wird. 337

Es kann aber auch ganz anders kommen: Der Mieter findet schon während des Laufs der Kündigungsfrist andere Miteräume, für die er die gekündigten Räume gern aufgibt. Die unterschiedlichsten Interessenlagen und Beweggründe können zu einem Vergleich (meist Räumungsvergleich) führen. Und es kann auch passieren, dass der Vermieter irgendwann aufgibt, die Kündigung nicht gerichtlich durchzusetzen versucht oder nach verlorenem Prozess sein Ziel der Rückerlangung der Miteräume nicht weiterverfolgt. 338

Bei der ersten Beratung des gekündigten Mieters lässt sich der weitere Ablauf meist nicht vorhersehen; eines aber ist schon jetzt nahezu sicher: Je mehr der Vermieter fürchten muss, mit seiner Kündigung letztlich zu scheitern, umso mehr steigt die Chance des Mieters, sein Interesse durchzusetzen – egal, ob es auf das Verbleiben in den Miteräumen oder auf deren Aufgabe zu möglichst günstigen Bedingungen gerichtet ist. Dies erlaubt 339

---

1 Schmidt-Futterer/*Blank*, § 574 BGB Rz. 11.
2 Staudinger/*Rolfs*, § 574 BGB Rz. 38.

den Schluss: Auch der Mieter, der sich nicht gegen die Vertragsbeendigung wehren will, sollte sich gegen die Kündigung wehren.

340 Die **umfassende Beurteilung** der Wirksamkeit der Kündigung ist deshalb in aller Regel die Grundlage einer effektiven Rechtsverteidigung. Umfassende Beurteilung bedeutet, möglichst alle Angriffspunkte aufzuspüren. Dabei sind all die Punkte zu prüfen, die auch beim Ausspruch der Kündigung zu beachten sind (vgl. oben *Rz. 48 ff.*), aber vielleicht doch nicht beachtet wurden.

Dem oft verunsicherten Mandanten muss erklärt werden,
- dass eine Kündigung stets ernst zu nehmen ist, auch wenn viele Kündigungen sich als unwirksam herausstellen,
- dass der Rechtsanwalt sie deshalb sorgfältig prüfen wird,
- dass dies am Telefon nicht möglich ist,
- dass jedenfalls auch bei wirksamer Kündigung eine Zwangsräumung nur durch den Gerichtsvollzieher vorgenommen werden darf,
- dass dieser nur auf Grund eines in einem Gerichtsverfahren ergangenen Räumungstitels tätig werden kann.

Der Mandant muss ernst genommen werden. Auch wenn das Mietverhältnis erst in einem Jahr enden soll, hat er ein berechtigtes Interesse an einer umgehenden Einschätzung.

341 Umfassende Information des Rechtsanwalts muss sichergestellt werden. Neben dem Kündigungsschreiben muss der vollständige Mietvertrag mit allen Anlagen, allen Änderungen und Nachträgen vorliegen. Auch die gewechselte Korrespondenz vor der Kündigung kann aufschlussreich sein. Anhand dieser Informationen sind zunächst folgende Fragen zu klären:
- Wer ist der Vermieter? (Interessenkollision)
- Wo sind die Mieträume? (Örtliche Zuständigkeit)
- Wohnraum oder Geschäftsraum?
- Kündigung durch Bevollmächtigten? (unverzügliche Zurückweisung wegen Vollmachtlosigkeit)
- Wann wurde zu welchem Termin gekündigt?

2. Entwicklung eines Verteidigungskonzeptes

342 Erst wenn größtmögliche Klarheit über die Wirksamkeit der Kündigung besteht, kann ein realistisches Verteidigungskonzept entwickelt werden.

Die wirksame Kündigung verpflichtet den Mieter gem. § 546 Abs. 1 BGB, die Mietsache zum Vertragsende zu räumen und an den Vermieter herauszugeben. Insbesondere bei fristloser Kündigung ist die Erfüllung dieser Pflicht meist gar nicht möglich. Die Rechtsprechung behilft sich deshalb damit, dass sie dem Mieter eine sog. „**Ziehfrist**" zubilligt. Hat der Mieter die Mieträume innerhalb einer angemessenen Frist geräumt und herausgegeben, so fallen dem Vermieter die Kosten der schon vor Herausgabe erhobenen Räumungsklage zur Last[1]. Die fristgerechte Herausgabe kann auch daran scheitern, dass der Mieter die Mietsache zuvor in den vertragsgemäßen Zustand zu versetzen hat. Aber auch, wenn dem Mieter ein pflichtgemäßes Verhalten möglich wäre, kann es angesichts der Folgen einer meist unerwarteten Vertragsbeendigung nicht zumutbar sein.

Auch die Schutzvorschriften bei der Wohnraummiete bieten nur einen begrenzten Schutz. Ein rundum pflichtgemäßes Verhalten des Mieters kann mit so erheblichen Beschwernissen und Nachteilen verbunden sein, dass meist pragmatisch der **Weg des geringsten Nachteils** beschritten werden muss.

Um den geringsten Nachteil zu ermitteln, muss die anwaltliche Beratung die Feststellung aller bei Rückgabe fälligen Mieterpflichten und der daraus folgenden **Abwicklungskosten** einschließen.

➲ **Hinweis:**
Dies führt zu einer Erweiterung des Beratungsgegenstandes; die Gebührenfolgen müssen mit dem Mandanten abgesprochen werden. Zu Rechtsschutzfragen *Rz. 350*.

Ein für den Mandanten wesentlicher Gesichtspunkt können auch die **Folgekosten** der Räumung sein, insbesondere die künftig zu erwartende höhere oder geringere Miete.

Nur eine umfassende Beurteilung der Rechtslage ermöglicht es, **Prioritäten** zu setzen.

a) Vereinbarung über Vertragsfortsetzung

Vereinbarungen zwischen Mieter und Vermieter anlässlich einer Kündigung sind meist Räumungsvergleiche. Manchmal erreicht ein Mieter aber auch durch Verhandlungen, dass der Vermieter die Kündigung nicht weiterverfolgt und der Vertrag – u.U. zu geänderten Bedingungen – fortgesetzt wird. Eine Verhandlungsbasis besteht immer dann, wenn es dem Vermieter weniger darum geht, sich von dem Mieter zu trennen, als sich von lästigen Pflichten oder dürftigen Rechten zu lösen, also in den Fällen, in denen er, wenn es rechtlich möglich gewesen wäre, eine Änderungskündigung ausgesprochen hätte. Hier lässt sich manchmal das Mietverhältnis retten, wenn der Mieter anbietet, auf eine für den Vermieter besonders ärgerliche Vereinbarung im Falle der Vertragsfortsetzung künftig zu verzichten.

343

Typische Fälle sind z.B.
- die Erhöhung einer geringen Miete,
- die Änderung einer schwer zu handhabenden Betriebskostenvereinbarung,
- die Herausgabe von Nebenräumen oder sonstigen Bestandteilen der Mietsache.

---

1 Vgl. etwa LG Baden-Baden, WuM 1996, 473; LG Potsdam, MM 2005, 75.

b) Vereinbarung über Vollstreckungsverzicht

343a   Mancher Vermieter, der wegen Vertragsverletzungen fristlos oder ordentlich gekündigt hat, ist bereit, aus sozialen Gründen und/oder zur Vermeidung von Kosten auf die Vollstreckung eines Räumungstitels unter der Voraussetzung zu verzichten, dass sich die beanstandeten Vertragsverletzungen nicht wiederholen. Ein typischer Fall ist derjenige der nicht mehr heilbaren fristlosen Wohnraumkündigung wegen Zahlungsverzuges (§ 569 Abs. 3 Nr. 2 S. 2 BGB). Hier geht es dem Vermieter oft primär darum, rasch und kostengünstig einen Räumungstitel zu erlangen. Das Interesse an der Vollstreckung schwindet jedoch, wenn und solange die Miete bzw. Nutzungsentschädigung wieder pünktlich und regelmäßig eingeht. Allerdings darf die Vereinbarung eines bedingten Vollstreckungsverzichts nicht dazu dienen, mietrechtliche Schutzvorschriften zu umgehen[1].

Ein Zeit- und Kostenvorteil ergibt sich für den Vermieter vor allem dann, wenn – u.U. schon vor Klageerhebung – vereinbart werden kann, dass der Mieter im Gegenzug zu einem bedingten Vollstreckungsverzicht des Vermieters den Räumungsanspruch anerkennt oder Versäumnisurteil ergehen lässt. Eine solche Vereinbarung kann etwa so aussehen:

Vereinbarung über Vollstreckungsverzicht

1. Die Parteien sind sich einig, dass das Mietverhältnis über die Wohnung (...) durch die fristlose Kündigung des Vermieters vom 5.9.2006 mit ihrem Zugang beim Mieter am 7.9.2006 geendet hat.

2. Der Mieter verpflichtet sich, nach Zustellung der Räumungsklage (oder: im laufenden Räumungsrechtsstreit) den Räumungsanspruch gegenüber dem Gericht unverzüglich anzuerkennen (oder: sich nicht gegen den Räumungsanspruch zu verteidigen und Versäumnisurteil ergehen zu lassen).

3. Im Gegenzug verpflichtet sich der Vermieter, aus dem nach Ziff. 2 dieser Vereinbarung ergehenden Räumungsurteil die Zwangsvollstreckung so lange nicht zu betreiben, wie der Mieter die laufende Nutzungsentschädigung in Höhe der bisherigen Miete (oder: in Höhe der ortsüblichen Miete von ... Euro) vollständig und pünktlich bis zum 3. Werktag eines Monats im Voraus entrichtet.

4. Gibt der Mieter bis zum Ablauf des 7.9.2008 (2 Jahre nach Wirksamwerden der Kündigung) keinen Anlass zu einer nach dieser Vereinbarung berechtigten Räumungsvollstreckung, so tritt der bisherige Mietvertrag zwischen den Parteien ab 8.9.2008 automatisch wieder in Kraft. Die Rechte und Pflichten der Parteien bestimmen sich dann so, als hätte das Mietverhältnis ohne Unterbrechung fortbestanden).

---

1 LG Köln, WuM 1991, 673.

Die Regelung in Ziff. 4 S. 1 orientiert sich einerseits an der Zweijahresfrist von § 569 Abs. 3 Nr. 2 S. 2 BGB und soll im Übrigen eine unabsehbare Dauer der Vertragslosigkeit vermeiden. Außerdem wäre nach längerem Zeitablauf zweifelhaft, ob die Zwangsvollstreckung noch zulässig ist[1]. Durch Ziff. 4 S. 2 der Regelung sollen Komplikationen bei der Fortführung des Vertrags (Berechnung der Kappungsgrenze und der Kündigungsfrist des Vermieters) vermieden werden.

c) Verzögerung der Räumung

344 Auch wenn das Haupt- oder Hilfsziel des Mieters darin besteht, den Verlust der Mieträume möglichst lange hinauszuzögern, sollte schon bei der ersten Beratung besprochen werden, was dabei zu tun und zu beachten ist. Vor allem muss einer vorzeitigen Klageerhebung entgegengewirkt werden. Zunächst ist alles zu unterlassen, was die **Besorgnis der Nichterfüllung** als Voraussetzung einer Klage auf künftige Räumung gem. § 259 ZPO begründen könnte (vgl. dazu *Rz. 312 ff.*). Denn ist die Klage einmal erhoben, gerät der Mieter in ein Dilemma: Beschränkt er sich auf den Einwand der Unzulässigkeit, riskiert er die Verurteilung, wenn das Gericht die Klage als zulässig betrachtet. Erhebt er Einwendungen gegen den Räumungsanspruch, führt er damit die Besorgnis der Nichterfüllung herbei.

345 Zu vorzeitiger Klageerhebung kann es auch durch **falsche Berechnung der Kündigungsfrist** kommen. Berechnungsfehler kommen oft dadurch zustande, dass bei Verträgen mit automatischer Verlängerung aus der Zeit vor dem 1.9.2001 übersehen wird, dass immer nur zu bestimmten Terminen gekündigt werden kann. Denn diese Verträge genießen nach der Rechtsprechung des BGH – jedenfalls im Hinblick auf die Kündigungstermine – weiterhin Bestandsschutz nach Art. 229 § 3 Abs. 3 EGBGB[2]. Handelt es sich nur um wenige Monate, kann es passieren, dass zwar die Klage verfrüht erhoben wird, die mündliche Verhandlung jedoch erst nach Ablauf der richtig berechneten Frist anberaumt wird, so dass der Vermieter sich sozusagen aus Versehen einen Zeitgewinn verschafft hat. Es kann deshalb sinnvoll sein, den Vermieter umgehend auf den Fehler hinzuweisen, um ihn von der verfrühten Klageerhebung abzuhalten.

Mieteranwalt an Vermieter

Mein Mandant hat mir Ihre mit Schreiben vom 23.9.2005 zum 30.6.2006 ausgesprochene Kündigung vorgelegt. Zu der Kündigung selbst kann ich gegenwärtig noch nicht Stellung nehmen. Ich möchte jedoch vorab um Überprüfung des von Ihnen zugrunde gelegten Kündigungstermins bitten. Der Mietvertrag besteht seit 1.4.1997. Er sieht eine Befristung auf 5 Jahre (bis 31.3.2002) vor

---

[1] OLG Hamm, WuM 1981, 257 = NJW 1982, 341; dazu Anm. *Lammel*, WuM 1982, 123.
[2] BGH, WuM 2005, 465 = MDR 2005, 1100.

und danach die automatische Verlängerung um je 1 Jahr, falls er nicht mit der jeweils gültigen Frist gekündigt wird. Nach einer Wohndauer von mehr als 8 Jahren beträgt die Kündigungsfrist nunmehr 9 Monate. Da sie bis zum nächsten Kündigungstermin am 31.3.2006 nicht mehr gewahrt ist, verlängert sich das Mietverhältnis erneut um 1 Jahr bis zum 31.3.2007. Erst zu diesem Termin kann eine am 23.9.2005 ausgesprochene Kündigung deshalb wirken. Eine vorher erhobene Räumungsklage müsste vom Gericht als unzulässig abgewiesen werden.

Im Übrigen sollten auch die Möglichkeiten des § 93b ZPO beachtet werden (vgl. dazu *C Rz. 391*).

d) Vermeidung einer Räumungsklage

346 Will der Mieter eine Räumungsklage vermeiden oder zumindest Kosten sparen, so müssen umgehend **Verhandlungen** mit der Vermieterseite aufgenommen werden. Eile ist vor allem bei einer fristlosen Kündigung geboten. Zunächst muss dem Mandanten ein realistisches Bild seiner Situation vermittelt werden. Dann ist zu überlegen, welche **Angebote** dem Vermieter gemacht werden können.

347 Wenn es dem Vermieter primär um möglichst rasche und unkomplizierte Räumung geht, dann kann ihm vorgerechnet werden, wie viel Zeit ein streitiger Prozess in Anspruch nehmen wird und welchen **Zeitgewinn** es ihm bringt, wenn der Mieter den Räumungsanspruch anerkennt. Der Vermieter vergibt sich nichts, wenn er dem Mieter z.B. im Gegenzug zum **Anerkenntnis seiner Räumungsverpflichtung** 3 Monate Räumungsfrist gibt. Zieht der Mieter dann doch nicht aus und muss der Vermieter dann doch klagen, so holt er die verlorene Zeit spielend wieder auf, weil der Mieter schon auf alle Einwendungen verzichtet hat und eine Beweisaufnahme nicht mehr notwendig ist. Dies schont die Nerven und spart Geld.

Wenn dem Vermieter dies nicht genügt, kann z.B. vereinbart werden, dass der Vermieter Klage erhebt mit dem Antrag auf Räumung und Herausgabe zu dem Zeitpunkt, der vorgerichtlich ausgehandelt wurde, und der Mieter anerkennt oder Versäumnisurteil ergehen lässt.

Hat der Mieter die finanziellen Möglichkeiten, kann er auch im Gegenzug zur Gewährung einer Räumungsfrist eine **erhöhte Nutzungsentschädigung** anbieten und für weitere zwei Monate Räumungsfrist seinen nützlichen Einbauschrank in der Diele unentgeltlich zurücklassen.

348 Was auch immer zur Vermeidung oder Minimierung der gerichtlichen Auseinandersetzung ausgehandelt wird, es sollte dabei versucht werden, auch alle anderen Abwicklungsfragen im Paket zu regeln, damit nicht noch ein Jahr später über Betriebskostenforderungen gestritten werden muss.

e) Weitere nützliche Überlegungen

Es gibt Fälle, in denen eine ursprünglich wirksame Kündigung wegen veränderter Verhältnisse nicht weiterverfolgt werden darf (vgl. *Rz. 188 ff.*). In manchen Fällen lohnt es sich deshalb, dem Mandanten zu raten, **Nachforschungen** anzustellen, ob der Kündigungsgrund noch besteht. Dies gilt insbesondere bei Eigenbedarfskündigungen mit langer Kündigungsfrist, wenn der Vermieter z.B. wegen bevorstehender Heirat eines Kindes die Freimachung der Wohnung verlangt. Hier kann sich die Situation ergeben, dass das junge Paar nicht mehr länger zuwarten will und sich anderweitig mit Wohnraum versorgt. Wird vor Ablauf der Kündigungsfrist eine Alternativwohnung im gleichen Haus frei, kann dies zum Wegfall des Eigenbedarfs führen oder eine Anbietpflicht des Vermieters auslösen. 349

Die Rechtverteidigung des Mieters kann entweder darauf gerichtet sein, das Mietverhältnis aufrechtzuerhalten oder es möglichst günstig zu beenden.

Die **Erörterung der möglichen Entwicklungen** der Auseinandersetzung ist für den Mandanten oft erforderlich, um für sich selbst Klarheit zu gewinnen. Der Mandant muss nicht nur wissen, dass er gute Erfolgsaussichten hat, sondern auch, mit welchen finanziellen und sonstigen Belastungen er zu rechnen hat, wenn er wider Erwarten doch unterliegt. Deshalb sollte ihm das Prozesskostenrisiko anschaulich vor Augen geführt werden. So können z.B. bei einer monatlichen Nettomiete von 800 Euro in zwei Instanzen bei durchgeführter Beweisaufnahme Prozesskosten von 7500 Euro entstehen. Die Herstellung des bei Rückgabe geschuldeten Zustandes der Mieträume kann in glücklichen Fällen gar nichts kosten, es kann aber auch ein weiterer Betrag in der Größenordnung von 7500 Euro anfallen. Bei niedriger Miete dagegen kann sich selbst ein verlorener Prozess noch auszahlen, wenn der Mieter mit jedem Monat zusätzlicher Wohndauer gegenüber der für eine Ersatzwohnung zu erwartenden Miete Geld spart.

Bei den Überlegungen sollte nicht vergessen werden, dass jeder über die Kündigung oder den Räumungsanspruch hinausgehende Gegenstand zu einer **Erhöhung der Gebühren** zumindest im Rahmen der Beratung führt. Bei rechtsschutzversicherten Mandanten (vgl. dazu *B Rz. 29 ff.*) ergeben sich insoweit häufig Schwierigkeiten, weil sich die Deckungszusage des **Rechtsschutzversicherers** für die Beratung und Vertretung anlässlich einer Kündigung nicht auf die Beratung und Vertretung zu Abwicklungsfragen bezieht, sofern nicht auch insoweit ein Versicherungsfall vorliegt. So ist z.B. bei einem außergerichtlichen Räumungsvergleich, der die Abgeltung unstreitig fälliger Schönheitsreparaturen durch die Überlassung der Einbauküche des Mieters vorsieht, die Gebührendifferenz zwischen Kündigungsstreitwert und Gesamtstreitwert vom rechtsschutzversicherten Mandanten selbst zu tragen. Hierüber muss er vorher aufgeklärt werden. 350

3. Kündigungswiderspruch gem. § 574 BGB

351 Die gemeinhin als **Sozialklausel** bezeichnete Vorschrift soll besonderen Härten durch eine begründete Wohnraumkündigung begegnen. Sie soll im geltenden System des Wohnraumkündigungsschutzes ein Gegengewicht zum berechtigten Interesse des Vermieters bilden. Ihr Verhältnis zu § 573 BGB wurde erst durch den grundlegenden Rechtsentscheid des BGH vom 20.1.1988[1] eindeutig geklärt:

Liegen die Voraussetzungen einer befristeten Verlängerung des Mietverhältnisses vor, so kommt nach dem Wortlaut der §§ 574, 574a BGB und dem systematischen Verhältnis dieser Vorschriften zu § 721 ZPO die Gewährung einer Räumungsfrist nicht in Betracht[2].

352 Während die Berechtigung des Kündigungsinteresses gem. § 573 BGB, also die Vernünftigkeit des Erlangungswunsches des Vermieters, allein aus dessen Interessenlage zu beurteilen ist, eröffnet die Sozialklausel – allerdings nur auf den Widerspruch des Mieters – die Berücksichtigung **besonderer Härten** bei dem Mieter und ihre Abwägung gegen das berechtigte Interesse des Vermieters.

353 Zu dieser Abwägung kommt es nur, wenn das Gericht in einem ersten Prüfungsschritt ein berechtigtes Interesse des Vermieters festgestellt hat und damit dem Räumungsanspruch an sich stattzugeben wäre. Ist dies nicht der Fall, geht der Widerspruch ins Leere. Kommt er hingegen zum Zuge und ergibt die Abwägung, dass die Interessen des Mieters überwiegen, so ordnet das Gericht die **Fortsetzung des Vertrags** an, und zwar so lange, „wie dies unter Berücksichtigung aller Umstände angemessen ist", § 574a Abs. 1 S. 1 BGB. Schon aus dieser gesetzlichen Systematik wird deutlich, dass die Sozialklausel eine **Ausnahmevorschrift** ist.

Für die Interessenabwägung ist auf den Zeitpunkt der **letzten mündlichen Verhandlung** im Räumungsprozess abzustellen. Ist das berechtigte Interesse des Vermieters nachträglich entfallen und hatte der Mieter der Kündigung aus Härtegründen widersprochen, so überwiegt sein Bestandsinteresse, so dass die Fortsetzung des Mietverhältnisses anzuordnen ist[3].

354 Die Vorschrift findet Anwendung auf die **Kündigung der Vermieters von Wohnraum** und zwar auf die

- ordentliche Kündigung wegen berechtigter Interessen gem. § 573 Abs. 1 und 2 BGB (Generalklausel, Pflichtverletzungen, Eigenbedarf, Verwertungskündigung),
- Teilkündigung von Nebenräumen gem. § 573b BGB,
- Kündigung der Einliegerwohnung gem. § 573a BGB[4],
- außerordentliche befristete Kündigung (Sonderkündigungsrechte).

---

1 BGH, BGHZ 103, 91 = WuM 1988, 47.
2 *Blank*, WuM 2008, 14.
3 *Blank*, NJW 2006, 739.
4 OLG Hamm, WuM 1992, 230 = MDR 1992, 868.

Sie findet **keine Anwendung** 355
- bei Kündigung durch den Mieter,
- bei Vorliegen eines Grundes zur fristlosen Kündigung (auch wenn nur ordentlich gekündigt wurde), § 574 Abs. 1 S. 2 BGB,
- auf das vertragsgemäße Ende des Zeitmietvertrages gem. § 575 BGB und § 564c Abs. 2 BGB a.F.

Der **Schutzbereich** der Norm erfasste schon nach altem Recht auch die Familienangehörigen des Mieters und wurde durch die Reform auf sonstige Angehörige seines Haushalts erweitert. 356

Fälle, in denen ein **Fortsetzungsanspruch bejaht** wurde, sind z.B.: 357
- **Aids-Erkrankung** des Lebensgefährten des Mieters[1],
- Vermeidung eines Zwischenumzugs[2] und damit verbundenen Schulwechsels von Kindern (befristete Fortsetzung)[3],
- **Pflegebedürftigkeit** des betagten Mieters[4],
- starke Verwurzelung des betagten Mieters durch **lange Wohndauer** (34 Jahre[5], über 60 Jahre[6]),
- **hohes Alter** (89½ Jahre), 80 % **Schwerbehinderung**, 20 Jahre Mietdauer[7]; hohes Alter (81 und 82 Jahre) und schwere Krebserkrankung[8]; hohes Alter und schwere körperliche Beeinträchtigung, die eine Orientierung in neuer Umgebung unmöglich machen würden[9],
- **Suizidgefahr** bei psychisch krankem Mieter[10], nicht jedoch, wenn sie beherrschbar ist (z.B. auch durch stationäre Unterbringung), Mieter jedoch Behandlung ablehnt[11]; die verfassungsrechtlichen Grundsätze der Berücksichtigung einer drohenden Gefahr schwerer Gesundheitsschäden im Vollstreckungsschutzverfahren gem. § 765a ZPO[12] gelten auch für die materiell-rechtliche Härteprüfung gem. § 574 BGB[13],

---

1 LG Hamburg, NJW 1997, 2761.
2 LG Köln, WuM 1997, 46 = NJW-RR 1997, 1098.
3 AG Dortmund, WuM 2004, 210 = NZM 2004, 499.
4 LG Wuppertal, WuM 1995, 654.
5 LG Hamburg, WuM 1995, 439; ähnlich LG Berlin, MM 1994, 101.
6 LG Gera, WuM 2000, 35.
7 LG Essen, NZM 1999, 954 = ZMR 1999, 713; LG Köln in *Lützenkirchen*, KM 8 Nr. 8; zu ähnlichen Fällen vgl. LG Bremen, WuM 2003, 333.
8 BGH, ZMR 2005, 843.
9 KG Berlin, MietRB 2004, 285 = KGR Berlin 2005, 37; AG Witten, Urt. v. 20.10.2006 – 2 C 768/06, ZMR 2007, 43.
10 LG Berlin, MM 1994, 327.
11 LG Bonn, NZM 2000, 331 = NJW-RR 2000, 8.
12 BVerfG, BVerfGE 84, 345 = WuM 1992, 5; BVerfG, WuM 1992, 6 = MDR 1992, 412.
13 BVerfG, WuM 1993, 172 = ZMR 1993, 211.

- keine Möglichkeit zur Anmietung einer **Ersatzwohnung** zu angemessenen Bedingungen (Verlängerung um 1½ Jahre)[1],
- Fehlende **Ersatzwohnung** für fünfköpfige, ausländische, farbige Familie mit geringem Einkommen (Verlängerung des Mietverhältnisses um 2 Jahre)[2],
- keine **Ersatzwohnung** für Sozialhilfeempfänger[3],
- **Diabetes** mit Bluthochdruck, offenen Beinen und Augenerkrankung[4].

358 Fälle, in denen ein **Fortsetzungsanspruch verneint** wurde, sind z.B.:
- **ALG-II-Bezug** ist für sich genommen keine besondere Härte[5],
- **Fehlender Ersatzwohnraum**, wenn der Mieter nicht darlegt, welche Bemühungen er unternommen hat, um eine andere Wohnung zu finden[6]; nur in Fällen der Gefahr für Leben und Gesundheit kann gleichwohl eine sittenwidrige Härte vorliegen[7],
- **schwierige Wohnungssituation** in einer bestimmten Gemeinde (für sich genommen keine besondere Härte)[8],
- Vermieter hat dem Mieter geeigneten **Ersatzwohnraum** angeboten[9],
- lange **Mietdauer**, hohes **Alter** des Mieters und seine **Verwurzelung** in der Nachbarschaft begründen für sich genommen keine besondere Härte[10], auch nicht bei Wohndauer von mehr als 40 Jahren[11],
- **Pflegebedürftigkeit** des Mieters, wenn sein Gesundheitszustand die Fortführung des Mietverhältnisses objektiv unrealistisch erscheinen lässt[12],
- **endogene Depression** (bei unbewiesener Unzumutbarkeit des Umzugs)[13],
- eingeschränkte körperliche Leistungsfähigkeit (keine besondere Härte, wenn hierin keine Hinderungsgründe für den Umzug liegen[14]).

Beruft sich der Mieter darauf, dass angemessener Ersatzwohnraum zu zumutbaren Bedingungen nicht beschafft werden kann, muss er darlegen und beweisen, dass er alle zumutbaren Schritte unternommen hat, um eine Ersatzwohnung zu beschaffen (Zeitungsinserate, Makler)[15].

---

1 LG Hamburg, WuM 1994, 683; ähnlich LG Hannover, WuM 1994, 430.
2 AG Stuttgart, Urt. v. 11.7.2003 – 30 C 600/03, WuM 2007, 91.
3 LG Düsseldorf, WuM 1992, 371.
4 LG Köln in *Lützenkirchen*, KM 8 Nr. 5.
5 AG Aschaffenburg, Urt. v. 22.3.2007 – 15 C 2582/06, WuM 2007, 460.
6 OLG Köln, WuM 2003, 465 = OLGR Köln 2003, 164.
7 OLG Frankfurt/Main, WuM 1993, 746.
8 LG Berlin, GE 1993, 1219.
9 LG Waldshut-Tiengen, WuM 1993, 349.
10 LG Berlin, MM 1999, 351.
11 OLG Köln, WuM 2003, 465 = OLGR Köln 2003, 164.
12 BVerfG, WuM 1994, 254.
13 LG Hamburg, NJW-RR 1994, 204.
14 LG Frankfurt/Main, PE 2001, 55.
15 LG Berlin, MM 1999, 351.

359 Das Gericht kann als Bedingung der befristeten Vertragsfortsetzung eine **Mieterhöhung** anordnen, und zwar auch rückwirkend auf den Zeitpunkt des Ablaufs der Kündigungsfrist[1].

Eine befristete Vertragsfortsetzung ist bei Vorliegen der Voraussetzungen von § 574a Abs. 1 BGB vom Gericht auch dann auszusprechen, wenn die Möglichkeit der Gewährung einer **Räumungsfrist** besteht[2].

VI. Gerichtliche Rechtsverteidigung des Mieters

1. Allgemeine und taktische Überlegungen

a) Einschätzung der Erfolgsaussichten

360 Während sich auf eine unwirksame Kündigung keine erfolgversprechende Räumungsklage stützen lässt, folgt umgekehrt aus der (ursprünglichen) Wirksamkeit der Kündigung nicht stets die Erfolgsaussicht der Räumungsklage. Maßgeblich für die Beurteilung der Wirksamkeit der Kündigung ist der Zeitpunkt des **Zugangs der Kündigungserklärung**. Für die Begründetheit der Räumungsklage ist der Zeitpunkt der **letzten mündlichen Verhandlung** entscheidend. Dazwischen liegt oft ein Zeitraum von mehr als einem Jahr, manchmal sogar mehrere Jahre.

In all den Fällen, in welchen die Kündigung einer Begründung bedarf und die Gründe bis zur letzten mündlichen Verhandlung fortdauern müssen, wächst mit dem Abstand der beiden maßgeblichen Zeitpunkte die Wahrscheinlichkeit, dass die Kündigung sich nicht mehr durchsetzen lässt, weil die Verhältnisse sich geändert haben.

b) Aktive Verbesserung der Erfolgsaussichten

361 Die rechtliche Überprüfung einer **Wohnraumkündigung** endet oft mit dem Fazit: Wenn die Behauptungen im Kündigungsschreiben zutreffen, dann ist die Kündigung wahrscheinlich begründet. Ob die Behauptungen zutreffen, wird sich in der Beweisaufnahme zeigen. Bis dahin wird der Anwalt pflichtgemäß alles mit Nichtwissen bestreiten. Dies kann genügen, um den Prozess zu gewinnen, aber oft ist es zu wenig.

Folgende Fragen sollten erörtert werden:
– Waren die Kündigungsgründe bei Ausspruch der Kündigung zutreffend?
– Sind sie auch jetzt noch zutreffend?
– Bestehen Anhaltspunkte, dass sich demnächst Änderungen ergeben?
– War die Kündigung rechtsmissbräuchlich?
– Ist die Durchsetzung des Räumungsanspruchs rechtsmissbräuchlich?
– Könnte sich demnächst ein Missbrauchstatbestand ergeben?

---

1 LG Heidelberg, WuM 1994, 682.
2 LG Stuttgart, WuM 1991, 347.

362 Bekanntlich kommt es vor, dass **Kündigungsgründe unzutreffend** sind. Die Bandbreite reicht vom Versehen über den selektiven Vortrag, bei dem zwar nichts Falsches behauptet, aber angedeutet wird, bis zum handfesten Betrug.

Bestehen Anhaltspunkte dafür, so sollte mit dem Mandanten erörtert werden, ob eine **Überprüfung der Kündigungsgründe** angestellt werden soll. Zunächst ist zu klären, ob der Mandant dies will und wie weit er dabei gehen will. Dabei ist zu erörtern, welche Behauptungen entscheidungserheblich sind und welche Beweise erforderlich sind, um sie zu widerlegen. Es ist nicht Aufgabe des Rechtsanwalts, den Mandanten zu Detektivarbeiten anzuleiten oder sich gar in solchen selbst zu versuchen, sondern ihm Hinweise zu geben, welche Informationen wichtig sind und welche nicht, welche Beweisführung erfolgversprechend ist und welche nicht.

Bestehen Anhaltspunkte für **falschen Vortrag**, sollte der Mandant zur Überprüfung ermuntert werden. Es sollte ihm klar gemacht werden, dass auch ein gewisser Aufwand lohnend sein kann, wenn dadurch die Erfolgschancen im Prozess verbessert werden können. Spricht z.B. einiges dafür, dass die Wohnsituation und die persönlichen Verhältnisse der in Kalifornien lebenden Bedarfsperson falsch dargestellt sind und die Widerlegung prozessentscheidend sein kann, dann kann sich der Aufwand einer Überprüfung vor Ort für den Mandanten durchaus lohnen. Dies gilt erst recht, wenn der Vermieter in der näheren Umgebung wohnt.

363 Auch sollte der Mandant die Insertionen in der Tagespresse und im Internet verfolgen. Oftmals unternehmen Vermieter nämlich (vorschnell) Testanzeigen, um den Markt für eine spätere Weitervermietung zu ergründen.

c) Hilfsziele

aa) Zeitgewinn

364 Die wesentlichen **taktischen Entscheidungen** des Mieteranwalts sind schon vor Zustellung der Räumungsklage gefallen (keine Stellungnahme zur Kündigung, Hinweis auf falsche Berechnung der Kündigungsfrist, Ausschöpfung der Frist zum Widerspruch gem. § 574 BGB).

Im Prozess gilt es, den Spielraum zu nutzen, der zwischen einer effektiven Ausschöpfung der Beklagtenrechte und einer missbräuchlichen Verfahrensverschleppung liegt.

Da die **Verfahrensdauer** entscheidend davon abhängt, ob es zu einer Beweisaufnahme kommt oder nicht, darf dem Kläger der Beweis der anspruchsbegründenden Tatsachen nicht erlassen werden. Der Mieter muss also alle **Tatsachenbehauptungen bestreiten**, deren Richtigkeit ihm nicht mit Gewissheit bekannt ist. Dies gilt auch für Behauptungen, die plausibel erscheinen, weil sie z.B. der Lebenserfahrung entsprechen. Denn zu der besonderen Berufserfahrung des Anwalts gehört unter anderem die Erkenntnis, dass der Mensch sich oft unplausibel und unvernünftig verhält und dass Erfahrungssätze durch die Wirklichkeit zwar oft bestätigt, aber nicht selten auch widerlegt werden.

bb) Abschluss eines Räumungsvergleichs

Dieses Thema sollte stets mit dem Mandanten erörtert werden; denn angesichts der in § 278 Abs. 1 ZPO ausgesprochenen Empfehlung ist zu erwarten, dass das Gericht die Frage nach einem Vergleich stellt. Darauf sollten Anwalt und Mandant vorbereitet sein und die Antwort – egal wie sie lautet – parat haben. Schon vor der ersten mündlichen Verhandlung sollte eine vorläufige Entscheidung getroffen sein, ob und zu welchen Bedingungen ein Vergleich in Betracht kommt und welches der geeignete Zeitpunkt zum Vergleichsschluss ist.

365

Wer einen Vergleich will oder jedenfalls ernsthaft in Betracht zieht, sollte **zielstrebig darauf hinarbeiten**. Die erstrebten Regelungen sollten möglichst schon vor der Verhandlung inhaltlich feststehen und dem Mandanten erläutert worden sein. Da der Vergleich immerhin auch ein Vertrag ist, sollten die Formulierungen weder dem Zufall noch der Hilfestellung des Gerichts überlassen werden. Dies gilt umso mehr, als ein Räumungsvergleich sowohl für den Wohnungsmieter als auch den Geschäftsraummieter weitreichende und bisweilen existentielle Folgen haben kann.

Die **richtige Taktik** lässt sich immer nur im Einzelfall bestimmen und ist nicht von den beteiligten Personen zu trennen. Eine Überlegung dürfte jedoch allgemein gelten: Eine konsequente Rechtsverteidigung ist immer auch eine gute Vorbereitung für einen Vergleich. Da dieser sich nicht erzwingen lässt, sollte der Prozess bis zum Vergleichsschluss so geführt werden, als gelte es, ihn zu gewinnen. Wer kurz davor steht, ihn zu gewinnen, hat auch eine gute Position für Vergleichsverhandlungen.

Eine interessengerechte Beratung des auf Räumung verklagten Mieters erfordert jedoch weit mehr als die „richtige" Einschätzung der Erfolgsaussichten und die optimale Vergleichsstrategie. Denn die Gründe, die für einen Vergleich sprechen können, beschränken sich nicht auf die Ungewissheit über die Wirksamkeit einer bestimmten Kündigung (oder eines bestimmten sonstigen Beendigungstatbestands). **Auch bei guter Erfolgsaussicht** können vielfältige Gründe für einen Vergleichsschluss sprechen:

- Der nicht rechtsschutzversicherte Mandant scheut das Kostenrisiko im Falle seines (nicht auszuschließenden) Unterliegens durch 2 Instanzen.
- Der Mandant empfindet die gerichtliche Auseinandersetzung als so belastend, dass er sie nach Möglichkeit abkürzen will.
- Es ist zu erwarten, dass der Vermieter nach verlorenem Prozess nicht aufgeben wird und so lange erneut kündigt und klagt, bis er obsiegt.
- Der Mandant war ohnehin schon zur Aufgabe der Mieträume entschlossen, oder es fällt ihm leicht, diesen Entschluss nun zu fassen.

2. Verteidigung gegen die Räumungsklage

a) Formelle Einwendungen gegen die Klage

Ist die Klage auf **künftige Räumung** gerichtet, so ist die Besorgnis der Nichterfüllung zu prüfen (vgl. *Rz. 312 ff.*).

366

367 Wird während des Verfahrens der Räumungsausspruch auf eine **weitere Kündigung** gestützt, so liegt nach h.M. eine **Klageänderung** gem. § 263 ZPO vor, die nur zulässig ist, wenn der Beklagte einwilligt oder das Gericht sie für sachdienlich hält. Obwohl eine konkludente Einwilligung nur in Ausnahmefällen in Betracht kommt, sollte der Klageänderung ausdrücklich widersprochen werden. Da das Gericht über die Sachdienlichkeit u.U. erst im Endurteil entscheidet, muss in der Regel gleichwohl auf den neuen Vortrag erwidert werden. Gleichzeitig kann es jedoch sinnvoll sein, Ausführungen zur fehlenden Sachdienlichkeit zu machen.

Schriftsatz des Mieteranwalts

Soweit die Klage nunmehr auch auf die nach Klageerhebung ausgesprochene Kündigung vom 1.2.2010 gestützt wird, liegt eine Klageänderung vor. Diese ist unzulässig, da ihr der Beklagte hiermit widerspricht und da sie auch nicht sachdienlich ist. Der Kläger führt durch die weitere Kündigung nämlich völlig neuen Streitstoff in das Verfahren ein. Aus der nachfolgenden vorsorglichen Stellungnahme des Beklagten ergibt sich, dass der neue Vortrag des Klägers bestritten wird und hierüber Beweis zu erheben wäre.

---

368 Häufiger Einwand ist auch das Fehlen der **Prozessführungsbefugnis** oder der **Aktivlegitimation**. Fehler auf Klägerseite ergeben sich meist, wenn eine **Rechtsänderung** auf Vermieterseite stattgefunden hat, gerade im Gange ist oder bevorsteht.

369 **Typische Fälle** sind:
- Erwerber hat vor Eigentumsübergang (Eintragung im Grundbuch) gekündigt.
- Von mehreren Miteigentümern klagt nur einer.
- Durch Umwandlung in Wohnungseigentum und anschließende Veräußerung kann es vorkommen, dass mitvermietete Nebenräume (Keller, Mansarde, Garage) weder im Alleineigentum noch im Miteigentum des neuen Wohnungseigentümers stehen, weil sie durch die Teilungserklärung einer anderen Wohnung zugeordnet sind. In diesem Falle werden beide Eigentümer gemeinsam Vermieter[1]. Nur wenn der Nebenraum Gemeinschaftseigentum geworden ist, wird der Erwerber der Wohnung alleiniger Vermieter von Wohnung und Nebenraum[2].
- Eigentümer hat durch Anordnung der Zwangsverwaltung die Prozessführungsbefugnis verloren[3].
- Hausverwalter ist nicht zur Prozessführung in gewillkürter Prozessstandschaft befugt, weil ihm ein eigenes schutzwürdiges Interesse an

---

1 BGH, WuM 2005, 790 = ZMR 2006, 30.
2 BGH, BGHZ 141, 239 = MDR 1999, 985.
3 LG Berlin, MM 1996, 32.

der Prozessführung fehlt[1]. Soweit er sich auf eine Generalermächtigung stützt, kann diese gem. § 134 BGB wegen Verstoßes gegen das Rechtsdienstleistungsgesetz nichtig sein[2].

b) Einwand fortdauernden Besitzrechts

aa) Keine wirksame Kündigung

(1) Formelle Einwendungen gegen die Kündigung

Viele Räumungsklagen scheitern daran, dass sich die Kündigung im Prozess als unwirksam erweist. Dabei bilden u.a. die allgemeinen Formalien, die bei jeder Kündigung zu beachten sind, eine unerschöpfliche Fehlerquelle. Hier gelten spiegelbildlich die Ausführungen zu *Rz. 48 ff.* (Kündigung durch den Vermieter), auf die verwiesen wird. 370

Dem Anwalt des auf Räumung verklagten Mieters können bei Überprüfung der Kündigung die gleichen Fehler unterlaufen wie seinem Kollegen bei deren Ausspruch. Sie verursachen für den Mandanten jedoch weniger oft Schaden und bergen für den Anwalt weniger Haftungsrisiken. Denn die Wirksamkeit der Kündigung muss auch das Gericht von Amts wegen prüfen.

Das Gericht kann aber nur so weit prüfen, wie seine Erkenntnis reicht. Es muss Mängel der Kündigung nur finden, der Anwalt dagegen muss sie suchen. Dabei durchläuft er mehrere Stationen:

Ausgangspunkt ist der **Mietvertrag** im Zeitpunkt seines Abschlusses. Zu fragen ist: Wer war Vermieter? Wer war Mieter? Was wurde vermietet? Wann sollte der Vertrag enden oder wie sollte er beendet werden? 371

Sodann müssen **spätere Änderungen** geprüft werden: In Betracht kommen: 372
– (schriftliche und mündliche) Nachtragsvereinbarungen,
– Rechtsänderungen durch Intervention Dritter (z.B. Zwangsverwaltung, Betreuung),
– Wechsel des Eigentümers (z.B. bei Veräußerung und Erbfolge).

Erst wenn die **aktuelle Vertragslage** klar ist, kann geprüft werden, ob der richtige Vermieter dem richtigen Mieter die richtige Mietsache richtig gekündigt hat. Liegt keine formal wirksame Kündigung vor (z.B. fehlende Unterschrift), sollte überlegt werden, wann dieser Einwand dem Gericht mitgeteilt wird. Grundsätzlich ist dies noch bis zum Schluss der letzten mündlichen Verhandlung möglich, da der Beweis des Gegenteils regelmäßig ausgeschlossen ist.

---

1 LG Görlitz, WuM 1997, 682.
2 LG Krefeld, NZM 1999, 172; LG Saarbrücken, WuM 1998, 421; LG Kiel, WuM 1998, 233.

(2) Geltung von Wohnraummietrecht

373 Bisweilen ist unklar, ob ein Mietverhältnis der Wohnraummiete oder der Geschäftsraummiete unterliegt. Von der rechtlichen Einordnung hängen nicht nur die Kündigungsfristen, sondern auch die Voraussetzungen einer wirksamen Kündigung ab (berechtigtes Interesse bei Wohnraumkündigung). Gegenüber einer unbegründeten ordentlichen Vermieter-Kündigung kommt deshalb der Einwand der Geltung von Wohnraummietrecht in Betracht.

Allerdings ergibt sich die Geltung von Wohnraummietrecht nicht schon daraus, dass die Vertragsparteien ein Vertragsformular für Wohnräume verwendet haben[1], und ebenso ist die Geltung von Wohnraummietrecht nicht schon durch Verwendung eines Formulars für Gewerberäume ausgeschlossen[2]; entscheidend ist in beiden Fällen der vereinbarte **Nutzungszweck**.

Insbesondere folgende Fälle sind hier zu beachten:

- Mietvertrag sieht **gemischte Nutzung** (Wohnen und gewerbliche Nutzung) vor, so dass es auf das Übergewicht eines der Nutzungszwecke ankommt[3] (vgl. B Rz. 96). Lässt sich ein solches Übergewicht nicht feststellen, ist einheitlich Wohnraummietrecht anzuwenden[4].
- Mieter nutzt Geschäftsräume mit Kenntnis und Duldung des Vermieters zum Wohnen, so dass eine konkludente **Änderung des Nutzungszwecks** in Betracht kommt[5].

(3) Unzureichende Begründung im Kündigungsschreiben

374 Diesem Einwand kann bei der **Wohnraumkündigung** nicht genug Aufmerksamkeit gewidmet werden, weil hier von Vermieterseite häufig Fehler gemacht werden, was von den Gerichten bisweilen übersehen wird. Das Kündigungsschreiben muss deshalb nicht nur sorgfältig gelesen, sondern regelrecht seziert werden. Sein Inhalt muss auf den **objektiven Informationsgehalt** zurückgeführt werden. Denn es zählt nur das, was ausdrücklich gesagt ist, und nicht, was man hineininterpretieren kann.

Kündigungsschreiben des Vermieters – so nicht!

Unser Sohn Peter lebt – ebenso wie unsere 15 Jahre alte Tochter – momentan noch in unserem Haushalt, in einer 4-Zimmer-Wohnung, wo er ein 12 qm großes Zimmer hat. Nachdem er bereits im März 2001 volljährig geworden ist und vor wenigen Wochen seine Ausbildung abgeschlossen hat, möchten wir ihm eine eigene Wohnung zur Verfügung stellen und müssen deshalb das Mietverhältnis mit Ihnen zum 30.11.2006 kündigen.

---

1 KG Berlin, KGR Berlin 1999, 346.
2 LG Berlin, MM 2002, 383.
3 BGH, WuM 1986, 274 = MDR 1986, 842.
4 LG Frankfurt/Main, WuM 1992, 112.
5 LG Hamburg, NZM 1999, 464.

Eine plausible Geschichte. Der Junge will sich selbständig machen, aus seinem engen Jugendzimmer herauskommen, sich vom Elternhaus abnabeln, nachdem er erwachsen ist und nun ins Berufsleben eintritt.

So könnte es sein, aber diese Interpretation ist vom Inhalt des Schreibens nicht gedeckt. Wo steht, dass Peter überhaupt ausziehen will? Wo steht, dass er eine Berufstätigkeit beginnen wird? Er ist mit der Ausbildung fertig, aber hat er jetzt eine Arbeit? Kann er sich überhaupt eine eigene Wohnung leisten? Muss er nicht vielleicht zur Bundeswehr oder zum Zivildienst? Es könnte doch auch ganz anders sein: Peter nimmt das kleine Zimmer in der elterlichen Wohnung gern in Kauf. Er ist sowieso die meiste Zeit bei seiner Freundin. Er findet es bequem, dass seine Mutter ihn bedient, und er ist froh, keine Miete zahlen zu müssen, weil er für ein Motorrad spart. Ausziehen? Da wäre er schön dumm.

Die Kündigung im Beispielsfall ist unwirksam, weil sich aus dem Kündigungsschreiben nicht ersehen lässt, dass die behauptete Verwendungsabsicht vernünftig ist. Dazu hätte erläutert werden müssen, was Peter eigentlich vorhat und warum er ausziehen will. Manche Gerichte sehen es weniger streng[1], aber der Rechtsanwalt des Mieters muss es streng sehen.

(4) Bestreiten der Kündigungsgründe

Bei Kündigung im Anschluss an einen misslungenen Versuch der Mieterhöhung liegt der Verdacht nahe, dass der Eigenbedarf vorgeschoben ist. Dann sind besonders strenge Anforderungen an den Beweis des Kündigungsgrundes zu stellen[2]. 375

(5) Bestreiten innerer Tatsachen (Absichten)

Der Mieter kann die **Eigennutzungsabsicht** des Vermieters mit Nichtwissen (§ 138 Abs. 4 ZPO) **bestreiten**. Denn selbst eine erwiesene Bedarfslage des Vermieters ist nicht mehr als ein Indiz für seine Absicht, dieser Lage abhelfen zu wollen. Aber auch wenn feststeht, dass er seine Wohnsituation verbessern will, folgt daraus nicht zwingend, dass er in die Wohnung des gekündigten Mieters einziehen will. Was der Mieter nicht wirklich besser weiß, sollte er deshalb mit Nichtwissen bestreiten. 376

Klageerwiderung des Mieteranwalts

Mit Nichtwissen wird bestritten, dass der Kläger die feste Absicht hat, die streitgegenständliche Wohnung im Falle des Auszugs des Beklagten auf Dauer selbst zu beziehen.

---

1 So etwa LG Köln in *Lützenkirchen*, KM 9 Nr. 12.
2 LG Limburg, WuM 1991, 111; LG Köln, WuM 1995, 109; LG Frankfurt/Main, PE 1992, 428.

377 Und bei Eigenbedarf für **Angehörige**, z.B. den Sohn:

> **Klageerwiderung des Mieteranwalts**
>
> Mit Nichtwissen wird nicht nur bestritten, dass der Kläger die feste Absicht hat, die streitgegenständliche Wohnung im Falle des Auszugs des Beklagten seinem Sohn zur Verfügung zu stellen, sondern auch, dass der Sohn des Klägers dort auf Dauer einziehen will.

Da die Eigennutzungsabsicht wesentliches Element des Tatbestandsmerkmals „Benötigen" ist, muss sie bewiesen werden[1]. Der Beweis kann über **Indiztatsachen** geführt werden[2] (z.B. Äußerungen gegenüber Dritten, Dispositionen in Erwartung des Umzugs). Stellt der Vermieter seine wirksam bestrittene Absicht nicht unter Beweis, riskiert er die Klageabweisung.

378 Das Bestreiten des Mieters ist selbst dann beachtlich, wenn es sich auf **Vermutungen** stützt[3], es sei denn, es wird ohne Anhaltspunkt ins Blaue hinein bestritten[4]. Deshalb sollten die **Zweifel**, die zum Bestreiten veranlassen, substantiiert **begründet** werden, indem zumindest Indiztatsachen für einen alternativen Sachverhalt dargelegt und unter Beweis gestellt werden.

> **Klageerwiderung des Mieteranwalts**
>
> Falls der Kläger je die Absicht hatte, in die herausverlangte Wohnung einzuziehen, so hat er sie nun offenbar aufgegeben. Denn am 1. Juni 2006 erklärte er gegenüber Herrn K., welcher Interesse am Erwerb der Wohnung äußerte, er sei grundsätzlich an einem Verkauf interessiert, wolle aber noch abwarten, bis sein Mieter ausgezogen sei.
>
> *Beweis:* Zeugnis des Herrn Dr. M.

---

1 LG Hagen, ZMR 1998, 637; LG Frankfurt/Main, PE 2001, 329.
2 BVerfG, WuM 1993, 380 = NJW 1993, 2165.
3 BVerfG, WuM 1990, 536 = ZMR 1991, 18; BerlVerfGH, NZM 2001, 87 = ZMR 2001, 87.
4 BVerfG, WuM 1995, 140 = NJW-RR 1995, 392.

Auch der **volle Beweis** fehlender Eigennutzungsabsicht kann geführt werden: 379

Klageerwiderung des Mieteranwalts

Nachdem feststand, dass der vom Kläger geplante Umbau der Mieträume vom Bauamt nicht genehmigt werden würde, gaben sein Sohn und dessen Ehefrau die Absicht, dort einzuziehen, endgültig auf.
Beweis: Zeugnis der Schwiegertochter des Klägers.

Ein solches Beweisangebot zu inneren Tatsachen ist zulässig[1]. Seine Nichtbeachtung kann gegen Art. 103 GG (rechtliches Gehör) verstoßen[2]. Hat der Vermieter die Kündigung damit begründet, dass er die Wohnung für sich und seine Lebensgefährtin benötige, so verstößt das Gericht gegen das Willkürverbot (Art. 3 GG), wenn es dem Bestreiten des Nutzungswunsches der Lebensgefährtin mit der Begründung nicht nachgeht, es komme nur auf den Nutzungswunsch des Vermieters an[3].

bb) Keine wirksame Befristung

Ist die Räumungsklage nicht auf eine Kündigung, sondern auf den Ablauf 380 der Vertragszeit (§ 542 Abs. 2 BGB) gestützt, so ist zu überprüfen, ob der Vertrag wirksam befristet ist. Ist der Mietvertrag insoweit widersprüchlich, so muss von einem unbefristeten Mietverhältnis ausgegangen werden[4].

Bei der **Wohnraummiete** kommen insbesondere **mangelhafte Zeitmietverträge** gem. § 575 BGB in Betracht, die nach Abs. 1 S. 2 als auf unbestimmte Zeit abgeschlossen gelten und dann nur bei Vorliegen eines berechtigten Interesses i.S.v. § 573 BGB gekündigt werden können.

Bei der **Geschäftsraummiete** führt die unwirksame Befristung zwar dazu, dass das Mietverhältnis ohne weiteres gekündigt werden kann; dies wird im bereits laufenden Räumungsprozess jedoch kaum möglich sein, da die Räumungsklage in der Regel sofort abweisungsreif sein wird. Im Ergebnis kann der Mieter also zumindest einige Monate Zeit gewinnen.

Die vertragliche Befristung kann sich insbesondere bei **Fehlen der gesetzlichen Schriftform** gem. § 550 BGB als unwirksam herausstellen (vgl. dazu C Rz. 506 f.).

Ebenso kann **die fehlende Bestimmtheit** der Befristung zu ihrer Unwirksamkeit führen, z.B. wenn die Vertragszeit nicht kalendermäßig, sondern

---

1 BGH, NJW 1983, 2034, 2035.
2 BVerfG, WuM 1990, 536 = ZMR 1991, 18.
3 BVerfG, WuM 1993, 380 = NJW 1993, 2165; **a.A.** AG Köln in *Lützenkirchen*, KM 9 Nr. 26.
4 OLG Köln, WuM 1999, 521 = NZM 1999, 1142; OLG, ZMR 2001, 27 = OLGR Rostock 2000, 477.

Mietverhältnisses jedoch für eine Restmietdauer von mehr als einem Jahr gelten, ist gemäß. § 550 BGB die **gesetzliche Schriftform** einzuhalten[1].

387 Bei beabsichtigtem Neuabschluss eines noch auszuhandelnden Vertrages nach Ablauf des bisherigen Mietvertrags kann ein unbefristeter **Überbrückungsvertrag** anzunehmen sein, der das bisherige Mietverhältnis fortsetzt[2]. Andererseits liegt allein in der Aufnahme von Verhandlungen über einen Neuabschluss weder ein Verzicht auf den Herausgabeanspruch noch die Begründung eines „einstweiligen Mietverhältnisses"[3].

388 Insbesondere bei befristeten **Mietverträgen ohne Verlängerungsklausel** kommt es oft konkludent zur Wiederaufnahme oder zum Neuabschluss des Vertrags. Nicht selten übersehen beide Vertragsparteien den Ablauf des Vertrags. Dann stellt sich die Frage, ab welchem Zeitpunkt von einer Wiederaufnahme des Vertrags auszugehen ist. Die wirksame Abbedingung von § 545 BGB steht dem nicht entgegen[4]. Denn diese Vorschrift erfasst von ihrem Regelungsbereich her nicht einen Neuabschluss des Vertrags[5]. Entscheidend wird meist nicht so sehr die Dauer der weiteren Gebrauchsfortsetzung und Mietzahlung einerseits und der Gebrauchsbelassung und vorbehaltlosen Zahlungsannahme andererseits sein, als vielmehr ausdrückliche und konkludente Erklärungen[6], in denen sich der Wille zur Vertragsfortsetzung manifestiert, so etwa ein Mieterhöhungsverlangen[7]. Als nicht ausreichend wurde hingegen angesehen, dass der Vermieter nach Ablauf der Mietzeit im Lastschriftverfahren noch drei Mieten einzieht[8].

389 Andererseits steht Sselbst ein rechtskräftiger, aber über längere Zeit nicht vollstreckter **Räumungstitel** steht einem konkludenten Neuabschluss des Vertrags nicht entgegen[9] (vgl. auch B Rz. 113). Dieser kann im Wege der Vollstreckungsgegenklage gem. § 767 ZPO eingewendet werden. Wann die Zwangsvollstreckung unzulässig wird, ist jedoch eine Frage des Einzelfalls[10]. Sie kann von Anfang an unzulässig sein, wenn der Räumungstitel nur als Druckmittel zur Vertragserfüllung unter Umgehung mietrechtlicher Schutzvorschriften dienen soll[11]. Wird die Vollstreckung jedoch ausdrücklich aus sozialen Gründen zurückgestellt, so ist u.U. auch nach Jahren weder der Räumungsanspruch verwirkt noch schlüssig ein neuer

---

1 BGH, BGHZ 139, 123 = NJW 1998, 2664; **a.A.** OLG Hamm, ZMR 1979, 249.
2 OLG Karlsruhe, WuM 1991, 81.
3 KG Berlin, GE 2002, 128 = KGR Berlin 2002, 17.
4 OLG Oldenburg, DWW 2001, 88; LG Frankfurt/Main, PE 1992, 247; AG Regensburg, WuM 1990, 514.
5 BGH, Urt. v. 8.10.2008 – XII ZR 66/06, NZM 2008, 931 = MDR 2009, 79.
6 OLG Düsseldorf, Urt. v. 28.11.2002 – 10 U 172/01, OLGR Düsseldorf 2003, 23.
7 LG Köln in *Lützenkirchen*, KM 6 Nr. 7; AG Schöneberg, MM 2002, 387.
8 OLG Rostock, Urt. v. 29.5.2006 – 3 U 167/05, GuT 2006, 191.
9 LG Hamburg, WuM 1989, 32.
10 OLG Hamm, WuM 1981, 257 = MDR 1982, 147; AG Hamburg, jurisPR extr. 2006, 152 (i.d.R. ZV unzulässig nach 2 Jahren).
11 LG Köln, WuM 1991, 673.

fahren erhoben werden[1]. Zwar würde der Grundsatz des sichersten Wegs gebieten, auf jeden Fall Widerklage zu erheben; dabei sind jedoch auch mögliche **Kostenfolgen** zu bedenken: Denn die Widerklage kann zu einer Verdopplung des Streitwertes führen, da Räumungsanspruch und Fortsetzungsanspruch nicht den gleichen **Streitgegenstand** betreffen[2].

ff) Fortsetzungsanspruch nach der Sozialklausel, § 574a BGB

Über die Fortsetzung des Mietvertrages aus Härtegründen, über die Dauer der Fortsetzung und eventuell geänderte Vertragsbedingungen entscheidet das Gericht gem. § 308a ZPO im Räumungsprozess auch ohne Antrag **von Amts wegen**. Einer Widerklage bedarf es nicht[3]. Der Mieter kann jedoch seinerseits Klage auf Fortsetzung des Mietverhältnisses erheben. Ob das Rechtsschutzbedürfnis hierfür mit Erhebung der Räumungsklage durch den Vermieter wegfällt, ist umstritten[4]. Die praktische Bedeutung der Frage ist gering; denn ein Mehr an Rechtsklarheit kann die Fortsetzungsklage dem Mieter nur dann bringen, wenn die Räumungsklage aus formellen Gründen abgewiesen werden muss und es deshalb zur Prüfung der Wirksamkeit der Kündigung erst gar nicht kommt.

395

c) Einwand des Rechtsmissbrauchs

Eine **Eigenbedarfskündigung** kann rechtsmissbräuchlich sein, wenn der Bedarfsgrund schon bei Vertragsschluss vorhersehbar war[5]. Diese Rechtsprechung ist verfassungsgemäß[6]. Dem Vermieter wird eine **Bedarfsvorschau** von bis zu 5 Jahren zugemutet[7].

396

Ein Rechtsmissbrauch wurde z.B. in folgenden Fällen angenommen:

- Eigenbedarfskündigung wegen (vorhersehbarer) Verschlimmerung einer Erkrankung eines Angehörigen[8],
- Eigenbedarfskündigung wegen (vorhersehbaren) erhöhten Raumbedarfs für heranwachsende Kinder[9],
- Eigenbedarfskündigung vier Wochen nach Vertragsschluss und vor Überlassung der bisher vom Vermieter bewohnten Wohnung, weil dieser keine Ersatzwohnung gefunden hatte[10],

---

1 LG Bonn, MDR 1976, 495.
2 LG Berlin, GE 1986, 965.
3 LG Hannover, WuM 1994, 430.
4 Vgl. *Lammel*, § 574a BGB Rz. 29.
5 LG Frankfurt/Main, PE 1992, 5; LG Frankfurt/Main, PE 1993, 149.
6 BVerfG, BVerfGE 79, 292 = NJW 1989, 970; BVerfG, WuM 1994, 132 = ZMR 1993, 505.
7 LG Berlin, NZM 1998, 433 = GE 1998, 619; AG Gießen, WuM 2004, 490 = ZMR 2004, 823.
8 AG Bremen, Urt. v. 19.8.2008 – 4 C 513/07, WuM 2008, 730.
9 AG Erding, Urt. v. 23.12.2008 – 5 C 873/08, bestätigt durch OLG München, Beschl. v. 5.3.2009 – 32 U 1751/09, WuM 2009, 358.
10 AG Steinfurt, Urt. v. 30.10.2003 – 4 C 336/03, WuM 2007, 383.

Etwas Anderes gilt, wenn der Bedarf bei Vertragsschluss **nicht vorhersehbar** war, sondern Ergebnis einer überraschenden Entwicklung ist[1]. Ebenso, wenn nach Veräußerung des Mietobjektes der **Erwerber** Eigenbedarf geltend macht[2]. Das Räumungsverlangen des Vermieters verstößt auch dann nicht ohne weiteres gegen Treu und Glauben, wenn er vor längerer Zeit erklärt hatte, der Mieter brauche nicht auszuziehen, solange er keine andere Bleibe hat[3].

Eine Verpflichtung des Vermieters, den Mieter auf einen künftig möglichen Eigenbedarf hinzuweisen, besteht nicht, wenn über die von dem Mieter bereits seit Jahren bewohnte Wohnung ein neuer, unbefristeter Mietvertrag geschlossen wird[4].

Wurde das Mietverhältnis wegen vertragswidrigen Verhaltens nur eines Mitglieds einer Mietergemeinschaft gekündigt, so kann der Vermieter im Einzelfall verpflichtet sein, dem vertragstreuen Mieter den Neuabschluss eines Mietvertrags anzubieten. Unterlässt er dies, so kann sein Räumungsverlangen gegenüber dem vertragstreuen Mieter treuwidrig sein[5].

Hat der Vermieter bei Vertragsschluss erklärt, eine ordentliche Kündigung werde nicht ohne berechtigten Grund ausgesprochen, so darf er nur bei Vorliegen eines solchen Grundes kündigen[6].

Das Räumungs- und Herausgabeverlangen des Pächters gegenüber dem Unterpächter nach Beendigung des Unterpachtvertrages ist rechtsmissbräuchlich, wenn auch das Hauptpachtverhältnis beendet und der Unterpächter Rechtsnachfolger des Vorpächters geworden ist[7].

Durch bloßen Zeitablauf tritt eine **Verwirkung** des Räumungsanspruchs nicht ohne weiteres ein. Ein Zuwarten von 9 Monaten vor Erhebung der Räumungsklage genügt jedenfalls nicht[8].

d) Einwendungen des Untermieters

397 Zwischen Vermieter und (bisherigem) Untermieter kann ein **Hauptmietvertrag zustande gekommen** sein, wenn Letzterer nach dem Auszug des Hauptmieters die Miträume mit Kenntnis des Vermieters weiter nutzt und die Miete an Stelle des ursprünglichen Hauptmieters an den Vermieter zahlt, ohne dass dieser einen Vorbehalt macht[9].

Dem Untermieter steht der Einwand der unzulässigen Rechtsausübung gegenüber dem Mietaufhebungsvertrag nicht zu, wenn es sich um einen

---

1 LG Frankfurt/Main, PE 2003, 392.
2 AG Steinfurt, WuM 2006, 43.
3 OLG Düsseldorf, MDR 1996, 898 = ZMR 1996, 494.
4 BGH, Urt. v. 21.1.2009 – VIII ZR 62/08, WuM 2009, 180 = MDR 2009, 498.
5 LG Darmstadt, WuM 1983, 54.
6 OLG München, ZMR 1992, 298 = NJW-RR 1992, 1037.
7 OLG Düsseldorf, Urt. v. 2.11.1995 – 10 U 222/94, n.v.
8 BGH, NJW-RR 1988, 77 = WuM 1988, 125.
9 LG Köln in *Lützenkirchen*, KM 25 Nr. 3.

Mietvertrag über Gewerberaum handelt und für Vermieter und Mieter ein vernünftiger Grund zur Aufhebung des Mietvertrages besteht[1].

e) Einwendungen des Endmieters bei Zwischenvermietung

Wird Wohnraum vom Eigentümer nicht unmittelbar an den Wohnungsnutzer, sondern an einen **gewerblichen Zwischenvermieter** vermietet, welcher ihn gemäß den Bestimmungen des Hauptmietvertrags an den Wohnungsnutzer, den sog. „Endmieter", weitervermietet, so findet bei Beendigung des Hauptmietvertrags § 565 BGB Anwendung. Diese Vorschrift verdrängt § 546 Abs. 2 BGB (Räumungsanspruch des Eigentümers gegen jeden Dritten, der nach Beendigung des Hauptmietvertrags die Mieträume in Besitz hält); stattdessen kommt ein direkter Mietvertrag zwischen Endmieter und Eigentümer zu den Bedingungen des bisherigen Endmietvertrages zustande (vgl. dazu *C Rz. 96 ff.*). Dies gilt jedoch nur, wenn das (Unter-)Mietverhältnis zwischen Endmieter und Zwischenvermieter dem Kündigungsschutz des sozialen Mietrechts unterliegt[2].

398

Unabhängig davon ist nach herrschender Meinung § 565 BGB nur auf die Fälle **gewerblicher** Zwischenvermietung im engeren Sinne (gewerblich = gewinnorientiert) unmittelbar anwendbar[3]. Fehlt es hieran, so kann ein Mietverhältnis zwischen Hauptvermieter und Endmieter nicht zustande kommen. Gegenüber dem Herausgabeanspruch des Hauptvermieters kann sich der Endmieter von Wohnraum jedoch gleichwohl auf den Kündigungsschutz des Wohnraummietrechts berufen, wenn die Interessenlage der Beteiligten den Fällen der gewerblichen Weitervermietung vergleichbar ist und eine Ungleichbehandlung des Endmieters mit einem direkt vom Eigentümer mietenden Wohnraummieter mit dem Gleichheitsgrundsatz des Art. 3 GG nicht vereinbar wäre[4].

Eine vergleichbare Interessenlage setzt zunächst voraus, dass der die Wohnung selbst nutzende Endmieter gegenüber seinem Vermieter (dem Zwischenvermieter) den Kündigungsschutz des sozialen Mietrechts genießt[5]. Darüber hinaus müssen folgende Voraussetzungen vorliegen:

– Der Endmieter hat eine vollständige Wohnung von einem Zwischenvermieter gemietet, der sie selbst vom Hauptvermieter zum Zwecke der Weitervermietung angemietet hatte,

– das Schutzbedürfnis des von der Kündigung betroffenen Endmieters ist nicht geringer als dasjenige eines Mieters, für den der Kündigungsschutz des sozialen Mietrechts gilt,

---

1 KG Berlin, ZMR 1988, 137.
2 BGH, NZM 1999, 219.
3 BayObLG, WuM 1995, 638 = NJW-RR 1996, 73; BayObLG, WuM 1995, 642 = NJW-RR 1996, 71; BGH, BGHZ 133, 142 = WuM 1996, 537; **a.A.** AG Frankfurt/Main, WuM 1994, 276, mit Anm. *Eisenhardt*.
4 BVerfG, BVerfGE 84, 197 = MDR 1991, 864.
5 BGH, NZM 1999, 219; BGH, BGHZ 133, 142 = MDR 1996, 1108.

– eine Ungleichbehandlung des Endmieters ist nicht durch ein besonderes, überwiegendes Interesse des Hauptvermieters gerechtfertigt, welches z.B. dann anzuerkennen ist, wenn der Endmieter einem Personenkreis angehört, mit welchem der Hauptvermieter keinen direkten Mietvertrag abgeschlossen hätte[1].

f) Einwendungen gegen Herausgabeverlangen des Erwerbers

399 Im Regelfall ist der Erwerber vermieteter Räume an den bestehenden Mietvertrag gebunden, weil er gem. § 566 BGB in ihn eintritt. Nach seiner Formulierung regelt § 566 BGB jedoch nur den Fall, dass das vermietete Grundstück durch den **Vermieter** veräußert wird. Der Wortlaut der Norm erfasst also nur die Fälle, in denen der ursprüngliche Vermieter zugleich Eigentümer war. Bei **fehlender Identität von Eigentümer und Vermieter** ist § 566 BGB jedenfalls nicht unmittelbar anwendbar. Da die Vorschrift nach h.M. restriktiv auszulegen ist[2], muss im Regelfall davon ausgegangen werden, dass der Erwerber nicht in den Vertrag eintritt, der Mieter ihm gegenüber kein Besitzrecht hat und der Erwerber als neuer Eigentümer deshalb aus § 985 BGB auf Räumung klagen kann.

Eine anerkannte **Ausnahme** von diesen Grundsätzen gilt für die **Wohnraummiete**, wenn zwar nur einer von mehreren Miteigentümern den Mietvertrag abgeschlossen hat, die anderen dem Vertragsschluss jedoch zugestimmt oder ihn genehmigt haben; dann tritt der Erwerber gleichwohl in den Mietvertrag ein[3].

In sonstigen Fällen des Vertragsschlusses durch einen Dritten im Einvernehmen, aber ohne zwischengeschalteten Mietvertrag mit dem Eigentümer wird teilweise eine „Besitzschutzlücke"[4] angenommen. Nach anderer Auffassung kommt bei der Wohnraummiete eine **entsprechende Anwendung von § 566 BGB** nach den vom BVerfG entwickelten Grundsätzen zum Schutz des Endmieters bei gewerblicher Zwischenvermietung in Betracht[5]: Danach widerspricht es dem Gleichheitsgrundsatz des Art. 3 GG, einzelnen Gruppen von Mietern den Kündigungsschutz des sozialen Mietrechts vorzuenthalten, wenn bei gleichem Schutzbedürfnis sachliche Gründe für eine Schlechterstellung nicht ersichtlich sind[6].

g) Räumungsfrist

400 Schon in der Klageerwiderung sollte hilfsweise zum Klageabweisungsantrag die Gewährung einer angemessenen Räumungsfrist beantragt werden. Zwar hat das Gericht darüber auch ohne Antrag von Amts wegen zu

---

[1] BGH, NZM 2003, 759 = MDR 2003, 1106; BGH, WuM 2003, 563 = ZMR 2003, 816.
[2] Staudinger/*Emmerich*, § 566 BGB Rz. 21 ff.
[3] OLG Karlsruhe, WuM 1981, 179 = NJW 1981, 1278.
[4] So *Lammel*, § 566 BGB Rz. 23; ebenso LG Frankfurt/Main, WuM 1999, 42.
[5] *Eisenhardt*, WuM 1999, 20.
[6] BVerfG, BVerfGE 84, 197 = WuM 1991, 422.

entscheiden (vgl. dazu *M Rz. 428 ff.*); die unterlassene Beantragung kann jedoch ein **Anwaltsverschulden** darstellen[1]. Unterbleibt eine Entscheidung von Amts wegen, so kann sie u.U. nur noch im Rechtsmittelverfahren ergehen. Ob sie im Wege der **Urteilsergänzung** nachgeholt werden kann, ist umstritten; die gesonderte Gewährung einer Räumungsfrist im Beschlusswege wird als unzulässig betrachtet[2]. Nur gegen die Versagung oder zu kurze Bemessung der Räumungsfrist steht dem Mieter die **sofortige Beschwerde** gem. § 721 Abs. 6 ZPO zur Verfügung, wenn das Urteil im Räumungsausspruch nicht angefochten wird. Geschieht Letzteres, so entfällt das Rechtsschutzbedürfnis für die sofortige Beschwerde[3].

Der Antrag sollte auch begründet werden. Dabei ist vom Zweck der Räumungsfrist auszugehen, dem Mieter die **Beschaffung von Ersatzwohnraum** zu ermöglichen. Wie viel Zeit er dafür benötigt, hängt zum einen von der Lage auf dem Wohnungsmarkt, zum anderen von seinen persönlichen und wirtschaftlichen Verhältnissen ab, welche im Einzelnen darzulegen sind. Da das Interesse des Mieters an der Vermeidung von Härten jedoch gegen das Erlangungsinteresse des Vermieters abzuwägen ist, muss für das Gericht erkennbar sein, dass die beantragte Frist auch tatsächlich genutzt werden kann[4]. Dies ist in idealer Weise der Fall, wenn der Mieter nachweisen kann, dass ihm demnächst Ersatzwohnraum zur Verfügung stehen wird. Zur **Überbrückung** eines festen Zeitraums, z.B. bis zur Fertigstellung eines Eigenheims, gewähren die Gerichte oft auch längere Fristen bis zur Höchstfrist von einem Jahr, da ein Zwischenumzug innerhalb eines kurzen Zeitraums als besondere Härte gilt[5]. 401

Andere Zwecke, wie etwa die Verzögerung der Räumung im Hinblick auf ein Rechtsmittelverfahren oder eine Verfassungsbeschwerde, können nicht berücksichtigt werden[6].

Die Verpflichtung zur Beschaffung von Ersatzwohnraum beginnt grundsätzlich erst mit Rechtskraft des Räumungsurteils, da der Mieter grundsätzlich erst ab diesem Zeitpunkt von seiner Räumungspflicht ausgehen muss[7]. Andernfalls müsste der auf Räumung verklagte Mieter stets vorsorglich Ersatzwohnraum anmieten. Nur wenn seine Rechtsverteidigung von vornherein aussichtslos und nahezu mutwillig erscheint, kann die Pflicht zu einem früheren Zeitpunkt einsetzen[8]. Hat der Mieter in erster Instanz obsiegt, so dürfte allein dies schon die Gewährung einer Räumungsfrist rechtfertigen[9].

---

1 OLG Hamm, NJW-RR 1995, 526 = OLGR Hamm 1995, 71.
2 LG Rostock, NZM 2002, 213.
3 LG Gießen, WuM 1994, 551.
4 LG Waldshut-Tiengen, WuM 1996, 53.
5 LG Heidelberg, WuM 1995, 661; LG Münster, WuM 1993, 62.
6 LG Frankfurt/Main, NZM 1999, 168 = NJW 1999, 1344; LG Frankfurt/Main, WuM 1999, 346 = NZM 1999, 498; *Eisenhardt*, NZM 1999, 12; **a.A.** HessStGH, NJW 1999, 1539 = NZM 1999, 18.
7 LG Essen, WuM 1992, 202; LG Wuppertal, WuM 1996, 429.
8 LG Hamburg, WuM 1988, 316; LG Aachen, WuM 1990, 216.
9 LG Saarbrücken, Urt. v. 31.3.2006 – 13 B S 112/05, ZMR 2007, 540.

402 Eine Räumungsfrist kann auch dann gewährt werden, wenn der bestehende Mietvertrag als gewerbliches Mietverhältnis zu qualifizieren ist, die Räume aber tatsächlich zum Wohnen benutzt werden[1] bzw. der Räumungsschuldner dort seinen Wohnsitz und Lebensmittelpunkt hat[2]. Das Gleiche gilt, wenn in einem **Mischmietverhältnis** der Wohnbereich baulich und funktional selbständig ist, so dass eine separate Herausgabe möglich[3] und dem Vermieter zumutbar[4] ist. In diesem Falle kann eine auf die Wohnräume beschränkte Räumungsfrist gewährt werden[5].

403 **Die gerichtlich gewährte Räumungsfrist** führt bei der Wohnraummiete gem. § 571 Abs. 2 BGB zur Beschränkung der Ansprüche des Vermieters wegen verspäteter Rückgabe der Miträume. Dieser kann dann nur Nutzungsentschädigung in Höhe der bisherigen oder der ortsüblichen Miete fordern, nicht jedoch Ersatz eines darüber hinausgehenden Schadens. Ob eine **außergerichtlich** vom Vermieter einseitig gewährte oder mit ihm vereinbarte Räumungsfrist die gleichen Wirkungen hat, ist eine Frage des Einzelfalls[6].

h) Anträge zur Vollstreckbarkeit

404 Gemäß § 708 Nr. 7 ZPO sind Räumungsurteile ohne Sicherheitsleistung für vorläufig vollstreckbar zu erklären. Dem Mieter ist jedoch gemäß § 711 ZPO die **Abwendung der Vollstreckung** durch **Sicherheitsleistung** zu gestatten, wenn nicht der Vermieter vor der Vollstreckung seinerseits Sicherheit leistet.

405 Hat auch der Vermieter Sicherheit geleistet, kann der Mieter im Berufungsverfahren gemäß §§ 719, 707 ZPO die einstweilige **Einstellung der Zwangsvollstreckung** beantragen. Dem Antrag ist jedoch nur dann stattzugeben, wenn das Rechtsmittel bei summarischer Prüfung hinreichende **Erfolgsaussicht** hat.

406 Vor allem bei Kündigung von **Wohnraum** kommt ein Antrag gem. § 712 ZPO in Betracht[7]. Er sollte schon als **Hilfsantrag zur Klageabweisung** gestellt werden, gemäß § 714 Abs. 1 ZPO jedoch spätestens in der letzten mündlichen Verhandlung erster Instanz. Er kann in der Berufungsinstanz nicht nach § 718 ZPO nachgeholt werden[8]; denn § 718 ZPO dient nur der Überprüfung fehlerhafter Entscheidungen der Vorinstanz zur vorläufigen Vollstreckbarkeit. Der Antrag kann etwa so lauten:

---

[1] OLG Köln, WuM 1997, 336 = OLGR Köln 1996, 222; LG Lübeck, WuM 1996, 717 = ZMR 1993, 223.
[2] OLG Hamburg, WuM 1997, 233 = ZMR 1998, 28.
[3] LG Hamburg, WuM 1993, 203 = MDR 1993, 444; LG Hamburg, WuM 1993, 36.
[4] LG Mannheim, ZMR 1993, 79 = NJW-RR 1993, 713.
[5] OLG Hamburg, MDR 1972, 955; LG Hamburg, WuM 1993, 203 = MDR 1993, 444; LG Mannheim, ZMR 1994, 21.
[6] Vgl. BGH, MDR 1987, 926 = WuM 1987, 261.
[7] *Eisenhardt*, NZM 1998, 64; *Lammel*, §§ 708–714 ZPO Rz. 20 ff.
[8] OLG Frankfurt/Main, OLGR Frankfurt 2002, 180.

> **Hilfsantrag**
>
> Hilfsweise wird beantragt, dem Beklagten gemäß § 712 I ZPO zu gestatten, die vorläufige Vollstreckbarkeit eines eventuellen Räumungsurteils ohne Rücksicht auf eine Sicherheitsleistung des Klägers durch eigene Sicherheitsleistung abzuwenden.

Ist der Beklagte zur Sicherheitsleistung nicht imstande, so kann der Antrag lauten:

> **Hilfsantrag**
>
> Hilfsweise wird beantragt, ein eventuelles Räumungsurteil gemäß § 712 I 2 ZPO nicht für vorläufig vollstreckbar zu erklären.

Mit dem Antrag kann verhindert werden, dass der Versuch des Mieters, die Räumungsvollstreckung aus einem erstinstanzlichen Urteil abzuwenden, durch Sicherheitsleistung des Vermieters zunichte gemacht wird. Er setzt voraus, dass die Vollstreckung für den Mieter zu einem **nicht zu ersetzenden Nachteil** führen würde. Diese Voraussetzung ist bei **Wohnraum** regelmäßig gegeben[1], da die Wohnung für den Mieter auch **ideelle Werte** verkörpert. Dies sollte jedoch vorsorglich gemäß § 714 Abs. 2 ZPO durch eine eidesstattliche Erklärung des Mieters **glaubhaft gemacht** werden. Dabei spielen nur diejenigen Umstände eine Rolle, die nicht durch Schadensersatz auszugleichen sind, insbesondere die Beziehungen zum Wohnumfeld.

Bei der **Geschäftsraummiete** kommt ein nicht zu ersetzender Nachteil wohl nur in Ausnahmefällen in Betracht. Der BGH hatte diese Voraussetzung (im Rahmen von § 719 Abs. 2 ZPO) für einen Fall der Herausgabe gemieteter Arztpraxisräume verneint[2]. Gleichwohl sollte der Antrag im Hinblick auf die nachfolgend dargestellte Rechtsprechung stets gestellt werden.

In der **Berufungsinstanz** ist der Antrag gem. § 712 ZPO im Hinblick auf ein eventuelles Revisionsverfahren spätestens in der Berufungsverhandlung (nicht erst in einem nachgelassenen Schriftsatz)[3] **erneut** zu stellen. Denn nach ständiger Rspr. des BGH kommt in der Revision die Einstellung der Zwangsvollstreckung nach § 719 Abs. 2 ZPO regelmäßig nicht in Betracht, wenn der Schuldner es in der Berufungsinstanz versäumt hat, von der Möglichkeit eines Antrags nach § 712 ZPO Gebrauch zu machen[4]. Dies gilt je-

---

1 LG Frankfurt/Main, WuM 1989, 304.
2 BGH, NZM 1998, 863 = NJW-RR 1998, 1603.
3 BGH, Beschl. v. 23.10.2007 – XI ZR 449/06, WuM 2008, 50.
4 BGH, NJW-RR 2002, 1650; BGH, NZM 2000, 382 = NJW-RR 2000, 746; BGH, NZM 1999, 794 = ZMR 1999, 615.

denfalls dann, wenn ein solcher Antrag möglich und zumutbar war[1]. Zumutbar ist der Antrag auch dann, wenn das Berufungsgericht einen Antrag des Mieters nach §§ 719 Abs. 1, 707 ZPO bereits zurückgewiesen hat[2]. Entstehen die Gründe für einen Antrag nach § 712 ZPO erst nach Schluss der mündlichen Verhandlung im Berufungsverfahren, so muss die Wiedereröffnung der mündlichen Verhandlung nach § 156 ZPO angeregt werden, damit der Antrag noch gestellt werden kann[3]. Der Antrag auf Gewährung einer Räumungsfrist ersetzt den Vollstreckungsschutzantrag nicht[4]. Gleiches gilt für einen im Berufungsverfahren gestellten Antrag gem. § 718 ZPO auf Abänderung der erstinstanzlichen Entscheidung zur vorläufigen Vollstreckbarkeit[5]. Die Grundsätze dieser Rechtsprechung gelten ebenso im Verfahren der Nichtzulassungsbeschwerde[6].

Eine **Ausnahme** von dem Grundsatz der **Subsidiarität des Einstellungsantrags** im Revisionsverfahren gilt dann, wenn der Vollstreckungsgläubiger Veranlassung gab, von einem Schutzantrag gem. § 712 ZPO abzusehen, weil er z.B. erklärt hatte, bis zum rechtskräftigen Abschluss des Verfahrens keine Vollstreckungsmaßnahmen zu ergreifen[7].

409 Die strenge BGH-Rechtsprechung rechtfertigt sich aus der für das Revisionsverfahren geltenden Sondervorschrift des § 719 Abs. 2 ZPO, die – wie § 712 ZPO – die Gefahr eines nicht zu ersetzenden Nachteils fordert, während für den Einstellungsantrag in der Berufung § 719 Abs. 1 ZPO i.V.m. § 707 Abs. 1 ZPO gilt. Deshalb lassen sich die Grundsätze der BGH-Rechtsprechung nicht ohne weiteres auf das Berufungsverfahren übertragen[8]. Ein Teil der Rechtsprechung sieht dies jedoch anders und verweigert die Einstellung der Zwangsvollstreckung, wenn in erster Instanz der Antrag nach § 712 ZPO versäumt wurde[9], vereinzelt auch im Wohnraummietrecht[10].

Deshalb muss der Vollstreckungsschutzantrag gem. § 712 ZPO stets sowohl in erster Instanz als auch im Berufungsverfahren gestellt werden. Denn bis zur Entscheidung des Mandanten über die Einlegung eines Rechtsmittels gegen ein vorläufig vollstreckbares Räumungsurteil muss der Rechtsanwalt dafür sorgen, dass keine vollendeten Tatsachen geschaf-

---

1 BGH, NZM 1998, 863 = NJW-RR 1998, 1603.
2 BGH, NZM 2000, 382 = NJW-RR 2000, 746.
3 BGH, WuM 2004, 553.
4 BGH, WuM 2003, 710.
5 BGH, GuT 2004, 129; BGH, NJW 1996, 2103.
6 BGH, WuM 2003, 710.
7 BGH, Beschl. v. 23.5.2006 – VIII ZR 28/06, WuM 2006, 400 = NZM 2006, 909.
8 OLG Düsseldorf, NJW-RR 1987, 702 = MDR 1987, 415; KG Berlin, MDR 2000, 1455 = KGR Berlin 2000, 358; KG Berlin, KGR Berlin 2003, 313.
9 OLG Köln, OLGR Köln 1997, 258; OLG Frankfurt/Main, OLGR Frankfurt 1993, 278; OLG Frankfurt/Main, NJW-RR 1986, 486; OLG Celle, OLGZ 1993, 475 = JurBüro 1994, 311.
10 LG Frankfurt/Main, NZM 1999, 1136; LG Hanau, NZM 1999, 801, mit Anm. *Eisenhardt*, NZM 1999, 785.

fen werden[1]. Diese Vorsorge muss jeweils schon bis zur letzten mündlichen Verhandlung erster und zweiter Instanz und nicht erst im Rechtsmittelverfahren getroffen werden.

3. Negative Feststellungsklage des Mieters
a) Rechtliches Interesse

Der Mieter kann bei Vorliegen eines rechtlichen Interesses gem. § 256 Abs. 1 ZPO seine Rechtsposition in Bezug auf Vertragsbeendigung und Rückgabeverpflichtung durch Erhebung einer Feststellungsklage klären lassen. Dabei ist der Antrag nicht auf die Unwirksamkeit der Kündigung[2], sondern auf das Fortbestehen des Mietverhältnisses zu richten; ein fehlerhafter Antrag ist in diesem Sinne umzudeuten[3]. Je nach Sachlage kann er unterschiedliche Klageanträge stellen. 410

Bei Kündigung durch den Vermieter: 411

Klageantrag

Es wird festgestellt, dass die vom Beklagten unter dem Datum des 27.8.2005 zum 31.8.2006 ausgesprochene Kündigung das mit dem Kläger auf Grund Vertrags vom 15.12.1988 bestehende Mietverhältnis über die Wohnung (genaue Bezeichnung der Wohnung) weder zum 31.8.2006 noch zu einem späteren Termin beendet hat.

Begründung:

Die Kündigung ist unwirksam, weil der behauptete Eigenbedarf nicht besteht.

Bei streitiger Laufzeit des Vertrags[4]: 412

Klageantrag

Es wird festgestellt, dass das zwischen den Parteien durch Vertrag vom 15.12.1996 begründete Mietverhältnis über die Geschäftsräume (genaue Bezeichnung der Räume) mit Ablauf des 31.8.2006 nicht endet, sondern bis zum 31.8.2011 fortbesteht.

---

1 BGH, NZM 2003, 867 = MDR 2003, 1230.
2 Die Wirksamkeit oder Unwirksamkeit einer Willenserklärung kann nur Vorfrage eines Rechtsverhältnisses sein, vgl. BGH, Urt. v. 20.2.2008 – VIII ZR 139/07, WuM 2008, 217 = MDR 2008, 556.
3 BGH, MDR 2000, 79 = NJW 2000, 354.
4 BGH, MDR 2000, 79 = NJW 2000, 354.

Begründung:

Der Kläger hat die ihm vertraglich eingeräumte Verlängerungsoption wirksam ausgeübt.

413 Bei streitiger Herausgabeverpflichtung:

Klageantrag

Es wird festgestellt,
1. dass der Kläger nicht verpflichtet ist, die Wohnung (genaue Bezeichnung der Wohnung) zu räumen und an den Beklagten herauszugeben;
2. dass der Beklagte mit Erwerb des Eigentums an der vorbezeichneten Wohnung am 12.1.2006 in den zwischen dem Kläger und Herrn P. am 5.3.1995 geschlossenen Mietvertrag als Vermieter eingetreten ist.

Begründung:

Zwar bestand der Mietvertrag nur mit einem der beiden Miteigentümer, von welchen der Beklagte die Wohnung erworben hat. Nach den Grundsätzen des Rechtsentscheids des OLG Karlsruhe vom 10.2.1981 (WuM 1981, 179) ist der Beklagte aber gleichwohl gem. § 566 BGB in den Vertrag eingetreten, da der Miteigentümer von Herrn P. dem Vertragsschluss zugestimmt hatte.

414 Das Feststellungsinteresse besteht so lange, wie sich der andere Vertragsteil auf die Beendigung des Mietverhältnisses oder die Wirksamkeit der von ihm ausgesprochenen Kündigung beruft[1]. Es fällt auch nicht dadurch weg, dass der Vermieter **Widerklage** auf Räumung und Herausgabe erhebt[2]. Denn der Gegenstand der Klage auf Feststellung der Unwirksamkeit einer Kündigung deckt sich nicht mit dem Gegenstand der Räumungsklage[3].

Ein die Räumungsklage abweisendes Urteil muss keine Aussage zur Frage des Vertragsbeendigung treffen, wenn die Klage z.B. schon an fehlender Aktivlegitimation scheitert. Aber auch wenn die Klageabweisung darauf gestützt ist, dass das Mietverhältnis nicht beendet sei, umfasst die **Rechtskraft** des Urteils nicht auch die Feststellung der Nichtbeendigung des Mietverhältnisses[4]. Da die Beendigung des Mietverhältnisses aber nicht nur die Rückgabepflicht gem. § 546 Abs. 1 BGB begründet, sondern auch andere Rechtsänderungen herbeiführt (z.B. den Beginn der 6-monatigen Verjährungsfrist gem. § 548 Abs. 2 BGB), hat der Mieter stets ein rechtliches Interesse an der Feststellung.

---

1 LG Berlin, GE 1992, 1217.
2 OLG Rostock, OLGR Rostock 1996, 185.
3 OLG Celle, WuM 1996, 222 = OLGR Celle 1996, 37.
4 BGH, BGHZ 43, 144 = MDR 1965, 479.

415 Teilweise wird die Auffassung vertreten, der Mieter müsse vor Erhebung der Feststellungsklage dem Vermieter die Möglichkeit zur „Rücknahme" der Kündigung einräumen[1], vor allem dann, wenn die Kündigung offensichtlich unbegründet ist (z.B. Wohnraumkündigung ohne Angabe von Gründen)[2]. Dem Vermieter sollte deshalb vorsorglich eine Erklärungsfrist gesetzt werden.

Mieter-Anwalt an Vermieter

Ich gehe davon aus, dass die von Ihnen mit Schreiben vom 23.9.2005 ausgesprochene Kündigung unwirksam ist,

entweder

weil die meinem Mandanten zur Last gelegten Vertragsverletzungen nicht zutreffen.

oder

weil das Kündigungsschreiben keinerlei Begründung enthält.

Da meinem Mandanten an einer umgehenden Klärung der Sache gelegen ist, fordere ich Sie in seinem Namen auf, bis spätestens ... schriftlich zu erklären, dass Sie aus der genannten Kündigung keine Rechte herleiten werden. Nach fruchtlosem Ablauf dieser Frist werde ich Klage auf Feststellung der Unwirksamkeit der Kündigung erheben.

---

b) Wann ist die Feststellungsklage sinnvoll?

416 Die Erhebung einer Feststellungsklage ist insbesondere dann sinnvoll, wenn der Mieter ein Interesse an beschleunigter Klärung der Rechtslage hat und deshalb nicht abwarten will, bis der Vermieter nach Ablauf der Kündigungsfrist Klage erhebt.

417 Sie kann auch dann sinnvoll sein, wenn es dem Mieter darum geht, dem Vermieter bei der Verteilung der Parteirollen zuvorzukommen, um etwa zu verhindern, dass einer von mehreren Vermietern nach Abtretung seines Räumungsanspruchs im Prozess als Zeuge präsentiert wird.

VII. Der gerichtliche Räumungsvergleich

1. Grundsätze

418 Der gerichtliche Räumungsvergleich ist eine Vereinbarung, die zur Erledigung des Räumungsantrags führt und dem Vermieter einen Räumungstitel gibt. Er kann zu einer erheblichen Abkürzung der Verfahrensdauer und – bei Abschluss in erster Instanz – zu einer erheblichen Kosteneinsparung

---

[1] LG Aachen, WuM 1987, 157 = DWW 1987, 362.
[2] LG München I, WuM 1989, 258.

führen. Er erledigt meist nicht nur den Streit über die Räumungsverpflichtung, sondern kann auch weiteren Streit vermeiden, wenn es gelingt, auch die wesentlichen Abwicklungsfragen zu regeln.

Zur **Vorbereitung** des Vergleichsschlusses vgl. *Rz. 365*.

2. Inhalt des Vergleichs

419 Da der Antrag des Vermieters im Regelfall (nur) auf **Räumung und Herausgabe** gerichtet ist, muss der Vergleich auch nur regeln, wann dies (spätestens) zu geschehen hat. Eine Aussage über die **Beendigung des Mietverhältnisses** ist damit nicht getroffen. Im Zweifel endet es spätestens mit der Fälligkeit der Räumungsverpflichtung, aber unklar bleibt, ob es nicht schon früher geendet hat. Dies ist dann richtig, wenn die Parteien diese Frage bewusst offen lassen wollen. Sie sollten sich jedoch bewusst sein, dass die Vertragsbeendigung nicht nur die Räumungsverpflichtung des Mieters, sondern eine Reihe anderer Änderungen in den Rechtsbeziehungen zwischen Vermieter und Mieter auslöst, u.a. den Beginn der Verjährung von Ansprüchen des Mieters auf Wegnahme von Einrichtungen (§ 548 Abs. 2 BGB). Daneben sind die Gewährleistungsrechte des Mieters nach Beendigung des Mietvertrages eingeschränkt[1] und kann die Dauer bis zur Räumung auf eine später beantragte Räumungsfrist anzurechnen sein.

Liegt zwischen Vergleichsschluss und Fälligkeit der Räumungsverpflichtung ein längerer Zeitraum, sollte auch eine Regelung für den Fall der **vorzeitigen Räumung** getroffen werden. Für beide Seiten sachgerecht kann z.B. die Vereinbarung eines Kündigungsrechts des Mieters mit kurzer Frist sein. Dies gilt jedenfalls dann, wenn der Vermieter ein Interesse an schnellstmöglicher Räumung hat. Anders ist es jedoch, wenn der Vermieter auf frühzeitige Information angewiesen ist, um für Neuvermietung oder Veränderungen an den Mieträumen disponieren zu können. Die günstigste Regelung für den Mieter wäre, dass das Mietverhältnis mit Räumung und Herausgabe endet.

Wegen der im Einzelnen zu bedenkenden Regelungen wird auf die Ausführungen zur Mietaufhebungsvereinbarung Bezug genommen (vgl. *Rz. 498 f.*).

420 Soweit nicht alle Vertragspartner am Räumungsprozess beteiligt sind (weil einer von mehreren Mietern vor Klageerhebung bereits ausgezogen war und deshalb nicht mitverklagt wurde), kann es im Hinblick auf materiellrechtliche Regelungen im Vergleich sinnvoll sein, dass auch die übrigen Vertragspartner ihren **Beitritt zum Vergleich** erklären. Ist dies nicht möglich, so kommt eine **Freistellungserklärung** von etwaigen Ansprüchen der am Vergleich nicht beteiligten Vertragspartner in Betracht.

421 Eine im Vergleich getroffene **Kostenregelung** ist für die **Rechtsschutzversicherung** des Mandanten nur verbindlich, wenn sie dem Verhältnis des Obsiegens und Unterliegens entspricht. Dieses Verhältnis lässt sich bei einem Räumungsvergleich nicht objektiv bestimmen. Das Risiko von Ein-

---

1 *Scheuer* in Bub/Treier, V Rz. 98 m.w.N.

wendungen der Rechtsschutzversicherung lässt sich deshalb nur ausschließen durch
– Einholung der Zustimmung vor Vergleichsschluss,
– Einholung der Genehmigung eines Widerrufsvergleichs,
– Entscheidung durch das Gericht gem. § 91a ZPO.

3. Widerruf des Vergleichs

Wurde der Vergleich auf Widerruf geschlossen, so ist zu beachten, dass der Widerruf grundsätzlich nur dann gegenüber dem Gericht zu erklären ist, wenn dies im Vergleich so vereinbart wurde. Fehlt eine solche Regelung, so ist der Widerruf gegenüber dem Vergleichsgegner zu erklären[1]. Bei der Protokollierung eines Widerrufsvergleichs sollte deshalb stets darauf geachtet werden, dass der Erklärungsgegner für den Widerruf ausdrücklich benannt ist. 421a

4. Anfechtung des Vergleichs

Wird ein Prozessvergleich durch Anfechtung wegen Irrtums oder Rücktritt angegriffen, ist beides durch **Fortsetzung** des zunächst durch den Vergleich **beendeten Verfahrens** geltend zu machen[2]. 422

Macht der Mieter außer der Nichtigkeit des Vergleichs hilfsweise auch geltend, der Anspruch aus dem Vergleich sei nachträglich weggefallen, so ist für alle Einwendungen die Vollstreckungsabwehrklage zulässig[3].

Eine Anfechtung kommt nicht in Betracht, wenn eine **Ausgleichsklausel** vereinbart ist, dabei aber die vom Mieter geleistete Kaution nicht berücksichtigt wurde. Es handelt sich um einen unbeachtlichen Motivirrtum (Kalkulationsirrtum); auch ein versteckter Einigungsmangel gem. § 155 BGB liegt nicht vor[4]. Etwas anderes kann gelten, wenn ein Anspruch von den Parteien überhaupt nicht in Betracht gezogen wurde (hoher Schaden durch ausgelaufenes Öl auf Grundstück)[5].

5. Zwangsvollstreckung aus dem Vergleich

Der gerichtliche Räumungsvergleich ist – wie jeder gerichtliche Vergleich mit vollstreckungsfähigem Inhalt – dem Prozessgegner in vollstreckbarer Ausfertigung im Parteibetrieb **zuzustellen**, bei anwaltlich vertretenen Parteien von Anwalt zu Anwalt (§ 195 ZPO), ansonsten per Gerichtsvollzieher (§§ 192 ff. ZPO). Bei wechselseitigen Verpflichtungen muss jede Partei der anderen den Vergleich zustellen. 423

---

1 BGH, Urt. v. 22.6.2005 – VIII ZR 214/04, MDR 2005, 1429 = NJW-RR 2005, 1323; LG Berlin, GE 2003, 255.
2 OLG Hamburg, ZMR 1996, 266; BayObLG, NZM 1999, 861 = NJW-RR 1999, 1613.
3 BGH, NJW 1967, 2014 = MDR 1968, 43; LG Heidelberg, WuM 1992, 30.
4 OLG Düsseldorf, WuM 1997, 38 = ZMR 1997, 178.
5 BGH, VersR 1984, 871.

Wird aus dem Vergleich längere Zeit nicht vollstreckt, dieser vielmehr als **Druckmittel für die Vertragserfüllung** (insbesondere pünktliche und vollständige Zahlung der Miete) benutzt oder gar dazu, spätere Vertragsverletzungen des Schuldners nunmehr ohne gerichtliche Nachprüfung zu „ahnden", so kann die Zwangsvollstreckung unzulässig sein[1].

Der entscheidende Gesichtspunkt bei der Beurteilung des **Zeitpunktes**, ab dem die Vollstreckung unzulässig ist, dürfte sein, dass die weitere entgeltliche Überlassung der Miethäume zur Annahme einer konkludenten Wiederaufnahme des Vertrags führen muss, wenn sich der Vermieter die Vollstreckung nicht ausdrücklich vorbehält[2]. Für den Bereich der **Wohnraummiete** wird teilweise aus dem Rechtsgedanken von § 569 Abs. 3 Nr. 2 S. 2 BGB (2-Jahres-Frist für erneute Inanspruchnahme der Schonfrist nach fristloser Kündigung wegen Zahlungsverzugs) gefolgert, dass eine Vollstreckung aus einem mehr als 2 Jahre alten Räumungstitel generell unzulässig sei[3].

Die Vollstreckung kann **rechtsmissbräuchlich** sein, wenn die Räumungspflicht nur für den Fall bestehen sollte, dass ein Zahlungsrückstand nicht innerhalb einer bestimmten Frist ausgeglichen wird und das Sozialamt die Zahlung zwar 7 Tage verspätet geleistet, jedoch vor Fristablauf zugesagt hatte[4].

VIII. Kündigung durch den Mieter

1. Überlegungen vor Kündigungsausspruch

424 Vor Ausspruch einer Kündigung sind die damit verbundenen Risiken zu bedenken und mit dem Mandanten zu erörtern: Was ist, wenn sich die Kündigung als unwirksam erweist? Rechtlich gesehen ist die Antwort einfach: Das Mietverhältnis besteht weiter. Die unwirksame fristlose Kündigung wird bestenfalls dahin umzudeuten sein, dass das Mietverhältnis zum nächstmöglichen Zeitpunkt enden soll (vgl. Rz. 25). Bei langer Kündigungsfrist oder befristetem Vertrag mit langer Restlaufzeit ist dem Mieter damit wenig oder gar nicht gedient. Da er gem. § 537 BGB das Verwendungsrisiko hat, muss er – u.U. bis zum Vertragsende – weiter Miete zahlen. Dies kann – insbesondere bei der Geschäftsraummiete – zum finanziellen Ruin des Mieters führen.

Da der Vermieter weiter den Erfüllungsanspruch hat, ist er jedenfalls nicht gem. § 254 BGB zur „Schadensminderung" verpflichtet. Er wird zwar meist im eigenen Interesse nach endgültiger Besitzaufgabe durch den Mieter für eine anderweitige Vermietung sorgen; erzielt er jedoch nur eine geringere

---

[1] Für den Fall des Räumungsurteils OLG Hamm, WuM 1981, 257 = NJW 1982, 341; dazu Anm. *Lammel*, WuM 1982, 123.
[2] LG Frankfurt/Main, PE 1991, 357.
[3] AG Frankfurt/Main, Urt. v. 27.10.1993 – 33 C 2539/93-31, n.v.
[4] LG Lübeck, NZM 2002, 940.

Miete, ist dem Mieter in der Regel der Einwand aus § 537 Abs. 2 BGB verwehrt, so dass er zur Zahlung der Mietdifferenz verpflichtet bleibt[1].

Übersehen wird jedoch oft die **Ausnahme** von der Regel: Der Einwand aus § 537 Abs. 2 BGB bleibt dem Mieter erhalten, wenn ihm **kein grober Vertragsbruch** anzulasten ist, weil er aus nachvollziehbaren Gründen davon ausgegangen ist, das Mietverhältnis sei beendet[2]. Besondere Sorgfalt beim Kündigungsausspruch kann sich deshalb auch dann lohnen, wenn die Kündigung sich im Nachhinein doch als unwirksam herausstellt.

Hat der Mieter keine wirklich zwingenden Gründe, den Besitz an den Mieträumen umgehend nach Kündigungsausspruch aufzugeben, so ist bei Mietverhältnissen mit langer Restlaufzeit folgende Vorgehensweise in Erwägung zu ziehen:

Der Mieter kündigt fristlos, widerspricht einer Fortsetzung gem. § 545 BGB und fordert den Vermieter zugleich unter Fristsetzung und Androhung einer **Feststellungsklage** zur Bestätigung der Vertragsbeendigung auf. Bis zur rechtskräftigen Feststellung der Vertragsbeendigung verbleibt er in den Mieträumen. Damit reduziert sich sein Risiko auf die Kosten einer gescheiterten Feststellungsklage. Damit diese Vorgehensweise jedoch nicht den Schluss rechtfertigt, die Fortsetzung des Mietverhältnisses sei doch zumutbar, muss dargelegt werden, dass die Folgen einer unwirksamen Kündigung deutlich schlimmer als das vorläufige Verbleiben in den Mieträumen wäre.

Mieteranwalt an Vermieter

Namens meines Mandanten fordere ich Sie hiermit auf, mir binnen 3 Wochen schriftlich zu bestätigen, dass auch Sie davon ausgehen, dass das Mietverhältnis durch die hier ausgesprochene Kündigung beendet ist. Bis dahin wird mein Mandant die Mieträume weiter nutzen, ohne damit das Mietverhältnis fortsetzen zu wollen. Ich widerspreche deshalb namens meines Mandanten schon jetzt einer stillschweigenden Vertragsverlängerung gem. § 545 BGB. Sollte ich innerhalb der Frist die erbetene Bestätigung nicht erhalten, werde ich ohne weiteren Schriftverkehr Klage auf Feststellung der Vertragsbeendigung erheben. In diesem Falle wird mein Mandant die Mieträume weiterhin so lange nutzen, bis die Vertragbeendigung rechtskräftig festgestellt ist. Auch in diesem Falle will mein Mandant durch die Fortsetzung des Gebrauchs der Mieträume und die Zahlung von Nutzungsentschädigung nur die Risiken aus der Ungewissheit über die Vertragsbeendigung mindern, nicht jedoch das Mietverhältnis fortsetzen.

---

[1] BGH, BGHZ 122, 163 = MDR 1993, 641; OLG Hamm, MDR 1986, 759 = WuM 1986, 201.
[2] BGH, BGHZ 122, 163 = MDR 1993, 641.

2. Grundsätze des Kündigungsausspruchs

426 Zunächst gelten entsprechend die für die Kündigung des Vermieters dargestellten Grundsätze (vgl. *Rz. 33 ff.*). Besonderheiten für den Mieter ergeben sich daraus, dass ihm Änderungen in der Person des Vermieters oft verborgen bleiben. Kündigt der Mieter jedoch in Unkenntnis der Rechtsnachfolge gegenüber dem ehemaligen Vermieter, so muss sich der neue Vermieter die Kündigung gem. §§ 407, 412 BGB zurechnen lassen[1]. Umgekehrt muss sich der Erwerber der Mietsache eine ihm gegenüber erklärte Kündigung des Mieters auch dann zurechnen lassen, wenn er noch nicht im Grundbuch eingetragen ist, gegenüber dem Mieter jedoch behauptet hatte, er sei bereits Eigentümer[2]. Da es jedoch über die Kenntnis des Mieters Streit geben kann, empfiehlt sich jedenfalls in Fällen, in denen nach der Interessenlage des Vermieters mit Einwendungen gegen die Kündigung zu rechnen ist (z.B. bei schwer weitervermietbaren Gewerberäumen), eine vorherige Überprüfung durch Befragung des (bisherigen) Vermieters bzw. seines Verwalters oder durch Grundbucheinsicht.

3. Ordentliche (fristgebundene) Kündigung

a) Allgemeine Grundsätze

427 Die ordentliche Kündigung des Mieters ist nie vom Vorliegen von Gründen abhängig. Neben der Beachtung der allgemeinen Formalien der Kündigung (vgl. *Rz. 48 ff.*) stellen sich deshalb nur zwei Fragen:

– Ist nach dem Vertrag die Kündigung durch Befristung oder auflösende Bedingung für die gesamte Vertragszeit oder durch befristeten Kündigungsverzicht oder Verlängerungsklausel für bestimmte Zeit wirksam ausgeschlossen?
– Welche Kündigungsfrist ist einzuhalten?

b) Ausschluss der ordentlichen Kündigung des Mieters

427a Bei der **Geschäftsraummiete** liegen lange Vertragslaufzeiten meist (auch) im Interesse des Mieters, da sie für ihn die einzige Form des Kündigungsschutzes sind. Dieses Interesse kann der Mieter i.d.R. nur dann realisieren, wenn er bereit ist, sich selbst in gleicher Weise zu binden. Die ihm daraus entstehenden Nachteile sind deshalb auch bei langen Laufzeiten i.d.R. nicht unangemessen i.S.v. § 307 BGB. Der individualvertragliche Ausschluss des Rechts zur ordentlichen Kündigung wird nur durch die guten Sitten und den Grundsatz von Treu und Glauben beschränkt[3].

427b Bei der **Wohnraummiete** hat der Mieter von vornherein den gesetzlichen Kündigungsschutz. Der Vorteil eines zusätzlichen vertraglichen Schutzes

---

1 Für den Fall der Optionsausübung: BGH, NZM 2002, 291; für die Frage schuldbefreiender Mietzahlung: BGH, ZMR 2006, 26 = MDR 2006, 438.
2 KG Berlin, Urt. v. 28.4.2008 – 8 U 209/07, ZMR 2008, 790 = KGR Berlin 2008, 774.
3 BGH, NJW 1995, 2350 = MDR 1995, 1129; BGH, BGHZ 64, 288 = MDR 1975, 749.

durch Vereinbarung einer festen Mindestlaufzeit wiegt die damit verbundene Beschränkung der eigenen Dispositionsfreiheit oft nicht auf. Diese Beschränkung kann sich deshalb bei formularmäßiger Vereinbarung als unangemessene Benachteiligung erweisen. Ist das Recht des Mieters zur ordentlichen Kündigung formularmäßig für **mehr als 4 Jahre** ausgeschlossen, so ist die Vereinbarung auch dann wegen unangemessener Benachteiligung des Mieters unwirksam, wenn sie für beide Parteien gilt[1]. Der Mieter kann dann jederzeit mit gesetzlicher Frist kündigen.

Unterhalb der 4-Jahres-Grenze sind formularmäßige Kündigungsausschlüsse regelmäßig dann unbedenklich, wenn sie für beide Parteien gelten[2]. Eine Ausnahme kommt jedoch bei Vermietung an Studenten in Betracht. Hier kann schon ein beiderseitiger Kündigungsausschluss für 2 Jahre den Mieter unangemessen benachteiligen[3].

Ein **einseitiger Kündigungsverzicht** des Wohnraummieters für bestimmte Zeit ist jedenfalls durch **Individualvereinbarung** möglich[4]. Aber selbst **formularmäßig** ist ein Kündigungsverzicht des Mieters zulässig, wenn er zusammen mit einer nach § 557a BGB zulässigen **Staffelmiete** vereinbart wird und seine Dauer **nicht mehr als 4 Jahre** seit Abschluss der Staffelmietvereinbarung beträgt[5]. Wird diese Höchstdauer überschritten, so ist die Klausel auch bei zugleich vereinbarter Staffelmiete insgesamt unwirksam (§ 307 Abs. 1 Satz 1 BGB). Die Rechtsprechung zu § 10 Abs. 2 S. 6 MHG, wonach der Kündigungsverzicht nur bezüglich des vier Jahre übersteigenden Zeitraums unwirksam ist, lässt sich auf § 557a BGB nicht übertragen[6]. 427c

Ist die Kündigung **formularmäßig nur für den Mieter** ausgeschlossen, so ist der Kündigungsausschluss jedenfalls dann unwirksam, wenn kein Staffelmietvertrag oder wirksamer Zeitmietvertrag vereinbart ist oder für den Mieter kein ausgleichender Vorteil gewährt wird[7].

Ist „das Kündigungsrecht" – ohne nähere Bestimmung – ausgeschlossen, so ist dies dahin zu verstehen, dass nur das ordentliche Kündigungsrecht gemeint ist. Eine solche Regelung ist deshalb auch als Formularklausel wirksam[8].

c) Kündigungsfristen des Mieters, §§ 580a, 573c BGB

Bei der **Geschäftsraummiete** geht eine vertragliche Regelung der Kündigungsfrist den dispositiven Vorschriften von § 580a BGB vor. Bei der **Wohnraummiete** gilt nach § 573c Abs. 1 BGB seit 1.9.2001 für den Mieter eine 428

---

1 BGH, WuM 2005, 346 = MDR 2005, 801.
2 BGH, WuM 2004, 542 = NZM 2004, 733; BGH, WuM 2004, 543 = NZM 2004, 734.
3 BGH, Urt. v. 15.7.2009 – VIII ZR 307/08, WuM 2009, 587 = MDR 2009, 1332.
4 BGH, WuM 2004, 157 = BGHReport 2004, 574.
5 BGH, WuM 2006, 97 = GE 2006, 250.
6 BGH, Urt. v. 25.1.2006 – VIII ZR 3/05, WuM 2006, 152 = MDR 2006, 920.
7 BGH, Urt. v. 19.11.2008 –VIII ZR 30/08, WuM 2009, 47 = NZM 2009, 153.
8 BGH, WuM 2006, 97 = GE 2006, 250.

einheitliche Frist von 3 Monaten, unabhängig von der Dauer der Überlassung der Mietsache. Ausnahmen gelten in folgenden Fällen:

- Bei Wohnraum zum vorübergehenden Gebrauch ist auch die Vereinbarung einer kürzeren Frist zulässig.
- Bei Wohnraum nach § 549 Abs. 2 Nr. 2 BGB ist die Kündigung spätestens am 15. eines Monats zum Ablauf dieses Monats zulässig.
- Längere Kündigungsfristen, die vor dem 1.9.2001 „durch Vertrag vereinbart" wurden, gelten nach der Übergangsvorschrift des Art. 229 § 3 Abs. 10 EGBGB auch nach diesem Zeitpunkt weiter, bei Kündigungen, die ab dem 1.6.2005 zugegangen sind, jedoch nicht, wenn die Kündigungsfristen des § 565 Abs. 1 u. 2 BGB a.F. formularvertraglich vereinbart wurden[1].

429 Nach der seit 1.6.2005 bestehenden Rechtslage gilt der **Bestandsschutz** für längere Kündigungsfristen des Wohnraummieters in Verträgen aus der Zeit vor dem 1.9.2001 damit nur noch für individuell vereinbarte Fristen und für formularvertragliche Fristen, die von denen des § 565 BGB a.F. abweichen.

Zur Kündigungsfrist bei befristeten Verträgen mit **Verlängerungsklausel**, die vor dem 1.9.2001 abgeschlossen wurden, siehe Rz. 478.

Die 2-wöchige Kündigungsfrist in einem während der Geltung des **Zivilgesetzbuchs** der DDR (ZGB) geschlossenen Mietvertrag gilt als wirksame vertragliche Vereinbarung nach dem 3.10.1990 fort[2].

4. Außerordentliche fristlose Kündigung aus wichtigem Grund

a) Allgemeine Grundsätze

430 Es gelten die gleichen Grundsätze wie bei der fristlosen Kündigung des Vermieters (vgl. *Rz. 258 ff.*):

- Kündigungsgrund ist die **Unzumutbarkeit** der Fortsetzung des Mietverhältnisses bis zum frühestmöglichen Beendigungstermin.
- Im Regelfall kann erst nach erfolgloser **Abmahnung** oder **Fristsetzung** gekündigt werden, also nach Wiederholung des abgemahnten Verhaltens oder nach Ablauf der gesetzten Frist bzw. endgültiger Erfüllungsverweigerung (§ 281 Abs. 2 BGB).
- Nach Vorliegen der Kündigungsvoraussetzungen muss die Kündigung **innerhalb angemessener Frist** ausgesprochen werden (§ 314 Abs. 3 BGB).

431 Um das Risiko der Unwirksamkeit der Kündigung wegen nicht rechtzeitigen Kündigungsausspruchs zu vermeiden, kann der Mieter gezwungen sein, die Kündigung auszusprechen, bevor er zur Räumung imstande ist. Diese missliche Lage wird abgemildert durch die Möglichkeit, die Kündi-

---

1 Gesetz zur Änderung des EGBGB vom 26.5.2005, BGBl. I, S. 1425.
2 KG Berlin, WuM 1998, 149 = ZMR 1998, 221.

gung mit einer **Auslauffrist** zu versehen[1]. Sie muss deutlich kürzer als die maßgebliche ordentliche Frist oder die restliche Vertragszeit sein. Als angemessen betrachtet wurde eine Auslauffrist von 3 Monaten bei einer Restmietzeit von 2 Jahren[2] und 4 Monate bei einer Kündigungsfrist von 6 Monaten[3]. Bei einer Restmietzeit von 7 Jahren kann bei Vorliegen besonderer Umstände und unter Berücksichtigung der Interessen beider Parteien sogar eine Auslauffrist von 14 Monaten gerechtfertigt sein[4]. Eine zu lang bemessene Auslauffrist führt jedoch zur Unwirksamkeit der Kündigung[5]. Das Gleiche gilt für eine außerordentliche Kündigung mit **unbestimmter Auslauffrist** („zu dem Zeitpunkt, an dem wir andere Geschäftsräume beziehen können")[6]. Eine unbestimmte Auslauffrist liegt allerdings nicht vor, wenn der Mieter im Kündigungsschreiben zwar erklärt, er werde nun schnellstmöglich neue Räume suchen und in Kürze den Auszugstermin mitteilen, die fristlose Kündigung selbst jedoch unbedingt und mit sofortiger Wirkung erklärt hat[7].

Im Zweifel sollte lieber frühzeitig gekündigt und dabei das Risiko einer verspäteten Räumung in Kauf genommen werden, als durch zu lange Überlegung und/oder zu späte Vertragsbeendigung die Unwirksamkeit der Kündigung zu riskieren[8]. Vorsorglich sollte schon im Kündigungsschreiben nicht nur einer Vertragsverlängerung gem. § 545 BGB widersprochen, sondern auch klargestellt werden, dass durch weiteres Verbleiben des Mieters in den Miträumen kein konkludenter Neuabschluss des Mietvertrags zustande kommen soll. Denn ein solcher ist selbst dann möglich, wenn der Vertrag für die Erneuerung und Fortsetzung des Mietverhältnisses die Schriftform vorschreibt[9].

➲ **Hinweis:**

Kann der Mieter die Entscheidung für oder gegen die Kündigung nicht spätestens binnen eines Monats nach Kenntnis des Kündigungsgrundes treffen, sollte er sich den Kündigungsausspruch vorbehalten[10]. Auch in diesem Falle sollte er nicht länger als zwei Monate mit dem Kündigungsausspruch warten. Verbindet er den Kündigungsausspruch mit einer Auslauffrist, darf die Zeitspanne zwischen der Kenntnis des Kündigungsgrundes und dem vom Mieter gesetzten Vertragsende nur so lang sein, dass keine Zweifel an der Zumutbarkeit der Vertragsfortsetzung entstehen können. Auch bei langer Restlaufzeit sollte die jeweilige gesetzliche Kündigungsfrist gem. § 580a BGB (3 Monate bei

---

1 BGH, MDR 1999, 307 = NJW 1999, 946.
2 OLG Frankfurt/Main, OLGR Frankfurt 1994, 254.
3 OLG Hamburg, WuM 1995, 653 = MDR 1996, 358.
4 OLG Frankfurt/Main, Urt. v. 8.12.2005 – 2 U 128/05, Info M 2007, 312.
5 BGH, MDR 1999, 307 = NJW 1999, 946.
6 BGH, WuM 2004, 269 = MDR 2004, 269.
7 OLG Düsseldorf, Beschl. v. 20.9.2007 – I-10 U 46/07, GuT 2007, 363.
8 *Eisenhardt*, MDR 2002, 981.
9 OLG Düsseldorf, NZM 2001, 1125 = ZMR 2002, 46.
10 LG Berlin, MM 2001, 244.

Wohnraum, 6 Monate zum Quartalsende bei Geschäftsraum, 3 Monate zum Quartalsende bei sonstigen Räumen) nicht überschritten werden. Droht Räumungsverzug, sollte zur Schadensbegrenzung der Vermieter rechtzeitig über den voraussichtlichen Räumungstermin informiert werden.

b) Hinderung des Gebrauchs, § 543 Abs. 2 Nr. 1 BGB

aa) Voraussetzungen

433 Der Mieter kann fristlos kündigen, wenn ihm die Mietsache nicht oder nicht rechtzeitig übergeben wird (**Vorenthaltung** des Gebrauchs) oder wenn er am vertragsgemäßen Gebrauch ganz oder teilweise gehindert wird (**Entziehung** des Gebrauchs). Hauptanwendungsbereich sind die Fälle der Gebrauchshinderung durch erhebliche **Mängel** der Mietsache.

Die Kündigung setzt **kein Verschulden** des Vermieters voraus, sofern nicht ein Fall der verschuldensunabhängigen Haftung gem. § 536a Abs. 1 BGB vorliegt. Ein Verschulden ist nur Voraussetzung für einen Anspruch auf Ersatz des Kündigungsfolgeschadens.

Die Kündigung erfordert auch nicht, dass der Mieter darlegt, warum ihm die Fortsetzung des Mietverhältnisses nicht zumutbar ist. Darzulegen sind – schon in der Kündigungserklärung – nur die Voraussetzungen des konkreten Kündigungstatbestandes[1].

434 Die Kündigung ist grundsätzlich erst nach Ablauf einer angemessenen **Abhilfefrist** zulässig. Diese muss zur Behebung bestimmter, genau bezeichneter Gebrauchsbeeinträchtigungen gesetzt werden[2]. Dabei ist der Mangel so zu konkretisieren, dass auch seine Erheblichkeit deutlich wird[3]. Eine bloße Mängelanzeige gem. § 536c Abs. 1 BGB genügt nicht[4]. Die (an sich formfreie) Fristsetzung sollte schriftlich und unter Angabe eines kalendermäßig bestimmten oder klar bestimmbaren Datums ausgesprochen werden. Das Verlangen nach „unverzüglicher" Abhilfe genügt nur bei Mängeln, deren Beseitigung dringend ist und die sofort behoben werden können. Bei Mängeln, deren Beseitigung objektiv einen bestimmten Zeitraum in Anspruch nehmen, muss eine bestimmte Frist gesetzt werden[5].

Nach neuerer Rechtsprechung des BGH ist zur wirksamen Fristsetzung die Angabe eines bestimmten Endtermins oder Zeitraums allerdings nicht zwingend erforderlich. Es genügt, dass die Länge der Frist anhand der Umstände des Einzelfalles bestimmbar ist. Dies wurde bejaht für die Aufforderung, einen Mangel „umgehend" zu beseitigen[6].

---

1 BGH, Urt. v. 29.4.2009 – VIII ZR 142/08, WuM 2009, 349.
2 OLG Naumburg, WuM 2000, 246 = OLGR Naumburg 2000, 218.
3 OLG Düsseldorf, NZM 2003, 553 = OLGR Düsseldorf 2003, 73.
4 LG Berlin, GE 1999, 45.
5 KG Berlin, GE 2004, 478 = MietRB 2004, 233.
6 BGH, Urt. v. 12.8.2009 – VIII ZR 254/08, WuM 2009, 580 = MDR 2009, 1329.

> **Mieter-Anwalt an Vermieter:**
>
> Seitdem zu Beginn des vergangenen Monats in die Nachbarwohnung meiner Mandanten neue Mieter eingezogen sind, haben meine Mandanten nahezu täglich, insbesondere in der Zeit zwischen 22.00 Uhr und 2.00 Uhr nachts, unter erheblichen Lärmbelästigungen zu leiden. Störungen gehen aus vom überlaut eingestellten Fernsehgerät der Nachbarn, von lautstarken, teilweise schreiend geführten Auseinandersetzungen, Türenschlagen und anhaltendem Hundegebell.
>
> Nachdem mehrfache Bitten und Beschwerden gegenüber den Nachbarn nichts genützt haben, fordere ich Sie namens meiner Mandanten auf, durch geeignete Maßnahmen dafür zu sorgen, dass die genannten Störungen eingestellt werden. Sollten die Ruhestörungen nicht bis spätestens Ende des laufenden Monats aufhören, werde ich das Mietverhältnis namens meiner Mandanten gem. § 543 Abs. 2 Nr. 1 BGB fristlos kündigen.
>
> *Anmerkung:* 3–4 Wochen Abhilfefrist dürften hier angemessen sein.

Die Kündigung kann schon im Abhilfeverlangen für den Fall erklärt werden, dass innerhalb der Frist keine Abhilfe geschaffen wird. Zwar ist eine Kündigung grundsätzlich bedingungsfeindlich; dies gilt jedoch nicht für Bedingungen, deren Eintritt der Erklärungsgegner allein in der Hand hat[1].

Die Androhung der Kündigung ist bei der Fristsetzung nicht erforderlich[2]. Hat der Mieter für den Fall des Fristablaufs die Ersatzvornahme angedroht, so kann er nur kündigen, wenn er dem Vermieter zuvor eine erneute Frist zur Mängelbeseitigung setzt[3]. Eine ausdrückliche Fristsetzung ist entbehrlich, wenn auf eine behördliche Verfügung Bezug genommen wird, die dem Vermieter unter Fristsetzung die Mängelbeseitigung aufgibt[4].

Wird eine **zu kurze Frist** gesetzt, so ist die Fristsetzung nicht insgesamt unwirksam; vielmehr tritt an die Stelle der unangemessen kurzen Frist eine angemessene Frist[5]. Kündigt der Mieter erst nach deren Ablauf, war die zu kurze Fristbemessung unschädlich.

Die **Angemessenheit der Frist** beurteilt sich auch danach, ob dem Vermieter der Mangel schon vor Fristsetzung, u.U. auch unabhängig von der Mängelanzeige oder Abhilfeforderung des Mieters bekannt war[6]. Auch eine sehr knapp bemessene Frist ist jedenfalls dann angemessen, wenn der Vermieter selbst die Mängelbeseitigung „spätestens" zu diesem Termin zugesagt

---

1 OLG Hamburg, ZMR 2001, 25 = NZM 2001, 131.
2 BGH, Urt. v. 13.6.2007 – VIII ZR 281/06, WuM 2007, 570 = ZMR 2007, 606.
3 OLG Düsseldorf, Urt. v. 29.11.2007 – I-10 U 86/07, OLGR Düsseldorf 2008, 269 = GuT 2007, 438; OLG Hamm, NJW-RR 1991, 1035; offen gelassen durch BGH, Urt. v. 13.6.2007 – VIII ZR 281/06, WuM 2007, 570 = ZMR 2007, 606.
4 BGH, WM 1983, 660.
5 BGH, Urt. v. 21.6.1985 – V ZR 134/84, NJW 1985, 2640 = MDR 1986, 302.
6 LG Frankfurt/Main, WuM 1987, 55.

hat[1]. Bei sehr erheblicher Gebrauchsbeeinträchtigung (Eindringen von Regenwasser durch undichtes Dach) muss der Vermieter u.U. sofortige **Notmaßnahmen** ergreifen, wenn innerhalb der Abhilfefrist eine Reparatur nicht möglich ist[2].

437 **Ohne Abhilfefrist** sollte nur in folgenden **Ausnahmefällen** gekündigt werden:

– Endgültige **Erfüllungsverweigerung** des Vermieters[3];. Sie kann vorliegen, wenn der Vermieter das Vorliegen der gerügten Mängel bestreitet bzw. seine Pflicht zur Mängelbeseitigung in Abrede stellt[4]. U.U. kann sie auch schon in einem 11 Monate langen Untätigbleiben des Vermieters trotz beharrlicher Aufforderungen zur Mängelbeseitigung seitens des Mieters gesehen werden[5]. Eine endgültige Erfüllungsverweigerung kann auch im Ausspruch einer unberechtigten fristlosen Kündigung mit der Aufforderung zur Räumung der Mietsache liegen[6]. Reagiert der Vermieter auf eine Fristsetzung mit einer Erfüllungsverweigerung, so muss der Mieter den Ablauf der Frist nicht abwarten, sondern kann sofort kündigen, auch wenn die von ihm gesetzte Frist zu kurz war[7].

– Bei **Unmöglichkeit** der Herstellung des vertragsgemäßen Zustands in angemessener Zeit (z.B. bei behördlicher Nutzungsuntersagung)[8]., ebenso in Fällen erheblicher Wohnflächenabweichung[9]. Für das Vorliegen dieser Voraussetzungen ist der Mieter darlegungs- und beweispflichtig[10]. Die Erklärung des Vermieters, er wisse nicht, wann die Mieträume übergeben werden können, macht die Fristsetzung nicht entbehrlich[11].

– Wenn Abhilfe nur unter für den Mieter **unzumutbaren Bedingungen** möglich ist[12].

438 Nach Fristablauf muss die Kündigung innerhalb angemessener Frist ausgesprochen werden (§ 314 Abs. 3 BGB). Allerdings kann die Berufung auf eine Verwirkung des Kündigungsrechtes rechtsmissbräuchlich sein, wenn der Mieter in der berechtigten Hoffnung auf Abhilfe – auch im Interesse des Vermieters – mit dem Kündigungsausspruch zuwartet[13].

---

1 AG Pinneberg, ZMR 2004, 199.
2 OLG Düsseldorf, ZMR 1999, 26 = MDR 1999, 220; OLG Düsseldorf, NJW-RR 1998, 1236 = MDR 1998, 768.
3 BGH, MDR 1976, 217 = NJW 1976, 796; LG Frankfurt/Main, NJW-RR 1997, 521.
4 BGH, Urt. v. 13.6.2007 – VIII ZR 281/06, WuM 2007, 570 = ZMR 2007, 606.
5 LG Stuttgart, NZM 1998, 483.
6 LG Frankfurt/Main, PE 2005, 258.
7 BGH, Beschl. v. 26.4.2006 – XII ZR 60/05, GuT 2006, 326.
8 OLG Düsseldorf, OLGR Düsseldorf 1993, 194 = DWW 1993, 99; OLG Köln, WuM 1998, 152 = MDR 1998, 709.
9 BGH, Urt. v. 29.4.2009 – VIII ZR 142/08, WuM 2009, 349.
10 KG Berlin, GE 2004, 478 = MietRB 2004, 233.
11 KG Berlin, GE 2002, 188.
12 OLG Brandenburg, NJWE-MietR 1997, 224.
13 OLG Karlsruhe, ZMR 2001, 799 = GE 2001, 1131.

Die Ausübung des Kündigungsrechts muss **nicht treuwidrig** sein, wenn der 439
Mieter die Auffassung vertritt, es sei gar kein wirksamer Mietvertrag zustande gekommen, und die Herstellung des vertragsgemäßen Gebrauchs nur **hilfsweise**, aber jedenfalls ernsthaft, verfolgt hat[1]. Ebenso steht der Kündigung nicht entgegen, dass der Mieter aus Gründen in seiner Person die Mieträume nach Ablauf der Abhilfefrist ohnehin nicht mehr gebraucht hätte[2]. Dagegen besteht das Kündigungsrecht nicht, wenn der Mieter bei fortbestehendem Mietverhältnis den Besitz an den Mieträumen aufgibt und der Vermieter in der Folgezeit ein Gebrauchshindernis (z.B. durch Zumauern eines Durchgangs) schafft[3].

bb) Ausschlussgründe

Gem. § 542 Abs. 2 BGB a.F. rechtfertigte eine nur **unerhebliche Gebrauchs-** 440
hinderung (bei geringfügigem Mangel) oder unerhebliche Vorenthaltung (bei nur kurzfristiger Verzögerung der Übergabe oder der Entziehung des Gebrauchs) die Kündigung nur bei **besonderem Interesse** des Mieters. Diese Einschränkung ist zwar in den seit 1.9.2001 geltenden Regelungen nicht mehr enthalten; sie gilt jedoch nach h.M. bei Berücksichtigung der allgemeinen Abwägungskriterien von § 543 Abs. 1 BGB fort[4].

Gem. § 543 Abs. 4 BGB finden die in § 536b und 536d BGB für die Miet- 441
minderung geregelten Grundsätze für den Ausschluss und die Beschränkung des Minderungsrechtes auch auf das Kündigungsrecht Anwendung. Danach gilt Folgendes:
– Kenntnis des Mangels bei Vertragsschluss: kein Kündigungsrecht (§ 536b S. 1 BGB); bei Mietermehrheit genügt Kenntnis eines Mieters[5].
– Kenntnis des Mangels bei Übergabe: Kündigungsrecht nur bei Annahme unter Vorbehalt (§ 536b S. 3 BGB).
– Grob fahrlässige Unkenntnis des Mangels bei Vertragsschluss: Kündigungsrecht nur, wenn der Vermieter den Mangel arglistig verschwiegen hat (§ 536b S. 2 BGB).

Ein **Verlust von Gewährleistungsrechten** einschließlich des Rechts zur au- 442
ßerordentlichen Kündigung, wie er früher bei längerer vorbehaltloser Fortzahlung der ungeminderten Miete in Kenntnis nachträglich aufgetretener Mängel angenommen wurde, kommt nach neuerer Rechtsprechung seit

---

1 LG Hamburg, ZMR 1998, 560.
2 BGH, NJW 1970, 1791 = MDR 1970, 1004.
3 BGH, BGHZ 38, 295.
4 BGH, Urt. v. 18.10.2006 – XII ZR 33/04, GuT 2006, 312 = BGHReport 2007, 50; OLG Hamburg, Beschl. v. 12.4.2005 – 4 U 162/04, ZMR 2005, 856; *Häublein*, ZMR 2005, 1.
5 BGH, NJW 1972, 249 = MDR 1972, 318.

1.9.2001 nur noch unter den strengeren Voraussetzungen der Verwirkung oder des stillschweigenden Verzichts in Betracht[1].

443 Eine Kündigung ohne vorherige Abhilfefrist ist gem. § 536c Abs. 2 S. 2 BGB unzulässig, wenn der Vermieter wegen **unterlassener Mängelanzeige** des Mieters zur Abhilfe nicht imstande war.

444 Die **Kündigung** ist ferner **ausgeschlossen**, wenn der Mieter die Gebrauchshinderung selbst verschuldet oder mitverschuldet hat[2], wenn er sie sonst zu vertreten hat, z.B. weil ihm der Ausbruch eines Brandes in den Mieträumen zuzurechnen ist[3] oder weil er Mitwirkungspflichten bei der Herstellung der Mieträume verletzt hat (§ 162 BGB)[4]. Das Gleiche soll gelten bei Mängeln auf Grund baulicher Änderungen auf Wunsch des Mieters[5]. Letzteres erscheint fragwürdig, da die Einigung über die baulichen Änderungen in der Regel zugleich als Änderungsvereinbarung hinsichtlich der Sollbeschaffenheit der Mieträume auszulegen sein wird.

Wegen einer Gebrauchsbeeinträchtigung, die der Mieter gem. § 554 Abs. 1 BGB zu dulden hat, kommt die fristlose Kündigung gem. § 543 Abs. 2 Nr. 1 BGB grundsätzlich nicht in Betracht[6].

cc) Fallgruppen

445 Die Gebrauchshinderung kann insbesondere folgende **Gründe** haben:
– Mieträume werden nicht (fristgerecht) übergeben,
– Mietbesitz wird durch verbotene Eigenmacht des Vermieters oder äußere Ereignisse entzogen oder beeinträchtigt (**Bedrohung, Unbenutzbarkeit**),
– Vermieter macht dem Mieter seine vertraglichen Rechte streitig (**Konkurrenzschutz, Kündigung, Räumungsverlangen, Untervermietung, Vormietrecht**),
– Sachmängel (**Bauliche Mängel, Feuchtigkeit/Wasserschäden, Gerüche, Heizung, Lärm, Raumtemperatur, Zugang** zu den Mieträumen),
– Fehlen **behördlicher Genehmigung, Nutzungsbeschränkung**.

Die Kündigung kann **hilfsweise fristgemäß** ausgesprochen werden.

Zu Einzelfällen vgl. die vorgenannten Stichworte unter Rz. 456.

---

[1] BGH, Urt. v. 18.10.2006 – XII ZR 33/04, WuM 2007, 72 = MDR 2007, 391; dazu *Eisenhardt*, BGHReport 2007, 50; BGH, WuM 2003, 440 = MDR 2003, 1103; BGH, ZMR 2005, 770 = GuT 2005, 56.
[2] OLG Düsseldorf, ZMR 1994, 402 = OLGR Düsseldorf 1994, 230.
[3] BGH, MDR 1998, 207 = NJW 1998, 594.
[4] BGH, NJW-RR 1998, 801 = NZM 1998, 156.
[5] OLG München, ZMR 1996, 434 = NJW-RR 1996, 1162.
[6] KG Berlin, KGR Berlin 2003, 124 = GE 2002, 1561.

c) Gesundheitsgefährdung, § 569 Abs. 1 BGB

aa) Voraussetzungen

Die Vorschrift ist anwendbar auf Wohnräume und alle anderen zum Aufenthalt von Menschen bestimmten Räume. Die Gesundheitsgefährdung muss von den Räumen selbst ausgehen, nicht etwa von Personen ihres Umfeldes[1]. Sie muss den vertragsgemäßen Gebrauch der Mietwohnung insgesamt erheblich beeinträchtigen, was z.B. bei fehlendem Heizkörper in einem Raum einer 6-Zimmer-Wohnung nicht ohne weiteres anzunehmen ist (vgl. im Einzelnen *F Rz. 135 f.*)[2]. 446

Das Recht zur fristlosen Kündigung eines Mietvertrages wegen Gesundheitsgefährdung steht auch dem **gewerblichen Zwischenmieter** im Verhältnis zum Hauptvermieter zu[3]. 447

Das Kündigungsrecht entsteht nicht erst, wenn eine Schädigung der Gesundheit eingetreten ist; es genügt eine erhebliche Gefährdung der Gesundheit. Diese kann auch anzunehmen sein, wenn ein Mangel i.S.v. § 536 BGB nicht erwiesen ist[4]. Es genügt, dass der Mieter vernünftigerweise von einer erheblichen Gefahr ausgehen kann[5], auch wenn der **Verdacht** sich später als unbegründet herausstellt[6]. 448

Ob eine Gesundheitsgefährdung vorliegt, richtet sich nach **objektiven Maßstäben** unter Berücksichtigung des gegenwärtigen Standes der medizinischen Erkenntnis. Erheblich ist die Gesundheitsgefährdung, wenn die Gefahr einer deutlichen und nachhaltigen Gesundheitsschädigung besteht. Diese Gefahr muss konkret drohen. Dabei sind an die Wahrscheinlichkeit der Risikoverwirklichung umso geringere Anforderungen zu stellen, je schwerwiegender die drohende Beeinträchtigung ist[7]. So stellt allein die Möglichkeit, dass durch **Schimmelbildung** an der Wand Schimmelsporen und toxische Stoffe in die Atemluft gelangen könnten, noch keine konkrete Gesundheitsgefährdung dar, die eine fristlose Kündigung rechtfertigt[8]. Der Mieter muss deshalb die Gesundheitsgefährdung näher begründen und im Streitfalle beweisen[9]. Besondere **subjektive Empfindlichkeiten** sollen nach einem Teil der Rechtsprechung keine Kündigung rechtfertigen[10], so z.B. eine **Allergie** des Mieters[11]. Für die Gegenmeinung, die das erhöhte 449

---

1 LG Berlin, GE 1999, 1426; LG Berlin, GE 1999, 839.
2 LG Düsseldorf, DWW 1999, 352.
3 BGH, WuM 2004, 206 = MDR 2004, 500.
4 LG Hannover, VuR 1990, 40.
5 LG Lübeck, ZMR 1998, 433, mit Anm. *Schläger*; AG Saarlouis, WuM 1990, 389.
6 LG Lübeck, ZMR 2002, 431.
7 KG Berlin, GuT 2004, 102 = KGR Berlin 2004, 481.
8 KG Berlin, KGR Berlin 2004, 81.
9 BGH, Urt. v. 18.4.2007 – VIII ZR 182/06, WuM 2007, 319 = MDR 2007, 1064.
10 LG Berlin, ZMR 1999, 27; AG München, WuM 1986, 247.
11 AG Chemnitz, NZM 1999, 801; LG Köln in *Lützenkirchen*, KM 13 Nr. 12.

Gesundheitsrisiko von Allergikern berücksichtigt[1], spricht der Normzweck „Gesundheitsschutz".

Für die Gesundheitsgefährdung und ihre Erheblichkeit ist der Mieter **beweispflichtig**. Bei Schimmelbefall genügt eine ärztliche Bescheinigung ohne Laboruntersuchung nicht[2]. Generell ist der Beweis der Gesundheitsgefährdung meist nur durch Sachverständigengutachten zu führen; Zeugenbeweis kann vom Gericht als ungeeignet zurückgewiesen werden (vgl. auch F Rz. 135b)[3].

Anders als nach der Rechtslage vor der Mietrechtsreform gelten für die fristlose Kündigung wegen Gesundheitsgefährdung die gleichen Grundsätze wie für jede andere fristlose Kündigung, mit der Folge, dass der Kündigung i.d.R. eine erfolglos gebliebene **Abmahnung** oder Fristsetzung vorausgehen muss[4]. Eine **Fristsetzung** zur Abhilfe ist gem. § 543 Abs. 3 BGB jedenfalls dann erforderlich, wenn die gesundheitsgefährdende Beschaffenheit der Mietsache auf einer Pflichtverletzung des Vermieters beruht[5].

bb) Ausschlussgründe

450 Bei der Kündigung wegen Gesundheitsgefährdung wird die Möglichkeit der **Verwirkung** teilweise ganz verneint[6], teilweise im Grundsatz bejaht[7]. Bei schwer zu beurteilender Situation (z.B. Schadstoffbelastung) wird dem Mieter jedoch eine längere Frist zugebilligt (Beobachtungsfrist von drei Monaten und sodann, nach Ausbleiben der erhofften Besserung, eine Überlegungsfrist von einem weiteren Monat[8]). Hat der Mieter eine Gesundheitsbeeinträchtigung über längere Zeit hingenommen, muss er u.U. nach Treu und Glauben vom Vermieter angekündigte Abhilfemaßnahmen abwarten oder vor Kündigungsausspruch eine Abhilfefrist setzen[9].

451 Ist die gesundheitsgefährdende Beschaffenheit der Wohnung sofort behebbar, kann die fristlose Kündigung ausgeschlossen sein[10]. Das Gleiche gilt, wenn der Vermieter unverzüglich zumutbare Abhilfe anbietet[11]. In solchen Fällen kann – unabhängig von einer Pflichtverletzung des Vermieters – verlangt werden, dass der Mieter vor Kündigungsausspruch eine **Abhilfefrist** setzt[12].

---

1 LG Oldenburg, ZMR 2000, 100.
2 KG Berlin, GuT 2004, 102 = KGR Berlin 2004, 481.
3 LG Mannheim, WuM 1988, 360.
4 BGH, Urt. v. 18.4.2007 – VIII ZR 182/06, WuM 2007, 319 = MDR 2007, 1064.
5 BGH, Urt. v. 18.4.2007 – VIII ZR 182/06, WuM 2007, 319 = MDR 2007, 1064.
6 KG Berlin, ZMR 2004, 259 = KGR Berlin 2004, 97; LG Lübeck, ZMR 2001, 282; LG Duisburg, NZM 2002, 214; LG Paderborn, WuM 1998, 21; vgl. auch LG Köln, WuM 1980, 235.
7 LG Saarbrücken, NZM 1999, 411; LG Berlin, MM 2001, 244.
8 LG Lübeck, ZMR 2001, 282; ähnlich, jedoch mit kürzeren Fristen: AG Berlin-Mitte, MM 1999, 36.
9 KG Berlin, GE 2001, 1539 = KGR Berlin 2002, 73.
10 LG Kiel, WuM 1992, 122.
11 LG Traunstein, WuM 1986, 93.
12 LG Mainz, DWW 1999, 295.

cc) **Fallgruppen**

Die Gesundheitsgefährdung kann insbesondere folgende Gründe haben: 452
- hygienische Mängel, z.B. Ungeziefer, Schimmelpilz (**Feuchtigkeit, Ungeziefer**),
- ungesundes Raumklima, z.B. Kälte, Zugluft, Hitze (**Heizung, Raumtemperatur**),
- Belastung durch Holzschutzmittel, Formaldehyd, Insektizide (**Schadstoffbelastung**),
- **Lärm**,
- gefährliche bauliche Beschaffenheit, feuerpolizeiliche Mängel (**Bauliche Mängel**).

Die Kündigung kann **hilfsweise fristgemäß** ausgesprochen werden.

Zu Einzelfällen vgl. die vorgenannten Stichworte unter *Rz. 456*.

d) **Störung des Hausfriedens durch den Vermieter, § 569 Abs. 2 BGB**

Es kommen hier grundsätzlich die gleichen Fallgruppen wie bei der Hausfriedensstörung durch den Mieter in Betracht, z.B. 453
- **Beleidigung**,
- **Rufschädigung**,
- **Belästigung**,
- **Gewalttätigkeit** und **Drohung**,

vor allem, wenn der Vermieter selbst Mitglied der Hausgemeinschaft ist.

Die Kündigung kann **hilfsweise fristgemäß** ausgesprochen werden.

Zu Einzelfällen vgl. die vorgenannten Stichworte unter *Rz. 456* und *286*.

e) **Sonstige wichtige Gründe, § 543 Abs. 1 BGB**

Hierunter fallen zum einen diejenigen Fälle schwerwiegender – i.d.R. 454 schuldhafter – Pflichtverletzungen (§ 554a BGB a.F.), die nicht zum Bereich der Hausfriedensstörung gehören, z.B.
- **Mietpreisüberhöhung**,
- **Nebenkosten** (Unredlichkeit bei Abrechnung oder Bemessung der Vorauszahlungen),
- **Täuschung** (über Eigentümerstellung des Vermieters),
- **Vertrauensbruch** (Verletzung des Briefgeheimnisses),

zum anderen die seltenen Fälle der – vom Vermieter unverschuldeten – Unzumutbarkeit, die nach altem Recht unter § 242 BGB subsumiert wurden, soweit sie nicht unter § 313 Abs. 3 BGB (Kündigung wegen Störung der Geschäftsgrundlage) fallen.

Die Kündigung kann **hilfsweise fristgemäß** ausgesprochen werden.
Zu Einzelfällen vgl. die vorgenannten Stichworte unter *Rz. 456*.

f) Störung der Geschäftsgrundlage, § 313 Abs. 3 BGB

455 Der Anwendungsbereich dieser Vorschrift ist sehr beschränkt. Es wird auf die nachstehend wiedergegebenen Rechtsprechungsnachweise zum Stichwort **Geschäftsgrundlage** verwiesen.

g) ABC der fristlosen Kündigung des Mieters

456 **Bauliche Mängel**
- **Feuerpolizeiliche Mängel** eines Wohngebäudes (hier: das Fehlen ausreichender Rettungswege im Brandfall)[1];
- **Fehlendes Geländer** an einer Galerie des Obergeschosses im gemieteten Haus[2],
- **Einsturzgefahr** verpachteter Hühnerställe[3].

Baurechtswidrigkeit
- nicht: bloß formelle **Baurechtswidrigkeit** ohne konkret drohende Gefahr der Gebrauchsentziehung[4].

Bedrohung
- Bedrohung mit **Messer** durch Sohn des Vermieters[5],
- anhaltend bedrohliches, beleidigendes und aggressives Verhalten eines Mitbewohners[6].

Behördliche Genehmigung, Fehlen
- Nichterteilung der **Schankerlaubnis** wegen bauordnungsrechtlicher Beanstandungen, wenn dem Mieter der zeitlich nicht absehbare Schwebezustand nicht zumutbar ist[7];
- behördliches **Vertriebsverbot** (hier nach der HackfleischVO) wegen mangelhafter Einrichtung der als „Fleischwarenverkaufsstelle" vermieteten Räume (Fehlen einer Überdruckanlage)[8].

Belichtung der Mieträume
- Beeinträchtigung des **Lichteinfalls** durch Bebauung des Nachbargrundstücks über das durch öffentlich-rechtliche Vorschriften vorgegebene Maß hinaus[9].

---

1 OLG Bremen, Urt. v. 24.6.1992 – 1 U 34/92, n.v.
2 OLG Brandenburg, Urt. v. 2.7.2008 – 3 U 156/07, ZMR 2009, 190.
3 OLG Koblenz, NJW-RR 1992, 1228.
4 LG Frankfurt/Main, NZM 2000, 1053.
5 LG Hannover, WuM 2001, 446.
6 OLG Köln, Beschl. v. 6.2.2006 – 16 Wx 197/05, OLGR Köln 2006, 524.
7 OLG Düsseldorf, MDR 1988, 866 = OLGZ 1988, 482.
8 OLG Rostock, NZM 2002, 701 = GuT 2002, 109.
9 OLG Hamm, ZMR 1983, 273 = MDR 1983, 579.

Beschuldigung
- **grundlose Bezichtigung**, Mieter verhalte sich querulantenhaft und aufwieglerisch[1].

Briefgeheimnis, Bruch
- Vermieter öffnet Post des Mieters und gibt Inhalt an Dritte weiter[2].

Diebstahlsgefahr
- Offene Verkaufsfläche ist außerhalb der vereinbarten Geschäftszeiten für Dritte zugänglich[3].

Einbruchsserie
- **Umstritten:** Verlust des Versicherungsschutzes nach **Einbruchsserie** in Geschäftsräume[4].

Feuchtigkeit, Wasserschäden
- Eindringen von **Feuchtigkeit** wegen Dachundichtigkeit[5];
- **Feuchtigkeitsschäden** nach Fenstermodernisierung[6];
- Feuchtigkeitsschäden mit **Schimmelpilzbefall**[7];
- **Schimmelpilz**-Befall[8];
- **Überschwemmung** der Wohnung infolge Hochwassers[9], jedenfalls dann, wenn Zeitpunkt der Schadensbeseitigung nicht absehbar ist[10].
- **nicht** bei unerheblicher Gebrauchsminderung (Schimmel in einer Fuge im Bad, Wasserschaden und Schimmelbildung im Keller)[11].

Finanzielle Verhältnisse des Mieters
- wesentliche Verschlechterung der finanziellen Verhältnisse ist **kein** Kündigungsgrund[12].

Gebrauchsentziehung
- **nicht** bei Aufzugsausfall an 21 Tagen in 3 Jahren, wenn der Vermieter jeweils umgehend Abhilfe geschaffen hatte[13],

---

1 AG Borken, WuM 2000, 189.
2 AG Rendsburg, WuM 1989, 178.
3 OLG Dresden, Urt. v. 11.12.2007 – 5 U 1526/07, Info M 2008, 68.
4 Kündigungsrecht bejaht von OLG Naumburg, NZM 1998, 438 = NJW-RR 1998, 944; verneint von KG Berlin, NJW-RR 1998, 944 = NZM 1998, 437; OLG Rostock, OLGR Rostock 2002, 34.
5 OLG Düsseldorf, ZMR 1999, 26 = MDR 1999, 220.
6 LG Düsseldorf, WuM 1992, 187 = DWW 1992, 243.
7 LG München I, WuM 1991, 584 = NJW-RR 1991, 975; LG Düsseldorf, WuM 1989, 13; **a.A.** LG Mainz, DWW 1999, 295.
8 LG Duisburg, NZM 2002, 214.
9 AG Köln, WuM 1997, 261; AG Döbeln, NZM 2004, 499 = MietRB 2004, 166.
10 AG Grimma, NZM 2003, 196 = NJW 2003, 904.
11 AG Schöneberg, Urt. v. 24.9.2008 – 103 C 30/08, GE 2009, 55.
12 LG Coburg, JurBüro 2002, 105.
13 KG Berlin, Beschl. v. 12.4.2007 – 12 U 65/06, KGR Berlin 2007, 852 = GE 2007, 1188.

- **nicht** bei nur gefälligkeitshalber überlassenen, nicht mitvermieteten Flächen[1].

Gerüche
- Geruchsbelästigung durch städtische **Kläranlage**[2] oder **Lebensmittelbetrieb** infolge unzureichender Abluftanlage[3];
- Geruchsbelästigungen durch **Zigarettenrauch**[4] oder **Essensgerüche**[5].

Geschäftsgrundlage, Störung
- Erheblicher Leerstand von Ladenlokalen in **Einkaufszentrum** oder Ladenpassage, wenn der Vermieter das Funktionieren seines Konzeptes der Branchenmischung zu seinem Risiko gemacht hat[6]; eine solche Risikoübernahme ergibt sich jedoch nicht schon daraus, dass der Vermieter ein Gesamtkonzept für das Einkaufszentrum entwickelt hat, in welches sich der Betrieb des Mieters einfügt[7];
- Bei **Unternehmenspacht** in Ausnahmefällen, wenn der Kündigungsgrund auf Umständen beruht, die seiner eigenen Interessensphäre zuzuordnen sind (hier: **Existenzgefährdung** des Pächters infolge der Verpflichtung zur Zahlung des vereinbarten Pachtzinses)[8];
- **Geschäftsaufgabe des Hauptmieters**, der mit dem Untermieter einen „**Kombiladen** Bäcker/Fleischer" betreibt[9] oder mit diesem einen **Shop in Shop**-Untermietvertrag hat[10];
- Kündigung des Mietverhältnisses eines **Lebensmittelmarktes**, in dessen räumlichem Zusammenhang der Mieter ein Bäckereigeschäft betreibt, durch den gemeinsamen Vermieter[11];
- Schließung des Operationssaales einer **Privatklinik**, auf deren Gelände Anästhesist im Rahmen einer Kooperationsvereinbarung vom Klinikbetreiber Praxisräume angemietet hat[12];
- **nicht**: wenn Wegfall der Geschäftsgrundlage schon **vorhersehbar** ist (Leerstand eines Wohnheims wegen Rückgang von Asylbewerbern)[13];
- **nicht**: schwere **Erkrankung** des Mieters[14].

---

1 OLG Düsseldorf, WuM 2001, 113 = MDR 2001, 446.
2 LG Augsburg, WuM 1986, 137.
3 OLG Brandenburg, OLGR Brandenburg 2000, 150.
4 LG Stuttgart, WuM 1998, 724.
5 LG Frankfurt/Main, PE 1998, 344.
6 OLG Naumburg, Urt. v. 9.4.1998 – 3 U 1062/97, zitiert nach juris.
7 BGH, NJW 2000, 1714 = MDR 2000, 821; BGH, NZM 2000, 1005 = MDR 2001, 22.
8 OLG Düsseldorf, ZMR 1998, 218 = OLGR Düsseldorf 1998, 150.
9 OLG Dresden, NZM 2002, 292.
10 OLG Karlsruhe, OLGR Karlsruhe 1999, 316.
11 OLG Hamm, NJW-RR 1997, 264; ähnlich OLG München, NJW-RR 1999, 1532 = MDR 1999, 1434.
12 OLG Koblenz, OLGR Koblenz 2005, 652.
13 OLG Brandenburg, NZM 1999, 222.
14 OLG Düsseldorf, ZMR 2001, 106 = NZM 2001, 669.

Geschäftsschädigung
- **nicht:** Kündigung von Räumen eines Rechtsanwalts, wenn Vermieter im gleichen Haus an Staatsanwaltschaft vermietet[1];

Gesundheitsgefährdung
- fehlendes Geländer an einziger **Treppe** zu dem im Obergeschoss gelegenen Büroraum[2];
- Brandgefahr in Gewerberäumen wegen nicht funktionsfähiger Brandschutzvorrichtungen[3];
- **nicht** bei Errichtung einer Mobilfunkanlage in der Nähe der Wohnung, wenn die Grenzwerte der 26. BImSchVO eingehalten sind[4].

Hausfriedensbruch
- **Betreten der Wohnung** des Mieters ohne Ankündigung (keine Abmahnung erforderlich)[5];
- eigenmächtige **Inbesitznahme** der vom Mieter nicht mehr benutzten Wohnung zwecks Vornahme von Renovierungsarbeiten[6];
- **nicht:** einmaliges unerlaubtes Betreten der nach Auszug des Mieters noch nicht zurückgegebenen Wohnung durch den Vermieter mit Kaufinteressenten[7].

Hausfriedensstörung
- Vermieter duldet Aufenthalt unbekannter Personen in leer stehender Wohnung desselben Hauses[8],
- unzumutbare **Belästigung durch Mitmieter** (unberechtigte Vorwürfe, Strafanzeige, Drohbriefe, lautes Schreien ohne erkennbaren Anlass, Klopfen gegen die Decke, nächtliches Klingeln und Tritte gegen die Wohnungstür, Abstellen des Stroms)[9].

Heizung
- **ungenügende Beheizbarkeit** der Mieträume[10];
- Störung der Wärmeversorgung in **Büroräumen** im November und Dezember mit Temperaturen anhaltend – teils erheblich – unter 20° C[11],

---

1 OLG Köln, MDR 2004, 660 = OLGR Köln 2004, 143.
2 LG Landau/Pfalz, GuT 2003, 214.
3 KG Berlin, ZMR 2004, 259 = KGR Berlin 2004, 97.
4 LG Hamburg, Urt. v. 26.1.2006 – 307 S 130/05, ZMR 2007, 198; LG Frankfurt/Main, Urt. v. 4.3.2003 – 2/11 S 272/01, MMR 2003, 540.
5 LG Berlin, WuM 1999, 332 = ZMR 1999, 400; LG Frankfurt/Main, PE 2004, 329.
6 AG Braunschweig, ZMR 2003, 499.
7 LG Lüneburg, WuM 2005, 586.
8 LG Göttingen, WuM 1990, 175.
9 LG Berlin, Urt. v. 8.6.2006 – 67 S 465/05, MM 2007, 333.
10 LG Landshut, WuM 1989, 175 = NJW-RR 1986, 640.
11 KG Berlin, Urt. v. 28.4.2008 – 8 U 209/07, ZMR 2008, 790 = KGR Berlin 2008, 774.

- wiederholter **Heizungsausfall** in der Wohneigentumsanlage auf Grund einer Stromabschaltung nach offenen Rechnungen des Elektrizitätswerks[1] und in Geschäftsräumen[2].

Insolvenz des Vermieters
- **nicht:** Ablehnung der Eröffnung des Insolvenzverfahrens mangels Masse[3] oder Löschung des Vermieters im Handelsregister wegen Vermögenslosigkeit[4].

Instandsetzungsarbeiten
- Nur dann, wenn Vermieter einer regelmäßigen Instandsetzungspflicht nicht nachgekommen war oder nachhaltige Verzögerungen der Sanierungsarbeiten verursacht hatte[5];
- Weigerung, trotz wiederholter Aufforderung, durch geeignete Baumaßnahmen **behördliche Auflagen** zur Instandsetzung zu erfüllen[6].

Konkurrenzschutz
- Verstoß gegen eine vertragliche Konkurrenzschutzklausel[7].

Krankheit, schwere
- **Kein** Kündigungsgrund[8].

Kündigung, unberechtigte
- Schuldhaft unberechtigte **Kündigung**[9]; nur ausnahmsweise[10].

Lärm
- Lärmstörungen aus **Nachbarwohnung** über längeren Zeitraum[11];
- Nächtliche Ruhestörungen durch **lautstarke Auseinandersetzungen** von Nachbarn[12];
- Lärmbelästigungen aus **Gaststätte**[13];
- **Klopfgeräusche** der Heizungsanlage[14].

---

1 LG Saarbrücken, WuM 1995, 159.
2 OLG Dresden, NZM 2002, 662 = WuM 2002, 541.
3 BGH, NZM 2002, 524.
4 BGH, NZM 2002, 525.
5 LG Berlin, GE 2001, 993; KG Berlin, KGR Berlin 2003, 124 = GE 2002, 1561.
6 OLG Frankfurt/Main, WuM 1980, 133.
7 KG Berlin, KGR Berlin 1997, 133.
8 OLG Düsseldorf, WuM 2002, 94 = ZMR 2001, 106; OLG Düsseldorf, Beschl. v. 25.7.2008 – I-24 W 53/08, ZMR 2009, 25 = MDR 2008, 1204.
9 OLG Düsseldorf, NZM 2002, 292 = OLGR Düsseldorf 2001, 239; BGH, NJW 1994, 443 = MDR 1994, 135 (für Werkvertrag).
10 OLG Düsseldorf, WuM 1997, 556 = ZMR 1997, 596.
11 AG Köln in *Lützenkirchen*, KM 13 Nr. 10.
12 LG Duisburg, WuM 1988, 264.
13 LG Hamburg, WuM 1987, 218; AG Berlin-Mitte, MM 1999, 36.
14 LG Darmstadt, WuM 1980, 52.

Mietflächenabweichung

– **Geschäftsraummiete:** Unterschreitung der vereinbarten Mietfläche um mehr als 10 % rechtfertigt Kündigung jedenfalls vor Ingebrauchnahme der Räume[1],
– **nicht** bei Angabe einer falschen Wohnungsgröße in einer **Zeitungsanzeige**[2].

Mietpreisüberhöhung

– Frage des Einzelfalls[3]; **nein**, da Interessen des Mieters durch Teilunwirksamkeit der Mietzinsvereinbarung hinreichend geschützt sind[4].

Nebenkosten

– Unredlichkeiten bei der Abrechnung der Betriebskosten[5];
– wiederholt vorsätzlich falsche Abrechnung und Verweigerung der Einsicht in Belege[6];
– **nicht:** Grundlose Verzögerung der Betriebskostenabrechnung[7], denn Mieter kann auf Rechnungslegung klagen[8].

Nutzungsbeschränkung

– **Behördliche Nutzungsbeschränkung**[9]; sie berechtigt zur fristlosen Kündigung, wenn die vertragsgemäße Nutzung durch eine Ordnungsverfügung unter Androhung von Zwangsmitteln untersagt wird und über die Zulässigkeit dieser Maßnahme zumindest Ungewissheit besteht[10], und zwar auch dann, wenn die Behörde eine weiträumige Räumungsfrist gewährt, innerhalb derer auch eine ordentliche Kündigung möglich wäre[11]; allein das Fehlen der erforderlichen behördlichen Genehmigung zur vertragsgemäßen Nutzung ist kein Mangel und folglich auch kein Kündigungsgrund, solange die Behörde die ungenehmigte Nutzung duldet[12], auch, wenn sie gar keine Kenntnis davon hat[13]; ist jedoch trotz bisheriger Duldung mit einem Einschreiten der Behörde während der vereinbar-

---

1 BGH, MDR 2005, 975.
2 AG Frankfurt/Main, Urt. v. 5.5.2007 – 33 C 582/06-50, WuM 2007, 315 = MDR 2007, 26.
3 OLG Frankfurt/Main, WuM 2000, 537 = ZMR 2000, 753; bejaht von LG Darmstadt, WuM 1997, 442; verneint von LG Berlin, NZM 1999, 305.
4 LG Berlin, MM 2005, 145.
5 LG Gießen, WuM 1996, 767 = NJWE-MietR 1997, 129; OLG Düsseldorf, DWW 1991, 78.
6 LG Berlin, GE 2003, 1081 = MM 2004, 10; VerfGH Berlin, Beschl. v. 19.1.2005 – 66/99, GE 2005, 294.
7 OLG München, ZMR 1997, 233 = OLGR München 1997, 49.
8 BGH, BGHZ 113, 188 = WuM 1991, 150.
9 LG Frankfurt/Main, NJW 1977, 1885.
10 BGH, Urt. v. 24.10.2007 – XII ZR 24/06, ZMR 2008, 274 = GuT 2007, 434; BGH, Urt. v. 22.6.1988 – VIII ZR 232/87, WuM 1988, 302 = MDR 1988, 1052.
11 AG Plettenberg, NZM 1998, 862.
12 OLG Köln, WuM 1998, 152 = ZMR 1998, 227; OLG Nürnberg, ZMR 1999, 255 = NZM 1999, 419.
13 KG Berlin, KGR Berlin 2001, 238 = GE 2001, 989.

ten Vertragszeit zu rechnen, so besteht ein zur Kündigung berechtigender Mangel[1]; ebenso wenn dem Mieter durch eine Ordnungsverfügung mit Zwangsmittelandrohung die vertragsgemäße Nutzung untersagt wird und für ihn zumindest Ungewissheit über deren Zulässigkeit besteht[2]; unabhängig von drohenden behördlichen Maßnahmen liegt ein Mangel vor, wenn der Zustand der Räume gegen öffentlich-rechtliche Vorschriften zu Gesundheitsschutz und Sicherheit der Nutzer verstößt[3];

- **drohende Gebrauchsentziehung**, z.B. bei fehlender Erlaubnis des Eigentümers bei Untermiete[4] oder bei Verstoß gegen das Verbot der Zweckentfremdung von Wohnraum[5], wenn dadurch Unsicherheit besteht, ob der Vermieter den vertragsgemäßen Gebrauch für die gesamte Vertragszeit wird gewähren können; ebenso bei Weigerung des Vermieters, an der Einholung einer Genehmigung zur Nutzungsänderung mitzuwirken, die zur vertragsgemäßen Nutzung der Mietsache erforderlich ist[6];
- **Nutzungsbeschränkung durch Teilungserklärung**[7], wenn dem vermietenden Teileigentümer durch rechtskräftiges Urteil aufgegeben wurde, die mietvertraglich vereinbarte Nutzung zu beenden und dieser daraufhin den Mieter zur Räumung auffordert und Schadensersatzansprüche androht.

Prostitution

- **Prostitution** in Nachbarwohnung[8]; insbesondere wegen der Gefahr für weibliche Mieter, durch Freier belästigt zu werden[9], Kündigung auch ohne Abmahnung, wenn Abhilfe ungewiss ist[10].

Raumtemperatur

- **Innenraumtemperaturen** von mehr als $35°\,C$[11];
- Eindringen von **Kälte und Zugluft** durch offene Zwischendecke zum Dachgebälk[12];
- **nicht**, wenn Kündigung wegen Raumüberhitzung während der Sommermonate im Winter ausgesprochen wird, der Mangel leicht zu beheben und der Vermieter zu sofortiger Abhilfe bereit ist[13];
- **nicht**, wenn Raumtemperatur an zwei Tagen außerhalb der Heizperiode unter $20°\,C$ lag[14].

---

1 OLG Frankfurt/Main, OLGR Frankfurt 1994, 254.
2 OLG Köln, WuM 1998, 152 = ZMR 1998, 227.
3 BGH, NJW 1976, 796 = MDR 1976, 217; LG Mannheim, NZM 1999, 406.
4 BGH, WuM 1987, 116 = MDR 1987, 491; BGH, MDR 1959, 1005.
5 KG Berlin, NZM 1999, 708 = GE 1999, 187.
6 BGH, Urt. v. 24.10.2007 – XII ZR 24/06, ZMR 2008, 274 = GuT 2007, 434.
7 OLG Düsseldorf, WuM 1999, 37 = ZMR 1999, 24.
8 LG Kassel, WuM 1987, 122.
9 AG Osnabrück, Urt. v. 12.12.2007 – 83 C 186/07, WuM 2008, 84.
10 AG Köln, WuM 2003, 145.
11 OLG Düsseldorf, ZMR 1998, 622 = MDR 1998, 1217.
12 AG Schöneberg, ZMR 2000, 101.
13 OLG Naumburg, WuM 2003, 144; KG Berlin, GE 2003, 48 = KGR Berlin 2003, 97.
14 OLG Düsseldorf, NZM 2001, 1125 = ZMR 2002, 46.

Räumungsverlangen
- **Räumungsverlangen** des Hauptvermieters gegenüber Untermieter nach wirksamer Beendigung des Hauptmietvertrags[1], nicht jedoch nach dessen unwirksamer Kündigung[2];
- Zahlungsaufforderung unter **Räumungsandrohung** des Eigentümers gegenüber dem Untermieter nach Beendigung des Hauptmietverhältnisses, aber vor Beendigung des Untermietverhältnisses[3];
- schuldhaft unberechtigte **Räumungsklage**[4];
- **nicht**: Räumungsverlangen des Eigentümers gegenüber Untermieter bei fortbestehendem Hauptmietverhältnis[5].

Rechtsmängel
- **nicht: Sicherungseigentum** Dritter an mitgemieteten Gegenständen, solange dadurch der Gebrauch nicht beeinträchtigt wird[6].

Schadstoffbelastung
- Belastung durch **Holzschutzmittel** (PCP, Lindan)[7] oder **Formaldehyd**[8];
- Gesundheitsbeeinträchtigungen durch **Insektizide**[9].

Täuschung
- Verschweigen des Vermieters, dass er selbst nicht Eigentümer ist[10]; anders, wenn dies für den Mieter nicht erkennbar von Bedeutung ist[11];
- Verschweigen von Schwierigkeiten der Erlangung einer behördlichen Genehmigung für die beabsichtigte Nutzung[12].

Trinkwasser
- **Rostverfärbung** des Trinkwassers[13].

Umsatz verpachteten Unternehmens
- Unrichtige Angaben zum erzielbaren Umsatz eines verpachteten Unternehmens[14].

---

1 BGH, BGHZ 63, 132 = NJW 1975, 1108.
2 KG Berlin, KGR Berlin 2001, 223.
3 OLG Hamm, WuM 1987, 346 = ZMR 1987, 462.
4 BGH, NZM 2002, 291 = NJW-RR 2002, 730.
5 OLG Hamburg, WuM 1990, 340.
6 OLG Düsseldorf, DWW 1992, 15 = BB 1991, 2331.
7 LG Lübeck, ZMR 1998, 433, mit Anm. *Schläger*; AG Stade, WuM 2000, 417.
8 LG München I, WuM 1991, 584 = NJW-RR 1991, 975.
9 AG Trier, WuM 2001, 486.
10 LG Kiel, WuM 1987, 319; OLG Düsseldorf, WuM 2001, 113 = MDR 2001, 446.
11 OLG Düsseldorf, WuM 2001, 113 = MDR 2001, 446.
12 LG Nürnberg-Fürth, NZM 2000, 384.
13 LG Köln, WuM 1987, 122.
14 BGH, NJWE-MietR 1997, 150 = JurBüro 1997, 555.

Unbenutzbarkeit

- Unbenutzbarkeit der Mieträume durch einen (vom Mieter nicht zu vertretenden) **Brand**[1];
- **Stromsperre** durch Elektrizitätswerk wegen unbezahlter Rechnungen[2];
- **nicht** bei Unbenutzbarkeit der Wohnung durch einen vom Mieter zu vertretenden Brand[3].

Ungeziefer

- Befall einer Mietwohnung mit Ungeziefer wie Kakerlaken[4], Silberfischen[5], Taubenzecken[6], Kellerasseln[7], Mäusen[8], bei Letzteren jedoch **nicht** in ländlicher Gegend[9];
- **Rattenbefall** von Geschäftsräumen, sofern die Erheblichkeit der Beeinträchtigung aus den Angaben im vorausgegangenen Abhilfeverlangen ersichtlich war[10].

Unrentabilität

- **nicht:** Verschlechterung der **Ertragslage** eines Geschäftslokals[11];
- **nicht: Fehlende Kundenakzeptanz** eines Einkaufszentrums, wenn aus dem Vertrag keine eindeutige Risikoübernahme durch den Vermieter ersichtlich ist[12].

Untervermietung

- **Verweigerung der Untervermieterlaubnis** im Einzelfall ohne ausreichenden Grund bei allgemein erteilter Erlaubnis zur Untervermietung[13].

Verkehrsanbindung

- **nicht:** Erschwerte Erreichbarkeit eines Geschäftslokals wegen veränderter Anbindung an das öffentliche Nahverkehrsnetz[14].

---

1 BGH, WuM 1987, 315 = ZMR 1987, 257.
2 LG Saarbrücken, WuM 1995, 159.
3 LG Frankfurt/Main, Urt. v. 30.5.2006 – 2/11 S 283/04, ZMR 2006, 776.
4 LG Freiburg, WuM 1986, 246; LG Köln in *Lützenkirchen*, KM 13 Nr. 7.
5 AG Kiel, WuM 1980, 235.
6 LG Berlin, GE 1997, 689.
7 LG Saarbrücken, WuM 1991, 91.
8 AG Brandenburg, WuM 2001, 605; AG Tiergarten, MM 1997, 243; AG Wedding, MM 2001, 444.
9 AG Prüm, ZMR 2001, 808.
10 OLG Düsseldorf, NZM 2003, 553 = OLGR Düsseldorf 2003, 73.
11 OLG Düsseldorf, DWW 1991, 50 = MDR 1991, 446.
12 BGH, NZM 2000, 492 = MDR 2000, 821; OLG Rostock, MDR 1999, 477 = OLGR Rostock 1999, 46.
13 BGH, BGHZ 89, 308 = NJW 1984, 1031; OLG Düsseldorf, WuM 1995, 585 = OLGR Düsseldorf 1994, 241.
14 LG Düsseldorf, NZM 2003, 899.

Versorgungssperre
- Wiederholte Androhung und einmaliger Vollzug einer **Sperrung der Energieversorgung** aus Gründen, die von dem Mieter (einer Arztpraxis) nicht zu vertreten sind[1].

Vertrauensbruch
- Kontaktaufnahme mit Arbeitgeber des Mieters, um Druck auszuüben, damit er auszieht[2].

Vormietrecht
- Vereitelung eines **Vormietrechts**[3];
- die Vereitelung eines Vormietrechts bezüglich eines **Kfz-Stellplatzes** rechtfertigt **nicht** die fristlose Kündigung des bestehenden Geschäftsraummietvertrages[4].

Warmwasserversorgung
- Warmes Wasser erst nach Kaltwasservorlauf von ca. 10 Litern[5].

Zugang zu den Mieträumen
- **Umstritten: Zugangshindernisse** durch Straßenarbeiten der Gemeinde (z.B. bei U-Bahnbau)[6] oder sonstige Baustellen[7];
- Beschädigung des Schließzylinders der Hauseingangstür, so dass die **Haustür** nicht mehr von außen zu öffnen ist[8].

5. Außerordentliche Kündigung mit gesetzlicher Frist (Sonderkündigungsrechte)

a) Vorbemerkung, Gemeinsamkeiten

Die Bedeutung der Sonderkündigungsrechte ist für den **Wohnraummieter** praktisch beschränkt auf die Fälle der wirksamen Befristung von Altverträgen aus der Zeit vor dem 1.9.2001 (vgl. dazu *Rz. 429*) bzw. die Fälle eines wirksamen Kündigungsausschlusses. Bei dem **Geschäftsraummieter** können sie auch zur Abkürzung einer vertraglich vereinbarten langen Kündigungsfrist dienen.

---

1 OLG Düsseldorf, Urt. v. 21.3.2006 – I-24 U 132/05, OLGR Düsseldorf 2006, 670 = GuT 2006, 135.
2 LG Bonn, WuM 1998, 486.
3 BGH, MDR 1974, 838.
4 KG Berlin, Urt. v. 28.10.2002 – 8 U 213/01, zitiert nach juris.
5 AG Köpenick, MM 2001, 106.
6 Kündigungsrecht bejaht von OLG Köln, NJW 1972, 1842; verneint von OLG Düsseldorf, NJW-RR 1998, 1236 = MDR 1998, 768.
7 Kündigungsrecht bejaht von OLG Dresden, WuM 1999, 158 = ZMR 1999, 241 (jahrelange Baugrube vor Geschäftslokal bei vereinbarter attraktiver Lage).
8 LG Berlin, ZMR 2000, 176 = GE 2000, 206.

Bei **Mietermehrheit** hat ein Mieter gegen den oder die anderen Mitmieter einen Anspruch auf Mitwirkung bei der Wahrnehmung eines Sonderkündigungsrechtes[1].

458 Die gesetzliche Frist beträgt:
- **Wohnraum:** 3 Monate zum Monatsende,
- Möblierter **Wohnraum innerhalb der Vermieterwohnung**: 2 Wochen zum Monatsende,
- **Geschäftsräume:** 6 Monate zum Quartalsende,
- **Sonstige Räume** (bei monatlicher Mietzahlung): 3 Monate zum Monatsende,
- **Unbebaute Gewerbegrundstücke:** wie sonstige Räume, aber nur zum Quartalsende.

b) Kündigung wegen verweigerter Untervermieterlaubnis, § 540 Abs. 1 S. 2 BGB

459 Verweigert der Vermieter die vom Mieter begehrte Zustimmung zu einer Untervermietung der Mieträume unter Beibehaltung des vertraglichen Nutzungszwecks[2], so kann der Mieter das Mietverhältnis mit der gesetzlichen Kündigungsfrist kündigen. Weicht die mit der Untervermietung beabsichtigte Nutzung jedoch wesentlich vom vereinbarten Zweck ab oder will der Mieter sich eine abweichende Nutzung vorbehalten, so löst die Weigerung des Vermieters kein Kündigungsrecht aus[3].

Das Kündigungsrecht besteht jedoch nicht, wenn für den Vermieter in der Person des vorgeschlagenen Untermieters ein **wichtiger Grund** vorliegt. Ein wichtiger Grund ist auch gegeben, wenn der Mieter dem Untermieter einen weitergehenden Gebrauch einräumen will, als ihm selbst nach dem Mietvertrag gestattet ist[4].

Kein Fall des § 540 Abs. 1 S. 2 BGB liegt vor, wenn der Vermieter **bei allgemein erteilter Erlaubnis** zur Untervermietung dieser im Einzelfall ohne ausreichenden Grund widerspricht. Hier kommt stattdessen die fristlose Kündigung nach § 543 Abs. 2 Nr. 1 BGB in Betracht[5].

§ 540 Abs. 1 S. 2 BGB schafft einen **Ausgleich für das Verwendungsrisiko** des Mieters (§ 537 BGB). Dieser soll jedenfalls dann an einem langfristigen Mietvertrag nicht festgehalten werden, wenn ihm der Vermieter nicht die Möglichkeit geben will, die Mieträume für die Restlaufzeit des Vertrages an einen dem Vermieter zumutbaren Untermieter zu überlassen. Es ist deshalb verfehlt, wenn dieser Kündigungstatbestand als „Trick" betrachtet

---

1 KG Berlin, MM 1995, 183.
2 OLG Bamberg, OLGR Bamberg 2000, 217; OLG Köln, WuM 1997, 620 = OLGR Köln 1997, 18; OLG Koblenz, MDR 1986, 496 = NJW-RR 1986, 1343.
3 OLG Celle, NZM 2003, 396 = OLGR Celle 2003, 157.
4 OLG Düsseldorf, Urt. v. 2.8.2007 – I-10 U 148/06, ZMR 2008, 783 = GuT 2008, 122.
5 BGH, BGHZ 89, 308 = NJW 1984, 1031.

wird, sich von einem lästig gewordenen Mietvertrag zu befreien. Denn das Gesetz selbst will dem Mieter diese Last erleichtern, ohne danach zu fragen, aus welchen Gründen er das Interesse am Vertrag verloren hat.

Es gehört zu den **anwaltlichen Sorgfaltspflichten**, den Mieter, der schnellstmöglich das befristete Mietverhältnis beenden will, auf diese Kündigungsmöglichkeit hinzuweisen[1]. 460

Das Kündigungsrecht entsteht, wenn der Vermieter 461
– eine Untervermietung generell ablehnt,
– die Zustimmung zur Untervermietung an einen konkreten Interessenten verweigert, obwohl er sich über dessen Person ein hinreichendes Bild machen konnte und Ablehnungsgründe sich nicht ergeben haben,
– seine Zustimmung nur unter Bedingungen erteilt, die im Mietvertrag keine Stütze haben[2].

Das Kündigungsrecht kann nach einhelliger Meinung bei der **Wohnraummiete** nicht formularmäßig abbedungen werden[3]. Bei der **Geschäftsraummiete** ist dies umstritten[4]. Unzulässig ist dies jedenfalls dann, wenn nach dem Vertrag eine Untervermietung nicht generell ausgeschlossen ist, der Vermieter sie jedoch nach Belieben verweigern kann[5]. Die vertragliche Regelung, dass die Untervermietung der Zustimmung des Vermieters bedarf, beinhaltet keinen Ausschluss des Sonderkündigungsrechtes[6]. 462

Bei **genereller Ablehnung** der Untervermietung seitens des Vermieters entsteht das Kündigungsrecht des Mieters auch dann, wenn er keinen konkreten Untermieter benannt hat[7]. Der Mieter kann deshalb dem Vermieter schreiben: 463

Mieter an Vermieter – Bitte um Erlaubnis

Ich möchte die von Ihnen gemietete Wohnung gern insgesamt untervermieten und bitte Sie deshalb hiermit um Ihre entsprechende Erlaubnis. Untermiet-Interessenten kann ich Ihnen auf Wunsch noch benennen. Bitte teilen Sie mir bis spätestens ... (mindestens 2 Wochen) mit, ob Sie mit einer Untervermietung einverstanden sind.

---

1 LG Hamburg, NZM 1998, 806.
2 BGH, BGHZ 59, 3.
3 Vgl. LG Hamburg, WuM 1992, 689 = ZMR 1992, 452.
4 Für Zulässigkeit: OLG Düsseldorf, WuM 1994, 467 = DWW 1994, 285.
5 BGH, BGHZ 130, 50 = WuM 1995, 481.
6 OLG Celle, OLGR Celle 2000, 148.
7 BGH, Urt. v. 15.11.2006 – XII ZR 92/04, ZMR 2007, 184 = MDR 2007, 261; dazu *Eisenschmid*, jurisPR-MietR 3/2007, Anm. 6; KG Berlin, WuM 1996, 696 = NJW-RR 1997, 333 (m.w.N.).

Aber **Achtung**: Der Vermieter muss sich auf die Erteilung einer generellen Untervermiet-Erlaubnis nicht einlassen. Sein **Schweigen** auf eine entsprechende Anfrage des Mieters kann deshalb **nicht als Weigerung** gedeutet werden[1] (vgl. aber *G Rz. 49 f.*). Gleichwohl ist es für den Vermieter auch in diesen Fällen ratsam, eine klare Position zu beziehen, indem er etwa schreibt:

Vermieter an Mieter – Jein, aber ...

Gegen die von Ihnen gewünschte komplette Untervermietung Ihrer Wohnung habe ich zwar keine grundsätzlichen Einwände. Ich möchte die Entscheidung jedoch von der Person des Untermieters abhängig machen und bitte Sie deshalb zunächst um Mitteilung, an wen Sie die Wohnung untervermieten möchten.

Hat der Mieter einen Untermietinteressenten, so muss er ihn so benennen, dass der Vermieter mit ihm Kontakt aufnehmen kann, also mit Namen, Anschrift und/oder Telefonnummer[2]. Bei der **Geschäftsraummiete** kann der Vermieter weitergehende Angaben verlangen, um Zuverlässigkeit, Solvenz und Bonität des Untermieters überprüfen zu können[3]. Weiter muss er dem Vermieter eine **angemessene Frist** zur Erteilung der Erlaubnis setzen und sollte hinzufügen, dass er sein Schweigen nach Fristablauf als Ablehnung werten werde[4]. Erklärt sich der Vermieter nicht innerhalb der Frist, so gilt die Erlaubnis als verweigert[5]. Nun sollte der Mieter unverzüglich kündigen.

Mieter an Vermieter – Kündigung

Mit Schreiben vom ... hatte ich Sie um Erteilung Ihrer Erlaubnis zu Untervermietung der Wohnung gebeten. Die in meinem Schreiben gesetzte Frist ist gestern abgelaufen, ohne dass ich eine Nachricht erhalten hätte. Ich muss folglich davon ausgehen, dass Sie mit einer Untervermietung nicht einverstanden sind, und kündige deshalb das durch Vertrag vom ... begründete Mietverhältnis über die im Betreff bezeichnete Wohnung gemäß § 540 Abs. 1 S. 2 BGB mit 3-monatiger Frist zum ...

---

1 OLG Koblenz, WuM 2001, 272 = ZMR 2001, 530; **a.A.** *Lützenkirchen*, WuM 2002, 179, 188; KG, WuM 1996, 696 = NJW-RR 1997, 333; OLG Köln, WuM 2000, 597; OLG Hamm, OLG-Report 1992, 275.
2 LG Berlin, GE 2002, 668 = MM 2002, 184.
3 OLG Dresden, DWW 2004, 150 = NZM 2004, 461.
4 OLG Köln, NZM 2001, 39 = OLGR Köln 2001, 1; KG Berlin, Urt. v. 11.10.2007 – 8 U 34/07, ZMR 2008, 128, mit Anm. *Folnovic*.
5 OLG Hamm, OLGR Hamm 1992, 275; LG Nürnberg-Fürth, WuM 1995, 587.

Als **angemessen** wird teilweise eine **Frist** von nur 10 Tagen[1] betrachtet, teilweise wird eine Frist von mehr als 2 bis 3 Wochen für erforderlich gehalten, wenn der Vermieter die Solvenz des Untermieters überprüfen möchte[2]; allerdings ist diese nach wohl überwiegender Meinung kein Ablehnungsgrund[3]. Als zu kurz wird betrachtet 1 Woche[4]. Auch 2 Wochen können zu kurz sein, wenn der Vermieter die Anfrage des Mieters zur weiteren Bearbeitung an seine Hausverwaltung weiterleitet und dies dem Mieter unverzüglich mitteilt[5].

An die Stelle einer unangemessen kurzen Frist tritt die angemessene Frist. Kann der Vermieter innerhalb der angemessenen Frist keine Entscheidung treffen, muss er rechtzeitig um Verlängerung bitten. Kündigt der Mieter unmittelbar nach Ablauf einer zu kurz bemessenen Frist, so ist seine Kündigung unwirksam[6].

464

Die Rechte des Mieters aus § 540 Abs. 1 S. 2 BGB bestehen auch dann noch, wenn die restliche Mietzeit nur wenige Monate beträgt und der Mieter die Räume nur für diese kurze Zeit einem Dritten überlassen will[7] oder wenn er den Vertrag bereits ordentlich gekündigt hat und noch bis zum Vertragsende untervermieten möchte[8]. In einem solchen Fall soll das Kündigungsrecht jedoch nur entstehen, wenn der Vermieter einen konkret benannten Untermietinteressenten ablehnt, nicht schon bei Verweigerung der allgemein erbetenen Untervermieterlaubnis[9].

465

c) Kündigungsrecht des Erben, § 564 S. 2 und § 580 BGB

Sind die Rechte des verstorbenen Mieters auf den Erben übergegangen, so kann dieser das Mietverhältnis mit der gesetzlichen Frist kündigen. Dies ist für **Wohnraum** in § 564 S. 2 BGB, für **Geschäftsraum** in § 580 BGB geregelt.

466

Die Kündigung ist nur **innerhalb eines Monats** zulässig. Die Frist beginnt bei Geschäftsraum mit **Kenntnis** vom Tod des Mieters, bei Wohnraum mit Kenntnis vom Tod des Mieters und davon, dass keine der begünstigten Personen in das Mietverhältnis eingetreten ist oder dieses fortsetzt. Sind Eintrittsberechtigte vorhanden, so addiert sich die Kündigungsfrist des Erben zur Überlegungsfrist des Eintrittsberechtigten, so dass die Frist mindestens 2 Monate ab dem Tod des Mieters beträgt.

467

Ergänzend wird Bezug genommen auf *C Rz. 285 ff.*

---

1 LG Berlin, GE 1998, 1396; LG Berlin, MM 2001, 54.
2 OLG Düsseldorf, OLGR Düsseldorf 1996, 75 = NJWE-MietR 1996, 176.
3 LG Berlin, NZM 2002, 947.
4 LG Berlin, ZMR 1998, 558.
5 LG Mannheim, ZMR 1998, 565.
6 OLG Celle, OLGR Celle 2000, 148.
7 LG Mannheim, WuM 2001, 549.
8 LG Hamburg, NZM 1998, 1003.
9 LG Braunschweig, WuM 1999, 216.

d) Kündigung von Verträgen über mehr als 30 Jahre, § 544 BGB

468 Hier gelten die gleichen Grundsätze wie für die entsprechende Kündigung des Vermieters, vgl. *Rz. 292 f.*

e) Versetzung von Militärpersonen, Beamten, Geistlichen, Lehrern, § 570 BGB a.F.

469 Die Vorschrift gilt nur noch für **Zeitmietverträge nach altem Recht** (§ 564c BGB a.F.), die vor dem 1.9.2001 abgeschlossen wurden.

Das Sonderkündigungsrecht steht ausschließlich den vom Gesetz genannten Personen im Falle ihrer **dienstlichen Versetzung** an einen anderen Ort zu[1].

Wer Beamter ist, bestimmt sich nach den **Beamtengesetzen**. Hierzu gehören:
- Bundesbeamte,
- Landesbeamte,
- Berufsrichter.

Umstritten ist die Anwendung der Vorschrift auf
- Beamte auf Widerruf,
- Angestellte des öffentlichen Dienstes.

Keine Anwendung findet statt auf
- hauptberuflichen Notar, der nicht Beamter ist[2],
- zivile Angestellte der in Deutschland stationierten NATO-Truppen[3],
- Arbeitnehmer, die nicht in einem öffentlich-rechtlichen Dienstverhältnis stehen[4].

470 Der Umzug muss durch eine **Versetzung** veranlasst sein. Diese Voraussetzung ist nicht gegeben, wenn ein Lehrer nach Auslaufen seines befristeten Vertrags andernorts eine neue Stelle antritt[5]. Sie fehlt auch bei Berufung in ein erstmalig zu begründendes Beamtenverhältnis[6].

471 Für die **Berechnung des Kündigungstermins** ist die Bekanntgabe der Versetzungsverfügung maßgeblich. Auch die sichere vorherige Kenntnis löst die Frist nicht aus[7]. Eine Verlängerung der Frist ist nicht möglich[8].

---

1 *Both*, Das Sonderkündigungsrecht für Beamte im Lichte des Berlin-Umzugs, WuM 1998, 579.
2 BGH, WuM 1992, 73 = ZMR 1992, 98.
3 AG Königstein, NJW-RR 1997, 1032.
4 BayObLG, WuM 1985, 140 = ZMR 1985, 198.
5 LG Kiel, WuM 1993, 357.
6 OLG Hamm, ZMR 1985, 267 = MDR 1985, 767.
7 LG Mannheim, WuM 1997, 374.
8 LG München II, WuM 1984, 110.

f) Kündigungsrecht bei Mieterhöhung, §§ 561 Abs. 1 BGB, 11 WoBindG

Vgl. hierzu die Ausführungen unter *E Rz. 128*. 472

g) Kündigungsrecht bei Modernisierung, § 554 Abs. 3 S. 2 BGB

Vgl. hierzu die Ausführungen unter *H Rz. 176*. 473

h) Kündigungsrecht des Insolvenzverwalters, § 109 InsO

Der Insolvenzverwalter kann einen vom Schuldner als Mieter oder Pächter eingegangenen Mietvertrag mit der gesetzlichen Frist kündigen, wenn die Mieträume bereits übergeben wurden; vor Übergabe kann er vom Vertrag zurücktreten. Das Kündigungsrecht ist **ausgeschlossen** bei einem Mietvertrag über die **Wohnung des Schuldners**. Zulässig ist jedoch die Kündigung der Mitgliedschaft des Schuldners in einer **Wohnungsgenossenschaft**[1]. 474

Nach überwiegender Meinung besteht das Kündigungsrecht bei **Mietermehrheit** auch dann, wenn nur ein Mieter Insolvenzschuldner ist[2].

Die Ausübung des Kündigungsrechtes ist an **keine Frist** gebunden. Zur Ausübung des Rücktrittsrechtes können die Parteien sich wechselseitig eine Erklärungsfrist von 2 Wochen setzen, nach deren Ablauf das Rücktrittsrecht erlischt.

IX. Beendigung des befristeten Mietvertrages durch den Mieter

1. Vertragsgemäße Beendigung

a) Automatische Beendigung durch Ablauf der Vertragszeit

Hier gelten zunächst sinngemäß die oben aus der Sicht des Vermieters dargestellten Überlegungen (vgl. *Rz. 299 ff.*): Zwar endet der Vertrag ohne Zutun der Parteien; er kann sich jedoch gemäß § 545 BGB stillschweigend verlängern, und es kann zu einer Wiederaufnahme oder einem Neuabschluss kommen. 475

Der an der Beendigung interessierte Mieter muss deshalb den **Fortsetzungswiderspruch** gem. § 545 BGB erklären und im Falle längerer Weiternutzung ausdrücklich klarstellen, dass er den beendeten Vertrag nicht wieder aufnehmen will.

Hat der **Wohnraummieter** eine Verlängerung gem. § 575 Abs. 2 oder Abs. 3 BGB oder Fortsetzung gem. § 564c BGB a.F. verlangt, so tritt nach h.M. eine Verlängerung erst mit Zustimmung des Vermieters ein. Solange der Vermieter nicht zugestimmt hat, kann der Mieter deshalb das im Fortsetzungsverlangen liegende Vertragsangebot nach den allgemeinen Regeln zurücknehmen. 476

---

1 BGH, Urt. v. 19.3.2009 – IX ZR 58/08, WuM 2009, 302.
2 Dazu ausführlich *Steinicke*, ZMR 2001, 160.

477 Ein **auf Lebenszeit** des Mieters abgeschlossener Mietvertrag über Wohnraum begründet ein **befristetes Mietverhältnis**[1], welches mit dem Tod des Mieters endet, so dass Familienangehörige oder Erben nicht in das Mietverhältnis eintreten können. Dagegen ist die **Mietzeit unbestimmt**, wenn nicht nur ungewiss ist, wann ein Ereignis eintreten wird, das nach dem Vertrag zu dessen Beendigung führen soll, sondern wenn außerdem ungewiss ist, ob dieses Ereignis überhaupt jemals eintreten wird[2].

b) Beendigung des befristeten Vertrages mit Verlängerungsklausel

478 Es gelten die Grundsätze wie auf Vermieterseite (vgl. *Rz. 302 f.*). Für den **Wohnraummieter** ist jedoch Folgendes zu beachten: Mietverträge auf bestimmte Zeit mit Verlängerungsklausel, die **vor dem 1.9.2001** geschlossen wurden, sind nach h.M. in ihrem Bestand durch Art. 229 § 3 Abs. 3 EGBGB auch über den 1.9.2001 hinaus geschützt und verstoßen auch nicht gegen § 573c Abs. 4 BGB[3]. Daraus folgt jedenfalls, dass diese Verträge auch durch den Wohnraummieter immer nur zum Ablauf eines Verlängerungszeitraums gekündigt werden können[4]. Unsicher ist jedoch, ob die alten oder die neuen Kündigungsfristen maßgeblich sind. Da die Übergangsvorschrift auf § 565a Abs. 1 BGB a.F. verweist und danach mit den Fristen des § 565 BGB a.F. zu kündigen ist, würden die alten, nach der Dauer der Wohnraumüberlassung gestaffelten Fristen gelten[5]. Dies widerspricht jedoch dem Zweck von Art. 229 § 3 Abs. 10 EGBGB, wonach längere Kündigungsfristen in Altmietverträgen nur bei vertraglicher Vereinbarung Bestandsschutz genießen sollen. Deshalb liegt es nahe, hier von einem Redaktionsversehen des Gesetzgebers auszugehen und die altgesetzliche Verweisung „auf die Vorschriften des § 565 BGB" (a.F.) berichtigend zu lesen als Verweisung „auf die (jeweils geltenden) gesetzlichen Vorschriften"[6]. Bis zur Klärung dieser Frage durch den BGH muss in der Beratung jedoch auf das für den Mieter bestehende **Risiko** hingewiesen werden.

478a Vom BGH entschieden wurde bisher nur der Sonderfall des Zusammentreffens eines befristeten Vertrages mit Verlängerung um jeweils ein Jahr nach § 565a Abs. 1 BGB a.F. mit einer **Staffelmietvereinbarung**. Danach kann eine ordentliche Kündigung nach Ablauf von vier Jahren seit Abschluss der Staffelmietvereinbarung zu jedem beliebigen Monatsende und nicht nur zum Ablauf der Verlängerungszeiträume gekündigt werden[7].

---

1 BayObLG, WuM 1993, 523 = ZMR 1993, 462.
2 BGH, Urt. v. 1.4.2009 – XII ZR 95/07, GuT 2009, 108.
3 BGH, WuM 2005, 465 = MDR 2005, 1100; BGH, WuM 2005, 342 = MDR 2005, 800. Kritisch hierzu *Eisenhardt*, WuM 2005, 487; *Gellwitzki*, WuM 2005, 436.
4 BGH, Urt. v. 20.6.2007 – VIII ZR 257/06, WuM 2007, 463 = MDR 2007, 1303; BGH, Urt. v. 11.7.2007 – VIII ZR 230/06, WuM 2007, 513 = NZM 2007, 728.
5 So *Franke*, ZMR 2001, 951; *Blank*, WuM 2007, 514; *Barthelmess*, ZMR 2005, 913.
6 *Eisenhardt*, WuM 2005, 487.
7 BGH, WuM 2004, 483 = NZM 2004, 736.

Wurde ein befristeter Wohnraummietvertrag mit Verlängerungsklausel hingegen **ab dem 1.9.2001** geschlossen, so ist er jedenfalls hinsichtlich der Verlängerungsklausel gem. § 573c Abs. 4 BGB unwirksam. Denn diese Klausel regelt zwar einerseits die Fortsetzung des Mietverhältnisses, enthält jedoch zugleich eine Vereinbarung über Kündigungsfristen, weil sie das Kündigungsrecht in der Weise beschränkt, dass der Vertrag nur zu bestimmten Terminen ordentlich gekündigt werden kann[1]. Bei **fortlaufender Verlängerungsklausel** („verlängert sich jeweils") dürfte die feste Mindestmietzeit jedoch als zulässiger **Kündigungsausschluss** zu werten sein, da ein solcher Vertrag nicht ohne Kündigung enden kann und demnach auf unbestimmte Zeit geschlossen ist. Soll sich der Vertrag jedoch nur um einen oder eine bestimmte Zahl von Verlängerungszeiträumen verlängern, so liegt nach dem Schutzzweck von § 575 BGB ein Vertrag auf bestimmte Zeit vor, weil er jedenfalls mit Ablauf der letzten Verlängerung ohne Kündigung automatisch endet[2]. In diesem Fall gilt der Vertrag gem. § 575 Abs. 1 S. 2 BGB als auf unbestimmte Zeit geschlossen und kann von Anbeginn mit der gesetzlichen Frist gekündigt werden.

478b

Ob **altes oder neues Recht** gilt, hängt vom Zeitpunkt des Vertragsschlusses und nicht vom Beginn der Mietzeit ab. Altes Recht ist deshalb auch anwendbar, wenn die Mietzeit erst am 1.9.2001 oder später begonnen hat, der Mietvertrag jedoch vor dem 1.9.2001 abgeschlossen wurde[3]. **Altes Recht** bleibt auch dann anwendbar, wenn ein vor dem 1.9.2001 geschlossener Vertrag danach geändert wird, sofern nicht die Änderung den Vertrag in seinem sachlichen Kern zu einem neuen Geschäft macht[4].

c) Beendigung des qualifizierten Zeitmietvertrages

Vgl. insoweit die Ausführungen unter *C Rz. 437 f.*

479

2. Vorzeitige Beendigung

a) Grundsätze

Zwei typische Beratungssituationen ergeben sich für den Rechtsanwalt:

480

- Der Mandant will möglichst rasch – egal wie – aus seinem langfristigen Mietvertrag herauskommen und bittet um Rat, bevor er den ersten Schritt unternimmt;
- der Mandant hat schon Schritte unternommen (z.B. eine unwirksame Kündigung ausgesprochen oder dem Vermieter vergeblich Nachmieter angeboten) und kommt nicht weiter.

In beiden Fällen sollte der Mandant über die gesamte Palette der Beendigungsmöglichkeiten und über die Risiken einer gescheiterten Vertragsbeendigung informiert werden (vgl. *C Rz. 232 f.*).

---

1 BGH, WuM 2005, 465 = MDR 2005, 1100.
2 BGH, BGHZ 113, 290 = MDR 1991, 517.
3 BGH, Urt. v. 19.9.2006 – VIII ZR 336/04, WuM 2006, 620 = MDR 2007, 330.
4 BGH, Urt. v. 7.2.2007 – VIII ZR 145/06, WuM 2007, 202 = MDR 2007, 880.

Allein durch den wirksamen **Abschluss eines Nachfolgemietverhältnisses** ist das bisherige Mietverhältnis nicht aufgehoben[1]. Dies geschieht auch nicht konkludent; denn der Vertragsschluss mit dem Nachfolgemieter hat für sich genommen keinen Erklärungswert gegenüber dem bisherigen Mieter. Es kann also der Fall eintreten, dass das bisherige Mietverhältnis fortbesteht, obwohl bereits ein neuer Vertrag wirksam zustande gekommen ist.

An eine **konkludente Entlassung** des Mieters aus dem Mietverhältnis müssen aus den folgenden Gründen höchste Anforderungen gestellt werden: Ein Anspruch des Mieters auf vorzeitige Vertragsentlassung besteht bei Fehlen einer Ersatzmieterklausel nur nach Treu und Glauben. Dies schließt ein, dass der Vermieter dem auszugswilligen Mieter nur insoweit entgegenkommen muss, als seine eigenen Interessen dadurch nicht beeinträchtigt werden, er sich also im Ergebnis durch das Nachfolgemietverhältnis nicht schlechter stellt als bisher.

b) Vertragliche Ersatzmieterklausel

481 Ist im Mietvertrag vereinbart, dass der Mieter bei Stellung eines zumutbaren Ersatzmieters einen Anspruch auf Entlassung aus dem Vertrag hat, so kann der Vermieter einen angebotenen Ersatzmieter nur aus **sachlichen Gründen** ablehnen; die Tatsache, dass es sich um einen Ausländer handelt, ist kein sachlicher Grund[2]. Ebenso kann eine Nachmietinteressentin mit Kind nicht schon deshalb abgelehnt werden, weil sich dadurch die Gefahr von Beschwerden anderer Mieter über Lärmbelästigungen erhöhe[3].

Begründet ist die Ablehnung jedoch, wenn der vorgeschlagene Ersatzmieter keine vergleichbare **wirtschaftliche Sicherheit** wie der bisherige Mieter bietet[4]. Maßstab ist die Bonität des bisherigen Mieters bei Vertragsschluss, nicht im Zeitpunkt des Entlassungsbegehrens[5].

Vereitelt der Vermieter entgegen den getroffenen Vereinbarungen den Vertragsschluss mit einem zumutbaren Ersatzmieter, so wird der Mieter von seinen Vertragspflichten befreit[6].

Vgl. im Übrigen *C Rz. 252*.

c) Ersatzmieterstellung bei berechtigtem Interesse des Wohnraum-Mieters

482 Allein die Stellung eines oder mehrerer Ersatzmieter begründet **keinen Anspruch** auf vorzeitige Entlassung aus dem Mietverhältnis. Grundsätzlich kann der Vermieter einen Ersatzmieter ablehnen, sofern dies im konkreten Fall nicht gegen Treu und Glauben verstößt[7].

---

1 OLG Düsseldorf, ZMR 2002, 511 = OLGR Düsseldorf 2002, 195.
2 OLG Frankfurt/Main, MDR 2000, 1005 = ZMR 2000, 607.
3 BGH, WuM 2003, 204 = MDR 2003, 562.
4 OLG Düsseldorf, WuM 1995, 391 = MDR 1995, 570.
5 LG Bremen, ZMR 2001, 545.
6 OLG Koblenz, ZMR 2002, 344.
7 OLG Oldenburg, WuM 1981, 125 = OLGZ 1981, 315.

Ein Anspruch des **Wohnraum-Mieters** auf **vorzeitige Entlassung** aus dem Mietverhältnis setzt voraus, dass sein berechtigtes Interesse dasjenige des Vermieters am Fortbestand des Vertrags ganz erheblich überragt. Davon kann grundsätzlich nicht ausgegangen werden, wenn der Mieter auf Grund einer freien Entscheidung seine Wohnung aufgeben will, weil er z.B. eine bessere Wohnung gefunden hat[1].

Diese Grundsätze gelten auch bei Bestehen einer **Mangellage an Wohnraum**[2]. Allerdings kann es im Einzelfall treuwidrig sein, wenn der Vermieter den Mieter an der Kündigungsfrist für die ohne weiteres vermietbare, begehrte Wohnung festhält und diese nach vorzeitigem Auszug des Mieters grundlos leer stehen lässt[3].

Diese Fälle sind zu unterscheiden von den Fällen, in denen der für Mietausfall haftende, gekündigte Mieter zur **Schadensminderung** einen Nachmieter stellt. Im letztgenannten Fall hat der BGH im Hinblick auf § 254 BGB eine Formularklausel für bedenklich gehalten, wonach der Vermieter unter keinen Umständen verpflichtet sei, einen vom Mieter angebotenen Nachmieter zu akzeptieren[4]. 483

Ist die **Restmietzeit** nur noch **kurz** (3 Monate und weniger), so braucht der Vermieter den Mieter auch bei Vorliegen der vorstehend genannten Gründe nicht vorzeitig aus dem Vertrag zu entlassen[5]. Vereinzelt wird ein Anspruch auf Vertragsentlassung auch bei längerer Restmietzeit verneint, z.B. bei 6 Monaten[6] und sogar bei 16 Monaten[7]. 484

Schließlich muss der Ersatzmieter für den Vermieter auch **akzeptabel** sein. Noch im Jahr 1983 hatte z.B. das OLG Hamm einem Vermieter zugebilligt, ein unverheiratetes Paar aus Gründen religiöser Überzeugung als Ersatzmieter abzulehnen, auch wenn er nicht einmal am selben Ort wohnt[8]. Der Ersatzmieter muss eine vergleichbare wirtschaftliche Sicherheit bieten[9]. Maßstab ist die Bonität des bisherigen Mieters bei Vertragsschluss, nicht im Zeitpunkt des Entlassungsbegehrens[10]. 485

Ein Anspruch auf **Vertragsentlassung ohne Ersatzmieter** kommt nur in Betracht, wenn der Vermieter ausdrücklich abgelehnt hat, vom Mieter gestellte Ersatzmieter zu berücksichtigen[11].

Befindet sich der Mieter bei Benennung des Ersatzmieters mit der Zahlung der Miete in **Verzug**, so kann dies für den Vermieter die Einrede des nicht 486

---

1 OLG Karlsruhe, WuM 1981, 173 = NJW 1981, 1741; LG Berlin, ZMR 1999, 399.
2 OLG Hamm, WuM 1995, 577 = ZMR 1995, 525.
3 LG München I, WuM 1997, 549.
4 BGH, ZMR 1993, 57 = NJW-RR 1992, 1032.
5 OLG Oldenburg, WuM 1982, 124 = ZMR 1982, 285.
6 AG Frankfurt/Main, Urt. v. 15.11.1999 – 33 C 245/99-31, n.v.
7 LG Braunschweig, DWW 2000, 56.
8 OLG Hamm, WuM 1983, 228 = NJW 1983, 1564.
9 OLG Düsseldorf, WuM 1995, 391 = MDR 1995, 570.
10 LG Bremen, ZMR 2001, 545.
11 LG Berlin, GE 1999, 1052.

erfüllten Vertrages mit der Folge begründen, dass der Vermieter im Falle der unbegründeten Ablehnung des Ersatzmieters dem Mieter gegenüber nicht schadensersatzpflichtig ist. Auf die Mietkaution braucht sich der Vermieter nicht verweisen zu lassen[1].

487 Die **Überlegungsfrist** des Vermieters kann bis zu 3 Monaten betragen[2].

488 Der Vermieter kann vom Nachmieter eine höhere Miete fordern, wenn das Mietverhältnis nur noch 3 Monate dauern würde[3]. Scheitert bei längerer Restlaufzeit der Nachfolgemietvertrag jedoch daran, dass der Vermieter vom Nachmietinteressenten überraschend eine erheblich höhere Miete verlangt, so wird der Mieter gleichwohl zum vorgesehenen Zeitpunkt des Mieterwechsels von seinen Pflichten befreit[4]. Wann die Ablehnung einer Vertragsentlassung gegen Treu und Glauben verstößt, ist jedoch immer anhand der Umstände des Einzelfalles zu beurteilen, weshalb hierzu auch kein Rechtsentscheid ergehen konnte[5].

489 Allein durch Abschluss eines Nachfolgemietvertrags ist der scheidende Mieter noch nicht aus seinen mietvertraglichen Pflichten entlassen. Insbesondere kann darin allein nicht ohne weiteres die **konkludente Annahme** eines Beendigungsangebots des Mieters gesehen werden[6]. Das Gleiche gilt, wenn der Vermieter nach unwirksamer Kündigung und Auszug des Mieters die Räume an einen Dritten vermietet[7].

d) Ersatzmieterstellung bei Geschäftsraummiete

489a Der Geschäftsraummieter hat nur ausnahmsweise einen Anspruch auf vorzeitige Vertragsentlassung gegen Stellung eines zumutbaren Nachmieters, wenn ihm ein Festhalten am Vertrag aus Umständen unzumutbar ist, die er nicht selbst herbeigeführt hat. Ein solcher Ausnahmefall liegt nicht schon dann vor, wenn die Geschäftsaufgabe für den Mieter unabweisbar ist. Ein Anspruch besteht insbesondere dann nicht, wenn der Mieter vertraglich zur Untervermietung berechtigt ist[8].

Vgl. im Übrigen zur Herbeiführung und Umsetzung einer Ersatzmieter-Vereinbarung *C Rz. 231 ff.*

X. Beendigung durch Bedingungseintritt

490 Wurde ein Mietverhältnis über **Geschäftsräume** oder sonstige Räume unter einer auflösenden Bedingung geschlossen, so endet es ohne Zutun der Par-

---

1 KG Berlin, WuM 1992, 8.
2 LG Saarbrücken, WuM 1995, 313.
3 LG Köln, WuM 1989, 374.
4 LG Hamburg, WuM 1988, 125 (40 % höhere Miete).
5 OLG Zweibrücken, WuM 1998, 147.
6 OLG Düsseldorf, WuM 1998, 483 = OLGR Düsseldorf 1998, 46.
7 LG München I, WuM 1996, 766.
8 OLG Naumburg, WuM 2002, 537 = OLGR Naumburg 2002, 529.

teien mit Eintritt der Bedingung. Solche Vereinbarungen sind eher selten. Ein typischer Fall ist das automatische Ende des Untermietvertrags mit Beendigung des Hauptmietvertrags.

Verwandt mit dem Fall der automatischen Vertragsbeendigung durch Bedingungseintritt ist derjenige eines vertraglichen Sonderkündigungsrechtes bei Eintritt eines bestimmten Ereignisses.

Eine auflösende Bedingung kann auch in Kombination mit einer Kündigungsregelung auftreten. Denkbar ist z.B., dass ein vom Wohnraummietvertrag unabhängiges Mietverhältnis über eine Garage mangels früherer Kündigung spätestens mit Beendigung des Wohnraummietvertrages enden soll.

Zu beachten ist jedoch, dass ein unter einer auflösenden Bedingung geschlossene Miet- oder Pachtvertrag als unbefristeter Vertrag grundsätzlich auch **ordentlich kündbar** ist, wenn diese Möglichkeit von den Parteien **nicht ausgeschlossen** wurde. Ob im Einzelfall schon in der Vereinbarung einer auflösenden Bedingung ein solcher Kündigungsausschluss liegt, hat im Streitfall diejenige Partei darzulegen und zu beweisen, die sich darauf beruft[1].

Auch bei der **Wohnraummiete** ist die Vereinbarung einer auflösenden Bedingung nicht schlechthin unzulässig; gem. § 572 Abs. 2 BGB kann sich jedoch der Vermieter auf eine auflösende Bedingung zum Nachteil des Mieters nicht berufen. Für beide Parteien bindend wäre danach eine Regelung im ausdrücklichen Interesse des Mieters, z.B. „Das Mietverhältnis endet, wenn der Mieter von seinem Arbeitgeber an einen anderen Ort versetzt wird." Ist die Regelung jedoch für den Mieter von Nachteil, so kann nur er selbst sich auf die Vertragsbeendigung berufen. 491

Ist der Mietvertrag an einen Arbeitsvertrag in der Weise gekoppelt, dass mit dem Ende des Arbeitsverhältnisses auch das Mietverhältnis enden soll, so wirkt diese Regelung für das Mietverhältnis nicht als auflösende Bedingung, sondern als Voraussetzung einer ordentlichen Kündigung, die nach den hierfür allgemein geltenden Vorschriften ausgesprochen werden muss[2].

In jedem Fall gilt die allgemeine Regel, dass sich auf den Eintritt der Bedingung nicht berufen kann, wer sie treuwidrig herbeigeführt hat (§ 162 Abs. 2 BGB)[3].

XI. Die Mietaufhebungsvereinbarung

1. Grundsätze

Der Freiheit der Parteien zum Abschluss eines Mietvertrags entspricht ihre Freiheit, ihn durch Vertrag aufzuheben. Dem stehen die Kündigungs- 492

---

1 BGH, Urt. v. 1.4.2009 – XII ZR 95/07, GuT 2009, 108.
2 LG Frankfurt/Main, PE 2005, 176.
3 Vgl. für den Fall eines vertraglichen Sonderkündigungsrechtes LG Bielefeld, NZM 1999, 764.

schutzrechte des Wohnraummieters nicht entgegen. Ein Mietaufhebungsvertrag kann jedoch **sittenwidrig** sein, wenn darin jeder Räumungs- und Vollstreckungsschutz ausgeschlossen ist[1]. Bedenken gegen die Wirksamkeit einer Mietaufhebungsvereinbarung können sich auch ergeben, wenn diese vom **Erwerber** der Miträume vor Eintragung im Grundbuch geschlossen wurde[2].

493 Die vertragsbeendigende Wirkung der Mietaufhebungsvereinbarung kann nur eintreten, wenn sie von allen am Vertrag beteiligten Personen geschlossen wird[3]. Bei Abschluss der Vereinbarung durch Briefwechsel ist auf die rechtzeitige Annahme des Angebots zu achten. Jedenfalls eine Annahme nach zwei Monaten ist verspätet i.S.v. § 147 BGB[4]. Sicherheitshalber sollte das Angebot stets mit einer kalendermäßig bestimmten **Annahmefrist** versehen werden.

Mietaufhebungsverträge unterliegen wie Mietverträge den Vorschriften über den Widerruf von Haustürgeschäften (§ 312 BGB)[5]. Auch die Vorschriften über **allgemeine Geschäftsbedingungen** können anwendbar sein. Dies ist z.B. der Fall, wenn eine bestimmte Regelung schon im Formular-Mietvertrag für den Fall der vorzeitigen Vertragsbeendigung vorgesehen ist. Wirksam ist eine Klausel, die für den Neuvermietungsaufwand des Vermieters eine Pauschalabgeltung in Höhe einer Monatsmiete netto/kalt vorsieht[6].

494 Ist die Mietaufhebungsvereinbarung gleichzeitig mit einer **Vertragsübernahme** verbunden, so muss eine etwaige Anfechtung sowohl gegenüber dem bisherigen Mieter als auch gegenüber dem Ersatzmieter erklärt werden[7].
Sie ist im Falle der **Anfechtung** gem. § 123 BGB jedoch nur begründet, wenn nur einer der beiden Anfechtungsgegner getäuscht hat, während der andere diese weder gekannt hat noch kennen musste[8].

495 Hat der Mieter die Miträume **untervermietet** und schließt er mit dem Vermieter eine Mietaufhebungsvereinbarung gegen Zahlung einer Abfindung, muss er diese gem. § 285 BGB an den Untermieter herausgeben[9].
Die Erklärung des Vermieters, der Mieter könne „sich ungeachtet des befristeten Mietvertrages kurzfristig nach einer Ersatzwohnung umsehen", ist kein Angebot zum Abschluss einer Mietaufhebungsvereinbarung, sondern der Verzicht, sich auf die Befristung des Vertrages zu berufen. Der Mieter hat damit die Möglichkeit der ordentlichen Kündigung[10].

---

1 LG Heidelberg, WuM 1993, 397.
2 LG Ellwangen, WuM 1991, 489.
3 LG Hamburg, WuM 1990, 335.
4 LG Berlin, ZMR 1998, 776.
5 LG Heidelberg, WuM 1993, 397.
6 OLG Hamburg, WuM 1990, 244 = ZMR 1990, 270.
7 BGH, BGHZ 96, 302 = NJW 1986, 918.
8 BGH, BGHZ 137, 255 = NZM 1998, 113.
9 BGH, WuM 1986, 54 = ZMR 1985, 87.
10 LG Koblenz, NZM 1998, 859.

2. Form

Für die Mietaufhebungsvereinbarung gilt **kein Formzwang**[1], sie unterliegt auch nicht der Form, die für den Abschluss bzw. die Änderung des Vertrags maßgeblich ist[2]. Die Mietaufhebungsvereinbarung kann also auch mündlich abgeschlossen werden, und zwar auch bei der Wohnraummiete[3]. Über die substantiierte Behauptung des formlosen Abschlusses einer Mietaufhebungsvereinbarung muss deshalb Beweis erhoben werden[4]. Nicht ausreichend ist jedoch die **Übersendung der Schlüssel** zu den Mieträumen und deren kommentarlose Annahme durch den Vermieter[5]. Genügen kann jedoch die widerspruchslose Rücknahme der Mieträume nach unwirksamer Kündigung durch den Mieter[6]. Die mündliche Äußerung des Vermieters „Dann zieht doch endlich aus" kann sich als Angebot zur Vertragsaufhebung darstellen, welches der Mieter durch umgehenden Auszug konkludent annehmen kann[7]. Je nach den Umständen kann eine solche Erklärung aber auch als bloße Unmutsäußerung verstanden werden. Entscheidend ist der **Rechtsbindungswille**. An ihn sind vor allem auf Seiten des Wohnraummieters hohe Anforderungen zu stellen. Er muss sich bewusst sein, durch die Vereinbarung auf jeglichen Kündigungsschutz zu verzichten[8]. Zwar kann eine Aufhebungsvereinbarung auch durch schlüssiges Verhalten der Vertragsparteien zustande kommen, wobei im Falle der Personenmehrheit das entsprechende Verhalten bei jedem Einzelnen festgestellt werden muss[9]. Die stillschweigende Annahme eines Angebots zum Abschluss einer Aufhebungsvereinbarung dürfte jedoch immer dann zu verneinen sein, wenn die Vereinbarung für den „Annehmenden" nachteilig ist[10]. Die bloße Erklärung des Mieters, er wolle sich um eine Ersatzwohnung bemühen, ist deshalb **kein Angebot** zur Aufhebung des Mietvertrags[11]. Das Gleiche gilt, wenn der Mieter auf eine Kündigungserklärung des Vermieters mitteilt, er habe eine neue Wohnung gefunden[12]. Es ist deshalb stets auf Klarheit und Beweisbarkeit zu achten, die nur durch die Schriftform gewährleistet sind.

---

1 BGH, BGHZ 65, 49.
2 OLG Düsseldorf, WuM 2003, 621 = ZMR 2003, 921.
3 LG Frankfurt/Main, PE 2001, 96; a.A. AG Köln, WuM 1993, 119.
4 BVerfG, Beschl. v. 14.12.2001 – 2 BvR 189/01, GuT 2002, 37.
5 OLG Köln, OLGR Köln 1997, 277 = ZMR 1998, 91; LG Gera, WuM 2005, 647; KG Berlin, Urt. v. 13.11.2006 – 8 U 51/06, NZM 2007, 402 = ZMR 2007, 271.
6 LG Frankfurt/Main, PE 2002, 296.
7 AG Bergheim, WuM 1999, 218.
8 LG Köln, WuM 1993, 675.
9 BayObLG, Beschl. v. 21.2.1983 – Allg. Reg. 112/81, WuM 1983, 107 = DWW 1983, 71.
10 BGH, Urt. v. 24.9.1980 – VIII ZR 299/79, WuM 1981, 57 = ZMR 1981, 84.
11 LG Detmold, WuM 1990, 301.
12 LG Düsseldorf, WuM 1991, 673.

3. Inhalt

a) Interessenlage der Parteien

497 Gegenüber einer Kündigung hat die Mietaufhebungsvereinbarung für beide Seiten den Vorteil der größeren **Rechtssicherheit** und **Vorhersehbarkeit**, aber auch einer größeren **Flexibilität**. Der Beendigungszeitpunkt ist nicht durch Fristen vorgegeben, sondern kann frei bestimmt werden. Gleichzeitig können auch Abwicklungsfragen geregelt werden, entweder im Sinne einer Konkretisierung oder einer Abänderung vertraglicher Regelungen.

Die **Interessen des Vermieters** sind meist:
- frühzeitige Gewissheit über den Zeitpunkt der Vertragsbeendigung,
- hohe Wahrscheinlichkeit der fristgerechten Räumung und Herausgabe,
- kein Mietausfall.

Die **Interessen des Mieters**, der sich mit der Aufgabe der Räume grundsätzlich abgefunden hat, sind meist:
- flexible Beendigungsregelung,
- günstige Abwicklungsmodalitäten,
- keine doppelte Mietzahlung.

b) Notwendige und nützliche Regelungen

498 Im Sinne der Rechtsklarheit sollte neben dem Zeitpunkt der Räumungsverpflichtung auch derjenige des **Vertragsendes** geregelt werden. Im Zweifel wird beides zusammenfallen, was jedoch nicht zwingend ist, vor allem dann, wenn der Mietaufhebungsvereinbarung eine Kündigung vorausgegangen ist. Zu beachten ist, dass sich an das rechtliche Vertragsende Fristen anknüpfen, für den Mieter z.B. der Lauf der Frist seines Wegnahmerechts.

Ist der Zeitpunkt der Vertragsbeendigung eindeutig geregelt, so schadet das Fehlen einer ausdrücklichen Räumungsverpflichtung nicht, da sich diese aus § 546 Abs. 1 BGB ergibt. Wie bei Vertragsbeendigung durch Kündigung oder Fristablauf tritt auch hier der Räumungsverzug ohne Mahnung ein[1].

Unverzichtbar ist eine Regelung über die **Kaution**; denn eine etwaige Ausgleichsklausel schließt auch den Anspruch auf Kautionsrückzahlung aus. Wurde die Kaution vergessen, so ist dies kein Anfechtungsgrund[2].

499 Folgende Punkte sollten stets bedacht werden:
- Beteiligung aller Vertragspartner,
- (Spätester) Zeitpunkt der Räumungsverpflichtung,
- Ankündigung vorzeitiger Räumung (Frist),
- (Spätester) Zeitpunkt der Vertragsbeendigung,

---

1 OLG München, ZMR 1999, 255.
2 OLG Düsseldorf, WuM 1997, 38 = ZMR 1997, 178.

- Vorzeitige Beendigung durch Kündigung (Frist)/Bedingungseintritt,
- Schönheitsreparaturen (Verzicht, Vornahme oder Abgeltung),
- Einbauten (Belassung oder Wegnahme),
- Bauliche Änderungen (Belassung oder Rückbau),
- Sonderregelungen für die Zeit bis zur Räumung (Miethöhe, Duldung von Baumaßnahmen, Duldung von Besichtigungen),
- Entschädigungszahlung/Ablöse (Fälligkeit, Zahlungsweise),
- Nebenkosten (Abrechnung oder pauschale Abgeltung),
- Kaution (Frist für vorläufige/endgültige Abrechnung),
- Ausgleichsklausel.

Vgl. auch *Rz. 418* und *K Rz. 62*.

K. Abwicklung beendeter Mietverträge

	Rz.
I. Typische Mandatskonstellationen (*Horst*)	1
II. Der Vermieter als Mandant	2
1. Erstberatung	2
a) Ermittlung der Ausgangslage	3
b) Rechtsschutzversicherung	6
c) Streitwert	8
d) Gebühren	10
e) Haftungsfragen	12
f) Entscheidung zur Annahme des Mandats	13
2. Schlussfolgerungen	15
a) Schlüssiger Sachverhalt	15
b) Weitere notwendige Ermittlungen	16
c) Beweisfragen und Beweissicherung	17
aa) Darlegungs- und Beweislast	18
bb) Beweissicherung	22
(1) Rückgabeprotokoll	23
(2) Zeugenprotokolle/Anwaltsprotokolle	28
(3) Gerichtliches Beweisverfahren	30
(4) Privatgutachten	35
(5) Zufallszeugen	36
(6) Partei selbst als Beweismittel	37
(7) Bekundungen der „Quasi-Partei"	38
(8) Kostenvoranschlag	39
(9) Fotos/Videos	40
3. Taktische Überlegungen	41
a) Der Vermieter will ein vertragsgerechtes Ende des Mietverhältnisses	42
b) Der Vermieter will ein vorzeitiges Ende des Mietvertrags	49
c) Der Vermieter will an dem Mietvertrag festhalten	63
d) Der Vermieter begehrt Zahlung	64
aa) Solvenz des Mieters	66
bb) Sicherung von Ansprüchen	75
cc) Zwangsvollstreckungsrechtliche Überlegungen	86
4. Praktische Umsetzung von Ansprüchen	87
a) Außergerichtliche Maßnahmen	87
b) Gerichtliche Maßnahmen	99
c) Vollstreckungsmaßnahmen	106
5. Der Mieter befindet sich noch in der Wohnung	107
a) Das Mietverhältnis ist noch nicht abgelaufen	107
aa) Kündigungsbestätigung	107
bb) Wohnungsrückgabe	114
(1) Termin – Besichtigungsrecht	114
(2) Vorbereitung des Termins	121
(a) Renovierungsverpflichtung	128
(b) Rückbauverpflichtungen	133
(c) Wartungs- und Reinigungsklauseln	136
(d) Rückgabeprotokoll	140
(aa) Zweck und Bedeutung des Rückgabeprotokolls	142
(bb) Erstellung eines Rückgabeprotokolls	144
(3) Durchführung des Wohnungsabnahmetermins	155
(a) Ordnungsgemäße Räumung	157
(b) Ausfüllen des Rückgabeprotokolls	159
(4) Die abschließende Verhandlung zur Herbeiführung einer einvernehmlichen Lösung	164
cc) Unbemerkte Schäden	171
dd) Verweigerte Annahme der Schlüssel	174
ee) Vermieterhaftung bei verzögertem Einzugstermin des Neumieters	179
b) Das Mietverhältnis ist beendet, der Mieter zieht aber nicht aus	181
aa) Räumung und Herausgabe der Mietsache	181

	Rz.		Rz.
(1) Wegnahmepflicht bei Räumung	181	c) Gebühren	281
(2) Herausgabe	188	9. Abwicklung nach dem Tod des Mieters	282
bb) Weitere Nutzung der Mietsache	194	a) Der unbekannte Erbe	282
(1) Benutzungsrechte des Mieters	194	aa) Vermieterberatung	282
(2) Nutzungsentgelt	203	bb) Gebühren	297
(a) Fortentrichtung des Nutzungsentgelts bei Vorenthaltung der Mietsache	203	b) Der dürftige Nachlass	298
		aa) Vermieterberatung	298
		(1) Prozessuales	305
		(2) Gebühren	309
(aa) Vorenthalten der Mietsache	207	bb) Erbenberatung	312
		(1) Prozessuales	320
(bb) Widerspruch des Mieters	215	(2) Gebühren	323
(cc) Entschädigung	216	10. Außergerichtliche Schadensregulierung (*Horst*)	325
(dd) Darlegungs- und Beweislast	218	a) Vorbereitende Überlegungen	325
(b) Mietausfall bei Schlechterfüllung der Räumung	219	b) Verjährung	338
		c) Schadensersatz wegen unterlassener Rückgabe der Mietsache	340
(3) Sonstiger Verzugsschaden	222	d) Schadensersatz wegen verspäteter Rückgabe der Mietsache	341
6. Der Mieter ist ausgezogen, hat aber noch nicht übergeben	223		
a) Das Mietverhältnis ist noch nicht abgelaufen	223	e) Schadensersatz wegen vorzeitiger Rückgabe der Mietsache	344
b) Das Mietverhältnis ist beendet	231	f) Schadensersatz wegen Beschädigung der Mietsache	346
7. Der Mieter ist ausgezogen und hat übergeben	234	g) Schadensersatz wegen unterlassenen Rückbaus	349
a) Vorzeitiger Auszug	238	aa) Leistungsaufforderung	351
b) Zahlung der Miete	243	bb) Fristsetzung	354
c) Wann endet der Mietvertrag?	250	cc) Ablehnungsandrohung	355
aa) Weitervermietungspflicht	250	dd) Entbehrlichkeit der Fristsetzung	356
bb) Nachmieter	259	h) Schadensersatz bei Wegnahme von Mietereinbauten und -einrichtungen	359
d) Betretungsrecht des Vermieters	260		
e) Umbau- und/oder Renovierungsarbeiten durch den Vermieter	262	i) Schadensersatz bei fristloser Kündigung	361
		j) Schadensersatzansprüche bei Schädigungen durch den Untermieter	362
f) Verwahrung und Verwertung von zurückgelassenem Räumungsgut	263		
		k) Schadensersatzansprüche bei Einweisungen durch das Ordnungsamt	363
8. Der verschwundene Mieter (*Lützenkirchen*)	267		
		11. Betriebskosten	366
a) Möglichkeiten der Anschriftenermittlung	268	a) Abrechnungsfrist	368
		b) Verwirkung	372
b) Erfolglose Anschriftenermittlung	275	12. Kaution	375
		a) Kautionsklage nach Vertragsbeendigung	375

	Rz.
b) Abrechnung der Kaution	377
aa) Abrechnungsbasis	378
bb) Gesicherte Forderungsarten	388
cc) Aufrechnung	389
dd) Zurückbehaltungsrecht des Vermieters	394
c) Realisierung des Kautionssaldos	396
aa) Barkaution	396
bb) Bürgschaft	397
cc) Sparbuch	399
d) Streitwert	401
III. Der Mieter als Mandant	402
1. Erstberatung	403
2. Schlussfolgerungen	404
3. Taktische Überlegungen	405
a) Der Mieter will ein vorzeitiges Ende des Mietvertrags	406
aa) Aufhebungsvertrag	407
bb) Auszug und Schlüsselübergabe	408
cc) Nachmieter	417
dd) Sonderkündigung nach verweigerter Untervermietung	431
ee) Sonderkündigung wegen Verstoßes gegen das Schriftformgebot	435a
ff) Erstattung von Mieterleistungen	436
b) Der Mieter wendet sich gegen das Ende des Mietverhältnisses	437
c) Abwehr von Ansprüchen des Vermieters	449
d) Der Mieter stellt eigene Ansprüche an den Vermieter	452
4. Praktische Umsetzung von Ansprüchen	453
5. Abrechnung und Rückzahlung der Kaution	454
a) Fälligkeit des Rückzahlungsanspruchs	456
b) Abrechnung	462
c) Aufrechnung	465
d) Rückgabe der Kaution	467
e) Schadensersatzanspruch des Mieters	469

	Rz.
f) Veräußerungsfälle	470
g) Streitwert	472
6. Rückzahlung von Betriebskostenvorschüssen	472a
7. Einbauten und Investitionen	473
a) Wegnahmerecht des Mieters bei Einrichtungen und Einbauten	474
aa) Duldungsanspruch	476
bb) Entschädigung	482
cc) Abweichende Vereinbarungen	489
dd) Vermieterpfandrecht	493
ee) Streitwert	495
b) Bauliche Veränderungen des Mieters	496
c) Aufwendungs- und Verwendungsersatz für Einbauten und Investitionen des Mieters	498
aa) Ersatz für Maßnahmen zum Schutze der Mietsache	502
bb) Ersatz für Maßnahmen zur Mängelbeseitigung	503
cc) Ersatz für Instandsetzungs- und Modernisierungsarbeiten	508
dd) Ersatzansprüche aus ungerechtfertigter Bereicherung	512
ee) Verwendungsersatzanspruch des Untermieters	519
ff) Sonderfall: Altmietverhältnisse in den neuen Bundesländern	520
8. Rückerstattung von Mietvorauszahlungen, Baukostenzuschüssen, Mieterdarlehen und überzahlter Miete	521
9. Schadensersatzansprüche des Mieters	528
a) Schadensersatz wegen Nichterfüllung	528
aa) Fehler der Mietsache	528
bb) Unmöglichkeit der Erfüllung der Überlassungspflicht	530
cc) Schadensersatz bei vorgetäuschter Eigenbedarfskündigung	533

dd) Schadensersatz bei Kündigung wegen Gesundheitsgefährdung 542	1. Vertragliche Vereinbarungen ... 550 a) Dreiseitiger Vertrag mit Zustimmung des Vermieters ... 552
ee) Schadensersatz für Einrichtungen und Einbauten des Mieters 543	b) Aufhebungsvertrag zwischen Vermieter und Vormieter.... 556
ff) Aufrechnungs- und Zurückbehaltungsrecht ... 546	c) Vereinbarungen zwischen Vormieter und Nachmieter .. 557
IV. Anspruchsbeziehungen zwischen Vermieter – Vormieter und Nachmieter 550	2. Gesetzliche Ansprüche des Vormieters gegen den Nachmieter . 566

I. Typische Mandatskonstellationen

1 Typischerweise erfolgt die Beauftragung des Rechtsanwalts in folgenden Situationen:
- Der Mandant wünscht die Vorbereitung und Durchführung von Wohnungsabnahme und Wohnungsübergabe. Er bittet um Aufklärung von Folgefragen wie der Definition vertragsgemäßer Renovierung der Wohnung, Ermittlung und Durchsetzung von Schadensersatzansprüchen sowie der Wiederherstellung des früheren Wohnungszustandes bei Vertragsabschluss (Rückbau).
- Der Mieter ist vorzeitig ausgezogen oder hat angezeigt, dass er nicht bis zum Ende des Mietverhältnisses in der Wohnung bleiben will.
- Der Mieter kommt nach Beendigung des Mietverhältnisses seiner Räumungspflicht und der Herausgabe der Mietsache nicht nach.
- Der Mieter ist ausgezogen und verschwunden.
- Der Mieter ist tot.
- Der Vermieter will den Mieter auf Zahlung in Anspruch nehmen/der Mieter wird auf Zahlung in Anspruch genommen.
- Der Vermieter wird vom Mieter in Anspruch genommen/der Mieter erhebt Zahlungsansprüche gegen den Vermieter.
- Der Mieter will anlässlich des beendeten Mietverhältnisses und des bevorstehenden Auszugs
  - sich über seine Rechte und Pflichten allgemein informieren,
  - früher aus dem Mietvertrag aussteigen,
  - sich gegen das bevorstehende Ende des Mietverhältnisses wenden,
  - sich gegen Ansprüche des Vermieters (insbesondere Renovierung, Schadensersatz, Rückbau) wehren.
- Der Mandant wünscht eine Beratung/Vertretung im Dreiecksverhältnis Vormieter – Nachmieter – Vermieter.

II. Der Vermieter als Mandant

1. Erstberatung

Ziel des ersten Beratungsgespräches ist 2
- die **Ermittlung des Sachverhaltes** und des konkreten Begehrens des Mandanten,
- die betriebswirtschaftliche Kalkulation des Mandats sowie das damit verbundene Haftungsrisiko und
- die Entscheidung über die **Annahme des Mandats**, sofern nicht ausnahmsweise Kontrahierungszwang besteht.

a) Ermittlung der Ausgangslage

Eines der wichtigsten Ziele im Erstberatungsgespräch ist es, die **Ausgangslage** in tatsächlicher und rechtlicher Hinsicht sofort möglichst vollständig zu **ermitteln**. 3

Um in den Bereich „Abwicklung beendeter Mietverhältnisse" zu gelangen, ist **immer** zu hinterfragen, ob der Mietvertrag wirksam beendet worden ist (vgl. dazu auch *J Rz. 33 ff.*). Die Prüfung kann zu folgenden Ergebnissen führen:
- Der Mietvertrag ist aus Rechtsgründen nicht beendet.
- Das Mietverhältnis ist beendet.
- Das (zeitlich befristete) Mietverhältnis steht vor dem Endzeitpunkt.

In **tatsächlicher Hinsicht** ist zu klären, ob der Mieter die Wohnung noch nutzt, ob er ausgezogen ist und ob er die Wohnung bereits an den Vermieter übergeben hat. Dies führt zu folgenden **Varianten**:
- Der Mieter befindet sich noch in der Wohnung (dazu unter *Rz. 107*).
- Der Mieter ist ausgezogen, hat aber die Mietsache noch nicht übergeben (dazu *Rz. 223 f.*).
- Der Mieter ist ausgezogen und hat die Mietsache (nicht ordentlich) übergeben (*Rz. 234 f.*).
- Der Mieter ist verschwunden (*Rz. 267*).
- Der Mieter ist verstorben (*Rz. 282*).

Die tatsächliche und rechtliche **Ausgangslage** ist zunächst durch gezielte Leitung des Beratungsgesprächs mit dem Mandanten zu erarbeiten. Von Anfang an ist dabei besonderes Augenmerk darauf zu legen, ob der erörterte Streitgegenstand bereits **gerichtlich anhängig** oder gar (rechtskräftig) entschieden ist. In jedem Fall muss der Rechtsanwalt **Klarheit über folgende Punkte** gewinnen: 4
- (Schriftlicher) **Mietvertrag** nebst Anlagen und Nachtragsurkunden,
- **Zugangsnachweise** (Rückscheine, Empfangsquittungen oder Empfangsbestätigungen),

- **Zahlungsbelege** und Kontoauszüge,
- **Gerichtsakten**, insbesondere Vollstreckungstitel oder Unterlagen über bisherige Vollstreckungsversuche,
- Sonstige einschlägige **Dokumente** wie bisherige Korrespondenz, Schadensaufstellungen, Kostenvoranschläge oder sonstige Bezifferungen von Schäden,
- **Beweismittel** wie Zeugenaussagen, Abnahme- und Übergabeprotokolle sowie sonstige Beweismittel,
- die aktuelle und zukünftige **Adresse** des Mieters als Anspruchsgegner,
- die wirtschaftliche **Solvenz** des Mieters und
- Erkenntnisse über seine mentale Einschätzung als Vollstreckungsschuldner (zahlungsunwilliger, ungeschickter oder geschickter Vollstreckungsschuldner).

5 **Übergebene Urkunden** sollten sogleich **fotokopiert** werden. Die gefertigten Ablichtungen dienen für die eigenen Bearbeitungen des Rechtsanwalts sowie für Anmerkungen von streitbedeutsamen Textpassagen usw. Die Originale können dem Mandanten bereits beim Erstberatungsgespräch wieder ausgehändigt werden. So wird das bisweilen teure und auch risikoreiche Versenden durch Einschreiben/Rückschein oder durch Wertpaket an den Mandanten vermieden. Gleichzeitig sollte der Mandant darauf hingewiesen werden, dass im Falle entsprechender Beweiserhebungen das Gericht die Vorlage der **Urkunden im Original** innerhalb des **Termins** verlangt.

b) Rechtsschutzversicherung

6 Unmittelbar nach Ermittlung der Ausgangssituation und des Begehrens des Mandanten sollte die Frage nach der Rechtsschutzversicherung gestellt werden (vgl. im Einzelnen *B Rz. 33 ff.*). Bejaht der Mandant die Frage, so muss Einsicht in die **Versicherungspolice** sowie in die Allgemeinen Rechtsschutzbedingungen des Versicherers genommen werden, um zu prüfen, ob der Versicherer eine Deckungszusage verweigern kann, weil:
- die **Karenzfrist** nicht eingehalten wurde;

  die meisten Rechtsschutzversicherungsbedingungen sehen vor, dass eine Karenzfrist von drei Monaten zwischen dem Abschluss des Versicherungsvertrages und dem erstmaligen Auftreten von Streitigkeiten in den jetzt virulenten Sach- und Rechtsfragen liegen muss;
- der vorliegende Streitfall als **Versicherungsrisiko** nicht gedeckt ist.

  Kommt der Rechtsanwalt zu dem Ergebnis, dass die Deckungszusage erteilt werden müsste, so sollte zumindest der Versicherungsschein (Police) kopiert und zu den Akten genommen werden. Die dort enthaltenen Angaben über den Versicherer und über die Versicherungsnummer werden für die nachfolgende Deckungsanfrage beim Versicherer benötigt.

○ **Hinweis:**

Gebührenrechtlich ist bereits jetzt Folgendes im Auge zu behalten: 7
Obgleich die **Deckungsanfrage** beim Rechtsschutzversicherer im Verhältnis zum Hauptmandat eine **eigene Angelegenheit** darstellt, wird sie – aus Servicegründen – in der Praxis nicht extra abgerechnet. Etwas anderes mag gelten, wenn mit dem Rechtsschutzversicherer Streit über seine Einstandspflicht entsteht und der Mandant eine eigene Vertretung mit umfangreicheren Vorprüfungen gegenüber dem Rechtsschutzversicherer zusätzlich wünscht.

In jedem Fall ist der Mandant darauf hinzuweisen, dass die Rechtsschutzversicherung nur die Kosten und Gebühren in **gesetzlich entstehender Höhe** abdeckt. Dies hat in dem Fall Bedeutung, in dem der Rechtsanwalt nach betriebswirtschaftlicher Analyse des ihm angetragenen Mandats zu dem Ergebnis kommt, dass sinnvoll nur auf Grund einer Honorarvereinbarung gearbeitet werden kann, die über den gesetzlichen Gebührenrahmen hinausgeht. In diesem Fall muss der Mandant die Differenz in jedem Fall selbst tragen. Darauf muss hingewiesen werden.

c) Streitwert

Bekanntermaßen berechnen sich die Gebühren und Kosten nach dem Geschäfts- oder Streitwert. Sein Ansatz ist im Falle von Schadensersatzforderungen oder sonstigen **Zahlungsansprüchen** unproblematisch. Hier gilt als Streitwert der Wert der Forderung. 8

Bei Räumungsangelegenheiten gilt mittlerweile die Jahresnettomiete, § 41 Abs. 1 GKG. Die Frage, ob es sich bei der außergerichtlichen **Kündigung** eines Mietverhältnisses und der auf diese Kündigung gestützten Räumungsklage um zwei unterschiedliche Streitgegenstände handelt, war bislang umstritten, aber wegen ihrer Auswirkung auf die gebührenrechtliche Anrechnungsvorschrift Anl. 1, Teil 3, Vorb. IV zu VV RVG von Bedeutung. Der BGH[1] hat sich jedenfalls für die Kündigung **wegen Zahlungsverzuges** der Auffassung angeschlossen, die Kündigung sei als Voraussetzung des Räumungs- und Herausgabeanspruchs Gegenstand des Räumungsprozesses. Deshalb liege eine einheitliche anwaltliche Tätigkeit vor. Als Folge davon bemisst sich dann der Gegenstandswert der außergerichtlichen Tätigkeit (Kündigung) nicht nach § 25 KostO, sondern nach § 23 RVG, § 41 Abs. 2 GKG auf den einjährigen Bezug der Nettomiete. Bei der Kostenfestsetzung sei die Verfahrensgebühr des gerichtlichen Verfahrens um die hälftig anzurechnende Geschäftsgebühr zu reduzieren[2]. Den daraus folgenden schwerwiegenden Bedenken aus der Praxis hat der Gesetzgeber Rechnung 9

---

1 BGH, NJW 2007, 2050 = NZM 2007, 396.
2 BGH, NJW 2007, 2049 = NZM 2007, 397; vgl. auch Lickleder, Ist die Verfahrensgebühr des Räumungsbevollmächtigten noch erstattungsfähig?, NZM 2007, 589; Peter, Viel mehr als nur Mietrecht – Der BGH und die Geschäfts-/Verfahrensgebühr bei Kündigung und Räumungsklage, NJW 2007, 2298.

getragen. Seit 1.9.2009 gilt die neue Anrechnungsvorschrift des § 15a RVG[1].

d) Gebühren

10 Zunächst ist der Mandant nach seinen finanziellen Verhältnissen zu befragen, um zu klären, ob

- ein Beratungshilfeantrag oder
- ein Prozesskostenhilfeantrag

zu stellen ist. In diesen Fällen richten sich die Gebühren des Rechtsanwalts nach §§ 44–50 RVG, VV-RVG 2600, ab 1.7.2006 VV-RVG 2500, 3335.

Die **Gebühren** des Rechtsanwaltes richten sich neben dem Streitwert danach, ob er die gesetzlichen Gebühren abrechnet oder mit dem Mandanten eine Honorarvereinbarung (dazu: vgl. bereits *A Rz. 8*) verhandelt. Wird nach den gesetzlichen Gebühren abgerechnet, so ist zunächst entscheidend, ob eine Leistung nur im Innenverhältnis zum Mandanten erbracht wird oder ob der Mandant gegenüber dem Anspruchsgegner vorgerichtlich, gerichtlich oder schließlich innerhalb des Zwangsvollstreckungsverfahrens vertreten wird. In Betracht kommen für angenommene Mandate bis zum 30.6.2006:

- Rat, Auskunft, Erstberatung (§§ 2, 13, 14 RVG, VV 2102, 2100)
- Gutachten (§§ 2, 13, 14 RVG, VV 2103, 2200, 2201)

Seit dem 1.7.2006 ist die gesetzliche Gebühr für die Beratung (RVG-VV Nr. 2100 bis 2103) weggefallen. Sie wurde durch die nur noch **rudimentäre Regelung** in § 34 RVG n.F. abgelöst. Nach § 34 Abs. 1 S. 1 RVG n.F. soll der Rechtsanwalt künftig für eine Beratung, für ein schriftliches Gutachten oder für die Tätigkeit als Mediator auf eine Gebührenvereinbarung hinwirken. Wird keine Vereinbarung getroffen, erhält der Rechtsanwalt die Gebühren nach den Vorschriften des bürgerlichen Rechts (§§ 612 Abs. 2, 632 Abs. 2 BGB). Dann gilt die übliche Vergütung als vereinbart. Ohne Gebührenvereinbarung gilt bei Verbrauchern als Mandanten eine Höchstgrenze von 190 Euro netto für ein erstes Beratungsgespräch, und eine neue Höchstgrenze von 250 Euro netto für eine reguläre Beratung oder die Ausarbeitung eines schriftlichen Gutachtens. Eine Gebührenvereinbarung nach § 34 RVG n.F. sollte deshalb aus betriebswirtschaftlichen Gründen und auch aus Gründen der Klarheit und Rechtssicherheit ab dem 1.7.2006 der Regelfall sein.

---

1 Die Vorschrift lautet:
  (1) Sieht dieses Gesetz die Anrechnung einer Gebühr auf eine andere Gebühr vor, kann der Rechtsanwalt beide Gebühren fordern, jedoch nicht mehr als den um den Anrechnungsbetrag verminderten Gesamtbetrag der beiden Gebühren.
  (2) Ein Dritter kann sich auf die Anrechnung nur berufen, soweit er den Anspruch auf eine der beiden Gebühren erfüllt hat, wegen eines dieser Ansprüche gegen ihn ein Vollstreckungstitel besteht oder beide Gebühren in demselben Verfahren gegen ihn geltend gemacht werden.

Der Vermieter als Mandant   Rz. 13 **K**

In Betracht kommen weiter:
- Außergerichtliche Vertretung (§§ 2, 13, 14 RVG, VV-RVG 2400)
- Gerichtliche Vertretung (§§ 2, 13, 14 RVG, VV-RVG 3100, 3104, 1003 (beachte VV-RVG 2400 Vorbem. 3 Abs. 4, 3100 Abs. 3)
- Vollstreckung (§§ 2, 13, 14 RVG, VV-RVG 3309, 3310).

Vermieter wie Mieter sind häufig in Interessenverbänden – dem Haus- und Grundeigentümerverein bzw. dem Mieterverein – organisiert. Beide Organisationen beraten und vertreten vorgerichtlich. Daher kann es sich anbieten, dass der Rechtsanwalt entweder mit dem Haus- und Grundeigentümerverein oder mit dem Mieterverein zusammenarbeitet. Soweit es sich um die eigene Organisation des Mandanten handelt – hier im Falle des Vermieters der Haus- und Grundeigentümerverein –, entsteht bei Gesprächen in Altfällen nach der BRAGO keine Besprechungsgebühr. Ab dem 1.7.2004 ist die Besprechungsgebühr mit dem Inkrafttreten des RVG ohnehin weggefallen. Bei diesem Kreis handelt es sich weder um die Gegenseite noch um einen Dritten. Dies gilt auch für den eigenen Steuerberater des Mandanten. Selbstverständlich **ist** die Besprechungsgebühr veranlasst, wenn z.B. der Rechtsanwalt des Vermieters mit dem Mieterverein als außergerichtlichem Vertreter der Gegenseite Kontakt aufnimmt. Dies gilt auch, wenn sich der Rechtsanwalt am Rande eines Räumungsrechtsstreits persönlich oder telefonisch an das **Wohnungsamt** wendet, damit dieses durch Zahlung des Mietrückstandes den Räumungstitel abwendet. 11

e) Haftungsfragen

Mandate, die beendete Mietverhältnisse abwickeln, bieten haftungsrechtlich grundsätzlich keine Besonderheiten. Hinzuweisen ist allerdings auf die **kurze** mietrechtliche **Verjährung** in **§ 548 BGB**. Wird die dort geregelte sechsmonatige Frist versäumt, wird insbesondere nicht beachtet, dass das gerichtliche Beweissicherungsverfahren in Mietsachen keine verjährungsunterbrechende, sondern nur verjährungshemmende Wirkung (§ 204 Abs. 1 Ziff. 7 BGB) hat, so ergeben sich Haftungsfälle. Deshalb sollte vorsorglich bei jeder Beratung auch die Verjährungsfrage geklärt und der als frühestmöglicher Zeitpunkt ermittelte **Verjährungs**eintritt im **Fristenkalender notiert** werden (vgl. zur Verjährung im Übrigen *Rz. 338 ff.*). 12

Ansonsten ist auf die allgemeinen Erörterungen zu §§ 51 ff. BRAO[1] hinzuweisen.

f) Entscheidung zur Annahme des Mandats

Nach Ermittlung des Streitgegenstandes und der betriebswirtschaftlichen Kalkulation des angetragenen Mandats sollte der Anwalt als Ergebnis des Erstberatungsgesprächs klar zum Ausdruck bringen, ob er das Mandat an- 13

---
1 Einen guten Überblick vermittelt *Rinsche*, ZAP, Fach 23, 249 ff.

nimmt oder ablehnt[1]. Dies gilt natürlich nur, soweit dem Rechtsanwalt hierbei ein **Ermessen** zusteht. In den Fällen des § 48 BRAO ist er zur Übernahme der Prozessvertretung verpflichtet. Auch wenn der Mandant Beratungshilfe in Anspruch nimmt, ist der Rechtsanwalt im Regelfall zur Annahme des Mandats verpflichtet. Er kann das Mandat im Einzelfall nur aus wichtigen Gründen ablehnen (§ 49a Abs. 1 BRAO).

14 Bei der Annahme des Mandats ist der Mandant schließlich zu veranlassen, eine Vertretungs**vollmacht** zu unterzeichnen. Auch wenn die Praxis im Falle vergessener Vollmachtsunterzeichnungen mit der „anwaltlichen Versicherung ordnungsgemäßer Beauftragung" arbeitet, nimmt dies der Gegenseite die Möglichkeit, unter Verweis auf § 174 S. 1 BGB einseitige Rechtsgeschäfte, wie etwa Kündigungen und andere einseitige Willenserklärungen, unverzüglich zurückzuweisen. Ärgerliche Zeitverzögerungen und ein entsprechend gesunkener „Good will" beim eigenen Mandanten sind die Folge.

2. Schlussfolgerungen

Als Resümee des Erstberatungsgespräches sind für die weitere Bearbeitung des Mandats folgende Fragen zu stellen:
- Ist der ermittelte Sachverhalt in sich schlüssig?
- Muss weiter ermittelt werden?
- Wer muss die anspruchserheblichen und streitigen Tatsachen beweisen?
- Wie sind Beweismittel zu beschaffen und zu sichern?

a) Schlüssiger Sachverhalt

15 Der Rechtsanwalt muss sich aus dem im Erstberatungsgespräch ermittelten Sachverhalt zunächst darüber klar werden, ob er schlüssig ist. Denn nur ein in sich schlüssiger Sachverhalt kann Grundlage eines erfolgreichen Sachvortrags sein. Die ermittelten Tatsachen sind insbesondere darauf zu untersuchen, ob sie in sich **logisch** und **widerspruchsfrei** sind. Gleichzeitig ist darauf zu achten, ob die bereits vorliegenden Dokumente und sonstigen Beweismittel den Sachverhalt stützen. Schließlich ist zu prüfen, ob der erarbeitete Sachverhalt vollständig ist. Vollständig ist er nur dann, wenn er alle Tatsachen umfasst, die Tatbestandsmerkmal der Anspruchsnorm sind, auf die das Begehren des Mandanten gestützt werden soll.

b) Weitere notwendige Ermittlungen

16 Ist eine der formulierten Fragen zu verneinen, so müssen Widersprüche aufgeklärt und/oder weitere Informationen beschafft werden. Bei der Abwicklung beendeter Mietverhältnisse sind insbesondere folgende **Unterlagen und Informationen** wichtig:

---

1 Instruktiv dazu: *Bode/Trompetter*, ProzRB 2002, 28 f.

- lückenloser Mietvertrag im Original mit Bezugsvereinbarungen und Nachträgen,
- genaue Aufstellung und Spezifikation von Schäden,
- (möglichst schriftliche) Zeugenaussagen von Handwerkern, Nachbarn und sonstigen Dritten,
- neue Adresse des Mieters.

Ist die neue Adresse unbekannt (vgl. im Einzelnen Rz. 267), so ist routinemäßig eine Anfrage beim **Einwohnermeldeamt** sowie bei der **Deutschen Post AG** zu stellen. Vorhandene Korrespondenz und sonstige Dokumente sollten parallel auf Hinweise auf die neue Adresse des Mieters durchgesehen werden. Über etwa bekannte **Telefonnummern** des Anspruchsgegners, seiner Verwandten, seiner Freunde oder von Nachbarn können nähere Angaben zur neuen Adresse des Mieters ermittelt werden. Hilfreich sind auch die Komfort-Telefonauskunft bei der Telekom oder eine Internetrecherche. Ist der Arbeitgeber des Mieters bekannt, so kann dort nachgefragt werden. Hilfsweise kann auch an den Mieter unter der Adresse des Arbeitgebers zugestellt werden. Ist bereits ein gerichtliches Verfahren rechtshängig oder wird der Rechtsanwalt innerhalb der Zwangsvollstreckung tätig, so sind die entsprechenden Behörden und Zwangsvollstreckungsorgane bei der Ermittlung der neuen Adresse einzuschalten. Weitere – teure – Möglichkeiten zur Ermittlung einer neuen Adresse bieten Detekteien und in Einzelfällen auch Auskunfteien.

c) Beweisfragen und Beweissicherung

Das Recht, von einem anderen ein Tun oder Unterlassen zu verlangen (Definition des bürgerlich-rechtlichen Anspruchs in § 194 Abs. 1 BGB), kann nur dann durchgesetzt werden, wenn die zugrunde liegenden Tatsachen bewiesen werden können. Daher stellt sich zunächst immer die Frage nach der Darlegungs- und Beweislast. Erst danach ist die Sicherung von Beweismaterial oder von Beweismitteln anzusprechen. Denn nur wer etwas beweisen muss, muss sich um die Sicherung dieser Beweise Gedanken machen.

aa) Darlegungs- und Beweislast

Bei der Abwicklung beendeter Mietverhältnisse geht es neben der **Räumung** und Herausgabe der Mietsache zumeist um Ansprüche auf **Schadensbeseitigung** oder auf **Ersatz** eines eingetretenen **Schadens**. Dabei muss der Vermieter als Geschädigter die tatsächlichen Voraussetzungen eines Schadensersatzanspruchs oder eines Anspruchs auf Schadensbeseitigung darlegen und beweisen. Ist streitig, ob der Mieter einen Schaden an den gemeinschaftlich benutzten Hausteilen – Treppenhaus, Speicher, sonstige Gemeinschaftsräume – verursacht hat, so trifft die Beweislast den **Vermieter**. Eine **Formularklausel**, wonach alle Mieter anteilig für Schäden an den gemeinschaftlichen Hausteilen aufkommen müssen, wenn der Verursacher nicht ermittelt werden kann, verstößt gegen § 307 BGB (früher § 9

AGB a.F.) und ist unwirksam[1]. Bei Schäden in der Wohnung muss der Vermieter darlegen, dass die Mietsache während der Mietzeit verändert oder verschlechtert wurde. Dafür ist es erforderlich, dass der Vermieter im Schadensersatzprozess den Zustand der Mietsache bei Mietbeginn und bei Mietende präzise beschreibt und darlegt, welche Veränderung oder Verschlechterung eingetreten ist[2]. Dieser Beweis muss folgendermaßen geführt werden:

19 – Der **Vermieter** muss beweisen, dass er die Mietsache **unbeschädigt übergeben** hat. Die in Mietverträgen häufige **Formularklausel**, wonach ein Mieter bestätigt, dass ihm die Sache bei Vertragsbeginn mangelfrei (vertragsgemäß, ordnungsgemäß etc.) übergeben worden sei, verstößt gegen § 309 Ziff. 12b) BGB[3].

20 – Zusätzlich muss der **Vermieter** beweisen, dass die Mietsache **bei Rückgabe beschädigt** war. Ist streitig, ob der Schaden bei Rückgabe bereits vorgelegen hat oder später entstanden ist, so muss der Vermieter beweisen, dass der Schaden bei Rückgabe schon vorhanden war[4].

21 – Schließlich muss der **Vermieter** vortragen und beweisen, dass der **Schaden durch den Mietgebrauch verursacht** worden ist. Dazu muss er die Möglichkeit eines Schadenseintritts aus seinem eigenen Verantwortungs- und Pflichtenkreis und/oder die Verantwortlichkeit eines anderen Mieters oder eines Dritten ausschließen[5]. Ein Schaden ist durch den Mietgebrauch bedingt, wenn dessen Ursache mit der Benutzung der Mietsache im Zusammenhang steht. Wegen § 538 BGB gehören dagegen zum Verantwortungs- und Pflichtenkreis des Vermieters Schäden, die durch Alterung oder Verschleiß auf Grund einer vertragsgemäßen Benutzung der Mietsache entstehen[6]. Weiter gehören dazu Schäden aus Baumängeln und unterlassenen Instandhaltungen, soweit sie dem Vermieter obliegen. Schließlich fallen in den Verantwortungsbereich des Vermieters Schäden, die durch das Verhalten Dritter verursacht worden sind[7].

– Handelt es sich um einen Sachverhalt, bei dem sich kein „im Gebrauch" liegendes Risiko verwirklicht hat, so muss der Vermieter das Risiko der **Unaufklärbarkeit** tragen. Ebenso ist es, wenn sich nicht sicher ausschließen lässt, dass ein solcher Sachverhalt schadensursächlich war. Ist dagegen der Schaden durch den Mietgebrauch bedingt, so muss der Mieter beweisen, dass er nicht auf einen vertragswidrigen Gebrauch zurückzuführen ist und/oder dass ihn an dem Schaden kein Verschulden trifft[8].

---

1 *Blank*, ZdW Bay 1998, 67 ff.
2 *Blank*, ZdW Bay 1998, 67 ff.
3 *Blank*, ZdW Bay 1998, 67 ff.
4 *Blank*, ZdW Bay 1998, 67 ff.
5 *Blank*, ZdW Bay 1998, 67 ff.
6 So fallen zum Beispiel Beschädigungen von Silikonabdichtungen am Badewannenrand nach mehrjähriger Mietdauer unter die vertragsgemäße Abnutzung der Mietsache. AG Bremen, Urt. vom 24.5.2007 – 21 C 0269/05, NZM 2008, 247.
7 *Blank*, ZdW Bay 1998, 67 ff.
8 *Blank*, ZdW Bay 1998, 67 ff.

bb) Beweissicherung

Folgende Möglichkeiten kommen in Betracht: 22
- Rückgabeprotokoll
- Zeugenprotokolle/Anwaltsprotokolle
- Gerichtliches Beweissicherungsverfahren
- Privatgutachten
- Zufallszeugen
- Partei selbst als Beweismittel nach Abtretung von Ansprüchen
- Bekundungen der „Quasi-Partei"
- Kostenvoranschlag
- Fotos und Videos.

(1) Rückgabeprotokoll

Schon auf Grund der Darlegungen zur Beweislast des Vermieters bei der Verfolgung seiner Ansprüche anlässlich der Abwicklung des Mietverhältnisses ist es geboten, ein Rückgabeprotokoll sorgfältig zu **erstellen** und von den Parteien unterzeichnen zu lassen. Dieses Vorgehen ist die beste, kostengünstigste und effektivste Möglichkeit der Beweissicherung[1]. Die rechtliche Bedeutung eines solchen Protokolls beschreibt der BGH[2] dahin, „späteren Streit über Vorhandensein und Art von Schäden an dem Pachtobjekt zu vermeiden". Bestätigen die Parteien durch ihre Unterschrift, dass die tatsächlichen Feststellungen in dem Protokoll zutreffend sind, so werden sie hierdurch mit späteren Einwendungen ausgeschlossen. Das Rückgabeprotokoll ist nicht ein Beweisanzeichen, sondern ein **echtes Beweismittel** von hohem Rang und Beweiswert[3]. 23

Auf die **Unrichtigkeit des Protokolls** kann sich also der Unterzeichner nicht berufen. Entscheidend für die Zustandsbeschreibung ist der Zeitpunkt der Rückgabe der Mietsache, nicht der Zeitpunkt des Beginns der Verjährung. Rügt der Vermieter vorhandene Mängel nicht, so bringt er nach einigen Stimmen in der Rechtsprechung, die dem Rückgabeprotokoll die Qualität eines **negativen Schuldanerkenntnisses** zuordnen, zum Ausdruck, dass er die Mängel als vertragsgemäß ansieht. Ein solches negatives Schuldanerkenntnis wird auch stillschweigend angenommen (vgl. hierzu näher unter *Rz. 142*). 24

Der Mieter ist nicht verpflichtet, das Protokoll zu unterschreiben. Es gibt **keine gesetzliche Mitwirkungspflicht**. Das Protokoll hat dann die Funktion eines Zeugenprotokolls, sofern es von ebenfalls anwesenden dritten 25

---

1 *Blank*, Strategien im Mietprozess, Beilage zu WuM Heft 12/1998, 23.
2 BGH, BGHZ 1985, 267, 274 = DWW 1983, 17 = NJW 1983, 446, 448 = ZMR 1983, 93; LG München I, NZM 2003, S. 714.
3 *Blank*, ZdW Bay 1998, 67, 73.

Zeugen bei einer Wohnungsbesichtigung/Wohnungsabnahme unterschrieben wird.

26 Auch der **Mietvertrag** sollte daraufhin durchgesehen werden, ob eine **Verpflichtung zur Mitwirkung** des Mieters bei der Erstellung des Rückgabeprotokolls enthalten ist. Gibt es eine solche vertragliche Regelung, so stellt sich allerdings die Frage nach der Inhaltskontrolle i.S.d. §§ 305 ff. BGB.

Wird das Protokoll lückenhaft erstellt, so geht dies zu Lasten des Vermieters (vgl. hierzu unter *Rz. 143*).

27 Obwohl dies – soweit erkennbar – durch die Rechtsprechung bislang nicht gefordert ist, sollte der Rechtsanwalt im Rahmen seiner Sorgfaltspflichten bei der Bearbeitung des Mandats in jedem Fall darauf hinwirken, dass ein Rückgabeprotokoll als **kostengünstigste** und **effektivste Möglichkeit** der Beweissicherung erstellt wird. Wirkt er hieran selbst mit, so spricht man von einem Anwaltsprotokoll.

(2) Zeugenprotokolle/Anwaltsprotokolle

28 Diese Protokollform kommt insbesondere dann in Betracht, wenn der Mieter sich weigert, an der Erstellung des Rückgabeprotokolls mitzuwirken oder das Protokoll zu unterzeichnen. Es handelt sich um eine **Privaturkunde**.

29 Vor einem Ortstermin sollte der Rechtsanwalt klarstellen, dass er mit Einwilligung des Mieters die Räume betritt und ob der Mieter den Besitz an den gemieteten Räumen aufgegeben hat. Denn sonst besteht die Gefahr, dass ein Hausfriedensbruch nach § 123 StGB – ggf. sogar Nötigung nach § 240 StGB bei **Auswechseln der Schlösser** – begangen wird. Kommt unter Mitwirkung des Rechtsanwalts ein Rückgabeprotokoll zustande, so bietet es sich an, diese Tätigkeit nach Nr. 1000 VV zu § 13 RVG **abzurechnen**. Aus Kreisen der Praxis verlautet, dass solche Kosten von den **Rechtsschutzversicherungen** nicht erstattet werden[1]. Ebenfalls ist nicht geklärt, ob die hierdurch entstehenden Kosten als erstattungsfähige Kosten der Rechtsverfolgung (Prozessvorbereitungskosten) anzusehen sind[2].

(3) Gerichtliches Beweisverfahren

30 Das gerichtliche Beweisverfahren kann sowohl in einem Beweis durch richterlichen **Augenschein** als auch in einem Beweis durch **Sachverständigengutachten** münden. Die Vorteile des richterlichen Augenscheins liegen für den Vermieter darin, dass er sofort Handwerker mit der Schadensbeseitigung beauftragen kann. Er kann auch neu vermieten.

---

[1] *Blank*, Strategien im Mietprozess, Beilage zu WuM Heft 12/1998, 23 zu §§ 23, 24 BRAGO.
[2] *Blank*, ZdW Bay 1998, 67 ff.

Der **Nachteil** des Verfahrens besteht in seiner Dauer. Insbesondere ist auf die mietrechtliche kurze Verjährung in § 548 BGB zu achten. Die Verjährung wird allerdings jetzt durch das Beweissicherungsverfahren gehemmt (§ 204 Abs. 1 Nr. 7 BGB). § 548 Abs. 3 BGB a.F., wonach die Verjährung in diesem Fall unterbrochen wurde, gilt seit dem 1.1.2002 nicht mehr. Die Rechtsprechung des BGH zum alten Rechtszustand bis zum 31.8.2001, wonach ein gerichtliches Beweissicherungsverfahren in Mietsachen die Verjährung nicht unterbricht[1], wurde schon mit der Einführung von § 548 Abs. 3 BGB a.F. durch die Mietrechtsreform am 1.9.2001 obsolet.

31

Weiterer **Nachteil** eines gerichtlichen Beweisverfahrens ist ein teilweise unausgeglichener **Mietausfall**, den der Vermieter nach der Rechtsprechung bei inkonsequenter Betreibung des Verfahrens selbst tragen muss.

32

Die **Kostenverteilung** des Beweissicherungsverfahrens regelt sich wie im Hauptsacheverfahren. Ausnahmen sind denkbar[2]. Entsprechende Hinweise des Anwalts sind notwendig.

33

Kostenrisiken bestehen bei nachfolgenden Vergleichen. In der Rechtsprechung ist streitig, ob Kosten für gerichtliche Beweisverfahren zu den Gerichtskosten zählen. Dies gilt insbesondere in Fällen, in denen es über sechs Monate her ist, dass der bestellte Sachverständige die Wohnung in Augenschein nahm.

34

Der **Streitwert** beurteilt sich gemäß § 41 Abs. 5 GKG nach dem **Jahresbetrag der Minderungsquote**, frühere Entscheidungen[3] sind überholt.

(4) Privatgutachten

Ein Privatgutachten ist **kein Beweismittel**, sondern nur ein qualifizierter Parteivortrag. Fällt das Gutachten für den Vermieter positiv aus, kann er auf dieser Grundlage in einem nachfolgenden Prozess vortragen und Beweis durch den Gutachter als sachverständigen Zeugen anbieten.

35

Die **Kosten für ein außergerichtliches Gutachten** sind zunächst vom beauftragenden Vermieter zu tragen. Im Rahmen der Kostenerstattung können sie als Kosten für ein „Parteigutachten" im Rahmen der Kostenfestsetzung in einem nachfolgenden Gerichtsverfahren regelmäßig nicht berücksichtigt werden. Trägt der Mieter jedoch die Verantwortung für den Mangel, so können die Gutachterkosten Teil des Schadensersatzanspruches des Vermieters sein[4].

Wird der Sachverständige als Zeuge gehört, sind die Kosten nur bis zur Höhe der Kosten gemäß ZSEG als prozessvorbereitende Kosten erstattungsfähig. Ein Privatgutachten ist aber regelmäßig **teurer** als ein Sachverständi-

---

[1] BGH, WuM 1995, 149 ff.; BGH, NJW 1998, 1303, 1304 m.w.N. zur Rechtsprechung.
[2] Vgl. hierzu näher: *Schneider*, ZAP Fach 24, 223 ff.
[3] Z.B. AG Miesbach, WuM 1989, 432.
[4] Vgl. dazu AG Ulm, ZMR 2001, S. 550.

gengutachten im Beweissicherungsverfahren, weil der Sachverständige hier nicht an die Sätze des ZSEG gebunden ist und in der Praxis deshalb höhere Stundensätze verlangt.

Im Vergleich zum gerichtlichen Beweissicherungsverfahren oder sonstigen Klageformen (Mängelbeseitigungsklage, Vorschussklage, Feststellungsklage) bietet der Weg über ein Privatgutachten (Parteigutachten) den Vorteil, dass es **schneller** erlangt wird. Um dem gebräuchlichen Einwand gegen Parteigutachten vorzubeugen, kann die Auswahl des Sachverständigen zum Beispiel der Industrie- und Handelskammer überlassen werden, die schriftlich um die Bennenung eines öffentlich bestellten und vereidigten Sachverständigen gebeten wird. In einem eventuell nachfolgenden Prozess kann durch Vorlage der Schreiben nachgewiesen werden, dass ein „neutraler" Sachverständiger beauftragt wurde. Ob dies im Ergebnis ausreicht für eine Entscheidung auf der Basis des Parteigutachtens, hängt im Wesentlichen von der Kompetenz des Sachverständigen ab[1].

(5) Zufallszeugen

36 Bei Zufallszeugen handelt es sich in der Regel um Personen aus der Umgebung der Parteien, so z.B. um Angehörige, Bekannte und u.U. um Handwerker, die die Räume nach der Rückgabe gesehen haben[2]. Diese sollten aber veranlasst werden, ihre Erkenntnisse schriftlich festzuhalten, um in einem späteren Prozess ggf. eine Gedächtnisstütze zu haben.

(6) Partei selbst als Beweismittel

37 Sofern man sich in einer Beweisnot gar nicht anders zu helfen weiß, kommt auch das Verwerten des Wissens der Vertragspartei als Zeuge in Betracht[3], die ihre Ansprüche **abgetreten** hat, um überhaupt im Prozess als Zeuge aussagen zu können. Ein gewissenhafter Rechtsanwalt sollte dieses Beweismittel nur einsetzen, wenn gar nichts anderes mehr übrig bleibt, weil das Interesse der Partei (Zeuge) am Ausgang eines Prozesses bei der Bewertung ihrer Glaubwürdigkeit berücksichtigt wird.

(7) Bekundungen der „Quasi-Partei"

38 Hier geht es um die Verwertung des Wissens von Personen als Zeugen, welche die Interessen der Partei zu vertreten haben. In Betracht kommen **Wohnungsverwalter**, Sachbearbeiter bei Wohnungsunternehmen und ähnliche Personengruppen. Auch dieses Beweismittel ist auf Grund der „Interessennähe" zum Mandanten in der richterlichen Beweiswürdigung entsprechend „mit Abschlag" zu berücksichtigen.

---

1 Hinweisend: *Lützenkirchen*, a.a.O., Rz. 191, S. 886.
2 Zum Begriff des Zufallszeugen: *Blank*, Beilage zu WuM Heft 12/1998, 23.
3 Zur Anhörung oder Vernehmung einer Prozesspartei zum Beweis des Inhalts eines Vier-Augen-Gesprächs vgl. BGH, Urt. vom 27.9.2005 – XI ZR 216/04, MDR 2006, 285.

(8) Kostenvoranschlag

Dies gilt auch für den Ersteller eines Kostenvoranschlags als Zeugen. Auch er hat ein eigenes Interesse am Auftrag und ggf. an einer möglichst hohen Rechnungssumme. Auch dies wird bei der Beweiswürdigung entsprechend zu berücksichtigen sein. Dennoch spielt der Kostenvoranschlag bei der konkreten Auflistung und **Bezifferung einzelner Schadensposten** eine wesentliche Rolle. 39

(9) Fotos/Videos

Im Zuge fortschreitender technischer Retuschierungs- und Manipulationsmöglichkeiten verlieren Fotos und Videodokumentationen zunehmend an Beweisgehalt. Solche Maßnahmen können eine sorgfältige **Beweissicherung** zwar **ergänzen**, keinesfalls aber ersetzen. Sie können nur als Ergänzung etwa zu einem Rückgabeprotokoll dienen. Auch sind sie als Medium nur teilweise tauglich, je nachdem, wie ein Schaden seiner Art nach bildlich darstellbar ist. 40

3. Taktische Überlegungen

Der Rechtsanwalt hat sich im Rahmen seiner taktischen Überlegungen in der Fallbearbeitung von folgenden Fragen leiten zu lassen: 41
– Wie gehe ich zur schnellen Erreichung des Mandantenziels vor?
– Welches Vorgehen sichert die Ansprüche meines Mandanten insbesondere unter dem Gesichtspunkt der (kurzen) Verjährung?
– Welches Vorgehen ist dabei für den Mandanten am kostengünstigsten?

Je nach dem Ziel des Mandanten lassen sich dabei folgende Alternativen unterscheiden:
– Der Vermieter will ein vertragsgerechtes Ende des Mietverhältnisses
– Der Vermieter will ein schnelleres Ende des Mietvertrages
– Der Vermieter will am Mietvertrag festhalten
– Der Vermieter begehrt Zahlung vom Mieter.

a) Der Vermieter will ein vertragsgerechtes Ende des Mietverhältnisses

Ist abzusehen, dass der Mieter zum Ende des Mietverhältnisses nicht ausziehen wird, oder ist das Mietverhältnis bereits beendet, ohne dass der Mieter die Mietsache geräumt und übergeben hat, so muss der Rechtsanwalt bei der Verfolgung der Interessen seines Mandanten Folgendes bedenken: 42

Das Privat- und Prozessrecht gibt für die **Räumung** von Wohnraum feste Regeln vor. Danach kann ein materiell-rechtlicher Räumungs- und Herausgabeanspruch von Wohnraum in aller Regel nur durch **Räumungsklage** und durch Räumungsvollstreckung auf der Grundlage eines Räumungstitels nach § 885 ZPO durch den Gerichtsvollzieher durchgesetzt werden. 43

43a Eine **einstweilige Verfügung** zur Räumung von Wohnraum, also vorläufiger Rechtsschutz, ist nur ganz ausnahmsweise möglich, wenn der Besitz an der Wohnung durch verbotene Eigenmacht erlangt wurde (§ 940a ZPO). § 940a ZPO gestattet als Ausnahmevariante die Räumung von Wohnraum per einstweiliger Verfügung zur Abwehr einer konkreten Gefahr für Leib und Leben. Die Vorschrift hat vor allem Fälle im Blick, die dem **Gewaltschutzgesetz** (GewSchG) vom 11.12.2001[1] unterfallen. Auch zuvor hatte die Rechtsprechung über den bisherigen Wortlaut von § 940a ZPO hinaus Räumungsverfügungen und Betretungsverbote auch bei Gefahr für Leib oder Leben des Antragstellers durch Übergriffe des Mitbewohners gebilligt[2]. Darüber hinaus soll § 940a, 2. Alt. ZPO aber auch dann anwendbar sein, wenn ein Mieter von Wohnraum den Vermieter bedroht[3]. Neben dem Vermieter selbst kommen als Antragsteller auch Mitmieter und sonstige Hausbewohner in Betracht[4]. Bislang nicht geklärt ist, ob konkrete Leibes- oder Lebensgefahren immer gegen den Antragsteller bestehen müssen oder ob ein Antrag auf Erlass einer einstweiligen Verfügung auch dann vom Vermieter gestellt werden kann, wenn sich die Leibes- oder Lebensgefahr gegen andere Hausbewohner richtet[5].

43b An die Annahme einer **konkreten Gefahr** für Leib oder Leben sind hohe Anforderungen zu stellen. Erforderlich sind objektive Anhaltspunkte dafür, dass erhebliche Gewaltanwendungen bevorstehen[6]. Diese Anhaltspunkte müssen für Dritte nachvollziehbar sein. Sie müssen gemäß § 294 ZPO **glaubhaft** gemacht werden. Daran sind strenge Anforderungen zu stellen, um Missbräuche der ausnahmsweise gegebenen Möglichkeit einer einstweiligen Räumungsverfügung auszuschalten[7].

43c Daraus folgt, dass das eigenmächtige Ausräumen und die eigenmächtige Inbesitznahme der Wohnung durch den Vermieter oder durch Helfer, die ihm zuzurechnen sind, eine verbotene Eigenmacht darstellen und damit unzulässig sind[8]. **Selbsthilfemöglichkeiten** des Vermieters bestehen unabhängig davon nicht, ob der Mieter anwesend ist oder ob er die Wohnung bereits verlassen hat, ohne sie zu räumen[9]. Das eigenmächtige Ausräumen

---

1 BGBl. I, S. 3513.
2 LG Bochum, NJW-RR 1990, 896; LG Braunschweig, NJW-RR 1991, 832.
3 BT-Drucks. 14/5429, S. 35.
4 Zöller/*Vollkommer*, § 940a ZPO Rz. 3.
5 Bejahend: *Hinz*, NZM 2005, 841 ff.
6 *Schuschke* in Schuschke/Walker, Vollstreckung und vorläufiger Rechtsschutz, § 940 ZPO, Rz. 6b.
7 *Schuschke*, a.a.O.; dazu: OLG Celle, OLGR Celle 2000, 211 f.; AG Pinneberg, Az 69 C 81/05, n.v.; für Gewerbemietverhältnisse, für die § 940a ZPO nicht gilt, vergleiche: OLG Celle, ZMR 2000, 752; LG Wiesbaden, WM 1997, 447 f.; LG Hamburg, ZMR 2003, 493; LG Karlsruhe, ZMR 2005, 870; OLG Düsseldorf, NZM 2005, 180 f.
8 Lehmann-Richter, NZM 2009, 177; *Horst*, NZM 1998, 139 ff., 140 f.; zum Schmerzensgeldanspruch des Mieters in diesem Fall: AG Reinbek, ZMR 2008, 719.
9 BGH, NJW 1977, 1818; OLG Köln, NJW 1996, 472 f.; OLG Koblenz, NJW 2004, 77 f.; OLG Karlsruhe, Urt. v. 11.2.2005 – 10 U 199/03, n.v.; OLG Frankfurt/Main,

der Mietsache ist in mehrfacher Hinsicht sogar strafbar. In jedem Fall stellt dies eine Nötigung nach § 240 StGB und einen Hausfriedensbruch nach § 123 StGB dar. Je nach Lage des einzelnen Falles kommt auch eine versuchte oder vollendete Erpressung (§§ 253, 22 StGB) in Betracht. Das OLG Köln stellt strengste Anforderungen an einen strafrechtlichen **Verbotsirrtum**, insbesondere dann, wenn es sich um rechtskundige Personen handelt[1].

Seit der Neufassung der Vorschriften über den Rechtsanwaltsvergleich[2] kann der **Anwaltsvergleich** im Gegensatz bis zum dahin geltenden Recht[3] im Bereich des **Wohnraummietrechts** kein Räumungstitel mehr sein. Als Anwendungsfall eines Räumungsvergleichs kommt er nur noch bei der Vermietung von **Gewerberäumen** in Betracht[4]. Hierzu empfehlen *Lebek/Latinovic*[5] aus Kosten- und Effektivitätsgesichtspunkten die notwendige Vollstreckbarerklärung des Vergleichs durch einen Notar, nicht durch das Gericht, vornehmen zu lassen. Daher sei es empfehlenswert, eine Einigung der Parteien herbeizuführen, nach der der Notar den Anwaltsvergleich in Verwahrung nehmen und für vollstreckbar erklären solle. Um eine Abkehr des Mieters zu verhindern und eine möglichst schnelle und wirksame Vollstreckung zu erreichen, solle daher diese Zustimmung der Parteien sogleich in der Vergleichsurkunde erteilt werden. Auch solle der Notar sofort mit der **Vollstreckbarerklärung** beauftragt und angewiesen werden, dem Vermieter eine vollstreckbare Ausfertigung des Vergleichs zu erteilen. Für die Frage der Kosten sei schließlich an eine Vereinbarung über die Kostentragung des Vergleichs- und des Vollstreckbarkeitsverfahrens vor dem Notar zu denken. Denn eine Kostenentscheidung sei nicht möglich, und auch eine Kostenfestsetzungsmöglichkeit fehle[6]. 44

Nach *Lebek/Latinovic*[7] kommt für **Gewerberaummietverhältnisse** folgender Rechtsanwaltsvergleich in Betracht: 45

Räumungsvergleich 46

Zwischen

1. ... (Vermieter)

2. ... (Mieter)

MDR 2004, 626; LG Berlin, GE 2005, 238 f.; AG Braunschweig, ZMR 2003, 499 f.; OLG Frankfurt/Main, MStZ-RR 2000, 107.
1 OLG Köln, NJW 1996, 472.
2 Gesetz zur Neuregelung des Schiedsverfahrensrechts (Schiedsverfahrens-Neuregelungsgesetz – SchiedsVfG v. 22.12.1997, BGBl. I 1997, 3224 ff., dort Art. 1 §§ 796a bis 796c ZPO, vgl. im Übrigen § 148a KostO, § 46 BRAGO in der Fassung des zitierten Gesetzes.
3 Dazu: *Haase*, ZMR 1997, 1 ff.; *Madert*, ZAP Fach 24, 111 ff.
4 *Lebek/Latinovic*, NZM 1999, 14 f.
5 *Lebek/Latinovic*, NZM 1999, 14 f.
6 *Lebek/Latinovic*, NZM 1999, 14 f.
7 *Lebek/Latinovic*, NZM 1999, 14 f.

§ 1

(genaue Inbezugnahme des Mietvertrags und möglichst genaue Beschreibung der zu räumenden Räumlichkeiten, z.B. Ort, Flurstück, Straße, Stockwerk, etc., da der vollstreckbare Anwaltsvergleich ein Vollstreckungstitel i.S.v. § 794 Nr. 4b ZPO ist).

§ 2

(1) Der Mieter unterwirft sich wegen der in diesem Vergleich (§ 1) von ihm übernommenen Räumungs- und Herausgabeverpflichtung der sofortigen Zwangsvollstreckung aus dieser Urkunde.

(2) Wegen der Unterwerfung unter die sofortige Zwangsvollstreckung des Mieters vereinbaren die Parteien, dass dieser Vergleich von dem Notar in Verwahrung genommen und für vollstreckbar erklärt werden soll (§ 796c Abs. 1 ZPO).

(3) Der Vermieter wird diesen Vergleich nach Abschluss an den in Abs. 2 bezeichneten Notar übergeben und ihn mit der Vollstreckbarerklärung beauftragen. Die Kosten dieser Vereinbarung (insbesondere die Rechtsanwaltskosten) trägt ...

(4) Der Notar wird hiermit unwiderruflich angewiesen, dem Vermieter sogleich eine vollstreckbare Ausfertigung des Vergleichs zu erteilen.

Ort, Datum ...   Ort, Datum ...
...   ...
Rechtsanwalt (für den Vermieter)   Rechtsanwalt (für den Mieter)

47 Für den **Wohnraum**bereich bleibt nach den bisherigen Ausführungen nur die Räumungsklage, die insbesondere in einem Räumungsurteil ggf. mit Räumungsfrist auf Antrag des Mieters (§§ 704, 721 ZPO) oder in einen Räumungsvergleich (§ 794a ZPO) münden kann.

48 Selbstverständlich steht die Räumungsklage neben dem Rechtsanwaltsvergleich auch bei **Gewerberaummiet**verhältnissen zur Verfügung. Hinzuweisen ist aber darauf, dass hier eine Räumungsklage nicht notwendig ist, wenn bereits der Gewerberaummietvertrag notariell beurkundet und entsprechende Regelungen über die Räumung mit Unterwerfung unter die sofortige Zwangsvollstreckung aufgenommen worden sind. Dann ist die vollstreckbare Ausfertigung des notariellen Mietvertrages Räumungstitel nach § 794 Abs. 1 Nr. 5 ZPO.

b) Der Vermieter will ein vorzeitiges Ende des Mietvertrags

49 Hier geht es um die Fälle, in denen eine Beendigungslage des Mietverhältnisses bereits eingetreten ist, der Vermieter aber Gründe hat, den Mietvertrag **vorzeitig zu lösen**. Taugliches Mittel hierzu ist ein **Aufhebungsvertrag** (vgl. dazu *J Rz. 492*). Der Vertrag sollte in jedem Fall **schriftlich** niedergelegt werden, um Unklarheiten über den Regelungsgehalt zu vermeiden.

Neben seiner **Beweisfunktion** rechtfertigt sich dieser Hinweis zunächst daraus, dass ein mündlich abgeschlossener Aufhebungsvertrag für unwirksam gehalten wird[1]. Dies sieht der BGH allerdings anders[2].

Ein weiteres Argument, einen Aufhebungsvertrag schriftlich abzufassen, ist das Gebot der **Rechtsklarheit**. Denn die Befürworter eines mündlich wirksamen Aufhebungsvertrages lassen auch einen Vertragsschluss durch schlüssiges Handeln oder Umdeutung (vgl. *J Rz. 27 f.*) ausreichen. Beispiel ist die Erklärung eines Vermieters auf eine Frage des Mieters nach der Möglichkeit einer vorzeitigen Beendigung des Mietvertrages bei Präsentation eines Nachmieters, dass dies davon abhänge, ob eine Neuvermietung gelinge und man darüber ggf. reden könnte[3], oder der Vollzug eines abgeschlossenen Mietvertrags mit dem Nachmieter als schlüssige Zustimmung des Vermieters zur Auflösung des bisherigen Mietverhältnisses[4]. 50

Über die Schriftform hinaus bietet es sich insbesondere bei **Gewerberaum**mietverhältnissen an, den Aufhebungsvertrag notariell beurkunden zu lassen. Unterwirft sich der Mieter in dieser Notarurkunde bezüglich seiner Räumungs-, Herausgabe- und Zahlungsverpflichtungen der sofortigen Zwangsvollstreckung, so kann der notarielle Aufhebungsvertrag nach Vollstreckbarerklärung Vollstreckungstitel sein (§ 794 Abs. 1 Nr. 5 ZPO). Der Rechtsweg wird dadurch erspart. Die gewonnenen Zeitvorteile liegen – für den Mandanten auch wirtschaftlich – auf der Hand. 51

Inhaltlich sollte versucht werden, möglichst alle wechselseitigen Verpflichtungen vollständig zu regeln. Als **Checkliste** können folgende Punkte dienen: 52

– Bezugnahme auf den Mietvertrag
– Konkreter Termin für die Beendigung des Mietverhältnisses
– Räumung der Mietsache
– Räumungsfristen
– Rückgabezustand, insbesondere bezüglich Renovierung, Beschädigung, Umbauten
– Nachmieter
– Betriebskosten
– Kautionsabrechnung
– Ausgleichszahlungen für Investitionen des Mieters
– Abstands- und Ablösevereinbarung
– Ausgleichsklausel

---

1 AG Köln in *Lützenkirchen*, KM 22 Nr. 2.
2 BGH, BGHZ 65, 49, 55 m.w.N.; ebenso OLG Düsseldorf, WuM 1998, 483 ff.; LG Gießen, NJW-RR 1997, 1441 ff.; LG Saarbrücken, NJW-RR 1997, 968 ff.
3 LG Saarbrücken, NJW-RR 1997, 968 f.; **a.A.** OLG Hamburg, ZMR 1997, 351 f.
4 LG Gießen, NJW-RR 1997, 1441; **a.A.** OLG Düsseldorf, WuM 1998, 483, 484.

- Salvatorische Klausel
- Ausschluss einer Fortsetzung des Mietverhältnisses nach § 545 BGB.

53 Sofern der Mieter weiß, wann er auszieht, sollte der **Beendigungszeitpunkt** auf den Auszugstermin vereinbart werden. Ist der Auszugstermin ungewiss, sollte ein möglichst früher Beendigungszeitpunkt gewählt werden. Die weitere Nutzung des Mieters würde dann als Räumungsfrist gestaltet, die bei einem eventuell nachfolgenden Räumungsprozess angerechnet werden könnte. Diese Regelung kann dem Mieter mit dem Hinweis „schmackhaft" gemacht werden, dass ihm durch die Vereinbarung die Möglichkeit gegeben wird, Mietzahlungen zu sparen.

54 Hinsichtlich der **Räumung** sollte definiert werden, wie diese zu erfolgen hat und welche Konsequenzen sich insbesondere hinsichtlich der Mietzahlungspflicht ergeben. Bewährt hat sich dabei die Regelung, dass die Verpflichtung zur Zahlung einer **Nutzungsentschädigung** in Höhe der bisherigen Miete in dem Monat endet, in dem der Mieter auszieht, sofern der Auszug einen Monat vorher angekündigt wurde. Diese Regelung bietet dem Mieter im Übrigen den Vorteil, dass er von einer möglicherweise längeren Kündigungsfrist befreit wird.

55 Zum **Rückgabezustand** müssen einerseits die vertraglichen Pflichten (z.B. Renovierung) beachtet werden, aber auch die Möglichkeit erfasst sein, dass bis zum tatsächlichen Auszug weitere **Beschädigungen**, die der Mieter zu vertreten hat, entstehen können.

56 Bei den **Betriebskosten** und der **Kaution** besteht einerseits die Möglichkeit, eine pauschale Abgeltung zu vereinbaren. Andererseits können diese Ansprüche jedoch auch offen gehalten werden.

57 Vorsicht ist bei der Vereinbarung von **Ausgleichszahlungen** geboten, einem allerdings praktisch häufigen Fall. Denn wenn die Mietparteien im Mietaufhebungsvertrag die vorzeitige Rückgabe der Wohnung gegen eine Abfindungszahlung des Vermieters vereinbaren, so beinhaltet diese Regelung regelmäßig die Rückgabe ohne weitere **Schönheitsreparaturen** oder sonstige Verpflichtungen. In der Abfindungszahlung ist eine abschließende Regelung der Wohnungsrückgabe zu sehen, die ein Zurückgreifen auf eine Rückgaberegelung im ursprünglichen Mietvertrag über die Durchführung von Schönheitsreparaturen bei Auszug nicht mehr erlaubt. Dies gilt selbst dann, wenn nicht ausdrücklich geregelt wurde, dass die Rückgaberegelung abschließenden Charakter haben sollte. Anders ist es nur, wenn ein Mieter auf seine Bitte vorzeitig aus dem Mietvertrag entlassen wird und der Vermieter keine Ausgleichszahlungen an den Mieter leistet[1].

58 Bei **Ablösevereinbarungen** – Vereinbarungen über die Veräußerung von Inventarstücken und Einrichtungen oder über die Abgeltung von Verwendun-

---

1 LG Stuttgart, WuM 1995, 392.

gen auf die Mietsache[1] – ist **§ 4a Abs. 2 WoVermittG** zu beachten. Nach Satz 2 der Vorschrift ist eine Ablösevereinbarung unwirksam, soweit das Entgelt in einem auffälligen Missverhältnis zum Wert der Einrichtung oder des Inventarstücks steht. Bei der Prüfung dieses auffälligen Wertmissverhältnisses zwischen dem Entgelt und dem Inventarstück ist der Inventarwert nach dem Wert zu bestimmen, den das Inventar in der Wohnung hat, auf die es abgestimmt ist. Auf dieser Grundlage liegt ein **auffälliges Missverhältnis** vor, soweit das vereinbarte Entgelt den Inventarwert um 50 % übersteigt[2]. Der übernehmende Mieter muss den Beweis führen, dass die vereinbarte Ablösesumme in diesem Sinne überhöht war[3] (vgl. zur Wertberechnung *Rz. 564*).

Auch **Abstandsvereinbarungen** unterliegen § 4a Abs. 1 WoVermittG. Danach sind Vereinbarungen **unwirksam**, die auf die Räumung der Wohnung gerichtet sind und hierfür ein Entgelt versprechen, also darauf, den Mieter aus seiner Wohnung „herauszukaufen"[4]. § 4a Abs. 1 S. 2 WoVermittG zeigt indessen den Ausweg. Nachweislich entstandene Umzugskosten, die dem bisherigen Mieter entstanden sind, können vergütet werden. Eine solche Vereinbarung ist wirksam.

59

In der Regel erfasst eine **Ausgleichsklausel** am Ende des Mietaufhebungsvertrags sämtliche Ansprüche aus dem Mietverhältnis. Dies gilt auch dann, wenn eine vertragschließende Partei irrig davon ausgegangen ist, die Ausgleichsklausel erfasse nicht ihren Anspruch auf Rückzahlung der geleisteten Kaution[5]. Sollen einerseits Ausgleichsklauseln vereinbart werden, andererseits neben dem Aufhebungsvertrag Ansprüche auf Vornahme von Handlungen oder auf Zahlungen bestehen bleiben, so ist eine detaillierte Regelung im Aufhebungsvertrag erforderlich. Andernfalls drohen Rechtsverlust und Anwaltshaftung.

60

Zahlungen, die ein Mieter auf Grund eines Mietaufhebungsvertrags erhält, sind keine „sonstigen Einkünfte" i.S.v. § 22 Nr. 3 EStG und damit **nicht zu versteuern**[6]. Aber auch der Vermieter kann sie regelmäßig nicht steuermindernd geltend machen.

61

Ein Aufhebungsvertrag könnte folgendermaßen formuliert werden:

62

Aufhebungsvertrag

zum Mietvertrag vom ... (Datum)
über die Räume ... (Adresse: Straße und Hausnummer, Postleitzahl, Ort)
zwischen

---

1 Zum Begriff statt aller: *Eisenhardt*, WuM 1997, 415, 416.
2 OLG Düsseldorf, NZM 1998, 805 f.
3 KG Berlin v. 6.5.2004 – 8 U 314/03, n.v.
4 *Eisenhardt*, WuM 1997, 415, 416.
5 Vgl. zu einem solchen Fall: OLG Düsseldorf, DWW 1997, 25.
6 Hess. FG Kassel, ZMR 1998, 238 f.

...

– im Weiteren Vermieter genannt –

und

...

– im Weiteren Mieter genannt –

1. Die Parteien heben hiermit den oben genannten Mietvertrag zum 31.10.2006 auf.
2. Die Mieter verpflichten sich, die Wohnung im 2. Obergeschoss des Hauses Schönhauser Str. 19a, 50968 Köln, bestehend aus drei Zimmern, Küche, Diele, Bad sowie dem dazugehörigen Kellerraum und die Garage zu räumen und unter Rückgabe der ihnen bei Vertragsbeginn überlassenen drei Zentralschlüssel, des Briefkastenschüssels sowie des Kellerschlüssels herauszugeben.
3. Den Mietern wird eine Räumungsfrist bis zum 31.3.2007 gewährt. Für die Dauer der Nutzung während der Räumungsfrist verpflichten sich die Mieter, eine Nutzungsentschädigung in Höhe der bisherigen Miete gem. den vertraglichen Bestimmungen, also spätestens am 3. Werktag eines jeden Monats, zu entrichten.
4. Die Mieter sind jederzeit berechtigt, vor dem in Ziff. 3 genannten Zeitpunkt auszuziehen. Ihre Verpflichtung zur Zahlung einer Nutzungsentschädigung in Höhe der bisherigen Miete endet mit dem Ablauf des Monats, in dem der Auszug stattfindet, sofern sie den Auszug einen Monat vorher schriftlich angekündigt haben.
5. Die Mieter verpflichten sich, bis zu ihrem Auszug, spätestens jedoch bis zum 31.3.2007, die Wohnung vollständig zu renovieren, also insbesondere die Decken und Wände zu streichen und/oder zu tapezieren sowie den Anstrich der Fenster, Fensterrahmen, Türen, Türrahmen, Heizkörper und Heizrohre, Außentüren von innen, Fußleisten und des sonstigen Holz- und Eisenwerkes auszuführen.
6. Zur Räumungspflicht gem. Ziff. 2 gehört auch die Entfernung aller Ein- und Umbauten bis auf folgende Gegenstände: ... (z.B. Gasetagenheizung). Hinsichtlich dieser Gegenstände, die zurückgelassen werden dürfen, erstattet der Vermieter dem Mieter den Zeitwert, der durch einen öffentlich bestellten und vereidigten Sachverständigen für die Parteien verbindlich festgestellt wird. Der Sachverständige soll sofort tätig und durch die Industrie- und Handelskammer zu Köln bestimmt werden. Die Kosten des Gutachtens tragen die Parteien je zur Hälfte.
7. Von dieser Vereinbarung unberührt bleiben Ansprüche des Vermieters gegen den Mieter wegen Beschädigung der Mietsache. Deren Umfang wird beim Auszug im Rahmen einer gemeinsamen Wohnungsübergabe festgestellt.
8. Der Vermieter verpflichtet sich, über die von dem Mieter bei Vertragsbeginn geleistete Kaution nebst Zinsen sowie die Betriebskosten abzurechnen, sobald diese Leistungen abrechnungsfähig und fällig sind.

9. Eine Verlängerung des Mietverhältnisses nach § 545 BGB durch Gebrauchsfortsetzung über den vorgenannten Auszugs- und Räumungstermin hinaus wird abgelehnt.
10. In dieser Vereinbarung sind die Abreden der Parteien erschöpfend geregelt. Mündliche Nebenabsprachen bestehen nicht.

Köln, den ...   Köln, den ...
...   ...
(Unterschrift des Vermieters)   (Unterschrift des Mieters)

c) Der Vermieter will an dem Mietvertrag festhalten

Gemeint sind die Fälle, in denen der Mieter – praktisch häufig gegen die Präsentation eines **Nachmieters** – aus dem Mietvertrag vorzeitig ausscheiden will. Zu den Voraussetzungen des vorzeitigen Ausscheidens wird auf die Ausführungen unter *Rz. 259* und *417* verwiesen.

d) Der Vermieter begehrt Zahlung

Bei seinen Überlegungen zur **Verfolgung von Zahlungsansprüchen** muss der Rechtsanwalt folgende Fragen beantworten:
– Ist der Mieter als Anspruchsgegner solvent?
– Wie können Zahlungsansprüche gesichert werden?
– Sofern der Mieter als Anspruchsgegner selbst nicht liquide oder pfändbar ist: Gibt es Forderungen des Mieters gegen Dritte, die sich pfänden und zur Einziehung überweisen lassen, oder hat er sonstige vermögenswerte Rechte, auf die im Wege der Zwangsvollstreckung zugegriffen werden kann?

Die letztgenannten Fragen betreffen allgemeine Zwangsvollstreckungsfragen und bleiben daher hier speziell unter mietrechtlichen Gesichtspunkten ausgeklammert. Da in der Praxis immer wieder Schwierigkeiten in der Frage der **Solvenzermittlung** bestehen, ist neben dem (mietrechtlichen) Instrumentarium der Anspruchssicherung auch auf diese Fragen kurz einzugehen:

aa) Solvenz des Mieters

In jeder Phase der Mandatsbearbeitung muss sich der Rechtsanwalt die Frage vorlegen, ob es sinnvoll ist, dem bereits „schlechten Geld" des Mandanten weiteres gutes Geld hinterherzuwerfen. Zur Beurteilung der **Erfolgsaussichten** eines eventuellen Prozesses ist die Solvenz des Mieters neben der Rechtsprüfung immer mitentscheidend[1]. Routinemäßig sollten folgen-

---
1 Grundlegend zum Forderungsmanagement bei Wohn- und Gewerbemietverhältnissen vgl.: *Horst* in Horst/Fritsch, Forderungsmanagement Miete und Wohnungseigentum, 2005, S. 48–137.

de Quellen parallel abgefragt werden, sofern Bedenken an der Zahlungsfähgkeit bestehen:

67 Selbst bei Vorliegen einer noch jungen Gehaltsbescheinigung des Mieters – in der Praxis in diesem Verfahrensstadium eher selten – sollten seriösere größere **Auskunfteien** – z.B. Creditreform, Bügel, Schimmelpfeng – nach den wirtschaftlich interessanten Daten des Mieters befragt werden. Denn selbst eine aktuelle Gehaltsbescheinigung verrät nichts über bestehende sonstige Verbindlichkeiten des Mieters, Gehaltsabtretungen, Gehaltspfändungen oder insgesamt über seine Zahlungsmoral.

68 Beim zuständigen **Amtsgericht** sollte die „schwarze Liste" (**Schuldnerkartei**) abgefragt werden, um zu prüfen, ob der Mieter in den letzten drei Jahren eine eidesstattliche Versicherung abgegeben hat. Sofern dies der Fall ist, ist die eidesstattliche Versicherung vom Amtsgericht zu beschaffen. Die Bitte um Übersendung von Ablichtungen wird mit der diesbezüglichen Anfrage verbunden.

69 Bei gewerblichen Mietern kann eine **Bankauskunft** auf der Grundlage der „Grundsätze für die Durchführung des Bankauskunftsverfahrens zwischen Kreditinstituten"[1] hilfreich sein. Sie ist zu beantragen. Dies funktioniert folgendermaßen:

Name, Firma und Adresse des Gewerbemieters sind gemeinsam mit dessen Bankverbindung unter Angabe des Zwecks der Anfrage einem Geldinstitut/einer Bank einzureichen. Bei der angegebenen Bankverbindung muss es sich nicht notwendig um die Bankverbindung beim angefragten Geldinstitut handeln. Auf der oben erwähnten Grundlage besorgt und überreicht das Geldinstitut die erfragten Auskünfte, insbesondere zu Name, Rechtsform, Gründung und Eintragung der Firma im Handelsregister, zu Anzahl der Mitarbeiter, Jahresumsatz, Immobilieneigentum, Aktiva, Passiva, Bankenverbindungen, Zahlungsweisen und zur Einschätzung der Geschäftsverbindung als Grundfrage der weiteren Kreditwürdigkeit.

70 Sofern der Inhaber der Firma oder die Firma selbst als juristische Person nicht zuvor einer derartigen Datenübermittlung ausdrücklich widersprochen haben, werden die Auskünfte auf der Grundlage von § 28 Abs. 1, 2, und 4 BDSG erteilt. Anders ist dies bei Privatpersonen. Hier werden derartige Auskünfte nicht gegeben, es sei denn, die betroffene Privatperson hat vorher der Bank hierzu ausdrücklich die Ermächtigung erteilt.

71 Anträge auf Auskunft an die Schutzgemeinschaft für Allgemeine Kreditsicherung (**Schufa-Auskunft**) haben nur Erfolg, wenn der Mandant Vertragspartner der Schufa ist. Vertragspartner der Schufa im europäischen Binnenmarkt sind vor allem Banken, Sparkassen, Volks- und Raiffeisenbanken, Kreditkarten- und Leasinggesellschaften, Einzelhandels-, Versandhandels- und Telekommunikationsunternehmen. Andere Personen und Institutio-

---

1 Nr. 10/7 AGB Banken; dazu näher: *Feuerborn*, Sparkasse Heft 8/1987, 347 ff.

nen erhalten keine Schufa-Auskunft[1]. Das bedeutet vor allem, dass der private Einzelvermieter als Mandant oder auch private Wohnungs- und Verwaltungsgesellschaften als Mandanten aus dem Kreis der Antragsberechtigten herausfallen, es sei denn, diese Mandantengruppe ist in einer Institution (z.B. Haus & Grund) organisiert, die am Rahmenabkommen „Wohnungswirtschaft" mit der Schufa teilnimmt. Entsprechende Auskünfte sind über Mandant und über die Institution direkt zu beschaffen, in der er Mitglied ist.

Auch der Vertragspartner der Schufa muss in seinem Antrag in jedem Einzelfall ein **berechtigtes Interesse** i.S.d. Bundes**datenschutz**gesetzes nachweisen. Dieses Interesse wird von der Schufa aufgezeichnet. 72

Die gezeigte Lücke bei der Schufa-Antragsberechtigung kann in der Praxis dadurch geschlossen werden, dass sich der Anspruchsgegner im Rahmen anderer **Vereinbarungen** selbst dazu verpflichtet, eine aktuelle Schufa-Auskunft beizbringen. Denn jeder Bürger hat einen gesetzlichen Anspruch auf die Eigenauskunft. Mündliche Eigenauskünfte erfolgen kostenlos. Für schriftliche Eigenauskünfte berechnet die Schufa einen Kostenbeitrag von derzeit 8 Euro. Zur Anforderung der Eigenauskunft existieren eigene Formulare der Schufa. Problematisch ist allerdings, ob eine derartige Pflicht im Hinblick auf § 4a Abs. 1 S. 1 BDSG wirksam begründet werden kann[2]. 73

Gegenstand der Auskunft sind: 74
– Angaben zur Person
  (Name, Vorname, Geburtsdatum, Geburtsort, Anschrift, frühere Anschriften)
– Informationen über die Aufnahme und vertragsgemäße Abwicklung eines Geschäfts
– Daten über die nicht vertragsgemäße Abwicklung von Geschäften
  (z.B. Kündigung wegen Verzugs oder Vollstreckungsmaßnahmen, Einspruch/Widerspruch gegen einen Mahn- bzw. Vollstreckungsbescheid und dessen Erledigung)
– Daten aus öffentlichen Verzeichnissen und amtlichen Bekanntmachungen
  (Haftbefehl zur Erzwingung der eidesstattlichen Versicherung, eidesstattliche Versicherung, Eröffnung eines Verbraucherinsolvenzverfahrens bzw. Konkursverfahrens, Abweisung und Einstellung eines Verbraucherinsolvenzverfahrens bzw. eines Konkursverfahrens mangels Masse, Einziehung einer Kreditkarte oder Kündigung eines Girokontos wegen missbräuchlicher Nutzung).

Nicht erfasst sind Daten zum Einkommen oder Vermögen, zum Arbeitgeber oder Informationen über den Familienstand.

---
[1] BGH, NJW 1986, 49 f.
[2] Vgl. dazu *Intveen*, MietRB 2006, 222, 223.

bb) Sicherung von Ansprüchen

75 Stehen **Kautions**leistungen oder die **Bürgschaft** eines Dritten zur Verfügung, so besteht bis zu Höhe der innegehaltenen Beträge ein effizientes Sicherungsmittel zur Verfügung (zur Verwertung dieser Sicherungsmittel vgl. *Rz. 377* und *454 ff.*). Allerdings ist die Kaution als Sicherungsmittel bei **preisgebundenem Wohnraum** nach § 9 Abs. 5 WoBindG auf Ansprüche wegen Schäden und unterlassener Schönheitsreparaturen beschränkt[1]. Mietansprüche sind daher bei Sozialwohnungen mit der Kaution nicht zu verrechnen.

Bleiben **Mietzahlungen** aus, sollte auch in einer bereits eingetretenen Beendigungslage das Mietverhältnis sofort unter den Vorgaben von §§ 543 Abs. 1, 569 Abs. 2 und 4 BGB fristlos gekündigt werden, sofern Bedenken an der Zahlungsfähigkeit des Mieters bestehen, um das Mietverhältnis schneller zu beenden und um die auflaufenden Mietausfälle gering zu halten. Ferner kann bei Wohnungsmietverhältnissen das **Sozialamt** auf diese Weise dazu bewogen werden, die Mietschulden zu übernehmen, die fristlose Kündigung wegen Zahlungsverzugs damit zu heilen, um auf diese Weise schwer realisierbare Forderungen noch einzubringen (vgl. §§ 569 Abs. 3 Nr. 2, 543 Abs. 2 BGB).

76 Ein rechtlich interessantes, jedoch wirtschaftlich nicht voll befriedigendes Sicherungsmittel ist der **Teilzahlungsvergleich**. Mit dieser Vereinbarung stundet der Mandant als Gläubiger von Zahlungsforderungen dem Schuldner Forderungsteile, bekommt dafür eine – möglichst hoch zu verhandelnde – sofortige Teilzahlung möglichst bar und eine Verzinsung auf den gestundeten Forderungsrest. Die Zahlungsmoral des Schuldners muss dadurch „gestützt" werden, dass eine **Verfallsklausel** des Inhalts aufgenommen wird, bei Rückstand (Verzug setzt Verschulden voraus, § 286 Abs. 4 BGB) mit einer terminlich genau festgelegten Zahlungsrate den gesamten offenen Forderungsrestbetrag fällig zu stellen. Der Rechtsanwalt sollte den Mandanten als Forderungsgläubiger darauf hinweisen, dass möglichst **Sicherheiten** für den noch offenen, also für den noch gestundeten Forderungsteil verlangt werden sollten. Zu denken ist an die Abtretung von bonitätsgeprüften Forderungen des Schuldners an den Mandanten innerhalb des Teilzahlungsvergleichs, an Sicherheitsübereignungen oder – insbesondere im gewerblichen Bereich – auch an selbstschuldnerische Bürgschaften einer deutschen Großbank oder Sparkasse, die der Schuldner als Teil der Gegenleistung für das Stunden von Forderungsteilen beizubringen hat. Oberster Leitsatz beim Abschluss von Teilzahlungsvergleichen ist genau wie im Fall der Zwangsvollstreckung: Jedes **Entgegenkommen** bei der Tilgung von Forderungen muss den Schuldner **Gegenleistungen** in Form von sofort baren Teilzahlungen, Verzinsungen und Absicherungen des Forderungsrestes kosten. Für seinen Mandanten als Gläubiger kann der Rechtsanwalt reagieren, indem er die Stundung einer offenen Forderung nur dann

---

[1] Bestätigend: LG Berlin, GE 1997, 431 f.; AG Hannover, NZM 1998, 765 f. = DWW 1998, 249 ff. mit der Mitteilung, dass die dagegen eingelegte Berufung durch das LG Hannover am 30.12.1997 – 16 S 7/97 – zurückgewiesen wurde.

gewährt, wenn der Mieter die Forderung des Vermieters entweder zu notarieller Urkunde anerkennt oder sich bereit erklärt, gegen einen beantragten Mahn- und Vollstreckungsbescheid keinen Widerspruch bzw. Einspruch einzulegen. Dies kann im Gegenzug verbunden werden mit der eigenen Verpflichtung, aus dem Vollstreckungsbescheid so lange nicht zu vollstrecken, als die vereinbarten Ratenzahlungen eingehalten werden. Auf ein Stundungsbegehren des Mieters kann folgender Teilzahlungsvergleich (bei einem Teilzahlungsvergleich, der Ansprüche regelt, die der Verjährungsfrist des § 548 BGB unterliegen, sollte auch ein [befristeter] Verzicht auf die Einrede der Verjährung geregelt werden, um die Unterbrechungsdauer klarzustellen) angeboten werden:

Teilzahlungsvergleich und Anerkenntnis 77

Mit der erbetenen Stundung sind wir einverstanden, wenn Sie die Forderungen in folgender Höhe anerkennen:

Anerkenntnis

1. Herr/Frau ... (Name und Adresse des Mieters) erkennt an, Herrn/Frau ... (Name und Adresse des Vermieters – Mandanten) einen Betrag von ... Euro zuzüglich 6 % Zinsen seit dem 1.2.2006 aus dem beiderseits bestehenden Mietverhältnis/aus dem ehemals zwischen den Parteien bestehenden Mietverhältnis zu schulden.

2. Einwendungen gegen diese Forderung nach Grund und Höhe sind nicht gegeben.

3. Herr/Frau ... (Name des Vermieters – Mandanten) gestattet Herrn/Frau ... (Name des Mieters) die Rückzahlung dieser Forderung in monatlichen Raten zu je 500 Euro, fällig jeweils am 1. eines Monats, erstmals am 1.4.2006. Gerät Herr/Frau ... (Name des Mieters) mit einer Rate ganz oder teilweise länger als 10 Tage in Rückstand, so ist die gesamte offene Restforderung sofort zur Zahlung fällig.

4. Herr/Frau ... (Name und Adresse des Mieters) übernimmt die Kosten dieser Vereinbarung.

Köln, den ...   Köln, den ...

...   ...

(Unterschrift des Vermieters)   (Unterschrift des Mieters)

Wird auch der Gegner anwaltlich vertreten, so kommt ein Teilzahlungsvergleich auch in Form eines **Rechtsanwaltsvergleiches** gem. §§ 796a bis 796c ZPO in Betracht. Wie bereits dargelegt, sollte dieser Rechtsanwaltsvergleich notariell beurkundet werden (zu den Kosten vgl. § 148a KostO), um als vollstreckbare Ausfertigung Grundlage einer schnellen Zwangsvollstre- 78 ckung sein zu können (§ 794 Abs. 1 Nr. 45 ZPO). Seine **Gebühren** rechnet der Rechtsanwalt in diesem Fall nach VV 3100 ff. (Vorbem. 3.1. VV)[1] ab.

79 Für den Fall, dass der Mandant nicht bereits selbst über **Sicherungsmittel** in Form von gegebenen Kautionsleistungen, Bürgschaften oder Mietvorauszahlungen des Mieters verfügt, und für den weiteren Fall, dass Verhandlungen mit der Gegenseite nicht in einen Teilzahlungs- oder in einen Rechtsanwaltsvergleich münden, kommen als weitere Sicherungsmöglichkeiten die Selbsthilfe, insbesondere durch **Vermieterpfandrecht** (§§ 562 ff. BGB) (vgl. dazu *G Rz. 254 ff.*), und die gerichtliche **Zahlungsklage** in Betracht.

80 Zur Befriedigung seiner noch offenen Forderungen aus dem Mietverhältnis hat der Vermieter an den pfändbaren Sachen des Mieters, die dieser in die Wohnung oder in das Grundstück des Vermieters „eingebracht" hat, ein **Pfandrecht** (§§ 562, 562a BGB). Dieses Pfandrecht kann er im Wege der Selbsthilfe als Vermieterpfandrecht durchsetzen (§ 562b BGB) (vgl. dazu auch *G Rz. 264 f.*).

81 Die **praktische Bedeutung** des Vermieterpfandrechts ist sehr gering. Der Vermieter weiß in den meisten Fällen nicht, ob und welche pfändbaren Wertgegenstände im Eigentum des Mieters stehen und in dessen Wohnung gelagert sind. Geschickte Schuldner wenden regelmäßig ein, die Sachen seien nicht ihr Eigentum, sondern geleast, an Dritte zur Sicherheit übereignet oder noch im Eigentumsvorbehalt Dritter. Das Vermieterpfandrecht gestattet auch nicht, auf eigentlich unpfändbare Sachen durch Austauschpfändung zuzugreifen[2].

82 Zum anderen ist das **Selbsthilferecht** des Vermieters auf eine „**Verhinderung der Entfernung**" vor oder bei Auszug des Mieters beschränkt (§ 562b Abs. 1 BGB). Der Vermieter darf sich also keine Gegenstände aneignen, die sich noch in der Wohnung des Mieters befinden und die nicht erkennbar vom Mieter unmittelbar aus der Wohnung ausgelagert werden. Mit dem Auslagern muss begonnen worden sein. Dies gilt jedenfalls, so lange der Mieter nicht den Besitz an der Wohnung und damit auch an den darin befindlichen Sachen aufgegeben hat[3]. Weder **Präventivmaßnahmen** des Vermieters noch die so genannten Nachteile sind zulässig[4].

83 Dann aber ist es schon vom Zufall abhängig, ob der Vermieter den Mieter „in flagranti" beim Auszug erwischt. Denn der Mieter wird kaum bis zur Anwesenheit des Vermieters abwarten, sondern er wird bei „Nacht und Nebel", also heimlich und ohne Kenntnis des Vermieters, interessante Pfandgegenstände auslagern. Zwar erlischt das Pfandrecht des Vermieters gem. § 562a S. 1 BGB in diesen Fällen nicht, doch sind nun der Aufenthaltsort des pfändbaren Gegenstandes sowie die Besitz- und Eigentumsverhältnisse unbekannt.

---

1 Zöller/*Geimer*, § 796c ZPO Rz. 30.
2 Dazu: *Sternel*, Mietrecht, III Rz. 261.
3 OLG Celle, DWW 1994, 117; LG Freiburg, WuM 1997, 113.
4 *v. Martius* in Bub/Treier, III Rz. 894.

Bei den weiteren rechtlichen **Unwägbarkeiten** einer zulässigen Ausübung des Vermieterpfandrechts[1] und bei dem auch nie auszuschließenden eigenen (gesundheitlichen) **Risiko** wird sich der Vermieter zudem überlegen müssen, ob er sich einem Mieter „in den Weg stellt". Die Literatur ist ohnehin äußerst zurückhaltend bei der Beantwortung der Frage, ob körperliche Gewalt gegen den Mieter zur Durchsetzung des Vermieterpfandrechts angewendet werden darf[2]. Auch die Polizei wird zur Umgehung dieses Problems mit dem Hinweis auf den rein zivilrechtlichen Charakter einer etwaigen Auseinandersetzung um das Vermieterpfandrecht nicht für den Vermieter tätig werden[3]. Denn die Polizeigesetze der Länder definieren als Aufgabe der Polizei, Gefahren für die öffentliche Sicherheit und Ordnung abzuwehren. Daher ergibt sich kein Anspruch des Einzelnen auf polizeiliches Handeln. Die Polizei wird grundsätzlich im Interesse der Allgemeinheit tätig. Der Schutz privater Rechte ist in aller Regel nicht Aufgabe der Polizei, sondern gehört in die Sachzuständigkeit der Gerichte[4]. 84

Das in § 562b BGB geregelte Selbsthilferecht des Vermieters bei der Ausübung seines Vermieterpfandrechts wird daher generell nur selten zum Tragen kommen.

Damit lässt sich weiter festhalten, dass bei fehlenden Sicherungsmitteln schon in der Hand des Mandanten wie etwa einer Kaution, einer Bürgschaft oder auch Mietvorauszahlungen und auch bei ergebnislos verlaufender vorgerichtlicher Verhandlung mit dem Gegner über Teilzahlungs- oder Rechtsanwaltsvergleiche nur der Klageweg mit eventuell vorgeschaltetem gerichtlichen Beweissicherungsverfahren zur Verfolgung von Zahlungsansprüchen für den Mandanten bleibt. 85

cc) Zwangsvollstreckungsrechtliche Überlegungen

Sind Geldforderungen oder Räumungs- und Herausgabeansprüche, bezogen auf die Mietsache bereits tituliert, so ist der Rechtsanwalt „nur noch" im Rahmen der Zwangsvollstreckung tätig. Hier gilt es, den Kostenaufwand für den Mandanten[5] immer ins Verhältnis zur Erfolgschance der einzelnen Vollstreckungsversuche zu setzen. Ganz wesentlich für den Erfolg von 86

---

1 Vgl. die Zusammenstellung bei *v. Martius* in Bub/Treier, III Rz. 892.
2 *v. Martius* in Bub/Treier, III Rz. 894, meint, die Anwendung von Gewalt gegen Personen sei nur in engsten Grenzen als ultima ratio wohl zulässig, *wenn Mieter sich seinerseits einer Beschlagnahme seiner Sachen mit körperlicher Gewalt zur Wehr setzt (m.w.N.)*. Noch vorsichtiger formuliert *Sternel*, Mietrecht, III Rz. 269. Der Vermieter müsse den Grundsatz der Verhältnismäßigkeit zwischen Mittel und Zweck wahren und dürfe insbesondere unbeteiligte Dritte nicht durch seine Maßnahmen gefährden oder behindern.
3 Hinweise: *v. Martius* in Bub/Treier, III Rz. 891.
4 § 1 Abs. 2 PolG NW, nur dann, wenn gerichtliche Hilfe nicht rechtzeitig zu erlangen ist und ohne polizeiliches Einschreiten der Verwirklichung eines privaten Rechts vereitelt oder zumindest wesentlich erschwert wird, obliegt der Polizei auch der Schutz privater Rechte.
5 Dazu *Horst*, Kostenminimierende Strategien bei der Räumungsvollstreckung von Mietwohnungen, MDR 2006, 249.

4. Praktische Umsetzung von Ansprüchen

a) Außergerichtliche Maßnahmen

87 Im Falle einer Kündigung durch den Mieter sollte der Vermieter die **Kündigung bestätigen** (vgl. zu Funktion und Inhalt näher: *Rz. 107*). Der Rechtsanwalt muss auf **nachweisbaren Zugang** beim Mieter achten. Am sichersten ist daher die Zustellung durch **Boten**, ggf. gegen **Empfangsbekenntnis**. Die Zustellung durch **Einschreiben/Rückschein** (vgl. dazu im Einzelnen *J Rz. 113*) oder durch **Einwurf-Einschreiben**[1] ist demgegenüber gefährlich. Der Anspruchsgegner kann darauf wie folgt reagieren:

– Er geht auf „Tauchstation". Dies führt dazu, dass lediglich ein Benachrichtigungsschein durch den Postboten in den Briefkasten eingelegt wird und das Einschreiben beim Postamt sieben Tage bereitgehalten wird.

– Der Mieter verweigert ausdrücklich die Annahme oder lässt die Annahme durch einen Zustellungsbevollmächtigten verweigern.

– Der Mieter behauptet, das ihm zugegangene Einschreiben sei nur ein leerer Umschlag ohne textlichen Inhalt gewesen.

88 Allein das Einlegen des Benachrichtigungsscheins mit der Aufforderung, das Einschreiben bei der Post abzuholen, bewirkt nach ständiger Rechtsprechung nicht den Zugang des Einschreibens[2]. Dadurch kann der Mieter also den Zugang einer Willenserklärung vereiteln, soweit ihm Arglist nicht nachweisbar ist. Denn die Einschreibesendung ist nach herrschender Auffassung in diesem Fall erst mit der Abholung des Briefes bei der Post zugegangen[3].

Verweigert er dagegen ausdrücklich die Annahme oder lässt er dies durch einen von ihm Postbevollmächtigten vornehmen, so gilt das Einschreiben bei dem Zustellversuch als zugegangen[4].

Beruft sich der Mieter schließlich darauf, dass ein ihm als Einschreiben zugestelltes Briefkuvert kein Schreiben enthielt, sondern leer war, so muss er dies darlegen und beweisen[5].

Ist der Mieter inzwischen umgezogen und hat er seine neue Anschrift mitgeteilt, so ist eine Willenserklärung nicht wirksam zugegangen, wenn sie unter der alten Wohnanschrift zugestellt wird[6].

---

1 AG Köln, WuM 2008, 483.
2 BGH, VersR 1998, 472, 473.
3 *Dübbers*, Das neue „Einwurf-Einschreiben" der Deutschen Post AG und seine juristische Einordnung, NJW 1997, 2503, 2504 m.w.N.
4 BGH, VersR 1998, 472, 473; BAG, NJW 1993, 1093.
5 LG Berlin, MM 1991, 31.
6 LG Berlin, GE 1997, 1531 f.

Ist von vornherein mit dem Widerstand oder mit „Tricks" des Erklärungsempfängers zu rechnen, so sollte gem. § 132 BGB über den **Gerichtsvollzieher** zugestellt werden. 89

Selbstverständlich gelten die vorstehenden Ausführungen neben einer Kündigungsbestätigung für sämtliche Schreiben.

Geht es um die Durchsetzung bereits entstandener Ansprüche, so ist ein „**Anspruchsschreiben**" an den Mieter zu richten. Schon aus gebotenem Eigeninteresse wird der Rechtsanwalt dabei darauf achten, dass sein Vortrag den Schlüssigkeitsanforderungen einer Klage genügt. Zur Erfüllung der geltend gemachten Ansprüche ist eine konkrete Frist mit bestimmtem oder zumindest bestimmbarem Endtermin zu setzen. Wegen § 93 ZPO ist klagebegründendes Vorverhalten des Gegners darzutun. Dazu ist bereits im Anspruchsschreiben an den Gegner der Hinweis nötig, dass nach fruchtlosem Ablauf der gesetzten Leistungsfrist der Rechtsweg beschritten werden wird. 90

Sind Zahlungsansprüche erst noch festzustellen, so muss ein **Besichtigungstermin** (vgl. dazu im Einzelnen *G Rz. 231 ff.*) verlangt und – soweit bereits jetzt substantiiert darstellbar – Schadensersatz dem Grunde nach geltend gemacht werden. 91

Reagiert der Mieter nicht oder verweigert er die Besichtigung seiner Wohnung, so muss regelmäßig auf **Duldung der Besichtigung** geklagt werden[1]. Nur bei Eilbedürftigkeit kann der Anspruch auf Besichtigung der Wohnung durch **einstweilige Verfügung** durchgesetzt werden. Eilbedürftigkeit ist nur gegeben, wenn die Besichtigung zur Beseitigung erheblicher Gefahren für Sachen oder Personen erforderlich ist[2]. Eilbedürftigkeit ist zu verneinen, wenn der Vermieter zuvor Zeit hatte, seine Rechte wahrzunehmen. In den möglichen Fällen einer einstweiligen Verfügung ist der **Streitwert** auf eine Monatsmiete festzusetzen[3].

Obgleich das Anspruchsschreiben dem Gegner die eigenen Forderungen und die unbedingte Bereitschaft zu ihrer streitigen Durchsetzung klar vor Augen führen muss, kann je nach Lage des Falles und der Interessen des eigenen Mandanten **Verhandlungsbereitschaft** signalisiert werden. Werden inhaltlich konkrete Angebote unterbreitet, so sollte dies zunächst „ohne Anerkennung einer Rechtspflicht" erfolgen. Bietet man einen Aufhebungsvertrag, einen Teilzahlungsvergleich oder einen Rechtsanwaltsvergleich an, so sollte klar definiert werden, bis zu welchem Termin das **Angebot befristet** sein soll. 92

Parallel zu dem Anspruchsschreiben ist in **rechtsschutzversicherten Mandaten** eine Deckungszusage zu beschaffen (vgl. dazu im Einzelnen *B Rz. 33 ff.*). Dazu leitet man das Anspruchsschreiben zur näheren Kenn- 93

---

1 *Franke*, DWW 1998, 298 (S. 301 m.w.N. zur Rechtsprechung).
2 *Franke*, DWW 1998, 298 m.w.N. zur Rechtsprechung; AG Spandau, GE 1994, 711.
3 *Franke*, DWW 1998, 298 m.w.N. zur Rechtsprechung.

zeichnung des Sach- und Streitstandes in Ablichtung gemeinsam mit einer Deckungsanfrage dem Rechtsschutzversicherer zu.

94 Ggf. ist stattdessen ein **Beratungshilfeantrag** je nach den finanziellen Verhältnissen des Mandanten zu stellen.

95 Im Falle einer bestehenden **Mietschlichtungsstelle** (vgl. auch § 794 Ziff. 1 ZPO) ist die Gegenseite danach zu befragen, ob sie sich freiwillig einem gemeinsamen Schlichtungsverfahren unterzieht. Sowohl der Gegenseite als auch dem eigenen Mandanten kann ein solches Schlichtungsverfahren mit folgenden Argumenten schmackhaft gemacht werden:

96 **Zeitfaktor** und **Kostenbelastung** sind im Vergleich zu einem streitigen Gerichtsverfahren sehr gering. Die Schlichtungsstelle ist mit fachkundigen Vertretern besetzt. Der Vorsitzende einer Schlichtungsstelle muss die Befähigung zum Richteramt haben. Auf Grund der ersparten Zeit und der ersparten Verfahrenskosten im Falle eines Rechtsstreites einschließlich Zwangsvollstreckungsverfahren genießen sowohl der eigene Mandant als auch die Gegenseite wirtschaftliche Vorteile.

97 Vorsicht ist bei Ansprüchen mit kurzer **Verjährungsfrist** (insbesondere § 548 BGB) geboten. Denn die Anrufung und Verhandlung vor einer Schlichtungsstelle hemmt die Verjährung nur in den Fällen des § 203, § 204 Abs. 1 Nr. 14 und 11 BGB). Deshalb sollten im gesetzlich zulässigen Rahmen (§ 202 BGB) Vereinbarungen über den Beginn oder die Hemmung der Verjährung (**Stillhalteabkommen**) getroffen werden, wenn damit gerechnet werden muss, dass ein Vergleich als Ergebnis des Schlichtungsverfahrens innerhalb der Verjährungsfrist nicht erreicht werden kann.

98 Obgleich ein verjährungshemmendes Stillhalteabkommen auch in **schlüssigen Erklärungen** liegen kann[1], ist aus Rechtswahrungs- und auch aus Anwaltshaftungsgesichtspunkten auf eine ausdrückliche Vereinbarung hinzuweisen.

b) Gerichtliche Maßnahmen

99 Zu unterscheiden sind vorläufiger Rechtsschutz, Mahnverfahren und Klageerhebung in Gestalt von Zahlungs-, Räumungs- und Herausgabe- sowie Feststellungsklage.

100 Wegen der mietrechtlichen kurzen **Verjährungsfrist** in § 548 BGB gilt das Gebot, Leistungsansprüche innerhalb von sechs Monaten seit Rückgabe der Mietsache durchzusetzen. Die Verjährung der Ersatzansprüche des Vermieters **beginnt** gemäß § 200 BGB auch dann mit der Rückgabe der Mietsache, wenn die Ansprüche erst zu einem späteren Zeitpunkt entstehen[2], und zwar selbst dann wenn die Rückgabe vor Beendigung des Mietvertra-

---

1 Ständige Rspr.: BGH, NZM 1999, 1022, 1023 mit zahlreichen w.N. zur Rechtsprechung des BGH.
2 BGH, ZMR 2005, 291 f. = NZM 2005, 176 f.

ges erfolgt[1]. Das kann zum Beispiel der Fall sein, wenn ein Anspruch auf Vornahme von Schönheitsreparaturen erst nach Fristsetzung (ggf. und Ablehnungsandrohung) in einen Schadensersatzanspruch wegen unterlassener Ausführung umgewandelt wird, § 281 Abs. 4 BGB.

Die **Rückgabe** der Mietsache setzt grundsätzlich einen **vollständigen Besitzverlust** des Mieters sowie die Kenntnis des Vermieters hiervon voraus[2]. Hat aber der Vermieter Kenntnis hiervon und die Möglichkeit zur Inbesitznahme, kann er den Beginn der kurzen Verjährung nicht zu Lasten des Mieters hinauszögern[3]. Gibt der Mieter den Besitz vollständig und unmissverständlich auf, beginnt der Lauf der kurzen Verjährung, auch wenn der Mieter nicht alle Schlüssel zurückgibt. Denn der Vermieter kann dann den Wohnungszustand ungestört prüfen und sich ein Bild über seine Ansprüche verschaffen[4]. 100a

Alternativ kann der Vermieter zumindest verjährungshemmende Maßnahmen i.S.v. § 204 BGB zu ergreifen. Dies gilt auch für **Schadensersatzansprüche** wegen Veränderung oder Verschlechterung der Mietsache[5] und für **Rückbauansprüche**[6]. Die sechsmonatige Verjährungsfrist gilt auch für vorsätzliche Schadensverursachungen (zur Berechnung vgl. *Rz. 338*). Die Ausnahme bilden nur sittenwidrige, vorsätzliche Schädigungen nach § 826 BGB. Hier greift die dreijährige Verjährungsfrist (§ 852 BGB) ein. 100b

Auch **Mietausfallschäden**[7] infolge einer Schlechterfüllung des Mietvertrages – z.B. die verzögerte Rückgabe auf Grund noch durchzuführender Schönheitsreparaturmaßnahmen – verjähren in sechs Monaten[8]. Dabei ist der **Grundsatz der Schadenseinheit** zu beachten. Er führt zu einer einheitlichen Verjährung für alle Mietausfälle, die durch die Schlechterfüllung entstehen, also auch für zukünftige Mietausfälle, die bei Klageerhebung noch nicht eingetreten sind. Daraus folgt: 101

Hinsichtlich des bezifferbaren Schadens ist eine **Leistungsklage** zu erheben. Der Antrag hat genau zu definieren, bezüglich welchen Schadens Ersatz begehrt wird. Der Leistungsantrag ist mit einem Feststellungsantrag zu kombinieren, der die noch nicht bezifferbaren künftigen Mietausfälle abdeckt (vgl *Rz. 344*). Eine Klage ist in diesem Fall notwendig. Ein Mahnbescheid hat keine Feststellungswirkung. 102

Auf die Tatsache, dass gerichtliche Beweisverfahren im Mietrecht verjährungshemmende Wirkung haben, wurde bereits hingewiesen (vgl. *Rz. 31*). 103

---

1 BGH, NJW 2006, 1588.
2 BGH, WuM 2004, 21 f.
3 KG, MietRB 2005, 33 f.
4 OLG Düsseldorf, DWW 2008, 221 = WuM 2008, 554.
5 OLG Hamburg, WuM 1998, 17.
6 OLG Brandenburg, ZMR 1997, 584.
7 Dazu im Einzelnen: *Horst*, Liquidation von Mietausfallschäden, DWW 2008, 332 ff.
8 BGH, MDR 1998, 272 = NJW 1998, 1303 = NZM 1998, 147 = WuM 1998, 155.

104 **Problematisch** ist der Eintritt der **Hemmungswirkung** auch bei **Mahnbescheiden** (§ 204 Abs. 1 Nr. 3 BGB). Mahnbescheide müssen den Streitgegenstand ausreichend (= **unverwechselbar**) bezeichnen[1] (vgl. dazu auch M Rz. 29). Also sind die Tatsachen, die dem geltend gemachten Anspruch zugrunde liegen, ausreichend zu definieren, Rechnungen zu benennen etc. Bei pauschalen Angaben erfolgt keine Verjährungsunterbrechung. Innerhalb der konkreten Anspruchsbezeichnungen kann mit der Bezugnahme auf außergerichtliche Schreiben – Anspruchsschreiben – gearbeitet werden. Dies bedeutet, dass dem Mahnbescheid in jedem Falle auch ein **spezifiziertes Anspruchsschreiben** vorauszuschicken ist. Bei der Inbezugnahme im Mahnbescheid kann das Schreiben in Ablichtung beigefügt werden. Die Bezugnahme auf eine Fristsetzung, z.B. i.S.d. § 281 Abs. 1 BGB, zur Spezifizierung der Schadensersatzansprüche ist aber nicht ausreichend[2]. Daraus ergibt sich nämlich nicht, welcher Betrag für einzelne Schadenspositionen verlangt wird. Erfolgt die Beauftragung des Rechtsanwalts am letzten Tag der Frist, kann auch eine **Beantragung des Mahnbescheids durch Telefax** die Hemmung herbeiführen[3]. Hat insoweit noch keine Spezifizierung der Ansprüche durch ein außergerichtliches Schreiben stattgefunden, sollte dieses gleichzeitig verfasst und an den Mieter gesandt werden.

105 In **Prozesskostenhilfefällen** ist vor Einreichung der Klage ein Prozesskostenhilfeantrag an das Gericht zu stellen. Der Antrag beinhaltet neben der eigentlichen Antragsschrift auch den Entwurf der Klageschrift, für die Prozesskostenhilfe beantragt wird (vgl. im Einzelnen §§ 114 ff. ZPO). Der Prozesskostenhilfeantrag gehört nur unter den Voraussetzungen des § 204 Abs. 1 Nr. 14 BGB zu den verjährungshemmenden Maßnahmen.

c) Vollstreckungsmaßnahmen

106 Liegt ein Vollstreckungstitel vor oder ist etwa in Form des Vermieterpfandrechts ausnahmsweise Selbsthilfe möglich, so erübrigen sich Überlegungen im Hinblick auf die Einleitung gerichtlicher Verfahren[4]. Bereits aus dem Vergangenen wurde deutlich, dass der Rechtsanwalt sein Hauptaugenmerk immer darauf legen muss, möglichst schnell einen Vollstreckungstitel für die Forderungen seines Mandanten in die Hände zu bekommen. Daher wurden bereits notariell beurkundete Teilzahlungsvergleiche und Rechtsanwaltsvergleiche als Ergebnis von Verhandlungen mit dem Gegner im

---

1 LG Wuppertal, WuM 1997, 110; LG Bielefeld, WuM 1997, 112; LG Köln, WuM 1997, 632.
2 AG Köln in *Lützenkirchen*, KM 20 Nr. 60.
3 AG Siegburg, ZMR 2001, 984.
4 Dazu näher: *Horst*, Kostenminimierende Strategien bei der Räumungsvollstreckung von Mietwohnungen, MDR 2006, 249 ff.; *Horst* in Horst/Fritsch, Forderungsmanagement Miete und Wohnungseigentum, S. 91 ff.

Verhältnis zum einseitigen Vorgehen durch Klage u.a. als vorteilhafter dargestellt.

5. Der Mieter befindet sich noch in der Wohnung

a) Das Mietverhältnis ist noch nicht abgelaufen

aa) Kündigungsbestätigung

Ergibt die einleitende Prüfung des Rechtsanwalts, dass ein Mietverhältnis vom Mieter wirksam gekündigt wurde (vgl. dazu *J Rz. 424 ff.*), die Kündigungslage also eingetreten ist, sich der Mieter aber gleichwohl noch in der Wohnung befindet, so kann dem Mieter die Beendigung des Mietvertrages zu dem vertraglich vorgesehenen Zeitpunkt bestätigt werden. Selbstverständlich ist die Kündigung des Mieters als **einseitige Willenserklärung** auch ohne Bestätigung mit dem Zugang an den Vermieter wirksam geworden (§ 130 Abs. 1 S. 1 BGB). Die Kündigungsbestätigung hat jedoch **Klarstellungs- und Hinweisfunktion** für den Mieter.

Zunächst sollte dem Mandanten empfohlen werden, gleichzeitig mit der Bestätigung – zur Vermeidung von Missverständnissen – einen konkreten **Rückgabetermin vorzuschlagen**. In der Regel wird der Vermieter dabei einen Termin vorschlagen, der innerhalb seiner Arbeitszeit liegt. Zu beachten ist dabei:

– Der Mieter ist nicht gezwungen, eine **gemeinsame Wohnungsrückgabe** durchzuführen. Er ist lediglich verpflichtet, bei Beendigung des Mietvertrages dem Vermieter wieder den **Besitz** der Mietsache zu **verschaffen**. Dies kann auch dadurch geschehen, dass er die Wohnung leerräumt und dem Vermieter z.B. durch Dritte den Schlüssel übergibt oder den Schlüssel in den Briefkasten des Vermieters einlegt (str.)[1]. Diese vom Landgericht Köln vertretene Rechtsauffassung ist so allgemein nicht zu akzeptieren. Denn von einer ordnungsgemäßen Rückgabe der Wohnung ist nur auszugehen, wenn der Mieter dem Vermieter den unmittelbaren Besitz durch Übergabe der Wohnung einräumt. Dazu gehört grundsätzlich die **Übergabe sämtlicher Schlüssel** in der Mietwohnung[2]. Gibt der Mieter nach Beendigung des Mietverhältnisses nicht sämtliche Schlüssel zurück, so hängt die Erfüllung der Rückgabepflicht davon ab, ob und gegebenenfalls wie lange der Vermieter dadurch an der Inbesitznahme der Räume und an einer uneingeschränkten Verfügung über die Mietsache gehindert ist[3].

---

1 LG Köln in *Lützenkirchen*, KM 29 Nr. 2 und 36 Nr. 5; a.A. LG Berlin, GE 2003, S. 1431.
2 Näher: *Horst*, Schlüssel und Schlüsselgewalt im Mietrecht, MDR 1998, 189 (S. 193 m.w.N. zur Rechtsprechung); *Horst*, Geld und Mietende, S. 18 f.; vgl. jetzt: LG Berlin, GE 2003, 1431.
3 OLG Hamburg, WM 2004, 471, 471; für Schadensersatzpflicht des Mieters, wenn er wegen Schlüsselverlustes bei Mietende nicht sämtliche Schlüssel zur Mietsache zurückgeben kann: AG Münster, MDR 2003, 801, 802; AG Witten, ZMR 2003, 508, 508.

109a Allerdings ist ein Rechtsanwalt, der mit der Durchsetzung des Rückgabeanspruchs vom Vermieter bevollmächtigt wurde, zur Annahme des Schlüssels berechtigt und verpflichtet. Dies ist nur anders, wenn die Schlüssel dem bevollmächtigten Rechtsanwalt des Vermieters mit der ausdrücklichen **Treuhandauflage** übersandt werden, die Schlüssel nur zur Öffnung der Räume bei einem Besichtigungstermin zu verwenden. Eine Rückgabe der Schlüssel an den **Hauswart** als Besitzdiener des Vermieters wird regelmäßig auch als ausreichend angesehen. Dies wird man nur akzeptieren können, wenn der Hauswart nach außen im Verhältnis zum Mieter erkennbar als bevollmächtigter Vertreter des Vermieters auftritt[1]. Denn es gehört nicht zum gewöhnlichen Aufgabenbereich eines Hausmeisters, mit dem ausziehenden Mieter Absprachen über die Art und Weise der Schlüsselrückgabe zu treffen[2].

109b Statt an den Vermieter kann die Wohnung auch nur dann an dessen **Makler** zurückgegeben werden, wenn er nicht nur zur Neuvermietung der Wohnung beauftragt ist, sondern ausdrücklich auch dazu bevollmächtigt wurde, die Wohnung zunächst von dem bisherigen Mieter zurückzunehmen[3].

110 – Der Mieter ist nach überwiegender Auffassung[4] verpflichtet, am **letzten Tag der Mietzeit** die Räume **zurückzugeben** und dementsprechend eine Wohnungsrückgabe durchzuführen[5]. Fällt der Räumungstag auf einen Samstag, Sonn- oder Feiertag, gilt § 193 BGB mit der Folge, dass der Mieter erst am nächsten Werktag räumen muss[6].

Diese Gesichtspunkte müssen beachtet werden, wenn der Mieter mit dem vom Vermieter vorgeschlagenen Rückgabetermin nicht einverstanden ist.

111 Schließlich ist es ratsam, den Mieter bereits in der Kündigungsbestätigung auf seine **vertraglichen Verpflichtungen** – Renovierungspflicht, Wiederherstellung des ursprünglichen Zustandes, Beseitigung von Beschädigungen etc. – hinzuweisen und dabei die konkrete vertragliche Regelung zu benennen. Auch wenn insoweit z.B. bekannt ist, dass der Mietvertrag eine unwirksame Renovierungsklausel enthält, besteht sehr häufig die Möglich-

---

1 Näher: *Horst*, MDR 1998, 189, 193 m.w.N. zur Rechtsprechung.
2 LG Hannover, NZM 2005, 421, 421; zur Nutzungsentschädigung bei tatenloser Hinnahme nicht zurückgegebener Schlüssel nach Mietende vgl. OLG Düsseldorf, NZM 2004, 870.
3 OLG Hamm, NZM 2003, 26; vgl. zur Rückgabe durch einen Untermieter: OLG Düsseldorf, NZM 2003, 397 = MDR 2003, 82; zur Rückgabe durch den vorläufigen Insolvenzverwalter: OLG Celle, NZM 2003, 554 = NZI 2003, 97 = ZIP 2003, 87; zur Herausgabe bei Zwischenvermietung: BGH, NZM 2003, 759 = NJW 2003, 3054 = MDR 2003, 1106.
4 BGH, NJW 1989, 451, 452; LG Düsseldorf, WuM 1992, 191; *Gather* in Schmidt-Futterer, § 556 BGB Rz. 9 m.w.N.; **a.A.** AG Köln, WuM 1985, 265; *Sternel*, Mietrecht, IV Rz. 572; *Scheuer* in Bub/Treier, V Rz. 3 m.w.N.
5 OLG Hamm, WuM 1981, 40, 41.
6 OLG Hamm, WuM 1981, 40, 41.

keit, den Mieter durch einen solchen Hinweis dazu anzuhalten, sich entsprechend der ursprünglich getroffenen Regelung zu verhalten.

Soweit es sich zeitlich einrichten lässt, sollte auch ein vorzeitiger Besichtigungstermin (**vorläufige Wohnungsabnahme**) festgelegt werden. Bei einem solchen Termin besteht die Möglichkeit, mit dem Mieter den Umfang der Arbeiten abzuklären, die bis zur Beendigung des Mietvertrags auszuführen sind. Möglicherweise ergibt sich sogar die Gelegenheit, mit dem Mieter bereits zu diesem Zeitpunkt eine schriftliche Vereinbarung über die notwendigen Arbeiten zu schließen. 112

In jedem Falle sollte die Fortsetzung des Mietverhältnisses nach § 545 BGB ausgeschlossen werden. Als Beispiel kann folgendes Formularmuster dienen, das der Rechtsanwalt dem Mandanten zur Verfügung stellen (vorformulieren) kann: 113

...
(Adresse Vermieter)

...
(Adresse Mieter)

Datum ...

Ihre Kündigung vom 30.9.2006

Sehr geehrte Frau ...,
sehr geehrter Herr ...,

auf Grund Ihrer oben genannten Kündigung endet das Mietverhältnis am 31.12.2006.

Zur Vorbereitung der Wohnungsübergabe wird unser technischer Mitarbeiter, Herr Kleinlich, am 3.12.2006, 10.00 Uhr, eine Besichtigung Ihrer Wohnung durchführen. Sollten Sie an diesem Termin verhindert sein, bitten wir Sie, einen anderen Termin zu vereinbaren. Sollten wir keine gegenteilige Nachricht von Ihnen erhalten, gehen wir davon aus, dass der Termin wie vorgeschlagen stattfinden kann.

Die endgültige Wohnungsabnahme haben wir für den 30.12.2006, 10.00 Uhr, vorgesehen. Insoweit gehen wir ebenfalls davon aus, dass der Termin stattfinden kann, sofern wir von Ihnen keine anders lautende Nachricht erhalten.

Bereits jetzt machen wir darauf aufmerksam, dass Sie nach den Regelungen des Mietvertrages (§ 9) verpflichtet sind, die fälligen Schönheitsreparaturen bis zum Ende der Mietzeit nachzuholen. Dazu gehört das Anstreichen und/oder Tapezieren der Wände und Decken, das Streichen der Türen, Türrahmen, Fenster, Fensterrahmen, der Heizkörper, der Außentür von innen, der Fußleisten und des sonstigen Holzwerkes.

Im Übrigen sind die von Ihnen vorgenommenen Beschädigungen der Mietsache (Dübellöcher, Umbauten, Beschädigungen von Einrichtungsgegenständen etc.) zu beseitigen. Anlässlich des ersten Besichtigungstermins kann hier ein vorläufiger Umfang der notwendigen Arbeiten ermittelt werden. Dies gilt auch für Einbauten, mit denen Sie die Mietsache versehen haben. Der Eigentümer besteht insoweit auf Wiederherstellung des früheren Zustandes und ist nicht daran interessiert, Ihnen für evtl. Einbauten eine Entschädigung zu zahlen.

Im Übrigen entspricht es der ständigen Praxis des Eigentümers, dass er auch keine Vereinbarungen zwischen Mieter und Nachmieter akzeptiert. Über Ausnahmen kann ggf. anlässlich des ersten Besichtigungstermins mit unserem Mitarbeiter gesprochen werden, wobei wir bereits jetzt darauf aufmerksam machen, dass derartige Absprachen immer unter dem Vorbehalt der schriftlichen Zustimmung des Vermieters stehen (§ 545 BGB).

Mit freundlichen Grüßen

...

bb) Wohnungsrückgabe

(1) Termin – Besichtigungsrecht

114 Kommt keine Einigung über den Besichtigungstermin der Wohnung zustande oder verweigert der Mieter schlichtweg eine gemeinsame Wohnungsbegehung, so kommt es zunächst auf die **vertraglichen Vereinbarungen** im Mietvertrag zu einem Wohnungsbesichtigungsrechts des Vermieters an[1]. Ohne vertragliche Bestimmung wird dem Vermieter ein Besichtigungsrecht insbesondere zugestanden zur Feststellung des Zustandes der Mieträume[2], bei Verdacht des vertragswidrigen Gebrauchs oder Vernachlässigung der Obhutspflicht insbesondere aus § 536c BGB[3], und vor Verkauf oder Neuvermietung auch in Begleitung von Interessenten[4]. Enthält der Mietvertrag keine Vereinbarung, so muss das Besichtigungsrecht des Vermieters[5] anlässlich der Beendigung des Mietverhältnisses mit einer **Duldungsklage** (vgl. dazu im Einzelnen *G Rz. 241*) verfolgt werden[6]. Nur bei Eilbedürftigkeit kann der Vermieter seinen Anspruch auf Besichtigung der Wohnung durch einstweilige Verfügung durchsetzen. Eilbedürftigkeit

---

1 Vgl. dazu *Lützenkirchen*, NJW 2007, 2152 f.
2 *Schlüter*, NZM 2006, S. 681; *Herrlein*, ZMR 2007, S. 247; a.A. AG Bonn, NJW 2006, S. 1387 m.w.N.
3 *Weidenkaff*, in: Palandt, § 535 BGB Rz. 82.
4 *Weidenkaff*, in: Palandt, § 535 BGB Rz. 82.
5 Zum Besichtigungsrecht des Vermieters anlässlich der Beendigung des Mietverhältnisses während der üblichen Besuchszeiten vgl. jetzt: BVerfG, ZMR 2004, 566 f.; zum periodischen Besichtigungsrecht des Vermieters auch ohne konkreten Anlass: AG Saarbrücken, ZMR 2005, 272, 273; zum Besichtigungsrecht des Vermieters mit einem Kaufinteressenten beim Zusammenfallen von Mietende und Verkaufsabsicht: LG Lüneburg, WuM 2005, 586, 587.
6 Statt aller: *Franke*, DWW 1998, 298, 301 m.w.N.

ist gegeben, wenn die Besichtigung zur Beseitigung erheblicher Gefahren für Sachen oder für Personen erforderlich ist[1]. Bei der Einschätzung der Sache als eilbedürftig ist zu bedenken, dass die einstweilige Verfügung nicht das Endergebnis vorwegnehmen und „vollendete Tatsachen" schaffen soll. So ist eine Eilbedürftigkeit zu verneinen, wenn der Vermieter zuvor Zeit hatte, seine Rechte wahrzunehmen[2].

Bei der **Terminierung** ist auf Berufstätigkeit und Urlaubspläne des Mieters Rücksicht zu nehmen. Der Termin muss mindestens 24 Stunden vorher mitgeteilt werden und darf nicht zur Unzeit gefordert werden[3]. 115

Zweckmäßigerweise wird man den Mieter selbst um Benennung eines Termins bitten und ihm gleichzeitig eine Frist zur positiven Rückäußerung setzen. Äußert er sich dann binnen der gesetzten Frist nicht, so ist klagebegründendes Vorverhalten für die Klage auf Duldung der Besichtigung dargetan. Der **Streitwert** beträgt 2500 Euro[4]. 116

Keinesfalls darf der Vermieter oder der ihn vertretende Rechtsanwalt – abgesehen von Notfällen – die Wohnung eigenmächtig betreten. Zivilrechtlich stellt ein solches Vorgehen verbotene Eigenmacht und strafrechtlich zumindest einen Hausfriedensbruch dar[5]. 117

Soll keine Vorbesichtigung stattfinden und der Zustand der Miträume anlässlich der Rückgabe erfolgen, sollte bei der Terminierung im Auge behalten werden, wann und wie die **Rückgabe** zu erfolgen hat. Nach § 546 Abs. 1 BGB ist der Mieter verpflichtet, die Mietsache nach Beendigung des Mietverhältnisses zurückzugeben. Obwohl damit eigentlich erst am Tag nach der Beendigung des Mietvertrages eine Rückgabe zu erfolgen hätte, geht die überwiegende Meinung davon aus, dass der Anspruch bereits am letzten Tag der Mietzeit fällig wird[6]. Fällt der letzte Tag der Mietzeit auf einen Sonnabend, Sonntag oder gesetzlichen Feiertag, ist grundsätzlich § 193 BGB anwendbar[7]. Danach verschiebt sich die Fälligkeit des Rückgabeanspruchs auf den nächsten Werktag. Dies kann beim Vermieter zu erheblichen Nachteilen führen, weil eine reibungslose Anschlussvermietung nicht möglich ist. 118

Da die Rückgabe eine **Besitzverschaffung** voraussetzt, ist der Vermieter zur Mitwirkung verpflichtet[8]. Verweigert er die Rücknahme der Mietsache, ge- 119

---

1 AG Spandau, GE 1994, 711 m.w.N.; *Franke*, DWW 1998, 298, 301 m.w.N.
2 *Franke*, DWW 1998, 298, 301.
3 AG Neustadt, WuM 1979, 143; AG Hamburg v. 21.2.1992 – 43b C 1717/91, n.v.
4 AG Neuss, WuM 1989, 364.
5 Näher: *Horst*, NZM 1998, 139.
6 BGH, NJW 1989, 451, 452; LG Düsseldorf, WuM 1992, 191; *Gather* in Schmidt-Futterer, § 556 BGB Rz. 9 m.w.N.; **a.A.** AG Köln, WuM 1985, 265; *Sternel*, Mietrecht, IV Rz. 572; *Scheuer* in Bub/Treier, V Rz. 3 m.w.N.
7 OLG Hamm, WuM 1981, 40, 41; LG Düsseldorf, WuM 1992, 191.
8 *Gather* in Schmidt-Futterer, § 556 BGB Rz. 22.

rät er in Annahmeverzug mit der Folge, dass mangels Rücknahmewillens eine Vorenthaltung der Mietsache i.S.v. § 546a BGB nicht vorliegt, er also nach Beendigung des Mietvertrages für den Zeitraum zwischen angebotener Rückgabe und tatsächlicher Rücknahme keine Nutzungsentschädigung verlangen kann[1].

120 Ob bei einer **vorzeitigen**, also vor Beendigung des Mietvertrages angebotenen **Rückgabe** ein Annahmeverzug des Vermieters eintreten kann, ist umstritten. Nach Auffassung des OLG Dresden[2] ist der Vermieter grundsätzlich zur Rücknahme der Mietsache vor Ende der Mietzeit verpflichtet. Dies soll uneingeschränkt jedoch nur dann gelten, wenn das Ende der Mietzeit unmittelbar bevorsteht, jedoch nicht, wenn der Mieter die Räume etwa 5 Monate vor dem Ablauf des Vertrages zurückgeben will. Demgegenüber vertritt das KG[3] die Meinung, der Vermieter sei nicht verpflichtet, die Schlüssel zur Mietsache vor Beendigung des Mietvertrages zurückzunehmen. Im konkreten Fall hatte der Mieter ca. 10 Tage vor Ablauf der Mietzeit die Rückgabe der Mietsache angeboten. Im Hinblick auf die unterschiedliche obergerichtliche Rechtsprechung und die dazu in der Literatur vertretenen ebenso konträren Meinungen[4] empfiehlt es sich, jedenfalls in dem Zeitraum 10 Tage vor Ablauf der Mietzeit einen Rückgabetermin wahrzunehmen und klarstellend zu regeln, dass durch die vorzeitige Rücknahme die Mietzahlungspflicht nicht entfällt.

(2) Vorbereitung des Termins

121 Obgleich einige Gerichte den Mieter nicht zu einer Wohnungsrückgabe nach gemeinsamer Wohnungsbegehung und Abnahme mit dem Vermieter verpflichten, sollte der Vermieter versuchen, auf eine **gemeinsame Wohnungsrückgabe** hinzuwirken. Damit können spätere Streitigkeiten über den Zustand der Wohnung vermieden oder zumindest eingegrenzt werden. Der Vermieter muss sich im Zweifel darauf einlassen, dass der endgültige Rückgabetermin erst einen Tag nach Ablauf der Mietzeit stattfindet.

122 Der gemeinsame Wohnungsrückgabetermin dient der Feststellung, in welchem Zustand sich die Mieträume befinden bzw. ob und ggf. in welchem Umfang vom Mieter noch vertragliche Verpflichtungen zu erfüllen sind.

Im Hinblick darauf sollte dem Vermieter empfohlen werden, vor der Durchführung des Termines ein umfassendes Bild von dem Mietverhältnis zu verschaffen. Selbst wenn eine vorläufige Wohnungsabnahme stattgefunden hat, muss die Mieterakte spätestens zu diesem Zeitpunkt hinsichtlich folgender Fragen überprüft werden:

---

1 OLG Düsseldorf, WuM 1997, 218; OLG Köln, WuM 1993, 46; OLG Düsseldorf, NZM 1999, 1142f; AG Hannover, WuM 2003, 335 f.; OLG Düsseldorf, DWW 2003, 92 f.
2 OLG Dresden, NZM 2000, 827 = MDR 2001, 82 (82).
3 KG, NZM 2000, 92.
4 Vgl. *Gather* in Schmidt-Futterer, § 556 BGB Rz. 14 m.w.N.

- Dauer der Mietzeit?
- Was hat der Mieter zurückzugeben?
- In welchem Zustand muss er die Mietsache zurückgeben (also etwa renoviert, unrenoviert, besenrein oder tapezierfähig)?

Diese Fragen sind aus dem Mietvertrag und etwaigen ergänzenden Urkunden und Anlagen zu beantworten.

Die **Dauer der Mietzeit** ist in diesem Stadium maßgeblich für die Frage, ob und ggf. in welchem Umfang eine **Renovierungs**verpflichtung des Mieters relevant wird. Aber auch bei Beschädigungen der Mietsache spielt das Zeitmoment eine Rolle, da mittlerweile die Berechnung von Schadensersatzansprüchen einhellig unter dem Gesichtspunkt „**Abzug neu für alt**" (vgl. dazu Rz. 337) erfolgt[1]. Mit Rücksicht darauf ist es weiterhin erforderlich, sich über das Alter der Wohnung bzw. einzelner Einrichtungsgegenstände ein möglichst vollständiges Bild zu verschaffen. 123

Zur Ermittlung, was der Mieter zurückzugeben hat, dient zunächst das **Wohnungsübergabeprotokoll**. Daraus kann ersehen werden, wie viele Räume die Wohnung hat, welche Zubehörräume mitvermietet sind und wie viele Schlüssel dem Mieter überlassen wurden. Existiert ein Wohnungsübergabeprotokoll nicht, so sind diese Angaben häufig in den Mietverträgen enthalten. 124

Der Mieter hat auch die **Schlüssel** zurückzugeben, die er nachträglich (ggf. im Einvernehmen mit dem Vermieter) selbst angefertigt hat bzw. anfertigen ließ. Die Rückgabeverpflichtung ist erst vollständig erfüllt, wenn der Mieter keinen Besitz mehr an der Mietsache hat. Solange er noch einen Schlüssel besitzt und sich daher jederzeit Zutritt zum Mietobjekt verschaffen kann, ist die Rückgabe grundsätzlich nicht vollständig erfüllt[2]. 125

Schließlich sollte man an dieser Stelle auch bereits die möglichen **Einrichtungsgegenstände** (Einbauschränke, Gasetagenheizung, Durchlauferhitzer, Teppichboden etc.) erfassen, da sich hieran besondere Sorgfalts- und/oder Reinigungs- sowie Wartungspflichten anschließen können. 126

In welchem Zustand die Mietsache zurückgegeben werden muss, richtet sich im Wesentlichen nach den vertraglichen Renovierungs- und ggf. Rückbauverpflichtungen. Diese müssen im Einzelnen überprüft werden. 127

(a) Renovierungsverpflichtung

Bei der Prüfung einer Renovierungsverpflichtung sind folgende Fälle zu unterscheiden: 128

---

1 LG Köln in *Lützenkirchen*, KM 30 Nr. 15; LG Köln in *Lützenkirchen*, KM 30 Nr. 21; AG Köln in *Lützenkirchen*, KM 30 Nr. 14, Nr. 23.
2 Näher: *Horst*, MDR 1998, 189, 193 f.

- Der Mietvertrag beinhaltet eine **Endrenovierungsklausel**. Dann kommt es auf die Wirksamkeit dieser Klausel insbesondere nach dem AGB-Recht an[1] (vgl. dazu *H Rz. 520 f.*).
- Der Mietvertrag beinhaltet keine Endrenovierungsklausel, oder die Endrenovierungsklausel ist **unwirksam**. Dann kommt eine Endrenovierungsverpflichtung des Mieters nur in Betracht, wenn er seine Verpflichtung zur Durchführung der laufenden Schönheitsreparaturen nicht erfüllt hat und der Summierungseffekt nicht greift oder schließlich im Falle einer Endrenovierungsvereinbarung, die als Individualabrede getroffen wurde[2].
- Im Mietvertrag ist individualvertraglich[3] vereinbart, die Wohnung **tapezierfähig** zu hinterlassen[4].

129 – Im Mietvertrag ist (zusätzlich) eine **Abgeltungsklausel** – auch Quotenhaftungsklausel genannt – vereinbart. Danach ist der Mieter verpflichtet, bei nicht fälligen Schönheitsreparaturen sich an den Kosten einer zukünftigen Renovierung mit dem Betrag zu beteiligen, der dem Verhältnis seiner Nutzungsdauer zu den vereinbarten Fristen entspricht. Auch diese Klauseln sind am AGB-Recht zu messen[5] (vgl. näher dazu *H Rz. 538 f.*).

130 Liegt eine wirksame Quotenhaftungsklausel vor, so sollte zur Vorbereitung des Abnahmetermins anhand eines Kostenvoranschlags bereits überschlägig die Höhe des Anspruchs ermittelt werden. Stehen aktuelle **Kostenvoranschläge** mangels vorheriger Besichtigung der Wohnung mit einem Fachhandwerker noch nicht zur Verfügung, so können vergleichbare Angebote oder vergleichbare aktuelle Rechnungen in anderen Fällen herangezogen werden. Die Projektion der aus diesen Rechnungen zu ermittelnden abstrakten Werte auf die zurückzunehmende Wohnung kann unter Berücksichtigung des Wohnungsaufmaßes erfolgen. So ist es arbeitssparend, die

---

1 Näher: *Horst* in Börstinghaus, MietPrax – Mietrecht in der Praxis, T. B „Schönheitsreparaturen", III und IV und: BGH, NJW 2003, 2294 f.; BGH, NJW 2003, 3192 f.
2 BGH, Urt. vom 14. Januar 2009 (Az. VIII ZR 71/08, MietPrax-AK § 538 BGB Nr. 39 = GE 2009, 321 = WuM 2009, 173 = NJW 2009, 1075 = DWW 2009, 102 = NZM 2009, 233 = ZMR 2009, 358 Schach GE 2009, 296; ders., jurisPRMietR 6/2009 Anm. 1; Kappus, NJW 2009, 1076; Derleder, NZM 2009, 227; Drasdo, NJW-Spezial 2009, 258; Disput, ZMR 2009, 359; BGH, Urt. vom 18. März 2009 XII ZR 200/06, MietPrax-AK § 538 BGB Nr. 43.
3 Eine solche Tapetenklausel als Formularklausel hat der BGH inzwischen verworfen: BGH, Urteile vom 5.4.2006 – VIII ZR 109/05, BGHReport 2006, 953 = ZMR 2006, 599 und VIII ZR 152/05, MDR 2006, 1215 = NJW 2006, 2115 = NZM 2006, 621.
4 Dazu: *Blank*, NZM 1998, 705; *Lützenkirchen*, NZM 1998, 942.
5 Näher dazu: *Horst* in Börstinghaus, T. 2 B „Schönheitsreparaturen" III 2 und jetzt: BGH, NJW 2004, 3042 ff.; BGH, NZM 2004, 903 ff.; **a.A.** aber: LG Hamburg, ZMR 2005, 791 ff. und ebenso: *Börstinghaus*, DWW 2005, 92, 92; *Wiek*, WM 2005, S. 10 (11); *Harsch*, WM 2004, S. 706 (707); *Fischer*, WM 2005, S. 284, jeweils zur Unzulässigkeit einer Abgeltungsklausel auf der Basis eines starren Fristenplans.

Aufmaße aus den Rechnungen der jeweiligen Wohnungsakte zu sammeln, umso kostengünstiger den Abgeltungsanspruch errechnen zu können.

– Der Vermieter beabsichtigt nach Beendigung des Mietvertrages durch den Mieter, die Wohnung insgesamt oder Teile davon **umzubauen** oder zu **modernisieren**. Dies berührt seinen Renovierungsanspruch gegen den Mieter im Grundsatz nicht, kann aber nach seiner Wahl[1] zu einem Ausgleichsanspruch gegen den Mieter in Geld führen. Maßgeblich ist dann die Höhe der ersparten Aufwendungen für die Renovierungen, falls die Schönheitsreparaturen durch die nachfolgenden Sanierungs- oder Modernisierungsmaßnahmen sofort wieder zunichte gemacht würden (vgl. näher unter H Rz. 758 f.).

131

Die exakte Definition von Renovierungsverpflichtungen des Mieters ist bedeutsam für

132

– den Vornahmeanspruch, d.h. den Anspruch auf Vornahme von Schönheitsreparaturen zum Ende des Mietverhältnisses,

– den Schadensersatzanspruch nach §§ 280, 281 BGB, d.h. die Umwandlung des Vornahmeanspruchs in einen Schadensersatzanspruch in Geld, und für

– den Vorschussanspruch in Höhe der vorzunehmenden Renovierungsarbeiten.

(b) Rückbauverpflichtungen

Der **Mieter** ist verpflichtet, die Mietsache in dem baulichen Zustand zurückzugeben, in dem er sie vorgefunden hat. Dementsprechend muss er Um- und Anbauten sowie andere Installationen **auf seine Kosten beseitigen**.

133

Ausnahmen bestehen dann, wenn der Mieter durch seine Um- und Einbauten die Wohnung erst in einem vertragsgemäßen Zustand versetzt und damit ein Fall von § 536a Abs. 2 BGB vorliegt. Ausnahmen ergeben sich auch dann, wenn der Vermieter ausdrücklich darauf besteht, dass bestimmte Installationen oder Einbauten in der Wohnung zurückgelassen werden. Dann hat der Mieter gem. §§ 539 Abs. 2, 552 BGB einen Anspruch auf Entschädigung (vgl. zum Rückbau näher Rz. 473 f.). Schließlich besteht ein unmittelbarer Ausgleichsanspruch des Vermieters auf Geldzahlung, wenn der Rückbau wegen Umbau oder **Sanierungsarbeiten**, die nach Beendigung des Mietvertrages ausgeführt werden sollen, wirtschaftlich sinnlos wäre[2]. Mit Rücksicht darauf sollte zunächst das **Übergabeprotokoll** oder das Wohnungsabnahmeprotokoll des **Vormieters** überprüft werden, um festzustellen, wie die Wohnung zu Beginn des Mietverhältnisses übergeben wurde[3].

134

---

1 KG v. 28.4.2008 – 8 U 154/07, GE 2009, 448.
2 BGH, ZMR 2002, 735.
3 Dazu auch: LG Köln in *Lützenkirchen*, KM 36 Nr. 1.

Weiterhin sollte die Mieterakte überprüft werden, ob solche – genehmigten – Umbauten bekannt sind und ob ggf. bereits damals eine Vereinbarung dahin getroffen wurde, dass bei Mietende die Einbauten zurückgelassen werden müssen oder ausgebaut werden sollen. Eine Verpflichtung zur unentgeltlichen Überlassung an den Vermieter ist allerdings unwirksam.

135 Die exakte Definition der Rückbauverpflichtungen hat Bedeutung für

- den Anspruch des Vermieters auf Wiederherstellung des vertraglichen Zustandes der Mietsache und
- den Anspruch auf Schadensersatz wegen Nichterfüllung gem. §§ 280, 281 BGB, d.h. die Umwandlung des Vornahmeanspruchs in einen Schadensersatzanspruch in Geld nach Verzug des Mieters.

(c) Wartungs- und Reinigungsklauseln

136 Viele Formularmietverträge enthalten Regelungen, wonach der Mieter z.B. verpflichtet ist, in der Mietsache vorhandene technische Geräte (Gas-Etagenheizung, Durchlauferhitzer etc.) regelmäßig einmal pro Jahr zu warten. Die **Wirksamkeit** solcher Regelungen ist äußerst **zweifelhaft**[1]. Denn nach dem vom BGH hervorgehobenen Transparenzgebot kann die Wartung von Thermen z.B. nur formularmäßig auf den Mieter abgewälzt werden, wenn die Regelung gleichzeitig eine Kostenbegrenzung festlegt[2]. Insoweit hat der BGH die gleiche Argumentation verwendet wie zu den so genannten Kleinreparaturen[3].

137 Die gleichen Erwägungen gelten hinsichtlich formularmäßiger Reinigungsverpflichtungen. Insbesondere bei der Ausstattung der Wohnung mit **Teppichboden** wird sehr häufig vereinbart, dass der Mieter den Bodenbelag einmal jährlich (durch eine Fachfirma) fachgerecht reinigen (shampoonieren) lassen muss. Zwar fällt das Erneuern von Teppichböden bei Wohnraummietverhältnissen nicht unter den Begriff der Schönheitsreparaturen[4], doch hat der BGH in einer Entscheidung zum Gewerbemietrecht die **Grundreinigung von Teppichböden** noch den Schönheitsreparaturen zugeordnet[5]. Da das gesetzliche Leitbild für die Renovierungsregelungen in der Wohnraum- und in der gewerbemiete keine Unterschiede macht, müssen diese für das Gewerbemietrecht gefundenen Grundsätze auch für die Wohnraummiete gelten. Allerdings ist – zumindest druch Formuliarklausel – wegen der unangemessen kurzen Jahresfrist nicht möglich, den Mieter zu einer jährlichen Grundreinigung des Teppichbodens zu verpflichten.

---

1 Zur Inhaltskontrolle nach dem AGB-Gesetz vgl. *Horst* in Börstinghaus, T. 2 B „Instandhaltung/Instandsetzung", II.
2 BGH, WuM 1991, 381, 383; **a.A.** LG Köln v. 29.2.1996 – 6 S 294/95, n.v., für Wartungsklausel in Formularmietvertrag über ein Einfamilienhaus.
3 Vgl. hierzu: BGH, WuM 1989, 234; näher zur Wirksamkeit von Kleinreparaturen nach dem AGB-Gesetz: *Horst* in Börstinghaus, T. 2 B, I.
4 OLG Hamm, DB 1991, 1011 = WuM 1991, 248; dazu auch: *Horst*, Geld und Mietende, S. 9, 11.
5 BGH, Urt. vom 8.10.2008 – XII ZR 15/07 – NJW 2009, 510.

Der Vermieter als Mandant

Was die **Ausgestaltung** der Reinigungspflichten durch den Mieter angeht, so ist er bei Ende des Mietverhältnisses zu keinen weiter gehenden Reinigungsmaßnahmen verpflichtet als während der Mietzeit. In Erfüllung seiner Reinigungspflicht als **Obhutspflicht** ist der Mieter gehalten, die Mietsache so zu pflegen, wie dies zur Aufrechterhaltung des vertragsgemäßen Mietgebrauchs erforderlich ist. Zudem muss er vermeiden, dass andere Hausbewohner durch den Zustand der Räume belästigt werden. Insbesondere hat er die Räume frei von Ungeziefer zu halten, keine unangenehmen Gerüche zu verbreiten und dafür zu sorgen, dass sanitäre Einrichtungen, Fenster, Fußböden und sonstige Einrichtungen der Mietsache nicht durch Einwirkungen von Staub oder Schmutz beschädigt werden. In der Regel ist dies gewährleistet, wenn der Mieter den Schmutz, der sich allmählich ansammelt, beseitigt. Er ist keineswegs verpflichtet, die Räume dauernd und sorgfältig reinzuhalten[1]. Insgesamt schuldet der Mieter eine „**besenreine**" **Rückgabe** = grobe Verschmutzungen und Spinnweben sind zu beseitigen[2]. 138

Die Definition des Umfangs der Reinigungspflicht ist bedeutsam für **Schadensersatzansprüche** des Vermieters bei Verletzung dieser Obhutspflicht als vertragliche Nebenpflicht aus positiver Vertragsverletzung. So haftet der Mieter nicht auf Schadensersatz, wenn infolge einer nachlässigen Pflege der Böden, der Sanitär- oder der sonstigen mitvermieteten Einrichtungsgegenstände eine stärkere Abnutzung eintritt, als dies bei häufigerer oder intensiverer Reinigung der Fall gewesen wäre. Auch dies bleibt ein Fall von § 538 BGB wie auch Nikotinvergilbungen durch starkes Rauchen[3]. Die durch die **unterschiedlichen Lebensgewohnheiten** der Mieter bedingten Pflegeunterschiede muss der Vermieter hinnehmen[4]. 139

(d) Rückgabeprotokoll

Nach erfolgter Rückgabe durch den Mieter wird sich der Zustand der Wohnung zwangsläufig ändern. Entweder wird die Wohnung durch den Vermieter oder den Mieter renoviert, oder der neue Mieter bezieht die Räume und richtet sie nach seinen Vorstellungen her. Im Hinblick darauf ist es zweckmäßig, den **Zustand im Zeitpunkt der Rückgabe** festzuhalten. 140

Selbst wenn es nicht zu einer einvernehmlichen Rückgabe kommt, erhält der Vermieter durch ein Protokoll eine **Gedächtnisstütze**, die ihm bei der eventuellen Verfolgung seiner Ansprüche hilfreich ist.

Viele Vermieter benutzen zur Wohnungsrückgabe **Formulare**, die sie im Handel erworben oder für ihre eigene Praxis generalisierend entworfen haben. Der **Nachteil** dieser Formulare besteht darin, dass sie nie individuell für das konkrete Mietverhältnis bzw. die konkrete Wohnung/Gewerbe- 141

---

1 Zum Umfang der Reinigungspflicht: *Blank*, ZdW Bay 1998, 67, 70.
2 BGH, NJW 2006, 2915 = NZM 2006, 691; LG Saarbrücken, WuM 1998, 689 L; LG Wiesbaden, WuM 2001, 236.
3 Zur Grenze eines Schadensersatzanspruchs wegen exzessiven Rauchens BGH, NJW 2008, 1439.
4 *Blank*, ZdW Bay 1998, 67, 70.

raum hergestellt sind, so dass immer wieder Schwierigkeiten entstehen, wenn die Mietsache Besonderheiten aufweist (z.B. zusätzlicher Abstellraum, Treppe innerhalb der Wohnung). Da das Rückgabeprotokoll insbesondere dazu dienen kann, eine nachfolgende Fristsetzung mit Ablehnungsandrohung inhaltlich zu bestimmen, sollte zumindest vermieden werden, Rückgabeprotokolle zu verwenden, bei denen durch **Ankreuzen** bestimmte Leistungen festgelegt werden. Denn derartige Protokolle ersetzen nicht das Erfordernis, in der Fristsetzung mit Ablehnungsandrohung die Arbeiten im Einzelnen zu bezeichnen[1].

(aa) Zweck und Bedeutung des Rückgabeprotokolls

142 Bestätigt der Mieter durch seine Unterschrift, dass die tatsächlichen Feststellungen in dem Abnahmeprotokoll zutreffend sind, so wird er hierdurch mit späteren **Einwendungen** gegen den Protokollinhalt nicht ausgeschlossen. Insbesondere kann er geltend machen, dass die Schäden bereits bei Mietbeginn vorhanden gewesen sind oder dass er diese nicht zu vertreten hat. Der Mieter attestiert eben nur den **Zustand** der Wohnung, nicht den Zeitpunkt des Schadenseintritts und auch keine Verursacherbeiträge. Der Mieter kann allerdings nicht mehr bestreiten, dass die Mietsache bei Vertragsende beschädigt gewesen ist. Umgekehrt kann der Mieter nur für solche Schäden verantwortlich gemacht werden, die im Protokoll vermerkt sind[2]. Eine Ausnahme gilt für solche Schäden, die **nicht zu erkennen** waren. Für die **Gewerberaum**miete hat der BGH[3] entschieden, dass es für die Erkennbarkeit auf das Urteilsvermögen eines Fachmanns ankomme. Ggf. müsse der Vermieter einen Fachmann beiziehen[4]. Bestätigt der Mieter nicht nur die Richtigkeit der tatsächlichen Feststellungen, sondern erklärt er darüber hinaus, dass er die Kosten für die Renovierung und Schadensbeseitigung übernimmt, so gibt er ein **deklaratorisches Schuldanerkenntnis** i.S.v. §§ 311 Abs. 1, 781 BGB ab[5]. Dies hat in der Regel zur Folge, dass der Mieter mit allen Einwendungen tatsächlicher oder rechtlicher Art ausgeschlossen wird, die er bei der Abgabe des Schuldanerkenntnisses kannte oder mit denen er gerechnet hat[6]. Dies hat weiter zur Folge, dass der Mieter die Erfüllung der übernommenen Verpflichtungen dartun und beweisen muss[7].

143 Mit **unbekannten Einwendungen** wird der Mieter aber grundsätzlich nicht ausgeschlossen[8].

---

1 LG Köln in *Lützenkirchen*, KM 31 Nr. 6.
2 LG München I, NZM 2003, S. 714.
3 BGH, NJW 1985, 446, 448.
4 Zum Ganzen ausführlich: *Blank*, ZdW Bay 1998, 67, 72.
5 *Blank*, ZdW Bay 1998, 67, 70; LG Berlin, GE 1998, 618.
6 *Blank*, ZdW Bay 1998, 67, 70.
7 LG Berlin, GE 1998, 1027: Dazu reicht es nicht aus, wenn der Mieter vorträgt, dass „die in den einzelnen Räumen gerügten Mängel entweder durch Tapezieren, Malern oder Streichen" beseitigt worden sind.
8 *Blank*, ZdW Bay 1998, 67, 70.

Bestätigt der Vermieter, dass die Mietsache vertragsgemäß übergeben worden ist, so liegt hierin umgekehrt ein **negatives Schuldanerkenntnis**, das eventuelle Ansprüche des Vermieters erlöschen lässt[1]. So kann der Mieter nur für die Schäden verantwortlich gemacht werden, die im Übergabeprotokoll vermerkt sind[2]. Daher kann sich der Vermieter nicht darauf berufen, dass weitere Schäden nicht sofort zu erkennen gewesen seien. Ihn trifft eine **Untersuchungspflicht** ggf. unter Hinzuziehung eines Sachverständigen. Wegen mangelnder Sorgfalt nicht erkannte Fehler der Mietsache gehen zu seinen Lasten. Getroffene Mängelfeststellungen sind im Fall eines negativen Schuldanerkenntnisses abschließend. Das Protokoll wird als vollständige und abschließende Zustandsbeschreibung der Mietsache behandelt[3].

(bb) Erstellung eines Rückgabeprotokolls

Zu bedenken ist, dass auch mündliche Erklärungen des Vermieters zu einem negativen Schuldanerkenntnis führen.

144

Das Übergabeprotokoll soll einerseits über den Zustand der Räume bzw. einzelner Einrichtungen Beweis erbringen und andererseits festlegen, welche Leistungen der Mieter im Einzelnen auszuführen hat. An diesen beiden Gesichtspunkten muss sich der **Inhalt des Übergabeprotokolls** orientieren.

Zunächst sollte im Protokoll vorgesehen werden, dass für jedes einzelne **Teil der Mietsache** (Decken, Wände, Türen, Türrahmen, Fenster, Fensterrahmen etc.) der Zustand beschrieben werden kann. Denn dies kann bei der Verfolgung von Renovierungsverpflichtungen von Bedeutung werden.

Auch wenn für eine Fristsetzung mit Ablehnungsandrohung grundsätzlich keine **Zustandsbeschreibung** erforderlich ist[4], kann auch der Zustand bei der Verfolgung der Ansprüche des Vermieters maßgeblich sein. Denn wenn man die Renovierungsverpflichtung des Mieters richtig versteht, ist allein durch den Ablauf von Fristen die Fälligkeit von Renovierungsleistungen noch nicht gegeben. Vielmehr dienen die Fristenpläne nur als Orientierung[5]. Bei Beendigung des Mietvertrages ruft eine abgelaufene Frist aber den Anschein der Fälligkeit hervor[6]. Ob tatsächlich Fälligkeit hinsichtlich der Renovierungsleistungen eingetreten ist, kann erst durch eine spezifizierte Zustandsbeschreibung sichtbar gemacht werden.

145

Auf jeden Fall ist eine detaillierte Zustandsbeschreibung für die Feststellung von **Beschädigungen** der Mietsache erforderlich. Neben der genauen Anzahl von **Dübellöchern** sollten im Protokoll besondere **Einrichtungsgegenstände** aufgeführt werden, die regelmäßig beschädigt werden können

146

---

1 *Blank*, ZdW Bay 1998, 67, 70; *Langenberg*, Schönheitsreparaturen, Rz. 18.
2 BGH, NJW 1983, 446, 448; LG Braunschweig, WuM 1997, 470.
3 LG Braunschweig, WuM 1997, 470.
4 LG Köln in *Lützenkirchen*, KM 31 Nr. 6; **a.A.** AG Köln v. 25.6.1998 – 205 C 468/97, n.v.
5 Vgl. *Lützenkirchen*, ZMR 1998, 605.
6 LG Berlin, NZM 2000, 862.

(Teppichboden, Sanitäreinrichtungen, Einbauschränke etc.). Dabei sollte im Hinblick auf den notwendigen Abzug **„neu für alt"** das Alter dieser Gegenstände eingetragen werden.

147 Neben der Zustandsbeschreibung sollte das Wohnungsrückgabeprotokoll **Regelungen** enthalten, die eine **einvernehmliche Abwicklung** des Mietvertrags vorsehen oder die regelmäßigen Erklärungen des Mieters bei einer solchen Wohnungsabnahme berücksichtigen. Dadurch wird eine einvernehmliche Regelung erleichtert, aber auch auf die von dem Vermieter gewünschten Varianten beschränkt. Allerdings sollten dem Mieter diese Vorschläge schon vor dem Termin z.B. durch Übersendung des Übergabeprotokolls zur Kenntnis gebracht werden. Denn ansonsten kann sich ein Verstoß gegen § 312 BGB ergeben[1]. Es bieten sich folgende Formulierungen an:

148 Der Mieter sieht sich außerstande, die in diesem Protokoll festgestellten Mängel, Beschädigungen, Umbauten und Renovierungsleistungen zu beseitigen bzw. auszuführen, und beauftragt den Vermieter mit der Durchführung der notwendigen Arbeiten. Die voraussichtlichen Kosten von ... Euro wird der Mieter dem Vermieter erstatten. Bei einer Überschreitung der Kosten von mehr als 20 % gegenüber der vorliegenden Schätzung wird der Vermieter den Mieter informieren und die Weiterführung der Arbeiten mit ihm abstimmen.

Diese Regelung ist eine **Auftragserteilung** an den Vermieter. Auf der Grundlage eines vorliegenden Kostenvoranschlags oder der Rechnung über eine frühere Renovierung können die Kosten eingesetzt werden. Vorteil dieser Regelung ist es, dass die Fristsetzung mit Ablehnungsandrohung erspart bleibt, weil der Vermieter auf Grund des erteilten Auftrages sofort mit den Arbeiten anfangen kann. Im Übrigen kann auch kein langer Streit über die Notwendigkeit bestimmter Arbeiten entstehen, weil durch die Einbeziehung des Kostenvoranschlages (bzw. der Rechnung) sich die Vereinbarung auf bestimmte Leistungen bezieht. Allerdings gilt auch für diese Auftragserteilung die Verjährungsfrist von sechs Monaten. Insoweit sollte aber beachtet werden, dass die Ansprüche aus der Auftragserteilung auch gemäß § 548 Abs. 1 BGB in 6 Monaten verjähren.

149 Der Mieter verpflichtet sich, die in diesem Protokoll aufgeführten Mängel, Beschädigungen, Umbauten und Renovierungsleistungen bis zum ... (Datum) zu beseitigen bzw. auszuführen. Danach lehnt der Vermieter die Ausführung der Arbeiten durch den Mieter ab. Dem Mieter ist bekannt, dass der Vermieter nach Ablauf der Frist die dann noch notwendigen Arbeiten auf Kosten des Mieters ausführen lassen kann.

---

1 *Löfflad*, MietRB 2004, 87.

Diese Regelung ist nichts anderes als die **Fristsetzung mit Ablehnungsandrohung**. Nur führt der Mieter hier die Leistungen freiwillig aus. Sie bietet daher zumindest die Zeitersparnis des Postweges und die Arbeit, eine spezifizierte Fristsetzung mit Ablehnungsandrohung zu erstellen. Dadurch, dass die Parteien einvernehmlich diese Regelungen treffen, kann sie auch schon vor Beendigung des Mietvertrages (also nicht erst danach) wirksam werden.

Zwar ist seit dem 1.1.2003 auch bei Altverträgen (also aus der Zeit vor dem 1.1.2002) gemäß § 281 Abs. 1 BGB eine Ablehnungsandrohung nicht mehr erforderlich. Viele Formularverträge enthalten aber noch Klauseln, die § 326 BGB a.F. nachgebildet sind. Im Übrigen ist es unschädlich, strengere Anforderungen einzuhalten.

Der Mieter zahlt an den Vermieter zum Ausgleich der Kosten, die für die Beseitigung der Mängel, Beschädigungen und Umbauten sowie der Renovierungsleistungen, die in diesem Protokoll festgehalten sind, bis zum ... (Datum) ... Euro. Danach ist der Entschädigungsbetrag mit 6 % zu verzinsen, sofern der Mieter nicht nachweist, dass dem Vermieter ein geringerer Verzugsschaden entsteht.

150

In dieser Regelung ist ein **Vergleich** vorgesehen. Der Abschluss dieses Vergleichs bietet für den Vermieter den Vorteil, dass er ebenfalls wieder sofort mit den Arbeiten beginnen kann. Andererseits muss auch kein langer Streit darüber geführt werden, wie hoch tatsächlich die notwendigen Kosten sind. Durch die Verzinsung wird erreicht, dass für den Mieter ein gewisser Druck zur Zahlung entsteht.

Der Mieter erkennt den in diesem Protokoll festgestellten Zustand der Wohnung – nicht – an, lehnt jedoch die Durchführung der notwendigen Beseitigungs-, Umbau- und Renovierungsarbeiten ab.

151

Diese Regelung ist anzuwenden, wenn es zu keiner Einigung mit dem Mieter kommt. Durch das Ankreuzen dieser Erklärung ist zumindest wieder die Zeit der Fristsetzung mit Ablehnungsandrohung erspart, weil die Erklärung eine endgültige Erfüllungsverweigerung beinhaltet.

Der Mieter verpflichtet sich, an den Vermieter eine Nutzungsentschädigung in Höhe der bisherigen Miete für die Dauer der Ausführung der notwendigen Arbeiten zu zahlen, und zwar monatlich bis spätestens zum 3. Werktag.

152

Die Bedeutung dieser Regelung sollte nicht überbewertet werden. Der **Anspruch auf Nutzungsentschädigung** bei bestehendem Renovierungsanspruch ist zumindest für die Renovierungszeit in der Regel durchsetzbar (vgl. dazu unter *Rz. 208*). Gleichwohl bietet allein das Aufführen dieser Regelung den Vorteil, dass der Mieter sich über die Konsequenzen einer Ablehnung im Klaren wird.

Unter der Unterschriftenleiste muss nicht deutlich gemacht werden, dass es sich um ein Anerkenntnis handelt. Denn jede Unterschrift ist zunächst einmal eine Bestätigung.

---

153 Der Mieter erklärt, dass er auch berechtigt ist, im Namen des/der anderen Mieter zu handeln.

---

154 Diese Formulierung ersetzt zwar nicht eine nicht vorhandene **Vollmacht**. Sie hat aber zunächst einmal die Vermutung der Richtigkeit für sich, so dass bei der nachfolgenden Abwicklung der nicht vertretene Mieter die mangelnde Bevollmächtigung beweisen muss. Abgesehen davon begründet diese Regelung eine Haftung gegen den handelnden Mieter aus dem Gesichtspunkt der Vertretung ohne Vertretungsmacht. Vorsicht ist unter dem Gesichtspunkt der Inhaltskontrolle nach §§ 305c Abs. 1 (überraschende Klausel), 309 Ziff. 12 (Beweislastumkehr) BGB geboten. Um dieser Inhaltskontrolle zu entgehen, muss die Bestimmung als Individualabrede vereinbart werden (vgl. dazu im Einzelnen unter *A Rz. 41 ff.*).

(3) Durchführung des Wohnungsabnahmetermins

155 Die Wohnungsabnahme dient der Feststellung, ob und ggf. welche Ansprüche bei Beendigung des Mietverhältnisses noch bestehen. Neben der üblichen Ablesung von Zählern, die auch im Wohnungsrückgabeprotokoll vermerkt werden sollte, sollte vorab mit dem Mieter kurz noch einmal die **vertragliche Situation** erörtert werden. Durch diese Einführung wird deutlich, ob am Ende des Termins ggf. mit dem Mieter eine Einigung erzielt werden kann oder ob mit besonderer Akribie das Protokoll ausgefüllt werden muss, damit die Ansprüche des Vermieters gesichert sind.

156 Zur Durchführung des Termins sollten
- die Mieterakte mit vollständiger Korrespondenz, die während des Mietverhältnisses angefallen ist,
- das vorbereitete Wohnungsabnahmeprotokoll,
- ein Kostenvoranschlag hinsichtlich der Renovierungsarbeiten (ggf. Rechnung einer früheren Renovierung),
- ein Fotoapparat,
- eine Taschenlampe,
- ein Zollstock,

– ein Taschenrechner,
– ein Spannungsprüfer und nach Möglichkeit
– ein Zeuge

mitgenommen werden. Soweit die Wohnung noch nicht komplett geräumt ist, insbesondere soweit der Mieter die Wohnung noch nutzt und die Räume in den Kreis seiner Privatsphäre fallen, ist ein Fotografieren der Räume zu diesem Zeitpunkt unzulässig[1].

Zollstock und Taschenrechner dienen zur Entwicklung eines **Wohnungsaufmaßes** – soweit nicht bereits in der Mieterakte vorhanden – sowie zur überschlägigen Berechnung des Wertes eines eventuellen Vermieteranspruchs auf Durchführung von Renovierungen u.a. 156a

Mit dem Spannungsprüfer ist stichprobenartig die Funktionsfähigkeit der Elektroinstallation zu kontrollieren. Dieser Hinweis sollte insbesondere dann ernst genommen werden, wenn sich z.B. durch (unsachgemäß) zusätzlich eingesetzte Steckdosen und Schalter, durch defekte Steckdosengehäuse oder gar durch Schmauchspuren an Schaltern und Steckdosen sowie sonstigen Elektroinstallationen Hinweise darauf ergeben, dass der Zustand der Elektroinstallation eventuell durch unsachgemäßes Manipulieren gefahrträchtig und reparaturbedürftig geworden ist. 156b

(a) Ordnungsgemäße Räumung

Als Ausfluss der in § 546 Abs. 1 BGB geregelten Rückgabepflicht hat der Mieter die Mietsache bei Vertragsbeendigung in einem **ordnungsgemäßen Zustand** zurückzugeben. Dies bedeutet, dass er die Wohnung zu räumen hat und Einbauten zu beseitigen hat. Diese Pflicht stellt eine Hauptleistungspflicht i.S.v. §§ 280, 281 BGB dar, wenn zur Wiederherstellung des früheren Zustandes der Mietsache erhebliche Kosten aufgewendet werden müssen (Grenze: 2500 Euro)[2]. Das bedeutet nicht, dass in jedem Fall die Wohnung vollständig leergeräumt und alle **Ein- und Umbauten** beseitigt sein müssen, um von einer erfolgten Rückgabe i.S.v. § 546 Abs. 1 BGB auszugehen. Gibt der Mieter die Mietsache bei Beendigung des Mietverhältnisses zurück, ohne zuvor von ihm errichtete Aufbauten und sonstige Einrichtungen zu beseitigen, steht dies nur dann einer Vorenthaltung der Mietsache i.S.v. § 546a Abs. 1 BGB gleich, wenn hierdurch eine anschließende Nutzung durch den Vermieter vollständig verhindert wird. Ob die Mietsache geräumt ist oder nicht, hängt von den konkreten Umständen ab und bedarf tatrichterlicher Feststellung im Einzelfall. Ist danach die Miet- 157

---

1 AG Frankfurt/Main, NZM 1999, 121 f., 121: Ein Mieter, der einen Begleiter des Vermieters bei einer Wohnungsbesichtigung an Fotoaufnahmen durch Wegschlagen der Kamera hindert, handelt in berechtigter Notwehr. Zu den Bedenken gegen diese Entscheidung vgl. *G Rz.* 237.
2 BGH, WuM 1997, 217 mit Anmerkung von *Eisenschmid*, WuM 1997, 494 f.; OLG Brandenburg, ZMR 1997, 584.

sache trotz vertragswidrig verbliebener Einrichtungen des Mieters als zurückgegeben i.S.v. § 546a Abs. 1 BGB anzusehen, so bleibt es dem Vermieter unbenommen, wegen des Aufwands für die Wiederherstellung des ursprünglichen Zustands der Mietsache den Mieter auf Schadensersatz in Anspruch zu nehmen[1].

158 Daraus folgt: Wird die Mietsache infolge unterlassener Räumung vorenthalten und demnach die Rückgabeverpflichtung nicht erfüllt, so muss **Räumungsklage** erhoben werden. Ist trotz zurückgelassener Gegenstände in der Wohnung von einer Rückgabe i.S.v. § 546a Abs. 1 BGB auszugehen (vgl. zur Abgrenzung *Rz. 211*), die nur schlecht erfüllt wurde, so muss der Mieter auf Schadensersatz verklagt werden. Damit es soweit nicht kommt und eine Anschlussvermietung nicht verzögert wird, ist bei der Durchführung des Wohnungsabnahmetermins streng darauf zu achten, dass sämtliche Ein- und Umbauten beseitigt sind und der Mieter weiterhin alle ihm gehörenden Sachen aus der Mietsache und den Zubehörräumen entfernt hat.

(b) Ausfüllen des Rückgabeprotokolls

159 Es wurde bereits dargelegt (vgl. *Rz. 143*), dass der Vermieter bei Vorliegen eines von beiden Parteien unterschriebenen Protokolls mit Tatsachen über den **Zustand der Wohnung**, die nicht im Protokoll vermerkt sind, ausgeschlossen ist. Im Hinblick auf diese weitreichende, nachteilige Konsequenz sollte dem Vermieter empfohlen werden, eine sorgfältige Überprüfung der Mietsache durchzuführen.

Soweit keine frisch renovierte Wohnung vorgefunden wird, sollte der Mieter befragt werden, wann er die **letzte Renovierung** ausgeführt hat. Zu diesem Zeitpunkt bestehen noch keine Meinungsverschiedenheiten über die Bewertung des Zustandes, so dass mit einer wahrheitsgemäßen Erklärung gerechnet werden kann.

Bei der Überprüfung unter diesem Gesichtspunkt geht es im Wesentlichen um die Bewertung der durchgeführten Malerarbeiten.

160 Hinsichtlich der Zustandsbeschreibung sollte der Vermieter darauf hingewiesen werden, dass **pauschale Darstellungen** (z.B. verwohnt, verblasst, beschädigt etc.) zu vermeiden sind. Diese Begriffe sind das Ergebnis von Bewertungen. Sofern es bei der Wohnungsabnahme nicht zu einer eindeutigen Regelung hinsichtlich der Verpflichtung des Mieters kommt, muss der Vermieter den Zustand, der in dem pauschalen Ergebnis festgehalten wurde, spezifiziert darstellen. Deshalb ist es sinvoll, diese **Spezifikation** bereits im Protokoll vorzunehmen. Folgende **Formulierungen** bieten sich an:

---

1 OLG Brandenburg, ZMR 1997, 584; OLG Düsseldorf, DWW 2005, 154 ff.; OLG Düsseldorf, MietRB 2005, 93 (kein Annahmeverzug des Vermieters mit der Rücknahme, wenn er trotz Entgegennahme der Schlüssel die Rücknahme abgelehnt hat, weil der Mieter dort zahlreiche Gegenstände zurückgelassen hat); KG, NZM 2005, 422 ff. (keine geräumte Herausgabe bei umfassend ausgeübtem Vermieterpfandrecht).

Tapete:	Vergilbt, die Schatten von Bildern und Möbeln haben sich stark abgesetzt, an vier Stellen ist die Tapete über eine Länge von mehr als 25 cm an den Nähten überklebt etc.
Raufaser:	Die Raufaser ist mindestens fünfmal überstrichen, die Körnung ist nicht mehr sichtbar etc.
Anstrich:	Farbe weiß, vergilbt, die Schatten von Bildern und Möbeln haben sich abgesetzt, rechts neben der Tür ist ein dunkler (grauer) Fleck in einem Durchmesser von ca. 30 cm etc.
Türblätter:	Auf der Innenseite zum Zimmer befinden sich sieben Laufnasen. Jeder Pinselstrich ist sichtbar. Der Anstrich (weiß) ist vergilbt. Fünf Stoßstellen im Durchmesser eines Fünfmark-Stückes befinden sich an der Türkante links unten etc.
Türrahmen:	Am den Kanten ist der Anstrich abgerieben. Sechs Stoßstellen (rechts zwei, links vier) in der Größe von Zehnpfennig-Stücken (Futter eingedrückt) etc.
Heizkörper:	Der alte Anstrich wurde überstrichen. An jeder Rippe befindet sich von vorn sichtbar eine Laufnase in einer Länge von fünf Zentimetern etc.

Nicht ausreichend ist z.B. die Begründung eines Schadensersatzanspruchs mit der Behauptung, an allen Innentüren seien mehrere Laufnasen festgestellt worden. Zwar lässt eine Nasenbildung im Anstrich der Türen grundsätzlich auf eine unfachmännische Arbeit schließen, der Vermieter muss jedoch im Prozess **Art und Ausmaß der unfachmännischen Leistung** ausreichend detailliert darstellen. So muss deutlich gemacht werden, wie viele Laufnasen (ggf. in welcher Länge) auf jeder Tür vorhanden waren[1]. 161

– Da im Zweifel immer mit einer gerichtlichen Auseinandersetzung gerechnet werden sollte, sollte sich auch im Falle von festgestellten **Beschädigungen** die Beschreibung nach den Anforderungen richten, die die Rechtsprechung stellt. Deshalb müssen Art und Ausmaß der Beschädigung detailliert beschrieben werden. Pauschale Bewertungen sind zu vermeiden.

Es reicht nicht aus festzuhalten, dass mehrere oder überhaupt **Dübellöcher** vorhanden sind. Damit das Gericht auch die geltend gemachten Kosten nachvollziehen kann, müssen die Dübellöcher gezählt und die genaue Anzahl mitgeteilt werden[2]. 162

Dies kann **z.B.** wie folgt geschehen:

Badezimmer 163

– Waschbecken: Auf der Innenseite rechts eine Abplatzung in einer Breite von 0,5 cm und einer Länge von 2,5 cm
– Armatur (Waschbecken): Perlator verkalkt, Drehknöpfe schwergängig (verkalkt)

---

1 So: LG Köln in *Lützenkirchen*, KM 31 Nr. 24.
2 Zum Umfang der Beseitigungspflicht bei Dübellöchern: BGH, DWW 1993, 74 ff.; instruktiv auch: AG Rheinbach, NZM 2005, 822, 822 f.

- Toilettentopf: Braune Kalkablagerungen (Urinstein)
- Badewanne: Boden über die gesamte Fläche aufgeraut, weil offensichtlich zu scharfe Reinigungsmittel gebraucht wurden, Emaille am oberen Wannenrand außen rechts mit einer Fläche von 5 mm² abgeplatzt, Durchrostungen des Wannenbodens rund um den Syphonstutzen
- Spülkasten: Auf der Oberseite rechts ist ein Stück in der Größe von 5 × 3 cm herausgebrochen. In der Mitte sind braune Spuren von ausgedrückten Zigaretten (drei Stück) vorhanden.

(4) Die abschließende Verhandlung zur Herbeiführung einer einvernehmlichen Lösung

164 Dem Vermieter sollte geraten werden, unmittelbar nach der Zustandsbeschreibung dem Mieter die noch bestehenden Ansprüche deutlich zu machen. Nur dann ist für den Mieter ersichtlich, welches Risiko für ihn besteht.

165 Da eine **schnelle Einigung** gerade in diesen Fällen immer kostengünstiger ist als ein langwieriger und kostenintensiver Prozess, sollte versucht werden, mit dem Mieter eine der vorbereiteten Regelungen (vgl. oben *Rz. 147 ff.*) zu vereinbaren. Dabei sollten die einzelnen – vorbereiteten – Regelungen mit ihm durchgesprochen werden. Ihre Auswirkungen sollten erläutert werden. Insoweit hilft ein mitgebrachter **Kostenvoranschlag**, um die Dimension der Ansprüche an Ort und Stelle klären zu können.

166 Auch wenn dies nicht gelingt, sollte dies im Protokoll festgehalten werden. Denn auch wenn das Protokoll ausweist, dass „der Mieter zu einer einvernehmlichen Regelung nicht bereit ist", besteht noch die Möglichkeit, dass der Mieter das Rückgabeprotokoll unterschreibt und damit wenigstens die Zustandsbeschreibung bestätigt wird.

167 Soweit mit dem Mieter keine Einigung erzielt wird, sollten die wesentlichen Mängel durch **Fotografien** festgehalten werden, um in einem eventuellen Prozess den Zustand der Wohnung veranschaulichen zu können.

168 Es bietet sich an, dass statt des Mieters ein mitgebrachter **Zeuge** – z.B. ein Maler, der die Renovierungsbedürftigkeit der Wohnung und deren Kosten begutachten soll – das Rückgabeprotokoll unterzeichnet, wenn der Mieter zu keinerlei Unterschrift zu bewegen ist.

169 Insgesamt kann das Rückgabeprotokoll wie folgt **gestaltet** werden:

170 **Rückgabeprotokoll**
Rückgabetermin: …
Mieter: …
Beginn d. Mietvertrages: …

Ende d. Mietvertrages: ...
Neue Anschrift des Mieters: 1. ...
 2. ...

Schlüssel: ☐ Haustürschlüssel ☐ Wohnungsschlüssel
 ☐ Zimmerschlüssel ☐ Zimmerschlüssel
 ☐ Kellerschlüssel ☐ Briefkastenschlüssel
 ☐ Zählerkastenschlüssel
 ☐ Waschküchenkellertürschlüssel
 ☐ Fahrradkellertürschlüssel
 ☐ Hobbyraumtürschlüssel

Zähler:
Wasser: Kaltwasser Nr. ...
 Warmwasser Nr. ...
Gas: Nr. ...
Strom: Nr. ...

Letzte Renovierung: Wohnzimmer: ...
 Schlafzimmer: ...
 Diele: ...
 Küche: ...
 Bad: ...
 Gäste-WC: ...
 Balkon: ...
 Abstellraum: ...

Bezeichnung des Raumes (z.B. Wohnzimmer):
Decke: Tapete: ...
 Raufaser: ...
 Anstrich: ...
 Beschädigungen: ...
 Dübellöcher: ...

Wand rechts: Tapete: ...
 Raufaser: ...
 Anstrich: ...
 Fußleisten: ...
 Beschädigungen: ...
 Dübellöcher: ...

Wand links: Tapete: ...
 Raufaser: ...
 Anstrich: ...
 Fußleisten: ...
 Beschädigungen: ...
 Dübellöcher: ...

Wand vorn: Tapete: ...
 Raufaser: ...

	Anstrich: ...
	Fußleisten: ...
	Beschädigungen: ...
	Dübellöcher: ...
Wand vorn:	(Haustür)
	Tapete: ...
	Raufaser: ...
	Anstrich: ...
	Fußleisten: ...
	Beschädigungen: ...
	Dübellöcher: ...
Wand hinten:	Tapete: ...
	Raufaser: ...
	Anstrich: ...
	Fußleisten: ...
	Beschädigungen: ...
	Dübellöcher: ...
Bodenbelag:	Art: ... Zustand: ...
Fenster:	Art: ... (z.B. Holz)
	Anstrich: ...
	Beschädigung: ...
Fensterbank:	Beschädigung: ...
Türe:	Anstrich: ...
	Beschädigung: ...
Türrahmen:	Anstrich: ...
	Beschädigung: ...
Heizkörper:	Anstrich: ...
	Beschädigung: ...
Steckdosen:	Anzahl: ...
	Beschädigung: ...
Lichtschalter:	Anzahl: ...
	Beschädigung: ...

besondere Einrichtungsgegenstände:

Küche:	Fliesenspiegel:	Beschädigung: ...
	Spüle:	Armatur: ...
		Abfluss: ...
		Beschädigung: ...
	Spülenunterschrank:	Beschädigung außen: ...
		Beschädigung innen: ...
	Durchlauferhitzer:	letzte Wartung: ...
		Beschädigung: ...

	Entlüftungsfilter:	Anstrich: ...	
		Beschädigung: ...	
Bad:	Badewanne:	Armatur: ...	
		Brauseschlauch: ...	
		Beschädigung: ...	
	Bidet:	Armatur: ...	
		Beschädigung: ...	
	Waschtisch:	Armatur: ...	
		Beschädigung: ...	
	Dusche:	Armatur: ...	
		Brauseschlauch: ...	
		Seifenschale: ...	
		Beschädigung: ...	
	Duschtasse:	Spiegel: ...	
		Spiegelablage: ...	
		Handtuchhalter:	Anzahl: ...
			Beschädigung: ...
		Seifenschale: ...	
	WC:	WC-Topf: ...	
		WC-Deckel: ...	
		WC-Spülkasten: ...	
		Papierhalter: ...	
	Fliesen:	Farbe: ...	
		Beschädigung: ...	

Besondere Vereinbarungen: ...

..., den ...   ..., den ...
...   ...
(Unterschrift des Vermieters)   (Unterschrift des Mieters)

cc) Unbemerkte Schäden

Es wurde bereits deutlich (vgl. Rz. 143), dass vom Vermieter unbemerkte 171 Schäden, die im Rückgabeprotokoll nicht aufgeführt sind, zu seinen Lasten gehen. Dies folgt aus der Rechtsnatur des Rückgabeprotokolls als negatives Schuldanerkenntnis[1]. Diese **Nachteile** können für den Vermieter wie folgt **vermieden** werden.

Falls bestimmte Stellen in der Wohnung wegen einer noch vorhandenen **Möblierung** oder wegen gelagerter und noch nicht ausgeräumter Sachen

---

[1] AG Lörrach, WuM 1996, 218; LG Braunschweig, WuM 1997, 470; *Blank*, ZdW Bay 1998, 67, 72.

des Mieters erst nach dem Auszug des Mieters begutachtet werden können, sollte der Vermieter im Abnahmeprotokoll diesbezüglich einen entsprechenden **Vorbehalt** machen.

172 Eine weitere Möglichkeit besteht darin, die Abnahme der Mietsache in eine **Vorabnahme** und in eine Endabnahme zu splitten. Die Vorabnahme dient zur Feststellung des Wohnungszustandes, insbesondere zur Feststellung von Schäden oder sonstigen Veränderungen der Wohnung, die nicht vertragsgemäß sind. So kommt der Vermieter in die Lage, eine Liste aller Wohnungsmängel zu erstellen. Gleichzeitig weiß er nun, welche Arbeiten der Mieter noch auszuführen hat, um den von ihm vertraglich geschuldeten Zustand der Wohnung bei Rückgabe der Mietsache herzustellen. Schließlich kann der Vermieter dem Mieter diese Arbeiten konkret benennen und ihm für die Erledigung eine Frist bis zur Endabnahme der Mietsache setzen.

173 Vor der Übergabe der Mietsache durch den Mieter an den Vermieter ist eine **Endabnahme** durchzuführen. Hier wird endgültig der Zustand der – dann geräumten – Mietsache in Augenschein genommen. Insbesondere wird geprüft, ob Schäden noch vorliegen und ob Instandsetzungen oder Renovierungen erfolgt sind. Gleichzeitig kann der Vermieter feststellen, ob die vom Mieter noch geschuldeten Restarbeiten zu seiner Zufriedenheit ordnungsgemäß erledigt sind. Es ist auf vollständige Räumung der Mietsache zu achten, um sich spätestens jetzt ein komplettes Bild vom Zustand machen zu können.

dd) Verweigerte Annahme der Schlüssel

174 Viele Vermieter verweigern die Annahme der Schlüssel zur Mietsache unter Verweis darauf, dass der Zustand noch nicht vertragsgerecht ist, insbesondere noch Arbeiten durch den Mieter auszuführen sind oder noch Sachen des Mieters auszuräumen sind. Ein solches Verhalten ist rechtlich unklug, da es für den Vermieter mit erheblichen **Nachteilen** verbunden ist. Der Rechtsanwalt darf daher keine entsprechenden Empfehlungen abgeben und muss sofort gegensteuern, wenn der Mandant von einem entsprechenden Verhalten berichtet.

175 Denn die Rückgabepflicht aus § 546a Abs. 1 BGB beschreibt nicht den Zustand, in dem die Mietsache zurückzugeben ist. Dieser wird durch § 538 BGB sowie durch die vertraglichen Vereinbarungen definiert. Befindet sich die Mietsache nicht im vertragsgemäßen Zustand, so liegt also eine **Schlechterfüllung** der Rückgabe, aber keine Nichterfüllung vor. Für die Rückgabe selbst ist der Wohnungszustand ohne Bedeutung. Der Vermieter darf die Rücknahme der Mietsache in den Fällen der Schlechterfüllung nicht ablehnen[1].

---

[1] *Blank*, ZdW Bay 1998, 67, 72; *Eisenschmid*, WuM 1997, 494 f.; *Kroth* in Zwißler, § 5 Rz. 187.

Nimmt der Vermieter in diesen Fällen die ihm tatsächlich angebotenen Schlüssel zur Mietsache nicht an, so gerät er in **Annahmeverzug** (§§ 293, 294 BGB). Dies führt für den Vermieter zu folgenden Nachteilen: 176
- Der Mieter genügt seiner Rückgabeverpflichtung schon dann, wenn er den Besitz an der Wohnung nach vorheriger Androhung gegenüber dem Vermieter aufgibt (§ 303 BGB), also die Schlüssel z.B. in den Briefkasten einwirft[1].
- Der Mieter haftet vermindert nur noch für Vorsatz und grobe Fahrlässigkeit (§ 300 BGB).
- Der Mieter erhält einen Anspruch auf Ersatz von Mehraufwendungen (§ 304 BGB).
- Bei Geldschulden entfällt eine Verzinsungspflicht (§ 301 BGB)[2].

Den Vorwurf des Annahmeverzuges kann der Vermieter nur **vermeiden**, wenn er trotz Entgegennahme der Schlüssel die Rücknahme der Mietsache abgelehnt hat, weil der Mieter dort zahlreiche Gegenstände (hier u.a. Autowracks) zurückgelassen hat. In diesem Fall hat der Mieter seine Rückgabepflicht nicht erfüllt. Der Vermieter kann Nutzungsentschädigung verlangen, obwohl er die Schlüssel an den künftigen Nachmieter weiter gegeben hat, damit dieser dort vom Mieter nicht ausgeführte Schönheitsreparaturen vornimmt[3]. 176a

Richtig ist der Vermieter in diesen Fällen dahin **zu beraten**, die Schlüssel anzunehmen, damit Annahmeverzug nicht eintreten kann, und gleichzeitig den Mieter aufzufordern, die genau spezifizierten Arbeiten durchzuführen (§§ 280, 281 BGB) und hierfür einen Schlüssel zur Verfügung zu stellen. Von diesem Vorgehen kann nur abgerückt werden, wenn der Mieter zuvor eine der vorbereiteten Erklärungen innerhalb des Rückgabeprotokolls unterzeichnet hat, die eine endgültige Erfüllungsverweigerung dokumentieren. Sind Schäden zu beseitigen, die durch einen vertragswidrigen Gebrauch der Mietsache entstanden sind, so braucht eine Fristsetzung nicht zu erfolgen, um den Schadensersatzanspruch herzuleiten. Eine Fristsetzung ist hier nur im Rahmen eines Anspruchsschreibens zur Begründung klagebegründenden Vorverhaltens angezeigt. 177

Beim Vorgehen nach §§ 280, 281 BGB in Verbindung mit dem Angebot eines schon zurückgegebenen Schlüssels ist aber zu bedenken, dass ein **Vorenthalten** i.S.v. § 546a Abs. 1 S. 1 BGB nicht vorliegt, daher auch keine Nutzungsentschädigung nach § 546a BGB verlangt werden kann. Denn der Mieter besitzt die Wohnung mit dem Willen[4] des Vermieters (dazu unten 178

---

1 Näher dazu: *Horst*, MDR 1998, 189, 193 m.w.N.; OLG Düsseldorf, WuM 2000, 604 f.; AG Hannover, WUM 2003, 335 f.
2 Insgesamt zum Annahmeverzug bei abgelehnter Rücknahme der Mietsache auf Grund ihres Zustandes: OLG Düsseldorf, DWW 1997, 123.
3 OLG Düsseldorf, MietRB 2005, 93 f.
4 OLG Düsseldorf, NZM 2002, 742; OLG Hamm, NZM 2003, 517 = ZMR 2003, 354; *Scheuer* in Bub/Treier, Teil V Rz. 71.

Rz. 209). Es bleibt die Möglichkeit, Mietausfallschaden als Position des Verzugsschadens geltend zu machen (dazu sogleich unter ee). Die Alternativen unterscheiden sich in Fällen, in denen der Vermieter Nutzungsentschädigung nach Vertragsende in Höhe der ortsüblichen Vergleichsmiete will, weil die vorher vertraglich geschuldete Miete geringer war.

ee) Vermieterhaftung bei verzögertem Einzugstermin des Neumieters

179 Bei Streit über noch durchzuführende Arbeiten – insbesondere Schadensbeseitigungen, Renovierungen und Rückbauten oder bei der Ausführung dieser Arbeiten durch den Mieter über das Ende des Mietvertrags hinaus – kommt es häufig zu einem verzögerten Einzug des Neumieters.

180 Dies führt zunächst zu Problemen zwischen dem Vermieter und dem neuen Mieter. Der Vermieter, der dem neuen Mieter den Gebrauch der Mietsache infolge des nicht rechtzeitig räumenden Vormieters nicht einräumen kann, haftet dem neuen Mieter aus dem Gesichtspunkt der **Unmöglichkeit** auf Schadensersatz[1]. Diesen Schadensposten kann der Vermieter an den alten Mieter durchreichen. Dieser befindet sich mit der Rückgabe der Mietsache im Verzug. Hinzu kommt ein Verzugsschaden des Vermieters in Form des **Mietausfalls**[2], den er wegen unterbliebener Vermietung an den neuen Mieter erlitten hat. Anspruchsgrundlage sind §§ 280, 281 BGB. Der Mietausfall stellt sich als Rechnungsposten innerhalb des Schadensersatzes statt der Leistung dar[3]. Nochmals ist darauf hinzuweisen, dass dieser Anspruch auf Ersatz des Mietausfalls durch eine **Leistungsklage** bezüglich des bereits eingetretenen Mietausfalls und durch einen **Feststellungsantrag** bezüglich der noch zukünftig bis zur Räumung und Neuvermietung der Mietsache prozessual umzusetzen ist (vgl. *Rz. 101*). Grund hierfür ist die einheitlich eintretende kurze **Verjährung** nach § 548 Abs. 1 BGB, die auch für den Ersatz des Mietausfalls eingreift und nach § 549 Abs. 2 BGB mit der Rückgabe der Mietsache, frühestens jedoch mit dem Eintreten der Voraussetzungen der §§ 280, 281 BGB, also mit der Umwandlung des ursprünglichen Erfüllungsanspruchs in den Schadensersatzanspruch wegen Nichterfüllung beginnt. Dieser Fristbeginn gilt einheitlich für alle voraussehbaren künftigen Mietausfälle, die aus der Verletzung der vertraglichen Instandsetzungspflichten folgen, ohne dass es auf den jeweiligen monatlichen Entstehungszeitpunkt der Mietausfälle ankommt. Dies folgt aus dem Grundsatz der Schadenseinheit[4].

---

1 OLG Düsseldorf, NZM 1999, 24.
2 BGH, ZMR 2008, 867.
3 BGH, NJW 1998, 1303, 1304.
4 BGH, NJW 1998, 1303, 1304.

b) Das Mietverhältnis ist beendet, der Mieter zieht aber nicht aus
aa) Räumung und Herausgabe der Mietsache
(1) Wegnahmepflicht bei Räumung

Nach § 546 Abs. 1 BGB ist der Mieter nach Beendigung des Mietvertrags verpflichtet, die gemietete Sache in dem **Zustand** zurückzugeben, in dem sie sich bei **Vertragsbeginn** befand. Dies bedeutet, dass der Mieter seine Sachen vollständig aus dem ihm überlassenen Objekt zu entfernen hat und alle Schlüssel zurückgeben muss, um den Vermieter wieder in den Besitz zu setzen[1]. Die **Beseitigungspflicht** besteht auch dann, wenn der Vermieter den Einbauten oder Umbauten und Einrichtungen des Mieters zugestimmt hat und die Baulichkeiten in sein Eigentum übergegangen sind[2].

181

Für die Erfüllung der Rückgabepflicht reicht zunächst grundsätzlich die **Besitzaufgabe** und **Besitzverschaffung** aus. Ob der Besitzwechsel ordnungsgemäß erfolgt oder schlecht erfüllt wird, ist im Rahmen der Ansprüche, die sich aus der Nicht- bzw. aus der Schlechterfüllung ergeben und die ggf. über §§ 280, 281 BGB geltend gemacht werden müssen, zu prüfen. Daher ist es unerheblich, in welchem Zustand sich die Mietsache befindet. Nur wenn die zurückgelassenen Aufbauten, Einrichtungen oder Umbauten eine Inbesitznahme durch den Vermieter verhindern, kann deren Beseitigung im Rahmen der **Räumungsklage** verlangt werden. Gleichzeitig liegt dann ein Fall der Vorenthaltung i.S.v. § 546a Abs. 1 BGB vor[3].

182

Teilräumung und damit Nichterfüllung der Rückgabepflicht liegt vor, wenn der Mieter Einrichtungen in einem erheblichen Umfang zurücklässt. Dabei kommt es nicht darauf an, ob die Einrichtungen wesentlichen Platz beanspruchen. Maßgeblich ist vielmehr, welcher **Aufwand zur Beseitigung** der Einrichtungen erforderlich ist. Bei einem erheblichen Kostenaufwand (ab 2500 Euro) ist der Räumungsanspruch nicht erfüllt[4]. Von einer Schlechterfüllung der Rückgabepflicht ist demgegenüber auszugehen, wenn der Mieter vertragswidrig Teile der Einrichtung oder wertloses Gerümpel in der Wohnung oder im Keller zurücklässt, das mit relativ geringem Aufwand entfernt werden kann[5]. Neben dem Anspruch auf Schadensersatz wegen Nichterfüllung der Rückgabepflicht steht dem Vermieter in diesem Fall ein Anspruch aus ungerechtfertigter Bereicherung auf Wert-

183

---

1 OLG Düsseldorf, DWW 1997, 123.
2 OLG Köln, ZMR 1998, 699 f. = DWW 1998, 377 ff.; BGH, ZMR 1997, 568; BGH, BGHZ 96, 141, 144 = DWW 1985, 312 = NJW 1986, 309 = ZMR 1986, 48; BGH, BGHZ 104, 285, 288 = MDR 1988, 855 = NJW 1988, 2665 = ZMR 1988, 378.
3 Zusammenfassend: *Lützenkirchen*, WuM 1998, 187, 193.
4 BGH, WuM 1997, 217 mit Anmerkung von *Eisenschmid*, WuM 1997, 494 f.; OLG Brandenburg, ZMR 1997, 584 f.; keine Wohnungsräumung auch dann, wenn eine komplette Einbauküche, ein Einbauschrank im Badezimmer, Garderobe u.v.m. in der Wohnung zurückgelassen wird: LG Köln, NJW-RR 1996, 1460; Zurücklassen einer Vielzahl von Einrichtungs- und Gebrauchsgegenständen sowie Gerümpel im Keller und auf dem Dachboden: OLG Hamm, ZMR 1996, 372 ff.; zu weiteren Fällen näher: *Horst*, Geld und Mietende, S. 23 ff.
5 OLG Düsseldorf, DWW 1988, 142 f.; siehe auch: *Blank*, ZdW Bay 1998, 67, 72.

ersatz in Höhe des objektiven Nutzungswerts der von den zurückgelassenen Gegenständen konkret belegten Fläche zu[1]. Zu denken ist auch an den Ersatz ersparter eigener Aufwendungen, die beim Mieter für das Entsorgen seiner Sachen angefallen wären.

184 Ein **Anspruch auf Entfernung von Einbauten** und Umbauten soll nicht bestehen, wenn der Nachmieter den Erfolg dieser Arbeiten durch eigene Umbaumaßnahmen wieder zunichte machen würde[2]. Die Entscheidung überzeugt nicht. Der Fall ist mit den entsprechenden Argumenten gleich zu behandeln wie die von der Rechtsprechung entwickelte Umwandlung des Vornahmeanspruchs auf Schönheitsreparaturen bei Vertragsende in einen Geldanspruch in Höhe des Wertes der Schönheitsreparaturleistung, wenn diese durch Umbau und eigene Renovierungen des Nachmieters alsbald zerstört würden[3].

185 Bei Mietverträgen über Grundstücke in den **neuen Bundesländern** sollen vom Mieter errichtete Baulichkeiten nach Vertragsende nur zu entfernen sein, wenn dies vorher ausdrücklich so vereinbart war[4].

186 Der Beseitigungs- und Wiederherstellungsanspruch des Vermieters unterliegt unabhängig vom Rechtsgrund, aus dem er hergeleitet wird, der kurzen **Verjährung** nach § 548 BGB[5].

187 Es wurde bereits darauf hingewiesen, dass bei Nichterfüllung der Rückbau- und Räumungspflicht im Rahmen der Rückgabeverpflichtung Räumungsklage zu erheben ist. Dagegen ist eine **Schadensersatzklage** bei der Schlechterfüllung dieser Pflichten angezeigt. Auch wenn der Wohnungszustand nicht ordnungsgemäß ist wie z.B. bei pflichtwidrig unterlassenen oder bei schlecht ausgeführten Renovierungsarbeiten[6], liegt eine Rückgabe der Wohnung vor. Neben Schadensersatzanträge treten die Klageanträge auf Zahlung von Nutzungsentgelt für die in Anspruch genommene Fläche sowie auf Herausgabe der ersparten eigenen Aufwendungen für das Entsorgen der zurückgelassenen Gegenstände.

Ob und mit welchen Maßgaben der Vermieter zurückgelassene Gegenstände aus der Wohnung entfernen darf, wird unten unter *Rz. 263* erörtert.

(2) Herausgabe

188 Herausgabe i.S.v. §§ 546, 985 BGB meint **Besitzübergabe**[7]. Von einer ordnungsgemäßen Rückgabe der Mietsache ist nur auszugehen, wenn der Mieter dem Vermieter den unmittelbaren Besitz durch Übergabe der Wohnung

---

1 OLG Düsseldorf, DWW 1988, 142 f.
2 KG, GE 1998, 354.
3 So jetzt ausdrücklich: BGH, BGH-Report 2002, 709 = WuM 2002, 484.
4 BGH, ZMR 1997, 568; ebenso: *Robbert*, WM 2003, 490, 490 ff.
5 OLG Köln, ZMR 1998, 699 ff. = DWW 1998, 377 f.
6 OLG Düsseldorf, GE 2006, 327.
7 OLG Düsseldorf, WuM 2000, 604 f.

einräumt. Dazu gehört die Übergabe **sämtlicher Schlüssel** in den Mieträumen[1]. Gibt der Mieter nach Beendigung des Mietverhältnisses nicht sämtliche Schlüssel zurück, hängt die Erfüllung der Rückgabepflicht davon ab, ob und wie lange der Vermieter dadurch an der Inbesitznahme der Räume oder an einer uneingeschränkten Verfügung über die Mietsache gehindert ist[2]. Ergibt sich aus dem Umständen unzweifelhaft, dass der Mieter den **Besitz endgültig aufgibt** und dass er dem Vermieter den ungestörten Gebrauch der Mieträume ermöglicht[3], kann für den Besitzübergang ausnahmsweise die Rückgabe nur eines Schlüssels genügen[4].

Bei Streitigkeiten über die Herausgabe eines Wohnungsschlüssels nach Räumung ist die Jahresmiete als **Streitwert** anzusetzen[5]. Keine Rückgabe liegt vor, wenn die Schlüssel lediglich an eine im Haus wohnende Mietpartei abgegeben werden oder wenn der Mieter auszieht und die Schlüssel in der Wohnung zurücklässt, so dass der Vermieter sie dort findet[6]. Auch der Einwurf der Schlüssel in den **Briefkasten** stellt keine ordnungsgemäße Rückgabe dar[7].

Hat der Mieter selbst keinen unmittelbaren Besitz, so muss er für die Rückgabe durch den **Untermieter** sorgen, insbesondere dafür, dass dieser auszieht. Daneben hat der Vermieter einen eigenen Herausgabeanspruch gegen den Untermieter nach § 546 Abs. 2 BGB[8]. Voraussetzung für einen Anspruch nach § 546 Abs. 2 BGB ist, dass der wirksam zustande gekommene Hauptmietvertrag zwischen Vermieter und Mieter beendet ist. Ferner ist erforderlich, dass der Anspruch gegenüber dem Untermieter geltend gemacht wird. Insofern weicht das Rückforderungsrecht gegenüber dem Untermieter von der Rückgabepflicht des Mieters bei Vertragsende ab. Das hängt damit zusammen, dass der Untermieter in keinen vertraglichen Beziehungen zum Vermieter steht und somit keine Kenntnis davon hat, wann er auf Grund der Beendigung des Hauptmietverhältnisses von sich aus zu einer Rückgabe der Räume verpflichtet ist. 189

Mieter und Untermieter sind **Gesamtschuldner** in Bezug auf die Rückgabe der Mietsache. Deshalb kann der Hauptvermieter gleichzeitig gegen beide auf Räumung klagen[9]. Ein Räumungstitel, der nur gegen den Hauptmieter ergeht, wirkt nicht auch gegen den Untermieter[10]. Unabhängig vom Anlass für die Beendigung des Mietvertrages sollte aber der Untermieter außerge- 189a

---

1 OLG Köln, ZMR 2006, 859; eingehend: *Horst*, MDR 1998, 189.
2 OLG Hamburg, WM 2004, 471.
3 Hier durch den vollständigen und endgültigen Umzug der Anwaltskanzlei an einen anderen Standort.
4 OLG Köln, ZMR 2006, 859.
5 LG Halle, WuM 1994, 532.
6 LG Köln, DWW 1987, 238; AG Heilbronn, WuM 1966, 132; näher zum Hauswart und zum Rechtsanwalt als Empfänger eines Schlüssels bei Beendigung des Mietverhältnisses: *Horst*, MDR 1998, 189.
7 LG Berlin, GE 2003, 1431.
8 Dazu: BGH, BGHZ 56, 308.
9 OLG München, NJW-RR 1989, 525.
10 BGH, WM 2003, 577.

richtlich zur Räumung aufgefordert werden, um das Risiko des § 93 ZPO zu vermeiden und die Voraussetzungen der §§ 989, 990 BGB herbeizuführen.

190 Gibt der Mieter nach dem Auszug die Wohnungsschlüssel nicht zurück, so kann der Vermieter weiterhin **Nutzungsentschädigung** in Höhe der zuletzt gezahlten Miete von ihm verlangen[1]. Davon ist ebenso auszugehen, wenn der Untermieter die Schlüssel gar nicht zurückgibt oder nur dem Hauptmieter überlässt, ohne dass dieser sie an den Vermieter weiter gibt[2]. Auch dann wird dem Vermieter die Mietsache durch den Hauptmieter vorenthalten. Wie dargelegt, ist der Anspruch durch eine kombinierte Zahlungs- und Feststellungsklage geltend zu machen (vgl. *Rz. 102*).

Nach einer angemessenen Zeit muss der Vermieter **neue Schlösser** einbauen lassen und kann die Kosten dafür dem säumigen Mieter in Rechnung stellen[3].

191 Von diesen Fällen der Nichterfüllung der Rückgabepflicht sind jene zu unterscheiden, in denen die **einheitlich gemietete Mietsache** nur **teilweise** zurückgegeben wird[4]. Auch hier ist die Räumungsklage bezüglich der noch ausstehenden Teile der Mietsache zu erheben, sofern der Vermieter einen Teil zurückgenommen hat, wozu er gemäß § 262 BGB grundsätzlich nicht verpflichtet ist.

192 Klar ist, dass sich der Räumungs- und Herausgabeanspruch im Falle nur eines Mieters **gegen den Einzelmieter** selbst richtet. Klar ist auch, dass der Vermieter neben einem Herausgabeanspruch gegen den Hauptmieter aus § 546 Abs. 1 BGB einen direkten Herausgabeanspruch gegen den Untermieter aus § 546 Abs. 2 BGB hat. **Mietermehrheiten**, insbesondere Wohngemeinschaften und nicht eheliche Lebensgemeinschaften, schulden die Wohnungsrückgabe als Gesamtschuldner[5]. Dabei kommt es nicht darauf an, ob einzelne Mieter einer Mietergemeinschaft bereits vorab durch Auszug den Besitz an der Wohnung endgültig aufgegeben haben. Auch in diesem Fall besteht der Anspruch auf Herausgabe und Räumung gegen den/die vorab ausgezogenen Mieter[6]. Im Gegenzug hat der ausgezogene Mieter im Innenverhältnis gegenüber seinem Mitmieter einen Rechtsanspruch auf Mitwirkung bei der Räumung. Dies bedeutet für das Vorgehen des Rechtsanwalts:

193 Die Räumungsklage ist in jedem Fall gegen alle im Mietvertrag bezeichneten und unterzeichneten Mieter zu richten. Ist die neue Adresse eines schon zuvor **ausgezogenen Mieters** unbekannt und kann sie mit den dargelegten Maßnahmen nicht ermittelt werden, so ist die Räumungsklage an

---

1 OLG Düsseldorf, MDR 1997, 342.
2 OLG Düsseldorf, NZM 2003, 397 = MDR 2003, 82.
3 Näher dazu: *Horst*, MDR 1998, 189.
4 Dazu: *Blank*, ZdW Bay 1998, 67, 72.
5 LG Frankfurt/Main, PE 1998, 265.
6 BGH, WuM 1996, 83 = ZMR 1996, 182.

den „verschwundenen" Mieter **öffentlich zuzustellen** (§ 132 Abs. 2 BGB i.V.m. §§ 203, 206 Abs. 2 ZPO). Damit das Gericht dies ohne Zeitverlust veranlasst, ist im Klagerubrum bei der Bezeichnung des „verschwundenen Beklagten" deutlich zu machen, dass es sich bei der angegebenen Adresse um die letztbekannte (alte) Adresse handelt, sowie in der Klagebegründung öffentliche Zustellung anzuregen.

bb) Weitere Nutzung der Mietsache

(1) Benutzungsrechte des Mieters

Nach Beendigung des Mietverhältnisses hat der Mieter kein vertragliches Besitz- und Benutzungsrecht mehr an der Wohnung. Dennoch hat er den **Besitz** an der Wohnung **nicht fehlerhaft** erworben. Daher greifen die Besitzschutzvorschriften (§§ 859 ff. BGB) zugunsten des Vermieters nicht ein. So ist es zu erklären, dass dem Mieter auch nach Beendigung des Mietverhältnisses an der Wohnung ein Besitzrecht auf Grund seines ehemals rechtmäßig erworbenen Besitzes zusteht. Dieses Besitzrecht besteht nicht nur an der Mietsache selbst, sondern auch an den **Gemeinschaftsanlagen**, die als notwendiger Zugang dienen oder die zur Benutzung der Mietsache unerlässlich sind. Dagegen hat der Mieter nicht mehr das Recht, Gemeinschaftseinrichtungen mitzubenutzen, auf die er nicht zwingend angewiesen ist (z.B. Sauna, Partyraum)[1]. 194

Wie gesagt, leitet sich das Nutzungsrecht des Mieters nur noch aus dem Besitz und nicht aus dem Mietvertrag ab. Mit Ende des Mietverhältnisses reduzieren sich auch die ehemaligen **Gebrauchsgewährungs- und Gebrauchserhaltungspflichten** des Vermieters stark. Die Duldungspflicht zum Gebrauch der Mietsache reduziert sich auf die Duldung des Zugangs zu den Mieträumen, des Mitgebrauchs von Räumen und zum Wohnen notwendiger Einrichtungen sowie die Gewährung von Versorgungsleistungen und der Entsorgung[2]. In einer zum **Gewerbemietrecht** ergangenen Entscheidung vom 6.5.2009[3] hat der BGH grundlegende Ausführungen zum Anspruch des Mieters auf **Versorgungsleistungen nach Vertragsende** gemacht: Ein solcher Anspruch des Mieters könne bei beendetem Mietverhältnis nur im Einzelfall aus nachvertraglichen Pflichten (§ 242 BGB), nicht aber aus Besitzschutzansprüchen (§§ 862 Abs. 1 S. 2, 858 BGB) folgen. Erhebliche Zahlungsrückstände des Mieters und eine zahlungsverzugsbedingte Vertragsbeendigung hindern die Annahme einer solchen Pflicht. 195

Dabei betont der BGH, nach dem Vertragsende sei der Vermieter gegenüber dem die Mieträume weiter nutzenden Mieter zur Gebrauchsüberlassung und damit auch zur Fortsetzung vertraglich übernommener Versorgungsleistungen (hier: Belieferung mit Heizenergie) grundsätzlich nicht mehr 195a

---

1 *Sternel*, Mietrecht, IV Rz. 657.
2 AG St. Blasien, WuM 1996, 286 f.
3 BGH, Urt. vom 6.5.2009 –. XII ZR 137/07.

verpflichtet. Ein Unterlassungsanspruch aus § 535 Abs. 1 BGB aus der Pflicht zur Gebrauchsüberlassung entfalle wegen des beendeten Vertrags.

195b Die Einstellung oder Unterbrechung der Versorgung mit Heizenergie durch den Vermieter störe den Mieter auch nicht im Besitz der Miträume (§§ 862 Abs. 1 S. 2, 858 BGB). Zwar stehe der Besitzschutz auch dem zur Räumung verpflichteten Mieter als unrechtmäßigem Besitzer zu. Die zur Nutzung des Mietobjekts erforderlichen Energielieferungen seien aber nicht Bestandteil des Besitzes und könnten daher auch nicht Gegenstand des Besitzschutzes nach §§ 858 ff. BGB sein. Der Besitz umfasse lediglich den Bestand der tatsächlichen Sachherrschaft. Der Zufluss von Versorgungsleistungen könne zwar Voraussetzung für den vertragsgemäßen Gebrauch sein, der aber nach Beendigung des Vertrages nicht mehr geschuldet werde. Er sei hingegen nicht Bestandteil der tatsächlichen Sachherrschaft als solcher. Da der Besitzschutz nur Abwehrrechte und keine Leistungsansprüche gewähre, mache es auch keinen Unterschied, ob die Störung durch den (Miet-)Vertragspartner oder durch einen Dritten wie etwas den Energieversorger erfolge[1]. Schließlich komme es nicht darauf an, ob der Mieter (Mit-)Besitzer der Absperrvorrichtungen sei.

195c Ein **Anspruch des Mieters auf Fortsetzung von Versorgungsleistungen** könne im Falle des bereits beendeten Mietverhältnisses nur im Einzelfall nach **Treu und Glauben** aus nachvertraglichen Pflichten des Vermieters folgen. Zumindest bei zahlungsverzugsbedingt beendetem Gewerbemietverhältnis sei diese Pflicht wegen Unzumutbarkeit für den Vermieter aber nicht mehr anzunehmen, wenn der Mieter sich mit Grundmiete, nachvertraglicher Nutzungsentschädigung und Betriebskostenvorauszahlungen im Zahlungsverzug befinde und dem Vermieter mangels eines Entgelts für seine Leistungen ein stetig wachsender Schaden drohe.

In seiner zum Gewerbemietrecht ergangenen Entscheidung macht der BGH deutlich, dass sich im Einzelfall nachvertragliche Pflichten des Vermieters zu weiteren Versorgungsleistungen für die weiter genutzte Wohnung trotz beendetem Mietvertrag ergeben können[2]. Solche nachvertraglichen Pflichten könnten sich im Einzelfall aus der Eigenart des – beendeten – Mietvertrages wie z.B. bei der **Wohnraummiete**[3] oder den besonderen Belangen des Mieters (z.B. Gesundheitsgefährdung oder etwa durch Versorgungssperre drohender, besonders hoher Schaden) ergeben. Dies würde al-

---

1 A.A. Derleder NZM 2000, 1098, 1100 f.
2 So auch Schmidt-Futterer/Gather Mietrecht 9. Aufl. 2007, § 546a BGB Rz. 47 ff.; MünchKomm/Bieber BGB 5. Aufl. § 546a Rz. 28 ff.
3 Einen Anspruch des Wohnungsmieters auf Wasser- und Stromversorgung auch nach Vertragsende befürworten im Hinblick auf den besonderen grundrechtlichen Schutz des Wohnraums und die Sozialpflichtigkeit des Eigentums Bieber, in Kinne/Schach/Bieber, Miet- und Mietprozessrecht, § 535 Rz. 51; OLG Saarbrücken, Urt. vom 25.9.2005 – 8 W 204/05, InfoM 2006, 189; vgl. auch BGH, Urt. vom 10.6.2005 – V ZR 235/04 Rz. 35; a.A., weil nach Vertragsende keine Gebrauchsgewährleistungspflicht mehr besteht: Scholz, NZM 2008, 387; Streyl, WuM 2006, 234; Herrlein, NZM 2006, 527; Derleder, NZM 2000, 1098; KG Berlin, Urt. vom 8.7.2004 – 12 W 21/04, InfoM 2005, 28.

lerdings allein den Interessen des Mieters dienen[1]. Die trotz beendeten Vertrags aus Treu und Glauben nach § 242 BGB herzuleitende Verpflichtung lasse sich daher nur rechtfertigen, wenn sie auf der anderen Seite den berechtigten Interessen des Vermieters nicht in einer Weise zuwiderlaufe, die ihm die weitere Leistung unzumutbar mache. Sei dem Vermieter die Weiterbelieferung nicht zumutbar, so komme es anders als bei bestehendem Mietvertrag auf den Umfang und die Grenzen eines Zurückbehaltungsrechts nicht an, weil der Vermieter in diesem Fall schon nicht mehr zur Gebrauchsüberlassung verpflichtet sei.

Als Beispiel einer nachvertraglichen Pflicht des Vermieters zu Versorgungsleistungen führt der BGH eine gewährte **Räumungsfrist** für den Mieter nach §§ 721, 765a, 794a ZPO an, wenn dem Vermieter wegen der regelmäßig entrichteten Nutzungsentschädigung kein Schaden entsteht. Das Problem stelle sich nicht, wenn der Mieter Versorgungsleistungen aufgrund eigener Vertragsbeziehung zum **Versorgungsunternehmen** beziehe. Dann drohe dem Vermieter durch die weitere Versorgung der Mieträume mit Wasser, Strom und Heizenergie kein Schaden. Denn in diesem Falle hafte er nicht gegenüber dem Energieversorger[2]. Deshalb sei der Vermieter dann nicht berechtigt, die Versorgungseinrichtungen zu sperren, um wegen anderer Forderungen Druck auf den Mieter auszuüben.   195d

Bei diesem Hinweis übersieht der BGH, dass es der Vermieter bei direkter Vertragsbeziehung zwischen Mieter und Energieversorger gar nicht in der hand hat, Leistungen zu unterbinden.

Der Mieter hat nicht mehr das Recht, Erlaubnis zur Untervermietung gem. §§ 540, 553 BGB zu verlangen, die Mietsache zu verändern oder den Vermieter auf Instandhaltung in Anspruch zu nehmen. Doch darf der Mieter weiterhin Besuch in der Mietsache empfangen und sich auch im Abwicklungsstadium ein Tier zulegen, wenn der ehemalige Mietvertrag kein Verbot der Tierhaltung mit Erlaubnisvorbehalt enthielt[3].   195e

Auf Grund dieser Situation hat der Rechtsanwalt folgende Punkte **mit dem Mandanten** zu erörtern:

– Besteht der Mandant auf vertragsgerechter Räumung und Herausgabe der Mietsache, so ist zunächst **§ 545 BGB** zu beachten. Danach unterstellt das Gesetz unwiderlegbar (Fiktion), dass sich ein beendetes Mietverhältnis unbefristet verlängert, wenn der Mieter nach dem Ablauf der Mietzeit die Mietsache weiternutzt und der Vermieter seinen entgegenstehenden Willen binnen einer Frist von zwei Wochen dem Wohnungsnutzer gegenüber nicht erklärt. Auch wenn etwa bereits im Mietvertrag § 545 BGB (formularmäßig) **ausgeschlossen** ist, sollte der Rechtsanwalt die Erklärung in jedem Fall gegenüber dem weiternutzenden ehemaligen Mieter wiederholen und beweisbar zugehen lassen (vgl. dazu bereits   196

---
1 Vgl. insoweit Staudinger/*Rolfs* 2006, § 546a BGB Rz. 6.
2 BGH, Urt. vom 10.12.2008 – VIII ZR 293/07, NJW 2009, 913 = NZM 2009, 195.
3 *Sternel*, Mietrecht, IV Rz. 658.

Rz. 87). Denn insbesondere in älteren Mietverträgen kann die Bezugnahme auf § 545 BGB wegen § 305 Abs. 2 BGB unwirksam sein. Nach dem Rechtsentscheid des OLG Schleswig vom 27.3.1995[1] wird eine mietvertragliche Klausel, die ohne weitere Erklärungen lediglich auf § 545 BGB Bezug nimmt, nicht Bestandteil des Mietvertrags. Die bloße Bezugnahme auf § 545 BGB macht diese Vorschrift und damit den Inhalt der Klausel dem Durchschnittsmieter nicht verständlich. Die für unwirksam erklärte Klausel lautete:

> Wird nach Ablauf der Mietzeit der Gebrauch der Sache vom Mieter forgesetzt, so findet § 568 BGB *(§ 568 BGB a.F. entsprach § 545 BGB, Anm. d. Verf.)* keine Anwendung.

197 Deswegen muss konkret formuliert werden, dass die gesetzliche Unterstellung eines unbefristet verlängerten Mietverhältnisses wegen Abbedingung von § 545 BGB nicht zum Tragen kommt. Nach derzeitiger Rechtsprechung kann folgende **Formulierung** dazu verwendet werden:

> Eine Verlängerung des Mietverhältnisses nach § 545 BGB durch Gebrauchsfortsetzung über den vorgenannten Termin hinaus wird abgelehnt[2].

198 – Besteht dagegen Anlass, dem Mieter – gegen Gegenleistung – eine **Räumungsfrist** einzuräumen, so hat der Rechtsanwalt auf Folgendes zu achten:

Lässt sich der Vermieter bei beendetem Mietverhältnis – außergerichtlich – auf eine anschließende Räumungsfrist ein, ist insbesondere auf die Dauer der weiteren Wohnungsnutzung zu achten. Gem. §§ 721 Abs. 5 S. 1, 794a Abs. 3 ZPO darf eine Räumungsfrist insgesamt **nicht länger als ein Jahr** betragen. Wird aber eine Räumungsfrist von mehr als einem Jahr vereinbart, kann daraus ein **neues Mietverhältnis** entstehen. Dies führt für den Vermieter zu ungünstigen Konsequenzen. Dieses Mietverhältnis muss nämlich völlig neu gekündigt oder sonst aufgehoben werden. Insoweit hilft auch keine „Bewährungsauflage" etwa in der Form, dass das Mietverhältnis als beendet gilt, wenn der Mieter neben der Nutzungsentschädigung die **vereinbarten Raten** nicht pünktlich zahlt[3]. Denn im Zweifel entsteht ein neuer Mietvertrag, wenn der Mieter das Entgelt für die Überlassung über eine gewisse Dauer zahlt.

---

1 OLG Schleswig, GE 1995, 1409; **a.A.** OLG Rostock, Urt. v. 29.5.2006 – 3 U 167/05, ME-02006.
2 BGH, DWW 1991, 212 ff., 213 = NJW 1991, 1750 = WuM 1991, 381 = ZMR 1991, 290.
3 Dies gilt auch bei gerichtlichen Vergleichen.

Deshalb sollte der Rechtsanwalt im Interesse des Vermieter-Mandanten (und natürlich auch aus **Haftungs**gesichtspunkten) darauf achten, dass eine Vereinbarung über eine Räumungsfrist nach Ende des Mietvertrages so eindeutig gefasst ist, dass keinerlei Zweifel darüber aufkommen, ob tatsächlich eine Räumungsfrist oder ein neues Mietverhältnis vorliegt. 199

Grundsätzlich sollte sich der Vermieter auf Räumungsfristen nur einlassen, wenn die entsprechenden Vereinbarungen **notariell beurkundet** (oder gerichtlich protokolliert) werden und sich der Mieter unwiderrufbar wegen des Räumungs- und Herausgabeanspruchs des Vermieters der sofortigen Zwangsvollstreckung unterwirft. Die bereits erwähnte Gegenleistung des Mieters besteht dann darin, dass der Vermieter mit entsprechender Kostenvorschusspflicht keinen Räumungsprozess mehr führen muss und weitere Prozessrisiken nicht mehr bestehen. In der Vereinbarung sollte jedoch klargestellt werden, dass durch die Überlassung und Entgeltzahlung kein neues Mietverhältnis entsteht, sonder die Entstehung den Abschluss eines neuen schriftlichen Vertrages voraussetzt, § 154 Abs. 2 BGB.

– Je nach Veranlassung hat der Rechtsanwalt den Mandanten darauf hinzuweisen, dass weder bei anwesenden Mietern noch bei abwesenden Mietern ein **eigenmächtiges Ausräumen** und eine eigenmächtige Inbesitznahme der Mietsache durch den Vermieter zulässig sind[1]. Genauso wenig darf der Vermieter – etwa bei Abwesenheit des Mieters – die Schlösser der Mietsache auswechseln[2]. Der Vermieteranwalt ist gut beraten, diesen **Hinweis** auch gegenüber dem eigenen Mandanten beweisfähig zu **dokumentieren**. Denn nach Auffassung des OLG Koblenz[3] handelt der Rechtsanwalt des Vermieters pflichtwidrig, wenn er seinen Mandanten bei fortbestehendem Mietverhältnis nicht davon abhält, die **Türschlösser auszutauschen**, um das Vermieterpfandrecht durchzusetzen. Kündigt der Mieter daraufhin fristlos, haftet der Rechtsanwalt für den gesamten **Mietausfallschaden**. 200

Das eigenmächtige Ausräumen sowie das Auswechseln der Schlösser sind nach §§ 123, 240 und ggf. 253 StGB strafbar und stellen zivilrechtlich eine **verbotene Eigenmacht** dar. Zivilrechtlich kann der Mieter mit einer Besitzschutzklage und einer vorgeschalteten einstweiligen Verfügung erfolgreich reagieren[4].

– Der Vermieter darf ebenso keine Einrichtungen der Mietsache wegnehmen. Dabei kommt es nicht darauf an, ob der Mieter die Miete oder einzelne Rechnungen nicht zahlt oder ob das Mietverhältnis beendet ist. Der Vermieter darf auch nicht die Fenster und die Korridortür aushängen und entfernen[5]. 201

---
1 Dazu eingehend: Lehmann-Richter, Räumung des Mieters im Wege der „Selbstjustiz", NZM 2009, 177; *Horst*, NZM 1998, 139, 140 f.; zum Schmerzensgeldanspruch des Mieters in diesem Fall: AG Reinbek, ZMR 2008, 719.
2 *Horst*, NZM 1998, 139.
3 OLG Koblenz, NZM 2004, 39 = NJW 2004, 77.
4 OLG Köln, VersR 1997, 465; LG Kassel, WuM 1989, 375.
5 Näher zu diesen Fällen: *Horst*, NZM 1998, 139.

202 In Bezug auf die Sperrung von Versorgungsleistungen, auch als „Ausfrieren des Mieters" oder als „kalte Räumung" bezeichnet, gelten die obigen Ausführungen unter *Rz. 195*.

(2) Nutzungsentgelt

(a) Fortentrichtung des Nutzungsentgelts bei Vorenthaltung der Mietsache

203 Nach § 546a Abs. 1 BGB besteht ein Anspruch auf Nutzungsentgelt in **Höhe** der bisher geschuldeten Miete bei unterlassener Rückgabe der Mietsache, wenn sie dem Vermieter vorenthalten wird. Der Anspruch ist von der Höhe **taggenau** bis zur Rückgabe der Mietsache zu berechnen, sodass Nutzungsentschädigung aus § 546a Abs. 1 BGB zum Beispiel bei der Rückgabe der Wohnung zum 15. des Monats nicht für den vollen Monat zu berechnen ist. Diesem Zeitraum kann nur durch einen Schadensersatzanspruch nach § 546a Abs. 2 BGB Rechnung getragen werden[1]. Dieser Anspruch stellt keinen Schadensersatzanspruch, sondern einen vertraglichen **Anspruch eigener Art** dar[2]. Die Nutzungsentschädigung nach Beendigung des Mietverhältnisses ist daher als vertraglicher Anspruch auch steuerlich wie eine vertragliche Mietforderung zu behandeln. Sie unterliegt bei entsprechender Option des Vermieters der **Umsatzsteuer**[3]. Deshalb muss der Vermieter auch nicht nachweisen, dass ihm tatsächlich ein Schaden als Nutzungsausfall entstanden ist.

204 Die Nutzungsentschädigung ist in Höhe der zuletzt geschuldeten Miete oder in Höhe der für vergleichbare Miträume ortsüblichen Miete zu zahlen. Bei der **Auswahl** zwischen beiden **Alternativen** sollte der Rechtsanwalt als Beratungshinweis Folgendes bedenken:

205 Wird die vertraglich zuletzt geschuldete **Miete** weiterverlangt, so kann sie im Rahmen von § 546a BGB nicht **erhöht** werden. Falls der Vermieter dies will, muss er die **ortsübliche Miete** verlangen. Für dann mögliche Mieterhöhungen gilt weder eine Wartefrist noch eine Kappungsgrenze, wenn der ehemalige Mieter nicht auf Grund einer Räumungsfrist nutzt. Sie wird durch einseitige Willenserklärung als Gestaltungsrecht ausgeübt, ist also nicht wie eine Mieterhöhung nach § 558 BGB zweiseitiger Natur. Auch Form- und Begründungserfordernisse des § 558 BGB müssen nicht gewahrt sein. Allerdings trägt der Vermieter die Beweislast dafür, dass er die ortsübliche Miete verlangt[4]. Nutzt der ehemalige Mieter allerdings auf Grund einer vertraglichen oder gerichtlichen Räumungsfrist, so ist der Vermieter bei Mieterhöhungen auf das Verfahren nach § 558 BGB angewiesen[5]. War die Miete bereits während des Bestehens des Mietverhältnisses gemindert, so ist die Nutzungsentschädigung nur in Höhe der **geminderten Miete** zu

---

1 BGH, WuM 2005, 771 = GuT 2006, 30.
2 LG Berlin, ZMR 1992, 541; BGH, NZM 1998, 192, 193.
3 St. Rspr. des BGH: vgl. BGH, NZM 1998, 142, 143 m.w.N.
4 Näher: *Horst*, Geld und Mietende, S. 46 f.
5 *Eisenschmid*, WuM 1987, 243, 245.

entrichten. Tritt der Mangel nach Beendigung des Mietverhältnisses während der dem Mieter gewährten Räumungsfrist ein, so ist die Nutzungsentschädigung in Höhe der vollen Miete jedenfalls dann zu zahlen, wenn der Mieter den Mangel dem Vermieter nicht angezeigt hat[1].

Der Vermieter kann an Stelle der vereinbarten die **höhere ortsübliche Miete** nicht nur verlangen, wenn er diesen Anspruch vor Eintritt der Fälligkeit gegenüber dem Mieter geltend gemacht hat[2], sondern sogar **rückwirkend** ab der Beendigung des Mietvertrages[3]. Daraus folgt die Pflicht für den Rechtsanwalt, mit dem Mandanten zu erörtern, ob 205a

– er die Miete in der weiter geschuldeten Höhe wünscht oder
– er die (höhere) ortsübliche Vergleichsmiete erzielen will.

Die Entscheidung sollte nach **zeitökonomischen** und **wirtschaftlichen Aspekten** fallen. Besteht in der Gemeinde kein Mietspiegel oder ist ein Mietspiegel bereits zuvor als Vorfrage in Mieterhöhungsprozessen in seiner Wirksamkeit angezweifelt worden, sind auch Vergleichsobjekte nicht bekannt, so bleibt nur ein Sachverständigengutachten als Nachweis der ortsüblichen Vergleichsmiete. Dieses Vorgehen ist selten wirtschaftlich, da außergerichtliche Gutachten recht teuer sind. Der damit verbundene zeitliche und finanzielle Aufwand wird nur in extremen Fällen rentabel sein, in den die vertraglich geschuldete Miete ganz erheblich hinter der ortsüblichen Vergleichsmiete zurückbleibt. 206

(aa) Vorenthalten der Mietsache

Zentrale **Voraussetzung für den Anspruch nach § 546a Abs. 1 BGB** ist, dass die Mietsache dem Vermieter nach Beendigung des Mietverhältnisses **gegen seinen Willen**[4] vorenthalten wird. Daran fehlt es, wenn der Vermieter ausdrücklich sein Einverständnis mit einem Beweissicherungsverfahren zur Feststellung von Wohnungsmängeln erklärt hat[5] oder wenn sich aus dem Verhalten des Vermieters ergibt, dass er die Rückgabe der Mietsache nicht ernsthaft wünscht, weil er zum Beispiel längere Zeit nicht aus dem Räumungstitel vollstreckt[6]. Das Mietobjekt wird vom Mieter auch vorenthalten, wenn sein Untermieter die Schlüssel gar nicht zurück gibt oder sie nur dem Mieter überlässt, ohne dass er sie an den Vermieter weiter gibt[7]. Folgende Punkte bereiten in der Praxis immer wieder **Probleme**: 207

---

1 LG Berlin, ZMR 1992, 541; dazu auch *Scheuer* in Bub/Treier, Teil V, Rz. 98 f., S. 1349.
2 LG Berlin, MDR 1993, 446.
3 BGH, NJW 1999, 2808 = WuM 1999, 689 = ZMR 1999, 749.
4 BGH, NJW-RR 2004, 558; BGH, WuM 2005, 771 = GuT 2006, 30.
5 AG Neuss, WuM 1994, 382.
6 OLG Düsseldorf, GE 2006, 189 und OLG Düsseldorf, ZMR 2004, 750.
7 OLG Düsseldorf, NZM 2003, 397 = MDR 2003, 82.

– **Schönheitsreparaturen nach Vertragsende**

208 Führt der Mieter die ihm obliegenden Schönheitsreparaturen erst nach Vertragsende aus, ohne dass der Vermieter ihn dazu aufgefordert hat, so enthält er dem Vermieter die Wohnung vor. Konsequenz ist seine **Ersatzpflicht** in Höhe des entstehenden Nutzungsausfalls[1]. Nimmt in diesem Fall der Vermieter bei einem noch in der Mietzeit liegenden Wohnungsabnahmetermin die Wohnung wegen noch durchzuführender Schönheitsreparaturen nicht zurück, so gerät er nicht in Annahmeverzug. Davon ist der Fall streng zu unterscheiden, dass der Mieter nach Beendigung des Mietverhältnisses auf das **Verlangen des Vermieters** noch Schönheitsreparaturen durchführt. Denn dann besitzt der Mieter die Mietsache nicht gegen den Willen des Vermieters, sondern mit seinem Willen. Folge ist, dass ein Anspruch nach § 546a Abs. 1 BGB mangels vorenthaltener Mietsache nicht besteht[2]. Allerdings kann der Vermieter den Mietausfall bis zur Neuvermietung als Schadensposten innerhalb des Verzugsschadens geltend machen[3], sofern er den Nachweis einer ansonsten zügigen Weitervermietung führen kann[4], wobei ihm § 252 BGB als Beweiserleichterung hilft[5].

– **Kündigungswiderspruch**

209 Der Mieter enthält die Mietsache auch dann dem Vermieter nicht vor, wenn der Vermieter zuvor der Auffassung des Mieters, der Vertrag sei beendet worden, widersprochen hat. Ein solcher Widerspruch ist darin zu erkennen, dass der Vermieter zum Ausdruck bringt, der Mieter habe **nicht wirksam gekündigt**. Solange der Vermieter das Mietverhältnis nicht als beendet ansieht, **will er Räumung nicht verlangen**. So liegt der Fall auch dann, wenn der Vermieter nur zuerst widerspricht, dann aber die Beendigung des Mietverhältnisses später akzeptiert. Da ein tatsächlicher Rücknahmewille des Vermieters bis zur Bestätigung der Kündigung nicht vorlag, wird die Klage auf Zahlung von Nutzungsentschädigung nach § 546a Abs. 1 BGB in diesem Fall abgewiesen, obwohl der Mieter die Mietsache nicht geräumt hat[6].

210 In diesen Fällen kann der Vermieter Nutzungsentschädigung nur aus dem Gesichtspunkt der **ungerechtfertigten Bereicherung** verlangen. Dazu muss er jedoch vortragen, ob und ggf. in welchem Umfang der Mieter durch den bloßen Besitz der Räumlichkeiten Aufwendungen erspart hat oder ihm sonstige Vermögensvorteile zugeflossen sind[7].

---

1 LG Frankfurt/Main, PE 1996, 103.
2 OLG Düsseldorf, WM 2002, 494 f. = DWW 2003, 92 f.; ebenso bei verweigerter Annahme des Mietobjekts wegen angeblich vorhandener Mängel: OLG Hamm, NZM 2003, 517 = ZMR 2003, 354; OLG Düsseldorf, DWW 2005, 423, 425 für den Fall, dass der Vermieter vom Fortbestand des Mietverhältnisses ausgeht.
3 OLG Hamburg, DWW 1990, 50 f.; *Blank*, Mietrecht von A bis Z, S. 494 m.w.N.
4 OLG Düsseldorf, ZMR 2003, 105; LG Berlin, MM 2002, 481; NZM 2002, 909; LG Landau/Pfalz, ZMR 2002, 429; AG Hagen, WuM 2002, 217.
5 OLG Frankfurt/Main, ZMR 1997, 522; LG Frankfurt/Main, NZM 2000, 1177.
6 OLG Hamm, NJW 1997, 264; *Lützenkirchen*, WuM 1998, 187, 193.
7 *Lützenkirchen*, WuM 1998, 187, 193.

– **Unterlassene Räumung**

Ein Vorenthalten i.S.v. § 546a Abs. 1 BGB liegt bei unterlassener vollständiger Räumung der Mietsache nur dann vor, wenn die zurückgelassenen Aufbauten, Einrichtungen oder Umbauten eine **Inbesitznahme** durch den Vermieter **verhindern**[1]. 211

Der (Haupt-)Mieter enthält die Mietsache auch dann vor, wenn er sie untervermietet hat und der **Untermieter** nicht räumt[2]. Der Entschädigungsanspruch nach § 546a BGB ist nicht deswegen nach § 254 BGB zu kürzen, weil der Vermieter von einem Herausgabeanspruch gegen den Untermieter nach § 546 Abs. 2 BGB keinen Gebrauch macht. 212

– **Einweisung des ehemaligen Mieters durch die Ordnungsbehörde**

Auch der Mieter, der auf Grund einer Einweisungsverfügung der Ordnungsbehörde zur Vermeidung seiner Obdachlosigkeit die Wohnung weiternutzt, enthält sie dem Vermieter nicht vor. Denn er hat die Maßnahme der Obdachlosenbehörde **nicht veranlasst**. Er kann sogar räumungswillig sein, was die Obdachlosenbehörde jedoch unter dem Gesichtspunkt der öffentlichen Sicherheit und Ordnung mit ihrer Einweisungsverfügung verhindert. Diese wird nicht auf Veranlassung des Mieters tätig, sondern auf Grund der ihr obliegenden Aufgaben im Rahmen des Polizei- und Ordnungsrechts[3]. 213

– **Räumungsfrist**

Bei vertraglichen oder gerichtlichen Räumungsfristen nach §§ 721, 794a ZPO liegt ein Vorenthalten der Mietsache ebenfalls nicht vor. Dies folgt bereits für die gerichtlichen Räumungsfristen aus § 546 Abs. 2 BGB. Für die vertragliche Räumungsfrist ergibt sich dies daraus, dass der Mieter **mit Willen des Vermieters** auf Grund einer zweiseitigen vertraglichen Vereinbarung die Wohnung weiter nutzt[4]. 214

(bb) Widerspruch des Mieters

Besonders hinzuweisen ist auf den Fall, dass der Mieter gegen eine Kündigung nach §§ 574–574b BGB (Sozialklausel) Widerspruch eingelegt hat. Dann ist ungewiss, ob das Mietverhältnis zum Ende der Kündigungsfrist endet. Dies wird erst gerichtlich innerhalb eines Räumungsrechtsstreits festgestellt. Trotzdem muss der Vermieter seinen Entschädigungsanspruch nach § 546a BGB nicht schon **mit Ablauf der Kündigungsfrist** geltend machen, wenn er die höhere ortsübliche Vergleichsmiete verlangen will. Nach dem Ende des Räumungsrechtsstreits kann Nutzungsentschädigung für die Vergangenheit – also **rückwirkend** – **verlangt** werden[5]. Gleichwohl ist es 215

---

1 OLG Brandenburg, ZMR 1997, 584 ff.; *Lützenkirchen*, WuM 1998, 187, 193.
2 BGH, BGHZ 90, 145 = NJW 1984, 1527 = WuM 1984, 131 = ZMR 1984, 380.
3 Zutreffend: *Eisenschmid*, WuM 1987, 243, 244.
4 Zum Ganzen auch: *Eisenschmid*, WuM 1987, 243, 244.
5 BGH, NJW 1999, 2808 = WuM 1999, 689 = ZMR 1999, 749.

sinnvoller, wenn der Rechtsanwalt des Vermieters dem Mieter spätestens zum Ende der Kündigungsfrist mitteilt, dass Nutzungsentschädigung in Höhe der ortsüblichen Miete ab dem Tage der Nutzung nach Ablauf der Kündigungsfrist für den Fall verlangt wird, dass das Mietverhältnis vom Gericht nicht verlängert wird. Diese Hinweise sollten bereits **im Kündigungsschreiben** selbst platziert werden. Dadurch erhöht sich nämlich für den Mieter das Risiko.

(cc) Entschädigung

216 Die Höhe der Entschädigung richtet sich
- **bei Grundstücken** nach der bisher vereinbarten Miete,
- bei Räumen (z.B. **Gewerberaum** oder Garagen) nach der bisher vereinbarten Miete oder stattdessen nach der ortsüblichen Vergleichsmiete und
- bei **Wohnräumen** nach der bisher vereinbarten Miete oder nach der ortsüblichen Vergleichsmiete, die nach § 558 BGB festzustellen ist.

217 Nach § 546a Abs. 2 BGB ist die Geltendmachung eines weiteren Schadens nicht ausgeschlossen, der aus der Vorenthaltung der Mietsache entstanden ist. Bei Wohnraum sind diese Ansprüche nach § 571 BGB beschränkt.

(dd) Darlegungs- und Beweislast

218 Der **Vermieter** ist darlegungs- und beweispflichtig für die **Beendigung** des Mietverhältnisses, wenn er einen Nutzungsentgeltanspruch nach § 546a BGB geltend macht. Der Mieter muss dagegen darlegen und beweisen, dass er die Mietsache **zurückgegeben** hat. Ist die Mietsache nicht zurückgegeben worden, so muss der Mieter darlegen und beweisen, dass der Vermieter keinen **Rücknahmewillen** gehabt hat, dass die Rückgabe der Mietsache auch objektiv unmöglich oder ohne Veranlassung des Mieters subjektiv unmöglich geworden ist. Wird einer von mehreren Mietern in Anspruch genommen, so muss dieser beweisen, dass auch die anderen Mieter ihre Rückgabepflicht erfüllt haben.

Ebenso muss der **Vermieter** die **vereinbarte Miete** sowie die Höhe der ortsüblichen Miete darlegen und beweisen, um den Anspruch der Höhe nach darzutun[1].

(b) Mietausfall bei Schlechterfüllung der Räumung

219 Kommt es durch das vertragswidrige Verhalten des Mieters zu Mietausfällen beim Vermieter, so hat der Mieter auch diesen Schaden zu ersetzen. So hat der Mieter die entgangene Miete zu zahlen, wenn die Wohnung wegen geschuldeter und unterlassener[2] oder schlecht ausgeführter[3] Renovierungs-

---

1 *Scheuer* in Bub/Treier, V Rz. 111.
2 BGH, DWW 1991, 364 f.; OLG Frankfurt/Main, DWW 1992, 326 f.
3 BGH, Urt. vom 18.2.2009 – VIII ZR 166/08, NZM 2009, 313.

arbeiten nicht oder nur verzögert weitervermietet werden kann. Das gilt auch, wenn der Mieter die Wohnung in einem Dekorationsustand zurückgibt, in dem sie z.B. wegen sehr auffälliger Farbgestaltungen nicht weiter vermietet werden kann[1]. Das setzt aber jeweils voraus, dass der Mieter vertraglich wirksam zur Renovierung verpflichtet wurde[2]. Denn sonst gebe es von Anfang an keine wirksam begründete Vertragspflicht des Mieters, die er durch unsachgemäße Renovierungsarbeiten hätte verletzen können. Grundsätzlich sei der Vermieter dann nicht berechtigt, einen fehlerhaften Anstrich durch den Mieter nachbessern zu lassen. Etwas anderes könne sich aber dann ergeben, wenn der Mieter die Arbeiten so unfachmännisch ausführe, dass der Vermieter zur Beseitigung der verursachten Schäden mehr aufwenden müsse, als er bei alleiniger Ausführung der Renovierungsarbeiten selbst hätte aufwenden müssen. Dann stelle sich die fehlerhafte Asuführungsweise des meiters als Verletzung der Rückgabepflicht dar, so dass diese Fallvariante zum Schadensersatz fürhen kann.

Solange der Vermieter noch einen Erfüllungsanspruch, wie z.B. einen Anspruch auf Vornahme der Schönheitsreparaturen hat, kann der Anspruch auf Mietausfallentschädigung auf **§§ 280, 286 BGB** gestützt werden[3]. Ist die dem Mieter gesetzte Nachfrist zur Durchführung von Schönheitsreparaturen abgelaufen, ergibt sich der Anspruch auf Ersatz des Mietausfallschadens neben dem Anspruch auf Schadensersatz wegen unterlassener Schönheitsreparaturen **aus §§ 280, 281 BGB** als selbständige Schadensposition[4].

219a

Die Möglichkeit, einen **Mietausfallschaden** als Schadensersatz aus Verzug geltend zu machen, entfällt, wenn ein geeigneter **Mietinteressent** aufgetreten ist, der das Mietobjekt zu gleichen Bedingungen und im vorhandenen Zustand übernehmen will. Hätte der Mietvertrag nur mit einer geringen Miete abgeschlossen werden können, reduziert sich der Schaden auf die Differenz zwischen „alter" und „neuer" Miete. Der Vermieter ist als Geschädigter gem. § 254 BGB verpflichtet, den eingetretenen Schaden zu mindern (**Schadensminderungspflicht**). Dabei hat er die Maßnahmen zu ergreifen, die ein ordentlicher und verständiger Dritter zur Schadensabwendung oder zur Schadensminderung ergreifen würde. Ist der Interessent dem Vermieter daher als Nachmieter zumutbar und ist er insoweit geeignet, so ist der Vermieter aus Schadensminderungsgesichtspunkten zum Abschluss eines neuen Mietvertrags verpflichtet[5]. Allerdings ist der Vermieter auch berechtigt, seine eigenen Vorstellungen wie bei einer Neuvermietung zu realisieren[6]. So ist er zur Wahrung seiner Schadensminderungspflicht nicht verpflichtet, sofort um jeden Preis zu vermieten. Die Beweislast für einen

220

---

1 Näher Horst, „Villa Kunterbunt" – Schadensersatz für unsachgemäße Wohnungsdekoration, MietRB 2008, 370.
2 BGH, Urt. vom 18.2.2009 – VIII ZR 166/08, NZM 2009, 313.
3 BGH, WuM 1995, 149.
4 BGH, NJW 1998, 1303 ff.
5 OLG Düsseldorf, WuM 1995, 585.
6 OLG Düsseldorf, WuM 2001, 608.

Verstoß des Vermieters gegen seine Schadensminderungspflicht trägt der Mieter[1].

221 Zur Vermeidung von **Haftungs**fällen besonders wichtig ist der schon verschiedentlich gegebene Hinweis (vgl. Rz. 102), dass eine Leistungsklage auf Ersatz eines (eingetretenen) Mietausfallschadens die **Verjährung** für künftigen Mietausfall nicht hemmt, wenn es sich um einen einheitlichen Verzugsschaden handelt[2]. Dieser Hinweis ist besonders dringlich, da auch Ansprüche auf Mietausfall als Schadensersatz aus Verzug des Mieters der kurzen Verjährung nach § 548 Abs. 1 BGB unterliegen, sofern der Mietausfall wegen der Veränderung oder Verschlechterung der Mietsache eingetreten ist[3]. Denn die Verjährung beginnt nach § 548 Abs. 1 S. 2 BGB mit Rückerhalt der Mietsache und tritt grundsätzlich sechs Monate später ein (vgl. dazu Rz. 338). Daher ist der Leistungsantrag für den bereits eingetretenen Mietausfall mit einem Feststellungsantrag bezüglich des zukünftig noch eintretenden Mietausfalls zu kombinieren.

Der Mietausfallschaden, der bei **vorzeitiger Beendigung des Mietvertrages** z.B. wegen außerordentlicher fristloser Kündigung wegen Zahlungsverzuges (vgl. dazu Rz. 361) entsteht, verjährt allerdings gemäß den §§ 195, 199 BGB in 3 Jahren. Das Gleiche gilt, wenn der Mietausfall aus einer verzögerten Räumung resultiert, weil z.B. der neue Mieter wegen der mangelnden Bezugsfertigkeit der Mietsache den Rücktritt vom Mietvertrag erklärt hat.

(3) Sonstiger Verzugsschaden

222 Häufig sieht sich der Vermieter der „Zwickmühle" ausgesetzt, dass sein ehemaliger Mieter nach beendetem Mietverhältnis die Wohnung nicht räumt und er deshalb nicht weitervermieten kann oder abgeschlossene neue Mietverträge mit dem **Nachfolgemieter** nicht einhalten kann, ihm insbesondere den Gebrauch an der Wohnung nicht überlassen kann. Dann haftet der Vermieter dem neuen Mieter wegen anfänglichen subjektiven Unvermögens auf Schadensersatz wegen Nichterfüllung nach §§ 280, 281 Abs. 1 S. 1 BGB[4]. Zu ersetzen sind alle Schadenspositionen, die dem neuen Mieter infolge der unterlassenen Einräumung des Besitzes an der Mietsache entstehen. Das geht so weit, dass der neue Mieter auch einen Freistellungsanspruch, der gem. § 250 BGB auch in einen Geldanspruch übergehen kann, gegenüber dem Vermieter hat, wenn er seinerseits untervermietet hat und nicht in der Lage ist, dem Untermieter den Besitz an der Mietsache einzuräumen[5].

---

1 BGH, MietRB 2005, 203.
2 BGH, NJW 1998, 1303 ff.
3 BGH, NJW 1998, 1303 ff.
4 OLG Düsseldorf, NZM 1999, 24.
5 OLG Düsseldorf, NZM 1999, 24 m.w.N.

6. Der Mieter ist ausgezogen, hat aber noch nicht übergeben
a) Das Mietverhältnis ist noch nicht abgelaufen

Bei diesem Szenario hat der Rechtsanwalt neben der Ermittlung der aktuellen Adresse des schon ausgezogenen Mieters (vgl. dazu unter *Rz. 268*) den Mieter für seinen Mandanten anzuschreiben und auf folgende Punkte hinzuweisen: 223

– weiterbestehende Mietzahlungspflicht,
– weiterbestehende Nebenkostenvorauszahlungspflicht,
– weiterbestehende Obhutspflicht für die Wohnung.

Solange der Mietvertrag noch besteht und der Mieter den Besitz an der Wohnung nicht aufgegeben hat, folgt seine **Mietzahlungspflicht** trotz eigenen Auszugs unmittelbar aus § 535 Abs. 2 BGB. Ebenso verhält es sich mit der Pflicht zur Leistung der Nebenkostenvorauszahlungen. Erst in der nachfolgenden und endgültigen **Nebenkostenabrechnung** bis zur Beendigung des Mietverhältnisses kann dem Umstand Rechnung getragen werden, dass der Mieter auf Grund seines Auszuges verbrauchsabhängige Nebenkosten nicht mehr mitverursacht hat. Aus diesem Grund ist er in dem Schreiben sofort aufzufordern, die Zählerstände durch den Vermieter ablesen zu lassen. Keinesfalls sollte hingenommen werden, dass der Mieter die Strom-, Gas- und Wasserzähler beim Energieversorger bereits abmeldet. Abgesehen von den dadurch unnötig anfallenden Kosten, die für eine erneute Anmeldung der Zähler notwendig werden und die den Vermieter treffen, kann die Wohnung nicht mehr beheizt werden. Der Mieter verstößt damit gegen seine Obhutspflicht, die Mietsache zumindest so zu beheizen, dass keine Frost- und Feuchtigkeitsschäden entstehen können[1]. Diese Obhutspflichten treffen den Mieter auch bei seiner Abwesenheit[2]. 224

Neben einer schadensvermeidenden **Lüftung und Heizung** der Wohnung obliegt dem Mieter die weitere Pflicht, den Briefkasten so zeitig zu entleeren, dass er nicht nach außen erkennbar „überquillt" und dadurch die Gefahr eines Einbruchs hervorgerufen oder verstärkt wird. 225

Daneben treffen ihn die aus dem Mietvertrag folgenden **Reinigungs- und Wartungspflichten** (dazu bereits unter *Rz. 136 f.*)[3]. 226

Eine weiter gehende **Aufsichtspflicht** über die Mietsache hat der Mieter nur aus Hausratsversicherungsverhältnissen. Er hat aber nach dem Mietvertrag nur das Recht, die Wohnung zu benutzen, nicht aber eine Benutzungs- und Gebrauchspflicht[4]. Ist im Gewerbemietvertrag eine **Betriebspflicht** vereinbart, ist der Mieter zu deren Erfüllung bis zum Vertragsende verpflichtet. Danach entfällt die Betriebspflicht, wenn keine anders lauten- 227

---
1 LG Hamburg, WuM 1990, 290.
2 LG Düsseldorf, MiewoE 1966, Gruppe 1, Ziff. 778, 1107; LG Görlitz, WuM 1994, 669.
3 Vgl. auch *Blank*, ZdW Bay 1998, 67, 70.
4 *Blank*, Mietrecht von A bis Z, S. 489.

de Regelung im Mietvertrag enthalten ist[1]. Allerdings muss der Mieter dem Vermieter erforderlich werdende Vorkehrungen zum Schutz der Mietsache gegen nicht vorhersehbare Gefahren gem. § 536c Abs. 1 S. 1 BGB unverzüglich **anzeigen**. Dieser Fall liegt bereits vor, wenn der Mieter längere Zeit urlaubsbedingt abwesend ist, ist aber erst recht anzunehmen, wenn er endgültig vor Ende des Mietverhältnisses auszieht[2].

228 Daraus folgt für den **Inhalt des Schreibens** an den Mieter unter neuer aktueller Adresse:
- Er ist auf die beschriebenen Pflichten hinzuweisen.
- Er ist zur Erklärung darüber aufzufordern, ob er das Mietverhältnis bis zum Beendigungstermin trotz Auszugs fortbestehen lassen möchte oder ob der Vermieter bereits jetzt Aktivitäten zur Neuvermietung der Mietsache entfalten kann und der Mieter in diesem Zuge sein Besichtigungsrecht in Begleitung von neuen Mietinteressenten akzeptiert.
- Dem Mieter kann ein Aufhebungsvertrag angeboten werden, der insbesondere bei vorzeitigem Auszug sinnvoll ist.
- Der Mieter ist aufzufordern, einen Wohnungsabnahmetermin anzugeben und die gemeinsame Übergabe der Wohnung mit dem Vermieter durchzuführen.

229 Egal wie der Mieter sich entscheidet, muss der Rechtsanwalt nach den oben dargelegten Grundsätzen (dazu vgl. unter *Rz. 114 ff.*) die Abnahme und Rücknahme der Mietsache vorbereiten oder seinen Mandanten zumindest auf die dort zu beachtenden Punkte hinweisen.

230 Zahlt der Mieter nach seinem Auszug Miete und Nebenkostenvorauszahlungen nicht mehr, so sind die dem Mandanten als Vermieter entstehenden **Zahlungsansprüche** nach den dargestellten Maßgaben zu verfolgen (vgl. dazu unter *Rz. 99 ff.*). Soweit möglich, ist fristlos wegen Zahlungsverzugs zu kündigen, um das Mietverhältnis so zu einem unmittelbaren Ende zu bringen. Alternativ kann sich der Vermieter aus einer Kaution bedienen und „Wiederauffüllung" verlangen (dazu unter *Rz. 376*). Dieses Vorgehen empfiehlt sich besonders bei aktuellem Geldbedarf des Vermieters.

b) Das Mietverhältnis ist beendet

231 Ist das Mietverhältnis beendet und der Mieter ausgezogen, hat er aber die Mietsache noch nicht übergeben, so ist der Mieter zur **Rückgabe** der Mietsache in einem gemeinsamen Abnahmetermin aufzufordern. Termine sollten kurzfristig gestellt werden. Der Mieter kannte den Zeitpunkt des Endes des Mietverhältnisses und konnte sich daher auch schon auf die Rückgabe der Mietsache einstellen. Gleichzeitig ist **Räumungsklage** anzudrohen. Dabei sollte immer formuliert werden, dass dem Mandanten die Einreichung

---

1 OLG Düsseldorf, ZMR 2001, 181.
2 Näher: *Horst*, MDR 1998, 189, 192 m.w.N.

einer Räumungsklage empfohlen werde, sofern tatsächlich nicht kein Klageauftrag vorliegt. Andernfalls verringert sich der Gebührenerstattungsanspruch gegenüber dem Mieter „automatisch" gemäß VV 3101. Reagiert der Mieter dann nicht fristgerecht, so ist klagebegründendes Vorverhalten dargetan.

Auch bei dem abwesenden und bereits **ausgezogenen Mieter** ist der Vermieter auf die Räumungsklage verwiesen. Er darf also auch bei diesem Fall des schon ausgezogenen Mieters die Wohnung nicht eigenmächtig in Besitz nehmen. Der Mieter genießt Besitzschutzansprüche, denen sich der Vermieter durch ein rechtswidriges eigenmächtiges Vorgehen aussetzen würde. Der Mieter hat den Besitz an der Mietsache eben auf Grund der bis jetzt nicht erfolgten Rückgabe noch nicht aufgegeben[1]. 232

Gleichzeitig sind alle Ansprüche aus der Vorenthaltung der Mietsache aus § 546a BGB sowie Ersatzansprüche aus Verzug des Mieters mit der Rückgabe der Mietsache einschließlich etwaiger Schadensersatzansprüche des Nachfolgemieters wegen verzögerter oder unterbliebener Überlassung der Mietsache gegen den Mieter geltend zu machen (vgl. dazu unter Rz. 203 f.). 233

7. Der Mieter ist ausgezogen und hat übergeben

In dieser Situation tut der Rechtsanwalt gut daran, seinen Mandanten sofort darauf hinzuweisen, dass Ersatzansprüche des Vermieters wegen 234
– Veränderungen oder
– Verschlechterungen der vermieteten Sache

in sechs Monaten nach Rückerhalt der Mietsache **verjähren** (§ 548 Abs. 1 BGB, vgl. dazu Rz. 338). Er ist also nachdrücklich dazu aufzufordern, sofort Veränderungen und Verschlechterungen der Mietsache festzustellen, entsprechende Beweise zu sichern (vgl. dazu unter Rz. 23 f.) und etwaige Ersatzansprüche zu beziffern. Ein schnelles Vorgehen ist nötig, damit alsbald verjährungshemmende Maßnahmen getroffen werden können. Nochmals ist an dieser Stelle darauf hinzuweisen, dass ein gerichtliches Beweisverfahren im Mietrecht verjährungshemmende Wirkung hat (§ 204 Abs. 1 Nr. 7 BGB). Der Rechtsanwalt sollte vorsorglich die Verjährungsfrist im **Fristenkalender** notieren, um ggf. rechtzeitig vor Ablauf noch einmal auf die drohende Verjährung hinweisen zu können. 235

Unabhängig von der zu beachtenden kurzen Verjährungsfrist, deren Beginn an die rein tatsächlich erfolgende Rückgabe der Mietsache anknüpft, ergeben sich rechtlich bei vorzeitigem Auszug des Mieters folgende **Fragen**: 236
– Ist der vorzeitige Auszug überhaupt zulässig?
– Wie lange besteht der Anspruch auf Mietzahlung gegen den Mieter weiter?

---
1 Dazu näher: *Horst*, NZM 1998, 139 ff.

- Wann endet der Mietvertrag?

237 - Wann darf (oder muss) der Vermieter weitervermieten? Unter welchen Voraussetzungen hat er vom Mieter gestellte Nachmieter zu akzeptieren? Muss mit einem zu akzeptierenden Nachmieter der Mietvertrag fortgesetzt werden, oder kann ein neuer Mietvertrag abgeschlossen werden?
- Darf der Vermieter die Wohnung schon betreten?
- Darf der ausgezogene Mieter die Mietsache selbst an einen neuen Nutzer übergeben?
- Wie muss der Vermieter mit zurückgelassenen Einrichtungen und Sachen des ausgezogenen Mieters umgehen?
- Muss der vorzeitig ausgezogene Mieter für Mieteinbußen für die nicht eingehaltene Restlaufzeit des Mietvertrags einstehen?

a) Vorzeitiger Auszug

238 Häufig äußern Mandanten die durchaus allgemein richtige Ansicht, dass Verträge bis zum Beendigungszeitpunkt einzuhalten und durchzuführen sind. Tatsächlich liegt diese Ansicht als Grundsatz **„pacta sunt servanda"** dem Schuldrecht des Bürgerlichen Gesetzbuchs zugrunde. Übernommen wurde dieser Rechtssatz aus dem römischen Recht. Für das Mietrecht gibt es aber **Einschränkungen**, über die der Rechtsanwalt seinen Mandanten belehren muss:

239 Den Mieter trifft nur das Gebrauchsrecht. Er hat aber grundsätzlich **keine Gebrauchspflicht**. Deshalb ist er grundsätzlich schon vor der Beendigung des Mietverhältnisses zur Rückgabe berechtigt. Der vorzeitige Auszug mit gleichzeitiger Rückgabe der Mietsache ist also durchaus erlaubt[1]. Ob der Vermieter bei vorzeitigem Auszug des Mieters in **Annahmeverzug** gerät, wenn er die Rücknahme verweigert, wird nicht einheitlich beurteilt. Eine (tatsächlich) angebotene Rückgabe 5 Tage vor Ablauf der Mietzeit soll vom Vermieter akzeptiert werden müssen[2], 10 Tage vor Ende des Mietvertrages soll die Pflicht aber noch nicht bestehen[3].

Eine vorzeitige Rückgabe scheidet aber aus, wenn im Mietvertrag eine Besitz- oder Gebrauchspflicht **vereinbart** ist oder sich dies aus den Umständen ergibt. Dies kann bei **Gewerbemietverhältnissen** z.B. aus einer vereinbarten Umsatzmiete oder aus einer vereinbarten Betriebspflicht folgen[4].

240 Davon abgesehen folgt die Zulässigkeit einer vorzeitigen Rückgabe auch daraus, dass der Mieter im Fall der Rückgabe der Mietsache von seiner Obhutspflicht frei wird. Aus diesem Umstand ergibt sich keine Besitzpflicht.

---

1 *Sternel*, Mietrecht, IV Rz. 572; *Blank*, ZdW Bay 1998, 67 m.w.N.; *Blank*, Mietrecht von A bis Z, S. 490; **a.A.** KG, NZM 2000, 92.
2 OLG Dresden, NZM 2000, 827.
3 KG, NZM 2000, 92.
4 OLG Düsseldorf, ZMR 2001, 181; *Blank*, ZdW Bay 1998, 67.

Die Obhutspflicht begründet keine Besitzpflicht, sondern folgt aus dem Besitz. Der Vermieter darf eine vorzeitige Rückgabe also nicht ablehnen, da er sonst in Gläubigerverzug kommt (vgl. zu den Auswirkungen des Annahmeverzugs unter *Rz. 174 ff.*)[1].

Allerdings darf die Rückgabe nicht **zur Unzeit** erfolgen, also weder an Sonn- und Feiertagen und nicht außerhalb der üblichen Arbeitszeit. Auf hiervon abweichende Terminvorschläge braucht sich der Vermieter nicht einzulassen[2]. 241

Interessant für den Vermieter ist auch in diesem Szenario des vorzeitigen Auszugs des Mieters ein **Aufhebungsvertrag**. Zum einen bringt er Rechtsklarheit. Ansprüche können dem Grunde und der Höhe nach festgestellt und anerkannt werden. Der Beendigungszeitpunkt des Mietverhältnisses wird auf den tatsächlichen Auszug vorverlegt. So kann das Problem der Doppelvermietung vermieden werden. Zum anderen wird der Mieter von weiteren ihm lästigen Mietzahlungen bis zum rechtlichen Ende des Mietvertrags – oder auch nur von der Gefahr rechtlicher Auseinandersetzungen hierüber – befreit. 242

b) Zahlung der Miete

Grundsätzlich besteht die Pflicht zur Zahlung der Miete bis zum Ende des Mietvertrags, also z.B. im Zweifel bis zum Ablauf der Kündigungsfrist (§§ 535 Abs. 1 S. 2, 537 Abs. 1 S. 1 BGB). Allerdings muss sich der Vermieter die **Gebrauchsvorteile** auf den Mietanspruch der Höhe nach anrechnen lassen, die er aus einer anderweitigen Verwertung des Gebrauchs erlangt (§ 537 Abs. 1 S. 2 BGB). Überlässt der Vermieter den Gebrauch der Mietsache an einen Dritten und ist er deshalb außerstande, dem vorzeitig ausgezogenen Mieter den Gebrauch wieder einzuräumen, so ist dieser von der Entrichtung der Miete befreit (§ 537 Abs. 2 BGB). Diese Grundsätze gelten bis zum Vertragsende. 243

Nach Vertragsende besteht ein Anspruch auf Nutzungsentschädigung nur, wenn eine **Vorenthaltung** der Mietsache i.S.v. § 546a BGB oder ein Verzögerungsschaden – also etwa Mietausfallschaden auf Grund verzögert durchgeführter Schönheitsreparaturen – eingetreten ist (vgl. dazu unter *Rz. 203 f.* und *219*). 244

§ 537 Abs. 1 S. 2 BGB gibt dem Vermieter auch einen Anspruch auf die **Differenz** zwischen der Miete des ausgezogenen Mieters für die Restlaufzeit des Mietvertrags und einer geringeren Miete, die der Vermieter auf Grund einer Neuvermietung innerhalb dieses Zeitraums erzielt. Der Mieter kann sich dagegen nicht erfolgreich mit dem Hinweis auf § 537 Abs. 3 BGB wehren, wenn der Vermieter das Mietobjekt vor der rechtlichen Beendigung des Mietverhältnisses weitervermietet, zumindest auch und entscheidend 245

---

1 *Blank*, ZdW Bay 1998, 67.
2 *Blank*, ZdW Bay 1998, 67.

im **Interesse des Mieters** gehandelt und auf diese Weise den wirtschaftlichen Schaden verringert hat[1]. Der Mieter kann sich also gegenüber dem Mietzahlungsanspruch des Vermieters nicht darauf berufen, der Vermieter sei wegen der Weitervermietung zur Gebrauchsüberlassung an ihn nicht mehr in der Lage gewesen[2].

246 Dagegen endet die **Mietzahlungspflicht vorzeitig**, wenn das Mietverhältnis auf Grund
- eines gegenseitigen Aufhebungsvertrags,
- eines nachträglichen Einverständnisses des Vermieters mit dem vorzeitigen Auszug des Mieters oder
- mit einem Nachmieter auf Grund einer vereinbarten Nachmieterklausel oder auf Grund eines Anspruchs des Mieters auf vorzeitiges Entlassen aus dem Mietverhältnis nach § 242 BGB[3]

umgestellt oder beendet wird.

247 Eine nach § 537 Abs. 1 S. 2 BGB zu verrechnende Eigennutzung der Wohnung durch den Vermieter liegt auch vor, wenn dieser nach Auszug des Mieters, aber vor Vertragsbeendigung die Mietsache durchgreifend saniert[4]. Um diese Konsequenz zu vermeiden, muss der Rechtsanwalt mit dem Vermieter – Mandanten erörtern, welche Lösung – vorweggenommene **Sanierung** der Mietsache mit anschließend zeitnaher Weitervermietung oder Realisierung der Mietansprüche bis zum Ende des Mietverhältnisses – unter wirtschaftlichen und rechtlichen Gesichtspunkten vorteilhafter ist.

248 Vorsicht ist beim **Austauschen von Schlössern** oder der Übergabe von Schlüsseln an einen neuen Mietinteressenten während der Vertragslaufzeit geboten. Wird dem Mieter nach seinem vorzeitigen Auszug durch das Austauschen der Schlösser die Gebrauchsmöglichkeit an der Wohnung entzogen, so entfällt ein Mietanspruch[5].

249 Obgleich das Überlassen von Schlüsseln an einen neuen Mietinteressenten zum Ausmessen der Wohnung nicht zum Wegfall des Mietanspruchs nach § 537 Abs. 2 BGB führt, ergeben sich Komplikationen, wenn der neue Mietinteressent nicht nur ausmisst, sondern gleich mit eigenen Renovierungen beginnt oder gar einzieht[6].

---

1 LG Berlin, ZMR 1998, 229 f. = GE 1998, 493.
2 BGH, DWW 1993, 168 ff.; OLG Frankfurt/Main, NJW-RR 1995, 1295 f.; vgl. in diesem Fall zu einem formularmäßig vereinbarten Zahlungsanspruch: *Horst*, Geld und Mietende, S. 41 m.w.N.
3 BGH, Urt. vom 18.4.2007 – VIII ZR 182/06, MDR 2007, 1064 =NZM 2007, 439 = DWW 2007, 239 = NJW 2007, 2177 = ZMR 2007, 601; Urt. vom 22.12.2003 – VIII ZR 81/03, NJW 2004, 1448, unter II 1c; Urt. vom 22.1.2003 – VIII ZR 244/02, NJW 2003, 1246, unter II A 1; BGHZ 155, 178, 189; OLG Hamm WuM 1995, 577; OLG Karlsruhe WuM 1981, 173; Schmidt-Futterer/Blank, Nach § 542 Rz. 10 ff., 34).
4 OLG Düsseldorf, ZMR 1996, 324, 325 a.E.; LG Gießen, ZMR 1996, 143 ff.
5 OLG Koblenz, ZMR 1993, 68 f.
6 Zu diesem Fall: KG, ZMR 1998, 632 f. = GE 1998, 796 f. = NZM 1998, 639 f.

c) Wann endet der Mietvertrag?

aa) Weitervermietungspflicht

Prinzipiell endet das Mietverhältnis mit Ablauf der Mietzeit (§ 542 Abs. 2 BGB), also im Zweifel mit Ablauf der Kündigungsfrist (§ 542 Abs. 1 in Verbindung mit §§ 573c, 580a BGB).

250

Aus dem Grundsatz von Treu und Glauben (§ 242 BGB) und den Grundsätzen des Mitverschuldens (§ 254 BGB) folgert ein Teil der Rechtsprechung jedoch, dass der Vermieter verpflichtet ist, sich auch vor Ablauf der Mietzeit bereits um eine **Neuvermietung** zu bemühen, wenn der Mieter durch sein Verhalten eindeutig zu verstehen gegeben hat, dass er die Mietsache bis zum Ende der Mietzeit nicht mehr nutzen will und nutzen wird[1]. Unterlässt der Vermieter Anstrengungen zur Neuvermietung, so wird nach der zitierten Rechtsprechung ein **fiktives (vorzeitiges) Ende** des Mietvertrags festgelegt. Dabei orientieren sich die Gerichte an einer üblichen Dauer für die Suche nach einem neuen Mieter, die in der Regel mit drei bis vier Monaten angesetzt wird.

251

Diese Rechtsprechung kann **nicht kritiklos** hingenommen werden. Denn dann hätte der Mieter ein ihm jeweils genehmes Ende des Mietverhältnisses in der Hand. Sein Vorteil besteht darin, dass er keine Miete mehr zu zahlen braucht, und zwar auch dann nicht, wenn er den Mietvertrag verletzt hat und vertragswidrig vorzeitig ausgezogen ist. Für den Vermieter bedeutet das umgekehrt Rechtsverlust und eminente wirtschaftliche Einbußen. Einerseits muss er sofort neu vermieten, andererseits hat er mangels vorheriger Kenntnis vom vorzeitig beabsichtigten Auszug des Mieters nicht die Möglichkeit, seine Mietsache nach ordentlicher kaufmännischer Geschäftsführung zu verwalten und langfristig wirtschaftlich zu disponieren. Insbesondere sind ihm jegliche Renditeerwartungen verunsichert. Abgesehen davon passt der Einwand des Mitverschuldens nicht bei der Bewertung von Primäransprüchen. Dies betont auch der BGH[2], indem er den Mitverschuldenseinwand des beklagten Mieters, gestützt auf die unterbliebene Weitervermietung der Wohnung auch vor Vertragsende, verwirft. Da der Vermieter keinen Schadensersatz-, sondern mit der Mietforderung einen **Erfüllungsanspruch** geltend macht, ist die das Schadensersatzrecht betreffende Bestimmung des § 254 Abs. 2 BGB schon aus diesem Grund nicht anwendbar; im Übrigen ist die Risikoverteilung bei unterlassener Nutzung der Mietsache durch § 537 BGB abschließend geregelt, so dass neben dieser Vorschrift § 254 BGB nicht eingreifen und der Mieter gegenüber dem Erfüllungsanspruch auf Zahlung der Miete grund-

252

---

1 LG Braunschweig, WuM 1998, 220; AG Brühl, Urt. v. 20.7.1995 – 25 C 698/94, n.v.; auch: LG Berlin, GE 1998, 491 zur Darlegungs- und Beweislast des Mieters für die Behauptung, der Vermieter habe sich nach Beendigung des Mietverhältnisses nicht um eine Weitervermietung bemüht; LG Lüneburg, DWW 2002, 207 f.
2 BGH, Urt. vom 18.4.2007 – VIII ZR 182/06, MDR 2007, 1064 =NZM 2007, 439 = DWW 2007, 239 = NJW 2007, 2177 = ZMR 2007, 601.

253 Gleichwohl muss der Rechtsanwalt in seiner Praxis mit dem **Risiko** rechnen, dass ein Gericht sich der oben zitierten instanzgerichtlichen Auffassung anschließt. Um die damit verbundenen Konsequenzen für den Vermieter-Mandanten zu vermeiden, kann wie nachfolgend dargestellt vorgegangen werden, wobei der Rechtsanwalt nicht selbst auftreten sollte, sondern die Schreiben seinem Mandanten vorformuliert zur Verfügung stellen sollte. Dadurch kann vermieden werden, dass der Mieter selbst einen Kollegen einschaltet, der die Taktik möglicherweise durchschaut und durchkreuzt.

Zunächst sollte dem Mieter schriftlich das Angebot unterbreitet werden, das Mietverhältnis vorzeitig zu dem Zeitpunkt zu beenden, in dem ein Nachmieter die Wohnung anmietet, allerdings unter der Bedingung, dass die Wohnung vollständig renoviert übergeben wird. Dazu kann folgendermaßen formuliert werden:

---

254 ...

(Adresse Vermieter)

...

(Adresse Mieter)

                                                                         Ort, Datum ...

Ihre Kündigung vom ... (Datum)

Sehr geehrte Frau ...,
sehr geehrter Herr ...,

wir bestätigen den Erhalt Ihrer Kündigung vom ... (Datum). Nach den gesetzlichen Bestimmungen endet das Mietverhältnis auf Grund dieser Kündigung zum ... (Datum).

Da Sie zwischenzeitlich ausgezogen sind, sind wir bereit, das Mietverhältnis zu dem Zeitpunkt zu beenden, in dem ein anderer Mieter die Wohnung übernimmt, sofern Sie bis spätestens 31.12.2006 die gem. § 9 des Mietvertrages geschuldeten Schönheitsreparaturen vollständig ausgeführt haben. Das bedeutet, dass Sie bis zum 31.12.2006 die Wände und Decken tapezieren und/oder streichen sowie den Anstrich der Türen, Türrahmen, Fenster, Fensterrahmen, Heizkörper, Fußleisten und des sonstigen Holzwerkes durchführen müssen.

Sofern wir bis zum 31.10.2006 von Ihnen keine anders lautende Nachricht erhalten haben, gehen wir davon aus, dass Sie unser Angebot nicht annehmen.

---

[1] Ebenso: BGH, Urt. vom 26. November 1986 – VIII ZR 354/85, WM 1987, 288, unter 2b bb; Urt. vom 24. September 1980 – VIII ZR 299/79, WM 1980, 1397, unter II 4b; Müller/Walther/Spielbauer, Miet- und Pachtrecht, Stand 2003, § 537 Rz. 15; Palandt/Weidenkaff, 67. Aufl 2008, § 537 Rz. 7).

Für diesen Fall werden wir zwar versuchen, so schnell wie möglich einen neuen Mieter zu finden. Bevor wir dem neuen Mieter die Räume jedoch überlassen, werden wir auf jeden Fall auf der Durchführung von Renovierungsarbeiten bestehen.

Mit freundlichen Grüßen

...

Gleichzeitig, also bereits mit diesem Angebot auf vorzeitige Beendigung, sollte sich der Vermieter um einen Nachmieter bemühen. Der Vorteil besteht in einer nahtlosen Weitervermietung der Wohnung, wenn der Mieter das Angebot annimmt. Reagiert der Mieter auf das Angebot nicht oder abschlägig, kann der Vermieter jederzeit beweisen, dass er alles in seiner Macht Stehende getan hat, um einen neuen Mieter zu finden. 255

Ist auf Grund des Angebotes des Vermieters eine vorzeitige Beendigung des Mietvertrages nicht zustande gekommen und hat der Vermieter einen neuen Mieter gefunden, bestätigt er dem Mieter das Ende der Mietzeit zu dem Tag des Zugangs dieses Bestätigungsschreibens und fordert ihn gleichzeitig unter Fristsetzung mit Ablehnungsandrohung auf, die fälligen Schönheitsreparaturen auszuführen. Zweckmäßigerweise sollte er dabei die Fristsetzung so bemessen, dass er eventuell noch Gelegenheit hat, vor dem Beginn des Mietvertrags mit dem neuen Mieter Renovierungsarbeiten auszuführen. Folgende Formulierung bietet sich an: 256

...   257
(Absender Vermieter)

...
(Adresse Mieter)

Ort, Datum ...

Ihre Kündigung vom ... (Datum)

Sehr geehrte Frau ...,
sehr geehrter Herr ...,

wir kommen zurück auf unser Schreiben vom ... (Datum), auf das Sie nicht reagiert haben. Wie angekündigt, haben wir uns um einen neuen Mieter bemüht. Dieser wäre bereit, die Mieträume zum 1.2.2006 anzumieten. Vor diesem Hintergrund bestätigen wir hiermit die Beendigung des Mietvertrages mit dem Tag des Zuganges dieses Schreibens.

Gleichzeitig fordern wir Sie auf, die gem. § 9 des Mietvertrages geschuldeten Schönheitsreparaturen auszuführen. Dazu gehört das Anstreichen und/oder Tapezieren der Decken und Wände, die Ausführung des Anstrichs der Türen, Türrahmen, der Außentüren von innen, der Heizkörper einschl. der Heizrohre, der Fußleisten sowie des sonstigen Holzwerkes. Wegen des Zustandes der

Wohnung verweisen wir auf das anliegende Rückgabeprotokoll, woraus Sie ersehen können, welche weiteren Arbeiten erforderlich sind.

Zur Ausführung dieser Arbeiten setzen wir Ihnen hiermit eine Frist bis zum 20.1.2006. Sollte diese Frist ergebnislos verstreichen, lehnen wir die Arbeiten durch Sie ab[1].

Mit freundlichen Grüßen

...

258 Dass dadurch eine vorzeitige Beendigung des Mietvertrags erreicht werden kann, dürfte unzweifelhaft sein. Denn wenn schon bei der Kündigung des Mieters eine Umdeutung dahin möglich ist, dass sie auch zu jedem anderen zulässigen Termin wirken soll[2], kann sie erst recht dahin ausgelegt werden, dass sie als Angebot zum Abschluss eines Aufhebungsvertrages zu jedem (früheren) Termin verstanden wird. Jedenfalls kann die Kündigungsbestätigung des Vermieters als Angebot zum Abschluss eines Aufhebungsvertrages angesehen werden, das der Mieter stillschweigend annimmt.

Einer Fristsetzung (ggf. mit Ablehnungsandrohung) bedarf es in diesen Fällen nicht, sofern eine endgültige Erfüllungsverweigerung vorliegt (vgl. dazu unter *Rz. 356*).

bb) Nachmieter

259 Innerhalb der Erörterung der Mietzahlungspflicht wurde bereits kurz auf die Nachmieterproblematik verwiesen (vgl. *Rz. 246* und zur Umsetzung im Einzelnen *Rz. 417*). Das Mietverhältnis selbst kann mit dem bisherigen Mieter bei seinem vorzeitigen Auszug unter folgenden Voraussetzungen vorzeitig enden:

– Der Mieter stellt einen Nachmieter auf Grund einer **echten Nachmieterklausel** im Mietvertrag, die einen Anspruch auf Abschluss gerade mit dem von ihm benannten Ersatzmieter gibt.

– Der Mieter stellt einen oder mehrere Nachmieter auf Grund einer **unechten Nachmieterklausel**, die ihm einen Anspruch auf Entlassung aus dem Mietvertrag gibt. Dabei bleibt die Auswahl unter den vorgeschlagenen Nachmietern allein dem Vermieter vorbehalten.

– Der Mieter stellt einen oder mehrere Nachmieter ohne vorherige mietvertragliche Vereinbarung und gewinnt dadurch einen **Anspruch auf vorzeitiges Entlassen** aus dem Mietvertrag nach § 242 BGB, wenn er erstens

---

1 Reagiert der Mieter auf die Aufforderung zur Durchführung von Schönheitsreparaturen nach vorzeitigem Auszug nicht, kann darin eine ernsthafte und endgültige Erfüllungsverweigerung liegen: LG Berlin, GE 1998, 1213. Deshalb sollte sie auch nach dem 1.1.2003 verwendet werden, zumal ältere Mietverträge oftmals Klauseln enthalten, die Schadensersatz noch vom Vorliegen der Voraussetzungen des § 326 BGB a.F. abhängig machen. Solche Klauseln sind vorrangig.
2 LG Köln in *Lützenkirchen*, KM 11 Nr. 3.

ein weit überwiegendes Interesse an der vorzeitigen Vertragsentlassung im Verhältnis zum Interesse des Vermieters an der Vertragsfortsetzung hat und zweitens der vorgeschlagene Ersatzmieter vorbehaltlos zum Eintritt in den laufenden Mietvertrag bereit und dem Vermieter zumutbar ist[1] (näher dazu unter *Rz. 421*).

– Der Mieter bittet um die Erlaubnis zur Untervermietung (§ 540 Abs. 1 S. 1 BGB) und gewinnt nach pauschaler Verweigerung des Vermieters ein Sonderkündigungsrecht mit dreimonatiger Kündigungsfrist (§ 540 Abs. 1 S. 2 BGB).

Um dies zu vermeiden, sollte der Mieter als Reaktion auf die geforderte Erlaubnis aufgefordert werden, alle bedeutsamen Angaben zu dem in Aussicht genommenen Untermieter zu machen.

d) Betretungsrecht des Vermieters

Da dem Vermieter die Wohnung in dem hier betrachteten Szenario bereits zurückgegeben worden ist, handelt er beim Betreten der Wohnung nicht eigenmächtig und nicht gegen den Willen des Mieters. Daher darf er **ohne Gefährdung seines Mietzahlungsanspruchs** die Wohnung des Mieters mit Hilfe der ihm überlassenen Schlüssel betreten, um sich z.B. von dem Zustand der Räume ein Bild zu verschaffen, Rückgabeprotokolle in Gegenwart von Zeugen zu erstellen etc. Erst wenn er die Räume z.B. einem Dritten zur Nutzung überlässt, kann sein Anspruch auf Fortentrichtung der Miete gefährdet sein (§ 537 Abs. 2 BGB) (vgl. dazu unter *Rz. 243*).

260

§ 537 Abs. 2 BGB greift aber nicht ein, wenn der Vermieter die Räume dem **neuen Mieter** – vorzeitig und unentgeltlich – **überlässt**, damit dieser Renovierungs- und Umbauarbeiten zur Herbeiführung eines für ihn vertragsgemäßen Zustandes durchführt. In einem solchen Fall kann der Vermieter vom vorzeitig ausziehenden Mieter die Miete verlangen. § 537 Abs. 2 BGB findet dann nämlich keine Anwendung, wenn nach der besonderen Ausgestaltung des Einzelfalls die Verweigerung der Zahlung der Miete durch den Mieter treuwidrig wäre[2].

261

e) Umbau- und/oder Renovierungsarbeiten durch den Vermieter

Sofern der Vermieter selbst Umbau- oder Renovierungsarbeiten ausführt, verliert er grundsätzlich seinen Anspruch auf Mietzahlung, weil er dem Mieter den Gebrauch der Mietsache unmöglich macht (§ 537 Abs. 2 BGB). Erledigt er allerdings nur Mängelbeseitigungsarbeiten i.S.v. § 536a BGB und lässt sich der Handwerker damit mehr Zeit als bei genutzter Mietsache, entfällt der Anspruch nur für die Dauer der üblichen Reparaturzeit[3].

262

---

1 BGH, NZM 2003, 277; näher dazu: *Emmerich*, ZdW Bay 1998, 119, 120 ff.
2 OLG Koblenz, MDR 1995, 251 = NJW-RR 1995, 394 = WuM 1995, 154 = ZMR 1995, 157; *Lützenkirchen*, WuM 1996, 67, 71.
3 LG Köln in *Lützenkirchen*, KM 28 Nr. 12.

f) Verwahrung und Verwertung von zurückgelassenem Räumungsgut

263 Sind die zurückgelassenen Sachen nicht absolut wertlos, müssen sie zunächst aufbewahrt oder eingelagert werden. Entgegenstehende Klauseln in Mietverträgen sind unwirksam. Dies gilt besonders für Rückgabeklauseln, die ein **Vernichtungsrecht** des Vermieters an zurückgelassenen Sachen ab einem bestimmten Zeitablauf vorsehen. Eine zeitliche Begrenzung dieser Aufbewahrungspflicht besteht nicht. Für die in Anspruch genommenen Flächen kann Wertersatz in Höhe des objektiven Nutzungswerts verlangt werden[1].

264 Zur **Entfernung des Räumungsguts** oder zur Geltendmachung von Schadensersatz ist nach §§ 280, 281 BGB vorzugehen[2]. Der Rechtsanwalt muss also schriftlich zur Entfernung der verbliebenen Gegenstände aus der Wohnung auffordern, dem Mieter hierfür eine Frist setzen und gleichzeitig androhen, dass er nach fruchtlosem Ablauf der Frist die Gegenstände mit entsprechenden Kostenbelastungen des Mieters aus der Wohnung entsorgen oder anderweitig verwerten lässt. Meldet sich der Mieter binnen drei bis sechs Monaten danach nicht, so können die Sachen durch Ausüben des Vermieterpfandrechts (vgl. dazu *G Rz. 254 ff.*) oder bei gerichtlichem Zahlungstitel durch Gerichtsvollzieherpfändung verwertet werden.

265 Die Rechtsprechung wertet es als einen Verstoß gegen Treu und Glauben, wenn der Mieter einen **Schadensersatzanspruch** wegen Verletzung der Obhutspflicht geltend macht, obwohl er sich trotz Aufforderung nicht um die Abholung gekümmert hat[3]. Wertloses Räumungsgut kann der Vermieter auf Kosten des Mieters auch durch Beauftragung des Sperrmülls entfernen. Grundsätzlich hat der Vermieter aber kein Recht zur Selbsthilfe. Um sich vor Schadensersatzansprüchen des Mieters besser zu **schützen**, sollte ein Zeuge den Umfang, den Zustand und die Wertlosigkeit der Sachen vorher – möglichst schriftlich – bestätigen. Auch Fotos können die Beweislage ergänzen[4].

266 Je nach Menge, Größe und Schwere der zurückgelassenen Gegenstände kann es fraglich sein, ob überhaupt eine Räumung der Mietsache vorliegt. Abgestellt wird für diese Frage auch auf die Kosten des Beseitigungsaufwandes. Die Rechtsprechung zieht die Grenze bei 2.500 Euro. Darüber liegende Beseitigungskosten hindern die Annahme einer Wohnungsräumung an sich (zu diesem Komplex näher unter *Rz. 349*).

8. Der verschwundene Mieter

267 Unabhängig davon, ob das Mietverhältnis beendet ist oder ein vorzeitiger Auszug des Mieters stattgefunden hat, bereitet es dem Vermieter immer großen Verdruss, wenn der Mieter seinen neuen Aufenthaltsort nicht mit-

---

1 OLG Hamm, ZMR 1996, 372 ff.
2 *Sternel*, Mietrecht, I Rz. 392 u. VI Rz. 596 f.
3 *Blank*, ZdW Bay 1998, 67, 72.
4 Näher: *Horst*, NZM 1998, 139, 141 f.; *Horst*, Geld und Mietende, S. 24 f.

geteilt hat. Hat er wenigstens die Schlüssel zurückgegeben, kann der Vermieter die Mietsache betreten und ggf. zur Weitervermietung herrichten. In allen anderen Fällen muss er die Adresse des Mieters ermitteln, um seine Ansprüche geltend machen zu können. Denn entweder muss er eine Räumungsklage zustellen lassen oder eine Fristsetzung (mit Ablehnungsandrohung) wirksam erklären. Der Auszug allein ohne Hinterlassung einer neuen Anschrift ist nämlich nur ausnahmsweise einer endgültigen Erfüllungsverweigerung, die eine Fristsetzung (ggf. mit Ablehnungsandrohung) entbehrlich macht, gleichzusetzen[1].

a) Möglichkeiten der Anschriftenermittlung

Um die zustellfähige Anschrift des Mieters zu ermitteln, bestehen mehrere Möglichkeiten, die routinemäßig ergriffen werden sollten: 268
– Auskunft beim Einwohnermeldeamt
– Anschriftenüberprüfung bei der Post AG
– Komfortauskunft der Dt. Telekom AG
– örtliche Ermittlungen
– Recherchen in der Nachbarschaft
– Recherchen durch Dritte.

Nach den Meldegesetzen der Länder ist jeder Bürger verpflichtet, sich spätestens innerhalb von 3 Monaten nach einem Ortswechsel umzumelden. Wer ein berechtigtes Interesse glaubhaft machen kann, kann **Auskunft** aus dem **Melderegister** verlangen. Da der Rechtsanwalt die Anschrift des Mieters zur Verfolgung von Ansprüchen seines Mandanten erfragt, besteht dieses berechtigte Interesse. Der Anspruch muss nicht näher konkretisiert werden, vielmehr reicht der Hinweis, dass die Auskunft zur Anspruchsdurchsetzung benötigt wird. Die Auskunft ist gebührenpflichtig. Die Meldebehörden verlangen regelmäßig Beträge unter 5 Euro. Manche Meldebehörden bieten auch einen Faxservice an. Dabei muss die Auskunft per Fax angefragt werden. Die Antwort erfolgt ebenfalls per Fax regelmäßig innerhalb von 24 Stunden. 269

Hat der Mieter einen **Nachsendeantrag** gestellt, lässt sich die Anschrift auch über die Post AG ermitteln. Dazu bietet die Post AG vorbereitete Postkarten an, die – kostenlos – bei jedem Postamt erhältlich sind. Auf diesen vorbereiteten Postkarten muss lediglich die bisherige Anschrift des Mieters eingetragen werden. Innerhalb von wenigen Tagen lässt sich so die Anschrift ermitteln. 270

Die beiden vorbenannten Möglichkeiten sollen **zeitgleich** ergriffen werden. Sie sind nämlich Mindestvoraussetzung für eine öffentliche Zustellung. Es macht wenig Sinn, erst die eine oder die andere Ermittlungsmöglichkeit zu 271

---

1 LG Köln in *Lützenkirchen*, KM 31 Nr. 32; Palandt/*Heinrichs*, § 281 BGB Rz. 14 m.w.N.

ergreifen. Dies kostet unnötig Zeit. Hat der Mieter einen Telefonanschluss umgemeldet und nicht der Bekanntgabe oder Eintragung seiner Anschrift im örtlichen Telefonbuch widersprochen, lässt sich die Anschrift auch über die sog. **Komfortauskunft** der Telekom ermitteln (Tel.-Nr.: 1 18 33).

Über Adressen-CDs zu recherchieren ist regelmäßig erfolglos, weil die CDs in der gegebenen Situation noch nicht aktualisiert sind.

272 Bei den Bezirksämtern besteht zusätzlich die Möglichkeit, **örtliche Ermittlungen** zu beantragen. Dazu begibt sich ein Mitarbeiter der Behörde zunächst zur letzten Wohnanschrift des Mieters und recherchiert dort bei Nachbarn, ob die neue Anschrift bekannt ist oder Personen benannt werden können, die über die neue Anschrift Bescheid wissen könnten. Die Dauer dieser Ermittlungen lässt sich regelmäßig nicht vorhersehen, so dass diese Recherche nur als letztes Mittel ergriffen werden sollte. Sie kostet zudem regelmäßig mehr als 10 Euro.

273 Abgesehen davon kann und sollte die gleiche Tätigkeit auch von dem **Mandanten** oder seinen Mitarbeitern (ggf. dem Hausmeister oder Hausverwalter) ausgeführt werden. Denn mittlerweile verlangen einige Gerichte neben den Adressenermittlungen bei der Meldebehörde oder der Post AG die Vorlage **eidesstattlicher Versicherungen** über Umfragen in der Nachbarschaft oder bei Verwandten. Für den Mandanten bzw. seine Hilfspersonen dürfte es regelmäßig keine Schwierigkeiten bereiten, Nachbarn nach der neuen Anschrift des Mieters zu befragen. Ergeben sich daraus keine Erkenntnisse, wird sich häufig ein Nachbar finden, dem der Arbeitgeber oder ein Verwandter des Mieters bekannt ist, so dass die Recherchen auf diese Personen ausgedehnt werden können.

274 Schließlich kann daran gedacht werden, eine **Detektei** zu beauftragen. Hier ist allerdings höchste Vorsicht geboten. Zwar arbeiten Detekteien auf diesem Sektor regelmäßig erfolgreich. Indessen bewegt sich ihr Stundensatz zwischen 40 Euro und 70 Euro netto, und die Recherche nimmt (angeblich) mindestens einen Tag in Anspruch. Deshalb sollte vor einer Beauftragung (telefonisch) abgeklärt werden, welcher Zeitaufwand veranschlagt wird, um einen Pauschalpreis zu vereinbaren.

b) Erfolglose Anschriftenermittlung

275 Der Rechtsanwalt sollte sich mit dem Mandanten gut überlegen, ob es im Einzelfall notwendig ist, mehr als die Auskunft beim Melderegister einzuholen oder eine Anschriftenüberprüfung bei der Post AG durchzuführen. Die Entscheidung sollte davon abhängig gemacht werden, ob es tatsächlich notwendig ist, die Person des Mieters ausfindig zu machen. Dies ist sicherlich der Fall, wenn die Wohnung noch nicht (vollständig) geräumt wurde. In diesem Fall besteht die Chance, bei dem Mieter ohne eine Räumungsklage noch die (vollständige) Räumung zu erreichen.

276 Dient die Anschriftenermittlung jedoch der Zustellung, reichen die Auskunft beim Melderegister und die Anschriftenüberprüfung bei der Post AG

grundsätzlich aus, um eine **öffentliche Zustellung** zu erreichen. Gleichwohl sollte vorsorglich eine eidesstattliche Versicherung des Mandanten beigefügt werden, dass er erfolglos nach der neuen Anschrift des Mieters recherchiert, da mittlerweile die Gerichte diese zusätzliche Auskunft zunehmend fordern.

In der Praxis wird viel zu wenig von der Regelung des § 132 Abs. 2 BGB Gebrauch gemacht, der eine öffentliche Zustellung auch für **außergerichtliche** Schreiben vorsieht. Gerade in den Fällen, in denen § 281 BGB als Anspruchsgrundlage in Betracht kommt, besteht für den Rechtsanwalt das **Risiko**, dass das Gericht in dem Auszug ohne Hinterlassen der neuen Anschrift keine endgültige Erfüllungsverweigerung sieht. Hat der Rechtsanwalt dann nicht – wenigstens vorsorglich – die Zustellung der Ablehnungsandrohung nach § 132 Abs. 2 BGB durchgeführt, bestehen grundsätzlich Regressansprüche des Mandanten, wenn die Klage nur deshalb abgewiesen wird, weil es an den Voraussetzungen des § 281 Abs. 1 BGB fehlt. 277

Da in den hier maßgeblichen Fällen jedoch auch eine Klage öffentlich zugestellt werden muss, ist es ohne nennenswerten Arbeitsaufwand möglich, auch außergerichtliche Schriftstücke öffentlich zuzustellen. Dazu muss das zuzustellende Schriftstück verfasst werden und ein Antrag beim zuständigen Amtsgericht auf öffentliche Zustellung gestellt werden. Durch das Beifügen der Melderegisterauskunft und der Postkarte über die Anschriftenüberprüfung bei der Post AG werden die Voraussetzungen des § 132 Abs. 2 BGB glaubhaft gemacht. Dieser Antrag kann z.B. wie folgt formuliert werden: 278

Amtsgericht Köln
Luxemburger Str. 101
50939 Köln

Antrag nach § 132 Abs. 2 BGB

des Herrn Günther Wichtig, Virchowstr. 35, 50935 Köln

– Antragsteller –

Verfahrensbevollmächtigte: Rechtsanwälte Dr. Pluster & Partner in Köln

gegen

den Herrn Wolfgang Nirgendwo, zuletzt wohnhaft Bahnhofplatz 19, 51104 Köln

– Antragsgegner –

Namens und im Auftrage des Antragstellers beantragen wir,
    das anliegende Schreiben vom 15.5.2006 nebst Vollmacht vom 14.5.2006 öffentlich zuzustellen.

279

Begründung:
Zwischen den Parteien bestand auf Grund des Vertrages vom 2.3.1996 ein Mietverhältnis über die Wohnung im 3. Obergeschoss des Hauses Bahnhofplatz 19, 51104 Köln.

Glaubhaftmachung:
anliegende Kopie des Mietvertrages (Anlage A 1).
Das Mietverhältnis endete auf Grund der fristlosen Kündigung des Antragstellers vom 14.3.2006.

Glaubhaftmachung:
anliegende Kopie der Kündigung vom 14.3.2006 (Anlage A 2).
Der Antragsgegner hat Ende März 2006 die Räume verlassen, ohne seine neue Anschrift mitzuteilen. Eine zustellungsfähige Anschrift ist weder bei der Meldebehörde noch der Post AG zu ermitteln.

Glaubhaftmachung:
1. anliegende beglaubigte Kopie der Melderegisterauskunft (Anlage A 3)
2. anliegende beglaubigte Kopie der Anschriftenüberprüfung (Anlage A 4)

Daneben hat der Antragsteller in der Nachbarschaft recherchiert. Kein Bewohner des Anwesens des Antragstellers und des Nachbarhauses konnte aber Auskunft über den Verbleib des Antragsgegners oder einen Hinweis auf Verwandte geben. Auch Rückfragen bei der Agentur für Arbeit blieben erfolglos.

Glaubhaftmachung:
anliegende eidesstattliche Erklärung des Antragstellers
Damit liegen die Voraussetzungen für eine öffentliche Zustellung vor.

Mit freundlichen Grüßen

...

Rechtsanwalt

280 Das weitere Verfahren richtet sich nach den §§ 204 ff. ZPO[1]. Das Gericht kann in dem Beschluss über die öffentliche Zustellung insbesondere eine Frist bestimmen, die als Zustellungsdatum gilt. Regelmäßig beträgt die Frist gemäß § 206 Abs. 2 ZPO zwei Wochen. Dies sollte bei einer Fristsetzung beachtet werden. Die **Frist** kann natürlich erst mit dem Zeitpunkt der Zustellung (also nach zwei Wochen) zu laufen beginnen. Insoweit ist es zulässig, in der Fristsetzung mit Ablehnungsandrohung z.B. zu formulieren, dass die Frist zwei Wochen nach dem Zustellungsdatum abläuft.

c) Gebühren

281 Zu den Gebührenfragen vgl. *N Rz. 1 ff.*).

---

[1] Palandt/*Heinrichs*, § 132 BGB Rz. 3.

9. Abwicklung nach dem Tod des Mieters

a) Der unbekannte Erbe

aa) Vermieterberatung

Gemäß den §§ 564, 1922 BGB treten nach dem Tod des Mieters grundsätzlich dessen Erben in das Mietverhältnis ein. Soweit der Mieter mit einem Ehegatten, Lebenspartner, Familienangehörigen oder einer sonstigen Person auf Dauer in der Wohnung gelebt hat, ergibt sich aus den §§ 563, 563a BGB ggf. eine Sonderrechtsnachfolge.

Lebte der Mieter jedoch allein, ist es in der Regel schwierig, die Person des Erben ausfindig zu machen. Denn grundsätzlich weiß der Vermieter nicht, ob und ggf. mit welchem Inhalt ein **Testament** vorhanden ist oder wie sich die **gesetzliche Erbfolge** im Einzelnen gestaltet.

Um sich hier Klarheit zu verschaffen, müssen **Ermittlungen** beim
– Nachlassgericht
– Standesamt
– Nachbarn/Freundeskreis

angestellt werden. Diese Ermittlungen sollten nicht nacheinander, sondern **gleichzeitig** durchgeführt werden, um einen Zeitverlust zu vermeiden.

Beim Nachlassgericht ist regelmäßig eine **Nachlasskartei** eingerichtet, in der alle Vorgänge erfasst sind, gleichgültig ob nur ein Testament hinterlegt ist oder bereits ein Verfahren (z.B. auf Erteilung des Erbscheines oder einer Ausschlagung) durchgeführt wird. Unter Angabe des vollständigen Namens und des Geburtsdatums sowie der Anschrift des Erblassers kann hier eine formlose Anfrage gestellt werden, ob Erben bekannt sind. Bei weiblichen Mietern kann es sich empfehlen, auch den Namen und das Geburtsdatum des verstorbenen Ehemannes anzugeben, da zumindest früher die Testamentshinterlegung von Ehefrauen und Witwen unter dem Namen des Ehemannes erfolgte. Die Anfrage ist an das Amtsgericht – Nachlassgericht – zu richten, bei dem der Mieter seinen Wohnsitz im Zeitpunkt des Erbfalles hatte, §§ 72, 73 FGG. Allerdings muss auch ein berechtigtes Interesse (§ 34 FGG) dargestellt und vorsichtshalber glaubhaft gemacht werden. Dazu sollte neben der Vollmacht vor allem der Mietvertrag beigefügt werden.

Auch beim **Standesamt** kann unter Darstellung des berechtigten Interesses (z.B. Mieter gestorben, Mieten laufen weiter, unbekannte Erben) zunächst eine Abschrift der Sterbeurkunde beantragt und gleichzeitig zur Ermittlung der gesetzlichen Erbfolge angefragt werden, ob Abkömmlinge des verstorbenen Mieters bekannt sind. Da hinsichtlich des berechtigten Interesses teilweise eine Glaubhaftmachung verlangt wird, sollte zumindest der Mietvertrag in beglaubigter Fotokopie vorgelegt werden und die Kenntnis vom Tod des Mieters durch eine eidesstattliche Versicherung des Mandanten unterlegt werden. Im Übrigen verlangen die Behörden regelmäßig eine Vollmacht. Die gleichen Ermittlungen hinsichtlich der Abkömmlinge können bei Nachbarn und im **Freundeskreis** des verstorbenen Mieters angestellt werden, wobei dies zweckmäßigerweise durch den Vermieter selbst erfolgt.

285 Verlaufen diese Ermittlungen negativ, besteht für den Vermieter das Risiko, dass hohe Mietforderungen entstehen. Denn weil auch die unbekannten Erben gemäß § 857 BGB Besitz erlangen, ist er nicht berechtigt, ohne weiteres die Mietsache zu räumen und das Inventar zu vernichten. Andernfalls begeht er nicht nur eine **verbotene Eigenmacht** (§ 858 BGB), sondern macht sich u.U. auch **strafbar** (z.B. §§ 123, 303 StGB). Das Mietverhältnis muss aber so schnell wie möglich beendet werden, um den Schaden des Mandanten zu begrenzen.

Eine **Kündigung** nach § 564 BGB des Vermieters ist im Wohnraummietrecht seit 1. September 2001 ohne besondere Voraussetzungen möglich. Zu ihrer Wirksamkeit muss sie aber an alle Erben gerichtet und zugestellt werden.

286 Die einfachste Maßnahme zur Verminderung des Schadens des Vermieters besteht in der **Kündigung** durch den/die (vermeintlichen) **Erben**. Ist eine Person vorhanden, die sich um den Nachlass (z.B. Beerdigung) kümmert, sollte versucht werden, von ihr auch eine Kündigung (z.B. mittels vorgeschriebener Erklärung) zu erhalten. Durch die Abgabe der Erklärung wird für den vermeintlichen Erben noch keine Annahme zur Erbschaft dokumentiert[1]. Andererseits ist einer von mehreren Erben zur Notgeschäftsführung befugt, § 2038 Abs. 2 BGB.

287 Selbst wenn die Person, die sich um den Nachlass kümmert, nicht zum Kreis der vermeintlichen Erben gehört, kann ihre Kündigung über § 185 BGB wirksam werden. Insoweit bietet sich an, zur Vermeidung eines Risikos für den Erklärenden eine **Freistellungsvereinbarung** zu treffen. Denn das Risiko, dass nachträglich ein Erbe die Kündigung nicht genehmigt, ist relativ gering, weil ohne die Kündigung der Mietzahlungsanspruch des Vermieters fortlaufend entstanden wäre und den Nachlass belastet hätte.

288 Findet sich niemand, der für den Nachlass handeln kann, oder ist ein Mietrückstand entstanden, der eine Kündigung nach § 543 Abs. 2 Nr. 3 BGB rechtfertigt, bleibt nur der Weg, eine **Nachlasspflegschaft** nach § 1960 BGB zu beantragen. Denn im Fall des Todes des Mieters ist eine öffentliche Zustellung der Kündigung nach § 132 BGB nicht möglich. Mit der Einrichtung einer Nachlasspflegschaft erhält der Vermieter einen Adressaten, dem er eine Kündigung zustellen kann, oder jedenfalls eine Person, die für den Nachlass handeln, also auch eine Kündigung aussprechen kann.

289 Der **Antrag** auf Errichtung einer Nachlasspflegschaft bedarf keiner besonderen Form. Er ist an das Amtsgericht – Nachlassgericht – zu richten. Örtlich zuständig ist das Amtsgericht, in dem der Erblasser zur Zeit des Erbfalls seinen Wohnsitz hatte, § 73 FGG.

---

1 Vgl. Palandt/*Edenhofer*, § 1943 BGB Rz. 3.

Der Vermieter als Mandant   Rz. 294 **K**

In dem Antrag ist darzustellen
- der Tod des Erblassers
- ein Regelungsbedürfnis, § 1960 Abs. 1 S. 1 BGB
- die Unkenntnis von der Person des Erben, § 1960 Abs. 1 S. 2 BGB.

Zwar gilt gemäß § 12 FGG in diesem Verfahren der Amtsermittlungsgrundsatz. Indessen dient es der Beschleunigung, wenn die zur Antragsbegründung vorgetragenen Tatsachen **glaubhaft** gemacht werden.

Die Glaubhaftmachung des Todes des Erblassers erfolgt zweckmäßigerweise durch Vorlage einer **Sterbeurkunde**. Diese wird vom zuständigen Standesamt ausgestellt. Unter Nachweis eines berechtigten Interesses wird eine Abschrift erteilt. Hat der Vermieter sie also noch nicht eingeholt, kann unter Hinweis auf die beabsichtigte Beantragung einer Nachlasspflegschaft eine Abschrift beim zuständigen Standesamt angefordert werden. Ist beim Nachlassgericht bereits ein Vorgang vorhanden (z.B. Testamentseröffnung), ist der Tod des Mieters gerichtsbekannt. Der Vorlage einer Abschrift der Sterbeurkunde bedarf es dann nicht. Es genügt der Hinweis auf das bekannte Verfahren unter Angabe des Aktenzeichens. 290

Zur Darstellung und Glaubhaftmachung des **Regelungsbedürfnisses** sollte der Mietvertrag vorgelegt werden und ggf. eine eidesstattliche Versicherung des Vermieters, in der bestätigt wird, in welcher Zeit keine Mieten gezahlt wurden und dass die Erklärung der Kündigung beabsichtigt ist. 291

Aus dem Vortrag zur **Unkenntnis über die Person des Erben** müssen nur die Bemühungen dargestellt werden, die zur Ermittlung des Erben angestellt wurden. Sind die Erben zwar bekannt (z.B. weil sie in einem Testament benannt sind oder gesetzliche Erbfolge eintritt), ist aber ungewiss, ob sie die Erbschaft annehmen, sollten die Anstrengungen des Vermieters dargetan werden, sich Klarheit zu verschaffen. 292

Das Nachlassgericht ist grundsätzlich frei in der **Anordnung von Fürsorgemaßnahmen** nach § 1960 Abs. 2 BGB. Es ist jedoch zweckmäßig, im Antrag bereits die gewünschte Maßnahme zu bezeichnen (z.B. Errichtung einer Nachlasspflegschaft zur Entgegennahme einer Kündigung und Räumung der Wohnung). Denn so wird ersichtlich, für welchen bestimmten Regelungskreis eine Anordnung getroffen werden soll. Andererseits wird die Gefahr ausgeschlossen, dass eine umfassende Nachlasspflegschaft eingerichtet wird, deren Kosten den Nachlass belasten. 293

Ist bei der Antragstellung bereits ersichtlich, dass die Nachlasspflegschaft auch zur vollständigen Abwicklung des Mietvertrages benötigt wird, sollte dies in der Antragsschrift erwähnt werden, so dass ein weiterer Antrag auf Erweiterung der Nachlasspflegschaft vermieden wird.

Im Übrigen muss die Antragsschrift einen Hinweis darauf enthalten, dass der **Nachlass nicht dürftig** ist. Denn die Kosten der Nachlasspflegschaft fallen dem Nachlass zur Last. Das Nachlassgericht wird einen Antrag zurückweisen, wenn nicht ersichtlich ist, dass die Kosten der Nachlasspflegschaft 294 auch aus dem Nachlass bestritten werden können, da eine Haftung der Staatskasse nicht in Betracht kommt. Der Hinweis auf die gezahlte Kaution ist dabei in der Regel nicht ausreichend, da die Kaution der Befriedigung der Ansprüche des Vermieters dient. Soweit vorhanden, sollten daher Kenntnisse über den Vermögensstand des Erblassers dargestellt und glaubhaft werden (z.B. wertvolle Münzsammlung, Teppiche etc.).

295 Liegen keine Erkenntnisse über den Wert des Nachlasses vor, wird eine Nachlasspflegschaft nur eingerichtet, wenn der Vermieter eine **Kostenübernahmeerklärung** für den Nachlasspfleger abgibt. Zur Vermeidung eines Haftungsrisikos sollte hierzu mit dem zuständigen Rechtspfleger zuvor Kontakt aufgenommen werden, um zu erfahren, welcher Nachlasspfleger bestellt werden würde. Ergibt sich bei diesem Gespräch noch kein Hinweis auf die Höhe der Kosten, kann hierüber mit dem vermeintlichen Nachlasspfleger selbst gesprochen werden. Nur sehr selten wird sich daraus der wahre Kostenrahmen jedoch ermitteln lassen.

296 Zur Vermeidung dieses Kostenrisikos kann daher vor Antragstellung z.B. mit einem Kollegen abgesprochen werden, ob und ggf. für welchen „Preis" er bereit ist, die Nachlasspflegschaft zu übernehmen. Mit dem Kollegen wird dann über die Kosten eine Vereinbarung getroffen und dem Nachlassgericht in der Antragsschrift mitgeteilt, dass sich der Kollege bereit erklärt hat, die Nachlasspflegschaft (in dem beschränkten Umfang) für den Nachlass kostenlos zu übernehmen. Da das Nachlassgericht diesen Vorschlag nicht berücksichtigen muss, weil es mangelnde Neutralität des vorgeschlagenen Nachlasspflegers befürchtet, kann z.B. vor der Vereinbarung mit dem Kollegen das Verfahren mit dem Rechtspfleger abgesprochen werden. Entweder erklärt sich der Rechtspfleger mit der vom Nachlassgläubiger vorgeschlagenen Person des Nachlasspflegers einverstanden, oder er benennt den Nachlasspfleger, den er auswählen würde, so dass mit diesem die Vereinbarung über die Kosten getroffen werden kann.

bb) Gebühren

297 Die Beantragung der Nachlasspflegschaft ist regelmäßig eine separate Angelegenheit, die gesondert zu vergüten ist. Als Gegenstandswert ist das Interesse des Vermieters anzusetzen, das bei der Beantragung der Nachlasspflegschaft zur Entgegennahme der Kündigung bzw. Beendigung des Mietvertrages durch den **Jahresmietwert** bestimmt wird. Liegt der Beantragung ein anderes Interesse zugrunde, muss dessen Wert ermittelt werden.

b) Der dürftige Nachlass

aa) Vermieterberatung

298 Die Erben des Mieters sind selten daran interessiert, die Verpflichtungen aus dem Mietvertrag zu erfüllen. Vor allem bei Wohnraummietverhältnissen nutzen die Erben die Zeit bis zum Ablauf der Kündigungsfrist, um die oft wenigen Wertsachen des verstorbenen Mieters (z.B. Sparbücher,

Schmuck) aus der Wohnung zu schaffen. Andererseits ist der Vermieter daran interessiert, die Wohnung so schnell wie möglich geräumt zurückzuerhalten, um drohende Verluste zu verringern. Die Ausübung des Vermieterpfandrechts läuft in diesen Fällen regelmäßig leer, weil die Wertsachen unbemerkt aus der Mietsache entfernt wurden, bevor das Vermieterpfandrecht ausgeübt wird oder dem Vermieter das Vermögen des verstorbenen Mieters im Wesentlichen unbekannt ist. Abgesehen davon vergrößert sich in diesen Fällen durch die Ausübung des Vermieterpfandrechts der Schaden des Vermieters, weil die Sachen des verstorbenen Mieters in der Wohnung zurückbleiben müssen und deshalb die Mietsache nicht weitervermietet werden kann.

Besteht jedoch Grund zu der Annahme, dass der Nachlass nicht dürftig ist, oder tritt der Erbe in die Abwicklung zur Beendigung des Mietvertrags ein, indem er das Mietverhältnis kündigt und die Mietsache räumt, muss geprüft werden, inwieweit die **Möglichkeiten des § 1994 BGB** genutzt werden sollen. Nach dieser Vorschrift wird dem Erben eine Frist durch das Nachlassgericht gestellt, ein Nachlassverzeichnis zu errichten. Versäumt er diese Frist, haftet er für die Nachlassverbindlichkeiten unbeschränkt. 299

Das Verfahren bietet andererseits den **Vorteil**, ohne streitige gerichtliche Auseinandersetzung zu verifizieren, ob die Geltendmachung von Miet- oder Schadensersatzansprüchen z.B. wegen unterlassener Schönheitsreparaturen wirtschaftlich sinnvoll ist. Denn ergibt das Inventar keine nennenswerten Vermögensgegenstände, würde die Durchführung eines Schadensersatzprozesses nicht nur unnötige Kosten verursachen. Vielmehr droht auch die Klageabweisung als unzulässig, wenn die Unzulänglichkeit des Nachlasses feststeht[1]. Damit kann das Inventarverfahren nach § 1994 BGB den Mandanten und den Rechtsanwalt vor Schaden bewahren. 300

Das Verfahren nach § 1994 BGB sollte so früh wie möglich in Gang gesetzt werden. Einerseits ist nämlich mit einer längeren **Verfahrensdauer** zu rechnen, weil das Nachlassgericht vor der Beschlussfassung zunächst dem Erben das rechtliche Gehör gewährt. Lässt sich der Erbe dann über die Konsequenzen des Verfahrens beraten, ergibt sich das **Risiko**, dass er die Erbschaft noch ausschlägt und ein neues Verfahren gegen den dann berufenen Erben durchgeführt werden muss. Andererseits werden in der Praxis Fristen von einem Monat zur Aufstellung des Inventars gesetzt und vom Gericht regelmäßig auf Antrag verlängert. Die Begründung eines solchen Verlängerungsantrages ist relativ einfach, da sich kurz nach dem Tod des Mieters häufig noch nicht alle Vermögens- und Nachlassgegenstände aufzählen lassen. Dies gilt vor allem dann, wenn das Verzeichnis von einem Nachlasspfleger oder einem Erben errichtet werden soll, die keine Kenntnis von den Vermögenswerten des Erblassers haben. 301

Gleichzeitig läuft aber für die Ansprüche des Vermieters regelmäßig die **Verjährungsfrist** des § 558, weil der Erbe gekündigt und die Wohnung zu- 302

---

1 Palandt/*Edenhofer*, § 1990 BGB Rz. 12.

rückgegeben hat. Das Verfahren nach § 1994 BGB hat in diesen Fällen nur Sinn, wenn es innerhalb der Verjährungsfrist so rechtzeitig abgeschlossen ist, dass die Aussichten eines (Schadensersatz-)Prozesses in wirtschaftlicher Hinsicht noch geprüft werden können. Denn das Verfahren nach § 1994 BGB führt weder zu einer Hemmung noch zu einer Unterbrechung der Verjährung[1].

303 Auf jeden Fall sollte der Rechtsanwalt, sobald er das Mandat gegen den Erben erhält, **zweispurig verfahren**. Einerseits sollte er das Verfahren nach § 1994 BGB einleiten. Andererseits sollte er im Rahmen des Mietvertrages die notwendigen Voraussetzungen (z.B. Fristsetzung ggf. mit Ablehnungsandrohung, vgl. dazu Rz. 355) schaffen, um zu gegebener Zeit das Klageverfahren führen zu können. Während des Laufes des Verfahrens nach § 1994 BGB müssen auch die notwendigen Informationen zur Vorbereitung einer Schadensersatzklage eingeholt werden (z.B. Abnahmeprotokoll, Kostenvoranschläge, Rechnungen etc.).

304 Da Beginn und Ablauf der Verjährung nach § 548 BGB zweifelhaft sein können, weil wegen § 200 BGB noch nicht eindeutig geklärt ist, ob auch erst nach Fristsetzung entstehende Ansprüche schon in 6 Monaten ab Rückgabe verjähren[2], wie dies nach h.M. jedenfalls vor dem 31. August 2001 nicht möglich sein sollte[3], sollte zumindest ein selbständiges Beweisverfahren vor Ablauf der 6-Monats-Frist (seit Rückgabe) eingeleitet werden, um eine Hemmung der Verjährung zu erreichen. Aber auch andere Maßnahmen i.S.v. § 204 BGB sollten erwogen werden, weil bei einem Beweisverfahren (zusätzlicher) Mietausfall droht, dessen Ausgleich aus rechtlichen (§ 254 BGB = Schadensminderung)[4] und wirtschaftlichen Gründen zweifelhaft sein kann.

(1) Prozessuales

305 Ist das Verfahren nach § 1994 BGB bei Ablauf der Verjährung noch nicht beendet, sollte zur Verjährungshemmung auf jeden Fall ein **Mahnbescheid** beantragt werden (vgl. § 204 BGB). Wenn der Erbe gegen den Mahnbescheid Widerspruch einlegt, sollte die zweite Hälfte der Gerichtskosten eingezahlt werden, damit die Sache an das für das streitige Verfahren zuständige Gericht abgegeben wird. Trifft von dort die Aufforderung zur Anspruchsbegründung ein und ist zu diesem Zeitpunkt das Verfahren nach § 1994 BGB immer noch nicht beendet, sollte die Frist des § 697 Abs. 1 ZPO unbeachtet gelassen werden. Durch den Ablauf dieser Frist droht zunächst kein Risiko. Die Verjährung ist durch die rechtzeitige Beantragung des Mahnbescheides gehemmt. Der Mahnbescheid verliert nur dann seine Wirkung, wenn die zweite Gerichtskostenhälfte nicht eingezahlt wird. Solange der Beklagte nicht von seinem Recht nach § 697 Abs. 3 ZPO Gebrauch macht

---

1 Vgl. aber § 207 BGB.
2 *Lützenkirchen*, ZMR 2002, 889.
3 BGH, WuM 1989, 376; KG, WuM 1997, 32; OLG Düsseldorf, WuM 1995, 581.
4 *Lützenkirchen*, Neue Mietrechtspraxis, Rz. 984.

und die Durchführung des streitigen Verfahrens beantragt, ruht das Verfahren.

Der **Antrag** nach § 1994 BGB ist beim **Amtsgericht** – Nachlassgericht – zu stellen. Der Antrag kann formlos gestellt werden. Als Nachlassgläubiger ist der Vermieter antragsberechtigt[1]. 306

Die Tatsachen, die den Vermieter als Nachlassgläubiger qualifizieren, sind **glaubhaft** zu machen. Deshalb muss der Mietvertrag in Kopie beigefügt werden und ggf. eine eidesstattliche Versicherung z.B. über die Nichtzahlung der Mieten. Soll der Antrag bereits mit den Ansprüchen aus § 281 Abs. 1 BGB begründet werden, muss die Fristsetzung mit Ablehnungsandrohung ebenso beigefügt werden, wie Kostenvoranschläge. Der Zustand der Wohnung ist durch eine eidesstattliche Versicherung, ein Sachverständigengutachten oder Lichtbilder glaubhaft zu machen. 307

Beispiel eines Antrages nach § 1994 BGB 308

An das Amtsgericht
– Nachlassgericht –
50939 Köln

Antrag nach § 1994 BGB

des Herrn Willi Wichtig, Petersbergstr. 3, 50937 Köln
– Antragsteller –
Verfahrensbevollmächtigter: Rechtsanwalt Peter Klein in Köln
gegen
Frau Josefine Schmitz, Bertolt-Brecht-Str. 17, 50825 Köln
– Antragsgegnerin –

Unter Überreichung der auf mich lautenden Vollmacht beantrage ich namens des Antragstellers,

    der Erbin eine Frist zur Errichtung eines Inventars über den Nachlass des am 22.2.2006 verstorbenen Hans Peter Schmitz, Luxemburger Str. 101, 50939 Köln, zu setzen.

Begründung:
Der Antragsteller schloss mit Herrn Peter Schmitz am 3.10.1984 einen Mietvertrag über die im 3. OG des Hauses Luxemburger Str. 101, 50939 Köln, gelegenen Wohnung.

Glaubhaftmachung:
anliegende Kopie des Mietvertrages
Herr Peter Schmitz ist am 22.2.2006 in seiner Wohnung verstorben.

---

1 Palandt/*Edenhofer*, § 1994 BGB Rz. 4.

Glaubhaftmachung:
anliegende Kopie der Sterbeurkunde
Die Antragsgegnerin ist nach Auskunft des Nachlassgerichtes vom 2.3.2006 dessen alleinige gesetzliche Erbin geworden.

Glaubhaftmachung:
1. anliegende Kopie des Schreibens des AG Köln – Nachlassgericht – vom 2.3.2006
2. Beiziehung der Akten des AG Köln – Nachlassgericht – IV E 2/99

Für die Monate Februar und März 2006 gingen bei dem Antragsteller keine Mieten ein.

Glaubhaftmachung:
anliegende eidesstattliche Versicherung des Antragstellers
Der Antragsteller hat diese Mieten gegenüber der Antragsgegnerin geltend gemacht.

Glaubhaftmachung:
anliegende Kopie des Schreibens vom 15.3.2006
Die Antragsgegnerin hat hierauf nicht reagiert.
Der Antragsteller hat ein berechtigtes Interesse daran, dass die Antragsgegnerin ein Nachlassverzeichnis errichtet. Er ist Nachlassgläubiger. Auf Grund der Errichtung des Nachlassverzeichnisses kann der Antragsteller ermitteln, ob die Durchführung eines Streitverfahrens für ihn wirtschaftlich sinnvoll ist oder ob ggf. Umstände vorliegen, die die Einrede der Dürftigkeit nach § 1990 BGB begründen.
Dem Antrag ist stattzugeben.

...

Rechtsanwalt

(2) Gebühren

309 Die Gebühren des Rechtsanwalts bemessen sich nach dem Interesse des Vermieters. Bei dem Antrag auf Vorlage eines Nachlassverzeichnisses soll das Interesse des Antragstellers durch seine Absicht bestimmt werden, die Schwierigkeiten bei der Ermittlung des Bestandes der Erbschaft zu vermeiden, die ohne die verlangte Auskunft auftreten würden[1]. Es sollen also nicht die Werte des tatsächlichen Nachlasses zugrunde gelegt werden, wenngleich sie einen gewissen Anhaltspunkt bieten sollen[2]. Deshalb kann der Streitwert mit ¼ des Wertes des Nachlasses (abzügl. der Nachlassverbindlichkeiten) angesetzt werden.

---

1 KG, JurBüro 1973, 151 m.w.N.
2 KG, JurBüro 1973, 151 m.w.N.

Ergibt das Inventar jedoch keinen positiven Wert, können nach Auffassung des Verfassers die Kosten eines streitigen Verfahrens über die von dem Vermieter geltend gemachte Forderung zugrunde gelegt werden. Denn in der gegebenen Situation dient der Antrag auf Vorlage eines Nachlassverzeichnisses auch der Ermittlung, ob der Anspruch durchsetzbar ist, also ob sich die Durchführung eines streitigen Verfahrens lohnt. 310

Erfolgt die Beauftragung zur Durchführung des Verfahrens nach § 1994 BGB gleichzeitig mit dem Mandant, auch die Forderung (z.B. Schadensersatzansprüche) durchzusetzen, liegen gleichwohl zwei getrennte Angelegenheiten i.S.d. § 15 RVG. Dies ergibt sich bereits dadurch, dass zwei verschiedene Gerichte angerufen werden müssen[1]. 311

bb) Erbenberatung

Der Mieter-Erbe, der mit einem Antrag aus § 1994 BGB konfrontiert wird, sollte zunächst über die Rechtslage aufgeklärt werden. Diese wird im Wesentlichen dadurch geprägt, dass die Errichtung des Nachlassverzeichnisses vollständig und richtig sein muss (§§ 2001, 2005 BGB) und vor dem Nachlassgericht oder einem Notar errichtet wird (§ 2002 BGB). Um diese Pflicht gewissenhaft erfüllen zu können, muss sich der Erbe einen umfassenden **Überblick über den Nachlass** verschaffen. Dazu muss er sämtliche Vermögensgegenstände, die zum Nachlass gehören, ebenso ermitteln, wie die Nachlassverbindlichkeiten vollständig angegeben werden müssen. 312

In einem Zwischenschritt können die Schwierigkeiten dargestellt werden, die dabei entstehen könnten. Während die Vermögensgegenstände relativ einfach durch **Inventarisierung** des Mobiliars, Aufnahme von Wertgegenständen (Inventarisierung des Schmucks, der Haushaltsgegenstände etc., Auskunftsersuchen an die bekannten Banken zur Mitteilung der Salden am Todestag etc.) und die Aufzählung von Immobilien erreicht werden kann, birgt die Ermittlung von **Nachlassverbindlichkeiten** schon größere Schwierigkeiten in sich. Denn hierzu muss zunächst in Erfahrung gebracht werden, welche Nachlassgläubiger existieren. In einem weiteren Schritt muss die Höhe der Forderungen überprüft werden, insbesondere die Berechtigung dieser Forderungen. Bei Steuerschulden lässt sich dies z.B. erst angeben, wenn ein rechtskräftiger Steuerbescheid vorliegt. Dafür muss eine Steuererklärung abgegeben werden, die z.B. die Vorlage der Lohnsteuerkarte oder einer Bilanz erfordert. 313

Schließlich sollte dem Mandanten erläutert werden, dass es wenig Sinn macht, hier ein vorläufiges Verzeichnis zu errichten, sondern vielmehr der Zweck des Verfahrens nach § 1994 BGB darin besteht, dem Gläubiger ein vollständiges Bild über das Nachlassvermögen zu vermitteln. Um diesen Zweck zu erreichen, reicht regelmäßig die vom Nachlassgericht gesetzte Frist nicht aus. Deshalb sollte so früh wie möglich von dem Recht zur **Fristverlängerung** Gebrauch gemacht werden, damit der Rechtsanwalt öko- 314

---
1 Vgl. *Madert* in Gerold/Schmidt/v. Eicken/Madert, § 13 BRAGO Rz. 5 und 11.

nomisch arbeiten kann (ansonsten müsste er das Nachlassverzeichnis wie ein Puzzle erstellen), um die Vollständigkeit des Inventars zu gewährleisten.

315 Gleichzeitig sollte der Mandant darauf hingewiesen werden, dass für den Vermieter insbesondere der Ablauf der **Verjährung** nach § 548 BGB droht. Bei einem wenig risikofreudigen Vermieter kann dies dazu führen, dass er die Ansprüche eher verjähren lässt, als ein ungewisses Prozessrisiko einzugehen.

316 Vor dem Hintergrund dieser Beratung wird der Mandant den Rechtsanwalt bitten, eine **Fristverlängerung** zu beantragen, sofern der Nachlass nicht nur aus einigen wenigen Gegenständen besteht. Bei der Beantragung zur Verlängerung der Inventarfrist sollte jedoch angegeben werden, innerhalb welcher Frist voraussichtlich die Ermittlungen abgeschlossen sein können. Denn der Gläubiger wird gegenüber dem Nachlassgericht darauf bestehen, dass sich für ihn die Möglichkeit eröffnet, noch innerhalb der Verjährungsfrist seine Ansprüche geltend zu machen bzw. die Entscheidung darüber zu treffen. Abgesehen davon entsteht durch einen bestimmten Verlängerungsantrag nicht der Eindruck, der Erbe wollte die Sache hinausschieben.

317 Wird ein Fristverlängerungsantrag gestellt, sollte vorsorglich die gesetzte **Frist notiert** werden, um sie einhalten zu können, wenn dem Fristverlängerungsantrag nicht entsprochen oder er bis zum Ablauf dieser Frist nicht beschieden wird.

318 Eine Fristverlängerung erübrigt sich, wenn die bisherigen Ermittlungen des Erben ergeben, dass das Aktivvermögen vollständig mitgeteilt werden kann, die **Nachlassverbindlichkeiten** jedoch den Wert des **Aktivvermögens übersteigen**. Um dies sorgfältig überprüfen zu können, sollte sich der Rechtsanwalt über das Aktivvermögen entsprechende Wertermittlungen vorlegen lassen. Von den Banken können dazu Saldenmitteilungen verlangt werden. Ist Wertpapiervermögen vorhanden, teilen die Banken deren Wert zum Todestag mit. Bei Immobilienvermögen sind regelmäßig Bewertungen auf Grund von Beleihungen vorhanden, in deren Besitz zumindest die beleihende Bank ist. Diese lässt sich ohne weiteres aus dem Grundbuch ermitteln, sofern nicht die Darlehensverträge vorgelegt werden können. Andere Vermögensgegenstände (Pkw, Hausrat, Schmuck, persönliche Kleidung etc.) brauchen im Inventar nach § 1994 nur als solche angegeben zu werden. Ein Anspruch auf Wertermittlung besteht nicht.

319 Hinsichtlich der Verbindlichkeit sollte ebenfalls auf Vorlage entsprechender Nachweise (vor allem bei Urkunden) durch den Mandanten bestanden werden. Auch hierzu können von den Banken Saldenmitteilungen erbeten werden. Andere Gläubiger werden ihre Rechnungen gestellt oder Mahnungen erteilt haben.

Anhand dieser Angaben kann das **Formblatt**, das das Nachlassgericht mit der Inventarfrist zustellt, ausgefüllt werden. Nicht erfasste Aktiva oder Passiva sollten in einer Anlage erwähnt werden.

Der Vermieter als Mandant

(1) Prozessuales

Der schriftsätzliche Vortrag im Rahmen des Verfahrens nach § 1994 BGB ist formlos möglich. Es handelt sich um ein FGG-Verfahren, in dem der Amtsermittlungsgrundsatz gilt. Prozessuales Taktieren ist daher kaum möglich. 320

Hat der Vermieter jedoch zwischenzeitlich zur Hemmung der Verjährung seine Ansprüche durch **Mahnbescheid** geltend gemacht und wurde dagegen Widerspruch eingelegt, sollte der Rechtsanwalt für seinen Mandanten die Möglichkeiten aus § 697 Abs. 3 ZPO prüfen. Danach ist er berechtigt, das **streitige Verfahren** durch Beantragung des Termins zur mündlichen Verhandlung einer Beendigung zuzuführen.

Denn hat der Mandant in der Zwischenzeit das Nachlassverzeichnis vorgelegt, aus dem sich die Dürftigkeit des Nachlasses ergibt, wird der Vermieter kein Interesse mehr an der Fortführung des Klageverfahrens haben. Solange jedoch keine mündliche Verhandlung stattgefunden hat, ist eine Kostenentscheidung nicht möglich, es sei denn, der Kläger (Vermieter) hat die Klage zurückgenommen, § 269 Abs. 3 ZPO. Deshalb wird der Rechtsanwalt diese Verfahrensmöglichkeit schon deshalb ergreifen, um für seinen Mandanten eine Kostenerstattungspflicht des Vermieters zu erreichen. 321

Aber auch wenn der Mandant das Inventarverzeichnis noch nicht vorgelegt hatte, sollte darauf hingewirkt werden, dass das streitige Verfahren durchgeführt wird, also im Zweifel nach § 697 Abs. 3 ZPO die Durchführung einer mündlichen Verhandlung beantragt wird. Die Verjährung ist durch den Mahnbescheid ohnehin gehemmt. Ergibt das Nachlassverzeichnis keine Dürftigkeit, wird das streitige Verfahren durchgeführt werden. Insbesondere bei Schadensersatzansprüchen, in denen der Vermieter regelmäßig über bessere Beweismittel (Fotos, sachverständige Zeugen etc.) verfügt, muss beachtet werden, dass die Gegenzeugen des Mandanten durch längere Dauer ihre Erinnerungsmöglichkeiten verlieren. Vorsorglich sollte in diesem Verfahren jedoch die **Einrede der Dürftigkeit** nach § 1990 BGB erhoben und die beschränkte Erbenhaftung geltend gemacht werden, § 780 ZPO. 322

Hat der Mandant ein Nachlassverzeichnis, aus dem sich die Dürftigkeit des Nachlasses ergibt, vorgelegt oder wird dies während des Verfahrens nachgeholt, kann der Klageabweisungsanspruch damit bereits begründet werden.

(2) Gebühren

Soweit der Erbe gegenüber dem Vermieter vertreten wird, richtet sich der Streitwert nach der Forderung, die der Vermieter geltend macht. 323

Wird daneben ein Inventarverfahren nach § 1994 BGB bearbeitet, handelt es sich zunächst um eine besondere Angelegenheit i.S.d. § 15 RVG (vgl. oben *Rz. 311*). Der Geschäftswert dieses Verfahrens richtet sich nach dem Interesse des Erben. Dieses Interesse ist nach Auffassung des Verfassers dahin zu bewerten, dass der Erbe seine Haftung gegenüber der Forderung des 324

Vermieters auf den Nachlass beschränken will oder die Haftung ganz abwehren will. Demnach kann hier die von dem Vermieter geltend gemachte Forderung zugrunde gelegt werden.

10. Außergerichtliche Schadensregulierung

a) Vorbereitende Überlegungen

325 Bei der Ermittlung eines Schadenstatbestandes und der Verfolgung der daraus entsprechenden Ansprüche hat der Rechtsanwalt Überlegungen anzustellen über:
– die Darlegungs- und Beweislast einschließlich der Beweissicherung,
– die Bezifferung des Schadens,
– die in Betracht kommenden Anspruchsgrundlagen,
– die Haftungsgrundsätze und schließlich zur
– Schadensberechnung.

326 Zu Fragen der **Darlegungs- und Beweislast** einschließlich der Beweissicherung und der umsetzenden Maßnahmen hierzu ist nach oben unter *Rz. 18 ff.* zu verweisen. Die sofortige zuverlässige Ermittlung der richtigen **Anspruchsgrundlage** ist unmittelbar bedeutsam für das weitere Vorgehen bei der Verfolgung des Anspruchs. Während bei Ersatzansprüchen aus der Verletzung von Nebenpflichten eine Haftung aus positiver Vertragsverletzung (§§ 280 Abs. 1, 281 Abs. 1 S. 1, 282, 241 Abs. 2 BGB) gegeben ist, wird die Verletzung von vertraglichen Hauptpflichten mit einer Haftung aus §§ 280, 281 BGB geahndet. Im letzteren Fall bedarf es eines Schreibens mit Fristsetzung sowie Ankündigung der Fremdvornahme der vom Mieter geschuldeten Handlung mit der Konsequenz der Umwandlung des Vornahmeanspruchs in einen Schadensersatzanspruch und einhergehender Kostenbelastung. Dagegen ist dies bei Haftungstatbeständen aus positiver Vertragsverletzung grundsätzlich entbehrlich. Dasselbe gilt für deliktische Schadensersatzansprüche.

327 Damit kommt es maßgeblich darauf an, ob die jeweilig verletzten Pflichten als **Haupt- oder Nebenpflicht** aus dem Mietvertrag einzuordnen sind.

328 Die **Wiederherstellung** des ursprünglichen Zustandes bei Rückgabe der Mietsache ist grundsätzlich eine **Nebenpflicht**, so dass eine Haftung aus positiver Vertragsverletzung bei ihrer Verletzung veranlasst ist[1]. Verursacht die Wiederherstellung des früheren Zustandes dem Vermieter aber erhebliche Kosten – Rechtssprechungsgrenze ca. 2500 Euro – so erstarkt sie zur vertraglichen Hauptpflicht mit der Folge, dass dann nach § 281 Abs. 1 BGB vorzugehen ist[2] (vgl. *Rz.349*).

---

1 *Eisenschmid*, Anm. zu BGH, WuM 1997, 217 in WuM 1997, 494.
2 *Lützenkirchen*, NZM 1998, 558 ff.; BGH, WuM 1997, 217; *Eisenhardt*, WuM 1998, 447, 449.

Auch die Durchführung von **Schönheitsreparaturen** stellt als Teil der Instandhaltungspflicht gem. § 535 Abs. 1 BGB eine gesetzliche **Hauptleistungspflicht** dar. Diese Hauptleistungspflicht des Vermieters kann vertraglich auf den Mieter abgewälzt werden, was ständige Praxis ist. Dadurch wird ihr Charakter als Hauptleistungspflicht nicht berührt. Dementsprechend ist auch hier nach §§ 280, 281 BGB vorzugehen (vgl. im Einzelnen *Rz. 349 ff.*)[1]. 329

Veränderungen und Verschlechterungen der Mietsache, die durch den vertragsgemäßen Gebrauch eingetreten sind, hat der Mieter gem. § 538 BGB nicht zu vertreten. Derartige Verschlechterungen muss er daher auch grundsätzlich nicht beseitigen. 330

Veränderungen oder Verschlechterungen der Mietsache, die sich durch einen **nicht vertragsgemäßen Gebrauch** ergeben haben und die der Mieter daher entgegen § 538 BGB zu vertreten hat, beruhen auf Pflichtverletzungen, die als Verstoß gegen die dem Mieter obliegende Obhutspflicht einen Schadensersatzanspruch aus positiver Vertragsverletzung auslösen. Da die Obhutspflicht selbst keine Hauptleistungspflicht ist, kann ihre Verletzung auch nicht die Voraussetzung der §§ 280, 281 BGB nach sich ziehen[2].

Allgemein kann festgehalten werden, dass neben den Obhutspflichten auch sonstige **Sorgfaltspflichten** des Mieters grundsätzlich Nebenpflichten sind. Das Ausmaß der durch ihre Verletzung verursachten Kosten kann sie nicht nachträglich zu Hauptpflichten machen[3]. 331

Sonstige Leistungen und Pflichten der Vertragspartner, die auf individuellen Besonderheiten beruhen und sich daher als Gegenstand besonderer vertraglicher Regelung anbieten, können auf Grund ihrer ausgewiesenen hohen Bedeutung für die Vertragsparteien zu Hauptleistungspflichten erstarken. So kann eine **vertraglich vereinbarte Hauptleistungspflicht** vorliegen, wenn die Vertragspflichten von so zentraler Bedeutung sind, dass die Parteien ohne sie die Durchführung des Vertrags nicht vereinbart hätten[4]. 332

Was die **Haftungsgrundsätze** angeht, so hat der Mieter Vorsatz und Fahrlässigkeit zu vertreten (§ 276 BGB). Hat er sich dem Vermieter gegenüber zum Abschluss einer **Schadensversicherung** verpflichtet oder zahlt er die Kosten einer Sach- und Haftpflichtversicherung als Nebenkostenanteil, so kann hierin zugleich die stillschweigende Vereinbarung liegen, dass der Mieter von der Haftung für leichte Fahrlässigkeit befreit sein soll. Dann haftet der Mieter nur noch, wenn ihm Vorsatz oder grobe Fahrlässigkeit zur Last fällt[5]. 333

---

1 *Eisenschmid*, Anm. zu BGH, WuM 1997, 217 in WuM 1997, 494.
2 *Eisenschmid*, Anm. zu BGH, WuM 1997, 217 in WuM 1997, 494.
3 *Eisenhardt*, WuM 1998, 447, 449; *Lützenkirchen*, NZM 1998, 558, 559.
4 *Eisenschmid*, Anm. zu BGH, WuM 1997, 217 in WuM 1997, 494: **Beispiel:** Umbauten des Mieters im Gewerberaummietverhältnis mit Kosten in fünfstelliger Höhe und entsprechenden Wiederherstellungskosten in der gleichen Größenordnung bei Rückbau.
5 BGH, NJW 1996, 715; zum Ganzen auch: *Blank*, ZdW Bay 1998, 67, 69; OLG Celle, VersR 1998, 84.

334 Ist eine (nicht anrechenbare) **Betriebskostenpauschale** vereinbart, so gilt nichts anderes, wenn von der Pauschale auch die Kosten für die Sachversicherung umfasst werden. Bei einer Pauschalmiete ist dagegen nach wie vor die Entscheidung des BGH vom 23.1.1991[1] zu beachten. Nach dieser Entscheidung – die zu einem Leitungswasserschaden ergangen ist – genügt es für die Annahme einer Haftungsbeschränkung nicht, wenn die Versicherungskosten kalkulatorisch in der Miete enthalten sind[2].

335 Wegen § 278 BGB hat der Mieter ein Verschulden seiner Erfüllungsgehilfen und seines gesetzlichen Vertreters wie eigenes Verschulden zu vertreten. **Erfüllungsgehilfen** sind alle Personen, die auf Veranlassung des Mieters mit der Mietsache in Berührung kommen. Dazu zählen Betriebsangehörige, Hausstandsangehörige, Verwandte, Besucher, Gäste, Kunden, vom Mieter beauftragte Handwerker und Transporteure. Nicht dazu zählt der Dieb. Für das Verhalten eines Untermieters hat der Mieter stets einzustehen (§ 540 Abs. 2 BGB).

Für den Zufall und höhere Gewalt haftet der Mieter nicht[3].

336 Der Vermieter kann grundsätzlich **wählen**, ob er Beseitigung des Schadens (Naturalrestitution) oder Geldersatz verlangt (§ 249 BGB). Hat der Vermieter den Mieter zunächst zur Schadensbeseitigung aufgefordert, so erfordert der Übergang zum Geldersatz grundsätzlich eine Fristsetzung mit Ablehnungsandrohung (§ 250 BGB). Entscheidet sich der Vermieter von vornherein für Geldersatz, so ist eine vorherige Fristsetzung entbehrlich (§ 249 Abs. 2 S. 1 BGB).

337 Die **Höhe des Schadensersatzes** bestimmt sich grundsätzlich nach den zur Neuherstellung erforderlichen Kosten. Dafür muss die normale Lebensdauer der beschädigten Sache ermittelt werden. Praktische Hinweise bietet insoweit die Anlage 5 zu den Wertermittlungsrichtlinien 1991[4], für die Einrichtungsgegenstände in Gebäuden die technische Lebensdauer angibt. Hierbei muss allerdings ein **Abzug „neu für alt"** gemacht werden (vgl. auch die Tabelle mit Rechtsprechungsbeispielen unter F Rz. 147). Unter dem Gesichtspunkt der Vorteilsausgleichung ist dieser Abzug aber nur vorzunehmen, wenn Altteile durch neuwertige Teile **ersetzt** werden. Werden aber beschädigte Teile nicht erneuert oder ersetzt, sondern nur **repariert**, kommt ein Abzug „neu für alt" nicht in Betracht[5].

Nach § 249 Abs. 2 S. 1 BGB kommt es auf den erforderlichen Geldbetrag, nicht aber auf die konkret entstandenen Kosten an. Aus diesem Grunde kann der Vermieter auch auf Gutachterbasis abrechnen. Auch die Abrechnung auf der Basis eines Kostenvoranschlags ist möglich (abstrakte Schadensberechnung). Umsatzsteuer kann in diesen Fällen nicht angesetzt werden. Dies setzt voraus, dass tatsächlich der Schaden entgeltlich repariert

---

1 BGH, ZMR 1991, 168.
2 *Blank*, ZdW Bay 1998, 67, 69.
3 Zum Ganzen: *Blank*, ZdW Bay 1998, 67, 69.
4 Beilage BAnz. 182a, zuletzt geändert d. Bek. v. 7.3.1994 (BAnz. Nr. 58).
5 KG, Urt. vom 28.4.2008 – 8 U 154/07, WuM 2008, 724.

wird (§ 249 Abs. 2 S. 2 BGB). Unabhängig davon sind aber stets nachprüfbare Berechnungen erforderlich, aufgeschlüsselt nach Material und Arbeitszeit. Bloße Schätzungen genügen nicht. Deshalb sollte der Mandant veranlasst werden, Angebote zur Schadensbeseitigung einzuholen. Ist eine Neuherstellung nicht möglich oder unverhältnismäßig, so wird eine Wertminderung geschuldet.

b) Verjährung

Wegen der auch hier **kurzen Verjährungsfrist** gilt es, Schadensersatzansprüche des Vermieters sehr bald zu recherchieren und bis zur Verjährungsunterbrechung zu bearbeiten. Denn auch diese Ansprüche verjähren nach § 548 Abs. 1 BGB in **sechs Monaten**, beginnend mit der **Rückgabe** der Mietsache, auch wenn der Ersatzanspruch erst zu einem späteren Zeitpunkt entsteht[1] oder der Mietvertrag noch nicht beendet ist[2].

Nach § 548 Abs. 1 **beginnt die Verjährung** der Ersatzansprüche des Vermieters mit dem Zeitpunkt, in welchem er die Sache zurückerhält. Das kann bereits anzunehmen sein, auch wenn der Mieter nicht alle Schlüssel zurückgibt, wenn er aber den Besitz unmissverständlich und endgültig aufgibt und deshalb der Vermieter ungestört den Zustand der Mietsache prüfen kann[3]. Um jedes Haftungsrisiko zu vermeiden, sollte der Rechtsanwalt den frühesten als Rückgabe in Betracht kommenden **Termin im Fristenkalender notieren**. Dazu sollte anhand der Unterlagen oder im Gespräch mit dem Mandanten ermittelt werden, wann er erstmals im Abwicklungsstadium Zugang zu den Mieträumen hatte. Denn die Rückgabe i.S.v. § 548 Abs. 1 BGB erfordert grundsätzlich eine Veränderung der Besitzverhältnisse zugunsten des Vermieters, der durch die Ausübung der unmittelbaren Sachherrschaft in die Lage versetzt werden soll, sich ungestört ein umfassendes Bild von den Veränderungen und Verschlechterungen der Mietsache zu machen[4]. Regelmäßig soll die Verjährung jedoch nicht vor Beendigung des Mietvertrages beginnen können[5]. Ohne Rückgabe kann die Verjährungsfrist ausnahmsweise dann in Gang gesetzt werden, wenn der Vermieter dem Mieter eine Quittung über die Rückgabe des Mietobjektes ausstellt, obwohl er die Schlüssel noch nicht zurückerhalten hat[6]. Andererseits kann der Vermieter auf die Rückgabe der Mietsache auch verzichten[7]. Dann beginnt die Verjährung im Zeitpunkt des Zugangs des Verzichts. Diese Voraussetzungen liegen allerdings noch nicht vor, wenn die Parteien einen Nachfolgvertrag abschließen, ohne ausdrücklich zu vereinbaren, dass

---

1 Klarstellend jetzt: BGH, ZMR 2005, 291 f. = NZM 2005, 176; *Langenberg*, WM 2002, S. 71; *Gather* in Schmidt-Futterer, § 548 BGB Rz. 59; *Lützenkirchen*, ZMR 2002, 889; **a.A.** noch: *Schach*, GE 2002, 246.
2 BGH, NJW 2006, 1588.
3 OLG Düsseldorf, DWW 2008, 221 = WuM 2008, 554.
4 BGH, WuM 2000, 419 = ZMR 2000, 596 = MDR 2000, 1068; OLG Hamm, ZMR 1996, 372, 374.
5 OLG Düsseldorf, ZMR 1996, 325.
6 OLG Bamberg, ZMR 2000, 282.
7 OLG Karlsruhe, WuM 1994, 281.

alle bisherigen vertraglichen Vereinbarungen durch den neuen Vertrag gegenstandslos geworden sein sollen[1].

339 Die kurze Verjährung gilt auch dann, wenn der Anspruch auf **deliktische** Vorschriften gestützt wird oder wenn die Parteien einen außergerichtlichen Vergleich über die Schadensersatzpflicht geschlossen haben. Die Verjährung gilt auch für alle Folgeschäden. Eine mietvertragliche Vereinbarung über eine Verlängerung der Verjährungsfrist ist im Rahmen von § 202 BGB wirksam, wobei die Grenzen noch nicht sicher zu ermitteln sind[2]. Allerdings greift nach § 195 BGB die 3-jährige Verjährungsfrist für Schadensersatzansprüche des Vermieters gegen den Mieter ein, der eine ordnungsgemäße und zügige Weitervermietung dadurch verhindert, indem er ohne nähere Angabe der neuen Anschrift aus der gemieteten Wohnung auszieht[3].

c) Schadensersatz wegen unterlassener Rückgabe der Mietsache

340 Verhindern Mieter eine ordnungsgemäße und zügige Weitervermietung, indem sie ohne nähere Angabe der neuen Anschrift aus der gemieteten Wohnung ausziehen, ohne das Mietobjekt ordnungsgemäß zurückzugeben, so haften sie dem Vermieter aus positiver Vertragsverletzung (§ 280 BGB) auf Schadensersatz. Dieser Anspruch unterliegt nach § 195 BGB einer Verjährungsfrist von 3 Jahren[4]. Zur Durchsetzung des Anspruchs ist es notwendig, die neue Adresse des Mieters zu ermitteln (vgl. dazu unter Rz. 268 f.). Bis zur Ermittlung der neuen Adresse kann man sich mit öffentlicher Zustellung (vgl. Rz. 279) helfen.

d) Schadensersatz wegen verspäteter Rückgabe der Mietsache

341 Entsteht dem Vermieter wegen verspäteter Rückgabe der Wohnung ein weiterer Schaden und hat der Mieter dies zu vertreten, so kann der Vermieter hierfür gem. §§ 546a Abs. 2, 571 Abs. 1 BGB weiteren Ersatz verlangen. Der Mieter hat die **verspätete Rückgabe** nicht **zu vertreten**, wenn sich der Umzug in die neue Wohnung aus nachvollziehbaren Gründen verzögert, die auch eine gerichtliche Räumungsfrist gerechtfertigt hätten[5]. Der Schadensersatzanspruch ist gem. § 571 Abs. 2 BGB aber ausgeschlossen, wenn dem Mieter eine Räumungsfrist gewährt wurde. Bei der Vermietung von Wohnraum ist § 571 Abs. 3 BGB zu beachten. Danach dürfen keine abweichenden Vereinbarungen getroffen werden.

342 Neben der Haftung aus §§ 546a, 571 BGB trifft den Mieter auch eine Schadensersatzverpflichtung aus **Verzug**. In diesem Fall kann der Vermieter

---

[1] KG, NZM 2000, 383.
[2] Vgl. *Lützenkirchen*, MK 2002, 101; *Langenberg*, PiG 65, 227, 233; *Kandelhard*, NZM 2002, 929.
[3] AG Berlin-Wedding, ZMR 1997, 364 f.
[4] AG Berlin-Wedding, ZMR 1997, 364 f.
[5] LG Hamburg, WuM 1996, 341.

auch die Aufwendungen geltend machen, die ihm dadurch entstanden sind, dass er seinerseits von dem Erwerber der Mietsache auf deren Herausgabe verklagt worden ist, weil er dazu nicht rechtzeitig in der Lage war[1]. Genauso kann der Vermieter Aufwendungen auf den nicht rechtzeitig räumenden Vormieter „durchreichen", wenn er dem Nachmieter den Gebrauch der Mietsache wegen der verzögerten Räumung nicht rechtzeitig einräumen konnte und deswegen selbst auf Schadensersatz in Anspruch genommen wird[2]. Der Schadensersatz umfasst auch den Ersatz von **Mietausfallschaden**[3], der dem Vermieter durch die verspätete Rückgabe des Mietobjekts entsteht. Dazu muss er vortragen, dass eine mit Wahrscheinlichkeit bestehende Vermietungschance zumindest z.B. durch unzureichende Renovierung oder vergleichbare Umstände vereitelt wird. Hierzu reicht es nicht aus, dass der Mieter z.B. nur unzureichend renoviert hat. Vielmehr muss der Vermieter auch darlegen und beweisen, dass er zum Beendigungszeitpunkt die Möglichkeit gehabt hätte, die Wohnung **anderweitig zu vermieten**. Dies kann im Ergebnis nur dann erfolgreich sein, wenn er tatsächlich einen Nachmieter zu diesem Zeitpunkt nachweist[4], der aber verzögerungsbedingt abgesprungen ist[5].

In der Praxis hilft es jedoch darzustellen, dass nach Beendigung der Renovierung durch den Vermieter eine bestimmte Zeit bis zur Neuvermietung vergangen ist, und darauf hinzuweisen, dass dies der übliche Zeitraum gewesen wäre. Zumindest für diesen Zeitraum kann daher auch noch Mietausfallschaden verlangt werden.

e) Schadensersatz wegen vorzeitiger Rückgabe der Mietsache

In Betracht kommt vor allen Dingen bei vertragswidriger vorzeitiger Rückgabe der Mietsache ein Mietausfallschaden auf Grund einer

– unmöglichen Neuvermietung der Mietsache oder
– Differenz zu einer nur niedriger erzielbaren Neuvertragsmiete mit einem Nachmieter.

Hier ist es aus Mandantensicht wünschenswert, sofort die noch **künftig** bis zu einer Neuvermietung ausfallenden **Mietforderungen** mit einzuklagen. Deshalb müssen Leistungsantrag für schon eingetretene Mietausfälle und Feststellungsantrag für künftige noch entstehende Mietausfälle verbunden werden.

Den während des Rechtsstreits neu entstehenden und fällig werdenden Forderungen des Vermieters ist durch eine entsprechende **Klageerweite-**

---

1 OLG Düsseldorf, WuM 1998, 219 = DWW 1998, 181.
2 OLG Düsseldorf, NZM 1999, 24 f.
3 BGH, ZMR 2008, 867.
4 AG Köln, WuM 1987, 150; BGH, WuM 1995, 149; BGH, NJW 1998, 1303, 1304 m.w.N.
5 BGH, ZMR 2008, 867.

rung[1] nach § 264 Nr. 2 ZPO Rechnung zu tragen. Die Klageerweiterung sollte unter Einbezug des aktuellen Monats kurz vor oder zur letzten mündlichen Verhandlung eingereicht werden, wenn sich deren Termin zeitlich bestimmen lässt.

344c Was die Klage auf künftige Leistung für die Zeit nach Erlass des Feststellungsurteils angeht, so ist sie nur in den Grenzen von §§ 257 bis 259 ZPO zulässig. Gemäß §§ 257, 258 ZPO ist eine solche Klage bei einer Geldforderung nur dann zulässig, wenn sie nicht von einer Gegenleistung abhängig ist. Dies wird für künftige Mietforderungen aber angenommen, da sie von der Überlassung der Miefräume als Gegenleistung abhängig sind[2]. Eine Klage auf künftige Leistung ist damit auf der Grundlage von §§ 257, 258 ZPO unzulässig. Sie könnte aber nach § 259 ZPO zulässig sein, wenn die Besorgnis gerechtfertigt ist, dass sich der Schuldner der rechtzeitigen Leistung entziehen werde. Denn auf ein Gegenleistungsverhältnis stellt die Vorschrift nicht ab. Die Ansprüche des Klägers können also von einer Gegenleistung abhängig sein, müssen aber dem Grunde nach bereits entstanden und in der Höhe zumindest bestimmbar sein[3]. Mietforderungen entstehen bereits mit dem Abschluss des Vertrags und werden bei vereinbarter monatlicher Zahlungsweise zum Zahlungstermin lediglich noch fällig[4]. Denn bei Dauerschuldverhältnissen ist die Rechtsgrundlage für die einzelnen Schuldverpflichtungen bereits im Vertrag selber angelegt mit der Folge, dass die Schuldverpflichtungen mit dem Vertragsschluss als entstanden anzusehen sind, auch wenn einzelne Verpflichtungen erst später fällig werden[5]. Dass der Mietzinsanspruch nur bei Gebrauchsgewährung geltend gemacht werden kann, besagt nichts anderes. Kommt es im Lauf des Vertrags zu einer Störung oder gar Verhinderung des Mietgebrauchs, können Rechte des Mieters wegen Sach- oder Rechtsmangels bestehen, die er dem bereits bestehenden Zahlungsanspruch einredeweise entgegen halten kann[6]. Auch ihre Bestimmbarkeit in der Höhe unterliegt keinem Zweifel. Folglich kann für die Zeit nach Erlass des Feststellungsurteils nach § 259 ZPO vorgegangen werden.

345 Im ersten Fall entfällt die Möglichkeit der Liquidation eines Mietausfallschadens jedoch, wenn der Vermieter unter Verstoß gegen seine **Scha-**

---

1 Zur Klageerweiterung im Fall einer Klage auf Zustimmung zur Mieterhöhung und einer Klage auf Zahlung der erhöhten Miete für die während des Rechtsstreites weiter anfallenden monatlichen erhöhten Mietanteile vergleiche: BGH, Urt. vom 4.5.2005 – VIII ZR 5/04, MietPrax-AK § 558b BGB Nr. 1.
2 BGH, Beschluss vom 20.11.2002 – VIII ZB 66/02, NJW 2003, S. 1395 f = NZM 2003, S. 231 f = ZMR 2003, S. 333 f = GuT 2003, S. 91 ff. = WM 2003, S. 280 f.; Zöller-Greger, § 257 ZPO Rz. 3.
3 Zöller-Greger, § 259 ZPO Rz. 1.
4 BGH, Urt. v. 29.4.2002 – II ZR 330/00, MDR 2002, 1199 = NJW 2002, 2170 = NZM 2002, 604 = ZMR 2002, 582 = DWW 2002, 229; KG, Urt. v. 15.9.2005 – 8 U 6/05, ZMR 2005, S. 952.
5 So BGHZ 142, 324 ff. = NJW 2000, 208, 209; BGHZ 150, 373 ff. = NJW 2002, 2170, 2171.
6 So ausdrücklich: KG, a.a.O.

densminderungspflicht aus § 254 BGB einen gestellten, zumutbaren und geeigneten Nachmieter nicht akzeptiert hat (vgl. dazu näher unter *Rz. 250 f.*)[1].
Im zweiten Fall berührt auch eine spätere günstigere Weitervermietung den schon entstandenen Schadensersatzanspruch für die Zeit vorher nicht[2].

f) Schadensersatz wegen Beschädigung der Mietsache

Da es sich hier zumeist um die Verletzung von Obhuts- und Sorgfaltspflichten als vertragliche Nebenpflichten handelt, ist Anspruchsgrundlage eine **positive Vertragsverletzung** (§§ 280 Abs. 1, 281 Abs. 1 S. 1, 282, 241 Abs. 2 BGB) des Mieters (vgl. dazu bereits unter *Rz. 219 f.*). Nicht nur Schäden innerhalb der Wohnung selbst, sondern auch Schäden in Treppenhäusern, Fluren, Wohnungseingangs- und Haustüren sowie Außenanlagen der Mietsache sind über diese Anspruchsgrundlage zu verfolgen, wenn sie etwa beim Auszug des Mieters entstanden sind. Abzugrenzen sind diese Fälle von Verschlechterungen der Mietsache durch vertragsgemäßen Gebrauch, die nach § 538 BGB vom Mieter nicht zu ersetzen sind. Die **Abgrenzung** ist einzelfallbezogen vorzunehmen. Als **Beispiele** von zurechenbaren Schäden durch vertragswidrigen Gebrauch werden angesehen:

– Übermäßige Inanspruchnahme oder Vernachlässigung der Wohnung, Beschädigung durch Unachtsamkeit,
– nicht ordnungsgemäße oder nicht fachgerechte Renovierung,
– nicht erforderliches oder übermäßiges Anbohren von Fliesen sowie
– Schäden durch vom Mieter festverklebte Teppichböden[3].
– Nikotinablagerungen an Tapeten, Decken und Farbflächen durch extremes Rauchen (Raucherexzess)[4], soweit sie durch Renovierungen in normalem Umfang nicht beseitigt werden können.

Hat der Mieter innerhalb einer längeren Mietzeit ohne vorherige Entfernung der jeweils vorher aufgebrachten Tapetenschichten mehrfach renoviert und überklebt, so stellt dies für sich gesehen keine Beschädigung der Mietsache dar[5]. Bei Beschädigungen älterer Zubehörteile, Einrichtungen und Einbauten ist der Grundsatz der Vorteilsausgleichung

(**Abzug neu für alt**; vgl. dazu *Rz. 337*) zu beachten, wenn sie erneuert werden müssen. Das kann dazu führen, dass kein berechenbarer Schaden mehr verbleibt[6]. Repariert der Mieter, kommt das nicht in Frage. Denn ist der

---

1 Dazu auch: OLG Düsseldorf, WuM 1995, 585; OLG Düsseldorf, WuM 2001, 608.
2 KG Berlin, GE Berlin 2002, 929 f.
3 Näher: *Gather*, DWW 1990, 322, 324.
4 LG Paderborn, NZM 2000, S. 710 f.; LG Köln, NZM 1999, S. 456 f.; a.A. LG Köln, WM 2001, S. 467.
5 LG Köln, ZMR 1994, 1.
6 LG Köln, ZMR 1994, 1.

Vermieter durch ein neuwertigeres Teil nicht bessergestellt, so dass kein Vorteilsausglich vorgenommen werden muss[1]. Repariert er schlecht oder minderwertig, kann der Vermieter Ersatz der gesamten Kosten für die Beseitigung der minderwertigen Arbeiten und deren vertragsgerechte Ausführung verlangen (großer Schadensersatz). Der Mieter schuldet den Minderwert, wenn die Qualitätsabweichung unerheblich ist. Die Erheblichkeitsgrenze ist aber überschritten, wenn die erbrachten Arbeiten (hier: die Teppichbodenverlegung) die geschuldete Qualität um 50 % unterschreiten[2].

347c Abzugrenzen sind diese Fälle von Verschlechterungen der Mietsache durch vertragsgemäßen Gebrauch, die nach § 538 BGB vom Mieter nicht zu ersetzen sind. Die Abgrenzung ist einzelfallbezogen vorzunehmen. Unter den vertragsgemäßen Gebrauch der Mietsache fällt zum Beispiel:

- Die normale Abnutzung eines Teppichbodens durch Laufstraßen, die durch die vertragsgemäße Nutzung entstehen oder durch Druckstellen von Möbelstücken[3].
- Die normale Abnutzung eines Parketts oder eines Kunststoffbodens, die durch den vertragsgemäßen Gebrauch entsteht, insbesondere geringfügige Kratzer im Parkett[4] und Eindrücke durch Pfennigabsätze[5] sowie geringfügige Eindrücke und Flecken eines Kunststoffbodens, nicht aber Nutzungserscheinungen, die das Abschleifen und Versiegeln eines Parketts erfordern sowie erhebliche Löcher oder Kratzer oder schließlich Wasserschäden.
- Das Anbringen von Dübellöchern in Fliesenwänden oder -boden von Bad, WC oder Küche, soweit es zur Befestigung üblicher Einrichtungen in diesen Räumlichkeiten dient, insbesondere, wenn ein Bad ohne die üblichen Installationen vermietet wird[6], nicht aber das übermäßige Anbringen von Dübellöchern in Fliesen.
- Leichte Beschädigungen von Sanitärinstallationen wie Waschbecken und Badewannen, also geringfügige oberflächliche Absplitterungen oder Beschädigungen von Silikonabdichtungen am Badewannenrand nach mehrjähriger Mietdauer[7].

---

1 KG, Urt. vom 28.4.2008 – 8 U 154/07, WuM 2008, 724.
2 OLG Karlsruhe, Urt. vom 17.2.2006 – 1 U 195/05, GuT 2006, 129.
3 OLG Hamm, WuM 1992, S. 248; dazu *Langenberg*, NZM 2000, S. 1129.
4 LG Berlin, GE 1996, S. 925.
5 LG Berlin, GE 1996, S. 925.
6 LG Berlin, GE 2002, S. 261; unter üblichen Einrichtungen versteht man z.B. Handtuch- oder Badetuchhalter sowie Seifenschalen und Spiegel. Die Anzahl der von einem Mieter angebrachten Dübellöcher in Fliesen muss sich im Üblichen und erforderlichen Umfang bewegen, wobei der Vermieter darauf zu achten haben wird, dass er einem Mieter nicht die diesbezüglichen Handlungen früherer Mieter derselben Räume zurechnet.
7 AG Bremen, Urt. vom 24.5.2007 – 21 C 0269/05; was darüber hinaus geht muss in der Regel bereits als zum Schadensersatz verpflichtende Beschädigung angesehen werden.

– Verfärbte Badewannen- oder Waschbeckenfugen sowie leicht verfärbte und verkalkte Duschköpfe und Duschschläuche, in Gegenden mit stark kalkhaltigem Wasser[1]
– Mustertapeten mit floralem Muster, wenn diese farblich unaufdringlich und vom Muster her zurückhaltend gestaltet sind, nicht aber altrosafarbene intensiv gestaltete Mustertapeten[2], nicht aber ungewöhnliche Anstriche wie eine kunterbunt renovierte Wohnung[3]; dagegen soll das Tapezieren eines Kinderzimmers mit einer Harry-Potter-Bordüre noch im Rahmen des vertragsgemäßen Gebrauchs liegen, wenn der Mieter eine unrenoviert übergebene Wohnung renovieren musste[4]. Gleiches soll für das Anbringen einer Mustertapete mit Sternchen im Kinderzimmer gelten[5].
– Nikotinablagerungen an Tapeten, Teppichböden oder sonstigen Einrichtungen der Mietsache sowie starke durch Nikotingebrauch verursachte Ausdünstungen sind nach Auffassung des BGH solange vertragsgemäß, wie sie durch normale Schönheitsreparaturmaßnahmen entfernt werden können[6]. Nicht mehr zum vertragsgemäßen Gebrauch gehört es allerdings, wenn die Folgen des Rauchens nicht mehr im Rahmen normaler Schönheitsreparaturen beseitigt werden können, so z.B. dann, wenn spezielle Maßnahmen wie zum Beispiel ein Neuanstrich mit vorherigem Isolieranstrich (Nikotinsperre) erforderlich sind[7]. Das wird man auch in Fällen annehmen müssen, wenn Teile der Mieträume wie z.B. Kunststofffenster so verfärbt sind, dass sie nur noch mit einem speziellen Mittel gereinigt werden können oder dass die Verfärbungen durch Reinigungen gar nicht mehr zu beseitigen sind[8].

Seiner **Schadensersatzpflicht** kann der Mieter Folgendes **entgegenhalten**: 347d
– Bei geringfügigen Beschädigungen, die einen unverhältnismäßig großen Reparaturaufwand erfordern würden, kann er den Vermieter auf eine Wertminderung (merkantiler Minderwert) anstelle des vollen Schadensersatzes verweisen[9]. Das kann z.B. bei dem verlangten Austausch einer

---

1 AG Köln, WuM 1995, S. 312.
2 LG Berlin, Urt. vom 5.1.2007 – 65 S 224/06, NZM 2007, S. 801.
3 KG, Urt. vom 9.6.2005 – 8 U 211/04, NZM 2005, S. 663; als vertragswidrig wurde auch ein poppig bunter Anstrich der Räume mit grüner, roter oder blauer Farbe (AG Burgwedel, Urt. vom 30.9.2005 – 73 C 123/05, WuM 2005, S. 771), ein roter Volltonanstrich im Schlafzimmer (LG Frankfurt/Main, Urt. vom 31.7.2007 – 2–11 S 125/06, NJW-RR 2008, S. 24) sowie das Streichen von Türen oder Heizrohren in Violett oder Türkis (AG Landshut, 3 C 1594/07) bewertet. Ebenso soll es vertragswidrig sein, wenn die Farbe mit Schwämmen in Wischtechnik aufgebracht wurde oder sonstige ungewöhnliche Strukturen wie z.B. eine Marmorierung aufweist (AG Hamburg, 48 C 145/05).
4 LG Berlin, 62 S 87/05.
5 LG Frankfurt/Main, Urt. vom 31.7.2007 – 2–11 S 125/06, NJW-RR 2008, S. 24.
6 BGH, Urt. vom 5.3.2008 – VIII ZR 37/07, NJW 2008, S. 1439; BGH, Urt. vom 28.6.2006 – VIII ZR 124/05, NJW 2006, S. 2915.
7 LG Baden-Baden, WuM 2001, S. 603.
8 LG Koblenz, ZMR 2006, S. 288.
9 Palandt/Heinrichs, § 251 BGB Rz. 21.

Badewanne in Betracht kommen, wenn es sich nur um geringfügige Lackabsplitterungen oder um Beschädigungen handelt, bei denen eine Wiederherstellung durch Reparatur nicht oder nur unvollständig möglich ist.

– Bei Gegenständen, denen nach der Verkehrsauffassung begrenzte Lebensdauer zugemessen wird, ist der Gesichtspunkt der Vorteilsausgleichung zu berücksichtigen. Vom Schadensersatzanspruch des Vermieters ist daher ein Abzug „neu für alt" zu machen, der sich nach dem Alter des Gegenstandes zum Zeitpunkt des Schadenfalls richtet[1]. Entscheidend ist dann die zugedachte Lebensdauer beschädigter Einrichtungen und Einbauten.

347e So fallen z.B. Beschädigungen von Silikonabdichtungen am Badewannenrand nach mehrjähriger Mietdauer unter die vertragsgemäße Abnutzung der Mietsache[2].

348 Ist streitig, ob vermietete Räume infolge des Mietgebrauchs beschädigt worden sind, so trägt der Vermieter die **Beweislast** dafür, dass die Schadensursache dem Obhutsbereich des Mieters entstammt. Eine in seinen eigenen Verantwortungsbereich fallende Schadensursache muss der Vermieter ausräumen[3] (vgl. dazu bereits unter *Rz. 18 f.*).

g) Schadensersatz wegen unterlassenen Rückbaus

349 Sofern der Rückbau von Umgestaltungen, die der Mieter vorgenommen hat, **erhebliche Kosten** verursacht, muss auch in diesen Fällen zunächst eine Fristsetzung erklärt werden, bevor der Vermieter Schadensersatz in Geld verlangen kann. Ab einer Kostengrenze von ca. 2500 Euro bejaht die Rechtsprechung eine Verletzung einer vertraglichen Hauptleistungspflicht mit der Folge, dass §§ 280, 281 BGB anzuwenden sind[4]. Wann erhebliche Kosten vorliegen, wird in der Literatur nicht einheitlich bewertet, das Meinungsspektrum reicht von 8 % der Jahresnettomiete bis hin zu vier Monatsmieten[5].

350 §§ 280, 281 BGB setzen zunächst den **Verzug** des Mieters mit der Leistung (Rückbau) voraus. Verzug tritt ein, wenn eine Leistung fällig ist und der Mieter trotz Mahnung die Leistung nicht erbracht hat (§ 296 BGB).

---

1 Näher dazu: *Langenberg* in Schmidt-Futterer, § 538 BGB Rz. 373.
2 AG Bremen, Urt. vom 24.5.2007 – 21 C 0269/05.
3 BGH, NJW 1994, 2019 ff.
4 BGH, WuM 1997, 217 m. Anm. v. *Eisenschmid*, WuM 1997, 494 f.; LG Berlin, GE 1997, 1471; zustimmend auch: *Eisenhardt*, WuM 1998, 447 ff.; *Lützenkirchen*, NZM 1998, 558 ff.
5 Zum Meinungsstand: *Lützenkirchen*, NZM 1998, 558 ff.

aa) Leistungsaufforderung

Bei der Leistungsaufforderung muss der Vermieter Art und Umfang der vorzunehmenden Arbeiten so genau wie möglich bezeichnen[1]. Wie der Mieter die Leistung erbringt, also auf welche Art und Weise er die Ansprüche erfüllt, liegt in seinem Ermessen, solange er sich innerhalb der Verpflichtung hält[2]. Wird der Mieter aufgefordert, die Arbeiten auszuführen, liegt grundsätzlich bereits eine bestimmte Leistungsaufforderung vor[3]. 351

Auf keinen Fall ausreichend ist die Formulierung „Vornahme der Rückbauarbeiten" oder der bloße Hinweis auf eine in einer Klausel beschriebenen Rückbauverpflichtung. Der Rechtsanwalt sollte davon absehen, für diese Fälle **Formularschreiben** zu entwickeln. Hier ist Vorsicht geboten. Die Rechtsprechung hat für Formularschreiben, in denen Kästchen anzukreuzen waren und die nur die formularmäßige Aufforderung enthielten, „die Arbeiten auszuführen", entschieden, dass damit keine genaue Bezeichnung der Arbeiten als Voraussetzung einer konkreten Leistungsaufforderung vorliegt[4]. 352

Ob eine **Zustandsbeschreibung** in der Fristsetzung mit Ablehnungsandrohung erforderlich ist, wird nicht einheitlich bewertet[5]. Dogmatisch gesehen ist eine Zustandsbeschreibung nicht erforderlich, da § 281 BGB nur eine Leistungsaufforderung verlangt. 353

Deshalb sollte zumindest das sorgfältig ausgefüllte **Rückgabeprotokoll** beigefügt und ausdrücklich darauf Bezug genommen werden. Beinhaltet das Rückgabeprotokoll jedoch lediglich Kästchen, die angekreuzt wurden, ergeben sich wieder die oben dargestellten Zweifel.

bb) Fristsetzung

Mit der Leistungsbestimmung ist zugleich eine **angemessene Frist** zu setzen. Es ist zu empfehlen, eine kalendermäßig bestimmte Frist zu setzen (z.B. „bis zum 31.10.2006"). Ansonsten bestehen Schwierigkeiten hinsichtlich der Fristberechnung (vgl. zur öffentlichen Zustellung *Rz. 275 ff.*). 354

Grundsätzlich ist eine **zu kurz bemessene Frist** unschädlich, da sie sich automatisch auf eine angemessene Zeit verlängert. Dies gilt jedoch nicht, wenn der Vermieter die Nachfrist nur zum Schein setzt oder erkennbar ist, dass die Leistung trotz Fristsetzung durch den Mieter nicht akzeptiert wird[6].

---

1 OLG Hamburg, WuM 1992, 70; LG Köln in *Lützenkirchen*, KM 31 Nr. 6.
2 LG Berlin, GE 1991, 403.
3 So für Schönheitsreparaturen: KG, GE 1995, 1011.
4 LG Hamburg, WuM 1986, 311.
5 Dagegen: LG Köln in *Lützenkirchen*, KM 31 Nr. 6; dafür: AG Köln, Urt. v. 25.6.1998 – 205 C 468/97, n.v.
6 BGH, NJW 1985, 2640; LG Köln in *Lützenkirchen*, KM 31 Nr. 37.

Auf keinen Fall ist es ausreichend, den Mieter aufzufordern, bis zu einem bestimmten Termin zu erklären, ob er die Arbeiten ausführt[1].

cc) Ablehnungsandrohung

355 Bis zum 31.12.2001 galt § 326 BGB a.F., der den Gläubiger verpflichtete, neben der Fristsetzung auch die Ablehnung der verlangten Arbeiten anzudrohen für den Fall, dass der Leistungsschuldner nicht fristgerecht handelt. Dieses Erfordernis ist mit § 326 BGB a.F. seit dem 1.1.2003 auch für Altverträge aus der Zeit vor der Schuldrechtsreform (1.1.2002) ersatzlos entfallen (Art. 220 § 5 S. 2 EGBGB). Das Gesetz erfordert also keine Ablehnungsandrohung mehr. Es handelt sich aber um dispositives Recht. Vertraglich kann daher eine Ablehnungsandrohung vorgesehen sein. Dann ist dieses Erfordernis weiter zu beachten. Im Zweifel sollte daher weiterhin wie folgt formuliert werden:

> ... werden wir die Arbeiten durch Sie **ablehnen**.

Die Androhung, welche Konsequenzen sich daraus ergeben, ist entbehrlich.

dd) Entbehrlichkeit der Fristsetzung

356 Eine Fristsetzung mit Ablehnungsandrohung ist entbehrlich, wenn eine so genannte **endgültige Erfüllungsverweigerung** vorliegt[2].

Eine endgültige Erfüllungsverweigerung ist nur anzunehmen, wenn der Mieter die Erfüllung **bestimmt, ernstlich und endgültig verweigert**, im Ergebnis also kein Zweifel daran bestehen kann, dass der Mieter die Ausführung der geschuldeten Arbeiten auf Grund seiner Erklärung nicht vornehmen wird[3].

357 Allein die Erklärung, rechtlich nicht zur Durchführung der verlangten Arbeiten verpflichtet zu sein, kann nicht als endgültige Erfüllungsverweigerung bewertet werden. Hierin liegt lediglich die **Äußerung einer Rechtsansicht**. Sobald sich der Mieter also auf rechtlichen Rat beruft oder seine Erklärung als Rechtsansicht zu verstehen ist, muss die Fristsetzung doch noch erklärt werden[4].

Ob eine endgültige Erfüllungsverweigerung bereits vorliegt, wenn der Mieter **ohne Durchführung der fälligen Arbeiten** auszieht, ist nicht immer eindeutig (vgl. die Übersicht bei *H Rz. 500 f.*). Das LG Köln hat dies in einem Fall angenommen, in dem der Mieter, ohne seine neue Anschrift zu hinter-

---

1 OLG München, ZMR 1997, 178 = NJWE-MietR 1997, 106.
2 BGH, NJW 1998, 1303, 1304 m.w.N. zur Rechtsprechung des BGH.
3 BGH, NJW 1998, 1303; BGH, NJW 1982, 2316; BGH, NJW 1992, 971.
4 LG Wiesbaden, WuM 1986, 113.

lassen und ohne hinsichtlich der geschuldeten Arbeiten etwas zu veranlassen, ausgezogen ist. Dabei war weder eine Ummeldung erfolgt noch ein Nachsendeantrag gestellt[1]. Zur Vermeidung eigener Haftungsrisiken sollte der Rechtsanwalt aber auch in diesem Fall im Zweifel immer eine Fristsetzung mit Ablehnungsandrohung erklären, die ggf. nach § 132 BGB bei unbekannter Adresse öffentlich zugestellt werden muss (vgl. dazu Rz. 275 f.).

Eine weitere **Ausnahme** ist gegeben, wenn die Rückbauarbeiten des Mieters infolge von vermietergeplanter **Sanierungs- oder Umbauarbeiten** überflüssig werden. In diesem Fall kann der Vermieter im Wege der ergänzenden Vertragsauslegung unmittelbar auf Geldersatz in Höhe der Rückbaukosten klagen[2]. 358

h) Schadensersatz bei Wegnahme von Mietereinbauten und -einrichtungen

Wird die Wohnung durch die Wegnahme von Einrichtungen beschädigt, so hat der Vermieter gegen den Mieter einen Schadensersatzanspruch. Dies gilt auch, wenn eine **Beschädigung unvermeidlich** ist, wie z.B. bei der Beschädigung des Unterbodens durch Entfernung eines festverklebten Teppichbodens[3]. 359

Der Mieter hat also in jedem Fall den früheren Zustand der Wohnung schadensfrei wiederherzustellen. Diese Pflicht obliegt ihm als vertragliche Hauptleistungspflicht, wenn die Wiederherstellung des früheren Zustandes **erhebliche Kosten** nach sich zieht (vgl. dazu bereits Rz. 349). Also sind auch hier §§ 280, 281 BGB anwendbar. Für das Anschreiben an den Mieter gelten die besprochenen Gesichtspunkte.

Hat der Mieter die Einrichtungen und Einbauten von dem **Vormieter** übernommen, so haftet er auch für die Schäden, die bei der Entfernung von Einrichtungen und Einbauten des Mietvorgängers entstehen[4]. Die Übernahme vom Vormieter sollte allerdings **im Prozess** ausreichend vorgetragen werden, wobei gleichzeitig der Hinweis erfolgen muss, dass der Vormieter zur Entfernung verpflichtet war. 360

i) Schadensersatz bei fristloser Kündigung

Kündigt der Vermieter wegen schwerwiegender Vertragsverletzungen des Mieters fristlos, so haftet der Mieter für **Mietausfälle**[5], wenn die Wohnung nicht sofort weitervermietet werden kann. Kann sie nur zu einer niedrigeren Miete weitervermietet werden, so haftet der Mieter in Höhe der Mietdifferenz. Er kann sich bei eigenem vertragswidrigen Verhalten nicht da- 361

---

1 LG Köln in *Lützenkirchen*, KM 31 Nr. 32.
2 BGH, MDR 2002, 1304 = WuM 2002, 484 mit Anmerkung *Langenberg* in BGHR 2002, 710.
3 OLG Düsseldorf, NJW-RR 1989, 663.
4 LG Berlin, MDR 1987, 234; OLG Hamburg, DWW 1990, 202.
5 Eingehend: *Horst*, Liquidation von Mietausfallschäden, DWW 2008, 332 (338 ff.).

rauf berufen, durch die Weitervermietung könne er die Wohnung nicht mehr nutzen. Entsprechend entfalle seine Pflicht zur Mietzahlung nach § 537 Abs. 1 S. 2 BGB[1]. Wann seine **Haftung endet**, ist nicht einheitlich entschieden. Das LG Berlin[2] spricht grundsätzlich den Mietausfall für zwei Monate nach Beendigung des Mietverhältnisses zu. Das OLG Düsseldorf[3] lässt den Mieter auf Mietausfall bis zu dem Zeitpunkt haften, in dem er durch ordentliche Kündigung das Mietverhältnis hätte beenden können. Unter dem Gesichtspunkt des Auflösungsverschuldens des Mieters ist die letztgenannte Ansicht vorzugswürdig.

Um den Einwand nach **§ 254 BGB** zu vermeiden, sollte der Vermieter seine Bemühungen, einen neuen Mieter zu finden, dokumentieren. Denn hat der Vormieter im Prozess vorgetragen, dass und wie er versucht hat, den Mietausfall zu verhindern, muss der Mieter konkrete andere Möglichkeiten vortragen und beweisen[4].

Neben dem Mietausfall ist auch der Ausfall an laufenden **Vorschüssen** für verbrauchsabhängige und verbrauchsunabhängige Betriebskosten zu ersetzen[5]. Ersparte Aufwendungen des Vermieters und sonstige Vorteilsausgleiche mindern den Anspruch in der Höhe[6].

j) Schadensersatzansprüche bei Schädigungen durch den Untermieter

362 § 540 Abs. 2 BGB gibt dem Vermieter einen Schadensersatzanspruch gegen den Hauptmieter, wenn der **Untermieter schuldhaft Schäden verursacht** hat. Dies gilt nur für das Mietobjekt selbst, nicht für sonstige Gegenstände und Räumlichkeiten des Vermieters. Daneben bestehen deliktische Schadensersatzansprüche gegen den Untermieter selbst. Abgesehen vom Herausgabeanspruch nach § 546 Abs. 2 BGB direkt gegen den Untermieter hat der Vermieter mangels Vertragsbeziehung zum Untermieter keine direkten mietrechtlichen Ansprüche gegen ihn.

k) Schadensersatzansprüche bei Einweisungen durch das Ordnungsamt

363 Zur Vermeidung von **Obdachlosigkeit** kann die kommunale Ordnungsbehörde einen zu räumenden Mieter durch Einweisungsverfügung wieder in die Mieträume einweisen.

364 Beschädigt der eingewiesene ehemalige Mieter nach seiner ordnungsbehördlichen Einweisung die Wohnung, so kann der Vermieter z.B. in NRW gem. §§ 39 Abs. 1a), 40 OBG NW **Entschädigung von der Ordnungsbehörde** verlangen (so z.B. für ein aufgebrochenes Wohnungstürschloss, für einen gesprengten Türrahmen, für zerbrochene Lichtschalter, für fleckige

---

1 OLG Düsseldorf, DWW 1991, 282 f.; BGH, DWW 1993, 168 ff.
2 LG Berlin, GE 1998, 491.
3 OLG Düsseldorf, DWW 1991, 19 f.
4 OLG Schleswig, WuM 2000, 355; OLG Düsseldorf, WuM 2001, 608.
5 AG Braunschweig, DWW 1996, 373.
6 BGH, ZMR 1984, 345, 349.

Teppichböden und beschmierte Tapeten sowie für eine nicht vollständig und sauber ausgeräumte Wohnung[1]. In der zitierten Entscheidung führt der BGH innerhalb der Begründung des Anspruchs Folgendes aus:

Zwischen dem Eigentümer der Wohnung (Vermieter) und der Einweisungsbehörde habe eine rechtliche Sonderbeziehung bestanden, die durch die Einweisung begründet worden sei. Daraus sei der Behörde die Obliegenheit erwachsen, den ordnungsgemäßen Gebrauch der Wohnung zu überwachen. Dazu hätte zunächst der Zustand der Wohnung bei der Einweisung festgehalten werden müssen. Unterlasse die Behörde dies pflichtwidrig, sei dem Eigentümer eine Beweiserleichterung für den Nachweis zuzubilligen, dass die festgestellten Schäden nach der Einweisung entstanden seien. 365

11. Betriebskosten

Es liegt auf der Hand, dass bei Auszug des Mieters sofort die Verbrauchsstände bei den verbrauchsabhängigen Betriebskostenarten durch **Ablesen der Zähler** und Uhren festzustellen ist. Ideal ist es, wenn der Mieter den notierten Zählerstand durch seine Unterschrift bestätigt. Kosten der Zwischenablesung und der Zwischenabrechnung können dem Mieter nicht im Rahem der Betriebskostenabrechnung aufgegeben werden. Dabei soll es sich um Kosten als Verwaltungskosten handeln, die im Wohnungsmietrecht als Betriebsksoten nicht umlagefähig sind und für deren Umlagefähigkeit im Gewerbemietrecht es einer eigenen ausdrücklichen vertraglichen Grundlage bedarf. Auch bei der Wohnungsmiete können sie allerdings auf der Grundlage einer eigenen vertraglichen Grundlage neben der Betriebsksotenabrede dem weichenden Mieter zugewiesen werden[2]. 366

Ansonsten interessieren bei der Betriebskostenabrechnung anlässlich der Beendigung des Mietverhältnisses aus der Sicht des Vermieters drei Fragenkreise: 367
– Binnen welcher Frist ist abzurechnen?
– Wann und unter welchen Voraussetzungen verwirken Betriebskostennachforderungen des Vermieters?
– Wie hat sich der Vermieter bei der geplanten Verrechnung von Betriebskostennachforderungen mit Kautionen verhalten, wenn der endgültige Abrechnungssaldo wegen noch fehlender Belege noch nicht feststeht?

Die letztgenannte Frage wird innerhalb des Kapitels „Kaution" erörtert (dazu unter *Rz. 375*).

a) Abrechnungsfrist

Auch bei Beendigung des Mietverhältnisses gelten die üblichen Abrechnungsfristen für Nebenkosten (vgl. dazu unter *L Rz. 30*). Anzuknüpfen ist 368

---
1 BGH, WuM 1996, 161.
2 BGH, Urt. vom 14.11.2007 – VIII ZR 19/07, MDR 2008, 313 = NJW 2008, 575 = NZM 2008, 123.

dabei an das **Ende der Abrechnungsperiode**. Das Ende des Mietverhältnisses innerhalb der Abrechnungsperiode bildet dabei keine zusätzliche Zäsur.

369 Auch wenn bei einem Mieterwechsel eine **Zwischenablesung** der Erfassungsgeräte zur Ermittlung verbrauchsabhängiger Betriebskosten – insbesondere zur Ermittlung der Heizkosten – vorzunehmen ist, so bedeutet dies nicht, dass auch zugleich eine Zwischenabrechnung erteilt werden muss. Aus der Pflicht zur Zwischenablesung folgt keine Pflicht zur Zwischenabrechnung[1].

370 Bei **preisfreiem Wohnraum** hat der Mieter grundsätzlich nur Anspruch auf Abrechnung der Betriebskosten innerhalb der in § 556 Abs. 3 Satz 2 BGB geregelten Abrechnungsfrist. Für den **preisgebundenen Wohnungsbau** gilt die jährliche Abrechnungsfrist in § 20 Abs. 4 Satz 2 NMV.

371 Allerdings können die Parteien zum Ablauf des Mietverhältnisses im Wohnungsabnahmeprotokoll vereinbaren, das über die zurückliegenden Perioden keine Betriebskostenabrechnung mehr zu erstellen ist[2].

b) Verwirkung

372 So wie der Vermieter auch bei beendetem Mietverhältnis mit der endgültigen Betriebskostenabrechnung zuwarten sollte, bis alle Belege der Abrechnungsperiode vorhanden sind, so muss er beim öffentlich geförderten Wohnungsbau darauf achten, in der **Jahresfrist** des § 20 Abs. 3 S. 4 NMV dem Mieter die Abrechnung zuzuleiten. Es handelt sich um eine Ausschlussfrist. Beim freifinanzierten Wohnungsbau gilt diese Frist ebenso (§ 556 Abs. 2 S. 2 BGB). Rechnet der Vermieter nicht fristgerecht über die Betriebskosten eines Abrechnungszeitraums ab, so kann der Mieter, wenn das Mietverhältnis beendet ist, sogleich die vollständige **Rückzahlung** der geleisteten **Abschlagszahlungen** verlangen (vgl. dazu L Rz. 387 f.). Er ist nicht gehalten, zuerst auf Erteilung der Abrechnung zu klagen[3].

373 Abgesehen davon kann der Anspruch auf Nachforderung von Betriebskosten verwirken. Die Verwirkung besteht aus einem **Zeitmoment** und einem **Umstandsmoment**. Beide müssen erfüllt sein, bevor tatsächlich Verwirkung eines Anspruchs eintritt. So sind Betriebskostennachforderungen nicht allein deswegen verwirkt, weil der Vermieter nicht binnen angemessener Frist abrechnet. Vielmehr muss der Mieter bestimmte Umstände substantiiert darlegen, die den Schluss zulassen, er habe darauf vertrauen dürfen und auch darauf vertraut, wegen Nachforderungen nicht mehr in Anspruch genommen zu werden[4]. Dies entspricht der einhelligen höchstrichterlichen Rechtsprechung, die bei der Prüfung der Verwirkung auf das

---

1 AG Neuss, DWW 1991, 245; AG Oberhausen, DWW 1994, 24.
2 LG Münster, Beschluss vom 27.10.2008 – 8 S 150/08, WuM 2008, 728.
3 BGH, MDR 2005, 678 = BGHReport 2005, 762 (765) = MietRB 2005, 141; dazu: *Lützenkirchen*, MietRB 2005, 158 ff.
4 LG Gießen, NJW-RR 1996, 1163 f.

Umstandsmoment das größere Gewicht legt. Allein aus dem **bloßen Zeitablauf** heraus ist die Annahme, das für den Verpflichteten ein Vertrauenstatbestand geschaffen worden ist, grundsätzlich nicht möglich. Vielmehr bedarf es besonderer Umstände über den Zeitablauf hinaus, die die Feststellung rechtfertigen, der Schuldner habe darauf vertrauen können, dass der Gläubiger die Forderung nicht mehr geltend mache[1]. Dabei kann gegen das Entstehen eines Vertrauenstatbestandes ins Feld geführt werden, dass der Mieter lediglich Vorauszahlungen auf die Nebenkosten geleistet hat, ihm dadurch der vorläufige Charakter dieser Zahlung bewusst sein musste und er deshalb auch nicht nach Treu und Glauben darauf vertrauen durfte, dass diese Kosten allein wegen des Zeitablaufs nicht mehr abzurechnen seien[2].

Allerdings hat das LG Hannover[3] Verwirkung angenommen, soweit Betriebskosten geltend gemacht werden, deren Abrechnungsperiode weiter als **ein Jahr** zurückliegt, und der Mieter über mehrere Jahre in dem Glauben gelassen wurde, seine monatlichen Zahlungen seien kostendeckend, insbesondere da zwei Mieterhöhungen ohne jeweilige Anpassung der Nebenkostenvorauszahlungen erfolgten. Sicherlich ist dies ein Fall extrem vernachlässigter Hausverwaltung. Dennoch sollte der Rechtsanwalt für seinen Vermietermandanten **so bald wie möglich** über die Nebenkosten **abrechnen**, um

– Gegenansprüchen des Mieters auf Rückzahlung der vorausgezahlten Beträge bei nicht fristgerechter Abrechnung zuvorzukommen,

– alsbald Klarheit über die endgültig zu verrechnende Kautionshöhe zu erhalten und um

– die mit den Erörterungen der Verwirkung immer einhergehenden Wertungsfragen aus Gründen der Rechtswahrung für den Mandanten gar nicht erst aufkommen zu lassen.

12. Kaution

a) Kautionsklage nach Vertragsbeendigung

In der Praxis ist es häufig, dass der Mieter das Mietverhältnis kündigt und die letzten Monatsmieten nicht mehr zahlt mit dem Hinweis, der Vermieter könne seine Mietzahlungsansprüche mit der Kaution verrechnen. Zu einer solchen Verrechnung ist der Mieter nicht berechtigt[4]. Über die Kaution verfügt allein der Vermieter nach Rücknahme der Wohnung. Dies entspricht dem **Sicherungszweck** der Kaution. Die Mietzahlungen der vorangegangenen Monate sind vorher fällig geworden und selbständig z.B. im Wege eines gerichtlichen Mahnverfahrens oder direkt per Klage (ggf. im Ur-

---

1 BGH, ZMR 1984, 274 f.; KG, ZMR 1982, 182 f.
2 AG Herne, Urt. v. 12.6.1996 – 1 S 56/96, n.v.
3 LG Hannover, NJWE-MietR 1996, 224.
4 AG Dortmund, NZM 2002, 949 – kein Abwohnen der Kaution möglich.

kundsprozess[1]), durchsetzbar (vgl. dazu *M Rz. 211*). Die Kaution sollte auch nicht vorher für rückständige Mieten verwendet werden, da es unter prozess- und materiell-rechtlichen Gesichtspunkten einfacher ist, rückständige Mieten gerichtlich zu verfolgen, als etwa noch festzustellende Schadensersatzansprüche wegen unterlassener Renovierung oder Beschädigung etc. Ohnehin soll der Vermieter sich im laufenden Mietverhältnis nur wegen unbestrittener Forderungen aus der Kaution befriedigen dürfen[2]. Auch wenn sich später herausstellt, dass die Wohnung schadensfrei zurückgegeben wird und die Kaution zur Verrechnung ansteht, hat der Mieter für etwa ein eingeleitetes gerichtliches Mahnverfahren oder Klageverfahren die bereits entstehenden Kosten wegen der vorher fällig werdenden Miete zu entrichten. Bei **Mietrückstand** sollte also unverzüglich ein gerichtliches Verfahren eingeleitet werden. Dies ist immer der sicherere Weg, als sich durch den Mieter auf eine Verrechnungsmöglichkeit mit der Kaution verweisen zu lassen, die ihm ohnehin rechtlich nicht zusteht. Eine Kautionsklage auf **„Wiederauffüllung"** der Kautionsleistung ist daher in diesen Fällen nicht veranlasst.

376 Allerdings behält der Vermieter auch **nach Vertragsende** gegen den Mieter einen Anspruch auf „Wiederauffüllung" der Mietkaution gem. § 240 BGB, wenn

- er während des Mietverhältnisses entstandene Forderungen bereits mit der Kaution verrechnet hat und
- er auch bei oder nach Vertragsende auf Grund bestehender weiterer Forderungen sein Sicherungsinteresse behalten hat[3].

Maßgeblicher Zeitpunkt für die Beurteilung, ob noch Forderungen des Vermieters bestehen, für die er die Kaution benötigt, soll das Vertragsende sein[4]. Im Übrigen ist es ausreichend, dass der Vermieter – im Prozess – die Forderungen schlüssig darstellt, ohne dass darüber Beweis zu erheben wäre[5]. Diese Grundsätze gelten auch bei Vereinbarung einer **Bürgschaft** als Mietsicherheit. In diesem Fall wird im Wege der ergänzenden Vertragsauslegung ein unmittelbarer Zahlungsanspruch des Vermieters in Höhe der Bürgschaftssumme begründet, wenn er weitere Forderungen aus dem Mietvertrag schlüssig darstellt[6].

---

1 BGH, NZM 1999, 401.
2 AG Neuss, NZM 2003, 1027.
3 LG Berlin, GE 2005, 305; OLG Celle, ZMR 1998, 265; BGH, NJW 1981, 976; OLG Düsseldorf, ZMR 2000, 212; LG Saarbrücken, WuM 1996, 618 f.; LG Mannheim, NJW-MietR 1996, 219; AG Frankfurt/Main, DWW 1991, 26; AG Neukölln, MM 1996, 31 f.; **a.A.** *Sternel*, Mietrecht, III Rz. 225; eine andere Frage ist, wann sich der Vermieter im laufenden Mietverhältnis aus der Kaution befriedigen darf. Das LG Mannheim (WuM 1996, 269) beschränkt die Möglichkeiten des Vermieters auf Forderungen, die entweder rechtskräftig festgestellt oder unstreitig oder so offensichtlich begründet sind, dass ein Bestreiten mutwillig erscheint.
4 OLG Düsseldorf, ZMR 2000, 212; **a.A.** *Lützenkirchen*, WuM 2001, 55.
5 OLG Düsseldorf, ZMR 2000, 212.
6 OLG Düsseldorf, ZMR 2000, 452.

Bevor der Anspruch geltend gemacht wird, sollte die **Verjährung** geprüft werden. Immerhin unterliegt auch der Kautionszahlungsanspruch der regelmäßigen Verjährung des § 195 BGB. Liegt der Mietbeginn also mehr als **drei Jahre** zurück, kommt eine erfolgreiche Durchsetzung nur noch bei entsprechenden Hemmungstatbeständen in Betracht.

b) Abrechnung der Kaution

Nach Beendigung des Mietverhältnisses ist über die Kaution abzurechnen. Nicht verbrauchte Teile sind dem Mieter zurückzuerstatten. Einzelheiten zum Anspruch des Mieters auf Abrechnung und Rückzahlung der Kaution sind unter *Rz. 454* dargestellt. **Aus Sicht des Vermieters** ist auf folgende Punkte hinzuweisen: 377

aa) Abrechnungsbasis

Zunächst hat sich der Rechtsanwalt darüber zu vergewissern, ob die insgesamte **Höhe der Kautionsleistung** ggf. aus mehreren Kautionsarten dem Gesetz entspricht. Sie bildet die Basis der Abrechnung. 378

Für **Wohnraum** gilt § 551 BGB. Danach kann der Vermieter eine Kaution in Höhe von drei Nettomieten verlangen. Hat der Mieter eine Barzahlung auf die Sicherheitsleistung erbracht, muss der Vermieter diese getrennt von seinem Vermögen bei einer Bank nach den für Spareinlagen mit gesetzlicher Kündigungsfrist geltenden Regelungen anlegen. Die dadurch erwirtschafteten Zinsen vergrößern die Kaution. 379

Die Kaution darf das **Dreifache** der auf einen Monat entfallenden Miete nicht überschreiten (§ 551 Abs. 1 BGB). Eine zum Nachteil des Mieters abweichende Vereinbarung ist unwirksam (§ 551 Abs. 4 BGB). Deshalb ist auch eine Anhäufung von mehreren im Betrag jeweils drei Monatsmieten ausmachenden Sicherheitsleistungen nicht zulässig. So kann neben einer einmal erhaltenen Barkaution in Höhe von drei Monatsnettomieten nicht zusätzlich eine Bürgschaft als Mietsicherheit verlangt werden (**Kumulationsverbot**). Hat sich der Mieter dazu vertraglich verpflichtet, so ist diese Vereinbarung auch dann unwirksam, wenn er daneben bereits eine Barkaution zu leisten hat (§ 551 Abs. 1, 4 BGB), aber noch nicht gezahlt hat[1]. Ist es darüber hinaus zum Abschluss eines Bürgschaftsvertrags gekommen, so ist er gem. §§ 551, Abs. 1, 4, 134 BGB nichtig, soweit er zu einer Inanspruchnahme über den Betrag von drei Monatsmieten hinaus führen kann[2]. Nach anderer Ansicht ist der Bürgschaftsvertrag zwar wirksam, doch soll der Mieter vom Vermieter verlangen können, dass dieser nicht gegen den Bürgen vorgeht, soweit die verbürgte Verbindlichkeit drei Mo- 380

---

1 Vgl. die Zusammenstellung der Rechtsprechungshinweise bei *Wilms*, Bürgschaft statt Barkaution, DWW 1998, 304 f. m.w.N.
2 OLG Köln, ZMR 1988, 429; LG Hamburg, DWW 1989, 27; LG Kassel, NZM 1998, 328; *Börstinghaus* in MietPrax, Fach 1, 92–93, Rz. 252.

natsmieten übersteigt¹. Der BGH gibt dem **Bürgen** gegenüber dem Anspruch des Vermieters aus § 768 Abs. 1 S. 1 BGB eine Einrede, soweit er vom Vermieter über den Betrag von drei Monatsmieten hinaus in Anspruch genommen wird. Gegenüber dem Mieter sei der Vermieter um den überschießenden Betrag ungerechtfertigt bereichert (§ 812 Abs. 1 S. 1 Fall 1 BGB)². Das soll nur dann nicht gelten, wenn der Dritte dem Vermieter unaufgefordert eine Bürgschaft unter der Bedingung anbietet, dass ein Wohnraummietvertrag zustande kommt und dadurch der Mieter nicht erkennbar belastet wird. In diesem Fall sei die Bürgschaft wirksam zustande gekommen (Elternbürgschaft)³.

381 Unabhängig von der dogmatischen Konstruktion ist festzuhalten, dass die Teile der Sicherheitsleistung unwirksam sind, die drei Monatsmieten übersteigen, selbst wenn die einzelnen Sicherheitsleistungen (Bürgschaft, Barzahlung, Verpfändung etc.) für sich selbst geringer als drei Nettomonatsmieten sind, in der Summe jedoch **drei Nettomieten** übersteigen.

382 Wird der Rechtsanwalt mit einem solchen Fall konfrontiert, so sollte er zügig eine **Auswahl treffen**, welche Sicherheitsleistung für den Vermieter – Mandanten – die sicherste ist und die „unsicheren" Teile der Kaution zurückgeben, soweit sie drei Nettomonatsmieten übersteigen. Zügiges Arbeiten ist deshalb veranlasst, damit der Mieter die sicherste Kautionsform nicht von sich aus zurückverlangt.

Als Sicherheitsleistung (Mietkaution) wird es auch angesehen, wenn der Mieter bei Vertragsschluss an einen Handwerker einen Betrag für eine spätere Endrenovierung der Wohnung leisten muss⁴.

383 Für den Bereich der Wohnraummiete bestimmt § 551 Abs. 3 S. 1 und 3 BGB, dass die Kaution verzinslich anzulegen ist, dass die erwirtschafteten **Zinsen** die Sicherheit erhöhen und dem Mieter zustehen. Die Verzinsung der Kaution ist also als Abrechnungsbasis dem Stammbetrag hinzuzurechnen. Erzielt der Mieter durch Anlage der Kaution in Wertpapiere (§ 551 Abs. 3 S. 2 BGB) **höhere Zinsen** als den gesetzlichen Zinssatz, so stehen auch diese höheren Zinsen dem Mieter zu⁵.

384 Wenn in **Altmietverträgen** aus der Zeit vor In-Kraft-Treten des § 550b BGB a.F. am 1. Januar 1983 Kautionen ausdrücklich zinslos gestellt wurden, bleiben diese Vereinbarungen wirksam (Art. 229 § 3 Abs. 8 EGBGB). Die entgegenstehende Rechtsprechung, wonach der Vermieter dennoch die Pflicht hat, heute im Geltungsbereich des § 551 BGB in die Kautionsab-

---

1 *Tiedke*, ZMR 1990, 401 ff.
2 BGH, BGHZ 107, 210, 212 f.
3 BGH, BGHZ 111, 361 ff. mit ablehnender Anmerkung von *Tiedke*, ZMR 1990, 401; ebenso ablehnend: *Schmitz*, Die freiwillige Bürgschaft, MDR 1990, 893.
4 AG Köln in *Lützenkirchen*, KM 5 Nr. 5.
5 AG Duisburg, WuM 1996, 763 f.; LG Düsseldorf, WuM 1993, 400; **a.A.** AG Köln, DWW 1991, 149.

rechnungsbasis Zins und Zinseszins mit einzustellen[1], betrifft Formularmietverträge und bleibt nach wie vor anwendbar. Deshalb muss hier die Verzinsung trotz entgegenstehender Regelung durchgeführt werden.

Im Wohnraumbereich ist also über die Zinsen abzurechnen. Dabei muss die Abrechnung den gesamten Hinterlegungszeitraum der Kaution erfassen und die Höhe der ggf. unterschiedlichen Zinssätze und den jeweiligen Zinszeitraum enthalten. Die angewachsenen Zinsen selbst sind ebenfalls zu verzinsen (Zinseszins)[2]. 385

Bei **Gewerberaum**mietverhältnissen gilt § 551 BGB ohne ausdrückliche Vereinbarung dagegen nicht. Dies hat Konsequenzen für die Höhe der Abrechnungsbasis sowie für die Verzinsungspflicht. Grenzen ergeben sich insoweit lediglich aus den allgemeinen Grundsätzen zu § 307 BGB, wonach weit überhöhte, das Sicherungsinteresse des Vermieters überragende Sicherheiten wegen einer unangemessenen Benachteiligung des Mieters unwirksam sind. Davon wird man bei einer Mietsicherheit in Höhe von sechs Monatsmieten noch nicht ausgehen können[3]. Festzuhalten ist damit zumindest, dass im Gewerberaumbereich eine Kautionshöhe von drei Monatsmieten überschritten werden kann, was in der Praxis vor allem bei Existenzgründern vereinbart werden sollte. 386

Da § 551 BGB für den **Gewerberaum**bereich nicht gilt, gibt es auch keine gesetzliche Aussage zu einer Verzinsungspflicht der Kaution. Enthält der Gewerbemietvertrag keine ausdrückliche Bestimmung über eine Verzinsung der Kaution, so kommt die herrschende Meinung dennoch zu einer **Verzinsungspflicht** in Höhe des für Spareinlagen mit dreimonatiger Kündigungsfrist üblichen Zinssatzes[4]. Da in diesem Bereich § 551 Abs. 4 BGB nicht gilt, können die Parteien allerdings die Verzinsung durch Vereinbarung **ausschließen**[5]. Dies kann etwa dadurch geschehen, dass dem Wortlaut des Vertrages nach ausdrücklich die Verzinsung der Kaution ausgeschlossen wird oder dass eine Formularklausel, die die Verzinslichkeit der Kaution anordnet, durchgestrichen wird. 387

bb) Gesicherte Forderungsarten

Der Umfang der durch die Mietsicherheit gesicherten Ansprüche richtet sich nach der **Sicherungsabrede**, die in dem Mietvertrag eindeutig gefasst werden sollte. Üblicherweise werden alle auf die Zahlung von Geld gerichteten Ansprüche des Vermieters aus dem Mietverhältnis und dessen Abwicklung einschließlich des Anspruchs auf Nutzungsentschädigung nach 388

---

1 LG Berlin, GE 1993, 205; LG Hamburg, WuM 1990, 118; LG Hamburg, WuM 1998, 765; AG Wipperfürth, WuM 1998, 283.
2 LG Berlin, GE 1993, 205.
3 *Durst*, NZM 1999, 64, 65.
4 BGH, MDR 1994, 1211 = NJW 1994, 3287 = WuM 1994, 679; *Sternel*, Mietrecht, III Rz. 229–230, 687 f.; a.A.: LG Berlin, GE 1994, 675.
5 *Sternel*, Mietrecht, III Rz. 232.

§ 546a BGB und des Schadensersatzanspruchs wegen unterlassener Schönheitsreparaturen gem. §§ 280, 281 BGB gesichert[1]. Dies gilt zumindest in den Fällen des Gewerberaummietverhältnisses und bei Wohnraummietverhältnissen im freifinanzierten Wohnungsbau, in dem § 551 BGB uneingeschränkt anwendbar ist. Beim **sozialen Wohnungsbau** ist der eingeschränkte Sicherungszweck in § 9 Abs. 5 WoBindG zu beachten[2]. Die Vorschrift reduziert den Sicherungszweck der Kaution auf Schäden an der Wohnung und Ansprüche wegen unterlassener Schönheitsreparaturen. Die übrigen Ansprüche des Vermieters gegen den Mieter aus dem Mietverhältnis sind dagegen durch eine Kautionsabrede nicht sicherbar[3]. Daher sind im preisgebundenen Wohnungsbau **Mietrückstände** mit einer Kaution nicht sicherbar. Eine entsprechend lautende Kautionsvereinbarung ist gem. § 307 BGB in Verbindung mit § 9 Abs. 1 S. 1, Abs. 5 WoBindG unwirksam[4]. Nach Auffassung des entscheidenden AG Hannover war eine geltungserhaltende Reduktion der Kautionsklausel auf ihren noch zulässigen Inhalt nicht möglich. Dies bedeutet, dass eine auf Grund einer solchen Vertragsklausel gezahlte Kaution im preisgebundenen, öffentlich geförderten Wohnungsbau ohne Rechtsgrund erlangt wurde. Der Mieter hat einen Anspruch auf Rückzahlung aus ungerechtfertigter Bereicherung. Die Aufrechnungsmöglichkeit des Vermieters mit seinen Gegenansprüchen aus dem Mietverhältnis richten sich dann einmal nach § 9 Abs. 5 WoBindG und zusätzlich nach §§ 390, 396 BGB.

Nach Mietende ist aber auch bei unwirksamer oder nicht gedeckter Kautionsabrede eine Aufrechnung zulässig. Immerhin ist der Kautionsanspruch pfändbar. Würde die Aufrechnung nicht zugelassen, könnten sich andere Gläubiger vorrangig aus der Sicherheit befriedigen.

cc) Aufrechnung

389   Damit der Kautionsbetrag einschließlich Zinsen wirksam mit der Forderung, gegen die aufgerechnet werden soll, verrechnet werden kann, ist es erforderlich, die Verrechnung ausdrücklich und bestimmt zu **erklären**. Bestehen also mehrere Forderungen gegen den Mieter, sollte eine **Reihenfolge** für die Aufrechnung dargestellt werden (§ 396 Abs. 1 S. 1 BGB). Diese Reihenfolge ergibt sich noch nicht aus der Reihenfolge, in der die Forderungen in einem Schreiben angeordnet werden. Vielmehr muss die Reihenfolge **ausdrücklich bestimmt** werden. Dazu kann wie folgt formuliert werden:

---

1 v. *Martius* in Bub/Treier, IV Rz. 766.
2 Die Vorschrift lautet: „Die Vereinbarung einer Sicherheitsleistung des Mieters ist unzulässig, soweit sie dazu bestimmt ist, Ansprüche des Vermieters gegen den Mieter aus Schäden an der Wohnung oder unterlassenen Schönheitsreparaturen zu sichern. Im Übrigen gilt § 550b des Bürgerlichen Gesetzbuchs".
3 LG Berlin, GE 1997, 431 f.; LG Berlin, MM 1998, 222; AG Hannover, DWW 1998, 249 f. = NZM 1998, 765 f.
4 AG Hannover, DWW 1998, 249 f.

...
(Adresse Vermieter)

...
(Adresse Mieter)

Ort, Datum ...

Kautionsabrechnung

Sehr geehrte Frau ...,
sehr geehrter Herr ...,

Mittlerweile hat unser Mandant das Kautionssparbuch aufgelöst. Aus dem in Kopie beigefügten Sparbuch können Sie ersehen, dass das Kautionsguthaben per 30.4.2005 einschl. Zinsen 3938,24 Euro betrug.

Gegen Ihren Anspruch auf Rückzahlung dieses Guthabens erklären wir namens und im Auftrage unseres Mandanten und unter Hinweis auf die anliegende Originalvollmacht hiermit die Aufrechnung mit den nachstehenden Ansprüchen, und zwar in der folgenden Reihenfolge:

1.	Anspruch auf Ersatz der Kosten wegen nicht durchgeführter Endrenovierung gem. Kostenvoranschlag der Firma Fleißig vom 18.1.2005	2432,50 Euro
2.	Ersatz der Kosten für den beschädigten WC-Topf gem. Rechnung der Firma Keramik vom 12.1.2005 abzügl. 30 % wegen Alters	152,50 Euro
3.	Anspruch auf Nutzungsentschädigung auf den Monat Januar 2005 in Höhe von	1100,00 Euro
4.	Nachforderung aus der Betriebskostenabrechnung für 2004 vom 12.4.2005 in Höhe von	938,13 Euro

Der danach verbleibende Restbetrag aus der Betriebskostenabrechnung für 2005 von 685,19 Euro ist bis zum 24.5.2005 auf das Ihnen bekannte Mietkonto zu zahlen.

Mit freundlichen Grüßen

...

Rechtsanwalt

Kurz einzugehen ist noch auf die Möglichkeit, nach § 215 BGB mit einer **verjährten Forderung** aufzurechnen. Diese Frage ist schon auf Grund der in § 548 Abs. 1 BGB geregelten kurzen sechsmonatigen Verjährung bedeutsam. Die Frage bereitet bei Barkautionen keine Schwierigkeiten. Hier ist § 215 BGB unmittelbar anwendbar[1]. Dagegen ist eine Aufrechnung mit verjährten Forderungen bei einer **Bürgschaft** nicht möglich. Der BGH lässt weder eine analoge Anwendung von § 223 Abs. 1 BGB noch eine analoge

---

1 BGH, NJW 1998, 981.

Anwendung von § 215 BGB (§ 390 S. 2 BGB a.F.) zu, um die Aufrechenbarkeit doch noch zu erreichen[1]. Dies gilt nicht nur im Falle einer selbstschuldnerisch erteilten Bürgschaft, sondern auch im Ergebnis bei einer Bürgschaft auf erstes Anfordern, da sich die Bank im Rückforderungsprozess gegen den Vermieter gem. § 768 BGB auf die Verjährungseinrede berufen und damit das durch die Bürgschaft Erlangte nach Bereicherungsgrundsätzen herausverlangen kann. Dazu muss die Bank als Bürge lediglich vor oder bei Zahlung der Verjährung der gesicherten Forderung geltend machen und nur unter Vorbehalt zahlen[2]. Nach *Durst*[3] soll dies nur dann anders sein, wenn der Sicherungszweck der Bürgschaft in dem Mietvertrag und der Bürgschaftserklärung selbst so ausgestaltet ist, dass die Bürgschaft den Vermieter wie eine Barkaution sichert. Andernfalls bleibt es dabei, dass im Falle einer Kaution in Gestalt einer Bürgschaft der Vermieter nicht mit verjährten Forderungen aufrechnen kann. Darin liegt die besondere Schwäche dieser Kautionsart und im Umkehrschluss der Vorteil einer Barkaution.

392 Probleme entstehen bei der Verrechnung von Ansprüchen gegen einen erhaltenen Kautionsbetrag auch dann, wenn der Vermieter entgegen § 551 Abs. 2 BGB den Mieter verpflichtet hat, den Kautionsbetrag auf einmal zu zahlen. Die Vorschrift ermöglicht bei Barkautionen die Zahlung des Betrages in drei gleichen monatlichen **Teilleistungen**. Entgegenstehende Vereinbarungen sind nach § 551 Abs. 4 BGB **unwirksam**. Dies bedeutet, dass der Vermieter die Kautionsleistung ohne Rechtsgrund erlangt hat. Der Mieter hat einen Rückzahlungsanspruch zu § 812 Abs. 1 S. 1 BGB. In diesem Fall ist eine Aufrechnung mit Gegenforderungen des Vermieters unzulässig[4]. Die Aufrechnung ist deshalb ausgeschlossen, weil der Zweck der geschuldeten Leistung einer Erfüllung durch Aufrechnung als mit Treu und Glauben unvereinbar erscheint. Besteht – auf Grund der gesetzlichen Unwirksamkeit – keine Kautionsabrede, dann kann das vom Mieter gezahlte Geld vom Vermieter auch nicht wie eine Kaution verwandt werden. Dies bedeutet, dass der Vermieter gegenüber dem Rückzahlungsanspruch des Mieters wegen einer unberechtigten Mietkautionszahlung nicht aufrechnen kann. Die Rechtslage ist insofern mit der Situation vergleichbar, dass der Vermieter eine zu hohe Kaution über drei Monatsmieten hinaus vereinbart und auch erhalten hat. Auch hier kann er gegenüber dem Rückforderungsanspruch nicht aufrechnen.

393 Andererseits muss sich der Vermieter keine Aufrechnung des Mieters mit seinem Kautionsrückzahlungsanspruch gegen **Mietforderungen** entgegenhalten lassen. Auch in der Abwicklungsphase nach Beendigung des Mietverhältnisses kann der Mieter nicht mit seinem Anspruch auf Rückzahlung der Kaution gegen die eingeklagten Mietforderungen aufrechnen. Grund hierfür ist, dass die Kaution erst zur Rückzahlung fällig ist, nachdem sämtliche Ansprüche des Vermieters, auch Rechtsverfolgungskosten,

---

1 BGH, NJW 1998, 981.
2 *Durst*, NZM 1999, 64, 66.
3 *Durst*, NZM 1999, 64, 66.
4 AG Dortmund, NJWE-MietR 1997, 98; vgl. zum Meinungsstand C Rz. 179.

erfüllt sind[1]. Denn die Forderung des aufrechnenden Mieters muss fällig und einredefrei sein (§ 390 BGB). Andernfalls entsteht die Aufrechnungslage deswegen nicht.

dd) Zurückbehaltungsrecht des Vermieters

Das Zurückbehaltungsrecht des Vermieters an Teilen der Kaution wird insbesondere in den Fällen bedeutsam, in denen der Vermieter seine dem Grunde nach unstreitigen Forderungen der Höhe nach noch nicht abschließend beziffern kann. Ein regelmäßig wiederkehrendes Beispiel bietet der Anspruch aus einer **Betriebskostenabrechnung**. Kann der Vermieter bei Auszug des Mieters innerhalb einer Abrechnungsperiode oder deswegen noch nicht abrechnen, weil ihm noch nicht alle zugrunde liegenden Belege vorliegen, so kann die Kaution in Höhe eines Pauschalteilbetrages zurückgehalten werden, der sich nach dem Ergebnis der letzten Betriebskostenabrechnung zuzüglich eines realistischen Teuerungszuschlages ermittelt. Der Vermieter hat insoweit ein Zurückbehaltungsrecht[2] bis zum Ablauf der Abrechnungsfrist[3]. 394

Bei der **Teilrückzahlung** ist **ausdrücklich darauf hinzuweisen**, dass damit kein – schlüssig erklärbares – Anerkenntnis des Wohnungszustandes als vertragsgemäß und kein Verzicht auf Schadensersatz- oder sonstige Ansprüche verbunden sind. Bei kommentarloser Rückzahlung der Kaution wurde ein solches Anerkenntnis mit entsprechendem Verzicht vom OLG München unterstellt[4]. 395

c) Realisierung des Kautionssaldos

aa) Barkaution

Hier liegen die Dinge einfach. Nach Ermittlung des Abrechnungssaldos zugunsten des Vermieters kann dieser die bislang von seinem Vermögen getrennt zu haltende Mietkaution in Höhe des ihm zustehenden Saldos seinem Vermögen zuführen. 396

bb) Bürgschaft

Hat der Mieter als Kaution eine Bankbürgschaft hinterlegt, muss bereits bei Beendigung des Mietvertrags geprüft werden, ob die Bank diese Bürgschaft etwa zeitlich **befristet** hat. Sehr häufig befristen Banken diese Bürgschaften z.B. auf einen Zeitpunkt, der sechs Monate nach dem Ende einer Befristung liegt. 397

---

1 LG Duisburg, NZM 1998, 808 f.
2 BGH, WuM 2006, 197; AG Köln, WuM 1988, 267; AG Langen, WuM 1995, 31 im Hinblick auf eine kalkulierbare Betriebskostennachforderung; *Blank* in Schmidt-Futterer, § 550b BGB Rz. 57 Fn. 144 m.w.N. zur h.M.
3 OLG Düsseldorf, ZMR 2002, 109, 110.
4 OLG München, NJW-RR 1990, 20; AG Berlin-Schöneberg, GE 1997, 1175.

398 Da die Bürgschaft nach Ablauf der Frist erlischt, sofern die Bank nicht in Anspruch genommen wurde, muss sie also vorher realisiert werden. Dabei verweigern Banken sehr häufig die Zahlung bis zur Rückgabe der Bürgschaftsurkunde. Ein Anspruch des Vermieters gegen die Bank besteht nur auf **Zug-um-Zug**-Leistung. Daher sollte ausdrücklich formuliert werden, dass die Bürgschaftsurkunde der Bank nur „zu treuen Händen" zurückgegeben wird. Dies kann im Angebot eines Treuhandvertrags gegenüber der Bank verankert werden. Umgekehrt kann ebenso verfahren werden. Dann sollte formuliert werden, dass gegen Zahlung auf das Anderkonto des Rechtsanwalts die Originalbürgschaftsurkunde herauszugeben ist, wobei sich der Rechtsanwalt verpflichtet, den Bürgschaftsbetrag erst dann an den Vermieter/Mandanten weiterzuleiten, sobald der Rückschein über die Bürgschaftsurkunde vorliegt.

Hat der Bürge an den Vermieter gezahlt, entsteht durch die dem Bürgen übermittelte Forderungsaufstellung gegenüber dem Mieter keine Bindungswirkung[1]. Vielmehr ist der Vermieter berechtigt, die vereinnahmte Summe auf andere Mietforderungen zu verrechnen. Sogar Verrechnungsversuche des Mieters vor Fälligkeit des Rückforderungsanspruchs sind bedeutungslos[2]. Ist die Verjährungsfrist des § 548 Abs. 1 BGB eingetreten, ohne dass der Bürge in Anspruch genommen wurde bzw. geleistet hat, kann sich der Bürge darauf berufen, dass die Hauptforderung einredebehaftet ist[3]. Mangels Aufrechnungslage greift § 215 BGB im Verhältnis Vermieter/Bürge nicht. Da auch ein Zurückbehaltungsrecht an der Bürgschaftsurkunde nicht besteht[4], ist die Bürgschaft nach 6 Monaten auf jeden Fall zurückzugeben[5].

Im Unterschied zur Barkaution sind Bürge und Mieter nicht gehindert, sich auf die Verjährung der gesicherten Ansprüche zu berufen. Nur bei Barkautionen und Sparbüchern kann gegen den Kautionsrückzahlungsanspruch auch mit verjährten Forderungen aufgerechnet werden[6].

cc) Sparbuch

399 Hinsichtlich der Mietkaution sind hier zwei **Anlageformen** zu unterscheiden. Zunächst kann ein eigens für das Mietverhältnis dienendes Anderkonto des Vermieters mit dem Vermerk „Kaution" eingerichtet worden sein. In diesem Fall verwahrt der Vermieter den Kautionsbetrag treuhänderisch für den Mieter[7]. Dann erfolgen Auszahlungen auf Weisungen des Vermieters ohne Mitwirkung des Mieters auf das der Bank bekannt gegebene Konto. Zur Auszahlung ist der Bank das Original der Einzahlungsbestätigung, enthalten im Sparbuch, vorzulegen.

---

1 OLG Düsseldorf, WuM 2000, 212.
2 OLG Düsseldorf, WuM 2000, 212.
3 BGH, NJW 1998, 981.
4 *Blank* in Schmidt-Futterer, § 550b BGB Rz. 63.
5 OLG Hamm, NJW-RR 1992, 1036.
6 BGH, NJW 1998, 981 f.
7 Dazu: OLG Düsseldorf, ZMR 1988, 99.

Eine andere Anlageform für Kautionen besteht darin, dass der Mieter den Geldbetrag auf ein auf seinen Namen laufendes Konto einzahlt und das Sparbuch an den Vermieter verpfändet. In diesem Fall wird der Mieter von dem Kreditinstitut über ein Auszahlungsverlangen des Vermieters unterrichtet. Die Auszahlung des Geldbetrags erfolgt dann erst einen Monat nach der Mitteilung an den Mieter. Der Mieter darf aber auf das als Mietsicherheit verpfändete Sparbuch nur dann zurückgreifen, wenn die **Pfandreife** eingetreten ist. Ist die Forderung des Vermieters streitig, setzt dies einen entsprechenden Titel zu seinen Gunsten voraus, da die Mietkaution nur dazu dient, berechtigte Ansprüche zu sichern, nicht aber vor Austragung des Streits über bestehende Ansprüche eine Befriedigung zu erreichen[1]. 400

d) Streitwert

Bei der Ermittlung des Streitwertes bei Ansprüchen auf Rückforderung der Kaution sind angelaufene Zins- und Zinseszinsen hinzuzurechnen[2]. Selbstverständlich reduziert sich der Streitwert in Fällen, in denen nur Teile der Kaution streitig sind, entsprechend. 401

Bei **Auskunftsklagen** (z.B. im Rahmen der Stufenklage) über die Anlage der Mietkaution ist maximal von ¾ der insgesamt anzulegenden Sicherheit als Streitwert auszugehen[3].

III. Der Mieter als Mandant

Aufgabe des anwaltlichen Vertreters des Mieters ist es vor allem, die Rechte seines Mandanten gegenüber unberechtigten Ansprüchen des Vermieters effektiv durchzusetzen. Daneben gilt es, eigene Ansprüche des Mieters, insbesondere auf 402

– Rückzahlung der Kaution,
– im Zusammenhang mit Einbauten und Investitionen des Mieters,
– Rückerstattung von Mietvorauszahlungen und sonstigen Leistungen,
– Schadensersatz sowie
– Ansprüche im Dreiecksverhältnis Vermieter – Vormieter – Nachmieter

geltend zu machen.

1. Erstberatung

Die oben (*Rz. 2 f.*) für den Vermieter als Mandanten gemachten Ausführungen zur Erstberatung gelten für den Mieter in gleicher Weise. Insbesondere ist zu ermitteln, ob der Mieter Beratungs- oder Prozesskostenhilfe in Anspruch nehmen kann und ob er rechtsschutzversichert ist. Der Mieter ist 403

---

1 LG Darmstadt, ZMR 2005, 193 (194); LG Wuppertal, NJW-RR 2004, 1309.
2 AG Michelstadt, WuM 1987, 353; LG Köln, ZMR 1996, 145.
3 AG Neumünster, WuM 1996, 632.

möglichst frühzeitig über die voraussichtlich entstehenden Kosten und Gebühren aufzuklären. Insbesondere ist auf den Mehrvertretungszuschlag nach § 7 RVG bei der Vertretung mehrerer Mieter hinzuweisen (vgl. N Rz. 9 ff.)[1].

2. Schlussfolgerungen

404 Genau wie bei der Vertretung des Vermieters als Mandant ist auch im Falle eines Mieter-Mandanten zu prüfen:
- Ist der ermittelte Sachverhalt in sich schlüssig?
- Muss weiter ermittelt werden?
- Wer muss die anspruchserheblichen und streitigen Tatsachen beweisen?
- Was kann demnach – ggf. durch Nichtwissen – bestritten werden?
- Wie sind Beweismittel zu beschaffen und zu sichern?

3. Taktische Überlegungen

405 Der Rechtsanwalt hat sich im Rahmen seiner taktischen Überlegungen wie beim Vermieter-Mandanten davon leiten zu lassen, das Mandantenziel so **schnell**, so **kostengünstig** und so **risikoarm** wie möglich zu verwirklichen. Auch hier sind folgende Varianten denkbar:
- Der Mieter will ein schnelleres Ende des Mietvertrages
- Der Mieter wendet sich gegen das Ende eines Mietvertrages
- Vermieteransprüche sollen abgewehrt werden
- Der Mieter stellt eigene Ansprüche an den Vermieter.

a) Der Mieter will ein vorzeitiges Ende des Mietvertrags

406 Häufig will der Mieter bei einer Kündigungslage das Ende der Kündigungsfrist nicht abwarten und schneller aus dem Mietvertrag entlassen werden. HIerfür können wirtschaftliche Gründe oder Gründe der persönlichen Lebensplanung (Heirat, Scheidung, Umzug aus beruflichen Gründen etc.) ausschlaggebend sein. Der Rechtsanwalt kann dies für seinen Mandanten auf folgende Weise **erreichen**:
- Aufhebungsvertrag
- Vorzeitiger Auszug und Schlüsselübergabe
- Stellen eines Nachmieters bei echter und unechter Nachmieterklausel
- Anspruch auf vorzeitiges Entlassen aus dem Mietvertrag
- Sonderkündigung nach verweigerter Untervermietung.

---

[1] Zum Mehrvertretungszuschlag bei Räumungsverurteilungen mehrerer Mieter: OLG Düsseldorf, ZMR 1998, 491 = NZM 1998, 681 = WuM 1998, 558 = MDR 1998, 990 = DWW 1998, 209.

– Sonderkündigung wegen Schriftformverstoßes als Ausstiegsszenario aus langfristigen Mietverträgen
– Ausübung eines Rechts zur außerordentlichen Kündigung aus wichtigem Grund nach §§ 453 ff. BGB (vgl. dazu *J Rz. 430 f.*).

aa) Aufhebungsvertrag

Der Beendigungszeitpunkt des Mietverhältnisses kann durch Aufhebungsvertrag vorverlegt werden. Für den Mieter interessant ist diese Variante insbesondere dann, wenn auch der Vermieter absehbar an einer vorzeitigen Beendigung des Mietverhältnisses interessiert ist. Für die **Regelungsmöglichkeiten** innerhalb eines Aufhebungsvertrags gelten die für den Vermieter bereits gemachten Ausführungen (vgl. *Rz. 49 ff.*). 407

bb) Auszug und Schlüsselübergabe

Häufig ziehen Mieter mit der Übergabe der Kündigung vorzeitig aus und übergeben die Schlüssel. Dieses Verhalten ist eo ipso **nicht vertragswidrig**. Denn der Mieter hat ein Gebrauchsrecht, aber keine Gebrauchspflicht[1]. Auch kann die vorzeitige Rückgabe der Mietsache nicht ausgeschlossen werden (vgl. dazu unter *Rz. 238*). Hinzu kommt die Rechtsprechung des LG Braunschweig[2], wonach der Vermieter bei vorzeitigem Auszug des Mieters im Rahmen seiner Schadensminderungspflicht gehalten ist, sich unverzüglich um eine Neuvermietung zu bemühen (vgl. dazu *Rz. 250 ff.*). 408

Diese Umstände kann sich der Rechtsanwalt zunutze machen. Ist der Mieter vorzeitig ausgezogen, hat er aber die Schlüssel noch nicht übergeben, so hat er zu veranlassen, dass der Vermieter sofort in den Besitz der Schlüssel kommt, damit die Mietsache als zurückgegeben anzusehen ist. Da der Mieter für die ordnungsgemäße Übergabe der Schlüssel bei eventuellen Streitigkeiten **darlegungs- und beweispflichtig** ist, bietet es sich an, entweder für die Schlüsselübergabe einen Zeugen mitzunehmen oder sich den Empfang der Schlüssel schriftlich bestätigen zu lassen, wenn die Schlüssel per Boten dem Vermieter übergeben werden. Bei der Übergabe auf dem Postweg kann der Zugang nur durch Einschreiben gegen Rückschein nachgewiesen werden[3]. 409

Wichtig ist es auch, die übergebenen Schlüssel im Schreiben an den Vermieter dadurch zu konkretisieren, dass man von den Schlüsseln eine Fotokopie macht und auf dieser Fotokopie die Schlüsselcodes oder Schlüsselnummern dazuschreibt. Werden die Schlüssel dem Vermieter durch **Boten** übergeben, so kann der Mieter auf dieser Fotokopie den Erhalt der Schlüssel quittieren. Andernfalls steht der Rechtsanwalt dem Mieter als Zeuge dafür zur Verfügung, dass die Schlüssel in der festgehaltenen Anzahl und 410

---

1 *Blank*, Mietrecht von A bis Z, S. 489.
2 LG Braunschweig, WuM 1998, 220.
3 Zu den Gefahren dieser Zustellungsform: vgl. *Rz. 88*.

wie vor beschrieben individualisiert dem Vermieter zugeleitet worden sind. Zur eigenen Stütze sollte eine zusätzliche Kopie der Schlüssel mit den entsprechenden Bezeichnungen nach Nummer oder Code der Handakte beigeheftet werden.

411 Hat der Mieter die Schlüssel bereits übergeben, so kann der Rechtsanwalt wie folgt **argumentieren**:

412 Er kann auf die **Weitervermietungspflicht** des Vermieters hinweisen. Nicht nur aus Gründen der eigenen Schadensminderungspflicht des Vermieters, sondern auch aus Gründen des eigenen wirtschaftlichen Interesses am nahtlosen Erhalt der Mietzahlungen wird dem Vermieter daran gelegen sein, die Wohnung möglichst kurzfristig weiterzuvermieten. Er muss aber nicht jeden vorgeschlagenen Mietinteressenten akzeptieren, sondern kann ohne Verletzung der Schadensminderungspflicht seine eigenen Vorstellungen wie bei einer Neurenovierung realisieren[1]. Spätestens mit Einzug des neuen Mieters ist dann der vorzeitig ausgezogene Mieter aus dem Mietvertrag entlassen[2].

413 Zu berücksichtigen ist allerdings, dass der Mieter bei diesem Vorgehen verpflichtet sein kann, die **Mietdifferenz** zu zahlen, wenn er ohne Rücksicht auf einen weiterbestehenden Mietvertrag endgültig ausgezogen ist, keine Miete mehr gezahlt hat und vom Vermieter daraufhin das Mietobjekt zu einer niedrigeren Miete, der nicht dem erzielbaren Marktpreis entspricht, weiter vermietet worden ist[3].

414 Allerdings kann die **Auslegung des Parteiverhaltens** ergeben, dass sich der Vermieter trotz Fehlens einer diesbezüglichen Verpflichtung damit einverstanden erklärt hat, dass der neue Mietvertrag an die Stelle des alten trat und der ursprüngliche Mieter somit aus der Haftung entlassen wurde[4]. Davon ist bei vorhergegangenen andauernden Auseinandersetzungen auszugehen, die in dem Anerbieten des Vermieters gipfeln, „dem Mieter stehe es selbstverständlich frei, sich ungeachtet des bisherigen Mietvertrages kurzfristig nach einer Ersatzwohnung umzusehen". Darin liegt nach LG Koblenz[5] der Verzicht des Vermieters, sich auf ein vertragsgemäßes Ende des Mietvertrags zu berufen. Die Erklärung räume dem Mieter die „Option" ein, sich vorzeitig aus dem Vertrag zu lösen. Genauso liegt es, wenn sich der Vermieter auf Nachfrage des Mieters dahin einlässt, die Möglichkeit einer vorzeitigen Beendigung des Mietvertrages hänge davon ab, ob eine Neuvermietung gelinge und man darüber ggf. reden könne. In diesem Fall kommt nach LG Saarbrücken[6] ein Mietaufhebungsvertrag mit Abschluss

---

1 OLG Düsseldorf, WuM 2001, 608.
2 Auf den Vollzug und nicht bereits auf den Abschluss des Mietvertrags mit dem Nachmieter stellt ab: LG Gießen, NJW-RR 1997, 1441 f.; bereits auf den Abschluss des Anschlussmietvertrags stellt ab: LG Saarbrücken, NJW-RR 1997, 968 f.
3 OLG Düsseldorf, WuM 1998, 483, 484 m.w.N. zur Rechtsprechung.
4 OLG Düsseldorf, WuM 1998, 483.
5 LG Koblenz, NZM 1998, 859.
6 LG Saarbrücken, NJW-RR 1997, 968 f.

des Anschlussvertrages zusätzlich zustande. Auch in diesem Fall wird der ursprüngliche Mieter mit Abschluss des Anschlussmietvertrages aus der Haftung entlassen. Diesem Schluss kann der Vermieter allerdings vorbeugen. Dazu hat er in seinem Schreiben, in dem er das Bemühen um die Neuvermietung ankündigt, lediglich darauf hinzuweisen, der Mieter werde dadurch nicht aus der Haftung entlassen, er werde lediglich nicht in Anspruch genommen, solange der neue Mieter seinen Verpflichtungen nachkomme[1].

Der Rechtsanwalt kann also für seinen Mieter-Mandanten nicht durch geschicktes Taktieren die Gefahr einer Haftung auf die Mietdifferenz abwenden. Vielmehr hängt dies vom Verhalten und von der Einlassung des Vermieters ab. Auf die damit einhergehenden wirtschaftlichen Risiken für den Mieter muss der Rechtsanwalt bei der Beratung hinweisen. 415

Dagegen sind vertragliche **Formularklauseln**, die das vorzeitige Ausscheiden aus dem Mietvertrag wirtschaftlich sanktionieren, aus Sicht des Mieters unproblematisch. Denn sie sind unwirksam. Dabei kann sich die Unwirksamkeit aus § 2 Abs. 2 Nr. 2 WoVermittlG[2] oder aus den §§ 305 ff. BGB[3] ergeben. 416

cc) Nachmieter

Auch an dieser Stelle ist es notwendig, auf den **Irrglauben** hinzuweisen, die Präsentation von drei akzeptablen Nachfolgeinteressenten durch den Mieter befreie ihn von seinen mietvertraglichen Verpflichtungen[4]. Verträge sind im Gegenteil zu erfüllen. Aus dem Grundsatz der Vertragsbindung folgt, dass der Mieter dem Vermieter keinen anderen Vertragspartner aufzwingen kann. Der Vermieter ist nicht verpflichtet, einen vom Mieter benannten Ersatzmieter in jedem Fall zu akzeptieren und den bisherigen Mieter aus dem Vertrag zu entlassen. Nach Beendigung des Mietvertrags kann er selbst einen neuen Mieter auswählen und neue Vertragsbedingungen aushandeln[5]. Davon gibt es drei **Ausnahmen**: 417
– Echte Nachmieterklausel
– Unechte Nachmieterklausel
– Anspruch auf vorzeitiges Entlassen aus dem Mietvertrag.

Bei der **echten Ersatzmieterklausel** darf der Mieter die Person des Nachmieters bestimmen. Sie ist auch in der Form denkbar, dass der Vermieter bereits im Mietvertrag seine Zustimmung zur Übertragung der Rechte aus dem Mietvertrag auf einen Nachmieter erteilt. Ist der präsentierte Nachmieter zumutbar und bereit, in das Mietverhältnis als Mieter einzutreten, 418

---

1 LG Düsseldorf, WuM 1998, 483, 484.
2 AG Siegburg, ZMR 1997, 359 f.
3 Dazu: OLG Düsseldorf, ZMR 1996, 434 f.; zu einzelnen Klauseln: *Horst* in Börstinghaus, Miet-Prax, Rz. 900.
4 Dazu: *Thaler*, NZM 1998, 994 f.
5 *Thaler*, NZM 1998, 994 f.

so macht sich der Vermieter schadensersatzpflichtig, wenn er mit diesem echten Nachmieter grundlos keinen Mietvertrag abschließt. Abgesehen davon kann der Vermieter zu einem Vertragsabschluss mit dem Ersatzmieter jedoch tatsächlich ebenfalls nicht gezwungen werden[1] (vgl. zur Umsetzung und Herbeiführung einer solchen Abrede *C Rz. 230 ff.*).

419 Bei der **unechten Ersatzmieterklausel** muss der Vermieter nur in das Ausscheiden des Mieters aus dem Vertrag einwilligen, ist aber nicht verpflichtet, mit einem der benannten Ersatzmieter einen neuen Mietvertrag abzuschließen oder diese Nachmieter in die Restlaufzeit eines vorhandenen Mietvertrags eintreten zu lassen[2].

Sowohl bei der echten als auch bei der unechten Ersatzmieterklausel besteht die Wirkung der Abrede vor allem darin, dass sich der Mieter vorzeitig von dem Vertrag lösen kann, wenn er dem Vermieter einen oder mehrere geeignete neue Mieter zur Auswahl vorschlägt[3]. Das Auswahlrecht zwischen mehreren präsentierten Nachmietern bleibt dem Vermieter im Falle einer Nachmieterklausel im Mietvertrag vorbehalten.

420 Maßgebend sind auch die **Abreden der Parteien** anlässlich des bevorstehenden Endes des Vertragsverhältnisses oder der vom Mieter bekundeten Absicht, gegen Stellung eines Nachmieters aus dem Vertrag ausscheiden zu wollen.

421 Dem **Vermieter** ist in dieser Situation zu empfehlen, zu vereinbaren, dass der Mieter erst dann aus dem Vertrag entlassen wird, wenn es dem Vermieter gelingt, mit dem vorgeschlagenen Ersatzmieter zu den von ihm gewünschten Konditionen einen neuen Vertrag abzuschließen. Insbesondere bei Gewerbemietverhältnissen kann der Vermieter dann vom Ersatzmieter auch eine höhere Miete als bisher verlangen, ohne treuewidrig zu handeln. Ebenso kann bestimmt werden, dass die **Bonität des Ersatzmieters** gewährleistet sein muss, so dass die Parteien dann ggf. zusätzlich über diesen Punkt eine Einigung erzielen müssen. Diese Einigung kann in Form einer Bürgschaft des alten Mieters erfolgen[4]. Erzielen dann die Parteien über die Bonität des Nachmieters keine Einigung oder gelingt ein Neuvertragsabschluss zu den gewünschten Konditionen des Vermieters nicht, bleibt der bisherige Mieter weiterhin Vertragspartner und kann insbesondere auf Miet- und Nebenkostenvorauszahlungen weiterhin in Anspruch genommen werden. Uneinig ist sich die Rechtsprechung allerdings in der Frage, ab welchem Zeitpunkt von einem gelungenen Neuvertragsabschluss mit der Folge der vorzeitigen Entlassung des bisherigen Mieters aus dem Mietverhältnis auszugehen ist[5].

---

1 *Thaler*, NZM 1998, 994 f.
2 *Thaler*, NZM 1998, 994 f.; *Emmerich*, ZdW Bay 1998, 119, 120.
3 *Emmerich*, ZdW Bay 1998, 119, 120.
4 Zu dieser Klausel *Emmerich*, ZdW Bay 1998, 119, 120.
5 Auf den Abschluss des Folgevertrages stellt ab: LG Saarbrücken, NJW-RR 1997, 968 f.; auf den Vollzug des Anschlussmietvertrages stellt ab: LG Gießen, NJW-RR 1997, 1441 f.

Äußert der Vermieter gegenüber dem auszugswilligen Mieter die Bereitschaft, vom Mieter vorgeschlagene Mietinteressenten als Mietnachfolger in Betracht zu ziehen, so hat dies in der Regel nicht die Bindungswirkung einer mietvertraglich vereinbarten Ersatzmieterklausel[1]. Dieses Verhalten beinhaltet keine rechtlich bindende Zusage. 422

Auch ohne besondere Abrede mit dem Vermieter gewinnt der Mieter einen **Anspruch auf vorzeitige Entlassung** (zur Umsetzung im Einzelnen vgl. Rz. 259) aus dem Mietvertrag, wenn 423

– erstens sein Interesse an der vorzeitigen Vertragsentlassung das des Vermieters an der Vertragsfortsetzung deutlich überwiegt, sowie wenn
– zweitens der vom Mieter dem Vermieter vorgeschlagene Ersatzmieter vorbehaltlos zum Eintritt in den laufenden Mietvertrag bereit und dem Vermieter zumutbar ist.

Die Rechtsprechung hat diesen Anspruch und seine Voraussetzungen aus dem Prinzip von Treu und Glauben (§ 242 BGB) entwickelt[2]. Der Mieter ist nicht verpflichtet, mehrere Ersatzmieter zur Auswahl zu präsentieren. Tut er dies dennoch, so steht dem Vermieter ein Auswahlrecht zu. Für seine Entscheidung ist ihm eine **Überlegungsfrist** von zwei bis drei Monaten zuzubilligen. Daraus folgt zugleich, dass bei kurzfristig kündbaren Verträgen sowie bei Verträgen, die ohnehin alsbald enden, ein Anspruch des Mieters auf vorzeitige Entlassung aus dem nur noch kurze Zeit laufenden Vertrag in der Regel ausscheiden dürfte. Denn es dürfte dem Mieter durchaus zumutbar sein, wenigstens für zwei oder drei Monate die Miete fortzuzahlen[3]. 424

Akzeptiert der Vermieter einen Ersatzmieter, so tritt dieser grundsätzlich an Stelle des ersten Mieters in den Vertrag ein. Der erste Mieter wird dadurch frei, selbst wenn später sein Nachfolger, der so genannte Ersatzmieter, die Miete wider Erwarten doch nicht zahlt oder sonst den Vertrag verletzt[4]. 425

Aus diesem Grunde ist es für den Vermieter von entscheidender Bedeutung, die **Bonität** und die **Zahlungswilligkeit** des Nachmieters sicherzustellen, zumindest zu gewährleisten, dass er weiterhin die Miete erhält. Dadurch erleichtert sich auch der Rechtsanwalt des Mieters seine Aufgabe, wenn er zugleich mit der Präsentation des Nachmieters dem Vermieter eine Sicherheit etwa in Form einer Bürgschaft anbietet. Natürlich setzt dies aus Sicht des Mieters voraus, dass er seinerseits zuvor Maßnahmen ergriffen hat, um sich für den Fall einer Inanspruchnahme aus der Bürgschaft beim Nachmieter schadlos zu halten. Damit muss der Rechtsanwalt als 426

---

1 OLG Hamburg, ZMR 1997, 351.
2 BGH, NZM 2003, 277; vgl. *Emmerich*, ZdW Bay 1998, 119, 120; *Thaler*, NZM 1998, 994 f.
3 So: *Emmerich*, ZdW Bay 1998, 119, 120.
4 *Emmerich*, ZdW Bay 1998, 119, 120.

Vertreter des Mieters die Verhandlungen zweiseitig mit Nachmieter und mit dem Vermieter führen.

427 **Lehnt der Vermieter** ohne oder nach Inanspruchnahme seiner Überlegungsfrist jeden Ersatzmieter **grundlos** oder gar ohne nähere Prüfung ab, macht er sich wegen Verletzung einer vertraglichen Treuepflicht schadensersatzpflichtig. Der Mieter ist so zu stellen, als habe er sich durch Aufhebung des alten Mietvertrags vertragstreu verhalten (§§ 162, 242, 249, 276 BGB). Er schuldet dem Mieter also Schadensersatz. Auch braucht sich der Mieter dann nicht mehr um weitere Ersatzmieter zu bemühen. Er wird von der Mietzahlung frei[1].

428 Zu den **Anspruchsvoraussetzungen** ist Folgendes zu bemerken:

Die Rechtsprechung hat ein **überwiegendes Interesse** des Mieters an der Aufhebung des Vertrages angenommen im Falle einer **schweren Erkrankung**, eines **unaufschiebbaren Arbeitsplatzwechsels** und überhaupt im Falle eines jeden Umzugs aus beruflichen Gründen analog § 570 BGB a.F. Gleich wird eine nicht voraussehbare Vergrößerung oder Verkleinerung der **Familie** behandelt (vgl. im Einzelnen *C Rz. 268 ff.*). **Nicht ausreichend** sind dagegen bloße persönliche oder wirtschaftliche Gründe, wie z.B. der Wunsch nach einem Umzug in eine größere oder bessere Wohnung oder in das gerade erworbene eigene Haus. Andere Gründe, die in den Risikobereich des Mieters fallen und bei Abschluss des Mietvertrags schon vorauszusehen waren, rechtfertigen sein Interesse an der vorzeitigen Aufhebung des Vertrags ebenfalls nicht[2].

429 Die **Zumutbarkeit des Ersatzmieters** ist an §§ 242, 553 BGB zu prüfen. Der Vermieter darf durch den Mieterwechsel keine Nachteile erleiden. Dafür ist zunächst erforderlich, dass der Ersatzmieter vorbehaltlos zum Eintritt in den laufenden Mietvertrag an Stelle des bisherigen Mieters bereit ist und nicht etwa auf einer Vertragsänderung besteht. Zusätzlich dürfen keine objektiv begründbaren, gewichtigen Gründe aus der Sicht des Vermieters gegen die Person des Ersatzmieters sprechen, wie z.B. mangelnde Bonität oder mangelnde soziale Integrationsfähigkeit. Weiterhin liegt Unzumutbarkeit bei Feindschaft mit dem Vermieter oder Konkurrenzsituation mit anderen Mietern sowie bei Zweifeln an der Solvenz des Ersatzmieters vor. Weitere Beispiele bieten die Ersetzung einer Personenmehrheit als Mieter (z.B. von Eheleuten) durch einen einzigen Mieter, die Absicht des Ersatzmieters, die Wohnung fortan zur Hälfte gewerblich zu nutzen, sowie umgekehrt die beabsichtigte Umwandlung bisher teilgewerblich genutzter Räume in reine Wohnräume. Übertriebene Anforderungen scheiden aber ebenso aus wie eine objektiv nicht begründbare, negative Einstellung des Vermieters zu bestimmten Mietern[3].

---

1 LG Offenburg, WuM 1997, 491; *Emmerich*, ZdW Bay 1998, 119, 120.
2 Vgl. die Zusammenstellung der Gründe sowie die Nachweise zur Rechtsprechung bei: *Emmerich*, ZdW Bay 1998, 119, 120.
3 So: *Emmerich*, ZdW Bay 1998, 119, 120.

Besteht der Anspruch des Mieters auf vorzeitige Entlassung aus dem Mietvertrag gegen Stellung eines Nachmieters, so kann mit dem Nachmieter entweder ein neuer Mietvertrag mit eigenen Konditionen geschlossen werden oder der Nachmieter tritt in den alten Mietvertrag ein. Bei fehlenden Vereinbarungen ist davon auszugehen, dass der Nachmieter in den alten Mietvertrag eingetreten ist, der weiterläuft[1]. 430

Hat der Mieter keine Möglichkeit, nach den besprochenen Grundsätzen vorzeitig aus dem Mietvertrag auszuscheiden, so bleibt ihm immer noch der „Umweg" über die Untervermietung (vgl. dazu im Einzelnen *G Rz. 39 ff.*).

dd) Sonderkündigung nach verweigerter Untervermietung

Kann sich der Mieter nicht durch Stellung eines oder mehrere Nachmieter oder auf sonstige Weise aus dem Mietvertrag vorzeitig lösen, so kann ihm als „Geheimtipp"[2] empfohlen werden, den Vermieter um die Erlaubnis zur Untervermietung zu bitten. Nach § 540 Abs. 1 S. 1 BGB benötigt der Mieter grundsätzlich eine Erlaubnis des Vermieters zur Untervermietung. Wird sie **unberechtigt verweigert**, so kann der Mieter nach § 540 Abs. 1 S. 2 BGB kündigen. Es handelt sich um ein Sonderkündigungsrecht zugunsten des Mieters, das ihm gestattet, das Mietverhältnis **außerordentlich mit gesetzlicher Frist zu kündigen**. Das Sonderkündigungsrecht besteht dabei auch und gerade bei befristeten Mietverhältnissen[3]. Dagegen kann sich der Vermieter nicht unter Hinweis auf eine Formularklausel in Wohnraummietverträgen verteidigen, die ein Sonderkündigungsrecht wegen Versagung der Untermieterlaubnis ausschließt[4]. Dies gilt auch bei der Gewerbemiete jedenfalls dann, wenn der Vermieter vertraglich die erforderliche Erlaubnis nach Belieben verweigern kann[5]. Abgesehen von diesem Fall soll für **Gewerberaum** das Sonderkündigungsrecht bei verweigerter Untervermietung ausgeschlossen werden können[6]. 431

Um die Untervermietungserlaubnis (vgl. zur Umsetzung *G Rz. 39 ff.*) oder das Sonderkündigungsrecht bei verweigerter Untervermietungserlaubnis für seinen Mandanten zu erlangen, sollte der Rechtsanwalt des Mieters wissen, dass der Vermieter grundsätzlich nicht verpflichtet ist, eine von der Person des Mieters unabhängige, pauschale Erlaubnis zur Untervermietung abzugeben. Der Mieter ist also verpflichtet, dem Vermieter zumindest den **Namen des vorgesehenen Untermieters** mitzuteilen[7] (vgl. zu einer Ausnahmesituation *G Rz. 47*). 432

---

1 *Emmerich*, ZdW Bay 1998, 119, 120.
2 Dazu: *Schönleber*, NZM 1998, 948 f.
3 *Schönleber*, NZM 1998, 948 f.
4 LG Hamburg v. 19.5.1992 – 316 S 320/90, MDR 1992, 1149 = WM 1992, 689 = ZMR 1992, 452.
5 OLG Düsseldorf, NZM 2005, 421; Bub in Bub/Treier, Teil II, Rz. 506; *Schönleber*, NZM 1998, 948 f.
6 OLG Düsseldorf, 23.8.1994 – 10 U 152/93, DWW 1994, 285; vgl. aber BGH, WuM 1995, 481 (nur individualvertraglich zulässig).
7 *Schönleber*, NZM 1998, 948 f.

432a Darüber hinaus ist es erforderlich, dass der Mieter dem Vermieter zumindest die Angaben mitteilt, die seine Prüfung auf eine soziale Integrationsfähigkeit des Untermieters zulassen. Auch die Meldeanschrift muss mitgeteilt werden[1]. Der Vermieter hat einen **Auskunftsanspruch**. Er muss aber beachten, dass ein Verlangen nach zu detaillierten Auskünften über den Untermieter eine Kündigung des Mieters wegen verweigerter Untervermietungserlaubnis provozieren kann[2].

432b Im Rahmen der **Informationspflicht** hat der Mieter ferner Auskunft über die berufliche oder sonstige Tätigkeit des Dritten zu geben[3] und über den Inhalt des Untermietvertrages einschließlich der Miethöhe[4]. Ob ein Paar verheiratet ist oder nicht, hat hierbei keine Bedeutung. Der Mieter kann grundsätzlich ein Interesse daran haben, den Lebensgefährten oder die Lebensgefährtin in die Wohnung mit aufzunehmen[5]. Auch eine Kirchengemeinde oder eine sonstige kirchliche Institution als Vermieterin kann daher die Aufnahme nicht als unzumutbar ablehnen, weil die nichteheliche Lebensgemeinschaft im Widerspruch zu Glauben und Lehre der Kirche steht[6]. Angaben über die Vermögens- und Einkommensverhältnisse des Untermieters braucht er allerdings nicht zu machen[7]. Denn auf die Solvenz des Untermieters kommt es nicht an, weil der Hauptmieter weiterhin alleiniger Vertragspartner des Vermieters bleibt und für die Solvenz einzustehen hat.

432c Will der Mieter Geschäftsräume gem. § 540 BGB untervermieten, so hat er nach Ansicht des BGH[8] gegenüber dem Vermieter eine weitergehende Auskunftspflicht als bei der Wohnraummiete. So hat der Hauptvermieter gerade in der gewerblichen Miete ein elementares Interesse daran, die wesentlichen Bedingungen einer geplanten Untervermietung – namentlich Miethöhe und Vertragsdauer – zu erfahren, ebenso wie – jedenfalls wenn der Hauptmieter eine Betriebspflicht übernommen hat – sich ein Bild über die wirtschaftliche Situation des ins Auge gefassten Untermieters machen zu können.

Deshalb kann er auch Angaben über die wirtschaftliche Situation – also insbesondere die Kreditwürdigkeit – des künftigen Untermieters verlangen. Der BGH bejaht dies, wenn der Hauptmieter eine Betriebspflicht übernommen hat. Allein durch dessen Solvenz werde das Sicherungsbedürfnis des Vermieters nicht befriedigt. Werde der Untermieter insolvent und verbleibe er weiter in den Räumen, dann leide dadurch das gesamte Mietobjekt. Allein der Umstand, dass der Hauptmieter dem Hauptvermieter für die Er-

---

1 AG Hamburg, ZMR 1990, S. 464; *Gather*, DWW 1993, S. 345 (352); *Pfeifer*, Das neue Mietrecht 2001, S. 93; a.A.; LG Berlin, MM 1992, S. 353.
2 *Blank/Börstinghaus*, § 549 BGB Rz. 49, S. 282.
3 *Blank/Börstinghaus*, § 553 BGB Rz. 15.
4 Vgl. im Einzelnen *Blank/Börstinghaus*, § 540 BGB Rz. 60.
5 OLG Hamm, MDR 1992, S. 156.
6 OLG Hamm, a.a.O.
7 LG Hamburg, WuM 1991, 585; Palandt/*Putzo*, § 549 BGB Rz. 10.
8 Urt. vom 15.11.2006 – XII ZR 92/04 – NZM 2007, 127.

füllung der vertraglichen Verpflichtungen aus dem Hauptmietverhältnis einzustehen hat, reicht in solchen Fällen – schon weil es zu Räumungsproblemen bzw. zu für Einkaufszentren abträglichen Leerstandszeiten kommen kann – nicht aus, um ohne derartige Angaben die Erteilung der Zustimmung zur Untervermietung verlangen zu können[1]. Die Entscheidung lässt jedoch offen, ob diese weitgehende Auskunftspflicht für alle gewerblichen Mietverhältnisse gilt. Entsprechend weiter geht die Informationspflicht des Mieteranwalts.

Der Rechtsanwalt sollte für seinen Mandanten beim Vermieter zunächst abstrakt **anfragen**, ob eine Untervermietung gestattet wird. Erst bei ausbleibender Reaktion des Vermieters sollte er sich zur Sache äußern. Reagiert der Vermieter auf eine abstrakte Anfrage des Mieters bereits **generell ablehnend**, ist das Sonderkündigungsrecht des Mieters eröffnet. Schweigt der Vermieter hierauf nur, so kommt dies einer Verweigerung der Untermieterlaubnis durch Schweigen nicht gleich[2]. Daher kann ein Vermieter künftig die Frage des Mieters nach Erteilung einer generellen Untervermietungserlaubnis ohne Rechtsnachteil unbeantwortet lassen. Der Rechtsanwalt des Mieters muss in diesem Falle nachlegen und den Untermietinteressenten konkret benennen. Denn wird die Untervermietungserlaubnis unter Nennung eines konkreten Interessenten[3] an der Untervermietung erbeten, dann muss der Vermieter zur Vermeidung von Rechtsnachteilen antworten. Schweigt der Vermieter in diesem Fall, so kann dies der Verweigerung einer Zustimmung gleichstehen[4]. Der Mieteranwalt muss aber zuvor angekündigt haben, dass ein Schweigen des Vermieters innerhalb der gesetzten Frist zur Äußerung als Verweigerung der Zustimmung gewertet wird. Fehlt diese Ankündigung, so steht seinem Mandanten kein Kündigungsrecht zu. Denn bloßes Schweigen hat im Bürgerlichen Recht nicht den Charakter einer Willenserklärung[5].

Bei diesem Vorgehen ist der Vermieter mittelbar zur Antwort gezwungen[6] (vgl. zur Formulierung *G Rz. 52*).

433

Der Vermieter hat eine **Prüffrist** von 10 bis 14 Tagen zur Klärung der Frage, ob der Untermieter zumutbar ist[7]. Der Mieter sollte seine abstrakte oder auch konkrete Anfrage zur Untervermietung daher mit einer Frist zur Rückäußerung verbinden. Denn eine unterlassene Antwort während der

434

---

[1] BGH, Urt. v. 15.11.2006 – XII ZR 92/04, NJW 2007, 288 = NZM 2007, 127 = DWW 2007, 64 = MDR 2007, 261 = GuT 2007, 19 = ZMR 2007, 184; dazu *Drasdo*, NJWSpezial 2007, 146; *Straßberger*, MietRB 2007, 170.
[2] OLH Koblenz, NJW 2001, S. 1948 = WM 2001, S. 272 ff. = Grundeigentum Berlin 2001, S 769 f.
[3] Auch die bloße Nennung eines Namens ohne Adresse und Telefonnummer genügen nicht: LG Berlin, MM 2002, S. 184.
[4] OLG Köln, ZMR 2001, S. 186 (186) m.z.w.N.z. Rsp. = ZMR 2001, S. 39.
[5] KG, Urt. vom 11.10.2007 – 8 U 34/07, NZM 2008, S. 287.
[6] Näher: *Schönleber*, NZM 1998, 948 f.; AG Köln, WuM 1998, 346; **a.A.** OLG Koblenz, WuM 2001, 272.
[7] AG Köln, WuM 1998, 346; LG Nürnberg-Fürth, WuM 1995, 587.

Frist kann nach Ablauf der Frist als Verweigerung der Erlaubnis angesehen werden[1].

435 Das an den Vermieter gerichtete Ansinnen, die Mietsache unterzuvermieten, bringt dem Mieter mit dem Gewinn des Sonderkündigungsrechtes bei Ablehnung der Erlaubnis durch den Vermieter nicht nur Vorteile, sondern auch **Nachteile**. Stimmt der Vermieter nämlich zu und kommt das Untermietverhältnis zustande, so bleibt der Mieter weiterhin zur Zahlung der Miete verpflichtet. Auf die Zahlungsfähigkeit des Untermieters kommt es bei der Wohnraummiete, wie gesagt, nicht an. Sollte dieser die Mietzahlungen einstellen, kann der Vermieter auch gegen den Mieter Räumungsklage erheben, so dass ein **Kostenrisiko** entsteht. Auch für **Schäden**, die der Untermieter verursacht, muss der Mieter gegenüber dem Vermieter in voller Höhe einstehen, § 540 Abs. 2 BGB. Über all diese Risiken ist der Mieter **aufzuklären**. Der Rechtsanwalt leistet zusätzliche Vorsorge für seinen Mieter-Mandanten, wenn er eine Prüfung der Bonität und Solvenz des Untermietinteressenten veranlasst. Dazu dienen die obigen Hinweise (vgl. unter Rz. 66 f.).

ee) Sonderkündigung wegen Verstoßes gegen das Schriftformgebot

435a Aktuell beschäftigen Fachliteratur[2] und Rechtsprechung[3] Einzelfragen zur eingehaltenen Schriftform gerade bei langfristigen Gewerbemietverträgen, die einem Vertragspartner z.B. wegen enttäuschter Umsatzerwartung „wirtschaftlich lästig" werden. § 550 S. 2 BGB gibt über § 578 BGB ein fristgebundenes Sonderkündigungsrecht (§ 580a BGB), wenn bei langfristigen Mietverträgen die Schriftform nicht eingehalten wurde. Motiviert ist dies vor allem mit dem Schutz des Grundstückserwerbers vor langfristigen mietvertraglichen Bindungen, über deren Inhalte und Pflichtenkreise er sich nicht rasch und zuverlässig durch Einsicht in die Vertragsurkunde – vollständig – unterrichten konnte. In der Urkunde sollen deshalb sämtliche wesentlichen Vertragsabreden und -bedingungen wiedergegeben sein (essentialia)[4] (vgl. im Einzelnen *C Rz. 506 ff.*).

435b In Abkehr zu diesem Gesetzeszweck sind in der Praxis Prüfungsaufträge zur Wahrung des Schriftformgebots in allen Fällen typisch, in denen sich eine Vertragspartei aus ihrer langfristigen Bindung zum Beispiel aus wirt-

---

1 AG Köln, WuM 1998, 346.
2 *Lindner-Figura*, NZM 2007, S. 705 ff.; *Hildebrandt*, ZMR 2007, S. 588 ff.
3 Aus der Fülle ergangener Rechtsprechung instruktiv: LG Frankfurt/Main, NZM 2007, S. 288 zur Treuwidrigkeit des Einwandes fehlender Schriftform bei Anwaltsauftrag zur Suche nach „Schlupflöchern" aus der „lästig gewordenen" Langzeitbindung, beachte aber: BGH, Urt. vom 5. November 2003 – XII ZR 134/02, NZM 2004, 97 = ZMR 2004, 106 = GE 2004, 176 = NJW 2004, 1103 – Ist ein Mietvertrag nicht in der für langfristige Mietverträge vorgeschriebenen Schriftform (§ 550 BGB = § 566 a.F. BGB) abgeschlossen worden, so ist eine darauf gestützte vorzeitige Kündigung nicht deshalb treuwidrig, weil der Mietvertrag zuvor jahrelang anstandslos durchgeführt worden ist.
4 OLG Düsseldorf, ZM 2007, S. 643 m.w.N.

schaftlichen oder persönlichen Gründen vorzeitig lösen möchte. Es entwickelte sich bereits eine umfangreiche Kasuistik, in denen „Ausstiegsszenarien" entworfen und judiziert wurden, bis hin zu Konstellationen, in denen die Berufung auf eine nicht beachtete Schriftform als treuwidrig verworfen wurde[1].

ff) Erstattung von Mieterleistungen

Bei der Beratung über die vorzeitige Auflösung eines Mietverhältnisses sollte immer abgefragt werden, ob der Mieter **vorschüssige Mieterleistungen** an den Vermieter erbracht hat. Bejahendenfalls muss der Mietvertrag daraufhin durchgesehen werden, ob er Regelungen enthält, die sich zur Erstattung dieser Mieterleistungen bei vorfristigem Vertragsende äußern. Ist das nicht der Fall, so sollte zunächst § 547 BGB geprüft und versucht werden, innerhalb eines Aufhebungsvertrages möglichst in Form eines selbständigen Schuldanerkenntnisses des Vermieters den Anspruch des Mieters auf Erstattung erbrachter Mieterleistungen dem Grunde und der Höhe nach zu sichern. Schlägt dies fehl, so muss der Rechtsanwalt genau ermitteln, welche Mieterleistungen sein Mandant erbracht hat. Es kann sich um Mietvorauszahlungen, Darlehen, Baukostenzuschüsse genauso wie um Einbauten, Umbauten und Anbauten handeln. Ihre Erstattungsfähigkeit richtet sich dabei nach der Art der erbrachten Mieterleistung (vgl. dazu näher unter *Rz. 521 f.*). 436

b) Der Mieter wendet sich gegen das Ende des Mietverhältnisses

Auf Grund des besonders betonten sozialen Schutzcharakters des Mietrechts hat es der Rechtsanwalt relativ leicht, sich gegen das Ende eines Mietvertrags zu wehren bzw. einen notwendigen Auszug des Mieters zeitlich zu schieben oder gar zu vereiteln. Dies kann 437

– materiell-rechtlich,
– prozessrechtlich und auch
– rein tatsächlich

erreicht werden.

Materiell-rechtlich sind folgende Punkte nur kurz hervorzuheben, wobei auf die Einzelheiten unter *J Rz. 337 ff.* verwiesen wird. So kann die Wirksamkeit einer Kündigung des Vermieters angegriffen werden. Die materiellen Voraussetzungen, also insbesondere die Kündigungsgründe, können genauso wie der Zugang der Kündigung bestritten werden. Immer ist zu prüfen, ob nach § 174 BGB eine **Vollmachtsrüge** erfolgen kann. In Einzelfällen ist – beispielsweise bei **Maklern** oder bei **Hausverwaltungen** je nach Form der Vollmachtserteilung – auch zu hinterfragen, ob die Besorgung der Kündigung als fremde Rechtsangelegenheit von §§ 3, 5 RDG gedeckt ist. 438

---

1 Zum Überblick über die Rechtsprechung: *Horst*, Schriftformverstöße als Ausstiegsszenario als langfristigen Gewerbemietverträgen, MDR 2008, S. 365 ff.

Ist sie nicht gedeckt, so sind sowohl die erteilte Vollmacht als auch die Kündigung als Rechtshandlung selbst wegen Verstoßes gegen ein Verbotsgesetz nichtig (§ 134 BGB)[1].

439 Bedeutsam geworden ist die Frage bei Kündigungen durch Wohnungseigentumsverwalter[2] und generell bei Hausverwaltern oder Hausverwaltungsgesellschaften[3]. Dagegen ist die Besorgung fremder Mietrechtsangelegenheiten durch Haus- und Grundeigentümervereine für ihre Mitglieder ohne weiteres durch § 7 RDG gedeckt und zulässig. Diese Vorschrift gestattet auch ohne behördliche Erlaubnis auf berufsständischer oder ähnlicher Grundlage gebildeten Vereinigungen im Rahmen ihres Aufgabenbereichs, ihren Mitgliedern Rat und Hilfe in Rechtsangelegenheiten zu gewähren. Haus- und Grundeigentümervereine sind nach einhelliger Ansicht Vereinigungen i.S.d. § 7 RDG[4].

440 Daneben können in allen Fällen einer unwirksamen Kündigung, die vom Vermieter zu vertreten sind, **Schadensersatz**ansprüche angekündigt oder geltend gemacht werden.

Bei fristgerechten Kündigungen kann zugunsten des Mieters **Widerspruch** nach §§ 574 ff. BGB erhoben werden (näher dazu unter *J Rz. 351 ff.*).

441 Auch durch rein tatsächliches Handeln (**Zeitspiel**) kann der Auszug eines Mieters weit nach hinten geschoben oder sogar rechtlich vereitelt werden.

442 So kann unter Hinweis darauf, dass eine **streitige Beendigung** des Mietverhältnisses für den Vermieter auf Grund der hohen sozialen Schutzfunktion des Mietrechts immer materiell- und prozessrechtliche Risiken und auch wirtschaftliche Belastungen und Unwägbarkeiten mit sich bringt, über Räumungsfristen verhandelt werden. Ein gut beratener Vermieter wird dabei auf einen definitiven Auszugstermin drängen. Dennoch kann versucht werden, ggf. durch mehrere hintereinander geschaltete Räumungsfristen, eine insgesamte Fortnutzungsdauer von mehr als einem Jahr zu erreichen. Nach dem Rechtsgedanken des § 721 Abs. 5 S. 1 ZPO kann dann ein neues Mietverhältnis zustande kommen, wenn nicht ausdrücklich klargestellt wird, dass es sich nur um jeweilig verhandelte Räumungsfristen handelt. Die Vorschrift sieht als maximale Obergrenze zur Annahme einer Räumungsfrist eine Fortnutzungsdauer von insgesamt einem Jahr vor.

443 Auch kann die Verhandlung über einen Aufhebungsvertrag durch das Stellen hoher **Abfindungsforderungen** für die Aufgabe des Mietverhältnisses sowie für eingebrachte Investitionen, Einbauten und Umbauten verlängert werden.

---

[1] *Altenhoff/Busch/Kampmann*, Art. 1 § 1 RBerG, Rz. 189–191 mit zahlreichen Nachw. zur höchstrichterlichen Rechtsprechung.
[2] KG, NJW 1991, 1304 f.
[3] LG Saarbrücken, WuM 1998, 421 f.
[4] OLG Schleswig, Urt. v. 9.6.1981 – 6 U 39/81, n.v., 7 der Entscheidungsgründe; *Vogl*, Rpfleger 1998, 138, 143.

Ist das Mietverhältnis bereits rechtlich beendet, so kann § 545 BGB helfen. Zumindest im Falle einer fristgerechten Kündigung oder im Fall einer Beendigung des Mietverhältnisses durch Aufhebungsvertrag oder durch Zeitablauf – fristlose Kündigungen mit einer Geh- und Ziehzeit von sieben Tagen sind daher ausgenommen – sollte dem Mieter geraten werden, zunächst nicht auszuziehen. Bekräftigt der Vermieter dann binnen zwei Wochen nicht sein Räumungsverlangen, so gilt das Mietverhältnis gem. § 545 BGB als auf unbestimmte Zeit verlängert. Dies funktioniert nur dann nicht, wenn der Vermieter bereits vorher innerhalb des Mietvertrags oder aber innerhalb des Aufhebungsvertrages oder der Kündigung mit hinreichender Deutlichkeit darauf hingewiesen hat, dass er eine Fortsetzung des Gebrauchs der Mietsache i.S.v. § 545 BGB ablehnt oder die Anwendbarkeit dieser Vorschrift nicht wirksam im Vertrag ausgeschlossen wurde (vgl. dazu *Rz. 197*).

444

Auch **prozessrechtlich** kann einem Mieter, gegen den bereits ein Räumungstitel vorliegt, zumindest zeitbefristet geholfen werden.

Gibt es neben dem Mieter der Wohnung noch andere Mitbesitzer, so ist ein Räumungstitel auch gegen die **Mitbenutzer** erforderlich. Ein Räumungstitel nur gegen den Mieter der Wohnung reicht nicht als Grundlage einer Räumungsvollstreckung nach § 885 ZPO[1]. Notwendig ist also ein Räumungstitel gegen jeden Wohnungsbesitzer, der ein eigenes, und nicht nur vom Besitzrecht des Mieters als Schuldner abgeleitetes Besitzrecht gegenüber dem Vermieter als Gläubiger hat. Die mit dem Mieter zusammen wohnenden Personen können dort auf Grund familienrechtlicher Bindungen zum Schuldner als dessen Ehegatte[2], Verlobter oder Lebenspartner im Sinne des LPartG, erwachsene Kinder, Eltern oder Geschwister u.s.w. leben oder im Rahmen einer rechtlich nicht festgelegten zwischenmenschlichen Beziehung, etwa als Lebensgefährte oder Freund[3]. Ein besonderer Titel gegen die in der Wohnung mit dem Schuldner zusammen lebenden minderjährigen Kinder wird heute noch allgemein nicht für erforderlich gehalten[4],

445

---

1 BGH, NJW 2004, 3041 = NZM 2004, 701; OLG Düsseldorf, NZM 1998, 880 f. = MDR 1998, 1474 = WuM 1998, 608 f. = ZMR 1998, 621.
2 Ehegatten, die selbst Vertragspartner sind, müssen im Vollstreckungstitel aufgeführt sein (BGH, Beschluss vom 25. Juni 2004 – IXa ZB 29/04, GE 2004, 1094 = WuM 2004, 555 = NZM 2004, 701 = ZMR 2004, 738 = NJW 2004, 3041 = DWW 2004, 300, dazu *Straßberger*, MietRB 2005, 2; *Schuschke* NZM 2005, 10). Das gilt auch für einen Ehegatten, der nicht Vertragspartner ist, zumal, wenn der vertragsschließende Ehegatte zuvor ausgezogen und der andere Ehegatte in der Wohnung verblieben ist (BGH, Beschluss vom 5. November 2004 – IXa ZB 51/04, FamRZ 2005, 269). Trennen sich die Ehegatten nach Rechtshängigkeit der Räumungsklage, so kommt gegebenenfalls eine Umschreibung des Titels in Betracht (LG Mannheim, NJW 1962, S. 815).
3 BGH, Beschluss vom 19. März 2008 – I ZB 56/07, GE 2008, 727 = NZM 2008, 400 = NJW 2008, 1959; dazu Schuschke, NJW 2008, 1960.
4 Minderjährige Kinder, die mit ihren Eltern zusammenleben, haben grundsätzlich keinen Mitbesitz an der gemeinsam genutzten Wohnung. Sie sind Besitzdiener. Die Besitzverhältnisse an der Wohnung ändern sich im Regelfall nicht, wenn die Kinder nach Erreichen der Volljährigkeit mit ihren Eltern weiter zusammenleben.

soweit sie nicht ihrerseits Mieter der Wohnung sind[1]. Im Hinblick auf § 1626 Abs. 2 BGB ist dies aber bei etwas älteren Minderjährigen, die durchaus ein Recht auf eine auch gegenüber den Eltern gestützte Intimsphäre haben, schon zweifelhaft[2].

Dabei spielt es keine Rolle, ob der Mitbesitz zunächst ohne Wissen des Vermieters begründet worden ist. Diese Ansicht ist zwar nicht unbestritten, jedoch in Rechtsprechung und Literatur im Vordringen begriffen[3].

Weil ein Vollstreckungstitel auch gegen volljährige Mitbesitzer der wohnung ohne Rücksicht auf deren (Mit-)Mietereigenschaft notwendig ist, kann der Mieter also den Vermieter „im Kreis führen" und seine Zwangsvollstreckungsversuche auf Räumung von Wohnraum durch mehrfaches Auswechseln der Wohnungsmitbesitzer vereiteln. Denn ein Auswechseln der Mitbesitzer ohne Wissen des Vermieters führt zu keiner anderen zwangsvollstreckungsrechtlichen Beurteilung[4]. Dem kann der Vermieter nur dadurch begegnen, dass er vom Mieter Auskunft über die Namen der Personen verlangt, die sich gemeinsam mit dem Mieter ständig in der Wohnung aufhalten. In diesem Falle ist der Mieter verpflichtet, die Namen der Personen anzugeben, die sich in den Räumen aufhalten. Er darf zwischen der Bekanntgabe der Namen und der Räumungsvollstreckung die Bewohner der Räume nicht auswechseln[5]. Für einen solchen Auskunftsanspruch ist das Landgericht sachlich zuständig (§§ 23 Nr. 2a, 23 Nr. 1, 71 GVG)[6].

446 Daneben bleibt die Möglichkeit, im Räumungstermin darauf hinzuweisen, der Mieter als Räumungsschuldner sei nicht **Eigentümer des Räumungsgutes**. Bedeutung erlangt dieser Hinweis insbesondere bei der Raum- und Grundstücksmiete, wo es um die Räumung von abgestellten Fahrzeugen, Wohnwagen und sonstigen Anhängern oder um abgestellte Boote und Schiffe geht.

447 Auch eine **Vollstreckungsabwehrklage** nach § 767 ZPO etwa mit der Begründung, der Mieter werde vom Vermieter wider Treu und Glauben an der Erfüllung von Räumungsvereinbarungen gehindert, hebt einen Räumungstermin auf Grund eines existenten Räumungstitels zunächst einmal auf. Bei Erreichen des Berufungsstreitwertes ist eine solche Vollstreckungsabwehrklage auch nicht berufungsfähig. In der Praxis kommt es vor, dass

---

Haben Kinder keinen Mitbesitz an der Wohnung erlangt, reicht für eine Räumungsvollstreckung ein Vollstreckungstitel gegen die Eltern aus. Ein Titel gegen die Kinder ist daher nicht erforderlich; vgl. BGH, Beschluss vom 19. März 2008 – I ZB 56/07, GE 2008, 727 = NZM 2008, 400 = NJW 2008, 1959; dazu *Schuschke*, NJW 2008, 1960.

1 MünchKomm/ZPO-*Schilken*, § 885 ZPO Rz. 9; *Schuschke*, NZM 1998, 58, NZM 2005, 10, 11; Zöller/*Stöber*, § 885 ZPO Rz. 7.
2 Siehe hierzu *Schuschke*, NZM 2005, 10, 11.
3 Nachweise bei: OLG Düsseldorf, NZM 1998, 880; BGH, NZM 1998, 665.
4 BGH, Beschluss vom 19. März 2008 – I ZB 56/07, GE 2008, 727 = NZM 2008, 400 = NJW 2008, 1959; so ausdrücklich auch: OLG Düsseldorf, NZM 1998, 880 f.
5 OLG Hamburg, NZM 1998, 758.
6 OLG Hamburg, NZM 1998, 758.

Berufung in diesen Angelegenheiten auch eingelegt wird, wenn die Berufungssumme nicht erreicht ist. Dies geschieht durch rein fristwahrende Berufungseinlegung ohne Berufungsbegründung. Obgleich auf der Hand liegt, dass dem Mieter als Mandanten dadurch nur weitere **Kosten** entstehen, wird so vorgegangen, wenn es dem Mieter maßgeblich auf den Zeitfaktor ankommt. Unbedingt ist dem Mieter aber in diesem Fall die Kostenfolge vor Augen zu führen. Ob der Rechtsanwalt dann Berufung in einer nicht berufungsfähigen Sache wegen unterschrittenen Berufungsstreitwerts einlegt, muss er mit seinem eigenen Berufsethos und vor allen Dingen mit seinem „Good will" abstimmen.

Abgesehen davon kann immer noch beantragt werden, die Zwangsvollstreckung gegen Sicherheitsleistung (§§ 732, 768 ZPO) einzustellen. Der **Räumungsschutzantrag** nach § 721 ZPO sowie der Vollstreckungsschutzantrag gem. § 765a ZPO bieten weitere – einstweilige oder auch endgültige – Abwehrmöglichkeiten gegen die Räumungsvollstreckung des Vermieters. Insbesondere in den letzten Fällen ist parallel Kontakt mit der kommunalen Ordnungsbehörde aufzunehmen, um insbesondere bei knappem Wohnraum oder bei fehlendem Ersatzwohnraum die Wiedereinweisung in die jetzt noch genutzte Wohnung durch das Ordnungsamt zur Verhütung von Obdachlosigkeit des ehemaligen Mieters und Räumungsschuldners zu bewirken. 448

c) Abwehr von Ansprüchen des Vermieters

Soweit sich der Vermieter zur Herleitung von Ansprüchen auf den Mietvertrag beruft, ist neben einem **zulässigen Bestreiten** von behaupteten Tatsachen rechtlich zu prüfen, ob die anspruchsbegründende Klausel des Mietvertrags den zwingenden mietrechtlichen Normen des Bürgerlichen Gesetzbuchs genügt, und vor allem, ob sie im Falle ihrer Einordnung als **Allgemeine Geschäftsbedingungen** einer Inhaltskontrolle nach den §§ 305 ff. BGB genügt. Das Prüfungsschema sowie die Zusammenstellung bewerteter mietrechtlicher Formularklauseln kann auch noch der einschlägigen mietrechtlichen Literatur zum AGB-Gesetz entnommen werden[1]. 449

Werden Ansprüche des Gegners nach Prüfung als realistisch erkannt, so arbeitet die Praxis zeitweilig mit einer **Hinhaltetaktik**, auch „Zeitspiel" genannt. Davon ist abzuraten. Denn ein gut beratener Gegner durchschaut relativ schnell die fehlende Bereitschaft zu einer sachdienlichen Lösung des entstandenen Konflikts. Sobald also ein geltend gemachter Anspruch gegen den eigenen Mandanten als gegeben erkannt wird, ist das Ergebnis dieser Prüfung dem Mandanten klar vor Augen zu führen und zu erörtern, mit welchen fundierten und ernsthaft bestehenden Argumenten beim An- 450

---

1 Prüfungsschema und Zusammenstellung bei: *Horst* in Börstinghaus, Miet-Prax, Rz. 32 ff. und T. 2 (Lexikonteil); *Ulmer/Brandner/Hensen*, Anh. §§ 9–11 AGBG, Rz. 500 ff.; *Harz* in Schmid, 2–117 ff.; *Drettmann/Graf v. Westphalen*, Vertragsrecht und AGB-Klauselwerke, Bd. II; vgl. auch *A Rz. 199*.

spruchsgegner ein einstweiliges Stillhalten im Verhandlungswege erreicht werden kann.

450a Abgesehen davon sollte beachtet werden, dass durch jedes Eingehen auf die Forderungen des Vermieters ein **Verhandeln** i.S.v. § 203 BGB begründet werden kann. Denn darunter wird jeder Meinungsaustausch verstanden, sofern nicht erkennbar ist, dass die Verhandlung über die geltend gemachte Forderung sofort abgelehnt wird[1]. Haben Verhandlungen stattgefunden, endet die Hemmung mit deren Abbruch, was bei dem sog. Einschlafen von Verhandlungen[2] in dem Zeitpunkt der Fall ist, wo spätestens mit einer Antwort auf die letzte Anfrage gerechnet werden konnte. Dazu ist eine Frist von zwei Wochen regelmäßig anzusetzen[3].

450b Bisweilen kann die Flucht in die **Verjährungseinrede** sinnvoll sein. Gerade bei den kurzen Verjährungsfristen in § 548 BGB kann sich diese Taktik anbieten. Ein gut beratener Gegner wird allerdings die schon dargestellten (vgl. *Rz. 99*) **verjährungshemmenden Maßnahmen** treffen. Das Ergebnis besteht dann in aller Regel in einem Rechtsstreit, der sich auf Grund der tatsächlichen oder rechtlichen Position kaum oder nicht gewinnen lässt. Der eigene Mandant wird dann mit erhöhten Kosten und Gebühren belastet. Ein weiteres Argument gegen die unumschränkte Empfehlung dieser Taktik ist die Tatsache, dass bei Barkautionen und bei Sparbuchanlageformen der Vermieter auch mit verjährten Forderungen gem. § 390 S. 2 BGB gegen den Anspruch des Mieters auf Rückerstattung der Kaution aufrechnen kann. Er kann auf diesem Wege also die eigentlich schon verjährte Forderung doch noch realisieren.

451 Abzuraten ist auch von einem „Untertauchen" des anspruchsbelasteten Mieters, indem die gesetzlich notwendige **Ummeldung** auf die neue Adresse unterlassen wird sowie kein Nachsendeantrag bei der Post gestellt wird. Schon im Hinblick auf die in den Meldegesetzen der Länder[4] geregelte Meldepflicht mit Ordnungswidrigkeitscharakter[5] darf der Rechtsanwalt einen solchen Rat nicht erteilen. Er führt auch sachlich nicht weiter. Einmal hat der Anspruchssteller zumindest bis zur Einleitung des Zwangsvollstreckungsverfahrens die Möglichkeit, auch gegen einen untergetauchten Mieter, insbesondere durch öffentliche Zustellung, rechtliche Schritte zu ergreifen; zum anderen ist wieder auf die Folge erhöhter Kosten eines eigentlich zu vermeidenden Rechtsstreits bis hin zur Zwangsvollstreckung hinzuweisen.

---

1 BGH, NJW 1987, 2072; *Sternel*, Mietrecht aktuell, Rz. 1387.
2 OLG Karlsruhe, DWW 1994, 82, 83.
3 LG Hannover, NZM 1998, 627, 628.
4 Vgl. z.B. § 13 MG NW.
5 § 37 Abs. 1 S. 2 MG NW.

d) Der Mieter stellt eigene Ansprüche an den Vermieter

Hier ist in vollem Umfange auf die obigen Ausführungen zu der Anspruchsverfolgung für den Vermieter als Mandanten hinzuweisen (vor allem *Rz. 16 f.*). 452

4. Praktische Umsetzung von Ansprüchen

Auch hier gelten die obigen (*Rz. 87 ff.*) Ausführungen für den Vermieter-Mandanten entsprechend. 453

5. Abrechnung und Rückzahlung der Kaution

In der Regel verlangen die Mieter schon bei der Rückgabe der Mietsache die Rückzahlung der Kaution oder „verrechnen" diese selbst, indem sie die Mietzahlungen einstellen, sobald sie wissen, dass sie ausziehen wollen. Auch in der Abwicklungsphase nach der Beendigung des Mietverhältnisses kann der Mieter nicht mit seinem Anspruch auf Rückzahlung der Kaution gegen eingeklagte Mietforderungen aufrechnen[1]. Eine solche **Verrechnung** ist unzulässig. Besteht das Mietverhältnis noch, so hat der Vermieter gegen den Mieter einen Anspruch auf „Wiederauffüllung" der Mietkaution gem. § 240 BGB[2]. Aber auch nach der tatsächlichen und rechtlichen Beendigung des Mietverhältnisses behält der Vermieter seinen Anspruch auf Zahlung der Kaution, wenn er noch andere Forderungen gegen den Mieter hat oder solche schlüssig darlegt. Er muss also noch ein Sicherungsinteresse haben[3]. Auch mit diesen Ansprüchen kann sich der Vermieter gegen eine „Verrechnung" des Mieters wehren. 454

Im Hinblick auf die Schwierigkeit, die bei der Durchsetzung von Ansprüchen aus der Wohnungsabwicklung (Schadensersatz wegen unterlassener Renovierung, Schadensersatz wegen Beschädigung der Mietsache, Umbaukosten etc.) entstehen können, haben die Vermieter ein Interesse daran, die Kaution für solche Fälle vorzuhalten. Sobald der Mieter also seine Mietzahlung im Hinblick auf die bevorstehende Beendigung des Mietverhältnisses einstellt, werden die Vermieter Mietansprüche geltend machen, damit die Kaution zur Verrechnung mit den Schadensersatzansprüchen erhalten bleibt. 455

Davon zu trennen ist die generelle Frage, ob der Vermieter **bei Ende des Mietverhältnisses** ohne weiteres **auf die Kaution** zugreifen darf. Das wird vereinzelt unter Hinweis darauf einschränkend gesehen, dass die Kaution nur der Sicherung, nicht aber der schnellen Befriedigung der Vermieteransprüche dienen soll. Deshalb soll der Vermieter nach dieser Ansicht genau wie beim laufenden Mietverhältnis auch bei Vertragsende nur wegen 455a

---
1 LG Duisburg, NZM 1998, 808.
2 AG Neukölln, MM 1996, 31 f.
3 LG Berlin, GE 2005, 305; AG Dortmund, NZM 2002, 949; OLG Düsseldorf, ZMR 2000, 212; AG Frankfurt/Main, DWW 1991, 26; LG Saarbrücken, WuM 1996, 618 f.

rechtskräftig festgestellter, unsteitiger oder offensichtlich begründeter Forderungen auf die Kaution zugreifen dürfen[1].

Die Gegenauffassung verweist auf den Sicherungszweck der Kaution. Der Vermieter dürfe die Sicherheit noch Vertragsende ohne weiteres verwerten. Es widerspräche dem Sicherungszweck, den Vermieter in die Klägerrolle zu drängen. Der Mieter könne seine Rechte durch Rückzahlungsklage durchsetzen[2]. Umso mehr kann der Mieter den Kautionsrückzahlungsanspruch nach dieser Auffassung, der der Vorzug gebührt, nicht durch eine Unterlassungsverfügung sichern, die dem Vermieter die Inanspruchnahme der Kaution nach seiner Berechnung verbietet[3].

Da die Instanzrechtsprechung uneinheitlich und regional verschieden votiert, tut der Mieteranwalt gut daran, sich über die örtlichen Usancen zu informieren, wenn er derartige Einwände gegen eine Kautionsverrechnung erheben möchte.

455b Die bislang ungeklärte Frage, ob der Vermieter berechtigt ist, wegen noch nicht abgerechneter **Betriebskosten** die Kaution – oder einen Teil – einzubehalten, ist nun durch den BGH geklärt und positiv beantwortet worden[4]. Die bislang verneinende Ansicht beruft sich darauf, dass ein Zurückbehaltungsrecht nur ausgeübt werden kann, wenn es vertraglich ist[5]. Die herrschende Auffassung bejaht ein **Zurückbehaltungsrecht** des Vermieters schon dann, wenn ein Nachzahlungsanspruch zu seinen Gunsten für noch nicht fällige Betriebskosten zu erwarten ist[6]. Allerdings muss der Vermieter darlegen, dass die zu erwartende Nachforderung die Höhe der Sicherheit erreicht, die einbehalten wird[7]. Falls sie nicht die gesamte Höhe erreicht, darf der Vermieter nur einen angemessenen Teil einbehalten[8]. Das Zurückbehaltungsrecht entfällt ganz, wenn der Vermieter die Abrechnungsfrist des § 556 Abs. 3 S. 2 BGB nicht eingehalten hat[9].

a) Fälligkeit des Rückzahlungsanspruchs

456 Der Anspruch auf Rückzahlung der Kaution wird erst fällig nach Ablauf einer **angemessenen Frist** zur Prüfung und Entscheidung, ob und inwieweit

---

1 LG Halle, Urt. vom 25.9.2007 – 2 S 121/07, NZM 2008, 685; LG Mannheim, Urt. vom 20.3.1996 – 4 S 123/95, WuM 1996, 269; LG Wuppertal, Urt. vom 27.11.2003 – 9 S 194/03, NZM 2004, 1309; AG Bremen, Urt. vom 15.5.2007 – 4 C 166/07, WuM 2007, 399.
2 LG Berlin, Urt. vom 15.1.2007 – 62 T 5/07, GE 2007, 449; LG Potsdam, Urt. vom 21.6.2007 – 11 S 192/06, GE 2007, 1253.
3 OLG Karlsruhe v. 18.8.2008 – 8 W 34/08, ZMR 2009, 120.
4 BGH, Urt. vom 18.1.2006 – VIII ZR 71/05, MDR 2006, 1100 = NJW 2006, 1422 = NZM 2006, 343 = BGHReport 2006, 765.
5 Staudinger/*Emmerich*, § 551 BGB, Rz. 31; Schmidt-Futterer/*Blank*, § 551 BGB Rz. 74; kein Zurückbehaltungsrecht: LG Berlin, GE 2005, 433).
6 OLG Düsseldorf, ZMR 2000, 211; OLG Karlsruhe, WM 1987, 156; AG Steinfurt, WuM 2005, 657.
7 AG Neuss, WM 1991, 547.
8 LG Regensburg, NJW-RR 1995, 907.
9 Anwaltkommentar BGB/*Riecke*, § 551 BGB Rz. 47.

der Vermieter die Kaution für seine Forderungen aus dem Mietvertrag und seiner Abwicklung in Anspruch nehmen will. Grob gesagt tritt Fälligkeit ein, sobald der Vermieter eine Abrechnung über die Kaution vorlegen kann[1]. Die Frage, binnen welcher konkreten Frist zurückzuzahlen ist, ist einzelfallabhängig und demgemäß streitig. Dies ist nach dem Zweck der Kaution zu entscheiden. Sie dient im freifinanzierten Wohnungsbau der Sicherung jeglicher aus dem Mietverhältnis resultierender Forderungen des Vermieters. Sie soll alle Ansprüche des Vermieters gegen den Mieter aus dem Mietverhältnis abdecken[2]. Im öffentlich geförderten Wohnungsbau ist § 9 Abs. 5 WoBindG zu beachten. Danach dürfen lediglich Schäden an der Wohnung oder unterlassene Schönheitsreparaturen durch die Kaution abgedeckt werden[3]. Folglich ist zurückzuzahlen, wenn der Vermieter bei Auszug des Mieters seine Ansprüche dem Grunde nach kennt und beziffern kann.

Kann er dies wegen ausstehender zukünftig fällig werdender Betriebskosten (Bsp. noch nicht erteilter Grundsteuerbescheid) noch nicht, so hat der Vermieter ein Zurückbehaltungsrecht in Höhe der kalkulierten und zu erwartenden Kostenanteile, die den Mieter treffen)[4].

Der BGH[5] räumt dem Vermieter eine „angemessene Frist" zur Entscheidung ein, ob und in welcher Höhe er die Kaution zur Abdeckung seiner Ansprüche verwenden will. Erst danach werde der Rückzahlungsanspruch fällig[6]. Mehr als **sechs Monate** könnten für den Vermieter erforderlich und dem Mieter zumutbar sein[7]. Ein Zeitraum von zwei Jahren soll selbst dann nicht mehr angemessen sein, wenn die Parteien diesen Zeitraum vorher zur Erstellung einer Nebenkostenabrechnung vereinbart haben[8]. Letztlich ist dies aber Einzelfall abhängig. So ist bereits eine Abrechnungsverzögerung von 2,5 Jahren seit dem Vertragsende akzeptiert worden, wenn erst dann Klarheit über einen Verrechnungsanspruch des Vermieters (hier: Schadensersatzforderung) entstanden ist[9]. Andererseits kann sich auf Grund der Einzelfallabhängigkeit eine kürzere Prüfungsfrist zur Entscheidung, inwieweit die vom Mieter geleistete Kaution zur Abdeckung von Ansprüchen verwendet werden soll, ergeben. Das OLG Köln[10] erkannte auf eine Frist von 2,5 Monaten.

457

---

1 AG Aachen, WuM 1988, 17.
2 OLG München, ZMR 1995, 20, 22.
3 LG Berlin, GE 1997, 431 f.; LG Berlin, MM 1998, 222; AG Hannover, DWW 1998, 249 = NZM 1998, 765.
4 BGH, WuM 2006, 197.
5 BGH, WuM 1987, 310, 311.
6 Ebenso OLG Düsseldorf, WuM 2000, 212 m.w.N.
7 So auch: AG Neuss, DWW 1991, 1245 f.; **a.A.** im Falle einer Bürgschaftsurkunde: OLG Hamm, NJW-RR 1992, 1036.
8 OLG Düsseldorf, DWW 1992, 52.
9 LG Köln, Urt. vom 20.9.2006 – 10 S 78/05, InfoM 2007, 111; siehe auch OLG Düsseldorf, Beschluss vom 19.6.2007 – I-24 U 55/07, OLGR Düsseldorf 2008, 513 = ZMR 2008, 708: 33 Monate.
10 OLG Köln, WuM 1998, 154.

458 Auf Grund der **Einzelfallabhängigkeit** der Fristberechnung und des damit einhergehenden Fälligkeitszeitpunkts ist eine Formularklausel unwirksam, wonach die Kaution höchstens sechs Monate nach Beendigung des Mietverhältnisses zur Rückzahlung fällig ist[1].

Der Vermieter muss aber nicht innerhalb von sechs Monaten abrechnen, wenn er nach Vertragsende die Kautionssumme erst durch Zwangsvollstreckung beitreiben muss[2]. Eine **Bürgschaftsurkunde** ist nach 6 Monaten auf jeden Fall zurückzugeben[3], wobei auf Herausgabe an den Bürgen zu klagen ist[4].

459 Um den Rückzahlungsanspruch seines Mandanten zügig verfolgen zu können, muss der Rechtsanwalt des Mieters von Anfang an **Druck** machen. Dazu ist es notwendig, den Fälligkeitszeitpunkt bestimmen oder zumindest eingrenzen zu können. Da die Fälligkeit des Rückzahlungsanspruchs einzelfallabhängig ist und von der Berechnungsfähigkeit etwaiger Gegenforderungen des Vermieters abhängt, muss der Rechtsanwalt des Mieters den Vermieter als Anspruchsgegner jeweils unter Fristsetzung auffordern, über die Kaution nebst Zinsen abzurechnen und die Kautionsleistung herauszugeben oder zu spezifizieren, mit welchen eventuellen Gegenforderungen der Vermieter abrechnen will. Ein entsprechender **Auskunftsanspruch** dürfte sich aus § 242 BGB ergeben. Nach Treu und Glauben besteht eine Auskunftspflicht, wenn die zwischen den Parteien bestehenden Rechtsbeziehungen es mit sich bringen, dass der Berechtigte in entschuldbarer Weise über Bestehen oder Umfang seines Rechts im Ungewissen ist und der Verpflichtete die zur Beseitigung der Ungewissheit erforderliche Auskunft unschwer geben kann[5]. Zumindest dem Grunde nach kann der Vermieter seine Gegenforderungen gegen den Kautionsrückzahlungsanspruch des Mieters unschwer benennen. Hinsichtlich der Ansprüche des Vermieters im Zusammenhang mit dem Zustand der zurückgegebenen Wohnung wird dies binnen angemessener Frist auch der Höhe nach möglich sein. Ansprüche aus noch zu erstellenden Betriebskostenabrechnungen sind zumindest aus den vorliegenden Erfahrungswerten vorangegangener Betriebskostenabrechnungen pauschal taxierbar. Dann besteht zumindest ein Anspruch auf eine teilweise Auszahlung der Kautionsleistung abzüglich eines realistischen Einbehalts für die noch zu erwartende Betriebskostenabrechnung.

460 Rechnet der Vermieter nach dem Auszug des Mieters mit laufenden **Mietansprüchen** aus dem Mietvertrag gegen den klageweise geltend gemachten Kautionsrückzahlungsanspruch auf, muss der Mieter darlegen und beweisen, dass er zur Entrichtung der Miete nicht verpflichtet ist[6].

---

1 LG München, WuM 1997, 612 ff.
2 OLG Düsseldorf, WuM 1996, 704 = ZMR 1996, 493.
3 OLG Hamm, NJW-RR 1992, 1036.
4 OLG Celle, ZMR 2002, 812, 813.
5 St. Rspr., vgl. die Nachweise bei Palandt/*Heinrichs*, § 261 BGB Rz. 8.
6 KG, WuM 1998, 472.

Die Kenntnis des Fälligkeitszeitpunkts des Rückzahlungsanspruchs ist für den Mieter auch aus einem anderen Grunde wichtig. Hat der Mieter nach Beendigung des Mietverhältnisses und Ablauf der Prüfungsfrist für den Vermieter mit einem Kautionsrückzahlungsanspruch aufgerechnet, geht eine spätere **Aufrechnungserklärung** des Vermieters mit anderen Gegenansprüchen ins Leere[1]. Der Mieter ist also in der Lage, durch schnelle Reaktion dem Vermieter die Verrechnungsmöglichkeit zu nehmen und damit die Kaution als Sicherungsmittel aus der Hand zu schlagen. 461

b) Abrechnung

Neben der geleisteten Kaution selbst stehen dem Mieter auch die **Zinsen** gem. § 551 Abs. 3 BGB zu. Dies gilt auch dann, wenn der Vermieter über seine gesetzliche Anlagepflicht zu einem für Spareinlagen mit dreimonatiger Kündigungsfrist üblichen Zinssatz (§ 551 Abs. 3 S. 1 BGB) hinausgeht und **höhere Zinsen** erwirtschaftet[2]. Der Mieter kann den Zinseszins verlangen[3]. Der Mieter kann bei Wohnraummietverhältnissen auch dann die Verzinsung seiner Kaution verlangen, wenn sie vor dem In-Kraft-Treten der gesetzlichen Verzinsungspflicht in § 550b Abs. 2 S. 1 BGB a.F. vor dem 1.1.1983 ohne vertragliche Zinsabrede gezahlt wurde. Der formularvertragliche **Ausschluss der Verzinsung** von Mietkautionen in diesen Altmietverträgen ist aber unwirksam[4]. 462

Bei **Gewerbemiet**verhältnissen kann der Mieter auch dann Verzinsung der Kaution zu dem für Spareinlagen mit dreimonatiger Kündigungsfrist üblichen Zinssatz verlangen, wenn der Vertrag keine ausdrückliche Bestimmung über eine Verzinsung enthält[5]. Abweichendes dürfte aber gelten, wenn in einem Gewerberaummietvertrag die Verzinsungsvereinbarung als Formularklausel handschriftlich durchgestrichen worden ist. § 551 BGB gilt als gesetzliche Verzinsungspflicht nur für Wohnraum, nicht für Gewerberaummietverhältnisse. Durch die Streichung bringen die Vertragsparteien zum Ausdruck, dass sie die Verzinsung der Kaution nicht wünschen. 463

Kann der Mieter allerdings – wie in den meisten Fällen – Verzinsung verlangen, so muss über die Zinsen abgerechnet werden. Die Abrechnung muss sich über den gesamten Hinterlegungszeitraum verhalten und die Höhe der ggf. unterschiedlichen Zinssätze und den jeweiligen Zinszeitraum enthalten. 464

---

1 LG Berlin, GE 1998, 1397.
2 LG Düsseldorf, WuM 1993, 400; AG Duisburg, WuM 1996, 763 f.; LG Köln in *Lützenkirchen*, KM 5 Nr. 11; **a.A.**: AG Köln, DWW 1991, 149.
3 LG Berlin, GE 1993, 205.
4 LG Hamburg, WuM 1996, 765 f.; LG Hamburg, WuM 1990, 118; LG Frankfurt/Main, WuM 1986, 336; dazu *Blank* in Schmidt-Futterer, § 550b BGB Rz. 4 m.w.N.
5 BGH, GE 1994, 1374 = DB 1995, 371 = MDR 1994, 1211 = NJW 1994, 2387 = WuM 1994, 679.

c) Aufrechnung

465 Damit der Kautionsbetrag einschließlich Zinsen wirksam mit der Forderung, gegen die aufgerechnet werden soll, verrechnet werden kann, ist es erforderlich, die Verrechnung **ausdrücklich** und **bestimmt** zu erklären. Bestehen also mehrere Forderungen gegen den Mieter, so muss der Vermieter eine Reihenfolge für die Aufrechnung darstellen und ausdrücklich bestimmen. Sie ergibt sich noch nicht aus der Reihenfolge, in der die Forderungen in einem Schreiben angeordnet werden (§ 396 Abs. 1 S. 1 BGB). Wird die Aufrechnung ohne eine solche Bestimmung erklärt oder widerspricht der Mieter unverzüglich, so wird zunächst die fällige Schuld, unter mehreren fälligen Schulden diejenige, die dem Gläubiger geringere Sicherheit bietet, unter mehreren gleich sicheren die dem Schuldner lästigere, unter mehreren gleich lästigen die ältere Schuld und bei gleichem Alter jede Schuld verhältnismäßig getilgt (§§ 396 Abs. 1 S. 2, 366 Abs. 2 BGB). Auf Grund der Verzinsungspflicht der Kaution bei Wohnraum und in den meisten Fällen auch bei Gewerberaum sind außerdem §§ 396 Abs. 2, 367 BGB zu beachten. Durch ein entsprechendes Vorgehen kann der Rechtsanwalt des Mieters also beeinflussen, mit welchen Gegenforderungen der Vermieter gegen den Kautionsrückzahlungsanspruch aufrechnen kann.

466 Wegen § 215 BGB kann der Vermieter unter den dortigen Maßgaben auch mit **verjährten Forderungen** gegen den Kautionsrückzahlungsanspruch aufrechnen, solange es sich um eine Barkaution oder um ein Sparguthaben handelt. Diese Möglichkeit entfällt bei Kautionsleistungen durch Bürgschaft[1].

Der Vermieter ist nicht berechtigt, gegenüber dem Anspruch auf Rückzahlung der Kaution, der mehreren Mietern zusteht, mit Ansprüchen aufzurechnen, die nur gegenüber einem Mieter bestehen[2].

466a Allerdings kann der Vermieter wegen § 390 BGB nicht mit Gegenforderungen aufrechnen, die einredebehaftet sind. Das ist besonders bei Betriebskosten- und Heizkostennachforderungen zu prüfen, an denen der Mieter z.B. wegen nicht erteilter Abrechnung in den Vorjahren ein Zurückbehaltungsrecht hat[3].

d) Rückgabe der Kaution

467 Der Vermieter schuldet die Rückgabe der Kaution grundsätzlich in der Form, in der er die Mietsicherheit erlangt hat.

Barbeträge sind mit Zins und Zinseszins zurückzuerstatten.

---

1 BGH, NJW 1998, 981 f. = GE 1998, 545 f.; *Durst*, Die Bankbürgschaft als Mietsicherheit und die Verjährung gesicherter Ansprüche, NZM 1998, 64 f.
2 LG Köln in *Lützenkirchen*, KM 5 Nr. 2.
3 OLG Düsseldorf, Beschluss vom 19.6.2007 – I-24 U 55/07, OLGR Düsseldorf 2008, 513 = ZMR 2008, 708.

Die **Bürgschaftsurkunde** ist herauszugeben, und zwar grundsätzlich an den Bürgen[1].

Hat der Vermieter ein **Sparkonto** mit Kautionsvermerk auf seinen Namen eingerichtet, so ist das Sparbuch dem Mieter zu übergeben und die mit dem Sparbuch verbriefte Forderung an den Mieter abzutreten[2]. Die kontoführende Bank darf eigene **Pfandrechte** auf der Grundlage ihrer Allgemeinen Geschäftsbedingungen bei Bankforderungen gegen den gekündigten Mieter nicht zum Nachteil des Vermieters geltend machen und daher nicht auf das Kautionskonto zugreifen[3]. Hat der Mieter einen Kautionsbetrag auf ein auf seinen Namen laufendes Konto eingezahlt und das Sparbuch an den Vermieter verpfändet, so schuldet der Vermieter bei Fälligkeit des Rückzahlungsanspruchs nicht Auszahlung des Sparguthabens, sondern dem Mieter steht nur ein Anspruch auf Freigabe des Pfandes, also auf Abgabe einer ihm legitimierenden Erklärung des Vermieters gegenüber dem kontoführenden Kreditinstitut zu[4]. Weigert sich der Vermieter, die Freigabe zu erteilen, so muss der Mieter auf Abgabe der **Freigabeerklärung** klagen. Zuvor soll der Mieter aus Kostengründen mit Blick auf § 254 BGB verpflichtet sein, sich durch Nachfrage bei seinem Kreditinstitut darüber zu informieren, ob der Vermieter die Freigabe nicht – ohne sein Wissen – bereits erklärt hat. Andernfalls soll ein Schadensersatzanspruch auf Erstattung der Verfahrenskosten ausgeschlossen sein, wenn sich nach Klageerhebung herausstellt, dass die Freigabeerklärung bereits vor Anhängigkeit gegenüber der kontoführenden Bank abgegeben war. Dies soll selbst dann gelten, wenn der Vermieter die Freigabe zunächst gegenüber dem Mieter ausdrücklich verweigert hat[5].

468

Hat der Mieter seinerzeit vereinbarungsgemäß die Kautionssumme auf ein Sparkonto eingezahlt und dem Vermieter ohne weitere Abreden das Sparbuch übergeben, so ist mangels ausdrücklicher Vernbarung nicht von einer Verpfändung, sondern von einer **Abtretung** des Auszahlungsanspruchs auszugehen[6]. Es gelten damit die selben Grundsätze wie beim Sparbuch auf den Namen des Vermieters mit Kautionsvermerk.

468a

e) Schadensersatzanspruch des Mieters

Zahlt der Vermieter die Kaution zu spät aus, so hat der Mieter einen Anspruch auf Ersatz des **Zinsschadens**, der ihm dadurch entsteht[7].

469

---

1 OLG Celle, ZMR 2002, 812.
2 LG Hannover, WuM 1998, 282 f.
3 OLG Nürnberg, NZM 1998, 660 ff.
4 LG Berlin, GE 1998, 590.
5 AG Berlin-Tiergarten, WuM 1997, 214; kritisch: *Geldmacher*, DWW 1997, 241, 249.
6 LG Dortmund, Urt. vom 5.12.2006 – 1 S 23/06, WuM 2007, 73.
7 LG Berlin, GE 1997, 1473 f.

f) Veräußerungsfälle

470 Ein Sonderproblem kann sich bei Veräußerungsfällen ergeben, wenn der veräußernde Vermieter die Kaution dem **Erwerber** nicht übergibt. Nachdem der Mieter sie anlässlich der Beendigung des Mietverhältnisses deswegen vom Erwerber nicht zurückerhält, wird er sich an den alten Vermieter wenden und Rückzahlung begehren. Gleichzeitig hat aber auch der Erwerber durch seinen gesetzlichen Eintritt nach § 566a S. 1 BGB in die durch die Sicherheit des Mieters begründenden Rechte und Pflichten den Anspruch auf Auskehr der Kaution gegen den ursprünglichen Vermieter[1]. Gleichwohl ist der ursprüngliche Vermieter in diesem Fall zur Auskehr der Kaution an den Mieter verpflichtet (§ 566a S. 2 BGB). Im Unterschied zu § 572 BGB a.F. sieht § 566a BGB in diesem Fall ebenso eine Haftung des Erwerbers vor (vgl. zur Behandlung von „Altfällen" *C Rz. 77 f.*). Gleiches gilt im Fall der **Zwangsverwaltung**[2].

471 Der Mieter kann die an den Voreigentümer gezahlte Kaution allerdings nicht vom Erwerber zurückverlangen, wenn die Aushändigung durch den Verkäufer deshalb unterblieben war, weil dieser mit Gegenansprüchen (hier: Betriebskostennachzahlungen) wirksam gegen die Kaution aufgerechnet hatte[3].

g) Streitwert

472 Es ist umstritten, ob die **Zinsen** und Zinseszinsen beim Streitwert dem **Stammbetrag** der Mietkaution hinzuzurechnen sind[4] oder nicht[5]. Hier kann nur geraten werden, sich mit der örtlichen Rechtsprechung vertraut zu machen (siehe auch *N Rz. 517*).

6. Rückzahlung von Betriebskostenvorschüssen

472a Rechnet der Vermieter in einem bestehenden Mietverhältnis von preisfreiem Wohnraum nicht fristgerecht über die geleisteten Betriebskosten ab, so steht dem Mieter kein Recht auf vollständige Rückgewähr bereits geleisteter Vorauszahlungen zu. Nach Ansicht des BGH[6] ist der Mieter ausreichend dadurch geschützt, dass er ein Zurückbehaltungsrecht gem. § 273 Abs. 1 BGB bezüglich der laufenden Vorauszahlungen hat. Nach Beendigung des Mietverhältnisses hat er im Wege der ergänzenden Vertragsauslegung bei einer verspäteten Abrechnung einen Anspruch auf volle

---

1 OLG Düsseldorf, DWW 1997, 150 = NJW-RR 1997, 1170; dazu: *Schmid*, DWW 1997, 209 ff.; einschränkend: OLG Hamburg, MDR 1997, 727 f. = WuM 1997, 375.
2 LG Köln in *Lützenkirchen*, KM 5 Nr. 9.
3 LG Berlin, GE 1997, 745 f.
4 So: AG Michelstadt, WuM 1987, 353.
5 So: LG Berlin, GE 1997, 860.
6 BGH v. 29.3.2006 – VIII ZR 191/05 – NZM 2006, 533 = GE 2006, 844 = WuM 2006, 383 = NJW 2006, 2552 = ZMR 2006, 672 = MDR 2006, 1397.

Rückzahlung der geleisteten Vorauszahlungen[1]. Als entscheidend für diese differenzierte Rechtslage sieht der BGH[2] an, dass dem Mieter nach Ende des Mietvertrags keine Druckmittel in Form eines Rückbehaltungsrechts zustehen, um eine ordnungsgemäße Abrechnung durchzusetzen. Der u.U. äußerst zeitraubende und nicht immer erfolgversprechende Umweg über eine (Stufen-)Klage auf Erteilung der Abrechnung sei nicht zumutbar (vgl. im Einzelnen L Rz. 715 f.).

7. Einbauten und Investitionen

Aus der Interessenlage des Mieters ist zu beantworten, 473
- ob er Einrichtungen und Einbauten – auch gegen den Willen des Vermieters – wegnehmen darf und
- ob er für finanzierte Einbauten und sonstige Investitionen Aufwendungs- und Verwendungsersatz verlangen kann.

a) Wegnahmerecht des Mieters bei Einrichtungen und Einbauten

Einerseits hat der Mieter im Zuge seiner Rückbauverpflichtung Einrichtungen, mit denen er die Mietsache versehen hat, bei Beendigung des Mietverhältnisses grundsätzlich wieder zu entfernen. Andererseits ist er hierzu berechtigt. § 539 Abs. 2 BGB gewährt ein besonderes Wegnahmerecht, das auch **Eingriffe in die Mietsache** selbst abdeckt. 474

Für den beratenden Rechtsanwalt ist der Hinweis auf die kurze sechsmonatige **Verjährungs**frist des Anspruchs wichtig (§ 548 Abs. 2 BGB). Die Verjährungsfrist beginnt mit der Beendigung des Mietverhältnisses. Der Lauf dieser Verjährungsfrist wird weder durch Aufrechnung mit einem Aufwendungsersatzanspruch wegen der zurückgelassenen Einrichtung noch durch Zahlungsklage gehemmt. Er wird auch nicht gehemmt, wenn der Vermieter gegenüber dem Duldungsverlangen des Mieters ein Vermieterpfandrecht geltend macht[3]. Ist die Verjährung eingetreten, so kann der Vermieter die Wegnahme der zurückgelassenen Einrichtung verweigern. Er ist auf Dauer zum Besitz berechtigt und schuldet dem Mieter weder eine Nutzungsentschädigung, noch haftet er ihm auf Schadensersatz oder Bereicherungsausgleich, wenn sein Eigentum an der zurückgelassenen Einrichtung – zum Beispiel durch Veräußerung des Grundstücks – untergeht. § 539 Abs. 2 BGB enthält dazu eine abschließende Regelung der wechselseitigen Ansprüche der Parteien. Nach Auffassung des OLG Düsseldorf[4] soll es nicht einmal darauf ankommen, ob der Vermieter sich in einem solchen Fall auf die Einrede der Verjährung des Wegnahmeanspruchs berufen hat. 475

---

1 BGH a.a.O.; so bereits BGH, Urt. vom 9.3.2005 – VIII ZR 57/05 – NZM 2005, 373 = GE 2005, 543 = WuM 2005, 337 = ZMR 2005, 439 = NJW 2005, 1499 = MDR 2005, 678 = DWW 2005, 230.
2 NZM 2006, 533; NZM 2005, 373.
3 BGH, NJW 1987, 2861.
4 OLG Düsseldorf, GE 2004, 813.

aa) Duldungsanspruch

476 Das in §§ 539 Abs. 2, 552 BGB geregelte Wegnahmerecht verpflichtet den Vermieter zu einer entsprechenden Duldung des Ausbaus oder des Abmontierens von Einrichtungen, selbst wenn dabei eine Beschädigung der Mietsache unvermeidlich ist (§ 258 S. 2 BGB). Es ist dann selbstverständlich Sache des Mieters, die **Beschädigung** auf seine Kosten beseitigen zu lassen.

477 Das Wegnahmerecht des Mieters bezieht sich auf **Einrichtungen**. Davon sind Sanierungs- und Modernisierungsmaßnahmen des Mieters zu unterscheiden, die der Erhaltung, Wiederherstellung oder Verbesserung des Mietobjekts dienen und deshalb als Aufwendung zu qualifizieren sind. Als Beispiel zu erwähnen sind die Erneuerung der Sanitär- oder Elektroanlagen sowie Austausch von Türen und Fenstern. In diesen Fällen hat der Vermieter bei Vertragsende kein Wegnahmerecht aus § 539 Abs. 2 BGB, sondern lediglich einen Asnpruch auf Ersatz seiner Aufwendugen nach § 539 Abs. 1 BGB, wenn die Voraussetzungen der GoA vorliegen.

Einrichtungen sind bewegliche Sachen, die zwar fest in der Mietsache installiert werden, trotzdem aber nur für eine vorübergehende Zeit verwendet und später wieder ausgebaut werden können (insbesondere Beleuchtungseinrichtungen, lose verlegte Teppichböden[1], Einbauschränke, Einbauküchen[2], Regale, Öfen, Raumteiler, Beleuchtungsanlagen und Sanitäranlagen wie Wasch- und Toilettenbecken sowie Badewannen, Etagenheizungen, Spülen und Kücheneinrichtungen)[3]. Zu den Einrichtungen zählen auch Antennenanlagen sowie umpflanzbare Sträucher, Hecken, Bäume und Pflanzen[4]. Leitungen und verlegte Fliesen zählen nicht dazu[5]. Auch Zwischendecken, Trenndecken oder sonstige bauliche Veränderungen sind nicht als Einrichtung i.S.v. § 539 Abs. 2 BGB zu behandeln.

478 Das Wegnahmerecht besteht unabhängig von der **Eigentumslage**. Es kommt also nicht darauf an, ob die Einrichtung zu einem Scheinbestandteil der Mietsache i.S.v. § 95 BGB geworden ist oder zu einem wesentlichen Bestandteil durch Verbindung i.S.v. § 94 BGB. Das Wegnahmerecht umfasst also auch ein Wiederaneignungsrecht des Mieters. Mit der Trennung von der Mietsache wird der Mieter also wieder Eigentümer der ausgebauten Einrichtung.

479 Neben dem Ausbau der Einrichtung muss der Mieter den **vertragsgemäßen Zustand** der Wohnung auf seine Kosten wieder herstellen (§ 258 S. 2 BGB), also etwa Tapeten oder Fliesen erneuern oder Anschlüsse wieder anbrin-

---

1 KG Berlin, Urt. vom 19.1.2006 – 8 U 22/05, GuT 2006, 315.
2 Als Einrichtung mit Wegnahmerecht oder „Ablöse"-Anspruch des Mieters bejahend: BGH, NJW-RR1990, 586; OLG Düsseldorf, WuM 1995, 146; a.A. Einbauküche als Zubehör der Wohnung ohne Wegnahmerecht des Mieters, wenn sie vom Grundstückseigentümer einschließlich des Einbaus finanziert wurde: BGH, Urt. vom 20.11.2008 – IX ZR 180/07, WuM 2009, 121.
3 OLG Düsseldorf, WuM 1995, 146 ff.; LG Berlin, MM 1993, 27 f.
4 OLG Köln, WuM 1995, 268.
5 LG Berlin, MM 1993, 27 f.

gen. Verlangt der Vermieter Sicherheit für eventuell mit dem Ausbau von Einrichtungen zusammen auftretende Schäden, so ist der Mieter verpflichtet, ausreichende Sicherheit zu leisten (§ 258 S. 2 BGB).

Um eine taktische Verzögerung des Vermieters zu vermeiden, sollte daher der Wegnahmeanspruch gegenüber dem Vermieter sofort kombiniert mit einem **Angebot auf Sicherheitsleistung** geltend gemacht werden. Wurde eine Kaution geleistet, so kann sie als Sicherheit dienen. 480

Das Wegnahmerecht steht auch dem **Nachmieter** zu, der die Sache vom Vormieter übernommen hat. In einer solchen Vereinbarung zwischen Vormieter und Nachmieter kann gleichzeitig die Abtretung des Anspruchs auf spätere Duldung der Wegnahme der Einrichtung gegen den Vermieter liegen. 481

bb) Entschädigung

Der Vermieter kann das Wegnahmerecht des Mieters durch Zahlung einer angemessenen Entschädigung abwenden (§§ 552 Abs. 1, 578 Abs. 2 S. 1 BGB). Das bindende Angebot auf Abschluss einer Übernahmevereinbarung zwischen Mieter und Vermieter dürfte hierfür ausreichen, wenn zugleich sichergestellt ist, dass die Zahlung erfolgen wird[1]. 482

Sind besondere Vereinbarungen zur Berechnung der Entschädigungshöhe nicht getroffen, so bestimmt sich der Entschädigungsbetrag nach dem **Zeitwert der Einrichtung** ohne Abzug der ersparten Kosten einer Wiederherstellung[2]. *Weyhe*[3] berechnet den Wert „überschlägig, indem der Wert der Einrichtung zum Zeitpunkt ihrer Anbringung für die mutmaßliche Lebensdauer der Einrichtung linear abgeschrieben wird". Mehr Aufschluss geben zu dieser Frage die Entscheidungen des AG Köln[4] und des LG Köln[5]. Danach gilt bei fehlender Vereinbarung über die Höhe des Restwertes einer Einrichtung als Entschädigung Folgendes: 483

Ersatzfähig ist der **Anschaffungswert** der Einrichtung abzüglich des Abschlages für die bisherige Abnutzung[6]. So erhält man den Zeitwert. Der Anschaffungswert ist nicht zu verwechseln mit dem Neupreis. Wurde beispielsweise eine Heizungsanlage im Jahre 1987 angeschafft, so ist bei der Beendigung des Mietverhältnisses im Jahre 1999 der Wert zur Zeit der Anschaffung im Jahre 1987 auf dem damals geltenden Preisniveau, nicht aber der Neupreis einer vergleichbaren oder identischen Heizungsanlage im Jahre 1999 anzusetzen. Der Rechtsanwalt des Mieters sollte auf diesen Unterschied insbesondere bei **Sachverständigengutachten** sein besonderes Augenmerk richten. Auch sollte er darauf hinwirken, dass die Sachverständi- 484

---

1 So: *Weyhe*, S. 385; **a.A.** KG, MDR 2001, 984 (vgl. auch H Rz. 207).
2 BGH, ZMR 1969, 340 (341).
3 *Weyhe*, S. 385.
4 AG Köln, WuM 1998, 345.
5 LG Köln, WuM 1998, 345 f.
6 Ebenso: *Sternel*, Mietrecht, IV Rz. 623, 1358 m.w.N.

gen durch die Art der Auftragserteilung bzw. im Fall des selbständigen Beweisverfahrens durch entsprechende Klarstellung der Beweisfrage unmissverständlich dazu angehalten werden, dass ggf. auch der Zeitwert auf der Basis der Anschaffungskosten ermittelt werden soll. Sofern nicht klar ist, wie im Streitfall entschieden wird, schlägt *Scholl*[1] vor, alternativ, also sowohl auf der Basis des Neupreises als auch auf der Basis der Anschaffungskosten, Feststellungen zum Zeitwert treffen zu lassen und auch die Kosten der Wiederherstellung des ursprünglichen Zustandes zu erfragen.

485 Einzelne Gerichte betrachten den Ansatz des **Zeitwertes** in Ausnahmefällen als nicht zwingend. So entschied das LG Berlin[2], dem Mieter solle keine Entschädigung zustehen, wenn die Sache nach dem Ausbau nur noch einen ganz geringen Wert habe und die Wiederherstellung des alten Wohnungszustandes teurer sei.

486 Der Entschädigungsanspruch besteht aber dann, wenn der Vermieter **ohne Angebot** der Entschädigung verlangt, dass die Einrichtung zurückbleiben soll und der Mieter deshalb von seinem Wegnahmerecht keinen Gebrauch macht.

487 Generell bezieht sich die Möglichkeit des Vermieters, das Wegnahmerecht des Mieters durch Entschädigung abzuwenden, nur auf Einrichtungen **in Räumen**[3].

488 Hat der Mieter ein **berechtigtes Interesse** an der Wegnahme, so kann sie der Vermieter gem. §§ 552 Abs. 1, 578 Abs. 2 S. 1 BGB nicht durch Entschädigung abwenden. Entscheidend sind wirtschaftliche, aber auch Liebhaberinteressen des Mieters.

cc) Abweichende Vereinbarungen

489 Für Wohnraum ist § 552 Abs. 2 BGB zu beachten. Danach können die Parteien eines **Wohnungsmietvertrages** das Wegnahmerecht des Mieters durch Vereinbarungen nur ausschließen, wenn damit ein angemessener Ausgleich für den Mieter verbunden ist.

490 Im Einzelnen sollte der Rechtsanwalt des Mieters diese Vereinbarungen im Mietvertrag oder in zusätzlichen Urkunden nach den folgenden **Kriterien** untersuchen:

491 Es kann vorgesehen werden, dass Einrichtungen des Mieters bei Beendigung des Mietverhältnisses in das Eigentum des Vermieters übergehen. Der Ausgleich kann in einem **Wertausgleich** in Geld bestehen. Der Wertausgleich ist nach den oben dargelegten Grundsätzen zur Festlegung der Entschädigungshöhe festzulegen. Von vornherein streitverhütend ist es, wenn die Vereinbarung hierfür feste Berechnungsvorgaben vorsieht. Ak-

---

1 *Scholl*, WuM 1998, 327, 328.
2 LG Berlin, MM 1993, 27 f.
3 OLG Köln, WuM 1995, 268.

zeptiert ist dabei die Anbindung an den Zeitwert zum Termin der „Ablöse", der entweder druch Sachverständigengutachten oder durch feste Abschreibungssätze (zum Beispiel 10 % pro Jahr seit der Anschaffung) in der Vereinbarung bestimmt sein sollte. Der Ausgleich kann aber auch in einer **vorzeitigen Entlassung** aus einem langfristigen Mietvertrag oder schließlich in einer geringeren Miete liegen. Dies wird häufig in Abwohnvereinbarungen geregelt. Sie sind in Abstandsvereinbarungen und Ablösevereinbarungen zu unterscheiden und unterliegen der gesetzlichen Kontrolle nach §§ 2, 4a und 5 des WoVermittG[1] (vgl. dazu näher unter *Rz. 58 f.*).

Außerhalb von Wohnraummietverhältnissen, also bei **Gewerberaum**mietverhältnissen, Mietverhältnissen über sonstige Räume und über Grundstücke, sind Vereinbarungen zulässig, in denen das Wegnahmerecht mit der Folge ausgeschlossen wird, dass der Mieter seine Einrichtungen in dem Mietobjekt zurücklassen muss und der Vermieter die Einrichtungen entschädigungslos behalten darf. Diese Vereinbarungen sind nicht nach § 138 BGB oder § 307 BGB unwirksam, wenn die spätere Übernahme der Einrichtungen bei der Mietpreiskalkulation berücksichtigt worden ist[2]. Endet in einem solchen Fall das Mietverhältnis vorzeitig, so kann dem Mieter aus § 812 Abs. 1 S. 1 Fall 1 oder S. 2 Fall 2 BGB ein Anspruch auf Ausgleich für den Mehrwert zustehen, der dem Vermieter dadurch zufließt, dass er infolge der vorzeitigen Beendigung des Mietverhältnisses die Mietsache jetzt wegen der darin verbliebenen Einbauten zu einer höheren Miete vermieten kann[3].

dd) Vermieterpfandrecht

Der Vermieter hat weiter die Möglichkeit, den Anspruch des Mieters auf Duldung der Wegnahme von Einrichtungen durch Ausübung seines Vermieterpfandrechts nach § 562 BGB zu unterlaufen (vgl. zur Umsetzung im Einzelnen *G Rz. 254 ff.*). Voraussetzung ist dabei, dass es sich bei der Einrichtung noch um eine Sache im **Eigentum des Mieters** handelt. Sind die Einrichtungen mit ihrer Verbindung zur Mietsache zu einem wesentlichen Bestandteil gem. § 94 BGB geworden und hat daher der Mieter Eigentum erlangt, so kann das Vermieterpfandrecht dennoch in dem Fall ausgeübt werden, dass der Mieter mit Ausbau der Einrichtung die Verbindung zur Mietsache auflöst und insofern kraft eigenen Aneignungsrechts wieder Eigentümer der zuvor ausgebauten Einrichtung wird[4].

Der Mieter kann das Vermieterpfandrecht an der Einrichtung abwenden, indem er die Forderung des Vermieters erfüllt oder in Höhe des Wertes der

---

1 Gesetz zur Regelung der Wohnungsvermittlung v. 4.11.1971 (BGBl. I, 1745, 1747), geändert durch Art. 7 des Gesetzes v. 17.12.1990 (BGBl. I, 2840) in der Fassung des Änderungsgesetzes zur Regelung der Wohnungsvermittlung, Art. 3 des 4. Mietrechtsänderungsgesetzes v. 21.7.1993 (BGBl. I, 1257 ff.).
2 So: *Weyhe*, S. 384.
3 OLG Hamburg, MDR 1974, 584 f.
4 Näher dazu: *Horst*, Geld und Mietende, S. 38 m.w.N.

Einrichtung gem. § 562c BGB Sicherheit leistet. Dagegen kann sich der Vermieter seinerseits wehren, indem er das Wegnahmerecht des Mieters durch die Entschädigung nach § 552 Abs. 1 BGB unterläuft. Dies ist dann durch den Mieter nur noch unter Hinweis auf ein berechtigtes Interesse an der Wegnahme i.S.v. § 552 Abs. 1 BGB abwehrbar (näher dazu unter *Rz. 476 ff.*).

ee) Streitwert

495 Der Streitwert einer **Klage auf Duldung** der Wegnahme eingebrachter Sachen bestimmt sich nach dem Verkehrswert der Sachen nach der Trennung[1].

b) Bauliche Veränderungen des Mieters

496 Bauliche Veränderungen des Mieters, die in die Sachsubstanz der Mietsache eingreifen oder diese verändern, sind **keine Einrichtungen**, sondern Einbauten. Für sie gilt daher § 539 Abs. 2 BGB nicht. Daran ändert sich nichts, wenn mit den Einbauten zusätzliche Sachen fest mit der Mietsache verbunden wurden (z.B. Tapeten, Parkettfußboden etc.).

497 Ob der Mieter derartige Einbauten **entfernen** darf oder gegen seinen Willen bei Ende des Mietverhältnisses auf Verlangen des Vermieters entfernen muss und ob er darüber hinaus im Zuge eines Rückbaus zur Wiederherstellung des ursprünglichen Zustandes verpflichtet ist, richtet sich in erster Linie nach den zugrunde liegenden **vertraglichen Vereinbarungen**. Existieren ausdrückliche Vereinbarungen nicht, kommt es darauf an, inwieweit die baulichen Veränderungen mit dem Willen oder der nachträglichen Genehmigung des Vermieters vorgenommen wurden. Hat der Vermieter nicht zugestimmt oder wurde vorher bestimmt, dass die Einbauten bei Beendigung des Mietverhältnisses zu entfernen sind und der vertragsgemäße Zustand der Mietsache wieder herzustellen ist, so gelten die oben unter *Rz. 349 f.* gemachten Ausführungen zur Rückbaupflicht des Mieters.

c) Aufwendungs- und Verwendungsersatz für Einbauten und Investitionen des Mieters

498 Folgende Fälle sind zu unterscheiden:
- Maßnahmen zum Schutz der Mietsache
- Maßnahmen zur Mängelbeseitigung
- Instandsetzungs- und Modernisierungsarbeiten
- Maßnahmen, die den Verkehrswert des Grundstücks erhöhen, ohne dass sie unter die bisher genannten Alternativen fallen.

---

1 BGH, WuM 1991, 562.

Aufwendungs- und Verwendungsersatzansprüche können sich dabei ergeben aus: 499
- Vertrag und/oder
- Gesetz.

Hat der Mieter das Mietobjekt repariert, saniert, ausgebaut, umgebaut oder modernisiert, so ist zunächst zu prüfen, ob über die Kostenerstattungspflicht eine **vertragliche Regelung** getroffen worden ist. Denn vertragliche Vereinbarungen gehen den gesetzlichen Verwendungsersatzansprüchen vor[1]. Für eine vertragliche Vereinbarung ist nötig, dass eine Einigung über die Höhe der Vergütung erzielt worden ist. Dazu reicht es aus, wenn Berechnungsgrundsätze feststehen, so dass die Vergütung durch das Gericht bestimmt werden kann. Völlig unzureichend ist es, wenn im Streitfalle das Gericht die Vergütung festsetzen soll[2]. 500

Lässt sich eine hinreichend konkrete Vereinbarung nicht feststellen, so muss auf die **gesetzlichen Anspruchsgrundlagen** zurückgegriffen werden. 501

aa) Ersatz für Maßnahmen zum Schutze der Mietsache

Aus § 539 Abs. 1 BGB i.V.m. § 536a Abs. 2 Nr. 2 BGB ergibt sich, dass der Mieter nun nach der Mietrechtsreform alle Aufwendungen ersetzt verlangen kann, die zur umgehenden Beseitigung des Mangels und zur Erhaltung oder Wiederherstellung des Bestandes der Mietsache notwendig waren. Damit ist die aus § 547 Abs. 1 S. 1 BGB a.F. bekannte Beschränkung der Ersatzfähigkeit auf notwendige Verwendungen weggefallen. 502

bb) Ersatz für Maßnahmen zur Mängelbeseitigung

Ist die Mietsache mangelhaft und befindet sich der Vermieter mit der Beseitigung dieses Mangels in Verzug, so kann der Mieter nach § 536a Abs. 2 Nr. 1 BGB den Mangel selbst beseitigen und Ersatz der erforderlichen Aufwendungen verlangen. Die Vorschrift erfasst Aufwendungen, die zur Wiederherstellung des **vertragsgemäßen Zustandes** der Wohnung gemacht werden. Der Anspruch besteht nicht, wenn der Mieter bei Vertragsabschluss den schlechten Zustand der Räumlichkeiten kannte und dementsprechend eine erkennbar geringere Miete vereinbart wurde. Dann ist der schlechte Zustand der Räumlichkeiten „vertragsgemäß." Investitionen sind deshalb in einem solchen Fall nicht notwendig, da sie nicht dazu dienen, die Mietsache in einen vertragsgemäßen Zustand zu versetzen oder einen Sachmangel abzustellen. Auch wenn der Vermieter dann den – trotzdem vorgenommenen – Investionen des Mieters zustimmt oder wenn er sie genehmigt, bedeutet das nicht zwingend, dass sie damit in seinem Interesse liegen und er die Kosten zu übernehmen hat[3]. 503

---

1 OLG Frankfurt/Main, ZMR 1986, 358.
2 *Blank*, Mietrecht von A bis Z, 635 m.w.N. zur Rechtsprechung.
3 LG Dortmund, Urt. vom 20.11.2007 – 3 O 223/07, ZMR 2008, 376.

504 Der Vermieter muss sich also in Verzug befinden. Der Verzug bestimmt sich nach § 286 BGB. Dabei muss die **Mahnung** des Vermieters durch den Mieter innerhalb des Verfahrens nach § 536a Abs. 2 Nr. 1 BGB die Aufforderung enthalten, innerhalb einer genau bezeichneten Frist den Schaden zu beheben. Die Mängel sind im Einzelnen zu konkretisieren. Eine Mängelanzeige, zu der der Mieter nach § 536c Abs. 1 BGB ohnehin verpflichtet ist, ersetzt die Mahnung nicht[1].

505 Ohne Kenntnis des Mangels kann der Vermieter nicht in **Verzug** geraten (§ 286 Abs. 4 BGB). Deshalb scheidet ein Aufwendungsersatzanspruch nach § 536a Abs. 2 Nr. 1 BGB aus, wenn der Mieter ohne Mängelanzeige sofort eine Firma mit der Reparatur beauftragt. Allerdings kann sich ein Ersatzanspruch des Mieters gegen den Vermieter in diesem Fall aus ungerechtfertigter Bereicherung ergeben. Denn der Vermieter ist in Höhe der ersparten Reparaturaufwendungen ungerechtfertigt bereichert[2].

506 Bei **Notmaßnahmen** – Notreparaturen – kommt es auf den Verzug des Vermieters nicht an. Der Mieter kann also ohne vorherige Mängelanzeige, Mahnung und Inverzugsetzung des Vermieters nach § 536a Abs. 2 BGB Aufwendungsersatz in Höhe der Reparaturkosten verlangen. Daher sind die Kosten der gebotenen Beauftragung eines Elektrohandwerkernotdienstes zur Beseitigung einer an einem Sonntag eingetretenen Störung der Stromversorgung der Wohnung vom Vermieter zu tragen. Dabei umfasst der Aufwendungsersatz auch Nacht- und Feiertagszuschläge[3].

507 Ersatzfähig sind im Rahmen des Aufwendungsersatzes folgende **Kostenarten**:

- Kosten eines privat beauftragten Sachverständigen[4],
- Mehrkosten infolge einer besonders aufwendigen Reparatur oder
- Aufschläge für Nacht- und Feiertagsarbeit[5].

cc) Ersatz für Instandsetzungs- und Modernisierungsarbeiten

508 Maßnahmen, die entweder der Wiederherstellung des vertragsgemäßen Gebrauchs (Mängelbeseitigungsmaßnahmen) oder der Verbesserung des Vertragsgebrauchs (Modernisierungsmaßnahmen) dienen, gehören zu den **nützlichen Verwendungen** i.S.v. § 539 Abs. 1 BGB[6]. Die Vorschrift entspricht dem früheren § 547 Abs. 2 BGB a.F. zum Ersatz nützlicher Verwendungen.

---

1 OLG Düsseldorf, WuM 1993, 271 f.
2 LG Berlin, WuM 1989, 15 ff.
3 AG Bonn, WuM 1987, 219 f.
4 OLG Düsseldorf, WuM 1993, 271, 272.
5 LG Berlin, WuM 1989, 215 ff.: nicht ersatzfähig nach §§ 812, 818 Abs. 2 BGB wegen ungerechtfertigter Bereicherung des Vermieters, da der Wert der Reparaturleistung nicht zu einer Vermögensmehrung führt.
6 *Blank*, Mietrecht von A bis Z, S. 634.

Die Ersatzpflicht bestimmt sich nach den Vorschriften über die **Geschäfts-** 509
führung ohne Auftrag. Deshalb muss der Mieter vortragen, dass die von
ihm durchgeführten Maßnahmen dem Interesse und dem wirklichen oder
mutmaßlichen Willen des Vermieters als Geschäftsherrn entsprechen
(§ 683 BGB) oder der Mieter schließlich für den Vermieter als Geschäftsherrn im öffentlichen Interesse eine diesem obliegende Pflicht erfüllt hat
(§ 697 BGB). Der Mieter muss also mit dem Fremdgeschäftsführungswillen
für den Vermieter handeln. Daran fehlt es, wenn der Mieter Schönheitsreparaturen, zu denen er nach dem Mietvertrag selbst verpflichtet ist, ausführt[1]. Dem steht der Fall gleich, in dem der Mieter in der irrigen Annahme einer vertraglichen Verpflichtung aufgrund einer unwirksamen
Schönheitsreparaturklausel renoviert[2]. Daran fehlt es auch bei Arbeiten
für eigene Sonderzwecke (Errichtung von Gebäuden, Befestigung der Hoffläche, Ausbau von Räumen, Wiederherstellung von Gleisanlagen, Aufwendungen zur Ver- und Entsorgung durch Führung von Wasser-, Strom-
und Fäkalienleitungen)[3]. Ein Fremdgeschäftsführungswille besteht ebenfalls nicht, wenn der Mieter Arbeiten (z.B. Einbau einer Etagenheizung)
ausführt, um die Wohnung seinem Bedürfnis gemäß auszustatten[4]. Auch
bei Ansprüchen wegen sonstiger Verwendungen hat er verlangt, dass der
Mieter zumindest auch für den Vermieter und „um der Sache willen" tätig
geworden sei. Eine Verwendung, die der Mieter nur in seinem Interesse
und für seine Zwecke gemacht habe, reiche nicht aus[5]. Hat es an einem
Einverständnis über den Umfang und die Finanzierung der Kosten der beabsichtigten Maßnahme gefehlt, hat der Vermieter die Maßnahmen des
Mieters nur geduldet, aber nicht von vornherein in die Maßnahme einge-
willigt, so wird in der Regel ein Aufwendungsersatzanspruch des Mieters
nach §§ 539 Abs. 1, 677, 683, 679, 670 BGB nicht in Betracht kommen[6].

Fehlt dem Mieter bei der Vornahme der Verwendung die **Absicht**, einen 510
Aufwendungsersatzanspruch nach §§ 539 Abs. 1, 677 ff. BGB **geltend zu
machen**, so ist ein Anspruch ebenfalls ausgeschlossen (§§ 685 Abs. 1 S. 1,

---

1 AG Hamburg, WuM 1990, 73.
2 BGH, Urt. vom 27.5.2009 – VIII ZR 302/07 – Fremdgeschäftsführungswille verneint; ebenso: AG München, Urt. v. 14.5.2001 – 453 C 17448/00, NZM 2001, 1030;
 LG Berlin, Urt. v. 23.10.2006 – 62 S 187/06 – Grundeigentum 2007, 517, Rz. 19;
 Lange, NZM 2007, S. 785, (786); Börstinghaus, WuM 2005, S. 675,(677); allerdings
 billigt der BGH (a.a.O.) dem Mieter in diesem Fall einen Kostenerstattungsanspruch aus § 812 BGB in Höhe der Renovierungsaufwendungen einschließlich
 Vergütung der Arbeitszeit im Widerspruch zu seiner bisher einhelligen Rechtsprechung zur Bemessung der Bereicherung (vgl. zuletzt noch BGH, Beschluss vom
 16. Dezember 2008 VIII ZR 306/06, MietPrax-AK § 539 BGB Nr. 2 = WuM 2009,
 113 – Erhöhung des Immobilienertrags- oder Substanzwertes) zu; a.A. und einen
 Fremdgeschäftsführungswillen im Rahmen der GoA bejahend: LG Landshut, Urt.
 vom 21.11.2007 – 12 S 2236/07; LG Wuppertal, Urt. v. 23.8.2007 – 9 S 478/06,
 WuM 2007, 567; LG Karlsruhe, Urt. v. 28.4.2006 – 9 S 478/06,NJW 2006, 1983.
3 BGH, ZMR 1999, 93; OLG Hamburg, WuM 1986, 82 ff.; OLG Köln, WuM 1996,
 262.
4 LG Mannheim, NJW-RR 1996, 1357.
5 BGH, Urt. v. 16.9.1998 – XII ZR 136/96 – NZM 1999, 19, 20.
6 BGH, ZMR 1999, 93; *Blank*, Mietrecht von A bis Z, S. 634.

683 BGB). Davon ist auszugehen, wenn der Mieter weder bei der Vornahme der Verwendung noch im weiteren Verlauf des Mietverhältnisses vor Eintritt der Beendigungslage um einen Kostenersatz nachgesucht hat[1].

511 Um in allen diesen Fällen Verwendungsersatz für den Mandanten zu erreichen, muss der Rechtsanwalt des Mieters bei Zweifel am Fremdgeschäftsführungswillen seines Mandanten **vortragen**, dass die Investition zumindest ein „auch fremdes Geschäft" darstellt. Immerhin wird in diesen Fällen der Wille, ein fremdes Geschäft mitzubesorgen, vermutet. Ferner sind die Tatbestandsvoraussetzungen für Bereicherungsansprüche vorzutragen, die zumindest hilfsweise einen teilweisen Kostenersatz in Höhe des vermehrten Vermögens beim Vermieter liquidieren können. Darauf ist im Folgenden einzugehen.

dd) Ersatzansprüche aus ungerechtfertigter Bereicherung

512 Ersatzansprüche des Mieters in Geld können sich auch aus ungerechtfertigter Bereicherung des Vermieters ergeben. **Anspruchsgrundlage** können einmal §§ 539 Abs. 1, 677, 684 S. 1, 812 ff. BGB oder direkt §§ 812 ff. BGB sein.

513 Allerdings haftet der Vermieter im Rahmen der ungerechtfertigten Bereicherung nur insoweit, wie er bereichert ist. Die **Höhe** des Bereicherungsausgleichs ist nicht identisch mit der Höhe der Aufwendungen des Mieters. Abzustellen ist lediglich auf eine **Vermögensmehrung**, also entweder auf eine Erhöhung des Verkehrswertes des Grundstücks oder der Wohnung (Substanzwert) oder auf die Einbringlichkeit erhöhter Mieten (Ertragswert) durch die Aufwendungen[2]. Dies kann z.B. dadurch nachgewiesen werden, dass der Vermieter wegen der (zurückgelassenen) Investitionen eine höhere Miete erzielt, also der **Ertragswert** gesteigert wurde[3]. Dieser Nachweis wird in der Praxis aber kaum zu führen sein, weil sich die Miete auch nach den Markt- und Lageverhältnissen bestimmt.

514 Neben der Vermögensmehrung kann ein Bereicherungsanspruch auf **ersparte** (eigene) **Aufwendungen** des Vermieters gegründet werden[4]. Dann muss dargelegt werden, dass der Vermieter die vom Mieter vorgenomme-

---

[1] OLG München, ZMR 1995, 406 ff.; LG Mannheim, NJW-RR 1996, 1357.
[2] BGH, Beschluss vom 16. Dezember 2008 VIII ZR 306/06, MietPrax-AK § 539 BGB Nr. 2 = WuM 2009, 113 – Erhöhung des Immobilienertrags- oder Substanzwertes; BGH, Urt. vom 26.7.2006 – XII ZR 46/05, BGH, Urt. vom 5.10.2005 – XII ZR 43/02, NZM 2006, 15; BGH, Urt. vom 8.11.1995 – XII ZR 202/94, WuM 1996, 1265 = ZMR, 1996, 122; BGH; Urt. vom 20. Januar 1993 – VIII ZR 22/92, NJW-RR 1993, 522, unter II 4; BGH, Urt. vom 25.10.2000 – XII ZR 136/98, NZM 2001, 425; BGH, Urt. vom 14. Februar 1968, VIII ZR 2/66, NJW 1968, 888; BGH, 10. Oktober 1984, VIII ZR 152/83, NJW 1985, 313; OLG Düsseldorf, Beschluss vom 9.6.2008 – I-24 U 159/07, ZMR 2008, 951 OLG Düsseldorf, WuM 1993, 2271 ff.; LG Mannheim, NJW-RR 1996, 1357, 1358.
[3] BGH, GuT 2006, 32; OLG Rostock, MietRB 2005, 230 = ZMR 2005, 862; OLG Rostock, ZMR 2004, 916, 917 = DWW 2005, 105, 106.
[4] BGH, Urt. vom 27.5.2009 – VIII ZR 302/07.

nen Maßnahmen demnächst selbst hätte ausführen wollen und inwieweit durch die Ausführungen dieser Maßnahmen durch den Mieter eigene Aufwendungen erspart wurden[1]. Hat der Vermieter dagegen kein Interesse an den Maßnahmen des Mieters und gibt es hierfür nachvollziehbare Gründe an, so entfällt ein Bereicherungsanspruch schon deshalb[2].

Hat der Mieter bei der Vornahme der Aufwendungen nicht die **Absicht**, den Vermieter in Anspruch zu nehmen, so scheidet ein Bereicherungsanspruch gem. §§ 539 Abs. 1, 677, 684, 685 BGB aus[3]. 515

Auch mit dem berechtigten Hinweis auf **aufgedrängte Bereicherung** kann der Vermieter den Anspruch des Mieters zu Fall bringen. Aufgedrängte Bereicherung liegt vor, wenn die Aufwendung ohne oder gegen den Willen des Vermieters oder gar rechtswidrig vorgenommen wurde[4]. Bei aufgedrängter Bereicherung hat der Mieter selbst dann keine Ersatzansprüche, wenn er die Mietsache mit einer Einrichtung versehen hat, die in das Eigentum des Vermieters übergegangen ist (§§ 951 Abs. 1 S. 1, 812 BGB)[5]. Analog § 1001 S. 2 BGB kann der Vermieter vielmehr dem Mieter die Mietsache zur Beseitigung der Verwendungen wieder zur Verfügung stellen. 516

Während eines Rechtsstreits kann die Verweisung des Mieters auf die Wegnahme der Bereicherung analog § 1001 S. 2 BGB als **Einrede** gegenüber einem Klagebegehren des Mieters auf Verwendungsersatz geltend gemacht werden. Macht der Mieter von seinem Wegnahmerecht keinen Gebrauch oder weigert er sich sogar, die Verwendung zu beseitigen, so geht der Bereicherungsanspruch verloren[6]. 517

Nach herrschender Ansicht kann der Mieter generell keine Bereicherungsansprüche geltend machen, wenn der Vermieter aus § 546 BGB Entfernung und Beseitigung der Verwendungen verlangen kann[7]. 518

ee) Verwendungsersatzanspruch des Untermieters

Endet das Hauptmietverhältnis und muss der Untermieter die Wohnung an den Eigentümer (Hauptvermieter) herausgeben (§§ 546 Abs. 2, 985 BGB), so kann der Untermieter Ersatz seiner Verwendungen vom Hauptvermieter nach §§ 994, 996 BGB verlangen. Der Anspruch besteht aber nur so weit, als er auch von seinem Vermieter (Hauptmieter) auf Grund des Mietvertrags Verwendungsersatz hätte verlangen können[8]. 519

---

1 LG Berlin, WuM 1989, 15 ff.
2 LG Mannheim, NJW-RR 1996, 1357, 1358.
3 OLG München, ZMR 1995, 406.
4 Zum Begriff der aufgedrängten Bereicherung: *Scheuer* in Bub/Treier, V Rz. 407; LG Görlitz, WuM 1996, 405, 407.
5 Hinweisend: LG München II, WuM 1982, 209.
6 *Scheuer* in Bub/Treier, V Rz. 407; *Sternel*, Mietrecht, II Rz. 616 m.w.N.
7 *Scheuer* in Bub/Treier, V Rz. 407.
8 LG Köln, WuM 1989, 181 f.

ff) Sonderfall: Altmietverhältnisse in den neuen Bundesländern

520 Bei Altmietverhältnissen in den neuen Bundesländern aus der Zeit vor dem 3. Oktober 1990 und im Falle von Verwendungen, die bis zu diesem Zeitpunkt auf die Mietsache gemacht wurden, richtet sich der Verwendungsersatzanspruch des Mieters heute noch nach **ehemaligem DDR-Recht**, konkret nach §§ 112, 356 ZGB[1, 2].

8. Rückerstattung von Mietvorauszahlungen, Baukostenzuschüssen, Mieterdarlehen und überzahlter Miete

521 In allen Fällen vorzeitiger Vertragsauflösung muss der Rechtsanwalt seinen Mieter-Mandanten darauf ansprechen, ob dieser Mieterleistungen in Form von Mietvorauszahlungen, Mieterdarlehen oder Baukostenzuschüssen oder sonstigen Finanzierungsbeiträgen erbracht hat. Denn bei der vorzeitigen Vertragsauflösung stellt sich die Frage, ob diese Mieterleistungen als „teilweise noch unverbraucht" zurückgefordert werden können. Die Antwort richtet sich danach, ob es sich um

– anrechenbare Baukostenzuschüsse oder um

– nicht anrechenbare verlorene Baukostenzuschüsse

handelt, und ob der Vermieter das Ende des Mietverhältnisses

– zu vertreten hat oder

– nicht zu vertreten hat.

---

1 BGH, MDR 1997, 442; BGH, ZMR 1997, 174; LG Berlin, VIZ 1998, 108 f.; LG Potsdam, WuM 1997, 621 f.; zum Anspruch des Vermieters auf Beseitigung von Einbauten bei beendeten DDR-Wohnungsmietverträgen: *Robbert*, WuM 2003, 490 ff.

2 § 112 ZGB lautet:
„(1) Mieter und Vermieter sollen sich über die gegenseitigen Rechte und Pflichten einigen, die sich aus baulichen Veränderungen ergeben, insbesondere darüber, ob und in welcher Höhe die Kosten erstattet werden. Die Vereinbarung soll schriftlich getroffen werden.
(2) Sind bauliche Veränderungen vom Mieter ohne Zustimmung des Vermieters vorgenommen worden, ist der Mieter auf Verlangen des Vermieters verpflichtet, den ursprünglichen Zustand wieder herzustellen. Diese Pflicht entfällt, wenn die baulichen Veränderungen zu einer Verbesserung der Wohnung geführt haben, die im gesellschaftlichen Interesse liegt.
(3) Ist über die Erstattung der Kosten nichts vereinbart worden, hat der Mieter bei Beendigung des Mietverhältnisses Anspruch auf angemessene Entschädigung durch den Vermieter, soweit dieser infolge der baulichen Veränderungen wirtschaftliche Vorteile erlangt. Der Anspruch besteht nicht, wenn der Mieter verpflichtet ist, den ursprünglichen Zustand wieder herzustellen."
§ 356 ZGB lautet:
„(1) Hat ein Bürger oder Betrieb zum Nachteil eines anderen einen materiellen Vorteil erlangt, ohne darauf einen Anspruch zu haben, ist der Empfänger verpflichtet, das Erlangte herauszugeben. Die Herausgabepflicht umfasst auch die erlangten Nutzungen sowie den Ersatz, die Entschädigung ohne den Ersatzanspruch, den der Empfänger für einen Gegenstand erlangt hat, dessen Herausgabe nicht möglich ist.
(2) Ist eine Herausgabe des Erlangten nicht möglich, hat der Empfänger Wertersatz zu leisten."

Für die Rückerstattung anrechenbarer Baukostenzuschüsse gilt §§ 346 Abs. 1 und 2 Nr. 3, 347 BGB, wenn der Vermieter die Umstände **zu vertreten** hat, die zum Vertragsende geführt haben. **Beispiele** sind die Eigenbedarfskündigung des Vermieters oder die fristlose Kündigung des Mieters nach §§ 543, 569 BGB. Dann muss der Vermieter nach Rücktrittsrecht den gesamten, noch nicht abgewohnten Teil der Mieterleistung sofort in einem Betrag zurückzahlen. Der Vermieter kann sich nicht auf Entreicherung berufen. Ferner ist die Mieterleistung vom Zeitpunkt des Empfanges an zu verzinsen[1].

522

Hat der Vermieter das Vertragsende **nicht zu vertreten**, erfolgt die Rückerstattung der anrechenbaren Baukostenzuschüsse nach Bereicherungsgrundsätzen (§§ 547 Abs. 1, 812 BGB). Unter die Vorschrift fallen neben Baukostenzuschüssen auch Mietvorauszahlungen und Mieterdarlehen, insbesondere dann, wenn die Rückzahlungsverpflichtung durch Verrechnung mit der Miete erfolgt[2]. **Beispiele** sind verhaltensbedingte fristlose Kündigungen des Vermieters nach den §§ 543 Abs. 1 und 2, 569 Abs. 2 bis 4 BGB oder verhaltensbedingte fristgerechte Kündigungen nach § 573 Abs. 2 Nr. 1 BGB[3]. Ferner ist die Beendigung des Mietverhältnisses durch Zeitablauf (§ 542 Abs. 2 BGB) zu nennen[4].

523

Der Vermieter kann **Entreicherung** nach § 818 Abs. 3 BGB einwenden, wenn die empfangene Mieterleistung wirtschaftlich gesehen nicht mehr im Vermögen des Vermieters vorhanden ist.

524

Bei Wohnraummietverträgen ist § 547 Abs. 2 BGB zu beachten, wonach Abs. 1 der Vorschrift nicht abdingbar ist. Vereinbarungen nach Beendigung des Mietverhältnisses, die eine längerfristige Stundung oder eine Rückzahlung der Erstattungsbeträge in Raten vorsehen, sind aber möglich[5].

525

Die **Verjährung** des Anspruchs beträgt 3 Jahre (§ 195 BGB). Die kurze Verjährungsfrist von § 548 BGB greift nicht ein[6].

526

Handelt es sich um **verlorene Baukostenzuschüsse** und ist damit keine Rückerstattung vorgesehen, so erfolgt die Abwicklung nach dem Gesetz über die Rückerstattung von Baukostenzuschüssen[7]. Auch hier wird danach unterschieden, ob der Vermieter das Vertragsende zu vertreten hat oder nicht. Hat er das Vertragsende nicht zu vertreten, so ist nach § 1 S. 2 des Gesetzes Bereicherungsrecht anzuwenden. Denn auch die Vereinbarung eines verlorenen Bauksotenzuschusses steht regelmäßig in Bezie-

527

---

1 So: *Eisenschmid*, WuM 1987, 243, 246.
2 Eingehend: *Scheuer* in Bub/Treier, V Rz. 322 ff.
3 Näher: *Horst*, Geld und Mietende, S. 72.
4 *Eisenschmid*, WuM 1987, 243, 244.
5 *Eisenschmid*, WuM 1987, 243, 244.
6 *Eisenschmid*, WuM 1987, 243, 244, 246 m.w.N.
7 Art. VI des Gesetzes zur Änderung des 2. Wohnungsbaugesetzs, andere wohnungsbaurechtlicher Vorschriften und über die Rückerstattung von Baukostenzuschüssen v. 21.7.1961 (BGBl. I, 1041).

hung zur Mietzeit. Zieht der Mieter vorzeitig aus, ohne dass er einen verlorenen Baukostenzuschuss „abgewohnt" hat, kann er bereicherungsrechtliche Ansprüche gegen den Vermieter geltend machen[1]. Der Umfang der Bereicherung richtet sich nach dem ausbaubedingten höheren objektiven Ertragswert[2]. Ist das Mietobjekt jedoch weder geräumt noch neu vermietet, kann keine Bereicherung berechnet werden[3]. Nach § 1 S. 1 des Gesetzes kommt für alle anderen Fälle § 347 BGB, also Rücktrittsrecht, zur Anwendung. Wichtig ist der Hinweis auf die abweichende Verjährung. Nach § 4 des Gesetzes verjährt der Anspruch auf Rückerstattung nach Ablauf eines Jahres von der Beendigung des Mietverhältnisses an.

9. Schadensersatzansprüche des Mieters

a) Schadensersatz wegen Nichterfüllung

aa) Fehler der Mietsache

528 § 536a Abs. 1 BGB (vgl. zur Umsetzung im Einzelnen *F Rz. 124 f.* und *136 f.*) gibt dem Mieter in drei Fällen einen Schadensersatzanspruch gegen den Vermieter:

- Bei Abschluss des Mietvertrags ist die Mietsache mit einem Mangel behaftet;
- nach Abschluss des Mietvertrags entsteht an der Mietsache ein Mangel infolge eines Umstandes, den der Vermieter zu vertreten hat;
- der Vermieter kommt mit der Beseitigung eines Mangels an der Mietsache in Verzug.

529 **Beispiel** für die zweite Alternative ist es, wenn der Vermieter offene Rechnungen der Elektrizitätswerke (oder sonstiger Energieversorger) nicht bezahlt und dadurch ein wiederholter Heizungsausfall (oder sonstiger Energieausfall) in der Mietwohnung eintritt. In diesem Fall ist der Mieter zur fristlosen Kündigung gem. § 543 Abs. 2 Nr. 1 BGB berechtigt. Darüber hinaus steht ihm ein Schadensersatzanspruch gegen den Vermieter aus § 536a Abs. 1 BGB zu. Dieser Anspruch umfasst die Kosten des mit der fristlosen Kündigung beauftragten Rechtsanwalts, die Kosten der Wohnungssuche und des Umzugs sowie die Herrichtung der neuen Wohnung einschließlich Telefonanschluss und Kautionskontogebühren[4]. Allerdings müssen die Rechtsverfolgungskosten zur Durchsetzung des Schadensersatzanspruchs eine Erforderlichkeitskontrolle genügen[5].

---

1 BGH, Urt. vom 26.4.1978 – VIII ZR 236/76, NJW 1978, 1483.
2 BGH, Urt. vom 5.10.2005 – XII ZR 43/02, MDR 2006, 505 = NZM 2006, 15 = NJW-RR 2006, 294 = ZMR 2006, 185.
3 OLG Düsseldorf, Urt. vom 19.4.2007 – I-10 U 122/06, NZM 2007, 643; *Blank* in Schmidt-Futterer, 9. Aufl. 2007 § 539 Rz. 61.
4 LG Saarbrücken, WuM 1995, 159 f.
5 LG Köln, WuM 1995, 155 ff.

bb) Unmöglichkeit der Erfüllung der Überlassungspflicht

Überlassungspflicht und Erhaltungspflicht des Vermieters folgen aus § 535 Abs. 1 S. 1 BGB. Der Vermieter haftet gem. § 536 Abs. 3 BGB auf Schadensersatz, wenn er dem Mieter die Wohnung wegen **Doppelvermietung** nicht überlassen kann[1]. Nur bei besonders schutzwürdigem Interesse steht dem Mieter ausnahmsweise ein Anspruch auf Einräumung des Besitzes an Stelle eines Schadensersatzanspruchs zu[2].

530

Der Schadensersatzanspruch erstreckt sich auf die **Differenzmiete** sowie auf Rechtsverfolgungskosten zur Durchsetzung der Vertragserfüllung, die einer Erforderlichkeitskontrolle genügen müssen[3].

531

Ebenso ist der Vermieter dem Mieter ohne Fristsetzung zum Schadensersatz verpflichtet, wenn er ihm den Mietraum entzieht und diesen an einen Dritten mietweise überlässt[4].

532

cc) Schadensersatz bei vorgetäuschter Eigenbedarfskündigung

Zieht der Mieter nach einer Eigenbedarfskündigung aus, der jedoch kein Eigenbedarf des Vermieters zugrunde liegt oder der vorher wieder weggefallen ist (vorgetäuschter Eigenbedarf), so macht sich der Vermieter wegen Betrugs nach § 263 StGB strafbar[5]. Zivilrechtlich hat der Mieter aus **positiver Vertragsverletzung** (§§ 280 Abs. 1, 281 Abs. 1 S. 1, 282, 241 Abs. 2 BGB) des Vermieters Schadensersatzansprüche[6]. Schadensersatzansprüche stehen dem Mieter sogar dann zu, wenn er in der irrigen Annahme, der Eigenbedarf bestehe, mit dem täuschenden Vermieter einen Aufhebungsvertrag zur einvernehmlichen Beendigung des Mietverhältnisses abgeschlossen hat[7]. Ebenso ergeben sich Schadensersatzansprüche, wenn der Vermieter den Mieter nicht auf einen nachträglich wegfallenden Eigenbedarf während der Kündigungsfrist hinweist[8]. Nach Ablauf der Kündigungsfrist besteht kein Informationsbedarf des Mieters und damit auch keine Informationspflicht des Vermieters mehr[9]. Der zu ersetzende Schaden umfasst:

533

---

1 OLG Koblenz, Urt. vom 25.10.2007 – 5 U 1148/07, ZMR 2008, 50 OLG Köln, WuM 1998, 602 f.
2 OLG Köln, WuM 1998, 602 f.; *Scholl*, WuM 1998, 583 f.
3 LG Köln, WuM 1995, 155.
4 OLG Düsseldorf, ZMR 1988, 22.
5 LG Düsseldorf, DWW 1996, 55 ff.
6 BGH, Urt. vom 18.5.2005 – VIII ZR 368/03, WuM 2005, 521; Urt. vom 11.1.1984 – VIII ZR 255/82, BGHZ 89, 296.
7 BGH, Urt. vom 8.4.2009 VIII ZR 231/07, WuM 2009, 359.
8 LG Saarbrücken, WuM 1995, 173 ff.; LG Hamburg, WuM 1995, 175 f. für einen Wohnungsverkauf in Abkehr von einer erklärten Eigenbedarfskündigung; AG Betzdorf, WuM 1995, 172 für einen vorgetäuschten oder für einen unbegründeten Eigenbedarf mit nachfolgender Räumung des Mieters; LG Köln, WuM 1995, 172 f. für einen weggefallenen Eigenbedarf; AG Siegen, WuM 1995, 167 f.; LG Darmstadt, WuM 1995, 165 f.
9 BGH, ZMR 2006, 119.

534
- Umzugskosten
- Telefon- und Pkw-Ummeldung
- Renovierung der neuen Wohnung
- Mehrbelastung infolge einer höheren Miete für die neue Wohnung (Differenzmiete)
- doppelt gezahlte Miete für die neue Wohnung
- höhere Nebenkosten in der neuen Wohnung
- Kosten für die Übernahme gebrauchten Mobiliars in der neuen Wohnung
- Kosten für notwendige Neuanschaffungen
- Zinsverlust infolge einer für die neue Wohnung – anders als bei der alten – zu hinterlegenden Kaution
- Zinsverluste infolge der Übernahme (Ablöse) von in der neuen Wohnung befindlichen Möbeln
- Zinsverluste infolge der Anschaffung neuer Möbel
- Verluste, weil in der neuen Wohnung bisher genutzte Möbel nicht mehr aufgestellt werden können und diese Möbel teils mit Verlust verkauft oder sonst untergestellt werden müssen; ferner auch Inseratskosten für den Möbelverkauf[1].

535 Die Rechtsprechung beurteilt uneinheitlich, für welchen **Zeitraum** die Differenzmiete anzusetzen ist. Die Palette reicht von einem Jahr[2] über drei Jahre[3] bis zu vier Jahren[4]. Abgestellt wird dabei jeweils auf die hypothetischen Mietentwicklungen. Dies überzeugt jedoch nicht[5]. Vielmehr ist zu untersuchen, wann das unberechtigt wegen Eigenbedarfs gekündigte Mietverhältnis rechtmäßig geendet hätte. Dies kann nach rechtlichen Gesichtspunkten – wie beispielsweise dem Zeitablauf i.S.v. § 542 Abs. 2 BGB bei qualifizierten Zeitmietverträgen – oder nach tatsächlichen Gesichtspunkten entschieden werden[6]. Parallel sollte der Grundsatz des **rechtmäßigen Alternativverhaltens** im Auge behalten werden. Dieser Einwand ist geführt, wenn der Schädiger geltend macht, er habe sich zwar pflichtwidrig verhalten und durch dieses Verhalten einen anderen geschädigt, denselben Schaden hätte er aber auch in anderer, und zwar rechtmäßiger Weise her-

---

1 Zum Umfang des ersatzfähigen Schadens vgl. AG Saarlouis, DWW 1995, 16; LG Saarbrücken, WuM 1995, 173 ff.; AG Siegen, WuM 1995, 167 ff.; LG Hamburg, WuM 1995, 175 f.; LG Darmstadt, WuM 1995, 165 f.; LG Frankfurt/Main, Privates Eigentum 1997, 236.
2 LG Frankfurt/Main, PE 1997, 236.
3 AG Solingen, WuM 1997, 681; LG Wuppertal, WuM 1997, 681 f.
4 LG Darmstadt, WuM 1995, 165 f.
5 So: *Eisenhardt*, MDR 1999, 1481.
6 So: LG Wuppertal, WuM 1997, 681 f., wo auf das Alter und den Gesundheitszustand des Mieters sowie auf die Größe des gemieteten Objekts abgestellt wurde und hypothetisch entschieden wurde, wie lange der Mieter bei seinem Gesundheitszustand ein Mietobjekt dieser Ausmaße noch allein hätte bewirtschaften können.

beiführen können¹. Diese Überlegung stellt auch *Eisenhardt*² an. So kann sowohl der Rechtsanwalt des Mieters prüfen, welchen Zeitraum er der Berechnung des Schadenspostens „Mietdifferenz" realistisch zugrunde legen kann, und ebenso der Anwalt des Vermieters darstellen, ab welchem Zeitpunkt der zu Unrecht gekündigte Mieter ohnehin eine andere Wohnung hätte beziehen müssen. Dies hat allerdings nichts mit der Beweisverteilung zu tun. Beweislastpflichtig ist derjenige, der sich auf die ihm günstigen Tatsachen beruft. Dies ist in der Frage des rechtmäßigen Alternativverhaltens der Vermieter als Beklagter im Schadensersatzprozess. Er muss also die materiellen Voraussetzungen einer **anderweitigen Kündigungsmöglichkeit** oder **Mieterhöhungsmöglichkeit** und den Zeitpunkt ihres Eintritts dartun und hierfür Beweis antreten.

Auch kann der Vermieter darlegen, dass der Mieter durch sonstiges **eigenes Verhalten** den Schaden begrenzt hätte. So kann er anführen, dass der Mieter aus der Ersatzwohnung auszieht, weil er zum Zwecke der Familiengründung eine größere Wohnung braucht oder aus beruflichen Gründen in eine andere Stadt zieht. Weiß der Vermieter hierüber nichts, so braucht er nur mit Nichtwissen zu bestreiten, dass der Mieter während des ganzen streitgegenständlichen Zeitraums in der Ersatzwohnung gewohnt hat³. Denn es handelt sich hier um Tatsachen, die weder eigene Handlungen des Vermieters noch Gegenstand seiner eigenen Wahrnehmung gewesen sind (§ 138 Abs. 4 ZPO). 536

Der Schadensersatzanspruch des Mieters kann wegen **Mitverschuldens** ausgeschlossen sein. Die Rechtsprechung schloss ein Mitverschulden in folgenden Fällen nicht aus: 537

– Trotz Erkennen der formellen **Unwirksamkeit der Kündigung** ging der Mieter davon aus, dass die behaupteten tatsächlichen Umstände die Berufung auf Eigenbedarf gerechtfertigt hätte⁴.
– Der Mieter durfte davon ausgehen, dass eine wirksame Kündigung **erklärt werden kann**, in deren Folge sich die Räumung nur unbeachtlich zeitlich verschiebt⁵.
– Der Mieter zieht nach einem Räumungsurteil des Amtsgerichts aus, hat im Wesentlichen geräumt und erklärt übereinstimmend vor dem Berufungsgericht die **Erledigung der Hauptsache**, obgleich das Gericht zweiter Instanz eine Abweisung der Räumungsklage hat erkennen lassen⁶. Hat der Vermieter später weggefallene Eigenbedarfsgründe dem Mieter nicht mitgeteilt, so bleiben seine Schadensersatzansprüche auch dann bestehen, wenn die Parteien nach der Eigenbedarfskündigung außerge-

---

1 BGH, NJW 1996, 311.
2 *Eisenhardt*, MDR 1999, 1481.
3 Zu Recht: *Eisenhardt*, MDR 1999, 1481.
4 LG Stuttgart, WuM 1998, 30; LG Mannheim, NJWE-MietR 1996, 148 f.; LG Bochum, NJWE-MietR 1997, 50 ff.
5 LG Saarbrücken, WuM 1995, 173 f.
6 LG Hamburg, WuM 1995, 175 f.

richtlich die Aufhebung des Mietvertrags mit der Generalklausel vereinbaren, dass mit der Erfüllung des Vergleichs sämtliche wechselseitigen Ansprüche aus dem Mietverhältnis erledigt seien. Diese Klausel bezieht sich nur auf die beim Vergleichsabschluss bestehenden Ansprüche, nicht auf die Schadensersatzansprüche des Mieters[1].

538 Ein Schadensersatzanspruch wegen vorgetäuschter Eigenbedarfskündigung kommt nicht in Betracht, wenn der Mieter auf Grund fristloser Kündigung wegen **Zahlungsverzugs** ohnehin zur Räumung verpflichtet war[2].

539 Bestreitet der Mieter die Eigenbedarfsgründe des Vermieters und wird dieser Streit im Rahmen eines **Vergleichs** gegen Zahlung einer Abstandssumme oder gegen Verzicht auf Schönheitsreparaturen durch den Vermieter beigelegt, so steht dem Mieter nach der Räumung auch dann kein Schadensersatzanspruch gegen den Vermieter mehr zu, wenn sich nachträglich herausstellt, dass der Eigenbedarf des Vermieters bis zum Abschluss des Vergleiches nicht bestanden hat[3].

540 Ebenfalls hat der Mieter keinen Schadensersatzanspruch, wenn der Vermieter ohne eine Eigenbedarfskündigung in Aussicht zu stellen, nur unverbindlich darauf hinweist, eine Wohnung im Hause selbst nutzen zu wollen, der Mieter daraufhin freiwillig auszieht, weil er sowieso im Rahmen seiner Lebensplanung die Wohnung aufgeben wollte (hier: wegen eigenen Hauskaufs), und die streitbefangene Wohnung anschließend vom Vermieter nicht selbst genutzt, sondern erneut vermietet wird[4].

541 Hinsichtlich der **Darlegungs- und Beweislast** gilt Folgendes:

Der Mieter muss darlegen und beweisen, dass ein Kündigungsgrund wegen Eigenbedarfs nicht bestanden hat oder später weggefallen ist[5]. Muss dazu ein Detektiv beauftragt werden, hat der Vermieter auch dessen Kosten zu ersetzen[6]. Auch muss der Mieter seinen Schaden im Einzelnen darlegen und beweisen[7]. Wird der mit der Kündigung geltend gemachte Eigenbedarf vom Vermieter nicht im Sinne der Kündigung realisiert, so ist umstritten, ob sich die Beweislast zugunsten des Schadensersatz beanspruchenden Mieters umkehrt oder nicht[8].

---

1 LG Hamburg, WuM 1995, 168.
2 LG Gießen, WuM 1995, 163 f.
3 OLG Frankfurt/Main, ZMR 1995, 67 ff.
4 LG Saarbrücken, DWW 1998, 117 ff.
5 LG Köln, WuM 1995, 172; LG Hamburg, WuM 1995, 175.
6 AG Hamburg, WuM 1997, 220.
7 AG Betzdorf, WuM 1995, 172.
8 Für die Umkehr der Beweislast: LG Bochum, NJWE-MietR 1997, 50 f.: Danach muss der Vermieter sowohl den ursprünglichen Kündigungsgrund als auch dessen Wegfall nach der Kündigung darlegen und beweisen; dagegen: LG Frankfurt/Main, WuM 1995, 165: Allerdings muss der Vermieter mit dem hohen Niveau stimmige Tatsachen vortragen, die ergeben, dass er sich nicht pflichtwidrig verhielt, um einen Schadensersatzanspruch des Mieters substantiiert entgegenzutreten.

dd) Schadensersatz bei Kündigung wegen Gesundheitsgefährdung

Kündigt der Mieter nach § 569 Abs. 1 BGB wegen Gesundheitsgefährdung (vgl. dazu im Einzelnen J Rz. 446 f.), so umfasst die Schadensersatzpflicht des Vermieters neben vertraglichen Anspruchsgrundlagen auch nach § 823 Abs. 1 BGB die **Kosten des vorzeitigen Auszugs** sowie **Schmerzensgeld** nach § 253 Abs. 2 BGB und Erstattung der zur Behandlung der eingetretenen Erkrankungen aufgewendeten Arztkosten[1].

542

ee) Schadensersatz für Einrichtungen und Einbauten des Mieters

Gibt der Mieter nach Beendigung des Mietvertrags die Mietsache mit in seinem **Eigentum** verbliebenen Einrichtungen zurück, so sind der Vermieter und der neue Mieter dem bisherigen Mieter gegenüber zum Besitz dieser Einrichtungen berechtigt, bis der bisherige Mieter einen Anspruch auf **Duldung der Wegnahme** geltend macht. Der bisherige Mieter kann für die erfolgte Nutzung der Einrichtungen während der Zeit seines Auszugs bis zur Geltendmachung des Wegnahmeanspruchs unter **keinem** rechtlichen Gesichtspunkt eine **Nutzungsentschädigung** vom neuen Mieter oder vom Vermieter verlangen[2].

543

Steht die in die Miete räume eingebrachte Einrichtung aber nicht im **Eigentum** des Mieters, sondern gehört sie einem **Dritten**, so haftet der Vermieter dem Eigentümer gegenüber auch nach Verjährung des Anspruchs des Mieters auf Duldung der Wegnahme auf Herausgabe der Nutzungen (§§ 812 Abs. 1, 818 Abs. 1 BGB), selbst wenn er gutgläubig vom Eigentum des Mieters ausgehen durfte[3].

Ist der Vermieter im Einzelfall Eigentümer der Einrichtungen geworden (§ 94 BGB), die der Mieter in die Mietwohnung eingebaut hat und nutzt der Vermieter diese Einrichtungen nach Rückgabe der Mietsache mit dieser zusammen selbst, so schuldet er dem Mieter eine Nutzungsentschädigung dafür, wenn dieser von seinem Wegnahmerecht Gebrauch gemacht hat.

544

Ist allerdings der Anspruch des Mieters auf Duldung der Wegnahme **verjährt** (§ 548 Abs. 1 BGB), so haben der neue Mieter und der Vermieter gegenüber dem ehemaligen Mieter ein dauerndes Recht zum Besitz an den Einrichtungen. Folglich kann der bisherige Mieter wegen der Nutzung der Einrichtungen keinerlei Nutzungsentschädigungen mehr verlangen. Ebenso wenig kann er Schadensersatz- oder Bereicherungsansprüche wegen Eigentumsverlust an den Einrichtungen gegen den Vermieter geltend machen, wenn dieser das Grundstück mit den eingebauten Einrichtungen veräußert[4].

545

---

1 AG Mainz, DWW 1996, 216 f. für holzschutzmittelbedingte Erkrankungen.
2 BGH, WuM 1982, 50 f.; der Mieter war Eigentümer der Einrichtungen geblieben (§ 95 BGB). Auf Grund des beendeten Vertragsverhältnisses kam im nachvertraglichen Bereich als Anspruchsgrundlage nur §§ 987 ff. BGB in Betracht.
3 OLG Rostock, OLGR 2005, 653.
4 BGH, WuM 1982, 50 f.; BGH, WuM 1987, 262 ff.: Als mögliche Anspruchsgrundlage für Nutzungsentgelt, Schadensersatz- und Bereicherungsansprüche kam nach Beendigung des Vertragsverhältnisses §§ 987 ff. BGB in Betracht. Wegen eingetre-

ff) Aufrechnungs- und Zurückbehaltungsrecht

546 § 556b Abs. 2 BGB gibt dem Mieter das Recht, mit Forderungen aus § 536a BGB gegenüber dem Vermieter aufzurechnen und deswegen auch Zurückbehaltungsrechte auszuüben, wenn der Mieter diese Absicht dem Vermieter mindestens einen Monat vor der Fälligkeit der Miete schriftlich angezeigt hat. Die Vorschrift erfasst gerade auch Fälle, in denen diese Aufrechnungs- und Zurückbehaltungsrechte des Mieters zuvor **vertraglich ausgeschlossen** wurden.

547 Gegen den **Räumungs-** und **Herausgabeanspruch** des Vermieters bezüglich der Mietsache bei Beendigung des Mietverhältnisses kann der Mieter wegen eigener Ansprüche gegen den Vermieter gem. §§ 570, 578 Abs. 1 S. 1 BGB keine Zurückbehaltungsrechte geltend machen. Die Vorschrift gilt für Wohnungsmieter, Gewerberaummieter, Grundstücksmieter sowie für sonstige Mietverhältnisse über Räume.

548 Deshalb führt kein Anspruch des Mieters gegen den Vermieter anlässlich der Beendigung des Mietverhältnisses zu einem Zurückbehaltungsrecht bezüglich der Räumung und der Herausgabe der Mietsache. Der **Ausschluss** des Zurückbehaltungsrechts erfasst also **sämtliche Ansprüche**, seien es Ansprüche auf Rückzahlung einer Kaution, Ansprüche aus nicht abgewohnten Mieterdarlehen oder Baukostenzuschüssen, Entschädigungsansprüche bei vorzeitiger Kündigung, Verwendungsersatzansprüche oder Delikte für Ansprüche auf Schadensersatz[1]. Unbeachtlich ist, ob dem Mieter Ansprüche in bedeutender Höhe zustehen oder ob der durch Zurückbehaltung möglicherweise entstehende Schaden gering wäre oder ein Schaden überhaupt nicht entstehen könnte.

549 §§ 570, 578 Abs. 1 S. 1 BGB sind aber **abdingbar**. Daher können die Parteien abweichende vertragliche Vereinbarungen treffen. Im Falle eines solchen vertraglichen Zurückbehaltungsrechts kann der Mieter diese Vereinbarung dem Räumungsverlangen des Vermieters entgegenhalten[2].

IV. Anspruchsbeziehungen zwischen Vermieter – Vormieter und Nachmieter

1. Vertragliche Vereinbarungen

550 Häufig sieht sich auch der Rechtsanwalt des Mieters in der Situation, im Rahmen der Beendigung und Abwicklung von Mietverhältnissen für sei-

---

tener Verjährung des Wegnahmeduldungsanspruchs aus §§ 547a, 558 Abs. 1 BGB und damit einhergehenden dauernden Besitzrecht konnten diese Ansprüche nicht mehr geltend gemacht werden. Der BGH bekräftigt, dass das in § 547a BGB (a.F., heute § 539 Abs. 2 BGB) geregelte Wegnahmerecht des Mieters dort mit Vorrang vor den Allgemeinen Vorschriften abschließend geregelt sei (wird ausgeführt). Die gegenteilige Ansicht müsste zu einer Aushöhlung von § 547a BGB (a.F., heute § 539 Abs. 2 BGB) führen.
1 *Scheuer* in Bub/Treier, V Rz. 26.
2 *Scheuer* in Bub/Treier, V Rz. 27.

nen Mandanten vertragliche Vereinbarungen im Dreiecksverhältnis Vormieter – Vermieter – Nachmieter zu entwerfen oder zu beurteilen. **Zwei Grundtypen** an Verträgen sind zu unterscheiden:

– Das Mietverhältnis zwischen den bisherigen Parteien kann durch Vertrag zwischen dem Vermieter und dem bisherigen Mieter (**Aufhebungsvertrag** zwischen den alten Parteien) beendet und ein **neues Mietverhältnis** mit dem Inhalt des bisherigen durch einen weiteren Vertrag mit dem neuen Mieter (der neuen Partei) geschlossen werden.

– Alternativ besteht die Möglichkeit, dass der Parteiwechsel durch Vertrag zwischen dem aus dem Mietverhältnis ausscheidenden (bisherigen Mieter) und dem neu eintretenden Teil (neuer Mieter) mit Zustimmung der verbleibenden Partei (Vermieter) vereinbart wird. Die Auswechslung des Mieters kann dabei im Wege eines einheitlichen Vertragswerks als dreiseitiger Vertrag mit **Zustimmung** des Vermieters vollzogen werden.

Innerhalb dieser Alternative unterscheidet man: 551

– die Zustimmung des anwesenden und in den Vertragsabschluss eingebundenen Vermieters und

– die Zustimmung des abwesenden Vermieters, die dem Vertrag zwischen Vormieter und Nachmieter wirksam macht. Der Unterschied ist für Auslegungsfragen bedeutsam.

Welche Vertragsform gewollt ist, ist durch Auslegung der getroffenen Parteiabreden zu ermitteln[1] (zur Herbeiführung dieser Verträge vgl. *C Rz. 231 ff.*).

a) Dreiseitiger Vertrag mit Zustimmung des Vermieters

Bei der Prüfung, ob es sich um einen dreiseitigen Vertrag zwischen Vormieter, Nachmieter und Vermieter handelt, ist auf die vom Bundesgerichtshof hierzu festgehaltenen **Auslegungskriterien** zurückzugreifen[2]. Danach ist ein dreiseitiger Vertrag anzunehmen, wenn 552

– der Mieter aus dem Mietverhältnis hinausstrebt,

– sich um einen Nachfolger bemüht, der als Mieter den Vertrag übernehmen soll,

– der Vermieter kein eigenes Interesse an einem Mieterwechsel hat (da sich der Mieter z.B. als zuverlässig erwiesen hatte), und

– der Vermieter daher keinen Anlass hatte, den Mieter durch selbständige Vereinbarung aus dem Mietverhältnis zu entlassen (Aufhebungsvertrag), ohne zugleich in der Person des neuen Mieters einen Ersatz zu erhalten.

Für die **Zustimmung des Vermieters** gilt § 182 Abs. 1 BGB. Sie kann sowohl dem einen als auch dem anderen Vertragspartner (alter oder neuer 553

---

1 Eingehend zu den Vertragsformen: BGH, ZfIR 1998, 74, 75 f. = NJW 1998, 531 ff.; *Eisenschmid*, ZdW Bay 1997, 528 ff.
2 BGH, ZfIR 1998, 74 ff. = NJW 1998, 531 ff.

Mieter) gegenüber erklärt werden. Bereits bei Abgabe der Zustimmungserklärung an einen der Mieter wird der Vertrag wirksam.

554 Es muss sich um eine ausdrückliche[1] empfangsbedürftige einseitige Willenserklärung handeln, die den allgemeinen Vorschriften für Rechtsgeschäfte unterliegt. Daher kann sie wegen Irrtums oder arglistiger Täuschung angefochten werden.

555 Umstritten ist, wem gegenüber die **Anfechtung** zu erklären ist. Der Bundesgerichtshof fordert eine Erklärung der Anfechtung gegenüber allen Vertragspartnern, also im Falle des anfechtenden Vermieters sowohl gegenüber dem alten wie dem neuen Mieter[2]. In der Praxis besonders häufig sind Anfechtungen wegen **arglistiger Täuschung**, nicht so sehr wegen **Inhalts- oder Erklärungsirrtum**, zumal dann nicht, wenn ein Rechtskundiger an den Vertragsverhandlungen beteiligt ist. Der BGH fordert für das Vorliegen des Anfechtungsgrundes nach § 123 BGB, dass die vom Vermieter erklärte Zustimmung zu der Vertragsübernahme wirksam nur dann angefochten werden kann, wenn entweder sowohl der bisherige Mieter als auch der neue Mieter den Vermieter arglistig getäuscht haben oder wenn der bisherige Mieter die vom neuen Mieter begangene arglistige Täuschung zumindest gekannt oder infolge Fahrlässigkeit nicht gekannt hat[3].

b) Aufhebungsvertrag zwischen Vermieter und Vormieter

556 Hierfür gelten die besprochenen Grundsätze, insbesondere für die Frage, wann von einem nachmieterbedingten Auflösungsvertrag des Vermieters mit dem Vormieter auszugehen ist[4]. Auf die bisherigen Darlegungen unter *Rz. 33 f.* ist zu verweisen.

c) Vereinbarungen zwischen Vormieter und Nachmieter

557 Hier geht es insbesondere um
- Vereinbarungen über die Veräußerung von Inventar und Einrichtungen,
- Vereinbarungen über die Abgeltung von Verwendungen auf die Mietsache und um die
- Abtretung sonstiger Ansprüche, insbesondere auf Verwendungsersatz oder wegen Herausgabe ungerechtfertigter Bereicherung[5].

---

[1] OLG Düsseldorf, Urt. vom 6.5.2008 – I-24 U 188/07, ZMR 2008, 711.
[2] BGH, ZfIR 1998, 75, 76.
[3] BGH, ZfIR 1998, 75, 77; zum Schriftformerfordernis der Zustimmung: *Eisenschmid*, ZdW Bay 1997, 526, 527 m.w.N.
[4] Dazu: LG Gießen, NJW-RR 1997, 1441, wo erst auf den Vollzug des Anschlussmietvertrags für das wirksame Zustandekommen auch des Auflösungsvertrags mit dem vorherigen Mieter abgestellt wird, andererseits: LG Saarbrücken, wonach es nur auf den Abschluss des Anschlussmietvertrags ankommen soll.
[5] Eingehend dazu: *Eisenhardt*, WuM 1997, 415 ff.

Nochmals ist klarzustellen, dass diese Vertragsbeziehungen nicht den Mieterwechsel selbst betreffen. Dann wären sie nur mit Zustimmung des Vermieters wirksam. Es handelt sich vielmehr um Vertragsabreden, die Folgefragen eines einmal akzeptierten Mieterwechsels betreffen. Auch für diese Vereinbarungen gilt § 4a WoVermitlG[1] (vgl. dazu Rz. 58). Die Vorschrift gilt für Ablösevereinbarungen und Abstandsvereinbarungen.

Unter **Ablösevereinbarungen** sind Abreden über die Veräußerung von Inventarstücken und Einrichtungen oder über die Abgeltung von Verwendungen und Aufwendungen des Vormieters auf die Mietsache zu verstehen. Als **Abstandsvereinbarungen** werden Abreden bezeichnet, die auf die Räumung der Wohnung gerichtet sind und hierfür ein Entgelt versprechen, also darauf, den Mieter aus seiner Wohnung herauszukaufen. Diese Abstandsvereinbarungen sind unwirksam (§ 4a Abs. 1 WoVermittG). § 4a Abs. 1 Satz 2 WoVermittG gestattet aber die Vergütung nachweislich entstandener Umzugskosten des bisherigen Mieters. 557a

Ablösevereinbarungen sind nach den Maßgaben von **§ 4a Abs. 2 Satz 2 WoVermittG** zulässig. Dabei meint der dort verwendete Begriff „**Einrichtungen**" jene im Sinne von § 539 Abs. 2 BGB. Dies zeigt, dass Einrichtungen nicht verkauft werden können, sondern dass das gern. § 539 Abs. 2 BGB bestehende Wegnahmerecht des Mieters an den Nachmieter abgetreten werden muss. Dagegen können Inventarstücke durch Kaufvertrag veräußert werden. 557b

Danach gilt Folgendes: 558

– Vereinbarungen über Zahlungen an den scheidenden Mieter für das **Freimachen der Wohnung** und für ihre Vermittlung sind unwirksam.

– Erlaubt ist die **Erstattung von Umzugskosten** und die Abgeltung von Inventar und Einrichtungen des scheidenden Mieters, soweit das Entgelt in keinem auffälligen Missverhältnis zu deren Wert steht.

Einrichtungen sind solche i.S.v. §§ 539 Abs. 2, 552 BGB. Diese Feststellung klärt nicht nur den Begriff „Einrichtungen", sondern zeigt auch, dass Einrichtungen nicht verkauft werden können, sondern das gem. §§ 539 Abs. 2, 559

---

1 Die Vorschrift lautet:
„§ 4a (unwirksame Vereinbarungen)
(1) Eine Vereinbarung, die den Wohnungssuchenden oder für ihn einen Dritten verpflichtet, ein Entgelt dafür zu leisten, dass der bisherige Mieter die gemieteten Wohnräume räumt, ist unwirksam. Die Erstattung von Kosten, die dem bisherigen Mieter nachweislich für den Umzug entstehen, ist davon ausgenommen.
(2) Ein Vertrag, durch den der Wohnungssuchende sich im Zusammenhang mit dem Abschluss eines Mietvertrags über Wohnräume verpflichtet, von dem Vermieter oder dem bisherigen Mieter eine Einrichtung oder ein Inventarstück zu erwerben, ist im Zweifel unter der aufschiebenden Bedingung geschlossen, dass der Mietvertrag zustande kommt. Die Vereinbarung über das Entgelt ist unwirksam, soweit dieses in einem auffälligen Missverhältnis zum Wert der Einrichtung oder des Inventarstücks steht."

552 BGB bestehende **Wegnahmerecht** des Mieters an den Nachmieter abgetreten werden muss.

Dagegen können Inventarstücke durch Kaufvertrag veräußert werden.

560 Schwierigkeiten bereitet die Einordnung einer **Abgeltung für Wertverbesserungen** und Renovierungsleistungen. Dazu stellt der BGH[1] fest:

- Eine Abstandsvereinbarung i.S.d. § 4a Abs. 1 WoVermittlG liegt auch vor, wenn die vereinbarte Zahlung für die Übernahme von Sachen oder die Abgeltung von Renovierungsarbeiten des bisherigen Mieters erfolgt.
- § 4a Abs. 2 WoVermittlG findet auf Ablösungsvereinbarungen entsprechende Anwendungen, in denen sich der bisherige Mieter im Zusammenhang mit der anderweitigen Vermietung der Wohnung von dem Wohnungssuchenden für andere Leistungen als die Überlassung einer Einrichtung oder eines Inventarstücks ein überhöhtes Entgelt zahlen lässt.

561 Diese Zuordnung ist in der Literatur nicht unbestritten geblieben[2]. Einig ist man sich lediglich für den **Sonderfall** einer Abgeltung von **Schönheitsreparaturen**. Vereinbarungen über die Erstattung nicht abgewohnter Schönheitsreparaturen fallen unter die Verbotsvorschrift des § 4a WoVermittlG[3].

562 Was die Unwirksamkeitsfolge nach § 4a Abs. 2 S. 2 WoVermittlG angeht, so tritt Nichtigkeit bei einem **auffälligen Missverhältnis** von Leistung und Gegenleistung ein. Von einem auffälligen Missverhältnis ist jedenfalls dann auszugehen, wenn das vereinbarte Entgelt den objektiven Wert der Einrichtung oder des Inventarstücks um mehr als 50 % überschreitet[4].

Bei Überschreiten dieser **Wertgrenze** ist die Vereinbarung über das Entgelt nach § 4a Abs. 2 S. 2 WoVermittlG nicht insgesamt unwirksam, sondern bleibt nach Auffassung des BGH mit dem rechtlich unbedenklichen Teil aufrechterhalten[5].

Präzisierend stellt das AG Hamburg-Blankenese[6] fest, dass die Vereinbarung nicht insoweit unwirksam ist, als der Abstand den Wert der Einrichtungsgegenstände übersteigt, sondern allenfalls insoweit, als der Abstand den Wert der Einrichtungsgegenstände um mehr als **50 %** überschreitet. Dies ist ebenfalls den Entscheidungsgründen des BGH zu entnehmen[7].

563 Wichtig ist der Hinweis, dass den Nachmieter die **Darlegungs- und Beweislast** bei Ablösevereinbarungen dafür trifft, dass die vom Vormieter angege-

---

1 BGH, DWW 1997, 220 f. = WuM 1997, 380 ff. = JZ 1998, 99 ff. mit Anm. v. *Lange* = MDR 1997, 721 f. = GE 1997, 796 ff.
2 Ablehnend: *Eisenhardt*, WuM 1997, 415, 417 ff.
3 *Eisenhardt*, WuM 1997, 415, 418; *Sternel*, Mietrecht aktuell, Rz. 125.
4 BGH, DWW 1997, 220 f. = WuM 1997, 380 ff. = MDR 1997, 721 f.
5 BGH, DWW 1997, 220 f.; anderer Ansicht und für volle Unwirksamkeit: LG Berlin, GE 1997, 557 ff.
6 AG Hamburg-Blankenese, HambGE 1997, 287 f.
7 BGH, DWW 1997, 220 f.; ebenso: *Eisenhardt*, WuM 1997, 415, 419.

benen Anschaffungs- oder Herstellungskosten nicht zutreffen und deshalb ein Verstoß gegen § 4a Abs. 2 S. 2 WoVermittlG vorliegt[1]. Beim Kostenansatz ist auf den Anschaffungspreis zum damaligen tatsächlichen Anschaffungszeitpunkt abzustellen, nicht auf den Neupreis, der gegenwärtig zu entrichten wäre. Diesen Unterschied muss der Rechtsanwalt des darlegungspflichtigen Mieters bedenken. Ein entsprechender Hinweis an einen Gutachter ist daher unumgänglich.

Was die **Höhe** der festzusetzenden **Abgeltungen** für übernommene **Einrichtungen** und Inventargegenstände angeht, so gibt es keine gesetzlichen Vorgaben. Eine Bestimmung, nach der Einbauten und wertverbessernde Maßnahmen des Mieters in 10 Jahren abgewohnt sind, gibt es nicht. Ein derartiger Abwohnschlüssel gilt nur, wenn er bei Erteilung der Erlaubnis zu der betreffenden Maßnahme vereinbart worden ist. Ist dies nicht der Fall, muss man sich über die Größenordnung der zu erstatten Kosten einigen bzw. einen Sachverständigen mit der Ermittlung der Kostenansätze beauftragen. Der Sachverständige muss die ansatzfähigen Kosten durch Schätzung nach § 287 ZPO feststellen. In einer Entscheidung vom 6. Mai 2004 stellt das Kammergericht[2] klar, dass es bei der Bewertung des Einrichtungsgegenstandes nicht allein auf den Zeitwert ankommt, also auf einen Preis, wie er etwa auf einem Gebrauchtwarenmarkt zu erzielen wäre. Vielmehr sei auf den **Gebrauchswert in der konkreten Wohnung** abzustellen. Dieser Gebrauchswert wird deutlich höher als der objektive Zeitwert angesetzt. Denn dem Nachmieter blieben neben der Neuanschaffung von Möbeln auch Kosten für Transport und Einbau erspart. 564

Weil § 539 Abs. 1 BGB auch bei der Wohnraummiete vertraglich abgeändert werden kann, ist die Regelung von Verwendungsersatzansprüchen des Mieters durch Formularklauseln schon im Mietvertrag üblich. Dafür gilt: **Sonstige Aufwendungen** erfolgen in der Regel für die Zwecke des Mieters. Der Vermieter hat ein berechtigtes Interesse daran, dass sie ihm nicht im Wege des Ersatzanspruches aufgedrängt werden. Entsprechende Ausschlussklauseln sind daher nach § 307 BGB wirksam[3]. 564a

Verfallsklauseln, die bei der vorzeitigen Vertragsbeendigung Ersatzansprüche ausschließen sollen, sind aber **unwirksam**. Stellen sie darauf ab, dass die Auflösung des Vertrags vom Mieter zu vertreten ist, so stehen sie der Vereinbarung einer Vertragsstrafe gleich, die im Wohnraummietrecht unzulässig ist (§ 555 BGB). Im nichtkaufmännischen Verkehr legt innerhalb der Gewerbemiete ein Verstoß gegen § 309 Nr. 6 BGB vor. Auch unter Kaufleuten dürften derartige Klauseln nach § 307 unwirksam sein, da sie generell geeignet sind, den Mieter unangemessen zu benachteiligen. Erst 564b

---

1 KG, GE 1998, 40 f.
2 KG, Urt. v. 6.5.2004 – 8 U 314/03, Grundeigentum 2004, 814 = KGR Berlin 2004, 570.
3 *Langenberg* in Schmidt-Futterer, § 539 BGB, Rz. 20; *Wolf/Eckert/Ball*, Handbuch des gewerblichen Miet-, Pacht- und Leasingrechts, 9. Auflage 2004, Rz. 1257, S. 377 f.

recht sind deshalb Verfassklauseln unzulässig, die Ersatzansprüche bei vorzeitiger Vertragsbeendigung aus jedwedem Grund, und damit auch für die Fälle ausschließen, in denen der Grund für die Auflösung beim Vermieter liegt[1].

564c Nach diesen Grundsätzen ist die Klausel

> „im Falle der Auflösung des Mietverhältnisses, gleichgültig aus welchem Rechtsgrund, besteht keinerlei Wertersatzanspruch gegenüber dem Vermieter für bauliche Veränderungen, Instandsetzungen, Einbauten, Türen und Schönheitsreparaturen ..."

nicht zu beanstanden. Denn sie schützt den Vermieter vor Ansprüchen aus Investitionen, die der Mieter allein im Interesse seines Nutzungszwecks vorgenommen hat, und damit vor aufgedrängter Bereicherung; auch bei hohen Investitionen ist die Abrede nicht zu beanstanden, da ihnen die erheblichen, zum Teil gleich hohen Kosten gegenüberstehen, die der Mieter aufwenden müsste, um den ursprünglichen Zustand wieder herzustellen[2].

564d Generell kann der Mietvertrag die Berechtigung des Mieters enthalten, das Mietobjekt nach seinen Vorstellungen und auf seine Kosten zu gestalten. Zum einen genehmigt der Vermieter damit Aus- und Umbauten, zum anderen ist damit ein **Aufwendungsersatzanspruch des Mieters ausgeschlossen**. Denn der Vermieter verbindet mit der Zustimmung in aller Regel nicht auch noch die zusätzliche Vorstellung, die Arbeiten erfolgten für ihn oder er müsse die Arbeiten auch noch bezahlen[3]. Dieser Ausschluss bekommt besonderes Gewicht, wenn der Mieter sich verpflichtet, bei Ende des Mietverhältnisses die Ein- oder Umbauten zu entfernen und den früheren Zustand wieder herzustellen. Der Vermieter macht durch diese Absprache deutlich, dass er keine Aufwendungen aufgedrängt erhalten will.

⮕ **Hinweis:**

Ist im Mietvertrag die Verpflichtung des Mieters festgelegt, bestimmte Aus- oder Umbaumaßnahmen vorzunehmen, handelt es sich um die Übernahme einer neben die Miete tretenden, zusätzlichen geldwerten Leistung. Sie ist im Zweifel als Teil des Überlassungsentgelts zu betrachten. Diese Einordnung der Investition des Mieters schließt schon

---

1 Langenberg, a.a.O., Rz. 21 sowie Rz. 19 für die Möglichkeit, durch Individualvereinbarungen im Einzelfall derartige Abreden zu treffen; zu den gesetzlichen Ansprüchen des Mieters auf Ersatz von Aufwendungen bei vorzeitiger Vertragsbeendigung: Langenberg, a.a.O., Rz. 52 ff.
2 OLG Karlsruhe, Urt. vom 31.10.1985 – 15 U 129/94, NJW-RR 1986, S. 1394 ausdrücklich für die Wohnraummiete.
3 Dazu BGH, Urt. vom 13.6.2007 – VIII ZR 387/04, MDR 2007, 1123 = ZMR 2007, 684 = NZM 2007, 682 = NJW-RR 2007, 1309.; OLG München, NJW-RR 1997, S. 650; KG Berlin, GE 1986, S. 497; BGH, NJW 1968, S. 888.

begrifflich Aufwendungsersatzansprüche aus[1]. Wird der Mietvertrag so wie vertraglich vorgesehen durchgeführt, insbesondere über die in aller Regel bestimmte feste Laufzeit, so steht dem Mieter daher bei Mietende weder ein Anspruch auf Ersatz des Zeitwerts seiner Investitionen noch auf Ausgleich der Werterhöhung des Mietobjekts zu[2].

Da es sich um Vereinbarungen ohne Regelungen über den Parteiwechsel selbst handelt, diese vielmehr auf einem bereits entschiedenen und konsensfähigen Parteiwechsel aufbauen, kommt es nicht darauf an, ob der Vermieter den Abreden zwischen Vormieter und Nachmieter zugestimmt hat oder damit nicht einverstanden ist. Der Vermieter hat seine Rechte aus dem alten und dem neuen Mietvertrag gegenüber den Parteien. Seine Rechte werden durch Vereinbarungen von Abstandszahlungen nicht berührt[3]. Dies gilt auch bei Abstandsvereinbarungen für nicht abgewohnte Schönheitsreparaturen[4]. 565

2. Gesetzliche Ansprüche des Vormieters gegen den Nachmieter

Existieren Vereinbarungen zwischen Vormieter und Nachmieter anlässlich der Übergabe der Mietsache nicht, so geben erlaubte Einbauten oder Umbauten der Mietsache dem Vormieter **keinen Anspruch** auf Ersatz der Aufwendungen. Nach Ansicht des OLG München[5] ergibt sich ein solcher Aufwendungsersatzanspruch weder aus § 539 Abs. 1 BGB noch aus §§ 994 f., 683 S. 1, 670, 812, 822 BGB. Ebenfalls besteht kein Anspruch auf den Mehrerlös, den der Dritte nach Eintritt in den Mietvertrag durch erlaubte Weitervermietung erzielt. 566

---

1 *Langenberg*, a.a.O., Rz. 18.
2 BGH, Urt. vom 8.11.1995 – XII ZR 202/94, ZMR 1996, S. 122 = WuM 1996, S. 1265; zu den Rechten des Mieters bei vorzeitiger Vertragsbeendigung im Falle eines Ausschlusses seiner Aufwendungsersatzansprüche vgl.: BGH, Urt. vom 5.10.2005 – XII ZR 43/02, MDR 2006, S. 505 = NZM 2006, S. 15; *Langenberg*, a.a.O., § 539 BGB, Rz. 19 mit zahlreichen weiteren Nachweisen.
3 LG Berlin, GE 1998, 183; LG Bückeburg, ZMR 1998, 779 f.
4 OLG Düsseldorf, NJW-RR 1992, 1428 f.; LG Berlin, GE 1998, 183.
5 OLG München, NJW-RR 1994, 1100 f.

L. Betriebskosten

	Rz.
I. Begriff der Betriebskosten	1
1. Allgemeines	2
a) Subjektive Abgrenzung	7
b) Sachliche Abgrenzung	8
aa) Verwaltungskosten	9
bb) Instandhaltungs- und Instandsetzungskosten	13
cc) Kapital-, Finanzierungs- und Baukosten	15
c) Laufende Kosten	19
d) Tatsächliche Entstehung	20
II. Die einzelnen Betriebskostenpositionen	24
1. Laufende öffentliche Lasten des Grundstücks	24
2. Kosten der Wasserversorgung	30
a) Kosten des Wasserverbrauchs	32
b) Grundgebühren	36
c) Zählerkosten	38
d) Kosten der Eichung	40
e) Kosten der Berechnung und Aufteilung auf einzelne Nutzer	44
f) Hauseigene Wasserversorgungsanlage	45
g) Kosten einer Wasserbereitungsanlage einschl. der Aufbereitungsstoffe	47
h) Anzurechnende Einnahmen	49
3. Kosten der Entwässerung	50
4. Kosten des Betriebs des Personen- oder Lastenaufzuges	58
a) Betriebsstrom	61
b) Beaufsichtigung, Bedienung, Überwachung und Pflege der Anlage	63
c) Prüfung der Betriebssicherheit	66
d) Reinigung der Anlage	74
e) Gemischte Nutzung	75
5. Kosten der Straßenreinigung und Müllbeseitigung	76
a) Straßenreinigung	77
aa) Öffentliche Straßenreinigung	78
bb) Private Straßenreinigung	82
b) Müllbeseitigung	86
6. Kosten der Gebäudereinigung und der Ungezieferbekämpfung	97
a) Gebäudereinigung	98
b) Ungezieferbekämpfung	107
7. Kosten der Gartenpflege	111
8. Kosten der Beleuchtung	121
9. Kosten der Schornsteinreinigung	128
10. Kosten der Sach- und Haftpflichtversicherung	130
11. Hauswart	138
a) Ansatzfähige Tätigkeiten	138
b) Umlegbare Kosten	145
c) Gebot der Wirtschaftlichkeit	148
d) Modalitäten der Abrechnung	152
12. Kosten des Betriebs der Gemeinschaftsantennenanlage	153
13. Kosten des Betriebs der mit einem Breitbandkabelnetz verbundenen privaten Verteilanlage	156
14. Kosten des Betriebs der Einrichtungen für die Wäschepflege	159
15. Sonstige Betriebskosten	167
III. Betriebskosten bei preisfreiem Wohnraum	174
1. Vereinbarung der Umlagefähigkeit	174
a) Bezugnahmeregelungen	182
b) Umlage sonstiger Betriebskosten	187
c) (Stillschweigende) Änderung der Umlagevereinbarung	191
d) Einseitige Änderung der Umlagevereinbarung	200
aa) Mehrbelastungsklausel bei Teilinklusivmiete	200
bb) Mehrbelastungsklausel bei Nettomiete	204
cc) § 556a Abs. 2 BGB	206
dd) Neue Betriebskosten infolge Modernisierung	209

	Rz.
e) Vorauszahlungen	216
f) Rechtsfolge unwirksamer Umlagevereinbarungen	221
2. Pflicht zur Abrechnung	224
a) Schuldner der Abrechnungspflicht (Vermieterwechsel)	225
b) Fälligkeit des Abrechnungsanspruchs	228
c) Form der Abrechnung	231
d) Zugang innerhalb der Abrechnungsfrist, § 556 Abs. 3 BGB	232
e) Verschuldeter Ablauf der Abrechnungsfrist	240
aa) Vorbereitung der Abrechnung	242
(1) Zurechnung des Verhaltens Dritter	244
(2) Verspätete Vorlage von Belegen/Rechnungen	248
(a) Streitigkeiten mit den Leistungsträgern	253
(b) Abrechnungsfehler der Versorgungsunternehmen	257
(3) Verweigerte Herausgabe von Belegen durch den Voreigentümer, Zwangsverwalter oder vorherigen Verwalter	261
(4) Streitigkeiten über Vorjahresabrechnung	266
(5) Störungen in der Organisation des Vermieters	269
bb) Abrechnung bei Eigentumswohnungen	273
(1) Ausgangslage	274
(2) Fehlende oder angefochtene Beschlussfassung der Eigentümergemeinschaft	277
(a) Mangelnde Einberufung einer Eigentümerversammlung	278
(b) Fehlerhafte Abrechnung	282
(c) Angefochtene Abrechnung	285
cc) Verlust der Abrechnung auf dem Postweg	286
dd) Nachholung entschuldigter Versäumnisse	288
ee) Umfang der Ausschlusswirkung	290
ff) Rechtsfolgen der Ausschlusswirkung	293
3. Formelle Anforderungen an die Abrechnung	298
a) Angabe der Abrechnungsperiode	302
b) Angabe des Vermieters	307
c) Angabe des Mieters	310
d) Angabe des Mietobjektes	312
e) Zusammenstellung der Gesamtkosten	314
aa) Bezeichnung der Positionen	315
bb) Angabe der Gesamtkosten und Darstellung von Vorberechnungen	319
cc) Weitere Erläuterungen	326
f) Angabe und Erläuterung der Umlageschlüssel	329
g) Berechnung des Anteils des Mieters	335
h) Abzug der Vorauszahlungen	337
i) Fälligkeit des Saldos	342
j) Anspruch auf Neuerteilung der Abrechnung	343
k) Durchsetzbarkeit des Saldos	345
l) Beispiel einer Abrechnung	347
4. Inhalt der Abrechnung	349
a) Richtige Kostenerfassung	349
aa) Kostenabgrenzung	350
bb) Aperiodische Kosten	357
cc) Wirtschaftseinheiten und Abrechnungskreise	361
dd) Eigenleistungen des Vermieters und des Mieters	371
(1) Eigenleistungen des Vermieters	372
(2) Eigenleistungen des Mieters	378
b) Gebot der Wirtschaftlichkeit	380
aa) Auswirkungen von Verstößen	381
bb) Kostenkontrolle	384
cc) Darlegungs- und Beweislast	386
dd) Weitere Aspekte des Wirtschaftlichkeitsgebots	389
ee) Fallbeispiele zum Wirtschaftlichkeitsgebot	392
c) Mieterwechsel während der Abrechnungsperiode	395

		Rz.
d)	Umlageschlüssel	400
aa)	Mietverträge über preisfreien Wohnraum seit 1.9.2001	401
bb)	Mietverträge über preisfreien Wohnraum vor dem 1.9.2001	408
cc)	Änderung festgelegter Verteilerschlüssel	411
(1)	Allgemeines	411
(2)	Gesetzliche Änderungsrechte	417
(a)	§ 556a Abs. 2 BGB	418
(b)	§ 313 Abs. 1 BGB	421
(c)	Änderungspflicht aus § 242 BGB	426
(d)	Leerstand	431
(3)	Vertraglicher Änderungsvorbehalt	435
dd)	Einzelne Umlageschlüssel	440
(1)	Anzahl der Mietobjekte	441
(2)	Nutz-/Wohnfläche	444
(3)	Umbauter Raum	455
(4)	Miteigentumsanteile	457
(5)	Anzahl der Nutzer (Personenschlüssel)	461
(6)	Verbrauchserfassung	467
(a)	Vereinbarung der verbrauchsabhängigen Abrechnung	468
(b)	Richtige Messtechnik	473
(c)	Verteilung von Messdifferenzen	479
(d)	Hindernisse bei der verbrauchsabhängigen Abrechnung	482
e)	Besonderheiten bei bestimmten Mietobjekten oder Leistungen	484
aa)	Abrechnung bei Eigentumswohnungen	485
bb)	Erläuterungsbedarf	490
(1)	Vorverteilung	496
(a)	Gemischte Nutzung	498
(aa)	Grundsteuer	509
(bb)	Versicherungen	514
(cc)	Entwässerung/Niederschlagswasser	516
(dd)	Sonstige Verbrauchskosten	517
(aaa)	Kosten für Strom	519
(bbb)	Kosten für Wasser	521

		Rz.
(ccc)	Kosten für Entwässerung (Brauchwasser)	522
(ddd)	Kosten für Müllentsorgung	523
(b)	Nicht umlagefähige Kostenanteile	529
(aa)	Hauswart (Hausmeister)	530
(bb)	Wartungsverträge	536
(2)	Außergewöhnliche Erhöhung einzelner Kosten	540
(a)	Verbrauchskosten	542
(b)	Nachbelastung von Betriebskosten	544
(aa)	Nachbelastung nach Ausgleich des Saldos	545
(bb)	Nachbelastung nach Ablauf der Abrechnungsfrist	546
(cc)	Nachbelastung wegen nicht periodengerechter Zahlung	549
5.	Einwendungsausschluss	557
a)	Anwendbarkeit	557
b)	Fristberechnung	558
c)	Verschulden	562
d)	Erheben von Einwendungen	568
e)	Umfang der Ausschlusswirkung	573
f)	Rechtsfolgen	577
6.	Ausübung der Kontrollrechte durch den Mieter	579
a)	Ort der Belegprüfung	580
b)	Geltendmachung der Einsichtnahme	587
c)	Zeitliche Komponenten der Belegprüfung	592
aa)	Belegprüfung und Saldoklage des Vermieters	592
bb)	Durchführung des Termins	595
d)	Vorbereitung und Mitwirkung des Vermieters	599
e)	Umfang der Belegeinsicht	604
f)	Durchführung des Termins	608
g)	Auswertung der Belegprüfung	617
aa)	Unvollständige Belege	618
bb)	Auswertung der Belege	621
(1)	Welches Resultat ergibt die materielle Auswertung?	623

	Rz.
(2) Wie und in welchem Umfang muss gegenüber dem Vermieter reagiert werden?	631
(3) Welche zusätzlichen Maßnahmen sind zu treffen?	636
7. Schuldanerkenntnis durch Ausgleich des Saldos?	640
8. Zurückbehaltungsrecht	642
a) Abrechnungssäumigkeit des Vermieters	645
b) Verweigerte oder fehlerhafte Einsicht in die Abrechnungsbelege	654
9. Rückforderung von Vorauszahlungen	658
a) Während des laufenden Mietvertrages	659
b) Nach beendetem Mietvertrag	667
aa) Vertraglicher Ausschluss	672
bb) Praktische Vorbeugung	677
cc) Verteidigung des Vermieters im Prozess	680
10. Verjährung	685
a) Ansprüche des Vermieters	686
b) Ansprüche des Mieters	690
c) Allgemeine Regeln für die Verjährung	693
aa) Beginn der Verjährung	694
bb) Verlängerung der Verjährungsfristen durch besondere Umstände	698
(1) Hemmung durch gerichtliche Maßnahmen	699
(2) Verhandlungen i.S.v. § 203 BGB	702
11. Verwirkung	709
12. Abweichende Vereinbarungen zu Betriebskosten	714
13. Klage auf Abrechnung	715
IV. Besonderheiten bei preisgebundenem Wohnraum	722
1. Kosten der Einrichtung der Wäschepflege	724
2. Mietstruktur	725

	Rz.
3. Fälligkeit der Nachforderung	732
4. Neue Betriebskosten	734
5. Form der Abrechnung	735
6. Gemischte Nutzung	737
7. Nachbelastung	740
8. Geltung der Einwendungsfrist?	742
9. Ausübung des Kontrollrechts	744
10. Umlageschlüssel	753
a) Wirtschaftseinheit	754
b) Anzahl der Mietobjekte	755
c) Flächenschlüssel	756
d) Anzahl der Nutzer (Personenschlüssel)	757
e) Verbrauchserfassung	758
V. Nebenkosten bei der Gewerberaummiete	759
1. Pflicht zur Abrechnung	762
2. Vorbereitung der Belegprüfung	767
a) Umlagevereinbarung	767
b) Vom Katalog des § 2 BetrKV abweichende Kosten	771
c) Einbeziehung anderer vertraglicher Regelungen	781
d) Stillschweigende Änderung der Umlagevereinbarung	785
e) Kann Umsatzsteuer verlangt werden?	787
3. Besonderheiten bei der Belegprüfung	792
a) Kostenerfassung und Vorermittlung	792
b) Besondere Probleme von Umlageschlüsseln	801
c) Belegeinsicht	805
4. Checkliste: Prüfung der Abrechnungsvoraussetzungen	807
VI. Einzelne Probleme zu Heiz- und Warmwasserkosten	808
1. Anspruch auf verbrauchsabhängige Abrechnung	809
2. Umlegbare Kosten	818
a) Brennstoffkosten	822
aa) Ölheizung	822
bb) Fernwärme	824
cc) Wärmecontracting	825

	Rz.		Rz.
dd) Kombinierte Heiz- und Warmwasseranlage	831	cc) Heizkostenverteiler nach dem Verdunstungsprinzip	866
ee) Gebot der Wirtschaftlichkeit	834	dd) Warmwasserzähler	867
b) Betriebsstrom	835	ee) Andere geeignete Ausstattungen	868
c) Bedienungskosten	839	ff) Zusätzliche Anforderungen zur Verbrauchserfassung	869
d) Kosten der regelmäßigen Prüfung der Betriebsbereitschaft und der Betriebssicherheit einschl. der Einstellung durch einen Fachmann	843	c) Mängel im Messsystem	877
		aa) Skalierungsfehler	880
		bb) Montagefehler	881
e) Kosten der Reinigung der Anlage	844	d) Einfluss von Gebäudemängeln	883
f) Kosten der Anmietung oder anderen Art der Gebrauchsüberlassung einer Ausstattung zur Verbrauchserfassung	845	4. Plausibilitätskontrolle	887
		5. Darstellung der Abrechnung	890
		6. Mieterwechsel während der Abrechnungsperiode	891
g) Kosten der Abrechnung	849	7. Kürzungsrecht	894
h) Sonstige Kosten	851	**VII. Die unterlassene oder verweigerte Ablesung**	902
3. Umlagemaßstab	853		
a) Grundkosten	856	1. Ausgangssituation	902
b) Verbrauchskosten	861	2. Rechtliche Aspekte	905
aa) Wärmezähler	864		
bb) Heizkostenverteiler mit elektrischer Messgrößenerfassung	865		

I. Begriff der Betriebskosten

Die Rechtsgrundlagen der Betriebskosten haben sich seit 1.9.2001 sukzessive geändert. Zunächst wurde § 556 Abs. 1 BGB eingeführt, der zunächst auf § 19 WoFG verwies und heute die Betriebskosten für den preisfreien Wohnraum originär definiert. Vor dem 1.9.2001 galt jedenfalls über entsprechende Vereinbarungen § 27 II. BV bzw. dessen Anlage 3. Mit der Einführung der BetrKV wurde die Anlage 3 zu § 27 II. BV aufgehoben[1]. Für den materiellen Gehalt der Betriebkosten hat sich dadurch grundsätzlich nichts geändert. Allenfalls bei der Interpretation der Umlagevereinbarung muss die Historie berücksichtigt werden.

1. Allgemeines

Nach der Definition des § 556 Abs. 1 BGB sind Betriebskosten die Kosten, die dem Eigentümer durch das Eigentum am Grundstück oder den bestimmungsgemäßen Gebrauch des Gebäudes, der Nebengebäude, Anlagen, Einrichtungen und des Grundstücks laufend entstehen. Die wesentlichen Po-

---

[1] BGBl I 2003 S. 2346.

sitionen sind dabei in der (seit 1.1.2004 aufgehobenen) Anlage 3 zu § 27 II. BV bzw. § 2 BetrKV zusammengefasst.

3 Gem. § 535 Abs. 1 S. 3 BGB hat der Vermieter die Lasten, die auf der Mietsache ruhen, zu tragen. Lasten sind die auf der Sache liegende Verpflichtung zu Leistungen, die aus der Sache zu entrichten sind und den Nutzungswert mindern[1]. Hierunter fallen insbesondere Grundsteuer, kommunale Abgaben, Kapitalkosten und Dienstbarkeiten. Ein Blick in die Betriebskostenverordnung (BetrKV) zeigt aber bereits, dass der Begriff der Betriebskosten nicht nur Lasten umfasst. Vielmehr gehören nach den §§ 556 Abs. 1 BGB, 1 BetrKV, 27 II. BV zu den Betriebskosten diejenigen Kosten, die dem Eigentümer durch das Eigentum am Grundstück oder durch den bestimmungsgemäßen Gebrauch des Gebäudes (oder der Wirtschaftseinheit), der Nebengebäude, Anlagen, Einrichtungen und des Grundstücks laufend entstehen.

4 Demnach charakterisieren die Betriebskosten im Wesentlichen drei Tatbestandsmerkmale:
– Entstehung durch bestimmungsgemäßen Gebrauch der Immobilie oder ihrer Nebenanlagen;
– die Kosten müssen tatsächlich entstehen;
– die Kosten müssen laufend entstehen.

5 Schon auf den ersten Blick wird ersichtlich, dass die Definition auch Instandhaltungs- und Instandsetzungskosten ebenso erfassen kann wie Verwaltungskosten, jedenfalls wenn sie laufend entstehen. Diese Kostenarten sind aber ausdrücklich von den „Betriebskosten" ausgeschlossen, wie die §§ 1 Abs. 2 BetrKV, 27 II. BV deutlich machen.

6 Ob eine Kostenposition den Betriebskosten zugeordnet werden kann, ist insbesondere relevant bei der Frage, ob sonstige Betriebskosten i.S.v. § 2 Nr. 17 BetrKV vorliegen. Deshalb sind die Abgrenzungsmerkmale herauszuarbeiten:

a) Subjektive Abgrenzung

7 § 556 Abs. 1 BGB setzt voraus, dass die Kosten dem Eigentümer oder Erbbauberechtigten entstehen. Dass führt aber nicht dazu, dass dem Vermieter, der nicht Eigentümer ist, keine Betriebskosten entstehen können. Sieht der Mietvertrag mit einem **Nießbraucher** oder Zwischenvermieter die Umlage der Betriebskosten vor, gilt die Definition des § 556 Abs. 1 BGB entsprechend.

b) Sachliche Abgrenzung

8 Das Erfordernis der Entstehung der Kosten durch das **Eigentum** (bzw. das Erbbaurecht) oder den **bestimmungsgemäßen Gebrauch** der Immobilie oder

---

[1] Palandt/*Heinrichs*, § 103 Rz. 1.

ihrer Nebenanlagen macht deutlich, dass die Kosten objektbezogen sein müssen. Personenbezogene Kosten, wie etwa die Rechtsschutz- oder persönliche Haftpflichtversicherung des Vermieters, lassen sich nicht auf den bestimmungsgemäßen Gebrauch des Grundstücks zurückführen. Ebenso werden damit Kosten für „sachfremde Aufwendungen", wie z.b. für Sozialbetreuer der Mieter und Mieterinformationen, ausgegrenzt.

aa) Verwaltungskosten

Als Verwaltungskosten sind nach der Definition in § 26 Abs. 1 II. BV die Kosten zu verstehen, die der Vermieter selbst oder durch Arbeitskräfte (Personal), ggf. mit Hilfe von Einrichtungen (Büroausstattung) aufwenden muss, um die kaufmännischen und rechtlichen Angelegenheiten im Zusammenhang mit der Immobilie bzw. dem Grundstück abzuwickeln. Hierzu gehören auch die Kosten der Aufsicht über Grundstück und Gebäude[1]. 9

Ausnahmsweise können Abrechnungskosten, die grundsätzlich Verwaltungskosten sind, nur in den ausdrücklich zugelassenen Fällen umgelegt werden. Dies ist nach § 7 Abs. 2 HeizkV, für Kaltwasserkosten gemäß § 2 Nr. 2 BetrKV sowie für Kosten der Müllentsorgung, wenn Müllmengenerfassungsanlagen vorhanden sind, der Fall. Diese Ausnahmen können aber nicht verallgemeinert werden[2], so dass die Kosten, die für einen **Abrechnungsservice** aufgewendet wurden, der die Betriebskostenabrechnung erstellt hat, nicht umgelegt werden können[3]. Das Gleiche soll für die Kosten einer Zwischenablesung gelten, obwohl sie durch § 9b HeizkV ausdrücklich angeordnet ist und daher Kosten der Abrechnung i.S.v. § 7 Abs. 2 HeizkV sind. 10

Verwaltungskosten können als fester **Bestandteil der Nettokaltmiete** vereinbart[4], bei Wohnraummietverhältnissen aber nicht im Umlageverfahren auf Vorauszahlungsbasis erhoben werden[5], was sich schon aus § 556 Abs. 4 BGB ergibt. Umso mehr sind entsprechende Formularklauseln unwirksam[6]. Als fester Betrag gehen die Verwaltungskosten in einer (späteren) Mieterhöhung nach § 558 ff. BGB auf. 11

Diese Einschränkungen der Vertragsfreiheit gelten aber nicht für Vereinbarungen, die nach Überlassung der Mietsache getroffen werden. Denn für **Nachträge** gilt § 556 Abs. 4 BGB grundsätzlich nicht[7]. 12

---

1 *Langenberg*, A Rz. 21.
2 AG Köln, ZMR 1996, 169.
3 LG Hamburg, HKA 2000, 36.
4 OLG Karlsruhe, WuM 1988, 204, 205.
5 AG Köln, ZMR 1996, 269.
6 LG Braunschweig, WuM 1996, 283.
7 *Lützenkirchen/Dickersbach*, ZMR 2006, 821; a.A. für das alte Recht: OLG Karlsruhe, WuM 1988, 204 zu §§ 4, 10 MHG.

bb) Instandhaltungs- und Instandsetzungskosten

13 Im allgemein verstandenen Sinn umfasst der **Instandhaltungsbegriff** die Aufrechterhaltung eines ordnungsgemäßen Zustandes zur Vermeidung von Schäden und die Beseitigung von Gebrauchsbeeinträchtigungen aufgrund üblicher Abnutzung. Umfassend kann man den Begriff mit demjenigen von vorbeugenden Maßnahmen gleichsetzen[1]. Speziell fallen darunter **Wartungsarbeiten**, die in den ausdrücklich durch § 2 BetrKV zugelassenen Fällen und dort umlagefähig sind, wo sie den Begriff der Betriebskosten (z.B. technische Überprüfung von Elektroleitungen[2]) erfüllen.

14 Unter der **Instandsetzung** wird allgemein die Schadensbeseitigung durch Wiederherstellung eines ordnungsgemäßen Zustandes verstanden. Da sich diese Leistungen regelmäßig im konkreten Einzelfall ergeben, erfüllen sie bereits nicht das Merkmal der „laufenden Kosten". Gleichwohl bestehen Abgrenzungsprobleme, wenn der Vermieter sog. **Vollwartungsverträge** unterhält, wie sie z.B. bei den **Kosten des Aufzuges** (vgl. *Rz. 58*) vorkommen. Hier sind die auf die Instandsetzung entfallenden Kostenanteile herauszurechnen.

cc) Kapital-, Finanzierungs- und Baukosten

15 **Kapitalkosten** sind keine Betriebskosten, weil sie nicht durch den bestimmungsgemäßen Gebrauch veranlasst sind. Zinsbelastungen des Vermieters sind daher nie Betriebskosten. Dies gilt insbesondere für Erbpachtzinsen[3], Erbauzinsen[4] oder für einmalige bzw. verrentete Gebühren aus dem Anschluss an öffentliche Versorgungs- oder Entsorgungseinrichtungen oder Anliegerbeiträge auch für Kabelanschlussgebühren. Erst recht gilt dies für **Finanzierungskosten**, die für die Anschaffung von Betriebsmitteln verwendet werden[5]. Denn auch die **Bau- und Anschaffungskosten** erfüllen nicht das Tatbestandsmerkmal der „laufenden" Kosten.

16 **Ausnahmen** werden zugelassen, wenn die Anschaffung mittelfristig bei wirtschaftlicher Betrachtung der **Reduzierung von Hand- bzw. Lohnarbeiten** dient oder die Vergabe von Fremdarbeit erspart (z.B. fahrbarer Rasenmäher[6]). Dogmatisch, also mit Rücksicht auf die Definition der Betriebskosten, lässt sich diese Auffassung nicht begründen. Vielmehr ist sie ergebnisorientiert und von dem Wunsch getragen, den Vermieter zu motivieren, die Belastung des Mieters im Ergebnis zu reduzieren. Dieser Tendenz muss schon deshalb entgegengewirkt werden, um eine Verwässerung des Betriebskostenbegriffs zu vermeiden. In der Regel wird auch eine Verletzung des Gebots der Wirtschaftlichkeit (vgl. dazu *Rz. 380*) vorliegen. Denn ist der Einsatz von Hand- und Lohnarbeit gegenüber gleicher Leis-

---

1 OLG Köln, ZMR 1994, 158.
2 BGH v. 14.2.2007 – VIII ZR 123/06, WuM 2007, 198 = GE 2007, 439.
3 AG Osnabrück, WuM 1985, 344.
4 LG Osnabrück, WuM 1987, 267.
5 AG Siegburg, WuM 1985, 345.
6 AG Schöneberg, NZM 2001, 808; vgl. auch AG Lichtenberg, MM 2003, 246.

tung unter Einsatz von Maschinen teurer, kann der Vermieter nur die Kosaten für die preiswertere Leistung berechnen.

Anders verhält es sich mit **Reinigungsmitteln**, weil die Reinigung durch den bestimmungsgemäßen Gebrauch veranlasst ist und dabei laufend Reinigungsmittel benötigt werden (vgl. im Einzelnen Rz. 98), so dass es sich um Kosten der Säuberung nach § 2 Nr. 9 BetrKV handelt. Auch aus den übrigen in § 2 BetrKV ausdrücklich erwähnten Anschaffungskosten (z.B. Nr. 10: Erneuerung von Sand) kann nicht geschlossen werden, dass (vergleichbare) Anschaffungskosten bei anderen Positionen umlegbar wären. Eine solche Auffassung wird bereits durch § 2 Nr. 14 BetrKV widerlegt, bei dem die Tätigkeit des Hausmeisters im Zusammenhang mit Erneuerungen ausdrücklich von der Umlage ausgenommen wird. 17

Problematisch sind in diesem Zusammenhang die **Kosten der Eichung**. Regelmäßig ist es teurer, die Geräte neu zu justieren etc., zumal die notwendigen Arbeiten nicht vor Ort, sondern in der Werkstatt durchgeführt werden müssten, so dass wegen eines Zählers, der regelmäßig maximal 20 EURO kostet, die Fachkraft mehrfach zwischen Mietobjekt und Betriebsstätte hin- und herzufahren hätte. Weil dadurch höhere Kosten entstehen als für den Austausch, wird dieses Verfahren der Eichung (also der Austausch) für zulässig und damit die Kosten der Ersatzbeschaffung (ausnahmsweise) für umlegbar gehalten[1]. 18

c) Laufende Kosten

Dieses Tatbestandsmerkmal dient insbesondere zur Abgrenzung von einmaligen Ausgaben, insbesondere Bau- und sonstigen Anschaffungskosten, die gerade nicht als Betriebskosten anerkannt werden sollen. Es ist nicht erforderlich, dass die Kosten mehrfach in der Abrechnungsperiode entstehen oder zumindest in jeder Abrechnungsperiode ein Mal[2]. Auch aperiodische Kosten (z.B. Kosten der Sanderneuerung nach § 2 Nr. 10 BetrKV, Eichkosten nach § 2 Nr. 2 BetrKV) sind von der Definition des § 556 Abs. 1 BGB erfasst. Entscheidend ist allein, dass sie in **regelmäßig wiederkehrenden** Zeiträumen anfallen[3], so dass auch die alle 4 Jahre vorgesehenen technischen Prüfungen der Elektroleitungen Betriebskosten darstellen[4]. 19

d) Tatsächliche Entstehung

Mit dieser Anforderung soll der Ansatz fiktiver Kosten verhindert werden. Die Betriebskosten sind entstanden, wenn mit ihrer Berechnung sicher gerechnet werden kann. Dies ist der Fall, wenn ein Vertrag vorliegt, der die Höhe der Vergütung regelt und die Leistung erbracht wurde[5]. 20

---

1 *Schmid*, Nebenkosten, Rz. 5029.
2 A.A. LG Siegen, WuM 1992, 630.
3 BGH v. 7.4.2004 – VIII ZR 167/03, WuM 2004, 290 = NZM 2004, 417.
4 BGH v. 14.2.2007 – VIII ZR 123/06, WuM 2007, 198 = GE 2007, 439.
5 *Langenberg*, Betriebskosten, A Rz. 19.

2.1 Diese Voraussetzungen liegen bei **Eigenleistungen** des Vermieters nicht vor. Deshalb ordnet § 1 Abs. 1 Satz 2 BGB an, wie der Vermieter seine Eigenleistungen in der Abrechnung bei preisfreiem Wohnraum ansetzen kann (vgl. dazu *Rz. 371 ff.*).

2.2 Kein Problem der laufenden Entstehung ist die Frage, ob **Abschlagzahlungen des Vermieters** an den (z.B. Wasser-)Versorger oder nur der Saldo aus dessen Abrechnung angesetzt werden können[1]. Die Antwort richtet sich nicht nach der Definition der Betriebskosten, sondern nach den Grundsätzen, die für die Kostenerfassung gelten (vgl. dazu *Rz. 349 f.*).

2.3 Schließlich macht die Voraussetzung aber auch deutlich, dass der Vermieter Rabatte, Skonti oder sonstige **Preisnachlässe** an den Mieter weiterzugeben hat. Dies gilt auch für Rückvergütungen, die in der Praxis in unterschiedlichster Form vorkommen. Soweit der Vermieter derartige kick-back-Zahlungen auf den Mieter abwälzt, kann er sich sogar **strafbar** machen, wenn er sie im Prozess bestreitet[2]. § 7 Abs. 1 II. BV kann insoweit auch nicht entsprechend angewendet werden[3], und weder im preisgebundenen Wohnraum noch bei sonstigen Mietverhältnissen, bei denen eine ausdrückliche Vereinbarung über eine entsprechende Anwendung fehlt. Wegen ihres durch § 50 WoFG dokumentierten vorübergehenden Charakters können die Vorschriften des Preisbindungsrechts nicht auf sonstige Mietverhältnisse analog angewendet werden[4]. Eine Anwendung des § 7 Abs. 1 II. BV auf Betriebskosten im preisgebundenen Wohnraum scheitert an der notwendigen Lücke. Hätte der Verordnungsgeber bei den Betriebskosten die Weitergabe von Skonti verhindern wollen, hätte er bei § 27 II. BV (oder § 24 II. BV) nur auf § 7 Abs. 1 II. BV zu verweisen brauchen oder dort direkt eine weitere Formulierung wählen können. Stattdessen wurde die Einschränkung – aus gutem Grund – allein auf die Baukosten beschränkt.

II. Die einzelnen Betriebskostenpositionen

1. Laufende öffentliche Lasten des Grundstücks

2.4 Hierzu zählt vor allem die namentlich in § 2 Nr. 1 BetrKV genannte Grundsteuer. Deren Erhebung ergibt sich regelmäßig aus dem Grundbesitzabgaben- oder Grundsteuerbescheid.

2.5 Bei **Wohnungseigentum** wird die Grundsteuer konkret für die einzelne Wohnung erhoben. Selbst wenn die Parteien keinen Umlageschlüssel vereinbart haben, greift deshalb noch nicht § 556a Abs. 1 BGB mit der Folge,

---

[1] Insoweit missverständlich: *Schmid*, Nebenkosten, Rz. 1039a.
[2] BGH v. 2.4.2008 – 5 StR 129/07, GE 2009, 581.
[3] A.A. *Schmid*, Nebenkosten, Rz. 1041.
[4] So für § 24 II. BV: BGH v. 20.9.2006 – VIII ZR 103/06, WuM 2006, 613 = NZM 2006, 895 = ZMR 2006, 919, und für § 29 II. BV: BGH v. 8.3.2006 – VIII ZR 78/05, WuM 2006, 200 = NZM 2006, 340.

dass der Vermieter die Grundsteuer für die einzelne Wohnung nach Wohnfläche (und dann unter Berücksichtigung der Grundsteuer für das ganze Haus) umlegen müsste. Insoweit hat zumindest der Grundsatz Vorrang, dass sich die Kosten konkret zuordnen lassen[1]. Dieser Vorrang greift jedoch grundsätzlich nicht durch, wenn ein Umlageschlüssel konkret vereinbart wird und die Auslegung ergibt, dass auch die Grundsteuer erfasst sein soll. Dies ist der Fall, wenn die Umlagevereinbarung die Möglichkeit vorsah, für bestimmte Kostenarten einen besonderen Verteiler zu vereinbaren und davon gerade kein Gebrauch gemacht wurde[2].

Ein weiteres Problem entsteht bei einer **Anhebung der Grundsteuer**, was z.B. infolge eines Dachgeschossausbaus oder einer Aufteilung nach § 8 WEG eintreten kann. Bis zu dieser Veränderung der tatsächlichen Verhältnisse wurde die Grundsteuer einheitlich auf das Grundstück nach dem Ertrag der Rohmieten berechnet (vgl. *Rz. 509*). Durch die Erweiterung oder Aufteilung wird die Grundsteuer neu festgesetzt und führt zu einer Aktualisierung des Einheitswertes, was regelmäßig mit einer Erhöhung der Kosten verbunden ist. Gegen einen Ansatz der erhöhten Kosten kann eingewendet werden, dass gemäß § 36 Abs. 2 II. BV Bewirtschaftungskosten, die durch den Ausbau oder die Erweiterung zusätzlich entstehen, nur dem zusätzlich geschaffenen Wohn- oder Geschäftsraum zugerechnet werden dürfen. Maßgeblich ist jedoch, dass beim Ausbau des Dachgeschosses eine Veränderung (= Aktualisierung) des Einheitswertes für das gesamte Grundstück/Gebäude stattfindet, so dass sich auch die Berechnungsgrundlage für den bisherigen Bestand ändert[3]. Auch eine Erhöhung infolge Aufteilung ist nur die Folge der Ausübung der Eigentümerrechte, so dass die dadurch aktualisierten Werte angesetzt werden können. 26

Grundsteuervergünstigungen (z.B. nach den §§ 82, 92a II. WoBauG) sind an den Mieter weiterzugeben[4], so dass nur die verringerte Grundsteuer angesetzt werden kann. Zur Vermeidung eines formellen Fehlers (vgl. dazu *Rz. 298*) ist die Vorberechnung in der Abrechnung zu erläutern. 27

Ansonsten können bei den **öffentlichen Lasten** die Realkirchensteuer, Deichabgaben und ähnliche laufende öffentliche Abgaben, Gebühren oder Steuern anfallen[5], nicht jedoch Erschließungs- oder Anschlusskosten, da diese zu den Kapital- und Baukosten gehören. 28

Zu den Problemen bei **gemischter Nutzung** vgl. *Rz. 498* und bei der unvorhersehbaren **Nachbelastung von Grundsteuer** *Rz. 548*. 29

---

1 LG Berlin, WuM 2006, 34.
2 BGH, WuM 2004, 403 = NZM 2004, 580 = MietRB 2004, 282.
3 *Langenberg*, Betriebskosten, A Rz. 36; *Gies* in Hannemann/Wiegner, § 36 Rz. 36.
4 Auf Grund des 10-jährigen Förderzeitraumes ist die Regelung spätestens mit dem 31.12.1999 gegenstandslos.
5 Vgl. *Langenberg*, Betriebskosten, A Rz. 32.

2. Kosten der Wasserversorgung

30 Nach der Aufzählung in Nr. 2 des § 2 BetrKV gehören dazu:
- die Kosten des Wasserverbrauchs
- die Grundgebühren
- die Kosten der Anmietung oder anderen Art der Gebrauchsüberlassung von Wasserzählern
- die Kosten ihrer Verwendung einschl. der Kosten der Eichung sowie der Berechnung und Aufteilung
- die Kosten der Wartung von Wassermengenreglern
- die Kosten des Betriebs einer hauseigenen Wasserversorgungsanlage
- die Kosten einer Wasseraufbereitungsanlage einschl. der Aufbereitungsstoffe.

31 Die besondere Erwähnung der Kosten der Eichung sowie der Kosten der Wartung von Wassermengenreglern zum 1.1.2004 (Einführung der BetrKV) bedeutet gegenüber Nr. 2 der Anlage 3 zu § 27 II. BV nur eine Klarstellung. Soweit diese Kosten bei Alt-Mietverträgen anfallen, die unter Bezugnahme auf § 27 II. BV oder dessen Anlage 3 begründet wurden, sind die Kosten ebenfalls umlegbar, weil die Aufzählung in Nr. 2 der Anlage 3 zu § 27 II. BV nur beispielhaft war.

a) Kosten des Wasserverbrauchs

32 Ob diese Kosten nach dem **tatsächlichen Verbrauch** im Abrechnungszeitraum anzusetzen sind, bloß die an den Versorger geleiteten **Abschlagszahlungen** angesetzt werden können oder sogar eine vorläufige Rechnungserteilung des Versorgungsunternehmens noch während der Abrechnungsperiode ausreicht, richtet sich nach den Grundsätzen der Kostenerfassung.

33 Die meisten Versorgungsunternehmen stellen jedenfalls auf Verlangen eine Abrechnung zur Verfügung, die zumindest zum Jahresende (31.12.) die Kosten abgrenzt, wenn die Abrechnungsperiode des Versorgungsunternehmens nicht mit der des Mietvertrages identisch ist. Häufig werden hier sog. Simultanrechnungen erstellt. Diese Berechnungen beruhen jedoch auch nur auf einer zeitanteiligen Aufteilung, weil das Versorgungsunternehmen eben keine Zwischenablesung durchgeführt hat. Deshalb ist auch eine entsprechende individuelle Aufteilung des Vermieters ausreichend, sofern sie sachgerecht erfolgt ist.

34 Nicht erfasst werden dürfen **Mehrkosten**, die durch Defekte im Leitungssystem (Rohrbrüche[1], defekte Toilettenspülung[2]) entstanden sind. Auch wenn der Mehrverbrauch durch ein schuldhaftes Verhalten eines anderen Mieters entstanden ist, können die Kosten nicht berechnet werden, weil

---

1 AG Bergisch Gladbach, WuM 1984, 230.
2 AG Hannover v. 13.11.2008 – 514 C 7283/08, WuM 2009, 178.

insoweit ein Schadensersatzanspruch gegen den Verursacher besteht und es sich eben nicht um laufende Kosten handelt[1]. Das Gleiche gilt für den Wasserverbrauch infolge von Bauarbeiten des Vermieters. Im Zweifel sollte hier der Durchschnittsverbrauch der letzten drei bis fünf Jahre ermittelt werden, um ihn mit den Grund- und Arbeitskosten des Versorgungsunternehmers zu multiplizieren. Daraus kann der nicht umlagefähige Mehrverbrauch ermittelt werden.

Sind die Kosten nur bei **bestimmten Nutzergruppen** oder einzelnen Nutzern angefallen, kommt eine Verteilung nach Abrechnungskreisen in Betracht (vgl. *Rz. 521*). 35

b) Grundgebühren

Diese Kosten werden regelmäßig vom Versorgungsunternehmen in Rechnung gestellt für die **Vorhaltung** des Wasserwerks und des Rohrnetzes. Diese Kosten sind regelmäßig in der Verbrauchsabrechnung besonders ausgewiesen. Werden sie mit Zählerkosten zusammengefasst, sind sie dort (vgl. *Rz. 38*) ansetzbar. 36

Auch bei überwiegendem **Leerstand** und der Pflicht zur verbrauchsabhängigen Abrechnung braucht der Vermieter diese Kosten grundsätzlich nicht zu separieren, um sie gleichmäßig auf alle Einheiten zu verteilen[2]. Beruht die Abrechnungsweise auf einer vertraglichen Bestimmung ergibt sich deren Zulässigkeit bereits aus § 556a Abs. 1 Satz 2 BGB (vgl. dazu *Rz. 467 f.*) und ist eine Korrektur nur in Fällen **krasser Unbilligkeit** möglich (vgl. *Rz. 429*). 37

c) Zählerkosten

Das Versorgungsunternehmen oder ein anderer Leistungsträger kann die Zählerkosten als **Miete** oder Gebühr berechnen. Dies gilt auch für Zwischen- und Einzelwasserzähler, die der Vermieter gemietet hat. Diese Kosten sind in vollem Umfang abrechenbar, auch wenn darin Anteile für Reparatur, Eichung oder sonstige Instandhaltungsmaßnahmen enthalten sind. Eine besondere Mitteilungspflicht des Vermieters, dass er die Verbrauchserfassungsgeräte anmieten will, wie in § 4 Abs. 2 HeizkV für die Heiz- und Warmwasserkosten vorgesehen, besteht hier nicht. 38

Die Umlage der Kosten hat – vorbehaltlich abweichender Vereinbarungen – gemäß § 556a Abs. 1 S. 2 BGB nach dem (gemessenen) Verbrauch zu erfolgen und nicht nach Wohneinheit oder Anzahl der Zähler[3]. Bei **Leerstand** gelten die Ausführungen zu *Rz. 37*. 39

---

1 LG Lübeck, WuM 1991, 482.
2 LG Chemnitz v. 11.4.2008 – 6 S 437/07, NZM 2009, 154.
3 LG Berlin v. 13.1.2009 – 65 S 458/07, GE 2009, 383.

d) Kosten der Eichung

40 **Eichkosten** sind bei Geltung der BetrKV wegen der ausdrücklichen Erwähnung und bei Geltung der Anlage 3 zu § 27 II. BV als „Kosten der Verwendung" abrechenbar. Findet ein Zähleraustausch statt, sollen die Kosten bis zur Höhe der ersparten Eichkosten angesetzt werden können, sofern der Austausch als Ersatz für die Eichung anzusehen ist[1]. Diese Betrachtung ist aber mittlerweile überholt. Denn die Eichung findet regelmäßig durch Austausch der Zähler statt, weil der Aufwand für eine Eichung (Ausbau des Zählers, Verbringen des Zählers in den Betrieb zur Überprüfung, Rücktransport und Wiedereinbau) viel zu aufwendig ist und regelmäßig höhere Kosten verursacht.

41 Schließt der Vermieter eine als **Eich- und Wartungsvertrag** bezeichnete Vereinbarung, in der sich der Leistungsträger auch zum Austausch oder zur Reparatur defekter Erfassungsgeräte selbst dann verpflichtet, wenn diese Leistung vor Ablauf der Eichfrist notwendig wird, soll im Zweifel ein Abzug von 30 % gerechtfertigt sein, weil eine Umgehung des Verbots, Anschaffungskosten anzusetzen, vorliegen soll[2]. Richtigerweise muss der Vermieter konkret vortragen, in welchem Umfang die nicht umlagefähigen Anteile im Vertragspreis kalkuliert wurden. Dazu muss er im Zweifel eine entsprechende Kalkulatiuon des Dienstleisters vorlegen (und deren Richtigkeit unter Beweis stellen). Andernfalls fehlt es an einer ausreichenden Schätzgrundlage nach § 287 ZPO[3].

42 Für eine **Überschreitung der Eichfrist** sieht § 25 Abs. 1 Nr. 1 lit. a) EichG ein Verbot der Verwendung vor, so dass die Messergebnisse grundsätzlich nicht verwendet werden dürfen[4]. Gleichwohl soll der Vermieter berechtigt sein, auch die von ungeeichten Messgeräten stammenden Ergebnisse in einer Abrechnung zu verwenden, da der Ablauf der Eichfrist allein noch keine Unrichtigkeit der Abrechnungsergebnisse herbeiführe[5]. Diese Auffassung führt aber zu einer Umgehung des Verbots aus § 25 EichG. Eine Vertragsbestimmung, die diese Umgehung regeln würde, wäre nach § 134 BGB unwirksam, weil das EichG den Verbraucher beim Erwerb messbarer Güter und Dienstleistungen schützen will (§ 1 Nr. 1 EichG). Eine (hilfs- oder ersatzweise) Abrechnung nach Fläche, Personen oder anderen Umlageschlüsseln scheitert grundsätzlich daran, dass der Vermieter nicht berechtigt ist, wegen seines eigenen Fehlverhaltens den vereinbarten oder durch § 556a Abs. 1 Satz 2 BGB begründeten Umlageschlüssel zu ändern. Eine entsprechende Formularklausel wäre nach § 307 BGB unwirksam; § 9a HeizkV ist nicht analog anwendbar. Der Mieter muss sich auch nicht

---

1 AG Koblenz, DWW 1996, 252.
2 LG Potsdam, MM 2003, 143.
3 Vgl. BGH v. 20.2.2008 – VIII ZR 27/07, WuM 2008, 284 = GE 2008, 662 = ZMR 2008, 691.
4 LG Hamburg, HKA 2004, 26.
5 AG Spandau v. 26.6.2007 – 2b C 376/06, GE 2007, 1127; *Langenberg*, Betriebskosten, G Rz. 146.

auf einen **Schadensersatzanspruch** verweisen lassen, bei dem ihm ein Abzug von 15 % von den unter Verletzung des EichG bzw. abweichend vom Vertrag oder § 556a Abs. 1 Satz 2 BGB berechneten Kosten zugebilligt wird. Zwar steht dem Mieter im Rahmen der Heiz- und Warmwasserkostenabrechnung gem. § 12 HeizkV ein entsprechender Abzug zu. Für eine Analogie fehlt es aber schon an einer planwidrigen Lücke. Denn spätestens mit der Einführung der BetrKV zum 1.1.2004 und der damit verbundenen ausdrücklichen Aufnahme der Eichkosten in den Katalog des § 2 BetrKV hätte der Verordnungsgeber eine ähnliche Regelung schaffen können, wenn er dem Vermieter trotz des Verwendungsverbots nach § 25 EichG eine Abrechnungsmöglichkeit hätte zur Seite stellen wollen. Abgesehen davon gibt es keinen rechtfertigenden Grund für pauschalierten Schadensersatz[1]. Selbstverständlich können dann auch die **Kosten der Ablesung** (der nicht geeichten Zähler) nicht geltend gemacht werden[2].

Auch die (egal aus welchem Grund) unterbliebene **Zwischenablesung** bei Mieterwechsel rechtfertigt keine Analogie der Regelungen der HeizkV, insbesondere § 9b HeizkV[3]. Es fehlt auch hier an der planwidrigen Lücke. Allerdings kann der Vermieter hier die Aufteilung der Kosten zwischen den beiden Mietern im Wege der Schätzung vornehmen, indem er z.B. den Durchschnittsverbrauch des bisherigen Mieters aus den letzten Abrechnungsperioden zugrunde legt. Dies rechtfertigt keinen pauschalierten Schadensersatz. Zwar liegt eine Pflichtverletzung des Vermieters vor. § 12 HeizkV ist aber nicht analogiefähig[4], so dass der Mieter seinen Schaden konkret berechnen muss. 43

e) Kosten der Berechnung und Aufteilung auf einzelne Nutzer

Der Vermieter ist bei bestehenden Gebäuden **nicht verpflichtet**, Einzelwasserzähler **nachzurüsten**[5]. Allerdings ist er gemäß § 556a Abs. 1 Satz 2 BGB berechtigt, nach dem tatsächlichen Verbrauch – auf Grund von Einzelzählern – abzurechnen. Das setzt aber voraus, dass alle Einheiten mit Vorrichtungen zur Verbrauchserfassung ausgestattet sind[6]. In diesen Fällen kann er die Kosten der Berechnung und Aufteilung auf die einzelnen Nutzer umlegen. Diese Kosten können sich aus der Inanspruchnahme eines Abrechnungsunternehmens oder als Eigenleistung ergeben (vgl. dazu *Rz. 371*). 44

---

1 A.A. *Langenberg*, Betriebskosten, G Rz. 146.
2 LG Saarbrücken, WuM 2005, 606.
3 A.A. AG Hamburg, ZMR 2006, 132.
4 Abgesehen davon greift § 12 HeizkV bei einer Schätzung nach § 9a HeizkV nicht, weil nicht entgegen den Bestimmungen der HeizkV abgerechnet wird, BGH v. 16.11.2005 – VIII ZR 373/04, WuM 2005, 776.
5 LG Wuppertal, WuM 1989, 250; AG Hamburg, WuM 1988, 171.
6 BGH v. 12.3.2008 – VIII ZR 188/07, WuM 2008, 288 = GE 2008, 661.

f) Hauseigene Wasserversorgungsanlage

45 Hierunter fallen sowohl hauseigene Brunnen wie auch Pumpen- oder **Druckerhöhungsanlagen**[1]. Beim Betrieb dieser Anlagen können Strom- und Wartungskosten anfallen. Ggf. sind hier auch die Kosten einer Notstromanlage abrechenbar, sofern sie nicht bereits bei den Aufzugskosten (vgl. Rz. 58) angesetzt werden.

46 Eine hauseigene **Regenwasserrückgewinnungsanlage** verursacht originär keine Betriebskosten, wenn sie im Eigentum des Vermieters steht. Der (für den Vermieter kostenlose) Wasserverbrauch kann nach den Regeln über die Berechnung von Eigenleistungen des Vermieters berücksichtigt werden. Der Lieferpreis kann also nach dem Arbeitspreis des örtlichen Versorgers ohne Umsatzsteuer angesetzt werden. Daneben können Strom- und Wartungskosten anfallen.

g) Kosten einer Wasserbereitungsanlage einschl. der Aufbereitungsstoffe

47 Darunter fallen alle Aggregate, die die **Konsistenz** des vom Versorgungsunternehmen gelieferten Wassers **verbessern**, also insbesondere entkalken, enthärten oder sonstige Fremdstoffe (Schwebstoffe, Farb- und Geruchsbeeinträchtigungen) entfernen. Umlegbar sind hier Strom- und Wartungskosten für die Anlage sowie die Aufbereitungsstoffe wie Filter oder chemische Zusätze (z.B. Phosphat)[2].

48 Maßnahmen, die sich ausschließlich auf den **Schutz der Wasserleitungen** im Gebäude beziehen (z.B. Korrosionsschutzmittel, die der Vermeidung von Lochfraß dienen[3]), sind dagegen nur umlegbar, wenn sie wegen des Härtegrades des Wassers bei der Vorbeugung von Reparaturen an seinen Einrichtungsgegenständen (z.B. Spül- oder Waschmaschine) auswirken können[4].

h) Anzurechnende Einnahmen

49 Befindet sich im Mietobjekt eine **Münzwaschmaschine** z.B. in der Gemeinschaftswaschküche und wird deren Wasserverbrauch nicht separat erfasst, müssen die Einnahmen ebenso auf die Wasser- wie auf die (nicht getrennt erfassten) Stromkosten gutgeschrieben werden. Dazu soll eine Aufteilung von 70 % (Wasser) zu 30 % (Strom) angemessen sein[5]. Eine Anrechnung allein auf die Betriebskosten ist aber nicht sachgerecht. Der Vermieter stellt den Mietern zusätzlich ein Haushaltsgerät zur Verfügung, dass reparaturbedürftig werden kann und sich abnutzt. Deshalb muss ein gewisser Anteil der Einnahmen (z.B. 50 %) hierauf verrechnet werden. Bevor dieser Anteil

---

1 Vgl. *Langenberg*, Betriebskosten, A Rz. 51; a.A. AG Hamburg-St. Georg v. 15.12.2006 – 911 C 552/05, WuM 2007, 446.
2 AG Friedberg/Hessen, WuM 1985, 389.
3 AG Lörrach, WuM 1995, 593.
4 Vgl. AG Dresden, NZM 2001, 708; AG Friedberg, WuM 1985, 369.
5 AG Pinneberg, ZMR 2003, 121.

aber der Anrechnung auf die Betriebskosten entzogen werden kann, muss der Vermieter die (konkrete) Kalkulation vortragen, die er der Festlegung der Benutzerpreise zugrunde gelegt hat, um eine realistische Schätzung (§ 287 ZPO) zu ermöglichen.

3. Kosten der Entwässerung

Hierzu zählen gemäß § 2 Nr. 3 BetrKV: 50
– die Gebühren für die Haus- und Grundstücksentwässerung
– die Kosten des Betriebs einer entsprechenden nicht öffentlichen Anlage
– die Kosten des Betriebs einer Entwässerungspumpe.

Sieht die vertragliche **Umlageregelung** die Zahlung von „Wassergeld" vor, sind auch die Kosten der Entwässerung umlegbar[1]. Beschränkt sich die Vereinbarung jedoch auf „Wasserkosten", zählen im Zweifel die Abwasserkosten nicht dazu[2], es sei denn, es ist ortsüblich, dass beide Positionen von dem gleichen Versorger berechnet werden[3]. 51

Als Kosten kommen die öffentlichen **Kanal- oder Sielgebühren** in Betracht. Insoweit ist es unerheblich, ob die Entwässerung von Haus und Grundstück einheitlich in einer Gebühr oder ob die Kosten für die Ableitung von Schmutzwasser getrennt von den für das Oberflächenabwasser (Regenwasser von Grundstücks- und Dachflächen) erhoben werden[4]. Dies gilt selbst dann, wenn die Parteien im Vertrag geregelt haben, dass sich die Umlage nach dem Stand der vom Vermieter installierten Messgeräte richtet[5]. 52

Verändert die Gemeinde ihre **Gebührenstruktur** in der Weise, dass an die Stelle einer einheitlichen Abwassergebühr eine Aufteilung in Gebühren für Niederschlag- und Schmutzwasser erfolgt, kann der Vermieter auch diese neuen Gebühren an den Mieter weitergeben[6], sofern die Umlagevereinbarung die „Kosten der Entwässerung" vorsieht oder eine wirksame Mehrbelastungsklausel besteht (vgl. dazu Rz. 200 f.). 53

Bei dem Betrieb einer entsprechenden **nicht öffentlichen Anlage** kann es sich z.B. um eine Sammelgrube, Sickergrube oder biologische Kläranlage handeln[7]. Deshalb können insoweit die Entleerungskosten, also die Abfuhr gesammelten Schmutzwassers oder Klärschlamms, sowie Reinigungskosten und Kosten der Wartung der Anlage umgelegt werden. 54

Eine **Entwässerungspumpe** soll dafür sorgen, die Abwässer in das allgemeine Kanalnetz zu befördern. Dazu gehören auch hauseigene **Hebeanlagen**, 55

---

1 LG Berlin, GE 1996, 125.
2 LG Köln, WuM 1986, 323.
3 LG Berlin v. 21.4.2008 – 62 S 92/08, GE 2008, 1063.
4 AG Steinfurt, WuM 1985, 369.
5 LG Mannheim, NZM 2003, 398.
6 LG Hannover, NZM 2004, 343.
7 AG Bergisch Gladbach, WuM 1985, 369.

die vor allem eingesetzt werden, um die Abwässer in ein höher gelegenes Kanalnetz zu transportieren. Gleichzeitig werden Anlagen erfasst, die nur im Einzelfall (z.B. nach starken Regenfällen) zur Vermeidung von Überschwemmungen eingesetzt werden[1]. In diesem Zusammenhang ergeben sich insbesondere Strom- und Wartungskosten, aber auch die Kosten einer Notstromanlage, sofern sie nicht bereits bei den Aufzugskosten (vgl. *Rz. 58 f.*) abgerechnet werden.

56 Nicht unter § 2 Nr. 3 BetrKV fallen die Kosten der Beseitigung einer **Rohrverstopfung**[2]. Das Gleiche gilt für Kanalanschlussgebühren[3] oder Kosten einer vorbeugenden Rohrreinigung[4], auch wenn sie mehrfach erfolgt.

57 Sofern keine abweichende Vereinbarung besteht, kann die für die Entsorgung des Schmutzwassers erhobene Gebühr entsprechend dem verbrauchs- oder verursachungsabhängigen **Umlageschlüssel**, der für die Wasserkosten Anwendung findet, umgelegt werden. Die Abrechnung dieser Kosten, insbesondere ihres entsprechenden Anteils zu den Warmwasserkosten, kann auch in der Warmwasserkostenabrechnung erfolgen[5] (zur Abrechnung bei gemischter Nutzung vgl. *Rz. 522*). Werden die Kosten von der Gemeinde nach dem vom Wasserversorgungsunternehmen mitgeteilten **Verbrauch des vorangegangenen Abrechnungszeitraumes** erhoben, müssen die Kosten – auch bei verbrauchsabhängiger Abrechnung – nicht auf den Verbrauch in der zur Abrechnung anstehenden Periode umgerechnet werden. Sie sind in dieser Höhe von der Gemeinde für den betreffenden Abrechnungszeitraum erhoben worden (Leistungsprinzip, vgl. *Rz. 351*).

4. Kosten des Betriebs des Personen- oder Lastenaufzuges

58 Gemäß Nr. 7 der Anlage 3 zu § 27 II. BV bzw. § 2 BetrKV gehören hierzu die Kosten

– des Betriebsstroms,

– der Beaufsichtigung, Bedienung, Überwachung und Pflege,

– der regelmäßigen Prüfung ihrer Betriebsbereitschaft und Betriebssicherheit einschl. der Einstellung durch einen Fachmann,

– der Reinigung der Anlage.

59 Auch für den **Erdgeschossmieter** kann formularvertraglich (wirksam) vorgesehen sein, an den Fahrstuhlkosten beteiligt zu werden[6]. § 24 Abs. 2 NMV ist im Mietrecht über preisfreien Wohnraum nicht anwendbar. Dies

---

1 *Heix* in Fischer-Dieskau/Pergande/Schwender, § 21 NMV Anm. 3.
2 OLG Hamm, WuM 1982, 201; AG Hagen, WuM 1990, 200.
3 *Langenberg*, Betriebskosten, A Rz. 58.
4 AG Lörrach, WuM 1995, 593; a.A. AG Tiergarten, GE 1996, 1435.
5 AG Köln in *Lützenkirchen*, KM 1 Nr. 35, 36.
6 BGH v. 20.9.2006 – VIII ZR 103/06, NJW 2006, 3557; OLG Düsseldorf, NJW-RR 1986, 95; LG Duisburg, WuM 1991, 597; LG Berlin, WuM 1990, 559; AG Freiburg, WuM 1993, 745; AG Düsseldorf, DWW 1991, 373; AG Frankfurt/Main, NJW-RR 1989, 1359; AG Leverkusen, WuM 1988, 436.

gilt uneingeschränkt, solange die Kosten nach einem Flächenmaßstab umgelegt werden[1] und gilt auch für den Gewerberaummieter, dem kein unmittelbarer Zugang zum Treppenhaus zur Verfügung steht[2]. Insoweit ist es unerheblich, ob der Aufzug für den Mieter einen praktischen Nutzwert hat. Maßgeblich ist die faktische Nutzbarkeit, so dass eine Umlage auch zulässig ist, wenn das Haus keinen Speicher hat und der Aufzug im Erdgeschoss endet[3]. Es ist ebenso unerheblich, ob die Wohnung des Mieters über einen Aufzug im Nebengebäude erreicht werden kann, der Mieter diesen jedoch nicht benutzt[4]. Das Gleiche gilt, wenn der Aufzug aus anderen Gründen vom Mieter nicht in sinnvoller Weise genutzt werden kann[5], z.B. weil er nicht in der Etage, in der die Wohnung liegt, hält[6]. Eine Umlage ist auch dann begründet, wenn der Mieter den Aufzug nur benutzen kann, wenn er zu seinem Keller oder einer Gemeinschaftseinrichtung gelangen will[7].

Eine formularvertragliche Vereinbarung zur Kostentragung ist aber dann unwirksam, wenn der Mieter den Aufzug **nicht benutzen kann**, um in seine Wohnung zu gelangen, weil er z.B. im Nachbargebäude liegt, von wo er nicht zu seiner Wohnung gelangt[8]. Wenn ein Aufzug nur einem Mieter dient, weil er z.B. nur in die Dachgeschosswohnung führt, kann nur der begünstigte Mieter belastet werden[9].

a) Betriebsstrom

Wird der Betriebsstrom an einem separaten Zähler gemessen, muss er unter dieser Position erfasst und kann nicht bei den **Kosten der Beleuchtung** oder des Allgemeinstroms angesetzt werden[10]. Fehler bei der Berechnung wirken sich jedoch regelmäßig im Ergebnis nicht aus, solange alle Mieter des Hauses an den Kosten des Aufzuges beteiligt werden und über den Hauptzähler nicht auch der Stromverbrauch anderer Aggregate (z.B. Heizung) erfasst wird. Solange der **Abrechnungsschlüssel** für alle Positionen, bei denen Stromverbrauch entsteht, gleich ist, ändert sich im Ergebnis die Belastung des Mieters nicht. Deshalb sind auch Schätzungen bei Fehlen oder Defekt eines Zwischenzählers zulässig. Mit Rücksicht auf § 287 ZPO ist es mindestens erforderlich, dass der Vermieter die Leistung des Aufzugsmotors, einer Kabinenbeleuchtung und anderer Stromquellen, deren (ungefähre) Einsatzzeit und den Strompreis, der sich aus der Addition von

---

1 BGH v. 20.9.2006 – VIII ZR 103/06, WuM 2006, 613 = NZM 2006, 895 = ZMR 2006, 919.
2 LG Berlin v. 5.12.2006 – 65 S 210/06, GE 2007, 446.
3 A.A. LG Kiel, NZM 2001, 92.
4 A.A. AG Göttingen, WuM 1977, 117.
5 A.A. AG Wuppertal, WuM 1996, 284; AG Hamburg, WuM 1988, 170.
6 AG Frankfurt/Oder, NZM 2000, 906.
7 LG Berlin, GE 2007, 54.
8 BGH v. 8.4.2009 – VIII ZR 128/08, GE 2009, 711 = WuM 2009, 351.
9 BGH v. 8.4.2009 – VIII ZR 128/08, GE 2009, 711 = WuM 2009, 351.
10 OLG Hamburg, ZMR 2003, 180, 181; LG Köln in *Lützenkirchen*, KM 1 Nr. 74; AG Köln in *Lützenkirchen*, KM 1 Nr. 71.

Grund- und Arbeitspreis dividiert durch den Gesamtverbrauch ergibt, angibt.

62 Zum dauerhaften und sicheren Betrieb gehört insbesondere bei großen Objekten auch die Vorhaltung einer **Notstromanlage**, zumal wenn sie von der Baugenehmigung gefordert wird. Deshalb sind die Kosten hier umlegbar, auch wenn das Notstromaggregat in der Umlagevereinbarung nicht ausdrücklich erwähnt ist.

b) Beaufsichtigung, Bedienung, Überwachung und Pflege der Anlage

63 Gemäß § 20 AufzV muss der Eigentümer einen **Aufzugswärter** bestellen und ihm die Anweisungen gemäß § 20 Abs. 1 Nr. 1–4 AufzV erteilen, also die Anlage zu beaufsichtigen und zu warten, Mängel zu melden und bei Mängeln die Weiterbenutzung zu verhindern und einzugreifen, wenn Personen durch Betriebsstörungen im Fahrkorb eingeschlossen sind. Da der Aufzugswärter jederzeit leicht erreichbar sein muss, werden häufig die Hausmeister mit diesen Aufgaben betraut. In diesem Fall sind die Kosten des Aufzugswärters hier nicht ansetzbar, sondern müssen bei den Hausmeisterkosten berücksichtigt werden (vgl. § 2 Nr. 14 BetrKV).

64 Umlagefähig sind insoweit die Lohn- und Nebenkosten sowie evtl. Sachleistungen (vgl. dazu insgesamt: *Rz. 322 f.*). Mit Rücksicht auf das Gebot der Wirtschaftlichkeit (vgl. *Rz. 199 f.*) sollte die Höhe der Kosten ins Verhältnis zur Größe des Objekts gesetzt werden.

65 Anstatt eines Aufzugswärters kann der Eigentümer eine **Notrufbereitschaft** einrichten und die Kosten umlegen[1]. Diese muss aus dem Fahrkorb heraus ständig erreichbar sein[2]. Zu den Kosten dieser Einrichtung gehören neben dem Aufwand für die Bereitschaft selbst auch Wartungs- und Betriebskosten (Strom, Telefon etc.) der Notrufanlage[3].

c) Prüfung der Betriebssicherheit

66 Der Eigentümer ist verpflichtet, die Aufzugsanlage in wiederkehrenden Abständen einer **Hauptprüfung** (§ 10 AufzV) oder zusätzlichen **Zwischenprüfungen** (§ 11 AufzV) zu unterziehen. Diese Prüfungen werden regelmäßig durch einen Sachverständigen (z.B. des TÜV) durchgeführt, der sich weiterer Hilfspersonen (regelmäßig Monteure der Wartungsfirma) bedient. Die Kosten des Sachverständigen und der Gestellung der Monteure sind umlagefähig. Werden jedoch bei diesen Prüfungen z.B. Gewichte benutzt, sind deren Kosten nur insoweit umlagefähig, als damit die Bereitstellung abgegolten werden soll. Der Erwerb der Gewichte kann nicht umgelegt werden. Ebenso wenig sind die Kosten einer erneuten **Abnahme** der Anlage

---

[1] LG Gera, WuM 2001, 615; AG Frankfurt/Main, WuM 2001, 615.
[2] Bekanntmachung des Bundesarbeitsministers vom 28.12.1989, BGBl. I 1990, 87.
[3] AG Köln in *Lützenkirchen*, KM 1 Nr. 4; AG Köln in *Lützenkirchen*, KM 1 Nr. 5; AG Hamburg, WuM 1987, 126.

gemäß § 12 AufzV, die nach Schadensfällen zur erneuten Inbetriebnahme des Aufzuges durchzuführen sind, ansatzfähig.

Von dieser Prüfungspflicht zu unterscheiden ist die **Gefährdungsbeurteilung** nach § 3 BetrSichVO. Danach hat der Eigentümer Aufzugsanlagen dahin prüfen zu lassen, welche Gefahren davon für die Nutzer und die Umwelt ausgehen können, um diese zu beseitigen bzw. Vorkehrungen, insbesondere durch regelmäßige Prüfungen (§ 15 BetrSichVO) zu treffen. Die Beurteilung dient damit der Vorbereitung der Prüfung der Betriebssicherheit. Auch wenn damit gleichzeitig die Ermittlung eines evtl. Instandsetzungsaufwandes erfolgt, handelt es sich um umlagefähige Kosten. Denn entscheidend ist, dass sie durch den bestimmungsgemäßen Gebrauch laufend entstehen[1]. 67

Gemäß § 20 Abs. 1 Nr. 1 AufzV ist der Eigentümer verpflichtet, die Anlage regelmäßig zu warten. Zur Vermeidung höheren Verwaltungsaufwandes schließen die Eigentümer dazu **Wartungsverträge** mit Fachunternehmen ab, die während der Vertragslaufzeit die turnusmäßige Überprüfung und Wartung durchführen. Der Turnus der Wartungen muss in einem vernünftigen Verhältnis zur Benutzung des Aufzuges stehen[2]. In der Praxis sind auch bei größeren Anlagen drei bis vier Wartungen im Jahr üblich. Kürzere Intervalle können wegen einer starken Frequentierung gerechtfertigt sein. 68

Die Wartung umfasst regelmäßig folgende Tätigkeiten: 69

– Überprüfen aller technischen Funktionen der Anlage einschließlich Beleuchtung,
– vorbeugende Betreuung, d.h. Abschmierungen, Nachstellungen, Justierungen usw.,
– Ölwechsel an Motor und Getriebe,
– Störungsbeseitigungen, die ohne Ersatzteile oder mit sog. kleineren Ersatzteilen, wie z.B. sämtliche Kontakte, Kontaktfinger, Kontaktbügel und Litzen für Schütze und Relais, erfolgen.

Die Umlagefähigkeit der zuletzt beschriebenen Leistung ist umstritten. Einerseits wird darauf abgestellt, ob zur **Beseitigung der Betriebsstörungen** nur Wartungsarbeiten erforderlich waren[3], insbesondere der Monteur den Aufzug mit den mitgeführten Werkzeugen wieder in Betrieb setzen konnte[4]. Andererseits wird eine Umlagefähigkeit der anteiligen Kosten verneint, wenn die Beseitigung von Störungen über die regelmäßige Wartung hinausgeht[5], es sei denn, durch die Maßnahme wird die nächst fällige War- 70

---

1 Ähnlich: BGH v. 14.2.2007 – VIII ZR 123/06, WuM 2007, 198 = GE 2007, 439 (zur Prüfung von Elektroanlagen).
2 AG Köln, WuM 1987, 274 (monatliche Wartung eines Aufzuges mit 7 Haltepunkten und 5 Mietparteien).
3 *Sternel*, Mietrecht, III Rz. 298; *Heix* in Fischer-Dieskau/Pergande/Schwender, § 2 BetrKV Anm. 9.
4 LG Berlin, GE 1987, 827.
5 LG Hamburg, NZM 2001, 806; AG Bruchsal, WuM 1998, 62.

tung ersetzt[1]. Richtigerweise wird man darauf abstellen können, worauf die Betriebsstörung beruht. Wurde sie durch unsachgemäße Bedienung verursacht, sind die anteiligen Kosten nicht umlagefähig, da sie eindeutig dem Bereich der Instandsetzung zugeordnet werden können; das für die Annahme von Betriebskosten wesentliche Merkmal der laufenden Entstehung fehlt. Beruht die Störung aber auf einem – ggf. nicht aufklärbaren – technischen Defekt, der sich mit reiner Wartungstätigkeit oder den mitgeführten Werkzeugen ohne Erneuerung von Teilen der Anlage beheben lässt, können die Kosten angesetzt werden. Eine mangelhafte Dokumentation geht zu Lasten des Vermieters.

71 Neben den (in der Regel pauschalierten) Wartungskosten können in der Abrechnung die Kosten für

- Öl für Motor,
- Schmiermittel,
- Schrauben,
- Muttern,
- Splinte,
- Ersatz sonstiger Kleinteile,
- Kohlen,
- Kontakte

berücksichtigt werden, wenn diese Kosten zur Vermeidung einer Beeinträchtigung der Betriebssicherheit entstehen[2]. Soweit sie ein **übliches Maß** (bis zu 10–20 Euro zzgl. MwSt) überschreiten, spricht eine Vermutung dafür, dass die Kosten im Rahmen einer Störungsbeseitigung angefallen und daher nicht umlagefähig sind[3].

72 Unabhängig davon, ob sich Hinweise auf das Bestehen eines **Vollwartungs- oder Systemwartungsvertrages** ergeben, hat der Mieter Anspruch auf Vorlage des der abgerechneten Leistung zugrunde liegenden Vertrages. Enthält die Leistungsbeschreibung andere Tätigkeiten, als die regelmäßige Überprüfung und Wartung (z.B. Reparaturen, Ersatz beschädigter oder defekter Teile, Beseitigung von Betriebsstörungen etc.), sind die Kosten (pauschal) zu kürzen. Dazu muss der Vermieter – nach einfachem Bestreiten des Mieters – die Schätzgrundlage vortragen. Dafür benötigt er in der Regel die Kalkulation des Wartungsunternehmers. Ohne die Offenlegung ist die Postion insgesamt nicht schlüssig, § 287 ZPO.

73 Den Abzug kann der Vermieter nicht durch Verweis auf die **DIN 31 051** verhindern. Danach zählen zur **Instandhaltung** neben der Wartung auch die Inspektion und Instandsetzung (Reparatur größerer Anlagenteile). Denn der mietrechtliche Instandsetzungsbegriff erfasst auch kleinere Reparatu-

---

1 *Langenberg*, Betriebskosten, A Rz. 67 m.w.N.
2 LG Hamburg, ZMR 2001, 970, 971.
3 LG Hamburg, ZMR 2001, 970, 971.

ren¹. Für den Abzug ist daher allein auf die Tätigkeit abzustellen unabhängig davon, wie sie technisch qualifiziert wird.

d) Reinigung der Anlage

Die Reinigung des Fahrkorbes zählt zu den Kosten der Hausreinigung (vgl. § 2 Nr. 9 BetrKV). Deshalb können insoweit nur die Kosten der Reinigung von Teilen und Flächen außerhalb des Fahrkorbes, also dessen Außenflächen, des Fahrstuhlschachtes, der Seile, Räder etc., angesetzt werden². 74

e) Gemischte Nutzung

Nach den dafür geltenden Grundsätzen (vgl. Rz. 498 f.) reicht allein die Existenz eines Gewerbes in einem oberen Geschoss nicht aus, um von einer Verursachung von erheblichen Mehrkosten auszugehen. Dafür muss eine besonders starke Frequentierung durch die Mitarbeiter oder Besucher der Gewerbeeinheit **vom Mieter vorgetragen** werden. Dafür werden keine hohe Anforderungen gelten, wenn ein Gewerbe mit üblicherweise starkem Publikumsverkehr vorliegt (z.B. Zweigstelle der Arge, Straßenverkehrsamt). 75

5. Kosten der Straßenreinigung und Müllbeseitigung

Zwar fasst § 2 Nr. 8 BetrKV diese beiden Kostenarten zusammen. In der Betriebskostenabrechnung sollten die Positionen jedoch getrennt aufgeführt werden, um die notwendige Transparenz³ zu erreichen. 76

a) Straßenreinigung

Insoweit muss zunächst unterschieden werden, ob die Straßenreinigung durch die Gemeinde oder den Eigentümer erfolgt. 77

aa) Öffentliche Straßenreinigung

Der öffentlichen Straßenreinigung liegt regelmäßig eine Ortssatzung der zuständigen Gemeinde zugrunde. Dazu existieren Reinigungspläne, auf denen die **Gebührenabrechnung** aufbaut. In den Gebührenbescheiden, die der Eigentümer erhält und deren Kosten er in der Betriebskostenabrechnung ansetzen kann, wird durch den regelmäßig aufgeführten Kostenschlüssel ersichtlich, welche Leistung abgerechnet wurde. Ist dies nicht der Fall, ist die Abrechnung nicht prüffähig. Der Vermieter sollte aufgefordert werden, die Berechnungsgrundlagen bei der Gemeinde zu ermitteln. 78

---

1 BGH, WuM 1989, 324.
2 *Heix* in Fischer-Dieskau/Pergande/Schwender, § 2 BetrKV Anm. 9; *Langenberg*, Betriebskosten, A Rz. 68.
3 Vgl. dazu LG Köln in *Lützenkirchen*, KM 2 Nr. 15; AG Köln in *Lützenkirchen*, KM 2 Nr. 19.

79 Gerade wenn ein **Kehrplan** vorliegt oder aus dem Bescheid, den der Mieter bei der Belegprüfung eingesehen hat, ersichtlich ist, in welchem Rhythmus und mit welchen Leistungen die Straßenreinigung berechnet wurde, kann der Mieter die Angemessenheit der berechneten Kosten nur substanziiert **bestreiten**. Dazu muss er regelmäßig eigene Beobachtungen anstellen und eine geringere Reinigungsfrequenz vortragen. Dann muss der Vermieter vortragen und ggf. beweisen, dass die berechnete Reinigungsfrequenz richtig ist. Allerdings sind Ausfälle des Reinigungspersonals so lange (gebührenrechtlich) unerheblich, wie sie nicht mit einer gewissen Nachhaltig- und Regelmäßigkeit stattgefunden haben bzw. stattfinden, weil nur erhebliche Diskrepanzen dem Vermieter nach den Grundsätzen des Kommunalabgabenrechts ermöglichen, die Gebührenerhebung erfolgreich anzugreifen[1].

80 Aber auch die weiteren Berechnungsfaktoren der Gemeinde (z.B. **Frontmeter** des Grundstücks) müssen stimmen. Auch insoweit können sich Fehler ergeben, wobei jedoch die Besonderheiten von Eckgrundstücken zu beachten sind. Die Angaben lassen sich regelmäßig ohne besonderen Aufwand durch Erkundigungen beim Katasteramt überprüfen. Im Übrigen können die an einer Privatstraße gelegenen Häuser (sog. **Hinterliegergrundstücke**) nur unter besonderen Voraussetzungen an den Kosten der Reinigung der öffentlichen Straße („ihre Straße"[2]), über die sie erschlossen werden, beteiligt werden[3]. Denn hier muss eine Doppelbelastung vermieden werden, die dadurch eintritt, dass die Nutzer privat ihre Straße reinigen und an anderen Straßenreinigungskosten zusätzlich beteiligt werden[4].

81 Schließlich sind unter dieser Position auch die Kosten eines öffentlich-rechtlich geregelten **Winterdienstes** (Beseitigung von Schnee und Glätte) ansatzfähig[5]. Die notwendigen Regelungen sind grundsätzlich ebenfalls in der Ortssatzung enthalten[6] und können nach den hier dargestellten Grundsätzen überprüft werden.

bb) Private Straßenreinigung

82 Obliegt nach der Ortssatzung dem Eigentümer die Reinigung des Gehweges und/oder der Straßenflächen vor seinem Haus und führt er diese Tätigkeiten selbst aus, kann er sie nach den für **Eigenleistungen** geltenden Grundsätzen (vgl. *Rz. 371*) umlegen.

83 Wurde die Tätigkeit durch ein **gewerbliches Unternehmen** durchgeführt, sind dessen Kosten im Rahmen des Gebotes der Wirtschaftlichkeit (vgl. *Rz. 380*) ansatzbar. Wird die Leistung pauschal vergütet und erfasst die Ver-

---

1 Vgl. KG v. 29.5.2008 – 11 U 6/08, GE 2008, 1491.
2 KG v. 29.5.2008 – 11 U 6/08, GE 2008, 1491.
3 OVG Münster, KStZ 1984, 136 m.w.N.
4 BGH v. 2.12.2008 – X ZR 80/07, GE 2009, 320.
5 BGH, ZMR 1985, 120.
6 Vgl. dazu *Gather*, DWW 1990, 6.

gütung auch den **Winterdienst**, kann nicht eingewendet werden, dass die Kosten im Hinblick auf die besonderen Witterungsverhältnisse in der Abrechnungsperiode nicht angemessen seien[1]. Entscheidend ist vielmehr, ob die Vergütung im Hinblick auf den geschuldeten Leistungsumfang im Durchschnitt angemessen ist. Dabei ist zu berücksichtigen, dass bei extremen Witterungsverhältnissen überdurchschnittlich viele Einsätze des Unternehmens erfolgen und vor allem Vorhaltekosten entstehen. Allerdings muss der Vermieter ggf. bei Bestreiten des Mieters eine Kalkulation ähnlich wie bei Vollwartungsverträgen (vgl. *Rz. 72*) vorlegen, um ermitteln zu können, inwieweit durch den Preis nicht umlagefähige Anschaffungskosten berücksichtigt sind.

Werden die Arbeiten durch **Mieter im Hause** (insbesondere Erdgeschossmieter) durchgeführt, können sich die Kosten entweder aus den Zahlungsbelegen oder Mietreduzierungen ergeben. Im letzteren Fall muss der Vermieter zur Überprüfung des Kostenansatzes den Mietvertrag (ggf. die letzte Mieterhöhung nach § 558 BGB) der betreffenden Mieter vorlegen. Weisen diese Dokumente keinen ausdrücklichen Abzug für die geschuldeten Dienste aus, sollte der Vermieter aufgefordert werden, die Mietkalkulation offen zu legen, um die Angemessenheit anhand der ortsüblichen Vergleichsmiete und/oder der im Hause gezahlten Mieten überprüfen zu können. Im Rahmen der Angemessenheitsprüfung kann zusätzlich nicht darauf abgestellt werden, ob eine Vergütung des Mieters nach den örtlichen Gepflogenheiten üblich ist[2]. Denn selbst wenn eine örtliche Übung festgestellt werden könnte, muss berücksichtigt werden, dass die Ansprüche der Mieter zunehmend darauf gerichtet sind, keine zusätzlichen Aufgaben zu übernehmen. Allein dadurch wird der Preis bestimmt. Deshalb sind allein die vertraglich geregelten Sachverhalte entscheidend. 84

Zusätzlich sind die Kosten für Reinigungsmittel (insbesondere Streugut) ansatzfähig. Der Erwerb oder die Ersatzbeschaffung von Reinigungsgeräten ist nicht umlagefähig[3]. Wird die Straßenreinigung jedoch mit maschinellen Reinigungsgeräten betrieben, können die Kosten der Wartung, der Reparatur, des Benzinverbrauchs, der Kfz-Steuer und -versicherung etc. angesetzt werden[4]. Gerade bei motorbetriebenen Geräten (z.B. Traktor) sollte jedoch ermittelt werden, ob diese ausschließlich unter dieser Position eingesetzt werden. Ist dies nicht der Fall, können die Kosten nur anteilig umgelegt werden, wozu der Vermieter im Zweifel ein Fahrtenbuch vorlegen muss. 85

b) Müllbeseitigung

Die BetrKV stellt anders als die Nr. 8 der Anlage 3 zu § 27 II. BV den Kosten der **Müllabfuhr** den Begriff der Müllbeseitigung voran. Namentlich können daher auch die Kosten des Betriebes (nicht: Anschaffung) von 86

---

1 *Langenberg*, Betriebskosten, A Rz. 72.
2 A.A. *Langenberg*, Betriebskosten, A Rz. 71.
3 LG Hamburg, WuM 1985, 390; AG Lörrach, WuM 1996, 628.
4 LG Hamburg, WuM 1989, 640; LG Berlin, GE 1986, 1121.

Müllkompressoren, Müllschluckern, Müllabsauganlagen und **Müllmengenerfassungsanlagen** umgelegt werden. Diese wurden bis zum 31.12.2003 im Zweifel unter den Begriff der sonstigen Betriebskosten (vgl. dazu *Rz. 167 f.*) gezogen. Solange keine dynamische Umlagevereinbarung angenommen werden kann, sind die zusätzlich aufgenommenen Kosten in Verträgen aus der Zeit vor dem 1.1.2004 deshalb nur ansetzbar, wenn darüber eine besondere Vereinbarung besteht.

87 In den letzten Jahren hat sich ein neues Problembewusstsein zur Müllentsorgung entwickelt. Dies zeigen nicht nur die gesetzlich angeordneten Maßnahmen (z.B. Kreislaufwirtschaftsgesetz), sondern auch die mittlerweile fast bundesweit eingerichteten Container zur **Mülltrennung**, die jedem Bürger und damit auch dem Mieter obliegt[1], selbst wenn der Mietvertrag dies nicht ausdrücklich vorsieht. Insoweit ist es unerheblich, wenn der Vermieter auf Grund behördlicher Veranlassung zur Mülltrennung unterschiedliche Container zur Verfügung stellt. Entscheidend ist darauf abzustellen, ob eine Müllentsorgung stattfindet[2]. Soll der Mieter nach der Umlagevereinbarung „nach Möglichkeit" mit den Ver- und Entsorgungsunternehmen **direkt abrechnen**, ist der Vermieter von der Müllentsorgung entbunden. Deshalb kann er auch nicht bei ihm anfallende (unnötige) Müllgebühren abrechnen[3].

88 Die Aufzählung in § 2 Nr. 8 BetrKV ist nicht abschließend. Vielmehr können auch Kosten, die bei der Leerung einer **Komposttonne** anfallen, umgelegt werden[4]. Soweit dadurch (auch) Gartenabfälle entsorgt werden, ist es zur Umlagefähigkeit nicht erforderlich, dass daneben die Umlage der Kosten der Gartenpflege vereinbart ist[5]. Denn § 2 Nr. 10 BetrKV erwähnt bezeichnenderweise keine Entsorgungskosten. Soweit Kosten für die **Reinigung von Müllbehältern** anfallen und die Merkmale des Betriebskostenbegriffs erfüllen[6], sind sie umlegbar.

89 Auch wenn z.B. nach § 46 BauONW Müllschlucker (Abfallschächte) nicht neu errichtet werden dürfen und bestehende Abfallschächte bis zum 31.12.2003 **außer Betrieb** zu nehmen waren, können entsprechende Kosten angesetzt werden, wenn sie anfallen. Denn das Verbot soll nicht vor dem Betrieb schützen, sondern dient dem Brandschutz.

90 Hinsichtlich der seit 1.1.2004 erwähnten **Kosten der Berechnung und Aufteilung** des durch Müllmengenerfassungsanlagen ermittelten Müllaufkommens ergeben sich keine Besonderheiten zu den Positionen, bei denen die Umlagefähigkeit dieser Verwaltungsarbeiten ebenfalls angeordnet wurde

---

1 AG Münster, WuM 2006, 192.
2 Rundschreiben des Verbands norddeutscher Wohnungsunternehmen e.V. v. 15.4.1998, NZM 1998, 400; AG Hamburg-Wandsbek, Urt. v. 10.6.1997 – 46 C 14/97, n.v.
3 OLG Naumburg, ZMR 2003, 260.
4 *Schläger*, ZMR 1998, 676; a.A. AG Uelzen, NZM 1998, 75.
5 A.A. *Langenberg*, Betriebskosten, A Rz. 74.
6 *Schmid*, DWW 2004, 288.

(vgl. z.B. für die Wasserkosten: *Rz. 44*). Hierunter können auch Eichkosten (etwa für Waagen) fallen.

Als Kosten sind die **Müllabfuhrgebühren**, die die Gemeinde berechnet und die sich aus dem entsprechenden Gebührenbescheid ergeben, ebenso abrechenbar wie die Kosten einer **privaten Müllentsorgung**. Voraussetzung ist, dass die Kosten laufend entstehen[1]. Dies ist anzunehmen, wenn Müll z.B. saisonbedingt anfällt (z.B. Schlacken aus Koksheizungen, Gartenabfälle[2]). Die **Miete für Müllcontainer** soll aber nicht umlegbar sein[3]. Denn aus der Vereinbarung der Umlage von Abfallgebühren soll herzuleiten sein, dass das Vorhandensein von Müllbehältern vorausgesetzt wird. 91

Werden z.B. für den Transport von Müllcontainern **Zugmaschinen** benötigt, sind auch deren Betriebskosten (Steuern, Versicherungen, Benzin) ansetzbar[4]. Hier sollte allerdings differenziert werden, ob diese Maschinen ausschließlich zu umlegbaren Tätigkeiten benutzt werden. Ist dies nicht der Fall, sollte der Vermieter aufgefordert werden, eine sachgerechte Aufteilung vorzunehmen, wozu z.B. ein Einsatzplan für einen bestimmten Zeitraum (1 bis 3 Monate) ausreichend sein kann. Die Kosten für ein **Müllmanagement** sollen zu berücksichtigen sein, wenn die Umlagefähigkeit vereinbart ist und durch die Einschaltung eine Kostenersparnis eintritt[5]. Dies erscheint aber zweifelhaft, weil es sich um reine Verwaltungskosten handelt, die gerade nicht umlagefähig sind (vgl. *Rz. 9*). Auf keinen Fall umlegbar sind aber die Kosten, die dem Vermieter für eine Mülltrennung berechnet werden, weil die Mieter – pflichtwidrig – einzelne Müllarten nicht aussortiert und getrennt entsorgt haben[6]. 92

Für die Umlage von Kosten für die Abfuhr von **Sperr- oder Sondermüll** oder der Entrümpelung von Dachböden oder Kellern, kommt es darauf an, inwieweit diese **regelmäßig** anfallen und durch den **bestimmungsgemäßen Gebrauch** veranlasst sind. Grundsätzlich nicht umlagefähig ist die einmalige Abfuhr von Sperrmüll auf Initiative des Vermieters, der den Mietern anbietet, ihre sperrigen Abfälle an einem bestimmten Tag an die Straße zwecks Entsorgung zu stellen[7]. Entsprechende Formularklauseln sind unwirksam[8]. Auch nicht ausnahmsweise kann eine **einmalige Aktion** berücksichtigt werden, obwohl der Verursacher nicht ausfindig gemacht werden kann und der Vermieter darlegt, welche Anstrengungen er unternommen hat, um den Verursacher ausfindig zu machen[9]. Hier besteht kein 93

---

1 *Langenberg*, Betriebskosten, A Rz. 73.
2 A.A. für Kompostabfuhr (Biomüll): AG Uelzen, NZM 1998, 75 mit Anm. *Börstinghaus*, NZM 1998, 62.
3 LG Neuruppin, WuM 2003, 153.
4 LG Köln, Urt. v. 8.7.1997 – 12 S 28/97, insoweit nicht im Kölner Mietrecht veröffentlicht.
5 AG Berlin-Mitte, WuM 2005, 393.
6 LG Tübingen, WuM 2004, 498.
7 LG Berlin, NZM 2002, 66; LG Berlin, GE 2000, 126.
8 AG Pankow-Weißensee v. 20.11.2008 – 6 C 107/08, GE 2009, 57.
9 A.A. LG Berlin, MM 2004, 374.

Unterschied zu der einmaligen Kellerentrümpelung[1]. Die Sperrmüll- und ähnliche Kosten können aber auch **laufend** entstehen. Davon kann in großen Wohnanlagen, in denen die Mieter Sperr- oder Sondermüll aus ihrer Wohnung auf Gemeinschaftsflächen entsorgen, ausgegangen werden, sofern sie dazu dienen, die allgemein zugänglichen Teile der Mietsache wieder in einen vertragsgemäßen Zustand zu versetzen, und laufend entstehen[2].

94 Im Rahmen **gemischt genutzter Objekte** kommt es darauf an, inwieweit die andere Nutzung zur Verursachung höherer Müllabfuhr-Kosten führt[3]. Bei müllintensiven Gewerben ist ein Vorwegabzug erforderlich[4], wenn sie ihren Müll nicht selbst entsorgen müssen, wie dies in vielen Abfallsatzungen vorgesehen ist[5]. Lässt sich die Trennung nicht bereits dadurch vollziehen, dass dem gewerblichen Mieter ein separater Müllcontainer zur Verfügung steht, dessen Kosten herausgerechnet werden können, können Pauschalansätze zugrunde gelegt werden. Diese müssen annähernd realistisch sein, wofür der Vermieter die **Darlegungs- und Beweislast** trägt, wenn es um die Höhe der Abzüge und damit die Richtigkeit der Aufteilung geht. Insoweit verfügen die Entsorgungsträger (z.B. Gemeinde) über entsprechende Erfahrungswerte, die sie sogar veröffentlichen[6]. Danach kann bei einer Trennung von Papier, Kunststoff und Metall von einem Restmüllaufkommen von 35 l pro Person und Woche ausgegangen werden.

95 Findet in der Gemeinde bereits eine **Berechnung der Müllgebühren** nach dem Verursacherprinzip (z.B. mittels Scanner) statt, müssen die Gebühren in gleicher Weise an den Mieter weitergegeben werden[7], wie sich heute aus § 556a Abs. 1 Satz 2 BGB ergibt.

96 Das **Gebot der Wirtschaftlichkeit** (vgl. dazu *Rz. 380*) ist verletzt, wenn die Müllcontainer zu groß sind oder zu häufig geleert werden[8]. Dies gilt erst recht, wenn der zusätzliche Bedarf dadurch entsteht, dass sich andere Mieter nicht an die Mülltrennung halten und dadurch mehr Restmüll anfällt. Hier können der Mietergemeinschaft nicht die zusätzlichen Kosten berechnet werden[9]. Das Gleiche gilt prinzipiell, wenn die Kapazitäten steigen, weil Nutzer anderer Grundstücke ihren Müll in die bereitgestellten Con-

---

1 AG Köln, WuM 2001, 469.
2 LG Itzehoe v. 24.4.2009 – 9 S 108/09, WuM 2009, 404; LG Berlin, NZM 2002, 65; LG Berlin, GE 1998, 681; LG Berlin, ZMR 1995, 353; LG Köln, ZMR 1996, IV Nr. 19–21; LG Siegen, WuM 1992, 630; AG Köln in *Lützenkirchen*, KM 1 Nr. 29; AG Schöneberg, GE 1989, 251.
3 LG Berlin, ZMR 2001, 111.
4 AG Köln in *Lützenkirchen*, KM 2 Nr. 35.
5 In der Regel können die Satzungen über die Homepage der jeweiligen Gemeinde eingesehen werden.
6 Vgl. z.B. Information zu den Abfallgebühren der Stadt Köln unter http://www.stadt-koeln.de/bol/steuern/produkte/02618/index.html.
7 AG Moers, WuM 1996, 96.
8 AG Wennigsen, WuM 2003, 90; AG Münster, WuM 2001, 46.
9 AG Münster, WuM 2006, 192.

tainer entsorgen[1]. Dies kann aber anders beurteilt werden, wenn sich das Grundstück neben einer Veranstaltungsstätte (z.B. Fußballstadion) befindet und die Müllentsorgung der Besucher regelmäßig in die Container auf dem Grundstück erfolgt.

6. Kosten der Gebäudereinigung und der Ungezieferbekämpfung

Die Änderung der Überschrift gegenüber der Nr. 9 der Anlage 3 zu § 27 II. BV (Hausreinigung) in § 2 BetrKV soll keine inhaltliche Erweiterung (z.B. auf Fassadenreinigung oder Grafittibeseitigung) herbeiführen, was bereits die Aufzählung in § 2 Nr. 9 BetrKV bestätigt. Ihre Ursache liegt in einer Anpassung an den modernen Sprachgebrauch. 97

a) Gebäudereinigung

Hinsichtlich der **Personalkosten** (Eigenleistungen[2], Ausführung durch Dritte) ergeben sich hier zunächst dieselben Probleme wie bei der Straßenreinigung (vgl. dazu *Rz. 77*). Wie dort können auch hier **Reinigungsmittel** und Reinigungsgeräte berechnet werden, sofern es sich nicht um die Erst- bzw. Ersatzbeschaffung handelt. Denn dabei handelt es sich um laufende Kosten, die durch den bestimmungsgemäßen Gebrauch entstehen. 98

Die Kosten für die **Reinigung der Fassade** oder der Marmorverkleidung im Treppenhaus mit chemischen Mitteln zählen zu den Instandhaltungskosten[3]. Hinsichtlich der Marmorverkleidung im Treppenhaus erscheint dies zweifelhaft, weil es nicht darauf ankommt, ob die Arbeiten in kurzen Abständen anfallen, wie bereits das Phänomen der aperiodischen Kosten zeigt (vgl. dazu *Rz. 357 f.*). 99

Die Reinigung einer **Tiefgarage** soll grundsätzlich nur auf die Stellplatz-Mieter umgelegt werden. Das Gleiche soll für die Reinigung von Garagen und Zufahrten[4] sowie eines Glasdachs[5] gelten. Richtigerweise kommt es jedoch darauf an, ob hier die Grundsätze für die **gemischte Nutzung** eingreifen (vgl. dazu *Rz. 498 f.*). 100

Können die Wohnungsmieter über ein **Tor zum Garagenhof** auch den Müllcontainer erreichen, können sie an den Kosten der Reinigung dieses Rolltores beteiligt werden, obwohl vom Treppenhaus ein separater Zugang besteht[6]. Die Kosten der **Überwachung** der Treppenhausreinigung (durch die Mieter) sind nicht ansatzfähig[7]. Allerdings handelt es sich gemäß § 26 Abs. 1 II. BV bei den Kosten der Aufsicht um Verwaltungskosten. 101

---

1 LG Tübingen, WuM 2004, 497.
2 LG Berlin, NZM 2002, 65.
3 AG Köln, WuM 1985, 368.
4 LG Hamburg, WuM 1989, 640.
5 AG Potsdam v. 23.5.2007 – 23 C 465/06, GE 2007, 917.
6 AG Köln in *Lützenkirchen*, KM 1 Nr. 54.
7 AG Köln, WuM 1998, 692.

102 Werden Kosten für die **Reinigung eines Hausmeisterbüros** angesetzt, muss differenziert werden: Führt der Hausmeister die umlagefähige Tätigkeit aus, können die Kosten mit dem Anteil angesetzt werden, mit dem die Hausmeisterkosten umlegbar sind (vgl. dazu *Rz. 138 ff.*)[1].

103 Der Vermieter kann auch ein **gewerbliches Reinigungsunternehmen** beauftragen, wozu bei der erstmaligen Beauftragung eine Erläuterung der Notwendigkeit gefordert wird[2]. Diese muss sich aber nicht schon in der Abrechnung selbst befinden, sondern wird erst auf Anforderung geschuldet, gehört also nicht zu den Mindestanforderungen. Denn der Vermieter hat ein freies Ermessen bei der Entstehung der umlegbaren Betriebskosten; deshalb richtet sich die (vollständige) Umlagefähigkeit allein nach dem Gebot der Wirtschaftlichkeit[3]. Das Ermessen erstreckt sich auch auf die Frage, ob der Vermieter Tätigkeitsnachweise verlangt oder eine Pauschalvergütung vereinbart[4].

104 Problematischer ist die Umlage, wenn die Mieter die **Hausreinigung bisher selbst durchgeführt** haben[5]. Dazu soll eine Ankündigung vor der Abrechnungsperiode erforderlich sein, wenn der Mietvertrag die Umlage vorsieht, die Mieter sie aber langjährig schon selbst ausführen[6]. Insoweit liegt ein ausreichender Grund vor, wenn die Bewohner trotz Abmahnung die ihnen obliegende Reinigung nur unzureichend ausführen, wobei die Änderungsbefugnis des Vermieters auf das konkrete Haus beschränkt ist, sofern nach Wirtschaftseinheit abgerechnet wird[7]. **Wechselt** der Vermieter von einer privaten Reinigungskraft zu einem gewerblichen Unternehmen, muss er – auf Anforderung – darlegen, dass er zu dem gleichen (angemessenen) Preis eine andere Privatkraft nicht gefunden hat[8]. Enthält der Mietvertrag zur Änderung der Reinigung keinen Vorbehalt, richtet sich der Wechsel von der Selbstausführung durch die Mieter auf eine Reinigungskraft nach den allgemeinen Regeln, selbst wenn die Umlagevereinbarung auf einen Katalog i.S.v. § 2 BetrKV Bezug nimmt.

105 Für die Umlage von **Kosten für Sonderreinigungen** (Beseitigung von Farbschmierereien, Hundedreck, Baudreck und Staub, Erbrochenem etc.) kommt es darauf an, ob sie laufend entstehen. Dies kann z.B. in Objekten mit spezifischer Mieterklientel der Fall sein. Fallen hier regelmäßig auch Sonderreinigungen an, gelten die gleichen Grundsätze wie bei Sondermüllaktionen (vgl. *Rz. 93*)[9].

---

1 A.A. *Langenberg*, Betriebskosten, A Rz. 78.
2 AG Köln, WuM 1999, 237.
3 BGH v. 7.4.2004 – VIII ZR 146/03, WuM 2004, 263 = ZMR 2004, 430 = NZM 2004, 418.
4 AG Saarburg v. 22.4.2009 – 5a C 54/09, WuM 2009, 458.
5 AG Köln, WuM 1999, 237.
6 AG Köln v. 24.1.2008 – 210 C 334/07, WuM 2008, 226.
7 AG Stuttgart, WuM 2004, 475.
8 AG Leverkusen in *Lützenkirchen*, KM 1 Nr. 61.
9 A.A. *Schmid*, Nebenkosten, Rz. 5200.

Bei der Überprüfung der **Angemessenheit** der angesetzten Kosten (vgl. dazu *Rz. 384 f.*) muss insbesondere die Ortsüblichkeit ermittelt werden. Einer ungelernten Reinigungskraft kann nur der für ungelernte Kräfte übliche Stundenlohn gezahlt werden[1]. Hinsichtlich der **Reinigungsfrequenz** (vgl. *Rz. 392*) darf der Vermieter keine übertriebenen Reinlichkeitsvorstellungen zugrunde legen[2]. Enthält der Reinigungspreis auch Kosten für einen **Fußmattenservice**, sind diese Kosten hier ansetzbar, da Fußmatten die Verschmutzung des Treppenhauses verringern[3] und die Kosten dann regelmäßig anfallen. Vorsichtshalber sollten diese Kosten aber bei der Vertragsgestaltung wie sonstige Betriebskosten behandelt werden (vgl. *Rz. 167 f.*).

106

b) Ungezieferbekämpfung

Gerade hier stößt der Verfechter einer streng dogmatischen Auslegung des Betriebskostenbegriffs an seine Grenzen. Denn wird die Umlagefähigkeit allein daran gemessen, dass die Kosten regelmäßig und durch bestimmungsgemäßen Gebrauch anfallen, scheiden **einmalige Bekämpfungsmaßnahmen** von vornherein aus. Die Praxis zeigt aber, dass regelmäßige Bekämpfungsmaßnahmen bei den heute jedenfalls bei Neubauten üblicherweise anzutreffenden hygienischen Zuständen nicht mehr überall erforderlich sind. Herrschen in einem Objekt derartige Umstände vor und unterlässt der Vermieter daher regelmäßige (prophylaktische) Bekämpfungsmaßnahmen, um den Mieter nicht unnötig zu belasten, könnten die Kosten konkreter Befallmaßnahmen argumentativ umlegbar gemacht werden[4], weil der Vermieter ansonsten durch **höhere Prohylaxekosten** gezwungen wäre, das Auftreten von Schädlingen zu vermeiden[5].

107

Die **Kostenersparnis** ist aber schon wegen des abschließenden Charakters des Betriebskostenbegriffs als Umlageargument zweifelhaft[6]. Im Grundsatz ist aber weiterhin davon auszugehen, dass nur die Kosten für **prophylaktische Maßnahmen** zur Verhinderung von Befall umlagefähig sind[7]. Ist ein Befall eingetreten, liegt ein Mangel vor, den der Vermieter auf eigene Kosten beheben muss, §§ 535 Abs. 1 S. 2, 554 Abs. 1 BGB. Deshalb ist die Bekämpfung von Holzbock eine Instandsetzungsmaßnahme, ebenso die Nachschau[8]. Der gelegentliche Kostenanfall, z.B. anlässlich einer Umbaumaßnahme, rechtfertigt nicht den Ansatz[9]. Immerhin können die Kosten u.U. einem **einzelnen Mieter** belastet werden[10], wenn der Schädlingsbefall

108

---

1 AG Köln, WuM 1996, 778.
2 LG Hamburg, ZMR 2001, 970.
3 LG Berlin v. 8.2.2007 – 67 S 239/06, GE 2007, 1123.
4 LG Köln, ZMR 1998, S. XII Nr. 22.
5 AG Offenbach, NZM 2002, 204.
6 Vgl. dazu BGH v. 17.12.2008 – VIII ZR 92/08, WuM 2009, 115, 117 (zu Heizkosten).
7 LG Köln, ZMR 1995, S. XII Nr. 22.
8 *Langenberg*, Betriebskosten, A Rz. 83.
9 LG Siegen, WuM 1992, 630; AG Oberhausen, WuM 1996, 714; AG Hamburg, WuM 1993, 619; AG Köln in *Lützenkirchen*, KM 1 Nr. 33 = WuM 1992, 630.
10 Vgl. AG Köln, WuM 2000, 213.

seinen Ursprung in dessen Mietsache hatte und die Voraussetzungen eines Schadensersatzanspruches vorliegen[1].

109 Eine **Ausnahme** ist allenfalls dann gerechtfertigt, wenn der Vermieter nachweist, dass die laufenden Kosten über einen bestimmten Zeitraum betrachtet höher gewesen wären und die konkreten Befallmaßnahmen in einem regelmäßigen Abstand anfallen. Dazu muss der Vermieter aber angeben, wann der letzte Befall vorlag und eine Wahrscheinlichkeit gegeben sein, dass er in absehbarer Zeit wieder auftritt, was sich aus den Umfeldverhältnissen ergeben kann. Steht Ungeziefer z.B. in Verbindung mit anderen Tieren (z.B. Tauben und Taubenzecken, Schwalben und Schwalbenwanzen[2]), die in der Umgebung des Objektes regelmäßig anzutreffen sind, spricht eine Vermutung für ein häufiges Auftreten.

110 Die Maßnahmen dürfen sich nur auf **Gemeinschaftsflächen** und nicht auf einzelne Wohnungen oder Gewerbeeinheiten beziehen. Kammerjägerkosten, z.B. zur Schabenbekämpfung in einzelnen Wohnungen, sind nicht ansatzfähig[3], solange die Ursache nicht in der allgemeinen Nutzung der Mietobjekte liegt.

7. Kosten der Gartenpflege

111 Auch wenn es sich nicht um allgemein zugängliche, aber gärtnerisch gestaltete **Flächen** (z.B. Vorgarten) und Zuwegungen handelt, sind die anfallenden Kosten umlegbar, solange die Flächen nicht dem Vermieter oder einem bestimmten Mieter zur alleinigen Nutzung vorbehalten sind. Denn ihre Existenz wirkt sich unmittelbar auf die Wohnqualität aus[4]. Ob der Mieter den Garten auch nutzen kann[5], was jedenfalls anzunehmen ist, wenn ihm die Gartennutzung nicht verwehrt wird[6], ist ebenso unerheblich wie der bloße Ausblick auf den Garten[7]. Dagegen sind die Kosten einer **Dachbegrünung** zur Verbesserung der Isolierung eines Flachdaches nicht umlagefähig[8]. Handelt es sich aber um einen Dachgarten, der von den Mietern genutzt werden kann, können die Pflegekosten insoweit anteilig berücksichtigt werden[9].

112 Die einzelnen **Tätigkeiten**, die bei der Gartenpflege anfallen können, sind vielfältig. Zu den gärtnerischen Pflegeleistungen können insbesondere zählen:

---

1 OLG Düsseldorf, ZMR 2005, 42, 44; AG Hamburg, WuM 2002, 266.
2 Vgl. dazu *Langenberg*, Betriebskosten, A Rz. 83.
3 LG München I, WuM 2001, 245.
4 BGH, WuM 2004, 399 = NZM 2004, 545 = MietRB 2004, 255; *Langenberg*, NZM 1999, 52, 55.
5 AG Köln in *Lützenkirchen*, KM 1 Nr. 2; AG Köln, WuM 1985, 344.
6 LG Wuppertal, WuM 1999, 342.
7 AG Nordhorn, WuM 1998, 604; AG Köln in *Lützenkirchen*, KM 1 Nr. 2.
8 KG, WuM 2006, 57; LG Karlsruhe, WuM 1996, 230.
9 AG Köln in *Lützenkirchen*, KM 1 Nr. 1; **a.A.** AG Köln in *Lützenkirchen*, KM 1 Nr. 46.

- Rasen mähen;
- Vertikutieren;
- Unkrautbeseitigung;
- Düngen (einschl. des Erwerbs des Düngers);
- Baum- und Strauchschnitt;
- Wässern im Sommer;
- Beseitigung von Gartenabfällen (sofern nicht unter Pos. Müllabfuhr abgerechnet).

§ 2 Nr. 10 BetrKV bestimmt im Übrigen einige **Instandhaltungskosten** (Erneuerung von Pflanzen und Gehölzen; Erneuerung von Sand) als umlegbar. Der Ansatz dieser Kosten setzt jedoch voraus, dass sie **laufend** entstehen und ein natürlicher Abgang ausgeglichen werden soll[1]. Davon zu unterscheiden ist die Beseitigung von Bäumen wegen Alters, Witterungs- und Umwelteinflüssen oder die so groß geworden sind, dass sie Licht- und Luftzufuhr zu dem vermieteten Objekt erheblich beeinträchtigen[2]. 113

Das **Fällen** und Anpflanzen junger **Bäume** oder Pflanzen ist grundsätzlich ansatzfähig, wenn dadurch kranke und morsche Bäume ersetzt werden[3] oder die Beseitigung aufgrund einer behördlichen Anordnung erfolgt[4]. Ein Ansatz soll nicht in Betracht kommen, wenn durch das Fällen eine Verkehrssicherungspflicht erfüllt wird oder die Erneuerung erforderlich war, weil Rückschnitte in der Vergangenheit nicht fachgerecht durchgeführt wurden[5] oder die Maßnahme durch eine bauliche Veränderung veranlasst ist[6]. Entscheidendes Abgrenzungskriterium ist die Häufigkeit, mit der solche Maßnahmen anfallen (können)[7], weil Instandsetzungs- und Instandhaltungskosten (= Pflege) im Garten nur umgelegt werden können, wenn sie regelmäßig entstehen[8]. Dies ist beim (einfachen) Fällen eines alten Baumes[9] ebenso wenig der Fall wie bei Kosten für die Verschönerung eines Hauses anlässlich einer Modepräsentation[10]. Die Kosten für eine Erstausstattung eines Gartens sind ebenso wenig umlagefähig wie die Kosten einer zusätzlichen Bepflanzung. 114

---

1 AG Neuss, DWW 1993, 296; *Langenberg*, Betriebkosten, A Rz. 74.
2 AG Düsseldorf, WuM 2002, 488 = ZMR 2002, 828; AG Hamburg-Wandsbek, WuM 1986, 123; **a.A.** AG Mönchengladbach, ZMR 2003, 198.
3 LG Hamburg, WuM 1984, 695; AG Köln, NZM 2001, 41; a.A. AG Dinslaken v. 22.12.2008 – 30 C 213/08, WuM 2009, 115.
4 AG Oberhausen, WuM 1990, 556.
5 AG Schöneberg, GE 1996, 477.
6 AG Steinfurt – 25.5.2004 – 4 C 249/03, WuM 2007, 409.
7 AG Mönchengladbach, ZMR 2003, 198; AG Oberhausen, WuM 1990, 556; AG Hamburg, WuM 1989, 641.
8 AG Reutlingen, WuM 2004, 95.
9 AG Dinslaken v. 22.12.2008 – 30 C 213/08, WuM 2009, 115.
10 OLG Düsseldorf, NZM 2000, 762.

115 Werden die Kosten der Beseitigung von Bäumen durch **Sturmschäden** verursacht, kann von einer Umlagefähigkeit ausgegangen werden[1]. Insoweit kann nicht darauf abgestellt werden, ob in der betreffenden Gegend schwere Stürme, die Bäume ausreißen können, als „ungewöhnliche Naturereignisse" anzusehen sind[2]. Denn es besteht sachlich kein Unterschied, ob erfrorene, angefaulte oder entwurzelte Gehölze entfernt und durch Neuanpflanzung ersetzt werden. Dies gilt umso mehr, als die Naturkatastrophen, die zur Beschädigung von Pflanzen geführt haben, in den letzten Jahren auch mit einer gewissen Regelmäßigkeit und bundesweit aufgetreten sind.

116 Musste der **Rasen** jedoch **erneuert** werden, weil er durch die Nutzung oder Witterungseinflüsse unansehnlich geworden ist, sind diese Kosten ansetzbar[3]. Das Gleiche gilt für die Kosten der Erneuerung von Pflanzen und Gehölzen im Rahmen natürlichen Abgangs, wobei es sich nicht unbedingt um eine gleichartige Bepflanzung handeln muss[4], aber nicht bei Arbeiten infolge eines Wartungsstaues wegen unterbliebener Pflege in den Vorjahren[5].

117 Liegen zwischen wiederkehrenden Maßnahmen größere zeitliche Abstände, stellt sich zusätzlich die Frage, ob sie wie **aperiodische Kosten** (vgl. dazu *Rz. 357 f.*) zu behandeln sind, weil sie nicht jährlich anfallen. Je größer der Zeitabstand ist, umso eher spricht eine Annahme dagegen, dass die Kosten laufend anfallen. Dies soll z.B. bei einem Baumschnitt nach 12 Jahren nicht mehr anzunehmen sein[6].

118 Neben den **Personalkosten**, also dem Entgelt, das der Vermieter für die eigene Leistung (vgl. *Rz. 371*) oder die Tätigkeit eines Dritten aufwendet, können auch Sachkosten angesetzt werden. Insbesondere die **Betriebskosten für Gartengeräte** (Rasenmäher, Traktor) sind umlagefähig, also z.B. Treibstoff, Steuer und Versicherung. Fallen Wartungskosten an, sind auch diese ansatzfähig[7]. Die erste **Anschaffung** eines Rasenmähers kann der Vermieter nicht im Rahmen der Betriebskostenabrechnung in Ansatz bringen, da es sich hierbei um Baunebenkosten handelt[8], die bei der Ermittlung der Betriebskosten nicht angesetzt werden dürfen[9]. Dies gilt grundsätzlich auch für die Ersatzbeschaffung[10]. Dient die (Ersatz-)Beschaffung aber mittelfristig bei wirtschaftlicher Betrachtung der Reduzierung von Hand- bzw.

---

1 LG Hamburg, WuM 1989, 640; *Beuermann*, § 4 MHG Rz. 30.
2 So aber: AG Königstein/Ts., WuM 1993, 410.
3 LG Hamburg, WuM 1989, 191.
4 AG Köln, ZMR 1993, IV, Nr. 22.
5 LG Hamburg, WuM 1994, 695; **a.A.** LG Hannover, HmbGE 1984, 157; AG Münster, WuM 1992, 258.
6 LG Tübingen, WuM 2004, 669.
7 LG Köln v. 8.7.1997 – 12 S 28/97, insoweit nicht im Kölner Mietrecht veröffentlicht; AG Bergheim, WuM 1985, 368.
8 AG Kerpen, *Lützenkirchen*, KM 1 Nr. 49.
9 LG Hamburg, WuM 1985, 390; WuM 1989, 640.
10 LG Potsdam, MM 2003, 143; AG Laufen, WuM 2005, 605.

Lohnarbeiten oder erspart sie die Vergabe von Fremdarbeit, sollen die Kosten ausnahmsweise angesetzt werden können[1], was der Vermieter darzulegen hat. Dies ist aber zweifelhaft, weil der Betriebskostenbegriff auf die laufende Entstehung abstellt und Kostenersparnis im Rahmen des Wirtschaftlichkeitsgebotes zu prüfen ist. Diese Prüfung setzt aber erst ein, wenn Betriebskosten als solche vorliegen. Abgesehen davon ist die Aufzählung in § 2 Nr. 10 BetrKV abschließend und wegen § 556 Abs. 1 BGB, der unter dem Schutz des § 556 Abs. 4 BGB steht, nicht erweiterbar[2].

Bei der **Erneuerung von Sand** sind die Grundsätze für die Umlagefähigkeit **aperiodischer Kosten** (vgl. *Rz. 357 f.*) zu beachten. Die Erstausstattung eines Spielplatzes gehört zu den nicht umlagefähigen Baukosten ebenso wie die Ersatzbeschaffung von Spielgeräten[3]. Soweit jedoch Bodenplatten und Bänke erneuert werden, sind deren Kosten umlegbar[4]. Für die Umlagefähigkeit von Kosten, die bei der Pflege von Plätzen (Höfen, Mülltonnen-, Teppichklopf- oder Wäschetrockenplätze), Zugängen und Zufahrten sowie den dort errichteten Ausstattungsgegenständen (z.B. Bänke, Abfallkörbe, Teppichstangen etc.) anfallen, muss untersucht werden, ob diese Flächen der Allgemeinheit der Mieter zur Verfügung stehen. 119

Handelt es sich um **Parkplätze** oder **Garagenzufahrten**, die nur bestimmten Mietern vorbehalten sind, sollen die Kosten nicht in der Betriebskostenabrechnung für das gesamte Objekt angesetzt werden können[5]. Dies ist in dieser Allgemeinheit nicht richtig. Zunächst kommt es auf die Umlagevereinbarung an. Dienen die Maßnahmen auch zur Verschönerung des Grundstücks allgemein, heben sie auch den Wohnwert, wenn der Mieter keine Garage nutzt. Die Pflege umfasst insoweit die Reinigung einschl. der **Schnee- und Eisbeseitigung** im Winter, nicht jedoch die Reinigung von Gullys[6], sofern diese durch mangelnde Pflege verstopft sind. 120

8. Kosten der Beleuchtung

Nach § 2 Nr. 11 BetrKV sind ausschließlich die Stromkosten für die Beleuchtung von **Gemeinschaftsflächen** und der Außenbeleuchtung ansatzfähig. Werden **Zuwege** beleuchtet, sind die dabei entstandenen Kosten nur ansatzfähig, wenn die Leuchten auf dem Privatgrundstück stehen[7]. 121

Für Stromkosten, die **nicht durch Beleuchtung** entstehen (z.B. Staubsauger für Treppenhausreinigung, Elektro-Motor von Rolltoren, Klingelanlagen, 122

---

1 AG Schöneberg, NZM 2001, 808; vgl. auch AG Lichtenberg, MM 2003, 246.
2 Vgl. auch BGH v. 17.12.2008 – VIII ZR 92/08, WuM 2009, 115, 117 (zu Heizkosten).
3 *Langenberg*, Betriebskosten, A Rz. 92.
4 LG Hamburg, WuM 1989, 640; **a.A.** *Langenberg*, Betriebskosten, A Rz. 92; *Schmid*, Nebenkosten, Rz. 5226a.
5 LG Hamburg, WuM 1989, 640.
6 AG Köln, WuM 1985, 368.
7 LG Aachen, DWW 1993, 42.

Türöffner), bildet § 2 Nr. 11 BetrKV keine Anspruchsgrundlage[1]. Denn der Verordnungsgeber kannte die Problematik, die bereits unter der Geltung der Anlage 3 zu § 27 II. BV diskutiert wurde, ohne dass er den Wortlaut der Nr. 11 angepasst hätte. Deshalb ist zu differenzieren: fällt Strom bei umlegbaren Positionen an (z.B. Heizung, Aufzug) ist er umlegbar. Richtigerweise muss er bei den jeweiligen Positionen berücksichtigt werden. Immerhin können sich unterschiedliche Verteilermaßstäbe ergeben, was bei der Heizung auf der Hand liegt. Nur wenn das ausnahmsweise nicht der Fall ist und der Mietvertrag die Umlage der anderen Positionen vorsieht, kann der Anteil auch hier angesetzt werden. Bei **anderen Stromquellen** ist für die Umlage entsprechend den Grundsätzen, die bei sonstigen Betriebskosten gelten, eine ausdrückliche Vereinbarung erforderlich (z.B. „Kosten des Allgemeinstroms")[2]. Denn selbst wenn im allgemeinen Sprachgebrauch die Kosten der Beleuchtung mit den allgemeinen Stromkosten gleichgesetzt werden sollten[3], hätte zum 1.1.2004 eine Anpassung der Formulierung erfolgen müssen. Deshalb ist eine ausdrückliche Erweiterung des Umlagerahmens insbesondere erforderlich, wenn die Stromkosten für eine **Tiefkühltruhe** entstehen[4]. Führt die Umlagevereinbarung nicht die Kosten des Allgemeinstroms auf, kann sich der Vermieter letztlich nur auf das Erheblichkeitsargument berufen (vgl. oben *Rz. 75*).

123 Die **Erneuerung von Leuchtmitteln**, Lichtschaltern und Sicherungen ist dagegen nicht ansetzbar, da die Regelung der § 2 Nr. 11 BetrKV anders als bei den Kosten der Gartenpflege (§ 2 Nr. 10 BetrKV) die Erneuerung derartiger Teile nicht vorsieht[5]. Allerdings sind die Kosten u.U. als sonstige Betriebskosten umlegbar (vgl. *Rz. 167 f.*). Wird ein **Münzwaschautomat** im Hause zur Verfügung gestellt, müssen die Einnahmen anteilig gutgeschrieben werden (vgl. oben *Rz. 49*).

124 Neben der **Grundgebühr**, die der Versorgungsträger in Rechnung stellt, wird in den Rechnungen insbesondere der **Arbeitspreis** zugrunde gelegt und ggf. eine Miete für den Zähler (vgl. dazu *Rz. 38*). Diese Kosten sind alle ansatzfähig. Das Gleiche gilt für die Kosten des Betriebs und der Wartung einer **Notstromanlage**[6], die aber auch bei den Kosten des Aufzuges berücksichtigt werden können.

125 Die Kosten der **Beleuchtung von Garagen**, Garagenzufahrten, Kellern oder Bodenräumen, die nicht allen Mietern zur Verfügung stehen, müssen nicht vorermittelt werden, um nur auf die Mieter verteilt zu werden, die diese Grundstücksflächen nutzen dürfen[7]. Denn die Mehrbelastung des Mieters,

---

1 *Schmid*, Nebenkosten, Rz. 5253; *Pfeifer*, Betriebskosten, S. 74.
2 LG Karlsruhe, WuM 1996, 230.
3 So: AG Suhl, WuM 2005, 669.
4 AG Trier, WuM 2001, 46.
5 OLG Düsseldorf, NZM 2000, 762; AG Köln, ZMR 1993, S. IV Nr. 21.
6 AG Koblenz, NZM 2000, 238.
7 AG Neuss, WuM 1997, 471.

der nicht zu diesem Personenkreis gehört, wird kaum messbar und damit unerheblich sein[1].

Nicht oder bei anderen Positionen umlegbare Anteile müssen nicht mit einem **Zwischenzähler** ermittelt werden. Der Vermieter kann sie auch schätzen. Zur Vermeidung einer Klageabweisung muss er im Prozess aber eine realistische und konkrete Schätzgrundlage (§ 287 ZPO) vortragen. Dazu ist es mindestens erforderlich, dass er die Leistung der anderen Stromquelle, deren (ungefähre) Einsatzzeit und den Strompreis, der sich aus der Addition von Grund- und Arbeitspreis dividiert durch den Gesamtverbrauch ergibt, angibt. 126

In der Abrechnung soll der Vermieter die Position mit erläuternden Zusätzen versehen müssen, wenn sie nicht nur die Kosten der Beleuchtung erfasst (z.B. „Allgemeinstrom/Aufzugsstrom"; vgl. im Übrigen *Rz. 315 f.*)[2]. Zur Vermeidung eines formellen Fehlers ist es im Übrigen erforderlich, die insgesamt von dem Stromversorger berechneten Kosten unter den Gesamtkosten anzugeben und evtl. Abzüge zu erläutern (vgl. dazu *Rz. 319 f.*). 127

9. Kosten der Schornsteinreinigung

Diese Kostenposition kann in einer Betriebskostenabrechnung nur enthalten sein, wenn das Gebäude nicht mit einer Zentralheizung versehen ist. In diesem Fall gehören die Kosten der Schornsteinreinigung nämlich zu den nach **§ 7 Abs. 2 HeizkV** verbrauchsabhängig umzulegenden Kosten. 128

Die Schornsteinfeger berechnen ihre **Gebühren** nach den auf Grund des Schornsteinfegergesetzes[3] ergangenen Rechtsverordnungen. Hier muss im Zweifelsfall überprüft werden, ob die entsprechenden Gebührentatbestände erfüllt sind. 129

10. Kosten der Sach- und Haftpflichtversicherung

Das Bestreben der Vermieter, alle Risiken, die mit dem Betrieb eines Gebäudes zusammenhängen, durch Versicherungen abzudecken, ist groß, zumal nach § 2 Nr. 13 BetrKV bereits **Kosten** der Versicherungen des Gebäudes gegen Feuer-, Strom- und Wasserschäden, der Glasversicherung, der Haftpflichtversicherung für das Gebäude, den Öltank und den Aufzug umlegbar sind. Daneben kommen auch ohne besondere Erwähnung im Mietvertrag[4] Versicherungen gegen 130

---

1 Zu diesem Aspekt vgl. BGH v. 8.3.2006 – VIII ZR 78/05, WuM 2006, 200 = NZM 2006, 340.
2 OLG Hamburg, ZMR 2003, 180, 181; LG Köln in *Lützenkirchen*, KM 1 Nr. 74; AG Köln in *Lützenkirchen*, KM 1 Nr. 71; AG Leipzig v. 14.9.2007 – 163 C 496/07, WuM 2007, 576.
3 BGBl. 1969, 1634, 2432.
4 OLG Brandenburg, NZM 2000, 572.

- Schwamm- und Hausbock[1],
- Elementarschäden (vgl. § 2 Nr. 13 BetrKV)[2],
- Schäden an Fernmelde-, Alarm- und Brandmeldeanlagen[3],
- Beschädigung von Gemeinschaftsantennen (Parabolantennen)[4],
- Schäden an der Aufzugs- und Signalanlage[5],
- Terrorversicherung[6]

in Betracht, weil es sich um Sachversicherungen handelt.

131 Entscheidend für die Umlagefähigkeit ist, dass sich das Versicherungsrisiko auf Gegenstände bezieht, die allen Mietern zugute kommen oder von ihnen genutzt werden können. Dagegen können **Reparaturversicherungen** nicht umgelegt werden[7], und auch eine Versicherung gegen Vandalismusschäden, die Vermieter von Großwohnanlagen häufig abschließen, ist nicht berücksichtigungsfähig. Denn damit wird gerade ein besonderes Schadensersatzrisiko abgedeckt.

132 Unbedeutend ist, ob die Versicherung(en) im Rahmen einer **Sammelversicherung** abgeschlossen wurde(n)[8]. Es muss nur eine realistische Vorverteilung stattfinden, wozu im Zweifel der Flächenschlüssel heranzuziehen ist. Diese muss in der Abrechnung deutlich werden, weil sonst ein formeller Mangel der Abrechnung vorliegt. Insoweit reicht es nicht aus, die gesamte Prämie einfach auf die **Gesamtfläche** der versicherten Immobilien zu **verteilen**. Denn der Versicherer ermittelt die Prämie grundsätzlich für eine Immobilie anders, in der das **Risiko** der Inanspruchnahme von der Norm abweicht. Das ist z.B. bei feuergefährlichen Betrieben (Restaurant, Autowerkstatt etc.) der Fall. Eine angemessene Vorverteilung muss diese Besonderheiten berücksichten, wenn sich daraus eine erhebliche Mehrbelastung des Mieters ergeben kann (vgl. dazu Rz. 501 f.).

133 Prämien für eine **Versicherung zum Neuwert** sollen nicht ansetzbar sein, weil der Vermieter nach § 535 Abs. 1 S. 2 BGB nur die Wiederherstellung im vertragsgemäßen Zustand schuldet[9]. **Prämienerhöhungen** gegenüber den Vorjahren sind nur im Rahmen der allgemeinen Preissteigerung umlegbar. Beruhen die gestiegenen Kosten auf mangelhafter Instandhaltung des Mietobjektes, können sie nicht angesetzt werden[10]. Das gilt aber nicht,

---

1 LG Hamburg, WuM 1989, 191; AG Hamburg, WuM 1998, 352.
2 Auch schon im Rahmen des § 27 II. BV umlegbar: *Pfeifer*, S. 76.
3 *Langenberg*, Betriebskosten, A Rz. 102.
4 *Langenberg*, Betriebskosten, A Rz. 104.
5 LG Berlin, GE 1987, 517.
6 OLG Stuttgart v. 15.2.2007 – 13 U 145/06, WuM 2007, 199; *Kinne*, GE 2004, 1500; a.A., wenn kein Vortrag zu einer konkreten Gefahr erfolgt: AG Pankow-Weißensee v. 20.11.2008 – 6 C 107/08, GE 2009, 57.
7 AG Köln, WuM 1990, 556.
8 *Schmid*, ZMR 2001, 587; **a.A.** LG Darmstadt, WuM 2000, 311.
9 AG Leipzig v. 6.3.2009 – 163 C 6664/08, NZM 2009, 858.
10 *Sternel*, Mietrecht, III Rz. 352.

wenn der Versicherer das Risiko wegen laufender Brandstiftung höher einschätzt, weil die erhöhten Kosten dann mit dem Betrieb der Immobilie zusammenhängen[1]. Der Vermieter muss die Steigerung auf Anforderung erläutern und ggf. geeignete Nachweise vorlegen.

Die Prämien einer Versicherung, die den **privaten Interessen des Eigentümers** und/oder des Vermieters dient, sind nicht ansetzbar. Hierunter fallen inbesondere Haus- und Mietrechtsschutzversicherungen[2], eine Mietverlustversicherung[3] oder eine private Haftpflichtversicherung. 134

Prämienrückvergütungen (auch verdeckte[4]) hat der Vermieter in dem Jahr anzusetzen, in dem sie geflossen sind. 135

In der Abrechnung hat der Vermieter die einzelnen Versicherungsarten nicht unbedingt getrennt darzustellen[5] (vgl. *Rz. 514 ff.*). 136

Durch die Öffnung der Versicherungsmärkte seit 1.1.1998 ist das **Gebot der Wirtschaftlichkeit** (vgl. *Rz. 834 ff.*) auch bei dieser Position wieder in den Blickpunkt gerückt. Der Vermieter muss nicht den billigsten Anbieter berücksichtigen[6], sondern darf auch die Nähe des Versicherers zum Mietobjekt und den Service bei Schadensfällen berücksichtigen. Gleichwohl hat er in regelmäßigen Abständen das Preisniveau des Marktes zu überprüfen. Hat eine solche Überprüfung – nachweislich – stattgefunden, kann er sich auch für längere Zeit (z.B. fünf Jahre) binden, wenn ansonsten in den Folgejahren mit Prämienerhöhungen zu rechnen ist. 137

11. Hauswart

a) Ansatzfähige Tätigkeiten

Nach der Inhaltsbestimmung des § 2 Nr. 14 BetrKV müssen die umlagefähigen Arbeiten des Hausmeisters herausgefiltert werden. Denn die Bestimmung grenzt die Tätigkeiten des Hauswarts bei Instandsetzung, Instandhaltung und Verwaltung aus. Daraus wird hergeleitet, dass sich der umlagefähige Teil als eher praktische technische Leistung darstelle[7]. Auf jeden Fall **umlegbar** sind vor allem folgende Tätigkeiten: 138

– laufende Reinigungsarbeiten (Treppenhaus, Keller, Lichtschächte, Gehweg, Hof, Zuwege und sonstige Außenanlagen[8] etc.)
– Kontrollgänge zur Verkehrssicherung[9]

---

1 AG Köln in *Lützenkirchen*, KM 1 Nr. 34.
2 OLG Düsseldorf, ZMR 1995, 203; AG Bonn, WuM 1987, 274.
3 AG Frankfurt/Main, WuM 1988, 170.
4 *Langenberg*, Betriebskosten, A Rz. 109.
5 BGH v. 16.9.2009 – VIII ZR 346/08, GE 2009, 1428; a.A. OLG Hamburg, ZMR 2003, 180, 181; LG Berlin, ZMR 1998, 284, 286; AG Köln in *Lützenkirchen*, KM 1 Nr. 68.
6 LG Itzehoe, WuM 1985, 398 für Heizöl.
7 LG Köln in *Lützenkirchen*, KM 1 Nr. 18 + 19.
8 LG München I, WuM 2000, 258, 259.
9 AG Hohenschönhausen v. 31.3.2008 – 16 C 205/07, GE 2008, 933.

- Streudienst[1]
- Ausführung der Gartenpflege
- Durchführung kleinerer Reparaturen, soweit sie zum typischen Tätigkeitsbild eines Hausmeisters gehören (z.B. Austauch von Verschleißteilen wie Dichtungen, Ventile, Filter etc.)[2]
- Wartung, Bedienung und Überwachung der häuslichen Versorgungseinrichtungen (z.B. Wasser, Abwasser, Heizung)[3]
- Überwachung der Hausordnung und des einwandfreien Gesamtzustandes des Mietobjektes
- Betreuung und Bedienung des Personen- und Lastenaufzuges
- Einweisung und Überwachung fachlicher Kundendienste für bestehende Anlagen (Heizung, Aufzug etc.)
- Auswechseln defekter Glühbirnen und Leuchtkörper[4]
- Überwachung der Brennstoffanlieferung
- Meldung besonderer Vorkommnisse an den Eigentümer
- Kontrolle und Abnahme der Wartungsfirmen[5]
- Notdienst zur Störungsbeseitigung auch außerhalb der Geschäftszeiten[6]
- Kontrolle und Überprüfung der Haus- und Hoftüren[7]
- sonstige Tätigkeiten im Zusammenhang mit den in § 2 Nrn. 2–10 BetrKV genannten Positionen (z.B. Müllcontainerleerung)[8].

139 Soweit der Hausmeister Tätigkeiten ausführt, die den **Positionen in Nrn. 2 bis 10 und 16 des § 2 BetrKV** zuzuordnen sind, müssen die Kostenanteile dafür nicht herausgerechnet werden, sondern werden einheitlich als Kosten des Hauswarts erfasst. Das Gleiche gilt, wenn der Hauswart Tätigkeiten ausführt, die bei sonstigen Betriebskosten gemäß § 2 Nr. 17 BetrKV anfallen, wie die Dachrinnenreinigung, die Wartung von Feuerlöschern oder Rauchabzugsanlagen. Allerdings setzt das voraus, dass die Umlage der jeweilen Positionen als „sonstige Betriebskosten" nach den dafür gültigen Grundsätzen (vgl. dazu *Rz. 167 f.*) vereinbart ist. Ist das nicht der Fall, muss eine entsprechende Kürzung auf der Grundlage einer Schätzung nach § 287 ZPO erfolgen.

140 Vor diesem Hintergrund muss bei **allen Tätigkeiten im Einzelfall** geprüft werden, ob es sich um typische Hauswart-, also praktisch technische Tätigenkeiten handelt oder ob die Leistung laufend anfällt und nicht dem Bereich der Verwaltung oder der Instandsetzung bzw. Instandhaltung zuge-

---

1 LG Bonn, NJW 1971, 809.
2 OLG Düsseldorf, NZM 2000, 762; LG München I, WuM 2000, 258, 259.
3 AG Hohenschönhausen v. 31.3.2008 – 16 C 205/07, GE 2008, 933.
4 LG München I, WuM 2000, 258, 259; **a.A.** OLG Düsseldorf, NZM 2000, 762.
5 AG Hohenschönhausen v. 31.3.2008 – 16 C 205/07, GE 2008, 933.
6 AG Hohenschönhausen v. 31.3.2008 – 16 C 205/07, GE 2008, 933.
7 AG Hohenschönhausen v. 31.3.2008 – 16 C 205/07, GE 2008, 933.
8 LG München I, WuM 2000, 258, 259.

ordnet werden muss[1]. Das Gleiche gilt in Bezug auf Kostenanteile für **Werkzeuge**, Geräte und Reparaturmaterial[2]. Ist der Anteil jedoch so gering, dass er im Ergebnis nur „Pfennigbeträge" ausmacht, kann er vernachlässigt werden[3]. Führt der Hausmeisterdienst auch einen **Notdienst** (z.B. für den Aufzug) aus, ist die dabei anfallende Tätigkeit zwar ansatzfähig, aber um die Anteile für Notdienstreparaturen zu kürzen[4].

Ergeben sich danach **nicht umlagefähige Anteile**, muss der Vermieter diese herausrechnen. Solange dies nicht erfolgt, ist die Position insgesamt nicht ansatzfähig[5]. Da die Anteile nicht exakt festgelegt werden können, ist eine **Schätzung** erforderlich, die realistisch aber vor allem nachvollziehbar sein muss. Das hat der Vermieter im Zweifel zu beweisen[6]. Um insoweit die Anforderungen des § 287 ZPO erfüllen zu können, worauf der Vermieter vorbereitet sein sollte, muss er den Hausmeister über einen Zeitraum von zwei bis drei Monaten **Tätigkeitsberichte** erstellen lassen. Anhand dieser Aufzeichnungen lässt sich die umlagefähige Tätigkeit und ihr Anteil an der Gesamtvergütung ermitteln und die Aussage stützen, dass der zeitliche Ausschnitt repräsentativ für die regelmäßige Leistung des Hauswarts ist. An dieser Schätzung kommt der Vermieter nicht dadurch vorbei, dass er mit dem Hauswart zwei Arbeitsverträge abschließt, um mit dem einen die umlagefähige und mit dem anderen die nicht umlagefähige Tätigkeit zu vergüten. Selbst wenn mehrere Personen – jeweils mit zwei Verträgen – tätig sind, kann der Mieter die Angemessenheit der Auteilung (einfach) **bestreiten**, so dass der Vermieter das Verhältnis zwischen den beiden Bereichen rechtfertigen muss. Auch dies wird ihm im Zweifel nur mit Tätigkeitsberichten des Hauswarts gelingen. 141

Ob der Vermieter überhaupt einen Hauswart beschäftigt, unterliegt seinem freien Ermessen[7]. Das Gleiche gilt für die Beauftragung eines **Hausmeisterservices**. Auch hier sind die angefallenen Kosten unter Berücksichtigung des **Gebots der Wirtschaftlichkeit** ansatzfähig. Dasselbe gilt für die Kosten eines **Regiebetriebes**[8], wobei wiederum die Beschränkung auf reine Hausmeisterleistungen zu beachten ist. 142

Der Umlagefähigkeit steht noch nicht entgegen, dass die Tätigkeit durch einen **Familienangehörigen** ausgeführt wird[9]. Andererseits kann die **Größe** des zu betreuenden Objektes (hier: 124 Wohnungen mit 130 Pkw-Abstellplätzen) ohne weiteres auch den Einsatz von zwei Hausmeistern erfor- 143

---

1 LG Frankfurt/Main, WuM 1996, 561.
2 LG Wuppertal, WuM 1999, 342.
3 LG Gera, WuM 2001, 615.
4 AG Köln, WuM 1999, 235.
5 AG Pankow-Weißensee v. 20.11.2008 – 6 C 107/08, GE 2009, 57.
6 BGH v. 20.2.2008 – VIII ZR 27/07, WuM 2008, 284 = GE 2008, 662 = ZMR 2008, 691.
7 BGH v. 7.4.2004 – VIII ZR 146/03, WuM 2004, 263 = ZMR 2004, 430 = NZM 2004, 418.
8 LG Hamburg, ZMR 1995, 32.
9 LG Hamburg, ZMR 2006, 287.

dern[1]. Hat der Vermieter die Gartenpflege, die Treppenhausreinigung und die Schneebeseitigung anderweitig vergeben, bleibt je nach der Größe des Gebäudes bzw. der Zahl der Mieteinheiten kaum noch ein Aufgabengebiet, dass zur Beschäftigung eines Hausmeisters berechtigt[2]. Gelegentliche **Kontrollgänge** sollen dem Vermieter selbst oder seiner Hausverwaltung zumutbar sein[3], was jedoch von einem falschen Verständnis zeugt.

144 Den Vermieter trifft auf Anforderung des Mieters eine besondere **Erläuterungspflicht** zum Umfang der Kosten[4], insbesondere wenn sie sich gegenüber dem Vorjahr erhöht haben[5]. Eine „ungefragte" Erläuterung, nur weil sich die Kosten um mehr als 10 % erhöht haben, ist nicht gerechtfertigt[6]. Solange diese Erläuterung angefordert ist, aber nicht erbracht wird, ist der Saldo nicht durchsetzbar.

b) Umlegbare Kosten

145 In der Betriebskostenabrechnung können zunächst die **Personalkosten** des angestellten Hauswarts berücksichtigt werden. Dabei ergeben sich u.a. folgende Positionen:

– Bruttoarbeitslohn

– Lohnnebenkosten (Sozialbeiträge einschl. der Arbeitgeberanteile)

– Beiträge zur betrieblichen Altersversorgung

– Zahlungen an die Berufsgenossenschaft (allerdings nur bezogen auf das konkrete Abrechnungsjahr[7]).

146 Dieselben Kosten ergeben sich bei einer krankheits- oder urlaubsbedingten Vertretung. Die während der Freistellungephase des Vorruhestandes anfallenden Kosten sollen mindestens mit 50 % angesetzt werden können[8].

147 Daneben können geldwerte **Sachleistungen** berücksichtigt werden. Hierzu gehört insbesondere die Mietdifferenz zur ortsüblichen Vergleichsmiete für die Hausmeisterwohnung[9]. Weitere Sachleistungen können in der Berücksichtigung anteiliger Kosten für Telefon- und Telefaxgebühren[10] oder Fahrtkosten[11], nicht aber z.B. Arbeitsstiefel[12], gesehen werden. Stellt der

---

1 LG Wiesbaden, NZM 2002, 944.
2 AG Hamburg, WuM 1988, 308.
3 AG Hannover, WuM 1984, 168.
4 AG Brühl, WuM 1996, 628.
5 LG Kiel, WuM 1996, 628; AG Köln, WuM 1996, 628.
6 A.A. KG, ZMR 2006, 446 = GuT 2006, 70.
7 AG Tempelhof-Kreuzberg, WuM 2004, 476.
8 AG Köpenick v. 11.12.2008 – 12 C 365/08, GE 2009, 199.
9 AG Köln, WuM 1997, 273.
10 AG Köln in *Lützenkirchen*, KM 1 Nr. 13; AG Köln in *Lützenkirchen*, KM 1 Nr. 14; AG Köln in *Lützenkirchen*, KM 1 Nr. 16; **a.A.** AG Köln in *Lützenkirchen*, KM 1 Nr. 15.
11 *Langenberg*, Betriebskosten, A Rz. 117.
12 AG Lörrach, WuM 1996, 628.

Vermieter dem Hausmeister ein **Hausmeisterbüro** zur Verfügung, kann er insoweit auch die Kosten des Arbeitsmaterials (Fax-Papier, Toilettenpapier, Papierhandtücher, Stromkosten etc.) mit dem gleichen Anteil umlegen, mit dem er die Hausmeisterkosten unter Abzug der Instandhaltungs- und Verwaltungstätigkeit berücksichtigt[1].

c) Gebot der Wirtschaftlichkeit

Das Gebot der Wirtschaftlichkeit ist umfassend unter *Rz. 380 f.* dargestellt. 148

Fraglich ist, ob der Vermieter über das Gebot der Wirtschaftlichkeit gezwungen werden kann, langfristige Lieferverträge mit einem Monopolisten zu beenden, um kostengünstigere Verträge abzuschließen. Dies wird jedenfalls verneint, wenn der Liefervertrag bereits zu Beginn des Mietvertrages bestand[2]. 149

Um Zweifel an der **Wirtschaftlichkeit** hervorzurufen, muss der Mieter zunächst vortragen, dass ein Dritter im Abrechnungszeitraum in der Lage und bereit war, die Leistung zu einem geringeren Preis auszuführen[3]. Das setzt in der Regel die Vorlage eines Alternativangebots voraus. Erst dann sind substantiierte Angaben des Vermieters zum Umfang der Leistung (z.B. Leistungsbeschreibung und Stundenaufwand) erforderlich[4]. 150

Eine Überprüfung nach **Durchschnittswerten**[5] ist in keinem Fall zulässig. Zwar sind in einigen Entscheidungen derartige Werte aufgeführt[6]. Indessen sind Durchschnittswerte nur vergleichbar, wenn sie sich auf die gleichen Leistungen beziehen. Gerade wenn der Hausmeister auch Instandhaltungs- und Verwaltungstätigkeiten ausführt, ist das tatsächliche Verhältnis zwischen umlegbaren und nicht umlegbaren Leistungen maßgeblich. Abgesehen davon kann eine Änderung auch darauf beruhen, dass der Vermieter zu Beginn des Hausmeistervertrages ganz anders kalkuliert haben könnte. Erst recht ist das Lohnniveau nicht nur regional unterschiedlich, sondern vor allem auch von der Größe der betreuten Gebäude abhängig. In einer größeren Wohnanlage kann ein Hausmeister (bezogen auf die qm-Fläche) wirtschaftlicher tätig sein als bei einer kleineren Einheit. Deshalb ist eine wesentliche Abweichung von Durchschnittwerten selbst dann nicht zu erläutern, wenn sie in einem Mietspiegel enthalten sind[7]. 151

---

1 AG Köln in *Lützenkirchen*, KM 1 Nr. 13.
2 LG Berlin v. 17.10.2008 – 32 O 102/08, GE 2009, 52.
3 BGH v. 13.6.2007 – VIII ZR 78/06, WuM 2007, 393 = ZMR 2007, 685.
4 AG Wetzlar, WuM 2004, 339.
5 Zur Ermittlung dieser Werte wird häufig auf den Betriebskostenspiegel des DMB (www.dmb.de) zurückgegriffen.
6 LG Wuppertal, WuM 1999, 342: 1 DM/qm; AG Köln in *Lützenkirchen*, KM 1 Nr. 42; AG Köln in *Lützenkirchen*, KM 1 Nr. 6: deutlich unter 1 DM/qm; AG Köln in *Lützenkirchen*, KM 1 Nr. 7: 0,50 DM/qm; AG Erfurt, WuM 2003, 358: höchstens 1 DM/qm, selbst wenn der Hausmeister Gartenpflege und Hausreinigung ausführt.
7 A.A. AG Frankfurt/Main, WuM 2001, 615.

d) Modalitäten der Abrechnung

152 Allein die **gemischte Nutzung** eines Objektes macht eine Aufteilung der Hausmeisterkosten in Tätigkeiten für Gewerbe- und Wohneinheiten nicht erforderlich[1], sofern nicht für die Gewerbeeinheiten besondere Aggregate (z.B. Klimaanlage) vorhanden sind, die eine besondere Betreuung durch den Hausmeister erfordern, und dadurch erhebliche Mehrkosten anfallen (vgl. dazu *Rz. 501 f.*).

12. Kosten des Betriebs der Gemeinschaftsantennenanlage

153 In vielen Mietverträgen wird für diese Position des § 2 Nr. 15a BetrKV eine monatliche **Pauschale** erhoben. In diesem Fall erübrigt sich eine Abrechnung. Allenfalls können sich Probleme im Hinblick auf den Anspruch des Mieters aus § 560 Abs. 3 BGB ergeben.

154 Besteht kein Zwischenzähler, können die Kosten für den **Betriebsstrom** auch bei den Kosten des Allgemeinstroms oder der Beleuchtung in Ansatz gebracht werden. Dies gilt jedenfalls so lange, wie beide Positionen nach dem gleichen Abrechnungsschlüssel verteilt werden dürfen. Vorsichtshalber sollte in der Abrechnung durch einen entsprechenden Hinweis aber deutlich gemacht werden, in welcher Position die Kosten enthalten sind. Ist das nicht der Fall und wird der Vebrauch auch nicht über einen Zwischenzähler ermittelt, kann der Verbrauch nach den Leistungsdaten der Verstärker errechnet/**geschätzt** werden. Dann muss der Anteil natürlich bei den Stromkosten in Abzug gebracht werden.

155 Im Übrigen können sich Wartungs- und Leasingkosten ergeben[2].

13. Kosten des Betriebs der mit einem Breitbandkabelnetz verbundenen privaten Verteilanlage

156 Regelt der Mietvertrag allein die Umlage der Kosten einer (vorhandenen) Gemeinschaftsantenne und wird der Breitbandkabelanschluss erst später eingerichtet, können die Kosten in der Betriebskostenabrechnung berücksichtigt werden, wenn sich durch eine ergänzende Vertragsauslegung ergibt, dass auch diese Kosten vom Mieter zu tragen sein sollten. Dies ist regelmäßig der Fall, wenn der Mieter die Einführung des Breitbandkabelanschlusses als Modernisierungsmaßnahme zu dulden gehabt hätte[3]. Das Gleiche soll gelten, wenn der Breitbandkabelanschluss durch eine Satellitenanlage ersetzt wird[4]. Weder der Wechsel des Anbieters noch das mangelnde Interesse des Mieters hindern die Umlagefähigkeit[5].

---

1 LG Köln in *Lützenkirchen*, KM 1 Nr. 39.
2 Vgl. *Langenberg*, Betriebskosten, A Rz. 120 f.
3 BGH v. 27.6.2007 – VIII ZR 202/06, WuM 2007, 571 = ZMR 2007, 851 = NZM 2007, 769.
4 AG Lörrach, WuM 2005, 579.
5 AG Münster v. 27.2.2007 – v. 7 C 4811/06, ZMR 2007, 707.

Die einzelnen Betriebskostenpositionen

Nicht umlagefähig sind die Kosten für die Installation der Verteil.. Gebäude oder ein einmaliges Anschlussentgelt. Ist die Anlage jedoch geleast, sind von den **Leasinggebühren** keine Abzüge für die Erstinstallation etc. vorzunehmen. Die Leasinggebühren sind in vollem Umfang ansatzfähig.

Streitig ist, ob die Kosten eines **Sperrfilters**, der eingebaut wird, damit der Mieter, der dem Kabelanschluss widersprochen hat, weiterhin die über die Gemeinschaftsantenne empfangenen Programme nutzen kann, nur bei besonderer Vereinbarung[1] oder generell umlegbar sind[2]. Richtigerweise ist darauf abzustellen, ob die Kosten laufend oder einmalig entstehen. Werden regelmäßige Kosten verursacht, handelt es sich um Betriebskosten, die bei dem Betrieb des Breitbandkabelanschlusses entstehen. Ansonsten handelt es sich um Baukosten. 158

14. Kosten des Betriebs der Einrichtungen für die Wäschepflege

Die Änderung der Überschrift in § 2 Nr. 16 BetrKV gegenüber der Anlage 3 zu § 27 II. BV soll klarstellen, dass auch andere, der Mietergemeinschaft zur Verfügung gestellte Geräte (z.B. Bügelautomat) erfasst werden. 159

Die im Einzelnen umlegbaren Kosten sind definiert mit den Kosten 160
– des Betriebsstroms,
– der Überwachung, Pflege und Reinigung der maschinellen Einrichtung,
– der regelmäßigen Prüfung ihrer Betriebsbereitschaft und Betriebssicherheit,
– der Wasserversorgung.

Im Hinblick auf die Sonderregelung des § 25 Abs. 1 S. 2 NMV, wonach für Kosten der Instandhaltung zusätzlich ein Erfahrungswert als Pauschbetrag[3] angesetzt werden kann, muss bei der Prüfung dieser Kostenposition zunächst nach der Art des Mietobjektes (preisfreier oder preisgebundener Wohnraum, Gewerberaum) unterschieden werden. Hinsichtlich der in der vorstehenden Tabelle genannten Positionen ergeben sich jedoch keine Unterschiede. 161

Voraussetzung für die Ansatzfähigkeit ist, dass eine **maschinelle Wascheinrichtung** vorhanden ist. Diese kann sowohl im Keller und auf dem Speicher als auch in einem zusätzlichen Gebäude eingerichtet sein. Hierher gehört auch die Waschmaschine, die der Vermieter in der Wohnung zur Verfügung stellt. Gleichzeitig zählen dazu alle Geräte, die beim Reinigungsvorgang benötigt und zur Verfügung gestellt werden, also Wäscheschleudern, Tro- 162

---

[1] AG Freiburg, WuM 1996, 285.
[2] So: *Langenberg*, Betriebskosten, A Rz. 126; **a.A.** *Pfeilschifter*, WuM 1987, 289.
[3] Zur Berechnung vgl. *Heix* in Fischer-Dieskau/Pergande/Schwender, § 25 NMV Anm. 4.2.

ckengeräte und Bügelmaschinen, wie § 2 Nr. 16 BetrKV jetzt ausdrücklich klarstellt.

163 Wird der **Betriebsstrom** über einen Zwischenzähler erfasst, muss dieser bei den Kosten der Beleuchtung in Abzug gebracht worden sein. Die **Zählermiete** ist hier anzusetzen.

164 Im Übrigen sollte darauf geachtet werden, ob der **Hausmeister** entsprechende in der vorgenannten Tabelle aufgeführte Tätigkeiten leistet. Insoweit müssen diese Leistungen bei denen des Hausmeisters abgerechnet werden[1]. Das gleiche Problem entsteht hinsichtlich der Kosten der **Wasserversorgung**, die hier nur angesetzt werden dürfen, wenn sie nicht schon bei der Berechnung der Wasserkosten berücksichtigt wurden. Insoweit ergibt sich jedoch ein Abgrenzungsproblem, weil § 25 Abs. 2 NMV vorschreibt, dass die Kosten der maschinellen Wascheinrichtung nur auf die Benutzer umgelegt werden dürfen. Dies erfordert eine Kostenabgrenzung durch den Vermieter. Diese muss sicherstellen, dass nur die Benutzer mit Kosten belastet werden. Zwischen den Nutzern der Einrichtung muss er die Kosten nach Verbrauch verteilen. Führt dies zur Unwirtschaftlichkeit der Einrichtung, darf er den Verlust nicht durch Erhebung einer Grundgebühr an den festen Kosten für alle Mieter ausgleichen[2]. Kosten der Abrechnung sind jedoch nicht ansatzfähig[3].

165 Zur getrennten Ermittlung kann daher grundsätzlich verlangt werden, dass der Strom- und Wasserverbrauch durch eigene Zähler erfasst wird[4]. Ist dies unterblieben und unwirtschaftlich, ist es jedoch auch zulässig, zur Entlastung der Mieter, die sich der Anlage nicht bedient haben, die Münzeinnahmen aus der Benutzung der Einrichtung gutzubringen[5].

166 Unter den Benutzern der Wascheinrichtung kann eine Kostenabgrenzung dadurch erfolgen, dass der Vermieter über sog. Waschbücher die Häufigkeit der Benutzung erfasst oder elektronische Mittel (z.B. Chipkarten) einführt. Das gleiche Ergebnis wird über Münzautomaten erreicht[6].

15. Sonstige Betriebskosten

167 § 2 Nr. 17 BetrKV dient als Auffangtatbestand, der klarstellt, dass die Aufzählung des § 2 BetrKV nicht anschließend ist. Liegen Kosten vor, die nicht den in den Nrn. 1–16 ausdrücklich bezeichneten Positionen zugeordnet werden können (z.B. Druckerhöhungsanlage = Wasserkosten), kommt eine **Umlage** nur nach § 2 Nr. 17 BetrKV in Betracht. Die Umlage setzt eine den Bestimmtheitsgrundsätzen entsprechende (ausdrückliche) **Vereinbarung** voraus (*Rz. 187 f.*). Dazu reicht die Bezeichnung „sonstige Betriebskosten"

---

[1] AG Hamburg, WuM 1998, 627.
[2] *Langenberg*, Betriebskosten, F Rz. 109; *Schmid*, Nebenkosten, Rz. 5400.
[3] AG Mülheim/Ruhr, NZM 2001, 325.
[4] *Langenberg*, Betriebskosten, F Rz. 110.
[5] AG Hamburg, WuM 1993, 619.
[6] *Langenberg*, Betriebskosten, F Rz. 111.

im Mietvertrag nicht aus[1]. Vielmehr müssen die Kostenarten zumindest ausdrücklich benannt werden.

Als sonstige Betriebskosten können bei der Wohnraummiete nur Kosten i.S.d. **allgemeinen Definition** des § 556 Abs. 1 BGB (= § 1 BetrKV bzw. § 27 Abs. 1 II. BV) angesehen werden. Im Einzelfall ist daher zu prüfen, ob es sich um Kosten handelt, die dem Vermieter durch das Eigentum am Grundstück oder durch den bestimmungsgemäßen Gebrauch des Gebäudes oder der Wirtschaftseinheit, der Nebengebäude, Anlagen, Einrichtungen und des Grundstücks laufend entstehen[2]. 168

Weitere Voraussetzung ist, dass die Kosten **tatsächlich entstanden** sind, soweit es sich nicht um Eigenleistungen (vgl. dazu *Rz. 371 f.*) handelt. Dafür reicht i.d.R. die Leistungserbringung und die Berechnung durch den Dienstleister aus. Ist die Leistung teilweise mangelhaft, ist eine Reduzierung der Kosten grundsätzlich nicht gerechtfertigt[3], allerdings wenn sie gar nicht erbracht wird. 169

Vor diesem Hintergrund können als sonstige Betriebskosten **nicht anerkannt** werden[4] Kosten der 170

– Wartung von Klingel- und Gegensprechanlage[5],
– Wartung von Fenstern[6],
– Wartung von Durchflussbegrenzern zur Wassereinsparung[7],
– vorbeugenden Reinigung von Abwasserrohren[8],
– Spülung der Fußbodenheizung[9].

Als sonstige Betriebskosten sind jedoch bisher **anerkannt** worden die Kosten 171

– des Betriebs von Müllschluckern[10],
– des Betriebs von Müllabsauganlagen und Müllpressen[11],
– der Entfernung von Laub aus Dachrinnen, sofern es wegen der Nähe großer Bäume regelmäßig erforderlich ist[12],

---

1 BGH, WuM 2004, 290 = MietRB 2004, 202; BGH, WuM 2004, 292 = ZMR 2004, 430 = NZM 2004, 418; OLG Oldenburg, WuM 1995, 430.
2 BGH v. 14.2.2007 – VIII ZR 123/06, WuM 2007, 196; vgl. im Einzelnen *Langenberg*, Betriebskosten, A Rz. 135.
3 AG Hannover v. 5.6.2003 – 563 C 2469/03, WuM 2007, 409.
4 Vgl. zu weiteren Kosten die Übersicht bei *Langenberg*, Betriebskosten, A Rz. 139 f.
5 AG Hamburg, WuM 1988, 308.
6 AG Hamburg, HmbGE 1996, 255.
7 *Langenberg*, Betriebskosten, A Rz. 148.
8 *Langenberg*, Betriebskosten, A Rz. 140.
9 AG Köln, WuM 1999, 235.
10 KG, WuM 2005, 774; vgl. aber auch § 2 Nr. 8 BetrKV.
11 *Heix* in Fischer-Dieskau/Pergande/Schwender, § 2 BetrKV Anm. 19.
12 BGH, WuM 2004, 292 = ZMR 2004, 430 = NZM 2004, 418 = MietRB 2004, 254.

- der Überprüfung und Wartung von Blitzschutzanlagen[1],
- der Überprüfung und Wartung von Feuerlöschgeräten einschl. des Austausches des Löschmittels[2],
- der Überprüfung und Wartung von Brand- und Rauchmeldern[3], Rauchabzügen[4], Sprenklern[5],
- der Überprüfung und Wartung von Lüftungsanlagen für allgemein genutzte Teile der Mietsache[6],
- der Wartung von Regelanlagen (Temperaturregelung in gemeinschaftlichen Räumen der Mietsache)[7],
- der Dachrinnenbeheizung, einschl. der Stromkosten[8],
- der Rückstausicherung[9],
- von Notstromanlagen für die Sicherheitsbeleuchtung von Rettungswegen, soweit sie gesetzlich vorgeschrieben sind[10],
- für die wiederkehrende Prüfung technischer Anlagen (z.B. Elektroleitungen)[11],
- für die Druck- und Dichtigkeitsprüfung von Gasleitungen[12],
- der Reinigung und des Betriebs (Strom, Wasser, Wartung von Pumpen) von Springbrunnen- oder Teichanlagen,
- der Reinigung von Lichtschächten und Jalousien[13],
- für den Betrieb eines Schwimmbades, einer Sauna, eines Fitnessraumes, Hobby- oder Partykellers, soweit die Kosten nicht bereits nach den anderen Positionen des § 2 BetrKV umgelegt werden können[14],
- des Wachdienstes[15].

---

1 AG Bremerförde, WuM 1987, 198; *Heix* in Fischer-Dieskau/Pergande/Schwender, § 2 BetrKV Anm. 19; **a.A.** AG Mitte, MM 2002, 186.
2 LG Berlin, NZM 2002, 65; LG Berlin, GE 1986, 1121.
3 AG Lübeck v. 5.11.2007 – 21 C 1668/07, NZM 2008, 929.
4 Mit der Einschränkung, dass nur Funktionsüberprüfungen stattfinden dürfen: AG Hamburg, WuM 2006, 221; AG Lichtenberg, MM 2003, 245.
5 LG Berlin, NZM 2000, 27; AG Köln in *Lützenkirchen*, KM 1 Nr. 31.
6 AG Köln in *Lützenkirchen*, KM 1 Nr. 30.
7 AG Köln in *Lützenkirchen*, KM 1 Nr. 30.
8 Jedenfalls teilweise, vgl. *Langenberg*, Betriebskosten, A Rz. 145.
9 *Pfeifer*, ZMR 1991, 355.
10 *Langenberg*, Betriebskosten, A Rz. 165.
11 BGH v. 14.7.2007 – VIII ZR 123/06, WuM 2007, 123.
12 LG Hannover v. 7.3.2007 – 12 S 97/06, ZMR 2007, 865; AG Bad Wildungen, WuM 2004, 669; *Schach*, GE 2005, 334, 336; **a.A.** AG Kassel, WuM 2006, 149.
13 AG Potsdam v. 23.5.2007 – 23 C 465/06, GE 2007, 917.
14 LG Osnabrück, WuM 1995, 434; AG Köln, Urt. v. 15.3.1989 – 213 C 365/88, n.v.; LG Köln, Urt. v. 29.11.1989 – 10 S 257/89, n.v.; LG Köln in *Lützenkirchen*, KM 2 Nr. 15.
15 OLG Celle, NZM 1999, 501.

Die einzelnen Betriebskostenpositionen   Rz. 173 **L**

Neben den besonderen Anforderungen, die an die Umlage der Kosten eines **Wachdienstes** durch das **Transparenzgebot** gestellt werden (vgl. dazu Rz. 188), kann von einer generellen Anerkennung dieser Kostenart als Betriebskosten nicht ausgegangen werden. Vielmehr kommt es auf die **Umstände des Einzelfalles** an[1], wobei es keinen Unterschied macht, ob die Kostenart mit Wachdienst, Pförtner, Doorman oder Concierge-Dienst umschrieben ist. Jedenfalls sind Kosten eines Wachdienstes auch dann nicht umlegbar, wenn der Mietvertrag die Umlage von Pförtnerkosten vorsieht[2]. Vor allem bei großen Wohnanlagen soll der Vermieter die Kosten eines **Pförtners**, der im Hauseingang die Besucher kontrolliert und zu dessen Aufgaben auch die Aufrechterhaltung der Sicherheit und Ordnung im Interesse des Eigentümers und der sonstigen Interessen der Mieter gehört, (anteilig) umlegen können[3]. Teilweise wird allein auf die Wahrung der Interessen der Mieter durch den Wachdienst abgestellt[4]. Das Gleiche gilt für einen Wachdienst, der tagsüber die Einhaltung der Hausordnung auf einem Dachgarten beaufsichtigt[5], wobei die Umlage i.H.v. 50 % der Gesamtkosten erfolgte, weil auch andere Tätigkeiten wahrgenommen wurden. Jedenfalls kommt ein entsprechend hoher Abzug in Betracht, wenn dem Aspekt des Mieterschutzes bei der Beauftragung des Wachdienstes keine vorrangige Bedeutung zukam[6]. Teilweise wird verlangt, dass dafür eine ausdrückliche Regelung im Mietvertrag vorgesehen ist, selbst wenn bei Abschluss des Vertrages ein Sicherheitsdienst nicht besteht[7]. Auch ein nachträglich eingeführter **Sicherheitsdienst** kann berechnet werden, wenn andere Maßnahmen, insbesondere der Einsatz des Hausmeisters und der Polizei, nicht geeignet sind, eine um das Mietobjekt (Hochhaus) entstandene Drogenszene wirksam zu bekämpfen[8]. Richtigerweise bedarf es dann aber einer Mehrbelastungsklausel, wenn es an einer ausdrücklichen Benennung dieser Position im Mietvertrag fehlt. Im Hinblick auf den Umfang der möglichen Tätigkeit eines Wachdienstes, setzt die wirksame Umlagevereinbarung auch in der Wohnraummiete eine Kostenbegrenzung voraus (vgl. Rz. 773). 172

Entsprechendes gilt für einen **Bereitschaftsdienst**, der außerhalb der Arbeitszeit des Hausmeisters für die Belange des Mieters und des Eigentü- 173

---

1 BGH, WuM 2005, 336 = NZM 2005, 452.
2 AG Charlottenburg v. 30.1.2007 – 224 C 276/06, GE 2007, 1125.
3 OLG Celle, NZM 1999, 501; LG Köln in *Lützenkirchen*, KM 1 Nr. 38; LG Köln, Urt. v. 29.11.1989 – 10 S 257/89, n.v.; AG Köln in *Lützenkirchen*, KM 1 Nr. 10; **a.A.** OLG Düsseldorf, NJW-RR 1991, 1354; differenzierend: *Langenberg*, NZM 1999, 52, 54.
4 AG Hamburg-Barmbek v. 27.10.2003 – 813 A C 91/03, WuM 2007, 289.
5 LG Köln in *Lützenkirchen*, KM 1 Nr. 43; AG Köln in *Lützenkirchen*, KM 1 Nr. 27; AG Köln in *Lützenkirchen*, KM 1 Nr. 26; AG Köln in *Lützenkirchen*, KM 1 Nr. 25; AG Köln in *Lützenkirchen*, KM 1 Nr. 24; AG Köln in *Lützenkirchen*, KM 1 Nr. 23; AG Köln in *Lützenkirchen*, KM 1 Nr. 21; **a.A.** AG Köln in *Lützenkirchen*, KM 1 Nr. 22.
6 LG Köln in *Lützenkirchen*, KM 1 Nr. 76.
7 AG Köln, ZMR 2003, 684.
8 OLG Celle, NZM 2000, 501; LG Köln in *Lützenkirchen*, KM 1 Nr. 72.

mers eingerichtet wurde, insbesondere die Aufgaben des Aufzugswartes (vgl. *Rz. 63*) erfüllt[1].

III. Betriebskosten bei preisfreiem Wohnraum

1. Vereinbarung der Umlagefähigkeit

174 Nach § 535 Abs. 2 BGB schuldet der Mieter nur einen einheitlichen Betrag als Gegenleistung für die Überlassung der Mietsache im vertragsgemäßen Zustand. § 556 Abs. 1 BGB räumt den Parteien aber das Recht ein zu vereinbaren, dass der Mieter die Betriebskosten trägt, was nach § 556 Abs. 2 BGB wiederum als Pauschale oder Vorauszahlung geschehen kann. Wählen die Parteien die Umlage der Betriebskosten im Wege der **Vorauszahlung**, begründen sie damit die Abrechnungspflicht des Vermieters[2], deren Umsetzung sich nach § 556 Abs. 3 BGB richtet.

175 Daneben ist aber in jedem Fall, also auch bei einer individuellen Abrede, **zusätzlich** eine dem Bestimmtheitsgebot genügende **eindeutige Vereinbarung** notwendig[3]. Immerhin wird dadurch die Mietstruktur festgelegt und muss der Mieter, weil die Umlage der Betriebskosten in sich variabel ist, einschätzen können, welche Belastung durch diesen Teil der Miete auf ihn zukommt[4].

176 Deshalb ist die Klausel „Mieter trägt die üblichen Nebenkosten" zu unbestimmt[5] und führt bei einem Mietobjekt, das mit Wasser- und Stromzählern ausgestattet ist, allenfalls zur Umlagefähigkeit der Strom-, Wasser- und Abwasserkosten[6]. Das Gleiche gilt für die Vereinbarung, nach der der Mieter „sämtliche Nebenkosten" zu tragen hat. Enthält der Mietvertrag eine **beispielsweise Aufzählung**, die mit dem Zusatz „u.a." oder „etc." versehen ist, können die im Mietvertrag nicht aufgeführten Betriebskosten im Zweifel nicht umgelegt werden[7]. Etwas anderes gilt nur für die Klausel: „Der Mieter trägt alle anfallenden Nebenkosten – soweit gesetzlich zulässig –, die nach dem von der WEG zu beschließenden Abrechnungsmodus ermittelt werden"[8]. Denn hier lässt sich die inhaltliche Bestimmung durch den objektiv ermittelbaren Rahmen der zulässigen Jahresabrechnung des WEG-Verwalters feststellen.

---

1 LG Köln in *Lützenkirchen*, KM 1 Nr. 37; AG Köln in *Lützenkirchen*, KM 1 Nr. 4; AG Köln in *Lützenkirchen*, KM 1 Nr. 5.
2 BGH v. 9.3.2005 – VIII ZR 57/04, WuM 2005, 337 = MietRB 2005, 141.
3 BGH, GuT 2005, 160 = NZM 2005, 504 = MietRB 2005, 203; OLG Düsseldorf, ZMR 2000, 603; OLG Köln, WuM 1991, 357; LG Saarbrücken, WuM 1998, 722, 723.
4 BGH v. 6.4.2005 – XII ZR 158/01, GuT 2005, 213 = DWW 2005, 372 = ZMR 2005, 844.
5 OLG Celle, WuM 1983, 291.
6 LG Saarbrücken, WuM 1998, 722.
7 OLG Hamburg, HambGE 1990, 97.
8 OLG München, ZMR 1997, 233; vgl. aber auch OLG Düsseldorf, GuT 2002, 178.

177 Ein Betriebskosten**katalog** im Mietvertrag wirkt **abschließend**[1], solange er nicht durch eine Bezugnahmeregelung (vgl. dazu *Rz. 182 f.*) ergänzt wird. Im letzteren Fall dient die Aufzählung einzelner Betriebskosten grundsätzlich nur als Beispielsgebung, soweit die Formulierungen keine relevanten Widersprüche nach § 305c Abs. 2 BGB aufweisen.

178 Werden im Mietvertrag **Vorauszahlungsbeträge** nur **für einzelne** der vorgedruckten **Betriebskostenpositionen** eingetragen, so fehlt es für die Umlage der weiteren Betriebskosten an einer klaren Vereinbarung[2]. Das Gleiche gilt, wenn einzelne Positionen (z.B. Grundsteuer, Straßenreinigung, Müllabfuhr, Entwässerung) durch Gattungsbegriffe (z.B. **Grundbesitzabgaben**) zusammengefasst werden[3]. Den Bestimmtheitsanforderungen wird auch der Teil einer Regelung, der die Spezifizierung einzelner Betriebskostenpositionen ergänzt und bestimmt, dass „alle hier nicht aufgeführten Kosten in Ansehung des Mietobjektes" umlegbar sein sollen, nicht gerecht[4]. Ist zwar geregelt, dass „sämtliche anfallenden Nebenkosten/Betriebskosten ... anteilig zu Lasten des Mieters" gehen sollen, die nachfolgende Klausel über die Höhe der monatlichen Vorauszahlungen aber nicht ausgefüllt, ist im Zweifel keine ausreichend bestimmte Vereinbarung zur Umlage der Betriebs- oder Nebenkosten getroffen[5].

179 Neben dem Bestimmtheitsgebot ist für die **Wirksamkeit von Umlagevereinbarungen** in der Regel § 307 BGB zu prüfen. Solange sich die danach umlagefähigen Kosten im Rahmen der von §§ 556 Abs. 1 BGB, 1 BetrKV erfassten Positionen halten, bestehen grundsätzlich keine Bedenken. Die Erweiterung der Umlagefähigkeit auf ausgegrenzte Positionen, wie z.B. **Verwaltungskosten**, verstößt gegen § 307 Abs. 2 Nr. 1 BGB[6]. Zulässig ist hingegen, die Verwaltungskosten als Teil der Grundmiete im Vertrag auszuweisen[7]. Es muss aber deutlich werden, dass die Kosten nicht am Umlageverfahren der Betriebskosten teilnehmen.

180 Das **Maß der** in der Klausel vorgesehenen **Beteiligung** an den entstehenden Kosten ist grundsätzlich kein Grund, der die Wirksamkeit herbeiführen kann[8]. Dies gilt insbesondere für den Flächenschlüssel, der regelmäßig der Billigkeit entspricht[9]. Unbilligkeiten können im Einzelfall geregelt werden (vgl. dazu *Rz. 429*).

---

1 LG Frankfurt/Main, WuM 1986, 33; AG Düsseldorf, WuM 1985, 366.
2 AG Freiburg, WuM 1990, 84.
3 AG Köln, WuM 1998, 419.
4 OLG Düsseldorf, NZM 2002, 700.
5 OLG Düsseldorf v. 26.9.2002 – 10 U 170/01, ZMR 2003, 109 = NZM 2003, 802.
6 LG Braunschweig v. 15.3.1996 – 6 S 366/95, WuM 1996, 283.
7 OLG Koblenz, WuM 1986, 50.
8 A.A. LG Freiburg v. 17.12.1998 – 3 S 114/98, WuM 2000, 614.
9 BGH v. 20.9.2006 – VIII ZR 103/06, WuM 2006, 613 = NZM 2006, 895 = ZMR 2006, 919.

181 Die **Beweislast** für die Behauptung, dass eine von der schriftlichen Regelung abweichende Betriebskostenvereinbarung getroffen worden ist, trifft denjenigen, der sich auf diese für ihn günstige Tatsache beruft[1].

a) Bezugnahmeregelungen

182 In der Praxis finden sich in den Mietverträgen – mit den unterschiedlichsten Formulierungen – Bezugnahmen auf die **gesetzlichen Bestimmungen zum Umfang der Betriebkosten** oder die dazu erstellten Kataloge. Heute sind allgemeine Bestimmugen enthalten in §§ 556 Abs. 1 BGB, 1 BetrKV, 27 II. BV. Der Katalog der umlegbaren Positionen ist in § 2 BetrKV zusammengestellt. Bis zum 31.12.2003 fand sich diese Zusammenstellung in der Anlage 3 zu § 27 II. BV, die zum 1.1.2004 aufgehoben wurde.

183 Wird in einem Mietvertrag aus der Zeit vor dem 1.1.2004 zur inhaltlichen Bestimmung der umlegbaren Positionen auf die **Anlage 3 zu § 27 II. BV** Bezug genommen, ist dadurch der Umfang der umlegbaren Kosten hinreichend deutlich markiert[2]. Zum einen wird wegen der gesetzlichen Veröffentlichungsfiktion die Kenntnis des Katalogs unterstellt. Zum anderen wird darauf abgestellt, dass jeder Durchschnittsbürger aufgrund seiner Erfahrung abschätzen kann, was regelmäßig bei den durch die im Katalog jeweils eng begrenzt beschriebenen Positionen an Belastung entstehen kann[3]. Das Gleiche gilt bei einer Bezugnahme auf **§ 27 II. BV**, weil in Abs. 1 dieser Vorschrift auf den Katalog der Anlage 3 verwiesen wird[4]. Insoweit ist es auch unerheblich, ob die Umlagefähigkeit als solche ausdrücklich vereinbart ist oder im Zusammenhang mit der Vereinbarung von Vorschüssen oder Vorauszahlungen die Norm genannt wird[5].

184 Nichts anderes kann seit 1.1.2004 gelten, wenn zur Umlage der Betriebskosten auf **§ 2 BetrKV** Bezug genommen wird. Allerdings läuft eine Klausel in einem Mietvertrag aus der Zeit nach dem 31.12.2003 leer, wenn sie auf die Anlage 3 zu § 27 II. BV verweist. Diese Aufzählung wurde ja außer Kraft gesetzt.

185 Ebenso ausreichend ist der Verweis auf **§ 556 Abs. 1 BGB**, der seit 1.9.2001 mehrfach geändert wurde, aber stets auf einen Betriebskostenkatalog verwies. Dagegen reicht die Einbeziehung des **§ 1 BetrKV** nicht aus, da diese Vorschrift nur eine allgemeine Definition der Betriebskosten enthält, ohne sie näher zu bestimmen. Allerdings wären die Positionen abrechenbar, die daneben im Vertrag ausdrücklich bennant sind.

186 Fehlt die generelle Bezugnahme auf die Vorschriften, die die Betriebskosten definieren (§§ 556 BGB, 27 II. BV, 1, 2 BetrKV), wird grundsätzlich nur für

---

1 OLG Koblenz, GuT 2002, 43.
2 Ständige Rechtsprechung: vgl. nur BGH v. 27.6.2007 – VIII ZR 202/06, WuM 2007, 571 = ZMR 2007, 851.
3 BGH v. 6.4.2005 – XII ZR 158/01, DWW 2005, 372 = ZMR 2005, 844.
4 BGH v. 8.4.2009 – VIII ZR 128/08, GE 2009, 711.
5 BGH v. 8.4.2009 – VIII ZR 128/08, GE 2009, 711.

die ausdrücklich erwähnte Kosten eine Umlagefähigkeit herbeigeführt. Dies gilt selbst dann, wenn vor der **Aufzählung** formuliert wird, dass „die folgenden Betriebskosten gemäß § 27 II. BV" umgelegt werden können. In diesem Fall dient der Verweis auf § 27 II. BV nicht einer generellen Bezugnahme, sondern nur der näheren Bestimmung, was unter den angeführten Betriebskosten zu verstehen ist, so dass ihr ein **abschließender Charakter** hinsichtlich der aufgezählten Positionen zukommt[1]. In den genannten Fällen kann ein anderes Ergebnis natürlich im Wege der **Auslegung** festgestellt werden. Als Auslegungshilfen (vgl. dazu B Rz. 139) kommen dabei insbesondere die Äußerungen anlässlich der Vertragsverhandlungen und die weitere Abwicklung des Vertrages in Betracht.

b) Umlage sonstiger Betriebskosten

Nach einhelliger Meinung wird allein durch die Bezugnahme auf einen Betriebskostenkatalog (vgl. Rz. 182) nicht die Umlagefähigkeit von sonstigen Betriebskosten i.S.v. § 2 Nr. 17 BetrKV (vgl. dazu Rz. 167 f.) herbeigeführt. Denn durch die mangelnde Spezifikation in der Nr. 17 ist dem Mieter nicht klar, welche Belastung auf ihn zukommt[2]. Grundsätzlich ist daher eine ausdrückliche Benennung der Kostenart im Vertrag erforderlich, solange keine stillschweigende Änderung/Ergänzung der Umlagevereinbarung (vgl. dazu Rz. 191) vorliegt. 187

Insoweit muss im Einzelfall geprüft werden, ob die Benennung der Position für sich genommen dem **Transparenzgebot** des § 307 Abs. 1 Satz 2 BGB gerecht wird. Das ist der Fall, wenn der Mieter aufgrund der Formulierung in die Lage versetzt wird, die auf ihn entfallenden Kosten (-anteile) zu ermitteln[3]. Insoweit entstehen keine Probleme bei der Verwendung von Begriffen für eng umgrenzte Leistungen (z.B. Kosten der Dachrinnenreinigung, Wartung von Feuerlöschern). Grenzüberschreitungen können sich aber bei schlagwortartigen Bezeichnungen ergeben, die eine Vielzahl von Leistungen oder jedenfalls einen unabschätzbaren Umfang erfassen. Hier ist es für den Mieter im Zweifel erst absehbar, welche Kosten maximal auf ihn zukommen können, wenn eine **Kostenbegrenzung** ausdrücklich geregelt ist. 188

Dies gilt z.B. für die **Kosten des Wachdienstes**. Allein dem Begriff ist weder zu entnehmen, in welchem zeitlichen und räumlichen Umfang eine Bewachung stattfindet, noch mit welchem personellen Einsatz. Werden aber z.B. zwei Wachleute rund um die Uhr eingesetzt, entstehen damit ohne weiteres Kosten, die sich im Bereich von weit über 50 000 Euro bewegen können. Deshalb muss zur Herbeiführung der Transparenz eine **Kostenbegrenzung** eingeführt werden. Dies kann durch Angabe der maximalen Gesamtkosten geschehen, aber auch des maximalen Umlageanteils. Denk- 189

---

1 *Langenberg*, Betriebskosten, B Rz. 37.
2 BGH v. 7.4.2004 – VIII ZR 167/03, WuM 2004, 290 = NZM 2004, 417 = MietRB 2004, 202; BGH v. 7.4.2004 – VIII ZR 146/03, WuM 2004, 292 = ZMR 2004, 430 = NZM 2004, 418; OLG Oldenburg v. 22.2.1995 – 5 UH 1/94, WuM 1995, 430.
3 BGH v. 6.4.2005 – XII ZR 158/01, DWW 2005, 372 = ZMR 2005, 844.

bar ist aber auch eine inhaltliche Begrenzung derart, dass die maximale Personenzahl und der Stundenaufwand festgeschrieben werden.

190 Im Übrigen ist es bei der **Vertragsgestaltung** sinnvoll, alle erdenklichen sonstigen Betriebskosten im Mietvertrag aufzuführen. Denn solange keine besonderen Umstände eintreten, führt allein die Abwicklung des Mietvertrages nicht zu einer inhaltlichen Änderung der Umlagevereinbarung[1]. Ist aber durch ausdrückliche Benennung einer (sonstigen) Kostenart Vorsorge für eine spätere Entstehung dieser Kosten im Mietobjekt getroffen, erspart sich der Vermieter das Risiko der Unwirksamkeit einer Mehrbelastungsklausel oder ergänzenden Vertragsauslegung bei Einführung von Betriebskosten infolge einer Modernisierung (vgl. dazu *Rz. 209 ff.*).

c) (Stillschweigende) Änderung der Umlagevereinbarung

191 Bei fehlender oder nicht eindeutiger Umlagevereinbarung kann sich eine Umlagefähigkeit ergeben, wenn die Parteien den Mietvertrag **nachträglich** geändert/ergänzt haben.

192 Dies ist in der Praxis immer wieder problematisch, wenn jahrelang mehr als nach der Vereinbarung zulässig abgerechnet wurde und der Mieter **ohne** einen **Vorbehalt** den Saldo ausgeglichen hat. Grundsätzlich kann durch **jahrelangen anstandslosen Ausgleich** der Nebenkostenabrechnungen eine stillschweigende Vereinbarung über die Umlage von Betriebskosten entstehen[2]. Gegenstand dieser stillschweigenden Einigung kann sowohl eine generelle als auch eine Regelung sein, die zu einer (partiellen) Erweiterung der bestehenden Vereinbarung führt.

193 Allerdings kommt eine stillschweigende Änderung grundsätzlich nur in Betracht, wenn der Vermieter nach den **Gesamtumständen** davon ausgehen kann, dass der Mieter einer Umlage weiterer Betriebskosten zustimmt[3]. Dafür reicht es grundsätzlich nicht aus, dass der Mieter Betriebskostenabrechnungen unter **Einbeziehung bisher nicht vereinbarter Betriebskosten** lediglich nicht beanstandet[4], zumal wenn die Mehrzahl der Abrechnungen jeweils mit einem **Guthaben** endeten. Immerhin lässt sich aus der Sicht des Mieters der Übersendung einer Betriebskostenabrechnung, die vom Mietvertrag abweicht, schon nicht ohne weiteres der Wille des Vermieters entnehmen, eine Änderung des Mietvertrages herbeizuführen. Selbst wenn er daraufhin eine Zahlung erbringt, komme darin zunächst allein seine Vorstellung zum Ausdruck, hierzu verpflichtet zu sein[5].

---

[1] Vgl. BGH v. 27.6.2007 – VIII ZR 202/06, WuM 2007, 571 = ZMR 2007, 851 = NZM 2007, 769.
[2] BGH v. 7.4.2004 – VIII ZR 146/03, NJW-RR 2004, 877, unter II 2b; BGH v. 29.5.2000 – XII ZR 35/00, NJW-RR 2000, 1463, unter II.
[3] BGH v. 10.10.2007 – VIII ZR 279/06, WuM 2007, 694 = GE 2008, 46.
[4] OLG Hamm, WuM 1981, 62; LG Mannheim, NZM 1999, 365.
[5] Schmidt-Futterer/*Langenberg*, § 556 BGB Rz. 58.

Maßgeblich ist, dass aufgrund **besonderer Umstände** der Änderungswille des Vermieters für den Mieter erkennbar ist. Derartige Anhaltspunkte sind z.B. bei einem Vermieterwechsel gegeben, wenn der Erwerber i.S.v. § 566 BGB umfassend Nebenkosten in Rechnung stellt, während sich die Abrechnung zuvor auf die Kosten für Heizung und Warmwasser beschränkte[1]. 194

Besondere Umstände, die eine konkludente Änderung rechtfertigen, sollen vorliegen, wenn der Mieter gleichzeitig die **Erhöhung der Betriebskostenvorauszahlungen** akzeptiert hat[2]. Dafür spricht, dass der Mieter, bevor er die Erhöhung nach § 560 Abs. 4 BGB akzeptiert, seine Zahlungsverpflichtung auch unter diesem Aspekt prüft und dazu regelmäßig auch den Umfang der umlegbaren Betriebskosten ermitteln muss. 195

Ein Vertragsänderungswille kann auch dadurch zu Tage treten, dass der Mieter um **Einsicht in die Abrechnungsunterlagen** gebeten hat und danach (vorbehaltlose) Zahlungen erfolgten. Denn hier kann unterstellt werden, dass der Mieter die Abrechnung mit der Umlagevereinbarung abgleicht und erkennt, dass sie keine ausreichende Anspruchsgrundlage bildet. Deshalb kommt in seiner anschließenden (mehrfachen) Zahlung zum Ausdruck, dass er eine (erkannte) Abweichung vom Vertrag billigt. 196

Überzogen ist die Meinung, in der Übersendung einer vom Mietvertrag abweichenden Betriebskostenabrechnung könne nur dann ein **schlüssiges Angebot** zum Abschluss eines Änderungsvertrages gesehen werden, wenn die Parteien diese Frage zuvor erörtert haben und der Vermieter auf Grund der Erörterung den Eindruck gewinnen durfte, dass der Mieter mit einer Erweiterung der Umlagevereinbarung einverstanden ist[3]. Aber auch bei einer **Mieterhöhung nach § 558 BGB**, bei der gleichzeitig eine Änderung der Mietstruktur (z.B. von bisheriger Teilinklusivmiete auf Nettokaltmiete) herbeigeführt wurde, kommt es darauf an, ob der Mieter die Änderung erkannt hat und ihm deren Auswirkungen bewusst waren. 197

Die dargelegten Grundsätze gelten auch für den **umgekehrten Fall**[4], in dem der Vermieter weniger als nach dem Vertrag zulässig abrechnet und der Mieter vorbehaltlos ausgleicht. Allein in der Nachlässigkeit des Vermieters, **nicht alle umlagefähigen Nebenkosten abzurechnen**, ist keine vertragsändernde Erklärung des Vermieters zu sehen[5]. Dies gilt umso mehr, wenn die Parteien eine ausdrückliche Änderung der Mietstruktur vereinbart haben und es der Vermieter in der Folgezeit unterlässt, auf dieser (neuen) Grundlage abzurechnen[6]. Ebenso wenig führt das Schweigen des Vermieters auf die Erklärung des Mieters, er verstehe die **unterlassene Ab-** 198

---

1 So wie in BGH v. 29.5.2000 – XII ZR 35/00, NJW-RR 2000, 1463.
2 AG Köln v. 14.5.2008 – 220 C 422/07, DWW 2008, 260.
3 LG Mannheim, ZMR 1994 XVI 21.
4 BGH v. 13.2.2008 – VIII ZR 14/06, WuM 2008, 225 = GE 2008, 534 = ZMR 2008, 443.
5 AG Speyer, NZM 2001, 708.
6 LG Hamburg, WuM 2005, 719.

rechnung der Betriebskosten als Vereinbarung einer Pauschale, zu einer entsprechenden Änderung des Mietvertrages[1]. Dies kann sich ändern, wenn aufgrund einer jahrelangen Übung beim Mieter berechtigterweise der Eindruck entstehen durfte, der Vermieter werde über die Vorauszahlungen insgesamt[2] oder über einzelne Positionen, die nach dem Vertrag umlagefähig sind, aber in den Abrechnungen nicht (mehr) enthalten sind[3], nicht abrechnen. Auch in diesem Fall liegt eine Vermutung für eine stillschweigende Änderung der Umlagevereinbarung vor. Allerdings ist dazu mehr erforderlich als bloßes Nichtstun (= Nichtabrechnen)[4].

199 Diese Grundsätze gelten nicht nur für die stillschweigende Modifizierung von Umlagevereinbarungen, sondern auch für eine **Änderung des Verteilerschlüssels**. Insoweit liegt in der Vereinbarung eines Schriftformvorbehalts kein Hindernis[5].

d) Einseitige Änderung der Umlagevereinbarung

aa) Mehrbelastungsklausel bei Teilinklusivmiete

200 Bei einer Teilinklusivmiete werden einzelne Betriebskosten über die Grundmiete abgegolten, während andere durch eine Pauschale oder Vorauszahlungen erfasst werden. Insbesondere in älteren Mietverträgen finden sich dazu Regelungen, wonach zumindest einige Betriebskosten in der Grundmiete enthalten sein sollen, nach Abschluss des Mietvertrages eintretende **Erhöhungen** jedoch auf den Mieter **umgelegt** werden können. Gegen die Wirksamkeit derartiger Regelungen bestehen so lange keine Bedenken, wie der in der Miete enthaltene Betrag zumindest bestimmbar ist. Dazu muss klar sein, welche Betriebskosten in der Miete enthalten sind. Dies kann durch ausdrückliche Nennung, aber auch durch negative Abgrenzung zu einem vereinbarten Betriebskostenkatalog geschehen. Der **Umlagebetrag** wird dabei immer durch die Steigerungen der jeweiligen Positionen gegenüber dem Stand bei Abschluss des Vertrages gebildet.

Beispiel:

201 *Bei Abschluss des Vertrages im Jahre 1990 beträgt die Grundsteuer 100 Euro. In 2000 wird die Grundsteuer auf 150 Euro angehoben. Umlagebetrag: 50 Euro.*

202 Sind seit Beginn des Mietvertrages Erhöhungen der Grundmiete (z.B. nach § 2 MHG oder § 558 BGB) eingetreten, soll sich der **Mehrbetrag** nach dem Jahr der letzten Erhöhung berechnen, und zwar unabhängig davon, wel-

---

[1] LG Frankfurt/Main, NZM 2001, 667.
[2] LG Hamburg, NZM 2005, 216 (14 Jahre unterlassen der Abrechnung); AG Hamburg, ZMR 2005, 873 (15 Jahre keine Abrechnung).
[3] AG Gießen, NZM 2005, 217: 8 Jahre Nichtabrechnen der Grundsteuer.
[4] LG Hamburg, WuM 2005, 773; AG Hamburg, ZMR 2005, 370.
[5] BGH, WuM 2005, 774; LG Darmstadt, DWW 2005, 70 = HKA 2005, 23.

chen Betrag der Vermieter in der Erhöhung der Grundmiete angesetzt hat[1]. Diese Auffassung ist problematisch. Es ist den Parteien im Rahmen einer Mieterhöhung nach § 558 BGB (und selbst bei dem früheren § 2 MHG) unbenommen, die Mietstruktur einvernehmlich zu ändern. Haben sie bei der Kalkulation der Mieterhöhung z.b. den Anteil der Betriebskosten, für die Mehrbelastungen umgelegt werden können, nicht nach dem Jahr, in dem die Erhöhung erfolgt ist, sondern nach einem früheren Wert berechnet, bleibt dieser Wert auch für die Betriebskostenabrechnung maßgeblich.

Zur Vermeidung eines **formellen Fehlers** (vgl. dazu *Rz. 298 f.*) muss die Vorberechnung in der Betriebskostenabrechnung angegeben werden. Der sicherste Weg ist die Angabe des **Basisjahrs** und des **Basisbetrages**[2]. Es ist aber auch denkbar, dass der in der Abrechnung enthaltene Mehrbetrag mit einem Sternchen versehen wird, um an anderer Stelle zu erläutern, dass der angesetzte Betrag das Ergebnis einer Vorberechnung ist. 203

bb) Mehrbelastungsklausel bei Nettomiete

Bei einer Nettomiete hat die Mehrbelastungsklausel die Funktion, dem Vermieter die Umlage neuer Betriebskosten zu ermöglichen. Im Hinblick auf § 307 BGB darf die Klausel zu ihrer Wirksamkeit zumindest nicht den Eindruck erwecken, dass der Vermieter auch **rückwirkend** die neuen Betriebskosten einführen darf[3]. Dies ist schon der Fall, wenn die Klausel vorsieht, dass die Kosten ab ihrer Entstehung zu tragen sind[4]. Eine Klausel, die den Vermieter auf den „zulässigen Rahmen" beschränkt, ist dagegen nicht zu beanstanden[5]. 204

Unter den Begriff der **neuen Betriebskosten** fallen im Zweifel sowohl Kosten, die bei Abschluss des Vertrages noch niemand kannte, als auch solche, die bisher nicht angefallen sind[6]. 205

cc) § 556a Abs. 2 BGB

Diese Vorschrift eröffnet dem Vermieter das Recht, die Mietstruktur einseitig zu ändern, indem er bisher in der (Grund-)Miete oder einer Pauschale enthaltene verbrauchsabhängige Kosten nach Einbau einer Anlage zur Verbrauchserfassung[7] ausgliedert und die Umlage ankündigt. Das Recht bezieht sich auf alle **Betriebskostenarten**, die **verbrauchs-/verursachungsabhängig** abgerechnet werden können. Hieraus folgt weder das Recht des Vermieters eine Direktbezugsverpflichtung vom Mieter verlangen zu können, noch die Pflicht eines Versorgungsunternehmens, Lieferverträge mit 206

---
1 AG Köln in *Lützenkirchen*, KM 2 Nr. 43.
2 AG Köln, WuM 1978, 110.
3 BGH v. 20.1.1993 – VIII ZR 10/92, NJW 1993, 1061, 1062.
4 LG Düsseldorf v. 10.7.1984 – 24 S 64/84, WuM 1985, 366.
5 BGH v. 27.9.2006 – VIII ZR 80/06, WuM 2006, 612 = NZM 2006, 896.
6 BGH v. 27.9.2006 – VIII ZR 80/06, WuM 2006, 612 = NZM 2006, 896.
7 BGH v. 12.3.2008 – VIII ZR 188/07, WuM 2008, 288 = GE 2008, 661.

dem Mieter bei Entlassung des Vermieters aus seinem Vertragsverhältnis abzuschließen[1].

207 Die Abänderungserklärung des Vermieters muss in **Textform** (§ 126b BGB) erfolgen, wobei eine der Schriftform entsprechende Erklärung unschädlich ist. Die Erklärung muss vor Beginn eines Abrechnungszeitraumes abgegeben werden und dem Mieter vor **Beginn des Abrechnungsabschnitts zugegangen** sein.

208 Bei der Inklusiv- bzw Teilinklusivmiete muss der Vermieter, falls er die verbrauchs-/verursachungsabhängigen Kosten nunmehr gem § 556a Abs. 2 S. 1 BGB umlegt, die entsprechenden Betriebskostenanteile zum Zeitpunkt der Umstellung ermitteln und **die Miete/Pauschale im gleichen Verhältnis herabsetzen**, § 556a Abs. 2 S. 3 BGB[2].

dd) Neue Betriebskosten infolge Modernisierung

209 Über die Einführung von Betriebskosten, die infolge einer Modernisierung neu entstehen (z.B. Kosten des Aufzugs, Heizkosten), besteht **keine gesetzliche Regelung**, insbesondere wird dieser Fall nicht von § 559 BGB erfasst. Sofern der Mietvertrag eine sog. **Mehrbelastungsklausel** (vgl. Rz. 204) enthält, soll die Umlage nach einhelliger Meinung grundsätzlich zulässig sein, soweit die Klausel wirksam ist und der Vermieter ihre Voraussetzungen einhält[3]. Dies korrespondiert mit der Rechtsprechung des BGH, der die Einführung neuer Betriebskosten bei vertraglichem Vorbehalt für zulässig hält[4].

210 Fehlt es aber an einem **Vorbehalt im Mietvertrag**, soll nach einer Meinung eine Umlage der infolge einer Modernisierung neu entstehenden Betriebskosten nicht zulässig sein, weil § 559 BGB diese Möglichkeit nicht eröffnet[5]. Danach sollen die neuen Betriebskosten Teil der Grundmiete werden. Andere halten eine Umlage in den einschlägigen Fällen **ohne weiteres** für möglich[6], wobei z.T. eine vertragliche Nebenpflicht des Mieters als Anspruchsgrundlage zum Abschluss einer Umlagevereinbarung herangezogen[7] oder der Weg über eine ergänzende Vertragsauslegung beschritten wird[8]. Schließlich wird auch darauf abgestellt, ob die entstehenden Betriebskosten erheblich sind[9].

---

1 BGH, NZM 2003, 551.
2 *Schmid*, WuM 2001, 424, 427.
3 Vgl. z.B. *Weitemeyer* in Emmerich/Sonnenschein, § 556 BGB Rz. 35; *Seldeneck*, Rz. 2715.
4 BGH v. 27.9.2006 – VIII ZR 80/06, WuM 2006, 612 = NZM 2006, 896.
5 LG Berlin v. 7.11.2006 – 65 S 169/06, GE 2007, 597; *Weitemeyer* in Emmerich/Sonnenschein, § 556 BGB Rz. 35.
6 AG Lübeck v. 5.11.2007 – 21 C 1668/07, NZM 2008, 929; *Langenberg*, Betriebskosten, E Rz. 3.
7 *Kinne*, MDR 2002, 142.
8 *Schmid*, Mietnebenkosten, Rz. 3035c; vgl. auch LG Berlin, NZM 2002, 64.
9 *Sternel*, Mietrecht, III Rz. 323.

Für das Ersetzen der in der Umlagevereinbarung ausdrücklich erwähnten Gemeinschaftsantenne durch einen **Breitbandkabelanschluss** hat der BGH[1] die Umlagefähigkeit über eine ergänzende Vertragsauslegung bestätigt, weil der Mieter über § 554 Abs. 2 BGB zur Duldung verpflichtet gewesen wäre. 211

Die Entscheidung ist – für den konkreten Fall – im Ergebnis richtig und im Übrigen **richtungweisend**. Alle einschränkenden Meinungen haben den Nachteil, dass sie mit § 2 HeizkV kollidieren. Baut der Vermieter z.B. erstmals eine Heizung ein, deren laufende Kosten er nach den Bestimmungen der HeizkV umlegen kann, ist er zur verbrauchsabhängigen Abrechnung gezwungen. Ob er dazu Vorauszahlungen erheben darf, ist zunächst unerheblich. Maßgeblich ist, dass er die Kosten gemäß § 556 Abs. 3 BGB abzurechnen hat. Denn § 2 HeizkV geht nicht nur allen rechtsgeschäftlichen Vereinbarungen vor, sondern ordnet im hier relevanten Zusammenhang die Abrechnung der Heiz- und ggf. Warmwasserkosten an[2]. 212

Für andere Betriebskosten im Sinne von § 1 BetrKV ist bei der **ergänzenden Vertragsauslegung** auf die bisherige Mietstruktur der Parteien abzustellen. 213

Haben die Parteien eine Abrechnungspflicht des Vermieters geregelt, was bereits durch die Vereinbarung von Vorauszahlungen erreicht ist[3], ergibt sich auch ohne Mehrbelastungsklausel ein Recht des Vermieters zur Umlage der infolge der Modernisierung erstmals anfallenden Betriebskosten im Wege der ergänzenden Vertragsauslegung, und zwar unabhängig von der Höhe der laufenden Kosten und ob eine **Netto- oder Teilinklusivmiete** vereinbart wurde. Denn die Regelung der Abrechnungspflicht zeigt, dass die Parteien die Umlage der Betriebskosten geregelt wissen wollten. Hätten sie den Themenkomplex vollständig abgehandelt, hätten sie auch die Frage, was mit neu entstehenden Betriebskosten geschehen soll, die infolge einer Modernisierung entstehen, erörtert. Mit Rücksicht auf die bereits vereinbarte Umlagemöglichkeit für anfallende Betriebskosten und die Alternative des Vermieters, die Miete um die gestiegenen Betriebskosten im Rahmen des § 558 BGB anzuheben, hätte sich ein Mieter vernünftigerweise auf ein (einseitiges) Recht des Vermieters eingelassen, die nun neu entstehenden Betriebskosten umzulegen. Allerdings muss er diese Mieterhöhung gemäß § 554 Abs. 2 BGB ankündigen, zwar nicht mit der Höhe der Vorauszahlungen, aber als zukünftige Abrechnungsposition. Ansonsten kann der Vermieter die Kosten nur für eine nach einer nachgeholten Ankündigung beginnende Abrechnungsfrist geltend machen. 214

Haben die Parteien von Anfang an eine **Bruttomiete** vereinbart, kann der Vermieter die Betriebskosten (mit Ausnahme der Heizkosten), die infolge 215

---

1 BGH v. 27.6.2007 – VIII ZR 202/06, WuM 2007, 571 = GE 2007, 1310 = ZMR 2007, 851 = NZM 2007, 769.
2 BGH, GE 2006, 1094 = WuM 2006, 518; **a.A.** OLG Düsseldorf, WuM 2006, 281.
3 BGH v. 9.3.2005 – VIII ZR 57/04, WuM 2005, 337 = MietRB 2005, 141.

der Modernisierung neu entstehen, nur als Teil dieser Miete geltend machen. Ein Abrechnungsanspruch entsteht nicht.

e) Vorauszahlungen

216 § 560 Abs. 1 BGB bestimmt, dass für die Betriebskosten neben der (Grund-) Miete u.a. Vorauszahlungen erhoben werden können. Dazu besteht allerdings **keine Pflicht**[1], so dass die fehlende Vereinbarung darüber weder der Wirksamkeit der Umlagevereinbarung noch der Abrechnungsabrede als solcher entgegensteht. Vor diesem Hintergrund können die Parteien grundsätzlich eine zu niedrige/unangemessene Vorauszahlung vereinbaren, ohne dass der Vermieter, von dem die Angabe stammt, sich **schadensersatzpflichtig** macht.

217 Dem Vermieter obliegt aber – auch ungefragt – gemäß den §§ 311 Abs. 2, 241 BGB grundsätzlich eine Aufklärungspflicht über Umstände und Rechtsverhältnisse, die – für den Vermieter erkennbar – von besonderer Bedeutung für den Entschluss des Mieters zur Eingehung des Vertrages sind und deren Mitteilung nach Treu und Glauben erwartet werden kann[2]. Stellt der Mieter Fragen oder macht der Vermieter von sich aus Aussagen in Bezug auf das Mietobjekt, so müssen dessen Angaben richtig und vollständig sein[3]. Eine **generelle Aufklärung** über die Angemessenheit der Vorauszahlungen auf Betriebskosten besteht allerdings **nicht**[4].

218 Eine Pflichtverletzung des Vermieters im Zusammenhang mit der Vereinbarung von Vorauszahlungen ist erst zu bejahen, wenn der Vermieter dem Mieter bei Vertragsschluss die Angemessenheit der Nebenkosten ausdrücklich **zugesichert** oder diese **bewusst zu niedrig** bemessen hat, um dem Mieter über den Umfang der tatsächlichen Mietbelastung zu täuschen und auf diese Weise zur Begründung eines Mietverhältnisses zu veranlassen[5]. Solche Umstände, die einen **Vertrauenstatbestand** für den Mieter bzw. eine **Aufklärungspflicht** begründen, liegen vor, wenn der Mieter bei den Verhandlungen vor Abschluss des Mietvertrages zum Ausdruck gebracht hat, dass sowohl die Grundmiete als auch die Höhe der Betriebskosten für ihn von ausschlaggebender Bedeutung sind und in der ersten Abrechnung eine Position mehr als doppelt so viel ausmacht wie die ver-

---

1 BGH v. 11.2.2004 – VIII ZR 195/03, WuM 2004, 201 = ZMR 2004, 347 = GE 2004, 416 = NZM 2004, 251; BGH v. 28.4.2004 – XII ZR 21/02, GuT 2004, 160 = ZMR 2004, 653 = GE 2004, 958 = NZM 2004, 619; OLG Hamm v. 6.11.2002 – 30 U 44/02, NZM 2003, 717; OLG Stuttgart v. 10.8.1982 – 8 REMiet 6/81, WuM 1982, 272 = ZMR 1982, 366.
2 BGH v. 16.2.2000 – XII ZR 279/97, ZMR 2000, 508 = ZIP 2000, 887 = NJW 2000, 1714; OLG Dresden v. 20.12.2002 – REMiet 2/02, WuM 2002, 83 = NZM 2004, 68.
3 BGH v. 28.4.2004 – XII ZR 21/02, ZMR 2004, 653 = NJW 2004, 2674 = GE 2004, 958 = NZM 2004, 619; vgl. KG v. 17.8.2006 – 8 U 33/06, OLGReport 2007, 126 = NZM 2007, 248.
4 OLG Düsseldorf v. 3.11.2005 – I-24 U 103/05, GuT 2007, 88.
5 OLG Rostock v. 23.10.2008 – 3 U 123/07, GE 2009, 324.

langten Vorauszahlungen[1]. Dagegen ist der Tatbestand nicht erfüllt, wenn ein Mitarbeiter des Vermieters vor Abschluss des Vertrages erklärt, eine bestimmte Gesamtsumme werde bei den Nebenkosten nicht erreicht. Denn dadurch allein kommt noch nicht zum Ausdruck, dass der Vermieter für die Richtigkeit dieser Einschätzung einstehen will, was für die Annahme einer Zusicherung erforderlich wäre[2].

Die **Höhe des Schadens** ist problematisch. Bezieht sich die **Zusicherung** auf die Kostendeckung der Vorauszahlungen, kann schon wegen der verbrauchsabhängigen Kosten kaum sicher vorhergesagt werden, dass nicht auch eine kleine Nachzahlung entsteht. Soll der Mieter also im Wege des Schadensersatzes so gestellt werden, als hätte sich die Zusicherung realisiert, kann gleichwohl ein Spitzenbetrag aus den verbrauchsabhängigen Kosten, der aus einem Vergleich zum Vormieter zu ermitteln ist, in Abzug gebracht werden. 219

Bei einer **arglistigen Täuschung** besteht hingegen der adäquat kausale Schaden in der Begründung des Mietvertrages an sich, so dass sich die Rechtsfolge zunächst auf die Möglichkeit der fristlosen Kündigung erstreckt[3]. Bei konsequenter Anwendung der Differenztheorie müsste der Mieter im Übrigen darlegen und beweisen, dass er ein **anderes Mietverhältnis** eingegangen wäre, bei dem er mit weniger Miete (einschließlich Betriebskosten) belastet gewesen wäre[4]. Diese Darstellung wird aber regelmäßig schon deshalb scheitern, weil die Objekte auch nach den Bedingungen des § 558 Abs. 2 BGB vergleichbar sein müssen. 220

f) Rechtsfolge unwirksamer Umlagevereinbarungen

Eine nicht ausreichend bestimmte oder wegen Verstoß gegen § 307 BGB unwirksame Umlagevereinbarung führt zunächst dazu, dass der Vermieter nicht abrechnen darf. Da es für die Abrechnung an einer **Anspruchsgrundlage fehlt**, schuldet der Mieter den Nachforderungsbetrag nicht. 221

Ob der Mieter eine **Rückzahlung der Vorauszahlungen** verlangen kann, ist umstritten. Einerseits wird vertreten, die Leistung der Vorauszahlungen sei mit Rechtsgrund erfolgt[5]; denn im Zweifel sei der neben der Grundmiete vereinbarte Betrag als Pauschale für die Betriebskosten anzusehen, und zwar auch hinsichtlich der verbrauchsabhängigen Betriebskosten[6]. Nichts anderes gilt, wenn der Mieter einmal eine Nachzahlung auf eine Betriebskostenabrechnung geleistet hat[7]. Die Gegenmeinung hält die Umdeutung 222

---

1 KG v. 25.6.2007 – 8 U 208/06, ZMR 2007, 963.
2 OLG Düsseldorf, WuM 2000, 591 = ZMR 2000, 605.
3 LG Hamburg v. 6.3.2003 – 409 O 147/02, ZMR 2003, 683; Leo, MietRB 2003, 118.
4 OLG Dresden v. 20.12.2002 – RE-Miet 2/02, NZM 2004, 68; LG Berlin v. 5.5.2000 – 65 S 144/00, GE 2000, 893; LG Berlin v. 30.11.2000 – 62 S 295/00, GE 2001, 347.
5 OLG Düsseldorf, NZM 2002, 526 = GuT 2002, 136.
6 LG Berlin, ZMR 2005, 957.
7 LG Detmold, WuM 1991, 701.

in eine Pauschale oder eine Bruttokaltmiete nicht für möglich und billigt dem Mieter einen Anspruch auf Rückzahlung der Vorauszahlungen zu[1].

223 Die Gegenmeinung übersieht, dass aufgrund der Vereinbarung eines weiteren Betrages neben der (Grund-)Miete gerade nicht davon ausgegangen werden kann, dass der Mieter keine Zahlungen auf Betriebskosten geleistet hat[2]. Deshalb ist bei Formularverträgen schon wegen § 305c Abs. 2 BGB im Zweifel von einer Pauschale auszugehen[3].

2. Pflicht zur Abrechnung

224 Unmittelbar aus der Vereinbarung von Vorauszahlungen folgt die Pflicht des Vermieters zur Abrechnung der Betriebskosten[4].

a) Schuldner der Abrechnungspflicht (Vermieterwechsel)

225 Grundsätzlich muss die Abrechnung durch den **Vermieter** erfolgen, der sich allerdings vertreten lassen kann. Die Abrechnung muss **deutlich** machen, ob der Vermieter handelt oder für ihn abgerechnet wird. Insoweit können im Hinblick auf § 164 Abs. 1 Satz 2 BGB nicht all zu hohe Anforderungen gestellt werden.

226 Erfolgt die Abrechnung durch einen Vertreter (Rechtsanwalt, Verwalter etc.), gelten die Regeln der Stellvertretung zumindest entsprechend. Da es sich bei der Abrechnung um eine **geschäftsähnliche Handlung** handelt, ist insbesondere § 174 BGB zumindest analog anwendbar[5]. Wer also kurz vor Ablauf der Abrechnungsfrist handelt, sollte die Originalvollmacht beifügen.

227 Für den **Vermieterwechsel** nach § 566 BGB gilt die sog. Fälligkeitstheorie. Demnach bleiben vor dem Eigentumswechsel entstandene und fällig gewordene Ansprüche grundsätzlich beim bisherigen Vermieter, danach fällig werdende Forderungen stehen dem Grundstückserwerber zu[6]. Da der Saldo aus einer Abrechnung erst mit deren Zugang fällig wird, müsste bei konsequenter Anwendung des Fälligkeitsprinzips der Erwerber über Perioden abrechnen, die zwar vor dem Eigentumswechsel abgelaufen sind, für die jedoch eine Abrechnung noch nicht vorliegt. In diesem Fall hätte er z.B. auch die Überschüsse zu erstatten, die noch der bisherige Vermieter erhalten hat[7]. Um derartige Fälle einzugrenzen, wird für die Abrechnung bei Eigentumswechsel auf das **Ende der Abrechnungsperiode** abgestellt. Derjenige, der am Ende der Periode Vermieter ist, muss abrechnen und ggf. über-

---

1 OLG Dresden, NZM 2000, 827, zustimmend *Schmid*, NZM 2000, 1041.
2 OLG Düsseldorf, GuT 2002, 136 = NZM 2002, 526.
3 Vgl. *Lützenkirchen*, WuM 2001, 55, 68.
4 BGH v. 9.3.2005 – VIII ZR 57/04, WuM 2005, 337 = MietRB 2005, 141.
5 *Dickersbach*, WuM 2008, 439.
6 BGH, NJW 1989, 451 = ZMR 1989, 57.
7 OLG Naumburg, NZM 1998, 806.

zahlte Beträge erstatten. Dies gilt auch für den bisherigen Vermieter, selbst wenn der Eigentumsübergang erst (viel) später stattfindet[1]. In keinem Fall dürfen für die Abrechnungsperiode zwei getrennte Abrechnungen (vom bisherigen Vermieter und vom Erwerber) vorgelegt werden; dies widerspricht dem **Grundsatz der Abrechnungseinheit**, denn nach § 556 Abs. 3 Satz 1 BGB ist jährlich abzurechnen.

b) Fälligkeit des Abrechnungsanspruchs

228 Aus § 556 Abs. 3 BGB folgt, dass der Vermieter binnen einer Frist von zwölf Monaten nach Ablauf des Abrechnungszeitraumes abrechnen muss. Demgemäß kann er diesen Zeitraum auch in Anspruch nehmen. Der Mieter kann den Abrechnungsanspruch also erst nach **Ablauf der Abrechnungsfrist** i.S.v. § 271 Abs. 2 BGB geltend machen[2].

229 Dieser Zeitpunkt wird auch als **Eintritt der Abrechnungsreife** bezeichnet. Ab hier hat der Mieter ein Klagerecht oder kann seinem Abrechnungsanspruch durch Ausübung eines Zurückbehaltungsrechts (vgl. dazu *Rz. 645 f.*) Nachdruck verleihen.

230 Eine Verlängerung der Abrechnungsfrist und damit ein **Hinausschieben der Fälligkeit** sieht das Gesetz nur vor, wenn der Ablauf der Frist für den Vermieter unverschuldet ist (vgl. dazu *Rz. 240 f.*). **Verjährungsvorschriften**, insbesondere der § 214 S. 1 BGB, wonach eine Zahlung auf eine verjährte Forderung nicht zurückverlangt werden kann[3], oder § 212 Abs. 1 Nr. 1 BGB[4], wonach die Verjährung erneut beginnt, wenn der Schuldner dem Gläubiger gegenüber den Anspruch vor Ablauf der Verjährungsfrist anerkennt, finden auf die Ausschlussfrist für die Betriebskostenabrechnung keine entsprechende Anwendung.

c) Form der Abrechnung

231 Grundsätzlich bedarf die Abrechnung überhaupt **keiner Form**[5]. Denn in § 556 Abs. 3 BGB ist kein Formerfordernis aufgestellt, obwohl der Gesetzgeber sich gerade durch die seinerzeitige Einführung der Textform mit den entsprechenden Problemen auseinandersetzen musste und § 126b BGB die Anordnung der Textform gebietet. Eine analoge Anwendung des § 10 WoBindG kommt nicht in Betracht[6]. Deshalb kann der Vermieter dem Mieter m.E. die Abrechnung auch mündlich, telefonisch, per mail oder per SMS übermitteln. Er muss im Zweifel nur beweisen (können), dass er bei der

---

1 BGH, WuM 2004, 94 = ZMR 2004, 388 = MietRB 2004, 135; BGH, DWW 2004, 329; BGH, WuM 2000, 609 = ZMR 2001, 17 = DWW 2001, 242; OLG Düsseldorf, NJW-RR 1994, 1101 = ZMR 1994, 364.
2 BGH v. 9.3.2005 – VIII ZR 57/04, WuM 2005, 337 = MietRB 2005, 141.
3 BGH v. 18.1.2006 – VIII ZR 94/05, WuM 2006, 150 = ZMR 2006, 268.
4 BGH v. 9.4.2008 – VIII ZR 84/07, GE 2008, 795.
5 A.A. die absolut herrschende Meinung: vgl. nur *Blank/Börstinghaus*, § 556 BGB Rz. 142 m.w.N.
6 BGH v. 8.3.2006 – VIII ZR 78/05, WuM 2006, 200 = NZM 2006, 340.

Übermittlung die für die Fälligkeit einer Nachforderung maßgeblichen Anforderungen an die Abrechnung (vgl. dazu *Rz. 298 f.*) eingehalten hat. Deshalb ist der Vermieter i.d.R. gut beraten, die Abrechnung in einer beständigen Form zu dokumentieren.

d) Zugang innerhalb der Abrechnungsfrist, § 556 Abs. 3 BGB

232 Der Vermieter muss die Abrechnung gemäß § 556 Abs. 3 BGB grundsätzlich innerhalb von **zwölf Monaten** nach Ablauf der Abrechnungsperiode (= Abrechnungsfrist) vorlegen, wenn er daraus noch Rechte geltend machen will. Die Zwölf-Monats-Frist gilt auch für Abrechnungsperioden, die vor dem 1. September 2001 abgelaufen sind[1]. In diesen Fällen tritt jedoch nach ihrem Ablauf keine Ausschlusswirkung ein. § 556 Abs. 3 BGB ist hier ebenso wenig wie bei einem Mietvertrag über Gewerberaum analog anwendbar[2], was sich schon aus Art. 229 § 3 Abs. 9 EGBGB ergibt.

233 Die **Frist beginnt** mit dem Ablauf der Abrechnungsperiode. Werden der Abrechnung **unterschiedliche Abrechnungszeiträume** zugrunde gelegt, kommt es für die Fristberechnung auf die spätere Periode an[3]. Denn ansonsten müsste der Vermieter eine Teilabrechnung vorlegen, um die Abrechnugsfrist einzuhalten.

234 Die Frist wird grundsätzlich durch eine formell einwandfreie Abrechnung (vgl. dazu *Rz. 298 f.*) gewahrt[4], deren **Zugang** innerhalb der Frist erfolgen muss[5]. Dafür kommt es entscheidend darauf an, ob der Mieter nach der Verkehrsanschauung und ohne Berücksichtigung seiner individuellen Verhältnisse innerhalb der Frist die Möglichkeit der Kenntnisnahme hatte[6]. Da die Vorstellung, die **Briefkastenentleerung** finde nur vormittags statt, überholt ist, weil auch die Post AG teilweise nachmittags zustellt, kann grundsätzlich mit einer Entleerung des Briefkastens bis etwa 18.00 Uhr gerechnet werden[7]. Für einen Zugang an Silvester reicht es aus, wenn der Einwurf zwischen 12 und 13 Uhr erfolgt[8].

235 Den Zugang hat der **Vermieter zu beweisen**[9]. Bestreitet der Mieter den Zugang, soll der Vortrag, die Abrechnung sei rechtzeitig zur Post gegeben worden, und der **Beweisantritt** „Parteivernehmung des Mieters" wegen Ausforschung nicht ausreichen[10]. Damit werden aber unmögliche Anforderungen gestellt. Der Vermieter kann naturgemäß nicht wissen, ob der Zugang ein

---

1 BGH, WuM 2005, 61.
2 KG 12.2.2007 – 12 U 117/06, GE 2007, 845 = ZMR 2007, 449 = NZM 2008, 128; OLG Düsseldorf, DWW 2006, 198; **a.A.** AG Wiesbaden, NZM 2006, 140.
3 BGH v. 30.4.2008 – VIII ZR 240/07, WuM 2008, 404 = NZM 2008, 520.
4 BGH, WuM 2005, 61.
5 BGH v. 21.1.2009 – VIII ZR 107/08, WuM 2009, 236 = GE 2009, 509.
6 BGH v. 21.1.2004 – XII ZR 214/00, NJW 2004, 1320, 1321.
7 BayVerfGH, NJW 1993, 518; AG Hamburg-St. Georg, HKA 2006, 3.
8 AG Hamburg-St. Georg, NZM 2006, 15 = WuM 2005, 775.
9 BGH v. 21.1.2009 – VIII ZR 107/08, WuM 2009, 236 = GE 2009, 509.
10 AG Schöneberg v. 2.9.2008 – 4 C 439/07, GE 2009, 271.

oder zwei Tage nach der Absendung erfolgt ist. Im Übrigen ist dies regelmäßig unerheblich, solange sich aus dem Vortrag ergibt, dass es jedenfalls vor Ablauf der Abrechnungsfrist gewesen sein soll.

Bei der Zustellung (auch per Telefax) an einen **Mieter** oder dessen **Vertreter**, der einen **Bürobetrieb** (z.B. Mieterverein, Rechtsanwalt) unterhält, ist Vorsicht geboten. Denn der Zugang erfolgt jedenfalls nicht mehr am selben Tag, wenn er nach Schluss der Geschäftszeiten in den Briefkasten eines Betriebs eingeworfen wird. In diesem Fall kann mit einer Leerung des Briefkastens am selben Tag nicht gerechnet werden. Diese Regeln gelten ebenso für den Fall, dass in einem Bürobetrieb **Silvester** nachmittags nicht gearbeitet wird. Dann kann z.B. kurz vor 16.00 Uhr selbst dann nicht mehr mit einer Briefkastenleerung am selben Tag gerechnet werden, wenn auf den Geschäftsbriefen des Adressaten angegeben ist, an Werktagen außer freitags von 14.00 bis 17.00 Uhr Sprechzeiten abzuhalten[1]. 236

Dies gilt auch für die Übermittlung per **Telefax**[2] an den **Rechtsanwalt** des Mieters[3] oder den **Mieterverein**[4], es sei denn, der Vermieter hat sich zuvor (z.B. telefonisch) dort vergewissert, ob ein Zugang möglich ist. 237

Bei der Zustellung durch **Boten** am letzten Tag der Frist reicht jedenfalls bei einem Umzug (innerhalb der gleichen Stadt) der bloße Vortrag, die Abrechnung sei durch einen Boten übermittelt worden, nicht aus. Vielmehr bedarf es besonderer Darlegungen[5], insbesondere zum Zeitpunkt und den näheren Umständen der Zustellung. Dies gilt erst recht, wenn der Vermieter weiß, dass die Wohnung, zu der der Briefkasten gehört, **untervermietet** ist[6]. Im Übrigen haftet der Bote, der mit der Zustellung beauftragt ist, wenn er erst am späten Nachmittag des Tages vor Fristablauf die Abrechnungen in einen Briefkasten zur Beförderung durch die Post einwirft[7]. 238

Fällt der letzte Tag der Abrechnungsfrist auf einen **Sonn- oder Feiertag** oder einen Sonnabend, gilt gemäß § 193 BGB der Zugang am nächsten Werktag als ausreichend. Ist der letzte Tag der Frist Silvester und fällt er auf einen dieser Tage, ist der Zugang am 2. Januar ausreichend. 239

e) Verschuldeter Ablauf der Abrechnungsfrist

Der Vermieter, der zu Teilabrechnungen nicht verpflichtet ist (§ 556 Abs. 3 S. 4 BGB), ist mit Nachforderungen aus einer Abrechnung **ausgeschlossen**, soweit er die verspätete Geltendmachung zu vertreten hat. Für das Verschulden des Vermieters gelten dabei die für **§ 276 BGB** aufgestellten Sorg- 240

---

1 BGH v. 5.12.2007 – XII ZR 148/05, GuT 2008, 28 = ZMR 2008, 275 = NZM 2008, 167.
2 Vgl. dazu auch BGH, NZM 2004, 258 = MietRB 2004, 139.
3 AG Köln, NJW 2005, 2930 = *Lützenkirchen*, KM 2 Nr. 109.
4 Dafür ausdrücklich entschieden durch AG Köln in *Lützenkirchen*, KM 2 Nr. 91.
5 AG Köln v. 20.2.2007 – 210 C 468/06, WuM 2008, 245.
6 LG München I v. 28.6.2007 – 31 S 14583/06, NZM 2008, 166.
7 LG Berlin v. 21.1.2008 – 52 S 397/06, ZMR 2009, 36.

faltsmaßstäbe[1]. Es ist daher zu prüfen, ob der Vermieter die **im Verkehr erforderliche Sorgfalt** beachtet hat, um die Abrechnung innerhalb der Abrechnungsfrist vorlegen zu können.

241 Nach **Sinn und Zweck des § 556 Abs. 3 BGB**, der dem Mieter innerhalb eines Jahres die Höhe seiner tatsächlichen Mietbelastung für die Abrechnungsperiode vermitteln soll[2], ist von dem Grundsatz auszugehen, dass der Vermieter sich darum bemühen muss, die zur Abrechnung benötigten Unterlagen und sonstigen Informationen rechtzeitig zu erhalten und zu verarbeiten. Mit Rücksicht darauf können – differenziert nach den einzelnen Phasen der Abrechnung, also von der Vorbereitung bis zur Übermittlung – folgende **Sorgfaltsmaßstäbe** angesetzt werden:

aa) Vorbereitung der Abrechnung

242 Der Vermieter muss nicht unmittelbar mit Ablauf des Abrechnungszeitraums mit der Vorbereitung der Abrechnung beginnen. Insbesondere institutionalisierte Vermieter, die eine Vielzahl von Objekten verwalten oder sogar eine spezielle Abteilung für Betriebskostenabrechnungen eingerichtet haben, können die Arbeiten an der Abrechnung planvoll organisieren und **über das Jahr verteilen**. Die Frist von zwölf Monaten darf ausgenutzt werden.

243 Allerdings muss der Vermieter rechtzeitig (spätestens nach sechs Monaten) prüfen, ob alle Informationen, die er zur Erstellung der Abrechnung benötigt, vorliegen (Rechnungen, Ablesequittungen, etc.). Sein Handeln muss darauf gerichtet sein, die Abrechnung innerhalb der Frist von einem Jahr vorlegen zu können. Der Grundsatz des **planmäßigen Handelns** gilt auch dann, wenn der Vermieter bei größerem Grundbesitz neben der übrigen Verwaltertätigkeit seine verschiedenen Objekte (ggf. schon seit Jahren) in einer bestimmten Reihenfolge abrechnet und das konkrete Objekt eben erst im letzten Quartal an der Reihe sein sollte.

(1) Zurechnung des Verhaltens Dritter

244 Wenn für den Vermieter der allgemeine Sorgfaltsmaßstab des § 276 BGB gilt, kann ihm fremdes Verschulden über **§ 278 BGB** zugerechnet werden. Bedient sich der Vermieter also z.B. einer **Hausverwaltung** zur Erstellung der Abrechnung, werden ihm deren schuldhafte Versäumnisse zugerechnet[3].

245 Das Gleiche gilt, wenn der Vermieter einen (selbständigen) Abrechnungsdienst beauftragt. Hier muss der Vermieter durch eindeutige Auftragserteilung dafür sorgen, dass der Abrechnungsdienst zur fristgerechten Vorlage der Abrechnung verpflichtet ist, so dass er im Falle der Säumnis **Regress**

---

1 BGH v. 21.1.2009 – VIII ZR 107/08, WuM 2009, 236.
2 BGH v. 17.11.2004 – VIII ZR 115/04, WuM 2005, 61.
3 BGH, WuM 2005, 337 = MietRB 2005, 141.

im Umfang der nicht durchsetzbaren Nachforderungen nehmen kann[1]. Immerhin wird die Beauftragung in der Regel schon vor Ablauf der Abrechnungsperiode erfolgen, da ja zeitgerecht abzulesen ist[2].

Ein zurechenbares Verschulden liegt auch vor, wenn das Abrechnungsunternehmen die **Unschlüssigkeit** der vom Vermieter **mitgeteilten Daten** nicht erkennt und eine Korrektur nicht[3] oder erst nach Erteilung einer formell falschen Abrechnung, Berichtigung durch den Versorger und Ablauf der Abrechnungsfrist erfolgt[4]. 246

Sobald erkannt wird, dass ein Verhalten des Abrechnungsdienstes zur Fehlerhaftigkeit der Abrechnung beigetragen haben kann, sollte der Vermieter spätestens im Prozess eine **Streitverkündung** erklären. 247

(2) Verspätete Vorlage von Belegen/Rechnungen

Nach § 556 Abs. 3 S. 4 BGB ist der Vermieter zu einer **Teilabrechnung** nicht verpflichtet. Daraus kann der Schluss gezogen werden, dass er die Abrechnung erst erstellen muss, wenn ihm alle zur Abrechnung notwendigen Belege vorliegen. 248

Im Hinblick auf den allgemeinen Sorgfaltsmaßstab soll der Vermieter während des Laufs der Abrechnungsfrist aber auch in diesem Fall nicht untätig bleiben dürfen und sich rechtzeitig z.B. durch **Mahnungen** bei den Unternehmen um die Vorlage der fehlenden Belege bemühen müssen[5]. Denn auch bei der Beurteilung der Fahrlässigkeit soll der Sinn und Zweck der Abrechnungsfrist, spätestens zwölf Monate nach Ablauf der Abrechnungsperiode Klarheit über die Zahlungsverpflichtungen aus den Betriebskosten zu erhalten, zu berücksichtigen sein[6]. Eine **Untätigkeit** soll zu einem **Verschulden** führen mit der Folge, dass der Vermieter trotz unverzüglicher Abrechnung nach Vorlage der Rechnung des Leistungsträgers mit der Nachforderung ausgeschlossen ist[7], wobei teilweise noch zwischen eigenem und Fremdverschulden differenziert wird[8]. 249

Diese **Anforderungen** sind **überzogen**. Bei der Prüfung, welche Sorgfaltsmaßstäbe anzulegen sind, ist auf die beteiligten Verkehrskreise abzustellen. Auch und gerade der professionell handelnde Vermieter nutzt aber die Chance, Kosten nicht bestreiten zu müssen. Es ist völlig atypisch, wenn ein Mensch um die Vorlage von Rechnungen bettelt, damit er sie bezahlen kann. Selbst wenn ein Sachwalter handelt, darf dieser zugunsten seines 250

---

1 LG Köln v. 28.6.2007 – 1 S 161/06, WuM 2008, 560.
2 AG Nordhorn, WuM 2003, 326.
3 Beispiel: BGH v. 16.7.2008 – VIII ZR 57/07, WuM 2008, 556 = GE 2008, 1120 = ZMR 2008, 885.
4 LG Köln v. 28.6.2007 – 1 S 161/06, WuM 2008, 560.
5 AG Köpenick v. 3.5.2007 – 14 C 78/06, WuM 2007, 577.
6 Vgl. z.B. AG Köln in *Lützenkirchen*, KM 2 Nr. 110.
7 So *Gies*, NZM 2002, 514.
8 Vgl. *Blank/Börstinghaus*, § 556 Rz. 148; *Langenberg*, Betriebskosten, G Rz. 78.

Auftraggebers den Eintritt der Verjährung herbeiführen. „Nur" weil im Ergebnis der Mieter die „Zeche" zahlt, können diese Grundregeln unseres Systems nicht in ihr Gegenteil verkehrt werden. Die andere Auffassung ist zu sehr im Leistungsprinzip (vgl. dazu Rz. 351) verhaftet. Da der Vermieter aber selbst entscheiden kann, ob er nach dem Abflussprinzip abrechnet[1], droht ihm kein Verlust, wenn er später bezahlt und die Kosten erst im Jahr der Zahlung abrechnet. Der Mieter hat die mit einer späteren Zahlung verbunden Liquiditätsvorteile, zumal er bei zwischenzeitlichem Auszug mangels bestehenden Mietvertrages sogar nicht mehr belangt werden kann.

251 Absurd wird es, wenn – trotz intensivem Bemühen um rechtzeitige Vorlage – eine verspätete Rechnung erteilt wird und der Vermieter **materielle Einwendungen** gegen die Rechnung erhebt und sie daher – immer noch – nicht in die Abrechnung einstellt. Da er zu Teilabrechnungen nicht verpflichtet ist, könnte er die Abrechnung bis zum Ende eines Prozesses hinausschieben. Würde hier der Sorgfaltsmaßstab gelten, der sich allein an der Einhaltung der Abrechnungsfrist orientiert, müsste auch geprüft werden, ob die Erhebung der Einwände auf Fahrlässigkeit beruht. Dies ist der Fall, wenn er sich bei der Rechtsausübung nicht sicher sein konnte, dass ein Gericht in seinem Sinne entscheidet[2], oder er nicht alle Erkenntnisquellen ausgeschöpft hat[3]. Verliert der Vermieter den Prozess, hat er gegenüber dem Mieter in der Regel fahrlässig gehandelt und verliert damit seinen Anspruch aus der Abrechnung insgesamt. Wegen dieses Risikos wird der Vermieter die Rechnung sofort in die Abrechnung einstellen und damit dem Mieter das Risiko unberechtigter Forderung überbürden.

252 In keinem Fall hat der Vermieter zu vertreten, dass **Behörden** ihre **Steuern** oder **Gebühren** nachträglich erheben. Selbst wenn z.B. wegen der erhöhten Ausnutzung des Grundstücks infolge eines Dachgeschossausbaus vorhersehbar ist, dass die Grundsteuer (rückwirkend) neu festgesetzt wird, hat der Vermieter auf die Festsetzung keinen Einfluss[4]. Umso mehr kann ihm auch ohne ausdrückliches Verlangen um Steuerfestsetzung die spätere Erhebung nicht vorgeworfen werden[5].

(a) Streitigkeiten mit den Leistungsträgern

253 Dieser Grund ist relevant, weil gemäß §§ 556 Abs. 1 BGB, 1 BetrKV nur die **tatsächlich entstandenen Betriebskosten** in der Abrechnung angesetzt werden können. Deshalb kann eine Abrechnung auf der Grundlage der ursprünglichen Rechnung nicht erfolgen, wenn der Vermieter die Höhe der abgerechneten Leistungen mit Erfolg angreift oder insgesamt abwehrt. So-

---

1 Vgl. dazu BGH v. 20.2.2008 – VIII ZR 49/07, WuM 2008, 223 = GE 2008, 471 = ZMR 2008, 444; BGH v. 20.2.2008 – VIII ZR 27/07, WuM 2008, 285.
2 BGH v. 25.10.2006 – VIII ZR 102/06, WuM 2007, 24 = GE 2007, 46 = NZM 2007, 35.
3 BGH v. 16.1.2009 – V ZR 133/08, NZM 2009, 367.
4 LG Rostock v. 27.2.2009 – 1 S 200/08, WuM 2009, 232.
5 BGH v. 5.7.2006 – VIII ZR 220/05, WuM 2006, 516 = NZM 2006, 740.

lange diese Streitigkeit andauert, ist der Vermieter i.S.v. § 556 Abs. 3 BGB entlastet[1].

Richtigerweise (vgl. Rz. 250) kommt es auf die Streitigkeit und/oder deren Anlass nicht an. Der Vermieter kann nach dem **Abflussprinzip** abrechnen und die Rechnung daher erst in dem Jahr berücksichtigen, in dem seine Zahlungspflicht rechtskräftig feststeht. 254

Solange dies höchstrichterlich noch nicht geklärt ist, bestehen für den Vermieter **zwei Möglichkeiten**. Er könnte zunächst auf der **Grundlage der (fehlerhaften) Rechnung** den Betriebskostensaldo ermitteln und in diese Abrechnung den Hinweis aufnehmen, dass einzelne Positionen noch nicht endgültig feststehen, so dass eine Nachberechnung (Korrektur) erfolgen kann. Dies würde zwar im Ergebnis auf eine Teilabrechnung hinauslaufen. Der Vermieter hätte aber innerhalb der Abrechnungsfrist wenigstens die sicheren Positionen abgerechnet. Wird die Auseinandersetzung für den Vermieter erfolgreich beendet, führt dies regelmäßig zu einer Erstattung, die auch noch nach Ablauf der Abrechnungsfrist ohne weiteres möglich ist. Problematisch ist allein, dass durch die Abrechnung die Verjährungsfrist des § 195 BGB zu laufen beginnt. Kann die Streitigkeit jedoch nicht vor Eintritt der Verjährung abgeschlossen werden, muss der Vermieter Maßnahmen nach § 203 BGB (z.B. Beantragung eines Mahnbescheides) ergreifen. Zwar kann die Abrechnung jedenfalls zu den streitigen Positionen nicht Grundlage eines durchsetzbaren Anspruchs sein, weil die Kosten nicht feststehen i.S.v. § 1 BetrKV. Indessen kommt insoweit eine Aussetzung des Verfahrens nach § 148 ZPO in Betracht, weil der Rechtsstreit mit dem Leistungsträger vorgreiflich ist. 255

Alternativ dazu kann der Vermieter den Mieter auf den Streit vor Ablauf der Abrechnungsfrist hinweisen und eine **Abrechnung nach Klärung der Auseinandersetzung** ankündigen. Diese sollte dann kurzfristig, zumindest jedoch spätestens drei Monate[2] nach Beendigung der Streitigkeit über die Rechnungslegung erfolgen. Diese Variante hat jedoch den Nachteil, dass u.U. (in der Nachschau) die Einwendungen des Vermieters gegen die Rechnung des Leistungsträgers den Vorwurf eines fahrlässigen Verhaltens begründen (z.B. weil der Vermieter einen Arbeitsnachweis übersehen hat). Abgesehen davon lässt sich die Dauer des Verfahrens gegen den Leistungsträger nicht abschätzen, so dass im Ergebnis sogar mehrere Abrechnungsperioden betroffen sein können. Mit Rücksicht auf Sinn und Zweck des § 556 Abs. 3 BGB bietet die erste Alternative den sichersten Weg. 256

(b) Abrechnungsfehler der Versorgungsunternehmen

Die Unternehmen, welche die Versorgung mit Wasser, Gas, Fernwärme oder elektrischer Energie gewährleisten, haben die Möglichkeit, Berechnungsfehler in ihren Abrechnungen nach § 21 ihrer AVB (AVBWasserV, 257

---

1 Langenberg, Betriebskosten, G Rz. 79 m.w.N.
2 BGH v. 17.11.2004 – VIII ZR 115/04, WuM 2005, 61.

AVBGasV, AVBFernwärmeV, AVBEltV) in dem der Feststellung des Fehlers vorhergehenden Ablesezeitraum, längstens jedoch auf die Dauer von **zwei Jahren, nachträglich zu korrigieren** und eine Nachberechnung vorzunehmen. Insoweit kann sich der Vermieter als Vertragspartner des jeweiligen Versorgungsunternehmens nicht von der Pflicht zur Nachzahlung befreien.

258 Erfolgt die **Korrektur** durch das Versorgungsunternehmen **nach Ablauf der Abrechnungsfrist**, wäre dem Vermieter eine höhere Nachbelastung des Mieters grundsätzlich verwehrt, weil er durch die Vorlage der zu korrigierenden Abrechnung einen Vertrauenstatbestand geschaffen hat[1]. Insoweit kann sich der Vermieter nur in Ausnahmefällen darauf berufen, der Fehler sei nicht erkennbar gewesen. Denn die sorgfältige Prüfung der Rechnungen gehört zu den Pflichten des Vermieters. Allerdings wird man ein vorwerfbares Verhalten nur annehmen können, wenn der Fehler aus der Abrechnung des Unternehmens ersichtlich war. Dies ist noch nicht deshalb der Fall, weil der Versorger auf der Grundlage von Schätzungen abrechnet. Insoweit kann der Vermieter allenfalls verpflichtet sein, auffällige Abweichungen zu den Vorjahren zu prüfen. Auch der jeweils gültige Tarif sollte überprüft werden.

259 Der umsichtige Rechtsanwalt sollte seinem Mandanten empfehlen, in die Betriebskostenabrechnung einen **allgemeinen Hinweis** auf die Möglichkeit einer nachträglichen Korrektur durch das Versorgungsunternehmen nach § 21 der jeweilige AVB aufzunehmen. Zwar wird ihn dieser Vorbehalt nur entlasten, wenn aus den ihm erteilten Abrechnungen Berechnungsfehler auch bei sorgfältiger Prüfung nicht ersichtlich waren. Immerhin besteht aber die Möglichkeit, dass der Mieter allein deshalb eine nachträgliche Veränderung der Abrechnung ohne weitere Nachprüfung akzeptiert.

260 **Musterformulierung:**
Die der Abrechnung zugrunde liegenden Belege wurden geprüft. Offensichtliche Unrichtigkeiten haben sich nicht ergeben. Gleichwohl besteht die Möglichkeit der nachträglichen Korrektur seitens der Leistungsträger, insbesondere aufgrund des § 21 AVB der Versorgungsunternehmen (AVBWasserV, AVBGasV, AVBFernwärmeV, AVBEltV).

(3) Verweigerte Herausgabe von Belegen durch den Voreigentümer, Zwangsverwalter oder vorherigen Verwalter

261 Bei einem Vermieterwechsel ist derjenige zur Abrechnung verpflichtet, der bei Ablauf der Abrechnungsperiode Vermieter i.S.v. § 566 BGB ist[2]. Erfolgt der Vermieterwechsel während des Abrechnungszeitraums, ist der (neue)

---

1 BGH, WuM 2005, 61 = MietRB 2005, 64.
2 BGH, ZMR 2001, 17.

Vermieter auf die Herausgabe der Abrechnungsunterlagen durch den **Voreigentümer** oder dessen Verwalter angewiesen.

Der **Zwangsverwalter** (vgl. dazu O Rz. 64) muss über die Zeiträume abrechnen, die von der Beschlagnahme erfasst werden[1]. Endet die Zwangsverwaltung, bevor die Abrechnung erteilt wurde, ist nicht mehr der Zwangsverwalter, sondern der Vermieter zur Abrechnung verpflichtet. 262

Das Gleiche gilt bei der **Auflösung eines Verwaltervertrages**. Sieht der Vertrag nicht vor, dass der Verwalter bis zu einem bestimmten Zeitpunkt, der vor der Beendigung des Verwaltervertrages liegt, die Abrechnung zu erstellen hat, oder wurde eine solche Pflicht nicht bei der Aufhebung des Verwaltervertrages ausdrücklich begründet, besteht keine Abrechnungspflicht des Verwalters. Der Vermieter oder sein neuer Verwalter sind also ebenfalls auf die Herausgabe der Abrechnungsbelege durch den früheren Verwalter angewiesen. 263

Verweigert der Besitzer der Abrechnungsunterlagen deren Herausgabe, muss sich der Vermieter dieses rechtswidrige Verhalten **zurechnen** lassen, sofern es schuldhaft ist. Hier kann ihn auch nicht entlasten, wenn er den Voreigentümer (oder auch einen Zwangsverwalter oder früheren Verwalter) zeitgerecht zur Herausgabe der Abrechnungsunterlagen aufgefordert hat oder die gerichtliche Herausgabe betreibt. Bleibt der Verwalter ohne rechtfertigenden Grund untätig, stehen dem Vermieter Schadensersatzansprüche gegen ihn zu. Andernfalls ist von einem **eigenen Verschulden** des Vermieters auszugehen. 264

Deshalb sollte der Rechtsanwalt immer darauf hinwirken, dass der Mandant sich Zweitbelege beschafft. Denn die mangelnde Erreichbarkeit des Verwalters entlastet den Vermieter z.B. nicht[2], weil er sich dessen Untätigkeit zurechnen lassen muss. 265

(4) Streitigkeiten über Vorjahresabrechnung

Unabhängig davon, ob der Rechtsstreit mit dem Mieter oder einem anderen Mieter (mit Auswirkung für das konkrete Mietverhältnis) geführt wird, soll es darauf ankommen, ob **Gegenstand des Streits** eine Grundlage der Abrechnung ist, über die ein Gericht noch nicht entschieden hat[3]. Andere heben hervor, dass es allein das **Risiko des Vermieters** sei, ob seine Abrechnung den gerichtlichen Anforderungen genügt[4]. 266

Der zuletzt genannten Auffassung ist zu folgen: nach den allgemeinen Grundsätzen handelt der Vermieter nur dann nicht fahrlässig, wenn er 267

---

1 BGH, WuM 2003, 390 = MietRB 2003, 30.
2 Vgl. dazu BGH, WuM 2005, 337= MietRB 2005, 141.
3 *Gies*, NZM 2002, 514, 515.
4 *Blank/Börstinghaus*, § 556 BGB Rz. 148; vgl. auch *Langenberg*, Betriebskosten, G Rz. 79, der nach dem Grad der streitigen Rechtsfrage unterscheiden will.

nicht damit rechnen musste, dass ein Gericht anders entscheidet[1]. Dies ist in der Regel nur der Fall, wenn der BGH die streitige **Rechtsfrage** schon einmal entschieden hat. Soweit **Tatsachenfragen** den Streit verursachen (z.B. Unstimmigkeiten über Ablesewerte, die Ausgangswert für die nächste Abrechnung sein können), gelten keine geringeren Anforderungen. Der Vermieter muss auch hier grundsätzlich mit einem Unterliegen rechnen, solange er nicht alle Erkenntnisquellen ausgeschöpft hat[2].

268 In dieser Situation sollte dem Mandanten geraten werden, gleichwohl wie im Vorjahr fristgerecht abzurechnen und in der Abrechnung auf die mangelnde Endgültigkeit seiner Abrechnungsweise aufmerksam zu machen.

(5) Störungen in der Organisation des Vermieters

269 Streitig ist, ob Verzögerungen, deren Ursache im Bereich des Vermieters liegen, entschuldigen können, wobei es gleichgültig ist, ob der Vermieter selbst oder durch einen Verwalter handelt, weil er sich dessen Verschulden über § 278 BGB zurechnen lassen muss[3]. Hierbei handelt es sich beispielsweise um einen längeren Ausfall der **EDV-Anlage** oder einen extrem hohen **Krankenstand**. Insoweit wird sowohl die Ansicht vertreten, dass der Vermieter sich hierauf entlastend berufen kann[4], als auch die Auffassung, dass der Vermieter solche Umstände immer zu vertreten habe[5].

270 Richtigerweise muss differenziert werden: der Vermieter hat nach den gesetzlichen Bestimmungen ein Jahr Zeit, um die Abrechnung zu erstellen. Diese Aufgabe kann er erst erfüllen, wenn ihm alle Abrechnungsbelege vorliegen. Sobald dies der Fall ist, kann von ihm erwartet werden, dass er die Abrechnung zeitgerecht erstellt. Insoweit ist maßgeblich, wie viele Objekte er abzurechnen hat. Muss er nur für ein Objekt die Abrechnung erstellen, entspricht es der im Verkehr üblichen Sorgfalt, wenn er zeitnah zum Eingang des letzten Belegs die Abrechnung fertigt. Denn einerseits muss er zukünftige Behinderungen einkalkulieren. Andererseits hat eine frühzeitige Abrechnung für ihn den Vorteil, dass er ggf. noch während der Abrechnungsfrist Fehler korrigieren kann. Muss der Vermieter (neben seiner üblichen Verwaltungsarbeit) die Abrechnung für mehrere Objekte erstellen, kommt es darauf an, ob er nach einem Plan handelt. Dies wird er z.B. dadurch aufzeigen können, dass er in der Vergangenheit in der gleichen Weise vorgegangen ist. Insoweit wird er sich jedoch nicht auf ein starres Konzept berufen können. Vielmehr wird der „Startschuss" jeweils durch die vollständige Vorlage der Abrechnungsbelege erfolgen.

271 Ausgehend von diesen Vorüberlegungen, kann der **Ausfall der EDV-Anlage** nur unverschuldet sein, wenn er **nicht vorhersehbar** war. Beruht der Aus-

---

1 BGH v. 26.10.2006 – VIII ZR 102/06, GE 2007, 46 = WuM 2007, 24.
2 BGH v. 16.1.2009 – V ZR 133/08, NZM 2009, 367.
3 AG Brühl in *Lützenkirchen*, KM 2 Nr. 113.
4 *Blank/Börstinghaus*, § 556 BGB Rz. 148.
5 Vgl. hierzu Schmidt-Futterer/*Langenberg*, § 556 BGB Rz. 473 m.w.N.

fall eines Computerprogramms z.B. auf der Einführung einer neuen Software bei einem professionellen Vermieter oder Hausverwalter, kann ihm vorgeworfen werden, dass erfahrungsgemäß damit zu rechnen ist, dass in einem solchen Fall Komplikationen mit der Datenübertragung oder Anwendung durch das Personal auftreten können, weil trotz Schulung Fehlbedienungen eintreten können, die zum „Absturz" des Programms führen. Deshalb ist es fahrlässig, kurz vor Ablauf der Abrechnungsfrist eine Umstellung der EDV durchzuführen, wenn aus der Planung nicht ersichtlich ist, dass der Vermieter (oder sein Verwalter) Vorsorge für Übergangsschwierigkeiten getroffen hat. Ebenso handelt ein großes **Wohnungsunternehmen** fahrlässig, das die auf der Festplatte gespeicherten Daten nicht zusätzlich absichert und daher infolge eines **Blitzeinschlages** Ende August an der Vorlage der Abrechnung bis zum 31.12. gehindert ist[1]. Denn die (doppelte) Datensicherung gehört heute zum Standard.

Bei einem **Krankenstand** kommt es auf die personellen Ressourcen des Vermieters an. Je größer die personelle Organisation ist, umso mehr ist zu erwarten, dass Vorsorge für derartige Fälle getroffen wird. Selbst wenn ein Mitarbeiter dann kurz vor Ablauf der Abrechnungsfrist ausfällt, ist zu prüfen, inwieweit der Vermieter über sein Direktionsrecht die Aufgabe auf andere, ausreichend ausgebildete Fachkräfte hätte delegieren können. Insoweit wird sich der Vermieter entlasten können, wenn er darstellt, dass andere Mitarbeiter mit unaufschiebbaren Aufgaben betraut waren oder das konkrete Mietobjekt so spezielle Kriterien aufweist, die eine (unwirtschaftliche) längere Einarbeitung des nicht damit vertrauten Mitarbeiters erfordern, so dass sein Einsatz unwirtschaftlich gewesen wäre. Dies kann z.B. der Fall sein, wenn die Ablesewerte mehrerer Zwischenzähler verarbeitet werden müssen. Handelt es sich jedoch z.B. um ein reines Wohngebäude, bei dem alle Verträge die Abrechnung nach Wohnfläche vorsehen, wird eine Ersatzkraft ohne weiteres eingesetzt werden können, zumal eine planmäßige Organisation voraussetzt, dass die Abrechnungsbelege separat gesammelt oder deren Daten EDV-mäßig erfasst werden. Auf jeden Fall wird der Vermieter zu Vorsorgemaßnahmen greifen müssen, wenn der mit dem Objekt befasste Mitarbeiter auf unabsehbare Zeit ausfällt, was bei einer weiteren Abwesenheit nach dreiwöchiger Erkrankung anzunehmen ist.

272

bb) Abrechnung bei Eigentumswohnungen

Bei der Eigentumswohnung ist der vermietende Sondereigentümer noch mehr als andere Vermieter von Vorleistungen Dritter abhängig. Denn die wesentlichen Kosten, die nicht nur für die Wohnung anfallen, werden durch den WEG-Verwalter im Namen der Eigentümergemeinschaft bestritten und abgerechnet.

273

---

1 AG Annaberg v. 20.7.2006 – 4 C 0604/04, WuM 2007, 131.

(1) Ausgangslage

274 Für die vermietete Eigentumswohnung soll eine Abrechnung der Betriebskosten gegenüber dem Mieter erst möglich sein, wenn die Gesamt- und die Einzelabrechnungen für das jeweilige Wirtschaftsjahr gemäß § 28 Abs. 5 WEG durch **Beschluss der Eigentümergemeinschaft bestandskräftig** festgestellt sind. Denn ohne Beschlussfassung über die Jahresgesamt- und Einzelabrechnung sei die tatsächliche Höhe der nach der vorläufigen Verwalterabrechnung auf den vermietenden Eigentümer entfallenden anteilmäßigen Betriebskosten noch in der Schwebe, so dass ein wesentliches Element der Betriebskostendefinition der §§ 556 Abs. 1 BGB, 1 BetrKV bzw. 27 Abs. 1 II. BV (tatsächlich angefallen) nicht erfüllt sei[1]. Deshalb soll es zum **schlüssigen Vortrag** (im Prozess) gehören, den (bestandskräftigen)[2] Beschluss der Eigentümergemeinschaft darzulegen[3].

275 Die Gegenmeinung[4] stellt darauf ab, dass die Kosten mit der **Bezahlung** entstehen und nicht erst mit der (bestandskräftigen) Beschlussfassung. Im Übrigen würde die gegenteilige Auffassung dem Sinn des § 28 Abs. 5 WEG, der den geschäftlich unerfahrenen Eigentümer schützen soll, zuwiderlaufen.

276 Diese Meinung ist jedoch grundsätzlich **abzulehnen**. Für die Beurteilung der Frage, ob die Leistung bezahlt ist, ist nicht auf den Abfluss bei der Eigentümergemeinschaft oder dem Sondereigentümer abzustellen, sondern auf die berechtigte Belastung des (einzelnen) Vermieters. Im Verhältnis der Mietparteien ist allein die Definition der §§ 556 Abs. 1 BGB, 1 BetrKV bzw. 27 II. BV maßgeblich. Richtigerweise ist daher der Saldo aus der Betriebskostenabrechnung erst **fällig**, wenn sie auf einer bestandskräftigen Einzelabrechnung aufbaut. Ansonsten hätte der Mieter, der vorbehaltlos in Kenntnis der mangelnden Bestandskraft zahlt, wegen § 814 BGB keinen Anspruch aus § 812 BGB. Eine Ausnahme kann nur dann angenommen werden, wenn sich die Anfechtung auf nicht umlagefähige Positionen bezieht.

(2) Fehlende oder angefochtene Beschlussfassung der Eigentümergemeinschaft

277 Im Hinblick auf die Fälligkeitsvoraussetzung (vgl. *Rz. 228*) wird grundsätzlich angenommen, dass der vermietende Wohnungseigentümer die Versäumung der Abrechnungsfrist **nicht zu vertreten** hat, wenn bis zum Ablauf der Abrechnungsfrist die Betriebskostenabrechnung noch nicht vorgelegt werden kann, weil eine Beschlussfassung der Eigentümergemeinschaft noch nicht stattgefunden hat[5] oder die beschlossene Jahresabrechnung an-

---

1 OLG Düsseldorf, ZMR 2000, 453, 454.
2 *Maciejewski*, HKA 2001, 1, 3.
3 *Geldmacher*, DWW 1997, 165, 166.
4 LG Itzehoe, ZMR 2003, 38; *Langenberg*, Betriebskostenrecht, G Rz. 175; *Riecke*, ZMR 2001, 79 f.; *Jennißen*, NZM 2002, 236; *Drasdo*, NZM 2001, 13, 16.
5 Z.B. weil die Belege noch nicht vollständig vorliegen: AG Köln in *Lützenkirchen*, KM 2 Nr. 110.

gefochten wurde. Allerdings soll es zur Einhaltung der gebotetenen Sorgfalt gehören, dass der vermietende Sondereigentümer auf die Erstellung der Jahresabrechnung **hinwirkt**[1] und bei einer fehlerhaften Abrechnung eine ordnungsgemäße verlangt[2]. Wie dies im Einzelnen zu geschehen hat, damit ein Schuldvorwurf i.S.d. §§ 556 Abs. 3 BGB, 20 Abs. 3 NMV vermieden werden kann, ist noch nicht abschließend geklärt.

(a) Mangelnde Einberufung einer Eigentümerversammlung

Diesem Fall ist die Konstellation **gleichzusetzen**, dass die Eigentümergemeinschaft über eine Jahresabrechnung **nicht beschließt**, weil ein entsprechender Tagesordnungspunkt fehlt oder die Versammlung entscheidet, dass bestehende Zweifel bis zu einer nächsten Versammlung (nach Ablauf der Abrechnungsfrist) ausgeräumt werden sollen. 278

In all diesen Fällen darf der **Vermieter nicht untätig bleiben**, sondern muss mit Blick auf die Abrechnungsfrist und deren Sinn und Zweck (vgl. Rz. 241) sorgfältig beobachten, ob die Beteiligten, insbesondere der WEG-Verwalter, so handeln, dass ihm eine **rechtzeitige Abrechnung** (noch) möglich ist. Deshalb kann von ihm verlangt werden, dass er den WEG-Verwalter (schriftlich) zur rechtzeitigen Einberufung einer Eigentümerversammlung zwecks Beschlussfassung über die Jahresabrechnung anhält. Reagiert der Verwalter hierauf nicht, wird der Vermieter prüfen müssen, ob ein Vorgehen nach § 24 Abs. 2 WEG möglich ist. Diese Maßnahme kann er nicht mit dem Argument unterlassen, der Erfolg eines solchen Verfahrens trete erst nach Ablauf der Abrechnungsfrist ein. In dem Zeitpunkt, in dem das Verfahren nach § 24 Abs. 2 WEG einzuleiten ist, kann der Vermieter nämlich noch nicht vorhersehen, ob der WEG-Verwalter nicht allein wegen der Klageerhebung agiert oder sich nur aufgrund einer gerichtlichen Entscheidung zu rechtmäßigem Verhalten anhalten lässt. 279

Diese Maßnahmen braucht der Sondereigentümer nur dann nicht zu ergreifen, wenn ihre **Erfolglosigkeit offensichtlich** ist. Dies ist z.B. anzunehmen, wenn der WEG-Verwalter keine Jahresabrechnung vorlegen kann, weil ihm wesentliche Abrechnungsbelege wie die Erhebung der gemeindlichen Gebühren und Steuern fehlen. In diesem Fall muss der WEG-Verwalter aber dem Eigentümer selbst nachweisen, dass er geeignete Maßnahmen ergriffen hat, um die fehlenden Belege zu erhalten[3]. Zwar wird sich der vermietende Sondereigentümer ein Verschulden des WEG-Verwalters nicht über § 278 BGB zurechnen lassen müssen. Indessen kann dem Vermieter selbst vorgeworfen werden, den WEG-Verwalter nicht frühzeitig angehalten (oder in Ausnahmefällen sogar selbst bei dem Leistungsträger interveniert) zu haben. 280

---

1 *Langenberg*, Betriebskostenrecht, G Rz. 85 m.w.N.
2 BGH, WuM 1982, 207, 208; *Drasdo*, NZM 2001, 13, 16 m.w.N.
3 AG Köln in *Lützenkirchen*, KM 2 Nr. 90 = MietRB 2004, 2.

281 Beruht die fehlende oder verzögerte Beschlussfassung auf **Organisationsmängeln des WEG-Verwalters** (Datenverlust, Krankheit etc.), kommt eine Zurechnung über § 278 BGB ebenfalls nicht in Betracht. Vielmehr kommt es allein darauf an, dass der Vermieter im Interesse seines Mieters wirkungsvoll darauf hingewirkt hat, dass die Betriebskostenabrechnung fristgerecht vorgelegt werden kann. Dazu kann im Wiederholungsfalle gehören, dass er sich für eine Abberufung des WEG-Verwalters einsetzt.

(b) Fehlerhafte Abrechnung

282 Legt der WEG-Verwalter eine fehlerhafte Jahresabrechnung vor, führt die Beanstandung zu einer Zeitverzögerung, die die Einhaltung der Abrechnungsfrist regelmäßig gefährdet. Dies muss der Vermieter aber in Kauf nehmen. Denn die Richtigkeit der Abrechnung hat Vorrang. Allerdings muss er sich so verhalten, dass ihm nicht vorgeworfen werden kann, im Hinblick auf die Abrechnungsfrist sorglos gehandelt zu haben. Deshalb muss er nicht nur die Rechtslage sorgfältig prüfen (lassen), sondern auch dem Antrag zur **Korrektur der Jahresabrechnung bis zur nächsten ordentlichen Eigentümerversammlung** widersprechen und auf eine kurzfristig einzuberufende außerordentliche Versammlung hinwirken. Das erfordert im Zweifel auch die Anfechtung eines entsprechenden Beschlusses.

283 Die Sorgfaltspflicht des Vermieters bezieht sich natürlich nur auf Kostenansätze, die für die Abrechnung gegenüber dem Mieter relevant sind. Unabhängig davon, welcher Auffassung zur Entstehung der Kosten gefolgt wird (vgl. *Rz. 274 f.*), kann bei der **Anfechtung nicht umlagefähiger Positionen** gegenüber dem Mieter ohne weiteres abgerechnet werden.

284 Der Grundsatz, dass derjenige fahrlässig handelt, der sein Verhalten nicht daran orientiert, dass ein Gericht auch anders entscheidet[1], zwingt im Übrigen zur vorsorglichen Vorlage der Abrechnung auf der Grundlage der fehlerhaften Abrechnung.

(c) Angefochtene Abrechnung

285 Wird der Beschluss über die Jahresabrechnung durch Sondereigentümer in einer für die Betriebskostenabrechnung erheblichen Weise angefochten, fehlt es nach der hier vertretenen Auffassung an einer Fälligkeitsvoraussetzung (vgl. *Rz. 276*). Das Abwarten bis zur rechtskräftigen Entscheidung im Anfechtungsverfahren kann zu erheblichen Zeitverzögerungen führen, die auch die Abrechnung weiterer Zeiträume behindern, weil ohne die Abrechnung der Vorjahre eine Abrechnung nicht nachvollziehbar ist. Deshalb sollte auch in dieser Situation im Zweifel auf der Grundlage der angefochtenen Abrechnung agiert und ein Korrekturvorbehalt wegen der Anfechtung in die Abrechnung aufgenommen werden.

---

1 BGH v. 25.10.2006 – VIII ZR 102/06, GE 2007, 46 = WuM 2007, 24.

cc) Verlust der Abrechnung auf dem Postweg

Da § 556 Abs. 3 Satz 2 BGB dahin zu verstehen ist, dass die Abrechnung dem Mieter innerhalb der Frist zugegangen sein muss, genügt die **rechtzeitige Absendung** der Abrechnung zur Fristwahrung grundsätzlich **nicht**[1]. Da die Aufgabe eines Briefes zur Post **keinen Anscheinsbeweis** dafür begründet, dass dem Mieter die Betriebskostenabrechnung rechtzeitig zugegangen ist[2], ist ein Verlust der Betriebskostenabrechnung auf dem Postweg nur dann nicht erheblich, wenn der Vermieter die verspätete Geltendmachung nicht zu vertreten hat.

286

Diese Voraussetzung ist nicht erfüllt, wenn bloß die **Übergabe an die Post** feststeht[3]. Denn bei einem Verlust der Abrechnung auf dem Postwege ist von einem Verschulden der Post AG auszugehen, das der Vermieter gemäß **§ 278 Satz 1 BGB** zu vertreten hat. Denn für das Vertretenmüssen im Sinne von § 556 Abs. 3 Satz 3 BGB gilt § 276 BGB; nach § 278 BGB hat der Vermieter auch ein Fehlverhalten seiner Erfüllungsgehilfen zu vertreten[4]. Die Post wird Erfüllungsgehilfe des Vermieters, weil dieser sich der Post zur Beförderung der Abrechnung bedient[5]. Dies wird weder durch eine etwaige **Monopolstellung der Post** noch dadurch in Frage gestellt, dass die Post keinen Weisungen des Vermieters unterliegt[6]. Eine einschränkende Anwendung des § 278 Satz 1 BGB insoweit ist nicht geboten. Zwar wird vertreten, der Vermieter könne sich entlasten, wenn auf dem Postweg unerwartete und nicht vorhersehbare Verzögerungen oder Postverluste aufträten, auf die der Vermieter keinen Einfluss nehmen könne. Denn dann habe der Vermieter alles Erforderliche getan, um für die Mitteilung der Abrechnung an den Mieter zu sorgen[7]. Für eine derartige einschränkende Anwendung des § 278 Satz 1 BGB fehlt es aber an einer stichhaltigen Begründung. Sie stünde auch im Widerspruch zur Regelungsabsicht des Gesetzgebers. Das Zugangserfordernis dient ebenso wie der in § 556 Abs. 3 Satz 3 BGB angeordnete Ausschluss von Nachforderungen der Abrechnungssicherheit für den Mieter[8]. Die Vorschriften sollen eine zeitnahe Abrechnung gewährleisten, damit der Mieter in einem überschaubaren zeitlichen Zusammenhang mit dem Abrechnungszeitraum entweder über ein sich zu seinen Gunsten erge-

287

---

1 So ausdrücklich der Regierungsentwurf zum Mietrechtsreformgesetz, BT-Drs. 14/4553, S. 51; vgl. auch MünchKommBGB/*Schmid*, § 556 Rz. 48; Bamberger/Roth/*Ehlert*, § 556 BGB Rz. 65; a.A. *Miedtank*, ZMR 2005, 205, 207.
2 BGH v. 7.12.1994 – VIII ZR 153/93, NJW 1995, 665, unter II 3a; BGH v. 24.4.1996 – VIII ZR 150/95, NJW 1996, 2033, unter II 2.
3 BGH v. 21.1.2009 – VIII ZR 107/08, WuM 2009, 236.
4 Vgl. Bamberger/Roth/*Ehlert*, § 556 BGB Rz. 65; Staudinger/*Weitemeyer*, § 556 BGB Rz. 109.
5 Vgl. BGHZ 62, 119, 123 f.
6 BGH v. 21.9.2000 – I ZR 135/98, NJW-RR 2001, 396, unter II 3; Staudinger/*Löwisch*, BGB (2004), § 278 Rz. 96; vgl. auch *Dickersbach*, Info M 2008, 219; a.A. *Kinne*, GE 2005, 1293, 1294; *Wall*, jurisPR-MietR 9/2008, Anm. 4, unter C 2.
7 LG Berlin, GE 2006, 1407 (ZK 62); LG Berlin GE 2007, 1317 (ZK 67); LG Potsdam, GE 2005, 1357; AG Oldenburg, ZMR 2005, 204, 205; AG Leipzig, ZMR 2006, 47; a.A. LG Düsseldorf, NZM 2007, 328; AG Meißen, WuM 2007, 628.
8 Vgl. BT-Drs. 14/4553, S. 37.

bendes Guthaben verfügen kann oder Gewissheit darüber erlangt, ob und in welcher Höhe er mit einer Nachforderung des Vermieters rechnen muss[1]. Damit wäre es nicht vereinbar, den in § 556 Abs. 3 Satz 3 BGB geregelten Ausnahmefall, dass der Vermieter die verspätete Geltendmachung nicht zu vertreten hat, generell dann anzunehmen, wenn auf dem Postweg für ihn unerwartete und nicht vorhersehbare Verzögerungen oder Postverluste aufgetreten sind. Denn Verzögerungen oder Verluste auf dem Postweg sind in der Regel für den Vermieter nicht vorhersehbar, so dass die einschränkende Anwendung des § 278 Satz 1 BGB im Ergebnis darauf hinausliefe, dass im Hinblick auf den Ausschluss von Nachforderungen (§ 556 Abs. 3 Satz 3 BGB) in allen Fällen des Postversands – abgesehen von Ausnahmesituationen (z.B. Poststreik) – doch die rechtzeitige Absendung der Abrechnung zur Fristwahrung genügen würde.

dd) Nachholung entschuldigter Versäumnisse

288 Innerhalb welcher Frist der Vermieter nach Wegfall des Hindernisses die Abrechnung erteilen muss, lässt sich dem Gesetz nicht entnehmen. Hierfür soll eine **angemessene Frist** anzusetzen sein, die zwischen zwei[2] und vier Wochen liegen sollte[3]. Vereinzelt wurden drei Monate befürwortet[4] und sogar 6 Monate als zulässig angesehen[5], was im Hinblick auf den Schutzzweck der Ausschlussfrist aber entschieden zu lang ist. Deshalb wurde auch eine unverzügliche Erstellung nach Wegfall des Hindernisses gefordert[6].

289 Der BGH[7] hat mit Rücksicht auf den Sinn und Zweck der Abrechnungsfrist die Frist[8] auf **drei Monate** nach Wegfall des Hindernisses erstreckt und sich dabei an § 560 Abs. 2 BGB orientiert. Innerhalb dieser Zeit kann der Vermieter die Abrechnung oder das zur Vervollständigung fehlende Element der Abrechnung nachholen.

ee) Umfang der Ausschlusswirkung

290 § 556 Abs. 3 BGB ist wörtlich zu nehmen. Danach führt die schuldhaft verfristete Vorlage der Abrechnung zum Verlust der Nachforderung, so dass der Vermieter seine Forderung noch nicht einmal im Wege der Aufrechnung realisieren kann[9].

---

1 BGH v. 5.7.2006 – VIII ZR 220/05, NZM 2006, 740, Tz. 17 m.w.N.
2 LG Berlin v. 24.4.2006 – 67 S 435/06, GE 2006, 1098.
3 *Börstinghaus/Eisenschmid*, Arbeitskommentar Neues Mietrecht, S. 208.
4 *Seldeneck*, Betriebskosten im Mietrecht, 1999, Rz. 5225.
5 *Pfeifer*, S. 127.
6 AG Tübingen v. 30.4.2004 – 9 C 1503/03, WuM 2004, 342.
7 BGH v. 5.7.2006 – VIII ZR 220/05, WuM 2006, 516 = NZM 2006, 740 = ZMR 2006, 847 = DWW 2006, 419.
8 Vgl. dazu BGH v. 17.11.2004 – VIII ZR 115/04, WuM 2005, 61.
9 AG Siegburg, WuM 2001, 245.

Eine **Nachforderung** in diesem Sinne liegt vor, wenn der Vermieter nach Ablauf der zwölfmonatigen Abrechnungsfrist einen Betrag verlangt, der den Saldo aus einer (fristgerecht) erteilten Abrechnung[1] oder, falls eine rechtzeitige Abrechnung nicht vorliegt, die **Summe der Vorauszahlungen des Mieters übersteigt**[2]. Dies gilt entsprechend, soweit der Mieter geschuldete Vorauszahlungen nicht erbracht hat. Nebenkosten bis zum Betrag der geschuldeten Vorauszahlungen kann der Vermieter deshalb auch aufgrund einer nach Ablauf der Abrechnungsfrist erteilten Abrechnung geltend machen[3]. Auf ein etwaiges Zurückbehaltungsrecht (vgl. Rz. 645) wegen unterbliebener Abrechnungen kommt es in diesem Zusammenhang nicht an.

291

Eine nach § 556 Abs. 3 Satz 3 BGB ausgeschlossene Nachforderung ist auch dann anzunehmen, wenn der Vermieter nach Fristablauf einen Betrag fordert, der das **Ergebnis** einer bereits erteilten Abrechnung **übersteigt**[4]. Führt also die später als zwölf Monate nach Beendigung der Abrechnungsperiode erfolgte Korrektur zur Reduzierung eines ausgezahlten **Guthabens**, ist der Vermieter mit dieser „Nachforderung" ausgeschlossen. Etwas anderes kann nur angenommen werden, wenn der Vermieter die verspätete Korrektur nicht zu vertreten hat. Das ist aber nicht schon bei **Rechenfehlern** der Fall, die in der Regel auf Fahrlässigkeit beruhen.

292

ff) Rechtsfolgen der Ausschlusswirkung

Die Ausschlusswirkung führt zum **Wegfall des Rechtsgrundes** für eine Nachforderung. Demnach können Zahlungen auf eine unentschuldigt verspätete Abrechnung grundsätzlich über § 812 BGB zurückgefordert werden[5].

293

Voraussetzung ist aber grundsätzlich, dass der Mieter den Einwand der ungerechtfertigten Bereicherung innerhalb der **Einwendungsfrist** geltend gemacht hat. Da der Einwendungsfrist umfassender Befriedungscharakter zukommt, erfasst sie auch die Rückforderung der auf eine **formell einwandfreie Abrechnung** erfolgten Zahlung. Der Einwand kann auch der Mitteilung des Mieters, es seien nicht umlegbare Positionen abgerechnet worden, entnommen werden. Erfolgt dieser Hinweis aber vor der Zahlung, kann dadurch ein negatives Schuldanerkenntnis begründet werden (vgl. dazu Rz. 641). Erfolgte der Ausgleich der unberechtigten Nachforderung nach Androhung der fristlosen Kündigung, kann sich der Vermieter im Rückforderungsprozess nicht auf **§ 814 BGB** berufen[6].

294

Dem Vermieter bleibt der **Einwand des § 814 BGB**, für den er allerdings im Zweifel nachweisen muss, dass dem Mieter die Ausschlussfrist und ihre Wirkung bekannt waren.

295

---

1 BGH v. 12.12.2007 – VIII ZR 190/06, WuM 2008, 150 = NZM 2008, 204.
2 BGH v. 9.3.2005 – VIII ZR 57/04, WuM 2005, 337 = NJW 2005, 1499, unter II 5 c.
3 BGH v. 31.10.2007 – VIII ZR 261/06, WuM 2007, 700 = GE 2007, 1686 = NJW 2008, 142.
4 BGH v. 12.12.2007 – VIII ZR 190/06, WuM 2008, 150 = NZM 2008, 204.
5 BGH v. 18.1.2006 – VIII ZR 94/05, WuM 2006, 150 = ZMR 2006, 268.
6 AG Charlottenburg v. 1.10.2009 – 218 C 105/09, GE 2009, 1503.

296 Eine **analoge Anwendung des § 214 Abs. 2 BGB**, wonach eine Zahlung auf eine verjährte Forderung nicht zurückverlangt werden kann, gegenüber dem Rückforderungsanspruch des Mieters ist **nicht zulässig**[1]. Der Ausschluss der Rückforderung nach § 214 Abs. 2 BGB beruht darauf, dass der Anspruch durch die Verjährung nicht erlischt und der Gläubiger deswegen durch die Leistung des Schuldners nur das erhalten hat, worauf er trotz der Verjährung einen – wenn auch einredebehafteten – Anspruch besaß[2]. Nach Ablauf einer Ausschlussfrist erlischt aber das betroffene Recht, so dass eine gleichwohl noch erbrachte Leistung dann auf eine nicht mehr bestehende Schuld erfolgt. Daher ist § 214 Abs. 2 BGB nach Sinn und Zweck der Vorschrift auf Ausschlussfristen nicht entsprechend anwendbar, also auch nicht auf § 556 Abs. 3 BGB[3].

297 Auch **§ 212 Abs. 1 Nr. 1 BGB**, wonach die Verjährung erneut beginnt, wenn der Schuldner dem Gläubiger gegenüber den Anspruch vor Ablauf der Verjährungsfrist anerkennt, findet auf die Ausschlussfrist für die Betriebskostenabrechnung **keine entsprechende Anwendung**[4]. Der Zweck der Ausschlussfrist besteht darin, für Rechtssicherheit und Rechtsklarheit zu sorgen. Dieser Zweck steht ihrer vollständigen Erneuerung entgegen.

3. Formelle Anforderungen an die Abrechnung

298 Die Unterscheidung zwischen formellen und materiellen Fehlern einer Abrechnung ist für die Einhaltung der Abrechnungsfrist von Bedeutung. Eine formell fehlerhafte Abrechnung kann der Vermieter nämlich nur bis zum Ablauf der Abrechnungsfrist des § 556 Abs. 3 BGB noch **korrigieren**, eine Nachforderung ist aber auf das während der Abrechnungsfrist formell wirksam mitgeteilte Ergebnis beschränkt[5]. Beschränken sich die formellen Fehler auf einzelne Positionen, ist die Abrechnung im Übrigen prinzipiell materiell wirksam. Hinsichtlich des unwirksamen Teils ist der Vermieter berechtigt und verpflichtet, eine formell wirksame Abrechnung vorzulegen. Ergibt sich daraus, dass die Vorschüsse verbraucht sind, entfällt ein Rückzahlungsanspruch des Mieters[6].

299 Formell ordnungsgemäß ist eine Betriebskostenabrechnung, wenn sie den **allgemeinen Anforderungen des § 259 BGB** entspricht. Dazu sind in die Abrechnung bei Gebäuden mit mehreren Wohneinheiten regelmäßig folgende **Mindestangaben**[7] aufzunehmen:

– eine Zusammenstellung der Gesamtkosten,

– die Angabe und Erläuterung der zugrunde gelegten Verteilerschlüssel,

---

1 BGH v. 18.1.2006 – VIII ZR 94/05, WuM 2006, 150 = ZMR 2006, 268.
2 MünchKommBGB/*Grothe*, § 214 BGB Rz. 9.
3 MünchKommBGB/*Grothe*, § 214 BGB Rz. 9; Staudinger/*Peters*, § 214 BGB Rz. 39.
4 BGH v. 9.4.2008 – VIII ZR 84/07, WuM 2008, 351 = GE 2008, 795 = NZM 2008, 477.
5 BGH v. 17.11.2004 – VIII ZR 115/04, WuM 2005, 61.
6 LG Berlin v. 21.7.2009 – 63 S 553/08, GE 2009, 1127.
7 BGH vom 28.5.2008 – VIII ZR 261/07, NJW 2008, 2260, Tz. 10; BGH v. 9.4.2008 – VIII ZR 84/07, NJW 2008, 2258, Tz. 15.

– die Berechnung des Anteils des Mieters und
– der Abzug seiner Vorauszahlungen.

Die Abrechnung soll den Mieter in die Lage versetzen, den Anspruch des Vermieters nachzuprüfen, also **gedanklich und rechnerisch nachzuvollziehen**[1]. Erforderlich ist dafür, dass der Mieter erkennen kann, wie (in welchen Rechenschritten) die Umlage der Betriebskosten erfolgt ist und sich in wenigen Minuten in die Systematik der Abrechnung hineinzudenken[2]. Abzustellen ist auf das Verständnis eines durchschnittlich gebildeten, juristisch und betriebswirtschaftlich nicht geschulten Mieters. Allgemein verständliche Verteilungsmaßstäbe bedürfen keiner Erläuterung.

300

Allein die Verwendung von **Abkürzungen** führt nicht zur mangelnden Nachvollziehbarkeit einer Abrechnung[3], wenn sie allgemein verständlich sind (z.B. Miteigentumsanteile). Der Vermieter braucht nichts zu erläutern, was dem Mieter oder seinem (Rechts-) Vertreter ggf. aus früheren Abrechnungen oder Erläuterungen **bekannt** ist[4]. Dies ändert sich auch nicht bei einem Anwaltswechsel[5] oder weil dem Gericht die entsprechenden Informationen fehlen. Allerdings muss der Vermieter, der Abrechnungskreise bildet, die Zusammenstellung der Nutzergruppen nachvollziehbar darstellen[6].

301

a) Angabe der Abrechnungsperiode

Nach § 556 Abs. 3 Satz 1 Halbs. 1 BGB ist über die Vorauszahlungen für Betriebskosten jährlich abzurechnen. Wird der Zeitraum von einem **Jahr überschritten**, ist die Abrechnung grundsätzlich **formell unwirksam**[7]. Dies gilt jedenfalls für **wesentliche Abweichungen**[8], die bei einer Überschreitung ab einem Monat (Abrechnungsperiode = 13 Monate) anzunehmen sind[9]. Darunter kann von unwesentlichen Abweichungen ausgegangen werden, denn insbesondere die Abrechnung von verbrauchsabhängigen Kosten zeigt, dass nicht streng auf einen Zeitraum von 365 Tagen abgestellt werden kann, solange die Verbrauchswerte nicht elektronisch erfasst, sondern abgelesen werden. Den Ablesern gelingt es nämlich nur in den wenigsten Fällen, exakt 365 Tage nach der letzten Ablesung zu erscheinen. Aber auch der Grundsatz, dass der Vermieter nach dem Abflussprinzip abrechnen kann, macht deutlich, dass auf die Einhaltung des Jahreszeitraums nicht all zu streng gepocht werden kann.

302

---

1 BGH v. 17.11.2004 – VIII ZR 115/04, NJW 2005, 219 = WuM 2005 61, unter II 1 b.
2 LG Bochum, ZMR 2005, 864.
3 LG Dortmund, ZMR 2005, 865.
4 BGH, WuM 1982, 207, 208.
5 AG Köln, ZMR 2005, 629.
6 KG v. 13.7.2009 – 8 U 36/09, GE 2009, 1251.
7 LG Gießen v. 21.1.2009 – 1 S 288/08, NZM 2009, 581; AG Charlottenburg v. 10.9.2008 – 231 C 90/08, GE 2008, 1566.
8 BGH v. 30.4.2008 – VIII ZR 240/07, WuM 2008, 404 = NZM 2008, 520.
9 Vgl. z.B. LG Gießen v. 21.1.2009 – 1S 288/08, DWW 2009, 189.

303 Auch der **Wechsel der Abrechnungsperiode** (Beispiel: bisherige Abrechnungsperiode vom 1.7. – 30.6., neu: das Kalenderjahr) rechtfertigt keine wesentliche Überschreitung. Insoweit ist der Vermieter in der Lage, über ein Rumpfjahr (im Beispiel: sechs Monate) abzurechnen, um möglichst schnell wieder in den Jahresrhythmus zu kommen.

304 Welcher jährliche Zeitraum der Abrechnung zugrunde zu legen ist, ist in § 556 Abs. 3 BGB nicht festgelegt. In Betracht kommen das Kalenderjahr, das Mietjahr oder der Jahreszeitraum, innerhalb dessen regelmäßig die Jahresabrechnungen der Versorgungsträger erteilt werden[1]. Soweit ein bestimmter Abrechnungszeitraum vertraglich nicht vereinbart wurde, ist der Vermieter in der **Wahl des Abrechnungszeitraums** frei.

305 Dem Vermieter ist es nach § 556 Abs. 3 Satz 1 HS. 1 BGB auch nicht verwehrt, in die Gesamtabrechnung der Betriebskosten die von einem Fremdunternehmen erstellten Heizkostenabrechnungen einzustellen, die sich **abweichend** von der Abrechnung der übrigen Betriebskosten nach dem Kalenderjahr auf die jährliche **Heizperiode** (bis 31. Juli) beziehen[2]. In diesem Fall, also bei unterschiedlichen Abrechnungsperioden, beginnt die **Abrechnungsfrist** grundsätzlich mit dem Ablauf der spätesten Periode zu laufen[3].

306 Insoweit macht es qualitativ keinen Unterschied, ob für verschiedene Betriebskosten **unterschiedliche Vorauszahlungsbeträge** vereinbart sind[4]. Zahlt der Mieter also als solche ausgewiesene Betriebs- und (separat) Heizkostenvorauszahlungen, kann der Vermieter die unterschiedlichen Vorauszahlungen in einer Abrechnung mit unterschiedlichen Abrechnungsperioden berücksichtigen. Denn der Begriff der Betriebskosten, über die nach § 556 Abs. 3 BGB einheitlich abzurechnen ist, erfasst auch die Heiz- und Warmwasserkosten, §§ 556 Abs. 1 BGB, 2 Nr. 4, 5 BetrKV. Die Vereinbarung getrennter Vorauszahlungen dient zunächst allein der Transparenz. Eine von § 556 Abs. 3 BGB abweichende Vereinbarung über die einheitliche Abrechnung, die gesondert festgestellt werden müsste, wäre unwirksam, § 556 Abs. 4 BGB.

b) Angabe des Vermieters

307 Grundsätzlich muss der Vermieter abrechnen. Sind also **mehrere Personen** Vermieter, müssen alle die Abrechnung erteilen.

308 Da es sich bei der Betriebskostenabrechnung um eine **geschäftsähnliche Handlung** handelt, sind die Vorschriften über die Willenserklärung zumin-

---

1 *Schmid* in MünchKomm, § 556 BGB Rz. 64; *Langenberg* in Schmidt-Futterer, § 556 BGB Rz. 301; *Weitemeyer* in Staudinger, § 556 BGB Rz. 116; Palandt/*Weidenkaff*, § 556 BGB Rz. 10.
2 BGH v. 30.4.2008 – VIII ZR 240/07, WuM 2008, 404 = NZM 2008, 520.
3 BGH v. 30.4.2008 – VIII ZR 240/07, WuM 2008, 404 = NZM 2008, 520.
4 A.A. AG Melsungen v. 19.3.2009 – 4 C 21/07 (71), WuM 2009, 459.

dest entsprechend anwendbar[1]. Demgemäß gilt insbesondere § 164 Abs. 1 Satz 2 BGB. Handelt also z.B. ein Vermieter und verlangt Zahlung der berechneten Nachforderung auf das Mietkonto, ist im Zweifel von einer Stellvertretung auszugehen. Dies gilt erst recht, wenn ein **Verwalter** ohne ausdrücklichen Hinweis auf die Vertretungsverhältnisse handelt, zumal wenn er den Mietvertrag abgeschlossen hat.

Andererseits gilt dann auch **§ 174 BGB**, so dass insbesondere der Vermieter/Verwalter, der in Vertreterfunktion agiert und erst kurz vor Ablauf der Abrechnungsperiode handelt, vorsorglich eine Originalvollmacht beifügen sollte, um eine Zurückweisung zu vermeiden[2]. 309

c) Angabe des Mieters

Die Abrechnung muss sich an den Mieter richten. Bei mehreren Mietern muss der Anspruch aus der Abrechnung also grundsätzlich gegenüber **allen Mietern** verfolgt werden. Ist die Abrechnung nur an einen bzw. nicht an alle Mieter adressiert, ist sie formell fehlerhaft. Darüber soll auch eine Empfangsvollmacht nicht hinweghelfen, da der so Bevollmächtigte lediglich **Empfangsbote** ist[3]. 310

Enthält der Mietvertrag eine wirksame **Empfangsvollmacht**, ist es grundsätzlich ausreichend, wenn die an alle adressierte Abrechnung einem Mieter zugeht. 311

d) Angabe des Mietobjektes

Die Abrechnung muss sich auf das **konkrete Mietverhältnis** beziehen, in dem die Abrechnungspflicht besteht. Dies ist so lange unproblematisch, wie zwischen den Parteien nur ein Mietvertrag besteht. Dann ist die Identität zu dem im Mietvertrag bezeichneten Objekt regelmäßig schon dadurch bestimmbar, dass die Adresse des Mieters und ggf. die Wohnfläche der Wohnung angegeben ist. 312

Bestehen zwischen den Parteien **mehrere Mietverträge**, ist es ebenfalls ausreichend, dass das Mietobjekt **bestimmbar** ist. Dafür ausreichende Anhaltspunkte bilden z.B. die identische Angabe der Fläche im Mietvertrag und der Abrechnung, die Angabe einer Wohnungs-Nummer oder, sofern die Einheiten in unterschiedlichen Geschossen liegen, die Angabe der Etage. 313

e) Zusammenstellung der Gesamtkosten

In der Abrechnung hat der Vermieter jede einzelne Betriebskostenposition zu bezeichnen und die für diese Position in der Abrechnungsperiode ange- 314

---

1 *Dickersbach*, WuM 2008, 439.
2 *Dickersbach*, WuM 2008, 439.
3 LG Frankfurt/Main v. 2.12.2008 – 2-17 S 63/08, ZMR 2009, 365.

fallenen Kosten anzugeben. Hat der Vermieter eine **missverständliche Formulierung** verwendet, sollte der Rechtsanwalt deren Bedeutung aufklären und ermitteln (z.B. durch die Vorjahresabrechnungen), ob der Mieter sie kennt. Denn nur dann ist die Fälligkeit einer Nachforderung nicht gehindert[1].

aa) Bezeichnung der Positionen

315 Die **Bezeichnung der Positionen** sollte sich am Katalog des § 2 BetrKV orientieren und **keine** übergeordneten **Sammelbegriffe** enthalten. Die Abrechnung ist also nicht nachvollziehbar, wenn der Vermieter mehrere unterschiedliche Leistungen z.B. wegen einheitlicher Rechnungsstellung zusammenfasst. Deshalb müssen Grundsteuer sowie Gebühren für Straßenreinigung, Kanalbenutzung und Müllentsorgung in der Abrechnung getrennt ausgewiesen werden und dürfen auch dann nicht unter der Bezeichnung „Grundbesitzabgaben" (in einer Summe) erscheinen, wenn sie in einem Bescheid gegenüber dem Vermieter erhoben werden[2].

316 Die Bezeichnung muss **eindeutig** sein und darf auch nicht über die unter der Position erfassten Kosten hinwegtäuschen. Unter der Position „Allgemeinstrom" sollen deshalb nicht die Stromkosten für einen Aufzug abgerechnet werden können, weil sie sich z.B. mangels Zwischenzähler nicht gesondert ermitteln lassen[3]. Vielmehr soll ein **erläuternder Zusatz** erforderlich sein (z.B. „Allgemeinstrom/Aufzugsstrom"). Ebenso soll die Bezeichnung „Beleuchtung" irreführend sein, wenn darunter auch Kosten für den Klingelstrom und den Strom der Heizung erfasst werden[4]. Diese Anforderungen erscheinen aber **zweifelhaft**. Wird als Maßstab für die formelle Wirksamkeit auf die Prüffähigkeit abgestellt, kann der durchschnittliche Mieter bei Einsichtnahme in die Belege anhand der Rechnungen des Stromversorgers die Richtigkeit der Gesamtkosten ermitteln. Erst wenn Abzüge davon vorzunehmen wären, also z.B. wegen der Verteilung auf die Kosten der Beleuchtung einerseits und die Kosten des Aufzugs andererseits, ist ein erläuternder Zusatz erforderlich[5]. Deshalb können die Kosten für **Frisch- und Abwasser** jedenfalls dann zusammengefasst werden, wenn die Umlage einheitlich durch zählererfassten Verbrauch vorgenommen wird[6].

317 Ein formeller Fehler liegt aber vor, wenn unter der Bezeichnung „Heizungskosten" nicht unbeträchtliche Kosten für eine **Klimaanlage** und **Wasser** berücksichtigt werden. Denn dann handelt es sich um eine völlig andere Leistung. Bei den Kosten der **Versicherung** hat der Vermieter die

---

1 AG Köln in *Lützenkirchen*, KM 2 Nr. 15.
2 AG Köln in *Lützenkirchen*, KM 1 Nr. 70.
3 OLG Hamburg, ZMR 2003, 180, 181; LG Köln in *Lützenkirchen*, KM 1 Nr. 74; AG Köln in *Lützenkirchen*, KM 1 Nr. 71.
4 AG Leipzig v. 14.9.2007 – 163 C 496/07, WuM 2007, 576.
5 BGH v. 14.2.2007 – VIII ZR 1/06, WuM 2007, 196 = GE 2007, 438; BGH v. 11.9.2007 – VIII ZR 1/07, WuM 2007, 575 = NZM 2007, 770.
6 BGH v. 15.7.2009 – VIII ZR 340/08, WuM 2009, 516.

einzelnen Versicherungsarten nicht anzugeben und getrennt darzustellen[1]. Die Prüffähigkeit ist nicht erreicht, wenn der Vermieter die Aufschlüsselung im Prozess nach Ablauf der Abrechnungsfrist nachholt[2].

Bei der Abrechnung von **sonstigen Betriebskosten** (vgl. dazu *Rz. 167*) muss eine Aufgliederung nach den einzelnen unter dieser Position abgerechneten bzw. als umlagefähig vereinbarten Leistungen erfolgen. Sie können nicht unter dem Begriff „sonstige Betriebskosten" oder „Wartungen" zusammengefasst werden. Abgesehen von der Zuordnung der Belege zu den einzelnen Leistungen, muss nicht nur für jede Position geprüft werden, ob sie überhaupt umlagefähig ist, sondern auch, ob ggf. besondere Anforderungen für die Wirksamkeitsprüfung gelten (vgl. dazu *Rz. 187 f.*).

318

bb) Angabe der Gesamtkosten und Darstellung von Vorberechnungen

Als **Gesamtbetrag** sind die Kosten anzusetzen, die insgesamt zu der Abrechnungsposition angefallen sind. **Formell fehlerhaft** ist es z.B. bei einem **gemischt genutzten Objekt**, bei dem eine Vorermittlung durchzuführen war (vgl. dazu *Rz. 498 f.*), allein die auf die Wohnraummieter anfallenden Kosten anzusetzen. Der Mieter muss nämlich ersehen können, ob eine notwendige Vorverteilung durchgeführt wurde. Deshalb muss die Abrechnung in diesem Fall eine Herleitung des Kostenanteils aus den Gesamtkosten und aus der Trennung gemischt genutzter Gebäude enthalten[3]. In der Regel wird dieser Fehler auf den ersten Blick virulent. Dagegen ist ein formeller Fehler nicht begründet, wenn in einem Gebäude für die Gewerbe- und Wohnräume getrennte Versorgungsverträge bestehen und der Vermieter bei den Gesamtkosten nur die aus dem Vertrag über Wohnungen resultierenden Gebühren ansetzt[4].

319

Die **Abzüge** müssen erläutert werden, wenn **nicht umlagefähige Teile** herausgerechnet worden sind, wie dies z.B. bei den Kosten des Hauswarts oftmals notwendig ist (vgl. dazu *Rz. 138 f.*). Legt der Vermieter die tatsächlichen Gesamtkosten zugrunde, obwohl z.B. der **Hausmeister** auch Verwaltungs- und Instandsetzungsarbeiten durchführt, liegt in dem mangelnden Abzug kein formeller Fehler[5]. Auch die Vorberechnungen bei einer **gemischten Nutzung** müssen aus der Abrechnung ersichtlich sein[6].

320

Selbst wenn der Vermieter Kosten ansetzt, die für eine größere **Wirtschaftseinheit** als die der Abrechnung zugrunde gelegten Einheit angefallen sind,

321

---

1 BGH v. 16.9.2009 – VIII ZR 346/08, WuM 2009, 669 = NZM 2009, 906; a.A. LG Berlin, ZMR 1998, 284, 286; AG Köln in *Lützenkirchen*, KM 1 Nr. 68.
2 A.A. OLG Dresden, ZMR 2002, 416 = NZM 2002, 437 für einen Gewerberaummietvertrag.
3 BGH v. 14.2.2007 – VIII ZR 1/06, WuM 2007, 196; LG Köln, WuM 2001, 496; AG Osnabrück, WuM 2004, 668.
4 AG Köln v. 21.10.2008 – 224 C 124/08, ZMR 2009, 130.
5 AG Schöneberg v. 29.10.2008 – 12 C 90/08, GE 2008, 1631.
6 BGH v. 11.9.2007 – VIII ZR 1/07, WuM 2007, 575 = NZM 2007, 770.

muss der Vermieter die „internen" Rechenschritte zur Vermeidung eines formellen Fehlers in der Abrechnung offen legen[1]. Dies kann mit erheblichen Problemen verbunden sein.

Beispiel:

322 *Dem Vermieter gehören fünf Mehrfamilienhäuser, die in einer Reihe gebaut sind. Im ersten Haus befindet sich eine Heizzentrale, in der auch das Warmwasser für alle Häuser produziert wird. Der dabei verursachte Wasserverbrauch wird vom Versorger bei der Rechnung für das erste Haus berücksichtigt. Dementsprechend sind auch die Kanalgebühren höher als der tatsächliche Verbrauch in diesem Haus, weil sie sich am Vebrauch von Frischwasser orientieren.*

323 Nach den Grundsätzen des BGH[2] muss der Mieter den auf ihn entfallenden Anteil an den Gesamtkosten **aus der Abrechnung selbst heraus rechnerisch nachprüfen** können. Diese Anforderung kann für das erste Haus, in dem sich die Zentrale befindet, einfach dadurch erfüllt werden, dass die Gesamtkosten und der auf das Haus selbst entfallende Anteil mitgeteilt werden. Bei den anderen Häusern wird das aber schon problematisch: Hier könnte hinsichtlich der auf das Warmwasser entfallenden Kosten zwar in gleicher Weise wie beim ersten Haus verfahren werden. Indessen sind hier zusätzlich die durch den Kaltwasserbezug entstandenen Entwässerungskosten anzusetzen. Richtigerweise wird der Vermieter hier für dieselbe Abrechnungsposition zwei Ansätze aufzeigen müssen (z.B. Kaltwasser und Kaltwasser für Warmwasser), die jeder für sich nachvollziehbar sein müssen.

324 Bei wörtlicher Anwendung der Grundsätze muss der Vermieter stets die Gesamtkosten in der angefallenen Höhe in der Abrechnung nennen. Es muss insoweit jedoch auch ausreichen, dass die **Berechnungsweise beschrieben** ist, also der Rechenvorgang als solcher nicht in der Abrechnung aufgeführt ist.

Beispiel:

325 *Der Vermieter gibt die Kosten des Hauswarts mit 7000 EUR an. Durch ein Sternchen wird auf eine Erläuterung verwiesen, in der beschrieben ist, dass sich der angesetzte Betrag aus der Summe aller geldwerten Leistungen für den Hausmeister abzüglich eines als nicht umlagefähig angesehenen Anteils von 30 % ergibt.*

cc) Weitere Erläuterungen

326 Grundsätzlich sind weitere Angaben nicht erforderlich. Insbesondere kann eine weitere Spezifizierung etwa durch **Angabe von Rechnungsdaten** nicht

---

1 BGH v. 31.10.2007 – VIII ZR 261/06, WuM 2007, 700 = GE 2007, 1686 = NJW 2008, 142; LG Köln v. 25.6.2008 – 10 S 352/07, WuM 2009, 42.
2 BGH v. 19.11.2008 – VIII ZR 295/07, WuM 2009, 42 = NZM 2009, 78.

verlangt werden[1]. Die Unsicherheit, die insoweit vorübergehend bestand, ist durch die vielen Entscheidungen des BGH, denen Abrechnungen ohne Angabe von Rechnungsdaten zugrunde lagen, beseitigt.

Da nach der hier vertretenen Ansicht es ausreicht, dass der Vermieter in der Abrechnung lediglich die Parameter der Vorberechnungen angibt, da sich die Einzelheiten einer Abrechnung nicht „erst aus den Belegen ergeben" dürfen[2], muss dem Mieter jedenfalls bei Großobjekten und Wirtschaftseinheiten vor Einsichtnahme in die Abrechnungsbelege die Möglichkeit gegeben sein, sämtliche Rechenschritte anhand einer **Einzelbelegaufstellung** zu überprüfen. Deshalb sollte ihm spätestens mit der **Ausübung seines Kontrollrechts** eine **Einzelbelegaufstellung**[3] überlassen werden, in der die Berechnungsweise nicht nur in Worten beschrieben ist, sondern in der jeder einzelne Rechenschritt (Bildung der Gesamtsumme, Vorwegabzüge, Aufteilung nach Abrechnungskreisen, Zusammensetzung der einzelnen Verteilerschlüssel etc.) nachvollziehbar dargestellt wird. 327

Allein weil der Vermieter die **Gesamtkosten geringer** als tatsächlich entstanden angesetzt hat, liegt kein Fehler vor, auf den sich der Mieter berufen könnte[4]. Beruht der geringere Ansatz aber auf einer Vorermittlung, kann ein **formeller Fehler** (vgl. *Rz. 298 f.*) vorliegen. 328

f) Angabe und Erläuterung der Umlageschlüssel

Eine ausreichende **Erläuterung des Verteilerschlüssels** liegt vor, wenn ein verständlicher Einzelverteiler (z.B. Miteigentumsanteile) und die Summe aller Anteile, die den Gesamtverteiler bilden, angegeben ist[5]. Diese Anforderungen sind aber nicht erfüllt, wenn als Verteilerschlüssel „Umlage nach Quadratmeter Wohnfläche*Monate" angegeben ist und nachfolgend allein die Summen aufgeführt werden. Denn dem durchschnittlichen Mieter muss sich die Zusammensetzung des Umlageschlüssels ohne weiteres erschließen[6]. Dass mit „Wohnfläche*Monate" das Produkt aus der Fläche und der Anzahl der Monate gemeint ist, erschließt sich nur dem Mieter, der über besondere Kenntnisse der Software Microsoft Excel verfügt[7]. 329

Bei dem sog. **Personenmonatsschlüssel**, bei dem die Anzahl der Bewohner pro Monat und Wohnung als Verteilermaßstab herangezogen wird, führt es nicht zu einem formellen Mangel, wenn der Vermieter in der Abrechnung nicht angibt, wie viele Personen er in welchem Monat in den einzelnen 330

---

1 KG, WuM 1998, 474; OLG Nürnberg, WuM 1995, 308, LG Köln, Urt. v. 8.7.1997 – 12 S 28/97 n.v.; AG Köln in *Lützenkirchen*, KM 2 Nr. 18; AG Köln, ZMR 1995, S. VIII Nr. 20; a.A. LG Berlin, ZMR 1997, 299 m.w.N.
2 OLG Nürnberg, WuM 1995, 308.
3 Beispiel in *Lützenkirchen/Jennißen*, Anhang 1, 3. Muster.
4 OLG Düsseldorf, WuM 2006, 381.
5 BGH v. 19.11.2008 – VIII ZR 295/07, WuM 2009, 42 = NZM 2009, 78.
6 BGH v. 9.4.2008 – VIII ZR 84/07, GE 2008, 795.
7 Bei diesem Berechnungsprogramm wird mit der *-Taste die Multiplikation bearbeitet.

Wohnungen berücksichtigt hat[1]. Denn schon aus der Bezeichnung des Umlageschlüssels ergibt sich, wie er sich zusammensetzt. Ob der Vermieter alle Bewohner berücksichtigt hat, ist eine Frage der materiellen Richtigkeit. Erst recht gilt dies für die Angabe der **Gesamt-Personenzahl** und der für die Wohnung angesetzten Personen ohne Differenzierung nach Monaten[2]. Ob dies inhaltlich richtig ist, ist eine Frage der materiellen Fehlerhaftigkeit.

331 Die an eine Betriebskostenabrechnung zu stellenden formellen Anforderungen sind erfüllt, wenn die in diesem Zeitraum angefallenen Betriebskosten **aus sich heraus verständlich abgerechnet** werden. Immerhin erstreckt § 556 Abs. 3 Satz 1 BGB den Abrechnungszeitraum der Betriebskosten auf ein Jahr. Deshalb entsteht noch kein formeller Fehler, weil der Vermieter in vier aufeinander folgenden Abrechnungsperioden vier **verschiedene Umlageschlüssel** ohne ein Wort der Erläuterung anwendet[3].

332 Zusätzliche **Erläuterungen** sind dort erforderlich, wo der Mieter über die entsprechenden Kenntnisse nicht verfügt[4]. Die **Kenntnisse des Mieters** müssen nicht unbedingt aus einer (früheren) Abrechnung stammen. Sie können sich auch aus einem gerichtlichen Schriftsatz ergeben, in dem der Vermieter den in der eingeklagten Abrechnung angewendeten Verteilerschlüssel erläutert[5]. Für die eingeklagte Abrechnung kann die zusätzliche Erläuterung den formellen Fehler nur heilen, wenn sie innerhalb der Abrechnungsfrist erfolgt. Mit dieser (ausreichenden) Erläuterung sind aber formelle Fehler aus dem gleichen Gesichtspunkt für die Zukunft ausgeschlossen, und zwar selbst dann, wenn der Hinweis auf die frühere Erläuterung nicht innerhalb der Abrechnungsfrist erfolgt.

333 Der **fehlerhafte Maßstab** ist grundsätzlich ein Fall der **materiellen Richtigkeit** der Abrechnung[6]. Dies soll anders sein, wenn der Vermieter die Struktur des Verteilerschlüssels ändert, indem er entgegen der Vereinbarung im Mietvertrag die Flächen der im Keller liegenden Gewerberäume aus dem Gesamtverteiler herausnimmt[7]. Dabei wird jedoch übersehen, dass auch diese (angebliche) **Strukturänderung** sich im Ergebnis nicht anders auswirkt als fehlerhaft berechnete Flächen.

334 Grundsätzlich führt die Anwendung eines **nicht** vereinbarten oder sonst **zulässigen Umlageschlüssels** zur Mangelhaftigkeit einer Abrechnung, ein Saldo wird **nicht fällig**. Allerdings hindert die Anwendung eines unrichtigen Maßstabes nur auf einzelne Positionen nicht die Fälligkeit der gesamten Nachforderung, sondern nur des Teils, auf den dieser falsche Schlüssel

---

1 A.A. LG Mannheim, MietRB 2003, 3.
2 BGH v. 19.11.2008 – VIII ZR 295/07, WuM 2009, 42 = NZM 2009, 78.
3 BGH v. 28.5.2008 – VIII ZR 261/07, WuM 2008, 407 = ZMR 2008, 777.
4 BGH v. 23.11.1981 – VIII ZR 298/80, NJW 1982, 573.
5 BGH v. 19.11.2008 – VIII ZR 295/07, WuM 2009, 42 = NZM 2009, 42.
6 BGH, WuM 2005, 61 = MietRB 2005, 64.
7 AG Hohenschönhausen v. 28.10.2008 – 7 C 174/08, GE 2009, 57.

angelegt wurde[1]. Dies hat nichts damit zu tun, dass mit einer Abrechnung, in der ein falscher Umlageschlüssel angesetzt wurde, die Abrechnungsfrist eingehalten wird (vgl. dazu *Rz. 329 f.*). Da es sich aber nicht um einen formellen Mangel handelt, kann der Fehler auch vom Mieter (oder dem Gericht) korrigiert werden, sofern die Daten vorliegen[2]. Jedenfalls besteht **kein Anspruch auf Neuerteilung**, solange eine formell einwandfreie Abrechnung vorliegt.

g) Berechnung des Anteils des Mieters

Diese Anforderung ist erfüllt, wenn der Vermieter **schlüssig und nachvollziehbar aufgezeigt** hat, wie sich aus den Gesamtkosten durch Anwendung des Einzel- und Gesamtverteilers die Belastung des Mieters herleiten lässt. Dabei ist selbstverständlich der Anteil des Mieters anzugeben. 335

Dazu kann der Vermieter bei jeder einzelnen Abrechnungsposition die Berechnung unter Angabe der Gesamtkosten sowie des Gesamt- und Einzelverteilers vornehmen. Ebenso zulässig ist die Summierung aller Gesamtkosten, um anschließend auf die Summe den Gesamt- und Einzelverteiler anzuwenden. Werden verschiedene Abrechnungsschlüssel verwendet, müssen insoweit natürlich **Kostengruppen** gebildet werden. 336

h) Abzug der Vorauszahlungen

Grundsätzlich müssen in der Betriebskostenabrechnung die in der Abrechnungsperiode **tatsächlich gezahlten Vorauszahlungen** aufgeführt sein. Denn der Mieter soll überprüfen können, ob der Vermieter alle seine Zahlungen in Abzug gebracht hat. 337

Ausnahmsweise kann der Vermieter den Saldo einer Abrechnung verlangen, in der **Sollvorschüsse berücksichtigt** sind, wenn der Mieter keinerlei Vorauszahlungen geleistet hat, die offenen Vorauszahlungsansprüche vom Vermieter bereits eingeklagt sind und die Abrechnung vor Eintritt der Abrechnungsreife erteilt wurde[3]. In diesem Fall soll dem Mieter nämlich die Ausübung seines Überprüfungsrechts nicht erschwert sein, weil offensichtlich ist, dass er während der Abrechnungsperiode keinerlei Zahlungen geleistet hat. Andererseits lässt die Abrechnung in diesem Fall nicht erkennen, ob die Vorauszahlungen nicht fälschlicherweise z.B. dem Konto eines anderen Mieters gutgeschrieben wurden, überhaupt beim Vermieter eingegangen sind oder der Vermieter eine Verrechnung mit anderen (angeblichen) Forderungen verrechnet hat[4]. Durch die gleichzeitige Zahlungsklage wird ein möglicher Fehler aber offensichtlich. 338

---

1 OLG Düsseldorf, WuM 2003, 387.
2 OLG Düsseldorf v. 30.3.2006 – I-10 U 143/05, ZMR 2006, 381.
3 BGH, GuT 2003, 61 = NZM 2003, 196 = ZMR 2003, 334 = WuM 2003, 216.
4 *Schmid*, ZMR 2003, 335, 336.

339 Hat der Vermieter die Vorauszahlungen nicht in der tatsächlich geleisteten Höhe, also fehlerhaft, angesetzt, führt dies nicht zu einem formellen Mangel der Abrechnung[1].

340 Die Prüfung, ob Soll- oder Ist-Vorauszahlungen in der Abrechnung angesetzt wurden, sollte auch erfolgen, wenn im Abrechnungszeitraum eine **Minderung** nach § 536 BGB durchgeführt wurde. Denn aufgrund der Berechnung der Minderung von der Bruttomiete kann der Vermieter versucht sein, sich wenigstens einen Teil der Minderung über die Vorauszahlungen zurückzuholen, indem er den Minderungsbetrag quotal auf die Grundmiete und die Vorauszahlungen anrechnet (vgl. dazu F Rz. 103).

341 Hatte der Vermieter vor Abrechnungsreife die **Miete einschließlich** der monatlich geschuldeten **Vorauszahlungen eingeklagt**, muss er zumindest in Höhe der eingeklagten Vorauszahlungen den Rechtsstreit in der Hauptsache für erledigt erklären, sofern pflichtwidrig nicht in der Zwischenzeit abgerechnet wurde[2]. Ansonsten kann er mit dem Eintritt der Abrechnungsreife die Klageforderung hinsichtlich der Vorauszahlungen grundsätzlich auf den Abrechnungssaldo umstellen[3]. Dies ist allerdings nicht mehr in der Berufungsinstanz möglich, wenn die Klageänderung schon erstinstanzlich hätte erfolgen können[4]. Für den Fall, dass **Soll-Vorauszahlungen** in der Abrechnung berücksichtigt wurden, soll eine konkludente Erhöhung des Saldos, der sich aus der Abrechnung ergibt, um die zuvor im Rechtsstreit verlangten Soll-Zahlungen anzunehmen sein[5]. Ebenso kann der Vermieter weiterhin die Bruttomiete verlangen, wenn er auf die darin enthaltenen Vorauszahlungen die nach ihrer Abrechnung enthaltenen Nebenkosten anrechnet und den zugunsten des Mieters verbleibenden Saldo mit der Nettomiete verrechnet[6].

i) Fälligkeit des Saldos

342 Unabhängig von den Besonderheiten bei der Abrechnung einer Eigentumswohnung wird der Saldo aus der Betriebskostenabrechnung mit dem Zugang einer **formell einwandfreien** Abrechnung fällig[7]. Dazu muss die Abrechnung insbesondere also die Mindestanforderungen (vgl. dazu Rz. 299) erfüllen. Bezieht sich ein formeller Fehler nur auf einzelne Betriebskosten, tritt **Teilfälligkeit** hinsichtlich der restlichen Positionen ein, solange sich der Fehler nicht durch die Abrechnung zieht oder die überwiegende Zahl der Positionen formell unwirksam abgerechnet wurde[8].

---

1 AG Charlottenburg v. 2.3.2009 – 237 C 266/08, WuM 2009, 235.
2 *Langenberg*, NZM 2001, 783, 786.
3 OLG Hamburg, NJW-RR 1989, 82.
4 OLG Düsseldorf, NZM 2003, 899.
5 *Langenberg*, NZM 2001, 783, 786.
6 BGH, WuM 2003, 204 = NZM 2003, 277 = ZMR 2003, 413.
7 BGH v. 23.11.1981 – VIII ZR 298/80, NJW 1982, 573.
8 BGH v. 17.11.2004 – VIII ZR 115/04, WuM 2005, 61.

j) Anspruch auf Neuerteilung der Abrechnung

Bei berechtigten Einwendungen des Mieters soll der Vermieter zur Neuvornahme der Abrechnung verpflichtet sein[1], und zwar auch noch nach Ablauf der Abrechnungsfrist.

Richtigerweise muss hier jedoch zwischen **formellen und materiellen Fehlern** differenziert werden. Ist die Abrechnung formell fehlerhaft, besteht ein Anspruch des Mieters auf Korrektur unabhängig davon, ob die Abrechnungsfrist abgelaufen ist. Denn der Ablauf der Frist des § 556 Abs. 3 BGB bewirkt allein den Verlust der Nachforderung. Bei einer formell einwandfreien Abrechnung (vgl. dazu Rz. 298 f.) besteht **kein Anspruch auf Neuerteilung**[2]. Die materiellen Fehler kann der Mieter selbst (oder im Prozess das Gericht) durch eigene Berechnung korrigieren. Dazu ist dem Mieter die Anschaffung eines Taschenrechners zumutbar[3].

k) Durchsetzbarkeit des Saldos

Es besteht Einigkeit darüber, dass der Mieter ein Prüfungsrecht hat, bevor er den Saldo aus der Abrechnung ausgleichen muss. Uneinheitlich wird aber bewertet, ob dieses Prüfungsrecht die Durchsetzbarkeit automatisch oder erst auf Anforderung hindert.

Nach wohl überwiegender Meinung löst das eigenständige Prüfungsrecht des Mieters eine Prüfungsfrist aus, die mit Zugang der Abrechnung zu laufen beginnt und bis zu ihrem Ablauf nach ca. einem Monat die Durchsetzbarkeit einer Nachforderung hindert[4]. Diese Auffassung ist abzulehnen. Sie hat bereits dogmatisch Probleme, das **Hinausschieben der Fälligkeit**, die doch mit dem Zugang einer formell ordnungsgemäßen Abrechnung eintritt[5], zu begründen. Abgesehen davon entspricht es einem Grundsatz unserer Rechtsordnung, dass der Rechtsinhaber sich auf sein Recht berufen muss. Will der Mieter sein Prüfungsrecht ausüben, muss er sich ohnehin beim Vermieter melden. Solange dieser dann das Prüfungsrecht nicht oder nicht in der gehörigen Weise einräumt, kann der Mieter von einem **Zurückbehaltungsrecht** (§ 273 BGB) Gebrauch machen. Für die Dauer, die der Mieter dieses Recht berechtigt ausübt, ist die Durchsetzbarkeit einer Nachforderung gehindert[6].

l) Beispiel einer Abrechnung

Die Abrechnung kann z.B. wie folgt **gestaltet** werden:

---

1 *Langenberg*, Betriebskosten, G Rz. 187.
2 OLG Düsseldorf v. 30.3.2006 – I-10 U 143/05, WuM 2006, 381.
3 LG Köln, WuM 1985, 371.
4 OLG Düsseldorf, ZMR 2000, 453; LG Limburg, WuM 1997, 120; *Langenberg*, Betriebskosten, H Rz. 8 m.w.N.
5 BGH v. 23.11.1981 – VIII ZR 298/80, NJW 1982, 573.
6 Wie hier: *Schmid*, WuM 1996, 320; *Lammel*, § 556 BGB Rz. 155.

348 Betriebskostenabrechnung

Objekt:
Hauptstr. 200, 51103 Musterstadt
Abrechnungszeitraum:
1.1.–31.12.2008

Gesamtnutzfläche:
1725,34 qm
Fläche der Wohnungen:
1485,34 qm

Mieter:
Ebrahim Mekka
Wohndauer:
1.1.–31.12.2008

Position	Kostenermittlung			Umlageschlüssel		Ihr Anteil Euro
	Gesamtkosten	Abzug	Basis	Gesamt	Einzel	
Grundsteuer	6630,92	2110,30	4420,62	1485,34 m²	30,63 m²	91,16
Gebäudeversicherung	4684,92	–	4684,92	1725,34 m²	30,63 m²	83,17
Haftpflichtversicherung	506,60	–	506,60	1725,34 m²	30,63 m²	8,99
Kaltwasser	3114,00	–	3114,00	288 Pers./Jahr	12 Pers./Jahr	163,89
Allgemeinstrom	3458,12	–	3458,12	1725,34 m²	30,63 m²	61,39
Entwässerung/Kanal	7241,12	2913,71	4327,41	1485,34 m²	30,63 m²	89,24
Entwässerung/Regenwasser	1510,00	–	1510,00	1725,34 m²	30,63 m²	26,81
Straßenreinigung	105,84	–	105,84	1725,34 m²	30,63 m²	1,88
Hauswartkosten	6780,00	1356,00	5424,00	1725,34 m²	30,63 m²	96,29
Müllabfuhr	21 975,00	14 650,00	7325,00	1485,34 m²	30,63 m²	151,05
Aufzug	9800,00	1960,00	7840,00	1725,34 m²	30,63 m²	139,18

Ihre Kosten	913,05
abzüglich Vorauszahlungen	600,00
Nachforderung	313,05

Erläuterungen[1]:

1. Kaltwasser: Der Kaltwasserverbrauch wurde nur für die Wohnungen von der GEW berechnet. Die Gewerbeeinheiten verfügen über eigene Zähler.

2. Abzug:
   a) Grundsteuer: Der Abzug wurde anhand des Anteils der Rohmiete für das Gewerbe an der Einheitswertermittlung berechnet.

   b) Entwässerung/Kanal: Der Gewerbeanteil (= Abzug) wurde anhand des Wasserverbrauchs der Gewerbeeinheiten auf der Grundlage der von der Gemeinde berechneten Gebühren ermittelt.

   c) Hauswartkosten: Der Instandhaltungs- und Verwaltungsanteil wurde entsprechend dem Urteil des AG Köln vom 2.2.1994 – 214 C 21/93 mit 20 % abgezogen.

---

[1] Im Hinblick auf BGH, WuM 2006, 200 = NZM 2006, 340, ist nicht für jede Kostenposition bei einer gemischten Nutzung eine Vorermittlung notwendig.

d) Müllabfuhr:	Die Gebühren wurden um den Anteil der Container, die für die Gewerbemieter zur Verfügung stehen, reduziert.
e) Aufzug:	Die Kosten des Vollwartungsvertrages wurden entsprechend dem Urteil des AG Köln vom 2.2.1994 – 214 C 21/93 um den Instandhaltungsanteil von 20 % gekürzt.
3. Umlageschlüssel Personen/Jahr:	Im gesamten Abrechnungszeitraum wurden die Wohnungen jeweils von einer Person bewohnt (19 Wohnungen × 1 Person × 12 Monate = 228 Personen/Jahr)

Die Abrechnungsunterlagen liegen im Hausmeisterbüro Hauptstr. 200, 51103 Musterstadt, in der Zeit vom 1.6. bis 30.6.2007 zur Einsichtnahme bereit.

4. Inhalt der Abrechnung

a) Richtige Kostenerfassung

Bei der Kostenerfassung muss der Vermieter einerseits die Kosten gegenüber anderen Abrechnungsperioden abgrenzen und andererseits bei den verbrauchsabhängigen Kosten eine einwandfreie Messtechnik anwenden.

aa) Kostenabgrenzung

Da die Abrechnungsperiode grundsätzlich den Zeitraum von 12 Monaten nicht überschreiten darf (vgl. *Rz. 302 f.*), liegt es in der Natur der Sache, dass zumindest die für das Ende der Abrechnungsperiode entstandenen Kosten nicht bis zu deren Ablauf durch den Leistungsträger berechnet worden sein können. Mit Rücksicht darauf ergeben sich im Wesentlichen drei Möglichkeiten, die Kosten abzugrenzen:

Leistungsprinzip[1]	– alle Kosten, die für den Abrechnungszeitraum entstanden sind, können unabhängig von der Rechnungsstellung und Bezahlung in der Abrechnung berücksichtigt werden
Abflussprinzip[2]	– alle Zahlungen des Vermieters, die während der Abrechnungsperioden auf die Betriebskosten geleistet wurden, werden in der Abrechnung berücksichtigt
Abrechnungsprinzip[3]	– alle Rechnungen, die während der Abrechnungsperiode erteilt wurden, sind der Kostenermittlung zugrunde zu legen.

---

[1] AG Neuss, DWW 1993, 296; AG Tübingen, WuM 1991, 122; AG Hagen, DWW 1990, 211; *Sternel*, Mietrecht, III Rz. 304; *Langenberg*, Betriebskosten, G Rz. 107; *Schmid*, Nebenkosten, Rz. 3198.
[2] Gilt im WEG-Recht, vgl. *Jennißen*, IV 7 m.w.N.
[3] *Heix* in Fischer-Dieskau/Schwender/Pergande, § 20 NMV Anm. 5.1; *Beuermann*, § 4 MHG Rz. 8; *Blank*, DWW 1992, 65.

351 Dem **Leistungsprinzip** wird aus Gerechtigkeitsgedanken der Vorzug gegeben[1]. Zwingend ist das aber nicht. Solange nichts anderes vereinbart ist und das Mietverhältnis während der gesamten Abrechnungsperiode gedauert hat, kann der Vermieter auch das **Abflussprinzip** anwenden[2]. Ist der Mieter während der Abrechnungsperiode ausgzogen, ist die Anwendung des Abflussprinzips nur dann unzulässig, wenn der **Mieter** dadurch erheblich mehr belastet wird, was er selbst substantiiert **vorzutragen** hat[3].

352 Demnach ist es grundsätzlich zulässig, dass der Abrechnung die Kosten zugrunde gelegt werden, die in der Abrechnungsperiode **tatsächlich angefallen** sind. Deshalb können auch die vom Vermieter z.B. an ein Versorgungsunternehmen geleisteten **Abschlagszahlungen** zu berücksichtigen sein, ohne dass es auf die End- oder Jahresabrechnung des Versorgers ankommt[4]. Zwar gelten für die Abrechnung des Versorgungsträgers keine anderen Grundsätze als für die Abrechnung des Vermieters gegenüber dem Mieter[5]. Indessen sind gewisse Ungenauigkeiten bei der Abrechnung hinzunehmen, solange sie nicht zu einer erheblichen Benachteiligung des Mieters führen.

353 Nutzt der Vermieter seine **Wahlfreiheit** bei der Kostenerfassung, um jährlich die Erfassungsmethode zu wechseln, muss er für eine Kostenabgrenzung sorgen, die die doppelte Berücksichtigung von Kosten vermeidet.

354 Ein weiteres Problem bei der Kostenabgrenzung entsteht unter Anwendung des Leistungsprinzips, wenn die **Verbrauchsperiode des Leistungsträgers** nicht identisch ist mit der Abrechnungsperiode im Mietvertrag (z.B.: Versorgungsunternehmen rechnet vom 1.10. bis 30.9. ab, die Abrechnungsperiode im Mietvertrag läuft vom 1.7. bis 30.6.). Kann insoweit ein gleichmäßiger Verbrauch innerhalb eines Teilabschnittes unterstellt werden, ist es zulässig, die Verbrauchsabrechnung mit dem entsprechenden Anteil (z.B. 3/12) in die Abrechnung einzustellen[6].

355 **Weichen** die beiden **Abrechnungsperioden** nur unwesentlich voneinander **ab** (z.B. einen Monat) und ergeben sich in dem Zeitabschnitt, der eigentlich in die nächste Abrechnungsperiode fällt, keine Besonderheiten (z.B. Rohrbruch), kann die Abrechnung des Versorgungsunternehmens ausnahmsweise in die Betriebskostenabrechnung ohne Aufteilung übernommen werden. Hat also eine exakte Kostenabgrenzung des Vermieters nicht stattgefunden, sollte vor einer Reklamation mit dem Mandanten erörtert werden, ob etwaige Besonderheiten vorliegen. Dabei kann bereits vorab ermittelt werden, ob z.B. Kostensteigerungen eingetreten sind.

356 Die Wahlfreiheit hilft vor allem dem **vermietenden Sondereigentümer**. Auch er sollte bisher grundsätzlich verpflichtet sein, nach dem Leistungs-

---

1 LG Hamburg, ZMR 2001, 970.
2 BGH v. 20.2.2008 – VIII ZR 49/07, NJW 2008, 1300.
3 LG Berlin v. 1.12.2006 – 63 S 113/06, GE 2007, 368.
4 A.A. AG Duisburg-Hamborn, WuM 2006, 36.
5 AG Schwäbisch Hall, WuM 1998, 41.
6 AG Hagen, DWW 1990, 211.

prinzip abzurechnen, obwohl die Wohngeldabrechnung unter dem für die WEG-Verwalterabrechnung geltenden Abflussprinzip[1] erstellt wurde[2]. Allerdings sollte die Abrechnung nach Abflussprinzip vereinbar sein[3].

bb) Aperiodische Kosten

Dabei handelt es sich um Betriebskosten, die in **mehrjährigem Turnus** anfallen. Beispiele sind vor allem die **Eichgebühren** bei Kaltwasser-, Warmwasser- und Wärmezählern sowie das Auswechseln von Sand für die **Sandkästen**, die von Kleinkindern genutzt werden, im Rahmen der Kosten der Gartenpflege.

357

Nach der Definition des § 556 Abs. 1 BGB können sie grundsätzlich in dem Jahr angesetzt werden, in dem sie anfallen. Immerhin handelt es sich um entstandene Kosten, für die kann der Vermieter auch das **Abflussprinzip** anwenden (vgl. dazu Rz. 352). Mit Rücksicht darauf hat der BGH den ungeschmälerten Ansatz zugelassen und nicht die Verteilung auf den Zeitraum verlangt, für den die Kosten angefallen sind[4]. Letzteres wird mit Blick auf das Leistungsprinzip verlangt[5].

358

Da eine gesetzliche Bestimmung zur Verteilung der aperiodisch auftretenden Kosten nicht besteht, ist der **Vermieter** – vorbehaltlich vertraglicher Regelungen – **grundsätzlich frei**, wie er die Kosten verteilt[6]. Abgesehen davon, dass der Gesetzgeber am 1.9.2001 die Möglichkeit hatte, neben den in § 556a BGB bestimmten weitere (einschränkende) Grundsätze der Kostenverteilung zu regeln, sind eben nach dem Jahresprinzip des § 556 Abs. 3 BGB die Kosten, die für ein Jahr angefallen sind, zu erfassen und damit auch zu verteilen. Streckt der Vermieter die Verteilung auf mehrere Perioden, erhöht sich nicht nur sein Verwaltungsaufwand. Vielmehr setzt er sich z.B. gegenüber einem Mieter, der erst nach dem Jahr der Entstehung hinzukommt, dem Vorwurf aus, Kosten umzulegen, die gerade nicht in der Abrechnungsperiode angefallen sind.

359

Der **Mieterwechsel** ist grundsätzlich kein ausreichender Anlass, dem Vermieter eine Einschränkung aufzuerlegen. Insoweit stehen sich höhere Belastung des Mieters und zusätzlicher Arbeitsaufwand des Vermieters gegenüber. Nach dem Grundsatz der **Einheit der Abrechnung** müsste der Vermieter nämlich dann die Abrechnung gegenüber allen Mietern ändern, wenn nicht der nicht umlegbare Teil der Kosten zu seinen Lasten zu verbuchen wäre, wofür kein rechtfertigender Grund ersichtlich ist. Demgemäß müsste der Vermieter den anderen Mietern u.U. sogar Beträge er-

360

---

1 Vgl. dazu BayObLG, WuM 1992, 448.
2 BGH, WuM 1982, 207; LG Düsseldorf, DWW 1990, 207; AG Tiergarten, WuM 1989, 86; *Langenberg*, Betriebskosten, G Rz. 113 m.w.N.
3 OLG Schleswig, WuM 1991, 333.
4 Vgl. z.B. BGH v. 14.2.2007 – VIII ZR 123/06, WuM 2007, 198 = GE 2007, 439.
5 LAG Frankfurt/Main, WuM 1992, 545; AG Köln in *Lützenkirchen*, KM 2 Nr. 40; AG Neuss, DWW 1988, 284; *Wall*, WuM 1998, 67.
6 Ebenso: *Langenberg*, Betriebskosten, G Rz. 120.

statten, um in den folgenden Abrechnungsperioden wieder gleichförmig abrechnen zu können (wenn nicht erneut ein Auszug stattfindet). Damit wäre aber zugleich für die Zukunft festgeschrieben, dass aperiodische Kosten auf mehrere, nämlich die relevanten Abrechnungsperioden zu verteilen sind. Denn der Vermieter muss die „übrig gebliebenen" Anteile verteilen und damit rechnen, dass in dem Abrechnungszeitraum erneut ein Mieterwechsel stattfindet.

cc) Wirtschaftseinheiten und Abrechnungskreise

361 Eine Wirtschaftseinheit liegt vor, wenn
- mehrere Gebäude **einheitlich verwaltet** werden,
- sie in einem unmittelbaren **örtlichen Zusammenhang** stehen, d.h. sie müssen ein zusammenhängendes Bau- und Wohngebiet bilden,
- zwischen den einzelnen Gebäuden **keine wesentlichen Unterschiede im Wohnwert** bestehen, d.h. sie müssen nach demselben bautechnischen Stand errichtet worden sein und dieselbe Bauweise und dieselbe Ausstattung aufweisen, der gleichartigen Nutzung dienen sowie dieselbe Nutzungsart haben.

362 Das zuletzt genannte Merkmal kann nur beachtlich sein, soweit es sich betriebskostenmäßig auswirkt (z.B. bei Gebäuden mit und ohne Aufzug[1]). Kostenmietrechtlich dient es nämlich eher der Aufteilung der Durchschnittsmiete in Einzelmieten[2]. Eine Zusammenfassung allein deshalb, weil die Gebäude im selben Stadtgebiet liegen, ist unzulässig, obwohl durch einheitliche Auftragsvergabe (z.B. Gartenpflege) eine kostengünstigere Preisgestaltung möglich wäre[3].

363 Nach § 556 Abs. 1 Satz 2 BGB fallen Betriebskosten **für das Grundstück** oder das **Gebäude** an. Diese Definition steht unter dem Schutz des **§ 556 Abs. 4 BGB**. Mit Rücksicht darauf liegt eine Wirtschaftseinheit nicht vor, wenn auf einem Grundstück mehrere Gebäude stehen[4]. Hier muss ggf. danach unterschieden werden, ob alle Mieter die abrechenbaren Einrichtungen nutzen können (z.B. Aufzug im Nachbarhaus, mit dem die Wohnung nicht erreicht werden kann). Unabhängig davon ist eine Abrechnung nach Wirtschaftseinheit jedenfalls zulässig, wenn eine Trennung der Kosten technisch nicht möglich ist (einheitliche Abrechnung der Kosten der Heizung, die mehrere Gebäude versorgt)[5].

364 **§ 556 Abs. 4 BGB**, dessen Anwendungsbereich sich ohnehin nur auf den Vertrag in seiner ursprünglichen Form beschränkt[6], **bezweckt**, den Rahmen

---
1 LG Köln in *Lützenkirchen*, KM 2 Nr. 58.
2 Vgl. § 8 Abs. 5 WoBindG, § 2 Abs. 2 II. BV.
3 AG Siegen, WuM 1996, 426.
4 BGH v. 8.4.2009 – VIII ZR 128/08, GE 2009, 711.
5 BGH v. 20.7.2005 – VIII ZR 371/04, WuM 2005, 579 = ZMR 2005, 937 = NZM 2005, 737.
6 Vgl. *Lützenkirchen/Dickersbach*, ZMR 2006, 821.

der vertraglichen Möglichkeiten festzuschreiben. Damit soll erreicht werden, dass der Vermieter nicht mehr Kosten umlegen kann, als in § 2 BetrKV vorgesehen sind und von der Definition des § 556 Abs. 1 BGB erfasst werden. Die Art und Weise, wie diese Kosten zu erfassen und abzurechnen sind, wird nicht eingeschränkt. Damit steht die Vorschrift des § 556 Abs. 1 BGB der Abrechnung nach größeren Einheiten nicht entgegen.

Gleichwohl wird bei preisfreiem Wohnraum verlangt, dass die Abrechnung nach Wirtschaftseinheiten **im Mietvertrag vereinbart** ist[1], sofern es sich nicht um ehemaligen preisgebundenen Wohnraum handelt, für den eine Wirtschaftlichkeitsberechnung gemäß § 2 II. BV nach Wirtschaftseinheit erstellt wurde. Im letzteren Fall gilt die Zulässigkeit weiter, selbst wenn für einzelne Objekte z.B. separate Gebührenbescheide ergehen[2]. Gleiches soll gelten, wenn der Vermieter bei Abschluss des Vertrages dem WGG unterlag[3], so dass er das Entgelt nach den Regeln der Kostenmiete zu ermitteln hatte. Ist die Wohnung im Mietvertrag einem bestimmten Hausgrundstück verwaltungsmäßig zugeordnet, soll eine Abrechnung nach Wirtschaftseinheiten unzulässig sein[4]. Ob diese Zuordnung jedoch allein dadurch ausgeschlossen werden kann, dass die Adresse des Objektes, insbesondere die Hausnummer[5], im Mietvertrag angegeben ist, erscheint zweifelhaft[6]. Deshalb muss geprüft werden, ob sich aus anderen Umständen eine Zuordnung ergibt. Dies soll anzunehmen sein, wenn sich die Wohnung in einem Gebäudekomplex befindet, der z.B. über mehrere Eingänge verfügt.

365

Fehlt eine solche Vereinbarung, soll es darauf ankommen, ob dem Vermieter ein **Leistungsbestimmungsrecht** (vgl. *Rz. 408*) für den Umlageschlüssel zustand, was bei Wohnraum trotz § 556a BGB auch bei Verträgen aus der Zeit nach dem 1. September 2001 in Betracht kommt[7]. Ist dies der Fall, so widerspricht es regelmäßig nicht billigem Ermessen i.S.v. § 315 BGB, wenn der Vermieter bei der Abrechnung verbrauchsabhängiger und statischer Betriebskosten mehrere Gebäude zu einer Wirtschafts- bzw. Verwaltungseinheit zusammenfasst und demgemäß abrechnet[8].

366

Schließlich ist die Abrechnung nach Wirtschaftseinheit zulässig, ohne dass es grundsätzlich auf die vertragliche Regelung ankommt, wenn von Beginn des Mietverhältnisses an die **Versorgung mehrerer Gebäude durch eine Gemeinschaftseinrichtung** (z.B. zentrale Heizstation, zentraler Überga-

367

---

1 OLG Koblenz, WuM 1987, 208; AG Dortmund v. 4.11.2008 – 425 C 4180/08, WuM 2008, 671; AG Pinneberg, WuM 2006, 379; *Blank*, DWW 1992, 66.
2 AG Köln, ZMR 2005, 629.
3 AG Frankfurt/M. v. 21.4.2009 – 33 C 4340/08-29, ZMR 2009, 691.
4 LG Bonn, NZM 2005, 616; LG Köln in *Lützenkirchen*, KM 2 Nr. 36 = WuM 1991, 281 und KM 2 Nr. 68.
5 LG Itzehoe, ZMR 2004, 198.
6 LG Itzehoe v. 25.7.2008 – 9 S 121/07, ZMR 2009, 369.
7 *Langenberg*, Betriebskosten, F Rz. 49.
8 OLG Koblenz, WuM 1990, 268.

bepunkt für Fernwärme oder Fernwarmwasser, Wasserversorgung, Entwässerung, Müll etc) erfolgt[1]. Maßgeblich ist insoweit die (technische) Einrichtung, die von vornherein so angelegt sein muss, dass sie mehrere Objekte versorgen soll. In diesem Fall soll sogar ein einklagbarer Anspruch auf Vertragsänderung (Zustimmung zur Abrechnung nach Wirtschaftseinheit) bestehen[2].

368 Nach Auffassung des Verfassers kommt es auf eine Vertragsregelung zur Umlage nach Wirtschaftseinheiten nicht an. Umgekehrt muss eine Regelung gefordert werden, die die Abrechnung nach Wirtschaftseinheit verbietet. Denn steht bereits § 556 Abs. 1 BGB der Verteilung nach Wirtschaftseinheiten nicht entgegen (vgl. *Rz. 364*), ist der Vermieter in der Verteilung ebenso frei wie in der Wahl der Kostenerfassung (vgl. dazu *Rz. 352*).

369 Ist die Abrechnung nach Wirtschaftseinheit zulässig, darf der Vermieter der Abrechnung die **Gesamt-Wohnfläche** aller Gebäude zugrunde legen. Er kann jedoch auch auf der Basis der Wohnflächen eine Vorverteilung durchführen und die Abrechnung nach der Gesamtfläche des Hauses, in der die Wohnung liegt, fahren[3]. Dann muss er jedoch die Vorberechnungen in der Abrechnung angeben, um einen formellen Fehler zu vermeiden (vgl. *Rz. 298 f.*). Insoweit kann der Vermieter grundsätzlich alle Kosten nach der Wirtschaftseinheit abrechnen, auch wenn sie nicht für alle Gebäude angefallen sind[4].

370 Findet in der Wirtschaftseinheit eine gemischte Nutzung statt, ist nach den dafür geltenden Grundsätzen zu verfahren (vgl. *Rz. 498 ff.*).

dd) Eigenleistungen des Vermieters und des Mieters

371 Die Leistungen zu einzelnen Betriebskosten können sowohl vom Vermieter als auch vom Mieter erbracht werden. In diesen Fällen ist der Ansatz von Kosten in der Abrechnung problematisch.

(1) Eigenleistungen des Vermieters

372 Der Wortlaut des § 556 Abs. 1 BGB legt die Annahme nahe, dass der Eigentümer/Vermieter zur Umlage der Kosten Fremdleistungen in Anspruch nehmen muss. Durch den Verweis auf die BetrKV wird aber deutlich, dass auch § 1 Abs. 1 S. 2 BetrKV gilt, wonach der Vermieter eigene **Sach- und Arbeitsleistungen** mit dem Kostenansatz in der Abrechnung berücksichtigen kann, der für eine gleichwertige Leistung eines Dritten allerdings ohne Umsatzsteuer hätte angesetzt werden können.

---

1 BGH, WuM 2005, 579 = ZMR 2005, 937 = NZM 2005, 737.
2 LG Itzehoe v. 28.2.2007 – 9 S 60/06, ZMR 2007, 539.
3 LG Berlin, NZM 2002, 65, 66.
4 AG Pankow/Weißensee, ZMR 2006, 48.

Den so verstandenen Eigenleistungen können **unentgeltliche Leistungen eines Dritten** nicht gleichgestellt werden[1]. Zwar ist es nicht verboten, auch bei Betriebskosten Gewinn zu generieren. Immerhin handelt es sich um Miete, wie § 556 Abs. 1 BGB deutlich macht, und dafür gilt z.B. § 5 WiStrG als Grenze. Indessen widerspricht es dem Begriff der Betriebskosten. Allein für die Sach- und Arbeitsleistung des Vermieters macht das Gesetz eine Ausnahme von dem Grundsatz, dass der Umlage eine entsprechende Kostenposition gegenüberstehen muss. Diese Ausnahme ist nicht analogiefähig.

373

Bei Einführung der BetrKV wurde problematisiert, ob § 1 Abs. 1 Satz 2 BetrKV **verfassungsgemäß** ist. Denn die Ermächtigungsgrundlage des § 19 Abs. 2 WoFG verweist nur auf die Betriebskosten des § 27 Abs. 1 II. BV, also gerade nicht auf § 27 Abs. 2 II. BV, in dem die Eigenleistungen geregelt sind. Diese Sichtweise hat sich aber nicht durchgesetzt, weil es sich bei den Eigenleistungen des Eigentümers um keine eigene Betriebskostenart handelt, sondern um eine besondere Berechnungsform für entstandene Leistungen[2], so dass sie vom Betriebskostenbegriff erfasst werden.

374

Gleichwohl soll der Ansatz von Eigenleistungen nur gerechtfertigt sein, wenn der Mietvertrag eine Verweisung auf die Betriebskosten gemäß § 556 Abs. 1 BGB oder § 27 II. BV bzw. § 1 BetrKV enthält, wozu die **Bezugnahme** allein auf die Anlage 3 zu § 27 II. BV bzw. § 2 BetrKV nicht ausreichend sein soll[3]. Dies **überzeugt nicht**. Der Begriff der Betriebskosten wird im Gesetz und im Mietrecht allgemein einheitlich nach der Definition der §§ 556 Abs. 1 BGB, 1 BetrKV, 27 II. BV verstanden[4]. Zwar ist dadurch zunächst nur festgelegt, welche Arten als Betriebskosten angesetzt werden dürfen. Bei Geltung des Wirtschaftlichkeitsgebotes (vgl. *Rz. 380 f.*) ist jedoch kein sachlicher Grund ersichtlich, die für den Mieter kostengünstigere Eigenleistungen außer Ansatz zu lassen, wenn sich die ausdrückliche Einbeziehung allein auf den Katalog des § 2 BetrKV oder der Anlage 3 zu § 27 II. BV beschränkt.

375

Schließlich kann auch nicht danach unterschieden werden, ob die Eigenleistungen von einem **Wohnungsunternehmen**, einer natürlichen Person oder **Mitarbeitern** des Vermieters erbracht werden[5]. Dafür bietet weder der Wortlaut der Vorschriften noch deren Sinn und Zweck eine ausreichende Grundlage. Soweit es sich um einen **Regiebetrieb** des Wohnungsunternehmens handelt, handelt es sich nicht um Eigenleistungen, sondern schlicht um Betriebskosten, die umlegbar sind[6]. Andererseits können nur die tatsächlichen Kosten umgelegt werden, so dass die Vergütung „eigener" Ar-

376

---

1 A.A. *Schmid*, Nebenkosten, Rz. 1047.
2 Vgl. *Langenberg*, Betriebskosten, A Rz. 11.
3 LG Wiesbaden, WuM 1984, 82; *Langenberg*, Betriebskosten, A Rz. 12.
4 OLG Koblenz, WuM 1986, 50.
5 Dafür LG Berlin, NZM 2002, 65.
6 LG Hamburg, ZMR 1995, 32.

beitnehmer anzusetzen ist, sofern sie unter dem Preis für ein Unternehmen (ohne Umsatzsteuer) liegt[1].

377 Für die **Angemessenheit** des für die Eigenleistung angesetzten Betrages ist grundsätzlich der Vermieter darlegungs- und **beweisbelastet**. Dazu muss er die Vergleichbarkeit der ausgeführten Eigenleistung z.B. mit dem Kostenvoranschlag des Drittunternehmens, dem er den Kostenansatz entnommen hat, dezidiert vortragen. Eine Bezugnahme auf **Durchschnittswerte**, die z.B. einem Betriebskostenspiegel[2] entnommen wurden, ist nicht ausreichend[3]. Denn sie zeigen nicht, auf welcher konkreten Leistung sie aufbauen. **Einfaches Bestreiten** des Mieters reicht insoweit aus[4].

(2) Eigenleistungen des Mieters

378 Schon die Einleitung der Anlage 3 zu § 27 II. BV sah vor, dass der Mieter Betriebskosten selbst tragen kann („... üblicherweise vom Mieter außerhalb der Miete unmittelbar getragen werden ..."). Dies kann in der Praxis dadurch geschehen, dass der Mieter z.B. mit Versorgungsunternehmen **unmittelbare Lieferungsverträge** abschließt (Strom, Wasser, Gas, Schornsteinfeger etc.) oder selbst Tätigkeiten leistet (z.B. Gartenpflege, Hausreinigung), die Betriebskosten sparen. Dazu bedarf es aber einer besonderen Vereinbarung. Denn auch wenn es sich um Kosten handelt, die dem Privatverbrauch dienen (z.B. Strom für die Wohnung), ist diese Leistung grundsätzlich durch das Entgelt nach § 535 Abs. 2 BGB abgedeckt. In der Regel wird die selbständige Pflicht zur eigenen Versorgung durch eine stillschweigende Vereinbarung begründet, wenn die Mieteinheit mit gesonderten Zählern ausgestattet ist.

379 Allein weil einzelne Mieter Leistungen im Zusammenhang mit Betriebskosten erbringen, sind sie in der Abrechnung des **betreffenden Objektes** oder des betreffenden Mieters noch nicht zu berücksichtigen[5]. Vielmehr bedarf es einer Abrede mit dem Vermieter, die auch ein Entgelt beinhaltet. Ein solches Entgelt wird nicht nur durch eine regelrechte Vergütung begründet. Vielmehr kann es z.B. auch durch eine **Mietreduzierung** gebildet werden. Im Zweifel muss der Vermieter dann den Mietvertrag mit dem dienstleistenden Mieter vorlegen, um die Kosten zu belegen.

b) Gebot der Wirtschaftlichkeit

380 Dieser Grundsatz ist neben § 20 Abs. 1 S. 2 NMV in § 556 Abs. 3 S. 1 BGB verankert und gilt in gleichem Maße auch bei Gewerberaum[6]. Der Vermie-

---

1 LG Berlin, NZM 2002, 65.
2 Z.B. www.dmb.de.
3 A.A. AG Köln v. 28.7.2009 – 201 C 111/09, ZMR 2009, 933 mit ablehnender Anm. *Lützenkirchen*.
4 Vgl. BGH v. 20.2.2008 – VIII ZR 27/07, WuM 2008, 284 = GE 2008, 662 = ZMR 2008, 691.
5 AG Mülheim/Ruhr, WuM 1998, 39, 40.
6 Vgl. *Langenberg*, Betriebskosten, G Rz. 7 f. m.w.N.

ter ist zu einer **sparsamen Bewirtschaftung des Mietobjektes** verpflichtet und muss ein „vertretbares Kosten-Nutzen-Verhältnis im Auge" behalten[1]. Von dieser Warte aus muss unter Berücksichtigung eines **Ermessensspielraums**[2] im konkreten Einzelfall entschieden werden, ob die abgerechnete Position im Einzelnen bei sparsamer Bewirtschaftung überhaupt oder jedenfalls in der angesetzten Höhe[3] entstehen durfte.

aa) Auswirkungen von Verstößen

Dogmatisch gesehen begründet das Gebot der Wirtschaftlichkeit nach hM eine **Nebenpflicht** i.S.v. § 241 Abs. 2 BGB, wonach der Vermieter bei Maßnahmen und Entscheidungen, die Einfluss auf die Höhe der letztlich von diesem zu tragenden Nebenkosten haben, auf ein angemessenes **Kosten-Nutzen-Verhältnis** Rücksicht zu nehmen hat. Ein Verstoß gegen diese Nebenpflicht kann zu einem **Schadensersatzanspruch** führen, der sich auf Freihaltung des Mieters von den unnötigen Kosten richtet[4]. 381

Eine vertragliche Pflicht zur Rücksichtnahme setzt jedoch das **Bestehen eines Schuldverhältnisses** voraus und kann daher erst mit Abschluss des Mietvertrags bzw. allenfalls mit der Aufnahme von Vertragsverhandlungen über den Abschluss eines Mietvertrags einsetzen[5]. Hieran fehlt es, wenn z.B. der (angeblich unwirtschaftliche) Lieferungsvertrag vor der Anmietung der Wohnung abgeschlossen wurde. 382

Dies kann zu unbefriedigenden Ergebnissen führen, insbesondere wenn der Vermieter vor Abschluss des Mietvertrages bereits Liefer- oder Dienstleistungsverträge abgeschlossen hat. Deshalb wird zunehmend die Auffassung vertreten, dass das Gebot der Wirtschaftlichkeit nicht (nur) als Nebenpflicht wirkt, sondern die Entstehung von Betriebskosten von vornherein auf die **wirtschaftlich gebotene Höhe** begrenzt[6]. Bei dieser Sichtweise steht der Sinn und Zweck des Gebots der Wirtschaftlichkeit im Vordergrund. Denn nach dem Willen des Gesetzgebers sollte durch die Einfügung des § 556 Abs. 3 Satz 1, 2. HS BGB insbesondere dem Vermieter ein sparsamer Umgang mit Energieressourcen geboten werden[7]. Dieses Ziel läuft leer, wenn das Gebot der Wirtschaftlichkeit durch den Mieter nur kontrolliert und geltend gemacht werden kann, wenn in der Missachtung eine Nebenpflichtverletzung liegt. 383

---

1 OLG Karlsruhe, WuM 1985, 17.
2 Vgl. *Seldeneck*, Rz. 2618 ff.
3 Vgl. *Seldeneck*, Rz. 2604 ff.
4 Staudinger/*Weitemeyer*, § 556 BGB Rz. 93; Schmidt-Futterer/*Langenberg*, § 560 BGB Rz. 114.
5 BGH v. 28.11.2007 – VIII ZR 243/06, WuM 2008, 29 = GE 2008, 116 = ZMR 2008, 195.
6 *Blank*, WuM 2008, 311; *Beyer*, GE 2008, 1472; MünchKomm/*Schmid*, § 556 BGB Rz. 116.
7 BT-Drucks. 14/5663 S. 79.

bb) Kostenkontrolle

384 Durch das Gebot der Wirtschaftlichkeit soll der Vermieter nicht gezwungen werden, jährlich einen **Preisvergleich** anzustellen. Indessen entsteht daraus die Pflicht, in regelmäßigen Abständen zu überprüfen, inwieweit Betriebskosten dem Grunde und/oder der Höhe nach eingespart werden können.

385 Die weitere Verpflichtung des Vermieters zur **Kostenkontrolle** im laufenden Mietverhältnis kann nur verletzt sein, wenn dem Vermieter die **Erfüllung möglich** ist[1]. Dies ist aber nicht der Fall, wenn der Lieferungsvertrag eine feste Laufzeit hat, so dass er in den einschlägigen Perioden nicht änderbar war.

cc) Darlegungs- und Beweislast

386 Nach überwiegender Meinung trägt der **Vermieter** die **Darlegungs- und Beweislast** dafür, dass er den Wirtschaftlichkeitsgrundsatz beachtet hat[2]. Auch bei Zugrundelegung dieser Auffassung ist es jedoch zunächst Sache des Mieters, der einen Verstoß gegen das Wirtschaftlichkeitsgebot geltend macht, konkret vorzutragen, dass einzelne Betriebskosten in dem der Abrechnung zugrunde liegenden Zeitraum von einem anderen Dienstleister oder Lieferanten preiswerter angeboten wurden. Erst dann ist es an dem Vermieter, darzulegen und erforderlichenfalls den Nachweis zu erbringen, dass er mit dem von ihm abgeschlossenen Vertrag das Wirtschaftlichkeitsgebot nicht verletzt hat.

387 Diesen Anforderungen genügt das **Vorbringen eines Mieters** nicht, wenn die von ihm vorgelegten Alternativangebote und Berechnungen mangels Vergleichbarkeit nicht geeignet sind, eine preisgünstigere Möglichkeit der Versorgung des Mietobjekts mit der speziellen Leistung aufzuzeigen[3]. Deshalb reicht es nicht aus vorzutragen, dass der Vermieter durch „die Art, wie die Wohnung der Beklagten mit Wärme versorgt" werde, gegen das Wirtschaftlichkeitsgebot verstoße, und er deshalb hätte darlegen müssen, warum „das von ihm gewählte Wärmebelieferungskonzept" dem Wirtschaftlichkeitsgebot nicht widerspreche.

388 Aus dem gleichen Grund reicht der Verweis auf den **Betriebskostenspiegel**[4] nicht aus. Es ist bereits fraglich, ob diese Zusammenstellung repräsentativ ist. Immerhin erfolgt sie ungeprüft, d.h., die Werte werden von einzelnen Personen via Internet an den Deutschen Mieterbund übermittelt, ohne

---

[1] BGH v. 28.11.2007 – VIII ZR 243/06, WuM 2008, 29 = GE 2008, 116 = ZMR 2008, 195.
[2] Vgl. zum Streitstand Staudinger/*Weitemeyer*, § 556 BGB Rz. 96; *Eisenschmid/Rips/Wall*, Vor §§ 556, 556a, 560 BGB Rz. 1448 ff.; *Schmid*, ZMR 2007, 177; jew. m.w.N.
[3] BGH v. 13.6.2007 – VIII ZR 78/06, WuM 2007, 393 = ZMR 2007, 685 = GE 2007, 1051 = NZM 2007, 563.
[4] www.mieterbund.de/fileadmin/pdf/bks/2007/BKS2007_Deutschland.pdf.

dass eine Kontrolle stattfindet. Erst recht ist die Relevanz der Werte bei Dienstleistungen (Hausreinigung, Hausmeister, Aufzug etc.) zweifelhaft. Denn hier sind derart viele voneinander abweichende Konstellationen denkbar, dass deren Zusammenfassung zur Darstellung einer Vergleichbarkeit nicht herhalten kann. Hinzu kommt das unterschiedliche Lohngefälle selbst in einem Bundesland. Mehr als eine Orientierung für Ausreißer-Werte kann der Betriebskostenspiegel daher nicht sein.

dd) Weitere Aspekte des Wirtschaftlichkeitsgebots

Zur **Einhaltung** der Grundsätze zum wirtschaftlichen Handeln ist der Vermieter nicht gezwungen, sich auf Prozesse mit Drittfirmen einzulassen, die mit einem beachtlichen Prozessrisiko verbunden sind[1]. Solange der Vermieter sachliche Gründe für seine Handlung (z.B. Festhalten an einem Vertrag) anführen kann, sind diese im Rahmen des unternehmerischen Ermessens zu respektieren. Deshalb kann er z.B. bei einem teureren Heizöllieferanten bleiben, wenn dieser auch im Notfall (und an Feiertagen) liefert oder der Wechsel des teureren Versicherers nicht geboten sein, wenn er bekannt dafür ist, dass er kompetent, zügig oder großzügig die Schadensfälle abwickelt. Die Darlegungslast soll sich allerdings **erhöhen**, wenn der **Vermieter** selbst (ggf. über ein von ihm beherrschtes Unternehmen) **Auftragnehmer** der Dienstleistung ist, die als Betriebskosten abgerechnet wird[2].

389

Aus dem Gebot der Wirtschaftlichkeit folgt nicht die Pflicht, generell **Kostensteigerungen** von mehr als 10 % gegenüber dem Vorjahr plausibel zu erläutern, so dass bei Unterlassen der Erläuterung der Vermieter auf die Kosten in Höhe der im Vorjahr angesetzten Beträge beschränkt ist[3]. Denn es reicht aus, dass die Abrechnung aus sich heraus verständlich ist[4]. Deshalb ist eine entsprechende Erläuterung erst auf Einwendung des Mieters notwendig.

390

Vor diesem Hintergrund muss überprüft werden, ob die Entstehung der jeweiligen Betriebskostenart sowie die Höhe der angesetzten Kosten einer sparsamen Wirtschaftsführung entsprechen. Der Rechtsanwalt wird sich darüber nur ein Bild verschaffen können, wenn er mit dem Mandanten (Mieter) die einzelnen Leistungen (z.B. Hausmeister) erörtert und den Zusammenhang mit anderen Leistungen (z.B. mit Hausreinigung, Gartenpflege, Schneebeseitigung) erkennt. Es kann auch sinnvoll sein, Betriebskostenabrechnungen der Mandanten gesondert zu sammeln, um über die Zeit eine Sammlung aufzubauen, aus der zu gegebener Zeit Vergleichswerte herangezogen werden können. Auch wenn diese Vergleichswerte allein nicht für einen substanziierten Sachvortrag ausreichen[5], können sie doch aufzei-

391

---

1 AG Pankow/Weißensee, ZMR 2006, 48.
2 AG Köln v. 12.2.2007 – 206 C 164/06, WuM 2007, 264.
3 **A.A.** KG, ZMR 2006, 446 = GuT 2006, 70.
4 BGH v. 28.5.2008 – VIII ZR 261/07, WuM 2008, 407 = ZMR 2008, 777.
5 BGH v. 13.6.2007 – VIII ZR 78/06, WuM 2007, 393 = ZMR 2007, 685 = GE 2007, 1051 = NZM 2007, 563.

gen, ob sich eine weitere Recherche lohnt. Im Zweifel wird der Mieter aber gezwungen sein, ein konkretes Angebot einzuholen. Dazu kann er den Leistungskatalog, den er bei der Einsicht in die Abrechnungsunterlagen kopiert hat, heranziehen, um auch die Vergleichbarkeit zu gewährleisten.

ee) Fallbeispiele zum Wirtschaftlichkeitsgebot

392 **Anhaltspunkte** für eine Verletzung können folgende **Beispiele** bieten:
- hohe Kosten der Treppenhausreinigung wegen überdurchschnittlicher Frequenz der Reinigung auf Grund besonderer Reinheitsanforderungen des Vermieters[1];
- auch die Vielzahl von Mietern in einem Appartementhaus erfordert keine häufigere als eine einmal pro Woche durchgeführte Treppenhausreinigung[2];
- Beschäftigung eines Hausmeisters, obwohl dies sachlich nicht gerechtfertigt ist[3] (für eine täglich vierstündige Arbeitszeit bei einer Gesamtwohnfläche von 3098 qm);
- überhöhte Kosten eines Hausmeisterdienstes (Gebäudedienstleister)[4];
- Einstellung eines Hausmeisters nach Abschluss des Mietvertrages, obwohl keine Veränderungen eingetreten sind[5]; insoweit soll aber ein freies Ermessen des Vermieters bestehen[6];
- Beschäftigung eines Hausmeisters, obwohl für andere Leistungen (Gartenpflege, Schneebeseitigung) Fremdfirmen tätig sind[7];
- Berechnung gelegentlicher Kontrollgänge des Eigentümers[8];
- (laufende) Überwachung der Anzahl der Müllbehälter[9] und der Häufigkeit der Leerung[10];
- Pflicht, nur tatsächlich entstandene Kosten (Einstandspreise) anzusetzen[11];
- Pflicht, größere Mengen einzukaufen, um Preisvorteile zu erlangen[12];
- keine Pflicht, unbedingt den billigsten Anbieter zu nehmen[13];
- überhöhte Kosten der Abrechnungsfirma bei Heizkosten[14];

---

1 AG Köln, WuM 2001, 469; AG Köln, WuM 1999, 237; AG Köln, WuM 1998, 692.
2 AG Regensburg, WuM 2006, 110.
3 LG Köln, WuM 1992, 258.
4 AG Köln, WuM 1999, 466.
5 LG Köln, ZMR 1995, S. XII Nr. 22.
6 BGH, WuM 2004, 263 = ZMR 2004, 430 = NZM 2004, 418.
7 AG Hamburg, WuM 1988, 308; AG Köln, WuM 1991, 709.
8 AG Hannover, WuM 1984, 168.
9 AG Köln v. 10.12.2002 – 210 C 378/02, WuM 2007, 409.
10 AG Wennigsen, WuM 2003, 90; AG Münster, WuM 2001, 46.
11 OLG Koblenz, MDR 1986, 59 = WuM 1986, 282.
12 OLG Koblenz, MDR 1986, 59 = WuM 1986, 282.
13 LG Itzehoe, WuM 1985, 398.
14 AG Bersenbrück, WuM 1999, 467.

– Kosten der Verbrauchserfassung sind höher als die gemessenen Kosten[1],
– vor Abschluss eines neuen Versicherungsvertrages muss der Vermieter auf dem Markt Vergleichsangebote einholen[2].

Abgesehen davon, dass eine Rüge des Mieters erst beachtlich ist, wenn er einen **konkretes Vergleichsangebot** (vgl. *Rz. 386 f.*) vorlegt, können die Anforderungen an den Vermieter nicht überspannt werden. Es gehört grundsätzlich nicht zu seinen Aufgaben, die **Kalkulation eines Unternehmens** zu erfragen und dem Mieter offen zu legen. Voraussetzung für einen Vergleich ist jedoch, dass die berechnete und die angebotene Leistung identisch sind. Ob dies im Ergebnis dazu führen kann, dass sogar die Vergabepraxis des Vermieters auf ihre Effizienz überprüft werden muss[3], ist mehr als zweifelhaft. Gleichwohl sollte sich die Aufmerksamkeit insbesondere bei der Beauftragung von Dienstleistern (z.B. Hausmeisterservice, vgl. dazu *Rz. 142*) nicht allein auf einen Preisvergleich beschränken. Vielmehr sollte auch bedacht werden, ob und ggf. wie viele andere Leistungen berechnet sind (z.B. Gartenpflege, Hausreinigung), die im Hinblick auf die Größe des Objektes den Einsatz in dem beauftragten Umfang noch gerechtfertigt erscheinen lassen. 393

Sind **unwirtschaftliche Kosten** angesetzt (z.B. unnötige Beauftragung eines Hausmeisters oder einer Reinigungsfirma; unwirtschaftlicher Einsatz von Anlagen, z.B. Überdimensionierung), führt die Verletzung des Gebots der Wirtschaftlichkeit zu einem Schadensersatzanspruch. Der Schaden sind z.B. die höheren Kosten, die abzusetzen sind. 394

c) Mieterwechsel während der Abrechnungsperiode

Findet während der Abrechnungsperiode ein Mieterwechsel statt, muss sowohl die Abrechnung des Vor- wie die des Nachmieters erkennen lassen, in welcher Weise beide (zeitlich) belastet wurden. Ob die **Aufteilung** bei den **Gesamtkosten** oder der **Berechnung des Anteils des Mieters** erfolgt, ist in materieller Hinsicht unerheblich[4]. Die Abrechnung ist allerdings formell fehlerhaft, wenn die wahren Gesamtkosten nicht aus der Abrechnung ersichtlich sind (vgl. *Rz. 319 f.*). 395

Dabei ist grundsätzlich auch bei **verbrauchsabhängigen Kosten** eine Verteilung nach **Zeitanteilen** der Nutzung nicht zu beanstanden[5], selbst wenn sie durch Erfassungsgeräte ermittelt werden. Denn eine Pflicht zur Zwischenablesung besteht ohne ausdrückliche Regelung im Vertrag nur für Heiz- und Warmwasserkosten, § 9b Abs. 1 HeizkV. 396

Gelten nach dem Mieterwechsel andere Tarife des Versorgungsunternehmens, sollen in der Abrechnung für den Nachmieter die Kosten des Ver- 397

---

1 AG Bersenbrück, NZM 2000, 863.
2 KG v. 3.12.2007 – 8 U 19/07, GE 2008, 122.
3 *Seldeneck*, NZM 2002, 545 f.
4 A.A. LG Berlin, GE 1991, 935.
5 *Langenberg*, Betriebskosten, G Rz. 157.

sorgungsunternehmens nach den auf die Mietzeit entfallenden Kosten aufzuschlüsseln sein[1]. Dies ist aber zweifelhaft. Zwar lassen sich z.B. **Tariferhöhungen** regelmäßig ohne weiteres aus den Rechnungen des Versorgungsunternehmens ersehen. Der mit einer Auseinanderrechnung verbundene Mehraufwand des Vermieters steht in der Regel aber in keinem vernünftigen Verhältnis zu der Ersparnis des Mieters. Jedenfalls muss der Mieter zunächst substanziiert vortragen, dass er mit **erheblichen Mehrkosten** belastet wurde[2].

398 Entstehen beim Mieterwechsel **Kosten für eine Zwischenablesung**, wird nicht einheitlich entschieden, wer diese Kosten zu tragen hat. Folgende Meinungen werden vertreten:
– die Kosten tragen alle Mieter im Rahmen der Abrechnung (z.B. nach § 7 Abs. 2 HeizkV)[3];
– die Kosten trägt derjenige, der die Zwischenablesung zu verantworten hat (Vermieter bei fristgerechter Kündigung gegenüber dem Mieter oder fristloser Kündigung durch den Mieter, Mieter in den umgekehrten Fällen, bei einvernehmlicher Vertragsauflösung beide Parteien zu gleichen Teilen)[4];
– Kosten trägt der ausziehende Mieter als Verursacher der Kosten[5];
– nach Auffassung des BGH können die Kosten – vorbehaltlich einer Regelung im Vertrag – nicht umgelegt werden[6].

399 Die Entscheidung des BGH ist zu Heizkosten ergangen, für die die HeizkV in § 7 Abs. 2 nicht nur ausnahmsweise die Verwaltungskosten für die Abrechnung als umlagefähig erklärt, sondern sogar den Grundsatz der Zwischenablesung (§ 9b Abs. 1 HeizkV) enthält. Indessen muss bedacht werden, dass Betriebskosten eine laufende Entstehung voraussetzen. Daran fehlt es bei den **einmaligen Kosten** der Zwischenablesung. Deshalb sind sie außerhalb des Anwendungsbereichs der HeizkV nicht umlegbar. Eine **Formularklausel**, die die Umlagefähigkeit der Kosten der Zwischenablesung bestimmt, weicht vom gesetzlichen Leitbild der Betriebskosten (§ 556 Abs. 1 BGB) ab.

d) Umlageschlüssel

400 Der Verteilerschlüssel richtet sich grundsätzlich nach den Vereinbarungen der Parteien, die allerdings je nach Art des Wohnraums unterschiedlichen Bewertungsmaßstäben unterliegen können.

---

1 LG Berlin, GE 1994, 1379.
2 Ähnliche Argumentation zur gemischten Nutzung: BGH v. 8.3.2006 – VIII ZR 78/05, WuM 2006, 200 = NZM 2006, 340.
3 AG Hamburg, WuM 1996, 562; AG Oberhausen, DWW 1994, 24.
4 AG Münster, ZMR 1994, 371; AG Lörrach, WuM 1993, 68; *v. Brunn* in Bub/Treier, III Rz. 93; *Harsch*, WuM 1991, 521.
5 AG Coesfeld, WuM 1994, 696; *Sternel*, Mietrecht, III Rz. 416.
6 BGH v. 14.11.2007 – VIII ZR 19/07, WuM 2008, 85 = GE 2008, 193 = NZM 2008, 123.

aa) Mietverträge über preisfreien Wohnraum seit 1.9.2001

Für diese Verträge wird der Zulässigkeitsrahmen durch § 556a BGB bestimmt. Danach gilt mangels abweichender Vereinbarung der **Flächenmaßstab** bzw. ist bei einem erfassten Verbrauch oder einer erfassten Verursachung ein Maßstab anzuwenden, der dem unterschiedlichen Verbrauch oder der unterschiedlichen Verursachung Rechnung trägt. Die Vorschrift lässt ausdrücklich **abweichende Vereinbarungen** zu, ohne dass (formal) eine Beschränkung besteht. Denn Absatz 3 des § 556a BGB, wonach zum Nachteil des Mieters abweichende Vereinbarungen unwirksam sind, bezieht sich ausdrücklich nur auf Absatz 2 der Vorschrift. 401

Demnach bestehen für die Wahl und **Vereinbarung des Abrechnungsschlüssels** bei Mietverträgen für die hier relevanten Mietverhältnisse grundsätzlich keine ausdrücklichen gesetzlichen Schranken. Allein für die formularmäßige Bestimmung des Umlageschlüssels können sich noch Beschränkungen aus § 307 BGB ergeben. Dazu muss eine unangemessene Benachteiligung vorliegen. Insoweit scheidet ein Verstoß gegen das **Transparenzgebot** des § 307 Abs. 1 S. 2 BGB grundsätzlich aus, wenn einer der gebräuchlichen Verteilermaßstäbe im Vertrag erwähnt wird, also 402

– Wohnfläche

– Anzahl der Bewohner

– Mieteinheiten

– umbauter Raum

– Miteigentumsanteile.

Diese gebräuchlichen Umlageschlüssel sind i.S.v. § 307 Abs. 1 Satz 2 BGB ausreichend **transparent**[1]. Denn sie machen deutlich, nach welchem Verhältnis sich der Anteil des Mieters berechnet, selbst wenn der Gesamt- und Einzelverteiler nicht ausdrücklich festgelegt ist und erst durch Auslegung ermittelt werden muss. Ob die Verwendung in der Abrechnung in nachvollziehbarer Weise erfolgt[2], ist keine Frage der Wirksamkeit einer Klausel über Verteilerschlüssel. 403

Für die Verwendung dieser Maßstäbe **in der Abrechnung** gelten keine anderen Anforderungen. Insbesondere bestehen hinsichtlich der schlagwortartigen Verwendung der Begriffe **Miteigentum**[3] oder umbauter Raum in einem Formularvertrag keine Bedenken. Die Begriffe werden durch Tatsachen ausgefüllt, auf denen das Mietverhältnis beruht, nämlich die Abgeschlossenheitsbescheinigung und die Baugenehmigung. Sie können zur Auslegung und zur Ausfüllung herangezogen werden. 404

---

1 Für Miteigentumsanteile: BGH v. 19.11.2008 – VIII ZR 295/07, NZM 2009, 78 = GE 2009, 189.
2 Vgl. z.B. AG Leipzig v. 2.6.2006 – 163 C 739/06, WuM 2007, 197.
3 BGH v. 19.11.2008 – VIII ZR 295/07, NZM 2009, 78; OLG Braunschweig, WuM 1999, 173; OLG Hamm, WuM 1981, 62.

405 Die Vereinbarung des **Wohnflächenschlüssels** in einem Formularvertrag führt auch dann nicht zu einer unangemessenen Benachteiligung, wenn von vornherein feststeht, dass der betreffende Mieter die Leistung nicht in gleichem Umfang wie andere Mieter in Anspruch nehmen wird, wie dies etwa bei dem Erdgeschossmieter hinsichtlich der Aufzugskosten der Fall sein kann[1]. Denn die **verhältnismäßig gleiche Beteiligung aller Mieter** an den Betriebskosten entspricht dem Grundgedanken des § 556a Abs. 1 Satz 1 BGB. Danach kann eben nach der Gesamtwohnfläche abgerechnet werden, sofern nicht nach Verbrauch oder Verursachung abzurechnen ist. Diese abstrakt generelle Sichtweise findet allerdings ihre **Grenze**, wenn der Mieter die Leistung nicht in Anspruch nehmen kann oder von der Leistung ausgeschlossen ist (z.B. Aufzug nur in die Dachgeschosswohnung)[2]. Klauseln, die eine Belastung dieser Mieter vorsehen, sind **unwirksam**.

406 Da der Umfang der Inanspruchnahme einer Leistung kein Prüfungsmaßstab im Rahmen des § 307 BGB ist, kann auch die formularmäßige Regelung anderer Verteilerschlüssel (z.B. Zimmer-Personenschlüssel = Anzahl der Zimmer und Personen) als die Wohnfläche grundsätzlich nicht zu einer unangemessenen Benachteiligung führen, sofern die **Grundsätze der Gleichbehandlung** und Praktikabilität[3] eingehalten sind. Danach ist nach der Klausel eine am gleichen Maßstab orientierte Verteilung der Kosten zu gewährleisten, solange kein sachlicher Grund für eine Ungleichbehandlung vorliegt. Die **Praktikabilität** wird von Bedeutung, wenn ein Anspruch des Mieters auf Änderung des Verteilerschlüssels in Betracht kommt (vgl. *Rz. 411 f.*). Ansonsten wird es dem Vermieter regelmäßig verwehrt sein, sich auf Probleme bei der Umsetzung einer von ihm gestellten Vertragsklausel zu berufen (venire contra factum proprium).

407 Diesen Anforderungen soll eine Klausel nicht gerecht werden, die zur Bestimmung des Verteilerschlüssels allein auf die Abrechnung des **WEG-Verwalters** verweist[4]. Immerhin könnten damit auch willkürliche Maßstäbe herangezogen werden. Diese Ansicht ist übertrieben: grundsätzlich richtet sich die Abrechnung der Betriebskosten im Rahmen der Wohnungseigentümergemeinschaft nach § 16 Abs. 2 WEG, also nach den Miteigentumsanteilen. Will die Eigentümergemeinschaft davon abweichen, ist entweder eine Regelung in der Teilungserklärung oder ein entsprechender Beschluss nach § 16 Abs. 3 WEG erforderlich. Im ersten Fall ist der Umlageschlüssel für den vermietenden Sondereigentümer verbindlich. Im zweiten Fall muss der geänderte Verteilerschlüssel ordnungsgemäßer Verwaltung entsprechen und ist überhaupt nur für den Mieter verbindlich, wenn ein vertraglicher Änderungsvorbehalt besteht (vgl. dazu *Rz. 435 f.*).

---

1 BGH v. 20.9.2006 – VIII ZR 103/06, WuM 2006, 613 = NZM 2006, 895 = ZMR 2006, 919.
2 BGH v. 8.4.2009 – VIII ZR 128/08, GE 2009, 711.
3 Vgl. dazu BGH v. 20.9.2006 – VIII ZR 103/06, NJW 2006, 3557, Tz. 12 ff.
4 LG Hamburg v. 26.6.2008 – 307 S 34/08, WuM 2008, 726.

bb) Mietverträge über preisfreien Wohnraum vor dem 1.9.2001

Bis zum 31.8.2001 wurde dem Vermieter ein **Leistungsbestimmungsrecht** nach § 315 BGB zur Wahl des Umlageschlüssels eingeräumt, sofern im Mietvertrag kein Umlageschlüssel geregelt war[1]. Dieses einseitige Recht des Vermieters gilt seit 1.9.2001 nur noch, wenn es im Vertrag ausdrücklich vorgesehen ist, also eine abweichende Vereinbarung im Sinne von § 556a Abs. 1 BGB vorliegt.

408

Bei Mietverträgen, die vor dem 1.9.2001 geschlossen wurden, ist die Anwendung von § 556a Abs. 1 BGB auf **Abrechnungen** beschränkt, die **nach dem 1.9.2001 erstmalig** erfolgten, Art. 229 § 3 Abs. 9 EGBGB. Denn wurde vor dem Inkrafttreten der Mietrechtsreform in einem laufenden Mietvertrag bereits abgerechnet, ohne dass im Vertrag ein Abrechnungsmaßstab vereinbart war, hatte der Vermieter durch diese Abrechnung von seinem Leistungsbestimmungsrecht Gebrauch gemacht und damit einen Maßstab festgelegt. Hatte er noch nicht für Zeiträume vor dem 1.9.2001 abgerechnet, war er an § 556a Abs. 1 BGB gebunden, wenn der Vertrag keinen Abrechnungsschlüssel vorsieht.

409

Auch wenn der Vermieter diese Prinzipien nicht beachtet hat, ist heute für einen Vertrag aus der Zeit vor dem 1.9.2001 im Regelfall davon auszugehen, dass der in den vergangenen Jahren bei der Abrechnung der Betriebskosten angewendete „falsche" Maßstab mittlerweile verbindlich geworden ist. Denn durch die jahrelange abweichende Anwendung eines vom Vertrag abweichenden Verteilerschlüssels kann darüber eine konkludente Vereinbarung entstehen[2]. Zwar ist die Annahme einer Vertragsänderung ohne besondere Umstände mittlerweile (wieder) zweifelhaft (vgl. *Rz. 193*). Indessen können besondere Umstände schon angenommen werden, wenn der Mieter in der Vergangenheit z.B. Einsicht in die Belege verlangt hat. Denn dann kann unterstellt werden, dass er sich auch mit den Umlagemodalitäten vertraut gemacht hat, die der Mietvertrag vorsieht.

410

cc) Änderung festgelegter Verteilerschlüssel

(1) Allgemeines

Wenn der Vertrag eine Festlegung des Umlageschlüssels trifft, ist dieser nach den allgemeinen Regeln grundsätzlich bindend (pacta sund servanda). Weder besteht ein **Korrekturrecht**, weil sich (angebliche) Gerechtigkeitsvorstellungen des Mieters im laufenden Mietvertrag nicht bestätigen[3], noch ein Anspruch, dass immer nach den **tatsächlichen Verhältnissen** (z.B. tatsächlicher Fläche) entgegen den Vereinbarungen im Vertrag abzurechnen ist. Solange der Mietvertrag keinen entsprechenden **Vorbehalt** enthält, kann der vertraglich bestimmte Umlageschlüssel nur nach den **allgemei-**

411

---

1 Vgl. dazu OLG Hamm, ZMR 1984, 14.
2 BGH v. 2.11.2005 – VIII ZR 52//05, WuM 2005, 774; LG Köln in *Lützenkirchen*, KM, 2 Nr. 26.
3 A.A. *Langenberg*, Betriebskosten, F Rz. 5.

nen Regeln geändert** werden. Für die Fläche als Umlageschlüssel kommen hier z.B. die Rechte aus §§ 536, 313 BGB in Betracht, wenn die Abweichung mehr als 10 % beträgt[1].

412 Die Unverbindlichkeit eines vertraglichen Umlageschlüssels lässt sich auch nicht daraus herleiten, dass der Vermieter mit verschiedenen Mietern im Haus **unterschiedliche Abrechnungsmaßstäbe** vereinbart hat[2]. Der Vermieter als Klauselverwender ist nach dem Verbot des widersprüchlichen Verhaltens an die von ihm gestellten Regelungen gebunden und kann daher die Abrechnung nicht abweichend erstellen. Insbesondere kann er erhöhten Verwaltungsaufwand in dieser **selbst geschaffenen Situation** nicht anführen.

413 Selbst wenn die unterschiedliche Kostenverteilung dazu führt, dass der Vermieter über die verschiedenen Abrechnungen **mehr einnimmt**[3], als er an Kosten aufgewendet hat, folgt daraus grundsätzlich weder die Unverbindlichkeit der Abrede noch ein Recht des Mieters, eine Änderung verlangen zu können. Denn maßgeblich für die Abrechnung sind allein die im konkreten Vertragsverhältnis bestehenden Abreden. Darauf muss die Abrechnung aufbauen und daran orientiert sich die Wirksamkeitsprüfung. Immerhin sind Betriebskosten ein Teil der Miete, wie sich aus § 556 Abs. 1 BGB ergibt. Konkrete Grenzen der Mietpreisbildung ergeben sich aber allein aus §§ 138 BGB, 5 WiStrG, 291 StGB.

Beispiel:

414 *Die beiden Mietwohnungen sind gleich groß. Mit A, der mit 4 Personen in der Wohnung lebt, ist die Verteilung nach Personen vereinbart. Gegenüber B, der alleine lebt, rechnet V nach Fläche ab: 10 000 Euro/200 m² × 100 m² = 5000 Euro. A erhält dagegen folgende Abrechnung: 10 000 Euro/5 Personen × 4 Personen = 8000 Euro. Im Ergebnis erhält V also 13 000 Euro, obwohl er nur 10 000 Euro verauslagt hat.*

415 Die Grundsätze gelten auch, wenn ein **Flächenmaßstab** vereinbart ist. Auszugehen ist insoweit von dem Grundsatz, dass die vereinbarte Fläche auch bei der Abrechnung der Betriebskosten Vorrang hat[4]. Da die Parteien aber mit der Vereinbarung der Fläche als solcher und des Umlagemaßstabes „Fläche" eine lückenhafte Regelung getroffen haben, weil der Gesamtverteiler fehlt, führt die notwendige ergänzende Vertragsauslegung dazu, dass der Gesamtverteiler aus der Summe der im Objekt vereinbarten Flächen gebildet wird. Weicht nun eine Vereinbarung von den tatsächlichen Verhältnissen ab, wird der Mieter gegenüber anderen, bei denen die Vereinbarung inhaltlich richtig ist, begünstigt.

---

1 BGH v. 10.10.2007 – VIII ZR 279/06, WuM 2007, 694 = GE 2008, 46.
2 So aber wohl *Schmid*, Nebenkosten, Rz. 4070.
3 Vgl. im Einzelnen *Lützenkirchen*, ZMR 2009, 895.
4 KG v. 28.11.2005 – 8 U 125/05, WuM 2006, 35 = ZMR 2006, 284 m.w.N.

Beispiel:

Im Objekt befinden sich vier Wohnungen mit 100 m². Mit M1, M2 und M3 ist aber jeweils eine Fläche von 95 m² vereinbart. Der Vertrag sieht den Flächenschlüssel vor.

M1-M3: 2000 Euro/385 m² × 95 m² = 493,51 Euro
M4:   2000 Euro/385 m² × 100 m² = 519,48 Euro
                                   2000,01 Euro

Die Tatsache, dass M4 mit verhältnismäßig höheren Kosten belastet wird, führt nicht zu der Annahme, die Bestimmungen in den Verträgen der anderen Mieter seien als **Vertrag zu Lasten Dritter** unwirksam[1]. Denn die höhere Belastung ist nicht das (unmittelbare) Produkt der anderen Vereinbarungen einer zu geringen Fläche, sondern des eigenen Vertrages, in dem die Umlage nach (vereinbarter) Fläche bestimmt ist.

(2) Gesetzliche Änderungsrechte

Unabhängig davon, ob der maßgebliche Verteilerschlüssel durch Vertrag oder Gesetz (z.B. § 556a Abs. 1 BGB) bestimmt wurde, sind einseitige Änderungen grundsätzlich zulässig, wenn sie durch Vertrag oder Gesetz vorgesehen sind. Neben § 6 Abs. 4 HeizkV (vgl. dazu Rz. 859) kommen insbesondere in Betracht:

(a) § 556a Abs. 2 BGB

Danach besteht die Option, den vereinbarten Umlagemaßstab für Betriebskosten[2] auf einen **verbrauchsabhängigen** oder **verursachungsorientierten Verteiler** zu ändern. § 556a BGB erfasst dabei sowohl den Wechsel des Umlageschlüssels als auch die Ausgliederung von Betriebskosten aus der (Grund-) Miete (= Teilinklusivmiete oder Bruttomiete)[3].

Voraussetzung ist, dass der Vermieter durch technische Einrichtungen oder in anderer Weise die Voraussetzungen für eine verbrauchs- oder verursachungsabhängige Abrechnung geschaffen hat. Der bloße Wechsel vom Wohnflächen- zum Personenschlüssel reicht nicht aus[4]. Formal hat dies in **Textform** nach § 126b BGB zu geschehen.

Aus den Vorschriften kann unter besonderen Umständen ausnahmsweise ein **Änderungsanspruch des Mieters** entstehen. Hat der Vermieter die Voraussetzungen für eine Verbrauchserfassung geschaffen und wird ein Mieter z.B. wegen der Größe seiner Wohnung bei einem Flächenschlüssel

---

1 So aber *Schmid*, ZMR 2008, 42 f.; *ders.* GuT 2008, 19 f.; *ders.* WuM 2008, 9 f.; *Langenberg*, NJW 2008, 1269, 1273; *Rave*, ZMR 2008, 517 f.; *Hinz*, WuM 2008, 633.
2 Im öffentlich geförderten Wohnraum gibt es für Wasser-, Entwässerungs- und Müllabfuhrkosten in §§ 21 Abs. 2, 22a Abs. 2 NMV Sonderbestimmungen.
3 *Langenberg*, Betriebskosten, F Rz. 18 m.w.N.
4 *Langenberg*, Betriebskosten, F Rz. 20 m.w.N.

(krass[1]) unbillig benachteiligt, wird das ansonsten bestehende freie Ermessen des Vermieters auf die Anwendung des verbrauchsabhängigen Schlüssels gebunden[2].

(b) § 313 Abs. 1 BGB

421 Diese Vorschrift räumt einen Anspruch auf Vertragsanpassung ein, wenn sich die bei Vertragsschluss von beiden Parteien angenommenen tatsächlichen Voraussetzungen **nicht realisieren** oder **wesentlich ändern** und der einen Partei ein Festhalten an den bestehenden Regelungen **unzumutbar** ist[3]. Dabei darf es sich aber nicht um Umstände handeln, die allein in den Risikobereich einer Partei fallen.

422 Zu dieser letztgenannten Kategorie gehört der **Leerstand**. Er allein kann keinen Anspruch des Vermieters auf Zustimmung zur Änderung des Umlageschlüssels begründen, da das Leerstands- und damit das Vermietungsrisiko in seinen Risikobereich fällt[4].

423 Ebenso stellt die Änderung des Abrechnungsschlüssels nach **§ 16 Abs. 3 WEG** grundsätzlich keinen Fall des § 313 BGB dar[5]. Denn diese Möglichkeit ist jedenfalls seit dem 1.7.2007 (WEG-Reform) dem Risikobereich des vermietenden Sondereigentümers zuzurechnen. Abgesehen davon setzt § 313 Abs. 1 BGB voraus, dass die Beibehaltung der vertraglichen Regelung dem Vermieter ansonsten unzumutbar wäre[6]. Diese Voraussetzung ist nicht allein wegen einer Änderung des Verteilerschlüssels gegeben. Entsprechen die Flächen nämlich z.B. im Wesentlichen den Miteigentumsanteilen, ist dem Vermieter über § 313 BGB eben nicht das Recht zur Anpassung des Vertrages zuzubilligen, wenn die Eigentümergemeinschaft über § 16 Abs. 3 WEG von dem einen zum anderen Verteilungsmaßstab wechselt. Denn er kann mit dem Hinweis, dass der vom WEG-Verwalter verwendete Abrechnungsschlüssel „Miteigentumsanteile" der vertraglich vorgesehenen Wohnfläche entspricht, die Abrechnung gegenüber seinem Mieter vornehmen.

424 Die Anwendung des § 313 BGB ist eröffnet, wenn die **vereinbarte Fläche mehr als 10 % geringer** ist als die tatsächliche[7]. Eine derartige Flächenabweichung überschreitet die Zumutbarkeitsgrenze. Es ist dem Vermieter grundsätzlich nicht verwehrt, sich auf eine (ausreichend) abweichende Fläche zu berufen. Zwar wird die Angabe im Vertrag regelmäßig von ihm stammen. Indessen ist auch eine fahrlässig falsche Anagbe nicht geeignet,

---

1 BT-Drs. 14/4553, S. 51; vgl. BGH v. 12.3.2008 – VIII ZR 188/07, WuM 2008, 288, 289; BGH v. 31.5.2006 – VIII ZR 159/05, NJW 2006, 2771, Tz. 15, und v. 20.9.2006 – VIII ZR 103/06, NJW 2006, 3557, Tz. 21.
2 Vgl. *Eisenschmid/Rips/Wall*, Rz. 2330.
3 BGH v. 23.5.2007 – VIII ZR 138/06, WuM 2007, 450.
4 BGH, WuM 2006, 440.
5 A.A. *Schmid*, GE 2007, 1094, 1095.
6 BGH v. 23.5.2007 – VIII ZR 138/06, WuM 2007, 450 m.w.N.
7 BGH v. 23.5.2007 – VIII ZR 138/06, WuM 2007, 450 = ZMR 2007, 681.

ein widersprüchliches Verhalten (§ 242 BGB) zu begründen. Ausnahmsweise ist es dem Vermieter aber verwehrt, zu seinen Gunsten eine Flächenabweichung zu reklamieren, wenn der Vertrag eine Regelung vorsieht, wonach die Flächenvereinbarung in jedem Fall verbindlich sein soll[1].

Daneben soll über § 313 Abs. 1 BGB eine Änderung erreicht werden können, wenn im Bereich der verbrauchsabhängigen Betriebskosten der **Leistungsträger** selbst auf eine Abrechnung nach Anfall **umstellt**[2]. Das hängt aber zumindest davon ab, ob diese Änderung für den Vermieter vorhersehbar war, was bereits bei einem entsprechenden Änderungsvorbehalt im Versorgungsvertrag der Fall ist. Abgesehen davon spricht aber die größere Sachnähe dafür, z.B. 556a Abs. 2 BGB (analog) anzuwenden. Immerhin ist der Vermieter aufgrund der Abrechnung des Leistungsträgers in der Lage, verbrauchs- oder verursachungsabhängig abzurechnen. 425

(c) Änderungspflicht aus § 242 BGB

Beruht die Festlegung des Umlageschlüssels nicht auf den §§ 315, 316 BGB, soll sich auch **ohne vertraglichen Vorbehalt** ein Anspruch des Mieters auf Änderung des Verteilerschlüssels für die Zukunft aus den Grundsätzen von Treu und Glauben (§ 242 BGB) ergeben. Voraussetzung soll sein, dass 426

– **alle Mieter zustimmen** bzw. eine Ablehnung rechtsmissbräuchlich wäre[3] oder

– sich die **Umstände wesentlich geändert** haben[4].

Beide Varianten sind abzulehnen, zumal für die letztere ohnehin § 313 BGB in Betracht kommt. Grundsätzlich kann § 242 BGB eine vertragliche **Bindung nicht aushebeln** und darf insbesondere nicht zur Korrektur von Ergebnissen herangezogen werden, die durch Anwendung des Gesetzes entstanden sind[5], solange sie nicht unerträglich sind. Die Festlegung des Verteilerschlüssels beruht entweder auf einer vertraglichen Bestimmung oder der Anwendung des § 556a Abs. 1 BGB. Das Gesetz sieht mit den §§ 119, 123, 134, 138, 307, 313 Abs. 1, 315 Abs. 3, 536 BGB eine ausreichende Anzahl von Möglichkeiten vor, eine vertragliche Regelung (einseitig) aufzuheben oder zu ändern. In Kenntnis der gerade mit der Wahl des Umlageschlüssels durch den Vermieter verbundenen Probleme hat der Gesetzgeber zur Verteilung der Betriebskosten allein die in § 556a BGB enthaltenen Grundsätze aufgestellt. Damit ist eine Änderungsbefugnis grundsätzlich auf den in § 556a BGB geregelten Fall beschränkt. Da weitere Abweichungen durch Vertragsklauseln zulässig sind, muss der gesetzlichen Wertung 427

---

1 KG v. 28.11.2005 – 8 U 125/05, WuM 2006, 35 = ZMR 2006, 284.
2 Vgl. z.B. AG Moers, WuM 1996, 96.
3 Vgl. *Schmid*, Mietnebenkosten, Rz. 4117.
4 *Langenberg*, Betriebskostenrecht, F Rz. 11.
5 BGH, WuM 2005, 782.

entnommen werden, dass für darüber hinausgehende Möglichkeiten kein Raum besteht.

428 Ohnehin kommt eine Korrektur über § 242 BGB nur **ausnahmsweise** in Betracht. Dazu muss in der Regel ein unerträgliches Ergebnis vorliegen[1]. Da die Betriebskostenabrechnung aber nie ein cent-genaues und gerechtes Ergebnis hervorbringen kann und muss, sind derartige Fälle eigentlich undenkbar, zumal alle vorstellbaren Varianten auch bei Anwendung des Wohnflächenschlüssels entstehen können. Der ist aber nach der Wertung des Gesetzgebers als akzeptabler Umlagemaßstab anzusehen[2].

429 Außer der **über 10 %-igen Abweichung** der Fläche, die eine Korrektur des Abrechnungsschlüssels über § 536 BGB herbeiführen kann[3], kommt ein Änderungsrecht des Mieters nur noch bei einer **krassen Unbilligkeit** in Betracht[4]. Insoweit ist allerdings problematisch, wann diese Voraussetzung vorliegt. Vor allem mit Rücksicht auf die Rechtsprechung des BGH[5] zur Frage des notwendigen Vorwegabzuges bei gemischter Nutzung wird eine unbillige und damit nicht sachgerechte Bestimmung des Verteilerschlüssels erst dann anzunehmen sein, wenn für den Mieter ein erheblicher Nachteil eintritt und dem Vermieter die andere Abrechnung **zumutbar** ist[6]. Diese Voraussetzungen scheiden vor dem Hintergrund der Wertung des Gesetzgebers in § 556a Abs. 1 BGB bei der Anwendung des **Wohnflächenschlüssels** grundsätzlich aus. Im Übrigen muss sich für den Mieter regelmäßig ein wirtschaftlicher Vorteil von weit über 50 % ergeben[7] – bezogen auf die einzelne Abrechnungsposition. Allerdings sind starre Grenzen (z.B. in Prozent) nicht zweckgerecht, allenfalls als Untergrenze[8]. Vielmehr ist hier auf die absolute Höhe und das konkrete Mietverhältnis abzustellen. Denn in der Gewerberaummiete kann z.B. eine Abweichung von 1 % bei einem Unternehmen, das viel Energie verbraucht, schon das Vielfache einer Betriebskostenabrechnung über Wohnraum ergeben.

430 Hat der Vermieter den **Umlageschlüssel nach billigem Ermessen** getroffen (vgl. dazu Rz. 408), was im Hinblick auf § 556a Abs. 1 Satz 2 BGB ausdrücklich geregelt sein muss, kommt eine Korrektur nach § 315 Abs. 3 BGB in Betracht[9] – allerdings nicht ohne zeitliche Schranke[10]. Zwar fehlt dazu eine ausdrückliche Anordnung im Gesetz. Die Regel, dass Rechte

---

1 BGH, WuM 2005, 782 m.w.N.
2 BGH, WuM 2006, 613 = NZM 2006, 895 = ZMR 2006, 919.
3 Vgl. BGH v. 10.10.2007 – VIII ZR 279/06, WuM 2007, 694 = GE 2008, 46.
4 BT-Drs. 14/4553, S. 51; vgl. BGH v. 12.3.2008 – VIII ZR 188/07, WuM 2008, 288, 289; BGH v. 31.5.2006 – VIII ZR 159/05, NJW 2006, 2771, Tz. 15, und v. 20.9.2006 – VIII ZR 103/06, NJW 2006, 3557, Tz. 21.
5 BGH, WuM 2006, 200 = NZM 2006, 340.
6 Vgl. auch *Langenberg*, Betriebskostenrecht, F Rz. 6 m.w.N.
7 BGH v. 12.3.2008 – VIII ZR 188/07, WuM 2008, 288, 289.
8 LG Aachen v. 11.8.2006 – 5 S 68/06, WuM 2006, 615 (Mehrkosten von 3 % der Gesamtkosten).
9 Vgl. z.B. KG v. 5.1.2004 – 8 U 22/03, GE 2004, 423 = KGR 2004, 315.
10 Palandt/*Grüneberg*, § 315 BGB Rz. 17 m.w.N.

grundsätzlich innerhalb angemessener Frist ausgeübt werden müssen, ist mittlerweile aber auch gesetzlich bestimmt (vgl. § 314 Abs. 3 BGB). Im Übrigen greifen aber auch die **Verjährungsregeln**. Denn das Recht des Mieters aus § 315 Abs. 3 BGB verjährt erstmals nach drei Jahren (§ 199 Abs. 1 BGB) seit der ersten Abrechnung. Im Prozess muss der Mieter zunächst die Billigkeit **substantiiert bestreiten**[1]. Ist dies geschehen, ist es Aufgabe des Vermieters, die Tatsachen darzulegen und zu beweisen, die die Billigkeit seiner Leistungsbestimmung rechtfertigen.

(d) Leerstand

Das **Leerstandsrisiko** trägt der Vermieter[2]. Deshalb kann er vom Mieter nicht die Zustimmung zur Änderung des vertraglich festgelegten Abrechnungsschlüssels verlangen, weil die überwiegende Anzahl der Wohnungern in der Abrechnungseinheit leer steht[3]. 431

Wird nach einem **einheitlichen Maßstab** abgerechnet (z.B. Fläche, Miteigentumsanteile, Mieteinheit), spielt der Leerstand grundsätzlich keine Rolle. Denn die auf die leer stehenden Wohnungen entfallenden Kosten gehen (automatisch) zu Lasten des Vermieters. Dies gilt prinzipiell auch für **verbrauchsabhängige Kosten** (z.B. Wasser, Müll)[4], unabhängig davon, ob sie selbst verbrauchabhängig erhoben werden, wie z.B. die Müllgebühren, die in einigen Gemeinden nicht nach der Größe der Container, sondern z.B. der Anzahl der Bewohner berechnet werden. Selbst wenn der Vermieter, wozu er nach dem **Gebot der Wirtschaftlichkeit** verpflichtet ist, die Kosten senkt, indem er z.B. kleinere Müllbehälter aufstellen lässt, besteht regelmäßig kein Grund, den festgelegten Maßstab zu ändern. Denn entweder beruht der Maßstab auf einer vertraglichen Abrede oder auf § 556a Abs. 1 Satz 1 BGB. In beiden Fällen kann der Vermieter den Verteiler nur ändern, wenn eine vertragliche oder gesetzliche Regelung ihm dieses Recht einräumt. Die einzig einschlägige Vorschrift (§ 313 BGB) greift nicht durch, weil der Leerstand in den Risikobereich des Vermieters fällt[5]. Vertragliche Vorbehalte, die auch den Leerstand erfassen, werden regelmäßig unwirksam sein. Im Übrigen können allgemeine Gerechtigkeitsgedanken nicht durchgreifen, weil vertragliche oder gesetzliche Regelungen gerade geschaffen wurden, um eine dauerhafte Grundlage zu bilden. 432

Bei einem **Personenschlüssel** soll der Vermieter wegen der statischen Kosten, die auch bei verbrauchsabhängigen Kosten trotz Leerstand weiterlaufen (z.B. Grundkosten, Zählermiete), für die Dauer des Leerstandes **eine Person** ansetzen müssen[6]. Auch dies begegnet Bedenken. Denn wenn vereinbart ist, dass für die Verteilung der Betriebskosten die Anzahl der Be- 433

---

1 OLG Düsseldorf, WuM 2000, 133 = ZMR 2000, 215.
2 BGH v. 31.5.2006 – VIII ZR 159/05, GE 2006, 159 = ZMR 2006, 758.
3 BGH v. 31.5.2006 – VIII ZR 159/05, ZMR 2006, 758 = WuM 2006, 440.
4 A.A. AG Zwickau v. 20.10.2000 – 2 C 264/00, NZM 2001, 467.
5 BGH v. 31.5.2006 – VIII ZR 159/05, GE 2006, 159 = ZMR 2006, 758.
6 AG Köln v. 7.3.1997 – 201 C 609/96, WuM 1998, 290.

wohner maßgeblich sein soll, kommt es auf die tatsächliche Benutzung an und nicht z.B. auf die **melderechtliche Registrierung**[1]. Dann können aber auch bei dem Gesamtverteiler keine fiktiven Personen angesetzt werden. Die Belastung hat der Mieter bis zur Grenze der **krassen Unbilligkeit** (vgl. dazu *Rz. 429*) zu tragen.

434 Bei sonstigen **verbrauchsabhängigen Verteilerschlüsseln** ist ebenfalls von dem Grundsatz der Bindung der Parteien an den Vertrag auszugehen. Eine Vertragsklausel ist schon deshalb wirksam[2], weil die verbrauchsabhängige Abrechnung in § 556a Abs. 1 Satz 2 BGB vorgesehen ist, daher keine vom Gesetz abweichende Vereinbarung vorliegt und somit keine Inhaltskontrolle stattfindet, § 307 Abs. 3 BGB. Bei der Abrechnung ist allein wegen der Vorhaltekosten des Versorgers, die sich in Grund- und Zählerkosten widerspiegeln, keine Abweichung vom vorgesehenen verbrauchabhängigen Veteiler gerechtfertigt[3]. Vielmehr führen auch hier erst die Fälle **krasser Unbilligkeit** zu einer Korrektur. Dafür liegen in der Regel die Voraussetzungen vor, wenn bei Leerstand nur nach dem tatsächlich verursachten Verbrauch abgerechnet wird und z.B. der einzig nutzende Mieter in einem großen Mietobjekt auch die statischen Kosten für die anderen Einheiten (Zählermiete, Grundkosten etc.) allein tragen würde. Hier kann der Vermieter verpflichtet sein, die statischen Kosten bei verbrauchsabhängigen Positionen vorab herauszurechnen und nur nach Wohnfläche umzulegen[4].

(3) Vertraglicher Änderungsvorbehalt

435 Auch in einem **Formularvertrag** kann sich der Vermieter grundsätzlich vorbehalten, die Berechnungsmodalitäten der Betriebskosten zu ändern.

436 Selbst wenn die Umsetzung eines solchen Vorbehalts zu einer (dauerhaften) Erhöhung der Belastung des Mieters führt, bestehen keine grundsätzlichen Bedenken gegen die Wirksamkeit. Da die Betriebskosten ein Teil der Miete sind, würde darin zwar eine **Mieterhöhung** i.S.d. §§ 557 ff. BGB liegen. Einschlägige Vorschriften, die aus diesem Gesichtspunkt die Wirksamkeit einer Vertragsklausel hindern, sind aber nicht ersichtlich.

– **§ 556 BGB** bestimmt – durch § 556 Abs. 4 BGB geschützt –, dass zur Umlage von Betriebskosten eine Vereinbarung erforderlich ist. Zu inhaltlichen Anforderungen der Umlagevereinbarung oder deren Änderung trifft die Vorschrift keine Aussage.

– **§ 556a Abs. 2 BGB** sieht für einen Sonderfall vor, wie der Vermieter die verursachungs- oder verbrauchsabhängige Abrechnung einführen kann und schützt durch Abs. 3 die zugunsten des Mieters aufgestellten Moda-

---

1 BGH v. 23.1.2008 – VIII ZR 82/07, WuM 2008, 151 = GE 2008, 401; vgl. OLG Hamm, DWE 1989, 179 – zu Eigentumswohnungen; *Schmid*, Mietnebenkosten, Rz. 4145.
2 LG Chemnitz v. 11.4.2008 – 6 S 437/07, NZM 2009, 154.
3 AG Köln, WuM 1998, 290, 291.
4 Für eine generelle Pflicht des Vermieters bei Leerstand: LG Cottbus v. 8.6.2005 – 5 S 4/05, WuM 2007, 323; AG Rathenow, WuM 2004, 342.

litäten. Keinesfalls kann die Vorschrift dahin verstanden werden, dass sie den einzigen (zulässigen) Fall der Änderung des Verteilerschlüssels regeln soll. Vielmehr soll sie für den Vermieter eine bestimmte Option begründen und die Umsetzung für den Mieter erträglich gestalten.

– Der Anwendungsbereich des **§ 557 Abs. 2 BGB** wird zwar aus dem Gesichtspunkt des Mieterschutzes dahin verstanden, dass eine künftige Mietänderung bei Abschluss des Mietvertrages nur durch eine Staffel- oder Indexmiete geregelt werden kann[1]. Bei der Auslegung auch dieser Vorschrift ist aber vom Grundsatz der Vertragsfreiheit auszugehen[2]. Wären künftige Mietänderungen bei Vertragsschluss nur durch Staffel- oder Indexmiete zu regeln, könnten die Parteien z.B. keine (wirksame) Vereinbarung darüber treffen, dass der Mieter erst ab dem dritten Mietjahr Betriebskosten zu tragen hätte. Auch darin liegt eine Mietänderung, die sich betragsmäßig nicht festmachen ließe. Im Übrigen erfasst § 557 Abs. 2 BGB nur Regelungen über mehrere künftige Änderungen der Miethöhe[3].

– Nach **§ 557 Abs. 3** i.V.m Abs. 4 BGB sind keine anderen Vereinbarungen über künftige Mieterhöhungen verboten. Vielmehr gebietet die Vorschrift, dass ohne vertragliche Regelung nur unter den Voraussetzungen der §§ 558 bis 560 BGB einseitige Mieterhöhungen des Vermieters zulässig sind.

– Schließlich steht auch **§ 560 Abs. 6** BGB nicht entgegen, weil in § 560 BGB allein geregelt ist, unter welchen Voraussetzungen sich eine Pauschale oder Vorauszahlung erhöhen oder ermäßigen kann. Berechnungsmodalitäten für eine Betriebskostenabrechnung sind dort nicht geregelt.

Allerdings ist bei einer Formularklausel neben dem **Transparenzgebot** aus § 307 Abs. 1 Satz 2 BGB auch **§ 308 Nr. 4 BGB** zu beachten. 437

Das setzt zunächst voraus, dass der Wortlaut der Klausel **keine rückwirkenden Änderungen** erfasst, was allein durch die Einschränkung „soweit zulässig" nicht ausgeräumt werden kann[4]. Auch die Änderung in der laufenden Abrechnungsperiode ist unzulässig[5]. Aus alledem – insbesondere dem Transparenzgebot – kann jedoch nicht generell abgeleitet werden, dass eine Klausel nur wirksam ist, wenn bestimmte Formalien für ihre Umsetzung vorgesehen sind. Maßgeblich ist allein, dass der Vorbehalt ausreichend bestimmt ist[6]. Diese Anforderungen sind erfüllt, wenn die Änderungen „im zulässigen Rahmen"[7] oder „**im Rahmen der gesetzlichen Vorschriften**"[8] stattfinden sollen. 438

---

1 *Börstinghaus* in Schmidt-Futterer, § 557 BGB Rz. 22.
2 Begründung des RegE, *Lützenkirchen*, Neue Mietrechtspraxis, Rz. 1162.
3 Vgl. Palandt/*Weidenkaff*, § 557 BGB Rz. 4.
4 BGH v. 20.1.1993 – VIII ZR 10/93, WuM 1993, 109 = ZMR 1993, 263.
5 OLG Rostock v. 23.10.2008 – 3 U 123/07, GE 2009, 324.
6 *Weitemeyer* in Emmerich/Sonnenschein, § 556 BGB Rz. 35.
7 BGH v. 5.11.2003 – VIII ZR 10/03, WuM 2004, 25 = ZMR 2004, 103 = NZM 2004, 93; BGH v. 3.3.2004 – VIII ZR 151/03, WuM 2004, 288; BGH v. 3.3.2004 – VIII ZR 153/03, NZM 2004, 379.
8 BGH v. 27.9.2006 – VIII ZR 80/06, WuM 2006, 612 = NZM 2006, 896.

439 Bei anderen Klauseln ist zu prüfen, ob sie z.B. dem Vermieter (auch) die Möglichkeit einräumen, eine **Änderung wegen eigenen Fehlverhaltens** herbeizuführen, wie etwa bei der Versäumung der Eichfristen (vgl. dazu *Rz. 42*), oder Umstände eine Änderung rechtfertigen sollen, die in den Risikobereich des Vermieters fallen, wie z.B.der **Leerstand**. Erfasst die Klausel derartige Fälle, ist sie wegen Verstoßes gegen § 307 BGB unwirksam.

dd) Einzelne Umlageschlüssel

440 Schon § 556a Abs. 1 Satz 1 BGB macht deutlich, dass die Parteien im Rahmen der allgemeinen Grenzen einen Abrechnungsschlüssel vereinbaren können. Dabei kommen neben den gebräuchlichen in der Praxis auch exotische Verteiler vor (z.B. Flächenmonate). Für die gebräuchlichen ergeben sich folgende Regeln:

(1) Anzahl der Mietobjekte

441 Soweit ersichtlich, ist dieser Abrechnungsschlüssel in der Praxis vor allem bei den Kosten der **Gemeinschaftsantenne** oder eines Breitbandkabelanschlusses gebräuchlich, und zwar auch regelmäßig dann, wenn der Vertrag einen anderen Verteilerschlüssel vorsieht. Letzteres ist grundsätzlich zu **beanstanden**. Zwar ist der Nutzwert der angegebenen Leistungen für alle Wohnungen unabhängig von der Größe und der Bewohnerzahl gleich. Dies allein ist aber kein ausreichender Grund, vom Vertrag oder dem Gesetz (§ 556a Abs. 1 BGB) abzuweichen. Allerdings setzt sich der Mieter, der diese Einwendung vorträgt, dem Vorwurf des **Formalismus** aus.

442 Wird dieser Verteiler im Vertrag **formularmäßig** für alle Umlagepositionen vorgesehen, kann eine Unwirksamkeit wegen unangemessener Benachteiligung nicht von vornherein angenommen werden. Denn ist das Mietobjekt in etwa gleich große Einheiten aufgeteilt, ergeben sich keine erheblichen Abweichungen zum Wohnflächenschlüssel. Dieser ist aber auch wirksam, soweit danach verbrauchsabhängige Kosten abgerechnet werden oder gerade nicht auf das Maß der Beteiligung an der Entstehung der Kosten abgestellt wird[1]. Im Übrigen ist bei der Inhaltskontrolle neben dem Interesse des Vermieters an einer einfachen Abrechnung zu berücksichtigen, dass im Einzelfall eine **krasse Unbilligkeit** zur Änderung des Umlageschlüssels zwingen kann (vgl. *Rz. 429*).

443 Hat der Vermieter diesen Verteilerschlüssel durch Ausübung seines **Leistungsbestimmungsrechts** (vgl. *Rz. 408*) bei anderen Kosten, die nicht für jede Einheit unabhängig von ihrer Größe den gleichen Nutzwert haben, angesetzt, entspricht die Auswahl regelmäßig nur dann billigem Ermessen, wenn die einzelnen Mietobjekte keine gravierenden Größenunterschiede aufweisen und in gleicher Weise ausgestattet sind. Daher muss die Fläche, wenn auch nicht exakt, so doch nahezu gleich sein, und es dürfen sich

---

[1] BGH v. 20.9.2006 – VIII ZR 103/06, WuM 2006, 613 = NZM 2006, 895 = ZMR 2006, 919.

auch keine Abweichungen in der vom Vermieter zur Verfügung gestellten Ausstattung ergeben, soweit der Mieter die Energiekosten dafür nicht unmittelbar mit dem Leistungsträger abrechnet.

(2) Nutz-/Wohnfläche

Dieser Maßstab entspricht auch hinsichtlich der verbrauchsabhängigen Betriebskosten bei Ausübung eines Leistungsbestimmungsrechts (vgl. dazu Rz. 408) durch den Vermieter der **Billigkeit**[1], was sich schon aus § 556a Abs. 1 BGB ergibt. Eine **Formularklausel**, die die Abrechnung nach Fläche vorsieht, ist wirksam, weil sie durch § 556a Abs. 1 Satz 1 BGB angeordnet wird, so dass auch die unterschiedliche Inanspruchnahme der Leistung ohne Bedeutung ist[2]. Die Regelung im Mietvertrag, dass die Umlage nach der anteiligen Mietfläche zu erfolgen hat, ist **eindeutig** und auch bei gewerblich genutzten Gebäuden[3] **zulässig**.

444

Für die **Flächenberechnung** gelten auch im preisfreien Wohnraum die Regeln der §§ 42–44 II. BV bzw. ab 1.1.2004 die WoFlV, sofern die Parteien keine andere Vereinbarung treffen oder eine weitere Ausnahme vorliegt (vgl. dazu F Rz. 55 f.).

445

Für den Ansatz in der Abrechnung ist zunächst die **vereinbarte Wohnfläche** maßgeblich[4], solange keine **erhebliche Abweichung**, also eine von mehr als 10 % vorliegt (vgl. Rz. 429). Haben die Parteien dazu keinen **Gesamtverteiler** festgelegt, ist vorbehaltlich besonderer Umstände im Wege der ergänzenden Vertragsauslegung die Summe der vereinbarten Umlageschlüssel im Haus anzusetzen (vgl. Rz. 415).

446

Neben weiterer davon abweichender Rechtsprechung[5] wird vertreten, es käme **immer** auf die **tatsächliche Fläche** an, zumal ein Vertrag zu Lasten Dritter vorliegen soll, wenn die vereinbarte Fläche geringer sei[6]. Diese Auffassung verkennt, dass die Fläche in den gegebenen Konstellationen nicht bloß ein Berechnungsfaktor ist, sondern Gegenstand einer Vereinbarung, deren Gültigkeit sich nach den allgemeinen Regeln richtet. Haben die Parteien eine Wohnfläche vereinbart und im selben Vertrag geregelt, dass die Abrechnung der Betriebskosten nach Wohnfläche erfolgen soll, ist kein vernünftiger Grund ersichtlich, beide Flächen unterschiedlich zu interpretieren. Ein **Vertrag zu Lasten Dritter** scheitert bereits daran, dass die evtl. höhere Belastung eines anderen Mieters nicht die unmittelbare Folge des zu gering vereinbarten Flächenschlüssels mit dem einen Mieter ist, son-

447

---

1 BGH v. 20.9.2006 – VIII ZR 103/06, NJW 2006, 3557; OLG Hamm, WuM 1983, 315; AG Duisburg, ZMR 1993, 172.
2 BGH v. 20.9.2006 – VIII ZR 103/06, WuM 2006, 613 = NZM 2006, 895 = ZMR 2006, 919.
3 LG Lübeck, WuM 1989, 83.
4 LG Köln, WuM 1993, 362.
5 Vgl. dazu *Langenberg*, Betriebskosten, F Rz. 36 m.w.N.
6 Vgl. *Langenberg*, Betriebskosten, F Rz. 36.

dern die unmittelbare Folge seiner eigenen Umlagevereinbarung (vgl. Rz. 416).

448 Unerhebliche Abweichungen zwischen den angesetzten und den tatsächlichen oder vereinbarten Flächen bleiben auf das Ergebnis ohne Auswirkung, wobei eine Abweichung von 20 % schon deshalb nicht unerheblich ist[1], weil bei einer über 10 %-igen Abweichung eine **Korrekturnotwendigkeit** auch bei Abrechnung der Betriebskosten besteht[2], und zwar auch ohne vertragliche Bestimmung der Fläche, wenn die in der Abrechnung angesetzte Fläche um mehr als 10 % von den tatsächlichen Umständen abweicht. Denn die Betriebskosten sind Miete (vgl. § 556 Abs. 1 BGB), so dass die **Minderungsgrundsätze** eingreifen. Eindeutig unerheblich sind jedoch Abweichungen von 1 %[3].

449 Zeigen die vorliegenden Unterlagen (ggf. nach einer Beweisaufnahme) erhebliche Flächendifferenzen, ist grundsätzlich die **tatsächliche Fläche** maßgeblich[4]. Auch bei unerheblichen Abweichungen besteht kein Anlass, auf eine für den Mieter günstigere Größe abzustellen[5]. Haben allerdings die Parteien ausdrücklich vereinbart, dass die im Vertrag angegebene Fläche maßgeblich sein soll, liegt damit grundsätzlich eine nicht korrigierbare Größe vor[6]. Dies kann aber wegen § 536 Abs. 4 BGB nur für die Gewerberaummiete gelten, es sei denn, die Vereinbarung wird nach Invollzugsetzung des Mietvertrages geschlossen[7].

450 Will der Mieter die **Flächenangaben überprüfen**, muss der Vermieter im Rahmen der Belegeinsicht die Wohnflächenberechnungen[8] vorlegen. Deshalb kann der Mieter im Prozess die Flächen grundsätzlich nicht (einfach) bestreiten, wenn er von seinem Recht zur Belegeinsicht (bisher) keinen Gebrauch gemacht hat. Kann er aber eine erhebliche Flächenabweichung für die eigene Wohnung darlegen, genügt es nicht, dass der Vermieter für die Gesamtfläche ein Sachverständigengutachten als **Beweis** anbietet. Dies wäre eine unzulässige Ausforschung[9]. Er muss zumindest vortragen, welche Fläche bei welcher Wohnung angesetzt wurde.

451 Kann der Vermieter keine **Wohnflächenberechnung** vorlegen, muss er sie im Zweifel schon **außergerichtlich erstellen** lassen, weil sie zum Umfang der Belegprüfung gehört. Insoweit macht sich der Mieter aber **schadensersatzpflichtig**, wenn sich sein Begehren als Schikane darstellt. Letzteres ist der Fall, wenn die Wohnungen im Objekt in etwa gleich sind oder nur die gleichen Wohnungstypen bestehen und der Vermieter diese zwar diffe-

---

[1] So AG Köln in *Lützenkirchen*, KM 2 Nr. 27.
[2] BGH v. 10.10.2007 – VIII ZR 279/06, WuM 2007, 694.
[3] LG Köln in *Lützenkirchen*, KM 17 Nr. 5.
[4] LG Freiburg, WuM 1988, 263; AG Hamburg, WuM 1987, 230.
[5] LG Hannover, WuM 1990, 228.
[6] KG, WuM 2006, 35 = ZMR 2006, 284.
[7] *Lützenkirchen/Dickersbach*, ZMR 2006, 821.
[8] AG Brühl in *Lützenkirchen*, KM 2 Nr. 9.
[9] LG Köln in *Lützenkirchen*, KM 2 Nr. 45 = ZMR 2001, 624.

renziert, aber immer mit dem gleichen Maßstab angesetzt hat. In diesen Fällen kann die Anwendung der aufgrund einer neuen Berechnung ermittelten Flächen regelmäßig nicht zu erheblich abweichenden Ergebnissen führen[1].

Um diesem **Kostenrisiko vorzubeugen**, sollte auch dem rechtsschutzversicherten Mandanten (vgl. *B Rz. 29 f.*) empfohlen werden, zunächst die Fläche seiner eigenen Wohnung nachzumessen. Bevor der Mandant dazu einen Sachverständigen beauftragt, sollte ermittelt werden, ob sich in seinem Freundeskreis ein Architekt oder eine sonstige kompetente Person befindet, die die entsprechende Messung durchführen kann. Vom (unversierten) Mandanten selbst durchgeführte Flächenberechnungen sollten mit Vorsicht behandelt werden, da regelmäßig die Besonderheiten für Dachschrägen, Abstellräume, Nischen etc. nicht ausreichend berücksichtigt werden. Ergibt das fachmännische Aufmaß erhebliche Abweichungen, kann die Einwendung riskiert werden. 452

Zur Berücksichtigung von **Leerstand** vgl. *Rz. 431*. 453

Liegt auf Grund der Ermittlungen (ggf. im Prozess durch Beweisaufnahme) der richtige Flächenmaßstab vor, sollte der Rechtsanwalt die Abrechnung **selbst korrigieren**. Denn ein Anspruch auf Neuerteilung der Abrechnung besteht nur bei einem formellen Fehler. Die Anwendung eines – wie auch immer – falschen Schlüssels begründet aber einen **materiellen Fehler** der Abrechnung. 454

(3) Umbauter Raum

Die Anwendbarkeit dieses Verteilers steht ebenfalls unter dem Vorbehalt des § 556a Abs. 1 BGB. Er entspricht der **Billigkeit**, wenn im Gebäude Mietobjekte mit unterschiedlicher Raumhöhe vorhanden sind. Dies kann vor allem bei gemischt genutzten Objekten der Fall sein, bei denen Ladengeschäfte im Erdgeschoss regelmäßig eine größere Deckenhöhe aufweisen. Aber auch bei Altbauten, die in den Vollgeschossen Deckenhöhen von über 4 m, im Dachgeschoss jedoch nur von etwas über 2 m haben, kann dieser Abrechnungsschlüssel sachgerecht sein. 455

Um die Angaben in der Abrechnung überprüfen zu können, benötigt der Rechtsanwalt vom Vermieter eine Berechnung, die den Anforderungen der Anlage 2 zur II. BV entspricht. Im Zweifel muss die Berechnung durch einen Sachverständigen erfolgen, wenngleich dieser Fall eher unwahrscheinlich ist, weil der Vermieter, der den Umlagemaßstab „umbauter Raum" wählt, regelmäßig über entsprechende Unterlagen verfügt. Wenn diese Angaben bezweifelt werden sollen, ergibt sich jedoch das gleiche Risiko wie bei der Nutz-/Wohnfläche (vgl. dazu *Rz. 444 f.*). 456

---

1 Vgl. zu diesem Argument: BGH v. 8.3.2006 – VIII ZR 78/05, WuM 2006, 200 = NZM 2006, 340.

(4) Miteigentumsanteile

457 Bei der Vermietung von Teil- und Wohnungseigentum ist es grundsätzlich zulässig, die Umlage nach Miteigentumsanteilen zu vereinbaren oder bei Bestehen eines **Leistungsbestimmungsrechts** (vgl. dazu *Rz. 408*) anzusetzen[1]. Eine unangemessene Benachteiligung des Mieters tritt auch nicht ein, wenn die Bestimmung der Miteigentumsanteile nicht dem tatsächlichen Größenverhältnis der einzelnen Einheiten entspricht, weil z.B. Lagevorteile einzelner Wohnungen bei der Berechnung der Miteigentumsanteile berücksichtigt wurden. Denn der Umfang der Inanspruchnahme der abzurechneden Leistung ist grundsätzlich unbedeutend[2]. Allerdings kann eine **krasse Unbilligkeit** im Einzelfall zu einer Korrektur führen (vgl. dazu *Rz. 429*).

458 Der Umlageschlüssel gilt schon dann als vereinbart, wenn im Vertrag zur Umlage auf die **Abrechnung des WEG-Verwalters** verwiesen wird. Allein deshalb, weil der vereinbarte von dem in der Eigentümergemeinschaft angewendeten Maßstab abweicht, wird die vertragliche Festlegung nicht unbeachtlich[3]. Dies ließe sich mit allgemeinen Grundsätzen nicht vereinbaren. Denn auch Formularklauseln sind vertragliche Regelungen[4] und daher nur unter den im Gesetz ausdrücklich genannten Voraussetzungen unbeachtlich. Allenfalls kommt nach dem Grundsatz des Vorrangs der Individualvereinbarung eine konkludente Vereinbarung der Parteien über einen abweichenden Abrechnungsschlüssel in Betracht. Dazu muss jedoch ein Verhalten festgestellt werden können, aus dem sich ein auf eine abweichende Vereinbarung gerichtetes Erklärungsbewusstsein herleiten lässt. Dies wird ohne besondere Anhaltspunkte nicht feststellbar sein.

459 Rechnet der Vermieter nach Miteigentumsanteilen ab, obwohl der Vertrag die Umlage nach Fläche vorsieht, liegt ein **materieller Fehler** vor, den der Vermieter auch noch nach Ablauf der Abrechnungsfrist korrigieren kann. Ob der Vermieter dadurch in die Lage versetzt wird, dem Mieter höhere Kosten zu belasten, als er selbst an die Eigentümergemeinschaft zahlen muss, ist unbedeutend[5]. Die Abrechnung ist (inhaltlich) falsch und zieht eine Klageabweisung wegen mangelnder Fälligkeit nach sich[6].

460 Eine **Korrektur** kann ausnahmsweise **unterbleiben**, wenn in der Abrechnung darauf hingewiesen wird, dass die Miteigentumsanteile dem Flächenmaßstab entsprechen[7], sofern der Mietvertrag eine Umlage nach Wohnflä-

---

1 Vgl. LG Düsseldorf, DWW 1988, 210; *Langenberg*, Betriebskosten, F Rz. 39 m.w.N.
2 BGH v. 20.9.2006 – VIII ZR 103/06, WuM 2006, 613 = NZM 2006, 895 = ZMR 2006, 919.
3 A.A. *Blank*, WuM 2000, 523, 524.
4 BGH v. 18.6.2003 – VIII ZR 240/02, MietRB 2003, 32 = WuM 2003, 505 = ZMR 2003, 655.
5 A.A. LG Berlin, GE 1988, 1169.
6 AG Potsdam, WuM 2003, 456.
7 LG München I, ZMR 2003, 431.

che vorsieht[1] oder § 556a Abs. 1 BGB gilt. Auf einfaches Bestreiten des Mieters muss der Vermieter dann aber eine vergleichende Berechnung vorlegen. Jedenfalls muss die Abrechnung in der Form erläutert werden, dass für den Mieter ersichtlich ist, dass die Miteigentumsanteile dem Verhältnis der Flächen entsprechen. Dazu muss mindestens die Gesamtfläche angegeben werden[2].

(5) Anzahl der Nutzer (Personenschlüssel)

Die Umsetzung des Personenschlüssels kann mit einem erheblichen Aufwand und gewissen tatsächlichen Schwierigkeiten verbunden sein. Immerhin muss der Vermieter eigentlich taggenau ermitteln, welche Personen potentiell an der Entstehung von Betriebskosten mitgewirkt haben. Denn wenn für die Verteilung der Betriebskosten die Anzahl der Bewohner maßgeblich sein soll, kommt es auf die tatsächliche Benutzung an[3]. In der Regel wird jedoch auch ein größerer Kontrollturnus akzeptiert und erfasst, wie viele **Personen im Monat** die Wohnung genutzt haben. Mit Rücksicht auf den Grundsatz, dass die Durchführung der Abrechnung für den Vermieter zumutbar sein muss, kann diese Praxis nicht beanstandet werden. Größere Zeitabstände sind aber nur gerechtfertigt, wenn keine erheblichen Schwankungen bei der Zahl der Bewohner eintreten. 461

Auch in Gebäuden, die sowohl kleine als auch größere Wohnungen haben und in denen unterschiedliche Bewohnerzahlen vorliegen, kann der Personenschlüssel **wirksam** vereinbart werden. Krasse Unbilligkeiten (vgl. dazu Rz. 429) können im Einzelfall nach den dafür geltenden Kriterien abgehandelt werden. 462

Da der Personenschlüssel auf die **Anzahl der Bewohner** abstellt, kommt es nicht darauf an, ob in der Wohnung eine Wasch- und/oder Geschirrspülmaschine betrieben wird[4], ein Haustier gehalten wird[5] oder sogar Autos gewaschen werden[6]. Auch persönliche Lebensgewohnheiten, die zu einem unterschiedlichen Wasserverbrauch oder zu unterschiedlicher Müllverursachung führen können, sind unerheblich[7]. Relevant ist aber ein **Dauerbesuch**[8] oder wenn ein Säugling zur Familie gehört[9] 463

Eine Betriebskostenabrechnung ist inhaltlich falsch, wenn der Vermieter für die Ermittlung der Zahl der in den einzelnen Wohnungen ständig lebenden Menschen allein die Angaben aus dem amtlichen **Einwohnermelde-** 464

---

1 AG Köln, MietRB 2003, 61; a.A. AG Köln in *Lützenkirchen*, KM 2 Nr. 93.
2 AG Leipzig v. 2.6.2006 – 163 C 739/06, WuM 2007, 197.
3 Vgl. OLG Hamm, DWE 1989, 179 – zu Eigentumswohnungen; *Schmid*, Nebenkosten, Rz. 4145.
4 A.A. AG Hannover, WuM 1987, 227.
5 A.A. AG Paderborn, DWW 1988, 151; *Kox*, ZMR 1981, 163.
6 A.A. AG Dortmund, WuM 1986, 262.
7 Vgl. dazu: LG Mannheim, NZM 1999, 365, 366.
8 AG Frankfurt/Main, WuM 1985, 373; AG Homburg, WuM 1987, 359.
9 AG Wuppertal, DWW 1988, 262.

register verwertet hat[1]. Denn gerade in Mehrparteienhäusern findet erfahrungsgemäß eine beachtliche Fluktuation statt, etwa durch Geburt, Tod, Ein- oder Auszug von Familienmitgliedern oder Lebensgefährten, Beginn oder Ende des Studiums auswärts studierender Kinder, längeren Auslandsaufenthalt von Familienmitgliedern oder Ähnliches, die schon nach den Vorschriften der Meldegesetze der Länder nicht zeitgerecht erfasst werden.

465 Für die **formelle Wirksamkeit** reicht bei der Abrechnung nach Personen die Angabe der Gesamtzahl und der für die betreffende Wohnung angesetzten Personen[2]. Wie viele Person in welcher Wohnung für welchen Zeitraum berücksichtigt wurden, muss in der Abrechnung grundsätzlich nicht angegeben werden[3].

466 Wird der Verteilerschlüssel aus dem Produkt der Bewohner und der Anzahl der Monate (**Personen × Monate = sog. Personenmonatsschlüssel**) gebildet, muss dies in der Abrechnung angegeben werden, sofern es dem Mieter nicht aus früheren Abrechnungen bekannt ist[4]. Denn schon die Größe der Zahl des Gesamt- und Einzelverteilers wird für den Mieter nicht aus sich heraus verständlich sein[5]. Aber auch in diesem Fall ist es zur Vermeidung eines formellen Fehlers nicht erforderlich, die genaue Zahl der Bewohner pro Monat für die einzelne Wohnung in der Abrechnung anzugeben.

(6) Verbrauchserfassung

467 Neben §§ 2, 5 HeizkV (vgl. dazu *Rz. 809 f.*) kann sich die Notwendigkeit der Verbrauchserfassung entweder aus einer Vereinbarung über eine verbrauchsabhängige Umlage der Parteien oder aus § 556a Abs. 1 Satz 2 BGB ergeben. Dazu müssen aber alle Wohnungen mit Zählern ausgestattet sein, wie § 556a Abs. 1 Satz 2 BGB vorgibt[6].

(a) Vereinbarung der verbrauchsabhängigen Abrechnung

468 Besteht keine **vertragliche Bestimmung**, die die verbrauchsabhängige Abrechnung grundsätzlich vorsieht, ist zu prüfen, ob eine solche Abrede **stillschweigend** geschlossen wurde. Dies kann etwa der Fall sein, wenn die Wohnung mit (Wasser-) Zählern ausgestattet ist und darüber bei der Besichtigung vor Abschluss des Mietvertrages gesprochen wurde. Eine stillschweigende Vereinbarung zur Abrechnung nach Verbrauchserfassung kommt aber nicht in Betracht, wenn **nicht alle Wohnungen** des Hauses mit Zählern ausgestattet sind und der Vertrag einen anderen (bestimmten)

---

1 BGH v. 23.1.2008 – VIII ZR 82/07, WuM 2008, 151 = GE 2008, 401.
2 BGH v. 19.11.2008 – VIII ZR 295/07, NZM 2009, 78 = GE 2009, 189.
3 A.A. LG Mannheim, MietRB 2003, 2.
4 BGH v. 19.11.2008 – VIII ZR 295/07, NZM 2009, 78 = GE 2009, 189.
5 Vgl. zu einem ähnlichen Fall: BGH v. 9.4.2008 – VIII ZR 84/07, NJW 2008, 2258 = GE 2008, 795.
6 BGH v. 12.3.2008 – VIII ZR 188/07, WuM 2008, 288 = GE 2008, 661; Staudinger/*Weitemeyer*, § 556a BGB Rz. 15; MünchKommBGB/*Schmid*, § 556a BGB Rz. 31; Palandt/*Weidenkaff*, § 556a BGB Rz. 4; *Langenberg*, NZM 2001, 783, 790.

Abrechnungsschlüssel vorsieht[1]. Andererseits soll der Vermieter nicht ohne Ankündigung berechtigt sein, nach dem abgelesenen Vebrauch abzurechnen, wenn als Umlagemaßstab die Wohnfläche vereinbart ist[2].

Sind **Zählereinrichtungen** in allen Wohnungen **vorhanden**, ist § 556a Abs. 1 Satz 2 BGB als andere Vereinbarung i.S.v. § 556 Abs. 1 Satz 1 BGB anzusehen und verbrauchsabhängig abzurechnen. Fehlt also eine Vereinbarung im Vertrag über den Umlageschlüssel, sind die verbrauchs- oder verursachungsabhängigen Kosten entsprechend abzurechnen. 469

Entgegenstehende **Formularklauseln** sind jedenfalls dann **überraschend** (§ 305c BGB), wenn dem Mieter bei der Besichtigung auch die Zählervorrichtungen gezeigt wurden. 470

Ansonsten ist eine Klausel, die auch die Umlage **statischer Kostenanteile** (z.B. Zählerkosten, Grundgebühren) im Rahmen der verbrauchsabhängigen Abrechnung vorsehen, nach **§ 307 BGB** nicht zu beanstanden. Immerhin sieht § 556a Abs. 1 Satz 2 BGB ausdrücklich vor, dass der Maßstab dem unterschiedlichen Verbrauch oder der **unterschiedlichen Verursachung Rechnung tragen** soll. Damit wird die Umlagefähigkeit statischer Kostenanteile legalisiert[3]. Davon zu unterscheiden ist der Fall, in dem der Mieter wegen Leerstand einen Anspruch auf Änderung des Verteilerschlüssels geltend machen kann (vgl. dazu *Rz. 431 f.*). 471

Rechnet der Vermieter trotz Verpflichtung **nicht verbrauchsabhängig** ab, wird dem Mieter ein **Abzug von 15 %** zugebilligt[4]. Andere lassen eine Abrechnung nach billigem Ermessen zu, wenn der vertraglich vorgesehene Einbau von Wasserzählern unterblieben ist[5]. Richtigerweise ist der Abrechnungssaldo, der insoweit nach einem nicht verbrauchsabhängigen Maßstab abgerechnet wurde, nicht fällig. Im Wege der ergänzenden Vertragsauslegung ist der Vermieter zur Schätzung (z.B. anhand der Verbrauchswerte der letzten drei Jahre) berechtigt, wodurch dieser materielle Fehler korrigiert werden kann. Für einen Abzug mit Strafcharakter fehlt aber die Anspruchsgrundlage, denn § 12 HeizkV ist nicht analog anwendbar. Erst wenn sich eine Schätzung nicht durchführen lässt, weil es z.B. an Abrechnungen der Vorjahre oder vergleichbarer Räume fehlt, kommt auch eine Abrechnung nach Wohnfläche in Betracht[6]. Denn ein ähnliches System, wie es die HeizkV mit den §§ 9a, 12 vorhält, fehlt für die anderen verbrauchsabhängigen Betriebskosten. Im Wege der ergänzenden Vertragsauslegung lässt sich nicht ermitteln, dass der Vermieter auch für den Fall, dass 472

---
1 BGH v. 12.3.2008 – VIII ZR 188/07, WuM 2008, 288 = NZM 2008, 444; LG Berlin, GE 1999, 1052; AG Köpenick, WuM 2006, 273.
2 AG Potsdam v. 29.3.2007 – 26 C 287/06, GE 2008, 551.
3 LG Chemnitz v. 11.4.2008 – 6 S 437/07, NZM 2009, 154; *Blank/Börstinghaus*, § 556a BGB Rz. 28.
4 AG Neukölln v. 13.3.2008 – 19 C 499/07, GE 2009, 384.
5 OLG Düsseldorf v. 30.10.2008 – I-24 U 84/08, GE 2009, 906 = GuT 2009, 300.
6 A.A. für die Heiz- und Warmwasserkostenabrechnung allerdings unter Abzug von 15 %: BGH v. 21.10.2007 – VIII ZR 261/06, WuM 2007, 700.

er die fehlende Möglichkeit zur verbrauchsabhängigen Abrechnung nicht zu vertreten hat, einen Strafabzug hinnehmen wollte.

(b) Richtige Messtechnik

473 Findet die Verbrauchserfassung (z.B. bei Wasser) über Zähler statt, hat der Vermieter **Eichfristen** zu beachten. Kaltwasserzähler sind z.B. alle 6 Jahre, Wärme- und Warmwasserzähler alle 5 Jahre nach § 2 Abs. 1 EichG i.V.m. § 12 Anh. B Nr. 6.1 und 6.2 EichO zu überprüfen. Wann die letzte Inspektion stattgefunden hat, ist auf dem jeweiligen Zähler vermerkt.

474 Eine Überschreitung der Eichfrist verstößt gegen § 25 EichG und hat zur Folge, dass die Messergebnisse grundsätzlich **nicht verwendet** werden können[1]. Eine gleichwohl darauf aufbauende Abrechnung ist nicht ordnungsgemäß. Wie in solchen Fällen zu verfahren ist, ist **umstritten**:

475 Im Rahmen der Heiz- und Warmwasserkostenabrechnung kann (muss aber nicht[2], vgl. *Rz. 894 f.*) der Mieter gem. § 12 HeizkV einen **Abzug von 15 %** vornehmen, was auch bei Kaltwasserkosten zulässig sein soll[3]. Dagegen spricht aber, dass ein Verstoß gegen § 2 EichG vorliegt, woraus für sich genommen noch keine Unrichtigkeit des Abrechnungsergebnisses folgt[4]. Deshalb soll der Mieter allein wegen des Ablaufs der Eichfrist nicht den Ausgleich des (Teil-)Saldos wegen der Wasserkosten verweigern können[5]. Schließlich wird vertreten, dass der Vermieter die Kosten nicht verbrauchsabhängig, sondern nach dem **Flächenschlüssel** des § 556a Abs. 1 BGB oder unter Zugrundelegung früherer Verbrauchsmessungen im Wege der **Schätzung** abrechnen können soll[6]. Insoweit können dann aber die Kosten der Ablesung (der nicht geeichten Zähler) nicht geltend gemacht werden[7]. Schließlich wird in Parallele zu § 12 HeizkV vorgeschlagen, bei dem Versorgungsunternehmen zu ermitteln[8], ob dort Untersuchungen vorliegen, dass der **Verbrauch pro Kopf** bei messtechnischer Erfassung geringer ist als bei Abrechnung nach Flächenschlüssel, um anhand der so ermittelten Höhe der durchschnittlichen Kosten einen **Abzug** zugunsten des Mieters zu bilden.

476 **Richtigerweise** kann der Vermieter auf der Grundlage ungeeichter Zähler oder von Zählern, bei denen die Eichfrist abgelaufen ist, **nicht abrechnen**, wenn nach dem Mietvertrag oder wegen § 556a Abs. 1 Satz 2 BGB verbrauchsabhängig abgerechnet werden muss. § 25 Abs. 1 Nr. 1 EichG verbietet ausdrücklich, die Verwendung nicht geeichter Messgeräte. Würde der

---

1 AG Löbau v. 12.2.2008 – 6 C 0290/06, WuM 2008, 486.
2 AG Köln in *Lützenkirchen*, KM 4 Nr. 10.
3 LG Berlin v. 13.3.2007 – 65 S 272/05, GE 2007, 1257; AG Hamburg, ZMR 2006, 132.
4 AG Spandau v. 26.6.2007 – 2b C 376/06, GE 2007, 1127.
5 A.A. LG Hamburg, HKA 2004, 26.
6 LG Berlin v. 9.1.2007 – 32 O 683/05, GE 2008, 669.
7 LG Saarbrücken, WuM 2005, 606 = GE 2006, 1557.
8 Vgl. *Langenberg*, Betriebskosten, G Rz. 148, zitiert insoweit zahlreiche Untersuchungen, die den Abzug von 15 % rechtfertigen sollen.

Vermieter trotzdem abrechnen können (mit oder ohne Abzug, aufgrund Flächenschlüssel oder nach Schätzung), würde das Verbot umgangen. Ein anderer als der vertraglich oder gesetzlich vorgesehene Umlageschlüssel ist nicht anwendbar, weil es an einer entsprechenden gesetzlichen Regelung fehlt, die dem Vermieter die Option einräumt, das EichG zu umgehen. Für eine Schadenspauschalierung wie bei § 12 HeizkV fehlt ebenfalls die gesetzliche Grundlage. Formularvertragliche Regelungen sind an § 309 Nr. 5 BGB zu messen.

Wer dieser Auffassung, die § 25 EichG als Verbotsgesetz i.S.v. § 134 BGB versteht, nicht folgen will, kommt zu dem gleichen Ergebnis über § 275 BGB. Denn die Anwendung des vereinbarten oder durch § 556a Abs. 1 Satz 2 BGB verbindlichen Umlageschlüssels ist unmöglich. 477

In diesem Fall ist ein Rückgriff auf die Grundsätze der pVV (§ 280 Abs. 1 BGB) (Verstoß gegen § 2 EichG = Pflichtverletzung) nicht notwendig. Weil der Vermieter nicht abrechnen darf, kann er auch nicht z.B. auf eine Schätzgundlage zurückgreifen und z.B. über § 287 ZPO einen Durchschnittswert aus den letzten drei Jahren bilden. 478

(c) Verteilung von Messdifferenzen

Neben der Überprüfung der Messtechnik (vgl. dazu *Rz. 476*) sollte der Rechtsanwalt bei der Kontrolle der Abrechnungsunterlagen auf die Vorlage der **Ablesequittungen** bestehen, um evtl. Differenzen aufdecken zu können. Da in vielen Fällen die Ablesung in der Wohnung stattfindet, sollte auch der Mandant befragt werden, ob er im Besitz einer Quittung über das Ableseergebnis ist. 479

Zeigt sich eine **Differenz** zwischen dem an einem Hauptzähler abgelesenen Verbrauch und der Summe der Einheiten der Zwischenzähler, kann die Differenz im Verhältnis der an den Zwischenzählern abgelesenen Einheiten umgelegt werden[1]. Dies gilt jedoch nicht mehr für Differenzen **von mehr als 20 %**[2]. Denn lassen sich darunter liegende Werte noch mit der Trägheit der Zählerrädchen erklären, sind darüber liegende Werte ein Indiz für mangelnde Instandhaltung des Rohrleitungsnetzes oder nicht erfasste Zapfstellen[3]. 480

Für leer stehende Mietobjekte vgl. *Rz. 431 f.* 481

(d) Hindernisse bei der verbrauchsabhängigen Abrechnung

Der Vermieter kann gegenüber der Pflicht zur verbrauchsabhängigen Abrechnung nicht einwenden, der Zähler befinde sich in der Wohnung und 482

---

1 LG Braunschweig, WuM 1999, 294; *Langenberg*, Betriebskosten, G Rz. 155 m.w.N.
2 LG Duisburg, WuM 2006, 199; LG Berlin, GE 2002, 193; LG Darmstadt, WuM 2001, 515.
3 *Langenberg*, Betriebskosten, G Rz. 155.

könne daher nicht abgelesen werden. Der Verbrauch kann durch Ausübung seines **Zutrittsrechts** (vgl. dazu *G Rz. 231 f.*) erfasst werden[1].

483 Hat der Vermieter **rechtswidrig nach Fläche abgerechnet**, ist der Saldo der entsprechenden Positionen nicht durchsetzbar. Dies kann auch nicht durch einen 15 %-igen Abzug korrigiert werden[2]. Zwar ist dem Vermieter die Abrechnung nach Verbrauch mangels Ablesung **unmöglich, § 275 BGB**. Dies eröffnet ihm aber keinen Anspruch, auf anderer Basis abzurechnen, solange der Mieter nicht die Unmöglichkeit zu vertreten hat (z.B. Verweigerung des Zutritts zwecks Ablesung der Zähler).

e) Besonderheiten bei bestimmten Mietobjekten oder Leistungen

484 Die Art des Mietobjektes kann zusätzliche Anforderungen an die Abrechnung der Betriebskosten stellen:

aa) Abrechnung bei Eigentumswohnungen

485 Bei der Vermietung einer Eigentumswohnung ist zwischen den Betriebskosten, die auf das Gebäude entfallen und den speziell für die Wohnung anfallenden Kosten zu **unterscheiden**. Die allgemein für das Gebäude entstehenden Kosten (Versicherung, Hausmeister, Gartenpflege etc.) werden dem Vermieter durch den **WEG-Verwalter** nach den gemäß § 16 Abs. 2 und 3 WEG relevanten Regeln im Rahmen der Jahresabrechnung aufgegeben. Daneben kann der Vermieter die speziell auf die Eigentumswohnung anfallenden Kosten selbst erheben. Für die zuletzt genannte Kostengruppe ist die **Grundsteuer** das Paradebeispiel. Sie wird dem vermietenden Sondereigentümer durch die Behörde direkt berechnet.

486 Nur weil der Abrechnung des Mieters eine (geprüfte) Abrechnung des WEG-Verwalters zugrunde liegt, werden an die Abrechnungspflicht des Vermieters **keine geringeren Anforderungen** gestellt[3]. Insoweit kann nämlich der Wohnungseigentümer (Vermieter) an den WEG-Verwalter die gleichen Ansprüche stellen wie der Mieter an den Vermieter[4]. Umgekehrt muss ein Wohnungseigentümer auch selbst den Anforderungen aus dem Mietrecht gerecht werden, wenn er seine Wohnung vermietet. Dies gilt auch, wenn nicht eine Wohnung, sondern ein **Gewerberaum** vermietet wurde (vgl. dazu *Rz. 759*). Jedoch soll der Vermieter berechtigt sein, in seiner Abrechnung gegenüber dem Mieter auf die beigefügte Abrechnung des WEG-Verwalters zu verweisen, wenn diese den Anforderungen des § 259 BGB genügt[5]. Voraussetzung ist nach der hier vertretenen Auffassung (vgl.

---

1 AG Köln v. 1.8.2007 – 203 C 175/07, WuM 2008, 222.
2 A.A. AG Neukölln v. 13.3.2008 – 19 C 499/07, GE 2009, 384.
3 BGH, NJW 1982, 573.
4 Zu den rechtlichen Problemen bei der Abrechnung von Betriebskosten im Sondereigentum und praktischen Lösungsansätzen vgl. *Lützenkirchen/Jennißen*, Rz. 563 ff.
5 LG Wuppertal, WuM 1999, 342; AG Neuss, DWW 1996, 284.

Rz. 274) grundsätzlich, dass über die WEG-Abrechnung ein bestandskräftiger Beschluss der Eigentümergemeinschaft vorliegt[1].

Zu den häufigsten Fehlern bei der Abrechnung der Betriebskosten für eine Eigentumswohnung gehört die Anwendung des **falschen Umlageschlüssels**. Auch hier ist prinzipiell der im Vertrag festgelegte Verteiler maßgeblich. Insbesondere gilt hier kein Grundsatz, wonach der Verteilung in der WEG-Jahresabrechnung der Vorrang einzuräumen wäre.

487

Eine **Ausnahme** kann allerdings für die **Umlage der Grundsteuer** oder sonstiger speziell auf die Wohnung anfallenden Kosten (z.B. Wartung spezieller technischer Einrichtungen) gerechtfertigt sein, wenn der Mietvertrag formularmäßig und ohne Unterschied den Verteilungsmaßstab festlegt oder § 556a Abs. 1 Satz 1 BGB anzuwenden ist. Denn fallen die Kosten allein für die Eigentumswohnung an, ist eine weitere Verteilung grundsätzlich nicht erforderlich; der Vermieter kann sie 1 : 1 weitergeben (weil eine Verteilung nicht erforderlich ist).

488

Diese Vorgehensweise ist aber im **Einzelfall** nicht gerechtfertigt, wenn der Wortlaut der den Maßstab festlegenden Klausel von einem verständigen Mieter nicht anders verstanden werden kann, als dass – mit Ausnahme der Heizungs- und Warmwasserkosten – alle Betriebskosten z.B. nach dem Verhältnis der Wohn- und Nutzflächen des Hauses umgelegt werden sollen[2]. Im konkreten Fall enthielt die Klausel, die die grundsätzliche Verteilung nach Fläche anordnete, einen Leerraum für die Option, zu bestimmten Positionen einen abweichenden Umlageschlüssel zu regeln. Dieser Passus war von den Parteien gestrichen worden[3]. Wegen dieser Besonderheit konnte eine Vorrangigkeit der direkten Berechnung der Grundsteuer auch unter Berücksichtigung der Interessenlage des Vermieters im Wege der Auslegung (vgl. dazu *B Rz. 137 f.*) nicht angenommen werden.

489

bb) Erläuterungsbedarf

Bereits bei der Festlegung der Mindestanforderungen (vgl. *Rz. 299*) hat der BGH[4] darauf hingewiesen, dass der Verteilerschlüssel erläutert werden muss. Darauf allein ist die Erläuterungspflicht jedoch nicht beschränkt. Denn der Mieter soll die Abrechnung (aus sich heraus) **gedanklich** und **rechnerisch nachvollziehen** können[5]. Dabei wird er die ihm bekannten äußeren Umstände berücksichtigen und – zu Recht – erfahren wollen, wie der Vermieter Besonderheiten des Mietobjektes oder des Gebrauchs in der Abrechnung berücksichtigt hat. Andererseits muss nicht erläutert werden, was dem Mieter bekannt ist. Denn bei den Erläuterungspflichten wird al-

490

---

1 OLG Düsseldorf, ZMR 2000, 453, 454; *Maciejewski*, HKA 2001, 1, 2.
2 BGH v. 26.5.2004 – VIII ZR 169/03, WuM 2004, 403 = NZM 2004, 580.
3 Diese Besonderheit übersieht *Langenberg*, Betriebskosten, F Rz. 67.
4 BGH, WuM 1982, 207.
5 BGH v. 19.11.2008 – VIII ZR 30/08, GE 2009, 110.

lein auf den **Horizont des Mieters** (und nicht des Richters oder eines sonstigen Dritten) abgestellt[1]. Bekanntes muss ihm nicht zum wiederholten Male erklärt werden.

491 Deshalb genügt es, dass der Vermieter (in der Vergangenheit) den Abrechnungsmodus oder Besonderheiten der Kostenerfassung, der Bezeichnung eines Umlageschlüssels oder ein sonstiges Element der Abrechnung, das nicht aus sich heraus verständlich ist, erläutert hat. Diese Erläuterung wirkt dann (schon) für die Abrechnung, für die im Zeitpunkt der Erläuterung die Abrechnungsperiode gerade läuft.

Beispiel[2]:

492 *Die Parteien streiten über die Abrechnung 2003, die der Vermieter im Juni 2004 erteilt hat. Im März 2005 erläutert der Vermieter (erstmals) den Umlageschlüssel, der bis dahin nicht verständlich war (z.B. „HB-Anteile"). Diese Erläuterung kommt für die Abrechnung 2003 zu spät, weil die Abrechnungsfrist am 31.12.2004 ablief. In der Abrechnung für 2004 braucht der Vermieter die zusätzliche Erläuterung aber nicht (erneut) aufzunehmen. Sie kann in das Wissen des Mieters gestellt werden.*

493 **Im Prozess** reicht es aus, dass der Vermieter darlegt, dass er die (fehlende) **Erläuterung bereits erteilt** hat. Deshalb sollten Vermietervertreter, deren Mandanten problematische Abrechnungen erteilen, sich ein eigenes Verzeichnis anlegen, um ggf. auf frühere Erläuterungen zurückgreifen zu können. Denn oft kommt es zu Wiederholung der Beanstandungen, weil der Mieter den **Anwalt wechselt** und der neue Kollege „wieder von vorne anfängt"[3].

494 Letzteres geht nicht zu Lasten des Vermieters. Die Zurechnung erfolgt über § 166 BGB, der zumindest analog anwendbar ist, weil die Abrechnung und die dagegen vorzubringenden Einwendungen geschäftsähnliche Handlungen sind, sind auf sie die Vorschriften über Willenserklärungen analog anwendbar[4]. Umso mehr sollte der Rechtsanwalt des Mieters ermitteln, ob bei früheren Abrechnungen ein anderer Kollege tätig war und diesen dann um Überlassung seiner Akte bitten, sofern der Mieter keine Unterlagen zur Verfügung stellen kann. Umgekehrt muss sich der Mieter aber nicht auch das Wissen seines Bevollmächtigten zurechnen lassen. Hat der Vermieter also in der Vergangenheit z.B. dem Mieterverein den Abrechnungsmodus zur Betriebskostenabrechnung des Mieters A erläutert, muss sich der Mieter B das **Wissen** des Mietervereins auch dann nicht **zurechnen** lassen, obwohl ihm die gleichen Erläuterungen erteilt werden müssten.

---

1 BGH, NJW 1982, 573, 574; LG Köln in *Lützenkirchen*, KM 2 Nr. 15 „Anmerkung der Redaktion".
2 Vgl. BGH v. 19.11.2008 – VIII ZR 30/08, GE 2009, 110.
3 AG Köln, ZMR 2005, 629.
4 *Dickersbach*, WuM 2008, 439.

Der Rechtsanwalt, der eine Abrechnung auf ihre Ordnungsgemäßheit und damit Fälligkeit[1] überprüft, sollte seinen Mandanten daher nach den in der Praxis häufig auftretenden Fällen von Erläuterungsbedarf befragen. Dabei kommen insbesondere folgende **Problemkreise** in Betracht: 495
- Vorwegabzüge wegen
  - gemischter Nutzung des Objektes
  - nicht umlagefähiger Kostenanteile (z.B. Vollwartungsverträge)
- Außergewöhnliche Erhöhung einzelner Kosten
- Fehlende Plausibilität
- Aperiodische Kosten
- Bildung von Abrechnungskreisen
- Änderung des Umlageschlüssels
- Mehrbelastungsklauseln.

(1) Vorverteilung

Eine Vorverteilung kann sich aus den unterschiedlichsten Gründen ergeben. Ihre **Zulässigkeit** richtet sich aber zunächst nach den Vereinbarungen der Parteien. Ist im Mietvertrag eine bestimmte Verteilung geregelt, hat sich die Abrechnung daran zu orientieren. Wurde z.B. bestimmt, dass die Betriebskosten nach dem Verhältnis der Mietflächen zu verteilen sind, kann der Vermieter einzelne Kosten grundsätzlich nicht nur auf die Mieter umlegen, die die Leistung in Anspruch nehmen. Denn der Begriff der Betriebskosten richtet sich in diesem Fall nach dem Katalog, der nach dem Vertrag maßgeblich ist. Abgesehen von § 2 HeizkV können sich Ausnahmen nur für verbrauchsabhängige Kosten ergeben, wenn insoweit § 556a Abs. 1 Satz 2 BGB einschlägig ist oder eine weitere besondere Regelung im Mietvertrag besteht. Insbesondere ist aber die Inanspruchnahme der Leistung durch den einzelnen Mieter grundsätzlich ohne Belang[2]. 496

Der Vermieter kann aus den unterschiedlichsten Gründen gezwungen sein, eine Vorverteilung der Kosten durchzuführen. Ist z.B. **ein Aggregat** (z.B. Lüftungsanlage) **für mehrere Objekte** eingerichtet, können die darauf entfallenden Betriebskosten vorab auf die einzelnen von dem Aggregat versorgten Mietobjekte verteilt werden, um dem Grundsatz der Abrechnung nach der kleinsten Einheit gerecht zu werden. Zur Vermeidung eines formellen Fehlers muss diese Vorberechnung aber aus der Abrechnung hervorgehen[3]. 497

---

1 BGH, WuM 1991, 151.
2 BGH v. 20.9.2006 – VIII ZR 103/06, WuM 2006, 613 = NZM 2006, 895 = ZMR 2006, 919.
3 BGH v. 31.10.2007 – VIII ZR 261/06, WuM 2007, 700 = GE 2007, 1686 = NJW 2008, 142.

(a) Gemischte Nutzung

498 Eine gemischte Nutzung liegt vor, wenn in einer Abrechnungseinheit neben der Wohnraum- zeitgleich eine andere Nutzung stattfindet (z.B. Gewerbe). Auch außerhalb des preisgebundenen Wohnraums, für den § 20 Abs. 2 Satz 2 NMV eine Vorermittlung ausdrücklich anordnet, wurde überwiegend davon ausgegangen, dass bei gemischt genutzten Objekten ein Vorwegabzug z.B. für Gewerbeflächen in jedem Fall erforderlich sei[1], jedenfalls aber dann, wenn sich das Abrechnungsergebnis dadurch ändern konnte[2]. Insoweit sollte den Vermieter die Darlegungs- und **Beweislast** treffen[3]. Führte der Vermieter keinen Vorwegabzug durch, sollte er durch Mitteilung der Gründe plausibel machen müssen, dass durch die andere (also gewerbliche) Nutzung keine höheren Kosten entstehen würden. Pauschale Hinweise sollten nicht genügen[4]. Es musste zumindest die Art des Gewerbes in der Abrechnung angegeben werden (z.B. Reisebüro)[5]. Der durch die Art der Betriebskostenabrechnung nicht benachteiligte gewerbliche Mieter konnte sich allerdings nicht darauf berufen, die Abrechnung gegenüber den Wohnraummietern sei falsch[6]. Das Gleiche gilt dann auch für den Wohnraummieter im umgekehrten Fall. Dazu sind allerdings Berechnungen darzulegen, die aufzeigen, dass der Mieter durch die Art der Abrechnung (also ohne Vorwegabzug) einen Vorteil erlangt.

499 Der **BGH**[7] hat den **Grundsatz des Vorwegabzuges** für den preisfreien Wohnraum **abgelehnt**. § 20 Abs. 2 Satz 2 NMV sei eine spezielle Regelung des sozialen Wohnungsbaus, die nur noch für einen begrenzten Zeitraum gelte und daher nicht analog anwendbar sei. Da es an einer gesetzlichen Vorschrift fehle, habe der Vermieter grundsätzlich ein Ermessen bei der Anwendung des Verteilerschlüssels. Insoweit sei maßgeblich, dass dem Wohnungsmieter aus einer gemischten Nutzung des Gebäudes kein Nachteil entstehe, wenn er durch die Umlage der auf das Gebäude entfallenden Gesamtkosten nach einem einheitlichen für alle Mieter geltenden Maßstab nicht schlechter gestellt werde als im Falle einer Aufteilung zwischen Wohn- und Gewerbeflächen. Insoweit könne nicht lediglich dann auf einen Vorwegabzug verzichtet werden, wenn die auf die unterschiedliche Nutzung entfallenden Verursachungsanteile ausnahmsweise gleich hoch seien. Ein Vorwegabzug sei auch dann nicht erforderlich, wenn die Geschäftsbetriebe in Bezug auf einzelne Kostenarten keine **erhebliche Mehrbelastung** verursachen würden. Da die Mieter zur Entstehung der Gesamtkosten

---

1 Vgl. LG Hamburg v. 27.6.2000 – 316 S 15/00, ZMR 2001, 971; LG Frankfurt/M. v. 30.9.1997 – 2/11 S 55/97, NZM 1998, 434; LG Berlin v. 27.10.2000 – 65 S 65/00, ZMR 2001, 111; *Sternel*, Mietrecht, III Rz. 358.
2 LG Aachen v. 12.1.2005 – 7 S 116/04, WuM 2005, 720.
3 AG Köln v. 12.9.1995 – 208 C 97/95, *Lützenkirchen*, KM 2 Nr. 34.
4 AG Köln v. 18.2.2003 – 201 C 537/02, ZMR 2003, 684.
5 AG Köln v. 18.2.2003 – 201 C 537/02, *Lützenkirchen*, KM 2 Nr. 96; AG Köln v. 2.8.2002 – 206 C 291/01 in *Lützenkirchen*, KM 1 Nr. 64.
6 OLG Düsseldorf v. 16.1.2003 – 10 U 182/01, ZMR 2005, 943.
7 BGH v. 8.3.2006 – VIII ZR 78/05, WuM 2006, 200 = NZM 2006, 340.

in unterschiedlichem Maße beitragen würden (etwa durch einen höheren oder sparsameren Wasser- und Energieverbrauch), seien gewisse Ungenauigkeiten auch bei der Verteilung von Betriebskosten in einem allein zu Wohnzwecken dienenden Gebäude im Regelfall nicht zu vermeiden.

Die **Darlegungs- und Beweislast** für eine erhebliche Mehrbelastung durch die andere Nutzungsart trifft den Mieter, der bei der Belegeinsicht die zur Ermittlung der Erheblichkeit notwendigen Angaben vom Vermieter verlangen kann[1]. 500

Welches **Maß** allerdings zu einer erheblichen Mehrbelastung führt, ist derzeit ungewiss. Starre Grenzen (z.B. in Prozent) erscheinen nicht angebracht, allenfalls als Untergrenze[2]. Auch die Erheblichkeitsgrenze von 10 % aus der Flächenabweichungsrechtsprechung erscheint nicht zielführend (vgl. dazu F Rz. 54)[3]. Vielmehr ist hier auf die absolute Höhe und das konkrete Mietverhältnis abzustellen, und zwar für jede einzelne Position[4]. Verfehlt ist die Auffassung, die bei Grundsteuer einen Vorwegabzug allein auf die Tatsache stützt, dass unterschiedliche Hebesätze angewendet werden[5]. Denn allein maßgeblich für die erhebliche Abweichung ist das wirtschaftliche Ergebnis. Oft genug zeigt sich in der Praxis, dass der Anteil der Grundsteuer für das Gewerbe auf der Grundlage des Rohmietenanteils geringer ist als bei einer reinen Flächenabrechnung. Konsequenterweise wird sich der Mieter auf den mangelnden Vorwegabzug nur berufen können, wenn er zuvor bei der Einsicht in die Abrechnungsunterlagen die dafür erforderlichen Erkenntnisse ermittelt hat. Allein der Vortrag von Anknüpfungstatsachen wie Größe der Gewerbeeinheit, Anzahl der Mitarbeiter etc. reicht nicht aus[6]. Zwar wird nicht verlangt werden können, dass der Mieter eine **krasse Unbilligkeit** darlegt wie für einen Anspruch auf Änderung des Verteilerschlüssels (vgl. dazu Rz. 426). Da für die Mehrbelastung aber auf die einzelne Position abgestellt wird und eine Umstellung der Abrechnung für den Vermieter mit Mehraufwand verbunden ist, wird in der Regel eine Mehrbelastung erst bei ca. **50 %** angenommen werden können. 501

Besteht danach ein Anspruch auf Vorermittlung, die der Vermieter bisher nicht durchgeführt hat, kann der Mieter die Einführung nur **für die Zukunft** verlangen. Ein Anspruch auf rückwirkende Änderung der Abrechnung besteht nicht. Insbesondere ist kein Schadensersatzanspruch des Mieters ersichtlich. Zwar schuldet der Vermieter Fürsorge. Wenn der Mieter aber die Darlegungslast für die erhebliche Abweichung trägt, kann in dem Unterlassen ohne Aufforderung durch den Mieter keine (Neben-) Pflichtverletzung liegen. Sonst müsste der Vermieter die nach der Rechtspre- 502

---

1 BGH v. 25.10.2006 – VIII ZR 251/05, WuM 2006, 684 = GE 2006, 1544.
2 LG Aachen v. 11.8.2006 – 5 S 68/06, WuM 2006, 615 (Mehrkosten von 3 % der Gesamtkosten).
3 Vorschlag von Rips/Eisenschmid/*Wall*, Rz. 2775.
4 *Langenberg*, Betriebskosten, F Rz. 65.
5 So aber: AG Köln v. 23.5.2006 – 210 C 43/06, WuM 2006, 568.
6 Vgl. dazu auch KG v. 24.7.2006 – 8 U 224/05, ZMR 2006, 928.

chung des BGH gerade nicht geschuldeten Vorermittlungen ungefragt durchführen.

503 Die **Ermittlungen der Voraussetzungen** für die Vorberechnung („erhebliche Mehrbelastung") kann der Mieter im Rahmen seiner **Kontrollrechte** durchführen. Hier kann er vom Vermieter geeignetes Datenmaterial verlangen, wenn er konkrete Anhaltspunkte aufzeigt, die die Annahme einer erheblichen Abweichung nahe legen. Dies ist z.B. der Fall, wenn die gewerbliche Nutzung im Objekt überwiegt, so dass die Annahme gerechtfertigt ist, dass z.B. die Grundsteuer mit einem wesentlich höheren Anteil für den einzigen Wohnraummieter im Gebäude zu Buche schlägt. Aber auch bei besonders brandgefährdeten Gewerben (z.B. Imbiss) kann sich eine Notwendigkeit wegen der zusätzlichen Versicherungsprämien ergeben, jedenfalls wenn erhebliche Flächen angemietet sind (z.B. McDonalds, Burger King etc.).

504 Ist das erhebliche **Maß überschritten**, kommt ein Vorwegabzug vor allem in Betracht, wenn folgende **unterschiedliche Nutzungen** eines Grundstücks vorliegen:
– Wohnungen und Gewerberäume
– Wohnungen/Gewerberäume und Garagen
– Wohnungen/Gewerberäume und Tiefgarage
– Wohnungen/Gewerberäume und Stellplätze.

505 Bei einem Grundstück, das mit **Wohnungen/Gewerberaum und Garagen** (Tiefgarage, Außen-Stellplätze) bebaut ist, braucht eine Unterscheidung nicht getroffen zu werden, wenn jeder Mieter die gleiche Anzahl von Garagen (Stellplätze, Tiefgaragenstellplätze) nutzt[1]. Findet jedoch auch eine **Fremdvermietung** der Garagen (Stellplätze, Tiefgaragenstellplätze) statt oder nutzen nicht alle Mieter die Einstellmöglichkeiten, kann auch hier getrennt[2] und muss dann die Vorermittlung zur Vermeidung eines formellen Fehlers erläutert werden[3]. Denn auch auf diese Flächen beziehen sich diverse Kostenarten wie z.B. Grundsteuer, Entwässerung von Niederschlagwasser, Straßenreinigung, Hausmeister.

506 Eine **Aufteilung** zwischen **Wohnungen** einerseits und **Garagen/Stellplätzen** andererseits scheidet nicht von vornherein aus, weil der auf Stellplätze entfallende Anteil verschwindend gering ist[4]. Vielmehr ist auf den Einzelfall abzustellen. Die Aufteilung wird insbesondere dort zu einer **erheblichen Entlastung** des Wohnraummieters führen, wo die Stellplätze dem Gewerbe angeschlossen sind. Denn viele Gewerbe erhalten eine Betriebserlaubis nur

---

1 *Langenberg*, Betriebskosten, F Rz. 73.
2 AG Köln in *Lützenkirchen*, KM 2 Nr. 95; AG Köln in *Lützenkirchen*, KM 1 Nr. 78; AG Brühl, Urt. v. 5.2.1999 – 23 C 463/98, n.v.; **a.A.** LG Dortmund, NZM 1998, 573, 574.
3 AG Köln in *Lützenkirchen*, KM 2 Nr. 95.
4 So LG Dortmund, NZM 1998, 573, 574.

bei entsprechendem Stellplatznachweis[1]. Der angemessene **Aufteilungsschlüssel** kann dadurch bestimmt werden, dass die Gesamtwohnfläche gegen die Gesamtfläche der Stellplätze (= vermietete Flächen ohne Flächen von Zufahrten, ggf.: zzgl. der Gewerbefläche) gestellt wird[2].

In diesen Fällen kann sich eine **unterschiedliche Kostenverteilung** vor allem – aber nicht ausschließlich – bei folgenden Positionen aufdrängen: 507
- Grundsteuer
- Versicherungen
- Entwässerung
- sonstige Verbrauchskosten.

Auch wenn der Mieter nur noch in eingeschränktem Umfang eine **Vorerfassung** wegen anderer Nutzung verlangen kann, muss der Vermieter sie „richtig" durchführen, wenn er sie – und sei es freiwillig – vorlegen will. Dazu sollten nachstehende Grundsätze beachtet werden: 508

(aa) Grundsteuer

Die Grundsteuer wird von der Behörde auf das **gesamte Grundstück** erhoben. Mithin ist es nur **gerecht**, sie auch auf alle Nutzer des Grundstücks zu verteilen. 509

Die Grundsteuer wird grundsätzlich mit einem Hebesatz auf den Einheitswert berechnet. Der Einheitswert wird von dem Finanzamt nach der Höhe der Rohmieten ermittelt, wobei die Finanzbehörde **unterschiedliche Multiplikatoren** für Wohnungen, Gewerberäume und Garagen bzw. Stellplätze ansetzt. Aus dieser Methodik ergibt sich, dass sich **das Ergebnis** (die Grundsteuer) entsprechend der unterschiedlichen Nutzung des Grundstücks zusammensetzt[3]. Mit Rücksicht darauf sollte die **Vorverteilung** der Grundsteuer **im Verhältnis der Anteile der unterschiedlichen Nutzungen** an der Ermittlung des Einheitswertes erfolgen[4]. Um diese Vorermittlung durchführen zu können, muss sich der Vermieter den Berechnungsbogen bei dem für die Festsetzung des Einheitswertes **zuständigen Finanzamt** besorgen. Darin ist regelmäßig der Anteil der Rohmiete für die unterschiedlichen Nutzungen aufgeführt. 510

---

1 In NRW kann in der Regel davon ausgegangen werden, dass für 35 m² Gewerbefläche 1 Stellplatz nachgewiesen werden muss.
2 LG Berlin v. 9.7.2007 – 67 S 42/07, GE 2007, 1189.
3 *Laug*, WuM 1993, 171.
4 LG Hamburg, ZMR 2001, 970; LG Berlin, ZMR 2001, 111; LG Frankfurt/Main, WuM 1986, 234; AG Köln, WuM 1998, 56; AG Gütersloh, WuM 1995, 660; AG Köln, ZMR 1995 XII Nr. 24 und 25; AG Köln, WuM 1990, 32; AG Frankfurt/Main, WuM 1988, 170; AG Köln, WuM 1986, 234.

Beispiel:

511 Rohmiete Wohnungen   30 000 Euro
Rohmiete Gewerbe   10 000 Euro
Rohmiete gesamt   40 000 Euro

Aufteilung Grundsteuer:
Wohnungen ¾
Gewerbe ¼

512 Im Beispiel kann also der aus dem Grundsteuerbescheid ersichtliche Betrag mit 75 % auf die Wohnraummietverhältnisse und mit 25 % auf die Gewerbemieter umgelegt werden. Das Abrechnungsergebnis ändert sich nur dann nicht, wenn z.B. bei dem Umlageschlüssel „vermietete Fläche" der Anteil des Gewerbes im gleichen Verhältnis zu dem Anteil der Wohnungen steht.

513 Insoweit ist es **fehlerhaft**, zur Überprüfung allein darauf abzustellen, wie hoch die der Einheitswertermittlung zugrunde liegende Jahresrohmiete ist und von deren Quadratmeterwert im Verhältnis zur aktuellen Miete zu schließen, dass eine Vorverteilung nicht erforderlich ist, weil die aktuelle Miete wesentlich höher ist als die in den Einheitswert eingeflossene Miete[1]. Bei der Verteilung aufgrund unterschiedlicher Nutzung kommt es darauf an, wie sich die verschiedene Nutzung auf die Kostenentstehung (hier: Grundsteuer) auswirkt.

(bb) Versicherungen

514 Bei gemischt genutzten Gebäuden ermitteln die Versicherer das **Prämienrisiko** durchaus unterschiedlich nach der jeweiligen Nutzung des Gebäudes. Dies gilt vor allem dann, wenn unterschiedliche Ausstattungen vorhanden sind oder durch das Gewerbe ein zusätzliches Risiko entsteht (z.B. Brandgefahr im Restaurant)[2]. Auf Verlangen des Mieters muss der Vermieter bei seinem Versicherer nachfragen, ob für die jeweils unterschiedlichen Nutzungen verschiedene Prämienfaktoren angesetzt wurden und ggf. in welcher Höhe. Auch wenn dies nicht der Fall ist, sollte die schriftliche Bestätigung des Versicherers eingeholt werden, um für zukünftige Nachfragen von Mietern vorbereitet zu sein. Denn der pauschale Hinweis darauf, der Versicherer haben keine anderen Faktoren berücksichtigt, ist im Hinblick auf den Auskunftsanspruch des Mieters[3] nicht ausreichend[4].

515 Ergeben sich erhebliche Unterschiede, sollte die Aufteilung der Kosten der Versicherung im Wege der Vorwegermittlung auf die unterschiedlichen Nutzungsarten nach dem Verhältnis der Prämienanteile, wie sie der Versicherer mitgeteilt hat, erfolgen und in künftigen Abrechnungen erläutert werden.

---

1 So aber LG Braunschweig, ZMR 2003, 114, 115.
2 AG Köln in *Lützenkirchen*, KM 2 Nr. 101.
3 Vgl. BGH v. 25.10.2006 – VIII ZR 251/05, WuM 2006, 684 = GE 2006, 1544.
4 AG Köln in *Lützenkirchen*, KM 2 Nr. 96.

(cc) Entwässerung/Niederschlagswasser

In vielen Gemeinden werden neben den reinen Kanalgebühren auch für das **abgeleitete Regenwasser** Gebühren erhoben. Selbst wenn dabei als Maßstab nicht die Grundstücksfläche, sondern ein anderes Kriterium (z.B. Straßenfront) von der Gemeinde angesetzt wird, kann eine Vorverteilung in Betracht kommen, insbesondere wenn Wohnungen/Gewerbe und Garagen bzw. Stellplätze auf dem Grundstück auch von Dritten (**Fremdvermietung**) genutzt werden. In diesem Fall kommt nämlich die Leistung (Entwässerung des Regenwassers) auch diesen Dritten zugute, so dass auch diese Nutzer grundsätzlich in die Verteilung einbezogen werden müssen[1]. Als Verteilermaßstab bietet sich auch hier wieder das Verhältnis der Größe der (fremd genutzten) Stellplätze zur gesamten z.B. Wohnfläche an (vgl. *Rz. 506*).

516

(dd) Sonstige Verbrauchskosten

Als sonstige Verbrauchskosten kommen in Betracht die Kosten für

517

– Strom,

– Wasser,

– Entwässerung,

– Müllentsorgung.

Bei diesen Kostenpositionen sollte zunächst ermittelt werden, ob eine **besondere Verbrauchserfassung** (z.B. durch Zwischenzähler) für alle oder einzelne dieser Positionen erfolgt. Sind diese Zwischenzähler abgelesen worden, sollte das **Abrechnungsergebnis verifizierbar** sein, zumal wenn anhand einer einheitlichen Berechnung des Versorgungsunternehmens, z.B. über die Leistung, die am Hauptzähler abgelesen wurde, abgerechnet wird. Denn es muss mit dem Einwand gerechnet werden, dass die Werte falsch ermittelt wurden. Deshalb sollte der Mandant die **Ablesequittungen** bereithalten.

518

(aaa) Kosten für Strom

Hier kommt eine Vorwegermittlung z.B. bei einem **Aufzug** im Objekt in Betracht, weil diese Kosten zwingend bei Nr. 7 des § 2 BetrKV bzw. der Anlage 3 zu § 27 II. BV abzurechnen sind oder über den Anschluss des Allgemeinstroms die **Heizung** versorgt wird, da diese Kosten gemäß § 7 Abs. 2 HeizkV in der Heizkostenabrechnung nach Verbrauch umgelegt werden müssen.

519

Sind **Zwischenzähler** nicht vorhanden, muss auf **realistische Schätzungen** zurückgegriffen werden, die im Zweifel zu erläutern sind, weil ein An-

520

---

[1] AG Köln in *Lützenkirchen*, KM 2 Nr. 95; AG Köln in *Lützenkirchen*, KM 1 Nr. 78; AG Brühl, Urt. v. 5.2.1999 – 23 C 463/98, n.v.; **a.A.:** LG Dortmund, NZM 1998, 573, 574.

spruch des Mieters auf Offenlegung der Schätzungsgrundlagen[1] besteht und der Vermieter im Rahmen seiner Darlegungs- und Beweislast zur Anspruchshöhe auch die Umstände substantiiert vortragen muss, die das Gericht seiner Schätzung nach § 287 ZPO zugrunde legen soll[2]. Dazu bietet sich an, den Stromverbrauchswert der angeschlossenen Gräte und eine realistische Laufzeit (bei der Heizung z.B. 24h für die Dauer der Heizperiode) mit dem Strompreis zu multiplizieren[3]. Es kann aber auch auf Erfahrungswerte zurückgegriffen werden, die bei der Heizung zwischen 3 % und 6 % der Brennstoffkosten liegen[4], wobei eine Obergrenze bei 5 % zu ziehen sein soll[5]. Diese Schätzwerte sind mittlerweile aber mit Vorsicht anzuwenden. Immerhin hat sich das Energiekostenniveau seit den letzten Entscheidungen wesentlich verändert. Zumindest sind im Jahre 2008 die Ölkosten um ca. 30 % gestiegen, während die Kosten für Strom teilweise sogar gesunken ist. Ggf. können hier aber auch Nachfragen bei Energieversorgungsunternehmen oder Innungen hilfreich sein.

(bbb) Kosten für Wasser

521 Bei dieser Position ist an eine unterschiedliche Nutzung zu denken, wenn den Mietern von **Stellplätzen** z.B. ein Anschluss zum Wagenwaschen zur Verfügung steht, einem Mieter der auf dem Grundstück befindliche Garten allein überlassen wurde[6], im Objekt ein **wasserverbrauch-intensives Gewerbe** betrieben wird (z.B. Dentallabor, Gaststätte, Fotolabor[7]) oder einzelne Miträume im Gegensatz zu anderen mit Erfassungsgeräten ausgestattet sind. Hat insoweit die gebotene[8] Vorerfassung durch Zwischenzähler nicht stattgefunden und der Vermieter den besonderen Verbrauch nicht berücksichtigt, kann auf eine Schätzgrundlage zumindest zurückgegriffen werden. Hierzu können bei der IHK oder der Handwerkskammer, aber auch bei Innungen und insbesondere den Wasserversorgern **Erfahrungswerte** abgefragt werden.

(ccc) Kosten für Entwässerung (Brauchwasser)

522 Hier gelten die vorstehenden Ausführungen entsprechend (*Rz. 521*), soweit die Entwässerungskosten nach dem Wasserverbrauch berechnet werden. Insoweit muss nicht immer das gleiche Verhältnis bei den Entwässerungskosten angesetzt werden wie bei den Kosten für den Wasserbezug. Denn in vielen Betrieben (z.B. Bäckerei) wird das entnommene **Wasser nicht der Kanalisation zugeführt**, sondern bei der Produktion verbraucht. Soll der Umlageschlüssel nicht geändert werden (z.B. auf Nutzfläche), sollte der Ge-

---

1 AG Hamburg, WuM 1991, 50.
2 BGH v. 20.2.2008 – VIII ZR 27/07, WuM 2008, 284.
3 *Lammel*, § 7 HeizkV Rz. 53.
4 LG Hannover, WuM 1991, 540.
5 *v. Brunn* in Bub/Treier, III Rz. 84.
6 LG Berlin, GE 1994, 1379.
7 LG Düsseldorf, DWW 1990, 240; AG Köln in *Lützenkirchen*, KM 2 Nr. 3.
8 Vgl. LG Hamburg, ZMR 2001, 970; LG Berlin, ZMR 2001, 111.

werbemieter nach **Erfahrungswerten** für den Verbrauch von Wasser gefragt werden. Über entsprechende Informationen verfügen auch die Innungen und Kammern. Auf dieser Schätzgrundlage kann der Verbrauch im Rahmen der Produktion ermittelt werden, wenn der Gewerbemieter bereit ist, die notwendigen Orientierungsdaten (z.B. verarbeitete Menge Mehl) mitzuteilen, so dass sich der Vorwegabzug berechnen lässt. Hat der Versorgungsträger die Entwässerungskosten am (Kalt-)Wasserverbrauch orientiert, muss der Vermieter u.U. diesem gegenüber die Abrechnung beanstanden. Denn die von ihm angesetzte Größe (= Wasserentnahme) für die der Kanalisation zugeführte Menge ist unrealistisch.

(ddd) Kosten für Müllentsorgung

Wird der bei den Gewerberaummietern anfallende Müll gemeinsam mit dem Haushaltsmüll entsorgt, soll **in jedem Fall eine Vorermittlung** durchzuführen sein[1]. Dieser Schluss ist nicht ohne weiteres gerechtfertigt. Denn auch und gerade die Gewerberaummieter sind zu einer Mülltrennung verpflichtet, so dass in einem reinen Bürobetrieb z.B. der Papiermüll nicht in die Restmüll-Container entsorgt wird. Dass in einem Büro pro Kopf mehr Restmüll als in einer Wohnung verursacht wird, ist nach der Lebenserfahrung eher nicht zu bestätigen. Auch hier gelten also die allgemeinen Voraussetzungen, insbesondere muss der Mieter eine erhebliche Mehrbelastung nachweisen, bevor er für die Zukunft eine Änderung verlangen kann (vgl. dazu Rz. 426).

523

Bei diesen Kosten bietet sich eine **Vorermittlung** nach den unter Rz. 496 dargestellten unterschiedlichen Nutzungsarten des Grundstücks an, wenn z.B. ein müllintensives Gewerbe vorhanden ist. Zwar verursachen auch die Mieter von Stellplätzen in einer Tiefgarage Müll, der entsorgt werden muss. Dieser wird aber oftmals im Verhältnis zur übrigen Nutzung des Grundstücks unbedeutend sein. Andererseits vereinnahmt der Vermieter für Stellplätze in der Regel eine Pauschalmiete, in der anteilige Betriebskosten enthalten sind.

524

Insoweit ist eine Vorverteilung jedenfalls nicht erforderlich, wenn die **Erträge aus den Garagenmieten** den übrigen Mietern bei der Berechnung der Grundmiete zugute kommen. Dies kann im öffentlich geförderten Wohnungsbau durch Vorlage der Wirtschaftlichkeitsberechnung (vgl. § 31 II. BV) nachgewiesen werden[2].

525

Schließlich ist an den Fall zu denken, dass der Entsorgungsträger nach dem **Verursacherprinzip** die Müllgebühren in Rechnung stellt[3]. Hier kann die Weitergabe der Kosten an den Mieter nicht nach anderen Verteilermaßstäben erfolgen. Selbst wenn eine formularmäßige Festlegung erfolgt, ist diese unbeachtlich, weil ansonsten der mit der verursachungsabhängigen Ab-

526

---
1 LG Berlin v. 25.6.2007 – 67 S 6/07, WuM 2007, 576.
2 LG Dortmund, NZM 1998, 573, 574.
3 AG Moers, WuM 1996, 96.

rechnung des Entsorgers verfolgte Zweck, ein Bewusstsein für die Müllproduktion zu entwickeln, unterlaufen würde.

527 Führt die Nutzung durch ein **müllintensives Gewerbe** auf dem Grundstück zur Vorermittlung oder stehen für die Gewerberaummieter separate (größere) Müllbehälter zur Verfügung, die vom Versorger einheitlich abgerechnet werden, müssen die Gebühren ermittelt werden, die auf die Müllbehälter für das Gewerbe entfallen. Ergeben sich diese Gebühren nicht aus dem Bescheid, sollte das Entsorgungsunternehmen um Angabe der entsprechenden Kosten gebeten werden. Werden die Container einheitlich genutzt, kann eine Schätzung des unterschiedlichen Verbrauchs stattfinden. Dazu können Erfahrungswerte von den Entsorgungsträgern erfragt werden, die über Durchschnittswerte auch für einzelne Branchen verfügen.

528 Andererseits kommt z.B. die Umlage der Müllentsorgungskosten allein auf die Wohnungsmieter in Betracht, wenn der **Gewerbemieter** seinen **Müll selbst entsorgt**. Dieser Besonderheit kann dadurch Rechnung getragen werden, dass die Müllgebühren allein auf die Wohnfläche verteilt werden. Solange der Papiermüll kostenlos oder durch die Gewerbemieter selbst entsorgt wird, können die Kosten einheitlich nach Fläche abgerechnet werden[1].

(b) Nicht umlagefähige Kostenanteile

529 Betriebskosten sind u.a. von den **Instandsetzungs- und Verwaltungskosten** abzugrenzen (vgl. § 1 Abs. 2 BetrKV). Bei einzelnen Leistungen, die in einer Betriebskostenabrechnung berücksichtigt werden dürfen (z.B. Hausmeister), besteht eine Vermutung, dass die Tätigkeit auch nicht umlegbare Anteile erfasst. Jedenfalls zeigt die Praxis, dass regelmäßig bei denselben Positionen der hier erörterte Einwand vom Mieter erhoben wird. Darüber hinaus treten bei einzelnen Positionen Schwierigkeiten auf, weil der Vermieter die Verantwortung für die Funktionstüchtigkeit einzelner Teile des Mietobjektes (z.B. Aufzug) vollständig in fremde Hände gegeben hat[2].

(aa) Hauswart (Hausmeister)

530 Die **Aufgaben** eines Hausmeisters können **umfassend**, aber auch nur partiell auf einen Dritten **übertragen** werden. Welche Aufgaben im Einzelnen in dem Mietobjekt anfallen, lässt sich nicht einheitlich darstellen[3]. Ergibt sich lediglich eine Tätigkeit im Zusammenhang mit den Nrn. 2–10 der Anlage 3 zu § 27 II. BV bzw. § 2 BetrKV, können die Kosten ohne weiteres umgelegt werden (vgl. die Beispiele unter *Rz. 138*), dürfen jedoch nicht auf die einzelnen Positionen verteilt werden[4].

---
1 LG München I, NZM 2002, 286.
2 LG Berlin, DWW 1997, 152.
3 Vgl. den Tätigkeitskatalog bei *Fischer-Dieskau/Pergande/Schwender/Heix*, § 2 BetrKV Anm. 17, und *Lützenkirchen/Jennißen*, Rz. 121 f.
4 LG Hamburg, WuM 1990, 651; AG Hamburg, WuM 1998, 627.

Fallen in die Zuständigkeit des Hausmeisters auch verwaltende oder Instandhaltungstätigkeiten, ist ein **Vorwegabzug** erforderlich, der zur Vermeidung eines formellen Fehlers in der Abrechnung darzustellen ist[1]. Die **nicht umlagefähigen Arbeiten** können sich aus Kleinreparaturen außerhalb der Miettäume (Glühlampen wechseln, Anbringen von Klingelschildern, Briefkastenschilder, Türschlösser fetten etc.), Annahme von Reparaturmeldungen von Mietern, Überprüfung derselben und Weiterleitung an die Hausverwaltung, Aufbewahren von Schlüsseln, Überwachung der Hausordnung, Abrechnung der Münzen für Wascheinrichtungen, Durchführung von Wohnungsbesichtigungen oder Terminswahrnehmung mit Handwerkern ergeben. 531

Wird die Angemessenheit des **Abzugs bestritten**, ist der Vermieter nach den allgemeinen Grundsätzen darlegungs- und beweispflichtig[2]. Ein pauschaler Abzug mangels dargelegter (ausreichender) **Schätzgrundlage** ist nicht gerechtfertigt[3]. Vielmehr muss die Klage insoweit mangels schlüssigen Vortrags abgwiesen werden. 532

Unsubstantiiert ist der Vortrag z.B., wenn allein auf die **Leistungsbeschreibung** im Vertrag des Vermieters mit dem Hauswart abgestellt wird. Denn darin liegt noch nicht einmal ein Indiz für den Umfang der nicht umlagefähigen Kosten. Entscheidend für die Umlage ist vielmehr der **tatsächliche Zeitaufwand** des Hauswarts für die jeweiligen Arbeiten[4]. 533

Um die Angemessenheit des Vorwegabzugs annähernd realistisch bewerten zu können, sollte der Vermieter den Hausmeister über einen Zeitraum von 1 bis 3 Monaten **Tagesberichte** fertigen lassen, in denen er die einzelnen Tätigkeiten nach dem entsprechenden Zeitaufwand festhält. Diese werden nämlich teilweise von der Rechtsprechung gefordert[5]. Anhand des dadurch ermittelten Umfanges der einzelnen Leistungen kann ein Verhältnis zwischen umlegbaren und nicht umlegbaren Tätigkeiten ermittelt werden, das der Aufteilung der Hausmeisterkosten als Durchschnittswert zugrunde gelegt wird. Damit ist zugleich gewährleistet, dass der Rechtsanwalt im nachfolgenden Prozess den Abzug **substantiiert darstellen** und dem Gericht eine ausreichende Schätzgrundlage nach § 287 BGB liefern kann. 534

Hat der Vermieter keine entsprechenden Grundlagen für eine Vorwegermittlung in der Abrechnungsperiode geschaffen, können diese auch **nachgeholt** werden. Denn die Lebenserfahrung spricht dafür, dass der 535

---

1 BGH v. 14.2.2007 – VIII ZR 1/06, WuM 2007, 196 = GE 2007, 438.
2 BGH v. 20.2.2008 – VIII ZR 27/07, WuM 2008, 284; a.A. LG Köln in *Lützenkirchen*, KM 1 Nr. 75.
3 A.A. und pauschaler Abzug 20 %: LG Berlin, GE 2001, 923; LG Berlin, GE 1999, 1127; AG Köln, WuM 1995, 120; pauschaler Abzug 30 %: AG Köln in *Lützenkirchen*, KM 1 Nr. 73.
4 *Riecke*, WuM 2003, 663, 670.
5 AG Osnabrück, WuM 2004, 368.

Hausmeister in einem ansonsten unveränderten Objekt die gleichen Tätigkeiten im gleichen Umfang Jahr für Jahr wiederholt.

(bb) Wartungsverträge

536 Einige Positionen des § 2 BetrKV sehen ausdrücklich vor, dass Wartungskosten als Betriebskosten umgelegt werden können (vgl. z.B. Nr. 4 – Heizung, Nr. 5c – Warmwasser, Nr. 7 – Fahrstuhl, Nr. 10 – Gartenpflege, Nr. 15 – Gemeinschaftsantenne, Nr. 16 – Wascheinrichtung). Bei Wartungskosten handelt es sich um durch regelmäßige Überprüfungen anfallende Kosten, die durch den bestimmungsgemäßen Gebrauch entstehen und den vertragsgemäßen Zustand erhalten sollen[1]. Zur Annahme von **umlegbaren** Wartungskosten reicht es also aus, dass die Kosten in der jeweiligen Leistungsbeschreibung des § 2 BetrKV aufgeführt sind oder die Definition der Betriebskosten i.S.v. §§ 556 Abs. 1 BGB, 1 BetrKV erfüllen. Letzteres ist im Einzelfall zu prüfen und mit den Grundsätzen über die Umlage sonstiger Betriebskosten abzugleichen.

537 Oftmals liegen der Abrechnung sog. **Vollwartungs-** oder **Systemwartungsverträge** zugrunde, die Instandhaltungs-/setzungsanteile enthalten. Dafür werden zum Teil in der Rechtsprechung **pauschale Kürzungen** vorgenommen, und zwar zwischen 20 und 50 %[2]. Dieser pauschale Abzug ist grundsätzlich **zweifelhaft**, weil der Vermieter nach den allgemeinen Grundsätzen auch die (angemessene) Höhe seiner Forderung darzulegen und zu beweisen hat. Deshalb muss der Vemieter auch hier – wie beim Hauswart (vgl. *Rz. 141*) – eine Schätzgrundlage vortragen. Dies kann dadurch erreicht werden, dass bei dem Wartungsunternehmen die **Kalkulation** für die einzelnen vom Vertrag erfassten Leistungen ermittelt wird. Zwar geben die Unternehmen ihre Kalkulationsgrundlagen nur ungern bekannt. Wird ihnen jedoch nachgelassen, den jeweiligen Anteil der kalkulierten Tätigkeiten in Prozentsätzen anzugeben, wird der Auftrag**nehmer** das Verlangen des Vermieters nur schwerlich verweigern können. Eine solche Kalkulation kann z.B. wie folgt gestaltet sein[3]:

538 **Vollunterhaltungsvertrag für Aufzugsanlagen**

1. Lohn für vorbeugende Betreuung, d.h. Abschmierungen, Nachstellungen, Justierungen usw.   47 %
2. Schmier- und Reinigungsmaterial   5 %

---

1 BGH v. 14.2.2007 – VIII ZR 123/06, WuM 2007, 198 = GE 2007, 439; a.A. *Langenberg*, Betriebskosten, A Rz. 137; *Eisenschmid/Rips/Wall*, Rz. 3923.
2 LG Berlin, GE 1988, 523: 20 %; LG Berlin, GE 1988, 463: 35 %; LG Aachen, DWW 1993, 42: 40 %; LG Essen, WuM 1991, 702: 50 %; AG Bruchsal, WuM 1988, 62: 60 %.
3 Die nachstehende Aufstellung beruht auf einer Mitteilung eines großen Aufzugsbauers an einen Mandanten zu einem sog. Systemwartungsvertrag.

3. Material und Lohn für Ölwechsel an Motor und Getriebe   8 %

4. Störbeseitigungen: hierunter fallen Störungen, die ohne Ersatzteile oder mit Teilen, die unter Punkt 5 angegeben sind, beseitigt werden   10 %

5. kleinere Ersatzteile, wie z.B. sämtliche Kontakte, Kontaktfinger, Kontaktbügel und Litzen für Schütze und Relais   5 %

6. Monteurgestellung für behördliche Prüfungen   3 %

7. Material und Lohn für werkstattmäßige Bearbeitung bzw. Erneuerung von Verschleißteilen (Treibscheibe, Seile, Motor, Maschinen usw.)   <u>22 %</u>
        100 %

Anhand dieser Kalkulation kann der umlegbare Teil der Kosten des Wartungsvertrages ermittelt werden (hier: 78 %). Diese Kalkulationsgrundlage kann dem Mieter bei einer entsprechenden Beanstandung entgegengehalten und dem Gericht zur Untermauerung des richtigen Vorwegabzuges vorgelegt werden.

(2) Außergewöhnliche Erhöhung einzelner Kosten

Ergibt sich gegenüber dem vorangegangenen Abrechnungszeitraum ein Anstieg von Kosten, soll dieser in der Betriebskostenabrechnung zu erläutern sein[1], jedenfalls wenn er 10 % übersteigt[2]. Dies ist nicht richtig. Die Abrechnung ist **formell wirksam**, wenn sie aus sich heraus verständlich ist. Dazu müssen insbesondere **keine Bezüge zu den Vorjahren** hergestellt werden[3].

Wendet der Mieter die Kostensteigerung allerdings ein, muss der **darlegungspflichtige Vermieter** zur Substantiierung seiner Forderung den Grund (z.B. Tariferhöhung) vortragen. Kommt er dieser Verpflichtung nicht nach, soll sich seine Forderung auf die Vorjahreshöhe beschränken[4]. Dies ist zweifelhaft. Denn aufgrund des Einwandes bestehen Zweifel, ob die Kosten insgesamt als Betriebskosten zu werten sind. Dann ist die Höhe der Kosten auf dem Vorjahresniveau aber nur begründet, wenn feststeht, dass in diesem Umfang „Betriebskosten" entstanden sind. Dazu ist bei verbrauchsabhängigen Kosten der Nachweis erforderlich, dass sich das Nutzerverhalten gegenüber dem Vorjahr nicht verändert hat und in dem damals berechneten Betrag nur Betriebskosten enthalten waren. Gelingt dies nicht, kann der Vermieter der (teilweisen) Klageabweisung nur entgehen, wenn eine **Schätzung** anhand der Verbräuche der letzten drei Vorjahre oder

---

1 Vgl. z.B. LG Berlin, ZMR 1998, 284, 286; AG Köln, WuM 1996, 629.
2 KG, ZMR 2006, 446 = GuT 2006, 70.
3 BGH v. 28.5.2008 – VIII ZR 261/07, WuM 2008, 407 = ZMR 2008, 777.
4 KG, ZMR 2006, 446 = GuT 2006, 70.

aufgrund eines Mindestverbrauchs pro Person, der bei dem Versorger erfragt werden kann, durchgeführt werden kann[1].

(a) Verbrauchskosten

542 Regelmäßig ergeben sich Erhöhungen aus einer **Veränderung der Gebühren** oder Tarife.

543 Problematisch können jedoch die Fälle werden, in denen ein ungewöhnlicher **Anstieg des Verbrauchs** erfolgt. Hier sollte überprüft werden, ob sich in der Mieterstruktur oder der Anzahl der Mieter Veränderungen gegenüber dem letzten Abrechnungszeitraum ergeben haben. Bleiben diese Ermittlungen erfolglos, sollte auch das Versorgungsunternehmen gefragt werden, ob es eine Erklärung für einen erhöhten Verbrauch hat. Solange der Vermieter keinen plausiblen Grund für die Erhöhung anführen kann, ist die Höhe seiner Forderung nicht schlüssig, so dass er vorsorglich die Grundlagen für eine Schätzung vortragen muss (vgl. dazu *Rz. 532*).

(b) Nachbelastung von Betriebskosten

544 Eine Kostenerhöhung kann sich auch daraus erklären, dass der Vermieter **Kosten**, die einer **vorangegangenen Abrechnungsperiode** zuzuordnen sind (z.B. wegen verspäteter Rechnungsstellung des Leistungsträgers), in die Abrechnung eingestellt hat. Betrifft die Nachbelastung einen Zeitraum, der **vor Beginn des Mietvertrages** liegt, kann der Mieter den Ausgleich jedenfalls dann verweigern, wenn sich eine – bezogen auf die Abrechnungsposition – **erhebliche Mehrbelastung** (vgl. dazu *Rz. 501*) ergibt.

(aa) Nachbelastung nach Ausgleich des Saldos

545 Der vorbehaltlose Ausgleich der Nachforderung oder die vorbehaltlose Entgegennahme des Guthabens führen nach der hier vertretenen Meinung **nicht** zu einem negativen **Schuldanerkenntnis** (vgl. *Rz. 641*). Mithin kann der Vermieter jedenfalls bis zum Ablauf der Abrechnungsfrist Nachbelastungen im Wege der Korrektur der Abrechnung durchführen, selbst wenn der Mieter den Saldo bereits ausgeglichen hat.

(bb) Nachbelastung nach Ablauf der Abrechnungsfrist

546 Auch wenn in der Wohnraummiete das Abflussprinzip gelten kann (vgl. *Rz. 352*), kommt es für die Umlage dieser Kosten nach **§ 556 Abs. 3 BGB** darauf an, ob der Vermieter die verspätete Geltendmachung zu vertreten hat. Denn der Sinn und Zweck der Abrechnungsfrist besteht darin, dem Mieter innerhalb eines Jahres nach Ablauf der Abrechnungsperiode die Höhe seiner endgültigen Miete mitzuteilen[2]. Hätte der Vermieter also die

---

[1] LG Karlsruhe, NJW-RR 1990, 1271; AG Bergisch Gladbach, WuM 1984, 230; AG Münden, WuM 1990, 85.
[2] BGH v. 17.11.2004 – VIII ZR 115/04, WuM 2005, 61.

Kosten bereits in der vorangegangenen Abrechnung berücksichtigen können, ist er nun mit der Abrechnung ausgeschlossen. Das ist z.B. der Fall, wenn er einen Beleg bei der Erfassung der Gesamtkosten übersehen hat oder einen Rechenfehler aus der alten Abrechnung zu seinen Gunsten korrigieren will[1].

Erfolgt eine **Nachbelastung durch einen Leistungsträger** nach Ablauf der Abrechnungsfrist, kann der Vermieter diese Kosten grundsätzlich ansetzen. Insoweit spielt es keine Rolle, ob der Vermieter die Nachberechnung vorhersehen konnte und/oder einen Vorbehalt in der früheren Abrechnung erklärt hat. Zwar soll die Abrechnung zeitnah zum Abrechnungszeitraum erfolgen[2]. Indessen hätte der Vermieter, hätte er die Nachbelastung vorhergesehen und deshalb zugewartet, sogar noch nach Ablauf der Abrechnungsfrist in zulässiger Weise abrechnen können. Denn er ist zu Teilabrechnungen nicht verpflichtet. Dann kann er aber nicht schlechter gestellt werden, wenn er nicht wusste, dass er eine Teilabrechnung erteilt hat. 547

Der klassische Fall der **Vorhersehbarkeit einer Nachbelastung** ist der Dachgeschossausbau. Hier weiß der Vermieter, dass wegen der höheren Auslastung eine Nachveranlagung zumindest hinsichtlich der Grundsteuer durchgeführt wird. Regelmäßig vergehen mehrere Jahre, bis die erstmalige Korrektur der Grundsteuerbescheide rückwirkend auf den Zeitpunkt der Bezugsfertigkeit erfolgt. Grundsätzlich greift auch hier § 556 Abs. 3 S. 4 BGB. Denn die für die Vorjahre erteilten Abrechnungen erweisen sich als **Teilabrechnungen**. Diese Teilabrechnungen können die Ausschlussfrist nicht auslösen. Es ist auch kein Vorbehalt – wegen der Vorhersehbarkeit – erforderlich. Zwar besteht der Sinn und Zweck des § 556 Abs. 3 BGB darin, dem Mieter zeitnah zur Abrechnungsperiode die Höhe seiner Mietbelastung für den Abrechnungszeitraum bekannt zu geben, so dass die nicht als Teilabrechnung gekennzeichnete Mitteilung einen entsprechenden Vertrauenstatbestand hervorrufen kann[3]. Damit würde der Mieter aber besser gestellt, als wenn der Vermieter – ggf. über mehrere Jahre – wegen § 556 Abs. 3 S. 4 BGB nicht abgerechnet hätte. 548

(cc) Nachbelastung wegen nicht periodengerechter Zahlung

Hierunter fallen die Tatbestände, in denen der Vermieter unter Anwendung des Abflussprinzips Kosten in der Abrechnung berücksichtigt, die einen bereits **abgerechneten Leistungszeitraum** betreffen, von ihm aber erst im späteren Jahr der Zahlung angesetzt werden. 549

Beispiel:
Der Vermieter hat 2005 in 2006 abgerechnet. In 2007 bezahlt er die Wartungsrechnung für 2005 und stellt die Kosten in die Abrechnung für 2007. 550

---
1 *Langenberg*, Betriebskosten, G Rz. 95; *Sternel*, ZMR 2001, 937, 939.
2 BGH v. 20.2.2008 – VIII ZR 49/07, WuM 2008, 223 = GE 2008, 471.
3 BGH v. 17.11.2004 – VIII ZR 115/04, WuM 2005, 61.

551 Mit der Nachbelastung dieser Kosten soll der Vermieter wegen § 556 Abs. 3 BGB ausgeschlossen sein[1].

552 Dies kann jedenfalls so lange nicht gelten, wie der Mietvertrag in beiden Abrechnungsperioden bestand. Denn auch hier stellt sich die frühere Abrechnung als Teilabrechnung dar, wenn man das **Leistungsprinzip** (vgl. dazu *Rz. 351*) als Maßstab anlegt. Wird das **Abflussprinzip** als gleichrangig anerkannt[2], bestehen ohnehin keine Bedenken. Insbesondere ist es verfehlt, aus dem Sinn und Zweck des § 556 Abs. 3 BGB eine Pflicht des Vermieters zur zügigen Bezahlung erteilter Rechnungen herzuleiten. Hat der Vermieter in einer früheren Abrechnung die Kosten nicht berücksichtigt, weil er nur die bis dahin bezahlten Rechnungen addiert hat, wurde der Mieter dadurch begünstigt, indem das Abrechnungsergebnis geringer ausfiel.

553 Abgesehen davon können gute Gründe für den Vermieter bestehen, die Rechnung erst später auszugleichen. Insbesondere wird der Vermieter die Zahlung zurückstellen, wenn

– Streitigkeiten über Grund und Höhe der Rechnung bestehen,
– ein Zurückbehaltungsrecht ausgeübt wird, um den Lieferanten zu anderen Leistungen anzuhalten,
– mit einer vermeintlichen Gegenforderung aufgerechnet wurde,
– aus Prinzip erst nach der dritten Mahnung gezahlt wird[3].

554 Im Hinblick auf die generelle Geltung des Abflussprinzips und die damit verbundene **unternehmerische Freiheit** ist kein Gesichtspunkt ersichtlich, aus dem sich rechtfertigen ließe, den Vermieter mit der späteren „Abrechnung" auszuschließen, nur weil er nicht zeitnah zur Abrechnung des Jahres, auf das sich die Leistung bezieht, abgerechnet hat. Der Mieter profitiert von diesem Verhalten. Die Abrechnung selbst stellt sich – bei Geltung des Leistungsprinzips – als Teilabrechnung dar und kann daher nicht zur Ausschlusswirkung führen.

555 Insofern macht es auch keinen Unterschied, ob der Vermieter die Zahlung verspätet leistet, weil er mit seiner **Rechtsausübung** nicht durchgedrungen ist oder lediglich (rechtlich unerhebliche) disziplinarische Gründe eine Rolle gespielt haben. Damit würde jede Rechtsausübung des Vermieters mit einem unnötigen Risiko befrachtet, das zum Schutz des Mieters nicht erforderlich ist.

556 Ist der **Mietvertrag** inzwischen **beendet**, soll die Möglichkeit zur Nachbelastung nicht mehr bestehen, da es an der Grundlage der Abrechnung, nämlich dem Mietvertrag, fehlt[4]. Dies ist in dieser Allgemeinheit aber

---

1 *Langenberg*, Betriebskosten, G Rz. 96 m.w.N.
2 So grundsätzlich BGH v. 20.2.2008 – VIII ZR 49/07, NJW 2008, 1300.
3 Es gibt Leute, die behaupten, dies sei der sicherste Weg, um Millionär zu werden.
4 LG Frankfurt/M., NZM 2002, 336; *Schultz* in Bub/Treier, III Rz. 653.

nicht zutreffend. Erfolgen z.B. Nachbelastungen (z.B. Grundsteuernacherhebung) des Vermieters für Abrechnungsperioden, in denen der Mietvertrag noch bestand, kann der Vermieter den Mieter anteilig belasten[1].

5. Einwendungsausschluss

a) Anwendbarkeit

Auch wenn § 556 Abs. 3 Sätze 5 und 6 BGB den Einwand der Teilinklusivmiete miterfassen, greift der Einwendungsausschluss nur ein, wenn nach dem Vertrag eine **Abrechnungspflicht** besteht, und sei es nur über eine Position. Das ist der Fall, wenn Vorauszahlungen vereinbart sind oder die Umlage von (ggf. einzelnen) Betriebskosten im Abrechnungswege geregelt ist, also § 556 Abs. 3 Satz 1 BGB eingreift. Daher verliert der Mieter, mit dem z.B. eine Bruttowarmmiete oder Betriebskostenpauschale vereinbart ist, auch nach Ablauf von einem Jahr nicht das Recht, sich auf die fehlende Abrechnungsbefugnis zu berufen.

557

b) Fristberechnung

Die Frist des § 556 Abs. 3 S. 5 BGB beträgt ein Jahr und beginnt mit dem **Zugang der Abrechnung**, wenn diese formell einwandfrei ist[2].

558

Das Vorliegen einer **formell einwandfreien Abrechnung** wird relevant, wenn der Vermieter innerhalb der Abrechnungsfrist eine zweite Abrechnung (z.B. als Korrektur) erteilt oder auch erst nach Ablauf der Abrechnungsfrist und sich herausstellt, dass der Ablauf der Abrechnungsfrist gehindert war. Ist erst die zweite Abrechnung formell einwandfrei, wird die Frist des § 556 Abs. 3 Satz 5 BGB auch erst dadurch ausgelöst. War schon die erste Abrechnung formell nicht zu beanstanden, hat die Vorlage weiterer Abrechnungen keinen Einfluss mehr auf die Frist. Diese berechnet sich ab dem Zugang der ersten Abrechnung.

559

Solange die Abrechnung nicht **formell einwandfrei** ist, behält der Mieter seinen (Erfüllungs-)Anspruch auf Abrechnung[3] und beginnt die Einwendungsfrist nicht zu laufen. Ansonsten könnte der Vermieter nach Ablauf der Frist auf Zahlung klagen und der Mieter könnte ihm den Abrechnungsanspruch entgegenhalten, was widersinnig ist. Dies gilt auch, soweit **einzelne Positionen formell unwirksam** abgerechnet wurden. Hier läuft die Frist des § 556 Abs. 3 S. 5 BGB für die materiell wirksamen Positionen mit Zugang der Abrechnung. Im Übrigen bleibt der Abrechnungsanspruch bestehen.

---

1 LG Rostock v. 27.2.2009 – 1 S 200/08, WuM 2009, 232.
2 BGH v. 9.4.2008 – VIII ZR 84/07, NJW 2008, 2258; BGH v. 5.3.2008 – VIII ZR 80/07, NJW 2008, 152; BGH v. 10.10.2007 – VIII ZR 279/06, WuM 2007, 694; AG Michelstadt v. 21.11.2008 – 1 C 288/08 (03), WuM 2009, 179; **a.A.** AG Bremen, WuM 2008, 226; *Stegl*, NZM 2007, 324 ff.
3 LG Berlin v. 21.7.2009 – 63 S 553/08, GE 2009, 1127.

560 Die Frist endet mit Ablauf des **zwölften Monats**. Für die Fristberechnung gelten die allgemeinen Vorschriften, insbesondere § 193 BGB. Erfolgt der Zugang also am 31.12., läuft die Frist am 31.12., 24:00 Uhr des Folgejahres ab.

561 Für die **Rechtzeitigkeit der Mitteilung**, die der Mieter beweisen muss[1], kommt es auf den Zugang beim Vermieter an, so dass die für § 130 BGB entwickelten Grundsätze gelten[2]. Eine besondere Form ist nicht vorgegeben. Einwendungen können daher insbesondere **mündlich**, und nicht nur (mindestens) in **Textform**[3] vorgetragen werden. Für eine Beschränkung in formeller Hinsicht sind keine Anhaltspunkte gegeben. Für seine Anwendbarkeit verlangt § 126b BGB gerade die ausdrückliche Bestimmung, dass in Textform gehandelt werden kann. Im Übrigen wäre ansonsten der Fall ausgeschlossen, dass der Mieter anlässlich der Belegprüfung in den Räumen des Vermieters (Verwalters) konkrete Beanstandungen erhebt.

c) Verschulden

562 Eine (erstmals) nach Ablauf von einem Jahr vorgetragene Einwendung ist nicht verspätet, wenn der Mieter die nicht rechtzeitige Geltendmachung nicht zu vertreten hat.

563 Das **Vertretenmüssen** richtet sich nach den Sorgfaltsmaßstäben des § 276 BGB, so dass insbesondere Fälle **höherer Gewalt** (z.B. dauerhafte Erkrankung) den Mieter entlasten, nicht aber mangelndes Fachwissen[4]. Eine längere über den Ablauf der Frist dauernde (geplante) **Ortsabwesenheit** führt nicht zu einer Verlängerung, weil der Mieter verpflichtet ist, in derartigen Fällen Vorkehrungen zur Rechtswahrung zu treffen[5]. Ob für den Verschuldensmaßstab auf die Evidenz des Abrechnungsfehlers einerseits und den Grad des Verschuldens des Vermieters andererseits abgestellt werden kann[6], ist zweifelhaft. Im Sinne der Rechtsklarheit können für das Verschulden des Mieters keine anderen Anforderungen gelten als auf Vermieterseite im Rahmen der Abrechnungsfrist. Demnach reicht jede Fahrlässigkeit und muss sich der Mieter auch das Verschulden seiner Erfüllungsgehilfen (z.B. Rechtsanwalt) zurechnen lassen.

564 Der Mieter hat den Ablauf der Einwendungsfrist **nicht zu vertreten**, wenn der Vermieter ihm innerhalb dieser Frist nicht die Ausübung seiner Kontrollrechte (vgl. dazu Rz. 579 f.) ermöglicht. Das setzt natürlich voraus, dass der Mieter alles in seiner Macht Stehende getan hat, um die **Einsichtnahme** zu erhalten. Er muss also zumindest ein entsprechendes Verlangen an den Vermieter gerichtet haben. Reagiert der Vermieter nicht, muss der Mieter nach Ablauf einer angemessenen Zeit (ca. vier Wochen) nachfassen

---

1 *Schmid*, ZMR 2001, 761, 768.
2 Vgl. dazu Palandt/*Heinrichs*, § 130 BGB Rz. 5 ff.
3 So aber: *Blank/Börstinghaus*, § 556 BGB Rz. 17.
4 LG Halle v. 20.11.2008 – 1 S 48/08, ZMR 2009, 916.
5 BGH v. 11.7.2007 – XII ZR 164/03, GE 2007, 1550 = NJW-RR 2007, 1567.
6 So aber: *Sternel*, ZMR 2001, 937, 940.

und sich um eine Terminsabstimmung bemühen. Keinesfalls kann es ihn entlasten, wenn er den Vermieter auffordert, ihm einen Termin zur Einsichtnahme zu benennen oder sogar die Übersendung der Abrechnungsunterlagen in Kopie verlangt. Der Vermieter ist nicht verpflichtet, den Mieter über die Art und Weise, wie er seine Rechte ausüben muss, aufzuklären, sondern muss die Rechtsausübung nur gewähren, darf sie also nicht behindern und muss aktiv mitwirken. Geltendmachung und Organisation obliegen dem Mieter.

Unverschuldet ist der Fristablauf, wenn der Vermieter das Einsichtsrecht so spät gewährt, dass der Mieter seine Einwendungen nicht mehr rechtzeitig geltend machen kann[1]. Dem ist die Situation gleichzusetzen, dass der Vermieter zunächst die **Übersendung** der erbetenen Unterlagen **ankündigt** und später – z.B. nach Rechtsberatung – mitteilt, die Übersendung werde nicht erfolgen; vielmehr sei Einsicht vor Ort zu nehmen. Insoweit kann der Mieter nur einwenden, dass er auf die Zusage des Vermieters vertraut habe. 565

Solange derartige Hindernisse bestehen, ist der Lauf der Einwendungsfrist nicht „gehemmt". Vielmehr ist der Mieter nach **Wegfall der Erschwerung** gehalten, innerhalb einer angemessenen Frist seine Beanstandungen vorzutragen bzw. seine Rechte auszuüben. Dazu sind die gleichen Maßstäbe wie auf Vermieterseite für die Einhaltung der Abrechnungsfrist (vgl. *Rz. 288*) anzulegen, so dass der Mieter spätestens innerhalb von **drei Monaten** seine Reklamationen nachholen muss. Das gilt auch, wenn der Vermieter erst **im Prozess** über die Nachforderung dem Mieter die Einsichtnahme in die Abrechnungsunterlagen ausdrücklich anbietet[2] oder sogar die Abrechnungsunterlagen vorlegt. 566

Die **Unkenntnis der Frist** entlastet den Mieter nicht. Eine Wiedereinsetzung in den vorigen Stand ist nicht zulässig. Insoweit besteht kein Anlass, den Mieter besser zu stellen als den Vermieter[3]. Unverschuldet ist der Fristablauf aber z.B., wenn der Abrechnungsfehler unter Anwendung der üblichen Sorgfalt – nach Einsicht in die Belege – für ihn nicht erkennbar ist (z.B. Ablesefehler des Versorgers) oder der Vermieter auf Nachfragen falsche Auskünfte erteilt[4]. Die Umstände, die von den Folgen des Fristablaufs befreien sollen, hat der Mieter darzulegen und zu **beweisen**[5]. 567

d) Erheben von Einwendungen

Im Hinblick auf Sinn und Zweck der Frist des § 556 Abs. 3 Satz 5 BGB, nach Ablauf eines Jahres Rechtsfrieden zu schaffen[6], muss der Mieter seine Einwendungen **spezifiziert** vortragen[7]. Inhaltlich muss aus der Beanstan- 568

---

1 *Blank/Börstinghaus*, § 556 BGB Rz. 19.
2 Vgl. dazu: AG Langenfeld, ZMR 1999, 33.
3 Vgl. dazu *Geldmacher*, NZM 2001, 921, 922.
4 *Schmid*, ZMR 2001, 761, 768.
5 *Herrlein/Kandelhard/D. Both*, § 556 BGB Rz. 81.
6 BGH v. 10.10.2007 – VIII ZR 279/06, WuM 2007, 694.
7 LG Halle v. 20.11.2008 – 1 S 48/08, ZMR 2009, 916 mit Anm. *Schmid*.

dung hervorgehen, wo der Mieter genau einen Korrekturanlass sieht[1]. Deshalb ist der Einwendungsbegriff des § 556 Abs. 3 BGB umfassend zu verstehen unabhängig davon, welche Bedeutung dem Begriff in anderen Vorschriften (z.B. §§ 334, 404 BGB) beigemessen wird[2].

569 Mit Rücksicht darauf tritt der Einwendungsausschluss ein, wenn der Mieter innerhalb der Jahresfrist die Abrechnung zwar **pauschal beanstandet**, seine Rügen jedoch erst nach Ablauf der Frist spezifiziert. Bloße Nichtzahlung ersetzt das Erheben von Einwendungen[3] ebenso wenig wie der Mieter eine auf einen bestimmten Betrag beschränkte Reklamation durchführen kann, um ggf. nach Ablauf der Frist Einwendungen **auszutauschen**.

570 Das **Bestreiten von Kostenansätzen** ist so lange unbeachtlich, wie der Mieter nicht sein Prüfungsrecht ausgeübt hat[4] und daher konkret ermittelt hat, dass die angegebenen Gesamtkosten in konkreter Höhe zu beanstanden sind. Allerdings ist die Einsicht in die Belege nicht generelle Voraussetzung, um überhaupt remonstrieren zu dürfen. Ergibt sich ein Mangel aus der Abrechnung selbst (z.B. falscher Umlageschlüssel), wäre es bloße Förmelei, vom Mieter eine (zusätzliche) Einsichtnahme in die Abrechnungsunterlagen zu verlangen.

571 Ausgenommen sind allein Einwendungen, die die **formelle Seite** der Abrechnung betreffen (vgl. dazu *Rz. 298 f.*). Diese müssen nicht erhoben werden, weil im Falle einer formell fehlerhaften Abrechnung die Frist nicht zu laufen beginnt. Ansonsten muss der Mieter jede Einwendung, die er der Abrechnung entgegensetzen will, erheben unabhängig davon, ob der jeweilige **Mangel evident** ist oder erst durch Ausübung des Prüfungsrechts, also durch Einsichtnahme in die Abrechnungsunterlagen ermittelt werden kann.

572 Eine besondere **Form** ist nicht vorgesehen. Es reicht aus, dass der Mieter z.B. anlässlich der Belegprüfung eine Rechnung (mündlich) als nicht umlagefähig bezeichnet.

e) Umfang der Ausschlusswirkung

573 Auch für den Fall einer formell ordnungsgemäßen Abrechnung ist **umstritten**, ob sich der Mieter nach Ablauf der Frist noch darauf berufen kann, dass es für einzelne, nach § 556 Abs. 1 BGB grundsätzlich umlagefähige Betriebskosten an einer vertraglichen Vereinbarung über deren Umlage fehlt. Während dies einerseits bejaht wird[5], heben andere Autoren u.a. hervor, aus der Formulierung „Einwendungen gegen die Abrechnung" in § 556

---

1 *Langenberg*, Betriebskosten, G Rz. 191.
2 *Blank*, DWW 2009, 91, 93.
3 *Schmid*, ZMR 2001, 761, 768.
4 OLG Düsseldorf, NZM 2000, 762; LG Hannover, WuM 1990, 228; AG Langenfeld/Rheinland, ZMR 1999, 33; AG Köln, WuM 1987, 275.
5 *Sternel*, ZMR 2001, 937, 939; *Schmid*, ZMR 2002, 727, 730; *Streyl*, WuM 2005, 505, 506; Staudinger/*Weitemeyer*, § 556 BGB Rz. 129; *Eisenschmid/Rips/Wall*, § 556 BGB Rz. 2064; *Wetekamp*, Kap. 6 Rz. 145 f.

Abs. 3 Satz 5 BGB sei im Zusammenhang mit § 556 Abs. 1 und 2 BGB zu entnehmen, dass es sich um – hinsichtlich der betreffenden Kostenart – vereinbarte Vorauszahlungen handeln müsse, über die abgerechnet werde[1].

Nach Auffassung des **BGH**[2] gebieten weder der Wortlaut des § 556 Abs. 3 Satz 5 BGB noch der **Sinn und Zweck** der Vorschrift eine solche Beschränkung des Einwendungsausschlusses. Die Bestimmung stelle im Interesse der Ausgewogenheit[3] dem Nachforderungsausschluss für den Vermieter (Abs. 3 Satz 3) einen Einwendungsausschluss für den Mieter gegenüber. Damit solle erreicht werden, dass in absehbarer Zeit nach einer Betriebskostenabrechnung Klarheit über die wechselseitig geltend gemachten Ansprüche bestehe. Die insoweit beabsichtigte Befriedungsfunktion wäre nicht gewährleistet, wenn nicht nach Ablauf der Einwendungsfrist auch Streitigkeiten darüber ausgeschlossen wären, ob die Abwälzung einzelner, grundsätzlich umlagefähiger Betriebskostenarten auf den Mieter vereinbart worden sei oder nicht. Ein Wertungswiderspruch zu § 556 Abs. 1 BGB bestehe in diesem Fall nicht. Wie der Fall zu beurteilen sei, dass der Vermieter Betriebskosten abrechne, obwohl eine Übernahme von Betriebskosten überhaupt nicht oder als Pauschale vereinbart sei, könne offen bleiben.

Aus dem gleichen Grund ist der Mieter auch mit dem Einwand ausgeschlossen, der Vermieter habe Kosten abgerechnet, die **keine Betriebskosten** i.S.v. § 556 Abs. 1 BGB darstellen (z.B. Verwaltungskosten)[4]. Dagegen spricht insbesondere nicht § 556 Abs. 4 BGB[5]. Diese Vorschrift verbietet, den Umfang der umlagefähigen Betriebskosten im Mietvertrag über das Maß des § 556 Abs. 1 BGB hinaus zu erweitern und sanktioniert keine (fehlerhaften) Abrechnungen.

Im Hinblick darauf ist auch die Einwendung, eine Position sei bereits durch die vereinbarte **Teilinklusivmiete** gedeckt, von § 556 Abs. 3 Satz 5 BGB erfasst[6]. Der Mieter, der nicht innerhalb der Frist die mangelnde Umlagefähigkeit reklamiert, muss daher die Nachforderung ausgleichen, obwohl eine Anspruchsgrundlage fehlt. Zu erklären ist dies allein dadurch, dass § 556 Abs. 3 Satz 6 BGB als **Fiktion** verstanden wird[7].

f) Rechtsfolgen

Die Ausschlusswirkung bezieht sich zwar nach dem Wortlaut des § 556 Abs. 3 Satz 6 BGB allein auf Einwendungen. Sie erstreckt sich aber auch auf die Durchsetzbarkeit von Rechten des Mieters, die auf einer (rechtzeiti-

---

1 Schmidt-Futterer/*Langenberg*, § 556 BGB Rz. 504 f.; im Ergebnis ebenso *Blank/Börstinghaus*, § 556 BGB Rz. 131; *Lützenkirchen*, NZM 2002, 512, 513.
2 BGH v. 10.10.2007 – VIII ZR 279/06, WuM 2007, 694.
3 Begr. in BT-Drs. 14/563, S. 79.
4 *Dickersbach* ZMR 2008, 355, 358; *Streyl*, WuM 2005, 505, 506.
5 So aber: *Langenberg*, Betriebskosten, G Rz. 194.
6 BGH v. 5.3.2008 – VIII ZR 80/07, WuM 2008, 283.
7 Vgl. dazu *Blank*, DWW 2009, 91, 94.

gen) Reklamation der Abrechnung beruhen. Der Mieter kann daher den Anspruch aus § 812 BGB wegen der Berücksichtigung nicht abrechenbarer Kosten nicht mehr geltend machen, weil er davon abhängt, dass diese Einwendung innerhalb der Frist geltend gemacht wurde.

578 Allenfalls die Klage auf **Zahlung des Guthabens**, das vor Ablauf der Frist berechnet wurde oder sich aus vor Ablauf der Frist mitgeteilten Beanstandungen ergibt, kann der Mieter noch erheben.

6. Ausübung der Kontrollrechte durch den Mieter

579 Der Mieter kann die in der Abrechnung berücksichtigten Kosten substantiiert nur **bestreiten**, wenn er zuvor von seinem Prüfungsrecht Gebrauch gemacht hat[1]. Zwar besteht keine ausdrückliche Regelung zum Kontrollrecht bei Betriebskosten in den §§ 556 f. BGB. Indessen folgt dieses Recht des Mieters schon unmittelbar aus **§ 259 BGB**. Ein ausdrückliches Angebot des Vermieters ist aber dazu ebenso wenig erforderlich wie er durch Angabe von Ort und Zeit, in der die Belege ausliegen, die Einwendungsfrist (§ 556 Abs. 3 Satz 5 BGB) verkürzen kann.

a) Ort der Belegprüfung

580 § 29 NMV sieht für den preisgebundenen Wohnraum ausdrücklich vor, dass der Mieter die Prüfung der Abrechnung durch Einsichtnahme in die Abrechnungsunterlagen (Abs. 1 NMV) oder durch **Überlassung von Fotokopien** (Abs. 2) ausüben kann. Ob dieses Wahlrecht auch bei Mietverhältnissen über preisfreie Wohnungen oder Gewerberaum besteht, wurde teilweise befürwortet[2] und auch abgelehnt[3], was sogar zu einer örtlich **unterschiedlichen Praxis** führte.

---

1 OLG Düsseldorf, NZM 2000, 762; LG Berlin, ZMR 1999, 637; LG Karlsruhe, WuM 1998, 479; LG Hannover, WuM 1990, 228; LG Arnsberg, NJW-RR 1988, 397; AG Köln, WuM 1987, 275.
2 **Dafür:** LG Neubrandenburg v. 5.3.2002 – 1 S 272/01, WuM 2002, 339; LG Berlin v. 25.1.2000 – 65 S 260/99, GE 2000, 409; LG Düsseldorf v. 19.3.1998 – 21 S 600/97, DWW 1999, 182; LG Hamburg v. 14.8.1997 – 334 S 61/97, WuM 1997, 500 = NZM 1998, 264; LG Essen v. 2.8.1996 – 1 S 693/93, DWW 1996, 371; LG Hannover v. 2.2.1993 – 11 S 392/82, WuM 1985, 346; AG Pankow/Weißensee v. 13.3.2002 – 7 C 482/01, MM 2002, 228 = NZM 2002, 655; AG Potsdam v. 27.9.2001 – 26 C 214/01, GE 2002, 403; AG Diez v. 26.9.2001 – 8 C 210/01, WuM 2001, 560; AG Niebüll v. 21.5.2001 – WuM 2001, 633; AG Dinslaken v. 8.5.2001 – 33 C 177/00, WuM 2001, 497; AG Köpenick v. 22.3.2000 – 7 C 373/99, MM 2000, 333; AG Hamburg v. 13.10.1999 – 45 C 77/99, WuM 2000, 214; AG Tiergarten v. 10.9.1999 – 3 C 64/99, MM 2000, 91; AG Köln v. 26.8.1999 – 211 C 319/99, WuM 2000, 152; AG Köln v. 18.12.1998 – 221 C 413/98, ZMR 1999, 343; AG Bonn v. 28.5.1996 – 8 C 149/96, WuM 1996, 629; AG Zwickau v. 15.12.1993 – 11 C 522/93, MDR 1994, 271; AG Tiergarten v. 17.5.1993 – 3 C 38/93, MM 1993, 257; AG Brühl v. 10.1.1992 – 24 C 403/91, WuM 1992, 201; AG Charlottenburg v. 4.5.1999 – 21b C 25/90, MM 1991, 195.
3 OLG Düsseldorf v. 22.4.1993 – 10 U 193/92, WuM 1993, 411 = DWW 1993, 261; LG Berlin v. 14.11.2002 – 62 S 230/02, GE 2003, 121; LG Köln v. 10.1.2001 – 10 S

Nach Auffassung des BGH[1] ist § 29 NMV nicht analog anwendbar, so dass die allgemeinen Grundsätze, die zu § 259 Abs. 1 BGB entwickelt wurden, gelten. Ein Anspruch auf Übersendung von Belegkopien ergibt sich auch nicht aus dem Grundsatz von Treu und Glauben (§ 242 BGB). Unter Berücksichtigung der jeweiligen berechtigten Interessen der Vertragsparteien genügt es zur Begründung eines solchen Anspruchs des Mieters nicht, dass er bereit ist, dem Vermieter dessen Auslagen für die Anfertigung der Kopien zu erstatten. 581

Ein **Anspruch auf** (weitere) **Kopien** entsteht auch nicht dadurch, dass der Vermieter aus Gefälligkeit auf die erste Anforderung Belegkopien übermittelt hat[2]. Insoweit macht es keinen Unterschied, ob dies ausdrücklich aus Entgegenkommen erfolgt ist oder der Vermieter in dem Bewusstsein eine Zusage erteilt hat, er sei zur Überlassung verpflichtet. Liegt ein Tatbestand vor, aus dem der Mieter das Vertrauen darauf schöpfen durfte, der Vermieter werde nicht auf die Einsichtnahme vor Ort bestehen, kann sich allenfalls der Lauf der Einwendungsfrist verlängern. Dies kann aber erst relevant werden, wenn die Frist des § 556 Abs. 3 S. 5 BGB abgelaufen ist. Gibt der Vermieter vorher bekannt, dass seine Ankündigung nicht mehr gilt, kommt es darauf an, ob dem Mieter noch **drei Monate** für die Einsicht der Abrechnungsunterlagen bleiben. Diese Frist orientiert sich an dem Zeitrahmen, der dem Vermieter zur Verfügung steht, um nach Beseitigung eines Hindernisses die versäumte Handlung nachzuholen (vgl. Rz. 288). 582

Ausnahmsweise kommt ein (direkter) Anspruch auf Übersendung der Belegkopien in Betracht, wenn dem Mieter die Einsichtnahme in die Abrechnungsunterlagen in den Räumen des Vermieters nicht zugemutet werden kann. Derartige Umstände können gegeben sein, wenn 583

– Vermieter und Mieter heillos zerstritten sind[3];
– der Mieter um seine körperliche Unversehrtheit fürchten muss (vorangegangene Tätlichkeit des Verwalters)[4];
– der Ort der Einsichtnahme nicht in zumutbarer Weise und angemessener Zeit zu erreichen ist, oder

---

249/00, NZM 2001, 617; LG Hamburg v. 8.2.2000 – 316 S 168/99, WuM 2000, 197; LG Frankfurt/Main v. 7.9.1999 – 2/11 S 135/99, WuM 1999, 576; LG Düsseldorf v. 18.3.1997 – 24 S 554/96, WuM 1998, 252 = ZMR 1998, 167; AG Bremen v. 2.4.2004 – 7 C 295/03, WuM 2005, 129; AG Kerpen v. 10.1.1997 – 21 C 414/96, WuM 1998, 319; AG Gelsenkirchen v. 22.4.1993 – 10 U 193/92, WuM 1993, 411 = DWW 1993, 261; AG Alhaus v. 15.10.1992 – 5 C 361/92, WuM 1992, 696; AG Hannover v. 20.5.2005 – 519 C 1505/05, WuM 2005, 721; AG Hannover v. 7.10.1985 – 547 C 8370/85, WuM 1987, 275.
1 BGH v. 8.3.2006 – VIII ZR 78/05, WuM 2006, 200 = NZM 2006, 340.
2 BGH v. 13.9.2006 – VIII ZR 71/06, WuM 2006, 618.
3 Dies kann nicht bereits deshalb angenommen werden, weil mehrere Rechtsstreitigkeiten (insbesondere über Betriebskosten) bestehen.
4 OLG Hamm v. 12.2.1998 – 15 W 319/97, NZM 1998, 722.

- der in einer entfernt liegenden Stadt wohnende Vermieter trotz Aufforderung durch den Mieter sich weigert, die Belege am Ort des Mietobjektes zur Einsicht bereitzustellen[1].

584 Eine **Unzumutbarkeit** liegt **nicht** vor, wenn

- der Vermieter die Einsichtnahme in den Kanzleiräumen seines **Rechtsanwaltes**[2] oder des **WEG-Verwalters**[3] anbietet, die ihren Geschäftssitz jeweils am Ort der Wohnung haben. Maßgeblich ist, dass die Einsichtnahme in zumutbarer Entfernung zum Ort der Wohnung stattfinden kann, wobei zwar keine starren Grenzen festgelegt werden können, die Orientierung an einer Stunde Fahrtzeit (einfache Strecke) mit öffentlichen Verkehrsmitteln und – soweit vorhanden – mit dem Pkw die Zumutbarkeitskriterien aufzeigt;
- der Mieter zwischenzeitlich umgezogen ist, so dass sich nun eine erhebliche Fahrtstrecke zum Ort der Einsichtnahme ergibt[4];
- die Materie an sich für den Mieter zu schwierig ist, weil er sich bei der Einsichtnahme fachkundiger Hilfe bedienen kann[5];
- der Bildungsgrad des Mieters einer erfolgreichen Kontrolle entgegensteht[6].

585 Möglicherweise können aber (dauerhafte) **gesundheitliche Beeinträchtigungen** eine Rolle spielen[7], insbesondere körperliche Gebrechen, wie Gehbehinderungen, Blindheit etc. Ebenso ist es für den Mieter jedenfalls unzumutbar, einen zweiten Termin wahrnehmen zu müssen, weil der Vermieter beim ersten Mal nicht alle Informationen zur Verfügung stellen konnte, obwohl der Mieter nur die nach der Verkehrsanschauung üblichen Belege einsehen wollte und die damit üblicherweise verbundenen Fragen gestellt hat (vgl. Rz. 589).

586 Ein **Anspruch auf Überlassung von Kopien** kann sich für den Mieter auch während des Termins zur Belegprüfung ergeben, etwa weil er mit den mündlichen Erläuterungen des Vermieters nicht zufrieden ist und den Beleg seinem Rechtsberater vorlegen möchte (vgl. Rz. 597).

b) Geltendmachung der Einsichtnahme

587 Der Vermieter muss die Ausübung der Kontrollrechte (z.B. in der Abrechnung) **nicht anbieten**. Vielmehr ist der Mieter dafür selbst verantwortlich.

---

1 OLG Düsseldorf v. 22.6.2006 – I-10 U 164/05, GE 2006, 1230.
2 BGH v. 13.9.2006 – VIII ZR 71/06, WuM 2006, 618 = NZM 2006, 926 ZMR 2006, 918.
3 BGH v. 13.9.2006 – VIII ZR 105/06, WuM 2006, 616.
4 LG Köln v. 10.1.2001 – 10 S 249/00, NZM 2001, 617.
5 BGH v. 13.9.2006 – VIII ZR 105/06, WuM 2006, 616.
6 A.A. *Fenn*, WuM 2006, 482, 484.
7 *Schmid*, ZMR 2006, 341, 343; *Fenn*, WuM 2006, 482, 484; AG Leipzig – 163 C 11291/05 (bisher nicht veröffentlicht) für 80-jährige Mieterin.

588 Insoweit reicht es zunächst aus, dass der Mieter ein entsprechendes Verlangen an den Vermieter oder seinen Verwalter stellt, wobei er sein Begehren nicht begründen muss. Insbesondere hat er **keine besondere Form** zu beachten, sollte aber spätestens die Erinnerung mindestens in Textform abfassen, muss aber auch dabei grundsätzlich nicht spezifizieren, welche Belege er im Einzelnen prüfen will.

589 Eine **Aufforderung zur Vorlage** bestimmter Unterlagen oder sonstiger Informationen anlässlich des Termins ist aber erforderlich, wenn der Mieter neben den üblichen Zahlungsbelegen seine Ermittlung auf Grundlagen erweitern will, die regelmäßig nicht bei den Abrechnungsunterlagen aufbewahrt werden oder weitere Recherchen des Vermieters voraussetzen. Das betrifft z.B. die Einsicht in Arbeitsverträge, insbesondere des Hausmeisters, die der Vermieter hinsichtlich der persönlichen, für die Belegprüfung irrelevanten Daten ggf. sogar schwärzen muss (z.B. Geburtsdatum, Familienstand). Will der Mieter unangekündigt derartige Belege sehen, kann der Vermieter ihn ausnahmsweise auf einen **zweiten Termin** verweisen, wenn er sie nicht griffbereit hat.

590 Das Gleiche gilt für Ermittlungen, die der Ermittlung dienen, ob bei einer **gemischten Nutzung** eine erhebliche Mehrbelastung des Mieters eintritt. Der insoweit darlegungs- und beweisbelastete Mieter muss seinen Auskunftsanspruch spezifizieren, insbesondere mitteilen, ob er die Berechnungsgrundlagen für die Vorermittlung aller Abrechnungspositionen benötigt oder nur einzelner. Denn der Vemieter muss hier regelmäßig selbst noch Auskünfte bei seinen Leistungsträgern einholen.

591 Auf das Verlangen des Mieters muss der Vermieter mit einem Hinweis auf Ort und Zeit der Einsichtnahme (z.B. innerhalb der Bürozeiten) reagieren und angeben, ob dazu eine konkrete **Terminsverabredung** notwendig ist. Zwar kann der Vermieter auch einen oder mehrere Termine vorgeben. Indessen wird durch eine solche Mitteilung das Kontrollrecht des Mieters nicht begrenzt. Vielmehr kann er Alternativtermine verlangen. Insoweit gelten die gleichen Regeln, wie für die Terminsvereinbarung beim Besichtungsrecht (vgl. dazu *G Rz. 231*).

c) Zeitliche Komponenten der Belegprüfung

aa) Belegprüfung und Saldoklage des Vermieters

592 Die **Einwendungsfrist** des § 556 Abs. 3 Satz 5 BGB bildet die zeitliche Grenze für die Belegprüfung. Allerdings kann der Mieter nicht auf Einhaltung dieser Frist in jedem Fall bestehen. Denn macht der Vermieter den Anspruch auf Nachzahlung z.B. einen Monat nach dem Zugang der Abrechnung **gerichtlich geltend**, kann der Mieter ein Zurückbehaltungsrecht nicht mit der Begründung geltend machen, es habe noch keine Belegprüfung stattgefunden. Dazu muss zumindest ein entsprechendes Verlangen von ihm gestellt worden sein. Denn das Recht zur Belegeinsicht ist sofort mit Zugang der Abrechnung fällig. Also kann der Vermieter seine Mitwirkung auch sofort anbieten (z.B. mit dem Hinweis, dass die Belege beim Hausmeister zur Einsicht innerhalb einer bestimmten Zeit zur Verfügung stehen). Damit gerät der Mieter in Annahmeverzug, so dass der Vermieter die Belege hinterlegen könnte, § 372 S. 1 BGB. Erst recht kommt keine Klageabweisung in Betracht, nur weil die Frist des § 556 Abs. 3 Satz 5 BGB noch nicht abgelaufen ist.

593 Umso mehr sollte der Mieter **unverzüglich** nach Zugang der Abrechnung seine Kontrollrechte wahrnehmen und zumindest ein konkretes Verlangen an den Vermieter richten, in dem er z.B. schon um **Terminsvorschläge** bittet, sofern er nicht selbst schon Termine zur Wahl des Vermieters vorgibt.

594 Zögert der Vermieter die Einsichtnahme hinaus, kann der Mieter gegenüber der Nachforderung zumindest ein **Zurückbehaltungsrecht** geltend machen[1], das im Prozess zur Klageabweisung führt.

bb) Durchführung des Termins

595 Dem Mieter ist grundsätzlich zur **Prüfung der Belege** so viel Zeit einzuräumen, wie er dafür benötigt. Weder kann der Vermieter den Termin auf „Durchschnittszeiten" noch absolut begrenzen. Insbesondere ist eine Zeit von zweieinhalb Stunden noch nicht zu lang[2].

596 Insoweit sind auch **Bürozeiten** grundsätzlich kein ausreichender Grund, den Termin ohne Fortsetzungsmöglichkeit zu beenden. Auch wenn der Vermieter gegenüber seinem Angestellten, der die Belegprüfung überwacht/begleitet, tarifvertraglich gebunden ist, muss dem Mieter die Zeit zur Verfügung gestellt werden, die er benötigt. Allenfalls kann der Vermieter daraus einen Anspruch auf Durchführung eines zeitnahen zweiten Termins herleiten, wenn der Termin auf Wunsch des Mieters spät am Tag verabredet wurde, obwohl der Vermieter darauf hingewiesen hat, dass wegen des Umfangs der Belege die bis zum **Feierabend** verbleibende Zeit nicht ausreichen könnte.

597 Der Vermieter muss nicht, darf aber während der Belegprüfung des Mieters (im Raum) anwesend sein. Soweit **Fragen** zu einzelnen Belegen bestehen, hat er die notwendigen Erläuterungen zunächst mündlich zu erteilen. Bleiben danach Zweifel des Mieters, kann dieser einerseits auf **Überlassung einer Kopie** des Belegs und andererseits auf **schriftliche Erläuterung** bestehen, um das Problem z.B. mit seinem Rechtsanwalt zu erörtern. Ein genereller Anspruch auf Überlassung von Kopien besteht allerdings nicht. Vielmehr müssen sich aufgrund des Textes, des Datums oder des Betrages in einem Beleg Zweifel ergeben. Dies gilt auch hinsichtlich weiterführender Unterlagen (Verträge, Stundenaufzeichnungen, Wohnflächenberechnung etc.).

---

[1] *Langenberg*, Betriebskosten, I Rz. 18.
[2] AG München v. 7.7.2006 – 453 C 26483/05, NJW-RR 2007, 86 = NZM 2006, 929.

Ist der Vermieter nicht bereit oder in der Lage, die Kopien vor Ort zu überlassen, sollte sich der Mieter die entsprechenden Daten des Belegs notieren und seine Bitte **schriftlich** an den Vermieter richten. Dabei sollte er auch die Zweifel festhalten, um sein **Begehren zu begründen**. Solange der Vermieter den Beleg nicht überlässt, liegt ein Fall der Verzögerung/Verweigerung der Einsichtnahme vor, der ein Zurückbehaltungsrecht des Mieters begründet (vgl. dazu *Rz. 654*).

598

d) Vorbereitung und Mitwirkung des Vermieters

Um eine Kontrolle der Abrechnungsunterlagen in angemessener Zeit durchführen zu können, muss der Vermieter dem Mieter die **Belege in geordneter Form** präsentieren[1]. Zwar ist die **Anschaffung eines Taschenrechners** auch dem Mieter zumutbar[2]. Dies kann jedoch nur insoweit gelten, als die Bildung von Summen oder sonstige Rechenvorgänge nachvollzogen werden sollen.

599

Es reicht nicht immer aus, die Belege nach einzelnen Kostenarten bzw. **Kostenblöcken** zusammenzufassen und jeweils mit einem Deckblatt zu versehen, auf dem die Gesamtsumme gemäß der Abrechnung und die Einzelbeträge der Belege aufgeführt sind[3]. Dies ermöglicht eine zügige Kontrolle allenfalls bei kleinen Mietobjekten, bei denen nur wenige Belege für eine Kostenart bestehen und eine Vorverteilung der Kosten, die für mehrere Objekte angefallen sind, nicht stattgefunden hat.

600

Deshalb sollte bei allen, insbesondere aber **großen Objekten** eine **Kostenzusammenstellung** vorgelegt werden, die jeden einzelnen Rechenschritt, der von den in Rechnung gestellten Beträgen über die Summenbildung und sonstige Rechenschritte bis hin zu den angesetzten Gesamtkosten aufzeigt, dokumentiert. Damit wird nichts verlangt, was dem Vermieter nicht **zumutbar** ist. Die einzelnen Schritte muss er sich vor der Abrechnung überlegen und vollziehen. Dazu wird er sich zumindest eines Taschenrechners bedienen und die Zwischen- und Endergebnisse festhalten. Gerade größere Wohnanlagen werden regelmäßig von professionellen Hausverwaltern, Wohnungsunternehmen oder gewerblichen Vermietern verwaltet, die über eine entsprechende EDV-Ausstattung verfügen. Selbst wenn keine besondere Software genutzt wird, ist mit herkömmlichen Programmen eine derartige Kostenaufstellung ohne weiteres herzustellen.

601

Die persönliche Einsichtnahme dient der **vollständigen Aufklärung** des Mieters und soll dem Vermieter die Gelegenheit bieten, Zweifel des Mieters durch (einfache) mündliche Erläuterung auszuräumen[4]. Dafür muss der Vermieter nicht während der Prüfung durch den Mieter (im Raum) anwesend sein. Er muss sich aber zur Verfügung halten, so dass z.B. nach

602

---

1 AG Köln, WuM 1992, 201.
2 LG Köln, WuM 1985, 371.
3 So: *Langenberg*, Betriebskosten, I Rz. 6.
4 BGH v. 8.3.2006 – VIII ZR 78/05, WuM 2006, 200 = NZM 2006, 340.

Beendigung der Kontrolltätigkeit durch den Mieter die Fragen im persönlichen Gespräch abgearbeitet werden können. Hat der Vermieter die Abrechnung nicht selbst erstellt, muss grundsätzlich der zuständige Sachbearbeiter zur Aufklärung zur Verfügung stehen. Solange die Parteien nichts anderes vereinbaren, muss der Mieter jedenfalls nicht ein zweites Mal beim Vermieter erscheinen, um ggf. nachzuholende Erläuterungen (mündlich) entgegenzunehmen.

603 Das gilt insbesondere, wenn der Vermieter einen **Abrechnungsdienst** (z.B. für die Heizkosten) eingeschaltet hat. Hier wird man in der Regel nicht verlangen können, dass der Vermieter einen **Mitarbeiter** dieses Unternehmens zum Termin bereithält, solange der Abrechnungsdienst nicht die gesamte oder doch wesentliche Teile der Abrechnung erstellt hat oder der Mieter nicht in der Ankündigung deutlich gemacht hat, dass gerade hinsichtlich des von dem Abrechnungsdienst erstellten Teils Fragen bestehen.

e) Umfang der Belegeinsicht

604 Das Einsichtsrecht bezieht sich grundsätzlich auf sämtliche **Originalbelege**[1], die erforderlich sind, um die Abrechnung rechnerisch und gedanklich nachvollziehen zu können. Allerdings kann der Vermieter dem Mieter zunächst auch (leserliche) Fotokopien oder den Computerausdruck gescannter Unterlagen präsentieren[2].

605 Die Pflicht, notfalls Originalunterlagen zur Verfügung zu stellen, kann zu erheblichen Problemen führen, wenn der Vermieter ein sog. **papierloses Büro** betreibt. Dabei werden in der Regel an der Poststelle alle eingehenden Sendungen in einer zentralen Einheit auf optische Speicherplatten gescannt unter Erfassung der Daten des eingebenden Mitarbeiters und auf optische Laserplatten gebrannt. Schon wegen der Einführung der elektronischen Schriftform nach § 126a BGB ist es gerechtfertigt, den Mieter zunächst auf die in der beschriebenen Weise konservierten Belege zu verweisen, woraus sich regelmäßig keine Unklarheiten ergeben. Erst wenn der begründete Verdacht von Manipulationen oder Unstimmigkeiten besteht, kann der Mieter die (betreffenden) Originalbelege verlangen[3]. Ansonsten wäre eine zeitökonomische Ausübung des Prüfungsrechts nicht möglich, da (insbesondere bei Großobjekten) mehrere Mieter nie gleichzeitig die Belegeinsicht durchführen könnten. Damit ist auch der Vermieter nicht unzumutbar belastet, weil er die steuer- und handelsrechtlichen Aufbewahrungsfristen ohnehin zu beachten hat.

606 Zu den vorzulegenden Belegen gehören vor allem
- Rechnungen
- Quittungen

---

1 OLG Düsseldorf, WuM 1993, 411; AG Siegburg, WuM 1991, 598; AG Hamburg, WuM 1991, 282; *Sternel*, III Rz. 371.
2 AG Mainz, ZMR 1999, 114; **a.A.** AG Hamburg, WuM 2002, 499.
3 LG Hamburg v. 5.12.2003 – 311 S 123/02, WuM 2004, 97.

- Verträge[1]
- Ablesequittungen[2], auch für andere Wohnungen[3]
- Wohnflächenberechnungen
- Grundrisszeichnungen[4]
- Berechnungen zur Vorermittlung (Vorwegabzug)
- Schätzgrundlagen

Welche Unterlagen im Einzelnen benötigt werden, stellt sich oft erst bei der Einsichtnahme selbst heraus. Der Mieter kann die Vorlage aller Dokumente verlangen, die **Einfluss auf das Abrechnungsergebnis** haben[5]. Dabei ist es ohne Bedeutung, ob sie sich teilweise auf **andere Mietobjekte** beziehen oder **persönliche Angaben** Dritter (z.B. Hausmeister) enthalten. Denn wegen datenschutzrechtlicher Gesichtspunkte kann der Vermieter die Einsichtnahme nicht verweigern[6]. Insoweit wird ihm allenfalls zugebilligt, Daten, die für die Abrechnung ohne Bedeutung sind (z.B. das Geburtsdatum des Hausmeisters oder dessen Familienstand), abzudecken oder in anderer Weise unkenntlich zu machen[7]. 607

f) Durchführung des Termins

Der Vermieter muss zur Einsichtnahme alle für die Prüfung **notwendigen Unterlagen** und **personellen Kräfte** bereithalten. Nur weil z.B. ein Beleg fehlt oder der zuständige Sachbearbeiter z.B. wegen Urlaub nicht anwesend ist, so dass spontane Fragen des Mieters nicht vollständig beantwortet werden können, ist es dem Mieter nicht zumutbar, die Einsichtnahme zu wiederholen. 608

Regelmäßig decken die Kostenzusammenstellungen die Probleme bereits auf. Aus den angeführten **Rechnungsdaten** wird ersichtlich, nach welchem Prinzip der Vermieter die Kosten erfasst hat (vgl. *Rz. 350 f.*). Bei der Vorermittlung von Kosten (Abzug für Gewerbenutzung, Abzug für Kostenanteile anderer Mietobjekte oder frühere bzw. spätere Abrechnungsperioden etc.) wird der Quotient ersichtlich, ohne dass der Mieter den gewählten Maßstab mühselig nachvollziehen muss. 609

Neben der Überprüfung der Rechnungsdaten ist der **Text** der einzelnen **Belege** von Interesse. Oftmals wird in den Rechnungen auf Angebote, Leistungsverzeichnisse oder Verträge („... gemäß Vertrag vom ...") Bezug ge- 610

---

1 LG Berlin v. 3.4.2003 – 62 S 387/02, MM 2003, 297; AG Wuppertal, ZMR 1991, S. IX; *Langenberg*, I Rz. 3.
2 AG Garmisch-Partenkirchen, WuM 1996, 155.
3 LG Berlin v. 4.7.2008 – 63 S 482/07, GE 2009, 452.
4 AG Brühl in *Lützenkirchen*, KM 2 Nr. 9.
5 *Lützenkirchen*, Anwaltshandbuch, L Rz. 126.
6 LG Berlin v. 3.4.2003 – 62 S 387/02, MM 2003, 297; AG Münster, WuM 2000, 198; AG Dortmund, WuM 1986, 378; AG Flensburg, WuM 1985, 347.
7 AG Schöneberg, GE 1987, 1113.

nommen. In diesem Fall kann der Mieter erst recht auf der **Vorlage** dieser **Verträge** bestehen. Haben sich zwischenzeitlich **Tariferhöhungen** ergeben, muss der Vermieter diese schlüssig durch die entsprechenden Anforderungen der Leistungsträger belegen.

611 Ein weiterer Aspekt der Prüfung ist die **Objektbezeichnung** in dem einzelnen Beleg. Fehlt sie, muss der Vermieter den Nachweis führen, dass die vorgelegte Rechnung sich auf das Mietobjekt bezieht.

612 Schließlich sollten die **Positionen der Rechnungen** dahin überprüft werden, ob sie nicht umlegbare Leistungen betreffen. Bei pauschalen Texten, die Zweifel offen lassen, muss der Vermieter die Leistung aufschlüsseln und ggf. beweisen, dass die von ihm angegebenen Leistungen von der Rechnung erfasst werden. Werden allerdings unter einer Position (verdeckt) umlegbare Kosten erfasst, die bei einer anderen Position abrechenbar sind, kann der Vermieter durch eine zusätzliche Erläuterung den Mangel heilen[1].

613 Durch Durchsicht von **Leistungsverzeichnissen**, Angeboten oder Verträgen kann der Leistungsumfang ermittelt und überprüft werden, inwieweit er sich auf **nicht umlegbare Positionen** (z.B. Instandhaltungs- und Verwaltungskosten) bezieht. Dabei sollte der Text vollständig gelesen werden, weil der Unternehmer regelmäßig Wert darauf legt, den geschuldeten Leistungsumfang von Zusatzleistungen abzugrenzen, der Vermieter jedoch bemüht ist, den Text so pauschal wie möglich zu halten, um den Umfang der umlegbaren Kosten zu vergrößern. Deshalb wird nicht selten in einer nachrangigen Regelung, außerhalb der Haupt-Leistungsbeschreibung, festgehalten, welche Zusatzleistungen vom Unternehmer erbracht werden müssen.

614 Vorsicht ist auch bei **Belegen von Familienmitgliedern** des Vermieters geboten. Hier sollte ermittelt werden, ob und ggf. wer die berechneten Leistungen erbracht hat. Das Gleiche gilt bei Stundenaufstellungen. Dazu sollte bei dem Mandanten ermittelt werden, ob er Erkenntnisse über den Umfang der Tätigkeit hat.

615 Werden **Vorwegabzüge** wegen Instandhaltungs- oder Verwaltungsanteilen vom Vermieter vorgenommen und dazu Berechnungsgrundlagen vorgelegt, sollte versucht werden, diese nachzuvollziehen. Liegen z.B. Tätigkeitsberichte der Hausmeister vor, sollten diese im Einzelnen inhaltlich überprüft werden, ob sich daraus das von dem Vermieter angenommene Verhältnis zwischen umlegbaren und nicht umlegbaren Tätigkeiten ergibt. Bei pauschalen Abzügen kann der Mieter zusätzlich die Offenlegung der Schätzgrundlage z.B. in Form der Kalkulationsgrundlagen des Unternehmers (vgl. dazu Rz. 532) verlangen.

616 Sofern der Mieter seinen Rechtsanwalt nicht **angemessen vergüten** kann, um die zuvor beschriebene Tätigkeit für ihn auszuführen, kann ihm ein **Leitfaden** an die Hand gegeben werden, in dem die wichtigsten Aspekte zu-

---

1 OLG Hamburg, ZMR 2003, 180, 181.

g) Auswertung der Belegprüfung

Die Einsichtnahme in die Abrechnungsunterlagen hat den Zweck, dem Mieter eine ausreichende **Grundlage** für seine **weitere Vorgehensweise** zu verschaffen. Immerhin soll ein Jahr nach Zugang der Abrechnung Rechtsfrieden eintreten[1]. 617

aa) Unvollständige Belege

Kann der Vermieter nicht alle Belege vorlegen, die zur **Nachvollziehbarkeit der Abrechnung** erforderlich sind, ist es dem Mieter grundsätzlich nicht zumutbar, den Termin zu wiederholen. Denn **Sinn und Zweck der Einsichtnahme** vor Ort, also beim Vermieter, sollte ja gerade die kurzfristige Abhandlung der Kontrolle sein[2]. Ausnahmsweise fällt die Unvollständigkeit in den Risikobereich des Mieters, wenn der Vermieter z.B. vorab um Mitteilung gebeten hatte, ob neben den reinen Rechnungsbelegen weitere Unterlagen eingesehen werden sollen und der Mieter darauf nicht oder sogar verneinend reagiert hat, beim Termin dann aber doch einen entsprechenden Wunsch äußert, der aber spontan nicht erfüllt werden kann. 618

Außer in dieser oder ähnlichen Ausnahmesituationen kann der Mieter die Nachsendung der fehlenden **Belege in Kopie** verlangen. Einen **Kostenerstattungsanspruch** kann der Vermieter in diesem Fall nicht geltend machen. Denn die unvollständige Einsichtnahme beruht auf einer Nebenpflichtverletzung des Vermieters, so dass er den Mieter so stellen muss, wie er bei der vollständigen Einsicht gestanden hätte (§§ 280, 241 Abs. 2, 249 BGB). 619

Zur Vermeidung von Streitigkeiten sollte der Vermieter ein **Protokoll** vorbereiten, in dem die Parteien durch ihre Unterschrift das Ergebnis der Einsichtnahme dokumentieren. Dadurch können auch die fehlenden Unterlagen festgehalten werden. Ansonsten muss sich der Mieter die fehlenden Belege (konkret, insbesondere den Namen des Leistungsträgers) notieren und den Vermieter schriftlich zur Nachsendung auffordern. Verlangt der Vermieter (unberechtigterweise) Kostenerstattung, kann der Mieter diese **unter Vorbehalt** leisten, um sie später mit der Nachforderung oder der Miete zu verrechnen. Verweigert er die Zahlung, ist nicht auszuschließen, dass der Ablauf der Einwendungsfrist auf Fahrlässigkeit beruht[3]. 620

---

1 BGH v. 10.10.2007 – VIII ZR 279/06, WuM 2007, 694 = GE 2008, 46.
2 BGH v. 8.3.2006 – VIII ZR 78/05, WuM 2006, 200 = NZM 2006, 340.
3 Vgl. dazu: BGH v. 25.10.2006 – VIII ZR 102/06, WuM 2007, 24 = GE 2007, 46 = NZM 2007, 35.

bb) Auswertung der Belege

621 Nach der (vollständigen) Belegprüfung sollte der Rechtsanwalt das Ergebnis auswerten. Als vorteilhaft kann sich dabei erweisen, dass er z.B. in der Einzelbelegaufstellung bei einzelnen Rechnungen oder Rechenschritten bereits Anmerkungen gemacht hat, die ihm nun einen Überblick erleichtern.

622 Die Auswertung kann sich an folgenden Prüfungsschritten orientieren:
- Welches Resultat ergibt die materielle Auswertung?
- Wie und in welchem Umfang muss gegenüber dem Vermieter reagiert werden?
- Welche zusätzlichen Maßnahmen sind zu treffen?

(1) Welches Resultat ergibt die materielle Auswertung?

623 Liegen dem Rechtsanwalt ausreichende Informationen vor, um die in der Abrechnung berücksichtigten Kosten nachzuvollziehen, sollte die weitere Tätigkeit zunächst darauf gerichtet sein, ein **rechnerisches Ergebnis** zu erreichen. Denn nur so wird ersichtlich, ob sich der weitere Aufwand für den Mandanten „lohnt". Ihm kommt es regelmäßig allein darauf an, die **Nachforderung zu reduzieren** oder sein Guthaben zu vergrößern. Mängel der Abrechnung, die zu keinem besseren wirtschaftlichen Ergebnis führen (z.B. Anwendung eines falschen Abrechnungsschlüssels), sind für ihn zumeist unbedeutend.

624 Diese Arbeit kann sich der Mieter (oder sein Rechtsanwalt) nicht mit dem Hinweis ersparen, bei Fehlern bestehe ein Anspruch auf **Neuerteilung der Abrechnung**. Richtigerweise muss insoweit jedoch zwischen formellen und materiellen Fehlern (vgl. dazu Rz. 298 ff.) differenziert werden. Ist die Abrechnung formell einwandfrei, besteht ein Anspruch auf Neuerteilung nicht[1].

625 Umso mehr sollte der Rechtsanwalt (oder eine Hilfsperson) die als nicht umlagefähig ermittelten Beträge mit dem entsprechenden Anteil vom Abrechnungsergebnis **in Abzug** bringen. Ist bei einer Position nicht fern liegend, dass der Vermieter die Kosten „verteidigen" kann, sollte in der schriftlichen Auswertung ein entsprechender Vermerk erfolgen, um den Mandanten nach der Auswertung auf das **Risiko hinweisen** zu können.

626 Ergeben sich bei einzelnen Positionen Hinweise auf **nicht durchgeführte Abzüge** (z.B. Verwaltungs- oder Instandhaltungsanteile), können diese zunächst pauschal vorgenommen werden, wobei sich der Rechtsanwalt an dem für seinen Mandanten günstigsten Abzug orientieren kann. Zwar muss der Vermieter grundsätzlich die Höhe des notwendigen Abzuges **darlegen und beweisen**[2] und ist eine Position nicht fällig, wenn die Schätz-

---
[1] OLG Düsseldorf v. 30.3.2006 – I-10 U 143/05, WuM 2006, 381.
[2] BGH v. 20.2.2008 – VIII ZR 27/07, WuM 2008, 284; AG Brühl in *Lützenkirchen*, KM 1 Nr. 17.

grundlage nicht ausreichend vorgetragen ist. Indessen kann durch den Abzug das wirtschaftliche Risiko ermittelt werden, um ggf. eine Vergleichsgrundlage vorzubereiten.

Die **Darlegungs- und Beweislast** für die Notwendigkeit einer Vorermittlung bei **gemischter Nutzung** trifft allerdings den Mieter. Auch wenn nach der hier vertretenen Meinung eine Berücksichtigung erst für die Zukunft verlangt werden kann (vgl. *Rz. 502*), sollte diese Berechnung angestellt werden. Zum einen muss man dieser Meinung nicht folgen und kann den Vermieter so unter Druck setzen. Zum anderen muss dass Begehren ohnehin spezifiziert werden. 627

Eine rechnerische Ermittlung sollte auch durchgeführt werden, wenn der Vermieter einen **falschen Abrechnungsschlüssel** angewendet hat. Wurde z.B. eine zu hohe Personenzahl oder Fläche zugrunde gelegt, sollte anhand des „richtigen" Verteilers ermittelt werden, zu welchem Ergebnis der Fehler des Vermieters führt. Selbst wenn über den vermeintlich richtigen Verteiler keine oder nur vage Angaben des Mandanten vorhanden sind, sollte recherchiert werden, welches Ergebnis sich bei der günstigsten Variante ergibt. Zwar wird grundsätzlich durch einen falschen Umlageschlüssel die Fälligkeit der Nachforderung gehindert. Dadurch wird die Abrechnung aber nicht formell mangelhaft, so dass sie auch noch nach Ablauf der Frist des § 556 Abs. 3 S. 3 BGB korrigiert werden kann (vgl. dazu *Rz. 298*). Insoweit sollte unterstellt werden, dass der Vermieter die Korrektur – jedenfalls vorsorglich – durchführen wird. Will er sich die Arbeit ersparen, kann das wirtschaftliche Risiko durch die eigene Berechnung richtig ermittelt werden. 628

Schließlich sollte mit dem Mandanten erörtert werden, ob in dem Abrechnungszeitraum ein Mangel der Mietsache, der zur **Minderung nach § 536 BGB** berechtigte, bestand. Denn § 536 BGB ist auch auf das Betriebskostenergebnis anwendbar (vgl. *F Rz. 104*). 629

Am Ende der rechnerischen Prüfung wird sich regelmäßig zeigen, ob noch eine Nachforderung verbleibt oder sich ein (höheres) Guthaben des Mandanten ergibt. Dieses sollte in der Akte so dokumentiert werden, dass es jederzeit ohne große Mühe nachvollziehbar ist. Dadurch wird vermieden, dass bei einer weiteren Bearbeitung der Akte, z.B. im Rahmen eines Klageverfahrens, noch einmal mühselig nachgerechnet werden muss, wie sich das eigene Gesamtergebnis berechnet hat. 630

(2) Wie und in welchem Umfang muss gegenüber dem Vermieter reagiert werden?

Ist die Abrechnungsfrist noch nicht abgelaufen, sollte in jedem Fall bis dahin zugewartet werden. Liegt ein **formeller Mangel** vor (vgl. dazu *Rz. 298 f.*), kann der Vermieter nach Ablauf der Abrechnungsfrist nicht mehr korrigieren. Vielmehr tritt grundsätzlich die Ausschlusswirkung ein, es sei denn, der Vermieter hat den Ablauf der Frist nicht zu vertreten (vgl. 631

dazu *Rz. 240 f.*). Hat die Belegprüfung einen **materiellen Fehler** ergeben, kann der Vermieter bei der möglichen Korrektur keine Verschlechterung für den Mieter herbeiführen (vgl. dazu *Rz. 298*).

632 Da die **Einwendungfrist** nur eingehalten werden kann, wenn der betreffende Fehler konkretisiert wird, sollte, um jedes Risiko zu vermeiden, die einzelne Beanstandung so spezifiziert wie möglich angegeben werden. Dazu sollte die nicht umlagefähige **Rechnung** mit Datum oder auch der mangelnde Vorwegabzug unter Benennung der notwendigen Angaben zur Mehrbelastung des Mieters berechnet werden. Gegenüber Abzügen (z.B. wegen Verwaltungstätigkeit des Hausmeisters) reicht ein einfaches Bestreiten der Angemessenheit[1].

633 Gleichwohl sollte der **Rechtsanwalt** bei der Darstellung von Einwendungen nach dem Motto verfahren: „Lieber zu viel als zu wenig". In der zurzeit – jedenfalls hinsichtlich der Substantiierung – ungeklärten Rechtslage ist kein Raum für taktische Überlegungen. Vielmehr sollte damit gerechnet werden, dass dem Mieter das Verschulden des Rechtsanwalts bei der Einhaltung der Einwendungsfrist zugerechnet wird. Hat der Rechtsanwalt sich z.B. anlässlich der **Belegeinsicht für mehrere Mieter** bestellt, sollte er deutlich machen, dass er die nachfolgende Korrespondenz nicht nur noch für einen Mieter führt. Ansonsten tritt nämlich für die anderen, die z.B. im Betreff nicht genannt sind, die Ausschlusswirkung ein[2].

634 Auch wenn eine besondere Form für die Mitteilung nicht vorgeschrieben ist, sollte schon aus Dokumentationsgründen eine **schriftliche Äußerung** erfolgen. Diese kann allerdings in der **Textform** des § 126b BGB gehalten werden[3]. Davon sollte Gebrauch gemacht werden, wenn der Telefaxanschluss oder die E-Mail-Adresse des Vermieters bekannt sind, weil sich dadurch relativ einfach der Zugang der Mitteilung dokumentieren lässt. Denn für die Rechtzeitigkeit der Mitteilung ist der Mieter darlegungs- und beweispflichtig[4]. Nur im äußersten Notfall sollte der Mieter die Einwendungen mündlich vorbringen. Hierüber sollte er sich jedoch zumindest einen Aktenvermerk fertigen. Besser ist es noch, die Beanstandungen im Anschluss an die (telefonische) Unterredung gegenüber dem Vermieter schriftlich zu bestätigen.

635 Hat der Vermieter nach einer Einwendung bestimmte Positionen zusätzlich erläutert, sollte der Rechtsanwalt die Einwendung im Zweifel aufrecht erhalten, bis eine Klärung der gesamten Abrechnung herbeigeführt wurde. Denn der Umfang der Einwendungen fördert spätestens im nachfolgenden Prozess die **Vergleichsbereitschaft** des Vermieters. Lässt der Mieter eine

---

1 BGH v. 20.2.2008 – VIII ZR 27/07, WuM 2008, 284 = GE 2008, 662 = ZMR 2008, 691.
2 AG Köln in *Lützenkirchen*, KM 2 Nr. 120.
3 *Blank/Börstinghaus*, § 556 BGB Rz. 131; *Rips/Eisenschmid/Wall*, § 556 BGB Rz. 314.
4 *Schmid*, ZMR 2001, 761, 768.

Einwendung ausdrücklich fallen, ist er jedenfalls im Prozess grundsätzlich gehindert, diese Rügen wieder vorzubringen[1].

(3) Welche zusätzlichen Maßnahmen sind zu treffen?

Hat der Vermieter neben der Abrechnung eine **Erhöhung der Betriebskostenvorauszahlungen** gem. § 560 Abs. 4 BGB geltend gemacht und war die Abrechnung formell einwandfrei, sollte dem Mandanten die Änderung seiner Mietzahlung zum vorgesehenen Fälligkeitstermin empfohlen werden (vgl. dazu *E Rz. 212 f.*). Denn die Wirksamkeit einer Erhöhung nach § 560 Abs. 4 BGB ist allein von einer formell ordnungsgemäßen Abrechnung und einer formell nicht zu beanstandenden Anforderung der erhöhten Vorauszahlungen abhängig[2]. 636

Ergibt sich ein **unstreitiger Anteil einer Nachforderung** selbst bei günstigster Berechnung, sollte dem Mandanten empfohlen werden, diesen Betrag zur Vermeidung eines Prozessrisikos zu zahlen. Ein (größeres) Guthaben sollte von der nächsten Mietzahlung in Abzug gebracht werden, wobei der Mietvertrag auf eine **Aufrechnungsklausel** hin überprüft werden sollte. Insoweit ist neben § 309 Nr. 3 BGB bei Wohnraummietverträgen § 556b Abs. 2 BGB zu beachten, weil die Betriebskostenvorauszahlungen einen Teil der Miete darstellen, so dass das Guthaben einen Anspruch aus ungerechtfertigter Bereicherung begründet. Deshalb muss die Aufrechnung u.U. nur mit einer Frist von einem Monat vor der Fälligkeit der Miete in Textform angezeigt werden, § 556b Abs. 2 BGB. 637

Schließlich können Überlegungen angestellt werden, ob die Grundlage für eine **vergleichsweise Regelung** gegeben ist. Dies kommt nicht nur bei unklaren Umlagevereinbarungen (vgl. *Rz. 174 f.*), sondern auch bei der Höhe nach streitigen Abzügen in Betracht. Insoweit sollte der Rechtsanwalt schon einmal mit dem Mandanten vorbesprechen, ob er zu einem Entgegenkommen bereit ist und wie eine solche Regelung gestaltet werden kann. Im Hinblick auf den Dauercharakter des Mietvertrages sollte darauf hingewirkt werden, dass für die Parteien eine Basis geschaffen wird, die zukünftige Streitigkeiten vermeidet. 638

Dies kann einerseits dadurch erreicht werden, dass der **Katalog** der umlegbaren Kosten **festgeschrieben** wird. Erweitert sich der Katalog um bis dahin zweifelhafte Positionen, sollte der Rechtsanwalt des Mieters dafür einen **Verzicht** auf die aktuelle Nachforderung vereinbaren oder einen Ausschluss von **Mieterhöhungen** nach § 558 BGB für einen bestimmten Zeitraum fordern. Damit ist für den Vermieter eine klare Umlagenregelung geschaffen. Der Mieter kann einen wirtschaftlichen Vorteil erreichen. Im Fall der streitigen Abzüge kann ein Pauschalabzug für die Zukunft festgeschrieben werden. Als Gegenleistung sollte für die aktuelle Nachforde- 639

---

1 AG Köln in *Lützenkirchen*, KM 2 Nr. 89.
2 BGH v. 28.11.2007 – VIII ZR 145/07, WuM 2008, 31 = ZMR 2008, 196 = NZM 2008, 121.

rung ein höherer Abzug verhandelt werden. Auch dem rechtsschutzversicherten Mieter sollte ein solcher Vergleich empfohlen werden. Ggf. sollte in Aussicht gestellt werden, dass zukünftig die Überprüfung von Betriebskostenabrechnungen nur noch gegen Vereinbarung eines Zusatzhonorars durchgeführt würde.

7. Schuldanerkenntnis durch Ausgleich des Saldos?

640 Mit dem vorbehaltlosen Ausgleich des Saldos einer Betriebskostenabrechnung soll nach hM ein **deklaratorisches Schuldanerkenntnis**[1] entstehen, das zum Ausschluss von Einwendungen führt, die die Parteien bei Abgabe der Erklärung kannten oder mit denen sie zumindest rechneten[2]. Nach anderer Auffassung entsteht mit dem gleichen Vorgang stillschweigend ein Vertrag über den Ausschluss von Einwendungen[3].

641 Die schlichte Zahlung zum Ausgleich einer Rechnung kann diese Rechtsfolgen aber **nicht** herbeiführen[4]. Die Annahme eines deklaratorischen Schuldanerkenntnisses setzt nach ständiger Rechtsprechung des BGH voraus, dass die Vertragsparteien das Schuldverhältnis ganz oder teilweise dem **Streit** oder der **Ungewissheit** der Parteien entziehen wollen und sich dahingehend einigen[5]. Die erforderliche Einigung kann nur angenommen werden, wenn sich ein entsprechendes Angebot sowie dessen Annahme feststellen lassen. Diese Voraussetzungen können noch nicht bei der Prüfung einer Rechnung, der Bezahlung einer Rechnung oder auch der Bezahlung nach Prüfung angenommen werden. Hier fehlt es an der Beseitigung eines Streits oder einer Ungewissheit. Im Hinblick darauf ist es auch nicht ohne weiteres gerechtfertigt, einen Einwendungsausschlussvertrag eigener Art anzunehmen.

8. Zurückbehaltungsrecht

642 Das Zurückbehaltungsrecht kann bei Betriebskosten ein große Rolle spielen. Es kommt namentlich in Betracht gegenüber
- den **Vorauszahlungen**, wenn der Vermieter
    - nicht innerhalb der Frist des § 556 Abs. 3 BGB oder
    - formell falsch

---

[1] OLG Düsseldorf v. 29.6.2000 – 10 U 166/99, ZMR 2000, 668 = NZM 2000, 588 = DWW 2000, 196; LG Köln v. 29.3.2001 – 1 S 259/00, ZMR 2001, 547; LG Koblenz v. 27.2.1997 – 12S 340/96, WuM 1997, 685; *Langenberg*, NZM 1999, 52, 62.
[2] BGH v. 9.2.1998 – II ZR 374/96, WPM 1998, 656 unter 1. m.w.Nachw.
[3] OLG Hamburg v. 2.9.1987 – 4 U 182/86, WuM 1988, 26 = NJW-RR 1987, 1495.
[4] BGH v. 11.11.2008 – VIII ZR 265/07, GuT 2009, 122; offen gelassen BGH v. 18.1.2006 – VIII ZR 94/05, WuM 2006, 150 = ZMR 2006, 268.
[5] BGH v. 11.1.2007 – VII ZR 165/05, NJW-RR 2007, 530; BGH v. 1.12.1994 – VII ZR 215/93, NJW 1995, 960; BGH v. 6.12.2001 – VII ZR 241/00, BauR 2002, 613 = NZBau 2002, 338 m.w.N.

abrechnet, und gegenüber 643
– der **Nachforderung**, wenn der Vermieter
  – keine Einsicht in die Abrechnungsunterlagen gewährt,
  – die Belegprüfung vor ihrer Beendigung durch den Mieter abbricht,
  – keine Unterlagen übersendet, die anlässlich der Einsichtnahme als zweifelhaft eingestuft wurden,
  – sonstige Erläuterung von Zweifeln unterlässt.

Der Rechtsanwalt sollte sich bewusst sein, dass die Empfehlung, ein Zu- 644
rückbehaltungsrecht auszuüben, immer mit dem **Risiko** verbunden sein kann, dass der Vermieter (berechtigterweise) kündigt. Das kann insbesondere der Fall sein, wenn der Rechtsanwalt die Rechtslage nicht vollständig prüft, weil er z.B. einen (wirksamen) vertraglichen Ausschluss des Zurückbehaltungsrechts übersieht. Sobald er sich nicht sicher sein kann, dass ein Gericht nicht anders entscheidet, handelt er **fahrlässig**[1].

a) Abrechnungssäumigkeit des Vermieters

Mit Ablauf der Abrechnungsfrist wird der Anspruch des Mieters auf Ab- 645
rechnung fällig (= **Eintritt der Abrechnungsreife**). Der Mieter kann nun auf Abrechnung klagen. Dies ist mühselig, zumal die Zwangsvollstreckung über § 890 ZPO erfolgt[2]. In dieser Situation bietet das Zurückbehaltungsrecht dem Mieter ein **Druckmittel**, seinen Anspruch auf Abrechnung[3] durchzusetzen. Voraussetzung ist neben der Fälligkeit des Anspruchs auf Abrechnung eine Leistungsaufforderung. Die Fälligkeit tritt spätestens mit Ablauf der Abrechnungsfrist ein.

Daneben kommt ein Zurückbehaltungsrecht nur in Ausnahmefällen in Be- 646
tracht, insbesondere **nicht**, wenn die **Abrechnung formell ordnungsgemäß** erteilt und nur einfache Fehler aufweist. Zwar wird angenommen, ein Anspruch auf Abrechnung in Form der **Neuvornahme der Abrechnung** bestehe auch bei berechtigten Einwendungen des Mieters[4].

Richtigerweise muss hier jedoch zwischen **formellen und materiellen Feh-** 647
lern differenziert werden. Ist die Abrechnung formell einwandfrei, können die Fehler ohne Änderung der Struktur der Abrechnung korrigiert werden[5], und zwar unter Zuhilfenahme eines Taschenrechners durch den Mieter oder das Gericht[6]. Deshalb ist in einem solchen Fall ein Anspruch auf Neuerteilung einer Abrechnung nicht gegeben. Das Gleiche gilt, wenn der

---

1 BGH v. 25.10.2006 – VIII ZR 102/06, GE 2007, 46 = WuM 2007, 24.
2 BGH v. 11.5.2006 – I ZB 94/05, WuM 2006, 401.
3 BGH v. 9.3.2005 – VIII ZR 57/04, WuM 2005, 337 = MietRB 2005, 141.
4 *Langenberg*, G Rz. 184.
5 OLG Düsseldorf v. 30.3.2006 – I-10 U 143/05, ZMR 2006, 381; AG Mitte, WuM 1998, 440.
6 LG Hamburg, ZMR 2005, 622.

Mieter allein den Ansatz bestimmter Kosten bestreitet[1]. Etwas anderes kann allenfalls gelten, wenn die Abrechnung aus anderen Gründen insgesamt unzulänglich ist[2].

648 Ein Zurückbehaltungsrecht ist aber zuzugestehen, wenn der Vermieter sich nur einen **Teil der Nebenkosten** zur Abrechnung herausgegriffen hat, die Abrechnung anderer Positionen (und Nebenkostenvorauszahlungen) aber schuldig bleibt[3]. Insoweit ist es unbedeutend, ob zu einzelnen Betriebskostengruppen **unterschiedliche Vorauszahlungsbeträge**[4] vereinbart wurden. Anderenfalls wäre es dem Vermieter möglich, nur die mit einer Nachforderung abschließenden Abrechnungen dem Mieter zugänglich zu machen und sich insoweit sogar durch Aufrechnung mit dem Kautionsrückzahlungsanspruch unmittelbar zu befriedigen, den Mieter hinsichtlich solcher Abrechnungen, die zum Ergebnis einer Überzahlung gelangen, aber auf den mühevollen Weg der Abrechnungsklage zu verweisen.

649 Das Zurückbehaltungsrecht kann auf jeden Fall **gegenüber den Vorauszahlungen** der laufenden (Gesamt-)Miete geltend gemacht werden[5]. Werden die Betriebskosten sowohl in ihrer Ausgestaltung als Vorauszahlungen als auch (nach Abrechnung) als Teil der gemäß § 535 BGB geschuldeten Miete angesehen[6], wird man auch ein Zurückbehaltungsrecht an den weiteren Teilen der Miete (Nettomiete, Heizkostenvorauszahlungen, Pauschalen, Zuschläge etc.) annehmen können[7]. Denn es ist sowohl ein Gegenseitigkeitsverhältnis als auch eine hinreichende Konnexität gegeben. Dem wird allerdings entgegengehalten, dass der Begriff des Rechtsverhältnisses in § 273 BGB nicht im weitesten Sinne zu verstehen und zwischen dem Anspruch auf Zahlung der Miete und dem auf Rechnungslegung kein so enger natürlicher und wirtschaftlicher Zusammenhang gegeben sei, dass es gegen Treu und Glauben verstoßen würde, wenn der eine Anspruch ohne Rücksicht auf den anderen geltend gemacht und durchgesetzt werden könnte[8].

650 In der Vergangenheit **nicht geleistete Vorauszahlungen** werden davon jedoch nicht erfasst[9], so dass sich der Mieter mit dieser Einrede z.B. nicht erfolgreich gegen eine Kündigung wegen Zahlungsverzugs verteidigen kann, sofern in den maßgeblichen Monaten nicht bereits Abrechnungsreife eingetreten war. Dann besteht aber sogar ein Recht zur Aufrechnung (vgl. *Rz. 668 f.*). Die Zurückbehaltung ist auch gerechtfertigt, wenn das Grund-

---

1 AG Hannover v. 5.6.2003 – 563 C 2469/03, WuM 2007, 409.
2 AG Pinneberg, ZMR 2004, 595.
3 OLG Düsseldorf v. 19.6.2007 – I-24 U 55/07, ZMR 2008, 708.
4 In diesem Fall läuft die Abrechnungsfrist einheitlich: BGH v. 30.4.2008 – VIII ZR 240/07, WuM 2008, 404 = NZM 2008, 520.
5 BGH, WuM 1984, 185, 187; OLG Düsseldorf, DWW 2002, 31 = ZMR 2002, 37; OLG Koblenz, WuM 1995, 154, 155.
6 LG Hamburg, ZMR 1995, 32, 33; *Langenberg*, Betriebskosten, G Rz. 2 m.w.N.
7 **A.A.** OLG Koblenz, WuM 1995, 154, 155.
8 OLG Düsseldorf, DWW 2002, 31 = ZMR 2002, 37.
9 OLG Düsseldorf, ZMR 2001, 25.

stück unter **Zwangsverwaltung** steht und die Abrechnung noch vom vermietenden Eigentümer geschuldet wird[1].

Das Zurückbehaltungsrecht ist der **Höhe** nach auf die **Summe** der für den (abgelaufenen) **Abrechnungszeitraum geleisteten Vorschüsse** beschränkt[2]. Denn nur in diesem Umfang besteht ein finanzielles Interesse des Mieters an der Erteilung einer ordnungsgemäßen Abrechnung. 651

Mit dem Zurückbehaltungsrecht kann jedoch nur verhindert werden, dass der Vermieter die Miete bzw. die Vorauszahlungen durchsetzen kann. Sobald die **Abrechnung erteilt** ist, müssen die zurückbehaltenen Teile der Miete (unverzüglich) an den Vermieter gezahlt werden. Deshalb sollte dem Mandanten empfohlen werden, bei Ausübung eines Zurückbehaltungsrechts die einbehaltenen Beträge z.B. auf ein **separates Konto** (Sparbuch) zu zahlen, um nicht in die Versuchung zu geraten, damit größere Ausgaben zu tätigen. Denn wird die Abrechnung erteilt und es besteht ein Rückstand mit mind. 2 Monatsmieten, besteht das Risiko, dass der Vermieter von seinem Kündigungsrecht nach § 543 Abs. 2 Nr. 3 BGB Gebrauch macht. 652

Beschränkt sich die Beratung des Rechtsanwalts auf die Ausübung des Zurückbehaltungsrechts, kann der Jahresbetrag des einbehaltenen Betrages bei der **Kostenrechnung** zugrunde gelegt werden, § 41 Abs. 5 GKG analog. 653

b) Verweigerte oder fehlerhafte Einsicht in die Abrechnungsbelege

Verweigert der Vermieter die Einsichtnahme in die Abrechnungsunterlagen, steht dem Mieter an der **Nachforderung** ein Zurückbehaltungsrecht zu[3]. Das Gleiche gilt, wenn der Vermieter 654

– die Belegprüfung abbricht, bevor der Mieter sie abgeschlossen hat,
– die Auskunft/Erläuterung über nicht plausible Umstände verweigert,
– die ergänzenden Kopien nicht übermittelt,
– die Auskunft über die für die Vorermittlung maßgeblichen Kriterien verweigert.

Die aufgezeigten Tatbestände erfüllen die Voraussetzungen des § 280 Abs. 1 BGB. Insoweit kann sich der **Vermieter** regelmäßig nicht darauf berufen, er habe nicht **schuldhaft** gehandelt. Denn mangelnde Kenntnis der Rechtslage entlastet ihn nicht. 655

Im Hinblick auf § 274 BGB würde die Einrede im Prozess zur Verurteilung **Zug um Zug** führen. Der Mieter müsste also die Nachforderung, die er noch nicht oder jedenfalls nicht vollständig geprüft hat, begleichen, sobald ihm die (restliche) Einsichtnahme gewährt wurde. Wegen § 767 Abs. 2 BGB, für den auf die objektive Sachlage abzustellen ist, könnte er die bei 656

---

1 AG Hamburg, WuM 1989, 191.
2 KG, GE 2002, 129.
3 BGH v. 8.3.2006 – VIII ZR 78/05, WuM 2006, 200, 202 m.w.N.

der Belegeinsicht gewonnenen Erkenntnisse gegenüber der titulierten Nachforderung nicht mehr verwerten.

657 Mit Rücksicht darauf erfolgt hier ausnahmsweise eine **Korrektur** des § 274 BGB über § 242 BGB mit der Folge, dass die Klage als **derzeit unbegründet** abzuweisen ist[1]. Dies gilt allerdings nicht mehr, wenn der Vermieter die Einsichtnahme im laufenden Prozess angeboten hat[2].

9. Rückforderung von Vorauszahlungen

658 Aufgrund der Entscheidung des BGH vom 9.3.2005[3] ist bei diesem Anspruch zu unterscheiden, ob der Mieter ihn während des Mietverhältnisses oder nach dessen Beendigung geltend machen will.

a) Während des laufenden Mietvertrages

659 Mit der Begründung, der Rückzahlungsanspruch sei ein durch die Nichtabrechnung **bedingter vertraglicher Anspruch**[4], soll der Mieter berechtigt sein, die für die Abrechnungsperiode geleisteten Vorauszahlungen zurückzufordern. Andere sehen in dem **Bestreiten mit Nichtwissen**, die Vorauszahlungen seien durch die angefallenen Kosten verbraucht, eine ausreichende Begründung für einen solchen Anspruch[5].

660 Die h.M.[6] ist allerdings zu Recht der Auffassung, dass der Mieter jedenfalls bei fortlaufendem Mietverhältnis die **Rückzahlung** der auf die Nebenkosten geleisteten Vorauszahlungen **nicht** allein deswegen **verlangen** kann, weil der Vermieter seine Pflicht zur Abrechnung tatsächlich entstandener Nebenkosten binnen angemessener Frist nicht erfüllt hat[7]. Denn die Vorauszahlungen wurden nicht ohne rechtlichen Grund, sondern auf Grund des Mietvertrages geleistet, und eine Vertragsauslegung ist unzulässig, weil es an einer Vertragslücke fehlt[8]. Erst recht besteht kein Rückforderungsanspruch allein dadurch, dass der Mieter die in der formell einwandfreien Abrechnung enthaltenen Kostenansätze bestreitet[9].

661 **Nach Ablauf der Einwendungsfrist** kann der Mieter einen Anspruch auf (teilweise) Rückzahlung von Vorauszahlungen noch geltend machen, wenn er ansonsten fristgerecht die Positionen beanstandet, die er seiner An-

---

1 Ähnlich *Langenberg*, Betriebskosten, K Rz. 31.
2 AG Langenfeld, ZMR 1999, 33.
3 BGH, WuM 2005, 337.
4 AG Mitte, WuM 1998, 440.
5 LG Hamburg, WuM 1997, 380; LG Koblenz, WuM 1995, 98; LG Gießen, WuM 1994, 694 und WuM 1995, 442; LG Lüneburg, WuM 1992, 380; LG Essen, WuM 1992, 200; LG München II, WuM 1991, 158; AG Oberhausen, WuM 1993, 68.
6 BGH v. 29.3.2006 – VIII ZR 191/05, WuM 2006, 383; BGH, WuM 2005, 337 = MietRB 2005, 141; OLG Hamm, WuM 1998, 476 = ZMR 1998, 624.
7 BGH, WuM 2006, 383.
8 OLG Hamm, WuM 1998, 476, 477, 478.
9 KG v. 5.2.2009 – 12 U 122/07, GE 2009, 516.

spruchsbegründung in korrigierter Form zugrunde legt und wegen der Korrektur die Summe der Vorauszahlungen die **tatsächlich entstandenen Kosten** übersteigt. Insoweit kann der Mieter keine Schätzungen z.B. bei den Abzügen vornehmen. Denn unabhängig davon, aus welcher Anspruchsgrundlage sich die Forderung herleitet[1], ist der Mieter als Gläubiger für die anspruchsbegründenden Tatsachen beweispflichtig. Dies gilt erst recht, wenn der Anspruch (richtigerweise) aus § 812 BGB hergeleitet wird[2]. In diesem Zusammenhang sollte weder von einer Beweiserleichterung zugunsten des Mieters noch sogar von einer Beweislastumkehr ausgegangen werden. Die gegenteiligen Ansätze[3] können allenfalls im Einzelfall gerechtfertigt sein und zu paradoxen Ergebnissen führen: Wird bei der Prüfung des Rückforderungsanspruchs dem Vermieter die Beweislast aufgebürdet und gelingt ihm z.B. nicht der Beweis, dass bei der gemischten Nutzung die von ihm unterlassene Trennung der Wasserkosten (vgl. dazu *Rz. 521*) nicht erforderlich ist, erhält der Mieter den von ihm beanspruchten Anteil der Vorauszahlungen zurück, obwohl er sie nach dem Mietvertrag mit Rechtsgrund geleistet hat. Etwas anderes kann allenfalls gelten, wenn in einem Vorprozess mit umgekehrtem Rubrum festgestellt wurde, dass der Vermieter bestimmte Kosten nicht umlegen kann.

Auch wenn ein solcher Vorprozess nicht geführt wurde, reicht es aus, in der Klageschrift **zunächst vorzutragen**, dass eine bestimmte **Position nicht entstanden** oder nicht umlegbar ist. Legt der Vermieter dann aber in der Klageerwiderung die entsprechenden Belege vor, muss substantiiert der fehlende Rechtsgrund dargelegt werden. 662

Bevor der Rückforderungsanspruch gerichtlich geltend gemacht wird, sollte überlegt werden, ob ein für den Mandanten **kostengünstigeres Mittel** zur Verfügung steht. Dieses kann darin bestehen, dass der Mieter seinen Anspruch auf Abrechnung im Wege des **Zurückbehaltungsrechts** geltend macht (vgl. dazu *Rz. 645 f.*) oder sein (ggf. selbst errechnetes) Guthaben im Wege der **Aufrechnung** liquidiert. 663

Hat der **Vermieter** außergerichtlich **eine Abrechnung vorgelegt**, kann der Anspruch grundsätzlich erst ermittelt werden, wenn Einsicht in die Abrechnungsunterlagen genommen und anhand der dadurch gewonnenen Erkenntnisse berechnet wurde, ob die Vorauszahlungen das Abrechnungsergebnis übersteigen. Denn bei der Berechnung seines Rückforderungsanspruchs muss der Mieter grundsätzlich die gleichen Anforderungen beachten wie der Vermieter bei der Erteilung der Abrechnung[4]. Damit muss er seine Ermittlung an den Grundsätzen orientieren, die für das Mietobjekt gelten, also z.B. eine Kostentrennung bei der gemischten Nutzung (vgl. dazu *Rz. 498*) durchführen. Das bedeutet, dass er z.B. eine (realistische) Schätzung nur ansetzen darf, wenn die exakten Kostenanteile nicht (mehr) zu er- 664

---

1 Vgl. die Zusammenstellung bei *Langenberg*, Betriebskosten, G Rz. 52.
2 *Langenberg*, Betriebskosten, K Rz. 32.
3 Vgl. *Langenberg*, Betriebskosten, G Rz. 56 m.w.N.
4 LG Köln, ZMR 2001, 547.

mitteln sind. Bei der Grundsteuer kann er daher die Aufteilung nicht nach dem Verhältnis der Flächen vornehmen, sondern muss sich an der Ermittlung des Einheitswertes orientieren[1] (vgl. dazu *Rz. 509 f.*). Zum schlüssigen Sachvortrag gehört deshalb im Prozess insbesondere die Erläuterung des Verteilerschlüssels. Um die Beweissituation zu sichern, muss darauf geachtet werden, dass wenigstens zu den streitigen oder unklaren Positionen die Belege in Kopie vorliegen.

665 Fehlt bisher eine Abrechnung des Vermieters, kann der Mieter die **notwendigen Informationen** grundsätzlich nur dadurch gewinnen, dass er zunächst eine Klage auf Erteilung der Abrechnung vorzieht (vgl. dazu *Rz. 715 f.*), um die notwendigen Unterlagen entweder im Rahmen der Zwangsvollstreckung oder der Ausübung des Kontrollrechts nach zwischenzeitlich vorgelegter Abrechnung zu erhalten. Jede andere Vorgehensweise ruft das Risiko hervor, die einzelnen Abrechnungspositionen nicht schlüssig darstellen zu können.

666 Erteilt der Vermieter **während des Prozesses** eine (neue) Abrechnung, sollte geprüft werden, ob sich daraus neue Erkenntnisse ergeben, die ggf. dazu zwingen, einen Teil des Anspruchs für erledigt zu erklären oder sogar die Klage zu erhöhen. Gegenüber einer evtl. Aufrechnung des Vermieters wird der Wohnraummieter regelmäßig die Ausschlusswirkung der §§ 556 Abs. 3 BGB, 20 Abs. 3 NMV einwenden können[2].

b) Nach beendetem Mietvertrag

667 Mit der Beendigung des Mietvertrages steht dem Mieter ein Anspruch auf Rückzahlung von Vorauszahlungen zu, der sich aus einer **ergänzenden Vertragsauslegung** ergeben soll[3]. Dieser Anspruch stellt das Surrogat für das Zurückbehaltungsrecht dar, das der Mieter während der Mietzeit einsetzen kann, um seinem Anspruch auf Abrechnung Nachdruck zu verleihen. Damit ist die durch den Rechtsentscheid des **OLG Braunschweig**[4] bestimmte Rechtslage obsolet.

668 Auf Mieterseite sollte dieser Anspruch regelmäßig geprüft werden, wenn der Vermieter eine fristlose **Kündigung** (insbesondere wegen **Zahlungsverzuges**) ausgesprochen hat. Denn bei gleichzeitiger Abrechnungssäumigkeit besteht zunächst die Möglichkeit, mit den für die Abrechnungsperiode geleisteten Vorauszahlungen aufzurechnen. Immerhin tritt durch die Kündigung das Ende der Mietzeit ein, so dass die Voraussetzungen des Rückforderungsanspruchs vorliegen.

669 Dieser Verteidigung des Mieters kann der Vermieter entgegengehalten, dass die ergänzende Vertragsauslegung gerade diesen **Aufrechnungsfall aus-**

---

1 LG Hamburg, ZMR 2001, 970; LG Köln, ZMR 2001, 547.
2 AG Siegburg, WuM 2001, 245.
3 BGH, WuM 2005, 337 = NZM 2005, 373 = MietRB 2005, 141.
4 OLG Braunschweig, NZM 1999, 751.

schließt. Denn die Rückzahlung tritt an die Stelle des Zurückbehaltungsrechts, mit dem der Mieter während der Mietzeit seinem Anspruch auf Abrechnung Nachdruck verleihen kann. Zu dieser Ersetzung besteht aber kein Anlass, wenn das Mietverhältnis aus vom Mieter zu vertretenden Umständen wie dem Zahlungsverzug beendet werden muss. Solange dies aber noch nicht höchstrichterlich festgestellt ist, besteht zumindest ein Mittel, den Vermieter zu verunsichern.

An den Rückforderungsanspruch sollte auch gedacht werden, wenn ein **Vermieterwechsel** nach § 566 BGB stattgefunden hat. Denn mit Eintragung des Erwerbers in das Grundbuch wird der Mietvertrag mit dem bisherigen Vermieter beendet[1]. War in der Zwischenzeit **Zwangsverwaltung** eingerichtet, kann der Mieter die Vorauszahlungen, die er an den Zwangsverwalter entrichtet hat, vom bisherigen Vermieter verlangen, sobald die **Versteigerung** stattgefunden hat[2].

670

Der Rückforderungsanspruch **besteht** insbesondere **nicht**, wenn
– er vertraglich wirksam ausgeschlossen ist,
– der Vermieter eine formell wirksame Abrechnung vorlegt,
– der Vermieter die Abrechnungssäumigkeit nicht zu vertreten hat.

671

Nach der hier vertretenen Ansicht (vgl. Rz. 306) kann im Hinblick auf den Grundsatz der Einheit der Abrechnung ein **partieller Rückforderungsanspruch** nicht dadurch entstehen, dass die Parteien für die Betriebs- und Heizkosten **gesonderte Vorauszahlungen** vereinbart haben. Die Gegenansicht nimmt einen Rückforderungsanspruch z.B. aus der mit einem Guthaben endenden Heizkostenabrechnung an, wenn die Betriebskostenabrechnung formell fehlerhaft ist[3].

aa) Vertraglicher Ausschluss

Der Ansatz für den Rückforderungsanspruch wird in einer ergänzenden Vertragsauslegung gesehen, die bekanntlich eine **Regelungslücke** voraussetzt. Mithin sollte diese Lücke durch eine entsprechende Klausel **geschlossen** werden.

672

Durchgreifende **Bedenken** sind insoweit **nicht ersichtlich**. § 556 Abs. 4 BGB steht nicht entgegen, weil der Anspruch auf Rückforderung der Betriebskostenvorauszahlungen in § 556 BGB nicht geregelt ist. Deshalb ist allein § 307 BGB zu beachten, der eine **unangemessene Benachteiligung** des Mieters voraussetzt. Diese könnte eintreten, wenn der Anspruch vollständig ausgeschlossen wird. Denn dann könnte der Vermieter über eine solche Sanktion Kapital aus dem eigenen oder ihm zurechenbaren Fehlverhalten schlagen.

673

---

1 BGH v. 9.2.2005 – VIII ZR 22/04, WuM 2005, 201 = ZMR 2005, 354.
2 AG Charlottenburg v. 6.2.2009 – 232 C 292/08, GE 2009, 582.
3 AG Bochum v. 28.5.2009 – 83 C 29/09, ZMR 2009, 926.

674 Eine **Benachteiligung des Mieters** tritt aber nicht ein, wenn ihm von vornherein das zugestanden wird, was ihm auch im Falle der Abrechnung zustehen würde. Denn auch im Fall der Rückforderung bleibt der Vermieter zur Abrechnung berechtigt und kann zumindest im Prozess über die Rückforderung aufzeigen, dass die Vorauszahlungen durch die Kosten (jedenfalls teilweise) aufgezehrt wurden (vgl. *Rz. 680 f.*). Deshalb sollte zugunsten des Mieters ein Anspruch formuliert werden, der es ihm ohne besonderen Aufwand ermöglicht, seine Forderung zu berechnen. Dazu bietet sich an, die **Anspruchsberechnung an der Vorjahresabrechnung** zu orientieren.

675 Aber auch der Ausnahmefall, den das OLG Braunschweig[1] gebildet hatte, sollte vorsichtshalber geregelt werden. Danach kam eine Rückforderung ausnahmsweise in Betracht, wenn das **Mietverhältnis** von **kurzer Dauer** war, so dass Vergleichszahlen nicht herangezogen werden konnten, oder es lagen keine vergleichbaren Wohnungen vor, auf die wegen der Vergleichzahlen zurückgegriffen werden konnte.

676 **Formulierungsbeispiel:**
Kommt der Vermieter nach Mietende seiner Abrechnungspflicht über die Betriebskostenvorauszahlungen nicht innerhalb eines Jahres nach, wird widerleglich vermutet, dass insoweit ein Verschulden des Vermieters vorliegt. In diesem Fall kann der Mieter eine Abrechnung, die sich an der Vorjahresabrechnung hinsichtlich der Abrechnungspositionen und deren Werte sowie des Verteilerschlüssels orientiert, erstellen. Wurden einzelne Kosten im Vorjahr verursachungs- oder verbrauchsabhängig abgerechnet, kann der Mieter die Vorjahreswerte seiner Abrechnung zugrunde legen und das jeweilige Abrechnungsergebnis um 15 % kürzen. Sind einzelne Positionen im Abrechnungsjahr nicht entstanden oder ist bekannt, dass eine Kostensenkung eingetreten ist, kann der Mieter diese Umstände in seiner Abrechnung angemessen berücksichtigen und im Zweifel eine pauschale Kürzung der betroffenen Positionen durchführen. Ergibt sich aus einer solchen Abrechnung ein Guthaben, ist der Vermieter zur Zahlung innerhalb von zwei Wochen verpflichtet, sofern er nicht selbst eine ordnungsgemäße Abrechnung vorlegt. Der Mieter kann die Betriebskostenvorauszahlungen nach Mietende vollständig zurückfordern, wenn der Vermieter pflichtwidrig nicht abrechnet und dem Mieter auf dessen Verlangen keine Vergleichszahlen (z.B. Abrechnung einer vergleichbaren Wohnung) zur Verfügung stellt.

bb) Praktische Vorbeugung

677 Findet die **Beratung nach Ablauf der Abrechnungsfrist** im außergerichtlichen Stadium statt, ist zu prüfen, ob der Vermieter die Abrechnungsfrist **schuldhaft versäumt** hat, wobei er sich das Verhalten eines Dritten, der

---

1 OLG Braunschweig, NZM 1999, 751, 753.

mit der Erteilung der Abrechnung beauftragt ist, über § 278 BGB grundsätzlich zurechnen lassen muss (vgl. *Rz. 244 f.*).

In jedem Fall sollte der Vermieter so schnell wie möglich die **Abrechnung noch erstellen**. Auch wenn eine etwaige Nachforderung nicht mehr verlangt werden kann, wird allein dadurch das Risiko vermieden, sämtliche Vorauszahlungen zurückzahlen zu müssen. Denn nur so kann der Vermieter regelmäßig aufzeigen, dass kein oder nur ein gegenüber der Summe der Vorauszahlungen kleinerer Überschuss vorhanden ist. Ist der Vermieter nicht im Besitz der Abrechnungsunterlagen und können diese auch nicht z.B. vom Verwalter erlangt werden, sollte der Mandant veranlasst werden, die Leistungsträger um Erteilung von **Zweitschriften** oder Kopien der Rechnungen, Bescheide etc. zu bitten. Damit reduziert sich das Risiko auf etwaige **verbrauchsabhängige Kosten**, die anhand von Ablesewerten abzurechnen sind. Hierzu sollte mit dem Mieter oder dem Hausmeister Kontakt aufgenommen werden, ob sie über entsprechende Zweitschriften oder Aufzeichnungen verfügen. Denn den Mieter trifft insoweit eine **Mitwirkungspflicht**, die sich schon aus der Umlagevereinbarung ergibt. 678

Die Erteilung der Abrechnung sollte der Vermieter **beschleunigt bearbeiten**. Einerseits kann dadurch der Geltendmachung des Rückforderungsanspruchs vorgebeugt werden. Andererseits lässt sich regelmäßig nicht abschließend klären, ob die Versäumung tatsächlich verschuldet war. Möglicherweise ergibt sich ja der „glückliche" Umstand, dass noch Belege zur Vorlage einer vollständigen Abrechnung fehlten oder dass das Verhalten des Dritten ausnahmsweise schuldlos war. Dann gilt aber eine dreimonatige Frist nach Wegfall des Hindernisses (vgl. *Rz. 288*), die mit dem Ergebnis der Recherchen zu laufen beginnt. Umso mehr sollte der Vermieter seine Bemühungen auch dokumentieren. 679

cc) Verteidigung des Vermieters im Prozess

Verteidigt sich der Mieter gegen die **Zahlungsklage des Vermieters** im Wege der (Hilfs-) **Aufrechnung**, tritt die Wirkung des § 389 BGB unmittelbar ein. Der Rückforderungsanspruch ist durch die Aufrechnung verbraucht. Legt der Vermieter nun die Abrechnung vor, muss er die Klage umstellen. Im Hinblick auf § 389 BGB muss der Vermieter die Abrechnung so aufstellen, als habe der Mieter keine Vorauszahlungen geleistet. Da er aber bis zur **Summe der geschuldeten Vorauszahlungen** auch nach Ablauf der Abrechnungsfrist die Nachforderung geltend machen kann, muss er die Klage auf diesen Betrag aus der Abrechnung umstellen. Dadurch wird die aus der Aufrechnung resultierende Reduzierung der Klageforderung neutralisiert. 680

Liegt die **Rückforderungsklage des Mieters** bereits vor, kommt eine erfolgreiche Verteidigung in der Regel nur in Betracht, wenn der Vermieter eine Abrechnung vorlegt. Daneben sollte der Rechtsanwalt prüfen, ob sich sein Mandant bei Dritten schadlos halten könnte, um ggf. eine **Streitverkündung** vorzubereiten. 681

682 Besteht keine Aussicht (mehr), die Abrechnung zeitgerecht vor dem Termin zur mündlichen Verhandlung vorzulegen, kann die nachteilige **Kostenfolge des § 93 ZPO** nur dann vermieden werden, wenn der Mieter den Vermieter außergerichtlich nicht (wirksam) zur Zahlung aufgefordert hat, der Vermieter (ggf. nach einer Verteidigungsanzeige) **sofort anerkennt** und unmittelbar danach **Zahlung leistet**[1].

683 Das Anerkenntnis sollte aber nur gewählt werden, wenn der Vermieter tatsächlich **keine Chance mehr** sieht, wenigstens **eine formal korrekte Abrechnung zu erstellen**. Denn mit dem Anerkenntnis wird ein ohne Sicherheitsleistung vorläufig vollstreckbarer Titel geschaffen. Sieht der Mandant noch Möglichkeiten für eine Abrechnung, bestehen aber zeitliche Probleme, sollte eher die **Flucht in die Säumnis** angetreten werden. Dann steht die Möglichkeit offen, mit der Vorlage der Abrechnung im Einspruchsverfahren im Prozess zu bleiben und – jedenfalls bei einer Nachforderung – den Mieter zu zwingen, den Rechtstreit in der Hauptsache für erledigt zu erklären.

684 Enthält der Mietvertrag keine Regelung, die den Anspruch ausschließt bzw. den Mieter unter erleichterten Voraussetzungen zunächst selbst zur Abrechnung zwingt, ist eine Klageabweisung nur in **Ausnahmesituationen** erreichbar, wenn der Mieter keine **prozessualen Fehler** begeht (z.B. falscher Beklagter).

10. Verjährung

685 Diese Einrede hat im Wohnraummietrecht durch die Abrechnungs- und Einwendungsfrist **an Bedeutung verloren**. Denn die Parteien sind entsprechend dem Zweck des § 556 Abs. 3 BGB bemüht, die Abrechnung zeitgerecht abzuwickeln.

a) Ansprüche des Vermieters

686 Voraussetzung für die Verjährung ist zumindest das Vorliegen eines fälligen Anspruchs. Die Fälligkeit von **Zahlungsansprüchen** des Vermieters im Zusammenhang mit Betriebskosten setzt jedoch grundsätzlich eine formell einwandfreie Abrechnung voraus[2]. Wird diese Bedingung nicht erfüllt, besteht kein Nachforderungsanspruch.

687 Ist die **Abrechnungsfrist überschritten**, ohne dass der Vermieter sich entlasten kann, unterliegt die aus einer später erteilten Abrechnung resultierende Nachforderung grundsätzlich bereits dem Ausschluss nach § 556 Abs. 3 Satz 3 BGB. Für den Vermieter kann ein **durchsetzbarer Anspruch** aus einer solchen Abrechnung nur resultieren, wenn der Mieter in der Abrechnungsperiode **nicht alle geschuldeten Vorauszahlungen** geleistet oder zuvor wegen Beendigung des Mietvertrages die Vorauszahlungen im Wege

---

1 H.M., vgl Zöller/*Herget*, § 93 ZPO Rz. 6 „Geldschulden".
2 BGH v. 23.11.1981 – VIII ZR 298/80, NJW 1982, 573.

der Aufrechnung wieder vereinnahmt hat (vgl. dazu Rz. 669). Der danach verbleibende Anspruch auf Nachzahlung bis zur Summe der Soll-Vorauszahlungen unterliegt der Verjährung nach § 195 BGB.

Erteilt der Vermieter die **formell ordnungsgemäße Abrechnung**, gilt für die Nachforderung die Verjährung von drei Jahren nach § 195 BGB. 688

In allen Fällen **beginnt die Frist** am Schluss des Kalenderjahres, in dem die Abrechnung zugegangen ist, § 199 BGB. 689

b) Ansprüche des Mieters

Auf Seiten des Mieters kann die Verjährung insbesondere relevant werden für seinen Anspruch 690
- auf **Auszahlung des Guthabens** aus der Abrechnung,
- auf **Rückforderung der Vorauszahlungen** nach Mietende (vgl. Rz. 667 f.),
- aus ungerechtfertigter Bereicherung,
  - wegen Zahlung auf die Nachforderung aus einer verspäteten Abrechnung (vgl. Rz. 659 f.),
  - wegen unzulässiger Belastung mit einzelnen Kostenpositionen oder Belegen.

Für die beiden Ansprüche aus ungerechtfertigter Bereicherung ist allerdings Voraussetzung, dass der Mieter innerhalb der **Einwendungsfrist** seinen Rückforderungsanspruch (außergerichtlich) geltend macht, was z.B. auch dadurch geschehen kann, dass er nicht umlegbare Positionen beanstandet hat (vgl. Rz. 568 f.). 691

Für sämtliche Ansprüche gilt die Drei-Jahres-Frist des § 195 BGB. Der Beginn der Frist ist aber unterschiedlich 692

Anspruch	Beginn nach § 199 BGB: Schluss des Jahres, in dem
Guthaben aus der Nachforderung	der Mieter die Abrechnung erhält
Rückforderung der Vorauszahlungen	das Mietende eintritt
ungerechtfertigte Bereicherung	
– wegen Zahlung auf verspätete Abrechnung	die Zahlung erfolgt, sofern der Mieter nicht erst später von der Ausschlusswirkung des § 556 Abs. 3 BGB erfährt
– wegen unzulässiger Belastung	der Mieter von der Unzulässigkeit der Abrechnungsmodalitäten erfährt[1]

---

1 Hier kann auch der Fall der groben Fahrlässigkeit nach § 199 Abs. 1 Nr. 2 BGB in dem Unterlassen der Einsicht in die Abrechnungsunterlagen angenommen werden; das setzt aber voraus, dass man in der Belegprüfung eine Pflicht des Mieters sieht, die auf keinen Fall unterlassen werden darf.

c) Allgemeine Regeln für die Verjährung

693 Unabhängig davon, welche Seite des Mietvertrages sich auf die Verjährung beruft, sind die allgemeinen Grundsätze des Verjährungsrechts zu beachten.

aa) Beginn der Verjährung

694 Die regelmäßige Verjährungsfrist des § 195 BGB fängt gem. § 199 Abs. 1 BGB mit dem **Schluss des Jahres** an zu laufen, in dem der **Anspruch entstanden** ist und der Gläubiger von den den Anspruch begründenden Umständen und der Person des Schuldners **Kenntnis** erlangt oder ohne grobe Fahrlässigkeit erlangen müsste. **Grobe Fahrlässigkeit** liegt vor, wenn die im Verkehr erforderliche Sorgfalt in ungewöhnlich großem Maße verletzt worden ist, ganz nahe liegende Überlegungen nicht angestellt oder beiseite geschoben wurden und dasjenige unbeachtet gelieben ist, was im gegebenen Fall jedem hätte einleuchten müssen[1]. Anspruchsentstehung und Kenntnis der anspruchsbegründenden Tatsachen, insbesondere die Person des Schuldners, müssen **nicht zeitlich zusammenfallen**. Da die Voraussetzungen kumulativ vorliegen müssen, ist für den Beginn der Verjährung auf die vollständige Erfüllung der Tatbestandsvoraussetzungen des § 199 Abs. 1 BGB abzustellen.

695 Auf **Vermieterseite** wird diese Prüfung regelmäßig unproblematisch sein, weil dieser Mandant durch die Abrechnung selbst die notwendigen Kenntnisse erhält.

696 Bei einem **Mieter** kann sich die Ermittlung schon schwieriger gestalten. Ergeben sich aus der Abrechnung selbst Mängel, die (rechnerisch) eine Überzahlung mit Vorauszahlungen zeigen, ist auf den Zugang der Abrechnung abzustellen. Dies gilt z.B. für Positionen, die nach dem Vertrag nicht abgerechnet werden können. Bei Kosten, die keine Betriebskosten sind, ist auf die Evidenz abzustellen. Werden z.B. „Verwaltungskosten" angesetzt und hat der Mieter sich vorher schon einmal mit der Rechtslage befasst, beginnt die Frist im Jahr des Zugangs. Ansonsten kommt es auf die Einsichtnahme in die Abrechnungsbelege an. In diesem Zeitpunkt erhält der Mieter die Kenntnis über die anspruchsbegründenden Tatsachen.

697 Problematisch ist die Zurechnung der **Kenntnis von Vertretern**. Hierzu ordnet § 166 BGB[2] an, dass auf das Wissen des Vertreters abzustellen ist. Weiß z.B. der Rechtsanwalt des Mieters aus einem anderen Mandatsverhältnis, dass in der Abrechnung Instandsetzungskostenanteile versteckt sind, kann auf sein Wissen abgestellt werden, ohne dass der Rechtsanwalt seine Verschwiegenheitspflicht verletzt. Dies gilt erst recht für das Handeln des Mietervereins.

---

1 BGHZ 10, 14, 16; BGHZ 89, 153, 161; BGH, NJW-RR 1994, 1469; BGH, NJW 1992, 3235, 3236.
2 Die Vorschrift ist zumindest analog anwendbar, vgl. *Dickersbach*, WuM 2008, 439.

bb) Verlängerung der Verjährungsfristen durch besondere Umstände

Außer im Fall des Anerkenntnis des Schuldners, für das § 212 BGB einen Neubeginn der Verjährung anordnet, kann die Verjährung in den hier relevanten Fallkonstellationen regelmäßig nur gehemmt werden (§§ 203 ff. BGB).

698

(1) Hemmung durch gerichtliche Maßnahmen

Im Zusammenhang mit Betriebskosten sind neben der Hemmung durch gerichtliche Maßnahmen zur Durchsetzung des Anspruchs (§ 204 Abs. 1 Nr. 1–6, 9–11 BGB) die **Streitverkündung** (§ 204 Abs. 1 Nr. 6 BGB) von Bedeutung. Die Durchführung eines selbständigen Beweisverfahrens (§ 204 Abs. 1 Nr. 7 BGB) wird bei Betriebskosten eher selten eine Rolle spielen.

699

Bei **gerichtlichen Maßnahmen endet die Hemmung** gemäß § 204 Abs. 2 BGB 6 Monate nach der rechtskräftigen Entscheidung oder anderweitigen Beendigung des eingeleiteten Verfahrens.

700

Im Zusammenhang mit Betriebskosten stehen die gerichtlichen Maßnahmen im Vordergrund. Nur wer sich absolut sicher sein kann, dass er nach einer Beendigung eines gerichtlichen Verfahrens die Verjährung nicht aus dem Auge verliert, braucht bei deren Einleitung kurz vor Eintritt der Verjährung keine Vorsichtsmaßnahmen zu ergreifen. Andernfalls sollte schon mit der Einleitung des Verfahrens eine ggf. immer wieder zu erneuernde 6-Monats-Frist notiert werden.

701

(2) Verhandlungen i.S.v. § 203 BGB

Durch § 203 BGB ist die Verhandlung als genereller Hemmungstatbestand eingeführt. Unter Verhandlungen ist **jeder Meinungsaustausch** zu verstehen, sofern nicht erkennbar ist, dass die Verhandlungen über die Forderung sofort abgelehnt werden[1]. Es reicht aus, wenn der Schuldner auf Grund der Erklärungen oder des Verhaltens des anderen Teils annehmen darf, dass der Gläubiger hinsichtlich der Forderung Entgegenkommen zeigen wird. Umgekehrt gilt dasselbe: Erweckt der Schuldner den Eindruck, dass er die Argumente des Gläubigers einer näheren Prüfung unterzieht, so liegt darin ein Verhandeln, das zur Hemmung führt[2]. Ebenso kann in der Erklärung des Schuldners, er wolle dem Gläubiger seinen Standpunkt erläutern, dass der Anspruch verjährt sei, der Beginn von Verhandlungen zu sehen sein[3]. Das Angebot einer Teilleistung ist jedoch nicht ausreichend, um eine verjährungshemmende Verhandlung annehmen zu können[4]. Das Gleiche soll

702

---

1 BGH, NJW 1987, 2072; *Sternel*, Mietrecht aktuell, Rz. 1387 ff.
2 OLG Hamm, ZMR 1986, 201.
3 BGH, DB 1997, 2073.
4 AG Butzbach, WuM 1989, 20.

durch allgemeine Gespräche über eine pauschale Abfindungssumme ohne Eingehen auf die einzelnen Positionen eintreten[1].

703 Ebenso tritt Hemmung ein, wenn in einer **gerichtlichen Güteverhandlung** über den geltend gemachten Anspruch ein **Vergleich** geschlossen wird. Die Hemmung dauert in diesem Fall bis zum (vorgesehenen) **Widerruf**[2]. Hierauf kann es ankommen, wenn z.B. der Erwerber im eigenen Namen klagt, bevor er im Grundbuch eingetragen ist. Legt er mit der Klage nicht offen, dass er aus abgetretenem Recht des bisherigen Vermieters vorgeht, wird die Verjährung nur hinsichtlich des prozessual geltend gemachten Anspruchs gehemmt[3]. Die spätere Vorlage der Abtretungsurkunde stellt eine Klageänderung i.S.v. § 263 ZPO dar, die (erst dann) die Hemmung für den abgetretenen Anspruch bewirkt. Wenn dies nach Vollendung der Verjährung erfolgt, kommt es darauf an, ob der vorher geschlossene Widerrufsvergleich auch den abgetretenen Anspruch erfasst. Davon ist auszugehen, wenn der Vergleich ausdrücklich zur Abgeltung sämtlicher Ansprüche abgeschlossen wird.

704 Die **Hemmung endet** gemäß § 203 BGB, wenn der eine oder der andere Teil die Fortsetzung der Verhandlungen verweigert. Diese Voraussetzungen sind bei einem ausdrücklichen Abbruch der Verhandlungen[4], aber auch bei der endgültigen Weigerung, sie fortzusetzen[5] oder Schadensersatz über einen bestimmten Abfindungsbetrag hinaus nicht zu leisten[6], gegeben. Ein Abbruch der Verhandlungen kann aber noch nicht angenommen werden, wenn der Vertreter des Vermieters mitteilt, er sei „noch nicht" zu Verhandlungen über eine gütliche Einigung bevollmächtigt[7]. Denn in dieser Erklärung kommt nicht zum Ausdruck, dass weitere Verhandlungen nicht stattfinden werden.

705 Die Hemmung gem. § 203 BGB endet, wenn der eine oder der andere Teil die Fortsetzung der Verhandlungen verweigert. Diese Voraussetzungen sind bei einem ausdrücklichen Abbruch der Verhandlungen[8], aber auch bei der endgültigen Weigerung, sie fortzusetzen[9] oder Zahlung über einen bestimmten Betrag hinaus zu leisten[10], gegeben.

706 Ein Abbruch der Verhandlungen durch ein sog. „**Einschlafenlassen**" ist dann anzunehmen, wenn der Berechtigte den Zeitpunkt versäumt, zu dem eine Antwort auf die letzte Anfrage des Ersatzpflichtigen spätestens zu er-

---

1 OLG Düsseldorf, ZMR 1988, 57.
2 BGH v. 4.5.2005 – VIII ZR 93/04, WuM 2005, 381.
3 BGH v. 17.10.1995 – VI ZR 246/94, NJW 1996, 117(II2a); BGH v. 23.3.1999 – VI ZR 101/98, NJW 1999, 2110.
4 OLG Düsseldorf v. 17.1.1991 – 10 U 29/90, DWW 1991, 52.
5 BGH v. 26.1.1988 – VI ZR 120/87, VersR 1988, 718, 719.
6 OLG Hamm v. 15.12.1994 – 27 U 39/94, VersR 1996, 243, 245.
7 BGH v. 12.5.2004 – XII ZR 223/01, NZM 2004, 583.
8 OLG Düsseldorf, DWW 1991, 52.
9 BGH, VersR 1988, 718, 719.
10 OLG Hamm, VersR 1996, 243, 245.

warten gewesen wäre, falls die Verhandlungen mit verjährungshemmender Wirkung hätten fortgesetzt werden sollen[1]. Diese Voraussetzungen liegen vor, wenn die andere Partei innerhalb einer Frist von 2 Wochen auf eine Offerte nicht reagiert[2]. Diese für § 852 Abs. 2 BGB a.F. entwickelten Grundsätze sind auch auf § 203 Satz 1 BGB anzuwenden[3].

Dies entspricht dem im **Gesetzgebungsverfahren**[4] verlautbarten Verständnis der Norm[5]. Auf die Prüfbitte des Bundesrats, ob nicht durch eine besondere Formulierung in § 203 BGB sicherzustellen sei, die Verjährung von Ansprüchen nicht auf unabsehbare Zeit dadurch zu hemmen, dass Verhandlungen nicht weiterbetrieben werden, habe die Bundesregierung mitgeteilt, dass dem berechtigten Anliegen des Bundesrates durch den Entwurf sogar besser Rechnung getragen werde als durch die vorgeschlagene Ergänzung. Beim „Einschlafen" von Verhandlungen werde die Verjährungsfrist nicht auf unbestimmte Zeit gehemmt, weil für die Auslegung der (später beschlossenen) Entwurfsfassung auf die Rechtsprechung zu § 852 Abs. 2 BGB zurückgegriffen werden könne, in der diese Frage bereits geklärt sei.

707

Auch wenn durch § 203 S. 2 BGB bestimmt wird, dass die Verjährung **frühestens 3 Monate** nach dem **Ende der Hemmung** eintritt, sollte der Rechtsanwalt des Gläubigers besondere Sicherheitsmaßnahmen treffen. Denn vor allem, wenn die Verhandlungen durch Korrespondenz geführt werden, ist ein unbemerktes Einschlafen nicht auszuschließen. Auf jeden Fall sollte daher die ursprüngliche Verjährungsfrist notiert werden. Bei Vorlage der Akte im Rahmen der Vorschrift sollte eine erneute Prüfung stattfinden und ab dem Zeitpunkt der letzten Maßnahme die 3-Monats-Frist notiert werden, sofern sich nicht zwischendurch Verhandlungsunterbrechungen ergeben haben.

708

11. Verwirkung

Es ist als **unzulässige Rechtsausübung** zu werten, wenn ein Vertragspartner erst so spät Ansprüche geltend macht, dass der andere darauf vertrauen durfte, es würden keine Forderungen mehr erhoben, und wenn er sich entsprechend eingerichtet hat[6]. Die Verwirkung hat also ein **Zeitmoment**

709

---

[1] BGHZ 152, 298, 303; BGH v. 6.3.1990 – VI ZR 44/89, VersR 1990, 755, 756; BGH v. 1.3.2005 – VI ZR 101/04, NJW-RR 2005, 1044, 1047.
[2] LG Hannover, NZM 1998, 627, 628.
[3] BGH v. 30.10.2007 – X ZR 101/06, WM 2008, 656, 659 Rz. 24; BGB v. 27.3.2008 – IX ZR 185/05, zitiert nach juris; ebenso OLG Düsseldorf, OLGR 2006, 518; KG, KGR 2008, 368; LAG Rheinland-Pfalz, DB 2008, 592 [LS]; Erman/*Schmidt-Räntsch*, § 203 BGB Rz. 6; MünchKomm-BGB/*Grothe*, § 203 BGB, Rz. 8; Palandt/*Heinrichs*, § 203 BGB Rz. 4; Staudinger/*Frank Peters*, § 203 BGB Rz. 13; a.A. OLG Koblenz, NJW 2006, 3150, 3152.
[4] Vgl. BT-Drucks. 14/6857, S. 43.
[5] BGH v. 6.11.2008 – IX ZR 158/07, GE 2009, 319.
[6] BGH, WuM 1984, 127; OLG Hamburg, WuM 1992, 76.

(Dauer der Untätigkeit) und ein **Umstandsmoment** (vertrauensbildende Kriterien).

710 Im Hinblick auf die **Ausschlussfristen** des § 556 Abs. 3 BGB hat die Verwirkung im preisfreien Wohnraum erheblich an Bedeutung verloren, wenngleich sie daneben anwendbar bleibt[1]. Indessen kommen in der Praxis regelmäßig nur Fälle in Betracht, die nach Verstreichen der für die jeweilige Partei geltenden Fristen des § 556 Abs. 3 BGB stattgefunden haben, also auf Seiten des Vermieters z.B. die mangelnde Reaktion auf Einwendungen des Mieters oder das Schweigen des Mieters auf eine nachgefragte Erläuterung des Vermieters zu einer konkreten Beanstandung.

711 In der **Gewerberaummiete** gilt zwar grundsätzlich auch eine Abrechnungsfrist (vgl. *Rz. 764*). Da diese aber – vorbehaltlich vertraglicher Regelungen – nicht mit einer Ausschlusswirkung versehen ist, bleiben hier größere Spielräume für die Verwirkung.

712 An die Verwirkung werden **strenge Anforderungen** gestellt. Allein deswegen, weil der Vermieter nicht binnen angemessener Frist (z.B. ein Jahr) abrechnet, soll noch keine Verwirkung eintreten[2]. Rechnet der Vermieter nicht binnen der vereinbarten oder der durch Auslegung zu ermittelnden angemessenen Frist ab, so kann der Mieter die Zahlung weiterer Vorschüsse verweigern[3]. Im Hinblick auf die kurze Verjährungsfrist von drei Jahren besteht kein weiteres Bedürfnis, den Mieter zusätzlich durch erleichternde Anforderungen an den Verwirkungstatbestand zu schützen[4].

713 Neben dem Zeitmoment und der **Untätigkeit des Vermieters** muss der Mieter auch vortragen, dass er darauf **vertraut** hat, dass der Vermieter nicht mehr abrechnen wird und entsprechend disponiert hat[5]. Hier ist die Rechtsprechung beinahe unüberschaubar. Vor allem bei den Instanzgerichten lässt sich eine einheitliche Linie nicht feststellen, weil sehr häufig das Zeitmoment und das Umstandsmoment gleichgesetzt werden. Hierzu folgende Beispiele:
– Der Mieter kann in der Regel auf die Endgültigkeit der Betriebskostenabrechnung vertrauen, wenn die Abrechnung für das nachfolgende Kalenderjahr einvernehmlich erfolgt ist[6].
– Danach soll das Zeitmoment ein Jahr nach Ablauf der Abrechnungsperiode (= Eintritt der Abrechnungsreife) gegeben sein, während das Umstandsmoment darin gesehen wurde, dass der Mieter darauf vertraute, dass die Vorauszahlungen kostendeckend sind und dieses Vertrauen

---

1 *Sternel*, ZMR 2001, 937, 940; Herrlein/Kandelhard/*D. Both*, § 556 BGB Rz. 81.
2 OLG Düsseldorf, ZMR 2000, 603; OLG Hamburg, WM 1992, 76; LG Gießen, NJW-RR 1996, 1163.
3 BGH, WuM 1984, 127.
4 OLG Köln, NZM 1999, 170.
5 OLG Frankfurt/Main, ZMR 1983, 410; OLG Hamburg, WuM 1992, 76; OLG Düsseldorf, WuM 1993, 411; LG Köln in *Lützenkirchen*, KM 2 Nr. 14.
6 AG Nettetal, WuM 1987, 357.

durch die unterlassene Abrechnung gefördert wird (hier: Abrechnung im Mai 1993 für die Jahre 1987 bis 1991)[1].

– Schweigt der Vermieter auf Einwendungen des Mieters gegenüber der Abrechnung fast zwei Jahre, so darf dieser darauf vertrauen, dass der Vermieter wegen der Beanstandungen nichts mehr fordert[2].

– Wartet der Vermieter mit der Abrechnung fast drei Jahre, so muss allein durch den Zeitablauf auf ein Vertrauen des Mieters geschlossen und Verwirkung angenommen werden[3].

– Der Nebenkostensaldo für die Zeit von Juni 1981 bis Mai 1984 ist verwirkt, wenn der Vermieter hierüber erst im Oktober 1985 abrechnet, obwohl das Mietverhältnis ab Oktober 1984 beendet war. Denn der Mieter konnte mit alsbaldiger Abrechnung rechnen[4].

– Wenn u.a. nach Beendigung des Mietvertrages über die Betriebskosten aus 1984 erst Ende 1985 abgerechnet wird, der Vermieter in Konkurs gefallen ist und der Mieter seine Kaution nicht zurückerhalten hat, tritt Verwirkung ein[5].

– Die Nachforderung des Vermieters ist verwirkt, wenn er verspätet abrechnet und mit seinen Forderungen erst geraume Zeit nach Beendigung des Mietvertrages hervortritt, ohne zuvor einen Vorbehalt gemacht zu haben[6].

– Die Nachforderung ist verwirkt, wenn der Vermieter erst vier Jahre nach Erteilung der Abrechnung den Saldo gerichtlich geltend macht[7]. Dies gilt bei der Gewerberaummiete erst recht, wenn der Vermieter erstmals nach neun Jahren abrechnet und sodann weitere drei Jahre mit der gerichtlichen Durchsetzung zuwartet[8].

– Der Mieter ist in seinem Vertrauen, es werde nicht mehr abgerechnet, nicht schutzwürdig, wenn der Vermieter (schriftlich) erklärt, er werde noch abrechnen und der Mieter müsse mit Nachforderungen rechnen (für das Zeitmoment wurde eine Frist von einem Jahr angenommen)[9].

– Wird der Mieter in der Kautionsabrechnung darauf hingewiesen, dass die Vorlage der Betriebskostenabrechnung vorbehalten bleibt, tritt auch nach Ablauf von vier Jahren nach der Kautionsabrechnung eine Verwirkung nicht ein[10].

---

1 LG Hannover, WuM 1996, 427.
2 AG Plön, WuM 1988, 132.
3 AG Köln, ZMR 1995, V Nr. 3.
4 LG Essen, WuM 1989, 399.
5 LG Mannheim, ZMR 1990, 378.
6 LG Berlin, ZMR 1992, 543.
7 LG Berlin, NZM 2005, 377.
8 OLG Düsseldorf, NZM 2005, 379.
9 AG Köln, Urt. v. 29.5.1998 – 217 C 628/97, n.v.; LG Köln in *Lützenkirchen*, KM 2 Nr. 14.
10 AG Köln in *Lützenkirchen*, KM 2 Nr. 51.

12. Abweichende Vereinbarungen zu Betriebskosten

714 Insbesondere § 556 Abs. 4 BGB verbietet zum Nachteil des Mieters abweichende Vereinbarungen. Diese Vorschrift ist richtigerweise dahin zu verstehen, dass sie die Situation bei Abschluss des Mietvertrages, in der ein ungleiches Kräfteverhältnis der Parteien besteht, sanktionieren soll[1] und damit nur abstrakt generelle Regelungen in einem Mietvertrag gemeint sind.

13. Klage auf Abrechnung

715 Diese Reaktionsmöglichkeit auf die Abrechnungssäumigkeit macht nur **vor Beendigung des Mietvertrages** Sinn, wenn der Mieter wegen der grundsätzlichen Kündigungsmöglichkeit das mit der Zurückbehaltung der Vorauszahlungen verbundene Risiko nicht eingehen will. Nach Ablauf der Mietzeit steht dem Mieter der bequemere Weg über Rückforderung der Vorauszahlungen zur Verfügung (vgl. Rz. 667 f.).

716 Das **Risiko** dieses Prozesses besteht darin, dass er einen gegen den Mandanten gerichteten Nachzahlungsanspruch hervorbringt. Wegen der Ausschlusswirkung der §§ 556 Abs. 3 S. 3 BGB, 20 Abs. 3 NMV ist diese Gefahr bei der Wohnraummiete zwar gering. Es kann jedoch nicht immer ausgeschlossen werden, ob der Vermieter nicht die verspätete Abrechnung entschuldigen kann. Weder der Ablauf der Abrechnungsfrist[2] noch der Einwendungsfrist[3] stehen der Durchsetzung dieses Anspruchs entgegen, weil der Mieter zumindest für die nächste Abrechnungsperiode eine Vergleichsgrundlage benötigt[4]. Allerdings beginnt mit Ablauf der Abrechnungsfrist die Verjährung des § 195 BGB zu laufen[5].

717 Für die **Umsetzung** des Anspruchs bestehen vor allem zwei Möglichkeiten: Es kann beantragt werden,

> den Beklagten zu verurteilen, über die Betriebskostenvorauszahlungen, die der Kläger auf Grund des Mietvertrages vom 3.5.1992 für die Wohnung im Hause Luxemburger Str. 101, 50937 Köln, im Kalenderjahr 2001 gezahlt hat, abzurechnen.

718 Die **Zwangsvollstreckung** aus diesem Antrag erfolgt nach § 888 ZPO[6], denn die Erteilung einer Abrechnung stellt eine **unvertretbare Handlung**

---

1 *Lützenkirchen/Dickersbach*, ZMR 2006, 821.
2 *Langenberg*, Betriebskosten, K Rz. 25.
3 **A.A.** *Schmid*, ZMR 2001, 761, 768; wie hier: *Gies* in Hannemann/Wiegner, § 36 Rz. 69.
4 *Lützenkirchen*, NZM 2002, 512, 514.
5 LG Neubrandenburg v. 9.9.2003 – 1 T 45/03, WuM 2007, 390.
6 BGH, WuM 2006, 401; OLG Düsseldorf, WuM 2001, 344.

dar, weil der Vermieter seine besonderen Kenntnisse des Objektes in die Abrechnung einfließen lassen muss[1].

Eine andere Vorgehensweise ergibt sich aus den **Verzugsvoraussetzungen**, §§ 280 Abs. 1, 286 BGB[2]. Wurde der Vermieter ergebnislos zur Abrechnung aufgefordert, kann beantragt werden, 719

> 1. den Beklagten zu verurteilen, an den Kläger die Belege für die Betriebskostenpositionen Grundsteuer, Müllabfuhr, ... für das Kalenderjahr 2001 herauszugeben;
> 2. den Beklagten zu verurteilen, an den Kläger einen Vorschuss i.H.v. ... Euro zur Beauftragung von Rechtsanwalt Peter Gründlich, Paulastr. 2, 51063 Köln, zur Durchführung der Betriebskostenabrechnung 2001 zu zahlen.

Der Antrag zu 1, der nach § 887 ZPO vollstreckt werden kann, ist nicht zu unbestimmt. Durch die ausdrückliche Benennung aller umlegbaren Betriebskostenpositionen sind die Unterlagen ausreichend bezeichnet. Hinsichtlich des Antrages zu 2 sollte eine **Vorschussrechnung** des Rechtsanwalts oder sonstigen Sachverständigen vorgelegt werden, die im Streitwert von dem vermuteten Abrechnungsergebnis (vor Abzug der Vorauszahlungen) ausgeht und eine 1,0-Beratungsgebühr gemäß VV 2100 ausweist. 720

Der **Streitwert** einer solchen Klage wird nicht einheitlich bewertet (vgl. N Rz. 435 „Betriebskosten-Erstellung der Abrechnung"). 721

IV. Besonderheiten bei preisgebundenem Wohnraum

Bei öffentlich gefördertem Wohnraum, der auf einer seit dem **1.1.2002** erteilten Bewilligung beruht, gilt für die Betriebskosten und ihre Abrechnung über § 28 WoFG insbesondere § 556 BGB. Daraus folgt eine **Gleichschaltung** des Rechts mit den Vorschriften über den **preisfreien Wohnraum** seit 1.1.2002, so dass für die Mietverträge über seit dem 1.1.2002 öffentlich geförderten Wohnraum ebenfalls die Ausführungen in den vorangegangenen Abschnitten gelten. 722

Nach **§ 50 WoFG** gelten die Bestimmungen des WoBindG sowie der NMV und der II. BV für den öffentlich geförderten Wohnraum weiter, für den die Bewilligung der öffentlichen Mittel **bis zum 31.12.2001** erfolgt ist. Für diese Mietverhältnisse gelten folgende Besonderheiten: 723

---

1 **A.A.** LG Münster, NZM 2001, 333; *Langenberg*, Betriebskosten, K Rz. 26 m.w.N.
2 Denn nach der Rechtsprechung des BGH besteht im Rahmen des Verzugs ein Vorschussanspruch, wenn der Gläubiger die verzögerte Handlung auf Kosten des Schuldners ausführen will, BGH, WuM 1990, 494.

1. Kosten der Einrichtung der Wäschepflege

724 Bei der Abrechnung dieser Position kann der Vermieter gemäß § 25 Abs. 1 S. 2 NMV als Kosten der Instandhaltung zusätzlich einen Erfahrungswert als Pauschbetrag[1] ansetzen.

2. Mietstruktur

725 Im Anwendungsbereich der Neubaumietenverordnung (vgl. dazu § 50 WoFG) ist die **Mietstruktur** der Nettokaltmiete zzgl. Betriebskostenvorauszahlungen **zwingend vorgeschrieben** (vgl. § 20 Abs. 1 NMV). Hier reicht jedoch grundsätzlich die bloße Bezugnahme auf § 2 BetrKV oder § 27 II. BV nicht, um eine wirksame Umlagefähigkeit herzustellen. Vielmehr müssen dem Mieter die einzelnen Betriebskosten nach **Art und Höhe** bei Überlassung der Wohnung mitgeteilt werden, § 20 Abs. 1 S. 3 NMV. Dazu genügt es nicht, die Gesamtbelastung der Betriebskostenvorauszahlungen anzugeben[2], vielmehr ist für jede einzelne Betriebskostenposition die Höhe der darauf entfallenden Vorauszahlungen anzugeben[3].

726 Die Anforderung des § 20 Abs. 1 S. 3 NMV bezieht sich nicht auf das **Umlageausfallwagnis**, weil es sich dabei nicht um eine Betriebskostenart handelt[4]. Deshalb muss in der Umlagevereinbarung dazu kein Hinweis enthalten sein.

727 Zur Vermeidung von Fehlern und aufwendiger Schreibarbeit ist es bei Abschluss eines Mietvertrages über preisgebundenen Wohnraum sinnvoll, die **letzte Betriebskostenabrechnung** (des Vormieters) dem Mietvertrag anzuheften. Daraus ergeben sich die einzelnen Betriebskosten, die umgelegt werden sollen, und der Einzelbetrag der Belastung, der auf die einzelne Position entfällt.

728 Soweit diese Grundsätze bei Abschluss des Mietvertrages nicht berücksichtigt wurden, ist die **Durchsetzung einer Nachforderung** problematisch. Denn zunächst liegt eine Inklusivmiete vor[5]. Deshalb sollte geprüft werden, ob die **Spezifikation** jedenfalls mit Wirkung für die Zukunft **nachgeholt** wurde (bzw. nachgeholt werden kann). Dies ist nämlich grundsätzlich zulässig[6]. Dazu ist eine einseitige Erklärung des Vermieters erforderlich, die den Anforderungen des § 10 WoBindG entspricht[7]. Auf Grund einer solchen Erklärung kann der Vermieter den Katalog der zu tragenden Betriebskosten **für zukünftige Abrechnungszeiträume** auf Kostenarten ausdehnen, deren Umlagefähigkeit im Mietvertrag noch nicht vereinbart war.

---

1 Zur Berechnung vgl. *Heix* in Fischer-Dieskau/Pergande/Schwender, § 25 NMV Anm. 4.2.
2 LG Berlin v. 23.4.2007 – 62 S 28/07, GE 2007, 913.
3 OLG Oldenburg, WuM 1997, 609.
4 LG Köln in *Lützenkirchen*, KM 1 Nr. 79.
5 LG Hamburg, ZMR 2005, 620.
6 LG Mannheim, WuM 1994, 693; LG Berlin, MM 1995, 65.
7 LG Hamburg, ZMR 2005, 620; AG Münster, WuM 1998, 379.

Diese Erklärung kann auch durch die **Übersendung der Betriebskosten-** 729
abrechnung selbst erfolgen[1]. Dazu muss diese aber den Anforderungen, also mindestens der **Schriftform** des § 10 WoBindG[2] entsprechen[3].

Eine **rückwirkende Heilung** bei Bestehen einer Vereinbarung i.S.v. § 4 730
Abs. 8 NMV soll ausgeschlossen sein, weil es sich um fehlende Angaben im Mietvertrag handelt[4]. Dies ist aber zweifelhaft. Die Betriebskosten sind ein Teil der Miete (vgl. § 556 Abs. 1 BGB), die gemäß § 4 Abs. 8 NMV rückwirkend erhöht werden kann[5].

Ergibt die Prüfung, dass Betriebskostenanteile noch in der **Kostenmiete** 731
enthalten sind, sollte der Mandant darauf hingewiesen werden, dass bei der Durchsetzung der Nachforderung die Gefahr besteht, dass der Mieter gemäß § 8 Abs. 2 WoBindG die unzulässigerweise in der Kostenmiete enthaltenen Betriebskostenanteile **zurückfordert**[6]. Um diesem Risiko entgegenzuwirken, sollte weiter geprüft werden, ob der Mietvertrag eine Regelung nach § 4 Abs. 8 NMV enthält, um die (vergessene) Ausgliederung mit Wirkung zum Beginn des vorangegangenen Kalenderjahres **nachzuholen**[7]. Zumindest sollte die Erklärung jedoch für die Zukunft abgegeben werden, wobei gleichzeitig selbstverständlich überlegt werden könnte, mit dem Mieter eine entsprechende Vereinbarung für die laufende Abrechnungsperiode herbeizuführen.

3. Fälligkeit der Nachforderung

Wann Fälligkeit eintritt, wird nicht einheitlich bewertet. Im **preisgebunde-** 732
nen Wohnraum verweist § 20 Abs. 4 S. 1 NMV auf die Vorschriften in § 4 Abs. 7 und 8 NMV. Deshalb ist zu unterscheiden, ob für den Vermieter nur das generelle Recht besteht, Erhöhungen der Kostenmiete durchzuführen, oder ob er das jeweils zulässige Entgelt als vertraglich vereinbarte Miete fordern kann. Bei § 4 Abs. 7 NMV wird durch den Verweis auf § 10 Abs. 2 WoBindG deutlich, dass die Mieterhöhungserklärung (und damit hier die Nachforderung) zum 1. des folgenden Monats wirksam wird, wenn sie dem Mieter vor dem 15. des Monats zugeht. Ansonsten gilt der 1. des übernächsten Monats[8].

Fehlt eine Regelung i.S.d. § 4 Abs. 8 NMV, besteht hinsichtlich der Rechts- 733
lage kein Unterschied zu **preisfreiem Wohn- und Gewerberaum**. Insoweit war der Fälligkeitszeitpunkt umstritten. Einerseits sollte mit dem **Zugang**

---
1 LG Köln in *Lützenkirchen*, KM 2 Nr. 24.
2 Vgl. zu den Anforderungen BGH, WuM 2004, 666 = ZMR 2004, 901.
3 LG Berlin, ZMR 1998, 13.
4 LG Bochum v. 24.10.2008 – 5 S 99/08, zitiert nach juris; AG Köln in *Lützenkirchen*, KM 2 Nr. 107.
5 Vgl. dazu *Lützenkirchen*, NZM 2008, 630.
6 Vgl. dazu: LG Köln, NZM 1998, 264; AG Gummersbach, WuM 1998, 292.
7 LG Köln in *Lützenkirchen*, KM 2 Nr. 24; LG Dortmund, DWW 1991, 214; **a.A.** AG Neuss, DWW 1990, 254.
8 *Langenberg*, Betriebskosten, H Rz. 3; *Schmid*, Rz. 3329a.

der Abrechnung die Fälligkeit eintreten[1]. Nach anderer Ansicht sollte wegen § 286 Abs. 3 BGB die Fälligkeit erst 30 Tage nach Zugang der Abrechnung entstehen[2]. Schließlich sollte zunächst ein angemessener Prüfungszeitraum verstreichen, bevor der Vermieter die Nachforderung geltend machen kann[3]. Der BGH hat sich der zuerst genannten Meinung angeschlossen und insbesondere auf § 271 BGB, wonach der Gläubiger berechtigt ist, sofort eine Leistung zu fordern, wenn eine Zeit dafür nicht bestimmt ist, verwiesen. Demnach tritt die Fälligkeit des Saldos (bei Einhaltung der Mindestanforderungen, vgl. dazu *Rz. 299*) mit Zugang der Abrechnung ein.

4. Neue Betriebskosten

734 Entstehen während des Mietverhältnisses neue Betriebskosten (z.B. Beschäftigung eines Hausmeisters), kann im preisgebundenen Wohnraum die Einführung dieser Positionen grundsätzlich durch **§ 10 WoBindG** erreicht werden. Erforderlich ist dazu eine Erklärung, die den Anforderungen des § 10 WoBindG gerecht wird. Diese kann auch in einer ansonsten **formell einwandfreien Betriebskostenabrechnung** gesehen werden. Ob diese Erklärung für die Zukunft oder auch rückwirkend gilt, hängt wieder davon ab, ob die Vorschrift des § 4 Abs. 8 NMV auf die Betriebskosten anzuwenden ist (vgl. oben *Rz. 730*).

5. Form der Abrechnung

735 Im preisgebundenen Wohnraum muss die Abrechnung als Mietänderungserklärung der **Schriftform** des § 10 WoBindG genügen[4] (vgl. dazu allgemein *C Rz. 506 f.*). Diese Voraussetzungen erfüllt eine Abrechnung, die in einem Anschreiben auf die eigentliche Abrechnung, die ihrerseits aus mehreren Blättern besteht, verweist und die Blätter der Abrechnung einen inneren Zusammenhang dadurch begründen, dass sie am Ende einer Seite den Hinweis aufführen „bitte wenden" oder „bitte weiter auf Blatt ..."[5]. Aber auch der Hinweis im Anschreiben, dass die Ermittlung separater Verbräuche in einer gesonderten Anlage erfolgt, soll ausreichend sein.

736 Weiterhin muss die Betriebskostenabrechnung im Geltungsbereich der Schriftform grundsätzlich **eigenhändig unterschrieben** sein, sofern sie nicht mit Hilfe einer **automatischen Einrichtung** gefertigt wurde (§ 10 Abs. 1 S. 5 WoBindG). Anders als bei einer Mieterhöhung muss dazu bei der Betriebskostenabrechnung nicht jeder einzelne Wert maschinell er-

---

[1] BGH, WuM 1991, 150; LG Hamburg, WuM 1998, 319; *v. Brunn* in Bub/Treier, III Rz. 123.
[2] AG Köln in *Lützenkirchen*, KM 2 Nr. 69; *Schmid*, ZMR 2000, 661.
[3] OLG Hamm, WuM 1982, 72; AG Büdingen, WuM 1996, 715; AG Eschweiler, WuM 1996, 99; AG Gelsenkirchen-Buer, WuM 1994, 549; *Sternel*, Mietrecht, III Rz. 374.
[4] LG Berlin, ZMR 1998, 13.
[5] BGH, WuM 2004, 666 = ZMR 2004, 901.

stellt werden. Dies ist bei einer Betriebskostenabrechnung schon deshalb nicht möglich, weil die individuellen Verbräuche eine Bearbeitung von Einzeldaten erforderlich machen. Es ist deshalb ausreichend, dass die Abrechnung weitestgehend maschinell, also z.B. durch Datenverarbeitung, erstellt worden ist[1].

6. Gemischte Nutzung

§ 20 Abs. 2 S. 2 NMV schreibt ausdrücklich vor, dass Betriebskosten, die nicht für den Wohnraum entstanden sind, vorweg abzuziehen sind. 737

Diese Regel wird mittlerweile – entgegen dem Wortlaut – nicht mehr zwingend angewendet. Dabei spielen die gleichen Überlegungen eine Rolle wie im preisfreien Wohnraum (vgl. dazu *Rz. 498 f.*). Insbesondere wird überlegt, ob der Vorwegabzug tatsächlich zu einer – ggf. auch nur für den Mieter nachteiligen – Änderung des Abrechnungsergebnisses führt[2]. 738

Das Abweichen von § 20 Abs. 2 S. 2 NMV ist zulässig. § 8 Abs. 2 WoBindG sanktioniert nur Entgelte, die höher als die Kostenmiete sind. Dazu sieht aber bereits § 3 Abs. 3 NMV vor, dass die von dem einzelnen Mieter geleisteten Zahlungen nicht der Kostenmiete entsprechen müssen. Der Vermieter darf nur im Ergebnis nicht mehr als 100 % erwirtschaften. Da die Betriebskosten zu dem Entgelt i.S.v. § 8 WoBindG gehören, sind gewisse Toleranzen möglich. Eine Vorermittlung bei gemischter Nutzung ist also nur notwendig, wenn der Mieter ansonsten erheblich benachteiligt wird. 739

7. Nachbelastung

Die Weitergabe einer Nachbelastung richtet sich nach § 20 Abs. 4 NMV i.V.m. § 4 Abs. 7, 8 NMV. Die Betriebskostenabrechnung wird wie eine (rückwirkende) **Mieterhöhung** nach § 10 Abs. 2 S. 3 WoBindG behandelt. § 20 Abs. 3 S. 4 NMV steht der rückwirkenden Belastung nicht entgegen, weil der Vermieter regelmäßig die Nachbelastung nicht zu vertreten hat[3] (vgl. *Rz. 548 f.*). 740

Ergänzend gelten die Ausführungen zu den Nachbelastungen bei preisfreiem Wohnraum (vgl. *Rz. 544 f.*). 741

8. Geltung der Einwendungsfrist?

Die Einwendungsfrist **gilt** auch bei preisgebundenem Wohnraum[4]. 742

Eine Beschränkung auf preisfreien Wohnraum – die von der h.M. bevorzugt wird, weil der BGH völlig unnötig einen entsprechenden Hinweis erteilt 743

---

1 BGH, WuM 2004, 666 = ZMR 2004, 901.
2 LG Köln in *Lützenkirchen*, KM 2 Nr. 42; AG Köln in *Lützenkirchen*, KM 2 Nr. 33.
3 LG Frankfurt/Main, NZM 2002, 336.
4 Vgl. *Dickersbach*, NZM 2006, 281; **a.A.** BGH, NZM 2005, 737.

hat[1] – kann nicht mit dem Hinweis begründet werden, es fehle an einer entsprechenden Regelung in den §§ 20 ff. NMV und die Ausschlussfrist des § 20 Abs. 3 NMV sei vor dem 1. September 2001 auch nicht auf den preisfreien Wohnraum angewendet worden. Auch vor dem 1. September 2001 war die Abrechnung von Betriebskosten gesetzlich geregelt, § 4 Abs. 1 MHG. Diese Vorschrift enthielt aber keine Konsequenzen für die Versäumung der Abrechnungsfrist. Nunmehr ist in **einer übergeordneten gesetzlichen Bestimmung** eine Konsequenz für den Mieter geregelt. Nach der gesetzlichen Systematik hätte daher in den §§ 20 ff. NMV eine Vorschrift aufgenommen werden müssen, die diese Anordnung für den preisgebundenen Wohnraum ausdrücklich aufhebt.

9. Ausübung des Kontrollrechts

744 § 29 NMV sieht vor, dass der Mieter die Prüfung der Abrechnung durch **Einsichtnahme in die Abrechnungsunterlagen** (§ 29 Abs. 1 NMV) oder durch **Überlassung von Fotokopien** (Abs. 2) ausüben können soll. Für die **Abwägung** zur Ausübung dieses Wahlrechts sollten die **Vorteile** der jeweiligen Art des Kontrollrechts abgewogen werden. Dabei können folgende **Aspekte** berücksichtigt werden:

Einsichtsrecht	Überlassung von Kopien
Originalbelege	Zeitersparnis
Unklarheiten können vor Ort mit dem Vermieter diskutiert werden	Belege können in Ruhe geprüft werden
Vollständigkeit der Belege kann durch Nachfragen erreicht werden	Einwendungen können nachweisbar erhoben werden

745 Schließlich sollte überlegt werden, ob der Rechtsanwalt oder der Mandant das Recht ausübt, was unzweifelhaft möglich ist[2]. Der Rechtsanwalt sollte das Kontrollrecht **ausüben**, wenn ohnehin mit einer streitigen Auseinandersetzung zu rechnen oder der Mieter zur Ausübung des Kontrollrechts nicht fähig ist, weil ihm das Verständnis für die Abrechnungsvorgänge fehlt. Gleichzeitig sollte insoweit auch die **Gebührenfrage** erörtert werden, um dem Mandanten die zu erwartende finanzielle Belastung deutlich zu machen.

746 Soll die Prüfung anhand von Kopien der Abrechnungsunterlagen stattfinden, müssen diese beim Vermieter angefordert werden. Dazu muss im Einzelnen angegeben werden, welche Unterlagen übersandt werden sollen. Eine pauschale **Anforderung** ist unbeachtlich[3]. Deshalb sollte mit dem Mandanten erörtert werden, bei welchen Abrechnungspositionen er Zweifel an der Ordnungsgemäßheit hegt. Ergeben sich daraus keine Erkenntnisse, sollten entweder alle Rechnungen, Verträge, Ablesequittungen etc. ver-

---

1 BGH, NZM 2005, 737.
2 *Sternel*, Mietrecht, III Rz. 371 m.w.N.
3 LG Düsseldorf, WuM 1998, 252; AG Neubrandenburg, WuM 1994, 531.

langt werden oder die Belege für die Positionen, die erfahrungsgemäß Abzüge erwarten lassen.

Formulierungsbeispiel 747

Sehr geehrter Herr Wichtig,

ausweislich der in Kopie beigefügten Vollmacht vertrete ich die Interessen Ihres Mieters, des Herrn Peter Schmitz, Luxemburger Str. 101, 50937 Köln.

Mein Mandant hat mich gebeten, die Betriebskostenabrechnung für 2002 zu überprüfen. Im Hinblick darauf bitte ich um Übersendung von Kopien der Belege für die Abrechnungspositionen Aufzug, Hausmeister, Versicherung, Hausreinigung, Gartenpflege, Wasser, Entwässerung und Allgemeinstrom.

Mein Mandant wird Ihnen die Kopiekosten in der üblichen Höhe erstatten.

Mit freundlichen Grüßen

...

Rechtsanwalt

Die Anforderung kann auch durch den Mandanten in der Weise erfolgen, dass er um **Übersendung an den Rechtsanwalt** bittet[1]. 748

In welcher Höhe der Vermieter Anspruch auf **Auslagenerstattung** hat, wird nicht einheitlich bewertet. Teilweise wird darauf abgestellt, dass insoweit nur der Selbstkostenpreis verlangt werden kann[2]. § 29 Abs. 2 NMV sieht jedoch ausdrücklich eine Auslagenerstattung vor. Damit kann auch der **Mehraufwand für** Kosten des Personals und der **Versendung** berechnet werden. In der Rechtsprechung werden deshalb Beträge von **0,25 Euro**/Kopie[3] und **0,50 Euro**/Kopie anerkannt[4], aber auch nur 0,10 Euro/Kopie zugesprochen[5]. Im Ergebnis hängt die richtige Entscheidung davon ab, ob der Vermieter die Höhe der Kosten selbst oder die Schätzgrundlagen für § 287 ZPO ausreichend spezifiziert vortragen kann. Dazu muss der Mitarbeiter, der die Kopien versandfertig macht, den Zeitaufwand festhalten. Neben dem zeitlichen Aufwand sollte der Vermieter die Kosten des Mitarbeiters (Gehalt zzgl. Sozialabgaben) und des Materials (Kopierer, Papier etc.) vortragen. 749

An der **Höhe der Fotokopiekosten**, die der Vermieter verlangt, sollte das Einsichtsrecht nicht scheitern. Wird die Anfrage wie im Beispiel formu- 750

---

1 AG Bremen, WuM 2002, 32.
2 AG Oldenburg, WuM 1993, 412; *Römer*, WuM 1996, 393.
3 LG Berlin, MM 2003, 297; LG Duisburg, WuM 1990, 562; AG Köln, WuM 2005, 49; AG Köln, WuM 2000, 36; AG Brühl, WuM 1992, 201; AG Ahaus, WuM 1992, 696; AG Aachen, WuM 2003, 220; AG Mitte, MM 2003, 383.
4 LG Berlin, GE 1991, 151; AG Neubrandenburg, WuM 1994, 531.
5 AG Pankow/Weißensee, MM 2002, 228.

liert, antwortet der Vermieter regelmäßig mit der Aufforderung eines bestimmten Betrages, aus dem sich die Höhe der von ihm angesetzten Kopiekosten ergibt. Überschreitet dieser angeforderte Betrag nicht die Grenze von 0,50 Euro/Kopie, sollte dem Mieter empfohlen werden, den Betrag anzuweisen, und zwar **ohne Anerkennung einer Rechtspflicht und unter Vorbehalt**. Nur wenn örtlich eine feststehende Rechtsprechung zur Höhe der Kopiekosten besteht, sollte das Risiko eingegangen werden, nur einen geringeren Betrag anzubieten. Ansonsten sollte berücksichtigt werden, dass die Gerichte auch die allgemeine Kostensteigerung im Auge behalten und eine Änderung der Kopiekosten-Rechtsprechung nicht ausgeschlossen ist. Bei hohen Nachforderungen kann auch daran gedacht werden, den Differenzbetrag zur angemessenen Auslagenerstattung mit dem (verbleibenden) Saldo **zu verrechnen**.

751 Bei dieser Vorgehensweise wird unterstellt, dass der Vermieter die Übersendung von Belegkopien von der **Erstattung der Kosten abhängig** machen darf. Teilweise wird der Vermieter jedoch insoweit als vorleistungspflichtig angesehen, weil der Gegenanspruch (Erstattung der Kopiekosten) erst mit der Übersendung fällig werden soll und deshalb vorher nicht Gegenstand eines Zurückbehaltungsrechts nach § 273 BGB sein kann[1]. Dabei wird jedoch übersehen, dass der Mieter keinen unbedingten Anspruch auf Übersendung der Kopien hat. Selbst bei der Einsicht vor Ort kann der Vermieter dem Mieter Fotokopien (ohne Auslagenerstattungsanspruch) präsentieren[2]. Durch die Bitte um Übersendung ändert sich aber der Ort der Einsicht und damit der Erfüllungsort nicht. Dieser bleibt am Ort des Vermieters, und zwar auch dann, wenn der Mieter inzwischen an einen anderen Ort verzogen ist[3]. Demnach handelt es sich, solange die Parteien nichts anderes vereinbaren, bei dem Anspruch um eine **Holschuld**, weil allein die Übernahme der Versendungsgefahr den Leistungsort nicht ändert[4]. Zu dem gleichen Ergebnis gelangt, wer § 811 Abs. 2 BGB analog anwendet[5].

752 Gleichwohl sollte der Rechtsanwalt seine Vorgehensweise zunächst an der **örtlichen Praxis** orientieren.

10. Umlageschlüssel

753 Grundsätzlich sind die in den §§ 20 ff. NMV geregelten Verteilerschlüssel zu beachten. Enthält der Mietvertrag keine Festlegung des Umlageschlüssels und weicht der angewendete Verteiler von den §§ 21 ff. NMV ab, ist die Abrechnung grundsätzlich materiell (teil-) unwirksam.

---

1 OLG Düsseldorf, WuM 2001, 344.
2 AG Mainz, ZMR 1999, 114; *Kinne/Schach*, § 556 BGB Rz. 89.
3 LG Köln, NZM 2001, 617.
4 Vgl. Palandt/*Heinrichs*, § 269 BGB Rz. 10 m.w.N.
5 LG Leipzig, DWW 2005, 374.

a) Wirtschaftseinheit

Im preisgebundenen **Wohnraum** kann der Vermieter die Betriebskosten nach einer **Wirtschaftseinheit** abrechnen, wenn sich die Ursprungswirtschaftlichkeitsberechnung darauf bezieht und eine entsprechende Genehmigung der Bewilligungsstelle vorliegt, § 2 Abs. 2 II. BV[1]. Das gilt selbst dann, wenn der Mietvertrag eine Abrechnungsmöglichkeit nach Wirtschaftseinheiten nicht vorsieht oder separate Ablesevorrichtungen für die einzelnen Objekte vorhanden sind[2]. Gleichwohl ist der Eigentümer einer Wirtschaftseinheit berechtigt, innerhalb der Wirtschaftseinheit Abrechnungskreise zu bilden[3]. **Nachträglich** kann jedoch prinzipiell keine Wirtschaftseinheit mehr gebildet werden, zumal wenn die Wohnungen bereits unterschiedlichen Eigentümern gehören[4].

754

b) Anzahl der Mietobjekte

Im **preisgebundenen Wohnraum** ist dieser Umlageschlüssel nur ausnahmsweise nach § 24a Abs. 2 S. 2 NMV zulässig. Im Anwendungsbereich des § 556a Abs. 1 BGB, also insbesondere bei Mietverhältnissen, in denen erstmals nach dem 1.9.2001 abgerechnet wird, ist grundsätzlich eine abweichende Vereinbarung notwendig. Ansonsten muss die Umlage auch bei verbrauchsabhängigen Kosten nach der Wohnfläche erfolgen.

755

c) Flächenschlüssel

Für den Flächenmaßstab gelten die Vorschriften der §§ 42–44 II. BV **zwingend**. Hier ergeben sich keine Besonderheiten zum preisfreien Wohnraum (vgl. *Rz. 444*).

756

d) Anzahl der Nutzer (Personenschlüssel)

Dieser Umlageschlüssel gilt als ein verbrauchsabhängiger Maßstab[5], so dass er bei den Kosten der Wasserversorgung und Entwässerung gemäß § 21 Abs. 2 S. 2 NMV sowie bei den Kosten der Müllentsorgung gemäß § 22 Abs. 2 NMV angewendet werden darf.

757

e) Verbrauchserfassung

Im Hinblick auf § 21 Abs. 3 NMV soll die Abrechnung der **Kosten der Entwässerung** selbst dann nach den an den **Wasserzählern** abgelesenen Verbräuchen umzulegen sein, wenn die Mieter unmittelbare Leistungsbeziehungen zu dem Wasserversorger unterhalten. Der Vermieter kann die Zählerab-

758

---

1 Vgl. *Langenberg*, Betriebskosten, F Rz. 45 f.
2 LG Bonn, ZMR 1996, S. IV Nr. 18.
3 AG Köln in *Lützenkirchen*, KM 2 Nr. 37; AG Köln in *Lützenkirchen*, KM 2 Nr. 38.
4 AG Aachen, WuM 2003, 501.
5 Vgl. BGH v. 23.1.2008 – VIII ZR 82/07, WuM 2008, 151 = GE 2008, 401.

lesung durch Ausübung seines Zustrittsrechts (vgl. dazu *G Rz. 231 f.*) geltend machen[1].

V. Nebenkosten bei der Gewerberaummiete

759 Bei der Vermietung von Gewerberaum spielen die Bewirtschaftungskosten eine immer bedeutender werdende Rolle. Wurden vor 10 oder 20 Jahren von Gewerberaummietern regelmäßig die Nebenkostenabrechnungen noch ohne weiteres an die Buchhaltung weitergegeben und von dort (nach rechnerischer Überprüfung) ausgeglichen, hat der zunehmende Kostendruck zu einer Änderung der Denkweise geführt. Die Rechtsabteilungen großer Unternehmen müssen sich mit der Nebenkostenproblematik nicht nur beim Abschluss von Verträgen auseinander setzen und einen **Wirtschaftlichkeits-Check** vorlegen, sondern auch im Rahmen der Abrechnungen die inhaltliche Prüfung durchführen, wobei sie sich zunehmend der Hilfe von Rechtsanwälten bedienen.

760 Aber auch die **Insolvenzverwalter** werden für dieses Thema immer sensibler, weil sie mit jedem Euro, den sie bei Masseschulden sparen, die Masse vergrößern.

761 Wegen dieser wachsenden Bedeutung soll der **Prüfung der Abrechnung in der Gewerberaummiete** ein besonderer Abschnitt gewidmet werden. Dabei sei vorangestellt, dass sich Rechtsprechung[2] und Literatur[3] im Zweifel an den für die Wohnraummiete entwickelten Grundsätzen orientieren, solange keine speziellen gesetzlichen Bestimmungen wie z.B. in der HeizkV bestehen oder vertragliche Regelungen getroffen sind (vgl. dazu *A Rz. 358*).

1. Pflicht zur Abrechnung

762 Auch ohne ausdrückliche Regelung im Vertrag ist der Vermieter von Gewerberaum zur Abrechnung **verpflichtet**, wenn **Vorauszahlungen** vereinbart sind. Denn bei Vorauszahlungen ist begrifflich bereits die Abrechnungspflicht immanent.

763 Ob sich mangels anderweitiger vertraglicher Regelung die Abrechnung auf das **Kalenderjahr** beziehen muss[4], ist zweifelhaft. Zwar ist das Kalenderjahr bei vielen Unternehmen identisch mit dem Wirtschaftsjahr. Zunächst herrscht aber der Grundsatz, dass mangels (konkludenter) besonderer Bestimmungen der Vermieter in der Festlegung der Abrechnungsperiode frei ist[5].

---

1 AG Köln v. 1.8.2007 – 203 C 175/07, WuM 2008, 222.
2 Z.B. OLG Düsseldorf, ZMR 1998, 219; OLG Celle, NZM 1999, 501.
3 Z.B. *Fritz*, Rz. 121 ff., *Wolf/Eckert/Ball*, Rz. 501 ff.
4 OLG Düsseldorf, GuT 2001, 7; ZMR 1998, 219.
5 BGH v. 30.4.2008 – VIII ZR 240/07, WuM 2008, 404 = NZM 2008, 520.

Allerdings ist eine **Abrechnungsfrist** (vgl. dazu: *Rz. 232 f.*) in den §§ 578 ff. BGB nicht bestimmt und auch § 556 Abs. 3 BGB nicht analog anwendbar[1]. Denn es fehlt an der notwendigen (planwidrigen) Regelungslücke. Die §§ 578 ff. BGB zeigen, dass der Gesetzgeber zum 1.9.2001 genau überlegt hat, welche Vorschrift der §§ 549 ff. BGB er für andere Mietverhältnisse als verbindlich ansieht. Selbst wenn vertraglich eine Abrechnungsfrist vereinbart wurde, führt dies ohne weitere Anhaltspunkte nicht zur Annahme einer Ausschlusswirkung[2]. Deshalb muss der Vermieter „nur" in **angemessener Zeit** abrechnen. Insoweit ist ein Zeitraum von **12 Monaten** als angemessen[3], aber auch ausreichend[4] anzusehen. 764

Selbst wenn (öffentlich geförderter) **Wohnraum zur Weitervermietung** i.S.v. § 565 BGB überlassen wurde, wodurch grundsätzlich ein Gewerberaummietvertrag entsteht[5], greift die Ausschlussfrist der §§ 556 Abs. 3, 20 Abs. 3 NMV nicht ein[6]. Der Zwischenvermieter erleidet dadurch gegenüber dem (End-)Mieter keinen Verlust, weil eine verspätete Abrechnung des Gerberaumvermieters von ihm regelmäßig nicht zu vertreten ist. 765

Solange die Parteien eine Ausschlusswirkung nicht besonders vereinbart haben, beschränken sich die **Folgen des Fristablaufs** zunächst auf die mit dem Eintritt der Abrechnungsreife (vgl. dazu: *Rz. 645*) verbundenen Konsequenzen. 766

– Der Vermieter kann Vorauszahlungen für die Abrechnungsperiode selbst nicht mehr geltend machen, weil nur noch ein Anspruch auf einen möglichen Saldo aus einer Nebenkostenabrechnung besteht[7].

– Der Mieter kann auf Abrechnung klagen oder – um dem Abrechnungsanspruch Nachdruck zu verleihen – ein Zurückbehaltungsrecht an den laufenden Vorauszahlungen ausüben[8], soweit dies nicht vertraglich (wirksam) ausgeschlossen wurde (vgl. dazu *Rz. 644*).

– Nach Mietende kann der Mieter die Rückzahlung der für die Abrechnungsperiode geleisteten Vorauszahlungen als Ersatz für das weggefallene Zurückbehaltungsrecht geltend machen.

Allerdings soll der Vermieter verpflichtet sein, von ihm erkannte Fehler der Abrechnung zeitnah zu berichtigen. Kommt er dem nicht nach, soll er sein **Recht zur Berichtigung**, das ihm grundsätzlich auch nach Ablauf der

---

1 KG 12.2.2007 – 12 U 117/06, GE 2007, 845 = ZMR 2007, 449 = NZM 2008, 128; OLG Köln v. 20.10.2006 – 1 U 12/06, ZMR 2007, 115; OLG Düsseldorf, DWW 2006, 198; **a.A.** LG Darmstadt v. 12.12.2008 – 6 S 182/08, ZMR 2009, 915; AG Wiesbaden, NZM 2006, 140.
2 OLG Düsseldorf v. 29.10.2007 – 24 U 94/07, NZM 2008, 167; OLG Düsseldorf, DWW 2006, 198; LG Nürnberg-Fürth v. 21.12.2007 – 7 S 8274/07, ZMR 2008, 800.
3 OLG Koblenz, GuT 2002, 43; OLG Hamburg, ZMR 1989, 18.
4 OLG Düsseldorf, ZMR 1998, 219.
5 BGH, NJW 1996, 2862.
6 OLG Düsseldorf, GuT 2003, 60 = WuM 2003, 151.
7 OLG Düsseldorf, GuT 2005, 53; GuT 2001, 7, 8.
8 OLG Düsseldorf, GuT 2001, 7, 8 m.w.N.

Abrechnungsfrist zusteht, verwirken[1]. Auch wenn der Mieter **vor Ablauf der Abrechnungsperiode** auszieht, ist der Vermieter nicht zu einer **Teilabrechnung** verpflichtet[2].

2. Vorbereitung der Belegprüfung

a) Umlagevereinbarung

767 Auch bei der Gewerberaummiete müssen die umlagefähigen Nebenkosten der Art nach so **eindeutig** und **unmissverständlich** vereinbart werden[3], dass der Mieter seine laufenden finanziellen Verpflichtungen von vornherein sehen und diesbezüglich kalkulieren kann. Dazu kann auf die bekannten Betriebskostenkataloge des § 2 BetrKV oder der Anlage 3 zu § 27 II. BV (bei Verträgen aus der Zeit vor dem 1.1.2004) **Bezug genommen** werden. Letzteres führt allerdings zu einer **Beschränkung der Umlagefähigkeit** auf die dadurch definierten Betriebskosten im Sinne der Wohnraummiete[4]. Eine davon abweichende Auslegung ist nicht allein dadurch gerechtfertigt, dass die Umlagevereinbarung von „**Nebenkosten**", „Mietnebenkosten" o.Ä. spricht[5].

768 Die Bestimmung in einem **Formularmietvertrag** über Gewerberaum, „der Mieter hat alle mit dem Mietobjekt verbundenen Nebenkosten zu tragen", ohne dass diese aufgeschlüsselt sind, ist zu unbestimmt und damit unwirksam. Der Mieter weiß nämlich nicht, welche Leistungen auf ihn zukommen. Das **unüberschaubare Risiko** belastet ihn unangemessen[6]. Das Gleiche gilt für die Klausel, dass alle nach Vertragsabschluss anfallenden Mehrbelastungen auf den Mieter umgelegt werden[7]. Allerdings soll es ausreichen, die „Bewirtschaftungs- und sonstigen Verbrauchsabgaben" als umlagefähig zu erklären[8]. Ebenso genügt eine Vereinbarung, wonach die „Heiz- und Nebenkosten, die **üblicherweise vom Mieter zu tragen** sind", umgelegt werden sollen, dann den Anforderungen, wenn in einem unmittelbar nach Vetragsabschluss geführten Schriftwechsel der Mieter um Bestätigung bittet, dass es sich dabei um die Kosten handelt, die bisher auf andere Mieter umgelegt wurden, und der Vermieter dazu eine Betriebskostenabrechnung übersendet[9]. Die „**üblichen Versicherungen**" ist aber wiederum zu unbestimmt[10].

769 Bei **Teileigentum** ist es auch nicht ausreichend, neben einem Katalog auf „alle hier nicht aufgeführten Kosten in Ansehung des Mietobjektes" zu

---

[1] KG v. 4.12.2008 – 12 U 33/08, GE 2009, 1124.
[2] OLG Düsseldorf v. 8.5.2008 – I-10 U 11/08, GE 2009, 906.
[3] OLG Düsseldorf, ZMR 2000, 603; OLG Düsseldorf, DWW 1991, 283.
[4] OLG Celle, NZM 1999, 501; AG Freiburg, GuT 2002, 18 (Download).
[5] OLG Düsseldorf, ZMR 2000, 603.
[6] OLG Düsseldorf, DWW 1991, 283.
[7] Vgl. OLG Hamm, ZMR 1986, 198; OLG Celle, ZMR 1990, 410.
[8] KG v. 29.12.2006 – 12 U 117/06, GE 2007, 845.
[9] OLG Karlsruhe v. 14.5.2009 – 9 U 174/08, ZMR 2009, 849.
[10] BGH, GuT 2005, 213 = DWW 2005, 372 = ZMR 2005, 844.

verweisen[1]. Etwas anderes gilt für die Klausel: „Es besteht zwischen den Parteien Einigkeit darüber, dass der Mieter alle anfallenden Nebenkosten – soweit gesetzlich zulässig – zu tragen hat und dass diese nach dem von der Eigentümergemeinschaft des Objekts A. zu beschließenden Abrechnungsmodus zu ermitteln sein werden"; diese Abrede wird durch die Jahresabrechnung des **WEG-Verwalters** inhaltlich bestimmt[2]. Ebenso gültig ist der handschriftliche Zusatz in einem Mietvertrag über Teileigentum, wonach neben den (formularmäßig einbezogenen) Kosten des § 27 II. BV alle Kosten aus der WEG-Wohngeldabrechnung umlegbar sein sollen. Allerdings kann durch die Formulierung „und alle anfallenden Betriebskosten/ Wohngeld gemäß Abrechnung des WEG-Verwalters" nicht die Umlagefähigkeit der Kosten für Bankgebühren, Instandhaltung und Sanierung, die in der Jahresabrechnung enthalten sind, erreicht werden[3]. Hier müsste entweder eine ausdrückliche Erwähnung im Text der Umlagevereinbarung erfolgen oder zumindest die letzte Jahresabrechnung des WEG-Verwalters als Anlage dem Mietvertrag beigefügt werden. Die Kosten der **Instandhaltungsrücklage** können dem Mieter jedenfalls dann nicht wirksam überbürdet werden, wenn sie auch die Kosten der Gemeinschaftsanlage erfasst[4].

Ist zwar geregelt, dass „sämtliche anfallenden Nebenkosten/Betriebskosten ... anteilig zu Lasten des Mieters" gehen sollen, die nachfolgende Klausel über die Höhe der monatlichen **Vorauszahlungen** aber **nicht ausgefüllt**, ist im Zweifel keine ausreichend bestimmte Vereinbarung zur Umlage der Betriebs- oder Nebenkosten getroffen[5]. Unabhängig von der Differenzierung zwischen den Begriffen Betriebs- und Nebenkosten kann ohne weitere Spezifizierung (z.B. durch den Hinweis auf die II. BV) keine ausreichende Bestimmtheit herbeigeführt werden[6], wobei nicht zwischen Individual- und Formularvertrag unterschieden werden muss. 770

b) Vom Katalog des § 2 BetrKV abweichende Kosten

Führt die zur Prüfung vorliegende Abrechnung vom Katalog des § 2 BetrKV bzw. der Anlage 3 zu § 27 II. BV abweichende Positionen auf, gelten die gleichen Anforderungen wie für die Umlage der **sonstigen Betriebskosten** bei der Wohnraummiete (vgl. dazu *Rz. 167 f.*). Allerdings wird vertreten, dass bei der Gewerberaummiete durch die Bezugnahme auf die Anlage 3 zu § 27 II. BV auch die sonstigen Betriebskosten erfasst sind[7]. Diese Auffassung ist jedoch abzulehnen, da für das Gewerberaummietrecht keine anderen Anforderungen an den Bestimmtheitsgrundsatz gestellt werden 771

---

1 OLG Düsseldorf, GuT 2002, 178.
2 OLG München, ZMR 1997, 233.
3 OLG Düsseldorf, DWW 2003, 52; LG Karlsruhe, GuT 2002, 177 mit Anm. *Pfeilschifter*, GuT 2002, 163.
4 KG, NZM 2003, 395.
5 OLG Düsseldorf, ZMR 2003, 109.
6 Zweifelnd OLG München, ZMR 1997, 233.
7 OLG Celle, NZM 1999, 501, 502.

können[1]. Im Zweifel sollte also davon ausgegangen werden, dass nicht ausdrücklich genannte Positionen, die sich nicht einer der in den Nrn. 1–16 des § 2 BetrKV bzw. der Anlage 3 zu § 27 II. BV aufgezählten Kostenarten zuordnen lassen, **nicht umlegbar** sind.

772 Bei der notwendigen Aufzählung sind die Vertragsparteien berechtigt, als **sonstige Betriebskosten** auch Positionen zu vereinbaren, die über das Maß der für die Wohnraummiete entwickelten Begriffsbestimmung (vgl. dazu: *Rz. 8 f.*) hinausgehen[2], also z.B. auch einmalig entstehende Kosten zu erfassen. Deshalb kann der Katalog nahezu beliebig **erweitert** werden, also z.B. um die Positionen

- Gebäuderechtsschutzversicherung[3],
- Verwaltung,
- Facility Management,
- Abschreibung,
- Rollsteige und Fassadenbefahranlage,
- technische Einrichtungen des Mietobjektes (z.B. Elektronische Lautsprecher-, Video-, Hebe-, Filter-, Druckerhöhungs-, Einbruchmelde-, Blitzschutz-, Brandmelde-, Klima-, Lüftungs-, Gegensprech-, Türöffnungs-, Rauchabzugsanlagen, Sicherheitstechnik, Zugangskontrollsysteme sowie Benzin- und Fettabscheider),
- Fassadenreinigung einschließlich der Glasreinigung von außen, Sonnenschutzeinrichtungen, Wachdienst und Pförtner, Wasser- und Abflussrohre (insbesondere deren Reinigung),
- VGB 4-Prüfung der Elektroleitungen,
- technische Überprüfung von Gas- und sonstigen Ver- und Entsorgungsleitungen,
- Notstromaggregate,
- Sprinkleranlage,
- Wandhydranten und sonstige Löscheinrichtungen,
- Fluchthinweisleuchten und Sicherheitsbeleuchtung,
- Brandschutztüren,
- Bereitschaftsdienst (technischer Notdienst),
- Fußmattenservice,
- wiederkehrende Prüfungen durch die Bauaufsichtsbehörde,
- staatlich anerkannte Sachverständige oder sonstige Sachkundige,
- Kontoführungsgebühren,

---

[1] BGH, BGH, GuT 2005, 213 = DWW 2005, 372 = ZMR 2005, 844; OLG Düsseldorf, MDR 1991, 964.
[2] OLG Düsseldorf, DWW 1991, 283.
[3] A.A. OLG Düsseldorf, WuM 1995, 434 = ZMR 1995, 203.

- Bewachung,
- Winterdienst,
- Wartung von Brandschutz- und sonstigen Türen,
- Maßnahmen der Verkehrssicherung,
- Werbegemeinschaften,
- gemeinschaftliche Werbeeinrichtungen etc.

Nicht nur bei Formularverträgen ist insoweit die Beachtung des **Transparenzgebotes** nach § 307 Abs. 1 S. 3 BGB erforderlich[1]. Auch bei individuellen Regelungen kommt es darauf an, ob durch die Aufzählung bzw. die Angabe einzelner Kostenarten eine ausreichende **inhaltliche Bestimmtheit** erreicht worden ist. Maßgeblich ist, ob die Umlagevereinbarung dem Mieter das Kostenrisiko überschaubar vermittelt[2], er also aufgrund der Formulierungen in die Lage versetzt wird, die auf ihn entfallende Kostenlast richtig einzuschätzen. Dies erfordert zumindest, dass der Inhalt und Umfang der umlegbaren Leistungen erkennbar wird, setzt aber in der Regel, nämlich bei umfassenden Leistungen, eine **Kostenbegrenzung** voraus[3]. 773

Welches **Maß für die Kostenbegrenzung** gilt, ist noch ungeklärt. Oftmals werden 10 % der Jahresmiete genannt. Der BGH hat bisher nur die Kostenbegrenzung als solche verlangt, ohne sich zu der Höhe zu äußern. Deshalb sollten sich die Parteien grundsätzlich an der Rechtsprechung zu Kleinreparaturen (vgl. *H Rz. 31 f.*) orientieren. Allerdings muss auch der konkrete Mietvertrag im Auge behalten werden. Wird z.B. eine siebenstellige Monatsmiete gezahlt, dürfte mit Rücksicht auf die Angemessenheit in § 307 BGB eine geringe Begrenzung notwendig sein. 774

Bei den von dem **Katalog des § 2 Nr. 1–16 BetrkV** erfassten Leistungen ist eine Kostenbegrenzung nicht erforderlich, weil der Durchschnittsmieter aufgrund seiner Lebenserfahrung den dadurch begründeten Kostenrahmen einschätzen kann. Abgesehen davon sind die umlegbaren Leistungen im Katalog eng umgrenzt beschrieben. 775

Gerade bei der Verwendung von Schlagworten, die als **Oberbegriffe für umfassende Tätigkeiten** (z.B. Instandsetzung, Abschreibung) stehen, als auch bei der Schaffung von **Auffangtatbeständen** für bestimmte Kostengruppen (z.B. „Wartung und Betrieb technischer Einrichtungen", die „üblichen und notwendigen Versicherungen", „alle für den Betrieb, die Unterhaltung, Bewachung und Verwaltung notwendigen Kosten einschließlich der Gestellung und Unterbringung des hierfür erforderlichen Personals") entstehen immer wieder Zweifelsfälle[4]. Denn im Hinblick auf den Umfang der davon 776

---

1 BGH, GuT 2005, 213 = DWW 2005, 372 = ZMR 2005, 844.
2 KG, GE 2002, 327 = NZM 2002, 954.
3 BGH, GuT 2005, 213 = DWW 2005, 372 = ZMR 2005, 844; BGH v. 12.7.2006 – XII ZR 39/04, GuT 2006, 224 = ZMR 2006, 849.
4 Vgl. BGH, GuT 2005, 213 = DWW 2005, 372 = ZMR 2005, 844.

erfassten Tätigkeiten kann der Rahmen der erfassten Kosten **unüberschaubar** werden, solange er nicht im Wege der Auslegung inhaltlich (maßvoll) bestimmt werden kann[1]. Letzteres ist bei der Regelung zur Umlage der Kosten des **WEG-Verwalters** zweifelsfrei möglich. Denn dessen Aufgaben (Verwaltung des Gemeinschaftseigentums) sind in § 27 WEG aufgezählt.

777 **Verwaltungskosten** sollen als „Kosten der Hausverwaltung" umlegbar sein[2]. Ohne kostenmäßige Begrenzung erscheint dies aber zumindest bei Formularverträgen unter dem Gesichtspunkt des § 307 Abs. 1 S. 2 BGB zweifelhaft[3]. Zwar kann zur inhaltlichen Bestimmung auf § 26 Abs. 1 II. BV jedenfalls insoweit zurückgegriffen werden, als die **kaufmännische Verwaltung** erfasst sein soll. Denn die danach umlegbaren Kosten können anhand dieser Norm bestimmt werden[4]. Andererseits besteht aber ein Zusammenhang der kaufmännischen Verwaltung mit der technischen Verwaltung. Obliegt nämlich dem Verwalter der gesamte Aufgabenkreis, fallen durch Rechnungszahlungen etc. auch mehr Buchungen an. Soweit auch Tätigkeiten im Rahmen der **technischen Verwaltung** (z.B. Erteilung von Reparaturaufträgen) umlegbar sein sollen, wovon bereits auszugehen ist, wenn die Umlageklausel dies nicht ausdrücklich ausschließt, birgt die Klausel (ohne nähere Erläuterung oder Preisrahmen) für den Mieter eine nicht mehr kalkulierbare Position. Insoweit lässt sich sogar trefflich darüber streiten, ob die Aufzählung „technische Hausverwaltung" schon ausreichend ist. Zur technischen Hausverwaltung gehören auf jeden Fall die Auftragserteilung bei Reparaturen, deren Ausführung durch eigenes Personal oder die Überwachung von Handwerkern. Im Hinblick auf das in DIN 32 736 beschriebene Tätigkeitsfeld[5] können hier aber auch die Begleitung größerer Sanierungsmaßnahmen oder sonstige Aufgaben des Gebäudemanagements erfasst sein, so dass der Begriff für den Mieter „unkalkulierbar" ist. Jedenfalls muss eine angemessene Kostenbegrenzung eingeführt sein. Denn auch hier handelt es sich um einen Teil der Instandhaltungs- und Instandsetzungspflicht des Vermieters (z.B. Erteilung eines Reparaturauftrages). Diese Kosten können aber nur mit **Kostenbegrenzung** formularmäßig überbürdet werden[6] (vgl. *Rz. 773*).

778 Davon zu unterscheiden ist die Variante, dass z.B. die Kosten der Verwaltung **pauschaliert** sind, indem die Umlagevereinbarung einen festen Betrag oder bestimmten Prozentsatz von der (Netto- oder Brutto-)Miete festlegt. In diesem Fall ist die Position nur der Höhe nach mit Rücksicht auf das **Gebot der Wirtschaftlichkeit** überprüfbar. Denn sie ist wie ein Kalkulationsposten für die Miete anzusehen. Insoweit wurden 3 % der Bruttomiet-

---

1 *Lützenkirchen*, GE 2006, 614.
2 OLG Nürnberg, WuM 1995, 308; OLG Hamburg, ZMR 2003, 180, 181 = WuM 2003, 268 = NZM 2002, 388.
3 *Lützenkirchen*, GE 2006, 614.
4 OLG Hamburg, ZMR 2003, 180, 181 = WuM 2003, 268 = NZM 2002, 388.
5 Zur Begrenzung vgl. z.B. GEFMA 122.
6 BGH, GuT 2005, 213 = DWW 2005, 372 = ZMR 2005, 844; BGH, GE 2006, 1163.

einnahmen[1], aber auch schon 5 % für zulässig erachtet[2] und auch 5,5 % der Bruttosollmiete[3]. Im Einzelfall muss aber auf den absoluten Betrag (ggf. in Relation zur Grundmiete) abgestellt werden[4], wobei auch zu berücksichtigen ist, in welchem Umfang dem Mieter die Erhaltungspflicht überbürdet wurde. Deshalb kann die Überbürdung der Verwaltungskosten unter der Überschrift „sonstige Betriebskosten" **überraschend** i.S.v. § 305c BGB sein, wenn 1000 Euro Vorauszahlungen vereinbart sind, die Verwaltungskosten aber schon diesen Betrag erreichen[5].

Soweit Kosten für das **„Center-Management"**[6] oder ein **„Allgemeiner Service"**[7] abgerechnet werden sollen, muss die Umlagevereinbarung neben der Verwendung dieser Schlagworte zur ausreichenden Bestimmtheit eine inhaltliche Beschreibung der erfassten Tätigkeiten wiedergeben. Richtigerweise muss aber auch hier eine **Kostenbegrenzung** hinzugesetzt werden, weil das Kostenrisiko allein durch eine Leistungsbeschreibung nicht überschaubar wird. Ansonsten ist die Umlagevereinbarung zu unbestimmt. Die gleichen Grundsätze gelten für die Kosten der **Bewachung** (vgl. *Rz. 172*). 779

Dieselben Maßstäbe gelten für **Auffangtatbestände**. Sollen z.B. neben den Kosten für den Aufzug und die Heizung auch solche für „sonstige **technische Einrichtungen**" umlegbar sein, wird dadurch nicht ohne weiteres der Ansatz von Kosten für Lüftungsanlagen, Rollsteige, Klimaanlage, Brandmeldeanlage, Zugangskontrollanlage o.Ä. gerechtfertigt, im Prinzip die gesamte sog. Gebäude-Leit-Technik (GLT). „Technische Einrichtungen" lassen sich zwar eher eingrenzen als „sonstige Betriebskosten", zumal wenn zusätzlich eingeschränkt wird, dass sie dem **Mieter zugute kommen** müssen. Letzteres ist zumindest der Fall, wenn die Einrichtung dem Betrieb von Gemeinschaftsflächen dient. Der Vermieter kann dem Mieter aber sein wirtschaftliches Risiko, das mit der Umlage von Betriebs- oder Nebenkosten verbunden ist, grundsätzlich nur ausreichend vermitteln, wenn er ihm gleichzeitig auch die Kenntnis von der im Objekt vorhandenen technischen Ausstattung verschafft. Umso mehr ist auch hier im Zweifel eine Umlagefähigkeit nur gegeben, wenn die Aggregate im Einzelnen (abschließend) aufgezählt sind. 780

c) Einbeziehung anderer vertraglicher Regelungen

Ergibt sich nach der Prüfung der Umlagevereinbarung ein eindeutiger (ggf. reduzierter) Umfang der ansatzfähigen Kostenarten, sollte ein Blick in den restlichen Vertragstext geworfen werden. Regelmäßig wird ein Gewerbe- 781

---

1 OLG Hamburg, ZMR 2003, 180 = WuM 2003, 268 = NZM 2002, 388.
2 *Fritz*, Rz. 127a (das dortige Zitat OLG Frankfurt/Main, NZM 2000, 243 ist allerdings nicht weiterführend).
3 LG Köln in *Lützenkirchen*, KM 2 Nr. 115.
4 *Beyerle* in Lindner-Figura, 11 Rz. 336.
5 OLG Köln v. 4.7.2006 – 22 U 40/06, n.v.
6 OLG Rostock, GuT 2005, 158 = NZM 2005, 507; KG, MietRB 2004, 70.
7 KG, GE 2002, 327 = NZM 2002, 954.

raummietvertrag nämlich über eine längere Zeit verhandelt, so dass sich aus unterschiedlichen Gründen **Widersprüche** ergeben können, die sich regelmäßig zu Lasten des Vermieters auswirken, solange er nicht den Nachweis führt, dass – jedenfalls hinsichtlich der relevanten Regelung – keine Formularklausel vorliegt oder der Mieter den Text gestellt hat.

782 Hierzu folgendes **Beispiel**: Nach dem Entwurf eines Gewerberaummietvertrages sollten die Prämien der Gebäudeversicherung umlegbar sein (§ 5). Im Laufe der Vertragsverhandlung wurde das Thema der Versicherungen insbesondere im Hinblick auf Betriebsunterbrechung, Mietausfall und Inventar erörtert. Deshalb trafen die Parteien in § 20 eine Vereinbarung, die aufzeigte, wer welches Versicherungsrisiko zu tragen hatte. Dabei wurde u.a. formuliert: „Der Vermieter trägt die Kosten der Gebäudeversicherung." Im Hinblick auf den spezielleren Charakter dieser Abrede soll die Umlagefähigkeit der Kosten der Gebäudeversicherung gem. § 5 nicht gegeben sein[1].

783 Weitere **Kollisionen** können insbesondere mit **Instandhaltungs- und Instandsetzungskosten** entstehen. Soll der Mieter z.B. Kleinreparaturen, deren Höhe frei verhandelbar ist[2], auch an den technischen Einrichtungen selbst tragen, die sich innerhalb der Mietsache befinden, muss eine Abgrenzung zu gleichen technischen Anlagen (z.B. Klimaanlage) erfolgen, die sich in Gemeinschaftsräumen befinden. Nur daran kann der Mieter beteiligt werden, wenn die Umlagevereinbarung diese Kosten einbezieht.

784 Es kommt auch vor, dass **außerhalb der eigentlichen Umlagevereinbarung** Regelungen über die **Kostentragung** des Mieters getroffen werden, die dann bei der Nebenkostenabrechnung relevant werden. Hat der Mieter z.B. die Reinigung bestimmter Flächen übernommen und ist ergänzend geregelt, dass die anderen Flächen der Vermieter auf Kosten des Mieters reinigt, ist damit eine Umlagevereinbarung für die Kosten der Gebäudereinigung getroffen. Regelt der Mietvertrag aber die Vornahme durch den Mieter, kann der Vermieter daraus keine Umlageberechtigung herleiten[3], weil er – in Verkennung des Vertrages – diese Leistungen von Anfang an erbracht hat. Dies ergibt sich für Formularverträge aus § 305c Abs. 2 BGB und ansonsten im Wege der Auslegung.

d) Stillschweigende Änderung der Umlagevereinbarung

785 Bei aller Akribie, die auf die Prüfung der Umlagevereinbarung verwendet werden sollte, darf nicht aus dem Auge verloren werden, dass die Parteien durch eine **jahrelange Übung** die ursprünglich nicht ausreichend bestimmte Regelung inhaltlich erweitert haben können (vgl. dazu Rz. 191 f.). Dies wird vom XII. – für die Gewerberaummiete zuständigen – Senat angenom-

---

1 LG Berlin v. 22.1.2002 – 29 O 351/01, n.v.
2 *Fritz*, Rz. 184.
3 Vgl. auch BGH v. 29.9.2008 – VIII ZR 124/08, NZM 2009, 27 = GE 2009, 115 = ZMR 2009, 188.

men, wenn der Vermieter über eine gewisse Zeit mehr Positionen abgerechnet hat, als im Vertrag vorgesehen sind, und der Mieter die Nachforderung jeweils ohne Vorbehalt ausgeglichen hat[1]. Der VIII. Senat hat, nachdem er die Rechtsprechung zunächst übernommen hatte[2], mittlerweile wieder Zweifel, ob es in den beschriebenen Situationen insbesondere dem Mieter am Erklärungsbewusstsein fehlt[3].

Gerade wenn auf Mieterseite **Vollkaufleute** handeln, können in der Praxis aber geringere Maßstäbe angesetzt werden. Immerhin kann von einem Kaufmann erwartet werden, dass er Rechnungen prüft, die er bezahlt, so dass unterstellt werden kann, dass er erkannt hat, dass die Abrechnung in der Umlagevereinbarung keine Stütze findet. Damit könnte aber seiner Zahlung durchaus eine andere Bedeutung beigemessen werden als der eines Wohnungsmieters. Hat der Mieter also drei (immer wieder gleich) abweichende Abrechnungen ausgeglichen, kann eine stillschweigende Änderung angenommen werden. 786

e) **Kann Umsatzsteuer verlangt werden?**

Um vom Mieter zusätzlich die Umsatzsteuer verlangen zu können, muss der **Mietvertrag vorsehen**, dass neben der Miete diese Steuer zu zahlen ist. Ist der Vermieter nicht umsatzsteuerpflichtig, ergibt die Auslegung, dass der Mieter trotz der Regelung im Mietvertrag „zuzüglich Mehrwertsteuer" keine Umsatzsteuer neben der Miete schuldet[4]. Sieht der Mietvertrag eine Klausel vor, wonach die „**gültige Umsatzsteuer**" zu zahlen ist, oder ist bei der Darstellung der Miete gesondert aufgeführt „zzgl. der jeweils gültigen Umsatzsteuer", kommt es darauf an, ob der Vermieter die Umsatzsteuer schuldet[5]. 787

Das ist der Fall, wenn der Vermieter gemäß § 9 Abs. 1 UStG zur Umsatzsteuer **optiert hat. Denn Einkünfte aus Vermietung und Verpachtung** sind nach § 4 Ziff. 12 UStG grundsätzlich von der Umsatzsteuer befreit. Diese Option kommt auch bei **älteren Objekten** in Betracht, wobei insbesondere auch die Zahlung von Umsatzsteuer vereinbart werden kann, obwohl der Mieter keine umsatzsteuerpflichtigen Leistungen in der Mietsache erbringt (z.B. Ärzte), § 27 Abs. 2 UStG. 788

Eine wirksame Vereinbarung über die Erhebung von Umsatzsteuer auf die Nebenkosten und die dafür geleisteten Vorauszahlungen besteht auch, wenn im Mietvertrag die **Umsatzsteuer nur auf die (Grund-) Miete** berechnet wurde. Nebenkosten sind auch Miete, so dass sich im Wege der ergän- 789

---

1 BGH v. 29.5.2000 – XII ZR 35/00, NJW-RR 2000, 1463.
2 BGH v. 7.4.2004 – VIII ZR 146/03, NJW-RR 2004, 877.
3 BGH v. 10.10.2007 – VIII ZR 279/06, WuM 2007, 694 = GE 2008, 46.
4 BGH v. 19.6.1990 – XI ZR 280/89, ZIP 1990, 1048.
5 BGH v. 21.1.2009 – XII ZR 79/07, NZM 2009, 337 = MDR 2009, 440 = GuT 2009, 22; vgl. BGH v. 28.7.2004 – XII ZR 292/02, NJW-RR 2004, 1452, 1453.

zende **Vertragsauslegung** ergibt, dass die Umsatzsteuer vom Mieter auch auf diesen Teil der Miete zu entrichten ist[1].

790 Die Umsatzsteuer muss sowohl für die Miete (ggf. im Vertrag) als auch bei der Abrechnung der Betriebskosten **besonders ausgewiesen** sein, um eine Rechnung i.S.d. § 14 UStG herzustellen. Ohne diese Rechnung, die insbesondere den Anforderungen des § 14 Abs. 4 UStG entsprechen muss[2], also insbesondere die **Umsatzsteuer-Identifikations-Nummer** des Vermieters ausweisen muss, kann der Mieter die von ihm auf den Abrechnungssaldo entrichtete Umsatzsteuer nicht als Vorsteuer geltend machen. Erfüllt die (Betriebs-) Abrechnung also diese Anforderungen nicht, sollte der Rechtsanwalt sie schon aus diesem Grunde zurückweisen, um dem Mandanten Schwierigkeiten bei der Umsatzsteueranmeldung bzw. -prüfung zu ersparen.

791 Wird die Umsatzsteuer auch auf die Nebenkosten geschuldet, ist der Vermieter berechtigt, auch auf Positionen, die vom **Leistungsträger ohne Umsatzsteuer berechnet** werden (z.B. Gebühren und Steuern), die Umsatzsteuer anzusetzen[3]. Bei der Belegprüfung muss darauf geachtet werden, dass der Vermieter bei den Gesamtkosten für Positionen, in denen Umsatzsteuer enthalten ist (z.B. Hausmeisterdienst, Gartenpflege, gewerbliche Müllentsorgung), nur den **Nettobetrag** aus der Rechnung berücksichtigt. Denn den ordentlichen Umsatzsteuerausweis kann der Vermieter nur schaffen, indem er am Ende der Abrechnung die Umsatzsteuer auf den Anteil des Mieters berechnet. Dies kann richtigerweise nur derart erfolgen, dass der Vermieter den gesamten Anteil des Mieters berechnet, davon die Netto-Vorauszahlungen (also ohne Umsatzsteuer) abzieht und auf den Differenzbetrag die Umsatzsteuer berechnet.

3. Besonderheiten bei der Belegprüfung

a) Kostenerfassung und Vorermittlung

792 Die **Kostenabgrenzung** (vgl. dazu: *Rz. 350 f.*) vollzieht sich nach den gleichen Grundsätzen wie bei der Wohnraummiete, solange die Parteien nichts anderes vereinbart haben. Auch das **Gebot der Wirtschaftlichkeit** (vgl. dazu *Rz. 380 f.*) ist bei der Betriebskostenabrechnung zu beachten[4].

793 Es sollte auch ermittelt werden, ob eine andere Nutzung im Hause stattfindet. Die Untersuchung kann sich zunächst auf eine **gemischte Nutzung** konzentrieren (vgl. dazu *Rz. 498 f.*). Das Recht auf Kostentrennung kann nämlich auch von dem Gewerberaummieter geltend gemacht werden,

---

[1] OLG Schleswig, ZMR 2001, 618; OLG Düsseldorf, WuM 1996, 211; LG Hamburg, ZMR 1998, 294; **a.A.** OLG Düsseldorf, WuM 1993, 411.
[2] Vgl. dazu insbesondere § 31 UStDV.
[3] OFD Köln, DB 1985, 2227; hier ist aber eine örtlich unterschiedliche Praxis feststellbar: in Augsburg verlangt die Finanzverwaltung z.B. den Ansatz von Bruttokosten, auf deren Summe die Umsatzsteuer aufgeschlagen werden soll.
[4] KG v. 3.12.2007 – 8 U 19/07, GE 2008, 122; *Fritz*, Rz. 137d; *Langenberg*, Betriebskosten, G Rz. 7.

denn bei vielen Positionen (z.B. Grundsteuer, Wasserverbrauch, Entwässerung) ist es nicht von vornherein klar, dass der Gewerberaummieter durch eine Gesamtabrechnung ohne Kostentrennung einen Vorteil erhält. Allerdings kann auch der Mieter von Gewerberaum vom Vermieter eine Vorerfassung nur verlangen, wenn sich erhebliche Nachteile aus der bisherigen einheitlichen Abrechnung ergeben, was der Mieter dazulegen und zu beweisen hat (vgl. *Rz. 500*).

Bei der **Grundsteuer** (vgl. dazu *Rz. 569*) hängt dies z.B. im Wesentlichen davon ab, mit welchem Ansatz der Gewerbeteil bei der Ermittlung der Jahresrohmiete angesetzt wurde. Insbesondere wenn die Ermittlung viele Jahre zurückliegt, ist es nicht unwahrscheinlich, dass der Anteil der Gewerberaummiete nicht seinem Anteil an der Gesamtfläche entspricht. Abgesehen davon argumentieren viele Vermieter gegenüber dem Wohnraummieter, eine Vorerfassung sei für sie ungünstig, weil der Gewerberaumanteil an den tatsächlichen Kosten (z.B. Müllentsorgung) geringer sei. Umso mehr besteht Anlass für den Gewerberaummieter, gerade in diesen Fällen die Kostenaufteilung zu prüfen. 794

So sollte der Rechtsanwalt seinen Mandanten z.B. fragen, ob er die **Müllentsorgung** selbst betreibt. Ist dies nämlich der Fall, kann er an den allgemeinen Kosten grundsätzlich nicht beteiligt werden oder sollte bei nur teilweiser Entsorgung die Angemessenheit des Anteils überprüft werden. Dazu kann bei den Entsorgungsunternehmen nach Erfahrungswerten ermittelt werden. 795

Besteht ein **produzierendes Gewerbe** und werden die Kosten der **Entwässerung** nach dem Verbrauch von (Kalt-)Wasser abgerechnet, sollte die Billigkeit dieses Abrechnungsschlüssels geprüft werden. Denn in vielen Betrieben (z.B. Bäckereien) wird das entnommene Wasser nicht der Kanalisation zugeführt, sondern bei der Produktion verbraucht. Soll der Umlageschlüssel nicht geändert werden (z.B. auf Nutzfläche), sollte der Gewerberaummieter nach Erfahrungswerten für den Verbrauch von Wasser gefragt werden. Über entsprechende Informationen verfügen insbesondere die Innungen und Kammern. Anhand dieser Erfahrungswerte kann der Verbrauch im Rahmen der Produktion geschätzt werden, wenn der Gewerberaummieter bereit ist, die notwendigen Orientierungsdaten (z.B. verarbeitete Menge Mehl) mitzuteilen. Aus den so ermittelten Werten kann der Vorwegabzug berechnet werden. Hat der Versorgungsträger die Entwässerungskosten am (Kalt-)Wasserverbrauch orientiert, muss der Vermieter u.U. schon in diesem Verhältnis eine Änderung der Abrechnungspreise herbeiführen, weil u.U. die Kosten zu hoch angesetzt wurden. 796

Verfügt die Gewerbeeinheit über einen **separaten Eingang** und ist es weder dem Mieter noch seinen Kunden möglich, von der Mietsache in das Treppenhaus zu gelangen, kann der Mieter selbst dann nicht mit den **Kosten des Treppenhauses** (Beleuchtung, Reinigung) belastet werden, wenn der Mietvertrag die Umlage entsprechender Positionen vorsieht[1]. 797

---

1 AG Bergisch Gladbach, MietRB 2003, 34.

798 Schließlich sollte ermittelt werden, ob im Objekt ein anderes Gewerbe ansässig ist, dass z.B. wegen eines größeren Brandrisikos Zuschläge bei der **Gebäudeversicherung** verursacht (z.B. Gaststätte, Imbiss). Mit diesen Zuschlägen kann nur der betreffende Mieter belastet werden.

799 Teilweise ist auch die Nutzung **einzelner Einrichtungen** (z.B. Kundentoilette, Klimaanlage) nur bestimmten Mietern vorbehalten oder dienen Gemeinschaftsräume mehreren anderen Mietern als Sozialräume. Hier kann eine Belastung nur der nutzungsberechtigten Mieter gerechtfertigt sein.

800 Eine Vorerfassung ist auch geboten, wenn der Gewerbeimmobilie ein **Parkhaus** oder eine **Tiefgarage** zugeordnet ist[1]. Dies gilt erst recht, wenn derartige Flächen auch von externen Nutzern belegt werden, die dafür ein Entgelt entrichten. Die Anteile der externen Nutzer trägt abrechnungstechnisch der Vermieter, der sie dann möglicherweise auf jene Nutzer umlegt bzw. sie in das Parkentgelt eingerechnet hat.

b) Besondere Probleme von Umlageschlüsseln

801 Auch im Gewerberaummietrecht findet der **Flächenschlüssel** (vgl. dazu Rz. 444) überwiegend Anwendung. Insoweit enthalten viele Verträge ausdrückliche Regelungen, wie die Mietfläche zu ermitteln ist (z.B. DIN 277, gif[2]). Insbesondere wenn **Bruttogeschossflächen** (BGF) zugrunde gelegt oder sogar Anteile an den Verkehrsflächen einbezogen werden, sollte die Einheitlichkeit des Flächenmaßstabes überprüft werden. Denn diese Berechnungsweise ist bei den Vertragsverhandlungen immer Anlass zu Widerstand des Mieters, so dass insbesondere bei wirtschaftlich starken Mietern, die ebenfalls im Objekt vertreten sind, nicht ausgeschlossen werden kann, dass sie andere Bezugsgrößen (z.B. **Nettogeschossfläche**) vereinbart haben. Der Vermieter muss bei der Abrechnung aber einen einheitlich berechneten Flächenschlüssel ansetzen.

802 Fehlt eine Flächenangabe im Vertrag, kann einer **Grundrisszeichnung** eine den Flächeninhalt beschreibende Bedeutung zukommen. Das ist nicht der Fall, wenn die textliche Beschreibung eine tatsächliche Nutzung bei Abschluss des Vertrages vollständig (z.B. durch Ausgrenzung nicht vermieteter Bereiche) erfasst, so dass den Zeichnungen nur noch visualisierende Wirkung zukommt[3].

803 Der Flächenschlüssel muss alle vermietbaren Flächen berücksichtigen. Wird also für **Keller- oder Lagerräume** eine besondere Miete gezahlt, sind diese Flächen in den Umlageschlüssel einzubeziehen. Diesen Einwand sollte der Rechtsanwalt natürlich nur für den Mieter erheben, der die geringste Keller- oder Lagerfläche angemietet hat, so dass auch insoweit Ermittlungen bei dem Mandanten anzustellen sind.

---

1 KG, MietRB 2004, 101.
2 Richtlinie zur Berechnung der Mietfläche für Büroraum von der Gesellschaft für immobilienwirtschaftliche Forschung e.V.
3 BGH v. 17.12.2008 – VIII ZR 57/07, NZM 2009, 198.

Aber auch Teile von **Gemeinschaftsflächen** können zu berücksichtigen sein. Werden z.B. in einem **Einkaufszentrum** oder einer **Ladenpassage** Teile der Laufflächen (Mall) für Werbeaktionen, Sonderverkäufe oder Ähnliches (z.B. Weinfest, Weihnachtsmarkt) immer wieder kurzfristig vermietet, liegt auch insoweit eine vermietete Fläche vor. Die (Kurzzeit-)Mieter nutzen ebenfalls die Einrichtungen des Gebäudes und ihnen kommen die Nebenleistungen zugute. Deshalb müssen auch diese Flächen einbezogen werden und sind in der Zwischenzeit wie Leerstand zu berücksichtigen. Dies gilt erst recht bei den Heizkosten, wenn die Gemeinschaftsflächen beheizt werden[1], soweit nicht § 4 Abs. 3 HeizkV eingreift.

804

c) Belegeinsicht

Ebenso wie für den preisfreien Wohnraum ist für die Gewerberaummiete von dem Grundsatz auszugehen, dass der Mieter die Belege beim Vermieter einzusehen hat[2] (vgl. *Rz. 579 f.*). Auch bei **Filialisten** können zunächst keine anderen Grundsätze gelten. Hier kann allein der vom Ort der Filiale abweichende Hauptsitz des Mieters keine Ausnahme begründen, solange der Vermieter die Möglichkeit schafft, **vor Ort** die Belege einzusehen. Auch der **Umfang und Aufwand der Prüfungen** rechtfertigen keine andere Beurteilung, insbesondere also z.B. nicht der Umstand, in wie vielen Ordnern die Belege zusammengefasst sind. Denn auch hier greift das zunächst vorrangige Argument, dass der Vermieter bei einer persönlichen Einsichtnahme eher die Möglichkeit hat, ohne einen besonderen Aufwand Unklarheiten sofort zu erläutern. Wenn der Mieter unbedingt jeden Beleg sehen will, muss er den dafür notwendigen Aufwand bestreiten. Eine Ausnahme könnte allenfalls gelten, wenn es um die Prüfung einiger weniger Belege geht und ein kompetenter Mitarbeiter des Vermieters tatsächlich einen ganzen Arbeitstag aufwenden müsste, um die Belegeinsicht durchzuführen.

805

Allerdings sollte der Rechtsanwalt prüfen, ob nicht besondere Regelungen zum Einsichtsrecht vorliegen. Sieht der **Vertrag** die Übersendung von Kopien vor, geht diese Regelung selbst dann vor, wenn der Mieter Verwender i.S.v. § 305 BGB ist. Denn eine unangemessene Benachteiligung des Vermieters ist nicht zu erkennen.

806

4. Checkliste: Prüfung der Abrechnungsvoraussetzungen

– Wie hoch sind die Nebenkosten in absoluter Höhe pro qm?
– Gibt es Vergleichsdaten und weichen diese nach unten ab?
– Worin begründet sich die Abweichung?
  – Sind atypische Kostenarten enthalten?

807

---

1 OLG Düsseldorf, ZMR 2005, 42.
2 OLG Köln in *Lützenkirchen*, KM 2 Nr. 115.

- Ist ein abweichender Kostenrahmen vorgesehen?
- Wurde die Abweichung ausreichend spezifiziert geregelt?
- Wird auf die BetrKV oder § 27 II. BV Bezug genommen?
- Wird klar hervorgehoben, welche Positionen als sonstige Betriebskosten umlegbar sind?
- Ist ausreichend geregelt, dass die Kosten auch Verwaltungs-, Instandhaltungs- und Instandsetzungsanteile enthalten sollen?
- Bezieht die Umlagevereinbarung auch einmalig entstehende Kosten ein?

VI. Einzelne Probleme zu Heiz- und Warmwasserkosten

808 In der Praxis bedient sich der Vermieter zur Abrechnung der Heiz- und Warmwasserkosten fast überwiegend einer Abrechnungsfirma. Diese Unternehmer installieren Verbrauchserfassungsgeräte in unterschiedlicher Form und erstellen nach der Ablesung für den Vermieter die Abrechnung, die den gleichen Anforderungen entsprechen muss wie eine Betriebskostenabrechnung[1].

1. Anspruch auf verbrauchsabhängige Abrechnung

809 Gemäß § 2 HeizkV sind die Bestimmungen der HeizkV zwingend und haben **Vorrang vor den rechtsgeschäftlichen Regelungen** der Parteien, sofern in dem Gebäude mehr als zwei Wohnungen (oder Gewerbeeinheiten[2]), von denen eine der Vermieter nutzt, vorhanden sind.

810 Ob in einem Gebäude **mehr als zwei Wohnungen** zur Verfügung stehen, ist **funktional** zu beurteilen wie bei § 573a BGB[3]. Bestanden bei Abschluss des Vertrages drei Wohnungen, von denen der Vermieter zwei als eine Einheit nutzte, greift die HeizkV nicht ein. Nach Überlassung der Mietsache eingetretene Veränderungen lassen den Anwendungsbereich des § 2 HeizkV allerdings unberührt.

811 § 2 HeizkV führt zur **Unwirksamkeit widersprechender vertraglicher Regelungen**[4]. Der Vorrang der verbrauchsabhängigen Heiz- und Warmwasserkostenabrechnung gilt selbst dann, wenn die Parteien vor In-Kraft-Treten der HeizkV eine Heizkostenpauschale[5] oder eine Pauschalmiete vereinbart hatten[6].

---

1 BGH v. 20.7.2005 – VIII ZR 371/04, WuM 2005, 579 = ZMR 2005, 937 = NZM 2005, 737.
2 *Lammel*, HeizkV, § 2 HeizkV Rz. 43.
3 BGH v. 25.6.2008 – VIII ZR 307/07, WuM 2008, 564 = GE 2008, 1118 = ZMR 2008, 877.
4 BGH, GE 2006, 1094 = WuM 2006, 518.
5 OLG Hamm, WuM 1986, 267; OLG Schleswig, WuM 1986, 330.
6 BayObLG, WuM 1988, 257.

Haben die Parteien entgegen § 2 HeizkV vereinbart, dass die Heizkosten z.B. nach der Nutzfläche abgerechnet werden sollen, ist die **Klausel unwirksam**. Beide Parteien können nicht nur für die Zukunft, also mit Beginn der nächsten Abrechnungsperiode, eine Abrechnung nach der HeizkV verlangen[1]. Vielmehr muss die Abrechnung ggf. unter Anwendung des § 9a HeizkV verbrauchsabhängig erfolgen. 812

Dazu ist bei einer **Warmmiete** der Heizkostenanteil **herauszurechnen**, und zwar in Höhe des kalkulatorischen Ansatzes der Heiz- und Warmwasserkosten aus der ursprünglich vereinbarten oder der auf Grund der letzten Mietanpassung geschuldeten **Pauschalmiete**[2]. Ebenso ist bei einer **Nebenkostenpauschale** zu verfahren, wobei mangels anderer Anhaltspunkte der „kalkulatorische Ansatz" auf der Grundlage der vorhandenen Flächen realisiert werden kann[3]. Der so ermittelte Anteil der Heizkosten (und ggf. Warmwasserkosten) kann als Vorauszahlungen in der (zukünftigen verbrauchsabhängigen) Abrechnung berücksichtigt werden. Für die Vergangenheit, für die der Mieter den Anspruch auf Abrechnung ebenfalls geltend machen kann, soweit § 556 Abs. 3 S. 5 BGB nicht entgegensteht, muss dann im Zweifel nach Fläche abgerechnet werden, soweit keine Schätzung nach § 9a HeizkV möglich ist, also entsprechende Verbrauchswerte vorliegen. 813

Wurde in der **Vergangenheit** nicht über die Heizkosten verbrauchsabhängig abgerechnet, sollte mit dem Mandanten erörtert werden, ob ein Tatbestand des § 11 HeizkV vorliegt, wonach ausnahmsweise eine verbrauchsabhängige Abrechnung nicht notwendig ist. Letzteres ist nicht deshalb der Fall, weil die Mietsache noch nicht mit Thermostatventilen ausgestattet ist[4]. Auch evtl. Erschwernisse, Heizkostenverteiler zu installieren, weil die Heizkörper verkleidet sind, bleiben bei der Subsumtion unter § 11 Abs. 1 HeizkV unberücksichtigt[5]. Allerdings lässt eine über mehrere Einheiten verlaufende **Ringheizung** eine verbrauchsabhängige Erfassung regelmäßig nicht zu, weil der einzelne Nutzer seinen Wärmeverbrauch nicht beeinflussen kann (vgl. § 11 Abs. 1 Ziff. 1 lit. b HeizkV). Diese technischen Gegebenheiten treffen jedoch nicht auf eine Ringleitung zu, die sich nur auf den Bereich einer Nutzungseinheit beschränkt[6]. Insoweit sollte untersucht werden, ob der Mandant (Mieter) die Möglichkeit hat, seinen Wärmeverbrauch zu beeinflussen, was bereits durch Drehventile an den Heizkörpern der Fall ist[7]. Sind die Räume allerdings nicht mit regulierbaren Heizkörpern ausgestattet, besteht keine Pflicht zum Einbau von Thermostatventilen oder Vorrichtungen zur Verbrauchserfassung[8]. 814

---

1 BGH, GE 2006, 1094 = WuM 2006, 518.
2 BayObLG, WuM 1988, 257.
3 OLG Düsseldorf v. 11.3.2008 – I-24 U 152/07, OLGR 2008, 622 = NZM 2008, 524 = ZMR 2008, 710.
4 LG Hamburg, WuM 1986, 119; LG Berlin, WuM 1985, 170.
5 LG Hamburg, WuM 1992, 259.
6 BayObLG, NJW-RR 1993, 663.
7 LG Berlin, ZMR 1989, 305.
8 BGH, WuM 2003, 699 = ZMR 2004, 99.

815 In **Einkaufs-Centern** können sich besondere Verhältnisse dadurch ergeben, dass der Mieter wegen der offenen Bauweise der Ladeneinheit zur sog. Mall hin seinen Wärmeverbauch nicht beeinflussen kann. Denn die von ihm abgeforderte Wärme wird auch an die Gemeinschaftsflächen abgegeben, so dass sich ein eigentlicher Verbrauchsanteil nicht ermitteln lässt.

816 Der häufigste Einwand der Vermieter bezieht sich auf **§ 11 Abs. 1 Ziff. 1 lit. a HeizkV**, wonach eine verbrauchsabhängige Abrechnung nicht notwendig ist, wenn die Installation der Ausstattung zur Verbrauchserfassung unverhältnismäßig hohe Kosten verursacht. Um dies beurteilen zu können, muss ein **Vergleich der Kosten** für die Installation der Messgeräte sowie des Mess- und Abrechnungsaufwandes mit der möglichen Einsparung an Heizenergie durchgeführt werden[1]. Dieser Vergleich ist auf einen 10-Jahres-Zeitraum zu projizieren und zu prüfen, ob sich die Kosten für Installation, Wartung, Nacheichung und Abrechnung durch die eingesparten Energiekosten innerhalb dieses Zeitraumes amortisiert haben[2]. Insoweit obliegt dem Vermieter die Darlegungs- und Beweislast, wenn er sich auf den Ausnahmetatbestand berufen will.

817 Solange eine verbrauchsabhängige Abrechnung nicht erfolgt, obwohl sie technisch möglich wäre, steht dem Mieter das **Kürzungsrecht nach § 12 HeizkV** zu (vgl. dazu Rz. 894 f.).

2. Umlegbare Kosten

818 Der Umfang der umlegbaren Kosten richtet sich zunächst nach der betriebenen Anlage. Dazu unterscheidet § 1 Abs. 1 Nr. 1 oder Nr. 2 HeizkV zwischen der zentral betriebenen Anlage und der **eigenständig gewerblichen Lieferung** von Wärme, für die § 7 Abs. 4 HeizkV zusätzlich die Kosten der Wärmelieferung als umlegbar bestimmt. Eine eigenständige Lieferung von Wärme ist bei Wärmecontracting (vgl. Rz. 825) und **Fernwärme** gegeben. Sie liegt noch nicht vor, wenn die Heizungsanlage durch eine Fremdfirma, die auch den Verbrauch erfasst und abrechnet, gewartet wird, der Vermieter den Brennstoff aber in eigener Regie und auf eigene Kosten bezieht[3]. Dies gilt selbst dann, wenn zusätzlich neben einem Entgelt für die Lieferung einer bestimmten Wärmemenge ein Entgelt für die „Wartung der Heizungsanlage" und den „Brennerservice" sowie „Leasingkosten für automatische Feuerungs- und Tankanlagen" bezahlt werden.

819 Die bei der Heiz- und Warmwasserkostenabrechnung regelmäßig ansatzfähigen Kosten sind in § 7 Abs. 2 HeizkV und § 8 Abs. 2 HeizkV **festgelegt**. § 7 Abs. 2 HeizkV regelt abschließend, welche Kosten des Betriebs der **zentralen Heizungsanlage** nach Maßgabe von § 7 Abs. 1 HeizkV umlagefähig sind[4]. Dazu gehören die Leasingkosten für Brenner, Öltank und Verbin-

---

1 BGH, WuM 1991, 282.
2 KG, WuM 1993, 300; BayObLG, WuM 1993, 753; LG Berlin, ZMR 2003, 679.
3 BGH v. 17.12.2008 – VIII ZR 92/08, WuM 2009, 115.
4 Amtl. Begr. BR-Drs. 632/80, S. 29; ferner v.Brunn in Bub/Treier, III. Rz. 83; *Lammel*, HeizkV, § 7 Rz. 31; Schmidt-Futterer/*Lammel*, § 7 Abs. 2 HeizkV Rz. 18; Lan-

dungsleitungen nicht[1]. Der Vermieter ist jedoch nicht gehindert, z.B. auch die Kosten des (erwärmten) Wassers und der darauf entfallenden Entwässerungskosten in der Heiz- und Warmwasserkostenabrechnung zu berücksichtigen und nach dem dort angesetzten Schlüssel umzulegen[2], solange dies nicht den vertraglichen Regelungen widerspricht.

Gerade wenn die Wohnung des Mieters in einer größeren Wohnanlage liegt, sollte bei der Einsichtnahme in die Abrechnungsunterlagen ermittelt werden, ob tatsächlich nur die **Kosten einer Heizanlage** in der Abrechnung berücksichtigt wurden. Oftmals bestehen nämlich mehrere Heizanlagen, die jedoch zur Durchsetzung des mit der HeizkV beabsichtigten Zwecks (verbrauchsabhängige Abrechnung) getrennt werden müssen[3]. 820

Davon zu unterscheiden ist der Fall, dass mehrere Gebäude eine **Wirtschaftseinheit** bilden und die Wärme aus einem Heizwerk durch mehrere Übergabestationen läuft[4]. Dieser Fall kann insbesondere bei der Versorgung mit Fernwärme auftreten oder wenn die Wirtschaftseinheit von einem Heizkraftwerk versorgt wird. Sofern der Vermieter gleichwohl eine hausweise Abrechnung durchführen will, ist der konkret auf die einzelnen Häuser entfallende Verbrauch zu ermitteln[5]. Dazu sind ggf. Zwischenzähler zu installieren und ist § 5 Abs. 2 HeizkV zu beachten[6]. 821

a) **Brennstoffkosten**

aa) **Ölheizung**

Bei einer **Ölheizung** sollte zunächst die Abrechnung dahin überprüft werden, ob **Anfangs- und Endbestand** ausgewiesen sind. Dies ist Voraussetzung für eine schlüssige Abrechnung[7]. Um den Anfangs- und Endbestand überprüfen zu können, werden die Ablesequittungen benötigt, deren Vorlage der Vermieter im Rahmen der Kontrollrechte schuldet (vgl. dazu Rz. 604). Dabei sollte auch der Endbestand der Vorjahresabrechnung mit dem Anfangsbestand der aktuellen Abrechnung verglichen werden. Diese müssen nämlich nicht nur in der Menge, sondern auch im Preis identisch sein. 822

---

genberg, Betriebskosten, Anhang I. Rz. 7; KK-MietR-*Schmid*, § 7 HeizkV Rz. 17; allg. M.
1 BGH v. 17.12.2008 – VIII ZR 92/08, WuM 2009, 115; vgl. auch LG Bonn, WuM 1989, 398; AG Bad Kreuznach, WuM 1989, 310; *v.Brunn* in Bub/Treier, III Rz. 84–92 „Leasingkosten".
2 AG Köln in *Lützenkirchen*, KM 1 Nr. 35; AG Köln in *Lützenkirchen*, KM 1 Nr. 36.
3 AG Cham, NJW-RR 1988, 1486; AG Hamburg, WuM 1987, 89.
4 BGH v. 20.7.2005 – VIII ZR 371/04, WuM 2005, 579 = ZMR 2005, 937 = NZM 2005, 737.
5 AG Gelsenkirchen v. 15.7.2008 – 3b C 84/08, WuM 2008, 726 = ZMR 2009, 46.
6 BGH v. 16.7.2008 – VIII ZR 57/07, WuM 2008, 556 = GE 2008, 1120 = ZMR 2008, 885.
7 LG Hamburg, ZMR 1986, 15; LG Köln, WuM 1985, 303; LG Wuppertal, WuM 1979, 141; AG Bochum v. 28.5.2009 – 83 C 29/09, ZMR 2009, 926.

823 Der Vermieter schuldet auch den Nachweis dafür, wie er den Anfangs- und Endbestand **preislich kalkuliert** hat. Dabei ist es zulässig, den Endbestand mit dem Preis der **letzten Energielieferung** zu berechnen, sofern die Zwischenlieferungen nach den jeweils dafür gezahlten Preisen angesetzt werden. Damit wird dem Gebot, die älteren Lieferungen zu berücksichtigen, entsprochen[1]. Entsprechendes gilt für den Anfangsbestand. Insbesondere bei der ersten verbrauchsabhängigen Abrechnung ist der Anfangsbestand mit den Einkaufspreisen für die erste Energielieferung (Tankfüllung) zu berechnen[2].

bb) Fernwärme

824 Wird die Heizung mit **Fernwärme** betrieben, muss ermittelt werden, ob in dem Lieferpreis auch die Kosten einer von dem Versorgungsunternehmen gestellten Hausanschlussstation und/oder sonstiger Investitions- oder Instandsetzungskosten enthalten sind[3], sofern nicht die Voraussetzungen zur Umlage eigenständig gewerblicher Lieferung von Wärme vorliegen[4] (vgl. dazu Rz. 825). Ist dies nicht der Fall, entsteht auch ein zusätzlicher Erläuterungsbedarf, wenn Investitionskosten des Heizungsbetreibers in den Brennstoffkosten enthalten sind und in der Abrechnung allein „Brennstoffkosten" ausgewiesen sind[5].

cc) Wärmecontracting

825 Zunehmend gehen die Vermieter dazu über, die Heizanlage einem Versorgungsträger zu überlassen und mit ihm für eine feste Laufzeit (in der Regel 15–25 Jahre) einen Energieversorgungsvertrag zu schließen (sog. **Wärmecontracting**)[6]. Im Gegenzug verpflichtet sich der Versorgungsträger nicht nur zur Lieferung von Energie, sondern auch zur Wartung, Instandhaltung und ggf. Erneuerung der Anlage, wobei diese Kosten pauschal in den Energiepreis eingerechnet werden.

826 Bestand das Wärmecontracting bereits **bei Abschluss des Mietvertrages**, ergeben sich grundsätzlich keine Probleme bei der Umlage der Kosten der Energielieferung[7], solange eine Bezugnahmeregelung aus der Zeit nach dem 1.5.1989 im Mietvertrag vorhanden ist. Seinerzeit wurde nämlich die eigenständig gewerbliche Lieferung von Wärme in die Anlage 3 zu § 27 II. BV aufgenommen, die heute in § 2 Nr. 4c BetrKV (bzw. § 1 Abs. 1 Nr. 2 HeizkV) geregelt ist. Problematisch kann hier allenfalls sein, dass sich aus der Umlagevereinbarung ergibt, dass eine bestimmte (andere) Beheizungs-

---

1 Vgl. dazu: OLG Koblenz, WuM 1986, 282.
2 LG Hamburg, WuM 1989, 522.
3 LG Gera, WuM 2000, 681.
4 BGH v. 27.6.2007 – VIII ZR 202/06, WuM 2007, 571 = ZMR 2007, 851 =NZM 2007, 769.
5 LG Erfurt, WuM 2002, 317.
6 Vgl. dazu z.B. *Derleder*, WuM 2000, 3 ff.
7 *Börstinghaus*, MDR 2000, 1345, 1347.

art vorgegeben sein soll oder nur bestimmte Kosten (z.B. Öllieferung) umlegbar sein sollen. Dann muss der Vermieter aus den ansonsten umlegbaren Kosten der Lieferung von Energie darin enthaltene Instandhaltungs-, Kapitalkosten- oder Gewinnanteile herausrechnen.

Zulässig ist die Umlage ebenfalls, wenn der Vermieter **erstmals** eine Zentralheizung einbaut und diese im **Betreibermodell** unterhalten lässt[1]. Insoweit kann auch nicht aus dem Gebot der Wirtschaftlichkeit hergeleitet werden, dass ein Vergleich mit einer direkten Belieferung mit Wärme durch den Vermieter wegen der fremden Kostenanteile (Instandhaltung, Kapitaldienst etc) günstiger wäre, weil die indirekte Lieferung unter Umweltgesichtspunkten zu würdigen ist[2]. Der Preisvergleich muss aber dem Durchschnitt vergleichbarer Lieferungen (hier: Fernwärme) standhalten[3].

Im Rahmen bestehender Mietverträge führt die Einführung von Wärmecontracting zu einer **Änderung der Mietstruktur**, die nicht ohne Zustimmung des Mieters oder einen wirksamen Änderungsvorbehalt zulässig ist. Liegt diese nicht vor, muss der Vermieter eine Vorermittlung (vgl. dazu Rz. 319 f.) durchführen. Eine Umstellung ist zulässig, wenn in einem Mietvertrag nach dem 1.5.1989 auf die Anlage 3 zu § 27 II. BV[4] Bezug genommen wurde. Ausreichend ist aber auch eine Klausel, wonach der Vermieter berechtigt ist, „die Wärme- und Warmwasserversorgung einem geeigneten Versorgungsunternehmen zu übertragen, soweit dies nach billigem Ermessen unter Abwägung der Belange der Gesamtheit der Mieter zweckmäßig ist"[5].

Grundlage für das Zustimmungserfordernis bei der Umstellung auf Wärmecontracting ist die dadurch bewirkte Änderung der vereinbarten Mietstruktur: bei Beginn des Mietvertrages wurden die sog. **Vorhaltekosten** (Instandhaltung, Rücklage etc.) über die Grundmiete finanziert; durch die Auslagerung dieser Kosten auf den Wärmelieferanten wird die Grundlage der vereinbarten Miete verändert, ohne dass dafür eine gesetzliche Grundlage gegeben sei[6]. Deshalb soll es erforderlich sein, dass in der Abrechnung verdeutlicht wird, dass keine Kapital- oder Instandhaltungskosten in den Kostenpositionen enthalten sind[7]. Dies kann nur richtig sein, wenn diese Kosten nicht umlegbar sind, führt aber auch dann nicht zur Annahme eines formellen Mangels. Liegt **keine** (auch nur fiktive) **Zustimmung** vor,

---

1 BGH, WuM 2003, 501 = NZM 2003, 757; LG Chemnitz, NZM 2004, 138.
2 LG Bochum, WuM 2004, 477.
3 LG Potsdam, WuM 2004, 480.
4 Heute: § 2 BetrKV.
5 AG Düsseldorf, ZMR 2005, 959.
6 BGH, WuM 2006, 256; BGH, WuM 2005, 387 m. Anm. *Derleder*; LG Frankfurt/Main, WuM 2003, 217, 219 m.w.N.; LG Hamburg, WuM 1994, 195; **a.A.** LG Osnabrück, WuM 2003, 325; LG München II, WuM 2000, 81; GE 1999, 111, LG Frankfurt/Oder, NZM 2000, 1037; LG Chemnitz, NZM 2000, 63; AG Dortmund, NZM 2004, 26; vgl. auch *Derleder*, NZM 2003, 737; vermittelnd: LG Essen, NZM 2001, 90 = ZMR 2000, 845.
7 AG Waiblingen, WuM 2003, 216.

kann der Vermieter bei einer Umstellung gegen den Willen des Mieters nur die Heizungsbetriebskosten umlegen, wobei die Kosten der Wärmelieferung nach dem Wärmeverbrauch (z.B. Kilowattstunde) auf der Basis üblicher Wärmeversorgungstarife ermittelt werden[1].

830 Gerade bei dieser Position und vor allem bei Ölheizungen sollte das **Gebot der Wirtschaftlichkeit** (vgl. dazu *Rz. 380 f.*) beachtet werden. Dies zwingt den Vermieter aber nicht, bereits bei der Grundentscheidung zur Umstellung auf Wärmecontracting zu bewerten, welche Betriebsart für den Mieter preiswerter ist[2].

dd) Kombinierte Heiz- und Warmwasseranlage

831 Wie die Kosten bei einer kombinierten Heiz- und Warmwasseranlage aufzuteilen sind, schreibt § 9 Abs. 1 HeizkV vor. Danach ist seit 1.1.2009 zwischen Anlagen mit Heizkesseln und der eigenständigen gewerblichen Lieferung von Wärme zu unterscheiden. Bei **Heizkesseln** orientiert sich der Anteil für den Warmwasserverbrauch am Brennstoff- oder Energieverbrauch. Bei der eigenständigen gewerblichen **Wärmelieferung** ist der Anteil am Wärmeverbrauch maßgeblich. Ansonsten, also z.B. bei Solaranlagen, ist der Anteil nach den anerkannten Regeln der Technik zu ermitteln.

832 Die Aufteilung hat nach den **Formeln** des § 9 Abs. 3 HeizkV für Anlagen mit Heizkesseln oder § 9 Abs. 2 HeizkV für die eigenständige gewerbliche Lieferung von Wärme zu erfolgen. Die entsprechenden Werte liefert der Hersteller, soweit sie in der Vorschrift nicht definiert sind. Ab 1.1.2014 ist die Wärmemenge, die auf die Warmwasserversorgung entfällt, grundsätzlich durch Wärmezähler zu erfassen. Die Darstellung der Formeln in der Heiz- und Warmwasserkostenabrechnung ist grundsätzlich nicht erforderlich, um einen **formellen Mangel** der Abrechnung zu vermeiden. Vielmehr reichen weiterführende Angaben aus, die aufzeigen, dass der Vermieter der Aufteilung ein bestimmtes Schema zugrunde gelegt hat[3].

833 Für Abrechnungsperioden, die am **1.1.2009** noch laufen, ist ein pauschaler Ansatz von 18 % gerechtfertigt, wenn das Volumen des Warmwassers (§ 9 Abs. 2 Satz 4 HeizkV a.F.) oder die Wärmemenge (§ 9 Abs. 3 Satz 5 HeizkV a.F.) nicht gemessen werden können[4]. Für spätere Abrechnungsperioden ist in derartigen Fällen nach § 9 Abs. 2 Satz 3 HeizkV zu verfahren.

ee) Gebot der Wirtschaftlichkeit

834 Auch nach dem Gebot der Wirtschaftlichkeit kann vom Vermieter nicht verlangt werden, immer den **billigsten Anbieter** zu ermitteln. Wenn er stets den gleichen Lieferanten beauftragt, weil er sich davon eine Bevor-

---

1 LG Berlin, WuM 2004, 611.
2 LG Berlin v. 11.7.2008 – 65 S 261/07, GE 2008, 1561.
3 BGH v. 20.7.2005 – VIII ZR 371/04, WuM 2005, 579 = ZMR 2005, 937 = NZM 2005, 737.
4 Vgl. dazu AG Witten, ZMR 2005, 209.

Einzelne Probleme zu Heiz- und Warmwasserkosten Rz. 838 **L**

zugung in Zeiten knapper Vorräte verspricht, kann dies so lange nicht beanstandet werden[1], wie die ortsüblichen Kosten nicht um mehr als 20 % überschritten werden[2]. Es sollte aber bei der Prüfung darauf geachtet werden, wann die Lieferungen erfolgten. Naturgemäß liegen vor allem die Ölpreise im **Winter** deutlich höher, so dass der Vermieter jedenfalls im Sommer für die kalte Jahreszeit vordenken muss. Neben einer wirtschaftlichen Beschaffung der Energie muss der Vermieter auch darauf achten, dass die Heizung selbst wirtschaftlich betrieben wird, also insbesondere die Anschlusswerte auf den konkreten Bedarf eingestellt werden, die sich bei größerem Leerstand verändern können[3].

b) Betriebsstrom

Wird der Strom für die Heizung (Regelanlage, elektrische Umwälzpumpe, Ölpumpe etc.) und/oder die Beleuchtung des Heizungskellers an einem Zwischenzähler erfasst, muss auf der Basis der Abrechnung des Hauptzählers unter Berücksichtigung der Grund- und Verbrauchskosten eine nachvollziehbare Umrechnung erfolgen. Auf die Vorlage dieser Berechnung hat der Mieter einen Anspruch. 835

Sind **Zwischenzähler** nicht vorhanden, muss auf realistische **Schätzungen** zurückgegriffen werden, die im Zweifel zu erläutern sind, weil ein Anspruch des Mieters auf Offenlegung der Schätzungsgrundlagen[4] besteht. Dazu bietet sich an, den Stromverbrauchswert der angeschlossenen Gräte und eine realistische Laufzeit (bei der Heizung z.B. 24h für die Dauer der Heizperiode) mit dem Strompreis zu multiplizieren[5]. 836

Vor dem Hintergrund, dass der Vermieter für die Grundlagen seines Anspruchs darlegungs- und beweispflichtig ist[6], ist es zweifelhaft, für die Stromkosten ohne weiteres auf (angebliche) **Erfahrungswerte** zurückzugreifen, die zwischen 3 % und 6 % der Brennstoffkosten liegen sollen[7], wobei eine Obergrenze bei 5 % zu ziehen sein soll[8]. Denn zum schlüssigen Vortrag gehört jedenfalls nach (einfachem) Bestreiten des Mieters die Darlegung der Schätzgrundlagen, die es dem Gericht ermöglichen, den Kostenansatz gemäß § 287 ZPO nachzuvollziehen. Dazu muss aber mitgeteilt werden, welche Aggregate Strom in welchem (ungefähren) Umfang verbrauchen. 837

Besteht über die Lieferung von Heizungsstrom kein gesonderter Vertrag mit einem Versorger – was die Regel ist –, ergeben sich die Stromkosten für 838

---

1 *Börstinghaus*, MDR 2000, 1345.
2 AG Tempelhof, GE 1998, 1465.
3 AG Halle-Saalkreis, ZMR 2005, 201.
4 AG Hamburg, WuM 1991, 50.
5 *Lammel*, HeizkV, § 7 Rz. 53.
6 BGH v. 20.2.2008 – VIII ZR 27/07, WuM 2008, 285, 287 = GE 2008, 662.
7 LG Hannover, WuM 1991, 540.
8 *v. Brunn* in Bub/Treier, III Rz. 84.

die Heizung als Abzugsposten aus der Lieferung des Allgemeinstroms. Zur Vermeidung eines **formellen Mangels** (vgl. dazu Rz. 298 f.) muss bei dieser Position der Abzug in der Abrechnung erläutert werden, weil die Gesamtkosten, wie sie dem Vermieter berechnet wurden, nicht identisch sind mit den Kosten, die dem Mieter bei dieser Position berechnet werden[1]. Allerdings bedarf es keiner erneuten Darstellung dieses Rechenvorgangs bei der Position Heizungsstrom, sofern eine einheitliche Abrechnung der Betriebs- und Heizkosten erfolgt.

c) Bedienungskosten

839 Die Kosten der Bedienung und Überwachung der Anlage entstehen z.B. durch den Hausmeister, der zu Beginn der Heizperiode die Anlage anstellt und sie regelmäßig überprüft. Insoweit kann ein angemessener Teilbetrag der Hauswartkosten angesetzt werden[2], wenngleich wegen der Geringfügigkeit der Ansatz bei ansonsten **automatisch arbeitenden Anlagen** außer Acht gelassen werden kann[3]. Letzteres ist dem Vermieter zu empfehlen, da er sonst die Grundsätze zur Vermeidung **formeller Fehler** (vgl. dazu Rz. 298 ff.) zu beachten hat.

840 Höhere Kosten fallen allerdings bei **koks- oder kohlegefeuerten Zentralheizungen** an, bei denen der Brennofen befüllt werden muss. Insoweit sollten zur Ermittlung des angemessenen Anteils die zur Umlage der Hauswartkosten gesammelten Tätigkeitsberichte angefordert bzw. vorgelegt werden, wenn der Hausmeister diese Leistung erbringt. Übernimmt der Gebäudeeigentümer selbst oder einer seiner Familienangehörigen diese Aufgabe, muss nach den für Eigenleistungen (vgl. Rz. 372 f.) geltenden Grundsätzen verfahren werden.

841 Das Argument der **Ersparnis von Bedienungskosten** reicht nicht aus, die Umlage von Leasingkosten für Brenner, Öltank und Verbindungsleitungen zu begründen, auch wenn durch die Umstellung auf eine – automatische – Verbrennung von Öl Kosten der Bedienung einer (früheren) Koksheizung mit einem hohen Lohnanteil entfallen[4].

842 **Trinkgelder**, z.B. für den Tankwagenfahrer, sind jedoch nicht ansatzfähig[5].

d) Kosten der regelmäßigen Prüfung der Betriebsbereitschaft und der Betriebssicherheit einschl. der Einstellung durch einen Fachmann

843 Unter dieser Position werden regelmäßige **Wartungskosten** abgerechnet. Auch hier muss ggf. untersucht werden, ob ein Vollwartungsvertrag vor-

---

1 BGH v. 14.2.2007 – VIII ZR 1/06, WuM 2007, 196 = GE 2007, 438.
2 *Peruzzo*, S. 59.
3 KG, MDR 1976, 756; LG Kassel, WuM 1980, 267; AG Hamburg, WuM 1980, 244.
4 BGH v. 17.12.2008 – VIII ZR 92/08, WuM 2009, 115, 117 = GE 2009, 258.
5 LG Berlin, GE 1981, 235; LG Mannheim, MDR 1978, 317.

liegt. Insoweit können keine Anschaffungs- oder Reparaturkosten angesetzt werden[1]. Dazu zählen auch die **Tankreinigungskosten**, die zur Vorbereitung einer Neubeschichtung des Öltanks anfallen[2], sowie die Kosten des Austauschs von Wärmemessgeräten[3]. Allerdings dürfen die Kosten kleinerer Instandhaltungsarbeiten wie der Austausch von verschleißanfälligen Kleinteilen (z.B. Dichtungen, Filter, Düsen) berücksichtigt werden[4].

e) Kosten der Reinigung der Anlage

Bei dieser Position sind sowohl die Kosten der wiederkehrenden **Tankreinigung**[5], sofern sie nicht im Zuge von Instandsetzungsmaßnahmen an der Tankanlage erfolgt, als auch die Reinigungskosten hinsichtlich des Heizraumes ansetzbar. Für die Kosten der (schlichten) Tankreinigung ist insoweit maßgeblich, dass sie in einer gewissen Regelmäßigkeit anfallen, auch wenn – ähnlich wie bei Eichkosten – Zeiträume von mehr als 5 Jahren zwischen den einzelnen Einsätzen liegen[6]. Insoweit ergeben sich keine Besonderheiten zu den Kosten der Gebäudereinigung (vgl. dazu *Rz. 98 f.*). Die Kosten der Kesselreinigung sind als aperiodische Kosten umlegbar[7]. 844

f) Kosten der Anmietung oder anderen Art der Gebrauchsüberlassung einer Ausstattung zur Verbrauchserfassung

Der Vermieter kann die Ausstattung zur Verbrauchserfassung kaufen oder mieten/leasen. Im zuletzt genannten Fall enstehen **laufende Kosten** und sieht der Überlassungsvertrag regelmäßig vor, dass die Geräte nach Ablauf der Eichfrist ausgetauscht werden. Reparaturen gehen ebenfalls zulasten des Vertragspartners des Vermieters. 845

Will der Vermieter im laufenden Mietverhältnis erstmals die Ausstattung zur Verbrauchserfassung mieten/leasen, muss er die Mieter vor der Installation hierauf und auf die dadurch anfallenden Kosten hinweisen. Die **Umlage** der **Miet-/Leasingskosten** ist dann zulässig, wenn nicht die Mehrheit der Mieter dieser Ankündigung innerhalb von einem Monat nach Zugang widersprochen hat, § 4 Abs. 2 S. 2 HeizkV[8]. Für eine derartige **Mitteilung** reicht es nicht aus, im Treppenhaus einen Aushang zu machen[9]. Die Mitteilung muss keine Belehrung über das Widerspruchsrecht enthalten, wohl 846

---

1 BayObLG, ZMR 1997, 256; LG München I, WuM 1978, 184.
2 LG Hamburg, WuM 1989, 522.
3 AG Nürnberg, WuM 1990, 524.
4 OLG Düsseldorf, NZM 2000, 762.
5 BGH v. 11.11.2009 – VIII ZR 221/08, MietRB 2010, 33; **a.A.** LG Landau/Pfalz, WuM 2005, 720 = ZMR 2005, 871; AG Gießen, WuM 2003, 358.
6 A.A. AG Speyer v. 3.9.2007 – 33 C 126/07, WuM 2007, 575 = ZMR 2007, 871.
7 AG Köln in *Lützenkirchen*, KM 4 Nr. 3; **a.A.** AG Köln, WuM 1977, 38.
8 LG Köln, WuM 1990, 562; AG Tecklenburg, WuM 1999, 365.
9 AG Neuss, WuM 1995, 46.

aber erkennen lassen, dass der Vermieter beabsichtigt, die Verbrauchsgeräte zu leasen und welche Leasinggebühren entstehen[1].

847 Werden die **Miet-/Leasingkosten** von dem Unternehmen berechnet, das auch mit der Abrechnung beauftragt wurde, können die **Kosten für die Abrechnung** und die Gebrauchsüberlassung nicht in einem Betrag ausgewiesen werden. Vielmehr sind sie als **getrennte Positionen** auszuweisen.

848 Nach dem **Gebot der Wirtschaftlichkeit** (vgl. Rz. 380) sollen Mietkosten, die 25 % der Energiekosten ausmachen, unverhältnismäßig sein[2]. Dies ist zweifelhaft. Immerhin hängt das Verhältnis auch vom Verbrauch in der jeweiligen Abrechnungsperiode ab und zeigt die absolute Zahl der Mietkosten doch zunächst nur, wie teuer die vom Gesetzgeber geforderte Verbrauchserfassung ist[3]. § 4 Abs. 2 HeizkV stellt insoweit auch nur auf die Einwilligung der Mieter ab, so dass es allenfalls gerechtfertigt ist, das Gebot der Wirtschaftlichkeit auf die Mietkosten selbst anzuwenden, indem diese mit den Mietkosten anderer Anbieter verglichen werden. Diese Angaben muss der Mieter vortragen[4]. Sie sind unerheblich, wenn der Abschluss des teureren Vertrages über die Anmietung der Verbrauchserfassungsgeräte vor Abschluss des Mietvertrages erfolgte[5].

g) Kosten der Abrechnung

849 Die Kosten der Abrechnung, die nach § 7 Abs. 2 HeizkV umlegbar sind, müssen in der Abrechnung gesondert ausgewiesen sein. Bei der Belegprüfung sollte geprüft werden, inwieweit in dieser Position nicht umlegbare Kosten enthalten sind. Nicht selten werden die Kosten des Erwerbs der Ausstattung zur Verbrauchserfassung über die Kosten für die Abrechnung abgegolten. Bei der Prüfung des Vertrages mit dem Abrechnungsdienst sollte untersucht werden, ob und ggf. in welchem Umfang die **Kosten für Zwischenablesungen**[6] oder ähnliche nicht umlegbare Verwaltungskosten pauschal abgegolten werden. Diese Anteile sind herauszurechnen.

850 Unter dem Gesichtspunkt des **Gebotes der Wirtschaftlichkeit** (vgl. Rz. 380) spricht eine Vermutung für einen Verstoß, wenn die Kosten der Abrechnung z.B. knapp die Hälfte der eigentlichen Heizkosten der Zentralheizung betragen[7]. Jedenfalls muss der Vermieter nachweisen, dass keine weniger teure Wärmedienstleistung zu erlangen ist[8]. Ansonsten müssen die Kosten

---

1 AG Hamburg, WuM 1994, 695.
2 AG Hamburg, WuM 1994, 695.
3 AG Lüdinghausen, WuM 2001, 499.
4 BGH v. 13.6.2007 – VIII ZR 78/06, WuM 2007, 393 = ZMR 2007, 685 = NZM 2007, 563.
5 BGH v. 28.11.2007 – VIII ZR 243/06, WuM 2008, 29 = GE 2008, 116 = ZMR 2008, 195.
6 Vgl. dazu BGH v. 14.11.2007 – VIII ZR 19/07, WuM 2008, 85 = GE 2008, 193 = NZM 2008, 123.
7 AG Bersenbrück, WuM 1999, 467.
8 AG Münster, WuM 2001, 499.

herausgenommen und durch angemessene Kosten ersetzt werden[1]. Erfahrungswerte über die „üblichen Kosten" sind nicht ersichtlich. Deshalb kann nur ein Preisvergleich angestellt werden, den der Mieter zunächst vorzutragen hat[2]. Beruht der erhöhte Ansatz aber darauf, dass der Vermieter eine **Funkablesung** durchführen lässt, sollen diese Kosten nicht umlegbar sein, weil sie für den Mieter gegenüber der direkten Ablesung vor Ort ohne zusätzlichen Wert sei und allein dem Vermieter das Verfahren erleichtere[3]. Dies ist jedoch zweifelhaft, weil der Vermieter regelmäßig auf diese Ablesungsmethode wechselt, um die Schwierigkeiten mit abwesenden Mietern am Tag der Ablesung zu vermeiden und für den Mieter der Vorteil einer (für alle Mieter) taggenauen Verbrauchserfassung entsteht.

h) Sonstige Kosten

Im Übrigen kann der Vermieter in der Heizkostenabrechnung die Kosten einer **Abgasanlage** geltend machen, insbesondere die Kosten des **Schornsteinfegers** (vgl. *Rz. 128*), jedoch nicht die Kosten einer **Öltankversicherung**[4]. Nicht umlegbar sind die Kosten für die **Anmietung einer Tankanlage** (z.B. für Flüssiggas). Soweit in der Miete Kosten der Wartung enthalten sind, können diese umgelegt werden, wenn sie sich auf umlegbare Leistungen beziehen (z.B. Tankreinigung). 851

Bei Abrechnungszeiträumen, die nach dem 1.1.2009 begonnen haben, können die **Kosten einer Verbrauchsanalyse** angesetzt werden, und zwar wegen § 2 HeizkV nicht nur dann, wenn im Vertrag auf die HeizkV in ihrer jeweils gültigen Fassung abgehoben wird[5]. Die Verbrauchsanalyse (oder Energiemonitoring) soll das Kostenbewusstsein verbessern und baut nach § 7 Abs. 2 Satz 2 HeizkV insbesondere auf der Entwicklung der Kosten für die Heizwärme- und Warmwasserversorgung der vergangenen drei Jahre auf. 852

3. Umlagemaßstab

§ 7 Abs. 1 HeizkV gebietet, dass 50 % bis 70 % der Kosten verbrauchsabhängig errechnet werden. Die Parteien haben jedoch die Möglichkeit, nach § 10 Abs. 1 HeizkV einen höheren **Verbrauchskostenanteil** zu vereinbaren. Dies muss jedoch eindeutig erfolgen. Dazu reicht es nicht aus, auf die übliche Verfahrensweise der Abrechnungsfirma zu verweisen[6]. Eine Regelung, die die Abrechnung „nach Heizkostenverteilern" vorsieht, wird aber als ausreichend angesehen[7]. 853

---

1 LG Berlin, MM 2004, 43.
2 BGH v. 13.6.2007 – VIII ZR 78/06, WuM 2007, 393 = ZMR 2007, 685 = NZM 2007, 563.
3 LG Berlin, MM 2004, 43 = WuM 2004, 340.
4 AG Hamburg, WuM 1988, 38.
5 A.A. Schmid, GuT 2009, 163, 164.
6 LG Saarbrücken, WuM 1990, 85, 86.
7 OLG Düsseldorf, ZMR 2003, 569.

854 Ergibt sich aus dem Mietvertrag keine Regelung zum Verhältnis zwischen den Grund- und den Verbrauchskosten, steht dem Vermieter ein **Leistungsbestimmungsrecht** nach billigem Ermessen (§§ 315, 316 BGB) zu. Ein Ermessensfehlgebrauch liegt vor, wenn in einem **schlecht isolierten Altbau**, bei dem ein erhöhter Grundwärmebedarf besteht, die Heizkostenabrechnung überwiegend nach Verbrauchsanteilen erfolgt[1]. Dies kann im Zweifel nur durch einen Sachverständigen ermittelt werden. Die Einholung eines Gutachtens ist aber nicht erforderlich, wenn ein Objekt mit einer Wärmedämmung ausgestattet ist, die die Empfehlungen der EnergieeinsparungsVO weit übertrifft, auch wenn die Wärmeversorgung über eine veraltete Heizungsanlage und nicht isolierte Rohre erfolgt[2].

855 Bei erheblichen **Leerständen** im Mietobjekt soll der Vermieter verpflichtet sein, die verbrauchsunabhängigen Kosten (z.B. Abrechnungskosten) vorab herauszurechnen und nur nach Wohnfläche umzulegen[3]. Ist die Verteilung bisher nach dem Verhältnis 30 %: 70 % erfolgt, soll der Vermieter wegen des Leerstandes auf 50 %: 50 % umstellen müssen[4]. Jedenfalls besteht in diesem Fall kein Anspruch des Vermieters auf Zustimmung zur Änderung des Umlageschlüssels[5].

a) Grundkosten

856 Die Grundkosten können gemäß § 6 Abs. 2 Nr. 1 HeizkV nach der Wohn- oder Nutzfläche, dem umbauten Raum oder der beheizten Fläche verteilt werden. Im Hinblick auf § 2 HeizkV ist eine Verteilung nach **Miteigentumsanteilen** unzulässig[6]. Letzteres führt aber nicht zu einem formellen Mangel (vgl. dazu Rz. 298 f.).

857 Bei einer Umlage nach Wohn- oder Nutzfläche ist die **vereinbarte Fläche** anzusetzen[7]. Die tatsächliche Fläche kommt in diesem Fall erst zum Ansatz, wenn eine Flächenabweichung von mehr als 10 % besteht[8]. Geringere Abweichungen können nicht mit dem Argument, in der Vereinbarung einer von der tatsächlichen Fläche abweichenden Größe liege eine gegen § 2 HeizkV verstoßende Regelung, durchgesetzt werden. § 2 HeizkV bestimmt nur, dass von der HeizkV abweichende Regelungen unwirksam sind. § 6 Abs. 2 Nr. 1 HeizkV gibt aber bereits unterschiedliche Maßstäbe vor, bei deren Bewertung dem Vermieter ein gewisser Ermessensspielraum eingeräumt ist. Dies zeigt sich deutlich an § 44 Abs. 2 II. BV, der dem Vermieter die Möglichkeit gibt, einen Balkon mit bis zur Häfte seiner Fläche anzusetzen[9]. Werden bei der Ermittlung der Wohnfläche Terrassen und Balkone

---
1 AG Saarburg, WuM 2001, 85; AG Lübeck, WuM 1988, 64.
2 LG Berlin v. 19.4.2007 – 62 S 297/06, GE 2007, 915.
3 AG Rathenow, WuM 2004, 342.
4 AG Annaberg v. 20.7.2006 – 4 C 0604/04, WuM 2007, 131.
5 BGH, WuM 2006, 440.
6 AG Frankfurt/Main, WuM 1988, 38.
7 BGH v. 10.10.2007 – VIII ZR 279/06, WuM 2007, 694.
8 AG Spandau v. 24.4.2009 – 8 C 27/09, GE 2009, 723.
9 BGH v. 22.4.2009 – VIII ZR 86/08, WuM 2009, 344 = NZM 2009, 477.

berücksichtigt, müssen diese mit einem **einheitlichen Faktor** angesetzt werden[1], der je nach Berechnungsart (vgl. dazu F Rz. 55 f.) bis zu 0,5 betragen kann.

Das Gleiche gilt dann für die **beheizbare** Fläche, bei der z.B. eine Rundung auf volle Quadratmeter nicht zu beanstanden ist[2]. 858

Eine Änderung der Aufteilung zwischen Grund- und Verbrauchskosten ist gemäß § 6 Abs. 4 HeizkV in den dort genannten Fällen zulässig, sie wirkt aber nur für eine zukünftige Abrechnungsperiode[3]. Die Beschränkung dieser Änderungsbefugnis auf die ersten drei Abrechnungsperioden nach § 6 Abs. 4 Satz 2 Nr. 1 HeizkV a.F.[4] ist zum 1.1.2009 weggefallen. 859

Für **Gemeinschaftsräume** gilt § 6 Abs. 3 HeizkV. Dabei muss aber die Fläche eines Kellerraums, in dem sich ein nicht betriebener Heizkörper befindet, nicht mitberechnet werden[5]. 860

b) Verbrauchskosten

Zur Ausstattung der Verbrauchserfassung gibt es verschiedene Möglichkeiten, insbesondere 861

– Wärmezähler
– Heizkostenverteiler mit elektrischer Messgrößenerfassung
– Heizkostenverteiler nach dem Verdunstungsprinzip
– Warmwasserzähler
– andere geeignete Ausstattungen.

Werden in einem Objekt **unterschiedliche Messeinrichtungen** betrieben, muss bei der Aberechnung § 5 Abs. 2 HeizkV beachtet werden. Danach ist eine Vorerfassung der unterschiedlichen Nutzergruppen erforderlich, wobei für jede Nutzergruppe ein Zwischenzähler eingerichtet sein muss[6]. Eine Pflicht, nach § 5 Abs. 2 HeizkV bei gemischter Nutzung zu verfahren, besteht nicht. 862

Die Verbrauchserfassungsgeräte sind nicht nur an Heizkörpern zu installieren, sondern auch an **Vor- und Rücklaufleitungen**, wenn diese Wärme abgeben, die nicht über die Heizkörper des Mieters erfasst wird. Das ist z.B. bei **Steigeleitungen** der Fall[7]. 863

---

1 LG Köln, WuM 1987, 359.
2 AG Köln, WuM 2001, 470.
3 AG Köln in *Lützenkirchen*, Kölner Mietrecht 4 Nr. 7.
4 Vgl. dazu noch: BGH, NZM 2004, 254 = WuM 2004, 150.
5 AG Köln, WuM 2001, 449; **a.A.** LG München II, WuM 1988, 310; AG Köln, WuM 1987, 361.
6 BGH v. 16.7.2008 – VIII ZR 57/07, WuM 2008, 556 = GE 2008, 1120.
7 AG Hohenschönhausen v. 15.5.2007 – 2 C 507/06, GE 2009, 657; AG Neukölln, WuM 2003, 325.

aa) Wärmezähler

864 Wärmezähler ermitteln durch Messfühler die Temperaturdifferenz zwischen Vor- und Rücklauftemperatur des zu messenden Heizkreises. Die verbrauchte Wärmemenge wird in Kilowattstunden (kWh) gemessen und ergibt sich als Produkt aus Temperaturdifferenz und gemessenem Durchflussvolumen sowie einem Abrechnungsfaktor, der u.a. die spezifische Wärmekapazität des Heizwassers enthält.

bb) Heizkostenverteiler mit elektrischer Messgrößenerfassung

865 Ist die Wohnung mit derartigen Geräten ausgestattet, ist Vorsicht geboten, da sie keine einheitliche Bestimmung des tatsächlichen Heizenergieverbrauchs je Raum ermöglichen[1].

cc) Heizkostenverteiler nach dem Verdunstungsprinzip

866 Bei diesen Messgeräten verdunstet eine Messflüssigkeit, die in einem Röhrchen enthalten ist. Je nachdem, ob der Heizkörper in Betrieb ist, abgedreht oder auf unterschiedliche Temperaturen eingestellt wurde, verdunstet die Messflüssigkeit langsamer oder schneller. Vor der Flüssigkeit befindet sich eine Skala, an der der Verdunstungsanteil abgelesen werden kann. Die Skala ist je nach Heizkörperfabrikat, Heizkörperart und -größe unterschiedlich. Die abgelesenen Skalenteile werden mit dem für den jeweiligen Heizkörper vom Hersteller vorgegebenen Faktor multipliziert und in der Heizkostenabrechnung angesetzt[2]. Die Angabe des **Umrechnungsfaktors** soll erforderlich sein, um die Abrechnung nachvollziehen zu können, so dass das Fehlen dieser Angabe zu einem **formellen Fehler** führen kann[3]. Dies ist nicht richtig. Die in der Abrechnung angegebenen (Verbrauchs-)Einheiten sind bei diesem Prinzip der Verbrauchserfassung regelmäßig nicht identisch mit den am Heizkörper abgelesenen Werten. Ähnlich wie bei einem Personenmonatsschlüssel ergibt sich die Zusammensetzung des Umlagemaßstabes aus der Berechnung mehrerer Faktoren. Maßgeblich ist auch hier, dass die Abrechnung einen Umlageschlüssel enthält. Ob dieser (inhaltlich) richtig ist, ist eine Frage der materiellen Seite der Abrechnung. Deshalb muss die Abrechnung nicht ausweisen, welche (Umrechnungs-)Faktoren angewendet wurden[4]. Vielmehr muss der Vermieter erst auf Anforderung die Berechnungsweise erläutern. Allein anhand der Ablesequittung, deren Durchschrift der Mieter behält, können die Einheiten nur partiell überprüft werden.

dd) Warmwasserzähler

867 Die Warmwasserzähler ermitteln die Menge des durchlaufenden Wassers, und zwar in Kubikmeter (m³). Diese müssen nach 5 Jahren geeicht werden

---

1 Vgl. *Peruzzo*, S. 31.
2 Vgl. dazu LG Berlin, ZMR 1987, 380.
3 LG Berlin v. 9.11.2007 – 63 S 100/07, GE 2008, 673.
4 AG Speyer, HKA 2005, 23.

(vgl. dazu *Rz. 40 f.*). Ist die **Eichfrist** überschritten, kann der Mieter entweder nach § 12 HeizkV kürzen oder die mangelnde Fälligkeit rügen[1], solange der Vermieter nicht nach § 9a HeizkV eine Schätzung durchführt. Messdifferenzen (vgl. dazu *Rz. 479 f.*) entstehen insoweit automatisch wegen der Trägheit der Zähler. Insoweit sind Differenzen bis zu 20 % im Toleranzbereich[2].

ee) Andere geeignete Ausstattungen

Neben den ausdrücklich erwähnten Erfassungsgeräten gibt es diverse Möglichkeiten, die verbrauchte Menge an Energie oder Warmwasser festzuhalten. Hervorzuheben sind Warmwasserkostenverteiler mit elektrischer Messgrößenerfassung und Warmwasserkostenverteiler nach dem Verdunstungsprinzip. Im Einzelfall muss – ggf. durch einen Sachverständigen – überprüft werden, ob ihre Verwendung den Mindestanforderungen, die sich aus DIN 4713 Teil 2–4 und der darin in Bezug genommenen DIN 4714 Teil 2 und 3 ergeben, genügt.

868

ff) Zusätzliche Anforderungen zur Verbrauchserfassung

Ebenso wie bei der Ermittlung der Grundkosten die Wohnfläche einheitlich berechnet worden sein muss, ist Voraussetzung für eine ordnungsgemäße Verbrauchserfassung, dass bei der Abrechnung nicht unterschiedliche Gebäudestrukturen berücksichtigt werden (z.B. Wohnungen und Einfamilienhäuser in einer Wirtschaftseinheit)[3]. Nach § 4 Abs. 3 HeizkV sind Heizkörper in gemeinschaftlichen Räumen (z.B. Treppenhäuser) nicht mit Verbrauchserfassungsgeräten auszustatten. Etwas anderes gilt nur, wenn die Räume nutzungsbedingt einen höheren Wärme- oder Warmwasserverbrauch haben (z.B. Schwimmbad oder Sauna). Die auf die Gemeinschaftsräume entfallenden Kosten sind auf die Nutzer/Mieter nach den dafür geltenden vertraglichen Bestimmungen umzulegen (vgl. § 6 Abs. 3 HeizkV), wobei z.B. bei einem Schwimmbad oder einer Sauna nach dem Anteil der Nutzer am Gesamtverbrauch berechnet werden muss. Demgegenüber fließt i.d.R. der Verbrauch in den Gemeinschaftsräumen in den Gesamtverbrauch ein und wird entsprechend dem Maßstab für die Ermittlung des Einzelverbrauchs umgelegt und abgerechnet.

869

Bei **Fernwärme** als Energieträger sind in der Heizkostenabrechnung nach einem festen Maßstab Netzverluste kostenmäßig zu quantifizieren. Eine verbrauchsunabhängige Umlage dieser Netzverluste ist unzulässig[4].

870

Erhöht sich der Verbrauch in der Einheit infolge **Leerstandes der umliegenden Einheiten**, geht dieses Risiko im Rahmen der Abrechnung grundsätz-

871

---

1 AG Köln in *Lützenkirchen*, KM 4 Nr. 10.
2 AG Hohenschönhausen v. 31.3.2008 – 16 C 205/07, GE 2008, 933.
3 LG Hildesheim, WuM 1986, 118.
4 AG Bremerhaven, WuM 1989, 194.

lich zu Lasten des Mieters[1]. Genauso gut kann der Mieter mit Einwendungen nicht gehört werden, dass die **Isoliereigenschaft** z.B. einer Fensterfront zu einer Erhöhung der Kosten führt, weil auch dieser Umstand im Rahmen der Rechte aus den §§ 536 ff. BGB zu bewerten ist[2].

872 **Fallen die Erfassungsgeräte** während der Verbrauchsperiode **aus**, so dass der Verbrauch nicht ermittelt werden kann, darf der Verbrauch der betroffenen Räume nach **§ 9a HeizkV geschätzt** werden. Dies gilt auch für andere Fälle, in denen der Verbrauch nicht ermittelt werden kann, z.B. bei Ablesefehlern. Ob der Vermieter den Umstand, also den Mangel der verbrauchsabhängigen Abrechnung, zu vertreten hat, ist unerheblich[3]. Dabei kann der Verbrauch entweder nach dem Verbrauch in früheren Abrechnungszeiträumen oder in vergleichbaren Wohnungen im Abrechnungszeitraum geschätzt werden. Die **Schätzung** ist **unzulässig**, wenn sich der Hinderungsgrund für die Gebrauchserfassung auf mehr als 25 % der gesamten Wohn- oder Nutzfläche bezieht, § 9a Abs. 2 HeizkV. In einem solchen Fall sind die Kosten nach einem festen Maßstab (z.B. Fläche) zu verteilen.

873 Liegen **keine ausreichenden Daten**, die eine Schätzung rechtfertigen, vor, kann ausnahmsweise nach der Gradtagszahlmethode vorgegangen werden[4].

874 Zum Kürzungsrecht in diesem Fall vgl. *Rz. 451*.

875 Allerdings soll trotz **erlaubter Schätzung** der Saldo aus der Abrechnung nicht fällig werden, wenn die Schätzung in der Abrechnung nicht angegeben und die Schätzgrundlage nicht erläutert wird[5]. Die fehlende Angabe der Schätzung führt zu einem **formellen Mangel** (vgl. dazu *Rz. 288 f.*). Die mangelnde Erläuterung der Grundlagen der Schätzung betrifft die inhaltliche Richtigkeit[6] und kann daher noch nach Ablauf der Abrechnungsfrist nachgeholt werden[7].

876 Im Übrigen soll eine **Schätzung** nach § 9a HeizkV nicht in **zwei aufeinander folgenden Perioden** durchgeführt werden dürfen[8], weil der Vermieter verpflichtet sei, die Funktionstauglichkeit der Ablesegeräte wieder herzustellen. Diese Auffassung findet aber in der HeizkV keine Grundlage. § 9a Abs. 1 HeizkV beschränkt die Schätzung nicht auf eine bestimmte Periode, sondern auf den Tatbestand, dass die (objektiven) Voraussetzungen für eine verbrauchsabhängige Abrechnung nicht vorliegen. Soweit der Vermieter seine Herstellungspflicht verletzt, kann der Mieter Schadensersatz verlangen. Ein Schhaden besteht aber nicht in den gemäß § 9a HeizkV abgerechneten Kosten, weil insoweit bereits die Kausalität fehlt. Ein Kürzungsrecht

---

1 AG Halle-Saalkreis, ZMR 2005, 201.
2 KG, WuM 2005, 774.
3 BGH, WuM 2005, 776.
4 BGH, WuM 2005, 776.
5 LG Berlin v. 11.6.2007 – 67 S 472/06, GE 2007, 1190; AG Leipzig, ZMR 2004, 594.
6 A.A. LG Berlin v. 13.6.2008 – 63 S 309/07, GE 2008, 995: formeller Mangel.
7 A.A. AG Leipzig, ZMR 2004, 595.
8 LG Berlin, ZMR 1997, 145; AG Schöneberg, MM 2004, 47.

nach § 12 HeizkV kommt nicht in Betracht, weil eine Abrechnung nach § 9a HeizkV nicht „entgegen den Vorschriften dieser Verordnung" erfolgt.

c) Mängel im Messsystem

Die dargestellten Verbrauchserfassungsmethoden haben i.d.R. systembedingte Fehler. Allein mit einer solchen „allgemeinen **Systemrüge**" (z.B. beim Verdunstungsverfahren) kann der Mieter jedoch nicht gehört werden[1]. Indessen kann der Mieter Einwendungen vortragen, die ihren Grund in außerhalb der zulässigen Toleranzen liegenden Fertigungs-, Skalierungs-, Montage- oder Ablesefehlern haben.

Erfassungsfehler, die bei ordnungsgemäßer Befolgung der HeizkV unvermeidlich sind, braucht sich der Vermieter jedoch nicht entgegenhalten zu lassen. Solche Erfassungsfehler, die daraus resultieren, dass die Heizleistung von Heizkörpern nicht dem tatsächlichen Wärmebedarf entspricht, muss der Mieter hinnehmen. **Montagefehler** (vgl. *Rz. 881*) oder Heizkostenverteiler, die auch die Wärmeversorgung durch andere Wärmequellen (z.B. starke **Sonneneinstrahlung**, Klimaanlagen) registrieren, kann der Mieter jedoch beanstanden[2]. In diesem Fall muss die Abrechnung einheitlich nach einem starren Verteiler (z.B. Fläche) erfolgen. Dies gilt ebenso, wenn durch eine **Heizkörperverkleidung** die Wärmeabgabe der Heizkörper am Verdunstungsgerät verfälscht erfasst und die Funktion der Thermostatventile (Außenfühler) gestört wird[3]. In diesen Fällen kann der Mieter von seinem Kürzungsrecht (vgl. dazu *Rz. 894*) Gebrauch machen. Dies gilt grundsätzlich selbst dann, wenn er sie selbst installiert hat. Denn dieses Verhalten begründet erst dann eine positive Vertragsverletzung, wenn er der Aufforderung zur Beseitigung nicht nachkommt[4].

Indizien für erhebliche Mängel können sich wie folgt ergeben:

aa) Skalierungsfehler

Diese Fehlerquelle kommt in Betracht, wenn die Skala des Verbrauchserfassungsgerätes (Heizkostenverteiler) nicht auf die **Normleistung des Heizkörpers** abgestimmt ist. Ein Indiz dafür besteht, wenn der Vermieter nachträglich die Skalenkodierung der Heizkörperverteiler ohne nachvollziehbaren Grund ändern lässt. Daraus lässt sich der Schluss ableiten, dass das Abrechnungsunternehmen die vorangegangene Heizkostenverteilung als unbrauchbar ansieht[5]. Ansonsten kann die Normleistung bei einem Installateur nachgefragt und beim Abrechnungsunternehmen ermittelt werden, welche Anforderungen an das Verbrauchserfassungsgerät bestehen.

---

1 BGH, WuM 1986, 214; OLG Schleswig, WuM 1986, 346; OLG Köln, DWW 1985, 180; LG Hamburg, NJW-RR 1987, 1493.
2 AG Köln, WuM 1984, 97.
3 LG Magdeburg, ZMR 2006, 289; LG Hamburg, WuM 1991, 561.
4 AG Aschersleben, ZMR 2005, 714.
5 LG Saarbrücken, WuM 1989, 311.

Das Ergebnis der Ermittlung kann dann anhand der Abrechnung und der technischen Daten der Geräte ausgewertet werden.

bb) Montagefehler

881 Neben der mangelhaften Installation eines Heizkostenverteilers hinter einer Heizkörperverkleidung kommen insbesondere Fehler bei der **Wahl des Ortes** für den Heizkostenverteiler in Betracht. Dies kann (unfachmännisch) zunächst nach den Einbaurichtlinien des Herstellers, die beim Abrechnungsunternehmen erhältlich sind, überprüft werden. Im Ergebnis muss dies jedoch durch einen Sachverständigen erfolgen[1].

882 Die fehlerhafte Montage von Heizkostenverteilern rechtfertigt die Kürzung nach § 12 Abs. 1 HeizkV[2] (vgl. dazu Rz. 894).

d) Einfluss von Gebäudemängeln

883 Die **Lage der Wohnung** bleibt bei der Abrechnung grundsätzlich unberücksichtigt. Bei einer Erd- oder Dachgeschosswohnung[3] können keine Zu- oder Abschläge vorgenommen werden. Eine Ausnahme kann sich nur nach den Grundsätzen von Treu und Glauben ergeben, woran strenge Anforderungen gestellt werden[4]. Diese sind erfüllt, wenn außergewöhnliche Umstände ein Festhalten an der bestehenden Regelung als grob unbillig und damit gegen Treu und Glauben verstoßend erscheinen lassen.

884 Auch eine nicht ausreichende **Wärmedämmung** ist unbeachtlich, wenn sie noch der Baualtersklasse des Gebäudes entspricht[5].

885 Im Übrigen werden Mängel am Gebäude bei den **Gewährleistungsrechten** (vgl. F Rz. 32 f.) berücksichtigt. Ein mangelbedingter Mehrverbrauch an Heizenergie und die dadurch bedingten Mehrkosten bilden den **Schaden** des Mieters. Diesen Schadensersatzanspruch kann er auch in der Weise geltend machen, dass er die Nichtberücksichtigung des Mehrverbrauchs in der Abrechnung verlangt[6]. Dies gilt auch für das **Trockenheizen** in einem Neubau[7], wobei der Mehrverbrauch mit 25 % geschätzt werden kann[8]. Letzteres ist zweifelhaft. Hier muss der Mieter durch die Darstellung von

---

1 Vgl. AG Eschweiler, WuM 1993, 135; *Pfeifer*, DWW 1989, 192.
2 LG Hamburg, WuM 1988, 310.
3 AG Neuss, WuM 1987, 229.
4 BayObLG, NJW-RR 1993, 663, 664; LG Berlin, ZMR 1987, 380; LG Berlin, ZMR 1987, 338.
5 AG Brühl, WuM 1989, 310; AG Hamburg, DWW 1988, 51; **a.A.** LG Frankfurt/Main, WuM 1987, 119; AG Bensheim, WuM 1987, 315.
6 OLG Hamm, NJW-RR 1987, 969; LG Essen, WuM 1989, 262; LG Kassel, WuM 1974, 235; AG Gengenbach, WuM 1986, 241; AG Ahrensburg, WuM 1986, 213; AG Hannover, WuM 1985, 348; AG Düren, WuM 1982, 184; AG Coesfeld, WuM 1980, 113.
7 *Sternel*, Mietrecht, III Rz. 399.
8 LG Mannheim, WuM 1977, 138.

durchschnittlichen Verbrauchswerten für vergleichbare Objekte, die er bei Versorgern erfragen kann, die notwendigen **Schätzgrundlagen** vortragen. Eine pauschale Schadensberechnung sieht § 287 ZPO nicht vor.

Dies gilt auch für **Mängel an der Heizungsanlage**[1]. Hier sollen deshalb auch Minderungsrechte wegen unwirtschaftlich arbeitender Heizung[2] und bei Überdimensionierung[3] bestehen. Dies ist aber grundsätzlich zweifelhaft, weil der Kostenaspekt für den Mangelbegriff irrelevant ist[4]. 886

4. Plausibilitätskontrolle

Ebenso wie bei der Betriebskostenabrechnung sind auch hier die Untersuchungen darauf zu richten, ob sich **außergewöhnliche Kostensteigerungen** ergeben haben. Dazu sollten die letzten Abrechnungen (mind. 2) vorgelegt werden Denn auch insoweit trifft den Vermieter die Erläuterungspflicht mit der sich daraus ergebenden **Darlegungs- und Beweislast** für den Mehrverbrauch[5]. Die Erläuterungspflicht entfällt allenfalls, wenn der höhere Verbrauch gerade von dem Mieter verursacht wurde[6]. Die Abrechnung kann allerdings nicht allein damit angegriffen werden, dass Abweichungen von allgemeinen Durchschnittswerten vorliegen[7]. 887

Selbst wenn der Nutzer nachweislich die **Heizkörper** dauernd **absperrt**, kann er nicht verlangen, dass er von den verbrauchsabhängigen Kosten des Heizbetriebes gemäß den bei ihm abgelesenen Verdunstungswerten völlig freigestellt wird[8]. 888

Eine höhere Kostenbelastung kann sich vor allem bei **Leerstand** ergeben. Insoweit kann der Mieter gemäß § 313 BGB mindestens verlangen, dass der Vermieter die Verbrauchskosten mit einem Anteil von 50 % (anstatt einem höheren, z.B. 70 %) abrechnet[9]. 889

5. Darstellung der Abrechnung

Grundsätzlich gelten für die Heiz- und Warmwasserkosten die gleichen Anforderungen wie für die Betriebskostenabrechnung (vgl. dazu *Rz. 298 f.*)[10]. Im Hinblick auf die technischen Besonderheiten bei der Erfassung des Energieververauchs, der Berechnung nach § 9 Abs. 2 HeizkV oder von 890

---

1 OLG Hamm, NJW-RR 1987, 969.
2 OLG Düsseldorf, WuM 1984, 53; OLG Düsseldorf, WuM 1986, 16; AG Friedberg, WuM 1985, 259.
3 OLG Hamm, NJW-RR 1987, 969.
4 KG v. 28.4.2008 – 12 U 6/07, GE 2008, 990 = ZMR 2008, 892 = GuT 2008, 344.
5 Vgl. LG Düsseldorf, DWW 1995, 286; *v. Brunn* in Bub/Treier, III Rz. 82; *Sternel*, Mietrecht, III Rz. 411.
6 Vgl. aber LG Berlin v. 6.5.2008 – 63 S 349/07, GE 2008, 991.
7 AG Münster, WuM 1989, 261; AG Neuss, DWW 1988, 148.
8 BayObLG, WuM 1988, 334.
9 LG Halle, ZMR 2006, 210.
10 BGH, WuM 2005, 579 = ZMR 2005, 937 = NZM 2005, 737.

Schätzungen nach § 9a HeizkV können **zusätzliche Erläuterungen** notwendig sein. Insoweit dürfen die Anforderungen aber nicht überspannt werden. Es reicht aus, dass ein durchschnittlich gebildeter, juristisch und betriebswirtschaftlich nicht geschulter Mieter in der Lage ist, sich in wenigen Minuten in die Systematik hineinzudenken[1]. Dazu ist es nicht erforderlich, z.B. die Vorschrift des § 9 Abs. 2 HeizkV mitzuteilen[2]. Allerdings müssen die dafür notwendigen Angaben in der Abrechnung enthalten sein. Dies ist der Fall, wenn anstelle des HU-Wertes ohne Erläuterung der Faktor 1 eingesetzt wird, der Gesamtverbrauch der Anlage und das Ergebnis der Umrechnung in kWh ausgewiesen werden[3]. Allein die Verwendung von **Abkürzungen** führt nicht zur Unverständlichkeit einer Abrechnung[4], solange sie allgemein verständlich sind[5]. Auch die Schätzgrundlagen müssen zur Vermeidung eines formellen Mangels in der Abrechnung angegeben werden[6].

6. Mieterwechsel während der Abrechnungsperiode

891 § 9b HeizkV regelt, dass bei einem Nutzerwechsel eine Zwischenablesung stattzufinden hat. Wer die Kosten dieser Zwischenablesung zu tragen hat, ist jedoch nicht geregelt. Nach Auffassung des BGH sind die Kosten **der Zwischenablesung** als Verwaltungskosten jedenfalls dann nicht umlegbar, wenn der Vertrag keine besondere Vereinbarung enthält[7]. Insoweit wird jedenfalls die formularmäßige Abwälzung der Kosten für unwirksam gehalten[8]. Im Hinblick auf die Vorgabe des § 9b HeizkV handelt es sich bei den Kosten der Zwischenablesung um – umlegbare – Kosten der Abrechnung.

892 Das Erfordernis einer Zwischenablesung bedeutet nicht, dass auch eine **Kostenfeststellung** zu erfolgen hat. Vielmehr kann der Vermieter einheitlich nach Ablauf der Abrechnungsperiode abrechnen[9]. Bei einer Zwischenablesung von Heizkostenverteilern nach dem Verdunstungsprinzip infolge eines Nutzerwechsels ist hinsichtlich der **Kaltverdunstungsvorgabe** eine Umrechnung erforderlich, und zwar wenigstens dann, wenn die Zwischenablesung gegen Anfang oder Ende eines Abrechnungszeitraumes vorgenommen wurde[10] (Gradzahltage).

893 Unterlässt der Vermieter die Zwischenablesung, führt dies zur **mangelnden Fälligkeit** des Saldos[11]. Dies setzt allerdings voraus, dass eine verbrauchs-

---

1 LG Bochum, ZMR 2005, 864.
2 BGH, WuM 2005, 579 = ZMR 2005, 937 = NZM 2005, 737.
3 LG Itzehoe v. 24.4.2009 – 9 S 108/08, WuM 2009, 404.
4 LG Dortmund, ZMR 2005, 865.
5 BGH v. 19.11.2008 – VIII ZR 295/07, NZM 2009, 78 = GE 2009, 189.
6 LG Berlin v. 13.6.2008 – 63 S 309/07, GE 2008, 995.
7 BGH v. 14.11.2007 – VIII ZR 19/07, WuM 2008, 85 = GE 2008, 193 = NZM 2008, 123.
8 AG Hohenschönhausen v. 31.3.2008 – 16 C 205/07, GE 2008, 933.
9 LG Hamburg, ZMR 1986, 15.
10 LG Bonn, WuM 1988, 172; **a.A.** AG Bremerhaven, WuM 1989, 30.
11 AG Offenbach, ZMR 2005, 960.

abhängige Abrechnung tatsächlich möglich ist. Ist eine verbrauchsabhängige Abrechnung der Kosten für Heizung und Warmwasser nach § 7 Abs. 1 oder § 9a HeizkV objektiv nicht (mehr) möglich, können die Kosten allein nach der Wohnfläche – unter Abzug von 15 % des auf den Mieter entfallenden Kostenanteils – abgerechnet werden[1]. Insoweit ist es unerheblich, ob den Vermieter an dem Abrechnungshindernis ein Schuldvorwurf trifft.

7. Kürzungsrecht

Soweit die Kosten nicht entsprechend den Vorschriften der HeizkV verbrauchsabhängig abgerechnet werden, kann der Mieter das **Abrechnungsergebnis** (nicht die Nachforderung) pauschal um 15 % kürzen (§ 12 HeizkV). Soweit die Heiz- und Warmwasserkosten **einheitlich abgerechnet** werden, kann der Strafabzug nur auf den Teil angewendet werden, der unzulässig nicht verbrauchsabhängig abgerechnet wird[2]. 894

Auf das Kürzungsrecht muss sich der Mieter **berufen**. Es ist nicht von Amts wegen zu berücksichtigen. Immerhin könnte er ja auch die mangelnde Fälligkeit des Saldos geltend machen, wenn eine verbrauchsabhängige Abrechnung noch möglich ist[3]. Deshalb kann die Geltendmachung des Kürzungsrechts noch nicht unbedingt in dem Hinweis auf die fehlende Verbrauchserfassung gesehen werden[4]. Wegen des Einredecharakters kommt ein Berufen auf das Kürzungsrecht nicht mehr in Betracht, wenn die Nachforderung ausgeglichen wurde[5], § 813 BGB. 895

Auf Seiten des Mieters sollte die notwendige **Abwägung** zwischen den beiden Alternativen sorgfältig erfolgen. Wurde z.B. nach Fläche abgerechnet und ist dieser Flächenmaßstab nicht nachvollziehbar[6], ist zunächst keine Fälligkeit gegeben. Hierzu sollte berechnet werden, womit sich der Mandant besserstellt. 896

Das Kürzungsrecht kommt z.B. in Betracht bei 897
– mangelnder Ausstattung mit Verbrauchserfassungsgeräten,
– Montagefehlern[7],
– Ausfall von 25 % aller Verbrauchserfassungsgeräte[8],
– Nutzerwechsel ohne Zwischenablesung, § 9b Abs. 3, 1. Alt. HeizkV[9],

---

1 BGH v. 31.10.2007 – VIII ZR 261/06, WuM 2007, 700 = GE 2007, 1686.
2 BGH v. 14.9.2005 – VIII ZR 195/04, WuM 2005, 657 = ZMR 2005, 939.
3 BGH v. 31.10.2007 – VIII ZR 261/06, WuM 2007, 700 = GE 2007, 1686.
4 LG Köln v. 12.10.2007 – 25 O 387/06, ZMR 2008, 460.
5 LG Hamburg, HKA 2004, 28.
6 OLG Düsseldorf, NZM 2005, 379.
7 LG Hamburg, WuM 1988, 310; AG Köln, WuM 1998, 320.
8 AG Köln, WuM 1997, 273; **a.A.** AG Mitte, MM 2005, 39.
9 AG Schöneberg v. 16.7.2008 – 6 C 68/08, GE 2008, 1497; AG Mitte, MM 2005, 39.

- Unterlassen der Zwischenablesung bei Nutzerwechsel[1],
- Überschreitung der Eichfrist bei Zählern (vgl. Rz. 42),
- Nichterfassung des Verbrauchs in einem Zimmer der Mehrraumwohnung, ohne dass der Mieter dies zu vertreten hat[2].

898 Solange eine im Rahmen des § 9a HeizkV zulässige **Schätzung** vorliegt, kommt eine Kürzung allerdings **nicht** in Betracht[3].

899 Die HeizkV verfolgt den Zweck, zur Energieeinsparung anzuhalten. Dieser Zweck unterliegt dem **Gebot der Wirtschaftlichkeit**. Deshalb enthält § 11 Abs. 1 HeizkV Ausnahmetatbestände (vgl. dazu Rz. 816), nach denen die Pflicht zur Verbrauchserfassung nicht besteht, wenn dies wirtschaftlich nicht vertretbar ist. Das Prinzip der Energieeinsparung durch Auferlegung der Verbrauchskosten kann dann nicht greifen, wenn der Nutzer den Verbrauch nicht beeinflussen kann[4]. Sofern die Unmöglichkeit der Verbrauchsbeeinflussung auf technischen Umständen beruht, sind unter den Voraussetzungen des § 11 Abs. 1 Nr. 1b HeizkV die §§ 3–7 HeizkV nicht anzuwenden. Dies ist z.B. der Fall, wenn Möglichkeiten zur Drosselung oder Abstellung der Heizkörper fehlen oder bei sog. Einrohrheizungen[5]. Im zuletzt genannten Fall ist eine Abrechnung nach Fläche zulässig, wobei ein **Abzug nach § 12 HeizkV** nicht in Betracht kommt. Immerhin wird nicht entgegen den Bestimmungen der Verordnung abgerechnet. Dies gilt auch für den Fall, dass die Einrohr-Anlage zusätzlich unwirtschaftlich arbeitet[6].

900 Bei Vorhandensein **nicht regulierbarer Zentralheizkörper** ist eine Beeinflussung des Wärmeverbrauchs nicht möglich, so dass der Ausnahmetatbestand des § 11 Abs. 1 Nr. 1b HeizkV eingreift[7]. Deshalb ist in einer solchen Situation das Kürzungsrecht nach § 12 HeizkV nicht gegeben. Auch im Gebiet der ehemaligen DDR waren daher solche Heizkörper nicht bis 31.12.1995 mit Verbrauchserfassungsgeräten auszustatten gewesen.

901 Das Kürzungsrecht kann **nicht abbedungen** werden, so dass auch eine Individualvereinbarung, in der sich der Mieter mit einer verbrauchsunabhängigen Abrechnung einverstanden erklärt, der Ausübung nach § 12 HeizkV nicht entgegensteht[8].

---

1 AG Charlottenburg, WuM 2006, 36.
2 LG Berlin, ZMR 2003, 679.
3 BGH, WuM 2005, 776.
4 Vgl. *Lammel* in Schmidt-Futterer, § 11 HeizkV Rz. 25.
5 LG Mühlhausen v. 29.1.2009 – 1 S 182/08, WuM 2009, 234.
6 A.A. LG Dresden v. 6.2.2009 – 4 S 91/08, WuM 2009, 292.
7 BGH, ZMR 2004, 99 = NZM 2004, 24 = MietRB 2004, 67, LG Halle, ZMR 2003, 428.
8 OLG Hamm, WuM 1986, 267, 269; LG Hamburg, WuM 2005, 721 m.w.N.

VII. Die unterlassene oder verweigerte Ablesung

1. Ausgangssituation

Die für die Herstellung einer verbrauchsabhängigen Abrechnung notwendige Ablesung wird regelmäßig durch den Abrechnungsdienst mittels eines Aushangs im Treppenhaus oder an der Hauseingangstür zeitnah zum Ablauf der Abrechnungsperiode angekündigt, soweit eine **Funkablesung** nicht möglich ist. Bei einer Funkablesung reicht in der Regel das Betreten des Treppenhauses, um dort das Empfangsgerät zu aktivieren. Mit dessen Hilfe können die zum Stichtag (z.B. 31.12.) im Gerät festgehaltenen und gespeicherten Werte per Funk übernommen werden.

902

Wird ein Mieter[1] nicht angetroffen, um die Werte am Gerät (in der Wohnung) abzulesen, erhält er zumeist die Ankündigung eines **zweiten Termins**, wobei entweder ein entsprechend formulierter Brief an seine Wohnungstüre geheftet oder ihm eine Karte in den Briefkasten geworfen wird. Scheitert auch dieser Ablesetermin, setzen die Abrechnungsdienste in der Abrechnung so gut wie immer einen geschätzten Verbrauch an, der sich zumeist an den Grundsätzen von § 9a HeizkV orientiert.

903

Der Vermieter erfährt von der **Schätzung** erst mit der Übersendung der Abrechnung, die einige Wochen nach der Ablesung erfolgt. In diesem Zeitpunkt sind Maßnahmen zur Ermittlung des tatsächlichen Verbrauchs zwecklos, weil sie das Abrechnungsergebnis verfälschen würden. Denn dem in diesem Zeitpunkt ermittelten Verbrauch liegt ein längerer Zeitraum zugrunde als den anderen Werten.

904

2. Rechtliche Aspekte

Auch und gerade für die verbrauchsabhängigen Betriebskosten gelten die §§ 556 Abs. 3 BGB, 20 Abs. 3 NMV. Danach muss über einen Zeitraum von zwölf Monaten abgerechnet werden und hat der Vermieter nach Ablauf der **Abrechnungsfrist** nur die Möglichkeit, die Abrechnung zu korrigieren, wenn er das Hindernis nicht zu vertreten hatte (vgl. dazu Rz. 240 f.).

905

Die Abrechnungspflicht bedeutet zunächst, dass der Vermieter zum Ablauf des zwölften Monats für eine Ablesung sorgen muss, die so organisiert ist, dass für alle Mieter ein vergleichbarer Zeitraum der Abrechnung zugrunde gelegt werden kann. Für die Ankündigung gelten zunächst die gleichen Regeln wie beim **Besichtigungsrecht** des Vermieters (vgl. dazu G Rz. 231), so dass ein Termin grundsätzlich nicht einseitig bestimmt werden kann, sondern durch Ausgleich der wechselseitigen Interessen stattfindet[2]. Gerade wegen der Notwendigkeit zur zeitnahen Abrechnung werden hier die Interessen des Vermieters regelmäßig überwiegen und können bei einer Kollision mit den Belangen des Mieters (z.B. Urlaub, Krankenhausaufenthalt,

906

---

1 Die Rechtslage in einer Eigentümergemeinschaft ist nicht unterschiedlich, so dass „Mieter" wie „jeder Nutzer" gelesen werden kann.
2 Vgl. *Worf*, MietRB 2004, 270 (272) m.w.N.

Berufstätigkeit) allenfalls zu kurzfristigen Verschiebungen von einigen Stunden oder ein bis zwei Tagen führen. Insoweit ist dem Mieter im Interesse einer sachgerechten Abrechnung auch zumutbar, einem Dritten (z.B. Nachbar) seine Wohnungsschlüssel zu überlassen, um den Zutritt zum Zwecke der Ablesung zu ermöglichen. Kommt eine Einigung nicht zustande oder verweigert der Mieter – wie auch immer – die Ablesung, kann der Vermieter seinen Anspruch im Wege der einstweiligen Verfügung[1] durchsetzen.

907 Ob er dazu allerdings gezwungen ist, wird unterschiedlich beurteilt.

908 Vorwiegend wird die Auffassung vertreten, dass die verweigerte oder nicht durchführbare Ablesung einen **anderen zwingenden Grund** i.S.v. § 9a HeizkV bildet, weil die Ablesung eben nicht nachgeholt werden kann[2]. Auch durch eine einstweilige Verfügung könnte keine zeitnahe Ablesung erreicht werden, so dass eine Schätzung zulässig sein soll.

909 Dem wird die **Pflicht** des Vermieters **zur verbrauchsabhängigen Abrechnung** entgegengehalten[3]. Diese Pflicht müsste der Vermieter eben „gehörig" erfüllen. Eine Differenz von 1–2 Wochen zwischen den Ableseterminen habe der Mieter hinzunehmen. Entscheidend sei, dass die Ablesung – nach dem gerichtlichen Verfahren – zeitnah erreicht werden könne.

910 Der zuerst genannten Meinung ist grundsätzlich der **Vorrang** einzuräumen. Für die Anwendung des § 9a HeizkV kommt es auf Verschuldensgesichtspunkte nicht an[4]. Auch die fehlende Ablesung verhindert eine Verbrauchserfassung. Dabei sind zahlreiche Umstände denkbar, die entweder in die Risikosphäre des Mieters (z.B. Krankheit, Urlaub, Dienstreise etc.) oder des Vermieters (z.B. nicht ausreichende Benachrichtigung) fallen können. Maßgeblich ist allein das Ergebnis, zumal auch eine **Wiederholungsschätzung** zulässig ist[5]. Der Weg über die einstweilige Verfügung ist nur erfolgversprechend, wenn damit „zeitnah" zum Ablauf der Abrechnungsperiode ein Termin erzwungen bzw. realisiert werden könnte. Auch wenn regelmäßig die Einhaltung einer exakten Zwölf-Monats-Periode unmöglich ist[6], wird das Ergebnis bereits verfälscht, wenn zwischen Ende der Verbrauchsperiode und möglicher Ablesung ein Monat oder mehr liegt[7]. Für unterschiedliche Ablesetermine bei den Verbrauchern kann nichts anderes gelten. Müsste der Vermieter also zunächst die Ablesung erzwingen, wäre damit immer noch keine Klarheit darüber geschaffen, ob das so ermittelte Ergebnis ohne weiteres verwertbar ist. Es dient also der Rechtsklarheit, wenn der Vermieter schätzen darf. Allerdings sollten zuvor zwei (zeitnahe) Ersatztermine zur Ablesung angeboten werden.

---

1 LG Köln, WuM 1989, 87.
2 OLG Hamburg v. 12.5.2004 – 2 Wx 103/96, n.v.; *Lammel* in Schmidt-Futterer, § 9a HeizkV Rz. 14.
3 *Schmid*, Mietnebenkosten, Rz. 6203 m.w.N.
4 BGH, WuM 2005, 776.
5 OLG Hamburg v. 12.5.2004 – 2 Wx 103/96, n.v.; vgl. auch BGH, WuM 2005, 776.
6 BGH v. 30.4.2008 – VIII ZR 240/07, WuM 2008, 404 = NZM 2008, 520.
7 Nach AG Nordhorn, WuM 2003, 326 sind zwei Monate in jedem Fall zu lang.

M. Besondere Probleme des Mietprozesses

	Rz.
I. Einleitung	1
II. Obligatorisches Streitschlichtungsverfahren (§ 15a EGZPO)	7
1. Gesetzeslage	7
2. Anwendungsbereich	9
3. Entbehrlichkeit	17
a) Mahnverfahren	17a
b) Urkundenprozess	17b
c) Gerichtsstandsvereinbarungen	17c
d) Klageerweiterung	17d
4. Vollstreckungstitel	23
5. Kostenentscheidung und -erstattung	24
III. Mahnverfahren (§§ 688 ff. ZPO)	27
1. Fälliger Zahlungsanspruch	28
2. Hinreichende Individualisierung	29
3. Zutreffende Angabe des Abgabegerichts	35
4. Antrag auf Durchführung des streitigen Verfahrens	37
5. Weiteres Verfahren nach Widerspruch und Einspruch	38
IV. Rechtsstreit	40
1. Einleitung	40
2. Sachliche Zuständigkeit	41
a) Wohnraummietverhältnisse	42
b) Gewerbliche Mietverhältnisse	67
c) Objektive Klagenhäufung	70
d) Subjektive Klagenhäufung	77
3. Örtliche Zuständigkeit	78
4. Die Parteien	85
a) Klägerseite	88a
b) Beklagtenseite	101
c) Parteiwechsel	110
d) Zustellung der Klageschrift	111

	Rz.
5. Verfahren	116
6. Besondere Klage- und Verfahrensarten	128
a) Räumungsklage	128
aa) Klageantrag	129
bb) Klagebegründung	136
cc) Ausspruch der Kündigung in der Klageschrift oder späteren Schriftsätzen	139
dd) Versäumnisurteil vor Ablauf der Schonfrist?	151
b) Klage auf zukünftige Räumung	153
aa) Kalendermäßige künftige Leistung (§ 257 ZPO)	155
bb) Besorgnis der nicht rechtzeitigen Erfüllung (§ 259 ZPO)	159
c) Zahlungsklage	168
d) Klagen auf zukünftige Zahlung	174
aa) Klage auf zukünftige Nutzungsentschädigung	175
bb) Klage auf zukünftige Mieten	178
cc) Klageantrag	181
e) Klagenhäufung, Räumungsrechtsstreit und Zahlung	184
f) Positive Feststellungsklage	191
g) Negative Feststellungsklage	200
h) Zwischenfeststellungsklagen	204
i) Urkundenverfahren	211
j) Klage auf Abschluss eines Mietvertrages	222
k) Mieterhöhungsklagen gemäß §§ 558, 558a BGB	228
l) Klagen auf Fortsetzung eines Mietverhältnisses	234
m) Klage auf Rückgabe der Mietsicherheit	240
n) Klagen auf Auskunft und Rechnungslegung	246
o) Räumungsfrist	248
V. Gehörsrüge (§ 321a ZPO)	251
VI. Berufung	259
1. Übersicht	259

	Rz.
2. Wertabhängige Berufung (§ 511 Abs. 2 Nr. 1 ZPO)	264
a) Beschwer	264
b) Einzelfälle	268
3. Zulassungsberufung (§ 511 Abs. 2 Nr. 2 ZPO)	276
VII. Revisionsverfahren (§§ 543 ff. ZPO)	**280**
1. Revision (§ 543 ZPO)	280
2. Nichtzulassungsbeschwerde (§ 544 ZPO)	284
3. Sprungrevision (§ 566 ZPO)	285
VIII. Rechtsentscheid	**286**
IX. Rechtsbeschwerde	**287**
X. Selbständiges Beweisverfahren (§ 485 ff. ZPO)	**296**
1. Übersicht	296
a) Eilverfahren	296a
b) Isoliertes Beweisverfahren	296e
2. Rechtliches Interesse	300
3. Zuständigkeit	302
4. Verjährungshemmende Wirkung	303
5. Antrag	304
6. Begründung und Glaubhaftmachung	305
7. Beendigung des Verfahrens	306a
8. Sonderfälle	307
a) Feststellung der angemessenen Minderung nach § 536 BGB	307
b) Mietpreisüberhöhung und Mietwucher	309
c) Mieterhöhung (Anpassung an Vergleichsmieten)	312
d) Mieterhöhung (wegen Modernisierung)	315
e) Mängel bei geschuldeten Schönheitsreparaturen	316
9. Rechte des Antragsgegners	317
10. Streitverkündung	320
11. Frist zur Klageerhebung	321

	Rz.
12. Kostenentscheidung	325
a) Allgemeines	325
b) Durchführung des Hauptsacheverfahrens	325a
c) Kein Hauptsacheverfahren	325i
XI. Einstweiliger Rechtsschutz	**327**
1. Einstweilige Verfügung	327
a) Verfügungsanspruch	328
b) Verfügungsgrund	329
c) Glaubhaftmachung	330
d) Antrag	331
aa) Verfügungsantrag	331
bb) Antrag auf Entscheidung ohne mündliche Verhandlung	335
cc) Ordnungsgeldantrag	338
dd) Bitte um telefonische Vorabinformation	339
e) Hauptanwendungsfälle	340
aa) Räumungsanspruch	340
bb) Duldungsanspruch bei Modernisierung	342
cc) Besichtigungsanspruch	343
dd) Anschalten der Heizung	345
ee) Drohende Doppelvermietung	346
ff) Betriebspflicht	348
gg) Einstellung von Versorgungsleistungen nach Zahlungsrückstand	348c
hh) Sonstige Fälle	352
(1) Für den Mieter	353
(2) Für den Vermieter	354
(3) Für Dritte	354
f) Rechtsbehelfe und Rechtsmittel	355
aa) Widerspruch	355
bb) Antrag auf Klageerhebung	358
cc) Rechtsmittel	359
2. Arrest	363
XII. Besonderheiten der Kostenentscheidung in Mietsachen	**365**
1. Übersicht	365
2. Kostenbefreiendes Anerkenntnis (§ 93 ZPO)	367
3. Die Sonderregelung des § 93b ZPO	376

	Rz.
XIII. Kostenerstattung	383
XIV. Anhang: Materiell-rechtlicher Kostenerstattungsanspruch	385
XV. Zwangsvollstreckung	396
1. Allgemeine Vollstreckungsvoraussetzungen	396
a) Vollstreckbarer Titel	397
b) Klausel und Zustellung	402
c) Sicherheitsleistung	403
2. Vollstreckung vertretbarer Handlungen	405
3. Vollstreckung auf Duldung oder Unterlassung	409
4. Vollstreckung wegen nicht vertretbarer Handlungen	413
5. Räumungsvollstreckung	416
a) Titel	416
b) Räumungsschuldner	417
c) Zuständigkeit und Verfahren	419
aa) Durchführung der Zwangsräumung	420c
bb) Räumungsgut	420f
d) Verwirkung	421
e) Kosten der Zwangsräumung	422
f) Räumungsfristverfahren nach § 721 ZPO u. § 794a ZPO	423
aa) Verfahren nach § 721 ZPO	423
(1) Unselbständiges Verfahren nach § 721 Abs. 1 ZPO	428
(2) Selbständiges Verfahren nach § 721 Abs. 2 ZPO	432
(3) Verlängerung einer Räumungsfrist nach § 721 Abs. 3 ZPO	435
bb) Räumungsfristverfahren nach § 794a ZPO	438
cc) Interessensabwägung	441
dd) Erfolgsprognose	446
ee) Dauer der Räumungsfrist	447
ff) Verzicht des Mieters	448
gg) Rechtsmittel	449
hh) Kosten	451
g) Vollstreckungsschutz nach § 765a ZPO	452
aa) Zuständigkeit	455
bb) Antrag	456
cc) Begründung	460
dd) Erlangungsinteresse des Vermieters	463
ee) Erneuter Antrag	464
ff) Verzicht	465
gg) Kosten	466
hh) Rechtsbehelfe/Rechtsmittel	467
6. Kosten der Vollstreckung	470

I. Einleitung

Für Streitigkeiten zwischen den Mietparteien sind die **ordentlichen Gerichte** zuständig (§ 13 GVG). Dies gilt auch für Streitigkeiten zwischen einer Mietpartei und einem Dritten oder von Dritten untereinander aus Anlass eines Mietverhältnisses. 1

Für den Mietprozess gelten daher die **allgemeinen Vorschriften der ZPO** sowie der sonstigen **prozessualen Nebengesetze**. Insbesondere gelten die Vorschriften für den Rechtsstreit, das Mahnverfahren (§§ 688 ff. ZPO), das Obligatorische Streitschlichtungsverfahren nach § 15a EGZPO, das Selbständige Beweisverfahren (§§ 485 ff. ZPO) sowie das Arrest- und einstweilige Verfügungsverfahren (§§ 916 ff., 935 ff. ZPO). 2

Neben den allgemeinen Vorschriften enthalten die ZPO sowie die prozessualen Nebengesetze (wie z.B. § 23 Abs. 2a GVG) einige **Spezialvorschrif-** 3 ten, die **ausschließlich für Mietrechtsstreitigkeiten** (zum Teil auch nur für Streitigkeiten aus Wohnraummietverhältnissen) gelten.

4 Bei **Streitigkeiten aus einem Mietverhältnis zwischen Ehegatten und/oder deren Angehörigen** ist seit dem 1.9.2009 die Vorschrift des § 266 Abs. 1 FamFG zu beachten, die eine erweiterte Zuständigkeit des Familiengerichts vorsieht. Der in § 266 Abs. 1 FamFG aufgezählte Katalog ist abschließend, es handelt sich nicht um Regelbeispiele[1]. Für Streitigkeiten zwischen nichtehelichen Lebensgemeinschaften bzw. nichtlebenspartnerschaftlichen Gemeinschaften ist die Vorschrift daher nicht anwendbar[2].

§ 266 Abs. 1 FamFG bezieht sich auf Ansprüche, die entweder unmittelbar auf einem familienrechtlich geregelten Rechtsverhältnis basieren oder hiermit in engem Zusammenhang stehen[3]. Da die Frage der konkreten Verfahrensbeteiligung kein entscheidendes Kriterium für die Anwendbarkeit der Vorschrift ist[4], können auch Streitigkeiten aus einem Mietverhältnis, das zwischen den Ehegatten oder zwischen den Ehegatten und den Eltern oder Schwiegereltern bestand, sonstige Familiensachen i.S.d. § 266 Abs. 1 Nr. 3 FamFG sein, wenn die zugrundeliegenden Ansprüche auf Dritte durch Abtretung der Forderung oder kraft Gesetzes übergegangen sind[5].

4a In Mietsachen ist **vorrangig zu prüfen**, ob es sich um eine Ehewohnungssache nach § 200 Abs. 1 FamFG handelt[6]. Im Rahmen dieser Verfahren kann durch rechtsgestaltende Verfügung des Gerichts die Ehewohnung einem Ehegatten bzw. Lebenspartner zur alleinigen Nutzung überlassen werden.

Das Amtsgericht ist gemäß § 23a Abs. 1 Nr. 1 GVG **sachlich** ausschließlich **zuständig, funktionell** das Familiengericht, § 23b Abs. 1 GVG. Die örtliche Zuständigkeit bestimmt sich bei Rechtshängigkeit einer Ehesache nach §§ 267, 268 FamFG, ansonsten nach der ZPO, wobei sich gemäß § 267 Abs. 2 FamFG der allgemeine Gerichtsstand (§ 13 ZPO) nach dem gewöhnlichen Aufenthalt bestimmt.

4b Da nach neuer Rechtslage für die Zuständigkeit der Spruchkörper in bürgerlichen Rechtsstreitigkeiten, Familiensachen und Angelegenheiten der freiwilligen Gerichtsbarkeit untereinander die § 17a Abs. 1 bis Abs. 5 GVG entsprechend gelten (§ 17a Abs. 6 GVG), dürfte eine versehentlich bei dem unzuständigen Gericht eingereichte Antrags- bzw. Klageschrift keine nachteiligen Folgen haben, mit Ausnahme der gemäß § 17b Abs. 2 Satz 2, Abs. 3 GVG zu tragenden Mehrkosten[7].

---

1 *Giers* in Keidel, § 266 FamFG, Rz. 4.
2 *Giers* in Keidel, § 266 FamFG, Rz. 4.
3 *Rehme* in Schulte-Bunert/Weinreich, § 266 FamFG, Rz. 4.
4 BT-Drucks. 16/6306, 262.
5 *Heinemann*, MietRB 2009, 272, 273.
6 *Boden/Cremer* in Horndrasch/Viehues, § 266 FamFG, Rz. 30; *Giers* in Keidel, § 266 FamFG, Rz. 20.
7 *Heinemann*, MietRB 2009, 272, 276.

Ebenfalls keine Mietstreitigkeiten sind Verfahren in Angelegenheiten nach dem **Wohnungseigentumsgesetz** (WEG). Nach § 43 Abs. 1 WEG sind die dort genannten Anträge zwingend der freiwilligen Gerichtsbarkeit zugeordnet. Ob eine Streitigkeit im Verfahren der freiwilligen Gerichtsbarkeit oder der streitigen Gerichtsbarkeit zu entscheiden ist, ist wie eine Frage der Zulässigkeit des Rechtswegs gemäß den §§ 17a, 17b GVG zu behandeln und zu entscheiden. Die Zuständigkeitszuweisung des § 43 WEG ist weit auszulegen, so dass im Zweifel das WEG-Verfahren statthaft ist[1]. Es findet auch dann statt, wenn ein in ihm geltend zu machender Anspruch von einem Nichtwohnungseigentümer, beispielsweise einem Mieter, aufgrund einer Abtretung oder in Verfahrensstandschaft[2] von einem Antragsberechtigten im Sinne des § 43 Abs. 1 WEG geltend gemacht wird. Bei Streitigkeiten zwischen einem Wohnungseigentümer und einem Mieter, wenn gegen letzteren die Unterlassung einer Zuwiderhandlung gegen eine Gebrauchsregelung nach § 15 WEG begehrt wird, ist dagegen das Prozessgericht zur Entscheidung berufen[3].

Im Einzelfall kann es allerdings zu Abgrenzungsschwierigkeiten kommen.

Beispiel:

In einer WEG-Anlage beschwert sich der Mieter A über Ruhestörungen durch den Mieter B und mindert schließlich gegenüber seinem Vermieter die Miete.

Für eine Unterlassungsklage des A gegen den störenden Mieter B oder dessen Vermieter wäre das Amtsgericht als Prozessgericht zuständig.

Gleiches gilt für einen Rechtsstreit zwischen dem A und seinem Vermieter über die durchgeführte Minderung.

Für eine Klage des Vermieters des A gegen den Vermieter des B auf Unterlassung oder Schadensersatz wäre dagegen das Amtsgericht als WEG-Gericht zuständig[4].

In **Wohnungseigentumssachen** sind die Auswirkungen des § 266 Abs. 1 FamFG (vgl. *Rz. 4*) ebenfalls zu beachten. Allerdings wird hier die umfassende Zuständigkeit des Familiengerichts durch die Regelung in § 348 Abs. 1 Satz 2 Nr. 2a) bis k) ZPO erheblich eingeschränkt.

Im Folgenden werden die Besonderheiten des Mietprozesses schwerpunktmäßig behandelt, wobei allgemeine prozessrechtliche Kenntnisse vorausgesetzt werden.

---

1 BGH, NJW 2002, 3709 = MDR 2003, 43 = ZMR 2002, 941.
2 BayObLG, NZM 2000, 678 = ZMR 2001, 906.
3 OLG Karlsruhe, NJW-RR 1994, 146.
4 *Bärmann/Pick/Merle*, § 43 WEG Rz. 10.

II. Obligatorisches Streitschlichtungsverfahren (§ 15a EGZPO)

1. Gesetzeslage

7 Nach § 15a EGZPO sind die Landesjustizverwaltungen ermächtigt worden, Gütestellen zur Obligatorischen außergerichtlichen Streitschlichtung einzurichten, um in „Bagatellsachen" eine gütliche Einigung herbeizuführen. Dieser Güteversuch ist eine **Prozessvoraussetzung**[1], die von Amts wegen zu prüfen ist. Kann vor Klageeinreichung ein solcher Güteversuch nicht dokumentiert werden, ist die Klage ohne weitere Sachprüfung als unzulässig abzuweisen. Dadurch entstehende Kosten hat der Anwalt im Wege des Regresses zu tragen, der für dieses fehlerhafte Vorgehen verantwortlich ist. Die Parteien können auf die Durchführung des Schlichtungsverfahrens nicht verzichten. Zu den **Umgehungsmöglichkeiten** vgl. u. Rz. 17–22a.

7a In **Mietsachen** bietet sich ein Schlichtungsverfahren allenfalls bei den Ansprüchen nach § 15a Abs. 1 Satz 1 Nr. 1 EGZPO an. Praxisrelevant sind insofern Klagen auf Duldung einer Modernisierung oder einer Erhaltungsmaßnahme, Klagen auf Genehmigung oder Entfernung einer Parabolantenne oder sonstiger Anlagen, Klagen auf Genehmigung oder Unterlassung von Tierhaltung, Klagen auf Zustimmung zur Untervermietung und nicht zuletzt Streitigkeiten über geringe Mietminderungsbeträge oder Nebenkostenvorauszahlungen, -nach- und -rückforderungen. Erwähnenswert sind in diesem Zusammenhang Ansprüche auf **Feststellung einer Forderung zur Insolvenztabelle**, da hier die Wertgrenze des Schlichtungsgesetzes aufgrund der Quotenerwartung unterschritten werden kann[2].

7b Eine **Einigung** vor der Gütestelle gilt als Vergleich im Sinne des § 794 Abs. 1 Nr. 1 ZPO, § 15a Abs. 6 EGZPO.

7c Das Schlichtungsverfahren ist derzeit in Baden-Württemberg, Bayern, Brandenburg, Hessen, Nordrhein-Westfalen, Saarland, Sachsen-Anhalt und Schleswig-Holstein **verbindlich**.

7d Mit Ausnahme von Baden-Württemberg war die Geltungsdauer des Ausführungsgesetzes nach § 15a EGZPO auf fünf Jahre befristet und trat nach den jeweiligen Landesregelungen mit Ablauf des 31.12.2005 außer Kraft. Alle Bundesländer haben ihre Regelungen zur Streitschlichtung zwar weitergeführt, zum Teil aber mit verschiedenen Modifikationen[3]. Vielfach ist die obligatorische Streitschlichtung nicht mehr vorgesehen in vermögensrechtlichen Streitigkeiten vor dem Amtsgericht über Ansprüche, deren Gegenstand an Geld oder Geldeswert die Summe von 600 Euro nicht übersteigt. Zukünftig können daher in den meisten Bundesländern wieder Kleinstbeträge ohne den Umweg über das Schlichtungsverfahren unmittelbar vor Gericht gebracht werden.

---

1 BGH, NJW 2005, 437 = NZM 2005, 154.
2 AG Wuppertal, ZInsO 2002, 91.
3 Hierzu: *Deckenbrock/Jordans*, MDR 2006, 421; *Scheuer*, MietRB 2007, 159.

Dabei hat die **Abgrenzung** zwischen **vermögensrechtlichen und nichtvermögensrechtlichen Streitigkeiten** nach den von Rechtsprechung und Lehre entwickelten allgemeinen Kriterien zu erfolgen. Vermögensrechtlich sind danach alle Ansprüche, die auf Geld und geldwerte Leistungen gerichtet sind, gleichgültig, ob sie einem vermögensrechtlichen oder einem nichtvermögensrechtlichen Grundverhältnis entspringen[1].

Die **Wertfestsetzung** erfolgt nach §§ 2 ff. ZPO. Zu beachten ist dabei, dass es sich bei der Bestimmung des Streitwertes um einen Zuständigkeitsstreitwert handelt, und nicht um einen Gebührenstreitwert. Diese können im Einzelfall differieren. Gerade in Mietsachen ist die Bindung des Gebührenstreitwertes an den Zuständigkeitsstreitwert vielfach aus sozialen Gründen aufgehoben worden.

◯ **Praxishinweis:**

Die obligatorische Streitschlichtung birgt Haftungsrisiken für den Anwalt. Denn nach der Rechtsprechung des BGH[2] ist ein vorgeschriebenes, aber übersehenes Schlichtungsverfahren nicht nachholbar. Da die einzelnen Ausführungsgesetze der Länder nach wie vor teils sehr unterschiedliche Regelungen zum Güteverfahren enthalten, muss der Anwalt nach den landesrechtlichen Vorschriften sorgfältig prüfen, wo die Parteien ihren Wohnsitz haben und welches Gericht zuständig ist. Ferner muss er sich eingehend mit der Streitwertrechtsprechung auseinander setzen, um im Einzelfall sicher beurteilen zu können, ob der Zuständigkeitsstreitwert erreicht ist oder nicht. Im Zweifel hat er den sichersten Weg zu nehmen und seinem Mandanten die Durchführung des Schlichtungsverfahrens zu empfehlen.

◯ **Praxishinweis:**

Zu bachten ist, dass sich die Vorschrift des § 15a Abs. 1 Nr. 1 EGZPO auf den **Zuständigkeitsstreitwert** bezieht, und nicht auf den Gebührenstreitwert[3].

Beispiel 1:

Zwischen den Parteien besteht ein Mietverhältnis über eine Garage (Monatsmiete 50 Euro), das auf fünf Jahre abgeschlossen ist. Nach einem Jahr erklärt der Vermieter die außerordentliche Kündigung und erhebt Räumungsklage.

Der Gebührenstreitwert bemisst sich gemäß § 41 Abs. 1 GKG auf den Jahresbetrag, somit auf 600 Euro. Dieser Betrag läge nach allen Landesgesetzen unterhalb der Wertgrenze.

Der Zuständigkeitsstreitwert berechnet sich dagegen nach §§ 6, 8 ZPO. Maßgebend ist die streitige Zeit, also die vertraglich vorgesehene Restmietdauer, und sie beläuft sich damit auf den vierfachen Jahreswert, also

---
1 BGHZ 14, 74; BGH, MDR 1985, 397.
2 BGHZ 161, 145 = MDR 2005, 285 m. Anm. *Jordans*.
3 Siehe hierzu *N. Schneider*, MietRB 2004, 360, 362.

auf 2400 Euro. Damit ist die Wertgrenze des § 15a EGZPO überschritten. Eines Schlichtungsverfahrens bedarf es nicht.

Beispiel 2:

Die Parteien eines unbefristeten Mietverhältnisses streiten darüber, ob die monatliche Miete 500 Euro oder wegen eines mitvermieteten Stellplatzes 520 Euro beträgt. Der Vermieter will neben dem Rückstand (2 Monate) auf zukünftige Leistung (§ 259 ZPO) klagen.

Der Zuständigkeitsstreitwert berechnet sich wiederum nach §§ 6, 9 ZPO. Maßgebend ist der dreieinhalbfache Jahresbetrag der streitigen Zeit, also der 42fache Betrag der monatlichen Mehrforderung zuzüglich der Rückstände, insgesamt somit (44×20 Euro =) 880 Euro. Eines Schlichtungsverfahrens bedarf es also nicht.

8 Nunmehr sind auch die **verfassungsrechtlichen Bedenken** gegen die Durchführung eines obligatorischen Streitschlichtungsverfahrens **ausgeräumt**. Denn das BVerfG[1] hat entschieden, dass die im GüSchlG NRW vorgesehene Verpflichtung, ein außergerichtliches Schlichtungsverfahren vor einer Inanspruchnahme der staatlichen Gerichte durchzuführen, verfassungsrechtlich nicht zu beanstanden ist. Insbesondere verstößt die Regelung nicht gegen den allgemeinen Justizgewährungsanspruch. Mit dieser Begründung hat das BVerfG die Verfassungsbeschwerde eines Beschwerdeführers nicht zur Entscheidung angenommen, dessen Schadenersatzklage über 310 DM vom AG wegen Nichtdurchführung eines Schlichtungsverfahrens abgewiesen worden war.

2. Anwendungsbereich

9 Die Vorschrift des § 15a EGZPO gilt nur für **Verfahren vor den Amtsgerichten**. Für Verfahren vor den Landgerichten ist die Vorschrift nicht anwendbar. Ebenso wenig gilt § 15a EGZPO für Arrest- und einstweilige Verfügungsverfahren sowie für das Selbständige Beweisverfahren. Diese Verfahren können ohne vorherigen Schlichtungsversuch eingeleitet werden.

10 Zu beachten ist, dass das Obligatorische Schlichtungsverfahren nach § 15a EGZPO nur dann erforderlich ist, wenn die Parteien in **demselben Bundesland** wohnen oder dort ihren Sitz oder ihre Niederlassung haben. Die Ausführungsgesetze der Länder gehen teilweise weiter und schränken den Anwendungsbereich des Schlichtungsverfahrens dahin gehend ein, dass die Parteien ihren Sitz, Wohnsitz oder ihre Niederlassung **im selben Landgerichtsbezirk** haben müssen. Maßgebend ist der Zeitpunkt der Einreichung der Klage. Wohnen zu diesem Zeitpunkt Vermieter und Mieter nicht (mehr) im selben Bundesland oder Landgerichtsbezirk, so bedarf es des vorherigen Schlichtungsverfahrens nicht.

11–16 Einstweilen frei.

---

1 BVerfG, WuM 2007, 500 = NJW-RR 2007, 1073.

3. Entbehrlichkeit

Da das Güteverfahren häufig nur eine leidige Durchgangsstation auf dem Weg zum gerichtlichen Erkenntnisverfahren ist, es letztlich Zeit und Geld kostet, wird der Rechtsanwalt versuchen, die Ansprüche ohne vorherige Anrufung der Schlichtungsstelle durchzusetzen. 17

a) Mahnverfahren

Die in der Praxis bedeutsamste Umgehungsmöglichkeit ist die Durchsetzung der Forderung im gerichtlichen Mahnverfahren, § 15a Abs. 2 Satz 1 Nr. 5 EGZPO. Das Mahnverfahren ist eine schnelle, einfache und kostengünstige Möglichkeit, für den Vermieter wegen Mietrückständen einen Vollstreckungstitel zu schaffen. Allerdings darf das Mahnverfahren nicht in **rechtsmissbräuchlicher** Weise zur Umgehung der Obligatorischen Streitschlichtung verwendet werden. So kann ein Antrag auf Erlass eines Mahnbescheids nur dann eine Obligatorische Streitschlichtung entbehrlich machen, wenn der Antrag überhaupt zulässig ist. Wird ein unzulässiger Mahnbescheid (hier: Vorschusszahlung zur Beseitigung von Beeinträchtigungen durch überhängende Äste) beantragt und erlassen und das Verfahren nach dem Widerspruch in das streitige Verfahren übergeleitet, so ist die Klage als unzulässig abzuweisen, da die Prozessvoraussetzung der Obligatorischen Schlichtung nicht erfüllt ist. 17a

Das Schlichtungsverfahren kann auch nicht dadurch umgangen werden, dass der **Freistellungsanspruch gegen den Rechtsschutzversicherer** zunächst als Zahlungsanspruch im gerichtlichen Mahnverfahren geltend gemacht und nach Widerspruch der Zahlungsanspruch in einen Freistellungsanspruch umgewandelt wird. Nach Erlass eines Mahnbescheids kann die **Klage erweitert** werden, ohne dass ein Schlichtungsverfahren bezüglich der Erweiterung vorangeschaltet werden muss, auch wenn der Erweiterungsbetrag bei ursprünglicher Geltendmachung grundsätzlich ein Schlichtungsverfahren erfordern würde.

> **Praxishinweis:**
> Da die meisten Bundesländer die Wertgrenze von 600 Euro bzw. 750 Euro aufgehoben haben, ist es zukünftig ohne weiteres zulässig, unmittelbar Zahlungsklage zu erheben. Daher wird das Mahnverfahren als Umgehungsmöglichkeit der obligatorischen Streitschlichtung an Bedeutung verlieren.

b) Urkundenprozess

Viel zu selten wird von der Möglichkeit Gebrauch gemacht, das obligatorische Streitschlichtungsverfahren durch eine Verfolgung der Mietzahlungsansprüche im Urkundenverfahren (vgl. dazu *Rz. 212 ff.*) zu umgehen. Das gilt umso mehr, als nunmehr geklärt ist, dass Mietrückstände sowohl bei 17b der Geschäftsraummiete als auch bei der Wohnraummiete im Urkundenverfahren geltend gemacht werden können[1].

c) Gerichtsstandsvereinbarungen

17c Vornehmlich werden die beiden vorgenannten Umgehungsmöglichkeiten in Betracht kommen. Allerdings sollte auch daran gedacht werden, dass **Kaufleute** eine Gerichtsstandsvereinbarung gem. § 38 ZPO treffen und die Zuständigkeit des Landgerichts begründen können.

d) Klageerweiterung

17d **Streitig** ist, ob durch Klageerweiterung das Schlichtungsverfahren entbehrlich wird. Praxisrelevant sind vor allem die Fälle, in denen im Mahnverfahren vorgegangen worden ist und der Antrag nach Übergang der Sache in das streitige Verfahren erweitert wird, ohne wiederum ein an sich notwendiges Güteverfahren durchzuführen. Überwiegend wird die Klageerweiterung für zulässig gehalten, wenn diese nicht rechtsmissbräuchlich ist[2].

Nunmehr hat der **BGH**[3] auch dieser „Umgehungsvariante" einen Riegel vorgeschoben und entschieden, dass ein nach einem Landesgesetz bestehendes Schlichtungserfordernis nicht deshalb entfällt, weil der schlichtungsbedürftige Antrag im Rechtsstreit mit einem nicht schlichtungsbedürftigen Klageantrag verbunden wird. Hinsichtlich des schlichtungsbedürftigen Antrags sei die Klage als **unzulässig** abzuweisen, wenn kein Schlichtungsverfahren durchgeführt wurde. Die Zielsetzung der Öffnungsklausel des § 15a EGZPO, angesichts des ständig steigenden Geschäftsanfalls bei den Gerichten Institutionen zu fördern, die im Vorfeld der Gerichte Konflikte beilegen, und neben der Entlastung der Justiz durch eine Inanspruchnahme von Schlichtungsstellen Konflikte rascher und kostengünstiger zu bereinigen, könne nur erreicht werden, wenn die Verfahrensvorschrift des § 15a EGZPO konsequent derart ausgelegt werde, dass die Rechtsuchenden und die Anwaltschaft in den durch Landesgesetz vorgegebenen Fällen vor Anrufung der Gerichte auch tatsächlich den Weg zu den Schlichtungsstellen beschreiten müssen. Daher entfalle die Schlichtungsbedürftigkeit eines Klageantrags nicht deshalb, weil er im Wege der objektiven Klagehäufung mit einem nicht schlichtungsbedürftigen Antrag verbunden werde.

> **Praxishinweis:**
>
> Der BGH hat in dieser aktuellen Entscheidung betont, dass in jedem Einzelfall zu prüfen ist, ob der nicht schlichtungsbedürftige weitere Antrag den Schwerpunkt der Auseinandersetzung der Parteien darstellt oder ob er rechtsmissbräuchlich zur Vermeidung des Schlich-

---

1 BGH, MietRB 2005, 4.
2 AG Halle, NJW 2001, 2099; LG Kassel, NJW 2002, 2256; AG Halle, NJW 2001, 2099; a.A. AG München, NZM 2003, 280; AG München, NJW-RR 2003, 515.
3 BGH, WuM 2009, 536 = NZM 2009, 629 = MDR 2009, 1127.

tungsverfahrens gestellt wird. Gerade bei solchen Streitigkeiten, die in den persönlichen Beziehungen der Parteien wurzeln, kann die Streitschlichtung zur außergerichtlichen Beilegung der damit verbundenen, an sich nicht schlichtungsbedürftigen Streitpunkte führen und so ein gerichtliches Verfahren insgesamt vermeiden.

Einstweilen frei. 18–22

4. Vollstreckungstitel

Wird das Streitschlichtungsverfahren durchgeführt und kommt es zu einer Einigung, die als Vergleich protokolliert wird, so entsteht damit ein vollstreckungsfähiger Titel, aus dem die Zwangsvollstreckung betrieben werden kann (§§ 15a Abs. 6 EGZPO, 794 Abs. 1 Nr. 1 ZPO). 23

5. Kostenentscheidung und -erstattung

Eine Kostenentscheidung wird im Schlichtungsverfahren nicht getroffen. Wohl können sich die Parteien im Vergleich über die Kosten einigen. 24

Umstritten ist, ob die im Schlichtungsverfahren angefallenen Kosten im anschließenden Rechtsstreit festgesetzt werden können. Hinsichtlich der Kosten der Gütestelle gilt § 15a Abs. 4 EGZPO. Danach gehören diese Kosten zu den Kosten des Rechtsstreits. 25

Hinsichtlich der **Anwaltskosten** wird diese Rechtsfolge allerdings zum Teil abgelehnt[1]. Zutreffend dürfte es dagegen sein, entsprechend § 91 Abs. 3 ZPO auch die Anwaltskosten als Kosten des Rechtsstreits anzusehen[2]. Die in einem erfolglosen Obligatorischen Schlichtungsverfahren entstandenen Anwaltskosten sollen als Vorbereitungskosten im anschließenden Klageverfahren zumindest dann erstattungsfähig sein, wenn die Inanspruchnahme des Anwalts im vorgeschriebenen Schlichtungsverfahren im konkreten Einzelfall auch erforderlich war[3]. 26

III. Mahnverfahren (§§ 688 ff. ZPO)

Das Mahnverfahren hat auch in Mietsachen große praktische Bedeutung, insbesondere, wenn es um Zahlungsansprüche des Vermieters auf rückständige Miete, um Rückforderungen des Mieters auf überzahlte Miete oder um die Auszahlung der Mietkaution geht. 27

Die **Vorteile** des Verfahrens liegen auf der Hand: Es führt – wenn kein Widerspruch gegen den Mahnbescheid bzw. Einspruch gegen den Vollstreckungsbescheid eingelegt wird – schneller zu einem Titel, weil keine

---

1 OLG Hamburg, OLG-Report 2002, 19; LG München, Rpfleger 1997, 408.
2 Siehe hierzu *N. Schneider*, BRAGOreport 2001, 83; *Schneider/Wolf*, AnwkRVG, § 11, Rz. 67.
3 OLG Karlsruhe, JurBüro 2008, 538; Zöller/*Gummer/Heßler*, § 15a EGZPO Rz. 26.

mündliche Verhandlung zu erfolgen hat. Der Antragsteller muss seinen Anspruch nicht ausführlich begründen, sondern nur formularmäßig beziffern und bezeichnen (§ 692 ZPO). Die Verjährung wird gehemmt (§ 204 Abs. 1 Nr. 3 BGB). Zudem ist das Mahnverfahren billiger als das Klageverfahren, da nur eine halbe Gerichtsgebühr (GKG KV Nr. 1110) erhoben wird. Es besteht kein Anwaltszwang, auch nicht bei Streitwerten über 5000 Euro.

27a Dagegen sind die **Nachteile** des Verfahrens abzuwägen, die insbesondere darin liegen, dass bei einem Widerspruch gegen einen ergangenen Mahnbescheid bzw. Einspruch gegen einen Vollstreckungsbescheid die Streitigkeit vor das Prozessgericht verlagert wird und sich zeitliche Verzögerungen ergeben. Ferner ist zu bedenken, dass ein Anspruch auf zukünftige Leistungen gem. § 259 ZPO im Mahnverfahren nicht durchsetzbar ist und schließlich, dass der Zahlungsanspruch nicht mit einem Räumungs- und Herausgabeanspruch kombiniert werden kann. Im Einzelnen:

1. Fälliger Zahlungsanspruch

28 Das Mahnverfahren ist nur zulässig, wenn die Zahlung einer bestimmten Geldsumme in Euro gefordert wird (§ 688 Abs. 1 S. 1 ZPO). Die Forderung muss im Zivilrechtsweg verfolgbar sein und auf Euro lauten. Sie darf nicht oder nicht mehr von einer Gegenleistung abhängen (§ 688 Abs. 1, 2 Nr. 2 ZPO) und muss fällig sein oder innerhalb der Widerspruchsfrist fällig werden. Ein Mahnverfahren wegen zukünftiger Zahlung ist also nicht statthaft.

2. Hinreichende Individualisierung

29 Des Weiteren ist unbedingt darauf zu achten, dass die im Mahnverfahren geltend gemachten Forderungen hinreichend bestimmt und individualisiert werden. Fehlt es daran, kommt weder dem Mahnbescheid noch dem Vollstreckungsbescheid eine verjährungshemmende Wirkung zu. Die Anforderungen der Rechtsprechung sind zum Teil sehr streng, so dass äußerste Vorsicht geboten ist. Die Zustellung eines Mahnbescheids hat nur dann verjährungshemmende Wirkung, wenn der Bescheid die geltend gemachten Ansprüche unverwechselbar erkennen lässt[1]. Denn der im Mahnbescheid bezeichnete Anspruch muss durch die Kennzeichnung von anderen Ansprüchen so unterschieden und abgegrenzt werden können, dass er über einen Vollstreckungsbescheid Grundlage eines Vollstreckungstitels sein kann und dass dem Schuldner die Beurteilung möglich ist, ob er sich gegen den Anspruch zur Wehr setzen will oder nicht[2]. Dabei hängen Art und Umfang der erforderlichen Angaben im Einzelfall von dem zwischen den Parteien bestehenden Rechtsverhältnis und der Art des Anspruchs ab[3]. Bei

---

1 BGH, MDR 1992, 554 = NJW 1992, 1111; 1994, 323; NJW 2000, 1420 = MDR 2000, 348; NJW 2001, 305 = MDR 2001, 346.
2 BGH, NJW 1993, 862; BGH, NJW 2001, 305; BGH, NJW 2002, 520.
3 BGH, NJW 2000, 1420.

der Geltendmachung einer Mehrzahl von Einzelforderungen muss deren Bezeichnung im Mahnbescheid dem Beklagten ermöglichen, die Zusammensetzung des verlangten Gesamtbetrages aus für ihn unterscheidbaren Ansprüchen zu erkennen[1].

Die Zustellung eines Mahnbescheids, mit dem ein Teilbetrag aus **mehreren Einzelforderungen** geltend gemacht wird, hemmt die Verjährung nicht, wenn eine genaue Aufschlüsselung der Einzelforderungen unterblieben ist und die Individualisierung erst nach Ablauf der Verjährungsfrist im anschließenden Streitverfahren nachgeholt wird[2]. Demzufolge kann zwar ein Anspruch nachträglich im Prozess individualisiert werden, so dass die Klage zulässig wird. Auf die Hemmung der Verjährung hat das aber keinen Einfluss.

Es genügt die typisierte Bezeichnung des Rechtsverhältnisses – entsprechend den Ausführungen zum Mahnbescheidsvordruck – mit Individualisierungsmerkmalen (z.B. „Forderung aus Betriebskostenabrechnung 2005 gem. Re. v. 20.5.2006").

Der BGH[3] hat den Standpunkt der bislang herrschenden Meinung[4] aufgegeben, wonach sich aus den formalisierten Angaben im Mahnbescheid allein die notwendige Individualisierung des Streitgegenstands ergeben muss. Zur Individualisierung eines Schadensersatzanspruchs des Wohnraumvermieters wegen Beschädigung sowie unzureichender Reinigung der Mietsache nach Beendigung der Mietzeit könne die irrtümliche Bezeichnung im Mahnbescheidsantrag „Mietnebenkosten – auch Renovierungskosten" genügen, wenn der Antragsteller zugleich auf ein **vorprozessuales Anspruchsschreiben** Bezug nimmt, welches dem Antragsgegner vermittelt, dass und wofür der Antragsteller Schadensersatz verlangt.

Angesichts dieses Richtungswechsels ist es fraglich, ob eine Bezugnahme auf ein vorgerichtliches Schreiben betreffend Renovierungs- und Schadensbeseitigungskosten ausreicht, wenn sich aus diesem Schreiben nicht die Höhe der geltend gemachten Forderung ergibt[5]. In einem solchen Fall kann sich der Kläger/Vermieter jedenfalls nicht darauf berufen, dass es weiterer Angaben im Mahnbescheid nicht bedurft hätte, weil es sich bei den Forderungen um einzelne Rechnungspositionen innerhalb eines einheitlichen Schadensersatzanspruchs handelt[6]. Zwar bildet auch der Mietausfall eine Position innerhalb des Gesamtschadens aus § 281 BGB. Es handelt sich jedoch um eine von den übrigen Schadenspositionen verschiedene Schadensart. In den Fällen der Schadenseinheit bestimmt sich die Frage der Hemmung der Verjährung des Anspruchs allein danach, was der nach prozessualen Grundsätzen zu ermittelnde Streitgegenstand ist. Beim Zusam-

---
1 BGH, NJW 2001, 305.
2 BGH v. 21.10.2008 – XI ZR 466/07, MDR 2009, 215 = GuT 2008, 431.
3 BGH, MDR 2008, 584 = NJW 2008, 1220 = NZM 2008, 202.
4 Vgl. LG Düsseldorf, NJW 2007, 3009.
5 Verneinend: LG Köln in *Lützenkirchen*, KM 20 Nr. 60.
6 Vgl. dazu BGH, NJW 1998, 1303 = WuM 1998, 155.

mentreffen verschiedener Schadensarten handelt es sich um eine Mehrheit von Streitgegenständen i.S.v. § 260 ZPO[1]. Im Falle der Rückgabe der Mietsache bilden der mit der Nichtwiederherstellung, Unterlassung der Schönheitsreparaturen und Mietausfall begründete Schaden verschiedene Streitgegenstände[2].

Nicht ausreichend sind insbesondere die Angaben:
- „Schadensersatz aus beendetem Pachtverhältnis ... Gaststätte A in B"[3],
- „Schadensersatz wegen nichtvertragsgemäßer Rückgabe der Wohnung ... X-Straße in W"[4],
- „Anspruch auf Schadensersatz wegen Beschädigung einer Mietwohnung"[5],
- „Miete für Wohnraum ... gem. Mietkonto vom ..."[6],
- Aus mehreren Einzelforderungen zusammengesetzte Teilforderung („Forderung in Höhe von ... gemäß Schreiben vom ...")[7];
- „Schadensersatz aus Mietvertrag vom 11.11.1994"[8];
- „Schadensersatz aus Gewerberaummietvertrag gemäß Mietvertrag vom 22.10.1975 vom 21.9.1999"[9].

32a In vergleichbaren Fällen sollte der Rechtsanwalt gleichzeitig mit der Beantragung des Mahnbescheids ein außergerichtliches Schreiben an den Beklagten richten, in dem die einzelnen Schadenspositionen dem Grunde und der Höhe nach geltend gemacht werden. Auf dieses Schreiben kann im Mahnbescheid ohne weiteres Bezug genommen werden, um die notwendige Individualisierung des Streitgegenstandes herbeizuführen.

33 Angesichts der unsicheren Rechtslage ist jeder Gläubiger – und vor allem sein Anwalt – gut beraten, den Mahnbescheid hinsichtlich des Anspruchsgrundes und der Anspruchshöhe zutreffend auszufüllen und nicht auf – nicht einmal beigefügte – vorprozessuale Mahnschreiben zu verweisen. In der Regel sollte in Mietsachen sogleich Klage eingereicht werden. Wenn ohnehin noch eine spezifizierte Aufforderung erfolgen muss, ist der Zeitaufwand nahezu identisch, zumal bei einem Widerspruch der Anspruch später begründet werden und dazu die Akte ein weiteres Mal gelesen werden muss. In Fällen, in denen der Anwalt derart in Zeitnot geraten ist, dass das Mahnverfahren, insbesondere zur Verjährungshemmung, der vermeintlich einzige Weg zur Durchsetzung der Ansprüche des Mandanten ist, müs-

---

1 Zöller/*Vollkommer*, Einl. Rz. 73 u. § 253 ZPO Rz. 15.
2 BGH, WuM 1988, 272; LG Berlin, ZMR 2001, 970.
3 LG Gießen, WuM 1995, 588.
4 LG Wuppertal, WuM 1997, 110.
5 AG Wuppertal, MDR 1990, 437.
6 LG Köln in *Lützenkirchen*, Kölner Mietrecht 20 Nr. 66 (jedenfalls keine Unterbrechung der Verjährung für Schadensersatzansprüche).
7 LG Traunstein, Rpfleger 2004, 366 m. Bspr. *Vollkommer*, S. 336.
8 AG Siegburg, AnwaltInfo Mietrecht 2003, 56 m. Anm. *N. Schneider*.
9 KG, WuM 2002, 614.

sen dem Antrag die zur Individualisierung notwendigen Belege beigefügt werden, weil eine spätere „Nachbesserung" nicht mehr möglich ist.

Muss der Mahnbescheid bei einem auswärtigen Gericht beantragt werden, besteht die Möglichkeit der Antragstellung per **Telefax**[1]. Diese Antragstellung verstößt zwar gegen § 703c ZPO, weil nicht das Original des Formulars eingereicht wird. Indessen wird dieser Mangel geheilt, wenn unmittelbar danach, spätestens innerhalb von einem Monat, das Original beim Gericht eingeht. In diesem Fall ist für die Hemmung der Verjährung nach § 204 Abs. 1 Nr. 3 BGB auf den Zeitpunkt der Ankunft des Telefax-Antrages abzustellen[2]. 34

3. Zutreffende Angabe des Abgabegerichts

Zu beachten ist, dass im Mahnverfahren bereits das **zutreffende Abgabegericht**, also Gericht, das für die Durchführung des streitigen Verfahrens zuständig ist, anzugeben ist (§ 690 Abs. 1 Nr. 5 ZPO). Vielfach wird immer noch, wie nach der früheren Regelung vorgesehen, im Mahnverfahren das Wohnsitzgericht des Antragsgegners angegeben. Zur Zuständigkeit vgl. u. *Rz. 41 ff.* 35

Im **automatisierten Verfahren** schlägt eine herkömmliche Anwalts-Software bei den Angaben zum Antragsgegner in der Regel dessen Wohnsitzgericht vor. In einer weiteren Rubrik muss das Gericht angegeben werden, an das für den Fall eines streitigen Verfahrens die Sache abgegeben werden soll. Im Hinblick auf § 29a ZPO ist das Abgabegericht häufig nicht mit dem Wohnsitzgericht identisch. Um in diesen Fällen eine Monierung zu vermeiden, muss das Abgabegericht auch bei den Angaben zum Antragsgegner verzeichnet werden. Die Vorgaben der Software sollten also keinesfalls ungeprüft übernommen werden. 36

4. Antrag auf Durchführung des streitigen Verfahrens

Ein weiterer Fehler, der häufig bei Ausfüllen des Mahnbescheids gemacht wird, besteht darin, dass bereits mit dem Antrag auf Erlass des Mahnbescheids gem. § 696 Abs. 1 S. 2 ZPO die Durchführung des streitigen Verfahrens für den Fall des Widerspruchs beantragt wird. Dieser Antrag bringt keine prozessualen Vorteile, da diese Sache ohnehin erst abgegeben wird, wenn der weitere Gerichtskostenvorschuss nach Nr. 1100 GKG-KostVerz. eingezahlt ist. Der voreilig gestellte Antrag kann jedoch zu erheblichen Kostennachteilen führen, wenn das Verfahren nach Widerspruch nicht weiterbetrieben wird. Dann fällt nämlich neben der 0,5-Gebühr für das Mahnverfahren (GKG-KostVerz.) nach einem Großteil der Rechtsprechung[3] eine 37

---
[1] AG Siegburg, ZMR 2001, 984.
[2] BGH, NJW 1999, 3717, 3718 m.w.N.
[3] Zuletzt OLG Saarbrücken, KostRsp. GKG-KostVerz. Nr. 116; LG Hagen, AGS 1998, 30 = MDR 1997, 790 = JurBüro 1997, 602.

weitere 0,5-Gebühr nach Nr. 1210 GKG-KostVerz. auch dann an, wenn der Streitantrag wieder zurückgenommen wird[1].

5. Weiteres Verfahren nach Widerspruch und Einspruch

38 Wird gegen den Mahnbescheid Widerspruch eingelegt, so ist das Verfahren an das im Mahnantrag benannte Streitgericht abzugeben (§ 696 Abs. 1 S. 1 ZPO), sobald der weitere Kostenvorschuss nach Nr. 1210 GKG-KostVerz. eingezahlt ist. Ist ein Vollstreckungsbescheid ergangen und legt der Antragsgegner hiergegen Einspruch ein, so ist die Sache ebenfalls an das Streitgericht abzugeben (§ 700 Abs. 3 ZPO). Ein weiterer Gerichtskostenvorschuss ist in diesem Fall nicht vorgesehen, auch wenn er in der Praxis immer wieder angefordert wird[2].

39 Das weitere Verfahren richtet sich in beiden Fällen dann nach den für das Klageverfahren geltenden Vorschriften.

> **Praxishinweis Verjährungshemmung:**
>
> Wird Widerspruch eingelegt, hat der Antragsteller sechs Monate Zeit, das Verfahren weiter zu betreiben, bevor die Hemmung endet, § 204 Abs. 2 Satz 2 BGB. Die Streitsache gilt aber nur dann als mit Zustellung des Mahnbescheids rechtshängig geworden, wenn sie „alsbald nach Erhebung des Widerspruchs" an das Prozessgericht abgegeben wird (§ 696 Abs. 3 ZPO). Nach Auffassung des BGH[3] ist eine Zustellung dann nicht mehr als „demnächst" erfolgt anzusehen, wenn ein nachlässiges Verhalten der Partei zu einer nicht nur geringfügigen Verzögerung der Zustellung beigetragen hat. „Alsbald" ist wie „demnächst" in § 167 ZPO zu definieren. Beide Begriffe sind nicht rein zeitlich zu verstehen; ihr Inhalt wird durch den Zweck der genannten Rückwirkungsvorschriften bestimmt. Durch sie soll die Partei vor einer von ihr nicht zu vertretenden **verzögerlichen Sachbehandlung** geschützt werden.
>
> Zuzurechnen sind dem Kläger alle Verzögerungen, die er oder sein Prozessbevollmächtigter bei gewissenhafter Prozessführung hätten vermeiden können. Regelmäßig sind auch zu vertretende geringfügige Verzögerungen bis zu **14 Tagen** unschädlich. Dies gilt grundsätzlich auch im Mahnverfahren. Der Antragsteller ist gehalten, nach Mitteilung des Widerspruchs ohne schuldhafte Verzögerung die Abgabe an das Streitgericht zu veranlassen. In der Regel ist von ihm binnen eines Zeitraums von zwei Wochen nach Zugang der Mitteilung des Widerspruchs zu erwarten, dass er die restlichen Gerichtsgebühren einzahlt

---

1 Siehe hierzu ausführlich *Salten*, MDR 1997, 612; *Schütt*, MDR 1998, 1122; *N. Schneider*, MDR 1999, 462; zuletzt unter Aufgabe seiner bisherigen Rspr.: OLG Hamburg, MDR 2001, 294 m. Anm. *Schütt*.
2 Ausführlich *N. Schneider*, JurBüro 2003, 4.
3 BGH, FamRZ 2006, 1117 (Ls.) = MDR 2007, 45 = NJW-RR 2006, 1436.

und den Antrag auf Durchführung des streitigen Verfahrens stellt[1]. Auf die Monatsfrist des § 691 Abs. 2 ZPO kann nicht abgestellt werden. Die Erweiterung des für die Rechtzeitigkeit maßgeblichen Zeitraums auf einen Monat ist auf die Fälle beschränkt, in denen sich die Zustellung des Mahnbescheids durch ein nachlässiges Verhalten des Antragstellers verzögert. Eine Übertragung dieser Wertung auf dem Antragsteller zurechenbare Verzögerungen nach Zustellung des Mahnbescheids und nach Aufforderung zur Zahlung der weiteren Gerichtskosten ist nicht gerechtfertigt. Vielmehr sind die für § 167 ZPO geltenden Grundsätze anzuwenden[2]. Verzögert sich die Zustellung des Mahnbescheids, muss der Antragsteller beim Mahngericht nach den Gründen fragen und die Bemühungen aus Beweisgründen dokumentieren.

IV. Rechtsstreit

1. Einleitung

Für den Mietprozess gelten die allgemeinen prozessualen Vorschriften, mit folgenden Besonderheiten:

- **Vertagungsanspruch (§ 227 Abs. 3 ZPO)**

    Der Vertagungsanspruch nach § 227 Abs. 3 ZPO (frühere sog. Feriensachen) ist bei Streitigkeiten wegen Überlassung, Nutzung, Räumung oder Herausgabe von Räumen oder wegen Fortsetzung des Mietverhältnisses über Wohnraum ausgeschlossen (§ 227 Abs. 3 Nr. 2 ZPO).

- **Entscheidung ohne Antrag (§ 308a ZPO)**

    Nach § 308a Abs. 1 ZPO kann das Gericht auch ohne Antrag eine befristete Fortsetzung des Mietverhältnisses aussprechen (vgl. im Einzelnen Rz. 234 ff.).

- **Vorläufige Vollstreckbarkeit (§ 708 ZPO)**

    Urteile in Streitigkeiten zwischen Vermieter und Mieter oder Untermieter von Wohnräumen oder anderen Räumen oder zwischen Mieter und Untermieter solcher Räume wegen Überlassung, Benutzung oder Räumung, wegen Fortsetzung des Mietverhältnisses nach §§ 574 bis 574b BGB sowie wegen Zurückhaltung eingebrachter Sachen sind nach § 708 Nr. 7 ZPO **ohne Sicherheitsleistung für vorläufig vollstreckbar** zu erklären.

- **Schiedsgerichtsvereinbarung (§ 1030 ZPO)**

    Eine Schiedsgerichtsvereinbarung nach § 1030 Abs. 2 S. 1 ZPO ist **unzulässig**, soweit sie den **Bestand eines Mietverhältnisses über Wohnraum**

---

1 BGH, MDR 2008, 641 = NJW 2008, 1672.
2 *Musielak/Voit*, ZPO, § 696 Rz. 4.

im Inland betrifft. Dies gilt nicht, soweit es sich um Wohnraum der in § 549 Abs. 2 Nr. 1 bis 3 BGB bestimmten Art handelt.

2. Sachliche Zuständigkeit

41 Hinsichtlich der sachlichen Zuständigkeit ist zwischen Wohnraum- und sonstigen Mietverhältnissen zu differenzieren.

a) Wohnraummietverhältnisse

42 Für Wohnraummietverhältnisse ist die Vorschrift des § 23 Abs. 2a GVG zu beachten. Danach sind **ausschließlich die Amtsgerichte** zuständig. Ob tatsächlich ein Wohnraummietverhältnis besteht oder nicht, ist dabei unerheblich. Das Amtsgericht, in dessen Bezirk der Wohnraum liegt, ist – unabhängig vom Streitwert – bei Streitigkeiten über Ansprüche aus einem Wohnraummietverhältnis ausschließlich örtlich und sachlich zuständig (§ 23 Nr. 2a GVG, § 29a Abs. 1 ZPO). Dies beruht auf dem Gedanken eines zweistufigen ortsnahen Instanzenzugs (Eingangsgericht: Amtsgericht, Berufungsgericht: Landgericht). Eine **weite Auslegung** des Gesetzes ist daher für die Erreichung dieser zweistufigen Ortsnähe geboten. Entscheidend ist daher regelmäßig, ob nach dem Vortrag des Klägers von einem solchen Wohnraummietverhältnis auszugehen ist. Eine Wohnraumstreitigkeit kann auch dann vorliegen, wenn der Beklagte sich in schlüssiger Weise mit Gegenrechten aus einem behaupteten Wohnraummietvertrag verteidigt, und zwar auch dann, wenn die geltend gemachten klägerischen Ansprüche **nicht im Wohnraummietrecht begründet** sind[1]. Auch in diesem Fall muss nämlich das behauptete wohnraumrechtliche Vertragsverhältnis geprüft werden. Für die Frage der Zuständigkeit reicht daher bereits schlüssiger Sachvortrag des Beklagten aus; es kommt nicht auf die Frage eines tatsächlichen Vertragsschlusses an. Nur so kann die sachliche und örtliche Nähe der erkennenden Gerichte gewahrt bleiben.

43 Ein **Mietverhältnis über Wohnraum** i.S.d. § 23 Abs. 2a GVG liegt vor, wenn die überlassenen Räume zumindest überwiegend zum Wohnen benutzt werden und hierfür eine geldwerte Gegenleistung zu erbringen ist[2].

44 Die sachliche Zuständigkeit nach § 23 Abs. 2a GVG ist eine **ausschließliche**. Die Vorschrift ist von Amts wegen zu beachten, mit der Folge, dass ein Versäumnisurteil vor dem unzuständigen Gericht nicht ergehen darf.

45 Wegen der ausschließlichen sachlichen Zuständigkeit des Amtsgerichts ist auch eine **Gerichtsstandvereinbarung** gemäß § 40 Abs. 2 Satz 1 Nr. 2 ZPO unwirksam. Eine **rügelose Einlassung** nach § 39 ZPO kommt gemäß § 40 Abs. 2 Satz 2 ZPO ebenso wenig in Betracht.

---

1 OLG Düsseldorf, NZM 2008, 479.
2 LG Duisburg, WuM 1981, 213.

Der Begriff der Wohnraummietverhältnisse ist weit auszulegen. Hierunter 46
fallen insbesondere

– **Betriebswohnungen** 47
Die Anmietung von Wohnungen, um sie Betriebsangehörigen zur Verfügung zu stellen, ist gewerbliche Nutzung.

Die Wohnraumüberlassung betrifft nur das Verhältnis zwischen dem Betriebsinhaber und seinen Betriebsangehörigen; sie wirkt sich nicht auf das Hauptmietverhältnis aus. Die Vorschrift des § 23 Abs. 2a GVG gilt insoweit daher nicht[1]. 48

– **Ehewohnung** 49
Klagen zwischen Ehegatten fallen nur dann unter § 23 Abs. 2a GVG, wenn zwischen diesen ein Mietverhältnis besteht, etwa wenn der Ehemann das ihm gehörende Haus, in dem sich die Ehewohnung befand, nach der Trennung an seine Ehefrau vermietet. Fehlt es an einem Mietverhältnis zwischen den Ehegatten, richtet sich das Verfahren nach der HausratsVO. Zuständig ist zwar auch dann das Amtsgericht, allerdings als Familiengericht (§ 11 HausratsVO).

– **Faktische Nutzungsverhältnisse** 50
Auf faktische Nutzungsverhältnisse findet § 23 Abs. 2a GVG keine Anwendung.

– **Heimvertrag** 51
Bei Heimverträgen ist darauf abzustellen, worauf das Schwergewicht beruht. Soweit Betreuung und Verpflegung im Vordergrund stehen, greift § 23 Abs. 2a GVG nicht. Liegt das Hauptgewicht dagegen auf dem Mietcharakter und spielen Verpflegung und Betreuung nur eine untergeordnete Rolle, ist die ausschließliche Zuständigkeit des Amtsgerichts nach § 23 Abs. 2a GVG wiederum gegeben[2].

– **Leihe** 52
Wird Wohnraum unentgeltlich überlassen, so ist § 23 Abs. 2a GVG mangels Entgeltlichkeit nicht anzuwenden. Die Zuständigkeit richtet sich nach den allgemeinen Vorschriften[3].

– **Mischmietverhältnisse** 53
Werden durch einheitlichen Mietvertrag sowohl gewerbliche Räume als auch Wohnräume vermietet, ist auf das Schwergewicht des Vertrages abzustellen, also darauf, welche Nutzungsart überwiegt[4]. Bei der Vermietung von mit einem Laden verbundenen Räumlichkeiten liegt der

---

1 BGH, NJW 1988, 487; a.A. LG München I, ZMR 1994, 51.
2 LG Göttingen, ZMR 1981, 274.
3 OLG Zweibrücken, NJW-RR 1989, 716.
4 OLG Hamburg, MDR 1969, 846; OLG Karlsruhe, MDR 1988, 414; OLG Hamm, ZMR 1986, 11.

Schwerpunkt des Mietverhältnisses im gewerblichen Bereich, wenn die Räume zum Betrieb einer Änderungsschneiderei vermietet und auch genutzt werden und das Gewerbe zum Lebensunterhalt dienen soll; dies gilt selbst dann, wenn der größere Teil der Mietfläche zu Wohnzwecken genutzt wird[1].

◐ **Praxishinweis:**
Problematisch sind insbesondere die Fälle, in denen sich die vermieteten Räume sowohl zur Wohnraum- als auch zur gewerblichen Nutzung eignen und diejenigen, in denen die „Wohnräume" gleichsam einen Anhang zum Gewerbeobjekt darstellen (z.B. Gaststätte mit Wirtswohnung). Bei letzterem Fall liegt der Schwerpunkt deshalb beim Gewerbe, weil ohne die Gaststätte die Wohnung überhaupt nicht vermietet worden wäre. Bei den doppelnutzbaren Räumen ist auf die Vereinbarung abzustellen, die durch die tatsächlichen Umstände bestätigt wird.

54 Nach anderer Auffassung ist bei sog. Mischmietverhältnissen dagegen immer auf § 23 Abs. 2a GVG abzustellen; der Charakter des Wohnraummietverhältnisses soll durchschlagen[2].

55 – **Ungerechtfertigte Bereicherung**

Stützt der Kläger die Herausgabeklage von Wohnraum auf ungerechtfertigte Bereicherung, etwa wegen Nichtigkeit des Mietvertrages o.Ä., ist § 23 Abs. 2a GVG nicht anwendbar, da es nach seinem Vortrag an einem Mietverhältnis fehlt. Wird dagegen wegen zu viel gezahlter Miete o.Ä. aus ungerechtfertigter Bereicherung geklagt, gilt wiederum § 23 Abs. 2a GVG.

– **Untervermietung**

56 – **Klagen aus dem Untermietverhältnis:** Werden Wohnräume untervermietet, so stellt das Untermietverhältnis ein vollwertiges Wohnraummietverhältnis i.S.d. § 23 Abs. 2a GVG dar, so dass für sämtliche Streitigkeiten, die sich aus dem Untermietverhältnis ergeben, die ausschließliche Zuständigkeit des Amtsgerichts gegeben ist.

57 – **Klagen des Vermieters gegen den Untermieter:** Klagt der Vermieter unmittelbar gegen den Untermieter, etwa auf Herausgabe nach § 546 Abs. 2 BGB oder auf Nutzungsentschädigung, so ist ebenfalls nach § 23 Abs. 2a GVG die ausschließliche Zuständigkeit des Amtsgerichts gegeben, und zwar auch dann, wenn das Hauptmietverhältnis ein gewerbliches ist[3].

---

1 OLG Stuttgart, MDR 2008, 1091 = NZM 2008, 726.
2 LG Kiel, SchlHA 1996, 94; LG Flensburg, MDR 1981, 57; LG Aachen, MDR 1986, 240.
3 LG Köln, WuM 1991, 563.

– **Klagen des Vermieters gegen den Hauptmieter (Zwischenvermieter):** 58
Klagt der Vermieter von Wohnräumen gegen den Hauptmieter (Zwischenvermieter), so kommt es darauf an, ob dem Hauptmieter die Räume zu Wohnzwecken überlassen worden waren oder zur gewerblichen Weitervermietung.
– Es gilt § 23 Abs. 2a GVG, wenn die Wohnung dem Hauptmieter zu Wohnzwecken überlassen war.

Beispiel:

Da der Mieter ein Jahr ins Ausland verzieht, vermietet er die Räume für diesen Zeitraum an einen Dritten.

– Dagegen gelten die allgemeinen Vorschriften und nicht § 23 Abs. 2a GVG, wenn die Wohnung dem Hauptmieter zur gewerblichen Weitervermietung überlassen war. Das Untermietverhältnis schlägt dann nicht durch[1].

Beispiel:

Eine gewerbliche Vermietungsgesellschaft mietet Wohnräume zur Weitervermietung an Privatpersonen an.

– **Klagen des Vermieters gegen Haupt- und Untermieter:** Will der Vermieter sowohl gegen den (gewerblichen) Mieter als auch gegen den (Wohnraum-)Untermieter klagen, gilt § 23 Abs. 2a GVG, wenn dem Hauptmieter/Zwischenvermieter die Räume zu Wohnzwecken überlassen waren (s.o. *Rz. 57, 58*).

Waren dem Hauptmieter/Zwischenvermieter die Räume dagegen zur gewerblichen Weitervermietung überlassen, so kann es sich – insbesondere bei einer Räumungsklage – ergeben, dass für die Klage gegen den gewerblichen Mieter das Landgericht gem. § 71 Abs. 1 i.V.m. § 23 Abs. 1 Nr. 1 GVG zuständig ist, für den Untermieter dagegen gem. § 23 Abs. 2a GVG das Amtsgericht. Sofern die Parteien nicht die Zuständigkeit des Amtsgerichts vereinbaren und sich der gewerbliche Mieter dort auch nicht rügelos einlässt, muss ein Antrag nach § 36 Abs. 1 Nr. 3 ZPO beim übergeordneten OLG (§ 36 Abs. 1, Abs. 2 ZPO) gestellt werden, das dann wegen § 23 Abs. 2a GVG nur das Amtsgericht als zuständiges Gericht bestimmen kann (Einzelheiten s.u. *Rz. 77*). 59

– **Vertrag zugunsten Dritter** 60
Leitet ein Dritter aus dem Mietverhältnis auf Grund eines echten Vertrages zugunsten Dritter oder auf Grund der Grundsätze des Vertrages mit Schutzwirkung zugunsten Dritter Ansprüche her, gilt § 23 Abs. 2a GVG auch für ihn, soweit es um mietvertragliche Ansprüche geht. Han-

---

[1] OLG Karlsruhe, NJW 1984, 373.

delt es sich dagegen um allgemeine Ansprüche, die sich aus Anlass des Abschlusses des Mietvertrages ergeben, gilt § 23 Abs. 2a GVG nicht[1].

61 – **Vorvertrag**

Entsprechend anwendbar ist § 23 Abs. 2a GVG auch dann, wenn auf Abschluss eines Mietverhältnisses über Wohnraum geklagt wird, etwa aus einem Vorvertrag.

62 – **Weitervermietung**

Wird Wohnraum zum Zwecke der gewerblichen Weitervermietung angemietet, so greift § 23 Abs. 2a GVG insoweit nicht. Das Untermietverhältnis über Wohnraum schlägt nicht auf das Hauptmietverhältnis durch[2].

63 – **Werkdienstwohnungen**

Für Streitigkeiten aus Verträgen über Werkdienstwohnungen (§ 576b BGB) ist das Arbeitsgericht zuständig[3]. Die Gegenauffassung[4] dürfte seit der Änderung der §§ 23 Abs. 2a GVG, 29a ZPO nicht mehr vertretbar sein[5].

64 – **Werkmietwohnungen**

Das Amtsgericht (und nicht das Arbeitsgericht!) ist auch zur Entscheidung von Streitigkeiten über Werkmietwohnungen im Sinne von § 576b BGB ausschließlich zuständig, selbst wenn der Betriebsrat ein Mitbestimmungsrecht über Zuweisung, Kündigung und Festlegung der Mietbedingungen hat[6]. Die ausschließliche sachliche Zuständigkeit besteht auch für ein Nutzungsverhältnis über Wohnraum, der im Zusammenhang mit einem Arbeitsverhältnis überlassen worden ist, selbst wenn ein Mietvertrag nicht ausdrücklich abgeschlossen worden ist[7].

65 Für die Anwendung des § 23 Abs. 2a GVG ist es unerheblich, ob das Mietverhältnis schon begonnen hat, ob es noch andauert oder ob es bereits beendet ist. Entscheidend ist allein, dass Ansprüche aus einem Wohnraummietverhältnis geltend gemacht werden. Daher ist die ausschließliche Zuständigkeit des Amtsgerichts auch dann gegeben, wenn Leistungen, Sicherheiten o.Ä. verlangt werden, die vor Beginn des Mietverhältnisses zu erbringen sind. Ebenso gilt § 23 Abs. 2a GVG, wenn das Mietverhältnis bereits beendet ist.

66 Unerheblich ist ebenso, welche Ansprüche geltend gemacht und welches Rechtsschutzziel verfolgt wird. Die Vorschrift des § 23 Abs. 2a GVG gilt

---

1 OLG München, Rpfleger 1972, 31 = ZMR 1973, 84.
2 OLG Karlsruhe, NJW 1984, 373.
3 Grundlegend BAG, WuM 2000, 362; AG Garmisch, ZMR 1972, 117.
4 LG Detmold, ZMR 1968, 321.
5 *Julius*, WuM 2000, 340.
6 LAG Tübingen, NJW 1970, 246; BAG, MDR 1990, 656.
7 LG Augsburg, WuM 1994, 333.

für sämtliche Klagearten, Leistungsklagen, Feststellungsklagen, Gestaltungsklagen. Auch auf Vollstreckungsgegenklagen ist § 23 Abs. 2a GVG anwendbar[1]. Des Weiteren gilt diese Vorschrift auch für Arrest- und einstweilige Verfügungsverfahren, da insoweit nach §§ 919, 937 ZPO der Gerichtsstand der Hauptsache gegeben ist[2]. Auch für selbständige Beweisverfahren ist diese Vorschrift zu beachten, da insoweit der Gerichtsstand des Hauptsacheprozesses gilt (§ 486 Abs. 1, Abs. 2 ZPO).

Allerdings verneint der BGH die Anwendbarkeit des § 29a ZPO bei **Klagen gegen den Bürgen**[3] oder sonstigen Sicherungsgeber. Bereits der Wortlaut erfasst nur Streitigkeiten über Ansprüche aus Miet- oder Pachtverhältnissen über Räume oder über das Bestehen solcher Verhältnisse, also Rechtsstreitigkeiten, an denen die Prozessbeteiligten als Parteien des Vertrages, seiner Anbahnung oder Abwicklung beteiligt sind. Demgegenüber handelt es sich bei Ansprüchen des Vermieters gegen einen Dritten aus einem selbständigen Gewähr- oder Garantievertrag oder aus einer Bürgschaft nicht um Streitigkeiten aus einem Miet- oder Pachtverhältnis, seiner Anbahnung oder Abwicklung, sondern um Ansprüche aus einem selbständigen Rechtsgeschäft. Mithin kann auch für § 23 Nr. 2a) GVG nichts anderes gelten. Wenn eine Klage ausdrücklich nur auf **§ 823 BGB** (Schadensersatz wegen Beseitigung diverser Gegenstände im Zuge einer Wohnungsräumung) gestützt wird, berührt dies die Zuständigkeit der Amtsgerichte gemäß **§ 23 Nr. 2a GVG** nicht, da diese ihrem Zweck nach bei behauptetem Bestand eines Mietverhältnisses umfassend Anwendung finden soll und ihre Anwendbarkeit nicht davon abhängt, dass sich der Kläger auf seine Rechte aus dem Mietverhältnis beruft[4].

66a

b) Gewerbliche Mietverhältnisse

Bei gewerblicher Vermietung ist § 23 GVG nicht anwendbar. Es gelten vielmehr die **allgemeinen Vorschriften**. Soweit keine Sonderregelung eingreift, gilt § 71 Abs. 1 i.V.m. § 23 Abs. 1 Nr. 1 GVG. Bis zu einem Streitwert von 5000 Euro ist die Zuständigkeit des Amtsgerichts gegeben. Übersteigt der Streitwert den Betrag von 5000 Euro, ist die Zuständigkeit des Landgerichts gegeben.

67

Werden **mehrere Ansprüche** des Klägers in einer Klage gemäß § 260 ZPO verbunden, sollte der Anwalt die Zuständigkeit des angerufenen Gerichts im Auge behalten. Eine Verbindung mehrerer Ansprüche des Klägers in einer Klage ist nur dann möglich, wenn für sämtliche Ansprüche die sachliche Zuständigkeit des Prozessgerichts gegeben ist.

67a

Der **Zuständigkeitsstreitwert** ist nach den §§ 3 ff. ZPO zu ermitteln. Er darf nicht mit dem Gebührenstreitwert verwechselt werden. Insbesondere

68

---

1 LG Hamburg, WuM 2003, 38.
2 KG, ZMR 1983, 377.
3 BGH, WuM 2004, 296 = ZMR 2004, 337 = NZM 2004, 299.
4 OLG Köln v. 30.1.2009 – 3 W 75/08, OLGR Köln 2009, 743.

gilt hier nicht § 16 GKG. Es kann also durchaus vorkommen, dass der Zuständigkeitsstreitwert den Betrag von 5000 Euro übersteigt, während der Gebührenstreitwert darunter liegt. Dies kann insbesondere bei Räumungsprozessen der Fall sein:

Beispiel:

Der Kläger verlangt Räumung von gewerblich genutzten Räumen (monatliche Miete 400 Euro).
Der Gebührenstreitwert beläuft sich gem. § 16 Abs. 2 GKG auf lediglich 4800 Euro. Der Zuständigkeitsstreitwert bemisst sich gem. §§ 6, 8 ZPO ggf. i.V.m. § 9 ZPO[1] nach der streitigen Zeit und dürfte in aller Regel weit über dem Jahresmietwert liegen.

69 **Gerichtsstandsvereinbarungen** sowie **rügelose Einlassung** sind hier – im Gegensatz zu Wohnraummietverhältnissen – nach allgemeinen Vorschriften (§§ 38 ff. ZPO) zulässig.

c) Objektive Klagenhäufung

70 Werden in demselben Rechtsstreit mehrere Ansprüche gegen den oder dieselben Beklagten erhoben, so ist zu differenzieren:

71 – **Sämtliche Ansprüche resultieren aus Wohnraummietverhältnissen**

Soweit sämtliche Ansprüche aus Wohnraummietverhältnissen resultieren, gilt **einheitlich § 23 Abs. 2a GVG**, so dass das Amtsgericht zuständig ist.

72 – **Sämtliche Ansprüche resultieren nicht aus Wohnraummietverhältnissen**

Werden Ansprüche erhoben, die sämtlich ihren Grund nicht in Wohnraummietverhältnissen haben, so sind die Werte sämtlicher Klageanträge nach § 5 ZPO zu addieren, sofern kein Additionsverbot greift. Übersteigt die Summe der Einzelwerte die Zuständigkeitsgrenze von 5000 Euro, so ist das Landgericht zuständig, andernfalls das Amtsgericht.

73 – **Es werden sowohl Ansprüche geltend gemacht, die aus einem Wohnraummietverhältnis entstammen, als auch anderweitige Ansprüche, die zur Zuständigkeit des Amtsgerichts gehören**

Werden Ansprüche geltend gemacht, die sowohl aus einem Wohnraummietverhältnis entstammen, als auch anderweitige Ansprüche, etwa solche, die aus einem völlig anderen Rechtsverhältnis entstammen, verbleibt es bei der Zuständigkeit des Amtsgerichts, wenn auch für die anderweitigen Ansprüche die Zuständigkeit des Amtsgerichts gegeben ist.

---

1 Zöller/*Herget*, § 8 ZPO Rz. 5.

Beispiel:
Der Vermieter klagt auf Räumung sowie auf Zahlung einer Kaufpreisforderung in Höhe von 3000 Euro.
Für beide Forderungen ist die Zuständigkeit des Amtsgerichts gegeben. Dass der Streitwert ggf. über 5000 Euro liegt, ist insoweit unerheblich.

Sind bei dem betreffenden Amtsgericht spezielle Mietabteilungen eingerichtet, so hat dies auf die Zulässigkeit der Klagenhäufung keinen Einfluss. Die Zuständigkeit der Abteilung ist lediglich eine Frage der Geschäftsverteilung. 74

– **Es werden sowohl Ansprüche geltend gemacht, die aus einem Wohnraummietverhältnis entstammen, als auch anderweitige Ansprüche, die zur Zuständigkeit des Landgerichts gehören** 75

Werden in demselben Verfahren sowohl Ansprüche geltend gemacht, die nach § 23 Abs. 2a GVG unter die ausschließliche Zuständigkeit des Amtsgerichts fallen, sowie Ansprüche, für die das Landgericht nach § 71 Abs. 1 i.V.m. § 23 Abs. 1 Nr. 1 GVG zuständig ist, so können die Parteien eine Gerichtsstandsvereinbarung treffen (§ 38 ZPO) oder sich rügelos vor dem Amtsgericht einlassen (§ 39 ZPO). Geschieht dies nicht, muss eine Teilverweisung an das Landgericht beantragt werden. Das Amtsgericht hat die Klage, soweit es nicht zuständig ist, nach § 145 ZPO abzutrennen und gem. § 281 ZPO an das Landgericht zu verweisen. Unterbleibt der Verweisungsantrag, ist die Klage als unzulässig abzuweisen.

Beispiel:
Der Kläger hat dem Beklagten durch getrennte Verträge sowohl eine Wohnung vermietet als auch ein Ladenlokal und klagt nunmehr auf Räumung beider Objekte.
Für die Räumung der Wohnung ist ausschließlich das Amtsgericht nach § 23a GVG zuständig. Für die Räumung des Ladenlokals ist nach §§ 71 Abs. 1, 23 Abs. 1 GVG die Zuständigkeit des Landgerichts gegeben. Sofern sich die Parteien nicht auf die Zuständigkeit des Amtsgerichts einigen oder der Beklagte sich diesbezüglich nicht rügelos einlässt, ist die Klage betreffend das Ladenlokal abzutrennen und die Sache zu verweisen.

– **Klage und Widerklage** 76

Die gleichen Grundsätze gelten auch für Klage und Widerklage. Erhebt z.B. der auf Räumung verklagte Wohnraummieter eine Widerklage, die zur Zuständigkeit des Landgerichts gehört, muss auf entsprechende Rüge des Widerbeklagten abgetrennt und verwiesen werden.

d) Subjektive Klagenhäufung

Werden mehrere Personen verklagt, so ist die Zuständigkeit i.d.R. für alle Beklagten die gleiche. Eine Ausnahme kann sich allerdings bei einer ge- 77 meinsamen Klage gegen Mieter und Untermieter ergeben (vgl. o. *Rz. 59*). Hier muss beim zuständigen Oberlandesgericht (§ 36 Abs. 1, Abs. 2 ZPO) eine gerichtliche Bestimmung der Zuständigkeit nach § 36 Abs. 1 Nr. 1 ZPO beantragt werden, wenn die Parteien nicht die Zuständigkeit des Amtsgerichts vereinbaren und sich der gewerbliche Zwischenvermieter auch nicht rügelos vor dem Amtsgericht einlassen will.

3. Örtliche Zuständigkeit

78 Die örtliche Zuständigkeit ist in den §§ 13 ff. ZPO geregelt. In Mietsachen gilt insoweit zunächst einmal der besondere **Gerichtsstand des § 29a ZPO**. Es handelt sich hier um einen **ausschließlichen Gerichtsstand**. Eine Parteivereinbarung (§ 38 ZPO) oder eine rügelose Einlassung (§ 39 ZPO) vor einem anderen Gericht ist auch bei gewerblichen Mietverhältnissen nicht möglich. Die Zuständigkeit ist von Amts wegen zu beachten; ein Versäumnisurteil darf nicht erlassen werden.

79 Nach § 29a ZPO ist bei Streitigkeiten über Ansprüche aus Miet- oder Pachtverhältnissen über Räume oder das Bestehen solcher Verhältnisse ausschließlich das Gericht zuständig, **in dessen Bezirk sich die Räume befinden**. Ausgenommen sind Wohnraummietverhältnisse der in § 549 Abs. 2 Nr. 1–3 BGB genannten Art (§ 29a Abs. 2 ZPO). Die Vorschrift des § 29a ZPO gilt im Gegensatz zu der Vorschrift des § 23 Abs. 2a GVG für **sämtliche Mietverhältnisse**, also sowohl für **Wohnraummietverhältnisse** als auch für **gewerbliche Mietverhältnisse**. Sie gilt auch für **Untermietverhältnisse**, Streitigkeiten zwischen **Hauptvermieter/Eigentümer und Untermieter**, Streitigkeiten betreffend **Werkmiet- oder Werkdienstwohnungen**. Auch auf **Ferienwohnungen** ist § 29a ZPO anwendbar.

80 Unerheblich ist, in welchem Verfahren vorgegangen und welches Rechtsschutzziel verfolgt wird. Auch für das Selbständige Beweisverfahren (§ 486 Abs. 1, Abs. 2 ZPO), für Arrest- und einstweilige Verfügungsverfahren (§§ 919, 937 ZPO) sowie für Vollstreckungsgegenklagen[1] ist diese Vorschrift zu beachten.

80a Der BGH[2] hat die Anwendbarkeit des § 29a ZPO für **Klagen gegen einen Dritten** (z.B. Bürge oder Garant) verneint, auch wenn dessen Verpflichtung in Zusammenhang mit dem Mietvertrag steht; insoweit handele es sich um Ansprüche aus einem selbständigen Rechtsgeschäft. Die Vorschrift des § 29a ZPO beruhe auf dem Gedanken, für die örtliche Zuständigkeit an die Belegenheit des Miet- oder Pachtobjekts anzuknüpfen und Rechtsstreitigkeiten aus Miet- oder Pachtverträgen über Räume bei einem ortsnahen Gericht zu konzentrieren, das mit den örtlichen Verhältnissen vertraut und zur Beurteilung etwaiger Einwendungen besonders in der Lage ist.

---

1 AG Hamburg, WuM 2003, 38.
2 BGH, WuM 2004, 296 = ZMR 2004, 337 = NZM 2004, 299.

Sind durch einheitlichen Vertrag **mehrere Objekte** vermietet, die sich **in** 81
verschiedenen Gerichtsbezirken befinden, so ist – sofern nicht lediglich
über ein einziges Objekt gestritten wird – eine Zuständigkeitsbestimmung
analog § 36 Nr. 3 ZPO einzuholen.

Liegt das Mietobjekt im **Ausland**, so ist zu unterscheiden: Für Wohnraum 82
im Bereich der EG ist das Gericht am Ort der Wohnung zuständig (Art. 16
Nr. 1a EuGVÜ). Bei gewerblichen Mietverhältnissen kommt dagegen auch
eine Klage am Sitz des Beklagten in Betracht; die Vorschrift des § 29a ZPO
gilt hier nicht.

Wird bei einer **Verweisung** gegen § 29a ZPO verstoßen, so bleibt die Ver- 83
weisung bindend, es sei denn, der Verweisungsbeschluss kann ausnahmsweise angefochten werden. Andernfalls geht die Bindungswirkung vor[1].

Keine Bindungswirkung entfaltet die **Abgabe des Mahnverfahrens** nach 84
§ 696 Abs. 1 S. 1 ZPO. Wird das Mahnverfahren an ein unzuständiges Gericht abgegeben, so muss dieses die Sache nach § 696 Abs. 5 S. 1 ZPO auf
Antrag an das nach § 29a ZPO örtlich zuständige Gericht verweisen.

4. Die Parteien

Die Parteien müssen in der Klageschrift nach Namen und Anschrift genau 85
bezeichnet werden (§ 153 Abs. 2 Nr. 1 ZPO). Die bloße Angabe einer **Post-
fachadresse** wird von der Rechtsprechung zum Teil als unzulässig angesehen, weil damit der Kläger nicht ausreichend bezeichnet werde[2].

Fehler bei der Parteibezeichnung können zur Abweisung der Klage führen 86
– oder zumindest zu erheblichen Kostennachteilen, wenn die Klage im
Laufe des Verfahrens umgestellt werden muss. Bei der Angabe der Parteien
ist daher besonders sorgfältig vorzugehen. Insbesondere sollte geprüft werden, ob sich nicht im Verlaufe des Mietverhältnisses **Änderungen ergeben**
haben.

> **Praxishinweis:**
> Wer Partei des Rechtsstreits ist, beurteilt sich danach, welchen Erklä-
> rungsgehalt die Parteibezeichnung bei objektiver Würdigung hat. Auch
> bei unrichtiger Bezeichnung ist grundsätzlich diejenige Person Partei,
> die erkennbar durch die Parteibezeichnung getroffen werden soll. Wer
> das ist, muss das Gericht nach der in der gesamten Klageschrift nebst
> Anlagen zum Ausdruck gekommenen prozessualen Willenserklärung
> durch Auslegung ermitteln[3]. Als Auslegungsmittel können auch späte-
> re Prozessvorgänge, namentlich eine im Verlauf des Rechtsstreits er-
> folgte Klarstellung zur Identität der Partei, herangezogen werden. Bei

---

1 OLG Düsseldorf, Rpfleger 1976, 186.
2 VGH Mannheim, NJW 1997, 2064; BGH, BGHZ 102, 332 = NJW 1988, 2114; KG,
OLGZ 1991, 465; **a.A.** Zöller/*Greger*, § 253 ZPO Rz. 8.
3 Vgl. BGH, NJW-RR 2008, 582.

dieser Auslegung gilt der Grundsatz, dass die Klageerhebung gegen die eigentlich gemeinte Partei nicht an deren fehlerhafter Bezeichnung scheitern darf, wenn die Mängel in Anbetracht der Umstände letztlich keine Zweifel an dem wirklich Gewollten aufkommen lassen. Von einer solchen fehlerhaften Parteibezeichnung, die durch eine bloße **Rubrumsberichtigung** korrigiert werden kann und die keiner **Klageänderung** bedarf, ist die irrtümliche Benennung einer falschen, materiellrechtlich nicht beteiligten Person als Partei zu unterscheiden[1].

87 Zum Teil sind die Mietvertragsformulare unklar oder fehlerhaft ausgefüllt, so dass sich dort Namen und Unterschriften von Personen finden, die gar nicht Vertragspartei sind. So kommt es häufig vor, dass im Vertragsrubrum beide **Ehegatten** als Vermieter angegeben sind, jedoch der Vertrag nur von einem der beiden Eheleute unterzeichnet ist. Einige Gerichte[2] gehen davon aus, es liege eine tatsächliche Vermutung dafür vor, dass der eine Ehepartner im Namen des anderen mit unterzeichnet habe. Dagegen nimmt das LG Berlin[3] einen nachträglichen Beitritt zum Mietvertrag an, wenn der Ehegatte, der den Mietvertrag zu Beginn nicht unterzeichnet hat, diesen später unterschreibt oder im Nachhinein eine Duldung zur Modernisierung unterzeichnet. Eine andere Meinung[4] nimmt an, dass man im Zweifel nicht davon ausgehen könne, dass ein Ehepartner den Mietvertrag zugleich in Vertretung und in Vollmacht des anderen unterschrieben habe. Wenn es allerdings so ist, dass ein Ehegatte der die Vertragsverhandlungen geführt und den Mietvertrag alleine unterschrieben hat, den anderen Ehepartner anschließend zusätzlich in das Rubrum des Vertrages aufnimmt, wird für den Vertragspartner deutlich, dass der Handelnde den anderen Ehegatten vertreten hat und damit beide Vertragspartner sind[5]. Umgekehrt wird der Ehegatte, der zwar unterschreibt, nicht aber im Rubrum als Vertragspartei aufgeführt ist, nicht Vertragspartei, obwohl er Miteigentümer ist. In diesem Fall sprechen die Umstände gem. § 164 Abs. 1 Satz 2 BGB für eine Vertretung der im Rubrum bezeichneten Person[6]. Ist schließlich nur einer der beiden Eheleute im Kopf des Vertrages als Vermieter aufgeführt, hat aber neben ihm auch der andere Ehepartner als Vermieter unterzeichnet, wird in der Regel nur der Ehegatte Vertragspartner, der im Vertrag als Vermieter aufgeführt ist[7].

88 In derartigen Fällen sollte der Rechtsanwalt versuchen, sich Gewissheit über die richtige Vertragspartei zu verschaffen. Da sich völlige Klarheit in

---

1 Vgl. BGH, NJW-RR 2008, 582; BGH, WuM 2009, 357 = NJW-RR 2009, 948 = NZM 2009, 513.
2 OLG Düsseldorf, ZMR 2000, 210; LG Berlin, GE 1999, 1285; LG Heidelberg, WuM 1997, 547.
3 LG Berlin, GE 2001, 1603.
4 LG Berlin, GE 1995, 1343; LG Mannheim, ZMR 1993, 415.
5 OLG Düsseldorf, ZMR 2000, 210; *Lützenkirchen/Dickesbach*, Vertragsstörungen im Mietrecht, Rz. 262.
6 OLG Hamm, ZMR 2006, 205.
7 LG Osnabrück, WuM 2001, 438; LG Berlin, ZMR 1998, 103; **a.A.** AG Köln, WuM 1980, 85.

der Regel nicht herstellen lassen wird, sollte von dem Grundsatz ausgegangen werden, dass auf Vermieterseite die Partei im Zweifel mit dem Eigentümer identisch sein will, um Probleme bei § 566 BGB zu vermeiden, und auf Mieterseite nur derjenige haften will, der auch unterschreibt. Auf das durch die Auslegung hervorgerufene Risiko muss der Mandant hingewiesen werden.

Zu beachten ist bei der **Parteiangabe** insbesondere Folgendes:

a) Klägerseite

– **Juristische Personen**

Wird eine juristische Person verklagt, so reicht es aus, den Vertretungsberechtigten nach Funktion zu benennen (z.B. bei einer AG „vertreten durch den Vorstand", bei einer GmbH „vertreten durch den/die Geschäftsführer", bei einem Verein „vertreten durch den Vorstand" oder bei einer Genossenschaft „vertreten durch den Vorstand". Eine namentliche Benennung ist nicht erforderlich[1].

– **BGB-Gesellschaft**

Nach der Rechtsprechung des BGH ist die BGB-Gesellschaft (GbR) dann rechts- und parteifähig, wenn sie als **Außengesellschaft** auftritt[2]. Eine Gesellschaft bürgerlichen Rechts tritt als Außengesellschaft im Mietrecht zumindest dann auf, wenn sie im Mietvertrag – als Vermieter oder Mieter – als „Gesellschaft bürgerlichen Rechts" bezeichnet ist. Tritt eine Außengesellschaft, die im Grundbuch in einem ihre gesamthänderische Bindung bezeichnenden Vermerk gemäß § 47 GBO als Eigentümerin oder Erbbauberechtigte eingetragen ist, als Vermieter auf, hat ein Gesellschafterwechsel, der außerhalb des Grundbuchs stattfindet, nicht die Wirkung des § 566 BGB, d.h., es tritt kein Vermieterwechsel ein[3].

Die Rechtsfähigkeit der GbR hat zur Folge, dass sie auch **parteifähig** ist. Klagen die einzelnen Gesellschafter als notwendige Streitgenossen eine Gesamthandsforderung ein, ist richtiger Kläger die GbR, weil ihr die Ansprüche zustehen[4]. Die **richtige Parteibezeichnung** kann durch einfache Rubrumsberichtigung herbeigeführt werden[5]. Die Gesellschafter der Vermieter-GbR sind nur nach den Grundsätzen der gewillkürten **Prozessstandschaft** (vgl. dazu Rz. 92) befugt, den der Gesellschaft zustehenden Anspruch im eigenen Namen geltend zu machen[6] und daher auch die richtige Prozesspartei z.B. bei Nachforderungen aus Betriebskostenabrechnungen[7]. Werden jedoch im Rubrum einer Klageschrift bloß die Gesellschafter persönlich angegeben, ist die GbR Klägerin, so

---

1 BGH, NJW 1989, 2689.
2 BGH, MDR 2001, 459 = WuM 2001, 408 = NJW 2001, 1058.
3 BGH, NZM 1998, 260.
4 OLG Düsseldorf, WuM 2005, 655 = ZMR 2005, 710.
5 BGH, NZM 2003, 235.
6 OLG Düsseldorf, GuT 2003, 18.
7 BGH, WuM 2005, 791.

dass sich z.B. die Zuständigkeit nach § 119 bs. 1 Nr. 1 lit. b) GVG nicht nach dem ausländischen Wohnsitz eines Gesellschafters, sondern nach dem Sitz der GbR richtet[1].

⟹ **Praxishinweis:**

Im **Aktivprozess** können neben der BGB-Gesellschaft auch ihre Gesellschafter als Partei auftreten[2]. Klagt ein Gesellschafter einer BGB-Gesellschaft, die Geschäftsräume vermietet hat, auf Feststellung, dass der Mietvertrag fortbestehe, dann ist zu prüfen, ob der Gesellschafter konkludent zur Prozessführung ermächtigt worden ist; hierfür kann sprechen, dass die anderen Gesellschafter ihre Ansprüche aus dem Mietvertrag an den klagenden Gesellschafter abgetreten haben und der Gesellschafter in erster Instanz von einem Gesellschafter anwaltlich vertreten wurde[3]. Im **Passivprozess** sollten die GbR und die einzelnen Gesellschafter nebeneinander verklagt werden, was wegen der nach wie vor bestehenden persönlichen Gesellschafterhaftung möglich ist[4].

89a Ebenso wie bei **sonstigen Personengesellschaften** (oHG, KG) hat das Auftreten einer **Außen-GbR** u.a. folgende Auswirkungen:

- das **Ausscheiden** eines Gesellschafters führt nicht zur Beseitigung der Haftung[5]. Die Nachhaftung des ausscheidenden GbR-Gesellschafters auf Mieterseite bezieht sich z.B. gemäß §§ 736 Abs. 2 BGB, 160 HGB auf alle in dem 5-Jahreszeitraum fällig werdenden Forderungen, die ihre Grundlage im Mietvertrag haben (z.B. Mietzahlungsansprüche, Betriebskostennachforderungen). Denn sie sind mit dem Abschluss des Mietvertrages entstanden[6];
- **Änderungen des Gesellschafterbestandes**
  - sind ohne Einfluss auf den Mietvertrag[7],
  - der Ausscheidende haftet nach §§ 128, 160 HGB[8],
  - der Eintretende haftet nach § 130 HGB;
- eine **Umwandlung** i.S.d. UmwG stellt keinen zustimmungsbedürftigen Mieterwechsel dar[9].

90 - **Erbengemeinschaft**

Eine Erbengemeinschaft selbst kann keinen Mietvertrag abschließen; der Vertrag kommt nur mit den einzelnen Miterben in ihrer gesamthän-

---

1 OLG Düsseldorf, WuM 2005, 655 = ZMR 2005, 710.
2 *Hansens*, AIM 2003, 9, 11.
3 BGH, NZM 2002, 786.
4 *Neuhaus* in Börstinghaus MietPrax, Fach 12, Rz. 78.
5 BGH, WuM 1987, 260.
6 KG, ZMR 2005, 952 = GuT 2005, 251 = NZM 2006, 19.
7 OLG Hamm, NZM 1998, 720.
8 BGH, NJW 1987, 2367; KG, ZMR 2005, 952 = GuT 2005, 251 = NZM 2006, 19.
9 BGH, NJW 1967, 467; OLG Düsseldorf, BB 1992, 2173.

derischen Bindung zustande[1]; sie kann jedoch im Wege der Rechtsnachfolge in ein bestehendes Mietverhältnis eintreten. In diesem Fall kommt der Erbengemeinschaft allerdings keine Parteistellung zu, da sie keine juristische Person ist. Geklagt werden muss im Namen der einzelnen Mitglieder in ihrer Verbundenheit als Erbengemeinschaft[2]. Für die Vermieter- wie auch für die Mieterseite ist es im Rechtsstreit gleichermaßen wichtig darzulegen und ggf. zu beweisen, wer im Zeitpunkt des Mietvertragsabschlusses Mitglied der Erbengemeinschaft war und u.U. wann genau und wodurch das Mitglied während des Bestehens des Mietverhältnisses aus der Erbengemeinschaft eingetreten bzw. ausgeschieden ist.

– **Erwerber** 91

Ist das Mietobjekt nach Überlassung der Mietsache veräußert worden und der Erwerber in das Mietverhältnis nach § 566 Abs. 1 BGB eingetreten, so ist er Partei, soweit er Ansprüche aus dem Mietverhältnis geltend macht. Das gilt auch für den Fall, dass der neue Eigentümer bei Erwerb des Eigentums kraft Gesetzes anstelle des Vermieters in die Rechte und Pflichten aus bestehenden Mietverhältnissen eintritt[3].

Vollzieht sich der Erwerb erst während des Rechtsstreits, so gelten die §§ 265, 325 Abs. 1 ZPO. Es bestehen folgende Möglichkeiten:

(1) Die Klage wird weiterhin im Namen des bisherigen Vermieters fortgeführt; eine Zustimmung des Beklagten ist dann nicht erforderlich.

(2) Die Klage wird im Namen des bisherigen Vermieters fortgeführt, und der Erwerber tritt als Nebenintervenient bei; die Vorschrift des § 61 ZPO gilt in diesem Falle allerdings nicht (§ 265 Abs. 2 S. 3 ZPO).

(3) Die Klage wird im Namen des bisherigen Vermieters fortgeführt, und der Erwerber tritt als Hauptintervenient bei; hierzu ist allerdings wiederum die Zustimmung des Beklagten erforderlich (§ 265 Abs. 2 S. 1 ZPO).

(4) Der Erwerber übernimmt den Rechtsstreit. Hier ist wiederum die Zustimmung des Beklagten erforderlich (§ 265 Abs. 2 S. 1 ZPO).

Wird das Verfahren im Namen des bisherigen Vermieters fortgeführt, wirkt die Rechtskraft des Urteils auch für und gegen den Erwerber (§ 325 Abs. 1 ZPO).

– **Gewillkürte Prozessstandschaft** 92

Eine Klage als gewillkürter Prozessstandschafter ist nur ausnahmsweise zulässig. Sie setzt voraus, dass der Kläger ein eigenes Interesse an dem Ausgang des Rechtsstreits hat. Dies ist etwa dann gegeben, wenn der Erwerber schon vor Eintragung im Grundbuch den Räumungsanspruch des veräußernden Vermieters durchsetzen will, um ein geräumtes Ob-

---

1 BGH, MDR 2003, 81 = WuM 2002, 601 = NJW 2002, 3389; **a.A.** *Schmidt*, NJW 1985, 2785, 2788; *Grunewald*, AcP 197 (1997), 305, 306 f.
2 BGH, WuM 2002, 601 = ZMR 2002, 907 = NZM 2002, 67 m.w.N.
3 WuM 2009, 357 = NJW-RR 2009, 948 = NZM 2009, 513.

jekt zu erhalten[1]. Zulässig ist insoweit auch die Klage eines einzelnen Gesellschafters, der Ansprüche einer Vermieter-Gesellschaft in eigenem Namen geltend macht[2].

93 – **Insolvenzverwalter**

Der Insolvenzverwalter ist Partei kraft Amtes und daher berechtigt, Klage in eigenem Namen zu erheben.

94 – **Mehrere Personen**

Sind auf Vermieterseite mehrere Personen vorhanden, so stehen ihnen die Forderungen aus dem Mietverhältnis grundsätzlich gesamthänderisch zu. Dies gilt insbesondere bei Räumungsklagen. In diesem Falle müssen daher regelmäßig sämtliche Vermieter als Kläger auftreten und im Klagerubrum aufgeführt werden. Andernfalls ist die Klage unbegründet. Möglich ist es allerdings, dass nur ein Vermieter klagt und die übrigen Vermieter ihm ihre Ansprüche abtreten.

95 Die Klage eines einzelnen Vermieters auf Leistung an alle ist grundsätzlich nicht zulässig. Eine Ausnahme gilt nur dann, wenn die Voraussetzungen einer zulässigen Prozessstandschaft gegeben sind[3]. In diesem Fall kann ein Vermieter auch ausnahmsweise allein klagen, allerdings nur auf Leistung an alle Vermieter, nicht an sich allein[4]. Dies muss dann im Klageantrag deutlich gemacht werden.

96 Unter Anwendung des § 432 S. 1 BGB macht die Rechtsprechung eine weitere Ausnahme, wenn die geschuldete **Leistung unteilbar** ist. Auch hier kann der einzelne Vermieter auf Leistung an alle klagen. Von diesen Voraussetzungen kann bei einer **Bruchteilsgemeinschaft** grundsätzlich ausgegangen werden[5]. Dazu sollte die Eintragung im Grundbuch überprüft werden.

97 – **Testamentsvollstrecker**

Der Testamentsvollstrecker ist ebenfalls Partei kraft Amtes und daher berechtigt, in eigenem Namen Klage zu erheben.

98 – **Verwalter**

Der Verwalter von Miefträumen ist niemals prozessführungsbefugt. Entsprechende Klauseln im Verwaltervertrag, die eine Prozessstandschaft begründen sollen, verstoßen gegen Art. 1 § 1 Abs. 1 RBerG und sind daher nach § 134 BGB nichtig[6]. Abgesehen davon fehlt es an einem schutzwürdigen Interesse des Verwalters[7].

---

1 *Belz* in Bub/Treier, VII Rz. 49.
2 OLG Düsseldorf, OLGReport 2003, 23.
3 BGH, BGHZ 4, 165; *Kossmann*, § 7 Rz. 42.
4 *Kossmann*, § 7 Rz. 42.
5 OLG Düsseldorf, NJW-RR 1998, 11; MünchKomm/*Schmidt*, § 741 BGB Rz. 43.
6 AG Neuss, NJW-RR 1989, 269 = WuM 1989, 88.
7 LG Görlitz, WuM 1997, 682.

– **WEG-Verwalter** 99

Auch der WEG-Verwalter kann grundsätzlich nicht als Kläger auftreten. Eine Ausnahme gilt nur dann, wenn die WEG-Gemeinschaft selbst Vermieterin ist, etwa wenn ein Teil der Gemeinschaftsfläche an einen Dritten vermietet worden ist.

– **Zwangsverwalter** 100

Der Zwangsverwalter ist im Rahmen der Verwaltung eines Grundstücks befugt, als Partei kraft Amtes Klage in eigenem Namen zu erheben.

b) Beklagtenseite

– **BGB-Gesellschaft** 101

Sind die Mieträume von einer Gesellschaft bürgerlichen Rechts als sog. Außengesellschaft (vgl. *Rz. 89*) angemietet worden, so kann die Klage nach der Rechtsprechung des BGH auch unmittelbar gegen die Gesellschaft gerichtet werden, obwohl es sich nicht um eine juristische Person handelt. Unabhängig davon können – und bei der sog. Innengesellschaft müssen – nach wie vor die einzelnen Gesellschafter verklagt werden. In diesem Fall entsteht allerdings auf Seiten der Beklagten die nach Nr. 1008 VV RVG erhöhte Prozessgebühr, die auch erstattungsfähig ist. Der kostengünstigere Weg ist daher immer die Klage gegen die BGB-Gesellschaft.

– **Ehegatte** 102

Vgl. Dritte, *Rz. 104*.

– **Erbe** 103

Ist der Mieter verstorben, so ist die Klage gegen den oder die Erben zu richten. Eine Klage gegen die Erbengemeinschaft als solche ist unzulässig, da diese keine juristische Person bildet. Die Klage muss gegen die einzelnen Miterben gerichtet werden.

– **Dritte** 104

Bei Räumungsklagen muss sich der Rechtsanwalt die Frage stellen, ob er nur die Mietpartei(en) verklagt oder auch eventuelle Dritte, die nicht Partei des Mietvertrages sind, jedoch Besitz an der Mietwohnung haben. Solche Fälle treten häufig auf, wenn die Mietsache auch von Ehegatten, Lebensgefährten und sonstigen Familienangehörigen oder beliebigen Dritten genutzt wird, die aber nicht Vertragspartei sind. Seit der BGH-Entscheidung vom 25.6.2004 – IXa ZB 29/04[1] ist für die Praxis geklärt, dass gegen alle Personen die Besitz an den herauszugebenden Räumlichkeiten haben, ein eigener Räumungstitel erforderlich ist, auch wenn es sich um die in § 885 Abs. 2 BGB genannten nahen Angehörigen handelt.

---

1 BGH, NJW 2004, 3041 = NZM 2004, 701 m. Anm. *Schuschke*, NZM 2005, 10; bestätigt durch BGH, FamRZ 2005, 269.

Diese Grundsätze hat der BGH auf **nichteheliche Lebensgefährten** übertragen[1]. Anders als bei einem Ehepaar kann aber bei einem Lebensgefährten allein aus der Aufnahme in die Wohnung nicht auf einen Mitbesitz geschlossen werden. Vielmehr muss die Einräumung des Mitbesitzes an den Lebensgefährten durch eine Handlung des Mieters nach außen eindeutig erkennbar sein. Anhaltspunkte sind etwa die Anzeige des Mieters an den Vermieter von der Aufnahme des Lebensgefährten oder seine melderechtliche Anmeldung in der Wohnung[2]. **Minderjährige Kinder** haben grundsätzlich **keinen Mitbesitz** an der mit den Eltern benutzten Wohnung. Für eine Räumungsvollstreckung reicht deshalb ein Vollstreckungstitel gegen die Eltern aus. Die Besitzverhältnisse ändern sich im Regelfall auch nicht, wenn das Kind volljährig wird und mit seinen Eltern weiter zusammenwohnt[3].

105 – **Haupt- und Untermieter**

Hat der Mieter die Räume untervermietet, so kann sowohl gegen den Hauptmieter als auch gegen den Untermieter geklagt werden. Hier wird es in aller Regel zweckmäßig sein, sowohl den Hauptmieter als auch den Untermieter zu verklagen. Beide haften als Gesamtschuldner[4]. Zur Zuständigkeit vgl. o. *Rz. 56 f.* Bei teilweiser Untervermietung besteht nur hinsichtlich des unvermieteten Teils Gesamtschuldnerschaft.

106 – **Mehrere Mieter**

Ist das Objekt an mehrere Personen vermietet, so kann die Klage sowohl gegen sämtliche Mieter als auch gegen einzelne Mieter gerichtet werden.

107 Eine gesamthänderische Bindung der einzelnen Mieter besteht nicht. Ob lediglich einzelne Mieter oder sämtliche Mieter verklagt werden, ist eine Frage der Zweckmäßigkeit. So verursacht es häufig nur unnötige Kosten, einen offensichtlich zahlungsunfähigen Mitmieter oder im Falle der Räumungsklage einen Mitmieter, der bereits endgültig ausgezogen ist und keinerlei Ansprüche auf die Mietwohnung mehr herleitet, mit zu verklagen. Zu beachten ist allerdings, dass Mitmieter, die nicht mit verklagt werden, nicht Partei sind und somit als Zeugen in Betracht kommen. Zu den Problemen bei der Räumungsvollstreckung s.u. *Rz. 418.*

108 – **Mitbesitzer**

Vgl. Dritte o. *Rz. 104.*

109 – **Unbekannt**

Eine Klage gegen Unbekannt dürfte nur bei der Räumungsklage in Betracht kommen. Eine solche Klage ist zulässig, wenn die Personen nach

---

1 BGH, MDR 2008, 824 = NJW 2008, 1959 = NZM 2008, 400.
2 BGH, MDR 2008, 824 = NJW 2008, 1959 = NZM 2008, 400.
3 BGH, MDR 2008, 824 = NJW 2008, 1959 = NZM 2008, 400.
4 *Sternel*, Mietrecht, V Rz. 17.

räumlichen und zeitlichen Kriterien eindeutig und unverwechselbar identifiziert werden können[1].

c) Parteiwechsel

Stellt sich während des Verfahrens heraus, dass im Namen der „falschen" Partei geklagt oder die „falsche" Partei verklagt worden ist, kommt sowohl auf Kläger- als auch auf Beklagtenseite ein Parteiwechsel im Wege der Klageänderung in Betracht. Es ist nicht erforderlich, die Klage zurückzunehmen und neu zu klagen. Der prozessuale und kostenrechtlich günstigste Weg ist es, zunächst die Klage um den richtigen Vermieter oder Mieter zu erweitern und erst hiernach die Klage im Namen der falschen Partei oder gegen die falschen Partei zurückzunehmen[2].

110

d) Zustellung der Klageschrift

Grundsätzlich kann der Kläger nach Einreichung der Klageschrift zuwarten, bis er zur Zahlung des Vorschusses auf die Gerichtsgebühren aufgefordert wird. Die Einzahlung mit der Klageschrift sollte aber vor allem bei Räumungsklagen wegen Zahlungsverzuges die Regel sein, um zu einer Beschleunigung des Verfahrens beizutragen. Dazu sollte der Rechtsanwalt aber rechtzeitig dafür sorgen, dass ihn der Mandant mit einem entsprechenden Vorschuss ausgestattet hat.

111

Soll die **Hemmung der Verjährung** bewirkt werden, reicht es nicht aus, eine Klageschrift (einen Mahnbescheidsantrag oder den sonstigen verfahrenseinleitenden Schriftsatz wie den Antrag auf selbständige Beweissicherung, Streitverkündung etc.) beim zuständigen Gericht vor Ablauf der Verjährungsfrist einzureichen. Vielmehr muss auch eine **demnächstige Zustellung** erfolgen, §§ 167, 700 Abs. 2 ZPO. Unter „demnächst" i.S. der Vorschrift wird ganz allgemein eine nach den Umständen angemessene Frist verstanden, bei der es keine Obergrenze gibt und die sich vielmehr danach bestimmt, ob die Partei und/oder ihr Prozessbevollmächtigter unter Berücksichtigung der Gesamtsituation alles Zumutbare für die alsbaldige Zustellung getan hat[3]. Die Dauer der Verzögerung ist mithin dann gleichgültig, wenn sie nicht vom Kläger/Antragsteller zu vertreten ist, sondern auf dem Geschehensablauf innerhalb des Gerichts beruht[4]. Für den Rechtsanwalt ist die Rechtsprechung zu den umstrittenen Einzelheiten kaum berechenbar. Als Faustregel lässt sich sagen, dass Zustellungsverzögerungen, die der Gläubiger oder nach § 85 Abs. 2 ZPO sein Anwalt zu verantworten hat, die „demnächst-Frist" verkürzen, während Fehler in der gerichtlichen Sphäre dem Gläubiger nicht zuzurechnen sind[5]. So hat der BGH[6] für einen

112

---

1 OLG Oldenburg, WuM 1996, 233.
2 Siehe hierzu ausführlich *Hansens*, BRAGOreport 2000, 5 ff.
3 BGH, NJW 1999, 1022.
4 BGH, NJW 2003, 2830 = MDR 2003, 1368; BGHZ 103, 2 = NJW 1998, 1980.
5 Vgl. *E. Schneider*, Die Klage im Zivilprozess, 2. Aufl., Rz. 798.
6 BGH, MDR 2007, 167 = NJW 2006, 3206.

Fall, in dem die Klagezustellung unterblieb, weil die Gerichtskasse den Vorschuss trotz vollständiger Angaben des Klägers unter einem falschen Aktenzeichen gebucht hatte, entschieden, dass solche Verzögerungen im Zustellungsverfahren, die durch eine **fehlerhafte Sachbehandlung des Gerichts** verursacht sind, dem Kläger grundsätzlich nicht zugerechnet werden können. Hat der Kläger alle von ihm geforderten Mitwirkungshandlungen für eine ordnungsgemäße Klagezustellung erbracht, insbesondere den Gerichtskostenvorschuss eingezahlt, so sind er und sein Prozessbevollmächtigter im Weiteren nicht mehr gehalten, das gerichtliche Vorgehen zu kontrollieren und durch Nachfragen auf die beschleunigte Zustellung hinzuwirken[1].

113 Eine **absolute zeitliche Grenze**, nach der eine Zustellung unabhängig von einer Verantwortlichkeit des Gläubigers nicht mehr als demnächst anzusehen wäre, ist dabei jedoch nicht anzunehmen[2].

114 Hat der Kläger zum Beispiel eine Klageschrift eingereicht, wird bei einer fehlenden Zahlungsaufforderung eine Zahlung nach vier Wochen als ausreichend[3], eine Untätigkeit von nahezu zwei Monaten als regelmäßig zu lang angesehen[4]. Andererseits wird sogar bei einem bezahlten Vorschuss eine Nachfragepflicht angenommen und eine fristwahrende Rückwirkung der Zustellung für den Fall verneint, dass eine ausgebliebene Zustellung deutlich länger als vier Wochen untätig hingenommen worden ist.

115 Das OLG Hamm[5] geht jedoch davon aus, dass ein auf vermeidbare Verzögerungen im Geschäftsablauf des Gerichts zurückzuführender Zeitraum dem Antragsteller/Kläger nicht angelastet werden darf[6]. Mit Rücksicht darauf ist bei verzögerten Zustellungen, die dem Gericht anzulasten sind, den Interessen des Antragstellers/Klägers, der alles Erforderliche getan hat, grundsätzlich Vorrang zu geben vor denen des Antragsgegners/Beklagten, der möglicherweise auf eine kalendarisch anscheinend abgelaufene Verjährung vertraut.

Die Zustellung eines Mahnbescheids erfolgt dann nicht mehr **demnächst** im Sinne von §§ **167, 693** Abs. 2 ZPO a.F.[7], wenn der Antragsteller es unterlassen hat, beim Mahngericht nach Ablauf einer nach den Umständen des Einzelfalls zu bemessenden Frist nachzufragen, ob die Zustellung bereits veranlasst worden ist, und dieses Unterlassen nachweislich zu einer Verzögerung der Zustellung um mehr als einen Monat geführt hat.

---

1 BGH, MDR 2007, 167 = NJW 2006, 3206.
2 BGH, NJW 1993, 2614, 2615; NJW 2001, 885.
3 OLG Düsseldorf, WuM 2002, 674.
4 BGH, NJW 1978, 215, 216.
5 OLG Hamm, NZM 2002, 562 = ZMR 2002, 912.
6 Vgl. dazu auch BGH, NJW 2001, 885; BGH, NJW 2000, 2282 jeweils m.w.N.
7 BGH, FamRZ 2006, 1117 = MDR 2007, 45 = NJW-RR 2006, 1436.

5. Verfahren

Hinsichtlich des Verfahrens in Mietrechtsstreitigkeiten gelten im Wesentlichen die allgemeinen Vorschriften. Zu den Besonderheiten bei den einzelnen Klage- und Verfahrensarten vgl. *Rz. 128 ff.*

Bei der Abfassung der Klageschrift sollte darauf geachtet werden, nur notwendige und sinnvolle **Nebenanträge** zu stellen. Der **Antrag nach § 331 Abs. 3 ZPO** ist – im Gegensatz zu vielen anderen, häufig gedankenlos gestellten Nebenanträgen – durchaus sinnvoll und wird oftmals bei der Anspruchsbegründung nach vorherigem Mahnverfahren vergessen. Sofern gegen das Versäumnisurteil kein Einspruch eingelegt wird, erspart der Klägeranwalt sich einen Gerichtstermin. Da gemäß § 307 Abs. 2 ZPO der Erlass eines Anerkenntnisurteils im schriftlichen Vorverfahren bei Vorliegen der Voraussetzungen von Amts wegen erfolgt, bedarf es insoweit keines gesonderten Antrags.

Von der Obligatorischen **Güteverhandlung** gemäß § 278 Abs. 2 ZPO darf nur ausnahmsweise abgesehen werden, wenn bereits eine Einigung vor einer außergerichtlichen Gütestelle stattgefunden hat, also insbesondere dann, wenn ein Streitschlichtungsverfahren nach § 15a EGZPO vorangegangen ist.

Darüber hinaus ist die **Güteverhandlung entbehrlich**, wenn das Gericht sie für „erkennbar aussichtslos" hält (§ 278 Abs. 2 S. 1 2. Hs. ZPO).

Ergibt sich aus der vorgerichtlichen Korrespondenz der Parteien, dass eine Güteverhandlung aussichtslos erscheint, sollte darauf bereits in der Klageschrift hingewiesen werden, um sich selbst, den Parteien und dem Gericht unnötigen Aufwand zu ersparen. Überwiegend verbinden die Gerichte jedoch den Gütertermin mit dem (streitigen) Termin zur mündlichen Verhandlung, sodass eine solche Anregung vielfach entbehrlich sein wird. Sinnvollerweise teilt der Anwalt die Fakten mit, die es dem Richter ermöglichen, von einem gesonderten Gütertermin abzusehen. In Betracht kommt auch die Vorlage „vorsorglich" verfasster vorgerichtlicher Schreiben an den Gegner, die darauf Bezug nehmen, dass ein „letzter Sühneversuch" gescheitert sei[1].

In der Güteverhandlung hat das Gericht den Sach- und Streitstand mit den Parteien unter freier Würdigung aller Umstände zu erörtern und, soweit erforderlich, Fragen zu stellen (§ 278 Abs. 2 S. 2 ZPO). Die Parteien sind zur Güteverhandlung zu laden. Sie sind persönlich anzuhören (§ 278 Abs. 2 S. 3 ZPO).

Insbesondere in Mietsachen macht die Güteverhandlung Sinn, sind die Parteien doch durch ein in der Regel längerfristiges Vertragsverhältnis aneinander gebunden, so dass gerade hier eine gütliche Einigung geboten ist, um auch in Zukunft weiter miteinander leben zu können. Oftmals genügt

---

1 *Schneider*/Schneider/Monschau, Arbeitsbuch Zivilprozess, F 88, S. 131.

es bereits, dass beide Parteien vor Gericht zu Wort kommen und ihre gegenseitigen Standpunkte dem neutralen Richter einmal in aller Deutlichkeit vortragen können. Sind die Parteien hier erst einmal ihren Ärger los geworden, lässt sich häufig doch noch ein endgültiges Zerwürfnis vermeiden. Die Güteverhandlung sollte daher in solchen Fällen durchaus ernst genommen und vorbereitet werden. Mit dem Mandanten sollten vorab Einigungsmöglichkeiten besprochen werden, damit in der Verhandlung entsprechend reagiert werden kann.

123 **Erscheint** eine der Parteien zum Gütetermin trotz ordnungsgemäßer Ladung nicht, soll das Verfahren unmittelbar in den frühen ersten Termin oder den Haupttermin übergeleitet werden. Andernfalls ist Termin zur mündlichen Verhandlung zu bestimmen (§ 279 Abs. 1 ZPO). Erscheinen beide Parteien nicht, dann ist nach § 278 Abs. 4 ZPO das **Ruhen des Verfahrens** anzuordnen.

124 Eine segensreiche und in der mietrechtlichen Prozesspraxis häufig angewandte Vorschrift ist die des § 278 Abs. 6 ZPO. Danach kommt ein formwirksamer Vergleich zustande, wenn die Parteien einen schriftlichen **Vergleichsvorschlag des Gerichts**, der auch nicht rechtshängige Ansprüche einbeziehen kann[1], schriftlich annehmen. Das Gericht hat dann durch Beschluss das Zustandekommen und den Inhalt des Vergleichs festzustellen. Dieser durch Beschluss festgestellte Vergleich ist ebenso wie der in der mündlichen Verhandlung geschlossene Vergleich Vollstreckungstitel nach § 794 Abs. 1 Nr. 1 ZPO.

125 Ein schriftlicher Vergleich kann auch dann geschlossen werden, wenn eine Partei dies anregt, die andere Partei zustimmt und das Gericht die **Anregung der Parteien** in einem entsprechenden schriftlichen Vorschlag aufgreift. Von daher ist es – insbesondere in Mietsachen – prozessökonomisch, auch außerhalb der mündlichen Verhandlung Vergleichsgespräche zu führen und ggf. Vergleichsvorschläge schriftsätzlich zu unterbreiten.

126 Nicht geregelt ist der Fall, dass die Parteien den schriftlichen **Vergleichsvorschlag des Gerichts** ihrerseits **abändern** und dies dem Gericht gleich lautend mitteilen. Nach wohl zutreffender Auffassung ist in diesem Fall von dem Gericht ein Festsetzungsbeschluss mit dem geänderten Text zu erlassen[2]

127 Wird im Vergleichsbeschluss der Vergleichsinhalt nicht zutreffend wiedergegeben, dann kann die Abweichung im Wege der **Berichtigung** korrigiert werden (§§ 278 Abs. 6 S. 3, 164 ZPO). Umso mehr sollte der Beschluss noch einmal mit dem Inhalt der vorher gewechselten Schriftsätze verglichen werden.

127a Der **Widerruf** eines Prozessvergleichs kann wirksam sowohl dem Gericht als auch der anderen Vergleichspartei gegenüber erklärt werden, wenn die

---

1 KG, NJW-RR 2000, 1164.
2 OLG Naumburg, NJW 2002, 3786.

Parteien keine hiervon abweichende Vereinbarung getroffen haben; dies gilt jedenfalls für Prozessvergleiche, die seit dem 1.1.2002 nach § 278 Abs. 6 ZPO geschlossen wurden[1]. Wenn ein Vergleich nach dieser Vorschrift dadurch geschlossen werden kann, dass die Parteien einen Vergleichsvorschlag des Gerichts durch Schriftsatz dem Gericht gegenüber annehmen, dann entspricht es nicht nur der Rechtsnatur des Vergleichs, sondern der Systematik des Gesetzes, dass der Widerruf des Vergleichs auch dem Gericht gegenüber erklärt werden kann.

6. Besondere Klage- und Verfahrensarten

a) Räumungsklage

Bei der Räumungsklage gilt es aus anwaltlicher Sicht mehreres zu beachten. 128

aa) Klageantrag

Der Klageantrag muss **hinreichend bestimmt** sein. Das zu räumende Objekt muss so konkret und vor allem vollständig bezeichnet werden, dass auf Grund des zu erlassenden Urteils eine Räumungsvollstreckung möglich ist. Fehlt es daran und ergeht ein Urteil mit entsprechendem Tenor, ist das Urteil nicht vollstreckungsfähig[2]. 129

Für den Gerichtsvollzieher müssen allein aus dem Vollstreckungstitel heraus die betreffenden Räume und Flächen, Nebengebäude u.a. zu entnehmen sein. Dies setzt zum einen voraus, dass die Wohnung, das Ladenlokal oder sonstige Räume mit vollständiger Adresse (Ort, Straße, Hausnummer) angegeben werden. Sofern sich unter der betreffenden Hausnummer nur ein einziges Objekt befindet, genügt dies. Bei Mehrparteienhäusern muss die Wohnung genau angegeben werden. Häufig sind Wohnungen nummeriert. Dann empfiehlt es sich, die Wohnungsnummer anzugeben. Ist eine solche Bezeichnung nicht möglich, muss die Wohnung nach Lage, Stockwerk u.a. genau bezeichnet werden, so dass eine einwandfreie Individualisierung möglich ist. 130

Nicht vergessen werden darf, **mitvermietete Flächen, Räume oder Baulichkeiten** in den Klageantrag aufzunehmen, etwa Stellplätze, Garagen, Kellerräume u.a. Die bloße Angabe von „Nebenräumen" oder „zugehörigen Flächen" reicht nicht aus. 131

Der Anspruch des Vermieters ist gerichtet auf **Räumung und Herausgabe**. Beides sollte im Klageantrag verlangt werden. Ein Titel auf Räumung allein reicht nicht, da auf Grund eines solchen Titels der Gerichtsvollzieher grundsätzlich die Wohnung räumen, aber nicht herausvollstrecken darf. 132

---

1 BGH, MDR 2006, 284 = NJW 2005, 3576.
2 Zöller/*Stöber*, § 704 ZPO Rz. 4 ff.

Umgekehrt reicht die Herausgabe nicht, da darin die Räumung nicht enthalten ist.

133 Im Klageantrag sollte gleichzeitig auch die Herausgabe von **Schlüsseln** oder von **überlassenem Zubehör (z.B. Haushaltsgeräte, Rollos)** verlangt werden. Durch die Schlüsselübergabe wird die Räumung (= Besitzverschaffung) dokumentiert und sichergestellt, dass die Räumung vollständig vollzogen wird. Allerdings müssen auch die einzelnen Schlüssel konkret bezeichnet werden; die in dem Klageantrag aufgenommene Formulierung „Herausgabe sämtlicher Schlüssel" hat keinen vollstreckungsfähigen Inhalt.

134 Zur Frage, inwieweit **Ehegatten, Familienangehörige und Mitbesitzer** mitverklagt werden sollten, vgl. *Rz. 104*. Auf jeden Fall sind mehrere Mieter oder Nutzer gemäß § 431 BGB als **Gesamtschuldner** zur Räumung verpflichtet[1], was im Klageantrag zum Ausdruck gebracht werden muss.

135 Eine Räumungsklage kann ausnahmsweise auch gegen „**unbekannt**" gerichtet werden, wenn die Personen namentlich nicht benannt werden können, aber nach räumlichen und zeitlichen Kriterien feststehen[2]. Zu beachten ist jedoch, dass der Mieter nach dem Mietvertrag verpflichtet ist, dem Vermieter die Namen der die Räume mitbesitzenden Personen zu benennen, so dass der Vermieter sie im Rubrum seiner Räumungsklage namhaft machen kann. Der insoweit bestehende **Auskunftsanspruch** ist vorrangig gerichtlich zu verfolgen.

135a Der Umstand, dass der Vermieter mehrere Personen (Mieter, dessen Ehepartner, erwachsene Kinder des Mieters, Untermieter etc.) gleichzeitig auf Räumung verklagt, erhöht den Streitwert der Räumungsklage nicht[3].

135b **Räumungsklage – Antrag**

Es wird beantragt,
die Beklagten als Gesamtschuldner zu verurteilen, die Wohnung …straße Nr. …, (Postleitzahl) …stadt, 2. Etage links, bestehend aus zwei Zimmern, Diele, Küche, Bad, nebst zugehöriger Garage Nr. … und Kellerraum Nr. … zu räumen und geräumt einschließlich 4 Wohnungs- und Haustürschlüssel an den Kläger herauszugeben.

---

bb) Klagebegründung

136 In der Räumungsklage muss entweder das Nichtbestehen eines Mietverhältnisses dargelegt werden oder das Bestehen und seine Beendigung (i.d.R. durch Kündigung).

---

1 BGH, WuM 1996, 83, 84.
2 OLG Oldenburg, WuM 1996, 233.
3 OLG Düsseldorf, NZM 2005, 240.

Im Falle der Kündigung erfordert ein schlüssiger Klagevortrag, die **Abgabe der Kündigungserklärung, deren Zugang und – bei Wohnraum gemäß § 573 Abs. 3 Satz 1 BGB – die Darlegung der Kündigungsgründe.** Wie ausführlich die Kündigungsgründe anzugeben sind, sagt das Gesetz nicht. Nach dem maßgebenden Zweck der Vorschrift muss jedoch sichergestellt sein, dass sich der Mieter Klarheit über die Erfolgsaussicht einer Verteidigung gegen diese vorgetragenen Kündigungsgründe verschaffen kann[1]. Hierzu muss der Vermieter den **konkreten Lebenssachverhalt** darlegen, aus dem er das berechtigte Interesse an der Kündigung herleitet. Dieser Kündigungsgrund braucht jedoch nur so ausführlich bezeichnet zu werden, dass er identifiziert und von anderen Gründen (Sachverhalten, Lebensvorgängen) unterschieden werden kann[2]. 137

◯ **Praxishinweis:**
Der Anwalt, der die Kündigung zu erklären hat, muss den sichersten Weg wählen und ist gut beraten, in dem Kündigungsschreiben **sämtliche Gründe**, die als berechtigtes Interesse des Vermieters für die ausgesprochene Kündigung berücksichtigt werden sollen, grds. auch dann nochmals anzugeben, wenn sie dem Mieter bereits zuvor mündlich oder schriftlich mitgeteilt oder in einem Vorprozess geltend gemacht worden waren[3].

Der bloße Vortrag, das Mietverhältnis sei gekündigt, wird daher nicht genügen. Ausreichend ist es allerdings, auf eine als Anlage beigefügte Kündigungserklärung Bezug zu nehmen und vorzutragen, dass diese dem beklagten Mieter zugegangen ist. Ist ein Objekt an mehrere Personen vermietet, so gehört zum schlüssigen Klagevortrag, dass die Kündigung einem jeden von ihnen zugegangen ist. Nicht ausreichen wird allerdings der pauschale Vortrag des Vermieters, der Mieter sei z.B. mit zwei Monatsmieten in Verzug. Die Mietrückstände müssen vielmehr substantiiert dargelegt werden. Dazu muss bei der **Kündigung nach § 543 Abs. 2 Nr. 3 BGB** angegeben werden, in welchen Monaten welcher Mietrückstand eingetreten ist. Insbesondere, wenn sich der Rückstand über einen längeren Zeitraum entwickelt hat, bietet es sich an, das Mietkonto in Form einer Tabelle, die nach Mietsoll, -haben und monatlicher Differenz unterscheidet, darzustellen. Damit wird die Übersichtlichkeit gewahrt. Die Bezugnahme auf ein vom Mandanten erstelltes Mietkonto wird nur ausnahmsweise ausreichen[4]. Denn regelmäßig werden hier nicht die monatlichen Differenzen aufgeführt, sondern der Rückstand saldiert. Damit kann aber eine spezifizierte Rückstandsentwicklung nicht dargestellt werden. 138
Bei der **Eigenbedarfskündigung** gem. § 573 Abs. 2 Nr. 2 BGB genügt das Kündigungsschreiben grundsätzlich dann den Anforderungen des § 573

---
1 BVerfG, WuM 1989, 483; BVerfG, WuM 1992, 178; BVerfG, WuM 1992, 417; BVerfG, GE 1992, 427, 429.
2 BayObLG, NJW 1981, 2197.
3 BayObLG, NJW 1981, 2197.
4 BGH, NJW 1984, 310, 311.

Abs. 3 Satz 1 BGB, wenn die Personen, für die die Wohnung benötigt wird, und das Interesse, das diese Personen an der Erlangung der Wohnung haben, ausreichend dargelegt werden[1] (vgl. im Einzelnen *J Rz. 166 ff.*).

138a Kündigt der Vermieter das Mietverhältnis wegen **wiederholter Vertragsverletzungen** des Mieters gemäß **§ 573 Abs. 1, Abs. 2 Nr. 1 BGB** fristgemäß, so reicht eine Bezugnahme in dem Kündigungsschreiben auf frühere Abmahnungen nicht aus; vielmehr muss in dem Kündigungsschreiben angegeben werden, welche Vertragsverletzungen der Mieter nach dem Zugang der Abmahnung begangen haben soll[2]. Der Vermieter muss dann die Zahl, Dauer und den Zeitpunkt der konkreten Vertragsverletzungen angeben[3].

cc) Ausspruch der Kündigung in der Klageschrift oder späteren Schriftsätzen

139 Der erstmalige Ausspruch einer (außerordentlichen fristlosen) Kündigung in der Klageschrift ist äußerst **riskant**.

140 Der Räumungsanspruch entsteht erst mit Zugang der Kündigung. Der Mieter hat also die Möglichkeit, nach § 93 ZPO kostenbefreiend anzuerkennen, wenn er tatsächlich sofort räumt. Im Übrigen räumen einige Gerichte dem Mieter eine sog. „**Ziehfrist**" von bis zu zwei Wochen ein[4], und zwar auch bei einer fristlosen Kündigung des Mieters[5], so dass vor Ablauf dieser Zeit eine Räumungsklage immer mit einem Kostenrisiko behaftet ist. Daher sollte der **Rechtsanwalt des Mieters** im Falle einer vorzeitigen Klageerhebung des Vermieters, seinem Mandanten raten, den Räumungsanspruch nicht nur sofort anzuerkennen, sondern ihn auch tatsächlich zu erfüllen. Eine bloße Ankündigung, dem Begehren nach Ablauf der Ziehfrist zu entsprechen, hat grundsätzlich keine kostenbefreiende Wirkung[6]. Im Hinblick auf die Sondervorschrift des **§ 93b ZPO** sollte der Mieter seine berechtigten Interessen auf Fortsetzung des Mietverhältnisses (§ 91 Abs. 1 S. 1 ZPO) bzw. die für die Gewährung einer Räumungsfrist sprechenden Gründe (§ 91 Abs. 3 ZPO) frühzeitig substantiiert darlegen. Ferner ist nach Ausspruch der fristlosen Kündigung zu prüfen, ob eine **unverzügliche Aufrechnung** nach § 543 Abs. 3 S. 2 BGB in Betracht kommt (z.B. wegen Abrechnungssäumigkeit des Vermieters, vgl. *L Rz. 387*) oder ob – bei der Wohnraummiete – eine Heilung innerhalb der **Schonfrist** des § 569 Abs. 3 BGB möglich ist. Der Mieter von Gewerberaum hat nach Zugang einer berechtigten Kündigung wegen Zahlungsverzuges nur noch die Möglichkeit, unverzüglich nach der Kündigung gemäß § 543 Abs. 2 S. 3 BGB die Aufrechnung

---

[1] BGH, MietRB 2007, 253.
[2] LG Moosbach, WuM 1992, 18.
[3] *Kinne* in Börstinghaus, MietPrax, Fach 8, Rz. 305.
[4] LG München II, WuM 1989, 181; LG Berlin, GE 1994, 407; *Kinne/Schach*, II Rz. 86.
[5] LG Hannover, NJW-RR 1992, 659.
[6] AG Idar-Oberstein, WuM 2003, 178 = MietRB 2003, 97 m. Anm. *Monschau*.

mit Gegenforderungen zu erklären, um die nachträgliche Unwirksamkeit der Kündigung zu bewirken.

Handelt es sich um **nachgeschobene Kündigungsgründe**, die eine berechtigte Kündigung zusätzlich stützen, können diese auch im Räumungsprozess nur dann berücksichtigt werden, wenn – schriftsätzlich oder außergerichtlich – erneut die Kündigung des Mietverhältnisses erklärt worden ist[1]. Fällt sodann der zuerst angegebene Grund weg, kann der bislang ungenannte Grund, der rechtzeitig vorlag, nunmehr die Kündigung begründen[2]. Die Berücksichtigung des nachträglich entstandenen Kündigungsgrundes hängt nicht davon ab, ob er mit einem schon früher vorliegenden Grund gleichartig ist[3]. Die Bedeutung der **Ausnahmeregelung des § 573 Abs. 3 Satz 2 BGB** besteht darin, dass die Wirksamkeit einer Kündigung durch das Nachschieben eines später entstandenen Grundes erhalten bleibt, wenn der im Kündigungsschreiben angegebene, tragende Grund nachträglich weggefallen ist[4]. Folglich ist die Räumungsklage auch dann begründet, wenn nach einer Eigenbedarfskündigung diejenige Person, für die Eigenbedarf geltend gemacht worden ist, gegen eine andere Person ausgetauscht wird – was auch noch in der Berufungsinstanz zulässig ist[5] – und für beide Eigenbedarf besteht[6]. 140a

Abgesehen von Vorstehendem ergeben sich Probleme, wenn die Klageschrift durch **Niederlegung** gem. § 182 ZPO zugestellt wird. Die Fiktion des Zugangs bei Vermittlung durch die Geschäftsstelle gem. § 196 ZPO betrifft nur den Zugang der Klage, nicht jedoch auch den Zugang einer empfangsbedürftigen Willenserklärung wie z.B. der Kündigung. Hierfür gilt allein § 132 Abs. 2 BGB. 141

Wenn die Kündigung mit der Klageschrift erklärt wird, kann der Beklagte deren Wirksamkeit nicht erfolgreich wegen fehlender **Originalvollmacht** rügen[7]. Denn der Auftrag zur Klageerhebung (= Prozessvollmacht i.S.v. § 81 ZPO) beinhaltet die Befugnis, alle materiellen Erklärungen abzugeben, die zur Erreichung des Prozesszieles notwendig sind. Auf die Prozessvollmacht ist § 174 BGB aber nicht anwendbar. 142

Will der Vermieter mit einer Räumungsklage zeitgleich das Mietverhältnis kündigen, muss die Klageschrift **klar und eindeutig** erkennen lassen, dass der Schriftsatz neben der Prozesshandlung zugleich eine sachlich rechtliche Willenserklärung enthält und dass mit der Klage nicht nur eine frühe- 143

---

1 LG Düsseldorf, WuM 1990, 505.
2 Schmidt-Futterer/Blank, § 573 Rz. 264.
3 LG Hamburg, WuM 1989, 252.
4 LG Aachen, WuM 1984, 227; LG Gießen, WuM 1984, 226; LG Hamburg, WuM 1989, 252; LG Berlin, Urt. v. 10.11.2003 – 62 S 254/03; Staudinger/Rolfs, BGB, § 573 Rz. 164.
5 LG Limburg, NZM 1998, 911 = NJW-RR 1998, 1626.
6 *Kinne* in Börstinghaus, MietPrax, Fach 8, Rz. 313.
7 BGH, NZM 2003, 229 = GuT 2003, 61 = WuM 2003, 149.

re Kündigung verfolgt und durchgesetzt werden soll[1]. Das Gleiche gilt für andere bestimmende und für sonstige Schriftsätze (z.B. Rechtsmittelschriften) und für die in der mündlichen Verhandlung gestellten Anträge[2]. Dies folgt aus dem Grundsatz der Klarheit und Eindeutigkeit bei der Ausübung von Gestaltungsrechten. Deshalb wird die Auffassung vertreten, dass ein Räumungsurteil auf die nach dem Zugang der vorprozessualen Kündigung entstandenen Tatsachen nur gestützt werden kann, wenn der Vermieter eine erneute Kündigung erklärt[3].

144 Gleichwohl kann eine Kündigung dem schlüssigen Verhalten des Vermieters oder einem inhaltlich nicht eindeutigen Schreiben entnommen werden, wenn der Erklärungsgegner zweifelsfrei erkennen kann, dass die andere Partei das Mietverhältnis beenden möchte[4]. Dem gemäß wertet der BGH[5] die **Räumungsklage als Kündigung**, wenn die Klageschrift die Kündigungsgründe beschreibt und auf eine frühere Kündigung verweist, obwohl sie ohne erneute oder hilfsweise Kündigung nur die Auffassung wiederholt, das Mietverhältnis sei auf Grund früherer Kündigungen beendet, und vorrangig prozessuale Zwecke verfolgt. Dies gilt erst recht, wenn in der Räumungsklage neue Kündigungsgründe (z.B. neue Mietrückstände) geltend gemacht werden[6].

145 Ob die gleichen Grundsätze gelten, wenn ein **Rechtsanwalt** handelt, kann zweifelhaft sein. Immerhin kann von einem Rechtsanwalt, den der Mandant im Vertrauen auf dessen Rechtskenntnisse beauftragt, erwartet werden, dass er die juristische Terminologie beherrscht und zur Vermeidung von Unklarheiten „kündigt", wenn er kündigen will[7]. Deshalb soll es nicht möglich sein, eine unwirksame ordentliche Kündigung eines Rechtsanwalts in eine außerordentliche fristlose Kündigung umzudeuten[8]. Da auch die Mitteilung des Mieters, er werde die Mieträume nicht beziehen, als ordentliche Kündigung angesehen wird[9], sieht das OLG Rostock[10] in einem anwaltlichen Schriftsatz eine ordentliche Kündigung, wenn er deutlich den Willen der Partei erkennen lässt, sich möglichst bald aus dem Mietverhältnis zu lösen, ohne das Wort Kündigung zu verwenden.

146 Um jede Unsicherheit zu vermeiden, sollte nicht nur in der Klageschrift ausdrücklich (nochmals) gekündigt werden. Vielmehr sollte auf jeden Fall **zeitgleich** mit der Räumungsklage die Kündigung zur Sicherheit **außergerichtlich** ein weiteres Mal erklärt werden. Dies gilt vor allem, sofern die Kündigung erstmals in der Klageschrift ausgesprochen werden soll. Damit

---

1 OLG Rostock, NZM 2003, 25; BayObLG, WuM 1981, 200.
2 *Grapentin* in Bub/Treier, IV Rz. 24.
3 *Sternel*, Mietrecht, IV Rz. 8.
4 BGH, NZM 2001, 1077, 1078.
5 BGH, NJW-RR 1997, 203.
6 OLG Düsseldorf, WuM 1995, 434.
7 BGH, NJW 1996, 2648.
8 OLG Köln, ZMR 1998, 91.
9 BGH, NZM 2001, 1077, 1078.
10 OLG Rostock, NZM 2002, 955, 957.

bleibt nur noch das Risiko, dass der Mieter innerhalb der „Ziehfrist" (vgl. o. *Rz. 140*) räumt. Das damit verbundene Kostenrisiko sollte mit dem Mandanten erörtert werden. Gerade bei säumigen Mietern, denen nach § 543 Abs. 2 Nr. 1 BGB gekündigt wird, ist in der Praxis festzustellen, dass sie sich weder durch die (außergerichtliche) Kündigung noch durch die Zustellung der Räumungsklage „beeindrucken" lassen. In diesen Fällen ist das Risiko des § 93 ZPO grundsätzlich gering. Etwas anderes gilt aber z.B., wenn der Mieter durch die Nichtzahlung gerade die außerordentliche fristlose Kündigung provozieren will, um z.B. von einem langfristigen Mietvertrag loszukommen. Ergeben sich dafür Anzeichen, sollte mit der eingereichten Räumungsklage nicht zugleich der Gerichtskostenvorschuss entrichtet werden. Vielmehr sollte nach Erhalt der Vorschussanforderung bei dem Mandanten noch einmal nachgefragt werden, ob sich zwischenzeitlich Änderungen ergeben haben. Regelmäßig ist zu diesem Zeitpunkt die „Ziehfrist" bereits abgelaufen. Hat der Mieter zwischenzeitlich geräumt, können die entstandenen Kosten als Verzugsschaden geltend gemacht werden, sofern nicht die Möglichkeit des § 269 Abs. 3 ZPO ergriffen werden kann. Dies setzt aber ein unverzügliches Handeln voraus.

Unabhängig von den Problemen einer erstmaligen Kündigung in der Klageschrift ist es auf jeden Fall zweckmäßig, mit der Klageschrift **vorsorglich** die Kündigung **nochmals** zu erklären. Soweit sich bei der vorgerichtlichen Kündigung Zugangsprobleme ergeben, auf die sich der Mieter beruft, ist ihm dieser Einwand spätestens mit Zustellung der Klageschrift genommen. 147

Nicht nur dann, wenn die Höhe der Mietrückstände strittig ist und die Mietrückstände während des Verfahrens weiter auflaufen, empfiehlt es sich, **in den weiteren Schriftsätzen** vorsorglich jeweils **nochmals die Kündigung** (z.B. wegen Zahlungsverzuges) **auszusprechen**. Da das Gericht im Zeitpunkt der letzten mündlichen Verhandlung entscheiden muss, genügt es, wenn spätestens zu diesem Zeitpunkt ein entsprechender Zahlungsrückstand besteht, der zur außerordentlichen Kündigung des Mietverhältnisses berechtigt. 148

Darauf, ob dieser auch schon vorher bestand, kommt es dann in der Regel nicht mehr an. Entsprechendes gilt auch bei anhaltenden Verstößen gegen den Mietvertrag oder die Hausordnung. Auch hier genügt es, wenn zum Zeitpunkt der letzten mündlichen Verhandlung jedenfalls die Summe der Verfehlungen zu einer Kündigung wegen vertragswidrigen Verhaltens berechtigt. 149

Wird während des Rechtsstreits eine erneute Kündigung ausgesprochen, reicht es aus, wenn diese dem gegnerischen Prozessbevollmächtigten zugeht. Eine Beschränkung der Vollmacht im Innenverhältnis ist unwirksam[1]. 150

---

1 BGH, NJW-RR 2000, 745.

dd) Versäumnisurteil vor Ablauf der Schonfrist?

151 Strittig ist, ob nach fristloser Kündigung eines Wohnraummietverhältnisses wegen Zahlungsverzugs gegen den Beklagten ein Versäumnisurteil schon vor Ablauf der zweimonatigen Schonfrist erlassen werden darf. Seit der Verlängerung der Schonfrist auf zwei Monate durch § 569 Abs. 3 BGB hat diese Frage größere praktische Bedeutung gewonnen. Während die frühere Ein-Monats-Frist nach Ablauf der Frist zur Anzeige der Verteidigungsbereitschaft in aller Regel abgelaufen war, ist dies bei der Zwei-Monats-Frist nicht mehr der Fall.

152 Zum Teil wird die Auffassung vertreten, dass vor Erlass eines Versäumnisurteils der Ablauf der Schonfrist abzuwarten sei[1]. Diese Auffassung ist jedoch abzulehnen. Es schränkt die Interessen des Vermieters zu sehr ein. Die vom Vermieter ausgesprochene fristlose Kündigung ist wirksam. Der auflösend bedingte Räumungsanspruch ist entstanden. Der Klagevortrag ist daher schlüssig, so dass auf entsprechenden Antrag ein Versäumnisurteil ergehen muss. Wenn der Beklagte innerhalb der Schonfrist zahlt und die Kündigung damit unwirksam wird, kann er sich durch Einspruch oder ggf. Vollstreckungsgegenklage verteidigen[2], wenn der Vermieter die Unwirksamkeit der Kündigung nicht freiwillig anerkennt. Auf diese Rechtsprechung sollte vorsorglich in der Klageschrift hingewiesen werden, um die Bedenken des Gerichts von vornherein zu zerstreuen.

b) Klage auf zukünftige Räumung

153 Klagen auf zukünftige Räumung sind unter den Voraussetzungen der §§ 257, 259 ZPO zulässig.

– **Nach § 257 ZPO** ist eine Klage auf künftige Räumung zulässig, wenn die Fälligkeit der Räumung kalendermäßig feststeht. Diese Vorschrift gilt allerdings nicht für Wohnraummietverhältnisse.

– **Nach § 259 ZPO**, der für alle Mietverhältnisse gilt, ist eine Klage auf künftige Räumung auch dann zulässig, wenn die Besorgnis der nicht rechtzeitigen Erfüllung (also der nicht rechtzeitigen Räumung) besteht.

Übersicht Klage auf zukünftige Räumung		
	Gewerbemiete	Wohnraummiete
Räumung ist kalendermäßig bestimmt	Besorgnis der nicht rechtzeitigen Erfüllung nicht erforderlich (§ 257 ZPO)	Besorgnis der nicht rechtzeitigen Erfüllung erforderlich (§ 259 ZPO)
Räumung ist kalendermäßig nicht bestimmt	Besorgnis der nicht rechtzeitigen Erfüllung erforderlich (§ 259 ZPO)	Besorgnis der nicht rechtzeitigen Erfüllung erforderlich (§ 259 ZPO)

---

1 OLG Hamburg, ZMR 1988, 225 = WuM 1989, 139; *Sternel*, Mietrecht, IV Rz. 424.
2 LG Köln, NZM 2004, 65; LG Köln, NZM 2004, 66; LG Hamburg, WuM 2003, 275 = NZM 2003, 432; LG Kiel, NJW 1971, 1222; LG Kiel, WuM 2002, 149; LG Stuttgart, 190.

154 Bei Klagen auf zukünftige Räumung und Herausgabe sollte im Klageantrag nach Räumung und Herausgabe differenziert werden. Nach § 546 Abs. 1 BGB ist der Mieter verpflichtet, die Mietsache nach Beendigung des Mietverhältnisses zurückzugeben. Obwohl damit eigentlich erst am Tag nach der Beendigung des Mietvertrages eine Rückgabe zu erfolgen hätte, geht die überwiegende Meinung davon aus, dass der Anspruch bereits **am letzten Tag der Mietzeit** zu erfüllen ist[1]. Gleichwohl bleibt eine Unsicherheit, der durch die Differenzierung vorgebeugt werden kann.

aa) Kalendermäßige künftige Leistung (§ 257 ZPO)

155 Eine Klage auf künftige Räumung ist nach § 257 ZPO zulässig, wenn die Fälligkeit der Räumung an „den Eintritt eines Kalendertages" geknüpft ist. Die Räumung ist nicht nur dann an „den Eintritt eines Kalendertages" geknüpft, wenn ein befristetes Mietverhältnis ausläuft, sondern auch dann, wenn das Mietverhältnis gekündigt worden ist und auf Grund der Kündigung i.V.m. den entsprechenden vertraglichen oder gesetzlichen Kündigungsfristen nunmehr die Fälligkeit feststeht[2].

156 Die Vorschrift des § 257 ZPO ist auf **Gewerberaum** beschränkt; sie gilt – im Gegensatz zu § 259 ZPO – nicht für Wohnraummietverhältnisse. Dafür ist wiederum – im Gegensatz zu § 259 ZPO – für die Zulässigkeit der Klage keine Besorgnis der nicht rechtzeitigen Erfüllung erforderlich.

157 Ein besonderes Rechtsschutzinteresse setzt die Klage nach § 257 ZPO nicht voraus. Die Klage ist daher auch dann zulässig, wenn Räumungsanspruch und Fälligkeit unstreitig sind und der Beklagte räumungsbereit ist. Der Kläger hat dann allerdings bei einem sofortigen **Anerkenntnis** des beklagten Räumungsschuldners die Kosten des Verfahrens nach § 93 ZPO zu tragen.

158 Bei Abfassung des **Klageantrags** ist unbedingt darauf zu achten, dass das Fälligkeitsdatum in den Klageantrag aufgenommen wird, da die Klage andernfalls hinsichtlich des vor Fälligkeit liegenden Zeitraums mit entsprechender Kostenfolge abzuweisen ist.

bb) Besorgnis der nicht rechtzeitigen Erfüllung (§ 259 ZPO)

159 Im Gegensatz zu § 257 ZPO fordert § 259 ZPO als Zulässigkeitsvoraussetzung, dass die Besorgnis der nicht rechtzeitigen Erfüllung bestehe. Fehlt es an der Besorgnis, ist die Klage unzulässig und nicht etwa nur unbegründet.

---

1 BGH, NJW 1989, 451, 452; LG Düsseldorf, WuM 1992, 191; *Gather* in Schmidt-Futterer, § 556 BGB Rz. 9 m.w.N.; a.A. AG Köln, WuM 1985, 265; *Sternel*, Mietrecht, IV Rz. 572; *Scheuer* in Bub/Treier, V Rz. 3 m.w.N.: nächster Tag bis 12.00 Uhr.
2 Zöller/*Greger*, § 357 ZPO Rz. 5.

Die Vorschrift ist anders als § 257 ZPO auch auf Wohnraummietverhältnisse anwendbar[1].

160 Bei einer Klage nach § 259 ZPO muss die Besorgnis gegeben sein, dass der Mieter ohne Klageerhebung nicht rechtzeitig erfüllen werde. Häufig wird dabei verkannt, dass nicht die **Besorgnis der Nichterfüllung** gegeben sein muss, sondern dass die Besorgnis der **nicht rechtzeitigen Erfüllung** ausreicht[2]. Die Voraussetzungen des § 259 ZPO sind daher nicht nur dann gegeben, wenn der Schuldner den Räumungsanspruch überhaupt nicht erfüllen will, sondern auch dann, wenn er erst zu einem späteren Zeitpunkt räumen will und damit die Besorgnis begründet, er werde den Anspruch bei dessen Fälligkeit nicht erfüllen.

161 Die erforderliche Besorgnis ist immer gegeben, wenn der Mieter die **Wirksamkeit** der Kündigung bestreitet[3] oder wenn er Widerspruch gegen die Kündigung gem. § 574 BGB erhebt[4].

162 Nicht ausreichend ist, dass der Mieter auf eine Anfrage des Vermieters, ob er fristgerecht ausziehen werde, keine Auskunft erteilt, da eine entsprechende Erklärungspflicht des Mieters nicht besteht[5]. Sofern der Mieter allerdings auf mehrfaches Nachfragen schweigt, kann durchaus eine Besorgnis angenommen werden. Der Vermieter hat ein berechtigtes Interesse, rechtzeitig eine Antwort zu erhalten, wann die Wohnung geräumt und übergeben wird, insbesondere, wenn er bereits nachvermietet hat.

163 Die bloße Erklärung des Mieters, seine Wohnungssuche sei bisher noch erfolglos gewesen, reicht für eine Besorgnis des Vermieters allerdings noch nicht aus[6].

164 Problematisch sind die Fälle des **Widerspruchs und Fortsetzungsverlangens nach § 574 Abs. 2 BGB**. Auf Grund der Tatsache, dass der Mieter gehalten ist, seinen Widerspruch gegen die Kündigung zwei Monate vor der Beendigung des Mietverhältnisses zu erklären, sofern der Vermieter in dem Kündigungsschreiben einen entsprechenden Hinweis erteilt hat (§ 574b BGB), befindet sich der Mieter in einer gewissen Zwickmühle, da er mit dem Widerspruch die Räumungsklage gem. § 259 ZPO auslösen kann. Die Klage ist jedoch zulässig, da dieser Widerspruch beim Vermieter die **Besorgnis der nicht fristgerechten Räumung** auslöst[7].

---

1 *Hartmann* in Baumbach/Lauterbach, § 259 ZPO Rz. 6; AG Bonn, WuM 1992, 611; AG Münster, WuM 1988, 364; *Henssler*, NJW 1989, 144 m.w.N.
2 So auch *Monschau*, MietRB, 2008, 117 ff.
3 LG Bochum, WuM 1983, 56 m.w.N.
4 Jeweils zu § 556a BGB a.F.: LG Aachen, MDR 1976, 848; LG Bonn, NJW 1971, 433; LG Bochum, WuM 1983, 56; LG Wiesbaden, WuM 1989, 428; **a.A.** OLG Celle, NJW 1966, 668; LG Braunschweig, MDR 1972, 695; LG Hamburg, MDR 1971, 138 und 397.
5 AG Berlin-Charlottenburg, WuM 1989, 427; AG Köln, ZMR 1977, 240.
6 AG Waiblingen, WuM 1989, 428.
7 Vgl. *Kaarst*, ZMR 1988, 453.

165 Eine Räumungsklage ist auch vor Ablauf der Widerspruchsfrist des § 574 Abs. 2 BGB zulässig, wenn der Mieter der Kündigung mit der Begründung widersprochen hat, der vom Vermieter angegebene Kündigungsgrund liege nicht vor[1].

166 Zweifel an der Zulässigkeit einer Klage auf künftige Räumung nach § 259 ZPO bestehen ggf., wenn der Mieter bereits **vor Ablauf der Widerspruchsfrist** des § 574 Abs. 2 BGB den Räumungsanspruch des Vermieters anerkannt und lediglich eine Räumungsfrist erbeten hat, die über den Kündigungszeitpunkt hinausgeht, sofern die geforderte Räumungsfrist nicht unangemessen lang ist.

Klage auf zukünftige Räumung

Es wird beantragt,
 die Beklagten zu verurteilen, zum (Fälligkeit der Räumung) die Wohnung ... zu räumen und herauszugeben.

---

167 Die antragsgemäße Verurteilung des Mieters zu zukünftiger Räumung beinhaltet nicht bereits die Gewährung einer Räumungsfrist[2]. Dies kann vielmehr gem. § 721 Abs. 2 ZPO auch bei einer Verurteilung zu künftiger Räumung noch begehrt werden.

c) Zahlungsklage

168 Hinsichtlich der Zahlungsklage gelten in Mietsachen keine Besonderheiten. Die Klage muss auf einen in Euro zahlbaren Betrag gerichtet sein. Der Grund des Zahlungsanspruchs hat im Klageantrag nichts zu suchen. Dies gehört in die Begründung. Überhaupt sollten nur sachgerechte Klageanträge gestellt und nicht – wie häufig zu beobachten ist – gedankenlos überflüssige oder sogar falsche Musteranträge oder -formulierungen übernommen werden.

168a Sinnvoll, in der Praxis aber letztlich oft vergebens ist es, für den Fall des Urteilserlasses eine **Zustellungsbescheinigung** sowie eine **vollstreckbare Ausfertigung** der Entscheidung zu beantragen. Diese Anträge werden von der sie bearbeitenden Geschäftsstelle des Gerichts leider vielfach übersehen.

169 Ein Antrag zu den **Zinsen** sollte nicht vergessen werden. Geldschulden sind nach § 246 BGB mit vier % p.a. zu verzinsen. Befindet sich der Schuldner in Verzug, dann erhöht sich der Zinssatz nach § 288 Abs. 1 S. 2 BGB

---

1 OLG Karlsruhe, NJW 1984, 2953 = WuM 1983, 253; KG, WuM 1981, 54; **a.A.** LG Kempten, NJW-RR 1993, 1101; jeweils zu § 556a BGB a.F.
2 LG Düsseldorf, WuM 1993, 471.

auf jährlich **fünf Prozentpunkte** (nicht: Prozent[1]!) über dem Basiszins. Der Verzugszins beträgt nach § 288 Abs. 2 BGB sogar **acht Prozentpunkte** über dem Basiszins, wenn es sich um Rechtsgeschäfte handelt, an denen kein Verbraucher im Sinne des § 13 BGB beteiligt ist, § 247 BGB. Ist im Mietvertrag eine (wirksame[2]) Vorfälligkeitsklausel enthalten oder wurde der Mietvertrag nach dem 31.8.2001 geschlossen[3], so dass § 556b Abs. 1 BGB gilt, liegt eine kalendermäßige Bestimmung vor, so dass am nächsten Tag Verzug eintritt.

170 Werden mehrere rückständige Mieten geltend gemacht, so müssen die **Zinsen gestaffelt** werden. Der Übersichtlichkeit halber empfiehlt es sich, die jeweiligen Teilbeträge anzugeben, deren Verzinsung beantragt wird. Insoweit reicht es nicht, anzugeben, dass die Forderung jeweils ab dem dritten Werktag zu verzinsen sein soll. Das Kalenderdatum muss im Klageantrag angegeben werden.

Zahlungsklage

Es wird beantragt,

den Beklagten zu verurteilen, an den Kläger 2000 Euro zu zahlen nebst Zinsen in Höhe von fünf Prozentpunkten über dem Basiszinssatz
- aus 600 Euro seit dem 5.8.2009,
- aus 400 Euro seit dem 5.9.2009 und
- aus weiteren 1000 Euro seit dem 5.10.2009.

---

171 Hat der Mieter zwischenzeitlich **Teilzahlungen** erbracht, wird in der Praxis der Einfachheit halber zumeist im Antrag formuliert „... *abzüglich gezahlter* ...". Korrekt ist ein solcher Antrag gleichwohl nicht. Denn zum einen verliert der Kläger Zinsen für die Teilzahlung bis zum jeweiligen Zahlungstag; zum anderen ist der Antrag zu unbestimmt, da nicht klar ist, ob der Rechtsstreit insoweit für erledigt erklärt werden oder die Klage zurückgenommen werden soll. Letztlich wird das Problem der genauen Forderungsberechnung nach §§ 366, 367 BGB damit in die Vollstreckung verlagert. In dem Klageantrag muss dann nur die genaue Höhe der Teilzahlung sowie das Datum der Gutschrift angegeben werden. Sollte das Gericht von einem anderen Zinsbeginn, einem anderen Zinssatz oder einer anderen Hauptsumme ausgehen, kann dies dann im Tenor ohne weiteres zum Ausdruck gebracht werden, ohne dass die Gesamtforderung neu berechnet werden muss.

---

1 Vgl. *E. Schneider*, Die Klage im Zivilprozess, 2. Aufl., Rz. 1745 ff.
2 Vgl. dazu *D Rz. 23 ff.*
3 AG Nordhorn, NZM 2002, 654.

> **Zahlungsklage bei erbrachten Teilzahlungen**
>
> Es wird beantragt,
>
> den Beklagten zu verurteilen, an den Kläger 1860 Euro zu zahlen nebst Zinsen in Höhe von fünf Prozentpunkten über dem Basiszinssatz seit dem 21.1.2009, abzüglich am 5.7.2009 gutgeschriebener 800 Euro und am 9.9.2009 gutgeschriebener 200 Euro.

In der **Begründung der Zahlungsklage** muss der Zahlungsrückstand substantiiert dargelegt werden. Pauschale Angaben wie z.B. „*Der Mieter ist mit zwei Mieten in Rückstand*" sind unzureichend. Zum substantiierten Sachvortrag gehört es, die Zahlungspflicht nach Grund und Höhe darzulegen, also die genaue Höhe und ggf. auch die Fälligkeit der Miete. Sofern die Miethöhe sich seit Abschluss des Mietvertrages verändert hat, sind auch diese Veränderungen vorzutragen.

Bei **umfangreichen Berechnungen**, insbesondere dann, wenn der Mieter unpünktliche Teilzahlungen erbracht hat oder wenn die Parteien über die Höhe der Minderung streiten, empfiehlt es sich, in der Klageschrift eine Tabelle einzufügen oder als Anlage beizulegen[1]. In dieser Tabelle sollten auf jeden Fall die fälligen Mietbeträge und die geleisteten Zahlungen sowie die Differenzbeträge aufgelistet werden. Dies erleichtert es nicht nur dem Gericht, den Überblick zu behalten. Auch im Verlauf des Mandats erweist sich eine solche Tabelle als hilfreich, da weitere Teilzahlungen oder sonstige Veränderungen jederzeit nachgebucht werden können, so dass der aktuelle Rückstand und seine Zusammensetzung auf einen Blick ersichtlich sind. In der Regel wird hier eine Excel-Tabelle wertvolle Dienste leisten.

Tabelle bei Mietrückständen (Minderung)

Monat	Miete	anerkannte Minderung	gezahlt	Differenz
3/09	400 Euro	– 80 Euro	0 Euro	– 320 Euro
4/09	400 Euro	– 80 Euro	100 Euro	– 220 Euro
5/09	400 Euro	– 40 Euro	200 Euro	– 160 Euro
6/09	400 Euro	– 40 Euro	200 Euro	– 160 Euro
7/09	400 Euro	0 Euro	200 Euro	– 200 Euro
8/09	400 Euro	0 Euro	200 Euro	– 200 Euro
9/09	400 Euro	0 Euro	200 Euro	– 200 Euro
Gesamt	**2800 Euro**	**– 240 Euro**	**1100 Euro**	**– 1460 Euro**

Praxisrelevant ist insbesondere die **Klage auf Rückforderung von Betriebskostenvorauszahlungen bei beendetem Mietverhältnis**.

---

1 Vgl. dazu BGH, NJW 1984, 310, 311.

Rechnet der Vermieter nicht über die Betriebskosten ab, kann der Mieter den Vermieter **auf Abrechnung verklagen** und diesem Begehren durch ein Zurückbehaltungsrecht an den Vorauszahlungen Nachdruck verleihen (vgl. L Rz. 404). Nach einer Entscheidung des BGH[1] ist der Mieter bei **beendetem Mietverhältnis** hierzu aber nicht gezwungen. Vielmehr könne er die von ihm geleisteten Vorauszahlungen solange zurückverlangen, als der Vermieter nicht durch eine ordnungsgemäße Abrechnung nachweise, dass die Vorschüsse durch die für den betreffenden Zeitraum angefallenen und vom Mieter zu erstattenden Nebenkosten verbraucht seien. Allerdings stehe dem Mieter, wenn der Vermieter ordnungsgemäß abgerechnet habe, ein vertraglicher Rückerstattungsanspruch nur zu, soweit die geleisteten Vorauszahlungen durch die in dem betreffenden Abrechnungszeitraum tatsächlich angefallenen Nebenkosten nicht aufgezehrt seien. Denn die vertraglich vereinbarten Abschlagszahlungen würden lediglich auf einer vorläufigen Schätzung oder einer freien Festsetzung beruhen[2]. Daher folge aus dem Mietvertrag selbst und unmittelbar die Verpflichtung des Vermieters zur Erstattung etwaiger Überzahlungen. Eines Rückgriffs auf die Auftragsvorschriften, der ungerechtfertigten Bereicherung, die Grundsätze der positiven Forderungsverletzung der ergänzenden Vertragsauslegung bedürfe es nicht[3].

173b Eine **Verteidigung des Vermieters im Prozess** ist schwierig. Zum einen kann versucht werden, eine – formal korrekte – Abrechnung noch im Rechtsstreit vorzulegen. In Betracht kommt ansonsten lediglich ein **Anerkenntnis** nach § 93 ZPO. Will der Vermieter den Anspruch anerkennen, kann er die für ihn nachteilige Kostenfolge nur dann vermeiden, wenn der Mieter ihn außergerichtlich nicht (wirksam) zur Zahlung aufgefordert hat, er (gegebenenfalls nach einer Verteidigungsanzeige) sofort anerkennt und unmittelbar danach zahlt. Der Anwalt des Vermieters muss berücksichtigen, dass im Falle des Anerkenntnisses ein ohne Sicherheitsleistung vorläufig vollstreckbarer Titel geschaffen wird. Sieht der Vermieter noch Möglichkeiten für eine Abrechnung, bestehen aber zeitliche Probleme, sollte eher die **Flucht in die Säumnis** gewählt werden, weil dann der Prozess weiterbetrieben wird und die Abrechnung im Einspruchsverfahren vorgelegt werden kann; im Übrigen wird der Mieter – jedenfalls bei einer Nachforderung – gezwungen, den Rechtsstreit in der Hauptsache für erledigt zu erklären.

173c Enthält der Mietvertrag keine Regelung, die den Anspruch ausschließt, bzw. den Mieter unter erleichterten Voraussetzungen zunächst selbst zur Abrechnung zwingt, ist eine **Klageabweisung** nur in Ausnahmesituationen erreichbar, wenn der Mieter keine prozessualen Fehler begeht, beispielsweise die falsche Person verklagt. Eine Klageabweisung kann der Vermieter am sichersten nur mit der **Einrede der Verjährung** erreichen. Ebenso wie der Anspruch auf Leistung der Vorauszahlungen verjährt deren Rückforde-

---

1 BGH, WuM 2005, 337 = MietRB 2005, 141.
2 BGH, NJW 2004, 1102.
3 *Lützenkirchen*, WuM 2006, 73.

rungsanspruch mit der Entstehung des Anspruchs und Kenntnis des Mieters von den anspruchsbegründenden Tatsachen nach drei Jahren, §§ 195, 199 BGB. Insoweit ist aber nicht auf das Jahr abzustellen, in dem die Vorauszahlungen erbracht wurden. Anspruchsbegründend wirkt neben dem Mietende der Ablauf der Abrechnungsfrist, also der Eintritt der Abrechnungsreife. Demnach kann die Verjährung erst mit der Abrechnungsreife beginnen. Damit verjähren am 31.12.2006 erstmals die Rückforderungsansprüche für das Kalenderjahr 2002 als Abrechnungszeitraum.

Sobald die Verjährung näher kommt, sollte der Vermieter alles vermeiden, was einen Beginn von Verhandlungen im Sinne von § 203 BGB darstellen könnte, also insbesondere keine Fristverlängerung verlangen oder eine Prüfung des Anspruchs in Aussicht stellen. — 173d

Zur **Vorlage der Betriebskostenabrechnung** ist der Vermieter auch noch nach Ablauf der Abrechnungsfrist verpflichtet. Er verliert nur seinen Anspruch auf die Nachforderung. In der konkreten Situation ist ihm die Vorlage sogar anzuraten. Denn der Anspruch des Mieters auf Rückforderung der Vorauszahlungen kann nicht mehr weiter verfolgt werden, wenn der Vermieter abgerechnet hat. Insoweit kommt es grundsätzlich nicht auf die inhaltliche Richtigkeit der Abrechnung an, solange der Vermieter nicht, zum Beispiel im Wege der Widerklage, eine Nachforderung geltend macht. Denn für die Einhaltung der Abrechnungsfrist ist es ausreichend, eine den Mindestanforderungen an eine fälligkeitsbegründende Abrechnung entsprechende Aufstellung der Betriebskosten vorzulegen. Bei der Abrechnung, die nach Ablauf der Abrechnungsfrist mitgeteilt wird, können keine höheren Maßstäbe gelten. Allerdings sollte sich der Vermieter der Wahrheitspflicht bewusst sein und daher nicht irgendeine Phantasierechnung vorlegen, sondern ein mit der gebotenen Sorgfalt erstelltes Rechenwerk. — 173e

Legt der Vermieter eine solche Abrechnung vor, muss der Mieter den Rechtsstreit, bei einem Guthaben zumindest teilweise, in der **Hauptsache für erledigt erklären**. Zwar kann der Vermieter hier nicht aufrechnen, weil die tatsächlich geleisteten Vorauszahlungen, die der Mieter zurückverlangt, in der Abrechnung als Abzugsposten berücksichtigt sind. Jedoch entfällt mit der Abrechnung der Rechtsgrund für die Rückforderung, weil der im Wege der ergänzenden Vertragsauslegung begründete Anspruch dem Zweck dient, den Vermieter zur Abrechnung anzuhalten. Dieser Erledigungserklärung sollte sich der Vermieter anschließen. — 173f

Ergibt die Abrechnung ein **Guthaben**, sollte dieses sofort ausgezahlt werden, sofern keine Gegenansprüche, z.B. wegen unterlassener Schönheitsreparaturen o.ä., bestehen; zudem sollte jedenfalls in Höhe des Guthabenbetrages ein Teilanerkenntnis erklärt werden. Die aus § 242 BGB herzuleitende **dolo petit – Einrede** wird ohne Abrechnung kaum zum Erfolg führen. Denn ohne Abrechnung kann nicht aufgezeigt werden, dass der Mieter das, was er fordert, sogleich wieder zurückzahlen muss. — 173g

173h In Einzelfällen kann jedoch **Rechtsmissbrauch** durch das Ausnutzen einer formalen Rechtsposition **vorliegen**, beispielsweise, wenn der Verlauf des beendeten Mietverhältnisses zeigt, dass die vom Mieter durch die Geltendmachung der Rückforderung zu erzwingende Abrechnung niemals zu einem Guthaben führen kann. Dazu muss einerseits dargelegt werden, dass
- bei allen bisherigen Abrechnungen immer eine erhebliche Nachforderung entstanden ist
- in der maßgeblichen Abrechnungsperiode keine Kostenreduzierung eingetreten ist
- ein zum Vorjahr gleichmäßiges Verbrauchsverhalten stattgefunden hat.

Hierzu muss der Vermieter nicht nur sämtliche Betriebskostenabrechnungen der Vergangenheit vorlegen, sondern vor allem aussagekräftige Unterlagen über die entstandenen Kosten und das Verbrauchsverhalten. Letzteres kann z.B. durch Ablesequittungen geschehen, die allerdings nicht nur für die Abrechnungsperiode, sondern auch für die Zeit davor vorgelegt werden müssen.

Solche Ausnahmesituationen liegen insbesondere vor, wenn der Vermieter in der Lage ist, abzurechnen. Denkbar ist beispielsweise, dass ein Leistungsträger in der Vergangenheit seine Tätigkeit nicht abgerechnet hat und der Vermieter von seinem Recht Gebrauch macht, keine Teilabrechnung erstellen zu müssen, § 556 Abs. 3 S. 2 BGB. Dies wird in den seltensten Fällen zu bejahen sein.

173i Selbstverständlich bleibt dem Vermieter der Weg der Aufrechnung offen. Handelt es sich bei der Aufrechnungsforderung um Ansprüche, die der sechsmonatigen Verjährung des § 548 Abs. 1 BGB unterliegen, die mit der Rückgabe zu laufen beginnt, muss darauf geachtet werden, ob sich die Ansprüche in unverjährter Zeit aufrechenbar gegenüberstanden. Insoweit reicht es aus, dass der Anspruch des Mieters auf Rückforderung der Betriebskostenvorauszahlungen erfüllbar war, § 387 BGB. Dies ist mit dem Eintritt der Abrechnungsreife der Fall.

173j In Einzelfällen kann es also durchaus sinnvoll sein, bei einem Mietende in der zweiten Jahreshälfte vor der Geltendmachung von Schadenersatzansprüchen im Sinne von § 548 Abs. 1 BGB zu prüfen, ob hinsichtlich der Abrechnung der Betriebskosten für das vergangene Kalenderjahr Probleme bestehen. Gegebenenfalls sollte hier tatsächlich die Abrechnungsreife abgewartet werden, bevor verjährungshemmende Maßnahmen ergriffen werden. Allerdings besteht natürlich auch die Möglichkeit, im streitigen Verfahren den Rechtsstreit in der Hauptsache (teilweise) für erledigt zu erklären, wenn der Mieter mit dem Anspruch auf Rückforderung der Betriebskostenvorauszahlungen aufrechnet oder ihn im Wege der Widerklage geltend macht.

173k War die Abrechnungsfrist des § 556 Abs. 3 BGB bereits **vor Klageeinreichung** oder zwischen Anhängigkeit und Rechtshängigkeit (Zustellung an den Beklagten) abgelaufen, ist die Klage abzuweisen, weil das erledigende

Ereignis bereits vor Rechtshängigkeit eingetreten ist. Eine **Kostenentscheidung nach § 269 Abs. 3 Satz 3 ZPO** ist auch dann noch möglich, wenn der Kläger wegen des Wegfalls des Klageanlasses diese zu einem Zeitpunkt zurückgenommen hat, in dem sie noch nicht zugestellt war, auch wenn die Zustellung danach nicht mehr erfolgt ist[1]. Einigkeit besteht insoweit, dass unabhängig von § 269 Abs. 3 Satz 3 ZPO der Vermieter einen **materiell-rechtlichen Kostenerstattungsanspruch** wegen Verzuges des Mieters mit der Mietzahlung geltend machen kann[2]. Es ist in derartigen Fällen eine bezifferte Leistungsklage zu erheben. Umstritten bleibt, ob das Rechtsschutzbedürfnis für die bisher zulässige unbezifferte Kostenfeststellungsklage[3] wegen des einfacheren und billigeren Weges der Kostenentscheidung nach § 269 Abs. 3 Satz 3 ZPO entfällt[4]. Auf Grund des § 269 Abs. 3 Satz 3 ZPO muss die Klage nicht mehr unverzüglich zurückgenommen werden. Falls die Abrechnungsreife nach Zustellung der Klage eintritt, kann der Vermieter auf Feststellung der Erledigung des Rechtsstreits hinsichtlich der zunächst noch eingeklagten Betriebskostenvorschüsse klagen, nimmt er stattdessen die Klage auf Zahlung der Betriebskostenvorschüsse zurück, so trägt er auf jeden Fall die Kosten des Rechtsstreits[5].

Wie der BGH[6] zutreffend aufgezeigt hat, steht die **Rechtskraft** der Entscheidung im Prozess über die Rückforderung der Vorauszahlungen einer späteren Klage auf Zahlung einer Nachforderung aus der Abrechnung nicht entgegen. Denn der Streitstand ist unterschiedlich. Auch eine Rechtskrafterstreckung über § 322 Abs. 2 ZPO ist grundsätzlich nicht denkbar. Denn der Vermieter braucht mit seinem Anspruch aus der Abrechnung nicht aufzurechnen, weil sich der Saldo erst nach Abzug der vom Mieter zurückverlangten Betriebskostenvorauszahlungen ergibt. In Betracht kommt allenfalls, dass der Mieter für mehrere Jahre die Vorauszahlungen zurückfordert und der Vermieter nur für ein Jahr abrechnet. Ist die Versäumung der Abrechnungsfrist unverschuldet, so dass er die Nachforderung noch verlangen kann, kann er gegenüber den Vorauszahlungen für die anderen Jahre aufrechnen.

173l

Der vom BGH zugebilligte Anspruch kann bei einem **Räumungsprozess** zu einem Risiko werden.

173m

Beispiel:

Der Vermieter erklärt am 15.2.2009 die außerordentliche fristlose Kündigung des Mietvertrages wegen Zahlungsverzuges, weil der Mieter im Januar und Februar die Miete von 1000 Euro (Grundmiete 800 Euro zuzüglich Betriebskostenvorauszahlungen 200 Euro) nicht gezahlt hat. Er hat für die

---

1 BGH, GE 2004, 420; OLG Brandenburg, GE 2005, 300.
2 LG Berlin, GE 2004, 108.
3 BGH, NJW 1981, 990; NJW 1994, 2895.
4 LG Berlin, GE 2004, 108; **a.A.** LG Berlin, GE 2004, 51.
5 BGH, GE 2004, 106.
6 BGH, WuM 2005, 337.

zurückliegenden Jahre 2006 und 2007 nicht über die Betriebskosten abgerechnet.

Bis zur außerordentlichen fristlosen Kündigung konnte der Mieter wegen der Abrechnungssäumigkeit des Vermieters für 2006 und 2007 nur ein Zurückbehaltungsrecht geltend machen, das sich allein auf die Vorauszahlungen bezieht[1]. Deshalb ist die Kündigung trotzdem wirksam, weil der Mieter über zwei aufeinander folgende Termine mit mehr als einer Monatsmiete im Rückstand war, nämlich mit den Nettomieten von insgesamt 1600 Euro, § 543 Abs. 3 Nr. 3a) BGB.

Aufgrund der außerordentlichen fristlosen Kündigung kann er aber nun mit seinem Anspruch auf Rückforderung der Betriebskostenvorauszahlungen abrechnen. Denn mit Zugang der Kündigung ist das Mietverhältnis sofort beendet und die Voraussetzungen, die der BGH an diesen Anspruch stellt, treten nun (automatisch) ein. Da die Aufrechnungslage aber nicht vor der Kündigung entstanden ist, greift § 543 Abs. 3 S. 3 BGB nicht ein. Vielmehr kommt eine Befriedigung des Vermieters nach § 569 Abs. 3 Nr. 2 BGB in Betracht. Dazu muss die Aufrechnungserklärung dem Vermieter aber während der Schonfrist zugehen[2].

Das aufgezeigte Risiko sollte den Vermieter nicht von der Kündigung abhalten. Allerdings sollte er zwischen Zugang der Kündigung und Einreichung der Räumungsklage zwei Wochen vergehen lassen, um abzuwarten, ob der Mieter von dieser Möglichkeit Gebrauch macht.

d) Klagen auf zukünftige Zahlung

174 Nach §§ 257, 259 ZPO kann Klage auf zukünftige Leistung erhoben werden. Diese Klageart, von der die Praxis viel zu wenig Gebrauch macht, bietet sich in Mietsachen häufig an.

aa) Klage auf zukünftige Nutzungsentschädigung

175 Zum einen bietet sich diese Klageart dann an, wenn dem Mieter gekündigt worden ist und er in den Miträumen bleibt. Ob die vom Mieter dann zu zahlende Nutzungsentschädigung gem. §§ 257, 258 ZPO nicht nur eingeklagt werden kann, soweit sie fällig ist, sondern auch für die Zukunft, ist streitig[3].

176 In der Regel liegen aber die Voraussetzungen des § 259 ZPO vor. Dies erfordert grundsätzlich, dass der Schuldner seine zukünftige Leistungspflicht bestreitet[4]. Allein die Annahme einer zukünftigen Zahlungsunfähigkeit des Schuldners soll dagegen grundsätzlich nicht ausreichen[5]. Nach Ansicht

---

1 Vgl. BGH, WuM 1984, 185, 187.
2 *Blank* in Schmidt-Futterer, Mietrecht, § 569 BGB, Rz. 39.
3 BGH, NZM 2003, 231 m.w.N.
4 Zöller/*Greger*, § 259 ZPO Rz. 3.
5 RGZ 90, 180.

des OLG Dresden[1] ist eine Klage auf zukünftige Zahlung von Nutzungsentschädigung jedoch dann zulässig, wenn der Mieter über einen längeren Zeitraum fällige Mietzahlungsansprüche nicht erfüllt hat, so dass daraus die Besorgnis der Zahlungsunfähigkeit oder -willigkeit auch für die Zukunft hergeleitet werden kann[2]. Um zu vermeiden, dass der Beklagte kostenbefreiend anerkennt, sollte er allerdings vorher zur Anerkennung seiner zukünftigen Zahlungspflicht (und zur Zahlung) aufgefordert werden.

Die Klage auf zukünftige Zahlung bietet sich geradezu an, wenn nicht feststeht, wann der gekündigte Mieter das Objekt räumen wird. Der Vermieter müsste sich andernfalls mit Teilklagen begnügen, oder er müsste seine Klage ständig erweitern. Mit der Klage auf zukünftige Leistung kann er sämtliche zukünftig noch fällig werdenden Nutzungsentschädigungen gleich einklagen und tituliert erhalten. 177

bb) Klage auf zukünftige Mieten

Die Klage auf zukünftige Leistungen kommt aber auch auf Mietzahlungen in Betracht, nämlich unter den Voraussetzungen des § 259 ZPO[3]. Die Klage ist zulässig, wenn die Besorgnis der nicht rechtzeitigen Erfüllung besteht. Der Grund für die Besorgnis der nicht rechtzeitigen Erfüllung kann vielfältig sein. 178

Zum einen ist die Besorgnis gegeben, wenn der Mieter überhaupt nicht zahlt. Die Besorgnis kann aber auch dann gegeben sein, wenn der Mieter zwar in voller Höhe zahlt, jedoch **unpünktlich**. Wie sich aus dem ausdrücklichen Wortlaut der Vorschrift ergibt, reicht die Besorgnis der „nicht rechtzeitigen" Leistung. Daher ist die Klage nach § 259 ZPO ein probates Mittel, den Mieter zur pünktlichen Zahlung zu bewegen[4]. Hat der Vermieter ein entsprechendes Urteil erstritten und zahlt der Mieter weiterhin unpünktlich, so kann sofort bei Fälligkeit der Miete vollstreckt werden. Ggf. kommt auch eine Vorratspfändung in Betracht. 179

Eine Klage auf zukünftige Mietzahlungen ist auch dann zulässig, wenn der Mieter die Miete kürzt, etwa wegen einer von ihm behaupteten **Minderung**. Entgegen eines weit verbreiteten Irrglaubens steht der soziale Mieterschutz einer solchen Klage nicht entgegen. Bestätigt sich der vom Mieter behauptete Mangel, dann unterliegt der Kläger mit seiner Klage auf zukünftige Leistungen, da er auch zukünftig, jedenfalls vorerst, nur eine geminderte Miete erhalten wird. Dringt der Vermieter durch, weil der Mangel nicht besteht, so ist damit nur über den gerügten Minderungsgrund entschieden. Im Übrigen bleiben weiter gehende Rechte des Mieters gewahrt. Ergibt sich später ein neuer Mangel, kann er deswegen selbstver- 180

---

1 OLG Dresden, WuM 2000, 138.
2 Ebenso: BGH, NZM 2003, 231 m.w.N.
3 Ausführlich: *Monschau*, MietRB, 2008, 117 ff.
4 AG Kerpen, WuM 1991, 439 m. Anm. *N. Schneider*; *Monschau*, MietRB, 2008, 117 ff.

ständlich die Miete mindern. Vollstreckt der Kläger ungeachtet dessen weiter, bleibt dem Mieter die Vollstreckungsgegenklage.

cc) Klageantrag

181 Bei der Klage auf zukünftige Leistung ist unbedingt darauf zu achten, dass das **Ende der Zahlungspflicht** angegeben wird. Dies ist bei Klagen auf zukünftige Nutzungsentschädigung der Zeitpunkt der Räumung und Herausgabe der Wohnung, bei Klagen auf Mietzahlungen das Ende des Mietverhältnisses.

182 Auch bei der Klage auf zukünftige Leistung sollte der **Zinsantrag** mit aufgenommen werden. Da die Zahlungspflicht kalendermäßig feststeht, tritt Verzug ab dem jeweiligen Folgetag ein. Entsprechend kann tituliert werden.

Klage auf zukünftige Nutzungsentschädigung

Es wird beantragt,

den Beklagten zu verurteilen, an den Kläger monatlich, jeweils zum 3. Werktag eines Monats im Voraus, 500 Euro nebst Zinsen in Höhe von fünf Prozentpunkten über dem Basiszinssatz ab dem jeweiligen Folgetag zu zahlen, und zwar bis zur vollständigen Räumung und Herausgabe der Wohnung ...

---

183 Werden nur einbehaltene **Teilbeträge** mit der Zahlung auf zukünftige Leistung geltend gemacht, reicht es nicht aus, diese anzugeben, da dann der Gerichtsvollzieher nicht feststellen kann, wie die freiwillige Zahlung des Mieters zu verrechnen ist. Der Gesamtbetrag muss daher – ebenso wie bei Unterhaltsklagen – im Tenor zum Ausdruck kommen.

Klage auf zukünftige Mietzahlung

Es wird beantragt,

den Beklagten zu verurteilen, an den Kläger über den derzeit freiwillig gezahlten Betrag in Höhe von monatlich 400 Euro weitere 100 Euro monatlich, jeweils zum 3. Werktag eines Monats im Voraus, zu zahlen zuzüglich Zinsen in Höhe von fünf Prozentpunkten über dem Basiszinssatz ab dem jeweiligen Folgetag, und zwar bis zur Beendigung des Mietverhältnisses über die Wohnung ...

e) Klagenhäufung, Räumungsrechtsstreit und Zahlung

Häufig wird zusammen mit der Räumung auch rückständige Miete im Wege der Klagenhäufung geltend gemacht[1]. Im Interesse des Mandanten kann dies die kostengünstigste Verfahrensweise in der gegebenen Situation sein. Ob sie aber zu einem Standard erhoben wird, sollte gut überlegt werden.

184

Getrennte Räumungs- und Zahlungsklage?

184a

Nach einer Entscheidung des BGH[2] ist es dem Rechtsanwalt jedenfalls nicht erlaubt, einseitig und ohne hinreichenden Sachgrund anstehende Verfahren eines Auftraggebers zu vereinzeln, statt sie nach ihrer objektiven Zusammengehörigkeit als eine Angelegenheit zu behandeln, bei der die Gegenstandswerte zusammen zu rechnen sind. Wenn sowohl eine getrennte als auch eine gehäufte Verfahrensführung ernsthaft in Betracht zu ziehen sei, müsse der Rechtsanwalt das Für und Wider des Vorgehens unter Einbeziehung der Kostenfolge dem Auftraggeber darlegen und seine Entscheidung herbeiführen. Auch das OLG Koblenz[3] sieht eine Aufspaltung des Räumungs- und Zahlungsanspruchs nach einer fristlosen Kündigung gemäß § 543 Abs. 2 Nr. 3 BGB in zwei Prozessen grundsätzlich als pflichtwidrig an.

Die Entscheidungen haben neben der Regressfrage auch Konsequenzen für die Kostenerstattung. Jede Partei ist verpflichtet, die Kosten ihrer Prozessführung, die sie im Falle ihres Obsiegens vom Gegner erstattet verlangen will, so niedrig zu halten, wie sich dies mit der vollen Wahrung ihrer berechtigten und prozessualen Belange vereinbaren lässt. Gegen diese Verpflichtung verstößt der Vermieter grundsätzlich, wenn er Räumungs- und Zahlungsklage in getrennten Prozessen erhebt. Trotz des Obsiegens sind bei getrennten Prozessen die Kosten grundsätzlich nur insoweit erstattungsfähig, als sie bei einer einheitlichen Geltendmachung angefallen wären. Auch für diesen Schaden haftet im Ergebnis der Rechtsanwalt.

184b

Der Vermieter, der das Mandat, Räumung und Zahlung rückständiger Mieten zu verfolgen erteilt, muss über die Kostenrisiken einer getrennten Prozessführung aufgeklärt werden. Dazu müssen ihm die Vor- und Nachteile aufgezeigt werden. Zumindest dann, wenn ein getrenntes Vorgehen beabsichtigt ist, sollte der Rechtsanwalt in einem Anschreiben an den Mandanten zur eigenen Dokumentation und Absicherung den wesentlichen Inhalt der Aufklärung festhalten.

184c

Grundsätzlich ist eine Partei zwar gehalten, mehrere Ansprüche in demselben Verfahren geltend zu machen, um die Kosten für die Gegenseite gering zu halten. Sofern jedoch sachliche Gründe für eine Trennung bestehen,

185

---

1 Zulässig ist es selbstverständlich auch, zusammen mit der Räumungsklage auf Zahlung zukünftiger Nutzungsentschädigung zu klagen (BGH, MDR 2003, 452 = BGHReport 2003, 567 = NZM 2003, 231 = WuM 2003, 280 = ZMR 2003, 333).
2 BGH, ZIP 2004, 1558.
3 OLG Koblenz, MDR 2004, 44 = MietRB 2004, 55.

darf der Kläger auch aus kostenerstattungsrechtlichen Gesichtspunkten **getrennt vorgehen**.

186 Bei Räumung und Zahlung sind solche Gründe gegeben. Zum einen kann der Zahlungsanspruch im Urkundenprozess geltend gemacht werden. Zum anderen benötigt der Vermieter schnell einen Räumungstitel, um vollstrecken zu können. Einwendungen gegen die Höhe der Zahlungen würden dies hindern, da Gerichte häufig keine Teilurteile erlassen, obwohl sie dies müssten. Der Mietrückstand ist zwar auch im Rahmen der Räumungsklage zu prüfen. Indessen kann gerade bei erheblichen Mietforderungen, die wegen einer geltend gemachten Minderung entstanden sind, häufig die Situation bestehen, dass der Mangel die durchgeführte Mietkürzung der Höhe nach nicht rechtfertigt. In diesen Fällen hat das Gericht in einem getrennten Räumungsprozess die Möglichkeit, der Klage stattzugeben, ohne die Minderungsquote exakt festzulegen, also die Umstände, die das Minderungsrecht begründen sollen, vollständig aufzuklären. Dieses Risiko für den Mieter wird noch vergrößert, wenn während des laufenden Prozesses die Minderung fortgeführt wird und der Vermieter mit jedem neuen Schriftsatz vorsorglich die Kündigung wiederholt (vgl. o. *Rz. 146*).

186a Der Kläger, der eine kombinierte Zahlungs- und Räumungsklage einreicht, darf auch nicht darauf spekulieren, dass er einen schnellen Räumungstitel durch Teilurteil erhält. Denn ein solches **Teilurteil** ist wegen der Gefahr widersprechender Entscheidungen grundsätzlich unzulässig, wenn das Recht zur fristlosen Kündigung (auch) auf Zahlungsverzug gemäß § 543 Abs. 2 Nr. 3b) BGB gestützt wird[1]. Wenn das Gericht im weiteren Verfahren zu dem Ergebnis gelangt, dass der Zahlungsanspruch aufgrund eines Minderungs- und Zurückbehaltungsrechts in solcher Höhe begründet ist, dass Mietrückstände, die eine fristlose Kündigung gerechtfertigt hätten, nicht bestanden, stünde das darauf beruhende Teilurteil über die Räumung dem entgegen. Dessen ungeachtet dürfte ein Teilurteil auf Räumung aber dann zulässig sein, wenn im selben Teilurteil auch eine Verurteilung zur Zahlung eines Betrags erfolgt, dessen Rückständigkeit die fristlose Kündigung rechtfertigt. Die Begründetheit der Klage bezüglich des überschießenden Betrags kann dann im weiteren Verfahren geklärt werden[2].

187 Weitere Probleme ergeben sich bei der Vollstreckung. Muss aus dem Räumungstitel vollstreckt werden, so steht der Titel für eine Vollstreckung hinsichtlich der Zahlungspflicht nicht zur Verfügung. Hier bleibt zwar die Möglichkeit einer Vorpfändung oder anderer vorläufiger Maßnahmen. Endgültige Vollstreckungsmaßnahmen sind jedoch erst dann möglich, wenn die Wohnung geräumt ist und der Gerichtsvollzieher den Titel zurückgeschickt hat. Andernfalls muss eine weitere vollstreckbare Ausfertigung beantragt werden.

---

1 BGH, MDR 2008, 331 = NJW-RR 2008, 460 = NZM 2008, 280.
2 So auch *Schmid* in IMR 2008, 103, Anm. zu BGH, MDR 2008, 331 = NJW-RR 2008, 460 = NZM 2008, 280.

188 Ein weiterer Vorteil des getrennten Vorgehens ergibt sich dann, wenn der Vermieter rechtsschutzversichert ist. Nach den ARB (§ 3 Abs. 3b ARB 1975 = § 5 Abs. 3d ARB 2000) deckt eine Rechtsschutzversicherung drei Vollstreckungsversuche je Titel. Das bedeutet, dass bei einem Titel auf Räumung und Zahlung auch insgesamt nur drei Vollstreckungen auf Räumung oder Zahlung möglich sind. Hat der Vermieter dagegen getrennte Titel über Räumung und Zahlung erwirkt, kann er aus jedem Titel drei Vollstreckungsversuche unternehmen.

189 Aus taktischen Erwägungen stellt sich ohnehin die Frage, ob die rückständige Miete sogleich mit der Räumung eingeklagt werden soll. In aller Regel werden sich auch nach Zustellung der Klage weitere Forderungen ergeben, Nutzungsentschädigung, Renovierungskosten, Schadensersatz usw. Von daher kann es unter Umständen zweckmäßig sein, zunächst einmal den Räumungsrechtsstreit durchzuführen und nach der Räumung eine umfassende und abschließende Zahlungsklage zu erheben. In diesen Fällen wird sich der Vermieter nie dem Einwand ausgesetzt sehen, er hätte in einem Verfahren zugleich klagen können.

190 Werden der Räumungs- und Zahlungsanspruch in einem Verfahren geltend gemacht, sollte bei fortlaufender Mietkürzung eine Erhöhung der Zahlungsklage nur erfolgen, wenn der Mieter sich streitig einlässt. Ansonsten droht eine Verfahrensverzögerung, weil jede Klageerhöhung die Einlassungsfrist auslöst und die Gerichte hier eher den Grundsatz der einheitlichen Entscheidung verfolgen als von der Möglichkeit Gebrauch machen, ein Teilurteil zu erlassen.

f) Positive Feststellungsklage

191 Feststellungsklagen sind nur im engen Rahmen des § 256 ZPO zulässig. Die Feststellungsklage ist der Leistungsklage subsidiär. Sofern auf Leistung, also in der Regel auf Zahlung, geklagt werden kann, scheidet eine Feststellungsklage aus. Daher ist eine Feststellungsklage in der Regel unzulässig, mit der die Feststellung begehrt wird, dass der Mieter zu einem bestimmten Zeitpunkt zu räumen hat. Hier ist die Klage auf zukünftige Räumung vorrangig. Gleiches gilt bei Zahlungsklagen. Die Klage gegen einen Mieter, der erst zum Monatsende zahlt, auf Feststellung, dass dieser verpflichtet ist, zum dritten Werktag eines Monats zu zahlen, ist unzulässig, da auch hier Klage nach § 259 ZPO möglich ist (vgl. o. *Rz. 175 ff.*).

192 Eine Feststellungsklage kommt insbesondere dann in Betracht, wenn der Zahlungsanspruch noch nicht beziffert werden kann, also etwa bei Schadensersatzansprüchen nach Auszug, wenn diese betragsmäßig noch nicht feststehen, weil Gutachten oder Kostenvoranschläge noch nicht vorliegen. Hier ist die Feststellungsklage ein probates Mittel, um den drohenden Verjährungsablauf zu hemmen.

193 Die Klage auf Feststellung, dass das Mietverhältnis zwischen den Parteien **als Wohnraum- und nicht als Gewerberaummietverhältis** zu qualifizieren ist, ist für zulässig gehalten worden[1].

193a Eine Klage auf Feststellung, dass eine vom Vermieter erteilte **Abmahnung** aus tatsächlichen Gründen **unberechtigt** war ist unzulässig, weil das Begehren nicht auf die Feststellung eines Rechtsverhältnisses im Sinne von § 256 Abs. 1 ZPO gerichtet ist[2].

> **Praxishinweis:**
> Noch nicht geklärt ist die Frage, ob eine Feststellungsklage dann zulässig sein kann, wenn zwischen Vermieter und Mieter Streit darüber besteht, ob ein bestimmtes Verhalten des Mieters mietvertraglich zulässig ist oder nicht. Hierbei dürfte es sich um eine Vorfrage eines Rechtsverhältnisses handeln, die nicht Gegenstand einer isolierten Feststellungsklage sein kann.

193b Die Feststellungsklage bietet sich an, wenn der Inhalt des Mietverhältnisses streitig ist, wenn also etwa über die generelle **Umlagepflicht bestimmter Nebenkosten** gestritten wird.

Feststellungsklage auf Umlagefähigkeit von Nebenkosten

Es wird beantragt,

festzustellen, dass der Beklagte verpflichtet ist, für die von ihm angemietete Wohnung ... anfallende Hausmeisterkosten entsprechend dem im Mietvertrag vom ... vereinbarten Umlageschlüssel zu tragen.

---

194 Eine Subsidiarität besteht hier nicht, da allenfalls der Saldo eines Jahres eingeklagt werden kann. Die Umlagefähigkeit von Nebenkostenpositionen wirkt jedoch auch für die Folgejahre; hier ist eine Bezifferung nicht möglich.

195 Des Weiteren kommt die Feststellungsklage in Betracht, um den **Bestand des Mietverhältnisses** selbst feststellen zu lassen. Gerade hier ist die Feststellungsklage ein probates Mittel, um formell fehlerhaften oder inhaltlich unzureichenden Kündigungen zu begegnen. Erklärt der Vermieter oder der Mieter eine unwirksame Kündigung, so kann er unter kurzer Fristsetzung aufgefordert werden, von seiner Kündigung Abstand zu nehmen und den Fortbestand des Mietverhältnisses anzuerkennen. Erklärt der Mieter oder Vermieter dies nicht, gibt er damit Anlass zur Klage auf Feststellung des Fortbestandes des Mietverhältnisses. Es ist in der Praxis häufig zu beobachten, dass insbesondere Vermieter zum Teil unsinnige Kündigungen in die

---

[1] LG Berlin, MM 1995, 228.
[2] BGH, MDR 2008, 556 = NJW 2008, 1303 = NZM 2008, 277.

Welt setzen, davon aber nicht Abstand nehmen. Der Mieter, der sich anwaltlich vertreten lässt und die Kündigung abwehrt, erhält in der Regel keinen Kostenerstattungsanspruch und bleibt auf seinen außergerichtlichen Kosten „sitzen" oder muss seinen außergerichtlichen Schadensersatzanspruch, sofern das Gericht ihn für gegeben hält[1], einklagen. Wird dagegen dem Vermieter eine kurze Frist gesetzt, von der Kündigung Abstand zu nehmen, und sodann Feststellungsklage erhoben, erhält die Partei einen prozessualen Kostenerstattungsanspruch und obendrein noch einen rechtskräftigen Titel, der ihre Rechtsposition bestätigt.

Eine Klage auf Feststellung der **Unwirksamkeit einer Kündigung** (häufiger Fehler) ist unzulässig. Die Kündigung selbst ist kein Rechtsverhältnis, so dass deren Unwirksamkeit nicht vom Gericht festgestellt werden darf[2]. Eine Kündigungsschutzklage wie im Arbeitsrecht kennt das Mietrecht nicht. Wird unzulässigerweise auf Feststellung geklagt, dass die konkret ausgesprochene Kündigung unwirksam ist, kann die Klage dahingehend **umgedeutet** werden, dass festgestellt werden soll, dass das Mietverhältnis fortbesteht[3]. Gleiches gilt für eine Klage auf Feststellung, dass das Mietverhältnis zu einem bestimmten Termin beendet worden ist[4]. 196

Die Angabe des angeblichen Beendigungsgrundes muss in den Klageantrag nicht aufgenommen werden. Dies dient aber der Klarheit. 197

Auch hier muss im Klageantrag angegeben werden, bis zu welchem Zeitpunkt die Feststellung wirken soll; bei einem Mietverhältnis auf unbestimmte Dauer also bis auf weiteres. Bei einem befristeten Mietverhältnis muss der Ablauf des Mietverhältnisses im Feststellungsantrag angegeben werden, da der Kläger andernfalls Gefahr läuft, dass die Klageforderung als zu weit gehend angesehen und die Klage zum Teil abgewiesen wird. 198

**Feststellungsklage auf Fortbestand
des Mietverhältnisses**

Es wird beantragt,
  festzustellen, dass das zwischen den Parteien bestehende Mietverhältnis über das Objekt ... gem. Mietvertrag vom ... bis auf weiteres fortbesteht und insbesondere nicht durch die Kündigung vom ... beendet worden ist.

Die Feststellungsklage auf Fortbestand des Mietverhältnisses wird entgegen einer häufig anzutreffenden Ansicht nicht dadurch unzulässig, dass 199

---

1 Siehe hierzu *Rz. 385 ff.* und BGH, NZM 2002, 291 m.w.N.
2 Musielak/*Foerste*, § 256 ZPO Rz. 27.
3 BGH, NZM 2000, 36 = ZMR 2000, 76; a.A. AG/LG Hamburg, WuM 2006, 527; LG Braunschweig, ZMR 2009, 124 zur Unwirksamkeit einer Mieterkündigung bei befristetem Kündigungsverzicht.
4 BGH, GE 2008, 1318; OLG Düsseldorf, ZMR 2008, 783.

der Vermieter Widerklage auf Räumung erhebt. Das Rechtsschutzbedürfnis des Mieters für die Feststellungsklage bleibt bestehen, da die Klage auf Fortbestand des Mietverhältnisses eine weitreichendere Wirkung hat als die bloße Negierung des Räumungsanspruchs.

199a Steht dem Vermieter neben dem vertraglichen Anspruch auf Mietzahlung bzw. Nutzungsentschädigung ein Zahlungsanspruch als Schadensersatz unter dem Gesichtspunkt einer **vorsätzlich begangenen unerlaubten Handlung** gemäß §§ 823 Abs. 2 BGB, 263 Abs. 1 StGB zu (praxisrelevant im Zusammenhang mit dem aktuellen Problem des sog. „Mietnomadentums"[1]), sollte der klagende Vermieter neben der Räumung und Zahlung der Miete bzw. Nutzungsentschädigung bis zur Herausgabe der Wohnung, beantragen,

> „festzustellen, dass der Zahlungsanspruch auch aus dem Gesichtspunkt des Schadensersatzes wegen vorsätzlich begangener unerlaubter Handlung begründet ist".

Ein solcher Antrag ist zulässig[2]. Diese Vorgehensweise hat den vollstreckungsrechtlichen Vorteil, dass in der Zwangsvollstreckung dem Schuldner nur soviel von seinem Arbeitseinkommen belassen wird, wie er für seinen eigenen Unterhalt und für die Erfüllung der ihm obliegenden gesetzlichen Unterhaltsansprüche benötigt (§ 850f Abs. 2, 2. Hs. ZPO). Auch nimmt die Forderung nach Durchführung der Privatinsolvenz gemäß § 320 Ziff. 1 InsO nicht an einer Restschuldbefreiung teil. Eine bevorrechtigte Pfändung des Arbeitseinkommens wird zudem nicht mit der Eröffnung des Insolvenzverfahrens unwirksam (§§ 114 Abs. 3, 89 Abs. 2 Satz 2 InsO).

199b Es empfiehlt sich, in dem Antrag auch den durch die unerlaubte Handlung entstandenen materiell-rechtlichen Anspruch auf Erstattung der Kosten des Rechtsstreits aufzunehmen. Andernfalls müsste dieser in einem zweiten Prozess gesondert eingeklagt werden.

g) Negative Feststellungsklage

200 Auch von dieser Klageart wird in der Praxis zu wenig Gebrauch gemacht. Dabei bietet sich die negative Feststellungsklage als prozesstaktisches Mittel an, um die eigene Partei in die aktive Position zu bringen und einer bereits erhobenen oder angekündigten Leistungsklage adäquat zu begegnen. Im Mietrecht bietet sich diese Klageart insbesondere an, um Klarheit über den Inhalt des Mietvertrages oder über bestimmte Rechte und Pflichten zu schaffen, und zwar vor allem dann, wenn sich eine Vertragspartei bestimmter Rechte berühmt, ohne diese jedoch geltend zu machen.

---

1 Vgl. *Kretzer*, ZMR 2005, 89 ff.
2 BGH, BGHZ 109, 275.

Das für die Zulässigkeit der Feststellungsklage nach § 256 ZPO erforderliche **Feststellungsinteresse** des Klägers ist gegeben, wenn dem Recht oder der Rechtslage des Klägers eine gegenwärtige Gefahr der Ungewissheit droht und das Feststellungsurteil geeignet ist, diese Gefahr zu beseitigen. Eine Gefährdung liegt regelmäßig darin, dass der Beklagte das Recht des Klägers ernstlich bestreitet oder er sich eines Rechts gegen den Kläger berühmt. Diese Berühmung muss nicht nur ernstlich gemeint sein, sondern auch nach objektiver Würdigung eine gegenwärtige Gefahr für den Kläger begründen[1]. Das Berühmen muss aber nicht notwendig ausdrücklich geschehen; Schweigen bzw. rein passives Verhalten ist nur dann ausreichend, wenn der Kläger aufgrund des vorangegangenen Verhaltens des Beklagten eine ihn endgültig sicherstellende Erklärung erwarten kann[2]. 200a

Gegen eine Kündigung ist eine negative Feststellungsklage unzulässig. Die Unwirksamkeit der Kündigung ist kein Rechtsverhältnis[3]. Zulässig ist hier nur eine positive Feststellungsklage auf Fortbestand des Mietverhältnisses (vgl. o. *Rz. 195 f.*). 200b

Die **Darlegungs- und Beweislast** richtet sich auch bei der negativen Feststellungsklage ausschließlich nach dem materiellen Recht. Dementsprechend muss der Kläger lediglich die Berühmung durch den Beklagten vortragen und gegebenenfalls beweisen. Der Beklagte hat es schwerer. Er muss den Grund und die Höhe des berühmten Anspruchs in einer Weise darlegen und beweisen, als wäre er in der Klägerrolle. Bleibt unklar, ob die streitige Forderung besteht, dann muss der negativen Feststellungsklage ebenso stattgegeben werden, wie wenn das Nichtbestehen feststeht[4]. 200c

Mit der negativen Feststellungsklage ist es unschwer möglich, den Prozessgegner in eine Defensivpostion zu bringen. Es kommt häufig vor, dass sich der Gegner unvorsichtigerweise vermeintlicher Forderungen berühmt, ohne dass er diese – jedenfalls gegenwärtig – substantiiert darlegen bzw. beweisen kann. Wird ihm in dieser Situation ein Prozess aufgezwungen, gerät er unverrichteter Dinge unter Druck, zumal ihm zur Vorbereitung des Rechtsstreits weniger Zeit verbleibt. 200d

Für den Prozessgegner ist die negative Feststellungsklage auch deshalb besonders gefährlich, weil sie im Erfolgsfall der **Abweisung einer positiven Feststellungslage oder einer Leistungsklage** gleichsteht[5]. 200e

Dagegen hat das eine negative Feststellungsklage abweisende Urteil im Ergebnis die gleiche **Rechtskraftwirkung** wie ein Urteil, mit dem einer entsprechenden positiven Feststellungsklage des Beklagten stattgegeben würde[6]. 200f

---

1 MüKo/*Lüke*, § 256 ZPO, Rz. 38.
2 BGH, NJW 1995, 2032 = MDR 1995, 716.
3 Musielak/*Foerste*, § 256 ZPO Rz. 27.
4 BGH, NJW 1993, 1716 = MDR 1993, 1118.
5 Thomas/Putzo/*Reichold*, § 256 ZPO, Rz. 23.
6 BGH, NJW 1995, 1757 = MDR 1995, 1062.

200g Erhebt der Beklagte bei bereits rechtshängiger negativer Feststellungsklage – zulässigerweise – **Leistungsklage**, entfällt das notwendige Rechtsschutzbedürfnis der negativen Feststellungsklage, sobald die Leistungsklage nicht mehr einseitig zurückgenommen werden kann[1]. Um die Abweisung der negativen Feststellungsklage als unzulässig zu vermeiden muss der Kläger den Rechtsstreit in der Hauptsache für erledigt erklären. Dies sollte allerdings erst geschehen, nachdem sich der Kläger der negativen Feststellungsklage im (Parallel-)Rechtsstreit über die Leistungsklage zur Hauptsache eingelassen hat. Denn nur in diesem Fall kann die Leistungsklage nach § 269 Abs. 1 ZPO nicht mehr ohne seine Zustimmung zurückgenommen werden[2].

201 Beruft sich z.B. ein Vermieter auf eine Indexklausel, ohne den nach seiner Ansicht ihm zustehenden höheren Mietbetrag geltend zu machen, kann der Mieter negative Feststellungsklage dahin gehend erheben, dass er keine höheren Beträge schuldet.

202 Auch bei der Frage der Umlagefähigkeit von Nebenkosten bietet sich die negative Feststellungsklage des Mieters an, um hier Klarheit zu schaffen.

Negative Feststellungsklage auf Nicht-Umlagefähigkeit von Nebenkosten:

Es wird beantragt,

festzustellen, dass der Kläger nicht verpflichtet ist, für die von ihm angemietete Wohnung ... anteilige Hausmeisterkosten an den Beklagten zu zahlen.

202a Praxisrelevant sind auch die Fälle, in denen es um **Ansprüche auf Mängelbeseitigung** geht.

Hier berühmt sich der Vermieter eines Anspruchs auf Mängelbeseitigung gegen den Mieter mit einer entsprechenden Beseitigungsaufforderung. Macht nun der Mieter im Wege der negativen Feststellungsklage geltend, nicht zur Mängelbeseitigung verpflichtet zu sein, so soll das Feststellungsinteresse entfallen, wenn das Mietverhältnis durch Kündigung beendet wird[3]. Diese Auffassung verkennt, dass der Vermieter auch und gerade über die Beendigung des Mietverhältnisses hinaus, im Hinblick auf die Vermietbarkeit des Objekts in der Regel ein Interesse an der Mängelbeseitigung durch den Mieter hat. Dementsprechend entfällt das Feststellungsinteresse nicht nachträglich; die negative Feststellungsklage bleibt auch nach Vertragsbeendigung zulässig.

---

[1] BGH, NJW 1999, 1516.
[2] Vgl. *Vossler*, ProzRB 2003, 307.
[3] LG Aurich, ZMR 2005, 48, 49 m. zutreffender Anm. *Warfsmann*.

Eine negative Feststellungsklage des Mieters auf Feststellung, dass der Vermieter nicht berechtigt ist, eine **bestimmte Miete** zu verlangen, ist zulässig[1], und zwar auch dann, wenn sie sich auf zukünftige Zeiträume, also für die Dauer des Fortbestehens eines bestimmten **Mangels** bezieht[2].

202b

Der zulässige **Klageantrag** der negativen Feststellungsklage ist darauf gerichtet festzustellen, dass der Mieter nicht zur Mängelbeseitigung und zur Tragung der Kosten für die Mängelbeseitigung verpflichtet ist. Für die Zulässigkeit der Klage ist es nicht erforderlich, dass der Vermieter ausdrücklich betont, neben dem Mängelbeseitigungsanspruch auch einen Anspruch auf Kostenübernahme für die Mängelbeseitigungsarbeiten hat. Denn allein die Erhebung der negativen Feststellungsklage zeigt, dass der Mieter die Mängelbeseitigung endgültig und ernsthaft verweigert. Umgekehrt steht im Falle der Abweisung der Klage fest, dass dem beklagten Vermieter ohne weitere Fristsetzung ein Anspruch auf Schadensersatz in Höhe der Mängelbeseitigungskosten zusteht[3].

203

h) Zwischenfeststellungsklagen

Die Zwischenfeststellungs(-wider)klage nach § 256 Abs. 2 ZPO ermöglicht es, einen rechtskräftigen Ausspruch auch über alle für die Hauptsacheklage vorgreiflichen Rechtsverhältnisse herbeizuführen. Soweit eine positive oder negative Feststellungsklage in Betracht kommt, kann diese auch als Zwischenfeststellungsklage nach § 256 Abs. 2 ZPO erhoben werden.

204

Die Zwischenfeststellungsklage ist die Klageart mit den geringsten Zulässigkeitsvoraussetzungen. Erforderlich ist lediglich, dass von dem Bestehen oder Nichtbestehen des Rechtsverhältnisses die Entscheidung über den Hauptantrag abhängt.

205

Eine positive Zwischenfeststellungsklage bietet sich insbesondere dann an, wenn sich neben der Klageforderung zukünftig weiter gehende Forderungen ergeben werden, die noch nicht fällig oder bezifferbar sind, etwa dann, wenn Streit über die Umlagefähigkeit von Betriebskosten besteht.

206

Beispiel (Nebenkostenabrechnung):

Der Vermieter klagt den Saldo aus einer Nebenkostenabrechnung ein. Der Mieter wendet ein, die Kosten für Versicherungen und Aufzug seien nicht umlagefähig.

Hier bietet es sich für den Vermieter an, die generelle Umlagefähigkeit ein für alle Mal durch eine Zwischenfeststellungsklage zu klären. Soweit das Gericht nur über die Klageforderung, also den Saldo aus der betreffenden Nebenkostenabrechnung, entscheidet, erwächst auch nur diese Entscheidung in Rechtskraft. Bei der Entscheidung können dann andere Gesichtspunkte

207

---

1 Sternel, Mietrecht aktuell, XIV Rz. 107b.
2 BGH, ZMR 1985, 403.
3 Vgl. *Warfsmann*, Anm. zu LG Aurich, ZMR 2005, 49, 50.

als die grundsätzliche Umlagefähigkeit ausschlaggebend sein, so dass dasselbe Problem sich erfahrungsgemäß im nächsten Jahr wieder stellen wird. Der Beklagte kann dann erneut alle bekannten und ggf. neue Einwände vorbringen, die ihm andernfalls abgeschnitten wären. Es besteht zudem das Risiko, dass dann ein anderer Richter im nächsten Jahr ggf. anders entscheidet.

> **Zwischenfeststellungsklage auf Umlagefähigkeit von Nebenkosten**
>
> Im Wege der Zwischenfeststellungsklage wird beantragt,
>
> festzustellen, dass der Kläger berechtigt ist, für die von dem Beklagten angemietete Wohnung ... auch die Kosten für Versicherungen und Aufzug auf den Beklagten umzulegen.

208 Für den Mieter würde es sich hier aus den gleichen Gründen anbieten, die generelle Nichtumlagefähigkeit durch eine negative Zwischenfeststellungsklage klären zu lassen.

209 Eine negative Zwischenfeststellungsklage bietet sich für den Beklagten ferner immer dann an, wenn der Kläger sich **weiter gehender Forderungen** berühmt, ohne diese aber einzuklagen.

Beispiel:

Der Mieter mindert ab Februar 2006 die laufenden Mieten um 30 %. Der Vermieter erhebt im Mai 2006 zunächst nur Klage wegen der restlichen Monatsmiete für Februar.

210 Hier bietet es sich an, Feststellungsklage zu erheben, dass die Miete wegen des gerügten Mangels um 30 % gemindert ist.

> **Zwischenfestellungswiderklage auf Mietminderung**
>
> Im Wege der Zwischenfeststellungswiderklage wird beantragt,
>
> festzustellen, dass die Kaltmiete für die Wohnung ... bis zur Beseitigung der Mängel ... auf ... gemindert ist.

210a Der Vermieter darf die **Unwirksamkeit einer vorzeitigen Kündigung** des Mieters im Wege der Feststellungsklage geltend machen und kann nicht darauf verwiesen werden, eine Leistungsklage auf Zahlung der Miete zu erheben und im Wege der Zwischenfeststellungsklage gemäß **§ 256** Abs. 2 ZPO eine Entscheidung über den unveränderten Fortbestand des Mietverhältnisses herbeizuführen[1].

---

1 BGH, MDR 2008, 851 = NJW 2008, 2178 = NZM 2008, 482.

i) Urkundenverfahren

Das Urkundenverfahren gliedert sich in das **Vor- und Nachverfahren**. Der Kläger ist mit seinen Beweismitteln nur im Vorverfahren auf Urkunden beschränkt. Er geht auch **kein prozessuales Risiko** ein, wenn er zunächst im Urkundenverfahren klagt. Zeigt sich im Verlaufe des Rechtsstreits, dass er mit seinen Ansprüchen im Urkundenverfahren nicht durchdringen wird, kann er bis zum Schluss der mündlichen Verhandlung vom Urkundenprozess Abstand nehmen und ins ordentliche Verfahren übergehen, § 596 ZPO. Im Nachverfahren kann sich der Beklagte umfassend durch Einführung sämtlicher Beweismittel hinsichtlich aller Einwendungen verteidigen. Seine Rechte sind insoweit ausreichend geschützt.

211

Wird die Forderung zunächst im **Mahnverfahren** geltend gemacht, muss dort bereits kenntlich gemacht werden, dass im Urkundenprozess vorgegangen werden soll. Es muss also ein Urkundenmahnverfahren eingeleitet werden. Andernfalls ist ein Wechsel ins Urkundenverfahren nicht mehr möglich.

212

Statthaft ist das Urkundenverfahren nur auf Zahlung einer bestimmten Geldsumme; die Leistung einer bestimmten Menge vertretbarer Sachen oder Wertpapiere wird im Mietrecht wohl kaum vorkommen. Im Urkundenverfahren können Vermieter neben Mietforderungen Ansprüche auf Zahlung einer **Mietkaution**[1] sowie **Rückerstattungsansprüche von Betriebskosten**[2] geltend machen. Ansprüche auf sonstige Sicherheitsleistungen, wie etwa die Gestellung einer Bankbürgschaft oder auch Schadensersatzansprüche des Vermieters[3] sind nicht im Urkundenverfahren durchsetzbar. Ferner ist eine **Klage auf zukünftige Leistung** im Urkundenverfahren zulässig, sofern das besondere Rechtsschutzbedürfnis nach § 259 ZPO urkundlich belegt werden kann oder die Umstände hierfür unstreitig sind[4].

213

Der BGH hat für die Gewerberaummiete durch die Entscheidung vom 10.3.1999[5] festgestellt, dass auch **Mietrückstände im Urkundenprozess** eingeklagt werden können. Bislang war umstritten, ob das Urkundenverfahren auch für die Wohnraummiete eröffnet ist. Nunmehr hat sich der BGH[6] der h.M. angeschlossen und damit die für die **Wohnraummiete** geführte Diskussion[7] beendet.

214

---

1 BGH, NJW 1953, 1707.
2 AG Hannover, ZMR 2003, 271; *Both*, NZM 2007, 156; *Flatow*, DWW 2008, 88; *Schmid*, DWW, 2007, 324; ablehnend *Blank*, NZM 2000, 1083.
3 *Blank*, NZM 2000, 1083.
4 OLG Oldenburg, WuM 1999, 225.
5 BGH, WuM 1999, 345 = ZMR 1990, 380 = NZM 1999, 401.
6 BGH, WuM 2005, 526 = ZMR 2005, 773 = BGHReport 2005, 1232 m. Anm. *Junker* = MietRB 2006, 4 m. Anm. *Krapf*.
7 Vgl. hierzu LG Düsseldorf, NZM 1998, 112; LG Bonn, NJW 1986, 286; LG Hamburg, ZMR 1975, 80; LG Köln, ZMR 1995, 10; AG Hannover, MDR 2003, 326 = ZMR 2003, 271; *Börstinghaus*, NZM 1998, 89 m.w.N.; *Fischer* in Bub/Treier, VIII Rz. 41; LG Berlin, NZM 1998, 909; LG München, WuM 1998, 558; KG, NZM 1998, 402; AG Brandenburg, NZM 2002, 382.

214a Zulässigkeitsvoraussetzung für das Urkundenverfahren ist, dass der Kläger sämtliche **anspruchsbegründenden Tatsachen durch Urkunden beweisen** kann. Die Ausnahme, dass unstreitige, offenkundige oder zugestandene Tatsachen gemäß §§ 138 Abs. 3, 288, 291 ZPO nicht unbedingt durch Urkunden belegt werden müssen[1], kann zwar bei Klageerhebung in die Überlegung mit einbezogen werden. Da der Beklagte sich im Urkundenprozess zu dem materiellen Anspruch jedoch nicht einlassen muss, wenn er sich seine Rechte für das Nachverfahren gem. § 599 ZPO vorbehält oder wenn er säumig bleibt, können in diesem Fall keine Tatsachen unstreitig gestellt werden. Dann müssen sämtliche anspruchsbegründenden Tatsachen durch Urkunden bewiesen werden.

215 Für **Mietzahlungsklagen** reicht es in aller Regel aus, den Mietvertrag im Original vorzulegen. Der Vermieter muss grundsätzlich nicht auch noch die Mangelfreiheit der Wohnung beweisen, was durch Vorlage von Urkunden kaum möglich ist. Dies gilt zumindest für den Fall[2], dass der Mangel erst **nach Übergabe** der Mietsache entstanden ist. Demnach können Mietzahlungsansprüche aus Wohnraummietverträgen jedenfalls auch dann im Urkundenprozess geltend gemacht werden, wenn der Mieter die Wohnung in vertragsgemäßem Zustand erhalten hat und die Einrede des nicht erfüllten Vertrages darauf stützt, ein Mangel sei nachträglich eingetreten. Der Urkundenprozess ist auch statthaft, wenn der Mieter wegen behaupteter Mängel die Einrede des nicht erfüllten Vertrages erhebt. Das Urkundenverfahren scheidet erst dann aus, wenn feststeht, dass dem Mieter, dem die Mietsache ursprünglich **mangelfrei überlassen** worden sei, ein Mängelbeseitigungsanspruch als Gegenforderung zusteht und die Mängelbeseitigung durch den Vermieter streitig ist und nicht durch Urkunden bewiesen werden kann. Denn sofern die Mietsache unstreitig mangelfrei überlassen worden ist, trifft nicht den Vermieter, sondern den Mieter die **Darlegungs- und Beweislast** dafür, dass nachträglich ein Mangel aufgetreten ist. Die Mangelfreiheit einer Mietsache gehört nicht zu den anspruchsbegründenden Tatsachen im Sinne des § 592 ZPO, die der Vermieter in einem solchen Fall durch Urkunden zu beweisen hat. Die infolge Mangelhaftigkeit der Mietsache eintretende Minderung stellt eine materiell-rechtliche Einwendung des Mieters dar, die im Prozess von ihm zu beweisen ist. Erhebt der verklagte Mieter die Einrede des nicht erfüllten Vertrages, ist die Klage jedenfalls dann im Urkundenprozess statthaft, wenn der Mieter unstreitig die Wohnung **in vertragsgemäßem Zustand erhalten** hat und die Einrede des nicht erfüllten Vertrages darauf stützt, ein **Mangel sei nachträglich eingetreten**[3]. Andernfalls bestünde ein nicht hinnehmbarer Widerspruch: Denn wenn sich ein Mieter auf während der Mietzeit eingetretene Mängel beruft und deshalb Minderung geltend macht, ist er grundsätzlich für deren Vorhandensein darlegungs- und beweispflichtig. Erhebt er darüber hinaus

---

[1] BGH, NJW 1974, 1199; BGH, NJW 1994, 1513; OLG München, OLGReport 2004, 167 = MDR 2004, 531 = MietRB 2004, 204, 205 m. Anm. *Monschau*.
[2] BGH, WuM 2007, 82 = NZM 2007, 161 = NJW 2007, 1061 = DWW 2007, 265 = GE 2007, 585 = MietPrax-AK, § 592 ZPO Nr. 2 m. Anm. *Börstinghaus*.
[3] So auch Sturhahn, NZM 2004, 441 ff.

auch noch die Einrede des nicht erfüllten Vertrages, kann dies nicht dazu führen, nunmehr dem Vermieter die **Darlegungs- und Beweislast** aufzuerlegen.

Schließlich ist eine Klage jedenfalls dann gemäß § 592 ZPO im Urkundenprozess statthaft, wenn der Mieter, der wegen behaupteter **anfänglicher Mängel** Minderung etc. geltend macht, die ihm vom Vermieter überlassene Wohnung **als Erfüllung angenommen** hat, ohne die später behaupteten Mängel zu rügen[1]. Richtig ist zwar, dass nach allgemeinen Beweislastgrundsätzen der Vermieter beweisen muss, dass er seine Pflichten erfüllt hat. Nach Überlassung führt aber **§ 363 BGB** zu einer Beweislastumkehr: Danach trägt der Mieter die Beweislast dafür, dass die Mietsache zum Zeitpunkt der Übergabe mangelhaft war, wenn er die ihm überlassene Sache als Erfüllung angenommen hat[2]. Daraus ergibt sich, dass die Klage des Vermieters jedenfalls dann im Urkundenprozess statthaft ist, wenn entweder unstreitig ist, dass der Mieter die Mietsache als Erfüllung angenommen hat, oder wenn der Vermieter ein solches Verhalten durch Urkunden – etwa ein Übergabeprotokoll oder Kontoauszüge, aus denen sich ergibt, dass der Mieter zunächst die ungeminderte Miete gezahlt hat – beweisen kann. 215a

Problematisch wird es, wenn sich zwischenzeitlich **Mieterhöhungen** ergeben. In diesem Fall muss auch die Mieterhöhung durch Urkunden nachgewiesen werden[3]. Ist nach Vertragsschluss eine Mieterhöhung vereinbart worden, so ist es notwendig, dass die Nachtragsvereinbarung vorgelegt wird. Sofern es sich um Mieterhöhungen nach §§ 557 ff. BGB handelt, muss der Vermieter die schriftliche Erhöhungserklärung, die zur Zustimmung und nicht nur zur Zahlung auffordert, und die schriftliche Zustimmungserklärung des Mieters als Beweisurkunde der Klage beifügen[4]. Hat der Mieter aufgrund des Erhöhungsverlangens lediglich die erhöhte Miete bezahlt, aber keine Zustimmungserklärung abgegeben, so ist ein Beweis im Urkundenverfahren schwierig. In diesem Fall ist es zumindest notwendig, die Kontoauszüge der Bank, aus denen sich die entsprechende Gutschrift auf dem Konto des Vermieters ergibt, vorzulegen[5]. Will hingegen der Mieter im Wege des Urkundenprozesses beweisen, dass er den eingeklagten Betrag gezahlt hat, so muss er einen Kontoauszug vorlegen, aus dem sich die Abbuchung ergibt; ein bloßer Überweisungsauftrag reicht dann nicht aus[6]. Kann der Vermieter die aktuelle Miete wegen der Erhöhungen nicht zweifelsfrei durch Urkunden belegen, bleibt der Urkundenprozess allerdings wegen der Ausgangsmiete zulässig. 215b

---

1 BGH v. 8.7.2009 – VIII ZR 200/08; vgl noch BGH, WuM 2007, 82 = NZM 2007, 161 = NJW 2007, 1061 = DWW 2007, 265 = GE 2007, 585 = MietPrax-AK, § 592 ZPO Nr. 2 m. Anm. *Börstinghaus*.
2 BGH, NJW 2007, 2394.
3 Zöller/*Greger*, § 593 ZPO, Rz. 11.
4 *Blank*, NZM 2000, 1083.
5 *Blank*, NZM 2000, 1083.
6 *Blank*, NZM 2000, 1083.

215c Ist das Mietobjekt veräußert worden und **Rechtsnachfolge** eingetreten, so ist der Kaufvertrag und ein Grundbuchauszug vorzulegen; bei Abtretungen die Abtretungserklärung[1].

215d Will der Vermieter den **Erben des verstorbenen Mieters** im Urkundenprozess verklagen, muss er einen Erbschein vorlegen, aus dem sich die Erbenstellung ergibt.

215e Die Urkunden sind nach § 593 Abs. 2 ZPO **im Original oder in beglaubigter Abschrift** zusammen mit der Klageschrift bei Gericht einzureichen oder können im Original in der mündlichen Verhandlung vorgelegt werden[2]. Unterlässt dies der Kläger und rügt dies der Beklagte nicht, so gilt der Mangel nach § 295 ZPO als geheilt.

216 Nach § 598 ZPO sind **Einwendungen** des Beklagten nur statthaft, soweit er den ihm obliegenden Beweis durch die im Urkundenprozess zulässigen Beweismittel antreten kann. Zu berücksichtigen sind also nur Einwendungen, die entweder unstreitig sind oder die der Beklagte urkundlich nachweisen kann. Diese Hürde ist für den Beklagten recht hoch, so dass die meisten Einwendungen im Urkundenprozess ausgeschlossen sind. Wendet der Beklagte die fehlende Echtheit der Urkunde ein, hat der Kläger gemäß § 440 Abs. 1 ZPO die Echtheit der Urkunde mit den gemäß § 595 Abs. 2 ZPO zugelassenen Beweismittel zu beweisen. § 440 Abs. 1 ZPO verdeutlicht, dass es eine Vermutung der Echtheit gerade nicht gibt[3]. Einen Erlass der Forderung kann der Mieter aber z.B. durch eine Niederschrift belegen und in den Prozess einführen[4]. Rechnet der Mieter auf, müssen die Einwendungen des Vermieters gegen die Aufrechnungsforderung urkundlich belegbar sein[5], sofern er nicht Abstand vom Urkundenverfahren nehmen will. Ansonsten ist das Urkundenverfahren nicht (mehr) statthaft.

Auf **Beklagtenseite** sollte der Rechtsanwalt auch im Urkundenverfahren **vollständig vortragen**, auch wenn ihm keine Urkunden für seine Einwendungen oder nicht für alle zur Verfügung stehen. Denn zunächst ist es denkbar, dass der Kläger sich nur deshalb dazu nicht einlässt, weil er sie für im Urkundenprozess nicht statthaft hält. Dann sind die eingewendeten Tatsachen aber unstreitig. Zum anderen eröffnet diese Vorgehensweise einen schnellen Übergang in das Nachverfahren. Hierzu sollte der Beklagte im Termin den Anspruch im Urkundenprozess anerkennen unter Vorbehalt der Rechte im Nachverfahren. Zugleich sollte er in dieser mündlichen Verhandlung das Nachverfahren aufrufen und eine **Abkürzung der Ladungsfristen** gemäß § 226 ZPO beantragen. Zu begründen ist der Antrag mit den Einwendungen, die (z.B. bei Mängeln der Mietsache) ja bereits vorgetragen wurden. Da das Gericht ohne Rücksicht auf den Kläger (kurzfristig) terminieren kann (§ 226 Abs. 3 ZPO), ist nicht nur die Möglichkeit er-

---

1 *Börstinghaus*, NZM 1998, 89.
2 *Börstinghaus*, NZM 1998, 89.
3 BGH, MDR 1995, 628 = NJW 1995, 1683.
4 OLG Rostock, NZM 2003, 317.
5 Zöller/*Greger*, § 598 ZPO Rz. 5.

öffnet, z.B. innerhalb einer Woche einen Termin im Nachverfahren zu erhalten. Vielmehr ist auch die Chance, die Einstellung der Zwangsvollstreckung ohne Sicherheitsleistung zu erreichen vergrößert, wenn dem Gericht die Mängel oder sonstigen Einwendungen anschaulich dargelegt wurden.

Abgesehen davon wird – schon wegen des Personalmangels – bei dieser Vorgehensweise die Wahrscheinlichkeit erhöht, dass die Akte im Geschäftsgang bleibt und allein dadurch verhindert (jedenfalls aber verzögert) wird, dass der Kläger die vollstreckbare Ausfertigung des Anerkenntnisurteils kurzfristig erhält. 217

Wird die Klage wegen einer unstatthaften Urkundenprozessführung nach § 597 Abs. 2 ZPO abgewiesen, so ist der Gläubiger gleichwohl berechtigt, seinen Anspruch noch auf dem normalen Klageweg zu verfolgen[1]. Gegenüber einer Klage im ordentlichen Verfahren kann der Beklagte eine sog. Urkundenwiderklage erheben; dem steht nicht entgegen, dass im Urkundenverfahren nach § 595 Abs. 1 ZPO die Widerklage ausgeschlossen ist[2]. 218

Hält das Gericht hingegen die **Klage** im Urkundenprozess für statthaft und **begründet**, so ergeht nur auf Widerspruch des Beklagten ein gemäß § 708 Nr. 4 ZPO ohne Sicherheitsleistung vollstreckbares Vorbehaltsurteil. Dieses Vorbehaltsurteil beendet den Urkundenprozess und bewirkt, dass die Klageforderung im Nachverfahren unter Ausschöpfung aller Beweismittel überprüft werden kann, so dass das Nachverfahren gemäß § 600 Abs. 1 ZPO anhängig bleibt[3]. Widerspricht der Beklagte nicht, erlangt der Kläger bei Begründetheit seines Anspruches einen vollstreckbaren Titel ohne Einleitung eines Nachverfahrens. 219

Soweit das Gericht ein **Vorbehaltsurteil** erlässt, hat dieses für das Nachverfahren insoweit Bindungswirkung, als es Teile des Streitverhältnisses betrifft, ohne die es überhaupt nicht hätte ergehen können[4]. Gleiches gilt für Einwendungen und Einreden des Beklagten, die das Gericht aus Gründen zurückgewiesen hat, die nichts mit der Beschränkung der Beweismittel zu tun haben[5]. 220

Ergeht das Vorbehaltsurteil in erster Instanz, ist das erstinstanzliche Gericht für das **Nachverfahren** ebenfalls **in erster Instanz** zuständig. Umstritten war bislang, ob dies auch für den Fall gilt, dass ein Vorbehaltsurteil erstmals in höherer Instanz erlassen wurde. Diesen Streit hat der BGH[6] dahingehend entschieden, dass grundsätzlich das Berufungsgericht zur Verhandlung und Entscheidung des Nachverfahrens zuständig ist, wenn in ers- 221

---

1 RG, RGZ 148, 201.
2 BGH, MDR 2002, 406 = BGHReport 2002, 249 m. Anm. *Schultz* = NJW 2002, 751.
3 BGH, NJW 1967, 566.
4 *Börstinghaus*, NZM 1998, 89; BGH, NJW 1993, 668.
5 BGH, NJW 1993, 668.
6 BGH, MDR 2005, 1399 = MietRB 2005, 4.

j) Klage auf Abschluss eines Mietvertrages

222 Haben die Parteien einen Vorvertrag geschlossen, sich also bindend verpflichtet, einen Mietvertrag abzuschließen, so kann auf Abschluss eines solchen Mietvertrages geklagt werden. Der Anspruch aus dem Mietvorvertrag wird grundsätzlich im Wege der **Leistungsklage** geltend gemacht[1]. Der Klageantrag muss aber den gesamten Vertragsinhalt des geschuldeten Hauptvertrages umfassen[2]. Bestimmt genug ist der Leistungsantrag nur, wenn er alles enthält, was nach den Vorstellungen des Klägers den Inhalt der Verpflichtung des Beklagten zum Abschluss des gewünschten Vertrages bilden soll. Andernfalls besteht die Gefahr, dass es wegen noch ausstehender Regelungen zu weiteren Rechtsstreitigkeiten zwischen den Parteien kommt. Für eine stückweise Herbeiführung des Gesamtvertrages im Wege von Teil(leistungs)klagen ist ein Rechtsschutzbedürfnis grundsätzlich nicht anzuerkennen[3]. Es ist die Aufgabe des Beklagten, einen möglichen **Gestaltungsspielraum** einwendungsweise durch konkrete Alternativvorschläge geltend zu machen. Unterlässt er das, ist die Klage begründet, wenn die von dem Kläger formulierten Regelungen des abzuschließenden Vertrages den Vorgaben des Vorvertrages, dessen Auslegung sowie Treu und Glauben entsprechen[4]. Da die Vertragsfreiheit vorgeht, darf das Gericht nicht die Einigung der Parteien ersetzen.

223 Die Klage ist dann gerichtet auf **Abgabe einer Willenserklärung** (§ 894 ZPO), nämlich auf Abgabe einer Annahmeerklärung. Sofern kein bindender Mietvorvertrag vorliegt, besteht die Schwierigkeit einer solchen Klage darin, den Nachweis zu führen, dass die Parteien sich bereits vertraglich bindend geeinigt haben, einen Mietvertrag abzuschließen. Im Zweifel spricht die Vorschrift des § 154 Abs. 2 BGB hiergegen.

224 Ein weiteres Problem entsteht durch die prozessuale Anforderung, den Inhalt des abzuschließenden Vertrages vorzutragen und zu beweisen. Es bietet sich hier an, einen der üblichen Musterverträge zu verwenden und diesen in den Klageantrag einzubeziehen. Der Mustermietvertrag sollte als Anlage der Klageschrift beigefügt und durch Bezugnahme zum Inhalt des Klageantrags gemacht werden.

225 Das Mietvertragsformular sollte bereits konkret ausgefüllt werden; dies erspart dann, die entsprechenden Angaben zu den auszufüllenden Stellen im Mietvertrag in den Klageantrag aufzunehmen.

---

1 BGH, MDR 2006, 1394 = NJW 2006, 2843 = NZM 2006, 674 = WM 2006, 1499.
2 BGH, NJW-RR 1994, 1272, 1273 = ZMR 1994, 106 m.w.N.
3 BGH, NJW-RR 1994, 1272, 1273 = ZMR 1994, 106 m.w.N.
4 BGH, MDR 2006, 1394 = NJW 2006, 2843 = NZM 2006, 674 = WM 2006, 1499.

> **Klage auf Abschluss eines Mietvertrages**
>
> Es wird beantragt,
>
> den Beklagten zu verurteilen, dem Abschluss eines Mietvertrages zwischen den Parteien über die Wohnung ... gem. dem in Anlage 1 zu dieser Klageschrift beigefügten Vertragsbedingungen zuzustimmen.

Mit Rechtskraft des Urteils gilt die Annahmeerklärung als abgegeben (§ 894 ZPO) und der Vertrag damit als zustande gekommen.

Liegt ein bindender Mietvorvertrag vor, der dem beklagten Vermieter einen erheblichen Spielraum lässt, ist es **ausnahmsweise** zulässig, den Anspruch aus dem Mietvorvertrag im Wege der **Feststellungsklage** geltend zu machen, wenn ausreichende Anhaltspunkte dafür vorliegen, dass das Feststellungsverfahren zur Erledigung der aufgetretenen Streitpunkte führt[1]. Dies ist insbesondere der Fall, wenn die Parteien nicht über Details des Hauptvertrages streiten, sondern über die grundsätzliche Verpflichtung aus dem Mietvorvertrag.

k) Mieterhöhungsklagen gemäß §§ 558, 558a BGB

In Verfahren auf Mieterhöhung nach den §§ 558 ff. BGB ist auf Abgabe einer Willenserklärung zu klagen (§ 894 ZPO), nämlich auf Abgabe der Zustimmung zur Mieterhöhung. Mit Rechtskraft des Urteils gilt die Zustimmung als abgegeben. Wegen der Einzelheiten vgl. *E Rz. 135 ff.*

Der Klageantrag ist konkret zu formulieren. Es ist insbesondere die Angabe der Wohnung erforderlich sowie das Datum, zu dem die Mieterhöhung eintreten soll. Des Weiteren muss die Höhe der neuen Miete genau angegeben werden. Die Angaben der bisherigen Miethöhe ist nicht erforderlich, sollte der Klarheit wegen aber angegeben werden, schon allein zur Streitwertberechnung.

> **Mieterhöhungsklage**
>
> Es wird beantragt,
>
> den Beklagten zu verurteilen, einer Erhöhung der monatlichen Nettokaltmiete für die Wohnung ... von bisher ... Euro auf nunmehr ... Euro zzgl. Betriebskosten- und Heizkostenvorauszahlungen wie bisher mit Wirkung ab dem ... zuzustimmen.

Im Falle einer **teilweisen Zustimmung** des Mieters kann der Klageantrag lauten:

---

1 BGH, ZMR 2002, 895, 897 = NZM 2002, 911, 912.

> Es wird beantragt,
>
> den Beklagten zu verurteilen, einer Erhöhung der monatlichen Nettokaltmiete für die Wohnung ... über die bereits erteilte Zustimmung hinaus auf nunmehr ... Euro zzgl. Betriebskosten- und Heizkostenvorauszahlungen wie bisher mit Wirkung ab dem ... zuzustimmen.

230 In der **Klagebegründung** muss das **Mieterhöhungsverlangen** substantiiert dargelegt werden. Es reicht insoweit grundsätzlich aus, dass das Erhöhungsverlangen als Anlage beigefügt und hierauf Bezug genommen wird.

Erforderlich ist es, den **Zugang des Erhöhungsverlangens** vorzutragen, zumal sich hieraus die Fristen berechnen.

231 Da sich der Mieter nach § 558b Abs. 2 BGB bis zum Ablauf des zweiten Kalendermonats nach Zugang des Mieterhöhungsverlangens mit seiner Zustimmung Zeit lassen kann, wird eine Klage in aller Regel erst nach Ablauf dieses Zeitraums in Betracht kommen, es sei denn, der Mieter erklärt schon vorher, dass er nicht zustimmen werde. Dann ist die Klage auch schon vor Ablauf der Überlegungsfrist möglich. Bei einer verfrühten Klage riskiert der Vermieter andernfalls, dass der Mieter nach § 93 ZPO kostenbefreiend anerkennt.

232 Zu beachten ist, dass die Klage nach § 558b Abs. 2 S. 2 BGB **innerhalb von drei Monaten** nach Ablauf der Überlegungsfrist erhoben werden muss. Geschieht dies nicht, ist die Klage zwar zulässig; sie ist jedoch als unbegründet abzuweisen.

232a **Übersicht: Klagevortrag**
- Abschluss eines Wohnraummietvertrages
- Behauptung, dass die Miete mindestens ein Jahr unverändert ist
- Zugang des Mieterhöhungsverlangens
- Behauptung, dass keine Zustimmung erfolgte
- Vortrag der Höhe der Miete drei Jahre vor Wirksamwerden der erhöhten Miete
- Behauptung, dass die ortsübliche Vergleichsmiete der eingeklagten Miete entspricht
- Vortrag zu den Wohnungsmerkmalen des § 558 Abs. 2 BGB (Art, Größe, Ausstattung etc.)
- Vortrag, dass bei Verwendung eines anderen Begründungsmittels als des qualifizierten Mietspiegels der entsprechende Wert des qualifizierten Mietspiegels im Mieterhöhungsverlangen angegeben wurde
- Soweit erforderlich: Vortrag, dass die Werte des qualifizierten Mietspiegels die ortsübliche Vergleichsmiete nicht wiedergeben

233 Stellt sich im Rechtsstreit heraus, dass das vorprozessuale Erhöhungsverlangen den Anforderungen des § 558a BGB nicht entspricht, hat der Ver-

mieter nach § 558b Abs. 3 Satz 1 BGB die Möglichkeit, ein ordnungsgemäßes Erhöhungsverlangen während des Rechtsstreits nachzuholen bzw. die Mängel desselben zu beheben. Dies geschieht insbesondere dadurch, dass er die Begründung ergänzt, ein zunächst nicht beigefügtes Sachverständigengutachten nachreicht, eine Bezugnahme auf den Mietspiegel konkretisiert oder eine fehlende Vergleichswohnung nachbenennt. Dem Mieter steht in diesem Fall allerdings wiederum die zweimonatige Überlegungsfrist zu. Auch hier riskiert der Vermieter, dass der Mieter nach § 93 ZPO kostenbefreiend anerkennt.

Der Rechtsanwalt des Vermieters kann ein Erhöhungsverlangen, das den formellen Voraussetzungen des § 558a BGB nicht entspricht, außergerichtlich oder in einem Schriftsatz im Prozess selbst nachholen bzw. nachbessern. Dabei muss dem Mieter gegenüber zum Ausdruck kommen, dass ein neues materiell-rechtliches Mieterhöhungsverlangen vorliegt; abzustellen ist auf dessen Empfängerhorizont, §§ 133, 157, 242 BGB. Denn für ein wirksames Erhöhungsverlangen ist es nicht ausreichend, wenn nur eine Verurteilung durch das Gericht begehrt wird[1]. 233a

Wegen der Einzelheiten des Mieterhöhungsverfahrens vgl. *E Rz. 135 ff.*

l) Klagen auf Fortsetzung eines Mietverhältnisses

Nach § 574a BGB hat der Mieter das Recht, unter den dort genannten Voraussetzungen die Fortsetzung des Mietverhältnisses zu verlangen. Stimmt der Vermieter dem Verlangen nicht zu, so werden Fortsetzung und Dauer des Mietverhältnisses durch Urteil bestimmt (§ 574a Abs. 2 BGB). 234

Die Klage ist nicht auf Abgabe einer Willenserklärung (§ 894 ZPO) gerichtet; es handelt sich vielmehr um eine Gestaltungsklage. Mit Rechtskraft des Urteils gilt das Vertragsverhältnis kraft Richterspruch als verlängert. 235

Auch hier ist es erforderlich, im Klageantrag die Dauer der beantragten Verlängerung anzugeben sowie ggf. veränderte Vertragsbedingungen für die Fortsetzung (§ 574a Abs. 1 S. 2). Im Zweifel sollte die Fortsetzung zu den bisherigen Bedingungen beantragt werden. 236

Klage auf Fortsetzung des Mietverhältnisses

Es wird beantragt,
auszusprechen, dass sich das Mietverhältnis zwischen den Parteien über die Wohnung ... gem. Mietvertrag vom ... bis zum Ablauf des Monats ... zu den bisherigen Bedingungen fortsetzt.

---

[1] AG Pinneberg, ZMR 2003, 583, 584; *Hinz*, NZM 2004, 681, 687.

237 Eine selbständige Klage auf Fortsetzung des Mietverhältnisses wird selten in Betracht kommen, obwohl dies zulässig ist. In aller Regel wird der Anspruch auf Fortsetzung des Mietverhältnisses im Wege der (Hilfs-)Widerklage geltend gemacht. Hilfsweise sollte sie insbesondere dann erhoben werden, wenn die (Räumungs-)Klage unbegründet sein kann, z.B. weil die Beendigungsgründe bestritten werden.

238 Der Fortsetzungsanspruch aus § 574 BGB kann auch als Einrede eingewendet werden. Denn nach § 308a Abs. 1 ZPO kann das Gericht auch ohne Antrag eine befristete Fortsetzung des Mietverhältnisses aussprechen, wenn die Voraussetzungen hierfür gegeben sind.

239 Der Fortsetzungsanspruch aus § 564c BGB a.F. oder § 575 Abs. 3 BGB muss als (Wider-)Klage durchgesetzt werden. Denn selbst mit einer abgewiesenen Räumungsklage ist der Fortbestand des Mietvertrages in diesen Fällen noch nicht festgestellt, weil es noch an der Zustimmung des Vermieters fehlt (vgl. dazu *C Rz. 432 ff.*).

m) Klage auf Rückgabe der Mietsicherheit

240 Ist eine Barkaution gestellt, so ist auf Rückzahlung eines bestimmten Geldbetrages zu klagen. Die Höhe des Betrages lässt sich beziffern, wenn der Vermieter die Mietkaution bereits abgerechnet hat und nur noch Streit darüber besteht, ob bestimmte Positionen in Abzug gebracht werden können.

241 Hat der Vermieter noch keine Abrechnung erteilt, kann die Höhe des Betrages nicht beziffert werden, da der Mieter nicht wissen kann, um welche Zinsen sich die Mietsicherheit erhöht hat. Der Mieter hat dann die Möglichkeit, die Zinsen selbst zu schätzen und einzuklagen. Es ist nunmehr Sache des Vermieters, darzulegen und zu beweisen, dass er geringere Einkünfte erzielt hat. Ein Bestreiten mit Nichtwissen ist nach § 139 Abs. 4 ZPO insoweit unzulässig.

242 Der Mieter kann jedoch auch eine **Stufenklage** erheben, indem er hinsichtlich der Zinsen gestaffelt in erster Stufe auf Auskunft und in zweiter Stufe auf Zahlung klagt. Daneben kann er den als Sicherheit gestellten Betrag sogleich einklagen.

243 Beim Zinsantrag ist darauf zu achten, dass die Zinsen bis zum Tage der Kautionsabrechnung bereits in dem auszuzahlenden Betrag enthalten sind. Eine Verzinsung nach den §§ 288 ff. BGB kann daher frühestens ab dem Abrechnungstag verlangt werden.

> **Klage und Stufenklage auf Rückzahlung
> einer Mietkaution**
>
> Es wird beantragt,
> 1. den Beklagten zu verurteilen, an den Kläger ... Euro zu zahlen nebst Zinsen in Höhe von fünf Prozentpunkten über dem Basiszinssatz seit dem ... (Tag der Abrechnung, Verzug o. Rechtshängigkeit).
> 2. a) Auskunft zu erteilen, welche Zinsen der Kläger aus der Anlage der Mietkaution zu dem Mietverhältnis ... bis zum ... (Tag der geschuldeten Abrechnung) erwirtschaftet hat,
>   b) einen nach Erteilung der Auskunft zu Nr. 2a) noch zu beziffernden Betrag an den Kläger zu zahlen nebst Zinsen in Höhe von fünf Prozentpunkten über dem Basiszinssatz seit dem ... (Tag der Abrechnung, Verzug o. Rechtshängigkeit).

Bei **sonstigen Sicherheiten** ist auf deren Rückgabe zu klagen. Bei einer Mietbürgschaft soll der Mieter nach herrschender Meinung allerdings nur berechtigt sein, vom Vermieter die Herausgabe der **Bürgschaftsurkunde**, die als eine die Bürgschaftsverpflichtung begründende bzw. bestätigende Urkunde i.S.v. § 371 BGB anzusehen ist[1], unmittelbar an den Bürgen zu verlangen[2]. Demgegenüber wird teilweise vertreten, dass der Mieter die Herausgabe an sich fordern kann[3], zumindest wenn er dem Vermieter die Bürgschaft übergeben hat[4].

Dieser Auffassung ist das OLG Celle[5] entgegengetreten mit der Begründung, es sei kein nachvollziehbares rechtliches Interesse des Mieters an der Herausgabe der Bürgschaftsurkunde unmittelbar an sich zu erkennen, zumal in der Bürgschaftsurkunde selbst darauf hingewiesen worden war, dass die Bürgschaftsverpflichtung durch Rückgabe der Bürgschaftsurkunde erlöschen sollte. Da er aber ein eigenes Interesse an der Rückgabe der Bürgschaftsurkunde hat, nämlich das, dem Risiko einer Inanspruchnahme zu entgehen sowie keine weiteren Avalkosten zahlen zu müssen, hat er ein berechtigtes Interesse daran, auf Rückgabe an das Kreditinstitut zu klagen[6]. Faktisch handelt es sich um einen Freistellungsanspruch, da der Mieter aus dem Auftragsverhältnis mit seinem Kreditinstitut die Rückgabe der Bürgschaftsurkunde schuldet.

---

1 OLG München, NJW-RR 1998, 992.
2 BGH, NJW 2004, 3553; BGH, NJW 1989, 1482, 1493; BGH, NJW 1986, 2108; *Geldmacher*, DWW 2000, 180, 187 m.w.N.
3 *Scheuer* in Bub/Treier, V Rz. 294.
4 AG Köln, ZMR 2001, 549.
5 OLG Celle, ZMR 2002, 812.
6 BGH, WuM 1989, 521; OLG Hamm, WuM 1992, 640.

> **Herausgabe einer Mietbürgschaftsurkunde**
>
> Es wird beantragt,
>> den Beklagten zu verurteilen, die Bürgschaftsurkunde der X-Bank Nr. ... an die X-Bank herauszugeben.

n) Klagen auf Auskunft und Rechnungslegung

246 Insbesondere hinsichtlich der abzurechnenden Betriebskosten kommen Klagen auf Auskunft und Rechnungslegung in Betracht, etwa wenn der Vermieter sich weigert, die angefallenen Betriebskosten fristgerecht abzurechnen.

> **Klage auf Abrechnung der Betriebskosten**
>
> Es wird beantragt,
>> den Beklagten zu verurteilen, dem Kläger Abrechnung über die Betriebskosten des Jahres ... für das Mietobjekt ... zu erteilen.

247 Hier müssen die Anforderungen, die der BGH an eine ordnungsgemäße Abrechnung stellt[1], nicht in den Antrag aufgenommen werden. Ob die erteilte Abrechnung ordnungsgemäß ist, ist eine Frage der Zwangsvollstreckung. Zur Klage auf Abrechnung der Mietkaution vgl. o. *Rz. 240 f.*

o) Räumungsfrist

248 Bereits im Räumungsprozess kann der Mieter nach § 721 Abs. 1 ZPO die Gewährung einer Räumungsfrist beantragen. Das Gericht muss dann zusammen mit dem Urteil über den Räumungsfristantrag entscheiden. Wird der Antrag übersehen, ist Urteilsergänzung nach § 321 ZPO zu beantragen.

249 Ein Räumungsfristantrag nach § 721 Abs. 2 ZPO setzt voraus, dass auf Räumung von Wohnraum erkannt werden soll. Ausgenommen ist Wohnraum der nach § 549 Abs. 2 Nr. 3 BGB bezeichneten Art. Des Weiteren kommt eine Räumungsfrist bei Zeitmietverträgen nach § 575 BGB nicht in Betracht (§ 721 Abs. 7 ZPO); der Mieter weiß in diesem Fall von vornherein, wann sein Besitzrecht endet, und kann sich zeitig darauf einstellen. Lediglich bei einer vorzeitigen außerordentlichen Kündigung kommt hier eine Räumungsfrist in Betracht. Diese darf allerdings nicht über den ursprünglich vorausgesehenen Beendigungszeitpunkt hinausgehen.

---

1 BGH, WuM 1982, 207.

Da es sich beim Räumungsfristverfahren der Sache nach um eine vollstreckungsrechtliche Maßnahme handelt, werden die Einzelheiten unter *Rz. 423 ff.* behandelt. 250

V. Gehörsrüge (§ 321a ZPO)

Kommt gegen das erstinstanzliche Urteil eine Berufung nicht in Betracht, ist aber das Grundrecht auf rechtliches Gehör in entscheidungserheblicher Weise verletzt worden, steht der Partei nach § 321a ZPO die durch das ZPO-RG eingeführte Gehörsrüge zur Verfügung. Ist dagegen eine Berufung möglich, so kann die Verletzung rechtlichen Gehörs nur inzidenter mit der Berufung geltend gemacht werden. 251

Die Gehörsrüge hat in Mietsachen eine ihrer Hauptanwendungsbereiche, da hier vielfach mangels Beschwer eine Berufung nicht in Betracht kommt und die Gerichte in Bagatellsachen dazu neigen, es mit der Prozessordnung nicht so genau zu nehmen. 252

Die Partei, die die Verletzung rechtlichen Gehörs rügt, muss die Gehörsrüge **schriftsätzlich** geltend machen. In der Rügeschrift ist sowohl die Gehörsverletzung darzulegen als auch ihre Entscheidungserheblichkeit. Allein die Verletzung rechtlichen Gehörs reicht nicht aus, wenn dies die Entscheidung nicht beeinflusst hat. 253

Die Rüge muss innerhalb einer **Notfrist von zwei Wochen** beim Gericht des ersten Rechtszugs eingereicht werden (§ 321a Abs. 2 S. 2 ZPO). Die Frist beginnt mit der Zustellung des in vollständiger Form abgefassten Urteils. Ergeht ein Urteil ohne Tatbestand und Entscheidungsgründe (§ 313a Abs. 1 S. 3 ZPO), beginnt die Notfrist erst mit der Zustellung des Protokolls (§ 321a Abs. 2 S. 3 ZPO). 254

Das Gericht prüft zunächst die **Zulässigkeit der Gehörsrüge**. Unzulässig ist die Gehörsrüge, wenn 255

– eine Berufung möglich ist,
– rechtliches Gehör gewährt worden war,
– die Partei im vorangegangenen Verfahren es versäumt hat, sich Gehör zu verschaffen, obwohl sie hierzu ausreichend Gelegenheit hatte, oder
– eine Gehörsverletzung auf die Entscheidung keinen Einfluss gehabt hat[1].

Der häufigste Anwendungsfall der Gehörsrüge liegt zum einen darin, dass eine Partei z.B. in einem nachgelassenen Schriftsatz wesentliche (neue) Tatsachen vorträgt und das Gericht seine Entscheidung darauf stützt, obwohl sich die andere Partei dazu nicht erklären konnte[2] bzw. wenn das Ge- 256

---

1 *E. Schneider*, ZPO-Reform Rz. 237.
2 LG Köln in *Lützenkirchen*, KM 20 Nr. 1.

richt Beweisantritte übergeht[1] oder einen Sachverständigen nicht hört[2]. Zum anderen hat die Gehörsrüge Bedeutung in den Fällen, in denen das Gericht seine richterliche Hinweispflicht nach § 139 ZPO verletzt[3]. Das Gericht ist verpflichtet den Mieter konkret darauf hinzuweisen, dass und inwieweit sein Sachvortrag zu behaupteten Feuchtigkeitserscheinungen zu pauschal und damit unsubstantiiert ist[4]. Unterbleibt dieser Hinweis, kann die Partei die Substantiierung noch in der Berufung nachholen[5]. Ist die Sache nicht rechtsmittelfähig, ist die Gehörsrüge nach § 321a Abs. 1 ZPO zulässig, wenn das Gericht den Sachvortrag ohne vorherigen Hinweis als unsubstantiiert zurückweist. Einen professionellen Hausverwalter, der anwaltlich vertreten ist, muss das Gericht nicht auf prozessuale Selbstverständlichkeiten (z.B. Widersprüche im eigenen Sachvortrag) hinweisen[6].

257 Auf die zulässige Rüge hin wird der **Rechtsstreit in die Lage zurückversetzt**, in der er sich **vor Schluss der mündlichen Verhandlung** befunden hat. Es ist dann neu zu entscheiden. Hierbei kann sich ergeben, dass die ursprüngliche Entscheidung aufrechterhalten wird oder dass sie aufzuheben ist. Im letzteren Fall muss die frühere Entscheidung dann durch eine neue Entscheidung ersetzt werden.

258 Da das Verfahren in die frühere Lage zurückversetzt wird, gilt das Verschlechterungsverbot (reformatio in peius) nicht. Je nach Entwicklung des weiteren Verfahrens kann sich also auch eine ungünstigere Entscheidung ergeben[7].

VI. Berufung

1. Übersicht

259 Gegen erstinstanzliche Urteile der Amtsgerichte findet grundsätzlich die Berufung zum Landgericht statt. Gegen erstinstanzliche Urteile der Landgerichte ist die Berufung zum Oberlandesgericht gegeben.

259a Bislang galt die Vorschrift des § 119 Abs. 1 Nr. 1b GVG, wonach das Oberlandesgericht als Rechtsmittelgericht für Streitigkeiten zuständig war, die von oder gegen eine Partei erhoben werden, die ihren allgemeinen Gerichtsstand im Zeitpunkt der Rechtshängigkeit in erster Instanz außerhalb des Geltungsbereichs des GVG hatte. Allerdings ist zu beachten, dass **§ 119 Abs. 1 Nr. 1b GVG mit Wirkung vom 1.9.2009 ersatzlos aufgehoben** wor-

---

1 BGH, NJW-RR 2008, 303.
2 BGH, MDR 2007, 1091 = NJW-RR 2007, 1294.
3 BGH, BauR 2008, 1486 = NJOZ 2008, 1431.
4 BGH, NJW 2005, 2624.
5 BGH, MDR 2005, 1365.
6 BGH, NJW 1984, 310, 311.
7 *E. Schneider*, ZPO-Reform Rz. 239 ff.

den ist[1]. Da das Änderungsgesetz keine Übergangsvorschrift enthält ist unklar, ob es für den Wechsel der Zuständigkeit auf den Zeitpunkt der Verkündung des erstinstanzlichen Urteils, auf den Zeitpunkt der Einlegung der Berufung, auf den Ablauf der Berufungsfrist oder auf einen anderen Zeitpunkt ankommt. Deshalb muss der Anwalt in der Übergangszeit den sichersten Weg wählen und die Berufung in Sachen mit Auslandsberührung sowohl beim Landgericht als auch beim Oberlandesgericht einlegen.

Daneben kommt in beiden Fällen (also auch gegen Urteile des Amtsgerichts) die **Sprungrevision** nach § 566 ZPO n.F. in Betracht (vgl. u. *Rz. 285*). 260

Bestehen bei Klageerhebung Zweifel, ob der Gegner seinen **Sitz im In- oder Ausland** hat, darf der Berufungskläger sich nicht auf eine Verweisung der Berufung nach Ablauf der Berufungsfrist verlassen, da § 281 ZPO und § 17 Abs. 2 GVG nicht entsprechend anwendbar sind[2]. Er muss stattdessen den sichersten Weg gehen und die Berufung so frühzeitig einlegen, dass dem Gericht genügend Zeit zur Prüfung seiner Zuständigkeit bleibt und es die Rechtsmittelschrift noch innerhalb der Berufungsfrist an das zuständige Gericht weiterleiten kann; nur in diesem Ausnahmefall wird man von einer Prüfungspflicht des Gerichts ausgehen können und nach Ablauf der Berufungsfrist über die Wiedereinsetzung zur Zulässigkeit des Rechtsmittels kommen[3]. In der Praxis bestehen diese Möglichkeiten oftmals nicht, da Berufungen häufig kurz vor Ablauf der Berufungsfrist eingelegt werden. Hat der Anwalt des Berufungsführers in diesen Fällen nicht die Klageschrift daraufhin überprüft, ob eine der Parteien zum Zeitpunkt der Klagezustellung ihren Wohnsitz im Ausland hatte, droht ihm der Regress. In Zweifelsfällen bleibt ihm daher nichts anderes übrig, als die Berufung bei beiden in Betracht kommenden Gerichten einzulegen. Werden Streitgenossen verklagt, ist die OLG-Zuständigkeit schon dann insgesamt gegeben, wenn einer der Streitgenossen keinen allgemeinen Gerichtsstand in Deutschland hatte; es kommt dann nicht etwa zu einer Prozesstrennung in der Berufung[4]. 260a

Der BGH hat in einer Entscheidung vom 16.11.2004[5] in Bestätigung seiner bisherigen Rechtsprechung[6] noch einmal herausgestellt, dass im Berufungsverfahren regelmäßig der im Verfahren vor dem Amtsgericht unangegriffen gebliebene inländische bzw. ausländische Gerichtsstand einer Partei zu Grunde zu legen und einer **Nachprüfung durch das Rechtsmittelgericht** grundsätzlich entzogen ist. Dem Berufungsführer obliege es, das Vorliegen der Prozessvoraussetzungen, zu denen auch die funktionelle Zuständigkeit des angerufenen Gerichts gehört, nachzuweisen. Durch die Be- 260b

---

1 Art. 22 Nr. 14 des Gesetzes zur Reform des Verfahrens in Familiensachen und in den Angelegenheiten der freiwilligen Gerichtsbarkeit – FGG-Reformgesetz vom 17.12.2008 (BGBl. I S. 2586).
2 BGH, BGHZ 155, 46 = NJW 2003, 2686 = MDR 2003, 1194.
3 Vgl. *Braunschneider*, ProzRB 2003, 302, 303.
4 BGH, BGHZ 155, 46 = NJW 2003, 2686 = MDR 2003, 1194.
5 BGH, MietRB 2005, 117 m. Anm. *Monschau*.
6 BGH, R 2004, 983 = NJW-RR 2004, 1073.

stimmung, dass für Berufungen und Beschwerden gegen amtsgerichtliche Entscheidungen in Streitigkeiten über Ansprüche, die von einer oder gegen eine Partei mit allgemeinem Gerichtsstand im Zeitpunkt der Klageerhebung außerhalb des Geltungsbereichs des GVG erhoben werden, das OLG zuständig ist, soll entsprechend dem Gebot der Rechtsmittelklarheit, bereits bei Verfahrensbeginn für die Parteien erkennbar sein, bei welchem Gericht gegebenenfalls ein Rechtsmittel gegen die Entscheidung des AG einzulegen ist. Diesem Gebot widerspräche es, wenn der erstinstanzlich unbestritten gebliebene ausländische Wohnsitz einer Partei in der Rechtsmittelinstanz uneingeschränkt wieder in Frage gestellt werden könnte mit der Folge, dass bei Durchgreifen dieses Einwands das Rechtsmittel bei dem unzuständigen Gericht eingelegt und eine Berufung daher als unzulässig verworfen werden müsste, wenn – was regelmäßig der Fall sein dürfte – zu diesem Zeitpunkt die Frist zur Einlegung des Rechtsmittels bei dem zuständigen Gericht verstrichen ist. Das Gleiche gilt für den Fall, dass in der Rechtsmittelinstanz erstmals der ausländische Gerichtsstand einer Partei behauptet wird. Der im ersten Rechtszug unterlegenen Partei kann auch regelmäßig nicht zugemutet werden, sofern ein ausländischer Gerichtsstand einer Partei im Zeitpunkt der Klageerhebung nicht ausgeschlossen werden kann, vorsorglich parallel das Rechtsmittel sowohl beim LG als auch beim OLG einzulegen.

261 Die Berufung ist nach § 511 Abs. 2 Nr. 1 ZPO nur **statthaft**, wenn der Wert des Beschwerdegegenstandes 600 Euro übersteigt, es sei denn, das Gericht des ersten Rechtszugs hat die Berufung zugelassen (§ 511 Abs. 2 Nr. 2 ZPO). In diesem Fall ist die Berufung wertunabhängig statthaft.

262 Die **Berufungsfrist** von einem Monat beginnt grundsätzlich mit der Zustellung des Urteils und ist eine Notfrist, § 517 ZPO. Insbesondere bei der wertunabhängigen Berufung sollte beachtet werden, dass die Frist nur bei einem vollständigen Urteil zu laufen beginnt[1]. Diese Anforderungen sind nicht erfüllt, wenn das Urteil, in dem die Berufung bei einer Beschwer unter 600 Euro zugelassen wird, z.B. nicht auch einen Tatbestand enthält, wenn der Richter von § 313a ZPO Gebrauch gemacht hat[2]. Auch andere Mängel des Urteils oder der Zustellung führen dazu, dass die Berufung zeitlich unabhängig ist[3].

263 Die Frist zur **Berufungsbegründung** orientiert sich nicht mehr an der Einlegung des Rechtsmittels, sondern ebenfalls an der Zustellung des Urteils, § 520 Abs. 2 Satz 1 ZPO. Deshalb sollte nicht nur die Berufung eingelegt werden, sobald feststeht, dass sie durchgeführt werden soll, also nicht mehr am letzten Tag der Frist. Vielmehr sollte, sobald die Zustellung des Urteils erfolgt ist, auch die Begründungsfrist notiert werden.

---

1 BGH, VersR 1991, 85.
2 LG Köln, Beschl. v. 7.11.2002 – 6 S 182/02, n.v.
3 Zöller/*Gummer*, § 517 ZPO Rz. 7 f.

Die **Berufungsbegründungsfrist** kann auf Antrag – der vor Fristablauf beim Berufungsgericht eingehen muss – **verlängert** werden, wenn der Gegner zustimmt. Ohne Zustimmung ist eine Fristverlängerung um bis zu einem Monat nur noch dann möglich, wenn der Rechtsstreit hierdurch nicht verzögert wird oder der Berufungskläger erhebliche Gründe für die Fristverlängerung dartut (§ 520 Abs. 2 Satz 3 ZPO). 263a

Die **Berufungsbegründung** muss den **Anforderungen des § 520 Abs. 3 ZPO** genügen. Sie muss jeweils auf den Streitfall zugeschnitten sein und im Einzelnen erkennen lassen, in welchen Punkten tatsächlicher oder rechtlicher Art sowie aus welchen Gründen der Berufungskläger das angefochtene Urteil für unrichtig hält[1]. Eine Berufungsbegründung, die sich im Wesentlichen in einer Wiederholung des bereits erstinstanzlich gehaltenen Sachvortrages erschöpft, genügt nicht den Anforderungen, die an eine Berufungsbegründung zu stellen sind[2]. Greift der Berufungskläger erstinstanzliche Rechtsausführungen an, muss er die eigene Rechtsauffassung umfassend, am besten durch Beifügung einschlägiger Entscheidungen, darlegen. Nicht ausreichend ist die bloße Behauptung, das Erstgericht habe eine vertragliche oder gesetzliche Vorschrift falsch ausgelegt. Auch das Vorbringen neuer Angriffs- oder Verteidigungsmittel ist im Berufungsverfahren nach § 530 ZPO nur eingeschränkt möglich. Dementsprechend können Widerklagen oder Einreden allein auf unstreitiger Tatsachengrundlage erhoben werden[3]. 263b

2. Wertabhängige Berufung (§ 511 Abs. 2 Nr. 1 ZPO)

a) Beschwer

Probleme ergeben sich hier in aller Regel bei der Berechnung der **Beschwer**, die einen Betrag von 600 Euro übersteigen muss. 264

Der Umfang der Beschwer ist grundsätzlich im **Zeitpunkt der Berufungseinlegung** zu berechnen. Die Wertberechnung richtet sich nach den §§ 3 bis 9 ZPO; dies gilt auch in Mietstreitigkeiten[4]. Abzustellen ist auf das Interesse des Rechtsmittelführers, seine erstinstanzliche Verurteilung zu beseitigen[5]. Das Interesse des Gegners ist unbeachtlich[6]. Daher wird es insbesondere in Mietsachen wegen der gegensätzlichen Interessenlagen häufig vorkommen, dass die Beschwer bei einer Verurteilung des Mieters erheblich höher oder niedriger sein kann als die des Beklagten, so etwa bei Klagen auf Abrechnung von Nebenkosten oder Einsichtnahme in Belege oder auch bei Klagen auf Mängelbeseitigung (vgl. u. *Rz. 268 ff.*). 265

---

1 OLG Koblenz, NJOZ 2007, 698.
2 OLG Koblenz, NJOZ 2007, 698.
3 BGH, NJW 2004, 1876 = ProzRB 2004, 244 = MDR 2004, 954 = WM 2004, 845; MDR 2007, 966 = NJW-RR 2007, 934.
4 Zöller/*Gummer*, § 511 ZPO Rz. 20.
5 BGH, WuM 1978, 335.
6 BGH, WuM 1992, 1369.

266 **Zinsen und Kosten** bleiben nach § 4 ZPO neben der Hauptsachebeschwer außer Ansatz und sind nicht isoliert berufungsfähig (§ 99 Abs. 1 ZPO). Maßgeblich ist die **Bewertung durch das Berufungsgericht**. Dieses ist an eine Streitwertfestsetzung in der ersten Instanz nicht gebunden[1].

267 Auf die für die Gerichtsgebühren geltenden Wertvorschriften kommt es bei der Bemessung der Beschwer nicht an. Gebührenstreitwert und Beschwerdewert können erheblich auseinander fallen. Es wäre **verfassungswidrig**, den Wert der Beschwer nach den für die **Gerichtsgebühren** geltenden Vorschriften zu bemessen. Insbesondere darf hier nicht auf § 16 GKG zurückgegriffen werden[2].

b) Einzelfälle

268 **– Auskunft und Rechnungslegung**

Der Wert des Auskunftsanspruchs bestimmt sich auch im Rechtsmittelverfahren nach dem wirtschaftlichen Interesse, das der Kläger an der Erteilung der Auskunft hat. Dieses ist gemäß § 3 ZPO nach freiem Ermessen zu schätzen. Dabei beträgt der Wert des Auskunftsanspruchs in der Regel einen Bruchteil des Leistungsanspruchs, da die Auskunft die Geltendmachung dieses Anspruchs erst vorbereiten und erleichtern soll. In der Regel ist das Auskunftsinteresse mit einer Quote von **1/10 bis zu 1/4 des Werts des Leistungsanspruchs** zu bemessen und umso höher anzusetzen, je geringer die Kenntnisse des Klägers und sein Wissen über die zur Begründung des Leistungsanspruchs maßgeblichen Tatsachen sind[3]. Eine Schätzungsgrundlage und einen Anhaltspunkt für den anzusetzenden Wert bildet der Leistungsanspruch, zu dessen Durchsetzung die Auskunft benötigt wird. Dessen ebenfalls gemäß § 3 ZPO vorzunehmende Schätzung geschieht nach objektiven Anhaltspunkten, wobei anhand des Tatsachenvortrags des Klägers danach zu fragen ist, welche Vorstellungen er sich vom Wert des Leistungsanspruchs gemacht hat[4]. Kann der Kläger seinen Zahlungsanspruch ohne Auskunft praktisch überhaupt nicht durchsetzen, so ist das Auskunftsinteresse unter Umständen sehr hoch – bis an den Wert des Leistungsantrags herangehend – zu bemessen. Andererseits ist aber auch zu berücksichtigen, wie wahrscheinlich ein Leistungsantrag überhaupt ist. Ist dieser unwahrscheinlich, kann dies wiederum zu einer geringeren Bewertung führen.

Der Wert des Beschwerdegegenstands, den das Gericht im Falle der Einlegung eines Rechtsmittels gegen die Verurteilung zur Erteilung einer Auskunft gemäß §§ 2, 3 ZPO nach freiem Ermessen festzusetzen hat, bemisst sich nach dem Abwehrinteresse des Verurteilten. Dieses hängt vornehmlich davon ab, welchen Aufwand an Zeit und Kosten die Ertei-

---

1 BGH, NJW-RR 1988, 837.
2 BVerfG, AnwBl. 1996, 643.
3 BGH, FamRZ 2006, 619.
4 BGH v. 19.9.2007 – IV ZR 226/06; *Schneider/Herget*, Streitwertkommentar, Rz. 5145 m.w.N.

lung der Auskunft erfordert[1]. Das Interesse der beklagten Partei, die vom Kläger letztlich erstrebte Leistung nicht erbringen zu müssen, muss bei der Bewertung außer Betracht bleiben; denn dieses Interesse wird durch die Verurteilung zur Auskunftserteilung, die für den Grund des Hauptanspruchs keine Rechtskraft schafft, nicht berührt[2]. Ebenso hat auch ein Interesse der beklagten Partei, die von Klägerseite mit der Auskunftsklage vorbereitete Durchsetzung des Hauptanspruchs zu verhindern oder zu erschweren, auf die Streitwertberechnung keinen Einfluss[3].

– **Einsicht in Abrechnungsunterlagen** 269

Will der Vermieter die Einsicht nicht am Ort des Mietobjekts gewähren, so ergibt sich eine Beschwer aus der Ersparnis an Fahrtkosten[4].

– **Fortsetzung des Mietverhältnisses** 270

Der Ausspruch über die Fortsetzung des Mietverhältnisses ist selbständig anfechtbar (§ 308a Abs. 2 ZPO). Der Mieter ist durch die Ablehnung der Fortsetzung des Mietverhältnisses auch dann beschwert, wenn er kein ausdrückliches Fortsetzungsverlangen gestellt hatte[5].

– **Mängelbeseitigung** 271

Ist die Klage des Mieters auf Mängelbeseitigung abgewiesen worden, so beläuft sich seine Beschwer auf den 42fachen Betrag der angemessenen Minderung. Ist der Klage stattgegeben worden, so dürfte sich die Beschwer des Vermieters auf die Kosten der Mängelbeseitigung belaufen.

– **Mieterhöhung** 272

Maßgebend ist § 9 ZPO[6]. Es kommt auf die streitige Zeit an (höchstens den 3,5-fachen Jahresbetrag). Nach a.A. ist § 3 ZPO anzuwenden. Dabei schwanken die Gerichte zwischen Jahreswert der Erhöhung[7]; 15facher Monatsbetrag[8], Dreijahresbetrag[9], Fünfjahresbetrag[10]. Eine verlässliche Empfehlung kann hier nicht gegeben werden, zumal sogar verschiedene Kammern desselben Gerichts diese Frage unterschiedlich beantworten. Der Anwalt sollte sich daher vor Einlegung der Berufung mit der Rechtsprechung der zuständigen Kammer vertraut machen.

---

1 BGH, NJW 1995, 664; BGH, MDR 1997, 764; OLG Celle v. 16.3.2009 – 14 U 150/08.
2 OLG Celle v. 16.3.2009, BauR 2009, 1473.
3 OLG Celle v. 16.3.2009, BauR 2009, 1473.
4 LG Kiel, WuM 1988, 223.
5 *Kossmann*, § 412 Rz. 11.
6 LG Dortmund, ZMR 2002, 918.
7 OLG Nürnberg, WuM 1992, 636; LG Bad Kreuznach, WuM 1993, 469; LG Görlitz, WuM 2003, 39.
8 LG Bremen, WuM 1997, 334; LG Köln, WuM 1996, 716.
9 LG Hamburg, WuM 1992, 146.
10 LG Hagen, ZMR 1987, 97.

273 – **Modernisierung**

Wird die Zustimmung zu Modernisierungsmaßnahmen gefordert, ist gem. § 9 ZPO der 3,5-fache Jahresbetrag der zu erwartenden Mieterhöhung maßgebend. Das gilt auch für die Feststellung der Erledigung eines solchen Rechtsstreits[1].

274 – **Räumung**

Die Beschwer ist abhängig von den Einwendungen des Mieters gegen den Räumungsanspruch. Die Berechnung des Rechtsmittelstreitwerts richtet sich nach § 8 **ZPO**, wenn das Bestehen oder die Dauer eines Pacht- oder Mietverhältnisses streitig ist. Nach dieser Vorschrift ist die auf die gesamte streitige Zeit entfallende Pacht oder Miete anzusetzen, wenn nicht der 25-fache Betrag des einjährigen Entgelts geringer ist. Zu den Verfahren, in denen im Sinne der Vorschrift der Bestand oder die Dauer eines Miet- oder Pachtverhältnisses streitig ist, gehören auch **Räumungsklagen nach vorausgegangener Kündigung**[2]. Beruft sich ein Nutzungsberechtigter gegenüber einer Kündigung auf Regelungen, die das Kündigungsrecht einschränken, so dauert die „streitige Zeit" im Sinne des § 8 ZPO vom Tag der Erhebung der Räumungsklage bis zu dem Zeitpunkt an, den der Nutzungsberechtigte als den für ihn günstigsten Beendigungszeitpunkt des Miet- oder Pachtvertrags in Anspruch nimmt. Hat der Nutzungsberechtigte keinen festen Zeitpunkt genannt, greift die Vorschrift des § 9 ZPO ein, nach welchem als Beschwer der 3,5-fache Jahresbetrag anzusetzen ist[3]. Sind Garagen und Nebenräume separat vermietet, werden sich jedenfalls bei dreimonatiger Kündigungsfrist nur minimale Streitwerte ergeben, sofern der Mieter nicht eine darüber hinausgehende Nutzungsberechtigung behauptet.

275 – **Tierhaltung**

Für eine Klage auf Beseitigung von Haustieren sind nach LG Kiel die fiktiven Kosten der zusätzlichen Abnutzung der Wohnung durch das Tier für den Zeitraum dreier Jahre heranzuziehen[4].

3. Zulassungsberufung (§ 511 Abs. 2 Nr. 2 ZPO)

276 Wird die erforderliche Beschwer nicht erreicht, kommt eine Berufung nur in Betracht, wenn sie nach § 511 Abs. 2 Nr. 2 ZPO vom erstinstanzlichen Gericht zugelassen wird. Zuzulassen ist die Berufung nach § 511 Abs. 4 ZPO wiederum, wenn

– die Rechtssache **grundsätzliche Bedeutung** hat (§ 511 Abs. 4 Nr. 1 ZPO) oder

---

1 LG Berlin, GE 1996, 1115.
2 BGH, WuM 2009, 138 = MDR 2009, 277 = NZM 2009, 526 für Kleingartenpacht.
3 BGH, NZM 2007, 500.
4 LG Kiel, WuM 1998, 574.

– die **Fortbildung des Rechts** oder die **Sicherung einer einheitlichen Rechtsprechung**

eine Entscheidung des Berufungsgerichts erfordert (§ 511 Abs. 4 Nr. 2 ZPO).

Das Gericht braucht nicht in jedem Fall die Berufung zuzulassen, um dem Eindruck entgegenzuwirken, seine Entscheidung soll einer Überprüfung nicht zugänglich sein[1]. Eine Divergenzberufung, wie nach altem Recht (§ 511a Abs. 2 ZPO a.F.) bei Abweichung des Gerichts von einer höchstrichterlichen Entscheidung, ist nicht mehr gegeben. Dieser Fall dürfte allerdings unter § 543 Abs. 2 S. 1 Nr. 2 ZPO zu subsumieren sein, da bei Abweichen von einer höchstrichterlichen Entscheidung die Sicherung einer einheitlichen Rechtsprechung gefordert sein dürfte. 277

An eine Zulassung durch das erstinstanzliche Gericht ist das **Berufungsgericht gebunden** (§ 511 Abs. 4 S. 2 ZPO). 278

Eine **Nichtzulassungsbeschwerde** wie bei der Revision in § 544 ZPO ist bei der Berufung nicht vorgesehen. Die Entscheidung des erstinstanzlichen Gerichts über die Zulassung ist endgültig. 279

Die **Prüfung** der eingelegten Berufung durch das Berufungsgericht erfolgt zweistufig. 279a

Zunächst prüft das Gericht gemäß § 522 Abs. 1 ZPO die Zulässigkeit und die Erfolgsaussichten der Berufung.

Ist die Berufung nicht form- und fristgerecht eingelegt, erfolgt die **Verwerfung** durch Urteil oder Beschluss, § 522 Abs. 1 Satz 2 ZPO. Gegen die Entscheidung ist gemäß § 522 Abs. 1 Satz 4 ZPO in beiden Fällen die Rechtsbeschwerde zum BGH (§§ 574 ff. ZPO) gegeben, die ausnahmslos nur durch einen beim BGH zugelassenen Anwalt eingelegt werden kann.

Das Berufungsgericht kann eine zulässige Berufung **durch einstimmigen Beschluss** unter den Voraussetzungen der Regelungen des § 522 Abs. 2 Nr. 1 bis 3 ZPO **zurückweisen**. Vor der Entscheidung hat das Gericht die Parteien auf die beabsichtigte Zurückweisung und die dieser Entscheidung zu Grunde liegenden Überlegungen hinzuweisen und ihnen Gelegenheit zur Stellungnahme zu geben. Hat eine Berufung Aussicht auf Erfolg, darf sie zwingend nicht zurückgewiesen werden, auch wenn die Voraussetzungen des § 522 Abs. 2 Nr. 2, 3 ZPO vorliegen[2]. Die Entscheidung über die Zurückweisung ergeht ohne mündliche Verhandlung allein auf Grund der Aktenlage. Der Zurückweisungsbeschluss ist unanfechtbar (§ 522 Abs. 3 ZPO) und kann auch nicht in Anwendung des Grundsatzes der Meistbegünstigung mit der Begründung angefochten werden, die Entscheidung sei in der falschen Form ergangen, weil das Berufungsgericht die grundsätzliche Bedeutung der Rechtssache oder die Erforderlichkeit einer Entscheidung des Revisionsgerichts zur Fortbildung des Rechts oder zur Sicherung 279b

---
1 AG Köln, WuM 2002, 669.
2 BVerfG, BVerfGE 54, 277.

einer einheitlichen Rechtsprechung verkannt habe und deshalb über die Berufung richtigerweise durch Urteil hätte entscheiden müssen[1].

279c Der Rechtsanwalt sollte sich für dieses Risiko gegenüber seinem Mandanten absichern und diesen vor Einlegung der Berufung schriftlich auf die Möglichkeit der Zurückweisung nach § 522 Abs. 2 ZPO hinweisen.

279d Gemäß § 516 Abs. 1 ZPO kann der Berufungsführer die Berufung bis zur Verkündung des Berufungsurteils **zurücknehmen**. Das Gericht entscheidet gemäß § 516 Abs. 3 ZPO von Amts wegen über den Verlust des Rechtsmittels und die Verpflichtung zur Übernahme der Kosten. Hiergegen ist – soweit im Beschluss zugelassen – die Rechtsbeschwerde statthaft (§ 547 Abs. 1 Nr. 2 ZPO).

279e Bei einem Hinweisbeschluss nach § 522 Abs. 2 Satz 2 ZPO sollte errechnet werden, ob die Berufungsrücknahme wegen der Reduzierung der Gerichtsgebühren gemäß KV Nr. 1222 Nr. 1 auf zwei Gebühren billiger ist, als einen Zurückweisungsbeschluss abzuwarten. Bei diesem bleibt es zwar bei den vollen vier Gebühren gemäß KV Nr. 1220, aber der Anschlussberufungsführer wird möglicherweise anteilig an den Kosten beteiligt.

VII. Revisionsverfahren (§§ 543 ff. ZPO)

1. Revision (§ 543 ZPO)

280 Gegen die Urteile der Berufungsgerichte, also auch gegen landgerichtliche Berufungsurteile, ist die Revision gegeben, die als **Zulassungsrevision** ausgestaltet ist. Eine Revision ist daher nur möglich, wenn das Berufungsgericht sie nach § 543 Abs. 2 S. 1 ZPO zugelassen hat oder gegen die Nichtzulassung erfolgreich Beschwerde nach § 544 ZPO geführt worden ist.

281 Das Berufungsgericht hat die Revision zuzulassen, wenn
– die Rechtssache **grundsätzliche Bedeutung** hat (§ 543 Abs. 2 S. 1 Nr. 1 ZPO) oder

– die **Fortbildung des Rechts** oder die **Sicherung einer einheitlichen Rechtsprechung**

eine Entscheidung des Revisionsgerichts erfordert (§ 543 Abs. 2 S. 1 Nr. 2 ZPO).

282 Ist die Revision zugelassen, so muss diese innerhalb **eines Monats** ab Zustellung des Berufungsurteils eingelegt werden. Innerhalb eines weiteren Monats muss die Revision begründet werden. Eine Verlängerung ist möglich (§ 551 Abs. 2 S. 5 und 6 ZPO).

Der Revisionsbeklagte kann sich der Revision anschließen (§ 554 ZPO).

---

[1] BGH, MDR 2007, 538 = NJW-RR 2007, 284.

Die Revision kann jederzeit **zurückgenommen** werden; insoweit ist § 516 Abs. 3 ZPO entsprechend anwendbar[1]. Der Rechtsmittelverlust und die Kostentragungspflicht sind von Amts wegen durch Beschluss auszusprechen. 283

Ist die Revision nach einstimmiger Auffassung des Revisionsgerichts ohne Aussicht auf Erfolg und liegt entgegen der Auffassung des Berufungsgerichts kein Revisionszulassungsgrund vor, kann die Revision **durch einstimmigen Beschluss** nach § 522a ZPO **zurückgewiesen** werden. Vor der Entscheidung hat das Gericht die Parteien auf die beabsichtigte Zurückweisung und die dieser Entscheidung zu Grunde liegenden Überlegungen hinzuweisen und ihnen Gelegenheit zur Stellungnahme zu geben. 283a

2. Nichtzulassungsbeschwerde (§ 544 ZPO)

Hat das Berufungsgericht die Revision nicht zugelassen, kann nach § 544 ZPO **Nichtzulassungsbeschwerde** erhoben werden. Die Nichtzulassungsbeschwerde ist innerhalb der Notfrist von einem Monat ab Zustellung des in vollständiger Form abgefassten Berufungsurteils einzulegen (§ 544 Abs. 1 S. 2 ZPO). Innerhalb eines weiteren Monats, also innerhalb von zwei Monaten ab Zustellung des Urteils, ist die Nichtzulassungsbeschwerde zu begründen (§ 544 Abs. 2 S. 1 ZPO). Eine Verlängerung ist entsprechend § 551 Abs. 2 S. 5 und 6 ZPO möglich (§ 544 Abs. 2 S. 3 ZPO). Wird die Nichtzulassungsbeschwerde zurückgewiesen, erwächst damit das Berufungsurteil in Rechtskraft (§ 544 Abs. 5 S. 3 ZPO). Wird der Beschwerde stattgegeben, gilt die Nichtzulassungsbeschwerde als Revisionseinlegung (§ 544 Abs. 6 S. 1 ZPO). 284

Da die Nichtzulassungsbeschwerde in der bis zum 31.12.2011 verlängerten Übergangszeit erst ab einer Beschwer von mehr als 20 000,00 Euro statthaft ist (§ 26 Nr. 8 EGZPO), kann es erforderlich sein, den Streitwert des erstinstanzlichen oder des Berufungsverfahrens zu „gestalten"[2]. 284a

3. Sprungrevision (§ 566 ZPO)

Möglich ist auch eine **Sprungrevision** (§ 566 ZPO). Diese kommt auch gegen erstinstanzliche Urteile des Amtsgerichts in Betracht[3]. 285

VIII. Rechtsentscheid

Der frühere Rechtsentscheid nach § 541 Abs. 1 S. 1 ZPO a.F. ist durch das ZPO-Reformgesetz abgeschafft worden. Rechtsfragen können jetzt nur noch 286

---

1 BGH, NJW 2003, 756.
2 *Prechtel/Oberheim*, Erfolgreiche Taktik im Zivilprozess, Teil 9, Rz. 2927.
3 Wegen der Einzelheiten des Revisionsrechts wird Bezug genommen auf die Kommentierung von Zöller/*Gummer* in den §§ 542 ff. ZPO sowie auf *E. Schneider*, ZPO-Reform, Rz. 515 ff.

durch Revision (vgl. o. *Rz. 280 f.*) und Rechtsbeschwerde (vgl. u. *Rz. 287 ff.*) geklärt werden.

IX. Rechtsbeschwerde

287 Durch das ZPO-RG eingeführt worden ist die Rechtsbeschwerde nach den §§ 574 bis 577 ZPO, durch die die frühere weitere Beschwerde des § 568 ZPO a.F. ersetzt worden ist. Da diese Verfahrensart nur den bei dem **BGH zugelassenen Rechtsanwälten** vorbehalten ist (§§ 78 Abs. 1 Satz 4 ZPO, 133 GVG) kommt sie für Anwälte der ersten und zweiten Instanz nicht in Betracht. Allerdings sollte diese Anfechtungsmöglichkeit im Hinblick auf die vorzutragenden Tatsachen einer Revisionszulassung gemäß § 543 Abs. 2 ZPO nicht aus dem Blick geraten.

288 **Zuständig** für die Entscheidung über Rechtsbeschwerden ist der BGH (§ 133 GVG), und zwar auch dann, wenn eine Entscheidung des Landgerichts angefochten wird.

289 Die Rechtsbeschwerde nach § 574 Abs. 1 ZPO ist **statthaft**, wenn
– das Gesetz dies ausdrücklich bestimmt (§ 574 Abs. 1 Nr. 1 ZPO) oder
– das Beschwerdegericht, das Berufungsgericht oder das OLG im ersten Rechtszug sie in seinem Beschluss zugelassen hat (§ 574 Abs. 1 Nr. 2 ZPO).

Die Rechtsbeschwerde ist **zuzulassen** nach § 574 Abs. 2 wiederum, wenn
– die Rechtssache **grundsätzliche Bedeutung** hat (§ 574 Abs. 2 Nr. 1 ZPO) oder
– die **Fortbildung des Rechts** oder die **Sicherung einer einheitlichen Rechtsprechung** eine Entscheidung des Rechtsbeschwerdegerichts erfordert (§ 574 Abs. 2 Nr. 2 ZPO).

290 Die Zulassungsvoraussetzungen der Rechtsbeschwerde sind damit die gleichen wie bei Zulassung der Berufung (§ 511 Abs. 4 ZPO) oder Zulassung der Revision (§ 543 Abs. 2 ZPO). Ebenso wie das Berufungs- und Revisionsgericht ist das Rechtsbeschwerdegericht an die Zulassung gebunden (§ 574 Abs. 3 S. 2 ZPO). Selbst wenn der BGH die Zulassungsvoraussetzungen für nicht gegeben hält, bleibt die Rechtsbeschwerde statthaft.

291 Wird allerdings eine Rechtsbeschwerde zugelassen, die gar nicht möglich ist, ist die Zulassung unbeachtlich[1]. Die Entscheidung des Beschwerdegerichts bleibt, trotz der grundsätzlichen Bindung des Rechtsbeschwerdegerichts an die Zulassungsentscheidung, auch bei irriger Rechtsmittelzulassung unanfechtbar[2], so im Fall des LG Berlin[3]: Das LG Berlin hatte in

---

1 Zöller/*Gummer*, § 574 ZPO Rz. 9.
2 BGH, BGHReport 2003, 1052; ebenso BGH, BRAGOreport 2000, 190 m. Anm. *Hansens*.
3 AGS 2003, 36 m. Anm. *N. Schneider*.

einem Mietprozess die Rechtsbeschwerde im Verfahren der Streitwertfestsetzung (Wert einer Klage auf Mängelbeseitigung) zugelassen. Im Streitwertfestsetzungsverfahren kommt eine Rechtsbeschwerde jedoch nicht in Betracht (vgl. u. *N Rz. 394*).

Im Gegensatz zur Revision ist bei der Rechtsbeschwerde eine Nichtzulassungsbeschwerde nicht vorgesehen. 292

Die Rechtsbeschwerde muss innerhalb einer **Notfrist** von einem Monat eingereicht werden (§ 575 Abs. 1 S. 1 ZPO). Fristwahrend ist nur der Eingang beim BGH, nicht beim Gericht der angefochtenen Entscheidung. Eine Abhilfebefugnis der Vorinstanz ist nicht vorgesehen. 293

Wird die Rechtsbeschwerde mit ihrer Einlegung nicht **begründet**, so muss dies innerhalb einer Frist von einem Monat ab Zustellung des angefochtenen Beschlusses nachgeholt werden. Im Gegensatz zum Berufungs- oder Revisionsverfahren (§§ 520 Abs. 2 S. 1, 551 Abs. 2 S. 2 ZPO) hat der Beschwerdeführer insgesamt für Einlegung und Begründung nur einen Monat Zeit. Eine Fristverlängerung entsprechend §§ 551 Abs. 2 S. 5 und 6 ZPO ist jedoch möglich (§ 575 Abs. 2 S. 3 ZPO). 294

Eine Anschlussrechtsbeschwerde ist nach § 574 Abs. 4 ZPO möglich[1]. 295

X. Selbständiges Beweisverfahren (§ 485 ff. ZPO)

1. Übersicht

Die Vorschrift des § 485 ZPO eröffnet zwei selbständige Verfahrensarten, nämlich das Eilverfahren nach § 485 Abs. 1 ZPO und das Verfahren nach § 485 Abs. 2 ZPO. Prozessrechtlich haben beide Verfahren die Wirkung einer vorweg genommenen Beweisaufnahme (§ 493 ZPO)[2]. 296

a) Eilverfahren

Das Eilverfahren nach § 485 Abs. 1 ZPO ist **innerhalb und außerhalb eines anhängigen Rechtsstreits** auf Antrag zulässig und dient der Abwehr eines dem Antragsteller drohenden Rechtsnachteils durch den zu befürchtenden Verlust eines Beweismittels oder die Erschwerung seiner Eignung, vom Antragsteller im Prozess verwertet zu werden[3]. Es muss also entweder ein **Bedürfnis einer Beweissicherung** vorliegen **oder** aber die **Zustimmung des Gegners** zur Einleitung des Verfahrens. Ein selbständiges Beweisverfahren ist neben einer Beweiserhebung in einem Prozess nur unter den Voraussetzungen des § 485 Abs. 3 ZPO i.V.m. § 412 ZPO zulässig[4]. 296a

---

1 Zu den Einzelheiten des Verfahrens siehe Zöller/*Gummer*, §§ 574 ff. ZPO; *E. Schneider*, ZPO-Reform, Rz. 618 ff.
2 Zu den Einzelheiten des Verfahrens siehe *Monschau*, AIM 2004, 208 ff.
3 Zöller/*Herget*, § 485 ZPO, Rz. 1.
4 OLG Köln, OLGZ 92, 495.

296b Zulässige Beweismittel dieses Eilverfahrens stellen nur der Augenschein (§ 371 ZPO), der Zeugenbeweis (§ 373 ZPO) und das Sachverständigengutachten (§ 411 ZPO) dar, welches schriftlich oder mündlich abgegeben werden kann. Nicht zulässig ist die Beweiserhebung durch Urkundenbeweis (§ 415 ZPO) oder Parteivernehmung (§ 445 ZPO).

296c Zulässig ist die Erhebung von Gegenbeweisen durch den Antragsgegner[1], die Erweiterung von Beweisfragen oder Beweismittel[2] und die Ausdehnung des Verfahrens auf weitere Antragsgegner bis zu seiner Beendigung[3].

296d Die für die Zulässigkeit des Eilverfahrens nach § 485 Abs. 1 ZPO erforderliche Besorgnis des Verlustes oder der erschwerten Benutzung eines Beweismittels liegt beispielsweise vor, wenn Mietmängel während des Bestehens des Mietverhältnisses streitig sind oder aber dann, wenn die Mietsache kurzfristig neu vermietet werden kann und der Verlust der Beweismittel durch Veränderungen der Mietsache droht.

b) Isoliertes Beweisverfahren

296e Das Verfahren nach § 485 Abs. 2 ZPO ist **ausschließlich vorprozessual zulässig**; ein besonderes Beweissicherungsbedürfnis gemäß § 485 Abs. 1 ZPO ist nicht erforderlich.

296f Zulässige Beweisthemen dieses Verfahrens sind ausschließlich die in § 485 Abs. 2 Nr. 1–3 ZPO genannten Feststellungen, also
- (früheren) Zustand einer Person oder Sache
- Wert einer Sache
- Ursache eines Personen- oder Sachschadens oder Sachmangels
- Aufwand für die Beseitigung eines solchen Schadens oder Mangels

297 Das Selbständige Beweisverfahren ist in Mietsachen praxisrelevant, zumal der Beweisantrag nach **§ 204 Abs. 1 Nr. 7** BGB[4] den Ablauf der Verjährung ebenso wie eine Klageerhebung hemmt.

298 Das Selbständige Beweisverfahren bietet sich insbesondere zur Feststellung des Zustands der vermieteten Räume bei Auszug eines Mieters an, um Renovierungs- und Schadensersatzpflichten festzuhalten. Während sich der Vermieter bei Durchführung des Hauptsacheverfahrens auf den Zeugenbeweis verlassen müsste oder vorerst Renovierungsarbeiten nicht durchführen könnte, kann er Beweiserhebungen „vorziehen" und anschließend die Wohnung renovieren und neu vermieten. Abgesehen davon erhält der Vermieter auf diese Art und Weise eine verlässliche Feststellung der Scha-

---

1 OLG Köln, VersR 1994, 1328; OLG München, NJW-RR 1996, 1277.
2 OLG Düsseldorf, BauR 1995, 430.
3 OLG Düsseldorf, NJW-RR 1995, 1216.
4 § 548 Abs. 3 BGB, wonach ein selbständiges Beweisverfahren die kurze Verjährung unterbrechen sollte, ist zum 1.1.2002 aufgehoben worden, vgl. auch Art. 229 § 6 Abs. 1 EGBGB.

denshöhe, wenn er auf Gutachtenbasis abrechnen will. Allerdings sollte insoweit beachtet werden, dass durch die Dauer des Verfahrens ein erheblicher Mietausfallschaden entstehen kann, dessen Ausgleich im Hinblick auf § 254 BGB ungewiss ist. Denn der Mieter kann argumentieren, dass der Zustand der Räume auch durch Fotos oder sonstige visuelle Beweismittel festgehalten werden kann, zu deren Unterstützung Aktenvermerke gefertigt und Zeugen herbeigerufen werden können. Auch ein Privatgutachten mit der Möglichkeit, den Sachverständigen als sachverständigen Zeugen zu berufen, führt regelmäßig zu einer zügigeren Beweissicherung. Umgekehrt kann ein Mieter nicht erwarten, dass der Vermieter für die Dauer des Beweisverfahrens die Mietsache unberührt vorhält, wenn der Mieter sich nicht gleichzeitig bereit erklärt, den Mietausfall auszugleichen. Im Hinblick darauf sollte auf eine Schiedsgutachterabrede hingewirkt werden, wenn sich Streitigkeiten über den Zustand der Mieträume anbahnen.

Darüber hinaus bietet sich das Beweisverfahren insbesondere an, um Mietmängel und deren Ursachen feststellen zu lassen oder auch um die Mangelfreiheit des Objekt festzustellen, wenn der Mieter nur eine geminderte Miete zahlt (vgl. dazu *F Rz. 231*). 299

2. Rechtliches Interesse

Erforderlich ist ein rechtliches Interesse (§ 485 Abs. 2 S. 1 ZPO). Dieses ist insbesondere dann gegeben, wenn der **Verlust des Beweismittels** zu besorgen ist. 300

Ein rechtliches Interesse ist aber auch schon dann anzunehmen, wenn die Feststellung der **Vermeidung eines Rechtsstreits** dienen kann (§ 485 Abs. 2 S. 2 ZPO). Dazu sollte in der Antragsschrift ein Hinweis erfolgen. Selbst wenn dies nur floskelartig erfolgt, besteht das notwendige rechtliche Interesse, da es auf die konkreten Einigungsaussichten nicht ankommt. Mit Rücksicht darauf kann diese Zulässigkeitsvoraussetzung sogar angenommen werden, wenn der Antragsgegner zum Ausdruck bringt, dass für ihn eine gütliche Einigung nicht in Betracht kommt[1]. Immerhin besteht die Möglichkeit, dass er auf Grund des Gutachtens seine Meinung ändert. 301

3. Zuständigkeit

Die gerichtliche Zuständigkeit für das Selbständige Beweisverfahren richtet sich gem. § 486 ZPO nach dem Gericht, bei dem die Hauptsache anhängig ist oder anhängig zu machen wäre. In aller Regel wird das Selbständige Beweisverfahren vor Anhängigkeit der Hauptsache eingeleitet. In Mietsachen richtet sich die Zuständigkeit dann mittelbar nach den §§ 23 GVG, 29a ZPO. Bei Streitigkeiten aus Wohnraummietverhältnissen ist das Amtsgericht zuständig, in dessen Bezirk sich die vermieteten Räumlichkeiten befinden. Bei Gewerberaummietstreitigkeiten ist abhängig vom Streit- 302

---

1 OLG Hamm, MDR 1999, 184; OLG Oldenburg, MDR 1995, 746; LG Köln, WuM 1995, 490; **a.A.** LG Hannover, JurBüro 1992, 496.

wert das Gericht zuständig, in dessen Bezirk sich die Räumlichkeiten befinden. Zur sachlichen und örtlichen Zuständigkeit siehe ausführlich o. Rz. 41 ff.

4. Verjährungshemmende Wirkung

303 Durch die Einleitung des Selbständigen Beweisverfahrens wird die **Verjährung** gemäß § 204 Abs. 1 Nr. 7 BGB ebenso wie durch Klageerhebung **gehemmt**, (vgl. o. Rz. 296). Haftungsträchtig ist der Umstand, dass jeder Mangel auch im Selbständigen Beweisverfahren verjährungsrechtlich sein eigenes Schicksal hat. Denn die Verjährung des einzelnen Mangels ist nur solange gehemmt, wie dessen Untersuchung betrieben wird. Auf die Gesamtdauer, den Abschluss des Verfahrens, kommt es verjährungsrechtlich nach der Rechtsprechung nicht an[1].

Die **Dauer der Verjährungshemmung** durch ein Selbständiges Beweisverfahren ist beendet, wenn das schriftliche Gutachten des Sachverständigen zugestellt wurde und in absehbarer Zeit keine Ergänzungen oder Einwendungen erhoben worden sind, ohne dass es darauf ankommt, ob eine Partei weitere Anträge ankündigt[2]. Auf eine angemessene Frist für Einwendungen und Anträge kann es daher nur ankommen, wenn solche Einwendungen und Anträge tatsächlich erhoben bzw. gestellt werden[3]. Etwas anderes kann gelten, wenn der Sachverständige Beweisfragen übergangen hat und das Gericht von Amts wegen gehalten ist, die Beweisaufnahme fortzusetzen.

5. Antrag

304 Der Antrag im Selbständigen Beweisverfahren hat neben dem üblichen vollen Rubrum (§ 487 Nr. 1 ZPO) die Tatsachen zu bezeichnen, über die Beweis erhoben werden soll (§ 487 Nr. 2 ZPO), und muss daneben auch die Beweismittel enthalten (§ 487 Nr. 3 ZPO).

**Antrag im Selbständigen Beweisverfahren
(Mietmängel)**

In dem Selbständigen Beweisverfahren
(volles Rubrum)

wird beantragt,

gemäß §§ 485 ff. ZPO Beweis durch Einholung eines schriftlichen Sachverständigengutachtens zu erheben über folgende Fragen:

---

1 BGH, NJW-RR 1993, 666 = NJW 1993, 851 = VersR 1993, 451; OLG München, BauR 2007, 1095 = NJW-RR 2007, 675 = NZBau 2007, 375; OLG Dresden v. 27.11.2008 – **9 U 1128/08**; OLG Hamm, v. 16.12.2008 – 21 U 117/08.
2 OLG Düsseldorf v. 11.9.2008 – 5 U 9/08.
3 BGH, MDR 2002, 774 = NJW 2002, 1640 = WM 2002, 873 = ZIP 2002, 990.

1. Befindet sich im Wohnzimmer der Wohnung, X-Straße, Nr. ... (1. Obergeschoss), an der rechten hinteren Wand in Höhe des Fensters ein ca. 2 qm großer Feuchtigkeitsfleck?
2. Beruht dieser Feuchtigkeitsschaden auf einem Baumangel?

6. Begründung und Glaubhaftmachung

Der Antrag ist zu begründen, insbesondere ist der Sachverhalt darzulegen, auf Grund dessen sich die Erforderlichkeit des Antrags ergibt.

Der Antragsteller sollte alle Tatsachen, die nach seinem Vorbringen die Zulässigkeit des Verfahrens und die Gerichtszuständigkeit begründen, so konkret wie möglich angeben. Unzulässig ist ein bloßer Beweisermittlungsantrag[1] und die reine Ausforschung[2].

In denjenigen Fällen, in denen es um Mängel der Mietsache geht, sollte der Antragsteller sich mit seinem Vortrag an der sog. **Symptomrechtsprechung des BGH im Baurecht** orientieren. Danach ist es ausreichend, aber auch erforderlich, den Mangel seinem äußeren Erscheinungsbild nach zu bezeichnen; die Angabe der technischen Ursache ist nicht notwendig[3].

Die Tatsachen, auf die der Antrag gestützt wird, sind gemäß § 487 Nr. 4 ZPO glaubhaft zu machen, und zwar bezogen sowohl auf die Tatsachen als auch auf die Zulässigkeit des Selbständigen Beweisverfahrens und die Zuständigkeit des Gerichtes. Die für das Selbständige Beweisverfahren erforderliche **Glaubhaftmachung** der Zulässigkeitsvoraussetzungen bezieht sich jedoch nicht auf diejenigen Tatsachen, die durch das Selbständige Beweisverfahren erst noch festgestellt werden sollen[4]. Insoweit ist ein Vortrag des Antragstellers ausreichend, aufgrund dessen das Gericht die Wahrscheinlichkeit der Vermeidung eines Rechtsstreits einschätzen kann.

Unter Glaubhaftmachung wird gemäß § 294 ZPO die Vorlage aller Beweismittel inklusive der Versicherung an Eides statt verstanden. Sie ist überflüssig, wenn der Gegner dem Antrag – soweit dieser ansonsten vollständig und schlüssig ist – gem. § 485 ZPO zugestimmt hat oder der Sachvortrag zwischen den Parteien unstreitig ist.

Ansonsten hat der Antragsteller sein Vorbringen präsent glaubhaft zu machen. Hinsichtlich der **eidesstattlichen Versicherung** ist es zulässig, dass der Antragsteller selbst die Richtigkeit der Angaben an Eides statt versichert. Dabei genügt es allerdings grundsätzlich nicht, dass er sich bloß auf den Antragsschriftsatz seines Rechtsanwalts beruft (!); er hat vielmehr eine eigene Darstellung abzugeben[5]. Es ist auch nicht ausreichend, dass die

---
1 KG, NJW-RR 1999, 1369 = MDR 1999, 564 = KGR 1999, 32.
2 KG, NJW-RR 2000, 468.
3 BGH, BauR 2002, 613; NJW-RR 2001, 138.
4 OLG Oldenburg, NJOZ 2008, 3645; *Musielak/Huber*, ZPO, § 487 Rz. 6.
5 BGH, NJW 1996, 1683.

eidesstattliche Versicherung in bloßer Kopie zu den Akten gereicht wird. Um ein Risiko zu vermeiden, sollte daher in Anwesenheit des Mandanten die eidesstattliche Versicherung diktiert werden, sofern er sie nicht selbst schreiben kann. Dabei können Fehler oder Missverständnisse sofort, also während des Diktats, korrigiert werden. Während mit dem Mandanten weitere Dinge abgeklärt werden, kann das Diktat geschrieben werden, oder der Mandant wartet solange im Wartezimmer. Schließlich ist auch denkbar, den Text der Antragsschrift und die Schilderung des Mandanten als eidesstattliche Versicherung nach dem Beratungsgespräch zu diktieren und ihm beides mit der Bitte um Rückgabe der unterschriebenen eidesstattlichen Versicherung nach Genehmigung zuzuleiten.

7. Beendigung des Verfahrens

306a   Das Selbständige Beweisverfahren endet mit dem Zugang des Sachverständigengutachtens an die Parteien, sofern weder das Gericht in Ausübung des ihm nach **§ 411 Abs. 4 Satz 2 ZPO** eingeräumten Ermessens eine Frist zur Stellungnahme gesetzt hat, noch die Parteien innerhalb eines angemessenen Zeitraums nach Erhalt des Gutachtens Einwendungen dagegen oder das Gutachten betreffende Anträge oder Ergänzungsfragen mitgeteilt haben[1].

8. Sonderfälle

a) Feststellung der angemessenen Minderung nach § 536 BGB

307   Selbständige Beweisverfahren zum Zwecke der Begründung der Höhe einer Mietminderung durch Einholung eines Sachverständigengutachtens werden teilweise für unzulässig gehalten[2]. Umstritten ist dabei vor allem die Frage, ob der Mietwert als Wert i.S.d. § 485 Abs. 2 Nr. 1 ZPO angesehen werden kann (vgl. *F Rz. 234*).

308   Unabhängig von der juristischen Frage, ob eine solche „Beweisfrage" überhaupt einem Gutachten und damit einem Selbständigen Beweisverfahren zugänglich ist, insbesondere ob die Voraussetzung der §§ 485 ZPO erfüllt sind, sollte jedenfalls in der anwaltlichen Praxis auf Grund der Gefahr, dass ein solcher Antrag zurückgewiesen werden kann, eher von der Einholung eines solchen Gutachtens abgesehen werden[3]. Dabei ist auch zu beachten, dass die Höhe der Mietminderung letztlich bei allen Berechnungsversuchen durch Sachverständige in den Bereich der Schätzung gelangt, die eher zweifelhaft und eigentlich über § 287 ZPO dem Gericht vorbehalten ist.

---

1 BGH, MDR 2002, 774 = NJW 2002, 1640 = WM 2002, 873 = ZIP 2002, 990.
2 LG Saarbrücken, WuM 1992, 144; **a.A.** z.B. *Scholl*, NZM 1999, 108 ff. m.w.N.
3 **A.A.** *Lützenkirchen, F Rz. 234*: Immerhin kann die Bewertung des Sachverständigen dem Gericht eine Orientierung bieten, zumal der Sachverständige auch seinen persönlichen Eindruck in die Bewertung einfließen lässt. Wenn er sein Ergebnis ausreichend begründet, kann das Gericht ermessen, ob alle notwendigen Kriterien berücksichtigt sind.

b) Mietpreisüberhöhung und Mietwucher

Dieser vorstehende Auslegungsstreit (vgl. Rz. 307) betrifft auch das Beweisthema der Mietpreisüberhöhung (§ 5 WiStG) oder des Mietwuchers (§§ 302a StGB, 134 BGB)[1]. 309

Zum Teil wird die Auffassung vertreten, ein entsprechendes Beweisverfahren sei unzulässig, da nicht die Bestimmung des Wertes einer Sache gem. § 485 Abs. 2 S. 1 ZPO begehrt werde, sondern die Feststellung der Unangemessenheit zwischen Leistung und Gegenleistung[2]. Diese Meinung ist jedoch abzulehnen. Der Mietwert der Raumüberlassung ist wertbildender Faktor der Sache. Die selbständige Beweiserhebung dient auch in der Regel der Vermeidung eines weiteren Streites. Im Übrigen wird bei einer konkreten wohnungsbezogenen Beweisfrage die Besorgnis des Verlustes des Beweismittels nach § 485 Abs. 1 ZPO bestehen. Daher ist auch insoweit ein Selbständiges Beweisverfahren zuzulassen[3]. 310

Im Rahmen der Mietpreisüberhöhung kommt allerdings als preiswertere und sicherere Alternative die entsprechende Information der zuständigen Behörde (in der Regel das Wohnungsamt) in Betracht, die ihrerseits ein Gutachten erstellen kann, dessen Ergebnis übernommen werden kann. 311

c) Mieterhöhung (Anpassung an Vergleichsmieten)

Umstritten ist die Frage, ob ein Selbständiges Beweisverfahren zur Feststellung der Vergleichsmiete in Betracht kommt, um ein Mieterhöhungsverlangen zu begründen[4]. Da die Feststellung der ortsüblichen Vergleichsmiete erst der Vorbereitung eines Mieterhöhungsverlangens dient, ist ein hierauf gerichtetes Selbständiges Beweisverfahren unzulässig Solange noch kein formell ordnungsgemäßes Erhöhungsverlangen gestellt ist, fehlt es an einem Anspruch, dessen tatsächliche Voraussetzungen durch eine Beweiserhebung zu sichern sind. Erst nachdem ein formell ordnungsgemäßes Mieterhöhungsverlangen gestellt ist, kommt somit die Einleitung eines Beweisverfahrens in Betracht, da erst dann nach dem Klägervortrag ein entsprechender Anspruch auf Mieterhöhung besteht. 312

Darüber hinaus ist sehr fraglich, ob das Selbständige Beweisverfahren mit dem Grundgedanken des § 558 BGB in Einklang gebracht werden kann, nachdem sich beide Parteien, insbesondere der Mieter, möglichst ohne gerichtliche Einschaltung in Ruhe über die Höhe der ortsüblichen Vergleichsmiete in den Fristen der §§ 558 ff. BGB einigen sollen. Erst nach Ablauf der 313

---

1 Zum Meinungsstreit ausführlich: *Scholl*, NZM 1999, 108 ff.
2 LG Freiburg, WuM 1997, 337; LG Braunschweig, WuM 1996, 291.
3 Schmid/*Riecke*/Schmidt, 3-364.
4 Zulässig: LG Köln, WuM 1995, 490; LG Mainz, WuM 1997, 631; *Scholl* WuM 1997, 307; Palandt/*Weidenkaff*, § 558b BGB, Rz. 12.; unzulässig: LG Köln, WuM 1996, 484; LG Braunschweig, WuM 1996, 291; LG Berlin, NJW-RR 1997, 585; Schmidt-Futterer/*Börstinghaus*, Mietrecht, § 558b BGB, Rz. 136 ff.

Überlegungsfrist des Mieters soll die Einschaltung der Gerichte zulässig sein. Dieser Gedanke würde durch ein Selbständiges Beweisverfahren unterlaufen.

314 Abgesehen davon ist es fraglich, ob die Einleitung eines Verfahrens sinnvoll ist, da jedenfalls für die vorprozessuale Begründungspflicht dem Vermieter regelmäßig preiswertere Möglichkeiten zur Verfügung stehen (z.B. Mietspiegel, Vergleichsobjekte). Im Übrigen geht der Vermieter ein hohes Kostenrisiko ein. Der Mieter als Antragsgegner kann nach Abschluss des Selbständigen Beweisverfahrens den Antrag nach § 494a ZPO (s.u. Rz. 321) stellen und so den Vermieter in eine möglicherweise unzulässige Klage treiben, da sie vor Ablauf des formellen Verfahrens des § 558 BGB erhoben würde. Im Übrigen könnte der Mieter nach § 93 ZPO sofort kostenbefreiend anerkennen.

d) Mieterhöhung (wegen Modernisierung)

315 Im Rahmen der Modernisierungsmieterhöhung gemäß § 559 BGB kann es sich für den Vermieter wie den Mieter als sinnvoll erweisen, die etwaigen „Instandsetzungskosten" (vgl. dazu *E Rz. 165*) für den zu modernisierenden Bereich vorab feststellen zu lassen, da häufig nach durchgeführter Modernisierung der Ursprungszustand zwischen den Parteien streitig ist und nicht ohne weiteres wieder ermittelt werden kann. Für den Vermieter „lohnt" sich das Gutachten unter dem Aspekt, dass er seine Mieterhöhung insoweit beschränken muss (Modernisierungskosten abzüglich Instandsetzungskosten), für den Mieter ergibt sich aus den Feststellungen der Vorteil, dass er dem Vermieter entsprechende Instandsetzungskosten spezifiziert entgegenhalten kann.

e) Mängel bei geschuldeten Schönheitsreparaturen

316 Zulässig ist auch ein Selbständiges Beweisverfahren zur Feststellung der vom Mieter nach Rückgabe der Mietsache hinterlassenen Mängel der Mieträume bei geschuldeten Schönheitsreparaturen (vgl. dazu *K Rz. 30 f.*) oder aber zwecks Beseitigung verschuldeter Schäden. Insoweit kann das Selbständige Beweisverfahren, einerseits zur Verjährungshemmung genutzt werden, und helfen, einen Rechtsstreit zu vermeiden; andererseits erhält der Vermieter zumindest eine verlässliche Schadensschätzung, die er einer eventuell nachfolgenden Klage zugrunde legen kann.

9. Rechte des Antragsgegners

317 Der Antragsgegner im Selbständigen Beweisverfahren hat bis zum Erlass eines Beweisbeschlusses regelmäßig die Möglichkeit, eigene **(Gegen-)Anträge** zu stellen, also z.B. eine Erweiterung der Beweisfragen oder Beweis-

mittel herbeizuführen[1]. Allerdings halten einige Gerichte[2] solche Gegenanträge für unzulässig, da diese zu unerwünschten Verfahrensverzögerungen führen würden. Allerdings entspricht es ständiger obergerichtlicher Rechtsprechung, dass jedenfalls solche Gegenanträge, die nur dazu dienen sollen, die Verantwortlichkeit des Antragsgegners im **Verhältnis zu einem Dritten** abzuklären, der in keiner unmittelbaren Beziehung zum Antragsteller steht, **unzulässig** sind[3]. Dies gilt auch dann, wenn die Beantwortung der Gegenanträge auf den bisherigen Feststellungen des bereits beauftragten Sachverständigen aufbauen und von diesem quasi in Erledigung des erteilen Auftrags mit erledigt werden können, ohne dass zeitlich Verzögerungen zu befürchten sind[4].

Die Möglichkeit, auf Antragsgegnerseite auf diese Weise selbst aktiv zu werden, sollte insbesondere geprüft werden, wenn der Antragsteller wegen Mängeln der Mietsache vorgeht. Hat z.B. der Mieter bei Feuchtigkeitsschäden nur die Beweisfrage nach Baumängeln gestellt, sollte der Rechtsanwalt des Vermieters überlegen, ob durch entsprechend formulierte Beweisfragen die Begutachtung des Sachverständigen nicht auch auf eine Mitverursachung des Mieters oder die Frage, ob trotz eines Baumangels durch zumutbare Maßnahmen das Auftreten von Feuchtigkeitsschäden verhindert werden kann, erstreckt werden kann und sollte (vgl. *F Rz. 184*). Zu denken ist hier insbesondere an ein fehlerhaftes Heiz- und Lüftungsverhalten des Mieters. 318

Kostenrechtlich ist zu berücksichtigen, dass der Antragsgegner, der im Selbständigen Beweisverfahren durch einen eigenen Antrag zum Angriff übergeht, damit selbst zum Antragsteller wird und als Veranlassungsschuldner der Staatskasse gegenüber für die durch seinen Antrag veranlassten Kosten des Verfahrens haftet[5]. Über die Kosten des Selbständigen Beweisverfahrens wird abschließend im Hauptsacheverfahren entschieden. Selbst wenn der Antragsteller und Kläger hier in vollem Umfang unterliegt, ist er gemäß **§ 96 ZPO** nicht verpflichtet, die Kosten erfolgloser Angriffe des Antragsgegners zu tragen. Da viele Gerichte diese Vorschrift übersehen, sollte der Anwalt, dessen Mandant betroffen ist, rechtzeitig daran erinnern, zumal ein nur auf eine falsche Kostenentscheidung gestütztes Rechtsmittel gemäß § 99 Abs. 1 ZPO unzulässig ist.

Nach Erlass des Beweisbeschlusses vollzieht sich das Selbständige Beweisverfahren in ähnlicher Form wie die Beweisaufnahme im Erkenntnisverfahren. Der Antragsgegner ist also zeitig zu laden und kann seine Rechte 319

---

1 OLG Oldenburg, MDR 1977, 499; KG, KG-Report 1996, 94; OLG München, OLG-Report 1996, 81 = NJW-RR 1996, 1277; OLG Frankfurt/Main, BauR 1996, 585; OLG Jena, MDR 1997, 1160; OLG Köln, VersR 1994, 1328; LG Köln, BauR 1994, 407; OLG Düsseldorf, BauR 1995, 430.
2 OLG München, MDR 1993, 380; OLG Köln, OLGR 1997, 52 u. 70; OLG Koblenz, WuM 1997, 383.
3 Vgl. nur OLG Hamm, MDR 2009, 166 = NJW 2009, 1009 = BauR 2009, 685.
4 OLG Hamm, MDR 2009, 166 = NJW 2009, 1009 = BauR 2009, 685.
5 OLG Celle, BauR 2009, 283.

im Termin wahrnehmen (§ 491 ZPO). Im Übrigen kann der Sachverständige gem. § 412 BGB abgelehnt werden. Häufig bietet es sich auch an, nach Erhalt des Gutachtens Ergänzungsfragen zu stellen (§ 411 Abs. 4 ZPO) oder zu beantragen, dass der Sachverständige sein Gutachten schriftlich oder mündlich erläutert (§ 411 Abs. 3 ZPO).

10. Streitverkündung

320 Die Streitverkündung ist auch im Selbständigen Beweisverfahren zulässig[1]. Sie sollte bedacht werden, wenn ein Baumangel Beweisthema ist (z.B. im Rahmen der Ansprüche nach den §§ 536 ff. BGB) und gegenüber Handwerkern noch Gewährleistungsansprüche geltend gemacht werden könnten. Denn auch die Streitverkündung hat verjährungshemmende Wirkung, § 204 Abs. 1 Nr. 6 BGB. Voraussetzung für die verjährungsunterbrechende bzw. -hemmende Wirkung der Streitverkündung ist jedoch eine formal ordnungsgemäße, den Anforderungen der §§ **72 f.** ZPO entsprechende Streitverkündungsschrift. Hierzu ist es erforderlich, dass die Streitverkündungsschrift den Grund der Streitverkündung angibt[2]. Es sind aber auch andere Fallkonstellationen denkbar, in denen Dritte als (weiterer) Verursacher eines Missstandes in Betracht kommen (z.B. Baulärm) und die Streitverkündung der Vorbereitung von Regressansprüchen (z.B. § 906 Abs. 2 BGB[3]) dienen kann. In allen Fällen sollte die Streitverkündung dazu genutzt werden, die Tatsachenfeststellung auch im Verhältnis zu einem potentiellen Regressgegner herbeizuführen.

11. Frist zur Klageerhebung

321 Nach Beendigung des Verfahrens kann der Antragsgegner, wenn ein Rechtsstreit nicht anhängig ist, gemäß § 494a Abs. 1 ZPO beantragen, dass der Antragsteller binnen einer vom Gericht zu bestimmenden Frist Klage erheben muss. Kommt der Antragsteller der entsprechenden gerichtlichen Anordnung nicht fristgerecht nach, hat das Gericht auf weiteren Antrag dem Antragsteller die **Kosten des Verfahrens**, einschließlich der des Antragsgegners, aufzuerlegen (§ 494a Abs. 2 ZPO). Der Antragsgegner kann diesen Antrag auch stellen, wenn entgegen der umfangreichen Beweisbehauptung des Antragstellers nur wenige Mängel festgestellt worden sind und der Antragsgegner diese alsbald beseitigt hat[4]. Das Gericht hat die Frist zur Klageerhebung im Selbständigen Beweisverfahren auch dann zu bestimmen, wenn schon ein vom Antragsgegner eingeleitetes Mahnverfahren anhängig ist, aber nicht betrieben wird[5]. Es entspricht einhelliger Meinung, dass bereits der zum Gegenstand des Selbständigen Beweisverfahren „passende" Antrag auf Erlass eines Mahnbescheids der Erhebung

---

1 Zöller/*Herget*, § 487 Rz. 3 m.w.N.
2 BGH, MDR 2008, 281 = NJW 2008, 519 = WM 2008, 266 = ZIP 2008, 462.
3 LG Hamburg, NZM 1999, 169.
4 OLG Frankfurt v. 20.4.2009 – 1 W 21/09, OLGR Frankfurt 2009, 841.
5 OLG Hamm v. 22.6.2009 – 19 W 8/09 m. Anm. *Ulrich*, IBR 2009, 1170.

der Hauptsache gleichsteht. Das gilt jedenfalls für ein vom Antragsteller eingeleitetes Mahnverfahren[1] dürfte aber auch für das vom Antragsgegner betriebene Mahnverfahren gelten, sofern dieses den Gegenstand des Beweisverfahrens erfasst; denn auch dann ist das Hauptsacheverfahren bereits anhängig, so dass ein auf § 494a ZPO gestütztes Verlangen des Antragsgegners auf Fristsetzung und nachfolgende Kostentragung von vornherein unbegründet ist[2].

Von diesem Recht sollte Gebrauch gemacht werden, wenn nach eingehender Prüfung ein für den Mandanten positives Beweisergebnis ermittelt wird, das auch in einem non liquet bestehen kann (z.B. über die Ursache von Feuchtigkeitsschäden, vgl. *F Rz. 184*). 322

Zu beachten ist, dass nur eine **wirksame Fristsetzung** durch das Gericht die Kostenfolge des § 494a Abs. 2 ZPO auslösen kann. Der Anordnungsbeschluss nach § 494a Abs. 1 ZPO muss mit dem **Hinweis auf die Folgen der Fristversäumung** verbunden sein. Fehlt dieser Hinweis im Beschluss, so ist die Fristsetzung unwirksam und kann nicht zur Kostenfolge des § 494a Abs. 1 ZPO führen[3]. 323

Eine Kostenentscheidung zu Lasten des Antragstellers ist auch dann unzulässig, wenn dieser zwar nicht innerhalb der gesetzten Frist Klage erhoben hat, aber noch bevor eine Kostenentscheidung getroffen worden ist[4]. 324

12. Kostenentscheidung

a) Allgemeines

Da der stattgebende Beschluss des Gerichts nach § 490 ZPO keine Kostengrundentscheidung enthält, hat der Antragsteller die Gerichtskosten zu tragen; die außergerichtlichen Kosten tragen die Parteien jeweils selbst. Eine unmittelbare Kostenerstattung kann der Antragsteller in der Regel nur im Hauptsacheprozess erreichen, wenn es dort auf die Beweiserhebung ankommt[5]. 325

b) Durchführung des Hauptsacheverfahrens

Die Kosten des Selbständigen Beweisverfahrens gehören zu den **Kosten der Hauptsache** und sind vom Gericht nicht ausdrücklich auszusprechen (§ 308 Abs. 2 ZPO). Wer die Kosten zu tragen hat, richtet sich grundsätzlich nach der Kostenentscheidung im Hauptsacheprozess gem. den Vorschriften der §§ 91 ff. ZPO. 325a

---

1 OLG Schleswig v. 9.3.2006 – 16 W 25/06.
2 OLG Hamm v. 22.6.2009 – 19 W 8/09, IBR 2009, 1170 m. Anm. *Ulrich*.
3 OLG Köln, JMBl. NRW 1999, 79 = BauR 1997, 702.
4 OLG Celle, OLG-Report 1996, 23; OLG Düsseldorf, NJW-RR 1998, 359; Zöller/*Herget*, § 494a ZPO Rz. 4a.
5 OLG Koblenz, NJW-RR 1994, 1277.

325b Wird der **Antrag** auf Durchführung des Selbständigen Beweisverfahren **zurückgenommen** so ist über die Kostenfolge aus § 269 Abs. 3 S. 2 ZPO in einem anhängigen Hauptsacheverfahren zu entscheiden[1]. Der BGH betont den Grundsatz, dass über die Kosten des Selbständigen Beweisverfahrens im Hauptsacheprozess mit entschieden wird[2]. Das Gesetz sieht von diesem Grundsatz lediglich in § 494a Abs. 2 ZPO eine Ausnahme vor. Diese Regelung setzt jedoch voraus, dass dem Antragsteller auf Antrag des Antragsgegners nach Beendigung der Beweiserhebung eine Frist zur Klageerhebung gesetzt worden ist. Ist die Beweisaufnahme noch nicht vollständig durchgeführt worden, hilft die Regelung nicht weiter. Der BGH hat insofern jedoch zu Recht festgehalten, dass in einem solchen Fall in entsprechender Anwendung des § 269 Abs. 3 S. 2 ZPO eine Kostentragungspflicht des Antragstellers begründet ist. Da eine einseitige Erledigungserklärung im Selbständigen Beweisverfahren nicht zulässig ist, liegt dann in ihr regelmäßig eine solche Antragsrücknahme[3]. Für diese Kostenentscheidung ist allerdings das Gericht, an dem der Antrag auf Durchführung des Selbständigen Beweisverfahrens gestellt worden ist, nur dann **zuständig**, wenn ein Hauptsacheverfahren nicht anhängig ist. § 494a Abs. 2 ZPO soll allerdings in den Fällen einer Rücknahme der Hauptsacheklage entsprechend anwendbar sein, weil die Kosten des Selbständigen Beweisverfahrens nach herrschender Meinung nicht aufgrund der dann im Hauptsacheverfahren zu treffenden Kostenentscheidung nach § 269 Abs. 3 S. 2 ZPO festgesetzt werden können[4].

Gleiches soll in den Fällen einer **Abweisung der Hauptsacheklage als unzulässig** gelten. Entscheidungen des BGH liegen dazu soweit ersichtlich noch nicht vor. Ungeklärt ist des Weiteren, ob in Fällen einer Antragsrücknahme im Selbständigen Beweisverfahren auch eine Lösung über § 269 Abs. 3 S. 3 ZPO denkbar ist.

325c Die Kosten des Selbständigen Beweisverfahrens sind Kosten des Hauptsacheprozesses, wenn das Beweisergebnis im Hauptsacheprozess schriftlich oder mündlich eingeführt wird und darüber hinaus **Parteiidentität** besteht. Dies ist dann zu bejahen, wenn sich Antragsteller und Antragsgegner wieder im Hauptsacheprozess als Gegner gegenüberstehen, wobei unbeachtlich ist, ob sie sich in der Rolle des Beklagten oder des Klägers befinden[5]. Parteiidentität liegt auch vor, wenn der Antragsteller nach oder während der Durchführung des Selbständigen Beweisverfahrens seinen Anspruch, der aus den im Verfahren festgestellten Tatsachen resultiert, an einen Dritten abtritt, und dieser gegen den früheren Antragsgegner das

---

1 BGH, BGHReport 2005, 883 = ProzessRB 2005, 185; BGH, MDR 2005, 227 = BGHReport 2005, 265.
2 Ggf. unter Anwendung des § 96 ZPO, vgl. BGH, BGHReport 2004, 1529 = MDR 2004, 1372 = NZBau 2005, 44.
3 BGH, BGHReport 2005, 265 = MDR 2005, 227.
4 OLG Koblenz, OLGReport 2003, 233 = MDR 2003, 1080 = NJW 2003, 3281.
5 OLG Stuttgart, JB 1989, 1571.

Hauptsacheverfahren betreibt[1]. Entsprechendes gilt, wenn im Wege der gewillkürten Prozessstandschaft ein Dritter das Hauptsacheverfahren für den Antragsteller oder Antragsgegner durchführt[2] oder der Zwangsverwalter[3] das Hauptsacheverfahren betreibt.

Fehlt die Parteiidentität, kommt keine Kostenerstattung in Frage. Dies gilt selbst dann, wenn die Parteien sich trotz mangelnder Identität mit der Verwertung des Ergebnisses des Selbständigen Beweisverfahrens einverstanden erklären[4]. 325d

Schließlich muss zwischen dem Beweisverfahren und dem Hauptsacheverfahren ein enger **Sachzusammenhang** in der Weise bestehen, dass das Beweisthema in das Hauptsacheverfahren eingeführt wird. Dann sind die Kosten des Selbständigen Beweisverfahrens in vollem Umfang Kosten der Hauptsache. 325e

Führt der Antragsteller das Selbstständige Beweisverfahren **nicht fort**, zahlt er beispielsweise den vom Gericht angeforderten Vorschuss für die Auslagen des Sachverständigen nicht ein[5], so kann analog § 494a ZPO eine Kostenentscheidung erfolgen, da von einer „Beendigung" der Beweiserhebung bzw. des Selbständigen Beweisverfahrens ausgegangen werden kann. 325f

Erledigt sich nach Durchführung des Selbständigen Beweisverfahren die Hauptsache, steht dem Antragsteller nach Auffassung des BGH[6] kein prozessrechtlicher Kostenerstattungsanspruch zu. 325g

Beispiel[7]:
Der Antragsteller leitet das Selbständige Beweisverfahren mit der Behauptung ein, dass von dem Grundstück der Antragsgegnerin Feuchtigkeit in sein Haus eindringe. Der in dem von ihm eingeleiteten Selbständigen Beweisverfahren eingeschaltete Sachverständige bestätigt den Sachverhalt. Im Verlaufe des sich anschließenden Prozesses lässt die Antragsgegnerin das Gebäude abreißen. Daraufhin erklärt der Antragsteller das Verfahren für in der Hauptsache erledigt und beantragt, der Antragsgegnerin die Kosten aufzuerlegen. Die Antragsgegnerin stimmt der Erledigungserklärung nicht zu und beantragt die Zurückweisung des Kostenantrags.

Eine **einseitige Erledigungserklärung** soll im Selbständigen Beweisverfahren – anders als im Urteilsverfahren, wo darin eine Klageänderung gesehen 325h

---
1 OLG Celle, NJW 1963, 54; KG, JB 1981, 1392 = MDR 1981, 940; OLG Düsseldorf, MDR 1985, 1032; OLG München, JB 1992, 105.
2 OLG Karlsruhe, JB 1986, 1087.
3 OLG Hamburg, JB 1983, 1257.
4 OLG München, JB 1991, 840.
5 So OLG Celle, NJW-RR 1998, 1079.
6 BGHReport 2004, 854 = MDR 2004, 715 = MietRB 2004, 181 f.; so auch OLG Stuttgart, BauR 2006, 1799.
7 Zugrunde liegt die Entscheidung BGH, BGHReport 2004, 854 = MDR 2004, 715 = MietRB 2004, 181 f.

wird, aufgrund derer darüber zu entscheiden ist, ob die ursprüngliche Klage zulässig und begründet war und wegen des als Erledigung bezeichneten Ereignisses nunmehr keinen Erfolg mehr verspricht[1] – keine Kostengrundentscheidung entsprechend § 91 ZPO ermöglichen[2]. Nach LG München I[3] ist die einseitige Erledigungserklärung des Antragstellers im Selbständigen Beweisverfahren unzulässig und dahin auszulegen, dass ein Interesse an der Fortführung des Verfahrens entfallen ist und als Antragsrücknahme zu werten, mit der Folge, dass dem Antragsteller gemäß § 269 Abs. 3 Satz 2 ZPO die Kosten des Verfahrens aufzuerlegen sind.

c) Kein Hauptsacheverfahren

325i Kommt es nicht zum Hauptsacheprozess, kann der Antragsteller sich auf **materiell-rechtliche Kostenerstattungsansprüche** stützen. In Betracht kommt der Fall, dass der Vermieter auf Grund der vom Mieter behaupteten Mängel ein Selbständiges Beweisverfahren eingeleitet hat, welches dieselben aber nicht bestätigte. Denkbar ist auch, dass bei Einleitung des Verfahrens durch den Mieter die Mängel bestätigt wurden und der Vermieter den Mieter sodann in der Hauptsache klaglos gestellt hat[4]. In Betracht kommt ferner ein Anspruch des Mieters nach § 536a BGB. Die Vorschrift begründet einen Anspruch auf Erstattung der Sachverständigenkosten als notwendige Kosten der Schadenfeststellung im Rahmen des Nichterfüllungsschadens. Ebenso kann im Grundsatz zwar auch der Vermieter aus § 280 BGB Ersatzansprüche stellen, wenn der Mieter zu Unrecht Mängel behauptet hat, vorrangig aus Verzug, § 286 BGB. Vielfach fehlt es aber am Verschulden, wenn dem Mieter eine Wahrnehmung berechtigter Interessen attestiert wird[5].

325j Nach Beendigung des Verfahrens kann, wenn ein Rechtsstreit nicht anhängig ist, der Antragsgegner das **Hauptsacheverfahren erzwingen**, indem er gem. § 494a Abs. 1 ZPO den Antrag stellt, dass der Gegner binnen einer vom Gericht zu bestimmenden Frist Klage erheben muss; wird dieser gerichtlichen Anordnung nach Anhörung des Gegners nicht fristgerecht nachgekommen, hat das Gericht auf weiteren Antrag dem Antragsteller die Kosten des Verfahrens, einschließlich der des Antragsgegners durch Beschluss aufzuerlegen (§ 494a Abs. 2 ZPO).

325k Will der Antragsteller eine Kostenentscheidung zu seinen Gunsten herbeiführen, wenn ein Hauptsacheverfahren aber nicht mehr notwendig ist, weil die Ursache der Störung, zu deren Ermittlung ein Selbständiges Beweisverfahren eingeleitet wurde, vor der Erhebung der Hauptsacheklage behoben worden ist, hilft ihm § 494a Abs. 2 ZPO ebenfalls nicht weiter. Der Antragsteller kann nach gerichtlicher Anordnung gemäß § 494a Abs. 1

---

1 BGH, NJW 1994, 2364 f.
2 So auch OLG Düsseldorf, IBR 2009, 124 m. Anm. *Kirschner*.
3 LG München I, IBR 2009, 438 = BauR 2009, 1190.
4 Vgl. auch OLG Düsseldorf, NJW-RR 1997, 856, 857.
5 Vgl. z.B. KG, NJW-RR 1996, 846; WuM 1996, 58.

ZPO zur Vermeidung der Kostenfolge des § 494a Abs. 2 ZPO statt der Leistungsklage eine Klage auf Feststellung erheben, dass ihm gegen den Antragsgegner der Anspruch zustand[1].

Der BGH[2] hat diese Auffassung bestätigt, aber offen gelassen, wie zu entscheiden ist, wenn eine Rücknahme des Antrags bzw. eine Erledigung deshalb erfolgt, weil das Interesse des Antragstellers an der Beweiserhebung entfallen ist.

325l

Der Antragsteller könnte eine Kostengrundentscheidung, die auch die Kosten des Selbständigen Beweisverfahrens mit umfasst, dadurch erreichen, dass er auf **Feststellung** klagt, dass der Antragsgegner vor dem erledigenden Ereignis zu der vorgenommenen Handlung verpflichtet war. Das für diesen (ungewöhnlichen) Antrag erforderliche Feststellungsinteresse gemäß § 256 ZPO dürfte sich aus dem Bedürfnis einer Kostenerstattung im Selbständigen Beweisverfahren herleiten lassen[3].

325m

Wird ein Selbständiger Beweisantrag insgesamt als **unzulässig** durch Gerichtsbeschluss zurückgewiesen oder nachträglich wegen Unzulässigkeit wieder aufgehoben, ist über die Kosten des Verfahrens analog § 91 ZPO zu entscheiden, da der Antragsteller offenkundig unterlegen ist[4].

325n

Wird während eines Selbständigen Beweisverfahrens gem. § 485 Abs. 2 ZPO ein Hauptsacheprozess anhängig, so ist der Beweisbeschluss aufzuheben, wenn noch keine Beweise erhoben wurden. In diesem Falle kann jedoch keine Entscheidung analog § 91 ZPO zu Lasten des Antragstellers erfolgen, da der Antrag einmal zulässig war. Auch eine Analogie zu § 494a ZPO ist nicht möglich, da ein Hauptsacheverfahren anhängig ist. Es kommen also allenfalls materiell-rechtliche Kostenerstattungsansprüche in Betracht.

326

XI. Einstweiliger Rechtsschutz

1. Einstweilige Verfügung

Die Regelungen über einstweilige Verfügungen (Sicherungsverfügung, Regelungsverfügung, Leistungsverfügung §§ 935, 940 ZPO) sollen bewirken, dass eine Partei in dringenden Fällen, in denen sie Gefahr läuft, durch Zeitablauf ihre Rechte auf Dauer zu verlieren, vorläufigen staatlichen Rechtsschutz erhält. Die gesetzliche Unterscheidung hat in der Praxis keine Bedeutung, da die Voraussetzungen identisch sind.

327

---

1 BGH, BGHReport 2004, 1522 = MDR 2004, 1325.
2 BGH, BGHReport, 2005, 265 = ProzRB 2005, 187.
3 Vgl. *Dötsch*, MietRB 2004, 181 f.
4 OLG Braunschweig, BauR 1993, 122; OLG München, NJW-RR 1986, 1442; LG Hannover, JB 1992, 496.

327a Da die durch einstweilige Verfügungen angeordneten Maßnahmen grundsätzlich das Rechtsverhältnis zwischen zwei Parteien nur vorübergehend regeln sollen, darf es grundsätzlich nicht zu einer endgültigen **Befriedigung der Ansprüche** des Gläubigers kommen. Nur ausnahmsweise, wenn dem Antragsteller nicht zugemutet werden kann, das ordentliche Verfahren abzuwarten, kommt eine solche Vorwegbefriedigung in Betracht. Im Mietrecht ist zu denken an die Lieferung von Gas, Wasser und Strom oder aber wenn der Mieter sich den Zutritt zur Mietwohnung bzw. einzelnen Räumen verschaffen möchte, nachdem der Vermieter das Schloss ausgetauscht hat.

a) Verfügungsanspruch

328 Der Erlass einer einstweiligen Verfügung setzt zunächst einmal einen Verfügungsanspruch voraus, also eine **Anspruchsgrundlage** für das Begehren des Antragstellers. Diese ergibt sich ebenso wie beim Klageverfahren aus materiellem Recht. Der Anspruch braucht nicht auf eine endgültige Rechtsfolge gerichtet zu sein, auch **vorübergehende Ansprüche** (etwa aus verbotener Eigenmacht) oder **befristete Ansprüche** können durch eine einstweilige Verfügung gesichert werden.

328a Aufgrund des vorläufigen Charakters der einstweiligen Verfügung und der damit einhergehenden unzulässigen Vorwegbefriedigung der Gläubigeransprüche, sind Herausgabeansprüche nach § 985 BGB nur an einen Gerichtsvollzieher bzw. Sequester, nicht aber an den Gläubiger, möglich; auch kann die Räumung einer Wohnung nur unter den strengen Voraussetzungen des § 940a ZPO erfolgen; die Duldung selbst einiger Modernisierungsmaßnahmen kann regelmäßig nicht im Wege der einstweiligen Verfügung durchgesetzt werden.

b) Verfügungsgrund

329 Neben der Anspruchsgrundlage muss ein Verfügungsgrund bestehen. Dieser wird in aller Regel in einer **Eilbedürftigkeit** begründet sein, die den Antragsteller daran hindert, in einem Klageverfahren „den Ausgang des Rechtsstreits in Ruhe abzuwarten". Im Einzelfall kann es an der Eilbedürftigkeit fehlen, wenn der Antragsteller in Kenntnis der Umstände längere Zeit untätig geblieben ist. Allerdings wird die Eilbedürftigkeit in den im Mietrecht häufig vorkommenden Fällen verbotener Eigenmacht vermutet (arg. § 863 BGB).

c) Glaubhaftmachung

330 Da es sich bei dem einstweiligen Verfügungsverfahren um ein sog. **summarisches Verfahren** handelt, kann eine Beweisführung wie im Klageverfahren nicht verlangt werden. An die Stelle der gerichtlichen Überzeugungsbildung von der Richtigkeit der streitigen Behauptung tritt eine

Wahrscheinlichkeitsfeststellung[1]. Es reicht zur Beweisführung die Glaubhaftmachung i.S.d. §§ 920, Abs. 2, 294 ZPO aus. Die Glaubhaftmachung muss sich auf sämtliche Tatsachen beziehen, die den **Verfügungsanspruch und den Verfügungsgrund** ausfüllen sollen, sofern sie nicht offenkundig oder gerichtsbekannt sind.

d) Antrag

aa) Verfügungsantrag

Im Verfügungsantrag müssen die Parteien ebenso wie bei einer Klage genau bezeichnet werden. Dies gilt auch dann, wenn eine einstweilige Verfügung gegen Hausbesetzer beantragt werden soll[2]. Ebenso wie bei der Klage wird man hier jedoch ggf. auch eine einstweilige Verfügung gegen Unbekannt zulassen müssen (vgl. o. *Rz. 109*). 331

Der Verfügungsantrag sollte hinreichend bestimmt und klar formuliert werden. Die strengen Anforderungen wie beim Klageantrag gelten hier allerdings nicht. Das Gericht kann vom Verfügungsantrag abweichen und diesen modifizieren. 332

Da grundsätzlich nur eine **vorläufige Regelung** beantragt werden darf, sollte dies in der Regel auch im Verfügungsantrag zum Ausdruck kommen, zumal der Antragsteller andernfalls Gefahr läuft, dass sein Antrag teilweise zurückgewiesen wird. 333

Zweckmäßig ist es, den Antrag nicht in indirekter Rede zu stellen, sondern den gewünschten Tenor vorzuformulieren. Das Gericht kann dann den beantragten Tenor in einer sog. „Klammerverfügung" wörtlich übernehmen. 334

**Antrag auf Erlass einer einstweiligen Verfügung
(nach Schlossaustausch durch den Vermieter)**

In dem Verfahren
(volles Rubrum)

wird beantragt, im Wege der einstweiligen Verfügung wie folgt zu beschließen:

> Der Antragsgegnerin wird aufgegeben, das bisherige Haustürschloss des Hauses ... wieder einzubauen oder wahlweise dem Antragsteller einen Schlüssel für das neue Haustürschloss des Hauses ... auszuhändigen.

---

1 BGH, VersR 1976, 928.
2 LG Bremen, WuM 1990, 524.

bb) Antrag auf Entscheidung ohne mündliche Verhandlung

335 Bei besonderer Eilbedürftigkeit (Dringlichkeit) kann eine einstweilige Verfügung auch ohne mündliche Verhandlung erlassen werden (§ 937 Abs. 2 ZPO). Dies sollte auf jeden Fall beantragt werden. Es ist jedoch dringend davon abzuraten, sich darauf zu verlassen, dass eine einstweilige Verfügung regelmäßig ohne mündliche Verhandlung ergeht.

336 Für den Fall, dass das Gericht einen besonders dringenden Fall nicht für gegeben hält, sollte vorsorglich die Anberaumung eines Termins beantragt werden. Mit diesem Zusatzantrag wird der zeitverzögernden und verfahrenswidrigen Situation vorgebeugt, dass zunächst nur ein Beschluss erlassen wird, wonach nicht ohne mündliche Verhandlung entschieden werden soll und ein Termin nur auf ausdrücklichen Antrag bestimmt werde. Andererseits kann durch einen solchen Antrag die bekannte Entscheidungsunfreudigkeit mancher Richter geweckt oder vergrößert werden, weil er den Eindruck vermittelt, dass der Antragsteller selbst Zweifel an der besonderen Dringlichkeit hegt. Eine Zwischenlösung kann darin bestehen, am Ende der Antragsschrift das Gericht um telefonische Benachrichtigung über das Ergebnis zu bitten (vgl. auch u. *Rz. 339*). Hat der Richter Bedenken, besteht die Möglichkeit, diese im Gespräch auszuräumen oder nachzulegen. Ansonsten kann der Antrag telefonisch erfolgen und schriftsätzlich nachgeholt werden.

Zusatzantrag auf Erlass einer einstweiligen Verfügung ohne vorherige mündliche Verhandlung

Es wird beantragt, im Wege der einstweiligen Verfügung – *wegen der besonderen Dringlichkeit ohne vorherige mündliche Verhandlung, hilfsweise mit mündlicher Verhandlung* – wie folgt zu beschließen:

---

337 Die **besondere Dringlichkeit**, die eine Entscheidung ohne vorherige mündliche Verhandlung erfordert, muss **in der Antragsbegründung dargelegt und glaubhaft gemacht werden**. Der Rechtsanwalt kann und sollte eine Entscheidung ohne mündliche Verhandlung dadurch fördern, dass er, soweit möglich, neben der eidesstattlichen Versicherung des Antragstellers auch Urkunden vorlegt und Zeugen benennt sowie deren eidesstattliche Versicherungen einreicht. Es empfiehlt sich auch, (überzeugende) Rechtsausführungen zu machen, die der Richter im Idealfall in seine Beschlussbegründung übernehmen kann.

cc) Ordnungsgeldantrag

338 Die Vollstreckung aus Duldungs- und Unterlassungsverfügungen erfolgt gemäß § 890 ZPO (vgl. u. *Rz. 409 f.*). Deshalb ist wegen § 890 ZPO schon in den Verfügungsantrag zugleich ein Ordnungsgeldantrag aufzunehmen. Damit wird vermieden, dass im Rahmen der Vollstreckung zunächst eine gerichtliche Androhung des Ordnungsgeldes erfolgen muss, was zwangsläufig zu einer Verzögerung führt, wenn die beklagte Partei sich der erlassenen Verfügung nicht beugt.

Zusätzlicher Ordnungsgeldantrag

Dem Antragsgegner wird aufgegeben, *zur Vermeidung eines Ordnungsgeldes bis zu einem Betrag von 250 000 Euro – und für den Fall, dass dieses nicht beigetrieben werden kann, ersatzweise Ordnungshaft – oder einer Ordnungshaft bis zu sechs Monaten,* zu dulden/es zu unterlassen ...

dd) Bitte um telefonische Vorabinformation

In der Antragsschrift (am besten am Ende) sollte die Bitte geäußert werden, das Büro des Rechtsanwalts telefonisch über den Erlass der Verfügung zu informieren. Dadurch erhält der Rechtsanwalt die Möglichkeit, den Beschluss auf der Geschäftsstelle selbst abzuholen und Zeitverzögerungen zu verhindern, die durch die üblichen Postlaufzeiten ansonsten entstehen. Gleichzeitig kann er so mit dem zuständigen Gerichtsvollzieher frühzeitig die Möglichkeiten einer unverzüglichen Zustellung an den Gegner abklären, was erneut zu einer Zeitersparnis führen kann. Abgesehen davon kann der Mandant vorzeitig unterrichtet werden, so dass er sein weiteres Verhalten auf die neue Rechtslage einstellen kann.

e) Hauptanwendungsfälle

aa) Räumungsanspruch

Eine einstweilige Verfügung auf Räumung von **Wohnraum** darf gem. § 940a ZPO nur bei verbotener Eigenmacht (z.B. Hausbesetzerfälle) oder konkreter Gefahr für Leib und Leben angeordnet werden.

Allerdings ist der Erlass einer einstweiligen Räumungsverfügung nicht schon ohne weiteres gerechtfertigt, wenn die Mieträume nach Einstellung der Mietzahlung bzw. Nutzungsentschädigung weiter benutzt werden[1]. Eine schlichte Weiterbenutzung der Mietsache im Rahmen des Vertragszwecks reicht nicht aus, das Erfordernis der Abwendung wesentlicher Nachteile zu begründen[2]. Es muss ein darüber hinausgehender Rechtsnachteil für ein Individualrecht (z.B. das Eigentum) drohen. Das Vermögensrecht ist nicht durch die §§ 935, 940, 940a ZPO geschützt. In der Regel wird der Vermieter daher eine einstweiligen Räumungsverfügung nicht erwirken können.

---

1 OLG Düsseldorf, MietRB 2004, 315.
2 Vgl. OLG Düsseldorf, MDR 1995, 635.

Die Vollstreckung erfolgt dann gemäß § 885 ZPO. Eine verbotene Eigenmacht liegt auch dann vor, wenn das Sozialamt Personen in ein Hotelzimmer einweist[1].

341 Auch eine einstweilige Verfügung auf Räumung von **Gewerberaum** ist in der Regel nicht möglich. Zwar steht hier § 940a ZPO nicht entgegen; da es sich aber um eine endgültige Regelung und damit eine Vorwegnahme der Hauptsache handeln würde, ist eine entsprechende Verfügung nur in seltenen Ausnahmefällen zulässig[2]. Hat der Vermieter den Mietvertrag über Gewerberäume wegen Zahlungsverzugs außerordentlich gekündigt, stellt die bloße **Weiternutzung** der Räume durch einen unbefugten **Untermieter** in der Regel keine verbotene Eigenmacht dar und damit keinen Verfügungsgrund gemäß §§ **935, 940** ZPO[3]. Stützt sich der Vermieter/Antragsteller auf eine besondere wirtschaftliche Notlage als Verfügungsgrund, muss er seine **Notlage** konkret darlegen und glaubhaft machen, also Einzelheiten zu seinen Einkommens- und Vermögensverhältnissen vortragen und zumindest an Eides statt versichern. In der Regel liegt in einer wirtschaftlichen Notlage allerdings kein Verfügungsgrund, weil die einstweilige Verfügung nicht das Vermögen insgesamt schützen soll[4].

341a Wird der Mieter im Wege der einstweiligen Verfügung zur Räumung verpflichtet, ist in der Regel **keine Räumungsfrist nach § 721 ZPO** zu gewähren. Eine solche wäre mit der für die einstweilige Verfügung erforderlichen besonderen Dringlichkeit nicht zu vereinbaren[5]. Gegebenenfalls kommt jedoch allgemeiner **Vollstreckungsschutz** nach § 765a ZPO in Betracht.

bb) Duldungsanspruch bei Modernisierung

342 Zur Duldung der Durchführung von Modernisierungsarbeiten gem. § 554 Abs. 2 BGB kann grundsätzlich eine einstweilige Verfügung durch den **Vermieter** ebenfalls nicht ergehen. Vielmehr muss der Vermieter hier eine Duldungsklage (vgl. *H Rz. 132 ff.*) erheben. Etwas anderes gilt nur dann, wenn der Vermieter vortragen und glaubhaft machen kann, dass eine ungewöhnliche Dringlichkeit besteht, weil beispielsweise bei nicht sofortiger Durchführung eine akute Gefährdung für die Mietsache besteht und der Vermieter diesen Zustand nicht selbst verschuldet hat. Darüber hinaus kann im Einzelfall ein Antrag erfolgreich sein, wenn der Mieter zuvor den Modernisierungsarbeiten zugestimmt hat und nunmehr den Vermieter gewissermaßen mit den Handwerkern vor der Tür stehen lässt, was jedoch grundsätzlich eine Vorwegnahme der Hauptsache darstellen würde. Deshalb muss auch hier eine besondere Notlage bestehen[6]. Diese muss spezifi-

---

1 AG Neuss, WuM 1991, 704.
2 LG Wiesbaden, WuM 1997, 447: Nach einem Sprengstoffanschlag auf den Mieter (Gastwirt) besteht die Gefahr weiterer Anschläge für Haus und übrige Bewohner.
3 OLG Düsseldorf, ZMR 2009, 444 = MDR 2009, 1035 = NZM 2009, 818.
4 OLG Düsseldorf, ZMR 2009, 444 = MDR 2009, 1035 = NZM 2009, 818.
5 LG Hamburg, NJW-RR 1993, 1233.
6 LG Hamburg, WuM 1986, 243; AG Neuss, WuM 1986, 244.

ziert vorgetragen und glaubhaft gemacht werden. Nicht ausreichend hierfür ist es, wenn öffentliche Modernisierungszuschüsse zu verfristen drohen[1].

Dagegen kann der **Mieter** sich gegen bauliche Maßnahmen des Vermieters in verschiedenen Situationen mit Hilfe der einstweiligen Verfügung zur Wehr setzen[2]. 342a

Im Falle einer **Außenmodernisierung** soll es regelmäßig an einem Rechtsschutzbedürfnis für den Erlass einer einstweiligen Verfügung fehlen[3], weil der Mieter durch Modernisierungsmaßnahmen im Außenbereich nicht unmittelbar sondern allenfalls mittelbar berührt werde; daher sei der Vermieter auch nicht gehalten, die Duldungspflicht des Mieters nach § 554 Abs. 2 BGB vorab im Klageverfahren klären zu lassen; sofern die formellen oder materiellen Voraussetzungen des § 554 Abs. 2 BGB nicht vorlägen und der Mieter sein fehlendes Einverständnis mit der Maßnahme kundtue, könne der Vermieter ohnehin keine Mieterhöhung nach § 559 BGB geltend machen. Die **Gegenansicht**[4] weist darauf hin, dass der Mieter auch die Außenmodernisierung nur unter den Voraussetzungen des § 554 Abs. 2 BGB dulden müsse; da ihn diese Vorschrift nicht nur vor Mieterhöhungen nach Durchführung von Modernisierungsmaßnahmen, sondern vor solchen Maßnahmen schlechthin schütze, wenn Härtegründe bestünden, müsse der Mieter auch bei unberechtigten Außenmodernisierungen die Schaffung vollendeter Tatsachen verhindern können. Der Verfügungsanspruch kann sich dann aber nur aus einer Nebenpflicht des Vermieters (§ 241 Abs. 2 BGB) ergeben; eine Besitzstörung i.S. des § 862 Abs. 1 BGB liegt offensichtlich nicht vor. 342b

Führt der Vermieter ohne einen Duldungstitel gegen den Willen des Mieters eine **Innenmodernisierung** aus, so kann der Mieter die Maßnahmen im Wege der einstweiligen Verfügung einstellen lassen. Jedoch fehlt es an einem Verfügungsgrund, wenn der Mieter die Beeinträchtigung bereits dadurch verhindern kann, dass er die Handwerker nicht in die Wohnung lässt[5]. 342c

cc) Besichtigungsanspruch

Der Vermieter wird häufig eine Wohnungsbesichtigung (vgl. auch G Rz. 231 ff.) durchführen wollen und hierbei auch auf die Eilbedürftigkeit hinweisen. Dabei kommt es im Einzelfall darauf an, ob tatsächlich die Eilbedürftigkeit für eine einstweilige Verfügung vorliegt, insbesondere dann, 343

---

1 LG Frankenthal, WuM 1993, 418.
2 Vgl. *Hinz*, WuM 2005, 615, 624; *Monschau* in Börstinghaus, MietPrax, Fach 10, Rz. 415.
3 LG Berlin, WuM 1996, 407.
4 LG Berlin, MM 1985, 352; LG Berlin, WuM 1986, 138; BezirksG Potsdam, WuM 1993, 599; AG Wolgast, WuM 1994, 265; LG Gera, Urt. v. 10.4.1995 – 5 T 152/95.
5 AG Tiergarten, GE 1986, 47; *Hinz*, WuM 2005, 615, 624; *Monschau* in Börstinghaus, MietPrax, Fach 10, Rz. 415.

wenn der Vermieter schon einige Zeit hat verstreichen lassen, ohne dass er die Wohnungsbesichtigung durchgeführt hat. Eine selbstverschuldete Eilbedürftigkeit führt nicht dazu, dass die einstweilige Verfügung durch das Gericht erlassen wird. In der Regel wird beispielsweise eine einstweilige Verfügung mit dem Ziel, durchgeführte Schönheitsreparaturen des Mieters zu begutachten, nicht erlassen werden. In der Regel liegt ein Verfügungsgrund vor, wenn eine Besichtigung der Wohnung durch den Vermieter **zur Beseitigung einer erheblichen Gefahr für Personen oder Sachen** erforderlich ist. Ein typischer Fall ist das Eindringen von Feuchtigkeit infolge eines Wasserrohrbruchs, sofern ohne die Reparaturarbeiten ein erheblicher Sachschaden zu befürchten ist.

344 Der Rechtsanwalt sollte sich im Einzelfall Gedanken machen, ob die Umstände zur Begründung der Eilbedürftigkeit ausreichen. Denn der Antrag auf Erlass einer einstweiligen Verfügung kann im Beschlusswege zurückgewiesen werden, § 937 Abs. 2, 2. HS ZPO, wenn der Antrag erkennbar unbegründet und insbesondere nicht dringlich ist sowie Zweifel in einer mündlichen Verhandlung nicht mehr aufgeklärt werden können. Dies führt zwangsläufig zu einer Kostenbelastung für die beantragende Partei. Bestehen Zweifel an der Eilbedürftigkeit, sollte der Mandant darauf (wenn möglich sofort oder doch per Telefax) hingewiesen werden und der Antrag erst auf seinen besonderen Wunsch hin eingereicht werden.

344a Der **Verfügungsantrag** sollte darauf gerichtet sein, den Antragsgegner zu verpflichten, eine Besichtigung der (konkret zu bezeichnenden) Räumlichkeiten an einem Werktag in der Zeit zwischen 10.00 bis 13.00 Uhr oder 15.00 bis 18.00 Uhr nach vorheriger Ankündigung von mindestens 48 Stunden zu dulden. Die Vollstreckung eines entsprechenden Titels erfolgt nach § 890 ZPO. Im Hinblick auf § 890 Abs. 2 ZPO sollte der Antragsteller gleichzeitig die **Androhung des Ordnungsmittels** beantragen, damit diese schon in der einstweiligen Verfügung ausgesprochen werden kann[1].

dd) Anschalten der Heizung

345 Für den Mieter stellt sich in den Wintermonaten – aber auch in anderen Jahreszeiten bei kalter Witterung – das Problem, seinen Vermieter zum Betrieb der Heizung zu veranlassen (zur Zwangsvollstreckung solcher Beschlüsse vgl. *Rz. 406*). Insoweit werden Jahr für Jahr „durch die Gerichte die Heizungen angestellt". Es gibt keinen ernsthaften Zweifel, dass der Mieter einen Anspruch auf Erlass einer einstweiligen Verfügung hat, wenn er glaubhaft macht, dass sich der Vermieter trotz Aufforderung weigert, die Heizung und/oder das Warmwasser in einem angemessenen Umfang zu betreiben[2]. Der Vermieter hat nicht das Recht, eine sog. Heizperiode festzusetzen und die Wetterlage zu missachten. Eine solche einstweilige Verfügung wird bei entsprechenden Außentemperaturen und bei Vorliegen der

---

1 Vgl. *Hinz*, WuM 2005, 615 ff.; *Monschau* in Börstinghaus, MietPrax, Fach 10, Rz. 415.
2 OLG Köln, ZMR 1994, 325.

Voraussetzungen im Übrigen ohne mündliche Verhandlung erlassen, wobei sicherheitshalber glaubhaft gemacht werden sollte, welche Zimmertemperaturen in der Wohnung herrschen.

ee) Drohende Doppelvermietung

Ob bei einer drohenden Doppelvermietung seitens des Mieters der Erlass einer einstweiligen Verfügung in Betracht kommt, ist strittig. Das OLG Düsseldorf[1] hat dies bejaht. Demgegenüber sind das OLG Frankfurt/Main[2] und das OLG Schleswig[3] der Auffassung, dass jedenfalls bei erfolgter Doppelvermietung eine einstweilige Verfügung nicht mehr in Betracht komme, da der Grundsatz der Priorität gelte und es dem Vermieter überlassen sei, welchem Mieter er gegenüber erfüllen wolle.

346

Solange der zweite Mietvertrag über dasselbe Objekt noch nicht abgeschlossen ist, dürfte eine einstweilige Verfügung zur Abwehr der drohenden Doppelvermietung zulässig sein. Ist das Objekt bereits an den anderen Mieter übergeben worden, wird eine einstweilige Verfügung dagegen nicht mehr in Betracht kommen. Der Mieter wird insoweit auf Schadensersatzansprüche angewiesen sein, die er im Wege des einstweiligen Rechtsschutzes allerdings nicht durchsetzen kann[4].

347

Hat jedoch der **Vermieter** die vom Vormieter genutzte Wohnung **im Wege verbotener Eigenmacht in Besitz genommen** und an einen Nachmieter übergeben, so kann der Vormieter vom Vermieter die Wiedereinräumung des Besitzes verlangen[5]. Dabei handelt es sich um Fälle des vorgetäuschten Eigenbedarfs und Konstellationen, in denen der Eigenbedarf nach Kündigungsausspruch weggefallen ist und der Vermieter es unterlassen hat, dies dem Mieter mitzuteilen[6]. Sofern der Vermieter dann beabsichtigt, die Immobilie zu verkaufen, kann der Mieter nach Auffassung des LG Bonn[7] seinen Anspruch auf erneute Überlassung der Wohnung durch ein einstweilig verfügtes **Veräußerungsverbot** (§§ 935, 938 Abs. 2 ZPO, §§ 135, 136 BGB) sichern.

347a

ff) Betriebspflicht

Strittig ist ferner, ob ein Vermieter bei mietvertraglich vereinbarter Betriebspflicht eine dahin gehende einstweilige Verfügung gegen den Gewer-

348

---

1 OLG Düsseldorf, NJW-RR, 1991, 137.
2 OLG Frankfurt/Main, NJW-RR 1997, 77.
3 OLG Schleswig, MDR 2000, 1428.
4 OLG Frankfurt a.M., MDR 1997, 137 = NJW-RR 1997, 77; OLG Brandenburg, MDR 1998, 98; OLG Schleswig, MDR 2000, 1428; OLG Hamm, NZM 2004, 192 = NJW-RR 2004, 521: Anspruch aus Mietvorvertrag; OLG Koblenz, GuT 2007, 356 = IMR 2007, 386 = MDR 2008, 18; *Monschau* in Börstinghaus, MietPrax, Fach 10, Rz. 410.
5 LG Berlin v. 27.9.1993 – 62 S 212/93.
6 *Monschau* in Börstinghaus, MietPrax, Fach 10, Rz. 410.
7 LG Bonn, WuM 1988, 402.

beraummieter beantragen kann. Überwiegend bejahen die Obergerichte eine Leistungsverfügung zur Durchsetzung der Betriebspflicht, die im Interesse eines effektiven Rechtsschutzes nach § 888 ZPO vollstreckt werden könne[1]. Eine solche Vollstreckung ist nicht bereits deshalb ausgeschlossen, weil es wegen Unmöglichkeit der zu erbringenden Leistung nicht zur Verhängung von Zwangsmitteln kommen kann. Die Notwendigkeit der Hinzuziehung Dritter schließt eine Zwangsvollstreckung nach § 888 ZPO nicht grundsätzlich aus, da mit ihr gerade erreicht werden soll, dass die Vornahme der titulierten Handlungen bis zur Grenze der Unzumutbarkeit erzwungen werden darf, um der Vertragserfüllung den Vorrang einzuräumen[2]. Demgegenüber hält das OLG Naumburg[3] eine einstweilige Verfügung zur Durchsetzung der mietvertraglichen Betriebspflicht nicht für zulässig, weil solche Verpflichtungen weder als vertretbare Handlung nach § 887 ZPO noch als unvertretbare Handlungen nach § 888 ZPO vollstreckt werden könnten[4]. Diese Auffassung wird zu Recht kritisiert. Ob und wie die einstweilige Verfügung ggf. zu vollstrecken ist, ist nicht im Verfügungsverfahren zu prüfen, zumal sich dieselben Vollstreckungsprobleme auch im Hauptsacheverfahren stellen, das aber einhellig als zulässig angesehen wird.

348a Zur Begründung des Verfügungsgrundes muss jedenfalls ein **konkreter Schadenseintritt** vorgetragen werden[5]. Dafür reicht der Hinweis auf den drohenden Verlust der Vielfalt eines Warenangebotes und die Annahme eines „Dominoeffektes" noch nicht aus[6]. Vielmehr muss glaubhaft gemacht werden, dass bei gleichzeitiger Vereinbarung einer Umsatzmiete entsprechende Einnahmen verloren gehen oder z.B. kurz vor Beendigung des Mietverhältnisses die Verhandlungen mit einem Mietinteressenten, der das gleiche oder ein ähnliches Sortiment führen will, gefährdet werden[7].

348b Ein solcher Verfügungsantrag könnte wie folgt lauten[8]:

„Der Antragsgegner wird verpflichtet, es zu unterlassen, das von ihm betriebene, in ... belegene ... (genaue Bezeichnung des Geschäftslokals) an ... vor ... (bestimmte Wochentage und Zeiten einsetzen) zu schließen."

---

[1] OLG Düsseldorf, NJW-RR 1997, 648; OLG Celle, NJW-RR 1996, 585; OLG Frankfurt, IBR 2009, 162.
[2] OLG Frankfurt, IBR 2009, 162.
[3] OLG Naumburg, WuM 1998, 320 = NZM 1998, 575.
[4] Ebenso OLG Hamm, NJW 1973, 1135.
[5] *Lützenkirchen*, MietRB 2006, 50.
[6] KG, KGReport Berlin 2005, 62 = ZMR 2005, 47 = GuT 2004, 236 = NZM 2005, 620.
[7] *Lützenkirchen*, MietRB 2006, 50.
[8] Vgl. *Jendrek*, NZM 2000, 526.

gg) Einstellung von Versorgungsleistungen nach Zahlungsrückstand

Für die Praxis relevant sind die Fälle, in denen der Vermieter dem Mieter, der sich im Zahlungsverzug befindet, die Strom[1]- oder Wasserversorgung[2] kappt, um ihn zur vorzeitigen Räumung des Mietobjekts zu bewegen.

348c

Nach bislang h.M. ist die Ausübung des Zurückbehaltungsrechts an Versorgungsleistungen unzulässig, weil diese Leistungen für den unterbrochenen Zeitraum nicht nachgeholt werden können[3]. Dementsprechend liegt **verbotene Eigenmacht** vor, so dass der Mieter trotz Nichtzahlung der Miete im Wege der einstweiligen Verfügung die Wiederaufnahme der Energieversorgung durchsetzen kann[4]. Das LG Heilbronn[5] vertritt in einer zur Gewerbemiete ergangenen Entscheidung grundsätzlich die Auffassung der h.M., stellt aber heraus, dass der Mieter sich treuwidrig verhält, wenn er nach Vertragsbeendigung den Anspruch auf die Versorgungsleistungen geltend macht, obwohl erhebliche Mietrückstände bestehen und feststeht, dass der Mieter seine Zahlungsverpflichtung auch in Zukunft nicht erfüllen kann.

348d

Nach der **Gegenmeinung** lässt eine Versorgungssperre den Besitz als solchen unberührt, weil sich der Mieter weiterhin in den Räumen aufhalten kann; zwar beeinträchtige die Versorgungssperre den vertragsgemäßen Gebrauch, jedoch werde dieser nicht nach § 858 BGB geschützt[6]. Danach kann sich der Vermieter also grundsätzlich mit Erfolg auf die Einrede des nicht erfüllten Vertrags nach § 320 BGB oder ein Zurückbehaltungsrecht nach § 273 BGB berufen.

348e

Der **BGH**[7] hat diese Streitfrage nunmehr für die **Gewerberaummiete** dahin gehend entschieden, dass in der Unterbrechung der Versorgungsleistungen keine Besitzstörung liege, die zur Nutzung des Mietobjekts erforderlichen Energielieferungen nicht Bestandteil des Besitzes seien und daher auch nicht Gegenstand des Besitzschutzes nach §§ 858 ff. BGB sein könnten. Besitz umfasse lediglich den Bestand der tatsächlichen Sachherrschaft. Die verbotene Eigenmacht nach §§ 858, 862 BGB setze daher voraus, dass in die tatsächliche Sachherrschaft eingegriffen werde. Das sei bei der Einstellung der Versorgungsleistungen gerade nicht der Fall, da die Versorgung vielmehr dazu führe, dass die im Besitz liegenden Gebrauchsmöglichkeiten erweitert werden.

348f

---

1 OLG Köln, NJW-RR 2005, 99; OLG Rostock, IMR 2007, 389.
2 OLG Celle, NJW-RR 2005, 1383.
3 OLG Hamburg, WuM 1978, 169; LG Berlin, WuM 2003, 508; *Horst*, NZM 1998, 139 m.w.N.
4 LG Berlin, MDR 1992, 478; OLG Köln, ZMR 2000, 639; AG Königstein i. Ts., NZM 2003, 106; OLG Saarbrücken, GuT 2005, 218; OLG Köln, MietRB 2004, 318 = ZMR 2005, 124 = NZM 2005, 67.
5 LG Heilbronn, IMR 2009, 13 m. Anm. *Blank*.
6 KG, NZM 2005, 65, m. zust. Anm. *Lützenkirchen*, WuM 2005, 89 für Gewerberäume nach beendetem Mietverhältnis und Zahlungsverzug des Mieters; AG Bergheim, ZMR 2005, 53 m. zust. Anm. *Keppeler*; Scheidacker, NZM 2005, 281; *Scholz*, NZM 2008, 387, 388; *Häublein* in: MüKomm, § 535 Rz. 81.
7 BGH, NZM 2009, 482 = WuM 2009, 469 = MDR 2009, 919 = GuT 2009, 188.

348g Im Hinblick auf die besitzschutzrechtliche Begründung des BGH besteht kein Anlass, im Rahmen eine (beendeten) **Wohnraummietverhältnisses** eine verbotene Eigenmacht anzunehmen. Allerdings betont der BGH, dass sich aus der Besonderheit des Mietvertrages ein Lieferanspruch des (ehemaligen) Mieters nach Treu und Glauben ergeben kann und dass daran insbesondere bei der Wohnraummiete zu denken sei. Indessen steht dieser nachvertragliche Lieferanspruch unter dem Vorbehalt der Zumutbarkeit, die im Falle der Nichtzahlung der Nutzungsentschädigung nicht angenommen werden könne.

349–351 Einstweilen frei.

hh) Sonstige Fälle

352 Der Erlass einer einstweiligen Verfügung kommt in Mietsachen ferner in folgenden Fällen in Betracht:

(1) Für den Mieter

- auf **Entfernung eines Baugerüstes**[1],
- auf **Wiedereinräumung des Besitzes** bei verbotener Eigenmacht, etwa bei Austauschen der Schlösser[2],
- zur Abwehr der **drohenden Vermietung an einen Konkurrenten**[3],
- auf Unterlassung der Inanspruchnahme der Mietsicherheit[4],
- auf Unterlassung des Gebrauchs einer widerrufenen Einzugsermächtigung[5].

353 **Maßnahmen außerhalb des Mietobjekts**, wie z.B. einen Aufzugseinbau, kann der Mieter durch einstweilige Verfügung nicht verhindern, selbst dann, wenn der Vermieter keine Mitteilung nach § 554 Abs. 2 BGB gemacht und zuvor auch keine Duldungsklage erhoben hat[6].

(2) Für den Vermieter

- zur **Durchsetzung des Vermieterpfandrechts**[7], auch hinsichtlich der Rückschaffung entfernter Pfandsachen[8],
- auf **Unterlassung** von Ruhestörungen,

---

1 AG Schöneberg, ZMR 2000, 230.
2 AG Ulm, WuM 1999, 433; OLG Celle, IMR 2007, 387.
3 OLG Hamm, NJW-RR 1990, 1236 = NJW-RR 1990, 1236.
4 Vgl. LG Wuppertal, NZM 2004, 298; *Hinz*, NZM 2005, 841, 856; *Ulrici*, ZMR 2004, 404.
5 LG Berlin, GE 1996, 805.
6 LG Berlin, MDR 1996, 899.
7 OLG Celle, NJW-RR 1987, 447; OLG Stuttgart, NJW-RR 1997, 221 = NJWE-MietR 1997, 521; OLG Hamm, NJW-RR 2004, 521.
8 OLG Rostock, NZM 2005, 440; OLG Brandenburg, IMR 2007, 303.

- auf **Unterlassung** der Tierhaltung[1],
- auf **Untersagung des Betretens des Hausdaches** zwecks Errichtung einer Satellitenanlage[2],
- auf **Untersagung der Durchführung eines Räumungsverkaufs**, wenn eine solche Aktion mietvertraglich nicht erlaubt ist[3],
- auf Untersagung der Überlassung der Mietsache an Dritte[4],
- **auf Gewährung des Zutritts** zum Zwecke
  - der **Durchführung notwendiger Reparaturen**[5],
  - des **Ablesens von Messgeräten**[6],
  - der **Besichtigung zur Weitervermietung**[7],
  - der **Kontrolle durchgeführter Schönheitsreparaturen**[8].

(3) Für Dritte

Der Antrag auf Erlass einer einstweiligen Verfügung kann auch für **Dritte** gestellt werden, etwa für Erben, denen nach dem Tod des Mieters der Zutritt zur Wohnung verwehrt wird[9]. 354

Die **Vollziehung der einstweiligen Verfügung** erfolgt nach den Vorschriften über die Zwangsvollstreckung, jedoch grundsätzlich ohne Sicherheitsleistung und Vollstreckungsklausel (vgl. §§ 928, 929 ZPO); im Regelfall erfolgt sie durch **Zustellung im Parteibetrieb**, also vom Antragsteller selbst durch Beauftragung des Gerichtsvollziehers (vgl. die §§ 191 ff. ZPO). 354a

Zu beachten sind die Vollziehungsfrist gemäß § 929 Abs. 2 ZPO (Monatsfrist) sowie die besondere **Zustellungsfrist** nach § 929 Abs. 3 ZPO. Bei Nichteinhaltung der **Vollziehungsfrist** dürfen die Vollstreckungsorgane nicht mehr tätig werden. Die einstweilige Verfügung ist dann wirkungslos; eine verfristete Vollstreckungsmaßnahme ist unwirksam. Es droht die Anwaltshaftung. 354b

Die Vollziehungsfrist ist eine gesetzliche Frist, die nicht verlängert werden kann (§ 224 Abs. 2 ZPO). Ebenso wenig ist die Wiedereinsetzung in den vorigen Stand möglich (§§ 233, 224 Abs. 1 S. 2 ZPO). Der Gläubiger hat nach Fristablauf nur die Möglichkeit, erneut den Erlass der einstweiligen Verfügung zu beantragen, und zwar auch noch im Widerspruchsverfahren (Zöller/Vollkommer, § 929 ZPO, Rz. 23). Fristbeginn ist entweder der Zeit- 354c

---

1 OLG Hamburg, MDR 1975, 578.
2 BezG Halle, NJW 1991, 415.
3 LG Wuppertal, ZMR 1996, 439.
4 LG Hamburg, ZMR 2003, 493.
5 LG Frankfurt/Main, MDR 1968, 328; AG Neuss, WuM 1986, 244.
6 LG Hamburg, DWW 1987, 169.
7 AG Ibbenbühren, WuM 1991, 360.
8 AG Spandau, GE 1994, 711.
9 LG Köln, NJWE-MietR 1996, 269.

punkt der Verkündung der einstweiligen Verfügung oder aber die Zustellung an den Antragsteller bzw. die Aushändigung an ihn auf der Geschäftsstelle (§ 173 ZPO).

354d Die besondere **Zustellungsfrist nach § 929 Abs. 3 ZPO** hat Bedeutung für den Fall, dass der Titel abweichend von den allgemeinen Zwangsvollstreckungsregeln (§ 750 Abs. 1. ZPO) schon vor Zustellung an den Gegner vollzogen werden soll. In diesem Fall muss die Zustellung innerhalb einer Woche nach der Vollziehung nachgeholt werden, spätestens aber innerhalb der Monatsfrist (§ 929 Abs. 3 ZPO).

f) Rechtsbehelfe und Rechtsmittel

aa) Widerspruch

355 Gegen eine erlassene einstweilige Verfügung ist der Widerspruch zulässig (§§ 936, 924 ZPO). Auf den Widerspruch wird mündlich verhandelt.

355a Die Vollziehung der einstweiligen Verfügung, die auch ohne Zustellung zulässig ist, wird durch den Widerspruch nicht gehemmt. Daher sollte gleichzeitig mit Einlegung des Widerspruchs beantragt werden,

> die Zwangsvollstreckung gem. § 707 Abs. 1 Satz 1 ZPO gegen oder ohne Sicherheitsleistung einstweilen einzustellen.

356 Der Antragsgegner – der nach Widerspruchseinlegung als Verfügungsbeklagter bezeichnet wird – kann den Vortrag des Antragstellers – Verfügungsklägers – in seinem Verfügungsantrag erschüttern, die Beweiswürdigung angreifen sowie eigene Beweismittel vorbringen; auch insoweit genügt eine Glaubhaftmachung i.S.d. §§ 920, Abs. 2, 294 ZPO.

356a Verteidigungsmöglichkeiten des Verfügungsbeklagten:
– Fehlen von Prozessvoraussetzungen;
– Fehlen des Verfügungsanspruchs;
– Erschütterung der Glaubhaftmachung des Verfügungsklägers;
– Anbieten von Gegenbeweisen;
– Einwendungen gegen den Verfügungsanspruch;
– Neue Tatsachen nach Erlass der einstweiligen Verfügung;

357 Verfügungskläger wie dessen Verfahrensbevollmächtigter müssen sich im Termin zur **mündlichen Verhandlung** über die erlassene einstweilige Verfügung darüber im Klaren sein, dass in der Regel eine Vertagung nicht möglich ist, insbesondere auch nicht etwa ein Beweisbeschluss erlassen wird. Es handelt sich um eines der wenigen Verfahren im Zivilprozess, in dem tatsächlich die mündliche Verhandlung noch von Bedeutung sein kann und darüber hinaus die „Beweisaufnahme" durch **präsente Beweismittel**

gestattet wird. Es bietet sich deshalb an, die Zeugen, die zu vermeintlich streitentscheidenden Fragen etwas bekunden können, zum Termin zu stellen. Hierüber sollte auch der prozesserfahrene Mandant aufgeklärt werden, damit er nicht den Erlass eines Beweisbeschlusses abwartet.

bb) Antrag auf Klageerhebung

Der Rechtsanwalt, dessen Mandanten eine einstweilige Verfügung zugestellt wird, sollte vor Einlegung des Widerspruchs die Möglichkeit der §§ 936, 926 ZPO prüfen. Danach ist dem Verfügungskläger auf Antrag eine (Ausschluss-)Frist zur Klageerhebung zu setzen. Hierfür ist der Rechtspfleger zuständig, § 20 Nr. 14 RpflG. Nach fruchtlosem Ablauf der Frist, die in der Regel einen Monat beträgt, kann die Aufhebung der einstweiligen Verfügung beantragt werden. Kann der Mandant z.B. mit der (vorläufigen) Anordnung des Gerichts „leben" und gestaltet sich für ihn die Beweislage (jedenfalls im vorliegenden Verfahren) negativ, kann Antrag auf Klageerhebung gestellt werden, wenn der Antragsteller seinen Antrag auf Erlass einer einstweiligen Verfügung z.B. nur durch seine eigene eidesstattliche Versicherung glaubhaft gemacht hat. Wird in dieser Situation Widerspruch eingelegt, muss damit gerechnet werden, dass das Gericht im Zweifel den Beschluss über die einstweilige Verfügung aufrechterhält. Dann verursacht aber das Widerspruchsverfahren mit seiner mündlichen Verhandlung höhere Kosten für den Mandanten. Durch die Auflage zur Klageerhebung gerät der Verfügungskläger jedoch unter Druck. Er muss in einer vorgegebenen Zeit Klage erheben und zur Einhaltung der Frist „demnächst" (vgl. § 270 Abs. 3 ZPO) ggf. einen erheblichen Kostenvorschuss leisten. Dieses Risiko wird er nicht eingehen, wenn ihm bewusst ist, dass ihm im Hauptsacheverfahren für seine Behauptungen keine Beweismittel zur Verfügung stehen. Läuft die Frist ergebnislos ab, kann gem. §§ 936, 926 Abs. 2 ZPO beantragt werden, die einstweilige Verfügung aufzuheben. Damit hat sich die einstweilige Verfügung ohne großen Aufwand für den Rechtsanwalt des Antragsgegners erledigt. Über die Aufhebung wird durch Endurteil nach mündlicher Verhandlung[1] entschieden, so dass diese Entscheidung nur mit der Berufung angreifbar ist. In dem (Aufhebungs-)Urteil wird auch über die Kosten des einstweiligen Verfügungsverfahrens entschieden[2]. Hat der Antragsteller die Klagefrist nicht eingehalten, besteht so gut wie keine Verteidigungsmöglichkeit, so dass ihm die Kosten des gesamten Rechtsstreits auferlegt werden.

358

In der Praxis wird der Antrag auf Anordnung der Klageerhebung oftmals übersehen, mit der Folge, dass die im einstweiligen Verfügungsverfahren unterlegene Partei eine Möglichkeit vergibt, ihre Position im Hauptsacheverfahren zu verbessern. Das Gericht hat insoweit auch keine Hinweispflicht[3].

358a

---
1 Zöller/*Vollkommer*, § 926 ZPO Rz. 25.
2 Zöller/*Vollkommer*, § 926 ZPO Rz. 26.
3 BGH, NJW 2004, 164.

cc) Rechtsmittel

359 Wird der Erlass der einstweiligen Verfügung abgelehnt, so ist hiergegen die **Beschwerde** gegeben.

360 Wird auf Grund mündlicher Verhandlung eine einstweilige Verfügung erlassen, der Antrag zurückgewiesen oder auf den Widerspruch die einstweilige Verfügung bestätigt, ergeht ein Urteil, welches dann mit der **Berufung** angegriffen werden kann, wenn die Beschwer für die unterlegene Partei mehr als 600 Euro beträgt oder das Gericht die Berufung zulässt (§ 511 Abs. 2 Nr. 1 u. 2 ZPO).

361 Eine **Revision** ist in einstweiligen Verfügungsverfahren nicht möglich, § 542 Abs. 2 Satz 1 ZPO.

362 Eine Rechtsbeschwerde in einstweiligen Verfügungsverfahren ist nach Ansicht des BGH[1] nicht statthaft (arg. e § 542 Abs. 2 ZPO).

2. Arrest

363 Eine zumindest im Bereich der Wohnungsmiete seltene Möglichkeit des Vermieters, etwaige rückständige Mietzahlungen zu sichern, ergibt sich durch die Vorschriften der §§ 916 ff. ZPO. Die Verfahrensweise ist ähnlich wie bei der einstweiligen Verfügung; auch hier reicht Glaubhaftmachung hinsichtlich des Arrestgrundes und des Arrestanspruches aus, wobei der dingliche Arrest in der Regel ohne mündliche Verhandlung erlassen wird. Der Antragsteller, zumeist der Vermieter, muss jedoch glaubhaft machen können, dass der Mieter etwa durch **Beiseiteschaffen von Vermögensstücken**, **Umzug ins Ausland** oder Ähnliches schützenswerte Ansprüche des Vermieters vereiteln will. Ein Arrest kann nicht etwa mit der ausschließlichen Begründung beantragt werden, dass der Mieter sich in einer schlechten Vermögenslage befindet oder aber sich vertragswidrig verhält, beispielsweise die angemietete Sache der Zerstörung anheim gibt.

Die unverändert schlechte Vermögenslage des Mieters ist jedoch kein Arrestgrund; Gleiches gilt für die **drohende Konkurrenz** anderer Gläubiger[2]. Nach einer Entscheidung des AG Brandenburg[3] ist es zumindest erforderlich, dass eine Verschlechterung der jetzigen Vermögensverhältnisse droht. Eine **allgemeine Verschlechterung der Vermögenslage** reiche nicht aus; es müssten vielmehr Umstände hinzutreten, aus denen sich ergebe, dass der Mieter bestehende Zahlungsverpflichtungen mit fast 100 %iger Gewissheit nicht erfüllen könne.

364 Auch für den Mieter ist die Beantragung eines Arrestes denkbar, beispielsweise wenn zu befürchten ist, dass im Falle des Vermieterwechsels der ehemalige Vermieter mit der Kaution das Land verlässt.

---

1 BGH, BGHReport 2003, 148.
2 BGHZ 131, 95, 105 = NJW 1996, 321, 324.
3 AG Brandenburg, WuM 2005, 67, 70.

XII. Besonderheiten der Kostenentscheidung in Mietsachen

1. Übersicht

Über die Kosten des Verfahrens hat das Gericht auch in Mietsachen **von Amts wegen zu entscheiden** (§ 308 Abs. 2 ZPO). Eines Kostenantrags in der Klageschrift bedarf es daher nicht.

365

Auch in Mietstreitigkeiten richtet sich die Kostenentscheidung zunächst einmal nach den allgemeinen Vorschriften der §§ 91 ff. ZPO. Die Kosten des Verfahrens sind der unterlegenen Partei aufzuerlegen. Bei teilweisem Obsiegen und Unterliegen ist nach § 92 ZPO zu quotieren, sofern nicht die Kosten gegeneinander aufzuheben sind und ein geringfügiges Obsiegen oder Unterliegen unerheblich ist (§ 92 Abs. 2 S. 1 ZPO).

366

2. Kostenbefreiendes Anerkenntnis (§ 93 ZPO)

Auch § 93 ZPO ist anwendbar. Danach trägt der Kläger die Kosten des Verfahrens, wenn der Beklagte sofort anerkennt und zur Klageerhebung keine Veranlassung gegeben hatte. Fälle des § 93 ZPO kommen in Mietsachen häufig vor.

367

Ist der Vermieter nicht in der Lage, die **Nebenkosten** ordnungsgemäß abzurechnen, und klagt er auf Grund einer nicht prüffähigen oder aus anderen Gründen nicht ordnungsgemäßen Abrechnung den Saldo ein und wird erst im Verlaufe des Rechtsstreits eine ordnungsgemäße Abrechnung vorgelegt, dann kann der Mieter kostenbefreiend anerkennen. Auf eine nicht ordnungsgemäße Abrechnung braucht er nicht zu zahlen. Erkennt der Mieter nach Vorlage einer ordnungsgemäßen Abrechnung den Saldo an, muss er allerdings auch umgehend zahlen. Andernfalls kann er sich nicht mehr auf § 93 ZPO berufen. Zahlt der Mieter noch während des laufenden Rechtsstreits, muss der Vermieter diesen in der Hauptsache für erledigt erklären. Die Kostenfrage des § 93 ZPO ist dann im Rahmen der Ermessensentscheidung nach § 91a ZPO zu berücksichtigen.

368

Bei einem **Mieterhöhungsverlangen** kann ein sofortiges Anerkenntnis vorliegen, wenn der Mieter, der durch zweimalige vorbehaltlose Zahlung der erhöhten Miete zu erkennen gibt, dass er dem Mieterhöhungsverlangen stillschweigend zustimmt, obwohl er die erbetene Zustimmungserklärung nicht schriftlich abgibt[1].

368a

Auch bei **Räumungsklagen** kommt häufig ein kostenbefreiendes Anerkenntnis in Betracht. Dies ist dann der Fall, wenn vorgerichtlich keine ordnungsgemäße Kündigung erklärt worden ist und der Vermieter diese erst im Rechtsstreit nachholt. Erkennt der Mieter dann den Räumungsanspruch an, trägt der Vermieter nach § 93 ZPO die Kosten des Verfahrens.

369

---

[1] AG Spandau v. 30.4.2008 – 4 C 13/08, IMR 2008, 195.

370 Gleiches gilt, wenn die Kündigung zwar wirksam war, der Mieter dies jedoch nicht erkennen konnte und der entsprechende Vortrag erst im Rechtsstreit nachgeholt wird.

Beispiel:

Der Mieter hatte die Wohnung von zwei Miteigentümern A und B angemietet. Nur der A erklärt die Kündigung und verlangt Räumung. Der Mieter geht von einer unwirksamen Teilkündigung aus (vgl. o. Rz. 369) und weigert sich, auszuziehen. Erst im Räumungsrechtsstreit offenbart A, dass er den Miteigentumsanteil des B erworben habe und damit in dessen Vermieterstellung eingetreten sei. Nunmehr erkennt der Mieter den Räumungsanspruch an.

Zu seinen Gunsten ist § 93 ZPO entsprechend anzuwenden[1].

371 Die Anwendung des § 93 ZPO kommt auch dann in Betracht, wenn der Vermieter **verfrüht Räumungsklage** erhebt. Auch bei einer außerordentlichen Kündigung muss der Vermieter dem Mieter eine angemessene Frist gewähren, innerhalb der er das Objekt räumen kann. Daher ist eine Veranlassung zur Klageerhebung nicht gegeben, wenn der Vermieter unmittelbar nach der Kündigung Räumungsklage erhebt und der Mieter anerkennt und sofort auszieht.

372 Erst recht gilt dies, wenn – wie in der Praxis häufig zu beobachten ist – die Kündigungserklärung in der Räumungsklage erstmals ausgesprochen wird. Auch hier kann der Mieter sofort kostenbefreiend anerkennen.

373 Dass der Mieter Anlass zur Kündigung gegeben hat, etwa durch Zahlungsverzug, rechtfertigt keine Veranlassung zur Räumungsklage. Die mangelnde Mietzahlung gibt allenfalls Anlass zur Zahlungsklage. Es gibt jedoch keinen Grundsatz, dass ein Mieter, der in Mietrückstand gerät, sich auch weigert, auszuziehen[2].

374 Wann noch von einem sofortigen Anerkenntnis ausgegangen werden kann, ist strittig. Zum Teil wird vertreten, dass das Anerkenntnis spätestens mit Ablauf der Frist zur Verteidigungsanzeige erklärt werden muss. Zum Teil lässt die Rechtsprechung auch spätere Anerkenntnisse noch zu. Im Zweifel sollte der Anwalt den sichersten Weg wählen und noch innerhalb der Frist zur Verteidigungsbereitschaftsanzeige das Anerkenntnis erklären.

375 Auch im Berufungsverfahren kann der Mieter noch kostenbefreiend anerkennen, wenn der Räumungsanspruch zu einem früheren Zeitpunkt nicht erkennbar war[3]. Dem steht auch nicht entgegen, wenn dem Mieter darüber hinaus eine Räumungsfrist gewährt wird[4].

---

1 *N. Schneider*, ZAP Fach 13 S. 111.
2 LG Köln, MDR 2000, 730 = NZM 1999, 1053.
3 LG Karlsruhe, WuM 1993, 461.
4 LG Karlsruhe, WuM 1993, 461.

3. Die Sonderregelung des § 93b ZPO

Eine Sonderregelung enthält **§ 93b ZPO** für die Kostenverteilung in Räumungsprozessen. Die Vorschrift ist kompliziert und schwer verständlich. Im Einzelnen gilt Folgendes: 376

Abweichend von § 91 ZPO können dem obsiegenden Vermieter die Kosten des Rechtsstreits in folgenden Fällen auferlegt werden: 377

- **§ 93b Abs. 1 S. 1 ZPO:** Der beklagte Mieter verlangt die Fortsetzung des Mietverhältnisses; der Vermieter dringt mit seiner Räumungsklage letztlich nur aus Gründen durch, die nachträglich entstanden, gleichwohl aber nach § 574 Abs. 3 BGB zu berücksichtigen sind. Voraussetzung hierfür ist, dass ein Fortsetzungsanspruch des Mieters nach § 574a BGB ohne Berücksichtigung der neuen Umstände begründet gewesen wäre, also dass die Räumungsklage ohne diese neuen Umstände abgewiesen worden wäre. 378

- **§ 93b Abs. 1 S. 2 ZPO:** Der Mieter klagt auf Fortsetzung des Mietverhältnisses; die Klage wird nur auf Grund nachträglich entstandener, aber nach § 574 Abs. 3 BGB zu berücksichtigender Gründe abgewiesen. Voraussetzung ist auch hier, dass der Fortsetzungsanspruch des Mieters nach § 574a BGB ohne Berücksichtigung der neu entstandenen, gleichwohl zu berücksichtigenden Umstände begründet gewesen wäre, also dass die Klage des Mieters ohne diese neuen Umstände erfolgreich gewesen wäre. 379

- **§ 93b Abs. 3 ZPO:** Der Räumungsklage wird auf Grund eines sofortigen Anerkenntnisses des Mieters stattgegeben; dem Mieter wird jedoch eine Räumungsfrist nach § 721 Abs. 1 ZPO bewilligt, und der Mieter hatte vom Vermieter vor Erhebung der Räumungsklage vergeblich unter Angabe von Gründen die Fortsetzung des Mietverhältnisses oder einer Räumungsfrist begehrt. 380

Vor allem die zuletzt erläuterte Vorschrift sollte in der außergerichtlichen Praxis bei der Mieterberatung beachtet werden. Denn hat der Mieter ein Ersatzobjekt konkret in Aussicht, können ihm durch einen entsprechenden Antrag erhebliche Kosten erspart werden. Rein vorsorglich sollte ein solcher Antrag immer gestellt werden, wenn der Mieter auf der Suche nach einem konkreten Objekt ist. Zeitlich sollte dabei aber darauf geachtet werden, dass durch den Antrag nicht unnötig die Voraussetzungen der §§ 257, 259 ZPO herbeigeführt werden. Deshalb sollte in Fällen, in denen der Umzugstermin noch ungewiss ist, die Mitteilung regelmäßig erst in der letzten Woche vor Ablauf der Mietzeit erfolgen. 381

Zu beachten ist, dass das Verlangen auf Gewährung einer Räumungsfrist hinreichend begründet sein muss und nach Möglichkeit auch die Räumungsfrist konkret angegeben werden sollte. Ein unsubstantiiertes außergerichtliches Räumungsfristverlangen kann nicht zur Anwendung des 382

§ 93b ZPO führen, selbst dann nicht, wenn im Rechtsstreit die Begründung nachgeholt und die Räumungsfrist gewährt wird[1].

XIII. Kostenerstattung

383 Hinsichtlich der Kostenerstattung in Mietrechtsstreitigkeiten gelten keine Besonderheiten. Die Erstattungsfähigkeit richtet sich auch hier nach § 91 ZPO.

Häufig stellt sich hier die Frage, inwieweit außerprozessual eingeholte Gutachten zu den erstattungsfähigen Kosten des Rechtsstreits gehören[2]. Insoweit dürfte die Entscheidung des BGH auch hier von Bedeutung sein. Danach genügt es nicht, dass das Gutachten irgendwann im Rechtsstreit verwendet wird, sondern das Gutachten muss sich auf den konkreten Rechtsstreit beziehen und gerade mit Rücksicht auf den konkreten Prozess in Auftrag gegeben worden sein. Deshalb sind diejenigen Gutachterkosten, die veranlasst werden, bevor sich der Rechtsstreit einigermaßen konkret abzeichnet, nicht erstattungsfähig. Die erforderliche Prozessbezogenheit ist grundsätzlich erst dann gegeben, wenn zum Zeitpunkt der Auftragserteilung bereits Klage angedroht war oder Klageerhebung abzusehen war. Sind danach die Gutachterkosten als Vorbereitungskosten anzusehen, so sind sie notwendig i.S.d. § 91 Abs. 1 ZPO, wenn die Partei infolge fehlender Sachkenntnisse andernfalls nicht zu einem sachgerechten Vortrag in der Lage ist.

384 Zur Kostenerstattung nach vorangegangenem Obligatorischen Streitschlichtungsverfahren vgl. o. *Rz. 24 f.*

XIV. Anhang: Materiell-rechtlicher Kostenerstattungsanspruch

385 Neben dem prozessualen Kostenerstattungsanspruch kommen häufig auch materiell-rechtliche Kostenerstattungsansprüche (genauer gesagt: Kosten**ersatz**ansprüche) in Betracht. Kommt es nicht zu einem Rechtsstreit, können diese Kostenersatzansprüche selbständig geltend gemacht werden. Aber auch im Rechtsstreit können materiell-rechtliche Ansprüche von Bedeutung sein, etwa bei einer Entscheidung nach § 91a ZPO.

386 Solche Ansprüche können sich aus **§ 823 BGB** ergeben, wenn **deliktische Ansprüche** gegen den Vermieter oder Mieter verfolgt werden. In diesem Fall gehören die aufgewandten Rechtsanwaltskosten nach allgemeinen Grundsätzen zum ersatzfähigen Schaden nach § 249 BGB.

---

[1] AG Langenfeld, WuM 1993, 459.
[2] BGH, AGS 2003, 178 (zu vorprozessualem Gutachten in Kfz-Haftpflichtprozess).

Beispiel:

Es kommt zu einer tätlichen Auseinandersetzung. Der Mieter verlangt gem. §§ 823, 847 BGB vom Vermieter Schmerzensgeld und beauftragt hiermit seinen Rechtsanwalt.

Die vom Mieter zu zahlenden Rechtsanwaltskosten hat der Vermieter zu ersetzen, soweit er zur Zahlung eines Schmerzensgeldes verpflichtet ist.

Häufig wird sich ein Kostenersatzanspruch aus **Verzug** (§ 280 BGB) ergeben. Dies gilt insbesondere, wenn rückständige Mieten geltend gemacht werden. Einer vorherigen Mahnung bedarf es hier nicht, um den Verzug herbeizuführen (§ 286 Abs. 2 Nr. 1 BGB). 387

Beispiel:

Der Mieter zahlt die Miete für den Monat August nicht. Der Vermieter beauftragt daraufhin seinen Rechtsanwalt, die Miete einzufordern. Da die Fälligkeit der Miete kalendermäßig bestimmt ist (§ 556b BGB), gerät der Mieter bei Nichtzahlung automatisch in Verzug.

Der Mieter hat die angefallenen Rechtsanwaltskosten zu ersetzen.

Zu beachten ist allerdings, dass die angefallenen Rechtsanwaltskosten **verzugsbedingt entstanden** sein müssen. 388

Soweit der Vermieter den Rechtsanwalt mit der Einziehung **rückständiger Mieten** beauftragt, ist dies eindeutig. Aber auch der Ausspruch einer **fristlosen Kündigung** ist insoweit noch verzugsbedingt. Kommt der Mieter mit zwei Monatsmieten in Rückstand und beauftragt der Vermieter einen Rechtsanwalt, die fristlose Kündigung auszusprechen, so hat der Mieter auch diese Kosten zu übernehmen. Dagegen sind die Kosten eines **Räumungsverlangens oder einer Räumungsklage** nicht schon allein auf Grund Zahlungsverzugs zu ersetzen. Hier kommt ein Ersatz nur in Betracht, wenn der Mieter auch mit der Räumung in Verzug geraten ist[1]. 389

Umgekehrt kommen auch verzugsbedingte Kostenersatzansprüche des Mieters in Betracht, etwa, wenn der Vermieter eine fällige Betriebskostenabrechnung (§ 556 Abs. 3 S. 2 BGB) nicht vorlegt. 390

Neben Ersatzansprüchen aus Verzug kommen auch bei **sonstigen Pflichtverletzungen** Kostenersatzansprüche in Betracht. 391

Dies ist etwa dann der Fall, wenn der Mieter nachhaltig gegen die Hausordnung oder gegen mietvertragliche Pflichten verstößt und der Vermieter daraufhin einen Rechtsanwalt mit einer Abmahnung oder gar mit einer Kündigung beauftragt[2]. Gleiches gilt, wenn der Vermieter schuldhaft unberechtigte Zahlungsansprüche erhebt[3]. 392

---

1 LG Köln, MDR 2000, 730 = NZM 1999, 1053.
2 AG Frankfurt/Main, AGS 2003, 22.
3 AG Düren, AGS 2003, 130 m. Anm. *N. Schneider*.

393 Umgekehrt hat der Vermieter dem Mieter aufgewandte Anwaltskosten zu erstatten, wenn er seinerseits gegen mietvertragliche Pflichten verstößt. Hierzu zählt auch der Ausspruch einer **unberechtigten Kündigung**. Ein Mieter ist in diesen Fällen berechtigt, sofort anwaltliche Hilfe in Anspruch zu nehmen. In Anbetracht der komplizierten Materie des Kündigungsrechts, verstößt er insoweit nicht gegen seine Schadensminderungspflicht. Die von ihm zur Abwehr aufgewandten Anwaltskosten hat der Vermieter daher zu erstatten[1].

Beispiel:

Der Vermieter erklärt grundlos die Kündigung des Mietverhältnisses. Der Mieter beauftragt daraufhin seinen Rechtsanwalt, die Kündigung abzuwehren. Der Vermieter nimmt daraufhin die Kündigung zurück.

Die angefallenen Anwaltskosten des Mieters hat der Vermieter zu ersetzen.

394 Erforderlich ist allerdings ein Verschulden des Vermieters, das i.d.R. gegeben sein wird. Lediglich dann, wenn der Vermieter ohne Verschulden von einem Kündigungsgrund ausgehen durfte, entfällt eine Schadensersatzpflicht.

395 Soweit ein **Rechtsschutzversicherungsvertrag** besteht und der Versicherer die Rechtsanwaltskosten bereits bezahlt hat, gehen Ersatzansprüche nach den ARB auf diesen über[2].

395a Ein materiell-rechtlicher Kostenerstattungsanspruch des Mieters gegen den Vermieter kommt bei einer **verspäteten Kautionsabrechnung** in Betracht, sofern sich der Vermieter insoweit in Verzug befand und der Mieter nicht zuverlässig wissen konnte, ob und in welcher Höhe ihm ein Rückzahlungsanspruch gegen den Vermieter zusteht, und der Mieter deshalb zur Zahlungsklage bzw. Stufenklage herausgefordert wurde. Erklären die Parteien dann übereinstimmend den Rechtsstreit in der Hauptsache für erledigt, weil der Kautionsrückzahlungsanspruch im Hinblick auf Forderungen des Vermieters gegen den Mieter nicht besteht, kann dem Mieter gemäß § 280 Abs. 2, § 286 BGB ein materieller Kostenerstattungsanspruch gegen den Vermieter zustehen, der im Rahmen der Entscheidung nach § 91a ZPO zur Auferlegung der Kosten des Rechtsstreits auf den Vermieter führt[3].

XV. Zwangsvollstreckung

1. Allgemeine Vollstreckungsvoraussetzungen

396 Im Rahmen der Vollstreckung gelten zunächst einmal die allgemeinen Vollstreckungsregelungen der §§ 704 ZPO ff. Daneben sind aber gerade in Mietsachen Besonderheiten zu beachten.

---

1 AG Bad Segeberg, r + s 1995, 186.
2 AG Bad Segeberg, r + s 1995, 186.
3 OLG Karlsruhe v. 16.6.2009 – 19 W 23/09, Justiz 2009, 325.

a) Vollstreckbarer Titel

Voraussetzung für jede Zwangsvollstreckung ist ein **vollstreckbarer Titel**. Hierbei wird es sich in der Regel um eine **gerichtliche Entscheidung** oder einen **gerichtlichen Vergleich** (§ 794 Nr. 1 ZPO) handeln. 397

Vollstreckt werden kann aber auch aus **Vergleichen**, die **vor einer Gütestelle i.S.d. § 15a EGZPO** geschlossen worden sind (§ 794 Nr. 1 ZPO). 398

Daneben kann aus **notariellen Urkunden** vollstreckt werden, sofern sich der Schuldner der sofortigen Zwangsvollstreckung unterworfen hat. Eine Räumungsvollstreckung aus notariellen Urkunden ist allerdings nicht möglich (§ 794 Abs. 1 Nr. 5 ZPO). 399

Darüber hinaus können die Parteien einen **Anwaltsvergleich** als Vollstreckungsgrundlage schaffen. Nach § 796a ZPO kann ein von anwaltlich vertretenen Parteien geschlossener Vergleich vom Gericht für vollstreckbar erklärt werden. Auch hier ist allerdings zu beachten, dass ein Vergleich über die Räumung von Wohnraum nicht zulässig ist (§ 796a Abs. 2 ZPO)[1]. 400

Schließlich kann aus einem **Zuschlagbeschluss** nach § 93 ZVG vollstreckt werden. 401

b) Klausel und Zustellung

Neben dem Vollstreckungstitel ist weiterhin Voraussetzung, dass der Titel zugestellt und eine vollstreckbare Ausfertigung (§ 724 ZPO) erteilt worden ist. Bei Beschlüssen, die im Wege der einstweiligen Verfügung ergangen sind, bedarf es keiner Vollstreckungsklausel (§§ 936, 929 ZPO). 402

c) Sicherheitsleistung

Soweit das Urteil noch nicht rechtskräftig und nur gegen Sicherheitsleistung vollstreckbar ist, muss vor der Vollstreckung die angeordnete Sicherheit geleistet werden (Ausnahme: Sicherungsvollstreckung nach § 720a ZPO oder Vorpfändung nach § 845 ZPO). 403

Zu beachten ist, dass Urteile in Streitigkeiten zwischen Vermieter und Mieter oder Untermieter von Wohnräumen oder anderen Räumen oder zwischen Mieter und Untermieter solcher Räume wegen Überlassung, Benutzung oder Räumung, wegen Fortsetzung des Mietverhältnisses nach §§ 574 bis 574b BGB sowie wegen Zurückhaltung eingebrachter Sachen nach § 708 Nr. 7 ZPO **ohne Sicherheitsleistung für vorläufig vollstreckbar** zu erklären sind und es in diesen Fällen auch vor Rechtskraft daher keiner Sicherheitsleistung des Gläubigers bedarf. Hier ist es Sache des Schuldners, nach § 711 ZPO die Vollsteckung durch Stellung einer Sicherheit abzuwenden. 404

---

1 Siehe im Einzelnen *Lebek/Latinovic*, NZM 1999, 14.

2. Vollstreckung vertretbarer Handlungen

405 Die Vollstreckung vertretbarer Handlungen erfolgt nach § 887 ZPO.

406 Das alle Jahre wieder notwendige „Anstellen der Heizung" (vgl. Rz. 345) durch die Gerichte, also der Antrag des Mieters, eine angemessene Beheizung seiner Wohnung zu erreichen, ist eine vertretbare Handlung[1] und nicht etwa gem. § 888 ZPO durch Zwangsgeld durchzusetzen. Die Vollstreckung erfolgt vielmehr gem. § 887 ZPO. Der Antrag kann wie folgt lauten:

Antrag nach § 887 ZPO

Amtsgericht
Abt. ...[2]
In Sachen
(Kurzrubrum)

> wird beantragt, den Gläubiger zu ermächtigen, die in dem Urteil des Amtsgerichts, dessen vollstreckbare und zugestellte Ausfertigung ich beifüge[3], auferlegte Handlung, nämlich ... auf Kosten des Schuldners ... vornehmen zu lassen.

---

407 Darüber hinaus sollte gleichzeitig nach § 887 Abs. 2 ZPO beantragt werden, den Schuldner zur Zahlung eines Vorschusses zu verurteilen. Dieser Antrag ist sinnvoll, um die Liquidität des Mandanten zu schonen.

Zusatzantrag nach § 887 Abs. 2 ZPO

...

> gleichzeitig wird beantragt, den Schuldner gem. § 887 Abs. 2 ZPO zu verurteilen, auf die durch die Vornahme der Handlung durch den Gläubiger entstehenden Kosten einen Vorschuss von ... Euro zu zahlen.

Der Titel, der zur **Zutrittsgewährung** verpflichtet, beinhaltet jedenfalls dann eine vertretbare Handlung, wenn ein verschlossenes Wohnanwesen gegeben ist[4]. Dann ist zur Zutrittgewährung nämlich das Öffnen von Türen erforderlich, hinter das die bloße Gewährung des Betretens zurücktritt.

---

[1] OLG Köln, MDR 1995, 95 m.w.N.; Zöller/*Stöber*, § 887 ZPO Rz. 10.
[2] Zuständig ist das Prozessgericht des ersten Rechtszugs (§ 887 Abs. 1 S. 1 ZPO).
[3] Die vollstreckbare Ausfertigung nebst Zustellungsnachweis muss dem Gericht vorgelegt werden.
[4] OLG Zweibrücken, ZMR 2004, 268.

Mitunter kommt es vor, dass die **Zwangsvollstreckung** (z.B. aus einem dem Vermieter verpflichtenden Urteil zur Mängelbeseitigung) **nachträglich unzulässig** wird. Die bisherige überwiegende Ansicht[1], war der Meinung, der Schuldner müsse in diesen Fällen Vollstreckungsgegenklage nach § 767 ZPO erheben. Der BGH[2] hält hingegen eine Erledigungserklärung des Zwangsvollstreckungsverfahrens in der Hauptsache für zulässig. Der Antrag des Gläubigers, im Verfahren nach § 887 ZPO, die Erledigung der Hauptsache festzustellen, stelle eine zulässige Veränderung des Streitgegenstandes dar; mit der Beendigung des Mietverhältnisses und dem Auszug des Mieters aus dem Mietobjekt trete die Erledigung des Zwangsvollstreckungsverfahrens ein. Die Verpflichtung zur Mängelbeseitigung falle mit Beendigung des Mietverhältnisses weg; nach Mietende habe der Gläubiger kein schutzwürdiges Interesse mehr an einer Mängelbeseitigung, mit der Folge, dass das für die Zwangsvollstreckung erforderliche Rechtsschutzinteresse entfalle.

407a

Im **einstweiligen Verfügungsverfahren** sollte der Mandant schon bei der Aufnahme der eidesstattlichen Versicherung darauf hingewiesen werden, dass im Rahmen der Vollstreckung eine Vorschusspflicht des Schuldners (Antragsgegners) besteht und er sich nach einem Fachmann umsehen soll, der die gewünschte Tätigkeit ausführt. Dieser Fachmann soll ihm unter detaillierter Beschreibung der Leistungen einen Kostenvoranschlag vorlegen, damit anschaulich dargestellt und unter Beweis gestellt werden kann, welche Tätigkeiten im Einzelnen notwendig sind. Über den Vorschuss muss nach Abschluss der Arbeiten abgerechnet werden[3].

408

Weitere Beispiele für vertretbare Handlungen in Mietsachen sind:

– **Betrieb** des Fahrstuhls,
– **Maßnahmen** zur Abwendung von Feuchtigkeitsemissionen,
– **Entfernung** eines in der Wohnung gehaltenen Haustieres,
– **Änderung** der Heizungsanlage, um Wohnräume richtig zu erwärmen,
– **Instandsetzung**,
– **Mängelbeseitigung**[4],
– **Zutritt** zu den Mieträumen, wenn Öffnungshandlungen genau beschrieben werden (vgl. *G Rz. 231 ff.*).

3. Vollstreckung auf Duldung oder Unterlassung

Die Vollstreckung von Duldungen und Unterlassungen erfolgt gem. § 890 ZPO.

409

---

1 Vgl. LG Heidelberg, DGVZ, 1994, 9; LG Mönchengladbach, DGVZ 2000, 118; **a.A.** OLG Köln, DGVZ 1999, 119; OLG Jena, WuM 2002, 221.
2 BGH, MietRB 2005, 118.
3 Zöller/*Stöber*, § 887 Rz. 10.
4 Vgl. zu allem Zöller/*Stöber*, § 887 ZPO Rz. 3 m.w.N.

410 Hat beispielsweise ein Vermieter das **Besichtigungsrecht** der vermieteten Wohnung gegenüber dem Mieter erfolgreich erstritten[1], kann er die Festsetzung eines Ordnungsgeldes beantragen.

Antrag nach § 890 Abs. 2 ZPO

In Sachen
(Kurzrubrum)

wird beantragt,

> gegen den Schuldner ein Ordnungsgeld von ... Euro, ersatzweise für den Fall, dass dieses nicht beigetrieben werden kann, für je ... Euro einen Tag Ordnungshaft festzusetzen, da er die durch Urteil vom ... angeordnete Wohnungsbesichtigung durch den Gläubiger nicht geduldet hat.

---

411 Sowohl bei dem Titel auf Unterlassung als auch dem auf Duldung i.S.d. § 890 ZPO ist es zweckmäßig, bereits im Klage- oder Verfügungsantrag die entsprechende Androhung der Vollstreckung durch Ordnungsgeld oder Ordnungshaft mit aufzunehmen, damit diese bereits im Urteil tituliert wird. Dies folgt aus § 890 Abs. 2 ZPO, da die Vollstreckung durch Ordnungsgeld und Ordnungshaft zuvor anzudrohen ist. Wird im Klageantrag die Androhung unterlassen und deshalb im Urteil nicht tenoriert, muss im Rahmen der Zwangsvollstreckung zunächst ein Beschluss auf Androhung des Ordnungsmittels gem. § 890 Abs. 2 ZPO erwirkt und ausschließlich zugestellt werden. Dies verzögert die Zwangsvollstreckung (unnötig). Zudem löst dieser nachträgliche selbständige Antrag zusätzliche Kosten (§ 18 Nr. 3 RVG, Nr. 3309 VV) aus, da damit bereits die Vollstreckung beginnt.

412 Weitere mietrechtliche Anwendungsfälle für § 890 ZPO sind:

– **Modernisierungsarbeiten** zu dulden,
– **Bauarbeiten einzustellen**,
– **Besitzstörungen** zu unterlassen,
– eine **bestimmte Nutzung der Mieträume** oder anderer Räume zu unterlassen,
– geeignete Maßnahmen gegen **störendes Hundegebell** zu ergreifen,
– **Musik** nur in Zimmerlautstärke zu spielen[2].

412a Die zu duldende Handlung muss nach Inhalt und Umfang **konkret und unzweideutig** bezeichnet sein. Die Duldungsverpflichtung muss so präzisiert sein, dass sie bereits dem **Titel zu entnehmen** ist. Versäumnisse im Erkenntnisverfahren „rächen" sich mitunter in der Vollstreckung.

---

1 Sinnvollerweise wird der Anspruch auf Besichtigung mit einer Zutrittsklage geltend gemacht (vgl. *G Rz. 241 f.*), um die Zwangsvollstreckung einfacher, d.h. nach § 887 ZPO zu gestalten.
2 Vgl. die Zusammenstellung bei Zöller/*Stöber*, § 890 ZPO Rz. 3 m.w.N.

4. Vollstreckung wegen nicht vertretbarer Handlungen

Bei nicht vertretbaren Handlungen erfolgt die Zwangsvollstreckung gem. § 888 ZPO durch Festsetzung eines Zwangsgeldes oder einer Zwangshaft, wobei im Gegensatz zu § 890 ZPO die Androhung eines Zwangsmittels ausdrücklich nicht erforderlich ist, § 888 Abs. 2 ZPO. 413

Hauptanwendungsfall im Mietrecht ist der Anspruch des Mieters auf Erteilung der Betriebskostenabrechnung[1]. Darin liegt eine unvertretbare Handlung, weil der Vermieter verbindliche Erklärungen aufgrund seiner besonderen Kenntnisse abgeben muss. Dass Teile der Handlung auch von einem Dritten beigebracht werden können, ist unerheblich. 414

Antrag nach § 888 ZPO

In Sachen
(Kurzrubrum)

wird beantragt,

gegen den Schuldner zur Erzwingung der im vollstreckbaren Urteil ... erfolgten Verurteilung, nämlich ... ein Zwangsgeld von ... Euro zu verhängen, ersatzweise für den Fall, dass dieses nicht beigetrieben werden kann, für je ... Euro einen Tag Zwangshaft.

Zu beachten ist, dass das Zwangsgeld durch den Gläubiger und nicht etwa durch das Gericht beizutreiben ist mit der Maßgabe, dass die Abführung des Erlöses an die Gerichtskasse erfolgt. Auch Forderungen des Schuldners sind mit der Maßgabe zu pfänden und zu überweisen, dass der Drittschuldner an die Gerichtskasse zu zahlen hat[2]. 415

5. Räumungsvollstreckung

a) Titel

Die Räumungsvollstreckung kann sowohl aus **Urteilen**, gerichtlichen **Vergleichen** oder auch einem **Zuschlagbeschluss** (§ 93 ZVG) betrieben werden. Eine Räumungsvollstreckung aus **notariellen Urkunden** oder **Anwaltsvergleichen** ist bei Wohnraum unzulässig (vgl. o. *Rz. 400*). Dagegen kommt ein **Vergleich vor einer Gütestelle i.S.d. § 15a EGZPO** nach § 794a ZPO als Räumungstitel in Betracht. 416

Sofern andere Personen als der Schuldner den Besitz an der Wohnung erst erlangt haben, nachdem der Räumungsprozess gegen den Mieter schon rechtshängig war, kann der Vermieter zum Räumungsurteil gegen den Mie- 416a

---

[1] BGH, MDR 2007, 81 = NJW-RR 2006, 1088 = NJW 2006, 2706 = NZM 2006, 639 = WuM 2006, 401.
[2] LG Essen, Rpfleger 1973, 185.

ter eine **Klauselumschreibung** auf diese verlangen, § 727 Abs. 1 ZPO i.V.m. § 325 Abs. 1, Alt. 2 ZPO.

b) Räumungsschuldner

417 Der Vollstreckungstitel muss gegen alle **Räumungsschuldner** gerichtet sein. Zum Räumungstitel gegen Unbekannt vgl. o. Rz. 109.

418 Sofern (auch) **dritte Personen** Besitz an der Wohnung haben, ist auch gegen sie ein gesonderter Titel erforderlich. Handelt es sich nur um so genannte Besitzdiener, ist ein gesonderter Titel nicht notwendig. Leiten die Dritten dagegen ein eigenes Besitzrecht von dem Räumungsschuldner ab, ist ein gesonderter Vollstreckungstitel erforderlich. Im Einzelnen gilt Folgendes:

418a – **Besucher**

Besucher und Gäste haben kein eigenes Besitzrecht. Sie sind Besitzdiener. Ein Titel gegen sie ist nicht erforderlich.

418b – **Ehegatten**

Sofern der Ehegatte ebenfalls Vertragspartner ist, bedarf es gegen ihn immer eines Vollstreckungstitels[1]. Hat nur einer der Ehegatten den Mietvertrag abgeschlossen, so reicht nach einer Auffassung der gegen ihn gerichtete Vollstreckungstitel aus[2]. Aus diesem Titel soll dann auch gegen den anderen Ehegatten mitvollstreckt werden können. Nach anderer Auffassung ist dagegen auch gegen den nicht am Mietvertrag beteiligten Ehegatten ein Räumungstitel erforderlich[3]. Ein Titel gegen den anderen Ehegatten, der nicht Vertragspartner ist, ist jedenfalls dann wiederum erforderlich, wenn der vertragsschließende Ehegatte ausgezogen und der andere Ehegatte in der Wohnung verblieben ist[4]. Bei Getrenntleben nach Rechtshängigkeit kommt ggf. eine Titelumschreibung in Betracht[5]. Im Zweifel sollte die Klage immer gegen beide Ehegatten gerichtet werden.

418c Der BGH[6] hält es im Hinblick auf § 750 Abs. 1 ZPO für notwendig, dass **alle Mitbesitzer** einer Wohnung im Räumungstitel aufgeführt werden. Da nach § 885 Abs. 1 ZPO die Räumung durch aus dem Besitzsetzen des Vollstreckungsschuldners und Besitzeinweisung des Gläubigers stattfände, bedürfe es einer Besitzentsetzung aller Gewahrsamsinhaber. Auch wenn nur ein Ehegatte Mieter sei, hätten dennoch beide Ehegatten gleichberechtigten Mitgewahrsam, weil sich für den Mieter aus § 1353 Abs. 1 BGB die Pflicht ergäbe, seinem Ehegatten die Benutzung der ehelichen Wohnung zu gestatten.

---

1 OLG Oldenburg, ZMR 1991, 268 = MDR 1991, 968.
2 OLG Hamm, NJW 1956, 1681; OLG Karlsruhe, WuM 1992, 493.
3 KG, NJW-RR 1994, 713 = WuM 1994, 32; OLG Oldenburg, NJW-RR 1994, 715 = Rpfleger 1994, 366; LG Stuttgart, Rpfleger 2003, 255.
4 OLG Düsseldorf, MDR 196, 234.
5 LG Mannheim, NJW 1962, 815.
6 BGH, NZM 2004, 701 = MietRB 2005, 2.

Es ist davon auszugehen, dass dies auch für solche Mitbesitzer gilt, für die eine Gestattung der Gebrauchsüberlassung § 553 Abs. 1 Satz 1 BGB vorliegt. Liegt keine Gestattung vor, genügen wohl auch die Voraussetzungen der Gestattung, sofern der Vermieter Kenntnis vom Mitbesitz hatte oder hätte haben können. Mitbesitz kann namentlich bei Lebenspartnern nach dem LPartG, nichtehelichen Lebensgefährten, zusammenlebenden Verwandten und ähnlichen häuslichen Lebensgemeinschaften bestehen. Voraussichtlich auch weiterhin keiner Aufnahme von in der Wohnung lebenden Personen in den Räumungstitel bedarf es, sofern nur Besitzdienerschaft vorliegt, wie in der Regel bei minderjährigen Kindern oder Hausbediensteten.

– **Gleichgeschlechtliche Partnerschaften**

Für Partnerschaften nach dem Lebenspartnerschaftsgesetz dürfte das Gleiche gelten wie für Eheleute.

418e

– **Kinder**

Kinder haben in der Regel kein eigenes Besitzrecht. Sie sind Besitzdiener. Ein Titel gegen sie ist daher nicht erforderlich[1]. Die Besitzverhältnisse an der Wohnung ändern sich im Regelfall nicht, wenn die Kinder nach **Erreichen der Volljährigkeit** mit ihren Eltern weiter zusammenleben; haben Kinder keinen Mitbesitz an der Wohnung erlangt, reicht für eine Räumungsvollstreckung ein Vollstreckungstitel gegen die Eltern aus[2].

418f

– **Lebensgefährte**

Hat der Mieter in die Mietwohnung einen **nichtehelichen Lebensgefährten** aufgenommen, ist für die Räumungsvollstreckung ein Vollstreckungstitel auch gegen den nichtehelichen Lebensgefährten erforderlich, wenn dieser Mitbesitz an der Wohnung begründet hat; ein Mitbesitz an der Wohnung muss sich aus den Umständen klar und eindeutig ergeben[3].

418g

– **Untermieter**

Gegen den Untermieter ist ein gesonderter Räumungstitel erforderlich[4]. Im Einzelfall kann allerdings auch aus dem Titel gegen den Hauptmieter gegen den Untermieter unmittelbar vollstreckt werden, wenn das Untermietverhältnis in kollusivem Zusammenwirken treuwidrig vereinbart worden ist, um die Räumungsvollstreckung zu unterlaufen[5].

418h

---

1 OLG Hamburg, NJW-RR 1991, 909 = ZMR 1991, 143 = MDR 1991, 453; LG Berlin, ZMR 1990, 146.
2 BGH, NZM 2008, 400 = FamRZ 2008, 1174 = NJW 2008, 1959 = MDR 2008, 824 = MietRB 2008, 228 = ZMR 2008, 695.
3 BGH, NZM 2008, 400 = FamRZ 2008, 1174 = NJW 2008, 1959 = MDR 2008, 824 = MietRB 2008, 228 = ZMR 2008, 695.
4 OLG Celle, NJW-RR 1988, 913; LG Kiel, WM 1991, 509; LG Hamburg, NJW-RR 1991, 1297; LG Köln in *Lützenkirchen*, KM 39 Nr. 1.
5 OLG Hamburg, MDR 1993, 274 = WuM 1992, 548 = ZMR 1993, 16; KG, NZM 2003, 105.

c) Zuständigkeit und Verfahren

419 Die Räumungsvollstreckung erfolgt durch den Gerichtsvollzieher des Amtsgerichts, in dessen Bezirk sich das zu räumende Objekt befindet.

420 Um dem Schuldner den Schutz nach § 765a Abs. 2 ZPO (vgl. u. *Rz. 452 ff.*) zu ermöglichen, muss der Gerichtsvollzieher die anstehende Räumung mindestens zwei Wochen vorher ankündigen. Er kann die Vollstreckung für die Dauer von bis zu einer Woche nach § 765a Abs. 1 S. 2 ZPO aufschieben, wenn sich unvorhergesehene Schwierigkeiten ergeben.

420a Verweigert der Schuldner dem Gerichtsvollzieher den Zutritt zur Wohnung, so kann allein aufgrund des erwirkten Räumungstitels im Rahmen der §§ 758, 758a Abs. 2 ZPO Gewalt angewendet und die Wohnung auch gegen den Widerstand des Schuldners geöffnet und geräumt werden. Eine **richterliche Durchsuchungsanordnung** ist daneben **nicht erforderlich**.

420b Der Vermieter kann den Vollstreckungsauftrag auf die Herausgabe der Wohnung beschränken, wenn er sich auf ein **Vermieterpfandrecht** an den beweglichen, in der Wohnung befindlichen Gegenständen beruft[1]; der Gerichtsvollzieher hat in diesem Fall die Sachen des Schuldners in der Wohnung zu belassen und darf keinen Kostenvorschuss für ein Transportunternehmen zur Wegschaffung der Gegenstände anfordern[2].

aa) Durchführung der Zwangsräumung

420c Der Gerichtsvollzieher verlangt vor Ansetzung des Räumungstermins vom Gläubiger als Kostenschuldner einen **Vorschuss** auf die voraussichtlichen Kosten des Abtransports und der erforderlichen Einlagerung, §§ 4, 13 Abs. 1 Nr. 1 GV KostG. Zahlt der Gläubiger diesen Vorschuss nicht, kann der Gerichtsvollzieher die Durchführung der Räumung ablehnen[3]. Nimmt der Gläubiger vor der Räumung seinen Vollstreckungsauftrag zurück, kann der Gerichtsvollzieher den angemessenen Ausfallbetrag für einen bereits beauftragten Spediteur geltend machen[4]. Diese Kosten sind keine notwendigen Kosten der Zwangsvollstreckung, die der Gläubiger nach § 788 ZPO beim Schuldner wieder beitreiben könnte.

420d Ist niemand auf Seiten des Schuldners bei der Räumung anwesend, um das **Räumungsgut** in Empfang zu nehmen, oder verweigert der Schuldner die Empfangnahme der Sachen, so darf sie der Gerichtsvollzieher nicht einfach

---

[1] BGH, Grundeigentum 2006, 110 = MDR 2006, 836 = NJW 2006, 848 = NZM 2006, 149 = Rpfleger 2006, 143 = WuM 2006, 50 = ZMR 2006, 199; BGH NJW 2006, 3273 = NZM 2006, 817 = ZMR 2006, 917 = ZfIR 2007, 39.
[2] BGH, Grundeigentum 2006, 110 = MDR 2006, 836 = NJW 2006, 848 = NZM 2006, 149 = Rpfleger 2006, 143 = WuM 2006, 50 = ZMR 2006, 199; BGH NJW 2006, 3273 = NZM 2006, 817 = ZMR 2006, 917 = ZfIR 2007, 39.
[3] LG Berlin, JurBüro 1965, 759; AG Brakel, DVGZ 1984, 158; AG Schönau, DGVZ 1989, 45.
[4] LG Kassel, DGVZ 2003, 42 u. 140.

auf die Straße setzen[1]. Vielmehr hat der Gerichtsvollzieher die Sachen in sein Pfandlokal zu schaffen oder, wenn dort keine Unterstellmöglichkeit besteht, sie anderweitig in Verwahrung zu geben, vgl. § 180 Nr. 5 Abs. 1 GVGA. Ausgenommen hiervon ist Müll und Gerümpel, die der Gerichtsvollzieher ohne weiteres zur Müllkippe schaffen lassen kann[2]. Das gilt allerdings nicht für sonstiges wertloses oder unverwertbares Räumungsgut. Dieses muss der Gerichtsvollzieher im Hinblick auf Art. 14 GG zunächst für den Schuldner zur Abholung bereithalten und diesem auf Verlangen kostenlos herausgeben, § 180 Nr. 5 Abs. 1 GVGA.

Die Durchführung der Zwangsräumung erfolgt nach **pflichtgemäßem Ermessen des Gerichtsvollziehers**. Dabei hat er die Interessen des Gläubigers und des Schuldners, aber auch das Interesse des Staates zu berücksichtigen, Sicherheit für die durch die Räumung verursachten Gebühren, Kosten und Auslagen zu erhalten. In jedem Fall hat der Gerichtsvollzieher durch entsprechende Vorbereitung und Aufsicht dafür zu sorgen, dass keine überhöhten Transport- und Lagerkosten entstehen[3]. 420e

bb) Räumungsgut

Fordert der Schuldner die eingelagerten Gegenstände nicht innerhalb von zwei Monaten vom Gerichtsvollzieher unter Erstattung der noch offenen Einlagerungskosten heraus, hat der Gerichtsvollzieher sie gemäß § 180 Nr. 5 Abs. 4 GVGA zu verkaufen, bzw. Unverkäufliches zu vernichten. Unterlässt er dies, haftet der Gläubiger nicht für weitere Lagerungskosten[4]. 420f

Die **Haftung für abhanden gekommenes bzw. beschädigtes Räumungsgut** trifft den Gläubiger. Er hat dafür Sorge zu tragen, dass die Zwangsräumung schadenfrei durchgeführt wird. Da der Gerichtsvollzieher bei der Beauftragung der Spedition nicht hoheitlich tätig wird, kommt keine Amtshaftung nach § 839 BGB in Betracht[5]. 420g

d) Verwirkung

Unabhängig von der Verjährung des titulierten Räumungsanspruchs kann die Vollstreckung wegen Verwirkung unzulässig werden. Dies ist der Fall, wenn der Vermieter über lange Zeit hinweg von dem Räumungstitel keinen Gebrauch macht und für den (ehemaligen) Mieter einen Vertrauenstatbestand schafft[6]. Je mehr Zeit der Vermieter verstreichen lässt, desto größer wird der Vertrauenstatbestand des Mieters auf den faktischen Fort- 421

---

1 OLG Karlsruhe, Rpfleger 1974, 408.
2 OLG Zweibrücken, DGVZ 1998, 8, 9; AG Leverkusen, DGVZ 1996, 44 f.
3 LG Frankfurt/Main, DGVZ 1972, 136.
4 LG Berlin, Rpfleger 2004, 431.
5 LG Berlin, DGVZ 1997, 168.
6 LG Hamburg, WuM 1989, 42; AG Frankfurt/Main, NJW-RR 1999, 204; LG Mönchengladbach, WuM 1990, 161.

bestand des Mietverhältnisses, zumal dann, wenn der Mieter weiterhin eine Nutzungsentschädigung zahlt. Die Verwirkung des Titels hat der Mieter ggf. im Wege der Vollstreckungsgegenklage (§ 767 ZPO) geltend zu machen.

e) Kosten der Zwangsräumung

422 Die Kosten der Zwangsräumung fallen nach § 788 ZPO dem Räumungsschuldner zur Last. Zu diesen Kosten zählen nicht nur die Anwaltsgebühren und die Gebühren des Gerichtsvollziehers, sondern auch die Kosten für die Entfernung der in dem Mietobjekt befindlichen Sachen, deren Transport und Verwahrung. Der Räumungsgläubiger muss mit diesen Kosten allerdings zunächst in Vorlage treten. Der Gerichtsvollzieher ist insoweit berechtigt und gehalten, einen Vorschuss zu verlangen.

Wird der **Räumungsauftrag zurückgenommen**, muss der Gerichtsvollzieher über den Vorschuss abrechnen. Hat er bereits ein Speditionsunternehmen, dass ihm bei der Räumung behilflich sein sollte, beauftragt, können Bereitstellungskosten anfallen. Insoweit muss der Gerichtsvollzieher im Einzelnen darlegen und ggf. unter Beweis stellen, welche Vertragsvereinbarungen bzw. Geschäftsbedingungen der Beauftragung der Spedition zugrunde lagen und welche Voraussetzungen für die Entstehung eines Anspruchs auf Erstattung der Bereitstellungskosten oder einer Pauschale erfüllt sein müssen[1].

Nicht selten wird die Räumungsvollstreckung unterbrochen, weil die Gemeinde zur Abwendung einer sonst drohenden Obdachlosigkeit die Wohnung beschlagnahmt und den Räumungsschuldner in die Wohnung einweist[2]. Da der Vermieter in diesem Fall als so genannter Nichtstörer in Anspruch genommen wird, kann er alle zusätzlichen Aufwendungen, die ihm durch die **Beschlagnahme** entstehen, von der Gemeinde ersetzt verlangen[3]. Dazu gehören nicht nur die Kosten des zusätzlichen Räumungsauftrages, sondern auch Ersatz für Beschädigungen, die vom Schuldner während der Beschlagnahmezeit hervorgerufen werden. Umso mehr kann es als Rechtsanwalt des Vermieters erfolgreich sein, der Gemeinde schon im Anhörungsverfahren, dass der Beschlagnahme regelmäßig vorausgeht bzw. vorausgehen muss, die Geltendmachung dieser zusätzlichen Kosten anzudrohen.

f) Räumungsfristverfahren nach § 721 ZPO u. § 794a ZPO

aa) Verfahren nach § 721 ZPO

423 Nach § 721 ZPO kann vor dem Prozessgericht die Gewährung einer Räumungsfrist beantragt werden.

---

1 LG Frankfurt/Main, NZM 2003, 105.
2 In NRW bildet dafür die Rechtsgrundlage § 19 OBG NW.
3 BGH, WuM 1996, 161.

Die Vorschrift des § 721 ZPO gilt nur für die Räumungsvollstreckung aus **Urteilen**. Auf **Zuschlagbeschlüsse** ist § 721 ZPO nicht anwendbar, da diese Vorschrift nur auf das Erkenntnisverfahren zugeschnitten ist[1]. Für Vergleiche gilt § 794a ZPO (vgl. u. *Rz. 438 f.*). 424

§ 721 ZPO gilt nur bei Wohnraummietverhältnissen. Es ist aber möglich, bei **Mischmietverhältnissen** eine Räumungsfrist hinsichtlich des Wohnraums zu erwirken[2]. 425

Ausgeschlossen ist die Anwendung des § 721 ZPO bei **Zeitmietverträgen** nach § 575 BGB (§ 721 Abs. 7 ZPO). Bei Zeitmietverträgen weiß der Mieter von vornherein, wann sein Besitzrecht endet. Er kann sich zeitig hierauf einstellen. Lediglich bei einer vorzeitigen außerordentlichen Kündigung kommt eine Verlängerung bis zum ursprünglich vorgesehenen Ablauf in Betracht (§ 721 Abs. 7 ZPO). 426

Ebenso ausgeschlossen ist eine Räumungsfrist bei **Wohnraummietverhältnissen gem. §§ 549 Abs. 2 Nr. 3 BGB**. 427

Unanwendbar ist § 721 ZPO dann, wenn der Räumungsschuldner **Grundrechtsverletzungen** beim Zustandekommen des Urteils einwendet und sich der gerichtlichen Räumungsanordnung entziehen will[3]. Räumungsschutz nach § 721 ZPO kommt ebenso wenig in Betracht gegen eine **Räumungsverfügung gemäß § 940a ZPO**[4]. 427a

(1) Unselbständiges Verfahren nach § 721 Abs. 1 ZPO

Eine Besonderheit in Räumungsrechtsstreitigkeiten stellt § 721 ZPO Abs. 1 ZPO dar, wonach von Amts wegen oder auf Antrag das Prozessgericht dem Mieter schon im Erkenntnisverfahren eine den Umständen nach angemessene Räumungsfrist einräumen kann. 428

Dabei ist für den Rechtsanwalt zu beachten, dass dieser Antrag regelmäßig vor dem Schluss der mündlichen Verhandlung zu stellen ist. Sinnvollerweise sollte der Antrag standardmäßig in die Klageerwiderung im Räumungsklageverfahren als Hilfsantrag aufgenommen werden. 429

Über den Antrag ist im Urteil zu entscheiden. Ist der Antrag übergangen worden, kann Urteilsergänzung nach § 321 ZPO beantragt werden (§ 721 Abs. 1 S. 2 ZPO). Das gilt auch dann, wenn durch Versäumnisurteil auf Räumung erkannt worden ist, da die Entscheidung über eine Räumungsfrist auch von Amts wegen ergehen muss. In diesem Fall empfiehlt es sich, gleichzeitig auch die Einstellung der Zwangsvollstreckung zu beantragen. 430

---

1 Zöller/*Stöber*, § 721 ZPO Rz. 1; *Dassler/Schiffhauer/Gerhardt/Muth*, § 93 ZVG Rz. 17 m.w.N. auch zur Gegenauffassung.
2 LG Mannheim, ZMR 1993, 79.
3 LG Frankfurt/M., ZMR 1999, 402 = WuM 1999, 346.
4 LG Hamburg, NJW-RR 1993, 1233.

> **Antrag auf Urteilsergänzung wegen übergangenem Räumungsfristantrag**
>
> In Sachen
> (Kurzrubrum)
> wird im Wege der Urteilsergänzung nach § 321 ZPO beantragt,
> > dem Beklagten eine Räumungsfrist bis zum ... zu gewähren.
>
> Gleichzeitig wird beantragt,
> > die Zwangsvollstreckung aus dem Urteil vom ... ohne Sicherheitsleistung – hilfsweise gegen Sicherheitsleistung – einzustellen.

431 Soweit sich das Verfahren in der Berufung befindet, ist das Landgericht zuständig.

(2) Selbständiges Verfahren nach § 721 Abs. 2 ZPO

432 Ist auf künftige Räumung erkannt und über eine Räumungsfrist noch nicht entschieden worden, kann der Antrag auf Räumungsfrist noch bis spätestens zwei Wochen vor dem Tage, an dem nach dem Urteil zu räumen ist, gestellt werden (§ 721 Abs. 2 ZPO).

433 Die antragsgemäße Verurteilung des Mieters zu zukünftiger Räumung (§§ 257, 259 ZPO) beinhaltet nicht bereits die Gewährung einer Räumungsfrist[1]. Dies kann vielmehr gem. § 721 Abs. 2 ZPO auch bei einer Verurteilung zu künftiger Räumung noch begehrt werden.

434 Zuständig ist auch hier das **Prozessgericht** (§ 721 Abs. 4 ZPO).

(3) Verlängerung einer Räumungsfrist nach § 721 Abs. 3 ZPO

435 Die **Verlängerung einer Räumungsfrist** ist im Selbständigen Verfahren möglich (§ 721 Abs. 3 ZPO), und zwar unabhängig davon, ob die erstmalige Frist nach § 721 Abs. 1 oder nach Abs. 2 ZPO gewährt worden ist. Der Verlängerungsantrag muss zwei Wochen vor Ablauf der bereits gewährten Räumungsfrist gestellt werden (§ 721 Abs. 3 ZPO).

> **Antrag auf Verlängerung einer Räumungsfrist**
>
> In Sachen
> (Kurzrubrum)
> wird gem. § 721 Abs. 3 ZPO beantragt,
> > die durch Urteil vom ... bewilligte Räumungsfrist bis zum ... zu verlängern.

---

1 LG Düsseldorf, WuM 1993, 471.

Die erstmalige Gewährung einer Räumungsfrist kommt dagegen bei sofortiger Räumung im Selbständigen Verfahren nicht in Betracht. Hier muss der Antrag spätestens bis zum Schluss der mündlichen Verhandlung gestellt worden sein (§ 721 Abs. 1 S. 2 ZPO). 436

Zuständig ist wiederum das **Prozessgericht** (§ 721 Abs. 4 ZPO). Das gilt auch dann, wenn der Rechtsstreit sich in einer anderen Instanz befindet[1]. 437

bb) Räumungsfristverfahren nach § 794a ZPO

Eine ähnliche Regelung wie in § 721 ZPO gilt für den Fall des Abschlusses eines Räumungsvergleichs gem. § 794a ZPO. Den Inhalt dieser Vorschrift sollte sich der Rechtsanwalt bei jeder Vergleichsverhandlung vor Augen halten. Insbesondere sollte er sich bewusst sein, dass auch hier eine Räumungsfrist von bis zu einem Jahr (noch) gewährt werden kann, § 794a Abs. 3 ZPO. 438

Soll im Rahmen des Vergleichs die Räumung der Wohnung durch den Mieter zu einem späteren Zeitpunkt vereinbart werden, sollte der Rechtsanwalt des Vermieters darauf achten, dass die Zeit zwischen Abschluss des Vergleichs und dem Auszug als Räumungsfrist geregelt wird, damit diese Zeit auf die Frist des § 794a Abs. 3 ZPO angerechnet werden kann, § 794a Abs. 3 S. 2 ZPO. Diesen Anforderungen wird z.B. folgender Vergleichstext gerecht: 439

Vergleich mit Räumungsfrist

1. Der Beklagte verpflichtet sich, die Wohnung ..., bestehend aus drei Zimmern, Küche, Diele und Bad sowie Balkon nebst dem dazugehörigen Kellerraum, zu räumen und geräumt an den Kläger herauszugeben.
2. Dem Beklagten wird eine Räumungsfrist bis zum ... bewilligt. Er ist berechtigt, jederzeit vorher zu räumen.

Dem Rechtsanwalt des Mieters sollte bewusst sein, dass er bei Abschluss eines Vergleichs, der eine spätere Räumung vorsieht, nicht ohne weiteres Räumungsschutz nach § 794a Abs. 1 ZPO erhält. Denn die besonderen Interessen des Mieters an einer Hinausschiebung der Räumung sind bereits im Vergleich berücksichtigt, so dass eine Räumungsfrist regelmäßig nur in Betracht kommt, wenn bisher nicht bekannte Gründe für eine Räumungsfrist oder weitere Räumungsfrist sprechen. 440

---

1 BGH, NJW 1990, 2823; BGH, DWW 1991, 45, 84; LG Mannheim, ZMR 1993, 79.

cc) Interessensabwägung

441 Über die Räumungsfrist entscheidet das Gericht sowohl im Verfahren gem. § 721 Abs. 1, Abs. 3 ZPO als auch im Verfahren gem. § 794a ZPO nach pflichtgemäßem Ermessen. Es findet also eine Abwägung zwischen dem **Bestandsinteresse** des Mieters und dem **Erlangungsinteresse** des Vermieters statt.

442 Der Mieter muss sich in zumutbarem Maße um Ersatzwohnraum bemühen[1], und zwar nach der erstmaligen Bewilligung dieser Frist[2] Was dem Mieter im Einzelnen zumutbar ist, hängt von den individuellen Verhältnissen ab. So kann einem finanziell schwach gestellten Mieter unter Umständen nicht zugemutet werden, einen Makler zu beauftragen oder in großem Umfang Wohnungsanzeigen zu schalten[3].

443 Ein Rechtsanwalt des Mieters hat deshalb alles darzulegen, was das Bestandsinteresse seines Mandanten begründen und das Erlangungsinteresse des Vermieters reduzieren kann, beispielsweise:

- Sicherstellung der Zahlung des Nutzungsentgeltes,
- Belege über die Anstrengung des Mieters, sich eine Ersatzunterkunft zu suchen[4],
- allgemeine Wohnungsmarktlage,
- Unzumutbarkeit eines Zwischenumzuges,
- persönliche Umstände wie **Alter** des Mieters,
- **Dauer** des Mietverhältnisses,
- **Erreichbarkeit** des **Arbeitsplatzes**,
- **Krankheit**, hohes Alter oder Ähnliches,
- Notwendigkeit einer **preiswerten Wohnung** (Einkommens- und Familienverhältnisse).

444 Die einzelnen Tatsachen sollten spezifiziert vorgetragen und glaubhaft (§ 294 ZPO) gemacht werden. Der Rechtsanwalt sollte daher mit seinem Mandanten klären, ob nicht Bestätigungen Dritter (Attest, Bestätigung von Vermietern oder Maklern über die Nachfrage nach Wohnraum durch den Mieter, etc.) beigebracht werden können. Es empfiehlt sich, die einzelnen Aktivitäten in einer Art **Tagebuch** zu dokumentieren, damit das Bestandsinteresse später substantiiert dargelegt werden kann. Gleiches gilt für das Erlangungsinteresse der Vermieterseite, insbesondere auch bei der Beantragung einer Verkürzung der Räumungsfrist im Rahmen des § 721 ZPO.

---

1 LG Mannheim, WuM 1978, 269; BGH, MDR 1990, 1003 = NJW 1990, 2823; AG Münster, WuM 1998, 731; AG Köln, MietRB 2003, 33, 34 m. Anm. *Monschau*.
2 KG, IMR 2009, 155.
3 LG Mannheim, ZMR 1993, 79; WuM 1993, 62.
4 LG Mannheim, WuM 1978, 269.

Der Rechtsanwalt des Vermieters wird nämlich ebenso wie bei der Beantragung einer Verkürzung der Räumungsfrist im Rahmen des § 721 ZPO darzulegen haben, dass der Mieter z.B. 445

– den **Hausfrieden** verletzt,
– den Mitmieter oder den Vermieter **belästigt**,
– das **Nutzungsentgelt** nicht zahlt

und Ähnliches mehr.

dd) Erfolgsprognose

Die Erfolgsprognose ist im Rahmen der §§ 721, 794a ZPO für den Mieter 446 günstiger als für den Vermieter, da in der Regel dem Bestandsinteresse im Rahmen dieser Vorschriften ein Vorrang vor dem Erlangungsinteresse eingeräumt wird[1]. Darauf sollte sich der Rechtsanwalt des Vermieters einstellen und mit seinem Mandanten sorgfältig prüfen, ob außergewöhnliche Umstände vorgetragen werden können (Mietminderung durch andere Mieter wegen Ruhestörungen durch eidesstattliche Versicherungen anderer Mieter).

ee) Dauer der Räumungsfrist

Die **Dauer** der vom Gericht zu gewährenden Räumungsfrist liegt in dessen 447 pflichtgemäßem Ermessen. Insgesamt darf einschließlich eventueller Verlängerungen eine Frist von einem Jahr nicht überschritten werden (§ 721 Abs. 5 ZPO).

ff) Verzicht des Mieters

Ob der Mieter, insbesondere in einem Vergleich, einen wirksamen **Verzicht** auf Beantragung einer (weiteren) Räumungsfrist erklären kann, erscheint zweifelhaft. Für den Fall des § 765a ZPO ist anerkannt, dass ein Verzicht vor Wirksamkeit der einzelnen Zwangsvollstreckungsmaßnahmen nicht zulässig ist[2]. Auch während der Zwangsvollstreckung soll der Verzicht nicht zulässig sein, da § 765a ZPO als Schutzbestimmung des Vollstreckungsrechts auch öffentlichen Interessen Rechnung trägt. Die gleichen Erwägungen gelten für den Verzicht auf eine Räumungsfrist sowohl nach § 794a ZPO als auch nach § 721 ZPO. Denn hat der Mieter eine andere Wohnung nicht gefunden, droht ihm die Obdachlosigkeit, deren Verhinderung ein überragendes öffentliches Interesse darstellt[3]. 448

---

1 LG Regensburg, WuM 1991, 359.
2 OLG Hamm, NJW 1960, 104.
3 MünchKomm/*Arnold*, § 765a ZPO Rz. 108; Zöller/*Stöber*, § 765a ZPO Rz. 25.

gg) Rechtsmittel

449 Ist über die Räumungsfrist im Urteil entschieden worden und soll **auch der Räumungsausspruch** angegriffen werden, ist einheitlich die Berufung gegeben[1]. Dabei prüft das Berufungsgericht von Amts wegen – also auch ohne ausdrücklichen Antrag – die Voraussetzungen des § 721 ZPO. Nicht selten wird in der Praxis versucht, die Räumungsvollstreckung durch Einlegung von Rechtsmitteln hinauszuzögern. Dies kann das Berufungsgericht durch Verkürzung der Räumungsfrist ausgleichen. Ist ein **Versäumnisurteil** auf Räumung ergangen, so ist hiergegen der Einspruch gegeben.

450 Soll **nur die Entscheidung über die Räumungsfrist** angegriffen werden, ist nach § 721 Abs. 2 und Abs. 3 ZPO die sofortige Beschwerde gegeben, und zwar auch dann, wenn durch Urteil entschieden worden ist.

450a Eine **weitere Beschwerde** ist nicht gegeben, wohl ist aber die **Rechtsbeschwerde nach § 574 ZPO** möglich, wenn sie vom Beschwerdegericht zugelassen worden ist[2].

450b Ist über die Räumung durch **Versäumnisurteil** entschieden worden und soll nur die Entscheidung über die Räumungsfrist angegriffen werden, soll also lediglich die Bewilligung einer Räumungsfrist erreicht werden, ist der Einspruch gegeben[3].

450c Wird von einer Partei Berufung eingelegt und von der anderen sofortige Beschwerde, geht die Berufung vor[4].

hh) Kosten

451 In isolierten Räumungsfristverfahren ist eine eigene **Kostenentscheidung** zu treffen. Über die Kosten ist nach den §§ 91 ff. ZPO zu entscheiden[5]. Ein sofortiges kostenbefreiendes Anerkenntnis (§ 93 ZPO) ist möglich.

g) Vollstreckungsschutz nach § 765a ZPO

452 Eine weitere Möglichkeit, die Räumungsvollstreckung ganz oder teilweise aufzuheben, zu untersagen oder einstweilen einzustellen, bietet § 765a ZPO.

453 Vollstreckungsschutz nach § 765a ZPO ist im Gegensatz zur Räumungsfrist nach §§ 721 und 794 ZPO nicht auf Wohnraummietverhältnisse beschränkt, sondern gilt für **sämtliche Räumungstitel**. Im Gewerberaum-

---

1 *Schuschke*, § 721 ZPO Rz. 20.
2 Zöller/*Stöber*, § 794a ZPO Rz. 5.
3 So LG München, NZM 1999, 308; *Schuschke*, § 721 ZPO Rz. 20, der darauf hinweist, dass es wegen der Einspruchsmöglichkeit am Rechtsschutzbedürfnis der Beschwerde fehlt.
4 LG Landshut, NJW 1967, 1374; LG Düsseldorf, ZMR 1990, 380.
5 Zöller/*Stöber*, § 721 ZPO Rz. 11 m. Nachw.; **a.A.** LG München I, WuM 1982, 81; *Schmid/Scholz*, § 25 Rz. 43 ff.

mietrecht bietet die Vorschrift oftmals die einzige Möglichkeit, eine Räumung zu verschieben.

Für Zuschlagbeschlüsse nach § 93 ZVG, Räumungstitel auf Gewerberäume, nach Zeitmietverträgen oder über Wohnraummietverhältnisse gem. §§ 549 Abs. 2 Nr. 3 BGB ist dies die einzige Möglichkeit des Räumungsschutzes. 454

aa) Zuständigkeit

Dieser Antrag ist, im Gegensatz zu den Anträgen nach §§ 721, 794a ZPO, nicht an das Prozessgericht, sondern an das **Vollstreckungsgericht** zu richten. 455

bb) Antrag

Der Antrag auf Vollstreckungsschutz ist erst zulässig, wenn der Räumungsauftrag bereits erteilt worden ist. Vor Erteilung des Räumungsantrages an den Gerichtsvollzieher fehlt es an dem Rechtsschutzbedürfnis für einen solchen Antrag. Vollstreckungsschutz nach § 765a ZPO kann stets nur der Schuldner selbst beantragen, nicht aber ein Dritter[1]. 456

**Antrag auf Vollstreckungsschutz
gem. § 765a ZPO**

In Sachen
(Kurzrubrum)

wird gem. § 765a ZPO beantragt,

die Zwangsvollstreckung aus dem Urteil des AG …, Az. … vom … einstweilen einzustellen …

Da die Vollstreckung begonnen haben muss, sind Nachweise hierüber dem Antrag beizufügen, etwa die Vollstreckungsankündigung durch den Gerichtsvollzieher. 457

Gem. § 765a Abs. 3 ZPO muss der Antrag spätestens zwei Wochen vor dem festgesetzten Räumungstermin gestellt werden, es sei denn, dass die Gründe, auf denen der Antrag beruht, erst nach diesem Zeitpunkt entstanden sind oder der Schuldner ohne sein Verschulden an einer rechtzeitigen Antragstellung gehindert war. 458

Zu beachten ist, dass die Anwendung des § 765a ZPO selbst dann noch möglich ist, wenn die Frist der §§ 721, 794a ZPO schon abgelaufen ist. Al- 459

---

1 LG Rostock, MDR 2003, 596 = DGVZ 2003, 75.

lerdings dürfte dann die Abwägung tendenziell eher zugunsten des Vermieters ausfallen.

459a Der Antrag kann – bis zu einer endgültigen Entscheidung – im Wege der **einstweiligen Anordnung**, die auf vorläufige Einstellung der Zwangsräumung gerichtet ist, verfolgt werden, §§ 732 Abs. 2, 765a Abs. 1 Satz 2 ZPO. Auf Antrag einer Partei kann das Gericht eine einstweilige Anordnung bis zur Endentscheidung bei Änderungen des Sachverhaltes aufheben oder abändern.

cc) Begründung

460 Über den Vollstreckungsschutzantrag entscheidet der Rechtspfleger durch Beschluss. Eine mündliche Verhandlung ist nicht vorgeschrieben. Allerdings ist den Parteien rechtliches Gehör zu gewähren. Das Gericht kann bis zur endgültigen Entscheidung die Zwangsvollstreckung einstweilen einstellen.

461 Der Gerichtsvollzieher wiederum kann nach § 765a Abs. 1 S. 2 ZPO die Vollstreckung aufschieben, wenn ihm glaubhaft gemacht wird, dass die Voraussetzungen des § 765a ZPO vorliegen und die rechtzeitige Anrufung des Vollstreckungsgerichts nicht möglich war.

462 Im Gegensatz zu §§ 721, 794a ZPO entscheidet das Vollstreckungsgericht unter voller Würdigung des Schutzbedürfnisses des Gläubigers und berücksichtigt zugunsten des Schuldners nur ganz besondere Umstände, die eine Härte bedeuten, so dass die Zwangsvollstreckung mit den guten Sitten nicht vereinbar ist. Das heißt, dass die Vorschrift zugunsten des Schuldners eng ausgelegt wird[1] und im Gegensatz zu den §§ 721, 794a ZPO dem Bestandsinteresse des Mieters kein Vorrang vor dem Erlangungsinteresse des Vermieters eingeräumt wird. Vollstreckungsschutz nach § 765a ZPO soll also nur in ganz besonderen Ausnahmefällen – bei sittenwidriger Vollstreckungshärte – gewährt werden. Der Rechtsanwalt des Mieters muss deshalb spezifiziert darlegen, dass sein Mandant schwerwiegende Beeinträchtigungen, die nicht akzeptabel sind, erleidet, wenn die Zwangsräumung durchgeführt wird, beispielsweise:

462a – besondere **Gebrechlichkeit**/Eintritt eines Pflegefalles[2]
 – konkrete **Gesundheitsgefährdung**[3]

462b Der **Anwalt des Mieters** muss – durch Vorlage eines ausführlichen ärztlichen Attestes oder eines Fachgutachtens – im Einzelnen darlegen, aufgrund welcher Umstände welche konkreten körperlichen Folgen mit welchem Grad an Wahrscheinlichkeit erwartet werden.

---

1 BGH, BGHZ 44, 138.
2 BVerfG, WuM 1997, 591.
3 OLG Köln, NJW-RR 1990, 590.

– **Suizidgefahr** oder anderweitige Risiken für Leben und Gesundheit 462c
Bei bestehender ernsthafter Gefahr einer Selbsttötung des Räumungsschuldners darf dessen Einstellungsantrag nur abgelehnt werden, wenn das Vollstreckungsgericht der Suizidgefahr durch geeignete konkrete Auflagen oder durch die Anordnung geeigneter konkreter Betreuungsmaßnahmen entgegenwirkt[1]. Eine für den Fall einer Zwangsräumung bestehende Suizidgefahr schließt eine Räumungsvollstreckung nicht von vornherein aus. Vielmehr ist eine **Würdigung aller Umstände** vorzunehmen, die in besonders gelagerten Einzelfällen auch dazu führen kann, dass die Vollstreckung für einen längeren Zeitraum und – in absoluten Ausnahmefällen – auf unbestimmte Zeit einzustellen ist. Diese Rechtsprechung wird dadurch ergänzt, dass bei mit **konkreter Gefahr** für Leben und Gesundheit des Schuldners verbundener Zwangvollstreckung das Vollstreckungsgericht, wenn es zur Abwehr dieser Gefahr die Unterbringung des Schuldners in einer psychiatrischen Einrichtung für erforderlich hält, mit der Vollstreckungsmaßnahme zuwarten muss, bis die Unterbringung durch die zuständigen Behörden und Gerichte angeordnet und durchgeführt worden ist[2]. Unter dem **Gesichtspunkt der Verhältnismäßigkeit** hat der Tatrichter, bevor er die Unterbringung anregt, stets zu prüfen, ob der Gefahr der Selbsttötung durch ambulante psychiatrische und psychotherapeutische Maßnahmen begegnet werden kann.

In einer weiteren Entscheidung, die sich auf die Verletzung rechtlichen Gehörs gemäß Art. 103 Abs. 1 GG wegen Verletzung der Hinweispflicht nach § 139 ZPO bezieht und insofern nicht verallgemeinert werden kann[3], hat der BGH[4] entschieden, dass der Schuldner zunächst einen **Härtegrund** i.S.v. § 765a ZPO (hier: Suizidgefahr), der eine solche Aussetzung rechtfertigen könnte, nennen kann und diesen Grund später gegen einen anderen (hier: Herz-/Kreislauferkrankung) **austauschen** darf. 462d

Der **Anwalt des Vermieters**, der die sofortige Räumung durchsetzen will, sollte das Gericht darauf hinweisen, dass bei der Interessenabwägung hinsichtlich des Schuldnerschutzes zu berücksichtigen ist, dass außer der Einstellung der Zwangsvollstreckung auch andere Maßnahmen in Betracht kommen, z.B. die Einweisung in eine Nervenklinik oder die Ingewahrsamnahme durch die Polizei entsprechend der Landesgesetze. 462e

– Schwangerschaft[5]
– Einweisung in ein Obdachlosenheim, obwohl in absehbarer Zeit eine Ersatzwohnung bereitsteht[6],
– unmittelbar bevorstehender freiwilliger Auszug.

---

1 BGH, MDR 2006, 535 = NJW 2006, 508 = Rpfleger 2006, 149.
2 BGH, NJW 2007, 3719 = NZM 2007, 658 = Rpfleger 2007, 561.
3 *Monschau* in Börstinghaus, MietPrax, Fach 10, Rz. 621.
4 BGH, IMR 2008, 257.
5 LG Stuttgart, WuM 1991, 347: Räumungsschutz zeitnah zur Geburt für acht bis zehn Wochen danach.
6 LG Lübeck, WuM 1970, 13.

Im Übrigen sei auf die einschlägigen Kommentierungen zu § 765a ZPO und die dortigen Entscheidungsnachweise verwiesen.

462f Ungeachtet der sehr hohen Anforderungen an die Härtegründe, sollte der Anwalt des Mieters sich schon aus Haftungsgründen davor hüten, vorschnell die freiwillige Räumung zu empfehlen. Denn grundsätzlich ist der Anwalt verpflichtet, einem vorläufig vollstreckbaren Räumungstitel mit geeigneten Rechtsbehelfen entgegenzutreten und dem Gegner klar zu machen dass die Zwangsvollstreckung zum Schadensersatz nach § 717 Abs. 2 ZPO verpflichtet, wenn der Rechtsbehelf erfolgreich war[1].

dd) Erlangungsinteresse des Vermieters

463 Als Vertreter des Vermieters kann in solchen Fällen das eigene, dringende Erlangungsinteresse entgegengehalten werden, wobei die eigene persönliche Situation, insbesondere bei Eigenbedarfskündigungen, nicht unerhebliches Gewicht hat.

ee) Erneuter Antrag

464 Vollstreckungsschutzanträge können auch mehrmals gestellt werden. Allerdings können für den weiteren Vollstreckungsschutzantrag nur solche Gründe berücksichtigt werden, die nicht schon im ersten Verfahren hätten vorgetragen werden können[2].

ff) Verzicht

465 Ein Verzicht auf zukünftigen Vollstreckungsschutz ist unwirksam.

gg) Kosten

466 Mit Abschluss des Verfahrens ist auch über die **Kosten** des Vollstreckungsschutzantrags zu entscheiden. Grundsätzlich sind die Kosten nach § 788 Abs. 1 ZPO dem Schuldner aufzuerlegen. Nach § 788 Abs. 3 ZPO können die Kosten aus Billigkeitsgründen jedoch auch dem Gläubiger auferlegt werden, insbesondere dann, wenn er einem begründeten Vollstreckungsantrag grundlos entgegengetreten ist.

hh) Rechtsbehelfe/Rechtsmittel

467 Gegen **vorläufige Maßnahmen** des Rechtspflegers ist die **Erinnerung** nach § 11 Abs. 2 S. 3 RPflG gegeben.

468 Gegen die Entscheidung des Vollstreckungsgerichts ist die **sofortige Beschwerde** nach § 793 ZPO gegeben. Der Rechtspfleger kann nicht abhelfen (§ 577 Abs. 3 ZPO). Es läuft eine **Notfrist** von zwei Wochen ab Zustellung,

---

1 BGH, NJW 2003, 2988.
2 Zöller/*Stöber*, § 765a ZPO Rz. 26.

§ 569 Abs. 1 Satz 1 ZPO. Die weitere Beschwerde ist nicht mehr möglich, sondern allenfalls die Rechtsbeschwerde, wenn sie zugelassen wird (§ 574 ZPO).

Für das Beschwerdeverfahren gilt § 788 ZPO nicht. Über die Kosten des Beschwerdeverfahrens ist nach den allgemeinen Vorschriften der §§ 91 ff. ZPO – insbesondere § 97 ZPO – zu entscheiden. 469

6. Kosten der Vollstreckung

Die Kosten der Zwangsvollstreckung fallen gem. § 788 ZPO dem Schuldner zur Last. Sie können ohne besonderen Kostentitel zusammen mit der Hauptsache beigetrieben werden. 470

Eine **Festsetzung** der Kosten gem. §§ 708 Abs. 3, 103 ff. ZPO ist allerdings immer möglich und bietet sich an, wenn der Schuldner Einwände zur Höhe oder Notwendigkeit erhebt oder wenn die Kosten derzeit nicht beitreibbar sind. 471

Zuständig für die Kostenfestsetzung ist das Vollstreckungsgericht, in dessen Bezirk bei Antragstellung die Vollstreckung anhängig ist. Nach Abschluss der Vollstreckung ist das Vollstreckungsgericht zuständig, in dessen Bezirk die letzte Vollstreckungshandlung stattgefunden hat. 472

Diese Zuständigkeit gilt auch für ein eventuelles **Vergütungsfestsetzungsverfahren** gegen die eigene Partei nach § 11 RVG[1]. 473
Zum Umfang der Kosten einer **Zwangsräumung** vgl. o. *Rz. 422*.

Richtet sich die Vollstreckung gegen **mehrere Schuldner**, so hat jeder von ihnen grundsätzlich nur die Kosten zu tragen, die durch die gegen ihn gerichtete Vollstreckung ausgelöst worden sind. Sind mehrere Schuldner allerdings als **Gesamtschuldner** verurteilt worden, so haften sie auch für die Kosten der Vollstreckung als Gesamtschuldner. Dies ist durch das ZPO-RG seit dem 1.1.2002 gesetzlich geregelt (§ 788 Abs. 1 S. 3 ZPO)[2]. Diese Vorschrift wird weitgehend nicht beachtet, was zu unzulässigen Klagen führt. Eine Klage auf Kostenerstattung gegen die weiteren Gesamtschuldner ist mangels Rechtsschutzbedürfnis unzulässig, da gem. §§ 103 ff., 788 ZPO insoweit eine Kostenfestsetzung möglich ist. 474

---

1 OLG Köln, MDR 2000, 1276 = Rpfleger 2001, 296; AnwK-BRAGO-*N. Schneider*, § 19 Rz. 94 ff. m.w.N.
2 AG Frankfurt/Main, AGS 2003, 207 m. Anm. *Mock* = KostRsp. BRAGO §§ 57, 58 Nr. 18 m. Anm. *N. Schneider*.

N. Rechtsanwaltsvergütung

	Rz.
I. Rechtsanwaltsvergütung in Mietsachen	1
1. Einleitung	1
2. Allgemeine Vorschriften	5
a) Abrechnung nach Gegenstandswert (§ 2 Abs. 1 RVG; § 49a Abs. 5 BRAO)	5a
aa) Gegenstandswert (§ 2 Abs. 1 RVG, §§ 22 ff. RVG)	6
bb) Hinweispflicht nach § 49b Abs. 5 BRAO	5c
b) Vergütungsvereinbarungen (§ 3a ff. RVG)	6
aa) Überblick	6
bb) Unzulässigkeit einer Vereinbarung	6a
cc) Form	6e
dd) Rechtsfolgen bei Formverstößen	6i
ee) Hinweis auf eingeschränkte Kostenerstattung	6j
ff) Erfolgshonorar	6k
gg) Zweckmäßigkeit	6o
hh) Mögliche Gestaltung der Vereinbarung	6p
c) Einschaltung von Hilfspersonen (§ 5 RVG)	8
d) Mehrere Auftraggeber (§ 7 RVG)	9
e) Rahmengebühren (§ 14 RVG)	12
aa) Umfang der anwaltlichen Tätigkeit	13
bb) Schwierigkeit der anwaltlichen Tätigkeit	15
cc) Bedeutung der Angelegenheit	17
dd) Einkommensverhältnisse des Auftraggebers	20
ee) Vermögensverhältnisse des Auftraggebers	21
ff) Besonderes Haftungsrisiko	22
gg) Bestimmungsrecht/Toleranzbereich	22c
hh) Praxisempfehlung	23

	Rz.
ii) Gutachten des Vorstands der Rechtsanwaltskammer	24
f) Umfang der Angelegenheit (§§ 15, 16 ff. RVG)	25
aa) Vertikale Einteilung	28
bb) Horizontale Einteilung	30
g) Anrechnung von Gebühren (§ 15a Abs. 1 RVG)	42
h) Verweisung, Zurückverweisung (§§ 20, 21 RVG)	43
i) Fälligkeit und Verjährung (§ 8 Abs. 1, Abs. 2 RVG; §§ 195 ff. BGB)	44
j) Vorschuss (§ 9 RVG)	46
k) Abrechnung (§ 10 RVG)	49
l) Vergütungsfestsetzung (§ 11 RVG)	50
m) Übergangsfälle (§§ 60, 61 RVG)	51
aa) Übergangsfälle BRAGO/RVG	52
bb) Übergangsfälle RVG/RVG	55
3. Allgemeine Gebühren (Teil 1 VV RVG)	56
a) Einigungsgebühr (Nr. 1000 VV RVG)	56
b) Erledigungsgebühr (Nr. 1002 VV RVG)	66
c) Gebührenerhöhung bei mehreren Auftraggebern (Nr. 1008 VV RVG)	67
d) Hebegebühren (Nr. 1009 VV RVG)	80
4. Beratung (§ 34 RVG)	83
a) Gesetzliche Regelung ab dem 1.7.2006 (§ 34 RVG)	83
b) Gebührenvereinbarung	84
c) Fehlen einer Gebührenvereinbarung	87
d) Anrechnung	92
5. Prüfung der Erfolgsaussicht eines Rechtsmittels (Nrn. 2100 ff. VV RVG)	93
6. Außergerichtliche Vertretung (Nr. 2300 VV RVG)	98b
a) Überblick	98b
b) Sonderfall: Vertragsentwürfe	99

	Rz.
c) Sonderfall: Entwurf einer Kündigung	101
d) Sonderfall: Erstellen einer Betriebskostenabrechnung	102
e) Sonstige Vertretungstätigkeiten	103
f) Einfaches Schreiben (Nr. 2302 VV RVG)	106
g) Anschriftenermittlungen o.Ä.	112
h) Deckungsschutzanfrage	114
i) Einigungsgebühr (Nrn. 1000 ff. VV RVG)	115
j) Anrechnung der Geschäftsgebühr (Vorbem. 3. Abs. 4 VV RVG)	116
7. Vertretung in Verwaltungsverfahren (Nrn. 2300, 2301 VV RVG, Nrn. 2400 ff. VV RVG)	117
8. Schlichtungsverfahren (Nr. 2303 VV RVG)	126
9. Beratungshilfe	132
10. Mahnverfahren (Nrn. 3305 ff. VV RVG)	134
a) Vergütung des Antragstellervertreters (Nrn. 3305, 3306, 3308 VV RVG)	135
b) Vergütung des Antragsgegnervertreters (Nr. 3307 VV RVG)	140
11. Rechtsstreit erster Instanz (Nrn. 3100 ff. VV RVG)	144
a) Verfahrensgebühr	145
aa) Volle Verfahrensgebühr	146
bb) Ermäßigte Verfahrensgebühr	146a
(1) Vorzeitige Beendigung	146b
(2) Bloßer Antrag auf Protokollierung einer Einigung der Parteien über nicht anhängige Gegenstände	146e
(3) Bloße Verhandlungen vor Gericht über nicht anhängige Gegenstände	146f
(4) Keine Ermäßigung bei Einigung im Termin über nicht anhängige Gegenstände	146h
cc) Mehrere Auftraggeber	146i
b) Anrechnung auf die Verfahrensgebühr	147

	Rz.
aa) Anrechnung bei vorangegangener Beratung	147
bb) Anrechnung der Geschäftsgebühr (Vorbem. 3 Abs. 4 VV RVG)	148
(1) Normalfall	148a
(2) Gebührensatz über 1,5	148b
(3) Unterschiedliche Gegenstände	149
(4) Anrechnung bei mehreren Auftraggebern	150
(5) Anrechnung der Geschäftsgebühr für die Kündigung des Mietverhältnisses auf die Verfahrensgebühr des Räumungsrechtsstreits	151
cc) Anrechnung der Mahnverfahrensgebühren (Anm. zu Nrn. 3305, 3307 VV RVG)	159
dd) Anrechnung bei vorangegangenen Beweisverfahren (Vorbem. 3 Abs. 5 VV RVG)	160
c) Terminsgebühr (Nrn. 3104, 3105 VV RVG)	161
aa) Voraussetzungen der Terminsgebühr	161
bb) Höhe der Terminsgebühr	167
cc) Gegenstandswert der Terminsgebühr	169
d) Einigungsgebühr	170
12. Berufung (Nrn. 3200 ff. VV RVG)	171
a) Überblick	171
b) Verfahrensgebühr	175
c) Terminsgebühr	179
d) Einigungsgebühr	181
13. Beschwerde gegen die Nichtzulassung der Revision	182
14. Revision (Nrn. 3206 ff. VV RVG)	189
15. Rechtsbeschwerde	200
16. Beschwerde	203
17. Erinnerungsverfahren	209
18. Gehörsrüge	214
19. Selbständiges Beweisverfahren	219
20. Urkundenverfahren	225

	Rz.
21. Arrest- und einstweilige Verfügungsverfahren	229
22. Verfahren vor dem Prozessgericht oder dem Amtsgericht auf Bewilligung, Verlängerung oder Verkürzung einer Räumungsfrist (§§ 721, 794a ZPO)	231
a) Überblick	231
b) Vergütung im selbständigen Räumungsfristverfahren	235
c) Die Vergütung im unselbständigen Räumungsfristverfahren	240
23. Einstellung der Zwangsvollstreckung	241
24. Verfahren auf Vollstreckbarerklärung	242
25. Prozesskostenhilfe-Prüfungsverfahren	247
26. Verkehrsanwalt	254
27. Terminsvertreter	265
28. Einzeltätigkeiten	272
29. Zwangsvollstreckung	276
a) Überblick	276
b) Vollstreckungsandrohung	282
c) Anschriftenermittlungen in der Zwangsvollstreckung	284
d) Umfang der Angelegenheit in der Zwangsvollstreckung	285
aa) Systematik der §§ 16 ff. RVG	285
bb) Mehrheit von Gläubigern oder Schuldnern in der Zwangsvollstreckung	290
(1) Vollstreckung für mehrere Gläubiger	290
(2) Vollstreckung gegen mehrere Schuldner	292
30. Strafsachen (Teil 4 VV RVG)	296
31. Bußgeldsachen (Teil 5 VV RVG)	297
32. Auslagen (Teil 7 VV RVG)	298
a) Überblick	298
b) Dokumentenpauschale (Nr. 7000 VV RVG)	301

	Rz.
c) Entgelte für Post- und Telekommunikationsdienstleistungen (Nrn. 7001, 7002 VV RVG)	303
d) Reisekosten (Nrn. 7003–7006 VV RVG)	304
e) Haftpflichtversicherungsprämie	309
f) Umsatzsteuer	310
33. Beitreibung der Vergütung	312
34. Anrechnung der Geschäftgebühr im Kostenfestsetzungsverfahren	315a
a) Geschäftsgebühr wird nach geringerem Gebührensatz zugesprochen	315d
b) Geschäftsgebühr wird nach geringerem Gegenstandswert zugesprochen	315e
c) Geschäftsgebühr wird sowohl nach geringerem Gebührensatz als auch nach geringerem Gegenstandswert zugesprochen	315f
35. Anrechnung der Geschäftgebühr in Prozesskostenhilfemandaten	315h
II. Gerichtskosten	316
1. Mahnverfahren	316a
2. Erstinstanzliches Prozessverfahren	317
a) Gerichtsgebühren	317
b) Fälligkeit	319
c) Ermäßigung der Gerichtsgebühr	320
aa) Klagerücknahme (Nr. 1211 Nr. 1 GKG-KostVerz.)	321
bb) Anerkenntnis-, Verzichtsurteil oder Urteil, das nach § 313a Abs. 2 ZPO keinen Tatbestand und keine Entscheidungsgründe zu enthalten braucht (Nr. 1211 Nr. 2 GKG-KostVerz.)	323
cc) Gerichtlicher Vergleich (Nr. 1211 Nr. 3 GKG-KostVerz.)	325

	Rz.
dd) Erledigung der Hauptsache (Nr. 1211 Nr. 4 GKG-KostVerz.)	327
ee) Versäumnisurteil gegen Kläger	328
ff) Sperrwirkung eines bereits ergangenen Urteils	329
gg) Erledigung des gesamten Verfahrens	333
3. Schlichtungsverfahren nach § 15a EGZPO	335
4. Selbständiges Beweisverfahren	336
5. Berufung	337
a) Verfahren im Allgemeinen	337
b) Ermäßigung nach Nr. 1221 GKG KostVerz.	338
c) Ermäßigung nach Nr. 1222 GKG KostVerz.	342
aa) Rücknahme der Klage oder der Berufung (Nr. 1222 Nr. 1 GKG KostVerz.)	343
bb) Anerkenntnis- oder Verzichtsurteil sowie Urteil oder Beschluss ohne Tatbestand und Entscheidungsgründe gem. § 313a Abs. 2 ZPO (Nr. 1222 Nr. 2 GKG KostVerz.)	344
cc) Gerichtlicher Vergleich (Nr. 1222 Nr. 3 GKG KostVerz.)	349
dd) Hauptsacheerledigung (Nr. 1222 Nr. 4 GKG KostVerz.)	350
ee) Versäumnisurteil	351
ff) Beschluss nach § 522 Abs. 2 ZPO	351a
gg) Kombinationen	352
hh) Ausschluss der Ermäßigung	353
d) Ermäßigung nach Nr. 1223 GKG KostVerz.	354
e) Kombination mehrerer Ermäßigungstatbestände	357
6. Nichtzulassungsbeschwerde	359
7. Revision	360

	Rz.
8. Rechtsbeschwerde nach § 574 ZPO	361
a) Verfahren über Rechtsbeschwerden gegen den Beschluss, durch den die Berufung als unzulässig verworfen wurde	361
b) Verfahren über Rechtsbeschwerden gegen einen Beschluss nach § 91a Abs. 1, § 99 Abs. 2, § 269 Abs. 4 oder § 516 Abs. 3 ZPO	361a
c) Verfahren über nicht besonders aufgeführte Rechtsbeschwerden	361b
9. Allgemeine Beschwerde	362
10. Arrest- und einstweilige Verfügungsverfahren	364
11. Zwangsversteigerung	370a
III. Streitwert – Gegenstandswert	**371**
1. Einleitung	371
2. Bestimmung des Streitwerts für die Gerichtsgebühren	373
a) Vorläufige Festsetzung	373
b) Endgültige Festsetzung	375
c) Recht zur Abänderung	375a
d) Beschwerde gegen die endgültige Festsetzung	376
e) Gegenvorstellung gegen die endgültige Festsetzung	378
f) Weitere Beschwerde	378a
g) Wertermittlung	379
3. Bestimmung des Streitwerts für die Anwaltsgebühren	385
a) Tätigkeiten in einem gerichtlichen Verfahren	386
aa) Die Anwaltsgebühren richten sich nach dem Wert der Gerichtsgebühren	386
bb) Die Anwaltsgebühren richten sich nicht nach dem Wert der Gerichtsgebühren	387
(1) Gesonderte Festsetzung	387
(2) Beschwerde gegen die Festsetzung	387e
(3) Weitere Beschwerde gegen die Festsetzung	387i

	Rz.
b) Tätigkeiten außerhalb eines gerichtlichen Verfahrens	388
IV. Streitwert-ABC	399
1. AGB-Kontrolle	399
2. Antenne, Beseitigung oder Duldung	400
a) Beseitigungsverlangen des Vermieters	400
aa) Nur Interesse am optischen Gesamteindruck	401
bb) Nur Kosten der Beseitigung	404
cc) Kosten der Beseitigung zuzüglich eines Zuschlags nur in Ausnahmefällen	406
dd) Wert der Antenne zuzüglich Kosten der Beseitigung	407
ee) Interesse am optischen Gesamteindruck zuzüglich Kosten der Beseitigung	408
ff) Entscheidung des BGH vom 17.5.2006	408a
b) Klage des Mieters auf Duldung	409
3. Anwaltskosten, Miteinklagen	410
a) Erste Möglichkeit: Aufteilung nach Streitwerten	411b
b) Zweite Möglichkeit: Aufteilung nach Kostenanteilen	411c
c) Dritte Möglichkeit: Differenzberechnung	411d
d) Vierte Möglichkeit: Berechnung nach dem nicht anhängigen Teilwert	411e
4. Aufnahme eines Lebensgefährten	413
5. Aufwendungen	414
a) Zahlung	414
b) Wegnahmerecht	415
c) Wechselseitige Ansprüche	416
6. Barrierefreiheit	418
7. Beheizung	419
8. Berufung	420
a) Gebührenstreitwert	420
b) Rechtsmittelstreitwert	423

	Rz.
9. Beseitigung	425
a) Einbauten	425
b) Plakate	426
c) Beseitigung und Räumung	427
10. Besichtigung	428
11. Bestehen eines Mietverhältnisses	432
a) Vermieter/Mieter	432
b) Feststellungsklage eines Dritten	434
11a. Betriebspflicht	434a
12. Betriebskosten	435
a) Erstellung der Abrechnung	435
b) Prüfung der gesamten Abrechnung	437
c) Einfordern oder Abwehr des Saldos	438
d) Grundsätzliche Klärung des Abrechnungsmodus oder der Umlagefähigkeit – Feststellungsklage	440
e) Feststellung der Vorauszahlungspflicht	441
f) Anpassung der Vorauszahlungen	442
aa) Vermieter	442
bb) Mieter	443
g) Gleichzeitige Nachforderung und Anpassung	444
h) Verlangen auf Abrechnung	445
i) Einsicht in Abrechnungsunterlagen	446
j) Rückforderung von Vorauszahlungen mangels Abrechnung	448
13. Beweisverfahren	449
14. Duldung von Instandsetzungs- oder Mängelbeseitigungsarbeiten	450
15. Duldung von Modernisierungsmaßnahmen	451
16. Einstweilige Verfügung	452
17. Feststellungsklage, negative	454
18. Feststellungsklage, positive	455
a) Fortbestand des Mietverhältnisses	455
b) Zahlung von Betriebskostenvorschüssen	456
c) Umlage von Betriebskosten	457

	Rz.
d) Berechtigung zur Mietminderung	458
e) Sonstige Klagen	459
19. Fortsetzungsverlangen	460
a) Verlangen	460
b) Fortsetzungsverlangen und Räumung	462
c) Rechtsmittelverfahren	463
20. Gebrauchsüberlassung	464
21. Gebrauchsüberlassung an Dritte	465
22. Hausordnung	467
23. Haustürschlüssel	468
a) Zurverfügungstellung	468
b) Herausgabe	469
24. Herausgabe	470
a) Wegen Beendigung des Mietverhältnisses	470
b) Auch aus einem anderen Rechtsgrund	477
c) Nur aus einem anderen Rechtsgrund	480
d) Mischfälle	483
e) Herausgabe und Beseitigung	484
f) Herausgabe und Räumung bei Rückabwicklung des Kaufvertrages	485
25. Jahresmiete	485a
26. Kaution	485b
27. Klage und Widerklage	486
28. Klagenhäufung, Räumungsrechtsstreit und Zahlung	490
29. Kündigung	491
30. Mängelbeseitigung/Instandhaltungsmaßnahmen	492
31. Mietaufhebungsvertrag	494
32. Miete	494a
33. Mieterhöhung	495
a) Mieterhöhungsverlangen	495
b) Anspruch auf Mieterhöhung	497
aa) Wohnraummietverhältnisse	497
bb) Andere als Wohnraummietverhältnisse	501

	Rz.
c) Ansprüche aus der Mieterhöhung	503
d) Beschwer	504
34. Mietpreisüberhöhung	505
35. Mietsicherheit	506
a) Stellung der Mietsicherheit	506
b) Anlage der Sicherheit	509
c) Auskunft über die ordnungsgemäße Anlage	510
d) Anspruch auf Auskunft über die Aushändigung an den Grundstückserwerber	511
e) Abrechnung der Sicherheit	512
f) Auskunft über Erträge	513
g) Inanspruchnahme der Sicherheit	514a
h) Rückgewähr der Sicherheit	515
aa) Barkaution	516
bb) Bürgschaft	519
cc) Sparbuch, Genossenschaftsanteile o.Ä.	522
dd) Klage und Widerklage	524
i) Ansprüche aus der Mietbürgschaft	526
36. Mietvertrag	527
a) Entwurf	527
b) Anspruch auf Abschluss eines Mietvertrags (Vorvertrag)	528
c) Streit aus Mietvertrag oder Streit über dessen Inhalt	529
d) Haupt- und Hilfsantrag	531
37. Mietvorauszahlungen	532
a) Rückerstattung	532
b) Klagenhäufung; Klage und Widerklage	537
c) Anspruch auf Mietvorauszahlung	538
38. Mietzins/Miete	539
39. Mietzahlungsklage	542
a) Das Bestehen des Mietverhältnisses ist unstreitig	542
aa) Leistungsklage auf fällige Beträge	543
bb) Klage auf zukünftige Leistung	547
cc) Zukünftige und rückständige Mieten	551
dd) Feststellungsklage	552
b) Das Bestehen des Mietverhältnisses ist streitig	553
c) Streit über Art der Zahlung	555

	Rz.		Rz.
40. Minderung	556	50. Umzugsbeihilfe	573
a) Rückständige Mieten	557	51. Unterlassungsansprüche wegen vertragswidrigen Gebrauchs	575
b) Zahlung zukünftiger Mieten	558	52. Untermiete	576
c) Anspruchs- oder Klagenhäufung	559	a) Herausgabe	576
d) Feststellung	560	b) Zustimmung	578
aa) Mieter	560	53. Vergleich	579
bb) Vermieter	561	54. Vollstreckungsschutz	583
41. Nutzungsentschädigung	563	55. Vorkaufsrecht des Mieters	584
42. Option	565	a) Streit über Bestehen des Vorkaufsrechts des Mieters	584
a) Ausübung der Option	565	b) Ausübung des Vorkaufsrechts	586
b) Streit über das Bestehen des Optionsrechts	566	c) Streit aus dem Kaufvertrag	587
43. Pfandrecht	567	56. Winterdienst	588
44. Räum- und Streudienst	567a	57. Zustimmung zur Kündigung	589
45. Räumung	567b	58. Zustimmung zur Vermietung	589a
46. Räumungsfrist	568	59. Zutritt	590
47. Räumungsvollstreckung	570	60. Zwangsvollstreckung	591
48. Schadensersatz wegen Nichtzustimmung zur Vermietung	571		
49. Teilkündigung/Teil-Räumungsanspruch	572		

I. Rechtsanwaltsvergütung in Mietsachen

1. Einleitung

Mietsachen sind Angelegenheiten des Bürgerlichen Rechts, so dass für den Rechtsanwalt die Vorschriften des Teil 2 VV RVG (außergerichtliche Tätigkeiten) und Teil 3 VV RVG (gerichtliche Verfahren) gelten. Hinzu kommen die Gebühren nach Teil 1 VV RVG (Allgemeine Gebühren) einschließlich der dort geregelten Erhöhung bei mehreren Auftraggebern sowie die Auslagentatbestände nach Teil 7 VV RVG. Im Übrigen gelten die allgemeinen Vorschriften des Paragrafenteils des RVG. 1

Im Folgenden sollen nur die Grundzüge dargestellt und auf die Besonderheiten hingewiesen werden, die in Mietsachen gelten, sowie auf hier regelmäßig auftretende Abrechnungsschwierigkeiten. Wegen allgemeiner Gebührenfragen muss auf die einschlägigen Lehrbücher und Kommentare verwiesen werden. 2

Auseinander zu halten sind die Fragen der **Vergütungsberechnung** und der **Kostenerstattung**. Die Frage, ob und welche Vergütung (Gebühren und Auslagen – § 1 Abs. 1 S. 1 RVG) entstanden ist, und die Frage, ob diese Ver- 3 gütung später von dem Gegner auch erstattet werden muss, sind zwei verschiedene Problemfelder. Die Abrechnung der Gebühren und Auslagen betrifft das Verhältnis zwischen Rechtsanwalt und Auftraggeber. Die Kostenerstattung betrifft dagegen das Verhältnis zwischen Auftraggeber und Gegner. Für die Vergütung des Rechtsanwalts ist es grundsätzlich irrelevant, ob der Mandant seine Vergütung auch später im Falle des Obsiegens von der Gegenseite erstattet erhält. Der Rechtsanwalt sollte sich daher stets vom sog. „Erstattungsdenken" lösen und das abrechnen, was ihm zusteht, und nicht nur das, was der Mandant auch erstattet erhält. Nur in Ausnahmefällen kann die Kostenerstattung sich auch auf die Gebühren des Rechtsanwalts auswirken, nämlich dann, wenn der Rechtsanwalt durch eigene Fehler die Kostenerstattung verhindert hat, etwa wenn er oreilig zur Klageerhebung geraten hat und der Gegner nach § 93 ZPO kostenbefreiend anerkennt oder wenn er den Mandanten nicht ausreichend über das Kosten- und Kostenerstattungsrisiko aufgeklärt hat. Dann liegt u.U. eine Verletzung des Anwaltsvertrages vor, die wiederum zur Folge hat, dass dem Auftraggeber Schadenersatzansprüche zustehen, die er dem Vergütungsanspruch entgegen halten kann und die diesen letztlich zu Fall bringen[1].

Beispiel:

Der Rechtsanwalt hatte für den Mandanten gegen dessen Mieter gesondert eine Räumungsklage und eine Zahlungsklage erhoben, obwohl eine objektive Klagenhäufung möglich gewesen wäre. Trotz Obsiegens erhält der Mandant eine Kostenerstattung nur insoweit als die Kosten im Falle eines einheitlichen Verfahrens (Räumung und Zahlung im Wege der objektiven Klagenhäufung) angefallen wäre[2].

Hatte der Rechtsanwalt seinen Mandanten über die eingeschränkte Kostenerstattung nicht belehrt hat, kann er seine Vergütung nur insoweit verlangen, als sie bei sachgerechtem Vorgehen in einem einheitlichen Rechtsstreit angefallen wären.

4   Auch das Verhältnis zum **Rechtsschutzversicherer** betrifft nicht den Vergütungsanspruch des Rechtsanwalts, sondern den versicherungsrechtlichen Freistellungsanspruch des Mandanten. Auftraggeber und damit Gebührenschuldner bleibt der Mandant. Ob die entstandenen Kosten in voller Höhe oder nur zum Teil (etwa wegen eines Selbstbehalts, Teildeckung oder nicht versicherter Reisekosten) vom Rechtsschutzversicherer übernommen werden, ist daher für den Vergütungsanspruch des Rechtsanwalts grundsätzlich irrelevant. Auch hier ergeben sich nur ausnahmsweise Reflexwirkungen, wenn der Rechtsanwalt fehlerhaft gehandelt hat, also wenn

---

1 BGH, AGS 2004, 145 = NJW 2004, 1043 = AnwBl. 2004, 251 = JurBüro 2004, 562 = BGHReport 2004, 487 = Rpfleger 2004, 246 = WM 2004, 1792 = FamRZ 2004, 535 = BRAK-Mitt 2004, 75 = MDR 2004, 715 = RVG-B 2004, 1; OLG Koblenz, AGS 2004, 38 = MDR 2004, 55 = GuT 2003, 234 = WuM 2003, 657 = MietRB 2004, 6.
2 OLG Koblenz, AGS 2004, 38 = MDR 2004, 55 = GuT 2003, 234 = WuM 2003, 657 = MietRB 2004, 6.

er zu voreiligen Maßnahmen oder zu einer Obliegenheitsverletzung (§ 15 ARB 75; § 17 Abs. 6 ARB 94) geraten hat, so dass der Versicherer leistungsfrei geworden ist.

Beispiel:
Der Rechtsanwalt schließt für den rechtsschutzversicherten Mandanten einen Vergleich, dessen Kostenquote nicht dem Verhältnis von Obsiegen und Unterliegen entspricht. Der Versicherer verweigert daher teilweise die Leistung wegen Obliegenheitsverletzung.

Entspricht eine Kostenregelung nicht dem Verhältnis von Obsiegen und Unterliegen, wird der Rechtsschutzversicherer insoweit von der Leistung frei, als er bei zutreffender Quotierung eigene Erstattungsansprüche gegen den Gegner entstanden und gegnerische Kostenerstattungsansprüche vermieden worden wären (§ 2 Abs. 3a ARB 1975, § 5 Abs. 3b ARB 1994/ 2000). Der Rechtsanwalt muss dies beachten. Unterlässt er das, macht er sich schadensersatzpflichtig und kann den Mandanten insoweit nicht in Anspruch nehmen.

2. Allgemeine Vorschriften

Die allgemeinen Vorschriften des RVG gelten selbstverständlich auch in mietrechtlichen Angelegenheiten. Auf Folgendes ist zu achten: 5

a) Abrechnung nach Gegenstandswert (§ 2 Abs. 1 RVG; § 49a Abs. 5 BRAO)

aa) Gegenstandswert (§ 2 Abs. 1 RVG, §§ 22 ff. RVG)

Die Gebühren des Rechtsanwalts richten sich gem. § 2 Abs. 1 RVG, soweit nicht anderes bestimmt ist, nach dem **Gegenstand der anwaltlichen Tätigkeit** (dem Gegenstandswert). Geregelt ist die Berechnung des Gegenstandswertes, der für die anwaltlichen Gebühren heranzuziehen ist, ist in den §§ 22 ff. RVG. Diese Vorschriften verweisen im Wesentlichen auf andere Kostenvorschriften (hauptsächlich auf das GKG, die ZPO und die KostO); zum Teil enthält das RVG auch eigene Bewertungsvorschriften, so für die Zwangsvollstreckung (§ 25 RVG). Zur Berechnung des Gegenstandswertes sei auf die gesonderten Ausführungen zum Streitwert (vgl. unten Rz. 371 ff.) verwiesen. 5a

Das **Verfahren zur Festsetzung des Gegenstandswertes in gerichtlichen Verfahren** ist in den §§ 32, 33 RVG geregelt. Auch insoweit sei auf die gesonderten Ausführungen zum Streitwert (vgl. unten Rz. 371). 5b

bb) Hinweispflicht nach § 49b Abs. 5 BRAO

Der Rechtsanwalt muss daher nach § 49b Abs. 5 BRAO **vor Annahme des Mandats** darauf hinweisen, dass sich seine Vergütung nach dem Gegenstandswert berechnet. Es handelt sich insoweit nicht um eine bloße Ordnungsvorschrift, sondern um eine vertragliche Nebenpflicht aus dem An- 5c waltsvertrag. Der Verstoß gegen die Hinweispflicht nach § 49b Abs. 5 BRAO kann daher zum **Ersatz des Vertrauensschadens** verpflichten[1]. Dabei trifft den Auftraggeber **Darlegungs- und Beweislast** sowohl dafür, dass der Hinweis unterblieben ist, als auch für den ihm daraus entstandenen Vertrauensschaden[2].

5d Die Verpflichtung besteht nur zum Hinweis darauf, dass nach dem Gegenstandswert abzurechnen ist. Der Rechtsanwalt muss nicht ungefragt über die Höhe des Gegenstandswerts oder der Vergütung Auskunft erteilen. Eine Aufklärung ist jedoch geboten, wenn sich eine ungewöhnlich hohe Vergütung ergibt, mit der der Auftraggeber ersichtlich nicht rechnet[3], insbesondere dann, wenn sie nicht in Relation zum Prozessrisiko und zum erstrebten Erfolg steht[4].

b) Vergütungsvereinbarungen (§ 3a ff. RVG)

aa) Überblick

6 Der Rechtsanwalt kann mit seinem Auftraggeber vereinbaren, dass er an Stelle der gesetzlichen Gebühren und Auslagen eine hiervon abweichende Vergütung erhält. Solche Vereinbarungen sind grundsätzlich zulässig, unterliegt allerdings einigen Einschränkungen, die sich vornehmlich aus den §§ 3a ff. RVG, der BRAO und den allgemeinen Vorschriften des BGB ergeben.

bb) Unzulässigkeit einer Vereinbarung

6a Eine Vergütungsvereinbarung ist unzulässig, wenn dem Mandanten **Beratungshilfe** bewilligt worden ist (§ 3a Abs. 4 RVG; § 8 BerHG). Ist der Anwalt seinem Mandanten im Wege der **Prozesskostenhilfe** beigeordnet worden, darf er nach § 3a Abs. 3 S. 1 RVG keine höhere Vergütung vereinbaren darf als die gesetzliche (Wahlanwalts-)Vergütung. Daraus folgt im Umkehrschluss, dass eine Vereinbarung bis zur Höhe der gesetzlichen Wahlanwaltsvergütung nach dem RVG zulässig ist. Unklar ist allerdings, ob der Anwalt die nach dem RVG zulässigerweise vereinbarte Vergütung verlangen kann, da nach § 122 Abs. 1 Nr. 3 ZPO der beigeordnete Anwalt Vergütungsansprüche gegen seinen Auftraggeber nicht geltend machen kann.

---

1 BGH, AGS 2007, 386 = WM 2007, 1390 = NJW 2007, 2332 = BRAK-Mitt 2007, 175 = FamRZ 2007, 1322 = MDR 2007, 1046 = AnwBl. 2007, 628 = ZfSch 2007, 465 = VersR 2007, 1377 = JurBüro 2007, 478 = DB 2007, 1639 = NJW-Spezial 2007, 382 = RVGreport 2007, 316 = ZFE 2007, 402 = ZERB 2007, 416.
2 BGH, AGS 2008, 9 m. Anm. Schons = DB 2007, 2704 = WM 2007, 2351 = BB 2007, 2768 = FamRZ 2008, 144 = AnwBl. 2008, 68 = NJW 2008, 371 = ZfSch 2008, 45 = BGHReport 2008, 183 = MDR 2008, 235 = JurBüro 2008, 145 = VersR 2008, 556 = NJW-Spezial 2008, 622 = RVGreport 2008, 37 = FamRB 2008, 76; siehe aber auch OLG Hamm, AGS 2009, 428 = BRAK-Mitt 2009, 231.
3 OLG Saarbrücken, AGS 2008, 110 = OLGR 2008, 79 = JurBüro 2008, 30 = NJW-RR 2008, 509.
4 Siehe auch BGH, BRAK-Mitt 2009, 19.

Zutreffend dürfte es sein, die Sperrwirkung des § 122 Abs. 1 Nr. 3 ZPO nur auf die gesetzliche Vergütung zu erstrecken, so dass eine nach § 3a Abs. 3 S. 1 RVG zulässigerweise vereinbarte Vergütung vom Mandanten verlangt werden kann. Dies entspricht im Übrigen auch der früheren Rechtslage vor dem 1.7.2004, nach der sogar weitergehende Vergütungsvereinbarungen mit der bedürftigen Partei zulässig, wenn auch unverbindlich waren (§ 4 Abs. 5 RVG a.F.).

Soweit Vergütungsvereinbarungen mit dem Mandanten möglich sind, können auch **Vereinbarungen mit Dritten** geschlossen werden. Diese unterliegen den gleichen Formvorschriften wie Vereinbarungen mit dem Mandanten. Das gilt auch für einen Schuldbeitritt[1]. Soweit Vereinbarungen mit dem Mandanten unzulässig wären, etwa in der Beratungshilfe oder Verfahrenskostenhilfe, sind auch Vereinbarungen mit Dritten unzulässig. 6b

Unzulässig sind nach § 49b Abs. 2 S. 1 BRAO ferner **Erfolgshonorare** oder **Beteiligungen am erstrittenen Betrag** (quota litis), sofern sich aus dem RVG nichts Abweichendes ergibt (s. *Rz. 6k ff.*). 6c

Des Weiteren ist es grundsätzlich unzulässig, eine Vergütung zu vereinbaren, die **unter der gesetzlichen Vergütung** liegt (§ 49b Abs. 1 S. 1 BRAO). Eine Ausnahme gilt für außergerichtliche Angelegenheiten (§ 4 Abs. 1 S. 1 RVG), sofern die Vergütung in angemessenem Verhältnis zu Leistung, Verantwortung und Haftungsrisiko des Anwalts steht. Schließlich ist eine Unterschreitung der gesetzlichen Gebühren in gerichtlichen Verfahren bei **Vereinbarung eines Erfolgshonorar** nach § 4a RVG möglich (s.u. *Rz. 6k ff.*). 6d

cc) Form

Nach § 3a Abs. 1 S. 1 u. 2 RVG sind bei Abschluss einer Vereinbarung bestimmte Formen zu beachten. Das gilt allerdings nicht für bloße Gebührenvereinbarungen im Falle einer Beratung, eines Gutachten- oder Mediationsauftrags nach § 34 Abs. 1 S. 1 RVG (§ 3a Abs. 1 S. 3 RVG). 6e

Nach § 3a Abs. 1 S. 1 RVG bedarf die Vereinbarung einer Vergütung der **Textform**. Es gilt insoweit § 126b BGB. Daher kann eine Vergütungsvereinbarung auch per Telefax oder durch wechselseitigen Austausch von E-Mails geschlossen werden. Eine eigenhändige Unterschrift – wie noch nach früherem Recht (§ 4b RVG i.d.F. bis zum 30.6.2008) – ist nicht mehr erforderlich. 6f

Die Vergütungsvereinbarung muss als solche oder in vergleichbarer Weise **bezeichnet** werden (§ 3a Abs. 1 S. 2 RVG). Der gleich lautende Begriff „Honorarvereinbarung" ist unschädlich[2]. 6g

Die Vergütungsvereinbarung muss ferner **von anderen Vereinbarungen deutlich abgesetzt** sein (§ 3a Abs. 1 S. 2 RVG). Enthalten sein darf aller-

---

1 BGH, NJW 1991, 3095 = VersR 1991, 718 = MDR 1991, 800.
2 AG Wolfratshausen, AGS 2008, 11.

dings die Auftragserteilung und die nähere Ausgestaltung des Auftrags. Allgemeine Gerichtsstandsvereinbarungen, Haftungsbeschränkungen o.ä. sind daher unzulässig.

6h Die Vergütungsvereinbarung darf **nicht in einer Vollmacht enthalten** sein (§ 3a Abs. 1 S. 2 RVG). Umgekehrt darf selbstverständlich in der Vergütungsvereinbarung keine Vollmacht erteilt werden.

dd) Rechtsfolgen bei Formverstößen

6i Sofern die Vereinbarung gegen eine der vorstehenden Formerfordernisse verstößt, gilt § 4b S. 1 RVG. Der Anwalt kann keine höhere Vergütung als die gesetzliche verlangen. Soweit nach der Vereinbarung eine niedrigere als die gesetzliche Vergütung geschuldet ist, bleibt es also bei dieser niedrigeren Vereinbarung. Soweit die vereinbarte Vergütung die gesetzliche jedoch übersteigt, kann der Anwalt nicht mehr als die gesetzliche Vergütung verlangen. Hat der Auftraggeber bereits gezahlt, so ist der Anwalt nach Bereicherungsrecht zur Rückzahlung verpflichtet (§ 4 Abs. 1 S. 2 RVG). Im Gegensatz zum früheren Recht darf der Anwalt die Vergütung auch dann nicht behalten, wenn der Auftraggeber freiwillig und ohne Vorbehalt gezahlt hat. Erst § 814 BGB – der aber in der Praxis kaum in Betracht kommen dürfte – führt zu einem Rückforderungsausschluss.

ee) Hinweis auf eingeschränkte Kostenerstattung

6j Ferner muss der Auftraggeber darauf hingewiesen werden, dass ein anderer Beteiligter im Falle einer Kostenerstattung regelmäßig nicht mehr als die gesetzliche Vergütung erstatten muss (§ 3a Abs. 1 S. 3 RVG). Der fehlende Hinwies hat im Gegensatz zu einem Verstoß gegen die vorgenannten Formformschriften des § 3a Abs. 1 S. 1 u. 2 RVG nicht die Unwirksamkeit der Vereinbarung zur Folge. Er kann aber Schadensersatzansprüche (Vertrauensschaden) auslösen, wenn der Mandant auf die Kostenerstattung vertraut hatte.

ff) Erfolgshonorar

6k Grundsätzlich zulässig ist jetzt auch die Vereinbarung eines Erfolgshonorars (§ 4a RVG). Der **Begriff des Erfolgshonorars** ist in § 49b Abs. 2 S. 1 BRAO gesetzlich definiert. Ein Erfolgshonorar liegt danach von, wenn die Vergütung oder ihre Höhe vom Ausgang der Sache oder vom Erfolg der anwaltlichen Tätigkeit abhängig gemacht wird oder der Rechtsanwalt einen Teil des erstrittenen Betrages als Honorar erhalten soll. Ein Erfolgshonorar liegt nicht vor, wenn lediglich vereinbart wird, dass sich die gesetzlichen Gebühren ohne weitere Bedingungen erhöhen (§ 49b Abs. 2 S. 2 BRAO). Daher ist z.B. die Vereinbarung eines Vielfachen der Einigungsgebühr (Nr. 1000 VV RVG) noch kein Erfolgshonorar[1].

---

1 Siehe ausführlich N. Schneider, Die Vergütungsvereinbarung Rz. 361 ff.

Ein Erfolgshonorar darf nach § 4a Abs. 1 S. 1 RVG **6l**
– **nur im Einzelfall** vereinbart werden und
– setzt darüber hinaus voraus, dass der Auftraggeber aufgrund seiner wirtschaftlichen Verhältnisse bei verständiger Betrachtung ohne die Vereinbarung eines Erfolgshonorars **von der Rechtsverfolgung abgehalten** würde.

In einem gerichtlichen Verfahren dürfen dabei auch die gesetzlichen Gebühren unterschritten werden, aber auch nur dann, wenn für den Fall des Erfolgs gleichzeitig eine höhere als die gesetzliche Vergütung vereinbart wird (§ 4a Abs. 1 S. 2 RVG). Unzulässig ist es für den Rechtsanwalt immer, sich zu verpflichten, Gerichtskosten, Verwaltungskosten oder Kosten anderer Beteiligter zu tragen (§ 49b Abs. 2 S. 2 BRAO).

Wird ein Erfolgshonorar vereinbart, muss die Vereinbarung nicht nur die **6m**
Form des § 3a Abs. 1 S. 1 u. 2 RVG beachten (s. *Rz. 6e ff.*) sondern noch weitere Angaben enthalten:

– Zunächst einmal muss die **voraussichtliche gesetzliche Vergütung** und gegebenenfalls die **erfolgsunabhängige vertragliche Vergütung** angegeben werden, zu der der Rechtsanwalt bereit gewesen wäre, den Auftrag ohne Erfolgshonorar zu übernehmen (§ 4a Abs. 2 Nr. 1 RVG).
– Des Weiteren muss genau angegeben werden, unter welchen **Bedingungen** die erfolgsabhängige Vergütung verdient sein soll (§ 4a Abs. 2 Nr. 2 RVG).
– Anzugeben sind ferner die **wesentlichen Gründe**, die für die Bemessung des Erfolgshonorars bestimmend sind (§ 4a Abs. 3 S. 1 RVG).
– Darüber hinaus ist ein **Hinweis** aufzunehmen, dass die Vereinbarung keinen Einfluss auf die gegebenenfalls vom Auftraggeber zu zahlenden Gerichtskosten, Verwaltungskosten und die von ihm **zu erstattenden Kosten** anderer Beteiligter hat (§ 4a Abs. 3 S. 2 RVG).

Sind die Voraussetzungen für den Abschluss einer erfolgsabhängigen Vergütungsvereinbarung nach **§ 4a Abs. 1 RVG** nicht gegeben oder fehlen die nach **§ 4a Abs. 2 Nr. 1 u. 2 RVG** erforderlichen Angaben, kann der Anwalt wiederum keine höhere Vergütung als die gesetzliche verlangen (§ 4b S. 1 RVG). Dies bedeutet, dass bei Ausbleiben des vereinbarten Erfolgs der Anwalt an die Vereinbarung gebunden bleibt, soweit die misserfolgsabhängige Vergütung unter der gesetzlichen liegt. Im Übrigen ist sein Vergütungsanspruch auf die Höhe der gesetzlichen Vergütung beschränkt. Hat der Auftraggeber bereits darüber hinaus gehende Zahlungen erbracht, kann dieser die Leistungen nach Bereicherungsrecht zurück verlangen, und zwar auch dann, wenn er freiwillig und vorbehaltlos geleistet hat (§ 4b S. 2 RVG). Verstöße gegen **§ 4a Abs. 3 Nr. 1 und 2 RVG** sind dagegen nicht sanktioniert. Sie führen also nicht zur Unwirksamkeit, können aber gegebenenfalls zu Beweisproblemen führen (im Fall des § 4a Abs. 2 Nr. 1 RVG) oder Schadensersatzansprüche des Mandanten auslösen (im Fall des § 4a Abs. 2 Nr. 1 RVG). **6n**

gg) Zweckmäßigkeit

60 Wann solche Vergütungsvereinbarungen in Mietsachen angebracht sind, muss der Rechtsanwalt für sich selbst beurteilen. Geboten sind solche Vereinbarungen insbesondere dann, wenn die gesetzlichen Gebühren und Gegenstandswerte nicht ausreichend sind. Auch dann, wenn die gesetzliche Abrechnung nicht eindeutig ist, sei es, weil unklar ist, welcher Gebührentatbestand gilt[1] oder von welchem Gegenstandswert auszugehen ist, sollten zur Klarheit Vereinbarungen geschlossen werden. Dringend zu empfehlen sind Vereinbarungen insbesondere dann, wenn es der Rechtsanwalt übernommen hat, eine **Betriebskostenabrechnung** zu erstellen, oder wenn er umfangreiche Betriebskostenabrechnungen überprüfen soll. Zumindest empfiehlt es sich hier, einen Gegenstandswert zu vereinbaren, da bei der Abrechnung nach den Gesetzlichen Gebühren zahlreiche Zweifelsfragen auftreten können.

Unbedingt erforderlich ist eine Vergütungsvereinbarung ferner im Rahmen der Beratung oder Gutachtentätigkeit (s.u. *Rz. 83 ff.*).

hh) Mögliche Gestaltung der Vereinbarung

6p Welche Art von Vergütungsvereinbarung abgeschlossen wird, ist den Vertragsparteien überlassen. Hier bieten sich vielfältige Möglichkeiten an, etwa

- ein Pauschalbetrag,
- nach Abschnitten gestaffelte Pauschalen,
- ein Vielfaches der gesetzlichen Gebühren oder die Festlegung auf einen bestimmten Satz oder Betrag bei Gebühren- oder Satzrahmen,
- ein prozentualer Aufschlag auf die gesetzlichen Gebühren,
- eine Zusatzgebühr zu den gesetzlichen Gebühren[2] oder ein zusätzlicher Festbetrag[3],
- die Festlegung eines höheren Gegenstandswertes[4],
- die Vereinbarung mehrerer Angelegenheiten, obwohl nach dem RVG nur eine einzige Angelegenheit gegeben wäre[5],
- Zeithonorare[6].

---

[1] Siehe z.B. die schwierige Abgrenzung Beratungstätigkeit/Geschäftstätigkeit bei dem Entwerfen von Urkunden (*Rz. 99*) oder die Frage der Anrechnung der Geschäftsgebühr für den Ausspruch einer Kündigung (*Rz. 101*).
[2] BGH, AnwBl. 1978, 227.
[3] BGH, NJW 1980, 1851.
[4] OLG Hamm, AnwBl. 1986, 452; LG Düsseldorf, JurBüro 1991, 530.
[5] OLG Düsseldorf, OLGR 1993, 160 = KostRspr. BRAGO § 3, Nr. 28 mit Anm. Herget.
[6] LG München I, NJW 1975, 937 = AnwBl. 1975, 63; OLG Frankfurt/M., OLGR 1993, 307; LG Düsseldorf, AGS 1993, 38.

Die Parteien können auch vereinbaren, dass die Höhe der Vergütung in das 6q
Ermessen des Vorstands der Rechtsanwaltskammer gestellt wird (§ 4
Abs. 3 S. 1 RVG), was in der Praxis zu Recht jedoch keine Bedeutung hat.
Unzulässig ist es dagegen, die Höhe der Vergütung in das Ermessen eines
Vertragsteils (§ 4 Abs. 3 S. 2 RVG) oder eines Dritten (arg. e § 4 Abs. 3 S. 1
RVG) zu stellen. Geschieht dies dennoch, gilt die gesetzliche Vergütung als
vereinbart (§ 4 Abs. 3 S. 2 RVG).

Eine Vergütungsvereinbarung kann nicht nur über die Höhe der zu zahlen- 7
den Gebühren getroffen werden, sondern auch für **Auslagen**. Auch dann
sind die §§ 3a ff. RVG zu beachten. Wird eine Vereinbarung über die Vergütung geschlossen, sollte auch immer eine ausdrückliche Vereinbarung
über die vom Auftraggeber zu übernehmenden Auslagen getroffen werden.
Zumindest sollte zumindest auf die gesetzlichen Auslagen verwiesen wird.
Fehlt es an einer Regelung, gelten die Auslagen grundsätzlich als durch die
vereinbarte Vergütung mit abgegolten[1]. Dies gilt auch für die Umsatzsteuer.

c) Einschaltung von Hilfspersonen (§ 5 RVG)

Nach § 5 RVG erhält der Rechtsanwalt die volle gesetzliche Vergütung, 8
wenn er sich durch einen anderen Rechtsanwalt, einen **allgemeinen Vertreter**, einen **bei einem Rechtsanwalt beschäftigten Assessor** oder einen zur
Ausbildung zugewiesenen **Referendar** vertreten lässt. Soweit die Justizaus-
bildungsordnungen vorsehen, dass Studenten beim Rechtsanwalt Ausbil-
dungsstadien zu absolvieren haben, dürfte die Vorschrift auch für zur Ausbildung zugewiesene **Studenten** anzuwenden sein[2]. Probleme in diesem
Zusammenhang stellen sich in der Regel dann, wenn der Rechtsanwalt
zum Verhandlungstermin einen Vertreter entsendet. Gehört der Vertreter
nicht zu den in § 5 RVG genannten Personen, erhält der Rechtsanwalt
nicht die gesetzliche Vergütung, sondern allenfalls eine geringere Vergütung nach § 612 BGB; zum Teil auch nur Auslagenerstattung[3]. Wird
zum Termin ein **Nicht-Stationsreferendar** entsandt, sollte dieser also für
das Protokoll einen sich bereithaltenden Kollegen auftreten lassen, um
dem Rechtsanwalt die vollen gesetzlichen Gebühren zu erhalten. Die Vorschrift des § 5 RVG gilt auch für einen im Rahmen der Prozesskostenhilfe
beigeordneten Rechtsanwalt[4].

d) Mehrere Auftraggeber (§ 7 RVG)

Vertritt der Rechtsanwalt mehrere Auftraggeber, etwa ein Vermieter- oder 9
Mieterehepaar oder Partner einer nichtehelichen Lebensgemeinschaft, die
eine Mietwohnung angemietet haben, so ist nach § 7 Abs. 1 RVG nur eine

---
1 OLG Koblenz, OLGZ 79, 230; LG Koblenz, AnwBl. 1984, 206.
2 AnwK-RVG/*N. Schneider*, § 5 Rz. 37.
3 Siehe im Einzelnen AnwK-RVG/*N. Schneider*, § 5 Rz. 53 ff.
4 OLG Brandenburg, AGS 2008, 194 = OLGR 2008, 316.

Angelegenheit gegeben. Der Rechtsanwalt erhält die Gebühren nur einmal.

10 – Ist der Gegenstand der anwaltlichen Tätigkeit derselbe, so greift die Gebührenerhöhung nach Nr. 1008 VV RVG (siehe *Rz. 67 f.*).
– Liegen dem Auftrag verschiedene Gegenstände zugrunde, tritt keine Gebührenerhöhung nach Nr. 1008 VV RVG ein; vielmehr erhöht sich der Gegenstandswert nach § 23 Abs. 1 RVG i.V.m. § 39 Abs. 1 GKG; § 22 Abs. 1 RVG.

11 Im Innenverhältnis schuldet jeder Auftraggeber die Gebühren und Auslagen, die er schulden würde, wenn der Rechtsanwalt nur in seinem Auftrag tätig geworden wäre (§ 7 Abs. 2 S. 1 RVG). Auf diese Beschränkung der Haftung ist insbesondere bei der Vergütungsfestsetzung und Vergütungsklage zu achten.

e) Rahmengebühren (§ 14 RVG)

12 Wird der Rechtsanwalt beratend tätig ohne dass er eine Gebührenvereinbarung geschlossen hat (§ 34 Abs. 1 S. 2 RVG), prüft er die Erfolgsaussicht eines Rechtsmittels (Nr. 2100 VV RVG) oder vertritt er den Mandanten außergerichtlich (Nr. 2300 VV RVG), steht ihm jeweils ein Gebührenrahmen zur Verfügung. Aus diesem Gebührenrahmen kann der Rechtsanwalt den im konkreten Fall angemessenen Gebührensatz unter Berücksichtigung der Kriterien des § 14 Abs. 1 RVG bestimmen. In der Praxis wird vielfach unreflektiert von der sog. **Mittelgebühr** (zur sog. Schwellengebühr siehe unten *Rz. 105*) ausgegangen. Diese berechnet sich nach der Formel: *(Mindestsatz + Höchstsatz): 2*. Auch wenn viele Fälle durchschnittlich sind und daher die Mittelgebühr angemessen erscheint, sollte sich der Rechtsanwalt davor hüten, gedankenlos die Mittelgebühr anzusetzen. Erfahrungsgemäß zeigt jeder Fall seine Besonderheiten, was dazu führen kann, einen höheren Gebührensatz anzunehmen.

Nach § 14 Abs. 1 RVG sind insoweit sechs Kriterien für die Gebührenbemessung ausschlaggebend.

aa) Umfang der anwaltlichen Tätigkeit

13 Als Erstes zu beachten ist der Umfang der anwaltlichen Tätigkeit. Hierbei kommt es vor allen Dingen auf den **zeitlichen Aufwand** an, der durch die Ausführung des Mandats entstanden ist. Zu berücksichtigen sind dabei nicht nur diejenigen Zeiten, die der Rechtsanwalt effektiv an der Sache arbeitet. Auch nutzloser Zeitaufwand für sinnlose – vom Mandanten aber gewünschte – Besprechungen, Wartezeiten etc. müssen hinzugerechnet werden. Hier ist auch die **Dauer des Mandats** zu beachten. Zu berücksichtigen sind insbesondere das Studium der Akten, Besprechungen mit dem Mandanten, Prüfungen von Rechtsprechung und Literatur, Vorbereitung von Verhandlungen mit Dritten, eventuelle Wahrnehmung von Ortsterminen,

Einsichtnahme von Betriebskostenbelegen – eventuell am Sitz des Vermieters, Prüfung von Abrechnungen etc. So dürfte bei Fragen im Zusammenhang mit Betriebskostenabrechnungen schon allein wegen des erheblichen Umfangs der anwaltlichen Tätigkeit in der Regel die Höchstgebühr angemessen sein.

Insbesondere sind hier **Besprechungen** mit dem Gegner zu berücksichtigten. Da für solche Tätigkeiten keine gesonderte Gebühr (mehr) gewährt wird, muss dies jetzt beim Umfang (gegebenenfalls auch bei der Schwierigkeit) berücksichtigt werden. 14

bb) Schwierigkeit der anwaltlichen Tätigkeit

Als weiteres Kriterium ist die Schwierigkeit der anwaltlichen Tätigkeit heranzuziehen. Zu berücksichtigen sind insbesondere **rechtliche Probleme**, Tätigkeiten in **Spezialgebieten** (z.B. Probleme aus dem Bereich der Heizkostenverordnung; Abmahnungen wegen vertragswidrigen Verhaltens[1]) oder die Verwertung von Sachverständigengutachten. Hier ist nicht auf die Durchschnittskenntnisse des „Mietrechtlers" abzustellen, sondern auf die Durchschnittskenntnisse des Allgemeinanwalts. Maßgebend ist also ein objektiver Maßstab. Die Schwierigkeit darf nicht deswegen geringer beurteilt werden, weil der Rechtsanwalt sich auf Mietsachen spezialisiert hat – er gegebenenfalls **Fachanwalt** ist – und ihm die Arbeit daher leichter fällt[2]. 15

Auch **Schwierigkeiten im Umgang mit dem Mandanten** auf Grund dessen Persönlichkeitsstruktur oder Schwierigkeiten im Umgang mit dem Gegner können berücksichtigt werden[3]. 16

cc) Bedeutung der Angelegenheit

Darüber hinaus kommt es auf die Bedeutung der Angelegenheit an. Die Bedeutung der Angelegenheit ist für den Auftraggeber subjektiv zu ermitteln. Es kommt auf die tatsächlichen wirtschaftlichen, gesellschaftlichen und rechtlichen Auswirkungen des Ausgangs der Angelegenheit an. Maßgebend sind die **individuellen Folgen für den Auftraggeber**; Interessen der Allgemeinheit bleiben unberücksichtigt. Gerade bei wirtschaftlich schwächeren Mietern können Abrechnungsfragen, etwa bei Betriebskostenabrechnungen, durchaus eine höhere Bedeutung haben als bei vermögenden oder gewerblichen Mietern. 17

Zu berücksichtigen ist insbesondere auch eine **präjudizielle Wirkung** des Ausgangs der Angelegenheit. So kann trotz einer Minimalposition im Rahmen einer Betriebskostenabrechnung eine besondere Bedeutung gegeben sein, wenn mit der Entscheidung über die Umlagefähigkeit oder den Umla- 18

---

1 AG Frankfurt/Main, AGS 2003, 223.
2 LG Karlsruhe, AnwBl. 1973, 367; LG Freiburg, AnwBl. 1965, 184; AG Köln, AnwBl. 1978, 63.
3 OLG Karlsruhe, AnwBl. 1987, 338; AnwK-RVG/*Onderka*, § 14 Rz. 37.

gemaßstab gleichzeitig auch ein Präjudiz für folgende Abrechnungsjahre geschaffen wird. Ebenso können Fragen der Hausordnung von besonderer Bedeutung sein, wenn die Klärung präjudiziell für zukünftiges Verhalten ist.

So kann der Frage einer vorzeitigen Kündigungsberechtigung des Mieters für den Vermieter erhebliche Bedeutung zukommen, wenn eine Nachvermietung sehr schwierig oder zurzeit gar aussichtslos erscheint.

19 Fragen im Zusammenhang mit der Kündigung eines Mietverhältnisses dürften in aller Regel von besonderer Bedeutung sein, da sie zumindest für den Mieter oft von **existentieller Bedeutung** sind. Hier sind auch **gesellschaftliche Aspekte** zu berücksichtigen, etwa der „Makel", der mit einer fristlosen Kündigung verbunden sein kann.

dd) Einkommensverhältnisse des Auftraggebers

20 Weiterhin sind auch die Einkommensverhältnisse des Auftraggebers zu berücksichtigen. **Überdurchschnittliche Einkommens-** und Vermögensverhältnisse des Auftraggebers rechtfertigen einen höheren Gebührensatz; umgekehrt sind **unterdurchschnittliche** Einkommensverhältnisse mindernd zu berücksichtigen. Abzustellen ist grundsätzlich auf die wirtschaftlichen Verhältnisse zum Zeitpunkt der Abrechnung. Auf die Einkommensverhältnisse eines erstattungspflichtigen Dritten kommt es nicht an.

Bei mehreren Auftraggebern (etwa mehreren Mietern) ist auf das Gesamteinkommen abzustellen.

ee) Vermögensverhältnisse des Auftraggebers

21 Darüber hinaus sind auch die Vermögensverhältnisse des Auftraggebers zu berücksichtigen. So kann bei einem **Vermieter** durchaus das Immobilienvermögen in die Bemessung mit einfließen, insbesondere dann, wenn der Mandant Eigentümer größerer Wohneinheiten ist. Andererseits müssen auch die Belastungen, die auf dem Objekt ruhen, mitberücksichtigt werden.

Im Rahmen der Vermögensverhältnisse darf auch das Bestehen einer **Rechtsschutzversicherung** berücksichtigt werden. Der Bestand einer Rechtsschutzversicherung ist nämlich ein Vermögenswert, den sich der Mandant durch Prämienzahlung erkauft hat[1].

ff) Besonderes Haftungsrisiko

22 Schließlich ist auch noch das besondere Haftungsrisiko des Rechtsanwalts zu berücksichtigen (§ 14 Abs. 1 S. 2 RVG). Zwar ist bei **wertabhängigen Gebühren** dieses Kriterium grundsätzlich zu vernachlässigen, da im Falle eines hohen Haftungsrisikos in der Regel auch ein entsprechend hoher Ge-

---

1 LG Kaiserslautern, AnwBl. 1964, 289; SG Duisburg, AGS 2006, 321 m. Anm. *N. Schneider* = RVGprof. 2006, 204; AnwK-RVG/*Onderka*, § 14 Rz. 47.

genstandswert anzusetzen ist. Gerade in Mietsachen gibt es aber zahlreiche Fälle, in denen Gegenstandswert und Haftungsrisiko auseinander fallen. Dann darf das besondere Haftungsrisiko berücksichtigt werden.

Zu den Fällen, in denen ein besonderes Haftungsrisiko heranzuziehen ist, gehören sicherlich sämtliche Fälle, in denen es um den **Fortbestand des Mietverhältnisses** geht und in denen nach § 23 Abs. 1 S. 3 RVG i.V.m. § 41 Abs. 1, Abs. 2 GKG höchstens der Jahresmietwert berücksichtigt wird. Das Haftungsrisiko des Rechtsanwalts geht in diesen Fällen häufig weit über eine Jahresmiete hinaus.

Bei Kündigungen oder dem Abschluss eines Miet- oder Mietaufhebungsvertrages kann der Drei-Jahres-Wert nach § 23 Abs. 3 RVG i.V.m. § 25 KostO unter Umständen hinter dem Haftungsrisiko zurückbleiben. 22a

Ein weiterer Anwendungsfall ergibt sich bei **Mieterhöhungen**. Der Gegenstandswert ist hier nach § 23 Abs. 1 S. 3 RVG i.V.m. § 41 Abs. 5 GKG auf den Erhöhungswert eines Jahres begrenzt. Da sich hier Fehler jedoch unter Umständen über viele Jahre hinweg bemerkbar machen, liegt das Haftungsrisiko also auch hier über dem Gegenstandswert. 22b

gg) Bestimmungsrecht/Toleranzbereich

Das Bestimmungsrecht zur Höhe des Gebührensatzes liegt beim Anwalt. Eine nachträgliche Korrektur einer einmal ausgeübten Bestimmung ist grundsätzlich nicht möglich. Gegenüber dem Auftraggeber ist die Bestimmung des Anwalts grundsätzlich verbindlich. Nur dann, wenn sie unbillig ist (§ 319 Abs. 1 BGB), kann sie vom Gericht herabgesetzt werden. Solange sie sich jedoch im Rahmen der Billigkeit bewegt, ist der Mandant zahlungspflichtig, auch dann, wenn sich mit guten Gründen ebenso eine geringere Vergütung hätte begründen lassen. Die Rspr. geht insoweit von einem Toleranzbereich von 20 % aus. Solange also die vom Anwalt bestimmte Gebühr um nicht mehr als 20 % von der nach Auffassung des Gerichts angemessenen Gebühr abweicht, ist sie jedenfalls nicht unbillig[1]. 22c

Die **Darlegungs- und Beweislast** gegenüber dem Auftraggeber für die Billigkeit seiner Abrechnung liegt nach allgemeinen Grundsätzen beim Anwalt. Muss allerdings ein Dritter die Gebühr ersetzen oder erstatten, so obliegt ihm die Darlegungs- und Beweislast für die Unbilligkeit (§ 14 Abs. 1 S. 4 RVG), wobei auch hier für den Anwalt eine (eingeschränkte) Darlegungslast besteht. 22d

hh) Praxisempfehlung

Zur Vermeidung eines Streits über die Höhe des maßgeblichen Gebührensatzes bietet es sich an, insoweit eine **Vereinbarung** mit dem Auftraggeber zu treffen. Zu berücksichtigen ist, dass in diesem Fall im Zweifel die Anforderungen des § 3a Abs. 1 RVG beachtet werden müssen, und zwar auch 23

---
1 AnwK-RVG/*Onderka*, § 14 Rz. 877 ff. m.w.N.

dann, wenn sich der vereinbarte Gebührensatz innerhalb des gesetzlichen Rahmens hält[1].

ii) Gutachten des Vorstands der Rechtsanwaltskammer

24 Kommt es später zu einem Rechtsstreit über die Höhe der Gebühren zwischen dem Rechtsanwalt und seinem Auftraggeber, so ist nach § 14 Abs. 2 RVG zwingend ein Gutachten des Vorstands der Rechtsanwaltskammer einzuholen, es sei denn, es wird nur der Mindestsatz geltend gemacht oder die vom Rechtsanwalt in Ansatz gebrachte Höhe des jeweiligen Gebührensatzes wird vom Gebührenschuldner nicht bestritten (§ 14 Abs. 2 S. 1 RVG). Im Ersatzungsprozess ist die Einholung eines Gutachtens dagegen nicht erforderlich. Wird die Geschäftsgebühr als materiell-rechtlicher Schaden eingeklagt, bedarf es also keines Gutachtens.

f) Umfang der Angelegenheit (§§ 15, 16 ff. RVG)

25 Ausgangspunkt jeder Gebührenrechnung ist die Vorschrift des § 15 RVG i.V.m. §§ 16 ff. RVG, nämlich der **Begriff** der Angelegenheit. Für jede Angelegenheit erhält der Rechtsanwalt eine gesonderte Vergütung. Es ist daher auch in Mietsachen unabdingbar, bevor man sich an eine Gebührenabrechnung begibt, sich darüber klar zu werden, in welcher Angelegenheit oder in welchen Angelegenheiten man tätig geworden ist. Wird dieser erste Schritt versäumt, wird eine ordnungsgemäße Vergütungsberechnung kaum gelingen. Auch eine Diskussion über Gebührenfragen wird dann häufig nicht möglich sein, da man dann schnell verschiedene Dinge durcheinander wirft und keine gemeinsame Grundlage hat.

26 Erforderlich ist ein „**Schubladendenken**". Jede Angelegenheit muss zunächst einmal völlig losgelöst von den anderen Angelegenheiten betrachtet werden. Die Bedeutung dieser Einteilung wird vielfach verkannt, womit bereits die Weichen dafür gestellt sind, dass die Kostenrechnung unzutreffend ist und in der Regel Gebühren verschenkt werden.

27 Die **Einteilung in Angelegenheiten** ist in zweierlei Hinsicht zu beachten:

aa) Vertikale Einteilung

28 Zunächst einmal ist eine vertikale Einteilung zu beachten. Mehrere **nacheinander folgende Tätigkeiten** stellen in aller Regel auch gesonderte Angelegenheiten i.S.d. § 15 RVG dar und lösen somit jeweils eigene Gebühren aus.

29 So ist die Beratungstätigkeit gegenüber der außergerichtlichen Vertretung (Nr. 2300 ff. VV RVG) eine eigene Angelegenheit; diese wiederum gegenüber einem eventuellen Schlichtungsverfahren nach § 15a EGZPO (Nr. 2303 VV

---

[1] AnwK-RVG/*Onderka*, § 14 Rz. 14 usw.; *N. Schneider*, Die Vergütungsvereinbarung, Rz. 803 ff.

RVG) und wiederum gegenüber einem Mahnverfahren (Nr. 3305 ff. VV RVG). Hiernach schließen sich als weitere Angelegenheiten an das gerichtliche Verfahren (Nrn. 3100 ff. VV RVG; § 17 Nr. 4 RVG), das Berufungsverfahren und ein eventuelles Revisionsverfahren. Ein Verfahren über die Nichtzulassung der Revision (Nrn. 3506 ff. RVG) ist ebenfalls eine eigene Angelegenheit (§ 16 Nr. 11 RVG). Weiterhin zu beachten ist, dass Beschwerdeverfahren sowie bestimmte Erinnerungsverfahren (Nrn. 3500 VV RVG) gesonderte Angelegenheiten sind (§ 18 Nr. 3 RVG). Urkunds- und Nachverfahren sind jeweils eigene Angelegenheiten (§ 17 Nr. 5 RVG). Das Verfahren nach Zurückverweisung ist wiederum eine neue Angelegenheit (§ 21 Abs. 1 RVG) etc. Auch ein selbständiges Beweisverfahren ist nach dem RVG gegenüber dem Hauptsacheverfahren eine eigene Angelegenheit (arg. Vorbem. 3 Abs. 5 VV RVG).

bb) Horizontale Einteilung

Darüber hinaus ist eine horizontale Einteilung zu beachten. Einem Auftrag können durchaus auch **mehrere parallele Angelegenheiten** zugrunde liegen.   30

Beispiel:
Der Rechtsanwalt soll für den Vermieter die ordentliche Kündigung des Mietverhältnisses aussprechen und gleichzeitig für die restliche Mietdauer noch ein Mieterhöhungsverlangen stellen[1].

Beispiel:
Der Vermieter beauftragt den Rechtsanwalt, den Saldo aus der Nebenkostenabrechnung beim Gegner anzumahnen und anzufordern. Gleichzeitig beauftragt er ihn, ein Mieterhöhungsverlangen zu stellen.

Beispiel:
Der Rechtsanwalt wird beauftragt, die Zustimmung zur Mieterhöhung durchzusetzen, und hiernach, die sich auf Grund der Zustimmung ergebenden Rückstände ab dem dritten Monat (§ 558b BGB) einzufordern.

Es liegt hier zwar jeweils ein einheitlicher Auftrag vor. Diesem liegen jedoch verschiedene Angelegenheiten zugrunde.   31

Die Konsequenzen, die sich aus verschiedenen Angelegenheiten ergeben, werden häufig nicht genügend beachtet.   32

1. Beispiel (Postentgeltpauschale):

Der Vermieter beauftragt den Rechtsanwalt mit der Durchsetzung einer Mietforderung in Höhe von 3000 Euro. Der Rechtsanwalt mahnt zunächst die Forderung außergerichtlich auftragsgemäß an. Anschließend erhält er den Auftrag zum Mahnverfahren. Der Mieter erhebt Widerspruch. Es

---

[1] AnwK-RVG/*N. Schneider*, § 15 Rz. 60; **a.A.** LG Koblenz, JurBüro 1995, 201.

kommt zum streitigen Verfahren, in dem die Forderung begründet wird. Nunmehr zahlt der Mieter. Der Rechtsstreit wird in der Hauptsache ohne mündliche Verhandlung übereinstimmend für erledigt erklärt.

Insgesamt liegen **drei Angelegenheiten** vor, nämlich außergerichtliche Vertretung (Nr. 2300 VV RVG), Mahnverfahren (Nrn. 3305 ff. VV RVG) und Rechtsstreit (Nr. 3100 ff. VV RVG). Zwar wird die Geschäftsgebühr hälftig auf die Gebühr des Mahnverfahrens angerechnet (Vorbem. 3 Abs. 4 VV RVG) und die Mahnverfahrensgebühr auf die Verfahrensgebühr des streitigen Verfahrens (Anm. zu Nr. 3305 VV RVG); dem Rechtsanwalt verbleiben jedoch die Postentgeltpauschalen nach Nr. 7002 VV RVG aus der außergerichtlichen Vertretung sowie aus dem Mahnverfahren anrechnungsfrei, also zusätzlich 2 × 20 Euro[1].

2. Beispiel (Fälligkeit/Verjährung):

Der Rechtsanwalt erhält zunächst den Auftrag, den Mieter zur Räumung aufzufordern, nachdem der Vermieter bereits gekündigt hat. Es findet eine Besprechung mit dem Mieter statt, die jedoch zu keinem Ergebnis führt. Nunmehr erhebt der Rechtsanwalt Klage. Die Sache geht schließlich in Berufung und Revision. Ein rechtskräftiges Urteil ergeht nach über drei Kalenderjahren.

Mit Abschluss der außergerichtlichen Tätigkeit ist die Vergütung nach Nr. 2300 VV RVG fällig geworden (§ 8 Abs. 1 RVG). Mit Schluss des Kalenderjahres beginnt die Verjährung zu laufen (§ 199 Abs. 1 BGB). Wenn der Rechtsanwalt also seine außergerichtliche Vergütung nicht rechtzeitig geltend gemacht hat, ist sie nach rechtskräftigem Abschluss des Verfahrens verjährt. Zumindest der nicht anzurechnende Teil der Geschäftsgebühr wäre verloren.

3. Beispiel (Übergangsrecht):

Der Rechtsanwalt hatte im März 2004 den Auftrag erhalten, rückständige Mietforderungen in Höhe von 3000 Euro außergerichtlich geltend zu machen. Im Juli 2004 erhielt er den Auftrag zur Klage.

Die außergerichtlichen Gebühren berechnen sich gem. § 61 Abs. 1 S. 1 RVG nach altem Recht, also nach der BRAGO; die Gebühren des Rechtsstreits dagegen nach neuem Recht, also nach dem RVG.

4. Beispiel (§ 15 Abs. 5 S. 2 RVG):

Der Rechtsanwalt hatte im November 2003 den Auftrag erhalten, rückständige Miete in Höhe von 5000 Euro im Mahnverfahren geltend zu machen. Der Mieter legte Widerspruch ein. Der Vermieter konnte sich aber nicht entschließen, das streitige Verfahren sogleich durchzuführen, da er an der Solvenz des Mieters Bedenken hatte. Im Januar 2006 beauftragte der Vermieter den Rechtsanwalt schließlich, das streitige Verfahren durchzuführen.

---

1 LG Essen, BRAGOreport 2002, 39 m. Anm. *N. Schneider*; JurBüro 2002, 246 m. Anm. *N. Schneider* u.w.N.; ebenso AG Siegburg, BRAGOreport 2002, 111 = KostRsp. BRAGO § 26 Nr. 28; ausführlich *N. Schneider*, AGS 2003, 94.

Es gilt § 15 Abs. 5 S. RVG. Da zwischenzeitlich zwei Kalenderjahre vergangen sind, scheidet eine Anrechnung aus. Der Rechtsanwalt erhält also die Verfahrensgebühr nach Nr. 3100 VV RVG neben der Mahnverfahrensgebühr der Nr. 3305 VV RVG anrechnungsfrei.

Wann **eine Angelegenheit** vorliegt und wann mehrere Angelegenheiten gegeben sind, ist mitunter schwierig zu beantworten. 33

In **gerichtlichen Verfahren** ist es relativ einfach, festzustellen, wann eine Angelegenheit und wann mehrere Angelegenheiten gegeben sind. Es gilt der Grundsatz, dass jeder Rechtszug eine besondere Angelegenheit darstellt (§ 15 Abs. 2 S. 2 RVG). Das bedeutet sowohl, dass jede Instanz eine eigene Angelegenheit darstellt, als auch, dass mehrere Parallelverfahren mehrere Angelegenheiten darstellen. 34

Beispiel:
Klagt der Vermieter fünf Mieten in einzelnen Verfahren ein, dann sind fünf verschiedene Angelegenheiten gegeben, so dass der Rechtsanwalt fünfmal die Prozessgebühr erhält und nicht etwa eine Verfahrensgebühr aus dem addierten Wert.

Ob sich der Vermieter gegenüber dem Mieter ggf. schadensersatzpflichtig macht oder ob er eine Obliegenheitsverletzung begeht, indem er mutwillig mehrere Prozesse führt, die auch in einem einzigen Verfahren hätten geführt werden können, ist eine Frage der Kostenerstattung, nicht eine der Gebührenberechnung. 35

So wird eine „künstliche" **Aufspaltung** in mehrere Angelegenheiten als unzulässig angesehen. Lässt sich der Rechtsanwalt z.B. für den **Räumungs- und den Zahlungsprozess** gesonderte Aufträge erteilen, so handelt es sich zwar um zwei verschiedene Angelegenheiten. Gegenüber dem Auftraggeber kann er jedoch nur so abrechnen, als hätte er beide Rechtsschutzziele in einer Angelegenheit verfolgt[1]; er muss sich also die Gebührendegression entgegenhalten lassen. Etwas anderes gilt nur, wenn der Rechtsanwalt den Auftraggeber über diese Kostenfolge unterrichtet hat und der Auftraggeber in Kenntnis dessen gesonderte Aufträge erteilt.

Auch im Rahmen der **Kostenerstattung** findet eine Beschränkung statt. Werden verschiedene Gegenstände in getrennten Verfahren verfolgt, obwohl ein **einheitliches Verfahren möglich** gewesen wäre (so z.B. wiederum bei Räumungsklage und Klage auf Zahlung rückständiger Mieten (vgl. dazu Rz. 490), jeweils gesonderter Mietzinsklagen anstelle einer möglichen Klageerweiterung), dann wird die Kostenerstattung auf den Betrag beschränkt, der entstanden wäre, wenn ein einheitliches Verfahren gewählt worden wäre.

---

1 OLG Koblenz, AGS 2004, 38 = MDR 2004, 55 = GuT 2003, 234 = WuM 2003, 657 = MietRB 2004, 6.

36 Bei **außergerichtlichen Angelegenheiten** ist die Beurteilung dagegen schwieriger, wann eine Angelegenheit gegeben ist und wann mehrere. Drei Kriterien sind maßgebend.

Eine Angelegenheit liegt vor, wenn
– der Tätigkeit des Rechtsanwalts ein **einheitlicher Auftrag** zugrunde liegt,
– die Tätigkeit sich **im gleichen Rahmen** hält und
– wenn zwischen den einzelnen Handlungen oder Gegenständen der anwaltlichen Tätigkeit ein **innerer Zusammenhang** besteht[1].

37 Ein **einheitlicher Auftrag** ist nicht nur dann gegeben, wenn der Rechtsanwalt vom Mandanten einen konkreten Auftrag erhält, wegen eines bestimmten Gegenstands tätig zu werden, sondern auch dann, wenn er nacheinander sukzessive Auftragserweiterungen erhält und sich aus dem Auftrag oder den Umständen ergibt, dass diese Aufträge gemeinsam behandelt werden sollen.

Beispiel:

Der Vermieter beauftragt den Rechtsanwalt, die rückständige Januarmiete geltend zu machen. Als der Mieter dann auch im Februar nicht zahlt, wird der Rechtsanwalt beauftragt, auch noch die Februarmiete geltend zu machen.

Es liegt ein einheitlicher Auftrag vor. Hinsichtlich des Gegenstandswertes gilt § 23 Abs. 1 S. 1 RVG i.V.m. § 39 Abs. 1 GKG; § 22 Abs. 1 RVG. Die Werte der einzelnen Mieten sind zu addieren.

38 Voraussetzung für einen einheitlichen Auftrag bei sukzessiver Auftragserteilung ist allerdings, dass der vorangegangene Auftrag noch nicht erledigt ist.

Beispiel:

Wandelt man das vorangegangene Beispiel dahin gehend ab, dass die Januarmiete bereits gezahlt und an den Vermieter weitergeleitet worden ist, bevor der Auftrag zur Anmahnung der Februarmiete erteilt worden ist, dann liegen zwei verschiedene Aufträge vor. Der erste Auftrag war erledigt und konnte somit nicht mehr erweitert werden.

39 Ein einheitlicher Auftrag kann auch dann vorliegen, wenn der Rechtsanwalt von mehreren Personen beauftragt worden ist. Dies ist selbstverständlich, wenn die Vermieter- oder Mieterseite aus mehreren Personen besteht und den Auftrag erteilt. Ein einheitlicher Auftrag kann aber auch dann noch vorliegen, wenn mehrere Mieter aus verschiedenen Mietverhältnissen den Rechtsanwalt beauftragen.

Beispiel:

Mehrere Mieter derselben Wohnanlage beauftragen den Rechtsanwalt gemeinsam, gegen den Vermieter vorzugehen, damit eine Satellitenanlage installiert wird.

---

[1] AnwK-RVG/*N. Schneider*, § 15 Rz. 22.

Weitere Voraussetzung ist, dass der Tätigkeit des Rechtsanwalts ein **einheitlicher Rahmen** zugrunde liegt. 40

Des Weiteren muss ein **innerer Zusammenhang** bestehen. Die verschiedenen Gegenstände, mit denen der Rechtsanwalt beauftragt wird, müssen einem einheitlichen Lebensvorgang entstammen. 41

Beispiel:
Mehrere Mieten sind rückständig, oder rückständig sind Mieten und Nebenkostennachzahlungen.

Die Abgrenzung kann im Einzelfall schwierig sein.

Soweit nicht ein enger Zusammenhang besteht, sollte der Rechtsanwalt von vornherein die Sachen **getrennt bearbeiten** und auch darauf hinweisen, dass er von verschiedenen Aufträgen ausgeht. Dies ist schon deshalb zweckmäßig, weil sich die Dinge ohnehin verschieden entwickeln können.

Beispiele aus der Rechtsprechung:
– *Die Aufforderung zur Zahlung rückständiger Miete und die Androhung der fristlosen Kündigung sind nach LG Detmold[1] nur eine Angelegenheit. Dem ist wohl zuzustimmen, da die Androhung selbst letztlich irrelevant ist und als Druckmittel verstanden werden soll, um die Zahlungsbereitschaft des Mieters zu fördern.*
– *Kündigung und Mieterhöhungsverlangen sind verschiedene Angelegenheiten. Zwar zielen beide auf die Umgestaltung des Mietverhältnisses ab. Das Mieterhöhungsverlangen setzt jedoch den Fortbestand des Mietverhältnisses voraus, während die Kündigung die Beendigung des Mietverhältnisses herbeiführen soll[2].*
– *Wird der Rechtsanwalt mit Mieterhöhungsverlangen aus verschiedenen Mietverträgen gegenüber mehreren Mietern beauftragt, so handelt es sich um mehrere Angelegenheiten, und zwar unabhängig davon, ob der Rechtsanwalt den Vermieter oder die Mieter vertritt[3].*

Dagegen werden Kündigung und Räumungsverlangen[4] sowie Räumungsverlangen wegen Zahlungsverzugs und die Durchsetzung der rückständigen Mieten als eine Angelegenheit angesehen[5].

---

1 LG Detmold, JurBüro 1981, 214.
2 AnwK-RVG/N. *Schneider*, § 15 Rz. 60; **a.A.** OLG Koblenz, JurBüro 1995, 201 = Rpfleger 1995, 219.
3 LG München, Rpfleger 1968, 293 m. Anm. *Schumann*.
4 BGH, AGS 2007, 289 = NZM 2007, 396 = WuM 2007, 330 = NJW 2007, 2050 = JurBüro 2007, 358 = ZMR 2007, 521 = BGHReport 2007, 737 = MDR 2007, 982 = RVGLetter 2007, 52 = DWW 2007, 214 = RVGreport 2007, 220 = Info M 2007, 142 = MietRB 2007, 172 = NJW-Spezial 2007, 339 = Rpfleger 2007, 509 = RVGprof. 2008, 47.
5 OLG Koblenz, AGS 2004, 38.

g) Anrechnung von Gebühren (§ 15a Abs. 1 RVG)

42 Mit seinem Beschluss vom 27.3.2007 – VIII ZB 57/07[1], der von ihm im Folgenden mehrfach bestätigt wurde[2], hatte der BGH in Abkehr der bis dahin geltenden Praxis und Rechtsprechung entschieden, dass die Anrechnung einer Geschäftsgebühr (Nr. 2300 VV RVG) gem. Vorbem. 3 Abs. 4 VV RVG von Vornherein zur Verminderung der Verfahrensgebühr (Nr. 3200 VV RVG) führe und die Anrechnung daher auch im Kostenfestsetzungsverfahren stets zu beachten sei.

42a Um die damit verbundenen zum Teil katastrophalen Folgen für die Praxis zu beseitigen, hat der Gesetzgeber zum 5.8.2009 einen neuen § 15a RVG eingefügt, der diese Rechtsprechung beendet. Die hauptsächlichen Auswirkungen betreffen die Kostenerstattung (§ 15a Abs. 2 RVG; siehe Rz. 315a ff.). Aber auch für das Innenverhältnis zwischen Anwalt und Auftraggeber hat die Vorschrift Bedeutung (§ 15a Abs. 1 RVG). Die Regelung des § 15a RVG gilt dabei nicht nur für die Anrechnung der Geschäftsgebühr auf die Verfahrensgebühr nach Vorbem. 3 Abs. 4 VV RVG, sondern für alle Anrechnungsfälle im RVG, auch wenn die Anrechnung der Geschäftsgebühr der Hautpanwendungsfall sein wird.

42b Im neuen § 15a Abs. 1 RVG wird klargestellt, dass in Anrechnungsfällen zunächst einmal jede der aufeinander anzurechnenden Gebühren unabhängig von der anderen in voller Höhe entsteht. Dass auf eine Gebühr eine andere zuvor entstandene Gebühr anzurechnen ist, bleibt zunächst einmal unerheblich und führt nicht dazu, dass die weitere Gebühr von Vornherein lediglich in verminderter Höhe entsteht. Sie entsteht vielmehr zunächst einmal in voller Höhe.

42c Selbstverständlich kann der Anwalt nicht beide Gebühren in voller Höhe einfordern und behalten. Er kann insgesamt nicht mehr geltend machen als beide Gebühren, allerdings um den anzurechnenden Betrag vermindert. Dabei ist es ihm jetzt aber unbenommen, wie er die Anrechnung vornimmt. Er kann die eine Gebühr in voller Höhe verlangen und die andere Gebühr gekürzt oder umgekehrt oder beide Gebühren teilweise gekürzt.

Beispiel:

Der Anwalt hatte nach einem Gegenstandswert von 8000 Euro eine 1,5-Geschäftsgebühr (Nr. 2300 VV RVG) verdient und anschließend im gerichtlichen Verfahren eine 1,3-Verfahrensgebühr (Nr. 3100 VV RVG).

Nach § 15a Abs. 1 RVG entstehen diese beiden Gebühren zunächst einmal unabhängig voneinander, insgesamt kann allerdings nicht mehr be-

---

[1] AGS 2008, 158 = NJW 2008, 1323 = FamRZ 2008, 878 = AnwBl. 2008, 378 = ZfSch 2008, 288 = MDR 2008, 592 = Rpfleger 2008, 332 = BGHReport 2008, 622 = JurBüro 2008, 302 = VersR 2008, 1556 = NJW-Spezial 2008, 251 = RVGreport 2008, 148 = WuM 2008, 245 = NJ 2008, 271.
[2] AGS 2008, 574 = RVGreport 2008, 436; RVGreport 2009, 27 = VRR 2009, 39; RVGreport 2008, 468; WRP 2009, 75 = RVGreport 2008, 470.

ansprucht werden als der um die Anrechnung gekürzte Betrag. Insgesamt steht dem Anwalt also zu: 1,5 + 1,3 – 0,75 = 2,05.

Fordert der Anwalt die Geschäftsgebühr in voller Höhe ein, dann darf er von der Verfahrensgebühr lediglich noch 0,55 verlangen.

I. Außergerichtliche Vertretung (Wert: 8000 Euro)
1. 1,5-Geschäftsgebühr, Nr. 2300 VV RVG   618,00 Euro
2. Postentgeltpauschale, Nr. 7002 VV RVG   20,00 Euro
    Zwischensumme   638,00 Euro
3. 19 % Umsatzsteuer, Nr. 7008 VV RVG   121,22 Euro
    Gesamt   **759,22 Euro**

II. Gerichtliches Verfahren (Wert: 8000 Euro)
1. 1,3-Verfahrensgebühr, Nr. 3100 VV RVG   535,60 Euro
2. gem. Vorbem. 3 Abs. 4 VV RVG anzurechnen, 0,75 aus 8000 Euro   – 309,00 Euro
3. 1,2-Terminsgebühr, Nr. 3104 VV RVG   494,40 Euro
4. Postentgeltpauschale, Nr. 7002 VV RVG   20,00 Euro
    Zwischensumme   741,00 Euro
5. 19 % Umsatzsteuer, Nr. 7008 VV RVG   140,79 Euro
    Gesamt   **881,79 Euro**

III. Gesamt   **1641,01 Euro**

Fordert er dagegen die Verfahrensgebühr in voller Höhe ein, dann verringert sich die Geschäftsgebühr um 0,75, so dass er insoweit lediglich noch restliche 0,75 verlangen kann.

I. Gerichtliches Verfahren (Wert: 8000 Euro)
1. 1,3-Verfahrensgebühr, Nr. 3100 VV RVG   535,60 Euro
2. 1,2-Terminsgebühr, Nr. 3104 VV RVG   494,40 Euro
3. Postentgeltpauschale, Nr. 7002 VV RVG   20,00 Euro
    Zwischensumme   1050,00 Euro
4. 19 % Umsatzsteuer, Nr. 7008 VV RVG   199,50 Euro
    Gesamt   **1249,50 Euro**

II. Außergerichtliche Vertretung (Wert: 8000 Euro)
1. 1,5-Geschäftsgebühr, Nr. 2300 VV RVG   618,00 Euro
2. gem. Vorbem. 3 Abs. 4 VV RVG anzurechnen, 0,75 aus 8000 Euro   – 309,00 Euro
3. Postentgeltpauschale, Nr. 7002 VV RVG   20,00 Euro
    Zwischensumme   329,00 Euro
4. 19 % Umsatzsteuer, Nr. 7008 VV RVG   62,51 Euro
    Gesamt   **391,51 Euro**

III. Gesamt   **1641,01 Euro**

Auf das Gesamtergebnis hat es also keinen Einfluss, welche Gebühr auf welche angerechnet wird.

Aus der Selbständigkeit der beiden Gebühren folgt, dass der Anwalt an sich beide Gebühren auch gesondert ungekürzt in Rechnung stellen kann. Soweit die eine Gebühr gezahlt wird, erlischt sie damit dann in Höhe des Anrechnungsbetrages. Insoweit müsste dann die zweite Rechnung teilweise wieder storniert werden. Um diesen Buchhaltungsaufwand zu vermeiden, sollte der Anwalt sich von Vornherein überlegen, welche Gebühr er in voller Höhe geltend macht und wo er die Anrechnung berücksichtigt. Dies erspart es ihm, später Gutschriften zu erteilen oder Rechnungen stornieren zu müssen.

42e Zweckmäßig wird es sein, wie bisher, die zuerst entstandene Gebühr in voller Höhe abzurechnen und die Anrechnung dann bei der zeitlich nachfolgenden Gebühr zu berücksichtigen. Dies macht die Abrechnung übersichtlicher. Zudem kann der Anwalt die zuerst entstandene Gebühr, die früher fällig wird (§ 8 Abs. 1 RVG), auch früher abrechnen. Zudem steht bei Fälligkeit der ersten Gebühr häufig noch gar nicht fest, ob und inwieweit es zur Anrechnung kommen wird. Insoweit wird sich also an der bisherigen Rechtslage nicht viel ändern.

h) Verweisung, Zurückverweisung (§§ 20, 21 RVG)

43 Bei Verweisung oder Zurückverweisung gelten die §§ 20 und 21 RVG. Im Falle der Verweisung bildet das Verfahren vor dem verweisenden Gericht und dem Empfangsgericht ein und dieselbe Angelegenheit (§ 20 S. 1 RVG), so dass der Rechtsanwalt seine Vergütung insgesamt nur einmal erhält. Wird dagegen eine Sache zurückverwiesen, so stellt das weitere Verfahren nach Zurückverweisung eine gesonderte Angelegenheit dar (§ 21 Abs. 1 RVG). Der Rechtsanwalt erhält also im **Verfahren nach Zurückverweisung** sämtliche Gebühren **erneut**. Die **Verfahrensgebühr** des vorangegangenen Verfahrens ist allerdings **anzurechnen**, es sei denn, es wird an ein Gericht verwiesen, das mit der Sache noch nicht befasst war (Vorbem. 3 Abs. 6 VV RVG). Wird erst nach Ablauf von zwei Kalenderjahren zurückverwiesen, gilt § 15 Abs. 5 S. 2 RVG; in diesem Fall ist eine Anrechnung ausgeschlossen.

Beispiel:
Das AG hatte den Beklagten antragsgemäß zur Räumung verurteilt (Wert: 10 000 Euro). Auf die Berufung hebt das LG des Urteils des AG auf und verweist die Sache an das AG zur erneuten Entscheidung zurück.

I. Verfahren vor Zurückverweisung
1. 1,3-Verfahrensgebühr, Nr. 3100 VV RVG
 (Wert: 10 000 Euro)   631,80 Euro
2. 1,2-Terminsgebühr, Nr. 3104 VV RVG
 (Wert: 10 000 Euro)   583,20 Euro
3. Postentgeltpauschale, Nr. 7002 VV RVG   20,00 Euro
 Zwischensumme   1235,00 Euro
4. 19 % Umsatzsteuer, Nr. 7008 VV RVG   234,65 Euro
 Gesamt   **1469,65 Euro**

II. Berufung
 …

III. Verfahren nach Zurückverweisung

1.	1,3-Verfahrensgebühr, Nr. 3100 VV RVG (Wert: 10 000 Euro)	631,80 Euro
2.	gem. Vorbem. 3 Abs. 6 VV RVG anzurechnen, 1,3 aus 10 000 Euro	– 631,80 Euro
3.	1,2-Terminsgebühr, Nr. 3104 VV RVG (Wert: 10 000 Euro)	583,20 Euro
4.	Postentgeltpauschale, Nr. 7002 VV RVG	20,00 Euro
	Zwischensumme	603,20 Euro
5.	19 % Umsatzsteuer, Nr. 7008 VV RVG	114,61 Euro
	Gesamt	**717,81 Euro**

i) Fälligkeit und Verjährung (§ 8 Abs. 1, Abs. 2 RVG; §§ 195 ff. BGB)

Die Fälligkeit der anwaltlichen Vergütung richtet sich nach § 8 Abs. 1 RVG. Die Fälligkeit tritt ein, wenn der Auftrag erledigt oder die Angelegenheit beendet ist (§ § 8 Abs. 1 S. 1 RVG). In gerichtlichen Verfahren tritt die Fälligkeit darüber hinaus auch dann ein, wenn eine Kostenentscheidung ergangen, der Rechtszug beendet ist oder das Verfahren länger als drei Monate ruht (§ § 8 Abs. 1 S. 2 RVG). Die Fälligkeit hat für den Rechtsanwalt zur Folge, dass er seine Vergütung abrechnen und einfordern kann. Umgekehrt hat die Fälligkeit zur Folge, dass mit Ende des Kalenderjahres die dreijährige **Verjährungsfrist** des § 195 BGB zu laufen beginnt. Übersehen wird insoweit häufig, dass die Fälligkeit für **jede Angelegenheit gesondert** zu berechnen ist. Dem Rechtsanwalt kann daher nur dringend empfohlen werden, jede Angelegenheit nach ihrer Beendigung sofort abzurechnen, auch dann, wenn das Mandat noch weiterläuft. 44

Beispiel:

Der Rechtsanwalt vertritt seinen Mandanten zunächst außergerichtlich, anschließend im Verfahren vor dem Amtsgericht und hiernach im Berufungsverfahren.

Die Vergütung für die außergerichtliche Vertretung ist spätestens mit Klageerhebung fällig geworden. Diese Vergütung verjährt daher innerhalb von drei Jahren zum Ende des Kalenderjahres. Sind bis zum Abschluss des Berufungsverfahrens mehr als drei Kalenderjahre vergangen und wartet der Rechtsanwalt mit seiner Abrechnung bis zum rechtskräftigen Abschluss des Verfahrens, so droht ihm der Ausfall seiner außergerichtlichen Vergütung, wenn sich der Mandant auf die Einrede der Verjährung beruft.

Schließen die Parteien einen **Vergleich**, so wird mit Abschluss des Vergleichs die Vergütung fällig und nicht erst mit Austausch der vergleichsweise übernommenen Pflichten[1]. 45

---

1 OLG Düsseldorf, AGS 2008, 535 = OLGR 2009, 63 = NJW-Spezial 2009, 253; AG Köln, AGS 1999, 150 = AnwBl. 1999, 487 = JurBüro 1999, 528; AnwK-RVG/*N. Schneider*, § 8 Rz. 53.

Beispiel:

Die Parteien hatten sich im November 2006 außergerichtlich dahin gehend verglichen, dass das Mietverhältnis zum 30.5.2007 beendet werden solle. Zum 30.5.2007 wird dann auch das Mietobjekt zurückgegeben und die Kaution abgerechnet.

Die Angelegenheit war mit Abschluss des Vergleichs im November 2006 beendet, nicht erst mit Übergabe der Wohnung im Jahre 2007, so dass die Fälligkeit im November 2006 eingetreten ist. Mit Ablauf des Jahres 2009 ist die Vergütung verjährt und nicht erst mit Ablauf des Jahres 2010.

In gerichtlichen Verfahren wird sich die **Problematik der Verjährung** seltener stellen, da nach § 8 Abs. 2 RVG der Ablauf der Verjährung in gerichtlichen Verfahren so lange gehemmt wird als das Verfahren noch nicht rechtskräftig abgeschlossen ist.

j) Vorschuss (§ 9 RVG)

46 Vor Fälligkeit kann der Rechtsanwalt von seinem Auftraggeber die Zahlung eines angemessenen Vorschusses verlangen. Hiervon sollte der Rechtsanwalt auch in Mietsachen Gebrauch machen. Zum einen gilt auch hier der Erfahrungssatz, dass im Verlaufe eines Mandats mit sinkenden Erfolgsaussichten auch die Zahlungsbereitschaft des Auftraggebers abnimmt. Hinzu kommt, dass es dem Auftraggeber in der Regel leichter fällt, mehrere Teilzahlungen zu erbringen als die gesamte Schlussrechnung auf einmal zu bezahlen. Abgesehen davon muss der Rechtsanwalt die Kosten seines laufenden Geschäftsbetriebes decken und ist daher auf regelmäßige Einnahmen angewiesen, die er durch die entsprechende Anforderung von Vorschüssen steuern kann.

47 Von einer Vorschussanforderung sollte auch dann Gebrauch gemacht werden, wenn eine **Rechtsschutzversicherung** besteht. Auch im Rahmen der Rechtsschutzversicherung sind Vorschüsse vom Versicherungsschutz gedeckt. Auch wenn hier kein Insolvenzrisiko besteht, weiß der Rechtsanwalt jedoch nie, wie sich die Zusammenarbeit mit dem Mandanten entwickelt oder ob nicht der Rechtsschutzversicherer seine Deckungszusage später wegen falscher Angaben zurückzieht. Allen diesen Problemen lässt sich leicht aus dem Weg gehen, wenn zeitig darauf geachtet wird, dass die Tätigkeit des Rechtsanwalts durch entsprechende Vorschüsse gedeckt ist.

48 In welche Höher der Rechtsanwalt Vorschüsse geltend macht, muss er im Einzelnen selbst beurteilen. Vorschüsse können bis zur Höhe der voraussichtlich entstehenden Gebühren und Auslagen verlangt werden. Bei der Geschäftsgebühr ist ein Vorschuss in Höhe der sog. Schwellengebühr grundsätzlich angemessen[1].

---

1 AG München, AGS 2007, 234.

Das Recht aus Vorschuss besteht auch gegenüber einem Rechtsschutzversicherer. Soweit Deckungsschutz besteht, muss er den Versicherungsnehmer von Vorschussanforderungen des Anwalts freistellen[1]. 48a

k) Abrechnung (§ 10 RVG)

Die Anforderungen, die an die Abrechnung der Vergütung gestellt werden, richten sich nach § 10 RVG. Der Rechtsanwalt muss dem Mandanten eine **formell ordnungsgemäße** Berechnung zukommen lassen. Zu den Voraussetzungen einer ordnungsgemäßen Rechnung gehören nach § 10 Abs. 2 RVG: 49

– Die Abrechnung der Vergütung muss **schriftlich** (§ 126 BGB) erfolgen. Ein gesondertes Rechnungsblatt ist nicht erforderlich, aber empfehlenswert.

– Der Auftraggeber als **Rechnungsadressat** muss zutreffend und eindeutig bezeichnet sein.

– Die abgerechnete **Angelegenheit** muss **konkret bezeichnet** sein. Grundsätzlich wird die Angabe der Parteien genügen. Sofern – was in Mietsachen häufig vorkommt – mehrere Sachen zwischen denselben Parteien in Bearbeitung sind, muss die Sache weiter konkretisiert werden.

– Die **angewandten Gebührentatbestände** müssen durch eine „kurze Bezeichnung" konkretisiert sein (z.B. „Geschäftsgebühr", „Verfahrensgebühr", „Terminsgebühr" o.ä.).

– Die **angewandten Gebührenvorschriften** müssen nach den Nummern des VV zitiert werden. Der Klarheit halber sollten auch Hilfsvorschriften wie Nr. 1008 VV RVG mit zitiert werden.

– Die jeweiligen **Gebührenbeträge** müssen einzeln ausgewiesen sein. Die Angabe der Gebührensätze bei Wertgebühren ist zwar nicht vorgeschrieben; sie sollten der Klarheit halber jedoch ebenfalls angeführt werden.

– Der **Gegenstandswert** muss auch dieser angeführt werden. Nicht erforderlich ist es, die entsprechenden Streitwertvorschriften zu zitieren.

– **Auslagen** müssen ebenfalls bezeichnet werden. Bei pauschaler Abrechnung genügt der Hinweis auf die Postentgeltpauschale (Nr. 7002 VV RVG). Im Übrigen müssen die Auslagen benannt werden; eine detaillierte Aufstellung ist allerdings nur auf Nachfrage des Mandanten erforderlich. Bei Entgelten für Post- und Telekommunikationsdienstleistungen genügt die Angabe des Gesamtbetrages (§ 10 Abs. 2 S. 4 RVG).

– Eventuelle **Vorschüsse, Zahlungen Dritter und anzurechnende Beträge** (z.B. nach Anm. zu Nr. 3305; Vorbem. 3 Abs. 4 VV RVG) müssen ausgewiesen und gutgeschrieben werden.

– Schließlich muss die Kostenrechnung vom abrechnenden Anwalt **eigenhändig unterschrieben** werden.

---

1 BGH, AGS 2006, 571 = NJW 2006, 1281.

49a Nicht zu den Voraussetzungen einer ordnungsgemäßen Rechnung nach § 10 RVG gehört die **Angabe des Leistungszeitraums** und der **Steuernummer** des Anwalts (§§ 14 Abs. 1a, 27 Abs. 3 UStG). Fehlen diese Angaben, ist dies für die Einforderbarkeit der Vergütung grundsätzlich unerheblich. Allerdings steht dem Auftraggeber ein Zurückbehaltungsrecht zu. Er kann die Zahlung der Vergütung davon abhängig machen, dass ihm eine ordnungsgemäße Rechnung mit Angabe der Umsatzsteuer, der Rechnungsnummer und des Leistungszeitraums ausgehändigt wird[1].

l) Vergütungsfestsetzung (§ 11 RVG)

50 Siehe hierzu u. *Rz. 312 ff.*

m) Übergangsfälle (§§ 60, 61 RVG)

51 Die §§ 60, 61 RVG regeln zwei verschiedene Übergangsfälle.

aa) Übergangsfälle BRAGO/RVG

52 Zum einen regelt § 61 RVG die Frage, wann noch die BRAGO gilt und wann bereits RVG anzuwenden ist. Insoweit kommt es auf das **Datum der Auftragserteilung** an. Ist dem Rechtsanwalt der Auftrag für die Angelegenheit vor dem 1.7.2004 erteilt worden, richtet sich die Vergütung dieser Angelegenheit nach der BRAGO; ist dem Rechtsanwalt der Auftrag nach dem 30.6.2004 erteilt worden, richtet sich der Auftrag für diese Angelegenheit nach dem RVG.

Beispiel:

Der Rechtsanwalt war im März 2003 beauftragt worden, eine Mietforderung außergerichtlich anzumahnen. Im August 2004 hatte er den Auftrag erhalten, die Forderung einzuklagen.

Es liegen zwei verschiedene Angelegenheiten vor. Der Auftrag der außergerichtlichen Vertretung ist nach BRAGO abzurechnen, die Tätigkeit im Rechtsstreit dagegen nach RVG.

53 Strittig ist die Behandlung von **Prozesskostenhilfemandaten**. Zutreffend ist es, hier auf den früheren Tag der Auftragserteilung abzustellen und nicht auf ein eventuell späteres Datum der Prozesskostenhilfebewilligung[2].

Beispiel:

Der Rechtsanwalt ist im Mai 2004 beauftragt worden, Prozesskostenhilfe für ein gerichtliches Verfahren zu beantragen. Im August 2004 ist dem Mandanten Prozesskostenhilfe bewilligt worden.

Da es sich nach § 16 Nr. 2 RVG um eine einzige Angelegenheit handelt, ist auf den ersten Zeitpunkt der Auftragserteilung abzustellen, so dass einheitlich BRAGO gilt.

---

[1] BGH, NJW 1980, 2710.
[2] OLG Zweibrücken, AGS 2006, 81; OLG Koblenz, AGS 2006, 183.

Des Weiteren waren strittig die Fälle, in denen dem Rechtsanwalt vor dem 1.7.2006 der Auftrag für ein **selbständiges Beweisverfahren** erteilt worden war und nach dem 30.6.2004 für das entsprechende Hauptsacheverfahren. Diese Streitfrage hat der BGH[1] zwischenzeitlich geklärt. Da das Hauptsacheverfahren nach dem RVG – im Gegensatz zur BRAGO – gegenüber dem selbständigen Beweisverfahren eine eigene selbständige Angelegenheit darstellt, ist insoweit ein zwischenzeitlich eingetretener Wechsel des Gebührenrechts zu berücksichtigen. Für das selbständige Beweisverfahren gilt also noch die BRAGO. Das Hauptsacheverfahren ist dagegen bereits nach RVG abzurechnen. Analog Vorbem. 3 Abs. 4 VV RVG die 10/10-Prozessgebühr nach § 31 Abs. 1 Nr. 1 BRAGO auf die 1,3-Verfahrensgebühr nach Nr. 3100 VV RVG anzurechnen.

54

Beispiel:

Der Rechtsanwalt hatte vor dem 1.7.2004 für den Antragsteller auftragsgemäß einen Antrag auf Durchführung des selbständigen Beweisverfahrens (Wert: 13 000 Euro) Gericht eingereicht. Nach Beendigung des selbständigen Beweisverfahrens erhebt der Rechtsanwalt nach dem 1.7.2004 Zahlungsklage über 13 000 Euro. Nach Erörterung in dem vor dem Prozessgericht anberaumten Verhandlungstermin schließen die Parteien einen gerichtlichen Vergleich.

I. Selbständiges Beweisverfahren
1. *10/10-Prozessgebühr, §§ 48, 31 Abs. 1 S. 1 BRAGO* 526,00 Euro
2. *10/10-Beweisgebühr, §§ 48, 31 Abs. 1 Nr. 3 BRAGO* 526,00 Euro
3. *Postentgeltpauschale, § 26 S. 2 BRAGO* 20,00 Euro
   Zwischensumme: 1072,00 Euro
4. *16 % Umsatzsteuer, § 25 Abs. 2 BRAGO* 171,52 Euro
   Summe: **1243,52 Euro**

II. Hauptsacheprozess
1. *1,3-Verfahrensgebühr, Nr. 3100 VV RVG* 683,80 Euro
2. *hierauf anzurechnen analog Vorbem. 3 Abs. 5 VV RVG 10/10-Prozessgebühr* – 526,00 Euro
3. *1,2-Terminsgebühr, Nr. 3104 VV RVG* 631,20 Euro
4. *1,0-Einigungsgebühr, Nr. 1000, 1003 VV RVG* 526,00 Euro
5. *Postentgeltpauschale, Nr. 7002 VV RVG* 20,00 Euro
   Zwischensumme 1335,00 Euro
6. *19 % Umsatzsteuer, Nr. 7008 VV RVG* 253,65 Euro
   Summe: **1588,65 Euro**

---

1 AGS 2007, 357 = BGHReport 2007, 734 = MDR 2007, 980 = JurBüro 2007, 420 = NZBau 2007, 511 = NJW 2007, 3578 = RVG-Letter 2007, 63 = FamRZ 2007, 1096 = RVGreport 2007, 297 = RVGprof. 2007, 148; AGS 2007, 459.

bb) Übergangsfälle RVG/RVG

55 Eine weitere Übergangsvorschrift ist in § 60 RVG enthalten. Sie betrifft die Fälle, in denen sich das **RVG geändert** hat. Auch hier kommt es auf das Datum der Auftragserteilung an. Ist der Auftrag zu der betreffenden Angelegenheit vor der Gebührenänderung erteilt worden, gilt die bisherige Fassung des RVG; ist der Auftrag danach erteilt worden, gilt die neue Fassung.

Beispiel:
Der Rechtsanwalt hatte einen Beratungsauftrag vor dem 1.7.2006 erhalten.

Die Beratungstätigkeit richtet sich noch nach Nr. 2100 a.F. VV RVG, unabhängig davon, wann die Beratung gewährt wird und wie lange sie dauert.

55a Zur Anwendung des § 60 RVG auf die Anrechnungsfälle nach § 15a RVG siehe *Rz. 315a ff.*

3. Allgemeine Gebühren (Teil 1 VV RVG)

a) Einigungsgebühr (Nr. 1000 VV RVG)

56 Für eine Einigung, an deren Zustandekommen der Rechtsanwalt **mitwirkt**, erhält er eine zusätzliche Gebühr nach Nr. 1000 VV RVG. Diese Gebühr erhält er nicht nur im Rechtsstreit, sondern auch dann, wenn er außergerichtlich tätig wird.

57 Voraussetzung für eine Gebühr nach Nr. 1000 VV RVG ist der Abschluss einer Einigung, die **kein Vergleich** i.S.d. § 779 BGB sein muss. Die Parteien müssen also einen gegenseitigen Vertrag abgeschlossen haben, bei dem durch Nachgeben ein Streit oder eine Ungewissheit über ein Rechtsverhältnis beseitigt worden ist. Ein **einseitiges Nachgeben** reicht aus; ein gegenseitiges Nachgeben ist im Gegensatz zur BRAGO nicht (mehr) erforderlich. Ein Einseitiges Nachgeben in Form eines Anerkenntnisses oder Verzichts reicht dagegen nicht aus (Anm. Abs. 1 S. 1 zu Nr. 1000 VV RVG). Insoweit gelten in Mietsachen grundsätzlich keine Besonderheiten.

58 Wird eine Einigung nur unter einer **Bedingung** geschlossen, etwa unter dem Vorbehalt des Widerrufs, so entsteht die Gebühr erst dann, wenn die Bedingung eingetreten ist, also wenn der Vergleich nicht mehr widerrufen werden kann (Anm. Abs. 3 zu Nr. 1000 VV RVG).

59 Voraussetzung dafür, dass der Rechtsanwalt die Einigungsgebühr erhält, ist, dass er beim Abschluss der Einigung **mitgewirkt** hat. Die Tätigkeit des Rechtsanwalts muss also zumindest mitursächlich für den Abschluss der Einigung gewesen sein. Daher reicht es bereits aus, dass der Rechtsanwalt über den Abschluss einer Einigung oder eines Einigungsangebots der Gegenseite berät und der Mandant die Einigung selbst abschließt[1]. Auch dann, wenn der Rechtsanwalt einen Einigungsvorschlag ausgearbeitet hat,

---

1 BGH, VersR 1963, 826.

der zunächst abgelehnt worden ist, dann aber später von den Parteien doch noch allein oder durch einen anderen Rechtsanwalt geschlossen worden ist, erhält der Rechtsanwalt die Einigungsgebühr[1]. Ebenso genügt es, wenn der Mandant selbst eine Einigung unter Widerrufsvorbehalt geschlossen hat und der Rechtsanwalt ihm davon abrät, den Widerruf auszuüben[2]. Des Weiteren reicht es aus, wenn der Rechtsanwalt einen bereits vorliegenden Einigungsentwurf überarbeitet.

Zweifelhaft ist häufig, ob eine Einigung i.S.d. Nr. 1000 VV RVG vorliegt, wenn der Rechtsanwalt den Auftrag hatte, **Verhandlungen** über einen Mietvertrag oder einen Mietaufhebungsvertrag zu führen. Nicht jede Einigung, die hier zustande kommt, beinhaltet eine Einigung i.S.d. Nr. 1000 VV RVG. Problematisch sind hier in der Regel die Tatbestandsmerkmale des „Nachgebens" und des „Streits". Um eine Einigung anzunehmen, müssen beide Parteien von ihren rechtlichen Standpunkten abgerückt sein. Daran wird es häufig bei Abschluss eines Mietvertrages fehlen. Vor **Abschluss des Vertrages** bestehen keine rechtlichen Bindungen. Die Parteien verhandeln und einigen sich daher nicht über Rechtspositionen, sondern über wirtschaftliche Fragen. Das reicht aber nicht aus, um eine Einigung anzunehmen[3]. 60

Anders verhält es sich, wenn eine Partei behauptet, es sei bereits ein **Vorvertrag** geschlossen worden und nunmehr darüber gestritten wird, ob und wie dieser Vorvertrag auszufüllen ist. Hier wird um Rechtspositionen gestritten, so dass der Abschluss eines Mietvertrages eine Einigung i.S.d. Nr. 1000 VV RVG beinhaltet. 61

Ebenso verhält es sich bei **Mietaufhebungsverträgen**. Hat der Rechtsanwalt den Auftrag, an den Mieter oder Vermieter heranzutreten, um mit ihm einen Aufhebungsvertrag abzuschließen, weil für beide Vertragsparteien keine Kündigungsmöglichkeit besteht, so wird in aller Regel kein Streit über Rechtspositionen bestehen. Beide Parteien wissen, dass keiner vom anderen die vorzeitige Beendigung des Vertrages verlangen kann. Soweit die Parteien dann einen Mietaufhebungsvertrag abschließen, wird damit kein Streit i.S.d. Nr. 1000 VV RVG beseitigt. Etwas anderes gilt, wenn der Fortbestand des Mietverhältnisses streitig war, also wenn die Parteien sich z.B. über die Wirksamkeit einer Kündigung, Ausübung einer Option oder die Laufzeit des Vertrages gestritten hatten oder wenn die Unsicherheit beseitigt werden sollte, ob der Mieter wirtschaftlich überhaupt in der Lage ist, das Mietverhältnis auf die vereinbarte Dauer fortzusetzen. Wird zur Vermeidung eines solchen Streits ein Mietaufhebungsvertrag geschlossen, so ist wiederum eine Einigung gegeben. 62

---

1 BGH, FamRZ 2009, 324 = Rpfleger 2009, 175 = MDR 2009, 293 = AnwBl. 2009, 233 = NJW 2009, 922 = AGS 2009, 109 = BGHReport 2009, 375 = ZfSch 2009, 285 = RVGreport 2009, 140 = FamRB 2009, 143; OLG Celle, MDR 1962, 489; KG, AnwBl. 1970, 290; LG Krefeld, VersR 1974, 894; OLG München, AnwBl. 1997, 119 = OLGR 1997, 21.
2 AnwK-RVG/*N. Schneider*, Nr. 1000 VV RVG Rz. 123.
3 Siehe dazu auch Bischof in Bischof/Jungbauer, RVG, Nr. 1000 Rz. 47 ff.

63 Nach Nr. 1000 VV RVG beläuft sich die Einigungsgebühr grundsätzlich auf **1,5**.

Ist über den Gegenstand, der der Einigung zugrunde liegt, ein **gerichtliches Verfahren anhängig (ausgenommen ein selbständiges Beweisverfahren!)**, so reduziert sich die Einigungsgebühr nach Nr. 1003 VV RVG auf 1,0 (Ausnahme Nr. 1004 VV RVG, s.u.). Der Gegenstand muss nicht in dem Verfahren anhängig sein, in dem die Einigung geschlossen wird. Auch bei anderweitiger Anhängigkeit entsteht nur eine 1,0-Gebühr nach Nr. 1003 VV RVG.

64 Ausreichend ist die **Anhängigkeit**, also der Eingang einer Klage oder Antragsschrift bei Gericht. Auf die Zustellung kommt es nicht an. Daher kann sich die Einigungsgebühr auch schon dann reduzieren, wenn dem Rechtsanwalt die Anhängigkeit der Forderung gar nicht bekannt war.

Anhängigkeit ist ferner gegeben, wenn bereits ein Prozesskostenhilfeprüfungsverfahren eingeleitet war.

Nicht zur Anhängigkeit führt dagegen ein Hilfsaufrechnung[1], ebenso wenig ein Schlichtungsverfahren nach § 15a EGZPO.

Ist der Gegenstand der Einigung im Berufungs- oder Revisionsverfahren anhängig, so erhöht sich der Gebührensatz auf 1,3 (Nr. 1004 VV RVG).

65 Möglich, dass bei einer Einigung nach einzelnen Gegenständen **unterschiedliche Gebührensätze** anfallen. Dann ist nach § 15 Abs. 3, 1. Hs. RVG zu verfahren. Aus den einzelnen Gegenständen ist jeweils eine Einigungsgebühr zu ermitteln. Insgesamt darf aber nicht mehr als eine Gebühr nach dem höchsten Satz aus dem Gesamtwert berechnet werden § 15 Abs. 3, 2. Hs. RVG.

Beispiel:

Die Parteien einigen sich über insgesamt drei Forderungen, von denen eine Forderung (Wert 5000 Euro) im Berufungsverfahren anhängig ist, eine weitere Forderung in Höhe von 3000 Euro in erster Instanz und weitere 2000 Euro überhaupt nicht anhängig sind.

Abzurechnen sind die Einigungsgebühren wie folgt:

1. 1,3-Einigungsgebühr, Nrn. 1000, 1004 VV RVG (Wert 5000 Euro)	391,30 Euro
2. 1,0-Einigungsgebühr, Nrn. 1000, 1003 VV RVG (Wert 3000 Euro)	189,00 Euro
3. 1,5-Einigungsgebühr Nr. 1000 VV RVG (Wert 2000 Euro)	199,50 Euro
gem. § 15 Abs. 3 RVG nicht mehr als 1,5 aus 10 000 Euro	729,00 Euro

Da das RVG alleine auf die Anhängigkeit abstellt, kommt es – im Gegensatz zur BRAGO – nicht darauf, wo die Einigung geschlossen worden ist.

---

1 OLG Hamm, JurBüro 1999, 470 = BRAGOreport 2000, 4.

Die Einigungsgebühren sind also dieselben, unabhängig davon, ob die Einigung außergerichtlich in erster Instanz oder im Berufungsverfahren geschlossen worden ist. Unterschiede ergeben sich nur für die Verfahrens- und Terminsgebühren.

b) Erledigungsgebühr (Nr. 1002 VV RVG)

Ist der Rechtsanwalt in einem **Verwaltungsverfahren** tätig (Wohngeldverfahren o.ä.) kann es auch zu einer Erledigung kommen. Der Rechtsanwalt erhält dann eine Erledigungsgebühr nach Nr. 1002 VV RVG. Ist ein gerichtliches Verfahren anhängig, beläuft sich die Erledigungsgebühr auf 1,0 und bei Anhängigkeit im Berufungsverfahren auf 1,3 (Nr. 1004 VV RVG). 66

c) Gebührenerhöhung bei mehreren Auftraggebern (Nr. 1008 VV RVG)

Nach Nr. 1008 VV RVG sind Geschäfts- und Verfahrensgebühren bei mehreren Auftraggebern zu erhöhen. Zu beachten ist, dass Nr. 1008 VV RVG keine zusätzliche Gebühr gewährt, sondern eine Erhöhung der jeweiligen Betriebsgebühr[1]. Das hat insbesondere Bedeutung für die Anrechnung der Geschäftsgebühr bei mehreren Auftraggebern (siehe *Rz. 150 f.*). 67

Voraussetzung für die Erhöhung nach Nr. 1008 VV RVG bei wertabhängigen Gebühren (§ 2 Abs. 1 RVG) ist, dass der Rechtsanwalt 68

– von **mehreren Auftraggebern** mandatiert worden ist

  und

– der **Gegenstand der anwaltlichen Tätigkeit** für die Auftraggeber **derselbe** ist.

Fehlt es bei wertabhängigen Gebühren an demselben Gegenstand, so wird der für den Rechtsanwalt verbundene Mehraufwand durch eine Addition der Gegenstandswerte nach § 23 Abs. 1 RVG i.V.m. § 39 Abs. 1 GKG oder § 22 Abs. 1 RVG abgegolten und nicht durch eine Erhöhung der Gebühren. 69

Beispiel:
Der Rechtsanwalt vertritt ein Ehepaar, das eine Wohnung vermietet hat und gegen den Mieter rückständige Mieten geltend macht.
Bei den Eheleuten handelt es sich um mehrere Auftraggeber. Der Gegenstand, nämlich die rückständige Miete, ist derselbe, so dass die Gebührenerhöhung nach Nr. 1008 VV RVG greift.

Beispiel:
Der Rechtsanwalt vertritt drei Mieter von verschiedenen Wohnungen im selben Objekt, die vom Vermieter die Abrechnung der Nebenkosten verlangen.

---
1 LG Düsseldorf, AGS 2007, 381 = MDR 2007, 1164 = JurBüro 2007, 480 = NZM 2007, 743 = Rpfleger 2007, 629 = RVGreport 2007, 298.

Da für jeden Mieter eine eigene Nebenkostenabrechnung zu erstellen ist, wird der Rechtsanwalt also nicht hinsichtlich desselben Gegenstands tätig, sondern hinsichtlich drei verschiedener Gegenstände. Diese sind jeweils einzeln zu bewerten und sodann nach § 23 Abs. 1 RVG i.V.m. § 39 Abs. 1 GKG; § 22 RVG zu addieren.

70 Vertritt der Rechtsanwalt eine **Gesellschaft bürgerlichen Rechts**, sei es als Vermieter oder als Mieter, so liegt nur ein Auftraggeber vor. Auf die frühere gegenteilige Rechtsprechung kann nicht mehr zurückgegriffen werden. Seit der Grundsatzentscheidung des BGH[1] ist die Gesellschaft bürgerlichen Rechts zum Teil partei- und prozessfähig. Hieraus wiederum folgt, dass sie als ein Auftraggeber anzusehen ist. Der Rechtsanwalt erhält also keine erhöhten Gebühren. Etwas anderes gilt jedoch, wenn der Rechtsanwalt nicht von der Gesellschaft beauftragt worden ist, sondern von den einzelnen Gesellschaftern. Dann wird er für mehrere Auftraggeber tätig, so dass Nr. 1008 VV RVG anwendbar ist[2]. Wird der Anwalt von den Gesellschafter und darüber hinaus auch noch von der Gesellschaft beauftragt, liegt insoweit mit der Gesellschaft selbst noch ein weiterer Auftraggeber vor. Eine andere Frage ist allerdings, ob die erhöhten Gebühren in diesem Fall vom Gegner zu erstatten sind. Nach wohl gefestigter Rechtsprechung besteht insoweit keine Notwendigkeit, im Namen der einzelnen Gesellschafter vorzugehen, so dass grundsätzlich nur die einfache Gebühr erstattungsfähig ist[3]. Weist der Rechtsanwalt zu Beginn des Mandats auf das Risiko bei der Kostenerstattung nicht hin, kann er die Gebührenerhöhung gegenüber dem Mandanten nicht geltend machen, wenn sie nicht erstattet wird. Nur ausnahmsweise ist die Vertretung der einzelnen Gesellschafter notwendig. Dies ist z.B. immer dann der Fall, wenn die einzelnen Gesellschafter verklagt werden. Dann ist die Gebührenerhöhung auch erstattungsfähig[4].

71 Vertritt der Rechtsanwalt eine **Erbengemeinschaft**, so greift ebenfalls Nr. 1008 VV RVG[5]. Das gilt auch dann, wenn der Rechtsanwalt zunächst vom Erblasser zu dessen Lebzeiten noch beauftragt worden war und an des-

---

1 BGH, MDR 2001, 459 = NJW 2001, 1056 = WM 2001, 408 = Rpfleger 2001, 206.
2 OLG Naumburg, JurBüro 2001, 26 = OLGR 2002, 130 = KostRsp. BRAGO § 6 Nr. 279.
3 BGH, BRAGOreport 2002, 134 m. Anm. *Hansens* = NZM 2002, 794; OLG Karlsruhe, NJW 2001, 1072 = Rpfleger 2001, 273; LG Frankfurt/Main, NZM 2002, 798; zu Übergangsfällen s. *Hansens*, BRAGOreport 2002, 99; KG, BRAGOreport 2002, 128 m. Anm. *Hansens*; LG Berlin, ZMR 2002, 223; BGH, BRAGOreport 2002, 134 m. Anm. *Hansens* = NZM 2002, 794; OLG Schleswig, BRAGOreport 2002, 62 = OLGR 2002, 130 = SchlHA 2002, 122.
4 LG Berlin, BRAGOreport 2002, 155 m. Anm. *N. Schneider* = AnwBl. 2001, 114 = JurBüro 2001, 647 = Rpfleger 2001, 619; OLG Nürnberg, JurBüro 2001, 528 = OLGR 2001, 334 = KostRsp. BRAGO § 6 Nr. 273.
5 *Hansens* in Hansens/Braun/Schneider, § 6 Rz. 6; OLG Düsseldorf, JurBüro 1995, 304; OLG Hamm, JurBüro 1991, 821; OLG Köln, AnwBl. 1988, 251 = JurBüro 1987, 1871; JurBüro 1984, 1354.

sen Stelle dann später eine Erbengemeinschaft in das Auftragsverhältnis eintritt[1].

Auch im Falle eines **Parteiwechsels** liegt ein Fall der Nr. 1008 VV RVG vor, wenn der Anwalt sowohl die ausscheidende als auch die eintretende Partei vertritt[2].

71a

Beispiel:
Der Kläger klagt zunächst gegen den vermeintlichen Mieter A auf Zahlung rückständiger Mieten. Später stellt sich heraus, dass die Klage gegen den B hätte gerichtet werden müssen. Er nimmt die Klage gegen den A zurück und richtet sie nunmehr gegen den B.

Es entstehen für den Anwalt des Beklagten, der die Vertretung des A und des B übernommen hat, die Gebühren nur einmal, da nur eine Angelegenheit i.S.d. § 15 RVG gegeben ist. Die Verfahrensgebühr erhöht sich allerdings nach Nr. 1008 VV RVG.

Umstritten war früher, ob der Rechtsanwalt erhöhte Gebühren erhält, wenn er mehrere **Mieter** vertritt, die auf **Räumung** in Anspruch genommen werden. Die ganz herrschende Meinung ging von einer Gebührenerhöhung aus[3]. Das OLG Köln war demgegenüber in std. Rspr. der Auffassung, eine Erhöhung trete nicht ein[4]. Es war der Ansicht, es fehle an der erforderlichen Identität des Gegenstandes. Das Räumungsverlangen gegen mehrere Mitmieter sei zwar auf inhaltsgleiche Leistungen gerichtet; dennoch könne jeder der in Anspruch genommenen Mieter den Anspruch nur für sich selbst erbringen. Zwar habe die mietvertragliche Rückgabepflicht eine unteilbare Leistung zum Gegenstand, jedoch befreie bei einer Mehrheit von Mietern die Räumung durch den einen nicht auch den anderen von seiner inhaltsgleichen Verpflichtung, wie andererseits auch derjenige Mitmieter

72

---
1 OLG München, MDR 1985, 857 = JurBüro 1985, 1497 = KostRsp. BRAGO § 6 Nr. 147; OLG Düsseldorf, JurBüro MDR 1996, 1300 = OLGR 1997, 72 = AGS 1996, 304 = AnwBl. 1996, 588 = JurBüro 1997, 27 = KostRsp. BRAGO § 6 Nr. 208; BayObLG, BRAGOreport 2002, 127 = KostRsp. BRAGO § 6 Nr. 289.
2 BGH, AGS 2006, 583 = BGHR 2007, 41 = JurBüro 2007, 76 = NJW 2007, 769 = MDR 2007, 365 = ZfSch 2007, 226 = FamRZ 2007, 41 = RVGreport 2007, 25; OLG Stuttgart, AGS 2010, 7 = NJW-Spezial 2010, 29.
3 OLG Düsseldorf, AnwBl. 1998, 415 = JurBüro 1998, 535 = MDR 1998, 990 = NJW-RR 1998, 1613 = Rpfleger 1998, 372 = WM 1998, 558 = ZMR 1998, 491 = KostRsp. BRAGO § 6 Nr. 221; OLG Hamm, AGS 1999, 103 = Rpfleger 2000, 40 = KostRsp. BRAGO § 6 Nr. 251; LG Aachen, JurBüro 1982, 392; LG Bonn, Rpfleger 1990, 136; AG Dortmund, JurBüro 1994, 485 = Rpfleger 1994, 117.
4 JurBüro 1992, 318; AnwBl. 2000, 375 = KostRsp. BRAGO § 6 Nr. 244; Beschl. v. 16.12.1992 – 17 W 417/92, n.v.; ebenso LG Köln, JurBüro 1990, 857; anders dagegen, wenn die Mieter **Zwischenfeststellungswiderklage auf Fortbestand des Mietverhältnisses erhoben**. In diesem Fall ging auch das LG Köln (BRAGOreport 2002, 116 m. Anm. *N. Schneider* = KostRsp. BRAGO § 6 Nr. 298 m. Anm. *N. Schneider*) davon aus, dass derselbe Gegenstand gegeben sei, so dass der Rechtsanwalt aus dem Wert der Feststellungswiderklage die erhöhten Gebühren erhielt. Da Klage und Widerklage denselben Gegenstand betreffen, findet eine Streitwertaddition nicht statt. Der Rechtsanwalt erhielt also im Ergebnis die volle erhöhte Gebühr.

nicht auf Herausgabe haften könne, der selbst keinen Besitz mehr habe. Damit treffe die Räumungs- und Herausgabepflicht jeden Mitmieter als von der des anderen unabhängigen eigenständigen Verpflichtung, so dass der Gegenstand der anwaltlichen Tätigkeit für mehrere Beklagte eines Räumungsprozesses nicht derselbe sei. Das Gleiche galt nach Auffassung des OLG Köln, wenn die Herausgabe aus einem anderen Grunde verlangt wurde[1]. Diese Streitfrage ist jetzt höchstrichterlich geklärt. Der **BGH**[2] hat sich der ersten Auffassung angeschlossen und eine **Gebührenerhöhung angenommen**, wenn der Rechtsanwalt mehrere Mieter vertritt, die auf Räumung in Anspruch genommen werden.

73 Vertritt der Rechtsanwalt **mehrere Vermieter**, die **Räumung** verlangen, so ist nach einhelliger Auffassung derselbe Gegenstand gegeben, so dass die Gebührenerhöhung greift.

74 Vertritt der Rechtsanwalt mehrere auf **Duldung oder Unterlassung** in Anspruch genommene Mieter oder Vermieter, so dürfte ebenfalls von demselben Gegenstand auszugehen sein, da im Gegensatz zum reinen deliktischen oder dinglichen Unterlassungsanspruch jeder Vermieter oder Mieter nicht nur die eigene Unterlassung schuldet[3], sondern kraft des Mietverhältnisses auch dafür einzustehen hat, dass jeweils der andere Mieter oder Vermieter der Duldungs- oder Unterlassungspflicht nachkommt. Das gilt erst recht, wenn die drohende Zuwiderhandlung nur von allen gemeinsam begangen werden kann[4].

75 Unstreitig ist, dass bei **Zahlungsklagen** stets eine Gebührenerhöhung nach Nr. 1008 VV RVG eintritt, also immer dann, wenn mehrere Mieter oder Vermieter eine ihnen gemeinschaftlich zustehende Forderung geltend machen oder wenn der Rechtsanwalt mehrere Mieter oder Vermieter vertritt, die gesamtschuldnerisch haften.

76 Ist ein Fall der Nr. 1008 VV RVG gegeben, so erhöhen sich die betreffenden Betriebsgebühren um 0,3 je weiteren Auftraggeber. Die Erhöhung beträgt konstant 0,3 und nicht 0,3 der jeweiligen Ausgangsgebühr, wie dies nach der BRAGO noch der Fall war.

77 Vertritt der Rechtsanwalt mehrere Vermieter oder Mieter als **Gläubiger** im Rahmen der Zwangsvollstreckung, erhöht sich die 0,3-Verfahrensgebühr

---

[1] OLG Köln, JurBüro 1987, 857.
[2] NZM 2005, 942 = AGS 2006, 69 = JZ 2005, 638 = NJW 2005, 3786 = NJW-Spezial 2006, 5 = ProzRB 2005, Heft 12, VI = RVGreport 2005, 464 = WuM 2005, 792 = BGHR 2006, 133 = Rpfleger 2006, 99 = AnwBl. 2006, 74 = ZMR 2006, 106 = JurBüro 2006, 138 = MDR 2006, 437 = GE 2006, 572 = RVG-Letter 2005, 136 = NJW-Spezial 2006, 5 = DWW 2006, 34 = Mietrecht kompakt 2006, 47.
[3] Siehe hierzu zuletzt OLG Hamburg, OLGR 2001, 172 = AGS 2001, 186 = KostRsp. BRAGO § 6 Nr. 265; OLG Frankfurt/Main, MDR 2002, 236 = JurBüro 2001, 139 = KostRsp. BRAGO § 6 Nr. 283.
[4] KG, AGS 2007, 556 = RVGreport 2007, 102 = KGR 2007, 290.

der Nr. 3309 VV RVG gem. Nr. 1008 VV RVG wiederum um 0,3 je weiteren Auftraggeber (siehe im Einzelnen *Rz. 276, 290 ff.*).

Wird gegen **mehrere Schuldner** vollstreckt, liegen – auch für den Rechtsanwalt des Gläubigers – grundsätzlich mehrere Angelegenheiten i.S.d. § 18 Nr. 3 RVG vor, die jeweils gesonderte 0,3-Verfahrensgebühren nach Nr. 3309 VV RVG begründen und keine Erhöhung nach Nr. 1008 VV RVG auslösen (siehe im Einzelnen *Rz. 292 ff.*). 78

Erhöht wird je weiteren Auftraggeber um 0,3, unabhängig von der Höhe der Ausgangsgebühr. Der **Maximalbetrag der Erhöhung** beträgt 2,0 (Anm. Abs. 3, 1. Hs. zu Nr. 1008 VV RVG). Das heißt nicht – wie vielfach verkannt wird –, dass sich der Höchstbetrag auf 2,0 belaufen darf; es darf vielmehr **jede Gebühr** um bis zu 2,0 erhöht werden, die Verfahrensgebühr nach Nr. 3100 VV RVG kann sich also auf bis zu 3,3 belaufen, die Verfahrensgebühr nach Nr. 3309 VV RVG auf bis zu 2,3. 79

d) Hebegebühren (Nr. 1009 VV RVG)

Nach Nr. 1009 VV RVG kann der Rechtsanwalt Hebegebühren berechnen, wenn er Gelder vereinnahmt und an den Mandanten oder den Gegner weiterleitet. Dies gilt sowohl für Barzahlungen als auch für unbare Zahlungen (Anm. Abs. 2 zu Nr. 1009 VV RVG). 80

Gerade in Mietsachen ist der Rechtsanwalt häufig auch mit dem Geldeinzug befasst, etwa wenn er rückständige Mieten einfordert und diese unmittelbar an den Rechtsanwalt gezahlt werden. Kautionsbeträge werden oft über das Rechtsanwaltskonto ausgezahlt. Erst recht ist der Rechtsanwalt häufig im Rahmen der Zwangsvollstreckung mit dem Forderungseinzug beauftragt. Die entsprechende Tätigkeit des Rechtsanwalts ist nicht mehr durch die allgemeinen Gebühren abgegolten, sondern nach Nr. 1009 RVG gesondert zu vergüten.

Zu beachten ist dabei, dass **jede Auszahlung** eine **eigene gebührenrechtlich** selbständige Angelegenheit i.S.d. § 15 RVG darstellt[1]. Es kommt insoweit nicht darauf an, in wie vielen Teilbeträgen die Gelder eingegangen sind. Entscheidend ist allein der Auszahlungsvorgang. Für jede eigene Auszahlung erhält der Rechtsanwalt die Hebegebühr nach Nr. 1009 VV RVG zuzüglich Auslagen[2] und Umsatzsteuer. 81

Beispiel:
Der Gegner zahlt eine rückständige Mietforderung in fünf Raten. Nach Eingang der fünften Rate leitet der Rechtsanwalt den Gesamtbetrag an den Auftraggeber weiter.

*Es liegt nur **eine Auszahlung** vor. Der Rechtsanwalt erhält also die Hebegebühr nur einmal, und zwar aus dem Gesamtbetrag.*

---

1 OLG München, JurBüro 1967, 228; AnwK-RVG/*N. Schneider*, Nr. 1009 VV RVG Rz. 7.
2 AnwK-RVG/*N. Schneider*, Nr. 1009 VV RVG Rz. 55.

Beispiel:

Der Vermieter zahlt an den Rechtsanwalt nach Beendigung des Mietverhältnisses die Kaution in einer Summe aus. Der Rechtsanwalt zahlt jeweils die Hälfte des Betrages an die beiden Mieter aus.

*Hier liegen zwei **verschiedene Angelegenheiten** vor. Der Rechtsanwalt kann aus den beiden ausgezahlten Beträgen jeweils eine Hebegebühr nebst Auslagen berechnen.*

82 Die Hebegebühr erhält der Rechtsanwalt auch dann, wenn er **Schecks** weiterleitet. Es ist nicht erforderlich, dass er diese zuvor auf sein Konto einzieht (Anm. Abs. 4 zu Nr. 1009 VV RVG)[1].

Gem. Anm. Abs. 2 S. 1 zu Nr. 1009 VV RVG darf der Rechtsanwalt die anfallenden Hebegebühren von dem auszuzahlenden Betrag sogleich **einbehalten**.

Die Entgegennahme und Weiterleitung einer Bürgschaftsurkunde löst die Hebegebühr nicht aus, da es sich bei der **Bürgschaftsurkunde** nicht um ein Wertpapier handelt.

4. Beratung (§ 34 RVG)

a) Gesetzliche Regelung ab dem 1.7.2006 (§ 34 RVG)

83 An Stelle der wegfallenden Gebühren der Nrn. 2100 bis 2103 VV RVG a.F. für Beratung und Gutachten gilt ab dem 1.7.2006 die gleichzeitig neu gefasste Vorschrift des § 34 RVG, die bislang nur für die Mediation galt. Sie regelt jetzt die Vergütung für Beratung und Gutachten.

b) Gebührenvereinbarung

84 § 34 Abs. 1 S. 1 RVG ordnet an, dass der Rechtsanwalt eine Gebührenvereinbarung treffen soll. Es heißt an dieser Stelle tatsächlich „**Gebührenvereinbarung**", und nicht, wie in § 3a RVG „Vergütungsvereinbarung". Vergütung ist der Oberbegriff für Gebühren und Auslagen (§ 1 Abs. 1 S. 1 RVG). Da nur die Gebühren für Beratung und Gutachten wegfallen sind, bleiben also – soweit nichts anderweitiges vereinbart wird – die Auslagentatbestände nach Teil 7 VV RVG weiterhin anwendbar, so dass es insoweit keiner Vereinbarung bedarf.

Auch sonstige Gebührentatbestände bleiben weiterhin anwendbar. Führt der Rat oder das Gutachten des Rechtsanwalts dazu, dass die Partei eine Einigung i.S.d. Nr. 1000 VV RVG schließt oder eine Erledigung im Sinne der Nr. 1002 VV RVG herbeigeführt wird, erhält der Rechtsanwalt hierfür weiterhin eine Einigungs- oder Erledigungsgebühr.

85 Ob sich der Rechtsanwalt im Einzelfall darauf beschränkt, lediglich eine Gebührenvereinbarung zu treffen oder ob er bei der Gelegenheit nicht sogleich eine umfassende Vergütungsvereinbarung trifft, etwa ein Pauschal-

---

[1] LG Traunstein, AnwBl. 1977, 261.

oder Zeithonorar vereinbart, das auch sonstige Gebühren, wie Einigungs- und Erledigungsgebühr mit abgilt, bleibt ihm überlassen. Auch kann der Rechtsanwalt ggf. die Auslagen, die häufig nicht kostendeckend sind, bei dieser Gelegenheit gleich mit regeln.

Bei Abschluss einer Vereinbarung sollte der Rechtsanwalt jedoch auf jeden Fall darauf achten, das er klarstellt, für welche Alternative er sich entscheidet. Will er nur den reinen **Beratungsbereich regeln**, also nur für die weggefallene Beratungsgebühr einen Ersatz kraft Vereinbarung schaffen, sollte er dies ausdrücklich klarstellen, insbesondere sollte er klarstellen, dass im Übrigen die sonstigen gesetzlichen Gebührentatbestände anwendbar bleiben. Er sollte auch darauf hinweisen, dass die gesetzlichen Auslagentatbestände einschließlich der der Umsatzsteuer (Nr. 7008 VV RVG) anwendbar bleiben. Ist die Vereinbarung in diesem Punkte unklar, wird man im Zweifel zu Lasten des Rechtsanwalts die Vereinbarung dahin auslegen, dass auch sonstige Gebühren und gegebenenfalls Auslagen damit abgegolten sind[1]. 86

Eine Gebührenvereinbarung nach § 34 Abs. 1 S. 1 RVG bedarf keiner Form. Sie kann also auch mündlich geschlossen werden. Die Vorschriften des § 3a Abs. 1 S. 1 u. 2 RVG sind nicht anwendbar (§ 3a Abs. 1 S. 4 RVG). 86a

c) Fehlen einer Gebührenvereinbarung

Trifft der Rechtsanwalt im Rahmen eines Beratungs- oder Gutachtenauftrags keine Gebührenvereinbarung, dann gilt die Auffangregelung des § 34 Abs. 1 S. 2 RVG. Der Rechtsanwalt erhält für die Beratung oder das Gutachten eine **Gebühr nach den Vorschriften des bürgerlichen Rechts**; sonstige gesetzliche Gebührentatbestände wie Einigungs-, Aussöhnungs- und Erledigungsgebühr sowie die Auslagen bleiben dann daneben anwendbar. 87

Im Falle einer Beratung wird der Rechtsanwalt dann eine angemessene Gebühr nach § 612 BGB erhalten; im Falle eines Gutachtens eine angemessene Gebühr nach § 632 BGB, da dies herkömmlicherweise als Werkvertrag angesehen wird. 88

Hinsichtlich der Frage, welche Gebühr angemessen ist, sind die Kriterien des § 14 Abs. 1 RVG entsprechend heranzuziehen (§ 34 Abs. 1, S. 3, 2. Teils. RVG). Zu berücksichtigen sind also 89

– Umfang der anwaltlichen Tätigkeit,
– Schwierigkeit der anwaltlichen Tätigkeit,
– Bedeutung der Sache,
– Einkommensverhältnisse des Auftraggebers und

---

1 Zur fehlenden Auslagenvereinbarung siehe OLG Koblenz, OLGZ 79, 230; LG Koblenz, AnwBl. 1984, 206 m. Anm. *Madert* = JurBüro 1984, 1667 m. Anm. *Mümmler*; ausführlich *N. Schneider*, Vergütungsvereinbarung, Rz. 1069.

- Vermögensverhältnisse des Auftraggebers (§ 14 Abs. 1 S. 1 RVG) sowie
- das besondere Haftungsrisiko des Rechtsanwalts (§ 14 Abs. 1 S. 2 RVG).

90 Zu beachten ist weiterhin, dass im Falle der Abrechnung nach bürgerlichem Recht – also bei Fehlen einer Gebührenvereinbarung – **Begrenzungen** vorgesehen sind. Berät der Rechtsanwalt einen **Verbraucher** oder erstattet er ein **Gutachten** für einen solchen, ist eine absolute Höchstgrenze von 250 Euro vorgesehen (§ 34 Abs. 1 S. 3, 1. Teils. RVG). Hierzu kommen lediglich Auslagen und Umsatzsteuer. Analog Nr. 1008 VV RVG wird man diese Höchstgrenze allerdings bei **mehreren Auftraggebern** um jeweils 30 %, also um 75 Euro, maximal um 200 %, also 500 Euro, anheben müssen[1]. Im Falle der **Erstberatung** eines Verbrauchers ist die Vergütung nach bürgerlichem Recht darüber hinaus sogar auf 190 Euro beschränkt (§ 34 Abs. 1, S. 3, 3. Teils. RVG), wiederum mit der Möglichkeit der Erhöhung bei mehreren Auftraggebern[2].

91 Der Rechtsanwalt muss daher **unbedingt Gebührenvereinbarungen treffen**. In Bagatellfällen – z.B. Beratung über eine Nebenkostennachforderung – mag dies vielleicht nicht so erforderlich sein. Sobald es jedoch um umfangreichere Beratungen und Gutachten mit höheren Gegenstandswerten geht, ist dies unabdingbar, da der Rechtsanwalt andernfalls gegenüber einem Verbraucher lediglich 250 Euro verlangen könnte – selbstverständlich bei vollem Haftungsrisiko.

d) Anrechnung

92 Ein weiteres muss der Rechtsanwalt beachten. Trifft er keine anderweitige Vereinbarung, ist die Gebühr für die **Beratung** – und damit ist sowohl eine **vereinbarte Gebühr** als auch eine **BGB-Gebühr** erfasst – auf die Vergütung einer nachfolgenden Tätigkeit **anzurechnen** (§ 34 Abs. 2 RVG).

Beispiel:

Der Rechtsanwalt berät den Auftraggeber und trifft hierfür mit ihm eine Gebührenvereinbarung; anschließend wird er mit der außergerichtlichen Vertretung (Nr. 2300 VV RVG) beauftragt, die er gesetzlich abrechnet.

Die gesamte vereinbarte Beratungsgebühr ist gem. § 34 Abs. 2 RVG auf die nachfolgende Geschäftsgebühr der Nr. 2300 VV RVG anzurechnen und geht damit wieder unter.

Wie der Rechtsanwalt dieses „Problem" löst, ist seine Sache. Entweder schließt er die Anrechnung ganz oder teilweise aus oder er kalkuliert seine Beratungsgebühren so, dass er auch mit einer Anrechnung leben kann.

Eine **Gutachtengebühr** wird dagegen nach dem Wortlaut des § 34 Abs. 2 RVG **nicht angerechnet**.

---

[1] So jedenfalls bisher zur Erstberatung – siehe mit Nachw. auch nachstehende Fn.
[2] So zum bisherigen Recht LG Braunschweig, AGS 1999, 100; AG Potsdam, JurBüro 2000, 22; AnwK-RVG/*Schneider* nach § 34 RVG (Nr. 2102 VV RVG a.F.) Rz. 22.

5. Prüfung der Erfolgsaussicht eines Rechtsmittels (Nrn. 2100 ff. VV RVG)

Ist der Rechtsanwalt mit der Prüfung der Erfolgssaussicht eines Rechtsmittels beauftragt, gilt Teil 2 Abschnitt 1 VV RVG. Dem Rechtsanwalt darf allerdings noch **kein unbedingter Prozessauftrag** für das Rechtsmittel erteilt worden sein. Andernfalls wird seine Tätigkeit durch die entsprechende Verfahrensgebühr für das Rechtsmittelverfahren abgegolten, die auch die Beratung abdeckt (§ 19 Abs. 1 S. 1 RVG). Die Gebühren nach Teil 2 Abschnitt 1 VV RVG gelten auch dann, wenn der Mandant bereits den Auftrag zum Rechtsmittel bedingt für den Fall erteilt hatte, dass der Rechtsanwalt zu dem Ergebnis komme, es bestehe Aussicht auf Erfolg. Insoweit liegt ein bedingter Rechtsmittelauftrag vor, der erst mit dem Eintritt der Bedingung (positives Beratungsergebnis) wirksam wird (§ 158 Abs. 1 BGB). Soweit der Rechtsanwalt vom Rechtsmittel abrät, kommt mangels Bedingungseintritt der Rechtsmittelauftrag nicht zustande, so dass es bei der Vergütung nach den Nrn. 2100 ff. VV RVG verbleibt. Kommt der Rechtsanwalt zu einem positiven Beratungsergebnis, wird der Rechtsmittelauftrag wirksam, so dass hiernach die Verfahrensgebühr des jeweiligen Rechtsmittels entsteht. Die Prüfungsgebühr ist dann auf die Gebühr des Rechtsmittelverfahrens anzurechnen.

Für die Prüfung der Erfolgsaussicht eines Rechtsmittels kann keine **Prozesskostenhilfe** bewilligt werden, weil es sich um eine außergerichtliche Tätigkeit handelt[1].

Ist der Rechtsanwalt nur mit der Prüfung der Erfolgsaussicht eines Rechtsmittels beauftragt, richtet sich die Gebühr nach Nr. 2100 VV RVG. Dem Rechtsanwalt steht danach ein **Gebührenrahmen von 0,5 bis 1,0** zu. Die Mittelgebühr beträgt 0,75. Die Gebührenhöhe bestimmt der Rechtsanwalt unter Berücksichtigung der Kriterien des § 14 Abs. 1 RVG im Einzelfall.

Prüft der Rechtsanwalt für **mehrere Auftraggeber** gemeinschaftlich hinsichtlich desselben Gegenstandes, so erhöht sich der Satzrahmen nach Nr. 1008 VV RVG um 0,3 je weiteren Auftraggeber, obwohl es sich nicht um eine Geschäfts- oder Verfahrensgebühr handelt[2]. Bei zwei Auftraggebern beträgt der Gebührenrahmen somit 0,8 bis 1,3. Die Mittelgebühr liegt dann bei 1,05. Höchstens kann der Gebührenrahmen bei 2,5 bis 3,0 liegen, wenn der Rechtsanwalt acht oder mehr Auftraggeber vertritt.

Eine **Begrenzung** der Gebührenhöhe nach Nr. 2102 VV RVG (**Erstberatung**) ist **nicht** vorgesehen. Die Kappungsgrenze dieser Vorschrift gilt nicht für die Gebühren nach Teil 2 Abschnitt 2 VV RVG[3].

Erledigt sich der Auftrag vorzeitig, also bevor der Rechtsanwalt die Erfolgsaussichten des Rechtsmittels geprüft hat, so findet eine Reduzierung des

---
1 BGH AGS 2007, 360 m. Anm. *Schons* = FamRZ 2007, 1088 = Rpfleger 2007, 476 = MDR 2007, 1032 = JurBüro 2007, 436 = AnwBl. 2007, 634 = NJW-RR 2007, 1439 = FuR 2007, 316 = FamRB 2007, 267 = RVGreport 2007, 353.
2 AnwK-RVG/*N. Schneider*, Nrn. 2100 Rz. 24.
3 AG Essen, AnwBl. 1998, 214; Anw-RVG/*N. Schneider*, Nr. 2100 VV RVG Rz. 25.

Gebührenrahmens nicht statt. Eine der Nr. 3101 Nr. 1 VV RVG entsprechende Vorschrift ist nicht vorgesehen. Die vorzeitige Beendigung ist lediglich bei der Bemessung nach § 14 Abs. 1 RVG zu berücksichtigen. Es ist dann eine Gebühr im unteren Bereich, gegebenenfalls die Mindestgebühr anzusetzen.

98 Nach Nr. 2101 VV RVG erhält der Rechtsanwalt für die Ausarbeitung eines **schriftlichen Gutachtens** über die Aussichten einer Berufung oder Revision eine 1,3-Gebühr.

98a Kommt es anschließend zur **Einlegung des Rechtsmittels**, wird auch die Gebühr nach Nr. 2100 VV RVG auf die Verfahrensgebühr des nachfolgenden Rechtsmittelverfahrens **angerechnet** (Anm. zu Nr. 2100 VV RVG).

6. Außergerichtliche Vertretung (Nr. 2300 VV RVG)
a) Überblick

98b Ist der Rechtsanwalt beauftragt, den Mandanten außergerichtlich zu vertreten, richtet sich die Vergütung nach Teil 2 VV RVG. Anwendbar sind daneben auch die Gebühren nach Teil 1 VV RVG sowie die dort geregelte Gebührenerhöhung. Die Gebühren anderer Teile sind unanwendbar. Das gilt auch, wenn bereits ein bedingter Klageauftrag erteilt worden ist. Solange die Bedingung für die Klage noch nicht eingetreten ist, bleibt es bei der Vergütung nach Teil 2 VV RVG. Die Gebühren nach Teil 3 VV RVG sind (noch) nicht anwendbar.

b) Sonderfall: Vertragsentwürfe

99 Ist der Rechtsanwalt damit beauftragt, einen **Mietvertrag zu entwerfen** oder ein vorgefertigtes Vertragsformular den konkreten Gegebenheiten entsprechend auszufüllen, oder ist er mit sonstigen Vertragsentwürfen, Vertragsänderungen, Mietvertragsaufhebungen, Wohnungswechsel, Mieterwechsel o.Ä. beauftragt, so handelt es sich um eine Geschäftstätigkeit nach **Nr. 2300 VV RVG** (Vorbem. 2.3 Abs. 3 VV RVG)[1]. Insoweit ist nicht erforderlich, dass der Rechtsanwalt mit dem Gegner korrespondiert. Das Entwerfen oder Abfassen von Verträgen fällt grundsätzlich unter die Geschäftstätigkeit nach Nr. 2300 VV RVG.

100 Etwas anderes mag dann gelten, wenn der Mandant den Mietvertrag selbst entwerfen oder ein Formular selbst ausfüllen will und er lediglich hierzu eine Beratung wünscht. Sobald der Rechtsanwalt jedoch eigene Formulierungen einbringen soll, ist der **Rahmen der Beratung** überschritten und eine **Geschäftstätigkeit** nach Nr. 2300 VV RVG erreicht. Zum Gegenstandswert der anwaltlichen Tätigkeit vgl. u. *Rz. 527*.

---

[1] Siehe hierzu auch *Madert*, AGS 1992, 24.

c) Sonderfall: Entwurf einer Kündigung

Ist der Rechtsanwalt damit beauftragt, ein Kündigungsschreiben für den Mandanten zu verfassen, das dieser **im eigenen Namen** versenden will, so ist unklar, ob dies eine **Geschäfts- oder Beratungstätigkeit** darstellt. Im Gegensatz zur BRAGO ist das Entwerfen von Urkunden nicht mehr im Gesetz ausdrücklich geregelt. Nur das Entwerfen von Verträgen wird noch als Geschäftstätigkeit ausdrücklich bezeichnet (Vorbem. 2.3 Abs. 3 VV RVG). Der Rechtsanwalt sollte sich hier gar nicht erst auf diese Streitfrage einlassen und mit dem Mandanten eine **Vereinbarung** treffen. Sieht man den Entwurf einer Kündigung als Beratungstätigkeit an, muss der Rechtsanwalt eine Gebühren- oder Vergütungsvereinbarung treffen (§ 34 Abs. 1 RVG), andernfalls kann er nur die angemessene Vergütung nach dem BGB abrechnen und ist darüber hinaus auf einen Höchstbetrag von 250 Euro beschränkt.

101

Der **Gegenstandswert** der auf die Kündigung gerichteten Tätigkeit beläuft sich nach der Rechtsprechung des BGH gem. § 23 Abs. 1 S. 3 RVG i.V.m. § 41 GKG auf den Jahresmietwert, sofern das Mietverhältnis nicht von kürzerer Dauer ist[1].

d) Sonderfall: Erstellen einer Betriebskostenabrechnung

Ist der Rechtsanwalt beauftragt, die Betriebskostenabrechnung für ein Objekt zu erstellen, dann gilt ebenfalls Nr. 2300 VV RVG. Die Tätigkeit des Rechtsanwalts geht über eine Beratung hinaus. Der Rechtsanwalt soll eine Abrechnung entwerfen, die dann einem Dritten zugehen soll. Hierbei handelt es sich um eine **Geschäftstätigkeit** nach Nr. 2300 VV RVG.

102

Zum **Gegenstandswert** der anwaltlichen Tätigkeit vgl. u. *Rz. 435 ff.*

e) Sonstige Vertretungstätigkeiten

Ist der Rechtsanwalt anderweitig beauftragt, Ansprüche des Mieters oder des Vermieters durchzusetzen, also **nach außen hin tätig** zu werden, so wird die außergerichtliche Tätigkeit nach Nr. 2300 VV RVG vergütet. Der Rechtsanwalt erhält für seine Tätigkeit eine **Geschäftsgebühr** nach Nr. 2300 VV RVG. Hier steht ihm ein Gebührenrahmen von 0,5 bis 2,5 zu. Die **Mittelgebühr** beläuft sich auf 1,5.

103

Die Geschäftsgebühr deckt sämtliche Tätigkeiten im Rahmen der außergerichtlichen Vertretung ab. Insbesondere werden durch die Geschäftsgebühr auch **Besprechungen** mit dem Gegner oder Dritten abgegolten. Eine gesonderte Besprechungsgebühr gibt es nicht mehr. Auch kann neben der Geschäftsgebühr keine Terminsgebühr nach Vorbem. 3 Abs. 3, 3. Var. VV

---

1 BGH, AGS 2007, 289 = NZM 2007, 396 = WuM 2007, 330 = NJW 2007, 2050 = JurBüro 2007, 358 = ZMR 2007, 521 = BGHReport 2007, 737 = MDR 2007, 982 = RVG-Letter 2007, 52 = DWW 2007, 214 = RVGreport 2007, 220 = Info M 2007, 142 = MietRB 2007, 172 = NJW-Spezial 2007, 339 = Rpfleger 2007, 509 = RVGprof. 2008, 47.

RVG anfallen[1]. Diese Tätigkeit kann lediglich im Rahmen der Gebührenbestimmung (§ 14 Abs. 1 RVG) erhöhend berücksichtigt werden.

104 Bei **mehreren Auftraggebern** erhöht sich der Gebührenrahmen um 0,3 je weiteren Auftraggeber, sofern der Gegenstand derselbe ist. Bei zwei Auftraggebern steht dem Rechtsanwalt somit ein Gebührenrahmen von 0,8 bis 2,8 zu; die Mittelgebühr beläuft sich dann auf 1,8. Die Erhöhung selbst ist keine Gebühr, sondern führt nur zur Anhebung des Gebührensatzes der Geschäftsgebühr[2]. Das hat insbesondere Bedeutung für die Anrechnung der Geschäftsgebühr bei mehreren Auftraggebern (siehe *Rz. 150 f.*).

105 Zu beachten ist die Anm. zu Nr. 2300 VV RVG. Darin hat der Gesetzgeber einen sog. **Schwellenwert** eingeführt. Danach kann der Rechtsanwalt eine Gebühr von **mehr als 1,3 nur fordern**, wenn die Tätigkeit „*umfangreich oder schwierig*" war. Mit dieser Schwellengebühr wird **kein zweiter Gebührenrahmen** eingeführt, etwa dergestalt, dass in einfachen und nicht schwierigen Angelegenheiten nunmehr ein Rahmen von 0,5 bis 1,3; Mittelgebühr 0,9 gilt. Bei der sog. **Schwellengebühr** von 1,3 handelt es sich vielmehr um einen Höchstsatz, ähnlich wie bei der „Erstberatungsgebühr". Die Einführung der Schwellengebühr führt lediglich dazu, dass der durch § 14 Abs. 1 RVG eingeräumte anwaltliche Ermessensspielraum eingeschränkt wird[3].

Auch die „Schwellengebühr" erhöht sich bei **mehreren Auftraggebern** um 0,3 je weiteren Auftraggeber, sofern der Gegenstand der anwaltlichen Tätigkeit derselbe ist[4].

f) Einfaches Schreiben (Nr. 2302 VV RVG)

106 Ist der Rechtsanwalt lediglich mit einem einfachen Schreiben **beauftragt**, etwa einer einfachen Mahnung wegen rückständiger Miete, einer offenen Nebenkostennachzahlung o.Ä., so entsteht nur eine 0,3-Gebühr nach Nr. 2303 VV RVG.

107 **Entscheidend ist der Auftrag,** nicht die Tätigkeit, wie der BGH in seiner grundlegenden Entscheidung[5] klargestellt hat und wie sich jetzt auch eindeutig aus dem Wortlaut der Nr. 2302 VV RVG ergibt. Mit anderen Worten: Es kommt nicht darauf an, was der Rechtsanwalt getan hat, sondern darauf, welchen Auftrag er hatte. Dass es nicht auf die anwaltliche Tätigkeit ankommen kann, zeigt sich schon daran, dass das Unterscheidungskriterium einfaches oder schwieriges Schreiben fehlt, wenn der Schuldner zahlt,

---

1 AG Altenkirchen, AGS 2007, 557 = NJW-Spezial 2007, 556.
2 LG Düsseldorf, AGS 2007, 381 = MDR 2007, 1164 = JurBüro 2007, 480 = NZM 2007, 743 = Rpfleger 2007, 629 = RVGreport 2007, 298.
3 AnwK-RVG-*Onderka*, Nr. 2300 VV RVG Rz. 4 ff. m.w.N.
4 AnwK-RVG-*Onderka*, Nr. 2300 VV RVG Rz. 15; *Hansens*, RVGreport 2004, 59, 63.
5 BGH, NJW 1983, 2451 = JurBüro 1983, 1498 = AnwBl. 1983, 512 = MDR 1984, 127 (noch zum inhaltsgleichen § 120 BRAGO).

bevor der Rechtsanwalt das Mahnschreiben abdiktiert oder abgeschickt hat.

108 Zu fragen ist also immer: Was sollte der Rechtsanwalt tun? Sollte er in der Tat nur ein einfaches Schreiben abschicken, dann gilt Nr. 2302 VV RVG. Solche Fälle sind aber eher die Ausnahme, da ein einfaches Schreiben schon dann nicht mehr vorliegt, wenn der Rechtsanwalt vorher rechtliche Erwägungen anstellen muss. Insoweit kommt es nämlich nicht auf den Inhalt des Schreibens an, sondern auf die Arbeit, die dahinter steckt. So kann hinter dem einfachen Satz:

„… fordere ich Sie namens des Mandanten auf, … Euro rückständige Miete zu zahlen"

eine außerordentlich umfangreiche rechtliche Prüfung stecken, etwa wenn die Fälligkeit der Miete unklar ist (unwirksame AGB), wenn Teilzahlungen vorliegen (§§ 366, 367 BGB), wenn Verrechnungen vorgenommen worden sind o.Ä.

109 Nur dann, wenn die **Zahlungspflicht offenkundig** ist, wie etwa bei einer rückständigen Monatsmiete oder bei einer Saldoforderung aus einer Nebenkostenabrechnung, die der Rechtsanwalt ungeprüft übernehmen soll, wird man von dem Auftrag zu einem einfachen Schreiben ausgehen können. Sind dagegen bereits **Einwendungen** erhoben, etwa eine Minderung o.Ä., dürfte von einem Auftrag zu umfassenderer außergerichtlicher Tätigkeit auszugehen sein. Zu beachten ist, dass die Tätigkeit auf das Schreiben beschränkt sein muss, soll der Anwalt also z.B. die Forderung auch einziehen, geht der Auftrag immer über ein (einfaches) Schreiben hinaus.

110 Bei der **Erstattungsfähigkeit** kommt es auf diese Frage nur mittelbar an. Zu fragen ist hier nämlich, ob der Mandant gegen seine Schadensminderungspflicht verstoßen hat, indem er sich nicht auf einen Auftrag gemäß Nr. 2302 VV RVG beschränkt hat. Hier kommt es letztlich auf den Einzelfall an.

111 In der Praxis sollte der Rechtsanwalt so verfahren, dass er gegenüber seinem Auftraggeber **klarstellt**, ob er wirklich nur ein einfaches Schreiben, dann aber auch ohne nähere Prüfung, abschicken soll, oder ob er auch die Wertigkeit der rechtlichen Forderung prüfen soll.

Beispiel:
Der Mandant kommt zu einem Besprechungstermin und beauftragt den Rechtsanwalt, eine rückständige Nebenkostenabrechnung geltend zu machen.

Hier muss der Rechtsanwalt fragen, ob er die Forderung lediglich **anmahnen** *soll,* **ohne sie zu prüfen**, *also das Risiko der fehlerhaften Berechnung beim Auftraggeber belässt oder ob er die Forderung, bevor er sie geltend macht, zumindest überschlägig prüft, ob diese stimmig ist. In der ersten Alternative wäre der Rechtsanwalt nach Nr. 2302 VV RVG zu vergüten, in der zweiten Alternative nach Nr. 2300 VV RVG.*

g) Anschriftenermittlungen o.Ä.

112 Häufig kommt es vor, dass der Rechtsanwalt zu Beginn seiner Tätigkeit zunächst einmal die zutreffende Anschrift oder Firmierung des Gegners ermitteln muss. Insbesondere in Zwangsvollstreckungsverfahren ist es häufig erforderlich, aufwendige Ermittlungen über den neuen Verbleib des Schuldners anzustellen. Dies gilt insbesondere in Räumungssachen. Nicht wenige Schuldner ziehen „bei Nacht und Nebel" aus, so dass zunächst einmal aufwendige Nachforschungen erforderlich sind, bevor wegen der Mietrückstände und Verfahrenskosten vollstreckt werden kann. Abgesehen davon, dass die meisten Mandanten hierzu nicht in der Lage sind, erwarten sie jedenfalls, dass der Rechtsanwalt diese Arbeit übernimmt. In diesen Fällen ist es zunächst erforderlich, Anfragen beim Einwohnermeldeamt, Gewerbeamt, Handelsregister oder sogar beim Personenstandsamt zu stellen. Umstritten war, ob der Rechtsanwalt für diese Ermittlungstätigkeit zusätzliche Gebühren erhält oder ob diese Tätigkeit durch die jeweilige Betriebsgebühr abgegolten ist.

113 Ein Teil der Rspr. ging davon aus, dass die dahingehende Tätigkeit des Rechtsanwalts eine eigene gebührenrechtliche Angelegenheit begründete, die gesondert zu vergüten war[1]. In der Regel handelte es sich um einfache Schreiben, die nach § 120 BRAGO (jetzt Nr. 2302 VV RVG) zu vergüten waren. Nach anderer Auffassung[2] erhielt der Rechtsanwalt **keine gesonderten Gebühren**, wenn die Anschriftenermittlung während eines laufenden Verfahrens erfolgte. Der **BGH** hat sich in zwei Entscheidungen zum Prozessauftrag[3] und zur Zwangsvollsteckung[4] dieser Rechtsauffassung angeschlossen.

---

[1] OLG Köln, AnwBl. 1968, 35 – Mahnverfahren; LG Konstanz, AnwBl. 1991, 168 = KostRsp. BRAGO §§ 57, 58 Nr. 70 m. Anm. *Lappe*, AnwBl. 1987, 246 = KostRsp. BRAGO §§ 57, 58 Nr. 43 – Zwangsvollstreckung; AG Einbek, AnwBl. 1983, 48 – Zwangsvollstreckung; AG Westerstede, MDR 1987, 419 – Mahnverfahren und Zwangsvollstreckung; AG Dorsten, AnwBl. 1987, 340 – Mahnverfahren und Zwangsvollstreckung; AG Leverkusen, AnwBl. 1987, 294 – Zwangsvollstreckung.

[2] Zuletzt OLG Zweibrücken, Rpfleger 1998, 444 = DGVZ 1998, 156 = MDR 1998, 1183 = KostRsp. BRAGO § 120 Nr. 7; LG Berlin, JurBüro 1987, 71 = KostRsp. BRAGO §§ 57, 58 Nr. 5 – Verfügungsverfahren, LG Hannover, AnwBl. 1989, 687 = Mahnverfahren; LG Konstanz, Rpfleger 1992, 365 – Zwangsvollstreckung.

[3] BGH, AGS 2004, 151 = NJW-RR 2004, 501 = BGHR 2004, 561 = Rpfleger 2004, 249 = MDR 2004, 538 = JurBüro 2004, 315 = Info M 2004, Nr. 4, 25 = BB 2004, 352 = EBE/BGH 2004, BGH-Ls 168/04 = FamRZ 2004, 536 = RVGreport 2004, 109 = RVG-Letter 2004, 30.

[4] BGH, AGS 2004, 99 = NJW 2004, 1101 = FamRZ 2004, 536 = BGHR 2004, 560 = JurBüro 2004, 191 = InVo 2004, 164 = DGVZ 2004, 60 = Rpfleger 2004, 250 = WM 2004, 1296 = MDR 2004, 776 = Info M 2004, Nr. 4, 25 = VersR 2004, 1574 = BGHR BRAGO § 58 Abs. 1 Meldeamtsanfrage 1 = RVGreport 2004, 108 = RVG-Letter 2004, 23 = RVG-B 2004, 5.

h) Deckungsschutzanfrage

Auch die Deckungsschutzanfrage ist **gesondert zu vergüten** und löst eine Gebühr nach Nr. 2300 VV RVG aus[1]. Ob der Rechtsanwalt darauf hinweisen muss, dass er die Deckungsschutzanfrage gesondert berechnet, ist ebenfalls strittig. Nach OLG Schleswig[2] und LG Berlin[3] besteht **keine Hinweispflicht**, da der Mandant damit rechnen muss, dass der Rechtsanwalt nicht kostenlos tätig wird. Eine Hinweispflicht bejaht das OLG Stuttgart[4]. 114

i) Einigungsgebühr (Nrn. 1000 ff. VV RVG)

Neben der Geschäftsgebühr kann der Rechtsanwalt bei der außergerichtlichen Vertretung eine **Einigungsgebühr** nach den Nr. 1000 ff. VV RVG erhalten, i.d.R. die 1,5-Einigungsgebühr nach Nr. 1000 VV RVG (vgl. o. Rz. 56). 115

j) Anrechnung der Geschäftsgebühr (Vorbem. 3. Abs. 4 VV RVG)

Zu beachten ist, dass die Geschäftsgebühr, die der Rechtsanwalt für die außergerichtliche Tätigkeit erhält, nach Vorbem. 3 Abs. 4 VV RVG auf die Verfahrensgebühr eines nachfolgenden Verfahrens nach Teil 3 VV RVG **anzurechnen** ist (vgl. u. Rz. 148 ff.). Eine Einigungsgebühr ist dagegen nicht anzurechnen. 116

7. Vertretung in Verwaltungsverfahren (Nrn. 2300, 2301 VV RVG, Nrn. 2400 ff. VV RVG)

Auch im Rahmen mietrechtlicher Mandate kommen Tätigkeiten in Verwaltungsverfahren oder in sozialgerichtlichen Verfahren vor, etwa bei Auseinandersetzungen mit Behörden, Wohngeldangelegenheiten o.Ä. 117

Für die **außergerichtliche Vertretung** erhält der Rechtsanwalt sofern sich die Gebühren nach dem Gegenstandswert richten eine Geschäftsgebühr nach Nr. 2300 VV RVG. Diese Gebühr gilt sowohl für die Tätigkeit im Verwaltungsverfahren als auch für die erstmalige Tätigkeit in einem Widerspruchsverfahren. 118

Wird der Rechtsanwalt dagegen in einem **Widerspruchsverfahren** beauftragt, nachdem er bereits im Verwaltungsverfahren tätig gewesen ist, erhält 119

---

1 OLG Schleswig, JurBüro 1979, 1321; LG Amberg, AGS 1993, 58 m. Anm. *Chemnitz* = zfs 1993, 353; AG Ahaus, AnwBl. 1976, 171 = JurBüro 1976, 57 m. Anm. *Meyer*; AG Hannover, zfs 1993, 100 m. Anm. *Madert*; zfs 2001, 85; AG Lüdenscheid, zfs 1997, 110; AG München, JurBüro 1990, 43; LG Berlin, BRAGOreport 2001, 43 m. Anm. *Hansens*; **a.A.** LG München I, JurBüro 1993, 163 m. abl. Anm. *Mümmler* = zfs 1993, 209 m. Anm. *Madert*; zfs 2001, 85; AG Stadthagen, BRAK-Mitt 1991, 64.
2 OLG Schleswig, JurBüro 1979, 1321.
3 LG Berlin, BRAGOreport 2001, 43 m. Anm. *Hansens*.
4 OLG Stuttgart, AGS 2003, 68 m. Anm. *N. Schneider*.

er für das Verwaltungsverfahren die Gebühr nach Nr. 2300 VV RVG und für das Widerspruchsverfahren nach Nr. 2301 VV RVG. Diese Gebühr hat einen geringeren Rahmen nämlich von 0,5 bis 1,3; die Mittelgebühr beträgt 0,9.

120 Kommt es anschließend zum **Verwaltungsrechtsstreit**, wird nur die Gebühr nach Nr. 2301 VV RVG angerechnet (Vorbem. 3 Abs. 4 S. 3 VV RVG).

121 Ist der Rechtsanwalt in **sozialrechtlichen Angelegenheiten** tätig (etwa in Wohngeldsachen) und richtet sich die Vergütung nicht nach dem Gegenstandswert (§ 3 Abs. 1 RVG), so erhält der Rechtsanwalt die Gebühren nach Nr. 2400 f. VV RVG.

122 Für das Verwaltungsverfahren und die erstmalige Tätigkeit in einem Widerspruchsverfahren entsteht die Gebühr nach Nr. 2400 VV RVG. Es ist dort ein **Gebührenrahmen** von 40 bis 520 Euro vorgesehen. Die Mittelgebühr beträgt 280 Euro.

123 Ist die Angelegenheit weder umfangreich noch schwierig, so kann nicht mehr als die **Schwellengebühr** (Anm. zu Nr. 2400 VV RVG) von 240 Euro abgerechnet werden.

124 War der Rechtsanwalt **im Widerspruchsverfahren beauftragt**, nachdem er bereits im Verwaltungsverfahren tätig war, erhält er für das Verwaltungsverfahren die Gebühr nach Nr. 2400 VV RVG und für das Widerspruchsverfahren die Gebühr nach Nr. 2401 VV RVG, die jetzt einen geringeren Gebührenrahmen vorsieht, nämlich 40 bis 260 Euro.

125 Kommt es anschließend zum **Rechtsstreit**, findet einen **Anrechnung** nicht statt. Vielmehr differenziert die Verfahrensgebühr des gerichtlichen Verfahrens danach, ob der Rechtsanwalt bereits außergerichtliche tätig war oder nicht (Nrn. 3102, 3103 VV RVG).

8. Schlichtungsverfahren (Nr. 2303 VV RVG)

126 Wird der Rechtsanwalt in einem Verfahren der obligatorischen Streitschlichtungsverfahren nach § 15a EGZPO tätig, so richtet sich seine Vergütung hierfür nach Nr. 2303 VV RVG. Diese Verfahren stellen **eigene Angelegenheiten** dar. Dies gilt sowohl gegenüber der vorangegangenen außergerichtlichen Tätigkeit als auch gegenüber einem nachfolgenden Rechtsstreit (§ 17 Nr. 7a) RVG). Insgesamt können also **drei Angelegenheiten** gegeben sein, nämlich

– außergerichtliche Tätigkeit,

– Tätigkeit im Güte- oder Schlichtungsverfahren und

– Tätigkeit im Rechtsstreit.

In allen drei Angelegenheiten erhält der Rechtsanwalt seine Vergütung gesondert, insbesondere auch eine gesonderte **Postentgeltpauschale** nach Nr. 7002 VV RVG.

127 Für seine Tätigkeit in einem der genannten Güte- oder Schlichtungsverfahren erhält der Rechtsanwalt eine 1,5-Geschäftsgebühr (Nr. 2303 VV RVG). Im Gegensatz zur Geschäftsgebühr nach Nr. 2300 VV RVG steht dem Rechtsanwalt **kein Ermessensspielraum** zu. Der Gebührensatz steht fest. Eine Schwellengebühr (Anm. zu Nr. 2300 VV RVG) ist hier ebenfalls nicht vorgesehen. Die 1,5-Gebühr entsteht daher auch, wenn die Tätigkeit weder umfangreich noch schwierig war.

128 Die 1,5-Geschäftsgebühr erhält der Rechtsanwalt auch dann, wenn in das Schlichtungsverfahren weitergehende Gegenstände mit einbezogen werden, etwa zum Abschluss einer Einigung. Eine **Geschäfts-Differenzgebühr** ähnlich der Verfahrens-Differenzgebühr nach Nr. 3101 Nr. 2 VV RVG kennt Nr. 2303 VV RVG **nicht**, so dass diese nach dem vollen Wert sämtlicher Gegenstände abzurechnen ist. Ebenso wenig ist eine Reduzierung dieser Gebühr vorgesehen, wenn sich die Angelegenheit **vorzeitig erledigt**. Auch eine der Nr. 3101 Nr. 1 VV RVG vergleichbare Vorschrift fehlt. Es bleibt daher auch hier immer bei einer 1,5-Geschäftsgebühr.

129 Nimmt der Rechtsanwalt am **Gütetermin** teil, entsteht hierfür **keine weitere Vergütung**, insbesondere ist eine Terminsgebühr nicht vorgesehen. Möglich ist allerdings eine **Einigungsgebühr** nach Nr. 1000 VV RVG, wenn es zu einer Einigung kommt.

130 Ist eine **außergerichtliche Tätigkeit** vorausgegangen, so wird die Geschäftsgebühr nach Nr. 2300 VV RVG auf die Geschäftsgebühr nach Nr. 2303 VV RVG **angerechnet** (Anm. zu Nr. 2303 VV RVG). Die Anrechnung ist jedoch auf die Hälfte der zuvor angefallenen Geschäftsgebühr aus Nr. 2300 VV RVG begrenzt. Darüber hinaus darf keine höhere Geschäftsgebühr als 0,75 angerechnet werden. Dies wiederum hat zur Folge, dass von der Geschäftsgebühr der Nr. 2303 VV RVG mindestens 0,75 nach Anrechnung verbleiben.

131 Kommt es nach dem Güte- oder Schlichtungsverfahren zum **Rechtsstreit**, so wird nach Vorbem. 3 Abs. 4 S. 1 VV RVG die Geschäftsgebühr der Nr. 2303 VV RVG auf die Verfahrensgebühr eines nachfolgenden Rechtsstreits **angerechnet**. Da hier gegebenenfalls außergerichtlich mehrere Geschäftsgebühren anfallen können (Nr. 2300 und Nr. 2303 VV RVG), ist angeordnet, dass nur die letzte Geschäftsgebühr, also hier die der Nr. 2303 VV RVG, angerechnet wird (Vorbem. 3 Abs. 4 S. 2 VV RVG). Anzurechnen ist auch hier nur hälftig, höchstens mit einem Gebührensatz von 0,75 (Vorbem. 3 Abs. 4 S. 1 VV RVG).

Beispiel:
Der Rechtsanwalt wird beauftragt, eine Mietforderung von 400 Euro außergerichtlich geltend zu machen. Anschließend wird das Schlichtungsverfahren nach § 15a EGZPO durchgeführt und hiernach Klage erhoben. Nach mündlicher Verhandlung ergeht ein Urteil.

I. Außergerichtliche Tätigkeit (Wert: 400 Euro)

1.	1,3-Geschäftsgebühr, Nr. 2300 VV RVG	58,50 Euro
2.	Postentgeltpauschale, Nr. 7002 VV RVG	11,70 Euro
	Zwischensumme 70,20 Euro	
3.	19 % Umsatzsteuer, Nr. 7008 VV RVG	13,34 Euro
	Gesamt	**83,54 Euro**

II. Schlichtungsverfahren (Wert: 400 Euro)

1.	1,5-Geschäftsgebühr, Nr. 2303 Nr. 1 VV RVG	67,50 Euro
2.	gem. Anm. zu Nr. 2303 VV RVG anzurechnen, 0,65 aus 400 Euro	– 29,25 Euro
3.	Postentgeltpauschale, Nr. 7002 VV RVG	13,50 Euro
	Zwischensumme 51,75 Euro	
4.	19 % Umsatzsteuer, Nr. 7008 VV RVG	9,83 Euro
	Gesamt	**61,58 Euro**

III. Rechtsstreit (Wert: 400 Euro)

1.	1,3-Verfahrensgebühr, Nr. 3100 VV RVG	58,50 Euro
2.	gem. Vorb. 3 Abs. 4 VV RVG anzurechnen, 0,75 aus 400 Euro	– 33,75 Euro
3.	1,2-Terminsgebühr, Nr. 3104 VV RVG	54,00 Euro
4.	Postentgeltpauschale, Nr. 7002 VV RVG	20,00 Euro
	Zwischensumme 98,75 Euro	
5.	19 % Umsatzsteuer, Nr. 7008 VV RVG	18,76 Euro
	Gesamt	**117,51 Euro**

9. Beratungshilfe

132 Wird der Rechtsanwalt außergerichtlich für eine bedürftige Partei tätig, kommt die Gewährung von Beratungshilfe in Betracht. Der Rechtsanwalt erhält dann die Gebühren der Nrn. 2500 ff. VV RVG.

Vom Auftraggeber erhält der Rechtsanwalt zunächst eine **Beratungshilfegebühr** (Nr. 2500 VV RVG), die Auslagen und Umsatzsteuer bereits beinhaltet (Anm. S. 1 zu Nr. 2500 VV RVG). Der Rechtsanwalt kann diese Gebühr erlassen (Anm. zu Nr. 2500 VV RVG).

Bei **mehreren Rechtsuchenden** schuldet ein jeder eine gesonderte Gebühr nach Nr. 2500 VV RVG.

Für eine **Beratung** erhält der Rechtsanwalt darüber hinaus aus der Staatskasse eine Gebühr von 30 Euro, für die **außergerichtliche Vertretung** i.H.v. 70 Euro und für eine **Einigung** in Höhe von 125 Euro, jeweils zuzüglich Auslagen und Umsatzsteuer (§ 46 RVG).

Wird der Rechtsanwalt für **mehrere Auftraggeber** tätig, so erhöhen sich die Gebühren nach Nrn. 2501 und 2503 VV RVG um 30 % je weiteren Auftraggeber. Eine gemeinschaftliche Beteiligung ist hier nicht erforderlich, da es sich um eine Festgebühr handelt[1].

---

1 LG Kleve, AGS 2006, 244 m. Anm. Etter = zfs 2006, 48 m. Anm. Madert = RVGreport 2006, 101 = RVG-professionell 2006, 117, bestätigt durch OLG Düssel-

In Beratungshilfesachen stellt sich häufig die Frage, wann noch **eine Angelegenheit** und wann mehrere Angelegenheiten gegeben sind. Dieses Problem stellt sich auch in Mietsachen. Die Rechtsprechung ist hier leider restriktiv und nimmt in der Regel nur eine Angelegenheit an. 133

Beispiele aus der Rechtsprechung:
– *Rückforderung überzahlter Miete und Forderung auf Nebenkostenabrechnung*[1],
– *mehrere Ansprüche aus demselben Mietverhältnis*[2].

10. Mahnverfahren (Nrn. 3305 ff. VV RVG)

Soll der Rechtsanwalt eine Zahlungsforderung zunächst im Mahnverfahren geltend machen, so richtet sich seine Vergütung nach den Nrn. 3305 ff. VV RVG. 134

a) Vergütung des Antragstellervertreters (Nrn. 3305, 3306, 3308 VV RVG)

Als Vertreter des Antrgstellers im Verfahren über den **Antrag auf Erlass des Mahnbescheides** erhält der Rechtsanwalt eine 1,0-Verfahrensgebühr nach Nr. 3305 VV RVG. Erledigt sich das Mahnverfahren vorzeitig, bevor der Mahnantrag eingereicht worden ist, reduziert sich die Verfahrensgebühr auf 0,5 (Nr. 3306 VV RVG). Beide Gebühren erhöhen sich bei mehreren Auftraggebern gem. Nr. 1008 VV RVG um jeweils 0,3, sofern der Gegenstand derselbe ist. 135

Die Verfahrensgebühr des Mahnverfahrens ist auf die Verfahrensgebühr eines nachfolgenden Rechtsstreits (Nr. 3100 VV RVG) **anzurechnen** (Anm. zu Nr. 3305 VV RVG), es sei denn, zwischen der Beendigung des Mahnverfahrens und dem Beginn des streitigen Verfahren liegen mehr als zwei Kalenderjahre. In diesem Fall unterbleibt eine Anrechnung nach § 15 Abs. 5 S. 2 RVG. 136

Daneben kann der Rechtsanwalt auch im Mahnverfahren eine **Terminsgebühr** nach Nr. 3104 VV RVG verdienen (Vorbem. 3.3.2 VV RVG). Da es hier allerdings keine gerichtlichen Termine gibt, kann eine Terminsgebühr nur gem. Vorbem. 3 Abs. 3, 3. Var. VV RVG entstehen, also wenn der Rechtsanwalt eine Besprechung mit dem Gegner oder einem Dritten zur Erledigung oder Vermeidung des Mahnverfahrens oder zur Vermeidung des nachfolgenden streitigen Verfahrens führt[3]. 137

Wird nicht rechtzeitig Widerspruch eingelegt und stellt der Rechtsanwalt auftragsgemäß den **Antrag auf Erlass eines Vollstreckungsbescheides**, so er- 138

---

dorf, AGS 2006, 244; AnwK-RVG/*N. Schneider*, Nr. 2500 VV RVG Rz. 38 jeweils m.N.
1 LG Darmstadt, JurBüro 1985, 556.
2 LG Kleve, JurBüro 1986, 886.
3 Siehe ausführlich *Hansens*, RVGreport 2005, 83.

hält er eine weitere 0,5-Gebühr nach Nr. 3308 VV RVG. Diese Gebühr erhöht sich ebenfalls bei mehreren Auftraggebern, allerdings nur, wenn der Rechtsanwalt die Gebührenerhöhung nicht schon für die Mahnverfahrensgebühr verdient hatte.

Die Gebühr nach Nr. 3508 VV RVG entsteht mit Antragstellung. Ob der Vollstreckungsbescheid erlassen wird, ist unerheblich. Dies wird häufig übersehen[1].

Beispiel:

Der Mahnbescheid ist am 10.6.2009 zugestellt worden. Am 25.6.2009 hat der Rechtsanwalt den Antrag auf Erlass des Vollstreckungsbescheides gestellt. Am 26.6.2009 hat der Antragsgegner Widerspruch eingelegt, so dass es nicht mehr zum Erlass des Vollstreckungsbescheides gekommen ist.

Der Rechtsanwalt hat die Gebühr nach Nr. 3308 VV RVG verdient. Dass es nicht mehr zum Erlass des Vollstreckungsbescheides gekommen ist, ist unerheblich.

139 Soweit eine Gebühr nach Nr. 3308 VV RVG entstanden ist, hat der Antragsgegner/Beklagte diese auch grundsätzlich zu erstatten. Insoweit gilt über § 700 Abs. 1 ZPO die Vorschrift des § 344 ZPO entsprechend. Die Kosten, die durch den Erlass des Vollstreckungsbescheides entstanden sind, sind Kosten der Säumnis.

Neben den Gebühren der Nrn. 3305 VV RVG kann auch noch eine **Einigungsgebühr** hinzukommen (s. *Rz. 56*).

b) Vergütung des Antragsgegnervertreters (Nr. 3307 VV RVG)

140 Der Vertreter des Antragsgegners erhält für dessen Vertretung eine Verfahrensgebühr in Höhe von 0,5 (Nr. 3307 VV RVG). Mit dieser Gebühr ist seine **gesamte Tätigkeit** einschließlich der Entgegennahme der Information, der Prüfung der Erfolgsaussicht und einer eventuellen Begründung des Widerspruchs abgegolten[2]. Das ist nunmehr durch die Neufassung klargestellt.

141 Auch der Antragsgegnervertreter kann eine Terminsgebühr nach Nr. 3104 VV RVG verdienen (Vorbem. 3.3.2 VV RVG) sowie eine Einigungsgebühr.

142 Stellt der Vertreter des Antragsgegners mit dem Widerspruch bereits den Antrag auf **Durchführung des streitigen Verfahrens** (§ 696 Abs. 1 S. 1 ZPO), so gehört diese Tätigkeit nicht mehr zur Gebührenangelegenheit des Mahnverfahrens. Vielmehr verdient der Rechtsanwalt damit bereits die Verfahrensgebühr des folgenden Rechtsstreits nach Nr. 3100 VV RVG[3].

---

1 Ausführlich *N. Schneider*, Die Vollstreckungsbescheidgebühr nach § 43 Abs. 1 Nr. 3 BRAGO, AGS 2003, 58.
2 AnwK-RVG/*Mock*, Nr. 3307 VV RVG Rz. 6 f.; *Hansens/Braun/Schneider*, Vergütungsrecht, Teil 7 Rz. 637 ff.
3 OLG Hamm, AnwBl. 1989, 682 = MDR 1989, 648; AnwK-RVG/*Mock*, Nr. 3307 VV RVG Rz. 10, 20.

Ebenso zählt die **Erhebung des Einspruchs** nicht mehr zum Mahnverfahren. Auch diese Tätigkeit gehört zum nachfolgenden Rechtszug und löst bereits dort die Prozessgebühr aus.

Auch die Verfahrensgebühr nach Nr. 3307 VV RVG wird auf die nachfolgende Verfahrensgebühr des Rechtsstreits **angerechnet** (Anm. zu Nr. 3307 VV RVG). Eine Anrechnung der Widerspruchsgebühr unterbleibt dagegen gem. § 15 Abs. 5 S. 2 RVG, wenn seit der Beendigung des Mahnverfahrens mehr als zwei Kalenderjahre verstrichen sind[1]. 143

11. Rechtsstreit erster Instanz (Nrn. 3100 ff. VV RVG)

Im erstinstanzlichen Verfahren erhält der Rechtsanwalt eine Vergütung nach den Nrn. 3100 ff. VV RVG, also eine Verfahrens- und eine Terminsgebühr. Hinzu kommen kann eine Einigungsgebühr. 144

a) Verfahrensgebühr

Für das Betreiben des Geschäfts einschließlich der Information (Vorbem 3. Abs. 2 VV RVG) erhält der Rechtsanwalt zunächst einmal eine **1,3-Verfahrensgebühr** nach Nr. 3100 VV RVG. 145

aa) Volle Verfahrensgebühr

Die Höhe der Gebühr beläuft sich grundsätzlich auf 1,3 (Nr. 3100 VV RVG). Systematisch ist die volle Verfahrensgebühr nicht an besondere Voraussetzungen geknüpft, sondern der Regelfall. Nur dann, wenn ein Ausnahmefall nach Nr. 3101 VV RVG vorliegt, ermäßigt sich die Verfahrensgebühr auf 0,8. Ist ein solcher Ermäßigungstatbestand nicht gegeben, bleibt es bei der 1,3-Verfahrensgebühr. 146

bb) Ermäßigte Verfahrensgebühr

Die Verfahrensgebühr der Nr. 3100 VV RVG ermäßigt sich unter den Voraussetzungen der Nr. 3101 Nr. 1 oder 2 VV RVG auf 0,8. Bei einer teilweisen Reduzierung ist § 15 Abs. 3 RVG zu beachten. Insgesamt kann dann nicht mehr verlangt werden als eine 1,3-Gebühr aus dem Gesamtbetrag. 146a

(1) Vorzeitige Beendigung

Endet der Auftrag vorzeitig, also bevor der Rechtsanwalt 146b
– die Klage oder einen verfahrenseinleitenden Antrag eingereicht hat,

---

1 OLG München, BRAGOreport 2000, 26 m. Anm. *Hansens* = AGS 2001, 51 = AnwBl. 2000, 698 = JurBüro 2000, 469 = MDR 2000, 785 = NJW-RR 2000, 1721 = OLGR 2000, 200 = Rpfleger 2000, 516 = KostRsp. BRAGO § 43 Rz. 58 m. Anm. *N. Schneider*; *N. Schneider*, MDR 2003, 727; *ders.*, AGS 2003, 240; AnwK-RVG/*N. Schneider*, § 15 Rz. 255; *Hansens/Braun/Schneider*, Vergütungsrecht, Teil 7 Rz. 646.

– einen Schriftsatz, der Sachanträge oder Sachvortrag, die Klagerücknahme oder die Zurücknahme eines Antrags enthält, eingereicht hat oder

– für seine Partei einen gerichtlichen Termin wahrgenommen hat,

reduziert sich die Verfahrensgebühr gem. Nr. 3101 Nr. 1 VV RVG auf 0,8.

146c Ein solcher Fall ist insbesondere dann gegeben, wenn sich die Sache für den Kläger vor Einreichung der Klage erledigt oder wenn der Beklagtenanwalt sich zunächst nur bestellt und die Klage dann zurückgenommen wird, bevor er einen Zurückweisungsantrag gestellt hat. Die bloße Bestellung reicht noch nicht aus, um die volle Verfahrensgebühr auszulösen.

Beispiel:

Der Anwalt erhält den Auftrag, eine Klage über 10 000 Euro einzureichen. Er entwirft die Klageschrift. Diese wird jedoch nicht mehr eingereicht, da sich die Angelegenheit vorzeitig erledigt hat.

1.	0,8-Verfahrensgebühr, Nr. 3101 Nr. 1 VV RVG (Wert: 10 000 Euro)	388,80 Euro
2.	Postentgeltpauschale, Nr. 7002 VV RVG	20,00 Euro
	Zwischensumme	408,80 Euro
3.	19 % Umsatzsteuer, Nr. 7008 VV RVG	77,67 Euro
	Gesamt	**486,47 Euro**

146d Des Weiteren ist ein solcher Fall gegeben, wenn, die Parteien vor einem gerichtlichen Termin eine Einigung auch über nicht anhängige Gegenstände schließen, z.B. bei einem Vergleich nach § 278 Abs. 6 ZPO.

Beispiel:

In einem Rechtsstreit über 10 000 Euro wird gem. § 278 Abs. 6 ZPO eine Einigung über die Klageforderung und über weitergehende nicht anhängige 5000 Euro geschlossen.

Aus dem Wert der anhängigen Ansprüche (10 000 Euro) entsteht eine 1,3-Verfahrensgebühr; aus dem Wert der nicht anhängigen Gegenstände (5000 Euro) nur eine 0,8-Verfahrensgebühr nach Nr. 3101 Nr. 1 VV RVG, da insoweit eine vorzeitige Erledigung gegeben ist. Zu beachten ist wiederum § 15 Abs. 3 RVG.

1.	1,3-Verfahrensgebühr, Nr. 3100 VV RVG (Wert: 10 000 Euro)	631,80 Euro
2.	0,8-Verfahrensgebühr, Nr. 3101 Nr. 1 VV RVG (Wert: 5000 Euro)	240,80 Euro
	gem. § 15 Abs. 3 RVG nicht mehr als 1,3 aus 15 000 Euro	735,80 Euro
3.	1,2-Terminsgebühr, Nr. 3104 VV RVG (Wert: 15 000 Euro)	679,20 Euro
4.	1,0-Einigungsgebühr, Nrn. 1000, 1003 VV RVG (Wert: 10 000 Euro)	486 Euro

5. 1,5-Einigungsgebühr, Nr. 1000 VV RVG (Wert: 5000 Euro) gem. § 15 Abs. 3 RVG nicht mehr als 1,5 aus 15 000 Euro	451,50 Euro 849,00 Euro	
6. Postentgeltpauschale, Nr. 7002 VV RVG		20,00 Euro
Zwischensumme	2284,00 Euro	
7. 19 % Umsatzsteuer, Nr. 7008 VV RVG		433,96 Euro
Gesamt		**2717,96 Euro**

(2) Bloßer Antrag auf Protokollierung einer Einigung der Parteien über nicht anhängige Gegenstände

Nach Nr. 3101 Nr. 2, 1. Alt. VV RVG ermäßigt sich die Verfahrensgebühr ebenfalls auf 0,8, soweit der Rechtsanwalt **lediglich** damit beauftragt wird, eine **Einigung der Parteien oder mit Dritten** über in diesem Verfahren nicht rechtshängige Ansprüche zu Protokoll zu nehmen oder nach § 278 Abs. 6 ZPO feststellen zu lassen.

146e

Beispiel:

In einem Räumungsrechtsstreit über 10 000 Euro einigen sich die Parteien unter Mitwirkung ihrer Anwälte über die Klageforderung. Gleichzeitig wird eine zwischen den Parteien ohne Mitwirkung ihrer Anwälte geschlossene Einigung über die nicht anhängige Mietkaution (5000 Euro) mit protokolliert.

Aus dem Wert der anhängigen Ansprüche (10 000 Euro) entsteht die 1,3-Verfahrensgebühr; aus dem Wert der nicht anhängigen Gegenstände (5000 Euro) entsteht dagegen nur eine 0,8-Verfahrensgebühr nach Nr. 3101 Nr. 2, 1. Alt. VV RVG. Zu beachten ist § 15 Abs. 3 RVG. Eine Terminsgebühr entsteht nicht, da über die weiteren 5000 Euro nicht verhandelt worden ist. Auch eine Einigungsgebühr ist aus diesem Wert nicht angefallen, da die Anwälte an der Einigung über den Mehrwert nicht beteiligt waren.

1. 1,3-Verfahrensgebühr, Nr. 3100 VV RVG (Wert: 10 000 Euro)	631,80 Euro	
2. 0,8-Verfahrensgebühr, Nr. 3101 Nr. 2 VV RVG (Wert: 5000 Euro) gem. § 15 Abs. 3 RVG nicht mehr als 1,3 aus 15 000 Euro	240,80 Euro 735,80 Euro	
3. 1,2-Terminsgebühr, Nr. 3104 VV RVG (Wert: 10 000 Euro)		583,20 Euro
4. 1,0-Einigungsgebühr, Nrn. 1000, 1003 VV RVG (Wert: 10 000 Euro)		486,00 Euro
5. Postentgeltpauschale, Nr. 7002 VV RVG		20,00 Euro
Zwischensumme	1825,00 Euro	
6. 19 % Umsatzsteuer, Nr. 7008 VV RVG		346,75 Euro
Gesamt		**2171,75 Euro**

(3) Bloße Verhandlungen vor Gericht über nicht anhängige Gegenstände

146f Des Weiteren entsteht nur die 0,8-Verfahrensgebühr, soweit der Anwalt über Gegenstände, die in diesem Verfahren nicht anhängig sind, **lediglich verhandelt** (Nr. 3101 Nr. 2, 1. Alt. VV RVG). Hiervon erfasst sind also die erfolglosen Einigungsverhandlungen, bei denen es lediglich bei einem Verhandeln bleibt und es nicht zu einer Einigung kommt.

Beispiel:

In einem Rechtsstreit über 10 000 Euro versuchen sich die Parteien, unter Mitwirkung ihrer Anwälte im Termin über die Klageforderung und über weitergehende nicht anhängige 5000 Euro zu einigen. Eine Einigung kommt nicht zustande.

Aus dem Wert der anhängigen Ansprüche (10 000 Euro) entsteht eine 1,3-Verfahrensgebühr; aus dem Wert der nicht anhängigen Gegenstände (5000 Euro) nur eine 0,8-Verfahrensgebühr nach Nr. 3101 Nr. 2, 2. Alt. VV RVG. Zu beachten ist § 15 Abs. 3 RVG.

1. 1,3-Verfahrensgebühr, Nr. 3100 VV RVG (Wert: 10 000 Euro)	631,80 Euro
2. 0,8-Verfahrensgebühr, Nr. 3101 Nr. 2 VV RVG (Wert: 5000 Euro)	240,80 Euro
gem. § 15 Abs. 3 RVG nicht mehr als 1,3 aus 15 000 Euro	735,80 Euro
3. 1,2-Terminsgebühr, Nr. 3104 VV RVG (Wert: 15 000 Euro)	679,20 Euro
4. Postentgeltpauschale, Nr. 7002 VV RVG	20,00 Euro
Zwischensumme	1435,00 Euro
5. 19 % Umsatzsteuer, Nr. 7008 VV RVG	272,65 Euro
Gesamt	**1707,65 Euro**

146g Kommt es später zu einem gerichtlichen Verfahren über die lediglich mitverhandelten Gegenstände, ist die 0,8-Verfahrensgebühr bzw. der nach § 15 Abs. 3 RVG davon verbleibende Betrag auf das nachfolgende Verfahren anzurechnen (Anm. Abs. 1 zu Nr. 3101 VV RVG). Gleiches gilt für die Terminsgebühr (Anm. Abs. 2 zu nr. 3104 VV RVG).

(4) Keine Ermäßigung bei Einigung im Termin über nicht anhängige Gegenstände

146h Wird im Termin über nicht anhängige Gegenstände verhandelt und eine Einigung erzielt, an der der Anwalt mitwirkt, so greift die Ermäßigung nach Nr. 3101 VV RVG nicht. Eine vorzeitige Erledigung nach Nr. 3101 Nr. 1 VV RVG liegt nicht vor, weil es zu einem gerichtlichen Termin gekommen ist; Nr. 3101 Nr. 2 VV RVG wiederum ist nicht anwendbar, da weder lediglich eine Einigung der Parteien protokolliert noch lediglich verhandelt worden ist[1].

---

1 *N. Schneider*, AGS 2007, 277; Mayer/Kroiß/*Mayer*, Nr. 3100 Rz. 45; *Mayer*, Gebührenformulare, § 5 Rz. 79.

Beispiel:

In einem Rechtsstreit über 2000 Euro einigen sich die Parteien im Termin über die Klageforderung sowie über weitergehende nicht anhängige 10 000 Euro.

Es entsteht eine volle 1,3-Verfahrensgebühr aus dem Gesamtwert.

1. 1,3-Verfahrensgebühr, Nr. 3100 VV RVG (Wert: 12 000 Euro)	683,80 Euro
2. 1,2-Terminsgebühr, Nr. 3104 VV RVG (Wert: 12 000 Euro)	631,20 Euro
3. 1,0-Einigungsgebühr, Nrn. 1000, 1003 VV RVG (Wert: 2000 Euro)	133,00 Euro
4. 1,5-Einigungsgebühr, Nr. 1000 VV RVG (Wert: 10 000 Euro)	729,00 Euro
gem. § 15 Abs. 3 RVG nicht mehr als 1,5 aus 12 000 Euro	789,00 Euro
5. Postentgeltpauschale, Nr. 7002 VV RVG	20,00 Euro
Zwischensumme	2124,00 Euro
6. 19 % Umsatzsteuer, Nr. 7008 VV RVG	403,56 Euro
Gesamt	**2527,56 Euro**

– *Die Ermäßigung nach Nr. 3101 Nr. 1 VV RVG greift nicht, da auch hinsichtlich der weiteren 10 000 Euro ein Termin wahrgenommen worden ist.*

– *Die Ermäßigung nach Nr. 3101 Nr. 2, 1. Alt. VV RVG greift nicht, da nicht „lediglich protokolliert" worden ist.*

– *Die Ermäßigung nach Nr. 3101 Nr. 2, 2. Alt. VV RVG greift nicht, da nicht „lediglich verhandelt" worden ist.*

cc) Mehrere Auftraggeber

Vertritt der Rechtsanwalt **mehrere Auftraggeber** wegen desselben Gegenstands, so erhöhen sich die Verfahrensgebühren um 0,3 je weiteren Auftraggeber. Bei zwei Auftraggebern erhöht sich also die 1,3-Verfahrensgebühr der Nr. 3100 VV RVG auf 1,6 und die 0,8-Verfahrensgebühr nach Nr. 3101 VV RVG auf 1,1 (siehe im Einzelnen *Rz. 67 ff.*).

b) Anrechnung auf die Verfahrensgebühr

aa) Anrechnung bei vorangegangener Beratung

Ist dem Rechtsstreit eine **Beratung** vorangegangen, so ist die Beratungsgebühr nach § 34 Abs. 2 RVG **anzurechnen**, sofern keine anderweitige Vereinbarung getroffen worden (s.o. *Rz. 92*).

bb) Anrechnung der Geschäftsgebühr (Vorbem. 3 Abs. 4 VV RVG)

148 Ebenso anzurechnen ist eine vorangegangene Geschäftsgebühr nach den Nr. 2300 ff. VV RVG. Die Anrechnung erfolgt zweckmäßigerweise derart, dass die volle Verfahrensgebühr zunächst berechnet wird und später dann die anzurechnende Gebühr abgezogen wird. Siehe hierzu *Rz. 42 ff.*

(1) Normalfall

148a Soweit die Gegenstände von außergerichtlicher und gerichtlicher Tätigkeit identisch sind, ergeben sich keine Probleme, die Geschäftsgebühr ist hälftig auf die Verfahrensgebühr anzurechnen.

Beispiel:

Der Rechtsanwalt macht außergerichtlich für den Auftraggeber rückständige Mieten in Höhe von 8000 Euro geltend. Die Sache ist weder umfangreich noch schwierig. Der Schuldner zahlt nicht. Der Rechtsanwalt erhebt daraufhin auftragsgemäß Klage, über die verhandelt wird.

Die Geschäftsgebühr für die außergerichtliche Vertretung wird jetzt zur Hälfte angerechnet, also nach einem Gebührensatz von 0,65.

I. Außergerichtliche Vertretung (Wert: 8000 Euro)
1. 1,3-Geschäftsgebühr, Nr. 2300 VV RVG   535,60 Euro
2. Postentgeltpauschale, Nr. 7002 VV RVG   20,00 Euro
   Zwischensumme   555,60 Euro
3. 19 % Umsatzsteuer, Nr. 7008 VV RVG   105,56 Euro
   Gesamt   **661,16 Euro**

II. Gerichtliches Verfahren (Wert: 8000 Euro)
1. 1,3-Verfahrensgebühr, Nr. 3100 VV RVG   535,60 Euro
2. gem. Vorbem. 3 Abs. 4 VV RVG anzurechnen, 0,65 aus 8000 Euro   − 267,80 Euro
3. 1,2-Terminsgebühr, Nr. 3104 VV RVG   494,40 Euro
4. Postentgeltpauschale, Nr. 7002 VV RVG   20,00 Euro
   Zwischensumme   782,20 Euro
5. 19 % Umsatzsteuer, Nr. 7008 VV RVG   148,62 Euro
   Gesamt   **930,82 Euro**

(2) Gebührensatz über 1,5

148b Soweit der Gebührensatz der Geschäftsgebühr höhe als 1,5 ist, muss beachtet werden, dass nicht mehr als 0,75 anzurechnen ist.

Beispiel:

Der Rechtsanwalt macht außergerichtlich für den Auftraggeber rückständige Mieten in Höhe von 8000 Euro geltend. Die Sache ist äußerst umfangreich und schwierig, so dass eine 2,0-Gebühr angemessen erscheint. Der Schuldner zahlt nicht. Der Rechtsanwalt erhebt daraufhin auftragsgemäß Klage, über die verhandelt wird.

Liegt die Geschäftsgebühr über 1,5, so greift die Begrenzung der Anrechnung auf höchstens eine 0,75-Gebühr. Faktisch ist damit der über 1,5 hinausgehende Teil der Geschäftsgebühr anrechnungsfrei.

I. Außergerichtliche Vertretung (Wert: 8000 Euro)
1. 2,0-Geschäftsgebühr, Nr. 2300 VV RVG   824,00 Euro
2. Postentgeltpauschale, Nr. 7002 VV RVG   20,00 Euro
 Zwischensumme   844,00 Euro
3. 19 % Umsatzsteuer, Nr. 7008 VV RVG   160,36 Euro
 Gesamt   **1004,36 Euro**

II. Gerichtliches Verfahren (Wert: 8000 Euro)
1. 1,3-Verfahrensgebühr, Nr. 3100 VV RVG   535,60 Euro
2. gem. Vorbem. 3 Abs. 4 VV RVG anzurechnen, 0,75 aus 8000 Euro   – 309,00 Euro
3. 1,2-Terminsgebühr, Nr. 3104 VV RVG   494,40 Euro
4. Postentgeltpauschale, Nr. 7002 VV RVG   20,00 Euro
 Zwischensumme   741,00 Euro
5. 19 % Umsatzsteuer, Nr. 7008 VV RVG   140,79 Euro
 Gesamt   **881,79 Euro**

(3) Unterschiedliche Gegenstände

Bei **unterschiedlichen Gegenständen** darf nur angerechnet werden, soweit die Gegenstände sich decken.

Beispiel:

Der Rechtsanwalt macht außergerichtlich für den Auftraggeber rückständige Mieten für Januar, Februar und März in Höhe von jeweils 400 Euro geltend. Der Mieter zahlt die Januar- und die Februarmiete. Dafür wird die April- und die Maimiete rückständig. Der Rechtsanwalt erhebt daraufhin wegen dieser drei Mieten Klage.

Decken sich die Gegenstände von außergerichtlicher Tätigkeit und gerichtlichem Verfahren nur teilweise, so ist nach Vorbem. 3 Abs. 4 VV RVG nur insoweit anzurechnen, als sich die Gegenstände decken. Selbst wenn – wie hier – der Gegenstandswert von außergerichtlicher Tätigkeit und nachfolgendem Rechtsstreit identisch ist, wird nur nach demjenigen Teilbetrag angerechnet, der in das gerichtliche Verfahren übergeht.

I. Außergerichtliche Vertretung (Wert: 1200 Euro)
1. 1,5-Geschäftsgebühr, Nr. 2300 VV RVG   157,50 Euro
2. Postentgeltpauschale, Nr. 7002 VV RVG   20,00 Euro
 Zwischensumme   177,50 Euro
3. 19 % Umsatzsteuer, Nr. 7008 VV RVG   33,73 Euro
 Gesamt   **211,23 Euro**

II. Gerichtliches Verfahren (Wert: 1200 Euro)
1. 1,3-Verfahrensgebühr, Nr. 3100 VV RVG (Wert: 1200 Euro)   110,50 Euro

2. gem. Vorbem. 3 Abs. 4 VV RVG anzurechnen, 0,75 aus 400 Euro		– 33,75 Euro
3. 1,2-Terminsgebühr, Nr. 3104 VV RVG (Wert: 1200 Euro)		102,00 Euro
Zwischensumme	178,75 Euro	
4. 19 % Umsatzsteuer, Nr. 7008 VV RVG		33,96 Euro
Gesamt		**212,71 Euro**

(4) Anrechnung bei mehreren Auftraggebern

150 Vertritt der Anwalt mehrere Auftraggeber zunächst außergerichtlich und anschließend auch im nachfolgenden gerichtlichen Verfahren, so erhält er außergerichtlich eine nach Nr. 1008 VV RVG erhöhte Geschäftsgebühr (Nr. 2300 VV RVG). Im anschließenden gerichtlichen Verfahren erhöht sich auch die Verfahrensgebühr nach Nr. 1008 VV RVG. Die bereits vorgenommene Erhöhung der Geschäftsgebühr schließt die Erhöhung einer nachfolgenden Verfahrensgebühr nicht aus. Es gilt vielmehr Vorbem. 1 VV RVG, wonach die Gebühren des Teil 1 VV RVG in jeder Angelegenheit gesondert entstehen[1]. Die von Rechtsschutzversicherern oftmals für die Gegenauffassung angeführte Entscheidung des AG Düsseldorf[2] ist nie rechtskräftig geworden, sondern durch die vorgenannte Entscheidung des LG Düsseldorf aufgehoben worden. Im gerichtlichen Verfahren ist jetzt noch die Anrechnung der Geschäftsgebühr nach Vorbem. 3 Abs. 4 VV zu beachten. Die Geschäftsgebühr ist danach hälftig, höchstens zu 0,75 anzurechnen. Zu beachten ist, dass die Erhöhung auch an der Anrechnung teilnimmt, da sie keine eigenständige Gebühr darstellt, sondern Teil der Geschäftsgebühr ist[3]. Die Anrechnungsgrenze bleibt auch jetzt bei 0,75. Sie erhöht sich aufgrund der mehreren Auftraggeber nicht.

Beispiel:

Der Rechtsanwalt ist von einem Mieterehepaar mit der außergerichtlichen Abwehr eines Räumungsverlangens beauftragt worden (Wert: 6000 Euro). Ausgehend von einer 1,3 Gebühr rechnet er bei zwei Auftraggebern 1,6 ab. Anschließend kommt es zum Rechtsstreit.

Im gerichtlichen Verfahren entsteht eine 1,6-Verfahrensgebühr, auf die die Geschäftsgebühr mit 0,75 angerechnet wird.

---

1 LG Düsseldorf, AGS 2007, 381 = MDR 2007, 1164 = JurBüro 2007, 480 = NZM 2007, 743 = Rpfleger 2007, 629 = RVGreport 2007, 298 = RVGprof. 2007, 182; AG Stuttgart, AGS 2007, 385 = MDR 2007, 1107 = ZMR 2007, 737 = JurBüro 2007, 522 = NJW-RR 2007, 1725; LG Ulm, AGS 2008, 163 = AnwBl. 2008, 73 = NJW-Spezial 2008, 155; KG, AGS 2009, 4 = NJ 2008, 461 = Rpfleger 2008, 669 = KGR 2008, 968 = JurBüro 2008, 585 = RVGreport 2008, 391 = NJW-Spezial 2009, 92.
2 AGS 2006, 593.
3 LG Düsseldorf, AGS 2007, 381 = MDR 2007, 1164 = JurBüro 2007, 480 = NZM 2007, 743 = Rpfleger 2007, 629 = RVGreport 2007, 298 = RVGprof. 2007, 182.

I. Außergerichtliche Vertretung (Wert: 6000 Euro)
1. 1,6-Geschäftsgebühr, Nrn. 2300, 1008
   VV RVG   540,80 Euro
2. Postentgeltpauschale, Nr. 7002 VV RVG   20,00 Euro
   Zwischensumme   560,80 Euro
3. 19 % Umsatzsteuer, Nr. 7008 VV RVG   106,55 Euro
   Gesamt   **667,35 Euro**

II. Gerichtliches Verfahren (Wert: 6000 Euro)
1. 1,6-Verfahrensgebühr, Nrn. 3100, 1008
   VV RVG   540,80 Euro
2. gem. Vorbem. 3 Abs. 4; anzurechnen, 0,75
   aus 5000 Euro   – 253,50 Euro
3. 1,2-Terminsgebühr, Nr. 3104 VV RVG   405,60 Euro
3. Postentgeltpauschale, Nr. 7002 VV RVG   20,00 Euro
4 Zwischensumme   712,90 Euro
5. 19 % Umsatzsteuer, Nr. 7008 VV RVG   135,45 Euro
   Gesamt   **848,35 Euro**

(5) Anrechnung der Geschäftsgebühr für die Kündigung des Mietverhältnisses auf die Verfahrensgebühr des Räumungsrechtsstreits

Wird der Rechtsanwalt, nachdem er außergerichtlich die Kündigung des Mietverhältnisses erklärt hat, beauftragt, Räumungsklage zu erheben, so war lange Zeit strittig, ob die für die Kündigungserklärung angefallene Geschäftsgebühr der Nr. 2300 VV RVG nach Vorbem. 3 Abs. 4 VV RVG auf die Verfahrensgebühr der Nr. 3100 VV RVG eines späteren **Räumungsrechtsstreits** anzurechnen sei. 151

Beispiel:
Der Rechtsanwalt war von einem Vermieter zunächst beauftragt worden, außergerichtlich die fristlose Kündigung eines Mietverhältnisses wegen Zahlungsverzuges auszusprechen. Nachdem der Mieter sich weigerte, das Objekt zu räumen, beauftragte der Vermieter den Rechtsanwalt mit der Räumungsklage. Für diesen Rechtsstreit rechnete der Rechtsanwalt die Prozessgebühr nach Nr. 3100 VV RVG ab, ohne die Geschäftsgebühr der Nr. 2300 VV RVG anzurechnen.

Eine Anrechnung wurde zum Teil verneint, da Kündigung und Räumungsrechtsstreit nicht denselben Gegenstand betreffen. Die außergerichtliche Tätigkeit ziele auf die Gestaltung eines Rechtsverhältnisses ab, nämlich auf seine Beendigung durch Kündigung. Erst die Kündigung lasse den Anspruch entstehen, der dann später im Räumungsrechtsstreit eingeklagt werden soll. Zum Zeitpunkt der außergerichtlichen Tätigkeit bestehe aber noch kein Räumungsanspruch. Dieser solle erst geschaffen werden. Der BGH[1] ist der Gegenauffassung gefolgt. Er geht davon aus, dass der Auftrag 152

---
1 2007, 289 = NZM 2007, 396 = WuM 2007, 330 = NJW 2007, 2050 = JurBüro 2007, 358 = ZMR 2007, 521 = BGHReport 2007, 737 = MDR 2007, 982 = RVG-Letter

zum Ausspruch der Kündigung das Räumungsverlangen des Vermieters betrifft und somit denselben Gegenstand wie eine spätere Räumungsklage betrifft und die Geschäftsgebühr gem. Vorbem. 3 Abs. 4 VV RVG auf die Verfahrensgebühr eines nachfolgenden Räumungsrechtsstreits anzurechnen ist.

153–158 Einstweilen frei.

cc) Anrechnung der Mahnverfahrensgebühren (Anm. zu Nrn. 3305, 3307 VV RVG)

159 Anzurechnen ist auch, wenn ein **Mahnverfahren** vorangegangen ist. Hier sind sowohl die Mahnverfahrensgebühr des Antragsstellers nach Nr. 3305 VV RVG als auch die 0,5-Verfahrensgebühr des Antragsgegners (Nr. 3307 VV RVG) auf die Verfahrensgebühren der Nr. 3100, 3101 VV RVG anzurechnen (Anm. zu Nr. 3305, Anm. zu 3307 VV RVG).

dd) Anrechnung bei vorangegangenen Beweisverfahren (Vorbem. 3 Abs. 5 VV RVG)

160 Des Weiteren ist die Verfahrensgebühr eines vorangegangenen **Beweisverfahrens** anzurechnen (Vorbem. 3 Abs. 5 VV RVG).

Beispiel:

Der Rechtsanwalt führt ein Beweisverfahren über Mietmängel in Höhe von 3000 Euro. Es findet ein Sachverständigentermin statt, an dem er teilnimmt. Anschließend kommt es zum Hauptsacheverfahren, in dem nach mündlicher Verhandlung ein Urteil ergeht.

I. Selbständiges Beweisverfahren (Wert: 3000 Euro)
1. *1,3-Verfahrensgebühr, Nr. 3100 VV RVG*   *245,70 Euro*
2. *1,2-Terminsgebühr, Nr. 3104 VV RVG*   *226,80 Euro*
3. *Postentgeltpauschale, Nr. 7002 VV RVG*   *20,00 Euro*
    Zwischensumme   *492,50 Euro*
4. *19 % Umsatzsteuer, Nr. 7008 VV RVG*   *93,58 Euro*
    Gesamt   **586,08 Euro**

II. Rechtsstreit (Wert: 3000 Euro)
1. *1,3-Verfahrensgebühr, Nr. 3100 VV RVG*   *245,70 Euro*
2. *gem. Vorbem. 3 Abs. 5 VV RVG anzurechnen, 1,3 aus 3000 Euro*   *– 245,70 Euro*
3. *1,2-Terminsgebühr, Nr. 3104 VV RVG*   *226,80 Euro*
4. *Postentgeltpauschale, Nr. 7002 VV RVG*   *20,00 Euro*
    Zwischensumme   *246,80 Euro*
5. *19 % Umsatzsteuer, Nr. 7008 VV RVG*   *46,89 Euro*
    Gesamt   **293,69 Euro**

2007, 52 = DWW 2007, 214 = RVGreport 2007, 220 = Info M 2007, 142 = MietRB 2007, 172 = NJW-Spezial 2007, 339 = Rpfleger 2007, 509 = RVGprof. 2008, 47.

Zu Übergangsfällen siehe *Rz. 51 f.*

c) Terminsgebühr (Nrn. 3104, 3105 VV RVG)

aa) Voraussetzungen der Terminsgebühr

Neben der Verfahrensgebühr kann der Rechtsanwalt eine **Terminsgebühr** nach Nr. 3104 VV RVG verdienen, sofern es zu einem Termin i.S.d. Vorbem. 3 Abs. 3 VV RVG kommt.

161

Die Terminsgebühr entsteht in vier Fällen:

1. für die Vertretung in einem Verhandlungs-, Erörterungs- oder Beweisaufnahmetermin (Vorbem. 3 Abs. 3, 1. Var. VV RVG)
2. für die Wahrnehmung eines von einem gerichtlich bestellten Sachverständigen anberaumten Termins (Vorbem. 3 Abs. 3, 2. Var. VV RVG)
3. für die Mitwirkung an auf die Vermeidung oder Erledigung des Verfahrens gerichteten Besprechungen ohne Beteiligung des Gerichts; dies gilt nicht für Besprechungen mit dem Auftraggeber (Vorbem. 3 Abs. 3, 3. Var. VV RVG)
4. bei einer Entscheidung im schriftlichen Verfahren, sofern im Verfahren eine mündliche vorgeschrieben ist (Anm. Abs. 1 Nr. 1 zu Nr. 3104 VV RVG).

Für die Teilnahme an **gerichtlichen Verhandlungs- Erörterungs- oder Beweisaufnahmeterminen** entsteht immer eine Terminsgebühr. Keine Terminsgebühr entsteht nach Abs. 3 Anm. zu Nr. 3104 VV RVG, soweit lediglich beantragt wird eine Einigung über nicht anhängige Gegenstände zu Protokoll zu nehmen. Darüber hinaus entsteht die Terminsgebühr auch dann, wenn der Rechtsanwalt einen **von einem gerichtlich bestellten Sachverständigen anberaumten Termin** wahrnimmt. Diese Variante hat allerdings nur geringe Bedeutung, da i.d.R. zuvor bereits ein gerichtlicher Termin stattgefunden haben dürfte.

162

Beispiel:

In einem Mieterhöhungsprozess erlässt das Gericht nach § 358a ZPO vorbereitend einen Beweisbeschluss. Der Sachverständige beraumt daraufhin einen Ortstermin in der Wohnung an, an dem beide Anwälte teilnehmen. Das Gutachten kommt zu dem eindeutigen Ergebnis, dass die Mieterhöhung völlig unbegründet sei. Die Klage wird daraufhin zurückgenommen.

Obwohl es nicht zu einem gerichtlichen Termin gekommen ist, haben beide Anwälte nach Vorbem. 3 Abs. 3, 2. Var. VV RVG die Terminsgebühr verdient, da sie an einem gerichtlichen Sachverständigentermin teilgenommen haben.

Als dritte Variante sieht Vorbem. 3 Abs. 4 VV RVG die **Mitwirkung an auf die Vermeidung oder Erledigung des Verfahrens gerichteten Besprechungen auch ohne Beteiligung des Gerichts** vor;

163

Beispiel:

Der Rechtsanwalt reicht auftragsgemäß eine Klage in Höhe von 10 000 Euro ein. Nach Klagezustellung ruft ihn der Beklagtenvertreter an und weist ihn darauf hin, dass die in der Klageschrift ausgeführten Tatsachen unzutreffend sind. Daraufhin nimmt der Rechtsanwalt nach Rücksprache mit dem Kläger die Klage zurück.

Auch hier ist für beide Rechtsanwälte die Terminsgebühr nach Nr. 3104 VV RVG entstanden. Außergerichtliche Besprechungen ohne Beteiligung des Gerichts lösen bereits die Terminsgebühr aus (Vorbem. 3 Abs. 3, 3. Var. VV RVG).

Anhängigkeit des Verfahrens ist nicht Voraussetzung[1]. Es reicht, dass der Rechtsanwalt bereits einen Verfahrensauftrag hatte.

Beispiel:

Der Rechtsanwalt erhält den Auftrag, für den Vermieter eine Räumungsklage zu erheben. Bevor die Klage eingereicht wird, ruft der Rechtsanwalt des Mieters an. Im Rahmen dieser Verhandlungen wird eine Einigung erzielt, so dass die Klage nicht mehr eingereicht wird.

Da die Klage noch nicht eingereicht war, ist lediglich eine **0,8-Verfahrensgebühr** nach Nr. 3101 Nr. 1 VV RVG entstanden. Für die Besprechung ist dagegen die volle **1,2-Terminsgebühr** nach Nr. 3104 VV RVG angefallen, da bereits Klageauftrag bestand und somit nach Teil 3 VV RVG abzurechnen ist.

164 Es ist nicht erforderlich, dass die Besprechung zu einem Ergebnis führt. Die Terminsgebühr fällt bereits dann an, wenn der Gegner eine auf die Erledigung des Verfahrens gerichtete Erklärung zwecks Prüfung und Weiterleitung an seine Partei entgegennimmt[2].

164a Für **Besprechungen mit dem Auftraggeber** entsteht die Terminsgebühr nicht (Vorbem. 3 Abs. 3 VV RVG a.E.). Gesprächspartner kann aber durchaus ein Dritter sein, der über den Streitstoff verfügen kann.

Beispiel:

Der Rechtsanwalt erhält den Auftrag, für den Vermieter eine Schadensersatzklage zu erheben. Bevor die Klage eingereicht wird, ruft der Haftpflichtversicherer des Mieters an. Im Rahmen dieser Verhandlungen wird eine Einigung erzielt, so dass die Klage nicht mehr eingereicht wird.

Auch hier entsteht die 1,2-Terminsgebühr. Zwar hätte die Klage mangels Direktanspruchs nicht gegen den Versicherer erhoben werden können.

---

1 BGH, AGS 2007, 166 = FamRZ 2007, 721 = AnwBl. 2007, 381 = BGHReport 2007, 478 = NJW-RR 2007, 720 = JurBüro 2007, 241 = Rpfleger 2007, 430 = MDR 2007, 863 = DAR 2007, 551 = RVGreport 2007, 143 = NJW-Spezial 2007, 210 = ZfSch 2007, 285 = BRAK-Mitt 2007, 127 = FamRB 2007, 207.
2 BGH, AGS 2007, 129 = BGHReport 2007, 182 = FamRZ 2007, 279 = NJW-RR 2007, 286 = Rpfleger 2007, 166 = AnwBl. 2007, 238 = JurBüro 2007, 136 = MDR 2007, 557 = RVGreport 2007, 68 = NJW 2007, 1214 = FamRB 2007, 105 = ZfSch 2007, 285.

Der Versichere war dagegen wohl in der Lage kraft seiner Regulierungskompetenz, Verhandlungen über den Streitstoff zu führen.

Die Terminsgebühr entsteht ferner auch dann, wenn **im schriftlichen Verfahren entschieden** wird, insbesondere im Verfahren nach § 128 ZPO oder 495a ZPO (Anm. Abs. 1 Nr. 1 zu Nr. 3104 VV RVG). 165

Ebenso entsteht die Terminsgebühr, wenn die Parteien einen **Vergleich im Verfahren nach § 278 Abs. 6 ZPO** schließen[1]. 166

bb) Höhe der Terminsgebühr

Die **Höhe der Terminsgebühr** beläuft sich grundsätzlich auf 1,2 (Nr. 3104 VV RVG). Eine Unterscheidung zwischen streitiger und nicht **streitiger Verhandlung** kennt das RVG nicht. Daher entsteht auch bei einem Anerkenntnis die volle 1,2-Terminsgebühr. 167

Lediglich in den Fällen der Nr. 3105 VV RVG ermäßigt sich die Terminsgebühr auf 0,5. Die Ermäßigung tritt danach ein, wenn 168

– die Gegenpartei nicht erschienen oder nicht ordnungsgemäß vertreten ist und

– lediglich ein Antrag auf Erlass eines Versäumnisurteils oder zur Prozess- und Sachleitung gestellt wird (Nr. 3105 VV RVG) oder das Gericht von Amts wegen zur Prozess- und Sachleitung entscheidet (Anm. Abs. 1 zu Nr. 3105 VV RVG).

Beispiel:
Im Termin zur mündlichen Verhandlung erscheint der Beklagte nicht.
a) Der Kläger beantragt daraufhin den Erlass eines Versäumnisurteils.
b) Der Kläger beantragt daraufhin Vertagung.
c) Das Gericht vertagt von Amts wegen.
In allen drei Fällen entsteht nur eine 0,5-Terminsgebühr nach Nrn. 3104, 3105 VV RVG.

Die Ermäßigung ist bei einer Entscheidung im **schriftlichen Verfahren** entsprechend anzuwenden (Anm. Abs. 2 zu Nr. 3105 VV RVG), also im Falle eines Versäumnisurteils gem. § 331 Abs. 3 ZPO nach Ausbleiben der Verteidigungsanzeige. Der Anwalt erhält die Gebühr sogar dann, wenn das Gericht das Versäumnisurteil erlässt, obwohl kein entsprechender Antrag gestellt worden war[2].

---

1 BGH, AGS 2005, 540 = BB 2005, 2600 = Rpfleger 2006, 38 = FamRZ 2006, 118 = NJW 2006, 157 = AnwBl. 2006, 71 = BGHR 2006, 64 = JurBüro 2006, 73 = MDR 2006, 474 = RVG-Letter 2005, 134 = RVGreport 2005, 471 = FamRB 2006, 44; bestätigt durch AGS 2006, 488 = AnwBl. 2006, 676 = RVG-Letter 2006, 99 = FamRZ 2006, 1373 = RVG-professionell 2006, 163.
2 OLG Jena, AGS 2006, 227 = JurBüro 2006, 254 = RVGreport 2006, 187.

Die Vorschrift des § 333 ZPO (Nichtverhandeln trotz Erscheinens) ist nicht entsprechend anzuwenden (Anm. Abs. 3 zu Nr. 3105 VV RVG). In diesem Fall bleibt es bei der vollen 1,2-Terminsgebühr.

Strittig ist die Anwendung der Anm. Abs. 3 zu Nr. 3105 VV RVG im Falle einer Entscheidung im schriftlichen Verfahren nach § 128 Abs. 2 ZPO oder § 495a ZPO, wenn der Beklagte sich nicht meldet. Zum Teil wird vertreten, nach Anm. Abs. 2 zu Nr. 3105 VV RVG i.V.m. Anm. Abs. 1 Nr. 1 zu Nr. 3104 VV RVG entstehe nur eine 0,5-Terminsgebühr[1]. Das ist jedoch unzutreffend, da hier gerade kein Antrag auf Erlass eines Versäumnisurteils gestellt wird und auch kein Versäumnisurteil ergeht, sondern ein endgültiges Urteil. Es fällt daher eine 1,2-Terminsgebühr an[2].

Wird vor Erlass eines Versäumnisurteils mit dem Gericht[3] oder mit der zwar erschienenen, aber nicht postulationsfähigen Partei[4] zunächst erörtert, greift die Ermäßigung ebenfalls nicht, da dann nicht „lediglich" ein Antrag auf Erlass eines Versäumnisurteils gestellt wird.

Ergeht zunächst im ersten Termin oder im schriftlichen Vorverfahren ein Versäumnisurteil, so dass hier nur die 0,5-Terminsgebühr nach Nr. 3105 VV RVG ausgelöst worden ist, und wird dann **auf Einspruch** ein **neuer Termin** anberaumt, zu dem der Beklagte oder sein Vertreter erscheint, so entsteht insgesamt nur eine 1,2-Terminsgebühr. Die zunächst angefallene 0,5-Terminsgebühr erstarkt dann zu einer 1,2-Gebühr und kann nicht gesondert neben der vollen Terminsgebühr verlangt werden.

Ergeht nach Einspruch ein **zweites Versäumnisurteil**, so entsteht ebenfalls eine 1,2-Terminsgebühr, wenn der Anwalt am ersten Versäumnisurteil beteiligt war. Das gilt unabhängig davon, ob das erste Versäumnisurteil im schriftlichen Vorverfahren[5] oder in einem Termin ergangen ist[6]. Lediglich dann, wenn der Anwalt am ersten Versäumnisurteil nicht beteiligt war oder das zweite Versäumnisurteil auf einen Vollsteckungsbescheid hin ergeht (§§ 700 Abs. 1, 345 ZPO)[7], bleibt es bei einer 0,5-Terminsgebühr.

Möglich ist auch, dass aus einem Teil der Gegenstände die volle 1,2-Terminsgebühr anfällt und aus einem andern Teil nur die ermäßigte 0,5-Terminsgebühr. In diesem Fall ist nach § 15 Abs. 3 RVG zu verfahren. Dies gilt auch dann, wenn nur über eine Nebenforderung erörtert wird[8].

---

1 AG München, AGS 2007, 442 m. abl. Anm. *Schons*; AG Cloppenburg, JurBüro 2007, 79; AG Freising, 2008, 71 m. abl. Anm. *N. Schneider* = JurBüro 2008, 142.
2 AG Kleve, 2006, 542; AnwK-RVG/*Onderka*, Nr. 3105 VV Rz. 34; Hartung/Römermann/*Schons*, Nr. 3105 Rz. 18.
3 KG, AGS 2006, 117 = JurBüro 2006, 134 = RVGreport 2006, 66; OLG Koblenz, AGS 2005, 190 = RVGreport 2005, 231.
4 BGH, AGS 2007, 226 = AnwBl. 2007, 383 = JurBüro 2007, 304 = RVGreport 2007, 187.
5 BGH, AGS 2006, 366 = AnwBl. 2006, 674 = JurBüro 2006, 585 = RVGreport 2006, 304.
6 BGH, AGS 2006, 487 = AnwBl. 2006, 675 = JurBüro 2006, 639.
7 OLG Köln, AGS 2007, 296; AG Kaiserslautern, JurBüro 2005, 475.
8 OLG Köln, AGS 2006, 24 = JurBüro 2006, 254 = RVGreport 2006, 104.

Beispiel:

Im Termin zur mündlichen Verhandlung weist das Gericht darauf hin, dass die Klage in Höhe von 10 000 Euro zwar schlüssig sei, nicht jedoch der Zinsantrag (Wert: 500 Euro). Nach Erörterung wird der Zinsantrag zurückgenommen. Der Kläger beantragt im Übrigen ein Versäumnisurteil. Angefallen ist eine 0,5-Terminsgebühr aus der Hauptsache und eine 1,2-Terminsgebühr aus dem Wert der Zinsen (§ 23 Abs. 1 S. 1 RVG i.V.m. § 43 Abs. 2 GKG). Insgesamt darf nicht mehr abgerechnet werden als eine 1,2-Terminsgebühr aus dem Gesamtwert, der sich nach § 23 Abs. 1 S. 1 RVG i.V.m. § 43 Abs. 1 GKG auf 10 000 Euro beläuft.

1.	1,3-Verfahrensgebühr, Nr. 3100 VV RVG (Wert: 10 000 Euro)	631,80 Euro
2.	1,2-Terminsgebühr, Nr. 3104 VV RVG (Wert: 500 Euro)	54,00 Euro
3.	0,5-Terminsgebühr, Nrn. 3104, 3105 VV RVG (Wert: 10 000 Euro) (der Höchstbetrag gem. § 15 Abs. 3 RVG, nicht mehr als 1,2 aus 10 000 Euro = 631,20 Euro ist nicht erreicht)	243,00 Euro
4.	Postentgeltpauschale, Nr. 7002 VV RVG	20,00 Euro
	Zwischensumme	948,80 Euro
5.	19 % Umsatzsteuer, Nr. 7008 VV RVG	180,27 Euro
	Gesamt	**1129,07 Euro**

cc) Gegenstandswert der Terminsgebühr

Der Gegenstandswert der Terminsgebühr bemisst sich nach dem Gesamtbetrag aller Gegenstände, aus denen im Verlaufe des Verfahrens die Gebühr ausgelöst worden ist. Der Wert kann geringer sein als der der Verfahrensgebühr, niemals aber höher, da mit jeder Teilnahme an einem Termin oder einer Besprechung zugleich auch das Verfahren i.S.d. Vorbem. 3 Abs. 2 VV RVG betrieben wird. Der Wert für die Terminsgebühr ist gegebenenfalls gesondert festzustellen.

Beispiel:

Der Rechtsanwalt klagt vier Mieten zu jeweils 1000 Euro ein. Nach Klageerhebung werden zwei Mieten gezahlt, so dass der Rechtsstreit insoweit übereinstimmend für erledigt erklärt wird.

Der Wert der Verfahrensgebühr beläuft sich auf 4000 Euro, der Wert der Terminsgebühr dagegen nur auf 2000 Euro.

d) Einigungsgebühr

Hinzu kommen kann noch eine Einigungsgebühr, wenn die Parteien **im Rechtsstreit eine Einigung** i.S.d. Nr. 1000 VV RVG treffen. Die Höhe der Einigungsgebühr beläuft sich auf 1,0, soweit die Gegenstände, über die die Parteien sich einigen, anhängig sind (Nr. 1003 VV RVG). Soweit nicht anhängige Gegenstände in die Einigung mit einbezogen werden, entsteht eine 1,5-Gebühr (Nr. 1000 VV RVG) und soweit die mit einbezogen Gegenstände in einem Berufungs- oder Revisionsverfahren anhängig sind, eine 1,3-Einigungsgebühr (Nr. 1004 VV RVG). Auch hier ist wiederum § 15 Abs. 3 RVG zu berücksichtigen. Die Summe der Einigungsgebühren darf nicht höher liegen als eine Einigungsgebühr nach dem höchsten Gebührensatz aus dem Gesamtwert.

12. Berufung (Nrn. 3200 ff. VV RVG)

a) Überblick

171 Im Berufungsverfahren gelten die Vorschriften nach Teil 3 Abschnitt 2 VV RVG, und zwar nach Unterabschnitt 1. Das Berufungsverfahren ist gegenüber dem erstinstanzlichen Verfahren eine **eigene Angelegenheit** (§ 15 Abs. 2 S. 2 RVG). Es beginnt für den Rechtsanwalt des Berufungsklägers mit Einlegung der Berufung und für den Rechtsanwalt des Berufungsbeklagten mit dem erstem auftragsgemäßem Tätigwerden nach Entgegennahme der gegnerischen Berufung. Eine Tätigkeit gegenüber dem Gericht ist nicht erforderlich, um die Verfahrensgebühr entstehen zu lassen.

172 **Wechselseitig geführte Berufungen**, die miteinander verbunden werden, sind eine Angelegenheit[1]. Die Gebühren entstehen dann aus den zusammengerechneten Werten (§ 45 Abs. 2 GKG) insgesamt nur einmal[2].

173 Auch die Tätigkeit des Rechtsanwalts im Hinblick auf die **Zulassung der Revision** durch das Berufungsgericht zählt noch zum Rechtszug (§ 16 Nr. 11 RVG). Erst die Nichtzulassungsbeschwerde ist nach § 17 Nr. 9 RVG eine neue Angelegenheit.

174 Wird ein Berufungsurteil vom BGH aufgehoben und die Sache an das Berufungsgericht zurückverwiesen, so stellt das **Verfahren nach Zurückverweisung** eine **neue Angelegenheit** dar (§ 21 Abs. 1 RVG). Der Rechtsanwalt kann sämtliche Gebühren erneut verdienen (s. Rz. 43). Die Verfahrensgebühr des vorangegangenen Berufungsverfahrens wird allerdings auf die Verfahrensgebühr des Berufungsverfahrens nach Zurückverweisung angerechnet, es sei denn, es wird an ein Gericht zurückverwiesen, das mit der Sache nicht befasst war (Vorbem. 3 Abs. 6 VV RVG).

b) Verfahrensgebühr

175 Für seine Tätigkeit im Berufungsverfahren erhält der Rechtsanwalt nach Nr. 3200 VV RVG zunächst einmal eine **1,6-Verfahrensgebühr**. Vertritt der Rechtsanwalt **mehrere Auftraggeber** gemeinschaftlich wegen desselben Gegenstandes, erhöht sich die Verfahrensgebühr nach Nr. 1008 VV RVG um 0,3 je weiteren Auftraggeber.

---

1 AnwK-RVG/*N. Schneider*, § 15 Rz. 91.
2 LG Berlin, JurBüro 1988, 462 = MDR 1988, 329 m. Anm. *Herget*; AnwK-RVG/*N. Schneider*, § 15 Rz. 91.

Erledigt sich das Berufungsverfahren vorzeitig, so reduziert sich die Verfahrensgebühr gem. Nr. 3201 Nr. 1 VV RVG auf 1,1, also z.B. wenn der Rechtsanwalt den Auftrag zur Berufung erhält, davon aber abrät und die Berufung auch nicht eingelegt. Soweit der Rechtsanwalt noch nicht den Auftrag hatte, die Berufung einzulegen, sondern zunächst die **Erfolgsaussichten der Berufung prüfen** sollte und er von der Einlegung der Berufung abrät, liegt noch kein Berufungsauftrag vor. Abzurechnen ist dann nicht nach Teil 3 VV RVG, sondern nach Teil 2 VV RVG. Der Rechtsanwalt erhält eine Prüfungsgebühr nach Nr. 2100 VV RVG in Höhe von 0,5 bis 1,0 und wenn die Prüfung der Erfolgsaussicht mit der Ausarbeitung eines Gutachtens verbunden ist, eine 1,3-Gebühr nach Nr. 2101 VV RVG (siehe hierzu *Rz. 93 ff.*). 176

Ein weiterer häufiger Anwendungsfall der Nr. 3201 Nr. 1 VV RVG liegt darin, dass fristwahrend Berufung eingelegt, diese aber, ohne dass sie begründet wurde, wieder zurückgenommen wird. Der Berufungsgegner, der in dieser Phase noch keinen Zurückweisungsantrag gestellt hatte, erhält dann nur ebenfalls eine 1,1-Gebühr nach Nr. 3201 Nr. 1 VV RVG, die auch erstattungsfähig ist. 177

Wird im Berufungsverfahren beantragt, lediglich eine **Einigung** der Parteien über in diesem Verfahren nicht anhängige Ansprüche **zu Protokoll zu nehmen** oder verhandeln die Parteien lediglich über nicht anhängige Ansprüche, so entsteht zusätzlich aus diesem Wert eine 1,1-Verfahrensgebühr nach Nr. 3201 Nr. 2 VV RVG. Zu beachten ist allerdings § 15 Abs. 3 RVG. Die Summe aus der Verfahrensgebühr nach Nr. 3200 VV RVG und der aus Nr. 3201 Nr. 2 VV RVG darf den Betrag einer 1,6-Gebühr aus dem Gesamtwert nicht übersteigen. 178

c) Terminsgebühr

Nach Nr. 3202 VV RVG erhält der Rechtsanwalt unter den Voraussetzungen der Vorbem. 3 Abs. 3 VV RVG eine **Terminsgebühr** in Höhe von 1,2. Die volle Terminsgebühr entsteht auch dann, wenn der **Berufungsbeklagte nicht erscheint** und gegen ihn ein Versäumnisurteil ergeht (arg. e. Nr. 3203 VV RVG). 179

Erscheint der **Berufungskläger** nicht oder ist er nicht ordnungsgemäß vertreten und stellt der Rechtsanwalt des Berufungsbeklagten daraufhin 180
– einen Antrag auf Erlass eines Versäumnisurteil gegen den Berufungskläger oder
– Anträge zur Prozess- oder Sachleitung,

entsteht die Terminsgebühr lediglich in Höhe von 0,5 (Nr. 3203 VV RVG). Das Gleiche gilt, wenn das Gericht von Amts wegen zur Prozess- oder Sachleitung entscheidet (Anm. Abs. 1 zu Nr. 3201 VV RVG i.V.m. Anm. Abs. 1 Nr. 1 zu Nr. 3105 VV RVG).

d) Einigungsgebühr

181 Kommt es im Berufungsverfahren zu einer Einigung der Parteien über die anhängigen Gegenstände, so erhalten die beteiligten Anwälte zusätzlich die **Einigungsgebühr** nach Nr. 1000 VV RVG und zwar in Höhe von 1,3 (Nr. 1004 VV RVG). Das gilt auch dann, wenn Ansprüche aus einem anderen Rechtsmittelverfahren in die Einigung miteinbezogen werden (Nr. 1004 VV RVG). Die Gebühr entsteht dann aus dem Gesamtwert (§ 22 Abs. 1 RVG). Soweit Ansprüche in eine Einigung mit einbezogen werden, die nicht in einem Rechtsmittelverfahren anhängig sind, erhält der Rechtsanwalt eine 1,0-Gebühr nach Nr. 1003 VV RVG, soweit die Ansprüche erstinstanzlich anhängig sind und eine 1,5-Gebühr, soweit die Ansprüche nicht anhängig sind (Nr. 1000 VV RVG). Insgesamt darf die Summe der Einigungsgebühren nicht eine Gebühr aus dem Höchstsatz nach dem Gesamtstreitwert übersteigen (§ 15 Abs. 3 RVG).

13. Beschwerde gegen die Nichtzulassung der Revision

182 Die Nichtzulassungsbeschwerde nach § 544 ZPO ist abweichend von den sonstigen Beschwerden (Nr. 3500 VV RVG) in den Nrn. 3506 ff. VV RVG geregelt.

Das Verfahren über die Nichtzulassungsbeschwerde stellt gegenüber dem Berufungsverfahren eine **eigene gebührenrechtliche Angelegenheit** dar, in der der Rechtsanwalt gesonderte Gebühren erhält. Dies ergibt sich aus § 15 Abs. 2 S. 2 RVG. Das sich an eine erfolgreiche Nichtzulassungsbeschwerde anschließende Revisionsverfahren stellt wiederum eine **weitere Angelegenheit** dar. Dies folgt aus § 17 Nr. 9 RVG. Insgesamt sind also **drei Angelegenheiten** gegeben:

– Berufungsverfahren,
– Nichtzulassungsbeschwerdeverfahren,
– Revisionsverfahren.

Allerdings wird die Verfahrensgebühr des Nichtzulassungsbeschwerdeverfahrens auf die Verfahrensgebühr des nachfolgenden Revisionsverfahrens **angerechnet** (Anm. zu Nr. 3506 VV RVG).

183 Für seine Tätigkeit im Verfahren der Nichtzulassungsbeschwerde erhält der Rechtsanwalt nach Nr. 3506 VV RVG eine **1,6-Verfahrensgebühr.** Diese Gebühr erhöht sich gem. Nr. 3508 VV RVG auf eine **2,3-Verfahrensgebühr,** soweit sich die Parteien nur durch einen am BGH zugelassenen Rechtsanwalt vertreten lassen können. Dies ist der Regelfall (§ 78 Abs. 1 S. 4 ZPO).

184 Vertritt der Rechtsanwalt **mehrere Auftraggeber** wegen desselben Gegenstands, so erhöht sich die Gebühr um 0,3 je weiteren Auftraggeber, sofern diese gemeinschaftlich beteiligt sind.

185 **Endet der Auftrag** des Rechtsanwalts **vorzeitig** i.S.d. Anm. zu Nr. 3201 VV RVG, so ermäßigt sich die Verfahrensgebühr auf 1,1 (Nr. 3507 VV RVG).

Soweit sich die Parteien nur durch einen am BGH zugelassenen Rechtsanwalt vertreten lassen können, beträgt die ermäßigte Gebühr 1,8 (Nr. 3509 VV RVG).

Neben der Verfahrensgebühr kann unter den Voraussetzungen der Vorbem. 3 Abs. 3 VV RVG auch eine **1,2-Terminsgebühr** nach Nr. 3516 VV RVG anfallen. 186

Kommt es im Verfahren der Nichtzulassungsbeschwerde zu einer Einigung, so entsteht zusätzlich eine **Einigungsgebühr** nach Nrn. 1000, 1004 VV RVG. 187

Der **Gegenstandswert** richtet sich nach dem Wert hinsichtlich dessen die Zulassung der Revision begehrt wird. Dieser Wert muss mit dem späteren Revisionsverfahren nicht identisch sein, da sich infolge der Revisionserweiterung und Anschlussrevision oder gegebenenfalls einer teilweisen Erledigung der Revision Veränderungen ergeben können. 188

14. Revision (Nrn. 3206 ff. VV RVG)

Die Gebühren im Revisionsverfahren sind in Teil 3, Abschnitt 2, Unterabschnitt 2 VV RVG geregelt. Der Rechtsanwalt erhält wiederum eine **Verfahrens- und Terminsgebühr**. Daneben kommt auch hier eine **Einigungsgebühr** in Betracht. 189
Das Revisionsverfahren ist ein **neuer Rechtszug** (§ 15 Abs. 2 S. 2 RVG).

Wechselseitig geführte Revisionen, die miteinander verbunden werden, sind eine Angelegenheit. Die Gebühren entstehen dann aus den zusammengerechneten Werten (§ 45 Abs. 2 GKG) insgesamt nur einmal. 190

Wird ein Berufungsurteil **aufgehoben und die Sache zurückverwiesen** und wird gegen das erneute Berufungsurteil **wiederum Revision** eingelegt, so liegen zwei verschiedene Angelegenheiten vor, so dass der Rechtsanwalt die Gebühren gesondert erhält. Eine Anrechnung ist nicht vorgesehen. 191

Nach Nr. 3206 VV RVG erhält der Rechtsanwalt im Revisionsverfahren zwar grundsätzlich eine **Verfahrensgebühr** in Höhe von 1,6; gleichzeitig sieht Nr. 3208 VV RVG vor, dass sich die Verfahrensgebühr auf 2,3 erhöht, wenn sich die Parteien nur durch einen beim BGH zugelassenen Rechtsanwalt vertreten lassen können. Da im Revisionsverfahren vor dem BGH nach § 78 ZPO grundsätzlich Postulationszwang besteht, wird in Zivilsachen die Nr. 3208 VV RVG mit einem Gebührensatz von 2,3 der Regelfall sein. 192

Endet der Auftrag vorzeitig, so erhält der Rechtsanwalt nach Nr. 3207 VV RVG die Verfahrensgebühr der Nr. 3206 VV RVG lediglich in Höhe von 1,1. Soweit der Rechtsanwalt am BGH zugelassen ist und die Parteien sich in diesem Verfahren auch nur durch einen am BGH zugelassenen Rechts- 193 anwalt vertreten lassen können, beläuft sich die Gebühr nach Nrn. 3207, 3209 VV RVG auf 1,8.

Ein solcher Fall der vorzeitigen Erledigung wird insbesondere dann gegeben sein, wenn die Gegenseite Revision eingelegt hat und diese dann aber ohne Begründung wieder zurückgenommen wird. Die hierbei anfallende 1,8-Gebühr des Rechtsanwalts des Revisionsbeklagten ist in diesem Falle erstattungsfähig, selbst dann, wenn der Revisionsführer darum gebeten hatte, dass noch kein Rechtsanwalt bestellt werde[1].

194 Die reduzierte Verfahrensgebühr nach Nr. 3207 VV RVG entsteht auch dann, wenn die Parteien lediglich beantragen, eine **Einigung zu Protokoll zu nehmen** oder sie über nicht anhängige Ansprüche zum Zwecke der Erledigung des Rechtsstreits verhandeln. Die Anm. zu Nr. 3201 VV RVG gilt insoweit entsprechend (Anm. zu Nr. 3207 VV RVG).

195 Für die Wahrnehmung eines Termins erhält der Rechtsanwalt nach Nr. 3210 VV RVG eine **1,5-Terminsgebühr**. Eine Erhöhung dieser Gebühr für Verfahren, in denen sich die Parteien nur durch einen am BGH zugelassenen Rechtsanwalt vertreten lassen können, ist nicht vorgesehen. Die Terminsgebühr entsteht unter den gleichen Voraussetzungen wie auch die erstinstanzliche Terminsgebühr (s. *Rz. 161 f.*). Die Anm. zu Nr. 3104 VV RVG gelten entsprechend (Anm. zu Nr. 3210 VV RVG).

196 Erscheint der **Revisionskläger** nicht oder ist er nicht ordnungsgemäß vertreten und stellt der Rechtsanwalt des Revisionsbeklagten daraufhin lediglich

– einen Antrag auf Erlass eines Versäumnisurteils gegen den Revisionskläger oder

– Anträge zur Prozess- oder Sachleitung,

entsteht für ihn die Terminsgebühr lediglich in Höhe von 0,8 (Nr. 3211 VV RVG; Anm. zu Nr. 3211 VV RVG). Das Gleiche gilt, wenn das Gericht von Amts wegen zur Prozess- oder Sachleitung entscheidet (Anm. zu Nr. 3211 VV RVG i.V.m. Anm. Abs. 1 Nr. 1 Nr. 3105 VV RVG).

197 Erscheint der **Revisionsbeklagte** nicht und ergeht gegen ihn ein Versäumnisurteil, oder werden lediglich Anträge zur Prozess- oder Sachleitung gestellt, so entsteht immer eine 1,2-Gebühr nach Nr. 3210 VV RVG. Die Vorschrift der Nr. 3211 VV RVG ist nicht anwendbar.

198 Im Übrigen gelten die Anm. zu Nr. 3105 VV RVG und Abs. 2 der Anm. zu Nr. 3202 VV RVG entsprechend.

199 Wird im Revisionsverfahren eine **Einigung** über die dort anhängigen Ansprüche getroffen, so entsteht insoweit nach Nrn. 1000, 1004 VV RVG eine 1,3-Einigungsgebühr. Werden Ansprüche mit in die Einigung einbezogen, die in einem anderen Rechtsmittelverfahren anhängig sind, entsteht die

---

[1] Siehe grundlegend BGH, AGS 2003, 221; AnwK-RVG/*N. Schneider*, Nrn. 3206–3209 VV RVG Rz. 6.

1,3-Gebühr aus dem Gesamtwert (§ 22 Abs. 1 RVG). Soweit Ansprüche mit in die Einigung einbezogen werden, die nicht in einem Rechtsmittelverfahren anhängig sind, erhält der Rechtsanwalt eine

- 1,0-Gebühr nach Nrn. 1000, 1003 VV RVG, soweit die Ansprüche erstinstanzlich anhängig sind,
- 1,5-Gebühr, soweit die Ansprüche nicht anhängig sind (Nr. 1000 VV RVG).

Insgesamt darf die Summe der Einigungsgebühren nicht eine Gebühr aus dem Höchstsatz nach dem Gesamtstreitwert übersteigen (§ 15 Abs. 3 RVG).

15. Rechtsbeschwerde

Im Verfahren über die Rechtsbeschwerde nach § 574 ZPO – die in Zivilsachen nur ein am BGH zugelassener Rechtsanwalt wirksam einlegen kann – erhält der Rechtsanwalt nach Nr. 3502 VV RVG eine **Verfahrensgebühr** in Höhe von 1,0. Bei **vorzeitiger Beendigung** des Auftrags ermäßigt sich die Gebühr der Nr. 3502 VV RVG auf eine 0,5-Gebühr (Nr. 3503 VV RVG). Die Anm. zu Nr. 3201 VV RVG gilt entsprechend (Anm. zu Nr. 3503 VV RVG). Sofern der Rechtsanwalt für **mehrere Auftraggeber** wegen desselben Gegenstands tätig wird, erhöht sich die Gebühr um 0,3 je weiteren Auftraggeber (Nr. 1008 VV RVG). 200

Eine **Terminsgebühr** ist im Verfahren der Rechtsbeschwerde seit dem 1.1.2005 möglich (Nr. 3516 VV RVG)[1]. Auch wenn hier kein gerichtlicher Termin vorgesehen ist, können die Anwälte doch außergerichtliche Verhandlungen führen (Vorb. 3. Abs. 3 VV RVG). 201

Möglich ist ferner eine **Einigungsgebühr**, die in der Praxis aber wohl kaum vorkommen dürfte. Anzuwenden ist in diesem Fall Nr. 1003 VV RVG; eine analoge Anwendung der Nr. 1004 VV RVG dürfte hier nicht in Betracht kommen. 202

16. Beschwerde

Die Gebühren für allgemeine Beschwerden und Erinnerungen sind in den Nrn. 3500 ff. VV RVG geregelt. Daneben gibt es aber zahlreiche Spezialregelungen, wie z.B. für die Rechtsbeschwerde (Nrn. 3502, 3503 VV RVG) und die Nichtzulassungsbeschwerde (Nrn. 3506 ff. VV RVG). 203

Beschwerdeverfahren in Angelegenheiten, die sich nach Teil 3 VV RVG richten, stellen stets **eigene selbständige Gebührenangelegenheiten** dar (§ 15 Abs. 2 S. 2 RVG). Jede Beschwerde gilt dabei als eigene Angelegenheit 204

---

1 Erweitert auf die Verfahren nach § 574 ZPO durch das Gesetz über die Rechtsbehelfe bei Verletzung des Anspruchs auf rechtliches Gehör (Anhörungsrügengesetz) vom 9.12.2004, BGBl. 2004 Teil 1 Nr. 66 S. 3220.

(§ 18 Nr. 3 RVG). Ist eine **weitere Beschwerde** gegeben, so ist auch dies eine weitere selbständige Angelegenheit (§ 15 Abs. 2 S. 2 RVG).

205 Der Rechtsanwalt erhält zunächst einmal eine **0,5-Verfahrensgebühr** nach Nr. 3500 VV RVG. Eine Reduzierung bei **vorzeitiger Erledigung** ist nicht vorgesehen. Vertritt der Rechtsanwalt **mehrere Auftraggeber** wegen desselben Gegenstands, so erhöht sich die Verfahrensgebühr um 0,3 je weiteren Auftraggeber (Nr. 1008 VV RVG).

206 Die Verfahrensgebühr entsteht bereits mit **Entgegennahme der Information** (Vorbem. 3 Abs. 2 VV RVG). Für den Rechtsanwalt des Beschwerdegegners entsteht die Vergütung, sobald er auftragsgemäß in irgendeiner Form im Beschwerdeverfahren tätig wird. Die bloße Entgegennahme des Beschwerdebeschlusses und seine Mitteilung an die Partei genügt hierfür nicht[1]. Ausreichend ist es allerdings, dass der Rechtsanwalt die Beschwerdeschrift entgegennimmt und prüft, ob etwas zu veranlassen ist, selbst dann, wenn er nichts Weiteres unternimmt[2]. Voraussetzung ist allerdings immer ein **gesonderter Auftrag** für das Beschwerdeverfahren[3], der auch konkludent erteilt werden kann.

207 Findet im Beschwerdeverfahren ausnahmsweise ein Termin i.S.d. Vorbem. 3 Abs. 3 VV RVG statt, so erhält der Rechtsanwalt nach Nr. 3513 VV RVG eine **0,5-Terminsgebühr**. In dem besonderen Fall der Beschwerde gegen den Nichterlass eines Arrestes oder einer einstweiligen Verfügung kann auch eine 1,2-Terminsgebühr nach Nr. 3514 VV RVG in Betracht kommen (siehe hierzu *Rz. 229 ff.*).

208 Der **Gegenstandswert** des Beschwerdeverfahrens muss nicht mit dem des Hauptverfahrens identisch sein. Sofern keine gesetzliche Regelung besteht, ist das Interesse des Beschwerdeführers maßgebend, das dieser verfolgt (§ 23 Abs. 2 RVG). Im Falle der Ablehnung eines Richters wegen der Besorgnis der Befangenheit ist allerdings vom Wert der Hauptsche auszugehen[4].

17. Erinnerungsverfahren

209 Hinsichtlich der Erinnerungsverfahren ist zu differenzieren:
- Erinnerungen gegen **Entscheidungen des Rechtspflegers** (einschließlich der Erinnerung nach § 766 ZPO) zählen nach § 18 Nr. 3 RVG stets als eigene Angelegenheit i.S.d. § 15 RVG;
- **sonstige Erinnerungen** sind dagegen nach § 19 Abs. 1 S. 2 Nr. 6 RVG Teil des Hauptsacheverfahrens und werden nicht gesondert vergütet. Soweit

---

1 LG Berlin, JurBüro 1984, 62.
2 OLG Hamburg, MDR 1994, 522.
3 AnwK-RVG/*N. Schneider*, Nr. 3500 VV RVG Rz. 13.
4 BGH, NJW 1968, 796; OLG Frankfurt/Main, AGS 2006, 299 m. Anm. *E. Schneider* = MDR 2006, 1079.

der Rechtsanwalt in diesen Verfahren allerdings **ausschließlich mit der Erinnerung** beauftragt ist, gilt wiederum Nr. 3500 VV RVG.

Nach § 16 Nr. 10 Buchst. a) RVG zählen mehrere Erinnerungsverfahren gegen den Kostenansatz einerseits und mehrere Erinnerungsverfahren im Kostenfestsetzungsverfahren andererseits als eine Angelegenheit. Hier wiederum gilt Folgendes: 210

Im Erinnerungsverfahren erhält der Rechtsanwalt zunächst einmal eine **0,5-Verfahrensgebühr** nach Nr. 3500 VV RVG. Eine Reduzierung bei **vorzeitiger Erledigung** ist auch hier nicht vorgesehen. Vertritt der Rechtsanwalt **mehrere Auftraggeber** wegen desselben Gegenstands, so erhöht sich die Gebühr um 0,3 je weiteren Auftraggeber (Nr. 1008 VV RVG). 211

Findet im Erinnerungsverfahren ausnahmsweise ein Termin i.S.d. Vorbem. 3 Abs. 3 VV RVG statt, so erhält der Rechtsanwalt nach Nr. 3513 VV RVG eine **0,5-Terminsgebühr**[1]. 212
Denkbar ist auch hier eine **Einigungsgebühr**.

Der **Gegenstandswert** des Erinnerungsverfahrens muss nicht mit dem des Hauptverfahrens identisch sein. Sofern keine gesetzliche Regelung besteht, ist das Interesse des Beschwerdeführers maßgebend, das dieser verfolgt (§ 23 Abs. 2 RVG). 213

18. Gehörsrüge

Soweit der Rechtsanwalt bereits in der Hauptsache tätig ist, bestimmt § 19 Abs. 1 S. 2 Nr. 5 RVG, dass die Tätigkeit in einem Verfahren über eine Rüge wegen der Verletzung des Anspruchs auf rechtliches Gehör (§ 321a ZPO) zur Hauptsache gehört und keine gesonderte Vergütung auslöst. Nur dann, wenn der Rechtsanwalt **ausschließlich** mit der Rüge nach § 321a ZPO oder mit der Abwehr einer vom Gegner erhobenen Rüge beauftragt ist, erhält er die Vergütung nach Nrn. 3300, 3332 VV RVG. 214

Wird der Rechtsanwalt zunächst mit der Vertretung im Verfahren über die Rüge beauftragt und nach Erfolg der Rüge im **anschließenden fortgesetzten Verfahren**, so liegt ebenfalls nur eine Angelegenheit vor. Die Vergütung nach Nr. 3330 VV RVG geht in der anschließenden Vergütung der Nrn. 3100 ff. VV RVG auf. Die weitere Tätigkeit bildet dann mit der Gehörsrüge eine Angelegenheit i.S.d. § 15 Abs. 2 S. 1 RVG. Es entsteht nicht etwa eine neue Angelegenheit. 215

Im **isolierten Verfahren** über eine Rüge wegen der Verletzung des Anspruchs auf rechtliches Gehör erhält der Rechtsanwalt zunächst einmal eine **Verfahrensgebühr** nach Nr. 3330 VV RVG. Die Höhe der Gebühr beläuft sich auf 0,5. Das gilt auch dann, wenn die Gehörsrüge im Rechtsmittelver- 216

---

1 AnwK-RVG/*N. Schneider*, Nr. 3500 VV RVG Rz. 64.

fahren erhoben wird[1]. Die Verfahrensgebühr erhöht sich nach Nr. 1008 VV RVG bei **mehreren Auftraggebern** um jeweils 0,3 je weiteren Auftraggeber. Eine Reduzierung der Verfahrensgebühr bei **vorzeitiger Erledigung** ist wie bisher nicht vorgesehen (arg. e. Nr. 3337 VV RVG).

217 Findet im Verfahren über die Gehörsrüge ein Termin i.S.d. Vorb. 3 Abs. 3 VV RVG statt, so erhält der Rechtsanwalt nach Nr. 3332 VV RVG zusätzlich eine **Terminsgebühr** in Höhe von 0,5.

218 Möglich ist auch der Anfall einer **Einigungsgebühr** nach Nr. 1000 VV RVG[2]. Da der Gegenstand im Verfahren der Gehörsrüge noch anhängig i.S.d. Nr. 1003 VV RVG ist, entsteht die Gebühr nur zu 1,0; bei Anhängigkeit im Rechtsmittelverfahren zu 1,3. Soweit sich auch über nicht anhängige Gegenstände geeinigt wird, entsteht die Gebühr zu 1,5[3]. Zu beachten ist auch hier die Begrenzung nach § 15 Abs. 3 RVG.

19. Selbständiges Beweisverfahren

219 Im selbständigen Beweisverfahren nach den §§ 485 ff. ZPO erhält der Rechtsanwalt die gleichen Gebühren wie im ordentlichen Rechtsstreit, also nach Teil 3 VV RVG, nach den Nrn. 3100 ff. VV RVG.

219a Das selbständige Beweisverfahren ist gegenüber dem Hauptsacheverfahren eine eigene **selbständige Gebührenangelegenheit**, da es in den §§ 16, 19 RVG nicht (mehr) als zum Rechtszug gehörig aufgeführt ist. Der Rechtsanwalt kann daher im selbständigen Beweisverfahren und im Rechtsstreit sämtliche Gebühren gesondert verdienen. Lediglich die **Verfahrensgebühren** werden aufeinander **angerechnet** (Vorbem. 3 Abs. 5 VV RVG).

220 Im selbständigen Beweisverfahren erhält der Rechtsanwalt zunächst einmal die **1,3-Verfahrensgebühr** nach Nr. 3100 VV RVG. Vertritt der Rechtsanwalt **mehrere Auftraggeber** wegen desselben Gegenstands, erhöht sich die Verfahrensgebühr nach Nr. 1008 VV RVG um 0,3 je weiteren Auftraggeber.

221 Auch im selbständigen Beweisverfahren kann der Rechtsanwalt eine **1,2-Terminsgebühr** nach Nr. 3104 VV RVG verdienen. Die Terminsgebühr entsteht nicht nur dann, wenn es in einem gerichtlichen Termin zu Verhandlungen oder Erörterungen kommt (z.B. im Fall des § 492 Abs. 3 ZPO), sondern auch dann, wenn der Rechtsanwalt an einem vom Sachverständigen anberaumten Termin teilnimmt. Darüber hinaus kann im selbständigen Beweisverfahren die Terminsgebühr auch dadurch anfallen, dass der Rechtsanwalt an Besprechungen oder Terminen ohne Beteiligung des Gerichts und des Sachverständigen mit dem Gegner teilnimmt, um eine weitere Auseinandersetzung oder einen nachfolgenden Rechtsstreit zu vermeiden (Vorbem. 3 Abs. 3, 3. Var. VV RVG).

---

1 AnwK-RVG/*N. Schneider*, Nr. 3330 VV RVG Rz. 8.
2 AnwK-RVG/*N. Schneider*, Nr. 3330 VV RVG Rz. 11.
3 AnwK-RVG/*N. Schneider*, Nr. 3330 VV RVG Rz. 11.

222 Kommt es im Beweisverfahren zu einer Einigung, so entsteht nach Nr. 1000 VV RVG eine **Einigungsgebühr**. Die Höhe der Einigungsgebühr beläuft sich auf 1,5, und zwar auch dann, wenn über die Gegenstände, über die sich die Parteien geeinigt haben, das Beweisverfahren anhängig ist (arg. e Nr. 1003 VV RVG). Lediglich dann, wenn die Hauptsache bereits anhängig ist, entsteht die Einigungsgebühr nur zu 1,0 (Nr. 1003 VV RVG) oder im Rechtsmittelverfahren zu 1,3 (Nr. 1004 VV RVG).

223 Kommt es nach dem Beweisverfahren zu einem Hauptsacheverfahren, oder wird während des Hauptsacheverfahrens ein Beweisverfahren eingeleitet, so werden die **Verfahrensgebühren aufeinander angerechnet**, Vorbem. 3 Abs. 5 VV RVG. Eine Anrechnung unterbleibt allerdings gem. § 15 Abs. 5 S. 2 RVG, wenn zwischen Abschluss des Beweisverfahrens und Einleitung des Hauptsacheverfahrens mehr als zwei Kalenderjahre liegen[1].

224 Ist dem Beweisverfahren eine außergerichtliche Vertretung vorausgegangen, so wird die Geschäftgebühr der Nr. 2300 VV RVG auf die Verfahrensgebühr des Beweisverfahrens angerechnet und diese wiederum auf die Verfahrensgebühr des Rechtsstreits.

Beispiel:
Der Rechtsanwalt ist zunächst außergerichtlich tätig wegen Mietmängeln. Die Sache ist sehr umfangreich, so dass eine 2,0-Gebühr angemessen ist. Anschließend führt der Rechtsanwalt das Beweisverfahren durch. Es findet ein Sachverständigentermin statt, an dem er teilnimmt. Hiernach kommt es zum Hauptsacheverfahren, in dem nach mündlicher Verhandlung ein Urteil ergeht. Der Gegenstandswert wird auf 3000 Euro festgesetzt.

I. Außergerichtliche Tätigkeit (Wert: 3000 Euro)
1. 2,0-Geschäftsgebühr, Nr. 2300 VV RVG — 378,00 Euro
2. Postentgeltpauschale, Nr. 7002 VV RVG — 20,00 Euro
   Zwischensumme — 398,00 Euro
3. 19 % Umsatzsteuer, Nr. 7008 VV RVG — 75,62 Euro
   Gesamt — 473,62 Euro

II. Selbständiges Beweisverfahren (Wert: 3000 Euro)
1. 1,3-Verfahrensgebühr, Nr. 3100 VV RVG — 245,70 Euro
2. gem. Vorbem. 3 Abs. 4 VV RVG anzurechnen 0,75 aus 3000 Euro — − 141,50 Euro
3. 1,2-Terminsgebühr, Nr. 3104 VV RVG — 226,80 Euro
4. Postentgeltpauschale, Nr. 7002 VV RVG — 20,00 Euro
   Zwischensumme — 351,00 Euro
5. 19 % Umsatzsteuer, Nr. 7008 VV RVG — 66,69 Euro
   Gesamt — 417,69 Euro

---

[1] AnwK-RVG/*N. Schneider*, § 15 Rz. 255; so auch schon zum bisherigen Recht OLG Zweibrücken, JurBüro 1999, 414.

III. Rechtsstreit (Wert: 3000 Euro)

1.	1,3-Verfahrensgebühr, Nr. 3100 VV RVG	245,70 Euro
2.	gem. Vorbem. 3 Abs. 5 VV RVG anzurechnen, 1,3 aus 3000 Euro	– 245,70 Euro
3.	1,2-Terminsgebühr, Nr. 3104 VV RVG	226,80 Euro
4.	Postentgeltpauschale, Nr. 7002 VV RVG	20,00 Euro
	Zwischensumme 246,80 Euro	
5.	19 % Umsatzsteuer, Nr. 7008 VV RVG	46,89 Euro
	Gesamt	**293,69 Euro**

20. Urkundenverfahren

225 Auch in Mietsachen ist das Urkundenverfahren zulässig (siehe M Rz. 211 ff.). Nach § 17 Nr. 5 RVG gilt das ordentliche Verfahren, das nach Abstandnahme vom Urkundenprozess oder nach Erlass eines Vorbehaltsurteils anhängig bleibt, als **neue selbständige Gebührenangelegenheit**. Dies hat zur Folge, dass **sämtliche Gebühren** sowohl im Urkundenprozess einerseits als auch im ordentlichen Verfahren nach Abstandnahme oder nach Erlass eines Vorbehaltsurteil andererseits gesondert anfallen können. Auch die **Postentgeltpauschale** nach Nr. 7002 VV RVG kann zweimal entstehen[1].

Die Vergütung im Urkundenprozess richtet sich nach Teil 3 VV RVG. Insoweit sei zunächst auf die Ausführungen zu den *Rz. 144 ff.* verwiesen.

226 Der Rechtsanwalt erhält zunächst einmal eine **1,3-Verfahrensgebühr** nach Nr. 3100 VV RVG. Allerdings ist in Anm. Abs. 2 zu Nr. 3100 VV RVG angeordnet, dass die Verfahrensgebühr, die im Urkundenprozess entstanden ist, auf die Verfahrensgebühr des Nachverfahrens oder des ordentlichen Verfahrens nach Abstandnahme **anzurechnen** ist.

227 Neben der Verfahrensgebühr entsteht unter den Voraussetzungen der Vorbem. 3 Abs. 3 VV RVG die **1,2-Terminsgebühr** nach Nr. 3104 VV RVG, gegebenenfalls nach Nr. 3105 VV RVG nur in Höhe von 0,5. Infolge des erweiterten Anwendungsbereichs der **Terminsgebühr** gegenüber der bisherigen Verhandlungsgebühr löst auch schon die **bloße Erklärung** des Klägervertreters im Termin, er nehme **vom Urkundenprozess Abstand**, die Terminsgebühr aus.

Für die **Terminsgebühr** (Nr. 3104 VV RVG) ist **keine Anrechnung** vorgesehen. Diese kann also sowohl im Urkundenprozess als auch im Nachverfahren oder ordentlichen Verfahren nach Abstandnahme gesondert entstehen.

Beispiel:

Es wird Mietzahlungsklage im Urkundenverfahren in Höhe von 10 000 Euro erhoben. Im Termin nimmt der Kläger Abstand vom Urkundenverfahren; es wird sodann sogleich im ordentlichen Verfahren verhandelt.

---

[1] LG Kiel, AnwBl. 1979, 354; LG Aachen, AnwBl. 1969, 414; *N. Schneider*, ZAP Fach 24, S. 529 ff.

I. Urkundenverfahren (Wert: 10 000 Euro)
1. 1,3-Verfahrensgebühr, Nr. 3100 VV RVG   631,80 Euro
2. 1,2-Terminsgebühr, Nr. 3104 VV RVG   583,20 Euro
3. Postentgeltpauschale, Nr. 7002 VV RVG   20,00 Euro
   Zwischensumme   1235,00 Euro
4. 19 % Umsatzsteuer, Nr. 7008 VV RVG   234,65 Euro
   Gesamt   **1469,65 Euro**

II. Ordentliches Verfahren (Wert: 10 000 Euro)
1. 1,3-Verfahrensgebühr, Nr. 3100 VV RVG   631,80 Euro
2. gem. Anm. Abs. 2 zu Nr. 3100 VV RVG   – 631,80 Euro
   anzurechnen, 1,3 aus 10 000 Euro
3. 1,2-Terminsgebühr, Nr. 3104 VV RVG   583,20 Euro
4. Postentgeltpauschale, Nr. 7002 VV RVG   20,00 Euro
   Zwischensumme   603,20 Euro
5. 19 % Umsatzsteuer, Nr. 7008 VV RVG   114,61 Euro
   Gesamt   **717,81 Euro**

Möglich ist darüber hinaus auch eine **Einigungsgebühr** im Urkundenverfahren nach Nrn. 1000 ff. VV RVG. Hiernach wird es aber wohl kaum noch zum Nachverfahren kommen.

21. Arrest- und einstweilige Verfügungsverfahren

Arrestverfahren dürften in Mietsachen äußerst selten sein. Häufig sind dagegen einstweilige Verfügungsverfahren. Beide Verfahren stellen gem. § 17 Nr. 4a) u. b) RVG besondere Angelegenheiten dar. Der Rechtsanwalt kann in diesen Verfahren sämtliche Gebühren der Nrn. 3100 ff. VV RVG sowie die Einigungsgebühr verdienen. Kommt es anschließend zum Hauptsacheverfahren, erhält der Rechtsanwalt die Gebühren dort erneut.

Hinsichtlich der Gebühren gilt das Gleiche wie im Rechtsstreit (vgl. o. Rz. 144 ff.).

Weist das Gericht den Antrag auf Erlass einer einstweiligen Verfügung oder eines Arrestes ohne mündliche Verhandlung durch Beschluss zurück, so ist hiergegen die einfache **Beschwerde** gegeben (§ 567 Abs. 1 ZPO). Dieses Beschwerdeverfahren wiederum stellt gem. § 15 Abs. 2 S. 2 RVG eine **eigene Angelegenheit** dar, die nach Nr. 3500 VV RVG zu vergüten ist. Wird vor dem Beschwerdegericht mündlich verhandelt, erhält der Rechtsanwalt nicht die 0,5-Terminsgebühr nach Nr. 3513 VV RVG, sondern eine volle **1,2-Terminsgebühr** nach Nr. 3514 VV RVG. Entgegen dem Wortlaut der Nr. 3514 VV RVG gilt dies nicht nur, wenn durch Urteil entschieden wird, sondern stets, wenn mündlich verhandelt wird, auch wenn dort der Antrag oder die Beschwerde zurückgenommen oder die Hauptsache übereinstimmend für erledigt erklärt wird[1].

---

1 AnwK-RVG/*N. Schneider*, Nr. 3514 VV RVG Rz. 6.

22. Verfahren vor dem Prozessgericht oder dem Amtsgericht auf Bewilligung, Verlängerung oder Verkürzung einer Räumungsfrist (§§ 721, 794a ZPO)

a) Überblick

231 Wie die Tätigkeit des Rechtsanwalts in einem Verfahren über die Bewilligung auf Aufhebung oder Verkürzung einer Räumungsfrist zu vergüten ist, hängt davon ab, ob es sich um ein selbständiges oder unselbständiges Räumungsfristverfahren handelt.

232 Das **unselbständige Räumungsfristverfahren** zählt nach § 19 Abs. 1 S. 2 Nr. 11 RVG (vorläufige Beschränkung der Zwangsvollstreckung) zum Gebührenrechtszug des Räumungsprozesses. Das **selbständige Räumungsfristverfahren** ist dagegen eine eigene Angelegenheit i.S.d. § 15 Abs. 2 RVG und wird durch die Gebühren der Nrn. 3334, 3337 VV RVG, Vorbem. 3.3.6 VV RVG i.V.m. Nr. 3104 VV RVG vergütet[1].

233 Ein **unselbständiges Räumungsfristverfahren** liegt immer dann vor, wenn das Verfahren mit der Hauptsache verbunden ist. In Betracht kommen insoweit nur Verfahren nach § 721 Abs. 1 ZPO, da hier der Antrag vor Schluss der mündlichen Verhandlung zu stellen ist und das Gericht i.d.R. im Räumungsurteil zugleich auch über den Räumungsfristantrag entscheidet.

234 Ein **selbständiges Räumungsfristverfahren**, also ein nicht verbundenes Verfahren i.S.d. Nr. 3334 VV RVG, liegt immer dann vor, wenn der Antrag auf Bewilligung der Räumungsfrist, Verlängerung oder Verkürzung erst nach Schluss der mündlichen Verhandlung gestellt wird und das Gericht ihn somit in seinem Urteil nicht mehr berücksichtigen kann. Dies sind zum einen also immer die Fälle des § 721 Abs. 2 und 3 ZPO, da hier der Antrag nach Schluss der mündlichen Verhandlung gestellt werden kann und eine Verbindung daher nicht in Betracht kommt. Das gilt auch dann, wenn nach § 721 Abs. 4 ZPO das Berufungsgericht zuständig ist. Es entscheidet nämlich dann nicht im Rahmen der Berufung, sondern in einem selbständigen Beschlussverfahren[2]. Ebenso zählt hierzu das Verfahren nach § 794a ZPO, das immer ein selbständiges Verfahren ist. Auch im Falle des § 721 Abs. 1 ZPO ist ein selbständiges Verfahren i.S.d. Nr. 3334 VV RVG möglich, nämlich dann, wenn das Gericht seinen Willen zur Trennung zum Ausdruck gebracht hat. Das kann etwa durch gesonderte Verhandlung oder durch gesonderte Beweiserhebung geschehen[3]. Ebenso verhält es sich, wenn das Gericht zunächst über die Räumungsklage ein Teilurteil erlässt und dann erst über die Räumungsfrist verhandelt. In dem Erlass eines Teilurteils liegt dann eine Zäsur, die zur Trennung der beiden Verfahren führt[4].

---

1 AnwK-RVG/*N. Schneider*, Nr. 3334 VV RVG Rz. 2.
2 Zöller/*Stöber*, § 721 ZPO Rz. 8.
3 *Hansens*, BRAGO, § 50 Rz. 1.
4 *Tschischgale*, JurBüro 1966, 1010.

b) Vergütung im selbständigen Räumungsfristverfahren

Im selbständigen Räumungsfristverfahren erhält der Rechtsanwalt nach Nr. 3334 VV RVG zunächst eine **1,0-Verfahrensgebühr**. Bei **mehreren Auftraggebern** erhöht sich diese Gebühr nach Nr. 1008 VV RVG um 0,3 je weiteren Auftraggeber. **Erledigt sich die Angelegenheit vorzeitig**, ist Anm. Nr. 1 zu Nr. 3337 VV RVG anzuwenden. Die Verfahrensgebühr reduziert sich auf 0,5.

235

Für die Teilnahme an der Verhandlung über den Räumungsfristantrag oder an einem anderweitigen Termin i.S.d. Vorbem. 3 Abs. 3 VV RVG erhält der Rechtsanwalt die volle **1,2-Terminsgebühr** nach Nr. 3104 VV RVG (Vorbem. 3.3.6 VV RVG), da Nr. 3334 VV RVG in Nr. 3331 VV RVG nicht erwähnt ist.

236

Daneben kommt auch eine **Einigungsgebühr** nach Nr. 1000 VV RVG in Betracht. Da das Räumungsfristverfahren zur Anhängigkeit i.S.d. Nr. 1003 VV RVG führt, entsteht nur eine 1,0-Einigungsgebühr[1].

237

Wird der Räumungsfristantrag im **Berufungsverfahren** gestellt (§ 721 Abs. 4, 2. Hs. ZPO), so erhält der Rechtsanwalt die gleichen Gebühren wie im erstinstanzlichen Verfahren. Lediglich die Einigungsgebühr erhöht sich gem. Nr. 1004 VV RVG auf 1,3.

238

Der **Gegenstandswert** eines Räumungsfristverfahrens bemisst sich nach § 23 Abs. 1 S. 2 RVG, § 48 Abs. 1 GKG, § 3 ZPO. Im Rahmen dieser Vorschriften ist nach h.M. jedoch wiederum die Vorschrift des § 41 Abs. 1 GKG als Orientierungshilfe heranzuziehen[2]. Maßgebend ist danach die auf die streitige Zeit entfallende Nutzungsentschädigung[3].

239

c) Die Vergütung im unselbständigen Räumungsfristverfahren

Ist das Verfahren über die Räumungsfrist Teil des Hauptsacheverfahrens, dann liegt insgesamt nur eine Angelegenheit vor (§ 19 Abs. 1 S. 2 Nr. 11 RVG). Der Rechtsanwalt erhält nur die Gebühren nach Nrn. 3100 ff. VV RVG. Der Gebührentatbestand der Nr. 3334 VV RVG ist unanwendbar. Dies führt jedoch nicht dazu, dass der Rechtsanwalt für seine Tätigkeit im Verfahren über die Räumungsfrist keine zusätzliche Vergütung erhält[4]. Auch dann, wenn die Werte von Räumung und Räumungsfrist nicht addiert werden, so können doch aus dem Gegenstandswert der Räumungsfrist gesonderte Gebühren anfallen, etwa dann, wenn hinsichtlich des Räu-

240

---

1 AnwK-RVG/*N. Schneider*, Nr. 3334 VV RVG Rz. 14.
2 OLG Braunschweig, Rpfleger 1964, 66; LG Kempten, AnwBl. 1988, 58; AnwK-RVG/*N. Schneider*, Nr. 3334 VV RVG Rz. 22; *Hansens*, BRAGO, § 50 Rz. 3.
3 *Anders/Gehle/Kunze*, Streitwert-Lexikon, 4. Aufl. 2002, „Miete und Pacht" Rz. 41.
4 So aber LG Frankfurt/Main, Rpfleger 1984, 287; siehe hierzu *N. Schneider*, ZAP Fach 24, S. 137.

mungsantrags ein Urteil ergeht und die Parteien sich über eine Räumungsfrist einigen.

23. Einstellung der Zwangsvollstreckung

241 Beantragt der Rechtsanwalt die vorläufige Einstellung, Beschränkung oder Aufhebung der Zwangsvollstreckung, so zählt diese Tätigkeit grundsätzlich zum Rechtszug und ist nicht gesondert zu vergüten (§ 19 Rz. 11 RVG)[1]. Etwas anderes gilt, wenn über den Antrag eine abgesonderte mündliche Verhandlung stattfindet. In diesem Fall zählt das Verfahren über die Einstellung, Beschränkung oder Aufhebung der Zwangsvollstreckung als gesonderte Angelegenheit. Der Rechtsanwalt erhält dann für dieses Verfahren eine Verfahrensgebühr (Nr. 3328 VV RVG) und eine Terminsgebühr (Nr. 3332 VV RVG) in Höhe von jeweils 0,5. Eine Reduzierung bei vorzeitiger Erledigung findet nicht statt, zumal das auch gar nicht möglich wäre. Wird der Antrag im Rechtsmittelverfahren gestellt, erhöhen sich die Gebühren nicht.

24. Verfahren auf Vollstreckbarerklärung

242 Das Verfahren auf Vollstreckbarerklärung der durch Rechtsmittelanträge nicht angefochtenen Teile eines Urteils (§§ 537, 558 ZPO) zählt grundsätzlich nach § 19 Abs. 1 S. 2 Nr. 9 RVG zum Rechtszug. Diese an sich klare Vorschrift wird häufig missverstanden[2]. Voraussetzung für die Anwendung des § 19 Abs. 1 S. 2 Nr. 9 RVG ist, dass der Gegenstand, hinsichtlich dessen die vorläufige Vollstreckbarkeit beantragt wird, Gegenstand des Rechtsmittelverfahrens ist oder war. Dies sind die Fälle, in denen

– der Rechtsmittelkläger sein Rechtsmittel auf den ursprünglich nicht angefochtenen Teil **erweitert**,

– der Rechtsmittelkläger das Rechtsmittel **nachträglich beschränkt** oder

– die Parteien sich im Rechtsmittelverfahren auch über den nicht angegriffenen Teil des Urteils **einigen** und diesen somit nach Nr. 3101 Nr. 2 VV RVG zum Gegenstand des Rechtsmittelverfahrens machen[3].

243 Ist der nicht angegriffene Teil des Urteils dagegen **niemals Gegenstand des Rechtsmittelverfahrens** gewesen, ist § 19 Abs. 1 S. 2 Nr. 9 RVG nicht anwendbar. Die Tätigkeit des Rechtsanwalts wird vielmehr als **gesonderte Angelegenheit** nach Nrn. 3329, 3332 VV RVG vergütet[4].

---

1 OLG Naumburg, KostRsp. BRAGO § 49 Nr. 12; OLG Hamburg, MDR 2001, 380 = OLGR 2001, 380.
2 Ausführlich *E. Schneider*, Unbedingte Vollstreckbarerklärung nach §§ 534, 560 ZPO, DRiZ 1979, 44; *N. Schneider*, Vergütung im Verfahren auf unbedingte Vollstreckbarerklärung, ZAP Fach 24, S. 597; *ders.*, Anwaltsgebühren im Verfahren auf Vollstreckbarerklärung des im Rechtsmittelverfahren nicht angefochtenen Teils eines Urteils, AGS 1996, 85.
3 OLG Hamburg, JurBüro 1982, 1512.
4 LG Bonn, MDR 2001, 416 = BRAGOreport 2001, 58 = KostRsp. BRAGO § 49 Nr. 11 m. Anm. *N. Schneider*.

Der Rechtsanwalt erhält im isolierten Verfahren auf Vollstreckbarerklärung zunächst eine **0,5-Verfahrensgebühr** (Nr. 3329 VV RVG). Diese Gebühr deckt die gesamte Tätigkeit des Rechtsanwalts ab. Bei **mehreren gemeinschaftlich beteiligten Auftraggebern** erhöht sich die Gebühr nach Nr. 1008 VV RVG um 0,3 je weiteren Auftraggeber. 244

Eine Reduzierung der Verfahrensgebühr bei vorzeitiger Erledigung ist nicht vorgesehen. Es bleibt auch dann bei einer 0,5-Gebühr. 245

Für die Wahrnehmung eines Termins entsteht zusätzlich eine **0,5-Terminsgebühr** nach Nr. 3332 VV RVG.

Möglich ist auch hier eine **Einigungsgebühr** nach Nrn. 1000 ff. VV RVG.

Der **Gegenstandswert** für die Gebühren der Nrn. 3329, 3332 VV RVG richtet sich nach dem vollen Wert des für vorläufig vollstreckbar zu erklärenden Teils des Urteils ohne Nebenforderungen[1]. 246

Beispiel:
Der Beklagte wird vom LG zur Zahlung offener Mieten in Höhe von 40 000 Euro verurteilt. Er legt Berufung ein und beantragt jetzt nur noch, die Klage in Höhe von 30 000 Euro abzuweisen. Die weitergehenden Mietrückstände in Höhe von 10 000 werden in der Berufung nicht mehr angegriffen. Daraufhin beantragt der Berufungsanwalt des Klägers, das landgerichtliche Urteil in Höhe von 10 000 Euro für vorläufig vollstreckbar zu erklären. Nach Ablauf der Berufungsbegründungsfrist erlässt das OLG den beantragten Beschluss ohne mündliche Verhandlung.

Berufungsverfahren und Verfahren auf Vollstreckbarerklärung sind zwei verschiedene Angelegenheiten.

I. Berufungsverfahren (Wert: 30 000 Euro)
1. 1,6-Verfahrensgebühr, Nr. 3200 VV RVG   1212,80 Euro
2. 1,2-Verfahrensgebühr, Nr. 3202 VV RVG   909,60 Euro
3. Postentgeltpauschale, Nr. 7002 VV RVG   20,00 Euro
   Zwischensumme   2142,40 Euro
4. 19 % Umsatzsteuer, Nr. 7008 VV RVG   407,02 Euro
   Gesamt   **2549,22 Euro**

II. Verfahren auf Vollstreckbarerklärung (Wert: 10 000 Euro)
1. 0,5-Verfahrensgebühr, Nr. 3329 VV RVG   243,00 Euro
2. Postentgeltpauschale, Nr. 7002 VV RVG   20,00 Euro
   Zwischensumme   263,00 Euro
3. 19 % Umsatzsteuer, Nr. 7008 VV RVG   49,97 Euro
   Gesamt   **312,97 Euro**

---

1 LG Bonn, MDR 2001, 416 = BRAGOreport 2001, 58 = KostRsp. BRAGO § 49 Nr. 11 m. Anm. *N. Schneider*; AnwK-RVG/*N. Schneider*, Nr. 3329 VV RVG Rz. 24 f.; *Hansens*, BRAGO, § 50 Rz. 12; **a.A.** OLG Hamm, FamRZ 1994, 248 = KostRsp. ZPO § 3 Nr. 1181 m. Anm. *Herget*: ein Fünftel.

25. Prozesskostenhilfe-Prüfungsverfahren

247 Das Verfahren über die Bewilligung, Abänderung oder Aufhebung der Prozesskostenhilfe zählt nach § 16 Nr. 2 RVG zum **Rechtszug** und wird durch die dort verdienten Gebühren mit abgegolten. Wird der Rechtsanwalt in Angelegenheiten nach Teil 3 VV RVG dagegen **ausschließlich im Verfahren über die Prozesskostenhilfe** tätig, so richtet sich die Vergütung nach Nrn. 3335, 3336, 3104, VV RVG. In mehreren Prozesskostenhilfeverfahren desselben Rechtszugs erhält der Rechtsanwalt die Gebühren allerdings nur einmal (§ 16 Nr. 3 RVG).

248 Der Rechtsanwalt erhält nach Nr. 3335 VV RVG eine **Verfahrensgebühr** in Höhe der Verfahrensgebühr des zugrunde leigenden Verfahren, höchstens jedoch 1,0. Die Gebühr entsteht bereits mit Einreichen des Prozesskostenhilfeantrags bzw. mit der Stellungnahme hierauf.

249 Soweit der Rechtsanwalt **mehrere Auftraggeber** wegen desselben Gegenstands vertritt, erhöht sich diese Gebühr nach Nr. 1008 VV RVG um jeweils 0,3 je weiteren Auftraggeber.

250 **Erledigt sich der Auftrag** auf Bewilligung von Prozesskostenhilfe vorzeitig, so ermäßigt sich die Verfahrensgebühr der Nr. 3335 VV RVG nach Nr. 3337 VV RVG auf 0,5.

251 Kommt es im Prozesskostenhilfe-Prüfungsverfahren zu einem Termin i.S.d. Vorbem. 3 Abs. 3 VV RVG, so entsteht nach Vorbem. 3.3.6 VV RVG die **Terminsgebühr** nach Teil 3 Abschnitt 1 VV RVG, also nach Nr. 3104 VV RVG, sofern nicht die Terminsgebühr im zugrunde liegenden Verfahren geringer ist (§ 15 Abs. 6 RVG).

252 Auch eine **Einigungsgebühr** nach Nrn. 1000, 1003 VV RVG kann im Verfahren über die Prozesskostenhilfe anfallen. Die Gebühr beläuft sich auf 1,0 (Nr. 1003 VV RVG) und im Berufungs- oder Revisionsverfahren auf 1,3 (Nr. 1004 VV RVG), da der Antrag auf Prozesskostenhilfe bereits zur Anhängigkeit i.S.d. Nrn. 1003, 1000 VV RVG führt. Soweit nicht anhängige Gegenstände in die Einigung mit einbezogen werden, entsteht insoweit eine 1,5-Einigungsgebühr (Nr. 1000 VV RVG), und zwar auch dann, wenn für den Abschluss der Einigung ebenfalls Prozesskostenhilfe bewilligt wird (Anm. zu Nr. 1003 VV RVG).

253 Der **Gegenstandswert** beläuft sich im erstinstanzlichen Verfahren der Bewilligung von Prozesskostenhilfe auf den Wert der Hauptsache (Anm. Abs. 1, 1. Hs. zu Nr. 3335 VV RVG). Wird die Prozesskostenhilfe nur hinsichtlich eines Teils der Hauptsache beantragt, so ist dieser Wert maßgebend.

26. Verkehrsanwalt

254 Das RVG kennt zwei verschiedene Tätigkeiten als Verkehrsanwalt. Zum einen regelt Nr. 3400 VV RVG die Tätigkeit des Rechtsanwalts, der ledig-

lich den **Verkehr der Partei mit dem Prozessbevollmächtigten** führt; zum anderen regelt Anm. zu Nr. 3400 VV RVG die Vergütung des Rechtsanwalts, der die **Handakten an den Rechtsanwalt eines höheren Rechtszugs übersendet** und dies mit **gutachterlichen Äußerungen** verbindet.

Die Vergütung des Verkehrsanwalts, der lediglich den Verkehr der Partei mit dem Prozessbevollmächtigten führt ist in Nr. 3400 VV RVG geregelt. Voraussetzung ist ein **Drei-Personen-Verhältnis** (Auftraggeber – Verkehrsanwalt – Prozessbevollmächtigter). Fehlt es hieran, kommt Nr. 3400 VV RVG nicht zur Anwendung[1]. 255

Der Verkehrsanwalt kann in sämtlichen Instanzen bestellt werden. Eine **Postulationsfähigkeit** ist nicht erforderlich, da der Verkehrsanwalt nicht vor dem Gericht tätig wird, sondern lediglich zwischen der Partei und dem Prozessbevollmächtigten den Informationsaustausch vermittelt. 256

Nach Nr. 3400 VV RVG erhält der Verkehrsanwalt eine Gebühr **in Höhe der dem Prozessbevollmächtigten zustehenden Verfahrensgebühr, höchstens jedoch 1,0**. Die Vorschrift stellt damit eine Akzessorietät zur Verfahrensgebühr des Prozessbevollmächtigten her. Entgegen dem Wortlaut gilt diese Abhängigkeit jedoch nicht uneingeschränkt. So erhält der Verkehrsanwalt die Gebühr nach Nr. 3400 VV RVG auch dann, wenn noch gar kein Prozessbevollmächtigter bestellt worden ist, sondern dieser erst noch bestellt werden soll. Der Verkehrsanwalt erhält dann eine Gebühr in der Höhe, in der ein bereits bestellter Prozessbevollmächtigter die Verfahrensgebühr erhalten hätte, allerdings nach Nr. 3405 Nr. 1 VV RVG höchstens zu 0,5. 257

Im Übrigen ist für gebührenerhöhende oder gebührenmindernde Merkmale danach zu unterscheiden, ob es sich um persönliche oder sachliche Merkmale handelt[2]. 258

Soweit der Prozessbevollmächtigte in mehreren Angelegenheiten tätig wird, gilt dies auch für den Verkehrsanwalt. Wird der Rechtsstreit vom Rechtsmittelgericht **zurückverwiesen**, so beginnt damit auch für den Verkehrsanwalt eine neue Angelegenheit (§ 21 Abs. 1 RVG)[3]. Auch die Verkehrsanwaltsgebühr nach Nr. 3400 VV RVG entsteht dann erneut (§ 21 Abs. 1 RVG), wird aber angerechnet (Vorbem. 3 Abs. 6 VV RVG), es sei denn, es wird an ein Gericht verwiesen, das mit der Sache noch nicht befasst war oder es sind zwei Kalenderjahre verstrichen (§ 15 Abs. 5 S. 2 RVG). 259

Schließt sich an das **Urkundenverfahren** das **ordentliche Verfahren** oder das **Nachverfahren** an, so erhält auch der Verkehrsanwalt die Gebühr nach Nr. 3400 VV RVG erneut (§ 19 Nr. 5 RVG). Die im Urkundenverfahren entstandene Gebühr ist jedoch auf die Gebühr des nachfolgenden ordentlichen Verfahrens anzurechnen (Anm. Abs. 2 zu Nr. 3100 VV RVG). Das gilt auch für den Verkehrsanwalt. 260

---
1 AnwK-RVG/*N. Schneider*, Nr. 3400 VV RVG Rz. 1, 18.
2 Siehe hierzu AnwK-RVG/*N. Schneider*, Nr. 3400 Rz. 36 ff.
3 AnwK-RVG/*N. Schneider*, Nr. 3400 Rz. 54.

261 Eine **Terminsgebühr** kann der Rechtsanwalt unmittelbar als Verkehrsanwalt nicht erhalten (Vorbem. 3.4 Abs. 1 VV RVG). Allerdings kann dem Verkehrsanwalt ein weitergehender zusätzlicher Auftrag nach Nrn. 3401, 3042 VV RVG erteilt werden, so dass der Rechtsanwalt dann zusätzliche Gebühren unter Beachtung des § 15 Abs. 6 RVG erhält.

Neben der Gebühr nach Nr. 3400 VV RVG kann der Verkehrsanwalt auch eine **Einigungsgebühr** nach den Nrn. 1000 ff. VV RVG verdienen.

262 In der Anm. zu Nr. 3400 VV RVG ist eine besondere Verkehrsanwaltsgebühr enthalten. Grundsätzlich zählt die Übersendung der Handakten an einen anderen Rechtsanwalt nach § 19 Abs. 1 S. 2 Nr. 17 RVG zum Rechtszug. Die Vorschrift der Anm. zu Nr. 3400 VV RVG macht hiervon eine Ausnahme, wenn der Rechtsanwalt im Einverständnis mit dem Auftraggeber die Übersendung der Akten an den Rechtsanwalt eines höheren Rechtszugs mit gutachtlichen Äußerungen verbindet[1].

Beispiel:
Der OLG-Anwalt übersendet seine Handakten an den BGH-Anwalt und verbindet dies auftragsgemäß mit gutachterlichen Äußerungen.

Der Rechtsanwalt erhält zusätzlich neben der Vergütung für das Berufungsverfahren eine 1,0-Gebühr nebst Auslagen und Umsatzsteuer nach Anm. zu Nr. 3400 VV RVG.

263 **Erledigt sich der Auftrag**, bevor der übersendende Rechtsanwalt gegenüber dem Prozessbevollmächtigten des Rechtsmittelverfahrens tätig geworden ist, reduziert sich diese Gebühr nach Nr. 3405 Nr. 1 VV RVG auf 0,5.

Auch hier greift wiederum Nr. 1008 VV RVG, wenn der Rechtsanwalt für **mehrere Auftraggeber** tätig wird.

264 Der **Gegenstandswert** der Verkehrsanwaltsgebühr bestimmt sich nicht nach dem Wert der Verfahrensgebühr, sondern nach dem Wert der Gegenstände, hinsichtlich deren der Verkehrsanwalt tätig werden soll. Der Gegenstandswert für die Verfahrensgebühr des Prozessbevollmächtigten kann daher höher liegen.

27. Terminsvertreter

265 Terminsvertreter ist derjenige Rechtsanwalt, der einen Termin i.S.d. Vorbem. 3 Abs. 3 VV RVG im Auftrag des Mandanten wahrnehmen soll, der also nicht mit der Prozessführung insgesamt beauftragt ist. Er erhält seine Vergütung nach den Nrn. 3401, 3402 VV RVG.

266 Der Terminsvertreter erhält nach Nr. 3401 VV RVG zunächst einmal eine **Verfahrensgebühr** in Höhe der Hälfte der Verfahrensgebühr, die dem Verfahrensbevollmächtigten entsteht bzw. ihm entstehen würde. Zu fragen ist

---

1 Zur Abgrenzung zu Beratung und Gutachten siehe AnwK-RVG/*N. Schneider*, Nr. 3400 VV RVG Rz. 107.

also danach, welche Verfahrensgebühr ein Prozessbevollmächtigter erhalten würde. Hiervon erhält dann der Terminsvertreter die Hälfte. Eine Begrenzung ist hier im Gegensatz zu Nr. 3400 VV RVG nicht vorgesehen. Erstinstanzlich entsteht also eine 0,65-Verfahrensgebühr.

Erledigt sich das Verfahren vorzeitig, so reduziert sich die Verfahrensgebühr der Nr. 3401 VV RVG nach Nr. 3405 Nr. 2 VV RVG auf 0,5. 267

Soweit der Terminsvertreter **mehrere Auftraggeber** vertritt, erhöht sich die Verfahrensgebühr nach Nr. 1008 VV RVG um 0,3; bei zwei Auftraggebern beläuft sich die Verfahrensgebühr somit auf 0,95. 268

Neben der Verfahrensgebühr erhält der Terminsvertreter nach Nr. 3402 VV RVG zusätzlich eine **Terminsgebühr** in Höhe der Terminsgebühr, die ein Prozessbevollmächtigter erhalten würde. Erstinstanzlich entsteht also die Gebühr nach Nr. 3104 VV RVG und im Falle eines **Versäumnisurteils** oder eines Antrag zur Prozess- und Sachleitung die 0,5-Gebühr nach Nr. 3105 VV RVG. 269

Wirkt der Terminsvertreter an einer Einigung i.S.d. Nrn. 1000 ff. VV RVG mit, so erhält er daneben auch eine **Einigungsgebühr** und zwar in Höhe von 1,0, soweit die Gegenstände anhängig sind (Nr. 1003 VV RVG), im Rechtsmittelverfahren zu 1,3 (Nr. 1004 VV RVG) und in Höhe von 1,5, sofern nicht anhängige Gegenstände in die Einigung mit einbezogen werden (Nr. 1000 VV RVG). 270

Die bloße Protokollierung eines zwischen den Prozessbevollmächtigten bereits ausgehandelten Vergleichs löst die Terminsgebühr nach Nrn. 3401, 3402, 3104 VV RVG nicht aus (Abs. 3 der Anm. zu Nr. 3104 VV RVG). Insoweit bleibt es bei der Verfahrensgebühr.

Für den **Prozessbevollmächtigten** entsteht keine zusätzliche Gebühr mehr für das Übertragen der mündlichen Verhandlung (früher § 33 Abs. 3 BRAGO). Das Übertragen ist durch die Verfahrensgebühr abgegolten. Allerdings kann der Prozessbevollmächtigte auch neben dem Terminsvertreter eine Terminsgebühr verdienen, wenn auch er an einem gerichtlichen Termin oder einem Sachverständigentermin teilnimmt oder wenn er Besprechungen mit dem Gegner führt (Vorbem. 3 Abs. 3 VV RVG). Darüber hinaus kann auch für den Hauptbevollmächtigten eine Einigungsgebühr anfallen, nämlich, 271

– wenn er dem Terminsvertreter Vorgaben an die Hand gibt, aufgrund derer dieser dann im Termin die Einigung abschließt,
– wenn sich der Hauptbevollmächtigte an Vergleichsverhandlungen beteiligt und im Termin dann eine entsprechende Einigung abgeschlossen wird[1],

---

1 OLG München, OLGR 2009, 688 = JurBüro 2009, 487 = RVGreport 2009, 315 = FamRZ 2009, 1782 = FamRB 2009, 345.

– wenn der Terminsvertreter in einer Sitzungspause mit dem Hauptbevollmächtigten Rücksprache hält[1],

– wenn der Terminsvertreter eine Einigung unter dem Vorbehalt des Widerrufs abschließt und der Prozessbevollmächtigte dann im Nachhinein die Sache mit dem Mandanten bespricht und vom Widerruf des Prozessvergleichs abrät[2].

Die zweite Einigungsgebühr des Hauptbevollmächtigten ist grundsätzlich auch erstattungsfähig.

28. Einzeltätigkeiten

272 Die Vorschrift der Nr. 3403 VV RVG ergänzt die Vorschriften der Nrn. 3401, 3402 VV RVG und vergütet diejenigen Einzeltätigkeiten des Rechtsanwalts, die ansonsten nicht erfasst wären. Voraussetzung für die Anwendung der Nr. 3403 VV RVG ist, dass der Rechtsanwalt nicht zum Verfahrensbevollmächtigten bestellt ist.

273 Für eine Einzeltätigkeit, insbesondere für das Einreichen, Anfertigen oder Unterzeichnen von Schriftsätzen (z.B. isolierte Vertretung im Kosten- oder Vergütungsfestsetzungsverfahren) und die Wahrnehmung von anderen Terminen als solchen i.S.d. Vorbem. 3 Abs. 3 VV RVG (bloßer Protokollierungstermin) erhält der Rechtsanwalt eine 0,8-Gebühr. Erledigt sich der Auftrag vorzeitig, so erhält der Rechtsanwalt nach Nr. 3405 VV RVG, die der Nr. 3101 Nr. 1 VV RVG nachgebildet ist, nur eine Gebühr in Höhe von 0,5 (Anm. zu Nr. 3405 VV RVG).

274 In Ergänzung hierzu regelt VV RVG 3404 die Höhe der Vergütung für **einfache Schreiben**. Danach erhält der Rechtsanwalt nur eine 0,3-Verfahrensgebühr.

275 Vertritt der Rechtsanwalt **mehrere Auftraggeber**, so erhöht sich auch die Verfahrensgebühr der Nr. 3403 VV RVG gem. Nr. 1008 VV RVG um 0,3 je weiteren Auftraggeber.

Im Einzelfall kann auch bei einer Einzeltätigkeit eine **Einigungsgebühr** anfallen.

29. Zwangsvollstreckung

a) Überblick

276 In der Zwangsvollstreckung erhält der Rechtsanwalt seine Vergütung nach Nrn. 3309, 3310 VV RVG. Diese Vorschriften gelten auch für die Vollziehung eines Arrestbefehls oder einer einstweiligen Verfügung. Für die

---

[1] OLG München, AGS 2008, 52 u. 102 = JurBüro 2007, 595 = OLGR 2007, 1001 = RVGreport 2007, 392 = NJW-Spezial 2008, 60.
[2] AG Berlin-Mitte, JurBüro 2006, 422 = AnwBl. 2007, 91; AG Köln, AnwBl. 2007, 239 = AGS 2007, 133 = JurBüro 2007, 139.

Zwangsversteigerung und Zwangsverwaltung gelten die besonderen Vorschriften der Nrn. 3311 ff. VV RVG.

Der Rechtsanwalt erhält für das Betreiben der Zwangsvollstreckung (Vorbem. 3 Abs. 2 VV RVG) eine Verfahrensgebühr in Höhe von 0,3 nach Nr. 3309 VV RVG. Eine Reduzierung der Verfahrensgebühr bei **vorzeitiger Erledigung** ist nicht vorgesehen. 277

Vertritt der Rechtsanwalt **mehrere Auftraggeber**, also mehrere Vermieter oder Mieter als Gläubiger im Rahmen der Zwangsvollstreckung, erhöht sich die 0,3-Verfahrensgebühr der Nr. 3309 VV RVG wiederum um 0,3 je weiteren Auftraggeber nach Nr. 1008 VV RVG (siehe unten *Rz. 290 ff.*). 278

Auch eine **Terminsgebühr** kann in der Zwangsvollstreckung entstehen, sofern der Rechtsanwalt im Rahmen der Zwangsvollstreckungsmaßnahme an einem gerichtlichen Termin oder einem Termin zur Abgabe der eidesstattlichen Versicherung teilnimmt. Die Höhe der Terminsgebühr beläuft sich nach Nr. 3310 VV RVG ebenfalls auf 0,3. Sie entsteht allerdings nicht für die Wahrnehmung des vom Gerichtsvollzieher anberaumten **Räumungstermin**[1]. 279

Bei dem Termin i.S.d. Nr. 3310 VV RVG muss es sich um einen gerichtlichen Termin handeln. Außergerichtliche Verhandlungen **ohne Beteiligung des Gerichts** reichen nicht aus. Die Vorbem. 3 Abs. 3 VV RVG ist durch Nr. 3310 VV RVG abbedungen[2]. 280

Selbstverständlich kann im Rahmen der Zwangsvollstreckung auch eine **Einigungsgebühr** entstehen. Soweit die Hauptsache oder ein gerichtliches Vollstreckungsverfahren anhängig ist, entsteht eine 1,0-Gebühr nach Nrn. 1000, 1003 VV RVG[3]. Das gilt auch, wenn ein Vollsteckungsverfahren vor dem Gerichtsvollziher anhängig ist (Anm. Abs. 1 S. 2 zu Nr. 1003 VV RVG). Soweit weder die Hauptsache noch ein Vollstreckungsverfahren anhängig ist, etwa wenn bislang nur die Vollstreckung angedroht oder die Zwangsvollstreckungsmaßnahme bereits abgeschlossen ist, entsteht die Einigungsgebühr zu 1,5 (Nr. 1000 VV RVG). Ist die Hauptsache im Berufungsverfahren anhängig, so entsteht die Gebühr zu 1,3 (Nr. 1004 VV RVG). 281

b) Vollstreckungsandrohung

Kommt der Schuldner seiner Verpflichtung freiwillig nicht nach, wird er in aller Regel zunächst noch einmal unter Androhung der Zwangsvollstreckung anwaltlich aufgefordert. Diese **Aufforderung** zählt gebührenrechtlich bereits zur Zwangsvollstreckung und löst daher eine 0,3 Verfahrensgebühr nach Nr. 3309 VV RVG aus. Dies wird häufig übersehen. 282

---
1 *Enders*, Rpfleger 2006, 303.
2 AnwK-RVG/*Wolf*, Nr. 3310 VV RVG Rz. 79.
3 *v. Eicken*, AGS 1995, 8.

283 Kommt es nach einer Vollstreckungsandrohung zu einer Einigung, kann zusätzlich die **Einigungsgebühr** nach Nrn. 1000 ff. VV RVG entstehen, und zwar in aller Regel zu 1,5 (Nr. 100 VV RVG) da ein gerichtliches Verfahren zu diesem Zeitpunkt noch nicht eingeleitet ist.

Beispiel:

Der Schuldner ist rechtskräftig verurteilt, die Wohnung zum 30.10. zu räumen. Nachdem dies nicht geschehen ist, lässt der Vermieter im November durch seinen Rechtsanwalt den Schuldner unter Androhung der Räumungsvollstreckung auffordern, die Wohnung binnen 14 Tagen zu räumen. Der Schuldner bittet sodann um eine Räumungsfrist von zwei Monaten und verpflichtet sich im Gegenzug, für die weiteren Monate eine über die bisherige Miete hinausgehende Nutzungsentschädigung zu zahlen.

Ein gegenseitiges Nachgeben der Parteien liegt vor, da der Vermieter für zwei Monate auf die Durchsetzung seines Räumungsanspruchs verzichtet hat. Der Mieter zahlt nicht nur die gesetzlich geschuldete Nutzungsentschädigung, sondern einen darüber hinausgehenden Betrag. Neben der Verfahrensgebühr nach Nr. 3009 VV RVG ist daher auch eine Einigungsgebühr angefallen. Da ein Vollstreckungsverfahren noch nicht anhängig war, entsteht eine 1,5-Einigungsgebühr nach Nr. 1000 VV RVG. Dass der Räumungsanspruch rechtskräftig tituliert ist, spielt keine Rolle, da über ihn kein Verfahren mehr anhängig ist. Dass ein Verfahren anhängig war, ist im Rahmen der Nr. 1003 VV RVG unerheblich.

c) Anschriftenermittlungen in der Zwangsvollstreckung

284 Muss der Rechtsanwalt im Rahmen der Zwangsvollstreckung die zutreffende Anschrift des Schuldners ermitteln, liegt darin keine neue gebührenrechtliche Angelegenheit, die gesondert zu vergüten ist (vgl. o. *Rz. 112*).

d) Umfang der Angelegenheit in der Zwangsvollstreckung

aa) Systematik der §§ 16 ff. RVG

285 Hinsichtlich des Umfangs der Angelegenheit gelten auch hier die allgemeinen Vorschriften der §§ 15, 16 ff. RVG. Primär gilt § 18 Nr. 1 RVG, wonach in der Zwangsvollstreckung **jede Vollstreckungsmaßnahme** zusammen mit den durch diese vorbereiteten weiteren Vollstreckungshandlungen bis zur Befriedigung des Gläubigers als **eine Angelegenheit** gilt. Jede Vollstreckungsmaßnahme ist danach als eine besondere Angelegenheit i.S.d. § 15 RVG anzusehen. Sie endet mit der erfolgreichen Beitreibung der Forderung oder mit deren endgültigen Scheitern.

286 Die Abgrenzung ist insbesondere bei der Mobiliarvollstreckung schwierig, wenn der Schuldner verzogen ist und unter seiner neuen Anschrift weiter vollstreckt werden muss. Hier ist in aller Regel von einer einzigen Angelegenheit auszugehen; es kommt jedoch auf den Einzelfall an.

Beispiel:
Der Gerichtsvollzieher in Köln stellt fest, dass der Schuldner nach Düsseldorf verzogen ist, und teilt dies dem Gläubiger mit, der sodann den zuständigen Düsseldorfer Gerichtsvollzieher beauftragt, der die Forderung beitreibt.
Hier dürfte nur eine einzige Angelegenheit vorliegen.

Beispiel:
Der Gerichtsvollzieher in Köln teilt dem Gläubiger mit, dass der Schuldner unbekannt verzogen sei. Ermittlungen nach dem Aufenthalt des Schuldners scheitern, so dass die Sache zunächst abgeschlossen wird. Ein halbes Jahr später wird der Schuldner in Düsseldorf ausfindig gemacht, und es wird dort erfolgreich vollstreckt.
Da die erste Vollstreckungsmaßnahme abgeschlossen war, handelt es sich bei der Vollstreckung in Düsseldorf um eine neue Angelegenheit und nicht mehr um die Fortsetzung des ersten Vollstreckungsversuchs.

Im Einzelnen gilt Folgendes: 286a
– Wird die Zwangsvollstreckung zeitnah unter der neuen Anschrift fortgesetzt, dann ist von einem einheitlichen Vollstreckungsauftrag auszugehen, so dass die Verfahrensgebühr nach Nr. 3309 VV RVG nur einmal entsteht[1].
– Eine Angelegenheit liegt auch dann noch vor, wenn zunächst am Geschäftssitz vollstreckt wird und anschließend am Wohnsitz des Schuldners oder umgekehrt[2].
– Dagegen sollen mehrere Angelegenheiten vorliegen, wenn der Gläubiger den Auftrag zur Zwangsvollstreckung sowohl im Geschäftslokal als auch in der an einem anderen Ort gelegenen Wohnung zugleich erteilt (LG Frankenthal JurBüro 1979, 1325).
– Wird die Vollstreckung mangels Kenntnis des wahren Aufenthaltsorts zunächst eingestellt und zu einem späteren Zeitpunkt nach Bekanntwerden der neuen Anschrift wieder aufgenommen, liegen zwei verschiedene Angelegenheiten vor.
– Ebenso liegen zwei Angelegenheiten vor, wenn nach einer teilweise erfolgreichen Vollstreckung wegen einer Teilforderung alsbald ein weiterer Vollstreckungsauftrag wegen der Restforderung erteilt wird[3].

---

1 KG, JurBüro 1968, 43; OLG Koblenz, Rpfleger 1977, 236; OLG Köln, JurBüro 1983, 871; AG Forchheim, DGVZ 1999, 93; LG Bamberg, DGVZ 1999, 93; OLG München, AnwBl. 1982, 500 = OLGR 1992 = JurBüro 1992, 326; OLG Düsseldorf, JurBüro 1987, 548; AnwK-RVG/Wolf, § 18 Rz. 58.
2 BGH, AGS 2005, 63 = JurBüro 2005, 139 = RVGreport 2005, 34 = WM 2005, 183 = DGVZ 2005, 6 = Rpfleger 2005, 165 = JurBüro 2005, 139 = BGHReport 2005, 400 = InVo 2005, 163 = MDR 2005, 475 = ZVI 2005, 225 = NJW-RR 2005, 706 = FamRZ 2005, 203; AG Schleiden, DGVZ 2005, 142.
3 AG Waldbröl, DGVZ 1998, 142.

287 Welche Handlungen und Maßnahmen noch zur **selben Vollstreckungsangelegenheit** zählen, ergibt sich insbesondere aus der Aufzählung in § 19 Abs. 2 RVG. Wann **gesonderte Angelegenheiten** vorliegen, ergibt sich demgegenüber aus der Aufzählung in § 18 RVG.

288 Hervorzuheben ist hier § 18 Nr. 8 RVG. **Vollstreckungsschutzverfahren** nach § 765a ZPO zählen als gesonderte Angelegenheit. Zu beachten ist insoweit, dass jedes Vollstreckungsschutzverfahren eine eigene Angelegenheit darstellt. Wird also im zweiten Vollstreckungsschutzverfahren die weitere Verlängerung der im ersten Räumungsschutzverfahren bewilligten Räumungsfrist beantragt, so entstehen für beide Verfahren gesonderte Gebühren[1].

289 Räumungsfristverfahren nach §§ 721, 794 ZPO zählen nach der ZPO zwar zur Zwangsvollstreckung. Gebührenrechtlich werden solche Verfahren jedoch gesondert nach Nr. 3329, 3332 VV RVG erfasst (vgl. o. *Rz. 231 ff.*).

bb) Mehrheit von Gläubigern oder Schuldnern in der Zwangsvollstreckung

(1) Vollstreckung für mehrere Gläubiger

290 Wird der Rechtsanwalt für **mehrere Gläubiger** tätig, so liegt nur **eine Angelegenheit** vor. Steht die Forderung den Gläubigern gemeinsam zu, erhöht sich die Verfahrensgebühr der Nrn. 3309 VV RVG nach Nr. 1008 VV RVG um 0,3 je weiteren Auftraggeber.

291 Einstweilen frei.

(2) Vollstreckung gegen mehrere Schuldner

292 Umstritten ist, ob die Vollstreckung gegen **mehrere Schuldner** für den Rechtsanwalt des Gläubigers und ggf. den gemeinsamen Rechtsanwalt der Schuldner eine einzige Angelegenheit i.S.d. § 15 RVG darstellt oder ob mehrere Angelegenheiten gegeben sind.

293 Die h.M. geht davon aus, dass die Vollstreckung gegen mehrere Schuldner auch entsprechend mehrere Angelegenheiten darstellt. Sie stützt sich hierbei auf § 18 Nr. 1 RVG, wonach jede Vollstreckungsmaßnahme als eigene Angelegenheit gilt, und weist darauf hin, dass es in der Zwangsvollstreckung keine Streitgenossenschaft i.S.d. §§ 59 ff. ZPO gibt. Diese Auffassung dürfte zutreffend sein, da die Zwangsvollstreckung gegen jeden einzelnen Schuldner in der Regel gesondert verläuft, zumindest gesondert verlaufen kann. Bei Zahlungsansprüchen, die vollstreckt werden, liegt dies auf der Hand. Die Vollstreckung erfolgt jeweils in das Vermögen des betreffenden Schuldners, so dass sich bereits hieraus die Eigenständigkeit der Vollstreckungsmaßnahme ergibt.

---

[1] Gerold/Schmidt/*von Eicken*, § 58 Rz. 25.

Auch dann, wenn ein **Räumungsanspruch gegen mehrere Mieter**, ggf. Eheleute, vollstreckt wird, geht die h.M. von verschiedenen Angelegenheiten aus[1]. Dies erscheint zumindest dann bedenklich, wenn die Vollstreckung gegen die Mieter einheitlich verläuft. Die Aufspaltung dürfte hier im Widerspruch zu § 15 RVG stehen. Da ein einheitlicher Auftrag zugrunde liegt, sich die Tätigkeit sich im gleichen Rahmen hält und zwischen den einzelnen Handlungen oder Gegenständen der anwaltlichen Tätigkeit ein innerer Zusammenhang besteht, dürfte von nur einer Angelegenheit auszugehen sein[2]. 294

Stellen **mehrere Räumungsschuldner** jeweils einen **Vollstreckungsschutzantrag** gegen die Räumung ihrer Wohnung, so liegen wiederum verschiedene Angelegenheiten vor[3]. 295

30. Strafsachen (Teil 4 VV RVG)

Strafrechtliche Verfahren mit mietrechtlichem Bezug sind äußerst selten, kommen aber vor, da es hier spezielle Straftatbestände gibt, Mietwucher o.ä. 296

Die Vergütung in Strafsachen richtet sich nach Teil 4 VV RVG. Auf eine eingehende Darstellung wird an dieser Stelle verzichtet und auf die einschlägigen Kommentare und Lehrbücher verwiesen.

Ist der Rechtsanwalt damit beauftragt, eine Strafanzeige zu erstatten, etwa wegen Hausfriedensbruch, Sachbeschädigung, Mietwucher o.ä., so handelt es sich um eine Tätigkeit nach Nr. 4302 Nr. 2 VV RVG, die mit einem Gebührenrahmen von 20,00 bis 250,00 Euro vergütet wird.

31. Bußgeldsachen (Teil 5 VV RVG)

Auch Bußgeldverfahren mit mietrechtlichem Bezug sind denkbar, aber ebenso selten. Die Vergütung richtet sich nach Teil 5 VV RVG. Auch insoweit sei auf die einschlägigen Kommentare und Lehrbücher verwiesen. 297

32. Auslagen (Teil 7 VV RVG)

a) Überblick

Die **allgemeinen Geschäftskosten** sind bereits durch die Gebühren abgegolten (Vorbem. 7 Abs. 1 VV RVG). 298

---

1 OLG München, NJW 1959, 1376 = AnwBl. 1959, 131; LG Freiburg, JurBüro 1968, 406; LG Hagen, JurBüro 1971, 1048; LG Stuttgart, Rpfleger 1989, 428; AG Frankfurt/Main, AGS 2003, 207 m. Anm. *Mock*; **a.A.** OLG München, NJW 1967, 2018 m. abl. Anm. *Schmidt*; OLG Bremen, OLGR 1997, 362; LG Frankfurt/Main, AnwBl. 1992, 287.
2 LG Tübingen, BRAGOreport 2002, 154 m. Anm. *N. Schneider* = KostRsp. BRAGO § 57 Nr. 15.
3 LG Mannheim, Rpfleger 1982, 238; LG München II, NJW 1964, 2311; Gerold/Schmidt/*von Eicken*, § 58 Rz. 25.

299 Ersatz der ihm entstandenen **Aufwendungen**, etwa vorgelegte Gerichtskosten, Aktenversendungspauschale etc. kann der Rechtsanwalt nach § 675 i.V.m. § 670 BGB erstattet verlangen (Vorbem. 7 Abs. 2 VV RVG).

300 Darüber hinaus kann der Rechtsanwalt Auslagen nach den Nrn. 7000 ff. VV RVG, erhalten, und zwar
- eine Pauschale für die Herstellung und Überlassung von Dokumenten (Nr. 7000 VV RVG)
- Entgelte für Post- und Telekommunikationsdienstleistungen (Nrn. 7001, 7002 VV RVG)
- Reisekosten (Nr. 7003–7006 VV RVG)
- die anteilige Prämie für eine Haftpflichtversicherung (Nr. 7007 VV RVG)
- Umsatzsteuer (Nr. 7008 VV RVG)

b) Dokumentenpauschale (Nr. 7000 VV RVG)

301 Für die **Herstellung und Überlassung von Dokumenten**, erhält der Rechtsanwalt, eine **Dokumentenpauschale** nach Nr. 7000 VV RVG unter den dort genannten Voraussetzungen. Der Rechtsanwalt erhält danach für Ablichtungen und Ausdrucke

a) aus Behörden- und Gerichtsakten, soweit deren Herstellung zur sachgemäßen Bearbeitung der Rechtssache geboten war,

b) zur Zustellung oder Mitteilung an Gegner oder Beteiligte und Verfahrensbevollmächtigte aufgrund einer Rechtsvorschrift oder nach Aufforderung durch das Gericht, die Behörde oder die sonst das Verfahren führende Stelle, soweit hierfür mehr als 100 Seiten zu fertigen waren,

c) zur notwendigen Unterrichtung des Auftraggebers, soweit hierfür mehr als 100 Seiten zu fertigen waren,

d) in sonstigen Fällen nur, wenn sie im Einverständnis mit dem Auftraggeber zusätzlich, auch zur Unterrichtung Dritter, angefertigt worden sind:

für die ersten 50 abzurechnenden Seiten je Seite 0,50 Euro, für jede weitere Seite 0,15 Euro.

302 Für die Überlassung von elektronisch gespeicherten **Dateien** erhält der Rechtsanwalt anstelle der in Nr. 7000 Nr. 1d) VV RVG genannten Ablichtungen und Ausdrucke je Datei 2,50 Euro.

c) Entgelte für Post- und Telekommunikationsdienstleistungen (Nrn. 7001, 7002 VV RVG)

303 Die Telekommunikationsentgelte (also Kosten für Porto, Telefon, Telefax, E-Mail etc.) kann der Rechtsanwalt nach Nr. 7001 VV RVG konkret abrechnen oder nach Nr. 7002 VV RVG pauschal. Als Pauschale erhält er einen Betrag in Höhe von 20 % der gesetzlichen Gebühren, maximal jedoch 20 Euro. Die Postentgeltpauschale erhält der Rechtsanwalt in jeder Angele-

genheit gesondert. In Anrechnungsfällen ist die Postentgeltpauschale aus dem Gebührenaufkommen vor Anrechnung zu ermitteln und nicht etwa aus dem Differenzbetrag, der nach Anrechnung verbleibt[1].

Beispiel:

Der Rechtsanwalt beantragt den Erlass eines Mahnbescheides über 1500 Euro. Hiergegen wird Widerspruch eingelegt, so dass die Sache ins streitige Verfahren abgegeben wird. Dort wird ohne mündliche Verhandlung der Rechtsstreit in der Hauptsache übereinstimmend für erledigt erklärt.

Zu rechnen ist wie folgt:

1,0-Mahnverfahrensgebühr, Nr. 3005 VV RVG (Wert: 1500 Euro)	105,00 Euro
Postentgeltpauschale, Nr. 7002 VV RVG (20 % von 105,00 Euro, höchstens 20,00)	20,00 Euro
Gesamt (netto)	**125,00 Euro**
1,3-Verfahrensgebühr, Nr. 3100 VV RVG	157,50 Euro
gem. Anm. zu Nr. 3305 VV RVG anzurechnen:	– 105,00 Euro
Postentgeltpauschale, Nr. 7002 VV RVG (20 % von 157,00 Euro, höchstens 20,00)	20,00 Euro
Gesamt (netto)	**77,50 Euro**

d) Reisekosten (Nrn. 7003–7006 VV RVG)

Soweit im Verlaufe des Mandats Geschäftsreisen erforderlich werden, also Fahrten zu einem Ort außerhalb der politischen Gemeinde, in der sich die Kanzlei des Rechtsanwalts befindet (Vorbem. 7 Abs. 2 VV RVG), sei es zu Ortsterminen, etwa Einsichtnahme von Nebenkostenbelegen am Sitz des Vermieters oder zu einem auswärtigen Gericht, erhält der Rechtsanwalt Reisekosten nach den Nrn. 7003–7006 VV RVG. Er erhält

– **Fahrtkosten** nach Nr. 7003, 7004 VV RVG,

– **Tage- und Abwesenheitsgelder** nach Nr. 7005 VV RVG und

– **sonstige Auslagen** anlässlich einer Geschäftsreise, soweit sie angemessen sind (Nr. 7006 VV RVG).

Fahrtkosten für die **Benutzung anderer Verkehrsmittel** erhält der Rechtsanwalt, soweit sie angemessen sind. Erstattet werden nur konkrete tatsächliche Auslagen.

---

1 OLG Köln, Rpfleger 1994, 432 = AGS 1994, 65; LG Berlin, JurBüro 1982, 1351; JurBüro 1987, 1869; AG Hamburg, AnwBl. 1993, 293; AG Alzey, AnwBl. 1982, 399; AG Miesbach, NJW-RR 1997, 1431; AG Siegburg, BRAGOreport 2002, 111; LG Essen, BRAGOreport 2002, 39 m. Anm. von *N. Schneider* = JurBüro 2002, 246 m. Anm. von *N. Schneider*; Gerold/Schmidt/*von Eicken*, § 26 Rz. 10; *Baldus*, DAR 1991, 275; *N. Schneider*, MDR 1991, 926; *N. Schneider*, AGS 2003, 94; **a.A.** LG Berlin, JurBüro 1987, 1869 = Rpfleger 1988, 42; LG Bonn, MDR 1991, 65; KG, Rpfleger 2000, 238 = JurBüro 2000, 583.

306 Zu den Fahrtkosten hinzu kommt ein Tage- und **Abwesenheitsgeld** nach Nr. 7005 VV RVG. Die Höhe richtet sich nach der Dauer der Abwesenheit. Bei einer Abwesenheit von nicht mehr als 4 Stunden erhält der Rechtsanwalt 20 Euro, von mehr als 4–8 Stunden 35 Euro und bei mehr als 8 Stunden 60 Euro.

Darüber hinaus kann der Rechtsanwalt **sonstige Auslagen**, die anlässlich einer Geschäftsreise entstanden sind, z.B. Parkgebühren o.ä. nach Nr. 7006 VV RVG in voller Höhe ersetzt verlangen.

307 Zu beachten ist, dass der im Rahmen der **Prozesskostenhilfe** beigeordnete Rechtsanwalt auch von der bedürftigen Partei Reisekosten verlangen kann, wenn er vor dem auswärtigen Gericht nur zu den Bedingungen eines ortsansässigen Rechtsanwalts beigeordnet worden ist. Die Sperrwirkung des § 122 Abs. 1 Nr. 3 ZPO greift insoweit nicht, da die Reisekosten dann nicht von der Prozesskostenhilfe gedeckt sind[1]. Ist der Rechtsanwalt dagegen uneingeschränkt beigeordnet worden, so erhält er die Reisekosten aus der Staatskasse. Den Mandanten kann er dann nicht in Anspruch nehmen.

308 Im Rahmen der **Rechtsschutzversicherung** sind Reisekosten mit versichert, allerdings nur, soweit die Kosten bei einem ortsansässigen Anwalt angefallen wären. Daher sind Reisekosten zu übernehmen, wenn es zu auswärtigen Terminen (insbesondere Beweisterminen) kommt.

Beispiel:

Der in B ansässige Rechtsanwalt wird vor dem AG A tätig. Die Parteien streiten über eine Mietminderung. Das AG A erlässt einen Beweisbeschluss und beauftragt einem Sachverständigen mit der Begutachtung der Wohnung in B, an der der Anwalt teilnimmt.

Da auch bei Beauftragung eines ortsansässigen Anwalts in A Reisekosten angefallen wären, nämlich für die Fahrt zur Beweisaufnahme nach B, muss der Rechtsschutzversicherer die Reisekosten des in B ansässigen Anwalts bis zu dieser Höhe übernehmen.

Soweit eine Übernahme der Reisekosten durch den Rechtsschutzversicherer nicht in Betracht kommt, der Mandant jedoch bei einem vollständigen oder teilweise Obsiegen das Quotenvorrecht geltend machen[2].

e) Haftpflichtversicherungsprämie

309 Als weiterer **Auslagentatbestand** sieht Nr. 7004 VV RVG vor, dass der Rechtsanwalt seine Haftpflichtversicherungsprämie auf den Mandanten umlegen kann, soweit diese Vermögensschäden von mehr als **30 Mio. Euro**

---

[1] OLG Nürnberg, JurBüro 2001, 481 = KostRsp. BRAGO § 19 Nr. 202 m. Anm. *N. Schneider*; AnwK-RVG/*N. Schneider*, § 11 Rz. 103 m.w.N.; unzutreffend – kein Anspruch gegen die bedürftige Partei: OLG Frankfurt/Main, BRAGOreport 2002, 43 m. abl. Anm. von *N. Schneider*.

[2] *N. Schneider*, ProzRB 2002, 20; *N. Schneider*, BRAGOreport 2002, 17, jeweils m. umfangreichen Berechnungsbeispielen.

abdeckt. Ein solcher Fall dürfte in Mietsachen allerdings wohl kaum vorkommen.

f) Umsatzsteuer

Zusätzlich zu seinen Gebühren und Auslagen kann der Rechtsanwalt die von ihm abzuführende Umsatzsteuer vom Mandanten erstattet verlangen (Nr. 7008 VV RVG). Obwohl es sich streng genommen nicht um einen Auslagentatbestand handelt, wird die Umsatzsteuer vom RVG aber als Auslagentatbestand behandelt. 310

Voraussetzung für die Umlage der Umsatzsteuer ist, dass der Rechtsanwalt **umsatzsteuerpflichtig** ist. Daran kann es bei Fällen mit Auslandbezug fehlen. 311

Beispiel:
Der Rechtsanwalt vertritt einen Vermieter, der außerhalb der Mitgliedsstaaten der EU wohnt.
Die Vergütung des Rechtsanwalts ist nicht umsatzsteuerpflichtig.

33. Beitreibung der Vergütung

Zahlt der Auftraggeber die Vergütung des Rechtsanwalts nicht, muss dieser gerichtliche Hilfe in Anspruch nehmen. 312

Soweit die **Vergütung aus einem Rechtsstreit** resultiert, besteht die Möglichkeit der Vergütungsfestsetzung nach § 11 RVG. Zuständig ist das Gericht des ersten Rechtszugs. 313

Werden nicht gebührenrechtliche Einwände erhoben, so dass der Rechtsanwalt klagen muss, so kann er die Klage gem. **§ 34 ZPO** am Gericht des **Hauptprozesses** führen. War der Rechtsanwalt also für einen auswärtigen Vermieter tätig oder für den Mieter, der zwischenzeitlich verzogen ist, so muss er nicht vor dem auswärtigen allgemeinen Gerichtsstand klagen, sondern kann bei dem Gericht die Klage erheben, das erstinstanzlich in dem Mietprozess zuständig war. Dies kann dazu führen, dass wegen einer minimalen Vergütung die Zuständigkeit des Landgerichts gegeben ist, da § 34 ZPO nicht nur die **örtliche**, sondern auch die **sachliche Zuständigkeit** regelt. 314

Resultiert die Vergütung nicht aus einem gerichtlichen Verfahren, so muss die Vergütung am allgemeinen Gerichtsstand des Beklagten geltend gemacht werden. Der Gerichtstand am Ort der Kanzlei als Erfüllungsort (§ 29 ZPO) ist nicht gegeben[1]. 315

---

1 BGH, BGHZ 157, 20 = AGS 2004, 9 = BB 2003, 2709 = FamRZ 2004, 95 = NJW 2004, 54 = BGHR 2004, 180 = MDR 2004, 164 = WM 2004, 496 = DAR 2004, 177 = VersR 2004, 757 = AnwBl. 2004, 119 = ZGS 2004, 4 = RVGreport 2004, 29 = NJ 2004, 80 = EWiR 2004, 517 = RVG-Letter 2004, 3; BGH, BB 2004, 910 = BGHR

34. Anrechnung der Geschäftgebühr im Kostenfestsetzungsverfahren

315a Die zum 5.8.2009 neue eingeführt Vorschrift des § 15a RVG (siehe *Rz. 42 ff.*) besagt in Abs. 2, dass sich ein Dritter grundsätzlich nicht auf eine Anrechnung berufen kann. Dies hat vor allem Bedeutung für die Kostenerstattung. Da jede Gebühr selbständig ist, kann die im Rechtsstreit obsiegende Partei also grundsätzlich die Festsetzung der vollen Verfahrensgebühr verlangen und zwar unbeschadet der Anrechnung einer eventuell zuvor entstandenen Geschäftsgebühr.

315b Der Erstattungspflichtige kann also nicht mehr – wie nach der bisherigen Rechtsprechung des BGH – einwenden, es sei auf Seiten des Erstattungsberechtigten zuvor eine Geschäftsgebühr entstanden, daher seien die Kosten des Rechtsstreits um den anzurechnenden Betrag vermindert.

Beispiel:

Der Beklagte war vorgerichtlich in Anspruch genommen worden und hatte durch seinen Anwalt die Forderung abwehren lassen. Angefallen war insoweit eine 1,3-Geschäftsgebühr. Es kam hiernach zum Rechtsstreit. Die Klage wurde abgewiesen. Die Kosten des Rechtsstreits hatte der Kläger zu tragen.

Während nach der Rechtsprechung des BGH der Beklagte im Kostenfestsetzungsverfahren nur noch die Verfahrensgebühr abzüglich der hälftig anzurechnenden Geschäftsgebühr (also 1,3 – 0,65 = 0,65) verlangen konnte, kann sich der Erstattungspflichtige nach dem neuen § 15a Abs. 2 RVG auf diese Anrechnung nicht mehr berufen. Gegen ihn muss zukünftig wieder die volle 1,3-Verfahrensgebühr festgesetzt werden.

315c Nur dann, wenn
– der Erstattungspflichtige selbst die anzurechnende Gebühr bereits gezahlt hat,
– diese gegen ihn bereits tituliert ist oder
– beide Gebühren im selben Verfahren gegen ihn geltend gemacht werden,

kann er sich noch auf die Anrechnung berufen.

Beispiel (Zahlung):

Im Rechtsstreit klagt der Kläger die Hauptforderung sowie eine vorgerichtlich entstandene 1,3-Geschäftsgebühr ein. Der Gegner zahlt während des Rechtsstreits sowohl die Hauptforderung als auch die Kosten. Daraufhin wird der Rechtsstreit übereinstimmend in der Hauptsache für erledigt erklärt. Die Kosten wurden dem Beklagten auferlegt.

Da der Beklagte die Geschäftsgebühr bereits gezahlt hat, kann er sich jetzt im Kostenfestsetzungsverfahren auf die Anrechnung berufen. Es dürfen jetzt lediglich noch 1,3 – 0,65 = 0,65 gegen ihn festgesetzt werden.

2004, 841 = FamRZ 2004, 938 = MDR 2004, 765 = NJW-RR 2004, 932 = WM 2004, 2038 = VersR 2004, 1625 = RVGreport 2004, 271.

Beispiel (Verurteilung):

Der Beklagte ist verurteilt worden, die Klageforderung zu zahlen sowie die vorgerichtlich entstandene 1,3-Geschäftsgebühr.

Auch jetzt kann sich der Beklagte auf die Anrechnung berufen. Er ist in der Hauptsache bereits zur Zahlung der Geschäftsgebühr verurteilt worden, muss also die 1,3-Geschäftsgebühr zahlen. Dann kann von ihm aber im Kostenfestsetzungsverfahren nicht noch einmal die 1,3-Verfahrensgebühr verlangt werden. Hier sind also auch lediglich 1,3 – 0,65 = 0,65 festzusetzen.

Beispiel (gleichzeitiges Geltendmachen):

Der Mieter hatte ein vorgerichtlich den Vermieter zur Mängelbeseitigung aufgefordert und anschließend ein selbständiges Beweisverfahren eingeleitet. Nach Erhalt des Gutachtens sind die gerügten Mängel beseitigt worden, so dass es nicht mehr zum Hauptsacheprozess gekommen ist. Der Mieter verlangt als Schadensersatz Ersatz seiner im Beweisverfahren angefallenen Kosten sowie der gehörigen vorgerichtlichen 1,3-Geschäftsgebühr.

Auch jetzt muss der Kläger die Anrechnung gegen sich gelten lassen und kann insgesamt nur (1,3 + 1,3 – 0,65 =) 1,95 verlangen.

Wird die eingeklagte Geschäftsgebühr nur teilweise zugesprochen oder nur teilweise gezahlt, so wird sie auch nur hälftig angerechnet, soweit sie gezahlt oder zugesprochen worden ist. Drei Grundfälle sind dabei auseinander zu halten:

a) Geschäftsgebühr wird nach geringerem Gebührensatz zugesprochen

Wird die Geschäftsgebühr lediglich zu einem geringeren Gebührensatz zugesprochen als eingeklagt, dann wird die Geschäftsgebühr im Kostenfestsetzungsverfahren auch nur nach dem Gebührensatz hälftig angerechnet, der zugesprochen worden ist.

Beispiel:

Der Anwalt klagt neben der Hauptsache (8000 Euro) eine 1,5-Geschäftsgebühr (Nr. 2300 VV RVG) daraus ein. Das Gericht spricht neben den 8000 Euro nur eine 1,3-Gebühr daraus zu und weist die Klage im Übrigen ab.

Anzurechnen ist die Geschäftsgebühr nur in Höhe der Hälfte des zugesprochenen Satzes, also in Höhe von 0,65.

*Der Mandant erhält als **materiell-rechtlicher Kostenerstattungsanspruch** erstattet:*

1. 1,3-Geschäftsgebühr, Nr. 2300 VV RVG (Wert: 8000 Euro)		535,60 Euro
2. Postentgeltpauschale, Nr. 7002 VV RVG		20,00 Euro
Zwischensumme	555,60 Euro	
3. 19 % Umsatzsteuer, Nr. 7008 VV RVG		105,56 Euro
Gesamt		**661,16 Euro**

Im Wege der **Kostenfestsetzung/-ausgleichung** sind zu berücksichtigen:

1. 1,3-Verfahrensgebühr, Nr. 3100 VV RVG (Wert: 8000 Euro)	535,60 Euro
2. gem. Vorbem. 3 Abs. 4 VV RVG anzurechnen, 0,65 aus 8000 Euro	– 267,80 Euro
3. 1,2-Termingebühr, Nr. 3104 VV RVG (Wert: 8000 Euro)	494,40 Euro
4. Postentgeltpauschale, Nr. 7002 VV RVG	20,00 Euro
Zwischensumme 782,20 Euro	
5. 19 % Umsatzsteuer, Nr. 7008 VV RVG	148,62 Euro
Gesamt	**930,82 Euro**

b) Geschäftsgebühr wird nach geringerem Gegenstandswert zugesprochen

315e Wird die Geschäftsgebühr zwar nach dem vollen Gebührensatz zugesprochen, jedoch nach einem geringeren Gegenstandswert, wird die Geschäftsgebühr im Kostenfestsetzungsverfahren hälftig nach dem Wert angerechnet, nach dem sie zugesprochen worden ist.

Beispiel:

Der Anwalt klagt neben der Hauptsache (8000 Euro) eine 1,5-Geschäftsgebühr (Nr. 2300 VV RVG) daraus ein. Das Gericht spricht lediglich 4000 Euro sowie eine 1,5-Gebühr daraus zu und weist die Klage im Übrigen ab.

Anzurechnen ist die Geschäftsgebühr nur in Höhe der Hälfte des zugesprochenen Satzes, also in Höhe von 0,75, allerdings nur aus dem zugesprochenen Wert.

Der Mandant erhält daher als **materiell-rechtlicher Kostenerstattungsanspruch** erstattet:

1. 1,5-Geschäftsgebühr, Nr. 2300 VV RVG (Wert: 4000 Euro)	367,50 Euro
2. Postentgeltpauschale, Nr. 7002 VV RVG	20,00 Euro
Zwischensumme 387,50 Euro	
3. 19 % Umsatzsteuer, Nr. 7008 VV RVG	73,63 Euro
Gesamt	**461,13 Euro**

Im Wege der **Kostenfestsetzung/-ausgleichung** sind zu berücksichtigen:

1. 1,3-Verfahrensgebühr, Nr. 3100 VV RVG (Wert: 8000 Euro)	535,60 Euro
2. gem. Vorbem. 3 Abs. 4 VV RVG anzurechnen, 0,75 aus 4000 Euro	– 183,75 Euro
3. 1,2-Termingebühr, Nr. 3104 VV RVG (Wert: 8000 Euro)	494,40 Euro
4. Postentgeltpauschale, Nr. 7002 VV RVG	20,00 Euro
Zwischensumme 866,25 Euro	
5. 19 % Umsatzsteuer, Nr. 7008 VV RVG	164,59 Euro
Gesamt	**1030,84 Euro**

c) Geschäftsgebühr wird sowohl nach geringerem Gebührensatz als auch nach geringerem Gegenstandswert zugesprochen

Möglich sind auch Kombinationen. Wird vom Gericht sowohl der Gebührensatz gekürzt als auch lediglich ein geringerer Gegenstandswert zugestanden, dann ist die Geschäftsgebühr hälftig nach dem zugesprochenen geringeren Gebührensatz und Gegenstandswert anzurechnen. 315f

Beispiel:
Der Anwalt klagt neben der Hauptsache (8000 Euro) eine 1,5-Geschäftsgebühr (Nr. 2300 VV RVG) daraus ein. Das Gericht spricht lediglich 4000 Euro sowie eine 1,3-Gebühr daraus zu und weist die Klage im Übrigen ab.

Anzurechnen ist die Geschäftsgebühr nur in Höhe der Hälfte des zugesprochenen Satzes, also in Höhe von 0,75, allerdings nur aus dem zugesprochenen Wert.

Der Mandant erhält daher als **materiell-rechtlicher Kostenerstattungsanspruch** *erstattet:*

1. 1,3-Geschäftsgebühr, Nr. 2300 VV RVG (Wert: 4000 Euro)		318,50 Euro
2. Postentgeltpauschale, Nr. 7002 VV RVG		20,00 Euro
Zwischensumme	338,50 Euro	
3. 19 % Umsatzsteuer, Nr. 7008 VV RVG		64,32 Euro
Gesamt		**402,82 Euro**

Im Wege der **Kostenfestsetzung/-ausgleichung** *sind zu berücksichtigen:*

1. 1,3-Verfahrensgebühr, Nr. 3100 VV RVG (Wert: 8000 Euro)		535,60 Euro
2. gem. Vorbem. 3 Abs. 4 VV RVG anzurechnen, 0,65 aus 4000 Euro		– 159,25 Euro
3. 1,2-Terminsgebühr, Nr. 3104 VV RVG (Wert: 8000 Euro)		494,40 Euro
4. Postentgeltpauschale, Nr. 7002 VV RVG		20,00 Euro
Zwischensumme	890,75 Euro	
5. 19 % Umsatzsteuer, Nr. 7008 VV RVG		169,24 Euro
Gesamt		**1059,99 Euro**

Heftig umstritten ist, inwieweit die neue Regelung des § 15a RVG auch auf Mandate anzuwenden ist, in denen der Anwalt schon vor dem 5.8.2009 beauftragt war. Drei Auffassungen werden im Wesentlichen vertreten: 315g

– Die Regelungen des § 15a RVG sind im Wege der Auslegung uneingeschränkt anzuwenden. Eine Bindung an die Rspr. des BGH besteht nicht mehr[1]. Diese Auffassung wird vor allem vom II. Senat des

---

1 OLG Köln, AGS 2009, 512 = NJW-Spezial 2009, 651 = RVGreport 2009, 388 = AnwBl. 2009, 800; OLG Braunschweig, OLGR 2009, 972; OLG Koblenz, AGS 2009, 420 = OLGR 2009, 928 = RVGreport 2009, 389 = AnwBl. 2009, 800; OLG Düsseldorf, AGS 2009, 372; RVGreport 2009, 429; OLG Dresden, RVGreport 2009,

BGH[1] vertreten, der die Rechtsprechung des VIII. Senats im Hinblick auf die gesetzliche Neuregelung ohnehin ablehnt.

– Es gilt § 60 RVG, so dass § 15a RVG erst auf Mandate anzuwenden ist, die nach dem 4.8.2009 erteilt wurden[2], wobei dann wiederum unklar ist, ob nur das Mandant zur nachfolgenden Angelegenheit, in der anzurechnen ist, oder auch das Mandat der vorangegangenen Angelegenheit, aus der anzurechnen ist, nach dem 4.8.2009 erteilt worden sein muss.

– § 15a Abs. 2 RVG ist ab dem 5.8.2009 uneingeschränkt anzuwenden. § 60 RVG findet keine Anwendung, da diese Vorschrift nur für Gebühren gilt, nicht aber für sonstige Regelungen. Da § 15 Abs. 2 RVG aber nicht die Gebühren regelt, sondern eine Frage der Kostenerstattung, gilt die Vorschrift sofort mit ihrem Inkrafttreten, also ab dem 5.8.2009[3].

35. Anrechnung der Geschäftgebühr in Prozesskostenhilfemandaten

315h Die Regelung des § 15 Abs. 2 RVG hat auch Bedeutung für die Abrechnung mit der Landeskasse in Prozesskostenhilfemandaten. Die Landeskasse ist ebenfalls Dritter i.S.d. § 15a Abs. 2 RVG. Auch sie kann sich also zunächst einmal nur auf Zahlungen berufen, die sie selbst geleistet hat.

315i Soweit die Landeskasse Beratungshilfegebühren nach den Nrn. 2501, 2503 VV RVG gezahlt hat, sind diese gem. § 58 Abs. 1 RVG auf die PKH-Vergütung ganz (Anm. Nr. 2501 VV RVG) oder hälftig (Anm. Abs. 2 zu Nr. 2503 VV RVG) anzurechnen. Insoweit ändert sich nichts. Das steht auch in Einklang mit dem neuen § 15 Abs. 2 RVG.

315j Im Übrigen kann sich die Landeskasse aber nicht mehr auf eine Anrechnung berufen. Sie kann also insbesondere nicht – wie bislang von der Rechtsprechung vertreten – geltend machen, der Anwalt sei außergerichtlich als Wahlanwalt tätig gewesen, so dass der Bedürftige dem Anwalt eine Geschäftsgebühr schulde und die Landeskasse daher nur noch die um die Anrechnung verminderte Verfahrensgebühr zu zahlen habe.

352; OLG Stuttgart, AGS 2009, 371 = AnwBl. 2009, 721 = OLGR 2009, 843 = FamRZ 2009, 2024 = RVGreport 2009, 349 = NJW-Spezial 2009, 587 = Rpfleger 2009, 647; AG Wesel, AGS 2009, 312 = NJW-Spezial 2009, 459.

1 NJW 2009, 3101 = DStR 2009, 2062 = WM 2009, 2099 = GE 2009, 1310 = AGS 2009, 466 = AnwBl. 2009, 798 = FamRZ 2009, 1822 = MDR 2009, 1311 = ZfSch 2009, 646 = Rpfleger 2009, 646 = BGHReport 2009, 1233 = BRAK-Mitt 2009, 294 = NJW-Spezial 2009, 683 = RVGreport 2009, 387 = RVGprof. 2009, 184 = IBR 2009, 687 = FamRB 2009, 343.

2 OLG Stuttgart, Beschl. v. 4.12.2009 – 8 W 439/09; OLG Celle, OLGR 2009, 930; OLGR 2009, 749 = RVGreport 2009, 389; OLG München, OLGR 2009, 875 = AnwBl. 2009, 880; OLG Frankfurt, RVGreport 2009, 392; OLG Hamm, AGS 2009, 445 = RVGreport 2009, 352.

3 LG Berlin, AGS 2009, AGS 2009, 367 = ZfSch 2009, 527 = AnwBl. 2009, 722 = JurBüro 2009, 526 = NJW-Spezial 2009, 587 = RVGreport 2009, 350 = Rpfleger 2009, 648.

Nur soweit die bedürftige Partei tatsächlich auf die vorgerichtliche Geschäftsgebühr Zahlungen geleistet hat, kann sich die Landeskasse mittelbar auf die Anrechnung berufen, nämlich insoweit, als Zahlungen der bedürftigen Partei im Rahmen des § 58 Abs. 2 RVG zu berücksichtigen sind. Das bedeutet, dass tatsächlich geleistete Zahlungen der bedürftigen Partei auf anzurechnende Gebühren zwar grundsätzlich berücksichtigt werden, dass diese Zahlungen aber zunächst einmal auf die nicht gedeckte Differenz zwischen Pflicht- (§ 13 RVG) und Wahlanwaltsgebühren (§ 49 RVG) zu verrechnen bzw. anzurechnen sind und nur dann, wenn dieser Differenzbetrag gedeckt ist, auf die PKH-Gebühren angerechnet wird.

Beispiel:

Außergerichtlich war der Anwalt wegen einer Forderung in Höhe von 3000 Euro als Wahlanwalt tätig. Angemessen sei dafür eine 1,5-Geschäftsgebühr:

1. *1,5-Geschäftsgebühr, Nr. 2300 VV RVG*		
(Wert: 3000 Euro)		*283,50 Euro*
2. *Postentgeltpauschale, Nr. 7002 VV RVG*		*20,00 Euro*
Zwischensumme	*303,50 Euro*	
3. *19 % Umsatzsteuer, Nr. 7008 VV RVG*		*57,67 Euro*
Gesamt		**361,17 Euro**

Im nachfolgenden gerichtlichen Verfahren wird der Anwalt im Rahmen der Prozesskostenhilfe beigeordnet. Der Gegenstandswert beträgt jeweils 3000 Euro.

a) Der Mandant hat die Geschäftsgebühr nicht gezahlt.

b) Der Mandant hat die Geschäftsgebühr gezahlt.

Im Fall a) ist nichts anzurechnen, da der Anwalt auf die anzurechnende Gebühr keine Zahlung erhalten hat. Die Landeskasse muss die volle Verfahrensgebühr zahlen

1. *1,3-Verfahrensgebühr, Nr. 3100 VV RVG*		
(Wert: 3000 Euro)		*245,70 Euro*
2. *1,2-Terminsgebühr, Nr. 3104 VV RVG*		
(Wert: 3000 Euro)		*226,80 Euro*
3. *Postentgeltpauschale, Nr. 7002 VV RVG*		*20,00 Euro*
Zwischensumme	*492,50 Euro*	
4. *19 % Umsatzsteuer, Nr. 7008 VV RVG*		*93,58 Euro*
Gesamt		**586,08 Euro**

Im Fall b) ist die Zahlung auf die Geschäftsgebühr dagegen nach § 58 Abs. 2 RVG zu berücksichtigen. Da sich hier keine Differenz zwischen Wahlanwalts- und Pflichtanwaltsgebühren ergibt, ist die Anrechnung nach Vorbem. 3 Abs. 4 VV RVG in voller Höhe vorzunehmen. Der Anwalt erhält aus der Landeskasse im Ergebnis lediglich noch 0,55 der Verfahrensgebühr.

1. 1,3-Verfahrengsgebühr, Nr. 3100 VV RVG		314,60 Euro
2. gem. § 58 Abs. 2 RVG i.V.m. Vorbem. 3 Abs. 4 VV RVG anzurechnen, 0,75 aus 3000 Euro		– 141,75 Euro
3. 1,2-Terminsgebühr, Nr. 3104 VV RVG		290,40 Euro
4. Postentgeltpauschale, Nr. 7002 VV RVG		20,00 Euro
Zwischensumme	483,25 Euro	
5. 19 % Umsatzsteuer, Nr. 7008 VV RVG		91,82 Euro
Gesamt		**575,07 Euro**

Beispiel:

Der Anwalt wird für den Auftraggeber wegen einer Forderung in Höhe von 10 000 Euro als Wahlanwalt tätig. Beratungshilfe war nicht beantragt worden. Angemessen sei dafür wiederum eine 1,5-Geschäftsgebühr:

1. 1,5-Geschäftsgebühr, Nr. 2300 VV RVG (Wert: 10 000 Euro)		729,00 Euro
2. Postentgeltpauschale, Nr. 7002 VV RVG		20,00 Euro
Zwischensumme	749,00 Euro	
3. 19 % Umsatzsteuer, Nr. 7008 VV RVG		142,31 Euro
Gesamt		**891,31 Euro**

Hiernach wird der Anwalt im Rechtsstreit tätig. Der Partei wird Prozesskostenhilfe bewilligt und der Anwalt beigeordnet.

a) Der Mandant hat die Geschäftsgebühr nicht gezahlt.

b) Der Mandant hat die Geschäftsgebühr gezahlt.

Im Fall a) ist nichts anzurechnen, da der Anwalt auf die anzurechnende Gebühr keine Zahlung erhalten hat (§ 15a Abs. 2 RVG). Die Landeskasse muss die volle Verfahrensgebühr aus den Beträgen des § 49 RVG zahlen:

1. 1,3-Verfahrengsgebühr, Nr. 3100 VV RVG, § 49 RVG		314,60 Euro
2. 1,2-Terminsgebühr, Nr. 3104 VV RVG, § 49 RVG		290,40 Euro
3. Postentgeltpauschale, Nr. 7002 VV RVG		20,00 Euro
Zwischensumme	625,00 Euro	
4. 19 % Umsatzsteuer, Nr. 7008 VV RVG		118,75 Euro
Gesamt		**743,75 Euro**

b) Im Fall b) ist die Zahlung, die der Anwalt von der bedürftigen Partei auf die Geschäftsgebühr erhalten hat, im Rahmen des § 58 Abs. 2 RVG zu berücksichtigen. Und zwar ist der nach Vorbem. 3 Abs. 4 VV RVG anzurechnende Teil der Geschäftsgebühr jetzt zunächst auf die nicht gedeckten Wahlanwaltsgebühren des § 13 RVG anzurechen und erst hiernach auf die PKH-Vergütung des § 49 RVG. Dies ergibt folgende Berechnung:

1. 1,3-Verfahrengsgebühr, Nr. 3100 VV RVG, § 49 RVG		314,60 Euro
2. anrechnungsfähig nach Vorbem. 3 Abs. 4 VV RVG: 0,75 aus 10 000 Euro nach § 13 RVG	– 364,50 Euro	
davon nach § 58 Abs. 2 RVG anrechnungsfrei (631,80 Euro – 314,60 Euro)	317,20 Euro	
		– 47,30 Euro
3. 1,2-Terminsgebühr, Nr. 3104 VV RVG, § 49 RVG		290,40 Euro
4. Postentgeltpauschale, Nr. 7002 VV RVG		20,00 Euro
Zwischensumme	577,70 Euro	
5. 19 % Umsatzsteuer, Nr. 7008 VV RVG		109,76 Euro
Gesamt		**687,46 Euro**

Damit Zahlungen des Bedürftigen, die dieser vorgerichtlich auf die Geschäftsgebühr oder andere anzurechnende Gebühren geleistet hat, berücksichtigt werden können, wird gleichzeitig in § 55 Abs. 5 S. 2 RVG die Mitteilungspflicht des Anwalts dahingehend erweitert, dass er auch Zahlungen auf anzurechnende Gebühren anzugeben hat.

II. Gerichtskosten

Die Gerichtskosten in Mietsachen ergeben sich aus dem GKG i.V.m. dem Kostenverzeichnis (Anlage 1 zum GKG), § 3 Abs. 2 GKG.

1. Mahnverfahren

Für das **Mahnverfahren** einschließlich des Verfahrens auf Erlass des Vollstreckungsbescheids fällt eine 0,5-Gebühr an (Nr. 1100 GKG-KostVerz.). Die Mindestgebühr beträgt 23,00 Euro. Es besteht grundsätzlich eine Vorauszahlungspflicht (§ 12 Abs. 3 S. 1 GKG). Wird der Mahnbescheid allerdings maschinell erstellt, wird dieser auch ohne Eingang der Vorauszahlung erlassen. Erst der Erlass eines **Vollstreckungsbescheides** ist dann vorauszahlungsabhängig (§ 12 Abs. 3 S. 2 GKG).

2. Erstinstanzliches Prozessverfahren

a) Gerichtsgebühren

Im **erstinstanzlichen Prozessverfahren** fällt eine 3,0-Gebühr für das Verfahren im Allgemeinen an (Nr. 1210 GKG-KostVerz.). Ist ein Mahnverfahren vorangegangen, so wird die 0,5-Gebühr aus Nr. 1100 GKG-KostVerz. angerechnet (Nr. 1210 S. 1 GKG-KostVerz.).

Neben der 3,0-Verfahrensgebühr kann lediglich für den **Abschluss eines gerichtlichen Vergleichs** eine weitere Gebühr entstehen, wenn der Vergleich (auch) über Gegenstände geschlossen wird, die nicht Gegenstand des Verfahrens sind. Es entsteht dann aus dem Mehrwert eine 0,25-Gebühr nach Nr. 1900 GKG-KostVerz.

b) Fälligkeit

319 Die 3,0-Gebühr wird mit Einreichung der Klage fällig (§ 6 GKG). Die Klage soll nicht vor Zahlung zugestellt werden (§ 12 Abs. 1 S. 1 GKG). Zahlungspflichtig ist der Antragsteller, also der Kläger.

Nach einem Mahnverfahren ist hinsichtlich der weiteren 2,5-Gebühren zu differenzieren:
– Beantragt der Antragsteller nach Widerspruch die Durchführung des streitigen Verfahrens, ist er Kostenschuldner (§ 22 Abs. 1 GKG); es besteht Vorauszahlungspflicht (§ 12 Abs. 2 S. 3 GKG)
– Beantragt der Antragsgegner nach Widerspruch die Durchführung des streitigen Verfahrens, wird er Kostenschuldner (§ 22 Abs. 1 GKG); es besteht aber keine Vorauszahlungspflicht
– War bereits ein Vollstreckungsbescheid ergangen und wird die Sache nach Einspruch abgegeben, so ist der Antragsteller Kostenschuldner (§ 22 Abs. 1 S. 2 GKG); es steht keine Vorauszahlungspflicht, es sei denn es handelt sich um einen Vorbehalts-Vollstreckungsbescheid (§ 12 Abs. 1 S. 3 GKG).

c) Ermäßigung der Gerichtsgebühr

320 Um für den Auftraggeber kostengünstig zu verfahren, ist unbedingt auf die Vorschrift der Nr. 1211 GKG-KostVerz. zu achten. Danach ermäßigt sich die 3,0-Gebühr der Nr. 1210 GKG-KostVerz. auf eine 1,0-Gebühr unter den dort genannten Voraussetzungen. Hier bestehen allerdings zahlreiche Auslegungs- und Zweifelsfragen.

Im Einzelnen gilt Folgendes:

aa) Klagerücknahme (Nr. 1211 Nr. 1 GKG-KostVerz.)

321 Nach Nr. 1211 Nr. 1 GKG-KostVerz. ermäßigt sich die 3,0-Gebühr, wenn
– die Klage vor Schluss der mündlichen Verhandlung bzw. vor den nach §§ 128 Abs. 2 und 3, 495a, 331 Abs. 3 ZPO gleichgestellten Zeitpunkten zurückgenommen wird und
– keine Entscheidung nach § 269 Abs. 3 S. 3 ZPO ergeht.

Der **Klagerücknahme** stehen gleich die **Rücknahme des Widerspruchs gegen einen Mahnbescheid** und die **Rücknahme des Einspruchs gegen einen Vollstreckungsbescheid** sowie die **Rücknahme des Antrags auf Durchführung des streitigen Verfahrens**.

322 Im Falle der Klagerücknahme ist darauf zu achten, dass diese **vor Schluss** der mündlichen Verhandlung erklärt worden sein muss. Eine Klagerücknahme nach Schluss der mündlichen Verhandlung führt nicht zur Gebührenermäßigung, selbst dann nicht, wenn das Gericht dem Kläger insoweit eine Überlegungsfrist eingeräumt hat[1].

---

1 OLG München, MDR 2000, 787.

bb) Anerkenntnis-, Verzichtsurteil oder Urteil, das nach § 313a Abs. 2 ZPO keinen Tatbestand und keine Entscheidungsgründe zu enthalten braucht (Nr. 1211 Nr. 2 GKG-KostVerz.)

Eine Gebührenermäßigung tritt ferner ein, wenn ein Anerkenntnis- oder Verzichtsurteil ergeht oder ein Urteil das nach § 313a Abs. 2 ZPO keinen Tatbestand und keine Entscheidungsgründe zu enthalten braucht. 323

Umstritten ist, ob sich im Fall eines Anerkenntnisurteils das Anerkenntnis auch auf die Kosten beziehen muss oder ob ein **Anerkenntnis unter Verwahrung gegen die Kostenlast** ausreicht. Zutreffend dürfte es sein, ein Anerkenntnis unter Verwahrung gegen die Kostenlast ausreichen zu lassen, da dann keine Sachentscheidung mehr erforderlich ist, sondern das Gericht nur beurteilen muss, ob das Anerkenntnis ein sofortigs war und ob Veranlassung zur Klageerhebung bestanden hatte[1]. 324

cc) Gerichtlicher Vergleich (Nr. 1211 Nr. 3 GKG-KostVerz.)

Als dritte Möglichkeit sieht Nr. 1211 Nr. 3 GKG-KostVerz. den gerichtlichen Vergleich vor. Dieser wirkt nur dann gebührenermäßigend, wenn mit dem Vergleich das gesamte Verfahren erledigt wird. Der Vergleich muss also auch die Kosten umfassen. Ein Vergleich in der Hauptsache reicht nicht aus, wenn die Kostenfrage offen bleibt. 325

Ob ein **außergerichtlicher Vergleich** genügt, ist strittig[2]. Ausgehend davon, dass das Gericht in der Sache nicht zu entscheiden braucht, wenn sich die Parteien außergerichtlich vergleichen und keine Kostenanträge stellen, würde es dem Sinn und Zweck des Gesetzes widersprechen, wenn die Parteien nicht durch eine Gerichtskostenermäßigung belohnt würden[3]. Letztlich wird dieser Streitfrage keine Bedeutung mehr zukommen, da nach dem außergerichtlichen Vergleich i.d.R. die Hauptsache übereinstimmend für erledigt erklärt werden dürfte und Nr. 1211 Nr. 4 GKG-KostVerz. eine Ermäßigung für diesen Fall vorsieht, wenn keine Kostenentscheidung mehr ergehen muss oder diese einer Vereinbarung oder Übernahmeerklärung folgt. 326

dd) Erledigung der Hauptsache (Nr. 1211 Nr. 4 GKG-KostVerz.)

Eine übereinstimmende Erledigung der Hauptsache nach § 91a ZPO führt nach Nr. 1211 Nr. 4 GKG-KostVerz. dann zu einer Gebührenermäßigung, wenn 327

---

1 OLG Karlsruhe, MDR 1997, 399; LG Münster, MDR 1998, 1503; OLG Stuttgart, AGS 2009, 248 = OLGR 2009, 454 = Justiz 2009, 223; OLG Hamm, JurBüro 2007, 151; **a.A.** OLG Hamburg, MDR 2000, 111 = OLGR 2000, 225 = KostRsp. GKG-KostVerz. Nr. 111 m. abl. Anm. *N. Schneider*; OLG Hamm, BRAGOreport 2002, 73 m. abl. Anm. von *N. Schneider* = AGS 2002, 182 = GKG-KostVerz. Nr. 152; OLG Nürnberg, AGS 2003, 120 m. Anm. *N. Schneider*.
2 Verneinend OLG Frankfurt/Main, AGS 1999, 173, bejahend OLG Brandenburg, MDR 1999, 188.
3 OLG Dresden, KostRsp. GKG-KostVerz. Nr. 149.

- keine Entscheidung über die Kosten ergeht, oder
- eine Kostenentscheidung ergeht, diese aber
  - einer zuvor mitgeteilten Einigung der Parteien über die Kostentragung oder
  - der Kostenübernahmeerklärung einer Partei folgt.

ee) Versäumnisurteil gegen Kläger

328 Ob ein Versäumnisurteil gegen den Kläger gebührenermäßigend wirkt, ist umstritten. Die Frage dürfte zu bejahen sein, da das Gericht im Gegensatz zum Versäumnisurteil gegen den Beklagten keine Schlüssigkeitsprüfung anstellen muss[1].

ff) Sperrwirkung eines bereits ergangenen Urteils

329 Ausdrücklich darauf hinzuweisen ist, dass nach einem Urteil (Ausnahme Teil-Anerkenntnis oder Teil-Verzichtsurteil oder Versäumnisurteil gegen den Kläger)[2] eine Gerichtskostenermäßigung nicht mehr möglich ist, selbst dann, wenn die Parteien später einen Vergleich schließen, die Klage zurückgenommen oder anerkannt wird oder der Rechtsstreit übereinstimmend für erledigt erklärt worden ist. Ist einmal ein solches Urteil ergangen, dann scheidet eine Gebührenermäßigung aus (Nr. 1211 a.E. GKG-KostVerz.).

330 Strittig ist, wie ein **Zwischenurteil** zu behandeln ist. Hier wird zum Teil angenommen, dass ein Zwischenurteil einer späteren Gebührenermäßigung entgegenstehe[3]. Nach anderer Auffassung hindert dagegen ein Zwischenurteil die Gebührenermäßigung nicht[4].

331 Insbesondere nach einem Versäumnisurteil gegen den Beklagten ist damit eine Gebührenermäßigung ausgeschlossen. Die sog. „**Flucht in die Säumnis**" birgt daher für beide Parteien Risiken, da hiernach kein Kostenanreiz mehr besteht, das Verfahren einvernehmlich zu erledigen. Der Rechtsanwalt des Klägers sollte daher gut überlegen, ob er bei Flucht des Beklagten

---

1 AG Siegburg, JurBüro 2000, 424 = KostRp. GKG-KostVerz. Nr. 119 m. Anm. *N. Schneider*; LG Köln, KostRsp. GKG Nr. 32 = AGS 2000, 256 = BRAGOreport 2000, 14 m. Anm. *N. Schneider* = JurBüro 2001, 260; AG Neuwied, AGS 2003, 265 m. Anm. *N. Schneider*; **a.A.** LG Bonn, JurBüro 2001, 595; KG, AGS 2006, 185 = KGR 2006, 198 = JurBüro 2006, 205 = MDR 2006, 596.
2 AG Siegburg, JurBüro 2000, 424 = KostRp. GKG-KostVerz. Nr. 119 m. Anm. *N. Schneider*; LG Köln, KostRsp. GKG Nr. 32 = AGS 2000, 256 = BRAGOreport 2000, 14 m. Anm. *N. Schneider* = JurBüro 2001, 260; AG Neuwied, AGS 2003, 265 m. Anm. *N. Schneider*; **a.A.** LG Bonn, JurBüro 2001, 595.
3 OLG Koblenz, AGS 2004, 489 m. Anm. *N. Schneider*; OLG Düsseldorf, JurBüro 1999, 425 = MDR 1999, 764 = NJW 1999, 1231; *Oestreich/Winter/Hellstab*, Nr. 1211 Rz. 4.
4 OLG München, KostRsp. GKG-KostVerz. Nr. 156 m. Anm. *N. Schneider* = MDR 2003, 115 = KostRsp. GKG-KostVerz. Nr. 90 m. Anm. *N. Schneider*.

in die Säumnis ein Versäumnisurteil beantragt. Er löst hierdurch unter Umständen Kosten aus, die letztlich seine Partei tragen muss, wenn sie nach Einspruch den Rechtsstreit verliert, abgesehen davon, dass dann auch kein Kostenanreiz für einen Vergleich mehr besteht.

Der Rechtsanwalt des Beklagten sollte sich bei einem vorangegangenen Mahnverfahren wiederum überlegen, ob er nicht besser den Widerspruch gem. § 697 Abs. 4 ZPO zurücknimmt und dann nach Aufhebung des Termins erneut einlegt, was nach § 694 Abs. 1 ZPO möglich ist. Selbst wenn zwischenzeitlich ein Vollstreckungsbescheid ergangen sein sollte[1] – der Widerspruch ist dann als Einspruch zu behandeln (§ 694 Abs. 2 ZPO) –, ist eine Gebührenermäßigung noch möglich, da der Vollstreckungsbescheid – im Gegensatz zu einem Versäumnisurteil – einer späteren Ermäßigung nicht entgegensteht. 332

gg) Erledigung des gesamten Verfahrens

Darauf hinzuweisen ist noch, dass eine Gebührenermäßigung nur dann in Betracht kommt, wenn das gesamte Verfahren erledigt wird. Sofern das Gericht also noch über einen Teil der Klage, und sei es auch nur über die Kostenfrage, entscheiden muss (Ausnahme § 93 ZPO, vgl. o. Rz. 323), kommt eine Gebührenermäßigung nicht mehr in Betracht[2]. 333

Kombinationen sind dagegen möglich (Anm. S. 3 zu Nr. 1211 GKG-KostVerz.). So reicht es aus, dass die Klage zum Teil zurückgenommen und im Übrigen anerkannt wird oder wenn sich die Parteien nach einem Teil-Anerkenntnis oder einer Teil-Rücknahme über den verbliebenen Gegenstand vergleichen. 334

3. Schlichtungsverfahren nach § 15a EGZPO

Im Schlichtungsverfahren fallen keine Gerichtskosten an, da es sich nicht um ein gerichtliches Verfahren handelt. Die anfallenden Kosten richten sich nach dem jeweiligen Landesrecht. 335

4. Selbständiges Beweisverfahren

Im selbständigen Beweisverfahren nach den §§ 485 ff. ZPO entsteht eine 1,0-Gebühr nach Nr. 1600 GKG-KostVerz. Diese Gebühr gilt das gesamte Verfahren ab, einschließlich eventueller Ergänzungsanträge, mündlicher Verhandlung und der Anhörung des Sachverständigen. Zu beachten ist, dass diese Gebühr – im Gegensatz zu den Rechtsanwaltsgebühren (Vorbem. 3 Abs. 5 VV RVG) – nicht in den Verfahrensgebühren eines nachfolgenden oder gleichzeitigen Rechtsstreits aufgeht (Nr. 1100, 1210 GKG-KostVerz.). 336

---

1 Erfahrungsgemäß schafft es der Antragsteller/Kläger nicht, die Verfügung eines Vollstreckungsbescheides (§ 694 Abs. 1 ZPO) so schnell zu erreichen.
2 Siehe hierzu ausführlich OLG Schleswig, AGS 2003, 173 m. Anm. *N. Schneider*.

5. Berufung
a) Verfahren im Allgemeinen

337 Im Berufungsverfahren wird seit dem 1.7.2004 ebenfalls nicht mehr zwischen Verfahrens- und Urteilsgebühren unterschieden. Für das Verfahren im Allgemeinen entsteht zunächst einmal eine 4,0-Gebühr nach Nr. 1220 GKG KostVerz. Die volle 4,0-Gebühr wird mit Einlegung der Berufung fällig, ist also vorauszuzahlen (§ 6 Abs. 1 Nr. 1 GKG). Allerdings wird das Verfahren auch dann betrieben, wenn die Zahlung nicht erfolgt. Weder die Zustellung der Berufungsschrift noch das weitere Verfahren werden von der Einzahlung abhängig gemacht. Die Vorschrift des § 12 GKG greift insoweit nicht.

b) Ermäßigung nach Nr. 1221 GKG KostVerz.

338 Die 4,0-Gebühr der Nr. 1220 GKG KostVerz. ermäßigt sich auf eine 1,0-Gebühr, wenn sich das gesamte Verfahren durch
- Zurücknahme der Berufung

    oder
- Rücknahme der Klage

erledigt, bevor die Berufungsbegründung bei Gericht eingegangen ist.

339 Die Ermäßigung nach Nr. 1221 GKG KostVerz. greift auch dann, wenn wechselseitige Berufungen zurückgenommen werden. Der Rücknahme einer Klage steht selbstverständlich die Rücknahme einer Widerklage gleich. Die Ermäßigung nach Nr. 1221 GKG KostVerz. greift auch dann, wenn wechselseitige Klagen zurückgenommen werden.

340 Erforderlich ist allerdings, dass sich das gesamte Berufungsverfahren erledigt. Die Ermäßigung nach Nr. 1221 GKG KostVerz. greift daher nicht, wenn von mehreren Berufungen nur eine Berufung oder nur eine Klage oder Widerklage zurückgenommen wird.

341 Der Rücknahme der Klage oder der Berufung steht es nach Anm. zu Nr. 1221 GKG KostVerz. gleich, wenn vor Begründung der Berufung der **Rechtsstreit in der Hauptsache übereinstimmend für erledigt erklärt** wird und
- **keine Entscheidung über die Kosten** ergeht (Anm. zu Nr. 1221, 1. Var. GKG KostVerz.)

    oder
- die Entscheidung einer
    - **zuvor mitgeteilten Einigung der Parteien** über die Kostentragung (Anm. zu Nr. 1221, 2. Var. GKG KostVerz.)

        oder
    - einer **Kostenübernahmeerklärung einer der Parteien** (Anm. zu Nr. 1221, 3. Var. GKG KostVerz.).

folgt.

Entsprechend anzuwenden ist Nr. 1221 GKG KostVerz., wenn nicht der Rechtsstreit, sondern die Berufung für erledigt erklärt wird.

c) Ermäßigung nach Nr. 1222 GKG KostVerz.

Ist die Berufungsbegründung bei Gericht eingegangen, scheidet eine Ermäßigung nach Nr. 1221 GKG KostVerz. aus. Jetzt ist nur noch eine Ermäßigung nach Nr. 1222 GKG KostVerz. möglich. Diese Vorschrift sieht vier Ermäßigungstatbestände vor. 342

aa) Rücknahme der Klage oder der Berufung (Nr. 1222 Nr. 1 GKG KostVerz.)

Wird die Berufung oder die Klage zurückgenommen, ermäßigt sich die Gerichtsgebühr auf eine 2,0-Gebühr, sofern die Rücknahme **vor dem Schluss der mündlichen Verhandlung** erfolgt (Nr. 1222 Nr. 1a) GKG KostVerz.). 343

Ist ein **schriftliches Verfahren** nach § 128 Abs. 2 ZPO angeordnet, muss die Rücknahme vor dem Zeitpunkt erklärt werden, der dem Schluss der mündlichen Verhandlung entspricht (Nr. 1222 Nr. 1b GKG KostVerz.).

Auch hier steht wiederum die Rücknahme einer Widerklage gleich.

Ebenso tritt die Ermäßigung ein, wenn wechselseitige Berufungen, Klagen und Widerklagen zurückgenommen werden.

bb) Anerkenntnis- oder Verzichtsurteil sowie Urteil oder Beschluss ohne Tatbestand und Entscheidungsgründe gem. § 313a Abs. 2 ZPO (Nr. 1222 Nr. 2 GKG KostVerz.)

Darüber hinaus ermäßigt sich die 4,0-Gebühr der Nr. 1220 GKG KostVerz. auf eine 2,0-Gebühr nach Nr. 1222 Nr. 2 GKG KostVerz., wenn das Verfahren durch ein 344

– **Anerkenntnisurteil** (Nr. 1222 Nr. 2, 1. Var. GKG KostVerz.),
– **Verzichtsurteil** (Nr. 1222 Nr. 2, 2. Var. GKG KostVerz.),

oder

– ein Urteil, das **nach § 313a Abs. 2 ZPO keinen Tatbestand und keine Entscheidungsgründe** zu enthalten braucht (Nr. 1222 Nr. 2, 3. Var. GKG KostVerz.),

endet.

Ebenso wie in erster Instanz ist hier strittig, ob bei einem **Anerkenntnisurteil** auch die Kosten anerkannt worden sein müssen oder ob auch ein Anerkenntnis unter Verwahrung gegen die Kostenlast ausreicht (s.o. *Rz. 324*). 345

Obwohl ausdrücklich nicht genannt, fällt unter Nr. 1222 Nr. 2 GKG KostVerz. auch der Fall, dass das Gericht einen Beschluss nach § 91a ZPO erlassen muss, dieser **Beschluss** aber **nach § 313a Abs. 2 ZPO keinen Tatbestand und keine Entscheidungsgründe zu enthalten braucht**, also wenn bei einer 346 im Termin verkündeten Entscheidung die Parteien auf Rechtsmittel verzichten oder wenn die Entscheidung im schriftlichen Verfahren ergeht und die Parteien zuvor hiergegen auf Rechtsmittel verzichtet haben[1].

347 Der **Rechtsmittelverzicht** kann nach § 313a Abs. 3 ZPO noch binnen einer Woche seit Verkündung erklärt werden und führt folglich auch dann noch zu einer Ermäßigung, selbst wenn das Gericht die Begründung schon abgesetzt haben sollte.

348 Die Ermäßigung kann auch dann eintreten, wenn der Rechtsstreit vor mündlicher Verhandlung in der Hauptsache übereinstimmend für **erledigt** erklärt wird und die Parteien nach § 313 Abs. 3 ZPO vorab auf Rechtsmittel verzichten.

cc) Gerichtlicher Vergleich (Nr. 1222 Nr. 3 GKG KostVerz.)

349 Des Weiteren ermäßigt sich die 4,0-Gebühr nach Nr. 1222 Nr. 3 GKG KostVerz., wenn die Parteien einen **gerichtlichen Vergleich** abschließen. Ein **außergerichtlicher Vergleich** reicht nicht aus. Dieser kann allerdings zu einer Ermäßigung nach Nr. 1222 Nr. 4 GKG KostVerz. führen.

Erforderlich ist, dass der Vergleich nicht nur die Hauptsache betrifft, sondern **auch die Kostenregelung** erfasst. Dies folgt daraus, dass die Ermäßigung nach Nr. 1222 GKG KostVerz. nur dann eintritt, wenn sich das gesamte Verfahren erledigt, also die gesamte Hauptsache einschließlich der Kosten.

dd) Hauptsacheerledigung (Nr. 1222 Nr. 4 GKG KostVerz.)

350 Des Weiteren findet eine Ermäßigung auf eine 2,0-Gebühr nach Nr. 1222 Nr. 4 GKG KostVerz. statt, wenn die Parteien den Rechtsstreit oder die Berufung in der Hauptsache für erledigt erklären und

– keine Entscheidung mehr über die Kosten ergehen muss (Nr. 1222 Nr. 4, 1. Var. GKG KostVerz.) oder
– wenn das Gericht zwar eine Kostenentscheidung treffen muss, diese aber
  – einer **zuvor mitgeteilten Einigung der Parteien über die Kosten** (Nr. 1222 Nr. 4, 2. Var. GKG KostVerz.)
  – oder einer **Kostenübernahmeerklärung einer Partei** (Nr. 1222 Nr. 4, 3. Var. GKG KostVerz.)

folgt.

Entsprechend anzuwenden ist Nr. 1221 GKG KostVerz., wenn nicht der Rechtsstreit, sondern die Berufung für erledigt erklärt wird.

---

[1] OLG München, AGS 2003, 33 m. ausf. Anm. *N. Schneider* = OLGReport 2003, 352; LG Bonn, AGS 2004, 40 m. Anm. *N. Schneider*; *N. Schneider*, Kostensparende Beendigung des Rechtsstreits nach Erledigung der Hauptsache, ZAP Fach 24 S. 787.

Möglich ist auch, dass die Parteien eine streitige Entscheidung nach § 91a ZPO ergehen lassen, hiergegen aber auf **Rechtsmittel verzichten**. Die Ermäßigung folgt dann allerdings aus Nr. 1222 Nr. 3 GKG KostVerz. (s.o. Rz. 354).

ee) Versäumnisurteil

Das Versäumnisurteil ist in Nr. 1222 GKG KostVerz. nicht erwähnt. Hier ist zu differenzieren: 351

Ergeht ein Versäumnisurteil gegen den Berufungsbeklagten, muss das Gericht prüfen, ob das Vorbringen des Berufungsklägers eine Abänderung der erstinstanzlichen Entscheidung rechtfertigt (§ 539 Abs. 2 ZPO; siehe hierzu M Rz. 279a). Das Gericht muss daher in der Sache entscheiden, so dass hier eine Gebührenermäßigung in analoger Anwendung ausgeschlossen ist[1].

Ergeht dagegen gegen den Berufungskläger ein Versäumnisurteil, so muss – ebenso wie in erster Instanz[2] – eine Gebührenermäßigung eintreten. Das Versäumnisurteil gegen den Berufungskläger ergeht nämlich allein aufgrund seiner Säumnis (§ 539 Abs. 1 ZPO). Das Gericht muss nicht zur Sache entscheiden. Es verhält sich hier letztlich nicht anders als bei einer Klagerücknahme.

ff) Beschluss nach § 522 Abs. 2 ZPO

Wird die Berufung durch Beschluss gem. § 522 Abs. 2 ZPO zurückgewiesen, ermäßigt sich die im Berufungsverfahren entstande Gerichtsgebühr nicht. Eine analoge Anwendung der in Nr. 1222 Nr. 2 GKG-KostVerz. genannten Ermäßigungstatbestände kommt nicht in Betracht[3]. 351a

gg) Kombinationen

Denkbar sind auch Kombinationen der vorgenannten Fälle. Dies ergibt sich aus Anm. zu Nr. 1222 GKG KostVerz. Erforderlich ist allerdings auch hier, dass sich das gesamte Verfahren insgesamt erledigt. 352

hh) Ausschluss der Ermäßigung

Die Gebührenermäßigung nach Nr. 1222 GKG KostVerz. ist ausgeschlossen, wenn das Verfahren zwar durch einen der vorgenannten privilegierten Tatbestände endet, allerdings bereits ein nicht privilegiertes Urteil oder ein nicht privilegierter Beschluss vorausgegangen war. 353

---

1 OLG Hamburg, MDR 2000, 111 = OLGR 200, 226; OLG Düsseldorf, JurBüro 2001, 313 = OLGR 2001, 458; OLG Hamm, BRAGOreport 2002, 80.
2 LG Koblenz, AGS 2003, 553 = BRAGOreport 2003, 244 = JurBüro 2004, 92 = MDR 2004, 237 = NJW-RR 2004, 72; LG Köln, JurBüro 2001, 260; AG Siegburg, JurBüro 2000, 424; *Hartmann*, Nr. 1211 GKG-KostVerz. Rz. 10.
3 OLG Brandeburg, MDR 2009, 1363 = NJW-Spezial 2009, 780.

Hierzu gehören die Fälle, in denen z.B. ein streitiges Grund- oder Teilurteil vorangegangen ist oder ein Versäumnisurteil gegen den Berufungsbeklagten. Der Erlass eines privilegierten Urteils oder privilegierten Beschlusses hindert dagegen nicht die Gebührenermäßigung. Ist also z.B. ein Teilanerkenntnisurteil vorangegangen oder ein Anerkenntnisurteil zum Grunde oder ein Versäumnisurteil gegen den Berufungskläger, so bleibt nach wie vor eine spätere Gebührenermäßigung möglich.

d) Ermäßigung nach Nr. 1223 GKG KostVerz.

354 Während ein Urteil, das nach § 313a Abs. 2 ZPO keinen Tatbestand und keine Entscheidungsgründe zu enthalten braucht, zu einer Ermäßigung auf 2,0 führt, tritt nur eine Ermäßigung auf eine 3,0-Gebühr ein, wenn das Urteil wegen eines Verzichtes nach § 313a Abs. 1 S. 2 ZPO keine schriftliche Begründung zu enthalten braucht.

355 Der Tatbestand ist in diesem Fall bereits nach § 313a Abs. 1 S. 2 ZPO entbehrlich. Verzichten die Parteien auf Rechtsmittel, bedarf es nach § 313a Abs. 1 S. 2 ZPO auch keiner Entscheidungsgründe mehr. Gleiches gilt, wenn der wesentliche Inhalt der Entscheidungsgründe in das Protokoll aufgenommen worden ist.

356 Eine Ermäßigung nach Nr. 1223 GKG KostVerz. ist auch möglich, wenn durch Beschluss entschieden wird. In diesem Fall kommt nur die Rechtsbeschwerde nach § 574 ZPO in Betracht, die wiederum nur zulässig ist, wenn sie zugelassen worden ist. Lässt das Berufungsgericht sie nicht zu, bzw. kann sie die Rechtsbeschwerde gar nicht zulassen, so kommt § 313a Abs. 1 ZPO in Betracht und damit auch eine Gebührenermäßigung nach Nr. 1223 GKG KostVerz.

Auch hier tritt die Ermäßigung allerdings nur ein, wenn nicht bereits ein nicht privilegiertes Urteil vorangegangen ist, also etwa ein streitiges Teil- oder Grundurteil oder ein Urteil gegen den Berufungsbeklagten.

e) Kombination mehrerer Ermäßigungstatbestände

357 Denkbar ist auch, dass ein Berufungsverfahren durch mehrere Teilermäßigungstatbestände der Nrn. 1221, 1222 und 1223 GKG KostVerz. endet. Eine ausdrückliche Regelung ist nur in Anm. zu Nr. 1223 GKG KostVerz. getroffen. Im Einzelnen gilt Folgendes:

358 Gestufte Gebühren sind hier nicht vorgesehen. Vielmehr gilt **für die gesamte Instanz nur ein einheitlicher Gebührensatz**, nämlich der nach dem geringeren Ermäßigungstatbestand.

(1) Endet das Verfahren

– zum Teil durch Rücknahme der Klage oder des Rechtsmittels vor Begründung (Nr. 1221 GKG KostVerz.)

und
- im Übrigen durch einen der in Nr. 1222 GKG KostVerz. genannten Tatbestände, so tritt eine Ermäßigung auf eine 2,0-Gebühr ein.

(2) Trifft
- die Teilklage- oder -berufungsrücknahme vor Begründung (Nr. 1221 GKG KostVerz.)

mit
- dem Ermäßigungstatbestand der Nr. 1223 GKG KostVerz. zusammen, so tritt insgesamt eine Ermäßigung auf 3,0 ein (Anm. zu Nr. 1223 GKG KostVerz.).

(3) Das Gleiche – also Ermäßigung auf 3,0 – gilt, wenn sich das Verfahren
- teilweise durch einen der in Nr. 1222 GKG KostVerz. geregelten Ermäßigungstatbestände erledigt

und
- im Übrigen durch den in Nr. 1223 GKG KostVerz. genannten Tatbestand.

6. Nichtzulassungsbeschwerde

Im **Verfahren** über die Nichtzulassungsbeschwerde entsteht eine 2,0-Gebühr (Nr. 1242 GKG-KostVerz.), sofern die Beschwerde verworfen oder zurückgewiesen wird. Wird die Beschwerde vor der Entscheidung **zurückgenommen**, entsteht nur eine 1,0-Gebühr. Ist die Beschwerde erfolgreich, fallen ebenfalls keine gesonderten Gebühren an, da dann die Nichtzulassungsbeschwerde als Teil des Revisionsverfahrens gilt (§ 544 Abs. 6 S. 2 ZPO) und folglich die Gerichtskostenvorschriften für das Revisionsverfahren anzuwenden sind.

359

7. Revision

Im Revisionsverfahren entsteht eine 5,0-Gebühr für das Verfahren im Allgemeinen (Nr. 1230 GKG-KostVerz.).
Vergleichbar dem Berufungsverfahren ermäßigt sich die 5,0-Gebühr bei einer Erledigung vor Revisionsbegründung nach Nr. 1231 GKG-KostVerz. auf 1,0.
Nach Eingang der Revisionsbegründung kommt nur noch eine Ermäßigung nach Nr. 1232 GKG-KostVerz. auf 3,0 in Betracht bei
- Zurücknahme des Rechtsmittels oder der Klage,
- Anerkenntnis- oder Verzichtsurteil,
- gerichtlichem Vergleich oder
- Erledigungserklärungen nach § 91a ZPO, wenn keine Entscheidung über die Kosten ergeht oder die Entscheidung einer zuvor mitgeteilten Einigung der Parteien über die Kostentragung oder der Kostenübernahmeerklärung einer Partei folgt.

360

8. Rechtsbeschwerde nach § 574 ZPO

a) Verfahren über Rechtsbeschwerden gegen den Beschluss, durch den die Berufung als unzulässig verworfen wurde

361 Im Verfahren über eine Rechtsbeschwerde gegen einen Beschluss, durch den die Berufung als unzulässig verworfen wurde (§ 522 Abs. 1 S. 2 u. 3 ZPO) wird eine 2,0-Gebühr erhoben (Nr. 1820 GKG KostVerz.). Bei Beendigung des gesamten Verfahrens durch Zurücknahme der Rechtsbeschwerde, bevor die Schrift zur Begründung der Rechtsbeschwerde bei Gericht eingegangen ist, ermäßigt sich die Gebühr auf 1,0 (Nr. 1822 GKG KostVerz.). Erledigungserklärungen nach § 91a ZPO stehen der Zurücknahme gleich, wenn keine Entscheidung über die Kosten ergeht oder die Entscheidung einer zuvor mitgeteilten Einigung der Parteien über die Kostentragung oder der Kostenübernahmeerklärung einer Partei folgt (Anm. zu Nr. 1822 GKG KostVerz.).

b) Verfahren über Rechtsbeschwerden gegen einen Beschluss nach § 91a Abs. 1, § 99 Abs. 2, § 269 Abs. 4 oder § 516 Abs. 3 ZPO

361a Im Verfahren über die Rechtsbeschwerde gegen einen Beschluss nach § 91a Abs. 1, § 99 Abs. 2, § 269 Abs. 4 oder § 516 Abs. 3 ZPO fällt für das Verfahren nach Nr. 1823 GKG-KostVerz. eine Festgebühr in Höhe von 150 Euro an. Bei Beendigung des gesamten Verfahrens durch Zurücknahme der Rechtsbeschwerde ermäßigt sich die Gebühr nach Nr. 1824 GKG KostVerz. auf 50 Euro und nach Nr. 1825 GKG KostVerz. auf 75 Euro.

c) Verfahren über nicht besonders aufgeführte Rechtsbeschwerden

361b Im Verfahren über sonstige Rechtsbeschwerden fällt für das Verfahren nach Nr. 1826 GKG-KostVerz. eine Festgebühr in Höhe von 100 Euro an. Wird die Rechtsbeschwerde nur teilweise verworfen oder zurückgewiesen, kann das Gericht die Gebühr nach billigem Ermessen auf die Hälfte ermäßigen oder bestimmen, dass eine Gebühr nicht zu erheben ist (Anm. zu Nr. 1826 GKG-KostVerz.). Wird das gesamten Verfahrens durch Zurücknahme der Rechtsbeschwerde, des Antrags oder der Klage vor Ablauf des Tages, an dem die Entscheidung der Geschäftsstelle übermittelt wird, zurückgenommen, ermäßigt sich die Gebühr auf 50,00 EUR (Nr. 1827 GKG Kost.Verz.).

9. Allgemeine Beschwerde

362 Im Verfahren über Beschwerden gegen einen **Beschluss nach § 91a Abs. 1, § 99 Abs. 2, § 269 Abs. 4 oder § 516 Abs. 3 ZPO** fällt für das Verfahren Nr. 1823 GKG-KostVerz. eine Festgebühr in Höhe von 75 Euro an. Eine Ermäßigung bei vorzeitiger Erledigung ist nicht vorgesehen.

363 In sonstigen **allgemeinen Beschwerdeverfahren** fällt nach Nr. 1811 GKG-KostVerz. eine Festgebühr i.H.v. 50 Euro an, wenn die Beschwerde verworfen oder zurückgewiesen wird. Im Übrigen ist das Beschwerdeverfahren gerichtskostenfrei.

10. Arrest- und einstweilige Verfügungsverfahren

Das System der Gerichtskosten in Arrestverfahren und Verfahren auf Erlass einer einstweiligen Verfügung ist anders aufgebaut als im Erkenntnisverfahren. Dies hat seinen Grund darin, dass hier wegen der gebotenen Dringlichkeit eine Entscheidung ohne mündliche Verhandlung ergehen kann. 364

Für das **Verfahren über den Antrag** auf Erlass eines Arrestes oder einer einstweiligen Verfügung entsteht eine 1,5-Gebühr nach Nr. 1410 GKG-KostVerz. Diese Gebühr fällt bereits mit Einreichung des Antrags an, nicht erst mit Erlass der Entscheidung oder der Zustellung der Antragsschrift[1]. Entsprechend der Ermäßigungsvorschrift der Nr. 1211 GKG-KostVerz. kommt unter den gleichen Voraussetzungen in Arrest- und einstweiligen Verfügungsverfahren nach Nr. 1411 GKG-KostVerz. in Betracht. 365

Kommt es später zur **mündlichen Verhandlung**, sei es auf den Widerspruch hin oder weil das Gericht mangels Dringlichkeit nicht ohne mündliche Verhandlung entscheidet, dann erhöht sich die Gerichtsgebühr auf eine 3,0-Gebühr (Nr. 1412 GKG-KostVerz.), wenn durch Urteil entschieden wird, ein Beschluss nach § 91a ZPO oder nach § 269 Abs. 3 S. 3 ZPO ergeht. 366

Findet die mündliche Verhandlung nur noch über einen Teil des Antrags statt, etwa weil der Widerspruch beschränkt worden ist oder weil der Verfügungsantrag vor der mündlichen Verhandlung teilweise zurückgenommen wird, so entsteht die weitere Gebühr für die mündliche Verhandlung nur nach dem reduzierten Wert. Hier können also **Stufenstreitwerte** entstehen. 367

In dem Verfahren über die **Berufung in Arrestverfahren oder Verfahren auf Erlass einer einstweiligen Verfügung** entsteht eine 4,0-Gebühr (Nr. 1413 ff. GKG-KostVerz.). 368

Diese Gebühr ermäßigt sich vor Einreichung der Berufungsbegründung nach Nr. 1414 GKG-KostVerz. auf 1,0. 369

Nach Berufungsbegründung kommt nur noch eine Ermäßigung unter den Voraussetzungen der Nr. 1415 GKG-KostVerz. auf 2,0 in Betracht und unter den Voraussetzungen der Nr. 1416 GKG-KostVerz. auf 3,0.

Wird gegen die Zurückweisung des Antrags **Beschwerde** erhoben, entsteht eine 1,5-Gebühr (Nr. 1413 ff. GKG-KostVerz.), die sich im Falle der Rücknahme nach Nr. 1417 GKG-KostVerz. auf 1,0 ermäßigt. 370

---

1 OLG München, MDR 1998, 63.

11. Zwangsversteigerung

370a Die Gerichtskosten in Zwangsvollstreckungsverfahren finden sich in Teil 2 GKG-KostVerz., den Nrn. 2110 ff. GKG-KostVerz. Hier werden fast ausnahmslos Festgebühren erhoben.

III. Streitwert – Gegenstandswert

1. Einleitung

371 In Mietsachen bemessen sich die Rechtsanwalts- und Gerichtsgebühren bis auf wenige Ausnahmen nach dem Wert des Streitgegenstands (§ 3 Abs. 1 GKG – Streitwert) bzw. dem Wert der anwaltlichen Tätigkeit (§ 2 Abs. 1 RVG – Gegenstandswert).

372 Ohne zutreffende Berechnung des Streitwerts bzw. Gegenstandswerts ist eine ordnungsgemäße Gebührenabrechnung nicht möglich. Die richtige Wertberechnung und die Prüfung der gerichtlichen Streitwertfestsetzung wird in der Praxis – insbesondere auch in Mietsachen – vernachlässigt, was dazu führt, dass dadurch häufig Gebühren verschenkt werden.

2. Bestimmung des Streitwerts für die Gerichtsgebühren

a) Vorläufige Festsetzung

373 Nach § 63 Abs. 1 S. 1 GKG hat das Gericht bei Eingang einer Klage oder eines Antrags den Streitwert (§ 3 Abs. 1 GKG) ohne Anhörung der Parteien durch Beschluss **vorläufig festzusetzen**. Einer Streitwertfestsetzung bedarf es dann nicht, wenn die Klage oder der Antrag auf Zahlung einer Geldsumme in Euro gerichtet ist.

374 Da es sich nur um eine vorläufige Streitwertfestsetzung handelt, ist eine unmittelbare Streitwertbeschwerde nach § 68 Abs. 1 GKG unzulässig. Möglich ist lediglich eine **Erinnerung und eine Beschwerde** des Kostenschuldners gegen den Kostenansatz nach § 66 GKG, in deren Rahmen die Streitwertfestsetzung überprüft werden kann. Insoweit kann eine Erinnerung oder Beschwerde nur darauf gestützt werden, dass der Streitwert zu hoch festgesetzt worden sei; andernfalls fehlt es an der Beschwer des Kostenschuldners. Auch der Anwalt kann keine Beschwerde einlegen, da er an eine vorläufige Wertfestsetzung nicht gebunden ist und daher auch durch sie auch nicht beschwert sein kann[1].

b) Endgültige Festsetzung

375 Nach Abschluss des Verfahrens hat das Gericht den Streitwert **endgültig festzusetzen** (§ 63 Abs. 2 GKG). Einer Festsetzung bedarf es nicht, wenn zuvor eine Entscheidung nach § 62 GKG (Streitwertfestsetzung für die Zu-

---

1 OLG Köln, OLGR 2009, 26.

ständigkeit des Prozessgerichts oder die Zulässigkeit eines Rechtmittels) ergangen ist, die auch für die Berechnung der Gerichtsgebühren bindend ist. An der Bindung einer solchen Entscheidung fehlt es, wenn die §§ 39 ff. GKG vorrangige Bestimmungen enthalten (s. § 63 Abs. 2 GKG). Eine solche Abweichung ergibt sich z.B. bei einer Räumungsklage[1] oder einer Klage auf Mieterhöhung[2], für deren Zuständigkeites- und Rechsmittelstreitwert der 3 ½-fache Jahreswert gilt (§ 9 ZPO), während für die Gerichts- und Anwaltsgebühren nur der Jahreswert zugrunde zu legen ist (§ 41 Abs. 2, Abs. 5 GKG).

c) Recht zur Abänderung

Das Gericht, das den Wert festgesetzt hat, kann die Festsetzung **nachträglich abändern** (§ 63 Abs. 3 S. 1 GKG). Insoweit gilt der Grundsatz der Streitwertwahrheit. Erkennt das Gericht später, dass seine Festsetzung unzutreffend war, kann es neu festsetzen. Der Wert der Neufestsetzung kann dabei höher oder niedriger liegen. Das Verschlechterungsverbot gilt hier nicht, da von Amts wegen richtig festzusetzen ist.

375a

Die Abänderung ist zulässig innerhalb von sechs Monaten, nachdem die Entscheidung in der Hauptsache Rechtskraft erlangt oder das Verfahren sich anderweitig erledigt hat (§ 63 Abs. 3 S. 2 GKG). Auch ein Rechtsmittelgericht kann jederzeit den Streitwert der Vorinstanz abändern, wenn es mit der Sache befasst ist (§ 63 Abs. 3 S. 1 GKG), aber nicht erstmals für die untere Instanz festsetzen.

375b

d) Beschwerde gegen die endgültige Festsetzung

Gegen die endgültige Streitwertfestsetzung ist nach § 68 Abs. 1 GKG die **einfache Beschwerde** möglich.

376

Beschwerdebefugt sind nach § 68 Abs. 3 GKG sind nur die Parteien, die Verfahrensbevollmächtigten[3] und die Staatskasse.

Zulässig ist die Beschwerde nur, wenn der **Wert des Beschwerdegegenstandes** den Betrag von 200 Euro übersteigt (§ 68 Abs. 1 S. 1 GKG) oder die Beschwerde im Wertfestsetzungsbeschluss zugelassen worden ist (§ 68 Abs. 1 S. 2 GKG). Eine nachträgliche Zulassung ist nicht möglich (ausgenommen im Wege der Beschlussberichtigung oder -ergänzung oder auf eine Gehörsrüge).

377

➲ **Hinweis:**
Zeichnet sich ab, dass die Streitwertfestsetzung problematisch ist und möglicherweise der Wert des Beschwerdegegenstandes von über 200 Euro nicht erreicht wird, sollte der Anwalt rechtzeitig die Zulassung der

---

1 BGH, AGS 2007, 428.
2 BGH AGS 2003, 489 = JurBüro 2004, 207 = AnwBl. 2003, 597.
3 Die Beschwerdebefugnis des Rechtsanwalts ergibt sich nicht aus § 68 Abs. 1 GKG, sondern aus § 32 Abs. 2 RVG (vgl. unten *Rz. 393*).

Beschwerde bei Gericht anregen. Ist die Beschwerde in dem Festsetzungsbeschluss nicht zugelassen worden, kann die Zulassung nicht mehr nachgeholt werden.

377a Bei der wertabhängigen Beschwerde ist unerheblich, inwieweit eine Abänderung des Streitwertes beantragt wird. Es kommt nur darauf an, inwieweit sich die Abänderung des Streitwerts zugunsten des Beschwerdeführer auswirken würde. Geltend gemacht werden kann von einer Partei daher nur, dass der Streitwert überhöht festgesetzt worden ist und sich bei zutreffender Festsetzung eine um mehr als 200 Euro geringere Kostenschuld gegenüber ihrem Rechtsanwalt, dem Gegner und dem Gericht ergeben würde[1]. Bei einer Beschwerde des Anwalts kann nur geltend gemacht werden, dass der Wert zu gering festgesetzt sei und sich bei zutreffender Festsetzung ein um mehr als 200 Euro höheres Gebührenaufkommen ergäbe.

Beispiel:

In einem Räumungsrechtsstreit hat das Gericht nach mündlicher Verhandlung den Gegenstandswert auf (12 × 750 Euro =) 9000 Euro festgesetzt. Der Anwalt ist der Auffassung, der Streitwert müsse sich auf (12 × 800 Euro =) 9600 Euro belaufen.

Ausgehend von einer 1,3-Verfahrensgebühr (Nr. 3100 VV RVG) und einer 1,2-Terminsgebühr (Nr. 3104 VV RVG), würde sich die Differenz zwischen den Gebühren aus 9000 Euro und 9600 Euro auf 110,08 Euro einschließlich Umsatzsteuer belaufen. Der Wert des Beschwerdegegenstands wäre für den Anwalt nicht erreicht.

Beispiel:

Das Gericht hat nach mündlicher Verhandlung den Gegenstandswert auf 9600 Euro festgesetzt. Die unterlegene Partei ist der Auffassung, der Streitwert müsse sich auf 9000 Euro belaufen.

Für die Partei sind jetzt auch die Kostenerstattung und die Differenz der Gerichtskosten zu berücksichtigen. Für sie ergibt sich ein Wert des Beschwerdegegenstands in Höhe von 110,08 Euro + 110,08 Euro + 45,00 Euro = 226,60 Euro. Ihre Beschwerde wäre daher zulässig.

377b Sinkt der Wert des Beschwerdegegenstands infolge einer Teilabhilfe auf unter 200,01 Euro, wird die Beschwerde unzulässig, so dass das Ausgangsgericht abschließend entscheidet; es sei denn, die Beschwerde ist zugelassen.

377c Im Gegensatz zu dem bis zum 30.6.2004 geltenden Recht ist jetzt auch eine Beschwerde gegen eine erstmalige Wertfestsetzung des LG als Berufungs- oder Beschwerdegericht möglich. Zuständig ist dann das OLG[2]. Unerheblich ist dabei, ob das Gericht den Streitwert der Rechtsmittelinstanz

---

[1] OLG Karlsruhe AGS 2006, 30 = OLGR 2005, 562 = JurBüro 2005, 542.
[2] OLG Hamm, AGS 2005, 406 m. Anm. Onderka; a.A. OLG Celle, AGS 2006, 245 m. Anm. Onderka = OLGR 2006, 191.

erstmals festgesetzt oder den der Erstinstanz (erstmals) von Amts wegen abgeändert hat.

Beispiel:
Das LG setzt nur den Streitwert des Berufungsverfahrens fest, die Streitwertfestsetzung der ersten Instanz lässt es unberührt.
Gegen die Festsetzung für das Berufungsverfahren ist eine Beschwerde zum OLG möglich. Die Festsetzung für die erste Instanz kann (vorbehaltlich einer späteren weiteren Beschwerde) zunächst nur mit der Beschwerde zum LG angegriffen werden.

Beispiel:
Das LG setzt den Streitwert des Berufungsverfahrens fest und ändert gleichzeitig auch die erstinstanzliche Wertfestsetzung ab.
Jetzt kann die Beschwerde zum OLG sowohl gegen die Festsetzung für die erste Instanz als auch für das Berufungsverfahren erhoben werden.

Eine Beschwerde gegen Festsetzungen des OLG ist nie zulässig, da diese nach § 68 Abs. 1 S. 5 i.V.m. 66 Abs. 3 S. 3 GKG ausgeschlossen ist.   377d

Die Beschwerde ist als solche nicht **befristet**. Sie muss jedoch innerhalb der Frist des § 63 Abs. 3 GKG eingelegt werden. Wird die Frist versäumt, besteht nach § 68 Abs. 2 GKG die Möglichkeit einer Wiedereinsetzung.   377e

e) Gegenvorstellung gegen die endgültige Festsetzung

Soweit eine Streitwertbeschwerde mangels Erreichens des Beschwerdewertes und mangels Zulassung nicht zulässig ist, oder sofern sie ohnehin ausgeschlossen ist (z.B. bei Wertfestsetzungen eines OLG oder des BGH), kommt lediglich eine Gegenvorstellung in Betracht. Hierauf muss das Gericht reagieren, da nach § 63 Abs. 3 S. 1 GKG jederzeit bei besserer Erkenntnis eine fehlerhafte Wertfestsetzung von Amts wegen korrigiert werden muss, solange die Frist des § 63 Abs. 3 S. 2 GKG noch nicht abgelaufen ist.   378

f) Weitere Beschwerde

Eine weitere Beschwerde ist möglich. Sie ist jedoch nur zulässig, wenn des LG als Beschwerdegericht entschieden hat[1]. Im Übrigen ist sie unzulässig. Insbesondere ist eine weitere Beschwerde zum BGH nicht statthaft[2]. Auch eine Rechtsbeschwerde nach § 574 ZPO ist nicht möglich, selbst wenn sie zugelassen worden ist[3].   378a

---

1 OLG Hamm, AGS 2005, 406 = RVG-B 2005, 151 = FGPrax 2005, 87 = OLGR 2005, 320; **a.A.** OLG Celle, AGS 2006, 245 = OLGR 2006, 191.
2 BGH, AGS 2004, 202 = BGHR 2004, 268 = VergabeR 2004, 255 = MDR 2004, 355; BGH, BRAGOreport 2003, 56; BGH, BRAGOreport 2003, 163; BGH, AGS 2004, 120.
3 BGH, Beschl. v. 6.10.2009 – VI ZB 19/08.

378b Die weitere Beschwerde muss zugelassen worden sein (§ 68 Abs. 1 S. 5 i.V.m. § 66 Abs. 4 S. 1 GKG).

378c Im Gegensatz zur Erstbeschwerde ist die weitere Beschwerde **befristet**. Sie muss innerhalb eines Monats ab Zustellung der Beschwerdeentscheidung eingelegt werden (§ 68 Abs. 1 S. 6 GKG). Eine Wiedereinsetzung in den vorigen Stand ist möglich (§ 68 Abs. 2 GKG).

g) Wertermittlung

379 Wie der Streitwert im Einzelfall zu bemessen ist, ergibt sich aus den §§ 39 ff. GKG. Vorzugehen ist in **drei Schritten**:

380 Zunächst ist zu fragen, ob das GKG spezielle Bewertungsvorschriften enthält (§ 48 Abs. 1 S. 1 GKG). Hier ist insbesondere die Vorschrift des § 41 GKG[1] zu beachten:

§ 41 Miet-, Pacht- und ähnliche Nutzungsverhältnisse

(1) Ist das Bestehen oder die Dauer eines Miet-, Pacht- oder ähnlichen Nutzungsverhältnisses streitig, ist der Betrag des auf die streitige Zeit entfallenden Entgelts und, wenn das einjährige Entgelt geringer ist, dieser Betrag für die Wertberechnung maßgebend. Das Entgelt nach Satz 1 umfasst neben dem Nettogrundentgelt Nebenkosten dann, wenn diese als Pauschale vereinbart sind und nicht gesondert abgerechnet werden.

(2) Wird wegen Beendigung eines Miet-, Pacht- oder ähnlichen Nutzungsverhältnisses die Räumung eines Grundstücks, Gebäudes oder Gebäudeteils verlangt, ist ohne Rücksicht darauf, ob über das Bestehen des Nutzungsverhältnisses Streit besteht, das für die Dauer eines Jahres zu zahlende Entgelt maßgebend, wenn sich nicht nach Absatz 1 ein geringerer Streitwert ergibt. Wird die Räumung oder Herausgabe auch aus einem anderen Rechtsgrund verlangt, ist der Wert der Nutzung eines Jahres maßgebend.

(3) Werden der Anspruch auf Räumung von Wohnraum und der Anspruch nach den §§ 574 bis 574b des Bürgerlichen Gesetzbuchs auf Fortsetzung des Mietverhältnisses über diesen Wohnraum in demselben Prozess verhandelt, werden die Werte nicht zusammengerechnet.

(4) Bei Ansprüchen nach den §§ 574 bis 574b des Bürgerlichen Gesetzbuchs ist auch für die Rechtsmittelinstanz der für den ersten Rechtszug maßgebende Wert zugrunde zu legen, sofern nicht die Beschwer geringer ist.

(5) Bei Ansprüchen auf Erhöhung der Miete für Wohnraum ist der Jahresbetrag der zusätzlich geforderten Miete, bei Ansprüchen des Mieters auf Durchführung von Instandsetzungsmaßnahmen der Jahresbetrag einer angemessenen Mietminderung und bei Ansprüchen des Vermieters auf Duldung einer Durchführung von Moderni-

---

1 Bis zum 30.6.2004 war diese Vorschrift in § 16 GKG a.F. enthalten. Soweit also in Entscheidung vor dem 1.7.2004 und auch in neueren Entscheidungen, denen noch „Altfälle" zugrunde lagen, auf § 16 GKG a.F. abgestellt wird, kann auf diese Entscheidungen grundsätzlich zurückgegriffen werden, da die Vorschriften des § 16 GKG a.F. und des § 41 GKG n.F. weitgehend identisch sind. Änderungen haben sich ergeben in § 41 Abs. 1 S. 2 GKG, der geklärt hat, inwieweit Nebenkostenzahlungen bei der Höhe der Miete in Bestandsstreitigkeiten zu berücksichtigen sind und in § 41 Abs. 5 GKG, der jetzt eine Bewertungsregel für Ansprüche auf Durchführung von Instandsetzungsarbeiten sowie auf Duldung von Modernisierungs- und Erhaltungsmaßnahmen vorsieht.

sierungs- oder Erhaltungsmaßnahmen der Jahresbetrag einer möglichen Mieterhöhung, in Ermangelung dessen einer sonst möglichen Mietminderung durch den Mieter maßgebend. Endet das Mietverhältnis vor Ablauf eines Jahres, ist ein entsprechend niedrigerer Betrag maßgebend.

Des Weiteren sind die allgemeinen Vorschriften zu beachten (§ 47 GKG – **Rechtsmittelverfahren**; § 40 GKG – **Zeitpunkt der Wertberechnung**; § 44 GKG – **Stufenklage**; § 45 GKG – **Klage und Widerklage**; § 53 GKG – **Einstweiliger Rechtsschutz**, § 36 GKG – **Teile des Streitgegenstandes**; § 43 GKG – **Nebenforderungen**). 381

Enthält das GKG keine vorrangigen Bestimmungen, so ist gemäß § 48 Abs. 1 S. 1 GKG auf die Streitwertvorschriften der ZPO über den Zuständigkeitsstreitwert zurückzugreifen. Hier sind vor allen Dingen zu beachten: § 6 ZPO – **Besitz**; § 8 ZPO – **Pacht- oder Mietverhältnis**; § 9 ZPO – **Wiederkehrende Leistungen** sowie der **Auffangtatbestand** des § 3 ZPO. 382

§ 3 Wertfestsetzung nach freiem Ermessen
Der Wert wird von dem Gericht nach freiem Ermessen festgesetzt; es kann eine beantragte Beweisaufnahme sowie von Amts wegen die Einnahme des Augenscheins und die Begutachtung durch Sachverständige anordnen.

§ 6 Besitz; Sicherstellung; Pfandrecht
Der Wert wird bestimmt: durch den Wert einer Sache, wenn es auf deren Besitz, und durch den Betrag einer Forderung, wenn es auf deren Sicherstellung oder ein Pfandrecht ankommt. Hat der Gegenstand des Pfandrechts einen geringeren Wert, so ist dieser maßgebend.

§ 8 Pacht- oder Mietverhältnis
Ist das Bestehen oder die Dauer eines Pacht- oder Mietverhältnisses streitig, so ist der Betrag der auf die gesamte streitige Zeit entfallenden Pacht oder Miete und, wenn der 25fache Betrag des einjährigen Entgelts geringer ist, dieser Betrag für die Wertberechnung entscheidend.

§ 9 Wiederkehrende Nutzungen oder Leistungen
Der Wert des Rechts auf wiederkehrende Nutzungen oder Leistungen wird nach dem dreieinhalbfachen Wert des einjährigen Bezuges berechnet. Bei bestimmter Dauer des Bezugsrechts ist der Gesamtbetrag der künftigen Bezüge maßgebend, wenn er der geringere ist.

In **nichtvermögensrechtlichen** Streitigkeiten ist der Streitwert nach billigem Ermessen zu bestimmen (§ 48 Abs. 2 S. 1 GKG). 383

Wird mit einem nichtvermögensrechtlichen Anspruch ein aus ihm abgeleiteter vermögensrechtlicher Anspruch zusammen geltend gemacht, so gilt nur der höhere Wert (§ 48 Abs. 4 GKG). 384

3. Bestimmung des Streitwerts für die Anwaltsgebühren

Bei den Anwaltsgebühren ist zu unterscheiden, ob der Anwalt in einem gerichtlichen Verfahren tätig wird oder außerhalb eines gerichtlichen Verfahrens. 385

a) Tätigkeiten in einem gerichtlichen Verfahren
aa) Die Anwaltsgebühren richten sich nach dem Wert der Gerichtsgebühren

386 Wird der Anwalt in einem gerichtlichen Verfahren tätig, gilt zunächst einmal gilt **§ 23 Abs. 1 S. 1 RVG**: Maßgebend sind die Vorschriften des GKG, soweit ein gerichtliches Verfahren stattfindet und sich die Gerichtsgebühren nach dessen Wert richten. Der vom Gericht nach § 63 GKG festgesetzte Wert ist dann auch für die Anwaltsgebühren bindend (§ 32 Abs. 1 RVG). Dem Rechtsanwalt steht insoweit ein eigenes Antrags- und Beschwerderecht zu (§ 32 Abs. 2 S. 1 RVG). Im stehen auch die entsprechenden Rechtsbehelfe zu, wenn die Wertfestsetzung unterblieben ist (§ 32 Abs. 2 S. 2 RVG).

bb) Die Anwaltsgebühren richten sich nicht nach dem Wert der Gerichtsgebühren
(1) Gesonderte Festsetzung

387 Sind im gerichtlichen Verfahren Festgebühren oder gar keine Gebühren vorgesehen, so sind nach **§ 23 Abs. 1 S. 2 RVG** die Vorschriften des gerichtlichen Verfahrens entsprechend anzuwenden, sofern das RVG nicht vorrangige Regelungen enthält, wie für Erinnerungs- und Beschwerdeverfahren (§ 23 Abs. 3 RVG) oder für die Zwangsvollstreckung (§ 25 RVG). Diesen Wert setzt das Gericht im Verfahren nach § 33 RVG auf Antrag des Anwalts oder eines Beteiligten gesondert fest.

387a Fälle, in denen für die Anwaltsgebühren eine gesonderte Wertfestsetzung erforderlich ist, sind insbesondere in Beschwerde- und Vollstreckungsverfahren gegeben, in denen bei Gericht Festgebühren erhoben werden. Darüber hinaus gehören hierzu die Fälle, in denen sich die Gebühren des gerichtlichen Verfahrens zwar nach dem Gegenstandswert richten, diese aber für bestimmte anwaltliche Tätigkeiten nicht gelten.

Beispiel:

Eingeklagt sind 10 000 Euro. Im Termin verhandeln die Parteien auch über weitere nicht anhängige Forderungen, ohne dass es zu einer Einigung kommt.

Da die Verfahrens- und Terminsgebühren sich auch nach dem Wert der weitergehenden Ansprüche richten (Nr. 3101 Nr. 2, 2. Alt.; Nr. 3104 VV RVG), muss insoweit ein Gegenstandswert festgesetzt werden. Diese Festsetzung des „Mehrwertes" erfolgt im Verfahren nach § 33 RVG[1].

387b Antragsberechtigt im Verfahren nach § 33 RVG sind der Anwalt und sein Auftraggeber sowie ein erstattungspflichtiger Gegner und im Falle des § 45 RVG auch die Staatskasse (§ 33 Abs. 2 S. 2 GKG).

---

1 AG Siegburg AGS 2008, 361.

Zulässig ist der Antrag erst, wenn die Vergütung des Anwalts fällig ist (§ 33 Abs. 2 S. 1 RVG), was sich wiederum nach § 8 Abs. 1 RVG bestimmt. Eine vorläufige Wertfestsetzung – etwa zur Abrechnung eines Vorschusses nach § 9 RVG – ist nicht vorgesehen und wäre unzulässig. 387c

Im Gegensatz zur Wertfestsetzung nach § 68 GKG, bei der innerhalb der Frist der § 68 Abs. 3 GKG jederzeit eine Änderung von Amts wegen möglich ist, weil es sich um ein Amtsverfahren handelt, kommt eine Abänderung durch das Gericht im Verfahren nach § 33 RVG nicht in Betracht, da es sich um ein reines Antragsverfahren handelt. Daher ist hier auch eine Gegenvorstellung ausgeschlossen. 387d

(2) Beschwerde gegen die Festsetzung

Auch gegen die Wertfestsetzung nach § 33 RVG ist die Beschwerde gegeben, wenn der Wert des Beschwerdegegenstandes einen Betrag in Höhe von 200 Euro übersteigt oder die Beschwerde zugelassen ist (§ 33 Abs. 3 RVG). 387e

Zu beachten ist, dass die Beschwerde nach § 33 Abs. 3 RVG **fristgebunden** ist. Sie muss innerhalb von zwei Wochen ab Zustellung des Streitwertbeschlusses eingelegt werden (§ 33 Abs. 3 S. 3 RVG). Mangelt es an einer Zustellung oder an einer ordnungsgemäßen Rechtsmittelbelehrung, die z.B. in arbeitsgerichtlichen oder verwaltungsgerichtlichen Verfahren erforderlich ist, wird die Frist nicht in Gang gesetzt. Möglich ist eine Wiedereinsetzung in den vorigen Stand (§ 33 Abs. 5 RVG). 387f

Auch hier kommt eine Beschwerde gegen erstmalige Wertfestsetzungen des LG als Berufungs- oder Beschwerdegericht in Betracht. Eine Beschwerde zu einem obersten Gericht des Bundes, ebenso eine Rechtsbeschwerde, ist dagegen unzulässig (§ 33 Abs. 4 S. 3 RVG). 387g

Da eine Änderung von Amts wegen im Verfahren nach § 33 RVG nicht möglich ist, ist eine Verschlechterung im Beschwerdeverfahren ausgeschlossen. Es gilt das Verschlechterungsverbot (Verbot der reformatio in peius)[1]. 387h

(3) Weitere Beschwerde gegen die Festsetzung

Gegen die Entscheidung des LG als Beschwerdegericht kann, sofern zugelassen, die sofortige weitere Beschwerde erhoben werden (§ 33 Abs. 6 S. 1 RVG). Zuständig ist dann das OLG. Die weitere Beschwerde muss innerhalb von zwei Wochen nach Zustellung der Beschwerdeentscheidung eingelegt werden (§ 33 Abs. 6 S. 4, Abs. 3 S. 3 RVG). Möglich ist auch hier eine Wiedereinsetzung in den vorigen Stand (§ 33 Abs. 6 S. 4, Abs. 5 RVG). 387i

---

1 LAG Hamm, AGS 2006, 301.

b) Tätigkeiten außerhalb eines gerichtlichen Verfahrens

388 Wird der Anwalt außerhalb eines gerichtlichen Verfahrens tätig, ist zu differenzieren:

Soweit die außergerichtliche Tätigkeit des Anwalts auch Gegenstand eines gerichtlichen Verfahrens sein kann, gilt **§ 23 Abs. 1 S. 3 RVG**. Danach sind die Vorschriften des GKG sinngemäß anzuwenden.

389 Kann die außergerichtliche Tätigkeit nicht Gegenstand eines gerichtlichen Verfahrens sein, gilt § 23 Abs. 3 RVG. Es gelten zunächst bestimmte Vorschriften der KostO sinngemäß (**§ 23 Abs. 3 S. 1 RVG**). Hier ist insbesondere § 25 KostO zu berücksichtigen:

§ 25 KostO

Der Wert eines Miet- oder Pachtrechts bemisst sich nach dem Wert aller Leistungen des Mieters oder Pächters während der ganzen Vertragszeit. Bei Miet- oder Pachtrechten von unbestimmter Vertragsdauer ist der Wert dreier Jahre maßgebend; ist jedoch die Auflösung des Vertrages erst nach einem längerem Zeitraum zulässig, ist dieser maßgebend. In keinem Fall darf der Wert den 25fachen Betrag der einjährigen Leistung übersteigen.

390 **Ein Fall des § 23 Abs. 3 S. 1 RVG liegt insbesondere vor bei**
- Abschluss eines Mietvertrages einschließlich der Vertragsverhandlungen (es gilt § 25 KostO),
- Entwurf eines Mietvertrages (es gilt § 25 KostO),
- Ausspruch einer Kündigung (es gilt § 25 KostO – str. vgl. u. *Rz. 491*),
- Abschluss eines Mietaufhebungsvertrages (es gilt § 25 KostO), sofern es sich nicht um einen Vergleich über einen Räumungsanspruch handelt; dann gilt § 42 GKG,
- Erstellung einer Nebenkostenabrechnung (es gilt § 18 Abs. 2 KostO vgl. u. *Rz. 435*),
- Prüfung einer Mieterhöhungsmöglichkeit (es gilt § 25 KostO) aus dem Wert der Erhöhung.

391 Sind die in § 23 Abs. 1 S. 1 RVG zitierten Vorschriften der KostO nicht einschlägig, dann ist der Gegenstandswert nach billigem Ermessen zu bestimmen (**§ 23 Abs. 3 S. 2, 1. Hs. RVG**).

392 Sind keine Anhaltspunkte für ein billiges Ermessen vorhanden, ist der Gegenstandswert ausgehend vom Regelwert (4000 Euro) je nach Lage des Falles niedriger oder höher zu bestimmen (**§ 23 Abs. 3 S. 2, 2. Hs. RVG**).

393–398 Einstweilen frei.

IV. Streitwert-ABC

1. AGB-Kontrolle

Der Gegenstandswert einer **Verbandsklage** auf Kontrolle von AGB-Klauseln ist gemäß LG München I[1] auf 5000 DM (= ca. 2500 Euro) pro angegriffene Klausel festzusetzen. Nach Ansicht des BGH[2] ist ein Betrag in Höhe von 3000 DM (= ca. 1500 Euro) anzusetzen.

399

2. Antenne, Beseitigung oder Duldung

a) Beseitigungsverlangen des Vermieters

Verlangt der Vermieter Beseitigung einer Antenne, so ist nach § 3 ZPO der Streitwert nach seinem Interesse an der Beseitigung festzusetzen. Die Bewertung dieses Interesses ist in der Rechtsprechung umstritten.

400

aa) Nur Interesse am optischen Gesamteindruck

Das LG Hamburg[3] berücksichtigt lediglich das Interesse des Vermieters am **optischen Gesamteindruck** des Hauses und hat diesen im konkreten Fall mit 1000 DM bewertet. Auf den Neu- oder Restwert oder die Anschaffungskosten sei dagegen nicht abzustellen. Ebenso hat das LG Bonn entschieden[4], das das Interesse mit 1200 DM (= ca. 600 Euro) bewertet hat. Auch das LG Bonn ist der Auffassung, dass es auf die Kosten der Beseitigung nicht ankomme. Das Gericht führt darüber hinaus weiter aus, dass eine höhere Bewertung des Vermieterinteresses nicht darauf gestützt werden könne, dass es sich um einen „**Musterprozess**" handele, der auch Auswirkungen auf die übrigen Mietverhältnisse des Objekts habe.

401

Auf der gleichen Linie liegt die Entscheidung des LG Bremen[5], das die Beschwer des zur Duldung einer Satellitenantenne verurteilten Vermieters mit 1000 DM (= ca. 500 Euro) bewertet hat und allein von dem **ideellen Interesse** des Vermieters daran, dass eine Antenne nicht angebracht werde, ausgegangen ist[6]. Das Gericht weist zudem darauf hin, dass es für den Vermieter nicht auf die Kosten der Errichtung oder Beseitigung ankommen könne, da diese Kosten ohnehin vom Mieter zu tragen seien. Ebenso LG Karlsruhe[7], das zutreffend darauf hinweist, dass es nicht allein auf die Kosten der Beseitigung ankommen kann. Dies würde z.B. bei mobilen Parabolantennen, die ohne Kostenaufwand abmontiert werden können, einen Streitwert gegen Null ergeben.

402

---

1 NZM 1998, 33.
2 BGH, NZM 1998, 402.
3 LG Hamburg, WM 1991, 359.
4 LG Bonn, WM 1993, 468.
5 LG Bremen, WM 2000, 364.
6 LG Bremen, AGS 2000, 135 = KostRsp. ZPO § 3 Nr. 1345 m. Anm. *N. Schneider*.
7 LG Karlsruhe, AGS 2000, 135 = KostRsp. ZPO § 3 Nr. 1345 m. Anm. *N. Schneider*.

403 Das **Interesse des Vermieters**, die Beeinträchtigung des optischen Gesamteindrucks seines Hauses zu vermeiden, wiegt umso schwerer, je größer die Zahl der von ihm vermieteten Wohnungen ist, weil er unter Gleichbehandlungsgesichtspunkten auch anderen Mietern den Anbau von Parabolantennen nicht verweigern kann, wenn er einem Mieter dies erlaubt[1].

bb) Nur Kosten der Beseitigung

404 Demgegenüber stellt das LG München I[2] ausschließlich auf die **Kosten der Beseitigung** ab, im konkreten Fall 150 DM (= ca. 75 Euro). Auf die seinerzeitigen Kosten der Errichtung der Satellitenanlage könne nicht abgestellt werden, ebenso wenig darauf, inwieweit die Satellitenanlage nach Entfernung für den Mieter noch verwertbar sei. Die negativen Auswirkungen der Antenne auf das äußere Erscheinungsbild seien kein brauchbarer Ansatzpunkt, weil die Auswirkungen einer Parabolantenne auf die wirtschaftliche Verwertbarkeit des Objekts nicht messbar seien. Als einzige Möglichkeit im Rahmen des § 3 ZPO bliebe daher, auf die Kosten der Beseitigung abzustellen.

405 Im Ergebnis ebenso entschieden hat das LG Heidelberg[3], ohne allerdings die Streitwertfestsetzung näher zu begründen. Es ist im konkreten Fall von einem Streitwert von 2800 DM (= ca. 1400 Euro) ausgegangen.

cc) Kosten der Beseitigung zuzüglich eines Zuschlags nur in Ausnahmefällen

406 Einen Mittelweg beschreitet das LG Kiel[4], das zwar im Ergebnis auch auf die Kosten der Beseitigung abstellt. Das Gericht hält es aber grundsätzlich nicht für ausgeschlossen, dass ein weiter gehendes Interesse des Vermieters zu einer höheren Wertfestsetzung führen kann; ein wirtschaftliches Interesse am äußeren Erscheinungsbild der Wohnanlage ist nach Auffassung des Gerichts jedoch nicht messbar und daher nicht bezifferbar.

dd) Wert der Antenne zuzüglich Kosten der Beseitigung

407 Das OLG Köln[5] – allerdings in einem WEG-Verfahren – stellt auf den Wert der Antenne zuzüglich der Kosten der Beseitigung ab.

---

1 Ebenso LG Karlsruhe, AGS 2000, 135 = KostRsp. ZPO § 3 Nr. 1345 m. Anm. *N. Schneider.*
2 LG München I, WM 1993, 745.
3 LG Heidelberg, WM 1993, 734: 500 DM (ca. 250 Euro).
4 LG Kiel, WM 1996, 632.
5 OLG Köln, AGS 2005, 305.

ee) Interesse am optischen Gesamteindruck zuzüglich Kosten der Beseitigung

Das LG Frankfurt/Main[1] geht davon aus, dass beide Kriterien, also sowohl die Kosten der Beseitigung als auch das Interesse am optischen Gesamteindruck der Anlage, zu berücksichtigen seien[2]. Zu dem Interesse an der Erhaltung des optischen Gesamteindrucks (hier 500 Euro) sind danach auch noch die Kosten der Beseitigung hinzuzurechnen. 408

ff) Entscheidung des BGH vom 17.5.2006

Der BGH hatte sich in seiner Entscheidung vom 17.5.2006 mit der Beschwer einer abgewiesenen Klage eines Vermieters auf Beseitigung einer durch den Mieter errichteten Satellitenempfangsantenne zu befassen. Nach seiner Auffassung richtet sich die Beschwer des Vermieters nach dem Wertverlust, den er durch eine von der Satellitenempfangsantenne verursachte Beeinträchtigung der Substanz und/oder des optischen Gesamteindrucks seines Hauses erleidet[3]. Es folgt ausdrücklich den Entscheidungen des LG Bonn[4] und des LG Berlin[5]. Die Auffassung des LG München I[6] und des LG Kiel[7] lehnt der BGH ausdrücklich ab. 408a

b) Klage des Mieters auf Duldung

Andere Bewertungsgrundsätze gelten, wenn der Mieter nicht eigenmächtig die Parabolantenne anbringt und es dann auf ein Beseitigungsverlangen ankommen lässt, sondern wenn er die Zustimmung zur Anbringung verlangt. In diesem Fall ist auf das Informationsinteresse des Mieters abzustellen[8]. Auch hier kommt es auf die Kosten der Errichtung oder einer späteren Beseitigung nicht an. 409

3. Anwaltskosten, Miteinklagen

Werden vorgerichtlich entstandene Anwaltskosten, etwa die Geschäftsgebühr der Nr. 2300 VV RVG nebst Auslagen neben der zugehörigen Hauptforderung als Schadensersatz isoliert eingeklagt, so bleiben sie als 410

---

1 LG Frankfurt/Main, AGS 2003, 37 m. Anm. *N. Schneider* = BRAGOreport 2002, 107 m. Anm. *N. Schneider* = JurBüro 2002, 531 m. Anm. *N. Schneider* = WM 2002, 378 = ZMR 2002, 758.
2 *Schmidtmann*, JurBüro 1995, 509.
3 WuM 2006, 396 = GE 2006, 902 = NZM 2006, 637 = BGHReport 2006, 1117 = NJW 2006, 2639 = DWW 2006, 289 = ZMR 2006, 677 = AGS 2006, 450 = MDR 2006, 1374 = MietRB 2006, 238 = NJW-Spezial 2006, 485 = Info M 2006, 259.
4 LG Bonn, WM 1993, 468.
5 GE 1993, 805.
6 NZM 1998, 33.
7 WM 1996, 632.
8 LG Arnsberg, WM 2001, 577: hier 2000 DM; LG Köln, WM 2001, 235: hier: 1500 DM (= ca. 750 Euro).

Nebenforderung gem. § 43 Abs. 1 GKG außer Ansatz[1]. Entgegen einer vielfach anzutreffenden Ansicht kommt es insoweit nicht auf den Klageantrag an, also darauf, ob die Anwaltskosten „als Haupt- oder Nebenforderung" geltend gemacht werden. Der Klageantrag ist insoweit völlig unerheblich. Es kommt immer auf den Gegenstand an.

411 Anders verhält es sich, wenn Anwaltskosten geltend gemacht werden, ohne dass die Hauptforderung mit eingeklagt wird. Dann fehlt es an einer Abhängigkeit der Nebenforderung, so dass die Kosten selbst zur Hauptforderung werden und beim Streit wert zu berücksichtigen sind. So ist für eine isolierte Kostenklage der volle Wert der Kosten anzusetzen.

411a Strittig ist die Berechnung, wenn nur ein Teil der Hauptforderung(en) noch eingeklagt wird, daneben aber die vollen Kosten. Dass die Kosten, soweit sie auf die nicht anhängige Hauptforderung(en) entfallen zu berücksichtigen sind, ist unstrittig[2]. Strittig ist lediglich, wie zu rechnen ist.

Beispiel:
Der Anwalt kündigt für den Vermieter wegen Zahlungsverzugs (monatliche Kaltmiete 500 Euro) und mahnt vier Monate Mietrückstand einschließlich Nebenkostenvorauszahlungen (monatlich insgesamt 600 Euro) an.

Der Gegenstandswert der außergerichtlichen Tätig berechnet sich einerseits nach dem Wert der Kündigung (6000 Euro) sowie nach dem Wert der rückständigen Mieten (2400 Euro). Beide Werte sind nach § 23 Abs. 1 S. 3 RVG i.V.m. § 39 Abs. 1 GKG zusammenzurechnen. Der Anwalt rechnet daher wie folgt ab:

1. 1,5-Geschäftsgebühr, Nr. 2300 VV RVG (Wert: 8400 Euro)		673,50 Euro
2. Postentgeltpauschale, Nr. 7002 VV RVG		20,00 Euro
Zwischensumme	693,50 Euro	
3. 19 % Umsatzsteuer, Nr. 7008 VV RVG		31,77 Euro
Gesamt		**825,27 Euro**

Der Mieter zieht aus, zahlt aber die Mieten nicht, so dass daraufhin Klage auf Zahlung der vier Mieten erhoben wird sowie auf Ersatz der gesamten Anwaltskosten.

---

[1] BGH, BGHReport 2007, 845 = MDR 2007, 1149 = AGS 2007, 516 = AnwBl 2007, 799 = VersR 2007, 1713 = RuS 2008, 42 = GuT 2007, 231 = FamRZ 2007, 1319 = JurBüro 2007, 487 = RVGreport 2007, 355; FamRZ 2007, 808 = AGS 2007, 231 = ZfSch 2007, 284 = BGHReport 2007, 571 = JurBüro 2007, 313 = MDR 2007, 919 = VersR 2007, 1102 = NJW 2007, 3289 = RVGreport 2007, 194; AGS 2007, 578.
[2] BGH, NJW 2008, 999 = AnwBl 2008, 300 = FamRZ 2008, 684 = MDR 2008, 404 = BGHReport 2008, 413 = VersR 2008, 557 = AGS 2008, 187 = JurBüro 2008, 202 = RuS 2008, 310 = NJ 2008, 126 = NJW-Spezial 2008, 219 = BRAK-Mitt 2008, 83 = RVGreport 2008, 152 = Info M 2008, 143; FamRZ 2009, 867 = VersR 2009, 806 = AGS 2009, 344 = NJW-Spezial 2009, 380.

Der Streitwert des Zahlungsantrags hinsichtlich der restlichen Mieten beläuft sich auf 2400 Euro. Der Streitwert des Kostenerstattungsanspruchs auf 825,27 Euro.

Der Streitwert des Kostenerstattungsanspruchs darf jetzt nicht gänzlich unberücksichtigt bleiben, da er nicht in vollem Umfang in Abhängigkeit zur Klageforderung steht und damit da er zum Teil selbst Hauptforderung ist und insoweit das Additionsverbot des § 4 Abs. 1 Hs. 2 ZPO, § 43 Abs. 1 GKG nicht greift. Der Wert des Kostenerstattungsanspruchs kann andererseits aber auch nicht in voller Höhe hinzugerechnet werden, da er auf jeden Fall zum Teil Nebenforderung ist. Zur Berechnung des Streitwertanteils, der jetzt hinzuzurechnen ist, kommen vier Möglichkeiten in Betracht.

a) Erste Möglichkeit: Aufteilung nach Streitwerten

Eine Möglichkeit besteht darin, die auf den eingeklagten Anspruch und die auf den nicht eingeklagten Anspruch jeweils entfallenden Kosten nach dem Verhältnis der Hauptsachestreitwerte zu ermitteln.

Dies ergäbe ausgehend von dem Gesamtwert der außergerichtlichen Ansprüche in Höhe von 8400 Euro einen Anteil i.H.v. 2400/8400, der auf die anhängigen Zahlungsansprüche entfiele und ein Anteil in Höhe von 6000/8400, der auf den nicht eingeklagten Räumungsanspruch entfiele:

Anteil nicht anhängige Ansprüche: 6000/8400 × 825,27 Euro = 589,48 Euro
Anteil anhängige Ansprüche: 2400/8400 × 825,27 Euro = 235,79 Euro

Ein Additionsverbot nach § 4 Abs. 1 Hs. 2 ZPO, § 43 Abs. 1 GKG bestünde danach also i.H.v. 235,79 Euro, so dass die restlichen 589,48 Euro hinzuzurechnen wären. Der Streitwert würde sich demnach auf 2400,00 Euro + 589,48 Euro belaufen, insgesamt somit auf 2989,48 Euro.

b) Zweite Möglichkeit: Aufteilung nach Kostenanteilen

Eine weitere Möglichkeit besteht darin, die auf den eingeklagten und den nicht eingeklagten Anspruch jeweils entfallenden Kosten nach dem Verhältnis der Kosten zu berechnen, die aus den jeweiligen Hauptforderungen entstanden wären, wenn der Anwalt nur nach diesen Einzelwerten beauftragt worden wäre. Diese Berechnungsmethode wurde früher z.B. vom OLG Hamm[1] zur Berechnung versicherter und nichtversicherter Kosten bei Teilrechtsschutz vertreten. Diese Berechnungsmethode ist gerechter als die streitwertanteilige, da sie die Gebührendegression mit einbezieht. Sie erfordert allerdings eine aufwändigere Berechnung.

---

[1] NJW-RR 1992, 927.

a) *Alleine aus dem Wert des erledigten Schadensersatzanspruchs wären folgende Kosten entstanden:*

1. 1,5-Geschäftsgebühr, Nr. 2300 VV RVG (Wert: 6000 Euro)		507,00 Euro
2. Postentgeltpauschale, Nr. 7002 VV RVG		20,00 Euro
Zwischensumme	527,00 Euro	
3. 19 % Umsatzsteuer, Nr. 7008 VV RVG		100,13 Euro
Gesamt		**627,13 Euro**

b) *Alleine aus dem Wert des eingeklagten Zahlungsanspruchs wären folgende Kosten entstanden:*

1. 1,5-Geschäftsgebühr, Nr. 2300 VV RVG (Wert: 2400 Euro)		241,50 Euro
2. Postentgeltpauschale, Nr. 7002 VV RVG		20,00 Euro
Zwischensumme	261,50 Euro	
3. 19 % Umsatzsteuer, Nr. 7008 VV RVG		49,69 Euro
Gesamt		311,19 Euro

c) **Gesamt a) + b)**   **938,32 Euro**

Von den insgesamt aus dem Wert von 8400 Euro angefallenen Kosten entfielen damit anteilig 311,19/938,32 auf die mit eingeklagten Zahlungsansprüche und anteilig 627,13/938,32 auf den nicht eingeklagten Räumungsanspruch:

Anteil nicht anhängige Ansprüche:	627,13/938,32 × 825,27 Euro =	551,57 Euro
Anteil nicht anhängige Ansprüche:	311,19/938,32 × 825,27 Euro =	273,70 Euro

Ein Additionsverbot nach § 4 Abs. 1 Hs. 2 ZPO, § 43 Abs. 1 GKG bestünde danach also i.H.v. 273,70 Euro, so dass die restlichen 551,57 Euro hinzuzurechnen wären. Der Streitwert würde sich demnach auf 2400,00 Euro + 551,57 Euro belaufen, insgesamt somit auf 2951,57 Euro.

c) Dritte Möglichkeit: Differenzberechnung

Eine dritte Möglichkeit besteht schließlich darin, den Streitwert nach der Differenz zwischen den Gesamtkosten und den Kosten zu berechnen, die sich aus den anhängigen Forderungen berechnen würden.

Insgesamt angefallen sind	825,27 Euro.
Aus 2400 Euro wären angefallen	311,19 Euro.
Die Differenz beträgt	**514,08 Euro.**

Dieser Wert wäre als Hauptforderung anzusehen und somit zu berücksichtigen. Der Streitwert würde sich demnach auf 2400,00 Euro + 514,08 Euro belaufen, insgesamt somit auf 2914,08 Euro.

d) Vierte Möglichkeit: Berechnung nach dem nicht anhängigen Teilwert

Eine vierte Möglichkeit besteht schließlich darin, den Streitwert nach den Kosten zu berechnen, die angefallen wären, wenn der Kläger außergerichtlich nur nach dem Wert der nicht eingeklagten Ansprüche tätig geworden wäre. 411e

Im Beispiel wären folgende Kosten entstanden, wenn der Anwalt außergerichtlich nur hinsichtlich der erledigten Ansprüche tätig geworden wäre:

1. 1,5-Geschäftsgebühr, Nr. 2300 VV RVG   507,00 Euro
   (Wert: 6000 Euro)
2. Postentgeltpauschale, Nr. 7002 VV RVG   20,00 Euro
   Zwischensumme   527,00 Euro
3. 19 % Umsatzsteuer, Nr. 7008 VV RVG   100,13 Euro
   Gesamt   **627,13 Euro**

Dieser Wert wäre als Hauptforderung anzusehen und somit zu berücksichtigen. Der Streitwert würde sich demnach auf 2400,00 Euro + 627,13 Euro belaufen, insgesamt somit auf 3027,13 Euro.

Erst Recht handelt es sich nicht um eine Nebenforderung, wenn der Beklagte seinerseits die ihm vorgerichtlich entstandene Geschäftsgebühr widerklagend geltend macht[1]. Der Wert der Widerklage wird nach § 45 Abs. 1 S. 1 GKG dem Wert der Klage hinzugerechnet. Um eine Nebenforderung kann es sich hier auf keinen Fall handeln, weil es für den Beklagten an einer Hauptforderung fehlt. 412

4. Aufnahme eines Lebensgefährten

Das Verlangen auf Zustimmung zur Aufnahme eines Lebensgefährten ist nach AG Fürth[2] mit der Jahresmiete anzusetzen. 413

5. Aufwendungen

a) Zahlung

Soweit der Mieter gegen den Vermieter Aufwendungsersatz nach § 539 Abs. 1 BGB geltend macht, richtet sich der Gegenstandswert nach dem **Betrag** der **Forderung** (§§ 48 Abs. 1 S. 1 GKG, 6 ZPO). 414

b) Wegnahmerecht

Streiten sich die Parteien über ein Wegnahmerecht nach § 539 Abs. 2 BGB, so bestimmt sich der Gegenstandswert gem. §§ 23 Abs. 1 RVG, 48 Abs. 1 S. 1 GKG, 6 ZPO nach dem **Wert der wegzunehmenden Sachen**, wobei für 415

---

1 AG Aachen, AGS 2007, 539.
2 AG Fürth, WM 1991, 32.

die Wertbemessung auf den Wert abzustellen ist, den die wegzunehmenden Sachen nach der Trennung von den Miesträumen haben werden[1].

c) Wechselseitige Ansprüche

416 Wird der Mieter auf Räumung verklagt und erhebt er Widerklage auf Ersatz seiner Verwendungen nach § 539 Abs. 1 BGB oder auf Duldung der Wegnahme nach § 539 Abs. 2 BGB, so sind die Werte des Räumungsantrags und des Antrags auf Aufwendungsersatz oder Duldung der Wegnahme zu **addieren** (§ 23 Abs. 1 RVG i.V.m. § 39 Abs. 2 GKG; § 22 RVG).

417 Wird die Widerklage nur **hilfsweise** erhoben, so erhöht dies den Gegenstandswert gemäß § 45 Abs. 1 GKG nur, wenn über den Hilfsantrag auch entschieden wird[2].

6. Barrierefreiheit

418 Verlangt der Mieter gem. § 554a BGB die Zustimmung zu baulichen Veränderungen, so gilt § 23 Abs. 1 RVG, da das Zustimmungsverlangen bzw. deren Abwehr Gegenstand eines gerichtlichen Verfahrens sein kann, nämlich der einer Klage auf Erteilung der Zustimmung. Maßgebend ist gem. §§ 48 Abs. 1 GKG, 3 ZPO das Interesse des Mieters. Dies wiederum dürfte – ebenso wie bei dem Verlangen auf Mängelbeseitigung bzw. dem Verlangen auf Duldung von Modernisierungsarbeiten – entsprechend §§ 48 Abs. 1, 9 ZPO mit dem **dreieinhalbfachen Jahresbetrag der Mietwerterhöhung** anzusetzen sein, die sich durch den Umbau der Wohnung ergibt, sofern die restliche Dauer des Mietverhältnisses nicht geringer ist.

7. Beheizung

419 Verlangt der Mieter, die ordnungsgemäße Beheizbarkeit der Mietsache zu ermöglichen, ist nach LG Hamburg[3] der **Jahresbetrag** der möglichen **Mietminderung** maßgebend. Das dürfte jetzt nach § 41 Abs. 5 S. 1 GKG der gesetzlichen Regelung entsprechen.

8. Berufung

a) Gebührenstreitwert

420 Im Berufungsverfahren bestimmt sich der Streitwert nach den **Anträgen** des Berufungsführers (§ 47 Abs. 1 S. 1 GKG). Die Werte wechselseitiger Berufungen werden zusammengerechnet, sofern der Gegenstand nicht derselbe ist (§ 45 Abs. 3, Abs. 1 GKG).

---

1 KG, Rpfleger 1971, 227 = JurBüro 1971, 460 = WM 1972, 112 = ZMR 1972, 80.
2 OLG Frankfurt/Main, ZMR 1956, 35.
3 LG Hamburg, JurBüro 1994, 116.

Endet das Berufungsverfahren, ohne dass solche Anträge eingereicht werden, oder werden, wenn eine Frist für die Rechtsmittelbegründung vorgeschrieben ist, innerhalb dieser Frist Berufungsanträge nicht eingereicht, ist die Beschwer maßgebend (§ 47 Abs. 1 S. 2 GKG). Ein rechtsmissbräuchlich reduzierter Berufungsantrag, der anschließend zurückgenommen wird, ist insoweit unbeachtlich. 421

Der Streitwert des Berufungsverfahrens ist durch den Wert des Streitgegenstands des ersten Rechtszugs begrenzt (§ 47 Abs. 2 S. 1 GKG); das gilt nicht, soweit der Streitgegenstand erweitert wird (§ 47 Abs. 2 S. 2 GKG). 422

b) Rechtsmittelstreitwert

Die Höhe der Beschwer bei Bestandsstreitigkeiten (z.B. Räumungsklage) bestimmt sich nicht nach § 41 Abs. 1, 2 GKG, sondern nach § 8 bzw. 9 ZPO[1]. 423

Der Wert des Beschwerdegegenstandes auf **Zustimmung** zur **Mieterhöhung** für Wohnraum ist nach den §§ 3 bis 9 ZPO zu bestimmen. Für Klagen auf künftig wiederkehrende Leistungen gilt § 9 ZPO. Darunter fallen auch Klagen auf Erhöhung oder Herabsetzung von Mieten und Nebenkostenpauschalen. Die generelle Bemessung der Beschwer lediglich nach dem 3 ½-fachen Jahresbetrag des streitigen Betrages stellt eine auch für Wohnraummietverhältnisse angemessene Grundlage für die Rechtsmittelfähigkeit amtsgerichtlicher Entscheidungen dar[2]. Das LG Köln als Berufungsgericht hatte auch für die Beschwer zu Unrecht auf § 41 Abs. 5 GKG (§ 16 Abs. 5 GKG a.F.) abgestellt. 424

9. Beseitigung

a) Einbauten

Verlangt der Vermieter vom Mieter neben der Räumung auch die Beseitigung von Einbauten, ist dieser zusätzliche Antrag werterhöhend zu berücksichtigen. Der Jahresmiete sind die **voraussichtlichen Abbruchkosten** hinzuzurechnen[3]. 425

---

1 BGH, NJW-RR 1996, 316; BGH, AGS 2004, 390 m. Anm. *N. Schneider* = WuM 2004, 353 = NZM 2004, 460 = GE 2004, 810 = BGHR 2004, 1105 = MDR 2004, 931 = BGHR ZPO § 8 Räumungsklage 10 = BGHR ZPO § 8 Räumungsklage 11 = BGHR ZPO nF § 574 Abs. 1 Nr. 1 Statthaftigkeit 1 = EBE/BGH 2004, BGH-Ls 491/04 = Mietrecht kompakt 2004, 146 = MietRB 2004, 258 = ProzRB 2004, 298 = RVG-B 2005, 20.
2 BGH, AGS 2003, 489 m. Anm. *N. Schneider* = BGHR 2003, 1036 = JurBüro 2004, 207 = AnwBl. 2003, 597 = NZM 2004, 617.
3 OLG Köln, AnwBl. 1968, 396; OLG Düsseldorf, OLGR 2008, 579 = AGS 2008, 402 = GE 2008, 1255 = RVGprof. 2008, 149 = MietRB 2008, 301 = DWW 2008, 322; OLG Hamburg, WuM 2000, 365 = OLGR 2000, 477 = NZM 2000, 1228 = NJW-RR 2001, 576.

b) Plakate

426 Für die Klage auf Beseitigung verbotswidrig angebrachter Plakate hat das AG Stuttgart-Bad Cannstatt[1] einen Streitwert von 5000 DM (= ca. 2500 Euro) angenommen.

c) Beseitigung und Räumung

427 Die Werte sind zu **addieren**.

10. Besichtigung

428 Verlangt der Vermieter die Besichtigung der Wohnung, so ist der Gegenstandswert nach dem **Interesse des Vermieters** gem. §§ 48 Abs. 1 GKG, 3 ZPO zu schätzen[2].

429 Will der Vermieter die Mieträume besichtigen, um angebliche **Mängel** in Augenschein zu nehmen, die er beseitigen will, so ist nicht von den Kosten der durchzuführenden Arbeiten auszugehen, sondern von der möglichen Mietminderung, die auf Grund der Mängel anzusetzen wäre. Das LG Saarbrücken[3] war insoweit analog § 16 Abs. 1 GKG a.F. vom Jahresbetrag der Minderung ausgegangen[4]. Auch das dürfte jetzt der gesetzlichen Regelung in § 41 Abs. 5 S. 1 GKG entsprechen. Allerdings muss von diesem Wert ein entsprechender Abschlag vorgenommen werden, da es nur zur Besichtigung und nicht um die Beseitigung der Mängel geht.

430 Wird die Gestattung der Besichtigung verlangt, um die Mieträume mit **Mietinteressenten** zu begehen, so ist nach § 48 Abs. 1 GKG, 9 ZPO dagegen vom dreieinhalbfachen Jahresbetrag der Miete auszugehen und je nach Dringlichkeit und Bedeutung der Besichtigung für eine Nachvermietung ein entsprechender Bruchteil anzusetzen.

431 Will der Vermieter die Wohnung mit einem **Kaufinteressenten** besichtigen, dürfte gem. §§ 48 Abs. 1 GKG, 3 ZPO ein eventueller Mindererlös heranzuziehen sein, der bei Scheitern der geplanten Veräußerung eintreten könnte[5].

11. Bestehen eines Mietverhältnisses

a) Vermieter/Mieter

432 Besteht zwischen den Vertragsparteien Streit über das Bestehen eines Mietverhältnisses, so gilt § 41 Abs. 1 GKG und nicht §§ 8, 9 ZPO[6]. Maßgebend ist die streitige Zeit, höchstens der Jahresmietwert.

---

1 AG Stuttgart-Bad Cannstatt, WM 1991, 28.
2 Schneider/*Herget*, Rz. 819.
3 LG Saarbrücken, WM 1993, 746.
4 Ebenso Schneider/*Herget*, Rz. 830.
5 AG Dorsten, WM 1979, 155 zu einer entsprechenden einstweiligen Verfügung.
6 BGH, AGS 2006, 298.

Wird auf Mietzahlung und (Zwischen-)Feststellung auf Fortbestand des 433
Mietverhältnisses geklagt, so werden die Anträge im Rahmen der wirtschaftlichen Identität, also soweit Mieten für den Zeitraum geltend gemacht werden, der der Feststellung unterliegt, nicht addiert[1].

b) Feststellungsklage eines Dritten

Klagt ein Dritter auf Feststellung der Nichtigkeit des Mietvertrages, so ist 434
das Interesse des Dritten gemäß § 3 ZPO zu schätzen[2].

11a. Betriebspflicht

Der Streitwert eines Anspruches auf Betriebspflicht ist in der Regel auf den 434a
einer Jahresmiete entsprechenden Betrag festzusetzen[3].

12. Betriebskosten

a) Erstellung der Abrechnung

Ist der Rechtsanwalt beauftragt, die Nebenkostenabrechnung für ein Objekt zu erstellen, dann bemisst sich der Gegenstandswert der anwaltlichen Tätigkeit nach § 23 Abs. 2 RVG. Da die Erstellung einer Nebenkostenabrechnung nicht Gegenstand eines gerichtlichen Verfahrens sein kann, gilt nach § 23 Abs. 3 RVG i.V.m. § 18 Abs. 2 GKG der Wert des Geschäftsgegenstands. Zum gleichen Ergebnis gelangt man auch, wenn man § 18 Abs. 2 KostO nicht für anwendbar hält. Dann ist nach § 23 Abs. 3 S. 2 der Gegenstandswert nach billigem Ermessen zu bestimmen. In beiden Fällen wird man wohl von dem Gesamtwert aller Nebenkosten ausgehen müssen, die der Rechtsanwalt abrechnen soll. Maßgebend ist also die Gesamtsumme aller Rechnungen und Rechnungsposten, die der Vermieter dem Rechtsanwalt an die Hand gibt. Dabei kommt es nicht darauf an, ob die Kosten umlagefähig sind oder nicht, denn das soll der Rechtsanwalt ja gerade in seiner Abrechnung prüfen. 435

Unerheblich ist insoweit auch, ob der Vermieter selbst im Objekt wohnt 436
und daher einen Teil der abzurechnenden Kosten selbst tragen muss.

Beispiel:
Der Rechtsanwalt soll für ein 4-Parteien-Haus, in dem der Vermieter selbst wohnt, die Nebenkostenabrechnung erstellen. Er erhält Belege im Wert von 10 000 Euro. Davon scheiden 2000 Euro als nicht umlagefähig aus. Von den umzulegenden Gesamtkosten fallen auf den Vermieter selbst weitere 2000 Euro.

---

1 BGH, AGS 2006, 298; BGH, NZM 2006, 378 = BGHR 2006, 764; BGH, NZM 2006, 138 = ZMR 2006, 190 = BGHR 2006, 348 = NJW-RR 2006, 378 = MDR 2006, 657 = EBE/BGH 2006, BGH-Ls 40/06 = DWW 2006, 126.
2 BGH, Rpfleger 1955, 101.
3 KG, GE 2006, 577 = KGR 2006, 459 = ZMR 2006, 611 = GuT 2006, 153 = RVGreport 2006, 239.

Ungeachtet dessen, dass auf die drei Mietparteien nur 6000 Euro umgelegt werden, liegt der Gegenstandswert bei 10 000 Euro.

b) Prüfung der gesamten Abrechnung

437 Wird der Rechtsanwalt beauftragt, eine bereits erstellte Nebenkostenabrechnung zu prüfen, ist als Gegenstandswert die Summe aller abgerechneten Nebenkostenpositionen, die überprüft werden sollen, anzusetzen (§§ 23 Abs. 3 RVG i.V.m. § 18 Abs. 2 KostO). Vorauszahlungen bleiben hierbei außer Ansatz. Sie mindern also nicht den Gegenstandswert, da es sich nur um Vorschüsse handelt und ihnen keine Erfüllungswirkung zukommt (vgl. auch *L Rz. 359 f.*).

c) Einfordern oder Abwehr des Saldos

438 Soll der Rechtsanwalt nur den Saldo aus der Abrechnung einfordern oder die Saldoforderung des Gegners abwehren oder prüfen, dann gilt § 23 Abs. 1 RVG i.V.m. §§ 48 Abs. 1 GKG, 3 ZPO. Die Einforderung des Saldos kann Gegenstand eines gerichtlichen Verfahrens sein, nämlich einer Zahlungsklage. Daher ist der Wert der Saldoforderung maßgebend[1].

439 Soll der Rechtsanwalt allerdings nicht nur den Saldo einfordern, sondern auch die Abrechnung vorher überprüfen, ist der Gesamtwert aller Nebenkosten, die abgerechnet worden sind, maßgebend.

d) Grundsätzliche Klärung des Abrechnungsmodus oder der Umlagefähigkeit – Feststellungsklage

440 Besteht Streit darüber, ob bestimmte Positionen generell umlagefähig sind oder nicht, und ist der Rechtsanwalt auch beauftragt, die grundsätzliche Frage zu klären, so ist der dreieinhalbfache Jahresbetrag dieser Kostenpositionen maßgebend, sofern die restliche Mietzeit nicht geringer ist. Dies folgt aus § 23 Abs. 1 S. 2 BRAGO, da diese Sache Gegenstand eines gerichtlichen Verfahrens sein kann, nämlich einer Feststellungsklage, dass die Nebenkostenposition umlagefähig ist. Eine Privilegierung nach § 41 GKG greift hier nicht, so dass über § 48 Abs. 1 S. 1 GKG die Vorschrift des § 9 ZPO heranzuziehen ist (vgl. u. *Rz. 542 ff.*). Ein Feststellungsabschlag ist nicht vorzunehmen, da es sich bereits um einen privilegierten Streitwert handelt[2].

Beispiel:
Im Mietvertrag sind die Müllgebühren nicht aufgeführt, weil bei Abschluss des Mietvertrages das Müllentsorgungsunternehmen unmittelbar mit dem Mieter selbst abgerechnet hat, während es nunmehr mit dem Ei-

---

[1] AG Düsseldorf, AGS 2009, 239 = JurBüro 2009, 256 = ZMR 2009, 762 = NJW-Spezial 2009, 188 = Info M 2009, 88; AG Hamburg, AGS 2008, 568.
[2] Schneider/*Herget*, Rz. 1755.

gentümer abrechnet. Die Parteien streiten darüber, ob der Mieter verpflichtet ist, die entsprechenden Kosten zu tragen. Der Rechtsanwalt erhält daraufhin den Auftrag, diese Frage endgültig zu klären.
Maßgebend ist der dreieinhalbfache Jahresbetrag der Müllgebühren.

e) Feststellung der Vorauszahlungspflicht

Wird auf Feststellung geklagt, dass der Mieter verpflichtet ist, Betriebskostenvorschüsse vorauszuzahlen, so ist nach LG Köln[1] der Jahresbetrag der verlangten Vorauszahlung maßgebend. Ob eine solche Feststellungsklage allerdings zulässig ist, erscheint bedenklich, da der Vermieter in aller Regel auf Leistung klagen kann (§ 259 ZPO). Zutreffend dürfte es sein, den dreieinhalbfachen Jahresbetrag gemäß § 9 ZPO anzunehmen (siehe unten Rz. 547). 441

f) Anpassung der Vorauszahlungen

aa) Vermieter

Ist der Rechtsanwalt beauftragt, für den Vermieter eine **Erhöhung der Vorauszahlungen** (§ 560 Abs. 2 BGB) zu verlangen, so gilt für den Gegenstandswert § 41 Abs. 5 GKG unmittelbar oder analog, also der Jahresbetrag der zusätzlich geforderten Differenz, höchstens der Jahresbetrag der Differenz. 442

bb) Mieter

Wird der Rechtsanwalt vom Mieter beauftragt, die **Herabsetzung** der Nebenkostenvorauszahlungen zu verlangen (§ 560 Abs. 4 BGB), also die Abgabe einer Willenserklärung, so muss § 41 Abs. 5 GKG ebenfalls analog angewandt werden, obwohl diese Vorschrift nur von einer Erhöhung spricht. Maßgebend ist also auch hier der Jahresbetrag der Differenz, sofern der streitige Zeitraum nicht geringer ist. 443

g) Gleichzeitige Nachforderung und Anpassung

Ist der Rechtsanwalt beauftragt, neben der Einforderung eines Nebenkostensaldos eine Anpassung der Vorauszahlungen durchzusetzen, so sind die Werte zu addieren (§§ 23 Abs. 1 RVG, 39 Abs. 1 GKG; § 22 Abs. 1 RVG). 444

Beispiel:
Der Rechtsanwalt erhält den Auftrag, eine Nachzahlung in Höhe von 300 Euro einzufordern und die Anpassung um monatlich 25 Euro geltend zu machen.

---

1 *Lützenkirchen*, KM 20 Nr. 8.

Der Gegenstandswert beläuft sich gem. §§ 23 Abs. 1 RVG, 39 Abs. 1 GKG; § 22 Abs. 1 RVG auf

Nachforderung	300,00 Euro
Erhöhung (12 × 25,00 Euro =)	300,00 Euro
Gesamt	**600,00 Euro**

h) Verlangen auf Abrechnung

445 Wird vom Mieter der Anspruch auf Abrechnung der Betriebskosten geltend gemacht, so ist der Wert nach § 3 ZPO zu schätzen. Ausgangspunkt ist der zu erwartende Rückzahlungsanspruch[1]. Das LG Stuttgart[2] will insoweit ein Viertel bis ein Fünftel des eventuellen Zahlungsanspruchs als Gegenstandswert annehmen. Das LG Frankfurt/Oder[3] sowie das AG Konstanz[4] haben ein Drittel angenommen.

i) Einsicht in Abrechnungsunterlagen

446 Wird lediglich die Einsicht in Abrechnungsunterlagen verlangt, so ist ein geringerer Anteil des potentiellen Rückforderungsanspruchs anzusetzen, $\frac{1}{5}$ bis $\frac{1}{10}$[5].

447 Verlangt der Mieter Einsicht in die Abrechnungsunterlagen **am Ort der Mietwohnung** und will der Vermieter die Einsichtnahme nur an seinem Sitz gewähren, so ist nach LG Kiel[6] die Ersparnis der Fahrtkosten maßgebend.

j) Rückforderung von Vorauszahlungen mangels Abrechnung

448 Werden Vorauszahlungen zurückgefordert, weil der Vermieter nicht abgerechnet hat, so ist der volle Nominalbetrag anzusetzen.

13. Beweisverfahren

449 Nach zutreffender und überwiegender Ansicht ist für das Beweisverfahren vom vollen Hauptsachewert auszugehen[7]. Nach Auffassung einiger Ge-

---

[1] LG Freiburg, WM 1991, 54.
[2] LG Stuttgart, WM 1989, 434; ebenso das LG Bückeburg, WM 1989, 434.
[3] LG Frankfurt/Oder, NZM 2000, 759.
[4] AG Konstanz, WM 1991, 494.
[5] LG Köln, WM 1997, 447 = *Lützenkirchen*, KM 20 Nr. 40.
[6] LG Kiel, WM 1988, 223 – hier: 100 bis 200 DM (= ca. 50–100 Euro).
[7] OLG Naumburg, OLGR 2000, 278 = KostRsp. ZPO § 3 Nr. 1327; OLG Hamm, OLGR 2000, 223; OLG Frankfurt/Main, OLGR 2000, 41; OLG Karlsruhe, AGS 2001, 253 = OLGR 2001, 360 = KostRsp. ZPO § 3 Nr. 1362; AGS 2001, 159 = OLGR 2001, 163; OLG Frankfurt/Main, AGS 2001, 108; OLG Köln, AGS 2002, 182 = NJW-RR 2002, 802; JMBl. NRW 2002, 42 = OLGR 2001, 355; KostRsp. ZPO § 3 Nr. 1403; OLG Naumburg, NJW-RR 2000, 286.

richte ist für das Beweisverfahren ein prozentueller Abschlag vorzunehmen[1].

Steht noch nicht fest, ob das Beweisverfahren der Mietminderung oder der Kündigung dienen soll, ist der höhere Wert zugrunde zu legen[2].

14. Duldung von Instandsetzungs- oder Mängelbeseitigungsarbeiten

Die Wertfestsetzung für das Verlangen auf Duldung von Instandsetzungs- oder Mängelbeseitigungsarbeiten war umstritten. Die früher h.M. war gem. § 12 Abs. 1 GKG a.F., 9 ZPO vom dreieinhalbfachen Jahresbetrag der angemessenen Minderung ausgegangen, um die sich die Miete auf Grund der instandzusetzenden Mängel mindert[3]. So hat das AG Hamburg[4] für die Klage auf Duldung des Einbaus von Heizkörpern den dreieinhalbfachen Jahresbetrag der angemessenen Minderung angenommen, die bei Ausfall der Heizung vorzunehmen gewesen wäre. Seit dem 1.7.2004 gilt § 41 Abs. 5 S. 1 GKG. Maßgebend ist der Jahresbetrag der möglichen Mietminderung anzusetzen. Liegt die zu erwartende restliche Mietzeit zum Zeitpunkt der Wertfestsetzung (§ 40 GKG) unter einem Jahr, ist der geringere Betrag maßgebend (§ 41 Abs. 5 S. 2 GKG). 450

15. Duldung von Modernisierungsmaßnahmen

Die gleichen Grundsätze (vgl. o. *Rz. 450*) gelten auch für Klagen des Vermieters auf Duldung von Modernisierungsarbeiten. Auch hier war für die Duldungsklage ist nach § 12 Abs. 1 GKG a.F., § 9 ZPO, der dreieinhalbfache Jahreswert der sich auf Grund der durchzuführenden Modernisierung angenommen worden[5]. Dieser Fall ist jedoch jetzt ebenfalls in § 41 Abs. 5 S. 1 GKG geregelt. Maßgebend ist der Jahresbetrag einer möglichen Mieterhöhung des Mieters und in Ermangelung dessen der Jahresbetrag der möglichen Mietminderung. Liegt die zu erwartende restliche Mietzeit zum Zeitpunkt der Wertfestsetzung (§ 40 GKG) unter einem Jahr, ist der geringere Betrag maßgebend (§ 41 Abs. 5 S. 2 GKG). 451

16. Einstweilige Verfügung

Der Streitwert einer einstweiligen Verfügung ist gem. §§ 48 Abs. 1 S. 1 GKG, 3 ZPO nach dem Interesse des Antragstellers zu bemessen. In der Regel ist ein Bruchteil des Hauptsachewertes anzunehmen. 452

---

1 OLG Schleswig, AGS 2001, 108 = Nds. Rpfl. 2000, 118 = OLGR 2000, 128; OLG Düsseldorf, AGS 2001, 158 = MDR 2000, 1339 = OLGR 2001, 151 = ZMR 2001, 21, jeweils 50 %.
2 LG Frankfurt/Main, NZM 2000, 760; **a.A.** OLG Düsseldorf, OLGR 2001, 332 = KostRsp. ZPO § 3 Nr. 1357: Mittelwert.
3 LG Köln in *Lützenkirchen*, KM 20 Nr. 41; siehe hierzu auch die Nachweise zu *Rz. 556 ff.*
4 AG Hamburg, WM 1997, 531.
5 LG Freiburg, BRAGOreport 2002, 96; siehe hierzu auch die Nachweise zu *Rz. 556 ff.*

453 **Einzelfälle aus der Rechtsprechung:**
- **Beheizbarkeit der Wohnung**

    Den Wert einer einstweiligen Verfügung auf Wiederherstellung der Beheizbarkeit der Wohnung hat das LG Görlitz[1] mit dem Wert der möglichen Minderung während der Heizperiode angesetzt.

- **Besichtigungsrecht**

    Den Streitwert einer einstweiligen Verfügung zur Regelung des Besichtigungsrechts einer zum Verkauf anstehenden Wohnung hat das AG Dorsten[2] mit einem Drittel des Hauptsacheinteresses angenommen (hier: geringerer Erlös bei Scheitern der geplanten Veräußerung).

- **Besitz- und Eigentumsstörungen**

    Für die Abwehr rechtswidriger und vorsätzlicher Besitz- und Eigentumsstörungen hat das OLG Köln[3] die Hälfte des Hauptsachewertes angenommen. Das LG Köln[4] geht von der Hälfte der Jahresmiete aus.

- **Besitzverschaffung**

    Auszugehen sein dürfte vom Jahresmietwert[5]. Je nach Dringlichkeit ist ein Abschlag vorzunehmen; bei Pachtverhältnis über Gaststättenräume: OLG Braunschweig[6]: zweifacher Jahrespachtzins.

- **Duldung eines Wasseranschlusses**

    Den Streitwert einer einstweiligen Verfügung auf Duldung eines Wasseranschlusses hat das AG Kerpen gem. § 3 ZPO mit der Jahresmiete bemessen[7].

17. Feststellungsklage, negative

454 Der Gegenstandswert einer negativen Feststellungsklage bemisst sich auf den vollen Wert des Anspruchs, dessen sich der Gegner berühmt. Ein Abschlag wie bei der positiven Feststellungsklage kommt hier nicht in Betracht, da dem entsprechenden Feststellungsurteil die gleiche Wirkung zukommt wie einem abweisenden Urteil auf die Leistungsklage[8]. Vgl. auch u. *Rz. 458 f.* zur Klage auf Feststellung eines Minderungsrechts.

---

1 LG Görlitz, WM 1994, 380.
2 AG Dorsten, WM 1979, 155.
3 OLG Köln, ZMR 1977, 62, 63.
4 *Lützenkirchen*, KM 20 Nr. 2.
5 A.A. 1/3 des Jahreswertes OLG Brandenburg OLGR 2007, 601 = GE 2007, 1121 = MDR 2007, 1225 = NJ 2008, 31 = GuT 2007, 310.
6 OLG Braunschweig, OLGR 2000, 290 = KostRsp. ZPO § 3 Nr. 1343.
7 AG Kerpen, MDR 1990, 928.
8 BGH, AGS 2009, 183 = GuT 2008, 446 = NZM 2009, 51 = NJW-RR 156 = JurBüro 2009, 89 = Info M 2009, 397; Schneider/*Herget*, Rz. 1693 ff. m.w.N.

18. Feststellungsklage, positive

a) Fortbestand des Mietverhältnisses

Gegenstandswert einer Klage auf Fortbestand des Mietverhältnisses ist die **Jahresmiete** (§ 41 Abs. 1 GKG), es sei denn, die streitige Zeit ist geringer[1]. Ein Feststellungsabschlag kommt nicht in Betracht, da der Gegenstandswert nach § 41 Abs. 1 GKG bereits ein privilegierter ist[2]. 455

b) Zahlung von Betriebskostenvorschüssen

Wird Feststellung begehrt, dass Betriebskostenvorschüsse zu zahlen sind, so ist gem. §§ 48 Abs. 1 S. 1, 9 ZPO der **dreieinhalbfache Jahreswert** der verlangten Betriebskostenvorschüsse maßgebend. § 41 Abs. 1 GKG ist nicht anwendbar, da über das Bestehen des Mietverhältnisses kein Streit besteht[3]. 456

c) Umlage von Betriebskosten

Wird darüber gestritten, ob bestimmte Positionen umlagefähig sind oder nicht, so ist auch hier gem. §§ 48 Abs. 1 S. 1 GKG, 9 ZPO von dem **dreieinhalbfachen Jahreswert** der entsprechenden Positionen auszugehen und ein entsprechender Feststellungsabschlag vorzunehmen. Die übrigen unstreitigen Positionen bleiben außer Ansatz. 457

d) Berechtigung zur Mietminderung

Für eine Klage auf Feststellung einer Berechtigung zur Mietminderung ist als Streitwert nach § 48 Abs. 1 S. 1 GKG i.V.m. § 9 ZPO der 3 ½-fache Minderungsbetrag eines Jahres zugrunde zu legen[4]. Nach a.A. ist auf § 41 Abs. 5 GKG abzustellen und der Jahreswert anzunehmen[5]. 458

e) Sonstige Klagen

Bei sonstigen Klagen ist nach § 48 Abs. 1 S. 1 GKG i.V.m. §§ 3, 6 ZPO zu bewerten und ein Feststellungsabschlag vorzunehmen. Soweit die Wert- 459

---

1 OLG Frankfurt/Main, MDR 1967, 313.
2 BGH, AGS 2003, 171 = NJW 2003, 367; Schneider/*Herget*, Rz. 1755.
3 **A.A.** LG Köln in *Lützenkirchen*, KM 20 Nr. 2 – Jahreswert gem. § 16 Abs. 1 GKG a.F.
4 LG Hamburg, ZMR 2009, 536 = WuM 2009, 549; LG Berlin, 63. Kammer, AGS 2008, 403 = GE 2009, 269; Thomas/Putzo/Hüßtege, ZPO, 29. Aufl. 2008, § 3 Rz. 101; Schneider/Herget, Streitwertkommentar für den Zivilprozess, 12. Aufl. 2007, Rz. 3553.
5 OLG Schleswig, AGS 2003, 408 = SchlHA 2004, 31 = OLGR 2003, 260; KG, AGS 2009, 600 = WuM 2009, 542 = DWW 2009, 315 = MDR 2009, 1135 = KGR 2009, 760 = JurBüro 2009, 538 = ZfIR 2009, 678 = MietRB 2009, 291 = RVGreport 2009, 395; LG Berlin, 67. Kammer, GE 2008, 197.

festsetzung aus den §§ 48 Abs. 1 S. 1, 9 ZPO oder § 41 GKG folgt, unterbleibt ein Feststellungsabschlag, da der Streitwert bereits privilegiert ist[1].

19. Fortsetzungsverlangen

a) Verlangen

460 Wird gem. §§ 574a Abs. 1, 575 Abs. 2 S. 2 o. Abs. 3 BGB eine Verlängerung des Mietverhältnisses verlangt, also die Abgabe einer Willenserklärung des Vermieters auf Zustimmung zur Verlängerung, bemisst sich der Gegenstandswert nach § 41 Abs. 1 GKG. Maßgebend ist der verlangte **Zeitraum der Verlängerung**, höchstens der Wert eines Jahres.

461 Sofern der Mieter Fortsetzung gegen Zahlung einer **höheren Miete** anbietet oder das Gericht darauf erkennt, gilt der höhere Mietpreis[2].

b) Fortsetzungsverlangen und Räumung

462 Verlangt der Vermieter die Räumung und der Mieter die Fortsetzung, so werden die Werte nicht addiert (§ 41 Abs. 3 GKG); es gilt analog § 45 Abs. 1 S. 3 GKG der höhere Wert[3].

Beispiel:

Der Vermieter kündigt zum 30.6. und klagt anschließend auf Räumung. Der Mieter hält die Kündigung erst zum 30.10. für wirksam und beantragt Klageabweisung; gleichzeitig begehrt er die Fortsetzung des Mietverhältnisses bis zum 31.12.

Der Wert des Räumungsantrags bemisst sich nach § 41 Abs. 2 i.V.m. Abs. 1 GKG auf vier Monate, der des Fortsetzungsverlangens auf sechs Monate. Der Gesamtwert ist somit auch den sechsmonatigen Wert festzusetzen.

c) Rechtsmittelverfahren

463 Die Berechnungsgrundsätze gelten auch im **Rechtsmittelverfahren**; maßgebend ist der Wert der ersten Instanz, sofern die Beschwer nicht geringer ist (§ 41 Abs. 4 GKG).

20. Gebrauchsüberlassung

464 Verlangt der Mieter die Gebrauchsüberlassung, so bemisst sich der Gegenstandswert nach § 41 Abs. 1 GKG, also nach dem auf die **streitige Zeit** entfallenden Miete, **höchstens auf den Jahresbetrag**[4]. A.A. ist das OLG Celle[5].

---

1 Schneider/*Herget*, Rz. 1755.
2 *Hartmann*, § 41 GKG Rz. 33.
3 Schneider/*Herget*, Rz. 3040; **a.A.** LG Itzehoe, KostRsp. GKG Nr. 5 m. abl. Anm. Lappe.
4 LG Halle, WuM 1994, 531.
5 OLG Celle, MDR 1989, 272.

Danach soll § 41 Abs. 2 GKG anzuwenden sein; es soll also nicht darauf ankommen, ob das Bestehen des Mietverhältnisses streitig ist. Im Ergebnis ergibt sich hieraus jedoch kein Unterschied, da auch im Rahmen des § 41 Abs. 2 GKG eine kürzere streitige Zeit nach § 41 Abs. 1 GKG zu berücksichtigen ist.

21. Gebrauchsüberlassung an Dritte

Der Anspruch des Mieters auf Gestattung der Gebrauchsüberlassung an einen Dritten richtet sich nach §§ 23 Abs. 1 RVG, 48 abs. 1 S. 1 GKG, 3 ZPO, wobei der Gedanke des § 41 Abs. 1 GKG zu berücksichtigen ist. Die Parteien streiten letztlich über den Inhalt des Mietvertrages, nämlich darüber, ob dieser ein Recht zur Untervermietung gibt. Von daher muss sich die Bewertung an § 41 Abs. 1 GKG anlehnen, so dass auf die streitige Zeit, höchstens den Jahresbetrag abzustellen ist.

465

Über die **Ermittlung dieses Jahresbetrages** besteht allerdings Streit. Das LG Bad Kreuznach[1] sowie das LG Berlin[2] gehen von dem vom Mieter angebotenen Untermietzuschlag aus, begrenzt allerdings analog § 41 Abs. 1 GKG auf die Jahresmiete. Das LG Kiel[3] geht dagegen von der Mietentlastung aus, die der Mieter durch eine Untervermietung erfährt. Auch das LG Kiel[4] beschränkt den Gesamtbetrag auf den Jahreswert. Das AG Fürth[5] nimmt wiederum die volle Jahresmiete an, wobei der Entscheidung nicht die Gestattung der Untervermietung, sondern die Aufnahme eines neuen Lebensgefährten zugrunde lag. Das LG Hamburg[6] hält demgegenüber § 41 Abs. 1 GKG für unanwendbar und hat den dreijährigen zulässigen Untermietzuschlag angesetzt. Zutreffend muss m.E. gem. §§ 23 Abs. 1 RVG, 48 Abs. 1 S. 1 GKG, 3 ZPO auf das Interesse des Anspruchstellers, also des Mieters, abgestellt werden. Der dem Vermieter zustehende Untermietzuschlag kann hierfür ein Indiz sein; zwingend ist dieser Wert jedoch nicht. Sofern der Vermieter keinen Untermietzuschlag geltend macht, wäre andernfalls der Streitwert gleich null zu setzen. Bei der Schätzung ist daher vielmehr zu berücksichtigen, worauf sich das Interesse des Mieters gründet, also ob er von seiner eigenen Mietzahlung wirtschaftlich ganz oder teilweise durch die Untervermietung befreit werden will oder ob er nur ein ggf. geringfügiges Interesse an der zusätzlichen Aufnahme weiterer Personen hat.

466

22. Hausordnung

Streiten die Mietparteien über den Inhalt einer Hausordnung oder die sich hieraus ergebenden Pflichten, ist der Wert nach dem Interesse gem. §§ 48

467

---

1 LG Bad Kreuznach, WuM 1989, 433.
2 LG Berlin, WuM 1998, 690.
3 LG Kiel, WuM 1995, 320.
4 LG Kiel, WuM 1995, 320.
5 AG Fürth, MDR 1992, 577.
6 LG Hamburg, MDR 1992, 577.

Abs. 1 S. 1 GKG, 3 ZPO zu schätzen. Das LG Köln hat für einen Streit über die Rechtmäßigkeit der Änderung einer Müllcontainerordnung den Jahresbetrag der möglichen Mietminderung angesetzt[1].

23. Haustürschlüssel

a) Zurverfügungstellung

468 Für das Verlangen des Mieters, ihm einen zweiten Haustürschlüssel zur Verfügung zu stellen, hat das AG Tempelhof-Kreuzberg[2] **ein Fünftel** der Jahresmiete angesetzt.

b) Herausgabe

469 Ein Anspruch auf Herausgabe des Wohnungsschlüssels nach Räumung ist nach Ansicht des LG Halle[3] mit der Jahresmiete zu bewerten.

24. Herausgabe

a) Wegen Beendigung des Mietverhältnisses

470 Wird wegen Beendigung des Mietverhältnisses die Räumung und Herausgabe verlangt, so ist nach § 41 Abs. 2 S. 1 GKG die **Miete eines Jahres** maßgebend, und zwar unabhängig davon, ob die Parteien über das Bestehen des Mietverhältnisses streiten (§ 41 Abs. 2 S. 1 GKG). Ist die streitige Zeit allerdings geringer als ein Jahr, so ist gem. § 41 Abs. 2 S. 2 GKG nur die für **die streitige Zeit** zu entrichtende Miete maßgebend[4]. Das gilt wenn die Parteien nur darüber streiten, wenn ein unstreitig wirksam gekündigter Mietvertrag endet. Dann ist für den Streitwert des Räumungsprozesses nur die Miete des umstrittenen Zeitraums anzusetzen, wenn zu erwarten ist, dass der Mieter den von ihm vertretenen Zeitpunkt für die Räumung einhält[5].

Beispiel:

Der Vermieter erklärt zum Ende des Monats die außerordentliche Kündigung eines frei kündbaren Geschäftsraummietverhältnisses. Die Parteien streiten nur darüber, ob die außerordentliche Kündigung wirksam ist oder ob das Mietverhältnis erst in sechs Monaten nach Ablauf der ordentlichen Kündigungsfrist endet.

Der Gegenstandswert beläuft sich auf die Miete von sechs Monaten[6].

471 Unerheblich ist, auf wie viele Kündigungen die Herausgabe gestützt wird, da die Kündigung nicht Gegenstand des Verfahrens ist, sondern der Heraus-

---

1 LG Köln, WM 1994, 433.
2 AG Tempelhof-Kreuzberg, WM 1997, 471.
3 LG Halle, WM 1994, 532.
4 LG Hamburg, NZM 2000, 759.
5 OLG Stuttgart, OLGR 2008, 930 = GuT 2008, 445 = AGS 2009, 46 = NZM 2009, 320 = NJW-Spezial 2008, 764 = MietRB 2009, 132.
6 LG Hamburg, NZM 2000, 759.

gabeanspruch. Auch bei einer sog. **„Kündigungssalve"** erhöht sich der Wert daher nicht[1].

Umstritten ist, wie sich ein **gestaffelter Mietzins** auf die Wertberechnung nach § 41 Abs. 2 GKG auswirkt, wenn sich die streitige Zeit über ein Jahr hinaus erstreckt und das Mietentgelt in verschiedenen Zeitabschnitten verschieden hoch ist. Teilweise wird vertreten, es sei ein Durchschnittsbetrag aus den in der streitigen Zeit vertragsgemäß zu entrichtenden Mieten anzusetzen[2]. Als weitere Variante böte sich an, den Mietwert des auf die Klageeinreichung folgenden Jahres anzusetzen. 472

Demgegenüber entspricht es wohl **überwiegender Auffassung** in Rspr. und Lit., dass es für die Berechnung des Gebührenwertes nach § 41 GKG bei wechselnden Entgelten auf die höchsten Beträge ankommt, die in der streitigen Zeit innerhalb eines Jahres zu zahlen sein würden[3]. Diese Auffassung hat der BGH[4] in einer Grundsatzentscheidung bestätigt. Er folgt der h.M. Gegen die Bildung eines Durchschnittssatzes spreche – neben Praktikabilitätserwägungen – insbesondere der Gedanke, dass eine Verlängerung der streitigen Zeit grundsätzlich nicht zu einer Absenkung des Streitwertes führen könne. Dies sei bei einer Durchschnittsberechnung jedoch möglich, wenn sich das Entgelt im weiteren Verlauf der streitigen Zeit gegenüber den Entgelten des ersten Jahres verringere. Zudem würde die Gegenauffassung dazu führen, dass ein Streit über einen kürzeren Zeitraum (z.B. Restlaufzeit ein Jahr) einen höheren Streitwert haben könnte, als ein Streit über einen längeren Zeitraum, weil dann aufgrund der anfänglich geringeren Mieten der Durchschnittswert herabgesenkt würde. 473

Auch eine Begrenzung auf das erste Jahr nach Einreichung der Räumungsklage kommt nicht in Betracht, da eine solche Beschränkung im Gesetz – im Gegensatz zu § 42 Abs. 3 GKG für Unterhaltsklagen – fehlt. 474

Beispiel:
Die Parteien hatten zum 1.1.2005 einen Fünf-Jahres-Mietvertrag abgeschlossen. Vereinbart war zunächst eine monatliche Miete in Höhe von 500 Euro. Die Miete sollte sich jeweils zum 1.1. eines Folgejahres automatisch um 30 Euro erhöhen. Im September 2005 kündigte der Vermieter das Mietverhältnis fristlos und erhob gleichzeitig Räumungsklage.

---

1 OLG München, NZM 2001, 749.
2 Hartmann, KostG, 35, Aufl., § 41 GKG Rz. 23.
3 Vgl. *Meyer*, § 41 GKG Rz. 18; *Oestreich/Winter/Hellstab*, Bd. II 7.0 Stichwort, Begriff des Mietzinses, S. 193; *Zöller/Herget*, ZPO, 25. Aufl., § 8 Rz. 6; *Baumbach/Lauterbach/Albers/Hartmann*, § 8 ZPO Rz. 5 jeweils zum Zuständigkeitsstreitwert nach § 8 ZPO; vgl. weiterhin RGZ 160, 83, 86; BGH, NJW 1953, 104, 105; OLG Bamberg JurBüro 1971, 536, 537 mit zust. Anm. *Mümmler*.
4 AGS 2006, 143 m. Anm. *N. Schneider* = NSW GKG § 41 = NZM 2005, 944 = BGHR 2006, 75 = NJW-RR 2006, 16 = GuT 2006, 35 = ZMR 2006, 28 = ZfIR 2006, 111 = GE 2006, 320 = MDR 2006, 384 = RVGreport 2006, 74; bestätigt in NZM 2007, 935 = AGS 2008, 461 = WuM 2008, 50 = WuM 2008, 79.

Der höchste Jahresbetrag wäre im Beispiel der für die Miete des Jahres 2009. Für dieses Jahr berechnet sich die Miete auf

12 × 620,00 Euro =   7440,00 Euro

475   Lässt sich die streitige Zeit nicht genau ermitteln, weil es keinen festen Beendigungszeitpunkt gibt, etwa weil ein unbefristetes Mietverhältnis vereinbart ist, so kann mangels hinreichender anderweitiger Umstände entsprechend § 9 ZPO der 3 ½-fache Jahreswert angenommen werden[1].

476   Unzutreffend ist es allerdings, stets die höchste zu zahlende Miete mit 12 zu multiplizieren. Abzustellen ist, wie sich aus dem Wortlaut des § 42 Abs. 2 GKG ergibt, auf den Jahreswert. Daher müssen der Bewertung zwölf aufeinander folgende Monate zugrunde gelegt werden.

Abwandlung:

Das Mietverhältnis war unbefristet. Auszugehen ist nach § 9 ZPO von einem Zeitraum von 3 ½ Jahren, der am 31.3.2009 enden würde.

Zu berücksichtigen wäre jetzt der Wert der letzten zwölf in den 3 ½-Jahreszeitraum fallenden Mieten, also der Mieten für April 2008 bis März 2009. Dies wiederum ergäbe:

9 × 590,00 Euro =   5310,00 Euro
3 × 620,00 Euro =   1860,00 Euro
                                                                               7170,00 Euro

476a   Wird neben der Räumung einer Wohnung auch die Rückgabe eines unentgeltlich überlassenen Grundstücks (Teil eines Gartens) verlangt, so wirkt die Wert erhöhend. Der Wert des zusätzlichen Antrags ist zu schätzen und gesondert zu bewerten[2].

b) Auch aus einem anderen Rechtsgrund

477   Wird auch aus einem anderen Rechtsgrund (z.B. § 985 BGB) Räumung und Herausgabe verlangt, so gilt ebenfalls die **Jahresmiete**, sofern die **streitige Zeit nicht geringer** ist, und zwar unabhängig von einem Streit um das Bestehen des Mietverhältnisses (§ 41 Abs. 2 S. 2 GKG).

478   Ein solcher Fall ist auch dann gegeben, wenn der Eigentümer die Mietsache nach § 985 BGB herausverlangt und sich der Besitzer der Wohnung **auf einen Mietvertrag beruft**; es gilt nach § 41 Abs. 2 GKG die Jahresmiete und nicht etwa der Wert der Mietsache[3].

---

[1] So bereits zur Rechtsmittelbeschwer: BGH, NJW-RR 1996, 316; BGHR 2003, 1036 = AGS 2003, 489 m. Anm. *N. Schneider*; MietRB 2004, 258; LG Wiesbaden, WuM 2000, 617.
[2] OLG Düsseldorf, WuM 2009, 543 = GE 2009, 1188 = OLGR 2009, 645 = AGS 2009, 496 = MietRB 2009, 292.
[3] LG Köln, WM 1993, 555; LG München, I WM 1982, 305; OLG Köln, GuT 2003, 64.

Das Gleiche gilt, wenn nach einem gescheiterten Kaufvertrag die Herausgabe verlangt wird und dem Erwerber vorzeitig die **Nutzung gegen ein Entgelt** eingeräumt worden war[1]. 479

c) Nur aus einem anderen Rechtsgrund

Wird Räumung und Herausgabe nur aus einem anderen Rechtsgrund als dem eines Miet- oder Pachtverhältnisses verlangt und wendet der Beklagte ein solches Verhältnis auch nicht ein, dann ist § 41 Abs. 2 GKG nicht anwendbar. Es greifen vielmehr die §§ 48 Abs. 1 S. 1 GKG, § 6 ZPO[2]. Maßgebend ist danach der **Wert der Sache**. 480

Ein solcher Fall ist z.B. dann gegeben, wenn der Vermieter auf Grund unstreitigen Sachverhalts die Täuschungsanfechtung nach § 123 BGB erklärt hat[3]; ebenso, wenn gegen einen unselbständigen Mitbewohner auf Räumung geklagt wird, der keinen Mietvertrag hat[4]. 481

Streiten die Parteien im Rahmen der Herausgabe über den Umfang eines **dingliches Wohnrecht** ist im Rahmen des Ermessens nach § 3 ZPO die Vorschrift des § 24 KostO heranzuziehen[5]. 482

d) Mischfälle

Wird die Klage auf Räumung eines vermieteten Objekts mit der Klage auf Herausgabe eines weiteren Objekts verbunden, über das unstreitig kein Miet- oder Pachtvertrag abgeschlossen worden ist, dann ist der Streitwert zu spalten: Für das vermietete Objekt ist der Gegenstandswert nach § 41 Abs. 2 GKG zu bemessen; für das weitere Objekt ist der Wert nach §§ 48 Abs. 1 S. 1 GKG, 6 ZPO zu bemessen. Beide Werte sind zu **addieren**[6]. 483

e) Herausgabe und Beseitigung

Wird neben der Herausgabe auch ein Beseitigungsanspruch geltend gemacht, so ist dieser gesondert zu bewerten und dem Wert der Räumung hinzuzurechnen, wenn es zur Durchsetzung des Beseitigungsanspruchs einer besonderen Titulierung bedarf[7]. Der Beseitigungsanspruch ist mit dem Wert der voraussichtlichen Beseitigungskosten zu bemessen[8]. 484

---

1 OLG Köln, WM 1995, 719 = JurBüro 1996, 194.
2 Schneider/*Herget*, Rz. 2975 m.w.N.
3 Schneider/*Herget*, Rz. 2976.
4 *H. Schneider*, DGVZ 1986, 8; Schneider/*Herget*, Rz. 2977; **a.A.** *Rabel*, DGVZ 1987, 41, der jedoch übersieht, dass § 16 Abs. 2 S. 2 GKG a.F. nur den Fall regelt, dass die Räumung oder Herausgabe „auch" aus einem anderen Rechtsgrund als Beendigung eines Mietverhältnis voraussetzt.
5 AG Lahr, AGS 2005, 355 = RVG professionell 2005, 141.
6 OLG Bamberg, KostRsp. GKG § 16 Nr. 55 = JurBüro 1988, 516.
7 OLG Hamburg, WM 2000, 365; OLG Köln, AnwBl. 1968, 396; Schneider/*Herget*, Rz. 815.
8 OLG Köln, AnwBl. 1968, 396; Schneider/*Herget*, Rz. 815.

f) Herausgabe und Räumung bei Rückabwicklung des Kaufvertrages

485 Für die Räumungs- und Herausgabeklage der vom Kaufvertrag zurückgetretenen Verkäufer gegen den Käufer einer Mietwohnung gilt nicht § 41 Abs. 2 GKG; der Gegenstandswert bestimmt sich vielmehr nach §§ 48 Abs. 1 S. 1 GKG, 6 ZPO und richtet sich nach dem Verkehrswert[1].

25. Jahresmiete

485a (Siehe Mietzins/Miete, *Rz. 539 ff.*)

26. Kaution

485b (Siehe Mietsicherheit, *Rz. 485 ff.*)

27. Klage und Widerklage

486 Die Werte von Klage und Widerklage werden **grundsätzlich addiert** (§ 45 Abs. 1 S. 1 GKG).

487 Liegt den beiden Klagen allerdings **derselbe Gegenstand** zugrunde, unterbleibt eine Addition; maßgebend ist dann der **höhere Wert** (§ 45 Abs. 1 S. 3 GKG). Hierzu gehört z.B. der Fall, dass der Vermieter auf Räumung klagt und der Mieter auf Feststellung des Fortbestandes des Mietverhältnisses. Nicht addiert wird ferner bei Klage auf Mietzinszahlung und Feststellungsantrag auf Fortbestand des Mietverhältnisses, Klage auf Mietzinszahlung und Feststellungsklage, dass kein Recht zur Kürzung der Miete bestehe[2] sowie Klage auf Mietzinszahlung und die Feststellungswiderklage über die Schadensersatzpflicht[3]; es gilt der höhere Betrag[4].

487a Begehrt der Vermieter mit der Klage die Zahlung der sich nach Abzug der Vorauszahlungen des Mieters aus der erstellten Jahresabrechnung zu seinen Gunsten errechneten Nachforderung und verlangt der Mieter wider-

---

[1] OLG Nürnberg, AGS 2004, 345 = OLGR 2004, 261 = JurBüro 2004, 377 = MDR 2004, 966.
[2] BGH, AGS 2004, 249 m. Anm. *N. Schneider* = NZM 2004, 423 = JurBüro 2004, 378 = ZMR 2004, 494 = BGHR 2004, 1055 = BGHR ZPO § 3 Gebührenstreitwert 1 = BGHR ZPO § 5 Gebührenstreitwert 1 = BGHR GKG § 12 Abs. 1 Mietrecht 1 = EBE/BGH 2004, BGH-Ls 455/04 = WuM 2004, 368 = DWW 2004, 162 = GuT 2004, 133 = MietRB 2004, 234 = RVG-B 2004, 104 = MDR 2004, 1437 = DWW 2004, 162.
[3] BGH, AGS 2004, 249 m. Anm. *N. Schneider* = NZM 2004, 423 = JurBüro 2004, 378 = ZMR 2004, 494 = BGHR 2004, 1055 = BGHR ZPO § 3 Gebührenstreitwert 1 = BGHR ZPO § 5 Gebührenstreitwert 1 = BGHR GKG § 12 Abs. 1 Mietrecht 1 = EBE/BGH 2004, BGH-Ls 455/04 = WuM 2004, 368 = DWW 2004, 162 = GuT 2004, 133 = MietRB 2004, 234 = RVG-B 2004, 104 = MDR 2004, 1437 = DWW 2004, 162.
[4] BGH, AGS 2004, 249 m. Anm. *N. Schneider* = NZM 2004, 423 = JurBüro 2004, 378 = ZMR 2004, 494 = BGHR 2004, 1055 = BGHR ZPO § 3 Gebührenstreitwert 1 = BGHR ZPO § 5 Gebührenstreitwert 1 = BGHR GKG § 12 Abs. 1 Mietrecht 1 = EBE/BGH 2004, BGH-Ls 455/04 = WuM 2004, 368 = DWW 2004, 162 = GuT 2004, 133 = MietRB 2004, 234 = RVG-B 2004, 104 = MDR 2004, 1437 = DWW 2004, 162.

klagend die Rückzahlung sämtlicher die abgerechnete Periode betreffenden Vorauszahlungen, betreffen Klage und Widerklage nicht denselben Gegenstand i.S.d. § 45 Abs. 1 S. 3 GKG. Die Werte sind daher zu addieren[1].

Die Vorschrift des § 45 Abs. 1 S. 3 GKG gilt auch für Gegenanträge, die einer Widerklage vergleichbar sind. Daher werden die Werte von Räumungsklage und Räumungsfristantrag nicht zusammengerechnet, soweit die Zeiträume sich decken. Vgl. hierzu u. *Rz. 568 f.* 488

Eine der Vorschrift des § 45 Abs. 1 S. 3 GKG vergleichbare Regelung enthält § 41 Abs. 3 GKG (vgl. o. Fortsetzungsverlangen *Rz. 460 f.*). 489

28. Klagenhäufung, Räumungsrechtsstreit und Zahlung

Häufig wird zusammen mit der Räumung auch rückständige Miete geltend gemacht. Die Werte beider Ansprüche sind zu **addieren**. Für die Rechtsanwaltsgebühren folgt dies aus §§ 23 Abs. 1 S. 1 RVG, 39 Abs. 1 GKG. Entsprechendes gilt, wenn außergerichtlich Räumung und Zahlung verlangt wird (§§ 23 Abs. 1 S. 3 RVG, 39 Abs. 1 GKG; § 22 Abs. 1 RVG). 490

29. Kündigung

Die Berechnung des Gegenstandswertes für die Erklärung einer Kündigung war lange Zeit höchst strittig. Ein Teil der Rechtsprechung ging zu Recht davon aus, dass die Vorschrift des § 23 Abs. 1 S. 3 RVG ist nicht anwendbar sei, da der Ausspruch einer Kündigung niemals Gegenstand eines gerichtlichen Verfahrens sein kann[2] und hat folglich auf § 23 Abs. 3 RVG abgestellt, der auf die KostO verweist und damit auch auf 25 KostO[3]. Der BGH[4] hat sich der Gegenauffassung angeschlossen, wonach § 23 Abs. 1 S. 3 RVG anzuwenden und damit gem. § 41 GKG den Jahresmietwert abzustellen sei[5]. Maßgeblich ist danach die Miete eines Jahres und, sofern die Dauer des Mietverhältnisses geringer sei, der Mietbetrag für den geringeren Zeitraum. 491

---

[1] OLG Düsseldorf, AGS 2009, 42 = JurBüro 2009, 85 = ZMR 2009, 197 = OLGR 2009, 225 = NJW 2009, 1515 = NZM 2009, 863 = MietRB 2009, 10 = RVGreport 2009, 156 = DWW 2009, 158 = Info M 2009, 296.

[2] So insbesondere LG Karlsruhe, AGS 2006, 112 m. Anm. *N. Schneider* = NZM 2006, 259 = NJW 2006, 1526 = Info M 2005, 324, 325 = RVG professionell 2006, 65.

[3] LG Karlsruhe, AGS 2006, 112 m. Anm. *N. Schneider* = NZM 2006, 259 = NJW 2006, 1526 = Info M 2005, 324, 325 = RVG professionell 2006, 65; *Lappe*, ZAP-Fach 24, Seite 249; *Enders*, JurBüro 1998, 1 ff.; *N. Schneider*, MDR 2000, 685; *N. Schneider* in Anm. zu AG Köln, MDR 2002, 1030; *Mock*, Gebührenrecht, 2. Auflage, 2002, Rz. 59; AnwK-RVG/*E. Schneider*, § 8 Rz. 66 ff.; *Monschau*, AGS 2003, 194.

[4] AGS 2007, 289 = NZM 2007, 396 = WuM 2007, 330 = NJW 2007, 2050 = JurBüro 2007, 358 = ZMR 2007, 521 = BGHReport 2007, 737 = MDR 2007, 982 = RVG-Letter 2007, 52 = DWW 2007, 214 = RVGreport 2007, 220 = Info M 2007, 142 = MietRB 2007, 172 = NJW-Spezial 2007, 339 = Rpfleger 2007, 509 = RVGprof. 2008, 47.

[5] AG Köln, MDR 2002, 1030 m. abl. Anm. *N. Schneider*.

30. Mängelbeseitigung/Instandhaltungsmaßnahmen

492 Die Berechung des Gegenstandswerts eines Verlangens des Mieters auf Mängelbeseitigung war umstritten. Das LG Kiel[1] war auf die voraussichtlichen Kosten der Mängelbeseitigung abzustellen. Die h.M. stellte dagegen auf das **Interesse des Mieters** an der Instandhaltung der Mietsache ab, das sich aber nicht in den Kosten der Mängelbeseitigung, sondern in der **Höhe der Minderung** widerspiegelt, die gegeben ist, solange der Mangel nicht abgestellt wird. Strittig war hier wiederum, von welchem Zeitraum dabei auszugehen war. Die h.M. ging vom dreieinhalbfachen Jahreswert aus, also von 42 Minderungsbeträgen[2]. Dem gegenüber hatten das LG Hamburg[3] sowie das LG Stendal[4] lediglich den dreijährigen, also 36fachen Monatsbetrag als Höchstgrenze angenommen; andere wiederum gingen von dem Jahreswert aus[5].

493 Das Gesetz hat diese Rspr. der h.M. in § 41 Abs. 5 GKG umgesetzt. Danach ist auf die der **Höhe der Minderung**, abzustellen, die gegeben ist, solange der Mangel nicht abgestellt wird. Ausgehend hiervon ist zunächst der sich auf Grund des Klägervortrags ergebende Minderungsbetrag (§ 536 BGB) festzustellen. Dabei ist nicht auf die tatsächlich vorhandenen Mängel abzustellen, sondern auf die Mängel, die der Mieter behauptet. Ausgehend von seinem Vortrag ist abzuschätzen, welche Minderung nach § 536 BGB angemessen wäre. Dieser Minderungsbetrag wiederum ist hochzurechnen, und zwar auf die restliche Laufzeit des Mietverhältnisses (§ 41 Abs. 5 S. 2 GKG), höchstens jedoch gem. § 41 Abs. 5 S. 1 GKG auf die Dauer eines Jahres, also auf 12 Minderungsbeträge[6].

31. Mietaufhebungsvertrag

494 Der Gegenstandswert eines Mietaufhebungsvertrages richtet sich nach § 23 Abs. 3 RVG in Verbindung mit § 25 KostO[7], also auf den Wert der Miete der **restlichen Laufzeit**, höchstens auf den **25fachen Jahreswert**.

---

1 LG Kiel, WM 1995, 320 (zwischenzeitlich ausdrücklich aufgegeben WuM 2003, 37).
2 BGH, GE 2000, 886 = NJW 2000, 312 = NZM 2000, 713 = WM 2000, 427; MDR 2000, 975 = KostRsp. ZPO § 3 Nr. 1336; LG Berlin, NJW-RR 1997, 652 = GE 1996, 1549; ME 2002, 53; LG Kiel, MDR 1994, 834; OLG Hamburg, WM 1994, 624; NZM 1998, 305 = ZMR 1998, 294; OLG Hamm, OLGR 2000, 37; LG München, II – unter Aufgabe der bisherigen Rechtsprechung BRAGOreport 2002, 28 m. Anm. *N. Schneider* = WM 2001, 616; OLG Düsseldorf (hier: selbständiges Beweisverfahren), NZM 2001, 669 = ZMR 2001, 270; jetzt auch LG Kiel, WuM 2003, 37.
3 LG Hamburg, WM 1992, 447.
4 LG Stendal, WM 1994, 70.
5 So aber jetzt LG Köln, WM 2001, 291 u. 2001, 345 = *Lützenkirchen*, KM 20 Nr. 59; LG Frankfurt/Oder, NZM 2000, 757; LG Berlin, AGS 2003, 36 m. abl. Anm. *N. Schneider*.
6 LG Köln AGS 2008, 92 = OLGR 2008, 201 NJW-RR 2008, 534 = NZM 2008, 823.
7 AG Charlottenburg, JurBüro 2001, 86; LG Köln, AGS 2002, 64 u. 2002, 210.

32. Miete

(terminologisch wegen des noch üblichen Sprachgebrauchs bei Mietzins/ Miete, *Rz. 539*) 494a

33. Mieterhöhung

a) Mieterhöhungsverlangen

Ist der Rechtsanwalt beauftragt, ein Mieterhöhungsverlangen zu fertigen, richtet sich der Gegenstandswert nach **§ 23 Abs. 3 RVG i.V.m. § 25 KostO**. Das Mieterhöhungsverlangen selbst kann niemals Gegenstand eines gerichtlichen Verfahrens sein. Gegenstand des gerichtlichen Verfahrens ist vielmehr erst das Verlangen auf Zustimmung zu einem bereits existenten Mieterhöhungsverlangen. Die höhere Bewertung der anwaltlichen Tätigkeit für das Mieterhöhungsverlangen rechtfertigt sich auch daraus, dass der Rechtsanwalt verschiedene Erhöhungsmöglichkeiten prüfen und abwägen muss, er muss umfangreiche Berechnungen erstellen etc., so dass seine Tätigkeit weitreichender ist als bei der bloßen Forderung auf Zustimmung zu einer konkret bereits verlangten Mieterhöhung. Dies muss sich im Gegenstandswert niederschlagen. 495

Das gilt erst recht, wenn kein gesetzlicher oder vertraglicher Anspruch auf Erhöhung besteht. Es handelt sich dann um einen dem Abschluss oder der Aufhebung eines Mietvertrages vergleichbaren Fall. Die Vorschrift des § 41 Abs. 5 GKG greift nicht, da diese einen „Anspruch auf Mieterhöhung" voraussetzt. In der Regel wird es sich hier ohnehin nicht um Wohnraumverhältnisse handeln, so dass § 41 Abs. 5 GKG ohnehin nicht greift (s. *Rz. 501 f.*). 496

b) Anspruch auf Mieterhöhung

aa) Wohnraummietverhältnisse

Ist einmal die Mieterhöhung geltend gemacht worden und wird nunmehr die Zustimmung nach § 558 Abs. 1 BGB verlangt, handelt es sich um einen Gestaltungsanspruch. Ein solcher Anspruch kann Gegenstand eines gerichtlichen Verfahrens sein (§ 558b Abs. 2 BGB), so dass sich der Gegenstandswert nach § 23 Abs. 1 RVG richtet. Einschlägig ist insoweit § 41 Abs. 5 GKG. Auszugehen ist von dem Wert des verlangten Erhöhungsbetrages. Soweit die Mieterhöhung nur für einen Zeitraum greifen würde, der ein Jahr nicht übersteigt, ist der **Gesamtbetrag der Erhöhungsbeträge** maßgebend (§ 41 Abs. 5 S. 2 GKG). Soweit die Mieterhöhung über ein Kalenderjahr hinaus greifen soll, ist der **Jahresbetrag** maßgebend (§ 41 Abs. 5 S. 1 GKG). 497

Der volle Wert der im Klageantrag verlangen Erhöhung ist auch dann maßgebend, wenn der Kläger eine Teilzustimmung des Mieters übersehen hat[1]. 498

---

1 LG Wuppertal, WuM 1993, 478.

499 Auf den Zeitpunkt, zu dem die Mieterhöhung geltend gemacht wird, kommt es nicht an; „Rückstände" werden hier also nicht hinzugerechnet.

Beispiel:

Im Januar verlangt der Vermieter eine Mieterhöhung. Die Parteien verhandeln außergerichtlich. Im Mai erhebt der Vermieter schließlich Klage auf Zustimmung zur Mieterhöhung.

Der Gegenstandswert beläuft sich auch hier lediglich auf den Jahreswert. Es werden nicht etwa Rückstände von Februar bis April oder Mai hinzugerechnet. „Rückstände" im eigentlichen Sinne gibt es hier ohnehin nicht, da keine Zahlung verlangt wird, sondern lediglich die Gestaltung des Mietvertrages.

500 **Endet** während der Auseinandersetzung oder des Rechtsstreits **das Mietverhältnis** oder steht die Beendigung fest, dann ist dies wie eine Antragsänderung zu behandeln. Ab diesem Zeitpunkt richtet sich der Gegenstandswert nur noch nach der tatsächlichen Dauer. Es sind dann „Stufenstreitwerte" festzusetzen. Soweit die Gebühren bereits entstanden sind, berechnen diese sich nach dem bisherigen Wert. Gebühren, die erst nach Beendigung des Mietverhältnisses entstehen, richten sich nach dem geringeren Wert[1].

Beispiel:

Der Vermieter erhebt bei unbefristetem Mietverhältnis im August 2004 Klage auf eine Mieterhöhung um 140 Euro zum 1.7.2004. Im Dezember 2004 erklärt der Mieter die Kündigung zum 31.3.2005. Im Februar 2005 wird vor Gericht verhandelt.

Der Gegenstandswert berechnet sich bis Februar 2005 auf den Jahresbetrag der Erhöhungen, also auf (12 × 155 Euro =) 1860 Euro. Ab Dezember steht die Beendigung fest. Der Wert beträgt ab dann nur noch (9 × 155 Euro =) 1395 Euro. Die Prozessgebühr bemisst sich nach einem Wert von 1860 Euro; die Verhandlungsgebühr ist dagegen nur nach 1395 Euro zu berechnen.

bb) Andere als Wohnraummietverhältnisse

501 Die Vorschrift des § 41 Abs. 5 GKG gilt nur für **Wohnraummiete**. Für **gewerbliche Mietverhältnisse**, soweit hier auf Grund einer vertraglichen Regelung ein Anspruch auf Mieterhöhung besteht, gelten die §§ 12 Abs. 1 GKG, 3, 9 ZPO[2]. Abzustellen ist auf den 42-fachen Erhöhungsbetrag, sofern die restliche Mietdauer nicht geringer ist.

502 So hat der BGH[3] ein Anpassungsverlangen eines Verpächters durch Heraufsetzung der Mindestpacht (und Zahlung von Nebenkosten durch den Päch-

---

1 Schneider/*Herget*, Rz. 3069.
2 OLG Hamburg, MDR 1990, 1024; OLG Brandenburg, NJWE-MietR 1996, 179 = NJW-RR 1996, 844 = MM 1995, 440 = JurBüro 1996, 193 = NJW-RR 1996, 844.
3 BGH, BGHR ZPO § 3 Interesse, wirtschaftliches 1 (Gründe) = BGHR GKG § 16 Abs. 5 Gewerberaum.

ter) den Wert des Klageantrages nach der allgemeinen Regel des § 3 ZPO nach dem wirtschaftlichen Interesse des Verpächters an der Anpassung des Pachtvertrages bemessen. Eine Beschränkung des Streitwerts auf den Einjahresbezug in analoger Anwendung des § 41 Abs. 5 GKG (§ 16 Abs. 5 GKG a.F.) hat er ausdrücklich abgelehnt, weil sich diese Privilegierung ausdrücklich nur auf Wohnraummiete beschränke. Ebenso wenig hat er eine Anwendung des § 9 S. 2 ZPO in Betracht gezogen – ohne dass es einer Entscheidung darüber bedufte, ob und unter welchen Voraussetzungen Pachtzinsforderungen überhaupt als wiederkehrende Nutzungen oder Leistungen im Sinne dieser Vorschrift anzusehen sind –, denn es handelte sich nicht um eine Klage auf künftige (erhöhte) Miet- oder Pachtzahlung, sondern um ein auf den Wegfall der Geschäftsgrundlage gestütztes Begehren auf Änderung des Pachtvertrages durch Modifizierung der Mindestpacht.

c) Ansprüche aus der Mieterhöhung

Ist die Zustimmung zur Mieterhöhung erteilt oder gerichtlich erstritten und werden nunmehr die erhöhten Mietbeträge geltend gemacht, so handelt es sich um einen gewöhnlichen Zahlungsanspruch, der sich nach §§ 48 Abs. 1 S. 1 GKG, 6, 9 ZPO richtet, soweit das Bestehen des Mietverhältnisses unstreitig ist, und nach § 41 Abs. 1 GKG, sofern das Bestehen streitig ist. Vgl. hierzu *Rz. 542 ff.*

503

d) Beschwer

Der Wert des Beschwerdegegenstandes auf Zustimmung zur Mieterhöhung für Wohnraum ist nach den §§ 3 bis 9 ZPO zu bestimmen. Für Klagen auf künftig wiederkehrende Leistungen gilt § 9 ZPO. Darunter fallen auch Klagen auf Erhöhung oder Herabsetzung von Mieten und Nebenkostenpauschalen. Die generelle Bemessung der Beschwer lediglich nach dem 3 ½-fachen Jahresbetrag des streitigen Betrages stellt eine auch für Wohnraummietverhältnisse angemessene Grundlage für die Rechtsmittelfähigkeit amtsgerichtlicher Entscheidungen dar[1]. Das LG Köln als Berufungsgericht hatte auch für die Beschwer zu Unrecht auf § 41 Abs. 5 GKG (§ 16 Abs. 5 GKG a.F.) abgestellt.

504

Zur abweichend festzusetzenden Berufungsbeschwer siehe auch Berufung (*Rz. 420 f.*).

34. Mietpreisüberhöhung

Klagt der Mieter auf Feststellung, dass die vereinbarte Miete überhöht sei, so ist nach LG Hamburg[2] der Differenzbetrag dreier Jahre maßgebend. Zutreffend dürfte es sein, gem. § 48 Abs. 1 S. 1 GKG, 9 ZPO den Wert der streitigen Differenz von dreieinhalb Jahren zugrunde zu legen.

505

---

1 BGH, AGS 2003, 489 m. Anm. *N. Schneider* = BGHR 2003, 1036 = JurBüro 2004, 207 = AnwBl. 2003, 597 = NZM 2004, 617.
2 LG Hamburg, Beschl. v. 2.1.1985 – 16 T 101/84, n.v.

35. Mietsicherheit

a) Stellung der Mietsicherheit

506 Ist der Rechtsanwalt damit beauftragt, die vereinbarte Mietsicherheit vom Mieter einzufordern oder die Einforderung des Vermieters abzuwehren, so bemisst sich der Gegenstandswert nach dem **Wert der verlangten Sicherheit** (§§ 23 Abs. 1 RVG, 48 Abs. 1 S. 1 GKG, 6 ZPO). Auf die Art der Sicherheit, also ob Barkaution, Bürgschaft o.Ä., kommt es dabei nicht an.

507 Unerheblich ist insoweit auch, ob die sofortige Stellung der Sicherheit verlangt wird oder zukünftige Leistung. Wird im Hinblick auf § 551 Abs. 2 S. 1 u. 2 BGB die erste Rate und gem. § 259 ZPO im Übrigen **zukünftige Leistung** verlangt, bleibt es ebenfalls beim vollen Wert.

508 Ob die Forderung **zu Recht** besteht, ist ebenfalls unerheblich. Verlangt der Vermieter z.B. die dreifache Brutto-Miete (einschließlich Nebenkostenvorauszahlungen), so ist dieser Betrag für den Gegenstandswert maßgebend, auch wenn nach § 551 Abs. 1 BGB nur der dreifache Netto-Betrag verlangt werden darf.

b) Anlage der Sicherheit

509 Verlangt der Mieter, dass die von ihm gestellte Sicherheit in der **gesetzlich vorgeschriebenen** (§ 551 Abs. 3 S. 1 BGB) oder in der **vertraglich vereinbarten** (§ 551 Abs. 3 S. 1 BGB) **Weise angelegt** wird, so ist der Gegenstandswert nach §§ 23 Abs. 1 RVG, 48 Abs. 1 S. 1 GKG, 3 ZPO zu schätzen. Maßgebend ist das Interesse des Mieters, also sein Insolvenzrisiko, dass die Sicherheit bei Abschluss des Mietverhältnisses nicht mehr vorhanden sein könnte. Dieses Interesse kann je nach Fallgestaltung mit einem geringen Bruchteil zu bemessen sein oder auch mit dem vollen Wert, wenn feststeht, dass die Mietkaution andernfalls nicht mehr zu realisieren sein würde.

Das LG Essen geht immer vom dem Nominalbetrag der Kaution aus, da es um die Sicherung des Kautionsrückzahlungsanspruchs geht[1].

c) Auskunft über die ordnungsgemäße Anlage

510 Wird lediglich Auskunft über die ordnungsgemäße Anlage verlangt, so ist ein Bruchteil des Sicherheitsbetrages anzusetzen[2].

d) Anspruch auf Auskunft über die Aushändigung an den Grundstückserwerber

511 Wird Auskunft verlangt, ob der bisherige Vermieter die Sicherheit an den Grundstückserwerber ausgehändigt hat, so ist ebenso wie bei der Auskunft

---

[1] LG Essen, AGS 2003, 551 = MDR 2004, 207.
[2] AG Neumünster, WM 1996, 632: ¼.

über die ordnungsgemäße Anlage (vgl. o. *Rz. 510*) das Interesse gem. § 3 ZPO zu schätzen[1].

e) Abrechnung der Sicherheit

Beschränkt sich die Tätigkeit des Rechtsanwalts darauf, die Abrechnung der Mietkaution zu verlangen, so ist der Gegenstandswert gem. §§ 23 Abs. 1 RVG, 48 Abs. 1 S. 1 GKG, 3 ZPO nach freiem Ermessen zu schätzen. Maßgebend ist das Interesse an der Abrechnung. Hier wird je nach Bedeutung ein Bruchteil des Wertes der Sicherheit anzusetzen sein[2]. 512

f) Auskunft über Erträge

Wird lediglich Auskunft über die erwirtschafteten Erträge nach § 551 Abs. 3 S. 3 u. 4 BGB, also über Zinsen, Dividenden o.Ä., verlangt, ist der Wert ebenfalls nach § 3 ZPO zu schätzen[3]. Auch hier ist nur ein Bruchteil der Hauptforderung anzusetzen, wobei die angefallenen Zinsen, Dividenden o.Ä., über die Auskunft erteilt werden soll, die Hauptforderung bilden. 513

Geht der Mieter **stufenweise** vor, so sind Auskunfts- und Rückgewähranspruch zwar gesondert zu bewerten. Die Gebühren sind jedoch nur einmal zu berechnen, und zwar nach dem höheren Wert (§ 44 GKG). 514

g) Inanspruchnahme der Sicherheit

Der Streitwert für die Untersagung der Inanspruchnahme einer Mietbürgschaft wegen angeblicher Forderungen des Vermieters im Wege der einstweiligen Verfügung soll sich nach Auffassung des LG Bonn[4] nach dem für den Mieter zu erwartenden Zinsschaden richten. Zutreffend dürfte es sein, auf das Risiko des Mieters abzustellen, bei Insolvenz des Vermieters seine Ansprüche nicht mehr realisieren zu können. 514a

h) Rückgewähr der Sicherheit

Wird der Rechtsanwalt mit der Rückforderung der Sicherheit beauftragt, so ist je nach Art der Sicherheit zu differenzieren: 515

aa) Barkaution

Wird die in bar gewährte Mietkaution zurückverlangt, so ist der volle Wert des herausverlangten Betrages maßgebend. Dies bedeutet, dass auch die bis zur Herausgabe angefallenen Kautionszinsen bei der Bemessung des Gegenstandswerts zu berücksichtigen sind[5]. Lediglich im gerichtlichen Ver- 516

---
1 **A.A.** AG Pinneberg, WM 1999, 337: Festbetrag 600 DM (= ca. 300 Euro).
2 Schneider/*Herget*, Rz. 3650 ff.
3 Schneider/*Herget*, Rz. 516.
4 AGS 2008, 464 = RVGreport 2008, 317 = NZM 2008, 664 = MietRB 2008, 362.
5 LG Köln in *Lützenkirchen*, KM 20 Nr. 31.

fahren gilt insoweit eine Einschränkung, als nach § 40 GKG nur die bis zur Klageerhebung angefallenen Zinsen berücksichtigt werden dürfen.

517 Die **zwischenzeitlich angefallenen Zinsen** bleiben keineswegs entsprechend §§ 43 Abs. 1 GKG, 4 ZPO außer Ansatz. Es handelt sich insoweit nämlich nicht um Nebenforderungen. Wie sich aus § 551 Abs. 3 S. 4 BGB ergibt, erhöhen die Zinsen die Kaution und werden damit zur Hauptforderung[1] (vgl. auch *K Rz. 472*). Vergleichbar ist dies insoweit mit Zinsen aus hinterlegten Beträgen. Auch sie bilden zusammen mit dem Hauptanspruch einen unzerlegbaren Anspruch, der für den Gegenstandswert maßgebend ist[2].

518 Wird der Anspruch im Wege der **Stufenklage** verfolgt, (Auskunft über Zinsen und Herausgabe der Sicherheitsleistung einschließlich Zinsen), richtet sich der Wert nach dem wertmäßig höchsten Antrag (§ 44 GKG), so dass die Sicherheit einschlich der Zinsen anzusetzen ist.

bb) Bürgschaft

519 Verlangt der Mieter die Rückgabe der Bürgschaftsurkunde, so ist der Gegenstandswert gem. §§ 23 Abs. 1 RVG, 48 Abs. 1 S. 1 GKG, 3 ZPO nach freiem Ermessen zu schätzen[3]. Soll die Inanspruchnahme des Bürgen verhindert werden, ist der **Wert der Bürgschaftsforderung** maßgebend[4].

520 Das Interesse an der **Herausgabe der Bürgschaftsurkunde** kann der Hauptschuld gleichzusetzen sein, wenn der Vermieter Ansprüche in Höhe der Bürgschaftsforderung geltend macht und im Streit über die Herausgabe der Bürgschaft inzidenter die Höhe der Hauptforderung geklärt werden muss.

521 Soll mit dem Herausgabeverlangen lediglich eine **missbräuchliche Benutzung** der Bürgschaftsurkunde verhindert werden, so ist das Interesse denkbar gering zu bewerten, wenn die gesicherte Forderung unstreitig und ohne weiteres nachweisbar erloschen ist[5].

cc) Sparbuch, Genossenschaftsanteile o.Ä.

522 Sind als Sicherheit Sparforderungen, Genossenschaftsanteile oder andere Rechte verpfändet, so gelten die §§ 23 Abs. 1 RVG, 48 Abs. 1 S. 1 GKG, 6 ZPO. Maßgebend ist gem. § 6 S. 1 ZPO der Wert des verpfändeten Gegenstands, beim Sparbuch also die Höhe der Sparforderung einschließlich Zinsen (vgl. o. *Rz. 517*).

---

1 LG Köln, ZMR 1976, 145; AG Michelstadt, WM 1987, 353.
2 BGH, MDR 1967, 280.
3 OLG Stuttgart, MDR 1980, 678 = JurBüro 1980, 896; OLG Hamm, JurBüro 1981, 434; OLG Düsseldorf, JurBüro 1981, 1893; Schneider/*Herget*, Rz. 945.
4 LG Hamburg, JurBüro 2002, 18 = KostRsp. ZPO § 3 ZPO Nr. 1376; KG, AGS 2002, 126; KostRsp. ZPO § 3 Nr. 1387.
5 OLG Hamm, JurBüro 1981, 434; Schneider/*Herget*, Rz. 949.

Ist dagegen der Wert der im Streit befindlichen gesicherten Forderung geringer, so ist nach §§ 48 Abs. 1 S. 1 GKG, 6 S. 1 ZPO nur dieser Wert maßgebend[1].

Beispiel:
Verpfändet ist eine Sparforderung über 3000 Euro. Der Vermieter macht noch Forderungen in Höhe von 1000 Euro geltend. Der Gegenstandswert beläuft sich auf 1000 Euro.

dd) Klage und Widerklage

Wird vom Mieter die Herausgabe der Sicherheit verlangt und macht der Vermieter im Gegenzug die gesicherte Forderung geltend, so sind die jeweiligen Gegenstandswerte nicht zu addieren, wenn die Sicherheit als solche unstreitig ist; es gilt vielmehr der **höhere Wert**. Unabhängig davon, ob hier derselbe Gegenstand i.S.d. § 45 Abs. 1 S. 3 GKG gegeben ist, liegt insoweit jedenfalls eine wirtschaftliche Identität vor, die eine Addition der Streitwerte verbietet[2].

Beispiel:
Der Mieter klagt auf Freigabe einer verpfändeten Sparforderung (Wert einschl. Zinsen 3200 Euro). Der Vermieter verweigert die Freigabe und erhebt Widerklage auf Zahlung von 4000 Euro Renovierungskosten. Der Gegenstandswert beläuft sich nach §§ 23 Abs. 1 S. 1 GKG, 48 Abs. 1 S. 1, 45 Abs. 1 S. 3 GKG, 6 ZPO auf 4000 Euro.

Das Additionsverbot des § 45 Abs. 1 S. 3 GKG gilt in diesem Fall auch für die außergerichtliche Tätigkeit (§ 23 Abs. 1 S. 3 RVG).

Beispiel:
Der Mieter verlangt Rückzahlung der Barkaution in Höhe von 1000 Euro. Der Vermieter bestreitet, eine Mietkaution erhalten zu haben, und verlangt Renovierungskosten in Höhe von 860 Euro.
Jetzt ist zu addieren. Der Streitwert beläuft sich auf 1860 Euro.

i) Ansprüche aus der Mietbürgschaft

Geht der Vermieter aus der Mietbürgschaft gegen den Bürgen vor, so ist der verlangte Betrag maßgebend. Zinsen und Kosten, auch soweit sie die Hauptforderung betreffen, bleiben nach §§ 23 Abs. 1 RVG, 43 Abs. 1 GKG unberücksichtigt[3]. Nach h.M. soll § 41 Abs. 1 GKG auch im Verhältnis zwischen Vermieter und Bürgen gelten[4]. Das setzt allerdings voraus, dass

---

1 Zöller/*Herget*, § 6 Rz. 6.
2 OLG Stuttgart, MDR 1980, 678 = JurBüro 1980, 896; OLG Bamberg, JurBüro 1974, 1437; Schneider/*Herget*, Rz. 951.
3 BGH, MDR 1958, 765; Schneider/*Herget*, Rz. 942.
4 OLG Hamburg, OLGE 15, 53; LG Berlin, JVBl. 1937, 67; KG, OLGE 13, 71.

das Bestehen des Mietverhältnisses im Streit steht. Andernfalls gilt § 41 Abs. 1 GKG schon für die Hauptschuld nicht.

36. Mietvertrag

a) Entwurf

527 Ist der Rechtsanwalt mit dem Entwurf eines Mietvertrages beauftragt, so richtet sich der Gegenstandswert nach § 23 Abs. 3 RVG i.V.m. § 25 KostO und beläuft sich bei unbestimmter Dauer auf den dreifachen Jahreswert[1]. Bei Verträgen, die eine längere Mindestdauer vorsehen, ist die Miete während dieser Zeit maßgebend, höchstens jedoch der fünfundzwanzigfache Betrag.

b) Anspruch auf Abschluss eines Mietvertrags (Vorvertrag)

528 Wird aus einem Vorvertrag der Abschluss eines Mietvertrags verlangt, so richtet sich der Gegenstandswert nicht nach § 41 Abs. 1 GKG, da dies einen bestehenden Mietvertrag voraussetzen würde. Der Wert ist vielmehr nach § 3 ZPO zu schätzen. Maßgebend ist das Interesse der Partei am Abschluss des Vertrages. Im Rahmen des § 3 ZPO kann die Wertung des § 41 Abs. 1 GKG allerdings heranzuziehen sein[2]. Das Interesse kann jedoch auch höher sein als die einjährige Miete[3].

c) Streit aus Mietvertrag oder Streit über dessen Inhalt

529 Lediglich dann, wenn die Parteien aus einem bereits geschlossenen Mietvertrag Rechte geltend machen, gilt § 41 Abs. 1 GKG. Dazu reicht es bereits aus, dass eine der Parteien behauptet, ein Mietvertrag sei geschlossen worden. Ob dies tatsächlich zutrifft, ist unerheblich und soll ja gerade geklärt werden.

Beispiele:

Der Vermieter klagt auf Feststellung (§ 256 ZPO), dass zwischen ihm und dem Beklagten ein Mietverhältnis zustande gekommen sei[4].

Der Nachmieter begehrt festzustellen, dass er anstelle des früheren Mieters in das Mietverhältnis eingetreten sei, und behauptet den Abschluss eines entsprechenden Übernahmevertrags.

Der Mieter behauptet, sein Optionsrecht wirksam ausgeübt zu haben. Der Vermieter bestreitet dies.

---

1 Zur vergleichbaren Lage beim Mietaufhebungsvertrag AG Charlottenburg, JurBüro 2001, 86; LG Köln, AGS 2002, 64 u. 2002, 210.
2 LG Dortmund, KostRsp. GKG § 16 Nr. 71 m. Anm. E. Schneider = WuM 1991, 358.
3 OLG Hamburg, MDR 1970, 333 = GE 1970, 263; OLG Frankfurt/Main, JurBüro 1962, 685: Wert dreier Jahre.
4 Schneider/*Herget*, Rz. 3026.

In allen diesen Fällen streiten die Parteien über das Bestehen eines Mietverhältnisses, zumindest eine der Parteien behauptet, dass ein Mietverhältnis oder ein vorvertragliches Rechtsverhältnis bereits bestehe. Daher ist § 41 Abs. 1 GKG anzuwenden. Soweit – wie in den vorangegangenen Beispielen – das Bestehen oder Nichtbestehen des Mietverhältnisses oder eines Vorvertrages insgesamt im Streit steht, ist der volle Mietwert der streitigen Zeit maßgebend, höchstens allerdings der Jahresbetrag. Soweit die Parteien nur über einzelne Bestimmungen streiten, ist ein entsprechend geringerer Betrag anzusetzen. 530

Beispiele:

Die Parteien streiten darüber, ob eine Garage mitvermietet ist. Maßgebend ist hier nur der ortsübliche Garagenmietwert.

Die Parteien streiten darüber, ob das Mietverhältnis am 1.6. oder am 1.9. beginnt. Maßgebend ist hier nur Mietwert dreier Monate.

d) Haupt- und Hilfsantrag

Wird neben der Feststellung, dass ein Mietverhältnis bestehe, hilfsweise der Abschluss eines Mietvertrages verlangt, so ist gem. § 45 Abs. 1 S. 3 GKG der höhere Wert beider Anträge maßgebend[1]. 531

37. Mietvorauszahlungen

a) Rückerstattung

Die Forderung auf Rückerstattung im Voraus entrichteter Miete ist grundsätzlich mit dem vollen Betrag anzusetzen (§§ 48 Abs. 1 S. 1 GKG, 6 ZPO). 532

Ist die Beendigung des Mietverhältnisses streitig und basiert hierauf der Streit über die Höhe der zurückzuerstattenden Mieten, so ist allerdings § 41 Abs. 1 GKG entsprechend anzuwenden. Der Gegenstandswert ist maximal auf den vorausgezahlten Jahresmietbetrag festzusetzen. So hat das OLG Celle[2] in dem vergleichbaren Fall bei Rückzahlung einer vom Mieter darlehnsweise gewährten Aufbauhilfe entschieden. 533

Ist dagegen die Beendigung des Mietverhältnisses unstreitig und verweigert der Vermieter aus anderen Gründen oder grundlos die Rückzahlung, so findet § 41 Abs. 1 GKG keine Anwendung. Soweit die Mieten für mehr als ein Jahr im Voraus entrichtet worden sind, kann daher auch der Jahresmietwert überschritten werden. 534

Soweit der Mieter nicht nur die Kalt-Miete, sondern auch die Nebenkostenvorauszahlungen im Voraus entrichtet hat, ist deren Wert ebenfalls voll zu berücksichtigen. 535

---

1 OLG Frankfurt/Main, JurBüro 1962, 685; Schneider/*Herget*, Rz. 2985.
2 OLG Celle, JurBüro 1967, 598.

536 Die nach § 547 Abs. 1 S. 1 BGB zu zahlenden Zinsen bleiben dagegen gemäß § 22 GKG außer Ansatz.

b) Klagenhäufung; Klage und Widerklage

537 Wird zugleich über die Rückerstattung und die Beendigung des Mietverhältnisses gestritten, so hat eine Addition zu unterbleiben.

Beispiel:

Der Vermieter klagt auf Räumung. Der Mieter beantragt die Klage abzuweisen und erhebt hilfsweise Widerklage auf Rückerstattung der im Voraus entrichteten Mieten.

Beispiel:

Der Mieter klagt auf Feststellung, dass das Mietverhältnis durch die von ihm ausgesprochene Kündigung beendet ist, und verlangt Rückerstattung der im Voraus entrichteten Miete.

Der Wert der Räumungsklage und des Feststellungsantrags richtet sich nach § 41 Abs. 2 GKG, der der Zahlungsklage nach § 41 Abs. 1 GKG. Die Werte sind wegen wirtschaftlicher Identität nicht zu addieren. Es gilt der höhere der beiden Werte.

c) Anspruch auf Mietvorauszahlung

538 Verlangt der Vermieter eine Mietvorauszahlung, so richtet sich der Wert nach §§ 48 Abs. 1 S. 1 GKG, 3 ZPO. Das Interesse des Vermieters ergibt sich aus dem Zinsvorteil[1].

38. Mietzins/Miete[2]

539 In vielen Fällen ist die für einen bestimmten Zeitraum zu zahlende Miete Berechnungsfaktor für den Gegenstandswert (§§ 41 Abs. 1, Abs. 2 GKG, 9 ZPO). Strittig war, wie in diesen Fällen der Miete zu berechnen.

Unstrittig war und ist, dass die auf die Miete zu zahlende Umsatzsteuer hinzuzurechnen ist[3].

540 Zum Teil wird im Übrigen nur die Netto- oder Kaltmiete berücksichtigt. Nach a.A. war von der Brutto- oder Warmmiete auszugehen. Andere Gerichte wiederum gingen von der Grundmiete zuzüglich Nebenkostenpauschale aus. Ebenso wurde vertreten, von der Grundmiete zuzüglich verbrauchsunabhängiger Betriebskosten und Umsatzsteuer auszugehen oder

---

[1] LG Bamberg, JurBüro 1973, 1196; Schneider/*Herget*, Rz. 3127.
[2] Wegen der zwar überholten, aber noch weiterhin gebräuchlichen Begrifflichkeit wurde der Terminus *Mietzins* hier einsortiert.
[3] KG, NZM 2000, 659; OLG Zweibrücken, NZM 2001, 420.

von der Grundmiete zuzüglich verbrauchsunabhängiger Betriebskosten[1]. Die Rechtsprechung zu dieser Bewertungsfrage war uneinheitlich und unübersichtlich. Zum Teil war die Wertfestsetzung innerhalb desselben Gerichts von Abteilung zu Abteilung und von Kammer zu Kammer verschieden.

Diese Streitfrage ist seit dem 1.7.2004 gesetzlich geklärt. Nach § 41 Abs. 1 S. 2 GKG umfasst das heranzuziehende Mietentgelt neben dem **Nettogrundentgelt** Nebenkosten (nur) dann, wenn diese als Pauschale vereinbart sind und nicht gesondert abgerechnet werden.   541

Nur bei Nebenkostenpauschalen ist also deren Wert mit hinzuzurechnen. Nebenkostenvorauszahlungen sind beim Streitwert immer außer Ansatz zu lassen, unabhängig davon, ob die Nebenkosten verbrauchsabhängig abgerechnet werden oder nicht[2].

Diese Rechtslage gilt nicht nur für die Berechnung nach § 41 GKG, sondern ist für andere Bewertungsvorschriften, wie §§ 25 KostO, 9 ZPO entsprechend heranzuziehen.

Umsatzsteuer, die auf die Miete zu zahlen ist, ist beim Jahresmietwert mit zu berücksichtigen[3].   541a

39. Mietzahlungsklage

a) Das Bestehen des Mietverhältnisses ist unstreitig

Verlangt der Vermieter **Zahlung** der Miete, so bestimmt sich der Gegenstandswert gem. §§ 12 Abs. 1 GKG, 3, 9 ZPO nach dem Wert des Klageantrags. Ein Teil der Rechtsprechung will demgegenüber § 41 Abs. 1 GKG grundsätzlich auch auf Zahlungsklagen anwenden. Dies ist jedoch nicht zutreffend. Für Zahlungsklagen gilt § 41 Abs. 1 GKG nicht unmittelbar. Soweit kein Streit über das zugrunde liegende Nutzungsverhältnis besteht, ist kein Grund für eine Privilegierung gegeben. Zahlt der Mieter nicht oder nicht pünktlich, ohne dass er den Bestand des Mietverhältnisses und damit seine Zahlungspflicht bestreitet, kommt eine Begrenzung nach § 41 Abs. 1 GKG auf den Jahresmietwert nicht in Betracht[4]. Es gilt dann vielmehr Folgendes: 542

---

1 Siehe im Einzelnen die Nachweise in der Vorauflage.
2 OLG Düsseldorf, AGS 2006, 354.
3 OLG Celle, AGS 2009, 89 = OLGR 2008, 995 = NJW-Spezial 2009, 67 = MietRB 2009, 101; OLG Stuttgart, OLGR 2008, 930 = GuT 2008, 445 = AGS 2009, 46 = NZM 2009, 320 = NJW-Spezial 2008, 764 = MietRB 2009, 132.
4 OLG Stuttgart, WuM 1997, 278 = NJW-RR 1997, 1303; Schneider/*Herget*, Rz. 2958.

aa) Leistungsklage auf fällige Beträge

543 Soweit der Vermieter rückständige Miete geltend macht, so bestimmt sich der Gegenstandswert gem. § 3 ZPO nach dem vollen Wert des Klageantrags[1].

544 Hier werden häufig Fehler in der Gegenstandswertberechnung gemacht, wenn im Verlaufe der Rechtsstreits rückständige Mieten getilgt wurden.

Beispiel:

Eingeklagt werden die Mieten für Januar, Februar und März. Vor der mündlichen Verhandlung werden die Mieten Januar und Februar gezahlt. Dafür sind dann aber die Mieten April und Mai rückständig geworden, so dass die Klage entsprechend geändert wird. Hinsichtlich der gezahlten Mieten wird der Rechtsstreit in der Hauptsache für erledigt erklärt.

545 Hinsichtlich des Zuständigkeitsstreitwertes bleibt es bei der dreifachen Miete, da nie mehr als drei Mieten rechtshängig waren. Hinsichtlich des Gebührenstreitwerts gilt jedoch etwas anderes. Hier sind sämtliche Gegenstände heranzuziehen, mit denen der Rechtsanwalt im Laufe des Rechtsstreits befasst war[2].

Da der Rechtsanwalt insgesamt fünf Mieten geltend gemacht hat, richtet sich somit der Gegenstandswert nach dem Betrag sämtlicher fünf Mieten. Der Rechtsanwalt erhält also die Prozessgebühr aus der Gesamtsumme der fünf Mieten. Lediglich die Verhandlungsgebühr ist nach dem Wert dreier Mieten angefallen, da hinsichtlich der beiden anderen Mieten der Rechtsstreit schon vor der Verhandlung in der Hauptsache für erledigt erklärt worden war.

546 In der Praxis gehen solche Erweiterungen des Gegenstandswertes häufig unter, da sich der Klageantrag nominal nicht oder nur unwesentlich ändert. Der Rechtsanwalt sollte in solchen Fällen von vornherein darauf achten, dass sämtliche Gegenstandswerte erfasst werden. Er sollte darauf schon bei der Formulierung der Klageanträge achten, so dass auch für das Gericht offenkundig ist, dass der Rechtsanwalt hier hinsichtlich verschiedener Gegenstände tätig war.

bb) Klage auf zukünftige Leistung

547 Umstritten war, welcher Wert für eine Klage auf zukünftige Leistung anzusetzen ist. Die Vorschrift des § 41 Abs. 1 GKG greift nur dann, wenn zugleich **Streit über das Bestehen eines Mietverhältnisses** besteht (vgl. u. Rz. 553). Ist das Bestehen eines Mietverhältnisses dagegen unstreitig, gilt

---

1 BGH, KostRsp. GKG § 16 Nr. 39 m. Anm. *E. Schneider*; OLG Bamberg, JurBüro 1985, 589 = KostRsp. ZPO § 3 Nr. 741 m. Anm. *E. Schneider*; OLG Neustadt, Rpfleger 1963, 34.
2 AnwK-RVG/*N. Schneider*, § 22 Rz. 10.

über § 48 Abs. 1 S. 1 GKG die Vorschrift des § 3 ZPO[1]. Maßgebend ist insoweit die auf den zu erwartenden Zeitraum bis zur voraussichtlichen Räumung des Objekts entfallende Miete bzw. das für diesen Zeitraum zu zahlende Nutzungsentgelt. Dies hat der BGH[2] jetzt in einer Grundsatzentscheidung klar gestellt und damit die frühere h.M.[3] bestätigt.

Soweit die weitere Dauer des Mietverhältnisses ungewiss ist, bildet der dreieinhalbfache Jahresbetrag (§ 9 ZPO) die Obergrenze[4]. Der gegenteiligen Auffassung des OLG Zweibrücken[5], das § 9 ZPO wegen seiner langen Zeiträume für unanwendbar hält, kann heute jedenfalls nicht mehr gefolgt werden, nachdem die Höchstdauer des § 9 ZPO von 12 ½ Jahren auf dreieinhalb Jahre herabgesetzt worden ist. 548

Soweit die Besorgnis darin besteht, dass der Mieter **nicht zahlen** werde, ist der volle Wert maßgebend. Der Streit, inwieweit die Betriebs- und Nebenkosten bei der Streitwertberechnung zu berücksichtigen sind, stellt sich hier nicht. Es kommt auf den **vollen Klagebetrag** an. 549

Besteht die Besorgnis lediglich darin, dass **nicht rechtzeitig gezahlt** werde, was für § 259 ZPO ausreicht, ist das Interesse an der pünktlichen Zahlung nach § 3 ZPO zu schätzen. Das AG Kerpen hat insoweit einen Bruchteil von einem Fünftel des zu zahlenden Betrages für angemessen erachtet[6]. 550

cc) Zukünftige und rückständige Mieten

Werden neben zukünftigen Mieten auch Rückstände eingeklagt, so sind die Rückstände analog § 42 Abs. 5 GKG (§ 17 Abs. 4 GKG a.F.) in jedem Fall zu addieren, auch dann, wenn Streit über das Bestehen des Mietverhältnisses besteht[7]. 551

---

1 OLG Frankfurt/Main, JurBüro 1980, 929 = MDR 1980, 761 = Rpfleger 1980, 299; OLG Stuttgart, WM 1997, 278 = NJW-RR 1997, 1303; KG, KGR 2000, 234.
2 BGH, AGS 2004, 249 m. Anm. *N. Schneider* = NZM 2004, 423 = JurBüro 2004, 378 = ZMR 2004, 494 = BGHR 2004, 1055 = BGHR ZPO § 3 Gebührenstreitwert 1 = BGHR ZPO § 5 Gebührenstreitwert 1 = BGHR GKG § 12 Abs. 1 Mietrecht 1 = EBE/BGH 2004, BGH-Ls 455/04 = WuM 2004, 368 = DWW 2004, 162 = GuT 2004, 133 = MietRB 2004, 234 = RVG-B 2004, 104 = MDR 2004, 1437 = DWW 2004, 162.
3 KG, KGR 2000, 234 = KostRsp. ZPO § 3 Nr. 1337.
4 LG Hamburg, ZMR 1977, 63; OLG Stuttgart, NJW-RR 1997, 1303 = WM 1997, 278; LG Berlin, ZMR 2003, 264.
5 KostRsp. GKG § 12 Nr. 22.
6 KostRsp. GKG § 16 Nr. 73 m. Anm. *E. Schneider* = WM 1991, 439 m. Anm. *N. Schneider*.
7 BGH, AGS 2004, 249 m. Anm. *N. Schneider* = NZM 2004, 423 = JurBüro 2004, 378 = ZMR 2004, 494 = BGHR 2004, 1055 = BGHR ZPO § 3 Gebührenstreitwert 1 = BGHR ZPO § 5 Gebührenstreitwert 1 = BGHR GKG § 12 Abs. 1 Mietrecht 1 = EBE/BGH 2004, BGH-Ls 455/04 = WuM 2004, 368 = DWW 2004, 162 = GuT 2004, 133 = MietRB 2004, 234 = RVG-B 2004, 104 = MDR 2004, 1437 = DWW 2004, 162.

dd) Feststellungsklage

552 Wird auf Feststellung geklagt, dass der Mieter die Zahlung der Miete schulde, so ist der Wert nach §§ 3, 9 ZPO zu schätzen[1]. Maßgebend ist der geforderte Betrag abzüglich eines Feststellungsabschlags.

b) Das Bestehen des Mietverhältnisses ist streitig

553 Nur dann, wenn die Nichtzahlung des Mieters darauf beruht, dass das **Bestehen des Mietverhältnisses streitig** ist, so ist wiederum § 41 Abs. 1 GKG anzuwenden, wenn also der Mieter nicht zahlt, weil er der Auffassung ist, das Mietverhältnis bestehe nicht oder nicht mehr. Der Gegenstandswert ist dann ebenso zu ermitteln wie bei einem unstreitigen Mietverhältnis; er darf dann jedoch den Jahresbetrag § 41 Abs. 1 GKG nicht überschreiten.

Beispiel:
Der Mieter erklärt, das Mietverhältnis fristlos zu kündigen, und zahlt keine Miete mehr. Der Vermieter ist der Auffassung, das Mietverhältnis laufe noch zwei weitere Jahre, und erhebt Klage auf zukünftige Leistung bis zum vermeintlichen Vertragsende.
Es gilt § 41 Abs. 1 GKG. Maßgebend ist der Mietwert eines Jahres.

554 Der Streit, inwieweit die Betriebs- und Nebenkosten bei der Streitwertberechnung zu berücksichtigen sind, stellt sich hier nicht. Es kommt auf den vollen Klagebetrag an.

c) Streit über Art der Zahlung

555 Streiten die Parteien lediglich über die Art und Weise der Zahlung, gelten ebenfalls die §§ 3, 9 ZPO. So hat das LG Berlin für eine Klage auf Unterlassung, die Miete per Lastschrift einzuziehen, den dreieinhalbfachen Jahresmietwert angesetzt[2]. Zutreffend dürfte es hier jedoch sein, lediglich einen Bruchteil anzusetzen.

40. Minderung

556 Streiten die Parteien über eine Mietminderung, so ist zu differenzieren:

a) Rückständige Mieten

557 Zahlt der Mieter lediglich eine geminderte Miete und macht der Vermieter die rückständigen Differenzbeträge geltend, so richtet sich der Gegenstandswert nach der vollen Höhe der eingeklagten Beträge (§§ 48 Abs. 1 S. 1 GKG, 3 ZPO).

---

[1] OLG Zweibrücken, KostRsp. GKG a.F. § 12 Nr. 22; OLG Neustadt, Rpfleger 1963, 34; Schneider/*Herget*, Rz. 2964.
[2] LG Berlin, GE 1995, 1553.

b) Zahlung zukünftiger Mieten

Macht der Vermieter gem. § 259 ZPO die Zahlung zukünftiger Mieten geltend, weil er die Besorgnis hat, der Mieter werde (auch) zukünftig mindern, so richtet sich der Wert ebenfalls nicht nach § 41 Abs. 1 GKG, da kein Streit über das Bestehen des Mietverhältnisses besteht[1]. Maßgebend ist vielmehr nach §§ 48 Abs. 1 S. 1 GKG, 9 ZPO der Minderungsbetrag für 42 Monate (dreieinhalb Jahre), sofern die voraussichtliche Zeit der Minderung nicht geringer ist[2]. Die voraussichtliche Dauer der Minderung kann geringer sein, weil das Vertragsverhältnis keine dreieinhalb Jahre mehr dauert oder weil der Wegfall der Minderung gewiss ist.

558

Beispiel:

Der Mieter mindert die Miete, weil ihm der vertraglich vereinbarte Stellplatz nicht zur Verfügung gestellt worden ist. Es steht jedoch fest, dass er den Stellplatz eines anderen Mieters nach dessen Auszug in sechs Monaten erhalten wird.

Unstreitig ist, dass das Minderungsrecht nach sechs Monaten entfallen wird, sobald der Mieter den Stellplatz erhält. Maßgebend ist somit nur der Minderungsbetrag für sechs Monate.

c) Anspruchs- oder Klagenhäufung

Werden rückständige Minderungsbeträge zusammen mit zukünftigen Forderungen geltend gemacht, so ist der Wert der Rückstände dem Wert der zukünftigen Forderungen hinzuzurechnen (§ 48 Abs. 1 S. 1 GKG i.V.m. § 5 ZPO).

559

d) Feststellung

aa) Mieter

Verlangt der Mieter die Feststellung der Minderung oder klagt er auf Feststellung, dass nur eine geminderte Miete geschuldet sei, so handelt es sich der Sache nach um eine negative Feststellung, so dass ein Feststellungsabschlag nicht vorzunehmen ist. Es wird endgültig über das Nichtbestehen eines Teils der Mietforderungen entschieden. Maßgebend ist gem. § 41 Abs. 1 GKG, 9 ZPO der Gesamtbetrag der Minderung im streitigen Zeitraum, höchstens jedoch der dreieinhalbfache Jahresbetrag der geltend gemachten Minderung[3]. Dies gilt auch dann, wenn wegen behaupteter Mängel überhaupt keine Miete mehr gezahlt wird oder werden sollen[4].

560

---

1 So aber LG Köln in *Lützenkirchen*, KM 20 Nr. 7; Schneider/*Herget*, Rz. 3078.
2 LG Hamburg, WM 1996, 287 = ZMR 1996, 39; LG Berlin, AGS 2003, 463 = ZMR 2003, 264; ähnlich LG Hamburg, WM 1989, 430 u. 431: Minderungsbetrag dreier Jahre.
3 **A.A.** LG Köln in *Lützenkirchen*, KM 20 Nr. 7; LG Köln, WuM 1996, 287; Schneider/*Herget*, Rz. 3078.
4 OLG Bamberg, JurBüro 1979, 1866; Schneider/*Herget*, Rz. 3079.

bb) Vermieter

561 Klagt der Vermieter auf Feststellung, dass eine Minderung nicht gegeben sei, so ist ebenfalls gem. §§ 48 Abs. 1 S. 1 GKG, 9 ZPO der vom Mieter geltend gemachte Mietminderungsbetrag maßgebend, der auf die streitige Zeit entfällt, höchstens der Betrag von dreieinhalb Jahren (vgl. o. Rz. 560).

562 Faktisch handelt es sich um eine positive Feststellungsklage, nämlich um die Feststellung der Zahlungspflicht. Ein Feststellungsabschlag aber ist nur vorzunehmen, wenn die restliche Zeit der möglichen Minderung unter dreieinhalb Jahren liegt. Liegt der Wert darüber, unterbleibt ein Feststellungsabschlag, da dies ansonsten auf eine doppelte Privilegierung hinauslaufen würde[1].

41. Nutzungsentschädigung

563 Bei Klagen auf Zahlung einer Nutzungsentschädigung (§ 546a BGB) gelten die gleichen Grundsätze wie bei Klagen auf Zahlung von Miete (vgl. o. Rz. 542 f.)[2].

564 Wird auf zukünftige Leistung geklagt (§ 259 ZPO), so greift nicht § 41 Abs. 1 GKG. Vielmehr ist der Wert nach freiem Ermessen festzusetzen, und zwar nicht nach starren Jahrespauschalen, sondern nach dem Umständen des Einzelfalls.

564a Die überwiegende Rechtsprechung geht dabei nicht von dem Mietwert aus, der auf die nächsten 3 ½ Jahre entfällt (§ 9 S. 1 ZPO), sondern stellt auf die voraussichtliche Dauer bis zur Räumung des Objekts ab. Liegt bereits ein Räumungstitel vor, so ist grundsätzlich von einem restlichen Zeitraum in Höhe von zwölf Monaten auszugehen[3] (a.A., sechs Monate: LG Nürnberg-Fürth[4]; neun Monate LG Bonn[5]).

42. Option

a) Ausübung der Option

565 Der Wert der anwaltlichen Tätigkeit auf Ausübung einer Option ist nach § 23 Abs. 3 RVG zu bemessen, da die Ausübung nicht Gegenstand eines ge-

---

1 Schneider/*Herget*, Rz. 1755; **a.A.** LG Hamburg, WM 1989, 430; LG Hamburg, WM 1996, 287 = ZMR 1996, 39: Abschlag von 20 %.
2 OLG Frankfurt/Main, MDR 1980, 761.
3 KG, KGR 2007, 802 = AGS 2007, 632 = RVGreport 2007, 400 = MietRB 2008, 13 = RVGreport 2008, 77; GE 2006, 188 = ZMR 2006, 207 = KGR 2006, 459 = MDR 2006, 957 = WE 2006, 142 = GuT 2006, 84; GE 2007, 292 = ZMR 2007, 366 = KGR 2007, 420 = MDR 2007, 645 = NZM 2007, 600 = NJW-RR 2007, 1579 = MietRB 2007, 117; LG Dessau, AGS 2006, 514; LG Potsdam, GE 2008, 126; LG München I ZMR 2009, 456; LG Köln Info M 2007, 378.
4 LG Nürnberg-Fürth, AGS 2006, 32 m. Anm. *N. Schneider* = WuM 2005, 664 = Info M 2005, 268 = MietRB 2005, 314.
5 Beschl. v. 1.7.2009 – 6 S 36/09.

richtlichen Verfahrens sein kann. Es gilt also § 25 KostO. Maßgebend ist der Verlängerungszeitraum, der durch die Option ausgelöst werden soll, höchstens der dreijährige Bezug.

b) Streit über das Bestehen des Optionsrechts

Die Klage auf Feststellung des Bestehen eines Optionsrechts ist gem. § 41 GKG auf die Jahresmiete festzusetzen[1], es sei denn, die Option wird für einen geringeren Zeitraum geltend gemacht.

566

43. Pfandrecht

Bei einem Streit über den **Umfang des Vermieterpfandrechts**, sei es, dass der Vermieter den Verbleib fordert oder der Mieter die Herausgabe, richtet sich der Wert gem. §§ 48 Abs. 1 S. 1 GKG, 6 S. 1 ZPO nach dem Wert der betreffenden Gegenstände, an denen das Vermieterpfandrecht geltend gemacht wird. Zu berücksichtigen ist jedoch, dass nach § 6 S. 2 ZPO maximal die Höhe derjenigen Forderung oder Forderungen herangezogen werden darf, wegen der oder wegen deren das Pfandrecht geltend gemacht wird.

567

Beispiel:

Nach Beendigung des Mietverhältnisses verlangt der Vermieter rückständige Miete in Höhe von 500 Euro sowie eine Nebenkostennachzahlung in Höhe von 300 Euro. Er macht insoweit ein Pfandrecht an einem wertvollen Gemälde (Wert 4000 Euro) geltend.

Da der Wert der vom Vermieter geltend gemachten Forderungen mit 800 Euro unter dem Wert des Pfandgegenstands liegt, ist nur dieser Wert maßgebend. Der Gegenstandswert beläuft sich somit auf 800 Euro.

44. Räum- und Streudienst

Der Streit über die Verpflichtung eines Wohnungsmieters, ob dieser zu Räum- und Streudienst verpflichtet ist, so bemisst sich nach dem dreieinhalbfachen Wert des einjährigen Bezugs der wiederkehrenden Leistung (hier die anzunehmenden Kosten eines gewerblichen Räum- und Streudienstes)[2].

567a

45. Räumung

Siehe Herausgabe (*Rz. 470 f.*).

567b

46. Räumungsfrist

Für das Verlagen auf Gewährung, Verlängerung oder Verkürzung einer Räumungsfrist nach §§ 721, 794a ZPO ist der Gegenstandswert nach §§ 48 Abs. 1 S. 1 GKG, 3 ZPO zu schätzen[3].

568

---

1 OLG Hamburg, WM 1994, 553.
2 BGH, AGS 2009, 49 = WuM 2008, 681 = MietRB 2009, 39.
3 AnwK-RVG/*Gebauer*, § 50 Rz. 13.

Im Rahmen dieser Schätzung ist nach h.M. wiederum auf die Vorschrift des § 41 Abs. 1 GKG als Orientierungshilfe heranzuziehen[1]. Maßgebend ist danach die auf die streitige Zeit entfallende Nutzungsentschädigung.

569 Nach a.A. ist der Streitwert eines Räumungsfristantrags zu pauschalieren und grundsätzlich ein Wert in Höhe von drei Monatsmieten zugrunde zu legen[2]. Dafür besteht jedoch kein Anlass, zumal die beantragte Frist oder Fristverkürzung auch unter drei Monaten liegen kann.

47. Räumungsvollstreckung

570 Der Gegenstandswert der Räumungsvollstreckung bemisst sich nach dem Wert der herauszugebenden Räume. Dieser Wert darf jedoch den nach dem GKG maßgeblichen Wert des Räumungs- und Herausgabeanspruchs nicht übersteigen (§ 25 Abs. 1 Nr. 2 RVG). Soweit die Voraussetzungen des § 41 Abs. 2 GKG gegeben sind, bildet also der Jahresmietwert die Höchstgrenze[3]. Die frühere Streitfrage, ob nicht gem. §§ 12 Abs. 1 GKG a.F., 6 ZPO der Verkehrswert gelte, ist bereits durch die Änderung des § 57 Abs. 2 BRAGO[4] und die jetzige Fassung des § 25 Abs. 1 Nr. 2 RVG obsolet geworden. Zur Bemessung der maßgeblichen Miete vgl. o. *Rz. 494 f.*

Siehe auch „Vollstreckungsschutz" *Rz. 583.*

48. Schadensersatz wegen Nichtzustimmung zur Vermietung

571 Der Gegenstandswert für die Klage eines Wohnungseigentümers gegen den Miteigentümer auf Ersatz des Mietausfalls, der dadurch entstanden ist, dass der Miteigentümer seine Zustimmung zum Abschluss eines Mietvertrages für die gemeinsame Wohnung verweigert hat, beträgt nach OLG Frankfurt/Main[5]. in entsprechender Anwendung von § 41 GKG eine Nettojahresmiete. Das OLG Frankfurt/Main wendet sich damit gegen die Rspr. des OLG Köln[6] zu § 17 GKG a.F. (= § 42 GKG), das für Schadensersatzansprüche nicht auf das Grundverhältnis (hier Unterhalt) zurückgreifen will.

49. Teilkündigung/Teil-Räumungsanspruch

572 Bei einer Teilkündigung oder einem Teil-Räumungsanspruch ist der anteilige Mietwert heranzuziehen[7].

---

1 OLG Braunschweig, Rpfleger 1964, 66; LG Kempten, AnwBl. 1988, 58.
2 LG Stuttgart, Rpfleger 1968, 62; LG Krefeld, KostRsp. BRAGO § 50 Nr. 25.
3 AnwK-RVG/*Wolf*, § 25 Rz. 16.
4 Zweite Zwangsvollstreckungsnovelle 17.12.1997, BGBl. I 1998, S. 3039.
5 OLG Frankfurt/Main, AGS 2004, 162 = NZM 2004, 159 = NJW-RR 2004, 299.
6 OLG Köln, JurBüro 1992, 698 = JMBl NW 1992, 203 = OLGR 1992, 306.
7 AG Hamburg, WM 1994, 433; LG Köln in *Lützenkirchen*, KM 40 Nr. 23.

50. Umzugsbeihilfe

Schließen die Parteien in einem Räumungsrechtsstreit einen Vergleich über den Räumungsanspruch und gewährt der Vermieter eine zusätzliche „Umzugsbeihilfe", so erhöht sich der Gegenstandswert des Vergleichs, wenn mit dieser Umzugsbeihilfe weiter gehende Ansprüche der Parteien abgegolten werden sollten. Hiervon ist in der Regel auszugehen. Nur dann, wenn die „Umzugsbeihilfe" den Charakter einer Abfindung hat, also nur als Ausgleich für die Räumungsverpflichtung übernommen wird, bleibt sie bei der Wertbemessung außer Ansatz[1]. 573

In der Regel ist jedoch davon auszugehen, dass eine sog. „Umzugsbeihilfe" weiter gehende streitige Forderungen der Parteien ausgleichen, zumindest ihnen vorbeugen soll[2]. 574

51. Unterlassungsansprüche wegen vertragswidrigen Gebrauchs

Unterlassungsansprüche des Vermieters gegen die Mieter wegen vertragswidrigen Gebrauchs fallen nicht unter § 41 GKG, sondern sind gemäß §§ 48 Abs. 1 S. 1 GKG, 3 ZPO zu bewerten. Maßgebend ist das Abwehrinteresse des Vermieters[3]. Maßstab für dieses Interesse wird in der Regel die Wertminderung sein, die das fortgesetzte vertragswidrige Verhalten für das Mietobjekt haben wird[4]. 575

Einzelfälle aus der Rechtsprechung:
- Ausübung der **Prostitution**: Jahresmietwert[5].
- **Hundehaltung**: 600 DM (= ca. 300 Euro)[6]; 1000 DM (= ca. 500 Euro)[7]; 2000 DM (= ca. 1000 Euro)[8]; 410 Euro[9].
- **Katzenhaltung**: 800 DM (= ca. 400 Euro)[10]; 1000 DM (= ca. 500 Euro)[11]; 1500 DM (= ca. 750 Euro)[12].

---

1 OLG Düsseldorf, WuM 2009, 543 = GE 2009, 1188 = OLGR 2009, 645 = AGS 2009, 496 = MietRB 2009, 292; OLG Karlsruhe, WuM 2008, 617 = OLGR 2008, 856 = AGS 2008, 569 = JurBüro 2008, 651 = NJW-RR 2009, 444 = NZM 2009, 296 = MietRB 2009, 11.
2 LG Köln in *Lützenkirchen*, KM 20 Nr. 63 = BRAGOreport 2001, 108 m. Anm. *N. Schneider*: Hier Ausgleich für eventuelle Schadensersatzansprüche wegen unberechtigter Eigenbedarfskündigung; AG/LG Köln, AGS 2003 35 m. Anm. *N. Schneider* = NZM 2003, 106.
3 AG Rüsselsheim/LG Darmstadt, WuM 1992, 117 = KostRsp. GKG § 16 Nr. 80; Schneider/*Herget*, Rz. 3114a.
4 LG Hannover, KostRsp. ZPO § 3 Nr. 955 m. Anm. *E. Schneider*; Schneider/*Herget*, Rz. 3114a.
5 AG Bremen, WE 1995, 37.
6 LG Berlin, NZM 2001, 41.
7 LG München I, WuM 1992, 495.
8 LG Wiesbaden, WuM 1994, 486 – einschließlich Affektionsinteresse; ebenso LG Braunschweig, WuM 1996, 291.
9 LG München, NZM 2002, 820.
10 LG Berlin, NZM 2001, 41.
11 LG Hamburg, MDR 1993, 90; WuM 1993, 477 m.w.N.
12 LG Hamburg, ZMR 1992, 506.

- **Schlangenhaltung:** Jahresbetrag des üblichen Zuschlags zur Miete[1].
- **Untervermietung:** Mit der Forderung auf Unterlassung einer Untervermietung macht der Vermieter gleichzeitig den Anspruch auf Herausgabe der Wohnung durch den Untermieter an den Hauptmieter geltend. Folglich richtet sich der Wert dieses Unterlassungsanspruchs nach dem Wert des Herausgabeverlangens. Maßgebend ist also nach § 41 Abs. 2 GKG der Mietwert der untervermieteten Räume für die streitige Zeit, höchstens jedoch für die Dauer eines Jahres[2]. Abzustellen ist dabei auf die ortsübliche Untermiete, nicht auf das zwischen Hauptmieter und Untermieter vereinbarte Entgelt. Der ortsübliche Wert ist daher auch dann maßgebend, wenn die Räume unentgeltlich an einen Dritten überlassen werden.

52. Untermiete

a) Herausgabe

576 Klagt der Hauptvermieter unmittelbar gegen den Untermieter auf Herausgabe, so gilt § 41 Abs. 2 GKG[3]. Vgl. hierzu o. *Rz. 470 f.*

577 Wird eine gegen den Hauptmieter gerichtete Räumungsklage wegen angeblicher Untervermietung auf die Untermieter erweitert, tritt keine Änderung des Streitwertes ein. Maßgeblich für die Bemessung des Wertes der Räumungsklage des Hauptvermieters gegen den Untermieter ist das Durchsetzungsinteresse des Hauptvermieters. Dieses wird repräsentiert durch das im Hauptmietvertrag vereinbarte Entgelt, namentlich den Hauptmietzins[4].

b) Zustimmung

578 Für das Verlangen auf Zustimmung zur Untervermietung bemisst sich der Streitwert nach dem 42fachen der vereinbarten Untermiete[5], ansonsten nach a.A. ist er nach §§ 48 Abs. 1 GKG, 3 ZPO zu schätzen.

53. Vergleich

579 Der Gegenstandswert eines Vergleichs richtet sich ausschließlich danach, worüber die Parteien gestritten haben und über welche Streitpunkte sie sich im Wege des Vergleichs geeinigt haben. Darauf, welche Leistungen die Parteien im Vergleich übernommen haben, kommt es nicht an. Diese Leistungen können allenfalls ein Indiz dafür sein, wie der Wert der streitigen Forderungen zu bemessen ist[6].

---

1 AG Rüsselsheim, WuM 1987, 144.
2 LG Hamburg, MDR 1959, 764; Schneider/*Herget*, Rz. 3116.
3 OLG Düsseldorf, MDR 1998, 125, 127.
4 OLG Düsseldorf, AGS 2004, 345 = OLGR 2005, 74 = NZM 2005, 240 = NJW-Spezial 2005, 98.
5 LG Berlin, MM 2004, 46.
6 Schneider/*Herget*, Rz. 4569.

In gerichtlichen Verfahren kann der Wert des Vergleichs den Wert des Verfahrensgegenstandes übersteigen. Dies ist immer dann der Fall, wenn die Parteien im Vergleich auch nicht anhängige Ansprüche regeln. Da aus dem Wert des Vergleichs, soweit er nicht anhängige Ansprüche betrifft, gesonderte Gebühren anfallen (Nr. 1000, 3101 VV RVG; Nr. 1653 GKG-KostVerz.), ist für die Gerichtsgebühren insoweit ein gesonderter Wert, der sog. **„Mehrwert des Vergleichs"**, festzusetzen. 580

Der Mehrwert des Vergleichs bemisst sich allgemeinen Grundsätzen folgend danach, über welche nicht anhängigen Ansprüche die Parteien sich verglichen haben. Auch hier kommt es nicht auf die übernommenen Leistungen an, sondern auf den Wert der Forderungen, die im Wege des gegenseitigen Nachgebens bereinigt worden sind. Vgl. auch oben *Rz. 573* „Umzugsbeihilfe". 581

Schließen die Parteien in einem Rechtsstreit, in dem das **Bestehen des Mietverhältnisses nicht streitig** ist, einen Vergleich, in dem die Fortsetzung eines Geschäftsraummietverhältnisses vereinbart wird, richtet sich der Wert des Vergleichs insoweit nicht nach § 41 GKG, sondern nach § 9 ZPO[1]. Anders wäre es, wenn der Bestand des Mietverhältnisses streitig ist; dann muss auf § 41 GKG zurückgegriffen werden. 582

54. Vollstreckungsschutz

In einem Räumungsschutzverfahren nach § 765a ZPO bestimmt sich der Gegenstandswert der Anwaltsgebühren nach billigem Ermessen. Grundlage für die Schätzung bildet die Nutzungsentschädigung für das zu räumende Objekt, nicht der Wert des herauszugebenden Grundstücks. 583

Erstrebt der Schuldner mit seinem Vollstreckungsschutzantrag lediglich einen kurzen Aufschub der Räumung der Mietsache, richtet sich der Gegenstandswert nach dem auf diesen Zeitraum entfallenden Nutzungsentgelt[2].

Ist das Interesse des Schuldners auf einen langfristigen Vollstreckungsaufschub gerichtet, wird in der Regel der Jahreswert der Nettokaltmiete anzusetzen sein[3].

55. Vorkaufsrecht des Mieters

a) Streit über Bestehen des Vorkaufsrechts des Mieters

Der Streit über das Bestehen oder Nichtbestehen eines Vorkaufsrechts ist gem. §§ 48 Abs. 1 S. 1 GKG, 3 ZPO nach freiem Ermessen zu schätzen[4]. 584

---

1 KG, AGS 2005, 354 = KGR 2004, 499.
2 OLG Koblenz, DWW 2005, 78 = WuM 2005, 202 = InVo 2005, 164 = NZM 2005, 360 = JurBüro 2005, 384 = FamRZ 2005, 1850 = MietRB 2005, 91 = RVGreport 2005, 158.
3 LG Görlitz, AGS 2003, 408 m. Anm. *N. Schneider* = MietRB 2003, 65.
4 BGH, LM § 3 ZPO Nr. 13; OLG Celle, JurBüro 1967, 598 = KostRsp. ZPO § 3 Nr. 157.

585 Wird vom Vermieter eine negative Feststellungsklage dahin gehend erhoben, dass dem Mieter an dem gemieteten Grundstück ein Vorkaufsrecht nicht zustehe, so ist nur ein Bruchteil anzusetzen. Dieser Bruchteil ist umso geringer, je entfernter die Möglichkeit des Vorkaufsfalls besteht. Das OLG Celle[1] hat lediglich 1/10 des Wertes angenommen, da die Feststellung nur beiläufig begehrt worden sei.

b) Ausübung des Vorkaufsrechts

586 Wird der Rechtsanwalt damit beauftragt, das Vorkaufsrecht auszuüben, richtet sich seine Tätigkeit nach Nr. 2300 VV RVG und, sofern es sich lediglich um ein einfaches Schreiben handelt, nach Nr. 2302 VV RVG. Da die Ausübung eines Vorkaufsrechts nicht Gegenstand eines gerichtlichen Verfahrens sein kann, gelten die §§ 23 Abs. 3 RVG i.V.m. § 20 KostO. Maßgebend ist der Kaufpreis, wobei der Wert der vorbehaltenen Nutzungen und der vom Käufer zu übernehmenden Leistungen hinzuzurechnen ist. Ist der Kaufpreis niedriger als der Wert der Sache (§ 19 KostO), so ist dieser maßgebend. Bezieht sich das Vorkaufsrecht auf ein Erbbaurecht, auf Wohnungseigentum oder ein Wohnungserbbaurecht, so gelten für die Bewertung die §§ 23 Abs. 3 RVG, 21 KostO.

c) Streit aus dem Kaufvertrag

587 Streiten die Parteien nach Ausübung des Vorkaufsrechts über die Rechte aus dem Kaufvertrag, so gelten die allgemeinen Vorschriften. Verlangt z.B. der Mieter Eigentumsübertragung, so ist der volle Wert des Grundstücks maßgebend (**§§ 23 Abs. 1 RVG, 48 Abs. 1 S. 1 GKG, 6 ZPO**). Verlangt der Vermieter die Zahlung des Kaufpreises, so ist der verlangte Betrag maßgebend.

56. Winterdienst

588 Verlangt der Mieter Befreiung vom Winterdienst, so ist nach AG Bonn[2] ein Streitwert in Höhe von 500 DM (= ca. 250 Euro) anzusetzen, nach Ansicht des LG Köln[3] in Höhe von 700 DM (= ca. 350 Euro).

57. Zustimmung zur Kündigung

589 Wird die Zustimmung zur Kündigung eines Mietverhältnisses verlangt oder die Mitwirkung eines Mitmieters oder Mitvermieters daran, ist der mit der Abgabe der Zustimmung erstrebte Erfolg maßgebend, wobei die Jahresmiete einen Orientierungswert bietet[4].

---

1 OLG Celle, JurBüro 1967, 508 = KostRsp. ZPO § 3 Nr. 157.
2 AG Bonn, WM 1989, 498.
3 LG Köln in *Lützenkirchen*, KM 20 Nr. 16.
4 KG, WM 1992, 323.

58. Zustimmung zur Vermietung

Siehe „Schadensersatz wegen Nichtzustimmung zur Vermietung" (Rz. 571). 589a

59. Zutritt

Verlangt der Vermieter Zutritt zu den Mieträumen, so ist nach Ansicht des LG Köln[1] ein Wert in Höhe von 1500 DM (= ca. 750 Euro) anzusetzen. 590

60. Zwangsvollstreckung

In der Zwangsvollstreckung richtet sich die Bemessung des Gegenstandswerts für die anwaltliche Tätigkeit nach § 25 RVG. 591

Besonderheiten gelten nur für die **Räumungsvollstreckung** (vgl. o. Rz. 570 f.).

Zu beachten ist, dass die Vorschrift des § 43 GKG nicht gilt. **Kosten bisheriger Vollstreckungsmaßnahmen sowie aufgelaufene Zinsen** sind bei der Bemessung des Streitwerts **hinzuzurechnen.**

Beispiel:

Der Vermieter hatte wegen einer offenen Mietforderung (1000 Euro) erfolglos die Mobiliarvollstreckung durchgeführt (Rechtsanwaltskosten 50 Euro; Gerichtsvollzieherkosten 30 Euro). Er beantragt nunmehr den Erlass eines Pfändungs- und Überweisungsbeschlusses (zwischenzeitliche Zinsen 70 Euro).

Dem Wert der offenen Miete hinzuzurechnen sind die Rechtsanwalts- und Gerichtskosten sowie die bis dato angefallenen Zinsen, so dass sich der Gegenstandswert für eine Vollstreckung oder Vollstreckungsandrohung auf 1150 Euro beläuft.

---

1 LG Köln in *Lützenkirchen*, KM 20 Nr. 51.

O. Mietrecht und Zwangsverwaltung

	Rz.
I. Was ist Zwangsverwaltung?	1
II. Ziele der Zwangsverwaltung vs. Mieterinteressen	5
III. Der Ablauf des Verfahrens im Überblick	11
1. Antrag	12
a) Zeitpunkt der Beschlagnahme	17
b) Wirkung der Beschlagnahme	19
c) Umfang der Beschlagnahme	21
2. Zwangsverwalter	22
a) Bestellung	26
b) Aufgaben des Zwangsverwalters	27
aa) Übersicht	27
bb) Inbesitznahme	31
cc) Weitere Maßnahmen	33
dd) Erster Bericht	34
3. Haftung des Zwangsverwalters	36
4. Prozessführungsbefugnis des Zwangsverwalters	39
5. Beendigung der Zwangsverwaltung	48
IV. Welche Informationen werden vor der Beratung benötigt?	51
V. Beratung des Mieters	55
1. Zwangsverwaltung während des laufenden Mietverhältnisses	55
a) Inbesitznahme	55
aa) Zutritt	60
bb) Bindung des Zwangsverwalters an Miet- und Pachtverträge	62
(1) Einsicht in das Mietvertragsexemplar des Mieters	67
b) Mängelanzeige und -beseitigung	71
aa) Besonderheit der Zwangsverwaltung: Aufrechnungsverbot für den Mieter	75
bb) Gläubigertaktik bei unterlassener Mängelbeseitigung entgegenwirken	80
2. Welche Zahlungen hat der Mieter an den Zwangsverwalter zu leisten?	85
a) Beschlagnahme	88
b) Rückständige Zahlungen aus dem Miet- oder Pachtverhältnis	91
c) Laufende Zahlungen aus dem Miet- oder Pachtverhältnis	92
d) Vorausverfügungen	97
aa) Besonderheit: Baukostenzuschüsse und Mietvorauszahlungen	99
bb) Keine Vorausverfügung durch Vermietung an eine GbR mit Begrenzung der Haftung auf das Gesellschaftsvermögen	104
cc) Keine Vorausverfügung bei Zahlung der insgesamt geschuldeten Miete in einer Summe vorab	105
e) Kenntnis des Mieters	107
f) Auskunft, insbesondere Nachweis über Erfüllung der Zahlungspflichten	110
g) Sonderfall: Erträge aus Untermietverhältnissen	112
h) Sonderfall: Bruchteilseigentum	114
i) Kautionen, Nebenkostenvoraus- und -nachzahlungen	116
3. Ansprüche des Mieters gegen den Zwangsverwalter	118
a) Ordnungsgemäße Anlage der Kaution und ihr Nachweis	120
aa) Anordnungsbeschluss als Vollstreckungstitel gegen den Schuldner zur Herausgabe der Kaution	123

	Rz.		Rz.
bb) Auffüllen der Kaution während des laufenden Mietverhältnisses	125	1. Pflicht des Zwangsverwalters zur optimalen Nutzung des Objekts	153
(1) Exkurs: Hat der Mieter während der laufenden Zwangverwaltung ein Zurückbehaltungsrecht, um die Anlage der Kaution durchzusetzen?	129	2. Hinweise und Form nach § 6 ZwVwV	154
		3. Schutz des Gewerberaummieters für den Fall der Versteigerung des Objekts	156
cc) Abrechnung und Herausgabe der Kaution	136	4. Schutz des Wohnraummieters für den Fall der Versteigerung	158
dd) Risiko für den Mieter, wenn eine nicht vorhandene Kaution bereitgestellt werden muss	138	VII. Beratung des Vermieters	161
		1. Der Vermieter ist als Schuldner geschützt	161
ee) Anspruch auf Anlage der Kaution durchsetzen, wenn Mieter beabsichtigt, Objekt zu erwerben	141	2. Wer kann als Vermieter von der Zwangsverwaltung betroffen sein?	163
		a) Sonderfall: Der Nießbraucher als Vermieter	164
b) Abrechnung der Betriebskosten	142	3. Schutz des Bestands des Objekts und seiner Nutzung	167
aa) Für zurückliegende Zeiträume	142	a) Keine Weisungsbefugnis gegenüber dem Zwangsverwalter	168
bb) Auszahlung von Guthaben	144	b) Umbau oder Fertigstellung eines Objekts zum Zweck der Vermietung	169
cc) Reaktionsmöglichkeit, wenn der Zwangsverwalter nicht abrechnet	146	c) Verbot der Veränderung des Gesamtcharakters des Objekts	170
dd) Verschulden des Zwangsverwalters bei Versäumung der Abrechnungsfrist	147	d) Schutz des Mietobjekts	171
		e) Abschluss langfristiger Mietverträge	173
ee) Abrechnung nach Aufhebung der Zwangsverwaltung	150	4. Mitwirkung des Vermieters/ Herausgabe von Unterlagen	177
VI. Mietverträge, die während der Zwangsverwaltung geschlossen werden	153		

I. Was ist Zwangsverwaltung?

1 Die Zwangsverwaltung ist neben der Zwangsversteigerung oder der Eintragung einer Zwangssicherungshypothek eine von drei Möglichkeiten, in Immobilien zu vollstrecken. In der Zwangsverwaltung werden die Gläubiger aus den **Erträgen einer Immobilie**, also z.B. aus Miet- oder Pachtzahlungen, befriedigt, § 21 II, 148 ZVG.

Die Eintragung einer Zwangssicherungshypothek und die Zwangsversteigerung sind neben der Zwangsverwaltung möglich. Im Gegensatz zur Zwangsverwaltung werden die Gläubiger bei der Zwangsversteigerung nicht aus den Erträgen, sondern aus der Substanz der Immobilie befriedigt.

> „Eine Zwangsverwaltung muss **nicht nach starren Regeln**, nicht nach bürokratischen Grundsätzen durchgeführt werden; sie ist vielmehr nach vernünftigen wirtschaftlichen Gesichtspunkten zu gestalten. Gericht und Zwangsverwalter müssen gesetzmäßig verfahren, zugleich aber mit Blick auf das Verfahrensziel wirtschaftlich sinnvoll handeln; sie dürfen sich nicht an Vorschriften klammern, nicht für jeden Vorgang eine gesetzliche Regel oder eine Anweisung suchen."
> Stöber, Zwangsversteigerungsgesetz, 19. Aufl, § 146 Rz. 2.3

Die der Zwangsverwaltung maßgeblich zugrunde liegenden Normen enthält die Zwangsverwalterverordnung (ZwVwV), das ZVG und das BGB.

II. Ziele der Zwangsverwaltung vs. Mieterinteressen

Folgende Ziele können mit der Zwangsverwaltung verfolgt werden:
– Der oder die Gläubiger werden **aus den Erträgen** der Immobilie **befriedigt**.
– Die Immobilie wird auf die Zwangsversteigerung vorbereitet. **Sanierungs- und Wertverbesserungsmaßnahmen**, Altlastenentsorgung oder Baufertigstellung sind in der Zwangsverwaltung möglich. Bei manchen Objekten wird durch die Zwangsverwaltung die Versteigerung erst möglich.
– Durchbrechen von **Vorab-Verfügungen** des Schuldners über die Erträge des Objektes (z.B. der Abtretung der Mieten an die finanzierende Bank)
– Unübersichtliche **Miet- oder auch Versicherungsverhältnisse** können **geklärt** werden

Weil mit der Zwangsverwaltung unterschiedliche Ziele verfolgt werden können, ist auf sie das **Verbot der zwecklosen Pfändung**, § 803 Abs. 2 ZPO, **nicht anwendbar**. Selbst wenn das Grundstück so hoch belastet ist, dass eine Befriedigung der Gläubiger derzeit aussichtslos erscheint, kann das Rechtsschutzinteresse für die Anordnung des Zwangsverwaltungsverfahrens z.B. daraus folgen, dass das Grundstück einer einträglichen Nutzung zugeführt werden soll[1]. Nicht zulässig ist es dagegen, die Zwangsverwaltung eines vom Schuldner bewohnten Einfamilienhauses zu beantragen, nur um dem Schuldner den **Bezug von Sozialleistungen** zu ermöglichen,

---
1 BGH v. 18.7.2002 – IX ZB 26/02, NJW 2002, 3178–3180 = MDR 2002, 1213–1214 = NZM 2002, 882–883.

damit er an den Zwangsverwalter ein Entgelt für die Nutzung der Räume entrichten kann, § 149 I ZVG[1].

7 In den Blick der Mietrechtler rückt die Zwangsverwaltung, weil der Zwangsverwalter alle Miet- und Pachtverträge, die er in Vollzug gesetzt vorfindet, gegen sich gelten lassen muss, **§ 152 Abs. 2 ZVG**. Er hat die Vermieterpflichten hieraus zu erfüllen[2].

8 Das **Ziel der Zwangsverwaltung**, möglichst hohe Erträge zugunsten der Gläubiger zu erzielen und die Tatsache, dass die Mietverhältnisse ordnungsgemäß fortgeführt werden müssen, führt zu Spannungen[3]. Auch die Zusammenarbeit mit dem Zwangsverwalter ist bisweilen nicht einfach:

9 Spätestens seit Inkrafttreten der derzeit geltenden **Zwangsverwalterverordnung**[4] hat sich das vormals durch den Gesetzgeber zugrunde gelegte Leitbild des „Gelegenheitsverwalters", der „nebenher" als Rechtsanwalt, Rechtspfleger o.ä. Zwangsverwaltungen übernahm, erledigt. Die Neuregelungen in der Zwangsverwalterverordnung haben ebenso wie erhöhte Anforderungen, die durch die Rechtsprechung an die Tätigkeit der Zwangsverwalter gestellt werden wie auch der Konkurrenzdruck am Markt zu einer weiteren Spezialisierung und Professionalisierung der Zwangsverwalter geführt. Trotzdem: Der Gesetzgeber hat nicht geregelt, dass und in welchem Umfang Zwangsverwalter **mietrechtlich qualifiziert** sein müssen, obwohl der Schwerpunkt ihrer Tätigkeit in den meisten Fällen auf dem Abschluss von Miet- und Pachtverträgen und deren Durchführung liegt, § 1 Abs. 2 ZwVwV. In Einzelfällen führt dies zu Problemen bei der Durchführung und Abwicklung von Mietverhältnissen[5].

10 Dass womöglich noch nicht jeder Zwangsverwalter ein **Mietrechtsprofi** ist, sollte der anwaltliche Berater bei der Bearbeitung von mietrechtlichen Mandaten mit Berührungspunkten zur Zwangsverwaltung ebenso berücksichtigen wie die gerade in den letzten Jahren immer zahlreicher gewordenen höchstrichterlichen Entscheidungen, die für die Mietrechtspraxis in der Zwangsverwaltung neue Maßstäbe gesetzt haben[6].

---

1 BGH v. 20.11.2008 – V ZB 31/08, NZM 2009, 173 ff. = WuM 2009, 57–59; krit. hierzu *Keller* in ZfIR 2009, 387, 388.
2 So zuletzt wieder BGH v. 11.3.2009 – VIII ZR 184/08, WuM 2009, 289–290 = NJW 2009, 1673–1674 = jurisPR-MietR 10/2009 Anmerk. 4 *Walke*.
3 S. V. 3. a) ff.).
4 Zwangsverwalterverordnung vom 19.12.2003, (BGBl. I S. 2804) BGBl. III/FNA 310-14-2, in Kraft getreten am 1.1.2004.
5 Auf dem 1. Zwangsverwaltertag im Februar 2005 wurde beispielsweise diskutiert, dass die Abrechnung von Betriebskosten gerade den unerfahreneren Zwangsverwaltern Probleme bereite.
6 Zur Übersicht s. *Drasdo*, NJW 2005, 1549 ff.

III. Der Ablauf des Verfahrens im Überblick

Die Zwangsverwaltung kann aufgrund einer außergerichtlichen Vereinbarung mit dem Schuldner, aber auch – und hierauf bezieht sich die vorliegende Darstellung – aufgrund gerichtlicher Anordnung durchgeführt werden. 11

1. Antrag

Auf Antrag eines Gläubigers prüft das **Vollstreckungsgericht**, ob die Voraussetzungen für die Anordnung der Zwangsverwaltung vorliegen. Der Antrag kann schriftlich oder zu Protokoll bei der Geschäftsstelle des Gerichts gestellt werden. Der Umfang des Antrags ergibt sich aus §§ 16, 145 ZVG: 12

In dem Antrag sind **zu bezeichnen** das Grundstück, der Eigentümer, der Anspruch und der Titel, aus dem vollstreckt wird. Bei einem Grundstück sollten die grundbuchlichen Angaben (Gemarkung, Flur, Flurstück, und Größe) angegeben werden. Bei einer Eigentumswohnung sollte der Miteigentums- bzw. Teileigentumsanteil in Verbindung mit der Bezeichnung des Sondereigentums angegeben werden. 13

Antragsberechtigt sind sowohl persönliche wie auch dingliche Gläubiger. Auch der Insolvenzverwalter kann die Zwangsverwaltung beantragen[1]. 14

Der Antrag ist zu richten an das **zuständige Vollstreckungsgericht**, §§ 802 iVm. § 869 ZPO, § 1 Abs. 1 ZVG. Aufgrund von § 1 Abs. 2 ZVG dürfen die Landesregierungen **Konzentrationsgerichte** bestimmen. Jeweils einem Amtsgericht dürfen die Verfahren für mehrere Gerichtsbezirke übertragen werden. Die Länder Baden-Württemberg, Bayern, Brandenburg, Nordrhein-Westfalen, Rheinland-Pfalz, Sachsen, Schleswig-Holstein und Thüringen haben von dieser Ermächtigung Gebrauch gemacht[2]. 15

Zuständig ist der **Rechtspfleger**. Er prüft, ob die allgemeinen und besonderen Voraussetzungen der Vollstreckung vorliegen und kein Hindernis der Zwangsverwaltung entgegensteht. Ist der Antrag ordnungsgemäß und vollständig gestellt, liegen alle Vollstreckungsvoraussetzungen vor und gibt es keine Vollstreckungshindernisse, ordnet er die Zwangsverwaltung an, §§ 146, 15 ZVG. Er **bestellt den Verwalter** und macht seine Entscheidung bekannt. Sein Beschluss wird dem Schuldner und den betreibenden Gläubigern formell zugestellt, den übrigen Beteiligten, § 9 ZVG, nur formlos übersandt. Handelt es sich bei der Zwangsverwaltungsschuldnerin um eine **BGB-Gesellschaft**, kann dem geschäftsführenden Gesellschafter wirksam zugestellt werden[3]. Außerdem ersucht das Vollstreckungsgericht das Grundbuchamt um Eintragung des Zwangsverwaltungsvermerks in das Grundbuch. 16

---
1 Der Zwangsverwalter, der eine von einem Insolvenzverwalter beantragte Zwangsverwaltung übernimmt, riskiert im Fall der Masselosigkeit seine Vergütung, s. LG Neuruppin v. 21.10.2008 – 4 S 44/08 in jurisPR-InsR 2/2009, Anm. 3 *Tetzlaff*.
2 S. auch *Morvilius*, 4. Kap. Rz. 683.
3 BGH v. 7.12.2005 – V ZB 166/05, NZM 2007, 143 f.

a) Zeitpunkt der Beschlagnahme

17 Mit

- dem Eingang des Ersuchens beim Grundbuchamt, den **Zwangsverwaltungsvermerk** einzutragen,
- der **Zustellung** des Zwangsverwaltungsbeschlusses an den Schuldner oder
- spätestens mit **Inbesitznahme** des Objektes durch den Zwangsverwalter

gilt die **Beschlagnahme** als **bewirkt**. Beschlagnahme bedeutet Entziehung der Verwaltung und Benutzung durch den Schuldner, § 148 ZVG. Die Beschlagnahme tritt ein, sobald eine der drei Alternativen verwirklicht ist.

18 Dem Schuldner wird mit der Beschlagnahme des Grundstücks die **Verfügungsgewalt** über das Grundstück **entzogen**. Sofern er im zwangsverwalteten Objekt wohnt, bleibt ihm ein **Wohnrecht** an den für seinen Hausstand notwendigen Räumen, § 149 I ZVG.

b) Wirkung der Beschlagnahme

19 Der Umfang der Beschlagnahme ist weiter als der im Zwangsversteigerungsverfahren, § 148 ZVG. Dem Schuldner werden Besitz und Erträge vollständig entzogen. **Rechtshandlungen** und Rechtsänderungen des Schuldners sind **ausgeschlossen** und rechtsunwirksam. Der Schuldner kann beispielsweise keine langfristigen Mietverträge mehr schließen, um die Zwangsversteigerung zu verhindern.

20 Die Beschlagnahme bewirkt jedoch **keine Grundbuchsperre**. Sie hat die Wirkung eines relativen Veräußerungsverbotes, § 23 ZVG. Damit sind alle Rechtshandlungen des Schuldners ausgeschlossen, die den Zweck der Zwangsverwaltung beeinträchtigen oder vereiteln. Der Schuldner kann zwar über das Grundstück verfügen, seine Handlungen jedoch insofern unwirksam, als sie die Befriedigung der zwangsverwaltenden Gläubiger beeinträchtigen würden.

c) Umfang der Beschlagnahme

21 Die Beschlagnahme umfasst

- das **Grundstück**,
- **Erzeugnisse** (§§ 97, 98 BGB), Bestandteile (§§ 93 ff. BGB) und **Zubehör** (§§ 97, 98) des Grundstücks im Umfang der Hypothekenhaftung, § 1120 BGB, Zubehör also nur, wenn es dem Schuldner gehört. Enthaftung des Zubehörs kann nur unter den Voraussetzungen der §§ 1121, 1122 BGB eintreten, also nicht dadurch, dass die Gegenstände veräußert werden[1],
- landwirtschaftliche Erzeugnisse, **Miet- und Pachtzinsen** (bis zu einem Jahr rückwirkend, gerechnet ab dem Zeitpunkt der Beschlagnahme),

---

[1] BGH v. 17.7.2008 – IX ZR 162/07, ZfIR 2008, 863–864; *Mayer*, ZfIR 2008, 864–866 (*Anmerk.*).

- alle Gegenstände des **Hypothekenhaftungsverbandes** gemäß § 1120 ff. BGB,
- **Versicherungsforderungen** aus Versicherungen des beschlagnahmten Gegenstandes, § 1127 BGB,
- unter Umständen auch **schuldnerfremde Gegenstände**,
- **subjektiv-dingliche Rechte**, wie z.b. das Jagdrecht, Überbau etc.

2. Zwangsverwalter

Zum Verwalter ist eine **geschäftskundige** natürliche Person zu bestellen, die nach Qualifikation und vorhandener Büroausstattung die Gewähr für die ordnungsgemäße Gestaltung und Durchführung der Zwangsverwaltung bietet, § 1 ZwVwV[1]. Die Verwaltungsarbeit als solche darf der Zwangsverwalter nicht auf andere übertragen. Er darf sich aber Hilfspersonen bedienen[2]. Und er muss eine **Vermögensschadenhaftpflichtversicherung** unterhalten. 22

Seine Tätigkeit hat der Zwangsverwalter **selbstständig und** wirtschaftlich nach pflichtgemäßem Ermessen auszuüben. An **Weisungen des Gerichts** ist er gebunden. Kommt ein Zwangsverwalter den Weisungen des Gerichts nicht nach, macht er sich unter Umständen schadenersatzpflichtig. Er kann durch das Gericht entlassen werden. 23

In der Praxis erfolgt die Auswahl eines Zwangsverwalters meist nach ähnlichen Regeln, wie die eines Insolvenzverwalters: Es gibt **Listen**, aus denen Kandidaten ausgewählt werden[3]. 24

Stellt sich während des laufenden Verfahrens heraus, dass der **Verwalter nicht ausreichend qualifiziert** ist, sollte man sich deshalb zuerst an ihn direkt wenden. Bleibt dies ohne Erfolg, sollte das Gericht gebeten werden, dem Verwalter Weisungen zu erteilen oder einen anderen Verwalter zu bestellen. Letzteres kann der Gläubigerseite allerdings Mehrkosten verursachen. 25

---

[1] BGH, Beschl. v. 23.9.2009 – V ZB 90/09, NZI 2009, 820 ff., NJW-RR 2009, 1710 ff.: Wer bei der Bestellung zum Zwangsverwalter unbefugt einen Doktor- oder Diplomtitel führt, ist unzuverlässig und kann nicht zum Zwangsverwalter bestellt werden. Wird er dennoch bestellt, verwirkt er seinen Anspruch auf Vergütung und Auslagen.
[2] Welche Arbeiten der Zwangverwalter delegieren darf, ist noch nicht abschließend geklärt, s. hierzu auch *Hawelka*, ZfIR 2009, 107- 109; LG Potsdam v. 5.5.2008 – 5 T 669/07, ZfIR 209, 105.
[3] OLG Frankfurt/M. v. 29.1.2008 – 20 VA 9/07, Rpfleger 2009, 102: der der hat keinen Anspruch auf Berücksichtigung bei konkreten Verfahren. Das Vollstreckungsgericht müsse bei der Auswahl des Zwangsverwalters nicht begründen, weshalb es eine bestimmte Person zum Zwangsverwalter bestellt habe und eine andere Person nicht.

a) Bestellung

26 Das Gericht bestellt den Zwangsverwalter in seinem **Anordnungsbeschluss**. Der Verwalter wird durch das Gericht in der Regel zunächst fernmündlich oder per Fax über seine Bestellung informiert. Der gerichtliche Beschluss über seine Bestellung dient dem Zwangsverwalter als Ausweis bzw. als Nachweis seiner Bestellung, § 2 ZwVwV.

b) Aufgaben des Zwangsverwalters

aa) Übersicht

27 Maßgebliche Regelung ist **§ 152 ZVG**. Den Zwangsverwalter ist verpflichtet, das Grundstück in seinem wirtschaftlichen Bestand zu erhalten und es ordnungsgemäß zu benutzen. Ohne ausdrückliche Zustimmung darf er weder das Objekt noch dessen Nutzung wesentlich ändern.

28 Ansprüche, die der Beschlagnahme unterfallen, hat er geltend zu machen. Die laufenden Kosten des Objektes hat er zu begleichen und die nach Ausgleich der Kosten des Verfahrens verbleibenden Erträge nach Maßgabe der §§ 155 Abs. 1, 10 ZVG an die Gläubiger zu verteilen.

29 In Einzelfällen, wenn beispielsweise **Bauvorhaben fertig gestellt** werden sollen, § 5 Abs. 3 ZwVwV, oder wenn die Nutzung des Grundstücks wesentlich geändert werden soll, benötigt der Zwangsverwalter vorab die **Zustimmung des Gerichts**, § 10 ZwVwV. Die Befugnis eines Zwangsverwalters, einen **Gewerbebetrieb** des Schuldners **fortzuführen** bzw. fortführen zu lassen, wurde insbesondere durch die Rechtsprechung des BGH erweitert[1].

30 Abgesehen davon hat der Zwangsverwalter hinsichtlich aller **Miet- und Pachtverhältnisse**, die im Zeitpunkt der Beschlagnahme bestehen und bei denen der Mieter Besitz an der Mietsache erlangt hat, die Vermieterpflichten umfassend zu erfüllen[2].

bb) Inbesitznahme

31 Sobald der Zwangsverwalter über seine Bestellung informiert ist, nimmt er das Objekt in Besitz, § 3 Abs. 1 ZwVwV, das heißt, er verschafft sich den **tatsächlichen Zugriff** auf das Objekt. Dabei erlangt er den Besitz nur in der Form, wie ihn der Schuldner hatte:

32 Ist das **Objekt** beispielsweise **vermietet**, hatte der Schuldner nur mittelbaren Besitz. Der Zwangsverwalter kann daher auch nur mittelbaren Besitz erlangen. Dies tut er, indem er den Mieter schriftlich oder persönlich darü-

---

1 BGH v. 14.4.2005 – V ZB 16/05, NJW-RR 2005, 1175 = NZM 2006, 73–75.
2 BGH v. 11.3.2009 – VIII ZR 184/08, WuM 2009, 289–290 = NJW 2009, 1673–1674 = jurisPR-MietR 10/2009 Anmerk. 4 *Walke*; dazu gehört allerdings nicht, dem Mieter, wenn er hinsichtlich seiner Wohnung das Vorkaufsrecht nach § 577 Abs. 1 BGB ausgeübt hat, das Eigentum an der Wohnung zu verschaffen, BGH v. 17.12.2008 – VIII ZR 13/08, NJW 2009, 1076 = WuM 2009, 127.

ber informiert, dass die Zwangsverwaltung angeordnet wurde, er sich als Zwangsverwalter legitimiert und die Zahlung der weiter fälligen und womöglich rückständigen Mieten, sofern sie beschlagnahmt sind, an sich verlangt, § 4 ZwVwV. Dort, wo der Schuldner unmittelbaren Besitz hatte, bekommt diesen auch der Zwangsverwalter.

cc) Weitere Maßnahmen

Als weitere Maßnahmen hat der Zwangsverwalter unter anderem 33
- die **gemeindliche Steuerstelle** zu informieren; er erkundigt sich dort nach den laufenden Lasten für das Zwangsverwaltungsobjekt und danach, wann und in welcher Höhe sie anfallen;
- der Zwangsverwalter prüft, welche **Versicherungsverträge** für das Objekt vorhanden sind und schließt erforderlichenfalls neue Verträge ab (Haushaftpflicht), § 9 ZwVwV;
- der Zwangsverwalter verständigt die **Energieversorger** (Strom, Wasser etc.) über die Zwangsverwaltung;
- er nimmt – sofern vorhanden – mit dem **WEG-Verwalter** Kontakt auf und fordert den Wirtschaftsplan an.

dd) Erster Bericht

Gemäß § 3 ZwVwV hat der Zwangsverwalter über die Inbesitznahme und 34 was er bisher festgestellt und veranlasst hat, zu berichten. Aus § 3 ZwVwV ergibt sich, worüber genau zu berichten ist. Weitere **Aspekte** können aufgenommen werden, wenn dies im Einzelfall relevant ist. Besonderheiten sind zu schildern.

Der Bericht ist dem Vollstreckungsgericht alsbald nach der Inbesitznahme 35 vorzulegen, § 3 Abs. 2 ZVG. Noch nicht ermittelte Tatsachen können im Laufe der weiteren Tätigkeit des Zwangsverwalters nachgereicht werden.

3. Haftung des Zwangsverwalters

Streit bestand darüber, ob der Zwangsverwalter nur allen formell am 36 Zwangsverwaltungsverfahren Beteiligten verantwortlich ist, § 9 ZVG. Formell am Verfahren beteiligt sind der Schuldner, die betreibenden Gläubiger, diejenigen, für die ein Recht am Grundstück eingetragen ist oder durch Eintragung gesichert wurde oder auch diejenigen, die ein Recht an dem Grundstück oder an einem das Grundstück belastenden Recht haben. Der BGH hat den Streit entschieden: Der Zwangsverwalter ist nicht nur den formell Beteiligten gegenüber **verantwortlich**, sondern **allen Personen**, gegenüber denen ihm das Zwangsversteigerungsgesetz besondere Pflichten auferlegt[1]. Unter Hinweis darauf, dass auch der Zwangsverwalter ein Or-

---

1 BGH v. 5.2.2009 – IX 21/07, WuM 2009, 541 = NZM 2009, 243; BGH v. 5.3.2009 – IX ZR 15/08, WuM 2009, 312 = NZM 209, 372.

gan der Rechtspflege sei, wurde damit die Haftung des Zwangsverwalters der des Insolvenzverwalters angeglichen. Die gegenteilige Auffassung, die eine Haftung ausschließlich für formell Beteiligte bejahte, wird sich also erst einmal nicht durchsetzen[1].

37 Die **Haftung des Zwangsverwalters** bestimmt sich nach dem BGB und § 154 ZVG. Der Zwangsverwalter haftet für eigenes Verschulden und nach §§ 278, 831 BGB für Dritte, die er als Hilfspersonen einsetzt[2].

38 Bei Klagen gegen den Zwangsverwalter bestimmt sich der **Gerichtsstand** nach § 31 ZPO.

4. Prozessführungsbefugnis des Zwangsverwalters

39 Hinsichtlich **aller Rechte, Pflichten** und Gegenstände, die der Beschlagnahme unterfallen, ist der Zwangsverwalter prozessführungsbefugt[3]. Dazu gehören insbesondere alle Forderungen und **Rechte aus den Miet- und Pachtverträgen**, an die er gebunden ist. Befugt ist der Zwangsverwalter auch, einen Gemeinschaftsschaden, den ein früherer Zwangsverwalter verursacht hat, gegen diesen geltend zu machen[4]. Die Verfolgung etwaiger Ansprüche hat der Zwangsverwalter zeitnah einzuleiten, § 7 ZwVwV.

40 Die Prozessführungsbefugnis **beginnt** mit der Beschlagnahme[5]. Sie **entfällt** mit Ende der Zwangsverwaltung, genauer gesagt mit dem Wegfall der Beschlagnahme durch den Aufhebungsbeschluss[6]. Denn die Beschlagnahme ist Grundlage des Verwaltungsrechts des Zwangsverwalters.

41 Im Einzelnen ist **zu differenzieren**[7]. Wurde die Zwangsverwaltung ohne jede Beschränkung zurückgenommen, entfällt mit der Aufhebung durch das Gericht die **Aktivlegitimation** des Zwangsverwalters[8]. Um dem vorzubeugen, darf der Gläubiger seinen Antrag auf Rücknahme mit der Maßgabe stellen, dass der Zwangsverwalter berechtigt sein soll, bereits begonnene Rechtsstreite zu Ende zu führen. Das Gericht muss daraufhin seinen Aufhebungsbeschluss entsprechend beschränken, § 12 Abs. 2 ZwVwV.

---

1 *Drasdo*, IGZInfo 2009, 76 = ZInsO 2009, 862, 866.
2 Ausführlich zur Haftung des Zwangsverwalters: *Bank*, ZfIR 2008, 781–789; *Keller*, ZfIR 2009, 388 ff.
3 BGH v. 14.5.1992 – IX ZR 241/91, Rpfleger 1992, 402; H/W/F/Z, § 7 ZwVwV, Rz. 2 ff.
4 BGH v. 2.11.1989 – IX ZR 197/88, BGHZ 109, 171 = NJW 1990, 454–456 = MDR 1990, 335. Zum Auskunftsanspruch: *Keller*, FS Heinrich, 2006, S. 175.
5 H/W/F/H, § 7 ZwVwV, Rz. 6.
6 BGH v. 10.7.2008 – V ZB 130/07, WPM 2008, 1882 = Rpfleger 2008, 586; *Hintzen*, Rpfleger 2009, 69.
7 *Depré/Mayer*, Rz. 557 ff.
8 BGH v. 8.5.2003 – IX ZR 385/00, WPM 2003, 1176 = MRD 2003, 1378–1379; BGH v. 10.7.2008 – V ZB 131/07, NZM 2008, 741 = ZIP 2009, 195; s. auch *Hintzen*, Rpfleger 2009, 67; *Depré*, ZfIR 2008, 841; *von Sethe*, ZInsO 2009, 218; *Wedekind*, ZInsO 2009, 808.

Wird die Zwangsverwaltung aufgehoben, weil das zwangsverwaltete Objekt versteigert wurde, darf der Zwangsverwalter einen Rechtsstreit, der beschlagnahmte Ansprüche betrifft und den er bereits begonnen hatte, fortführen[1]. Sofern es für die Abwicklung erforderlich ist, darf er sogar einen Rechtsstreit beginnen[2]. Denn die Nutzungen aus der Zeit vor der Wirksamkeit des Zuschlags gehören zur Zwangsverwaltungsmasse[3]. 42

Selbst wenn der Zwangsverwalter nach dem Inhalt des Aufhebungsbeschlusses befugt ist, rückständige Mieten einzuziehen, ermächtigt ihn dies nicht, einen Rechtsstreit gegen Dritte zu beginnen, welche Mieten unberechtigt vereinnahmt haben. Denn bei dem Anspruch handelt es sich nicht um einen Anspruch auf Zahlung von Miete, sondern um einen Bereicherungsanspruch, § 816 Abs. 2 BGB[4].

Eine **Klage gegen den Zwangsverwalter**, die Ansprüche betrifft, die der Beschlagnahme unterlegen haben, die aber nach Aufhebung der Zwangsverwaltung erhoben wird, ist unzulässig[5]. Auch wenn die Zwangsverwaltung – was sehr rasch geschehen kann – während eines laufenden Rechtsstreits aufgehoben wird und die Klage beschlagnahmte Ansprüche betrifft, wird sie unzulässig. 43

In einen **Rechtsstreit**, den der **Schuldner** oder für ihn der Insolvenzverwalter **eingeleitet** hat, tritt der Zwangsverwalter, selbst wenn der Prozessgegenstand die Zwangsverwaltung berührt, nicht ohne weiteres ein. Der Rechtsstreit wird durch die Anordnung der Zwangsverwaltung auch nicht unterbrochen, § 241 ZPO. Vielmehr kann der Zwangsverwalter nur mit Zustimmung des Gegners in den Rechtsstreit eintreten, § 265 Abs. 2 S. 2 ZPO, oder wenn das Gericht dies für sachdienlich erachtet[6]. 44

Endet die Zwangsverwaltung durch Versteigerung, kann weder der Ersteher noch ein Grundstücksgläubiger in den vom Zwangsverwalter angestrengten Rechtsstreit gegen einen Mieter eintreten[7]. Wird die Zwangsverwaltung aufgehoben, geht die Prozessführungsbefugnis für bereits anhängige Verfahren auf den Schuldner über[8]. Der Schuldner ist nicht verpflichtet, den Rechtsstreit aufzunehmen. 45

Der Zwangsverwalter ist **gesetzlicher Prozessstandschafter** des Schuldners[9]. Der Schuldner kann in einem Rechtsstreit zwischen Zwangsverwalter und 46

---

1 BGH v. 8.5.2003 – IX ZR 285/00, NJW-RR 2003, 1419–1421 = NZI 2004, 54–56; s. dazu auch *Hintzen*, Rpfleger 2009, 67.
2 OLG Frankfurt/M., MDR 1971, 226; H/W/F/H, § 12 Rz. 13.
3 *Morvilius*, 4. Kapitel, Rz. 959.
4 BGH, Urt. v. 24.9.2009 – IX ZR 149/08, WM 2009, 2134 ff.; ZInsO 2009, 2111 ff.
5 AG Wedding v. 16.8.2007 – 21a C 128/07, GE 2007, 1325.
6 BGH v. 12.3.1986 – VIII ZR 64/85, Rpfleger 1986, 274 = MDR 1986, 750 = NJW 1986, 3206.
7 BGH v. 27.1.1954 – VI ZR 257/52, LM Nr. 2 zu § 265 ZPO.
8 BGH v. 7.4.1978 – V ZR 154/75, NJW 1978, 1529–1531 = MDR 1978, 915.
9 H/W/F/H, § 7 ZwVwV, Rz. 2.

Mieter daher Zeuge sein, ebenso wie der Mieter in einem Rechtsstreit zwischen Zwangsverwalter und Schuldner Zeuge sein kann.

◐ **Praxistipp:**

47 Zusammengefasst ist es risikoreich, gegen einen Zwangsverwalter Klage zu erheben. Seine Prozessführungsbefugnis besteht nur während des Zwangsverwaltungsverfahrens. Vor Beschlagnahme oder nach Beendigung der Zwangsverwaltung gegen ihn erhobene Klagen sind unzulässig[1]. Die Zwangsverwaltung kann durch Gläubiger kurzfristig beendet werden, indem angeforderte Vorschüsse nicht gezahlt werden, § 161 Abs. 3 ZVG, oder der Zwangsverwaltungsantrag uneingeschränkt zurückgenommen wird. Hat der Mieter Klage gegen den Zwangsverwalter erhoben und endet die Zwangsverwaltung während des Rechtsstreits, wird die Klage unzulässig. Sie wäre dann gegen den Schuldner, der wieder Anspruchsinhaber ist, zu richten. Meist ist der Schuldner aber längst nicht mehr solvent.

5. Beendigung der Zwangsverwaltung

48 Das Zwangsverwaltungsverfahren endet mit dem **Aufhebungsbeschluss** des Gerichts[2] und zwar auch im Falle der Zwangsversteigerung, § 12 Abs. 1 ZwVwV. Das Gericht hebt die Zwangsverwaltung beispielsweise auf, wenn der Gläubiger **angeforderte Vorschüsse** nicht zahlt, § 161 Abs. 3 ZVG, oder wenn der Gläubiger seinen Antrag zurücknimmt.

49 Wird der **Antrag zurückgenommen**, sollte vorher geprüft werden, ob der Zwangsverwalter in Einzelbereichen seine Tätigkeit fortsetzen soll, insbesondere, ob er bereits anhängige Rechtsstreite zu Ende bringen soll. Ist dergleichen gewünscht, muss die Rücknahme ausdrücklich entsprechend beschränkt werden[3]. Wird ohne jede Beschränkung zurückgenommen, ergeht auch der Aufhebungsbeschluss uneingeschränkt mit der Folge, dass beispielsweise ein Zwangsverwalter in einem Rechtsstreit nicht mehr aktiv- oder passivlegitimiert ist[4].

50 Um zu einer geordneten Beendigung des Verfahrens zu kommen und auch aus taktischen Gründen kann die **Rücknahme** so erklärt werden, dass sie **zu einem bestimmten Zeitpunkt** gelten soll[5]. Eine sachliche Beschränkung, wonach beispielsweise eine Forderung (Miete für Wohnung X in einem insgesamt unter Zwangsverwaltung stehenden Haus) nicht mehr beschlagnahmt sein soll und bezüglich dieser Forderung die Rücknahme

---

[1] BGH v. 25.5.2005 – VIII ZR 301/03, WuM 2005, 463 = Rpfleger 2005, 559.
[2] BGH v. 10.7.2008 – V ZB 130/07, ZfIR 2008, 876 m. Anmerk. *Depré* S. 841. Noch nicht alle Fragen hierzu sind geklärt, s. *Keller*, ZfIR 2009, 394.
[3] BGH v. 8.5.2003 – IX ZR 285/00, NJW-RR 2003, 1419 = NZI 2004, 54–56; s. dazu auch *Hintzen*, Rpfleger 2009, 67.
[4] Ausführlich hierzu und im Einzelnen genau differenzierend: *Depré/Mayer*, Rz. 557 ff.
[5] *Wedekind*, ZInsO 2009, 811 ff.

erklärt wird, ist nicht möglich. Eine derartige sachliche Beschränkung ist mit den Zielen der Zwangsverwaltung und ihrem Charakter nicht vereinbar. Zudem wird zu Recht auf die Gefahr des Missbrauchs hingewiesen[1].

IV. Welche Informationen werden vor der Beratung benötigt?

Unabhängig davon, ob ein Mieter oder ein Vermieter beraten wird, sollte vorab **geklärt** werden, 51
- ob die Zwangsverwaltung angeordnet ist und noch fortdauert;
- wer als Zwangsverwalter bestellt wurde;
- wann die Beschlagnahme erfolgte;
- seit wann dem Mieter bekannt ist, dass die Mietsache zwangsverwaltet wird bzw. Zwangsverwaltungsantrag gestellt wurde
- und seit wann der Mieter den Besitz an den gemieteten Räumlichkeiten hat.

Die Angaben werden benötigt, um den zuständigen Ansprechpartner bzw. **Anspruchsgegner** sowie den Umfang der Vermieter- und Mieterpflichten ermitteln zu können. Sofern der Mandant keine gesicherten Angaben zu den vorgenannten Fragen machen und auch keine Unterlagen hierzu vorlegen kann, können die Informationen beim Vollstreckungsgericht, §§ 1, 2 ZVG, angefordert werden oder, sofern dieser bekannt ist, womöglich beim Zwangsverwalter. Vorrangig sollte beim Vollstreckungsgericht nachgefragt werden, da es nicht Aufgabe des Zwangsverwalters ist, über dergleichen zu informieren[2]. 52

Regelmäßig hat der Zwangsverwalter den **Mieter im Rahmen der Inbesitznahme über die** Anordnung der Zwangsverwaltung unterrichtet, § 4 ZwVwV. Dem Schuldner, das heißt, dem Vermieter, wird die Anordnung der Zwangsverwaltung durch das Gericht mitgeteilt, §§ 22 Abs. 1 S. 1 iVm. 146 ZVG. **Zwingend benötigt** werden ferner alle Unterlagen, die für die mietrechtliche Beratung erforderlich sind, wie Mietvertrag, Übergabe- oder Abnahmeprotokolle, etc. 53

Hilfreich ist es ferner zu wissen, ob und gegebenenfalls wann die Immobilie verwertet werden soll, sei es durch Zwangsversteigerung oder durch freihändigen Verkauf: Beides führt zur Beendigung der Zwangsverwaltung, was taktisch sowohl bei der Beratung eines Vermieters wie auch eines Mieters berücksichtigt werden muss. 54

---

1 *Wedekind*, ZinsO 2009, 812 f.
2 Zur Auskunftspflicht des Zwangsverwalters s. § 16 ZwVwV, zu den Grenzen der Informationspflicht des Zwangsverwalters s. *Wedekind*, ZfIR 2005, 481 ff.

V. Beratung des Mieters

1. Zwangsverwaltung während des laufenden Mietverhältnisses

a) Inbesitznahme

55 Wird während eines **laufenden Mietverhältnisses** die Zwangsverwaltung angeordnet, wird der Mieter durch den Zwangsverwalter hierüber entweder schriftlich[1] oder persönlich anlässlich der Inbesitznahme vor Ort informiert, §§ 3, 4 ZwVwV. Seltener wird dem Mieter ein **vorläufiges Zahlungsverbot** zugestellt, § 22 II 1 ZVG.

56 Die Inbesitznahme beziehungsweise auch die Mitteilung über die Anordnung der Zwangsverwaltung ist die erste Gelegenheit für den Mieter, offene Fragen, die das Mietverhältnis betreffen, mit dem Zwangsverwalter zu klären. Denn häufig hat der Schuldner die Mietsache verkommen lassen und seine Vermieterpflichten nicht oder nur unzureichend erfüllt. Aufgabe des Zwangsverwalters ist es, das Mietverhältnis wieder in geordnete Bahnen zu bringen. Die Versäumnisse des vermietenden Schuldners muss der Zwangsverwalter – sofern möglich – aufarbeiten.

57 Noch nicht geklärt ist, ob der Zwangsverwalter die **Inbesitznahme persönlich durchführen** muss oder ob er eine qualifizierte Hilfskraft hiermit beauftragen darf, § 1 Abs. 3 S. 4 ZwVwV[2]. Diese Frage ist relevant, weil zweifelhaft ist, ob die Inbesitznahme durch Mitarbeiter des Zwangsverwalters zu einer wirksamen Beschlagnahme führt[3]. Nur eine wirksame Beschlagnahme führt dazu, dass der Mieter Mietzahlungen an den Zwangverwalter leisten muss. Nimmt daher ein Mitarbeiter des Zwangsverwalters in Besitz, sollte vorsorglich geprüft werden, ob die Beschlagnahme wirksam erfolgt ist, beispielsweise, weil sie anderweitig vorher eingetreten war.

58 Der Zwangsverwalter muss sich das Verhalten von ihm beauftragter Mitarbeiter zurechnen lassen. Auch mithilfe seiner Hilfskraft kann der Zwangsverwalter nachweisen, dass in Besitz genommen und der Mieter über die Zwangsverwaltung informiert wurde. Letzteres ist unter anderem maßgebend für die Zahlungspflichten des Mieters gegenüber dem Zwangsverwalter.

59 Im Zusammenhang mit der Inbesitznahme stellt sich die Frage, unter welchen Voraussetzungen dem Zwangsverwalter oder seinen Mitarbeitern **Zutritt zu den Mieträumen** gewährt werden muss, welche Unterlagen zugäng-

---

1 *Reismann*, WPM 1998, 388.
2 Dafür, dass die Inbesitznahme auf Mitarbeiter des Zwangsverwalters delegiert werden darf und für eine nahezu vollständige Delegation der Zwangsverwaltertätigkeit auf Mitarbeiter, wenn der Zwangsverwalter verantwortlich und in Haftung bleibt: H/W/F/H, Kap. 3 Rz. 2. Welche Arbeiten der Zwangverwalter delegieren darf, ist noch nicht abschließend geklärt, s. hierzu auch *Hawelka*, ZfIR 2009, 107; LG Potsdam v. 5.5.2008 – 5 T 669/07, ZfIR 209, 105.
3 *Hawelka*, ZfIR 2009, 108.

lich zu machen sind und ob Mängel, die bereits dem Vermieter angezeigt wurden, nochmals anzeigt werden müssen.

aa) Zutritt

Anlässlich der Inbesitznahme soll der Zwangsverwalter feststellen, in welchem **Zustand** sich die **Mietsache** befindet. Hierüber muss er dem Gericht berichten, § 3 Abs. 1 ZwVwV. Er kann deshalb Zutritt zu den Mieträumen verlangen. 60

Dass der Mieter sofort Zutritt zu gewähren hat, ist nicht geregelt. Er kann daher, sofern nicht ein dringender Fall sofortigen Zutritt erfordert, darauf bestehen, dass die **mietvertraglich geregelten Besztimmungen** zum Zutritt durch den Zwangsverwalter eingehalten werden. Auch ohne mietvertragliche Regelungen kann er auf eine rechtzeitige Ankündigung bestehen. 61

bb) Bindung des Zwangsverwalters an Miet- und Pachtverträge

Werden Mieträume während des laufenden Mietverhältnisses unter Zwangsverwaltung gestellt, ist der Mietvertrag gegenüber dem Zwangsverwalter wirksam, § 152 Abs. 2 ZVG, sofern der Mietvertrag im Zeitpunkt der Beschlagnahme geschlossen war und der Mieter **Besitz an den Räumen** hatte. Besitz hatte der Mieter schon dann, wenn er vorab die Schlüssel zu den Mieträumen erhalten hat[1]. Der Mietbesitz muss im Zeitpunkt der Beschlagnahme nicht fortbestehen[2]. 62

Der Zwangsverwalter ist nur an den Mietvertrag gebunden, wenn der Mieter **vom Zwangsverwaltungsschuldner**, Nießbraucher oder Eigenbesitzer **angemietet** hat. Alle anderen Fälle erfasst § 152 Abs. 2 ZVG nicht[3]. 63

Die Bindungswirkung nach § 152 Abs. 2 ZVG tritt nicht ein, wenn das **Mietverhältnis** im Zeitpunkt der Beschlagnahme bereits **beendet** ist[4]. Vermieterpflichten aus beendeten Mietverhältnissen hat der Zwangsverwalter nicht zu erfüllen[5]. Er kann aber mit der Abwicklung eines bereits beendeten Mietverhältnisses befasst sein, wenn es z.B. um nicht erledigte Wegnahmeansprüche des Mieters geht, die Mietsache nicht oder nicht ordnungsgemäß zurückgegeben wurde oder beschlagnahmte Miet- oder Pachtzahlungen offen stehen[6]. 64

Hat der Mieter zwar einen wirksamen Mietvertrag, wurde die Zwangsverwaltung jedoch angeordnet, bevor der Mieter die Räume in Besitz nehmen konnte, ist der Zwangsverwalter nicht an den Mietvertrag gebunden. Er 65

---

1 H/W/F/H, § 6 Rz. 5.
2 H/W/F/H, § 6 Rz. 6.
3 BGH v. 29.10.1969 – VIII ZR 130/68, BGH Z 53, 35–41 = WPM 1969, 1418.
4 H/W/F/H, § 6 Rz. 7.
5 BGH v. 29.10.1969 – VIII ZR 130/68 in BGHZ 53, 35 = WPM 1969, 1418; *Bank*, Jur-Büro 1982, 1128.
6 H/W/F/H, § 6 Rz. 7.

kann, muss ihn aber nicht erfüllen, § 152 Abs. 2 ZVG. Der Zwangsverwalter wird den Mietvertrag erfüllen, wenn ihm dies wirtschaftlich sinnvoll erscheint. Erfüllt er ihn nicht, können deshalb keine Ansprüche gegen ihn geltend gemacht werden.

66 Ist der Zwangsverwalter an den Mietvertrag gebunden, hat er die **Vermieterpflichten** aus dem Mietverhältnis **zu erfüllen**[1]. Deshalb und weil er die Erfüllung der Mieterpflichten zu überwachen hat, wird er Einblick in den Miet- bzw. Pachtvertrag verlangen.

(1) Einsicht in das Mietvertragsexemplar des Mieters

67 Das Recht, in das Mietvertragsexemplar des Mieters Einsicht zu nehmen, ergibt sich aus §§ 809 ff. BGB[2]. Es ist eine **nebenvertragliche Pflicht des Mieters**, Einsicht zu gewähren[3]. Kommt der Mieter dieser Pflicht nicht nach, kann der Zwangsverwalter seinen Anspruch auf Einsichtnahme gerichtlich geltend machen[4].

68 Der Mieter kann dem nicht entgegenhalten, der Zwangsverwalter könne sich die Mietverträge auch beim **Vermieter/Schuldner** besorgen. Zwar kann der Zwangsverwalter mit dem Beschluss über die **Anordnung der Zwangsverwaltung als Vollstreckungstitel** den Gerichtsvollzieher mit der Herausgabevollstreckung gegen den Vermieter hinsichtlich aller das Mietverhältnis betreffenden Schriftstücke und Gegenstände, also auch der Mietverträge, beauftragen[5]. Dem Zwangsverwalter steht es jedoch frei, ob er den Anspruch auf Einsicht gegenüber dem Mieter oder den Anspruch auf Herausgabe gegenüber dem Vermieter geltend macht[6].

69 Den Zwangsverwalter vorrangig auf die Vollstreckung gegenüber dem Vermieter zu verweisen, könnte nur dann Erfolg haben, wenn feststünde, dass die Vollstreckung gegenüber dem Vermieter der kürzere und günstigere Weg bei mindestens gleichwertigen Erfolgsaussichten wäre. In diesem Fall könnte das Rechtsschutzinteresse des Zwangsverwalters an einer Klage gegen den Mieter möglicherweise nicht gegeben sein.

70 Der Einfachheit halber kann der Mieter dem Zwangsverwalter den Mietvertrag zum Kopieren überlassen oder ihm gegen Entgelt eine Abschrift zur Verfügung stellen.

---

1 BGH v. 9.3.2005 – VIII ZR 330/03, NJW-RR 2005, 1029 = NZM 2005, 596; krit. aber die Literatur zum Umfang der Vermieterpflichten, vgl. *Rz. 144* s. V. 3. a) bb).
2 AG Stolzenau v. 3.2.1998 – 3 C 619/07, WuM 1999, 32; *Eckert*, „Mietvertragsdurchführung und -abwicklung mit dem Zwangsverwalter", im Archiv des Mietgerichtstags unter www.mietgerichtstag.de/mietgerichtstag_2008.php.
3 AG Stolzenau v. 3.2.1998 – 3 C 619/97, WuM 1999, 32.
4 *Depré/Mayer*, Rz. 486.
5 OLG v. 28.2.2002 – 5 W 3055/01, Rpfleger 2002, 373.
6 AG Stolzenau v. 11.11.1998 – 3 C 644/97, WuM 1999, 32.

b) Mängelanzeige und -beseitigung

Der Zwangsverwalter ist zur Mängelbeseitigung verpflichtet, auch, wenn **Mängel** schon **vor der Zwangsverwaltung** entstanden sind[1]. Der Mieter kann, muss den Zwangsverwalter aber nicht auf Mängel der Räume aufmerksam machen, die bereits vor der Anordnung der Zwangsverwaltung bestanden haben und die er schon dem Vermieter angezeigt hat. 71

Hat der Mieter die Mängel der Mieträume dem Vermieter angezeigt, resultieren daraus die **Rechte auf Beseitigung, Mietminderung, Zurückbehaltung** etc. Diese Rechte gehen durch die Anordnung der Zwangsverwaltung nicht unter. Der Mieter kann sich dem Zwangsverwalter gegenüber auf sie berufen[2]. 72

Er sollte aber sicher sein, **nachweisen** zu **können**, dass er die Mängel dem Vermieter angezeigt hat. **Riskant** ist es, sich darauf zu verlassen, in einem möglichen Rechtsstreit den Beweis durch eine Zeugenaussage des Vermieters[3] führen zu können. Denn der Vermieter ist häufig nicht mehr auffindbar oder nicht kooperationsbereit. 73

Dass die Mängel angezeigt wurden, sollte sich daher ratsamerweise über das Zeugnis des Vermieter hinaus durch weitere Beweismittel nachweisen lassen. Ist dies nicht der Fall, sollte der Mangel vorsorglich nochmals gegenüber dem Zwangsverwalter angezeigt werden. Beseitigt der Zwangsverwalter Mängel der Mietsache nicht, stehen dem Mieter die Gewährleistungsansprüche uneingeschränkt zu. 74

aa) Besonderheit der Zwangsverwaltung: Aufrechnungsverbot für den Mieter

U.a. wenn Ansprüche des Mieters wegen **Mängeln** geltend gemacht werden, ist eine Besonderheit der Zwangsverwaltung zu beachten: 75

Dem Mieter ist es verboten, etwaige, ihm gegen den Vermieter oder den Zwangsverwalter[4] zustehende Zahlungsansprüche gegen Miet- oder andere -zahlungen aufzurechnen, die von der Beschlagnahme erfasst sind, §§ 392, 1125 BGB[5]. Das Aufrechnungsverbot erfasst **alle Forderungen** ohne Rück- 76

---

1 Wie auch in der Vermieterinsolvenz: BGH v. 3.4.2003 – IX ZR 163/02, NZM 2003, 472; wie auch der Grundstückserwerber: BGH v. 9.2.2005 – VIII ZR 284/05, NZM 2006, 696 = ZMR 2006, 761.
2 BGH v. 9.2.2005 – VIII ZR 22/04, NJW 2005, 1187 = NZM 2005, 253.
3 In einem Rechtsstreit des Mieters gegen den Zwangsverwalter kann der Vermieter Zeuge sein, s.u. V.
4 *Eickmann* in MünchKomm, § 1125 Rz. 3; a.A. *Reismann*, WPM 1998, 389, wonach der Mieter gegenüber dem Zwangsverwalter genauso aufrechnen können soll, auch wie sonst während eines nicht von einer Zwangsverwaltung betroffenen Mietverhältnisses gegenüber dem Vermieter.
5 *Depré/Mayer* meinen, weil der BGH (BGH v. 9.3.2005 – VIII ZR 330/03, NJW-RR 2005, 1029 = NZM 2005, 596–599) entschieden habe, ein Mieter könne vom Zwangsverwalter selbst dann die Rückzahlung der Kaution verlangen, wenn der

sicht auf den Rechtsgrund. Der Mieter oder Pächter darf deshalb auch keine **Ansprüche wegen notwendiger Aufwendungen** aufrechnen, die ihm gegen den Vermieter zustehen können, weil dieser seiner Instandhaltungspflicht nicht nachgekommen ist, § 1135 BGB[1].

77 Davon **abweichend** wird in Anlehnung an die insolvenzrechtlichen Regelungen die Auffassung vertreten, ein Mieter könne gegen **Mietforderungen** aus der Zeit **vor der Beschlagnahme** aufrechnen, da die Aufrechnungserklärung gemäß § 389 BGB auf den Eintritt der Aufrechnungslage zurückwirke. Unzulässig sei aber auch hier die Aufrechnung mit einem Anspruch, den der Mieter nach Beschlagnahme der Mietforderungen erworben habe[2]. In diesem Zusammenhang bejaht wird auch, der Mieter dürfe nach der Beschlagnahme Ansprüche auf Aufwendungsersatz, die vor Anordnung der Zwangsverwaltung entstanden seien, während der laufenden Zwangsverwaltung, z.B. durch Aufrechnung, gegenüber den Zwangsverwalter geltend machen[3].

78 Kein Raum ist jedenfalls für Aufrechnungen, bei denen es an der **Gegenseitigkeit** fehlt, weil der Zwangsverwalter die vom Mieter verlangte Leistung nicht schuldet[4].

79 Gesetzlich verboten ist nur die Aufrechnung, § 1125 BGB. Erlaubt ist dem Mieter, die Miete zurückzubehalten. Das **Zurückbehaltungsrecht** wird durch § 1125 BGB nicht ausgeschlossen. Es darf allerdings keiner unzulässigen Aufrechnung gleichkommen[5]. In seiner neueren Rechtsprechung hat der BGH diesbezüglich eine Einschränkung vorgenommen. Er ließ bisher die Ausübung des Zurückbehaltungsrechts nur zu, wenn es keiner unzulässigen Aufrechnung gleichkam[6]. In seiner neueren Rechtsprechung ist der BGH hiervon abgerückt, ohne sich mit seiner bisherigen Rechtsprechung auseinanderzusetzen[7].

Wird die Miete wegen Mängeln zurückbehalten, liegt jedenfalls keine Sachlage vor, die einer unzulässigen Aufrechnung vergleichbar wäre, da

---

Zwangsverwalter die Kaution nicht erhalten habe, könne das Aufrechnungsverbot nicht mehr anerkannt werden: *Depré/Mayer*, Rz. 177a.
1 *Eickmann* in MünchKomm, § 125 BGB Rz. 5.
2 *Eckert*, „Mietvertragsdurchführung und -abwicklung mit dem Zwangsverwalter", im Archiv des Mietgerichtstags unter www.mietgerichtstag.de/mietgerichtstag_2008.php.
3 *Eckert*, „Mietvertragsdurchführung und -abwicklung mit dem Zwangsverwalter", im Archiv des Mietgerichtstags unter www.mietgerichtstag.de/mietgerichtstag_2008.php.
4 BGH v. 17.12.2008 – VIII ZR 13/08, NJW 2009, 1076 = WuM 2009, 127 = ZMR 2009, 151 f.
5 BGH v. 20.9.1978 – VIII ZR 2/78, WuM 1979, 101–102 = WPM 1978, 1326 f. m.w.N.
6 BGH, Urt. v. 20.9.1978 – VIII ZR 2/78, Rpfleger 1979, 53 ff.; WuM 1979, 101 ff.; WM 1978, 1326 ff. m.w.N., s. hierzu Rz. 129 ff.
7 BGH, Urt. v. 23.9.2009 – VIII ZR 336/08, WuM 2009, 668 ff. = NJW 2009, 3505; dazu *Walke*, jurisPR-MietR 23/2009, Anm. 4.

durch das Zurückbehalten Druck auf den Zwangsverwalter ausgeübt werden soll, damit dieser die Mängelbeseitigung veranlasst.

bb) Gläubigertaktik bei unterlassener Mängelbeseitigung entgegenwirken

Nachdem der Zwangsverwalter das Objekt in Besitz genommen hat, fertigt er seinen ersten **Bericht**, den er dem Amtsgericht vorlegt, § 3 ZwVwV. Hier schildert er den Zustand des zwangsverwalteten Objekts und gibt an, welche Forderungen z.B. auch der Mieter oder Pächter zu erfüllen sind[1]. Werden mit der Zwangsverwaltung keine oder nicht ausreichende Erträge erzielt, fordert er **Vorschüsse** von den die Zwangsverwaltung betreibenden Gläubigern an, § 161 Abs. 3 ZVG. Mit diesen Vorschüssen begleicht er die Verbindlichkeiten. 80

In der Praxis kommt es vor, dass sich **Gläubiger gegen die Beseitigung von Mängeln** aussprechen, wenn die Mängel nicht zu gravierend und substantiell sind. Damit wollen die Gläubiger vermeiden, für die Beseitigung der Mängel Vorschüsse leisten zu müssen. Stattdessen nehmen sie lieber Miet- oder Pachtminderungen hin. 81

Der Zwangsverwalter ist nicht zwingend verpflichtet, von sich aus und sofort jeden Mangel zu beseitigen. Er kann sich diesbezüglich mit den Gläubigern abstimmen[2]. Sind die Mängel aus der Sicht des Zwangsverwalters geringfügig oder ist absehbar, dass die Zwangsverwaltung bald aufgehoben wird, stellt er die Beseitigung – womöglich zugunsten aus seiner Sicht vorrangiger Maßnahmen – zurück. In diesem Fall ist der Mieter gut beraten, nicht darauf zu vertrauen, die Mängel würden doch noch beseitigt, sondern gradlinig seine Ansprüche zu verfolgen. 82

Den Zwangsverwalter wegen der unterlassenen Mängelbeseitigung zu **verklagen**, ist wie jede Klage, die gegen einen Zwangsverwalter erhoben wird, mit dem Risiko belastet, dass die Zwangsverwaltung kurzfristig aufgehoben wird. Damit kann die Prozessführungsbefugnis des Zwangsverwalters entfallen (vgl. *Rz. 39 f.*). 83

Beseitigt der Zwangsverwalter Mängel nicht, kann ergänzend das **Vollstreckungsgericht informiert** und gebeten werden, den Zwangsverwalter anzuweisen, seinen Pflichten aus dem Mietvertrag nachzukommen. 84

2. Welche Zahlungen hat der Mieter an den Zwangsverwalter zu leisten?

Erfährt der Mieter davon, dass die Zwangsverwaltung angeordnet wurde, sollte unverzüglich geprüft werden, welche **Forderungen beschlagnahmt** sind und an den Zwangsverwalter geleistet werden müssen, § 1123 ff. BGB: Leistet der Mieter beschlagnahmte Forderungen zu Unrecht nicht an den 85

---
1 Dazu gehören zum Beispiel nicht auffindbare Kautionen und Betriebskostenguthaben.
2 H/W/F/H, Kap. 3, Rz. 11.

Zwangsverwalter, sondern an den Vermieter, vormals pfändende Dritte oder andere vormals Berechtigte, wird der Mieter, wenn er von der Beschlagnahme oder davon, dass Zwangsverwaltungsantrag gestellt worden war, wusste, von seiner Mietzahlungspflicht nicht frei, §§ 135, 136 BGB, § 23 ZVG. Verzichten die Gläubiger nicht auf die Zahlung, § 8 ZwVwV, muss der Mieter noch einmal leisten.

➲ **Praxishinweis:**

86 Der Mieter muss **Kenntnis** von der Beschlagnahme haben, § 23 Abs. 2 S. 2 ZVG. Die **bloße Möglichkeit der Kenntnisnahme** durch Zugang der Mitteilung des Zwangsverwalters nach § 130 Abs. 1 S. 1 BGB reicht nicht aus. Hat der Zwangsverwalter die Mitteilung über die Anordnung der Zwangsverwaltung in den Briefkasten des Mieters eingeworfen und liest sie der Mieter erst nach geraumer Zeit, weil er die eingehende Post nicht kontrolliert hat, ist ihm die Beschlagnahme erst ab diesem Zeitpunkt bekannt. Hat er in diesem Zeitpunkt bereits beschlagnahmte Mieten an nicht mehr Berechtigte, wie z.B. den Zwangsverwaltungsschuldner, gezahlt, kann ihn der Zwangsverwalter nicht auf erneute Zahlung in Anspruch nehmen. **Positive Kenntnis** von der Beschlagnahme hat der Mieter allerdings dann, wenn ihm ein vorläufiges Zahlungsverbot zugestellt wurde, § 22 Abs. 2 ZVG.

87 Welche Zahlungen der Zwangsverwalter beanspruchen kann, hängt davon ab, wann die Beschlagnahme erfolgte, welche Zahlungen der Mieter bereits geleistet hat und wann der Mieter von der Beschlagnahme erfuhr[1].

a) Beschlagnahme

88 Der Zeitpunkt der Beschlagnahme regelt, für welchen Zeitraum der Zwangsverwalter Forderungen gegenüber dem Mieter geltend machen kann.

89 Die **Beschlagnahme tritt ein**

– mit **Eingang** des die Zwangsverwaltung anordnenden **Beschlusses beim Grundbuchamt**, § 22 Abs. 1 S. 2 ZVG;

– mit **Inbesitznahme durch den Zwangsverwalter**, § 151 Abs. 1 ZVG

– oder durch **Zustellung des Anordnungsbeschlusses an den Zwangsverwaltungsschuldner**, § 22 Abs. 1 S. 1 i.V.m. § 146 ZVG. Gibt es mehrere Zwangsverwaltungsschuldner, die als Gesamthänder Eigentümer der zwangsverwalteten Immobilie sind, tritt die Beschlagnahme mit der Zustellung an den letzten der Schuldner ein. Besteht Bruchteilseigentum, kann für jeden Bruchteil, je nach dem, wann dem betreffenden Eigentümer zugestellt wurde, die Beschlagnahme unterschiedlich eintreten.

90 Entscheidend für den Zeitpunkt der Beschlagnahme ist, welche der drei Alternativen **zuerst verwirklicht** wurde.

---

1 Interessant hierzu: LG Berlin v. 7.5.2007 – 62 S 61/07, GE 2007, 1121.

b) Rückständige Zahlungen aus dem Miet- oder Pachtverhältnis

Zum beschlagnahmten Vermögen gehören zunächst alle aus dem Miet- oder Pachtvertrag geschuldeten Zahlungen, die vom Zeitpunkt der Beschlagnahme an gerechnet ein Jahr zurückliegend **fällig** geworden sind und **noch nicht geleistet** wurden, § 1123 Abs. 2 S. 1 BGB. Geleistet wurden Zahlungen, wenn sie vor der Beschlagnahme an den damals Berechtigten erbracht worden sind. Dies kann der Vermieter, ein Gläubiger des Vermieters, aber auch der Insolvenzverwalter gewesen sein. Alle Forderungen, die **ein Jahr** vor der Beschlagnahme fällig und noch nicht geleistet worden sind, sind an den Zwangsverwalter zu zahlen.

c) Laufende Zahlungen aus dem Miet- oder Pachtverhältnis

Von der Beschlagnahme an sind alle aus dem Miet- oder Pachtverhältnis **weiter fällig** werdenden und **noch nicht geleisteten Zahlungen** nach Maßgabe der §§ 1123 Abs. 2, 1124 Abs. 2 BGB an den Zwangsverwalter zu entrichten: Ist die Miete monatlich im Vorhinein zu zahlen, erfolgte die Beschlagnahme vor dem 15. des laufenden Monats, ist die Miete des laufenden Monats nicht mehr von der Beschlagnahme erfasst, wenn sie für den betreffenden Monat schon geleistet wurde. Erfolgt die Beschlagnahme nach dem 15. des Monats, ist nicht nur die Miete des laufenden Monats, sondern auch die des folgenden frei, § 1123 Abs. 2, 1124 Abs. 2 BGB. Alle darüber hinaus künftig fällig werdenden Mieten sind an den Zwangsverwalter zu zahlen.

Wird die Miete oder Pacht nicht monatlich, sondern für längere Zeitabschnitte, z.B. quartalsmäßig, halbjährlich oder jährlich gezahlt, ist der zum jeweiligen Zahlungstermin geschuldete Betrag **auf Monate umzurechnen** und muss entsprechend an den Zwangsverwalter gezahlt werden[1].

Beispiel:
Die Miete ist vierteljährlich im Voraus jeweils am 3. Tag des Quartals zu entrichten. Pro Quartal beträgt sie Euro 800,00. Die Miete wurde am 3.1.2005 für Januar bis März 2005 gezahlt. Die Beschlagnahme erfolgt am 10.1.2005. Von der Beschlagnahme frei ist der auf Januar 2005 entfallende Teil der Miete in Höhe von Euro 266,66. Der auf Februar und März 2005 entfallende Teil der Miete steht dem Zwangsverwalter zu und muss nochmals an diesen entrichtet werden, wenn die Gläubiger nicht verzichten, § 8 ZwVwV.

Ist in einem Miet- oder Pachtvertrag vereinbart, dass die Miete oder Pacht **vierteljährlich** im Voraus fällig ist, begründet dies ein erhebliches **Risiko** für den Mieter oder Pächter. Im Fall der Zwangsverwaltung, aber auch der Insolvenz läuft der Mieter Gefahr, Miete doppelt, nämlich noch einmal an den Zwangs- oder Insolvenzverwalter zahlen zu müssen. Darauf, dass er

---

1 Ausführlich und mit weiteren Beispielen *Depré/Mayer*, Rz. 162–167.

seine vertraglichen Pflichten erfüllte, als er vierteljährlich im Voraus zahlte, kommt es nicht an.

96 Sofern ein Miet- oder Pachtvertrag keine monatliche Miet- oder Pachtzahlungspflicht vorsieht, sondern eine quartalsmäßige oder gar noch längere, sollte daher versucht werden, mit dem Vermieter/Verpächter eine monatliche Fälligkeit zu vereinbaren. Unbedingt zu beachten ist dabei das **Schriftformgebot**[1].

d) Vorausverfügungen

97 Vorausverfügungen sind alle Rechtsgeschäfte des Schuldners, durch die die Miet- oder Pachtforderungen unmittelbar **übertragen**, **belastet**, **geändert** oder **aufgehoben** wird[2]. Eine Vorausverfügung liegt vor, wenn die Miete oder Pacht **abgetreten**, **verpfändet** oder **gepfändet** war. Ebenso, wenn sie erlassen, aufgerechnet oder gestundet wurde.

98 Die **Wirkung** dieser Vorausverfügungen wird durch die Beschlagnahme **gebrochen**, § 1124 BGB. Die Miet- oder Pachtzahlungen, über die vor der Zwangsverwaltung im Voraus verfügt wurde, werden durch die Beschlagnahme wieder dem Haftungsverband zugeführt, §§ 1123 ff. BGB, 8 ZwVwV und sind an den Zwangsverwalter zu zahlen. Dies gilt auch dann, wenn ein Anspruch auf Mietzahlung bereits vor Begründung des Grundpfandrechts, aus dem ein Gläubiger die Beschlagnahme erwirkt hat, abgetreten wurde. Die Abtretung des Anspruchs auf die Miete für eine unbewegliche Sache an einen bevorrechtigten Grundpfandrechtsgläubiger wird selbst im Falle der Beschlagnahme durch einen nachrangigen Grundpfandrechtsgläubiger diesem gegenüber unwirksam[3].

aa) Besonderheit: Baukostenzuschüsse und Mietvorauszahlungen

99 **Keine Vorausverfügungen** sind anrechenbare Baukostenzuschüsse, Darlehen oder Sachleistungen[4], die der Mieter zur Erhaltung, Herstellung oder Verbesserung der Mietsache erbracht hat.

100 Wohnt der Mieter derartige Leistungen ab oder werden sie mit der Miete verrechnet, ist dies dem Zwangsverwalter und den die Zwangsverwaltung betreibenden Gläubigern gegenüber **wirksam**[5]. Voraussetzung ist allerdings, dass die Vereinbarung mit dem Mieter über die Zahlung und die Ver-

---

1 S. zur Schriftformproblematik bei der Änderung der Fälligkeit BGH v. 19.9.2007 – XII ZR 198/05, NZM 2008, 84.
2 RGZ 144, 198; RGZ 151, 380.
3 BGH v. 9.6.2005 – IX ZR 160/04, NJW-RR 2005, 1466 = NZM 2005, 915–917.
4 Im Einzelnen noch weiter differenzierend H/W/F/H, § 8 ZwVwV, Rz. 15 ff.
5 BGH v. 12.2.1959 – VIII ZR 54/58, BGHZ 29, 289 = WPM 1959, 543–547; OLG Düsseldorf v. 16.6.1994 – 10 U 184/93, NJW-RR 1994, 1234; *Reismann*, WPM 1998, 388 f.; anders in der Zwangsversteigerung: aufgrund der Abschaffung von §§ 57c, 57d ZVG wirken derartige Finanzierungsleistungen nicht mehr gegen Ersteher, s. *Eckert*, ZfIR 2008, 453 f.

wendung des Geldes¹ vor der Beschlagnahme, nicht zwingend aber schon im Mietvertrag, erfolgt ist. Es muss **ausdrücklich vereinbart** worden sein, dass die Miet- oder Pachtzahlungen zum Aus- oder Aufbau des Grundstückes verwendet werden. Die Mittel müssen zweckentsprechend verwendet worden sein². Der Wert der Mietsache muss sich durch die Leistung erhöht haben³. Dafür, dass die vorgenannten Voraussetzungen vorliegen, ist der **Mieter beweispflichtig**[4]. Wird beispielsweise wegen des schlechten Zustands der Mietsache und der Investitionen des Mieters die zu zahlende Miete entsprechend niedriger bemessen, besteht keine Veranlassung mehr, die Aufwendungen des Mieters nochmals als Baukostenvorschuss zu berücksichtigten[5].

Für Baukostenvorschüsse eine **Ausnahme** von § 1124 Abs. 1 S. 1 BGB zu machen, ist **gerechtfertigt**, weil der Wert des Gebäudes dadurch erhöht wird. Gleichzeitig steigen damit die Chancen, in der Zwangsverwaltung höhere Erträge zu erzielen. Die Gläubiger werden also nicht benachteiligt, sondern erhalten gewissermaßen einen Ausgleich. Ferner wird durch diese Ausnahme von § 1124 Abs. 1 S. 1 BGB der vorausleistende Mieter vor dem Insolvenzrisiko des Vermieters geschützt[6]. 101

Liegen die vorgenannten Voraussetzungen nicht vor, hat der Mieter beispielsweise ohne sich seine Investitionen in das Grundstück vertraglich abgelten zu lassen oder sie anderweitig zu sichern, in das Grundstück investiert, kann er sich nicht mit Erfolg darauf berufen, er dürfe wegen der Werterhöhung des Grundstücks analog zu den Regelungen zum Baukostenzuschuss gegenüber dem Zwangsverwalter aufrechnen[7]. 102

Der Gesetzgeber hat im Rahmen des 2. Justizmodernisierungsgesetzes § 57c ZVG gestrichen. Es werden zunehmend **Zweifel** daran angemeldet, ob ein Zwangsverwalter Baukostenzuschüsse gegen sich gelten lassen muss[8]. Da der Gesetzgeber aber nur hinsichtlich § 57c ZVG tätig geworden ist, ohne §§ 1124 BGB oder 110 InsO auch nur zu erwähnen, sind Baukostenzuschüsse nach wie vor sowohl im Zwangsverwaltungs- als auch im Insolvenzverfahren relevant[9]. 103

---

1 Interessant hierzu: AG Köln, WuM 2001, 21.
2 *Garczynski*, JurBüro 1999, 63 m.w.N.; *Reismann*, WPM 1998, 388 f.
3 BGH v. 17.12.1954 – V ZR 4/54, BGHZ 16, 31 = WPM 1955, 182–183; OLG Bremen, ZMR 1955, 75; LG Lüneburg v. 10.9.1987 – 4 S 160/87, Rpfleger 1987, 513 f.; krit. dazu aber Staudinger/*Emmerich*, § 1124 Rz. 24.
4 BGH v. 3.2.1959 – VIII ZR 91/58, NJW 1959, 872–875 = WM 1959, 538–543; *Eickmann*, MünchKomm, § 1124 BGB Rz. 27.
5 OLG Rostock v. 3.7.2006 – 3 U 149/05, ZfIR 2007, 210 mit Anmerk. *Zipperer*.
6 *Garczynski*, JurBüro 1999, 62; *Eickmann*, MünchKomm, § 1124 BGB Rz. 26, 29.
7 OLG Stuttgart v. 17.4.2008 – 13 U 213/07, OLGR Stuttgart 2008, 432 = ZMR 2008, 966.
8 Staudinger/*Wolfsteiner*, § 1124 BGB Rz. 25 ff.
9 *Eckert*, ZfIR 2008, 455.

bb) Keine Vorausverfügung durch Vermietung an eine GbR mit Begrenzung der Haftung auf das Gesellschaftsvermögen

104 Wurde an eine BGB-Gesellschaft mit der Maßgabe vermietet, dass deren Haftung aus dem Miet- oder Pachtvertrag auf ihr Gesellschaftsvermögen beschränkt ist, liegt in der **Haftungsbeschränkung keine Vorausverfügung**. Der Zwangsverwalter muss die Haftungsbeschränkung gegen sich gelten lassen, weil nicht auf eine bestehende Forderung eingewirkt, sondern vielmehr von Anfang an dafür gesorgt wird, dass eine Forderung nicht entsteht[1].

cc) Keine Vorausverfügung bei Zahlung der insgesamt geschuldeten Miete in einer Summe vorab

105 Wird in einem Mietvertrag vereinbart, dass die Miete nicht nach periodischen Zeitabschnitten zu zahlen ist, sondern als **Einmalzahlung** vorab, erlischt mit der Zahlung dieses Einmalbetrages der Anspruch auf Mietzahlung insgesamt. Wird die Einmalzahlung geleistet, bevor die Beschlagnahme durch einen Grundpfandgläubiger erfolgt, ist die Verfügung ihm gegenüber wirksam, § 1124 Abs. 1 S. 1 BGB. Nach § 1124 Abs. 2 BGB ist eine Verfügung dem Grundpfandgläubiger nur insoweit unwirksam, als sie sich auf eine spätere Zeit als den Monat der Beschlagnahme bezieht. Eine Vorausverfügung nach § 1124 BGB setzt somit die Existenz einer nach periodischen Zeitabschnitten bemessenen Mietforderung gegen den Schuldner voraus, auf die rechtsgeschäftlich eingewirkt wird.

106 An einer solchen Mietforderung fehlt es aber, wenn vereinbart ist, dass die Miete mit einer Einmalzahlung abgegolten ist[2].

e) Kenntnis des Mieters

107 Für die Frage, welche Zahlungen der Mieter an den Zwangsverwalter zu leisten hat, kommt es auf den Zeitpunkt der Beschlagnahme an und darauf, wann der Mieter **Kenntnis von der Beschlagnahme** hatte. Grob fahrlässige Unkenntnis des Mieters ist nicht ausreichend. Ebenso wenig die bloße Möglichkeit der Kenntnisnahme (vgl. Rz. 86). Wenn der Mieter von der Beschlagnahme bzw. davon wusste, dass die Zwangsverwaltung beantragt worden war, kann er seine Zahlungspflichten aus dem Mietvertrag nur noch wirksam durch **Zahlung an den Zwangsverwalter** erfüllen. Der Mieter hat **Kenntnis** von der Beschlagnahme, wenn er **beispielsweise** durch den Zwangsverwalter über die Anordnung der Zwangsverwaltung schriftlich oder persönlich informiert oder ihm ein vorläufiges Zahlungsverbot nach § 22 Abs. 2 S 1 ZVG zugestellt wurde[3].

---

[1] BGH v. 23.7.2003 – XII ZR 16/00, NZM 2003, 871 = WuM 2003, 510 = ZMR 2003, 827.
[2] BGH v. 25.4.2007 – VIII ZR 234/06, NZM 2007, 562 = MDR 2007, 1186 = Info M 2008, 280.
[3] LG Berlin v. 6.4.1994 – 12 O 664/93, GE 1994, 705: die Kenntnis des Untermieters kann dem Hauptmieter nicht zugerechnet werden.

Die **Kenntnis** des Mieters wird **fingiert**, wenn er wusste, dass die Zwangsverwaltung beantragt war, § 23 Abs. 2 S. 1 ZVG. Nicht fingiert wird die Kenntnis des Mieters allerdings durch die Eintragung des Zwangsverwaltungsvermerks in das Grundbuch. § 23 Abs. 2 S. 2 ZVG bezieht sich nur auf Sachen, nicht auf Forderungen[1]. 108

Hat der Mieter ohne Kenntnis der Anordnung der Zwangsverwaltung die Miet- oder Pachtzahlungen nicht an den Zwangsverwalter, sondern an den vor der Zwangsverwaltung zur Entgegennahme der Mieten Berechtigten geleistet, ist er von seiner Mietzahlungspflicht frei geworden. Der Zwangsverwalter kann die Zahlung bei demjenigen, der sie bekommen hat, nach § 812 ff. BGB zurückfordern. 109

f) Auskunft, insbesondere Nachweis über Erfüllung der Zahlungspflichten

Gesetzlich nicht geregelt ist, ob der Zwangsverwalter vom Mieter einen Nachweis darüber verlangen darf, dass der Mieter alle Forderungen, die der Beschlagnahme unterfallen, ausgeglichen hat. Informationen hierüber fehlen dem Zwangsverwalter häufig, weil der Schuldner nicht mehr erreichbar ist oder keine Auskunft gibt[2]. 110

Eine **Auskunftspflicht des Mieters** gegenüber dem Zwangsverwalter über Einzelheiten, die das Mietverhältnis betreffen, kann aus Treu und Glauben hergeleitet werden. Diese besteht nur insofern und dort, wo der Zwangsverwalter in entschuldbarer Weise über das Bestehen oder den Umfang seines Rechts im Ungewissen ist und der in Anspruch genommene die Auskunft unschwer erteilen kann[3]. Teilt der Mieter dem Zwangsverwalter nicht mit, welche Zahlungen er geleistet hat, riskiert er, dass der Zwangsverwalter unterstellt, die Mieten seien nicht gezahlt worden und die Mieten entweder einklagt oder kündigt, sofern die Voraussetzungen hierfür vorliegen. Denn rückständige, aber beschlagnahmte Forderungen muss der Zwangsverwalter zeitnah beitreiben, § 7 ZwVwV. Weist der Mieter erst in diesem Prozess die Zahlungen nach, besteht ein materiell-rechtlicher **Kostenerstattungsanspruch** des Zwangsverwalters, § 280 BGB. 111

g) Sonderfall: Erträge aus Untermietverhältnissen

Grundsätzlich sind Mieten aus Untermietverhältnissen **nicht mit beschlagnahmt**[4]. Der Zwangsverwalter darf auf sie nicht zugreifen, weil die 112

---

1 So auch *Depré/Mayer*, Rz. 174.
2 Bedauerlicherweise hat der Gesetz- bzw. Verordnungsgeber dem Zwangsverwalter keine dem Insolvenzverwalter gleiche Handhabe gegeben, um den Schuldner zur Mitwirkung zu zwingen. In der Zwangsverwaltung fehlt hierfür eine den §§ 97 ff. InsO gesetzliche Grundlage.
3 BGH v. 17.5.1994 – X ZR 82/92, BGHZ 126, 109 = NJW 1995, 387.
4 Vgl. LG Bonn v. 5.5.1981, ZIP 1981, 730; *Stöber*, § 148 ZVG Rz. 2.3 f); Steiner/*Hagemann*, § 148 ZVG Rz. 36.

Gläubiger nicht berechtigt sind, sich aus Vermögen zu befriedigen, das dem Schuldner nicht gehört.

113 In einem **Sonderfall** hat der BGH jedoch entschieden, dass der Zwangsverwalter auf die Zahlungen des Untermieters zugreifen darf[1]: In dem betreffenden Fall war die Untervermietung gewählt worden, um den Gläubigern des Schuldners die Mieterträge zu entziehen, wobei der Schuldner mit seinem Mieter zulasten der Gläubiger zusammengewirkt hatte. Der BGH erklärte daraufhin das Hauptmietverhältnis für nichtig[2].

h) Sonderfall: Bruchteilseigentum

114 Auch Grundstücksbruchteile können zwangsverwaltet werden, § 864 Abs. 2 ZPO. In der Praxis bringt dies, wenn die Zwangsverwaltung nicht gegen alle Bruchteilseigentümer durchgeführt wird, **Schwierigkeiten** mit sich[3]. Denn der Zwangsverwalter kann nur die Rechte ausüben, die der Bruchteilseigentümer, der Zwangsverwaltungsschuldner ist, hat[4]. Hinsichtlich der Verwaltung muss sich der Zwangsverwalter mit dem oder den **anderen Bruchteilseigentümern abstimmen**. Dem Zwangsverwalter steht nur der Teil der Miete zu, der auf den Zwangsverwaltungsschuldner entfällt.

115 Auch dann, wenn der Miet- oder Pachtvertrag nicht nur das Grundstück des Zwangsverwaltungsschuldners, sondern auch **Grundstücke, die in fremdem Eigentum** stehen, umfasst und eine **einheitliche Miete** bzw. Pacht geschuldet ist, kann der Zwangsverwalter die Miete oder Pacht nicht in voller Höhe, sondern nur in Höhe des auf das Grundstück des Zwangsverwaltungsschuldners entfallenden Teils beanspruchen[5]. Zu ermitteln, welcher Teil an den Zwangsverwalter zu zahlen ist, kann im Einzelfall schwierig sein.

i) Kautionen, Nebenkostenvoraus- und -nachzahlungen

116 Sofern der Mieter **Nebenkostenvorauszahlungen** zu leisten hat, sind diese in gleichem Umfang an den Zwangsverwalter zu entrichten wie die Miete, §§ 21 Abs. 2, 146 Abs. 1 ZVG. Nebenkostennachzahlungen darf der Zwangsverwalter beanspruchen, wenn sie während des Beschlagnahmezeitraums fällig und noch nicht gezahlt worden sind.

---

1 BGH v. 4.2.2005 – V ZR 294/03, NZM 2005, 433 = Rpfleger 2005, 323 = ZMR 2005, 431.
2 BGH v. 4.2.2005 – V ZR 294/03, NZM 2005, 433 = Rpfleger 2005, 323 = ZMR 2005, 431; nicht selten werden angebliche Untermietverhältnisse dazu missbraucht, dem Zwangsverwalter Erträge vorzuenthalten, s. auch KG v. 21.4.2008 – 8 U 140/07, GE 2008, 988.
3 *Stöber*, § 152 ZVG Rz. 10 ff.
4 Zu den Rechten eines Gläubigers, der einen Nießbrauch an einem ideellen Grundstücksteil (Bruchteilsnießbrauch) pfändet: BGH v. 25.10.2006 – VII ZB 29/06, NJW 2007, 149.
5 BGH v. 8.12.2004 – XII ZR 96/01, ZfIR 2005, 890 ff. mit krit. Anmerk. *Eckert*.

Ist die Zahlung einer **Kaution** vereinbart, die Zahlung aber bis zu Beginn der Zwangsverwaltung nicht erfolgt, hat der Zwangsverwalter die Kaution einzufordern und nach Maßgabe des § 551 Abs. 3 BGB gesondert anzulegen.

3. Ansprüche des Mieters gegen den Zwangsverwalter

Für die Zeit der Zwangsverwaltung tritt der Zwangsverwalter **an die Stelle des Vermieters**. Er ist zwar nicht Mietvertragspartei. An einen vom Schuldner geschlossenen Mietvertrag, der im Zeitpunkt der Beschlagnahme bestand, ist der Zwangsverwalter aber gebunden, wenn der Mieter Besitz an den Räumen hatte, § 152 Abs. 2 ZVG.

⇨ Praxishinweis:
Die Rechtsprechung des BGH hat seit Jahren die Tendenz, Zwangsverwalter unter Hinweis auf § 152 Abs. 2 ZVG umfassend zur Erfüllung von Vermieterpflichten anzuhalten. Nach Meinung des BGH tritt der Zwangsverwalter in alle Pflichten des Vermieters aus dem Mietvertrag ein[1]. In der Literatur wird dies kritisiert[2]. Der BGH nimmt bewusst in Kauf, dass die Erfüllung von Mieteransprüchen zulasten des Ziels der Zwangsverwaltung geht, Erträge für die Gläubiger zu erwirtschaften[3].

a) Ordnungsgemäße Anlage der Kaution und ihr Nachweis

Der Zwangsverwalter ist an den Mietvertrag und damit auch an die **Kautionsabrede** gebunden[4]. Hat der Mieter nachweislich eine Kaution geleistet, muss der Zwangsverwalter nach deren Verbleib forschen und sie, wenn er sie findet, ordnungsgemäß anlegen. Auf Verlangen muss er dem Mieter die ordnungsgemäße Anlage nachweisen[5].

Ist die Kaution noch vorhanden, kann der Mieter vom Schuldner verlangen, dass dieser sie dem **Zwangsverwalter übergibt**, um zu verhindern, dass sie untergeht[6].

Häufig stellt sich jedoch heraus, dass die Kaution nicht mehr auffindbar ist. Sofern sie in Bargeld geleistet wurde, hat es der Vermieter meist verbraucht oder zumindest nicht getrennt von seinem Vermögen angelegt.

---

1 BGH v. 9.3.2005 – VIII ZR 330/03, NJW-RR 2005, 1029 = NZM 2005, 596.
2 Statt vieler: *Wedekind/Wedekind*, ZfIR 2009, 272; vgl. *Rz. 125 f.*
3 S. zuletzt BGH v. 11.3.2009 – VIII ZR 184/08, WuM 2009, 289 = NJW 2009, 1673 = jurisPR-MietR 10/2009 Anmerk. 4 *Walke*.
4 BGH v. 11.3.2009 – VIII ZR 184/08, WuM 2009, 289 = NJW 2009, 1673 = jurisPR-MietR 10/2009 Anmerk. 4 *Walke*.
5 BGH v. 9.3.2005 – VIII ZR 330/03, NJW-RR 2005, 1029 = NZM 2005, 596.
6 LG Köln in WuM 1990, 427; 1987, 351; AG Düsseldorf v. 21.11.1991 – 42 C 5082/91, WuM 1992, 432 = ZMR 1992, 549; BGH v. 20.9.1978 – VIII ZR 2/78, WuM 1979, 101 = Rpfleger 1979, 53.

aa) Anordnungsbeschluss als Vollstreckungstitel gegen den Schuldner zur Herausgabe der Kaution

123 Findet der Zwangsverwalter die Kaution nicht, kann er den Gerichtsvollzieher mit dem die Zwangsverwaltung anordnenden Beschluss mit der **Herausgabevollstreckung** hinsichtlich der Kaution gegenüber dem Zwangsverwaltungsschuldner beauftragen[1]. Findet der Gerichtsvollzieher die Kaution nicht, nimmt er dem Schuldner die eidesstattliche Versicherung über den Verbleib der Kaution ab[2]. Versichert der Schuldner an Eides statt, die Kaution sei nicht mehr vorhanden, weil er sie mit rückständigen Mieten verrechnet habe, ist er, weil Grundlage der Vollstreckung gegen ihn nur der Herausgabeanspruch ist, nicht verpflichtet, darüber **Auskunft** zu geben, mit welchen Mietforderungen er die Kaution verrechnet hat[3].

124 Die Entscheidung des BGH, wonach der Anordnungsbeschluss zur Herausgabevollstreckung benutzt werden kann, mag erfreulich sein, weil dadurch die Zwangsverwaltung im Einzelfall erleichtert werden kann. Gleichwohl ist sie **nicht überzeugend**: Die Anordnung der Zwangsverwaltung erfasst nur den Hypothekenhaftungsverband. Zum Hypothekenhaftungsverband gehören Miet- und Pachtforderungen, nicht jedoch die Kaution. Außerdem fehlt es dem Anordnungsbeschluss an der erforderlichen Bestimmtheit. Abgesehen davon hat der BGH den Anordnungsbeschluss nur als Grundlage für eine Herausgabevollstreckung zugelassen, nicht aber für die Pfändung eines Geldbetrages[4]. Wurde die Kaution in Geld geleistet, wird die Herausgabevollstreckung voraussichtlich ohnehin daran scheitern, dass das Geld nicht mehr gesondert vorhanden ist, sondern mit dem des Vermieters vermischt oder aufgebraucht wurde.

bb) Auffüllen der Kaution während des laufenden Mietverhältnisses

125 Findet der Zwangsverwalter die Kaution nicht und kann er sie auch nicht erfolgreich beim Schuldner vollstrecken, muss er sie auffüllen[5]. Nach Auffassung des BGH ergibt sich der Anspruch auf Anlage der fehlenden Kaution während des laufenden Mietverhältnisses aus § 152 Abs. 2 ZVG. Zwar würden dadurch die **Erträge zulasten der Gläubiger** geschmälert. Dies sei aber wegen des Treuhand ähnlichen Verhältnisses zwischen dem Mieter und dem Vermieter in Hinblick auf die Gewährung der Kaution gerechtfertigt und vom Gesetzgeber so gewollt.

---

1 BGH v. 14.4.2005 – V ZB 6/05, WuM 2005, 405.
2 BGH v. 14.4.2005 – V ZB 6/05, NJW-RR 2005, 1032 = WuM 2005, 405–407 = WPM 2005, 1321.
3 BGH v. 21.2.2008 – I ZB 66/07, NZM 2008, 478 f. = Info M 2008, 245.
4 BGH v. 14.4.2005 – V ZB 6/05, NJW-RR 2005, 1032 = WuM 2005, 405–407 = WPM 2005, 1321.
5 BGH v. 11.3.2009 – VIII ZR 184/08, WuM 2009, 289 = ZfIR 2009, 332 = NJW 2009, 1673 = jurisPR-MietR 10/2009 Anm. 4 *Walke*; s. zu den Risiken des Mieters, wenn seine Forderungen aus Erträgen oder Vorschüssen der Gläubiger erfüllt werden, vgl. *Rz. 138 f.*

Dass der BGH dem Zwangsverwalter die Vermieterpflichten derart uneingeschränkt auferlegt, wird von der Literatur **kritisiert**: 126
- Aus dem Wortlaut des § 152 Abs. 2 ZVG ergebe sich nicht, dass der Zwangsverwalter das Mietverhältnis in seiner Gesamtheit und damit auch die Kautionsabrede übernehme[1].
- Die extensive Auslegung von § 152 Abs. 2 BGB stehe ferner im Widerspruch dazu, dass dem Mieter während der laufenden Zwangsverwaltung sogar die Aufrechnung untersagt ist, damit die Masse geschont wird, §§ 392, 1124 Abs. 2, 1125 BGB[2].
- Der Mieter sei dadurch ausreichend geschützt, dass er es in der Hand habe, von seinem Vermieter eine gesetzeskonforme Anlage der Kaution zu verlangen und sich diese nachweisen zu lassen. Komme der Vermieter dem nicht nach, könne der Mieter die Miete bis zur Höhe der Kaution zurückbehalten[3]. Weil er auf diese Weise seinen Anspruch auf ordnungsgemäße Anlage der Kaution seinem Vermieter gegenüber durchsetzen konnte, bestehe kein Bedürfnis, den Zwangsverwalter die Kaution aus Erträgen oder Vorschüssen bereitstellen zu lassen[4].
- Der BGH stütze seine Rechtsprechung einseitig auf § 152 Abs. 2 ZVG, ohne zu beachten, welche Ansprüche und Forderungen beschlagnahmt sind, §§ 148 Abs. 1, 21 Abs. 1 S. 2 ZVG, 1123 ff. BGB. Der Umfang der Beschlagnahme ist die Grundlage für die Handlungsbefugnis des Zwangsverwalters, auch für mietrechtliche Sachverhalte. Beschlagnahmt sind Miet- und Pachtzahlungen, §§ 21 Abs. 2 ZVG, 1123 BGB. Als solche kann die Kaution nur gelten, wenn sie an die Stelle rückständiger Miete tritt[5]. – Die Frage, ob die Kaution von der Beschlagnahme umfasst ist, hielt der BGH bis jetzt nicht für relevant[6].
- Der Anspruch auf Anlage der fehlenden Kaution während des laufenden Mietverhältnisses aber auch der auf Rückzahlung einer Kaution, die der Zwangsverwalter nicht erhalten hat, führe zur Verdinglichung der schuldrechten Ansprüche des Mieters. Dies sei mit allgemeinen sachenrechtlichen Grundsätzen unvereinbar und stehe im Widerspruch zu § 551 Abs. 3 BGB. Die Verpflichtung des Vermieters zu sicheren Anlage der Kaution nach § 551 Abs. 3 BGB würde überflüssig, wenn sie von der den Zwangsverwaltungsgläubigern zustehenden Masse in Abzug zu bringen sei[7].

---

1 H/W/F/H, § 155 ZVG Rz. 10; *Wedekind/Wedekind*, ZfIR 2009, 272.
2 H/W/F/H, § 155 ZVG Rz. 10; *Depré*, ZfIR 2006, 315.
3 BGH v. 20.12.2007 – IX ZR 132/06, WuM 2008, 149; a.A. für die Zwangsverwaltung: BGH v. 20.9.1978 – VIII ZR 2/78, WuM 1979, 101 = Rpfleger 1979, 53 = WM 1978, 1326.
4 *Eckert*, „Mietvertragsdurchführung und -abwicklung mit dem Zwangsverwalter", dort 8. d), Mietgerichtstag 2008, zu finden im Archiv des Mietgerichtstags unter www.mietgerichtstag.de/mietgerichtstag_2008.php.
5 Keller in ZfIR 2006, 447.
6 BGH, Beschl. v. 14.4.2005 – V ZB 6/05 in NZM 2006, 71–72; WuM 2005, 405–407; MDR 2005, 1012–1013.
7 *Depré*, ZfIR 2006, 315; LG Köln v. 11.7.1990 – 10 S 144/90, MDR 1990, 1125 = NJW-RR 1991, 80 = Rpfleger 1990, 473.

– Hingewiesen wird auch auf die unterschiedliche Behandlung untergegangener Kautionen in der Insolvenz[1]. Dort ist der Insolvenzverwalter nicht verpflichtet, Kautionen auszuzahlen oder aufzufüllen, wenn diese nicht ausgesondert vorhanden sind[2]. Eine Rechtfertigung dafür, einen Mieter in der Zwangsverwaltung besser zu stellen als in der Insolvenz, sei nicht ersichtlich.

127 Die Kritik der Literatur ist berechtigt. § 152 Abs. 2 ZVG wird vom BGH als maßgeblich dem Mieterschutz dienende Norm interpretiert. Dabei stammt sie aus dem Jahr 1897[3] und ist seit dem unverändert. Der Gesetzgeber hatte mit ihr nicht maßgeblich den Mieterschutz im Sinn. Er wollte eine Rechtsgrundlage dafür schaffen, dass der Zwangsverwalter das Grundstück ordnungsgemäß bewirtschaften kann.

128 Trotz dieser schwer wiegenden Argumente ist derzeit nicht absehbar, dass der BGH von seiner Rechtsprechung abrückt.

(1) Exkurs: Hat der Mieter während der laufenden Zwangverwaltung ein Zurückbehaltungsrecht, um die Anlage der Kaution durchzusetzen?

129 Während der Zwangsverwaltung gilt für den Mieter ein Aufrechnungsverbot, §§ 392, 1125 BGB. Gesetzlich nicht verboten ist ihm die Zurückbehaltung. Die Frage ist daher, ob er Miete oder anderweitige Zahlungen, die er dem Zwangsverwalter schuldet, zurückbehalten darf, um seinen Anspruch auf Anlage der Kaution durchzusetzen.

130 **Zu unterscheiden** ist zwischen dem Anspruch des Mieters, sich nachweisen zu lassen, **ob die Kaution vorhanden** ist und ordnungsgemäß angelegt wurde einerseits und seinem **Anspruch auf Anlage** der fehlenden Kaution andererseits.

131 **Weiß der Mieter**, dass sein Vermieter die Kaution nie ordnungsgemäß angelegt hat bzw. dass die Kaution während des laufenden Mietverhältnisses untergegangen ist, steht ihm kein Zurückbehaltungsrecht wegen eines Nachweises über die ordnungsgemäße Anlage zu. Denn der Mieter ist bereits informiert[4]. Weiß der Mieter allerdings nicht, ob die Kaution vorhanden ist, darf er die Miete zurückbehalten, um den Zwangsverwalter zu veranlassen, ihm Auskunft über die Anlage der Kaution zu erteilen.

132 Entgegen seiner älteren Rechtsprechung[5] und ohne sich mit ihr auseinanderzusetzen hat der BGH entschieden, ein Mieter dürfe während der lau-

---

[1] Eckert, „Mietvertragsdurchführung und -abwicklung mit dem Zwangsverwalter", im Archiv des Mietgerichtstags unter www.mietgerichtstag.de/mietgerichtstag_2008.php.
[2] BGH v. 20.12.2007 – IX ZR 132/06, NZM 2008, 203.
[3] Gesetz über die Zwangsversteigerung und Zwangsverwaltung vom 14.3.1897, RGBl 97.
[4] Wedekind/Wedekind, ZfIR 2009, 276.
[5] S. hierzu oben V. 1. b) aa); BGH, Urt. v. 20.9.1978 – VIII ZR 2/78, ZZ 1978, 799 ff. = WuM 1979, 101 ff. = Rpfleger 1979, 53 ff. = WM 1978, 1326 ff.

fenden Zwangsverwaltung gegenüber dem Zwangsverwalter die Miete zurückbehalten, um die Anlage der fehlenden Kaution zu erzwingen[1]. Diese Rechtsprechung ist misslich. Sie steht nicht im Einklang mit dem Ziel der Zwangsverwaltung, maximale Erträge für die Gläubiger zu erzielen. Die Erträge kommen so nicht den Gläubigern zu, sondern den Mietern. Werden keine oder nicht ausreichende Erträge erzielt, sind die Gläubiger, wenn sie nicht die Einstellung der Zwangsverwaltung riskieren möchten, auf Anforderungen des Gerichts verpflichtet, Vorschüsse zu leisten, aus denen die fehlenden Kautionen bereitgestellt werden, § 161 Abs. 3 ZVG.

Einstweilen frei. 133–135

cc) Abrechnung und Herausgabe der Kaution

Ist das Mietverhältnis beendet und hat der Mieter vor der Beschlagnahme die Kaution an den Vermieter geleistet, muss der Zwangsverwalter gegenüber dem Mieter die Kaution abrechnen und etwaige **Guthaben** auch dann **erstatten**, wenn er die Kaution nicht erhalten hat, § 566a BGB[2]. Der Zwangsverwalter einer Wohnung muss die Kaution allerdings nur dann abrechnen und herausgeben, wenn den Vermieter, also den Zwangsverwaltungsschuldner, diese Pflicht getroffen hätte[3]. 136

In einem Fall, in dem der Zwangsverwaltungsschuldner das Grundstück **vor dem 1.9.2001** erworben hatte und nicht klar war, ob ihm der Voreigentümer des Grundstücks die Kaution übergeben hatte, wendete der BGH § 572 S. 2 BGB a.F. an und verneinte die Pflicht des Zwangsverwalters auf Herausgabe der Kaution[4]. 137

dd) Risiko für den Mieter, wenn eine nicht vorhandene Kaution bereitgestellt werden muss

Muss ein Zwangsverwalter während eines laufenden Mietverhältnisses eine Kaution auffüllen oder nach einem beendetem Mietverhältnis eine Kaution herausgeben, die er nicht erhalten hat, entnimmt er die Mittel hierfür aus den Erträgen. Gibt es keine oder nur unzureichende Erträge, muss er von den Gläubigern **Vorschüsse** hierfür anfordern, § 161 Abs. 3 ZVG. Leisten die Gläubiger die Vorschüsse nicht, kann die Zwangsverwaltung durch das Gericht aufgehoben werden, § 161 Abs. 3 ZVG. Auch wenn es sich bei § 161 Abs. 3 ZVG um eine Kann-Vorschrift handelt: Die **Einstellung des** 138

---

1 BGH, Urt. v. 23.9.2009 – VIII ZR 336/08, WuM 2009, 668 ff. = NJW 2009, 3505; *Walke*, JurisPR-MietR 23/2009 Anm. 4.
2 BGH v. 16.7.2003 – VIII ZR 11/03, NJW 2003, 3342 = NZM 2003, 849 = ZMR 2003, 903. In der Insolvenz wäre dies nicht der Fall, wenn die Kaution nicht vom Vermögen des Vermieters getrennt angelegt war, s. BGH v. 20.12.2007 – IX ZR 132/06, WPM 2008, 367.
3 BGH v. 9.3.2005 – VIII ZR 381/03, NJW-RR 2005, 962 = NZM 2005, 639 = WuM 2005, 404.
4 BGH v. 9.3.2005 – VIII ZR 381/03, NJW-RR 2005, 962 = NZM 2005, 639 = WuM 2005, 404.

Verfahrens durch das Gericht ist die Regel, wenn die Vorschüsse nicht gezahlt werden.

139 Die Gläubiger werden die angeforderten Vorschüsse nicht zahlen und die Beendigung der Zwangsverwaltung in Kauf nehmen, wenn sie über die erforderlichen Mittel nicht verfügen oder wenn die Zwangsverwaltung wegen der zu leistenden Vorschüsse für sie unwirtschaftlich zu werden droht.

140 Bevor ein Mieter Ansprüche geltend macht, die sich möglicherweise nur über Vorschüsse der Gläubiger befriedigen lassen, empfiehlt es sich deshalb, ihn darüber zu informieren, dass er die Einstellung der Zwangsverwaltung riskiert. Die Zwangsverwaltung kann auch **für den Mieter vorteilhaft** sein, wenn das Objekt zuvor vernachlässigt war: Der Zwangsverwalter sorgt für die notwendige Instandhaltung. Er muss die Mietverträge, an die er gebunden ist, erfüllen und die laufenden Kosten der Immobilie bestreiten. Diese Vorteile könnten dem Mieter verloren gehen, wenn die Zwangsverwaltung aufgehoben wird.

ee) Anspruch auf Anlage der Kaution durchsetzen, wenn Mieter beabsichtigt, Objekt zu erwerben

141 Beabsichtigt der Mieter, das zwangsverwaltete Objekt zu erwerben, sollte sein Anspruch auf ordnungsgemäße Anlage der ehemals geleisteten Kaution während der Zwangsverwaltung durchgesetzt werden[1]. Denn ist die Kaution abhanden gekommen und wird sie während der Zwangsverwaltung nicht wieder aufgefüllt, wird sie sich später kaum mehr beschaffen lassen: Der vormalige Vermieter ist meist nicht mehr auffindbar und voraussichtlich auch nicht solvent. Nach Ende der Zwangsverwaltung können Ansprüche aus dem Mietverhältnis grundsätzlich nicht mehr gegenüber dem Zwangsverwalter geltend gemacht werden.

b) Abrechnung der Betriebskosten

aa) Für zurückliegende Zeiträume

142 Der Zwangsverwalter muss die Betriebskosten auch für solche Zeiträume abrechnen, die **vor seiner Bestellung** liegen, wenn die Abrechnung nicht erteilt, aber fällig ist, insbesondere, wenn Nachforderungen von der Beschlagnahme erfasst sind[2]. Für den Anspruch des Mieters auf Abrechnung kommt es nicht darauf an, ob ein etwaiges Guthaben aus einer noch nicht erteilten Betriebskostenabrechnung in den Zeitraum der Beschlagnahme fällt. Der Mieter kann für alle noch nicht abgerechneten Zeiträume vom Zwangsverwalter Abrechnung verlangen[3].

---

1 S. hierzu AG Frankfurt/M. v. 3.8.2005 – 33 C 4284/04-28 n.v.
2 BGH v. 26.3.2003 – VIII ZR 333/02, NJW-RR 2005, 962 = NZM 2005, 639 = WuM 2005, 404.
3 BGH v. 9.3.2005 – VIII ZR 330/03, NJW-RR 2005, 1029 = NZM 2005, 596: Der Zwangsverwalter tritt in alle Pflichten des Vermieters aus dem Mietvertrag ein.

Eine neuere **Gegenauffassung** meint jedoch, die Abrechnungspflicht solle sich an der in § 112.3 Abs. 2 BGB genannten Zeitspanne ausrichten[1]. Habe ein Mieter jahrelang nicht auf Abrechnung der Betriebskosten gedrungen oder sich mit der Einbehaltung der laufenden Nebenkostenvorauszahlungen zufrieden gegeben, gebe es keinen Grund, ihm einen zusätzlichen Abrechnungspflichtigen und gegebenenfalls Rückzahlungsschuldner zu geben[2].

bb) Auszahlung von Guthaben

Guthaben aus den Abrechnungen hat der Zwangsverwalter auszuzahlen, auch wenn ihm die **Vorauszahlungen** für die abzurechnenden Zeiträume **nicht zugeflossen sind**[3].

Fraglich ist jedoch, ob er auch solche Guthaben auszahlen muss, die aus Abrechnungen stammen, die noch der **Vermieter**, also der Zwangsverwaltungsschuldner, vorgenommen hat[4]. Dafür spricht, dass der Zwangsverwalter Nachzahlungen aus solchen Abrechnungen einfordern könnte, er andererseits also auch die Guthaben auszahlen müsste. Abgesehen davon hat der BGH die Schmälerung der Masse durch die Auszahlung von Guthaben ausdrücklich bejaht. Zudem sind die Aufrechnungsmöglichkeiten des Mieters in der Zwangsverwaltung eingeschränkt. Gegen die Auszahlungspflicht spricht, dass der BGH die Rückzahlungslast der Abrechnungspflicht hat folgen lassen[5]. Wenn der Zwangsverwaltungsschuldner die Abrechnung vorgenommen hat, bliebe er auch zur Auszahlung des Guthabens verpflichtet.

cc) Reaktionsmöglichkeit, wenn der Zwangsverwalter nicht abrechnet

Erteilt der Zwangsverwalter die Abrechnung nicht, kann der Mieter bei angeordneter Zwangsverwaltung die **Betriebskostenvorauszahlungen zurückbehalten**. Betriebskostenvorauszahlungen zurückzubehalten, ist ihm gestattet und verstößt nicht gegen §§ 392, 1125 BGB, weil das Zurückbehalten allein dazu dient, Druck auf den Zwangsverwalter auszuüben, um die Erteilung der Abrechnung zu erzwingen. Endet das Mietverhältnis nach Anordnung der Zwangsverwaltung, kann der Mieter Rückzahlung der

---

A.A. AG Lichtenberg, GE 2005, 493: Keine Abrechnungspflicht für länger zurückliegende Zeiträume, wenn keine Nachzahlungspflicht des Mieters ersichtlich ist.
1 H/W/F/H, § 6 Rz. 29; *Stöber*, § 152 ZVG Anm. 12.9.
2 *Eckert*, „Mietvertragsdurchführung und -abwicklung mit dem Zwangsverwalter", dort 7. a) bb), Mietgerichtstag 2008, zu finden im Archiv des Mietgerichtstags unter www.mietgerichtstag.de/mietgerichtstag_2008.php.
3 Müssen hierfür Gläubigervorschüsse angefordert werden, weil die Erträge der Zwangsverwaltung nicht ausreichen, besteht die Gefahr, dass die Zwangsverwaltung eingestellt wird, wenn die Vorschüsse nicht geleistet werden, vgl. *Rz. 138*.
4 Zu dieser Problematik insgesamt *Eckert*, „Mietvertragsdurchführung und -abwicklung mit dem Zwangsverwalter", dort 7. a) bb), Mietgerichtstag 2008, zu finden unter www.mietgerichtstag.de/mietgerichtstag_2008.php.
5 BGH v. 2.3.2003 – VI ZR 33/02, NJW 2003, 2320.

von ihm geleisteten Vorauszahlungen verlangen[1], um zu erreichen, dass abgerechnet wird.

dd) Verschulden des Zwangsverwalters bei Versäumung der Abrechnungsfrist

147 In der Praxis macht es den Zwangsverwaltern Schwierigkeiten, Betriebskostenabrechnungen für Zeiträume vor der Beschlagnahme zu erstellen[2]. Häufig liegen die Unterlagen und Angaben, die er für die Abrechnung benötigt, nicht vor. Ist der Schuldner nicht mehr zu erreichen oder nicht kooperativ, kann der Verwalter die Abrechnung oftmals nicht fertigen. In diesen Fällen ist es ratsam, sich mit ihm gütlich zu einigen. Gegebenenfalls kann auf der Basis der letzten Betriebskostenabrechnung der Verbrauch geschätzt und abgerechnet werden.

148 Weil Zwangsverwalter meist Schwierigkeiten haben, die erforderlichen Angaben und Unterlagen für die Betriebskostenabrechnung erhalten, ist fraglich, ob Zwangsverwalter für sich einen erleichterten **Verschuldensmaßstab** in Anspruch nehmen können, wenn sie die Abrechnungsfrist versäumen. Grundsätzlich wird man dies wohl nicht annehmen können, selbst wenn die Beschlagnahme kurz vor Ablauf der Abrechnungsfrist erfolgt[3]. Dadurch, dass die Zwangsverwaltung beantragt wurde, können Mieterrechte nicht beschnitten werden. Versäumt der Zwangsverwalter die Abrechnungsfrist, treten damit in der Regel die vorgesehenen mietrechtlichen Folgen ein.

149 Eine **Haftung des Zwangsverwalters** gegenüber den Verfahrensbeteiligten wegen des Versäumens der Abrechnungsfrist scheidet aus, wenn er alles getan hat, um dem Mieter die Abrechnung rechtzeitig zukommen zu lassen[4]. Hierfür ist er beweispflichtig.

ee) Abrechnung nach Aufhebung der Zwangsverwaltung

150 Endet die Zwangsverwaltung durch Rücknahme oder auch, weil das Objekt versteigert, freihändig veräußert oder die Gläubiger befriedigt wurden, ist der **Zwangsverwalter nicht** mehr **zur Abrechnung** der Nebenkosten des laufenden Abrechnungszeitraums **verpflichtet**. Diese Verpflichtung trifft den dann zuständigen Vermieter und zwar auch, wenn der Zwangsverwalter die Vorauszahlungen eingezogen hat[5]. Der Ersteher kann vom Zwangs-

---

1 BGH v. 9.3.2005 – VIII ZR 57/04, NJW 2005, 1499 = NZM 2005, 373 = WuM 2005, 337.
2 *Haut*, Rpfleger 2003, 602 ff.
3 AG Dortmund, v. 19.11.2007 – 435 C 7858/07, WuM 2007, 697.
4 Für den Zwangsverwalter soll aber selbst dann kein erleichterter Verschuldensmaßstab gelten, wenn die Beschlagnahme des Grundstücks kurz vor Ablauf der Abrechnungsfrist erfolgte, s. AG Dortmund v. 19.11.2007 – 425 C 7858/07, WuM 2007, 697 = NJW-Spezial 2008, 67.
5 *Drasdo*, NJW 2005, 1549, 1552; *Stöber*, § 152 ZVG Anm. 12.9.

verwalter die vor dem Zuschlag vereinnahmten und nicht verbrauchten Nebenkostenvorauszahlungen herausverlangen[1].

Kritisiert wird an der vorgenannten Entscheidung des BGH, dass die Herausgabepflicht nicht für nicht verbrauchte Nebenkosten gelten könne, die vor Zuschlagserteilung an den Zwangsverwalter gezahlt wurden. Diese gehörten zum beschlagnahmten Vermögen, woran die Erteilung des Zuschlags nichts ändere. Auch beim Vermieter würden die Nebenkostenvorauszahlungen kein treuhänderisch gebundenes Sondervermögen darstellen. Sie könnten dort ohne weiteres gepfändet werden[2].   151

Hat ein Eigentümerwechsel stattgefunden, ist der neue Eigentümer nur für den bereits angefangenen Abrechnungszeitraum abrechnungspflichtig, nicht für schon beendete[3]. Beendete Abrechnungszeiträume muss abrechnen, wer damals die Vermieterposition inne hatte.   152

VI. Mietverträge, die während der Zwangsverwaltung geschlossen werden

1. Pflicht des Zwangsverwalters zur optimalen Nutzung des Objekts

Weil der Zwangsverwalter **verpflichtet** ist, die **Nutzungen** aus dem zwangsverwalteten Objekt zu **ziehen**, ist er verpflichtet, für dessen Vermietung oder Verpachtung zu sorgen. Dass es Fälle gibt, in denen auf Veranlassung der die Zwangsverwaltung betreibenden Gläubiger keine Neuvermietungen oder -verpachtungen vorgenommen werden, damit sich die Zwangsversteigerung überhaupt oder mit einem besseren Erlös bewerkstelligen lässt, steht damit nicht in Einklang, gehört aber leider in Einzelfällen auch zur Praxis[4].   153

2. Hinweise und Form nach § 6 ZwVwV

Schließt der Zwangsverwalter während der Zwangsverwaltung neue Miet- oder Pachtverträge, ist § 6 ZwVwV zu beachten: 154

Der Zwangsverwalter hat Miet- und Pachtverträge **schriftlich** zu schließen, § 6 Abs. 1 ZwVwV. Im **Rubrum** des Mietvertrages ist er auf Vermieterseite in seiner Funktion als Zwangsverwalter genannt. Im Übrigen muss er in den Mietvertrag die in § 6 Abs. 2 Ziffern 1 bis 3 ZwVwV genannten **Hin-**   155

---

1 BGH v. 11.10.2007 – IX ZR 156/06, NZM 2008, 100–102 = MietRB 2008, 41, mit Anmerk. *Walke* = RPfleger 2008, 9 mit Anmerk. *Engels* = ZfIR 2008, 27 mit Anmerk. *Eckert*.
2 *Keller*, ZfIR 2008, 352, 252 m.w.N.
3 BGH v. 3.12.2003 – VIII ZR 168/03, NJW 2004, 851.
4 OLG Köln v. 25.6.2007 – 2 U 39/07, IGZInfo 2/2008, 93 = OLG-Report 2008, 333: der Fall betrifft die Schadenersatzpflicht eines Zwangsverwalters, der nicht bemerkte, dass der Schuldner während der Zwangsverwaltung eine Wohnung vermietet hat.

weise aufnehmen. Werden die Hinweise nach § 6 ZwVwV nicht aufgenommen oder wird der Mietvertrag nicht schriftlich geschlossen, ist er gleichwohl **wirksam**, sofern für seine Wirksamkeit nicht anderweitig zwingend Schriftform vorgesehen ist.

3. Schutz des Gewerberaummieters für den Fall der Versteigerung des Objekts

156 Wer von einem Zwangsverwalter Gewerberaum anmieten möchte, sollte im Blick behalten, dass eine Vielzahl von Zwangsverwaltungsverfahren mit der Versteigerung des Objekts endet.

157 Während ein Wohnraummieter gegen das Sonderkündigungsrecht des Erstehers, § 57a ZVG, hinreichend geschützt ist, weil es nur zum erstmöglichen Kündigungstermin ausgeübt werden kann und nach § 573d Abs. 1 BGB außerdem ein Kündigungsgrund erforderlich ist (vgl. *Rz. 158*)[1], trifft den **Gewerberaummieter** das Kündigungsrecht des Erstehers **ohne jeden Schutz**. Ein Gewerberaummieter kann gegen die vorzeitige Beendigung des Mietverhältnisses aufgrund der Versteigerung beispielsweise wie folgt geschützt werden:

– Mit den die Zwangsverwaltung betreibenden Gläubigen wird vereinbart, dass sie darauf verzichten, einen Versteigerungsantrag zu stellen. – Ob alle Gläubiger dem zustimmen ist allerdings ebenso ungewiss wie die Aussicht, ob sie sich an die Zusage halten.

– Der Mieter akzeptiert den Hinweis nach § 6 Abs. 2 ZwVwV, der umfangreich Rechte des Mieters wegen der Versteigerung ausschließt, im Mietvertrag. Dafür lässt er sich von den die Zwangsverwaltung betreibenden Gläubigern von allen Risiken einer möglichen Zwangsversteigerung freistellen.

– Der Zwangsverwalter verzichtet mit Zustimmung des Gerichts auf den Hinweis nach § 6 ZwVwV im Mietvertrag und lässt sich von den die Zwangsverwaltung betreibenden Gläubigern haftungsrechtlich freistellen.

– Der Mieter wird durch ein grundbuchlich vorrangiges Recht, z.B. einen Nießbrauch oder ein Wohnrecht, gesichert. Dieses Recht kann allerdings nur durch den Schuldner mit Zustimmung aller anderen grundbuchlich gesicherten Gläubiger, die entsprechend zurücktreten müssten, eingetragen werden[2].

4. Schutz des Wohnraummieters für den Fall der Versteigerung

158 Gegen das Sonderkündigungsrecht des Erstehers, § 57a ZVG, ist der Wohnraummieter schon durch **§ 573d Abs. 1 BGB** (vgl. dazu *J Rz. 294 f.*) hinreichend geschützt.

---

1 BGHZ 84, 90, 100; BayObLG, Rpfleger 1992, 531, 533.
2 S. auch H/W/F/H, § 6 ZwVwV, Rz. 20.

Ein anderes Problem taucht jedoch auf, wenn **parallel** zum Zwangsverwaltungsverfahren das **Zwangsversteigerungsverfahren** betrieben wird: Die Zwangsverwaltung endet nicht automatisch mit dem Zuschlagsbeschluss in der Zwangsversteigerung, sondern erst durch Aufhebung durch das Gericht. Ob ein Zwangsverwalter nach dem Zuschlagsbeschluss und vor Aufhebung des Zwangsverwaltungsverfahrens noch Miet- oder Pachtverträge schließen darf, hat der BGH dahinstehen lassen[1]. Wird der Miet- oder Pachtvertrag jedenfalls zeitlich nahe vor dem Zuschlag bzw. dem Zuschlagsbeschluss geschlossen, steht der Mieter im Fall einer erfolgreichen Versteigerung nur unter dem Schutz der §§ 57, 57a ZVG, wenn er darlegen kann, dass er im Zeitpunkt des Zuschlags ein Recht zum Besitz hatte bzw. er Anhaltspunkte darlegen kann, die sein Recht zum Besitz nahe legen[2].

159

Der BGH hat dies in einem Fall verneint, in dem ein Mietvertrag mit dem Zwangsverwalter nach dem Zuschlagsbeschluss geschlossen, aber auf einen Zeitpunkt vor dem Zuschlagsbeschluss rückdatiert worden war. Mieter waren in diesem Fall die Zwangsverwaltungsschuldner, die das Objekt während der Zeit der Zwangsverwaltung bewohnt hatten[3]. Der Mieter ist also für den Fall der Versteigerung nur geschützt, wenn der Miet- oder Pachtvertrag mit dem Zwangsverwalter nachweislich vor dem Zuschlagsbeschluss zustande gekommen ist.

160

VII. Beratung des Vermieters

1. Der Vermieter ist als Schuldner geschützt

In den meisten Fällen wird der von der Zwangsverwaltung betroffene Vermieter der Zwangsverwaltungsschuldner sein[4]. Seine Beratung wird sich maßgeblich darauf richten, seine **Rechte als Schuldner** zu schützen, d.h. zu überwachen, dass der Zwangsverwalter das Objekt erhält und weder das Objekt noch seine Nutzung wesentlich ändert. Auch darf der Zwangsverwalter anderweitig keine Verfügungen treffen, die die Rechte des Schuldners über das erforderliche Maß hinaus beeinträchtigen, z.B. ohne Not langfristige Mietverträge schließen etc.

161

Zur Beratung des betroffenen Vermieters gehört es allerdings ebenso, mit dem Zwangsverwalter sachgerecht **zusammenzuarbeiten**. Denn die Zwangsverwaltung dient letztlich auch dazu, die Schulden des Vermieters nicht weiter anwachsen zu lassen. Möglicherweise können sie sogar vermindert werden.

162

---

1 BGH v. 27.2.2004 – IXa ZB 269/03, NZM 2004, 478 = WuM 2004, 297 = Rpfleger 2004, 368.
2 BGH v. 27.2.2004 – IXa ZB 269/03, NZM 2004, 478 = WuM 2004, 297 = Rpfleger 2004, 368.
3 BGH v. 27.2.2004 – IXa ZB 269/03, NZM 2004, 478 = WuM 2004, 297 = Rpfleger 2004, 368.
4 Eine Ausnahme ist beispielsweise der Nießbraucher, vgl. *Rz.164*.

2. Wer kann als Vermieter von der Zwangsverwaltung betroffen sein?

163 Der Zwangsverwalter ist nur an Mietverträge gebunden, in denen der Zwangsverwaltungsschuldner, der Eigenbesitzer, § 147 ZVG, oder der Nießbraucher Vermieter ist und bei denen der Mieter im Zeitpunkt der Beschlagnahme bereits die Miträume in Besitz hatte. Alle anderen Fälle erfasst § 152 Abs. 2 ZVG nicht[1].

a) Sonderfall: Der Nießbraucher als Vermieter

164 Den Nießbraucher als Vermieter betrifft die Zwangsverwaltung, wenn der Nießbrauch dem Recht eines dinglichen Gläubiger des Eigentümers des Grundstücks **nachrangig** im Grundbuch eingetragen ist und der dingliche Gläubiger die Vollstreckung gegen den eingetragenen Eigentümer betreibt[2]. Der **Nießbraucher verliert** dadurch seine **Vermieterrechte**.

165 Aufgrund seiner vorrangigen Stellung im Grundbuch kann der dingliche **Gläubiger** einen **Duldungstitel gegen den Nießbraucher** erwirken. Damit ist der vorrangige dingliche Gläubiger berechtigt, den Nießbraucher aus dem Besitz zu setzen und die Mieten einzuziehen, die dem Nießbraucher aus dem von ihm geschlossenen Mietvertrag zustehen[3].

166 Ist nicht der dingliche Gläubiger, sondern der **Nießbrauch vorrangig** eingetragen, kann der dingliche Gläubiger zwar die Zwangsverwaltung beantragen, jedoch nicht mit der Folge, dass er dadurch auf die Mieten aus dem Mietverhältnis des Nießbrauchers zugreifen kann. Die Zwangsverwaltung bleibt dann erfolglos und dient allenfalls dazu, das Grundstück und seine Nutzung durch den Nießbrauchsberechtigten zu überwachen. Der dingliche Gläubiger kann dann nur die Rechte ausüben, die der Eigentümer gegen den Nießbraucher geltend machen könnte[4].

3. Schutz des Bestands des Objekts und seiner Nutzung

167 Durch die Beschlagnahme ist der Zwangsverwaltungsschuldner, abgesehen von einem Wohnrecht an für ihn und seine Familienangehörigen unentbehrlichen Räumen, § 149 Abs. 1 ZVG, nicht mehr befugt, das Objekt zu verwalten und zu benutzen, § 148 Abs. 2 ZVG. Der Zwangsverwalter ist dafür verantwortlich, das Objekt in seinem Bestand und seiner Nutzung zu erhalten. Er darf es nicht wesentlich umgestalten oder dauerhaft einer anderen Nutzung zuführen, § 5 Abs. 1 ZwVwV.

---

[1] BGH v. 26.9.1985 – IX ZR 88/84, Rpfleger 1986, 26 = MDR 1986, 140 = NJW 1986, 2438.
[2] BGH v. 26.9.1985 – IX ZR 88/84, Rpfleger 1986, 26 = MDR 1986, 140 = NJW 1986, 2438.
[3] BGH v. 13.3.2003 – IXa ZB 46/03, ZfIR 2003, 883; BGH v. 13.3.2003 – IXa ZB 45/03, NZM 2003, 490.
[4] *Stöber*, § 146 ZVG Rz. 11.8.

a) Keine Weisungsbefugnis gegenüber dem Zwangsverwalter

Der Vermieter ist dem Zwangsverwalter gegenüber nicht weisungsbefugt. Reagiert der Zwangsverwalter auf Beanstandungen oder Hinweise nicht, sollte das **Vollstreckungsgericht** gebeten werden, dem Zwangsverwalter entsprechende Weisungen zu erteilen, § 1 Abs. 1 S. 2 ZwVwV. Bleibt dies ohne Erfolg, muss gegebenenfalls gerichtlicher Rechtsschutz in Anspruch genommen werden, um die Rechte des vermietenden Zwangsverwaltungsschuldners zu sichern.

168

b) Umbau oder Fertigstellung eines Objekts zum Zweck der Vermietung

Sofern kleinere Um- oder Ausbauarbeiten erforderlich sind, um die Räume vermieten oder verpachten zu können, wie zum Beispiel der Einbau eines Bades oder eines gesonderten Zugangs, wird der Zwangverwalter, insbesondere, wenn er sich diesbezüglich mit dem Gericht abgestimmt hat, hierzu berechtigt sein. Maßstab dafür, ob der Zwangsverwalter für eine Maßnahme die Zustimmung des Gerichts einholen muss, ist § 10 ZwVwV.

169

c) Verbot der Veränderung des Gesamtcharakters des Objekts

Nicht berechtigt ist der Zwangsverwalter allerdings, ein beschlagnahmtes Gebäude durch Umbau nachhaltig zu verändern oder in die ihm durch den Schuldner zugedachte Nutzung so einzugreifen, dass die wirtschaftliche Beschaffenheit des Gebäudes in ihrem Gesamtcharakter berührt wird. Derartige Vorhaben sind auch durch das Gericht nicht genehmigungsfähig, §§ 5 III, 10 ZwVwV[1].

170

d) Schutz des Mietobjekts

Zum Schutz des Objekts gehört, dass der Zwangsverwalter die notwendigen Reparatur- und **Instandsetzungsmaßnahmen** veranlasst. Unberechtigte Nutzer hat der aus dem Besitz zu setzen. Den **Zustand** des Objektes muss er ständig **überwachen** oder durch geeignete Mitarbeiter überwachen lassen[2].

171

Es reicht beispielsweise nicht aus, wenn ein Zwangsverwalter, der durch einen Hausverwalter darauf aufmerksam gemacht wird, dass der Mieter der zwangsverwalteten Wohnung diese vermüllt und verkommen lässt, mit dem Mieter korrespondiert und ihn abmahnt. Der Zwangsverwalter muss etwaige Gefahren für die ihm anvertraute Wohnung durch Feststellungen vor Ort aufklären. War der Zwangsverwalter nicht vor Ort und lässt sich später deshalb nicht aufklären, welche Schäden durch rechtzeitiges

172

---

[1] BGH v. 10.12.2004 – IXa ZB 231/03, NZM 2005, 156 = MDR 2005, 653 = ZfIR 2005, 886 ff. mit Anmerk. *Hawelka* S. 889 ff.
[2] OLG Köln v. 25.6.2007 – 2 U 39/07, IGZInfo 2/2008, 93 ff.

Eingreifen des Zwangsverwalters hätten vermieden werden können, geht dies zulasten des Zwangsverwalters[1].

e) Abschluss langfristiger Mietverträge

173 An Mietverträge, die der Zwangsverwalter schließt, ist der Schuldner gebunden, wenn die Zwangsverwaltung endet und dem Schuldner das Objekt zurückgegeben wird. Langfristig geschlossene Mietverträge können daher die Schuldnerinteressen beeinträchtigen, weil der Schuldner über absehbare Zeit nicht über das Objekt verfügen kann.

174 Die bis zum **31.12.2003** geltende Zwangsverwalterverordnung[2] sah deshalb vor, dass Mietverträge durch den Zwangsverwalter längstens auf sechs Monate befristet geschlossen werden dürfen. Eine entsprechende Vorschrift ist in der **aktuell geltenden Zwangsverwaltungsverordnung** nicht mehr enthalten, auch weil sie gegen § 575 BGB verstoßen würde. Der Zwangsverwalter darf deshalb – auch ohne Zustimmung des Gerichts – langfristige Mietverträge schließen, wenn sich eine Vermietung anders nicht bewerkstelligen lässt. Dies wird häufig bei Gewerbeimmobilien der Fall sein.

175 Wird bekannt, dass der Zwangsverwalter einen Mietvertrag mit langer Laufzeit schließen möchte und sieht der Schuldner und bisherige Vermieter hierdurch seine Interessen beeinträchtigt, ist es ratsam, das Gericht über den Vorgang zu informieren und zu versuchen, sich mithilfe des Gerichts mit dem Zwangsverwalter abzustimmen.

176 Ohne weiteres ist der Zwangsverwalter nicht verpflichtet, das Gericht über die von ihm beabsichtigte Vermietung zu informieren oder eine gerichtliche Zustimmung einzuholen, § 10 ZwVwV. Kommt eine Einigung nicht zustande, muss gegebenenfalls gerichtliche Hilfe in Anspruch genommen werden.

4. Mitwirkung des Vermieters/Herausgabe von Unterlagen

177 Unterlagen, die zu den Miet- und Pachtverträgen oder anderweitig zu dem durch die Zwangsverwaltung beschlagnahmten Vermögen gehören, muss der Vermieter dem Zwangsverwalter herausgeben. Der Zwangsverwalter wäre anderenfalls berechtigt, mit dem **Anordnungsbeschluss als Titel die Herausgabevollstreckung** gegen den Vermieter zu betreiben.

178 Sofern ihm dies möglich ist, sollte der vermietende Zwangsverwaltungsschuldner dem Zwangsverwalter alle Informationen zur Verfügung stellen, die dieser benötigt, um die Miet- und Pachtverhältnisse geordnet weiterzuführen und abzuwickeln. Der geordnete und sachgerechte Ablauf der Zwangsverwaltung liegt auch im Interesse des Schuldners.

---

1 BGH v. 23.6.2005 – IX ZR 419/00, NZM 2005, 700 = WuM 2005, 597 = Rpfleger 2005, 616.
2 Verordnung über die Geschäftsführung und Vergütung des Zwangsverwalters vom 16.2.1970 (BGBl. I S. 185).

P. Das Mietverhältnis in der Insolvenz

Rz.

I. Grundzüge des Insolvenzrechts aus mietrechtlicher Sicht 1
1. Einleitung des Verfahrens 6
   a) Antrag 6
   b) Insolvenzgründe 10
   c) Antragsvorbereitung und taktische Überlegungen.... 13
   d) Prüfung durch den Sachverständigen 16
   e) Entscheidung des Insolvenzgerichts 22
2. Vorläufige Insolvenzverwaltung................... 26
   a) Vorläufige Sicherungsmaßnahmen 27
   b) Vorläufiger Insolvenzverwalter................... 28
   c) Masseverbindlichkeiten im Eröffnungsverfahren 31
      aa) Starker vorläufiger Verwalter 32
      bb) Schwacher vorläufiger Verwalter 33
      cc) Vermieterpfandrecht... 39
      dd) Zahlungszusagen 40
   d) Sinn der vorläufigen Verwaltung 43
   e) Grenzen der vorläufigen Verwaltung 45
   f) Auswirkung auf anhängige Prozesse 46
   g) Gläubigerausschuss im vorläufigen Verfahren?..... 47
   h) Abschluss der vorläufigen Insolvenzverwaltung 48
   i) Dauer der vorläufigen Insolvenzverwaltung 50a
3. Das eröffnete Verfahren 51
   a) Der Insolvenzverwalter 51
      aa) Beteiligte des Verfahrens 51
      bb) Aufgaben und Befugnisse 55
         (1) Betriebsfortführung.... 56
         (2) Absonderungsrechte des Vermieters 58
         (3) Verwertungsbefugnis... 60
         (4) Pflichten der Gläubiger. 61

Rz.

(5) Abwicklung oder Sanierung 63
b) Einteilung der Mieter oder Vermieter als Gläubiger 65
   aa) Insolvenzgläubiger 66
      (1) Anmeldung der Forderung 67
      (2) Feststellungsklage 69
   bb) Massegläubiger 71
      (1) Kosten des Verfahrens... 72
      (2) Sonstige Masseverbindlichkeiten, §§ 55, 209, 322 InsO 73
         (a) Zahlungszusagen 74
         (b) Inanspruchnahme von Leistungen durch den Verwalter 77
         (c) Berücksichtigung von Amts wegen........... 78
         (d) Massearmut/Masseunzulänglichkeit 81
c) Allgemeine Wirkungen der Verfahrenseröffnung 85
   aa) Besitz und Inventarisierung 85
   bb) Drittrechte 86
   cc) Rechtshandlungen nach Eröffnung 87
d) Kostenbeiträge der Gläubiger 91
e) Miet-, Arbeits- und Dienstverhältnisse................ 95
   aa) Beendete Rechtsgeschäfte................ 96
   bb) Fortbestehende Verträge . 97
      (1) Arbeitsverträge 97
      (2) Mietverträge 98
      (3) Gesellschaftsverträge ... 99
      (4) Wahlrechte............. 100
f) Insolvenzanfechtung........ 101
   aa) Zeiträume............. 103
   bb) Benachteiligungen 105
   cc) Erscheinungsformen 107
      (1) Vorsätzliche Benachteiligung 108
      (2) Schenkungsanfechtung.. 109
      (3) Krisenanfechtung 110
      (4) Unmittelbarer Nachteil . 113
   dd) Ausübung der Anfechtung 114
   ee) Rechtsfolgen der Anfechtung 115

	Rz.		Rz.
g) Berichts- und Prüfungstermin	116	e) Kündigungsmöglichkeiten des Vermieters	173
aa) Fristen und Termine	116	aa) Zahlungsverzug, Kündigungssperre	173
bb) Berichtstermin	117	(1) Nutzung durch den vorläufigen Verwalter	174
cc) Abwahl oder Bestätigung des Verwalters	120	(2) Nebenleistungspflichten des Vermieters	176
dd) Prüfung der angemeldeten Forderungen	121	(3) Noch nicht überlassene Miträume	177
ee) Prüfungsvermerke	122	bb) Verzug nach Antragstellung	178
4. Verwertung und Verteilung der Insolvenzmasse	124	f) Einvernehmliche Vertragsbeendigung während der vorläufigen Verwaltung	179
a) Verwertung der Masse	124	g) Prozessuale Auswirkungen	181
b) Verteilung der Masse	126	4. Eröffnetes Verfahren	181
c) Verfahrensabschluss	127	a) Vertragsfortführung durch den Verwalter	181
5. Insolvenzplanverfahren	128	aa) Fortbestehen des Mietverhältnisses	181
a) Inhalt des Plans	129	bb) Rücktrittsrecht bei nicht vollzogenem Mietverhältnis	182
b) Eingriffe in Mietverhältnisse	131	cc) Qualität der Vermieterforderungen	185
c) Gang des Verfahrens	134	b) Vermieterpfandrecht	190
6. Eigenverwaltung	138	c) Sonderkündigungsrecht des Verwalters	197
7. Restschuldbefreiung	139	aa) Kündigungsfrist	198
8. Verbraucherinsolvenzverfahren	143	bb) Besonderheiten bei Masseunzulänglichkeit	199
II. Insolvenz des Gewerberaummieters	147	cc) Mietermehrheit	202
1. Überlegungen bei der Beratung des Vermieters	147	dd) Kündigungsfolgeschaden	203
2. Rechtshandlungen vor Antragstellung	148	ee) Freigabe	207
a) Nutzungsüberlassung durch Gesellschafter	150	d) Abwicklung beendeter Mietverhältnisse	208
b) Ausübung des Vermieterpfandrechts	151	aa) Herausgabe und Nutzungsentschädigung	208
c) Anfechtbare Rechtshandlungen	152	bb) Räumung	210
d) Zwangsvollstreckungen	153	cc) Rückbau und Schönheitsreparaturen	211
3. Eröffnungsverfahren	154	dd) Mietsicherheit	213
a) Fortbestehen des Vertrages	154	e) Prozessuale Auswirkungen	214
b) Einordnung der Mietzahlungsansprüche	155	**III. Besonderheiten bei der Insolvenz des Wohnraummieters**	214
aa) „Starker" vorläufiger Insolvenzverwalter	158	1. Überlegungen bei der Beratung des Vermieters	214
bb) „Schwacher" vorläufiger Insolvenzverwalter	160	2. Fortbestehen des Vertrages, Überleitung auf den Schuldner	216
c) Vermieterpfandrecht	164		
d) Verschlechterungen der Mietsache	167		

	Rz.		Rz.
3. Kündigung von Genossenschaftsanteilen	218c	a) Fortbestehen des Mietverhältnisses	241
4. Wohnung und Gewerbe	219	aa) Gebrauchsüberlassungs- und Instandhaltungspflicht, Mietzahlung	241
5. Freigabe	220	bb) Erbringung von Nebenleistungen bei massearmen Verfahren	244
6. Insolvenzforderung und Masseverbindlichkeit	221	cc) Aufrechnungsmöglichkeiten	246
7. Kündigung durch den Vermieter	221a	dd) Abrechnung über Nebenkosten	247
8. Eigenbedarfskündigung	221e	ee) Vorausverfügungen	248
9. Abwicklung des Mietverhältnisses nach Vertragsende	224	b) Kündigungsmöglichkeiten	252
10. Anmeldung von Forderungen	226a	c) Veräußerung oder Versteigerung des Mietobjektes	253
11. Restschuldbefreiung	227	aa) Eintritt des Erwerbers/Erstehers in das Mietverhältnis	254
IV. Insolvenz des Vermieters	**228**	bb) Kündigungsmöglichkeiten des Neuvermieters	255
1. Überlegungen bei der Beratung des Mieters	228	cc) Schadensersatzanspruch des Mieters als Insolvenzforderung	257
2. Eröffnungsverfahren	230	d) Abwicklung des beendeten Mietverhältnisses	258
a) Gebrauchsüberlassung	230	aa) Rückgabe, Wegnahme von Einbauten, Verwendungsersatz	259
b) Zahlungen des Mieters	231	bb) Mietkaution	260
aa) „Schwacher" vorläufiger Verwalter	231	4. Begründung neuer Mietverhältnisse durch den Insolvenzverwalter	263
bb) „Starker" vorläufiger Verwalter	232		
c) Beendigungsmöglichkeiten	236		
d) Prozesse	238		
e) Zwangsvollstreckung	240		
3. Eröffnetes Verfahren	241		

I. Grundzüge des Insolvenzrechts aus mietrechtlicher Sicht

Insolvenzrecht ist für den Berufsstand des mietrechtlichen Beraters aktueller denn je. Der Mandant erwartet zu Recht von seinem Berater Kenntnisse der insolvenzrechtlichen Regelungen. Und auch wenn Detailkenntnisse den Spezialisten vorbehalten sind, darf ein zeitgemäßer Berater sich dem Rechtsgebiet der InsO so wenig verweigern, wie beispielsweise dem für ihn selbstverständlichen Verständnis der Regelungen der ZPO, StPO oder VerwGO. 1

Der internationale Bankenkollaps und die sich anschließende Wirtschaftskrise – international wie national –, gefolgt von Insolvenzen scheinbar unantastbarer Konzerne und Großunternehmen und zukünftig mit an Sicherheit grenzender Wahrscheinlichkeit auch zahlreicher mittelständischer Betriebe und – zwangsläufig – der betroffenen Mitarbeiter (Verbraucher) werden zu einer Erweiterung des juristischen und wirtschaftlichen Beratungsbedarfs führen.

Der Berater muss beim mietrechtlichem Mandant mit Bezug zum Insolvenzrecht erkennen, welchen Charakter die Forderungen seines mietrechtlichen Mandanten in der Insolvenz der Gegenseite haben. Handelt es sich um **privilegierte Masseschulden des § 55 InsO** oder nur um **einfache Insolvenzforderungen des § 38 InsO** oder gar nur **nachrangige Forderungen des § 39 InsO**. Erstere werden zumeist in voller Höhe und vorab aus der Insolvenzmasse an den Gläubiger bezahlt. Zweitere nehmen am Insolvenzverfahren teil, werden aber meist erst bei der Schlussverteilung und allenfalls quotal befriedigt. Durch rechtsgestaltende Handlungen, wie z.B. der nicht ausgesprochenen fristlosen Kündigung bei Zahlungsverzug kann der Berater den **Charakter der Forderungen verändern**. Ihm ist es so möglich einfache Insolvenzforderungen in Masseschulden „umzuwandeln".

1a Ebenso erfährt in der Insolvenz das **Vermieterpfandrecht des § 562 BGB**, das allgemein als stumpfes Schwert betitelt wird, als **Absonderungsrecht gemäß § 50** InsO eine neue Qualität als Sicherungsmittel und damit als Begrenzung des durch die Insolvenz eingetretenen Schadens.

Weiterhin regelt die Insolvenzordnung **andere Kündigungsfristen als das BGB** oder die vertraglich vereinbarten Kauteln.

Die Kenntnis der **Aufrechnungsregelungen der § 95 ff. InsO** sind wichtig bei der Verrechnung von Betriebskosten mit rückständigen Forderungen des Vermieters und weichen erheblich von den bekannten Regelungen des BGB ab.

1b Durch die komplexen Regelungen der **Anfechtung der §§ 129 ff. InsO** erfahren auf den ersten Blick harmlose Sachverhalte, wie Vergleichsangebote oder Vorauszahlungen des Mieters, eine andere Sichtweise. Monate zurückliegende Geschäftsvorfälle von denen der Berater wusste oder sogar dazu geraten hatte, werden durch die Insolvenz des Geschäftspartners wieder aktuell und führen eventuell zu schmerzlichen Rückzahlungsverpflichtungen des Mandanten. Durch das **MoMiG** und dem Wegfall der komplizierten Grundsätze der eigenkapitalersetzenden Darlehen wurde eine zusätzliche, bislang im GmbHG geregelte, Materie eingeführt, die der mietrechtliche Berater kennen sollte.

1c Zuletzt verändert die Insolvenz des Mieters oder Vermieters auch wesentlich **anhängige Prozesse** oder **laufende Vollstreckungsmaßnahmen**. Während in der Regel diese Verfahren während der Insolvenz unterbrochen, ausgesetzt oder unzulässig sind, gilt dies zum einen nicht für alle einheitlich, wie z.B. der begonnenen **Räumungsvollstreckung** des Vermieters in der Insolvenz des Mieters, die weiter zulässig ist. Zum anderen können nach Abschluss des Insolvenzverfahrens einzelne Prozesse weitergeführt oder wieder aufgenommen werden. Letzteres kann bei späterer Versagung oder Widerruf der Restschuldbefreiung allein aus **verjährungshemmenden Gründen** sinnvoll sein.

1d Zu den gesetzlichen mietrechtlichen Regelungen der InsO und den sonstigen verfahrensrechtlichen und materiellen tritt eine umfangreiche **insol-**

venz- und mietrechtliche Rechtsprechung, deren grundlegende Kenntnis für den mietrechtlichen Berater unerlässlich ist.

– **Die Wirtschaftskrise trifft Mieter wie Vermieter**
Derzeit ist kaum ein Mandant und sein Vermögen vor den Folgen einer Insolvenz geschützt. Sei es weil die Insolvenz ihn selbst betrifft, sei es weil sein Mieter oder sein Vermieter insolvent ist oder zu werden droht.

Fest steht: Die Krise hatte ihren Ausgangspunkt bei den fehlerhaft eingeschätzten Finanzierungsrisiken von Immobiliengeschäften ausgehend von den ermittelten Immobiliarwerten. Der **tatsächliche Wert von Immobilien**, die wirtschaftliche Leistungsfähigkeit der bei dem Austausch von Leistungen involvierten Geldgebern und Geldnehmern basieren auf teils objektiv nachprüfbaren und statischen Kriterien, aber auch auf subjektiven und daher instabilen Parametern wie Hoffnungen und Prognosen. Treffen letztere nicht ein, wird der Austausch des Kapitals unterbrochen und führt zum Eintritt des ursprünglich vorhandenen Risikos bei denen, die dieses schon immer getragen haben, den Mietern und Vermietern.

Das Mietrecht ist daher dem Kreditgeschäft sehr ähnlich. Vermögen in Form von Immobilien werden von Vermietern Mietern zu deren Verfügbarkeit zur Verfügung gestellt und für die Überlassung wird ein Preis vereinbart, der sich am Wert der Immobilie, der gewollten Rendite und der wirtschaftlichen Leistungsfähigkeit des Marktes orientiert. All dies basiert auf einer Vielzahl von Parametern, die zum Teil einer objektiven Nachprüfbarkeit zugänglich sind, aber auch auf erwähnten Hoffnungen und Prognosen beruhen. Sowohl Mieter als auch Vermieter vertrauen auf die gleich bleibende wirtschaftliche Leistungsfähigkeit des jeweiligen Vertragspartners. Daraus folgt, dass der Wert von Immobilien nicht unantastbar stabil ist. Die in vielen deutschen Großstädten vorhandenen **Überkapazitäten von Gewerberäumen** sind hier ein beredtes Beispiel dieses Befundes und trotzdem nur die eine Seite der Medaille. Auf der anderen Seite wirkt sich die wirtschaftliche Leistungsfähigkeit der Immobiliennutzer auf den auf dem Markt erzielbaren Mietzins und seiner Durchsetzbarkeit aus.

Während in den letzten Jahren internationale Immobilieninteressenten – gleich ob originär oder als institutionalisierter Fond – nahezu unbegrenztes Interesse und damit beliebige wirtschaftliche Leistungsfähigkeit in Aussicht stellten, hat sich dies, wie die derzeitige Situation für jeden ersichtlich gezeigt hat, als Fehleinschätzung erwiesen. Gleichwohl bildete dieses Marktinteresse die Grundlage der Preisfindung und Verwertung von Immobilien.

Diese preisbestimmenden Hoffnungen und Prognosen richteten sich in die Zukunft, die nicht eintraf.

Stellt der Befund fest, dass die **Immobilienwirtschaft** ebenso wie das **Kreditgeschäft** auf der Hoffnung der Preisstabilität der Immobilie und der ebensolchen gleich bleibenden Leistungsfähigkeit des Nutzers basiert, ist der Bezug zum Insolvenzrecht schon hergestellt. Jetzt und in Zukunft wird die verringerte Leistungsfähigkeit des Marktes zu einer drastischen Störung bestehender Mietverträge führen. Dies wird das Beratungsfeld der Immobilienwirtschaft und damit der Mietverhältnisse entscheidend ändern und erweitern, denn **der Kredit ist die Quelle des Konkurses**.

1h Mietrecht ohne Berührung zum Insolvenzrecht kann es daher nur geben, wenn alles so bleibt wie es ist. Da dem so nicht ist, bedarf es mit der InsO eines Instrumentariums zur Regelung von Sachverhalten, die das Risiko des Vermieters, vergleichbar mit der des Kreditgebers, berücksichtigen und im besten Fall minimieren. Der Mieter, vergleichbar mit dem Kreditnehmer, verdient wiederum ebenso einen Schutz vor Risiken, die ausserhalb seiner Gestaltungssphäre liegen, nämlich der Insolvenz des Vermieters.

Mit dem **Mietrecht** und dem **Insolvenzrecht** treffen zwei Rechtsgebiete aufeinander, die dem Berater schon immer ein hohes Maß an juristischem Wissen, wirtschaftlichem Verständnis und Weitblick abverlangten. Immobilien als Mietobjekte, sei es als Gewerberaum, sei es als Wohnraum, haben für den betroffenen Mandanten immer eine große persönliche oder wirtschaftliche Bedeutung.

2 Der Mandant als **Mieter** nutzt die ihm überlassene Immobilie als Wohnraum und Mittelpunkt seines Lebens oder um dort seine – nahezu immer alleinige - wirtschaftliche Existenzgrundlage auszuüben und zu erhalten. Störungen oder der drohende Verlust des Wohnrechtes berühren ein elementares Bedürfnis und führen damit zu einer reflexartigen, oft emotionalen, Abwehr von entsprechenden Angriffen.

2a Der **Vermieter**mandant tritt den genannten Problemen ebenfalls mit starkem Verteidigungsreflex gegenüber. Er nutzt als oftmals einzige Erwerbsquelle diese Immobilie. An diese knüpfen sich nicht nur Erwartungen und Hoffnungen auf eine bestmögliche Rendite sondern greifbare Abhängigkeiten von – meist institutionellen – Kapitalgebern, die ihrerseits auf die reibungslose und gleichmäßige Erfüllung ihrer Forderungen bestehen.

2b Eine Störung in einem einzelnen Mietvertrag hat unter Umständen weitreichende Folgen auf Finanzierungen, Vermietungsaussichten, steuerliche Schäden etc. Der Vermietermandant hat daher ein verständliches Interesse an der gleich bleibenden und gleichmäßigen Erzielung des Mietzinses. Bereits erhaltene Mietzahlung sollen bei ihm verbleiben, die Immobilie soll ihren Wert behalten.

2c Beiden Mandanten ist gleich, dass sie in der Regel ein Interesse an dem gleich bleibenden Fortbestand des Vertragsverhältnisses zu gleich bleibenden Bedingungen haben. Beide Mandantentypen befürchten durch die Insolvenz des anderen Vertragspartners eine erhebliche Beeinträchtigung, wenn nicht sogar den Verlust ihres Lebensmittelpunktes oder ihrer Existenzgrundlage.

– **Die Insolvenz als Zäsur**

Mit dem Insolvenzereignis erfährt die vertragliche Beziehung der Parteien eine Zäsur. Das bisherige Vertrauen in den Fortbestand der Vertragsbeziehung ist angeschlagen oder zerstört.

Dem Berater muss daher bereits bei Beratungsbeginn klar sein, dass der Mandant seine Existenz angegriffen sieht oder sogar zu verlieren fürchtet und den Ratschlägen und Handlungen des Rechtsanwaltes große Bedeutung beimisst.

Erhebliche emotionale Befindlichkeiten trüben daher zu Beginn der Beratung das Mandantengespräch und beeinträchtigen das in diesem Moment gerade so notwendige kühle Erfassen der Informationen und der zu treffenden Entscheidungen.

Der Mandant nimmt häufig die Insolvenz des Vertragspartners persönlich. Die erste Aufgabe des Beraters ist daher die verständnisvolle Versachlichung des Insolvenzereignisses und die Beruhigung der blank liegenden Nerven.

Der Berater erlebt in der Regel folgende Situation: 3

Der Mandant

– ist überrascht von der Insolvenz des Vertragspartners (obwohl er die Anzeichen hätte erkennen können)
– ist erbost, nicht vorher informiert worden zu sein
– fühlt sich ausgenutzt und betrogen
– hat nur eine ungenaue Vorstellung von der Insolvenz und deren Folgen
– will so schnell es geht zu seinem Recht/Geld kommen
– weiß nicht, wie Insolvenzverwalter denken, der Verfahrensablauf ist ihm unbekannt
– erwartet, dass ihm sein Rechtsanwalt schnell und kompetent hilft

Der Berater muss nun **schnell** handeln. Krise, Insolvenzantrag, vorläufige Verwaltung, Verfahrenseröffnung, Insolvenzplan, diese Verfahrensabschnitte können nur wenige Wochen auseinander liegen[1]. Insolvenzverfahren sind **verfahrensrechtlich immer Eilverfahren**. Berater müssen daher genauso wie im einstweiligen Rechtsschutz sofort agieren. Der nicht juristisch ausgebildete Mandant ist häufig die einzige zur Verfügung stehende Informationsquelle. Gleichwohl sind seine Angaben zunächst ungeordnet und unvollständig. Im Idealfall hat der Mandant schon eine ungefähre Vorstellung von dem, was der Berater für ihn erreichen soll. 4

In dieser Phase muss gehandelt werden. Es muss erfahrungsgemäß Zeit aufgeholt werden, denn der beratungssuchende Mandant erscheint in der Regel lange, manchmal erst Wochen nach dem Insolvenzereignis. Die Be- 4a

---

1 Tatsächlich lagen in dem Insolvenzverfahren des Herlitz-Konzerns nur 8 Wochen zwischen Insolvenzantrag und bestätigtem Insolvenzplan, *Rattunde*, Sanierung von Großunternehmen durch Insolvenzpläne – Der Fall Herlitz, ZIP 2003, 596.

rufsgruppe der Insolvenzverwalter bezeichnet sich häufig als Notärzte, die noch am Unfallort erste Eingriffe vornehmen. Völlig fern liegt die Vorstellung jetzt Laborwerte in Auftrag zu geben und zu analysieren, Heilpläne auszuarbeiten oder eine Kur zu verschreiben.

4b Gleiches Denken und Handeln erwartet der Insolvenzverwalter von den anwaltlichen Vertetern der Gegenseite. Korrespondenz im Stundentakt, sofortiges persönliches Erscheinen, Entscheidungsfreudigkeit.

Der Berater sollte daher nicht den Mandanten bei diesem Eilbedarf auf einen Termin im nächsten Monat vertrösten oder es bei der Feststellung belassen, dass die ihm vorgelegten Informationen und Unterlagen seiner eigenen Schlüssigkeitsprüfung nicht standhalten. Der ideale Berater verschafft sich jetzt die fehlenden Informationen weitgehend selbst oder gibt dem Mandanten präzise Vorgaben.

4c Regelmäßig sind folgende Fragen im Erstgespräch zu klären:
– Wann ist der Insolvenzantrag gestellt
– Gibt es bereits die vorläufige Verwaltung
– Sind Sicherungsmaßnahmen angeordnet
– Beschluss der vorläufigen Verwaltung anfordern
– Beschluss der Insolvenzeröffnung anfordern
– Welche Zahlungen hat der Mandant in den letzten drei Monaten erhalten oder geleistet

5 Die **Schnittstellen** zwischen **Mietrecht** und **Insolvenzrecht** sind größer als gemeinhin von Beratern und Mandanten angenommen wird. Vielfältiger sind auch die Gestaltungsmöglichkeiten des Beraters und der Einfluss des Gläubigers auf das weitere Geschehen und dem Schicksal der Forderungen im Insolvenzverfahren. Die Nichtbeachtung dessen birgt die Gefahr von fehlerhafter und damit schlechter Beratung, wie beispielsweise die zu frühe fristlose Kündigung, falsches Verrechnen von Mietkautionen, fehlende Geltendmachung von Ansprüchen gegenüber der Insolvenzmasse.

Der gesetzliche Ablauf eines Insolvenzverfahrens mit mietrechtlichen Bezügen sollte jedem Berater geläufig sein.

1. Einleitung des Verfahrens

a) Antrag

6 Das Insolvenzverfahren wird nur aufgrund eines zulässigen und begründeten Antrages eröffnet, § 13 InsO. Der Antrag ist schriftlich beim zuständigen Amtsgericht (regelmäßig das AG am Sitz des LG, §§ 2 und 3 InsO) zu stellen. Soweit nach § 13 S. 1 InsO ein Formular eingeführt ist, was derzeit noch nicht der Fall ist, muss dieses benutzt werden. Die Gerichte verwenden derzeit eigene voneinander abweichende Formulare.

Für **Verbraucher** gilt der Formularzwang des § 305 Abs. 5 InsO.

Antragsberechtigt ist der Schuldner selbst oder der Gläubiger, wie z.B. der Vermieter[1]. Bei juristischen Personen ist gem. § 15 InsO der Geschäftsführer oder bei Führungslosigkeit der Gesellschafter, bei der Aktiengesellschaft zusätzlich jedes Aufsichtsratmitglied und nach § 15a InsO auch bei Kenntnis der Insolvenzgründe verpflichtet.

Zulässigkeit:
Gläubiger müssen ihre Forderung und den Insolvenzgrund gemäß § 14 InsO **glaubhaft machen**[2]. Hieran sind aber keine überzogenen Anforderungen zu stellen. Es bedarf nicht etwa wie vielfach angenommen einer Fruchtlosigkeitsbescheinigung[3]. Die Zahlungsunfähigkeit des Schuldners/Mieters kann auch durch eine eidesstattliche Versicherung des Gläubigers, einen Stundungsantrag des Schuldners oder den Beleg der Nichtzahlung von Mieten glaubhaft gemacht werden.

Der Antrag kann durch den Schuldner selbst, durch seinen bevollmächtigten Anwalt oder bei Gesellschaften durch die zuständigen Organe gestellt werden. **Insolvenzfähig** sind alle natürlichen und juristischen Personen sowie die Personengesellschaften (oHG, KG und insbesondere auch die BGB-Gesellschaft als solche, § 11 Abs. 2 Nr. 1 InsO) sowie der Nachlass gemäß § 11 Abs. 2 i.V.m. §§ 315 ff. InsO.

Verbraucher können zur Erlangung der **Restschuldbefreiung** einen Insolvenzantrag stellen, wenn sie zuvor erfolglos eine außergerichtliche Schuldenbereinigung versucht haben.

Um unter anderem Missbrauch vorzubeugen, müssen zwischen zwei Restschuldbefreiungen mindestens 10 Jahre liegen, vgl. § 290 Abs. 1 Nr. 3 InsO[4].

Die Insolvenzordnung selbst sieht durch § 15a InsO für juristische Personen, nicht aber für natürliche Personen, eine **Insolvenzantragspflicht** vor. Die Insolvenzantragspflicht ist ansonsten in den jeweiligen Spezialgesetzen geregelt. Bei der AG, der GmbH, der GmbH & Co. KG, dem e.V., dem Nachlass usw., also überall dort, wo eine unbeschränkte persönliche Haftung einer natürlichen Person gesetzlich ausgeschlossen ist, besteht eine **Insolvenzantragspflicht** oder -obliegenheit, die es für natürliche Personen nicht gibt.

b) Insolvenzgründe

Begründetheit:
Der Insolvenzantrag kann oder muss gestellt werden, wenn der Schuldner zahlungsunfähig und/oder überschuldet ist. Nach der für die Glaubhaf-

---

1 Über die Möglichkeit einer schnellen Räumung ohne Räumungsklage im Rahmen des Insolvenzverfahrens unten II, 1.
2 *Schmahl* in Braun, § 14 Rz. 9 ff.
3 So aber: OLG Dresden, ZInsO 2001, 1110; OLG Celle, EWiR 2000, 1025.
4 Dort auch die zahlreichen anderen Versagungsgründe, § 290 Nr. 1–6 InsO.

tungmachung erforderlichen Voraussetzungen prüft das Gericht das Vorliegen der Insolvenzgründe im Rahmen der Begründetheitsprüfung.
Es gibt zwei grundlegende Insolvenzgründe.

Zahlungsunfähigkeit:

Zahlungsunfähigkeit liegt vor, wenn der Schuldner seine fälligen Verbindlichkeiten nicht mehr bezahlen kann, § 17 Abs. 2 S. 1 InsO. Nur geringfügige Liquiditätslücken (10 %) sowie eine nur vorübergehende Zahlungsstockung haben nach der Rechtsprechung des BGH bei Beurteilung der Zahlungsunfähigkeit außer Betracht zu bleiben[1]. Eine bloße **Zahlungsstockung** ist anzunehmen, wenn der Schuldner eine eingetretene Liquiditätslücke innerhalb von 3 Wochen schließen kann.

11 **Überschuldung:**

Für juristischen Personen und diesen nach § 19 Abs. 3 InsO gleichgestellte Gesellschaften[2] stellt im Gegensatz zu natürlichen Personen auch die **Überschuldung** einen Insolvenzgrund dar, § 19 Abs. 1 InsO. Überschuldung liegt vor, wenn das Vermögen des Schuldners seine Verbindlichkeiten nicht deckt, § 19 Abs. 2 InsO und die Fortführung des Unternehmens nicht überwiegend wahrscheinlich ist[3]. Das Vermögen wird dabei gesondert bewertet. Die Handelsbilanz kann hierfür nicht mehr ohne weiteres herangezogen werden, weil in ihr die stillen Reserven nicht aufgedeckt werden[4]. Handelsrechtliche Bewertungsansätze bleiben grundsätzlich außer Betracht. Ausschlaggebend sind die **Verkehrswerte**, die bei positiver Fortführungsprognose nach Fortführungswerten (erheblich höher), bei überwiegender Wahrscheinlichkeit der Betriebseinstellung nach **Liquidationswerten** berechnet werden[5]. Das Institut der deutschen Wirtschaftsprüfer verlangt für eine positive Fortführungsprognose, dass die Fortführung des Unternehmens aufgrund einer plausiblen Liquiditäts- und Finanzplanung bis zum Ende des nächsten Geschäftsjahres überwiegend wahrscheinlich sein muss[6].

12 **Der „dritte" Insolvenzgrund:**

„Dritter Insolvenzgrund" in der gesetzlichen Regelung ist die **drohende Zahlungsunfähigkeit**, § 18 InsO. Der Antrag ist danach, sozusagen als Anreiz einer frühen bzw. rechtzeitigen Stellung zulässig, wenn der Schuldner voraussichtlich nicht in der Lage sein wird, Zahlungen bei Fälligkeit zu leisten.

---

1 BGH, ZInsO 2005, 807.
2 Vgl. § 130a HGB.
3 *Hecker, Glozbach*, Offene Fragen zur Anwendung des gegenwärtigen Überschuldungsbegriffs, BB 2009, 1544.
4 *Uhlenbruck* in Uhlenbruck, § 19 InsO Rz. 15.
5 Zu Überschuldung und Fortführungsprognose insgesamt, *Wackerbarth*, NZI, 2009, 145 ff.
6 IDW-Standard PS 800, WPg 1999, 251; *Groß/Amen*, WPg 2002, 225, 232.

Diesen Insolvenzgrund kann jedoch ausschließlich der Schuldner selbst geltend machen.

Für Dritte steht dieser Antragsgrund nicht zur Verfügung, da diese die Prognose nicht stellen können. Ihnen fehlen die hierfür erforderlichen Erkenntnismöglichkeiten, wie z.B. Einblicke in betriebliche Interna, Geschäftsberichte, Buchhaltung oder nicht dokumentierte Strategien.

Mit der Schaffung dieses Insolvenzgrundes beabsichtigte der Gesetzgeber, dass rechtzeitig Maßnahmen im Rahmen eines vorläufigen Insolvenzverfahrens ergriffen werden, um das Vermögen des umsichtigen Schuldners zu schützen und zu erhalten. Es soll eine frühe Reaktion auf eine Unternehmenskrise erfolgen. Das – auch vom Schuldner gewünschte – eröffnete Verfahren soll zum Regelfall werden. Da trotz gegenteiliger Bemühungen des Gesetzgebers und der Praxis, das Insolvenzverfahren als notwendigen Bestandteil des Wirtschaftslebens und als unumkehrbares Endstadium der wirtschaftlichen Krise eines Unternehmens, zugleich jedoch als nahezu immer einzige Chance zu begreifen, Unternehmen, Arbeitsplätze und Vermögenswerte zu retten, wird nach wie vor von Unternehmern und, wie sich in der Folge der Bankenkrise gezeigt hat, von der Politik die Insolvenz als Beleg des persönlichen oder unternehmerischen Versagens gesehen und die Insolvenz und damit der erlösende Antrag nicht nur gescheut sondern sogar mit staatlicher finanzieller Hilfe verweigert. Siehe hierzu das diesem Gesetzeszweck konterkarierende Bedürfnis der Politik öffentlichswirksam Insolvenzen zu vermeiden und Heilung dort zu suchen oder gar zu versprechen, wo beabsichtigte und in wirklichen Fachkreisen bewährte Regelungen nicht nur um ihrer selbst willen angewendet werden müssten, sondern vor allen Dingen eine wirtschaftlich günstigere und nachhaltige Lösung in Aussicht stellen würden. Der Eröffnungsgrund der drohenden Zahlungsunfähigkeit ist folgerichtig in der Praxis leider kaum anzutreffen[1].

c) Antragsvorbereitung und taktische Überlegungen

Bei der Antragstellung in eigener Sache oder gegen Dritte sind umfangreiche **taktische Überlegungen** anzustellen. Der Berater muss zunächst ermitteln mit welchem Ergebnis der Mandant rechnet und welches realistischerweise zu erzielen sein wird.

Keineswegs bedeutet die Insolvenz das zwangsläufige wirtschaftliche Ende des Mandanten oder des Mandates.

Sanierungsmöglichkeiten aufgrund der Insolvenzordnung, genannt sei hier nur eine Auffanglösung oder das Insolvenzplanverfahren und nicht zuletzt die regelmäßige Restschuldbefreiung natürlicher Personen, bieten eine Perspektive für zukünftige wirtschaftliche Verbindungen.

- Was will der Mandant durch die Antragstellung erreichen (bei Antragspflicht alternativlos)?

---

1 *Tetzlaff*, Drohende Zahlungsunfähigkeit, Geschäftsführer und Gesellschafter in der Zwickmühle, ZInsO 2008, 137.

- Wäre die vorläufige Insolvenzverwaltung zweckmäßig, notwendig, wirtschaftlich sinnvoll?
- Kann der Insolvenzverwalter ausgesucht werden?
- Ist das Gespräch mit dem Insolvenzgericht vor Antragstellung sinnvoll?
- Kann und darf durch den Insolvenzantrag Druck auf den Schuldner ausgeübt werden, damit er – endlich – zahlt?

14 Der Rechtsanwalt sollte sich bewusst machen, dass der **Schuldner** durch die Insolvenzantragstellung einschneidende Maßnahmen erfährt:
- Einstellung der Zwangsvollstreckung in sein Vermögen (nicht zwangsläufig, aber in der Praxis die Regel, § 21 Abs. 1 Nr. 3 InsO). Der Berater, der sich bereits im „Wettlauf" der Vollstreckung befindet, muss daher damit rechnen, dass er für ihn vorteilhafte Rechtspositionen, die er mühsam und kostenintensiv erreicht hat, zu verlieren droht.
- Einsetzung eines Sachverständigen (nahezu immer), der regelmäßig später auch zum vorläufigen und endgültigen Insolvenzverwalter bestellt wird. Der Sachverständige erhält u.U. ein umfangreiches Auskunftsrecht gegenüber dem Schuldner, darf Geschäftsunterlagen einsehen, Auskunftspersonen notfalls mit gerichtlicher Hilfe vorladen und befragen und erfährt vertrauliche Betriebsinterna
- Der vorläufige Verwalter, dessen Bestellung der Antragsteller nicht beeinflussen kann und in Person und Ermächtigungsumfang allein im Ermessen des Gerichtes steht,
- Dieser erhält das Hausrecht, die Befugnis allen Rechtsgeschäften für deren Wirksamkeit zustimmen zu müssen, oder selbst zu tätigen, kurz: der vorläufige Verwalter wird Herr im Haus

15 Die **Auswahl des Insolvenzverwalters** ist fast immer schicksalhaft für das Verfahren[1]. Das Spektrum der Qualität der Verwalter ist dabei so groß wie das der Berater oder jeder sonstigen Berufsgruppe. Dem Berater oder dem Mandanten sind möglicherweise Insolvenzverwalter oder Insolvenzbüros bekannt, mit denen er eine Zusammenarbeit anstrebt. Hierbei ist aber zu beachten: Grundsätzlich werden Sachverständige und Insolvenzverwalter von den Gerichten nur als Person mit höchstpersönlichem Amt und nicht als Büro, Sozietät oder Gemeinschaft bestellt.

Es besteht daher häufig das Bedürfnis, Insolvenzanträge mit dem Ziel vorzubereiten, **Absprachen mit dem Gericht** zu treffen. Inhalt dieser Absprachen kann sein: Auswahl eines bestimmten Insolvenzverwalters (sanierungserfahren, arbeitnehmerfreundlich, prominent etc.), Einsetzung eines Gläubigerausschusses, Vorbereitung eines Insolvenzplanes. Derartige Bemühungen sind grundsätzlich zulässig, werden aber bei den Amtsgerichten und dort innerhalb der jeweiligen Dezernate insofern sehr unterschiedlich behandelt, als beispielsweise der Vorschlag eines Insolvenzverwalters auch als Indiz für dessen unzulässige Vorbefassung oder vermuteter persönlicher

---

1 „*Wahl des Konkursverwalters ist Schicksalsfrage des Konkurses*", RGZ 29, 29.

Verbindung zum Gläubiger oder Schuldner, seines Beraters, Steuerberaters etc., gewertet. In der Regel sollten die Beteiligten den Rat eines mit den Verhältnissen am örtlichen Insolvenzgericht vertrauten Sachkundigen einholen, der die Usancen der zuständigen Richter kennt und einschätzt.

d) Prüfung durch den Sachverständigen

Das Vorliegen der Insolvenzgründe und die Existenz einer verfahrenskostendeckenden Masse hat das Insolvenzgericht von Amts wegen zu prüfen, § 5 InsO. Es bedient sich hierzu in der Regel eines Sachverständigen, § 22 Abs. 1 Nr. 3 InsO. Die Prüfung der kostendeckenden Masse entfällt und kürzt damit wesentlich den Prüfungszeitraum in dieser Phase ab, wenn die natürliche Person gem. § 5a InsO die Verfahrenskostenstundung beantragt hat und die Voraussetzungen für eine dementsprechende Gewährung durch das Gericht vorliegen.

16

Das Insolvenzgericht kann **jederzeit** (bei Fremdanträgen nach Gewährung rechtlichen Gehörs, § 14 Abs. 2 InsO) das Insolvenzverfahren eröffnen. Bei **Druckanträgen** ist dies zu berücksichtigen. Zwar kann der Insolvenzantrag – gleich ob gegen sich selbst oder gegen Dritte – bis zur Eröffnung des Verfahrens vom Antragsteller ohne Angabe von Gründen jederzeit zurückgenommen werden, gleichwohl sind den Gerichten das Phänomen der „Druckanträge" bekannt und werden vor dem Hintergrund der permanenten Arbeitsüberlastung der Justiz als systemfremd und lästig angesehen. Einige Gerichte behelfen sich daher, indem sie offensichtliche Druckanträge zum Anlass nehmen, Insolvenzverfahren, deren Voraussetzungen sich schnell feststellen lassen für die Beteiligten überraschend zu eröffnen, ohne dass es einer zeitaufwändigen Ermittlung bedurfte. Der Antragsteller, der mit einer Zahlung des Schuldners aufgrund seines Insolvenzantrages rechnete, wird damit auf die Insolvenzquote verwiesen. Interessanterweise haben die Krankenkassen wohl in Zeiten der beitragsmüden Zahler hierbei in der Vergangenheit eine nicht unwesentliche Rolle gespielt. Das Anliegen, eine entsprechende Regelung zu schaffen, die die Rücknahme des Antrages nach Erledigung durch Zahlung vermeiden sollte, ist bislang nicht vom Gesetzgeber verwirklicht worden.

17

Der Berater, dem das Anliegen eines Druckantrages zugetragen wird und der diesem folgt, soll daher nicht überrascht sein, wenn ihm durch die überraschende Eröffnung des Insolvenzverfahrens das Heft aus der Hand genommen wird.

Der Schuldner ist verpflichtet, dem Insolvenzgericht und damit dem Sachverständigen[1] umfangreich und wahrheitsgemäß **Auskunft** zu erteilen, § 20 InsO. Dies kann in der Praxis bei Verweigerung auch durch zwangsweise Vorführung oder nach Anhörung durch Haft erzwungen werden, § 20 Abs. 1 S. 2 i.V.m. § 98 Abs. 2 InsO. Hiervon wird in der Praxis auch durchaus Gebrauch gemacht.

18

---

1 *Smid*, § 20 InsO Rz. 8.

19 Sowohl der Sachverständige als auch das Gericht übersenden dem Schuldner – zumeist zeitgleich – einen **Fragebogen**. Der Sachverständige benennt einen ersten Besprechungstermin im Büro oder am Sitz des Schuldners. Zu beachten ist, dass der Sachverständige keinen Anspruch hat, die Geschäftsräume des Schuldners zu betreten[1].

20 Der sorgfältige und kooperative Schuldner verschafft dem Gericht und dem Sachverständigen einen zügigen und umfassenden Einblick in seine gesamten Vermögensverhältnisse. Auskünfte, die eine Verfolgung wegen einer Straftat nach sich ziehen können, unterliegen einem **strafprozessualen Verwertungsverbot**, § 97 Abs. 1 Satz 3 InsO. Insolvenzrecht geht hier vor Strafrecht[2]!

Hat der schuldnerfremde Antragsteller Insider-Informationen über Vermögenswerte, zurückliegendes Geschäftsgebaren oder begründete Anhaltspunkte für Vermögensverschleierungen oder -verschiebungen und kann er diese, ohne Gefahr strafrechtlicher Verletzungen vertraulicher Informationen, Dritten gegenüber offenbaren, sollte er dies dem Gericht als dienlichen Hinweis zukommen lassen. Das Gericht wird die Information – von Amts wegen! – beachten und an den Sachverständigen mit entsprechender Ermittlungsauflage weiterleiten.

21 Sind die Ermittlungen durch den Sachverständigen abgeschlossen, erstellt er ein **schriftliches Gutachten**, dessen Empfehlung das Insolvenzgericht in der Regel befolgt und eine Entscheidung erlässt.

e) Entscheidung des Insolvenzgerichts

22 Der Insolvenzantrag wird entweder **mangels Masse** zurückgewiesen, § 26 InsO, oder das Insolvenzverfahren wird durch Beschluss **eröffnet**, § 27 InsO.

23 Wegen der Möglichkeit der **sofortigen Beschwerde**, § 34 InsO, gewährt das Gericht dem Antragsteller rechtliches Gehör, wenn die Insolvenzmasse für die Verfahrenskosten voraussichtlich nicht ausreichen wird und ein Abweisungsbeschluss droht. Der Antragsteller hat dann die Möglichkeit einen **Verfahrenskostenvorschuss** zu zahlen, § 26 Abs. 1 S. 2 InsO. Der Schuldner erfährt ebenfalls rechtliches Gehör und erhält vor der Entscheidung des Gerichtes hiervon Mitteilung.

Achtung: Das rechtliche Gehör kann jederzeit auch in der Beschwerdeinstanz nachgeholt werden[3]. Es wird daher nicht zwingend vor der Eröffnung erteilt.

Da Insolvenzverfahren immer Eilverfahren sind, Vermögensverschiebungen verhindert werden sollen und oft dem Schuldner systemfremdes Handeln unterstellt wird, kann es durchaus beabsichtigt sein, den Über-

---

1 Vgl. BGH, NJW 2004, 2015 ff., MünchKommInsO/*Ganter*, § 5 InsO Rz. 36.
2 Vgl. *Bader*, Das Verwendungsverbot des § 97 I 3 InsO, NZI 2009, 416.
3 Ausfluss des Art. 103 Abs. 1 GG.

raschungseffekt einer kurzfristigen Eröffnung zu nutzen und den Schuldner vor – zunächst – vollendete Tatsachen zu stellen.

Diese Möglichkeit ist mit dem Mandanten schon bei der Vorbereitung des Antrages zu erörtern. Dabei sind die **wirtschaftlichen Auswirkungen** zu berücksichtigen. Möchte beispielsweise ein **Vermieter** unter allen Umständen ein Insolvenzverfahren über das Vermögen seines Mieters einleiten, um die **kurzfristige Räumung** durch den Insolvenzverwalter zu erreichen, ist abzuwägen, ob die Höhe des Kostenvorschusses geringer als die Kosten der Durchführung eines Räumungsklageverfahrens ist. 24

Geschäftsführer von juristischen Personen – und gemäß § 19 Abs. 3 S. 1 InsO gleichgestellten Personengesellschaften – **haften persönlich** für die Rückzahlung des Massekostenvorschusses, wenn sie entgegen den gesellschaftsrechtlichen Regelungen verspätet Insolvenzantrag stellen, § 26 Abs. 3 InsO. Bei der vorinsolvenzlichen Mahnung kann daher gegenüber dem Vertragspartner die Einzahlung eines Kostenvorschusses im Insolvenzfall angekündigt werden. 25

2. Vorläufige Insolvenzverwaltung

Ist das Insolvenzgericht örtlich zuständig und liegen die Antragsgründe vor, ist der Antrag also zulässig, wird das Insolvenzverfahren nicht immer sofort eröffnet. Stellt das Gericht oder der Sachverständige nach Antragstellung fest, dass ein Vorverfahren sinnvoll und notwendig ist, ordnet das Gericht **vorläufige Maßnahmen** an. An Stelle des früheren – gesetzlich kaum geregelten – Sequestrationszeitraumes tritt nach der InsO die gesetzlich geregelte vorläufige Verwaltung. 26

a) Vorläufige Sicherungsmaßnahmen

Das Gericht kann 27

- einen vorläufigen **Insolvenzverwalter** bestellen, für den sich die Bezeichnungen **schwacher** oder **starker vorläufiger** Insolvenzverwalter eingebürgert haben;
- dem Schuldner ein allgemeines **Verfügungsverbot** gemäß § 22 Abs. 1 InsO auferlegen oder dessen Verfügungen mit einem **Zustimmungsvorbehalt** des vorläufigen Insolvenzverwalters einschränken;
- **Zwangsvollstreckungen** gegen den Schuldner, soweit nicht immobiles Vermögen betroffen ist, untersagen oder **einstweilen einstellen**;
- eine vorläufige **Postsperre** gemäß § 21 Abs. 2 Nr. 4 InsO anordnen;
- gemäß § 21 Abs. 2 Nr. 5 InsO anordnen, dass der Insolvenzverwalter Eigentum Dritter, wie z.B. Miettäume nutzen darf, soweit dies erhebliche Bedeutung hat[1].

---

1 *Ganter*, Sicherungsmaßnahmen gegenüber Aus- und Absonderungsberechtigten im Insolvenzeröffnungsverfahren, NZI 2007, 549.

27a Die Postsperre dient fast immer wegen des Überraschungseffektes dazu, **Vermögensverschiebungen** zu verhindern bzw. aufzudecken. Aufgrund der Kommunikationsmöglichkeiten durch E-Mails, SMS-Nachrichten und privater Kurierdienste ist die Wirksamkeit dieser Maßnahme mittlerweile eingeschränkt.

– **Verbot der Aussonderung durch gerichtliche Anordnung**

Die Regelung des **§ 21 Abs. 2 Nr. 5** InsO kann zu erheblichen noch nicht in der Rechtsprechung geklärten Problemen führen. Ordnet das Gericht während der vorläufigen Verwaltung bei einer Betriebsfortführung an, dass der Gläubiger keine Aus- oder Absonderung seines Eigentums verlangen kann, gilt zwar, dass der Wertverlust durch laufende Zahlung, quasi als vorweggenommene Masseverbindlichkeiten, ausgeglichen werden muss. Durch den Verweis auf § 169 S. 2 und 3 InsO folgt jedoch ein ersatzloses (!) **Aussetzen der Zinspflicht** von drei Monaten nach dem Tag der Anordnung der Sicherungsmaßnahme. Da in der Regel vorläufige Insolvenzverwaltungen weniger als drei Monate dauern, ist bspw. der Vermieter, der nach beendetem Vertragsverhältnis nunmehr vom vorläufigen Verwalter den Besitz haben will, schutzlos. Die aufgrund der Anordnung nicht gezahlten Monatsmieten werden zu Insolvenzforderungen. Nach einer Entscheidung des KG[1], ergangen zwar zu einer beweglichen Sache, gilt dies selbst für den Fall der gleichzeitigen Anordnung der starken vorläufigen Verwaltung, da § 55 Abs. 2 S. 2 InsO nicht entsprechend anwendbar sei. Der Vermieter ist an der Geltendmachung seines Herausgabeverlangens gehindert und kann zudem für einen Zeitraum von 3 Monaten keinen Mietzins geltend machen[2].

b) Vorläufiger Insolvenzverwalter

28 Um die Rechte und Vermögenswerte zu sichern, aber auch um Verschlechterung der Vermögensverhältnisse zu verhindern, wird der vorläufige Insolvenzverwalter, der nahezu immer personenidentisch ist mit dem Sachverständigen, bestimmt.

Sinn und Zweck dieses Amtes bestimmen die Aufgaben, Rechte und Pflichten des vorläufigen Verwalters. Der Schuldner kann flüchtig sein, er hat eventuell Vermögensverschiebungen begangen oder ist gerade dabei. Ihm ist die Situation über den Kopf gewachsen (fast immer), Gläubiger, Lieferanten, Vermieter und Arbeitnehmer möchten nicht mehr mit ihm zusammenarbeiten, da sie das Vertrauen in ihn verloren haben. Der vorläufige Insolvenzverwalter tritt damit – nicht juristisch – an die Stelle des Schuldners. Er hat die Pflicht zur **Sicherung und Erhaltung des Vermögens**[3].

28a Als **starker Verwalter** hat er die Pflicht zur Fortführung des schuldnerischen Unternehmens, § 22 Abs. 1 Nr. 2 InsO. Wenn sinnvoll und zur Er-

---

1 NZI 2009, 35, die Revision ist zugelassen.
2 Vgl. zum Thema, *Häublein*, ZIP 2009, 11.
3 § 22 Abs. 1 Nr. 1 InsO.

haltung des Unternehmens notwendig, wozu auch die Fortführung, Veräußerung oder Sanierung im eröffneten Verfahren gehören, ist aufgrund des Zweckes des Insolvenzverfahrens sogar der **schwache vorläufige Verwalter** wenn nicht verpflichtet so doch berechtigt, stillgelegte Unternehmen wiederzubeleben oder vorhandene Betriebe fortzuführen. Einer besonderen Ermächtigung durch das Gericht bedarf es hierzu nicht. Diese Entscheidungen sind vom **unternehmerischen Ermessen** des vorläufigen Verwalters gedeckt. Begrenzt wird das Ermessen durch die Haftungsnormen der §§ 60 ff. InsO, die daraus folgenden Ansprüche werden durch Gläubiger und nicht durch das Gericht geltend gemacht. Einige Insolvenzgerichte, versuchen dieses Problem durch Aufstellung von Richtlinien einzugrenzen, die für den vorläufigen Verwalter bindend sein sollen.

Der vorläufige Verwalter muss sich binnen kurzer Zeit mit dem Unternehmen, den Vermögensverhältnissen und den wesentlichen Begebenheiten vertraut machen und meist sofort wichtige und weitreichende Entscheidungen treffen. Mitarbeiter müssen beruhigt und zur Weiterarbeit motiviert werden. Oft wird – auf persönliches Risiko des vorläufigen Verwalters – das **Insolvenzgeld der Bundesagentur für Arbeit** (maximal 3 Monate des Nettolohnes rückwirkend ab Eröffnung des endgültigen Verfahrens) durch Darlehensaufnahme vorfinanziert. Lieferanten, Versorgungsunternehmen etc. müssen zur Weiterbelieferung animiert werden, Zahlungszusagen sind zu erteilen. Liquiditätsrechnungen, die im Unternehmen nur in seltenen Fällen vorhanden sind, müssen taggenau für die nächsten Wochen erstellt werden. Parallel werden Kaufinteressenten oder Investoren für eine Sanierung gesucht. Nahezu jedes Insolvenzverwalterbüro ist in dieser kurzen Phase voll ausgelastet. Erfahrene Verwalter befriedigen jedoch das Verlangen nach notwendigen Informationen der Betroffenen, indem sie umfangreiche schriftliche Sachstandsinformationen unaufgefordert versenden oder sich in größeren Verfahren mit Hilfe der Medien an die Öffentlichkeit wenden. 29

Handlungen und Entscheidungen des vorläufigen Insolvenzverwalters orientieren sich in dieser Zeit in erster Linie an ihrer Notwendigkeit. Eine gerichtliche Ermächtigung zu dieser **Notgeschäftsführung** ist daher nach Auffassung der Verfasser nicht erforderlich und praktisch kaum durchführbar. Bei einem Unternehmen mittlerer Größe mit hunderten Zahlungsvorgängen, Bestellungen, Lieferungen – von Havariefällen ganz abgesehen – ist es wirklichkeitsfremd, dem Insolvenzverwalter die Ermächtigung zu jeder einzelnen Handlung durch das Insolvenzgericht abzuverlangen. 30

c) Masseverbindlichkeiten im Eröffnungsverfahren

Ob die Ansprüche des Gläubigers aus dem Eröffnungsverfahren einfache Insolvenzforderungen sind oder bevorrechtigte Masseverbindlichkeiten, hängt ganz wesentlich von den gerichtlich erteilten Befugnissen des vorläufigen Insolvenzverwalters ab. 31

Für den Berater ist es daher zwingend erforderlich den **gerichtlichen Beschluss** der vorläufigen Verwaltung **im Wortlaut** einzusehen. Erst nach der zweifelsfreien Feststellung der Qualität der vorläufigen Verwaltung – schwach, stark, Umfang der Einzelbefugnisse, kann eine Aussage zu der Einordnung der Ansprüche des Mandanten getroffen werden.

Im Widerspruch zum praktischen Bedürfnis steht leider die Rechtsprechung des BGH zur Frage der **Begründung von Masseverbindlichkeiten** durch den vorläufigen schwachen Insolvenzverwalter[1].

aa) Starker vorläufiger Verwalter

32 Der starke vorläufige Insolvenzverwalter begründet im Gegensatz zum schwachen vorläufigen Insolvenzverwalter durch **Zahlungszusagen** z.B. gegenüber dem Vermieter oder durch Gebrauch der Mietsache **Masseverbindlichkeiten**, die im eröffneten Verfahren vorab zu befriedigen sind, §§ 22, 55 Abs. 2 InsO. Zum Problem der Behandlung dieser Masseverbindlichkeiten bei im eröffneten Verfahren auftretender Masseunzulänglichkeit unten mehr (vgl. *Rz. 81 ff.*).

bb) Schwacher vorläufiger Verwalter

33 Anders und weitaus problematischer ist dies im Fall der **schwachen vorläufigen Insolvenzverwaltung**, die in der Praxis den **Regelfall** bildet.

34 Ob dieser **Masseverbindlichkeiten** begründet, richtet sich nach der h.M.[2] nach dem **Umfang der gerichtlichen Ermächtigung**. Inhalt und Umfang der Pflichten des vorläufigen Insolvenzverwalters richten sich nach der Bestimmung des Gerichtes, § 22 Abs. 2 InsO. Das Gericht entscheidet durch Beschluss, der öffentlich bekannt gemacht wird, § 23 InsO. Der Wortlaut und Inhalt des Beschlusses wird häufig von dem Gericht und dem vorläufigen Insolvenzverwalter gemeinsam formuliert, um die gewünschten Folgen zu erreichen. In der Regel wünscht der vorläufige Insolvenzverwalter eine umfangreiche Ermächtigung, um möglichst umfassend handeln und entscheiden zu dürfen. Andererseits scheut er die Folgen der starken vorläufigen Verwaltung, da die gesamte – auch juristische – Verantwortung auf ihn übergegangen ist. Ihn treffen dann – auch nicht gewollte – Masseverbindlichkeiten wie öffentliche Abgaben, Umsatzsteuer etc.

35 Der vorläufige Verwalter steckt daher in dem **Dilemma** des Bedürfnisses nach möglichst vielen Rechten und möglichst wenigen Pflichten.

36 Da der Gesetzgeber davon ausging, dass die Anordnung eines allgemeinen Verfügungsverbotes der Regelfall sein wird, sind die den schwachen vorläufigen Verwalter betreffenden Normen rudimentär ausgefallen. Tatsächlich bildet die schwachen vorläufige Verwaltung jedoch die Regel und die Einsetzung eines starken vorläufigen Verwalters die absolute Ausnahme.

---

1 BGH, NJW 2002, 3326, 3327 ff.
2 BGH, NJW 2002, 3326, 3327 ff.; *Uhlenbruck* in Uhlenbruck, § 22 InsO Rz. 193.

Im **Normalfall** enthält der Beschluss die Auflage, dass der Schuldner nur 37
noch mit Zustimmung des vorläufigen (schwachen) Insolvenzverwalters
verfügen darf. Bei Verstößen gelten die §§ 81, 82 InsO i.V.m. § 24 Abs. 1
InsO entsprechend. Da der **schwache vorläufige Insolvenzverwalter** keine
eigenen Willenserklärungen mit Wirkung für oder gegen die Masse abgeben und daher keine massebezogenen Verpflichtungen eingehen kann, begründet er in der Regel auch **keine Masseverbindlichkeiten**. Mieträume
nutzt er dann praktisch umsonst, was sogar monatelang der Fall sein kann.
Sämtliche **Mietzahlungsansprüche** aus dieser Zeit sind **einfache Insolvenzforderungen**. Persönliche Haftungsansprüche gegen den vorläufigen Insolvenzverwalter bestehen nicht, da er sich gesetzeskonform verhält. Im Interesse der beabsichtigten Möglichkeit der Betriebsfortführung hat der
Gesetzgeber diesen Sachverhalt bewusst nicht anders geregelt. Selbst nicht
betrieblich genutzte Räume muss der vorläufige Insolvenzverwalter nicht
räumen.

Allerdings ist der **Vermieter** trotz dieser Rechtslage **nicht** vollkommen **un-** 38
geschützt. Zwar verbietet § 112 InsO die Kündigung wegen Zahlungsverzuges, die Sperrwirkung betrifft jedoch nur rückständige Mieten aus dem
Zeitraum vor Antragstellung. Nach ganz h.M.[1] ist die Kündigung wegen
Zahlungsverzuges während der vorläufigen Insolvenzverwaltung zulässig.

cc) Vermieterpfandrecht

Die goldene Regel für den Berater lautet: 39

Ein Vermieterpfandrecht wird **unverzüglich** und zwar gegenüber dem
Schuldner **und** dem vorläufigen Verwalter geltend gemacht!

Vielfach setzen sich Insolvenzverwalter nicht mit dem Vermieter in Ver- 39a
bindung, da sie glauben, ohnehin nichts zahlen zu müssen. Hier sollte der
Vermieter gemäß der **goldenen Regel** sofort selbst aktiv werden.

Mit der Androhung der Kündigung wegen Zahlungsverzuges während der
vorläufigen Insolvenzverwaltung sollte sogleich auf das **insolvenzfeste Vermieterpfandrecht** hingewiesen werden, das im eröffneten Verfahren das
Recht auf **abgesonderte Befriedigung** gewährt, § 50 Abs. 1 InsO i.V.m. § 562
BGB. Häufig wird der Insolvenzverwalter den schuldnerischen Betrieb auch
nach Eröffnung weiterführen wollen oder müssen. Er ist dann auch an einer einvernehmlichen Beziehung zu dem Vermieter interessiert.

– Insolvenzverwalter ist zur Inventur verpflichtet

Der Berater hat natürlich schon während der vorläufigen Verwaltung ein 39b
wesentliches Interesse an der zeitnahen inventurmäßigen Erfassung der
vom Mieter eingebrachten Sachen, die erfahrungsgemäß in der Insolvenz
schnell Beine bekommen. Da der vorläufige Verwalter als Teil seines Siche-
rungsamtes zwingend die Erstellung eines Vermögenzverzeichnissen mit
der Zuordnung zu den jeweiligen Rechtsinhabern (Eigentumsvorbehalte,

---
1 *Berscheid* in Uhlenbruck, § 112 InsO Rz. 13.

Sicherungsübereignung, Vermieterpfandrecht) schuldet[1], sollte der Berater sofort und mit Nachdruck auf diese Erstellung und Vorlage bzw. Einsichtnahme drängen. Der vorläufige Verwalter wird entgegen der Rechtslage eventuell den Vermieter mit dem Argument der Zeitnot auf das eröffnete Verfahren vertrösten wollen. Hierzu ist dem Berater die zur Durchsetzung der Ansprüche erforderliche Hartnäckigkeit zu raten und notfalls sich an das aufsichtführende Insolvenzgericht zu wenden.

dd) Zahlungszusagen

40 Zahlungszusagen des schwachen vorläufigen Insolvenzverwalters begründen nur dann **Masseverbindlichkeiten**, wenn er im gerichtlichen Beschluss dazu **ermächtigt** wurde. Dies kann in einem gesonderten Beschluss erfolgen. Die Rechtsprechung[2] verlangt hierzu, dass der Beschluss detailliert die zu begründenden Masseverbindlichkeiten auflistet und zu dieser Verpflichtung ermächtigt. Da der endgültige Insolvenzverwalter die Rechtsgeschäfte des vorläufigen starken oder schwachen Insolvenzverwalters, auch wenn es seine eigenen waren, nach den §§ 129 ff. InsO grundsätzlich anfechten kann, sind Zahlungszusagen genau zu prüfen.

41 Der BGH[3] hat jedoch entschieden, dass eine **spätere Anfechtung** dann nicht mehr möglich ist, wenn der Zusagenempfänger im **Vertrauen auf die Zusage** geleistet hat und ohne diese Zusage nicht geleistet hätte. Hätte der Gläubiger seine Leistung auch ohne die Zusage erbracht, etwa weil er sie nicht verhindern konnte, ist die Handlung anfechtbar. Dies ist z.B. beim Vermieter der Fall, da die Mietsache auch ohne Zahlungszusage gegen den Willen des Vermieters genutzt worden wäre.

42 Die vorläufige Insolvenzverwaltung mit Zustimmungsvorbehalt stellt den Vermieter aufgrund der **Kündigungssperre schlechter** als er ohne sie stünde. Der Vorteil des Insolvenzrechts entfaltet sich für ihn daher in der Regel erst im eröffneten Verfahren.

d) Sinn der vorläufigen Verwaltung

43 Der Zeitraum der vorläufigen Verwaltung wird vom vorläufigen Verwalter dazu genutzt, das **Vermögen des Schuldners zu sichern** und die Insolvenzmasse anzureichern, um zumindest die späteren Verfahrenskosten zu decken. Bei einer Betriebsfortführung gelingt es ihm in der Regel einen Überschuss zu erwirtschaften, da die Löhne von der Bundesagentur für Arbeit durch Insolvenzgeld finanziert werden. Maximal sind dies drei Nettomonatslöhne, §§ 183 ff. SGB III, die im Insolvenzverfahren gemäß § 55 Abs. 3 InsO nur eine einfache Insolvenzforderung darstellen. Außerdem werden für den Zeitraum der schwachen vorläufigen Verwaltung für den

---

1 Haarmeyer in Münchener Kommentar InsO, § 22, Rz. 42.
2 BGH, BGHZ 151, 353 ff.; *Uhlenbruck* in Uhlenbruck, § 22 Rz. 9.
3 BGH, InVo 2005, 137.

erwirtschafteten Umsatz **keine Umsatzsteuern** bezahlt, da es sich um einfache Insolvenzforderungen handelt[1].

Sind die **Verfahrenskosten** gedeckt, wird das Insolvenzverfahren eröffnet. Zu den Verfahrenskosten zählen die gerichtlichen Gebühren und Auslagen sowie die Gebühren des Insolvenzverwalters, des vorläufigen Insolvenzverwalters und deren Auslagen, § 35 GKG und §§ 1, 11 InsVV. Sind die Kosten des § 54 InsO nicht gedeckt, wird der Antrag mangels Masse gemäß § 26 InsO zurückgewiesen.

44

e) Grenzen der vorläufigen Verwaltung

Grundsätzlich darf der – schwache oder starke – vorläufige Insolvenzverwalter im Eröffnungsverfahren kein **schuldnerisches Vermögen** verwerten[2]. Die Ausnahme ist u.a. der Lagerverkauf bei Betriebsfortführung. Vereitelungen oder sonstige **Störungen des Vermieterpfandrechtes** sind ihm untersagt.

45

f) Auswirkung auf anhängige Prozesse

Der **starke vorläufige Insolvenzverwalter** ist **prozessführungsbefugt**. Anhängige Klagen werden durch das Verfügungsverbot gemäß § 240 S. 2 ZPO unterbrochen, sofern die Masse betroffen ist. Der **schwache vorläufige Insolvenzverwalter** ist **nicht prozessführungsbefugt**, anhängige Verfahren gegen den Schuldner werden von diesem **fortgeführt**.

46

g) Gläubigerausschuss im vorläufigen Verfahren?

Nach überwiegender Ansicht[3] gibt es keinen sog. vorläufigen Gläubigerausschuss gemäß § 67 Abs. 1 InsO im Eröffnungsverfahren. Dem Vermieter steht es jedoch frei sich schon in dieser Phase mit dem späteren Verwalter in Verbindung zu setzen und sein **Interesse an der Mitgliedschaft** zu signalisieren. Insolvenzverwalter arbeiten in der Regel gerne mit kompetenten und wirtschaftlich erfahrenen Gläubigerausschussmitgliedern zusammen. Für den Vermieter können sich durch die Teilnahme im Gläubigerausschuss Vorteile durch Informationen und Mitsprache bei wesentlichen Entscheidungen ergeben.

47

h) Abschluss der vorläufigen Insolvenzverwaltung

Das vorläufige Insolvenzverfahren kann damit enden, dass das Insolvenzgericht den Antrag auf Eröffnung des Insolvenzverfahrens **mangels Masse abweist**, § 26 Abs. 1 InsO. Weiterhin kann das vorläufige Insolvenzverfahren auch durch eine gemäß § 13 Abs. 2 InsO bis zur Eröffnung oder Abweisung zulässigen **Rücknahme des Antrags** enden. In beiden Fällen entfallen die

48

---

1 BFH, BB 1978, 1249 ff.
2 BGH, ZIP 2001, 296 ff.
3 *Uhlenbruck* in Uhlenbruck, § 67 InsO Rz. 7.

49 Die **Kosten des vorläufigen Insolvenzverfahrens** (Gerichtskosten und Vergütung des vorläufigen Verwalters) können erheblich sein. Die Kosten werden nicht von der Staatskasse getragen. **Kostenschuldner** ist grundsätzlich nach § 23 GKG der Schuldner bzw. die Insolvenzmasse im Falle der Eröffnung, § 54 InsO. Bei einem **Fremdantrag** ist Kostenschuldner der Gerichts und Sachverständigenkosten (nicht der Verwaltervergütung) der antragstellende **Gläubiger** als Kostenveranlasser.

Sicherungsmaßnahmen und der Schuldner erhält die Verfügungsbefugnis über sein Vermögen zurück. Begonnene aber unterbrochene **Vollstreckungsmaßnahmen** bleiben wirksam und können wieder in dem erlangten Stadium fortgesetzt werden.

Wird das Insolvenzverfahren eröffnet, trägt die Masse diese Kosten. Wird im Falle eines **Fremdantrages** der Antrag auf Eröffnung mangels Masse abgewiesen oder wird der Antrag zurückgenommen, ist der Gläubiger Gebührenschuldner, jedoch nicht **Kostenschuldner** der Vergütung des vorläufigen Insolvenzverwalters[1].

50 Schlussendlich wird das vorläufige Insolvenzverfahren durch die **Eröffnung des Insolvenzverfahrens** beendet. Eine **Antragsrücknahme** des Gläubigers – auch unter einvernehmlicher Mitwirkung des Schuldners – ist dann **nicht mehr möglich**. Nunmehr kann das Insolvenzverfahren nur noch durch das Insolvenzgericht aufgehoben, § 200 InsO, oder eingestellt werden, § 207 InsO. Praktische Ausnahme bleibt der Antrag des Schuldners, das Insolvenzverfahren einzustellen, weil die Insolvenzgründe nicht mehr bestehen und dies auch in Zukunft gewährleistet ist, § 212 InsO, oder weil alle Insolvenzgläubiger dem zustimmen, § 213 InsO. Hierauf ist bereits im Zusammenhang mit dem Insolvenzantrag, der Druck ausüben soll, hingewiesen worden.

i) Dauer der vorläufigen Insolvenzverwaltung

50a Die Dauer des vorläufigen Insolvenzverfahrens ist weder gesetzlich bestimmt noch durch gerichtlichen Beschluss bestimmbar. Vielmehr orientiert sie sich an dem Sinn und Zweck der vorläufigen Insolvenzverwaltung als Massesicherung. Theorethisch kann das vorläufige Verfahren unbegrenzt dauern, praktisch orientiert sich die Dauer aber an bestimmten vorhersehbaren Parametern. Sobald das Ziel erreicht ist, ist das Insolvenzverfahren eröffnungsreif.

3. Das eröffnete Verfahren

a) Der Insolvenzverwalter

aa) Beteiligte des Verfahrens

51 Das Insolvenzverfahren wird eröffnet, wenn der Insolvenzantrag zulässig ist, das Gericht zustimmt und mindestens einen Insolvenzgrund für gege-

---

[1] Vgl. *Braun*, § 54 InsO Rz. 12.

ben hält. Weiterhin müssen die Kosten des Verfahrens entweder durch die Masse, staatliches Stundungsverfahren oder durch die Finanzierung Dritter gedeckt sein.

Die Eröffnung erfolgt durch Beschluss, § 27 InsO, der von den Gläubigern jederzeit eingesehen werden kann. In dem **Eröffnungsbeschluss** setzt das Gericht einen Insolvenzverwalter ein, der regelmäßig mit dem bisherigen vorläufigen Verwalter oder dem Sachverständigen personenidentisch ist. Den Gläubigern wird eine **Frist zur Anmeldung** ihrer Forderungen bei dem Verwalter (nicht beim Gericht) gesetzt, § 28 InsO. Weiterhin terminiert wird die Gläubigerversammlung, der sog. Berichtstermin, und gleichzeitig oder zum anderen Zeitpunkt eine Gläubigerversammlung zur Prüfung der angemeldeten Forderungen, § 29 InsO. Der Eröffnungsbeschluss wird zum Zweck der Eintragung an den Bundesanzeiger, die Registergerichte sowie das Grundbuchamt übersandt, §§ 30 bis 33 InsO. Ferner wird der Beschluss im Internet veröffentlicht unter **www.insolvenzbekanntmachung.de**.

Die **Zustellung** an die Gläubiger und Schuldner erfolgt gesondert, § 30 Abs. 2 InsO. Regelmäßig wird der Insolvenzverwalter mit der Zustellung durch einfachen Brief beauftragt, § 8 Abs. 3 InsO. Da der Insolvenzverwalter häufig unvollständige Informationen vom Schuldner über dessen Vermögensverhältnisse und dessen Gläubiger erhalten hat, besteht regelmäßig das **Risiko**, dass **unbekannte Gläubiger** zunächst nicht benachrichtigt werden. 52

Ist der Mandant bzw. sein Berater nicht sicher, ob dieser in den Geschäftsbüchern des Schuldners namentlich geführt und dem Insolvenzverwalter dadurch bekannt werden wird, sollte er sich und sein Anliegen durch entsprechende Korrespondenz dem Verwalterbüro mitteilen, um die Erfassung in dem Vermögenzverzeichnis zu erreichen.

Mit Eröffnung wird das Insolvenzverfahren vom **Rechtspfleger** geleitet, § 18 RpflG. Möglich bleibt, dass der Richter sich das Insolvenzverfahren ganz oder teilweise vorbehält (selten) oder das Verfahren wieder an sich zieht, § 18 Abs. 2 RpflG. Der Insolvenzverwalter wird durch das Insolvenzgericht bestellt, § 56 InsO. Die Gläubiger können ohne Angabe von Gründen in der ersten Gläubigerversammlung einen anderen Insolvenzverwalter wählen, § 57 InsO. Die Abwahl eines Insolvenzverwalters und gleichzeitige Neubestellung eines konkreten Verwalters (konstruktives Misstrauensvotum) ist in der Praxis die Ausnahme, wenn auch nicht ausgeschlossen. 53

Der **Insolvenzverwalter** ist eine von den Gläubigern und den Schuldnern unabhängige, geschäftserfahrene und für den jeweiligen Einzelfall geeignete **natürliche Person**. Seine rechtliche Einordnung ist strittig. Nach wohl herrschender Meinung[1] ist davon auszugehen, dass er ähnlich einem Testamentsvollstrecker als **Partei kraft Amtes** anzusehen ist. Damit ist er nicht Vertreter des Schuldners[2], sondern selbst in eigenem Namen Partei und 54

---

1 Seit RG, RGZ 29, 29, 36; BGH, ZIP 1999, 75, 76; Zöller/*Vollkommer*, § 51 ZPO Rz. 7.
2 So aber *Karsten Schmidt*, KTS 1984, 345 ff.

Urkundsbeteiligter. Neben der Benennung im Eröffnungsbeschluss erhält der Verwalter eine gesonderte Urkunde, § 56 Abs. 2 S. 1 InsO. Die Wahl der Person des Insolvenzverwalters wird häufig als die Schicksalsfrage des Insolvenzverfahrens genannt. Ungeachtet der Tatsache, dass der Insolvenzverwalter gemäß § 58 InsO unter der Aufsicht des Insolvenzgerichts steht, hat er weitreichende Befugnisse und Rechte und ist im Rahmen seines wirtschaftlichen Ermessensspielraumes nur durch insolvenzfremde Zwecke gehindert[1].

bb) Aufgaben und Befugnisse

55 Der Insolvenzverwalter hat die Insolvenzmasse in **Besitz** zu **nehmen** und unter die Gläubiger zu deren Befriedigung zu verteilen. Diese Aufgaben beziehen sich auf die Insolvenzmasse und auf die Gläubiger. Der zweite Aufgabenbereich des Insolvenzverwalters dient dem gerichtlichen Verfahren oder öffentlichen Zwecken.

(1) Betriebsfortführung

56 Der vorläufiger Insolvenzverwalter hat gemäß § 22 Abs. 1 S. 2 Nr. 2 InsO die Pflicht, den laufenden Geschäftsbetrieb fortzuführen. Der Insolvenzverwalter hat diese Pflicht indirekt, da er für eine **Stilllegung** des Unternehmens die **Zustimmung** des Gläubigerausschusses bzw. des Schuldners haben muss, § 158 InsO. Ob ein bereits – vom Schuldner – stillgelegtes Unternehmen wieder aufgenommen und in Gang gesetzt werden muss, hängt weniger mit der unstrittig nicht vorhandenen gesetzlichen Verpflichtung zusammen, sondern vielmehr von der Entscheidung ab – unter Berücksichtigung der persönlichen Haftung des Verwalters – das bestmögliche wirtschaftliche Ergebnis für die Gläubiger zu erzielen. Ob die Befugnis des Verwalters soweit geht, nicht nur das vorhandene betriebliche Untenehmen zu führen, sondern auch neue Geschäftsfelder zu erobern, hängt wohl davon ab, ob diese Expansion als strategische Überlegung bereits in dem vorhandenen Unternehmen dem Grunde nach angelegt war. Man denke an die neue Konzeptionierung und Errichtung eines Wohn- und Geschäftshauses eines Insolvenzverwalters, der einen herstellenden Industriebetrieb vorgefunden hat, dieses Immobiliengeschäft aber zur Massemehrung für besonders gewinnversprechend hält. Das Beispiel ist nicht so fern liegend wie man glaubt. Errichten doch namhafte Industriebetriebe nicht dem Geschäftsbetrieb dienliche Gebäude als Spekulationsobjekte (siehe Potsdamer Platz, Berlin) um dieses nach Errichtung und kurzfristiger Betreibung lukrativ weiter zu veräußern.

Ähnlich wird der Fall zu betrachten sein, in dem der Insolvenzverwalter betriebliches Vermögen und damit die Insolvenzmasse dafür einsetzt Anteile an anderen Unternehmen zu erwerben. In Zeiten in denen Großkonzerne, Autohersteller etc. wesentliche Teile ihres Umsatzes mit dem Handel von Beteiligungen, Finanzmarktprodukten etc. erwirtschaften, ist die

---

1 *Neubert*, Aktuelle Tendenzen bei der Verwalterauswahl, ZInsO, 2007, 979.

Betrachtung erlaubt, welchen unternehmerischen Kern des Unternehmens der Insolvenzverwalter betreiben oder ausbauen soll, um eine bestmögliche Befriedigung der Gläubiger zu erreichen. Dies natürlich auch vor dem angestrebten Ziel eines sanierenden Insolvenzplanverfahrens.

Die grundlegende Definition lautet jedoch:

Der Insolvenzverwalter hat die Insolvenzmasse in Besitz zu nehmen, zu sichern, zu verwalten und kann darüber verfügen, §§ 148, 80 InsO.

Massefremde Gegenstände, die in seinem Besitz sind, hat er gemäß § 47 InsO auszusondern. 57

Vielfach wird von Beratern gegenüber Verwaltern der Wunsch und die Ansicht geäußert, dass dieser die Gegenstände, die mit Rechten des Mandanten behaftet sind, für diesen in Besitz zu nehmen, zu verschaffen, zu sichern und herauszugeben habe. Verständlich ist das Ansinnen wenn beispielsweise die schuldnerfremden Gegenstände nicht am Sitz des Schuldners anzufinden sind (geleaste Autos, ausgelieferte Vorbehaltsware etc. oder wenn der Schuldner die von ihm genutzten oder ungenutzten Räume nicht freiwillig herausgibt). Gleichwohl ist der Verwalter nur dann der richtige Ansprechpartner, wenn er diese Gegenstände oder Räume auch in Besitz genommen hat. Zur Inbesitznahme schuldnerfremden oder mit Absonderungsrechten belasteten Gegenständen ist der Verwalter nicht verpflichtet.

Da **Ab- und Aussonderungsrechte** außerhalb der Regelungen des Insolvenzverfahrens behandelt und durchgesetzt werden, ist der Aufgabenbereich des Insolvenzverwalters nicht soweit gefasst, dass er Schaden aller mit dem Schuldner in Verbindung stehender Personen abwenden soll Nur und ausschließlich wird er Drittrechte in Besitz nehmen, beschaffen und herausgeben, wenn diese Handlung die Insolvenzmasse mehrt. Inwieweit er die Insolvenzmasse und die Gläubigergemeinschaft vor einer Erhöhung der Verbindlichkeiten (Beschaffungskosten, Schadensersatz etc.) schützen soll, ist noch nicht entschieden, jedoch mit Sicherheit insoweit ermittelbar, als dass die zur Beachtung von Drittrechten eforderlichen (Masse-) Kosten nicht den zu erwartenden Zufluss zur Mass übersteigen dürfen. 57a

Völlig fehl ginge daher z.B. das Ansinnen, ein fern des Schuldnersitzes in der Bundesrepublik abgestelltes Fahrzeug zugunsten des sich beschwerenden Vorbehaltsverkäufers „koste es was es wolle" und ohne jeden Mehrwert für die Masse zum Schuldnersitz zu verbringen und an den Berechtigten herauszugeben.

Jedem Verteter eines involvierten dinglichen Berechtigten steht es hingegen frei den ordentlichen Rechtsweg zur Durchsetzung seiner Ansprüche zu beschreiten. Solange der Insolvenzverwalter keinen Besitz an schuldnerfremden oder belasteten Gegenständen hat oder geltend macht, verbleibt es bei den außerinsolvenzrechtlichen Regelungen. Diesbezügliche Prozesse und Vollstreckungsmaßnahmen sind nicht unterbrochen! Räumungsprozesse laufen beispielsweise weiter. 57b

Der Berater muss gegebenenfalls den Gerichten oder Vollstreckungsorganen deutlich machen, dass die rechtshindernden Voraussetzungen des Vollstreckungsverbotes oder der Prozessunterbrechung bei eben diesem Anspruch nicht vorliegen.

57c Befriedigungsrechte Dritter sind entsprechend den Vorschriften über Absonderungsrechte, den §§ 50 ff. InsO, zu beachten. Forderungen sind einzuziehen und Gegenstände sind zu veräußern oder in sonstiger Weise zu verwerten, auch wenn sie mit Absonderungsrechten belastet sind, also etwa dem Pfandrecht unterliegen. Auskunftspflichtig ist der Insolvenzverwalter gemäß § 58 Abs. 1 InsO lediglich gegenüber dem Insolvenzgericht und gemäß § 167 InsO gegenüber den Absonderungsberechtigten. Sonstige Dritte haben lediglich die Möglichkeit, im Berichtstermin Auskunft zu verlangen. Ausnahme bildet jedoch der Gläubigerausschuss, sofern ein solcher bestellt ist, § 69 S. 2 InsO. **Aussonderungsansprüchen** muss er außerhalb der insolvenzrechtlichen Regelungen mit Eröffnung nachkommen soweit er Besitz hat, § 47 InsO. Eine Ausnahme hiervon bildet der Kauf von Eigentumsvorbehaltsware durch den Schuldner. Diese Ware muss der Insolvenzverwalter nicht herausgeben, sondern muss erst nach dem Berichtstermin, und zwar unverzüglich, eine Erklärung nach § 103 Abs. 2 S. 2 InsO abgeben, ob er den Liefervertrag erfüllt, § 107 InsO.

(2) Absonderungsrechte des Vermieters

58 Mit einem Absonderungsanspruch belastete Gegenstände, wie z.B. die dem **Vermieterpfandrecht**[1] unterliegenden Gegenstände, § 50 Abs. 2 InsO, werden nach den Regelungen der §§ 166 ff. InsO behandelt. Hierbei sind die Verpflichtungen, aber auch die Rechte des Gläubigers zu beachten. Der Verwalter kann **jederzeit** in Besitz genommene absonderungsbehaftete Gegenstände **veräußern**. Eingeschränkt wird er lediglich aber auch entscheidend durch die Gläubigerversammlung (Berichtstermin), da er für Maßnahmen, die zu einer Stilllegung des Unternehmens führen, wie z.B. die Verwertung, die **Zustimmung der Gläubigerversammlung** einholen muss, § 158 InsO. Wenn bereits ein vorläufiger Gläubigerausschuss bestellt ist, kann dieser die Zustimmung erteilen. Ferner sind auch andere besonders bedeutsame Rechtshandlungen nach § 160 InsO zustimmungspflichtig.

59 Es empfiehlt sich für den Gläubiger, in dessen Rechte der Insolvenzverwalter aufgrund seiner Veräußerungsbefugnisse eingreifen kann, sich frühzeitig mit dem Insolvenzverwalter in Verbindung zu setzen und gegebenenfalls **aktiv** auf die Bestellung eines **vorläufigen Gläubigerausschusses** durch den Hinweis auf die Bereitschaft zur Teilnahme hinzuwirken. Vor der ersten Gläubigerversammlung wird der Gläubigerausschuss durch das Insolvenzgericht eingesetzt, § 67 InsO. Dieser wird auf Kosten der Insolvenzmasse gegen Haftungsrisiken versichert und auch entlohnt.

---

1 *Ganter* in Münchener Kommentar InsO, § 50, Rz. 86 ff. zu den Voraussetzungen des Vermieterpfandrechtes, *Bäuerle* in Braun, § 50, Rz. 1 ff., *Eckert*, das Vermieterpfandrecht im Konkurs des Mieters, ZIP 1984, 663.

(3) Verwertungsbefugnis

Bewegliche Gegenstände, die der Insolvenzverwalter in seinem Besitz hat und die einem Absonderungsanspruch unterliegen, kann er **freihändig verwerten**, § 166 InsO, muss jedoch gemäß § 168 InsO dem Gläubiger **binnen einer Woche Gelegenheit** geben, eine **bessere Verwertung vorzuschlagen**. Die Frist ist leider praxisfern sehr kurz bemessen. Berücksichtigt man, dass zwischen der Ankündigung gegenüber dem Mandanten und dessen realistischer Möglichkeit juristischen Beistand zur Entscheidungsfindung einzuholen, ein bis zwei Tage liegen können und erst dann die Recherche nach einer besseren Verwertungsmöglichkeit auf dem Gebrauchtwarenmarkt beginnen kann, erkennt man dies.

60

Die Frist hat daher eher die Funktion des rechtlichen Gehörs, so dass der Gläubiger, der die Verwertung des Verwalters für untunlich hält, die Möglichkleit erhält, dagegen konstruktiv Einspruch einzulegen. Bei schlüssiger Behauptung einer besseren Verwertungsmöglichkeit wird der Insolvenzverwalter zumindest wachsam werden, was die ordnungsgemäße Durchführung der Verwertung von Rechten Dritter angeht.

60a

In der Praxis machen gleichwohl Gläubiger von diesem Recht wenig Gebrauch. Hinreichend abgesichert ist der Gläubiger zudem durch die Haftungsregelungen des Verwalters, die diesen – hoffentlich – an einem „Verschleudern" von Vermögenswerten hindern werden.

Die Verwertung muss unverzüglich nach dem Berichtstermin erfolgen, da der Insolvenzverwalter ansonsten gemäß § 169 InsO laufend die geschuldeten Zinsen aus der Insolvenzmasse an den Gläubiger zahlen muss. Wird das Absonderungsgut durch die Nutzung des Insolvenzverwalters ab Eröffnung gemindert, muss der Insolvenzverwalter den **Wertverlust** gemäß § 172 InsO erstatten. Der Pfandrechtsgläubiger ist gemäß § 167 InsO jederzeit berechtigt, Auskünfte über sein Sicherungsgut zu verlangen. Jedenfalls ist auf eine schnelle Bewertung – gegebenenfalls durch einen Industriesachverständigen – zu drängen, um einen Überblick über den Wert des Pfandrechtsgutes zu erlangen.

60b

(4) Pflichten der Gläubiger

Die Pflichten und nicht nur die Obliegenheiten des Pfandrechtsgläubigers sind nicht unerheblich. Nach Verwertung der absonderungsbehafteten Gegenstände stehen der Masse gemäß § 170 InsO **Kostenbeiträge** zu Lasten des Gläubigers zu. Es handelt sich dabei um Kosten, die dem Insolvenzverwalter bei Feststellung des Gegenstandes bzw. der Rechte an diesem und bei der Verwertung derselben entstehen. Grundsätzlich sind dies gemäß § 171 InsO[1] gesetzliche **Pauschalen**, die sich für die **Feststellung** auf 4 %

61

---

1 *Onusseit*, die Bemessungsgrundlage für die Kostenpauschalen des § 171 InsO, ZInsO 2007, 247; eine allgemeine und aktuelle Übersicht zu §§ 166 InsO geben *Gundlach/Frenzel*, Blick ins Steuerrecht, DStR 2009, 1379.

und für die **Verwertung** auf 5 % des erzielten Bruttoerlöses belaufen. Ist **Umsatzsteuer** erzielt worden, kann der Insolvenzverwalter diese ebenfalls einbehalten.

– **Kostenbeiträge des Gläubigers**

61a Von dem erhofften Wert des Sicherungsgutes sind daher zulasten des Mandanten derzeit 28 %, das ist knapp ein Drittel, abzuziehen. Geht man realistisch davon aus, dass vom Neuwert nur ca 15 -20 % erzielt werden und von diesem wiederum die genannten 28 % abgezogen werden, ist der zu sichernde Wert auf grob ein Zehntel der erhofften wirtschaftlichen Absicherung geschrumpft.

Abweichen können die Verwertungskosten jedoch im Einzelfall, wenn sie erheblich höher oder auch erheblich niedriger sind, § 171 Abs. 2 InsO. Bei den Feststellungskosten verbleibt es jedoch bei der Pauschale, selbst wenn die tatsächlich entstandenen Kosten erheblich hiervon abweichen. Bei einer entsprechenden **Abrechnung** durch den Insolvenzverwalter, die vom Gläubiger ggf. zeitnah angefordert werden sollte, ist darauf zu achten, ob neben den häufig in Rechnung gestellten Courtagekosten von Industrieversteigerern zusätzlich noch eine **Verwertungskostenpauschale** des Insolvenzverwalters in Rechnung gestellt wird. Hier ist anzufragen, worin die Tätigkeit des Verwalters bestand. Die **Angemessenheit** des Kostenbeitrages ist zu prüfen.

62 **Besonderheiten** gelten bei **beweglichen Gegenständen**, die dem Haftungsverband der **Immobiliarvollstreckung** unterliegen. Im Falle einer Zwangsversteigerung nach Eröffnung des Insolvenzverfahrens steht der Masse lediglich ein Kostenbeitrag für die **Feststellung**, nicht aber für die Verwertung der mithaftenden beweglichen Gegenstände zu. Durch die Regelung des § 10 Abs. 1 Nr. 1a ZVG besteht praktisch eine Beteiligung der absonderungsberechtigten Grundpfandrechtsgläubiger an den Feststellungskosten, die **pauschal mit 4 % des Wertes** nach § 74a Abs. 5 ZVG durch freie Schätzung der mithaftenden Gegenstände vom Vollstreckungsgericht festzusetzen sind. Die Praxis hilft sich hier meist durch Vereinbarungen für den Fall des freihändigen Verkaufes durch den Insolvenzverwalter.

(5) Abwicklung oder Sanierung

63 Dem Insolvenzverwalter obliegt weiterhin die Verwertung des schuldnerischen Vermögens durch **Einziehung der Außenstände**, Geltendmachung von Anfechtungsansprüchen, Prüfung und Durchsetzung von denkbaren Schadensersatzansprüchen gegen Handelnde sowie die Geltendmachung von Ansprüchen, die den Gläubigern in ihrer Gesamtheit gegen einzelne Schädiger zustehen, § 93 InsO. Grundsätzlich ist das Vermögen zu ordnen und Verträge, Schuldverhältnisse und sonstige Rechtsverhältnisse des Schuldners gegebenenfalls zum Erlöschen zu bringen. Die gegen den Schuldner angemeldeten Forderungen hat er gemäß §§ 175 f. InsO zu prü-

fen und in einem Gläubigerverzeichnis (**Insolvenztabelle**)[1] aufzunehmen und gegebenenfalls zur Vorbereitung der Titulierung durch das Gericht festzustellen. Entsprechend dieser Feststellung in der Insolvenztabelle hat er die Insolvenzmasse bei Abschluss des Insolvenzverfahrens zunächst unter die Massegläubiger und sodann unter die Insolvenzgläubiger gemäß der §§ 187 ff. InsO zu **verteilen**. Gleichwohl obliegt ihm bei all dem auch die **Prüfung von Sanierungsaussichten** bei der Erarbeitung eines Sanierungskonzeptes und gegebenenfalls die Umsetzung der Sanierung.

Schlussendlich prüft er die **Möglichkeit eines Insolvenzplanes**, § 218 InsO. Hierzu kann er auch von der Gläubigerversammlung beauftragt werden, § 157 Abs. 1 S. 2 InsO. Der Insolvenzverwalter erstellt ein Vermögensverzeichnis, § 151 InsO, ein Gläubigerverzeichnis, § 152 InsO, sowie eine Gegenüberstellung beider, die Vermögensübersicht, § 153 InsO. Weiterhin hat er die steuerlichen und handelsrechtlichen Pflichten zur Buchführung, zur Rechnungslegung und zur Abgabe von Steuererklärungen zu erfüllen, § 155 InsO. In Besitz eines schuldnerischen Betriebes hat er ordnungsrechtlich weitgehende Verpflichtungen, bspw. im Bereich des Betriebes gefahrgeneigter Anlagen, der Altlastenbeseitigung, des Arbeitsplatzschutzrechtes, des Umweltrechtes und des Produkthaftungsrechtes. Gegenüber beschäftigten Mitarbeitern obliegen ihm die Verpflichtungen eines Arbeitgebers sowohl in arbeitsrechtlicher als auch in sozialversicherungsrechtlicher und betriebsverfassungsrechtlicher Hinsicht. 64

b) Einteilung der Mieter oder Vermieter als Gläubiger

Das bei Gericht niedergelegte Gläubigerverzeichnis des § 152 InsO wird im späteren Verfahrensgang die **Liste der Masseschulden** und die **Insolvenztabelle**, § 175 InsO. Hierbei unterscheidet der Insolvenzverwalter von Amts wegen nach den Massegläubigern, § 53 InsO, und den Insolvenzgläubigern, §§ 38, 39 InsO. Dieses Gläubigerverzeichnis kann von jedem Gläubiger, der seine Eigenschaft belegt und damit berechtigt ist, eingesehen werden. Abschriften werden gemäß § 299 ZPO i.V.m. § 4 InsO den Gläubigern erteilt[2] 65

aa) Insolvenzgläubiger

Soweit hinreichende Masse vorhanden ist, jedenfalls aber zum Abschluss des Insolvenzverfahrens, schüttet der Insolvenzverwalter nach Abzug von **Massekosten** und sonstigen **Masseverbindlichkeiten** sowie erteilter Genehmigung durch das Insolvenzgericht die **verbleibende Insolvenzmasse** an die Gläubiger aus. Dies geschieht in der Regel **quotal**, weil sie wegen der Überschuldung nicht zur Befriedigung sämtlicher Gläubiger reichen wird. **Voraussetzung** ist, dass die einzelnen Insolvenzforderungen festgestellt sind, 66

---
1 Vgl. die Übersicht zur Tabellenführung von Kammermeier, Tabellenführung, ZVI 2004, 14.
2 *Nowak* in Münchener Kommentar InsO, § 175, Rz. 13; *Bähr*, Forderungsprüfung und Tabellenführung, InVo 1998, 205.

der Insolvenzverwalter ein Schlussverzeichnis angefertigt hat, dieses dem Gericht zur Genehmigung vorgelegt wurde und die Ausschüttung entsprechend angekündigt wurde. Da in der Insolvenzordnung keine Vorrechte bestehen, erfolgt in der Regel eine quotale Befriedigung. Insolvenzforderungen sollten daher immer zur Insolvenztabelle angemeldet werden. Der Gläubiger sollte sich um den Fortgang des Verfahrens bemühen.

(1) Anmeldung der Forderung

67 Die Prüfung der Insolvenzforderungen erfolgt im **Prüfungstermin**, § 176 InsO. Die **Forderungsanmeldung** erfolgt **schriftlich** beim Insolvenzverwalter. Zweckmäßigerweise sollten Urkunden, aus denen sich die Forderung ergibt, in Kopie beigefügt werden. Mitunter wird ein Vordruck verwendet, der aber nicht benutzt werden muss. Zur Verkürzung der Korrespondenz enthält eine Forderungsanmeldung alle Unterlagen, die für die **Schlüssigkeit der Forderungen** erforderlich sind, sowie die entsprechenden Nachweise, Belege, Verträge, Abrechnungen etc. in Kopie. Dies sollte auch dann geschehen, wenn der Gläubiger meint, dass der Schuldner diese bereits im Besitz hat. Die Forderungen werden im Büro des Verwalters geprüft und dieser hat nicht ohne weiteres Zugriff auf die schuldnerischen Unterlagen. Die vom Gericht gesetzte Frist ist **keine Ausschlussfrist**, so dass ihre Versäumung innerhalb der üblichen Verjährungsgrenzen praktisch folgenlos bleibt. Allenfalls können diese Forderungen im Prüfungstermin nicht geprüft werden und es ist ein besonderer Prüfungstermin erforderlich, was geringfügige Kosten verursachen wird (zurzeit 15 Euro nach Nr. 2340 der Anlage 1 zu § 11 Abs. 1 GKG).

68 Die **Teilnahme am Prüfungstermin** ist für den Gläubiger nur in seltenen Fällen sinnvoll. Der Insolvenzverwalter hat in den meisten Fällen bis zum Prüfungstermin ohnehin die Forderung nicht abschließend prüfen können und wird diese aus Zeitgründen, weil er die Übersicht noch nicht hat und die Forderung daher nicht völlig unstrittig und zweifelsfrei ist, vorläufig bestreiten. Dem Gläubiger entsteht hierdurch in dieser Phase kein Nachteil, weil die Anmeldung lediglich Voraussetzung für eine spätere Ausschüttung ist. Der anmeldende Gläubiger sollte daher Geduld haben und seine möglicherweise nicht vollständig angemeldete Forderung komplettieren. Wurde die Forderung bestritten (vorläufig oder endgültig), erhält er vom Gericht entsprechende Nachricht, § 179 Abs. 3 InsO. Über Forderungen, die festgestellt worden sind, werden die Gläubiger nicht benachrichtigt. Letzterer Ungewissheit kann abgeholfen werden, indem der Berater nach dem Prüfungstermin den Insolvenzverwalter um entsprechende Bestätigung bittet.

(2) Feststellungsklage

69 Bleibt die **Forderung** trotz nachträglicher Korrespondenz **bestritten**, muss Feststellungsklage erhoben werden, § 180 InsO. Zu beachten ist jedoch, dass der Streitwert sich nach der voraussichtlichen Quote richtet, § 182

InsO. Häufig teilen die Insolvenzverwalter mit, dass sich ein Streit über die Forderung nicht lohnt, da mit keiner Insolvenzquote zu rechnen sei. Gleichwohl kann sich in der Folgezeit die Höhe der Insolvenzmasse zugunsten der Gläubiger ändern, so dass eine spätere Nachfrage tunlich ist.

– **Keine Originalurkunden einreichen**

Einige Insolvenzverwalter verlangen, dass für die Gültigkeit der Forderungsanmeldung **Originalurkunden**, Titel etc. eingereicht werden müssen. Diese Handhabung hat lediglich praktische Relevanz, findet jedoch im Gesetz keine Stütze. Eine Titelentwertung erfolgt lediglich durch den Urkundsbeamten der Geschäftsstelle, § 178 Abs. 2 S. 3 InsO. Gegenüber dem Insolvenzverwalter reicht die Einreichung einer einfachen Kopie[1]. Dem Berater ist zu empfehlen auf der Überlassung der Kopie zu bestehen, da bei der Vielzahl der Korrespondenz, die ein Verwalterbüro täglich zu bewältigen hat, nicht immer ein zuverlässiger Umgang mit Originalurkunden gewährleistet werden kann.

– **Nachrangige Forderungen**

Kosten, die einem Insolvenzgläubiger durch Teilnahme am Verfahren erwachsen, Gesellschafterdarlehen oder wirtschaftlich ähnlichen Forderungen, Bußen und Strafen sollen nicht im selben Rang wie die übrigen Gläubiger befriedigt werden, sondern werden nachrangig befriedigt, wenn – was fast nie vorkommt – die Insolvenzmasse zur Befriedigung der nicht nachrangigen Gläubiger ausreicht, § 39 InsO.

bb) Massegläubiger

Bevor eine Verteilung entsprechend der Schlussverteilung erfolgt, sind vorweg, d.h. in der Praxis **während des laufenden Verfahrens**, Kosten des Insolvenzverfahrens und die sonstigen Masseverbindlichkeiten zu befriedigen, § 53 InsO. Der Gläubiger hat ein Interesse daran, dass seine Forderung eher zu den Masseverbindlichkeiten gehört, da diese in der Regel vollständig, bei **Masseunzulänglichkeit** (vgl. dazu *Rz. 81 ff.*) immerhin quotal befriedigt werden. Es ist daher, auch wenn dies von Amts wegen durch den Insolvenzverwalter zu erfolgen hat, vom Berater genau zu prüfen, ob die Ansprüche des Mandanten nur einfache Insolvenzforderungen oder Masseverbindlichkeiten sind.

(1) Kosten des Verfahrens

Zu den Kosten des Insolvenzverfahrens gehören gemäß § 54 InsO die **Kosten des Gerichts** im Sinne von § 35 GKG einschließlich der gerichtlichen Auslagen, etwa für Zustellungen, Beglaubigungen etc., ferner die **Kosten des Insolvenzverwalters** selbst, d.h. seine Vergütung und diejenige des vorläufigen Insolvenzverwalters einschließlich der Auslagen. Zu den Auslagen zählen insbesondere Sondervergütungen, die der Insolvenzverwalter

---

1 BGH, NZI 2006, 173.

etwa als Rechtsanwalt für berufsspezifische Tätigkeiten entnehmen darf, § 5 InsVV. Ebenso gehört hierzu die **Vergütung der Gläubigerausschussmitglieder** nach den §§ 73 Abs. 2, 64, 65 InsO.

(2) Sonstige Masseverbindlichkeiten, §§ 55, 209, 322 InsO

73 Weiterhin sind vorweg bei Fälligkeit laufend die sog. sonstigen Masseverbindlichkeiten aus der Insolvenzmasse zu begleichen. Eine Einschränkung der Zahlungspflicht bei Fälligkeit entsteht zum einen durch das **Vollstreckungsverbot** von Masseverbindlichkeiten für die Dauer von **6 Monaten**, § 90 InsO, und zum anderen durch die gesetzliche Reihenfolge nach Anzeige der Masseunzulänglichkeit, §§ 208, 209 InsO (vgl. dazu *Rz. 81 ff.*).

(a) Zahlungszusagen

74 Verbindlichkeiten, die ein vorläufiger Insolvenzverwalter ohne Verfügungsbefugnis eingegangen ist, stellen keine Masseverbindlichkeiten dar. Problematisch sind insbesondere **Zahlungszusagen des schwachen vorläufigen Verwalters**, die im eröffneten Verfahren möglicherweise wertlos sind[1]. Die Rechtsprechung hierzu ist noch offen. Zum einen wird verlangt, dass während der vorläufigen Insolvenzverwaltung durch das Insolvenzgericht Einzelermächtigungen erfolgen können, die zu einer Einstufung als Masseverbindlichkeit führen. Praktisch undurchführbar wird diese Ansicht jedoch bei Fortführung eines mittleren bis größeren Gewerbebetriebes, bei dem allein die Anzahl der Zahlungszusagen und die zeitnahe Erforderlichkeit eine einmalige oder ständig angepasste Beschlussermächtigung unmöglich macht. Zum anderen weist die Rechtsprechung darauf hin, dass während der vorläufigen Insolvenzverwaltung erfolgte Zahlungszusagen bzw. Zahlungen vom endgültigen Insolvenzverwalter nicht mehr angefochten werden können, wenn im Vertrauen auf die Zahlungszusage geleistet worden ist[2].

75 Verbindlichkeiten, die von einem vorläufigen Insolvenzverwalter begründet worden sind, auf den die **Verfügungsbefugnis** über das Vermögen des Schuldners übergegangen ist, stellen hingegen gemäß § 55 Abs. 2 S. 1 InsO **Masseverbindlichkeiten** dar. Gleiches gilt für Verbindlichkeiten aus einem Dauerschuldverhältnis (z.B. einem Mietvertrag), soweit der vorläufige Insolvenzverwalter mit Verfügungsbefugnis die Gegenleistung in Anspruch genommen hat.

76 Ansprüche auf **Arbeitsentgelt**, die auf die Bundesagentur für Arbeit übergegangen sind, stellen sowohl beim schwachen als auch beim starken vorläufigen Insolvenzverwalter nur noch einfache Insolvenzforderungen dar, § 55 Abs. 3 InsO.

---

[1] Vgl. BGH, NZM 2002, 859, 860 ff.; beachte aber: BGH, NZI 2005, 627.
[2] BGH, InVo 2005, 137.

(b) Inanspruchnahme von Leistungen durch den Verwalter

Die sonstigen Masseverbindlichkeiten des § 55 Abs. 1 InsO entstehen erst nach Eröffnung des Insolvenzverfahrens und sind, soweit die Masse ausreicht, vollständig, ansonsten bei Anzeige der Masseunzulänglichkeit (vgl. dazu *Rz. 81 ff.*) gegebenenfalls quotal auszugleichen. Es handelt sich um Verbindlichkeiten, die durch die **Verwaltung, Verwertung oder durch Verträge** des Insolvenzverwalters entstehen, z.B. wenn der Insolvenzverwalter für den Betrieb des Schuldners Material bestellt, Arbeitsleistungen von Mitarbeitern entgegennimmt oder handelsrechtliche oder bilanzrechtliche Verpflichtungen übernimmt. Hierzu gehört nach herrschender Meinung[1] auch die Abführung von Sozialversicherungsabgaben, Lohnsteuer und Umsatzsteuer. Darüber hinaus regelt § 55 Abs. 2 InsO die Verpflichtung zur Zahlung, soweit Leistungen aus gegenseitigen Verträgen in Anspruch genommen wurden oder in Anspruch genommen werden müssen. Erster Fall sind bspw. Löhne, Gehälter, Mieten oder Versicherungsprämien. Der zweite Fall regelt sog. **aufgedrängte (oktroyierte) Masseverbindlichkeiten**, die z.B. im Fall einer Kündigung des Dauerschuldverhältnisses bis zum Ende des gesetzlichen Kündigungszeitpunktes noch weiter gelten. Dies sind insbesondere Löhne und Gehälter sowie **Mieten**, die aufgrund der **Kündigungsfrist** des BGB einen überragenden Teil der insgesamt zu zahlenden Masseverbindlichkeiten ausmachen können. Bei einem Geschäftsbetrieb, der über einen **Betriebsrat** verfügt, muss der Insolvenzverwalter einen **Sozialplan** abschließen. Verbindlichkeiten aus einem solchen Sozialplan sind Masseverbindlichkeiten, § 123 Abs. 2 S. 1 InsO. Auch diese Ansprüche können quantitativ die Masse erheblich belasten oder gar aufbrauchen.

77

(c) Berücksichtigung von Amts wegen

Masseverbindlichkeiten sind zwar **von Amts wegen** durch den Verwalter zu beachten, sollten jedoch von den Gläubigern auch selbst beziffert geltend gemacht werden.

78

– **Masseforderungen des Mandanten selbst beziffern und geltend machen!**
Fehl geht der gelegentlich anzutreffende Hinweis von Insolvenzverwaltern, die Insolvenzmasse sei noch nicht verwertet und deshalb komme zunächst keine Auszahlung von Masseverbindlichkeiten in Betracht. Ein solcher Liquiditätsengpass, der vom Insolvenzverwalter im Rahmen seiner Geschäftstätigkeit durch einen **Liquiditätsplan** vermieden werden muss, geht nicht zu Lasten von Massegläubigern.

– **Nach 6 Monaten sind Masseforderungen gemäß § 90 InsO vollstreckbar!**
Im Regelfall können aber die Massegläubiger mit voller Befriedigung rechnen, da der Insolvenzverwalter für die Erfüllung **unbefriedigter Masseverbindlichkeiten**, die er verursacht hat, unter Umständen **persönlich haftet**, § 61 InsO. Von entscheidender Bedeutung ist daher zunächst die Prüfung,

79

---

[1] *Berscheid* in Uhlenbruck, § 55 InsO Rz. 37.

ob der Anspruch des Mandanten eine Insolvenzforderung oder eine Masseforderung darstellt, die privilegiert ist. Genau zu prüfen ist folglich, ob eine **fristlose Kündigung** eines Mietverhältnisses wegen Zahlungsverzuges noch vor Eröffnung des Insolvenzverfahrens sinnvoll ist, da der Mandant seinen **ursprünglichen Mietzahlungsanspruch** lediglich noch als Schadenersatzanspruch wegen Auflösungsverschuldens und somit als einfache Insolvenzforderung geltend machen kann, es sei denn, der Verwalter gibt die Mietsache nicht heraus.

– **Grundsatz: Masseforderungen sind besser als Insolvenzforderungen !**

80 Der **Anspruch auf Herausgabe** der Mietsache und die Pflicht zur Beseitigung der durch den Mieter vor Insolvenzeröffnung durchgeführten Einbauten ist keine Masseverbindlichkeit[1], sondern ein Aussonderungsanspruch, für den der Vollstreckungsschutz der §§ 89, 90 InsO nicht gilt.

(d) Massearmut/Masseunzulänglichkeit

81 Reicht die Insolvenzmasse nicht aus, die Massekosten und Masseverbindlichkeiten vollständig zu begleichen, muss das Insolvenzverfahren mangels Masse eingestellt werden, § 207 InsO. Reicht die Insolvenzmasse nur nicht aus, um die sonstigen Masseverbindlichkeiten i.S.d. § 55 InsO auszugleichen, so hat der Insolvenzverwalter dem Insolvenzgericht **anzuzeigen**, dass **Masseunzulänglichkeit** vorliegt. Gleiches gilt für den Fall, dass er eine zukünftige Unzulänglichkeit vorhersieht, § 208 Abs. 1 S. 2 InsO. Die Masseunzulänglichkeitsanzeige ist **bindend** und kann vom Instanzengericht nicht nachgeprüft werden[2]. Die **Zahlungsklage** auf Auszahlung der Masseverbindlichkeit ist umzustellen auf eine Feststellungsklage. In dem Prozess hat der Insolvenzverwalter die Darlegungs- und Beweislast, dass Masseunzulänglichkeit vorliegt.

– **Forderungsbeitreibung trotz Massearmut**

81a Massearmut bedeutet zunächst, dass sich gemäß § 209 InsO die Reihenfolge der Befriedigung ändert und zwar in absteigender **Reihenfolge**. Zunächst die Kosten des Insolvenzverfahrens, sodann die Masseverbindlichkeiten, die nach der Anzeige der Masseunzulänglichkeit begründet worden sind. Vorher entstandene Masseverbindlichkeiten werden zuletzt befriedigt und unterliegen dem Vollstreckungsverbot des § 210 InsO. Die Masseunzulänglichkeit, der sog. „Konkurs im Konkurs", führt somit ähnlich der Einteilung in Masseverbindlichkeiten und Insolvenzforderungen zu einer Aufteilung nach einem Stichtag. Der Berater muss daher nach wie vor die Ansprüche des Mandanten weiterverfolgen, da die Massearmut lediglich aussagt, dass die Masseverbindlichkeiten nicht mehr zu 100 % befriedigt werden können. Eine Teilbefriedigung ist immer noch möglich.

---

1 OLG Celle, ZIP 2007, 1914 m.w.N.
2 Anders noch bei der KO: BGH, ZIP 2005, 1519 ff. unter Einbeziehung von § 208 InsO.

– **Häufig wird der Fehler begangen, resigniert die weitere Tätigkeit einzustellen.**

Dem Rechtsanwalt des **Vermieters** ist daher grundsätzlich anzuraten, sich frühzeitig mit dem Verwalter in Verbindung zu setzen und die **Werthaltigkeit der Mietansprüche** als Masseverbindlichkeit zu prüfen. Rückfragen nach der prognostizierten Liquidität sind in diesem Zusammenhang sinnvoll. 82

– **Verwalterfehler: Die verspätete Anzeige der Masseunzulänglichkeit**

Unterlässt der Insolvenzverwalter die rechtzeitige Anzeige der Masseunzulänglichkeit, werden zunächst vorrangige Masseverbindlichkeiten, wie z.B. Mietansprüche, zurückgestuft. Hat der Insolvenzverwalter in diesen Fällen nicht rechtzeitig im Sinne von § 209 Abs. 2 Nr. 2 InsO gekündigt, führt dies möglicherweise zu einer **Haftung des Insolvenzverwalters**. 83

Auch nach Anzeige der Masseunzulänglichkeit wird das Insolvenzverfahren weitergeführt. Zu seinen Kernaufgabe gehört nach wie vor die Verwertung der Insolvenzmasse. Nach entsprechender **Verteilung** gemäß § 196 InsO wird das Insolvenzverfahren jedoch eingestellt, § 211 InsO. 84

c) Allgemeine Wirkungen der Verfahrenseröffnung

aa) Besitz und Inventarisierung

Mit der Eröffnung des Insolvenzverfahrens geht das Recht des Schuldners, das zur Insolvenzmasse gehörende Vermögen zu verwalten und über es zu verfügen, auf den Insolvenzverwalter über, § 80 InsO. Er hat es sofort in Besitz zu nehmen und zu verwalten. Verweigert der Schuldner die Herausgabe, kann der Verwalter aufgrund der vollstreckbaren Ausfertigung des Eröffnungsbeschlusses die **Herausgabevollstreckung** betreiben. Der Verwalter inventarisiert und bewertet die einzelnen Gegenstände der Insolvenzmasse, § 151 InsO. Ferner erstellt er ein Gläubigerverzeichnis, § 152 InsO, und schlussendlich eine Gegenüberstellung von Vermögensmasse und Verbindlichkeiten, § 153 InsO. Das Verzeichnis ist spätestens eine Woche vor dem Gerichtstermin in der Geschäftsstelle des Insolvenzgerichts niederzulegen und den Insolvenzgläubigern ist Einsicht zu gewähren. 85

bb) Drittrechte

Der Insolvenzverwalter prüft den Bestand der Insolvenzmasse und soweit möglich den Bestand von massefremden Vermögen. Eigentum Drittter, das er in Besitz genommen hat, wird er durch **Aussonderung** an die Berechtigten herausgeben oder durch Bezahlung ablösen. Pfandrechte, Sicherungsübereignungen, Forderungsabtretungen etc. werden als Absonderungsrechte inventarisiert und entweder verwertet oder zur Verwertung an die Berechtigten freigegeben. 86

- **Absonderung und Aussonderung gegenüber dem Verwalter mitteilen**

Diese Rechte prüft der Insolvenzverwalter zwar von Amts wegen. In einem laufenden Gewerbebetrieb trifft der Verwalter jedoch in der Regel auf umfangreiche Rechte Dritter. Die Lieferanten haben unter erweitertem oder einfachem Eigentumsvorbehalt geliefert. Das Anlagevermögen kann sicherungsübereignet sein, geleast sein oder ebenfalls unter Eigentumsvorbehalt stehen. Forderungen gegen Kunden oder gegen Untermieter können abgetreten sein. All diese Sachverhalte sind in der Regel kompliziert und vor allen Dingen umfangreich, so dass der Insolvenzverwalter je nach Größe des Betriebes einige Zeit braucht, um sich einen Überblick zu verschaffen. Abgekürzt wird dieser Zeitraum ggf. durch die vorläufige Insolvenzverwaltung, bei der diese Arbeiten bereits erledigt werden müssen. Der Insolvenzverwalter wird sich im Idealfall frühzeitig mit den größten Gläubigern, (Banken, Vermieter etc.) in Verbindung setzen, um zum einen zu klären, ob die Einsetzung eines Gläubigerausschusses sinnvoll ist, zum anderen aber, um auf eine **kooperative Zuarbeit** bei der beabsichtigten Betriebsfortführung hinzuwirken.

cc) Rechtshandlungen nach Eröffnung

87 Die Eröffnung des Insolvenzverfahrens führt jedoch zu weiteren entscheidenden Einschnitten.

88 **Verfügungen**, die der **Schuldner** nach der Eröffnung des Insolvenzverfahrens über einen Gegenstand der Insolvenzmasse trifft, sind unwirksam, § 81 InsO.

- **Mietzahlungen nach Eröffnung des Verfahrens trotz Kenntnis**

Leistungen, die nach Eröffnung gutgläubig **an den Schuldner** erfolgen, obwohl die Insolvenzmasse darauf einen Anspruch hätte, befreien aber den **gutgläubig Leistenden**, § 82 InsO. Auch Überweisungen von Banken an Gläubiger (z.B. Mietzahlungen) stellen eine Leistung an den Schuldner dar. In der Regel wird die Hausbank des Unternehmens unmittelbar mit Eröffnung des Insolvenzverfahrens vom Insolvenzverwalter informiert, so dass diese Zahlungen sie nicht befreien und die Bank ein weiteres Mal an die Insolvenzmasse zahlen muss. Beim Zahlungsempfänger wird die Zahlung entsprechend widerrufen werden müssen.

89 - **§ 240 ZPO unterbricht den Mietprozess nicht den Räumungsprozess!**

Anhängige **Prozesse**, die die Insolvenzmasse betreffen, sind gemäß § 240 ZPO unabhängig davon unterbrochen ob es sich um Aktiv- oder Passivverfahren handelt.

90 Bereits vor Verfahrenseröffnung eingeleitete und noch nicht abgeschlossene **Vollstreckungsmaßnahmen** werden mit Eröffnung unwirksam, § 88 InsO. **Aussonderungsansprüche**, wie z.B. **Räumungsansprüche**, können jedoch weiter vollstreckt werden. Diese sind nicht vom Vollstreckungsverbot des § 89 InsO erfasst.

d) Kostenbeiträge der Gläubiger

Aussonderungsansprüche bewirken keine Kostenbeiträge. Die Geltendmachung erfolgt jedoch auf Kosten der Berechtigten. Der Insolvenzverwalter ist nicht verpflichtet, seinerseits Kosten auszulösen, um Aussonderungsansprüche zu befriedigen.

91

Absonderungsrechte begründen jedoch nach erfolgter Verwertung des Gutes einen Kostenanspruch der Insolvenzmasse. Grundsätzlich ist der Insolvenzverwalter berechtigt, in seinem Besitz befindliche mit Absonderungsrechten behaftete Gegenstände schon vor dem Berichtstermin zu verwerten. Für den Fall einer Stilllegung des Betriebes ist jedoch die Zustimmung des Gläubigerausschusses bzw. des Schuldners einzuholen, beachte §§ 158 ff. InsO. Abgetretene Forderungen kann der Insolvenzverwalter einziehen oder in anderer Weise (Inkassoverkauf) verwerten, § 166 Abs. 2 InsO.

92

Sicherungsübereignete oder dem **Vermieterpfandrecht** unterliegende Sachen können vom Insolvenzverwalter verwertet werden. Dem Berechtigten steht ein **Auskunftsanspruch** über den Zustand der Sache zu, § 167 InsO. Bevor der Insolvenzverwalter veräußert, muss er den Berechtigten jedoch informieren und dem Gläubiger Gelegenheit geben, binnen einer Woche auf eine günstigere Verwertungsmöglichkeit hinzuweisen, § 168 InsO. Nach erfolgter **Verwertung** hat der Insolvenzverwalter dem Gläubiger gegenüber **Rechnung zu legen**. Spätestens mit dem Zeitpunkt des Berichtstermins sind geschuldete Zinsen vom Insolvenzverwalter aus der Insolvenzmasse zu zahlen, soweit noch keine Verwertung stattgefunden hat, § 169 Abs. 1 InsO. Fehlt eine vertragliche Regelung bezüglich der Zinsansprüche sind die gesetzlichen Regelungen der §§ 288 i.V.m. 247 BGB anzuwenden. **Wertverluste**, die der Gläubiger an seinem Sicherungsgut erleidet, hat der Insolvenzverwalter von Beginn des Verfahrens an gemäß § 172 Abs. 1 InsO ebenfalls aus der Insolvenzmasse auszugleichen. Verzögert der Verwalter die Auszahlung an den Berechtigten nach Verwertung schuldhaft, ist ein Schadensersatzanspruch wegen Verzugs zu prüfen.

93

– Kostenbeiträge überprüfen

94

Die Kostenbeiträge für die Feststellung belaufen sich gemäß § 171 Abs. 1 InsO pauschal auf 4 % des Bruttoverwertungserlöses. Die **Kosten der Verwertung** sind grundsätzlich pauschal mit 5 % vom Bruttoverwertungserlös anzusetzen, **weichen die tatsächlich entstandenen Kosten jedoch erheblich nach unten oder nach oben ab, sind diese anzusetzen**. So wird bspw. bei der Verwertung einer abgetretenen Lebensversicherung die Verwertungsmaßnahme regelmäßig in der Verfassung eines einfachen Kündigungsschreibens liegen, hierfür können keine 5 % geltend gemacht werden. Soweit die Verwertung zur Entstehung von Umsatzsteuer und damit zu Belastungen der Insolvenzmasse geführt hat, ist diese ebenfalls einzubehalten. Auch wenn der Insolvenzverwalter dem Gläubiger die Verwertung überlässt – entweder durch eigene Verwertung oder durch Selbsteintritt – ist entstandene Umsatzsteuer von dem Gläubiger an die Insolvenzmasse abzuführen. Eine Aufrechnung mit eigenen Ansprüchen ist unzulässig, § 96 InsO. Wegen weiterer Einzelheiten zum Vermieterpfandrecht wird auf die nachfolgenden Ausführungen zu *Rz. 164 ff.* sowie *Rz. 190 ff.* verwiesen.

e) Miet-, Arbeits- und Dienstverhältnisse

95 Mit der Eröffnung des Insolvenzverfahrens erhalten gegenseitige Verträge und Dauerschuldverhältnisse einen neuen Regelungsgehalt. Gesetzgeberisch gewollt ist, dass bestimmte Rechtsverhältnisse mit Eröffnung des Insolvenzverfahrens enden, andere u.a. aus sozialpolitischen Gründen fortbestehen und bestimmte noch nicht oder nicht vollständig erfüllte Verträge erst durch die Erklärung des Insolvenzverwalters (Erfüllungswahl – § 103 InsO) fortgelten.

– **Der Mietvertrag bleibt in der Insolvenz (zunächst) bestehen**

aa) Beendete Rechtsgeschäfte

96 Aufträge, **Geschäftsbesorgungsverträge** und Vollmachten erlöschen gemäß §§ 115 ff. InsO. Betroffen sind u.a. auch Prozessvollmachten, notarielle Durchführungsvollmachten und Hausverwaltungsverträge. Für die Fortsetzung des Auftrags bei unaufschiebbarer Gefahr gilt dieser jedoch insoweit als fortbestehend und es entstehen Masseverbindlichkeiten, § 115 Abs. 2 InsO.

bb) Fortbestehende Verträge

(1) Arbeitsverträge

97 Arbeitsverhältnisse setzen sich trotz Verfahrenseröffnung mit dem Arbeitnehmer fort. Allerdings kann der Insolvenzverwalter diese – selbst wenn sie unkündbar sind – mit einer Kündigungsfrist von höchstens 3 Monaten beenden, § 113 InsO. Betriebsverfassungsrechtliche und betriebliche Kündigungsschutzgründe sind erheblich eingeschränkt, weil der Insolvenzverwalter mit dem Betriebsrat oder im Falle seines Fehlens mit dem Arbeitsgericht im Beschlussverfahren einen Interessenausgleich unter namentlicher Bezeichnung der Betroffenen vereinbaren kann. Die Betriebsbedingtheit der Kündigungsgründe wird in diesem Fall vermutet, die Sozialauswahl ist nur noch eingeschränkt überprüfbar. §§ 125, 126 InsO. Selbst die Wirkung des § 613a BGB ist eingeschränkt, weil die Erleichterung der Kündigungsmöglichkeiten auch im Falle des Betriebsüberganges gelten, § 128 InsO.

(2) Mietverträge

98 Mietverträge des Schuldners **gelten** gemäß § 108 InsO unabhängig davon **fort**, ob es sich beim Schuldner um den Vermieter oder den Mieter handelt. Ist der Schuldner Mieter, gelten die Kündigungssperren des § 112 InsO, aber auch die kurzen Kündigungsfristen für den Gewerbemieter des § 109 InsO. Sog. „**Lösungsklauseln**" sind gemäß § 119 InsO unwirksam. Nach

herrschender Meinung gilt dies auch für Lösungsklauseln, die für den Fall des Insolvenzverfahrens beidseitig individuell vereinbart wurden[1].

(3) Gesellschaftsverträge

Gesellschaftsverträge werden außerhalb des Insolvenzverfahrens abgewickelt, unabhängig davon, ob es sich um solche von Kapitalgesellschaften oder Personengesellschaften handelt. Ist der Schuldner Gesellschafter, tritt an seine Stelle der Insolvenzverwalter.

99

(4) Wahlrechte

Besonders geregelt sind die gegenseitigen Verträge, die weder vom Schuldner noch vom Vertragspartner vollständig erfüllt wurden, §§ 103 ff. InsO. Der Insolvenzverwalter hat ein Wahlrecht, ob der Vertrag insgesamt erfüllt werden soll oder nicht. Der Rechtscharakter dieser Regelung ist nach anfänglichen Diskussionen in der Literatur nunmehr durch den BGH[2] fester umrissen. Der BGH nimmt an, dass der Vertrag den Insolvenzeröffnungszeitpunkt zwar überdauert, die beiderseitigen **Ansprüche** im Hinblick auf § 320 BGB jedoch **nicht durchsetzbar** sind, wenn und solange der Insolvenzverwalter nicht die Erfüllung gewählt hat, die seine Leistungsverpflichtung aber auch seine Leistungsberechtigung auslöst. Zu beachten ist, dass der Insolvenzverwalter bei Teilleistungen für die noch zukünftig vom Gläubiger zu erbringenden Leistungen Erfüllung wählen kann, jedoch nur die diesen Teil betreffende Vergütung eine **Masseverbindlichkeit** darstellt. Die Vergütung für die bereits erbrachte Leistung stellt lediglich eine einfache Insolvenzforderung dar, § 105 InsO.

100

– **Für das Mietrecht sind die §§ 108–112 InsO lex specialis!**

f) Insolvenzanfechtung

Durch die Möglichkeit der **Anfechtung von Rechtshandlungen** vor Eröffnung des Insolvenzverfahrens soll sichergestellt werden, dass bestimmte Verringerungen des Vermögens des Schuldners zu Lasten der Insolvenzmasse und der Gläubiger rückgängig gemacht werden können. Im Vorfeld der Insolvenz kommt es häufig zu bewussten oder unbewussten Vermögensverschiebungen durch den Schuldner oder Gläubiger. Der Wettlauf um die beste Position bei der Verwirklichung des Vermögens hatte bereits begonnen und führte zu Ergebnissen, die die Rechtsordnung zu Gunsten des **Prinzips der gleichmäßigen Verteilung** auf alle Gläubiger rückgängig machen will. Maßgeblich für die Einordnung des Sachverhalts unter einzelne Anfechtungstatbestände ist jeweils der **Zeitpunkt der Vornahme der anfechtbaren Handlung**.

101

---

1 Zum Streitstand insbesondere: *Kroth* in Braun, § 119 InsO Rz. 9 ff.
2 BGH, BGHZ 150, 353, 359; BGH, BGHZ 155, 87, 90.

Nun muss der Berater zusammen mit dem Mandanten den zurückliegenden Zeitraum auf das Vorliegen etwaiger anfechtbarer Vorgänge überprüfen. Zwar lassen sich vergangene Ereignisse nicht beseitigen, jedoch ist der Mandant auf die drohenden Folgen hinzuweisen.

- **Der Mandant wird nach der Vergangenheit befragt**
- **Frühere Korrespondenz sichten**
- **Gab es Zahlungsschwierigkeiten des Mieters**
- **Erfolgten Mietzahlungen im Voraus**
- **Wurden Sonderzahlungen getätigt**

102 Grundsätzlich muss der Rechtsanwalt die Anfechtungsnormen kennen, wenn der Mandant die Beratung hinsichtlich eines sich in wirtschaftlichen Schwierigkeiten befindlichen Vertragspartners wünscht. Wünsche nach Zahlungserleichterungen, Stundungen, Sanierungsgespräche etc. können in vielerlei Hinsicht auf eine denkbare Anwendung der Anfechtungsregelungen im Insolvenzfall hindeuten. Auf die Rechtsfolgen der möglichen **Beseitigung von anfechtbaren Handlungen** in einem sich anschließenden Insolvenzverfahren durch einen Insolvenzverwalter ist der Mandant hinzuweisen.

aa) Zeiträume

103 Je kürzer der Zeitraum ist, in dem die Handlung vor dem Zusammenbruch geschah, desto weniger zusätzliche tatbestandliche Voraussetzungen müssen gegeben sein. Zu unterscheiden sind folgende Zeiträume[1]:

Die Anfechtungzeit beträgt 1 Monat bis 10 Jahre!

- innerhalb eines Monats, § 131 Abs. 1 Ziffer 1 InsO
- innerhalb der letzten 3 Monate, § 131 Abs. 1 Ziffer 2 und 3 InsO sowie § 130 Abs. 1 Ziffer 2 und § 132 Abs. 1 Ziffer 1 InsO
- innerhalb des letzten Jahres, § 135 Ziffer 2 InsO, § 172 HGB
- innerhalb von 2 Jahren, § 133 Abs. 2 InsO
- innerhalb von 4 Jahren, § 134 InsO
- in den letzten 10 Jahren, § 135 Nr. 1 InsO.

104 Anfechtbar sind **Rechtshandlungen**. Es kann sich um verpflichtende, aber auch um verfügende Handlungen handeln, ebenso um geschäftsähnliche oder Prozesshandlungen. Eine Unterlassung steht einer Rechtshandlung gemäß § 129 Abs. 2 InsO gleich.

bb) Benachteiligungen

105 Anfechtbar sind nur Rechtshandlungen, die die **Gläubiger benachteiligen**. Das Anfechtungsrecht soll nicht strafen oder zum Schadensersatz ver-

---

[1] Vgl. § 139 InsO zur Fristberechnung.

pflichten, vielmehr soll es lediglich den Nachteil ausgleichen, der der späteren Insolvenzmasse durch die anfechtbare Handlung entstanden ist. Der Begriff der **Vermögensbeeinträchtigung** wird jedoch sehr weit gefasst. Unmittelbar muss sich die Benachteiligung nicht ergeben. Ausreichend ist auch eine mittelbare Benachteiligung, die gemeinsam mit anderen Ursachen zu einer **Schmälerung der Masse** führt.

Fraglich war zeitweise, ob in einem masseunzulänglichen Verfahren überhaupt Gläubiger benachteiligt werden, wenn diese auch nach Durchführung der Anfechtung nichts erhalten. Nunmehr ist höchstrichterlich entschieden, dass der Insolvenzverwalter gemäß § 208 InsO auch im Fall der **Masseunzulänglichkeit** (vgl. dazu *Rz. 84 ff.*) zur Verwaltung und Verwertung befugt ist und daher auch Anfechtungsansprüche geltend machen kann. Als ausreichend wird angesehen, dass der Insolvenzverwalter **infolge der Anfechtung** Masseverbindlichkeiten begleichen kann[1]. 106

cc) Erscheinungsformen

Die genannten Zeiträume der anfechtbaren Rechtshandlung sind eine der Möglichkeiten, die Anfechtungsregeln zu kategorisieren. Eine andere Möglichkeit stellt die Unterscheidung nach **Erscheinungsformen** dar: 107

– Vorsatz, § 133 InsO

– Unentgeltlichkeit, § 134 InsO

– in der Krise, §§ 130, 131, 132 InsO

– Besicherung oder Rückgabe von Gesellschafterdarlehen, § 135 InsO.

– Rechtsgeschäfte zwischen Verwandten, 138 InsO

– Bargeschäfte, § 142 InsO

Die durch Einführung des MoMiG weggefallene eigenkapitalersetzende Nutzungsüberlassung führte zu einer Verlagerung und Neuordnung der Gesellschafterdarlehen in die InsO. U.a. ist nunmehr in der Anfechtungsregelung des § 135 InsO in Abs. 3 eine Einschränkung des Aussonderungsrechtes des vermietenden Gesellschafters in der Insolvenz der Mietergesellschaft aufgenommen worden, die ihm die Geltendmachung für die Dauer von einem Jahr nach Eröffnung des Insolvenzverfahrens auferlegt[2]. Die Deregulierung des Eigenkapitalersatzrechtes soll die bisherige Rechtsprechung ersetzen und lässt derzeit noch zahlreiche Fragen offen.

(1) Vorsätzliche Benachteiligung

Vorsatzanfechtung erfordert nach jüngster Rechtsprechung[3] **dolus eventualis** auf Seiten des Schuldners und diesbezügliche **Kenntnis** beim Anfech- 108

---

1 BGH, ZIP 2001, 1641; **a.A.** LG Stralsund, ZIP 2001, 936, 937f; *Häsemeyer*, KTS 1982, 507, 541.
2 Vgl. *Hörndler/Hoisl*, Auswirkungen des MoMiG auf das Mietrecht NZM 2009, 377.
3 BGH, WM 2003, 1690, 1693.

tungsgegner. Dadurch sind unabhängig vom Krisenzeitraum sämtliche **Zahlungen** des Schuldners erfasst, die er in dem Wissen leistet, dass seine Mittel nicht mehr zur Befriedigung aller Gläubiger ausreichen. Eine Unterscheidung zwischen Kongruenz und Inkongruenz wird hier nicht vorgenommen. Die **Inkongruenz** ist jedoch für den Vorsatz ein starkes Indiz. Die Anfechtungsfrist beträgt 10 Jahre. Bei derartig lang zurückliegenden Rechtshandlungen ergeben sich jedoch erhebliche Beweisprobleme für den Insolvenzverwalter. Eine **Beweiserleichterung** gewährt § 133 Abs. 1 S. 2 InsO bei positiver Kenntnis der drohenden Zahlungsunfähigkeit und der Gläubigerbenachteiligung. Die Privilegierung des Bargeschäftes aus § 142 InsO gilt nicht.

(2) Schenkungsanfechtung

109 Anfechtbar sind alle objektiv **unentgeltlichen Zuwendungen** innerhalb der letzten **4 Jahre** vor Antragstellung. Entscheidend ist das **objektive Missverhältnis**, nicht die Parteivereinbarung. Der Empfänger einer unentgeltlichen Leistung hat diese nur zurückzugeben, soweit er durch sie **bereichert** ist, es sei denn, er kennt die gläubigerbenachteiligende Wirkung, § 143 Abs. 2 InsO.

(3) Krisenanfechtung

110 Die Krisenanfechtung bezieht sich auf die letzten **3 Monate** vor der Insolvenzantragstellung oder nach dieser bis zur Eröffnung des Verfahrens. Unterschieden wird nach einfachen **Rechtshandlungen** bei der kongruenten Deckung, § 130 InsO, und bei der inkongruenten Deckung, § 131 InsO. Ein **Rechtsgeschäft** des Schuldners muss bei der unmittelbaren nachteiligen Rechtshandlung des § 132 InsO vorliegen.

111 Grundsätzlich wird unterschieden zwischen kongruenter und inkongruenter Deckung. Eine **kongruente Deckung** i.S.v. § 130 InsO liegt bei einer Rechtshandlung vor, auf die der Gläubiger so, wie sie erbracht wurde, einen Anspruch nach Art und Leistungszeit hatte. **Anfechtbar** ist diese Rechtshandlung, wenn der Gläubiger zur Zeit der Vornahme die Zahlungsunfähigkeit oder den Eröffnungsantrag gekannt hat. Der Kenntnis steht die Kenntnis von Umständen gleich, die zwingend auf die Zahlungsunfähigkeit oder den Eröffnungsantrag schließen lassen. Zahlt der Mieter bspw. pünktlich (kongruent) seine fällige Miete, der Vermieter kennt jedoch Umstände, die auf eine Zahlungsunfähigkeit hinweisen, wie z.B. einem Räumungsverkauf durch den Mieter oder u.U. die Suche nach einem Nachmieter, ist die Zahlung anfechtbar.

112 Eine **inkongruente Deckung** i.S.v. § 131 InsO liegt vor, wenn der Schuldner eine Leistung erbracht hat, die der Gläubiger so, wie er sie erhielt, nicht beanspruchen konnte. Als Beispiele sind eine verspätete Zahlung, die Überlassung von Ware statt Zahlung, Befriedigung durch Pfändung statt durch Zahlung oder eine Zahlung vor Fälligkeit des Anspruches zu nennen.

Durch diese Umstände ist das objektive Vorliegen der **Zahlungsunfähigkeit indiziert**, so dass Kenntnis nicht mehr erforderlich ist. Handlungen im letzten Monat vor Antragstellung können sogar angefochten werden, wenn keine Zahlungsunfähigkeit vorlag. Als Beispielsfälle gelten hier die Befriedigung durch Zwangsvollstreckung oder das Eintreiben **rückständiger Mieten** mit der Drohung der fristlosen Kündigung.

(4) Unmittelbarer Nachteil

Ausnahmsweise kommt es auf eine Bereicherung, also auf eine Sicherung oder Befriedigung eines Gläubigers nicht an, wenn der Schuldner seine Gläubiger im Krisenzeitraum unmittelbar benachteiligt, § 132 InsO. Anfechtbar sind danach **Rechtsgeschäfte** des Schuldners bei **Kenntnis der Zahlungsunfähigkeit** oder des Eröffnungsantrages durch den Gläubiger. Auch das Unterlassen von Rechtshandlungen kann gemäß § 132 Abs. 2 InsO angefochten werden, sofern der Schuldner dadurch ein Recht verliert oder ein solches nicht mehr geltend machen kann. Danach kann bspw. die Versäumung einer Frist, das Unterlassen der Einlegung eines Rechtsmittels, u.U. die bloße Nichtzahlung eines Gerichtskostenvorschusses anfechtbar sein. Rechtsprechung existiert hierzu so gut wie nicht. 113

dd) Ausübung der Anfechtung

Ausgeübt werden sämtliche Anfechtungsansprüche während der Dauer des Insolvenzverfahrens durch den **Insolvenzverwalter**. Wird der Insolvenzverwalter nicht tätig, bleibt den Gläubigern der Weg über die Aufsichtsnormen der §§ 58, 59 InsO. Der vorläufige Insolvenzverwalter hat kein Anfechtungsrecht. Das Anfechtungsrecht wird durch Klage, Widerklage, Einrede oder Replik geltend gemacht. Die ausdrückliche Erklärung der Anfechtung muss nicht erfolgen, es genügt, wenn der vorgetragene Sachverhalt einen Anfechtungstatbestand ausfüllt. 114

ee) Rechtsfolgen der Anfechtung

Der Anfechtungsgegner hat den Anfechtungsgegenstand **in Natura zurückzugewähren**. Es gelten die Rechtsfolgen einer ungerechtfertigten Bereicherung, §§ 812 ff. BGB. Bei Untergang oder Verschlechterung haftet er gemäß §§ 143 Abs. 1, 819, 818 Abs. 4, 292, 987 ff. BGB wie ein bösgläubiger rechtsgrundloser Eigenbesitzer auf Wert-, Schadens- oder Nutzungsersatz. Hingegen erhält er einen Erstattungsanspruch für notwendige Verwendungen, § 994 BGB, und für werterhöhende nützliche Verwendungen, § 996 BGB. Seine **Gegenforderung** kann er aus der Insolvenzmasse nur verlangen, sofern sie dort noch unterscheidbar vorhanden ist. Andernfalls besteht nur eine Insolvenzforderung. 115

g) Berichts- und Prüfungstermin

aa) Fristen und Termine

116 Im Eröffnungsbeschluss des Insolvenzgerichts sind mehrere Fristen und Termine bestimmt. Zunächst werden die Gläubiger aufgefordert, ihre Forderungen beim Insolvenzverwalter **anzumelden**[1]. Die diesbezügliche Fristsetzung erfolgt mindestens zwei Wochen und höchstens drei Monate nach Eröffnung des Insolvenzverfahrens, § 28 Abs. 1 InsO. Die Anmeldefrist ist **keine Ausschlussfrist**, es kann nachgemeldet werden. Weiterhin werden im Eröffnungsbeschluss die Termine für die erste **Gläubigerversammlung** (Berichtstermin) frühestens nach 6 Wochen und spätestens nach 3 Monaten und eine weitere Gläubigerversammlung (Prüfungstermin) frühestens eine Woche und spätestens zwei Monate nach dem Ablauf der Anmeldefrist bestimmt. In der Regel wird der Berichtstermin und der Prüfungstermin zu einem Termin zusammengefasst. Bei größeren Insolvenzverfahren und einer zu erwartenden Vielzahl von Forderungsprüfungen empfiehlt sich eine Aufteilung der Termine.

bb) Berichtstermin

117 Im ersten Berichtstermin hat der Insolvenzverwalter in schriftlicher Form über die **wirtschaftliche Lage des Schuldners**, ihre Ursachen und darüber zu berichten, ob Möglichkeiten für einen Insolvenzplan bestehen. Die Berichte können von Gläubigern sowohl beim Insolvenzgericht als auch beim Insolvenzverwalter meist gegen Kostenerstattung angefordert werden, was sich immer dann empfiehlt, wenn die persönliche Anwesenheit des Rechtsanwalts oder des Mandanten im ersten Berichtstermin nicht möglich ist. In diesem Termin besteht meist die einzige Möglichkeit, sich umfangreich über das Insolvenzverfahren und die Auswirkungen auf die Befriedigungsmöglichkeiten der Gläubiger zu **informieren**. Eine Teilnahme ist daher zu empfehlen.

118 Die Gläubigerversammlung beschließt darüber hinaus im Berichtstermin häufig über **grundlegende Weichenstellungen des Insolvenzverfahrens**, §§ 157 InsO ff. So wird darüber abgestimmt, ob das Unternehmen des Schuldners stillgelegt oder vorläufig fortgeführt werden soll. Der Verwalter kann beauftragt werden, einen Insolvenzplan auszuarbeiten[2]. Besonders bedeutsame Rechtshandlungen wie die Veräußerung des Unternehmens oder des Betriebes bzw. des Warenlagers im Ganzen, die Veräußerung einer Immobilie oder die Aufnahme eines nennenswerten Darlehens sowie der Umgang mit Rechtsstreitigkeiten mit erheblichem Streitwert müssen gemäß § 160 InsO von der Gläubigerversammlung beschlossen werden. Für die Betriebsveräußerung an besonders interessierte (nahe stehende) Personen oder Absonderungsberechtigte gelten ebenso Sonderregelungen wie für eine Veräußerung unter Wert, §§ 162, 163 InsO.

---

1 Vgl. § 174 InsO.
2 § 218 Abs. 2 InsO.

Spätere Gläubigerversammlungen können vom Insolvenzgericht, § 74 InsO, oder vom Insolvenzverwalter, dem Gläubigerausschuss oder von Gläubigern mit mindestens ⅕ der Schuldensumme einberufen werden, § 75 InsO.

cc) Abwahl oder Bestätigung des Verwalters

Eine weitere wesentliche Befugnis der ersten Gläubigerversammlung ist die Abwahl des Insolvenzverwalters **ohne Angabe von Gründen**, verbunden mit der Wahl einer anderen geeigneten Person (sog. **konstruktives Misstrauensvotum**), § 57 InsO. Während sich das normale Stimmrecht in der Gläubigerversammlung gemäß § 77 Abs. 1 InsO nach der Höhe der angemeldeten Forderungen richtet, bedarf es für eine Neuwahl des Insolvenzverwalters zusätzlich der Mehrheit der abstimmenden Gläubiger, § 57 S. 2 InsO. Wirtschaftlich weniger bedeutsame Gläubiger können daher aufgrund von Personenmehrheiten über das Schicksal des Verfahrens bestimmen. Die Einflussmöglichkeiten von Großgläubigern, die grundsätzlich gemäß § 76 Abs. 2 InsO mit dem Wert ihres Absonderungsrechtes und ihrer Ausfallforderung an Beschlüssen teilnehmen, werden insofern beschnitten. Ursache der seltenen Abwahlbegehren sind häufig Kommunikationsstörungen zwischen Verwalter und Gläubiger und/oder Insolvenzgericht. Spätere Gläubigerversammlungen können (selten) vom Insolvenzgericht, § 74 InsO, oder vom Insolvenzverwalter, dem Gläubigerausschuss oder von Gläubigern mit mindestens ⅕ der Schuldensumme einberufen werden, § 75 InsO.

dd) Prüfung der angemeldeten Forderungen

Der **Prüfungstermin** hat dem Grunde nach wenig praktische Bedeutung. Eine Anwesenheit des Gläubigers ist nahezu immer entbehrlich. Das Ergebnis wir dem Gläubiger jedoch nur insofern schriftlich mitgeteilt, als dass der Verwalter oder der Schuldner der Forderung widerspricht, damit eine etwaige Feststellungsklage erwogen werden kann. Der Feststellungsvermerk wird dem Gläubiger nicht mitgeteilt. In der Regel übergibt der Insolvenzverwalter dem Gericht seine vorher niedergelegte Tabelle unter Berücksichtigung etwaiger Nachmeldungen. Die Forderungen der anwesenden Gläubiger werden geprüft, d.h. dem Grunde und der Höhe nach genannt. Bestrittene Forderungen sind gemäß § 176 InsO zu erörtern, was in der Praxis allerdings nur in Ausnahmefällen geschieht. Die Teilnahme an einem Prüfungstermin ist überholt und hat nur eine **geringe praktische Bedeutung**. Der Insolvenzverwalter hat in der Regel bis zum ersten Prüfungstermin noch nicht den vollständigen Überblick über die Vermögensverhältnisse des Unternehmens in titulierbarer Vollständigkeit. Der Grund hierfür liegt im häufig unzureichenden Zahlenwerk des Unternehmens. Dieses ist für ihn jedoch zunächst Prüfungsmaßstab der eingereichten Forderungen, die er lediglich auf Schlüssigkeit überprüft.

ee) Prüfungsvermerke

122 Weichen die angemeldeten Forderungen von den Unternehmenszahlen ab, war das Buchwerk rückständig oder sind bestimmte Forderungen darin nicht erfasst worden (Schadensersatz, bezifferte sonstige Ansprüche) erhalten die Gläubiger den Prüfungsvermerk **„bis zur weiteren Klärung bestritten"**. Übereinstimmende Forderungen werden festgestellt. Absonderungsgläubiger erhalten in der Regel den in der Insolvenzordnung nicht vorgesehenen Prüfungsvermerk „für den nachzuweisenden Ausfall festgestellt". Dieser Prüfungsvermerk hat sich in weiten Teilen eingebürgert. Durch die Nichtfeststellung bzw. Feststellung von Ausfallforderungen gehen allerdings **keine Rechte verloren**.

123 Inhaber festgestellter Forderungen werden nicht benachrichtigt, Inhaber bestrittener Forderungen erhalten einen beglaubigten Auszug aus der Tabelle, § 179 Abs. 3 InsO. Bleibt die Forderungsprüfung auch nach anschließender und dringend empfohlener Korrespondenz mit dem Verwalter, nicht mit dem Gericht, strittig, kann **Feststellungsklage** beim Insolvenzgericht erhoben werden, der Streitwert richtet sich nach der zu erwartenden Quote, § 182 InsO. Es ist daher zu prüfen, ob die Weiterverfolgung wirtschaftlich sinnvoll ist, wenn die Quote im geringen Bereich liegen sollte. Häufig bietet es sich an, mit dem Insolvenzverwalter in **Vergleichsverhandlungen** zu treten, um bestimmte Ansprüche und Sachverhalte bspw. unstreitig zu stellen. Wünscht der Mandant eine abschließende Aktenlage bereits vor Abschluss des Jahre dauernden Insolvenzverfahrens durch schriftliche Bestätigung seiner Forderungsberechtigung, sei es um Kostenschlüssel zu ermitteln, sei es um Rückgriff auf Dritte, Versicherungen etc. zu nehmen, ist es zu empfehlen mit dem Insolvenzverwalter einen Vergleich über die Höhe des Feststellungsvermerkes zu schließen.

4. Verwertung und Verteilung der Insolvenzmasse

a) Verwertung der Masse

124 Grundsätzlich kann die Masse erst nach dem Berichtstermin verwertet werden, § 159 InsO. Der **Verwalter** ist jedoch an die Beschlüsse der Gläubigerversammlung **gebunden**, die ihm im Ausnahmefall sogar die Verwertung mit dem Ziel einer Sanierung verbieten kann. Im Falle einer Betriebsfortführung ist es dagegen möglich, Vermögensgegenstände des Schuldners im üblichen Geschäftsbetrieb und auch schon vor der Gläubigerversammlung zu veräußern, ohne dass hierzu eine Zustimmung eingeholt werden muss. Nicht selten bestehen jedoch **Abgrenzungsprobleme**. So kann selbst der Abverkauf eines Warenlagers im Rahmen der Betriebsfortführung erfolgen oder aber die Herabsetzung der Preise (Räumungsverkauf) bzw. die Veräußerung einzelner Gegenstände des Anlagevermögens erforderlich sein, um die Liquidität zu schaffen, die eine Betriebsfortführung erst ermöglicht. **Gesamtbetriebsveräußerungen** sind allerdings nur mit **Zustimmung der Gläubigerversammlung** zulässig. In der Praxis geschieht es jedoch häufig, dass schon vor dem Berichtstermin aus zeitlichen Gründen – Insolvenzver-

fahren sind wohl am ehesten mit einer Notoperation zu vergleichen – ein gesamtes Industrieunternehmen veräußert werden muss. Hier muss der Insolvenzverwalter die Übertragungsverträge unter die Bedingung der Zustimmung der Gläubigerversammlung stellen. Ohnehin werden Verträge in dieser Größenordnung immer in Abstimmung mit den größten Gläubigern bzw. deren Vertretern (Vermietern, Lieferanten, Banken, Betriebsrat) geschlossen, so dass die von diesen dominierte Gläubigerversammlung später zustimmen wird. Der wirtschaftlich kleine Gläubiger wird unter Umständen von diesen Verhandlungen vorher nichts erfahren und erst in der Gläubigerversammlung vor vollendete Tatsachen gestellt. Vielfach werden Gläubiger dann in der Gläubigerversammlung überrascht, dass in den letzten Wochen vor dem Termin, in denen sie weder vom Schuldner noch vom Insolvenzverwalter etwas gehört geschweige denn Geld bekommen haben, entscheidend über das wirtschaftliche Geschick des Schuldners verhandelt und bereits entschieden worden ist, ohne dass sie die Möglichkeit der Mitwirkung hatten. Es ist sicherlich Aufgabe des Beraters das ihm Mögliche zu tun, um a priori dementsprechende Informationen vom Insolvenzverwalter zu erlangen. Häufig lassen sich Insolvenzverwalter in dieser Phase, unbenommen ihrer chronischen Arbeitsüberlastung und der leider weit verbreiteten Unsitte auch auf schriftliche kollegiale Anfragen nicht zu antworten, nicht gern in die Karten gucken.

Das bewegliche Vermögen wird durch **freihändige Veräußerung** verwertet oder durch private oder **öffentliche Versteigerung** umgesetzt. Grundstücke werden ebenfalls durch freihändigen Verkauf oder bei komplizierter Grundbuchlage durch Zwangsversteigerung verwertet. Der Insolvenzverwalter wird aus wirtschaftlichen Gründen nahezu immer eine Unternehmensveräußerung im Ganzen im Wege des **Asset-Deals** anstreben. Grundsätzliches Problem hierbei ist, dass Dauerschuldverhältnisse grundsätzlich nicht ohne Zustimmung des Vertragspartners übertragbar sind. Ein weiteres Problem können höchstpersönliche Rechte, Schutzrechte, Patente, öffentlich rechtliche Genehmigungen, Zulassungen etc. sein, die nicht oder nicht ohne weiteres übertragbar sind. Hier bietet der Insolvenzplan mit dem Erhalt der Rechtsperson des Schuldners einen gangbaren Weg.

125

b) Verteilung der Masse

Nach Abschluss der Verwertung und Feststellung der Verbindlichkeiten durch einen oder mehrere Prüfungstermine sowie nach Erfüllung bestimmter öffentlich rechtlicher Pflichten, wie z.B. der Abgabe von Steuererklärungen oder der Aufstellung von Jahresabschlüssen kommt es zur Verteilung der Insolvenzmasse an die Insolvenzgläubiger, § 187 InsO. Bis zu diesem Zeitpunkt können mitunter Jahre vergehen. Forderungen müssen eventuell in langwierigen mehrinstanzlichen Prozessen tituliert werden und die Abwicklung von Grundstücken kann sich über Jahre hinziehen. Zur vorzeitigen Befriedigung von Insolvenzgläubigern kann daher gemäß § 187 Abs. 2 InsO eine **Abschlagsverteilung** vorgenommen werden. Um eine vorzeitige Verteilung zu ermöglichen, behält sich der Insolvenzverwalter häu-

126

fig die Nachtragsverteilung gemäß § 203 InsO vor. Sodann erfolgt die Schlussverteilung mit Zustimmung des Insolvenzgerichts, § 196 InsO. Vermögenswerte, die voraussichtlich erst nach geraumer Zeit zur Vermögensmasse fließen, werden der Nachtragsverteilung unterstellt. Der Insolvenzverwalter wird aus eigenen betriebswirtschaftlichen Gründen immer das Interesse haben, den Abschluss des Insolvenzverfahrens voranzutreiben. Hat der Gläubiger den Eindruck, dass das Insolvenzverfahren auf der Stelle tritt, da Sachstandsanfragen nicht beantwortet werden oder Einsichtnahmen in die Zwischenberichte keine Erkenntnisse über die Tätigkeit des Verwalters vermitteln, sollte eine entsprechende Anfrage beim Insolvenzgericht erfolgen. Die Verpflichtung zur **Erstellung von Zwischenberichten** wird dem Verwalter durch das Gericht im Rahmen seiner Aufsichtspflicht regelmäßig in halbjährlichen oder jährlichen Zeitabständen auferlegt.

c) Verfahrensabschluss

127 Nach Aufhebung des Insolvenzverfahrens können die Gläubiger gemäß §§ 178 Abs. 3, 201 Abs. 2 InsO aufgrund ihres **Tabellenauszuges** gegen den Schuldner die **Zwangsvollstreckung** wie aus einem vollstreckbaren Titel betreiben, es sei denn, dem Schuldner ist die **Restschuldbefreiung** angekündigt worden. Die Erteilung einer vollstreckbaren Ausfertigung erfolgt auf Antrag des Gläubigers durch das Insolvenzgericht, § 201 Abs. 3 InsO.

5. Insolvenzplanverfahren

128 Das ursprünglich als das Kernstück der Insolvenzordnung bezeichnete Insolvenzplanverfahren nach §§ 217 ff. InsO ist statistisch gesehen die Ausnahme der seit Inkrafttreten der Insolvenzordnung eröffneten Insolvenzverfahren[1]. Als Grund wird häufig die komplizierte gesetzliche Regelung und die damit verbundenen Durchführungsschwierigkeiten angeführt. Hauptursache dürfte jedoch regelmäßig die fehlende Sanierungsfähigkeit des Unternehmens bzw. des Unternehmensträgers sein. Unternehmen sind nicht ohne Grund insolvent.

Insolvenzen lassen sich fast immer auf eine langjährige Entwicklung zurückführen, deren unklarer Beginn eine Kette von sich anschließenden Ursachen und Wirkungen folgte, an deren Ende zwar ein alles erklärendes und damit scheinbar entschuldigendes (meist als von außen kommend wahrgenommenes) Ereignis steht (z.B. Kündigung der Kreditlinie, Wegfall eines Auftrages etc.). Tatsächlich ist ein Unternehmen oder eine natürliche Person seit Jahren auf dem falschen Weg und zu einer für eine Sanierung notwendigen Neuausrichtung nicht einfach durch Verminderung alter Schulden fähig. Vielmehr ist fast immer in der Insolvenz das Vorliegen einer komplexen Vielzahl von Gründen für das finanzielle Desaster zu konstatieren. Jeder in der Materie erfahrene Berater kann bestätigen, dass Angesichts der vorzufindenden oft geradezu haarsträubenden wirtschaftlichen

---

[1] *Schultze & Braun*, Insolvenzjahrbuch 2005, 64., *Uhlenbruck/Vallender*, Zehn Jahre Insolvenzordnung, NZI 2009, 1.

Verfassungen der Schuldner, sein größtes anfängliches Problem darin besteht, den handelnden Personen klar zu machen, dass sie selbst das Problem sind und das für eine Sanierung weit mehr erforderlich ist, als das als störend empfundene von außen kommende Ereignis zu beseitigen.

Der **Mangel an vorhandener Liquidität** ist fast immer der Grund eines Scheiterns gewollter Insolvenzpläne. Im Vorfeld der Insolvenz gut beratene Unternehmen verfügen daher bei Antragstellung immer über eine ausreichende „Kriegskasse", aus der die betriebsnotwendigen Kosten der ersten Wochen frei finanziert werden können. Oft, nahezu immer, trifft der Insolvenzverwalter auf Unternehmen, die buchstäblich bis zur letzten Minute „gekämpft" haben und praktisch keinerlei Geld mehr besitzen, um selbst kleinste Anschaffungen mit betrieblichen Mitteln zu finanzieren.

– **Sanierung bedeutet Personalwechsel**

Das Sprichwort, dass der Fisch zuerst vom Kopf her stinkt, ist auch den häufig im Vorfeld tätigen Unternehmensberatern bekannt, wird jedoch aus nahe liegenden Gründen gegenüber denjenigen, die sie um Rat fragen und diesen vergüten sollen, verschwiegen. Managementfehler sind jedoch die deutlich häufigste und offenkundigste Ursache von Insolvenzen und fast immer in der Person der Handelnden zu suchen.

– **Sanierung braucht Zeit**

Eine Insolvenz ist wohl treffend mit dem Nervenzusammenbruch eines Patienten zu vergleichen, dessen Ursachen auch nicht in den letzten Tagen oder Wochen vor der stationären Einlieferung zu suchen sind und den man nicht nach Verabreichung heilender Tropfen nur das Beste wünschend am nächsten Tag in den gleichen Alltag, aus dem er gekommen ist, entlässt. Hier wie dort fällt es zwar zunächst schwer, die tatsächlichen Ursachen zu ermitteln und gegenüber den Betroffenen offen zu legen, damit eine Korrektur erfolgen kann, die zu einer beständigen Verbesserung und Stabilisierung führt. Gleichwohl ist die Insolvenz nicht wie das Ende einer Krankheit, sondern als der Beginn (und die Chance) des Heilungsprozesses zu sehen. Ausnahmen bestätigen natürlich auch hier die Regel.

Das Instrumentarium eines Insolvenzplanverfahrens ist daher grundsätzlich anwendbar, wenn eine hinreichende Liquidität für eine Betriebsfortführung in den ersten Wochen und die Bereitschaft von Lieferanten, Kunden oder Mitarbeitern, beim Erhalt des Unternehmens mitzuwirken, auch unter wirtschaftlichen Einbußen vorhanden ist.

a) Inhalt des Plans

Die Gläubiger können im Insolvenzplan auf Vorschlag des Verwalters oder des Schuldners eine vom Regelverfahren **abweichende Behandlung des Schuldners** beschließen. Beteiligt sind auch die Insolvenzgläubiger, die dinglich durch Absonderungsrechte gesichert sind. Der vom Schuldner oder zumeist vom Verwalter aufgestellte Insolvenzplan muss bestimmte in den §§ 220 bis 222, 229 InsO aufgestellte formelle Voraussetzungen erfüllen. So sind die Verfahrensbeteiligten im **darstellenden Teil** gemäß § 220 InsO umfassend über den Schuldner, seine Krise und die geplanten Maßnahmen zu unterrichten. Möglicherweise kommt der Planverfasser zu dem Ergebnis, dass Kosten gemindert werden müssen, bspw. weil ein **Mietverhältnis** wirtschaftlich nachteilig ist. In der Insolvenz des Mieters bestehen gesetzliche Sonderkündigungsrechte mit kurzen Kündigungsfristen. In diesen Fällen müssen u.U. Verträge gekündigt oder Personal muss entlassen werden. Es kann auch vorgeschlagen werden, dass Gläubiger auf ihre Forderungen verzichten. Letzteres wird fast immer wichtigster Inhalt des Plans sein. Voraussetzung ist natürlich der potentielle Wunsch der Verzichtenden auf den wirtschaftlichen Fortbestand des Unternehmens. Selbst in sachenrechtliche Befugnisse kann eingegriffen und diese können verändert werden, § 228 InsO.

Die diesbezüglich vom Planverfasser vorgeschlagenen Rechtsfolgen werden im **gestaltenden Teil** beschrieben, § 221 InsO. Die Rechtsstellung der Beteiligten ist im Insolvenzplan so genau festzulegen, dass die Rechtsfolgen bei Wirksamkeit des Insolvenzplanes entweder von sich aus eintreten oder aber vollstreckt werden können. Der gestaltende Teil hat quasi die **Wirkungen eines gerichtlichen Vergleichs**, § 254 InsO.

130 Dem Insolvenzplan ist auf Antrag eines Gläubigers gemäß § 251 Abs. 1 Nr. 2 InsO jedoch die Bestätigung zu versagen, falls der Gläubiger durch den Plan schlechter gestellt würde, als er ohne Insolvenzplan stünde. Andererseits können Mitwirkungen von Beteiligten auch gem. § 245 InsO erzwungen werden. Außergerichtlich gescheiterte Sanierungsversuche können so doch noch gelingen.

b) Eingriffe in Mietverhältnisse

131 Gleichwohl sind die Eingriffsmöglichkeiten in schuldrechtliche Vereinbarungen, wie z.B. in Mietverhältnisse, begrenzt. So kann zum einen zwar dem **Vermieter zugemutet** werden, dass er nach Aufhebung des Insolvenzverfahrens weiterhin am bestehenden Mietvertrag festhalten soll, ihm also kein Kündigungsrecht wegen rückständiger alter Forderungen zusteht, zum anderen kann er nicht gezwungen werden, etwaige Gestaltungsrechte, wie z.B. Änderung der Miethöhe, Wechsel des Mieters, Tätigung von Umbauten, Änderung des Mietgegenstands auszuüben[1].

Ebenso kann der **Mieter in der Insolvenz des Vermieters** auf den Bestand seines Vertrages vertrauen, da ihm nicht durch Planentscheidung eine Abweichung wie z.B. eine höhere Miete, Änderung der Vertragdauer aufgezwungen werden kann.

Da für das Planverfahren erforderlich ist, dass Minderheitsgläubiger überstimmt werden, können die Gläubiger auch ungleich behandelt werden. Dies folgt auch aus den unterschiedlichen Interessen von Verfahrensbetei-

---

[1] *Smid/Rattunde*, Rz. 6.50.

ligten. Gemäß § 222 InsO sind die Gläubiger in mindestens **3 Gruppen** einzuteilen damit eine Mehrheitsentscheidung gefällt werden kann:

- Gläubiger mit Absonderungsrechten
- ungesicherte Insolvenzgläubiger
- nachrangige Gläubiger.

132

Andere sachgerecht unterteilte Gläubiger können ebenfalls zusammengefasst werden. Innerhalb der Gruppe herrscht der **Gleichbehandlungsgrundsatz**, § 226 Abs. 1 InsO. Die Gruppen selbst können ungleich behandelt werden.

133

c) Gang des Verfahrens

Der Insolvenzplan wird dem Amtsgericht zur Prüfung vorgelegt und den Gläubigern eine wesentliche Zusammenfassung übermittelt, § 235 InsO. Das Amtsgericht beraumt darauf einen **Erörterungs- und Abstimmungstermin** an, in dem die einzelnen **Gläubigergruppen** über den Insolvenzplan abstimmen, §§ 235 ff. InsO. Jeder Gläubiger stimmt in seiner Gruppe ab. Innerhalb der Gruppe bedarf der Plan zur Annahme der Mehrheiten nach Kopf und Summe, §§ 243, 244 InsO. Stimmt die Mehrheit der Gläubiger einer Gruppe dem Plan zu, so gilt dies als Zustimmung der Gruppe. Für die gerichtliche Bestätigung des Plans ist es abgesehen von der im Folgenden erwähnten wichtigen Ausnahme erforderlich, dass **alle Gläubigergruppen** auf diesem Wege den Plan **annehmen**.

134

Der oben (*Rz. 130*) erwähnte **Minderheitenschutz** des § 251 InsO ist jedoch zu beachten. Der Planverfasser wird daher als wesentliches Element des Planes eine **Vergleichsrechnung** anstellen. Die benachteiligten Gläubiger können sich jedoch mit einer Schlechterstellung einverstanden erklären.

Die Planbestätigung ist jedoch auch möglich, wenn eine **ganze Gläubigergruppe dagegen gestimmt** hat. Von Amts wegen überprüft das Gericht, ob die Versagung der Zustimmung durch die Gläubigergruppe obstruktiv ist. Obstruktiv ist die Versagung zur Zustimmung dann, wenn ohne den Plan oder durch vorgelegte Alternativen auch für diese Gläubiger kein besseres wirtschaftliches Ergebnis erzielt werden würde. Eine Versagung der Zustimmung einzelner Gläubiger aus sachfremden Motiven (persönliche Aversion, Beseitigung eines Konkurrenten, langjähriger Ärger mit dem Mieter etc.) ist somit ausgeschlossen.

135

In diesem Fall wird die **Zustimmung** der Gruppe gemäß § 245 InsO **fingiert**. Dadurch soll verhindert werden, dass eine Gläubigergruppe bspw. aus sachfremden Motiven eine sinnvolle Regelung verhindert. Das Insolvenzgericht prüft das **Obstruktionsverbot** des § 245 InsO von Amts wegen, gleichwohl muss die Darlegung und Glaubhaftmachung der Erkenntnismöglichkeiten des Gerichtes durch den Planverfasser erfolgen. Aufgabe des Planverfassers ist also nicht nur die Erstellung eines Vergleichsvorschlages, sondern auch der Nachweis einer wirtschaftlich sinnvollen Regelung.

136 Nach Zustimmung aller Gläubigergruppen bzw. bei Eingreifen der Fiktion des § 245 InsO wird das **Insolvenzgericht** gemäß § 248 InsO den Plan **bestätigen**.

Die im gestaltenden Teil vorgesehenen Wirkungen treten mit Eintritt der Rechtskraft ein, das Insolvenzverfahren wird aufgehoben und die **Erfüllung des Insolvenzplans** kann durch den Verwalter überwacht werden, §§ 258, 260 InsO.

137 Gleichwohl wird die sog. **übertragende Sanierung** auf eine bestehende oder neu gegründete Auffanggesellschaft nach wie vor der in der Regel einfachere Weg einer Sanierung sein. Bei Vorhandensein von ohne die Mitwirkung des Vertragspartners juristisch unübertragbaren Gegenständen (Lizenzen, Mietverträge), bei erheblicher Größe des Rechtsträgers, bei Fehlen eines Gesamt-Investors oder bei Erforderlichkeit der Restschuldbefreiung (zur Abkürzung der Laufzeit) sollte jedoch die Durchführung eines Insolvenzplanverfahrens in Betracht gezogen werden.

6. Eigenverwaltung

138 Die Insolvenzen einiger Großunternehmen, wie etwa der Babcock Borsig AG oder der KirchMedia-Gruppe, haben die Eigenverwaltung bekannt gemacht; sie ist in der Rechtspraxis jedoch die **Ausnahme**. Bei der Eigenverwaltung behält der Schuldner die Verwaltungs- und Verfügungsbefugnis über sein Vermögen, wird jedoch durch einen **Sachwalter überwacht**. Die Anordnung der Eigenverwaltung ist bei einem Fremdantrag unzulässig, wenn der Antragsteller der Eigenverwaltung nicht zustimmt, § 270 Abs. 2 Nr. 2 InsO. Die Eigenverwaltung kommt insbesondere dort in Betracht, wo besondere Sachkunde oder Branchenwissen erforderlich oder die Schuldner bzw. deren Organe zuverlässig, kompetent und vertrauenswürdig sind.

Der vielfach von informierten Mandanten geäußerte Wunsch, die Eigenverwaltung mit sich selbst als Handelnden oder – häufiger – mit seinem Berater, Steuerberater etc. nach Wahl zu beantragen und durchzuführen, finden seine für die Gerichte schon in dem durchschaubaren Anliegen geäußerten Wunsch " den Bock zum Gärtner zu machen " seine Grenze und wird unter Hinweis auf die unstrittig größere Erfahrung und Kompetenz der gelisteten Insolvenzverwalter von diesen fast immer abgelehnt.

7. Restschuldbefreiung

139 Die in den §§ 286 bis 303 InsO geregelte Restschuldbefreiung gilt nur bei einem – gegebenenfalls zusätzlichen – **Eigenantrag des Schuldners** als natürliche Person auf Eröffnung des Insolvenzverfahrens und dem **zusätzlichen Antrag** auf Durchführung der Restschuldbefreiung. Gemäß § 20 Abs. 2 InsO wird der Antragsteller vom Gericht auf die Möglichkeit der Restschuldbefreiung hingewiesen und muss dann innerhalb von **zwei Wochen** nach Zustellung dieses Hinweises den Antrag stellen.

Die Restschuldbefreiung wird, wenn nicht die **Versagungsgründe** des § 290 InsO und ein diesbezüglicher Antrag eines Insolvenzgläubigers vorliegen, im **Schlusstermin** angekündigt, § 291 InsO.

140

Da das Verbraucherinsolvenzverfahren mittlerweile ein Massenphänomen geworden ist, wird dementsprechend häufig dieses Verfahren von unredlichen Schuldnern zu verfahrensfremden Zwecken missbraucht. Lang ist daher die Liste der Entscheidungen zu Versagungsgründen der Restschuldbefreiung und zur Aufhebung der Kostenstundung.

Nach Aufhebung des Schlusstermins wird der Insolvenzverwalter aus dem Amt entlassen und es wird ein **Treuhänder** eingesetzt, § 291 Abs. 2 InsO. Die sog. **Wohlverhaltensperiode**, d.h. die Laufzeit der Abtretung der Einkünfte, dauert **6 Jahre** nach der Eröffnung des Insolvenzverfahrens, § 287 Abs. 2 S. 1 InsO. Die Laufzeit verkürzt sich auf 5 Jahre, wenn der Schuldner bereits vor dem 1.1.1997 zahlungsunfähig war, Artikel 107 EGInsO.

Eine **Auszahlung** an die Insolvenzgläubiger erfolgt einmal im Jahr, wenn zunächst die übrigen Verfahrenskosten gedeckt sind. Nach Ablauf von 6 bzw. 5 Jahren, entscheidet das Insolvenzgericht über die Restschuldbefreiung, § 300 InsO. Insolvenzgläubiger können **Versagungsanträge** stellen, der Insolvenzverwalter nicht. Die Restschuldbefreiung wirkt gegen alle Insolvenzgläubiger, auch gegen diejenigen, die nicht am Verfahren teilgenommen haben, § 301 Abs. 1 InsO. Nach ganz herrschender Auffassung[1] unterliegen auch Ansprüche von Gläubigern, die unverschuldet keine Kenntnis vom Insolvenzverfahren hatten, der Restschuldbefreiung.

141

Dingliche Ansprüche, wie z.B. Ansprüche auf Herausgabe von Eigentum, werden nicht von der Restschuldbefreiung erfasst. Auch von **Ansprüchen aus vorsätzlich begangener unerlaubter Handlung**, wie z.B. Forderungen aus Eingehungsbetrug, wird der Schuldner nicht befreit, § 302 InsO. Ansprüche gegen so genannte „Mietnomaden" bleiben durchsetzbar.

142

8. Verbraucherinsolvenzverfahren

Übt der Schuldner als **natürliche Person** keine selbständige wirtschaftliche Tätigkeit mehr aus, gilt für ihn das Verbraucherinsolvenzverfahren der §§ 304 bis 314 InsO, wenn gegen ihn keine Forderungen aus Arbeitsverhältnissen mehr bestehen und er 19 oder weniger Gläubiger hat, § 304 InsO.

143

– Schuldenfrei nach 1 Jahr?

Im Verbraucherinsolvenzverfahren sind Insolvenzpläne nicht möglich, da die dortigen Regelungen der Restschuldbefreiung abschließend sind. Es ist daher das falsche Verfahren, wenn der Mandant eine vorzeitige Beendigung der Insolvenz durch gerichtlichen Vergleich anstrebt. Der vergleichsbereite und -fähige Schuldner strebt daher das für ihn zweckmäßige Regelinsolvenzverfahren für wirtschaftlich Selbständige an.

---

1 *Vallender* in Uhlenbruck, § 301 InsO Rz. 3.

Übt der Schuldner eine selbständige wirtschaftliche Tätigkeit bei Verfahrenseröffnung aus, muss der Umfang nicht erheblich sein, schon ein selbständig tätiger Zeitungsausträger kann Unternehmer i.S. der InsO sein und und im Rahmen eines Regelinsolvenzverfahrens einen vorzeitigen Abschluss des Verfahrens durch Insolvenzplan erreichen.

– **Selbständigkeit genau prüfen**

Ist ein Insolvenzplanverfahren mit Verkürzung der Verfahrenslaufzeit beabsichtigt, ist daher zu prüfen, ob der Schuldnermandant eine Form von selbständiger Tätigkeit ausübt, die nicht unbedingt mit der allgemeinen Bedeutung der Selbständigkeit übereinstimmen muss.

144 – **Ist der Schuldner hingegen ein Verbraucher gilt folgender Ablauf:**

Dem Antrag auf Eröffnung des Insolvenzverfahrens muss ein **außergerichtliches Schuldenbereinigungsverfahren** innerhalb der letzten 6 Monate vor Antragstellung vorausgegangen sein, §§ 305 ff. InsO. Diese Form des Insolvenzverfahrens hat zahlreiche Vereinfachungen zur Folge, so kann z.B. das Verfahren schriftlich durchgeführt werden. Die Aufgaben des Insolvenzverwalters werden vom Treuhänder wahrgenommen, § 313 InsO. Absonderungsrechte, wie z.B. das **Vermieterpfandrecht**, darf der Treuhänder nicht verwerten. Dieses Verwertungsrecht verbleibt beim Gläubiger, § 313 Abs. 3 InsO. Ferner ist zunächst jeder Insolvenzgläubiger, aber nicht mehr von Amts wegen der Treuhänder, zur Anfechtung von Rechtshandlungen berechtigt, es sei denn, die Gläubigerversammlung beauftragt den Treuhänder damit, § 313 Abs. 2 InsO. Im Verbraucherinsolvenzverfahren schließt sich sodann das oben erwähnte Restschuldbefreiungsverfahren an.

145 Die Vorschriften über den Insolvenzplan und die damit verbundene erhebliche Verkürzung der Verfahrensdauer können gemäß § 312 Abs. 3 InsO nicht angewendet werden. Dem Schuldner, der eine **kurzfristige Restschuldbefreiung** anstrebt, verbleibt nur der Weg ins Regelinsolvenzverfahren. Das kann z.B. durch **Aufnahme einer selbständigen Tätigkeit** als Ausschlussgrund der Verbraucherinsolvenz geschehen.

146 Da bei **völliger Vermögenslosigkeit** die Kosten des Insolvenzverfahrens gemäß § 4a InsO gestundet werden können, gelangen auch natürliche Personen, deren Einkommen innerhalb der Pfändungsfreigrenzen liegt, in den Genuss der Restschuldbefreiung. Verbindlichkeiten, die eine natürliche Person nach Eröffnung des Insolvenzverfahrens oder während der Wohlverhaltensperiode neu eingeht, können entgegen § 294 InsO gegen den Schuldner geltend gemacht werden[1].

---

1 *Vallender* in Uhlenbruck, § 294 InsO Rz. 17.

II. Insolvenz des Gewerberaummieters

1. Überlegungen bei der Beratung des Vermieters

Die Verschlechterung der wirtschaftlichen Lage des Vertragspartners (Mieters) bildet eine Zäsur der üblichen Geschäftstätigkeit des Vermieters. Insolvenzrechtliche Vorschriften spielen nicht erst mit Eröffnung des Insolvenzverfahrens eine Rolle, sondern schon im regelmäßig angeordneten Vorverfahren, unter Umständen aufgrund der Anfechtungsregelungen jedoch bereits Monate oder Jahre vor Antragstellung. Das Verhalten des Schuldners lange Zeit vor Antragstellung kann in Form von verändertem Zahlungsverhalten oder aber bei Zwangsvollstreckungen durch den Vermieter zu späteren Anfechtungen durch den Insolvenzverwalter führen. Vermeintlich sicher geglaubte Vermieterpfandrechte können mit vorrangigen Sicherungsübereignungen in Form von Listensicherungsübereignungsverträgen kollidieren. Grundsätzlich ist bei der Beratung nicht nur der aktuelle problematische Sachverhalt aufzunehmen, sondern die **vollständige Historie** des Verhaltens des Vertragspartners in der Vergangenheit vom Mandanten zu erbitten. Ist noch kein Eröffnungsantrag gestellt, muss geklärt werden, was für den Vermieter **vor Antragstellung** sinnvoll ist:

147

– Kündigung und Räumungsklage, letzteres verbunden mit selbst zu tragenden Anwalts- und Gerichtskosten,

oder aber

– Stellung eines Insolvenzantrags bzw. Abwarten auf Eröffnung des Insolvenzverfahrens mit der Möglichkeit, die **Miete** später als **Masseverbindlichkeit** aus der Insolvenzmasse zu erhalten und bei Kündigung durch den Insolvenzverwalter die sofortige Aussonderung (Herausgabe) zu verlangen, was gerichtskostenfrei und eventuell schneller von Statten geht.

2. Rechtshandlungen vor Antragstellung

Trotz wirtschaftlichen Zusammenbruchs des Vertragspartners hat der Vermieter auch in der Insolvenz Rechte, die er wahrnehmen kann. Grundsätzlich behält er seinen Anspruch auf Zahlung der **Miete**, die möglicherweise im Range der **Masseverbindlichkeit** den übrigen Insolvenzforderungen vorgeht. Sein **Vermieterpfandrecht** kann er geltend machen und hat diesbezüglich auch einen Informationsanspruch gegenüber dem Insolvenzverwalter (vgl. oben *Rz. 193*). Werden die eingebrachten Sachen durch den Insolvenzverwalter verwertet, besteht ein (Ersatz-)Absonderungsanspruch. **Kautionen**, die er erhalten hat, geben ihm ein Recht zur Befriedigung. Entscheidend kann hier die **Reihenfolge der Befriedigung** sein, zunächst Vermieterpfandrecht und dann Kaution, dazu unten mehr (*Rz. 213*).

148

Das Mietverhältnis bleibt auch in der Insolvenz grundsätzlich bestehen. Der **Insolvenzverwalter** hat jedoch ein **Sonderkündigungsrecht**. Schadensersatzansprüche aus **Abnutzungen, Beschädigungen**, die der Insolvenzverwalter ggf. durch Betriebsfortführung verursacht hat, sind von diesem als Masseverbindlichkeit zu erfüllen. Schon bei einer mittleren Größe des in-

149

solventen Unternehmens, bei der sich eine Betriebsfortführung und gegebenenfalls eine Sanierung anschließt, ist die **Mitwirkung des Vermieters im Gläubigerausschuss**, zu empfehlen.

a) Nutzungsüberlassung durch Gesellschafter

150 Bei der Insolvenz einer juristischen Person, bei der der **Gesellschafter der Vermieter** ist, sind die mit dem MoMiG zum 1.11.2008 eingeführten Regelungen des § 135 Abs. 3 InsO zu beachten[1] (vgl. dazu *Rz. 209*).

b) Ausübung des Vermieterpfandrechts

151 Grundsätzlich kann das Vermieterpfandrecht, wenn die sonstigen Voraussetzungen vorliegen, bereits vor Insolvenzantragstellung ausgeübt werden (vgl. dazu *G Rz. 254 f.*). Die Inbesitznahme und Verwertung kann nicht mit der Begründung angefochten werden, dass der späteren Insolvenzmasse die Feststellungskostenpauschale entgangen sei[2].

c) Anfechtbare Rechtshandlungen

152 Hat der Vermieter **Kenntnis von der Zahlungsunfähigkeit** des Mieters oder kennt er Umstände, die darauf hinweisen, ist jegliche Zahlung in den letzten **3 Monaten vor Insolvenzantragstellung** auf die geschuldete Miete anfechtbar, auch wenn der Anspruch begründet und fällig war, § 130 InsO. Zahlt der Mieter pünktlich seine Miete, kann trotzdem Zahlungsunfähigkeit vorliegen, wenn die Miete nur einen unwesentlichen Anteil an den gesamten Verbindlichkeiten haben wird. Unregelmäßige Zahlungen oder andauernde Mietrückstände können ein **Indiz** für eine Zahlungsunfähigkeit sein. Zahlt der Mieter auf Mahnung oder Drohung mit der fristlosen Kündigung den Mietrückstand im Ganzen, kann dies darauf hinweisen, dass die bisherige Zahlungsstockung beseitigt ist und keine Zahlungsunfähigkeit vorliegt. Schlägt der Mieter eine **Ratenzahlungsvereinbarung** aufgrund seiner schlechten wirtschaftlichen Lage oder gar einen Vergleich vor, ist die Kenntnis der Zahlungsunfähigkeit evident. Die erhaltenen Zahlungen sind gemäß § 130 InsO in der Insolvenz anfechtbar. **Vergleichsvorschläge**, die die sonstigen Gläubiger benachteiligen und das Wissen des Vermieters hiervon, können die Anfechtungsfrist auf 10 Jahre ausdehnen, § 133 InsO.

d) Zwangsvollstreckungen

153 Zahlungsvollstreckungen im letzten Monat vor Antragstellung oder danach, durch die der Gläubiger eine Sicherung erhält, sind **unwirksam** (§ 88 InsO), hat der Gläubiger durch die Zwangsvollstreckung bereits eine Befriedung erhalten, ist diese anfechtbar (§ 131 Abs. 1 Nr. 1 InsO). Ebenso verhält

---

[1] Gesetz zur Modernisierung des GmbH-Rechts und zur Bekämpfung von Missbräuchen vom 23.10.2008, BGBl. I, 1026.
[2] BGH, NZI 2005, 165.

es sich mit der **Vollstreckung der Miete innerhalb der letzten 3 Monate** vor Antragstellung, wenn der Insolvenzverwalter beweist, dass der Mieter bereits zu diesem Zeitpunkt zahlungsunfähig war, § 131 Abs. 1 Nr. 2 InsO. Die zunächst zu Recht erhaltenen und ihm zustehenden Zahlungen der Miete muss der Vermieter an die Insolvenzmasse auszahlen, § 143 InsO.

3. Eröffnungsverfahren

a) Fortbestehen des Vertrages

Grundsätzlich bleibt der Mietvertrag durch das Insolvenzverfahren unberührt, § 108 InsO. Mit Insolvenzantragstellung sind für die Miete folgende **Verfahrensabschnitte** von besonderer Bedeutung: 154

- Zeitraum der vorläufigen Verwaltung, insbesondere schwache oder starke Verwaltung
- Eröffnung des Insolvenzverfahrens bis zum Ende des Mietvertrages und/oder
- Anzeige der Masseunzulänglichkeit durch den Insolvenzverwalter im eröffneten Verfahren.

b) Einordnung der Mietzahlungsansprüche

Zunächst ist zu klären, ob die Ansprüche des Vermieters auf Zahlung von Miete Masseverbindlichkeiten sind, die vorab aus der Insolvenzmasse bezahlt werden und damit gegenüber den einfachen Insolvenzforderungen privilegiert sind, § 55 InsO. Grundsätzlich sind Mieten für die Zeit **vor der Eröffnung** des Insolvenzverfahrens einfache Insolvenzforderungen, §§ 108 Abs. 2, 38 InsO. Es sind die – möglicherweise anteiligen – Mieten bis zum Ablauf des Tages vor dem Tage der Insolvenzeröffnung aufzuschlüsseln. Noch ausstehende **Kautionsansprüche** sind ebenfalls einfache Insolvenzforderungen. Das **Vermieterpfandrecht** aus § 562 BGB gilt gemäß § 50 Abs. 2 InsO grundsätzlich nur **für die letzten 12 Monate** vor der Eröffnung des Insolvenzverfahrens und nur für Forderungen, die bis zum Tag der Insolvenzeröffnung entstanden sind. Allerdings gilt diese Beschränkung nicht, wenn die Insolvenzmasse nicht beeinträchtigt wird, insbesondere wenn die Anwendung des § 50 Abs. 2 Satz 1 InsO nur einem anderen Absonderungsberechtigten zugute käme[1]. Dies ist aber beim Zusammentreffen von Vermieterpfandrecht und **Raumsicherungsvertrag** der Fall. 155

Mietansprüche **nach Eröffnung** des Insolvenzverfahrens bewirken durch die Fortführung des Vertrages durch den Insolvenzverwalter ein neu entstehendes Pfandrecht gegenüber der Insolvenzmasse. Zweifelhaft ist, ob an diesem erneuten Vermieterpfandrecht die Regelungen der **Verwertung**, §§ 166 ff. InsO, anzuwenden sind. Die Frage ist wichtig, wenn die Mietzahlungsansprüche nach Eröffnung des Insolvenzverfahrens als Masseverbindlichkeiten aufgrund von einer später eintretenden Masseunzulänglichkeit 156

---
1 BGH, NJW 1959, 2251; *Kuhn*, MDR 1969, 221.

gemäß § 209 InsO (vgl. dazu *Rz. 81 ff.*) zur Insolvenzmasse nicht gezahlt werden und der Vermieter auf sein Pfandrecht zurückgreifen muss. Sinnvoll ist es, von einem Verwertungsrecht des Insolvenzverwalters mit der entsprechenden Kostenfolge auszugehen. Als Argument mag die allgemeine Befugnis des Insolvenzverwalters dienen, mit Absonderungsrecht behaftete Gegenstände des Schuldners verwerten zu dürfen. Ob dies zur Abgeltung von Insolvenzforderungen oder von Masseverbindlichkeiten erfolgt, macht keinen Unterschied.

157 Liegt die **vorläufige Insolvenzverwaltung** gemäß § 21 InsO vor, ist zu prüfen, ob es sich um einen starken vorläufigen Insolvenzverwalter gemäß § 22 Abs. 1 InsO oder einen schwachen vorläufigen Insolvenzverwalter gemäß § 22 Abs. 2 InsO handelt. Zur Prüfung dieser Frage ist es unerlässlich, eine Kopie des **Sicherungsbeschlusses** einzusehen.

aa) „Starker" vorläufiger Insolvenzverwalter

158 Wird das Mietobjekt vom starken vorläufigen Insolvenzverwalter genutzt, bspw. indem er den darin befindlichen Geschäftsbetrieb fortführt, wozu er gemäß § 22 Abs. 1 Nr. 2 InsO verpflichtet ist, gilt § 108 Abs. 2 InsO nur eingeschränkt, denn die ab seiner Bestellung entstehenden Zahlungsansprüche sind gemäß § 55 Abs. 2 InsO bei „Inanspruchnahme der Gegenleistung" nach Eröffnung des Insolvenzverfahrens **Masseverbindlichkeiten**. Von einer Inanspruchnahme ist nach herrschender Meinung zumindest immer dann auszugehen, wenn die Masse die Geschäftsräume nutzt und der Verwalter Kenntnis davon hat[1].

Zur Vermeidung einer Kündigung wegen Zahlungsverzuges (§ 112 InsO gilt nur für Ansprüche auf Mietzahlung, die bis zum Antrag auf Eröffnung entstanden sind), wird der starke vorläufige Verwalter die Masseverbindlichkeiten nicht erst nach Eröffnung des Insolvenzverfahrens, was unter Umständen einige Monate dauern kann, sondern schon während der vorläufigen Verwaltung begleichen[2]. Drängt der Vermieter den vorläufigen Insolvenzverwalter auf Zahlung von rückständigen, also **vor Antragstellung entstandenen Mieten** und kommt dem der vorläufige Verwalter nach, dürfte dies regelmäßig eine gemäß §§ 129 ff. InsO im eröffneten Verfahren **anfechtbare Handlung** sein. Auf einen Vertrauenstatbestand wird sich der Vermieter regelmäßig nicht berufen können, da er ohnehin zur Leistung verpflichtet gewesen ist[3].

159 Begründet sind die Verbindlichkeiten durch den vorläufigen Insolvenzverwalter aufgrund gesetzlicher Anordnung des **Fortbestehens des Vertrages**. Selbst nutzen muss er die Räume nicht. Werden die Masseverbindlichkeiten im eröffneten Insolvenzverfahren nicht befriedigt, haftet der vorläufige

---

1 Vgl. zum Streitstand: *Eckert*, NZM 2003, 41, 49.
2 BGH, NZM 2002, 859 ff.
3 Vgl. OLG Celle, NZI 2003, 266 f., m.w.N.

Insolvenzverwalter gemäß §§ 61, 21 Abs. 2 Nr. 1 InsO gegebenenfalls persönlich.

bb) „Schwacher" vorläufiger Insolvenzverwalter

In der Praxis weit überwiegend anzutreffen ist die Verfügungsbeschränkung durch einen vorläufigen Insolvenzverwalter, der nicht die allgemeine Verfügungsmacht hat. Regelmäßig ist dies der sog. „schwache" Insolvenzverwalter, dessen Zustimmung für die Wirksamkeit von Verfügungen des Schuldners erforderlich ist, § 21 Abs. 2 Nr. 2 InsO. In diesen Fällen ist die **Lage des Vermieters schlechter**. Masseverbindlichkeiten werden durch den vorläufigen schwachen Insolvenzverwalter nach ständiger Rechtsprechung des BGH[1] nicht begründet. Gleichwohl nutzt der Mieter, nicht der vorläufige Insolvenzverwalter, das Mietobjekt weiter. Der Mietzahlungsanspruch besteht zwar weiterhin, es gilt aber § 108 Abs. 2 InsO, der Anspruch stellt lediglich eine **Insolvenzforderung** dar.

160

Der vorläufige (schwache) Insolvenzverwalter über das Vermögen eines **Zwischenvermieters** ist nicht verpflichtet, einer Weiterleitung der vom Endmieter gezahlten Mieten an den Hauptvermieter zuzustimmen. Es folgt daraus allenfalls ein Kündigungsrecht (vgl. dazu *Rz. 178*), jedoch kein Schadensersatzanspruch wegen Verletzung insolvenzspezifischer Pflichten gemäß § 60 Abs. 1 InsO[2].

Nachdem der BGH[3] am 18.7.2002 entschieden hat, dass der schwache vorläufige Verwalter grundsätzlich **keine Rechtsbefugnis** hat, um Masseverbindlichkeiten zu begründen, ist der Vermieter in diesen Fällen benachteiligt. Nach dieser Entscheidung soll selbst eine **Zusage** des **schwachen vorläufigen Verwalters**, dass die anfallenden Mieten durch die Masse bezahlt werden, keine Verpflichtung begründen. Solche Zusagen sind in der Zukunft nunmehr **wertlos**.

161

Allenfalls eine Bezahlung der laufenden Mieten unmittelbar bei Fälligkeit als **Bargeschäft** im Sinne des § 142 InsO führt zur sicheren Befriedigung des Vermieters[4]. Der Vermieterberater sollte daher darauf hinwirken, dass die – ggfs. vom Verwalter zu genehmigende – Mietzahlung des Schuldners pünktlich erfolgt, um einer späteren Anfechtbarkeit vorzubeugen.

Es stellt sich jedoch die Frage, inwieweit der vorläufige Insolvenzverwalter durch eine Garantieerklärung im Sinne der §§ 311 Abs. 1, 241 Abs. 1 BGB persönlich haftet. Hier wird es auf die Formulierung der Erklärung ankommen. Es besteht jedoch die im Gesetz nicht geregelte Möglichkeit, den vorläufigen Insolvenzverwalter mit **Einzelbefugnissen** auszustatten, die ihn zu der Begründung von Masseverbindlichkeiten berechtigen. Dadurch soll das Problem geregelt werden, dass sich bspw. bei jeder Betriebsfortführung stellt, dass im laufenden Geschäftsbetrieb eine Vielzahl von Zahlungen er-

---
1 Zuletzt: BGH, NZM 2008, 365.
2 BGH, NZM 2008, 365 f.
3 BGH, NZM 2002, 859 ff.
4 *Pape*, NZM 2004, 401, 403.

folgen, aber auch Bestellungen und Zahlungszusagen abgegeben werden, die erst nach Eröffnung des Insolvenzverfahrens bezahlt bzw. erfüllt werden können.

162 Die Praxis behalf sich hier in der Vergangenheit mit Notkonstruktionen, wie z.B. der Schaffung eines zweiten Treuhandkontos. Nach derzeitiger Rechtsprechung soll es ausreichend, aber auch erforderlich sein, dass der vorläufige schwache Insolvenzverwalter durch einen Beschluss **ermächtigt** wird, bestimmte Zahlungen zu leisten bzw. Verpflichtungen einzugehen.

163 Über den Inhalt und den Umfang einer solchen Ermächtigung besteht Streit. Bei der Betriebsfortführung eines insolventen Industrieunternehmens könnte ein solcher Beschluss mehrere hundert Seiten lang sein und würde trotzdem nicht den vollständigen Geschäftsbetrieb wiedergeben können. Eine weitere klarstellende Entscheidung bleibt abzuwarten. Möglich ist es also, dass der vorläufige schwache Insolvenzverwalter zur Begründung von Mietzahlungsverpflichtungen ermächtigt wird. Auf den Inhalt und die Ausgestaltung der Ermächtigung hat der Vermieter als Insolvenzgläubiger keinen Einfluss. Besteht jedoch die Notwendigkeit einer kooperativen Zusammenarbeit mit dem Vermieter, etwa weil ein auslaufendes Mietverhältnis fortgesetzt oder ein bestehendes in der Insolvenz angepasst werden soll, um eine Sanierung zu ermöglichen, sollte der Vermieter den vorläufigen Insolvenzverwalter auf die **Notwendigkeit einer Einzelermächtigung** hinweisen und auf eine solche ggf. bestehen.

Eine weitere Besonderheit ergibt sich aus dem am 1.7.2007 in Kraft getretenen Gesetz zur Vereinfachung des Insolvenzverfahrens. Nach dem neu hinzugefügten § 21 Abs. 2 S. 1 Nr. 5 InsO kann das Insolvenzgericht im Falle der **Betriebsfortführung** anordnen, das fortführungsrelevante Gegenstände weder ausgesondert werden dürfen, noch eine abgesonderte Befriedigung geltend gemacht werden kann. Im Falle eines beendeten Mietverhältnisses ist aufgrund des Verweises auf § 169 Abs. 2 und 3 InsO nach dem Wortlaut der Vorschrift Nutzungsentschädigung erst ab dem Zeitpunkt zu entrichten, der 3 Monate nach dieser Anordnung liegt und lediglich ein durch die Nutzung entstandener Wertverlust auszugleichen.

Hier wird die Auffassung vertreten, eine Zahlungspflicht für den 3-Monats-Zeitraum ergebe sich aus einer analogen Anwendung des § 55 Abs. 2 S. 2 InsO, da die Situation derjenigen bei Nutzung durch einen starken vorläufigen Verwalter vergleichbar sei[1]. Nach der Auffassung des Kammergerichts verbietet sich die analoge Anwendung des § 55 Abs. 2 S. 2 InsO wegen des abschließenden Charakters des § 21 Abs. 2 S. 1 Nr. 5 InsO[2].

---

1 LG Berlin, ZinsO 2008, 629.
2 KG, NZM 2009, 157 ff., nicht rechtskräftig, die Entscheidung bezieht sich auf ein Mietverhältnis über bewegliche Sachen, eine abweichende Beurteilung bei unbeweglichen Sachen erscheint jedoch nicht geboten.

c) Vermieterpfandrecht

Grundsätzlich sollte der Vermieter beim Bestehen von Mietrückständen bereits gegenüber dem vorläufigen Insolvenzverwalter sein Vermieterpfandrecht für die eingebrachten Sachen aus den §§ 562 ff., 578 Abs. 2 BGB **geltend machen** und der Entfernung der Sachen des Mieters widersprechen. Dies soll sicherstellen, dass vor Verfahrenseröffnung rückständige Miete zumindest teilweise aus dem Pfandrecht befriedigt werden kann. Die Geltendmachung des Vermieterpfandrechtes soll eine analoge Anwendung des § 48 InsO auf eine **Ersatzabsonderung** im eröffneten Verfahren sicherstellen.

164

Gemäß § 167 InsO ist der endgültige Insolvenzverwalter umfänglich zur **Auskunft** gegenüber dem Vermieter verpflichtet. In entsprechender Anwendung der Vorschrift für den Zeitraum der vorläufigen Insolvenzverwaltung sollte der Vermieter auf eine **gemeinsame Begehung** des Mietobjektes zur Inventarisierung der eingebrachten Sachen drängen. Zumindest gegenüber dem Mieter besteht der nebenvertragliche Anspruch auf Auskunft der auch gerichtlich, notfalls durch einstweiligen Rechtsschutz, durchsetzbar ist.

165

Da der schwache vorläufige Insolvenzverwalter durch seine Zustimmung den Geschäftsbetrieb fortführen kann, ist eine **Entfernung von Gegenständen** im ordnungsgemäßen Geschäftsbetrieb möglich. Dessen Grenze wird jedoch überschritten, wenn ein Räumungsverkauf durchgeführt wird[1].

166

d) Verschlechterungen der Mietsache

In der Rechtsprechung noch nicht geklärt ist das Schicksal von Ansprüchen, die durch Verschlechterung der Mietsache oder Verschlechterungen bzw. Wertminderungen der eingebrachten dem Vermieterpfandrecht unterliegenden Sachen während der vorläufigen Verwaltung entstehen können.

167

In der **starken vorläufigen Verwaltung** ist an die schuldnergleiche Rechtsstellung des Insolvenzverwalters anzuknüpfen, der Masseverbindlichkeiten begründen kann. Er ist nach hier vertretener Auffassung insoweit dem endgültigen Insolvenzverwalter gleichgestellt, der von ihm veranlasste Wertminderungen von Aus- und Absonderungsrechten auszugleichen hat.

168

Anders ist es im Regelfall der **schwachen vorläufigen Verwaltung**. Hier handelt (juristisch) der Schuldner und dieser begründet nur **einfache Insolvenzforderungen**. Die Kündigungssperre des § 112 InsO hindert den Vermieter allerdings an der Inbesitznahme der Mietsache, um deren Verschlechterung vorzubeugen. Dieser Benachteiligung des Vermieters ist nach hiesiger Auffassung ein entsprechender Ausgleich gegenüberzustellen. Wenn der spätere Insolvenzverwalter sonstiges Dritteigentum (z.B. Lagerware unter Eigentumsvorbehalt) bei Verbrauch oder Abnutzung während der schwachen vorläufigen Verwaltung ablösen muss, sollte auch der

169

---
1 OLG Düsseldorf, NZM 2000, 336 ff.

Vermieter entsprechend behandelt werden. Während dort von einer Erfüllungswahl mit gerichtlicher Ermächtigung ausgegangen wird, würde der Vermieter ohne sachlichen Grund schlechter gestellt, was dafür spricht, die aus der Wertminderung der Mietsache hervorgehenden Ansprüche als **Masseverbindlichkeiten** zu behandeln.

170 Dem kann entgegengehalten werden, dass für die sachgerechte Nutzung der Mietsache die Miete als Ausgleich gezahlt wird. Eben diese Miete soll der schwache vorläufige Verwalter nach der gesetzgeberischen Entscheidung jedoch nicht aus der Masse zahlen, da nicht er sondern der Schuldner als Mieter die Verpflichtung begründet hat und auch keine gerichtliche Ermächtigung vorliegt.

171 Die Zahlung ist für die – kostenlose – Nutzung auch nicht erforderlich, da der Vermieter diese wegen der Kündigungssperre des § 112 InsO nicht verhindern kann. Folgt man dieser Auffassung, nach der dem Vermieter nicht nur der Besitz vorenthalten wird, sondern dieser auch noch tatenlos die Verschlechterung seiner Mietsache hinnehmen muss, bleibt lediglich das **Inaussichtstellen der fristlosen Kündigung** wegen Zahlungsverzuges während der vorläufigen Verwaltung.

172 Anders zu beurteilen ist der Fall der **vertraglich nicht gedeckten Abnutzung**, die ihre Ursache in den Besonderheiten des vorläufigen Verfahrens hat und auf ein schuldhaftes Verhalten des schwachen vorläufigen Verwalters im Sinne einer eigenen unerlaubten Handlung zurückgeht. Hier ist die persönliche Haftung des Insolvenzverwalters zu prüfen.

e) Kündigungsmöglichkeiten des Vermieters

aa) Zahlungsverzug, Kündigungssperre

173 Die Kündigungsmöglichkeiten des Vermieters beurteilen sich grundsätzlich nach dem Mietvertrag. Sind darin keine Regelungen enthalten, gelten die **gesetzlichen Bestimmungen**. § 543 BGB gibt das Recht zur fristlosen Kündigung bei Vorliegen der dort aufgeführten wichtigen Gründe. Grundsätzlich ist im Verzugsfall dem Vermieter das Festhalten am Mietvertrag nicht zuzumuten. Er kann nach erfolgter Kündigung das Mietobjekt herausverlangen und damit seinem ursprünglichen wirtschaftlichen Nutzen zuführen. Eingeschränkt ist die Kündigungsmöglichkeit wegen Zahlungsverzugs allerdings durch § 112 InsO. Danach ist eine Kündigung wegen eines Verzugs mit der Entrichtung der Miete oder Pacht, der in der Zeit vor dem Eröffnungsantrag eingetreten ist, sowie wegen einer Verschlechterung der Vermögensverhältnisse des Schuldners unzulässig.

(1) Nutzung durch den vorläufigen Verwalter

174 Häufig findet sich in Mietverträgen eine außerordentliche **Lösungsklausel**, für den Fall, dass sich entweder die wirtschaftliche Lage des Mieters verschlechtert hat oder aber Insolvenzantrag gestellt wird. Diese Klauseln sind

durch Einführung der Insolvenzordnung **unwirksam** geworden[1]. Solche Lösungsklauseln widersprechen der gesetzlichen Kündigungssperre des § 112 InsO. Danach ist eine Kündigung wegen Zahlungsverzuges, der vor dem Antrag eingetreten ist oder wegen einer Verschlechterung der Vermögensverhältnisse des Schuldners nach Antragstellung unzulässig. Zweck der **Kündigungssperre** ist, die Mietsache im wirtschaftlichen Verbund mit seinem sonstigen Vermögen, der Insolvenzmasse, in seinem Verfügungsbereich bzw. demjenigen des Insolvenzverwalters zu belassen, damit die Möglichkeit einer Sanierung des Unternehmens geprüft werden kann. Die Kündigungssperre greift jedoch unabhängig davon, ob der vorläufige oder spätere Insolvenzverwalter tatsächlich eine Sanierung prüft. Durch die Regelung wird somit massiv in die Rechte von Vermietern zugunsten der übrigen Gläubiger eingegriffen. Das Mietobjekt muss trotz Ausbleiben der Gegenleistung quasi sehenden Auges dem Haftungsverbund der Insolvenzgläubiger zur Verfügung gestellt werden.

Ist die **Kündigung vor Stellung des Insolvenzantrags** ausgesprochen worden, behält die Kündigung ihre Wirksamkeit, die Kündigungssperre des § 112 InsO entfaltet keine Wirkung[2]. Maßgeblicher Zeitpunkt für das Inkrafttreten der Kündigungssperre ist der Zugang der Kündigung. Eine vor Antragstellung abgegebene aber nach Antragstellung zugegangene Kündigungserklärung wegen Zahlungsverzugs entfaltet keine Wirkung[3]. 175

(2) Nebenleistungspflichten des Vermieters

Weiterhin stellt sich die Frage, ob der Vermieter trotz Verzuges verpflichtet ist, vertragliche Nebenleistungen, z.B. **Versorgungsleistungen**, auf seine Kosten vorzuhalten, um sie dem Mieter, der diese Leistung jedoch nicht mehr bezahlt, zur Verfügung zu stellen. 176

Außerhalb der Insolvenz hält die Rechtsprechung hierzu die Versorgungseinstellung durch den Vermieter bei beendetem Mietverhältnis und rückständigen Miet-/Nutzungsentschädigungszahlungen zwischenzeitlich grundsätzlich für zulässig[4] (vgl. dazu *F Rz. 222b*). Die Einleitung des Eröffnungsverfahrens rechtfertigt hier keine abweichende Beurteilung, es sei denn, das Gericht hat wegen der Notwendigkeit einer Betriebsfortführung eine Aussonderungssperre nach § 21 Abs. 2 S. 1 Nr. 5 InsO angeordnet, die auch die Mietsache erfasst. Die Zulässigkeit der Einstellung der Versorgungsleistungen würde in diesem Fall den Zweck der Einführung des § 21 Abs. 1 S. 2 Nr. 5 InsO ansonsten konterkarieren.

Ist das Mietverhältnis ungekündigt, bleibt der Vermieter nach wie vor verpflichtet, die Leistungen zur Verfügung zu stellen. Höchstrichterliche

---

1 BGH, NJW 2003, 2744, 2747 hat sich dazu anlässlich eines Gesamtvollstreckungsverfahrens nicht festgelegt; OLG Hamm, NZM 2002, 343; *Berscheid* in Uhlenbruck, § 119 InsO Rz. 16.
2 *Kroth* in Braun, § 112 InsO Rz. 6.
3 OLG Düsseldorf, ZIP 2009, 877.
4 BGH, NZM 2009, 1947 ff.

Rechtsprechung zu diesem Problembereich vor dem Hintergrund, dass § 112 InsO die Beendigung des Vertrages – zunächst – unmöglich macht, liegt (noch) nicht vor.

(3) Noch nicht überlassene Mieträume

177 Die Frage, ob die Kündigungssperre des § 112 InsO gilt, wenn die Mieträume dem Mieter noch nicht überlassen wurden, wird unterschiedlich beantwortet. Zum einen[1] wird angeführt, dass die wirtschaftliche Einheit, die dem Schuldner erhalten bleiben soll, nicht besteht, wenn er die vermietete Sache noch nicht überlassen bekommen hat. Ansonsten wird hier ein Wertungswiderspruch zu § 109 Abs. 2 S. 1 InsO gesehen, der nach Eröffnung des Insolvenzverfahrens dem Verwalter ein Rücktrittsrecht gewährt, wenn die Räume zur Zeit der Eröffnung des Verfahrens noch nicht überlassen wurden[2]. Dem wird von der herrschenden Meinung entgegengehalten, dass der Wortlaut des § 112 InsO lediglich ein eingegangenes Mietverhältnis, nicht jedoch die Überlassung der Mietsache verlangt[3].

bb) Verzug nach Antragstellung

178 Tritt der Verzug mit den Mietzahlungen nach dem Antrag auf Eröffnung des Insolvenzverfahrens, aber vor Eröffnung des Verfahrens ein, wird allgemein angenommen, dass § 112 InsO wörtlich angewandt werden muss und daher eine **Kündigung möglich** ist[4]. Unterschiede zwischen den beiden Formen der vorläufigen Verwaltung bestehen nicht. Jedoch ist die Kündigung in der starken Verwaltung gegenüber dem vorläufigen Insolvenzverwalter auszusprechen, bei der schwachen vorläufigen Verwaltung gegenüber dem Schuldner.

Ausnahmsweise ist eine **fristlose Kündigung ohne Zahlungsverzug** im Eröffnungsverfahren zulässig, wenn der Insolvenzverwalter im Verfahren über das Vermögen des **Zwischenvermieters** von vornherein erklärt, die Zahlungen nicht an den Hauptvermieter weiterzuleiten[5] oder der Weiterleitung nicht zuzustimmen[6].

f) Einvernehmliche Vertragsbeendigung während der vorläufigen Verwaltung

179 Es bleibt den Vertragsparteien natürlich unbenommen, den Mietvertrag einvernehmlich aufzulösen (vgl. dazu *J Rz. 492 ff.*). Der starke vorläufige Insolvenzverwalter kann hieran ein Interesse haben, damit nicht etwaige

---

1 *Wegener* in FK-InsO, § 112 InsO Rz. 3.
2 *Berscheidt* in Uhlenbruck, § 112 InsO Rz. 10.
3 *Eckert*, ZIP 1996, 897, 899; *Cepl*, NZI 2000, 357, 359; *Börstinghaus*, NZM 2000, 326.
4 BGH, NZM 2002, 859, 863; *Eckert* in MünchKommInsO, § 112 InsO Rz. 35.
5 BGH, NZM 2005, 538, 539 f.
6 *Pape*, Aktuelles zur Mieterinsolvenz, http://www.mietgerichtstag.de/download/61032301/Pape+Mieterinsolvenz.pdf 6.

überflüssige Masseverbindlichkeiten schon im Vorverfahren entstehen. Der – spätere – endgültige Verwalter kann ebenfalls ein Interesse daran haben, keine Masseverbindlichkeiten nach Eröffnung des Insolvenzverfahrens durch das Fortbestehen des Mietvertrages entstehen zu lassen. In diesem Fall ist es sogar denkbar, dass der schwache vorläufige Insolvenzverwalter einer Aufhebung des Vertrages zustimmt.

Der Vermieter sollte daher immer auf die Aufhebung des Mietvertrags **hinarbeiten**, wenn er die Räume anderweitig und kurzfristig vermieten kann. Ist der Nachmieter – zunächst – nicht in Sicht, sollte der Vermieter zunächst an der Fortdauer des Vertrages festhalten, da sein Anspruch auf Zahlung der Miete nach Eröffnung des Insolvenzverfahrens im Normalfall den Rang von Masseverbindlichkeiten hat. In der Regel ist dann mit einer (Teil-)Zahlung zu rechnen. Ebenso kann es durchaus wirtschaftlich geboten sein, die Verwertung der dem Vermieterpfandrecht unterliegenden Gegenstände einem Insolvenzverwalter zu überlassen. Dieser ist verpflichtet, die gesamte Insolvenzmasse, die er im Besitz hat, zu inventarisieren und etwaige Drittrechte (Leasingverträge, Eigentumsvorbehalt, bankenübliche Sicherungsübereignungen) zu prüfen und diese Gegenstände voneinander zu trennen. Der Vermieter, der regelmäßig keinen Einblick in die Geschäftsunterlagen des Mieters hat, wird diese Unterscheidung nicht vornehmen können und damit bei einer eigenen Verwertung auf unüberwindliche Schwierigkeiten stoßen.

180

g) Prozessuale Auswirkungen

Bei der **starken vorläufigen Insolvenzverwaltung** tritt im Eröffnungsverfahren bereits die Wirkung von § 240 ZPO (Prozessunterbrechung) bei Massebefangenheit ein.

Bei der **schwachen vorläufigen Insolvenzverwaltung** ist dies nicht der Fall. Anhängige Klagen sind weiterhin gegen den Schuldner zu betreiben. Noch einzureichende Klagen, wie z.B. auf Zahlung der Miete oder auf Herausgabe der Mietsache, da das Mietverhältnis bereits gekündigt war, sind **gegen den Schuldner** und nicht gegen den vorläufigen Insolvenzverwalter zu richten.

In der Beratung des Vermieters sollte gut abgewogen werden, ob es in diesem Stadium noch sinnvoll ist, einen kostenintensiven Prozess anzustrengen, da die Ansprüche des Vermieters auf Herausgabe durch Aussonderung des Insolvenzverwalters im eröffneten Verfahren befriedigt werden müssen. Zahlungsansprüche können auch ohne Titulierung im eröffneten Insolvenzverfahren geltend gemacht werden.

4. Eröffnetes Verfahren

a) Vertragsfortführung durch den Verwalter

aa) Fortbestehen des Mietverhältnisses

Nach Eröffnung des Insolvenzverfahrens hat der Insolvenzverwalter den Mietvertrag gemäß § 108 Abs. 1 InsO mit sämtlichen Rechten und Pflich-

181

ten des Schuldners fortzuführen. Gesetzliche und vertraglich wirksam vereinbarte Kündigungsrechte bestehen mit Ausnahme der Einschränkung der Kündigungsmöglichkeit des Vermieters wegen Zahlungsverzugs oder einer Verschlechterung der Vermögensverhältnisse des Mieters durch die oben unter *Rz. 173 ff.* beschriebene Kündigungssperre des § 112 InsO fort. Eine Kündigung hat der Vermieter an den Insolvenzverwalter zu richten.

Besondere Beachtung verdient die Handhabung von **Lastschriftverfahren** in der Insolvenz von Mietern. Lastschriftverfahren sind als sog. Einzugsermächtigung neben dem Dauerauftrag die häufigste banktechnische Ausführungsform der Mietzahlung. Für ständige Irritation sorgt die Handhabung der (vorläufigen) Insolvenzverwalter in der Insolvenz der Mieter, Lastschriften unmittelbar zu widerrufen und dadurch bereits vor Eröffnung des Insolvenzverfahrens zumindest die in den letzten zwei Monaten „gezahlten" Mieten „zurückzuholen". Der Vermieter verlor durch diese Handhabung bereits auf seinem Konto gutgeschriebene Mieten durch Eingriff des (vorläufigen) Insolvenzverwalters, für den allerdings eine entsprechende Berufspflicht bestehen soll[1].

Diese Option des vorläufigen Insolvenzverwalters hat ihre Ursache in den Besonderheiten des Lastschriftverfahrens. In den AGB-Banken bzw. AGB-Sparkassen wird nach Ablauf einer Frist von sechs Wochen ab Rechnungsabschluss die Zustimmung zu einer Abbuchung fingiert, die aufgrund einer einem Dritten gegenüber erteilten Lastschrift (Einzugsermächtigung) durch diesen vorgenommen und dem Konto des Schuldners (Mieters) belastet wurde. Wird die Zustimmung ausdrücklich verweigert, also die Lastschrift widerrufen, wird der bereits belastete Betrag dem Konto des Schuldners wieder gutgeschrieben und das Konto des Empfängers wieder belastet (Rücklastschrift). Durch diese Beonderheit ist der (vorläufige) Insolvenzverwalter in der Lage, dem Schuldnerkonto und damit der Insolvenzmasse Beträge zu verschaffen, die möglicherweise ansonsten nur durch Anfechtung (vgl. dazu *Rz. 101 f.*) zu erreichen wären.

In der Rechtsprechung des BGH ist die grundsätzliche Zulässigkeit dieser Handhabung noch nicht geklärt. Zwar hat der für Insolvenzen zuständige IX. Zivilsenat des BGH[2] die beschriebene Praxis der (vorläufigen) Insolvenzverwalter grundsätzlich gebilligt. Der für Bankrecht zuständige XI. Zivilsenat des BGH[3] sieht in dieser rein formalen Anwendung der von ihm entwickelten Genehmigungstheorie seine Rechtsprechung tangiert, nach der ein grundloser Widerruf von Lastschriften eine vorsätzlich sittenwidrige Schädigung des Gläubigers darstellt.

Da eine der obersten Aufgabe des (vorläufigen) Insolvenzverwalters zunächst darin besteht, die Masse zu stärken, ist davon auszugehen, dass sie

---

1 AG Hamburg v. 28.6.2007 – 68g IK 272/07, ZMR 2008, 541.
2 BGH v. 4.11.2004 – IX ZR 82/03, ZinsO 2005, 40; BGH v. 4.11.2004 – IX ZR 28/04, EWiR 2005, 227; BGH v. 21.9.2006 – IX ZR 173/02, WPM 2006, 2092, 2093 Tz. 9; BGH v. 25.10.2007 – IX ZR 217/06, WPM 2007, 2246, 2247 Tz. 11 ff., BGH v. 29.5.2008 – IX ZR 42/07, WPM 2008, 1327, 1328 Tz. 9.
3 BGH v. 10.6.2008 – XI ZR 283/07, ZMR 2009, 185.

der Auffassung des IX. Zivilsenats folgen, zumal sie ansonsten Gefahr laufen, für die nicht zur Masse gezogenen Beträge perönlich zu haften[1]. Der Vermieter ist diesem Vorgehen schutzlos ausgeliefert. Denn eine Kündigung wegen des durch die Rückbelastung entstehenden Zahlungsrückstandes nach § 543 Abs. 2 Nr. 3 BGB ist nicht möglich. Insoweit ist schon zweifelhaft, ob überhaupt ein **Verschulden** des Mieters vorliegt, da der Widerruf (genauer: die Nichtgenehmigung) der Lastschrift auf einem Verhalten des (vorläufigen) Insolvenzverwalters beruht, der sich zwar insolvenzkonform verhält, der aber nicht der Verteter des Mieters/Schuldners ist[2]. Eine Kündigung scheitert aber spätestens an der Kündigungssperre des § 112 InsO. Denn auch wenn der Widerruf (= Nichtgenehmigung) der Lastschriften nach Antragstellung erfolgt, ist der **Verzug** mit den fälligen Mieten **vor Antragstellung** eingetreten. Denn im Einzugsermächtigungsverfahren ist die Verfügung aufschiebend bedingt durch die Genehmigung des Kontoinhabers (Mieter). Erfüllung tritt erst mit Ablauf der Widerrufsfrist (Genehmigungsfiktion) oder ausdrücklicher Genehmigung des Schuldners ein[3]. Tritt die Genehmigungsfiktion aufgrund eines Widerrufs nicht ein, werden Gläubiger und Schuldner (banktechnisch) so behandelt, als sei die Leistung (von Anfang an) nicht erfolgt. Der Gläubiger wird also z.B. auch rückwirkend mit Soll-Zinsen belastet. Deshalb ist der Verzug bereits vor Antragstellung eingetreten mit der Folge, dass die Kündigungssperre greift.

Zum Sonderkündigungsrecht des Verwalters wird auf die nachstehenden Ausführungen zu *Rz. 197 ff.* verwiesen.

bb) Rücktrittsrecht bei nicht vollzogenem Mietverhältnis

Lediglich für den **Sonderfall**, in dem das Mietobjekt bei Eröffnung des Verfahrens **noch nicht überlassen** war, steht gemäß § 109 Abs. 2 S. 1 InsO sowohl dem Insolvenzverwalter als auch dem Vermieter ein gesetzliches Rücktrittsrecht zu. Das Rücktrittsrecht erlischt mit Vollzug des Mietverhältnisses[4]. Für die Ausübung des Rücktrittsrechts sieht § 109 Abs. 2 S. 3 InsO eine **Frist von zwei Wochen** vor, die mit Zugang der Anfrage des anderen Vertragsteils über die Ausübung des Rücktrittsrechts zu laufen beginnt.

182

Wird im nicht vollzogenen Mietverhältnis das Insolvenzverfahren über das Vermögen von einem **mehrerer Mieter** eröffnet, so besteht nach herrschender Meinung kein Rücktrittsrecht des Vermieters, da sein Sicherungsbedürfnis nach Überlassung der Mietsache durch die gesamtschuldnerische Haftung von Masse und solventem Mitmieter ausreichend befriedigt ist[5]. Für die Folgen des Rücktrittsrechts des Insolvenzverwalters gelten die

183

---

1 AG Hamburg v. 28.6.2007 – 68g IK 272/07, ZMR 2008, 541.
2 Vgl.: AG Hamburg NZI 2009, 331 m.w.N., vgl. auch die übersichtliche Darstellung zur Praxiserfahrung, *Frind*, NZI 2009, 140 ff.
3 *Grüneberg* in Palandt, § 362 BGB Rz. 11.
4 *Marotzke* in HK-InsO, § 109 InsO Rz. 21.
5 *Eckert* in Wolff/Eckert/Ball, Rz. 1521.

nachfolgend unter Rz. 202 beschriebenen Grundsätze zur Kündigung bei mehreren Mietern.

184 Gemäß § 109 Abs. 2 S. 2 InsO entsteht für den Fall des Rücktritts des Verwalters ein **Schadensersatzanspruch** des Vermieters, kündigt der Vermieter, besteht kein Ersatzanspruch.

cc) Qualität der Vermieterforderungen

185 Die Ansprüche des Vermieters auf Zahlung der **Miete** aus der Zeit nach Verfahrenseröffnung stellen gemäß §§ 108 Abs. 1 S. 1 i.V.m. § 55 Abs. 1 Nr. 2 InsO Masseverbindlichkeiten dar. Die Mietrückstände aus der Zeit vor Verfahrenseröffnung sind gemäß § 108 Abs. 2 InsO einfache Insolvenzforderungen, § 38 InsO. Für den Fall, dass der Insolvenzverwalter keine Zahlungen auf die Masseverbindlichkeiten leistet, ist nach einer Titulierung der Ansprüche das **Vollstreckungsverbot** des § 90 InsO zu beachten. Gemäß § 90 Abs. 1 InsO sind Zwangsvollstreckungsmaßnahmen für die Dauer von 6 Monaten seit Eröffnung des Insolvenzverfahrens unzulässig. **Ausgenommen** sind

186 – gemäß § 90 Abs. 2 Nr. 2 InsO Verbindlichkeiten aus der Zeit nach dem ersten Termin, an dem der Verwalter kündigen konnte
– gemäß § 90 Abs. 2 Nr. 3 InsO Verbindlichkeiten bei Inanspruchnahme der Gegenleistung durch den Verwalter, beispielsweise bei Nutzung der Mietsache durch den Insolvenzverwalter durch Fortführung des ihm überantworteten Gewerbebetriebes.

187 **Nebenkostennachzahlungen** für die Abrechnungszeiträume, die auf die Zeit vor Verfahrenseröffnung entfallen, stellen einfache Insolvenzforderungen dar[1].

Nebenkostenguthaben begründen einen Anspruch der Masse. Für den Vermieter stellt sich die Frage, ob er diese mit – in der Regel kaum werthaltigen – als einfache Insolvenzforderungen qualifizierten Mietrückständen aus dem Zeitraum vor Verfahrenseröffnung **aufrechnen** kann. Maßgeblich sind die §§ 94 ff. InsO. Zu beachten ist, dass der Anspruch auf Rückzahlung überzahlter Nebenkosten bereits im Zeitpunkt der (in der Regel monatlichen) Zahlung entsteht und lediglich durch die Erteilung der Abrechnung aufschiebend bedingt ist[2]. Das zusätzliche Aufrechnungsrecht des § 110 Abs. 3 InsO entsteht nicht in der Mieterinsolvenz, sondern nur bei der Insolvenz des Vermieters!

– Die Aufrechnung des Vermieters ist nach § 95 Abs. 1 S. 1 InsO **zulässig**, wenn die Mietrückstände des Mieters vor Verfahrenseröffnung fällig wurden, aber das Betriebskostenguthaben einen **Abrechnungszeitraum** betrifft, der **vor Verfahrenseröffnung bereits abgelaufen** war.

---

1 *Eckert* in Wolf/Eckert/Ball, Rz. 1499.
2 BGH, NZM 2005, 342, 343.

- Die Aufrechnung des Vermieters ist nach § 96 Abs. 1 S. 1 InsO **unzulässig**, wenn die Mietrückstände des Mieters vor Verfahrenseröffnung fällig wurden, aber das Betriebskostenguthaben einen **Abrechnungszeitraum nach Verfahrenseröffnung** betrifft[1].
- Liegt der Zeitpunkt der **Verfahrenseröffnung im Abrechnungszeitraum** muss den vorstehenden Ausführungen entsprechend auf den Zeitpunkt der Verfahrenseröffnung abgegrenzt werden.

Ansprüche auf Durchführung laufender **Schönheitsreparaturen** sind Masseverbindlichkeiten, sofern sie aufgrund des Mietgebrauchs nach Eröffnung des Insolvenzverfahrens erforderlich werden, da die Übernahme der Schönheitsreparaturen durch den Mieter eine Leistung darstellt, die im Äquivalenzverhältnis zur Gebrauchsüberlassung steht. Problematisch ist jedoch nicht selten die Abgrenzung des vor bzw. nach Verfahrenseröffnung entstandenen Dekorationsbedarfs[2].

Eine bis Verfahrenseröffnung nicht gezahlte **Kaution** stellt lediglich eine Insolvenzforderung dar. Der Vermieter ist bereits vorinsolvenzlich das Risiko der Eingehung des Mietverhältnisses sowie der Überlassung der Mietsache eingegangen[3]. Ein Anspruch gegen die Masse als Masseverbindlichkeit wegen der nachfolgenden Weiterführung des Vertrages durch den Insolvenzverwalter ist nicht gegeben. 188

Umstritten ist, ob eine etwaige vertraglich übernommene **Betriebspflicht** vom Insolvenzverwalter zu erfüllen ist. Da einem zur Schonung der Masse verpflichteten Verwalter die Fortführung eines unrentablen Betriebes – gegebenenfalls bis zur Beendigung des Mietverhältnisses – nicht zuzumuten ist, da sie den Zwecken des Insolvenzverfahrens zuwider liefe, wird vertreten, dass ein etwaiger aus der Verletzung entstehender Schadensersatzanspruch mangels Vertretenmüssens des Insolvenzverwalters nicht besteht[4]. Eine Masseverbindlichkeit stellt der Anspruch jedenfalls nicht dar. Allenfalls handelt es sich um eine einfache Insolvenzforderung, die gemäß § 45 InsO beziffert angemeldet werden kann. 189

b) Vermieterpfandrecht

Obwohl das gesetzliche Vermieterpfandrecht des § 562 BGB gemeinhin gern als „stumpfes Schwert" bezeichnet wird, gewinnt es im Insolvenzverfahren des Gewerbemieters durchaus an Bedeutung. Es gewährt im Insolvenzverfahren gemäß § 50 Abs. 1 InsO einen Anspruch auf **abgesonderte Befriedigung**, der gemäß § 50 Abs. 2 S. 1 InsO allerdings grundsätzlich auf die **im letzten Jahr vor der Verfahrenseröffnung entstandenen Mietrückstände** begrenzt ist. Es sichert auch die zwischen Insolvenzantragstellung 190

---

1 *Eckert*, NZM 2005, 330, 331.
2 Vgl. KG, ZIP 1981, 753 ff.
3 *Tintelnot* in Kübler/Prütting, § 108 InsO Rz. 30.
4 *Eckert* in Wolf/Eckert/Ball, Rz. 1503; OLG Karlsruhe, GuT 2007, 16, 18.

und Verfahrenseröffnung aufgelaufenen Mietrückstände[1]. Nicht durch das Vermieterpfandrecht gesichert ist ein etwaiger Entschädigungsanspruch des Vermieters wegen einer vorzeitigen Kündigung des Mietverhältnisses nach § 109 Abs. 1 InsO[2].

191 Das Vermieterpfandrecht entsteht mit Einbringung der Sachen in das Mietobjekt. Ein neben dem Vermieterpfandrecht bestehender **Raumsicherungsvertrag** hat nach der Rechtsprechung des BGH Nachrang, selbst hinsichtlich der nach Abschluss des Raumsicherungsvertrages eingebrachten Sachen[3]. Das Zusammentreffen des Vermieterpfandrechts mit einem Raumsicherungsvertrag führt unter Umständen dazu, dass sich die Reichweite des Vermieterpfandrechts insofern ausdehnt, als die Beschränkung des § 50 Abs. 2 InsO wegen der Kollision des Vermieterpfandrechts mit dem Raumsicherungsvertrag entfällt und ältere Mietschulden sowie möglicherweise Schadensersatzansprüche wegen vorzeitiger Beendigung des Mietverhältnisses erfasst werden, da es nicht Sinn und Zweck des § 50 Abs. 2 InsO ist, einem nachrangigen Gläubiger eines Raumsicherungsvertrages eine (teilweise) bevorzugte Befriedigung zu verschaffen[4]. In diesem Fall gilt die Jahresbeschränkung nicht. Da der Mandant in der Regel keine Kenntnis von Ansprüchen anderer Gläubiger haben wird, sollte der Insolvenzverwalter bei Geltendmachung des Vermieterpfandrechts auch aufgefordert werden, **Auskunft über Grund und Umfang von Absonderungsrechten Dritter** zu erteilen.

192 Obwohl das Vermieterpfandrecht mit Einbringung der Sachen entsteht, sollte es bei Zahlungsrückständen des Mieters **ausdrücklich geltend gemacht** werden, um dessen Erlöschen nach § 562a BGB entgegenzuwirken.

193 Gemäß § 166 Abs. 1 InsO muss ein Vermieter, der nicht im Besitz der eingebrachten Sachen ist, deren **Verwertung** durch den Verwalter hinnehmen. Der Insolvenzverwalter hat den Vermieter gemäß § 168 InsO über eine beabsichtigte Veräußerung des Pfandgegenstandes zu unterrichten, damit dieser die Möglichkeit erhält, auf eine günstigere Möglichkeit der Verwertung hinzuweisen, wofür ihm jedoch gemäß § 168 Abs. 1 S. 2 InsO lediglich eine Woche verbleibt. Da die **Wochenfrist** ausgesprochen kurz ist und nicht verlängert werden muss, sollte sich der Vermietermandant nach Kenntnis der Insolvenz seines Mieters frühzeitig Gedanken über eine etwaige eigene Verwertung des seinem Vermieterpfandrecht unterliegenden Vermögens machen. Sinnvoll ist auch hier eine Kontaktaufnahme mit dem Insolvenzverwalter. Es besteht ferner die Möglichkeit, die Gegenstände selbst zu übernehmen. Dies kann, da die Verwertungskostenpauschale nicht entsteht, § 170 Abs. 2 InsO, zu einem wirtschaftlich besseren Ergebnis führen. Regelmäßig wird es jedoch im Sinne aller Beteiligten sein, wenn der Insolvenzverwalter verwertet. Er ist verpflichtet, das gesamte Vermögen des

---

[1] LG Mönchengladbach, ZIP 2003, 1311.
[2] *Eckert* in Wolf/Eckert/Ball, Rz. 1524.
[3] BGH, BGHZ 117, 200, 207; BGH, ZIP 2004, 326, 327.
[4] BGH, NJW 1959, 2251 f.; vgl. *Eckert* in Wolf/Eckert/Ball, Rz. 1524.

Mieters zu inventarisieren und etwaige Rechte Dritter, die praktisch immer bestehen (Sicherungsübereignungen, Eigentumsvorbehalte etc.) zu erkennen und zu berücksichtigen. Ein Vermieter ist damit in der Regel überfordert, da er diese Rechte nicht kennen kann.

Dem Erfordernis des **Widerspruchs** gemäß § 562b BGB ist beispielsweise bereits genüge getan, wenn der Vermieter ausdrücklich verlangt, dass ein angekündigter „Abverkauf" vom Verwalter „nachvollziehbar dokumentiert" wird[1]. Sofern dem Vermieter – was regelmäßig der Fall sein wird – die Gegenstände, die seinem Vermieterpfandrecht unterliegen, nicht bekannt sind, sollte er die **Mieträume besichtigen** und nach Möglichkeit eine **Inventarliste** anlegen. Ferner hat er einen umfassenden **Auskunftsanspruch** über den Verbleib der seinem Pfandrecht unterliegenden Gegenstände, den er gegebenenfalls gegenüber dem Verwalter mit einer die Frist des § 562b Abs. 2 BGB wahrenden Auskunftsklage geltend machen kann[2]. Der Verwalter hat den Erlös der Verwertung nach § 166 InsO gemäß § 170 InsO unverzüglich an den absonderungsberechtigten Vermieter zu verteilen. 194

Vielfach wird in diesem Zusammenhang übersehen, dass zu Gunsten der Masse zunächst gemäß § 171 Abs. 1 InsO pauschal 4 % des Verwertungserlöses als **Kosten der Feststellung** in Abzug gebracht werden. Ferner sind gemäß § 171 Abs. 2 InsO 5 % des Verwertungserlöses als Kosten der Verwertung abzusetzen. Für den Fall, dass die **Kosten der Verwertung** erheblich höher oder niedriger ausfallen, sind die tatsächlichen Kosten in Ansatz zu bringen. Die durch die notwendige Inanspruchnahme eines Industrieverwerters entstandenen Kosten (Courtagen), sind Verwertungskostenbeiträge, die die Pauschale übersteigen und in Abzug gebracht werden können[3]. Ferner wird die bei der Veräußerung regelmäßig anfallende **Umsatzsteuer** als Kostenbeitrag in Abzug gebracht. Auch bei einer Überlassung der Verwertung an den Gläubiger, entweder durch eigene Verwertung oder durch Selbsteintritt, ist entstandene Umsatzsteuer von dem Gläubiger an die Insolvenzmasse zu zahlen. 195

Führt der Insolvenzverwalter den Erlös nicht unverzüglich an den absonderungsberechtigten Vermieter ab, entsteht ein Anspruch auf **Verzinsung**[4]. Zieht der Insolvenzverwalter den Erlös pflichtwidrig zur Masse, besteht ein Ersatzabsonderungsanspruch sowie ein Anspruch aus ungerechtfertigter Bereicherung der Masse gemäß § 55 Abs. 1 Nr. 3 InsO, der bevorzugt zu befriedigen ist. Im Übrigen können Schadensersatzansprüche gegen den Insolvenzverwalter persönlich bestehen. 196

---

1 BGH, ZIP 2004, 326, 327.
2 BGH, ZIP 2004, 326, 327.
3 BGH, ZIP 2005, 1974.
4 OLG Düsseldorf, NJW-RR 1989, 1253 f.

c) Sonderkündigungsrecht des Verwalters

197 Anders als noch die Konkursordnung gewährt die Insolvenzordnung lediglich noch dem Verwalter gemäß § 109 Abs. 1 S. 1 InsO ein Sonderkündigungsrecht. Das Kündigungsrecht ist nicht zu einem bestimmten Termin auszuüben, sondern besteht **während des gesamten Verfahrens**[1]. Das Sonderkündigungsrecht gilt allerdings nicht für Mietverträge, die der Insolvenzverwalter nach Eröffnung des Verfahrens **neu abgeschlossen** hat. Hierbei verbleibt es bei den sonstigen mietrechtlichen Regelungen.

aa) Kündigungsfrist

198 Die Kündigungsfist beträgt nach In-Kraft-Treten des Insolvenzrechtsvereinfachungsgesetzes 2007 gemäß § 109 Abs. 1 S. Hs. 2 InsO nunmehr für alle Mietverhältnisse 3 Monate zum Monatende, wenn nicht eine kürzere Frist maßgebend ist.

bb) Besonderheiten bei Masseunzulänglichkeit

199 Das Privileg des Vermieters, als Massegläubiger einen Anspruch auf vorrangige Befriedigung aus einer laufenden Mietforderung zu erlangen, wirkt naturgemäß nur soweit, wie die Insolvenzmasse ausreicht, sämtliche Masseverbindlichkeiten zu erfüllen. Sobald der **Insolvenzverwalter** feststellt, dass die Masse nicht ausreicht, um fällige oder sonstige Verbindlichkeiten zu befriedigen, ist er gemäß § 208 Abs. 1 InsO **verpflichtet** die Unzulänglichkeit der Masse anzuzeigen. In jedem Fall hat der Insolvenzverwalter die Masse zunächst zur Begleichung der Verfahrenskosten, im Anschluss gemäß § 209 Abs. 1 Nr. 2 InsO zur Befriedigung von Masseverbindlichkeiten zu verwenden, die nach Anzeige der Masseunzulänglichkeit begründet wurden. Gleichgestellt sind diesen gemäß § 209 Abs. 2 Nr. 2 InsO Mieten aus Dauerschuldverhältnissen für die **Zeit nach dem ersten Termin** zu dem der Verwalter **nach der Anzeige der Masseunzulänglichkeit kündigen konnte sowie** gemäß § 209 Abs. 2 Nr. 3 InsO Ansprüche aus Dauerschuldverhältnissen, soweit der Verwalter **nach der Anzeige der Masseunzulänglichkeit die Gegenleistung für die Insolvenzmasse noch in Anspruch genommen** hat.

200 Der Vermieter sollte daher nachvollziehbar dokumentieren, ob und wie der Verwalter die Mietsache nach Anzeige der Masseunzulänglichkeit nutzt, um den **Nachweis** der Qualifizierung als **Neumasseverbindlichkeiten** führen zu können.

201 Eine Verletzung der Verpflichtung zur sofortigen Anzeige der Masseunzulänglichkeit kann gemäß § 61 InsO zur **persönlichen Haftung des Verwalters** führen. Insofern ist in den Fällen, in denen der Verwalter das Sonderkündigungsrecht des § 109 Abs. 1 S. 1 InsO nicht unmittelbar nach Verfahrenseröffnung ausübt und der Vermieter mit seinen Mietforderungen

---

[1] Begründung, RegE InsO, BT-Drucks. 12/2443, 71, 147.

für die Zeit nach Eröffnung des Verfahrens ganz oder teilweise ausfällt, die persönliche Haftung des Verwalters zu prüfen. Maßgeblich ist dabei, ob für den Verwalter bereits vor der Anzeige der Masseunzulänglichkeit erkennbar war, dass die Masse zur Erfüllung der Verbindlichkeiten „voraussichtlich"[1] nicht ausreichen würde.

cc) Mietermehrheit

Höchstrichterlich noch nicht geklärt sind diejenigen Fälle, in denen lediglich über das Vermögen **eines von mehreren Mietern** das Insolvenzverfahren eröffnet wurde. Nach überwiegender Ansicht führt die Kündigung des Verwalters gemäß § 109 Abs. 1 InsO zu einer Beendigung des Mietverhältnisses mit sämtlichen Vertragsparteien[2]. Überzeugender scheint eine Differenzierung danach, ob sämtliche Mieter die Mietsache gemeinsam nutzen oder lediglich eine Haftung zur Verminderung des Insolvenzrisikos begründet werden sollte. In ersterem Fall soll die Kündigung nur Wirkung für die insolvente Partei entfalten und das Mietverhältnis im Übrigen fortbestehen[3]. In den anderen Fällen wird das Mietverhältnis – wie auch bei Sicherungen der Mietforderung durch eine Bürgschaft oder einen Schuldbeitritt – aufgrund der Kündigung des Insolvenzverwalters insgesamt beendet und der Vermieter kann seinen Schadensersatzanspruch wegen Auflösungsverschuldens unmittelbar gegenüber den Mithaftenden geltend machen.

202

dd) Kündigungsfolgeschaden

Dem Vermieter steht aufgrund der vorzeitigen Beendigung des Mietverhältnisses gemäß § 109 Abs. 3 InsO ein Schadensersatzanspruch „wegen der vorzeitigen Beendigung des Vertragsverhältnisses" zu. Zu ersetzen ist der dem Vermieter konkret entstandene Schaden wegen **Auflösungsverschuldens**. Der Vermieter ist insofern so zu stellen, wie er bei Fortführung des Vertragsverhältnisses bis zu dessen erster Kündigungsmöglichkeit stände. Sollte der Vermieter das Mietverhältnis seinerseits nach Ausspruch der Kündigung durch den Verwalter zu einem früheren Termin gekündigt haben, beendet diese das Mietverhältnis und ein Schadensersatzanspruch besteht nicht[4].

203

Der Schadensersatzanspruch stellt eine **Insolvenzforderung** dar, die der Vermieter gemäß § 174 InsO zur Tabelle **anmelden** muss. Da nicht absehbar ist, wann und zu welchen Konditionen die Mietsache durch den Vermieter weitervermietet werden kann und insofern innerhalb der Anmeldefristen in der Regel nicht feststehen wird, ob und in welcher Höhe sich der

204

---

1 Vgl. *Franken/Dahl*, 6. Teil Rz. 73.
2 RGZ 141, 391, 392; OLG Celle, NJW 1974, 2012; OLG Düsseldorf, ZMR 1987, 422 f.
3 OLG Köln, ZIP 1995, 46 f.; *Berscheid* in Uhlenbruck, § 109 InsO Rz. 22; *Franken/Dahl*, 6. Teil Rz. 92; für den Fall des Rücktritts: *Eckert* in Wolf/Eckert/Ball, Rz. 1515.
4 BGH, ZIP 1984, 1114.

Schaden realisiert, handelt es sich um eine **aufschiebend bedingte** Forderung nach § 191 InsO[1]. Sie gilt gemäß § 41 InsO als fällig und muss **abgezinst** werden. Der Insolvenzverwalter hat eine ausreichende **Rücklage** zu bilden.

205 Für den Fall, dass eine **Weitervermietung** bis zum Ablauf der Anmeldefrist nicht erfolgt, ist die gesamte vereinbarte Miete – allerdings ohne Umsatzsteuer – bis zur regulären Vertragsbeendigung als Insolvenzforderung zur Tabelle anzumelden. Sollte die Mietsache bereits weitervermietet sein und sich die Forderungen gegen den neuen Mieter später als uneinbringlich erweisen, sind die Mietausfälle als Schadensersatzforderungen nachträglich anzumelden, da auch in diesen Fällen ein Anspruch des Vermieters auf **Ersatz des Mietausfalls** besteht[2]. **Nachmeldungen** sind im Insolvenzverfahren immer möglich und verursachen lediglich einen erneuten Prüfungstermin und die damit verbundenen Kosten in Höhe von derzeit 15,00 Euro gemäß Nr. 2340 der Anlage 1 zu § 11 Abs. 1 GKG.

206 Vertraglich vereinbarte **Vertragsstrafenregelungen** sind nach herrschender Meinung gemäß § 119 InsO unwirksam, da sie dem Insolvenzverwalter die Möglichkeit nehmen würden, seine Ersatzpflicht auf den tatsächlich entstandenen Schaden zu beschränken[3].

ee) Freigabe

207 Grundsätzlich besteht auch die Möglichkeit, dass der Insolvenzverwalter die Mietsache gegenüber dem Schuldner freigibt. Nach zutreffender Auffassung, wonach Aktiva, nicht dagegen auch verpflichtende Rechtsgeschäfte freigabefähig sind, bedarf eine wirksame Freigabe der **Zustimmung des Vermieters**[4]. Wie sich aus § 109 Abs. 1 S. 2 InsO ergibt, hat der Insolvenzverwalter nur im Falle der Insolvenz des **Wohnraummieters** die Möglichkeit, die Mietsache durch einseitige Erklärung freizugeben (vgl *Rz. 220*).

Aufgrund des mit dem Insolvenzrechtsvereinfachungsgesetz eingeführten § 35 Abs. 2 und 3 InsO kann das Insolvenzgericht nunmehr die **selbstständige Tätigkeit** des Schuldners **freigeben**. Damit verbunden kann u.U. auch die Freigabe eines im Rahmen der Erwerbstätigkeit begründeten Mietverhältnisses sein. Die Diskussion über die diesbezüglichen Rechtsfolgen hat erst begonnen[5], es spricht einiges dafür, nicht nur von einem Eintritt der Rechtsfolgen analog der Überleitungserklärung des § 109 Abs. 1 S. 2 InsO sondern von einer vollständigen Lösung der Rechtsbeziehungen zur Masse auszugehen. Ansonsten dürfte das Ziel der Einführung des § 35 Abs. 1 und 2 InsO, Belastungen der Masse durch die – gewünschte – selbstständige Tä-

---

1 *Tintelnot* in Kübler/Prütting, § 109 InsO Rz. 49; *Franken/Dahl*, 6. Teil Rz. 121.
2 So für Fälle des Schadensersatzanspruchs wegen Auflösungsverschuldens bei fristloser Kündigung des Vermieters wegen Zahlungsverzugs: KG, GE 1999, 44.
3 *Eckert* in Wolf/Eckert/Ball, Rz. 1509; *Wegener* in FK-InsO, § 109 InsO Rz. 8.
4 *Berscheid* in Uhlenbruck, § 109 InsO, Rz. 15.
5 Zum Meinungsstand: *Pape*, Aktuelles zur Mieterinsolvenz, a.a.O., 18.

tigkeit des Schuldners zu vermeiden, nicht stringent zu verwirklichen sein.

d) Abwicklung beendeter Mietverhältnisse

aa) Herausgabe und Nutzungsentschädigung

Die Rückgabe der Mietsache nach Vertragsbeendigung stellt zwar keine Masseverbindlichkeit im Sinne des § 55 InsO dar, der Verwalter hat den Anspruch jedoch als **Aussonderungsrecht** gemäß § 47 InsO zu erfüllen. Er ist aufgrund seines Amtes gehalten, bei der Aussonderung der Mietsache mitzuwirken, wenn das Mietverhältnis wirksam beendet worden ist. Vereitelt oder erschwert er das Aussonderungsrecht des Vermieters nach erfolgter Inbesitznahme, kann dies zu seiner persönlichen Haftung aus § 60 Abs. 1 InsO führen[1]. Diese ist jedoch auf Ersatz des negativen Interesses beschränkt[2]. Der Berater hat den Mandanten insofern anzuhalten, seine Vermietungsbemühungen, insbesondere die Mietinteressenten sowie die Höhe der mit diesen zu vereinbarenden Miete, bestmöglich zu dokumentieren.

Weigert sich der Mieter gegen den Willen des Insolvenzverwalters die Mietsache herauszugeben (bspw. im Fall der Betriebsbesetzung) kann der Insolvenzverwalter die Mietsache **zur Aussonderung freigeben**.

Das **Aussonderungsrecht gegenüber dem Verwalter** besteht nach nunmehr gefestigter Rechtsprechung ohnehin nur dann, wenn der **Insolvenzverwalter den Besitz tatsächlich ausübt** oder sonst unter Anerkennung fremden Eigentums das Recht beansprucht, die Mietsache für die Masse zu benutzen und darüber zu entscheiden, ob, wann und in welcher Weise sie an den Vermieter zurückgegeben wird[3].

Ist dies nicht der Fall muss der Vermieter die **Räumungsklage** gegenüber dem – rechtsgrundlosen – Besitzer erheben, da es an der Massebefangenheit der Mietsache fehlt.

Der Anspruch auf Zahlung von **Nutzungsentschädigung** wegen Vorenthaltung der Mietsache gemäß § 546a Abs. 1 BGB (vgl. dazu *K Rz. 203 f.*) ist eine einfache **Insolvenzforderung**, sofern das **Mietverhältnis vor Eröffnung des Insolvenzverfahrens bereits beendet** war[4].

Endete das Mietverhältnis nach Eröffnung des Insolvenzverfahrens hängt die Einordnung als Masseverbindlichkeit oder einfache Insolvenzforderung vom Verhalten des Verwalters ab,
– nutzt er die Mietsache oder macht er ein Recht auf Bestimmung des Räumungszeitpunkts geltend, handelt es sich um eine Masseverbindlichkeit,

---

1 BGH, ZIP 1998, 655, 658 f.
2 BGH, NZM 2007, 329, 330.
3 BGH, NJW 2007, 1591, 1592 f.; BGH NZM 2008, 606, 607.
4 *Pape*, Aktuelles zur Mieterinsolvenz, a.a.O., S. 12.

– anderenfalls ist der Anspruch lediglich als Insolvenzforderung einzustufen. Dies gilt selbst dann, wenn der Verwalter auf ein Herausgabeverlangen des Vermieters nicht reagiert[1].

Handelt es sich bei dem Schuldner um eine **Gesellschaft, deren Gesellschafter die Mietsache überlassen hat,** und hat die Mietsache für die **Fortführung** des Schuldnerunternehmens **erhebliche Bedeutung,** besteht gemäß § 135 Abs. 3 InsO seit Inkrafttreten des MoMiG am 1.11.2008 eine **Aussonderungssperre** von einem Jahr ab Eröffnung des Insolvenzverfahrens. Zum Ausgleich hat der Gesellschafter einen Zahlungsanspruch, der sich nach dem Durchschnitt der im letzten Jahr vor Verfahrenseröffnung geleisteten Vergütung entspricht, bei kürzerer Dauer wird der Durchschnitt während dieses Zeitraums in Ansatz gebracht.

Die vom GmbHG in die InsO verlagerte und erheblich geänderte Vorschrift findet auf alle Gesellschaftsformen, auch solche nach dem Recht eines anderen EU-Mitgliedsstaats Anwendung[2]. Abgesehehen von ihrer systemwidrigen Stellung im Verband der Anfechtungsvorschriften wirft insbesondere das Verhältnis zu § 108 ff. InsO bislang ungeklärte Rechtsfragen auf. Fraglich ist inbesondere, ob der Insolvenzverwalter im Falle des ungekündigten oder erst im Laufe der 1-Jahres-Frist gekündigten Mietverhältnisses bis zu dessen Beendigung die Masseverbindlichkeit gemäß § 55 Abs. 1 Nr. 2 Alt. 2 InsO in Höhe der vereinbarten Miete oder lediglich den – ggfs. erheblich geringeren – Ausgleich nach § 135 Abs. 2 InsO an den Gesellschafter abzuführen hat, da in einer Vielzahl von Fällen im Jahr vor der Verfahrenseröffnung – u.U. auch unter Berufung auf § 21 Abs. 2 S. 2 Ziff 5 InsO – nicht mehr die volle Miete entrichtet wurde.

Unter Hinweis auf die Begründung des Gesetzgebers, dem Gesellschafter solle zwar kein über die Situation vor Verfahrenseröffnung hinausgehendes Sonderopfer zugemutet werden, im Übrigen aber die Unternehmensfortführung erleichtert werden, wird überwiegend vertreten, dass im 1. Jahr ab Verfahrenseröffnung – unabhängig davon, ob das Mietverhältnis endet oder nicht – lediglich der „Ausgleich" nach § 135 Abs. 3 InsO geschuldet ist[3]. Dem wird entgegengehalten, dass § 135 Abs. 3 InsO in erster Linie eine Spezialvorschrift für das Bestehen eines Aussonderungsrechtes darstellt und der Verwalter es insofern in der Hand hat, eine Masseverbindlichkeit durch Kündigung des Mietverhältnisses in eine Verbindlichkeit im Sinne des § 135 Abs. 3 InsO umzuwandeln[4].

Für den Fall einer Beendigung des Mietverhältnisses durch eine Kündigung des Insolvenzverwalters im Laufe der Aussonderungssperre sollte der anwaltliche Vertreter des Vermieters den Verwalter vorsorglich in jedem Fall

---

1 BGH, NJW 2007, 1591, 1592 f.
2 *Hörndler/Hoisl*, NZM 2009, 377, 378.
3 *Dahl, Schmitz*, NZG 2009, 325, 329; *Hörndler, Hoisl*, NZM 2009, 377, 379 f.; *Gundlach, Frenzel, Strandmann*, NZI 2008, 647, 651.
4 *Karsten Schmidt*, DB 2008, 1727, 1732 ff. unter Hinweis auf eine Offenbarungspflicht des Verwalters hinsichtlich der Wahrnehmung und Beendigung des Rechts aus § 135 Abs. 3 InsO.

auffordern, sich zur einer etwaigen Absicht der Nutzung über den Beendigungszeitraum hinaus zu äußern.

bb) Räumung

Da das Aussonderungsrecht mit Verschaffung des unmittelbaren Besitzes erfüllt ist[1], stellt das **Hinterlassen von Gegenständen** in der Mietsache oder von Materialien auf dem Mietgrundstück **keinen Anspruch gegen die Masse** dar. Aus der Nichterfüllung der Räumungspflicht kann lediglich eine **Insolvenzforderung** entstehen[2]. Lediglich für den Fall, dass der Verwalter nach Verfahrenseröffnung Gegenstände in die Mietsache eingebracht hat oder rechtskräftig zur Räumung verurteilt wurde, ist die Räumungspflicht eine Masseverbindlichkeit gemäß § 55 Abs. 1 Nr. 1 InsO.

210

cc) Rückbau und Schönheitsreparaturen

Ansprüche auf Beseitigung von Schäden, auf Durchführung von Rückbauarbeiten sowie auf Durchführung von Schönheitsreparaturen sind regelmäßig **Insolvenzforderungen**, es sei denn der Reparaturbedarf ist erst durch Handlungen des Insolvenzverwalters begründet worden[3]. Gleiches gilt für etwaige Ansprüche auf Beseitigung von Kontaminierungen. Auch hier besteht lediglich eine Insolvenzforderung, falls die anspruchsbegründende Handlung nicht nach Verfahrenseröffnung erfolgte. Sind die vorbezeichneten Ansprüche teilweise vor und teilweise nach Eröffnung des Insolvenzverfahrens entstanden, ist grundsätzlich von deren **Teilbarkeit** auszugehen, wobei in der Praxis nicht unerhebliche Abgrenzungsschwierigkeiten bestehen. Bei Schadensersatzansprüchen wegen nicht durchgeführter Schönheitsreparaturen bietet sich eine Abgrenzung unter Berücksichtigung der vertraglich vereinbarten bzw. dem Mustermietvertrag des BMJ aus dem Jahr 1976 entsprechenden Renovierungsfristen an.

211

Der Vermieter sollte daher den **Zustand der Mietsache zum Zeitpunkt der Verfahrenseröffnung** möglichst präzise **dokumentieren**, um nach Rückgabe der Mietsache zu seinen Gunsten eine nachvollziehbare Abgrenzung der nach Verfahrenseröffnung entstandenen als Masseverbindlichkeiten zu behandelnden Ansprüche von den bereits bei Eröffnung bestehenden Insolvenzforderungen vornehmen zu können.

212

dd) Mietsicherheit

Der Anspruch auf Rückzahlung der Kaution kann mit Forderungen im Zusammenhang mit der Rückgabe der Mietsache unabhängig davon **aufgerechnet** werden, ob es sich um Ansprüche gegen die Masse oder lediglich um Insolvenzforderungen handelt[4]. Insofern ist bei der Geltendmachung

213

---

1 BGH, NJW 2001, 2966 ff.
2 BGH, NJW 1994, 3232.
3 *Pape* in Kölner Schrift zur Insolvenzordnung, 581 f.; vgl. BGH, NZM 2006, 352 f.
4 OLG Köln, EWiR 2002, 583.

von Ansprüchen gegenüber dem Insolvenzverwalter unter Anrechnung der Kaution darauf zu achten, dass die Aufrechnung zunächst mit den im Regelfall weniger wertvollen **Insolvenzforderungen** erklärt wird, die nach Eröffnung des Verfahrens entstehen.

e) Prozessuale Auswirkungen

Mit Eröffnung des Insolvenzverfahrens über das Vermögen einer Partei wird das Verfahren gemäß § 240 ZPO **unterbrochen**, sofern es die Insolvenzmasse betrifft. Der Fortgang des Prozesses richtet sich nach §§ 85, 86 InsO.

Insolvenzforderungen sind nach Eröffnung im Verfahren nach §§ 174 ff. InsO zu verfolgen. Erst wenn eine Forderung im Prüfungstermin bestritten wird, kann der Rechtsstreit vom Vermieter gemäß § 180 InsO aufgenommen werden.

Hinsichtlich eines **Herausgabeanspruchs** findet keine Verfahrensunterbrechung statt, sofern der Verwalter den Besitz nicht tatsächlich ausübt oder sonst unter Anerkennung fremden Eigentums das Recht beansprucht, die Mietsache für die Masse zu benutzen und darüber zu entscheiden, ob, wann und in welcher Weise sie an den Vermieter zurückgegeben wird. In diesem Fall liegt keine Massebefangenheit im Sinne des § 240 ZPO vor. Hinsichtlich des Räumungsanspruchs wiederum ist das Verfahren unterbrochen, da dieser regelmäßig nur eine Insolvenzforderung darstellt.

Macht der Verwalter Rechte an der Mietsache geltend oder übt er daran Besitz aus, muss der Herausgabeanspruch als Aussonderungsrecht gemäß § 47 InsO gegenüber dem Verwalter geltend gemacht[1], bzw. das unterbrochene Verfahren gemäß § 86 Abs. 1 S. 1 InsO aufgenommen werden.

III. Besonderheiten bei der Insolvenz des Wohnraummieters

1. Überlegungen bei der Beratung des Vermieters

214 Einer Studie des Jahres 2009 ist zu entnehmen, dass ca. 3–4 Millionen private Haushalte, mithin geschätzte 7 Millionen Deutsche in der Bundesrepublik überschuldet sind und damit ihren finanziellen Verpflichtungen nicht mehr nachkommen können. Lebenshaltungskosten wie z.B die monatliche Miete, Raten und sonstige Verpflichtungen können nicht mehr gezahlt werden.

– **Der Vermieter in der Rolle des Darlehensgebers:
   Jeder 12. Deutsche ist überschuldet!**

Von den im Jahr 2008 insgesamt von den Amtsgerichten eröffneten 141 000 Insolvenzverfahren betrafen allein 119 620 natürliche Personen, die nicht Unternehmer waren[2]. Die betroffene Wohnungswirtschaft ist mit Forde-

---

1 BGH, NJW 2008, 2580 f.
2 Statistisches Bundesamt Wiesbaden 2009.

rungsausfällen und komplizierten Verfahrensfragen konfrontiert und sucht zusehends den Rechtsrat des insolvenzrechtlich spezialisierten und erfahrenen Beraters.

Durch das Rechtsinstitut der **Restschuldbefreiung** ist es in den zurückliegenden Jahren zu einem drastischen Anstieg von Insolvenzen von natürlichen Personen gekommen. Überschuldete private Haushalte stellen Insolvenzantrag, um sich von Verbindlichkeiten zu trennen, die sie aus eigener Kraft nicht mehr bewältigen können. Vermieter haben gleichwohl ein Interesse an der Durchführung eines Insolvenzverfahrens über das Vermögen des Mieters, um ihren finanziellen Schaden zu begrenzen, ihre Ansprüche problemlos titulieren zu lassen und eine geordnete Abwicklung ihrer Forderungen zu erreichen.

– **Insolvenz des Wohnraummieters auch bei völliger Vermögenslosigkeit**

Unabhängig davon, ob es sich um ein Regel- oder Verbraucherinsolvenzverfahren handelt, kann die Verfahrenseröffnung des Wohnraummieters auch dann erfolgen, wenn die Verfahrenskosten aus der Masse nicht gedeckt werden. § 4a InsO bietet die Möglichkeit der Stundung der Verfahrenskosten. Die Folge ist, dass auch völlig vermögenslose Schuldner „in die Insolvenz gehen" und während der Laufzeit des Verfahrens und der nachfolgenden Wohlverhaltensperiode nur ihr pfändbares Vermögen abführen müssen, das häufig nicht vorhanden ist. Vermieter sind dann mit einem Mieter konfrontiert, der häufig seit geraumer Zeit die Miete nicht mehr vollständig, nicht pünktlich oder gar nicht bezahlt hat. Darüberhinaus bestehen seitens des Vermieters nicht erfüllte Ansprüche auf Betriebskostennachzahlungen, Schönheitsreparaturen, persönliche mietertypische Verhaltensweisen oder Räumung.

In der Insolvenz des Mieters stehen diesen Ansprüchen und den damit einhergehenden Rechtsverfolgungskosten in der Regel keinerlei finanzielle Mittel des Mieters gegenüber.

Neben den Mieter tritt, nachdem eine Schuldnerberatungsstelle ergebnislos Vergleichsangebote unterbreitet hat, nunmehr der Insolvenzverwalter oder im Verbraucherinsolvenzverfahren der Treuhänder als zentraler Ansprechpartner. Gleichwohl werden mühsam angestrengte Prozesse durch die Eröffnung des Insolvenzverfahrens gem. § 240 ZPO unterbrochen, Vollstreckungen möglicherweise nicht weiterverfolgbar, beabsichtigte Modernisierungen und Instandhaltungsmaßnahmen sind in der Krise mangels eindeutigem Ansprechpartner gefährdet.

Für den Vermieter stellen sich bei Wohnraummietverhältnissen in der Insolvenz des Mieters folgende besondere Fragen:
– Habe ich noch Zahlungen zu erwarten?
– Wird die Wohnung frei und weitervermietbar?
– Wer ist jetzt mein Ansprechpartner?
– Können bereits gezahlte Mieten behalten werden?

- Was bedeutet die Erklärung des Insolvenzverwalters, dass Ansprüche, die nach Ablauf der Kündigungsfrist des § 109 Abs. 1 S. 1 InsO fällig werden, nicht im Insolvenzverfahren geltend gemacht werden können?
- Gegenüber wem und unter welchen Voraussetzungen kann eine Kündigung ausgesprochen werden?
- Wer muss für die Herausgabe und die Räumung der Mietsache sorgen?
- **Der Insolvenzverwalter ist kein Spezialist im Wohnraummietrecht**

Wohnraummietrecht in der Insolvenz des Mieters ist eine Rechtsmaterie, die auch von der gewohnten Materie des Insolvenzverwalters erheblich abweicht. Insolvenzverwalterbüros sind fast immer hochspezialisierte Wirtschaftsunternehmen mit einem großen Stab an Mitarbeitern, die sich in der Regel mit lukrativen Unternehmensinsolvenzen beschäftigen. Selten wird der Berater bei persönlichen Insolvenzen auf einen Spezialisten treffen, der die Regelungen des Wohnraummietrechts beherrscht. Für den interessierten Berater eröffnet sich damit ein „unbeackertes" Betätigungsfeld, das ihn zum Spezialisten in der Spezialmaterie und ebenbürtig mit dem Insolvenzverwalter werden lässt.

2. Fortbestehen des Vertrages, Überleitung auf den Schuldner

216 Die Wohnraummiete ist in der Insolvenz des Mieters nur an einer Stelle in der Insolvenzordnung gesondert erwähnt und abweichend geregelt. Aufgrund des mit dem Insolvenzrechtsänderungsgesetz 2001 (in Kraft seit 1.12.2001) neu eingefügten § 109 Abs. 1 S. 2 InsO tritt an die Stelle des Kündigungsrechts des Insolvenzverwalters das Recht zu erklären, dass Ansprüche aus dem Mietverhältnis nicht im Insolvenzverfahren geltend gemacht werden können, soweit sie nach Ablauf der gesetzlichen Kündigungsfrist fällig werden.

Kaum gesetzliche Regelungen!

216a Die scheinbar einfache Regelung birgt aber viele offene Fragen und Probleme, die größtenteils höchstrichterlich noch nicht geklärt sind. **Ein Sonderkündigungsrecht des Verwalters besteht nicht mehr**[1].

217 Zunächst sprechen der Zweck der Änderung des § 109 InsO sowie der Wortlaut des neuen § 109 Abs. 1 S. 2 InsO („die Wohnung des Schuldners") dafür, dass der Anwendungsbereich sich auf die Wohnung des Schuldners am **Lebensmittelpunkt** beschränkt und weitere Wohnungen wie etwa Ferienwohnungen nicht erfasst werden[2].

218 Durch die Regelung sollte zu Gunsten des Schuldners erreicht werden, dass der Insolvenzverwalter die Wohnung des Schuldners nicht mehr kündigt, um die nach Eröffnung entstehenden Masseverbindlichkeiten zu spa-

---

1 *Wegener* in FK-InsO, § 109 InsO Rz. 10a.
2 *Tintelnot* in Kübler/Prütting, § 109 InsO Rz. 7b.

ren oder die Kaution. zu vereinnahmen[1]. Das Ziel des Gesetzgebers wurde aber nur zum Teil erreicht, da zwar eine unmittelbare Kündigung des Vertrages durch den Insolvenzverwalter nicht mehr möglich ist, aber Insolvenzverwalter massemehrend und damit aufgabenkonform die bei Wohnungsgenossenschaften eingebrachten Einlagen der Mieter zur Masse zieht.

Im Zeitraum zwischen Eröffnung des Verfahrens und Ablauf der Kündigungsfrist muss er die Miete als Masseverbindlichkeit erfassen und bei vorhandenem Massebestand zahlen. Nach Ablauf der gesetzlichen Kündigungsfrist richtet sich der Zahlungsanspruch des Vermieters (wieder) gegen den Mieter. 218a

Ist hingegen das Mietverhältnis bereits vor Eröffnung des Insolvenzverfahrens aufgelöst, kommt dem Anspruch des Vermieters auf Nutzungsentschädigung für die Zeit ab Insolvenzeröffnung grundsätzlich nicht der Rang einer Masseverbindlichkeit zu[2]. Dies gilt auch dann, wenn der Mieter ohne dazu berechtigt zu sein, die Wohnung bewohnt und keine Miete zahlt. Der bloße vertraglose Besitz ist nicht Bestandteil des Insolvenzverfahrens. Für den Vermieter bedeutet dies, dass er sich mit seinem Begehr auf Räumung und Zahlung der Nutzungsentschädigung an den Schuldner wenden muss und nicht an den Insolvenzverwalter. Soweit der Verwalter nicht auf das Herausgabeverlangen des Vermieters eingeht, handelt er insolvenzrechtlich zulässig und begründet durch diese Verweigerung insbesondere keine Masseverbindlichkeiten. 218b

3. Kündigung von Genossenschaftsanteilen

Das vom Gesetzgeber gewünschte Ziel ist durch die Rechtsprechung des BGH[3] hinfällig geworden, als das nunmehr die in der Praxis von Insolvenzverwaltern ausgesprochene Kündigung der Mitgliedschaft bei der Genossenschaft für rechtmäßig erklärt wurde. Der Insolvenzverwalter kündigt demnach zu Recht nach Eröffnung des Insolvenzverfahrens die mit dem Abschluss des Mietvertrages vom Schuldner erworbene Mitgliedschaft in der Genossenschaft und zieht die eingezahlte Einlage zur Masse. Zieht er den Anteil nicht zur Masse, verletzt er eine Amtspflicht, riskiert die Entlassung aus seinem Amt und setzt sich Haftungsgefahren aus. 218c

Da genossenschaftlich organisierte Wohnungsunternehmen an den Bestand des mit ihnen bestehenden Mietvertrages die Mitgliedschaft in ihrer Gemeinschaft und den Verbleib der Einlage bis zum mietvertraglichen Ende geknüpft haben, erlangen sie durch die Kündigung der Mitgliedschaft und dem Verlust der Einlage ein vertragliches Kündigungsrecht, das auch in der Insolvenz gilt. Der Wohnraummieter läuft daher Gefahr die Woh- 218d

---

1 *Eckert* in MünchKommInsO, § 109 Rz. 7.
2 BGH 21.12.2006, ZIP, 2007, 340.
3 BGH, NZM 2009, 479.

nung zu verlieren, die ihm eigentlich durch die InsO grundsätzlich erhalten bleiben sollte.

218e Diese Rechtsfolge unterliegt in der Praxis nur noch der Eigenverpflichtung der Genossenschaften, Kündigungen des Mietvertrages erst dann auszusprechen, wenn Neuverträge mit Mietinteressenten, die in Wartelisten geführt werden, abgeschlossen werden können.

– **Bei drohendem Wohnungsverlust Kontakt zum Wohnungsunternehmen herstellen**
Will der Mieter diese Folgen vermeiden, ist ihm geraten, sich unverzüglich mit seinem Wohnungsunternehmen in Verbindung zu setzen und einen Ausgleich der verlorenen Einlage durch Ratenzahlung aus dem unpfändbaren Vermögen, Weiterleitung Zahlung Dritter und Stundung oder Erlass zu verhandeln.

4. Wohnung und Gewerbe

219 Bei Mischmietverhältnissen ist § 109 Abs. 1 S. 2 InsO nur anwendbar, wenn nach dem Parteiwillen und dem Vertragszweck der Schwerpunkt des Mietgebrauchs in der Wohnnutzung liegt[1].

5. Freigabe

220 Insolvenzverwalter haben die **Möglichkeit der Freigabe** von Vermögensgegenständen aus dem Insolvenzbeschlag, wenn diese keiner genügenden wirtschaftlichen Verwertungsmöglichkeit zugeführt werden können. Dies trifft, auch wenn in der Praxis der Insolvenzverwalter davon häufig und fehlerhaft abgewichen wird, in der Insolvenz des Wohnraummieters nur sehr eingeschränkt zu.

Die gesondert – vorsorglich gegenüber Mieter und Vermieter – abzugebende Freigabeerklärung ist nicht zu verwechseln mit der Erklärung gemäß § 109 Abs. 1 S. 2 InsO. Auch in der Insolvenz des Wohnraummieters bedarf eine Freigabe, die zum völligen Ausscheiden des Mietverhältnisses aus der Insolvenzmasse führt, zu ihrer Wirksamkeit der Zustimmung des Vermieters sowie des Schuldners[2]. Der Vermieter kann daher der „Freigabe" der Wohnung oder des Mietvertrages durch den Insolvenzverwalter, die es in diesen Fällen begrifflich nicht gibt, widersprechen, wenn er dadurch seine Interessen gefährdet sieht.

6. Insolvenzforderung und Masseverbindlichkeit

221 Das Mietverhältnis wird durch die „Überleitung" als Folge der Erklärung gemäß § 109 Abs. 1 S. 2 InsO **aufgespalten**. Forderungen des Vermieters aus rückständiger Miete bis zur Eröffnung des Verfahrens müssen als **Insol-**

---

1 *Eckert*, NZM 2001, 260, 262.
2 Vgl. *Rz. 207*.

venzforderung geltend gemacht werden. Forderungen vom Eröffnungszeitpunkt bis zum Ende der gesetzlichen Kündigungsfrist stellen **Masseverbindlichkeiten** dar. Wenn der Verwalter seine Überleitungserklärung abgegeben hat, kann sich der Vermieter mit seinem Zahlungsanspruch für Mieten nach Ablauf der Kündigungsfrist sowohl an den Mieter wenden als auch gemäß § 109 Abs. 1 S. 3 InsO Schadensersatz vom Insolvenzverwalter als Insolvenzgläubiger verlangen. Letzteres natürlich nur als Insolvenzforderung, da der Insolvenzverwalter nicht der Vertreter des Schuldners ist und weder für die Nichtzahlung Masseschulden schuldet noch eine persönliche Hafung trägt.

7. Kündigung durch den Vermieter

Dem Vermieter verbleibt das Recht auf Kündigung im Fall des Zahlungsrückstandes des Mieters auch nach Überleitung des Mietvertrages durch den Insolvenzverwalter. 221a

Nach wohl überwiegender Ansicht **gilt der Kündigungsschutz des § 112 InsO bei Wohnraumverträgen in der Insolvenz des Mieters nach Abgabe der Überleitungserklärung des § 109 Abs. 1 S. 2 InsO nicht**[1]. Der Vermieter kann das Wohnraummietverhältnis wegen Verzuges mit Mietzahlungen vor Eröffnung des Insolvenzverfahrens kündigen. Der Mieter wird faktisch gezwungen, alte Insolvenzforderungen zu begleichen. Anders als bei der Gewerberaummiete dient der Wohnraum nicht dem Zweck des Insolvenzverfahrens und dem Haftungsverbund der Gläubiger. Der Vermieter muss daher bei der Wohnraummiete nicht auf sein gesetzliches Kündigungsrecht verzichten. Der Wohnraummieter ist daher gehalten, seine Mietrückstände aus seinem unpfändbaren Vermögen (oder durch Zahlungen Dritter) auszugleichen, will er den Verlust seiner Wohnung vermeiden. 221b

Auch hier gilt, dass der Mieter durch die Insolvenz nicht bessergestellt werden soll als der normale Mieter, der nicht zahlt.

Ein die fristlose Kündigung rechtfertigender Zahlungsverzug im Eröffnungsverfahren ist nicht mehr erforderlich, wenn der vorläufige Verwalter im Insolvenzverfahren über das Vermögen des Zwischenmieters erklärt, dass er die vom Endmieter erhaltenen Mieten nicht an den Hauptvermieter weiterleiten werde[2]. In diesem Fall ist die Fortsetzung des Mietverhältnisses dem Vermieter nicht mehr zumutbar. Auf einen Zahlungsrückstand gem. § 543 Abs. 2 Nr. 3 BGB wird dann nicht mehr abgestellt. 221c

Durch die Überleitungserklärung wird der Vermieter so gestellt, als ob er zwei Vertragspartner hat. Gegen den Insolvenzverwalter ist die Durchsetzung seines Anspruchs auf Mietzahlung allerdings gehemmt. Da noch 221d

---

1 *Pape*, NZM 2004, 401, 410; *Eckert* in MünchKommInsO, § 109 Rz. 59; *Tetzlaff*, NZI 2006, 87, 91; **a.A.** *Wegener* in FK-InsO, § 112 InsO Rz. 5a unter Hinweis auf den eindeutigen nicht auslegungsbedürftigen Wortlaut von § 112 InsO; *Derleder*, ZAP 2005, 513, 517.
2 BGH, NZM 2005, 538.

nicht höchstrichterlich entschieden ist, gegenüber wem der Vermieter empfangsbedürftige Willenserklärungen abzugeben hat, empfiehlt es sich, eine **Kündigung** grundsätzlich sowohl **gegenüber dem Wohnraummieter als auch gegenüber dem Verwalter** auszusprechen[1].

8. Eigenbedarfskündigung

221e Die die Kündigungsmöglichkeiten des Vermieters erleichternden Regelungen des Eigenbedarfs werden durch die Insolvenz des Wohnraummieters nicht tangiert, da der Mieter durch seine Insolvenz nicht bessergestellt werden soll.

222–223 Einstweilen frei.

9. Abwicklung des Mietverhältnisses nach Vertragsende

224 Nicht unproblematisch ist die Geltendmachung von Herausgabe und Räumungsansprüchen. Das Mietverhältnis ist zwar auch nach Abgabe der Erklärung nach § 109 Abs. 1 S. 2 InsO massezugehörig, so dass ein Herausgabeanspruch gegenüber dem Verwalter besteht, der jedoch nach der Rechtsprechung des BGH den Besitz des Verwalters voraussetzt[2]. Da der Verwalter in der Regel keinen Besitz an der Wohnung des Schuldners hat, ist die auf Herausgabe gerichtete Klage gegen den Verwalter unbegründet und in Hinblick auf die Durchführung der Räumungszwangsvollstreckung auch entbehrlich. Eine andere Ansicht hält die Klage auf Aussonderung gegen den Insolvenzverwalter wegen der Massebefangenheit des Mietverhältnisses neben der Klage auf Herausgabe gegen den Schuldner für erforderlich[3]. Nach Ansicht der Verfasser ist eine Klage gegen den Verwalter entbehrlich, da nicht damit zu rechnen ist, dass sich dieser nach Abgabe der Erklärung gemäß § 109 Abs. 1 S. 2 InsO noch den Besitz an der Mietsache verschafft. Der Zugriff auf die Wohnung aus § 148 InsO ist dem Verwalter mit Abgabe der Erklärung nach § 109 Abs. 1 S. 2 InsO versagt.

– **Ohne Besitz des Insolvenzverwalters kein Herausgabeanspruch gegen die Masse**

224a Nach der Rechtsprechung des BGH kann die vom Vermieter begehrte Herausgabe der Miethäume nur dann gegenüber dem Insolvenzverwalter geltend gemacht und durchgesetzt werden, wenn dieser auch den Besitz an der Mietsache innehat[4]. Hat der Insolvenzverwalter nach Eröffnung des Insolvenzverfahrens die Miethäume nicht in Besitz, richtet sich das Herausgabebegehren des Vermieters gegen den Mieter, der die Sache im Besitz hat.

---

1 *Pape*, a.a.O. S. 26; *Eckert*, NZM 2001, 260, 263.
2 BGH, NJW 2001, 2966, 2968, zu einem Herausgabeanspruch im Gesamtvollstreckungsverfahren.
3 *Eckert*, NZM 2001, 260, 263.
4 BGH, NZM 2008, 606.

Nach Beendigung des zwischen dem Vermieter und dem Schuldner begründeten Mietverhältnisses ist zwischen dem Anspruch auf Herausgabe der Mietsache und etwaigen die Masse treffenden Abwicklungsansprüchen, die gem. § 55 I Nr. 2 InsO Masseschulden sind, zu unterscheiden. Der Vermieter macht seinen Herausgabeanspruch des § 985 BGB bzw. § 546 BGB im Insolvenzverfahren als Aussonderungsanspruch geltend. Dies gilt grundsätzlich unabhängig davon, ob das Mietverhältnis vor oder nach Insolvenzeröffnung beendet wurde. Dies setzt aber wiederum voraus, dass der auszusondernde Gegenstand, die Wohnung, auch massebefangen ist. 224b

Demgemäß ist der Verwalter nur zur Herausgabe einer Mietwohnung verpflichtet, wenn er den Besitz daran ausübt[1] oder unter Anerkennung des fremden Eigentums das Recht beansprucht, die Mietwohnung für die Masse zu nutzen und darüber zu entscheiden, ob, wann und in welcher Weise er sie an den Vermieter zurückgibt[2]. 224c

Der Insolvenzverwalter hat zwar nach 148 I InsO das gesamte zur Insolvenzmasse gehörende Vermögen in Besitz und Verwaltung zu nehmen. Die Besitzergreifung vollzieht sich jedoch nicht kraft Gesetzes, sondern setzt die Erlangung der tatsächlichen Gewalt durch den Insolvenzverwalter voraus. 224d

– **Herausgabeanspruch und Klage nur gegen den besitzenden Mieter**

Für die Annahme des Besitzes reicht es nicht aus, dass der Insolvenzverwalter nicht aktiv an der Herausgabe der Wohnung an den Vemieter mitwirkt. Häufig, aber fehlerhaft, wird von Vemietern die Ansicht vertreten, dass der Insolvenzverwalter bei der Rückgabe der Wohnung an den Vermieter durch Beschaffung und Übergabe der Schlüssel, Teilnahme an der Wohnungsbegehung und Protokollierung des Ist-Zustandes bis zum Hinwirken auf den Schuldner mitwirken müsse. Tue er dies nicht, sei Besitz zu vermuten. Diese Ansicht findet keine Grundlage im Gesetz und der Rechtsprechung. Erst wenn der Insolvenzverwalter, von den offenkundigen aber seltenen Fällen des Besitzes aktiv den Vermieter von der Inbesitznahme ausschließt oder hindert, nimmt er die Sachherschaft für sich in Anspruch. 224e

– **Ein Räumungsvergleich kann Besitzwille des Verwalters begründen**

Es besteht für den Verwalter jedoch die Gefahr bei Abschluss eines Räumungsvergleiches, bei dem er über die Rechte des Mieters verhandelt und insofern über die Nutzungsdauer disponieren will, dass er dadurch Besitzrechte wahrnimmt und mithin – als Aussonderungsanspruch – die Herausgabe der Wohnung schuldet[3].

Der Anspruch auf Durchführung von **Schönheitsreparaturen** richtet sich nach Ablauf der gesetzlichen Kündigungsfrist nicht mehr gegen die Masse sondern gegen den Schuldner. Fällt der Vermieter mit seinen Forderungen 225

---
1 BGHZ 148, 252, 260 f.
2 BGHZ 127, 156, 161.
3 Vgl. hierzu *Gemeinhardt*, Info M 2008, 390.

beim Mieter aus, kann er den Schadensersatzanspruch zur Tabelle anmelden. Ebenso begründen die vom Mieter vor Insolvenzeröffnung durchgeführten Einbauten keine Masseschulden[1].

226 Hat der Vermieter gekündigt, steht die – nicht verbrauchte – **Kaution** der Masse und nicht dem Mieter zu. Bereits vor Eröffnung des Insolvenzverfahrens ausgesprochene Kündigungen bleiben bestehen; ein Räumungsprozess bleibt (hinsichtlich der Herausgabe) anhängig und wird nicht unterbrochen[2]. Sollte das Gericht von einer Verfahrensunterbrechung ausgehen, kann der Vermieter den Rechtsstreit gemäß § 86 Abs. 1 Nr. 1 InsO aufnehmen. Der Vermieter sollte den Rechtsstreit jedoch lediglich hinsichtlich des Herausgabeanspruchs aufnehmen, da der Räumungsanspruch im Regelfall lediglich eine Insolvenzforderung darstellt (vgl. oben *Rz. 210*).

10. Anmeldung von Forderungen

226a **Masseschulden** sind Mietzinsansprüche nach Eröffnung des Verfahrens nur bis zum Ende der dreimonatigen Kündigungsfrist gem. § 55 Abs. 1, Nr. 2 InsO.

Gibt der Verwalter die Erklärung des § 109 Abs. 1 S. 2 InsO nicht zum erstzulässigen Termin sonder später ab, verlängert sich der Haftungszeitraum der Masse entsprechend, unabhängig von einer Nutzung der Miethäume.

11. Restschuldbefreiung

227 Sind Ansprüche des Vermieters gegen den Schuldner **vor Eröffnung** des Insolvenzverfahrens und vor Ablauf der gesetzlichen Kündigungsfrist entstanden und noch nicht befriedigt, unterliegen diese nach Abschluss der Wohlverhaltensperiode der Restschuldbefreiung. Hierzu zählen Zahlungsansprüche und sämtliche sonstigen nebenvertraglichen Ansprüche. Soweit Ansprüche des Vermieters nach Ablauf der Kündigungsfrist gegenüber dem Mieter **(neu) entstanden** sind, können diese gemäß § 109 Abs. 1 S. 3 InsO, wenn sie nicht vom Mieter erfüllt werden, als Schadensersatzanspruch gegen die Insolvenztabelle geltend gemacht werden[3]. In dieser Höhe unterliegen sie jedoch nicht der Restschuldbefreiung, da es sich um neue Schulden des Mieters handelt.

– **Verjährungsunterbrechung einleiten bei vermeintlicher Restschuldbefreiung**

227a Nach einer Entscheidung des OLG Stuttgart[4] hat der Insolvenzschuldner für Masseschulden einzustehen, die aus einem vor Eröffnung des Insolvenzverfahrens abgeschlossenen Mietvertrag resultieren und zwar auch

---

1 OLG Celle 20.7.2007, ZIP 2007, 1914.
2 **A.A.** AG Berlin-Charlottenburg, GE 2005, 920 f., mit ablehnender Besprechung von *Beuermann*, GE 2005, 897.
3 *Berscheid* in Uhlenbruck, § 109 InsO Rz. 11.
4 OLG Stuttgart 13.6.2007, ZIP 2007, 1616.

noch nach Abschluss des Insolvenzverfahrens. Dies gilt jedoch nur für die Mietschulden, die bis zu dem Zeitpunkt erwachsen sind, zu dem der Insolvenzverwalter das Mietverhältnis mit dem Sonderkündigungsrecht des § 109 Abs. 1 S. 1 InsO hätte beenden können. In dem entschiedenen Fall war die Restschuldbefreiung noch nicht eingetreten und auch widerrufbar, so dass der Vermieterkläger trotz Abschluss des Insolvenzverfahrens, aber noch während der Wohlverhaltensperiode, die verjährungsunterbrechende Festellungsklage gegen den Schuldner erhoben hatte. Die Masseschuld, Miete nach Eröffnung des Verfahrens, war vom Insolvenzverwalter aus der unzureichenden Masse nicht bezahlt worden, gleichwohl der Schuldner die Wohnung genutzt hatte. Der Klägervertreter wollte aber die Folgen der Insolvenz in der Insolvenz (Masseunzulänglichkeit) nicht hinnehmen und ging erfolgreich gegen den Schuldner vor.

Keiner Restschuldbefreiung unterliegen die vertraglichen Ansprüche, wenn diese als Anspruchskonkurrenz ihren Forderungsgrund in einer **vorsätzlich begangenen unerlaubten Handlung** haben. Ansprüche, die erfolgreich auf § 302 Nr. 1 InsO gestützt werden, unterliegen nicht der Restschuldbefreiung und können auch nach Ablauf des Insolvenzverfahrens gegen den Schuldner und dessen etwaiges Neuvermögen geltend gemacht werden. 227b

– **Keine Restschuldbefreiung bei Mietnomaden und Betrug**

Ein Anwendungsfall des § 302 Nr. 1 InsO können Ansprüche gegen „Mietnomaden" oder Mieter sein, die bereits bei Abschluss des Mietvertrages bewusst ihre wirtschaftliche – fehlende – Leistungsfähigkeit verschwiegen oder verschleiert und damit möglicherweise einen Eingehungsbetrug begangen haben. 227c

Gegen den zu erwartenden Widerspruch des Schuldners ist allerdings Feststellungsklage gem. § 184 InsO vor den ordentlichen Gerichten zu erheben. Der Insolvenzverwalter hat kein eigenes Widerspruchsrecht gegen diesen Forderungsgrund[1].

IV. Insolvenz des Vermieters

1. Überlegungen bei der Beratung des Mieters

Insolvenzen gehören in der täglichen anwaltlichen Praxis zunehmend auch insoweit zur Tagesordnung, als sie das Vermögen des Vermieters betreffen. Der als Mieter betroffene Mandant wendet sich – wenn er überhaupt anwaltliche Hilfe in Anspruch nimmt – spätestens bei Kenntnis von der Eröffnung eines Insolvenzverfahrens über das Vermögen seines Vermieters, bestenfalls bei Kenntnis von dessen etwaigen Zahlungsschwierigkeiten an den Anwalt. Von Interesse sind für ihn bei Bestellung eines (vorläufigen) Insolvenzverwalters naturgemäß die Rechtsfolgen, insbesondere die Fragen, ob das Mietverhältnis fortbesteht, an wen er zahlen muss, wer Emp- 228

---

1 BGH, NJW 2008, 3285.

fänger das Mietverhältnis betreffender Willenserklärungen ist, ob und wie er Ansprüche aus dem Mietverhältnis geltend machen oder aufrechnen kann sowie das Schicksal einer etwaigen Kaution.

229 Für die weitere Mandatsbearbeitung unbedingt – ggf. durch Nachfrage beim Insolvenzgericht – zu klären, sind folgende Umstände:
- Wann wurde der Eröffnungsantrag gestellt?
- Wurde ein vorläufiger Insolvenzverwalter bestellt und wurden Sicherungsmaßnahmen angeordnet? (Wenn dies der Fall sein sollte, wird nach Möglichkeit der Beschluss in Kopie sowie ggf. das Datum seiner Bekanntmachung benötigt.)
- Wann wurde das Verfahren eröffnet, welche Frist läuft zur Anmeldung der Insolvenzforderung, wann ist Prüfungstermin? (U.U. wird auch hier das Datum der Bekanntmachung des Beschlusses benötigt. Ferner ist die Anforderung des Eröffnungsbeschlusses ratsam.)

2. Eröffnungsverfahren

a) Gebrauchsüberlassung

230 Durch die Bestellung eines vorläufigen Insolvenzverwalters über das Vermögen des Vermieters werden laufende Mietverträge nicht tangiert. Letzteres gilt unabhängig davon, ob – was in der Praxis selten der Fall ist – ein allgemeines Verfügungsverbot (so genannter „starker" vorläufiger Insolvenzverwalter) oder lediglich ein Zustimmungsvorbehalt (so genannter „schwacher" vorläufiger Verwalter) angeordnet wurde.

b) Zahlungen des Mieters

aa) „Schwacher" vorläufiger Verwalter

231 Wird dem Schuldner lediglich ein **Zustimmungsvorbehalt** gemäß § 21 Abs. 2 Nr. 2 Alt. 2 InsO auferlegt, hat der Mieter seine Zahlungen weiterhin bis zu einer etwaigen Eröffnung des Insolvenzverfahrens **an seinen Vermieter** zu leisten. Etwas anderes gilt bei gesonderter Ermächtigung des vorläufigen Verwalters, die Außenstände des Schuldners einzuziehen. Entscheidend ist der genaue Wortlaut des Beschlusses.

bb) „Starker" vorläufiger Verwalter

232 Wird dem Schuldner hingegen ein **allgemeines Verfügungsverbot** gemäß § 21 Abs. 2 Nr. 2 Alt. 2 InsO auferlegt, kann der Mieter gemäß § 82 InsO i.V.m. § 24 Abs. 1 InsO Zahlungen mit befreiender Wirkung **nur noch an den Insolvenzverwalter leisten**. Einem noch an den Vermieter leistenden Mieter kommt gemäß § 82 InsO **Gutglaubensschutz** in zwei Alternativen zugute:

233 War die vorläufige Insolvenzverwaltung noch **nicht öffentlich bekannt** gemacht worden, greift zu Gunsten des Mieters die Vermutung des § 82 S. 2

InsO ein, nach welcher die Unkenntnis des Leistenden vermutet wird. Macht der vorläufige Insolvenzverwalter die Forderung dennoch geltend, hat er zu beweisen, dass der Mieter bereits Kenntnis von der Anordnung der Sicherungsmaßnahmen hatte.

Ist die Leistung des Mieters dagegen **nach Bekanntmachung** erfolgt, gilt die umgekehrte Vermutung des § 82 S. 1 InsO, dass der Mieter die Verfügungsbeschränkung kannte. Nunmehr hat er wiederum zu beweisen, dass ihm die Anordnung der Verfügungsbeschränkung unbekannt war. 234

Gemäß § 9 Abs. 1 S. 3 InsO gilt die Bekanntmachung als **bewirkt**, sobald nach dem Tag der Veröffentlichung in dem für amtliche Bekanntmachungen des Gerichts bestimmten Blatt zwei weitere Tage verstrichen sind. Im Falle einer örtlichen Tageszeitung kann das Auslieferungsdatum einen Tag vor dem Erscheinungsdatum liegen. Der Ausgabetag wird bei der Fristberechnung nicht mitgerechnet[1]. Handelt es sich bei dem **Mieter** um eine **juristische Person** oder eine **BGB-Gesellschaft** mit mehreren Vertretungsberechtigten, so ist der Beweis dahingehend zu führen, dass keinem von ihnen das Verfügungsverbot bekannt war. Zu berücksichtigen ist jedoch, dass jede im Rechtsverkehr teilnehmende Organisation sicherstellen muss, dass die ihr ordnungsgemäß zugehenden rechtserheblichen Informationen von ihren Entscheidungsträgern auch zur Kenntnis genommen werden können[2], so dass sich der Mieter nicht darauf berufen kann, er bzw. seine Organe würden die amtlichen Bekanntmachungen nicht lesen. 235

c) Beendigungsmöglichkeiten

Sowohl dem Vermieter bzw. dem „starken" Verwalter als auch dem Mieter stehen sämtliche vertraglich vereinbarten sowie gesetzlichen Beendigungsmöglichkeiten während des vorläufigen Insolvenzverfahrens zu. 236

So genannte „**Lösungsklauseln**", die für den Fall des Eintritts der Insolvenz oder für das Vorliegen eines Insolvenzgrundes bei einer der Vertragsparteien das Erlöschen des Vertrags anordnen oder ein außerordentliches Kündigungs- bzw. Rücktrittsrecht einräumen, sind gemäß § 119 InsO **unwirksam**, da sie dem Zweck des Insolvenzverfahrens in Form der Fortführung, Sanierung oder Veräußerung des Unternehmens zuwider laufen[3]. 237

d) Prozesse

Die Anordnung eines **Zustimmungsvorbehaltes** gemäß § 21 Abs. 2 Nr. 2 Alt. 2 InsO hat keine Auswirkungen auf laufende Verfahren und hindert weder Mieter noch Vermieter daran solche einzuleiten oder weiterzuführen. Zu bedenken ist jedoch, dass mit Eröffnung des Insolvenzverfahrens eine **Verfahrensunterbrechung** gemäß § 240 ZPO eintritt und insofern eine 238

---

1 *Uhlenbruck* in Uhlenbruck, § 82 InsO Rz. 13.
2 BGH, ZIP 2006, 138 ff.
3 OLG Hamm, NZM 2002, 343; *Berscheid* in Uhlenbruck, § 119 InsO Rz. 16.

239 Ist dem Vermieter ein **allgemeines Verfügungsgebot** gemäß § 21 Abs. 2 Nr. 2 Alt. 2 InsO auferlegt worden, tritt gemäß § 240 S. 2 ZPO eine **Unterbrechung** des Verfahrens ein, sofern der Rechtsstreit die Insolvenzmasse betrifft. Dies gilt für Aktiv- wie für Passivprozesse.

Selbständige Beweisverfahren werden durch die Insolvenz in keinem Verfahrensstadium unterbrochen!

e) Zwangsvollstreckung

240 Mit der Bestellung eines vorläufigen Insolvenzverwalters werden im Hinblick auf die Unternehmensfortführung als vorrangiges Ziel der Insolvenzordnung regelmäßig gemäß § 21 Abs. 2 Nr. 3 InsO Maßnahmen der Zwangsvollstreckung einstweilig eingestellt oder untersagt. Betroffen sind zwar unmittelbar lediglich Vollstreckungsmaßnahmen in das bewegliche Vermögen, bei Vollstreckungsmaßnahmen in das unbewegliche Vermögen ist jedoch damit zu rechnen, dass der Insolvenzverwalter nach Eröffnung des Verfahrens gemäß § 30d ZVG die Einstellung der Zwangsvollstreckung beim Vollstreckungsgericht beantragt. Sofern der Insolvenzverwalter die Fortführung des Schuldnerbetriebes beabsichtigt oder die Sanierungsaussichten noch nicht abschließend geprüft hat, wird die einstweilige Einstellung regelmäßig erforderlich sein und angeordnet werden[1]. Dies gilt nur bei Vollstreckungen in die Insolvenzmasse. Vollstreckungen des Schuldners und später der Insolvenzmasse gegen Dritte, z.B. gegen den Mieter zwecks Räumung sind weiterhin zulässig.

3. Eröffnetes Verfahren

a) Fortbestehen des Mietverhältnisses

aa) Gebrauchsüberlassungs- und Instandhaltungspflicht, Mietzahlung

241 Miet- und Pachtverhältnisse des insolventen Vermieters bestehen mit Wirkung für und gegen die Insolvenzmasse gemäß § 108 Abs. 1 S. 1 InsO fort. Letzteres gilt im Umkehrschluss aus § 109 Abs. 2 InsO unabhängig davon, ob die Mietsache dem Mieter bei Verfahrenseröffnung schon überlassen war oder nicht[2].

Zahlungen des Mieters können mit befreiender Wirkung nur noch an Verwalter geleistet werden, es sei denn, die Zwangsverwaltung der Mietsache ist angeordnet und noch nicht – ggfs. auf Verlangen des Insolvenzverwalters gemäß § 153b ZVG – aufgehoben.

242 Der Anspruch des Mieters auf Herstellung eines zum vertragsgemäßen Gebrauch **geeigneten Zustands** der Mietsache stellt unabhängig davon, ob der

---

[1] *Uhlenbruck* in Uhlenbruck, § 21 InsO Rz. 31.
[2] *Berscheid* in Uhlenbruck, § 108, Rz. 27.

mangelbehaftete Zustand vor oder nach Eröffnung des Verfahrens entstanden ist, bei fortdauerndem Mietverhältnis eine **Masseschuld** dar[1]. Gerät der Insolvenzverwalter mit der Mängelbeseitigung in Verzug, kann der Mieter Schadensersatz und bei Vorliegen der Voraussetzungen § 536a BGB Aufwendungsersatz verlangen oder die Miete zurückhalten[2].

Problematisch und höchstrichterlich noch nicht entschieden sind diejenigen Fälle, in denen der Miet- oder Pachtvertrag bei Insolvenzeröffnung **noch nicht vollzogen** ist, da das Miet- oder Pachtobjekt noch nicht oder noch nicht vollständig errichtet wurde. Da die vorbehaltlose Anwendung des § 108 Abs. 1 S. 1 InsO die Folge hätte, dass der Insolvenzverwalter das Mietobjekt errichten oder fertig stellen müsste – was wiederum den Rechtsgedanken der § 106 Abs. 1 Satz 2 InsO und § 107 Abs. 1 S. 2 InsO widerspräche – wird die Auffassung vertreten, dem Insolvenzverwalter müsse in derartigen Fällen das Wahlrecht des § 103 Abs. 1 InsO eingeräumt werden[3]. Unter Berücksichtigung der vorstehend dargestellten Rechtsauffassung des BGH[4] zur Einordnung von Mängelbeseitigungsansprüchen als Masseverbindlichkeiten dürfte die Versagung des Anspruchs gegen die Masse im Ergebnis zutreffend sein. Anders als in Fällen der Mängelbeseitigung, in denen sich die Erhaltungspflicht als vertragliche Gegenleistung der an die Masse gezahlten Miete darstellt, ist die Errichtung des Mietobjektes eine vor Eröffnung des Insolvenzverfahrens begründete Verpflichtung, der keine Zahlungsverpflichtung an die Masse gegenübersteht.

243

bb) Erbringung von Nebenleistungen bei massearmen Verfahren

In massearmen Verfahren besteht grundsätzlich die Gefahr, dass Versorgungsunternehmen ihre Leistungen wegen Zahlungsrückständen des Schuldners einstellen bzw. vor Verfahrenseröffnung bereits eingestellt haben, so dass der Insolvenzverwalter nicht mehr in der Lage ist, die mietvertraglich vereinbarten Verpflichtungen zur Erbringung von Nebenleistungen wie Beheizung oder Wasser- und u.U. Stromversorgung zu erfüllen. Für den Insolvenzverwalter besteht in derartigen Fällen die Verpflichtung, sich auf § 105 InsO zu berufen, da es sich um teilbare Leistungen handelt und ein Zurückbehaltungsrecht wegen Rückständen vor Verfahrenseröffnung nicht besteht. Bei bereits wirksam gekündigten Vertragsverhältnissen ist der Insolvenzverwalter verpflichtet, **neue Vertragsverhältnisse mit den Versorgungsunternehmen** zu begründen. Kommt er dieser Verpflichtung nicht nach und gibt er die Mietsache auch nicht aus der Masse frei, macht er sich schadenersatzpflichtig. Sollte der Mieter trotz Bestehen eines Kündigungsgrundes gemäß § 543 BGB Interesse an einer Fortsetzung des Mietverhältnis-

244

---

1 BGH, NZM 2003, 472.
2 *Derleder*, NZM 2004, 568, 571; *Hörndler* in Lindner-Figura/Oprée/Stellmann, Kap. 20, Rz. 83.
3 BGH, NZM 2007, 883, 884 ff.; *Marotzke* in HK-InsO, § 108 InsO Rz. 16; *Berscheid* in Uhlenbruck, § 108 InsO Rz. 28; jetzt auch: *Hörndler* in Lindner-Figura/Oprée/Stellmann, Kap. 20, Rz. 80; **a.A.** *Franken/Dahl*, 6. Teil Rz. 179.
4 BGH, NZM 2003, 472.

ses haben, ist zu empfehlen, den Insolvenzverwalter unter Hinweis auf einen drohenden Schaden zur Wiederaufnahme der Versorgung **aufzufordern**.

245 Sollten die laufenden Einnahmen aus der Vermietung nicht einmal die Nebenkosten decken und – was gelegentlich der Fall ist – auch keine mit erstrangigen Grundpfandrechten gesicherte Bank einen Massekostenzuschuss zur Entrichtung der Vorschüsse leisten, wird der Verwalter die Mietsache regelmäßig aus der Masse freigeben, so dass sich der Mieter wieder mit seinem ursprünglichen – vermögenslosen – Vermieter konfrontiert sieht. Abgesehen von der Kündigungsmöglichkeit des § 543 BGB ist dann zu prüfen, ob die Möglichkeit eines **unmittelbaren Vertragsschlusses mit dem Versorgungsunternehmen** besteht. In Wohnraummietverhältnissen besteht ferner u.U. die Möglichkeit, das Versorgungsunternehmen im Wege der **einstweiligen Verfügung** auf Unterlassung der Störung durch Absperrung in Anspruch zu nehmen[1].

cc) Aufrechnungsmöglichkeiten

246 Dem Mieter stehen nicht selten eigene Ansprüche aus Guthaben von Nebenkostenabrechnungen, Schadensersatzansprüche sowie bei Geschäftsraummietverhältnissen u.U. Ansprüche auf Rückzahlung überzahlter Miete[2] zu, die bereits bei Eröffnung des Insolvenzverfahrens entstanden waren.

246a Gemäß **§ 96 Abs. 1 Nr. 1 InsO** ist eine Aufrechnung unzulässig, wenn ein Insolvenzgläubiger erst nach Eröffnung des Insolvenzverfahrens etwas zur Insolvenzmasse schuldig geworden ist. Die geschuldeten **Mieten** fallen allerdings nicht hierunter, da diese befristet mit Beginn des jeweiligen Zeitabschnitts entstehen, für den sie zu zahlen sind[3]. Damit stehen sie gemäß § 163 BGB aufschiebend bedingten Forderungen im Sinne des § 95 Abs. 1 S. 1 InsO gleich.

246b Die Einschränkung der Aufrechnungsmöglichkeit in **§ 96 Abs. 1 Nr. 1 InsO** wird durch die insoweit vorrangige Bestimmung des § 95 Abs. 1 erweitert[4]. Danach kann eine Aufrechnung gleichwohl erfolgen, wenn ein Aufrechnunghindernis wie die noch nicht eingetretene Fälligkeit einer oder beider Forderungen erst nach Verfahrenseröffnung weggefallen ist. So werden nach der Rechtsprechung des BGH[5] **„Überzahlungen" aus Nebenkostenabrechnungen** für Abrechnungszeiträume, die bei Eröffnung des Insolvenzverfahrens bereits abgelaufen waren, von § 95 Abs. 1 S. 1 InsO erfasst, da die maßgebliche Bedingung der Überzahlung bereits vor Verfahrenseröffnung eingetreten ist und es lediglich noch der Abrechnung bedarf, damit der Rückforderungsanspruch fällig wird.

---

1 AG Frankfurt/Main, WuM 1998, 42.
2 Hierzu ausführlich: *Hörndler* in Lindner-Figura/Oprée/Stellmann, Kap. 20, Rz. 96.
3 BGH, GE 1997, 1218.
4 BGH, NZM 2005, 342, 343.
5 BGH, NZM 2007, 162, 163.

Insolvenz des Vermieters

246c Nicht anders sind **Rückzahlungsansprüche aus überzahlten Mieten** z.B. bei Minderung wegen Mängeln der Mietsache, die vor Eröffnung des Insolvenzverfahrens gegeben waren, zu behandeln. Da eine Minderung in Gewerbemietverhältnissen regelmäßig nur bei unstrittigen oder rechtskräftig festgestellten Mängeln zulässig ist, ist der Bereicherungsanspruch aus § 812 Abs. 1 S. 1 BGB aufschiebend bedingt durch die rechtskräftige Feststellung des Mangels. Eine Aufrechnung ist nach diesbezüglicher Feststellung dann gemäß § 95 Abs. 1 S. 1 InsO auch nach Verfahrenseröffnung zulässig[1]. Rechtsprechung hierzu liegt jedoch noch nicht vor.

246d Ein **vertragliches Aufrechnungsverbot** verliert mit Eröffnung des Insolvenzverfahrens seine Wirksamkeit[2].

Die **Ausschlusswirkung** des § 96 Abs. 1 Nr. 1 InsO ist ferner gem. § 110 Abs. 3 InsO insoweit **eingeschränkt**, als der Mieter gegen eine Mietforderung aufrechnen darf, soweit es sich um die Miete für den zur Zeit der Eröffnung des Verfahrens laufenden Kalendermonat bzw. bei der Eröffnung nach dem 15. Tag des Monats um die Miete für den folgenden Kalendermonat handelt.

dd) Abrechnung über Nebenkosten

247 Der Insolvenzverwalter hat genau wie ursprünglich der Vermieter die vertragliche **Verpflichtung zur Abrechnung über die Nebenkosten** zu erfüllen. Im Gegensatz zu einem nach § 566 BGB in das Mietverhältnis als Vermieter eingetretenen Erwerber muss der Verwalter – wie der Zwangsverwalter (vgl. dazu O Rz. 142 f.) – infolge der Vertragsbindung nach § 108 Abs. 1 S. 1 InsO auch über Abrechnungszeiträume abrechnen, in denen er noch nicht als Verwalter bestellt war[3].

247a Ergibt die Abrechnung zu Gunsten des Mieters ein Guthaben, so ist abzugrenzen, ob der Insolvenzverwalter zum Zeitpunkt der Beendigung des Abrechnungszeitraumes bereits bestellt war. War er für den betreffenden Zeitraum nicht bestellt, handelt es sich bei dem Guthaben des Mieters um eine Insolvenzforderung. War er zum Zeitpunkt des Ablaufs des Abrechnungszeitraumes jedoch als Insolvenzverwalter bestellt, ist das Guthaben – u.U. auch nur zum Teil – eine Masseforderung[4]. Hier soll eine Abgrenzung auf den Eröffnungsstichtag vorgenommen werden, da der Rückerstattungsanspruch ratierlich entsteht[5].

247b In diesem Zusammenhang ist bei der Mieterberatung die oben[6] geschilderte **Aufrechnungsmöglichkeit** zu beachten, wonach u.U. mit einer ansons-

---

1 *Hörndler* in Lindner-Figura/Oprée/Stellmann, Kap. 20, Rz. 99.
2 BGH, NJW 1975, 442.
3 *Derleder*, NZM 2009, 8, 15.
4 *Eckert* in Wolff/Eckert/Ball, Rz. 1446.
5 *Franken/Dahl*, 6. Teil Rz. 191; *Eckert* in Wolff/Eckert/Ball, Rz. 1446.
6 Vgl. Rz. 246 ff.

ten einfachen Insolvenzforderung eine Aufrechnung mit einer Gegenforderung der Masse erklärt werden kann!

ee) Vorausverfügungen

248 Gemäß § 110 InsO sind Vorausverfügungen des Schuldners, wozu auch Mietvorauszahlungen sowie sämtliche andersartigen Vorleistungen des Mieters oder Pächters an den Schuldner für künftige Mietperioden gehören, **unwirksam**, sofern sie sich nicht auf den nach Verfahrenseröffnung laufenden Monat bzw. bei einer Eröffnung nach dem 15. des Monats auf den Folgemonat beziehen. Das Gesetz ordnet insofern eine absolute Unwirksamkeit der Verfügungen an. Zahlt ein Gewerbemieter bspw. bei Beginn des Mietverhältnisses am 1.6.2006 an den Vermieter drei Monatsmieten im Voraus und wird das Verfahren zum 10.6.2006 eröffnet, kann der Insolvenzverwalter vom Mieter die erneute Zahlung der Mieten für Juli und August verlangen. Der Bereicherungsanspruch des Mieters stellt lediglich eine im Verfahren anzumeldende Insolvenzforderung dar, so dass der Mieter im ungünstigsten Fall doppelt zahlen muss. Insofern ist insbesondere in der Beratung von Mietern bei Abschluss längerfristiger Mietverträge von einer Vereinbarung weitreichender Vorauszahlungen der Miete abzuraten.

249 Ebenso läuft eine **unbegrenzte Vorausabtretung** von Ansprüchen auf Mietzahlung an Dritte (Banken etc.) ins Leere. Verlangen Dritte daher nach Insolvenzeröffnung Zahlung an sich und legitimieren sich durch eine (Global-)Zession, ist der Anspruch außerhalb des Zeitraumes des § 110 InsO zurückzuweisen.

250 Die Erbringung einer Sicherheitsleistung im Wege der **Kautionszahlung** stellt keine Mietvorauszahlung dar[1].

251 Besonderheiten gelten bei so genannten verlorenen bzw. abwohnbaren **Baukostenzuschüssen**. Nach einer älteren Entscheidung des BGH[2] ist eine derartige Vorausverfügung unbeschränkt **wirksam**, da die mit dem Einsatz der Zuschüsse geschaffenen Werte der Insolvenzmasse zugute kommen sollen. In der neueren Literatur wird zwischen verlorenen und abwohnbaren Baukostenzuschüssen unterschieden. Die abwohnbaren Baukostenzuschüsse werden als vorausgezahlte Miete behandelt, der verlorene Baukostenzuschuss stellt eine wirksame Vorausverfügung dar[3]. Offen ist daher noch, ob abwohnbare Baukostenzuschüsse nicht insolvenzfest sind und nach Eröffnung nachgezahlt werden müssen.

b) Kündigungsmöglichkeiten

252 Beiden Parteien stehen grundsätzlich die vertraglich vereinbarten und die gesetzlichen Kündigungsmöglichkeiten zu. Weder der Verwalter noch der

---

1 *Berscheid* in Uhlenbruck, § 110 InsO Rz. 7.
2 BGH, NJW 1952, 867 ff.
3 *Berscheid* in Uhlenbruck, § 110 InsO Rz. 5 m.w.N.

Mieter ist gehindert, das Mietverhältnis aus wichtigem Grund gemäß § 543 Abs. 1 BGB zu kündigen. Allerdings stellt der **Vermögensverfall** des Vermieters für sich genommen keinen wichtigen Grund dar, sich vom Vertrag zu lösen[1]. Eine vertragliche **Lösungsklausel**, die den Parteien bei Insolvenz der anderen Partei bzw. bei Vorliegen der Eröffnungsvoraussetzungen ein Sonderkündigungsrecht gewährt, ist in Hinblick auf § 119 InsO unwirksam, da sie den Zwecken des Insolvenzverfahrens zuwider läuft[2]. Ein Sonderkündigungsrecht des Insolvenzverwalters sieht die InsO nicht vor.

c) Veräußerung oder Versteigerung des Mietobjektes

Der Insolvenzverwalter hat im Rahmen der ihm gemäß § 159 InsO obliegenden Verwertung von Grundstücken die Wahl zwischen einer freihändigen Veräußerung und der Durchführung der Zwangsversteigerung[3]. Für den Mieter ergeben sich daraus die nachfolgend beschriebenen **Rechtsfolgen**: 253

aa) Eintritt des Erwerbers/Erstehers in das Mietverhältnis

Im Fall der **freihändigen Veräußerung** tritt der Erwerber des Grundstücks gemäß § 566 BGB in das Mietverhältnis mit den aktuell bestehenden Rechten und Pflichten ein. Im Fall der **Zwangsversteigerung** erfolgt der Eintritt gemäß § 57 ZVG i.V.m. § 566 ff. BGB. 254

bb) Kündigungsmöglichkeiten des Neuvermieters

Der Ersteher der Immobilie im Zwangsversteigerungsverfahren kann das Mietverhältnis gemäß § 57a ZVG ebenso wie der Erwerber der Immobilie gemäß § 111 S. 1 InsO mit der gesetzlichen Frist kündigen. In beiden Fällen kann eine Kündigung jedoch **nur** für den **ersten Termin** erfolgen, für den sie zulässig ist. Lässt der Erwerber/Ersteher die Frist verstreichen, ist das Sonderkündigungsrecht hinfällig. 255

Die Kündigung ist danach bei einem Mietverhältnis über **Geschäftsräume** gemäß § 580a Abs. 2 BGB spätestens am dritten Werktag eines Kalendervierteljahres zum Ablauf des nächsten Kalendervierteljahres zulässig. Beim Mietvertrag über **Wohnraum** ist die Kündigung grundsätzlich gemäß § 573c Abs. 1 BGB spätestens am dritten Werktag eines Kalendermonats zum Ablauf des übernächsten Monats zulässig. Zu beachten ist jedoch, dass darüber hinaus bei Wohnraummietverhältnissen gemäß § 573 Abs. 1 BGB ein **berechtigtes Interesse** an der Beendigung vorliegen muss[4]. 256

---

1 BGH, NZM 2002, 524.
2 OLG Hamm, NZM 2002, 343; *Berscheid* in Uhlenbruck, § 119 InsO Rz. 16; *Eckert* in Wolf/Eckert/Ball, Rz. 1483.
3 *Uhlenbruck* in Uhlenbruck, § 159 InsO Rz. 8.
4 BGH, NJW 1982, 1696 f.

cc) Schadensersatzanspruch des Mieters als Insolvenzforderung

257 Da die vorzeitige Beendigung des Mietverhältnisses in Ausübung des Sonderkündigungsrechtes eine Vertragsverletzung darstellt, steht dem Mieter ein Schadensersatzanspruch zu, der allerdings nach herrschender Meinung lediglich eine Insolvenzforderung darstellt[1]. Der **Höhe** nach ist der Schadensersatzanspruch im Übrigen **begrenzt** durch die Differenz zwischen der vertraglich vereinbarten Miete und der ortsüblichen Miete des Objektes. Etwaige Folgeschäden, wie bspw. Umzugskosten, sind nicht zu ersetzen[2].

d) Abwicklung des beendeten Mietverhältnisses

258 Zunächst gilt der Grundsatz, dass Ansprüche des Mieters Insolvenzforderungen darstellen, es sei denn, sie beruhen auf Handlungen des Insolvenzverwalters, § 55 Abs. 1 Nr. 1 InsO.

aa) Rückgabe, Wegnahme von Einbauten, Verwendungsersatz

259 Der Mieter hat die Mietsache gemäß § 546 BGB an den Insolvenzverwalter herauszugeben. Das Wegnahmerecht des Mieters gemäß § 539 Abs. 2 BGB richtet sich gegen die Insolvenzmasse, die die Wegnahme zu dulden hat[3]. Da die Einrichtungen im Normalfall kein Bestandteil des Gebäudes werden, handelt es sich um ein Aussonderungsrecht nach § 47 InsO.

259a Macht der Mieter Aufwendungsersatzansprüche nach § 539 Abs. 2 BGB geltend, ist die Einordnung, ob es sich um Insolvenzforderungen oder Masseverbindlichkeiten handelt, davon abhängig, ob die **Verwendungen vor oder nach Verfahrenseröffnung** erfolgten. In letzterem Fall handelt es sich um Masseverbindlichkeiten. Gleiches gilt für Aufwendungsersatzansprüche des Mieters gemäß § 536a Abs. 2 BGB.

bb) Mietkaution

260 Nach ganz herrschender Auffassung stellt der Rückzahlungsanspruch der Mietkaution gemäß § 108 Abs. 2 InsO eine **Insolvenzforderung** dar, sofern der Vermieter den Kautionsbetrag nicht von seinem Vermögen getrennt auf einem Sonderkonto angelegt hat. Der Rückzahlungsanspruch entsteht mit Begründung des Mietverhältnisses und Zahlung der Kaution und ist lediglich aufschiebend bedingt durch die Beendigung des Mietverhältnisses[4].

261 Ein **Aussonderungsrecht** gemäß § 47 InsO besteht nur dann, wenn der Vermieter die Kaution **getrennt** von seinem Vermögen angelegt hat[5]. Das

---

1 *Franken/Dahl*, 6. Teil Rz. 249; *Berscheid* in Uhlenbruck, § 111 InsO Rz. 9; *Tintelnot* in Kübler/Prütting, § 111 InsO Rz. 14; **a.A.** *Eckert* in Wolf/Eckert/Ball, Rz. 1473.
2 *Berscheid* in Uhlenbruck, § 111 InsO Rz. 10.
3 *Eckert* in Wolf/Eckert/Ball, Rz. 1466.
4 OLG Hamburg, NJW-RR 1990, 213, 214 f.
5 BGH, NZM 2008, 203.

Treugut muss aus dem Vermögen des Mieters auf ein als Ganzes der Treuhandbindung unterliegendes Konto gelangen, wo es allerdings mit den Kautionen anderer Mieter gemeinsam hinterlegt sein kann[1].

Vor diesem Hintergrund sollte dem Mieter nachhaltig empfohlen werden, sich die Anlage auf einem Sonderkonto **nachweisen** zu lassen. Allerdings ist auch damit nicht gewährleistet, dass der Vermieter nicht später auf die Kaution zugreift und diese mit seinem Vermögen vermischt. Das Verlangen eines regelmäßigen Nachweises des Bestehens der insolvenzfesten Anlage wiederum ist derart praxisfremd, dass eine abweichende Kautionsvereinbarung in Form einer Bürgschaft oder der Verpfändung eines Sparguthabens getroffen werden sollte.

262

Zwar besteht bei einer vereinbarungswidrigen Anlage ein unmittelbar gegen den Vermieter gerichteter Schadensersatzanspruch, dieser dürfte jedoch wirtschaftlich in der Regel wertlos sein. Bei juristischen Personen als Vermieter besteht grundsätzlich die Möglichkeit, den gesetzlichen Vertreter oder andere Vertretungsberechtigte persönlich aus §§ 823 Abs. 2 BGB, 266 StGB in Anspruch zu nehmen, die diesbezüglichen Anspruchsvoraussetzungen sind jedoch nicht unerheblich[2].

4. Begründung neuer Mietverhältnisse durch den Insolvenzverwalter

Insbesondere bei länger andauernden Insolvenzverfahren kommt es nicht selten vor, dass der Insolvenzverwalter in die Insolvenzmasse fallende Immobilien nicht sofort veräußert oder versteigert, sondern vermietet. Auf die in diesem Zusammenhang begründeten Mietverhältnisse sind grundsätzlich die **allgemeinen gesetzlichen Regelungen** anwendbar, ein Mietinteressent als Mandant sollte jedoch auf die im Regelfall früher oder später erfolgende Veräußerung oder Versteigerung des Mietobjektes mit den oben unter *Rz. 255* bereits beschriebenen Folgen des **Sonderkündigungsrechtes des Erwerbers/Erstehers** hingewiesen werden. Dem Wortlaut nach gilt das Sonderkündigungsrecht nur für Mietverträge, die der Schuldner eingegangen war und die der Käufer übernehmen muss. Sinn der Regelung ist jedoch die Erleichterung der Verwertung (wie bei der Zwangsversteigerung) im Haftungsfall. Um die diesbezüglich bestehenden wirtschaftlichen Risiken zu begrenzen, besteht die Möglichkeit, mit dem Insolvenzverwalter zu vereinbaren, dass dieser das Mietobjekt nicht versteigert, sondern lediglich freihändig veräußert und im Kaufvertrag die Geltendmachung des Sonderkündigungsrechtes des Erwerbers gegenüber dem Mandanten ausschließt. Der Insolvenzverwalter wird in der Praxis aber nur solche Verträge mit Mietern abschließen, die die Verwertbarkeit der Immobilie verbessern und nicht nach Verkauf gekündigt werden müssen.

263

---

1 BGH, ZMR 2003, 662 f.
2 Vgl. zur Strafbarkeit: BGH, NZM 2008, 415 ff.

Q. Die Zwangsvollstreckung aus Zahlungstiteln in Mietforderungen

	Rz.
I. Einleitung	1
II. Die Mietforderung als Beschlagnahmeobjekt in der Zwangsvollstreckung	4
1. Allgemeines	4
2. Die Pfändbarkeit von Mietforderungen	7
3. Pfändbare Mietzahlungsansprüche des Vermieters	8
a) Fällige Mieten	8
b) Künftige Mieten	13
c) Nutzungsentschädigung	17
d) Nebenansprüche und -rechte	18
aa) Zinsen	19
bb) Sonstige Nebenrechte	20
e) Betriebskosten	22
f) Kautionszahlung	27
aa) Der Anspruch auf Kautionszahlung	27
bb) Der Anspruch auf Kautionsverwertung	32
g) Sonstige Zahlungsforderungen des Vermieters	34
h) Mustertext	35
4. Pfändbare Mietzahlungsansprüche des Mieters	36
a) Rückzahlung der Mietkaution	37
b) Betriebskostenguthaben	40
c) Schmerzensgeld	41
d) Aufwendungsersatz	42
e) Sonstige Forderungen	43
f) Mustertext	44
III. Das Verfahren bei Pfändung einer Mietforderung	45
1. Allgemeines	45
2. Vollstreckungsantrag	46
3. Rechtsschutzbedürfnis	48
4. Zuständigkeit	49
5. Prüfung der Forderung	50

	Rz.
6. Inhalt des Pfändungs- und Überweisungsbeschlusses	51
a) Ausspruch der Pfändung	51
b) Zahlungsverbot an Drittschuldner/Verfügungsverbot an Schuldner/Überweisung zur Einziehung oder an Zahlungs statt	54
7. Zustellung	55
8. Rechtsmittel und Rechtsbehelfe	58
9. Erlöschen des Pfändungspfandrechts	62
IV. Besonderheiten bei der Pfändung von Mietforderungen	63
1. Vollstreckungsschuldner = Gläubiger der Mietforderung	63
a) Sonderfall: Abtretung der Mietforderung	64
b) Sonderfall: Vermieterwechsel	69
2. Pfändung einer Mietforderung bei Mehrheit von Vollstreckungsschuldnern	70
3. Pfändung einer Mietforderung bei Drittschuldnermehrheit	76
4. Pfändung einer bereits gepfändeten Mietforderung	80
5. Die Überpfändung	88
V. Die Wirkungen einer Mietpfändung	93
1. Beschlagnahme und Pfändungspfandrecht	93
2. Stellung des Vollstreckungsgläubigers	96
a) Allgemeines	96
b) Zusammentreffen von Mietpfändung und Rechtstreit	99
3. Stellung des Vollstreckungsschuldners	101

	Rz.		Rz.
4. Stellung des Drittschuldners	104	b) Beschlagnahmewirkung auf Mietverhältnisse	162
a) Allgemeines	104	c) Beschlagnahmewirkung auf Mietforderungen	163
b) Freiwerden von der Leistungspflicht	108	d) Vorrang der Zwangsverwaltung	165
c) Sonderfall: Pfändung einer titulierten Forderung	111	aa) Zwangsverwaltung und Mietpfändung durch persönlichen Gläubiger	166
5. Stellung des weiteren Vollstreckungsgläubigers	116	bb) Zwangsverwaltung und Mietpfändung durch dinglichen Gläubiger	169
VI. Auskunfts- und Herausgabepflichten des Schuldners	117	4. Beschlagnahme bei Grundschuld und Hypothek	170
1. Die Herausgabe von Urkunden	118	a) Voraussetzungen der Beschlagnahme	171
2. Die Pflicht zur Auskunftserteilung	123	b) Rangfolge bei Beschlagnahme	174
VII. Pfändungsschutz zugunsten des Vermieters nach § 851b ZPO	126	c) Abtretung und Beschlagnahme	176
1. Allgemeines	126	d) Grenzen der Beschlagnahmewirkung	180
2. Verfahren	134	5. Beschlagnahme bei Eintragung einer Zwangshypothek	182
3. Mustertext	136	**XI. Mietpfändung und Schuldnerinsolvenz**	184
VIII. Die Drittschuldnererklärung	137	1. Allgemeines	185
1. Allgemeines	137	2. Pfändung durch persönlichen Gläubiger	186
2. Zeitlicher Rahmen	138	3. Pfändung durch dinglichen Gläubiger	190
3. Umfang der Auskunftsverpflichtung	140	4. Vermieterinsolvenz und Zwangsverwaltung	192
4. Mustertext	145	**XII. Mietpfändung und Drittschuldnerinsolvenz**	197
5. Verletzung der Auskunftsverpflichtung	146	**XIII. Mietpfändung und Nießbrauch**	199
6. Mustertext	148	**XIV. Mietpfändung wegen öffentlicher Lasten**	206
IX. Die Einziehungsklage	149	1. Pfändungsvorrang für öffentliche Grundstückslasten	206
1. Allgemeines	149	2. Begriffsdefinition	208
2. Mustertext	155	3. Voraussetzungen des Pfändungsvorrangs	211
X. Zusammentreffen von Mietpfändung und Grundstücksbeschlagnahme	156	4. Folgen des Pfändungsvorrangs	212
1. Allgemeines	156	**XV. Pfändung und Mietende**	214
2. Beschlagnahme bei Zwangsversteigerung	159		
3. Beschlagnahme durch Anordnung der Zwangsverwaltung	161		
a) Allgemeines	161		

I. Einleitung

Die Freude des Mandanten über einen gewonnenen Zahlungsprozess währt meist nur kurz, lässt sich anschließend der Anspruch beim Schuldner nicht durchsetzen. Der Wert einer mit Erfolg durchgeführten Zwangsvollstreckung darf daher nicht unterschätzt werden. Nach ihr beurteilt der Mandant „seinen erfolgreichen Rechtsanwalt"; sie beeinflusst nicht selten das wirtschaftliche Überleben des Gläubigers. Ein zielgerichtetes Vorgehen bei der Durchsetzung des erstrittenen Vollstreckungstitels ist vor allem dann unverzichtbarer Teil der vom Rechtsanwalt mit dem Mandanten abzustimmenden Prozessstrategie, wenn Liquiditätsschwierigkeiten des Gegners bereits zu Beginn einer gerichtlichen Auseinandersetzung bekannt sind und daher Rechtsverluste drohen.

Für die Wahl der effektivsten Zwangsmaßnahme benötigt der anwaltliche Berater zunächst ein möglichst detailliertes Wissen über die **Vermögensverhältnisse** des Schuldners. Diese gilt es rechtzeitig zu erfragen und zu ermitteln[1], um im Anschluss an einen gewonnen Prozess – und zwar so schnell wie möglich – auf alle pfändbaren Werte zuzugreifen. Da bei zahlungsschwachen Schuldnern erfahrungsgemäß mehrere Gläubiger Zugriff auf dessen Vermögen nehmen wollen, ist zügiges Handeln von ausschlaggebender Bedeutung. Hier gilt der Grundsatz: *„Wer zuerst kommt, mahlt zuerst"*[2] – § 804 Abs. 3 ZPO (**Priorität**).

In dieser Situation können auch die **Parteien eines Mietvertrages** als Forderungs- oder Vollstreckungsschuldner, aber auch als Drittschuldner, in Betracht kommen. So bieten vor allem die **Einnahmen des Vermieters** aus vorhandenem Grundeigentum dem Gläubiger eine aussichtsreiche Möglichkeit zum Vollstreckungszugriff und damit zur Befriedigung einer titulierten Forderung. Gleiches gilt für die **(Rück-)Zahlungsansprüche des Mieters** gegenüber seinem Vertragspartner; ein Gläubiger wird daran interessiert sein, solche Forderungen für sich zu verwerten.

II. Die Mietforderung als Beschlagnahmeobjekt in der Zwangsvollstreckung

1. Allgemeines

Ziel einer vom Rechtsanwalt betriebenen Zwangsvollstreckung aus Zahlungstiteln ist es, Vermögensbestandteile des Vollstreckungsschuldners für den Mandanten zu beschlagnahmen und ihm zuzuführen. Die **Beschlagnahme** von **beweglichem Vermögen**, zu dem auch **Forderungen** gegenüber Dritten zählen, erfolgt dabei mittels **Pfändung** des Vermögensgegenstandes – § 803 Abs. 1 ZPO (**Mobiliarvollstreckung**). Mit ihr erwirbt der Mandant – als Vollstreckungsgläubiger – ein **Pfändungspfandrecht** an dem gepfändeten

---

1 Hierzu *Hasselblatt/Sternal*, Kap. A IV.
2 *Baumbach/Lauterbach*, ZPO, 67. Aufl., § 804 Rz. 12.

Gegenstand (§ 804 ZPO), folglich auch an einer gepfändeten (Miet-)Forderung. Das Pfandrecht seinerseits bildet wiederum die Grundlage für die **Verwertung** des Pfandobjekts. Dem Gläubiger soll auf diesem Weg ermöglicht werden, die Leistung zu erlangen, die der Vollstreckungsschuldner seinerseits von seinem eigenen (Dritt-)Schuldner fordern kann.

5 Nach der Systematik des Gesetzes finden bei der Zwangsvollstreckung wegen eines titulierten Zahlungsanspruchs in Mietforderungen des Schuldners – weil **Geldforderungen** – die Bestimmungen der §§ 839–845, 853, 850–850k, 851a – 852 ZPO Anwendung. Die Pfändung der Forderung erfolgt hiernach durch einen Beschluss des Vollstreckungsgerichts, mit dem der Anspruch dem Vollstreckungsgläubiger zur Einziehung oder an Erfüllungs statt überwiesen wird (**Pfändungs- und Überweisungsbeschluss** – §§ 829 Abs. 1, 835 ZPO).

6 Will der mit der Durchführung der Vollstreckung befasste Rechtsanwalt für seinen Mandanten auf Ansprüche des Schuldners aus einem Mietverhältnis Zugriff nehmen, wird er sich vorab Gedanken machen müssen, welche Mietforderungen im Einzelfall überhaupt als Pfandobjekt in Frage kommen.

2. Die Pfändbarkeit von Mietforderungen

7 Im **Grundsatz** kann jeder Zahlungsanspruch des Schuldners aus einem Mietverhältnis gepfändet werden. Allerdings ist eine Forderung nach § 851 Abs. 1 ZPO insoweit der Pfändung entzogen, als sie **nicht übertragbar**, also **nicht abtretbar** (§ 399 BGB) ist[1]; besteht ein Zessionsverbot, führt dies unweigerlich zur Unpfändbarkeit. Eine die Abtretung verbietende **Vereinbarung** kann jedoch nicht von den Mietvertragsparteien begründet werden (§ 851 Abs. 2 ZPO)[2].

Über den Wortlaut des § 851 ZPO hinaus unterliegen auch **zweckgebundene** Forderungen nicht der Pfändung, weil eine zweckwidrige Verwendung zu einer Veränderung ihres Leistungsinhalts führt (§ 399 BGB)[3]. Die Vereinbarung einer Zweckbindung darf der Vollstreckungsschuldner nicht einseitig ändern; deshalb muss auch ein Pfändungsgläubiger eine solche Bindung gegen sich gelten lassen[4]. Nur **eingeschränkt pfändbar** bleiben daher Mietforderungen, denen eine entsprechende Zweckbindung innewohnt; in diesen Fällen besteht Pfändbarkeit allenfalls im Rahmen der jeweiligen Zweckbestimmung.

Der sog. „Vollstreckungsimmunität" sind hingegen die einem ausländischen Staat zustehenden Forderungen aus der Vermietung eines im Inland gelegenen Objekts, die ausschließlich für den Erhalt einer kulturellen Einrichtung dieses Staates verwendet werden, unterworfen[5].

---

1 BGH, NJW-RR 2009, 1312.
2 BGH, NJW 1985, 2827.
3 BGH, NJW-RR 2009, 566; BGH, NJW 1985, 2263.
4 BGH, NZM 1998, 202; BGH, NJW 1985, 1155.
5 BGH, NZM 2010, 55, m.w.N.

3. Pfändbare Mietzahlungsansprüche des Vermieters

a) Fällige Mieten

Der Anspruch des Vermieters gegenüber dem Mieter auf Zahlung der gegenwärtigen Miete in vertraglich festgelegter Höhe (§ 535 Abs. 2 BGB) stellt eine abtretbare Geldforderung dar[1], auf die im Wege der Zwangsvollstreckung, und zwar über die **Mietpfändung**, ohne weiteres zugegriffen werden kann[2]. Die Pfändung erfasst dabei alle bei ihrem Wirksamwerden bereits **fälligen**, **rückständigen** Mieten. Drittschuldner der Mietpfändung ist hier grundsätzlich der Mieter.

8

Keine Gedanken muss sich der Rechtsanwalt über die **gerichtliche Durchsetzbarkeit** der gepfändeten Mietforderung machen; hierauf kommt es nicht an. Der Pfändung unterfallen auch bereits **verjährte Mietansprüche**. Begleicht im Pfändungsfall der Mieter gegenüber dem Gläubiger seines Vermieters auch eine offene, jedoch bereits verjährte Mietforderung, dann erfolgt der Ausgleich nicht ohne Rechtsgrund. Mangels Bereicherung besteht kein Rückzahlungsanspruch, § 813 BGB. Verweigert der Mieter hingegen die Zahlung unter Hinweis auf die bereits eingetretene Verjährung, könnte der Vollstreckungsgläubiger die Erfüllung nicht erzwingen. Ihm bliebe allenfalls die Möglichkeit der Aufrechnung mit einem gfls. ihm gegenüber bestehenden Zahlungsanspruch des Mieters, falls sich beide Forderungen in unverjährter Zeit aufrechenbar gegenüber standen (§ 215 BGB).

9

Für den Erfolg einer Mietpfändung macht es im Übrigen keinen Unterschied, ob es sich bei dem Vollstreckungsschuldner um den Vermieter in einem Haupt- oder in einem **Untermietverhältnis** handelt; auch Mietzahlungsansprüche aus der Untervermietung unterliegen der Vollstreckungsbeschlagnahme. Den Untervermieter treffen in der Beziehung zum Untermieter dieselben Rechte und Pflichten der §§ 535 ff. BGB; der Untermietvertrag gilt als echter Mietvertrag[3]. Er ist sowohl von einer Erteilung der Erlaubnis zur Untervermietung als auch vom Bestand des Hauptmietvertrages unabhängig[4].

10

Im **Verhältnis zwischen Vermieter und Untermieter** bestehen demgegenüber keine unmittelbaren, mietvertraglichen Beziehungen[5]. Insbesondere existiert kein Anspruch des Vermieters auf Herausgabe der Untermiete[6], so dass aus diesem Rechtsverhältnis auch keine pfändbaren Mietforderungen resultieren.

↪ **Praxistipp:**
Der mit der Vollstreckung aus einem Zahlungstitel gegen den Vermieter beauftragte Rechtsanwalt sollte frühzeitig den Vollstreckungs-

11

---

1 BGH, NJW 2003, 2987.
2 BGH, NJW 2005, 681.
3 BGH, NJW 1978, 1483.
4 BGH, GuT 2007, 378.
5 BGH, NJW 2001, 1355.
6 BGH, NJW 1996, 838.

zugriff für seinen Mandanten sichern. Zur bestmöglichen „Rangwahrung" kann er – zeitgleich mit der Beantragung des Pfändungs- und Überweisungsbeschlusses gegen den Mieter – auch eine **Vorpfändung** nach § 845 ZPO durch den zuständigen Gerichtsvollzieher im Parteibetrieb zustellen lassen. Wird die eigentliche Pfändung dann an den Mieter binnen eines Monats bewirkt, wirkt sie auf den Zeitpunkt der Vorpfändung zurück (§§ 845 Abs. 2, 930 ZPO). Dies kann zu einem Zugriff auf eine Monatsmiete „mehr" führen[1]. Voraussetzung ist jedoch, dass die der Vorpfändung dienende Benachrichtigung gegenüber dem Mieter die Forderung, deren Pfändung angekündigt wird, ebenso eindeutig bezeichnet wie die Pfändung der Forderung selbst[2].

12 **Mustertext**
für ein Anwaltsschreiben des Pfändungsgläubigers an den Mieter (Drittschuldner) bei Mietvorpfändung (Auszug):

> In obiger Angelegenheit zeige ich an, dass ich Herrn ... anwaltlich vertrete. Nach dem vollstreckbaren Urteil des LG (...) vom (...), Az.: (...) steht meinem Mandanten gegenüber Ihrem Vermieter, Herrn (...), ein Anspruch auf Zahlung von (...) Euro (Hauptsachebetrag) nebst (...)% Zinsen seit dem (...) zu. Wegen dieses Anspruchs und weiterer (...) Euro an Kosten des Pfändungsverfahrens steht die Pfändung der angeblichen Forderung Ihres Vermieters Ihnen gegenüber auf Zahlung der rückständigen, fälligen und künftig fällig werdenden Mieten aus der Vermietung der Wohnung im 2. OG links des Anwesens – (Adresse) – einschließlich etwaiger fälliger und künftig fällig werdender Ansprüche aus dem gleichen Rechtsgrund, insbesondere auf Zahlung einer fälligen oder künftig fällig werdenden Mietkaution, auf Zahlung einer vereinbarten Mietvorauszahlung, auf Zahlung von (Verzugs-)Zinsen, auf Zahlung von Nutzungsentschädigung bzw. auf Schadensersatz wegen verspäteter Rückgabe, bevor.
>
> Hierdurch benachrichtige ich Sie als Drittschuldner von der bevorstehenden Pfändung, verbunden mit der Aufforderung, nicht mehr an Ihren Vermieter zu bezahlen. Zeitgleich benachrichtige ich hierdurch ihren Vermieter, verbunden mit der Aufforderung, sich jeder Verfügung über die Forderung – insbesondere deren Einziehung – zu enthalten.

b) Künftige Mieten

13 Die **Fälligkeit** der Mietforderung im Zeitpunkt der Vollstreckungsmaßnahme ist keine Vorbedingung zur Pfändung. Auch künftig fällig werdende Mieten unterliegen dem Pfändungszugriff[3]. **Voraussetzung** ist allerdings, dass bereits zum Zeitpunkt der Beschlagnahme (vgl. Rz. 93) eine „**Rechts-**

---
1 *Goebel*, Zwangsvollstreckung, § 6 Rz. 5.
2 BGH, NJW 2001, 2976; OLG Düsseldorf, MDR 1974, 409.
3 BGH, NJW 2005, 681.

beziehung" zwischen dem Schuldner und dem Drittschuldner, hier also ein **Mietverhältnis** besteht, aus dem die künftige Mietforderung nach ihrem Inhalt und der Person des Drittschuldners bestimmt werden kann[1]. Die Mietanspruch muss sich dabei eindeutig aus dem Mietvertrag ergeben. Ist der Vertragsabschluss noch nicht erfolgt bzw. steht er erst unmittelbar bevor oder existieren nur vorvertragliche Absprachen (z.B. Mietvorvertrag, Mietoption, Vormietrecht usw.), fehlt die erforderliche Rechtsgrundlage zur Konkretisierung der Mietforderung[2]; das Entstehen des Anspruchs liegt noch völlig im Ungewissen. Dasselbe gilt übrigens, wenn anlässlich einer Veräußerung des Mietgrundstücks das Mietverhältnis noch nicht auf den neuen Eigentümer übergegangen ist (§ 566 BGB). Ein Vollstreckungsantrag gegenüber dem Erwerber würde auch in diesem Fall ins Leere gehen. Denn die bloße **Erwartung** einer künftigen Mietforderung unterliegt grundsätzlich nicht dem Vollstreckungszugriff[3].

Dass sich die Pfändung auch auf künftig fällig werdende Mieten erstrecken soll, muss aus einer **ausdrücklichen Anordnung** im Pfändungsbeschluss hervorgehen[4]. Dies ist im Einzelfall von Rechtsanwalt des betroffenen Mieters zu überprüfen. Fehlt es an einer entsprechenden Angabe, unterliegen der Vollstreckungsmaßnahme nur die bei ihrem Wirksamwerden (Zustellung) bereits fälligen Mietzahlungsansprüche[5]. 14

➲ **Praxistipp:**
Der mit Vollstreckungsmaßnahmen beauftragte Rechtsanwalt sollte im Falle einer Mietpfändung sicherheitshalber auch die künftigen Mietzahlungsansprüche des Schuldners in seinen Pfändungsantrag mit aufnehmen und benennen.

Sind künftige Mietforderungen gepfändet, gilt die Pfändungswirkung für alle bis zur vollständigen Befriedigung des Gläubigers fällig werdenden, einbringlichen Mieten[6]. Der Rechtsanwalt hat dabei zu berücksichtigen, dass das **Pfändungspfandrecht** an dem künftigen Mietzahlungsanspruch erst mit dessen **Entstehung**[7], also mit dessen **Fälligkeit**, begründet wird[8]. Soweit hierzu im Mietvertrag nichts – abweichendes – vereinbart wurde, richtet sich die Fälligkeit der künftigen Miete nach den Bestimmungen der §§ 556b Abs. 1, 579 Abs. 1, Abs. 2 BGB – für vor dem 1.9.2001 abgeschlos- 15

---

1 Vgl. BGH, NJW 2003, 3774 – Sozialversicherungsverhältnis; BGH, NJW 1970, 241.
2 Vgl. BGH, NJW 2001, 1937; OLG Oldenburg, NJW-RR 1992, 512.
3 Vgl. LG Koblenz, Rpfleger 2000, 340; OLG Köln, WM 1986, 1421; *Stöber*, Forderungspfändung, 14. Aufl., Rz. 28.
4 BGH, NJW 1981, 1611; OLG Düsseldorf, NJW-RR 1999, 1406; a.A. *Stöber*, Forderungspfändung, 14. Aufl., Rz. 219 – Mitpfändung kann sich aber durch Auslegung des Pfändungsbeschlusses ergeben.
5 Vgl. OLG Karlsruhe, NJW-RR 1993, 242.
6 *Stöber*, Forderungspfändung, 14. Aufl., Rz. 221.
7 Hierzu BGH v. 4.11.2009 – XII ZR 170/07; BGH, NJW 2008, 1153; BGH, NJW-RR 2005, 1641.
8 BFH, BB 2005, 1488; BGH, NJW 2004, 1444.

sene „Altverträge" nach § 551 BGB a.F. (Art 229 § 3 Abs. 1 Nr. 7 EGBGB)[1]. Entsteht die künftige Forderung nicht, würde eine zuvor bewirkte Pfändung ins Leere gehen[2].

16 ➲ **Praxistipp:**
Eine **zeitliche Begrenzung** der Pfändung künftig fällig werdender Mieten ist möglich (z.B. bei 1500,– Euro Vollstreckungsforderung: Pfändung im Februar der Monatsmieten März bis Juli à 300,– Euro). Eine solche Vorgehensweise ist jedoch risikobehaftet. Mindert der Mieter z.B. berechtigterweise die Miete oder ist sie aus anderen Gründen im Pfändungszeitraum (teilweise) uneinbringlich, hat der Gläubiger an später fällig werdenden Mieten kein Pfändungspfandrecht mehr. Benötigt der Gläubiger jedoch weitere Mieten zur Befriedigung seines titulierten Anspruchs, müsste er diese neu pfänden. Diese neue Pfändung wäre nachrangig, wenn die Mieten zwischenzeitlich abgetreten oder von Drittgläubigern vorrangig gepfändet wurden.

c) Nutzungsentschädigung

17 Die Mietpfändung erfasst – in Analogie zur Abtretung der Mietforderung[3] – ohne weiteres auch den Anspruch des Vermieters auf Entschädigung bei **nicht rechtzeitiger Rückgabe** der Mietsache nach Beendigung des Mietverhältnisses (§ 546a Abs. 1 BGB)[4]. Dieser Entschädigungsanspruch tritt im Rahmen des Abwicklungsschuldverhältnisses als vertraglicher Anspruch eigener Art an die Stelle der Mietzinsforderung[5]. Vorsorglich sollte der Anspruch im Pfändungsantrag jedoch ausdrücklich mit aufgenommen und erwähnt werden (vgl. *Rz. 35*).

d) Nebenansprüche und -rechte

18 Die mit der Pfändung einer Mietforderung verbundene Beschlagnahme erstreckt sich grundsätzlich auch auf sämtliche Nebenansprüche und unselbständigen Nebenrechte, die im Falle einer Abtretung dieser Forderung (§§ 401; 412 BGB) mit auf den Gläubiger übergehen und von ihm geltend gemacht werden können[6]. Einer ausdrücklichen Aufnahme dieser Nebenansprüche im Pfändungsbeschluss bedarf es nicht.

aa) Zinsen

19 Zu den Nebenansprüchen einer Mietforderung zählen insbesondere die gesetzlichen bzw. vertraglich festgelegten Zinsen. Sie gelten im Zweifel als

---

1 LG Hamburg, ZMR 2007, 199; AG Köln, WuM 2007, 40.
2 BFH, BB 2005, 1488 m.w.N.
3 Hierzu BGH, GuT 2007, 140; BGH, NJW 1999, 715.
4 *Stöber*, Forderungspfändung, 14. Aufl., Rz. 216.
5 BGH, WuM 2003, 510; BGH, NJW 1984, 1527.
6 Vgl. BGH, NJW-RR 2003, 1555; BGH, ZIP 2000, 1444; BGH, NJW 1998, 990; OLG Nürnberg, MDR 2001, 1133.

von der Pfändung mit erfasst, selbst wenn der Pfändungsbeschluss eine solche Wirkung nicht ausdrücklich erwähnt[1]. Noch ungeklärt ist allerdings, ob sich in diesem Fall die Pfändung – in Anlehnung an § 1289 BGB – nur auf **künftig fällig** werdende Zinsen bezieht[2] oder auch auf solche, die **bereits fällig**, aber noch nicht beglichen sind[3]. Eindeutig ist die Rechtslage dann, wenn im Pfändungsbeschluss die rückständigen Zinsen als mitgepfändet bezeichnet und gesondert aufgeführt werden[4], was zulässig ist. Unklarheiten kann der mit einer Mietpfändung beauftragte Rechtsanwalt also nur dadurch vermeiden, dass er den Pfändungsantrag ausdrücklich auf sämtliche noch offenen Zinsansprüche erweitert (vgl. *Rz. 35*).

bb) Sonstige Nebenrechte

Die von einer Mietzinspfändung ebenfalls mit erfassten, rechtlich unselbständigen Nebenrechte können sein: 20

- das **gesetzliche Vermieterpfandrecht** (§§ 562 ff., 581 BGB)[5],
- Ansprüche gegen den **Mietbürgen** (§§ 765 ff. BGB),
- Rechte aus einer sichernden **Schuldmitübernahme**[6],
- Ansprüche auf Auskunft (§§ 836 Abs. 3 ZPO) oder Rechnungslegung (vgl. *Rz. 123, M Rz. 413 f.*),
- Kautionen[7],
- Gestaltungsrechte.

Einer gesonderten **Neben- oder Hilfspfändung** dieser Nebenrechte bedarf es nicht; sie werden grundsätzlich von der Pfändungsbeschlagnahme umfasst. Auf ausdrücklichen Antrag des Gläubigers kann das Vollstreckungsgericht jedoch in dem die Mietforderung pfändenden Beschluss eine entsprechende Mitpfändung aussprechen[8].

Abstrakte Sicherungsrechte hingegen zählen nicht zu den Nebenrechten einer Forderung; sie unterliegen vielmehr einem **eigenständigen Pfändungszugriff**. Hat sich z.B. der Vermieter – für den Fall der Untervermietung – zur Sicherung der eigenen Mietforderung die Zahlungsansprüche seines Vertragspartners gegen den Untermieter vertraglich abtreten lassen[9], erfasst die Pfändung der „Hauptmiete" diesen selbständigen Sicherungs- 21

---

1 BFH, NJW 2008, 1180; BGH, NJW 1961, 1524 – Abtretung.
2 So OLG Düsseldorf, WM 1984, 1431; *Baumbach/Lauterbach*, ZPO, 67. Aufl., § 829 Rz. 23.
3 So *Stöber*, Forderungspfändung, 14. Aufl., Rz. 695; vgl. BGH, WM 1972, 560 – Abtretung.
4 OLG Düsseldorf, WM 1984, 1431.
5 *Bosch*, KKZ 1953, 159.
6 BGH, NJW 2000, 575; BGH, NJW 1972, 437.
7 OLG Frankfurt, NJW-RR 1989, 891.
8 BGH, NJW-RR 2003, 1555; LG Düsseldorf, JurBüro 2008, 268.
9 Hierzu OLG Düsseldorf, GuT 2008, 208; zur Wirksamkeit einer entsprechenden Formularklausel vgl. OLG Hamburg, WuM 1999, 806.

anspruch nicht[1]. Nach dem Rechtsgedanken des § 401 BGB besteht jedoch für den Vermieter im Zweifel die Verpflichtung, das vereinbarte Sicherungsrecht an seinen die Zwangsvollstreckung betreibenden Gläubiger zu übertragen, sofern dem nicht Abreden mit dem Mieter entgegenstehen[2].

e) Betriebskosten

22 Strittig behandelt wird die Frage, ob Ansprüche des Vermieters auf (Voraus-)Zahlung der **gesondert umgelegten** Betriebskosten der Pfändung unterliegen. Denn Zahlungen des Mieters auf die Betriebskosten erfolgen für gesonderte, von ihm in Anspruch genommene Leistungen (Strom, Wasser, Heizung etc.), die über den Vermieter abgerechnet werden. Sie gelten daher nach **h.M.** als **zweckgebunden, nicht abtretbar** und somit **unpfändbar** (§ 851 Abs. 1 ZPO, § 399 BGB), und zwar unabhängig davon, ob die Nebenkosten als Pauschale bzw. Vorauszahlung oder auf der Grundlage einer vorgelegten Abrechnung erbracht werden[3]. Erstreckt sich in diesem Fall ein vom Gläubiger erwirkter Pfändungsbeschluss seinem Wortlaut nach ausdrücklich auch auf diese Ansprüche, könnte der Vermieter – unter Berufung auf die vorherrschende Rechtsauffassung – eine Aufhebung des Beschlusses verlangen, und zwar im Wege der Erinnerung (§ 766 ZPO) und, bei deren Ablehnung, mit Beschwerde, § 793 ZPO (vgl. *Rz. 58 ff., M Rz. 468 f.*).

23 Die **Gegenmeinung**[4] verweist demgegenüber auf die bei Verkauf eines Mietgrundstücks übliche Vereinbarung, wonach Rechte aus bestehenden Mietverträgen ab einem bestimmten Stichtag (z.B. Besitzübergang) auf den Käufer übergehen sollen. Mit einer solchen Abrede werden die dem bisherigen Vermieter zustehenden Mietzinsansprüche an den Käufer abgetreten[5]. Wären von einer solchen Abtretung die Betriebskostenvorauszahlungen mangels Übertragbarkeit nicht erfasst, müsste der Mieter die Nettomiete an den Käufer, die Vorauszahlungen auf die Nebenkosten hingegen weiterhin – und zwar bis zur Eigentumsumschreibung – noch an den bisherigen Vermieter entrichten. Der Mieter schuldet jedoch nach § 535 Abs. 2 BGB eine **einheitliche Miete**, die es dem Vermieter ermöglichen soll, insbesondere sämtliche Bewirtschaftungskosten abzudecken; insoweit wäre es verfehlt, jedem Teil des Mietentgelts ein „eigenes Schicksal" zuzuweisen[6].

---

1 *Stöber*, Forderungspfändung, 14. Aufl., Rz. 701.
2 Vgl. BGH, NJW 1990, 903; OLG Köln, NJW 1990, 3214.
3 OLG Celle, ZMR 1999, 698 mit zust. Anmerkung *Lützenrath*; LG Frankfurt, Rpfleger 1989, 294; *Stöber*, Forderungspfändung, 14. Aufl., Rz. 217; *Baumbach/Hartmann*, ZPO, 67. Aufl., § 851, Rz. 10 – Mietnebenkosten; *Zöller/Stöber*, ZPO, 28. Aufl., § 829 Rz. 33 – Miete.
4 *Schmid*, ZMR 2000, 144; *Sternel*, Mietrecht, 1. Aufl., III Rz. 88; *Langenberg*, Betriebskostenrecht, 4. Aufl., Kap. E Rz. 55 ff.
5 BGH, NZM 2003, 716; ob dies auch gilt bei alleiniger Festlegung eines Verrechnungstages, ab dem alle Nutzungen und Lasten auf den Käufer übergehen, ist strittig: bejahend LG Berlin, GE 1998, 617 – ablehnend: OLG Düsseldorf, WuM 1993, 343.
6 *Langenberg*, Betriebskostenrecht, 4. Aufl., Kap. E Rz. 57.

Demzufolge soll der Vermieter – entgegen verbreiteter Ansicht[1] – auch **kein Treuhänder** des Mieters bezüglich der Vorauszahlungen sein[2]. Forderungen im Zusammenhang mit Betriebskosten werden nach dieser Auffassung als abtretbar[3] und somit als pfändbar eingeordnet. Der Schutz des Mieters erfolgt in diesem Fall über § 851b ZPO (hierzu *Rz. 126 ff.*)[4].

Eigene Auffassung: Als nicht übertragbar i.S.v. § 399 BGB gilt eine Forderung nur dann, wenn ein Gläubigerwechsel den **Inhalt der Leistung** ändert. Von einer derartigen Inhaltsänderung ist auszugehen, wenn sich das Interesse des Schuldners an der Aufrechterhaltung einer bestimmten Gläubigerposition als besonders schutzwürdig erweist oder der Schuldner aufgrund der Abtretung etwas anderes als ursprünglich geschuldet zu leisten hätte[5]. Ein spezieller **Verwendungszweck der Forderung** gehört in diesen Fällen zum Inhalt der Zahlungsleistung; der zweckwidrige Gebrauch würde zu einer Veränderung ihres Leistungsinhalts und damit zu einem Abtretungsverbot führen[6]. Als zweckbestimmt gelten deshalb insbesondere solche Forderungen, bei denen der Leistungsempfänger von Gesetzes wegen oder durch Vereinbarung einer **treuhänderischen** Bindung unterliegt[7]. 24

Zum **Verwendungszweck** einer Nebenkosten(voraus)zahlung werden konkrete Vereinbarungen zwischen den Parteien eines Mietvertrages üblicherweise nicht getroffen. Eine Festlegung, wonach der Vermieter gehalten ist, speziell aus diesen Mitteln die laufenden Betriebskosten des Mietobjekts zu bestreiten bzw. vereinnahmte Beträge ausschließlich in diesem Sinne zu verwenden, lässt sich auch aus der Zahlungsabrede selbst nicht herleiten. Denn es ist der Vermieter, der nach dem gesetzlichen Leitbild des § 535 Abs. 1 S. 3 BGB die auf der Mietsache ruhenden Lasten zu tragen hat; Aufwendungen für Betriebskosten treffen ihn also persönlich. Will er sie an den Mieter weiterberechnen, bedarf es in jedem Fall einer gesonderten Vereinbarung. Erst mit der späteren Abrechnung gibt der Vermieter den ihm für die Abrechnungsperiode vom Mieter zu erstattenden Betrag bekannt. Die Pflicht zur **Vorauslage** der abzurechnenden Beträge liegt jedoch zunächst beim Vermieter selbst. Eventuell vom Mieter geleistete Vorauszahlungen vermindern allenfalls die sich aus der Jahresabrechnung ergebende Erstattungsforderung; sie reduzieren im Wege des (Vorweg-)Ausgleichs also nur ein mögliches **Ausfallrisiko des Vermieters**. Betriebskostenvorschüsse wie auch Nachforderungen aus einer Nebenkostenabrechnung dienen in erster Linie dem – vertraglich vereinbarten – Ausgleich einer **Kostentragungslast** des Vermieters. Eine Zweckbindung im Sinne einer Pflicht zur Weiterleitung der vom Mieter geschuldeten Beträge z.B. an einen Leistungsträger 24a

---

1 OLG Koblenz, MDR 1986, 59; AG Hamburg-Wandsbeck, WuM 1996, 28; offen gelassen von LG Berlin, WuM 1999, 343.
2 So LG Hamburg, ZMR 1995, 32; *Schmid*, ZMR 2000, 144.
3 So ausdrücklich OLG Düsseldorf, ZMR 2003, 252.
4 *Schmid*, ZMR 2000, 144.
5 Vgl. BGH, NJW 1986, 713.
6 BGH, WM 2009, 332.
7 BGH, NJW 2008, 2040; BGH, NJW 2000, 1270 m.w.N.

mit dem Ziel der Tilgung umlagefähiger Nebenkosten kann dabei nicht unterstellt werden. Die dem Vermieter zufließenden Beträge begründen insoweit auch keine Verpflichtung zur treuhänderischen Verwaltung. Die Pfändbarkeit von Betriebskostenforderungen ist daher im Allgemeinen gegeben. Anderes könnte allenfalls gelten, sofern ein durch den Zahlungsanspruch Begünstigter (z.B. ein Versicherungsunternehmen) noch nicht vom Vermieter befriedigt wurde.

25 Unabhängig von dem beschriebenen Meinungsstreit sollen Mietnebenkosten auf jeden Fall der Pfändung unterliegen, sofern derjenige die Zwangsvollstreckung betreibt, für den die Betriebskostenposition **bestimmt** ist[1]. Handelt es sich bei dem Gläubiger beispielsweise um ein Versorgungsunternehmen und hat der den Zahlungsausgleich schuldende Vermieter die den Betriebskostenvorauszahlungen zu Grunde liegenden Leistungen (z.B. Strom, Gas, Wasser, Fernwärme) nicht beglichen, könnte der Gläubiger die Pfändung aus einem entsprechenden Zahlungstitel in jeden Fall auch auf die aktuell und künftig fällig werdenden Betriebskostenvorauszahlungen erweitern, allerdings nur anteilig in Höhe des für den Versorger „bestimmten" Betrages[2]. Insoweit bedarf es einer gesonderten Darlegung im Pfändungsantrag, wonach die Pfändung allein im Rahmen der **Zweckbestimmung** für den Gläubiger des Vermieters erfolgt.

26 **Beispielsfall:**
Vom örtlichen Energieversorger E erhält der Vermieter und Schuldner V für die Wohnung des Mieters und Drittschuldners M im Dauerbezug Gaslieferungen, die für das Jahr 2007 mit 1400,– Euro abgerechnet wurden. Nachdem der Vermieter die Rechnung nicht ausgleicht, erwirkt E einen entsprechenden Vollstreckungstitel. Der Mieter schuldet die Zahlung einer monatlichen Miete von 380,– Euro nebst Nebenkostenvorauszahlung in Höhe von 100,– Euro. In der Vorauszahlung sind 35,– Euro für Heizung/Warmwasser enthalten. E pfändet nun die Mietforderungen des V gegen den M einschließlich der Nebenkostenvorauszahlungen. Der Pfändungsantrag des E enthält hierzu folgenden Zusatz:
„Der Gläubiger hat an den Schuldner im Rahmen des „Energieversorgungsvertrages-Gas" vom 15.6.2004 Leistungen erbracht, die von der Zweckbestimmung der Nebenkostenvorauszahlungen des Drittschuldners an den Schuldner mit erfasst werden."
Dasselbe Ziel verfolgt auch der Möbellieferant L, der gegen V aus dem Kauf eines Einbauschranks noch eine vollstreckbare Forderung von 1900 EUR hat. L pfändet dieselben Forderungen bereits am 10.11.2008, während E erst am 20.11.2008 die Zustellung der Pfändung beim V bewirkt.

Im Beispielsfall erhält L als erstpfändender Gläubiger nach § 804 Abs. 3 ZPO zunächst die gesamte Miete ab Dezember 2008 von monatlich 380,– Euro, bis seine Forderung getilgt ist. Eine Vollstreckung des L in die Nebenkostenvorauszahlung wäre aber – folgt man der h.M. (vgl. Rz. 22) –

---

1 LG Frankfurt, Rpfleger 1989, 294.
2 *Schmid*, ZMR 2000, 144.

nach § 851 ZPO, § 399 BGB unwirksam. Demgegenüber geht der E wegen der Miete solange leer aus, bis L vollständig befriedigt ist. Allerdings kann E zumindest in die Nebenkostenforderung in einem Umfang von 35,– Euro monatlich vollstrecken, da die Zweckbindung der Vorauszahlung für die Heiz- und Warmwasserkosten gerade für ihn als Gaslieferanten greift.

f) Kautionszahlung

aa) Der Anspruch auf Kautionszahlung

Die anwaltliche Praxis zeigt, dass immer wieder Mietverhältnisse in Vollzug gesetzt werden, ohne dass der Mieter die nach dem Mietvertrag geschuldete **Sicherheitsleistung** an den Vermieter bezahlt. In diesem Fall hat der Vermieter das Recht, den Anspruch auf Kautionszahlung noch längere Zeit nach Beginn des Mietverhältnisses[1] – sogar auch noch nach dessen Beendigung[2] – geltend zu machen; die Forderung verjährt in drei Jahren (§ 194 Abs. 1 BGB)[3] ab Fälligkeit des Anspruchs und Kenntnis des Gläubigers von den anspruchsbegründenden Tatsachen, § 199 BGB[4]. Ob ein solcher Zahlungsanspruch – bei vereinbarter Barkaution – der Pfändbarkeit unterliegt, ist bislang ungeklärt[5].

27

Mit der Leistung der Sicherheit an den Vermieter erwirbt der Mieter von vorneherein einen aufschiebend bedingten Anspruch auf Rückgewähr[6]. Die Kaution wird dem Vermieter als Vorleistung für einen **künftigen Sicherungsfall** in der Weise überlassen, dass sie allein zu dem vertraglich bestimmten Zweck – Absicherung von künftigen Forderungen des Vermieters gegenüber seinem Vertragspartner aus dem Mietverhältnis – verwendet werden darf[7]. Insoweit könnte die Kautionszahlung des Mieters mit einer **Zweckbindung** unterlegt sein, die eine Abtretung und damit eine Pfändbarkeit des Leistungsanspruchs von vorneherein ausschließt. Voraussetzung hierfür ist allerdings, dass der vom Vermieter vereinnahmte Kautionsbetrag nicht mit dessen anderweitigem Vermögen vermengt bzw. diesem Vermögen keinesfalls zugeordnet wird. Andernfalls wäre die gesicherte Verwendung der eingehenden Zahlung für den späteren Sicherungsfall nicht garantiert. Eine wirtschaftliche Zuordnung der Kautionsleistung zum **Vermögen des Vermieters** entfällt jedoch nur, wenn es dem Vermieter grundsätzlich untersagt wäre, den Sicherungsbetrag seinem übrigen Vermögen zuzuführen, er vielmehr gehalten ist, ihm zufließende Kautionszahlungen wie ein Treuhänder als „**Fremdgeld**" zu verwalten und die Sicherheitsleistung von vornherein getrennt von seinem übrigen Vermögen anzulegen.

28

---

1 LG Karlsruhe, WuM 1992, 367.
2 BGH, NJW 1981, 976; OLG Düsseldorf, ZMR 2006, 923 u. NZM 2000, 380; LG Saarbrücken, WuM 1996, 616; AG Frankfurt, NJW-RR 1990, 129.
3 LG Darmstadt, NZM 2007, 801; LG Duisburg, WuM 2006, 250.
4 KG, GuT 2008, 126.
5 Offensichtlich bejahend vom AG Tostedt, zitiert in OLG Celle, ZMR 1999, 698.
6 BGH, NJW 1982, 2186; BGH, WuM 1978, 1362.
7 OLG Düsseldorf, ZMR 2000, 212 und 453; OLG Frankfurt, NJW-RR 1991, 1416; BayObLG, NJW 1981, 994.

29 Im **Wohnraummietrecht** resultiert eine entsprechende Verpflichtung des Vermieters bereits aus § 551 Abs. 3 BGB. Hiernach ist die Mietkaution als **Treuhandverhältnis** ausgestaltet, denn der Rückzahlungsanspruch des Mieters soll im Falle einer Zahlungsunfähigkeit seines Vertragspartners vor dem Zugriff von dessen Gläubigern geschützt sein[1]. Dementsprechend kann und darf der Vermieter von Wohnraum über den Kautionsbetrag seines Mieters auch nicht frei verfügen; er unterliegt insoweit einer **Vermögensbetreuungspflicht**[2]. Die zweckwidrige Verwendung der Sicherheitsleistung würde in diesem Fall eine Veränderung des Leistungsinhalts i.S.v. § 399 BGB mit sich bringen[3]. Das aus der treuhänderischen **Zweckbindung** der Sicherheitsleistung abzuleitende Zessionsverbot führt daher nach § 851 ZPO auch zur absoluten **Unpfändbarkeit** der Kautionsforderung bzw. des Kautionsguthabens beim Wohnraumvermieter. Das gilt selbst dann, wenn die Sicherheitsleistung (noch) nicht auf einem Treuhandkonto angelegt ist[4]. Würde dennoch eine Pfändung ausgesprochen, könnte der damit befasste Rechtsanwalt für den Mieter als Mandanten nach § 771 ZPO vorgehen und geltend machen, dass die Kautionsforderung bzw. der Betrag der Sicherheitsleistung nicht zum Vermögen des Vermieters gehört.

Davon zu unterscheiden ist die Pfändung der Kautionsforderung zugunsten oder im **Interesse des Mieters** selbst. In diesem Fall würden die Gelder ihrer Zweckbestimmung zugeführt werden; eine entsprechende Zwangsvollstreckung wäre zulässig.

30 Abweichend hierzu ist die Ausgangslage bei der **Vermietung von Gewerberaum** zu beurteilen. Die gesetzliche Regelung des § 551 Abs. 3 BGB gilt dort nach dem ausdrücklichen Willen des Gesetzgebers gerade nicht. Eine per Gesetz dem Vermieter zugewiesene Vermögensbetreuungspflicht im Hinblick auf die Kaution fehlt. Allein die bloße Vereinbarung einer Sicherheitsleistung als solche begründet für den Vermieter noch keine Pflicht zur Vermögensfürsorge, folglich auch keine treuhänderische Bindung hinsichtlich eines insoweit erhaltenen Geldbetrages[5]. Denkbar ist allerdings, dass die Parteien im Mietvertrag ausdrücklich eine Regelung treffen, wonach der Vermieter die eingezahlte Kaution getrennt von seinem Vermögen anzulegen hat. In diesem Fall wäre eine **Vermögensbetreuungspflicht** in **rechtsgeschäftlich** zulässiger Weise begründet mit der Folge, dass ein Zugriff des Pfändungsgläubigers auf die Kautionsforderung beim Vermieter wegen der dann feststehenden **Treuhandbindung** ebenfalls ausscheidet.

30a Treffen den Empfänger der Barkaution hingegen keine besonderen, ihm vertraglich auferlegten Sicherungspflichten, was die Anlageform betrifft, ist die Kautionszahlung des Gewerberaummieters allenfalls als Vorleistung für einen künftigen Sicherungsfall zu bewerten. Die Zahlung einer Vorleistung allein – **ohne Absicherung** – löst jedoch beim Vermieter grundsätzlich

---

1 BGH, NJW 2008, 1827; BGH NJW 1996, 65.
2 BGH, NJW 2008, 1827; BGH, NJW 1996, 65.
3 BGH, MDR 1978, 747.
4 BayObLG, NJW 1988, 1796.
5 BGH, NJW 2008, 1827; **a.A.** OLG Düsseldorf, NZM 2001, 380.

keine Pflicht zur Vermögensfürsorge aus[1]. Damit entfällt auch eine treuhänderische Bindung des Vermieters hinsichtlich der vom Mieter zu leistenden Sicherheit. Als selbständiges, abstraktes Sicherungsrecht würde in diesem Fall der noch nicht erfüllte, fällige Kautionszahlungsanspruch des Vermieters dem uneingeschränkten Gläubigerzugriff durch Pfändung unterworfen sein. Wie in der Insolvenz des Vermieters[2] trägt auch hier der Mieter das volle „Verlustrisiko" einer ungesichert zu leistenden Kaution.

⊃ **Praxistipp:** 31

Der Mieteranwalt sollte bereits anlässlich der Verhandlung/Gestaltung eines Gewerberaum-Mietvertrages darauf achten, dass im Zusammenhang mit einer vereinbarten Kautionsleistung zumindest eine Regelung aufgenommen wird, die den Vermieter verpflichtet, ihm zugehende Kautionsbeträge getrennt von seinem übrigen Vermögen – am besten verzinslich – anzulegen. Um einen umfassenden Schutz des Mandanten zu gewährleiste, sollte er – nachdem die Sicherheit geleistet ist – die Einhaltung dieser Verpflichtung einer Überprüfung unterziehen und sie ggfls. zügig gegenüber dem Vermieter durchsetzen. Solange der Vermieter seiner Anlagepflicht nicht nachkommt, bleibt der Mieter grundsätzlich befugt, geschuldete Mietzahlungen in Höhe des Kautionsbetrages im Rahmen eines Zurückbehaltungsrechts zu verweigern[3].

bb) Der Anspruch auf Kautionsverwertung

Hat der Mieter die Kaution bei Mietbeginn im geschuldeten Umfang bezahlt, kann der Vermieter im laufenden Mietverhältnis – z.B. wegen unstreitig aufgelaufener Mietforderungen – zur **Verwertung** dieser Sicherheitsleistung berechtigt sein, soweit dem nicht anderweitige mietvertragliche Abreden entgegenstehen. Lässt sich für den Gläubiger des finanziell angeschlagenen Vermieters angesichts bestehender Mietrückstände bereits absehen, dass die Pfändung fälliger und zukünftiger Mieten beim Mieter als Drittschuldner kurzfristig zu keiner Tilgung oder zumindest Reduzierung der titulierten Forderung führen wird, sollte der hier tätige Rechtsanwalt zumindest eine Pfändung der beim Vermieter liegenden Kaution in Erwägung ziehen, solange die Sicherheitsleistung eine Verrechnung mit der offen stehenden Mietforderung nach ihrer Zweckbestimmung zulässt[4]. 32

---

1 BGH, NJW 2008, 1827.
2 Vgl. BGH, NZM 2008, 203.
3 BGH, NZM 2008, 202; LG Mannheim, NJW-RR 1991, 79; LG Kiel, WuM 1989, 18; AG Königswinter, WuM 2007, 347; AG Ludwigshafen WuM 1992, 188; AG Mülheim, WuM 1990, 426.
4 Bei preisgebundenem Wohnraum ist § 9 Abs. 5 Satz 1 WoBindG zu beachten; hiernach sichert die Kaution nur Ansprüche des Vermieters gegen den Mieter aus Schäden an der Wohnung oder unterlassenen Schönheitsreparaturen.

33 ▷ **Praxistipp:**
Soweit der Mieter über die Frage, ob eine Kaution vertraglich vereinbart und dann auch geleistet wurde und welchen Zweckbestimmungen diese unterliegt, nicht schon im Rahmen der Drittschuldnererklärung nach § 840 ZPO (hierzu *Rz. 137 ff.*) Auskunft gegeben hat, besteht eine Verpflichtung des Vermieters nach § 836 Abs. 3 ZPO dem Gläubiger gegenüber, seinerseits sämtliche **Auskünfte zu erteilen** und die entsprechenden Urkunden, insbesondere den Mietvertrag, aber auch ein Kautionssparbuch, vorzulegen (vgl. *Rz. 117 ff.*). Die Verpflichtung zur notwendigen Informationserteilung und Vorlage aller erforderlichen Urkunden sollte der Rechtsanwalt daher bereits in den Antrag auf Erlass des Pfändungs- und Überweisungsbeschlusses mit aufnehmen (vgl. *Rz. 121*).

g) Sonstige Zahlungsforderungen des Vermieters

34 In Frage kommen noch weitere Geldleistungsansprüche des Vermieters, die ebenfalls dem Pfändungszugriff eines Gläubigers unterliegen, so beispielsweise

Schadensersatz- bzw. Vorschussforderungen gegenüber dem Mieter
– bei nicht mehr vom vertragsgemäßen Gebrauch gedeckten Beschädigungen der Mietsache,
– bei schuldhafter Veranlassung einer außerordentlichen Kündigung des Mietverhältnisses,
– bei Nichtdurchführung geschuldeter Schönheitsreparaturen nach Fristsetzung,
– bei unwirksamer Kündigung des Mietverhältnisses seitens des Mieters,
– bei verspäteter Rückgabe der Mietsache (§§ 546a Abs. 2, 571 BGB),
– bei Obliegenheitsverletzungen (Fürsorge-, Verkehrssicherungspflichten),

oder **sonstige Forderungen**
– bei Verwirkung vereinbarter Vertragstrafen (im Gewerbemietrecht),
– bei Vereinbarung von einmaligen Zusatzzahlungen (z.B. „Eintrittsgeld"[1]).

h) Mustertext

für einen Antrag auf Erlass eines **Pfändungs- und Überweisungsbeschlusses** gegenüber dem Mieter als Drittschuldner:

---
[1] Vgl. hierzu OLG München, ZMR 1995, 549.

An das 35
Amtsgericht ...
– Vollstreckungsgericht –
(Adresse)

In der Zwangsvollstreckungssache

– Gläubiger –

gegen

– Schuldner –

zeige ich die Vertretung des Gläubigers an. Namens und in dessen Vollmacht beantrage ich den Erlass des nachstehenden Pfändungs- und Überweisungsbeschlusses:

Wegen der in nachstehendem Forderungskonto näher bezeichneten und berechneten Forderung(en) in Höhe von insgesamt – Betrag – zuzüglich etwaiger weiterer Zinsen und zuzüglich der Zustellungskosten dieses Beschlusses wird die angebliche Forderung des Schuldners gegenüber – Drittschuldner – auf Zahlung der rückständigen, fälligen und künftig fällig werdenden Mieten aus der Vermietung der Wohnung im 2. OG links des Anwesens – Adresse – einschließlich etwaiger fälliger und künftig fällig werdender Ansprüche aus dem gleichen Rechtsgrund, insbesondere auf Zahlung einer fälligen oder künftig fällig werdenden Mietkaution, auf Zahlung einer vereinbarten Mietvorauszahlung, auf Zahlung von (Verzugs-)Zinsen, auf Zahlung von Nutzungsentschädigung bzw. von Schadensersatz wegen verspäteter Rückgabe, gepfändet, bis der Anspruch des Gläubigers gedeckt ist, und dem Gläubiger zur Einziehung überwiesen. Dem Drittschuldner wird verboten, an den Schuldner zu leisten. Der Schuldner hat sich jeder Verfügung über die gepfändeten Forderungen, insbesondere ihrer Einziehung, zu enthalten.

Die vollstreckbare Ausfertigung des Titels sowie des Kostenfestsetzungsbeschlusses und die Zustellungsnachweise füge ich im Original mit dem Ersuchen um Rückgabe bei. Ich bitte, die Zustellung an den Drittschuldner und an den Schuldner zu vermitteln; an den Drittschuldner mit der Aufforderung nach § 840 ZPO. Die erforderliche Anzahl beglaubigter Abschriften ist beigefügt. Für den Fall, dass das angerufene Vollstreckungsgericht seine Zuständigkeit zum Erlass des Beschlusses verneint, wird bereits jetzt hilfsweise die Verweisung an das örtlich zuständige Gericht beantragt. Die Gerichtsgebühren sowie die Gebühren für die Bewirkung der Zustellung werden per Kostenmarken/Gebührenstempler eingezahlt.

4. Pfändbare Mietzahlungsansprüche des Mieters

Richtet sich die dem Rechtsanwalt übertragene Zwangsvollstreckung aus 36
einem Zahlungstitel gegen einen Schuldner, der gleichzeitig die Stellung als Mieter in einem Wohn- oder Gewerberaummietverhältnis inne hat, dürfen dessen Forderungen gegenüber dem Vermieter – als Drittschuldner

– nicht übersehen werden. Hier kommen eine ganze Reihe von Ansprüchen als mögliches Pfändungsobjekt in Betracht.

a) Rückzahlung der Mietkaution

37 Der Mieter leistet regelmäßig zur Absicherung der künftigen Ansprüche des Vermieters aus dem Vertragsverhältnis und seiner Abwicklung eine **Sicherheitsleistung**, sei es durch Bargeld, durch Einzahlung auf einem Konto des Vermieters, durch Einrichtung eines Sparkontos oder durch Übergabe einer Bürgschaft. Die Rückgabe der Mietkaution hat hierbei grundsätzlich in der Form zu erfolgen, in der sie gegeben wurde. Der Rückzahlungsanspruch des Mieters ist allerdings durch das Ende des Mietvertrages **aufschiebend bedingt**[1]. Die hierauf gerichtete Forderung wird erst nach Ende der Vertragslaufzeit und nach Ablauf einer angemessenen Prüfungs- und Überlegungszeit fällig[2].

38 Ein solcher **Anspruch auf Rückgabe/Auszahlung des Kautionsguthabens** kann von einem Gläubiger des Mieters bereits während der Mietzeit gepfändet werden. Drittschuldner ist der Vermieter. Die Pfändung richtet sich nach der **Art der Sicherheitsleistung**. Im Falle einer Barkaution ist der Rückzahlungsanspruch als Geldforderung nach §§ 829 ff. ZPO zu pfänden; wird hingegen für die Sicherheit des Mieters ein Kautionssparbuch auf dessen Namen angelegt, über das nur mit Zustimmung des Vermieters verfügt werden darf, muss die Auszahlungsforderung des Mieters gegenüber der **Bank als Drittschuldner** gepfändet werden[3].

39 ⊃ **Praxistipp:**
Bei einer Kautionspfändung behält der Vermieter als Drittschuldner gegenüber dem Pfändungsgläubiger sämtliche Einwendungen und Einreden, die er gegenüber seinem Mieter erheben kann (§§ 829, 835, 836, 840 ZPO i.V.m. §§ 551, 406 BGB)[4]. So darf er der Vollstreckungsmaßnahme z.B. entgegenhalten

– die Sicherungseinrede, der die Kaution während des noch laufenden Mietverhältnisses unterliegt,

– die mangelnde Fälligkeit der Rückforderung – selbst bei Beendigung des Mietverhältnisses,

– berechtigte Einbehalte wegen zu erwartender Betriebskostennachzahlung,

---

1 BGH, NJW 1982, 2186; BGH, WuM 1978, 1362.
2 BGH, NJW 2006, 1422; OLG Düsseldorf, GuT 2008, 441.
3 *Stöber*, Forderungspfändung, 14. Aufl., Rz. 265.
4 *Horst*, MDR 2003, 1035.

– die Aufrechnung mit Gegenansprüchen, die sich aus dem Mietverhältnis und seiner Beendigung gegenüber dem Mieter als Forderungsschuldner ergeben[1].

b) Betriebskostenguthaben

Weist die dem Mieter nach Ablauf des Wirtschaftsjahres zugegangene Abrechnung über die Nebenkosten ein **Guthaben** wegen zu viel geleisteter Vorauszahlungen aus, wird der daraus resultierende Rückzahlungsanspruch mit Erteilung der Abrechnung sogleich fällig und zahlbar[2]. Eine Pfändung dieser Auszahlungsforderung ist ohne weiteres zulässig[3] und sollte von vorneherein in den Vollstreckungsauftrag mit einfließen. Dasselbe gilt für den Anspruch des Mieters auf **Rückzahlung** der geleisteten Betriebskostenvorschüsse insgesamt für den Fall der Beendigung des Mietverhältnisses mit dem Vermieter als Abrechnungsschuldner bei Nichterteilung der Abrechnung trotz Fälligkeit[4]. 40

c) Schmerzensgeld

Führt eine Pflichtverletzung des Vermieters zu einer Verletzung des Körpers oder der Gesundheit des Mieters, steht gem. § 253 Abs. 2 BGB ein Anspruch auf Zahlung von Schmerzensgeld im Raum. Auch diese Forderung unterliegt ohne weiteres der Pfändung des Mietgläubigers. 41

d) Aufwendungsersatz

Dasselbe gilt für Geldersatzforderungen des Mieters nach Durchführung der Ersatzvornahme gem. § 536a Abs. 2, 2. Alt. BGB, bei getätigten Aufwendungen auf die Mietsache i.S.v. § 539 Abs. 1 BGB bzw. anlässlich der Durchführung nicht geschuldeter Schönheitsreparaturen[5] nach §§ 812 ff. BGB. 42

e) Sonstige Forderungen

Pfändungsmaßnahmen kann der Rechtsanwalt darüber hinaus auf **weitere Zahlungsansprüche des Mieters** als Vollstreckungsschuldner gegenüber dessen Vermieter erstrecken, so beispielsweise auf 43

Schadensersatzforderungen
– bei verspäteter Überlassung der Mietsache,
– bei Verletzung von Gebrauchsgewährungspflichten

---

1 Bei preisgebundenem Wohnraum ist § 9 Abs. 5 Satz 1 WoBindG zu beachten; hiernach darf die Sicherheit nur Ansprüche des Vermieters gegen den Mieter aus Schäden an der Wohnung oder unterlassenen Schönheitsreparaturen sichern.
2 BGH, NZM 2005, 342; BGH, NZM 2001, 158; OLG Hamm, NZM 1998, 568.
3 BGH, NZM 2005, 342; LG Berlin, NZM 1999, 414.
4 Vgl. BGH, WuM 2005, 337; LG Berlin, NZM 2008, 571.
5 Vgl. BGH, WuM 2009, 395.

- bei schuldhafter Beschädigung der Mietsache,
- bei Nichtdurchführung geschuldeter Schönheitsreparaturen nach Fristsetzung,
- bei vorgeschobener Eigenbedarfskündigung[1],
- bei Obliegenheitsverletzungen (Fürsorge[2]-, Verkehrssicherungspflichten),

oder **sonstige Forderungen**

- bei Verwirkung vereinbarter Vertragstrafen (nur im Gewerbemietrecht[3]),
- bei etwaigen Mietüberzahlungen ohne rechtfertigenden Grund[4] (z.B. wegen Zahlung trotz Minderungsrechts),
- bei Bereicherung des Vermieters aufgrund von Mieterinvestitionen[5],
- bei Vereinbarung von einmaligen Sonderzahlungen (z.B. „Umzugsgeld" bei vorzeitigem Auszug, Abgeltung für Investitionen/Wertverbesserungen usw.).

f) Mustertext

für einen Antrag auf Erlass eines **Pfändungs- und Überweisungsbeschlusses** gegenüber dem Vermieter als Drittschuldner:

---

44 An das
Amtsgericht ...
– Vollstreckungsgericht –
(Adresse)

In der Zwangsvollstreckungssache
– Gläubiger –

gegen

– Schuldner –

zeige ich die Vertretung des Gläubigers an. Namens und in dessen Vollmacht beantrage ich den Erlass des nachstehenden Pfändungs- und Überweisungsbeschlusses:

Wegen der in nachstehendem Forderungskonto näher bezeichneten und berechneten Forderung(en) in Höhe von insgesamt – Betrag – zuzüglich etwaiger weiterer Zinsen und zuzüglich der Zustellungskosten dieses Beschlusses wird die angebliche Forderung des Schuldners gegenüber – Drittschuldner – auf Rückzahlung der nach Beendigung des Mietverhältnisses fällig werdenden Mietkaution aus der Vermietung der Wohnung im 2. OG links des Anwesens –

---

[1] Vgl. BGH, NZM 2009, 429.
[2] BGH, NZM 2009, 29 – Fürsorgepflicht des Scheunen-Stellplatzvermieters.
[3] Vgl. BGH, NZM 2003, 476; OLG Düsseldorf, GuT 2007, 384 u. GuT 2005, 155.
[4] Vgl. AG Rheine, WuM 2008, 748.
[5] Vgl. BGH, NZM 2009, 514; BGH, NZM 2006, 15.

Adresse – einschließlich etwaiger fälliger und künftig werdender Ansprüche aus dem gleichen Rechtsgrund, insbesondere auf Zahlung von (Verzugs-)zinsen, Rückzahlung zu viel entrichteter Miete, auf Auszahlung eines Betriebskostenguthabens, auf Schmerzensgeld oder auf Aufwendungsersatz gepfändet, bis der Anspruch des Gläubigers gedeckt ist, und dem Gläubiger zur Einziehung überwiesen. Dem Drittschuldner wird verboten, an den Schuldner zu leisten. Der Schuldner hat sich jeder Verfügung über die gepfändeten Forderungen, insbesondere ihrer Einziehung, zu enthalten.

Die vollstreckbare Ausfertigung des Titels sowie des Kostenfestsetzungsbeschlusses und die Zustellungsnachweise füge ich im Original mit dem Ersuchen um Rückgabe bei. Ich bitte, die Zustellung an den Drittschuldner und an den Schuldner zu vermitteln; an den Drittschuldner mit der Aufforderung nach § 840 ZPO. Die erforderliche Anzahl beglaubigter Abschriften ist beigefügt. Für den Fall, dass das angerufene Vollstreckungsgericht seine Zuständigkeit zum Erlass des Beschlusses verneint, wird bereits jetzt hilfsweise die Verweisung an das örtlich zuständige Gericht beantragt. Die Gerichtsgebühren sowie die Gebühren für die Bewirkung der Zustellung werden per Kostenmarken/Gebührenstempler eingezahlt.

III. Das Verfahren bei Pfändung einer Mietforderung

1. Allgemeines

Als Teil der Mobiliarvollstreckung erfolgt die Zwangsvollstreckung aus einer titulierten Geldforderung in Mietzahlungsansprüche des Schuldners im Wege der **Forderungspfändung** (§ 803 ZPO) durch Erlass eines gerichtlichen Pfändungs- und Überweisungsbeschlusses (§ 829 Abs. 1 ZPO).

2. Vollstreckungsantrag

Voraussetzung für dieses Verfahren der Mietpfändung ist – neben den allgemeinen, evtl. auch den besonderen **Vollstreckungsvoraussetzungen** (§§ 750, 720a, 751, 756 ZPO) – ein **Antrag** des Vollstreckungsgläubigers. Dieses Pfändungsgesuch unterliegt keinem bestimmten Formerfordernis[1]; es kann auch jederzeit wieder zurückgenommen werden. Im Antrag sind die Verfahrensbeteiligten, auch der Drittschuldner, und natürlich die zu pfändende Mietforderung nebst Rechtsgrund so spezifiziert wie möglich zu bezeichnen[2]. Der umsichtige Rechtsanwalt wird daher allgemein gehaltene Beschreibungen zur Pfändungsforderung wie „sämtliche" oder „alle erdenklichen Ansprüche aus bestehendem Mietverhältnis" etc. – weil nicht ausreichend[3] – vermeiden. Insbesondere bei der Pfändung künftiger Forderungen ist genau zu formulieren. Auch der Drittschuldner sollte klar ge-

---

1 Von der Ermächtigungsgrundlage des § 829 Abs. 4 ZPO hat das BJM bislang keinen Gebrauch gemacht.
2 OLG Brandenburg, JurBüro 2003, 48.
3 LG Düsseldorf, JurBüro 1981, 1260; LG Trier, Rpfleger 1989, 419.

nannt werden; eine Geschäfts- oder Betriebsbezeichnung ohne Angabe der Rechtsform oder des Inhabers soll hierbei allerdings ausreichen[1].

47 Als sachdienlich erweist sich in der Rechtspraxis, wenn der Gläubigeranwalt dem Pfändungsgesuch bereits von vorneherein einen **Entwurf** des beantragten Pfändungs- und Überweisungsbeschlusses beifügt, ggf. mit Abschriften in erforderlicher Anzahl, soweit die **Zustellung** nicht persönlich, sondern durch Vermittlung der Geschäftsstelle des Gerichts veranlasst wird (§§ 829 Abs. 2 S. 1, 192 Abs. 3, § 133 Abs. 1 ZPO). Aus Gründen der Zeitersparnis – weil unnötige Zwischenverfügungen vermeidend –, bietet sich an, dem Vollstreckungsgericht gleichzeitig mit dem Pfändungsantrag vorzulegen

- den Vollstreckungstitel (Ausfertigung) einschließlich Vollstreckungsklausel im Original[2],
- den Zustellungsnachweis,
- etwaige Nachweise über das Vorliegen besonderer Vollstreckungsvoraussetzungen,
- den Beleg über die Zahlung der Festgebühr i.H.v. 15,– Euro (Nr. 2111 KV-GKG).

3. Rechtsschutzbedürfnis

48 Dem daneben – wie bei jeder Vollstreckungsmaßnahme – grundsätzlich erforderlichen **Rechtsschutzbedürfnis**[3] für den Erlass eines Pfändungs- und Überweisungsbeschlusses würde eine dem Rechtsanwalt bekannte **eidesstattliche Versicherung** des Schuldners (z.B. Vermieter) nicht entgegen stehen[4], wohl aber ein bereits erfolgter **Ausgleich** der titulierten Forderung, sei es durch den Zahlungspflichtigen selbst oder durch einen Dritten. Da das Gericht seine Beschlussentscheidung durchweg **ohne vorherige Anhörung** des Schuldners nach § 834 ZPO – auf die bloßen Behauptungen des Gläubigers hin – trifft (vgl. Rz. 50), wären in diesem Fall vom schuldnerseitig eingeschalteten Rechtsanwalt umgehend die notwendigen Rechtsbehelfe (vgl. Rz. 58 ff.) einzulegen, sollte ein Pfändungs- und Überweisungsbeschluss bereits erlassen sein. Bei noch verbleibender, auch geringer **Restforderung** setzt sich indes das Rechtsschutzinteresse fort[5].

4. Zuständigkeit

49 **Örtlich zuständig** ist das Amtsgericht als Vollstreckungsgericht, in dessen Bezirk der **Schuldner** zum Zeitpunkt des Beginns der Zwangsvollstreckungsmaßnahme[6], mithin bei Erlass des beantragten Pfändungsbeschlus-

---

[1] LG München, Rpfleger 2006, 664.
[2] OLG Köln, NJW-RR 2000, 1580.
[3] BVerfG, NJW 1983, 559; BGH, NJW 2003, 1357; BGH, NJW 2002, 3178.
[4] BGH, NJW-RR 2003, 1650.
[5] LG Bochum, Rpfleger 1994, 117.
[6] OLG Karlsruhe, JurBüro 2005, 553.

ses, seinen **allgemeinen Gerichtsstand** (§§ 13–19 ZPO) hat – § 828 Abs. 2 ZPO[1]. Dort wäre der Pfändungsantrag einzureichen. Wo der Drittschuldner (z.B. der Mieter) wohnt bzw. wo sich die Mietsache befindet, ist somit unerheblich. Richtet sich die Zwangsvollstreckung gegen eine **Partei kraft Amtes** (z.B. Insolvenz-, Zwangs-, Nachlassverwalter oder Testamentsvollstrecker auf Vermieterseite), ist das Amtsgericht an deren Wohnsitz örtlich zuständig. Bestehen für den Schuldner mehrere allgemeine Gerichtstände, hat der Gläubiger ein Wahlrecht (§ 35 ZPO). Ist der Schuldner hingegen unbekannt verzogen, bestimmt sich der allgemeine Gerichtstand nach § 16 ZPO durch den letzten Wohnsitz[2].

5. Prüfung der Forderung

Ob überhaupt eine zu pfändende Mietforderung des Schuldners, z.B. des Vermieters – in welcher Höhe auch immer –, gegenüber dessen Mieter besteht, wird im Zwangsvollstreckungsverfahren nur in **engem Maße überprüft**. Die damit verbundenen Möglichkeiten sollte der Gläubigeranwalt bei der Formulierung des Pfändungsantrages nutzen. So genügt bereits die schlüssige Bezeichnung von Schuldner, Drittschuldner und bestimmbarem Schuldgrund (Mietverhältnis). Anschließend sollten die vermeintlichen Zahlungsansprüche – bezeichnet als „angebliche Forderungen" – aufgezählt werden. Zulässig ist hier sogar eine **Forderungspfändung auf Verdacht**; sie gilt bis zur Grenze der Ausforschungspfändung nicht als rechtsmissbräuchlich[3]. Eine **Zurückweisung** des Pfändungsantrages darf ausnahmsweise nur dann erfolgen, wenn nach dem eigenen Sachvortrag des Gläubigers der zu pfändende Anspruch dem Schuldner aus tatsächlichen oder rechtlichen Gründen unter keinen Umständen zustehen kann[4] bzw. die Forderung nicht besteht oder sie ersichtlich unpfändbar ist[5]; dem Gläubiger wäre in diesem Fall vorab Gelegenheit zur Stellungnahme zu geben.

6. Inhalt des Pfändungs- und Überweisungsbeschlusses

a) Ausspruch der Pfändung

Der Pfändungs- und Überweisungsbeschluss beinhaltet zunächst den Ausspruch der Pfändung. Hierbei ist – neben dem Gläubiger, dem Schuldner und dem Drittschuldner – die **gepfändete Mietforderung** und deren **Rechtsgrund** so **genau** zu bezeichnen, dass bei verständiger Auslegung ihre Identität – auch für jeden Dritten, insbesondere einem am Verfahren nicht beteiligten weiteren Gläubiger, der möglicherweise ebenfalls pfänden will[6] –

---

1 Zur grenzüberschreitenden Forderungspfändung vgl. *Hök*, MDR 2005, 306.
2 OLG Zweibrücken, NJW-RR 2000, 929.
3 BGH, NJW 2004, 2097.
4 AG Mayen, Rpfleger 2008, 318.
5 BGH, MDR 2008, 530; BGH, NJW 2004, 2096 m. Anm. *Hess*, NJW 2004, 2350; BGH, NJW-RR 2003, 1650; OLG Köln, WM 1986, 1421; LG Aurich, JurBüro 2002, 661.
6 BGH, NJW 1983, 886; BGH, MDR 1965, 738.

unzweifelhaft feststeht[1]. Das Rechtsverhältnis, aus dem der zu pfändende Anspruch hergeleitet wird, sollte wenigstens in allgemeinen Umrissen angegeben werden[2]. Erforderlich ist zudem eine Aufschlüsselung der **beizutreibenden Forderung** nach Hauptsache, Zinsen, Prozess- und Vollstreckungskosten[3]. Der gewissenhafte Rechtsanwalt wird daher entsprechende Konkretisierungen bereits im Pfändungsantrag vornehmen (vgl. *Rz. 35, 44*).

52 Soll sich aus Gründen der Kostenminimierung die Vollstreckungsmaßnahme zunächst nur auf einen **Teilbetrag** aus dem Titel, der wiederum verschiedene Forderungen zum Gegenstand hat, beschränken, müssen der Antrag des Rechtsanwalts sowie der spätere Pfändungs- und Überweisungsbeschluss erkennen lassen, wegen welcher dieser Forderungen tatsächlich vollstreckt wird[4].

53 Gefordert wird zudem, dass sich der **Inhalt** des Beschlusses, hier vor allem die **Bestimmtheit** der gepfändeten Forderung, aus ihm selbst ergeben. Umstände außerhalb des Beschlusses dürfen nicht zur Auslegung herangezogen werden; dies würde auf eine unzulässige Ergänzung des unvollständigen und deshalb unwirksamen Pfändungaktes hinauslaufen[5]. Es genügt deshalb nicht, wenn sich der Beschlussinhalt erst aus **anderen Urkunden** erschließt, die nicht Bestandteil des Beschlusses sind[6].

⮕ **Praxistipp:**
Nimmt die konkrete Bezeichnung eines zu pfändenden Mietzahlungsanspruchs weitaus mehr Raum ein, als das für den Pfändungsantrag verwendete Formular zur Verfügung stellt, ist eine Auflistung dieser Forderungen in einer gesonderten Anlage, die beigefügt wird, zulässig. Allerdings muss sich dann eine Bezugnahme auf diese Urkunde ausdrücklich aus dem beantragten Pfändungs- und Überweisungsbeschluss ergeben. Am sinnvollsten erfolgt die Verweisung in der für die Bezeichnung der gepfändeten Forderung im Formular vorgesehenen Zeile mit dem Hinweis: „… siehe Anlage 1"; abschließend bedarf es noch einer technischen Anheftung dieser Anlage an das Beschlussformular[7].

---

1 BGH, MDR 2007, 908; BGH, NJW 2001, 2976; BGH, NJW 2000, 3219; BGH, NJW-RR 1991, 1197; BGH, NJW 1988, 2543; OLG Frankfurt, NJW 2005, 1961; BayObLG, NJW-RR 2000, 945.
2 BGH, NJW 2001, 2976; BGH, NJW 1983, 886.
3 BGH, NJW-RR 2003, 1437.
4 BGH, WM 2008, 1748; LG Bautzen, JurBüro 2008, 103; AG Hoyerswerda, JurBüro 2008, 102.
5 BGH, WuM 2010, 358; BGH, WM 2008, 929.
6 BGH, WM 1985, 397; BGH, WM 1980, 628; LG Frankfurt a.M., NJW-RR 1989, 1466.
7 Vgl. hierzu BGH, WM 2008, 929.

b) Zahlungsverbot an Drittschuldner/Verfügungsverbot an Schuldner/ Überweisung zur Einziehung oder an Zahlungs statt

Mit dem Pfändungs- und Überweisungsbeschluss verbietet das Vollstreckungsgericht zunächst dem **Drittschuldner** (z.B. Mieter), Zahlungen an seinen Schuldner (verurteilter Vermieter) zu leisten (sog. **Arrestatorium**) – § 829 Abs. 1 S. 1 ZPO. Drittschuldner ist folglich der Schuldner des Vollstreckungsschuldners.

54

Zugleich wird dem Schuldner (z.B. Vermieter) geboten, sich jeder Verfügung über seinen Anspruch (z.B. Mietforderung) zu enthalten, insbesondere diesen nicht einzuziehen (**Inhibitatorium**) – § 829 Abs. 1 S. 2 ZPO. Es handelt sich hierbei um ein relatives Verfügungsverbot[1]; beeinträchtigende Verfügungen bleiben daher nur gegenüber dem Gläubiger unwirksam (§§ 135, 136 BGB). Der Zahlungsanspruch wird vielmehr dem die Pfändung betreibenden **Gläubiger** – nach dessen Wahl – zur Einziehung oder an Zahlungs statt überwiesen (§ 835 ZPO).

7. Zustellung

Es obliegt allein dem Gläubiger, den vom zuständigen Rechtspfleger unterschriebenen[2] Pfändungs- und Überweisungsbeschluss an den/jeden Drittschuldner (z.B. Mieter) **im Parteibetrieb**[3] zuzustellen (§ 829 Abs. 2 S. 1, §§ 191 ff. ZPO); der hier tätige Rechtsanwalt kann freilich auch die Vermittlung der Geschäftsstelle beanspruchen (§ 192 Abs. 3 ZPO)[4]. Erst mit der Beschlusszustellung wird die Pfändung „bewirkt" und damit **wirksam** (§ 829 Abs. 3 ZPO)[5]. Der Gläubiger erwirbt das **Pfändungspfandrecht** an der gepfändeten (Miet-)Forderung. Durch den Zustellungszeitpunkt bestimmt sich vor allem der **Rang** dieses Rechts. Wird dem Gläubiger die Forderung zur **Einziehung** überwiesen, ist er zu dieser Maßnahme ab Zustellung berechtigt; in diesem Fall hat ein Mieter als Drittschuldner die Mietzahlung im Umfang der Pfändung unmittelbar an den Vollstreckungsgläubiger zu entrichten (vgl. *Rz. 104 ff.*).

55

Allerdings darf der Gläubigeranwalt die Zwangsvollstreckung nicht weiter fortführen, sollte sich im Verlauf des Vollsteckungsverfahrens auf Seiten des Mandanten eine **Gesamtrechtsnachfolge** ergeben. Denn solange nicht dem Schuldner erneut eine Ausfertigung des Titels zugestellt worden ist, aus dem sich dann die Berechtigung des Rechtsnachfolgers auf Gläubigerseite zur Vollstreckung ergibt, wäre die Vollstreckungsmaßnahme unzulässig und auf Antrag des Schuldners oder Drittschuldners aufzuheben[6].

56

---

1 OLG München, NJW 1978, 1439.
2 Wirksamkeitsvoraussetzung – vgl. BGH, WM 2008, 929; BGH, WM 1997, 2319; BGH, NJW 1981, 2256.
3 BGH, NJW 1981, 2256; AG Haßfurt, DGVZ 2008, 81; AG Regensburg, DGVZ 2008, 83.
4 AG Nordhorn, DGVZ 1999, 127.
5 BGH, NJW 1991, 1975.
6 BGH, WuM 2007, 159.

57 Im Anschluss an die Zustellung des Pfändungs- und Überweisungsbeschlusses gegenüber dem Drittschuldner hat sofort eine entsprechende **Zustellung an den Schuldner** – durch den Gerichtsvollzieher – zu erfolgen (§ 829 Abs. 2 ZPO)[1]; eine Versäumung bleibt allerdings ohne Einfluss auf die Wirksamkeit der Pfändung[2]. Dem **Gläubiger** selbst bzw. dessen Anwalt wird der erlassene Pfändungs- und Überweisungsbeschluss nur formlos (§ 329 Abs. 2 S. 1 ZPO) in Ablichtung oder Abschrift mitgeteilt.

8. Rechtsmittel und Rechtsbehelfe

58 Lehnt das Vollstreckungsgericht den Erlass eines für den **Gläubiger** beantragten Pfändungs- und Überweisungsbeschluss – auch nur teilweise – **nach Anhörung** des Schuldners ab, ist unter den Voraussetzungen der §§ 567 ff., 793 ZPO die **sofortige Beschwerde** zulässig[3]. Erfolgt die Antragszurückweisung **ohne Anhörung** des Schuldners, bleibt die **Vollstreckungserinnerung** nach § 766 ZPO statthaft. Dasselbe soll gelten, wenn auf eine Erinnerung des Schuldners hin der Beschluss im **Nachhinein aufgehoben** wird; in diesem Fall ist für den Mandanten ein schutzwürdiges Interesse an der Widerherstellung der Vollstreckungsmaßnahme darzulegen. Hieran fehlt es, sollte der Drittschuldner den Gläubiger zwischenzeitlich befriedigt haben[4].

59 Gegen den Erlass eines **fehlerhaften** Pfändungs- und Überweisungsbeschluss ist sowohl von Seiten des **nicht angehörten Schuldners**[5] wie auch vom **nicht angehörten Drittschuldner**[6] das Rechtsmittel der **Vollstreckungserinnerung** (§ 766 ZPO) zu wählen. Bei deren Zurückweisung wäre die **sofortige Beschwerde** (§ 793 ZPO) möglich[7]. Bleibt die Beschwerde ohne Erfolg, ist – allerdings nur bei zugelassener **Rechtsbeschwerde** – die Anrufung des BGH zulässig (§§ 574 Abs. 1 S. 1 Nr. 2, 575 Abs. 1 bis 3 ZPO).

War der **Schuldner** vor Erlass des Pfändungs- und Überweisungsbeschlusses **angehört** worden, ist gem. §§ 567 ff., 793 ZPO der richtige Rechtsbehelf die **sofortige Beschwerde**. Entsprechendes gilt für den **Drittschuldner**, sollte seine **Anhörung** vor Beschlusserlass erfolgt sein.

60 Die **Rechtmäßigkeit** des angegriffenen Beschlusses beurteilt sich dann jeweils nach der Sach- und Rechtslage zum Zeitpunkt der Entscheidung über das eingelegte Rechtsmittel[8]. Waren **mehrere Forderungen** Gegenstand ei-

---

1 BGH, MDR 1998, 1049.
2 BGH, NJW 2000, 730.
3 LG Stuttgart, JurBüro 2000, 158; LG Koblenz, MDR 1990, 1123.
4 OLG Koblenz, Rpfleger 1978, 226.
5 OLG Köln, NJW-RR 2001, 69; OLG Hamm, Rpfleger 1973, 222.
6 BGH, NJW 1977, 1881.
7 Im Fall der Vermieterinsolvenz wäre bei Pfändung der Mietzinsforderung – wegen Massebetroffenheit – der Insolvenzverwalter beschwerdebefugt – BGH, GE 2009, 260.
8 BGH, MDR 2009, 105.

nes Pfändungs- und Überweisungsbeschlusses, kann die Zulässigkeit der Vollstreckung für jede Forderung selbständig geprüft werden[1].

Eine **Nichtigkeit** des Pfändungs- und Überweisungsbeschlusses[2] wegen grundlegender, schwerer Mängel könnte der vom Drittschuldner beauftragte Rechtsanwalt auch noch im **Einziehungsverfahren** des Gläubigers (vgl. *Rz. 149 ff.*) einwenden. 61

9. Erlöschen des Pfändungspfandrechts

Bei einer Überweisung der Mietforderung **zur Einziehung** erlischt mit vollständiger **Befriedigung** des Gläubigers dessen Pfändungspfandrecht; die Zwangsvollstreckung in die Forderung ist damit abgeschlossen[3]. Vom Schuldner eingeforderte und ausgehändigte Urkunden (vgl. *Rz. 118 ff.*) sind zurückzugeben. Erfolgte die Pfändung hingegen **an Zahlungs statt**, geht die gepfändete Mietforderung unmittelbar, und zwar zum Nennwert, auf den Gläubiger mit der Wirkung über, dass er, soweit der Anspruch besteht, hinsichtlich seines Titels als befriedigt anzusehen ist (§ 835 Abs. 2 ZPO). Das Risiko einer nicht beizutreibenden Mietforderung trägt in diesem Fall also der Gläubiger selbst. 62

IV. Besonderheiten bei der Pfändung von Mietforderungen

1. Vollstreckungsschuldner = Gläubiger der Mietforderung

Der mit der Pfändung einer Mietforderung befasste Rechtsanwalt wird berücksichtigen, dass sich Zwangsvollstreckungsmaßnahmen grundsätzlich nur gegen das **Vermögen des Vollstreckungsschuldners** richten dürfen. Die Pfändung einer Forderung setzt notwendigerweise einen zum **Zeitpunkt der Pfändung** in der Person des Schuldners (z.B. Vermieter) bestehenden Anspruch gegen den Drittschuldner (z.B. Mieter) voraus, dessen Erfüllung diesem verboten werden kann[4]. Ob der Anspruch dem Schuldnervermögen unterfällt, richtet sich nach sachlichem Recht[5]. Steht daher die Forderung gegenüber dem Mieter bei Beschlagnahme nicht bzw. nicht mehr im Vermögen des Vermieters, wäre eine Pfändung schlechthin nichtig[6]. Abzustellen ist hierbei allein auf den Moment der **Zustellung des Pfändungsbeschlusses** an den Drittschuldner; die Vermögenszugehörigkeit muss zu diesem Zeitpunkt schon oder noch gegeben sein[7]. 63

---

1 BGH, NJW-RR 2006, 198; BGH, NJOZ 2005, 3996; BGH, NJW 2004, 2364.
2 Vgl. hierzu BGH, NJW 1994, 3225.
3 BGH, NJW 1999, 953; BGH, NJW 1995, 1159.
4 BGH, NJW 1988, 495; BGH, NJW 1971, 1938.
5 BGH, NJW 1988, 495.
6 BGH, NJW 2002, 755; BGH, NJW 1987, 1703.
7 LG Köln, NJW-RR 1986, 1058.

a) Sonderfall: Abtretung der Mietforderung

64 Hat der Vermieter hingegen, wie häufig, seine gegenwärtigen und künftigen[1] Mietforderungen bereits vollständig und wirksam an einen Dritten, z.B. eine Bank, **abgetreten** (§ 398 BGB), kann eine spätere Mietpfändung keinen Erfolg haben[2]. Auf die Kenntnis des Mieters von der Abtretung kommt es dabei nicht an[3]. Die Pfändung des Mietzahlungsanspruchs läuft sogar dann ins Leere, wenn der Zessionar dem Vermieter die Forderung im Anschluss an die Vollstreckungsmaßnahme wieder zurückabtritt[4] bzw. die Abtretung vom Vollstreckungsgläubiger erfolgreich wegen Gläubigerbenachteiligung angefochten wird; in beiden Fällen bedarf es eines erneuten Pfändungsantrags[5]. Vorrang gegenüber der Pfändung behalten sogar ältere Abtretungen einer **künftigen Forderung**[6].

Noch ungeklärt ist allerdings die Rechtsfrage, ob der Gläubiger eine Forderung, die er **selbst** bereits durch Abtretung erworben hat, noch wirksam pfänden und sich zur Einziehung überweisen lassen kann[7]. Eine solche Pfändung wird vor allem dann Bedeutung gewinnen, wenn der Gläubiger selbst keine Aufrechnung mehr vornehmen darf; aus diesem Grund ist eine Drittschuldnerstellung des Gläubigers ohne weiteres zuzulassen.

65 Die **Abtretung** der Mietforderung genießt allerdings dann **keinen Vorrang** gegenüber einer späteren Pfändung, sobald diese auf der Grundlage eines **dinglichen Titels** von einem **Grundpfandgläubiger** betrieben wird. Denn in diesem Fall gelangt die eine Abtretung zeitlich begrenzende Vorschrift des § 1124 Abs. 2 BGB zur Anwendung (hierzu *Rz. 174 ff.*; *O Rz. 97 f.*).

66 Erfolgte die Abtretung der Mietforderung seitens des Vermieters nur **sicherungshalber** an einen Dritten, ändert sich hierdurch an der Wirkungslosigkeit einer anschließenden Pfändung nichts[8]; allerdings wäre der Sicherungsnehmer grundsätzlich verpflichtet, die ihm als Sicherheit übertragene Forderung nach Erledigung des Sicherungszwecks wieder dem Vermieter zurückübertragen – soweit sie bis dahin noch nicht erloschen ist. Ein solcher schuldrechtlicher Rückabtretungsanspruch unterliegt als selbständiges Vermögensrecht des Vermieters wiederum dem Pfändungszugriff seiner Gläubiger[9].

---

1 Zum Wirksamwerden der Abtretung einer zukünftigen Forderung vgl. OLG Hamburg, MDR 1956, 227.
2 OLG Düsseldorf, NJW-RR 1999, 1406.
3 Vgl. BGH, NJW 1958, 457; die bloße Anzeige der Forderungsabtretung genügt nicht – LG Braunschweig, Rpfleger 2000, 284.
4 BGH, NJW 2002, 755; BGH, NJW 1987, 1703; OLG Düsseldorf, NJW-RR 1999, 1406.
5 Vgl. BGH, NJW 1987, 1703.
6 BGH, WM 1980, 661.
7 Zulässig nach OLG Köln, WM 1978, 385; offen gelassen bei BGH, WM 2007, 1241.
8 BGH, NJW 2002, 755.
9 BGH, NJW 1998, 2969; OLG Frankfurt, MDR 1984, 228.

War indes die Möglichkeit der **Abtretung** des Mietanspruch von vornherein 67
vertraglich zwischen den Mietvertragsparteien **rechtsgeschäftlich ausgeschlossen** bzw. vermieterseitig ohne die nach dem Mietvertrag erforderliche Zustimmung des Mieters abgewickelt, bleibt die Forderung im Vermögen des Vermieters. Dort kann sie wirksam von dessen Gläubiger gepfändet werden, selbst wenn der Mieter die Abtretung im Nachhinein genehmigt[1].

⊃ **Praxistipp:** 68

Das Zusammentreffen von unklarer, vermieterseitig veranlasster Abtretung der Mietforderung einerseits und deren Pfändung andererseits führt häufig – trotz sorgfältigster Prüfung durch den Mieteranwalt – zu objektiv verständlichen Zweifeln über die Person des tatsächlich zum Empfang der Mietzahlung berechtigten Gläubigers. Die maßgeblichen Vorgänge liegen meist völlig außerhalb des Einflussbereichs des Mieters. In diesen zweifelhaften Fällen sollte der beauftragte Rechtsanwalt – zur Vermeidung von Zahlungsrisiken und Rechtsnachteilen – wegen Gläubigerungewissheit die **Hinterlegung** der Miete nach § 372 BGB[2] zugunsten der in Frage kommenden Gläubiger anraten.

b) Sonderfall: Vermieterwechsel

Unklarheiten über die Gläubigerstellung können sich beim Zusammentreffen von Mietpfändung und einem anschließend rechtsgeschäftlich vereinbarten **Vermieterwechsel** ergeben, solange der Mieter dem Vertragsübergang noch **nicht zugestimmt** hat. Hier sind zwei Ausgangskonstellationen zu unterscheiden: 69

– Wird die Auswechslung des Vermieters in Form eines „**dreiseitigen Vertrages**" ausgestaltet und haben Alt- und Neuvermieter dem Vertragsübergang bereits durch Unterschrift unter eine entsprechende Vereinbarung zugestimmt, erlangt der Austausch auf Vermieterseite erst mit der späteren Vertragserklärung des Mieters Wirksamkeit. Wird vom Gläubiger des bisherigen Vermieters in dieser Phase eine Pfändung der Mietzahlungsansprüche gegenüber dem Mieter als Drittschuldner bewirkt, ergreift die damit verbundene Beschlagnahme noch sämtliche bis zur Zustimmung des Mieters fälligen bzw. noch fällig werdenden Mieten. Die dem neuen Vermieter erst zum Zeitpunkt der Mieterzustimmung – verspätet – übertragenen Rechte aus dem Mietvertrag wären im Fall der vorangegangenen Pfändung zumindest hinsichtlich der bis dahin bereits fälligen Mietforderungen geschmälert.

– Erfolgt der beabsichtigte Vermieterwechsel hingegen durch einen „**zweiseitigen Vertrag**" zwischen weichendem und eintretendem Vertragspartner – unter **anschließender Zustimmung** des Mieters, unterfällt diese Zustimmung den §§ 182 ff. BGB[3]. Nach § 184 Abs. 1 BGB wirkt die Zu-

---
1 Vgl. BGH, NJW 1990, 109; BGH, NJW 1988, 1210; BGH, NJW 1978, 813.
2 Vgl. hierzu BGH, NJW-RR 2004, 656; LG Münster, Rpfleger 1995, 78.
3 BGH, MDR 1985, 1021; BGH, MDR 1998, 394.

stimmung regelmäßig auf den Zeitpunkt der Vornahme des Rechtsgeschäfts **zurück**. Eine Pfändungsbeschlagnahme der Mietforderung, erwirkt vom Gläubiger des ausscheidenden Vermieters in der Phase zwischen der zweiseitig vereinbarten Vertragsänderung einerseits und der späteren Zustimmung des Mieters hierzu andererseits, ginge somit ins Leere. Denn zum Zeitpunkt der Pfändung war der neue Vermieter in die gesamte Rechtsstellung seines ausgeschiedenen Rechtsvorgängers bereits rückwirkend eingetreten und materiell Berechtigter der Mietforderung geworden. Da der Pfändungs- und Überweisungsbeschluss kein den Mieter als Drittschuldner treffendes Verfügungs- bzw. Genehmigungsverbot enthält, steht auch § 184 Abs. 2 BGB einem unbelasteten Rechtserwerb der Mietforderung auf Seiten des neuen Vermieters nicht entgegen. Das gem. § 829 Abs. 1 S. 2 ZPO in Verbindung mit §§ 135, 136 BGB bestimmte Verfügungsverbot gilt nur gegenüber dem Schuldner und hindert nicht die Wirksamkeit einer Vertragsgenehmigung durch den Mieter als Drittschuldner[1].

– **Zusammenfassung/Übersicht:**

Vermieter-wechsel bei	Bisherige Vertragsabreden	Anschließend Pfändung der Mietforderung	Später erfolgt	Pfändung ist
dreiseitigem Vertrag	*Willenserklärung* Vermieter alt u. Vermieter neu	*durch Gläubiger des Vermieters alt*	*Willenserklärung des Mieters*	*erfolgreich*
zweiseitigem Vertrag	*Vereinbarung* Vermieter alt u. Vermieter neu	*durch Gläubiger des Vermieters alt*	*Zustimmung des Mieters*	*unwirksam*

2. Pfändung einer Mietforderung bei Mehrheit von Vollstreckungsschuldnern

70 Sind an einem Mietverhältnis – wie häufig – auf Vermieter- oder Mieterseite mehrere Personen beteiligt, sollte der mit der Zwangsvollstreckung beauftragte Rechtanwalt bereits im Vorfeld klären, ob die zu pfändende Mietforderung hinsichtlich der Vermögenszugehörigkeit von der Person des Vollstreckungsschuldners **insgesamt** oder zumindest **in Teilen** verlangt werden kann oder ob die Forderung ggfls. einer **Bruchteilsgemeinschaft** bzw. mehreren gemeinschaftlich zur **gesamten Hand** zusteht. Denn nur derjenige, der eine Zahlung an sich allein beanspruchen darf, ist Forderungsinhaber i.S.v. § 829 ZPO.

71 Haben z.B. **mehrere Personen als Vermieter** den Mietvertrag abgeschlossen, besteht zwischen ihnen – hinsichtlich der Mietforderungen – eine (einfache) **Forderungsgemeinschaft** i.S.d. § 432 Abs. 1 BGB. Die Berechtigung des einzelnen Vermieters, einen seiner Beteiligung entsprechenden Anteil der Miete beim Mieter zu fordern oder gar einzuziehen, ist in diesem Fall

---

1 OLG Karlsruhe, MDR 2007, 1412.

nicht gegeben[1]. Der Mieter darf seine Zahlungen nur an alle Vermieter gemeinsam leisten[2], soweit nicht einer von ihnen aufgrund gesonderter Regelung im Innenverhältnis oder kraft Vollmacht zur alleinigen Entgegennahme der Miete befugt ist. Aber auch in diesem Fall steht der Mietbetrag den **Vermietern nur gemeinschaftlich** zu, denn die Miete ist eine unteilbare Leistung[3]. Will der Gläubiger also die Mietforderung pfänden, benötigt er einen Zahlungstitel, der sich **gegen alle Vermieter** richtet.

Dasselbe gilt, wenn **Eheleute** oder **mehrere Personen als Mieter** hinsichtlich der Rückforderung der **Mietkaution** für die gemeinsam angemietete Wohnung im Außenverhältnis als **Gesamtgläubiger** auftreten (§ 432 Abs. 1 BGB)[4]; die Sicherheit kann beim Vermieter nur von allen gemeinsam zurückgefordert werden. Gleiches ist anzunehmen für die Rückforderung überzahlter Betriebskosten oder anlässlich objektiv zu viel geleisteter Miete, z.B. bei Mietpreisüberhöhung[5]. 71a

Vergleichbare Überlegungen greifen für den Fall einer **Bruchteilsgemeinschaft** i.S.d. §§ 741 ff. BGB auf Vermieterseite. Steht die Mietforderung dem Schuldner und weiteren Personen in Bruchteilsgemeinschaft zu, hat der einzelne Teilhaber keine Möglichkeit, vom Mieter die Zahlung nur des Teils der Miete fordern, der seinem Anteil entspricht, sondern gem. § 432 BGB wiederum nur Leistung an die Gemeinschaft[6]. Soll in diesem Fall eine Mietforderung gepfändet werden, benötigt der Gläubiger einen vollstreckbaren Titel gegen **sämtliche Teilhaber** der Vermietergemeinschaft. Umgekehrt ist es dem Gläubiger nur eines einzelnen Vermieters aus der Gemeinschaft versagt, gegenüber dem Mieter sowohl die Miete insgesamt oder einen dem Beteiligungsverhältnis des Gemeinschafters entsprechenden Anteil zu pfänden[7]. 72

Dem einzelnen Vermieter aus der Bruchteilsgemeinschaft steht jedoch ein Anspruch auf einen entsprechenden Teil des **Ertrages** aus dem Mietverhältnis zu; dieser Anspruch richtet sich ausschließlich gegen die anderen Teilhaber. Die Höhe dieses Anteils lässt sich allerdings erst nach Ermittlung und Abzug der auf die Mietsache entfallenden Lasten und Unterhaltskosten feststellen. Der sich dann ergebende Schuldneranteil an der Bruchteilsgemeinschaft unterliegt anschließend der eigenständigen Pfändung (§ 857 ZPO)[8]. Dasselbe gilt für den Schuldneranteil an der **Forderung** selbst; auch dieser Anteil kann vom Gläubiger eines einzelnen Vermieters aus der Vermieter-Gemeinschaft gepfändet werden; Drittschuldner in diesem Fall sind alle Mitberechtigten an der Mietforderung und der Schuldner selbst[9].

---

1 BGH, NJW 1969, 839.
2 OLG München, NZM 1998, 474.
3 OLG Brandenburg, WuM 2006, 272.
4 OLG Düsseldorf, OLGR 2003, 23; AG Itzehoe, FamRZ 1991, 441.
5 BVerfG, GE 1991, 1535; LG Berlin, GE 1997, 1399.
6 BGH, NJW 1983, 2020; BGH, NJW 1959, 1723.
7 BGH, NJW 1969, 839.
8 *Goebel*, Zwangsvollstreckung, § 5 Rz. 10.
9 *Stöber*, Forderungspfändung, 14. Aufl., Rz. 1549.

73 Bei **Gesamthandsforderungen** aus einem Mietverhältnis ist ebenfalls nur die Gesamthand Forderungsinhaber. Der Gläubiger z.B. nur eines der Gesellschafter einer **Vermietungs-GbR** hat daher keine Möglichkeit, in eine Mietforderung der Gesellschaft zu vollstrecken; er hat sich an den Anteil des jeweiligen Schuldners am Gesellschaftsvermögen zu halten (§ 859 ZPO). Tritt auf Vermieterseite eine **Erbengemeinschaft** auf, sind Ansprüche aus dem Mietverhältnis nur von allen Mitgliedern der Gemeinschaft gemeinsam gegenüber dem Mieter durchzusetzen. Zur Pfändung einer Mietforderung benötigt der Gläubiger wiederum einen Vollstreckungstitel gegen sämtliche Miterben.

74 ➲ **Praxistipp:**

Dem Rechtsanwalt stehen, wenn ein Titel gegen mehrere Schuldner vorliegt und er in das den Schuldnern nach Bruchteilen oder gesamthänderisch zustehende Recht im Wege der Forderungspfändung vorgehen möchte, zwei Möglichkeiten der Vorgehensweise offen: Er kann gegen jeden Schuldner ein eigenständiges Pfändungsgesuch stellen. Dabei tritt die Wirksamkeit der Pfändung erst ein, wenn der letzte Beschluss dem Drittschuldner zugestellt ist. Um Verzögerungen zu vermeiden, sollte daher nur ein einheitlicher Pfändungs- und Überweisungsbeschluss gegen alle Schuldner beantragt werden. Bei fehlendem gemeinsamen Gerichtsstand der Schuldner innerhalb des Bezirks eines Vollstreckungsgerichts bedarf es jedoch vorab der Bestimmung des für alle Schuldner zuständigen Gerichts (§ 36 Abs. 1 ZPO)[1].

75 Bei Personenmehrheiten auf Vermieter- oder Mieterseite bleiben nur im Einzelfall Zahlungsansprüche denkbar, die nur **dem Einzelnen** aus der Gemeinschaft zustehen und folglich einem Pfändungszugriff durch dessen Gläubiger unterliegen. Sie sind vom beratenden Rechtsanwalt mit zu berücksichtigen. Zu nennen wären hier v.a. Schadensersatz- und Schmerzensgeldansprüche des einzelnen Mitmieters bei Gesundheits- und Körperschäden als Folge der Verletzung einer Verkehrssicherungspflicht/Obliegenheit durch den Vermieter.

3. Pfändung einer Mietforderung bei Drittschuldnermehrheit

76 Keine Besonderheiten ergeben sich für den im Zwangsvollstreckungsverfahren tätigen Rechtsanwalt im Zusammenhang mit der Benennung und Festlegung des Drittschuldners bei **Personenmehrheiten** auf Vermieter- oder Mieterseite. Zahlungsansprüche aus einem Mietverhältnis sind in der Regel von mehreren einer Vertragspartei in **Gesamtschuldnerschaft** (§ 427 BGB) zu erfüllen. So schulden z.B. **Eheleute** die Miete und die Mietkaution für die gemeinsam angemietete Ehewohnung gemeinschaftlich[2]. Die Pfändungsmaßnahme des Gläubigers darf folglich auch gegen nur einen aus dem Kreis der Vermieter bzw. Mieter als Drittschuldner eingeleitet wer-

---

1 OLG Karlsruhe, OLGR 2005, 544; OLG Köln, InVo 2006, 65.
2 AG Itzehoe, FamRZ 1991, 441.

den. Mit der Zustellung des Pfändungsbeschlusses nur an einen der Gesamt-Drittschuldner wird allerdings allein die gegen diesen gerichtete Forderung des Vollstreckungsschuldners gepfändet[1].

➲ **Praxistipp:** 77
Dem Gläubigeranwalt ist unabhängig davon zu empfehlen, bei mehreren Mietern allen einen Pfändungsbeschluss als Drittschuldner zuzustellen, weil andernfalls der nicht erfasste Mieter mangels Zahlungsverbot mit befreiender Wirkung an den Vermieter zahlen könnte.

Schuldet hingegen eine **Gesamthandsgemeinschaft** den Ausgleich der Mietforderung, muss der Pfändungsbeschluss jedem Gesamtschuldner – als Drittschuldner – zugestellt werden; die Pfändung wird in diesem Fall auch erst mit der **letzten Zustellung** wirksam[2]. 78

Handelt es sich bei der Gesamthand auf Mieterseite um eine **Gesellschaft des bürgerlichen Rechts**, so haften neben der Gesellschaft auch die einzelnen Gesellschafter persönlich gegenüber dem Vermieter für die Erfüllung sämtlicher mietvertraglicher Zahlungsverpflichtungen, und zwar ebenfalls als Gesamtschuldner[3]. In diesem Fall kann die Pfändung alternativ dadurch bewirkt werden, dass dem **geschäftsführenden Gesellschafter** ein Pfändungsbeschluss zugestellt wird, in welchem der Gesellschaft und den Gesellschaftern in ihrer gesamthänderischen Gebundenheit untersagt wird, an den Schuldner zu zahlen[4]. Soll hingegen eine gegenüber dem einzelnen – auch persönlich haftenden – GbR-Gesellschafter bestehende Mietforderung gepfändet werden, genügt – wie beim OHG-Gesellschafter – die Zustellung eines Pfändungsbeschlusses an ihn[5]. Eine solche Vorgehensweise könnte nur dann auch gegen die Gesamthand wirken, wenn sich dem Pfändungs- und Überweisungsbeschluss zumindest im Wege der Auslegung entnehmen lässt, dass er sich auch an die Gesellschafter insgesamt wendet[6]. 79

4. Pfändung einer bereits gepfändeten Mietforderung

Die „**Mehrfachpfändung**" ein und derselben Mietforderung ist ohne weiteres möglich. Eine später eingeleitete Zweitpfändung erfolgt nach den selben Regeln wie die Erstpfändung. Der **Rang** der Pfandrechte richtet sich – im Verhältnis der Gläubiger untereinander – nach der **Priorität** (§ 804 Abs. 3 ZPO)[7]. Das frühere Pfändungspfandrecht geht dem späteren vor, solange zwischen den Beteiligten nichts gegenteiliges vereinbart ist. **Gleichzeitige** 80

---

1 BGH, NJW 1998, 2904.
2 BGH, NJW 1998, 2904.
3 Vgl. BGH, NZM 2007, 565.
4 BGH, NJW 1998, 2904; BGH, MDR 1961, 408; OLG Köln, NJW-RR 1994, 1517; AG Miesbach, JurBüro 2006, 441.
5 BGH, NJW 1998, 2904.
6 BGH, Rpfleger 1961, 363.
7 BGH, NJW 1982, 173.

Pfändungen haben gleichen Rang. Verlangt bei mehrfacher Mietpfändung ein nachrangiger Gläubiger Zahlung, bevor der bevorrechtigte Gläubiger befriedigt ist, steht dem Mieter als Drittschuldner der Einwand aus § 804 Abs. 3 ZPO zu; er darf sich dabei auf den Vorrang der anderweitigen Pfändung berufen[1].

81 Ist eine Mietforderung für mehrere Gläubiger vollständig gepfändet, gerät der Mieter als Drittschuldner in die Gefahr, an einen Nicht- oder schlechter Berechtigten zu zahlen und deshalb **zweimal leisten** zu müssen. Vor dieser Notlage soll § 853 ZPO schützen; hiernach darf der Mieteranwalt seinem Mandanten bereits auf Grund der bloßen Tatsache einer mehrfachen Pfändung die **Hinterlegung** des gepfändeten Forderungsbetrages empfehlen. Denn der Mieter soll nicht das Risiko einer Unklarheit z.B. über die Frage der Wirksamkeit der Erstpfändung tragen, jedenfalls solange der gepfändete Betrag zur Befriedigung sämtlicher Pfändungsgläubiger nicht ausreicht[2].

82 Der Mieter unterliegt nach der genannten Vorschrift sogar einer **Hinterlegungspflicht**, sobald ein Gläubiger, dem die Mietforderung bereits überwiesen wurde, eine solche Hinterlegung **ausdrücklich fordert**. Die Wahl eines solchen Vorgehens ist dem Gläubigeranwalt dann zu empfehlen, wenn

- sich aus der Mieterauskunft nach § 840 ZPO (vgl. *Rz. 137 ff.*) entnehmen lässt, dass die mehrfach gepfändete Mietforderung zur Befriedigung aller Pfändungsgläubiger nicht ausreicht und sich die Gläubiger über eine Aufteilung des Betrages nicht einigen können;
- Zweifel an der Wirksamkeit einzelner „vorrangiger" Pfändungsbeschlüsse bestehen,
- die Verteilung des Pfändungserlöses auf das Vollstreckungsgericht als fachkundige und unabhängige Institution übertragen werden soll (**Verteilungsverfahren** – §§ 872 ff. ZPO).

83 **Mustertext**
für eine Hinterlegungsaufforderung des Gläubigeranwalts an den Mieter als Drittschuldner:

Sehr geehrter Herr (...),

mit Pfändungs- und Überweisungsbeschluss des AG (...) vom (...), Az. (...), wurde der Anspruch Ihres Vermieters, des Herrn (...), auf Zahlung von (...) Euro aus dem Mietverhältnis über Ihre Wohnung (Adresse) gegen Sie im Auftrag meines Mandanten (...) gepfändet und zur Einziehung überwiesen. Der Pfändungs- und Überweisungsbeschluss wurde Ihnen am (...) zugestellt. In Ihrer Drittschuldnererklärung (§ 840 ZPO) vom (...) haben Sie mitgeteilt, dass die Forderung von Ihnen anerkannt wird und Sie bereit sind, Zahlungen zu leisten.

---

[1] BGH, NJW 2001, 2178.
[2] Vgl. OLG Frankfurt, OLGR 2004, 250.

Zeitgleich erging Ihr Hinweis, dass die Forderung bereits für weitere (...) Gläubiger aus Ansprüchen in Höhe von insgesamt (...) Euro gepfändet ist. Da diese Ansprüche insgesamt die gepfändete Forderung deutlich übersteigen, fordere ich Sie auf, den Pfändungsbetrag zu Gunsten aller Pfändungsgläubiger gem. § 853 ZPO bis spätestens zum (...) zu hinterlegen und so eine Verteilung des Geldbetrages gem. §§ 872 ff. ZPO zu ermöglichen.

84 Zu hinterlegen ist der gepfändete Betrag bei der **Hinterlegungsstelle** eines **Amtsgerichts**, und zwar unter Verzicht auf das Recht zur Rücknahme. Da eine örtliche Zuständigkeit nicht vorgegeben ist, wird empfohlen, auf den Leistungsort (§ 374 Abs. 1 BGB) abzustellen[1]; zwingend erforderlich ist das jedoch nicht. Die Hinterlegung wirkt als Zahlung (§ 378 BGB); der hinterlegte Betrag scheidet endgültig aus dem Vermögen des Mieters aus.

85 Frei wird der Mieter von seiner Leistungsverpflichtung allerdings nur bei gleichzeitiger vollständiger **Anzeige der Sachlage** an das zuständige **Verteilungsgericht**. Zu dieser Anzeige ist er nach Aufforderung des Gläubigers verpflichtet (§ 853 ZPO)[2]. Anzugeben sind hierbei **Art und Höhe** der gepfändeten Mietforderung sowie die Benennung aller **Pfändungsgläubiger** unter Bezeichnung der jeweiligen Pfändungs- und Überweisungsbeschlüsse. Wird ein Pfändungsgläubiger dabei nicht aufgeführt, treten die Hinterlegungswirkungen diesem gegenüber nicht ein[3]. Der Anzeige sind die Pfändungs- und Überweisungsbeschlüsse im Original beizufügen. Nur die sich aus ihnen ergebenden Forderungen finden in einem späteren Verteilungsverfahren Berücksichtigung. **Zuständig** für die Anzeige ist das Amtsgericht, dessen Pfändungsbeschluss dem Mieter zuerst zugestellt wurde.

86 **Mustertext**
für eine Anzeige des Drittschuldners über die Hinterlegung eines gepfändeten Geldbetrages:

Sehr geehrte Damen und Herren,

die Forderung des Schuldners (...) auf Zahlung von (...) Euro aus (...) gegen meinen Mandanten wurde durch folgende Gläubiger gepfändet und (teilw.) zur Einziehung überwiesen:

Nr.	Name und Anschrift des Gläubigers	Vertreter	Pfändungsbeschluss vom	Zustelldatum	Pfandsumme in Euro (Gesamtbetrag)
1.	...	...	...	...	...
2.					

---

1 *Zöller/Stöber*, ZPO, 28. Aufl., § 853 Rz. 4.
2 LG Berlin, Rpfleger 1981, 453.
3 OLG Köln, OLGR 1998, 38.

Die jeweiligen Pfändungs- und Überweisungsbeschlüsse sind diesem Schriftsatz als Anlage 1 bis (...) jeweils im Original beigefügt. Mit Schreiben vom (...) (siehe Anlage ...) wurde mein Mandant durch den Gläubiger Nr. (...) aufgefordert, den Pfändungsbetrag zu Gunsten aller Pfändungsgläubiger gem. § 853 ZPO zu hinterlegen und so eine Verteilung des Geldbetrages gem. §§ 872 ff. ZPO zu ermöglichen. Die Hinterlegung erfolgte ausweislich beiliegender Kopie der Hinterlegungsquittung vom (...) am (...) bei dem Amtsgericht (...) unter dem Aktenzeichen HL (...) (siehe Anlage ...).

87 Kommt der Mieter seiner Hinterlegungsverpflichtung nicht nach, kann der die Hinterlegung fordernde Gläubiger diesen Anspruch **gerichtlich durchsetzen** (§ 856 ZPO). Im Fall einer bereits vorliegenden, früheren Mietpfändung hätte der „Zweitgläubiger" sogar die Möglichkeit, auf Hinterlegung oder auf Zahlung an sich und an den Besserberechtigten zu klagen. Eine spätere „Zweitpfändung" hindert den „Erstgläubiger" nicht, die Zahlung an sich zu verlangen[1]. Bei einer Klage des Zweitberechtigten könnte der Mieter allerdings geltend machen, dass das Gericht ihn allenfalls zur Hinterlegung verurteilt; Einwände hiergegen sind vom Zweitgläubiger nur dadurch auszuräumen, dass er das Einverständnis des früheren Gläubigers mit der Zahlung an ihn nachweist[2].

5. Die Überpfändung

88 Im Grundsatz darf der Gläubiger eine Mietpfändung nicht weiter ausdehnen als zu seiner Befriedigung und zur Deckung der anfallenden Vollstreckungskosten erforderlich. Denn unter dem Gesichtspunkt des Schuldnerschutzes[3] besteht ein **Verbot der Überpfändung** (§ 803 Abs. 1 S. 2 ZPO), dessen Verletzung eine Schadensersatzpflicht des Gläubigers nach sich ziehen kann[4]. Der vom Schuldner mandatierte Rechtsanwalt hätte in entsprechenden Fällen die Möglichkeit, für den Mandanten auf den Rechtsbehelf der Erinnerung nach § 766 ZPO zurückzugreifen.

89 Allein die Tatsache, dass der Gläubiger fällige oder zukünftig fällig werdende Mietforderungen in vollem Umfang pfänden lässt, obwohl der Nennbetrag bereits einer dieser Zahlungsansprüche den titulierten Betrag **erheblich übersteigt**, begründet allerdings noch keine Überpfändung. Abgestellt wird vielmehr auf die **Einbringlichkeit der Forderung**. Minderungsrechte oder Aufrechnungsmöglichkeiten auf Seiten des Mieters wirken unmittelbar auf die Höhe der Mietansprüche; bestehende Zahlungsunfähigkeit oder drohende Insolvenz des Mieters reduzieren sie im Einzelfall sogar auf Null. Eine Beurteilung des „**Pfandwertes**" der Mietforderung im Vorfeld der Pfändung findet jedoch nicht statt; die Vorab-Anhörung des Mieters zu dessen Zahlungsbereitschaft und -fähigkeit wäre unzulässig (§ 834 ZPO). Ent-

---

1 *Baumbach/Lauterbach*, ZPO, 67. Aufl., § 853 Rz. 5.
2 *Baumbach/Lauterbach*, ZPO, 67. Aufl., § 853 Rz. 5.
3 BGH, NJW 1985, 1155 – § 803 ZPO = Schutzgesetz für Vollstreckungsschuldner.
4 BGH, BB 1956, 254.

scheidend ist allein der einbringliche Teil der gepfändeten Forderung; dieser haftet dem Gläubiger voll bis zur Höhe seines Anspruchs, selbst wenn die beschlagnahmte Forderung im Betrag werthaltiger ist als die Vollstreckungsforderung[1]. Im Zweifel gilt daher die gesamte im Pfändungsbeschluss angegebene Forderung als gepfändet[2].

Eine Überpfändung soll demgegenüber vorliegen, wenn – bei wirtschaftlicher Betrachtung – die bislang veranlassten Vollstreckungsmaßnahmen desselben Gläubigers mit einiger Sicherheit zur Tilgung des titulierten Anspruchs ausreichen[3]. Die Frage einer übermäßigen Pfändung ist vom Anwalt daher aufzuwerfen und zu prüfen, sollte der Gläubiger des Vermieters gleichzeitig auf Zahlungsansprüche gegenüber **mehreren Mietparteien** Zugriff nehmen wollen, und zwar in voller Höhe, obwohl der Nennbetrag bereits einer der gepfändeten Forderungen den Vollstreckungsbetrag übersteigt.

90

Beispiel:
Im Eigentum des Vermieters steht ein Haus mit 6 Wohnungen, die jeweils an unterschiedliche Mieter überlassen sind. Die vereinbarte Miete für die einzelnen Einheiten liegt bei mindestens 450,- Euro/Monat. Wegen ausstehender Restzahlung erwirkt der Heizöllieferant H gegenüber dem Vermieter eine titulierte Forderung in Höhe von 400,- Euro. Aus diesem Titel will er jetzt gegenüber sämtlichen Mietern als Drittschuldner die Pfändung der jeweiligen Mietforderung betreiben.

Für einen solchen Fall wird die Auffassung vertreten, der Gläubiger müsse darlegen, warum er mehrere Mieten pfänden lassen will, genügt doch bereits eine Monatsmiete zu seiner Befriedigung[4]. Dieser Ansicht ist allerdings nicht zu folgen. Denn auch der Zugriff auf **mehrere Mietforderungen gleichzeitig** besagt nichts über deren **Einbringlichkeit** und über die Wahrscheinlichkeit einer Befriedigung des Gläubigers. Der wirkliche Wert der Forderung zeigt sich erst in Folge der Pfändung. Für den Gläubiger besteht daher keine Verpflichtung, sich bei Pfändungsmaßnahmen nur an eine Mietpartei zu halten. Andernfalls läuft er Gefahr, mit seiner Forderung auszufallen, würde der Drittschuldner die Mietzahlung verzögern bzw. Gegenrechte geltend machen, während gleichzeitig andere Gläubiger gegenüber einem weiteren, zahlungswilligen und -fähigen Mieter dort Mietforderungen pfänden oder gar einen Antrag auf Eröffnung des Insolvenzverfahrens über das Vermögen des Vermieters stellen. Die gleichzeitige Pfändung aller fälligen (und ggf. künftig fällig werdenden) Mietraten bei mehreren Mietparteien eines Vermieters ist daher zulässig; dem Antrag

91

---

1 *Stöber*, Forderungspfändung, 14. Aufl., Rz. 756.
2 BGH, NJW 1975, 738.
3 BGH, DB 1982, 2684.
4 *Zunft*, NJW 1955, 441, 444; *Baumbach/Lauterbach*, ZPO, 67. Aufl., § 803 Rz. 9; offen gelassen von BGH, NJW 1975, 738.

des Gläubigers auf vollständige Beschlagnahme mehrerer Mietforderungen muss daher entsprochen werden[1].

92 Von der Frage der Überpfändung ist der **Umfang des Einziehungsrechts** zu trennen. Dieses Recht des Vollstreckungsgläubigers ist natürlich beschränkt auf die **Höhe der titulierten Forderung** im Zeitpunkt des Wirksamwerdens der Überweisung; nur in diesem Umfang darf der Gläubiger auf die beschlagnahmte Mietforderung Zugriff nehmen.

V. Die Wirkungen einer Mietpfändung

1. Beschlagnahme und Pfändungspfandrecht

93 Die gerichtliche Pfändung bewirkt die **Beschlagnahme** der Mietforderung (**Verstrickung**) und führt zur Entstehung eines **Pfändungspfandrechts** für den Gläubiger (§ 804 Abs. 1 ZPO). Begründet wird damit ein **relatives Veräußerungsverbot** i.S.d. §§ 135, 136 BGB, das Verfügungen – z.B. des Vermieters als Vollstreckungsschuldner – über die gepfändete Mietforderung dem Vollstreckungsgläubiger gegenüber unwirksam macht. Nach Beschlagnahme des Mietzahlungsanspruchs hat der Mieter keine Möglichkeit mehr, noch mit befreiender Wirkung an seinen Vermieter leisten. Die rechtswirksame Überweisung der Forderung begründet vielmehr eine alleinige **Einziehungsbefugnis** des Vollstreckungsgläubigers[2] in Höhe desjenigen Betrages, den der Pfändungsbeschluss ausweist (§ 836 Abs. 1 ZPO). Ein Forderungsübergang ist damit allerdings nicht verbunden[3].

94 Die Pfändung ergreift den Mietzahlungsanspruch nur in dem **Umfang**, in dem eine solche Forderung gerade dieses Vermieters gegenüber dem Mieter im Zeitpunkt der Zustellung des Pfändungsbeschlusses besteht[4]. Sie erstreckt sich aber in jedem Fall auf den **Gesamtanspruch** des Vermieters; dessen Forderung wird vollständig „verstrickt"[5]. Dennoch kann ein pfändungsfreier Restbetrag der Forderung verbleiben.

95 Die Pfändung geht hingegen ins Leere, sollte die gepfändete Mietforderung dem Vermieter gar nicht (mehr) zustehen[6] (vgl. *Rz. 63 ff.*). Eine derart **wirkungslose Pfändung** gewährt dem Vollstreckungsgläubiger keine Befugnis, die Forderung nach ihrer Überweisung beim Mieter einzuziehen. Hier ist Sorgfalt beim Mieteranwalt geboten. Würde beispielsweise der Mandant – trotz **Kenntnis** einer Abtretung der Mietforderung an eine Bank – auf eine solche Einziehungsverfügung hin an den Vollstreckungsgläubiger zahlen, wäre er von seiner Leistungspflicht gegenüber dem wahren Anspruchs-

---

1 So auch *Stöber*, Forderungspfändung, 14. Aufl., Rz. 758.
2 BGH, WM 2007, 1241; BGH, NJW 1987, 1703; BGH, WM 1981, 1338.
3 BGHZ 114, 138.
4 BGH, NJW 1988, 495; OLG Köln, BB 1998, 2131.
5 BGH, NJW 2001, 2178.
6 OLG Köln, BB 1998, 2131.

inhaber nicht frei[1]. Die dem Schutz des Drittschuldners dienende Vorschrift des § 836 Abs. 2 ZPO findet im Verhältnis zum tatsächlich Forderungsberechtigten keine Anwendung[2]. Der in diesem Fall irrtümlich an den Gläubiger leistende Mieter müsste gezahlte Beträge dort nach § 816 Abs. 2 BGB kondizieren[3]. Zahlt der Mieter hingegen **in Unkenntnis** einer vor der Pfändung erfolgten Abtretung an den Gläubiger, ergibt sich der dann erforderliche Schutz aus den §§ 407, 408 Abs. 2 BGB; danach muss – trotz Unwirksamkeit der Pfändung – der Abtretungsempfänger die an den Gläubiger erbrachte Leistung des Mieters gegen sich gelten lassen[4].

2. Stellung des Vollstreckungsgläubigers

a) Allgemeines

Nach erfolgter Pfändung einer Mietforderung darf der die Vollstreckung betreibende Gläubiger alles tun, um sein Pfandrecht zu erhalten. Vor allem hat er – nach Überweisung – die Möglichkeit, über den gepfändeten Anspruch zu verfügen. Eine Abtretung der Forderung an Dritte – zur Sicherheit – ist zulässig. Gegenüber dem Mieter als Drittschuldner kann er jetzt

96

– die Forderung im eigenen Namen fällig stellen oder mit ihr aufrechnen[5],
– Maßnahmen zur Herbeiführung des Verzugseintritts bzw. der Verjährungsunterbrechung[6] ergreifen,
– die Forderung einschließlich der Nebenrechte im eigenen Namen geltend machen, einziehen und ggf. einklagen[7] (**Drittschuldnerklage** – vgl. Rz. 149 ff.),
– Klage auf Feststellung des Bestehens einer Forderung erheben und einen Arrest erwirken[8],
– Vereinbarungen über die Forderung (z.B. Erlass, Stundung) treffen,
– auf die Forderung verzichten – § 843 ZPO,
– Insolvenzantrag über das Vermögen des Drittschuldners stellen.

Die **Einziehungsbefugnis** des Gläubigers wird durch die Höhe des im Pfändungsbeschluss ausgewiesenen Betrages begrenzt. Nur in diesem Umfang darf die überwiesene Mietforderung beansprucht werden. Würde dennoch der Mieter als Drittschuldner einer solchen Pfändung zuwiderhandeln und den Mietzins (weiter) an einen **nichtberechtigten Dritten** zahlen, könnte der Gläubiger auch den Empfänger der Leistung auf Herausgabe der Berei-

97

---

1 BGH, NJW 1988, 495.
2 BGH, NJW 2002, 755; BGH, NJW 1993, 735; BGH, NJW 1988, 495; LG Köln, NJW-RR 1999, 649.
3 BGH, NJW 2002, 2871; BGH, NJW 1982, 173.
4 LG Köln, NJW-RR 1999, 649.
5 BGH, NJW 1982, 173.
6 BGH, NJW 1978, 1914.
7 BGH, WM 2007, 1241; BGH, WM 1981, 1338.
8 BGH, WM 2007, 1241; BGH, WM 1981, 1338.

cherung (§ 816 Abs. 2 BGB) in Anspruch nehmen[1]. Daneben bliebe ihm der Mieter zur nochmaligen Leistung verpflichtet.

98 Erfolgt beim Gläubiger eine **Gesamtrechtsnachfolge**, darf die vom Rechtsanwalt schon auf den Weg gebrachte Zwangsvollstreckung keinesfalls fortgeführt werden. Vielmehr ist dem Schuldner erneut die Ausfertigung des Titels zuzustellen, aus der sich nunmehr die Berechtigung des Rechtsnachfolgers auf Gläubigerseite zur Vollstreckung ergibt (§ 727 ZPO)[2].

b) Zusammentreffen von Mietpfändung und Rechtstreit

99 Erhält der Gläubigeranwalt die Information, dass der Vermieter (Schuldner) über eine gepfändete Mietforderung vor Gericht bereits **Forderungsklage** eingereicht oder einen **gerichtlicher Titel** erwirkt hat, sind Zusatzmaßnahmen zu ergreifen. So ist in dem **laufenden Prozess** um die gepfändete Mietforderung, den Vermieter und Mieter führen, darauf hinzuwirken, dass ein Urteil nur auf Leistung an den Gläubiger ergeht, denn mit der Pfändung wird der Gläubiger **Rechtsnachfolger** des Vermieters (§ 265 ZPO). Sollte die **Pfändung im Rechtstreit** keine Beachtung finden, ist zumindest zu veranlassen, dass der Titel bei Verurteilung des Mieters nach § 727 ZPO auf den Pfändungsgläubiger umgeschrieben wird[3].

100 Besteht über die gepfändete Mietforderung bei Beschlagnahme bereits ein **vollstreckbarer Titel** gegen den Mieter und betreibt der Vermieter hieraus gleichfalls die Zwangsvollstreckung, ist dem Gläubiger gegen das Vorgehen des Vermieters ein Widerspruch in Form der Drittwiderspruchsklage (§ 772 S. 2 i.V.m. § 771 ZPO) unter Inanspruchnahme des dabei gegebenen einstweiligen Rechtschutzes zu empfehlen[4].

3. Stellung des Vollstreckungsschuldners

101 Auch wenn die gepfändete Mietforderung dem Gläubiger **zur Einziehung** überwiesen wird, bleibt der Anspruch dennoch dem **Vermögen des Vermieters** zugeordnet; ein Wechsel in der Stellung des Forderungsinhabers findet nicht statt[5]. Die Überweisung der Mietforderung bewirkt lediglich, dass der Vermieter die Leistung nicht für sich einziehen, also nicht mehr Leistung an sich verlangen kann. Er wird auch nur im **Verhältnis zum Gläubiger** in seiner Verfügungsfreiheit beschnitten (**Verfügungsverbot** gem. §§ 135, 136 BGB)[6]. Als Vollstreckungsschuldner bleibt der Vermieter weiter berechtigt, **Verfügungen und Maßnahmen** über den gepfändeten Mietanspruch zu treffen; allein das Pfandrecht seines Gläubigers darf hierdurch

---

1 OLG Köln, NJW-RR 1994, 1517.
2 BGH, NJW 2007, 3357.
3 BGH, NJW 1983, 886.
4 Vgl. LG Memmingen, NJW-RR 2006, 998.
5 BGH, NJW 2001, 2178; BGH, NJW 1986, 423; BGH, NJW 82, 173; OLG Oldenburg, MDR 1998, 61.
6 LG Köln, NJW-RR 1994, 1519.

keine nachteilige Beeinträchtigung erfahren[1]. So kann er mit einer gegenüber dem Mieter einzuleitenden **Zahlungsklage** den drohenden Ablauf einer Verjährungsfrist hemmen[2] oder Sicherungsmaßnahmen einleiten[3]. Auch ist eine gegen den Mieter gerichtete Klage auf Feststellung über das Bestehen bzw. auf Zahlung der gepfändeten Miete an den/die Pfändungsgläubiger – und darüber hinausgehende Beträge an sich selbst – zulässig und möglich[4]. Darüber hinaus bleibt der Vermieter zum Ausspruch einer **Kündigung des Mietverhältnisses** berechtigt[5] (vgl. *Rz. 218*).

Die Überweisung einer Mietforderung **an Zahlungs statt** entfaltet demgegenüber die Wirkung einer **Abtretung** der gepfändeten Forderung zum Nennwert an den Gläubiger (§ 835 Abs. 2 ZPO, § 398 ff. BGB). Mit dem Wirksamwerden der Überweisung tritt der Rechtsübergang ein. Der Gläubiger wird sofort befriedigt; das gepfändete Recht scheidet zeitgleich aus dem Haftungsverband des Schuldners aus. Anschlusspfändungen weiterer Gläubiger ist damit die Grundlage entzogen; der Anspruch gehört nicht mehr zum Schuldnervermögen. Mit der Übertragung erlischt die Forderung des Gläubigers; auf deren Einbringbarkeit kommt es daher nicht mehr an.

102

⊃ **Praxistipp:**

103

Angesichts der Risiken, die bei einer Überweisung an Zahlungs statt im Zusammenhang mit der späteren Durchsetzung des Anspruchs einhergehen, sollte der mit einem Vollstreckungsauftrag betraute Rechtsanwalt eine solche Pfändung im Regelfall meiden; sie wäre allenfalls sinnvoll bei einem Zugriff auf langfristig dinglich gesicherte Forderungen.

4. Stellung des Drittschuldners

a) Allgemeines

Ab Wirksamwerden der Pfändung unterliegt der Mieter als Drittschuldner einem **Zahlungsverbot**; mit befreiender Wirkung kann er nicht mehr an den Vermieter (allein), sondern nur noch an den Gläubiger zahlen. Allerdings steht ihm grundsätzlich die Möglichkeit offen, den gepfändeten Mietbetrag beim Amtsgericht zu **hinterlegen** (§ 372 BGB). Will der Mieter gegen die Wirksamkeit des Pfändungsbeschlusses vorgehen – z.B. wegen vorherige **Abtretung** der gepfändeten Forderung – ist er insoweit beweisbelastet[6].

104

Gegenüber dem Gläubigervorgehen sind jedoch sämtliche **Einwendungen** zulässig, die dem Mieter im Verhältnis zu seinem Vermieter zustehen, so z.B.:

105

---

1 BGH, NJW 1983, 1703.
2 BGH, NJW 1986, 423.
3 OLG Oldenburg, MDR 1998, 61.
4 BGH, NJW 2001, 2178, BGH, NJW 1991, 3148.
5 *Baumbach/Lauterbach*, ZPO, 67. Aufl., § 829 Rz. 66.
6 BGH, NJW 1987, 1703.

- das Nichtbestehen der Mietforderung zum Pfändungszeitpunkt[1],
- die Unabtretbarkeit der Mietforderung,
- die Verjährung der Mietforderung,
- die Abhängigkeit der Mietforderung von einer noch fehlenden Gegenleistung,
- eine bereits erfolgte Tilgung der Mietforderung,
- die fehlende Fälligkeit der Mietforderung,
- die Treuhandbindung der Mietforderung[2],
- eine bestehende Aufrechnungslage wegen eigener Forderung gegenüber dem Vermieter oder dem Vollstreckungsgläubiger[3].

106 Wird auf ein Betreiben des vermietenden Schuldners die **vorläufige Einstellung der Zwangsvollstreckung** verfügt, muss der Anwalt des Mieters mit den damit verbundenen Rechtsfolgen vertraut sein. Denn sein Mandant darf in dieser Phase als Drittschuldner – solange der Pfändungs- und Überweisungsbeschluss noch nicht endgültig aufgehoben ist –,
- nicht mehr allein an den Gläubiger leisten,
- nur noch an den Gläubiger und den Vermieter **gemeinsam** zahlen oder
- die geschuldete Leistung zugunsten beider hinterlegen[4].

107 Bei **Unwirksamkeit** des Pfändungs- und Überweisungsbeschlusses wird das Vertrauen des Drittschuldners auf den rechtlichen Bestand des Gerichtsaktes durch § 836 Abs. 2 ZPO geschützt. Danach gilt – allerdings nur im **Verhältnis zum Schuldner** (vgl. Rz. 95) – eine zu Unrecht bewirkte Pfändung solange als rechtsbeständig, bis sie aufgehoben wird und der Drittschuldner hiervon Kenntnis erlangt[5]; der Schutz soll indes bei einem **offenkundig unrichtigen** (nichtigen) Überweisungsbeschluss nur eingeschränkt gelten[6]. Unabhängig davon steht dem Drittschuldner bei Leistung auf der Grundlage einer unwirksamen Pfändung[7] die Möglichkeit einer **Bereicherungsklage** gegenüber dem nichtberechtigten Gläubiger offen[8].

b) Freiwerden von der Leistungspflicht

108 In entsprechender Anwendung von § 407 BGB wird der Drittschuldner durch eine Zahlung an den Schuldner von seiner Verpflichtung gegenüber dem Pfändungsgläubiger frei, wenn er das dem Schuldner auferlegte **Verfügungsverbot** und das ihm obliegende **Zahlungsverbot** bei Vornahme der

---

1 BFH, NJW 1988, 1999; LG Münster, MDR 1990, 932.
2 Vgl. BGH, DNotZ 1985, 634.
3 BGH, NJW 1980, 584; BGH, BB 1976, 853.
4 Vgl. BGH, NJW 1999, 953; BGH, NJW 1983, 886.
5 LG Köln, NJW-RR 1999, 650.
6 BGH, NJW 1994, 3225.
7 Dieser Fall ist nicht gleichzusetzen mit der nachträglichen Aufhebung einer zunächst wirksamen Pfändung – OLG Köln, MDR 1984, 60.
8 BGH, NJW 2002, 2871; BGH, NJW 1982, 173.

Leistung **nicht kannte**[1]. Der für die Kenntnis des Drittschuldners maßgebliche **Zeitpunkt** ist dabei nicht der Eintritt des Leistungserfolgs beim Schuldner, sondern die Vornahme der zur Erfüllung notwendigen Leistungshandlung durch die Drittschuldner[2]. Bei **juristischen Personen** entscheidet die Kenntnis des gesetzlichen Vertreters; im Einzelfall kann hier § 166 BGB zumindest analog Anwendung finden (**Wissensvertretung**)[3]. Die Beweislast für die Unkenntnis trägt der Drittschuldner.

Hat also der Mieter in **Unkenntnis der Pfändung** die Mietzahlung bereits an den Vermieter veranlasst, kann der Pfändungsgläubiger nicht erneute Zahlung an sich verlangen. Für den Mieter besteht bei späterer Kenntniserlangung auch keine Verpflichtung, den Leistungserfolg durch aktives Handeln zu verhindern[4]. Eine bereits auf den Weg gebrachte **Geldüberweisung** braucht daher vor der endgültigen **Abbuchung** nicht widerrufen oder sonst wie rückgängig gemacht werden[5]; den eingerichteten **Dauerauftrag** muss der Mieter hingegen für die Zukunft kündigen. Bei Mietzahlung per Scheck ist dessen Einlösung im Einzelfall durch eine Schecksperre zu verhindern[6]. Hatte der Vermieter von einer ihm erteilten **Einzugsermächtigung** unmittelbar vor der Zustellung des Pfändungsbeschlusses beim Mieter Gebrauch gemacht, ist der Mieter ebenfalls nicht gehalten, dem Einzug zu widersprechen, selbst wenn die Kontobelastung noch nicht genehmigt war[7]. 109

Erfolgte die Mietzahlung hingegen in **Missachtung** der bekannten Pfändung und damit verbotswidrig, z.B. an den keine Empfangszuständigkeit mehr besitzenden Vermieter oder an einen nachrangigen Vollstreckungsgläubiger, hat der Mieter gegenüber dem tatsächlich berechtigten Pfändungsgläubiger nicht erfüllt und bleibt zur nochmaligen Leistung dorthin verpflichtet. Die „Erstzahlung" allerdings kann er in diesem Fall vom nicht berechtigten Leistungsempfänger aus ungerechtfertigter Bereicherung zurück verlangen[8]. 110

c) **Sonderfall: Pfändung einer titulierten Forderung**

Eine besondere Ausgangskonstellation ergibt sich für den Mieter als Drittschuldner, sollte die Zustellung des Pfändungs- und Überweisungsbeschlusses während des Laufs einer ihm gegenüber bereits eingeleiteten und noch nicht abgeschlossenen **Zwangsvollstreckungsmaßnahme** des Schuldners (Vermieter) erfolgen. 111

---

1 BGH, NJW 1983, 886.
2 BGH, NJW 1989, 905.
3 LG Frankfurt, WM 2009, 409.
4 BGH, NJW 1989, 905; BGH, NJW 1983, 886.
5 BGH, NJW 1989, 905.
6 BGH, WM 2009, 1704.
7 Vgl. zur Möglichkeit des unbefristeten Widerspruchs BGH, WM 2000, 1577.
8 BGH, NJW 2002, 2871; BGH, NJW 1982, 173.

Beispielsfall:

Der G erstreitet ein rechtskräftiges Urteil gegen seinen Schuldner, einen Vermieter. Der wiederum hat offene Forderungen gegenüber seinem Mieter wegen rückständiger Mieten, über die er bereits einen gerichtlichen Titel in Händen hält. Aus diesem Titel betreibt der Vermieter aktuell die Zwangsvollstreckung gegenüber seinem Vertragspartner und pfändet dessen Guthaben bei der B-Bank (= Drittschuldner im Verfahren I). Nunmehr erwirkt der G gegenüber dem Vermieter einen Pfändungs- und Überweisungsbeschluss und pfändet dessen (titulierte) Mietansprüche gegenüber dem Mieter (= Drittschuldner im Verfahren II). Die B-Bank befriedigt später den Vermieter.

112 In diesem Fall wird – aus Sicht des Pfändungsgläubigers G und unter Heranziehung von § 135 Abs. 1 S. 2 BGB – angenommen, dass die seitens des Vermieters dem Mieter gegenüber bereits im Vorfeld ausgebrachte Pfändung (Verfahren I) und der anschließend im Vollstreckungsweg erfolgte Ausgleich der Mietforderung durch die B-Bank gleichzusetzen ist mit einer Zahlung des Drittschuldners an einen **nicht mehr Berechtigten** (Vermieter) in Kenntnis einer wirksamen Pfändung[1]. Der bei Beschlusszustellung im Verfahren II bereits von der früheren Vollstreckungsmaßnahme direkt betroffene Mieter soll hiernach nur unter denselben Voraussetzungen von seiner Zahlungspflicht gegenüber G Befreiung erlangen, unter denen er bei Zahlung an einen Nichtberechtigten freigestellt wäre, also bei **Unkenntnis vom Verfügungsverbot** im Zeitpunkt der Erfüllung (vgl. Rz. 108).

113 War demnach die Vollstreckungsmaßnahme des Vermieters (Verfahren I) vor Zustellung des Pfändungs- und Überweisungsbeschlusses (Verfahren II) **bereits abgeschlossen**, wird der Mieter von seiner Leistungspflicht ohne weiteres frei; die Pfändung geht ins Leere.

114 **Läuft** hingegen die **Vollstreckungsmaßnahme** und wird dem Mieter in dieser Phase der Pfändungsbeschluss zugestellt, kann er Zahlungen auf den vom Vermieter erstrittenen Titel nicht mehr mit befreiender Wirkung leisten[2]. Der hier beratend tätige Mieteranwalt sollte – bei bestehender Zahlungsfähigkeit seines Mandanten – den Weg einer **Hinterlegung** zugunsten des Vermieters und des Pfändungsgläubigers empfehlen.

115 Hat der Vermieter jedoch seinerseits bereits **Pfändungsmaßnahmen** aus dem rechtskräftigen Urteil in eine Forderung des Mieters gegenüber dessen Drittschuldner (z.B. Bank) eingeleitet, muss der Mieter darüber hinausgehende Aktivitäten entfalten, will er eine Doppelzahlung vermeiden. Hier ist wiederum der Mieteranwalt gefordert. Denn von seinem Mandanten wird verlangt, dass er der Beitreibung der gepfändeten Mietforderung (Verfahren I) gegenüber dem Vermieter mit einer **Vollstreckungsabwehrklage** nach § 767 ZPO entgegentritt und dabei umgehend die **einstweilige Ein-**

---

[1] LG Memmingen, NJW-RR 2006, 998.
[2] BGH, NJW 1998, 886.

stellung der Zwangsvollstreckung (769 ZPO) beantragt, um zugunsten des Gläubigers (Verfahren II) den Vollstreckungserfolg zu verhindern.

Wäre der Mieter in diesem Fall nicht in der Lage, die zur einstweiligen Einstellung der Zwangsvollstreckung notwendige **Sicherheitsleistung** aufzubringen, bleibt er zumindest aufgefordert, gegenüber dem Gläubiger eine entsprechende **Streitverkündung** vorzunehmen, was von dem Rechtsanwalt im Klageverfahren zu berücksichtigen ist. Denn nur auf diesem Weg wird der Gläubiger an den Verfahrensausgang des Prozesses gebunden und erhält so die Möglichkeit, das vom Vermieter gegen den Mieter gerichtete Vollstreckungsverfahren unmittelbar zu beeinflussen – durch Übernahme des Sicherheitsbetrages. Bliebe der Gläubiger allerdings untätig und führt die fortlaufende Vollstreckung des Vermieters zur Tilgung der Mietforderung, würde der Mieter von seiner Leistungspflicht dem Gläubiger gegenüber befreit. Reagiert der Mieter dagegen überhaupt nicht, würde die erfolgreiche Vollstreckung des Vermieters aus dem Gerichtstitel seiner nochmalige Inanspruchnahme, diesmal auf der Grundlage der Mietpfändung, nicht entgegenstehen; dem Gläubiger gegenüber kann er sich dann nicht auf eine bereits bewirkte Erfüllung seiner Schuld berufen (§ 135, 136 BGB)[1].

5. Stellung des weiteren Vollstreckungsgläubigers

Ist das Pfändungspfandrecht eines Drittgläubigers früher begründet als dasjenige eines Neugläubigers, gilt der **Prioritätsgrundsatz**. Das ältere Recht bleibt bis zu dessen Befriedigung vorrangig bestehen[2]. Anderes gilt jedoch, sollte der Neugläubiger die Beschlagnahme der Mietforderung allein aus einem **Grundpfandrecht** (Hypothek, Grundschuld) bewirken; in diesem Fall finden die §§ 1123 ff. BGB Anwendung mit der Folge einer Verdrängung des Erstgläubigers im Einzelfall (vgl. *Rz. 170 ff.*). Vorrang behalten auch ältere Abtretungen einer künftigen Forderung[3].

VI. Auskunfts- und Herausgabepflichten des Schuldners

Bei der Einziehung der gepfändeten Mietforderung hat der Vermieter als Schuldner seinen Gläubiger zu unterstützen; insbesondere ist er gem. § 836 Abs. 3 ZPO verpflichtet, ihm die zur Einziehung der Forderung notwendigen **Auskünfte** zu erteilen[4] und die über die Forderung vorhandenen und in seinem Besitz befindlichen **Urkunden** auszuhändigen.

1. Die Herausgabe von Urkunden

Die Herausgabepflicht umfasst dabei solche Urkunden, die den Gläubiger im Anschluss an die Pfändung

---

1 BGH, NJW 1983, 886; LG Memmingen, NJW-RR 2006, 998.
2 BGH, NJW 1988, 495.
3 BGH, WM 1980, 661.
4 Vgl. hierzu *Stöber*, MDR 2001, 301; *Wertenbruch*, DGVZ 2001, 65; *Steder*, MDR 2000, 438.

- als zur Empfangnahme der Mietzahlung berechtigt legitimieren oder
- die den Bestand der Mietforderung beweisen bzw.
- die sonst der Ermittlung oder dem Nachweis ihrer Höhe, Fälligkeit oder Einredefreiheit dienen[1].

119 Der Gläubiger soll mit den Urkunden in die Lage versetzt werden,
- die Aussichten einer Drittschuldnerklage gegenüber dem Mieter zu überprüfen,
- die zu pfändende Forderung exakt zu beziffern[2],
- zu klären, welche Ansprüche ihm aus der Pfändung der Mietforderung tatsächlich erwachsen sind und
- ob in diesem Fall der Mieter als Drittschuldner die gepfändete Forderung vollständig erfüllt[3].

120 Hierzu benötigt der Gläubiger natürlich den zu Grunde liegenden **Mietvertrag nebst Nachträgen**, ggf. auch Betriebskostenabrechnungen, Übergabe- oder Rückgabeprotokoll oder Kautionssparbücher, soweit vorhanden. Solche vom Vermieter in diesem Fall herauszugebenden Urkunden sind im Pfändungs- und Überweisungsbeschluss in Einzelnen zu bezeichnen; einer gesonderten Herausgabeanordnung des Gerichts bedarf es hingegen nicht[4]. Sie kann jedoch gefordert werden, will der Rechtsanwalt die vom Schuldner herauszugebenden Urkunden näher spezifizieren[5].

121 ⊃ **Praxistipp:**
Den Antrag auf Erlass eines Pfändungs- und Überweisungsbeschlusses (vgl. Rz. 35) gegenüber einem Vermieter als Vollstreckungsschuldner sollte der Rechtsanwalt von vorneherein mit einem Gesuch auf Herausgabe bestimmter Urkunden verbinden. Ein besonderes Rechtschutzinteresse des Mandanten an der Herausgabe der einzelnen Urkunden ist in diesem Fall nicht darzulegen[6].

Formulierungsvorschlag
für ein ergänzendes Gesuch auf Herausgabe des Mietvertrages:

> Weiterhin wird angeordnet, dass der Schuldner verpflichtet ist, den über die Wohnung im 3. OG des Anwesens (Adresse) bestehenden schriftlichen Mietvertrag nebst Nachträgen, abgeschlossen mit dem Mieter Herrn (Name, Vorname), herauszugeben.

---

1 BGH, NJW-RR 2006, 1576.
2 BGH, NJW 2007, 606.
3 LG Paderborn, JurBüro 1995, 382; LG Bielefeld, JurBüro 1995, 384.
4 BGH, NJW-RR 2006, 1576.
5 OLG Zweibrücken, JurBüro 1995, 660; LG Heidelberg, JurBüro 1995, 383.
6 BGH, NJW-RR 2006, 1576; LG Augsburg, JurBüro 1996, 386; LG Paderborn, JurBüro 1995, 382; LG Berlin, Rpfleger 1993, 294.

122 Würde der Vermieter nicht freiwillig erfüllen, lässt sich die Herausgabeverpflichtung im Wege der Zwangsvollstreckung – und zwar auf der Basis einer Ausfertigung des ursprünglichen Schuldtitels sowie einer einfachen Ausfertigung des Überweisungsbeschlusses – unter Beiziehung eines Gerichtsvollziehers nach § 883 Abs. 1 ZPO durchsetzen (§ 836 Abs. 3 S. 3 ZPO)[1]. Der Pfändungs- und Überweisungsbeschluss bildet den notwendigen **Vollstreckungstitel**[2], der in diesem Fall aber mit einer entsprechenden Herausgabeanordnung des Vollstreckungsgerichts versehen sein muss. Wird der herauszugebende Mietvertrag vom Gerichtsvollzieher nicht aufgefunden, wäre der Vermieter – auf Antrag des Gläubigers – verpflichtet, nach § 883 Abs. 2 ZPO an Eides statt zu versichern, dass er die Urkunde nicht besitzt und auch nicht weiß, wo sie sich befindet.

2. Die Pflicht zur Auskunftserteilung

123 Die anwaltliche Praxis zeigt, dass der Vermieter als Schuldner häufig zur Kooperation nicht bereit ist und nähere Auskünfte verweigert; teilweise wird auch vorgeschoben, dass ihm geordnete Unterlagen nicht (mehr) zur Verfügung stehen bzw. er keine Erinnerung an die einzelnen Vorgänge hat und er Einwendungen seines Mieters sowieso nicht kennt. Mit dem Pfändungs- und Überweisungsbeschluss als Vollstreckungstitel kann der Vermieter jedoch zur **Auskunftserteilung** über sämtliche Fakten, die für eine erfolgreiche Durchführung der jeweiligen Vollstreckungsmaßnahme erforderlich sind, verpflichtet werden – § 836 Abs. 3 S. 2 ZPO. Die geforderten Auskünfte sind zu Protokoll der Geschäftsstelle zu erklären. Eines gesonderten Ausspruchs der Auskunftsverpflichtung in dem Pfändungs- und Überweisungsbeschluss bedarf es nicht. Folgende Angaben darf der Gläubiger einfordern:

– Grund und Höhe der Mietforderung,
– Zeitpunkt (Fälligkeitstermine) und Ort der Zahlung,
– Name und Anschrift eines evtl. existierenden Bürgen[3],
– Berechnung der Mietforderung,
– vorrangige Pfändungen von Drittgläubigern,
– bereits erfolgte Abtretungen[4],
– bestehende Sicherheiten,
– Einwendungen des Mieters,
– Entkräftungsargumente (Beweis- und Verteidigungsmittel) gegenüber diesen Einwendungen.

124 Wird die verlangte Auskunft nicht in angemessener Frist erteil, sollte der die Vollstreckung betreibende Rechtsanwalt den Gerichtsvollzieher beauf-

---

1 BGH, NJW 2004, 954.
2 OLG Frankfurt, Rpfleger 1977, 221.
3 LG München II, JurBüro 2000, 490.
4 LG Hildesheim, DGVZ 2001, 87.

tragen, den Vermieter vorzuladen und ihn aufzufordern, die benötigte Auskunft zu geben und deren Richtigkeit an Eides statt zu versichern (**Offenbarungsverfahren** – §§ 836 Abs. 3, 899 ff. ZPO)[1]; im Weigerungsfall ist der Anspruch auf Auskunftserteilung mit Haftbefehl durchzusetzen. Vorzulegen sind in diesem Fall

- die vollstreckbare Ausfertigung des Titels,
- der Pfändungs- und Überweisungsbeschluss sowie
- die sonstigen Unterlagen, aus denen sich die Verpflichtung des Vermieters zur Auskunftserteilung ergibt (Aufforderungsschreiben nebst Versendungsbeleg bzw. anwaltlicher Versicherung über dessen Versendung).

Einwendungen über den Umfang der Auskunftspflicht könnte der Vermieter im Einzelfall nur während des Offenbarungsverfahren, und zwar mit Widerspruch (§ 900 Abs. 4 ZPO), geltend machen.

125 **Mustertext**

für ein Anwaltsschreiben an den Vermieter mit dem Ersuchen um Auskunft:

Sehr geehrter Herr (…),

nach erfolgter Pfändung und Überweisung Ihrer sämtlichen Ansprüche auf Zahlung der rückständigen, fälligen und künftig fällig werdenden Mieten aus der Vermietung der Wohnung im 2. OG links des Anwesens (*Adresse*) gegenüber Ihrem Mieter, Herrn (…), steht meinem Mandanten ein gesetzlicher Auskunftsanspruch nach § 836 Abs. 3 ZPO zu, der Sie verpflichtet, die zur Geltendmachung der Forderung notwendigen Auskünfte zu erteilen. Sie werden insoweit aufgefordert, mir bis spätestens (*Zweiwochenfrist*) folgende Fragen schriftlich zu beantworten:

1. Besteht mit Herrn (…) ein schriftlicher Mietvertrag – mit eventuellen Nachträgen? Wann wurde(n) diese(r) vereinbart?
2. Wie hoch ist die von Herrn (…) zu zahlende Miete? Aus welchen Einzelbeträgen setzt sie sich zusammen?
3. In welchen Zeitabschnitten ist die Miete zu leisten (monatlich, quartalsweise, jährlich)?
4. Welcher jeweilige Fälligkeitszeitpunkt ist festgelegt?
5. Wie erfolgt die Mietzahlung (Barzahlung, Überweisung, Einziehung)?
6. Bestehen Mietrückstände, wenn ja, in welcher Höhe?
7. Schuldet der Mieter eine Kaution? Hat er sie entrichtet – wenn ja, in welcher Form (Barkaution, Sparbuch, Bürgschaft)? Ist die Kaution – wenn ja wo – noch vorhanden?
8. Haben Sie die Mietforderung – oder Teile hiervon – abgetreten? Wenn ja, wann an wen und wofür?

---

[1] Hierzu *Stöber*, MDR 2001, 301; *David*, MDR 2000, 195.

9. Ist die Mietforderung bereits gepfändet? Falls dies der Fall ist: Von welchem Gläubiger? Durch welches Gericht oder welche Behörde (Beschlussdatum und Aktenzeichen)? Für welche Gläubigerforderung (Betrag, Zinsen, Kosten)? Wie hoch ist der noch geschuldete Restbetrag?
10. Erhebt Herr (...) Einwände gegen die Miete (z.B. Gegenforderungen, Mietminderung, Zurückbehaltungsrechte)? Falls ja: um welche Gegenrechte handelt es sich? Sind diese begründet? Wie lassen sie sich entkräften?

Ich weise darauf hin, dass Sie für den Fall nicht fristgerechter Beantwortung meiner Fragen auf meinen Antrag hin verpflichtet sind, diese zu Protokoll des Gerichtsvollziehers zu beantworten und ihre Richtigkeit an Eides statt zu versichern. Bei unentschuldigtem Fernbleiben zum Termin haben Sie mit dem Erlass eines Haftbefehls zu rechnen. Dem allem können Sie entgehen, wenn die meinem Mandanten geschuldeten Beträge bezahlt werden.

VII. Pfändungsschutz zugunsten des Vermieters nach § 851b ZPO

1. Allgemeines

Zugunsten des Vermieters besteht die Möglichkeit, sich einer Pfändung der Miete oder der Mietkaution ganz oder teilweise dadurch zu entziehen, dass ein **Antrag auf Pfändungsschutz** nach § 851b ZPO gestellt wird. Diese Möglichkeit darf vom Vermieteranwalt anlässlich der Zulässigkeits- und Abwehrprüfung, was Vollstreckungsmaßnahmen betrifft, nicht übersehen werden. Denn bei entsprechender Vorgehensweise kann er für seinen Mandanten durchsetzen, dass die Miete weiterhin zur laufenden **Unterhaltung des Grundstücks** erhalten bleibt.

126

Entsprechend formuliert § 851b ZPO, dass die Pfändung der Miete sowie der aus ihr herrührenden Barmittel und Guthaben[1] auf Antrag aufzuheben ist, falls diese Einkünfte und Erträgnisse für den Vermieter

127

– zur **laufenden Unterhaltung** des Grundstücks,

– zur Vornahme **notwendiger Instandsetzungsarbeiten** und

– zur Befriedigung von Ansprüchen, die bei einer Zwangsvollstreckung in das Grundstück dem Anspruch des Gläubigers nach § 10 ZVG vorgehen[2] würden, unentbehrlich sind.

Diese Aufzählung ist abschließend. Damit unterliegen Einkünfte aus Vermietung außerhalb des von § 851b ZPO umfassten Bereichs grundsätzlich keiner Pfändungsbeschränkung. Insbesondere reicht der Umstand, dass der Vermieter infolge der Zwangsvollstreckung **Sozialhilfe** beantragen müsste,

---

[1] Hierzu OLG Oldenburg, MDR 1956, 614.
[2] Hierzu LG Berlin, Rpfleger 1990, 377.

nicht aus, um eine Aufhebung oder die **Einstellung der Zwangsmaßnahme** nach § 765a ZPO zu begründen[1].

128 Zu den Kosten der **laufenden Unterhaltung** des Grundstücks gehören z.B.[2] die Gebühren für Müllabfuhr und Straßenreinigung, das Wassergeld, die Prämien für Feuer- und Haftpflichtversicherung, die Kosten zur Fahrstuhlinstandhaltung, die Gebühren für Strom und Gas, die Heizungskosten, die Kosten für Treppenbeleuchtung, die Anliegerbeiträge, im Einzelfall auch die Kosten der Hausverwaltung[3].

129 In diesen Fällen ist allenfalls ein **Überschuss** für den Gläubiger pfändbar. Der Pfändungsschutz geht also nur so weit, wie die Mieteinnahmen zum tatsächlichen Ausgleich der in § 851b ZPO aufgeführten Forderungen benötigt werden[4]. Regelmäßig gilt daher nur ein fester Betrag als Teil der Miete als unpfändbar. Liegen demgegenüber die gesamten Mieteinkünfte in Höhe der üblichen Kostenmiete, kann dies als Indiz für deren Unentbehrlichkeit dienen[5].

130 Unabhängig davon hängt der Erfolg des Schutzantrages von den **wirtschaftlichen Verhältnissen** des Vermieters ab. Stehen noch **andere Vermögens- und Einkommensquellen** für die Er- und Unterhaltung des Grundstücks zur Verfügung, ist § 851b ZPO unanwendbar[6]; die gesamtwirtschaftliche Situation des Vermieters ist zu beurteilen. Hier wird ein strenger Maßstab anzulegen sein.

131 Der Pfändungsschutz des § 851b ZPO findet im Übrigen nur zugunsten eines Vermieters Anwendung, der zugleich auch **Eigentümer** der Mietsache ist. Vollstreckt der Gläubiger eines Hauptmieters wegen einer titulierten Geldforderung in die Mietraten aus einem **Untermietverhältnis**, bliebe ein Pfändungsschutzantrag des Hauptmieters ohne Erfolg[7].

132 Für den **Gläubigeranwalt** ergeben sich nach alledem zwei wesentliche Überlegungen:
– der Pfändungsschutz greift zunächst nur auf **Antrag des Vermieters**, so dass hierauf bei Abfassung des Pfändungsantrags keine Rücksicht zu nehmen ist;
– der Pfändungsschutz setzt voraus, dass dem Vermieter neben den Mieteinnahmen keine anderen Mittel zur Verfügung stehen, um die Unterhaltung, Instandsetzung oder Befriedigung vorrangiger dinglicher Gläubiger zu bewirken. Die **Beweislast** liegt insoweit beim Vermieter. Der

---

1 BGH, NJW 2005, 681.
2 Vgl. *Stöber* in Zöller, ZPO, 28. Aufl., § 851b Rz. 3.
3 **A.A.** AG Berlin-Schöneberg, JurBüro 2001, 326.
4 Vgl. *Ernst*, JurBüro 1995, 231.
5 *Baumbach/Lauterbach*, ZPO, 67. Aufl., § 851b Rz. 3.
6 OLG Köln, FamRZ 1991, 1215; KG, NJW 1969, 1860.
7 OLG Hamm, NJW 1957, 68; **a.A.** OLG München, MDR 1957, 10.

Gläubiger würde auf diesem Weg also umfassend Auskunft über die wirtschaftlichen Verhältnisse des Vermieters erhalten.

Eine Anwendung von § 851b ZPO entfällt im weitern, falls die vom Vermieter auszugleichenden Belastungen aufgrund mietvertraglicher Regelung auf den Mieter über eine **Nebenkostenvorauszahlung** umgelegt werden. Erhält der Vermieter diese Vorauszahlungen, stehen ihm insoweit anderweitige Mittel für den laufenden Grundstücksunterhalt zur Verfügung. Dies wird insbesondere für die umlagefähigen Nebenkosten nach der Betriebskostenverordnung wie etwa die Grundsteuer, die Haftpflichtversicherung für das Anwesen oder für Abwasser-, Oberflächenwasser- oder Wasserabgaben zu beachten sein[1]. 133

2. Verfahren

Das Pfändungsschutzverfahren folgt den Regelungen des § 813b ZPO (§ 851b Abs. 2 S. 1 ZPO). Sobald also der Vermieteranwalt Kenntnis von Vollstreckungsmaßnahmen erhält, die sich gegen den Mieter seines Mandanten als Drittschuldner richten, ist ein **Antrag** beim zuständigen **Vollstreckungsgericht** (§ 828 Abs. 2 ZPO) auf (teilweise) Aufhebung des Pfändungs- und Überweisungsbeschlusses einzureichen. Die Frist von **zwei Wochen** ab Zustellung der Pfändung muss beachtet werden; andernfalls steht eine Zurückweisung des Antrags wegen Verschleppung oder grober Nachlässigkeit im Raum (§ 851b Abs. 2 i.V.m. § 813b Abs. 2 ZPO). Die zur **Begründung** vorzutragenden tatsächlichen Umstände und Verhältnisse sind **glaubhaft zu machen** (§ 294 ZPO)[2]. Das Gericht entscheidet nach **Anhörung des Gläubigers** durch Beschluss (§ 764 Abs. 3 ZPO). Der Erlass **einstweiliger Anordnungen** nach §§ 766 Abs. 1, 732 Abs. 2 ZPO kann zusätzlich beantragt werden. 134

Der begründete Schutzantrag führt zur Aufhebung der Pfändung in Höhe eines festen oder fortlaufenden Betrages. Gegen die Entscheidung ist als **Rechtsbehelf** die sofortige Beschwerde (§ 793 ZPO) gegeben, für den Vermieter sogar noch bei Beendigung der Vollstreckungsmaßnahme infolge der Aufhebung der Pfändung[3].

Kann der Gläubiger im Anschluss an eine Aufhebung der Pfändung aus Gründen des § 851b ZPO geltend machen, dass sich die **Verhältnisse** seines Schuldners zwischenzeitlich **geändert** haben bzw. die Voraussetzungen für den gewährten Schutz weggefallen sind, ist eine Neupfändung jederzeit möglich; sie wird mit der Zustellung des Pfändungsbeschlusses an den Drittschuldner wirksam[4]. 135

---

1 *Goebel*, § 6 – Mietzinsforderung Rz. 17.
2 OLG Köln, FamRZ 1991, 1215.
3 *Baumbach/Lauterbach*, ZPO, 67. Aufl., § 851b Rz. 9.
4 *Stöber*, Forderungspfändung, 14. Aufl., Rz. 254.

3. Mustertext

für einen Schuldnerschutzantrag des Vermieters nach § 851b ZPO:

An das
Amtsgericht (...)
– Vollstreckungsgericht –
In der
Zwangsvollstreckungssache   des Herrn (...)
– Gläubiger
– Verfahrensbevollmächtigte: RAe

gegen   Herrn (...)
– Schuldner
– Verfahrensbevollmächtigte: RAe

an dem weiter beteiligt ist: Herr (...)
– Drittschuldner

zeige ich die die Vertretung des Schuldners an und beantrage namens und in dessen Vollmacht:

Der Pfändungs- und Überweisungsbeschluss des LG (...) vom (...), Az. (...), wird insoweit aufgehoben, als

☐ die monatliche Miete bis zu einem Betrag von (...) Euro gepfändet wurde,

☐ die künftige Miete bis zu einem Betrag von (...) Euro, beginnend ab dem (...), gepfändet wird.

Zur Begründung wird Folgendes ausgeführt:

Der Gläubiger vollstreckt gegen den Schuldner eine Forderung nebst Zinsen in Höhe von zuletzt (...) Euro aus der beigefügten vollstreckbaren Ausfertigung des Urteil des LG (...) vom (...), Az. (...), sowie aus der beigefügten vollstreckbaren Ausfertigung des Kostenfestsetzungsbeschlusses des LG (...) vom (...), Az. (...).

Der Gläubiger hat insoweit unter dem (...) den im Antrag näher bezeichneten Pfändungs- und Überweisungsbeschluss des erkennenden Vollstreckungsgerichts bewirkt und hierdurch die Ansprüche des Schuldners gegen den Drittschuldner als Mieter des Schuldners auf Zahlung der rückständigen, fälligen und künftigen Mieten gepfändet. Der Pfändungs- und Überweisungsbeschluss wurde dem Drittschuldner am (...), dem Schuldner am (...) zugestellt.

Die Pfändung ist in dem beantragten Umfang nach § 851b ZPO aufzuheben, da

☐ der Schuldner die Mieteinnahmen zur laufenden Unterhaltung des Grundstückes benötigt,

☐ der Schuldner der Mieteinnahmen zur Vornahme dringender Instandsetzungsmaßnahmen bedarf,

☐ der Schuldner die Mieteinnahmen zur Befriedigung von Ansprüchen zwingend benötigt, die bei einer Zwangsversteigerung bzw. Zwangsverwaltung den Ansprüchen des Gläubigers nach § 10 ZVG vorgehen.

Im Einzelnen ergibt sich dies aus Folgendem: (nähere Darlegung der Kosten der laufenden Unterhaltung/der notwendigen Instandsetzungsmaßnahmen sowie deren Kosten/welche vorrangigen Gläubiger zu befriedigen sind).

Anderweitige Mittel stehen dem Schuldner nicht zur Verfügung, um

☐ den laufenden Grundstücksunterhalt zu bestreiten,

☐ die Kosten für die notwendigen Instandsetzungsarbeiten am Grundstück aufzubringen,

☐ vorrangige Gläubiger zu befriedigen.

Zur Glaubhaftmachung der vorstehenden Angaben wird auf

☐ die eidesstattliche Versicherung des Schuldners vom (…)

☐ die Gebührenbescheide der Stadt (…)

☐ den Kostenvoranschlag/die Rechnung der Fa. (…)

☐ den Vertrag mit dem (…) vom (…) über (…)

☐ die Zahlungsaufforderungen der vorrangigen Gläubiger vom (…)

verwiesen, die jeweils in beglaubigter Abschrift in der Anlage beigefügt sind. Es wird um antragsgemäße Entscheidung gebeten.

VIII. Die Drittschuldnererklärung

1. Allgemeines

In der Regel besitzt der Vollstreckungsgläubiger keine zuverlässigen Informationen über die Werthaltigkeit der gepfändeten Mietforderung. Zur Reduzierung der damit verbundenen Risiken begründet § 840 ZPO – im Sinne einer funktionsfähigen Forderungsvollstreckung – **Auskunftspflichten des Drittschuldners**. Der entsprechende Anspruch besteht unabhängig neben der den Schuldner treffenden Obliegenheit nach § 836 Abs. 3 ZPO (Auskunftserteilung/Herausgabe von Urkunden – vgl. *Rz. 117 ff.*). Eine Pflicht des Drittschuldners zur Rechnungslegung bzw. zur Vorlage von Urkunden und Belegen formuliert § 840 Abs. 1 ZPO hingegen nicht. Selbst wenn ihm die Erfüllung der Auskunftsplicht im Einzelfall auch lästig ist; für den damit verbundenen Zeit- und Arbeitsaufwand kann der Drittschuldner weder vom Vollstreckungsgläubiger noch vom -schuldner ein **Entgelt** bzw. gar die Erstattung von **Rechtsanwaltskosten** verlangen[1].

137

---

[1] BGH, NJW 2000, 651; BGH, NJW 1999, 2276; BAG, NJW 1985, 1181.

2. Zeitlicher Rahmen

138 Nach der gesetzlichen Vorgabe des § 840 Abs. 1 ZPO ist der Drittschuldner gehalten, innerhalb von **zwei Wochen**, gerechnet ab Zustellung des Pfändungsbeschlusses an ihn, die gebotenen Auskünfte zu erteilen, entweder gegenüber dem Gläubiger oder dessen Bevollmächtigten. Die Erklärung kann sich auch an den die Zustellung des Pfändungsbeschlusses bewirkenden Gerichtsvollzieher richten – § 840 Abs. 3 S. 2 ZPO. Der Zugang der Erklärung hat innerhalb der Zweiwochenfrist zu erfolgen[1]. Voraussetzung ist die Zustellung eines formell wirksamen Pfändungsbeschlusses. Die Überweisung der Forderung ist hingegen nicht notwendig, um den Anwendungsbereich des § 840 ZPO zu eröffnen[2]. Auch auf den tatsächlichen Bestand der Forderung kommt es nicht an[3]. Erforderlich ist allerdings die Zustellung einer **ausdrücklichen Aufforderung** zur Abgabe der Erklärung; diese erfolgt in der Regel mit der Beschlusszustellung, andernfalls bedarf es der Zustellung einer gesonderten Aufforderung. Die Erklärungsfrist beginnt dann mit deren Zugang.

Mustertext

für eine Aufforderung zur Drittschuldnererklärung gegenüber dem Mieter:

139 Sehr geehrter Herr (…),

in der Zwangsvollstreckungssache (…) / (…) zeige ich an, dass ich den Gläubiger vertrete. Namens und in Vollmacht meines Mandanten fordere ich Sie gemäß § 840 ZPO auf, gegenüber dem Gerichtsvollzieher zwecks der Aufnahme in die Zustellungsurkunde oder gegenüber dem Gläubiger innerhalb von zwei Wochen ab Zustellung des Pfändungs- und Überweisungsbeschlusses des AG (…) vom (…), Az. (…), sowie dieses Schreibens zu erklären:

– ob und inwieweit Sie die gepfändete Mietforderung als begründet anerkennen und ob Sie zur Zahlung an den Gläubiger bereit sind;

– ob und welche Ansprüche andere Personen an der Forderung geltend machen;

– ob und wegen welcher Ansprüche die Forderung bereits für andere Gläubiger vorgepfändet ist.

Nur vorsorglich wird darauf hingewiesen, dass Sie nach § 840 Abs. 2 S. 2 ZPO meinem Mandanten für den aus der Nichterfüllung der Verpflichtung entstehenden Schaden haften.

---

[1] BGH, NJW 1981, 990.
[2] BGH, MDR 2006, 1370; BGH, MDR 1977, 746.
[3] OLG Schleswig, NJW-RR 1990, 448.

Die Drittschuldnererklärung   Rz. 144   **Q**

3. Umfang der Auskunftsverpflichtung

Die Vorgaben des Gläubigers im Auskunftsverlangen bestimmen den Umfang der Auskunftsverpflichtung. Eine Erweiterung des Rahmens, wie er in § 840 Abs. 1 Nr. 1 bis 3 ZPO vorgegeben ist, darf der Rechtsanwalt jedoch nicht in Erwägung ziehen; sie wäre unzulässig. 140

Nach dem Gesetzeswortlaut hat ein Mieter als Drittschuldner zumindest zu erklären, inwieweit er die gepfändete Mietforderung als **begründet anerkennt** und ob er sich für **leistungspflichtig** hält und **zur Zahlung bereit** ist (§ 840 Abs. 1 Nr. 1 ZPO)[1]. Eine nähere Begründung hierzu wird nicht geschuldet[2]. Der Auskunftspflichtige ist insbesondere nicht gehalten, Aufschluss zu Einzelfragen über bestehende Einwendungen, Einreden und Gegenrechte wie z.B. Kündigung, Mietminderung, Zurückbehalt usw. zu geben. Selbst die Erklärung, die Forderung werde nicht anerkannt, muss nicht näher begründet werden. Ein Hinweis auf fehlende Zahlungsbereitschaft sollte jedoch grundsätzlich ergehen, will sich der Mieter nicht Schadensersatzforderungen des Vollstreckungsgläubigers (vgl. *Rz. 146 ff.*) aussetzen. Gleiches soll gelten für den Fall bereits laufender Zwangsvollstreckungsmaßnahmen des Vermieters gegen den Mieter aus einem dort erwirkten Titel, der die gepfändete Mietforderung ebenfalls mit umfasst[3] (vgl. hierzu *Rz. 115 ff.*). 141

Weiterhin besteht eine Erklärungspflicht darüber, ob und welche Ansprüche andere Personen an der gepfändeten Mietforderung geltend machen (§ 840 Abs. 1 Nr. 2 ZPO). Anzugeben sind in diesem Fall die Namen und Anschriften der **weiteren Gläubiger** sowie Betrag und Rechtsgrund der dort geltend gemachten Forderungen. 142

Schließlich ist Auskunft darüber zu erteilen, ob und inwieweit die gepfändete Mietforderung bereits **zu Gunsten anderer Gläubiger** gepfändet ist (§ 840 Abs. 1 Nr. 3 ZPO). Auch hier bedarf es einer näheren Konkretisierung der Pfändungsbeschlüsse sowie etwaiger Vorpfändungen. 143

Hat der Mieter als Drittschuldner die gestellten Fragen beantwortet und damit die geforderte Auskunft gegeben, kann eine **Ergänzung/Wiederholung** oder gar ein Nachweis der Richtigkeit nicht gefordert werden; bei unrichtigen Angaben ist der Gläubiger auf seinen Schadensersatzanspruch nach § 840 Abs. 2 S. 2 ZPO (vgl. *Rz. 146*) beschränkt[4]. Dem Mieter steht indes die Möglichkeit offen, eine einmal erteilte Auskunft jederzeit zu **berichtigen** bzw. zu ergänzen, um derartige Schadensersatzforderungen abzuwenden. Einer Drittschuldnererklärung kommt regelmäßig auch nicht die Wirkung eines konstitutiven oder deklaratorischen Schuldanerkenntnisses zu[5]; es 144

---

1 LG Berlin, Rpfleger 1978, 64; LG Braunschweig, NJW 1962, 2308.
2 OLG München, NJW 1975, 174; **a.A.** *Foerste*, NJW 1999, 904.
3 LG Memmingen, NJW-RR 2006, 998.
4 BGH, NJW 1983, 687.
5 OLG Brandenburg, MDR 2009, 1096.

Specht | 2679

handelt sich vielmehr um eine tatsächliche Auskunft (**Wissenserklärung**), deren praktische Bedeutung in einer Umkehr der Beweislast liegt[1].

4. Mustertext

für eine Drittschuldnererklärung des Mieters

145 Der Pfändungs- und Überweisungsbeschluss des AG (...) vom (...), Az. (...), ist mir am (...) zugestellt worden. In Erfüllung meiner gesetzlichen Auskunftspflicht teile ich Ihnen mit:

Aus dem am (...) abgeschlossenen Mietvertrag über die Wohnung im 2.OG des Anwesens (...) besteht ein bereits fälliger Mietzahlungsanspruch des Schuldners in Höhe von (...) Euro. Dieser Anspruch ist jedoch durch eine Aufrechnung meinerseits mit einer Gegenforderung wegen (...) in Höhe von (...) Euro erloschen. Die Pfändung künftiger Mietzahlungsansprüche habe ich mir für den Fall vorgemerkt, dass nach Abzug etwaiger weiterer Gegenrechte/Gegenansprüche meinerseits ein Guthaben verbleiben sollte. Vorsorglich informiere ich darüber, dass ich derzeit die laufenden Miete (... Euro) wegen eines Mangels am Mietobjekt (*Beschreibung*) um (...)% mindere. An den gepfändeten Forderungen machen keine andere Personen vorrangige Ansprüche geltend. Die Forderungen sind auch nicht für andere Gläubiger gepfändet.

5. Verletzung der Auskunftsverpflichtung

146 Die **Erfüllung** der vollstreckungsrechtlichen Auskunftspflicht ist – weil Obliegenheit oder Handlungslast – gegenüber dem schweigenden Drittschuldner grundsätzlich **nicht einklagbar**[2]. Würde ein Mieter seiner Auskunftsverpflichtung jedoch gar nicht, verspätet, unvollständig oder sogar vorsätzlich fehlerhaft (falsch erteilte Auskunft) nachkommen, **haftet** er gem. § 840 Abs. 2 S. 2 ZPO bei Verschulden dem Gläubiger auf Ersatz des zu vertretenden Schadens, hier vor allem für unnötigerweise aufgewandte Prozesskosten[3], z.B. wenn die gepfändete Forderung nicht oder nur in geringerer Höhe besteht. Eine Erstattung der Kosten für die Einschaltung eines Rechtsanwalts zum Zwecke einer erneuten Aufforderung zur Auskunftserteilung findet hingegen nicht statt[4].

147 Unterlässt ein Mieter die von ihm geforderten Angaben und reagiert er auch sonst nicht auf den ihm zugestellten Pfändungsbeschluss, darf der Vollstreckungsgläubiger grundsätzlich von einer **hindernisfreien Beitreib-**

---

1 BGH, NJW 1978, 44; differenzierend BGH, NJW 1978, 1914.
2 BGH, NJW-RR 2006, 1566; BGH, NJW 1999, 2276; BGH, NJW 1987, 64; BGH, NJW 1984, 1901.
3 BGH, NJW 1981, 990.
4 BGH, NJW-RR 2006, 1566.

barkeit des gepfändeten Mietanspruchs ausgehen und diesen ohne Kostenrisiko im Weg der Einziehungsklage (hierzu *Rz. 149 ff.*) geltend machen. Ergibt sich im anschließenden Prozessverlauf aus der Einlassung des Mieters, dass die für den Gläubiger eingeklagte Forderung nicht besteht oder nicht durchsetzbar ist, hat der Rechtsanwalt die Möglichkeit, noch im selben Prozess – und zwar im Weg einer sachdienlichen Antragsumstellung aufgrund der verspäteten Drittschuldnererklärung (§ 263 ZPO) – Antrag auf Schadensersatzleistung wegen unterbliebener oder fehlerhafter Auskunft zu stellen und so zumindest eine Verurteilung des Mieters zur Tragung und Erstattung der bislang entstandenen Kosten, insbesondere die des (unnützen) Erkenntnisverfahrens, zu erreichen[1].

6. Mustertext

für eine **Schadensersatzklage gem. § 840 Abs. 2 S. 2 ZPO** gegen den Drittschuldner wegen unterbliebener oder fehlerhafter Auskunft (Auszug): 148

Antrag:
Der Beklagte wird verurteilt, an den Kläger (...) Euro nebst Zinsen in Höhe von 5 Prozentpunkten über dem Basiszinssatz seit dem (...) zu zahlen. (...)

Begründung :
Mit der Klage macht der Kläger gegen den Beklagten Zahlungsansprüche aus verspätet/nicht/nicht vollständig/falsch erteilter Auskunft nach § 840 Abs. 2 S. 2 ZPO geltend. Dem liegt folgender Sachverhalt zugrunde:

Herr/Frau/Firma (*Name des Schuldners*) ist aufgrund des als Anlage K 1 in Kopie beigefügten rechtskräftigen Urteils des Amt-/Landgerichts (...) vom (...), Az. (...), verpflichtet, an den Kläger (...) Euro nebst Zinsen in Höhe von (...) zu zahlen. Da der Schuldner in der Folgezeit keine Zahlungen leistete, betrieb der Kläger die Zwangsvollstreckung und erwirkte unter dem (...) den als Anlage K 2 in Kopie anliegenden Pfändungs- und Überweisungsbeschluss des Amtsgerichts (...), Az.: (...), mit welchem folgende Mietansprüche des Schuldners gegen den Beklagten gepfändet und dem Kläger zur Einziehung überwiesen wurden: (präzise Angabe der gepfändeten Forderungen). Der Beschluss ist ausweislich der dort angefügten Zustellungsurkunden des Gerichtsvollziehers ... dem Beklagten am ... und dem Schuldner am ... zugestellt worden.

Alternative 1:
Der Beklagte hat durch Schreiben vom (...), dem Gerichtsvollzieher am (...) zugegangen, mitgeteilt, dass (*Wiedergabe und Vorlage der Drittschuldnererklärung, aus der sich z.B. die vermeintlich fehlende Zahlungsverpflichtung des Drittschuldners ergibt*).

---

1 BGH, NJW-RR 2006, 1566; BGH, NJW 1984, 1901; BGH, NJW 1981, 990.

Alternative 2:

Eine Drittschuldnererklärung hat der Beklagte bis heute nicht abgegeben. Dass die gepfändete Forderung des Schuldners gegen den Beklagten nicht besteht, hat der Kläger erst durch (…) erfahren.

Der Beklagte ist dem Kläger gem. § 840 Abs. 2 S. 2 ZPO zum Schadensersatz verpflichtet. Die Auskunftspflicht des Beklagten war nach § 840 Abs. 2 S. 1 ZPO gegeben. Der ihm am (…) zugestellte Pfändungs- und Überweisungsbeschluss ist wirksam, wobei es auf den Bestand der gepfändeten Forderung nicht ankommt. Darüber hinaus ist der Beklagte auch in der Zustellungsurkunde zur Abgabe der von ihm geschuldeten Erklärung aufgefordert worden (§ 840 Abs. 2 ZPO).

Alternative 1:

Der Beklagte hat seiner hiernach bestehenden Auskunftspflicht nicht genügt; er ist seiner Auskunftspflicht bis heute nicht nachgekommen.

Alternative 2:

Er hat erst am (…) und damit erst nach Ablauf der am (…) endenden 2-Wochenfrist mitgeteilt, dass (…).

Alternative 3:

Die von dem Beklagten abgegebenen Erklärungen sind aus folgenden Gründen unvollständig: (…).

Alternative 4:

Die von dem Beklagten abgegebenen Erklärungen sind aus folgenden Gründen inhaltlich unzutreffend: (…).

Aufgrund der unterbliebenen/verspäteten/unvollständigen/unrichtigen Auskunft des Beklagten ist dem Kläger folgender Schaden entstanden: (…). Der Zinsanspruch ist unter dem Gesichtspunkt des Verzuges gerechtfertigt, da der Beklagte die ihm durch Schreiben vom (…) gesetzte Zahlungsfrist nicht eingehalten hat.

IX. Die Einziehungsklage

1. Allgemeines

Gibt ein Mieter als Drittschuldner keine Drittschuldnererklärung ab oder verweigert er die Zahlung der gepfändeten Mietforderung, sollte der mit der Zwangsvollstreckung betraute Gläubigeranwalt seinem Mandanten die Einleitung eines **Drittschuldnerprozesses** (Einziehungsklage) nahe legen. Die hierbei gegen den Mieter zu richtende Klage auf Einziehung der gepfändeten Forderung wird als „normale" Leistungsklage geführt. Voraussetzung für die Einziehungsberechtigung und damit für die **Aktivlegitimation** des Gläubigers, der dann im Verfahren ein **eigenes Einziehungsrecht**[1] geltend

---

1 BGH, WM 2007, 1241; BGH WM 1981, 1338.

macht, ist die Zustellung eines wirksamen Pfändungs- und Überweisungsbeschlusses an den Mieter. Aus der Überweisung resultiert dann die entsprechende Prozessführungsberechtigung[1].

Wurde die vom Gläubiger gepfändete Mietforderung bereits im Vorfeld vom Vermieter selbst gegenüber dem Mieter tituliert, fehlt es der Einziehungsklage an einem **Rechtschutzinteresse**; hier hätte der Gläubiger die – deutlich einfachere – Möglichkeit, den Vollstreckungstitel – und zwar gem. § 727 ZPO – auf sich umschreiben zu lassen[2]. 150

Besteht zugunsten des Mandanten eine **Rechtschutzversicherung**, kann der Versicherer dem Anspruch auf Versicherungsleistungen für die Drittschuldnerklage nicht entgegenhalten, dass vor Klageerhebung bereits drei Vollstreckungsversuche beim Vermieter als Schuldner direkt gescheitert sind. So ist zwar die Leistungspflicht des Versicherers nach § 5 Abs. 3b ARB 2008/II auf drei „Maßnahmen der Zwangsvollstreckung" je Vollstreckungstitel beschränkt; hierunter fällt die Einziehungsklage jedoch nicht; vielmehr ist – weil der Mieter seiner Verpflichtung aus der gepfändeten Forderung dem Gläubiger gegenüber nicht nachkommt – ein neuer, eigenständigen Rechtsschutzfall gegeben, für den im Einzelfall zu prüfen ist, ob nach dem versicherten Risiko (Mietrecht) auch Versicherungsschutz für die Wahrnehmung der mit einer Einziehungsklage geltend gemachten rechtlichen Interessen besteht[3]. 151

Die sachliche und örtliche **Zuständigkeit** des im Rahmen der Drittschuldnerklage anzurufenden Gerichts richtet sich nicht nach dem ursprünglich titulierte Anspruch, sondern allein nach der **gepfändeten Mietforderung**. Der ausschließliche **Gerichtsstand** des § 29a Abs. 1 ZPO findet Anwendung[4]. Im Verfahren muss gem. § 841 ZPO dem Vermieter gegenüber eine **Streitverkündung** erfolgen; ein Unterlassen soll die Klage allerdings nicht unzulässig machen[5], es mündet jedoch – das Vorliegen eines Schadens unterstellt – dem Vermieter gegenüber zu einer Schadensersatzpflicht. 152

Im Prozess kann sich der Mieter seinerseits auf eine Verletzung von Verfahrensvorschriften bei Erlass des Pfändungs- und Überweisungsbeschlusses nicht berufen; hierfür stehen ihm nur die formellen Rechtsbehelfe (Rz. 58 ff.; M Rz. 467 f.) zur Verfügung. Eine dort erreichte Aufhebung des Beschlusses führt dann unmittelbar zum Wegfall der Aktivlegitimation des Gläubigers für das Einziehungsverfahren. Im Rechtstreit könnte der für den Mieter tätige Rechtsanwalt allerdings folgende **Einwände** erheben: 153
- sein Mandant habe bereits vor der Beschlagnahme an den Vermieter gezahlt,

---

1 BGH, NJW 2000, 730; BGH, NJW-RR 1989, 286; BGH, NJW 1982, 273.
2 OLG Frankfurt, NJW 1983, 2266.
3 BGH, MDR 2009, 262 – zu § 2 Abs. 3b ARB 75.
4 OLG Karlsruhe, NZM 2003, 576.
5 So *Behr*, JurBüro 1994, 647.

– sein Mandant habe nach der Beschlagnahme, aber in Unkenntnis des Pfändungsbeschlusses, an den Vermieter gezahlt (§ 407 BGB analog[1]),
– sein Mandant rechne mit einer fälligen Gegenforderung auf.

Ausgeschlossen ist der Mieter allerdings mit der Einwendung, dass einem Dritten, z.B. einem im Rang bevorrechtigter Gläubiger, an der gepfändeten Mietforderung ein die Veräußerung hinderndes Recht i.S.d. § 771 ZPO zusteht. Denn mit einer Einrede, die sich aus dem Recht einer dritten Person herleitet, kann der Drittschuldner nicht gehört werden[2].

154 Nach der Rechtsprechung des BGH[3] zählen die **Kosten** des Drittschuldnerprozesses zu denen der Zwangsvollstreckung i.S.d. § 788 Abs. 1 ZPO.

2. Mustertext

für eine **Einziehungsklage gegen den Drittschuldner** mit Streitverkündung gegenüber dem Schuldner (Auszug):

155
Antrag:
Der Beklagte wird verurteilt, an den Kläger (…) Euro nebst Zinsen hieraus in Höhe von 5 Prozentpunkten über dem Basiszinssatz seit dem (…) zu bezahlen. (…)
Weiter verkünde ich namens und in Vollmacht des Klägers gegenüber Herrn/Frau/Firma (*Name des Schuldners*) den Streit verbunden mit der Aufforderung, dem Rechtsstreit auf Seiten des Klägers beizutreten. Die Streitverkündung erfolgt gem. § 841 ZPO. Die Lage des Rechtsstreits ergibt sich aus der vorliegenden Klageschrift.

Begründung :
Der Kläger nimmt den Beklagten als Drittschuldner auf Zahlung von (…) Euro (*Klagesumme*) in Anspruch. Dem liegt folgender Sachverhalt zugrunde:
Der Streitverkündete ist aufgrund des als Anlage K 1 in Kopie beigefügten rechtskräftigen Urteils des Amt-/Landgerichts (…) vom (…), Az. (…), verpflichtet, an den Kläger (…) Euro nebst Zinsen in Höhe von (…) zu zahlen. Da der Streitverkündete in der Folgezeit keine Zahlungen leistete, betrieb der Kläger die Zwangsvollstreckung und erwirkte unter dem (…) den als Anlage K 2 in Kopie anliegenden Pfändungs- und Überweisungsbeschluss des Amtsgerichts (…), Az.: (…), mit welchem folgende Mietansprüche des Streitverkündeten gegen den Beklagten gepfändet und dem Kläger zur Einziehung überwiesen wurden: (*präzise Angabe der gepfändeten Forderungen*). Der Beschluss ist ausweislich der dort angefügten Zustellungsurkunden des Gerichtsvollziehers (…) dem Beklagten am (…) und dem Streitverkündeten am (…) zugestellt worden. Trotz entsprechender Aufforderung in der Zustellungs-

---

[1] Vgl. BGH, NJW 1983, 886.
[2] BGH, NJW 2007, 927.
[3] BGH, WM 2010, 379; BGH, NJW 2006, 1141.

urkunde hat der Beklagte bis heute keine Drittschuldnererklärung abgegeben/ durch Schreiben vom (...), welches als Anlage K 3 in Kopie beigefügt ist, eine Zahlung ausdrücklich abgelehnt, so dass Klage geboten ist.

Die Aktivlegitimation des Klägers ergibt sich aus dem wirksamen Pfändungs- und Überweisungsbeschluss des Amtsgerichts vom (...). Hiernach ist der Kläger zur Einziehung des dem Streitverkündeten gegen den Beklagten zustehenden Anspruchs (*Angabe der gepfändeten Forderung*) berechtigt. Die von dem Beklagten vorprozessual gegen den Beschluss erhobenen Einwendungen sind sämtlich formeller Natur, die die Wirksamkeit des Beschlusses unberührt lassen und im Einziehungsprozess nicht zu prüfen sind. Unabhängig davon sind diese sämtlich unbegründet. Denn (*Widerlegung der von dem Beklagten erhobenen Einwendungen*).

In der Sache ergibt sich der Anspruch gegen den Beklagten aus § (*Angabe der Anspruchsgrundlage für den Anspruch des Schuldners = Streitverkündeten gegen den Drittschuldner = Beklagten*). Denn (*ganz „normale" Darlegung der Anspruchsvoraussetzungen mit entsprechendem Beweisantritten in gleicher Weise, wie wenn der Schuldner die Forderung selbst einklagen würde*). Entgegen der vom Beklagten in der außergerichtlichen Korrespondenz vertretenen Auffassung ist der Anspruch auch nicht erloschen, denn (...)/nicht gehemmt, denn (...). Der Zinsanspruch ist unter dem Gesichtspunkt des Verzuges gerechtfertigt, da der Beklagte die ihm durch Schreiben vom (...) gesetzte Zahlungsfrist nicht eingehalten hat.

X. Zusammentreffen von Mietpfändung und Grundstücksbeschlagnahme

1. Allgemeines

Veranlasst der Gläubigeranwalt mit dem bei Gericht gegenüber dem Vermieter erstrittenen Zahlungstitel die Pfändung von Mietforderungen, muss er – zumindest bei offensichtlich wirtschaftlich desolater Lage des Vermieters – damit rechnen, dass gleichzeitig weitere Gläubiger die Zwangsvollstreckung in dessen **unbewegliches Vermögen**, vor allem in dessen Mietgrundstück, auf den Weg bringen. Hier sind im Einzelfall hohe Vermögenswerte zu realisieren. Andererseits gelten Grundstücke als werthaltiges Sicherungsgut. Bedient z.B. der Vermieter auch die gegenüber seiner Bank fällig werdenden Darlehensbeträge nicht mehr und erfolgt deshalb die Kreditkündigung, könnte die Bank ohne weiteres Zuwarten Befriedigung aus der zur Darlehenssicherung auf dem Mietanwesen bestellten **Grundschuld** suchen und die Zwangsvollstreckung in das Grundstück betreiben. Dieser Weg der **Immobiliarvollstreckung** steht dabei nicht allein dem **dinglich gesicherten**, sondern jedem **persönlichen Gläubiger** des Vermieters offen, der aus einer titulierten Forderung vorgehen will. Allerdings sollte der Rechtsanwalt zusammen mit seinem Mandanten vorab das konkrete Ziel definieren, das mit dieser speziellen Vollstreckungsart erreicht werden soll.

157 So bestehen gem. § 866 Abs. 1 ZPO drei Möglichkeiten der Zwangsvollstreckung in Grundstücke bzw. grundstücksgleiche Rechte:
- die **Zwangsversteigerung** – die Immobilie wird „zerschlagen", um sich aus dem Erlös zu befriedigen,
- die **Zwangsverwaltung** – die Forderung wird aus den Erträgen des Grundstücks getilgt,
- die Eintragung einer **Zwangssicherungshypothek** – sie dient der Absicherung des Gläubigers hinsichtlich seiner Forderung gegenüber weiteren, potentiellen Gläubigern durch Grundbucheintrag.

158 Treffen Mobiliar- und Immobiliarvollstreckung verschiedener Gläubiger des Vermieters aufeinander, sind die gegenseitigen Auswirkungen vom Rechtanwalt genauestens klären. Dies schon deshalb, weil Forderungen aus der Vermietung zum **Haftungsverband** einer am Mietgrundstück bestellten **Hypothek** (§ 1123 Abs. 1 BGB) bzw. **Grundschuld** (§§ 1192 Abs. 1, 1123 Abs. 1 BGB) gehören. Sie werden von einer Zwangsvollstreckung in das unbewegliche Vermögen des Schuldners ohne weiteres **mit umfasst** (§ 865 Abs. 1 ZPO) und auf diesem Weg – als „wirtschaftlicher Bestandteil" des haftenden Grundstücks – dem Einzelzugriff entzogen. Dies gilt allerdings nicht uneingeschränkt. Voraussetzung ist vielmehr, dass **die Beschlagnahme** einer vom Gläubiger auf den Weg gebrachten Immobiliarvollstreckung auch diese speziellen Mietansprüche mit ergreift. Ohne eine solche „weite Beschlagnahmewirkung" bliebe der vermietende Eigentümer hinsichtlich seiner Mietforderungen weiter verfügungsberechtigt. Er könnte sie z.B. an Dritte abtreten; sie wären von einem Gläubiger auch ohne weiteres pfändbar (§ 865 Abs. 2 ZPO).

2. Beschlagnahme bei Zwangsversteigerung

159 Der Beschluss, mit dem – auf Gläubigerantrag – die **Zwangsversteigerung** des Mietgrundstücks angeordnet wird, führt zur **Beschlagnahme des Grundstücks** einschließlich sämtlicher Bestandteile sowie des Zubehörs (§ 20 ZVG, § 1120 BGB). Diese Beschlagnahme hat die Wirkung eines **Veräußerungsverbots** (§ 23 Abs. 1 S. 1 ZVG); bestehende Mietverhältnisse werden hiervon jedoch nicht tangiert. Der vermietende Schuldner bleibt trotz Anordnung der Zwangsversteigerung weiterhin befugt, bei seinen Mietern die Miete einziehen bzw. zu verwerten und sein Grundstück während des Verfahrens zu verwalten (§ 24 ZVG). Insoweit ist in der Anwaltspraxis zu berücksichtigen, dass Mietforderungen von der Beschlagnahme einer Zwangsversteigerung ausdrücklich **nicht erfasst** werden (§ 21 Abs. 2 ZVG)[1]. Die vereinbarte Miete hat der Mieter immer noch an seinen Vermieter zu bezahlen[2]. Eine in dieser Phase ausgebrachte Pfändung der Miete durch einen weiteren Gläubiger wäre daher zulässig und wirksam; der Mieter muss trotz Anordnung der Zwangsversteigerung (weiter) allein an den Pfändungsgläubiger leisten.

---
1 OLG Saarbrücken, Rpfleger 1993, 80.
2 OLG Hamm, NJW-RR 1994, 711.

Allerdings erfolgt ab dem Zeitpunkt des **Versteigerungszuschlags** (nicht erst mit der Eintragung im Grundbuch) ein **Eigentümerwechsel**; der Ersteher wird neuer Eigentümer des Mietgrundstücks (§ 90 ZVG). Er tritt kraft Gesetzes in bestehende Rechte und Pflichten aus dem vor der Versteigerung bereits abgeschlossenen Mietvertrag ein, sofern das Mietobjekt dem Mieter vor der Versteigerung auch überlassen war[1] – § 57 ZVG, § 566 BGB. Ab diesem Zeitpunkt gebühren allein dem **Ersteher die Grundstücksnutzungen**, so auch die Mieterträge (§ 56 S. 2 ZVG)[2]; der Vermieter verliert damit seine bisherige Gläubigerstellung. Weil eine seinem Vermögen zuordenbare Mietforderung jetzt nicht mehr gegeben ist, entfaltet die dem Vermieter gegenüber bislang ausgebrachte Pfändung mit Wirksamwerden des Zuschlags keine Wirkung mehr, soweit sie sich auf einen späteren Zeitraum bezieht als den laufenden Monat, in dem die Beschlagnahme stattgefunden hat, oder äußerstenfalls den darauf folgenden Monat (§ 57b Abs. 1 S. 1 ZVG).

Dem Mieter muss in diesem Fall unbedingt angeraten werden, Mietzahlungen ab **Kenntnis** vom Zuschlag nur noch an den Ersteher zu richten. Um diese Kenntnis des Mieters sicher zu stellen, sollte wiederum der die Zwangsversteigerung betreibende Gläubigeranwalt den Beschluss, mit dem die Zwangsversteigerung angeordnet wird, dem Mieter zustellen (§ 57b S. 2 ZVG). Auf Antrag des Gläubigers hat das Gericht sogar Ermittlungen über den Mieter anzustellen (§ 57b S. 4 ZVG). Wird der Versteigerungszuschlag im Beschwerdeweg allerdings später wieder aufgehoben (§ 90 Abs. 1 ZVG), gelten frühere Pfändungswirkungen fort.

3. Beschlagnahme durch Anordnung der Zwangsverwaltung

a) Allgemeines

Beantragt ein die Immobiliarvollstreckung betreibender (persönlicher oder dinglicher) Gläubiger die **Zwangsverwaltung** über das Mietgrundstück (vgl. dazu O Rz. 1 f.), ergeben sich unmittelbare Folgen auf bereits laufende bzw. beabsichtigte Mietpfändungen, die dem Rechtsanwalt bekannt sein sollten.

So gelten für die Zwangsverwaltung die Bestimmungen der Zwangsversteigerung (§§ 15–27 ZVG) entsprechend, soweit sich aus den §§ 147–151 ZVG nicht etwas anderes ergibt (§ 146 ZVG)[3]. Die Anordnung der Zwangsverwaltung gilt als Beschlagnahme des Grundstücks, gleichgültig, ob sie von **einem persönlichen oder einem dinglichen Gläubiger** beantragt wird, und zwar in demselben **Umfang** wie bei einer Hypothek (§ 146 Abs. 1 i.V.m. § 20 ZVG)[4]. Durch diese Verweisung findet u.a. § 20 Abs. 2 ZVG Anwendung, der zur Bestimmung des Umfangs der Beschlagnahme auf die Vorschriften des materiellen Rechts über den Haftungsumfang bei Grund-

---

1 BGH, NZM 2004, 478.
2 BGH, NZM 2005, 915.
3 BGH, WuM 2003, 510 u. 390.
4 BGH, NZM 2005, 915; BGH, NJW 2003, 2320.

pfandrechten Bezug nimmt. Die **Beschlagnahme** in der Zwangsverwaltung erfasst daher neben dem Grundstück auch sämtliche gem. §§ 1120 ff. BGB dem **Haftungsverband** zugeordneten Gegenstände, folglich auch die in § 1123 Abs. 1 erwähnten **Mietforderungen** (§ 148 Abs. 1 ZVG)[1].

b) Beschlagnahmewirkung auf Mietverhältnisse

162 Die Beschlagnahme des Grundstücks bei Anordnung der Zwangsverwaltung nimmt also unmittelbaren Einfluss auf bestehende Mietverhältnisse:

- Abgeschlossene Mietverträge wirken sofort für und gegen den Zwangsverwalter, sofern der Grundbesitz dem Mieter bei Anordnung der Beschlagnahme bereits **überlassen** war. Dies gilt allerdings nur für solche Mietverträge, die sich ausschließlich auf das **beschlagnahmte Grundstück** beziehen, nicht aber auf solche, die der Schuldner hinzu gemietet und dann einheitlich weiterverpachtet hat[2],
- der Zwangsverwalter tritt unmittelbar in die Vertragsrechte und -pflichten des Vermieters ein (§ 152 ZVG),
- der Vermieter/Eigentümer verliert sein Benutzungs- und Verwaltungsrecht am Mietobjekt[3] (§ 148 Abs. 2 ZVG),
- der Mieter schuldet die Miete/Nutzungsentschädigung ab dem Zeitpunkt seiner Kenntnis von der Beschlagnahme/ab Zustellung des gerichtlichen Zahlungsverbots nur noch an den Zwangsverwalter, der die Miete einzieht[4],
- Zahlungen des Mieters an den Vermieter trotz Kenntnis der Beschlagnahme haben keine schuldbefreiende Wirkung (§§ 148, 146, 20 ZVG i.V.m §§ 1123 ff. BGB),
- die Wirksamkeit von Vorausverfügungen des Vermieters über die Miete richtet sich nach den Vorschriften der §§ 1124 f. BGB[5].

c) Beschlagnahmewirkung auf Mietforderungen

163 Wenn aber die Zwangsverwaltung – im Gegensatz zur Zwangsversteigerung (vgl. *Rz. 159*) – auch Mietforderungen i.S.v. § 1123 Abs. 1 BGB mit umfasst, erstreckt sich ihre Beschlagnahme von vornherein auch auf diese Nutzungen aus dem Grundbesitz. Aus dem Verweis zum Haftungsumfang entsprechend einer Hypothek ist im weiteren zu entnehmen, dass sich die Haftung des Grundstücks nicht nur auf sämtliche **laufenden**, sondern zeitgleich auf alle **rückständigen Mietforderungen** bezieht, sofern die Rückstände nicht länger als ein Jahr fällig sind (§ 1123 Abs. 2 S. 1 BGB); dasselbe

---

1 BGH, WuM 2003, 510 u. 390.
2 BGH, NZM 2005, 352.
3 BGH, WuM 2006, 402; BGH, NJW-RR 2005, 1029.
4 BGH, GuT 2007, 140.
5 BGH, NZM 2007, 562; BGH, WuM 2003, 510.

gilt im Übrigen für **Nebenkostenforderungen**, gleich ob sie der Mieter als Pauschale oder Vorauszahlung schuldet[1].

Wirksam wird die Beschlagnahme im Zwangsverwaltungsverfahren mit der **Zustellung** des Anordnungsbeschlusses an den Grundstückseigentümer, dem Eingang des Eintragungsersuchens beim Grundbuchamt oder der Erlangung des Besitzes durch den Zwangsverwalter (§ 22 Abs. 1, § 151 Abs. 1 ZVG). Gegenüber dem Mieter als Drittschuldner gilt die Beschlagnahme allerdings erst mit dessen **positiver Kenntnis** über die Anordnung der Zwangsverwaltung (§ 22 Abs. 2 ZVG); der Zugang eines Benachrichtigungsschreibens des Zwangsverwalters genügt hierzu nicht[2]. Die Zustellung eines Zahlungsverbotes wäre dagegen ausreichend[3]. 164

d) Vorrang der Zwangsverwaltung

Weil die vom persönlichen oder dinglichen Gläubiger in Form der Mietpfändung betriebene **Zwangsvollstreckung** ebenfalls zu den **Vorausverfügungen** i.S.v. § 1124 BGB zählt[4], findet eine derartige Zwangsmaßnahme mit der Anordnung der Zwangsverwaltung über das Mietgrundstück ihr Ende, und zwar 165

– ab dem laufenden, spätestens ab dem darauf folgenden Monat[5] und
– im Umfang der hypothekarischen Haftung.

aa) Zwangsverwaltung und Mietpfändung durch persönlichen Gläubiger

Die Zwangsverwaltung genießt also grundsätzlich **Vorrang gegenüber der Forderungspfändung**; dieser Rückschluss ergibt sich unmittelbar auch aus § 865 Abs. 2 ZPO[6]. Eine **vor der Anordnung der Zwangsverwaltung** ausgebrachte **Mietpfändung** entfaltet daher Wirkung nur für die Zeit bis zur Beschlagnahme. Die Pfändungswirkungen erstrecken sich – weil Vorausverfügung –, gleichgültig, ob im Voraus oder im Nachhinein gezahlt wird, nur noch auf die Miete, die für den bei Beschlagnahme laufenden Monat zu leisten ist; erfolgt die Beschlagnahme erst nach dem Fünfzehnten des Monats, erfasst eine laufende Pfändung auch noch die Miete für den folgenden Kalendermonat (§ 1124 Abs. 2 BGB)[7]. 166

Bei bereits angeordneter Zwangsverwaltung können von einem weiteren Gläubiger des Vermieters also nur noch von der **hypothekarischen Haftung freigestellte** Forderungen, das sind die länger als ein Jahr vor der Beschlagnahme fälligen Mietrückstände, gepfändet werden (§ 1123 Abs. 2 BGB, § 865 Abs. 1 ZPO). Jede darüber hinausgehende Mietpfändung verbietet 167

---

1 BGH, NJW 2003, 2320.
2 LG Berlin, PraxReport 2008, 36; **a.A.** LG Berlin, GE 2000, 125.
3 BGH, NZM 2009, 875.
4 *Palandt*, 69. Aufl., § 1124 Rz. 1.
5 LG Braunschweig, ZIP 1996, 193.
6 BGH, NZM 2006, 714.
7 BGH, NJW 2007, 2919.

sich. Eine gleichwohl ausgebrachte Pfändung wäre unzulässig und absolut nichtig, also wirkungslos, selbst bei einer Vorpfändung zeitlich vor der Grundstücksbeschlagnahme.

168 Diese Wirkungen kommen jeder angeordneten Zwangsverwaltung zu, und zwar als der stärkeren Beschlagnahme gegenüber einer früheren/späteren Mietpfändung, unabhängig davon, ob das Zwangsverwaltungsverfahren von einem **dinglichen** oder einem **persönlichen Gläubiger** beantragt wird. Die Mietpfändung ist mit der Anordnung der Zwangsverwaltung jedoch nicht völlig gegenstandslos; sie ruht vielmehr für die Dauer des Zwangsverwaltungsverfahrens und erlangt mit dem **Wegfall der Beschlagnahme** wieder volle Wirksamkeit.

bb) Zwangsverwaltung und Mietpfändung durch dinglichen Gläubiger

169 Die Bestellurkunde für ein Grundpfandrecht (Hypothek/Grundschuld) enthält regelmäßig eine Unterwerfung des Grundstückseigentümers unter die sofortige Zwangsvollstreckung. Aus einem solchen **dinglichen Schuldtitel** ist dem **Grundpfandgläubiger** dann – neben der Zwangsversteigerung und der Zwangsverwaltung – auch das Vorgehen nach §§ 829 ff. ZPO eröffnet (vgl. Rz. 45 ff.). Im Wege der einfachen Mietpfändung könnte so auf die Erträge aus dem Grundstück des Schuldners Zugriff genommen werden.

169a Bei einer derartigen Vorgehensweise sollte der Rechtsanwalt des Grundpfandgläubigers allerdings Bedenken äußern. Denn selbst als dinglich Berechtigter vermag sein Mandant der nur zeitlich begrenzten Wirkung einer Mietpfändung bei später auf Antrag eines weiteren persönlichen Gläubigers oder eines weiteren nachrangigen Grundpfandgläubigers angeordneter **Zwangsverwaltung** nicht zu widersprechen[1]. Jede Fortsetzung der Mietpfändung würde sich bei einem Zusammentreffen beider Vollstreckungsmaßnahmen verbieten; sie wäre wirkungslos. Die Mietzahlungen für die Zeit ab angeordneter Zwangsverwaltung werden – analog zur persönlichen Anspruchsbeschlagnahme (vgl. Rz. 166, O Rz. 85 ff.) – auch von einer dinglichen Forderungspfändung frei. Fällige Mieten gebühren allein dem Zwangsverwalter für die Zwecke der vorrangigen Immobiliarvollstreckung[2]; die Ausschüttung erfolgt nach Maßgabe der § 155 ff. ZVG.

4. Beschlagnahme bei Grundschuld und Hypothek

170 Auf dem Mietgrundstück eingetragene Hypotheken oder Grundschulden gewähren dem **Grundpfandgläubiger** auch ein dingliches Verwertungsrecht, d.h. ein Recht auf Befriedigung aus dem Grundstück sowie aus den Gegenständen, auf die sich die Hypothek bezieht, und zwar im Wege der Zwangsvollstreckung nach Beschlagnahme (§ 1147 BGB, § 865 Abs. 1

---

1 BGH, GuT 2007, 229; OLG Saarbrücken, Rpfleger 1993, 80; LG Braunschweig, ZIP 1996, 193.
2 LG Braunschweig, ZIP 1996, 193.

ZPO). Voraussetzung ist hier ein **dinglicher Titel** gegen den Grundstückseigentümer. Die Zwangsvollstreckung erfolgt dann
– in das **Grundstück** durch Zwangsversteigerung oder Zwangsverwaltung nach ZVG,
– in die mithaftenden **Gegenstände** (z.B. Mieten) nach ZPO. Unerheblich ist dabei, ob der Mietvertrag vor oder nach der Bestellung des Grundpfandrechts abgeschlossen wurde[1].

a) Voraussetzungen der Beschlagnahme

Die **Beschlagnahme** einer Mietforderung mit den in §§ 1123, 1124 BGB näher beschriebenen Wirkungen kann sich bereits aus der Anordnung der Zwangsverwaltung ergeben (vgl. *Rz. 161 ff.*). Sie folgt aber auch aus einer **Pfändung der Mietforderung** (§§ 829 ff. ZPO), die ein Grundpfandgläubiger allein auf Grund seines **dinglichen Titels** (Hypothek, Grundschuld) erwirkt[2]. Denn die Hypotheken- und Grundschuldhaftung begründet bereits im Zeitpunkt der Bestellung des Grundpfandrechts ein **gegenwärtiges Pfandrecht** an eventuellen Mietforderungen des Schuldners; die Haftung wirkt ohne zeitliche Beschränkung und erstreckt sich von vornherein auf sämtliche **nach Eintragung des Grundpfandrechts** entstehenden Mietforderungen[3], wie in § 1124 Abs. 2 BGB bestimmt.

171

Hier ist vom Rechtsanwalt zu prüfen, ob der Vermieter ggf. zeitlich vor der Bestellung des Grundpfandrechts über seine Mietansprüche verfügt hat. Denn nach § 1124 Abs. 2 BGB ist eine **Vorausverfügung** dem Grundpfandgläubiger insoweit unwirksam, als sie sich auf die Miete für eine spätere Zeit als den Monat der Beschlagnahme bezieht. Eine **Vorausverfügung** i.S.d. zitierten Gesetzesnorm setzt somit die Existenz einer nach periodischen Zeitabschnitten bemessenen Mietforderung gegen den Schuldner voraus, auf die durch ein Rechtsgeschäft eingewirkt werden kann; aus diesem Grunde ist eine nach dem Mietvertrag erfolgte **Einmalzahlung** der Miete bei Mietbeginn für die gesamte Mietlaufzeit dem Grundpfandgläubiger gegenüber wirksam[4].

172

War demgegenüber eine Abtretung von monatlich zu leistenden Mietforderungen an einen Dritten zeitlich **vor der Beschlagname** – Eintragung des Grundpfandrechts – erfolgt, würde eine Zuordnung nur der **bis dahin** fällig werdenden Mieten zum hypothekarischen Haftungsverbund entfallen. Bleibt der Mieter später auch diese Mieten gegenüber dem Zessionar schuldig, ändert sich an dieser Beurteilung selbst dann nichts, wenn nach Eintragung des Grundpfandrechts der Zessionar die bis zu diesem Zeitpunkt fällig gewordenen Mietforderungen wieder an den Vermieter rückabtritt.

173

---

1 OLG Karlsruhe, NJW-RR 1998, 1569.
2 BGH, NZM 2008, 419; BGH, NZM 2005, 915; *Lauer*, MDR 1984, 977.
3 BGH, GuT 2007, 29; OLG Karlsruhe, NJW-RR 1998, 1567.
4 BGH, WuM 2009, 608; BGH, NJW 2007, 2919; BGH, NZM 2003, 871; BGH, NJW 1998, 595.

Denn eine einmal erloschene Hypothekenhaftung lebt selbst bei zeitlich zwischen der Abtretung und der Rückabtretung erwirkten Beschlagnahme nicht wieder auf[1]. In diesem Fall erlangt allein der Vermieter die Gläubigerstellung an den rückabgetretenen Mietansprüchen; sie unterfallen nicht etwa nachträglich der Beschlagnahmewirkung des Grundpfandrechts, wohl aber einer zu diesem Zeitpunkt bereits vorliegenden allgemeinen Mietpfändung.

b) Rangfolge bei Beschlagnahme

174 Im Rahmen der durch §§ 1123, 1124 BGB gesetzten Grenzen hat der dinglich nach §§ 829 ff. ZPO pfändende Gläubiger grundsätzlich Anspruch auf die Miete vor einem **persönlichen Gläubiger mit besserem Pfändungsrang** (§ 804 Abs. 3 ZPO); die spätere Pfändung der Mietforderung durch den dinglich Berechtigten leitet lediglich die Befriedigung aus dem belasteten Recht ein[2]; dessen Vollstreckungsmaßnahme **verdrängt** somit die zeitlich frühere aus einem persönlichen Schuldtitel.

Beantragt hingegen der persönliche Gläubiger mit seinem Titel unmittelbar die **Zwangsverwaltung** des Mietgrundstücks, wäre die damit einhergehende Beschlagnahme der Mietforderungen gegenüber der vom dinglich gesicherten Gläubiger betriebenen einfachen Mietpfändung vorrangig (vgl. Rz. 165).

175 Beschlagnahmen **mehrere dingliche Gläubiger** die laufenden Mieten durch Pfändung, so bestimmt sich ihr Rangverhältnis nicht nach der Reihenfolge des Wirksamwerdens der Pfändungen, sondern nach dem unter ihnen bestehenden **Rangverhältnis** (§§ 879 ff. BGB); der später pfändende und damit vorrangige dingliche Gläubiger hat also Pfändungsvorrang vor der älteren Beschlagnahme des nachrangigen Gläubigers[3].

c) Abtretung und Beschlagnahme

176 Eine besondere Ausgangssituation ergibt sich für den Rechtsanwalt, wenn er für den **nachrangigen Grundpfandgläubiger** die Pfändung von Mietforderungen aus einem dinglichen Titel gem. §§ 829 ff. BGB betreiben soll und sich herausstellt, dass der Vermieter (Schuldner) vor Eintragung des dem Mandanten zugeordneten Grundpfandrechts bereits sämtliche Mietansprüche an einen weiteren, hier **vorrangigen Grundpfandgläubiger** zur Sicherheit **abgetreten** oder rechtsgeschäftlich übertragen hatte. Die beabsichtigte Pfändung wäre erfolglos, müsste man den Forderungsübergang auf den bevorrechtigten dinglichen Gläubiger gleichsetzen mit einer von ihm zu diesem Zeitpunkt bewirkten dinglichen **Vollstreckungsbeschlagnahme**.

---

1 OLG Karlsruhe, MDR 2002, 783.
2 BGH, NZM 2005, 915.
3 BGH, NZM 2005, 915; RGZ 103, 137.

Eine derartige Angleichung wird jedoch – unter Anwendung der Vorschrift 177
des § 1124 Abs. 2 BGB – richtigerweise abgelehnt[1]. So darf der Vermieter
zwar über eine Mietforderung jederzeit wirksam verfügen, sie insbesondere
einziehen, ablösen, übertragen oder belasten, solange sie nicht beschlagnahmt ist. Es ist also Sache des vorrangigen Grundpfandgläubigers, die
ihm bereits zugeordnete Mithaftung der Miete durch **rechtzeitige Beschlagnahme** des **Mietgrundstücks** zur Geltung zu bringen, z.B. durch Erwirkung
der **Zwangsverwaltung**. Hat sich demgegenüber der Grundpfandgläubiger
zum Schutz seines dinglichen Rechts nur eine – dem Erfolg der Zwangsverwaltung nur im Ergebnis gleichkommende – Sicherungszession über Mietforderung geben lassen, wird dieses Ziel nicht erreicht. Denn ab dem Moment einer nachfolgenden Grundstücksbeschlagnahme wird jede zeitlich
frühere Vorausverfügung des Grundstückseigentümers dem hierdurch begünstigten Grundpfandgläubiger gegenüber unwirksam, soweit sie sich auf
die Miete für eine spätere Zeit als den zur Zeit der Beschlagnahme laufenden Monat bezieht (**Vorrang der Beschlagnahme gegenüber der Verfügung**)
– § 1124 Abs. 2 BGB (vgl. *Rz. 158*). Diese Vorschrift schützt den Grundpfandgläubiger vor einer Aushöhlung des Wertes seiner Sicherheit im Falle
einer isolierten Abtretung von Mietforderungen oder gleichstehenden Verfügungen des Grundstückseigentümers; sie schränkt das **Prioritätsprinzip**
ein[2]. Dem die Vollstreckung betreibenden Grundpfandgläubiger soll die
laufende Miete als Haftungsobjekt dienen. § 1124 Abs. 2 BGB setzt in seinem Anwendungsbereich folglich die Beschlagnahme der Mietforderungen
zugunsten des **Grundpfandgläubigers** voraus. Dessen Pfändungsbeschlagnahme wird gegenüber einer Vorausverfügung des Schuldners grundsätzlich der Vorrang eingeräumt.

Grundlage der Pfändung mit Vorrangwirkung muss jedoch der **dingliche** 178
Anspruch sein[3]; bei einer Zwangsvollstreckung aus der Unterwerfung unter die sofortige Zwangsvollstreckung wegen einer persönlichen Forderung
wäre diese Voraussetzung nicht erfüllt[4]. Im Ausgangsfall würde daher die
allein **von einem persönlichen Gläubiger** später bewirkte Mietpfändung
auf jeden Fall ins Leere laufen – Vorrang der Abtretung gegenüber der Pfändung. Die isolierte Pfändung der Mieten aufgrund eines persönlichen Titels
verdient keinen besonderen Schutz, sei es vor oder nach Erwirkung eines
dinglichen Titels durch einen Drittgläubiger.

⮕ **Praxistipp:** 179
Der einen Grundpfandgläubiger beratende Rechtsanwalt sollte unverzüglich auf eine Beschlagnahme der Mietforderung hinwirken, sei es
durch Anordnung der Zwangsverwaltung, sei es durch Pfändung der
Forderung aufgrund des dinglichen Anspruchs, will er zugunsten seines Mandanten Mietansprüche des Schuldners bei vermietetem

---

1 BGH, NZM 2006, 714.
2 BGH, NZM 2008, 419; BGH, NZM 2005, 915.
3 BGH, NZM 2005, 915.
4 BGH, NZM 2008, 419.

Grundeigentum vor dem Zugriff weiterer, nachrangiger Grundpfandgläubiger ausreichend sichern. Nur die Beschlagnahme der Mietforderung auf der Grundlage des dinglichen Titels bewirkt den Vorrang der Pfändung vor anderen Sicherheiten; die alleinige Vereinbarung einer Abtretung der Mietforderung zugunsten des Grundpfandgläubigers kann sich als unzureichend erweisen.

d) Grenzen der Beschlagnahmewirkung

180 Ein **sonstiges Entgelt**, welches für die Bestellung und Ausübung (Belassung) eines **Grundstücksrechts** (einer beschränkten persönlichen Dienstbarkeit, insbes. eines **Wohnungsrechts** oder eines **Nießbrauchs**) nach dem schuldrechtlichen Verpflichtungsgeschäft geschuldet wird, steht einer Mietforderung i.S.v. §§ 1123 BGB nicht gleich. Die auf der Basis entsprechender Vereinbarungen eingehenden Beträge sind nur als Geldforderung pfändbar (§ 829 ZPO). Der hypothekarischen Haftung (§§ 1123, 1124 BGB) unterliegen sie nicht; sie unterfallen daher auch nicht der Zwangsvollstreckung in das unbewegliche Vermögen des Grundstückseigentümers (§ 865 Abs. 1 ZPO). Die Anordnung einer Zwangsverwaltung bewirkt insoweit auch keine Beschlagnahme. Da in diesem Fall sowohl der Nießbraucher als auch der Grundpfandgläubiger Inhaber der auf demselben Grundstück lastenden dinglichen Rechte sind, richtet sich ihr **Rangverhältnis** allein nach § 879 BGB; danach ist ausschließlich die Reihenfolge der Eintragungen maßgeblich, wenn nicht eine davon abweichende Bestimmung (z.B. Rangrücktritt) in das Grundbuch mit aufgenommen ist[1].

181 Sogar ein bevorrechtigter, materiell-rechtlicher Anspruch des Grundpfandgläubigers gegen den Nießbraucher aus §§ 1192 Abs. 1, 1147, 880 Abs. 1 BGB mit dem Inhalt, die Zwangsvollstreckung in das Grundstück zu dulden, macht den Nießbrauchberechtigten für sich allein noch nicht zum Vollstreckungsschuldner. Die Zulässigkeit von Zwangsverwaltungsmaßnahmen gegen den Nießbraucher setzt vielmehr einen gegen diesen gerichteten Titel voraus; ein Titel allein gegen den Eigentümer wäre nicht ausreichend[2].

5. Beschlagnahme bei Eintragung einer Zwangshypothek

182 Die Bestellung einer Zwangshypothek ist eine weitere Art der Zwangsvollstreckung in das Grundstück (§ 866 Abs. 1 ZPO). Mit ihrer Eintragung in das Grundbuch entsteht die Hypothek (§ 867 Abs. 1 ZPO). Sie gewährt dem Gläubiger einen dinglichen Anspruch auf Zahlung des Hypothekenbetrages aus dem Grundstück (§ 1113 Abs. 1 BGB). Die Befriedigung aus dem Grundstück und aus den Gegenständen, auf die sich die Zwangshypothek erstreckt – z.B. Mietforderungen –, erfolgt wiederum im Wege der Zwangsvollstreckung (§ 1147 BGB). Dies erfordert einen **besonderen ding-**

---

[1] BGH, NJW 2003, 2164.
[2] BGH, NJW 2003, 2164.

lichen Titel, der auf **Duldung der Zwangsvollstreckung** in das belastete Grundstück aus der Hypothek lautet; ein nur mit dem Vermerk gem. § 867 Abs. 3 ZPO versehener Titel über den persönlichen Anspruch des Gläubigers würde hingegen eine Pfändung der Mieten mit Wirkung des § 1124 Abs. 2 BGB nicht erlauben[1].

Ist zugunsten des Mandanten eine **Zwangshypothek** auf dem Mietgrundstück eingetragen, sollte der die Zwangsvollstreckung vorbereitende Rechtsanwalt von vornherein einen solchen Titel auf Duldung der Zwangsvollstreckung in das belastete Grundstück erwirken, will er im Vollstreckungsweg auch ungeschmälert Zugriff auf **Mietforderungen** des Schuldners nehmen. Denn die Zwangsvollstreckung in Form der Eintragung einer Sicherungshypothek für die titulierte Forderung ist bereits mit der Vornahme der Eintragung in das Grundbuch abgeschlossen; weitere Maßnahmen wie Zwangsversteigerung, Zwangsverwaltung oder Forderungspfändung gelten als **selbständige Maßregeln**, deren Zulässigkeit sich nach den jeweils gesetzlich normierten Voraussetzungen richtet. So genügt zwar zur Befriedigung aus dem Grundstück durch Zwangsversteigerung bereits ein vollstreckbarer (Zahlungs-)Titel, auf dem die Eintragung der Zwangshypothek vermerkt ist (§ 867 Abs. 3 ZPO). Auf den Fall der Zwangsvollstreckung durch Pfändung von zum Haftungsverband der Hypothek gehörenden Mietforderungen – mit der Wirkung des § 1124 BGB – ist diese Vorschrift hingegen nicht anwendbar; hierfür bedarf es vielmehr eines **gesonderten Duldungstitels**. Allein die Pfändung von Mietforderungen aus einem nur persönlichen Titel verdient keinen besonderen Schutz; sie führt auch dann nicht zur (relativen) Unwirksamkeit zeitlich vorangehender Verfügungen über diese Ansprüche, sollte der Vollstreckungsgläubiger zuvor die Eintragung einer Zwangshypothek bewirkt haben[2].

XI. Mietpfändung und Schuldnerinsolvenz

Erhält der die Mietpfändung für seinen Mandanten betreibende Rechtsanwalt die Mitteilung, wonach über das Vermögen des Schuldners (Vermieter) Insolvenzantrag gestellt wurde, besteht Handlungsbedarf. Vor allem ist zu klären, ob und wie lange noch für den Mandanten bereits gepfändete Mieten weiter einziehbar sind oder ob künftig Pfändungsrechte verloren gehen. Aus Sicht des als Drittschuldner am Vollstreckungsverfahren beteiligten Mieters stellt sich zeitgleich die Frage nach dem künftigen „Zahlungsadressaten" in der Weise, ob ein nunmehr bestellter Insolvenzverwalter den bisherigen Pfändungsgläubiger verdrängt.

1. Allgemeines

In der Schuldnerinsolvenz gilt zunächst der Grundsatz, dass mit der Verfahrenseröffnung eine bereits laufende Zwangsvollstreckungsmaßnahme

---

1 Vgl. BGH, NZM 2008, 419.
2 BGH, NZM 2008, 419.

nicht nach § 240 ZPO unterbrochen wird[1]. Damit könnte im Rahmen eines Rechtsmittels weiterhin die Wirksamkeit einer Mietpfändung überprüft werden. Indes sind vom Anwalt die Folgen des Insolvenzverfahrens – **Vollstreckungsverbote** nach §§ 88, 89 InsO – auch für die laufende Zwangsvollstreckung zu beachten; hier kann für den Vermieter als Insolvenzschuldner ein rechtliches Interesse an einer förmlichen Aufhebung eines vor Eröffnung des Insolvenzverfahrens erlassenen Pfändungs- und Überweisungsbeschlusses bestehen[2].

2. Pfändung durch persönlichen Gläubiger

186 So ist zunächst zu beachten, dass nach § 88 InsO eine Sicherung, die ein Insolvenzgläubiger im **letzten Monat** (Berechnung nach § 139 InsO) **vor dem Antrag** auf Eröffnung des Insolvenzverfahrens oder nach diesem Antrag durch Zwangsvollstreckung an dem zur (späteren) Insolvenzmasse gehörenden Vermögen des Schuldners erlangt hat, mit der **Eröffnung des Insolvenzverfahrens** unwirksam wird (**Rückschlagsperre**). Die Vorschrift erklärt auch die durch Zwangsvollstreckung erlangte Sicherung im Nachhinein für unwirksam, wenn sie in der kritischen Periode vor der Verfahrenseröffnung begründet wurde. Zu solchen Sicherungen zählen auch die durch Pfändungsverfügung erlangten Pfändungspfandrechte an einer (Miet-)Forderung, da es sich hierbei um einen Bestandteil des Schuldnervermögens, also auch der Insolvenzmasse, handelt. Relevant wird diese Rechtsfolge bei einer zeitlich vor dem Insolvenzantrag bewirkten **Pfändung künftiger Mietforderungen** (Rz. 13 ff.) Hier entfaltet das jeweilige Pfändungspfandrecht hinsichtlich der einzelnen Mietforderungen erst zu dem Zeitpunkt Wirkung, in dem die gepfändete Forderung tatsächlich entsteht, also **fällig** wird; die Rückschlagsperre des § 88 InsO führt in diesem Fall dazu, dass die innerhalb eines Monats vor dem Insolvenzantrag – und auch später – jeweils erlangten Sicherungen mit der späteren Eröffnung des Insolvenzverfahrens ipso jure unwirksam werden und auf Antrag des Insolvenzverwalters aufzuheben sind[3].

187 Hinzukommt noch, dass eine während der letzten drei Monate vor dem Eröffnungsantrag („kritische Zeit") im Wege der Zwangsvollstreckung erlangte Sicherheit oder Befriedigung als **inkongruent** angesehen wird[4]. Denn das die Einzelzwangsvollstreckung beherrschende Prioritätsprinzip erfährt durch das System der insolvenzrechtlichen **Anfechtungsregeln** eine Einschränkung, sobald für die Gesamtheit der Gläubiger keine Aussicht mehr besteht, aus dem Vermögen des Schuldners volle Deckung zu erhalten;

---

1 BGH, NJW 2007, 3132 m.w.N.; in der Phase des vorläufigen Insolvenzverfahrens kann das Insolvenzgericht allerdings Maßnahmen der Mobiliarvollstreckung in das Schuldnervermögen untersagen oder einstweilen einstellen – § 21 Abs. 2 Nr. 3 InsO.
2 LG Gera, ZVI 2007, 181.
3 BFH, BB 2005, 1488.
4 BGH, NJW 1997, 3445; BGH, NJW 1995, 1090.

Ziel ist die Gleichbehandlung der Gläubiger insgesamt[1]. Daher begründet ein erst während des **Drei-Monats-Zeitraums** vor dem Eröffnungsantrag wirksam gewordenes Pfandrecht in der Insolvenz kein anfechtungsfestes Absonderungsrecht nach § 50 Abs. 1 InsO, sollte der Vermieter zur Zeit der Rechtshandlung (hierzu § 140 InsO) bereits **zahlungsunfähig**[2] gewesen sein (§§ 131 Abs. 1 Nr. 2, 17 Abs. 2 InsO) und der Pfändungsgläubiger hiervon Kenntnis haben – einfache Fahrlässigkeit schadet bereits[3]. War das Pfandrecht dagegen vorher entstanden und ist es auch aus sonstigen Gründen nicht zu beanstanden, wäre eine anschließende Befriedigung durch Zahlung mangels Gläubigerbenachteiligung nicht mehr anfechtbar[4]. Soweit sich die Pfändung also auf **künftige Mietforderungen** bezieht, begründet sich ein Pfandrecht erst mit deren Entstehung, so dass anfechtungsrechtlich ebenfalls nur auf diesen Zeitpunkt abzustellen ist[5].

Auch das **Absonderungsrecht** eines nur **persönlichen Gläubigers** erfordert in der Insolvenz des Vermieters – was bestehende Mietforderungen betrifft – zwingend deren vorherige Beschlagnahme durch Pfändung (§§ 829 ff. ZPO). Dem persönlichen Gläubiger würde jedoch im Fall einer solchen Pfändung ein Anspruch auf vorrangige Befriedigung nicht mehr zur Seite stehen, wenn ein **dinglicher Gläubiger** vorab – zur Befriedigung seines Anspruchs – bereits 188

– die Zwangsverwaltung eingeleitet hat (*Rz. 165 ff.*),

– sich eine Sicherungszession geben ließ[6],

– eine Abtretung der Mietforderung vereinbart hat (*Rz. 64 ff.*),

und er die Mieten einzieht und verrechnet. In diesen Fällen hätte der persönliche Gläubiger das Nachsehen.

Unabhängig davon **erlischt** ein mit der Vorauspfändung von Mieten nach §§ 829 ff. ZPO begründete **insolvenzrechtliches Absonderungsrecht** des persönlichen Gläubigers spätestens nach Ablauf des nächsten auf die Eröffnung des Insolvenzverfahrens folgenden Kalendermonats. Dies folgt aus § 110 Abs. 1 InsO, der die Geltung rechtsgeschäftlicher Vorausverfügungen des Schuldners über Mietforderungen zeitlich limitiert[7]. § 110 Abs. 2 S. 2 InsO stellt zudem klar, dass auf Vereinbarung basierende Verfügungen des Schuldners (Vermieter) solchen gleichstehen, die im Wege der Zwangsvollstreckung erfolgen[8]. Hierunter fällt jedenfalls die Pfändung und Überwei- 189

---

1 BGH, NJW 2002, 2568; BGH, NJW-RR 2003, 1201.
2 Zur Vermutung der Zahlungsunfähigkeit bei Zahlungseinstellung und deren Voraussetzungen vgl. BGH, NJW 2002, 512; BGH, NJW-RR 2001, 1204.
3 BGH, NJW-RR 2001, 1699; BGH, NJW-RR 1999, 272.
4 BGH, NJW-RR 2000, 1215; BGH, NJW 1992, 624.
5 BGH, NJW 2004, 1444 m.w.N.
6 BGH, GuT 2007, 29; RG LZ 1914, 1378.
7 Vgl. KG, IMR 2009, 30.
8 BGH, NZM 2006, 714.

sung einer Mietforderung an den Vollstreckungsgläubiger zur Einziehung[1]. Deren Rechtswirkung endet.

3. Pfändung durch dinglichen Gläubiger

190 Ist zu Gunsten eines **dinglichen Gläubiger**s im Grundbuch eine Hypothek oder Grundschuld eingetragen, erstreckt sich das Grundpfandrecht auch auf die Mietforderungen des Grundstückseigentümers – §§ 1123 Abs. 1, 1192 BGB[2] (vgl. *Rz. 170 ff.*). Bereits im Zeitpunkt der Bestellung des Grundpfandrechts entsteht dabei ein **gegenwärtiges Pfandrecht** an diesen Mietansprüchen. Die spätere Beschlagnahme durch deren Pfändung leitet lediglich die Befriedigung aus dem belasteten Recht ein[3]; das Absonderungsrecht des dinglich gesicherten Grundpfandgläubigers (§ 49 InsO) in der Insolvenz des Vermieters entsteht jedoch bereits zuvor mit der **Bestellung des Grundpfandrechts** nach Maßgabe der jeweiligen materiell-rechtlichen Bestimmungen, und zwar im Umfang der gesicherten Forderung und soweit der Gläubiger das Grundpfandrecht nicht in anfechtbarer Weise erlangt hat (**Insolvenzbeschlag**)[4].

191 In § 49 InsO ist jedoch bestimmt, dass Gläubiger, denen ein Recht auf Befriedigung aus unbeweglichen Gegenständen zusteht, nur noch nach Maßgabe des Gesetzes über die **Zwangsversteigerung** und **Zwangsverwaltung** zur abgesonderten Befriedigung berechtigt sind. Daher kann nach Eröffnung des Insolvenzverfahrens über das Vermögen des Grundstückseigentümers ein Grundpfandgläubiger sein Absonderungsrecht an den gem. §§ 1123, 1124 BGB mithaftenden Mieten **nicht mehr im Wege der Forderungspfändung** (§§ 829 ff. BGB) weiter verfolgen; die Pfändung wäre unzulässig[5]. Nur noch der Weg über die **Zwangsverwaltung** bietet ihm die Möglichkeit, zu einer abgesonderten Befriedigung der Mieten zu gelangen. Hierauf muss der Rechtsanwalt rechtzeitig hinwirken. Würde anschließend der Insolvenzverwalter das Verwertungsrecht des Grundschuldgläubigers verletzten, kann er nach § 823 i.V.m. §§ 1133, 1135, 1192 BGB haften[6].

4. Vermieterinsolvenz und Zwangsverwaltung

192 Hat sich der Grundpfandgläubiger die Mietforderungen vom Vermieter nur im Wege der Abtretung gesichert und betreibt jetzt ein weiterer **persönlicher Gläubiger** aus seinem Titel nicht die Pfändung, sondern die Zwangsverwaltung, ist diese Maßnahme vorrangig zur Abtretung auch gegenüber dem dinglich gesicherten Gläubiger (vgl. *Rz. 176 ff., O Rz. 97 f.*).

---

1 OLG München, Rpfleger 1991, 331.
2 BGH, GuT 2007, 29.
3 BGH, GuT 2005, 229.
4 BGH, GuT 2007, 29; BGH, GuT 2006, 261; *Bräuer*, ZInsO 2006, 742.
5 BGH, GE 2009, 260; BGH, GuT 2007, 138; BGH, NZM 2006, 714; AG Kaiserslautern, NZI 2005, 636; AG Hamburg, ZIP 2005, 1801.
6 Vgl. BGH v. 22.9.2005 – IX ZR209/03, n.v.

Dieser **Vorrang der Zwangsverwaltung** setzt sich in der Insolvenz des Vermieters fort (§ 155 Abs. 2 S. 1, § 10 Abs. 1 Nr. 5 ZVG). Dem die Zwangsverwaltung betreibenden Gläubiger gebühren bis zur endgültigen Tilgung seiner Forderung die insoweit von der Beschlagnahme mit erfassten Mieten; sie sind vom Mieter an den Zwangsverwalter zu entrichten. Dass der Gläubiger dabei die Vollstreckung aus einem vor Eröffnung des Insolvenzverfahrens entstandenen und titulierten persönlichen Anspruchs betreibt ist unerheblich. Das **Absonderungsrecht** nach § 49 InsO besteht, wenn nur der Gläubiger vor Eröffnung des Insolvenzverfahrens die Beschlagnahme des Grundstücks bewirkt hat, indem er die Anordnung der Zwangsverwaltung beantragt (§§ 20, 146 Abs. 1 ZVG) oder einem laufenden Verfahren beitritt (§§ 27, 151 Abs. 2 ZVG)[1]. In diesem Fall scheidet ein Mieteinzug durch den Insolvenzverwalter im späteren Insolvenzverfahren aus. Allerdings eröffnet § 153b ZVG dem Insolvenzverwalter die Möglichkeit, die Einstellung der Zwangsverwaltung zu erwirken, wenn ihre Fortsetzung eine wirtschaftlich sinnvolle Nutzung der Insolvenzmasse wesentlich erschwert.

192a

Die von einem Drittgläubiger betriebene Zwangsverwaltung überwindet sogar den zugunsten des absonderungsberechtigten Grundpfandgläubigers bestehenden Insolvenzbeschlag grundpfandrechtlich mithaftender Mieten. Allein die Möglichkeit einer Zwangsvollstreckung in die zum hypothekarischen Haftungsverbund fallenden Mieten gewährt dem Grundpfandgläubiger gerade **kein bevorrechtigtes eigenständiges Absonderungsrecht** nach § 50 Abs. 1 InsO, welches die Anwendung von § 49 InsO verdrängen könnte[2].

193

Tritt daher der Eigentümer die Mietforderungen aus seinem Grundstück vorab anfechtungsfrei zu **Gunsten eines Grundpfandgläubigers** ab, ist damit eine spätere **Benachteiligung** anderer Insolvenzgläubiger zumindest dann ausgeschlossen, soweit dort nicht aus bestehenden Titeln die Zwangsverwaltung betrieben wird[3]. Denn die **Vorausabtretung** allein bringt keine Änderung der gesetzlichen Haftung und Rangfolge. Ist nämlich ein Absonderungsrecht von vornherein anfechtungsfrei entstanden, kann die anschließende Befriedigung einer Forderung durch Zahlung nicht in der Insolvenz des Vermieters vom Insolvenzverwalter angefochten werden, denn andere Gläubiger werden hierdurch nicht benachteiligt[4]. Der Insolvenzverwalter hat in diesem Fall keine Möglichkeit, auf die vor Insolvenzeröffnung vom dinglichen Gläubiger eingezogenen Mieten Zugriff zu nehmen, soweit sie die gesicherte Forderung nicht übersteigen.

194

Gibt der Insolvenzverwalter oder Treuhänder das dem Vermieter gehörende Mietanwesen aus der **Insolvenzmasse frei**, unterliegt dieses als sonstiges Vermögen des Schuldners weiterhin dem Vollstreckungsverbot des § 89 Abs. InsO mit der Folge, dass ein vom Rechtsanwalt des persönlichen

195

---

1 BGH, WM 2009, 807.
2 BGH, NZM 2006, 714.
3 BGH, GuT 2007, 29.
4 BGH, GuT 2007, 29; BGH, ZIP 2000, 898; BGH, ZIP 1991, 1014.

Gläubigers eingereichter Antrag auf Anordnung der Zwangsverwaltung des Grundstücks während der Dauer des Insolvenzverfahrens weiterhin unzulässig wäre, selbst wenn die Entstehung und Titulierung des Anspruch noch zeitlich vor der Insolvenzeröffnung erfolgte[1].

196 Anders wäre es hingegen, wenn mit Hilfe der Zwangsverwaltung im laufenden Insolvenzverfahren ein **Absonderungsrecht** verwertet werden soll. Gemäß § 49 InsO sind Gläubiger, denen ein Recht auf Befriedigung aus Immobiliarvermögen zusteht, zur abgesonderten Befriedigung nach Maßgabe der §§ 10 ff., 155 ZVG berechtigt. In diesem Sinne kommen vor allem dingliche Rechte eines Grundpfandgläubigers an dem Grundstück in Betracht (§ 10 Abs. 1 Nr. 4 ZVG i.V.m. §§ 1113 ff., 1191 ff. BGB), die kraft ihres gesetzlichen Inhalts ihrem Inhaber auch bei Vermieterinsolvenz ein Absonderungsrecht verschaffen, ohne dass weitere Voraussetzungen erfüllt sein müssten[2].

XII. Mietpfändung und Drittschuldnerinsolvenz

197 Beantragt ein Gläubiger den Erlass eines Pfändungs- und Überweisungsbeschlusses, mit dem Mietzahlungsansprüche des Vermieters aus einem laufenden oder beendeten Mietverhältnis gepfändet werden, ist der Anwendungsbereich der §§ 88 ff. InsO (Vollstreckungsverbote) im Falle einer Insolvenz des Mieters nicht eröffnet. Zu den von jenen Vorschriften erfassten Vollstreckungsmaßnahmen zählen nur solche, die sich gegen das zur Insolvenzmasse gehörende Vermögen **des Schuldners**, hier also des Vermieters, richten. Mit der Zustellung des Pfändungs- und Überweisungsbeschlusses an den Mieter als Drittschuldner erfolgt allein ein Eingriff in den Vermögensbestand des Vermieters; die Berechtigung zu Einziehung der gepfändeten Mietforderung wird künftig dem Pfändungsgläubiger übertragen. Die daraus resultierende Zahlungspflicht des Mieters gegenüber dem „neuen" Forderungsberechtigten ist einer gegen den Mieter gerichteten Vollstreckungsmaßnahme nicht gleichzusetzen.

198 Bei Zusammentreffen von Mietpfändung und Drittschuldnerinsolvenz erlangt der Pfändungsgläubiger daher dieselbe Position, wie sie ursprünglich dem Vermieter hinsichtlich der – jetzt gepfändeten – Mietforderung gegenüber seinem insolventen Vertragspartner zustehen würde:

– Mietzahlungsansprüche für die Zeit des **vorläufigen Insolvenzverfahrens** sind i.d.R. reine Insolvenzforderungen und können entsprechend angemeldet werden[3];

– ab dem Zeitpunkt der **Insolvenzeröffnung** schuldet der Insolvenzverwalter die Bezahlung der weiter fällig werdenden, gepfändeten Mieten bis zur Vertragsbeendigung, und zwar als **Masseforderung** (§ 55 Abs. 1 Nr. 2,

---

1 BGH, WuM 2009, 324.
2 BGH, WuM 2009, 324.
3 KG, NZM 2009, 157.

2. Alt. InsO). Im Wege der Einziehungsklage (vgl. *Rz. 149 ff.*) könnte der Insolvenzverwalter auf Zahlung der insoweit von der Pfändung erfassten Miete in Anspruch genommen werden; eine vorherige – versehentliche – Anmeldung und Feststellung dieser Mietaußenstände als Insolvenzforderung seitens des Gläubigers hindert hieran nicht[1];

- zu den von einer Mietpfändung ebenfalls mit erfassten, rechtlich unselbständigen Nebenrechte zählt auch das **gesetzliche Vermieterpfandrecht** – §§ 562 ff., 581 BGB[2] (vgl. *Rz. 20, G Rz. 254 f.*); wegen der im letzten Jahr vor der Verfahrenseröffnung entstandenen Mietzinsrückstände steht dem Gläubiger daher dieses Pfandrecht anfechtungsfrei zur Seite[3]. Infolge dessen kann sich der Gläubiger auch auf das damit einhergehende Absonderungsrecht (§ 50 Abs. 2 InsO) berufen. Das Vermieterpfandrecht sichert dem Umfang nach sogar noch die im Eröffnungsverfahren aufgelaufenen Mietrückstände[4], soweit sie der Pfändung unterliegen. Vom Insolvenzverwalter kann der Gläubiger zudem **Auskunft** über den Verbleib der seinem Vermieterpfandrecht unterworfenen Sachen verlangen. Dies gilt selbst dann, wenn diese Sachen unter der Verantwortung des Amtsvorgängers des Insolvenzverwalters von dem vermieteten Grundstück entfernt wurden[5].

XIII. Mietpfändung und Nießbrauch

Der Grundstücksnießbrauch gewährt dem Berechtigten das Recht, alle Nutzungen des Grundstücks zu ziehen (§ 1030 Abs. 1 BGB). Als Nutzungen gelten nach § 100 BGB die Früchte (§ 99 BGB) und die Vorteile, welche der Grundstücksgebrauch gewährt, mithin auch Mieteinnahmen als mittelbare Sachfrüchte (§ 99 Abs. 3 BGB)[6].

Wird an einem Grundstück des Vermieters ein Nießbrauch (§§ 1030 ff. BGB) bestellt, tritt der hierdurch Berechtigte in bereits bestehende Mietverträge kraft Gesetzes ein (§ 567 i.V.m. § 566 BGB analog)[7]. Dies gilt jedenfalls unter der Voraussetzung, dass die Belastung des Grundstücks mit dem Nießbrauch zeitlich nach der Überlassung der Mieträume an den Mieter erfolgt und der Grundstückseigentümer persönlich – als Vermieter – den Mietvertrag abgeschlossen hatte. Der Nießbraucher wird auf diesem Weg Gläubiger der künftig fällig werdenden Mietforderungen; diese sind nicht mehr dem Grundstückseigentümer zuordenbar und scheiden aus dessen Vermögen aus. Der Vollstreckungszugriff auf die Mieten ist ab Nießbrauchbestellung nur noch einem **Gläubiger des Nießbrauchers** möglich, und zwar durch

---

[1] BGH, WM 2006, 1530.
[2] *Bosch*, KKZ 1953, 159.
[3] BGH, WM 2007, 370.
[4] BGH, GuT 2007, 137; LG Mönchengladbach, ZIP 2003, 1311 – Vorinstanz.
[5] BGH, NZM 2004, 224.
[6] BGH, WuM 2006, 263.
[7] OLG Frankfurt, ZMR 1986, 358.

- Pfändung des Nießbrauchs[1] oder
- Pfändung der dem Nießbraucher zufallenden Mieten (§§ 829 ff. ZPO).

Eine **Ausnahme** ergibt sich für die in der Praxis bedeutsame Konstellation, wonach dem Eigentümer mit der Überlassung (Verkauf/Übertragung) des Mietgrundstücks an einen Dritten gleichzeitig ein Nießbrauchrecht eingeräumt wird. In diesem Fall behält der frühere Eigentümer – jetzt als Nießbraucher – die Vermieterstellung in den bestehenden Mietverhältnissen[2].

201 Mit dem Wegfall der Zahlungsansprüche aus dem Vermögen des Eigentümers endet eine bislang von dessen Gläubiger betriebene Vollstreckung in die Miete; die Mietpfändung läuft auch für die Zukunft ins Leere (*Rz. 63 ff.*). Betreibt gleichwohl ein Gläubiger des Grundstückseigentümers weiter die Pfändung der Mietansprüche, hat der Nießbraucher die Möglichkeit, Drittwiderspruchsklage nach § 771 ZPO zu erheben. Würde der Mieter wie bisher an den Pfändungsgläubiger zahlen, wäre dies die Leistung an einen Nichtberechtigten; die Mietschuld gegenüber dem Nießbraucher bliebe ungetilgt.

202 Die eine Mietpfändung beendende Wirkung der Nießbrauchbestellung gilt auch zu Lasten eines dem Nießbraucher im **Rang nachfolgenden Grundpfandgläubigers**. Sowohl der Nießbraucher als auch der Grundpfandgläubiger gelten als Inhaber der auf dem selben Grundstück lastenden dinglichen Rechte; ihr Rangverhältnis richtet sich nach § 879 BGB[3]. Ein erst im Anschluss an die Eintragung des Nießbrauchs eingetragenes Grundpfandrecht unterliegt daher von vornherein den sich aus dem vorrangigen Nießbrauch ergebenden Beschränkungen. Mit dem Ausscheiden aus dem Vermögensbestand des Eigentümers zählen die Mietforderungen von Anfang an nicht zum Haftungsverband des später bestellten Grundpfandrechts[4]. Die spätere Beschlagnahme durch den Grundpfandgläubiger ist dann für das Recht des Nießbrauchers ohne Bedeutung, solange nicht eine davon **abweichende Bestimmung** (z.B. Rangrücktritt) im Grundbuch eingetragen ist (§ 879 Abs. 3 BGB)[5] oder die Nießbrauchbestellung angefochten wurde (AnfG); nur in diesen Fällen hätte der Nießbraucher die Zwangsvollstreckung zu dulden.

203 Anders hat der Rechtsanwalt jedoch die Situation zu beurteilen, wenn zum Zeitpunkt der Nießbrauchbestellung das Mietgrundstück bereits mit einem Grundpfandrecht belastet war. In diesem Fall bleibt die Haftung der Mietforderungen zugunsten des dem Nießbraucher **im Rang vorgehenden Grundpfandgläubigers** nach §§ 1123, 1124 BGB erhalten (§ 879 BGB). Da der Nießbraucher zudem befugt ist, sich aus den Erträgnissen des Grundstücks zu befriedigen, mithin selbst Mietverträge abzuschließen[6], gilt dies

---

1 Hierzu *Rossak*, MittBayNot 2000, 383; *Mümmler*, JurBüro 1984, 660.
2 BFH, NJW 1989, 175; BGH, NJW 1983, 1780; LG Baden-Baden, WuM 1993, 357.
3 BGH, NJW 2003, 2164.
4 RGZ 124, 329; RGZ 86, 138; RGZ 81, 146; RGZ 80, 316.
5 BGH, NJW 2003, 2164; KG, OLGE 20, 390.
6 BGH, NJW 2003, 2164.

grundsätzlich auch für solche Mieterträge, die der Nießbraucher aus **persönlicher Vermietung** vereinnahmt. Mit seinem **dinglichen Titel** ist der Grundpfandgläubigers gegenüber dem Nießbraucher zur vorrangigen Beschlagnahme aller laufenden Mietforderungen berechtigt. Bis zur Beschlagnahme bleibt allerdings das Einziehungsrecht des nachrangigen Nießbrauchers bestehen. Vom Zeitpunkt der Beschlagnahme an tritt er hinsichtlich noch nicht eingezogener Mieten hinter den Grundpfandgläubiger zurück und hat sich – als ebenfalls dinglich Berechtigter – in die nach § 879 ff. ZPO vorgegebene Rangfolge einzuordnen und die Zwangsvollstreckung in das Grundstück zu dulden.

Die Mietpfändung durch den Grundpfandgläubiger wegen seines **persönlichen Anspruchs** wäre bei nachrangig bestelltem Nießbrauch hingegen in keinem Fall zielführend, denn die persönliche Forderung geht dem Nießbrauch grundsätzlich im Range nach[1].

Will der die Zwangsvollstreckung betreibende Grundpfandgläubiger das nachrangig eingetragene Nießbrauchrecht „verdrängen" und uneingeschränkt Zugriff auf bestehende Mietforderungen des Nießbrauchers nehmen, benötigt er – und dies ist vom sachbearbeitenden Anwalt zu beachten – bereits zu Beginn der Zwangsvollstreckung neben dem **dinglichen Schuldtitel** entweder dessen **Zustimmung** oder er muss einen gegen den Nießbraucher gerichteten **Titel auf Duldung der Vollstreckung in das Grundstück** (§§ 750, 737 ZPO) vorlegen[2]. Da die pfändbare Mietforderung nicht mehr dem Eigentümer des Grundstücks, sondern dem Nießbraucher zugeordnet ist, muss sie auch im Pfändungsbeschluss als eine solche des Nießbrauchers bezeichnet werden. Eine falsche Benennung wird aber für unschädlich erachtet, weil die Identität der Forderung nicht in Frage steht. Pfändet der vorrangige Hypothekengläubiger gleichwohl aufgrund eines nur gegen den Eigentümer gerichteten Titels und ohne Duldungstitel gegen den Nießbraucher, so kann diese Pfändung vom Nießbraucher mit Widerspruchsklage (§ 771 ZPO) nicht angefochten werden[3].

204

Dass der Nießbraucher auf Grund eines gegen den Grundstückseigentümer als Schuldner erwirkten Vollstreckungstitels die Mieten pfändet, die ihm schon auf Grund seines Nießbrauchs zustehen, ist nicht ausgeschlossen. **Endet ein Nießbrauch** vor dem Ende des Mietverhältnisses, dann tritt der Grundstückseigentümer nach den §§ 1056 Abs. 1, 566 Abs. 1 BGB (wieder) in die Rechte und Pflichten aus dem Mietvertrag ein[4]. Dort begründete Mietforderungen stehen ab diesem Moment dem Vermieter zu; er kann sie einziehen und sie unterliegen damit der jetzt gegen ihn gerichteten Mietpfändung des vormaligen Nießbrauchers.

205

---

1 *Stöber*, Forderungspfändung, 14. Aufl., Rz. 236.
2 BGH, NJW 2003, 2164.
3 RGZ 81, 150.
4 BGH, NJW 1990, 443.

XIV. Mietpfändung wegen öffentlicher Lasten

1. Pfändungsvorrang für öffentliche Grundstückslasten

206 Den **öffentlichen Lasten an Grundstücken** sind in der Immobiliarvollstreckung ein Recht auf vorrangige Befriedigung in Rangklasse 3 des § 10 Abs. 1 ZVG zugewiesen. Diese bevorzugte Befriedigungsmöglichkeit wird durch das Gesetz über die Pfändung von Miet- und Pachtforderungen wegen Ansprüchen aus öffentlichen Lasten vom 9.3.1934 (RGBl I 181)[1] in eng gesteckten Grenzen ausdrücklich auch auf die Vollstreckung in **Miet- und Pachtzinsen** ausgedehnt. Das Gesetz vom 9.3.1934 hat folgenden **Wortlaut**:

207 Die öffentlichen Lasten eines Grundstücks, die in wiederkehrenden Leistungen bestehen, erstrecken sich nach Maßgabe der folgenden Bestimmungen auf die Miet- und Pachtforderungen.

Werden Miet- oder Pachtforderungen wegen des zuletzt fällig gewordenen Teilbetrages der öffentlichen Last gepfändet, so wird die Pfändung durch eine später von einem Hypotheken- oder Grundschuldgläubiger bewirkte Pfändung nicht berührt. Werden die wiederkehrenden Leistungen in monatlichen Beträgen fällig, so gilt dieses Vorrecht auch für den vorletzten Teilbetrag.

Ist vor der Pfändung die Miete oder Pacht eingezogen oder in anderer Weise über sie verfügt, so bleibt die Verfügung gegenüber dem aus der öffentlichen Last Berechtigten, soweit seine Pfändung das Vorrecht des Absatzes 2 genießt, nur für den zur Zeit der Pfändung laufenden Kalendermonat und, wenn die Pfändung nach dem fünfzehnten Tage des Monats bewirkt ist, auch für den folgenden Kalendermonat wirksam.

2. Begriffsdefinition

208 Eine Bestimmung des Rechtsbegriffs „**öffentliche Last des Grundstücks**" erfolgt weder in dem zitierten Gesetz noch in anderen Vorschriften, auch nicht im ZVG. Ob eine Abgabenverpflichtung hierunter fällt, ist somit nach der zu Grunde liegenden gesetzlichen Regelung, auf der sie beruht, zu beurteilen. Es muss sich bei der öffentlichen Grundstückslast um eine im öffentlichen Recht des Bundes oder eines Bundeslandes kraft Gesetz oder Satzung geschaffene **Abgabenverpflichtung** handeln, die in Geld durch wiederkehrende oder auch einmalige Leistungen vom persönlich haftenden Abgabenschuldner – i.d.R vom Grundstückseigentümer – zu erfüllen ist und für die das **Grundstücks dinglich haftet**[2]. Nicht erforderlich ist, dass die öffentliche Last im maßgebenden Gesetz ausdrücklich als solche bezeichnet ist; es genügt vielmehr, wenn sich diese Eigenschaft angesichts der rechtlichen Ausgestaltung der Zahlungspflicht und aus ihrer Beziehung zum Grundstück ergibt, wobei im letztgenannten Fall aus der gesetzlichen

---

1 Änderung vom 19.6.2001, BGBl I 1149 (1171). Begründung dazu in DJ 1934, 338.
2 BGH, NJW 1981, 2127; BGH, MDR 1971, 205; *Fischer*, NJW 1955, 1584.

Regelung zumindest eindeutig hervorgehen muss, dass die Abgabenschuld auf dem Grundstück lastet und neben der persönlichen Haftung des Abgabenschuldners auch die dingliche Haftung des Grundstücks besteht[1]. Zweifel in dieser Hinsicht schließen die Berücksichtigung einer Zahlungspflicht als öffentliche Last aus[2].

Als **öffentliche Lasten** des Grundstücks, die als – regelmäßig oder unregelmäßig – wiederkehrende Leistungen den Vorzug bei der Mietpfändung genießen, kommen in Betracht[3] 209

– verrentete Erschließungsbeiträge nach § 135 Abs. 3 S. 4 BauGB – nebst Zinsen,

– Grundsteuer nach § 1 GrundsteuerG – nebst Säumniszuschläge,

– fortlaufende kommunale Abgaben,

– Schornsteinfegerkehrgebühren nach § 20 Abs. 1 SchfHwG.

So genannte „**Betriebssteuern**", die für ein auf dem Grundstück betriebenes Unternehmen geschuldet werden (z.B. Gewerbe-, Umsatz-, Verbrauch-, Tabak-, Kapitalertrags-, Versicherungs- und Beförderungssteuer) gehören hingegen nicht zu den öffentlichen Grundstückslasten[4]. Dasselbe gilt für die üblichen gemeindlichen Benutzungsgebühren. 209a

Wird die öffentliche Grundstückslast anlässlich einer vom Gläubiger betriebenen Zwangsvollstreckung in das Grundstück (z.B. Zwangsversteigerung) von einem nachrangigen **Dritten abgelöst** (§ 268 BGB), geht auch der Pfändungsvorrang kraft Gesetzes – als Nebenrecht – auf den neuen Gläubiger mit über – §§ 412, 401 BGB[5]. Der vormals öffentlich-rechtliche Anspruch wandelt sich mit dem Gläubigerwechsel jedoch in einen privatrechtlichen Anspruch um[6]. 210

3. Voraussetzungen des Pfändungsvorrangs

In des Schutzbereich des Gesetzes vom 9.3.1934 fällt nur der vor der Pfändung **zuletzt fällig gewordenen Teilbetrag** einer **wiederkehrenden Leistung** der öffentlichen Last. Erfolgt die Fälligkeit in monatlichen Beträgen, genießt auch der vorletzte Teilbetrag noch das Pfändungsvorrecht. Eine öffentliche Last, die in einer **einmaligen Geldleistung** besteht (z.B. Kanalanschlussgebühr), genießt hingegen keinen Pfändungsvorrang. 211

Der Pfändungsbeschluss muss zudem die **gesetzlichen Voraussetzungen** für den Pfändungsvorrang mit der notwendigen Bestimmtheit **benennen**, also die Forderung des Gläubigers als öffentliche Last und ihren Fälligkeits-

---

1 BGH, NJW 1989, 107; BGH, NJW 1981, 2127; BGH, MDR 1971, 205.
2 BGH, NJW 1989, 107; LG Aachen, NJW-RR 1993, 1488.
3 Hierzu *Stöber*, § 10 ZVG Rz. 6 Ziff. 6.18; *ders.*, Forderungspfändung, 14. Aufl., Rz. 240.
4 BGBl. I 2008, 2242.
5 *Stöber*, Forderungspfändung, 14. Aufl., Rz. 240; vgl. BGH, NJW 1966, 1912.
6 BGH, NJW 1979, 2198; *Rimmelspacher*, ZZP 95 (1982), 280, 283.

zeitpunkt ausweisen[1]. Angaben über die aus dem Gesetz vom 9.3.1934 sich ergebenden Rechtsfolgen sind hingegen nicht erforderlich, jedoch angesichts der wenig bekannten Rechtslage zu empfehlen.

4. Folgen des Pfändungsvorrangs

212 Wird wegen der bevorrechtigten Raten einer wiederkehrenden öffentlichen Last bereits die Mietpfändung betrieben, treten im Fall der zeitlich nachfolgenden dinglichen Pfändung eines Hypotheken- oder Grundschuldgläubigers dessen Ansprüche aus §§ 1123, 1124 BGB auf die Mietforderungen (vgl. *Rz. 174 ff.*) zurück, und zwar ohne Rücksicht auf deren Fälligkeit (Abs. 2 des Gesetzes vom 9.3.1934). Der bereits mit dem Wirksamwerden der Pfändung bestimmte Pfändungsrang bleibt trotz Beschlagnahme der Miete erhalten. Für die älteren Raten der öffentlichen Last gelten jedoch die sich aus §§ 1123, 1124 BGB ergebenden Folgen uneingeschränkt. Auch im Fall der Immobiliarvollstreckung (Zwangsverwaltung) enden die Wirkungen einer für die öffentlichen Last bewirkten Pfändung[2].

213 Hat der Vermieter zeitlich vor der Pfändung bereits eine **Verfügung über die Miete** getroffen, muss der Gläubiger – wie jeder andere Beschlagnahmegläubiger auch – diese nur in den Grenzen der §§ 1123, 1124 BGB gegen sich gelten lassen (Abs. 3 des Gesetzes vom 9.3.1934). Verfügungen des Vermieters bleiben daher nur für den zur Zeit der Pfändung laufenden Kalendermonat und, wenn die Pfändung nach dem 15. Tag eines Monats bewirkt wurde, auch für den folgenden Kalendermonat wirksam. Zu den unwirksamen Verfügungen zählen auch solche im Wege der Zwangsvollstreckung. Zeitlich frühere Pfändungen verlieren also gegenüber den bevorzugten Raten der öffentlichen Last ihre Wirksamkeit. Das gilt auch für Pfändungen, die auf Grund eines dinglichen Titels vom Grundschuldgläubiger bewirkt werden, weil auch solche Vollstreckungsansprüche im Rang nach der öffentlichen Last stehen (§ 10 Abs. 1 Nrn. 3 und 4 ZVG)[3].

XV. Pfändung und Mietende

214 Die Beschlagnahmewirkung der Pfändung von Mietzinsansprüchen bei Wohn- und Gewerberaum endet mit der **Beendigung des Mietverhältnisses**, soweit die Pfändung nicht auch „Abwicklungsansprüche" mit erfasst.

215 Dasselbe gilt hinsichtlich der Mietraten bei **Wohnraum zur gewerblichen Weitervermietung**, die der Zwischen(ver)mieter (Drittschuldner) dem Vermieter (Schuldner) schuldet. Ein Eintritt des Vermieters (Schuldners) in die Rechte und Pflichten aus dem Mietverhältnis zwischen dem Zwischen(ver)mieter (Drittschuldner) und dem Dritten (Endmieter, § 565 Abs. 1 S. 1 BGB) bewirkt keine Beschlagnahme der vom Dritten (Endmieter) nun dem

---

[1] *Stöber*, Forderungspfändung, 14. Aufl., Rz. 243.
[2] *Stöber*, Forderungspfändung, 14. Aufl., Rz. 246.
[3] *Stöber*, Forderungspfändung, 14. Aufl., Rz. 245.

Vermieter (Schuldner) geschuldeten Miete; unzulässig wäre daher der Erlass eines Zahlungsverbotes gegenüber dem Endmieter. Als künftige Forderung kann allerdings bereits vor dem Eintritt des Schuldners in das Mietverhältnis mit den Wohnungsnutzer der dort geltende Mietzahlungsanspruch gepfändet werden.

Bei Wohnraum zur gewerblichen Weitervermietung entfällt mit Vertragseintritt des Vermieters kraft Gesetzes (§ 565 Abs. 1 S. 1 BGB) ein Anspruch des Zwischen(ver)mieters auf Mietzahlung. Eine Pfändung der vom Dritten (Endmieter) an den Zwischen(ver)mieter als Schuldner zu zahlenden Miete verliert mit der damit verbundenen Beendigung des Hauptmietverhältnisses seine Wirksamkeit. 216

Schließt im Anschluss hieran der Vermieter einen erneuten Mietvertrag zum Zwecke der gewerblichen Weitervermietung mit einem anderen Zwischen(ver)mieter ab (§ 565 Abs. 1 S. 2 BGB), erstreckt sich die damalige Pfändung des Mietanspruchs des Vermieters als Schuldner gegen den früheren Zwischen(ver)mieter nicht auf die vom neuen Zwischen(ver)mieter geschuldete Miete. Ebenso wenig erfasst die frühere Pfändung der vom Dritten (Endmieter) dem Zwischen(ver)mieter als Schuldner zu zahlende Miete die nach Abschluss eines neuen Zwischenmietvertrages dem neuen Zwischen(ver)mieter geschuldete Miete, denn ein Anspruch des ursprünglichen Schuldners auf Mietzahlung besteht dann nicht mehr.

Eine **Ausnahme** vom Grundsatz der Beendigung der Beschlagnahmewirkung einer Mietpfändung bei Mietende ergibt sich allerdings für den Fall eines auf **bestimmte Zeit** abgeschlossenen Mietvertrages, wenn im Anschluss an die Pfändungsbeschlagnahme sowohl Vermieter wie auch Mieter einvernehmlich eine **Aufhebung** dieses **befristeten Mietvertrages** vereinbaren. Denn die Beschlagnahme bewirkt eine Verfügungsbeschränkung des vermietenden Schuldners nach den Bestimmungen der §§ 135, 136 BGB; diese erfolgt zugunsten des Gläubigers zum Zwecke der Sicherung seiner Forderung und zur Vorbereitung seiner Befriedigung durch anschließende Verwertung der Mietforderung (vgl. *Rz. 101 ff.*). Der Vermieter darf daher über die Pfandsache nicht verfügen, soweit er damit den Vollstreckungsanspruch seines Gläubigers beeinträchtigt (§ 829 Abs. 1 S. 2 ZPO). Auf Seiten des Vermieters begründet ein befristeter Mietvertrag in erster Linie dessen Anspruch auf die Miete für einen vertraglich fest vereinbarten Zeitraum, ohne dass der Mieter berechtigt wäre, sich innerhalb der so festgelegten Vertragslaufzeit einseitig vom Vertrag zu lösen. Wird jedoch der Vertrag durch Vereinbarung zwischen Vermieter und Mieter einvernehmlich aufgehoben oder abgekürzt, dann entfällt nicht nur der Schuldgrund, sondern auch der Bestand der Mietforderung. Insoweit ist die vorzeitige Beendigung eines befristeten Mietvertrages ohne weiteres mit dem **Erlass einer Forderung** zu vergleichen[1]. Zu einem Schulderlass ist der Vermieter nach Pfändung der Mietforderung jedoch mangels Verfügungsbefugnis 217

---

1 BGH, NJW 1990, 1785.

(§ 398 S. 2 BGB) nicht mehr berechtigt[1]. Die Vertragsaufhebung betrifft somit unmittelbar den Bestand der gepfändeten Forderung und ist insoweit gegenüber dem Gläubiger relativ unwirksam[2].

218 Liegt dem Mietverhältnis hingegen ein **unbefristeter Mietvertrag** zugrunde, besteht das Kündigungsrecht des Vermieters auch im Anschluss an eine von dessen Gläubiger auf den Weg gebrachten Mietpfändung fort, weil dieses Gestaltungsrecht bereits im Schuldverhältnis angelegt ist[3]. In einem solchen Fall wird das Vertrauen des Pfandgläubigers auf den Fortbestand des Mietverhältnisses nicht als schützenswert achtet.

---

1 *Baumbach/Lauterbach*, § 829 ZPO Rz. 67.
2 *Stöber* in Zöller, § 829 ZPO Rz. 18; zur relativen Unwirksamkeit einer vorzeitigen Aufhebung des Mietvertrages nach Abtretung der Mietforderung vgl. BGH, NZM 2010, 126; OLG Rostock, NZM 2008, 449 (Vorinstanz).
3 BGH, MDR 2004, 866.

Stichwortverzeichnis

Die Buchstaben verweisen auf die Teile, die Zahlen auf die Randnummern innerhalb der Teile.

Abbruch der Vertragsverhandlungen, grundloser A 506
Abbuchungsermächtigung D 62 *siehe auch* Miete, Erfüllung; Lastschrifteinzug
Abfallbeseitigung *siehe* Müll
Abfindung
– Doppelvermietung I 36
Abfindung bei vorzeitiger Beendigung
– Inhaltskontrolle, Wohnraum-Formularmietvertrag A 199
Abgasanlage
– Umlage A 95
Abgeltungsklausel *siehe* Quotenklausel
Abhilfefrist *siehe* Abmahnung
Ablesung
– verweigerte oder unterlassene L 902 ff.
Ablösevereinbarungen, Inventar K 557 ff.
Abmahnung, vertragswidriges Verhalten J 44 f.
– Abfassung, Grundsätze J 272
– Abhilfefrist, Ablauf J 274
– Aufforderung zur Stellungnahme, Muster J 270
– außerordentliche fristlose Kündigung J 266 ff.
    – Entbehrlichkeit der Abmahnung J 268
    – schwerwiegende Vertragsverletzungen J 269
– Konkurrenzschutzpflichtverletzung des Vermieters I 211
– Kündigungsandrohung, Muster J 272
– ordentliche Kündigung J 241
– Pflichtverletzungen Dritter J 270
– Unterlassungsanspruch des Vermieters, Geltendmachung I 273 f.
– Vollmachtsnachweis J 271
Abnahme, Wohnung *siehe auch* Rückgabe
– Formulierungsbeispiel A 201
– Gestaltungsspielraum, Wohnraum-Individualmietvertrag A 186
– Inhaltskontrolle, Wohnraum-Formularmietvertrag A 199
Abnahmeprotokoll *siehe* Rückgabeprotokoll
Abnahmeverpflichtung, Mieter I 243
Abrechnung
– Betriebskostenabrechnung *siehe dort*
– Kaution K 375 ff. *siehe auch dort*
Abrechnungsperioden A 83

– Inhaltskontrolle, Wohnraum-Formularmietvertrag A 199
Abriss J 234 ff.
– Abbruchgenehmigung J 234
– Abrisskündigung wegen Leerstand J 257a
– Baugenehmigung J 234
– ersatzloser J 234
– Ertragskalkulation, vergleichende Altbau/Neubau J 236
– Erwerb zum Abriss kein Kündigungsgrund J 235
– Kündigungsschreiben J 236
– Realisierbarkeit J 234
– wirtschaftliche Notwendigkeit J 236
– Zweckentfremdungsgenehmigung J 234
Abschluss, Mietvertrag *siehe* Gewerberaummietvertrag, Gestaltungsberatung; Wohnraummietvertrag, Gestaltungsberatung
Abstandsvereinbarungen
– Abgeltung für Wertverbesserung K 560 ff.
– Nachmieter an Vormieter K 558 ff.
– Vermieter an Mieter K 58 ff.
Abstellraum
– Minderungsquote F 109
Abtretungsverbote A 148
Abwasser
– Entsorgung I 224 ff.
– Minderungsquote bei Stauung F 109
Abwicklung Mietvertrag, Mieterberatung K 402 ff.
– Abwehr Vermieteransprüche K 449 ff.
    – „Untertauchen" K 451
    – „Zeitspiel" K 450
    – Allgemeine Geschäftsbedingungen, Inhaltskontrolle K 449
    – Bestreiten von Tatsachen K 449
    – Verhandeln K 450
    – Verjährungseinrede, Flucht in die K 450
– Anspruch auf vorzeitige Entlassung K 423 ff.
    – Beispielsfälle K 428
    – Bonität des Nachmieters, Sicherstellung K 426
    – Eintritt Ersatzmieter, Freiwerden Mieter K 425
    – Nachmieter, Eintritt in alten Mietvertrag oder neuer Vertrag K 430

2709

(Abwicklung Mietvertrag, Mieterberatung)
- Schadensersatz bei Ablehnung des Ersatzmieters K 427
- Überlegungsfrist bei Ersatzmieterstellung K 424
- Voraussetzungen K 423, 428 f.
- Zumutbarkeit des Ersatzmieters K 429
- Anspruchsbeziehungen Vermieter – Vormieter und Nachmieter K 550 ff. *siehe auch* Nachmieter
- Aufrechnungs- und Zurückbehaltungsrecht K 546 ff.
  - gegen Räumungs- und Herausgabeanspruch K 547
  - vertraglicher Ausschluss K 546 ff.
- Betriebskostenvorschüsse, Rückzahlung K 472a
- Einbauten/Investitionen K 473 ff.
  - Altmietverhältnisse in den neuen Bundesländern K 520
  - Anschaffungswert der Einrichtung K 484
  - aufgedrängte Bereicherung K 516
  - Aufwendungs- und Verwendungsersatz K 498 ff.
  - bauliche Veränderungen des Mieters K 496 f.
  - berechtigtes Interesse an Wegnahme K 488
  - Duldungsanspruch bei Wegnahme K 476 ff.
  - Entschädigung statt Wegnahme K 482 ff.
  - ersatzfähige Kostenarten bei Aufwendungsersatz K 507
  - ersparte Aufwendungen des Vermieters K 514
  - Fremdgeschäftsführungswille bei Instandsetzung/Renovierung K 510 f.
  - Instandsetzungs- und Renovierungsarbeiten, Ersatz K 508 ff.
  - Klage auf Duldung der Wegnahme, Streitwert K 495
  - Mängelbeseitigung, Ersatz für Maßnahmen K 503f
  - Notmaßnahmen, Ersatz K 506
  - nützliche Verwendungen K 508
  - Sachverständigengutachten K 484
  - Schutz der Mietsache, Ersatz für Maßnahmen K 502
  - ungerechtfertigte Bereicherung, Ersatzansprüche K 512 ff.
  - Untermieter, Verwendungsersatzanspruch K 519
  - Verjährung des Wegnahmerechts K 475
  - Vermieterpfandrecht K 493 f.
  - Vermögensmehrung Vermieter K 513
  - vertragsgemäßer Zustand, Ersatz für Herstellungsmaßnahmen K 503
  - Wegnahmerecht K 474 ff.
  - Wegnahmerecht, abweichende Vereinbarungen K 489 ff.
  - Zeitwert der Einrichtung K 483, 485
- Erstberatung K 403
  - Schlussfolgerungen K 404
- Kaution, Abrechnung und Rückzahlung K 454 ff. *siehe auch* Kaution
- Mieter stellt eigene Ansprüche an Vermieter K 452
- Mieter will Mietverhältnis weiterführen K 437 ff.
  - „Zeitspiel" K 441 f.
  - Abfindungsforderungen K 443
  - Auswechseln der Wohnungsbesitzer K 445
  - Berufung gegen Vollstreckungsabwehrklage K 447
  - Fortsetzung des Gebrauchs der Mietsache K 444
  - Kündigung durch Makler oder Hausverwaltung K 438
  - Kündigungswiderspruch K 440
  - Räumungsfristen, Verhandlung K 442
  - Räumungsgut, Mieter nicht Eigentümer K 446
  - Räumungsschutzantrag K 448
  - Räumungstitel gegen alle Mitbenutzer K 445
  - Schadensersatzansprüche K 440
  - Vollmachtsrüge K 438
  - Vollstreckungsabwehrklage K 447
  - Vollstreckungsschutzantrag K 448
- Mieter will vorzeitiges Ende des Mietvertrages K 406 ff.
  - Abreden der Parteien K 420
  - Anspruch auf vorzeitige Entlassung K 423 ff.
  - Aufhebungsvertrag K 407
  - Auslegung des Parteiverhaltens K 414
  - Auszug und Schlüsselübergabe K 408 ff.
  - Bonität des Ersatzmieters K 421
  - Ersatzmieterklausel, echte K 418
  - Ersatzmieterklausel, unechte K 419
  - Formularklauseln mit wirtschaftlicher Sanktionierung des vorzeitigen Ausscheidens unwirksam K 416
  - Mieterleistungen, Erstattung K 436
  - Nachmieter K 417 ff.
  - Pflicht zur Zahlung der Mietdifferenz bei Weitervermietung K 413

(**Abwicklung Mietvertrag, Mieterberatung**)
- Schlüsselübergabe durch Boten K 410
- Schlüsselübergabe unter Zeugen K 409
- Sonderkündigng wegen Verstoß gegen Schriftformgebot K 435a ff.
- Sonderkündigungsrecht nach verweigerter Untervermietung K 431 ff.
- Untervermietung K 430
- Weitervermietungspflicht nach Schlüsselübergabe K 412
- praktische Umsetzung von Ansprüchen K 453
- Rückerstattung Baukostenzuschüsse K 522 ff.
  - Entreicherung Vermieter K 524
  - Verjährung K 526
  - verlorene Baukostenzuschüsse K 527
  - Vermieter hat Vertragsende nicht zu vertreten K 523
  - Vermieter hat Vertragsende zu vertreten K 522
- Rückerstattung Mietvorauszahlungen, Mieterdarlehen, überzahlte Miete K 521
- Schadensersatz K 528 ff.
  - Einrichtungen/Einbauten des Mieters K 543 ff.
  - Einrichtungen/Einbauten eines Dritten K 543
  - Fehler der Mietsache K 528 ff.
  - Kündigung wegen Gesundheitsgefährdung K 542
  - Unmöglichkeit der Erfüllung der Überlassungspflicht K 530 ff.
  - vorgetäuschte Eigenbedarfskündigung K 533 ff. *siehe auch* Eigenbedarf, vorgetäuschter
- Sonderkündigungsrecht nach verweigerter Untervermietung K 431 ff.
  - Anfrage an Vermieter K 433
  - auch bei befristeten Mietverhältnissen K 431
  - außerordentliche Kündigung mit gesetzlicher Frist K 431
  - Fristsetzung zur Zustimmung K 434
  - Haftung des Mieters für Miete und Schäden durch Untermieter K 435
  - Kostenrisiko K 435
  - Name des vorgesehenen Untermieters, Mitteilung K 432
  - Prüffrist Vermieter K 434
  - Solvenz Untermieter irrelevant K 432
- Taktik K 405

Abwicklung Mietvertrag, Vermieterberatung K 2 ff.

- Anspruch des Mieters auf vorzeitige Entlassung K 423 ff.
  - Bonität des Nachmieters, Sicherstellung K 426
- Ansprüche, praktische Umsetzung K 87 ff.
  - Anspruchsschreiben K 90, 92
  - außergerichtliche Maßnahmen K 87 ff.
  - Befristung von Angeboten K 92
  - Beratungshilfeantrag K 94
  - Besichtigungstermin K 91
  - Bestätigung Mieterkündigung K 87
  - Deckungszusage der Rechtsschutzversicherung K 93
  - gerichtliche Maßnahmen K 99 ff.
  - Leistungsklage, Schadensersatz K 102
  - Mahnbescheid, Hemmung der Verjährung K 104
  - Mietschlichtungsstelle K 95f
  - Prozesskostenhilfefälle K 105
  - Stillhalteabkommen K 97 f.
  - Verjährungsfrist, Kürze K 97, 100 ff.
  - Vollstreckungsmaßnahmen K 106
- Anspruchsbeziehungen Vermieter – Vormieter und Nachmieter K 550 ff. *siehe auch* Nachmieter
- Aufhebungsvertrag K 49
  - Ablösevereinbarungen K 58
  - Abstandsvereinbarungen, Unwirksamkeit K 59
  - Ausgleichsklausel K 60
  - Ausgleichszahlungen K 57
  - Beendigungszeitpunkt K 53
  - Betriebskosten K 56
  - Beweisfunktion K 49
  - Checkliste, Inhalt K 52
  - Form K 49
  - Gewerberaummiete K 51
  - Kaution K 56
  - Muster K 62
  - notarielle Beurkundung K 51
  - Nutzungsentschädigung K 54
  - Räumung K 54
  - Rechtsklarheit K 50
  - Rückgabezustand K 55
  - Schönheitsreparaturen K 57
  - Vollstreckungstitel K 51
  - Zahlungen an Mieter, keine Steuerpflicht K 61
- Betriebskosten K 366 ff.
  - Abrechnungsfrist K 368 ff.
  - Ende der Abrechnungsperiode K 368
  - Verwirkung K 372 ff.
  - Zählerablesung K 366
  - Zwischenablesung, Kostentragung K 369 ff.
  - Beweisfragen K 17 ff.

2711

(Abwicklung Mietvertrag, Vermieterberatung)
- Beweissicherung **K** 23 ff.
  - „Quasi-Partei", Bekundungen der **K** 38
  - Anwaltsprotokoll **K** 27, 29
  - Fotos/Videos **K** 40
  - gerichtliches Beweisverfahren **K** 30 ff.
  - Kostenverteilung des Beweissicherungsverfahrens **K** 33 f.
  - Kostenvoranschlag, Ersteller als Zeuge **K** 39
  - Mietausfallrisiko **K** 32
  - Partei als Beweismittel **K** 37
  - Privaturkunde **K** 28
  - Rückgabeprotokoll **K** 23 ff.
  - Streitwert **K** 35
  - Verjährungsrisiko **K** 31
  - Zeugenprotokoll **K** 28 f.
  - Zufallszeugen **K** 36
- Darlegungs- und Beweislast **K** 18 ff.
- Erstberatung **K** 2 ff.
  - Ermittlung der Ausgangslage **K** 3 f.
  - Mandatsannahme, Entscheidung **K** 13 f.
  - Schlussfolgerungen **K** 14 ff.
  - schlüssiger Sachverhalt **K** 15
  - weitere notwendige Ermittlungen **K** 16 ff.
  - Ziele, Übersicht **K** 2
- Gebühren **K** 10 f.
- Haftungsfragen **K** 12
- Kaution **K** 375 ff. *siehe auch dort*
- Mahnbescheid, Hemmung der Verjährung **K** 104
- Mandatsannahme, Entscheidung **K** 13 f.
- Meldeauskunft **K** 16
- Mieter ist ausgezogen und hat übergeben **K** 234 ff.
  - Angebot zur vorzeitigen Beendigung ab Nachmieteranmietung, Muster **K** 254
  - Anspruch auf vorzeitige Entlassung aus Mietvertrag **K** 259
  - Austausch der Schlösser **K** 248
  - Betretungsrecht des Vermieters **K** 260 f.
  - fiktives (vorzeitiges) Ende des Mietvertrags **K** 251 ff.
  - Hinweise an Mandanten **K** 234
  - Nachmieter, Suche **K** 255, 259
  - neuer Mieter, Überlassung **K** 260 f.
  - Neuvermietung **K** 251 ff.
  - Renovierung durch Mietinteressent **K** 249
  - Sanierung vor Vertragsende **K** 247
  - Schönheitsreparaturen, Aufforderung/Beendigung, Bestätigung, Muster **K** 257
  - Umbau- oder Renovierungsarbeiten durch Vermieter **K** 262
  - Untervermieterlaubnis, Sonderkündigungsrecht **K** 259
  - Verwahrung/Verwertung von zurückgelassenem Räumungsgut **K** 263 ff.
  - Verzögerungsschaden **K** 244
  - Vorenthaltung der Mietsache **K** 244
  - vorzeitiger Auszug **K** 238 ff.
  - Weitervermietung, Differenzanspruch **K** 245
  - Weitervermietungspflicht **K** 250 ff.
  - Zahlung der Miete **K** 243 ff.
  - Zahlungspflicht, vorzeitiges Ende **K** 246
  - Zeitpunkt Mietvertragende **K** 250 ff.
- Mieter ist ausgezogen, hat aber noch nicht übergeben **K** 223 ff.
  - Aufforderung zur Rückgabe **K** 231
  - Aufsichtspflicht aus Hausratsversicherungsverhältnissen **K** 227
  - beendetes Mietverhältnis **K** 231 ff.
  - Betriebspflicht **K** 227
  - Briefkastenleerung **K** 225
  - Hinweise an Mieter **K** 223, 228
  - Lüftung und Heizung **K** 225
  - Mietverhältnis noch nicht abgelaufen **K** 223 ff.
  - Mietzahlungspflicht **K** 224
  - Nebenkosten **K** 224
  - Räumungsklage **K** 231 f.
  - Reinigungs- und Wartungspflichten **K** 226
  - Vorbereitung der Rückgabe **K** 229
  - Zahlungsansprüche, Verfolgung **K** 230
- Mieter ist noch in der Wohnung, laufendes Mietverhältnis **K** 107 ff.
  - abschließende Verhandlung einer einvernehmlichen Lösung **K** 164 ff.
  - Hinweis auf vertragliche Verpflichtungen **K** 111
  - Kündigungsbestätigung **K** 107 ff.
  - Kündigungsbestätigung, Muster **K** 113
  - Rückgabetermin **K** 108 f.
  - unbemerkte Schäden **K** 171 ff.
  - Vermieterhaftung bei verzögertem Einzugstermin des Neumieters **K** 179 f.
  - verweigerte Annahme der Schlüssel **K** 174 ff.
  - vorläufige Wohnungsabnahme **K** 112
  - Wohnungsrückgabe **K** 114 ff. *siehe auch* Rückgabe

(Abwicklung Mietvertrag, Vermieterberatung)
- Mieter will vorzeitiges Ende des Mietvertrages
  - Entlassung erst bei Einigung mit Nachmieter **K** 421
- Mietverhältnis beendet, Mieter zieht nicht aus **K** 181 ff.
  - Aufwand zur Beseitigung der Einrichtungen **K** 183
  - Benutzungsrechte Mieter **K** 194 ff.
  - Darlegungs- und Beweislast **K** 218
  - eigenmächtiges Ausräumen durch Vermieter **K** 200
  - Entfernung von Einbauten, Anspruch **K** 184
  - Entschädigung, Höhe **K** 217
  - erörterungspflichtiger Rechtsanwalt **K** 196 ff.
  - gebrauchsgewährungs- und -erhaltungspflichtiger Vermieter **K** 195
  - Grundversorgung, kein Zurückbehaltungsrecht **K** 201
  - Herausgabe **K** 188 ff.
  - Mietermehrheit **K** 192 f.
  - neue Bundesländer **K** 185
  - Nutzungsentgelt, Fortentrichtung **K** 203 ff.
  - Räumung, Wegnahmepflicht bei Räumung **K** 181 ff.
  - Räumungsfrist, Einräumung **K** 198
  - Schadensersatzklage **K** 187
  - Teilräumung **K** 183
  - teilweise Rückgabe **K** 191
  - unbekannter Mieter **K** 193
  - Untermiete **K** 189 f., 192
  - Verjährung des Beseitigungs- und Wiederherstellungsanspruchs **K** 186
  - Verzugsschaden, sonstiger **K** 222
  - Vorenthalten der Mietsache **K** 207 ff.
  - weitere Nutzung der Mietsache **K** 194 ff.
- Prozesskostenhilfe **K** 105
- Rechtsschutzversicherung **K** 6 f.
- Risiko der Unaufklärbarkeit **K** 22
- Schaden durch Mietgebrauch entstanden **K** 21
- Schadensregulierung, außergerichtliche **K** 325 ff. *siehe auch dort*
- Schlechterfüllung der Räumung, Mietausfall **K** 219 ff.
  - Anspruchsgrundlagen **K** 219
  - Leistungsklage keine Verjährungshemmung **K** 221
  - Mietinteressent vorhanden **K** 220
  - Schadensminderungspflicht Vermieter **K** 220
- Selbsthilfe Vermieter **K** 79 ff.
- Streitwert **K** 8 f.

- Streitwert der Beweissicherung **K** 35
- taktische Überlegungen **K** 41 ff.
- Teilzahlungsvergleich **K** 76 ff. *siehe auch dort*
- Tod des Mieters **K** 282 ff. *siehe auch dort*
- Verjährung **K** 186, 221, 238 f.
- Verjährungsfrist **K** 97, 100 ff.
  - Mahnbescheid, Hemmung der Verjährung **K** 104
- Verjährungsrisiko **K** 31
- Vermieter will am Mietvertrag festhalten **K** 63
- Vermieter will vertragsgerechtes Ende des Mietverhältnisses **K** 42 ff.
  - Anwaltsvergleich mit Vollstreckbarerklärung **K** 44
  - einstweilige Verfügung **K** 43
  - Räumungsklage **K** 43, 48
  - Räumungsvergleich Gewerberaum, Muster **K** 46
  - Selbsthilfemöglichkeiten Vermieter **K** 43
- Vermieter will vorzeitiges Ende des Mietvertrags **K** 49 ff.
- Vermieterpfandrecht/Selbsthilfe **K** 79 ff.
- verschwundener Mieter **K** 267 ff.
  - Anschriftenermittlung erfolglos **K** 275 ff.
  - Anschriftenermittlung, Möglichkeiten **K** 268 ff.
  - Detektei **K** 274
  - Gebühren **K** 281
  - Komfortauskunft Telekom **K** 271
  - Melderegisterauskunft **K** 269
  - Nachsendeantrag gestellt **K** 270
  - öffentliche Zustellung außergerichtlicher Schreiben, Antrag, Muster **K** 277 ff.
  - öffentliche Zustellung, Voraussetzungen **K** 276
  - örtliche Ermittlungen der Bezirksämter **K** 272
- Verzugsschaden, sonstiger **K** 222
- Vollstreckungsmaßnahmen **K** 106
- Vorenthalten der Mietsache nach Vertragsende **K** 207 ff.
  - Einweisung des ehemaligen Mieters durch Ordnungsbehörde **K** 213
  - Kündigungswiderspruch des Vermieters **K** 209
  - Räumungsfrist **K** 214
  - Schönheitsreparaturen durch Mieter nach Vertragsende **K** 208
  - ungerechtfertigte Bereicherung, Anspruch Vermieter **K** 210
  - unterlassene Räumung **K** 211
  - Untermieter räumt nicht **K** 212

2713

(Abwicklung Mietvertrag, Vermieterberatung)
- vorzeitige Beendigung
  - Mietausfallschaden **K** 221
- vorzeitiger Auszug **K** 238 ff.
  - Annahmeverzug **K** 239 f.
  - Aufhebungsvertrag **K** 242
  - keine Gebrauchspflicht **K** 239
  - Obhutspflicht **K** 240
  - pacta sunt servanda, Einschränkungen **K** 238 ff.
  - Rückgabe nicht zur Unzeit **K** 241
  - vertragliche Gebrauchspflicht, Gewerberaum **K** 239
- Widerspruch des Mieters **K** 215
- Zahlungsbegehren Vermieter **K** 64 ff.
  - Auskunft, Gegenstand **K** 74
  - Auskunfteien **K** 67
  - Bankauskunft, Antrag **K** 69
  - Bürgschaft eines Dritten **K** 75
  - Datenschutz **K** 72
  - Eigenauskunft des Mieters **K** 73
  - Kaution vorhanden **K** 75
  - preisgebundener Wohnraum **K** 75
  - Schufa-Auskunft **K** 71 ff.
  - Schuldnerkartei **K** 68
  - Sicherung von Ansprüchen **K** 75
  - Solvenz des Mieters **K** 66 ff.
  - Sozialamt, Übernahme der Mietschulden **K** 75
  - Teilzahlungsvergleich **K** 76 ff. *siehe auch dort*
  - zwangsvollstreckungsrechtliche Überlegungen **K** 86

Abzüge von der Miete **A** 85 *siehe* Minderung, Miete

AGG *siehe* Gleichbehandlung

Aktivlegitimation
- Zweifel, Taktik im Prozess **B** 88 f.

Alarmanlage **A** 73
- Wegnahmerecht nach Mietermodernisierung **H** 258

Allgemeine Geschäftsbedingungen
- Abwälzung der laufenden Renovierung **H** 480 ff.
  - Bedarfsklauseln **H** 488 f.
  - Fälligkeitsregelungen **H** 487a ff.
  - flexible Fristen **H** 503 ff.
  - Fristbeginn **H** 506 ff.
  - Fristenpläne **H** 490 ff.
  - Geschäftsraummiete **H** 514 ff.
  - mögliche Vereinbarungen **H** 481 ff.
  - preisgebundener Wohnraum **H** 486
  - Sonderfall: unrenoviert übergebener Wohnraum **H** 510 ff.
  - starre Fristen **H** 499 ff.
  - verkürzte Fristen **H** 495 ff.
- Annahmefrist **A** 493a
- Aufklärungspflicht bei unwirksamen AGB **I** 239e ff.
- Aufnahme in Honorarvereinbarung oder Mandatsvertrag **A** 14
- Beibehaltung bisheriger Ausführungsart **H** 393 ff.
- Betriebspflicht **I** 250e f.
- Bodenbelag, Entfernung **H** 398
- Dach und Fach, Unterhaltung des Mietgebäudes an **A** 392
- Ersatzmieterklausel, echte **K** 418
- Ersatzmieterklausel, unechte **K** 419
- Fachhandwerkerklausel, Gewerberaummietvertrag **A** 387; **H** 383
- Fachhandwerkerklausel, Wohnraummietvertrag **H** 383
- Farbwahldiktat **H** 387 ff.
- Grundsatz der „kundenfeindlichsten Auslegung" **A** 22, 188, 204
- Haftungsabwälzung auf Mieter, behördliche Genehmigung **I** 247f
- Individualvertrag, Gestaltungsspielraum (Tabelle) **A** 186
- Inhaltskontrolle beim Formularmietvertrag (Tabelle) **A** 199
- Inhaltskontrolle individualvertraglicher Regelungen bei Verbrauchervertrag **A** 39 f.
- Kaution, Möglichkeit zur Ratenzahlung **G** 195 ff.
- Konkurrenzschutz/Betriebspflicht, Klauselkombination **A** 441a
- Mieterbegünstigungsklausel **I** 296a
- Minderung der Miete, Abdingbarkeit **D** 112 f.
- Modernisierungsmaßnahmen des Mieters **H** 206
- Nichtraucherklausel **H** 365
- Quotenklausel **A** 21, 188
- Renovierungskosten, Beteiligung Mieter **H** 538 ff., 540
  - Abgeltungsklauseln **H** 538 ff.
  - Allgemeines **H** 538
  - fehlende Fälligkeit der Schönheitsreparaturen **H** 541
  - Geschäftsraummiete **H** 559 f.
  - laufende Dekoration, wirksame Übertragung **H** 540
  - Regelfristen **H** 548 ff.
  - Selbstvornahmerecht des Mieters **H** 546 f.
  - transparenter Berechnungsmodus **H** 553 ff.
  - unverbindlicher Kostenvoranschlag **H** 542 ff.
  - Wirksamkeitsvoraussetzungen **H** 539 ff.
- Sanierungsklausel **A** 492b

(Allgemeine Geschäftsbedingungen)
- Schadensersatz bei Verwendung unwirksamer Vertragsklauseln A 509
- Schlussrenovierung, Übertragung auf Mieter *siehe auch* Schlussrenovierung
- Schönheitsreparaturen
  - Abstandsvereinbarungen H 828 f.
  - ergänzende Vertragsauslegung H 568
  - Freizeichnung des Vermieters H 423b, 430 ff.
  - Mieter als Verwender der AGB H 570
  - Rechtsfolgen unwirksamer AGB H 455 ff.
  - Rechtsfolgen unwirksamer Klauseln H 561 ff.
    - Geschäftsraummiete H 567 ff.
    - kein Vertrauensschutz H 565 f.
    - salvatorische Klausel H 562
    - Störung der Geschäftsgrundlage H 563
    - Wegfall der Dekorationspflicht H 561 ff.
  - Schönheitsreparaturklausel, Muster H 872
  - Störung der Geschäftsgrundlage H 568
  - Summierungseffekt H 440 ff.
    - Allgemeines H 441 f.
    - Anfangsrenovierung/laufende Renovierung H 443
    - Klauselkombinationen H 443 ff.
    - laufende Renovierung/Endrenovierung H 445 ff.
    - laufende Renovierung/Kostenbeteiligung H 449
    - laufende Renovierung/Kostenbeteiligung/Endrenovierung H 450
    - laufende Renovierung/starre Fristen H 444
    - laufende Renovierung/Vorgaben zur (ergänzenden) Ausführung H 452 ff.
    - sonstige Reparaturen H 451
- unwirksame Klauseln, Reaktionsmöglichkeiten Mieter H 586
  - Ersatz für getätigte Aufwendungen H 587
  - Ersatzvornahme bei Mängeln H 588 f.
  - Erstattung von Abgeltungsbeträgen H 604
  - Geschäftsführung ohne Auftrag H 589
  - positive Vertragsverletzung H 597 ff.
  - Renovierungspflicht des Vermieters H 586 ff.
  - ungerechtfertigte Bereicherung H 591
  - Verschulden bei Vertragsschluss H 597 ff.
  - Verwendungsersatz H 590 ff.
- unwirksame Klauseln, Reaktionsmöglichkeiten Vermieter
  - Bereicherungsanspruch H 571
  - Mieterhöhung H 572 f.
  - nachträgliche Vereinbarung H 574 f.
  - Schadensersatzanspruch gegen Klauselersteller H 579 f.
  - Sonderfall: Schlechtrenovierung trotz fehlender Verpflichtung H 581
- unzumutbare Härte H 569
- Schriftformheilungsklausel A 492b
- Schriftformklausel A 492a
- Streitwert Verbandsklage N 399
- Tapetenentfernung H 396 ff.
- Vereinbarungen zu Instandhaltung und Instandsetzung H 20 ff.
- Vertretungsregelungen A 256
- Vollmachtklausel A 22
- Vorfälligkeitsklausel für Miete, bisherige Problematik D 5
- Vornahmeklauseln bei Kleinreparaturen H 39
- Wartungsklauseln H 40
- wirtschaftliche Sanktionierung des vorzeitigen Ausscheidens aus Mietvertrag unwirksam K 416
- Zugangsfiktionen bei Kündigungserklärung A 465
- Zurückbehaltungsrecht, Abdingbarkeit D 118 ff.

Allgemeines Gleichbehandlungsgesetz *siehe* Gleichbehandlung

Allgemeinstrom *siehe auch* Betriebskosten
- Durchschnittskosten pro qm D 178a
- Umlage A 111

Altbau
- Gebrauch von Haushaltsgeräten A 141

Altenheim
- Wohnfläche F 55

Altenheimvertrag
- Abgrenzung Gewerberaummiete A 246
- Gerichtsstand, sachliche Zuständigkeit M 51

Alternativkündigung J 91

Änderung Mietvertrag *siehe* Mietvertrag, Änderung/Ergänzung

Anfangsrenovierung A 125
- Abwälzung auf Mieter H 468 ff.
- Formularvertrag H 473 ff.
- Gegenleistung H 470 ff.
- Geschäftsraummiete H 476 f.

2715

(Anfangsrenovierung)
- Individualvertrag H 468 ff.
- preisfreier Wohnraum H 468
- preisgebundener Wohnraum H 468
- Summierungseffekt H 469 f.
- freiwillige Anfangsrenovierung des Mieters H 407 ff.
- Gewerberaum H 402 ff.
- Vertragsgestaltungen H 407 ff.
- Verzicht des Mieters H 405

Anfechtung Mietvertrag B 131 ff.; J 11 ff.

Angehörige
- Begriff C 322 f.
- Eigenbedarfskündigung J 184 f.
- Eintrittsrecht C 317 ff. *siehe auch* Tod des Mieters

Annahmefrist
- individualvertragliche Vereinbarung A 493a

Anscheinsvollmacht
- Hausverwaltung für den Eigentümer B 73

Anschriftenermittlung K 268 ff.
- Detektei K 274
- eidesstattliche Versicherung über Ermittlungen K 273, 276
- erfolglose K 275 ff.
- Gebühren K 281
- Komfortauskunft Telekom K 271
- Melderegisterauskunft K 269
- Nachsendeantrag gestellt K 270
- öffentliche Zustellung außergerichtlicher Schreiben, Antrag, Muster K 277 ff.
- öffentliche Zustellung, Voraussetzungen K 276
- örtliche Ermittlungen der Bezirksämter K 272
- unbekannter Erbe des Mieters K 282 ff.
  - Freundeskreis/Nachbarn, Ermittlungen K 284
  - Nachlassgericht, Ermittlungen K 283
  - Standesamt, Ermittlungen K 284
- Zwangsvollstreckung, Gebühr N 284

Anschuldigung *siehe* Strafanzeige

Antenne
- Streitwert, Beseitigung oder Duldung N 400 ff.

Antennenanlage
- Anschluss A 73
- Durchschnittskosten pro qm D 178a
- Gebrauchsrechte
  - Gestaltungsspielraum, Wohnraum-Individualmietvertrag A 186
  - Inhaltskontrolle, Wohnraum-Formularmietvertrag A 199
- Mieterhöhung, Modernisierungsmaßnahme E 161a
- Parabolantenne *siehe dort*
- separate A 135
- Umlage A 115
- Zustimmungserfordernis, bauliche Veränderung I 262

Anwaltsvergleich
- als Räumungstitel K 44

Anzeige *siehe* Strafanzeige

Anzeigepflicht
- Gefahr für Mietsache I 253

Apotheke
- Betriebspacht A 240
- Konkurrenzschutz I 203

Arbeitnehmerüberlassungsbetrieb
- Konkurrenzschutz I 203

Arbeitslosengeld 2
- Fortsetzungsanspruch nach Kündigung J 358
- Mieterhöhung, Belastbarkeitsgrenze H 136b
- Schönheitsreparaturen H 831 ff.

Arbeitsstättenverordnung
- Büro- und Gewerberaum I 247e
- Vermietung älterer Bausubstanz als Gewerberaum A 261
- vertragsgemäßer Gebrauch F 23a

Arglist
- Gestaltungsspielraum, Wohnraum-Individualmietvertrag A 186
- Inhaltskontrolle, Wohnraum-Formularmietvertrag A 199
- Verletzung vorvertraglicher Aufklärungspflichten I 185a ff.

Armaturen
- Abzug „neu für alt" F 147
- Verkalkung, Obhuts- und Sorgfaltspflicht I 257

Arrest M 363 f.
- Gebühren Rechtsanwalt N 229 f.
- Gerichtskosten N 364 ff.

Arztpraxis
- Konkurrenzschutz I 203

Asbest
- Gewährleistungsrechte F 40 f.
- Minderungsquote F 109

Aufhebungsvertrag K 49 ff.
- Ablösevereinbarungen K 58
- Abstandsvereinbarungen, Unwirksamkeit K 59
- Ausgleichsklausel K 60
- Ausgleichszahlungen K 57
- Beendigungszeitpunkt K 53
- Betriebskosten K 56
- Beweisfunktion K 49
- Form K 49
- Gewerberaummiete K 51
- Inhalt, Checkliste K 52
- Kaution K 56
- Muster K 62

(Aufhebungsvertrag)
- notarielle Beurkundung K 51
- Nutzungsentschädigung K 54
- Räumung K 54
- Rechtsklarheit K 50
- Rückgabezustand K 55
- Schönheitsreparaturen K 57
- Streitwert N 494
- Vollstreckungstitel K 51
- vorzeitiger Auszug K 242
- Zahlungen an Mieter, keine Steuerpflicht K 61

Aufklärungspflichten I 189 ff., 223
- unwirksame AGB I 239e ff.
- Verletzung A 507
- Vermieter I 189 ff.
- Wegfall des Eigenbedarfs I 190

Auflockerungsrechtsprechung C 9

Aufmaß
- Wohnung K 156a f.

Aufrechnungsankündigungsklausel
- mit Vorauszahlungsklausel D 36 ff.
    - Altverträge D 41
    - Ausübung eines Zurückbehaltungsrechts D 43 ff.
    - Neuverträge D 40

Aufrechnungsrecht C 178
- Beschränkung A 142
    - Gewerberaummietvertrag A 346 ff.
    - Wohnraummietvertrag A 186
- Beschränkung mit Vorauszahlungsklausel D 23
- Inhaltskontrolle, Wohnraum-Formularmietvertrag A 199
- Mieter wegen überzahlter Miete, beschränkte Zulässigkeit A 38
- und Zurückbehaltungsrecht K 546 ff. *siehe auch dort*
- Veräußerung Mietobjekt C 71
- Zwangsverwaltung O 75

Aufrechnungsverbotsklausel, Gewerberaum D 49 ff.
- mit Vorauszahlungs- und Ankündigungsklausel zur Aufrechnung oder Ausübung des Zurückbehaltungsrechts D 50 ff.
    - Altverträge D 52
    - Neuverträge D 51
- mit Vorauszahlungsklausel D 49

Aufwendungen, Mieter
- Verwendungsersatz für Einbauten/Investitionen des Mieters K 498 ff.

Aufwendungsersatzanspruch
- Anwendungsfälle F 132
- Befreiungsanspruch, Verbindlichkeit F 133
- Ersatzvornahme Mieter F 132 f.
- Geldersatz F 132 f.

- Gestaltungsspielraum, Wohnraum-Individualmietvertrag A 186
- Inhaltskontrolle, Wohnraum-Formularmietvertrag A 199
- notwendige Kosten F 132
- Streitwert N 414
- taktische Überlegungen F 165 ff.
- Zahlungsnachweis F 133
- Zinsanspruch F 132

Aufzug A 76 *siehe auch* Fahrstuhl
- Gebrauchsrecht A 186
- Inhaltskontrolle, Wohnraum-Formularmietvertrag A 199
- Mieterhöhung, Modernisierungsmaßnahme E 161a
- Minderungsquote, Mängel F 109
- Personen- oder Lastenaufzüge, Betriebskosten L 58 ff.
- Betriebssicherheit, Prüfung der L 66 ff.
- Betriebsstrom L 61
- Erdgeschossmieter L 59
- gemischte Nutzung L 75
- Notstromanlage L 62
- Reinigung L 74
- Überwachung der Anlage L 63 ff.
- Umlage A 105
- Zustimmungserfordernis, bauliche Veränderung I 262

Augenschein F 229

Auskunfteien K 67

Auskunftsklage M 246 f.
- Beschwer bei Berufung M 268

Auskunftspflicht
- Drittschuldner bei Pfändung in Mietforderung Q 137 ff., 146 ff.
- Kündigungsgrund bei Verletzung J 286
- Schuldner bei Pfändung in Mietforderung Q 117 ff.
- über den Untermieter G 47, 58, 102
- vorvertragliche I 185a ff.
- Mieter I 185h ff.
- Vermieter I 185c ff.

Auslegung Mietvertrag B 137 ff.
- ergänzende Vertragsauslegung B 145 ff.

Ausscheiden Mieter, Beratung Ausscheidungswilliger C 136 ff., 144 ff.
- Auflösungsklage C 141 f.
- außerordentliche Kündigung, Möglichkeiten C 142
- fristlose Kündigung, Möglichkeiten C 143
- Gebühren C 202 ff.
- Konstellationen C 136
- Prüfschritte, Vorgehensweise C 137 f.
- Verhandlungsposition C 141
- Vermieter will Entlassung zustimmen C 200 f.

2717

(Ausscheiden Mieter, Beratung Ausscheidungswilliger)
- vertragliche Regelung des Ausscheidens C 139 f.
- Vorgehen gegenüber anderem Mieter, der Wohnung behalten will C 145 f., 167 ff.
  - gesonderte Urkunde über Verhandlungsvollmacht und Einverständnis C 171
  - Vereinbarung, Formulierungsmuster C 170
  - Verhandlungsvollmacht gegenüber Vermieter, Klärung C 168
  - Zeitlimit für Verhandlungen mit Vermieter C 169
- Vorgehen gegenüber anderem Mieter, der Wohnung nicht behalten will C 145, 147 ff.
  - Abgabe einer Willenserklärung, Klageantrag C 163
  - Auseinandersetzungsvereinbarung bei unbefristetem Mietvertrag, Formulierung C 156
  - außerordentliche oder fristlose Kündigung C 148 f.
  - befristete und Mietverträge mit Mindestlaufzeit C 148 ff.
  - einvernehmliche Regelung, Formulierungsmuster C 153
  - Erteilung einer Kündigungsvollmacht, Klage C 164
  - Freistellung im Innenverhältnis C 152
  - Klageschrift C 165
  - Kündigung nach § 723 BGB C 157 ff.
  - Kündigung unbefristeter Mietverträge C 154
  - Kündigungsausschluss bei § 723 BGB C 159 ff.
  - Kündigungsschreiben C 162
  - prozessuales Vorgehen C 157 ff.
  - Umstände der Lebensgemeinschaft C 158
  - unbefristete Mietverträge C 154 ff.
  - Verbleib des anderen bis Ende der Mietzeit/finanzielle Beteiligung des Mandanten C 150 f.
- Vorgehen gegenüber auf Beendigung bestehendem Vermieter C 186 ff.
  - Aufhebungsklage gegen anderen Mieter C 199
  - Ausscheidungswillen, Musterbrief C 193
  - Kündigung C 199
  - Mieterhöhung, Angebot, Musterbrief C 198
  - persönliches Gespräch C 188
  - Schweigen des Vermieters C 194
  - Wohngemeinschaft, Wechsel der Mitglieder, Analogie C 190 ff.
  - zusätzliche Angebote C 196
  - Zustimmungspflicht C 189
  - Zustimmungsverweigerung, Versuch der Umstimmung, Musterbrief C 195
- Vorgehen gegenüber dem Vermieter C 172 ff.
  - Aufrechnungsverbot für Vermieter C 178
  - Bereicherungsanspruch wegen unwirksamer Kautionsregelung C 180
  - besondere Vorhaben des Vermieters, Angebot zur Durchführung C 182
  - Betriebskosten, Prüfung der tatsächlichen Praxis C 177
  - frühere Prozesse, Prüfung C 183
  - Gesprächsführung C 184
  - Interessenlage des Vermieters, Prüfung C 174 ff.
  - Kaution, Ausgleichsverpflichtung zwischen den Mietern C 181
  - Kautionsregelung, Prüfung der Wirksamkeit C 179 ff.
  - letzte Mieterhöhung, Zeitpunkt C 176
  - Nachbarschaft, ähnliche Fälle bekannt C 173
  - Renovierungsklausel, Prüfung C 178
  - Strategie C 172 ff.
  - Vertrag, Prüfung der Wirksamkeit wirtschaftlich bedeutender Regelungen C 175
  - Zugeständnisse an Vermieter C 172

Ausscheiden Mieter, Beratung Zurückbleibender C 207 ff.
- fortsetzungswilliger Mieter C 208 ff.
  - befristeter Mietvertrag vor dem 1.9.2001/Vertrag mit Mindestlaufzeit C 212
  - unbefristeter Mietvertrag C 216 f.
  - Vereinbarung mit Mitmieter, Muster C 215
  - wirtschaftliche Situation C 208 ff.
- Gebühren C 223
- Mandant möchte Wohnung aufgeben C 218 ff.
- Vorgehen gegenüber Vermieter C 220 ff.

Ausscheiden Mieter, Vermieterberatung C 224 ff.
- Beratungsgespräch C 224 ff.
- Bewährungszeit C 226
- Gebühren C 229
- Kosten der Inanspruchnahme des Rechtsanwalts C 228

(Ausscheiden Mieter, Vermieterberatung)
- Leerstandrisiko C 227
- Selbstauskunft verbleibender Mieter C 224

Ausscheiden, Mieter C 134 ff.
- Auflösungsklage C 141 f.
- Ausscheidungswilliger, Beratung *siehe* Ausscheiden Mieter, Beratung Ausscheidungswilliger
- Empfangsvollmachtklausel C 135a
- Kündigungsrechte C 142 f.
- Lebensgemeinschaft, eheliche/nichteheliche C 134, 197
- Vermieterberatung *siehe* Ausscheiden Mieter, Vermieterberatung
- Wohngemeinschaften C 135, 190 ff.
- Zurückbleibender, Beratung *siehe* Ausscheiden Mieter, Beratung Zurückbleibender
- Zustimmung aller Vertragspartner C 135
- Zustimmung des verbleibenden Mieters C 200 f.

Ausschreibung
- privater Vermieter A 237a

Außenanlage
- Minderungsquote, Mängel F 109

Außenfassade
- bauliche Veränderungen, Zustimmungspflicht I 262
- Mieterhöhung, Modernisierungsmaßnahme E 161a

Außerordentliche Kündigung, Wohnraummietvertrag
- Befriedigungsrecht des Mieters unabdingbar A 186
- fristlose, Heilungsmöglichkeiten nicht abdingbar A 38
- fristlose, wegen Gebrauchsentziehung nicht abdingbar A 38
- fristlose, wegen Zahlungsverzug nicht abdingbar A 38
- gegenüber Erben A 38
- Gestaltungsspielraum, Wohnraum-Individualmietvertrag A 186

Ausstattung A 69

Bäckerei
- Konkurrenzschutz I 203

Baden
- Beschränkungen, Wohnraum-Individualmietvertrag A 186
- Inhaltskontrolle, Wohnraum-Formularmietvertrag A 199
- Vertragsverletzung I 251

Badewanne
- Abzug „neu für alt" F 147
- Minderungsquote, Mängel F 109

Badezimmer
- bauliche Veränderung, Zustimmungserfordernis I 262
- Mieterhöhung, Modernisierungsmaßnahme E 161a
- Minderungsquote, Mängel F 109
- Vergrößerung, Duldungspflicht Mieter H 57
- Verkalkung, Obhuts- und Sorgfaltspflicht I 257
- Wegnahmerecht Einrichtungsgegenstände nach Mietermodernisierung H 258

Bagatellschäden *siehe* Kleinreparaturen

Bahntrasse
- Minderungsquote F 109

Balkon
- Anbau, Duldungspflicht H 147
- Aufstellung Parabolantenne, Zustimmungspflicht I 262
- bauliche Veränderung, Zustimmungspflicht I 262
- Gestaltungsspielraum, Wohnraum-Individualmietvertrag A 186
- Inhaltskontrolle, Wohnraum-Formularmietvertrag A 199
- Mieterhöhung, Modernisierungsmaßnahme E 161a
- Minderungsquote, Mängel F 109
- vertragswidriger Gebrauch I 251
- Wohnfläche E 62

Bankauskunft K 69

Barkaution A 143
- andere Anlageform zulässig A 38
- gerichtliche Geltendmachung G 212, 217

Barrierefreiheit H 222 ff.
- abweichende Vereinbarungen H 231
- Ausgangslage H 222
- Außenbereich, Beispiele H 227
- bauliche Veränderung oder sonstige Einrichtung H 227
- behindert, Begriff H 226
- berechtigter Personenkreis H 225
- Entfernung der Einrichtung H 245 ff.
- Fachmann, Durchführung H 228, 236
- Innenbereich der Wohnung, Beispiele H 227
- Interessenabwägung H 223 f.; H 235 ff.
- Mietervertretung, Geltendmachung des Zustimmungsanspruchs H 232 f.
- Sicherheitsleistung für Wiederherstellung des ursprünglichen Zustands H 229 f.
- Streitwert N 418
- Treppenlift-Entscheidung H 222
- Vermietervertretung H 234 ff.
- Verweigerung der Zustimmung H 224 ff.

2719

(Barrierefreiheit)
- Wohnungseigentum, vermietetes H 237 ff.
- Zustimmungsklage H 233
- Zustimmungspflicht Vermieter I 262

Bauarbeiten
- Minderungsquoten F 109
- Verkehrssicherungspflichten I 223
- verspätete Übergabe A 275

Bauherr
- Modernisierungsmaßnahme E 184

Baukostenzuschuss
- Rückerstattung bei Beendigung Mietverhältnis K 521 ff.
  - Entreicherung K 524
  - Verjährung K 526
  - verlorene Baukostenzuschüsse K 527
- verlorener, Rohbauvermietung F 17

Baulärm F 8 f.
- Augenscheinnahme im Prozess F 229
- Lärmprotokoll F 9
- Minderungsquote F 109
- Regressanspruch gegen Bauherrn F 179, 212b
- Umweltfehler F 45f

Bauliche Maßnahmen
- Auskunftsanspruch C 492 f.
- Befristung Mietvertrag wegen baulicher Maßnahmen C 445 f., 454, 484 f.
- Verkehrssicherungspflichten I 223

Bauliche Veränderungen A 136; I 258 ff.
- Barrierefreiheit A 186
- Gestaltungsspielraum, Wohnraum-Individualmietvertrag A 186
- Inhaltskontrolle, Wohnraum-Formularmietvertrag A 199
- notwendige Installationen G 154
- Parabolantenne, Installation G 154 ff.
  siehe auch Parabolantenne, Zulässigkeit Installation
- Rechtsprechung, Grundsätze G 154 ff.
- Substanzbeeinträchtigung G 154
- Zustimmung des Vermieters I 258 ff.
- Zustimmungspflicht, Beispiele (Tabelle) I 262

Baumängel F 32 ff.
- Art des Gebäudes F 37
- Auswirkungen des unzulässigen Zustands F 35
- fristlose Kündigung Mieter J 456
- fristlose Kündigung, Gesundheitsgefährdung J 452
- Grenzwerte und technische Normen, Übersicht F 33
- Lärmprotokoll F 33
- Sachverständigengutachten F 34
- Schallschutz, sozialadäquates Verhalten F 35
- Übersicht F 32

Baumaterial
- Lagerung, Minderungsquote F 109

Bäume
- Wegnahmerecht nach Mieteranpflanzung H 258

Baunebenkosten
- Modernisierung, Mieterhöhung E 161a, 164

Bauordnungsrecht
- Nutzungsbeschränkungen A 281

Bauplanungsrecht A 281

Baurechtswidrigkeit
- fristlose Kündigung Mieter J 456

Beamte
- Sonderkündigungsrecht bei Versetzung J 469 ff.

Bearbeitungsgebühr
- Abschluss Mietvertrag A 150
- Inhaltskontrolle, Wohnraum-Formularmietvertrag A 199

Bedingungseintritt
- Beendigung Mietvertrag J 490 f.

Bedrohung
- fristlose Kündigung J 453
- fristlose Kündigung Mieter J 445, 456
- Kündigungsgrund J 283, 286

Beendigung Mietvertrag
- Abfindung A 199
- Anfechtung J 11 ff.
- Ausscheiden eines Mieters C 134 ff.
  siehe auch Ausscheiden, Mieter
- Bedingungseintritt, Beendigung durch J 18 f., 490 f.
- befristeter Mietvertrag, Beendigung durch Vermieter J 299 ff.
- Fristablauf, Beendigung durch J 15 ff.
  - stillschweigende Vertragsverlängerung J 16
- Inhaltskontrolle, Wohnraum-Formularmietvertrag A 199
- konkludenter Abschluss eines neuen Mietvertrags B 112
- Kündigung J 2 ff.
- Mietaufhebungsvereinbarung J 20 ff., 492 ff.
  - Muster J 107
- Pflichten des Mieters bei Vertragsende, Hinweis J 104
- Rückgabezustand A 144
- Rücktritt J 7 ff.
- Terminbestimmung zur Beendigung J 43a
- Umdeutung von Erklärungen J 24 ff.
  - beiderseitige Kündigungen in Aufhebungsvereinbarung J 28 ff.
  - fristgemäße Kündigung zu unrichtigem Beendigungstermin in Kündigung zu zulässigem Termin J 26

(Beendigung Mietvertrag)
- fristlose Kündigung in Abmahnung J 25a
- unwirksame Abtretung des Kündigungsrechts in wirksame Ermächtigung zum Kündigungsausspruch J 31, 52
- unwirksame fristlose in ordentliche Kündigung J 25
- unwirksame fristlose Kündigung in Abmahnung J 267
- unwirksame Kündigung in Angebot zur Vertragsaufhebung J 27
- verfrühter Räumungsantrag J 32
- Vorvertrag J 34a

Befahren, Grundstück
- vertragswidriger Gebrauch I 251

Befriedigungsrecht
- Gestaltungsspielraum, Wohnraum-Individualmietvertrag A 186
- Inhaltskontrolle, Wohnraum-Formularmietvertrag A 199

Befristeter Mietvertrag, Beendigung
- Ablauf der Vertragslaufzeit, automatische Beendigung J 475 ff.
- Beendigung durch Vermieter J 299 ff.
- durch Mieter J 475 ff.
- Verlängerungsklausel, befristeter Vertrag mit J 478 ff.
- vorzeitige Beendigung durch Mieter J 480 ff.
  - Abschluss eines Nachfolgemietverhältnisses J 480
  - Ersatzmieterklausel im Vertrag J 481
  - Ersatzmieterstellung Geschäftsraum J 489a
  - Ersatzmieterstellung, berechtigtes Interesse des Wohnraummieters J 482 ff.
  - Grundsätze J 480
  - konkludente Entlassung J 480
  - kurze Restmietzeit J 484
  - Überlegungsfrist Vermieter bei Ersatzmieter J 487
  - Vertragsentlassung ohne Ersatzmieter, Anspruch auf J 485
- Zeitmietvertrag, qualifizierter J 479

Befristeter Wohnraummietvertrag
- auflösende Bedingung A 186
- Gestaltungsspielraum, Wohnraum-Individualmietvertrag A 186
- Inhaltskontrolle, Wohnraum-Formularmietvertrag A 199
- qualifizierte Befristung A 186
- qualifizierte Gründe, Vereinbarung A 38
- Schriftform A 186
- Wegfall zeitlicher Höchstgrenzen A 38

Befristeter Wohnraummietvertrag, Fortsetzung C 374 ff.
- einfache Befristung nach § 564c Abs. 1 BGB a.F. C 374 ff. *siehe* Zeitmietvertrag, einfacher
- qualifizierte Befristung nach § 564c Abs. 2 BGB a.F. C 437 ff. *siehe* Zeitmietvertrag, qualifizierter
- Zeitmietvertrag, echter C 556

Befristung
- Fortbestand bei Veräußerung des Mietobjekts C 61 ff.

Behinderter Mieter *siehe* Barrierefreiheit

Behördliche Genehmigung, Fehlen
- fristlose Kündigung Mieter J 456

Beladen/Entladen
- Vertragsverletzung I 251

Belästigung
- fristlose Kündigung J 453
- Kündigungsgrund J 283
- Vertragsverletzung I 251
- Vorgehen gegen Dritte I 223

Beleidigung
- fristlose Kündigung J 453
- Kündigungsgrund J 243, 269, 283, 286

Beleuchtung
- andere Stromverbraucher, Kosten L 122
- Grundgebühren L 124
- Kosten L 121 ff.
- Leuchtmittel, Kosten L 123
- Notstromanlage L 124
- Umlage A 111
- Verkehrssicherungspflichten I 223

Belichtung
- fristlose Kündigung Mieter J 456
- Mieterhöhung, Modernisierungsmaßnahme E 161a

Belüftung E 161a

Benutzungspflicht *siehe* Betriebspflicht

Beratervertrag A 210

Beratungsgespräch
- Ergebnis der ersten Beratung A 167
- Formularvertrag über Wohnraum A 191 ff.
  - Vorbereitung A 188 ff.
- Individualmietvertrag über Wohnraum
  - Besichtigung A 51
  - bisherige Praxis des Vermieters A 52
  - Checkliste A 53 f.
- Mieterberatung, Abschluss Formularvertrag A 222 ff.
- Vermieterberatung, Abschluss Formularvertrag A 212 ff.

Beratungshilfe N 132 f.

Bereitschaftsdienst
- Umlage A 118

Berufshaftpflichtversicherung A 16 ff.
- Erhöhung Versicherungssumme A 17

2721

Stichwortverzeichnis

(Berufshaftpflichtversicherung)
- Beteiligung des Mandanten an erhöhter Prämie **A** 26 ff.
- Beteiligung des Mandanten an erhöhter Prämie, Formulierungsbeispiel **A** 27
- Erörterung mit dem Mandanten **A** 20 ff.
- Haftungsbegrenzung in Honorarvereinbarung, Formulierungsbeispiel **A** 28
- Haftungsbegrenzung, Vereinbarung mit Mandant **A** 19 ff.
- Mandatsdeckungen/einzelfallbezogene Höherdeckungen **A** 18
- Verjährung der Haftpflichtansprüche gegenüber Rechtsanwalt **A** 25

Berufung **M** 259 ff.
- Auslandsberührung **M** 259a
- Begründungsfrist **M** 263
    - Verlängerung **M** 263a
- Berufungsbegründung, Anforderungen **M** 263b
- Beschwer **M** 264 ff.
    - Auskunft und Rechnungslegung **M** 268
    - Berechnung **M** 264 ff.
    - Bewertung durch Berufungsgericht **M** 266
    - Einsicht in Abrechnungsunterlagen **M** 269
    - Fortsetzung des Mietverhältnisses **M** 270
    - Gerichtsstand, Gegner **M** 260a f.
    - Mängelbeseitigung **M** 271
    - maßgebender Zeitpunkt Berufungseinlegung **M** 265
    - Mieterhöhung **M** 272
    - Modernisierung **M** 273
    - Räumung **M** 274
    - Tierhaltung **M** 275
- Fristbeginn, Einlegung der ~ **M** 262
- Gebühren Rechtsanwalt **M** 171 ff.
- Gerichtskosten **N** 337 ff.
    - Anerkenntnisurteil **N** 344
    - Erledigung der Hauptsache **N** 350
    - Ermäßigung nach Nr. 1221 GKG-Kost-Verz. **N** 338 ff.
    - Ermäßigung nach Nr. 1222 GKG-Kost-Verz. **N** 342
    - Ermäßigung nach Nr. 1223 GKG-Kost-Verz. **N** 354 ff.
    - Ermäßigung, Ausschluss **N** 353
    - Ermäßigungstatbestände, Aufeinandertreffen **N** 357 f.
    - gerichtlicher Vergleich **N** 349
    - Nichtzulassungsbeschwerde **N** 359
    - Rücknahme der Berufung **N** 343
    - Rücknahme der Klage **N** 343
    - Urteil oder Beschluss nach § 313a Abs. 2 ZPO **N** 344
    - Verfahren im Allgemeinen **N** 337
    - Versäumnisurteil **N** 351
    - Verzichtsurteil **N** 344
- Nichtzulassungsbeschwerde **M** 279; **N** 359
- Statthaftigkeit **M** 261
- Zulassungsberufung **M** 276 ff.

Beschlagnahme **O** 88 ff.
- Bruchteilseigentum **O** 114 f.
- Eintritt der Beschlagnahme **O** 88
- Grundstücksbeschlagnahme **Q** 156 ff. *siehe auch dort*
    - Zusammentreffen mit Mietpfändung **Q** 156 ff.
- Kautionen **O** 116
- Kenntnis des Mieters **O** 107 ff.
- laufende Zahlungen **O** 92 ff.
- mehrere Zwangsverwaltungsschuldner **O** 89
- Nebenkostenvoraus- und -nachzahlungen **O** 116
- rückständige Zahlungen, Jahresfrist **O** 91
- Untermietverhältnisse, Erträge **O** 112
- Vorausverfügungen **O** 97 f.

Beschuldigung
- fristlose Kündigung Mieter **J** 456
- Kündigungsgrund **J** 286

Beschwerde
- gegen Streitwertfestsetzung **N** 376 ff.
- Nichtzulassung der Revision
    - Gebühren Rechtsanwalt **N** 182 f.
- Rechtsbeschwerde, Gebühren Rechtsanwalt **N** 200

Beseitigung
- Einbau, Streitwert **N** 425
- Klage auf Beseitigung **F** 264 f.
    - Übersicht **F** 256
- Plakate, Streitwert **N** 426
- Schäden, Obhuts- und Sorgfaltspflicht **I** 257
- Streitwert **N** 425 ff.
- und Herausgabe, Streitwert **N** 484

Besichtigungsrecht **A** 139; **G** 231 ff.
- Ankündigung **G** 234, 246
- Ankündigungsschreiben, Inhalt **G** 235
- Begleitung Handwerker/Sachverständiger **G** 236
- Begleitung Kaufinteressent **G** 236, 238
- bei beabsichtigter Mieterhöhung **E** 20
- Besuchszeiten **G** 234
- einstweilige Verfügung **M** 343 f.
- Fälle, unzweifelhafte **G** 231
- Feststellung von Zahlungsansprüchen **K** 91
- Fotografien **G** 237
- Gebräuche des Mieters **G** 239

Stichwortverzeichnis

(Besichtigungsrecht)
- Gestaltungsspielraum, Wohnraum-Individualmietvertrag A 186
- Gewerberaummietvertrag A 487 f.
- Häufigkeit G 238
- Inhaltskontrolle, Wohnraum-Formularmietvertrag A 199
- Mieterberatung G 246 ff.
  - frühere Absage einer Besichtigung G 252
  - Gebühren G 253
  - Risiko, Aufklärung G 247
  - Verhinderung am Besichtigungstermin G 249
  - vertragswidriges Verhalten des Mieters G 250 f.
- Modernisierungsmaßnahme, Vorbereitung G 238
- periodisches ~ G 323
- Prozessuales G 241 ff.
  - Antrag G 241
  - einstweilige Verfügung G 244
  - Leistungs- bzw. Duldungsklage G 241 f.
- Streitwert N 428 ff.
- Termin G 234 f.; K 114 ff.
- Umfang G 237 f.
- Vermieterberatung G 233 ff.
  - Beratungsgespräch G 233 ff.
  - berufstätiger Mieter G 234
  - Gebühren G 245
  - querulatorischer Mieter B 16; G 240
- Zwangsvollstreckung G 242

Besitz
- Besitzrecht bei Räumungsanspruch K 194 ff.
- Einräumung durch Vermieter *siehe* Gebrauchsgewährpflicht, vor Überlassung

Besitzstörungen Unterlassen/Beseitigung I 173 ff.
- Gebühren I 181, 185
- Mieterberatung I 174 ff.
- Prozessuales I 179 f.
- Vermieterberatung I 182 ff.

Besuch
- Gestaltungsspielraum, Wohnraum-Individualmietvertrag A 186
- Inhaltskontrolle, Wohnraum-Formularmietvertrag A 199
- vertragswidriger Gebrauch der Mietsache I 251

Betreten der Mieträume durch Vermieter *siehe* Besichtigungsrecht

Betriebsbedarf J 247 ff.
- Fälle J 248 f.
- Kündigung wegen Betriebsbedarfs J 170, 247 ff.
- Kündigungserklärung, Inhalt J 248
- Werkdienstwohnung J 247

Betriebskosten
- Allgemeinstrom, Durchschnittskosten D 178a
- Antennen-/Kabelgebühren, Durchschnittskosten D 178a
- Ausstattung, technische A 73
- Begriff L 1 ff.
  - Allgemeines L 2 ff.
  - laufende Kosten L 19
  - sachliche Abgrenzung L 8
    - Abrechnungsservice, Kosten L 10
    - Instandhaltungs- und Instandsetzungskosten L 13 f.
    - Kapital-, Finanzierungs- und Baukosten L 15 ff.
    - Nachträge L 12
    - Verwaltungskosten L 9 ff.
  - subjektive Abgrenzung L 7
  - tatsächliche Entstehung L 20
    - Eigenleistungen Vermieter L 21
- bei besonderen Ausstattungsmerkmalen A 74
- Beleuchtung L 121 ff.
  - andere Stromverbraucher, Kosten L 122
  - Grundgebühren L 124
  - Leuchtmittel, Kosten L 123
  - Notstromanlage L 124
- Betriebskostenabrechnung, Vorlage der letzen A 120
- Breitbandkabelanschluss L 156 ff.
- Durchschnittswerte pro qm, Hamburger Mieterverein D 178a
- Einnahmen aus maschinellen Wascheinrichtungen A 111
- Einnahmen aus Münz-Waschmaschinen A 111
- Einzelpositionen L 24 ff.
  - Beleuchtung L 121 ff.
  - Betrieb des Personen- oder Lastenaufzugs L 58 ff.
  - Breitbandkabelnetz, Verteilanlage L 156 ff.
  - Einrichtungen der Wäschepflege L 159 ff.
  - Entwässerung L 50 ff.
  - Gartenpflege L 111 ff.
  - Gebäudereinigung und Ungezieferbekämpfung L 97 ff.
  - Gemeinschaftsantennenanlage L 153 ff.
  - Hauswart L 138 ff.
  - laufende öffentliche Lasten L 24 ff.
  - Sach- und Haftpflichtversicherung L 130 ff.
  - Schornsteinreinigung L 128 f.
  - sonstige Betriebskosten L 167 ff.
  - Straßenreinigung und Müllbeseitigung L 76 ff.

Stichwortverzeichnis

(Betriebskosten)
- Wasserversorgung L 30 ff.
- Entwässerung, Kosten der L 50 ff.
  - Betrieb einer nicht-öffentlichen Anlage L 54
  - Entwässerungspumpe L 55
  - Gebührenstruktur, Änderung L 82
  - Kanal- oder Sielgebühren L 52
  - Rohrverstopfung L 56
- Erläuterung A 92
- Gartenpflege L 111 ff.
  - aperiodische Kosten L 117 ff.
  - Dachbegrünung L 111
  - Durchschnittskosten pro qm D 178a
  - Einzeltätigkeiten L 112
  - Fällen und Anpflanzen L 114
  - Garagenzufahrten L 120
  - Gartengeräte, Betriebskosten L 118
  - Instandhaltung, laufende L 113
  - Parkplätze L 120
  - Personalkosten L 118
  - Rasenerneuerung L 116
  - Sand, Erneuerung L 119
  - Sturmschäden L 115
- Gebäudereinigung L 97 ff.
  - Angemessenheit der Kosten L 106
  - Fassadenreinigung L 99
  - Fußmattenservice L 106
  - gewerbliches Reinigungsunternehmen L 103
  - Hausmeisterbüro, Reinigung L 102
  - Hausreinigung durch Mieter L 104
  - Personalkosten L 98
  - Reinigungsmittel L 98
  - Sonderreinigungen L 105
  - Tiefgarage, Reinigung L 100
  - Überwachung, Kosten L 101
- Gehwegreinigung, Durchschnittskosten in Hamburg pro qm D 178a
- Geltendmachung bei Wohnraum, Ausschlussfrist D 150
- Gemeinschaftsantennenanlage L 153 f.
- Gestaltungsberatung Wohnraum-Individualmietvertrag, Übersicht A 186
- Grundsteuern
  - Durchschnittskosten pro qm in Hamburg D 178a
  - Nachforderung A 378a
- Hausmeister D 178a
- Hausreinigung
  - Durchschnittskosten pro qm, Hamburger Mieterverein D 178a
- Hauswart L 138 ff.
  - ansatzfähige Tätigkeiten L 138 ff.
  - Familienangehörige L 143
  - Gebot der Wirtschaftlichkeit L 142, 148 ff.
  - gemischte Nutzung L 152
  - Hausmeisterbüro L 147
  - Hausmeisterservice L 142
  - Notdienst L 140
  - Personalkosten L 145
  - Sachleistungen L 147
  - Tätigkeitsberichte L 141
  - umlegbare Kosten L 145 ff.
  - Werkzeuge L 140
- Inhaltskontrolle, Wohnraum-Formularmietvertrag A 199
- Kehrgebühren, Durchschnittskosten D 178a
- Klage auf Abrechnung der Betriebskosten (Antrag) M 246
- Kontrollrechte, Gestaltungsspielraum beim Wohnraum-Individualmietvertrag A 186
- laufende öffentliche Lasten des Grundstücks L 24 ff.
  - Grundsteuer L 24
    - Anhebung L 26
    - Nachbelastung L 29
    - Vergünstigungen L 27
    - Wohnungseigentum L 25
  - sonstige öffentliche Lasten L 28
- Mehrbelastungsklausel A 186
- Mieterberatung
  - wirtschaftliche Auswirkungen A 162
- Müllabfuhr
  - Durchschnittskosten pro qm D 178a
- Müllbeseitigung L 77 ff., 86 ff.
  - Abfallschächte L 89
  - Gebot der Wirtschaftlichkeit L 96
  - gemischt genutzte Objekte L 94
  - Komposttonne L 88
  - Kosten der Berechnung und Aufteilung auf Einzelnutzer L 90
  - Miete für Müllcontainer L 91
  - Müllbehälter, Reinigung L 88
  - Müllmanagement L 92
  - Mülltrennung L 87
  - private Müllentsorgung L 91
  - Sperr- oder Sondermüll L 93
  - Verträge vor 1.1.2004 L 86
  - Zugmaschinen L 92
- öffentlich geförderter Wohnraum A 80
- Pauschale A 80
- Personen- oder Lastenaufzug L 58 ff.
  - Betriebssicherheit, Prüfung der L 66 ff.
  - Betriebsstrom L 61
  - Erdgeschossmieter L 59
  - gemischte Nutzung L 75
  - Notstromanlage L 62
  - Reinigung L 74
  - Überwachung der Anlage L 63 ff.
- Pfändbarkeit Q 22 ff.
- preisfreier Wohnraum L 174 ff. siehe Betriebskosten, preisfreier Wohnraum

2724

(Betriebskosten)
- Rückforderung der Vorauszahlungen, Klage *siehe* Betriebskostenvorauszahlung, Klage auf Rückforderung
- Sach- und Haftpflichtversicherung L 130 ff.
  - Gebot der Wirtschaftlichkeit L 137
  - Prämienerhöhung L 133
  - Reparaturversicherungen, keine Umlage L 131
  - Rückvergütung von Prämien L 135
  - Sammelversicherung L 132
  - umlegbare Prämien L 134
- Schornsteinreinigung L 128 f.
- Sielgebühren, Durchschnittskosten D 178a
- sonstige Betriebskosten L 167 ff.
  - ausdrückliche Vereinbarung L 167
  - Bereitschaftsdienst L 173
  - tatsächliche Entstehung L 168
  - Wachdienst L 172
- ständige Unpünktlichkeit der Zahlung, Kündigungsgrund J 286
- Straßenreinigung L 77 ff.
  - Durchschnittskosten Gehwegreinigung D 178a
  - öffentliche Straßenreinigung L 78 ff.
  - private Straßenreinigung L 82 ff.
  - Winterdienst L 81, 83
- Streitwert N 435 ff.
  - Abrechnungsmodus, grundsätzliche Klärung/Feststellungsklage N 440
  - Einfordern oder Abwehr des Saldos N 438 f.
  - Einsicht in Abrechnungsunterlagen N 446 f.
  - Erstellen der Abrechnung N 435 f.
  - gleichzeitige Nachforderung und Anpassung N 444
  - Prüfung der Abrechnung N 437
  - Rückforderung von Vorauszahlungen mangels Abrechnung N 448
  - Umlagefähigkeit, grundsätzliche Klärung/Feststellungsklage N 440
  - Verlangen auf Abrechnung N 445
  - Vorauszahlung, Anpassung N 442 f.
  - Vorauszahlungspflicht, Feststellung N 441
- Transparenzgebot A 357
- Übernahme direkt durch Mieter, Risiko A 121
- Umlagefähigkeit A 91 ff., 186
  - Aufzug A 105
  - Beleuchtung/Allgemeinstrom A 111
  - Breitbandkabelanschluss A 116
  - Etagenheizung und Warmwasserversorgung A 104
  - Gartenpflege A 110
  - Gasetagenheizung, Reinigung und Wartung A 98
  - Gemeinschaftsantennenanlage A 115
  - Hausreinigung A 108
  - Hauswart A 114
  - Hauswartbüro A 114
  - Heizungs- und Warmwasserversorgungsanlage, verbundene A 102
  - Müllabfuhr A 107
  - öffentliche Lasten A 92
  - Pförtner A 114
  - Sach- und Haftpflichtversicherung A 113
  - Schornsteinreinigung A 112
  - sonstige A 118
  - Sperrmüll A 107
  - Straßenreinigung A 106
  - Tiefgaragenkosten A 111
  - Umlageausfallwagnis A 119
  - Ungezieferbekämpfung A 109
  - Wachdienst A 114
  - Wärme, gewerbliche Lieferung A 97
  - Wärmelieferung, gewerbliche A 103
  - Warmwassergeräte, Reinigung/Wartung A 101
  - Warmwasserlieferung, gewerbliche A 100
  - Warmwasserversorgungsanlage A 99
  - Wascheinrichtungen A 117
  - Wasserversorgung, Kosten der A 93
  - zentrale Brennstoffversorgungsanlage A 96
  - zentrale Heizungs- und Abgasanlage, Kosten A 95
- Umlageschlüssel A 120, 186
  - Änderung A 122
  - Eigentumsanteile A 120
  - Personenschlüssel A 120
  - Verhältnismäßigkeit, Prüfung der A 120
  - vertragliche Regelungen A 123
  - Wohneinheiten A 120
  - Wohnfläche A 120
- Ungezieferbekämpfung
  - Durchschnittskosten pro qm D 178a
- Ungezieferbekämpung L 97, 107 ff.
  - Gemeinschaftsflächen L 110
  - prophylaktische Maßnahmen L 107 ff.
- Versicherungen, Durchschnittskosten pro qm D 178a
- Verwaltungskosten A 361
- Verwirkung des Anspruchs auf Betriebskosten D 150
- Vorauszahlungen A 80, 186 *siehe auch dort*
- Wäschepflegeeinrichtungen L 159 ff.
- Wasserversorgung

(Betriebskosten)
- Durchschnittskosten pro qm D 178a
- Wasserversorgung, Kosten der L 30 ff.
  - Einnahmen, anzurechnende L 49
  - Grundgebühren L 36 f.
  - hauseigene Wasserversorgungsanlage L 45 f.
  - Kosten der Berechnung und Aufteilung auf Einzelnutzer L 44
  - Kosten der Eichung L 40 ff.
  - Leerstand L 37, 39
  - Mehrverbrauch L 34
  - Wasserbereitungsanlage einschl. Aufbereitungsstoffe L 47 f.
  - Wasserverbrauch L 32 ff.
  - Zählerkosten L 38 f.
- Zwangsverwaltung O 142 ff.

Betriebskosten, Gewerberaummiete L 759 ff.
- Abrechnungspflicht L 762 ff.
  - Frist L 764
  - Fristablauf, Folgen L 766
- Belegeinsicht L 805 f.
- Belegprüfung, Besonderheiten L 792 ff.
- Belegprüfung, Vorbereitung L 767 ff.
  - abweichende Kosten, Katalog des § 2 BetrKV L 771 ff.
  - Einbeziehung anderer vertraglicher Regelungen L 781 ff.
  - sonstige Betriebskosten L 772
  - Transparenzgebot L 773
  - Umlagevereinbarung L 767 ff.
    - stillschweigende Änderung L 785 f.
  - Umsatzsteuer L 787 ff.
  - Verwaltungskosten L 777 f.
- Checkliste: Abrechnungsvoraussetzungen, Prüfung L 807
- Entwässerung, Kosten der
  - produzierendes Gewerbe L 796
- Gebäudeversicherung L 798
- gemischte Nutzung L 793
- Grundsteuer L 794
- Kostenabgrenzung L 792
- Kostenerfassung L 792 ff.
- Müllentsorgung L 795
- separater Eingang L 797
- Umlageschlüssel, Besonderheiten L 801 ff.

Betriebskosten, Nachbelastung L 540 ff.
- Nachbelastung von Betriebskosten L 540 ff., 544 ff.
  - Ausgleich der Abrechnungsfrist L 546 ff.
  - nicht periodengerechter Zahlung L 549 ff.
  - Saldoausgleich L 545
- Verbrauchskosten L 542 f.

Betriebskosten, preisfreier Wohnraum
- Abrechnung siehe Betriebskostenabrechnung, preisfreier Wohnraum
- Vereinbarung der Umlagefähigkeit L 174 ff.
  - (stillschweigende) Änderung der Umlagevereinbarung L 191 ff.
  - Bestimmtheitsgebot L 175 ff.
  - Beweislast L 181
  - Bezugnahmeregelungen L 182 ff.
  - einseitige Änderung der Umlagevereinbarung L 200 ff.
    - § 556a Abs. 2 BGB L 206
    - Mehrbelastungsklausel bei Nettomiete L 204 f.
    - Mehrbelastungsklausel bei Teilinklusivmiete L 200 ff.
  - Inhaltskontrolle L 179 f.
  - neue Betriebskosten L 204 f.
    - infolge Modernisierung L 209 ff.
  - Umlage sonstiger Betriebskosten L 187 ff.
    - Kostenbegrenzung L 188 f.
    - Transparenzgebot L 188 f.
  - Unwirksamkeit der Vereinbarung, Rechtsfolgen L 221 ff.
  - Vertragsgestaltung L 190
- Vorauszahlungen L 216 ff.
  - arglistige Täuschung L 220
  - Aufklärungspflicht L 217 f.
  - Schadensersatz L 216 ff.

Betriebskostenabrechnung
- Ablesung, verweigerte oder unterlassene L 902 ff.
- fehlende Abrechnung L 286 ff.
- fristlose Kündigung bei unredlicher Abrechnung J 454, 456
- Gewerberaummiete L 759 ff.
- Heizung/Warmwasser, Einzelprobleme L 808 ff.
- Klage auf Einsicht in Abrechnungsunterlagen, Beschwer bei Berufung M 269
- Mängel der Mietsache A 381a
- Minderung A 381a
- Nachforderungsanspruch aus erteilter Betriebskostenabrechnung,
  - Verjährung D 140
- Veräußerung Mietobjekt C 65 ff. siehe auch dort
- Vorwegabzüge
- Zwangsverwaltung O 64 ff.

Betriebskostenabrechnung, Belegprüfung L 579 ff.
- Auswertung der Belegprüfung L 617 ff., 621 ff.
  - materielle Auswertung L 623 ff.
  - Reaktionsmöglichkeiten gegenüber Vermieter L 631 ff.
- unvollständige Belege L 618 ff.

(Betriebskostenabrechnung, Belegprüfung)
- zusätzliche Maßnahmen L 636 ff.
- Fotokopien, Überlassung L 580 ff.
- Geltendmachung der Einsichtnahme L 587 ff.
  - Aufforderung zur Vorlage von Unterlagen L 589
  - gemischte Nutzung L 590
  - Terminsverabredung L 591
- Gewerberaummiete L 805 f.
- Ort der Belegprüfung L 580 ff.
  - gesundheitliche Beeinträchtigungen L 585
  - Unzumutbarkeit L 583 f.
- Ort der Einsichtnahme A 123
- preisgebundener Wohnraum L 744 ff.
- Termin, Durchführung L 595 ff., 608 ff.
- Umfang der Belegeinsicht L 604 ff.
- verweigerte oder fehlerhafte Einsicht in Abrechnungsbelege L 654 ff.
- Vorbereitung und Mitwirkung des Vermieters L 599 ff.
  - Kostenzusammenstellung L 601
- zeitliche Komponente L 592 ff.
  - Bürozeiten L 596
  - Einwendungsfrist, § 556 Abs. 3 S. 5 BGB L 592
- Zwangsverwaltung O 66

Betriebskostenabrechnung, Heiz- und Warmwasserkosten
- Durchschnittswerte Heizkosten, Hamburger Mieterverein D 178a
- Gebäudemängel, Einfluss von L 883 ff.
- Gebot der Wirtschaftlichkeit L 830, 834
- Kürzungsrecht L 894 ff.
- Mängel im Messsystem L 877 ff.
  - Montagefehler L 881
  - Skalierungsfehler L 880
- Mieterwechsel während Abrechnungsperiode L 891 ff.
- Plausibilitätskontrolle L 887 ff.
- Umlagemaßstab L 853 ff.
- umlegbare Kosten L 818 ff.
  - Abrechnung, Kosten L 849 f.
  - Anlage zur Verbrauchserfassung, Kosten L 845 ff.
  - Bedienungskosten L 839 ff.
  - Betriebsstrom L 835 ff.
  - Brennstoffkosten L 822 ff.
  - Fernwärme L 824
  - Prüfung Betriebsbereitschaft und -sicherheit L 843
  - Reinigung der Anlage L 844
  - sonstige Kosten L 851 f.
  - Wärmecontracting L 825 ff.
- verbrauchsabhängige Abrechnung, Anspruch auf L 809 ff.
- Verbrauchskosten L 861 ff.

- andere geeignete Ausstattungen L 868
- Heizkostenverteiler mit elektrischer Messgrößenerfassung L 865
- Heizkostenverteiler mit Verdunstungsprinzip L 866
- Ölheizung L 822
- Verbrauchserfassung, zusätzliche Anforderungen L 869 ff.
- Wärmezähler L 864
- Warmwasserzähler L 867

Betriebskostenabrechnung, preisfreier Wohnraum L 224 ff.
- Abrechnungspflicht L 224 ff.
  - Grundsatz der Abrechnungseinheit L 227
  - Schuldner L 225 ff.
  - Vermieterwechsel L 227
- Abrechnungssäumigkeit des Vermieters L 645 ff.
- abweichende Vereinbarungen zu Betriebskosten L 714
- Beispielsberechnung, Muster L 347 f.
- Eigentumswohnungen, Besonderheiten L 485 ff.
- Einwendungsausschluss L 557 ff.
  - Anwendbarkeit L 557
  - Bestreiten von Kostenansätzen L 570
  - Erhebung von Einwendungen L 568 ff.
  - formelle Seite der Abrechnung L 571
  - Fristberechnung L 558 ff.
  - Rechtsfolgen L 577 f.
  - Umfang der Ausschlusswirkung L 573 ff.
  - Verschulden L 562 ff.
- Fälligkeit Abrechnungsanspruch L 228 ff.
- Form der Abrechnung L 231
- formelle Anforderungen L 298 ff.
  - Abrechnungsperiode, Angabe der L 302 ff.
  - Anteil des Mieters, Berechnung L 335 f.
  - Beispielsrechnung L 347 f.
  - Gesamtkosten, Zusammenstellung L 314 ff.
    - eindeutige Bezeichnung der Positionen L 315 ff.
    - gemischt genutzte Objekte L 319
    - Gesamtkosten, Angabe L 319 ff.
    - Vorberechnung, Darstellung L 319 ff.
    - weitere Erläuterungen L 326 ff.
  - Mieter, Angabe des L 310 f.
  - Mietobjekt, Angabe L 312 f.
  - Mindestangaben L 299
  - Saldo, Fälligkeit L 342

Stichwortverzeichnis

(Betriebskostenabrechnung, preisfreier Wohnraum)
- Umlageschlüssel, Angabe und Erläuterung L 329 ff.
- Vermieter, Angabe des L 307 ff.
- Vorauszahlungen, Abzug L 337 ff.
- Frist
  - Zugang innerhalb der Abrechnungsfrist L 232 ff.
- Frist, verschuldeter Fristablauf L 240 ff.
  - Ausschlusswirkung
    - Rechtsfolgen L 293 ff.
    - Umfang L 290 ff.
  - Belege, verweigerte Herausgabe durch Voreigentümer oder Zwangsverwalter L 261 ff.
  - Belege/Rechnungen, verspätete Vorlage L 248 ff.
    - Abrechnungsfehler der Versorgungsunternehmen L 257 ff.
    - Streitigkeiten mit den Leistungsträgern L 253 ff.
  - Eigentumswohnungen L 273 ff.
    - angefochtene Abrechnung L 285
    - angefochtene Beschlussfassung der Eigentümergemeinschaft L 277
    - Ausgangslage L 274 ff.
    - fehlende Beschlussfassung der Eigentümergemeinschaft L 277
    - fehlerhafte Abrechnung L 282 ff.
    - mangelnde Einberufung der Eigentümerversammlung L 278 ff.
  - Nachholung entschuldigter Versäumnisse L 288 f.
  - Organisation des Vermieters, Störungen L 269 ff.
  - planmäßiges Handeln L 242 ff.
  - Postweg, Verlust der Abrechnung L 286 ff.
  - Sorgfaltsmaßstäbe L 240 ff.
  - Vorbereitung der Abrechnung L 242 ff.
  - Vorjahresabrechnung, Streitigkeiten L 266 ff.
  - Zurechnung des Verhaltens Dritter L 244
- Inhalt L 349 ff.
  - Abflussprinzip L 350 f.
  - Abrechnungskreise L 361 ff.
  - Abrechnungsprinzip L 350
  - aperiodische Kosten L 357 ff.
  - Eigenleistungen des Mieters L 378 ff.
  - Eigenleistungen des Vermieters L 371 ff.
  - Gebot der Wirtschaftlichkeit L 380 ff.
    - Auswirkungen von Verstößen L 381 ff.
  - Darlegungs- und Beweislast L 386 ff.
  - Fallbeispiele L 392 ff.
  - Kostenkontrolle L 384 f.
  - Kostensteigerungen L 390
  - weitere Aspekte L 389 ff.
  - Kostenabgrenzung L 350 ff.
  - Kostenerfassung L 349 ff.
  - Leistungsprinzip L 350 ff.
  - Mieterwechsel während der Abrechnungsperiode L 395 ff.
  - Umlageschlüssel L 400 ff.
  - Wirtschaftseinheiten L 361 ff.
- Klage auf Abrechnung L 715 ff.
- Kontrollrechte des Mieters, Ausübung L 579 ff. *siehe* Betriebskostenabrechnung, Belegprüfung
- Kostenerhöhung, außergewöhnliche L 540 ff.
  - Nachbelastung von Betriebskosten L 544 ff.
    - nach Ausgleich der Abrechnungsfrist L 546 ff.
    - nach Saldoausgleich L 545
    - wegen nicht periodengerechter Zahlung L 549 ff.
  - Verbrauchskosten L 542 f.
- Leerstand L 431 ff.
- Mieterwechsel während der Abrechnungsperiode L 395 ff.
  - Inhalt der Abrechnung L 395 ff.
  - Kosten der Zwischenablesung L 398
- Neuerteilung der Abrechnung, Anspruch auf L 343 f.
- nicht umlagefähige Kostenanteile L 529 ff.
  - Hauswart L 530 ff.
  - Wartungsverträge L 536 ff.
- Rückforderung von Vorauszahlungen L 658 ff.
  - laufender Mietvertrag L 659 ff.
  - nach beendetem Mietvertrag L 667 ff.
    - Mietverhältnis von kurzer Dauer L 675 f.
    - vertraglicher Ausschluss L 672 ff.
    - Vorbeugung L 677 ff.
  - Verteidigung des Vermieters im Prozess L 680 ff.
- Saldo, Durchsetzbarkeit L 345 f.
- Schuldanerkenntnis durch Ausgleich des Saldos L 640 ff.
- Umlageschlüssel L 400 ff.
  - Änderung festgelegter Verteilerschlüssel L 411 ff.
  - § 242 BGB, Änderungspflicht L 426 ff.
  - § 313 Abs. 1 BGB L 421 ff.
  - § 556a Abs. 2 BGB L 418 ff.

(Betriebskostenabrechnung, preisfreier Wohnraum)
- Allgemeines L 411 ff.
- gesetzliche Änderungsrechte L 417 ff.
- Leerstand L 431 ff.
- vertraglicher Änderungsvorbehalt L 435 ff.
- Anzahl der Mietobjekte L 441 ff.
- Erläuterungsbedarf L 490 ff.
- gemischte Nutzung L 498 ff.
  - Entwässerung L 516
  - Grundsteuer L 509 ff.
  - Kosten für Entwässerung (Brauchwasser) L 522
  - Müllentsorgung L 523 ff.
  - Niederschlagswasser L 516
  - sonstige Verbrauchskosten L 517 ff.
  - Stromkosten L 519 f.
  - Versicherungen L 514 f.
  - Wasserkosten L 521
- Mietverträge über preisfreien Wohnraum seit 1.9.2001 L 401 ff.
- Mietverträge über preisfreien Wohnraum vor dem 1.9.2001 L 408 f.
- Miteigentumsanteile L 457 ff.
- Nutz-/Wohnfläche L 444 ff.
- Personenschlüssel/Anzahl der Nutzer L 461 ff.
- umbauter Raum L 455 f.
- Verbrauchserfassung L 467 ff.
  - Hindernisse der verbrauchabhängigen Abrechnung L 482 f.
  - Messtechnik L 473 ff.
  - Vereinbarung der verbrauchsabhängigen Abrechnung L 468 ff.
  - Verteilung von Messdifferenzen L 479 f.
- Vorverteilung L 496 f.
- Verjährung L 685 ff.
  - Fristbeginn L 689, 692, 694 ff.
  - Hemmung durch gerichtliche Maßnahmen L 699 ff.
  - Mieteransprüche L 690 ff.
  - Verhandlungen, § 203 BGB L 702 ff.
  - Verlängerung der Verjährungsfristen L 698 ff.
  - Vermieteransprüche L 686 ff.
- Verwirkung L 709 ff.
- Zurückbehaltungsrecht L 642 ff.
  - Abrechnungssäumigkeit des Vermieters L 645 ff.
  - verweigerte oder fehlerhafte Einsicht in Abrechnungsbelege L 654 ff.
- Zwangsvollstreckung L 718 ff.

Betriebskostenabrechnung, preisgebundener Wohnraum L 722 ff.
- Einrichtungen der Wäschepflege, Kosten L 724
- Einwendungsfrist, Geltung L 742 f.
- Form der Abrechnung L 735 f.
- gemischte Nutzung L 737 ff.
- Kontrollrecht, Ausübung L 744 ff.
- Mietstruktur L 725 ff.
- Mietverträge vor dem 1.1.2002
  - Besonderheiten der Betriebskostenabrechnung L 722
  - Mitteilung über Art und Höhe der Betriebskosten L 725
- Nachbelastung von Betriebskosten L 740 f.
- Nachforderung, Fälligkeit L 732 f.
- neue Betriebskosten L 734
- Umlageschlüssel L 753 ff.
  - Anzahl der Mietobjekte L 755
  - Flächenschlüssel L 756
  - Personenschlüssel/Anzahl der Nutzer L 757
  - Verbrauchserfassung L 758
- Wirtschaftseinheit L 754

Betriebskostenguthaben
- Pfändung Rückzahlungsanspruch Q 40

Betriebskostenpauschale
- Auskunft A 199
- Gestaltungsspielraum, Wohnraum-Individualmietvertrag A 186
- Inhaltskontrolle, Wohnraum-Formularmietvertrag A 199

Betriebskostenvorauszahlung
- Abrechnung bei Beendigung der Zwischenvermietung C 102
- Auskunftspflicht I 185d f.
- beendetes Mietverhältnis
  - Rückgewähr bei nicht fristgemäßer Abrechnung D 122a
- Gestaltungsspielraum, Wohnraum-Individualmietvertrag A 186
- Inhaltskontrolle, Wohnraum-Formularmietvertrag A 199
- Klage auf Rückforderung M 173a ff. *siehe dort*
- Verjährung des Anspruchs D 140

Betriebskostenvorauszahlung, Klage auf Rückforderung M 173a ff.
- Abrechnung, Vorlage M 173b, 173e ff.
- Anerkenntnis M 173b, 173g
- Aufrechnung durch Vermieter M 173i
- dolo petit-Einrede M 173g
- Einrede der Verjährung M 173c
- Erledigungserklärung M 173f
- Flucht in die Säumnis M 173b
- Guthaben M 173g
- Nachforderung, Rechtskrafteinwand M 173k
- Räumungsprozess M 173l
- Rechtsmissbrauch, Mieter M 173h
- Verhandlungen, Vermeidung M 173d
- Vermieterverteidigung M 173b

2729

Betriebspflicht, Gewerberaummiete
A 315, 420 ff.; I 250a ff.
- Abnahmepflicht des Mieters I 243
- ausdrückliche Vereinbarung I 250b
- einstweilige Verfügung I 250n; M 348
- formularvertragliche Vereinbarung
  A 441a; I 250e f.
- Insolvenz P 189
- konkludente Vereinbarung I 250c
- Kündigungsgrund bei Verletzung
  I 250j; J 286
- Leistungshindernisse I 250h
  - fristlose Kündigung I 250i
  - gesundheitliche Beeinträchtigung
    I 250h
  - mangelnde Rentabilität I 250i
- Leistungsklage I 250n
- Mietausfallschaden I 250l
- Schadensersatz bei Verstoß I 250k
- Streitwert N 434a
- Transparenzgebot A 420
- Umsatzmiete, Vereinbarung I 250d
- Vertragsstrafe A 422; I 250m
- vertragswidriger Gebrauch der Mietsache I 251
- Wohnraummiete I 250a

Betriebsübergang
- Ausschluss im Gewerberaummietvertrag A 230a
- Ende der Mietzeit A 486a

Betriebswohnung
- Gerichtsstand, sachliche Zuständigkeit
  M 47

Beurkundung, notarielle
- Änderung Mietvertrag C 8 ff.
  - Auflockerungsrechtsprechung C 9
- Gewerberaummietvertrag A 503

Beweisverfahren, selbständiges *siehe*
Selbständiges Beweisverfahren

Bleirohre
- Mieterhöhung, Modernisierungsmaßnahme E 161a

Blickverbauung *siehe* Lichteinfall

Blitzableiter
- Minderungsquote bei Fehlen F 109

Blitzschutzanlage
- Wartung, Umlage A 118

Blumenkästen
- Flecken Bodenbelag, Obhuts- und Sorgfaltspflicht I 257
- vertragswidriger Gebrauch I 251
- Zustimmungspflicht I 262

Bodenbelag A 75
- Mieterhöhung, Modernisierungsmaßnahme E 161a
- Mietzuschlag A 75
- Minderungsquote, Mängel F 109
- Obhuts- und Sorgfaltspflicht I 257
- Pflegeverpflichtungen A 75

- Schönheitsreparaturen H 332, 335
- Verpflichtung zur Entfernung H 398
- Zustimmungserfordernis, bauliche Veränderung I 262

Bodenkaskoversicherung A 398, 484

Bordell
- fristlose Kündigung Vermieter J 269, 286
- Minderungsquote F 109
- vertragswidriger Gebrauch I 251

Brand- und Rauchmelder
- Wartung, Umlage A 118

Brandschäden
- Obhuts- und Sorgfaltspflicht I 257

Brandschutz F 31a, 48

Brandverursachung
- Kündigungsgrund J 286

Breitbandkabelanschluss
- Betriebskosten L 156 ff.
- Mieterhöhung, Modernisierungsmaßnahme E 161a
- neue Betriebskosten L 211 ff.
- Sperrfilter L 158
- Umlage A 116

Brennstoffversorgungsanlage A 96

Briefgeheimnis, Bruch
- fristlose Kündigung Mieter J 456

Briefkasten
- Leerung bei vorzeitigem Auszug K 225
- Mieterhöhung, Modernisierungsmaßnahme E 161a
- Minderungsquote, Mängel F 109
- Vertragsverletzung I 251
- Zustimmungspflicht, Vermieter I 262

Bruchteilseigentum
- Einfluss auf Vermieterstellung C 12c

Brunnen
- vertragsgemäßer Gebrauch I 251

Bruttokaltmiete
- Mieterhöhung wegen gestiegener Betriebskosten E 225 ff.

Bundesbodenschutzgesetz
- Verjährung A 485

Bürgschaft *siehe* Sicherheitsleistung;
Kaution

Café
- Konkurrenzschutz I 203

Cannabisanbau
- kriminelle Handlung, Vertragsverletzung I 251
- Kündigungsgrund J 286

Culpa in contrahendo *siehe* Verschulden
bei Vertragsverhandlungen

Dach
- Minderungsquote, Mängel F 109

Dach und Fach
- Unterhaltung des Mietgebäudes, Allgemeine Geschäftsbedingungen A 392

Dachbegrünung L 304
Dachgeschoss
– Ausbau, Zustimmungspflicht I 262
– Isolierung, Mieterhöhung, Modernisierungsmaßnahme E 161a
– Minderungsquote bei Ausbau oder Gebrauchsbeeinträchtigung F 109
Dachlawine
– Verkehrssicherungspflicht I 223
Dachrinnenanlage
– Laubentfernung, sonstige Betriebskosten L 24
– Reinigung/Beheizung, Umlage A 118; L 24
Decken
– Dämmung Kellerdecke, Mieterhöhung E 161a
– Minderungsquote bei Durchbruch F 109
– Zustimmungserfordernis, bauliche Veränderung I 262
Dekoration siehe auch Schönheitsreparaturen
– Dekorationsschäden
  – Substanzschäden H 375 f.
– Gestaltungsspielraum, Wohnraum-Individualmietvertrag A 186
– Inhaltskontrolle, Wohnraum-Formularmietvertrag A 199
– Schäden H 345 ff.
– ungewöhnliche H 356 ff.
Denkmalschutz
– Mieterhöhung wegen Zusatzkosten E 161a
Diebstahl
– Kündigungsgrund J 243, 286
Diebstahlsgefahr
– fristlose Kündigung Mieter J 456
Dienstwohnung A 67
– Befristung C 447, 486
– Gestaltungsspielraum, Wohnraum-Individualmietvertrag A 186
– Inhaltskontrolle, Wohnraum-Formularmietvertrag A 199
Dingliche Vereinbarungen
– Abgrenzung Gewerberaummiete A 245
Dissens B 117 f.
– Unwirksamkeit Mietvertrag B 131
Doppelvermietung I 30 ff.
– Abfindung I 36
– Auflösung des Mietvertrages I 35
– Besitzüberlassung I 30, 33
– einstweilige Verfügung I 32, 41, 66
– einstweilige Verfügung bei drohender ~ M 346 f.
– Erfüllungsanspruch, Geltendmachung, Muster I 39 f.
– Ersatzobjekt I 38

– Vormieter, fortgesetzte Nutzung I 42 ff.
Drehstromzähler
– Mieterhöhung, Modernisierungsmaßnahme E 161a
Drittüberlassung siehe Untermiete; Gebrauchsüberlassung an Dritte
Drogen
– Kündigungsgrund J 286
Drogenhandel
– fristlose Kündigung J 269
Drogenszene
– Minderungsquote F 109
– Umweltfehler F 45i
Drogeriemarkt
– Konkurrenzschutz I 203
Drückergarnitur
– Mieterhöhung, Modernisierungsmaßnahme E 161a
Dübel
– Dübellöcher, Zustandsbeschreibung Rückgabeprotokoll K 146, 162 f.
– Gestaltungsspielraum, Wohnraum-Individualmietvertrag A 186
– Inhaltskontrolle, Wohnraum-Formularmietvertrag A 199
– Obhuts- und Sorgfaltspflicht I 257
– Schönheitsreparaturen H 322, 353 ff.
– Zustimmungserfordernis, bauliche Veränderung I 262
Duldungsklage F 262 f.
– Beweislast H 188 f.
– Modernisierungsmaßnahmen H 185 ff.
– Streitwert H 190
– Übersicht F 256
– Vollstreckung H 191
Duldungspflichten A 138
– Ankündigung von Modernisierungsmaßnahmen H 145
– Arbeitszeit H 146
– Duldungsklage bei Modernisierung H 185 ff.
– einstweilige Verfügung bei Modernisierung, Duldungsanspruch Vermieter M 342
– Fallbeispiele: Bejahung bei Modernisierungsmaßnahmen H 139 ff.
– Fallbeispiele: Verneinung bei Modernisierungsmaßnahmen H 145 ff.
– Gestaltungsberatung Wohnraum-Individualmietvertrag, Übersicht A 186
– Gesundheitsgefährdung H 150
– Inhaltskontrolle, Wohnraum-Formularmietvertrag A 199
– Klage auf Duldung F 262 f.
  – Übersicht F 256
– Ablehnung der Duldung bei Modernisierung, Muster H 157
– Kündigungsgrund bei Verletzung J 286

2731

(Duldungspflichten)
- Modernisierung E 185 f.
- Modernisierungsmaßnahmen, Wegfall bei H 124 ff.
- Streitwert N 450 f.

Dunstabzugshaube
- Mieterhöhung, Modernisierungsmaßnahme E 161a

Durchlauferhitzer A 70
- Austausch, Duldungspflicht Mieter H 58
- Mieterhöhung, Modernisierungsmaßnahme E 161a
- Minderungsquote, Mängel F 109

Duschen *siehe auch* Baden
- vertragswidriger Gebrauch I 251

Duschkabine
- Zustimmungserfordernis, bauliche Veränderung I 262

Ehegatten
- Aufnahme in Wohnung/Untervermietung G 41
- Eintritt des Erwerbers der Ehewohnung C 12f
- Eintrittsrecht C 317 ff.
- Gestaltungsberatung Mietvertrag A 57
- Mietvertrag als Geschäft des täglichen Lebens B 75
- Passivlegitimation bei Räumungsklage J 310
- Tod eines ~ *siehe* Tod des Mieters
- Vermieterstellung B 71

Eichungskosten
- Betriebskosten, Abgrenzung L 18
- Überschreitung der Eichfrist L 42
- Wasserversorgung L 40 ff.

Eigenauskunft
- Mieter K 73

Eigenbedarf, Kündigung J 166 ff., 286
- „benötigen" J 166, 175 ff.
- allgemeine Grundsätze J 166 ff.
- Alternativwohnung vorhanden J 168, 197 ff.
- Anbietepflicht andere Wohnung J 198 ff.
  - Ausnahmen J 200 ff.
  - Mietkonditionen J 204
- Arbeitszimmer, Nutzung als ~ J 172
- Aufklärungspflicht bei Wegfall I 191 f.
- Aufnahme einer Pflegeperson J 182
- Austausch der Bedarfsperson J 189
- Berechtigter, Geltendmachung J 169 f.
- berufliche Gründe J 172, 182
- Betriebsbedarf J 170, 247 ff.
- Beweis J 182
- drohender Wohnungsverlust J 182
- Familienangehörige J 183 ff.
- gelegentliche Nutzung J 173
- gesundheitliche Gründe J 182
- Haushaltsangehörige J 186 f.
- Haushaltsvergrößerung J 182
- Interessenabwägung, keine J 167
- Kündigungsschreiben J 181 f.
- lebensgestalterische Gründe J 182, 191 f.
- Mieter, entgegenstehende Interessen J 167
- Mitteilungspflicht bei Wegfall J 205 ff.
  - Schadensersatz J 206
- nachträgliche Veränderung der Bedarfslage J 188 ff.
- nachträglicher Wegfall des Eigenbedarfs J 193 ff.
- Nachvollziehbarkeit der Eigenbedarfsgründe J 176
- natürliche Personen J 170
- Personenhandelsgesellschaften, Geltendmachung J 170
- Prozessuales J 207
- Rechtsmissbrauch J 168, 396
- Schadensersatz bei vorgetäuschtem Eigenbedarf K 533 ff.
- Stadtwohnung, Nutzung als ~ J 182
- Teilkündigung unzulässig J 171
- Treuewidrigkeit J 174
- überhöhter Wohnbedarf J 168
  - Einzelfälle J 179 f.
- Ungeeignetheit der Wohnung J 178
- Untervermieter J 169
- unzureichende Unterbringung J 182
- Vermieterwechsel J 194 ff.
- vernünftige Gründe J 167
- vorübergehende Nutzungsabsicht J 173
- Wegfall des Eigenbedarfs, Aufklärungspflicht I 190; J 205 f.
  - Vollstreckungsgegenklage J 207 f.
- wirtschaftliche Gründe J 182
- Wohnraum, benötigen als ~ J 172
- Zeitmietvertrag J 196
- Zweckverfehlung J 168, 178
- Zweitwohnung J 173

Eigenbedarf, vorgetäuschter K 533 ff.
- anderweitige Kündigungsmöglichkeiten K 535
- Darlegungs- und Beweislast K 541
- Differenzmiete, Zeitraum K 535
- Mitverschulden Mieter K 537
- positive Vertragsverletzung K 533
- rechtmäßiges Alternativverhalten, Grundsatz des K 535
- Schadensbegrenzung durch eigenes Verhalten des Mieters K 536
- Schadenspositionen, Übersicht K 534
- Vergleich K 539
- Zahlungsverzug, fristlose Kündigung K 538

Eigennutzungsabsicht, Befristung C 444, 450, 481 ff.
- Räumungsklage, Bestreiten der Eigennutzungsabsicht J 376 ff.

Eigentumsübergang *siehe* Veräußerung Mietobjekt

Eigentumswohnung *siehe auch* Wohnungseigentum
- Betriebskostenabrechnung L 485 ff.
  - Grundsteuer L 488
  - verschuldeter Fristablauf L 273 ff.
    - angefochtene Abrechnung L 285
    - angefochtene Beschlussfassung der Eigentümergemeinschaft L 277
    - Ausgangslage L 274 ff.
    - fehlende Beschlussfassung der Eigentümergemeinschaft L 277
    - fehlerhafte Abrechnung L 282 ff.
    - mangelnde Einberufung der Eigentümerversammlung L 278 ff.
- Gemeinschaftseigentum, Mängelbeseitigung F 115a
- Vermietung und Kostenumlage auf Mieter D 11

Eigenverwaltung, Insolvenz P 138

Einbauküche A 69
- Abzug „neu für alt" F 147
- Wegnahmerecht bei Mietermodernisierung H 258

Einbauschrank A 69

Einbauten, Mieter
- Beseitigung, Streitwert N 425
- Entschädigung K 482 ff.
- Kündigungsgrund J 286
- Wegnahmerecht K 474 ff.

Einbruch
- Minderungsquote F 109

Einbruchsserie
- fristlose Kündigung Mieter J 456
- Umweltfehler F 45b

Einfamilienhaus
- Mietspiegel E 150

Einigungsgebühr N 56 ff., 170, 181
- Anhängigkeit eines gerichtlichen Verfahrens N 63 f.
- Berufung N 181
- einseitiges Nachgeben N 57
- erste Instanz N 170
- Mitwirkung des Rechtsanwalts N 59
- unterschiedliche Gebührensätze N 65

Einkaufszentrum/Einkaufsstraße
- Anspruch auf Herabsetzung der Miete C 5 f.
- Konkurrenzschutzpflichten, Vermieter A 439; I 200g f.

Einliegerwohnung
- Kündigung J 145 ff.
  - berechtigtes Interesse bei Widerspruch J 146 f.

- drei Wohnungen J 152
- Gewerberäume im selben Haus J 151
- Kündigungsschreiben, Muster J 148
- Mietrechtsreform J 151
- Vermieter wohnte bei Vertragsschluss nicht im Haus J 150
- Voraussetzungen, maßgeblicher Zeitpunkt J 149
- zwei getrennte Gebäude auf einem Grundstück J 154

Einrüstung
- Minderungsquote F 109

Einstweilige Verfügung M 327 ff.
- Antrag M 331 ff.
  - Entscheidung ohne mündliche Verhandlung M 335 ff.
  - Schlossaustausch durch Vermieter M 334
  - Verfügungsantrag M 331 ff.
  - vorläufige Regelung M 333
- Anwendung, sonstige Fälle M 352 ff.
  - Dritte M 354
  - Mieter M 352
  - Vermieter M 353
- auf Hinterlegung der Miete bei Ende der Zwischenvermietung C 104 ff.
- Befriedigung, vorweggenommene M 327a, 328a
- Bitte um telefonische Vorabinformation M 339
- Dritte als Antragsteller M 354
- Gebühren Rechtsanwalt N 229
- Gerichtskosten N 364 ff.
- Glaubhaftmachung M 330
- Herausgabeansprüche M 328a
- Klageerhebung, Antrag auf M 358 f.
- Mängel F 246 f.
  - Mieter: Antrag/Anwendung/Streitwert/Reaktion Vermieter F 225
  - Vermieter: Antrag/Anwendung/Streitwert F 256
- Mieter, Hauptanwendungsfälle
  - Anschalten der Heizung M 345
  - Doppelvermietung, drohende M 346 f.
  - Einstellung von Versorgungsleistungen nach Zahlungsrückstand K 195; M 348c ff.
  - sonstige Fälle M 352
- mündliche Verhandlung M 357
- Ordnungsgeldantrag M 338
- Rechtsmittel M 359 ff.
- Streitwert
  - Einzelfälle N 453
- Verfügungsanspruch M 328
- Verfügungsgrund M 329
- Vermieter, wegen Mängelbeseitigung F 268

(Einstweilige Verfügung)
- Vermieter, Hauptanwendungsfälle M 340 ff.
  - Besichtigungsanspruch M 343 f.
  - Betriebspflicht M 348
  - Duldungsanspruch bei Modernisierung M 342
  - Räumungsanspruch M 340 f.
  - sonstige Fälle M 353
- Verteidigungsmöglichkeiten des Verfügungsbeklagten M 356a
- Vollziehung M 354a ff., 355a
- Widerspruch M 355 ff.
- Zustellungsfrist M 354b ff.

Eintritt in Mietverhältnis, Erwerber J 35 ff.
- Einwendungen des Mieters gegen Herausgabeverlangen J 399 *siehe auch* Veräußerung Mietobjekt, Erwerberberatung

Eintrittsrecht
- Ehegatte/Angehörige bei Tod des Mieters C 317 ff. *siehe auch* Tod des Mieters
- Gestaltungsspielraum, Wohnraum-Individualvertrag Übersicht A 186
- Inhaltskontrolle, Wohnraum-Formularmietvertrag A 199
- Lebensgefährte G 44

Einzugsermächtigung D 62 *siehe auch* Miete, Erfüllung

Eisglätte
- Verkehrssicherungspflichten I 223

Elektrik E 161a
- fehlende Steckdosen F 23a
- Installation elektrische Anlage, Obhuts- und Sorgfaltspflicht I 257
- Minderungsquote, Mängel F 109
- Verkehrssicherungspflicht I 223
- zweiadrige Leitungen F 23a

Elektroherd
- Mieterhöhung, Modernisierungsmaßnahme E 161a

Elektrosmog
- Minderungsquote F 109

Elternbürgschaft A 59

Endrenovierung *siehe* Schlussrenovierung

Energiesparmaßnahme
- Mieterhöhung, Modernisierungsmaßnahme E 161a

Energieversorgung
- Leistungspflicht Vermieter I 224 ff.

Entwässerungskosten L 50 ff.
- Betrieb einer nicht-öffentlichen Anlage L 54
- Entwässerungspumpe L 55
- Gebührenstruktur, Änderung L 82
- Kanal- oder Sielgebühren L 52
- Kosten, Umlage A 94
- Rohrverstopfung L 56
- Umlage A 94

Erbbaurecht
- Erbbauberechtigter als Vermieter A 251 f.

Erbengemeinschaft
- Anwendbarkeit der Grundsätze zur Rechtsfähigkeit der GbR B 77
- Partei des Mietvertrags A 251
- Partei im Mietprozess M 90
- Vertreterhandeln A 256 ff.

Erdwärme, Nutzung
- Mieterhöhung, Modernisierungsmaßnahme E 161a

Erfassungsgeräte A 72 *siehe auch* Zähler

Erfüllungsstand A 147

Erhaltungsmaßnahmen *siehe auch* Instandhaltung und Instandsetzung
- Ankündigung, Inhaltskontrolle, Wohnraum-Formularmietvertrag A 199
- Dringlichkeit H 148

Erhaltungspflicht H 1 ff.

Erinnerung
- Gebühren Rechtsanwalt N 209 ff.

Erlaubniserteilung, Gebrauchsrechte G 1 ff.
- bauliche Veränderung G 154 ff. *siehe auch dort*
- Gebrauchsüberlassung an Dritte G 37, 124 ff. *siehe auch dort*
- Tierhaltung G 3 ff. *siehe auch dort*
- Untermiete G 37 ff. *siehe auch dort*

Ersatzmieter *siehe* Nachmieter

Ersatzraum
- Differenz der Miete des Ersatzobjekts zum Vertragsobjekt I 121 ff.
- Mehrkosten für Einbauten, die in Vertragsobjekt vorhanden sind I 124
- Schadensersatz wegen Anmietung I 120

Ersatzvornahme
- Alternativangebote, Einholung F 127
- Ankündigung F 128
- Anwendungsfälle F 124
- Aufwendungsersatzanspruch/Aufrechnung F 127
- Beweissituation, Veränderung F 125
- Fachkräfte F 126 f.
- Gestaltungsspielraum, Wohnraum-Individualmietvertrag A 186
- Inhaltskontrolle, Wohnraum-Formularmietvertrag A 199
- Maßnahmen außerhalb der Mieträume F 126
- Notwendigkeit der Kosten F 128
- taktische Überlegungen F 165 ff.
- Voraussetzungen F 124

Erschließung
- Mieterhöhung, Modernisierungsmaßnahme E 161a

Erstberatung B 50 ff.; N 90
- Abwicklung Mietvertrag, Vermieterberatung K 2 ff. *siehe auch dort*
- Ende des Stadiums der ~ B 59
- Ergebnis, Festlegung A 167
- Gebühr A 3; B 60
- Mietvertrag, Vollständigkeitsprüfung B 90 ff.
- Problembewusstsein des Rechtsanwalts B 51
- Vorbereitung und Durchführung B 50 ff.

Erwerber *siehe auch* Veräußerung Mietobjekt, Erwerberberatung
- Abrechnung der Betriebskosten C 22
- Abtretungsanzeige C 16
- Anzeige des Eigentumsübergangs, Muster C 17
- Kaution
  - Haftung für Rückzahlung der Kaution C 72 ff.
  - Kaution bei Veräußerer (teilweise) nicht mehr vorhanden C 25 ff.
  - Kautionsrückzahlungsanspruch, Sicherung C 23 ff.
  - Kautionsüberlassung bei Erwerb vor dem 1.9.2001 C 37
  - schuldrechtliche/dingliche Einigung nach dem 31.8.2001 C 81 ff.
  - schuldrechtliche/dingliche Einigung vor dem 1.9.2001 C 77 ff.
  - Übergang auf den Erwerber A 186
- Kündigung durch ~ J 51

Etagenheizung und Warmwasserversorgung
- Umlage A 104

Facharzt
- Konkurrenzschutz I 203

Fachhandwerkerklausel H 382 ff.
- Geschäftsraum A 387 f.

Fahrräder
- Abstellen, Vertragsverletzung I 251
- Gestaltungsspielraum, Wohnraum-Individualmietvertrag A 186
- Inhaltskontrolle, Wohnraum-Formularmietvertrag A 199

Fahrradkeller A 76
- Mieterhöhung, Modernisierungsmaßnahme E 161a
- Minderungsquote F 109

Fahrstuhl *siehe auch* Aufzug
- Außenfahrstuhlinstallation, Duldungspflicht H 139
- Einbau, Teilkündigung J 161

- Mieterhöhung, Modernisierungsmaßnahme E 161a
- Minderungsquote, Mängel F 109

Fälligkeit *siehe auch* Miete, Fälligkeit
- Gestaltungsberatung Wohnraum-Individualmietvertrag, Übersicht A 186
- Inhaltskontrolle, Wohnraum-Formularmietvertrag A 199

Falsche Angaben A 508

Familienangehörige
- Aufnahme in Wohnung/Untervermietung G 41
- Eigenbedarfskündigung J 183 ff.
- Eintrittsrecht bei Tod des Mieters C 317 ff. *siehe auch* Tod des Mieters

Farbauswahl
- Farbwahldiktat H 387 ff.
- Gebot der Rücksichtnahme H 421
- Inhaltskontrolle, Wohnraum-Formularmietvertrag A 199
- Schlussrenovierung H 662, 668 f.
- Schönheitsreparatur H 358, 635 f.

Fassadenbegrünung
- Formularmietvertrag, Inhaltskontrolle A 199

Fassadenverkleidung
- Mieterhöhung, Modernisierungsmaßnahme E 161a

Fehlbelegung
- Mieterhöhung, Kappungsgrenze E 24 f.
- Sozialwohnung J 253 f.

Feiern
- Gestaltungsspielraum, Wohnraum-Individualmietvertrag A 186
- Inhaltskontrolle, Wohnraum-Formularmietvertrag A 199
- vertragswidriger Gebrauch I 251

Fenster
- Austausch, Duldungspflicht Mieter H 59, 141, 149
- Mieterhöhung, Modernisierungsmaßnahme E 161a
- Minderungsquote, Mängel F 109
- Modernisierungsmaßnahmen, Vermieter
  - Modernisierungsmitteilung, Anforderungen H 101 f.
- Wartung, Umlage L 23
- Zustimmungserfordernis, bauliche Veränderung I 262

Fensterläden
- Minderungsquote, Mängel F 109

Fensterln I 251

Ferienwohnung
- Kündigung J 138
- örtliche Zuständigkeit M 79

Fernsehempfang
- Antenne, Zustimmungspflicht I 262
- Minderungsquote, Mängel F 109

2735

Fernwärme
- Mieterhöhung, Modernisierungsmaßnahme E 161a

Fertigstellung, Mietwohnung A 63, 126
- mangelnde, Überlassungsanspruch I 46 ff.

Feststellungsklage F 237 ff.; M 191 ff.
- Anwendungsbereich M 192
- auf Feststellung der Unwirksamkeit einer Kündigung, Unzulässigkeit M 106
- auf Feststellung des Bestands des Mietverhältnisses M 195
  - Antrag, Anforderungen M 197
  - Antrag, Muster M 198
- auf Umlagefähigkeit von Nebenkosten (Antrag) M 193 f.
- Mängel, Mieter: Antrag/Anwendung/Streitwert/Reaktion Vermieter F 225
- negative M 200 ff.
  - Ansprüche auf Mängelbeseitigung M 202a
  - Darlegungs- und Beweislast M 200c
  - Feststellungsinteresse M 200a
  - Klageantrag M 203
  - Rechtskraftwirkung M 200e f.
  - Rechtsschutzinteresse bei zusätzlicher Leistungsklage M 200f
  - Streitwert N 454
  - Vermieter F 260 f.
  - Vermieter, Übersicht F 256
- negative, durch Mieter bei Kündigung J 410 ff.; M 200b *siehe auch* Kündigung Vermieter, Mieterverteidigung
- negative, auf Nicht-Umlagefähigkeit Nebenkosten (Antrag) M 202
- Streitwert N 455 ff.
  - Fortbestand des Mietverhältnisses N 455
  - sonstige Klagen N 459
  - Umlage von Betriebskosten N 457
  - Zahlung von Betriebskostenvorschüssen N 456
- Zulässigkeit M 191
- Zwischenfeststellungsklage M 204 ff.
  - Umlagefähigkeit von Nebenkosten (Antrag) M 207
  - Zwischenfeststellungswiderklage auf Mietminderung (Antrag) M 210

Feuchtigkeit F 180
- Beweislage F 184 ff.
- fristlose Kündigung Mieter J 456
- fristlose Kündigung, Gesundheitsgefährdung J 452
- Minderungsquote F 109
- Neubau F 187
- Obhuts- und Sorgfaltspflicht I 257

Feuerlöschgeräte
- Wartung, sonstige Betriebskosten L 24
- Wartung, Umlage A 118

Feuerpolizeiliche Mängel
- fristlose Kündigung, Gesundheitsgefährdung J 452

Fläche Mietwohnung E 12 ff.
- Aufmaß, sachverständiges E 14
- keine Flächenangabe E 13
- Umlageschlüssel L 444 ff.

Flächenabweichung F 52 ff.
- Abweichung um mehr als 10% D 129
- Abweichung unter 10% F 54b
- Altenheim F 55
- außerordentliches Kündigungsrecht, Vereinbarung A 309
- Bemessungsgrundlage der Minderung D 130 f.
- Beratungspraxis D 129a
- Berechnung F 55
- Differenz erheblich D 129; F 54
- falsche Quadratmeterangabe im Mietvertrag D 126 ff.
- fristlose Kündigung Geschäftsraum J 456
- Gartenterrasse F 55
- Gebrauchstauglichkeit gemindert D 129
- Gewerberaum F 54a, 56
  - Quadratmetermiete D 123 f.
- Keller F 55
- Mängelgewährleistungsrechte A 310
- neuere Rechtsprechung D 130
- Rechtsfolgen F 57 ff.
- tatsächliche Wohnfläche, Ermittlung D 128
- Treppenpodeste F 55
- Vermessung nach Vertragsschluss D 124
- Wohnung
  - Fläche geringer als vereinbart E 12, 15
  - Fläche größer als vereinbart E 12
  - Quadratmetermiete D 125
- Zusicherung D 128a f.

Flächenbedarf
- zukünftige Unternehmensentwicklung A 291

Fliesen A 75
- Abzug „neu für alt" F 147
- Mieterhöhung, Modernisierungsmaßnahme E 161a
- Zustimmungserfordernis, bauliche Veränderung I 262

Fliesengroß- und Einzelhandel
- Konkurrenzschutz I 203

Fluglärm
- Minderungsquote F 109

Fogging F 187, 222
- Minderungsquote F 109
- Schönheitsreparaturen H 368 ff.

Form
- Änderung Mietvertrag C 7 ff.
- Auflockerungsrechtsprechung C 9
- notarielle Beurkundung C 8
- Gewerberaummietvertrag A 494 ff.
- notarielle Beurkundung A 503
- schriftformbedürftiger Gewerberaummietvertrag A 496 ff.
- mündlicher Mietvertrag B 116 ff.
  - Gewerberaummiete B 122 f.
  - Mieterberatung B 126 ff.
  - Vermieterberatung B 120 ff.
  - Wohnraummiete B 120 f.
- Unwirksamkeit Mietvertrag B 131 ff.

Formaldehyd
- fristlose Kündigung, Gesundheitsgefährdung J 452
- Minderungsquote F 109

Formularvertrag
- Entwurf A 187 ff.
- Inhaltskontrolle A 188
- Inhaltskontrolle, Übersicht A 199
- kundenfeindlichste Auslegung A 22 f., 188
- Mieterberatung, Abschluss A 222 ff.
- rechtliche Prüfung A 218
- Vermieterberatung, Abschluss A 212 ff.
- Wartung und Pflege A 209 ff.

Fortsetzungsverlangen J 391 f. siehe auch Widerspruchsrecht, Kündigung/Sozialklausel
- Beschwer bei Berufung M 270
- Gestaltungsberatung Wohnraum-Individualmietvertrag, Übersicht A 186
- Inhaltskontrolle, Wohnraum-Formularmietvertrag A 199
- Klage auf Fortsetzung des Mietverhältnisses M 234 ff.
  - (Hilfs-)Widerklage M 237
  - Antrag, Muster M 236
  - Fortsetzungsanspruch als Einrede M 238
  - Gestaltungsklage M 235
- Muster J 391
- Streitwert N 460 ff.
  - Fortsetzungsverlangen und Räumung N 462
  - Rechtsmittelverfahren N 463
  - Verlangen an sich N 460 f.

Fortsetzungswiderspruch J 383 ff.
- Abdingbarkeit J 383
- durch Klageerhebung innerhalb der Widerspruchsfrist J 383
- konkludenter J 385
- vorsorglicher J 99

Fotos K 167
- als Mittel der Beweissicherung K 40

Frisör
- Konkurrenzschutz I 203

Fristenplan
- Gewerberaummietvertrag, Gestaltungsberatung A 387

Frostschäden
- Obhuts- und Sorgfaltspflicht I 257

Funkantenne
- Zustimmungserfordernis, bauliche Veränderung I 262

Fürsorgepflichten
- Überwachung durch Videokamera I 196
- Vermieter I 196

Fußboden
- Minderungsquote F 109
- Schäden H 350
- Schönheitsreparaturen H 332

Fußleistenheizung
- Mieterhöhung, Modernisierungsmaßnahme E 161a

Garage A 76
- Verwaltungskosten D 203

Garantiehaftung
- Gestaltungsspielraum, Wohnraum-Individualmietvertrag A 186
- Inhaltskontrolle, Wohnraum-Formularmietvertrag A 199
- vorläufige Überlassung von Gewerberaum A 229a

Garantiehaftung, Mängelgewährleistung F 136 siehe auch Schadenseratz bei Mängeln; Gewährleistungsrechte

Garten A 76
- Gestaltungsspielraum, Wohnraum-Individualmietvertrag A 186
- Inhaltskontrolle, Wohnraum-Formularmietvertrag A 199
- Mieterhöhung, Modernisierungsmaßnahme E 161a
- Minderungsquote, Mängel F 109
- Pflege, Umlage A 110
- Veränderung, Zustimmungspflicht Vermieter I 262
- Vernachlässigung oder unberechtigte Nutzung, Kündigungsgrund J 286
- vertragswidriger Gebrauch I 251

Gartenpflege L 111 ff.
- aperiodische Kosten L 117 ff.
- Dachbegrünung L 111
- Durchschnittskosten pro qm D 178a
- Einzeltätigkeiten L 112
- Fällen und Anpflanzen L 114
- Garagenzufahrten L 120
- Gartengeräte, Betriebskosten L 118
- Inhaltskontrolle, Wohnraum-Formularmietvertrag A 199
- Instandhaltung, laufende L 113
- Parkplätze L 120
- Personalkosten L 118

(Gartenpflege)
- Rasenerneuerung L 116
- Sand, Erneuerung L 119
- Sturmschäden L 115
- Zustimmung des Vermieters I 262

Gartenzwerg
- Vertragsverletzung I 251

Gasetagenheizung
- Mieterhöhung, Modernisierungsmaßnahme E 161a
- Umlage, Reinigung/Wartung A 98

Gasheizung
- Veränderung Mietsache, Obhuts- und Sorgfaltspflicht I 257

Gasherd
- Austausch, zustimmungsbedürftige Änderung H 60
- Mieterhöhung, Modernisierungsmaßnahme E 161a
- Verkehrssicherungspflicht I 223

Gasleitungen I 223

Gaststätte
- Konkurrenzschutz I 203

Gaszentralheizung
- Mieterhöhung, Modernisierungsmaßnahme E 161a

Gebäudereinigung L 97 ff. siehe auch Hausreinigung
- Angemessenheit der Kosten L 106
- Fassadenreinigung L 99
- Fußmattenservice L 106
- gewerbliches Reinigungsunternehmen L 103
- Hausmeisterbüro, Reinigung L 102
- Hausreinigung durch Mieter L 104
- Personalkosten L 98
- Reinigungsmittel L 98
- Sonderreinigungen L 105
- Tiefgarage, Reinigung L 100
- Überwachung, Kosten L 101

Gebäudeversicherung
- anteilige Kostentragung Mieter, Folge I 254

Gebrauch der Mietsache
- fristlose Kündigung Mieter bei Unbenutzbarkeit J 456
- Täuschung über Gebrauch, Kündigungsgrund J 243
- Unbenutzbarkeit, fristlose Kündigung J 445
- Zweckwidrigkeit, Kündigungsgrund J 286

Gebrauch der Mietsache, Regelung A 128
- Antennenanlage, separater Betrieb A 135
- außerhalb der Mietsache, vertragsgemäßes Verhalten A 186
- bauliche Veränderungen A 136
- Beschränkungen A 129
- Heizen und Lüften A 131
- Ruhezeiten A 130
- Besichtigungsrecht A 139
- besonderer Regelungsbedarf für bestimmte Einrichtungen A 129
- Duldungspflichten A 138
- Erweiterung des vereinbarten Mietgebrauchs I 263 ff.
  - vertragswidrige/vertragsgemäße Nutzungen (Tabelle) I 265
- friedliches Zusammenleben A 164
- Gestaltungsberatung Wohnraum-Individualmietvertrag, Übersicht A 186
- gewerbliche Nutzung A 133
- Grenzen der Nutzung, Festlegung I 247h
- Haushaltsgeräte, Gebrauch in Altbauten A 141
- Inhaltskontrolle, Wohnraum-Formularmietvertrag A 199
- Modernisierungen A 137
- Müllentsorgung A 140
- Pflicht zum Gebrauch bzw. Heizen A 132
- schonende Behandlung A 164
- Tierhaltung A 134
- Untervermietung A 129
- vertragswidriger Gebrauch, Einzelfälle I 251

Gebrauch, vertragswidriger I 151
- Erweiterung des außerordentlichen Kündigungsrechts, Gewerberaummietvertrag A 475
- Gestaltungsspielraum, Wohnraum-Individualmietvertrag A 186
- Inhaltskontrolle, Wohnraum-Formularmietvertrag A 199
- Streitwert N 575 f.
- Übermaßabnutzung H 715
- zurechenbare Schäden durch vertragswidrigen Gebrauch, Beispiele K 346 f.

Gebrauchsentziehung
- Kündigung F 134; J 456
  - taktische Überlegungen F 168
- Streitwert Gebrauchsüberlassungsverlangen des Mieters N 464
- Versperren der Mieträume G 266

Gebrauchsfortsetzung J 99; K 194 ff.

Gebrauchsgewährpflicht, nach Überlassung I 2 ff., 163 ff.
- Altverträge I 5
- Besitzstörungen, Beseitigung/Unterlassung I 173 ff.
  - Gebühren I 181, 185
  - Mieterberatung I 174 ff.
  - Prozessuales I 179
  - Vermieterberatung I 182 ff.
- Gebühren I 172
- Leistungshindernisse I 8 ff.

(Gebrauchsgewährpflicht, nach Überlassung)
- Mieterberatung I 169 f.
- Prozessuales I 172
- Rechtsmangel, anfänglicher I 6
- Überlassungsanspruch, Geltendmachung I 168 ff.
- Vermieterberatung I 171
- Widerrufsvorbehalt für Nutzungserlaubnis I 184
- Zubehörflächen I 167, 182

Gebrauchsgewährpflicht, vor Überlassung I 2 ff.
- Altverträge I 5
- anfänglicher Rechtsmangel I 6, 79 ff.
- Annahmeverzug des Mieters I 152
- Auflösung des Vertrages, Mieter I 69 ff.
  - anfänglicher Rechtsmangel I 79 ff.
  - Fristsetzung I 73, 81
  - Gebühren I 85
  - Haftungsausschlüsse I 82
  - Leistungshindernis, tatsächliches I 70 ff.
  - Leistungshindernis, vorübergehendes I 77
  - Prozessuales I 83 f.
  - Rücktritt I 72
  - Schadensersatz I 71
- Doppelvermietung I 30 ff.
  - Abfindung I 36
  - Auflösung des Mietvertrages I 35
  - Besitzüberlassung I 30, 33
  - einstweilige Verfügung I 32, 41, 66
  - Erfüllungsanspruch, Geltendmachung, Muster I 39 f.
  - Ersatzobjekt I 38
  - Vormieter, fortgesetzte Nutzung I 42 ff.
- fehlende Fertigstellung I 46 ff.
  - absolutes Fixgeschäft I 47 ff.
  - Neubau I 46
- Gebühren I 68
- Kautionsvereinbarung unwirksam, Mieterreaktion (Formulierungsbeispiel) I 26 ff.
- Leistungshindernis (tatsächliches) I 8
- Leistungshindernis (vorübergehendes) I 9 ff., 18
- Mangelhaftigkeit der Mietsache I 18 ff.
  - Fristsetzung zur Herbeiführung der Sollbeschaffenheit I 22
  - kein Anspruch auf frisch renovierte Mietsache I 23
  - Schadensersatzanspruch I 22
  - Sollbeschaffenheit I 18 ff.
  - Sollbeschaffenheit, Herstellung durch Mieter I 19 f.
  - Überlassungsanspruch/Leistungsanspruch, Verbindung I 24
- Mieterberatung I 12 ff., 16 ff.
- Prozessuales I 56 ff.
  - Anträge, zusätzliche I 63
  - Beweislast I 63
  - einstweilige Verfügung I 65 ff.
  - Klage auf Überlassung I 57 ff.
  - selbständiges Beweisverfahren I 56
  - Urkundenprozess I 62
  - Vertragsauflösung Vertragsauflösung I 83 f.
  - zukünftige Überlassung I 60
- Schadensersatzansprüche, Mieter I 86 ff. *siehe auch* Schadensersatz, Nichtüberlassung
- Teilüberlassung I 50 ff.
- Überlassungsanspruch, Geltendmachung I 17
- Unmöglichkeit I 42
- Verletzung durch Vermieter I 2 ff.
- Vermieterberatung I 12 ff., 146 ff.
  - Annahmeverzug des Mieters I 152, 157a
  - fristlose Kündigung I 156
  - Gebühren I 162
  - grundlose Weigerung des Mieters I 157a
  - Leistungshindernis, dauernd I 151
  - Leistungshindernis, vorübergehend I 150
  - Mandant will Auflösung I 153
  - Mandant will fortsetzen I 150 ff.
  - Prozessuales I 158 ff.
  - Regressansprüche gegen Dritte I 148
  - Rücktritt I 157
  - Sachverhaltsermittlung I 146 f.
  - Sonderkündigungsrecht I 157
  - Verschlechterung der Vermögenslage I 153 f.
- Vermieterreaktionen, zu erwartende I 53 ff.
- Versorgungsleistungen I 23a
- Verweigerung der Übergabe I 25 ff.
  - Kautionsvereinbarung unwirksam, Mieterreaktion (Formulierungsbeispiel) I 28
- Vormieter, fortgesetzte Nutzung I 42 ff.
  - Bestätigung des Vermieters I 44 f.
  - Klage auf künftige Leistung I 44
- Wirksamkeit Mietvertrag I 12 ff.

Gebrauchshinderung, fristlose Kündigung J 433 ff.
- Abhilfefrist J 434 ff.
- Abhilfefrist, Entbehrlichkeit J 437
- Ausschlussgründe J 440 ff.
- behördliche Genehmigungen fehlen I 247g
- Ersatzvornahme, Androhung J 435
- Fallgruppen J 445

(Gebrauchshinderung, fristlose Kündigung)
- Gewährleistungsrechte, Entfallen J 442
- Mitverschulden/Selbstverschulden Mieter J 444
- Unerheblichkeit J 440
- Voraussetzungen J 433

Gebrauchsüberlassung I 162a ff.
- Übergabe I 162c
- Willensakt I 162d ff.
- Zweitschlüssel, Einbehaltung I 162d

Gebrauchsüberlassung an Dritte G 37, 124 ff.; I 266 ff.
- Anspruch auf Zustimmung bei berechtigtem Interesse G 124
- Kündigungsgrund J 286
- Kündigungsgrund bei unerlaubter ~ J 243, 280 ff.
- Mieterberatung G 125 ff.
  - berechtigtes Interesse, Entstehung nach Vertragsschluss G 129 ff.
  - berechtigtes Interesse, Glaubhaftmachung G 133
  - Dritter G 41 ff., 128
  - Erlaubniseinholung, schriftlich unter Fristsetzung G 132
  - Gebühren G 139
  - gemischte Mietverhältnisse G 127
  - Klage auf Erlaubniserteilung G 136 f.
  - Klage auf nachträgliche Genehmigung G 138
  - Prozessuales G 136 ff.
  - Untermietzuschlag G 135
  - wichtiger Versagungsgrund G 134
- Rechtsfolgen, Übersicht I 268
- Streitwert N 465f
- Vermieter will Erlaubnis nicht erteilen, Beratung G 140 ff.
  - Eintrittsverlangen G 147
  - Gebühren G 153
  - Hindernisse im Interesse des Vermieters G 146 f.
  - nachträgliche Entstehung, Bedenken G 141 f.
  - Prozessuales G 151 f.
  - Risiko der Versagung G 145
  - sonstige Versagungsgründe G 144
  - Untermietzuschlag G 148
  - wichtiger Grund G 143
- Vermieter will zustimmen, Beratung G 149 f.
  - Betriebskosten, Personenschlüssel G 150
  - Gebühren G 153
  - Untermietzuschlag, Mieterhöhung G 150
  - Widerrufsvorbehalt G 149

Gebühren, außergerichtliche Tätigkeit
- Anschriftenermittlung N 112 ff.
- Anwaltsprotokoll (Rückgabeprotokoll) K 28
- Beitreibung der Vergütung N 312 ff.
- Beratung bei Zwischenvermietung, Beendigung C 107 ff. *siehe auch dort*
- Beratungshilfe N 132
- Besprechungsgebühr A 7
- Beteiligung der nicht vertretenen Partei A 150
- Betriebskostenabrechnung, Erstellung N 102
- Deckungsschutzanfrage N 114
  - einfache Schreiben N 106 ff.
  - Erstattungsfähigkeit N 110
- Erstberatung A 3; B 60
- Erstellen eines Vertragsmusters A 7
- Formularvertrag, Wartung und Pflege A 211
- fristlose Kündigung eines Wohnraummietvertrags wegen Zahlungsverzug D 81
- Geschäftsgebühr A 7
- Geschäftswert, Berechnung A 4 ff.
  - Mietvertrag auf bestimmte Zeit A 6
  - Mietvertrag auf unbestimmte Zeit A 5
- Kündigung, Entwurf N 101
- Mietvertrag, Gestaltungsberatung A 3 ff.
- sonstige Vertretungstätigkeiten N 103 ff.
  - Einigungsgebühr N 115
- Streitwert N 371 ff. *siehe auch dort*
- Veräußerung Mietobjekt C 39 ff. *siehe auch dort*
- Veräußerung Mietobjekt, Mieterberatung C 88
- Vertragsentwürfe N 99 f.

Gebühren, gerichtliche Tätigkeit N 117, 144 ff., 171 ff., 189 ff.
- Anrechnung auf die Verfahrensgebühr N 147 ff.
  - Geschäftsgebühr, Anrechnung N 148 ff.
  - Kündigung Mietverhältnis, Geschäftsgebühr N 151
  - Mahnverfahrensgebühr, Anrechnung N 159
  - vorangegangene Beratung N 147
  - vorangegangenes Beweisverfahren, Anrechnung N 160
- Arrest N 229 f.
- außergerichtliche Geschäftsgebühr, keine Anrechnung (Kündigung des Mietvertrags) N 151 f.
- Beitreibung der Vergütung N 312 ff.
- Berufung N 171 ff.
  - Einigungsgebühr N 181
  - Terminsgebühr N 179

(Gebühren, gerichtliche Tätigkeit)
- Überblick N 171 ff.
- Verfahrensgebühr N 175 ff.
- Beschwerde gegen Nichtzulassung der Revision N 182 ff.
- Beschwerdeverfahren N 203 f.
- Bußgeldsachen N 297
- Einigungsgebühr N 56 ff., 170, 181
  - Anhängigkeit eines gerichtlichen Verfahrens N 63 f.
  - Berufung N 181
  - einseitiges Nachgeben N 57
  - erste Instanz N 170
  - Mitwirkung des Rechtsanwalts N 59
  - unterschiedliche Gebührensätze N 65
- Einstellung der Zwangsvollstreckung N 241
- einstweilige Verfügung N 229
- Einzeltätigkeiten N 272
- Erinnerungsverfahren N 209 ff.
- Gehörsrüge N 214 ff.
  - ausschließliche Befassung mit Gehörsrüge N 214
- Geschäftsgebühr
  - Anrechnung auf Verfahrensgebühr N 147
  - Anrechnung im Kostenfestsetzungsverfahren N 315a ff.
  - Anrechnung in Prozesskostenhilfemandaten N 315h ff.
- Kostenfestsetzungsverfahren, Anrechnung der Geschäftsgebühr N 315a ff.
- Mahnverfahrensgebühr, Anrechnung auf Verfahrensgebühr N 159
- Nichtzulassungsbeschwerde N 182 ff.
- Räumungsfristverfahren N 231 ff.
  - selbständiges Räumungsfristverfahren N 234 ff.
  - unselbständiges Räumungsfristverfahren N 233, 240 ff.
- Rechtsbeschwerde N 200
- Rechtsstreit erster Instanz N 144 ff.
  - Anrechnung auf Verfahrensgebühr 147 ff. *siehe oben*
  - Einigungsgebühr N 170
  - Terminsgebühr N 161 ff.
  - Verfahrensgebühr N 145 f.
- Revision N 189 ff.
- Selbständiges Beweisverfahren N 219 ff.
  - Anrechnung Verfahrensgebühren N 219, 223
  - Einigungsgebühr N 222
  - mehrere Auftraggeber N 220
  - Terminsgebühr N 221
- Strafsachen N 296
- Streitwert N 371 ff. *siehe auch dort*
- Terminsgebühr N 161 ff., 179 ff.

- Berufung N 179 ff.
- Besprechungen mit Auftraggeber N 164a
- Höhe N 167
- Versäumnisurteil N 168
- Voraussetzungen N 161 ff.
- Zwangsvollstreckung N 279 f.
- Terminsvertreter N 265 ff.
- Urkundenverfahren N 225 ff.
- Verfahren auf Vollstreckbarerklärung N 242
- Verfahrensgebühr N 145 ff.
  - ermäßigte Verfahrensgebühr N 146a ff.
    - keine Ermäßigung N 146h
    - nicht anhängige Gegenstände, bloße Verhandlung N 146f f.
    - Protokollierung einer Einigung N 146e
    - vorzeitige Beendigung N 146b ff.
  - mehrere Auftraggeber N 146i
  - volle Verfahrensgebühr N 146
- Verkehrsanwalt N 254 ff.
- Verwaltungsverfahren, Vertretung N 117 ff.
- Zwangsvollstreckung N 276 ff.
  - Androhung N 282f
  - Anschriftenermittlung N 284
  - Einigungsgebühr N 281
  - Einstellung der Zwangsvollstreckung N 241
  - mehrere Auftraggeber N 278, 290 ff.
  - Räumungsfristverfahren N 231 ff., 289
  - Terminsgebühr N 279
  - Umfang der „Angelegenheit" N 285 ff.
  - Vollstreckung für mehrere Gläubiger N 290
  - Vollstreckung gegen mehrere Schuldner N 292 ff.
  - Vollstreckungsschutzverfahren gesonderte Angelegenheit N 288

Gebühren, Rechtsanwalt N 1 ff. *siehe auch* Gebühren, außergerichtliche Tätigkeit; Gebühren, gerichtliche Tätigkeit
- Abrechnung N 49
- Angelegenheit N 25 ff.
  - Bedeutung der Angelegenheit N 17 ff.
  - einheitlicher Auftrag N 37 ff.
  - getrennte Bearbeitung N 42
  - horizontale Einteilung N 30 ff.
  - Umfang der Angelegenheit N 25
  - vertikale Einteilung N 28 f.
  - Verweisung, Zurückverweisung N 43
- Anrechnung von Gebühren, § 15a Abs. 1 RVG N 42 ff.

(Gebühren, Rechtsanwalt)
- Auslagen N 298 ff.
  - Dokumentenpauschale N 301 ff.
  - Haftpflichtversicherungsprämie N 309
  - Reisekosten N 304 ff.
  - Telekommunikationsentgelte N 303
  - Umsatzsteuer N 310
- außergerichtliche Vertretung N 98b ff.
  siehe auch Gebühren, außergerichtliche Tätigkeit
  - Anschriftenermittlung N 112
  - Deckungsschutzanfrage N 114
  - einfache Schreiben (Nr. 2302 VV RVG) N 106 ff.
  - Einigungsgebühr N 115
  - Erstellen einer Betriebskostenabrechnung N 102
  - Geschäftsgebühr, Anrechnung N 116
  - Kündigung, Entwurf N 101
  - sonstige Vertretungstätigkeiten N 103
  - Vertragsentwürfe N 99
- Beitreibung der Vergütung N 312 ff.
- Beratung N 83 ff.
  - Anrechnung N 92
  - fehlende Gebührenvereinbarung N 87 ff.
  - Gebührenvereinbarung N 84 ff.
  - gesetzliche Regelung ab 1.7.2006 (§ 34 RVG) N 83
- Beratungshilfe N 132 ff.
- Einigungsgebühr N 56 ff., 170 ff., 181
  - Anhängigkeit eines gerichtlichen Verfahrens N 63 f.
  - Berufung N 181
  - einseitiges Nachgeben N 57
  - erste Instanz N 170
  - Mitwirkung des Rechtsanwalts N 59
  - unterschiedliche Gebührensätze N 65
- Erfolgshonorar N 6k ff.
- Erledigungsgebühr N 66
- Erstberatung N 96
- Fälligkeit N 44 f.
  - Vergleich N 45
- Festsetzung der Vergütung N 50, 312 ff.
- Gebührenvereinbarung N 84 ff.
- Gegenstandswert, Abrechnung nach N 5a ff.
  - Hinweispflicht, 49b Abs. 5 BRAO N 5c f.
- gerichtliche Tätigkeit *siehe* Gebühren, gerichtliche Tätigkeit
- Geschäftsgebühr
  - Anrechnung im Kostenfestsetzungsverfahren N 315a ff.
  - Anrechnung in Prozesskostenhilfemandaten N 315h ff.
  - Geschäftsgebühr, Anrechnung im Kostenfestsetzungsverfahren N 315a ff.
- Hebegebühren N 80 ff.
  - jede Auszahlung eigene Angelegenheit N 81
- Hilfspersonen, Einschaltung N 8
- Kostenfestsetzungsverfahren, Anrechnung der Geschäftsgebühr N 315a ff.
- Mahnverfahren N 134 ff.
  - Anrechnung N 136, 143, 159
  - Antrag auf Durchführung des streitigen Verfahrens N 142
  - Antrag auf Erlass eines Mahnbescheids N 135
  - Antrag auf Erlass eines Vollstreckungsbescheids N 138
  - Antragsgegner-Vertretung N 140 ff.
  - Einigungsgebühr N 139
  - Einlegung des Widerspruchs N 140
  - Einspruch N 142
  - Terminsgebühr N 137
- mehrere Auftraggeber, Erhöhung N 9, 67 ff.
  - Duldung oder Unterlassung, Geltendmachung N 74
  - Erbengemeinschaft N 71
  - Gesellschaft bürgerlichen Rechts, Vertretung N 70
  - Maximalbetrag der Erhöhung N 79
  - Parteiwechsel N 71a
  - Räumungsklage gegen mehrere Mieter, Mietervertretung N 72
  - Räumungsklage mehrerer Vermieter, Vermietervertretung N 73
  - Zahlungsklagen N 75
  - Zwangsvollstreckung N 77 f.
- obligatorisches Streitschlichtungsverfahren N 126 ff. *siehe auch dort*
  - Anrechnung N 130 f.
  - Einigungsgebühr N 129 ff.
  - Geschäftsgebühr N 127 f.
- Parteiwechsel N 71a
- Prozesskostenhilfe-Prüfungsverfahren N 247 ff.
- Prozesskostenhilfemandat
  - Anrechnung der Geschäftsgebühr N 315h ff.
- Prüfung der Erfolgsaussicht eines Rechtsmittels N 93 ff.
- Rahmengebühren
  - Bestimmungsrecht/Toleranzbereich N 22c f.
- Rahmengebühren (§ 14 RVG) N 12 ff.
  - Bedeutung der Angelegenheit N 17 ff.
  - Gutachten des Vorstands der Rechtsanwaltskammer N 24
  - Haftungsrisiko N 22
  - Mittelgebühr N 12

(Gebühren, Rechtsanwalt)
- Schwierigkeit der anwaltlichen Tätigkeit **N** 15 f.
- Umfang der anwaltlichen Tätigkeit **N** 13 f.
- Vereinbarung mit dem Auftraggeber **N** 23
- Vermögens- und Einkommensverhältnisse des Auftraggebers **N** 20 f.
- Übergangsfälle **N** 51 ff.
  - BRAGO/RVG **N** 52
  - Datum der Auftragserteilung **N** 52, 55
  - Prozesskostenhilfemandat **N** 53
  - RVG **N** 55
  - Selbständiges Beweisverfahren **N** 54
- Vergütungsvereinbarungen **N** 6 ff.
  - Auslagen **N** 7
  - eingeschränkte Kostenerstattung, Hinweis auf **N** 6j
  - Erfolgshonorar **N** 6k ff.
  - Form **N** 6c ff.
  - mögliche Gestaltung **N** 6p ff.
  - Rechtsfolgen bei Formverstößen **N** 6i
  - Überblick **N** 6
  - Unzulässigkeit **N** 6a ff.
  - Zweckmäßigkeit **N** 6o
- Verjährung **N** 44
- Verwaltungsverfahren, Vertretung **N** 117 ff.
- Verweisung **N** 43
- Vorschuss **N** 46 ff.
  - bestehende Rechtsschutzversicherung **N** 47
- Zurückverweisung **N** 43

Gegensprechanlage **A** 73
- Mieterhöhung, Modernisierungsmaßnahme **E** 161a
- Minderungsquote, Mängel **F** 109
- Wartung, Umlage **A** 118

Geheimer Vorbehalt
- Unwirksamkeit Mietvertrag **B** 131

Gehörsrüge **M** 251 ff.
- Gebühren Rechtsanwalt **N** 214 ff.
- Geltendmachung schriftsätzlich **M** 253
- Neuentscheidung **M** 257
- Notfrist, zwei Wochen ab Zustellung Urteil/Protokoll **M** 254
- Verschlechterungsverbot, keine Geltung **M** 258
- Zulässigkeit **M** 255

Gehwegreinigung
- Durchschnittskosten pro qm **D** 178a

Geistliche
- Sonderkündigungsrecht bei Versetzung **J** 469 ff.

Gemeinschaftsantennenanlage
- Betriebskosten **L** 153 f.

- Mieterhöhung, Modernisierungsmaßnahme **E** 161a
- Minderungsquote, kein Anschluss (Nutzungsbeschränkung) **F** 109
- Umlage **A** 115
- Umrüstung, Zustimmungspflicht Vermieter **I** 262

Gemeinschaftsfläche
- Nutzungsregelung **A** 77
- vertragswidriger Gebrauch **I** 251

Gemeinschaftsraum
- Mieterhöhung, Modernisierungsmaßnahme **E** 161a

Genossenschaftswohnung
- Höhe der Barkaution **G** 205
- Kündigung bei Veräußerung des Mietobjekts **C** 59
- Minderung bei Modernisierung **H** 170 ff.
- Mitgliedschaft **J** 252
- Unterbelegung, Kündigung **J** 252

Gerichtskosten
- Arrest **N** 364 ff.
- Berufung **N** 337 ff.
  - Anerkenntnisurteil **N** 344
  - Erledigung der Hauptsache **N** 350
  - Ermäßigung nach Nr. 1221 GKG-Kost-Verz. **N** 338 ff.
  - Ermäßigung nach Nr. 1222 GKG-Kost-Verz. **N** 342
  - Ermäßigung nach Nr. 1223 GKG-Kost-Verz. **N** 354 f.
  - Ermäßigung, Ausschluss **N** 353
  - Ermäßigungstatbestände, Aufeinandertreffen **N** 357 f.
  - gerichtlicher Vergleich **N** 349
  - Nichtzulassungsbeschwerde **N** 359
  - Rücknahme der Berufung **N** 343
  - Rücknahme der Klage **N** 343
  - Urteil oder Beschluss nach § 313a Abs. 2 ZPO **N** 344
  - Verfahren im Allgemeinen **N** 337
  - Versäumnisurteil **N** 351
  - Verzichtsurteil **N** 344
- einstweilige Verfügung **N** 364 ff.
- Ermäßigung der Gerichtskosten **N** 320
- erstinstanzliches Prozessverfahren **N** 317 ff.
  - Anerkenntnisurteil, Ermäßigung **N** 323 f.
  - außergerichtlicher Vergleich **N** 326
  - Erledigung der Hauptsache, Ermäßigung **N** 327
  - Erledigung des gesamten Verfahrens, Ermäßigung **N** 333 f.
  - Ermäßigung der Gerichtskosten **N** 320 ff.
  - Klagerücknahme, Ermäßigung **N** 321 f.

2743

(Gerichtskosten)
- Protokollierung eines Vergleichs **N** 318
- Sperrwirkung eines bereits ergangenen Urteils, keine Ermäßigung **N** 329 ff.
- Urteil nach § 313a Abs. 2 ZPO **N** 323
- Vergleich, gerichtlicher **N** 325
- Versäumnisurteil gegen Kläger, Ermäßigung **N** 328
- Verzichtsurteil, Ermäßigung **N** 323 f.
- Fälligkeit **N** 319
- Mahnverfahren **N** 316
- Nichtzulassungsbeschwerde **N** 359
- Rechtsbeschwerde nach § 574 ZPO **N** 361 f.
- Revision **N** 360 ff.
- Schlichtungsverfahren nach § 15a EGZPO **N** 335
- selbständiges Beweisverfahren **N** 336
- Streitwert **N** 371 ff. *siehe auch dort*
- Zwangsvollstreckung **N** 370a

Gerichtsstand **A** 147, 493
- Klage und Widerklage **M** 76
- Klagenhäufung, objektive **M** 70 ff.
  - alle Ansprüche resultieren aus Wohnraummietverhältnissen **M** 71
  - alle Anspüche nicht aus Wohnraummietverhältnissen **M** 72
  - Ansprüche aus Wohnraummiete mit Ansprüchen, wo Zuständigkeit AG begründet **M** 73 f.
  - Ansprüche aus Wohnraummiete mit Ansprüchen, wo Zuständigkeit LG begründet **M** 75
- Klagenhäufung, subjektive **M** 77
- örtliche Zuständigkeit **M** 78 ff.
  - Abgabe im Mahnverfahren, keine Bindungswirkung **M** 84
  - ausländisches Mietobjekt **M** 82
  - ausschließlicher Gerichtsstand **M** 78
  - Dritte, Klagen gegen **M** 80a
  - mehrere Objekte in verschiedenen Gerichtsbezirken **M** 81
  - Verweisung, Verstoß gegen § 29a ZPO **M** 83
- sachliche Zuständigkeit, Gewerberaum **M** 67 ff.
  - allgemeine Vorschriften **M** 67
  - Gerichtsstandvereinbarung **M** 69
  - mehrere Ansprüche **M** 67a
  - rügelose Einlassung **M** 69
  - Zuständigkeitsstreitwert **M** 68
- sachliche Zuständigkeit, Wohnraum **M** 41 ff.
  - ausschließliche Zuständigkeit **M** 44
  - Betriebswohnungen **M** 47
  - Bürge, Inanspruchnahme **M** 48
- Ehewohnung, Klagen zwischen Ehegatten **M** 49
- faktische Nutzungsverhältnisse **M** 50
- Gerichtsstandsvereinbarung **M** 45
- Heimvertrag **M** 51
- Leihe **M** 52
- Mischmietverhältnisse **M** 53
- rügelose Einlassung **M** 45
- Sicherungsgeber **M** 54
- ungerechtfertigte Bereicherung **M** 55
- Untermiete, Klage aus Untermietverhältnis **M** 56
- Untermiete, Vermieter gegen Haupt- und Untermieter **M** 58
- Untermiete, Vermieter gegen Hauptmieter (Zwischenvermieter) **M** 58
- Untermiete, Vermieter gegen Untermieter **M** 57
- Vertrag zugunsten Dritter **M** 60
- Vorvertrag **M** 61
- Weitervermietung **M** 62
- Werkdienstwohnung **M** 63
- Werkswohnung **M** 64
- Zuständigkeit **D** 227

Geruch
- fristlose Kündigung Mieter **J** 456
- Kündigungsgrund **J** 286
- Leichengeruch, Obhuts- und Sorgfaltspflicht **I** 257
- Minderungsquote **F** 109
- Vertragsverletzung **I** 251

Gerüst
- Minderungsquoten **F** 109

Gesamtmiete/Bruttowarmmiete **A** 79
- Mieterhöhung **D** 13

Geschäftsgrundlage
- Störung der ~ **J** 285
  - fristlose Kündigung Mieter **J** 455 f.
  - Kündigungsgrund **J** 286

Geschäftsschädigung
- fristlose Kündigung Mieter **J** 456

Geschäftsunfähigkeit
- Unwirksamkeit Mietvertrag **B** 64, 131

Gesellschaft bürgerlichen Rechts
- Auswirkungen des Auftretens nach außen **B** 81
- einseitiges Rechtsgeschäft, Vertretungsberechtigung **B** 79
- Gesellschafterwechsel
  - Eintritt in den Mietvertrag **C** 12c
- gewillküre Prozeßstandschaft **B** 80
- Haftungsbegrenzung, individualvertragliche Vereinbarung **B** 78
- Haftungsbeschränkung auf Gesellschaftsvermögen **A** 255
- Insolvenzfähigkeit **P** 7
- Partei des Mietvertrags **A** 251; **B** 77 ff.
- Partei im Mietprozess **M** 89a

Stichwortverzeichnis

(Gesellschaft bürgerlichen Rechts)
- Phantasienamen A 251
- Vertreterhandeln A 256 ff.

Gesetzliches Verbot, Verstoß B 131

Gesundheitsgefährdung
- fristlose Kündigung Mieter J 446 ff., 456
  - Abhilfefrist J 451
  - Allergie J 449
  - Ausschlussgründe J 450 f.
  - Beweislast J 449
  - Fallgruppen J 452
  - Gefahrenverdacht J 448
  - gewerblicher Zwischenmieter J 447
  - hilfsweise fristgemäße Kündigung J 452
  - Verwirkung J 450
- Kündigung F 135
  - taktische Überlegungen F 169
- Lagerung gefährlicher Stoffe, Vertragsverletzung I 251
- Minderungsquote F 109
- objektiver Maßstab J 449
- Temperaturüberschreitung in Büroräumen A 288

Gewährleistungsrechte F 1 ff.
- abgelaufene Mietzeit F 222a ff.
- abweichende Wohnfläche F 52 ff.
  - anwendbare Maßstäbe F 55
  - erhebliche Flächendifferenz F 54
  - Flächenberechnung durch Sachverständigen F 58
  - Gewerberaum F 53
  - Minderung F 56 f.
  - unverbindliche Objektbeschreibung F 52
  - Vertrag über noch zu errichtendes Gebäude F 53
- Angebot der Mängelbeseitigung/berufstätiger Mieter F 71
- Aufwendungsersatzanspruch F 132 f. *siehe auch dort*
- Ausgleich des Mietausfalls bei vorzeitiger Beendigung, Verjährung D 140
- Ausschluss der Gewährleistung F 77, 198 ff.
  - Annahmeverzug F 205 ff.
  - Kenntnis des Mangels bei Vertragsschluss F 201 ff.
  - Rechtsmangel F 201b
  - Selbstverursachung des Mangels durch Mieter F 211 f.
  - Unerheblichkeit des Mangels F 200
  - unterlassene Mängelanzeige F 199
  - Verwirkung F 201 ff.
- Baulärm F 8
  - Lärmprotokoll F 9 ff.
  - bauliche Maßnahmen F 22
  - Baumängel F 32 ff.
- Art des Gebäudes F 37
- Auswirkungen des unzulässigen Zustands F 35
- Brandschutz F 31a, 48
- Grenzwerte und technische Normen, Übersicht F 33
- Lärmprotokoll F 33
- Sachverständigengutachten F 34
- Schallschutz, sozialadäquates Verhalten F 35
- Sicherheitsstandards F 31 f.
- Trittschalldämmung F 31b
- Übersicht F 32
- Beschädigungen, Größe F 14
- Beschränkung der gesetzlichen Rechte A 142; F 16a ff.
- Besichtigung durch Vermieter F 74 ff.
- Beweissicherung F 61 ff., 213 ff.
  - alleinstehender Mandant F 63
  - Beauftragung eines Sachverständigen F 64
  - Besichtigung F 215
  - Besichtigung durch Vermieter F 74 ff.
  - Beweismittel, Übersicht F 62
  - non liquet F 218
  - Ortsbesichtigung F 63
  - Privatgutachten F 67
  - Sachverständigenauswahl F 221
  - selbständiges Beweisverfahren F 67, 218
  - statische Zustände, Feststellung F 66 f.
  - Vorkehrungen F 65
  - Zeuge, Handwerker F 214
- Erhaltungspflicht, Träger F 17
- Erheblichkeit des Mangels F 59 f.
  - Gebrauchstauglichkeit spürbar gemindert F 59
  - notwendige Erkenntnisse F 60
- Ersatzvornahme F 124 ff. *siehe auch dort*
- Gebrauchsbeeinträchtigungen F 21 f.
  - Gefahr eines Mangels F 24
- Gestaltungsspielraum, Wohnraum-Individualmietvertrag A 186
- Gewährleistungsinstrumente F 88 ff.
  - abweichende Vertragsvereinbarungen F 88
- Gewerberaummietvertrag, Beschränkung der Gewährleistung F 17d ff.
  - Ankündigungsverpflichtung F 17g f.
  - Aufrechnungsverbot F 17e, 17g
  - Haftungsausschlüsse F 17i ff.
  - Minderung F 17e
- Inhaltskontrolle, Wohnraum-Formularmietvertrag A 199
- Kenntnis des Mangels F 78 ff.

2745

(Gewährleistungsrechte)
- bekannter Mangel vergrößert sich F 80
- grob fahrlässige Unkenntnis F 80
- Übergabe F 79
- vorbehaltlose Mietzahlung F 80
- Kündigung F 134 f.
  - wegen Gebrauchsentziehung F 134
  - wegen Gesundheitsgefährdung F 135
- Lärmbeeinträchtigungen F 8 f., 229
- Mängel im Haus F 49 ff.
  - Fotos F 51
  - Mietzweck, Beeinträchtigung F 50
  - rein optische Mängel F 49
- Mangel, Ermittlung F 8 ff.
- Mängelanzeige F 81, 89 ff., 157 *siehe auch dort*
- Mängelbeseitigung, abweichende Verantwortlichkeit F 212a
- Mängelbeseitigung, Durchführung F 73
- Mängelbeseitigungsaufforderung F 110 ff. *siehe auch dort*
- Maßnahmen des Mieters, Übersicht F 83
- Mieterberatung, außergerichtlich F 6 ff.
  - Kündigungsrisiko wegen Mietrückstand F 238
  - Minderungsumfang, Ermittlung durch Sachverständigen F 234 f.
- Mietervertretung, gerichtlich F 224 ff.
  - Beweisführung F 248 ff.
  - einstweilige Verfügung F 246 f.
  - Erledigung der Hauptsache F 254
  - Feststellungsklagen F 237 ff.
  - Gebühren F 252
  - Klage auf Mängelbeseitigung F 245
  - Klage-, Antragsschrift, Vortrag F 226 ff.
  - Mängelbeseitigung während Gerichtsverfahren F 253f
  - Rechtsschutzbedürfnis Feststellungsklagen F 240
  - selbständiges Beweisverfahren F 231 ff.
  - Übersicht Möglichkeiten/Risiken F 225
  - Vorschussklage F 244
- Minderung F 98 ff. *siehe auch* Minderung, Miete
- Minderung, nicht abdingbar A 38
- öffentlich-rechtliche Beschränkungen F 46 ff., 217
  - Androhung von Zwangsmaßnahmen F 48
  - konkrete Auswirkung F 47
  - rechtliche Würdigung des Mangels F 16 ff.
- Regress gegen Dritte F 212d ff.
- Richtlinien und sonstige Standards F 24 ff.
  - Änderung, Zeitpunkt der Beurteilung F 29 ff.
  - antizipierte Sachverständigengutachten F 26
  - Baualtersklasse F 29
  - Gesundheit und Sicherheit F 25, 30 f.
  - Indizcharakter bei Verletzung F 27
  - Rechtsnormqualität F 26
  - Vorsorgerichtwerte F 27
  - Wohnkomfort F 25
- Rohrbruch F 13 ff.
- Sachverhaltserfassung/Beratung über die Vorgehensweise F 5 ff.
- Schadensersatz F 136 ff. *siehe auch* Schadensersatz bei Mängeln
- Schiedsgutachterabrede F 219
  - Muster F 220
- Schimmelbildung F 45
- Soll-Beschaffenheit, Ermittlung F 19 ff.
  - neue Bundesländer F 24
  - Rechtsmangel F 19 f.
  - Richtlinien und sonstige Standards F 24 ff.
  - subjektiver Fehlerbegriff F 21a f.
  - Verkehrsanschauung F 23
  - vertragsgemäßer Gebrauch F 23a
  - zugesicherte Eigenschaft F 19, 19b, 51a f.
- Streitwert Mängelbeseitigungsarbeiten N 450
- Streitwert, Bemessung F 84 f.
- taktische Überlegungen F 154 ff.
- überraschende Klauseln F 17
- Übersicht, Gewährleistungsinstrumente F 2
- Übersicht, Prozesssituationen F 4
- Umweltfehler F 38 ff., 216
  - Beispiele F 45a ff.
  - Besorgnis der Gefahr F 43
  - Ermittlung des Standards F 39
  - Interessenabwägung F 39
  - konkrete Gefahr F 44
  - Schimmelpilz F 41a
  - technische Normen, Verletzung F 40
  - Umweltgifte F 41 f.
  - unmittelbare Beeinträchtigung F 38
  - Vorgehensweise, Übersicht F 42
  - Zugangsbehinderung F 38
- Verhinderung der Mängelbeseitigung F 76
- Verjährung F 212c
- Verlust F 89
- Vermeidung von Mängeln durch Mieter, Unzumutbarkeit F 187

(Gewährleistungsrechte)
- Vermieterberatung, außergerichtlich F 171 ff.
  - außergerichtliches Gutachten F 190
  - Besichtigung durch Sachverständigen F 189
  - Beweislage F 183
  - Einwand gegen Parteigutachten, Vorbeugung F 191
  - Lärmimmisionen F 192
  - Mieterverhalten F 193 ff.
  - Minderung, Widerspruch F 172
  - Mitverschulden des Mieters F 180 f.
  - Prozessuales F 223
  - Regressansprüche gegen Dritte F 179
  - Sachverhalt, Feststellung F 173 ff.
  - selbständiges Beweisverfahren F 188
  - Ursache des Mangels, Feststellung F 178 ff.
- Vermieterreaktionen, denkbare F 68 ff.
- Vermietervertretung, gerichtlich F 255 ff.
  - Antrags-, Klageschrift F 257 f.
  - Beseitigungsklage F 264 f.
  - Duldungsklage F 262 f.
  - einstweilige Verfügung F 268
  - Gebühren F 269
  - negative Feststellungsklage F 260 f.
  - selbständiges Beweisverfahren F 266
  - Übersicht Klagemöglichkeiten, Anträge F 256
  - Zahlungsklage F 259
- vertragliche Regelungen F 17 ff.
  - Gewerberaum F 17b ff.
  - Wohnraum F 18 ff.
- Verwirkung A 186; F 77
- Vorschussanspruch A 186; F 129 ff.
  siehe auch Vorschussanspruch, Mängelbeseitigung
- Wohnraum, Beschränkung der Gewährleistung F 18 ff.
  - Erhaltungspflicht F 18b
  - Garantiehaftung F 18a
  - Kündigung F 18
  - Minderung F 18
  - Sittenwidrigkeit F 18d
  - Treu und Glauben F 18c
- Zahlung unter Vorbehalt F 151 ff.
- zugesicherte Eigenschaft, Fehlen F 51a f.
  - Wohnfläche F 52 ff.
- Zurückbehaltungsrecht F 117 ff. *siehe auch dort*
  - Ausschluss F 77
  - Zuständigkeit F 86
- Zwangsverwaltung *siehe dort*

Gewaltanwendung
- bei Vermieterpfandrecht K 84
- fristlose Kündigung J 453

- Kündigungsgrund J 283, 286

Gewaltschutzgesetz
- Räumung Wohnraum K 43a

Gewerbe
- Gestaltungsspielraum, Wohnraum-Individualmietvertrag A 186
- Inhaltskontrolle, Wohnraum-Formularmietvertrag A 199
- Minderungsquote bei Lärm F 109

Gewerberaum
- Beschränkung der Gewährleistung F 17d ff.
  - Ankündigungsverpflichtung F 17g f.
  - Aufrechnungsverbot F 17e, 17g
  - Haftungsausschlüsse F 17i ff.
  - Minderung F 17e ff.
- Erweiterung des vereinbarten Mietgebrauchs I 265
- Gebrauchsüberlassung an Dritte, Rechtsfolgenübersicht I 268
- Mangel, Bestimmung I 247e
- marktbeherrschender Vermieter A 237a
- Mietwucher D 216b
- Schönheitsreparaturen H 334 ff.
- Untervermietung G 46 ff.
- vorläufige Überlassung A 229a

Gewerberaummietvertrag, Gestaltungsberatung
- Abbedingbarkeit gesetzlicher Regelungen A 227
- Abgrenzung zu anderen Vertragsverhältnissen/Sonderformen, Checkpunkte A 238 ff.
- Altenheimvertrag, Abgrenzung A 246
- Apotheken A 240
- Aufrechnungsverbot A 346 ff.
- außerordentliche Kündigungsrechte, Erweiterung durch Formularklauseln A 467 ff.
  - ausbleibende Mietsicherheit A 471
  - Eigentumsverhältnisse an eingebrachten Sachen, falsche Angaben A 477
  - Insolvenz des Mieters A 472 ff.
  - Pfändung eingebrachter Sachen, falsche Angaben A 477
  - Pflicht zur Tätigung ausschließlich umsatzsteuerpflichtiger Umsätze, Verstoß A 476
  - rückständige Mieten A 468
  - Vermögensverschlechterung bzw. -gefährdung/Insolvenz des Mieters A 469 f.
  - vertragswidriger Gebrauch der Mietsache A 475
- Besichtigungsrecht des Vermieters, Checkpunkte A 487
- Betriebspflicht A 315, 420 ff.

(Gewerberaummietvertrag, Gestaltungsberatung)
- Mieterberatung, Besonderheiten A 421
- Vermieterberatung, Besonderheiten A 422 f.
- Betriebsübergang, Ausschluss A 230a
- Dauer/Laufzeit A 289 ff.
  - befristetes Mietverhältnis A 301
  - Checkliste A 289
  - Laufzeit über 30 Jahre A 305
  - Mietbeginn A 294 ff.
  - Mietbeginn, bestehendes Mietobjekt A 294
  - Mietbeginn, Neubau/Ausbau/Umbau A 295 ff.
  - Mindestlaufzeit bei Wertsicherungsklausel A 299
  - Schriftform A 302
  - Sonderkündigungsrechte A 304
  - unbefristetes Mietverhältnis, Kündigungsfristen A 300
  - Vertragsverlängerungsoptionen A 303
  - Vorüberlegungen A 290
- Dienstbarkeiten/Nießbrauchrechte, Abgrenzung A 245
- drucktechnische Gestaltung von Vertragsentwürfen A 231
- Eigentümer des Mietobjekts, Klärung A 252
- Ersatzmietergestellung A 410 ff.
  - Checkpunkte A 410
  - echte Ersatzmieterklausel A 415 ff.
  - Konzeption des Gesetzes A 411 f.
  - unechte Ersatzmieterklausel A 414
  - vertragliche Regelungen A 413 ff.
- Formerfordernisse A 494 ff.
  - Anforderungen A 497 ff.
  - notarielle Beurkundung A 503
  - Schriftform, Vereinbarung zu Beweiszwecken A 495
- Haftungsbegrenzung des Mandanten durch Rechtsformwahl A 255
- Haftungsbeschränkungen A 430 ff.
  - Checkpunkte A 430
  - Garantiehaftung des Vermieters A 431
  - Haftungsbegrenzung auf Vermögensmassen A 433
  - Haftungsbeschränkung Mieter, vertragsimmanente A 435
  - Haftungserweiterung, Mieter A 434
  - Vertragsschluss entstandene Mängel A 432
- individuelle Besonderheiten, Berücksichtigung A 235 ff.
- Investitionen in Mietobjekt A 252
- Konkurrenzschutz A 436 ff.
  - Checkpunkte A 436
  - Einkaufsstraßen/Einkaufszentren A 439
  - Vermieterberatung A 440 f.
  - Vertragsimmanenz A 438 f.
- Kündigung A 463 ff.
  - Checkpunkte A 463
  - Formerfordernisse der Kündigungserklärung A 464
  - Kündigung gegenüber Personenmehrheiten A 466
  - Tod des Mieters, Kündigung bei A 478
  - Zugangsfiktionen A 465
- Leasingvertrag, Abgrenzung A 243
- Leihe, Abgrenzung A 241
- Miete A 306 ff.
  - Ausgestaltung A 307 ff.
  - Checkpunkte A 306
  - Fälligkeit und Zahlungsweise A 337 ff.
  - Fälligkeit und Zahlungsweise, Grundstücksvermietung A 338
  - Gleitklauseln A 321 ff.
  - Grenzen Miethöhe A 319
  - Leistungsvorbehalt A 331 ff.
  - pauschalierte Miete hinsichtlich Fläche A 311
  - Quadratmetermiete A 308 ff.
  - sonstige Leistungen des Mieters A 318
  - Spannungsklausel A 336
  - Staffelmietvereinbarungen A 320
  - Umsatzmiete A 312 ff.
  - Umsatzsteueroption des Vermieters A 341 ff.
- Mietkauf, Abgrenzung A 244
- Mietminderung, Ausschluss A 346 ff.
- Mietobjekt A 258 ff.
  - ältere Bausubstanz A 261 ff.
  - Beschreibung A 258 ff.
  - potentieller Flächenbedarf des zukünftigen Mieters A 278, 291
- Mietsicherheiten A 445 ff.
  - Barkaution A 453 f.
  - Checkpunkte A 445
  - Mietbürgschaft A 455 ff.
  - Patronatserklärungen A 461
  - Schuldbeitritt A 462
  - Vermieterberatung A 447 ff.
- Mietzweck A 279 ff.
  - Checkpunkte A 279
  - Eignung des Objekts A 288
  - rechtliche Nutzungsbeschränkungen A 281 ff.
  - Wohnraumnutzung, auch A 280
- Mischmietverhältnisse, Abgrenzung A 247 ff.
- Nebenkosten A 354 ff.

(Gewerberaummietvertrag, Gestaltungsberatung)
- Abrechnungsfrist **A** 375
- Abrechnungszeitraum **A** 374
- Checkpunkte **A** 354
- Erhöhung der Vorauszahlungen **A** 373
- Fälligkeit **A** 371
- Formulierung der Bestimmung **A** 357 f.
- Instandsetzungs- bzw. Instandhaltungsarbeiten **A** 381
- Kontrollrechte, Ausübung **A** 377
- Mieterberatung, Besonderheiten **A** 379 ff.
- neu entstehende Betriebskosten **A** 378
- Pauschalmiete, Vereinbarung **A** 379
- sonstige Betriebskosten **A** 359
- Umlage auf den Mieter **A** 355 ff.
- Umsatzsteuer **A** 372
- Versicherungsprämie und Haftungsbeschränkung **A** 363
- Vorauszahlungsverpflichtungen **A** 370
- Zwischenablesungen, Kosten **A** 376
- Neu- bzw. Umbau-Objekte **A** 264 ff.
  - Bestimmungsrecht für Änderungen **A** 266 f.
  - Fristüberschreitungen bei Bauarbeiten **A** 275
  - Insolvenzrisiko des Mieters **A** 276
  - Koordination Vermieter-/Mieterleistungen **A** 265
  - Kostentragung **A** 277
  - Mehrkosten **A** 271
  - Rechtsfolgen gravierender Änderungen **A** 273
  - Schiedsgutachterabrede **A** 270
  - Schriftform, Wahrung der – bei Änderungen **A** 274
  - Sonderwünsche **A** 272
  - Standardanforderungen des Mieters, Prüfung **A** 268 f.
  - Zustimmungserteilung, Klärung des Procedere **A** 267
- Pacht, Abgrenzung **A** 240
- Quadratmetermiete
  - Rechtsfolgen unzutreffender Flächenangabe **A** 310
  - Schiedsgutachterklausel **A** 308
  - vor Vermessung/Fertigstellung **A** 309
- Rückgabe **A** 479 ff.
  - Arbeit mit gefährlichen Stoffen/Kontamination des Mietobjekts **A** 484 f.
  - Checkpunkte **A** 479
  - Rückgabezeitpunkt **A** 480
  - Rückgabezustand **A** 481 ff.
  - Vereinbarung über ein Rückgabeprotokoll **A** 486
  - Verjährungsfrist, Verlängerung **A** 485
  - Wiederherstellung des früheren Zustands **A** 483
- Schlussbestimmungen **A** 489 ff.
  - Checkpunkte **A** 489
  - Gerichtsstandsklausel, Verzicht **A** 493
  - Lückenergänzungsklausel **A** 490
  - salvatorische Klausel **A** 491 f.
- Schönheitsreparaturen **A** 382 ff.
  - Begriff **A** 385
  - Checkpunkte **A** 382
  - Endrenovierungsvereinbarungen **A** 388 ff.
  - Fachhandwerkerklausel **A** 387
  - Fristenplan zur Renovierung **A** 387
  - Umfang **A** 386
  - während der Mietzeit **A** 384 ff.
  - weitere Instandhaltungs- bzw. Instandsetzungspflichten **A** 391 ff.
- schriftformbedürftige Mietverträge **A** 496 ff.
- Umlagemaßstab **A** 364 ff.
  - Änderung **A** 366
  - gemischt genutzte Objekte **A** 367 ff.
  - Umlageschlüssel für weitere Nebenkosten **A** 365
  - Wärme/Warmwasser **A** 364
- Untervermietung **A** 400 ff.
  - Checkpunkte **A** 400
  - Mieterberatung, Besonderheiten **A** 401 ff.
  - Veränderungen bei Personenmehrheiten/juristischen Personen, entspr. Anwendung **A** 406 ff.
  - Vermieterberatung, Besonderheiten **A** 405
  - Widerrufsbestimmungen **A** 409
- Verhandlungsposition des Mandanten, Klärung **A** 228
- Verhandlungsstadium, Klärung **A** 229 f.
- Verkehrssicherungspflichten **A** 442 ff.
  - Checkpunkte **A** 442
  - Mieterberatung **A** 444
- Versicherungspflichten Mieter **A** 396 ff.
  - Checkpunkte **A** 396
  - Haftungsausschluss **A** 399
- Vertragsparteien, Checkpunkte **A** 250 ff.
  - Personenmehrheit als Vertragspartner **A** 256 f.
- Vertragsverhandlungen, Gestaltung **A** 234
- vorläufige Überlassung **A** 229a
- Vorüberlegungen **A** 227

2749

(Gewerberaummietvertrag, Gestaltungsberatung)
- Vorwissen des Mandanten, Klärung **A** 232 f.
- Wechsel des Vermieters **A** 418 f.
  - Gefahren für den Mieter **A** 419
- Werbegemeinschaften **A** 424 ff.
  - Checkpunkte **A** 424
  - Mieterberatung **A** 428 f.
  - Vermieterberatung **A** 427
  - Zwangsmitgliedschaften **A** 426
- Werkvertrag, Abgrenzung **A** 242
- Zurückbehaltungsrecht, Ausschluss **A** 346 ff.

Gewerbliche Nutzung **A** 133
- Gestaltungsspielraum, Wohnraum-Individualmietvertrag **A** 186
- Inhaltskontrolle, Wohnraum-Formularmietvertrag **A** 199

Gewerbliche Weitervermietung siehe Zwischenvermietung

Gewinnerwartung
- Minderungsquote bei Schmälerung der ~ **F** 109

Gleichbehandlung
- Allgemeines Gleichbehandlungsgesetz **B** 148 ff.
  - Anwendbarkeit auf Mietverhältnisse **B** 176 ff.
  - Anzahl der Wohnungen **B** 283
  - Ausnahmen für Wohnraum **B** 257
  - Ausschlussfrist **B** 336 ff.
  - Beweislast **B** 339 ff.
  - Entscheidungsvorlage, Muster **B** 237
  - Geschlecht des Mieters **B** 169 ff.
  - mittelbare Beeinträchtigung **B** 188 ff.
  - Näheverhältnis **B** 272
  - Prüfungsschema **B** 348 ff.
  - Rechtfertigungsgründe **B** 311 ff.
  - Rechtsfolgen **B** 327 ff.
  - Schadensersatz **B** 330 ff.
  - unmittelbare Beeinträchtigung **B** 185 ff.
  - Vergleichsgruppen **B** 193 f.
  - Vertragsabschluss **B** 230 ff.
  - Vertragsabwicklung **B** 243 ff.
  - Verwalter mit mehr als 50 Wohnungen **B** 289 ff.
  - Vielzahl von Fällen **B** 213 ff.
  - zeitlicher Anwendungsbereich **B** 165 ff.
  - zivilrechtliches Benachteiligungsverbot **B** 181 ff.
  - Zwangsverwalter **B** 269 ff.
- Tierhaltung **G** 13, 15, 24

Gleitklauseln
- einheitlicher Preisindex, Einführung **A** 322
- Formulierung **A** 323 ff.

- Gewerberaummietvertrag **A** 321 ff.
- Grundlage Preisangabengesetz **A** 321
- Kostenmiete **A** 199
- Schiedsgutachterabrede **A** 326

GmbH
- Vorgründergesellschaft, Haftung der Mitglieder **B** 83

Graffiti
- Minderungsquote **F** 109

Grillen
- Vertragsverletzung **I** 251

Grundmiete **A** 79

Grundrissänderungen
- Mieterhöhung, Modernisierungsmaßnahme **E** 161a

Grundsteuer **L** 24 ff.
- Änderung der Bemessungsgrundlage – Neubauten, Umbauten **A** 378a
- Anhebung **L** 26
- Durchschnittskosten pro qm, Hamburg **D** 178a
- Gewerberaummiete **L** 794
- Umlage bei gemischt genutzten Objekten **A** 368; **L** 29
- Umlageschlüssel
  - gemischte Nutzung **L** 509 ff.
- Wohnungseigentum **L** 25

Grundstücksbeschlagnahme
- Allgemeines **Q** 156 ff.
- bei Grundschuld und Hypothek **Q** 170 f.
  - Abtretung und Beschlagnahme **Q** 176 ff.
  - Grenzen der Beschlagnahmewirkung **Q** 180 f.
  - Rangfolge bei Beschlagnahme **Q** 174 f.
  - Voraussetzungen **Q** 171 ff.
- bei Zwangshyothek, Eintragung **Q** 182 f.
- Mietforderungen **Q** 158
- Mietpfändung, Zusammentreffen mit **Q** 156 ff.
- Zwangsversteigerung **Q** 159 f.
- Zwangsverwaltung **Q** 161 ff.
  - Allgemeines **Q** 161
  - Beschlagnahmewirkung auf Mietforderungen **Q** 163 f.
  - Beschlagnahmewirkung auf Mietverhältnisse **Q** 162
  - Mietpfändung durch dinglichen Gläubiger **Q** 169 f.
  - Mietpfändung durch persönlichen Gläubiger **Q** 166 ff.
  - Vorrang der Zwangsverwaltung **Q** 165 ff., 192a

Grünfläche
- Mieterhöhung, Modernisierungsmaßnahme **E** 161a

Gütestelle, Antrag
– Verjährungshemmung D 142
Güteverhandlung M 118 ff.
– Einigung vor außergerichtlicher Gütestelle M 119
– Entbehrlichkeit M 119 f.
– erkennbare Aussichtslosigkeit M 120
– Nichterscheinen, Maßnahmen M 123
– Verfahren M 121
– Vorbereitung M 122

Haftpflicht- und Sachversicherungen L 130 ff.
– Gebot der Wirtschaftlichkeit L 137
– Prämienerhöhung L 133
– Reparaturversicherungen, keine Umlage L 131
– Rückvergütung von Prämien L 135
– Sammelversicherung L 132
– umlegbare Prämien A 113; L 134
Haftpflichtversicherung, Berufs-, Gestaltungsberatung A 16 ff. siehe auch Berufshaftpflichtversicherung
Haftung
– Vermieter/Veräußerer nach § 566 Abs. 2 BGB A 419
Haftung des (Mieter-)Erben, Ehegatten, Familienangehörige
– Gestaltungsspielraum, Wohnraum-Individualmietvertrag A 186
– Inhaltskontrolle, Wohnraum-Formularmietvertrag A 199
Haftung für Dritte
– Gestaltungsspielraum, Wohnraum-Individualmietvertrag A 186
– Inhaltskontrolle, Wohnraum-Formularmietvertrag A 199
Haftung, Anwalt siehe auch Berufshaftpflichtversicherung
– Abwicklung Mietvertrag, Vermieterberatung K 2
– Aktenaufbewahrung, Dauer A 230
– bei Hinweis auf Fortbestand qualifizierter Befristungsgründe für Mietvertrag C 451
– Beratung zu Tierhaltung G 17
– Formularvertrag, Wartung und Pflege A 210
– Fortsetzungsverlangen bei qualifizierter Befristung C 490
– Haftungsbegrenzung A 19 ff.
– keine Verjährungshemmung durch Leistungsklage Mietausfallschaden K 221
– Lückenergänzungsklausel, Haftungsbeschränkung für Rechtsanwalt A 145
– Mandatsdeckungen A 18 ff.
– Mieterhöhung, Klage auf Zustimmung D 17

– Mieterhöhung, preisgebundener Wohnraum E 306
– Mietpreisüberhöhung A 156
– Nachweis der Vollmacht E 110
– Parteien des Mietvertrags, Ermittlung B 84 ff.
– Schlussrenovierung, Fristsetzung H 565
– Untermietberatung G 45
– Vermieterpfandrecht
  – Einfluss auf Räumungs- und Herausgabeanspruch G 263a
– Verrechnung von Zahlungen auf die Miete D 67
Haftungsbeschränkung, Gewährleistung A 142
– Gestaltungsspielraum, Wohnraum-Individualmietvertrag A 186
– Inhaltskontrolle, Wohnraum-Formularmietvertrag A 199
– Wohnraum A 142
Härtegründe
– Examensvorbereitungen H 140
– Fallgruppen Fortsetzungsanspruch J 357 f.
– kalte Jahreszeit H 141
Hartz IV siehe Arbeitslosengeld II
Haupt- und Hilfskündigung J 91 ff.
Hauseingang
– Minderungsquote, Mängel F 109
Hausfriedensbruch
– fristlose Kündigung Mieter J 283, 456
– fristlose Kündigung, Störung des Hausfriedens durch Vermieter J 453
– Mitbewohner J 283
– Störung, Kündigungsgrund J 283, 286
– vertragswidriger Gebrauch I 251
Haushaltsangehörige
– Eigenbedarfskündigung J 186 f.
– Kündigung nach Tod des Mieters J 290 f.
Haushaltsgeräte, Gebrauch von A 141
– Gestaltungsspielraum, Wohnraum-Individualmietvertrag A 186
– Inhaltskontrolle, Wohnraum-Formularmietvertrag A 199
– vertragswidriges Betreiben I 251
Hausmeister L 138 ff.
– ansatzfähige Tätigkeiten L 138 ff.
– Durchschnittskosten pro qm, Hamburg D 178a
– Familienangehörige L 143
– Gebot der Wirtschaftlichkeit L 142, 148 ff.
– gemischte Nutzung L 152
– Hausmeisterbüro L 147
– Hausmeisterservice L 142
– nicht umlagefähige Kostenanteile L 530 ff.

(Hausmeister)
- Notdienst L 140
- Personalkosten L 145
- Sachleistungen L 147
- Tätigkeitsberichte L 141, 534
- umlegbare Kosten L 145 ff.
- Werkzeuge L 140

Hausnachbar
- Minderungsquote F 109

Hausordnung
- Bruch, Kündigungsgrund J 286
- Gemeinschaftsflächen, Nutzung A 77
- Gestaltungsspielraum, Wohnraum-Individualmietvertrag A 186
- Inhaltskontrolle, Wohnraum-Formularmietvertrag A 199
- querulatorischer Mieter, Vermieterberatung B 10
- querulatorischer Vermieter, Mieterberatung B 22, 26
- Reinigungs- und Verkehrssicherungspflichten I 218 ff.
- Streitwert N 467

Hausreinigung L 97 ff. *siehe* Gebäudereinigung
- Durchschnittskosten pro qm, Hamburg D 178a
- Umlage A 108
- Vertragsverletzung I 251

Hausschlüssel
- Obhuts- und Sorgfaltspflicht I 257

Haustiere *siehe auch* Tierhaltung
- Beratung zu Tierhaltung G 17
- Tierhaltung, Obhuts- und Sorgfaltspflicht I 257
- Unterlassungs- und Beseitigungsanspruch G 34
- Vertragsverletzung, Tierhaltung I 251

Haustür
- Minderungsquote F 109
- Obhuts- und Sorgfaltspflicht I 257
- Streitwert Haustürschlüssel N 468 f.
- Vertragsverletzung I 251
- Wartung, Umlage A 118

Haustürgeschäft
- Unwirksamkeit Mietvertrag B 131

Hausverbot
- Handwerker H 49b

Hausverwaltung
- Kündigung durch ~ J 50
- Partei des Mietvertrags B 72 f.

Hauswart *siehe* Hausmeister
- Umlage A 114

Heilungswirkung A 186 *siehe auch* Befriedigungsrecht

Heimarbeit
- vertragswidriger Gebrauch I 251

Heizen und Lüften A 131
- bei vorzeitigem Auszug K 225

- Neubaufeuchte F 187
- Vermeidung von Feuchtigkeitsschäden F 186 f.

Heizenergieeinsparung H 85

Heizkosten A 81
- Einzelprobleme Betriebskostenabrechnung L 808 ff. *siehe* Betriebskostenabrechnung, Heiz- und Warmwasserkosten
- Heizkostenverteilerausstattung, Umlage/Auskunftpflicht I 189

Heizung A 71
- Anschaltung in Wintermonaten
  - einstweilige Verfügung M 345
  - Zwangsvollstreckung M 406
- Austausch, Duldungspflicht H 151 f.
- Einbau/Umrüstung, Zustimmungspflicht, Vermieter I 262
- fristlose Kündigung Mieter J 456
- fristlose Kündigung, Gesundheitsgefährdung J 452
- Gestaltungsspielraum, Wohnraum-Individualmietvertrag A 186
- Inhaltskontrolle, Wohnraum-Formularmietvertrag A 199
- Mängel an der Heizungsanlage L 448
- Mieterhöhung, Modernisierungsmaßnahme E 161a
- Minderungsquote, Mängel F 109
- Obhuts- und Sorgfaltspflicht I 257
- Streitwert, Beheizung N 419
- Wegnahmerecht nach Modernisierung durch Mieter H 258

Heizungsanlage, zentrale
- eigenmächtige Veränderung, fristlose Kündigung J 286
- Umlage A 95, 102

Herausgabe
- Schuldner bei Pfändung in Mietforderung Q 117 ff.
- Streitwert N 470 ff.
  - Mischfälle N 483
  - anderer Rechtsgrund N 480 f.
  - wegen Beendigung des Mietverhältnisses N 470 f.
- und Beseitigung, Streitwert N 484

Herdanschluss A 73

Hilfskündigung J 91 ff.

Hinterlegung
- gepfändete Mietforderungen Q 68
- Hinterlegungsanzeige, Muster Q 86
- Hinterlegungsaufforderung, Muster Q 83
- Mehrfachpfändung einer Mietforderung Q 81 ff.

Hinweispflicht
- Anwalt
  - Aufbewahrungsdauer der Akten A 230

Stichwortverzeichnis

Hobbyraum A 76
- Betrieb, sonstige Betriebskosten L 24

Hochwasserschutz
- Verkehrssicherungspflicht I 223

Hof A 76

Hofbefestigung
- Mieterhöhung, Modernisierungsmaßnahmen E 161a

Holz
- Schäden H 349

Holzschutzmittel
- fristlose Kündigung, Gesundheitsgefährdung J 452
- Minderungsquote bei Gesundheitsbeeinträchtigung F 109

Honorarvereinbarung *siehe auch* Gebührenvereinbarung
- Aufnahme Allgemeiner Geschäftsbedingungen A 14
- bei Betriebskostenabrechnung L 2
- Berechnungsgrundlagen A 12
- Formulierungsbeispiel, Beteiligung des Mandanten an erhöhter Versicherungsprämie A 27
- Inhalt A 11
- Kündigungsausspruch J 47
- Muster A 15
- Pauschalhonorar A 9
- schriftliche Einwilligungserklärung des Mandanten A 13
- Stundensatz A 10
- Wohnraummietvertrag, Gestaltungsberatung A 8 ff.

Hotelunterbringungskosten H 163; I 97 ff.

Hunde *siehe auch* Tierhaltung
- Erlaubniserteilung G 3 ff.
- Tierhaltung, Vertragsverletzung I 251
- Unterlassungs- und Beseitigungsanspruch G 34

Immissionen F 38 ff.
- Besorgnis der Gefahr F 43
- Ermittlung des Standards F 39
- Interessenabwägung F 39
- konkrete Gefahr F 44
- technische Normen, Verletzung F 40
- Umweltgifte F 41
- Vorgehensweise, Übersicht F 42

Immissionsschutzrecht
- Nutzungsbeschränkungen A 281 f.

Immobiliarvollstreckung Q 156 ff. *siehe* Grundstücksbeschlagnahme

Immobilienleasing A 243

Indexmiete *siehe auch* Mieterhöhung, Indexmietvereinbarungen
- Gestaltungsspielraum, Wohnraum-Individualmietvertrag A 186

- Inhaltskontrolle, Wohnraum-Formularmietvertrag A 199
- Reduzierung D 103
- zeitliche Höchstgrenze, Wegfall der A 38

Individualvertrag A 35 ff. *siehe auch* Wohnraummietvertrag, Gestaltungsberatung
- Auftragserteilung durch beide Vertragspartner A 50
- Begriff A 41
- Beweislast A 42
- Individualvertrag durch Aushandeln A 47 ff.
- Musterformular, Individualvertrag unter Verwendung eines A 43 ff.
- Schranken des Individualvertrags A 37 f.
- Verhandlungsbereitschaft A 43
- Wege zum Individualvertrag A 41 ff.

Inklusivmiete A 79
- Mieterhöhung D 13

Insolvenz, Gewerberaummieter P 147 ff.
- Abwicklung beendeter Mietverhältnisse P 208 ff.
  - Herausgabe, Aussonderungsrecht P 208
  - Kaution, Aufrechnung P 213
  - Nutzungsentschädigung P 209
  - Räumungspflicht, Verletzung P 210
  - Rückbauanspruch P 211
  - Schönheitsreparaturen P 212
- anfechtbare Rechtshandlungen P 152
- Auskunft über Rechte Dritter P 191, 194
- Begehung Mietobjekt P 165, 194, 212
- Betriebspflicht P 189
- Entfernung von Gegenständen P 166
- Eröffnetes Verfahren P 181 ff.
  - Abwicklung beendeter Mietverhältnisse P 208 ff.
  - Einordnung der Vermieterforderungen P 185 ff.
  - Kaution P 188
  - mehrere Mieter P 183
  - Mietverhältnis, Fortbestehen P 181
  - Nebenkostennachzahlungen P 187
  - Rücktrittsrecht, nicht vollzogenes Mietverhältnis P 182 ff.
  - Schönheitsreparaturen P 187
  - Vermieterpfandrecht P 190 ff.
  - Verwertung P 193
  - Zwangsvollstreckungsmaßnahmen P 185 f.
- Eröffnungsverfahren P 154 ff.
  - Verfahrensabschnitte P 154
  - Vermieterpfandrecht P 164
  - Vertragsbeendigung, einvernehmliche P 179 f.

2753

(Insolvenz, Gewerberaummieter)
- Inventarliste, Vermieterpfandrecht P 194
- Kaution, rückständige P 155
- Kosten der Feststellung P 195
- Kosten der Verwertung P 195
- Kündigung durch Vermieter P 173 ff.
  - Kündigung vor Insolvenzantragsstellung P 175
  - Kündigungssperre P 174
  - Lösungsklauseln, Unwirksamkeit P 174
  - Nebenleistungspflichten des Vermieters P 176
  - vor Überlassung der Miträume P 177
  - Zahlungsverzug P 173, 178
- Mietzahlungsanspruch
  - rückständiger P 155
  - Verfahrenseröffnung P 156
- Raumsicherungsvertrag P 155, 191
- Räumungsverkauf P 166
- Sonderkündigungsrecht Insolvenzverwalter P 149, 197 ff.
  - Freigabe der Mietsache P 207
  - Kündigungsfrist P 198
  - Masseunzulänglichkeit P 199
  - mehrere Mieter P 202
  - Neumasseverbindlichkeit P 200
  - persönliche Haftung des Insolvenzverwalters P 201
  - Schadensersatzanspruch des Vermieters P 203 ff.
  - Vertragsstrafen P 206
- Umsatzsteuer P 195
- Vermieterberatung P 147 ff.
  - anfechtbare Rechtshandlungen P 152
  - Eröffnungsverfahren P 154 ff.
  - Gläubigerausschuss, Mietwirkung P 149
  - Kündigungsmöglichkeiten P 173 ff.
  - Mietzahlungsanspruch P 148
  - Nutzungsüberlassung durch Gesellschafter P 150
  - Schadensersatzansprüche P 149
  - Vermieterpfandrecht P 148, 151, 155, 164 ff., 190 ff.
  - Versorgungsleistungen P 176
  - Vertragsbeendigung, einvernehmliche bei vorläufiger Verwaltung P 179 f.
  - Verzinsung Verwertungserlös P 196
  - vor Antragstellung P 148
  - Zahlungsunfähigkeit, Kenntnis P 152
  - Zwangsvollstreckungen P 153
- Verschlechterung Mietsache P 167 ff.
- vorläufige Insolvenzverwaltung P 157 ff.
  - „schwacher" vorläufiger Verwalter P 160 f.
  - Bargeschäft P 161
  - Einzelbefugnisse, Ermächtigung P 162 f.
  - Insolvenzforderung P 160
  - Klagen, einzureichende P 160
  - Masseverbindlichkeiten P 158
  - Mietertrag, Fortbestehen P 159
  - rückständige Mieten P 158
  - Zahlungszusagen P 161

Insolvenz, Vermieter P 228 ff.
- Abwicklung, beendetes Mietverhältnis P 258 ff.
- Begründung neuer Mietverhältnisse durch Insolvenzverwalter P 263
- eröffnetes Verfahren P 241 ff.
  - Aufrechnungsmöglichkeiten des Mieters P 246
  - Baukostenzuschüsse P 251
  - Gebrauchsüberlassungspflicht P 243
  - Instandhaltungspflicht P 242
  - Kündigungsmöglichkeiten P 252
  - Massearmut, Versorgungsleistungen P 244
  - Mietverhältnis, Fortbestehen P 241 ff.
  - Nebenkostenabrechnung P 247
  - Nebenleistungen P 244 f.
  - Veräußerung oder Versteigerung Mietobjekt P 253 ff.
  - Vorausverfügungen P 248
- Eröffnungsverfahren P 230 ff.
  - allgemeines Verfügungsverbot P 232
  - Beendigung des Mietvertrags P 236 f.
  - Bekanntmachung P 233 ff.
  - Gebrauchsüberlassung P 230
  - Gutglaubensschutz P 232 ff.
  - Lösungsklauseln P 237
  - Prozesse, laufende Verfahren P 238 f.
  - Zahlungen des Mieters P 231 ff.
  - Zustimmungsvorbehalt P 231
  - Zwangsvollstreckung P 240
- fristlose Kündigung Mieter A 293; J 456
- Geschäftsraum P 256
- Mieterberatung P 228 f.
  - juristische Person als Mieter P 235
- Veräußerung oder Versteigerung des Mietobjekts P 253 ff.
  - Eintritt des Erwerbers in Mietverhältnis P 254
  - Geschäftsraummiete P 256
  - Kündigungsmöglichkeiten des Neuvermieters P 255
  - Schadensersatzanspruch des Mieters P 257
  - Wohnraummiete P 256
  - Zwangsversteigerung P 254

Insolvenz, Wohnraummieter
- Abwicklung Mietverhältnis P 224 ff.
  - Herausgabeansprüche P 224 ff.
  - Kaution P 226
  - Nutzungsentschädigung P 225
  - Räumungsvergleich P 224c
  - Schönheitsreparaturen P 225
- Anmeldung von Forderungen P 226a
- Aufspaltung des Mietverhältnisses P 221
- Eigenbedarfskündigung P 221e
- Fortbestehen Vertrag, Überleitung auf Schuldner P 216 ff.
- Freigabe P 207, 220
- Genossenschaftsanteile, Kündigung P 218c ff.
- Kündigung durch Vermieter P 221a ff.
- Kündigung, Emfänger P 223
- Kündigungsschutz des § 112 InsO P 222
- Lebensmittelpunkt P 217
- Miete, Masseverbindlichkeit P 218
- Mischmietverhältnisse P 219
- Restschuldbefreiung P 214, 227 ff.
- Vermieterberatung P 214 f.
- Zahlungsverzug, Kündigung P 222

Insolvenzanfechtung P 101 ff.
- Ausübungsrecht P 114
- Erscheinungsformen, Einteilung P 107 ff.
- Gläubigerbenachteiligung P 105 f.
- Krisenanfechtung P 110 ff.
  - inkongruente Deckung P 112
  - kongruente Deckung P 111
- Masseunzulänglichkeit P 106
- Rechtsfolgen P 115
- Rechtshandlungen P 104
- Schenkungsanfechtung P 109
- unmittelbarer Nachteil P 113
- Unterlassungen P 104
- Vermögensbeeinträchtigung P 105
- vorsätzliche Benachteiligung P 108
- Zeiträume P 103

Insolvenzgeld P 29

Insolvenzplan P 64, 128 ff.
- Erörterungs- und Abstimmungstermin P 134
- Gläubigergruppen P 132 f., 134
- Inhalt P 129
- Mietverhältnisse, Eingriff P 131
- Minderheitenschutz P 134
- Obstruktionsverbot P 135
- Planbestätigung P 136
- übertragende Sanierung P 137
- Zustimmungsfiktion P 135

Insolvenzverfahren
- Abwahl Insolvenzverwalter P 120
- Abwicklung P 63 ff.
- Antrag P 6

- Absprachen mit Gericht P 15
- Antragsberechtigung P 7
- Antragspflicht P 9
- Form P 6
- Glaubhaftmachung P 7
- Insolvenzverwalter, Auswahl P 15
- Restschuldbefreiung, Erlangung P 8
- Rücknahme P 48
- Sachverständiger, Prüfung P 16 ff.
- Taktik P 13 ff.
- Verfahrenskostenvorschuss P 23 f.
- Arbeitsentgeltanspruch P 76
- Arbeitsverträge P 97
- Berichtstermin P 116 ff.
- Betriebsveräußerung P 124
- Eigenverwaltung P 138
- Einstellung mangels Masse P 81
- eröffnetes Verfahren P 51 ff.
  - Abschluss des Verfahrens P 127
  - Absonderung P 86
  - allgemeine Wirkungen der Eröffnung P 85 ff.
  - anhängige Prozesse P 89
  - Anmeldefrist Forderungen P 51
  - Antragsrücknahme P 50
  - Arbeitsverträge P 97
  - Aussonderung P 86
  - Besitznahme P 85
  - Drittrechte P 86
  - Eröffnungsbeschluss P 51, 116
  - Geschäftsbesorgungsverträge P 96
  - Gesellschaftsverträge P 99
  - Herausgabevollstreckung P 85
  - Insolvenzverwalter P 54 ff.
  - Inventarisierung P 85
  - Kostenbeiträge der Gläubiger P 91, 91 ff.
  - Leistungen an Schuldner P 88
  - Mietverträge P 98
  - Rechtshandlungen nach Eröffnung P 87 ff.
  - Rechtspfleger, Zuständigkeit P 53
  - Verfügungen des Schuldners P 88
  - Vollstreckungsmaßnahmen P 90
  - Wahlrechte
  - Zustellung Eröffnungsbeschluss P 52
- Eröffnungsverfahren P 31 ff.
  - Masseverbindlichkeiten P 31 ff.
- Ersatzabsonderungsrecht statt Vermieterpfandrecht G 266f
- Fragebogen P 19
- fristlose Kündigung Mietverhältnis P 79
- Geschäftsbesorgungsverträge P 96
- Gesellschaftsverträge P 99
- Gewerberaummieter P 147 ff. *siehe* Insolvenz, Gewerberaummieter
- Gläubigerausschuss P 47
  - Vergütung P 72

(Insolvenzverfahren)
- Gläubigerberatung
  - Antragsberechtigung P 7
  - Antragsrücknahme P 50
  - Auskunftsanspruch P 93
  - Ausschüttung, quotale P 66
  - Feststellungsklage P 123
  - Insolvenzgläubiger P 66 ff.
  - Kostenbeiträge P 91 ff.
  - Massegläubiger P 71 ff.
  - Masseschulden, Liste P 65
  - Pfandrechtsgläubiger, Pflichten P 61
  - Rechnungslegung durch Insolvenzverwalter P 93
  - vorläufiger Gläubigerausschuss, Bestellung P 47, 59
  - Wertverluste P 93
- Gläubigerversammlung P 118 ff.
- Herausgabe Mietsache, Aussonderungsanspruch P 80
- Insolvenzanfechtung P 101 ff. *siehe dort*
- Insolvenzfähigkeit P 7
- Insolvenzgericht, Entscheidung P 22 ff.
  - rechtliches Gehör P 23
  - sofortige Beschwerde P 23
- Insolvenzgläubiger P 66 ff.
  - Ausschüttung, quotale P 66
  - Feststellungsklage, bestrittene Forderungen P 69, 123
  - Forderungen, Anmeldung P 67
  - Kosten P 70
  - Prüfungstermin P 68
- Insolvenzplan P 64, 128 ff. *siehe dort*
- Insolvenztabelle P 63, 65
- Insolvenzverwalter P 54 ff.
  - Absonderung P 58 f.
  - Aufgaben P 55 ff.
  - Aussonderung P 57
  - Auswahl P 54
  - Betriebsfortführung P 56 f.
  - massefremde Gegenstände P 57
  - Partei kraft Amtes P 54
  - Stilllegung des Unternehmens P 56
  - Verwertungsbefugnis P 60
- juristische Personen P 11
- Kostenbeiträge P 61, 91 ff.
- Kostenschuldner P 49, 61
- Kündigungssperre J 298
- Mandatssituation P 3 ff.
- Massegläubiger P 71 ff.
  - Kosten des Verfahrens P 72
  - Masseunzulänglichkeit P 71, 81
  - Reihenfolge P 81
  - sonstige Masseverbindlichkeiten P 73 ff.
  - Vollstreckungsverbot P 73
- Massekostenvorschuss P 25
- Geschäftsführer, persönliche Haftung P 25
- Masseverbindlichkeiten P 71 ff.
  - Berücksichtigung von Amts wegen P 78 f
  - Insolvenzverwalter, persönliche Haftung P 79
- Mietverträge P 98
- Mietzahlungsansprüche, einfache Insolvenzforderung P 37
- Pfandrecht
  - Kostenbeiträge P 61
- Postsperre P 27
- Prüfungstermin P 121 ff.
- Prüfungsvermerke P 122
- Restschuldbefreiung P 127, 139 ff.
- Sachverständigenprüfung P 16 ff.
  - Auskunftspflicht des Schuldners P 18
  - Gutachten P 21
- Sanierungsaussichten, Prüfung P 63
- strafprozessuales Verwertungsverbot P 20
- Überschuldung P 11
- Verbraucherinsolvenz P 8, 143 ff.
- Verfahrenskosten P 44
- Verfügungsverbot P 27
- Vermieterberatung
  - Haftung des Insolvenzverwalters P 83
  - Mietansprüche, Werthaltigkeit P 82 f.
  - Vermieterpfandrecht P 39
- Vermögensverschiebungen P 27
- Verteilung P 126
  - Abschlagsverteilung P 126
  - Masseunzulänglichkeit P 84
- Verwertung P 61 f., 124 f.
  - bewegliche Gegenstände P 125
  - bewegliche Gegenstände im Haftungsverband der Immobiliarvollstreckung P 62
  - Grundstücke P 125
- vorläufige Insolvenzverwaltung P 26 ff.
  - Abschluss P 48 ff.
  - Abweisung mangels Masse P 48
  - Dauer P 50a
  - Gläubigerausschuss P 47
  - Grenzen P 45
  - Kostenschuldner P 49
  - Kündigung wegen Zahlungsverzugs P 38
  - Prozessführungsbefugnis des Insolvenzverwalters P 46
  - Rücknahme des Antrags P 48
- Wahlrecht P 100
- Zahlungsunfähigkeit, Begriff P 10
  - drohende P 12
- Zahlungszusagen P 74

(Insolvenzverfahren)
- Zustimmungsvorbehalt des Insolvenzverwalters P 27
- Zwangsvollstreckung P 127

Insolvenzverwalter
- Absonderung P 58 f.
- Abwahl P 120
- Abwicklung des Unternehmens P 63 f.
- Anfechtung P 114
- Aufgaben P 55 ff.
- Aussonderung P 57
- Auswahl P 15, 28, 54
- Befugnisse P 55 ff.
- Begründung neuer Mietverhältnisse P 263
- Bestätigung P 120
- Betriebsfortführung P 56 f.
- Fortführung des schuldnerischen Unternehmens P 28
- Insolvenzgeld, Vorfinanzierung P 29
- massefremde Gegenstände P 57
- Masseverbindlichkeiten, Begründung P 31 ff.
- Notgeschäftsführung P 29 f.
- Partei des Mietvertrags B 65
- Partei im Mietprozess M 93; P 54
- persönliche Haftung
  - Abnutzung, vertraglich nicht gedeckt P 172
- Pflicht zur Inventur P 39b
- Sanierungsmöglichkeiten, Prüfung P 63
- Sonderkündigungsrecht J 474; P 197 ff.
- Stilllegung des Unternehmens P 56
- unternehmerisches Ermessen P 28
- Vermögen, Sicherung und Erhaltung P 28
- Verwertungsbefugnis P 60
- Verwertungskostenpauschale P 61
- vorläufiger P 28 ff.
  - Inanspruchnahme von Leistungen P 77
  - Prozessführungsbefugnis P 46
  - Umsatzsteuerpflicht P 43
  - Vermögenssicherung P 43
  - Zahlungszusagen P 40, 74
- Wahlrecht P 100

Instandhaltung und Instandsetzung H 1 ff.
- abweichende Vereinbarungen H 20
  - Gewerberaum H 21
  - Wohnraum H 30
- Ankündigung der Erhaltungsmaßnahmen H 51
  - Muster H 54
- Beispiele
  - Instandhaltung H 4
  - Instandsetzung H 6
- Betriebskosten, Abgrenzung L 13 f.

- Dach und Fach A 392
- Duldungsanspruch Vermieter H 44 ff.
  - objektiv erforderliche Maßnahmen H 45 ff.
- Duldungspflicht des Mieters
  - fehlende Duldungspflicht, Beispiele H 57 ff.
  - Inhalt H 48 ff.
  - Schadensersatzpflicht des Mieters H 56 ff.
- Eigentumswohnung, vermietete H 17
  - Beschluss Wohnungseigentümergemeinschaft H 17
  - gewerblicher Zwischenvermieter H 18
  - fristlose Kündigung Mieter J 456
- Gemeinschaftsflächen, Umlage A 359
- Gestaltungsspielraum
  - Gewerberaummietvertrag A 381; H 21 f.
  - Wohnraum-Individualmietvertrag A 186
- Inhaltskontrolle, Wohnraum-Formularmietvertrag A 199
- Instandhaltung
  - Begriff H 3
  - Beispiele H 4
- Kleinreparaturen/Bagatellschäden H 31 ff.
  - Formulierungsbeispiel H 36
  - Gesamtaufwandsbegrenzung H 34
  - häufiger Zugriff des Mieters H 35
  - Höchstbetrag H 32
  - Höchstzeitgrenze H 33
  - Indexmiete, Wertsicherung für Kleinreparaturklausel H 37
  - preisgebundener Wohnraum H 40
  - Selbstvornahmerecht H 38
  - Vornahmeklauseln H 39
  - Wartungsklauseln H 40
- Mieterrechte bei Erhaltungsmaßnahmen H 62 ff.
  - Aufräumarbeiten/Säuberung H 62
  - Aufwendungsersatz H 63
  - fällige Schönheitsreparaturen H 62
  - Minderung H 66
  - Schadensersatz H 67
  - Wiederherstellung H 62
- Modernisierungsmaßnahmen siehe auch dort
- objektiv notwendige Maßnahmen/Erhaltungsmaßnahmen H 1 ff., 45
  - Duldungspflicht H 2
- Opfergrenze H 14
- Schutz- und Verkehrssicherungspflichten H 9
- Streitwert Duldungsanspruch N 450
- Überprüfungspflichten Vermieter H 10 ff.

2757

(Instandhaltung und Instandsetzung)
- Rohrleitungen H 11
- Umbau des Mietobjekts H 29
- Unmöglichkeit H 14
- Verzug des Mieters, Kündigungsgrund J 286
- Zutritt
  - einstweilige Verfügung H 50

Inventarverfahren K 299 ff.
- Dauer K 301
- Erbenberatung K 312 ff.
  - Einrede der Dürftigkeit K 322
  - Formblatt, Inventar K 319
  - Fristverlängerung K 314 ff.
  - Gebühren Erbenanwalt K 323 f.
  - Inventarisierung K 313
  - Mahnbescheidsantrag Vermieter, Verjährungshemmung K 320 ff.
  - Nachlassverbindlichkeiten übersteigen Wert Aktivvermögen K 318
  - Nachlassverbindlichkeiten, Ermittlung K 313
  - Prozessuales K 320 ff.
  - Verjährung der Vermieteransprüche K 315
- Vermieterberatung K 298 ff.
  - Antrag Inventarverfahren, Muster K 306 ff.
  - Gebühren Vermieteranwalt K 309 ff.
  - Glaubhaftmachung Vermieter als Nachlassgläubiger K 307
  - Mahnbescheidsantrag, Verjährungshemmung K 305
  - Prozessuales K 305 ff.
  - selbständiges Beweisverfahren, Einleitung K 304
  - Verjährung der Vermieteransprüche K 302, 304
  - Vorbereitung Klageverfahren aus Mietvertrag K 303
  - zweispuriges Vorgehen Vermieteranwalt K 303
- Vorteil K 300

Isolierung
- Minderungsquote, Mängel F 109

Isolierverglasung
- Mieterhöhung, Modernisierungsmaßnahme E 161a

Jugendwohnheim A 67
- Kündigung J 137

Juwelier
- Konkurrenzschutz I 203

Kabelanschluss A 73
- Mieterhöhung, Modernisierungsmaßnahme E 161a
- Umlage A 116

- Verlegearbeiten, Duldungspflicht H 142

Kacheln siehe Fliesen
Kakerlaken siehe Ungeziefer
Kampfhund G 7
Kanalisation
- Mieterhöhung, Modernisierungsmaßnahme E 161a

Kanalverstopfung
- Gestaltungsspielraum, Wohnraum-Individualmietvertrag A 186
- Inhaltskontrolle, Wohnraum-Formularmietvertrag A 199

Kapitalkosten
- Abgrenzung Betriebskosten L 15 ff.
- Wirtschaftlichkeitsberechnung D 197

Kappungsgrenze E 104
- Auskunftsanspruch E 23
- Berechnung E 22
- Fehlbelegung E 24 f.
- Mieterhöhung, bis ortsübliche Miete E 10, 22 ff.
- Mieterhöhung, Modernisierung E 171
- Mieterhöhung, Staffelmietvereinbarungen E 269
- Nutzungsentgelt bei Vorenthaltung der Mietsache nach Vertragsende K 205

Katzen siehe auch Tierhaltung
- Erlaubniserteilung G 3 ff.
- Tierhaltung, Vertragsverletzung I 251

Kaufmann
- Partei des Mietvertrags B 66

Kaution
- Abrechnung und Rückzahlung K 375 ff., 454 ff.
  - Abrechnungsbasis K 378 ff.
  - Aufrechnung K 389 ff.
  - Aufrechnung, Muster K 390
  - Aufrechnung mit verjährten Forderungen des Vermieters K 466
  - Aufrechnung mit verjährter Forderung K 391
  - Aufrechnung, ausdrücklich und bestimmt K 465
  - Aufrechnung, Reihenfolge K 389 f.
  - Aufrechnungserklärung Vermieter verspätet K 461
  - Auskunftsanspruch Mieter K 459
  - Bestimmung zulässiger Inspruchnahme A 448a
  - Bürgschaft, keine Aufrechnung K 391
  - Bürgschaftsurkunde, Rückgabe K 458
  - Fälligkeit des Rückzahlungsanspruchs K 456 ff.
  - Freigabeerklärung K 468
  - gesicherte Forderungsarten K 388

(Kaution)
- Kautionsrückzahlungsklage, Aufrechnung Vermieter **K** 460
- Mietforderungen, keine Aufrechnung **K** 393
- offene Forderungen Vermieter, maßgeblicher Zeitpunkt **K** 376
- Pfandrechte der Bank **K** 468
- Prüfungsfrist Vermieter über Verwendungsabsicht **K** 456 ff.
- Realisierung Kautionssaldo, Barkaution **K** 396
- Realisierung Kautionssaldo, Bürgschaft **K** 397 f.
- Realisierung Kautionssaldo, Sparbuch **K** 399 f.
- Rückgabe, Bargeld **K** 467
- Rückgabe, Bürgschaftsurkunde **K** 467
- Rückgabe, Sparbuch **K** 468
- Schadensersatzanspruch des Mieters **K** 469
- Streitwert **K** 401, 472
- Teilrückzahlung **K** 395
- ungerechtfertigte Bereicherung Vermieter **K** 392
- Veräußerungsfälle **K** 470
- Zinsen **K** 383 ff.
- Zinsen, Abrechnung **K** 462 ff.
- Zurückbehaltungsrecht Vermieter **K** 394 f., 455a
- Anlagepflicht **A** 38
- Anspruch auf Leistung der vereinbarten Barkaution **G** 192 ff.
  - preisgebunener Wohnraum, wirksame Vereinbarung **G** 193
  - Vermieterberatung **G** 192 ff.
  - wirksame Kautionsvereinbarung **G** 192 ff.
- Arten **A** 143
- Aufstockung **A** 199; **C** 31
- Auskunftsanspruch des Mieters **A** 186
  - Inhaltskontrolle, Wohnraum-Formularmietvertrag **A** 199
- Ausscheiden eines von zwei Mietern, Verbleib Kaution **C** 179 ff. *siehe auch* Ausscheiden, Mieter
- Bankbürgschaft, Wiederauffüllungsanspruch **C** 31
- Barkaution, andere Anlageform zulässig **A** 38
- Barkaution, gerichtliche Geltendmachung **G** 212, 217
- Beendigung des Mietvertrages, Durchsetzung des Kautionsanspruchs **G** 218 ff.
  - außergerichtliche Aufforderung **G** 221
  - Klageerhebung, Schlüssigkeit **G** 222
  - offene Forderungen **G** 218
- Vereinbarung einer Bürgschaft, Umwandlung in Zahlungsanspruch **G** 219
- Verjährung **G** 220
- Bürge, Einrede bei Inanspruchnahme von mehr als drei Monatsmieten **K** 380
- Bürgschaft, gerichtliche Geltendmachung **G** 215 f.
- Elternbürgschaft **K** 380
- Elternbürgschaft für Student **A** 59
- Gestaltungsspielraum, Wohnraum-Individualmietvertrag **A** 186
- Gewerberaummietvertrag **A** 445 ff.
- Höhe **K** 378 ff.
  - mehr als drei Nettomieten **K** 381
- Inhaltskontrolle, Wohnraum-Formularmietvertrag **A** 199
- Kautionsklage nach Vertragsbeendigung **K** 375 f.
- Klage auf Rückgabe der Mietsicherheit **M** 240 ff.
  - Antrag Klage/Stufenklage Mietkaution **M** 243
  - Bezifferung **M** 240 f.
  - Herausgabe einer Mietbürgschaftsurkunde (Antrag) **M** 245
  - sonstige Sicherheit **M** 244
  - Stufenklage **M** 242
  - Verzinsung ab Abrechnungstag **M** 243
  - Zinsschätzung **M** 241
- Klauseln ohne Hinweis auf Ratenzahlungsmöglichkeit **G** 195 ff.
  - beanstandete Klauseln, Übersicht **G** 196
  - blue-pencil-Test **G** 200 ff.
- Kumulationsverbot **K** 380
- Kürzung
  - Flächenabweichung **F** 57c
- Mieterberatung **G** 224 ff.
  - andere Anlageform, Formularklausel **G** 225
  - Auskunftsanspruch, ordnungsgemäße Anlage **G** 226
  - Beratungsgespräch **G** 224 ff.
  - Gebühren **G** 230
  - Prozessuales **G** 229
  - Wohnungsamt, Vorfinanzierung **G** 228
  - Zahlungsaufschub, Ratenzahlungsvereinbarung **G** 227
  - Zurückbehaltungsrecht wegen Mängeln **G** 226
- Mietrückstände **K** 375
- Nichtzahlung der ~ **G** 207
  - Ratenzahlungsangebot **G** 209 f.
  - wesentliche Verschlechterung der finanziellen Verhältnisse **G** 208
- Nichtzahlung, Kündigungsgrund **J** 286

(Kaution)
- Pfändbarkeit Q 27 ff.
- Pfändung Rückzahlungsanspruch Q 37 ff.
- preisgebundener Wohnraum K 75
- selbstschuldnerische Bürgschaft, gerichtliche Geltendmachung G 216
- Sicherungszweck K 375
- Streitwert N 506 ff.
  - Abrechnung der Sicherheit N 512
  - Anlage der Sicherheit N 509
  - Ansprüche aus der Mietbürgschaft N 526
  - Auskunft über die ordnungsgemäße Anlage N 510
  - Auskunft über Erträge N 513 f.
  - Auskunftsanspruch über Aushändigung an Erwerber N 511
  - Barkaution, Rückgewähr N 516 ff.
  - Bürgschaft, Rückgewähr N 519 ff.
  - Inanspruchnahme der Sicherheit N 514a
  - Klage und Widerklage N 524 f.
  - Rückgewähr der Sicherheit N 515
  - Sparbuch/Genossenschaftsanteile, Rückgewähr N 522 ff.
  - Stellung der Mietsicherheit N 506 ff.
- Übersicherung G 205 ff.
  - zulässige Höhe G 205
- unwirksame Vereinbarung, fehlende Gebrauchsüberlassung I 26
- Urkundsprozess K 375
- Veräußerung Mietobjekt C 23 ff. *siehe auch dort*
  - erneute Zahlung C 72 ff.
- Vereinbarung A 143
- Vermieterberatung, Anlage getrennt von Vermietervermögen, Zugriff G 211
  - Gebühren G 223
  - Leistungsklage G 206
  - Prozessuales G 212 ff.
  - Ratenzahlungsvereinbarung, Muster G 210
- Verpfändung eines Sparbuches, gerichtliche Geltendmachung G 213 f.
- Verzinsungspflicht A 38
- Wiederauffüllung der Kaution K 375 f.
  - Vertragsende K 376
- Wohnraum K 379
- Zinsen K 383 ff.
  - Altverträge vor 1983 K 384
  - Gewerberaum K 386 f.

Kehrgebühren
- Durchschnittskosten pro qm, Hamburg D 178a

Keller
- Mieterhöhung, Dämmung Kellerdecke E 161a
- Minderungsquote, Mängel F 109
- Wohnfläche F 55

Kellerasseln *siehe* Ungeziefer

Kettenverträge
- Gestaltungsspielraum, Wohnraum-Individualmietvertrag A 186
- Inhaltskontrolle, Wohnraum-Formularmietvertrag A 199
- Rückbauverpflichtungen A 230a

Kinder
- Lärm, Vertragsverletzung I 251
- Minderungsquote bei Lärm F 109

Kinderspielplatz
- Minderungsquote F 109
- Minderungsquote, Mängel F 109

Kinderwagen
- Abstellen, Vertragsverletzung I 251
- Gestaltungsspielraum, Wohnraum-Individualmietvertrag A 186
- Inhaltskontrolle, Wohnraum-Formularmietvertrag A 199

Klavier
- Bodenbelag, Obhuts- und Sorgfaltspflicht I 257

Kleinreparaturen A 87; H 31 *siehe auch* Instandhaltung und Instandsetzung; Modernisierung
- Gestaltungsspielraum, Wohnraum-Individualmietvertrag A 186
- Inhaltskontrolle, Wohnraum-Formularmietvertrag A 199

Kleintiere G 3

Klimaanlage
- Minderungsquote F 109

Klingelanlage
- Minderungsquote, Mängel F 109
- Wegnahmerecht nach Modernisierung durch Mieter H 258

Konditorei
- Konkurrenzschutz I 203

Konkludenter Mietvertragsabschluss B 108 ff.

Konkurrenzschutzpflichten, Vermieter A 436 ff.; I 197 ff.
- Abgrenzung Haupt- und Nebenartikel I 199
- Abmahnung des Vermieters I 211
- Ausschluss des Konkurrenzschutzes durch Formularvertrag A 441a
- Beispiele I 203
- Duldung über Jahre I 211
- Einkaufszentrum/Ladenstraße I 200d f.
- Fachabteilungen I 201
- freie Berufe I 201b ff.
- fristlose Kündigung Mieter J 456
- Grundsatz I 197
- Hauptsortiment, Schutz I 198
- Mieterberatung I 207 ff.

(Konkurrenzschutzpflichten, Vermieter)
- Minderungsquote, Mängel **F 109**
- Mitbewerber, Geschäftssituation **I 209 f.**
- nachvertragliches Wettbewerbsverbot **I 200c**
- Nebenartikel **I 199, 200b**
- Personalüberlassungsunternehmen **I 201b**
- Prioritätsprinzip **I 197, 201d**
- Shop-in-shop-Vermietung **I 201a**
- Sortimentenvergleich **I 208**
- Supermarkt **I 201**
- unlauterer Wettbewerb **I 201e**
- Untermieter **I 202**
- Vermieterberatung **I 212 ff.**
  - Auflösung einer der Verträge **I 216**
  - Schutzschrift, Hinterlegung bei zuständigen Kammern **I 217**
  - vertragliche Regelungen **I 200a, 207**
  - Verwirkung von Ansprüchen **I 211**
- Warenangebot völlig gleich **I 200, 200b**
- zeitliche Grenzen **I 204 ff.**

Kontamination
- vertragsgemäßer Gebrauch **I 247i**
- Vertragsgestaltung **A 484**

Kontrollrecht, Betriebskosten *siehe* Betriebskostenabrechnung, Belegprüfung

Kostenentscheidung, Mietsachen **M 365 ff.**
- Anerkenntnis, kostenbefreiendes **M 367 ff.**
  - Klageanlass durch Mieter **M 373**
  - Kündigung erstmals in Räumungsklage **M 372**
  - Räumungsklagen **M 369**
  - sofortiges Anerkenntnis **M 374 f.**
  - verfrühte Räumungsklage **M 371**
  - Zahlungsklage, Nebenkostenabrechnung **M 368**
- Sonderregelung des § 93b ZPO **M 376 ff.**

Kostenerstattung, Mietprozess **M 383 f.**
- materiell-rechtlicher Kostenersatzanspruch **M 385 ff.**
  - deliktische Ansprüche, Anwaltskosten **M 386**
  - Gesellschaft bürgerlichen Rechts, Vertretung **N 70**
  - Rechtsschutzversicherungsvertrag **M 395**
  - sonstige Pflichtverletzungen **M 391 ff.**
  - unberechtigte Kündigung **M 393**
  - Verzug, verzugsbedingte Kosten **M 387 ff.**
- obligatorisches Streitschlichtungsverfahren **N 126, 335 ff.**

Kostenfestsetzungsverfahren
- Geschäftsgebühr, Anrechnung **N 315a ff.**

Kostenmiete **A 79; D 217 ff.**
- Aufklärung über Bildung der ~ **I 189**
- Gleitklausel **A 199**
- Grundlage **E 299**
- Rückerstattung überzahlter ~, Verjährung **D 141** *siehe auch* Mieterhöhung, preisgebundener Wohnraum
- unzulässige Kostenmiete **D 217 ff.**
  - Auskunftsanspruch des Mieters **D 226**
  - Auswirkungen auf die laufende Miete **D 221**
  - Entgelt, das die Kostenmiete überschreitet **D 219**
  - keine Aufrechnung des Vermieters **D 225**
  - Rechtsfolgen **D 220 ff.**
  - Rückforderungsansprüche **D 222 ff.**
  - Sonderregelung § 8 Abs. 2 WoBindG **D 223**
  - Überblick **D 217 f.**
  - ungerechtfertigte Bereicherung **D 224**
  - Verjährung der Rückforderungsansprüche **D 140, 216**
  - Wirtschaftlichkeitsberechnung **D 218**

Krankheit
- kein Kündigungsgrund **J 456**

Kratzer
- Obhuts- und Sorgfaltspflicht **I 257**
- Schönheitsreparaturen **H 322**

Küche
- Minderungsquote, Mängel **F 109**
- Wegnahmerecht nach Modernisierung durch Mieter **H 258**
- Zustimmungspflicht, Vermieter **I 262**

Kücheninstallation
- Mieterhöhung, Modernisierungsmaßnahme **E 161a**

Kündigung
- Ausschluss von Kündigungstatbeständen **A 142**
- Duldungsanspruch für Modernisierungsmaßnahmen bei erfolgter ~ **H 61**
- Ersatzmieterklausel **A 142**
- erstmaliger Ausspruch in Klageschrift Räumungsklage **M 139 ff.**
- Gestaltungsspielraum, Wohnraum-Individualmietvertrag **A 186**
- Inhaltskontrolle, Wohnraum-Formularmietvertrag **A 199**
- Schimmelpilz **F 135a ff.** *siehe auch dort*
- SMS **A 464**
- Streitwert **N 491**

2761

(Kündigung)
- Streitwert, Zustimmung N 589
- unberechtigte bei Geschäftsraum, Kündigungsgrund J 286
- unberechtigte, fristlose Kündigung Mieter J 456
- Veräußerung Mietobjekt C 59 ff. *siehe auch dort*
- Verletzung vorvertraglicher Aufklärungspflichten I 185a
- wegen Gebrauchsentziehung F 134
  - taktische Überlegungen F 168
- wegen Gesundheitsgefährdung F 135
  - taktische Überlegungen F 169
- wegen Insolvenz des Mieters P 79
- Zweifamilienhaus, Gestaltungsspielraum, Wohnraum-Individualmietvertrag A 186

Kündigung Gewerberaum J 122 ff.
- Änderungskündigung J 123 ff.

Kündigung Mieter J 424 ff.
- Aufforderung zur Bestätigung der Vertragsbeendigung, Muster J 425
- Ausschluss der ordentlichen Kündigung J 427a ff.
- außerordentliche fristlose Kündigung aus wichtigem Grund J 430 ff.
  - allgemeine Grundsätze J 430f
- außerordentliche Kündigung mit gesetzlicher Frist (Sonderkündigungsrechte) J 457 ff.
  - Erbe, Kündigungsrecht J 466 f.
  - Gemeinsamkeiten der Sonderkündigungsrechte J 457 f.
  - gesetzliche Fristen J 458
  - Insolvenzverwalter J 474
  - Mieterhöhung J 472
  - Modernisierung J 473
  - Versetzung von Militärpersonen, Beamten, Geistlichen, Lehrern J 469 ff.
  - Verträge über mehr als 30 Jahre J 468
  - verweigerte Untervermieterlaubnis J 459 ff.
- befristeter Mietvertrag, Beendigung J 475 ff. *siehe auch dort*
- einseitiger Kündigungsverzicht des Mieters J 427c
- Feststellungsklage, Androhung J 425
- Flächenabweichung F 57d
- fristlose Kündigung aus wichtigem Grund, ABC der fristlosen Kündigung J 456
  - Auslauffrist J 431
- fristlose Kündigung, Gesundheitsgefährdung J 446 ff.
  - Abhilfefrist J 451
  - Allergie J 449
  - Ausschlussgründe J 450 f.
  - Beweislast J 449
  - Fallgruppen J 452
  - Gefahrenverdacht J 448
  - gewerblicher Zwischenmieter J 447
  - hilfsweise fristgemäße Kündigung J 452
  - Verwirkung J 450
  - Voraussetzungen J 446 ff.
- fristlose Kündigung, Hinderung des Gebrauchs J 433 ff.
  - Abhilfefrist (Fristsetzung, Muster) J 434 ff.
  - Abhilfefrist entbehrlich J 437
  - Ausschlussgründe J 440 ff.
  - Ersatzvornahme, Androhung J 435
  - Fallgruppen J 445
  - hilfsweise fristgemäße Kündigung J 445
  - unterlassene Mängelanzeige J 443
  - Verschulden/Mitverschulden Mieter J 444
  - Voraussetzungen J 433
  - vorbehaltlose Mietfortzahlung trotz Mängeln J 442
- fristlose Kündigung, sonstige wichtige Gründe J 454
- fristlose Kündigung, Störung der Geschäftsgrundlage J 455
- fristlose Kündigung, Störung des Hausfriedens durch Vermieter J 453
- Fristsetzung J 425
- Insolvenz des Vermieters A 293
- ordentliche, fristgebundene Kündigung J 427 ff.
  - Ausschluss J 427a ff.
  - Fristen J 428 f.
- Rechtsnachfolge auf Vermieterseite, Kenntnis J 426
- Schimmelpilz F 135a ff. *siehe auch dort*
- Umdeutung von Erklärungen J 24 ff.
  - beiderseitige Kündigungen in Aufhebungsvereinbarung J 28 ff.
  - fristgemäße Kündigung zu unrichtigem Beendigungstermin in Kündigung zu zulässigem Termin J 26
  - unwirksame Abtretung des Kündigungsrechts in wirksame Ermächtigung zum Kündigungsausspruch J 31, 52
  - unwirksame fristlose in ordentliche Kündigung J 25
  - unwirksame fristlose Kündigung in Abmahnung J 267
  - unwirksame Kündigung in Angebot zur Vertragsaufhebung J 27
  - verfrühter Räumungsantrag J 32
- Vorüberlegungen J 424 f.
- Widerspruch gegen Fortsetzung, Muster J 425

Stichwortverzeichnis

(Kündigung Mieter)
- Zwangsversteigerung der Mietsache A 293

Kündigung Vermieter J 33 ff.
- Abhilfefrist, Ablauf J 274
- Abmahnung/Fristsetzung vor Kündigung J 44 f., 271 ff.
- Abtretung des Kündigungsrechts J 52
- Auskunftsverlangen über Mitbewohner, Muster J 109
- Außen-GbR J 50
- außerordentliche fristlose ~ aus wichtigem Grund J 258 ff.
  - ABC der fristlosen Kündigung J 286
  - Abmahnung J 266 ff.
  - Abmahnung, Abfassung J 271 ff.
  - allgemeine Grundsätze J 258 f.
  - angemessene Frist zum Kündigungsausspruch J 275
  - Aufforderung zur Stellungnahme, Muster J 270
  - Begründung der fristlosen Wohnraumkündigung J 276
  - Darlegungslast J 263
  - Entbehrlichkeit Abmahnung/Fristsetzung J 268 ff.
  - Fristsetzung J 266 ff.
  - Fristsetzung bis Kündigungsausspruch, Risikoabwälzung J 273
  - Gefahr weiterer Vertragsuntreue J 266 f.
  - Geschäftsraum J 276
  - hilfsweise ordentliche Kündigung J 265
  - Interessenabwägung J 264
  - Mietrechtsreform J 258, 267
  - Restlaufzeit des Vertrages J 265
  - Schadensersatzanspruch Vermieter K 361
  - schwerwiegende Vertragsverletzungen J 269
  - sonstige wichtige Gründe J 284
  - Störung des Hausfriedens durch Mieter J 283
  - Umdeutung in Abmahnung J 267
  - Umstände des Einzelfalls J 262
  - unbefugte Gebrauchsüberlassung J 280 ff.
  - Unzumutbarkeit J 259, 260 ff.
  - Vernachlässigung der Sorgfaltspflicht J 278 f.
  - Verschulden der Parteien J 263
  - wichtiger Grund J 258
  - Zahlungsverzug J 277
- außerordentliche Kündigung mit gesetzlicher Frist (Sonderkündigungsrechte) J 287 ff.
  - Beendigung des Nießbrauchs J 297
  - Ersteher in Zwangsversteigerung J 294
  - Gemeinsamkeiten der Sonderkündigungsrechte J 287
  - Kündigung gegenüber den Erben J 288 f.
  - Kündigung nach Eintritt begünstigter Haushaltsangehöriger J 290 f.
  - Kündigung nach Tod des Mieters J 288 f.
  - Kündigung von Verträgen über mehr als 30 Jahre J 292 f.
- Beendigungswirkung, notwendige Erklärungen J 96 ff.
- befristeter Mietvertrag, Beendigung J 299 f.
- Begründung, berechtigtes Interesse J 86
  - Informationsbedürfnis des Mieters J 87
  - Nachschieben von Gründen J 85
  - ordentliche Wohnraumkündigung J 83 ff.
  - Verbot der Bezugnahme früherer Schreiben J 86
  - Wohnraum J 94 f.
- Belehrung über Widerspruchsrecht, Muster J 97 f
- berechtigter Kündigungsausspruch J 47 ff.
- berechtigtes Interesse, Wohnraumkündigung J 165 ff., 246
- beruflicher Bedarf J 249a
- Berufungsbegründung J 92
- Beschränkung Kündigungsrecht
  - befristeter Ausschluss der ordentlichen Kündigung J 74a
  - Kündigungsverzicht zu Lasten des Mieters J 75a
  - vertragliche Beschränkungen J 75
- Betriebsbedarf J 170, 247 ff. *siehe auch dort*
- E-Mail J 63
- Eigenbedarf J 166 ff.
  - „benötigen" J 166 f., 175 ff.
  - „vernünftige Gründe" J 167, 182
  - allgemeine Grundsätze J 166 ff.
  - Alternativwohnung vorhanden J 197 ff.
  - Anbietepflicht andere Wohnung J 198 ff.
  - andere Wohnung vorhanden J 168
  - Arbeitszimmer, Nutzung als ~ J 172
  - Aufnahme einer Pflegeperson J 182
  - Austausch der Bedarfsperson J 189
  - Berechtigter, Geltendmachung J 169 f.
  - berufliche Gründe J 182
  - Betriebsbedarf J 170, 247 ff.
  - Beweis J 182

2763

(Kündigung Vermieter)
- drohender Wohnungsverlust   J 182
- Familienangehörige   J 183 ff.
- gelegentliche Nutzung   J 173
- gesundheitliche Gründe   J 182
- Haushaltsangehörige   J 186 f.
- Haushaltsvergrößerung   J 182
- Interessenabwägung, keine   J 167
- Kündigungsschreiben Inhalt   J 181 f.
- lebensgestalterische Gründe   J 182, 191 f.
- Mieter, entgegenstehende Interessen J 167
- Mitteilungspflicht bei Wegfall J 205 ff.
- nachträgliche Veränderung der Bedarfslage   J 188 ff.
- nachträglicher Wegfall des Eigenbedarfs   J 193 ff.
- natürliche Personen   J 170
- Personenhandelsgesellschaften, Geltendmachung   J 170
- Prozessuales   J 207
- Rechtsmissbrauch   J 168
- Stadtwohnung, Nutzung als ~   J 182
- Teilkündigung unzulässig   J 171
- Treuewidrigkeit   J 174
- überhöhter Wohnbedarf   J 168, 179 f.
- Ungeeignetheit der Wohnung   J 178
- Untervermieter   J 169
- unzureichende Unterbringung   J 182
- Vermieterwechsel   J 194 ff.
- vorübergehende Nutzungsabsicht J 173
- Wiedereinräumung des Besitzes J 208
- wirtschaftliche Gründe   J 182
- Wohnung, benötigen als ~   J 172
- Zeitmietvertrag   J 196
- Zweckverfehlung   J 168, 178
- Zweitwohnung   J 173
- Einliegerwohnung   J 145 ff.
  - berechtigtes Interesse bei Widerspruch J 146f
  - drei Wohnungen   J 152
  - Gewerberäume im selben Haus   J 151
  - Kündigungsschreiben, Muster   J 148
  - Mietrechtsreform   J 151
  - Vermieter wohnte bei Vertragsschluss nicht im Haus   J 150
  - Voraussetzungen, maßgeblicher Zeitpunkt   J 149
  - zwei getrennte Gebäude auf einem Grundstück   J 154
- Empfänger   J 57 ff.
  - Empfangsvollmacht   J 59
  - mehrere Mieter   J 58 ff.
  - unbekannter Aufenthalt   J 61 f.
  - Zustellung   J 59 ff.
- Erfüllung öffentlich-rechtlicher Aufgaben   J 250 f.
- Ermächtigung zum Kündigungsausspruch   J 52 ff.
  - Ermächtigungsurkunde, Muster   J 54
  - Nachweis   J 53
  - Vollmachtsvorlage zusätzlich   J 55
- Erwerber, Kündigung durch   J 51
- Form   J 63
- Fristen   J 64 ff.
  - Altverträge   J 67
  - Besitzverschaffung   J 67
  - Dauer der Überlassung   J 67 f.
  - Geschäftsraum   J 66, 70
  - Grundstücke   J 70
  - Mieterwechsel   J 68
  - Samstag als Werktag   J 65
  - vertragliche Fristen   J 69
  - Wohnraum   J 66 f., 70
  - Wohnungswechsel innerhalb eines Hauses   J 68
- Fristsetzung/Abmahnung vor Kündigung J 44 f., 271
- Gebrauchsfortsetzung   J 99
- Gebühren   J 46 f.
- Genossenschaftswohnung   J 252
- Geschäftsgrundlage, Störung   J 285
- Geschäftsraum   J 63, 122 ff.
  - Änderungskündigung   J 123 ff.
  - Kündigung durch schlüssiges Verhalten   J 63
  - ordentliche fristgebundene Kündigung J 122
- Grundsätze   J 47 ff.
- Haupt- und Hilfskündigung   J 91 ff.
- Hausverwaltung   J 57 f.
- Kündigungsgründe, sonstige   J 245 ff.
- Kündigungsschreiben, Inhalt   J 71 ff.
- Kündigungssperre im Insolvenzverfahren   J 298
- Kündigungssperrfristen nach Umwandlung in Wohnungseigentum   J 76 ff.
- Mehrheit von Kündigungsgründen   J 90
- Mehrheit von Mietern   J 58 ff., 62
- Mietaufhebungsvereinbarung   J 105 ff., 492 ff.
  - Befristung der Annahme   J 108, 493
  - Muster   J 107
- Mietervertretung nach Kündigungsempfang   J 337 ff.   siehe Kündigung Vermieter, Mietervertretung
- Mitbewohner
  - Auskunftsverlangen   J 109
  - Räumungsverlangen gegenüber Mitbewohnern   J 121
- möblierter Wohnraum   J 70
- Nießbraucher   J 50
- Nutzungsentschädigung, Verlangen erhöhter, Muster   J 100 ff.

(Kündigung Vermieter)
- ordentliche Wohnraumkündigung, Begründung   J 83 ff.
- Personenmehrheit Vermieterseite   J 48
- Pflichten des Mieters bei Vertragsende, Hinweis   J 104
- Pflichtverletzung, schuldhafte, nicht unerhebliche   J 237 ff.
  - Abmahnung   J 241
  - allgemeine Grundsätze   J 237 ff.
  - eigenes Verschulden des Mieters   J 237
  - Erheblichkeit der Pflichtverletzung   J 238
  - Fälle   J 243 f.
  - fristlose Kündigung, Verhältnis zu   J 242
  - Fristsetzung   J 241
  - Hilfskündigung zur fristlosen   J 237
  - Zeitnähe der Kündigung   J 239
- Räumungsklage   J 304 ff. *siehe auch dort*
- Räumungsklage, erneute Kündigung   J 92
  - Verfassungsgemäßheit der Klageabweisung   J 88 f.
- Sozialwohnung, Fehlbelegung   J 253 f.
- Teilkündigung   J 157 ff.
  - Begründungspflicht, Wegfall   J 162
  - Fahrstuhl, Entstehung   J 161
  - Mietrechtsreform   J 162
  - Mietsenkung   J 164
  - Nebenraum, Wohnungseigentum   J 160
  - Zusammenlegung zweier Wohnungen   J 161
- Überbelegung   J 256 f.
- Umdeutung von Erklärungen   J 24 ff.
  - beiderseitige Kündigungen in Aufhebungsvereinbarung   J 28 ff.
  - fristgemäße Kündigung zu unrichtigem Beendigungstermin in Kündigung zu zulässigem Termin   J 26
  - unwirksame Abtretung des Kündigungsrechts in wirksame Ermächtigung zum Kündigungsausspruch   J 31, 52
  - unwirksame fristlose in ordentliche Kündigung   J 25
  - unwirksame fristlose Kündigung in Abmahnung   J 267
  - unwirksame Kündigung in Angebot zur Vertragsaufhebung   J 27
  - verfrühter Räumungsantrag   J 32
- Unterschrift   J 63
- Verlängerung des Mietverhältnisses   J 99
- Vermieterpfandrecht, Geltendmachung   J 103
- Vertreter, Vollmacht   J 49 f.
- Verzicht auf Vermieterrechte, Muster   J 106
- vorsorglicher Fortsetzungswiderspruch, Muster   J 99
- vorübergehender Gebrauch, Wohnraum   J 70
- Vorüberlegungen   J 33 ff.
  - Eintritt des Erwerbers in Mietverhältnis   J 35 ff.
  - Kündigung oder Verhandeln   J 38 ff.
  - Mietvertrag, Wirksamkeit   J 34 ff.
  - Planung und Vorbereitung Kündigungsausspruch   J 42 f.
- Widerspruch gegen Kündigung, Hinweis   J 74
- Wiederholung des Kündigungsausspruchs   J 91 ff.
- wirtschaftliche Verwertung, Hinderung angemessener   J 209 ff. *siehe auch dort*
  - Abriss   J 234 ff. *siehe auch dort*
  - allgemeine Grundsätze   J 209 ff.
  - berechtigtes Verwertungsinteresse   J 212
  - Kündigungsschreiben   J 219 ff., 229, 233
  - Nachteile erheblich   J 217 f., 226
  - Rendite unangemessen/fehlt   J 214 ff.
  - Sanierung/Umbau   J 230 ff. *siehe auch dort*
  - Tatbestandsvoraussetzungen   J 213 ff.
  - unzulässige Fälle   J 211
  - Verkauf   J 223 ff. *siehe auch Veräußerung Mietobjekt*
- Wohnraum ohne Kündigungsschutz   J 127 ff.
  - Ausnahmetatbestände, gesetzliche   J 127
  - Ferienwohnung   J 138
  - möblierter Wohnraum innerhalb Vermieterwohnung   J 132 ff.
  - Studenten- oder Jugendwohnheim   J 137
  - untervermieteter Wohnraum, Besonderheiten   J 139 ff.
  - Wohnraum zu vorübergehendem Gebrauch   J 128 ff.
  - Zweitwohnung   J 130
  - Zwischenmietverhältnisse der öffentlichen Hand zum Zweck der Wohnungsfürsorge   J 136
  - Zwischenvermietung an gemeinnützigen Verein   J 136
- Wohnungseigentum, Sperrfristen   J 76 ff.
- Zustellung   J 59 ff., 110 ff.
  - Anwalt zu Anwalt   J 117
  - Aushändigung gegen Quittung   J 112

(Kündigung Vermieter)
- Bote, Vermerk, Muster J 111
- Einschreiben mit Rückschein J 113
- Einwurf-Einschreiben J 114
- Empfangsvollmacht J 59
- Gerichtsvollzieher J 115
- öffentliche Zustellung J 116
- Telefax, E-Mail, Telegramm J 118

Kündigung Vermieter, Mietervertretung J 337 ff.
- anwaltliche Hinweise J 340
- Auskunftsersuchen über Vorhandensein einer Ersatzwohnung, Muster J 363
- Erstberatung J 337 ff.
- gerichtliche Rechtsverteidigung J 360 ff.
  - Erfolgsaussichten, Einschätzung/Verbesserung J 360 ff.
  - Hilfsziele J 364 ff.
  - Räumungsklage, Verteidigung J 366 ff. siehe auch Räumungsklage, Mieterverteidigung
  - Räumungsvergleich, Abschluss J 365 siehe auch Räumungsvergleich
  - Zeitgewinn J 365
- Kündigungswiderspruch/Sozialklausel J 351 ff.
  - Anwendungsbereich J 354 f.
  - Härtefälle J 357 f.
- Musterbrief an Vermieter, Überprüfung des Räumungstermins J 345
- negative Feststellungsklage des Mieters J 410 ff.
  - Anträge J 410 ff.
  - Einsatz dieser Klage J 416
  - rechtliches Interesse J 410
  - Rechtskrafterstreckung J 415
  - Widerklage Vermieter J 414
- Räumungsvergleich, gerichtlicher J 418 ff. siehe auch dort
- Verteidigungskonzept, wirksame Kündigung J 342 ff.
  - Nachforschung über Fortbestand des Kündigungsgrundes J 349 ff.
  - Räumungsklage, Vermeidung J 346 ff.
  - Vereinbarung über Vertragsfortsetzung J 343
  - Vereinbarung über Vollstreckungsverzicht J 343a
  - Verzögerung der Räumung J 344 ff.
- Wirksamkeit der Kündigung, Beurteilung J 337 ff.

Kündigungsfristen J 64 ff.
- Geschäftsraummiete J 66, 70
- Mieterwechsel J 688
- Samstag als Werktag J 65
- Überlassung, Zeitpunkt der Besitzverschaffung J 67

- Vermieterkündigung nach Dauer der Überlassung J 67 f.
- Wohnraum J 70

Kündigungssperrfristen J 76 ff.

Kündigungsverzicht J 75a
- Inhaltskontrolle, Wohnraum-Formularmietvertrag A 199
- wechselseitiger C 503 ff. siehe auch Zeitmietvertrag, einfacher

Kündigungswiderspruch J 351 ff.
- Aufklärung über Form/Frist I 189
- und Vorenthalten der Mietsache durch Mieter K 209

Lagerung gefährlicher Stoffe
- Vertragsverletzung I 251

Lärm
- Bauarbeiten F 39, 45c, 45f
- Fluglärm F 109
- fristlose Kündigung Mieter J 456
- fristlose Kündigung, Gesundheitsgefährdung J 452
- Grenzwerte F 45c
- Kleinkinder F 35
- Kündigungsgrund J 244, 286
- Mängelanzeige F 92
- Minderungsquote, Mängel F 109
- Protokoll F 9, 33, 45f
- Sozialadäquanz F 45d
- Umweltfehler F 45c ff.
- Vertragsverletzung I 251
- Vorgehen gegen Dritte I 223

Lastentragung siehe Betriebskosten

Lastschrifteinzug siehe auch Miete, Erfüllung
- Gestaltungsspielraum, Wohnraum-Individualmietvertrag A 186
- Inhaltskontrolle, Wohnraum-Formularmietvertrag A 199

Laufzeit A 124
- auflösende Bedingung A 127
- feste (Mindest-)Laufzeit A 127, 290
- Gestaltungsspielraum, Wohnraum-Individualmietvertrag A 186
- Inhaltskontrolle, Wohnraum-Formularmietvertrag A 199
- Optionslaufzeit A 290
- Verlängerungsmöglichkeit A 127
- Vertragsbeginn A 125
  - Fertigstellung des Mietobjekts A 126
  - unentgeltliche Überlassung vor Vertragsbeginn A 125
- Zeitmietvertrag, qualifizierter A 127

Leasingvertrag
- Abgrenzung Gewerberaummiete A 243
- Abstimmung mit dem Steuerrecht A 243

Lebensgefährte
– Aufnahme, Rechtsfolgenübersicht I 268
– Passivlegitimation bei Räumungsklage J 310
– Streitwert bei Aufnahme N 413
– Untermiete G 44

Lebensgemeinschaft *siehe auch* Ausscheiden, Mieter bzw. Tod des Mieters
– eheliche/nichteheliche C 134, 197

Lebensmittelgeschäft
– Konkurrenzschutz I 203

Lebenspartner
– Eintrittsrecht C 320
– Räumungsvollstreckung gegen ~ M 418
– Untermiete G 42

Leerstand L 431 ff.
– Abrisskündigung J 257a
– Auswirkung auf Umlageschlüssel L 209, 224
– Minderungsquote F 109

Lehrer
– Sonderkündigungsrecht bei Versetzung J 469 ff.

Leichengeruch
– Obhuts- und Sorgfaltspflicht I 257

Leihe
– Abgrenzung Gewerberaummiete A 241
– Nebenkosten, Übernahme A 241

Leihwagen
– Kosten I 101

Leistungspflichten I 224 ff.

Leistungsverweigerungsrecht *siehe* Zurückbehaltungsrecht

Leitungen
– Mieterhöhung, Modernisierungsmaßnahme E 161a

Leuchtreklame
– Minderungsquote F 109

Lichteinfall
– Minderungsquote F 109
– Umweltfehler F 45g

Loch
– Fußboden, Minderungsquote F 109
– Schönheitsreparaturen H 322, 353 ff.

Lockmiete
– preisgebundener Wohnraum E 311

Lückenergänzungsklausel A 145, 490

Lüften
– Inhaltskontrolle, Wohnraum-Formularmietvertrag A 199
– Vertragsverletzung I 251

Lüftungsanlage
– Wartung, Umlage A 118

Luxusmodernisierungen
– Mieterhöhung, Modernisierungsmaßnahme E 161a

Madonna
– Minderungsquote F 109

Mahnverfahren M 27 ff.
– Abgabegericht falsch, keine Bindungswirkung M 84
– Abgabegericht, zutreffende Angabe M 35 f.
– Antrag auf Durchführung des streitigen Verfahrens M 37
– Fälligkeit des Zahlungsanspruchs M 28
– Forderung hinreichend individualisiert M 29 ff.
– Gebühren Rechtsanwalt N 134 ff.
  – Anrechnung N 136, 143, 159
  – Antrag auf Durchführung des streitigen Verfahrens N 142
  – Antrag auf Erlass eines Mahnbescheids N 135
  – Antrag auf Erlass eines Vollstreckungsbescheids N 138
  – Antragsgegner-Vertretung N 140 ff.
  – Einigungsgebühr N 139
  – Einlegung des Widerspruchs N 140
  – Einspruch N 142
  – Terminsgebühr N 137
– Gerichtskosten N 316
– Urkundenmahnverfahren M 221
– Widerspruch und Einspruch, weiteres Verfahren M 38 f.

Maisonettewohnung
– Mietpreisbildung A 66

Mandatsabwicklung Mietvertrag
– betriebswirtschaftliche Seite des Mandats B 4
– Charakter des Mietvertrags als Dauerschuldverhältnis B 1
– Erstberatung B 50 ff.
– Imageverlust des Rechtsanwalts B 5
– Interessenlage des Mandanten B 1 ff.
– konkludent abgeschlossener Mietvertrag B 108 ff.
– Mieterberatung, querulatorischer Vermieter B 21 ff.
– mündlicher Mietvertrag B 116 ff.
  – Beweismittel B 118
  – Dissens B 117 f.
  – Mieterberatung B 126 ff.
  – Vermieterberatung, Vermieter will festhalten B 120 ff.
  – Vermieterberatung, Vermieter will nicht festhalten B 124 f.
– Persönlichkeit des Mandanten, Beurteilung B 2 f.
– querulatorischer Mandant B 7 ff.
– Rechtsanwalt als „Berater in allen Lebenslagen" B 6
– rechtsschutzversichertes Mandat B 29 ff.
– schriftlicher Mietvertrag, Prüfung B 62

2767

(Mandatsabwicklung Mietvertrag)
- gemischte Verträge **B** 94 ff.
- Identifizierung der Vertragspartner, Probleme **B** 63 ff.
- verschiedene Vertragsexemplare **B** 102 ff.
- Vollständigkeitsprüfung **B** 90 ff.
- Vermieterberatung **B** 120 ff.
  - querulatorischer Mieter **B** 9 ff.
- Wirksamkeit des Mietvertrages **B** 131 ff.

Mängel der Mietsache
- bautechnische Besonderheiten **A** 62
- Beseitigung, Fachkräfte **F** 75
- Klage auf Beseitigung **F** 245
  - Antrag/Anwendung/Streitwert/Reaktion Vermieter **F** 225 *siehe auch* Gewährleistungsrechte
  - Sondereigentum **F** 245a
- Streitwert Duldungsanspruch bei Mängelbeseitigungsarbeiten **N** 450

Mängelanzeige **F** 89 ff.
- Anwendungsfälle, Übersicht **F** 90
- Formulierung, Anforderungen **F** 91 ff., 175
- Fristsetzung **F** 95
- Gestaltungsspielraum, Wohnraum-Individualvertrag **A** 186
- Inhaltskontrolle, Wohnraum-Formularmietvertrag **A** 199
- Kenntnis vom Mangel bei Vertragsschluss, Untersuchungspflicht **F** 80
- Kündigungsgrund bei unterlassener ~ (Feuchtigkeitsschäden) **J** 243
- Lärmstörung **F** 92
- Obhuts- und Sorgfaltspflicht **I** 257
- Sinn und Zweck **F** 91
- taktische Überlegungen **F** 157
- unzureichende Mangelbehebung **F** 90
- Vollmacht **F** 97
- Weiterzahlung unter Vorbehalt **F** 94
- Zeitnähe **F** 90
- Zugangsnachweis **F** 96
- Zwangsverwaltung *siehe dort*

Mängelbeseitigung
- Aufwendungsersatz **F** 132 ff.
- Eigentumswohnung, Mängel im Gemeinschaftseigentum **F** 115a
- Ersatzvornahme **F** 124 ff.
  - unterlassene, Mitverschulden **F** 126a
- Notmaßnahmen **F** 133a
- Opfergrenze **F** 114
- sonstige Verwendungen, Ersatz nach § 539 Abs. 1 BGB **F** 133b ff.
- Verhinderung durch Mieter **F** 77
- Verwirkung der Gewährleistungsrechte **F** 80 f.
- Vorschussanspruch **F** 129 ff.
  - Aufrechnung des Vermieters **F** 131

- Beschränkung bei Miteigentum oder Nießbrauch **F** 131a

Mängelbeseitigungsaufforderung **F** 110 ff.
- Anwendungsfälle **F** 110
- Art der Beseitigung **F** 112
- ernsthafte/endgültige Verweigerung der Mängelbeseitigung **F** 114
- Form **F** 116
- Formulierung **F** 111 f.
- Frist, Dauer **F** 113
- Fristsetzung **F** 113
- Kündigung entspricht beiderseitigem Interesse **F** 114
- Originalvollmacht **F** 116
- Streitwert **N** 492 ff.
- Zugangsnachweis **F** 116

Marktentwicklung
- rapider Mietverfall **A** 333
- Untervermietung **A** 403

Marmorboden **A** 75
Mäuse *siehe* Ungeziefer
Metzgerei
- Konkurrenzschutz **I** 203

Mietänderung
- Gestaltungsspielraum, Wohnraum-Individualmietvertrag **A** 186
- Inhaltskontrolle, Wohnraum-Formularmietvertrag **A** 199

Mietaufhebungsvereinbarung **J** 20 ff., 492 ff.
- Allgemeine Geschäftsbedingungen, Anwendbarkeit der Regelung über **J** 493
- Anfechtung **J** 494
- durch Erwerber vor Eintragung im Grundbuch **J** 492
- Form **J** 496
- Grundsätze **J** 492 ff.
- Haustürwiderrufsgesetz **J** 493
- Inhalt **J** 497 ff.
- Interessenlage der Parteien **J** 497
- Muster **J** 105 ff.
- notwendige und nützliche Regelungen **J** 498
- Räumungsverpflichtung, Regelung **J** 498
- Sittenwidrigkeit **J** 492
- Untervermietung **J** 495
- Vertragsende, Regelung **J** 498
- Vertragsübernahme **J** 494

Mietausfallschaden **K** 221, 342
Mietbeginn
- Bestimmung bei fehlender Fertigstellung **A** 275

Mietbürgschaft *siehe auch* Kaution
- Gewerberaummietvertrag **A** 455 ff.

Miete
- Abzüge **A** 85
- Beratungssituation **D** 1
- Fälligkeit **A** 186; **D** 5; **D** 21 ff.

2768

(Miete)
- Gewerberaummietvertrag A 306 ff.
  - Leistungsvorbehalt A 331 ff.
- Grundfragen, Checkliste D 2 ff.
  - Erfüllung D 6
  - Kündigung wegen Zahlungsverzugs möglich D 7
  - Mietstruktur D 4
  - Verjährung von Mietforderungen D 9
  - Verjährung von Rückforderungsansprüchen D 9
  - welche Miete ist fällig D 5
  - Zahlung unter Vorbehalt D 7
  - Zahlungs- und Räumungsklage D 7
- Heizkosten A 71
- Miethöhe, Feststellung der konkreten ~ D 17 ff.
  - entsprechen Mietänderungen der vertraglichen Vereinbarungen oder gesetzlichen Bestimmungen D 17
  - Gewerberaummietvertrag D 18
  - konkludente Zustimmung zur Mieterhöhung durch Zahlung D 17
  - letzte schriftliche Vereinbarung D 17
- Mietstruktur, Feststellung D 10 ff. siehe auch Mietstruktur
- Möblierzuschlag A 69
- Senkung bei Teilkündigung J 164
- Streitwert N 539 ff.
- Umsatzsteuerpflicht des Mieters D 19 f.
  - Pflicht zu umsatzsteuerpflichtigen Tätigkeiten, Gewerberaummietvertrag D 20
- Verrechnung unregelmäßiger Zahlungen D 6
- Vorfälligkeitsklauseln, bisherige Problematik D 5
- Zuschlag zur ortsüblichen Vergleichsmiete, hochwertiger Bodenbelag A 75

Miete, Erfüllung D 53 ff.
- Abbuchungsverfahren D 62
  - keine formularmäßige Erteilung D 63
- Ausgangsfall/Überblick D 53 ff.
- Einzugsermächtigung, formularmäßige Erteilung möglich D 63
  - Mitteilungspflicht des Vermieters bei Nichtgebrauch D 63
- gesetzliche Regelung D 57
- Grundfragen, Checkliste D 56
  - abweichende vertragliche Vereinbarung von gesetzlicher Erfüllungsregelung D 56
  - Berücksichtigung von Zahlungen des Mieters oder Dritter D 56
- Hinterlegung bei Pfändung Q 68
- Leistung unter Vorbehalt D 65 f.
- Mieter gleichzeitig Vermieter D 74

- Klageantrag D 74
- Mietrechtsreform/Vorauszahlungsklauseln in Altverträgen D 54 siehe auch Mietzins, Fälligkeit
- Nichterfüllung/Zahlungsverzug D 75 ff. siehe auch Miete, Zahlungsverzug
- Personenmehrheit, Mieter D 71 f.
  - Gesamtschuldnerstellung D 71
  - Klageantrag bei Zahlungsklage D 73
- Personenmehrheit, Vermieter D 73
  - Klageantrag bei Zahlungsklage D 73
- Scheckzahlung D 64
  - Erfüllung mit endgültiger Gutschrift D 64
- Verjährung des Anspruchs D 140
- Verrechnung von Zahlungen des Mieters D 67 ff.
  - abweichende vertragliche Vereinbarung D 70
  - Dauerauftrag D 68
  - konkrete Verrechnung auf einzelne Monatsmieten D 67
  - Leistungsbestimmung des Mieters D 68
  - Leistungsbestimmung des Mieters fehlt D 69
  - Rückstände D 69
  - Saldierung D 67
  - stillschweigende Verrechnungsbestimmung auf „lästige Schuld" D 69
- vertragliche Vereinbarung D 58
  - Rechtzeitigkeitsklausel D 59
  - Vorfälligkeitsklausel D 59
  - Zeitpunkt der Gutschrift maßgeblich für Erfüllung D 60
- Zahlung- und Räumungsklage, Erledigung durch Erfüllung nach Rechtshängigkeit D 55
  - Klageänderung in Antrag auf Kostenerstattung D 55
  - Klagerücknahme D 55
- Zahlungsart D 62 ff.
  - Einzugsermächtigung D 62

Miete, Ermäßigung D 102 ff.
- Änderungskündigung D 103
- Ersatzvermietung D 136
  - Eintritt in bestehenden Vertrag für Restlaufzeit D 137
  - Ersatzmieterklausel D 136
  - überragendes Interesse des Mieters an Aufhebung des Vertrages D 136
  - Weitervermietung zu neuen Konditionen D 138
- Fläche, Abweichung der tatsächlichen von der vereinbarten D 123 ff.
  - falsche Quadratmeterangabe im Mietvertrag D 126 ff. siehe auch Flächenabweichung

2769

(Miete, Ermäßigung)
- Gewerberaum, Quadratmetermiete D 123 f.
  - Miete pro Quadratmeter D 123 ff.
  - Vermessung nach Vertragsschluss, Quadratmetermiete D 124
  - Wohnraum, Quadratmetermiete D 125
- gesetzliche Vorschriften D 103 ff.
  - Senkung der Betriebskosten D 103
  - Senkung der Lebenshaltungskosten, Indexmiete D 103
  - Sinken der ortsüblichen Vergleichsmiete D 103
- Gewerberaummietvertrag D 104
  - Mietanpassungsklausel, Beispiel D 105
  - Wertsicherungsklausel, Beispiel D 106
- Minderung D 107 ff. *siehe auch* Minderung, Miete
- persönliche Verhinderung des Mieters D 131 ff.
  - Abdingbarkeit des § 537 BGB D 139
  - Überblick D 131
- Überblick D 102
- vorzeitige Aufgabe durch Mieter und Weitervermietung D 132 ff.
  - Differenzmiete, Anspruch auf ~ D 133
  - fristlose Kündigung wegen Zahlungsverzug D 134
  - Information über beabsichtigte Weitervermietung D 135
  - Kündigungsfolgeschaden D 134
- Zurückbehaltungsrecht D 114 ff.
  - Abdingbarkeit D 118 ff.
  - Aufgabenkreis des Rechtsanwalts D 116 f.
  - Frankfurter Praxis D 115
  - Grundsatz D 114
  - laufende Betriebskostenvorauszahlungen, unterlassene Abrechnung D 121 f.
  - laufende Miete allgemein D 114 ff.
  - Treu und Glauben D 114
  - Zurückbehaltungsrecht hilfsweise neben Minderung D 116

Miete, Fälligkeit D 21 ff.
- Fertigstellung D 21
- gesetzliche Regelung
  - Fälligkeit bei Altverträgen (vor dem 1.9.2001) D 22
  - nachschüssige Zahlungsweise bei Grundstück, Schiff, Mobilien D 22
  - Wohnraum/Gewerberaum D 22
- Vorauszahlungsklausel D 23 ff.
  - bisherige Rechtsprechung, Analyse D 27 ff.
  - Fälligkeit erst am Monatsende D 24
  - gleichzeitige Beschränkung des Aufrechnungs- und Zurückbehaltungsrechts D 23 f.
  - risikobehafteter Weg D 26
  - sicherer Weg D 25
  - unzulässige Einschränkung des Minderungsrechts D 29
  - Wohnraummietvertrag/Altvertrag Rechtsprechung D 28 ff.
- Vorauszahlungsklausel, Gewerberaum, Altverträge D 52
  - Neuverträge D 51
  - Vorauszahlungs- und Ankündigungsklausel zur Aufrechnung oder Ausübung des Zurückbehaltungsrechts D 50 ff.
  - Vorauszahlungs- und Aufrechnungsverbotsklausel D 49
- Vorauszahlungsklausel, Wohnraum
  - Altverträge D 32 ff., 41
  - Auswirkung der neuen Gesetzeslage D 30 f.
  - Hinweis auf ungeklärte Rechtslage D 35, 48
  - Neuverträge D 31, 40
  - Vorauszahlungs- und Ankündigungsklausel zur Ausübung eines Zurückbehaltungsrechts D 43 ff.
  - Vorauszahlungs- und Aufrechnungsankündigungsklausel D 36 ff.
  - Vorauszahlungs- und Aufrechnungsverbotsklausel D 28 ff.

Miete, Zahlungsverzug
- Abmahnung D 99 ff.
  - Checkliste für Abmahnung D 100 ff.
  - Kündigungsandrohung D 99
  - Sechs-Monats-Frist D 101
- Beginn der Zahlung, Bestimmung A 275a
- fristgemäße Kündigung D 96 ff.
- fristlose Kündigung D 79 ff.
  - Ausgleich aller offenen Mietrückstände innerhalb der Schonfrist D 89
  - Begründungszwang D 79
  - Essentials, Übersicht D 79
  - Gebühren D 81
  - Gewerberaum, formularvertragliche Verschärfung der Kündigungsbefugnis D 76
  - hilfsweise erklärte fristgerechte Kündigung, Kombination D 95
  - individualvertragliche Verschärfung der Kündigungsbefugnis D 76
  - keine analoge Anwendung der Schonfristregelung, fristgemäße Kündigung D 96
  - Minderungsbefugnis des Mieters D 78

(Miete, Zahlungsverzug)
- Muster D 80
- nachträglicher Ausgleich aller Mietrückstände D 77, 96
- nicht unerheblicher Teil der Miete D 82 f.
- Räumungs- und Zahlungsklage, Muster D 93
- Rückstand über mehr als zwei Monatsmieten D 84 ff.
- Schonfristregelung Wohnraum D 87 ff.
- Schreiben des beauftragten Rechtsanwalts, Muster D 95
- sofortiges Handeln des Vermieters D 75
- Überblick D 75 ff.
- Unabdingbarkeit der Kündigungsgründe D 76
- Verhältnis ordentliche und fristlose Kündigung D 97
- Verschulden des Mieters D 78
- Voraussetzungen D 75, 82 ff.
- Vorauszahlungsklausel/Rechtzeitigkeitsklausel D 77
- Kündigung wegen laufend verspäteter Zahlungen D 99 ff.
- Kündigung wegen Pflichtverletzung J 243
- Räumungsklage D 88
  - Übernahmeerklärung des zuständigen Wohnungs- oder Sozialamtes D 90
  - Unwirksamwerden der Kündigung D 88
  - Verfahrenskosten D 90
  - Zweitfall innerhalb von zwei Jahren D 91
- ständige Unpünktlichkeit, Kündigungsgrund J 286, 296
- Zwischenmietverhältnis, Kündigung gegenüber Insolvenzverwalter D 75

Mieter, persönliche Verhinderung
- Abdingbarkeit der gesetzlichen Regelung D 139
- Anspruch auf Differenzmiete D 133 f.
- Ersatzmieterklausel D 136 f.
- Ersatzvermietung (Mietnachfolger), Pflicht zur ~ D 136 f.
- fristlose Kündigung wegen Zahlungsverzug vor Drittüberlassung D 134
- Information über beabsichtigte Weitervermietung D 135
- Kündigungsfolgeschaden D 134
- Überblick D 131
- vorzeitige Aufgabe und Weitervermietung D 132 ff.
- Weitervermietung zu neuen Konditionen D 138

Mieter, vertragswidriges Verhalten I 240 ff.
- Abmahnung I 273 f.
- bauliche Veränderungen I 258 ff. *siehe auch dort*
- Beratung nach Besitzüberlassung I 247 ff.
  - Formularvertrag I 248
  - Obhuts- und Sorgfaltspflichten I 252 ff. *siehe auch dort*
  - vertragswidriger Gebrauch, Einzelfälle I 251
- Beratung vor Besitzüberlassung I 241 ff.
  - Abnahmeverpflichtung Mieter I 243
  - Annahmeverzug I 242
  - Auflösung Mietvertrag I 244
  - Schadensersatz I 245
- Erweiterung des vereinbarten Mietgebrauchs I 263 ff.
  - Tabelle I 265
- Gebrauchsüberlassung an Dritte I 266 f.
- Kündigung wegen schuldhafter, nicht unerheblicher Pflichtverletzung J 237 ff.
  - Abmahnung J 241
  - allgemeine Grundsätze J 237 ff.
  - eigenes Verschulden des Mieters J 237
  - Erheblichkeit der Pflichtverletzung J 238
  - Fälle J 243 f.
  - fristlose Kündigung, Verhältnis zu J 242
  - Fristsetzung J 241
  - Hilfskündigung zur fristlosen ~ J 237
  - Mangel, Bestimmung I 247d f.
  - Zeitnähe der Kündigung J 239
- Mieterberatung I 289 ff.
  - Gebühren I 296
  - Prozessuales I 293 ff.
  - Zurückweisen der Vorwürfe, Folgen I 291
- Nutzung vertragswidrig I 247 ff.
  - Bestimmung der vertragsgemäßen Nutzung I 247a
- Nutzungsänderung I 247c
- Schadensersatzansprüche I 279 f.
- schwerwiegende Vertragsverletzungen J 269
- Teilkündigung bei vertragswidriger Raumnutzung J 159
- Vermieterberatung I 269 ff.
  - Androhung nach § 890 Abs. 2 ZPO I 284b
  - Anspruch auf Erlaubnis I 277
  - Beseitigungs- und Unterlassungsanspruch I 274 f., 282

(Mieter, vertragswidriges Verhalten)
- Besichtigung I 270
- Gebühren I 288
- Kündigungsrecht I 276
- Prozessuales I 281 ff.
- Streitverkündung I 281
- Verhältnismäßigkeitsgrundsatz I 272
- verschwundener Mieter K 267 ff.
  - Anschriftenermittlung erfolglos K 275 ff.
  - Detektei K 274
  - Gebühren K 281
  - Komfortauskunft Telekom K 271
  - Melderegisterauskunft K 269
  - Nachsendeantrag gestellt K 270
  - öffentliche Zustellung außergerichtlicher Schreiben, Antrag, Muster K 277 ff.
  - öffentliche Zustellung, Voraussetzungen K 276
  - örtliche Ermittlungen der Bezirksämter K 272

Mieterbegünstigungsklausel I 296a

Mieterhöhung
- Anwalt, notwendige Vorinformation E 9
- Ausschluss von Erhöhungen nach den Umständen, Übersicht E 6
- Ausschluss von Erhöhungen nach Gesetz, Übersicht E 5
- Beratungssituation E 1 f.
- Duldungspflicht bei Modernisierung H 152
- Einvernehmliche Erhöhung E 7 f.
  - Beschränkung E 8
  - Vereinbarungen vor der Mietrechtsreform E 7
  - Vertragsabschluss E 7
- Erhöhungsmöglichkeiten, Übersicht E 3 f.
- Klage auf Mieterhöhung M 228 ff.
  - Abgabe einer Willenserklärung, Klage M 228
  - Antrag, Muster M 229
  - Begründung, Anforderungen M 230
  - Beschwer bei Berufung M 272
  - Klagefrist M 231 f.
  - Klagevortrag, Übersicht M 232a
  - Nachholung des Erhöhungsverlangens im Rechtsstreit M 233 f.
  - teilweise Zustimmung des Mieters, Klageantrag M 229a
- selbständiges Beweisverfahren, Anpassung an Vergleichsmieten M 312 ff.
- selbständiges Beweisverfahren, Erhöhung wegen Modernisierung M 315
- Streitwert N 495 f.
  - Anspruch auf Mieterhöhung N 497 ff.
  - Ansprüche aus der Mieterhöhung N 503
  - Mieterhöhungsverlangen N 495
- Vertragsverlängerungsoption A 303

Mieterhöhung, bis ortsübliche Miete E 10 ff.
- Ablehnung der Mieterhöhung E 129 ff.
  - begründete Mieterhöhungsbegehren E 132
  - eindeutig mangelhafte Mieterhöhungsverlangen E 131
  - prozessvorbereitende Überlegungen E 133
- Anlagen, Erhöhungserklärung E 110 ff.
  - Begründungsmittel E 111
  - Berechnungen E 113
  - Betriebskostenaufstellung E 112
  - Vollmacht E 110
  - Zweitschrift E 114
- Begründung der Erhöhung E 31, 104
  - Gemeindeauskünfte, Mietgutachten E 104
  - Gutachten betreffend vergleichbarer Wohnung E 104
  - Offenkundigkeit E 104
  - Urteil betreffend vergleichbare Wohnung E 104
  - vorprozessuales Begründungsverfahren E 39
  - Wohngeldstatistiken E 104
- Begründung durch Mietspiegel, Taktik E 81 ff.
- Checkliste: Erhöhungsverlangen E 106
  - Mindestinhalt E 106 f.
  - weitere Angaben E 108
- Checkliste: typische Fehler, Unwirksamkeit E 129 f.
- Einigungsvorschlag, Inhalt E 134
- Erhöhungserklärung, Muster E 109
- Fristentabelle E 118
- Jahressperrfrist E 26 ff.
  - Fristbeginn E 26
  - Staffelmietvereinbarung, Auslauf E 27
  - Teilzustimmung zu vorangegangener Mieterhöhung E 29 f.
  - Wegfall der Mietpreisbindung E 28
- Klage auf Zustimmung E 135 ff.
  - Antrag E 145
  - Ausschlussfrist E 140
  - Begründetheit E 147 ff.
  - Berufungsmöglichkeiten E 156
  - Klagebegründung, Checkliste – Mindestinhalt E 146
  - Klärung einer nicht eindeutigen Zustimmung E 141
  - Kostenrisiko, Berechnung E 138
  - Kostenüberlegungen E 135 ff.

Stichwortverzeichnis

(Mieterhöhung, bis ortsübliche Miete)
- Nachholung/Nachbesserung des Erhöhungsverlangens im Prozess E 155
- Nachprozessuales E 156 ff.
- Parteien E 143
- Rechtsmittelstreitwert E 156
- Streitwert E 144
- Vergleich im Prozess, Checkliste E 160
- Wert des Mietspiegels E 147 ff.
- Zulässigkeit E 139
- Zuständigkeit E 142
- Kündigungsrecht Mieter E 128
- Mieter, Reaktionsmöglichkeiten E 119 ff.
  - Checkliste: notwendige Informationen E 119
  - Checkliste: Überprüfung der Mieterhöhung E 120
- Mietspiegel E 33 ff.
  - angreifbare Punkte im Prozess E 147 ff.
  - ausgehandelter Mietspiegel E 44
  - einfacher Mietspiegel E 43
  - qualifizierter Mietspiegel E 45 ff.
  - Qualität von Mietspiegeln E 42 ff.
  - Regressionsmietspiegel E 40 f.
  - Tabellenmietspiegel E 36 ff.
- Minderung, Zurückbehaltungsrecht E 126 ff.
  - Geltendmachung verwirkter Rechte E 126
  - Zurückbehaltung der Zustimmung E 127
- Sachverständigengutachten, Begründung durch E 89 ff.
  - Anforderungen an Sachverständigengutachten E 92 f.
  - Anforderungsprofil an Gutachten E 95 ff.
  - Auswahl des Sachverständigen E 91
  - Gutachten betreffend vergleichbarer Wohnung E 104
  - Kurzgutachten E 90
  - Prüfungsschema E 94
- Sachverständigengutachten, gerichtliches, Überprüfung E 151 ff.
  - bloße Mietspiegelanwendung E 152
  - Mietbildungsfaktoren, Berücksichtigung E 154
  - Offenlegung von Befundtatsachen E 153
  - statistische Arbeit E 153
- Schätzung der Vergleichsmiete E 88
- Verbindung mit anderen Mieterhöhungen E 105
- Vergleichswohnungen, Begründung durch E 99 ff.
  - Anzahl E 100

- Bezeichnung E 101
- Miethöhe der Vergleichswohnung E 103
- Vergleichbarkeit E 102
- Vermieterberatung E 10 ff.
  - Ausgangsmiete E 21
  - Auskunftsanspruch, Wohnungsmerkmale E 20
  - Ausstattung/Beschaffenheit/Lage E 16
  - Baualtersklasse E 17
  - Begründung der Erhöhung E 31 ff.
  - Besichtigung E 20
  - Fläche der Mietwohnung E 12 ff.
  - Jahressperrfrist E 10
  - Kaltmiete E 21
  - Kappungsgrenze E 10, 22 ff., 104
  - Kappungsgrenze, Auskunftsanspruch E 23
  - Kappungsgrenze, Berechnung E 22
  - Kappungsgrenze, Fehlbeleger E 24
  - Mietdatenbank E 32
  - Mietspiegel E 33 f.
  - Mietstruktur, frühere Mieterhöhungen E 21 ff.
  - Taktik E 11 ff.
  - Wohnwert, Einfluss auf ~ E 18
  - Wohnwerterhöhung, Entstehung E 19
  - Zuschläge zur ortsüblichen Miete E 30
- Zugangsnachweis E 115
  - Gerichtsvollzieherzustellung E 116
- Zurückbehaltungsrecht E 127
- Zustimmung, Teilzustimmung E 121 ff.
  - Abgabe der Zustimmungserklärung E 124
  - Ausgangsmiete E 121
  - kein Zurückbehaltungsrecht an ~ E 127
  - konkludente ~ E 125
  - Nachvollziehen der Berechnung E 122
  - nicht eindeutig erklärte Zustimmung E 141
  - Teilzustimmung, Fälle E 122
  - Teilzustimmung, Formulierung E 123
  - vorbereitete Zustimmungserklärung E 114

Mieterhöhung, Indexmietvereinbarungen E 274 ff.
- Erhöhungserklärung, Form und Inhalt E 294 f.
- Erhöhungserklärung, Muster E 296
- Folgen für den Mieter E 297
- Form E 292
- Laufzeit des Vertrages E 291

2773

(Mieterhöhung, Indexmietvereinbarungen)
- notwendige Vorinformationen E 9
- Verträge vom 1.1.1975 bis 31.8.1993 E 276
- Verträge vom 1.9.1993 bis 31.12.1998 E 277 f.
- Verträge vom 1.1.1999 bis 31.8.2001 E 279 ff.
  - Umrechnung E 283 ff.
  - Vertragsänderung, Anspruch E 280 ff.
  - Vertragsänderung, Umsetzung E 286 ff.
- Verträge seit 1.9.2001 E 290
- Vor- und Nachteile E 293
- Vorüberlegung E 274
- Wirksamkeitsvoraussetzungen E 275 ff.
- Zeitpunkt der Vereinbarung E 275 ff.

Mieterhöhung, Modernisierung E 161a ff.
- anerkannte Modernisierungsmaßnahmen, Liste E 161a
- Beratungssituation E 161a
- Energieeinsparung, Berechnung E 166
- Erhöhungserklärung, Muster E 182
- Erhöhungsverlangen, Mindestinhalt, Checkliste E 174
  - Anlagen E 180
  - Einführung neuer Mietnebenkosten E 175
  - Fälligkeitszeitpunkt Mieterhöhung E 176
  - vertragsändernde Wirkung der Erklärung E 179
  - Zugang E 180
- gerichtliche Abwehr der Erhöhung E 202 ff.
  - Antrag E 205
  - Einigung E 207
  - Einwände E 206
  - Nachzahlung E 208
  - negative Feststellungsklage E 203 f.
  - Rechtsschutzversicherung E 203
  - Streitwert E 204
  - Zahlungsklage abwarten E 202
- gerichtliche Durchsetzung der Erhöhung E 195 ff.
  - Begründetheit E 200 f.
  - Berufungsfähigkeit E 197
  - Beweislast E 201
  - Formalien E 198
  - Klagebegründung, Mindestinhalt, Checkliste E 199
  - Klagevorbereitung E 195
  - mehrere Mieter E 198
  - Zahlungsklage E 196
- Instandhaltungskosten, Abgrenzung E 164
- Instandhaltungskosten, Berechnung E 165
- Kappungsgrenze E 171
- Mieter, Gegenargumente E 183 ff.
  - abgeschlossene Arbeiten E 188
  - Ausschluss von Mieterhöhungen wegen Modernisierung E 183
  - Bauherr der Modernisierungsmaßnahme E 184
  - Duldung der Maßnahme E 185
  - Erhöhungserklärung, Überprüfung, Checkliste E 193
  - Mieterhöhungshöhe E 191
  - Mietpreisüberhöhung E 190
  - öffentliche Förderung E 189
  - Sonderkündigungsrecht E 194
  - Verwirkung E 192
- Mietwirksamkeit der Wohnwertverbesserung E 169 ff.
- notwendige Vorinformationen E 9
- öffentlich geförderte Maßnahmen E 168
- praktische Umsetzung E 173
- Rechnungen E 163, 177
- Verbindung mit Erhöhung auf ortsübliche Vergleichsmiete E 169 ff.
- Vergleichsrechnung, ortsübliche Miete E 172 ff.
- Vermieterberatung E 162 ff.
- Verteilung ansatzfähiger Modernisierungskosten E 167
- Voraussetzungen E 171
- Wartefrist E 171

Mieterhöhung, preisgebundener Wohnraum E 298 ff.
- Ausschluss des Mieterhöhungsrechts E 303
- Erträge, kostenmindernde E 309
- Fortschreitung der Werte, Überprüfung E 304
- Gleitklauselvereinbarung E 318
- Höchstmiete E 298
- II. Berechnungsverordnung E 299
- Indexierung E 309
- klageweise Durchsetzung E 329 ff.
  - Bestreiten wirksamer Mietänderungen in der Vergangenheit E 331
  - Klageschrift E 330
- Lockmiete, Ausschluss der Erhöhung E 311
- Mietänderung, Technik E 301
- Mieterberatung E 333 ff.
  - Auskunftsrecht E 334
  - außergerichtliche Erwiderung E 339
  - formelle Fehler der Änderungserklärung E 335
  - Gebühren E 346
  - materielle Fehler der Änderungserklärung E 336

(Mieterhöhung, preisgebundener Wohnraum)
- negative Feststellungsklage E 343
- negative Feststellungsklage, Antrag E 344
- negative Feststellungsklage, Klageschrift E 344
- Prozessuales E 342 ff.
- Rückforderungsansprüche E 340, 345
- Schweigen auf Änderungserklärung E 338
- Sonderkündigungsrecht E 341
- Taktik, mögliche Vorgehensweisen E 337
- Wirksamkeit Mietänderungserklärung E 333
- Nachholung unwirksamer Mieterhöhungen E 323 ff.
  - Muster E 327
  - Wirkungszeitpunkt E 326
- Neubaumietenverordnung E 299
- notwendige Unterlagen E 302 ff.
- rückwirkende Mieterhöhung A 86
- Vermieterberatung E 306 ff.
  - Abgabe der Mietänderungserklärung E 307 ff.
  - Adressat E 319
  - Anlagen zur Mietänderungserklärung E 315
  - Aufwendungszuschüsse, Wegfall E 309
  - Berechnung des zulässigen Entgeltes E 312
  - Checkliste, notwendige Informationen E 309
  - Durchschnittsmiete E 311
  - Erläuterung der Mieterhöhung E 313 ff.
  - Gebühren E 332
  - Instandhaltungspauschale, Erhöhung E 309
  - laufende Aufwendungen, Aufschlüsselung E 314
  - Mietausfallwagnis E 310
  - Nachprüfbarkeit der Berechnungen E 314
  - rückwirkende Mietänderung E 306
  - rückwirkende Mieterhöhung E 318
  - Stockwerksstaffeln E 311
  - Transparenz der Veränderungen E 312
  - Übergabe der Wirtschaftlichkeitsberechnung bei Vertragsschluss E 316
  - Überprüfung in Vergangenheit abgegebener Erklärungen E 308
  - Unterschrift E 320
  - Verwaltungspauschale, Änderung E 309
- Vollmacht E 321
- Zeitpunkt der Wirksamkeit E 317
- Zinssatzänderung E 309
- Zugang E 322
- Wirtschaftlichkeitsberechnung E 310, 315
- Wohnberechtigungsschein E 298
- Wohnungsbauförderungsgesetz E 298

Mieterhöhung, Staffelmietvereinbarungen A 86
- Angabe des Erhöhungsbetrages E 266
- Beratungssituation E 264 f.
- Höchstdauer E 266
- Intervalle E 266
- Kappungsgrenze E 269
- Mietpreisüberhöhung E 270
- Minderungsrechte, Wiederaufleben E 268
- notwendige Vorinformationen E 9
- Schriftform E 266
- Staffelmietvereinbarungen E 264 ff.
- Vor- und Nachteile E 267
- Wirksamkeitsvoraussetzungen E 266 ff.

Mieterhöhung, Veränderung Betriebskosten E 209 ff.
- Beratungssituation E 209 f.
- Berechnungsgrundlage E 228 ff.
  - „neue" Betriebskosten E 229
  - sonstige Betriebskosten E 230
- Checkliste, Inhalt Erhöhungsverlangen E 235
  - Angabe von Rechnungsdaten E 240
  - Begründung E 239
  - Betriebskosten „alt" und „neu" E 238
  - Formalien E 236
  - formularvertragliche Abbedingung des Wirkungszeitpunktes E 245
  - Umlagemaßstab E 241
  - Vorwegabzug E 242
  - Wirkungszeitpunkt E 243 ff.
  - Wirtschaftseinheit E 237
- Gebot der Wirtschaftlichkeit E 232 f.
- gerichtliche Abwehr der Mieterhöhung E 263
- gerichtliche Durchsetzung der Mieterhöhung E 259 ff.
  - Berufungsfähigkeit E 260
  - Darlegungslast E 262
  - Formalien E 261
  - mehrere Mieter E 260
  - Zahlungsklage E 259
- Kostensteigerung E 231
- Mieter, Reaktionsmöglichkeiten E 246 ff.
  - Auskunftsanspruch E 254
  - Berechnungsunterlagen, Einsicht in ~ E 247

2775

(Mieterhöhung, Veränderung Betriebskosten)
- Betriebskostensenkung, Anspruch auf ~ E 252 ff.
- Eigenkorrektur der Erhöhungserklärung E 250
- Einigungsvorschlag, mögliche Inhalte E 258
- Einwand der Unwirtschaftlichkeit E 249
- Erhöhungserklärung, Überprüfung E 246
- frühere Betriebskostenerhöhungen, Vorlage E 246
- Mietminderung statt Verweigerung der Betriebskostenzahlung E 256
- Plausibilitätscheck E 246
- Sonderkündigungsrecht E 257
- typische Fehler von Betriebskostenerhöhungen E 248
- Verteilerschlüssel, Änderungsanspruch E 255
- Zurückbehaltungsrecht E 251
- Zurückweisung der Erhöhungserklärung E 250
- mietvertragliche Vorgaben E 211 ff.
  - Abrechnung, Anforderungen E 215 f.
  - abweichende Vereinbarungen von § 560 Abs. 4 BGB E 220
  - Anpassung der Vorauszahlungen auf Betriebskosten E 212
  - Bruttokalt- und Teilinklusivmieten E 225 f.
  - Erhöhung ohne Abrechnung E 213 f.
  - Pauschale E 221 ff.
  - Senkung der Vorauszahlungen durch Mieter E 217 ff.
  - Vorauszahlungen E 222
- notwendige Vorinformationen E 9
- praktische Umsetzung E 235 ff.
- verbrauchsabhängige Abrechnung, Umstellung auf ~ E 234
- Vermieterberatung E 211 ff.

Mieterhöhung, Wohnraummietvertrag
- auf ortsübliches Niveau, nicht abdingbar A 38
- Modernisierung A 38

Mieterwechsel
- Personengesellschaft, Umwandlung B 81

Mietfreie Zeiten
- Bestimmung A 275a
- Umbauarbeiten A 295

Mietgarantie
- Verjährung des Anspruchs D 140

Mietherabsetzung
- Gewerberaummietverträge C 5 f.

Mietkauf
- Abgrenzung Gewerberaummiete A 244

Mietnomaden P 142
- Schadensersatzklage aus vorsätzlicher unerlaubter Handlung M 199a f.

Mietobjekt
- Aufteilung der Wohnung A 65
- Ausstattung der Wohnung A 69
  - Erfassungsgeräte A 72
  - technische Geräte A 73
  - Wartung A 70
- Beheizung A 71
- Bezugsfertigkeit A 63
- Fertigstellung A 63, 126
- Maisonettewohnung, Mietpreisbildung A 66
- Nutzungsart A 61 f.
- offentlich geförderter Wohnraum A 64
- Schlüssel, Anzahl A 78
- Umfeld A 60
- Werkwohnung A 67
- Wohnfläche A 61
- Zubehörflächen A 76
- Zugehörigkeit zu einer Wirtschaftseinheit A 68
- Zwangsverwaltung, Schutz des Bestands O 81 ff.
- Zweckbestimmung A 67

Mietpreisbildung
- Leistungen des Mieters mit Entgeltcharakter A 86
- Zubehörflächen A 76

Mietpreisüberhöhung D 153 ff.
- Angebot an Wohnraum gering D 181 ff.
  - Behauptung unter Beweisantritt D 160 ff., 185
  - Berliner Raum D 186
  - Definition D 160
  - Gerichtsbekanntheit D 162
  - Hamburger Raum D 185
  - Indiztatsachen D 184
  - Kölner Raum D 187
  - Mangellage D 160
  - nur bei Vertragsschluss D 161
  - regionale Teilmärkte D 182
  - Sondermärkte D 183
  - Teilmärkte D 181 f.
- Ausnutzung eines geringen Angebots D 180 ff., 188 ff.
  - Darlegungs- und Beweislast D 189, 192
  - Faustregel D 192
  - Frankfurter Raum D 189
  - Hamburger Raum D 191 f.
  - Kausalität zwischen Ausnutzen und Vertragsabschluss D 192
- Checkliste § 5 WiStG D 157 ff.
- Deckung laufender Aufwendungen D 193 ff.
- fristlose Kündigung J 454
- fristlose Kündigung Mieter J 456

(**Mietpreisüberhöhung**)
- Grenzen der Mietpreisbildung D 153
- Kausalität geringes Angebot/Mietpreis D 13a
- Kostenrisiko der gerichtlichen Geltendmachung D 155, 159, 162
- laufende Aufwendungen des Vermieters D 163 ff.
  - Ausgabenbelege D 165 f.
  - Beweislast D 167 ff.
  - substantiierte Darlegung D 165
  - Wirtschaftlichkeitsberechnung, Überblick D 164
- ortsübliche Miete, Feststellung D 158 f.
  - Berücksichtigung von Veränderungen nach Vertragsschluss D 158
  - Gewerbezuschlag D 173 ff.
  - Inklusiv- oder Teilinklusivmiete D 178
  - Mietenspiegel D 159, 171
  - Mietstruktur D 177
  - Nettokaltmiete zuzüglich Betriebskostenvorauszahlung D 177
  - privates Sachverständigengutachten D 172
  - Sachverständigengutachten D 159
  - Sicherheitszuschlag D 171
  - Zuschläge für Sonderleistungen D 173
- psychologische Gesichtspunkte D 154
- Rechtsfolgen D 210 ff.
  - Änderung durch Zeitablauf D 211 ff.
  - Entspannung des Wohnungsmarkts D 215
  - Mietenspiegel D 213
  - ortsübliche Miete, Anstieg D 214
  - Rückforderungsansprüche D 210
  - Staffelmietvereinbarung D 212
  - Teilnichtigkeit D 210
  - Verjährung Rückforderungsanspruch D 216
- selbständiges Beweisverfahren M 309 ff.
- Streitwert N 505
- Tatbestandsmerkmale, notwendiger Sachvortrag D 170 ff.
- Überblick D 153 ff.
- unangemessen hohe Entgelte D 170 ff.
- Verjährung, Rückforderungsanspruch D 140
- Verzicht des Mieters auf Herabsetzungsansprüche D 154
- Wirtschaftlichkeitsberechnung D 193 ff.
  - Abschreibung für Abnutzung D 202
  - Abzüge bei Steuerersparnissen D 206
  - Beispiel D 194
  - Berechnungsart D 196
  - Betriebskosten i.S.d. Anlage 3 zu § 27 II. BV D 207
  - Eigenkapitaleinsatz D 199
  - erhöhte Kosten des Baugrundstücks wegen Geschäftslage D 200
  - Erläuterungen D 195 ff.
  - Garage/Einstellplätze D 203
  - gemischt genutzte Gebäude D 200
  - Inklusiv- oder Teilinklusivmiete D 207
  - Instandhaltungskosten D 204
  - Kapitalkosten D 197 ff.
  - Mietausfallwagnis D 205
  - Modernisierungsaufwand D 201
  - Nettokaltmiete D 207
  - Teilwirtschaftlichkeitsberechnung D 200
  - Überschreitung um bis zu 50% D 195
  - Übersicht D 164
  - Verkehrswert D 198
  - Verwaltungskosten, Pauschale D 203
  - Zinsaufwand D 198 f.
- Wuchertatbestand D 153

Mietprozess D 227 ff.
- anwendbare Vorschriften M 2 f.
- Arrest M 363 f.
- Berufung M 259 ff. *siehe auch dort*
- Besonderheiten Mietprozess M 40
- einstweilige Verfügung M 327 ff. *siehe auch dort*
- Entscheidung ohne Antrag M 40
- FamFG, Verfahren nach
  - Ehewohnungssachen M 4 f.
- Feststellungsklagen M 191 ff. *siehe auch dort*
- Gehörsrüge M 251 ff. *siehe auch dort*
- Gerichtskosten erstinstanzliches Prozessverfahren N 144 ff. *siehe auch* Gerichtskosten
- gewillkürte Prozessstandschaft M 92
- Güteverhandlung M 118 ff. *siehe auch dort*
- Klage auf Abrechnung der Betriebskosten (Antrag) M 246
- Klage auf Abschluss eines Mietvertrags M 222 ff. *siehe auch* Vorvertrag
- Klage auf Auskunft und Rechnungslegung M 246 f.
- Klage auf Fortsetzung des Mietverhältnisses M 234 ff. *siehe auch* Fortsetzungsverlangen
- Klage auf Rückgabe der Mietsicherheit M 240 ff. *siehe auch* Kaution
- Klage auf Rückzahlung der Betriebskostenvorauszahlung M 173a ff. *siehe* Betriebskostenvorauszahlung, Klage auf Rückforderung

2777

(Mietprozess)
- Klage und Widerklage, Gerichtsstand M 76
- Klageantrag D 228 ff.
  - Antrag auf künftige Leistung D 231
  - Klageänderung bei Nebenkostenvorauszahlung nach Abrechnungsreife D 230
  - Mehrheit von Vermietern gegen Mehrheit von Mietern D 228
  - Mieter gleichzeitig Mitglied einer Vermietergemeinschaft D 229
- Klagenhäufung, Räumung/Zahlung M 184 ff. *siehe auch* Zahlungsklage; Räumungsklage
- Klageschrift, Zustellung M 111 ff. *siehe auch* Zustellung
- Kostenentscheidung, Besonderheiten in Mietsachen M 365 ff. *siehe auch* Kostenentscheidung, Mietsachen
- Kostenerstattung M 383 f.
- Mahnverfahren M 27 ff. *siehe auch dort*
- materiell-rechtlicher Kostenersatzanspruch M 385 ff. *siehe auch* Kostenerstattung, Mietprozess
- Mieterhöhungsklagen M 228 ff. *siehe auch* Mieterhöhung
- objektive Klagenhäufung, Gerichtsstand M 70 ff.
- obligatorisches Streitschlichtungsverfahren M 7 ff. *siehe auch dort*
- Parteien M 85 ff. *siehe auch* Parteien, Mietprozess
- Parteiwechsel M 110
- Räumungsfrist, Antrag auf Gewährung M 248 ff.
- Räumungsklage M 128 ff. *siehe auch dort*
- Räumungsvollstreckung M 416 ff. *siehe auch dort*
- Rechtsbeschwerde M 287 ff. *siehe auch dort*
- Rechtsentscheid M 286
- Revision M 280 ff. *siehe auch dort*
- sachliche Zuständigkeit M 41 ff. *siehe auch* Gerichtsstand
- Schiedsgerichtsvereinbarung M 40
- Schönheitsreparaturen H 834 ff.
  - Klage auf Erfüllung, Muster H 846 f.
  - Klage auf Kostenquote bei Vertragsende, Muster H 852 f.
  - Klage auf Kostenvorschuss, Muster H 849 ff.
  - Klage auf Schadensersatz nach § 281 Abs. 1 BGB, Muster H 854 ff.
  - Mietausfallschaden H 856
  - Mietervertretung H 857 ff.
    - Allgemeines H 857 ff.
  - Erfüllungsklage, Verteidigung, Muster H 860 ff.
  - Gewerberaum H 861
  - Klageerwiderung des Mieters H 860 ff.
  - Klauselkontrolle, Feststellungsklage H 868 ff.
  - Kostenquotenklage, Verteidigung, Muster H 864 f.
  - Kostenvorschussklage, Verteidigung, Muster H 862 f.
  - Schadensersatzklage nach § 281 Abs. 1 BGB, Verteidigung, Muster H 866 f.
- Parteienbezeichnung H 845
- Vermietervertretung H 834 ff.
  - Aufklärung des Vermieters H 840
  - Beweisangebote, Sammlung H 838 f.
  - Hinweispflichten des Rechtsanwalts H 841
  - Klageschrift H 843 ff.
  - Rechtsschutzversicherung H 842
  - Zustand der Räumlichkeiten H 836 f.
- Zuständigkeit H 843 ff.
- Zwangsvollstreckung H 848
- schriftliches Verfahren, Vergleich M 124 ff. *siehe auch* Schriftlicher Vergleich
- selbständiges Beweisverfahren M 296 ff. *siehe auch dort*
- Spezialvorschriften Mietrechtsstreitigkeiten M 3
- Streitwert N 371 ff. *siehe auch dort*
- subjektive Klagenhäufung, Gerichtsstand M 77
- Urkundenprozess D 232 ff.
  - Geschäftsraummiete D 232
  - Schadensersatzanspruch bei Aufhebung des Vorbehaltsurteils D 234
  - Übergang in das ordentliche Verfahren D 236
  - Vorbehaltsurteil D 234
  - Vorlage der Originalurkunden D 235
- Urkundenverfahren M 211 ff. *siehe auch dort*
- Verfahren M 116 f.
- Vertagungsanspruch M 40
- vorläufige Vollstreckbarkeit M 40
- Zahlungsklage M 168 ff. *siehe auch dort*
- zukünftige Mieten, Klage auf M 178 ff. *siehe auch* Zahlungsklage
- zukünftige Nutzungsentschädigung, Klage auf M 175 ff. *siehe auch* Zahlungsklage
- zukünftige Räumung, Klage M 153 ff. *siehe auch* Räumungsklage

(Mietprozess)
- Zuständigkeit D 227; **M** 1
- Zwangsvollstreckung **M** 396 ff. *siehe auch dort*

Mietschuldenfreiheitsbescheinigung
  I 239s f.

Mietspiegel **E** 33 ff.
- ausgehandelter Mietspiegel **E** 44
- Aussagekraft **E** 55
- einfacher Mietspiegel **E** 43
- qualifizierter Mietspiegel **E** 45 ff.
  - Anerkennung **E** 69 f.
  - Anfechtungsklage nach § 42 VwGO **E** 73 f.
  - Anpassung nach zwei Jahren **E** 65
  - Anwendung wissenschaftlicher Grundsätze, Behauptung **E** 76 f.
  - Aufwand **E** 64
  - ausgewogenes Verhältnis alte/neue Mieten **E** 63
  - Beweislast **E** 75
  - Dokumentation des Mietspiegelverfahrens **E** 68
  - Erkenntnismittel **E** 79
  - Klage nach § 5 WiStrG **E** 74
  - Kontrolle der Interviewer **E** 61
  - Lebenshaltungskostenindex **E** 65
  - materielle Anforderungen **E** 49 ff.
  - Rechtsmittel **E** 72 ff.
  - Regressionsanalyse **E** 51 f.
  - Stichtag der Datenerhebung **E** 64
  - Tabellenmietspiegel **E** 53
  - Taktik **E** 81 ff.
  - Übersicht **E** 45
  - Umsetzung der wissenschaftlichen Grundsätze **E** 56 ff.
  - Vierjahreszeitraum **E** 63
  - Vorgehen gegen Mietspiegel **E** 71
  - welche Mieten fließen ein **E** 67 f.
  - Zustimmungsprozess nach §§ 558 ff. BGB **E** 74
  - Zweifel an Vermutung der Richtigkeit **E** 58 ff.
- Qualität von Mietspiegeln **E** 42 ff.
- Regressionsmietspiegel **E** 40 f.
- Tabellenmietspiegel **E** 36 ff.
- Wert bei Zustimmungsklage **E** 147 ff.

Mietstruktur
- Abhängigkeit Mietstruktur/Miethöhe **D** 10, 12
- Belastung mit nicht umlagefähigen Betriebskosten **D** 11
- Betriebskostenpauschale, Vereinbarung **D** 13
- Eigentumswohnungen, nicht umlagefähige Kosten **D** 11
- Feststellungen zur ~ **D** 10 ff.
- Gesamtmiete/Bruttowarmmiete **A** 79
- Grundmiete **A** 79
- Inklusiv- und Teilinklusivmieten, Erhöhung bei gestiegenen Betriebskosten **D** 13
- konkludente Abänderung **D** 14
- Kostenmiete **A** 79
- Nettokaltmiete **A** 79
- rechtsgeschäftlicher Änderungswille **D** 14
- reine Nettokaltmiete neben Betriebskostenvorauszahlungen **D** 11
- Teilinklusivmiete **A** 79
- unklare Vereinbarungen **D** 15
- Vergleich, Klarstellung der Mietstruktur **D** 15

Mietverhältnis, Bestehen
- konkludenter Abschluss **B** 108 ff.
- Mietvertrag, Streitwert **N** 527 ff.
  - Entwurf **N** 527
  - Haupt- und Hilfsantrag **N** 389
  - Streit aus Mietvertrag oder über dessen Inhalt **N** 529 f.
  - Vorvertrag **N** 528
- Streitwert **N** 432 f.
- Vollständigkeitsprüfung Mietvertrag **B** 90 ff.
- vorläufiger Mietvertrag, Gewerberaum **A** 229a

Mietvertrag, Änderung/Ergänzung
- Anspruch auf Änderung **C** 4
- Ausscheiden eines von zwei Mietern **C** 134 ff. *siehe auch* Ausscheiden, Mieter
- Formerfordernisse **C** 7 ff.
  - Auflockerungsrechtsprechung **C** 9
  - notarielle Beurkundung **C** 8
- Gestaltungsspielraum, Wohnraum-Individualmietvertrag **A** 186
- Mieter, Wechsel in Person **C** 134 ff.
- Mieterabsetzung bei Gewerberaummietverträgen **C** 5 f.
- Vermieter, Wechsel in Person **C** 11 ff.
  - Veräußerung des Mietobjekts; **C** 12 ff. *siehe auch* Veräußerung Mietobjekt
- Vorüberlegungen **C** 1 ff.
- Zwischenvermietung, Beendigung der **C** 96 ff. *siehe auch dort*

Mietvertrag, Beendigung *siehe* Beendigung Mietvertrag

Mietvertrag, Gestaltungsberatung
- Abwicklung Mandat **A** 29 ff.
- Aktenvermerke **A** 33
- Allgemeines Gleichbehandlungsgesetz **B** 161 ff.
- Besichtigung des Mietobjekts **A** 235
- Büroorganisation **A** 32 ff.
- Gebühren **A** 3 ff.
  - Allgemeine Geschäftsbedingungen, Einbeziehung **A** 14

2779

(Mietvertrag, Gestaltungsberatung)
- Berechnung des Geschäftswertes A 4
- Erstberatung A 3
- Erstellung Vertragsmuster A 7
- erstes Mandatsgespräch A 3
- gesetzliche Gebühren A 4 ff.
- Honorarvereinbarungen A 8 ff.
- Honorarvereinbarung, Muster A 15
- Kontakt mit der Gegenseite A 7
- Pauschale A 9
- Rechtsschutzversicherung Mieter A 3
- Stundenbasis, Honorar auf A 10
- Vertrag auf bestimmte Zeit A 6
- Vertrag auf unbestimmte Zeit A 5
- zweiseitige, schriftliche Honorarvereinbarung A 13
- Grundkonstellationen A 35
- Haftpflichtversicherung, ausreichende A 16 ff.
  - Erhöhung Versicherungssumme A 17
  - Erörterung mit Mandanten A 20
  - Haftungsbegrenzung A 24 ff.
  - Mandatsdeckungen/einzelfallbezogene Höherdeckungen A 18
- Haftungsrisiko A 21
  - „kundenfeindlichste Auslegung" A 22 f.
  - Haftung für einfache Fahrlässigkeit A 21
  - Quotenklausel A 21
  - Sorgfaltsmaßstab A 21
  - Vollmachtsklauseln A 22
- Individualvertrag A 35 ff.
  - Auftragserteilung durch beide Vertragspartner A 50
  - Begriff A 41
  - Beweislast A 42
  - Individualvertrag durch Aushandeln A 47 ff.
  - Individualvertrag unter Verwendung eines Musterformulars A 43 ff.
  - Schranken des Individualvertrags A 37 f.
  - Verhandlungsbereitschaft A 43
  - Wege zum Individualvertrag A 41 ff.
- Korrespondenz A 32
- Rechtsnachfolge A 55
- Streitwert Vertragsentwurf N 527
- Wohnraummietvertrag siehe Wohnraummietvertrag, Gestaltungsberatung

Mietvorauszahlung
- Streitwert N 532 ff.
  - Anspruch auf Mietvorauszahlung N 538
  - Klagenhäufung, Klage und Widerklage N 537
  - Rückerstattung N 532 ff.

Mietwucher D 216a ff.
- selbständiges Beweisverfahren M 309 ff.

Mietzahlung
- Gestaltungsspielraum, Wohnraum-Individualmietvertrag A 186
- Inhaltskontrolle, Wohnraum-Formularmietvertrag A 199

Mietzahlungsklage, Streitwert N 542 ff.
- Art der Zahlung streitig N 555
- Bestehen des Mietverhältnisses ist streitig N 553 ff.
- Bestehen des Mietverhältnisses ist unstreitig N 542 ff.
  - Feststellungsklage N 552
  - Klage auf zukünftige Leistung N 547 ff.
  - Leistungsklage auf fällige Beträge N 543 ff.
  - zukünftige und rückständige Mieten N 551

Mietzeit siehe Laufzeit
Mietzeit, Gewährleistung nach Ablauf F 222a ff.
Mietzins siehe Miete
Militärpersonen
- Sonderkündigungsrecht bei Versetzung J 469 ff.

Minderjährige
- Partei des Mietvertrags B 64

Minderung, Miete D 107 ff.; F 98 ff.
- Abdingbarkeit der gesetzlichen Regelung D 112 f.
  - Gewerberaum D 113
  - Gewerberaum, Formularklausel D 113
  - Gewerberaum, Individualvereinbarung D 113
  - Wohnraum D 112
- angemessene Herabsetzung, Bewertungskriterien F 100
- Ankündigungsfrist F 99
- Anwendungsfälle, Übersicht F 98
- Aufgabenkreis des Rechtsanwalts D 108 ff.
  - Checkliste zum notwendigen Sachvortrag D 111
  - Farbaufnahmen D 109
  - Ortsbesichtigung D 109
  - Sachaufklärung D 109
  - Sachvortrag zum zeitlichen Auftreten der Mängel D 110
- Ausschluss, Gewerberaummietvertrag A 346 ff.
- Berechnung nach Bruttomiete F 102 f.
- Betriebskostenabrechnung, Auswirkungen A 381a
- Beweis- und Darlegungslast für Mängel D 107

(Minderung, Miete)
- Dauer der Minderung F 105
- Flächenabweichung F 57 ff.
- gerichtliche Geltendmachung D 149
- gerichtliches Beweisverfahren, Einleitung D 149
- Gestaltungsspielraum, Wohnraum-Individualmietvertrag A 186
- Gewerberaummietverträge F 99
- Grundsatz D 107
- Inhaltskontrolle, Wohnraum-Formularmietvertrag A 199
- Minderungsquote, Bemessungsgrundlage F 101 ff.
    - Bruttomiete F 102 ff.
    - Gesamtmiete F 102
    - Nettokaltmiete F 102
- Minderungsquoten, Tabelle F 109
- Modernisierungsmaßnahmen des Vermieters H 169
    - Genossenschaftsmitglieder, Ausschluss des Minderungsrechts H 170 ff.
- nach Beendigung der Mietzeit F 222e
- Risiko überhöhter Minderung F 107
- selbständiges Beweisverfahren, Feststellung angemessener Minderung M 307 f.
- Streitwert N 556 ff.
    - Anspruchs- oder Klagenhäufung N 559
    - Feststellung, Mieter N 560
    - Feststellung, Vermieter N 561 f.
    - rückständige Mieten N 557
    - Zahlung künftiger Mieten N 558
- taktische Überlegungen F 158 ff.
- unzulässige Einschränkung des Minderungsrechts, Vorauszahlungsklausel D 29
- Verwirkung des Anspruchs auf Zahlung der einbehaltenen Miete D 149 ff.
- Widerspruch gegen Minderung D 149; F 176a

Mischmietverhältnisse
- Abgrenzung Gewerberaummiete A 247 ff.

Mitbewohner
- Auskunftsverlangen bei Kündigung J 109
- Passivlegitimation bei Räumungsklage J 310

Mitwirkungspflichten
- Verletzung, Kündigungsgrund J 286
- Vermieter bei Rückgabe/Besitzverschaffung K 119

Mobilfunkantenne *siehe* Elektrosmog
- Umweltfehler F 45h

Möblierter Wohnraum
- fristlose Kündigung des Vermieters J 286
- Kündigung, Voraussetzungen J 132 ff.

Modernisierung
- Ankündigung
    - Ankündigungspflicht, Unabdingbarkeit A 38
    - Gestaltungsberatung, Wohnraum-Individualmietvertrag A 186
    - Inhaltskontrolle, Wohnraum-Formularmietvertrag A 199
- Aufklärung über Modernisierungsmaßnahmen I 189
- Aufwendungsersatzanspruch, Unabdingbarkeit A 38
- bei Veräußerung Mietobjekt C 51
- Duldungspflicht A 186
- Gestaltungsspielraum, Wohnraum-Individualmietvertrag A 186
- Inhaltskontrolle, Wohnraum-Formularmietvertrag A 199
- Interessenabwägung, Unabdingbarkeit A 38
- selbständiges Beweisverfahren, Mieterhöhung M 315

Modernisierungsmaßnahmen, Mieter H 193 ff.
- Abnahmeprotokoll, Muster H 220
- Anzeigepflicht H 199
- Aufwendungsersatzanspruch des Mieters H 162 ff.
- Barrierefreiheit H 222 ff. *siehe auch dort*
- Beispiele Modernisierungsmaßnahmen H 221
- Duldungsanspruch H 193
- Folgen bei fehlender vertraglicher Vereinbarung H 203 ff.
    - Betriebskosten H 203
    - Eigentum H 203
    - Instandhaltungslast H 203
    - Kündigungsrechte H 203 ff.
    - Nutzungsrecht H 203
- Haftpflichtversicherung H 200
- Kostenfeststellung, Protokoll H 218, 220
- ordnungsgemäße Durchführung H 201
- Sicherheitsleistung H 202
- vertragliche Vereinbarungen H 206 ff.
    - Abwohndauer H 212
    - Eigenleistungen Mieter H 210
    - Entschädigung des Mieters bei Auszug H 214
    - Ersatzmieter H 217
    - Formularklauseln H 206
    - Haustürgeschäft, Widerruf H 211
    - Individualvereinbarungen H 207 ff.
    - Kostenvoranschläge H 210

(Modernisierungsmaßnahmen, Mieter)
- Kündigungsrechte H 216
- Mieterhöhungsausschluss H 215
- Modernisierungsvereinbarung, Muster H 219
- Mustervereinbarung Bundesjustizministerium H 213
- Regelungsinhalt Modernisierungsvereinbarung H 208 ff.
- Schriftform H 209
- Unwirksamkeit H 215
- vorzeitige Auflösung des Mietvertrages H 217
- Wegnahmerecht des Mieters H 265
- Zuschüsse, öffentliche Mittel H 214
- Verwendungen des Mieters H 248 ff.
   - Mängelbeseitigung H 253
   - notwendige Verwendungen H 249 ff.
   - sonstige/nützliche Verwendungen H 254 ff.
- Wegnahmerecht des Mieters H 258 ff.
   - Abwendungsbefugnis durch Entschädigungszahlung H 261 ff.
   - Ausschluss H 265
   - Einrichtungen, Beispiele H 258
   - Vereinbarungen H 265
   - Verzicht H 264
   - Verzicht (Formulierungsbeispiel) H 265
   - Wiederherstellung des Ursprungszustands H 260
- Zustimmung durch Vermieter H 194
   - Anspruch auf Zustimmung H 195 ff.
   - Voraussetzungen H 198 ff.

Modernisierungsmaßnahmen, Vermieter H 68 ff.
- Allgemeines H 70 ff.
- Ankündigung H 93 ff.
   - Darlegungs- und Mitteilungspflichten H 93 ff.
   - Muster H 122
   - Prüfungsliste H 121
   - unwirksame oder unterbliebene Ankündigung H 120
- Anspruch auf Modernisierung H 75 ff.
- Aufklärungspflicht I 189
- Außenmodernisierungsmaßnahmen, Ankündigung H 145
   - Außenfahrstuhl H 139
- Darlegungs- und Mitteilungspflicht H 93 ff.
   - Ablehnung der Duldung, Muster H 157
   - Ankündigung, Muster H 122
   - Ankündigung, Prüfungsliste H 121
   - Ankündigungspflicht, Zweck H 95
   - Ankündigungsschreiben, Übersicht H 96
- Arbeiten innerhalb/außerhalb der Wohnung H 95
- Art und voraussichtlicher Umfang der Maßnahmen H 100
- Beginn der Arbeiten H 105
- Erhöhung der Betriebskosten H 110
- Hausverwaltung H 115
- Originalvollmacht H 116
- Parteienmehrheit H 115
- Textform H 117
- voraussichtliche Dauer der Arbeiten H 108
- voraussichtliche Mieterhöhung H 109 ff.
- Dringlichkeit H 148
- Duldungsklage H 185 ff.
   - Beweislast H 188 f.
   - Klageantrag/Begründung H 186
   - Muster H 192
   - Streitwert H 190
   - Vollstreckung H 191
- Duldungspflicht bejaht, Beispiele H 139 ff.
- Duldungspflicht verneint, Beispiele H 145 ff.
- Duldungspflicht, Wegfall H 124 ff.
   - Ablehnung der Duldung, Muster H 157
   - Art und Intensität der Arbeiten H 130
   - bauliche Folgen H 131
   - Gesundheitszustand und Alter des Mieters H 130
   - Härte H 135 ff.
   - Interessenabwägung H 124 ff.
   - Mieterhöhung H 134
   - vorausgegangene Aufwendungen des Mieters zur Wohnwertverbesserung H 132
   - Voraussetzungen H 124 ff.
- Einsparung von Heizenergie, Maßnahmen H 85
- Einsparung von Strom, Maßnahmen H 87
- Einsparung von Wasser, Maßnahmen H 88
- einstweilige Verfügung wegen Duldungsanspruch M 342
- Erhaltungsmaßnahmen, Abgrenzung H 79
- gerichtliche Durchsetzung von Ansprüchen H 179 ff.
   - Eilmaßnahmen H 179 ff.
   - einstweilige Verfügung Mieter, mit Muster H 182 ff.
   - einstweilige Verfügung Vermieter H 179 f.
- Mieterhöhung, Belastbarkeitsgrenze H 135

(Modernisierungsmaßnahmen, Vermieter)
- Einkommensverhältnisse H 135
- Mieterrechte H 159 ff.
  - Aufwendungsersatz H 161
  - Aufwendungsersatz, abweichende Vereinbarungen H 166
  - Aufwendungsersatz, nicht umfasste Leistungen H 163
  - Aufwendungsersatz, Verjährung H 165
  - außerordentliche fristlose Kündigung H 178
  - Betriebskostenerhöhung H 163
  - Eigenleistungen H 164
  - Einrichtungsgegenstände, Anschaffungskosten H 163
  - Geltendmachung Aufwendungsersatz/Vorschusszahlung, Muster H 168
  - Hotelunterbringung H 163
  - Kostenvorschuss, Anspruch H 167
  - Mietermodernisierungen, Kostenersatz H 161
  - Minderung H 169 ff.
  - Reinigungskosten H 163
  - Schadensersatz H 174
  - Schönheitsreparaturen H 163
  - Sonderkündigungsrecht H 176 f.
  - Verschlechterungen H 159
  - Wiederherstellung des ursprünglichen Zustandes H 159
  - Zurückbehaltungsrecht H 175
- Minderung H 169 ff.
  - Genossenschaftsmitglieder, Ausschluss des Minderungsrechts H 170 ff.
- Schaffung von Wohnraum, Maßnahmen H 89
- Steuerersparnis Vermieter H 153
- Streitwert Duldungsanspruch N 451
- Unzumutbarkeit für Mieter H 138 ff.
  - Berufung auf Härte, Vermeidung H 138
  - Mieterhöhung H 152
  - umfangreiche Umgestaltungen H 155
- Verbesserung der Mietsache H 71, 156
- Verbesserungsmaßnahmen H 81 ff.
  - Energieeinsparung H 84
  - Erhöhung des Gebrauchswerts der Wohnung H 82
  - Heizenergieeinsparung H 85
  - Stromeinsparung H 87
  - Verbesserung des allgemeinen Wohnverhältnisse H 83
  - Wassereinsparung H 88
  - Wohnraumschaffung H 89 ff.

Müll
- Entsorgung I 224 ff.

- Gestaltungsspielraum, Wohnraum-Individualmietvertrag A 186
- Inhaltskontrolle, Wohnraum-Formularmietvertrag A 199

Müllabfuhr L 77 ff., 86 ff.
- Abfallschächte L 89
- Betriebskostenabrechnung L 86 ff.
  - Durchschnittskosten, Hamburg D 178a
- Gebot der Wirtschaftlichkeit L 96
- gemischt genutzte Objekte L 94
  - Betriebskostenabrechnung L 523 ff.
- Gewerberaummiete L 795
- Komposttonne L 88
- Kosten der Berechnung und Aufteilung auf Einzelnutzer L 90
- Miete für Müllcontainer L 91
- Müllbehälter, Reinigung L 88
- Müllmanagement L 92
- Mülltrennung L 87
- private Müllentsorgung L 91
- Sperr- oder Sondermüll L 93
- Umlage A 107
- Verträge vor 1.1.2004 L 86
- Zugmaschinen L 92

Müllboxen
- Mieterhöhung, Modernisierungsmaßnahme E 161a

Müllentsorgung A 140

Müllschlucker
- Gestaltungsspielraum, Wohnraum-Individualmietvertrag A 186
- Inhaltskontrolle, Wohnraum-Formularmietvertrag A 199

Mülltonnen
- Abstellen, Vertragsverletzung I 251
- Minderungsquote, Mängel F 109

Mülltrennung
- Vertragsvereinbarung A 107

Musizieren
- Gestaltungsspielraum, Wohnraum-Individualmietvertrag A 186
- Inhaltskontrolle, Wohnraum-Formularmietvertrag A 199
- Minderungsquote Lärm F 109
- Vertragsverletzung I 251

Nachbar
- Minderungsquote Lärm F 109
- Umweltfehler F 45i

Nachlasspfleger
- Partei des Mietvertrags B 65

Nachlasspflegschaft, Antrag K 288 ff.
- Amtsermittlungsgrundsatz K 289
- Form K 289
- Fürsorgemaßnahmen, Bezeichnung im Antrag K 293
- Gebühren des Rechtsanwalts K 297
- gerichtsbekannter Tod K 290

(Nachlasspflegschaft, Antrag)
- Glaubhaftmachung K 289
- Inhalt K 289
- Kostenrisiko, Vermeidung K 296
- Kostenübernahmeerklärung des Vermieters für den Nachlasspfleger K 295 f.
- Nicht-Dürftigkeit des Nachlasses, Hinweis K 294
- örtliche Zuständigkeit K 289
- Regelungsbedürfnis, Glaubhaftmachung K 291
- Sterbeurkunde, Anforderung beim Standesamt K 290
- Sterbeurkunde, Vorlage K 290
- Unkenntnis über Erben, Glaubhaftmachung K 292

Nachmieter
- Anspruchsbeziehungen Vermieter – Vormieter und Nachmieter K 550 ff.
  - Aufhebungsvertrag Vermieter-Vormieter K 556
  - dreiseitiger Vertrag mit Zustimmung des Vermieters K 552
  - dreiseitiger Vertrag, Anfechtung K 555
  - gesetzliche Ansprüche Vormieter gegen Nachmieter K 566
  - Vereinbarungen Vormieter-Nachmieter K 557 ff.
  - vertragliche Vereinbarungen K 550 f.
  - Wertverbesserungen, Abgeltung K 560 ff.
- Bonität und Zahlungswilligkeit Nachmieter, Sicherstellung K 421, 426
- Eintritt Ersatzmieter, Freiwerden Mieter K 425
- Entlassung erst bei Einigung mit Nachmieter K 421
- Mieteintrittsvertrag A 413
- neuer Vertrag K 430
- Schadensersatz bei Ablehnung des Ersatzmieters K 427
- Überlegungsfrist bei Ersatzmietersteilung K 424
- Zumutbarkeit des Ersatzmieters K 429

Nachmietergestellung C 230 ff.
- befristeter Mietvertrag, vorzeitige Beendigung J 481 ff.
- bestehende Nachmieterklausel, Wohnraummietvertrag C 255 ff.
  - Auslegung C 255 ff.
  - Auswahl des Nachmieters C 267
  - Genossenschaften als Vermieter C 260
  - Mieterberatung C 258 ff.
  - Schlüsselübergabe an Nachmieter C 264
  - Selbstauskunft C 261, 266
  - Suche nach Nachmieter C 259 f.
  - Vereinbarung mit Nachmietinteressenten C 262
  - Vermieterberatung C 265 ff.
  - Weitergabe der Nachmietinteressenten an Vermieter C 263
  - Wohnberechtigungsschein bei preisgebundenem Wohnraum C 266
- echte Nachmieterklausel C 255
- Gebühren C 279 ff.
- Gestaltungsspielraum, Wohnraum-Individualmietvertrag A 186
- Gewerberaummiete C 283 f.; J 489a
  - echte Ersatzmieterklausel A 415 ff.
  - Konzeption des Gesetzes A 411 f.
  - unechte Ersatzmieterklausel A 414
  - vertragliche Regelungen A 413 ff.
  - wirtschaftlicher Misserfolg des Mieters C 284
  - Zustimmung zur Untervermietung C 284
- Gewerberaummietvertrag A 410 ff.
- Inhaltskontrolle, Wohnraum-Formularmietvertrag A 199
- schutzwürdiges Interesse des Wohnraummieters, Anspruch auf Vertragsentlassung C 268 ff.
  - Ausnahme C 269
  - Einstellung der Mietzahlungen C 276
  - Gründe für Wohnungswechsel, Zeitpunkt der Entstehung C 270 f.
  - Mieterberatung C 269 ff.
  - Nachforschungs- und Überlegungsfrist des Vermieters C 275
  - Vermieterberatung C 277 ff.
  - Vorhersehbarkeit der Gründe C 273
- unechte Nachmieterklausel C 255
- vertragliche Nachmieterregelung im Wohnraummietvertrag, Herbeiführung C 231 ff.
  - Abwicklung der Vereinbarung C 247
  - inhaltliche Gestaltung C 253
  - Mieterberatung C 232 ff.
  - Provokation einer Kündigung, Mieter C 239 ff.
  - Risiko Vermieter C 249
  - Schriftform C 246
  - Schriftform, Muster C 254
  - Vermieter, Beratung C 248 ff.
  - Zumutbarkeit für Vermieter, persönliche Kriterien für Nachmieter C 252
- Wohnraummietvertrag, Klauseln A 142, 186

Nachvertragliche Pflichten, Vermieter I 239a ff.
- Verletzung I 239a ff.
  - Mietschuldenfreiheitsbescheinigung I 239s f.
  - Räumung durch Vermieter I 239h f.

(Nachvertragliche Pflichten, Vermieter)
- unberechtigte Forderungen, Geltendmachung I 239b ff.
- unwirksame AGB, Aufklärungspflicht I 239e ff.
- Vermieterpfandrecht, Folgen I 239o ff.
- Versorgungssperre I 239j ff.

Namensschild
- Anbringung, Vertragsverletzung I 251
- Zustimmungspflicht, Vermieter I 262

Nebenkosten siehe auch Betriebskosten
- Gewerberaummietvertrag A 354 ff.
- ständige Unpünktlichkeit, Kündigungsgrund J 286
- Unredlichkeit bei Abrechnung, fristlose Kündigung J 454, 456

Nebenpflichten, Vermieter I 186 ff.
- Aufklärungspflichten I 189 ff.
- Fürsorgepflichten I 196
- Konkurrenzschutzpflichten I 197 ff. siehe auch dort
  - Beispiele I 203
- Leistungspflichten I 224 ff.
  - Entsorgung Abwasser, Müll I 224
  - Liefersperre I 227
  - Versorgung Wärme, Energie, Wasser I 224
- Mieterberatung I 228 ff.
  - Gebühren I 235
  - Prozessuales I 233 f.
- Reinigungspflichten I 218 ff.
- Treuepflichten I 195 ff.
- Verkehrssicherungspflichten I 218 ff.
- Verletzung, Rechtsfolgen I 187
- Vermieterberatung I 236 ff.
  - Gebühren I 239
  - Prozessuales I 238

Nettokaltmiete
- Mietpreisüberhöhung D 177

Neubau I 46
- Feuchtigkeit F 187
- Grundsteuer, Änderung der Bemessungsgrundlage A 378a

Nichtzulassungsbeschwerde
- Gebühren Rechtsanwalt N 182 ff.
- Gerichtskosten N 359

Nießbrauch
- Beendigung, Sonderkündigungsrecht J 297
- Nießbraucher als Vermieter A 251 f.; F 131a
  - Vorschussanspruch Mängelbeseitigung, Beschränkung F 131a
  - Zwangsverwaltung O 164
- Pfändung in Mietforderungen Q 199 ff.
- Verwendungsersatzanspruch gegen (Mit-)Eigentümer F 212g

Notmaßnahmen
- Aufwendungsersatz F 133a

Notstromanlage L 62
- sonstige Betriebskosten L 124

Nutzungsänderung
- Gewerberaum,. Untervermietung G 46b
- vertragswidriger Gebrauch I 247c

Nutzungsbeschränkung
- behördliche Genehmigung I 247f
- fristlose Kündigung Mieter I 247g; J 456
- Minderungsquote F 109

Nutzungsbeschränkungen
- Bauordnungs- und Bauplanungsrecht A 281

Nutzungsentschädigung
- Gestaltungsspielraum, Wohnraum-Individualmietvertrag A 186
- Inhaltskontrolle, Wohnraum-Formularmietvertrag A 199
- Klage auf zukünftige Nutzungsentschädigung M 175 ff.
- Streitwert N 563 f.
- Umsatzsteuerpflicht D 19d
- Verjährung des Anspruchs D 140

Nutzungsrecht, Mieter
- grundbuchrechtliche Absicherung A 252

Obhuts- und Sorgfaltspflichten
- Abwehrmaßnahmen I 255
- anteilige Kostentragung der Gebäudeversicherung, Folge I 254
- Anzeigepflicht, § 536c BGB I 253
- Beweislage I 256
- fristlose Kündigung J 286
- längere Abwesenheit I 253
- Mieter, Obhuts- und Sorgfaltspflichten I 252 ff.
- Regressverzicht des Gebäudeversicherers I 254
- Reinigungspflichten K 138
- Sorgfaltsmaßstab I 253
- Tabelle I 257
- Vernachlässigung, Kündigung J 278 f.

Obligatorisches Streitschlichtungsverfahren M 7 ff.
- Anwendungsbereich M 9 f.
- Auslagen Rechtsanwalt N 298 ff.
- Beratungshilfe N 132
- Einigungsgebühr N 129 ff.
  - Anrechnung N 130 f.
- Entbehrlichkeit M 17 ff.
  - Gerichtsstandsvereinbarung M 17c
  - Klageerweiterung/-häufung M 17d
  - Urkundenprozess M 17b
  - vorhergehendes Mahnverfahren M 17a

2785

(Obligatorisches Streitschlichtungsverfahren)
- FamFG, Verfahren nach
  - Ehewohnungssachen **M** 4 f.
- Gebühren, Rechtsanwalt **N** 126 ff.
  - Anrechnung **N** 130 f.
  - Einigungsgebühr **N** 129 ff.
  - Geschäftsgebühr **N** 126 f.
- Gesetzeslage der Bundesländer **M** 7 ff.
- Güteverhandlung entbehrlich **M** 119
- Haftungsrisiko Anwalt **M** 7f
- Kosten **N** 335
- Kostenentscheidung und -erstattung **M** 24 ff.
- Umgehung **M** 22a
- Verweisungsantrag, Provokation **M** 22a
- Vollstreckungstitel **M** 23
- Wertfestsetzung **M** 7f

Offener Kamin
- Minderungsquote, Mängel **F** 109

Öffentlich geförderter Wohnraum A 64
- Miete **A** 79 f.
- Mieterhöhung **A** 86
- Umlageschlüssel nach Wirtschaftseinheit **L** 213

Öffentlich-rechtliche Aufgabenerfüllung
- Kündigungsgrund **J** 250 f.

Öffentlich-rechtliche Beschränkungen **F** 46 ff.
- Androhung von Zwangsmaßnahmen **F** 48
- konkrete Auswirkung **F** 47

Öffentliche Lasten
- Mietpfändung **Q** 206 ff.

Opfergrenze
- Instandhaltungsarbeiten **H** 14

Option, Streitwert N 565 ff.
- Ausübung der Option **N** 565
- Streit über Bestehen eines Optionsrechts **N** 566

Ordentliche Kündigung, Wohnraummietvertrag *siehe auch* Kündigung
- Begründung, nicht abdingbar **A** 38
- berechtigtes Interesse **A** 38
- Kündigungsfrist **A** 38

Ordnungsbehördliche Einweisung
- Nutzungsentgelt **K** 213
- Schadensersatz **K** 363 ff.

Ortsübliche Miete
- Mietpreisüberhöhung **D** 158

Pacht
- Abgrenzung Gewerberaummiete **A** 240
- Verjährung des Anspruchs auf Pachtzins **D** 140

PAK
- Minderungsquote bei hoher Konzentration **F** 109

Papierwarengeschäft
- Konkurrenzschutz **I** 203

Parabolantenne
- Kündigungsgrund **J** 286

Parabolantenne, Zulässigkeit Installation G 154 ff.
- deutsche Mieter, kein Anspruch aus Art. 49 EG-Vertrag **G** 156
- Mieterberatung, Abstimmungstermin, Angebot, Muster **G** 172
  - Aufforderung zur Zustimmung, Muster **G** 168
  - ausländische Mieter, Anforderungen **G** 159
  - baurechtliche Zulässigkeit **G** 161
  - Breitbandkabelanschluss **G** 154
  - deutsche Mieter
    - Anforderungen **G** 158
    - Anspruch **G** 156
  - fachmännische Installation **G** 162
  - Feststellungsantrag, Annahmeverzug **G** 176
  - Gebühren **G** 178
  - Informationsinteresse, schutzwürdiges **G** 155 f.
  - Klage auf Abgabe einer Willenserklärung **G** 174
  - Kostenübernahme **G** 163
  - Kumulationsverbot **G** 165
  - mobile Installation **G** 160
  - Ortsbestimmung, Vermieterrecht **G** 175
  - Ortstermin **G** 162
  - Schweigen des Vermieters **G** 169 f.
  - Sicherheitsleistung für Demontage **G** 164 ff., 171, 176
  - Versicherung für Haftungsrisiken **G** 163
- Vermieterberatung **G** 179 ff.
  - Abstimmungstermin **G** 182
  - Ausländerpakete der Telekom **G** 183
  - baurechtliche Zulässigkeit **G** 179
  - Beratungsgespräch **G** 179 ff.
  - Breitbandkabelanschluss **G** 183
  - erneutes Gesuch zur Installation **G** 181
  - Gebühren **G** 191
  - Gemeinschaftsparabolantenne bei mehreren Nationalitäten **G** 184
  - mangelnde Schlüssigkeit Zustimmungsklage, Tabelle **G** 189
  - negative Feststellungsklage **G** 186 f.
  - Schweigen **G** 180
  - Sicherheitsleistung **G** 167, 185
  - taktisches Vorgehen **G** 180 f.
  - Verteidigung gegen Klage auf Zustimmung **G** 188 ff.

(Parabolantenne, Zulässigkeit Installation)
- Widerklage, Sicherheitsleistung G 190
- Zustimmungspflicht I 262

Parken
- Vertragsverletzung I 251

Parkettboden A 75
- Abzug „neu für alt" F 147
- Formularmietvertrag, Inhaltskontrolle A 199
- Mieterhöhung, Modernisierungsmaßnahme E 161a
- Minderungsquote bei PAK-Konzentration F 109
- Obhuts- und Sorgfaltspflicht I 257
- Schäden H 349
- Schönheitsreparatur H 332
  - Gewerberaum H 335
- Wegnahmerecht nach Mietermodernisierung H 258

Parkplatz
- Minderungsquote Lärm F 109
- Minderungsquote, Mängel F 109

Parteien, Mietprozess M 85 ff.
- Beklagtenseite M 101 ff.
  - BGB-Gesellschaft M 101
  - Dritte, Besitz des Mietobjekts M 104
  - Ehegatte M 104
  - Erbe M 103
  - Haupt- und Untermieter M 105
  - mehrere Mieter M 106 f.
  - Mitbesitzer M 104
  - unbekannt M 109
- Bezeichnung M 85 ff.
- Klägerseite M 89 ff.
  - Außen-GbR M 89a
  - BGB-Gesellschaft M 89
  - Erbengemeinschaft M 90
  - Erwerber M 91
  - gewillkürte Prozessstandschaft M 92
  - Insolvenzverwalter M 93
  - juristische Personen M 88a
  - mehrere Personen/Gesamtgläubiger M 94 ff.
  - Personengesellschaften, sonstige M 89a
  - Testamentsvollstrecker M 97
  - Verwalter M 98
  - WEG-Verwalter M 99
  - Zwangsverwalter M 100
- Parteiwechsel M 110
- Wohnungseigentümergemeinschaft, Teilrechtsfähigkeit D 74

Parteien, Mietvertrag
- Anwaltshaftung, Ermittlung der Parteien B 84 ff.
- Ehegatte als weiterer Mieter A 57
- Eheleute als Vermieter B 71
- Erbengemeinschaft A 251
- Ermittlung B 84 ff.
- Gesellschaft bürgerlichen Rechts B 77 f.
- Gesellschafter einer GbR A 251; D 72a
- Gewerberaummietvertrag, Checkpunkte A 250 ff.
- Hausverwalter B 72 f.
- Identifizierung der Vertragspartner, Probleme B 63 ff.
- Kaufmann auf Mieterseite B 66
- mehrere Mieter, Zustimmungserfordernis A 55
- Minderjährige B 64
- offene Handelsgesellschaft, Haftung ausscheidender Gesellschafter D 72b
- Personalausweis- oder Handelsregisternummer A 56
- Personengesellschaften B 77 ff.
- Personenmehrheit als Vertragspartner A 256 f.; D 71 ff.
- Phantasienamen A 251
- Rechtsnachfolger A 55
- Student A 59
  - gesteigertes Sicherungsinteresse des Vermieters A 59
- Unternehmen in Gründung B 82 f.
- Vertretungsregelungen A 256
- Vertretungsmacht B 70
- Vor-GmbH, Haftung B 83
- Wohngemeinschaft A 58; B 76

Patronatserklärung
- Gewerberaummietvertrag A 461

PCP *siehe* Holzschutzmittel

Perchlorethylen
- Minderungsquote F 109

Personalkosten
- Schadensersatz I 119

Personengesellschaft
- Auftreten nach Außen, Auswirkungen B 81
- Insolvenzfähigkeit P 7
- Partei des Mietvertrags B 77 ff. *siehe auch* Gesellschaft bürgerlichen Rechts
- Umwandlung, Mieterwechsel B 81

Pfandrecht, Streitwert N 567

Pfändung in Mietforderungen
- abgetretene Mietforderung Q 64 ff.
- Antrag auf Pfändungsschutz, § 851b ZPO Q 126 ff.
  - Allgemeines Q 126 ff.
  - Muster Q 136
  - Verfahren Q 134 ff.
- Auskunftsanspruch des Gläubigers Q 33
- Auskunftspflicht des Schuldners Q 123 ff.
- bei Grundschuld und Hypothek

2787

(Pfändung in Mietforderungen)
- Abtretung und Beschlagnahme Q 176 ff.
- Grenzen der Beschlagnahmewirkung Q 180 f.
- Rangfolge bei Beschlagnahme Q 174 f.
- Voraussetzungen Q 171 ff.
- Beschlagnahme der Forderung Q 4 ff., 93 ff.
- Besonderheiten Q 63 ff.
- Drittschuldner, Stellung Q 104 ff.
  - Einwendungen Q 105
  - Freiwerden von der Leistungspflicht Q 108 ff.
  - Sonderfall: Pfändung einer titulierten Forderung Q 111 ff.
  - unwirksame Pfändung Q 107
  - vorläufige Einstellung der Zwangsvollstreckung Q 106
- Drittschuldnererklärung Q 137 ff.
  - Aufforderung zur Drittschuldnererklärung, Muster Q 139
  - Auskunftspflicht Q 137 ff.
  - Drittschuldnererklärung, Muster Q 145
  - Frist Q 138
  - Umfang der Auskunftspflicht Q 140 ff.
  - Verletzung der Auskunftsverpflichtung Q 146 ff.
    - Schadensersatzklage, Muster Q 148
- Drittschuldnerinsolvenz Q 197 f.
- Drittschuldnerklage Q 96
- Drittschuldnermehrheit Q 76 ff.
- Einziehungsklage/Drittschuldnerprozess Q 149 ff.
  - Einziehungsklage gegen Drittschuldner, Muster Q 155
- Grundsatz der Priorität Q 2
- Grundstücksbeschlagnahme siehe auch dort
- Grundstücksbeschlagnahme, Zusammentreffen mit Q 156 ff.
- Herausgabepflicht Schuldner Q 118 ff.
- Hinterlegung Q 104
  - Mehrfachpfändung Q 81 ff.
  - unklarer Gläubiger Q 68
- Mehrfachpfändung Q 80
- Mehrheit von Vollstreckungsschuldnern Q 70 ff.
- Mietende Q 214 ff.
- Mieterforderungen, pfändbare Q 36 ff.
  - Antrag auf Pfändungs- und Überweisungsbeschluss, Muster Q 44
  - Aufforderung zur Drittschuldnererklärung, Muster Q 139
  - Aufwendungsersatz Q 42
  - Auskunftsersuchen, Muster Q 125
  - Betriebskostenguthaben Q 40
  - Drittschuldnererklärung, Muster Q 145
  - Einziehungsklage gegen Drittschuldner, Muster Q 155
  - Rückzahlung Mietkaution Q 37 ff.
  - Schadensersatzforderungen Q 43
  - Schadensersatzklage bei Auskunftspflichtverletzung, Muster Q 148
  - Schmerzensgeld Q 41
  - sonstige Forderungen Q 43
- Nießbrauch Q 199 ff.
- Pfändbarkeit Q 7
- Pfändungs- und Überweisungsbeschluss Q 5, 35, 44, 45
  - Arrestatorium/Inhibitatorium Q 54
  - Ausspruch der Pfändung Q 51
  - Bestimmtheit Q 53
  - Herausgabe von Urkunden Q 121
  - Inhalt Q 51 ff.
  - Rechtsmittel und Rechtsbehelfe Q 58 ff.
  - Zustellung Q 55 ff.
- Pfändungsantrag
  - künftige Mieten Q 14 ff.
- Pfändungspfandrecht Q 93 ff.
  - Erlöschen Q 62
- Schuldnerinsolvenz Q 184 ff.
  - Absonderungsrecht Q 188 f.
  - Allgemeines Q 185 f.
  - Drei-Monats-Zeitraum Q 187
  - Pfändung durch dinglichen Gläubiger Q 190 f.
  - Pfändung durch persönlichen Gläubiger Q 186 ff.
  - Rückschlagsperre Q 186
  - Vermieterinsolvenz und Zwangsverwaltung Q 192 ff.
- Überpfändung Q 88 ff.
- Verfahren Q 45 ff.
  - Pfändungs- und Überweisungsbeschluss Q 45, 51 ff.
  - Prüfung der Forderung Q 50
  - Rechtsschutzbedürfnis Q 48
  - Vollstreckungsantrag Q 46 f.
  - Zuständigkeit Q 49
  - Zustellung Q 47
- Vermieterforderungen, pfändbare Q 8 ff.
  - Antrag auf Pfändungs- und Überweisungsbeschluss, Muster Q 35
  - Betriebskosten Q 22 ff.
  - fällige Mieten Q 8 ff.
  - Kautionsverwertungsanspruch Q 32
  - Kautionszahlungsanspruch Q 27 ff.
  - künftige Mieten Q 13 ff.
  - Nebenansprüche und -rechte Q 18 ff.
  - Nebenrechte, sonstige Q 20 f.

(Pfändung in Mietforderungen)
- Nutzungsentschädigung Q 17
- Schadensersatzforderungen Q 34
- sonstige Forderungen Q 34
- Untermietverhältnisse Q 10
- verjährte Mietansprüche Q 9
- Vorschussforderungen gegen Mieter Q 34
- Zinsen Q 19
- Vermieterwechsel Q 69
- Vollstreckungsgläubiger, Stellung Q 96 ff.
  - Drittwiderspruchsklage Q 100
  - Einziehungsbefugnis Q 97
  - Gesamtrechtsnachfolge auf Gläubigerseite Q 98
  - weiterer Vollstreckungsgläubiger, Stellung Q 116
  - Zusammentreffen Rechtsstreit und Mietpfändung Q 99 ff.
- Vollstreckungsschuldner, Stellung Q 101 ff.
- Vorpfändung Q 11 f.
- wegen öffentlicher Lasten Q 206 ff.
  - Begriff Q 208 ff.
  - Pfändungsvorrang Q 206 f., 211 ff.
- Wirkungen Q 93 ff.
- wirkungslose Pfändung Q 95
- Zahlungsverbot Q 104
- Zessionsverbot Q 7
- Zurückweisung des Pfändungsantrags Q 50
- zweckgebundene Forderungen Q 17
  - Betriebskosten Q 22 ff.
  - Kautionszahlungsanspruch Q 27 ff.

Pfändungs- und Überweisungsbeschluss
- Antrag gegen Mieter als Drittschuldner, Muster Q 35
- Antrag gegen Vermieter als Drittschuldner, Muster Q 44
- Inhalt Q 51 ff.
- Zustellung Q 55 ff.

Pfändungspfandrecht
- Gestaltungsspielraum, Wohnraum-Individualmietvertrag A 186
- Inhaltskontrolle, Wohnraum-Formularmietvertrag A 199

Pflanzen
- Gestaltungsspielraum, Wohnraum-Individualmietvertrag A 186
- Inhaltskontrolle, Wohnraum-Formularmietvertrag A 199
- Vertragsverletzung I 251

Pflegeperson
- Aufnahme, Eigenbedarfskündigung J 182

Pförtner
- Umlage A 114

Phantasienamen
- Schriftform Mietvertrag A 251

Photovoltaik-Anlage
- Mieterhöhung, Modernisierungsmaßnahme E 161a

Plakate
- Beseitigung, Streitwert N 426
- Gestaltungsspielraum, Wohnraum-Individualmietvertrag A 186
- Inhaltskontrolle, Wohnraum-Formularmietvertrag A 199
- Vertragsverletzung I 251

Planungskosten
- Schadensersatz I 116

Polizeieinsatz
- Veranlassung, Kündigungsgrund J 286
- vertragswidriger Gebrauch I 251

Preisgebundener Wohnraum A 86
- Ausschluss von Mieterhöhungen E 5
- Betriebskosten L 722 ff.
- Fehlbeleger E 24 f.
- Kaution, Beschränkung K 75
- Kostenmiete, unzulässige D 217 ff. *siehe auch dort*
- Nachbelastung mit Betriebskosten L 732, 740
- Schönheitsreparaturen H 315
- Umlageausfallwagnis A 119
- Umlageschlüssel L 753 ff.
- wirksame Kautionsvereinbarung G 193
- Wohnberechtigungsschein, Vorlage durch Nachmieter C 266

Preisindex, einheitlicher A 322
Prostitution *siehe auch* Bordell
- fristlose Kündigung Mieter J 456
- Kündigungsgrund J 284, 286
- Umweltfehler F 45j

Prozess *siehe* Mietprozess
Prozesskostenhilfe N 247 f.
Prozessstandschaft
- Vermieter-GbR, Gesellschafter B 80

Prüfungsrecht *siehe* Besichtigungsrecht
PVC-Boden A 75
- Abzug „neu für alt" F 147
- Obhuts- und Sorgfaltspflicht I 257

Querulatorischer Mieter
- Vermieterberatung B 9 ff.

Querulatorischer Vermieter
- Mieterberatung B 21 ff.

Quotenklausel
- Schönheitsreparaturen A 186
  - Gewerberaum A 389
- Transparenzgebot A 188

Ratten *siehe* Ungeziefer
Rauch
- Minderungsquote F 109

Rauchabzug
- Verkehrssicherungspflicht I 223
Rauchen
- einschränkende Vereinbarung H 365 ff.
- Gestaltungsspielraum, Wohnraum-Individualmietvertrag A 186
- Inhaltskontrolle, Wohnraum-Formularmietvertrag A 199
- übermäßige Abnutzung H 363
- vertragsgemäßer Gebrauch H 362 ff.
- Vertragsverletzung I 251

Räum- und Streudienst
- Streitwert N 567a

Räum- und Streusatzung
- Hinweis auf ~ I 218

Raumklima
- fristlose Kündigung Mieter J 456
- fristlose Kündigung, Gesundheitsgefährdung J 452

Raumtemperatur
- Büroräume I 247e
- fristlose Kündigung Mieter J 456
- vertragsgemäßer Gebrauch F 23a

Räumung
- Beseitigung, Streitwert N 427
- einstweilige Verfügung wegen Räumungsanspruch M 340 f.
- Gestaltungsspielraum, Wohnraum-Individualmietvertrag A 186
- Gewaltschutzgesetz K 43a
- Inhaltskontrolle, Wohnraum-Formularmietvertrag A 199

Räumungsfristverfahren J 400 ff.; M 248 ff.; M 423 ff.; N 231 ff.
- Antrag auf angemessene Frist J 400
- Antrag auf Urteilsergänzung wegen übergangenem Räumungsfristantrag, Muster M 430
- Antrag auf Verlängerung der Räumungsfrist, Muster M 435
- außergerichtliche Räumungsfrist J 403
- Beschaffung von Ersatzwohnraum J 401
- Gebühren Rechtsanwalt, selbständiges Räumungsfristverfahren N 235 ff.
- Gebühren Rechtsanwalt, unselbständiges Räumungsfristverfahren N 240 ff.
- gerichtliches Räumungsfristverfahren, Folge J 403
- gewerbliches Mietverhältnis J 402
- Mischmietverhältnis J 402; M 425
- selbständiges Verfahren nach § 721 Abs. 2 ZPO M 432 f.
- sofortige Beschwerde J 400
- Streitwert N 568 f.
- unselbständiges Verfahren, § 721 Abs. 1 ZPO M 428 ff.
- Urteile, Vollstreckung aus M 424
- Verlängerung der Räumungsfrist M 435 ff.
- Wohnraummiete gem. § 549 Abs. 2 Nr. 3 BGB, Ausschluss M 427
- Zeitmietverträge, Ausschluss M 426
- Zuschlagsbeschlüsse, Ausschluss M 424

Räumungsklage J 304 ff.; M 128 ff.
- Abtretung des Herausgabeanspruchs J 309
- Aktivlegitimation J 305 ff.
- Anwaltshaftung J 310
- Außen-GbR als Vermieter J 306
- Beschleunigung des Verfahrens J 319 ff.
- Ehegatte des Mieters J 310
- getrennte Räumungs- und Zahlungsklage M 184a f.
- Herausgabe, Streitwert N 470 ff.
- Insolvenz des Mieters J 310
- Klageabweisung, Abwendung durch Nachbesserung J 323 ff.
  - Abtretung bei fehlender Aktivlegitimation J 326
  - erneute Kündigung J 323 ff.
  - Klageerweiterung bei fehlender Passivlegitimation J 327
- Klageantrag J 316; M 129 ff.
  - Bestimmtheitsgrundsatz, Vollstreckbarkeit M 129 f.
  - Formulierungsbeispiel M 135
  - Gesamtschuldner M 134
  - mitvermietete Flächen, Aufnahme M 131
  - Muster M 135b
  - Räumung und Herausgabe M 132
  - Schlüsselherausgabe M 133
  - unbekannter Klagegegner M 135
  - Zubehör M 133
- Klagebegründung M 136 ff.
  - schlüssiger Vortrag, Kündigung M 137
- Klagenhäufung, Räumung/Zahlung M 184 ff.
  - Erhöhung der Zahlungsklage, Verfahrensverzögerung M 190
  - Trennung, Gründe M 185 ff.
- Klageschrift, Inhalt J 316 ff.
- Kostenlast
  - Mieter trotz Anerkenntnis A 294
- Kündigung nochmals in Klageschrift/weitere Schriftsätze, Vorsorge M 147 ff.
- Kündigung, erstmaliger Ausspruch in Klageschrift oder später M 139 ff.
  - außergerichtliche, weitere Kündigung M 146
  - eindeutige Ausübung des Gestaltungsrechts der Kündigung M 143 ff.
  - Kündigung durch Rechtsanwalt M 145

(Räumungsklage)
- Originalvollmacht M 142
- Räumungsklage als Kündigung, Auslegung M 144 f.
- Ziehfrist M 140
- Zustellung Klage durch Niederlegung, Probleme M 141
- Kündigungsgrund Zeugenbeeinflussung J 286
- künftige Räumung J 312 ff.
- Lebensgemeinschaft J 310
- Mehrheit von Vermietern J 307
- Mietervertretung J 366 ff. siehe auch Räumungsklage, Mieterverteidigung
- Mitbesitzer J 311; K 445; M 135a
- Mitbewohner J 310
- Mitmieter J 310
- Passivlegitimation J 310 f.
- Räumungsfrist, Antrag auf Gewährung M 248 ff.
- Räumungsvergleich, Abschluss J 365 siehe auch Räumungsvergleich, gerichtlicher
- Räumungsvergleich, gerichtlicher J 418 ff. siehe auch dort
- Rechtsschutzbedürfnis J 310
- Schadensersatz aus Verzug wegen Anwaltskosten bei außergerichtlicher Kündigung N 158
- Streitwert wechselseitiger Ansprüche N 416
- Streitwert, mehrere Beklagte M 135a
- Umdeutung verfrühter Räumungsantrag J 32
- Vermieterpfandrecht
  - Beschränkung G 263a f.; J 103
- Versäumnisurteil vor Ablauf der Schonfrist M 151 f.
- verschwundener Mieter K 193
- Vorbereitung Klageerhebung J 304 ff.
- Widerspruch des Mieters J 328 ff.
- Zahlungsantrag künftige Leistung, Muster J 318
- Zeitpunkt der Klageerhebung J 312 ff.
- zukünftige Räumung, Klage auf M 153 ff.
  - Anerkenntnis vor Ablauf Widerspruchsfrist M 166
  - Besorgnis der nicht rechtzeitigen Erfüllung M 159 ff.
  - Fälligkeitszeitpunkt, Klageantrag M 158
  - kalendermäßige künftige Leistung M 155f
  - Klageantrag, Muster M 166
  - Übersicht Gewerbemiete/Wohnraummiete M 153
  - Widerspruch und Fortsetzungsverlangen M 164

- Zahlung, Klagenhäufung, Streitwert N 490
- Zwischenfeststellungsklage, Muster J 317

Räumungsklage, Mieterverteidigung J 366 ff.
- Änderung des Nutzungszwecks J 373
- Befristung unwirksam J 380f
  - Bestimmtheit fehlt J 380
  - gesetzliche Schriftform fehlt J 380
  - Widersprüchlichkeit des Vertrags J 381
- Begründung der Kündigung unzureichend J 374
- Bestreiten der Kündigungsgründe J 375
- Bestreiten innerer Tatsachen, Muster J 376 f.
- Beweis fehlender Eigennutzungsabsicht J 378 f.
- Eigennutzungsabsicht bestreiten J 376 ff.
- Einwand der Geltung von Wohnraummietrecht J 373
- Einwand fortdauernden Besitzrechts J 370 ff.
- Endmieter bei Zwischenvermietung, Einwendungen J 398
- Ersatzwohnraum, Beschaffung J 401
- fehlende Identität Eigentümer/Vermieter J 399
- formelle Einwendungen gegen Klage J 366
  - Aktivlegitimation, Fehlen J 368
  - Klageänderung durch weitere Kündigung J 367
  - künftige Räumung J 366
  - Prozessführungsbefugnis, Fehlen J 368
- Fortsetzung und Neuabschluss des Mietvertrages, Mietvertrag ohne Verlängerungsklausel J 387
  - rechtskräftiger, nicht vollstreckter Räumungstitel J 388
- Fortsetzung und Neuabschluss durch Vereinbarung J 386 ff.
  - Schriftform J 386
- Fortsetzungsanspruch J 391
  - kein Ausschluss durch qualifizierten Zeitmietvertrag J 392
  - prozessuale Geltendmachung J 393
  - wirksames Fortsetzungsverlangen, Muster J 391
- Fortsetzungsanspruch nach Sozialklausel J 395
- gemischte Nutzung J 373
- Herausgabeverlangen des Erwerbers, Einwendungen gegen J 399
- Räumungsfrist J 400 ff.
  - Antrag auf angemessene ~ J 400

(Räumungsklage, Mieterverteidigung)
- außergerichtliche Räumungsfrist
  J 403
- gerichtliche Räumungsfrist, Folge
  J 403
- gewerbliches Mietverhältnis   J 402
- Mischmietverhältnis   J 402
- sofortige Beschwerde   J 400
- Räumungsvergleich, gerichtlicher
  J 418 ff.   *siehe auch dort*
- Rechtsänderung auf Vermieterseite
  J 368 f.
- Rechtsmissbrauch, Einwand des ~
  J 396
- Revision   J 409
- Sozialklausel, Fortsetzungsanspruch
  J 395
- stillschweigende Verlängerung   J 383 ff.
- Untermieter, Einwendungen   J 397
- unwirksame Kündigung   J 370 ff.
- Vollstreckbarkeit, Anträge   J 404 ff.
  - Abwendung durch Sicherheitsleistung
    J 404
  - Berufungsinstanz, Vollstreckungs-
    schutzantrag § 712 ZPO   J 408 f.
  - einstweilige Einstellung der Zwangs-
    vollstreckung   J 405
  - Geschäftsraummiete   J 407
  - nicht zu ersetzender Nachteil für Mie-
    ter durch Vollstreckung   J 407
  - Revision   J 409
- Widerspruch gegen Klageänderung, Mus-
  ter   J 367
- Zeitmietvertrag, fehlende Beendigung
  J 390

Räumungstitel
- Räumungstermin, Anberaumung   I 43

Räumungsvergleich
- anwaltlicher Räumungsvergleich
  K 44 ff.
  - bei Gewerberaummiete, Muster
    K 46
- gerichtlicher Räumungsvergleich   J 365,
  418 ff.
  - Anfechtung   J 422
  - Beitritt zum Vergleich   J 420
  - Freistellungserklärung   J 420
  - Grundsätze   J 418
  - Inhalt   J 419
  - Kostenregelung, Verbindlichkeit für
    Rechtsschutzversicherung   J 421
  - Vorbereitung   J 365
  - Widerruf   J 421a
  - Zeitpunkt   J 418
  - Zwangsvollstreckung   J 423
- querulatorischer Vermieter, Mieterbera-
  tung   B 24

Räumungsverlangen
- fristlose Kündigung Mieter   J 456

Räumungsvollstreckung
- Ankündigungsfrist   M 420
- Dauer der Räumungsfrist   M 447
- Erfolgsprognose   M 446
- Gebühren Rechtsanwalt bei mehreren
  Räumungsschuldnern   N 294
- Interessenabwägung   M 441 ff.
  - Mieterinteressen   M 443 f.
  - Vermieterinteressen   M 445
- Klauselumschreibung   M 416a
- Kosten der Vollstreckung   M 470 ff.
- Kosten Räumungsfristverfahren   M 451
- Kosten Zwangsräumung   M 422
- Kostenvorschuss   M 420c
- Räumungsfristverfahren   M 423 ff.
  - Antrag auf Urteilsergänzung wegen
    übergangenem Räumungsfristantrag,
    Muster   M 430
  - Antrag auf Verlängerung der Räu-
    mungsfrist, Muster   M 435
  - Mischmietverhältnisse   M 425
  - selbständiges Verfahren nach § 721
    Abs. 2 ZPO   M 432 ff.
  - unselbständiges Verfahren, § 721
    Abs. 1 ZPO   M 428 ff.
  - Urteile, Vollstreckung aus   M 424
  - Verlängerung der Räumungsfrist
    M 435 ff.
  - Wohnraummiete gem. § 549 Abs. 2
    Nr. 3 BGB, Ausschluss   M 427
  - Zeitmietverträge, Ausschluss
    M 426
  - Zuschlagsbeschlüsse, Ausschluss
    M 424
- Räumungsgut, Verbleib   M 420d, 420g
- Räumungsschuldner   M 417 ff.
  - Besitzdiener   M 418
- Räumungsvergleich, Zwangsvollstre-
  ckung aus ~   M 438 ff.
  - Vergleich mit Räumungsfrist, Muster
    M 439
- Rechtsmittel Räumungsfrist   M 449 f.
- Streitwert   N 570
- Teilräumung   M 420b
- Titel   M 416
- Verfahren   M 419 ff.
- Verwirkung   M 421
- Verzicht des Mieters auf Räumungsfrist
  M 448
- Vollstreckungsschutz nach § 765a Abs. 2
  ZPO   M 420, 452 ff.
  - Antrag, Muster   M 456f
  - Begründung   M 460 ff.
  - Erlangungsinteresse Vermieter
    M 463
  - erneuter Antrag   M 464
  - Kosten   M 466
  - Rechtsbehelfe/Rechtsmittel
    M 467 ff.

(Räumungsvollstreckung)
- Verzicht auf zukünftigen Vollstreckungsschutz **M** 465
- Zuständigkeit **M** 455
- Zuständigkeit Gerichtsvollzieher **M** 419 ff.

Rauschgifthandel
- fristlose Kündigung **J** 269

Rechnungslegung, Klage **M** 246 f.
- Beschwer bei Berufung **M** 268

Rechtsanwalt
- Konkurrenzschutz **I** 203

Rechtsbeschwerde **M** 287 ff.
- Anschlussbeschwerde **M** 295
- Begründung, Frist **M** 294
- Gebühren Rechtsanwalt **N** 200
- Gerichtskosten **N** 361 f.
- Notfrist ein Monat **M** 293
- Statthaftigkeit **M** 289
- Zulassung **M** 289
- Zulassung unbeachtlich **M** 291
- Zuständigkeit BGH **M** 287

Rechtsbindungswille
- konkludenter Mietvertrag **B** 111, 114

Rechtsentscheid **M** 286

Rechtsmangel
- fristlose Kündigung Mieter **J** 445, 456

Rechtsmängel
- Gestaltungsspielraum, Wohnraum-Individualmietvertrag **A** 186
- Inhaltskontrolle, Wohnraum-Formularmietvertrag **A** 199

Rechtsmissbrauch
- Räumungsklage, Mieterverteidigung **J** 396

Rechtsnachfolge
- Gestaltungsberatung Mietvertrag **A** 55, 251

Rechtsschutzversicherung
- Abwicklung Mietvertrag, Vermieterberatung **K** 6 f. *siehe auch dort*
- Abwicklung mit dem Versicherer **B** 33 ff.
- besondere Bedingungen für Deckungszusage **B** 45 f.
- Deckungsschutz, Prüfung **B** 38 ff.
- Deckungsschutzanfrage **B** 43 f.
- Deckungsschutzanfrage, Gebühr **N** 114
- Deckungsschutzanfrage, Muster **B** 44
- DMB Rechtsschutzversicherung **B** 45 f.
- Erstberatung **B** 34 f.
- Erstberatungsgebühr, nur **A** 3
- Gebühren, Korrespondenz mit Versicherung **B** 47 ff.
- Grundstücks- und Mietrechtsschutz **B** 36
- Gruppenversicherungsverträge von Arbeitnehmern **B** 46
- Kostenregelung im gerichtlichen Räumungsvergleich **J** 421
- Mandant **B** 29 ff.
- privates Sachverständigengutachten, Mietpreisüberhöhung **D** 172
- Reisekosten **N** 304 f.
- Vergleichsschluss, Abrechnung **B** 46a

Reformhaus
- Konkurrenzschutz **I** 203

Regelanlage
- Wartung, Umlage **A** 118; **L** 24

Regenwasserrückgewinnungsanlage
- Betriebskosten **L** 46

Reinigungsmittel
- Betriebskosten, Abgrenzung **L** 17

Reinigungspflicht **I** 218 ff.
- bei vorzeitigem Auszug **K** 226
- Gestaltungsspielraum, Wohnraum-Individualmietvertrag **A** 186
- Gewerberaummietvertrag **A** 442 ff.
- Inhaltskontrolle, Wohnraum-Formularmietvertrag **A** 199
- Obhuts- und Sorgfaltspflicht **I** 257
- Übertragung auf Mieter **I** 218
- Zwangsverwalter, Eintritt **I** 218

Reißbrett, Vermietung vom **A** 264 ff.; **C** 531

Renovierung, laufende *siehe auch* Schönheitsreparaturen
- Abgeltungsklauseln **H** 540
- Abwälzung auf Mieter **H** 478 ff.
  - ausdrückliche Vereinbarung **H** 478
  - Formularvertrag **H** 480 ff.
    - Bedarfsklauseln **H** 488 f.
    - Fälligkeitsregelungen **H** 487a ff.
    - flexible Fristen **H** 503 ff.
    - Fristbeginn **H** 506 ff.
    - Fristenpläne **H** 490 ff.
    - mögliche Vereinbarungen **H** 481 ff.
    - preisgebundener Wohnraum **H** 486
    - starre Fristen **H** 499 ff.
    - verkürzte Fristen **H** 495 ff.
  - individualvertragliche Abreden **H** 479 f.
  - mündliche Abreden **H** 478a
- Abwälzung der laufenden Renovierung
  - Geschäftsraummiete **H** 514 ff.
- unrenoviert übergebener Wohnraum **H** 510 ff.

Renovierungskosten **H** 538 ff.
- Abwehrstrategien des Mieters
  - Kostenbeteiligungsverlagen bei Vertragsende **H** 806 ff.
- Beteiligung des Mieters **H** 538 ff.
  - Abgeltungsklauseln **H** 538 ff.
    - Allgemeines **H** 538

(Renovierungskosten)
- fehlende Fälligkeit der Schönheitsreparaturen H 541
- Geschäftsraummiete H 559 f.
- laufende Dekoration, wirksame Übertragung H 540
- Regelfristen H 548 ff.
- Selbstvornahmerecht des Mieters H 546 f.
- transparenter Berechnungsmodus H 553 ff.
- unverbindlicher Kostenvoranschlag H 542 ff.
- Wirksamkeitsvoraussetzungen H 539 ff.
- Kostenbeteiligung Mieter, Vertragsende H 641 ff.
  - Allgemeines H 641 f.
  - Berechnung der Abgeltung H 648
  - Geltendmachung der Kostenbeteiligung, Muster H 647
  - Mietvertrag, Prüfung H 643
  - Voraussetzungen H 644 ff.

Reparaturen siehe Modernisierungsmaßnahmen, Mieter/Vermieter; Instandhaltung und Instandsetzung

Restaurant
- Konkurrenzschutz I 203

Restschuldbefreiung P 8, 127, 139 ff., 214, 227

Revision M 280 ff.
- Gebühren Rechtsanwalt N 189
- Gerichtskosten N 360 ff.
- Nichtzulassungsbeschwerde M 284
- Rücknahme M 283a
- Sprungrevision M 285
- Zulassung M 281 ff.
- Zurückweisung M 283b

Risse
- Minderungsquote F 109

Rohrbruch F 13 ff.

Rohrleitungen
- Mieterhöhung, Modernisierungsmaßnahme E 161a
- Überprüfungspflichten Vermieter H 11
- vorbeugende Reinigung, Umlage L 23

Rohrverstopfung
- vertragsgemäßer Gebrauch I 251

Rollläden
- Mieterhöhung, Modernisierungsmaßnahme E 161a

Rollstuhl siehe auch Barrierefreiheit
- Abstellen, Vertragsverletzung I 251

Rückbauverpflichtungen, Mieter K 133 ff.
- Ausnahmen K 134
- Kettenmietvertrag A 230a
- Schadensersatz Vermieter K 349 ff.
  - Ablehnungsandrohung K 355
  - Entbehrlichkeit der Fristsetzung K 356 ff.
  - Fristsetzung K 354
  - Leistungsaufforderung K 351 ff.
  - Rückgabeprotokoll K 353
  - Zustandsbeschreibung K 353

Rückforderungsanspruch, Mieter
- Mietpreisüberhöhung D 210 siehe auch dort
- Verjährung D 140

Rückgabe
- Annahmeverzug bei vorzeitiger ~ K 120
- Besichtigungstermin K 114 ff.
  - Streitwert Duldungsklage K 116
- Besitzverschaffung K 119
- Durchführung des Wohnungsabnahmetermins K 155 f.
- einvernehmliche Lösung, abschließende Verhandlung K 164 ff.
- gemeinsamer Termin K 109, 121 f.
- Gestaltungsspielraum, Wohnraum-Individualmietvertrag A 186
- Gewerberaummietvertrag A 479 ff.
- Inhaltskontrolle, Wohnraum-Formularmietvertrag A 199
- ordnungsgemäße Räumung K 157 f.
- Renovierungspflichten Mieter K 123, 128 ff.
  - Abgeltungsklausel/Quotenhaftungsklausel K 128 f.
  - Endrenovierungsklausel K 128
  - Kostenvoranschlag K 130
  - Tapezierfähigkeit K 128
  - Umbau- oder Modernisierungsabsicht Vermieter K 131
- Rückgabeprotokoll K 23 ff., 124, 140 ff., 159 ff. siehe auch dort
- Schadensersatz wegen unterlassener ~ K 340
- Schadensersatz wegen verspäteter ~ K 341 f.
  - Mietausfallschaden K 342
- Schadensersatz wegen vorzeitiger ~ K 344 f.
- Schlüssel K 109, 125
- Verjährung, Verzögerung K 100a
- verweigerte Annahme der Schlüssel K 174 ff.
- Vorabnahme/Endabnahme K 172 f.
- Vorbereitung des Termins K 121 ff.
- vorzeitige Rückgabe K 120
- Wartungs- und Reinigungsklauseln K 136 ff.
  - Obhutspflicht K 138 f.
  - Teppichboden K 137
  - Wirksamkeit Wartungsklauseln K 136

(Rückgabe)
- Zeitpunkt der Rückgabepflicht   K 118, 121
- Zustand   A 144

Rückgabeprotokoll   K 23 ff., 124, 140 ff.
- Alter der Einrichtungsgegenstände, Abzug „neu für alt"   K 146
- Anwaltsprotokoll   K 27
- Ausfüllen des ~   K 159 ff.
  - Formulierungshilfen   K 160
  - letzte Renovierung   K 159
  - Pauschalierungen   K 160 f.
- deklaratorisches Schudanerkenntnis   K 142
- Dokumentation Zustand der Mietsache   K 142
- Dübellöcher   K 146, 162
- einvernehmliche Abwicklung, Regelung, Muster   K 147 f.
- Einwendungen, kein Ausschluss   K 142
- Einzelteile der Mietsache   K 144 ff.
- endgültige Erfüllungsverweigerung, Muster   K 151
- Erstellung   K 144 ff.
- Formular, Nachteil   K 141
- Fristsetzung mit Ablehnungsandrohung, Mängelbeseitigung, Muster   K 149
- Gewerberaummiete   K 142
- Inhalt   K 144
- keine gesetzliche Mitwirkungspflicht Mieter   K 25
- Muster   K 170
- negatives Schuldanerkenntnis Vermieter   K 143 f.
- negatives Schuldanerkenntnis, Qualität als   K 24
- nicht erkennbare Schäden   K 142
- Nutzungsentschädigung für Dauer der Renovierung, Muster   K 152
- Privaturkunde   K 28
- Schadensbeseitigung, Auftragserteilung an Vermieter   K 148
- unbekannte Einwendungen   K 143
- unbemerkte Schäden, Vorbehalt   K 171 ff.
- unfachmännische Leistungen, Art und Ausmaß   K 161
- Unrichtigkeit   K 24
- Untersuchungspflicht Vermieter   K 143
- Vergleich, Muster   K 150
- vertragliche Mitwirkungspflicht   K 26
- Vollmacht für andere Mieter, Muster   K 153 f.
- Zustandsbeschreibung   K 144 ff.
- Zweck und Bedeutung   K 142 ff.

Rückstausicherung
- Wartung, Umlage   A 118

Rücktritt
- Gestaltungsspielraum, Wohnraum-Individualmietvertrag   A 186
- Inhaltskontrolle, Wohnraum-Formularmietvertrag   A 199

Rufschädigung
- Kündigungsgrund   J 283, 286

Ruhezeiten   A 130

Sach- und Haftpflichtversicherung   L 130 ff.
- Gebot der Wirtschaftlichkeit   L 137
- Prämienerhöhung   L 133
- Reparaturversicherungen, keine Umlage   L 131
- Rückvergütung von Prämien   L 135
- Sammelversicherung   L 132
- Umlage   A 113
- umlegbare Prämien   L 134

Sachverständigengutachten
- Baumängel   F 34
- Mieterhöhung bis ortsübliche Miete   E 89 ff.
  - Anforderungen an Sachverständigengutachten   E 92 f.
  - Anforderungsprofil an Gutachten   E 95 ff.
  - Auswahl des Sachverständigen   E 91
  - Gutachten betreffend vergleichbarer Wohnung   E 104
  - Kurzgutachten   E 90
  - Prüfungsschema   E 94
- Überprüfung eines gerichtlichen ~ (Mieterhöhung)   E 151 ff.
  - bloße Mietspiegelanwendung   E 152
  - Mietbildungsfaktoren, Berücksichtigung   E 154
  - Offenlegung von Befundtatsachen   E 153
  - statistische Arbeit   E 153

Salvatorische Klausel   A 491 f.
- Sanierungsklausel   A 492b

Sanierung/Umbau   J 230 ff.
- berechtigtes Interesse   J 231 f.
- Erwerb in Kenntnis der Unwirtschaftlichkeit   J 230
- fehlende Duldungspflicht des Mieters   J 230
- Kündigungsschreiben, Inhalt   J 233

Sanitärbecken
- Abzug „neu für alt"   F 147

Sanitäre Einrichtungen
- Mieterhöhung, Modernisierungsmaßnahme   E 161a

Satellitenanlage   siehe Parabolantenne

Satellitenanschluss   A 73
- Mieterhöhung, Modernisierungsmaßnahme   E 161a

Sauna
- Betrieb, sonstige Betriebskosten L 24
- Umlage A 118
- Zustimmungspflicht, Vermieter I 262

Schachtabdeckung
- Verkehrssicherungspflicht I 223

Schäden, Beseitigung
- Obhuts- und Sorgfaltspflicht I 257

Schadensersatz bei Mängeln F 136 ff.
- Abgrenzung zu Schönheitsreparaturen H 340 ff.
- Abzug „neu für alt" F 145
- Abzug „neu für alt", Tabelle F 147
- Anschaffungskosten F 144
- Drittschäden F 141
- ersatzfähige Schäden, Übersicht F 142
- ersparte Aufwendungen F 146
- Garantiehaftung F 136
- Geltendmachung, Probleme F 139 ff.
- Haftungsausschluss F 140
- Kausalitätsprobleme, Vermeidung F 139
- Kostenvoranschlag F 144
- Mitverschulden F 148 f.
- Regress gegen Dritte F 212d ff.
- Schadenshöhe, Beweismittel F 143
- Schadensminderungspflicht F 150
- Schuldrechtsmodernisierung F 141a
- taktische Überlegungen F 170
- Verschuldenshaftung F 137
  - Beweislast F 137a
  - unvermeidbarer Mangel F 137b
  - unverschuldeter Mangel F 137b
- Verzugshaftung F 138
- Wertermittlungsverordnung, Anlage 5 F 145

Schadensersatz, Nichtüberlassung I 86 ff.
- Anforderung des Schadensersatzes I 142 f.
- Anspruchsgrund I 87 ff.
- Auslagenpauschale I 139
- Beweislast I 96
- Beweissicherung, Kosten I 136 f.
- entgangene Nutzungen I 125 f.
- entgangener Gewinn I 102 ff.
- Ersatzraum I 120 ff.
  - Differenz der Miete zum Vertragsobjekt I 121 ff.
  - Maklerprovision I 120
  - Mehrkosten für Anmietung I 120
  - Renovierung und Instandsetzung I 127 f.
  - Vertragskosten für Anmietung I 129
- Geschäftseröffnung, Kosten der geplanten I 117 f.
- Investitionen in die Mietsache I 108 ff.
- Lohnkosten für Personal I 119
- Maklerkosten I 129a
- Mehrkosten für Einbauten I 124
- Nichterfüllungsschaden I 95
- nutzlose Aufwendungen I 107
- Planungskosten I 116
- Prozessuales I 144
- Räumung der Ersatzwohnung, Prozesskosten I 106 f.
- Rechtsanwaltsgebühren für Geltendmachung Schadensersatz I 130 ff.
- Rechtsmangel I 114
- Rentabilitätsvermutung I 109, 111
- Schadensbegrenzung I 140 f.
- Schadenshöhe I 93 ff.
- Schadensminderung I 141
- Schadenspositionen I 95 ff.
- Schmerzensgeld I 137a
- Streitwert I 145
- Unmöglichkeit I 91
- Unterbringungskosten I 97 ff.
  - Notwendigkeit I 100
- Verwendungen auf Mietsache I 143
- Verzögerungsschaden I 90, 95, 141
- Zeitaufwand des Geschädigten I 138
- Zwischenumzug, Kosten I 101

Schadensersatz, unterlassene Schlussrenovierung H 673 ff.
- Abwehrstrategien des Mieters H 815 ff.
- Allgemeines H 673
- Aufrechnung H 751 ff.
- Ausschluss des Anspruchs H 755 ff.
- Beweislast H 723 ff.
- Erfüllungsverweigerung
  - Fallgruppen H 695 ff.
- Klage auf Schadensersatz nach § 281 Abs. 1 BGB, Muster H 854 ff.
- Verjährung H 726 ff.; K 100b
  - Beginn H 729 ff.
  - Grundlagen H 726 ff.
  - Verjährungshemmung H 740 ff.
  - Vorschussanforderung H 737
  - vorzeitige Rückgabe H 733 ff.
- Verwirkung H 747 ff.
- Voraussetzungen des Schadensersatzanspruchs H 674 ff.
  - Fristsetzung H 687 ff.
    - Ablehnungsandrohung nach Fristablauf H 691
    - angemessene Frist H 687 ff.
    - Entbehrlichkeit H 692 ff.
    - Erfüllungsinteresse, Wegfall H 697
    - Leistungsaufforderung mit Fristsetzung, Muster H 704
    - Zeitpunkt H 701 ff.
  - Leistungsaufforderung an Mieter H 679 ff.
  - Mietverhältnis, Beendigung H 678
  - Verlangen nach Schadensersatz H 705 ff.
    - Gutachterkosten H 717 ff.
    - Mietausfall H 713 ff.

(Schadensersatz, unterlassene Schlussrenovierung)
- Renovierungsschaden H 706
- Schadensminderung H 722
- selbständiges Beweisverfahren H 721
- Zahlungsaufforderung, Muster H 709
- Verzug H 675 ff.
- Vorschussforderungen gegen Mieter H 675

Schadensersatz, vertragswidriger Gebrauch *siehe* Gewährleistungsrechte

Schadensregulierung, außergerichtliche K 325 ff.
- Abzug „neu für alt" K 337
- Beschädigung der Mietsache, Schadensersatz K 346 ff.
  - Beispiele vertragswidriger Gebrauch K 347
- Darlegungs- und Beweislast K 326
- Einweisung durch Ordnungsamt, Schadensersatz K 363 ff.
- fristlose Kündigung durch Vermieter, Schadensersatzanspruch Vermieter K 361
- Haftungsgrundsätze K 333
  - Betriebskostenpauschale vereinbart K 334
  - Erfüllungsgehilfen K 335
  - Schadensversicherung besteht K 333 f.
- Haupt- und Nebenpflichten K 327 ff.
  - Schönheitsreparaturen K 329
  - Sorgfaltspflichten K 331
  - Veränderungen und Verschlechterungen K 330
  - vertragliche Vereinbarung K 332
  - Wiederherstellung ursprünglicher Zustand K 328
- Höhe des Ersatzes K 337
- Rückbau unterlassen, Schadensersatz K 349
  - Ablehnungsandrohung K 355
  - Entbehrlichkeit der Fristsetzung K 356 ff.
  - Fristsetzung K 354
  - Leistungsaufforderung K 351 ff.
  - Rückgabeprotokoll K 353
  - Zustandsbeschreibung K 353
- unterlassene Rückgabe der Mietsache, Schadensersatz K 340
- Untermieter, Schadensersatz bei Schädigung durch ~ K 362
- Verjährung K 338 f.
  - Delikt K 339
- verspätete Rückgabe, Schadensersatz K 341 ff.
  - Mietausfallschaden K 342

- Vorüberlegungen K 325 ff.
- vorzeitige Rückgabe, Schadensersatz K 344 f.
- Wahlrecht Vermieter Naturalrestitution/Geldersatz K 336
- Wegnahme von Mietereinbauten und -einrichtungen, Schadensersatz bei Schäden K 359 f.

Schadstoffbelastung
- fristlose Kündigung Mieter J 456
- fristlose Kündigung, Gesundheitsgefährdung J 452

Schaffung neuen Wohnraums
- Mieterhöhung, Modernisierungsmaßnahme E 161a

Schallschutz E 161a

Scheingeschäft
- Unwirksamkeit Mietvertrag B 131

Schiedsgutachterabrede A 270, 308
- bei Gleitklauseln A 326
- Mängel der Mietsache F 219 f.

Schimmel
- Abrücken der Möbel F 187
- Minderungsquote F 109

Schimmelpilz
- Aufklärungspflicht I 191
- Darlegungslast F 41a
- Entstehung F 185
- fristlose Kündigung, Gesundheitsgefährdung F 45, 135a ff.; J 452; J 456

Schließanlage
- Abzug „neu für alt" F 147
- Mieterhöhung, Modernisierungsmaßnahme E 161a
- Wartung, Umlage A 118

Schlüssel A 78
- Austausch der Schlösser nach Auszug und vor Vertragsablauf K 248
- Briefkasten, Einwurf in ~ K 188
- Mieter will vorzeitiges Ende des Mietvertrages, Auszug und Schlüsselübergabe K 408 ff.
- neue Schlösser K 190
- Nutzungsentschädigung K 190
- Obhuts- und Sorgfaltspflicht I 257
- Rückgabe selbst angefertigter ~ K 125
- Schlüsseleinbehalt, Vereinbarung A 488
- Streitwert K 188
- Streitwert Haustürschlüssel N 468 f.
- Übergabe nach Beendigung K 109
- Vermieterpfandrecht, Versperren der Mieträume G 266
- verweigerte Annahme K 174 ff.
  - Annahmeverzug, Nachteile K 176

Schlussrenovierung
- Abwälzung auf Mieter H 520 ff.
  - Formularvertrag H 524 ff.
    - ungültige Formulierungen H 527

2797

(Schlussrenovierung)
- Geschäftsraummiete H 534 ff.
- Individualvertrag H 521 ff.
- Summierungseffekt H 522
- Abwehrstrategien des Mieters H 792 ff.
  - Kostenbeteiligungsverlagen bei Vertragsende H 806 ff.
  - Schadensersatzforderungen des Vermieters H 815 ff.
  - Verpflichtung zur Schlussrenovierung H 792 ff.
    - Anerkenntnis des Mieters H 801 ff.
    - DDR-Mietverträge H 795 f.
    - Fälligkeit H 805
    - mietvertragliche Regelungen H 792 ff.
    - Übermaßabnutzung H 797 ff.
- Anerkenntnis des Mieters H 801 ff.
- Fälligkeit H 805
- Farbauswahl A 199
- Geltendmachung durch Vermieter H 650 ff.
  - Aufforderungsschreiben an Mieter H 663 ff.
  - Besichtigungsprotokoll H 656
  - Farbe, Material, Ausführung H 668 f.
  - Geschäftsraummiete H 671 f.
  - Mietvertrag, Prüfung H 651 ff.
    - Farbwahl, Absprachen H 662
    - Klauseln zur Endrenovierung H 659 ff.
    - Klauseln zur laufenden Renovierung H 652 ff.
  - Renovierungsbedarf H 655
  - Übermaßabnutzung H 658
  - Verjährung H 670
- Schadensersatzanspruch bei unterlassener Schlussrenovierung *siehe* Schadensersatz, unterlassene Schlussrenovierung

Schmerzensgeld
- Nichtüberlassung der Mietsache I 137a
- Pfändung Q 41

Schmutz
- Minderungsquote F 109

Schneeräum- und Streupflicht A 89
- Gestaltungsspielraum, Wohnraum-Individualmietvertrag A 186
- Gewerberaummietvertrag A 442 ff.
- Inhaltskontrolle, Wohnraum-Formularmietvertrag A 199

Schönheitsreparaturen A 87; H 300 ff.
- Abgrenzung zum Schadensersatz H 340 ff.
  - Abgrenzungskriterien H 347 ff.
  - Beispiele H 349 ff.
  - übermäßiger Gebrauch H 344 ff.
  - vertragsgemäßer Gebrauch H 342 f.
- Abstandsvereinbarungen H 828 ff.
  - Einzelvereinbarung H 829 f.
  - formularvertragliche Pauschalabgeltung H 828
- Abwehrstrategien des Mieters H 782 ff.
  - Einwände gegen Renovierungsverlangen des Vermieters H 782 ff.
  - Fälligkeit der Renovierungsarbeiten H 784 ff.
  - Qualität der Renovierungsarbeiten H 788
  - Renovierungsaufforderung bei Mietende, Einwände H 792 ff.
  - Vorschussverlangen, Einwände gegen H 789 ff.
  - wirksame Übertragung der Schönheitsreparaturen H 782 f.
- Anfangsrenovierung H 404 ff. *siehe auch* Anfangsrenovierung
  - Abwälzung auf Mieter H 468 ff.
- Balkon A 186
- Begriff H 307 ff.
- Begriff, Gewerberaum H 334 ff.
- Begriff, Wohnraum H 308 ff.
  - Einzelfälle H 312 ff.
  - Fußbodenarbeiten H 332 f.
  - heutiges Verständnis H 312 ff.
  - neue Bundesländer H 333
  - preisgebundener Wohnraum H 315
  - Tapetenwechsel H 328 ff.
  - Untergrundschäden H 322 f.
  - Vertragsgestaltung H 314 f.
  - Vorarbeiten H 322 f.
  - Wohnungsinneres H 311
- Begriffserweiterung durch Individualvereinbarung H 319 ff.
- Bodenbelag, Entfernung H 398
- Dekoration, ungewöhnliche H 356 ff.
  - Gestaltungsspielraum bei Mietende H 359 ff.
  - während der Mietzeit H 357 ff.
- Dekorationsschäden H 345 ff., 375 f.
- Dübellöcher H 353 ff.
- Fälligkeit A 186
- Farbauswahl A 199
- Farbwahldiktat H 387 ff.
  - laufendes Mietverhältnis H 387 f.
  - Vorgaben für Rückgabe H 389 ff.
- Fogging H 368 ff.
- Freizeichnung des Vermieters H 423b
- Fußboden H 350
- Fußbodenarbeiten H 332 f.
- Gestaltungsspielraum, Wohnraum-Individualmietvertrag A 186
- Gewerberaummietvertrag A 382 ff.
- Gewerberaummietvertrag, Formularvertrag
  - starre Fristen A 387b
- „Hartz IV" H 831 ff.

(Schönheitsreparaturen)
- Holz H 349
- Inhaltskontrolle, Wohnraum-Formularmietvertrag A 199
- laufende Renovierung *siehe* Renovierung, laufende
  - Abwälzung auf Mieter H 478 ff.
  - Sonderfall: unrenoviert übergebener Wohnraum H 510 ff.
- Leistungszeit H 423 ff.
- Mandatsverhältnis
  - Ausgangslage H 300 ff.
  - Mandantenunterlagen H 303 ff.
  - Renovierungsansprüche, Prüfung H 305
  - Sachverhaltsaufklärung H 301 ff.
  - Schadensersatzansprüche, Prüfung H 306
- Mietprozess H 834 ff.
  - Klage auf Erfüllung, Muster H 846 f.
  - Klage auf Kostenquote bei Vertragsende, Muster H 852 f.
  - Klage auf Kostenvorschuss, Muster H 849 f.
  - Klage auf Schadensersatz nach § 281 Abs. 1 BGB, Muster H 854 ff.
  - Mietausfallschaden H 856
  - Mietervertretung H 857 ff.
    - Allgemeines H 857 ff.
    - Erfüllungsklage, Verteidigung, Muster H 860 ff.
    - Gewerberaum H 861
    - Klageerwiderung des Mieters H 860 ff.
    - Klauselkontrolle, Feststellungsklage H 868 ff.
    - Kostenquotenklage, Verteidigung, Muster H 864 f.
    - Kostenvorschussklage, Verteidigung, Muster H 862 f.
    - Schadensersatzklage nach § 281 Abs. 1 BGB, Verteidigung, Muster H 866 f.
  - Parteienbezeichnung H 845
  - Vermietervertretung H 834 ff.
    - Aufklärung des Vermieters H 840
    - Beweisangebote, Sammlung H 838 f.
    - Hinweispflichten des Rechtsanwalts H 841
    - Klageschrift H 843 ff.
    - Rechtsschutzversicherung H 842
    - Zustand der Räumlichkeiten H 836
  - Zuständigkeit H 843 ff.
  - Zwangsvollstreckung H 848
- nach Kündigung des Mietvertrages H 821 ff.
  - Mieter H 822 f.
  - Vermieter H 821
  - vorzeitige Vertragsbeendigung H 824 ff.
- nach Vertragsende K 208
- Parkett H 349
- Qualität der Reparaturen H 381 ff.
  - Allgemeines H 381
  - Beibehaltung bisheriger Ausführungsart H 393 ff.
  - biologische Substanzen H 385
  - fachgerechte Ausführung H 382
  - Material und Ausführung H 384 ff.
- Rauchen H 362 ff.
- Rechtsfolgen unwirksamer Klauseln H 561 ff.
  - ergänzende Vertragsauslegung H 568
  - Geschäftsraummiete H 567 ff.
  - kein Vertrauensschutz H 565 f.
  - salvatorische Klausel H 562
  - Störung der Geschäftsgrundlage H 563, 568
  - unzumutbare Härte H 569
  - Wegfall der Dekorationspflicht H 561 ff.
- Renovierungsanspruch des Vermieters, laufender Vertrag H 605 ff.
  - Abwälzungsvereinbarung bestehend H 606 ff.
  - Abwälzungsvereinbarung, Wirksamkeit H 609
  - Allgemeines H 605
  - Erfüllungsanspruch H 620 ff.
  - Fälligkeit H 610 ff.
  - Farbe und Material H 635 ff.
  - Fristenplan, Prüfung H 610 ff.
  - Geschäftsraummiete H 637 ff.
    - Erfüllungsanspruch H 640
    - Kostenvorschuss H 640
    - Mietvertrag, Prüfung H 637 f.
  - Kostenvorschuss, Anspruch auf H 628 ff.
  - Leistungsaufforderung an Mieter, Muster H 624
  - Mietvertrag, Prüfung H 606 ff.
  - Renovierungsbedarf H 614 f.
  - Vorgehensweise H 617 ff.
  - Vorleistungen des Vermieters H 616
  - Vorschussanforderung, Muster H 632
- Renovierungskosten, Beteiligung Mieter *siehe* Renovierungskosten
- Renovierungspflicht des Vermieters H 399 ff.
  - Durchsetzung H 768 ff.
    - Eigenrenovierung des Mieters H 775
    - Leistungsaufforderung, Muster H 772

2799

(Schönheitsreparaturen)
- Leistungsverweigerung des Vermieters H 774
- mietvertragliche Voraussetzungen H 768 ff.
- Minderung H 779
- Nebenleistungen, Schuldner H 773
- Qualität der Arbeiten H 771
- Schadensersatzanspruch des Mieters H 776 ff.
- Schadensersatzforderung des Mieters, Muster H 777 f.
- Verjährung H 769
- Grundsätze H 399
- vertragsgemäßer Renovierungszustand H 401 ff.
- Schadensersatzansprüche des Vermieters H 349 ff.
  - Schadensfolgen H 378 ff.
- Schlussrenovierung *siehe* Schlussrenovierung
  - Abwälzung auf Mieter H 520 ff.
  - Geltendmachung durch Vermieter H 650 ff.
- selbständiges Beweisverfahren, Mängel M 316
- Tapetenentfernung H 396 ff.
- Tapetenwechsel H 328 ff.
- Übertragung auf den Mieter H 424 ff.
  - allgemeine Inhaltskontrolle H 438 f.
  - Formularvertrag H 430 ff.
  - Geschäftsraummiete H 466 f.
  - Individualvereinbarung H 459 ff.
    - Aushandeln, Begriff H 460 ff.
    - Beweislast H 464
    - Grenzen H 465
  - Klauselverbote H 437
  - Notwendigkeit einer Vereinbarung H 426 ff.
  - Rechtsfolgen unwirksamer AGB H 455 ff.
  - Summierungseffekt H 440 ff.
    - Allgemeines H 441 f.
    - Anfangsrenovierung/laufende Renovierung H 443
    - Klauselkombinationen H 443 ff.
    - laufende Renovierung/Endrenovierung H 445 ff.
    - laufende Renovierung/Kostenbeteiligung H 449
    - laufende Renovierung/Kostenbeteiligung/Endrenovierung H 450
    - laufende Renovierung/Starre Fristen H 444
    - laufende Renovierung/Vorgaben zur (ergänzenden) Ausführung H 452
    - sonstige Reparaturen H 451
  - Transparenzgebot H 434
- überraschende Klauseln H 436
- unklare/mehrdeutige Klauseln H 435
- Umbau, geplanter
  - Vermieteransprüche H 758 ff.
- Umfang der Dekoration H 420 ff.
- Untergrundschäden H 322 ff.
- unwirksame Schönheitsreparaturklauseln, Reaktionsmöglichkeiten Mieter H 586 ff.
  - Ersatz für getätigte Aufwendungen H 587 ff.
  - Ersatzvornahme bei Mängeln H 588
  - Erstattung von Abgeltungsbeträgen H 604
  - Geschäftsführung ohne Auftrag H 589
  - positive Vertragsverletzung H 597 ff.
  - Renovierungspflicht des Vermieters H 586
  - ungerechtfertigte Bereicherung H 591 ff.
  - Verschulden bei Vertragsschluss H 597 ff.
  - Verwendungsersatz H 590
- unwirksame Schönheitsreparaturklauseln, Reaktionsmöglichkeiten Vermieter H 571 ff.
  - Bereicherungsanspruch H 571
  - Mieterhöhung H 572 f.
  - nachträgliche Vereinbarung H 574 ff.
  - Schadensersatzanspruch gegen Klauselersteller H 579 f.
  - Sonderfall: Schlechtrenovierung trotz fehlender Verpflichtung H 581 ff.
- Verjährung H 423c
- vertragsgemäßer Renovierungszustand H 401 ff.
  - Überlassung renovierter Räume H 402 f.
  - Überlassung unrenovierter Räume H 404 ff.
- Vertragsgestaltung H 314 ff.
  - Erweiterung des Pflichtenkreises
    - Formularvertrag H 316 ff.
    - Individualvertrag H 319 ff.
- Vorarbeiten H 322 ff.
- Vorschlag, Muster H 872
- Weigerung, Kündigungsgrund J 243
- wirtschaftlicher Wert, Ermittlung A 159
- Zeitpunkt H 412 ff.
  - auslaufendes Mietverhältnis H 416
  - renoviert übergebene Mieträume H 412
  - unrenoviert übergebene Mieträume H 413 ff.
  - vorzeitige Vertragsbeendigung H 417 ff.

Schornsteinreinigung
- Kosten L 128 f.
- Umlage A 112

Schriftform
- Beschreibung der Mietsache A 258 ff.
- Bestimmung für Nebenabreden A 146
- einfache Befristung/wechselseitiger Kündigungsverzicht C 506 ff.
  - Anlagen, Unterschrift der ~, Anforderungen C 519
  - Baubeschreibung, Bezugnahme auf ~ C 520
  - Bezugnahme der Hausordnung C 518
  - Bezugnahme von Anlagen C 518 ff.
  - Briefwechsel C 513
  - Einheit der einzelnen Blätter C 516
  - Essentialia, Vertragsparteien in Rubrum und Unterschrift fallen auseinander C 509
  - Grundrisszeichnungen, lose Beifügung C 513
  - Schriftform Kündigungsverzicht C 506 ff.
  - Vertreterhandeln A 256 ff.
  - Vertretung C 524
- Fortsetzung und Neuabschluss des Mietvertrages J 386
- Gestaltungsspielraum, Wohnraum-Individualmietvertrag A 186
- Gewerberaummietvertrag A 274, 496 ff.
  - Anforderungen A 497 ff.
- Heilungsklausel A 492b
- Inhaltskontrolle, Wohnraum-Formularmietvertrag A 199
- konstitutives Element der Einigung B 109
- Mietaustrittsvertrag A 413
- Mieteintrittsvertrag A 413
- Parteibezeichnung
  - Erbengemeinschaft A 251
  - Gesellschaft bürgerlichen Rechts A 251
  - Phantasienamen A 251
- Reißbrett, Vermietung vom A 274
- Schriftformklausel, Wirksamkeit A 492a
- Schuldbeitritt, Vertrag mit mehr als einjähriger Laufzeit A 462
- SMS-Kündigung A 464
- Unwirksamkeit Mietvertrag B 131 ff.
- Vermutung der Verabredung der Schriftform B 110

Schriftlicher Vergleich M 124 ff.
- Annahme in abgeänderter Form M 126
- Anregung einer Partei M 125
- Beschluss, Berichtigung M 127
- Vergleichsvorschlag des Gerichts M 124

- Vollstreckungstitel M 124

Schuhgeschäft
- Konkurrenzschutz I 203

Schuldbeitritt
- Gewerberaummietvertrag A 462
- Schriftform A 462

Schuldnerkartei K 68

Schwarzarbeit
- Vertragsverletzung I 251

Schwimmbad A 76
- Betrieb, sonstige Betriebskosten L 24
- Mieterhöhung, Modernisierungsmaßnahme E 161a
- Umlage A 118

Selbständiges Beweisverfahren F 231 ff., 266; M 296 ff.
- Antrag, Muster (Mietmängel) M 304
- Antragsgegner, Rechte M 317 ff.
  - Gegenanträge M 317
- Beendigung M 306a
- Begründung und Glaubhaftmachung M 305
  - eidesstattliche Versicherung durch Antragsteller M 306
  - eigene Darstellung des Antragstellers M 306
- Besorgnis des Beweismittelverlusts M 300
- Dauer des Verfahrens, Mietausfallschaden M 298
- Eilverfahren nach § 485 Abs. 1 ZPO M 296a ff.
- Erzwingung Hauptsacheverfahren M 325j
- Frist zur Klageerhebung M 321 ff.
  - wirksame Fristsetzung M 323
- Gebühren Rechtsanwalt N 219 ff.
  - Anrechnung Verfahrensgebühren N 219, 223
  - Einigungsgebühr N 222
  - mehrere Auftraggeber N 220
  - Terminsgebühr N 221
- Gerichtskosten N 336
- isoliertes Beweisverfahren, § 485 Abs. 2 ZPO M 296e ff.
- Kosten des Verfahrens M 321
- Kostenentscheidung M 325 f.
  - Erledigung der Hauptsache M 325g f.
  - fehlende Fortführung M 325f
  - Hauptsacheverfahren, Durchführung M 325a ff.
  - Hauptsacheverfahren, keine Durchführung M 325i ff.
  - Materiell-rechtliche Kostenerstattungsansprüche M 325i
  - Parteiidentität M 325c f.
  - Rücknahme des Antrags auf selbständiges Beweisverfahren M 325b
  - Sachzusammenhang M 325e

2801

(Selbständiges Beweisverfahren)
- Mängel, Mieter: Antrag/Anwendung/ Streitwert/Reaktion Vermieter **F** 225
  - Vermieter: Antrag/Anwendung/Streitwert **F** 256
- rechtliches Interesse **M** 300 f.
- Sachverständiger, Ablehnung **M** 319
- Sonderfälle **M** 307 ff.
  - Feststellung der angemessenen Minderung nach § 536 BGB **M** 307 f.
  - Mängel bei geschuldeten Schönheitsreparaturen **M** 316
  - Mieterhöhung (Anpassung an Vergleichsmieten) **M** 312 ff.
  - Mieterhöhung (Modernisierung) **M** 315
  - Mietpreisüberhöhung und Mietwucher **M** 309 ff.
- Streitverkündung **M** 320
- Streitwert **N** 449
- Symptomrechtsprechung, Baurecht **M** 305a
- Verjährung, Hemmung **M** 297, 303
- Vermeidung Rechtsstreit **M** 301
- Zurückweisung als unzulässig **M** 325n
- Zuständigkeit **M** 302

Selbstauskunft **C** 224
- Anfechtungsrecht bei falscher ~ **J** 12
- zulässige Fragen **I** 185h ff.

Selbsthilfe **K** 79 ff.
- Gestaltungsspielraum, Wohnraum-Individualmietvertrag **A** 186
- Inhaltskontrolle, Wohnraum-Formularmietvertrag **A** 199
- nach Ausübung Vermieterpfandrecht **G** 264 ff.
  - Entfernen unter Gewaltanwendung **G** 266
  - neues Schloss nach Pfändung **G** 264 f.
  - Verbleib der Gegenstände, Vergewisserung **G** 265
  - Widerspruch gegen Entfernung **G** 265
- Verhinderung der Entfernung **K** 82
- Vermieterpfandrecht **G** 264 ff.
- Versperren der Mieträume **G** 266

Sicherheitsleistung *siehe auch* Kaution
- Barkaution **A** 143
- Bürgschaft **A** 143
- Forderungsabtretung **A** 143
- Gestaltungsspielraum, Wohnraum-Individualmietvertrag **A** 186
- Gewerberaummietvertrag **A** 445 ff.
- Inhaltskontrolle, Wohnraum-Formularmietvertrag **A** 199
- Modernisierungsmaßnahmen des Mieters **H** 202
- Sicherungsübereignung **A** 143

- Übergang auf Erwerber **A** 186
- Verpfändung Wertsachen/Sparbuch **A** 143
- Verzicht auf Vermieterpfandrecht **A** 462a
- Verzinsung **A** 186
- zulässige Inanspruchnahme **A** 448a

Sicherheitsschlösser
- Mieterhöhung, Modernisierungsmaßnahme **E** 161a

Sichtbeeinträchtigung, -belästigung
- Minderungsquote **F** 109

Silberfische *siehe* Ungeziefer

Sittenwidrigkeit
- Unwirksamkeit Mietvertrag **B** 131

SMS
- Kündigung **A** 464

Solaranlage
- Zustimmungspflicht, Vermieter **I** 262

Sonderkündigungsrecht
- Modernisierungsmaßnahmen des Vermieters **H** 176 f.

Sonnenkollektoren
- Mieterhöhung, Modernisierungsmaßnahme **E** 161a

Sorgfalts- und Obhutspflichten *siehe auch* Obhuts- und Sorgfaltspflichten

Sozialklausel **J** 351 ff.; **K** 215
- Fortsetzungsanspruch **J** 395
- fristgerechte Kündigungen **K** 440

Sozialwohnung
- Fehlbelegung **J** 253 f.

Spannungsklausel
- Gewerberaummietvertrag **A** 336

Spardrücker
- Mieterhöhung, Modernisierungsmaßnahme **E** 161a

Sperrmüll
- Umlage **A** 107

Spielhalle
- Konkurrenzschutz **I** 203

Spielplatz **A** 76
- Mieterhöhung, Modernisierungsmaßnahme **E** 161a
- Minderungsquote **F** 109

Sprenkler
- Wartung, sonstige Betriebskosten **L** 24

Stadtwohnung
- Eigenbedarfskündigung **J** 182

Staffelmiete *siehe auch* Mieterhöhung, Staffelmietvereinbarungen
- Gestaltungsspielraum, Wohnraum-Individualmietvertrag **A** 186
- Gewerberaummietvertrag **A** 320
- Inhaltskontrolle, Wohnraum-Formularmietvertrag **A** 199
- zeitliche Höchstgrenze, Wegfall **A** 38

Stallmiete
- Aufklärungspflicht I 223
- Erweiterung des vereinbarten Mietgebrauchs I 265

Standsicherheit I 223

Staub H 717
- Vertragsverletzung I 251

Stellplatz A 76
- Kündigungsgrund bei vertragswidriger Nutzung eines PKW-Stellplatzes J 286
- Minderungsquote bei Fehlen F 109

Stillschweigende Verlängerung J 383 ff.
- Ausschluss A 149
- Gestaltungsspielraum, Wohnraum-Individualmietvertrag A 186
- Inhaltskontrolle, Wohnraum-Formularmietvertrag A 199

Stockflecken
- Lüften, Inhaltskontrolle, Wohnraum-Formularmietvertrag A 199

Stolpergefahr
- Verkehrssicherungspflicht I 223

Strafanzeige
- gegen Vermieter, Kündigungsgrund J 243
- Kündigungsgrund J 286

Straftaten
- Vertragsverletzung I 251

Straßenreinigung L 76 ff.
- Eigenleistung L 82
- Gebührenerhebung, Überprüfung der Richtigkeit L 78 ff.
- gewerbliches Unternehmen L 83
- Mieter L 84
- öffentliche Straßenreinigung L 78 ff.
- private Straßenreinigung L 82 ff.
- Reinigungsmittel/Streugut L 85
- Umlage A 106

Sträucher
- Wegnahmerecht nach Mieteranpflanzung H 258

Streitwert N 371 ff.
- ABC der Streitwerte N 399 ff.
- Anwaltsgebühren, Bestimmung des Streitwerts N 385
   - gesonderte Festsetzung N 387 ff.
      - Beschwerde N 387e ff.
      - weitere Beschwerde N 387i
   - nach Wert der Gerichtsgebühren N 386
   - Täigkeiten außerhalb eines gerichtlichen Verfahrens N 388 ff.
- Bemessung N 379 ff.
- Beschwerde gegen Festsetzung N 376 ff.
- Gerichtsgebühren, Bestimmung des Streitwerts N 373 ff.
- Abänderung N 375a f.
- endgültige Festsetzung N 375
- endgültige Festsetzung, Beschwerde N 376 ff.
- Erinnerung gegen vorläufige Streitwertfestsetzung N 374
- Gegenvorstellung bei unzulässiger Streitwertbeschwerde N 378
- vorläufige Streitwertfestsetzung N 373
- weitere Beschwerde N 378a ff.
- Wertermittlung N 379 ff.
- Klage und Widerklage N 366 ff.
- Klagenhäufung, Räumungsrechtsstreit und Zahlung N 368, 370
- Kündigung N 369
- Mietvertrag N 527 ff.
- Mietzahlungsklage N 542 ff.
- nichtvermögensrechtliche Streitigkeiten, Bemessung N 383 f.
- Räumungsklage, *siehe dort*

Streupflicht *siehe auch Reinigungspflicht*
- Obhuts- und Sorgfaltspflicht I 257
- Streitwert Winterdienst N 588
- Übertragung auf Mieter I 218
- Überwachungspflicht Vermieter I 223

Stromdiebstahl
- fristlose Kündigung J 286

Stromeinsparung H 87
- Mieterhöhung, Modernisierungsmaßnahme E 161a

Stromkosten
- Betriebskostenabrechnung L 84

Stromversorgung
- Zustimmungspflicht, Vermieter I 262

Studenten- oder Jugendwohnheim, Wohnraum in A 67
- Elternbürgschaft A 59
- Kündigung J 137

Sturmschäden L 115

Substanzschaden
- Regress gegen Dritte F 212d ff.

Subventionen A 85

Supermarkt
- Konkurrenzschutzpflichten, Vermieter I 201, 203

Tankstelle
- Konkurrenzschutz I 203
- Kontamination I 247i

Tapeten
- Gebot der Rücksichtnahme H 421
- Schönheitsreparaturen H 328 ff.

Tauben
- Minderungsquote F 109
- Plage, Umweltmangel F 45k

Taubenzecken *siehe Ungeziefer*

Täuschung
- fristlose Kündigung J 454
- fristlose Kündigung Mieter J 456
- Kündigungsgrund J 286

Technische Geräte A 70

Teilinklusivmiete A 79
- Mieterhöhung D 13
- Mietpreisüberhöhung D 178

Teilkündigung J 157 ff.
- abgrenzbare Teilflächen A 278
- Begründungspflicht, Wegfall J 162
- Gestaltungsspielraum, Wohnraum-Individualmietvertrag A 186
- Mietsenkung J 164
- Nebenraum, in Wohnungseigentum J 160
  - nicht zum Wohnen bestimmt J 159
- Streitwert N 572
- Zusammenlegung zweier Wohnungen J 161

Teilräumung
- Streitwert N 572

Teilzahlungsvergleich K 76 ff.
- Entgegenkommen gegen Gegenleistung K 76
- Rechtsanwaltsvergleich K 78
- Teilzahlungsvergleich und Anerkenntnis, Muster K 77
- Verfallsklausel K 76

Telefon
- Minderungsquote, Mängel F 109

Temperaturüberschreitung
- Büroräume A 288

Teppichboden A 75
- Abzug „neu für alt" F 147
- Mieterhöhung, Modernisierungsmaßnahme E 161a
- Minderungsquote, Mängel F 109
- Obhuts- und Sorgfaltspflicht I 257
- Wegnahmerecht nach Mietermodernisierung H 258

Terasse
- Wohnfläche F 55

Terminsgebühr N 161 ff., 179 ff.
- Berufung N 179 ff.
- Besprechungen mit Auftraggeber N 164
- Versäumnisurteil N 168
- Zwangsvollstreckung N 279 f.

Terminsvertreter
- Gebühren N 265 ff.

Terrasse
- Minderungsquote, Mängel F 109

Testamentsvollstrecker
- Partei im Mietprozess M 97
- Partei im Mietvertrag B 65

Thermostatventile
- Mieterhöhung, Modernisierungsmaßnahme E 161a

Tiefgarage
- Minderungsquote Lärm F 109
- Verkehrssicherungspflicht I 223

Tiefgaragenkosten
- Umlage A 111

Tierhaltung A 134; G 3 ff.
- Anzeige der Tierhaltung G 11
- Beschwer bei Berufung M 275
- Checkliste G 36
- Entscheidungsfreiheit Vermieter G 13, 31
- gefährliche Tiere G 7
- Gestaltungsspielraum, Wohnraum-Individualmietvertrag A 186
- Gleichbehandlungsgrundsatz G 25
- Inhaltskontrolle, Wohnraum-Formularmietvertrag A 199
- Kleintiere, erlaubnisfrei G 3
  - normaler Umfang G 4 f.
- Kündigungsgrund J 286
- ländliche Wohngegend G 10
- Mieterberatung, Ausnahmefall, Verbot nicht möglich G 16 f.
- Durchsetzungsversuch G 18
- Entscheidungsfreiheit Vermieter G 13
- Gebühren G 21
- Klageantrag G 19
- Klagebegründung G 20
- Prozessuales G 19 ff.
- schriftliche Einholung der Erlaubnis G 14
- vergleichbare Fälle in Nachbarschaft G 13, 15
- vertragswidrige Anschaffung, Hinweis G 17
- Wohngegend G 11 f.
- Mietvertrag, Überprüfung G 8
- unwirksame Regelung zur Tierhaltung G 10
- Minderungsquote F 109
- Minderungsquote Lärm F 109
- Obhuts- und Sorgfaltspflicht I 257
- städtische Wohngegend G 10
- Streitwert vertragswidriger Gebrauch N 575 f.
- unerlaubte, Kündigungsgrund J 243
- Unterlassungs- und Beseitigungsanspruch G 34
- Vermieterberatung G 22 ff.
  - Abmahnung unerlaubter Tierhaltung G 25
  - Beratungsgespräch G 22 ff.
  - Bewilligung mit Widerrufvorbehalt, Muster G 27 f.
  - einstweilige Verfügung G 33 f.
  - Erklärung zur Abstandnahme von Anschaffung, Fristsetzung G 30
  - erste Anfrage, Reaktion G 26

(Tierhaltung)
- Gebühren **G** 35
- Klageerwiderung **G** 31
- Nachahmungseffekt **G** 34
- Prozessuales **G** 31 ff.
- verweigerte Zustimmung **G** 29 f.
- vertragsgemäßer Gebrauch der Wohnung **G** 10, 24
- Vertragsverletzung **I** 251
- Zweifelsfälle **G** 6

Tierhandlung
- Konkurrenzschutz **I** 203

Tisch
- Abzug „neu für alt" **F** 147

Tod des Mieters **C** 285 ff.; **K** 282 ff.
- Alleinmieter, gemeinsamer Haushalt mit anderen Personen **C** 317 ff.
  - Ehegattenprivileg **C** 319
  - Eintrittsrecht sonstiger Personen **C** 324
  - Familienangehörige **C** 322
  - gemeinsamer Haushalt **C** 326 f.
  - getrennt lebende Ehegatten **C** 326b
  - Kinder **C** 321
  - Lebensgemeinschaft, Anforderungen, Prüfschema **C** 326
  - Lebenspartner **C** 320
  - objektiv nachprüfbare Kriterien gemeinsamer Haushalt **C** 324 ff.
  - Rangfolge der Personen im gemeinsamen Haushalt **C** 318
  - sonstige Personen **C** 326c
  - Verlobte **C** 323
  - Zweierbeziehung **C** 326
- Alleinmieter, gemeinsamer Haushalt mit Familienangehörigen, Sonderrechtsnachfolge **C** 317
- Alleinmieter, Wohnraum **C** 285 ff.
- dürftiger Nachlass **K** 298 ff.
- Eintrittberechtigter, Beratung *siehe* Tod des Mieters, Eintrittsberechtigter
- Erbenberatung *siehe* Tod des Mieters, Erbenberatung
- Gestaltungsspielraum, Wohnraum-Individualmietvertrag **A** 186
- Gewerberaummietvertrag, Kündigung **A** 478
- Inhaltskontrolle, Wohnraum-Formularmietvertrag **A** 199
- Inventarverfahren **K** 299 ff. *siehe auch dort*
- Kündigung nach Tod des Mieters **J** 288 ff.
- mehrere Mieter, Tod eines Mieters **C** 307 ff.
  - Gebühren **C** 316
- überlebender Mieter, Beratung *siehe* Tod des Mieters, überlebender Mieter
- unbekannter Erbe **K** 282 ff.
- Vermieterberatung *siehe* Tod des Mieters, Vermieterberatung

Tod des Mieters, Eintrittsberechtigtenberatung
- Alleinmieter, gemeinsamer Haushalt mit anderen Personen **C** 327 ff.
  - Ablehnung der Fortsetzung, einfache Erklärung **C** 346
  - Anfechtung der Versäumung der Ablehnungsfrist **C** 344
  - Beweismittel für gemeinsame Lebens- und Wirtschaftsführung **C** 332
  - Beweissituation **C** 328, 334
  - Eintrittsberechtigter will Mietvertrag fortsetzen **C** 339 ff.
  - Eintrittsberechtigter will Mietvertrag nicht fortsetzen **C** 343 ff.
  - Eintrittsrecht, Prüfung **C** 327
  - Feststellungsklage, Antrag **C** 351
  - Fristversäumnis, Rechtsfolgen **C** 348
  - Fürsorgepflicht des Vermieters **C** 342
  - Gebühren **C** 354
  - gemeinsamer Haushalt, Kriterien Übersicht **C** 330 f.
  - gesamtschuldnerische Haftung mit Erben **C** 339
  - Haftung für zwischenzeitliche Nutzung der Wohnung **C** 347
  - Herausgabe Mietvorauszahlungen **C** 339
  - Initiative zum Prozess, Eintrittsberechtigter/Vermieter **C** 349
  - Kenntnis vom Tod, Zeitpunkt **C** 343 ff.
  - Klageschrift Feststellungsklage, Darstellung des Sachverhalts **C** 353 f.
  - Kündigungsfrist **C** 343 ff.
  - mehrere Eintrittsberechtigte **C** 340
  - Melderegisterauskunft **C** 328
  - Pflicht zur Kautionszahlung **C** 339
  - Prozessuales **C** 349 ff.
  - Räumungsklage droht **C** 332
  - Risiko der Fortsetzung, Aufklärung, Musterbrief **C** 340 f.
  - schriftliche Aufklärung über Zweifel und Prozessrisiko **C** 333
  - Vermieter bestreitet Eintrittsrecht **C** 336f
  - Zuzug des Berechtigten kurz vor dem Todesfall **C** 329
- Eintrittsrecht **C** 317 ff.
  - Ehegatte **C** 319
  - Eintrittsrecht sonstiger Personen **C** 324 ff.
  - Familienangehörige **C** 322
  - gemeinsamer Haushalt **C** 326
  - Kinder **C** 321
  - Lebensgemeinschaft, Anforderungen, Prüfschema **C** 326

2805

(Tod des Mieters, Eintrittsberechtigtenberatung)
- Lebenspartner C 320
- objektiv nachprüfbare Kriterien für gemeinsamen Haushalt C 324 ff.
- Verlobter C 323
- Zweierbeziehung C 326

Tod des Mieters, Erbenberatung
- Alleinmieter, Wohnraum C 299 ff.
  - Abwicklung beendeter Mietverträge, Aufklärung über Folgen C 305
  - Bemühung um Neuvermietung, Pflicht C 304
  - Einstellung der Mietzahlungen C 303
  - Endrenovierung C 305
  - Fristversäumnis Kündigung, Folgen C 299, 302
  - Gebühren C 306
  - Kenntnis von Erbenstellung C 300
  - Kündigungsfrist bei unbefristetem Mietverhältnis C 299
  - Kündigungstermin C 300 ff.
  - Sonderkündigungsrecht des Erben C 299 f.
  - Übergang auf Erben C 285
- mehrere Mieter, Tod eines Mieters C 315
  - Gebühren C 316

Tod des Mieters, überlebender Mieter C 308 ff.
- Fortsetzung des Mietverhältnisses C 308
- Freistellungsanspruch gegenüber Erben C 309
- Gebühren C 316
- gesamtschuldnerische Haftung für Mietschulden C 309
- Kündigungsfrist C 311
- Mietschulden C 310a
- Mietvorauszahlungen, Vorteilsausgleichungsanspruch des Erben C 310
- Sondererbfolge zugunsten des überlebenden Mieters C 307
- Sonderkündigungsrecht C 311

Tod des Mieters, Vermieterberatung
- Abwicklung Mietvertrag K 282 ff.
- Alleinmieter, gemeinsamer Haushalt mit anderen Personen C 355 ff.
  - Aufforderung zur Erklärung über Ablehnungsrecht, Muster C 356 f.
  - außerordentliche Kündigung aus wichtigem Grund C 365
  - Eintrittsrechte nachgeordneter Personen C 360 ff.
  - Frist für nachgeordnete Eintrittsberechtigte C 361
  - Fristablauf Kündigungsfrist C 368

- Fristberechnung Kündigungsfrist C 367
- Gebühren C 373
- Identifizierung des Eintrittsberechtigten C 355
- Kündigung aus berechtigtem Interesse C 369 f.
- Kündigungsfrist C 366
- Prozessuales C 371 ff.
- Räumungsklage gegen Eintrittsberechtigten C 371
- Räumungsklage, Klageschrift C 371 f.
- schriftliche Bestätigung der Ablehnungserklärung, Muster C 359
- Vermieter will Eintritt ablehnen C 364 ff.
- Zustellnachweis C 357
- Alleinmieter, Wohnraum C 286 ff.
  - Auskunftsersuchen an Nachlassgericht, berechtigtes Interesse C 286
  - Auskunftsersuchen an Standesamt C 287
  - außerordentliches Kündigungsrecht des Vermieters C 291
  - befristeter Mietvertrag, Kündigungsfrist C 296
  - Beratungsgespräch C 286 ff.
  - Erbenermittlung C 286
  - Erkundigungspflicht C 294
  - Fristversäumnis, Folgen C 295 f.
  - Gebühren C 298
  - Kündigungstermin C 291 ff.
  - Nachlassgericht C 286
  - Nachlasspflegschaft C 289
  - unbefristeter Mietvertrag, Kündigungsfrist C 295
- dürftiger Nachlass K 298 ff.
  - Inanspruchnahme Erbe nach Inventarfristversäumung K 299 ff.
- Inventarverfahren K 299 ff.
  - Antrag Inventarverfahren, Muster K 306 ff.
  - Dauer K 301
  - Einrede der Dürftigkeit K 322
  - Erbenberatung K 312 ff.
  - Formblatt, Inventar K 319
  - Fristverlängerung K 314 ff.
  - Gebühren Erbenanwalt K 323 f.
  - Gebühren Vermieteranwalt K 309 ff.
  - Glaubhaftmachung Vermieter als Nachlassgläubiger K 307
  - Inventarisierung K 313
  - Mahnbescheidsantrag, Verjährungshemmung K 305, 320 ff.
  - Nachlassverbindlichkeiten übersteigen Wert Aktivvermögen K 318
  - Nachlassverbindlichkeiten, Ermittlung K 313

(Tod des Mieters, Vermieterberatung)
- Prozessuales Erbenberatung **K** 320 ff.
- Prozessuales Vermieterberatung **K** 305 ff.
- selbständiges Beweisverfahren, Einleitung **K** 304
- Verjährung der Vermieteransprüche **K** 302, 304, 315
- Vorbereitung Klageverfahren aus Mietvertrag **K** 303
- Vorteil **K** 300
- zweispuriges Vorgehen Vermieteranwalt **K** 303
- Kündigung, gegenüber den Erben **J** 288 f.
  - Eintritt begünstigter Haushaltsangehöriger **J** 290 f.
- mehrere Mieter, Tod eines Mieters **C** 312 ff.
  - Beendigung des Mietverhältnisses **C** 313
  - Gebühren **C** 316
  - Gesamtschuldnerschaft Erbe/überlebender Mieter **C** 314
  - Kaution **C** 314
  - Kündigung durch überlebenden Mieter **C** 313
- unbekannter Erbe, Freundeskreis/Nachbarn, Ermittlungen **K** 284
  - Grundsätze **K** 282
  - Kündigung durch Erbe **K** 286
  - Kündigung durch Person, die sich um Nachlass kümmert, ohne Erbe zu sein **K** 287
  - Kündigung durch Vermieter **K** 285
  - Nachlassgericht, Ermittlungen **K** 283
  - Nachlasspflegschaft, Antrag **K** 288 ff. *siehe auch dort*
  - Standesamt, Ermittlungen **K** 284
  - verbotene Eigenmacht Vermieter **K** 284
  - Vermieterberatung **K** 282 ff.

Toilette
- Minderungsquote, verkalkt **F** 109

Transparenzgebot A 188, 265
- Betriebskostenumlage **A** 357
- Betriebspflicht **A** 420
- Kaution, Möglichkeit zur Ratenzahlung **G** 195 ff.
- Kündigungsverzicht bei einfacher Befristung **C** 544 ff.
  - Beschränkung auf Recht zur ordentlichen Kündigung **C** 545
  - Individualvertrag/Formularvertrag, Abgrenzung **C** 547
  - Verbot der geltungserhaltenden Reduktion **C** 547
- Schönheitsreparaturen
  - Übertragung auf Mieter **H** 434

- Vertretungsregelungen **A** 256
- Vorauszahlungs- und Ankündigungsklausel zur Ausübung eines Zurückbehaltungsrechts **D** 47

Treppenhaus
- Beleuchtung **E** 161a
- Mieterhöhung, Modernisierungsmaßnahme **E** 161a
- Minderungsquote, Mängel **F** 109
- Verkehrssicherungspflicht **I** 223
- vertragswidriger Gebrauch **I** 251

Treppenhausreinigung A 89
- Umlage **A** 108

Treppenpodeste
- Wohnfläche **F** 55

Treuepflichten
- Vermieter **I** 195 ff.

Trinkgeld
- Kosten **I** 101

Trinkwasser
- fristlose Kündigung Mieter **J** 456
- Minderungsquote, Mängel **F** 109

Trockenraum A 76
- Mieterhöhung, Modernisierungsmaßnahme **E** 161a
- Minderungsquote bei Nutzungsbeschränkung **F** 109

Türe
- Abzug „neu für alt" **F** 147
- Austausch, Minderungsquote **F** 109
  siehe dort unter Nachbar
- Einbau einbruchhemmende Tür, Mieterhöhung **E** 161a
- Zugangsüberwachung **I** 223
- Zustimmungspflicht, Vermieter **I** 262

TÜV
- Mieterhöhung, Modernisierungsmaßnahme **E** 161a

Überbelegung J 256 f.
- Kündigungsgrund **J** 243, 284, 286
- vertragswidriger Gebrauch **I** 251
- Verweigerung der Zustimmung zur Untervermietung **G** 143

Übergabe
- Bauarbeiten, Fristüberschreitung **A** 275
- Bestimmung Übergabezustand **A** 275a
- Umbauarbeiten **A** 295

Überlassungsanspruch
- Gestaltungsspielraum, Wohnraum-Individualmietvertrag **A** 186
- Inhaltskontrolle, Wohnraum-Formularmietvertrag **A** 199

Übermaßabnutzung H 344 ff., 658 *siehe auch* Schlussrenovierung; Schönheitsreparaturen
- Rauchen **H** 363 ff.
- Schlussrenovierungsverlangen des Vermieters **H** 797 ff.

2807

Überschwemmung
- Minderungsquote F 109
- Umweltfehler F 45l

Überwachung I 196
- Attrappe Kamera I 251

Üble Nachrede
- Kündigungsgrund J 286

Uhr
- vertragsgemäßer Gebrauch I 251

Umbau des Mietobjekts H 29
- Aufklärungspflicht I 190
- mietfreie Zeit A 295
- Schönheitsreparaturen, fällige
  - Vermieteransprüche H 758 ff.
    - Geld statt Erfüllung H 758 ff.
    - Höhe der Ausgleichszahlung H 765 ff.
    - Verjährung H 764

Umlage siehe Betriebskosten

Umlageschlüssel L 400 ff., 444 ff.
- Änderung festgelegter Verteilerschlüssel L 411 ff.
  - § 242 BGB, Änderungspflicht L 426 ff.
  - § 313 Abs. 1 BGB L 421 ff.
  - § 556a Abs. 2 BGB L 418 ff.
  - Allgemeines L 411 ff.
  - gesetzliche Änderungsrechte L 417 ff.
  - Leerstand L 431 ff.
  - vertraglicher Änderungsvorbehalt L 435 ff.
- Anzahl der Mietobjekte L 441 ff.
- Erläuterungsbedarf L 490 ff.
- gemischte Nutzung L 498 ff., 509 ff.
  - Entwässerung L 516
  - Grundsteuer L 509 ff.
  - Kosten für Entwässerung (Brauchwasser) L 522
  - Müllentsorgung L 523 ff.
  - Niederschlagswasser L 516
  - sonstige Verbrauchskosten L 517 ff.
  - Stromkosten L 519 f.
  - Versicherungen L 514 f.
  - Wasserkosten L 521
- Mietverträge über preisfreien Wohnraum seit 1.9.2001 L 401 ff.
- Mietverträge über preisfreien Wohnraum vor dem 1.9.2001 L 408 f.
- Miteigentumsanteile L 457 ff.
- Nutz-/Wohnfläche L 444 ff.
- Personenschlüssel/Anzahl der Nutzer L 461 ff.
- umbauter Raum L 455 f.
- Verbrauchserfassung L 467 ff.
  - Hindernisse der verbrauchsabhängigen Abrechnung L 482 f.
  - Messtechnik L 473 ff.

- Vereinbarung der verbrauchsabhängigen Abrechnung L 468 ff.
- Verteilung von Messdifferenzen L 479 f.
- Vorverteilung L 496 f.

Umsatzmiete A 312 ff.
- Ausgestaltung Vertrag A 317
- Betriebspflicht A 315, 420 ff.; I 250d
- Meldepflicht der Umsätze A 316
- Mindestmiete A 314
- Umsatzbegriff A 313
- Verstoß gegen Betriebspflicht I 251
- Wertsicherungsklausel A 314

Umsatzsteuer
- Einbehalt durch Insolvenzverwalter P 61, 94, 195
- Gewerberaummietvertrag L 787 ff.
- Insolvenzverfahren, einfache Insolvenzforderung P 43
- Nutzungsentgelt bei Vorenthaltung der Mietsache nach Vertragsende K 203
- Umlage, Gewerberaum A 372
- Unternehmerbegriff im Steuerrecht D 19a

Umsatzsteueroption des Vermieters D 19b
- Gewerberaummietvertrag A 341 ff.; D 20
- Schadensersatzpflicht gegenüber Finanzamt D 19c

Umweltfehler F 38 ff.
- Beispiele F 45a ff.
- Besorgnis der Gefahr F 43
- Ermittlung des Standards F 39
- Interessenabwägung F 39
- konkrete Gefahr F 44
- technische Normen, Verletzung F 40
- Umweltgifte F 41
- Vorgehensweise, Übersicht F 42

Umzugsbeihilfe, Streitwert N 573 f.

Unbenutzbarkeit
- fristlose Kündigung Mieter J 456

Ungeziefer
- fristlose Kündigung Mieter J 456
- fristlose Kündigung, Gesundheitsgefährdung J 452
- Minderungsquote F 109

Ungezieferbekämpfung L 107 ff.
- Durchschnittskosten pro qm D 178a
- Umlage A 109

Ungezieferbekämpung L 97
- Gemeinschaftsflächen L 110
- prophylaktische Maßnahmen L 107 ff.

Unkrautvernichter
- Verkehrssicherungspflicht I 223

Unrentabilität
- fristlose Kündigung Mieter J 456

Unterbelegung
- Genossenschaftswohnung J 252

Unterlassungsanspruch
- Gestaltungsspielraum, Wohnraum-Individualmietvertrag A 186
- Inhaltskontrolle, Wohnraum-Formularmietvertrag A 199
- Klage auf Unterlassung, Übersicht F 256

Untermiete G 37 ff.
- Auskünfte über den Untermieter, Umfang G 47, 58, 102
- fristlose Kündigung Mieter bei Verweigerung der Untervermieterlaubnis J 456, 459 ff.
- Gebrauchsüberlassung, Aufnahme eines Dritten G 124 ff. *siehe auch* Gebrauchsüberlassung an Dritte
- Gerichtsstand, sachliche Zuständigkeit M 56 ff.
- Gestaltungsberatung Wohnraum-Individualmietvertrag, Übersicht A 186
- Gewerberaummietvertrag G 46 ff.
  - Nutzungsänderung G 46b
- Inhaltskontrolle, Wohnraum-Formularmietvertrag A 199
- Klage auf Zustimmung G 125
- Kündigung durch Vermieter J 139 ff.
- Mieterberatung G 39 ff.
  - Aufforderung an Vermieter zur Bekanntgabe seiner generellen Einstellung G 49 ff.
  - Beratungsgespräch G 39 ff.
  - Bestätigungsschreiben an Vermieter G 48
  - Dritter/nächste Familienangehörige G 41 ff.
  - Einigung mit Vermieter G 57
  - Erlaubnis, Notwendigkeit G 39
  - Gebühren G 92 ff.
  - generelle Verweigerung des Vermieters G 50 f.
  - Herbeiführung der Voraussetzungen des Kündigungsrechts G 49 ff.
  - konkreter Untermieter, Benennung G 47, 58
  - Kündigungsrecht G 49 ff.
  - Kündigungsrecht, Ausübung G 72 ff.
  - Lebensgefährte G 44
  - Lebenspartner G 42
  - Muster G 52
  - Prozessuales G 71 ff.
  - Schweigen des Vermieters als Ablehnung G 53
  - Suche nach Untermieter G 47
  - taktisches Vorgehen G 40
  - Umgang mit Vermieter G 48 ff.
  - wirtschaftliches Risiko G 64
- Mieterberatung, gerichtliches Vorgehen
  - Einstellung der Mietzahlung/Geltendmachung Schadensersatz G 86 ff.
  - Feststellungsantrag, Muster G 75
  - Feststellungsklage zur Wirksamkeit der Kündigung G 73 ff.
  - Feststellungsklage zur Zulässigkeit der Untervermietung G 88 f.
  - Feststellungsklage zur Zulässigkeit der Untervermietung, Antrag G 88
  - Feststellungsklage, Erledigung G 77
  - Gebühren G 92 ff.
  - Leistungs-(Wider-)Klage, Vermieter G 90
  - Mietzahlung unter Vorbehalt G 91
  - Prozessaussichten, Bewertung G 79
  - Zeitfaktor G 79 f.
  - Zustimmungsklage zur Untervermietung G 78 ff.
  - Zustimmungsklage, Antrag „bestimmt" G 83
  - Zustimmungsklage, Antrag „unbestimmt" G 81
  - Zustimmungsklage, Klageschrift G 85 f.
- Mietpreisverfall A 403
- örtliche Zuständigkeit M 79
- Passivlegitimation Untermieter M 105
- Rechtsfolgen, Übersicht I 268
- Schweigen des Vermieters G 38, 51, 53
- Sonderkündigungsrecht nach verweigerter Untervermietung K 431 ff.
- Streitwert N 576 f.
  - Herausgabeklage N 576
  - Zustimmung N 578
- Überbelegung G 143
- Untermiet-Interessent, Verhandlung mit ~ G 59 ff.
  - Aktenvermerk G 69
  - bessere Konditionen für Untermiet-Interessent G 62
  - Betriebskostenregelung G 66
  - Festlegung des Verhandlungsspielraums G 60 f.
  - Mitbewerber, Hinweis auf G 69
  - Optionsrecht G 63 f.
  - Renovierung/Instandhaltung G 67
  - Selbstauskunft G 58
  - Übernahme der Regelungen des Hauptmietvertrages G 63
  - Verhandlungsposition, Stärkung G 70
  - Verpflichtungen bei Vertragsende G 68
  - Wertsicherungsklausel G 65
- Untermieter, Verwendungsersatzanspruch K 519
- Vermieterberatung G 99 ff.
  - Abtretung der Ansprüche aus dem Untermietverhältnis G 107 f.

(Untermiete)
- Anfrage, ob generelles Einverständnis mit Untermiete, Reaktion G 100
- Beratungsgespräch G 99 ff.
- Empfehlungen für einen konkreten Untermieter G 110
- Erkundigungen über Untermiet-Interessent G 104
- Erlaubnisverweigerung, Begründung G 106
- Feststellungsklage G 113 ff.
- Gebühren G 121 ff.
- Genehmigung unter Widerrufsvorbehalt G 111
- konkreter Untermieter, Benennung G 101
- Mieter hat Kündigung erklärt, gerichtliches Vorgehen G 113 ff.
- Mieter, Haftung G 107
- Mieter, Wohnsitzverlegung ins Ausland G 109
- Mitteilung des Willens zur Untervermietung, Reaktion G 99
- Provokation der Kündigung G 101
- Prozessuales G 113 ff.
- Risiken der Untervermietung G 107
- Unterlassungsklage, vorbeugende G 118 ff.
- Untervermietung trotz Erlaubnisverweigerung G 112
- Unzumutbarkeit der Überlassung an Dritte G 103
- Versagung der Erlaubnis, wichtige Gründe G 102 ff.
- vertragliche Regelung G 54

Untermieter
- Auskunftspflicht des Mieters G 47, 58, 102
- Räumungsklage, Einwendungen Untermieter J 397

Unternehmer
- Begriff A 40 *siehe auch* Verbrauchervertrag
- Unternehmen in Gründung, Rechtsgeschäfte B 82 f.

Unterschrift
- preisgebundener Wohnraum, Mietänderung E 320

Unwirksame Vertragsklauseln, Verwendung A 509

Urkundenverfahren M 211 ff.
- Einwendungen M 216
- Gebühren Rechtsanwalt N 225 ff.
- Gewerberaum M 214
- Klage auf Miete im ~ D 232 ff.
- Mahnverfahren, vorheriges M 212
- Mieterhöhungen M 215b
- Mietkautionszahlung M 213
- Mietrückstände M 214
- Mietzahlungsklagen M 215
- Nachverfahren M 219 ff.
- Rechtsnachfolge M 215c f.
- Statthaftigkeit M 213
- Urkundenbeweis M 214a ff.
- Urkundenwiderklage M 218
- Vor- und Nachverfahren M 211
- Vorbehaltsurteil M 219 ff.
- Wohnraum D 232; M 214
- Zulässigkeitsvoraussetzungen M 214a

Ventilator
- Mieterhöhung, Modernisierungsmaßnahme E 161a

Veräußerung Mietobjekt C 12 ff.; J 223 ff.
- Anzeige Eigentumsübergang, Gestaltung A 186, 199
- Eintritt des Erwerbers in Vermieterstellung
  - maßgeblicher Zeitpunkt C 12b
  - Mieter im Besitz der Mietsache C 12g
- Einwendungen gegen Herausgabeverlangen des Erwerbers J 399
- Geschäftsanteile, Übertragung C 12c
- Gestaltungsspielraum, Wohnraum-Individualmietvertrag A 186
- Grundbucheintragung C 12c
- Inhaltskontrolle, Wohnraum-Formularmietvertrag A 199
- Kaution, Hinweis zum Verbleib C 21
- Kündigung wegen Verkauf J 223 ff.
  - erhebliche Nachteile J 226f
  - Kündigungsschreiben, Inhalt J 229
  - praktische Unverkäuflichkeit in vermietetem Zustand J 224
  - Verwendung des Verkaufserlöses, Darlegung J 225
  - Vorbereitung Kündigungsausspruch J 225
- Veräußerungskette C 12a
- Voraussetzungen § 566 BGB C 12 f.
  - Schutzgedanke des § 566 BGB C 12c
- Zuweisung nach § 5 HausrV
  - Wirkung gegenüber Erwerber C 12f
- Zwangsversteigerung
  - Sonderkündigungsrecht J 294f

Veräußerung Mietobjekt, Erwerberberatung C 13 ff.
- Abrechnung der Betriebskosten L 51 ff.
  - Abtretung L 53, 56
  - Aktivlegitimation L 52 f.
  - wirtschaftlicher Übergang L 54
  - Zahlung eines Guthabens L 55
- Abtretung des Kündigungsrechts C 20
- Abtretungsanzeige C 16
- Anzeige Eigentumsübergang, Muster C 17
- Gebühren C 39 ff.

(Veräußerung Mietobjekt, Erwerberberatung)
- Betriebskostenabrechnung, Beratung C 40
- Kautionen, Beratung C 41
- Mietvertragsbestand, Beratung C 39
- Haftung für Rückzahlung der Kaution C 72 ff.
  - schuldrechtliche Einigung nach dem 31.8.2001 C 38
  - schuldrechtliche/dingliche Einigung nach dem 31.8.2001 C 81 ff.
  - schuldrechtliche/dingliche Einigung vor dem 1.9.2001 C 77 ff.
- nach Eigentumsumschreibung C 32 ff.
  - Auseinanderfallen von Vermieter und Veräußerer C 34 f.
  - Eintritt in andere Abreden C 36
  - Eintritt in den Mietvertrag, Voraussetzungen C 32 f.
  - gewillkürter Wechsel der Mietvertragsparteien C 35a ff.
  - Kautionsüberlassung bei Erwerb vor dem 1.9.2001 C 37
  - Mängelbeseitigungsansprüche des Mieters C 68
  - Schaden, Entstehungszeitpunkt C 68
  - Überleitung des Mietvertrags C 35a ff.
  - Vertragsbeitritt C 35b
- Übergabe der Kaution an Erwerber, Vereinbarung C 94
- vor Eigentumsumschreibung C 14 ff.
  - Abtretung der Mietforderungen C 15
  - Betriebskostenabrechnung C 22
  - Kaution bei Veräußerer (teilweise) nicht mehr vorhanden C 25 ff.
  - Kautionsrückzahlungsanspruch, Sicherung C 23 ff.
  - Nutzen und Lasten, Übergang C 13
  - Sicherung der Mietforderungen C 14 ff.
  - wirtschaftlicher Übergang, Vereinbarung C 14 f.

Veräußerung Mietobjekt, Mieterberatung C 43 ff.
- Abschluss neuer Mietvertrag C 52 ff.
  - Betriebskosten C 56
  - Ergänzung des bisherigen Mietvertrags C 58
  - Mietbeginn C 54
  - Mietstruktur, -änderung C 55
  - Schönheitsreparaturen/Instandhaltungsregelungen C 57
  - überholte Regelungen ersetzen C 52
  - Übersicht C 53
- Aufrechnungsrecht gegenüber Erwerber C 71
- Befristungsgrund, Berufung auf C 61 ff.

- Auskunftsersuchen über Fortbestand des Befristungsgrunds, Muster C 63
- einfacher Zeitmietvertrag vor dem 1.9.2001 C 61
- qualifizierte Befristung (Vertrag vor 1.9.2001) C 62
- Betriebskostenvorauszahlungen, Abrechnung C 65 ff.
- bisherige Absprachen C 50
- Einwendungen gegen Herausgabeverlangen des Erwerbers J 399
- Erhöhung der Miete, Möglichkeit C 49 ff.
- Genossenschaftswohnung C 59
- Haftung für Mängel der Mietsache C 68 ff.
  - Vorbehalt, Erneuerung gegenüber Erwerber C 70
- Kaution C 72 ff.
  - Enthaftung des bisherigen Vermieters C 83
  - Erwerb durch Zwangsversteigerung C 83a
  - Haftung des Erwerbers C 72 ff.
- Kündigungsmöglichkeit C 59 f.
- Mieter, Beratung, entstandene Ansprüche, Geltendmachung C 87
- Gebühren C 88
- laufende Verfahren C 84 ff.
- Mieterhöhung
  - Mietpreisbindung des Erwerbers C 85c
  - Modernisierungsmaßnahmen C 85b
- Mietüberzahlung, Anspruchsgegner C 84
- Mietzahlungen an neuen Vermieter, Zeitpunkt C 44 ff.
- Minderungsrecht C 69
- Modernisierung C 51
- Übersicht C 43

Veräußerung Mietobjekt, Vermieterberatung C 89 ff.
- Bankbürgschaft, Anforderung, Muster C 92
- bestehende Ansprüche, kein Übergang auf Erwerber, Verjährung C 90
- Haftung für Rückzahlung der Kaution C 82
  - Enthaftung C 83
- Kaution, Übertragung auf den Erwerber C 91
- Kautionsguthaben C 91
- Verhinderung der Haftung auf Kautionsrückzahlung C 93
  - Einigung mit Erwerber C 94
  - Schutz vor unberechtigter Inanspruchnahme C 95

Verbotene Eigenmacht, Vermieter
- fristlose Kündigung wegen Hinderung des Gebrauchs J 445

Verbraucher
- Restschuldbefreiung P 8
- Verbraucherinsolvenzverfahren P 143 ff.

Verbraucherpreisindex
- ergänzende Vertragsauslegung D 106a
- Umbasierung im Jahr 2007 A 323

Verbrauchervertrag
- Inhaltskontrolle individualvertraglicher Regelungen A 39 f.
- Vermieter als Unternehmer A 40

Verein, gemeinnütziger
- Zwischenvermietung an ~ J 136

Vergleich
- Abrechnung mit Rechtsschutzversicherung B 46a
- Streitwert N 579 ff.

Vergleichsmiete, ortsübliche A 79
- Anpassung der Miete, Inhaltskontrolle, Wohnraum-Formularmietvertrag A 199
- Aufklärung über ~ I 189
- Ermittlung A 157

Vergleichsverwalter
- Partei des Mietvertrags B 65

Vergleichswohnungen
- Begründung Mieterhöhung E 99 ff.

Verhandlungsstrategie A 167 ff.
- „Auszeit" A 170
- Ergebnisse, Fixierung A 167
- Gesprächsbeginn A 169
- Konfliktpotential A 168
- Mieterberatung A 177 ff.
  - Verhandlungsführung, Übernahme A 179 f.
- Persönlichkeitsbild der Gegenseite A 167
- Rollenverteilung A 170
- unstreitige Bedingungen, Sammlung A 173
- Vermieterberatung A 171 ff.

Verjährung
- Betriebskostenabrechnung, preisfreier Wohnraum L 685 ff.
- Bundesbodenschutzgesetz A 485
- Fristen D 140 f.
  - Eintragung in Fristenkalender D 145
  - Mieter, Ansprüche D 140
  - Vermieter, Ansprüche D 140
- Gestaltungsspielraum, Wohnraum-Individualmietvertrag A 186
- Hemmung D 142 ff.
  - Güteantrag bei Gütestelle D 142 f.
  - selbständiges Beweisverfahren D 142
  - Streitverkündung D 142

- Inhaltskontrolle, Wohnraum-Formularmietvertrag A 199
- Rückerstattung überzahlter Kostenmiete D 141
- Schönheitsreparaturen H 423c
- Verkürzung durch Schuldrechtsreform D 146 ff.
  - Ansprüche aus dem Jahr 2001 D 148
  - Ansprüche, die vor dem 1.1.2002 entstanden sind D 147 f.

Verkalkung
- Armaturen, Obhuts- und Sorgfaltspflicht I 257

Verkehrsanbindung
- fristlose Kündigung J 456

Verkehrsanwalt
- Gebühren N 254 ff.

Verkehrssicherungspflichten I 218 ff.
- Beweis des ersten Anscheins I 221
- Gestaltungsspielraum, Wohnraum-Individualmietvertrag A 186
- Gewerberaummietvertrag A 442 ff.
- Inhaltskontrolle, Wohnraum-Formularmietvertrag A 199
- Vermieterpflichten, Inhalt (Tabelle) I 223
- Zwangsverwalter, Eintritt I 218

Verleumdung
- Kündigungsgrund J 286

Verlobte
- Eintrittsrecht bei gemeinsamer Haushaltsführung C 323

Vermieter
- als Unternehmer A 40
- marktbeherrschende Stellung A 237a

Vermieterpfandrecht G 254 ff.; K 79 ff.; P 190 ff.
- Ausübung G 254 ff.
- Beschränkung A 142; G 263b; J 103
  - Beschränkung einer Räumungs- und Herausgabeklage G 263a f.; J 103
- eingebrachte Sachen, nicht nur vorübergehend in den Miträumen G 260, 286
- einstweilige Verfügung M 353
- Entfernung der Sachen G 266a ff.
- Geltendmachung bei Kündigung J 103
- Gestaltungsspielraum, Wohnraum-Individualmietvertrag A 186
- Gewaltanwendung K 84
- Inhaltskontrolle, Wohnraum-Formularmietvertrag A 199
- Insolvenzfestigkeit P 39 ff., 148, 151, 155, 164 ff., 190 ff.
- Inventarisierung/Kennzeichnung G 258
  - Zeugen G 258
- Inventarliste, Vorlage G 261
- Mieterberatung G 284 ff.
  - Gebühren G 294

(**Vermieterpfandrecht**)
- Ratenzahlung, Angebot G 285, 291
- Vorschuss G 284
- nachvertragliche Pflichten I 239o ff.
- Prioritätsprinzip G 262
- Prozessuales G 276 ff., 292 ff.
  - Auskunftsklage wegen Entfernung von Sachen G 266d
  - Bereicherungsausgleich bei Veräußerung G 281
  - einstweilige Verfügung gegen Verwertung G 292 f.
  - einstweilige Verfügung, Herausgabe an Sequester G 282
  - Herausgabe bei Entfernung G 278
  - Prozessrisiko G 262
  - Rückschaffung bei Entfernung G 276 f.
  - Schadensersatz bei Entfernung G 279
  - Unterlassung der Entfernung G 280
- Räumungs- und Herausgabeanspruch, Einfluss auf G 263a
- Rechte Dritter G 256
  - Nachweis G 262
- Sachen Dritter G 259, 287 f.
- Selbsthilferecht, Ausübung G 264 ff.
  - Entfernen unter Gewaltanwendung G 266
  - neues Schloss nach Pfändung G 264 f.
  - Verbleib der Gegenstände, Vergewisserung G 265
  - Widerspruch gegen Entfernung G 265
- Sicherung der Ansprüche des Vermieters G 256
- Sicherungseigentum
  - gutgläubiger Erwerb G 254
- unpfändbare Gegenstände G 260
- Verhinderung der Entfernung K 82
- Verlust G 266a ff.
  - Ersatzabsonderungsrecht G 266f
- Vermieterberatung G 255 ff.
  - Gebühren G 283
- Versperren der Miteräume G 266
- Verwertung G 254, 267 ff., 289
  - Abholtermin, Ankündigung G 271
  - freihändiger Verkauf G 274 f.
  - Inbesitznahme G 267
  - notarielles Schuldanerkenntnis mit Unterwerfungsklausel G 271 f.
  - Obhutspflicht G 267
- Verwertungshindernis G 254
- Verzicht A 462a
- Verzichtserklärung gegenüber dem Schuldner G 261
- Vorbereitung für die Zwangsvollstreckung G 263

- Wegnahme von Einbauten des Mieters K 493 f.
- zukünftige Entschädigungsforderungen G 257

Vermieterwechsel C 12a ff.

Vermögensverfall
- Kündigungsgrund J 286

Verschulden
- Gestaltungsspielraum, Wohnraum-Individualmietvertrag A 186
- Inhaltskontrolle, Wohnraum-Formularmietvertrag A 199

Verschulden bei Vertragsverhandlungen A 504 ff.
- Abbruch der Vertragsverhandlungen, grundloser A 506
- Aufklärungspflichten, Verletzung A 507
- Auskunftpflichten, vorvertragliche I 185a ff.
- falsche Angaben A 508
- Haftungsbeschränkung A 510
- Sorgfalts- und Obhutspflichten, Verletzung A 505
- typische Fallkonstellationen A 505 ff.
- Verwendung unwirksamer Vertragsklauseln nach §§ 305 f. BGB A 509

Verschuldenshaftung F 137 *siehe auch* Gewährleistungsrechte; Schadensersatz bei Mängeln

Versetzung
- Sonderkündigungsrecht Mieter J 469 ff.

Versicherungen A 90
- Durchschnittskosten pro qm, Hamburg D 178a
- Gewerberaummietvertrag A 396 ff.
- Umlage L 81

Versorgungssperre
- fristlose Kündigung Mieter J 456
- nachvertragliche Versorgung I 239j ff.
- nachvertragliche Versorgungsleistungen K 195 ff.

Vertragsausfertigungsgebühr
- Unzulässigkeit A 186

Vertragspartner
- Identifizierung der Vertragspartner, Probleme B 63 ff.

Vertragsstrafe
- Angemessenheit A 435a
- Betriebspflicht, Verletzung A 422
- Gestaltungsspielraum, Wohnraum-Individualmietvertrag A 186
- Inhaltskontrolle, Wohnraum-Formularmietvertrag A 199

Vertragsübernahme
- stillschweigende H 697

Vertragsverlängerungsoption
- Gewerberaum A 303

2813

Vertragsverletzung, Mieter *siehe* Mieter, vertragswidriges Verhalten
Vertrauensbruch
- fristlose Kündigung **J** 454
- fristlose Kündigung Mieter **J** 456
- Kündigungsgrund **J** 286

Vertretung
- Abschluss Mietvertrag **A** 256 ff.; **B** 70
- Hausverwalter für Eigentümer **B** 72 f.
- Mietvertrag als Geschäft des täglichen Lebens **B** 75

Verwahrlosung
- Kündigungsgrund für Vermieter **J** 286

Verwalter
- keine Prozessführungsbefugnis **M** 98

Verwaltungskosten
- Umlage, formularvertragliche **A** 361

Verweigerung
- Übergabe Mietvertragsformular, Kündigungsgrund **J** 243

Verwendungsersatz
- Einbauten/Investitionen des Mieters **K** 498 ff.
- Gestaltungsspielraum, Wohnraum-Individualmietvertrag **A** 186
- Inhaltskontrolle, Wohnraum-Formularmietvertrag **A** 199

Verwirkung D 149 ff.
- Betriebskosten **D** 150
- Inhaltskontrolle, Wohnraum-Formularmietvertrag **A** 199
- Mängelbeseitigungsanspruch **F** 80 ff.
- Mietzahlungsansprüche **D** 149, 151
- Risiko für Rechtsanwalt **D** 149
- Umstandsmoment/Schaffung eines Vertrauenstatbestandes **D** 149 f.
- Zeitmoment **D** 149 f.

Verzugshaftung F 138 *siehe auch* Gewährleistungsrechte; Schadensersatz bei Mängeln
- Gestaltungsspielraum, Wohnraum-Individualmietvertrag **A** 186
- Inhaltskontrolle, Wohnraum-Formularmietvertrag **A** 199

Videos
- als Mittel der Beweissicherung **K** 40

Vollstreckbarerklärung, Verfahren auf
- Gebühren Rechtsanwalt **N** 242

Vorauszahlungsklausel D 23 ff. *siehe auch* Miete, Fälligkeit

Vorbehalt, Zahlung Miete D 7
- bei Mängeln **F** 151 ff.
- eindeutige Erklärung **F** 153
- fristlose Kündigung **F** 153
- Minderungsquote, Höhe **F** 153
- Mitteilung an Vermieter **F** 152
- Rückzahlungsanspruch **F** 153
- taktische Überlegungen **F** 160 ff.

Vorgarten *siehe* Außenanlage

Vorkaufsrecht, Mieter
- Gestaltungsspielraum, Wohnraum-Individualmietvertrag **A** 186
- Inhaltskontrolle, Wohnraum-Formularmietvertrag **A** 199
- Streitwert **N** 584 ff.
  - Ausübung des Vorkaufsrechts **N** 586
  - Streit aus dem Kaufvertrag **N** 587
  - Streit über Bestehen des Vorkaufsrechts **N** 584 f.

Vormieter
- fortgesetzte Nutzung des Mietobjekts **I** 42 ff.

Vormietrecht
- fristlose Kündigung Mieter bei Vereitelung **J** 456

Vorschussanspruch
- Inhaltskontrolle, Wohnraum-Formularmietvertrag **A** 199
- Klage Mieter, Antrag/Anwendung/Streitwert/Reaktion Vermieter **F** 225

Vorschussanspruch, Mängelbeseitigung F 129 ff.
- Abrechnung **F** 131
- Anwendungsfälle **F** 129
- Aufrechnung **F** 131
- Beschränkung **F** 131a
- taktische Überlegungen **F** 165 ff.
- voraussichtliche Kosten **F** 129

Vorschussklage F 244

Vorübergehender Gebrauch A 67

Vorvertrag
- Gerichtsstand **M** 61
- Klage auf Abschluss eines Mietvertrags **M** 222 ff.
- Antrag, Muster **M** 225
- Beweislage **M** 223 f.
- Feststellungsklage **M** 227
- Klage auf Abgabe einer Willenserklärung **M** 223
- Klageantrag, Anforderungen **M** 222
- Räumungsverlangen trotz ~ **J** 34a
- Streitwert **N** 528

Wachdienst
- Betrieb, sonstige Betriebskosten **L** 172
- Kostenbegrenzung **L** 189
- Umlage **A** 114

Wände
- Zustimmungserfordernis, bauliche Veränderung **I** 262

Wärme
- Versorgung **I** 224 ff.

Wärme, gewerbliche Lieferung
- Umlage **A** 97, 103

Wärmedämmung
- Mieterhöhung, Modernisierungsmaßnahme **E** 161a

Warmwasser A 82
– fristlose Kündigung J 456
– Kosten, Einzelprobleme L 808 ff.
  siehe auch Betriebskostenabrechnung, Heiz- und Warmwasserkosten
Warmwassergeräte, Reinigung/Wartung
– Umlage A 101
Warmwasserlieferung, gewerbliche A 100
Warmwasserversorgungsanlage A 99, 102
Wartung A 88
– Gestaltungsspielraum, Wohnraum-Individualmietvertrag A 186
– Inhaltskontrolle, Wohnraum-Formularmietvertrag A 199
Wartungspflicht
– bei vorzeitigem Auszug K 226
Wartungsverträge
– Kalkulation L 537 f.
– nicht umlagefähige Kostenanteile L 536 ff.
Wäsche waschen
– Gestaltungsspielraum, Wohnraum-Individualmietvertrag A 186
– Inhaltskontrolle, Wohnraum-Formularmietvertrag A 199
– Wäschetrocknen, Vertragsverletzung I 251
Wascheinrichtung
– Kosten L 159 ff.
– Kosten bei preisgebundenem Wohnraum L 724
– Minderungsquote bei Nutzungsbeschränkung F 109
– Umlage A 117
Waschküche A 76
– Mieterhöhung, Modernisierungsmaßnahme E 161a
Waschmaschine
– vertragsgemäßer Gebrauch I 251
Wasser
– Minderungsquote, Mängel F 109
Wassereinsparung H 88
– Mieterhöhung, Modernisierungsmaßnahme E 161a
Wasserkosten
– Betriebskostenabrechnung L 30 ff.
Wasserleitungen
– gesundheitsgefährdendes Frischwasser H 13
– Neuverlegung, Duldung H 143
– Verkehrssicherungspflicht I 223
Wasserschaden
– fristlose Kündigung Mieter J 456
– Minderungsquote F 109
– Obhuts- und Sorgfaltspflicht I 257
– wiederholte Schadensverursachung, Kündigungsgrund J 243
– wiederholte Verursachung, Kündigungsgrund J 286

Wasserversorgung I 224 ff.; L 30 ff.
– Durchschnittswerte pro qm D 178a
– Eichkosten L 40 ff.
– Einnahmen, anzurechnende L 49
– Grundgebühren L 36 f.
– hauseigene Wasserversorgungsanlage L 45 f.
– Kosten der Berechnung und Aufteilung auf einzelne Nutzer L 44 f.
– Kosten des Wasserverbrauchs L 32 ff.
– Kosten Wasserbereitungsanlage einschl. der Aufbereitungsstoffe L 47 f.
– Kosten, Umlage A 93
– Mieterhöhung, Modernisierungsmaßnahme E 161a
– Zählerkosten L 38 f.
– Zustimmungspflicht, Vermieter I 262
Wasserzähler
– Kosten L 38 f.
– Mieterhöhung, Modernisierungsmaßnahme E 161a
WC
– Abzug „neu für alt" F 147
WEG-Verwalter
– Partei im Mietprozess M 99
Wegnahmerecht *siehe auch* Modernisierungsmaßnahmen, Mieter
– Gestaltungsspielraum, Wohnraum-Individualmietvertrag A 186
– Inhaltskontrolle, Wohnraum-Formularmietvertrag A 199
– Streitwert N 415
Werbeanzeigen
– Schadensersatz I 117 f.
Werkdienstwohnung
– Gerichtsstand, sachliche Zuständigkeit M 63
– Gestaltungsspielraum, Wohnraum-Individualmietvertrag A 186
– Inhaltskontrolle, Wohnraum-Formularmietvertrag A 199
– örtliche Zuständigkeit M 79
– Verknüpfung mit dem Dienstvertrag A 67, 186
– Werkwohnung, Gerichtsstand, sachliche Zuständigkeit M 64
– Werkwohnung, örtliche Zuständigkeit M 79
Werktag
– Samstag J 65
Werkvertrag
– Abgrenzung Gewerberaummiete A 242
– Überlassung einer Verstärkeranlage A 242
Wertsicherungsklausel
– Gestaltungsspielraum, Wohnraum-Individualmietvertrag A 186
– Gewerberaummietvertrag A 292, 299
– Gleitklauseln A 321 ff.

(Wertsicherungsklausel)
- Umsatzmiete Umsatzmiete **A** 314
- Inhaltskontrolle, Wohnraum-Formularmietvertrag **A** 199
- Verwirkung bei fehlender Geltendmachung **D** 151
- Wegfall der Geschäftsgrundlage **A** 292

Wesentlichkeitsgrenze nach WiStrG **A** 158

Widerspruchsrecht, Kündigung/Sozialklausel
- fristgerechte Kündigungen **K** 440
- Hinweis auf ~ **J** 74
- Klage auf zukünftige Räumung **M** 164
- Nutzungsentschädigung Vermieter **K** 215 *siehe auch* Fortsetzungsverlangen
- Unabdingbarkeit **A** 38

Winterdienst
- Streitwert **N** 588
- Umlage **L** 81 ff.

Wintergarten
- Mieterhöhung, Modernisierungsmaßnahme **E** 161a

Winterglätte
- Verkehrssicherungspflicht **I** 223

Wirksamkeit Mietvertrag **B** 131 ff.

Wirtschaftliche Verwertung, Kündigung bei Hinderung **J** 209 ff.
- Abriss **J** 234 ff.
    - Abbruchgenehmigung **J** 234
    - Baugenehmigung **J** 234
    - Ertragskalkulation, vergleichende, Altbau/Neubau **J** 236
    - Erwerb zum Abriss kein Kündigungsgrund **J** 235
    - Kündigungsschreiben **J** 236
    - wirtschaftliche Notwendigkeit **J** 236
    - Zweckentfremdungsgenehmigung **J** 234
- allgemeine Grundsätze **J** 209 ff.
- berechtigtes Verwertungsinteresse **J** 212
- Existenznot Eigentümer **J** 224
- Kündigungsschreiben **J** 219 ff., 229, 233
- Nachteile erheblich **J** 217 f., 226
- Rendite unangemessen/fehlt **J** 214 ff.
- Sanierung/Umbau **J** 230 ff.
    - berechtigtes Interesse **J** 231 f.
    - Erwerb in Kenntnis der Unwirtschaftlichkeit **J** 230
    - fehlende Duldungspflicht des Mieters **J** 230
    - Kündigungsschreiben, Inhalt **J** 233
- Tatbestandsvoraussetzungen **J** 213 ff.
- unzulässige Fälle **J** 211
- vergleichende Ertragsrechnung **J** 220
- Verkauf **J** 223 ff.

- Kündigungsschreiben, Inhalt **J** 229
- praktische Unverkäuflichkeit in vermietetem Zustand **J** 224
- Verwendung des Verkaufserlöses, Darlegung **J** 225
- Vorbereitung des Kündigungsausspruchs **J** 225

Wohnberechtigungsschein **E** 298

Wohnen
- Obhuts- und Sorgfaltspflicht **I** 257

Wohnfläche
- abweichende ~ **F** 52 ff.
- anwendbare Maßstäbe **F** 55
- Balkon **E** 62
- erhebliche Flächendifferenz **F** 54
- Gewerberaum **F** 53 *siehe auch* Gewährleistungsrechte
- unverbindliche Objektbeschreibung **F** 52
- Vertrag über noch zu errichtendes Gebäude **F** 53
- Wohnflächenverordnung **E** 62

Wohngemeinschaft **A** 58; **C** 135 *siehe auch* Parteien des Mietvertrages
- Wechsel der Mieter **C** 190 ff.
- Zustimmung Vermieter **B** 76

Wohnraum
- Beschränkung der Gewährleistung **F** 18 ff.
    - Erhaltungspflicht **F** 18b
    - Garantiehaftung **F** 18a
    - Kündigung **F** 18
    - Minderung **F** 18
    - Sittenwidrigkeit **F** 18d
    - Treu und Glauben **F** 18c
- Erweiterung des vereinbarten Mietgebrauchs **I** 265
- Gebrauchsüberlassung an Dritte, Rechtsfolgenübersicht **I** 268
- Mietwucher **D** 216a

Wohnraummietvertrag, Gestaltungsberatung **A** 1 ff.
- Abwicklung des Mandats, Berücksichtigung der aktuellsten Rechtsprechung **A** 29
    - Büroorganisation **A** 32 ff.
    - Zeitplanung **A** 30 f.
- Formularvertrag, Abschluss, Mieterberatung **A** 222 ff.
    - Abschluss, Vermieterberatung **A** 212 ff.
    - Beratungsgespräch **A** 191 ff.
    - Entwurf eines ~ **A** 187 ff.
    - Formulierung abweichender/zusätzlicher Regelungen **A** 219 ff.
    - Grundsatz der „kundenfeindlichsten Auslegung" **A** 22 f.
    - Informationsbeschaffung **A** 212
    - Inhaltskontrolle **A** 188

(Wohnraummietvertrag, Gestaltungsberatung)
- Inhaltskontrolle, Übersicht A 199
- Prüfung der Informationen A 198
- Quotenklausel A 21
- rechtliche Prüfung A 218
- Schadensersatzpflicht des Vermieters bei Verwendung unwirksamer Klauseln A 196
- unwirksame Klauseln, Verwendung A 195 ff.
- Vollmachtsklausel A 22
- Vorbereitung Beratungsgespräch A 188 ff.
- Wartung und Pflege A 209 ff.
- Zusammenfassung der Prüfung A 200 ff.
- Formularvertrag, Entwurf, äußerliche Gestaltung A 206 ff.
  - Drucktechnik A 207
  - Wartung und Pflege A 209 ff.
- gesetzliche Gebühren A 4 ff.
  - Mietvertrag auf bestimmte Zeit A 6
  - Mietvertrag auf unbestimmte Zeit A 5
- Gestaltungsspielraum, Festlegung A 151 ff.
  - Berücksichtigung anderer entgeltlicher Leistungen des Mieters A 159
  - finanzielle Bedingungen A 153
  - finanzielle Bedingungen, Vermieterberatung A 154 ff.
  - finanzielle Bedingungen, Wesentlichkeitsgrenze/WiStrG A 156, 158
  - Mieterberatung A 177 ff.
  - Mietpreisbildung, Grenzen A 155 f.
  - ortsübliche Vergleichsmiete, Ermittlung A 157
  - Verhandlungsstrategie A 167 ff.
  - Vermieterberatung A 171 ff.
  - weitere Gesichtspunkte A 163 ff.
- Gestaltungsspielraum, finanzielle Bedingungen, Betriebskosten A 162
  - Mieterberatung, Checkliste A 161 ff.
  - Renovierungsarbeiten A 159
  - untere Grenze, Festlegung A 160
- Honorarvereinbarung A 8 ff.
- Indexmietvertrag
  - zeitliche Höchstgrenze, Wegfall der A 38
- Individualvertrag
  - Abrechnungsperioden A 83
  - Aufteilung der Wohnung A 65
  - Ausstattung A 73 f.
  - Ausstattung Mietobjekt A 69
  - Baden A 186
  - bauliche Veränderungen A 136
  - Beratungsgespräch A 51 f.
  - Besichtigungsrecht A 51, 139

- Betriebskosten A 91 ff. *siehe auch dort*
- Bodenbelag A 75
- Duldungspflichten A 138
- Ehegatten A 57
- Erfassungsgeräte A 72
- Fertigstellung Mietobjekt A 63
- Garage/Stellplatz A 76
- Gebrauch der Mietsache, Verhaltensmaßregeln A 128 ff., 186
- Gebrauchspflicht A 132
- Gesamtanlage, Umfeld der Mieträume A 60
- Gesamtmiete/Bruttowarmmiete A 79
- Gestaltungsspielraum, Übersicht A 186
- gewerbliche Nutzung A 133
- Grundmiete A 79
- Haushaltsgeräte, Gebrauch von A 141
- Hausmeisterdienste A 89
- Hausordnung A 77
- Heizen und Lüften A 131
- Heizkosten A 81
- Heizung A 71
- Indexmiete, Mieterhöhung A 86
- Instandhaltungen A 87
- Instandsetzungen A 87
- Kleinreparaturen A 87
- Kombination Staffel-/Indexmiete, Mieterhöhung A 86
- Kostenmiete A 79; D 217 ff.
- Lebensgefährte A 57
- Leistungen mit Entgeltcharakter, andere A 87 ff.
- Maisonettewohnung A 66
- Miete A 79 ff.
- Miete, Abzüge A 85
- Miete, Zuschläge A 84
- Mieterhöhung A 86
- Mietobjekt A 60 ff.
- Modernisierungen A 137
- Müllentsorgung A 140
- Nettokaltmiete A 79
- Nutzung durch mehrere Personen A 55
- Nutzungsart A 62
- Nutzungsregelung A 77
- öffentlich geförderter Wohnraum, Mieterhöhung A 86
- öffentliche Förderung Mietobjekt A 64, 79, 85
- Parteien des Mietvertrags A 55 ff.
- Parteien, Personalausweis- oder Handelsregisternummer, Angabe A 56
- Praxis des Vermieters, bisherige A 52
- preisfreier Wohnraum, Mieterhöhung A 86

(**Wohnraummietvertrag, Gestaltungsberatung**)
- preisgebundener Wohnraum, Mieterhöhung **A** 86
- Rechtsnachfolge **A** 55
- Reinigung Böden **A** 87
- Ruhezeiten **A** 130
- Schlüssel **A** 78
- Schneeräum- und Streupflicht **A** 89
- Schönheitsreparaturen **A** 87
- separate Antennenanlage **A** 135
- Staffelmiete, Mieterhöhung **A** 86
- Studenten **A** 59
- technische Geräte **A** 70
- Teilinklusivmiete **A** 79
- Tiefgarage **A** 54
- Tierhaltung **A** 134
- Treppenhausreinigung **A** 89
- Vergleichsmiete **A** 79
- Versicherungen, Abschluss **A** 90
- Warmwasser **A** 82
- Wartung technischer Geräte **A** 88
- Werkwohnung **A** 67
- Wirtschaftseinheit, Zugehörigkeit zu **A** 68
- Wohnfläche **A** 61
- Wohngemeinschaft **A** 58
- Zubehörflächen **A** 76
- Zweckbestimmung Mietobjekt **A** 67
- Individualvertrag, Schranken **A** 37 f.
  - Befristung nur bei Vorliegen qualifizierter Gründe **A** 38
  - Eintrittsrecht nicht abdingbar **A** 38
  - Kaution, Anlagepflicht **A** 38
  - Kaution, Verzinsungspflicht **A** 38
  - Mieter-Begünstigungs-Klausel **A** 37
  - Minderungsrecht nicht abdingbar **A** 38
  - Übersicht **A** 38
  - Wegfall zeitlicher Höchstgrenzen **A** 38
- Kündigung, Ersatzmieterklausel **A** 142
- Rechtsnachfolge **A** 55
- Schlussbestimmungen **A** 145 ff.
  - Abtretungsverbote **A** 148
  - Bearbeitungsgebühr **A** 150
  - Erfüllungs- und Gerichtsstände **A** 147
  - Lückenergänzung **A** 145
  - Rechtsanwaltsgebühr **A** 150
  - Schriftlichkeitsgebot für Nebenabreden **A** 146
  - stillschweigende Verlängerung, Ausschluss der Zweiwochenfrist **A** 149
- Staffelmiete, zeitliche Höchstgrenze, Wegfall der **A** 38
- Vorbereitung, Checkliste **A** 54
- Zeitmietvertrag, qualifizierter, zeitliche Höchstgrenze, Wegfall der **A** 38

Wohnungsabnahme siehe Abnahme der Wohnung
Wohnungsaufsichtsgesetze
- Überbelegung **G** 143

Wohnungsbauförderungsgesetz **E** 298
Wohnungseigentum
- Auseinandersetzung Teileigentum
  - Einfluss auf Vermieterstellung **C** 12d
- Barrierefreiheit bei vermietetem ~ **H** 237 f.
- Begründung, Geltung § 655 BGB **C** 12d
- Betriebskostenabrechnung
  - Fristablauf **L** 273 ff.
- Eingriff in Gemeinschaftseigentum
  - Notmaßnahmen **H** 17
- Instandhaltung bei vermieteter Eigentumswohnung **H** 17
- Kündigung einer vermieteten Eigentumswohnung, Prüfungsschema **J** 82
- Kündigungssperrfristen nach Umwandlung in ~ **J** 76 ff.
- Mängel im Gemeinschaftseigentum **F** 245a
- Mieter gleichzeitig Vermieter, Klageantrag **D** 74
- Rechtsfähigkeit der Eigentümergemeinschaft **B** 77
- Teilrechtsfähigkeit der Wohnungseigentümergemeinschaft **D** 74

Wohnungsrückgabe siehe Rückgabe
Wohnungstür
- Minderungsquote, Mängel **F** 109

Wohnungszuschnitt
- Mieterhöhung, Modernisierungsmaßnahme **E** 161a

Wohnwert
- Überblick **E** 18

Wohnzimmer
- Renovierungsfristen **H** 371

Zähler **A** 72
- Ablesung, verweigerte oder unterlassene **L** 902 ff.
- Mieterhöhung, Modernisierungsmaßnahme **E** 161a

Zahlungsklage **M** 168 ff.
- Antrag **M** 170
- Betriebskostenvorauszahlung, Rückforderung **M** 173a ff. siehe Betriebskostenvorauszahlung, Klage auf Rückforderung
- getrennte Räumungs- und Zahlungsklage **M** 184a f.
- Klagebegründung **M** 172
- Klagenhäufung, Räumung/Zahlung **M** 184 ff.
  - Erhöhung der Zahlungsklage, Verfahrensverzögerung **M** 190
  - Trennung, Gründe **M** 185 ff.

(Zahlungsklage)
- Mängel, Mieter: Antrag/Anwendung/Streitwert/Reaktion Vermieter F 225
- Mietnomaden M 199a f.
- Teilzahlungen wurden erbracht, Klageantrag M 171
- umfangreiche Rechnungen, Tabellenbeispiel M 173
- Vermieter bei Mängeln F 259
- vollstreckbare Ausfertigung, Antrag M 168a
- Zinsen, Rechtsgrundlage M 169
- Zinsen, Staffelung M 170
- zukünftige Mieten, Klage auf M 178 ff.
  - Antrag M 183
  - Ende der Zahlungspflicht, Angabe M 181
  - Minderung, Behauptung M 180
  - unpünktliche Zahlungen M 179
  - Zinsen M 182
- zukünftige Nutzungsentschädigung, Klage auf M 175 ff.
  - Antrag M 182
  - Besorgnis der Zahlungsunfähigkeit oder -unwilligkeit M 176
  - Bestreiten künftiger Leistungspflicht M 176
  - Ende der Zahlungspflicht, Angabe M 181
  - Zinsen M 182
- Zustellungsbescheinigung, Antrag M 168a

Zahlungsweise siehe Mietzahlung

Zeitmietvertrag, einfacher
- Anschlussverträge B 91
- Beendigung durch Mieter J 475 ff.
- Beendigung durch Vermieter J 299 ff.
- Fortbestand der Befristung bei Veräußerung C 61
- Fortsetzungsanspruch, gerichtliche Durchsetzung C 432 ff.
  - Gebühren C 436
  - Klageantrag, Muster C 433
  - Räumungsklage und Widerklage C 435
  - Zugangsnachweis, Vorlage C 434
- Fortsetzungsverlangen auf unbestimmte Zeit C 377
  - Frist zur Geltendmachung C 377
  - Konsequenzen des schriftlichen Fortsetzungsverlangens, Reaktionsschema C 378
- Gebühren Mieterberatung C 407
- Mieter will Vertrag auf bestimmte Zeit fortsetzen
  - Bitte um Räumungsfrist, wenn Auszug nicht absehbar C 397
  - Härtegründe, Vorliegen C 394 f.
  - konkreter Auszugstermin steht fest, Vorgehen C 396
  - Mieter will Vertrag auf bestimmte Zeit fortsetzen C 394 ff.
  - stillschweigende Verlängerung des Mietverhältnis, Eintritt C 397 f.
- Mieter will Vertrag auf unbestimmte Zeit fortsetzen C 382 ff.
  - Beratung bis zwei Monate vor Vertragsablauf C 383 ff.
  - Beratung nach Ablauf der Zweimonatsfrist C 387 ff.
  - Fortsetzungsanspruch, Verlust C 387
  - Fortsetzungsverlangen, Muster C 384
  - Fortsetzungsverlangen, Sicherstellung Zugang C 386
  - Räumungsfrist, Bitte um Gewährung, Muster C 392
  - Räumungsklage, Anerkenntnis nach § 93b Abs. 3 ZPO C 392 f.
  - schriftliche Erklärung des Fortsetzungsverlangens C 383
  - Zeitfaktor C 386
- Mieter will Vertrag nicht fortsetzen C 380 f.
  - Gebühren C 381
- Mieterberatung C 379 ff.
  - Fortsetzungsanspruch, gerichtliche Geltendmachung C 403
  - Mieterberatung bei (konkludenter) Zustimmung des Vermieters C 400 ff.
  - Vermieter verlangt geänderte Bedingungen C 402
- Mieterberatung bei Ablehnung des Fortsetzungsverlangens durch Vermieter C 404 ff.
  - Ablehnung ohne Gründe C 404
  - Ablehnung schriftlich, Prüfung des Widerspruchs C 405
  - begründeter Widerspruch des Vermieters C 406
- Vermieter will Vertrag beenden
  - Aufforderung zur gerichtlichen Geltendmachung des Fortsetzungswillens C 417
  - Beratung bis zum Ablauf der Zweimonatsfrist C 408 ff.
  - Beratung nach Ablauf der Zweimonatsfrist C 420 ff.
  - berechtigtes Interesse an Vertragsbeendigung C 408
  - Formulierung berechtigter Interessen C 414
  - Fortsetzungsverlangen, Reaktionsmöglichkeiten C 415 ff.
  - Geltendmachung berechtigter Interessen, Zeitpunkt C 410 f.
  - Hinweis an Mieter C 409

(Zeitmietvertrag, einfacher)
- Klage wegen Besorgnis nicht rechtzeitiger Leistung   C 413 f.
- persönliche Übergabe der Geltendmachung   C 413
- Räumungsklage, Vorbereitung   C 420 ff.
- Vermieter will Vertrag fortsetzen   C 425 ff.
  - geänderte Vertragsbedingungen   C 426 ff.
  - Zustimmungserteilung   C 425
- Vermieterberatung   C 408 ff.
  - Gebühren   C 431
- vorzeitige Beendigung durch Mieter   J 480 ff.   *siehe auch* Befristeter Mietvertrag, Beendigung
- vorzeitiger Auszug, Neuvermietung   H 739
- wechselseitiger Kündigungsverzicht   C 503 ff.
  - Auflockerungsrechtsprechung   C 535 ff.
  - außerordentliche Kündigung Mieter   C 505
  - Bezugnahme auf Anlagen   C 518 ff.
  - Dauer des Kündigungsverzichts   C 548 f.
  - Einheit der einzelnen Blätter   C 516 f.
  - GbR, Vertretung   C 525
  - Lose-Blatt-Rechtsprechung   C 516 f.
  - Mieterberatung   C 505 ff.
  - Mietparteien, Auswechslung   C 521 f.
  - Mietzeit   C 531
  - Ort des Kündigungsverzichts   C 548 f.
  - Preisabsprachen   C 528 ff.
  - Rechtsmissbrauch   C 540 ff.
  - Schriftform Kündigungsverzicht   C 506 ff., 510 ff., 516   *siehe auch* Schriftform
  - Transparenzgebot bei Kündigungsverzicht   C 544 ff.   *siehe auch* Transparenzgebot
  - Unterschrift der Parteien   C 510 ff.
  - Vermieterberatung   C 550 ff.
  - Vertreterhandeln   C 524
  - wirksame Vereinbarung des Kündigungsverzichts   C 551

Zeitmietvertrag, qualifizierter   A 127
- Aufklärung über Verwendungsabsicht   I 189
- Auskunft, Inhaltskontrolle, Wohnraum-Formularmietvertrag   A 199
- Beendigung   J 479
- Beendigung durch Mieter   J 475 ff.
- Beendigung durch Vermieter   J 299 ff.
- Beendigung fehlt/unwirksames Zustandekommen   J 390
- Befristungsgrund, Auskunftsanspruch des Mieters   A 186
- echter Zeitmietvertrag   C 556
- Eigenbedarfskündigung bei Vermieterwechsel   J 196
- Fortbestand der Befristung bei Veräußerung   C 62
- Fortsetzungsanspruch, kein Ausschluss durch qualifizierten Zeitmietvertrag   J 392
- Mieter will Vertrag fortsetzen   C 473 ff.
  - Änderungsvertrag, Mitteilung der qualifizierten Gründe   C 475
  - Auskunft vom Vermieter   C 487
  - Auskunftsanspruch   C 492
  - ausreichende Qualifizierungsgründe   C 480 ff.
  - Baumaßnahmen, Anfrage Bauordnungsamt/Hausmeister   C 484 f.
  - Baumaßnahmen, Auskunft   C 493
  - Belehrung über qualifizierte Gründe   C 474
  - Eigennutz, Recherchen   C 481 ff.
  - Eintritt der Voraussetzungen des § 259 ZPO, Verhinderung   C 490
  - Erfolg des Fortsetzungsverlangens, Prüfung   C 473 ff.
  - Fortsetzungsverlangen   C 488 f.
  - mangelnde Sorgfalt in eigenen Angelegenheiten, Vermieter   C 494
  - Mitteilung nach Vertragsschluss   C 479
  - Mitteilung vor Vertragsschluss   C 476
  - Räumungsfrist nach Hinweis   C 489
  - Rechtzeitigkeit der Mitteilung   C 475
  - Vertragsentwurf mit qualifizierten Gründen   C 477
  - Vertragsverhandlungen abgebrochen   C 477
  - Vertragsverhandlungen, Ablauf   C 478
  - verzögerte Ausführung, Hinweis   C 491
  - Verzögerung von Vermieter zu vertreten   C 492
  - Werksmietwohnungen, Anfrage bei Personalabteilung   C 486
  - zeitlicher Zusammenhang Vertragsschluss/Mitteilung   C 476 ff.
- Mieter will Vertrag nicht fortsetzen   C 495 ff.
  - Hinweis/Verzögerungsmitteilung erfolgt   C 497
  - Maßnahmen vor Hinweis des Vermieters   C 495
  - Verhandlungen mit Vermieter   C 496

(Zeitmietvertrag, qualifizierter)
- Mieter, kein Bestandsschutz   C 442
- Mieterberatung   C 473 ff.
  - Gebühren   C 502
  - Prozessuales   C 498 ff.
- Vermieterberatung   C 439 ff.
  - Aufhebungsvereinbarung, Abschluss als „Haustürgeschäft"   C 459 f.
  - Auswechslung des Befristungsinteresses   C 462
  - bauliche Maßnahmen   C 445, 454
  - bauliche Maßnahmen/Umgestaltung der Räume   C 451
  - Bauvoranfrage   C 448
  - Befristungsgründe hinreichend konkret   C 441 ff.
  - Beseitigung der Räume   C 446
  - Darlegungs- und Beweislast   C 471
  - Dienstwohnung   C 447
  - Eigennutz   C 444, 450, 454
  - Ersatzwohnung, Angebot   C 456
  - Gebühren   C 472
  - Haftungsrisiko   C 455
  - Hinweis auf Fortbestand der Gründe, Frist   C 449 f.
  - Kündigung zum nächstmöglichen Zeitpunkt   C 454
  - Mitteilung Fortbestand Befristungsgrund, Muster   C 453
  - Mitteilungspflicht bei Auswechslung des Befristungsinteresses, Frist   C 463
  - Mitteilungspflicht über verzögerte Verwendungsabsicht, Form   C 467 f.
  - qualifizierte Gründe bestehen noch   C 449 ff.
  - Räumungsfrist, Ausschluss   C 452
  - Rechtzeitigkeit der Mitteilung   C 439
  - Schadensersatzanspruch des Mieters   C 463 f.
  - Scheitern der Aufhebungsverhandlungen   C 461
  - Umzugsbeihilfe   C 456
  - unwirksame Vereinbarung qualifizierter Gründe   C 454 ff.
  - Vermieter hat Verzögerung in Verwendung nicht zu vertreten   C 469
  - Verzögerung in Verwendungsabsicht   C 467 ff.
  - Verzögerungsanzeige   C 448
  - Verzögerungsmitteilung, Muster   C 470
  - Vorliegen/Durchführbarkeit der Gründe zu Vertragsende   C 448
  - Wegfall qualifizierter Gründe   C 462 ff.
- Voraussetzungen § 564c Abs. 2 BGB a.F.   C 438

- vorzeitige Beendigung durch Mieter   J 480 ff.   *siehe auch* Befristeter Mietvertrag, Beendigung

Zentralheizung
- Mieterhöhung, Modernisierungsmaßnahme   E 161a

Zeugenbeeinflussung
- Kündigungsgrund   J 286

Zubehörflächen
- Gebrauchsgewährpflicht   I 167, 182

Zugang
- fristlose Kündigung Mieter   J 456
- Mieterhöhungsverlangen   E 115 ff.

Zugang, Mieträume
- Umweltmangel   F 45m

Zugangsüberwachung
- Verkehrssicherungspflicht   I 223

Zurückbehaltungsrecht   F 117 ff.
- Anwendungsfälle   F 119
- Aufrechnungs- und Zurückbehaltungsrecht   K 546 ff.
- Ausschluss, Gewerberaummietvertrag   F 121
- Ausübung   F 117, 120
- beendete Mietverträge   F 123
- Beschränkung   A 142
  - Gewerberaummietvertrag   A 346 ff.
  - Wohnraummietvertrag   A 142
- Beschränkung durch Ankündigungspflicht   F 121
- Beschränkung mit Vorauszahlungsklausel   D 23
- gegen Räumungs- und Herausgabeanspruch   K 547
- Gestaltungsspielraum, Wohnraum-Individualmietvertrag   A 186
- Höhe   F 119
- Inhaltskontrolle, Wohnraum-Formularmietvertrag   A 199
- Mieter wegen überzahlter Miete, beschränkte Zulässigkeit   A 38
- Mietrechtsreform, -änderungen   F 118
- Modernisierungsmaßnahmen, Vermieter   H 175   *siehe auch* Aufrechnungsrecht
- Sinn   F 117
- taktische Überlegungen   F 163 f.
- Versorgungsleistungen   I 227; K 195
- vertraglicher Ausschluss   K 546 ff.
- Wegfall   F 122
- Wohnraummietvertrag   F 121
- Zwangsverwaltung   O 79

Zuschläge   A 84

Zustellung
- Aushändigung gegen Quittung   J 112
- Bote, Vermerk, Muster   J 111
- Einschreiben mit Rückschein   J 113
- Einwurf-Einschreiben   J 114
- Gerichtsvollzieher   J 115
- Klageschrift   M 111 ff.

(Zustellung)
- demnächstige Zustellung **M** 112 ff.
- Hemmung der Verjährung **M** 112
- Kündigungsschreiben **J** 110 ff.
- öffentliche Zustellung **J** 116
  - verschwundener Mieter **K** 193
- von Anwalt zu Anwalt **J** 117

Zustimmungspflicht
- bauliche Veränderungen **I** 258 ff.

Zutrittsrecht
- Klage auf Zutritt, Übersicht **F** 256
  siehe auch Besichtigungsrecht
- Streitwert **N** 590
- Verweigerung, Kündigungsgrund **J** 244, 286
- Zwangsverwalter **O** 60 f.

Zwagsverwaltung
- Ziele **O** 5 ff.

Zwangshypothek
- Mietpfändung, Zusammentreffen mit **Q** 182 f.

Zwangsversteigerung
- außerordentliches Kündigungsrecht des Mieters **A** 293
- Eintritt in Vermieterstellung **C** 12c
- Gewerberaum
  - Schutz vor Zwangsversteigerung **O** 156 ff.
- Sonderkündigungsrecht des Erstehers **J** 294f
- Wohnraum
  - Schutz vor Zwangsversteigerung **O** 158 ff.

Zwangsverwalter O 22 ff.
- Allgemeines Gleichbehandlungsgesetz **B** 296 ff.
- Aufgabenstellung **O** 5 ff., 27 ff.
  - erster Bericht **O** 34 f.
  - Inbesitznahme **O** 31 f., 53
  - Übersicht **O** 27 ff.
  - weitere Maßnahmen **O** 33
- Bestellung **O** 26
- Einsichtsrecht in Unterlagen **O** 67
- Haftung **O** 36 ff.
- Handeln durch Hilfskräfte **O** 57 f.
- Herausgabevollstreckung gegen Schuldner, Kaution **O** 123 f.
- Kaution **O** 116 ff.
  - Anlage **O** 120 ff.
  - Auffüllung **O** 125 ff.
- langfristige Mietverträge, Abschluss **O** 173 ff.
- Partei im Mietprozess **M** 100
- Partei im Mietvertrag **B** 65, 68; **O** 155
- Pflicht zur optimalen Nutzung des Objekts **O** 153
- Prozessführungsbefugnis **O** 39 ff.
- Schutz des Mietobjekts **O** 171 f.
- Umbau/Fertigstellung des Mietobjekts **O** 169 f.
- Vorschussanforderung **O** 80 ff.
- Zutrittsrecht **O** 60

Zwangsverwaltung
- Abstimmung von Maßnahmen mit den Gläubigern **O** 82
- Begriff **O** 1 ff.
- Beschlagnahme **O** 88 ff.
  - Bruchteilseigentum **O** 114 f.
  - Eintritt der Beschlagnahme **O** 89
  - Kautionen **O** 116 f.
  - Kenntnis des Mieters **O** 107 ff.
  - laufende Zahlungen **O** 92 ff.
  - mehrere Zwangsverwaltungsschuldner **O** 89
  - Nebenkostenvoraus- und -nachzahlungen **O** 116 f.
  - rückständige Zahlungen, Jahresfrist **O** 91
  - Umfang **O** 21
  - Untermietverhältnisse, Erträge **O** 112 f.
  - Vorausverfügungen **O** 97 f.
  - Wirkung **O** 19 f.
  - Zeitpunkt der Beschlagnahme **O** 17 f.
- Betriebskostenabrechnung **O** 142 ff.
- Gewerberaum
  - Schutz vor Versteigerung **O** 156
- Grundstücksbeschlagnahme und Mietpfändung **Q** 161 ff.
  - Vorrang der Zwangsverwaltung **Q** 165 ff.
- Herausgabe von Unterlagen durch Vermieter **O** 177 f.
- Informationssammlung **O** 51 ff.
- langfristige Mietverträge, Abschluss **O** 173 ff.
- Mieterberatung **O** 55 ff.
  - Aufrechnungsverbot **O** 75 ff.
  - Baukostenzuschüsse, Darlehen, Sachleistungen des Mieters **O** 99 ff.
  - Beschlagnahme **O** 88 ff.
  - Betriebskostenabrechnung **O** 142 ff.
    - Auszahlung von Guthaben **O** 144 f.
    - nach Aufhebung der Zwangsverwaltung **O** 150 ff.
    - Reaktionsmöglichkeit bei Nichtabrechnung **O** 146
    - Verschulden des Zwangsverwalters, Versäumnis der Abrechnungsfrist **O** 147 f.
    - zurückliegende Zeiträume **O** 142 f.
  - Bindung an bestehende Verträge **O** 62 ff.
  - Bruchteilseigentum **O** 114 f.

(Zwangsverwaltung)
- Einsichtnahme in Mietvertragsexemplar des Mieters O 67 ff.
- Erfüllung, Nachweis O 110 f.
- Gewährleistungsrechte O 72, 81 ff.
- Information über Anordnung der Zwangsverwaltung O 55
- Kautionen O 116 f., 120 ff.
  - Abrechnung und Herausgabe O 136 f.
  - Anlage der Kaution bei Erwerbsabsicht des Mieters O 141 f.
  - Anspruch auf Anlage der Kaution, Zurückbehaltungsrecht O 129 ff.
  - Auffüllung, laufendes Mietverhältnis O 125 ff.
  - Bereitstellung einer nicht vorhandenen Kaution, Risiko O 138 ff.
- Klärung offener Fragen O 56
- Mängelanzeige O 71 ff.
- Nachweis der Mängelanzeige O 73 f.
- Nebenkostenvoraus- und -nachzahlungen O 116 f.
- Untermietverhältnisse, Erträge O 112 f.
- Vorausverfügungen über die Miete O 97 f.
- vorläufiges Zahlungsverbot O 55
- Zahlungsempfänger, Berechtigung O 85 f.
- Zurückbehaltungsrecht O 79
- Zutrittsrecht O 59 ff.
- Zwangsversteigerung, Schutz O 156 ff.
- neue Mietverträge O 153 ff.
- Prozessführungsbefugnis Zwangsverwalter O 39 ff.
- Reinigungs- und Verkehrssicherungspflichten I 218
- Verfahren, Ablauf O 11 ff.
  - Antrag O 12 ff.
  - Beendigung O 48 ff.
  - Beschlagnahme O 17 ff.
- Vermieterberatung O 161 ff.
  - Änderung des Gesamtcharakters, Verbot O 170
  - Bestandsschutz des Mietobjekts O 167 ff.
  - Mitwirkungspflichten des Vermieters O 177 ff.
  - Nießbraucher als Vermieter O 164 f.
  - Schutz des Mietobjekts O 171 f.
  - Umbau/Fertigstellung durch Zwangsverwalter O 169 ff.
  - Weisungsbefugnis, Ausschluss O 168
  - Zusammenarbeit mit dem Zwangsverwalter O 162
- Vorschussanforderung O 80 f.

- Wohnraum
  - Schutz vor Zwangsversteigerung O 158
Zwangsvollstreckung M 396 ff.
- Androhung der Vollstreckung, Gebühren N 282 f.
- Anschriftenermittlung, Gebühr N 284
- Duldung/Unterlassung M 409 ff.
  - Antrag nach § 890 Abs. 2 ZPO M 410
  - Anwendungsfälle M 412
  - Ordnungsgeld/Ordnungshaft M 411
- Gebühren Rechtsanwalt N 276 ff.
  - Anschriftenermittlung N 284
  - Einigungsgebühr N 281
  - Einstellung der Zwangsvollstreckung N 241
  - mehrere Auftraggeber N 278, 290 ff.
  - Räumungsfristverfahren N 289
  - Terminsgebühr N 279
  - Umfang der „Angelegenheit" N 285 ff.
  - Vollstreckung für mehrere Gläubiger N 290
  - Vollstreckung gegen mehrere Schuldner N 292 ff.
  - Vollstreckungsschutzverfahren gesonderte Angelegenheit N 288
- Gerichtskosten N 370a
- Grundstücksbeschlagnahme Q 156 ff. *siehe dort*
- Klausel M 402
- nachträgliche Unzulässigkeit M 407a
- nicht vertretbare Handlungen M 413 ff.
  - Antrag nach § 888 ZPO M 414
- Räumungsvollstreckung M 416 ff. *siehe auch dort*
- Schönheitsreparaturen H 848
- Sicherheitsleistung M 403 f.
- Streitwert N 591
- vertretbare Handlungen M 405 ff.
  - Antrag nach § 887 ZPO, Muster M 406
  - einstweiliges Verfügungsverfahren M 408
  - vertretbare Handlungen, Beispiele M 408
  - Zusatzantrag auf Vorschusszahlung M 407
- Vollstreckungstitel M 397 ff.
- vorläufige Vollstreckbarkeit ohne Sicherheitsleistung M 404
- Zulässigkeit nach Zeitablauf J 343a
- Zustellung M 402
Zwangsvollstreckung in Mietforderungen *siehe* Pfändung in Mietforderungen
Zweckbestimmung A 67

2823

Zweifamilienhaus
- Kündigung, Gestaltungsspielraum, Wohnraum-Individualmietvertrag **A** 186

Zweitwohnung
- Eigenbedarfskündigung **J** 173
- Kündigung durch Vermieter **J** 130

Zwischenumzug
- Kosten **I** 101

Zwischenvermietung
- gewerbliche Weitervermietung, Begriff **C** 96
- Räumungsklage, Einwendungen des Endmieters **J** 398
- Unrentabilität, Kündigungsgrund **J** 286
- Wohnräume, Überlassung zur Weitervermietung **C** 96

Zwischenvermietung, Beendigung **C** 96 ff.
- Eigentümer, Beratung **C** 97 ff.
  - Abrechnung Betriebskostenvorauszahlung **C** 102
  - Androhung der außerordentlichen fristlosen Kündigung **C** 101
  - Beratungsgespräch **C** 97 ff.
  - einstweilige Verfügung auf Hinterlegung Miete **C** 104 f.
  - Hinterlegung der Miete durch Mieter **C** 100 f.
  - Kaution, Anforderung vom Zwischenvermieter **C** 102
  - Klage auf Mietzahlung **C** 103
  - Nachweise zur Beendigung der Zwischenvermietung **C** 98 f.
  - Prozessuales **C** 103 f.
  - Verfügungsgrund **C** 105
- Eigentümer, Eintritt in den Mietvertrag **C** 96
  - Anzeige **C** 97 f.
- Eintritt eines neuen Zwischenvermieters **C** 133
- Gebühren **C** 107 ff.
- Gestaltungsspielraum, Wohnraum-Individualmietvertrag **A** 186
- Inhaltskontrolle, Wohnraum-Formularmietvertrag **A** 199
- Mieterberatung **C** 108 ff.
  - Gebühren **C** 123
  - Hinterlegung der Mieten, Antrag auf ~ **C** 111
  - Kaution, Aufforderung zur Übertragung auf neuen Vermieter **C** 114
  - Kaution, Klage auf Auzahlung **C** 118 ff.
  - Kaution, Nachweis der Zahlung **C** 117
  - Mängelrüge für neu aufgetretene Mängel **C** 113
  - positive Kenntnis vom Übergang, Anforderungen **C** 108 f.
  - Prozessuales **C** 115 ff.
  - Stufenklage bei Unsicherheit über Zinsen **C** 121 f.
  - Übertragung der Kaution, Klage **C** 115 ff.
  - Vorbehalt wegen Mängeln, Erneuerung **C** 112
  - Zahlungsverpflichtung, Prüfung der ~ **C** 110
  - Zinsen auf Kaution **C** 121 f.
- Prozessuales, Beziehung Eigentümer/Zwischenvermieter **C** 106
- Zwischenvermieter, Beratung **C** 124 ff.
  - Ansprüche aus Mietvertrag **C** 128
  - Beendigung nicht anerkannt **C** 124 f.
  - Beendigung nicht anerkannt, Wohnungsabnahme durch Eigentümer **C** 126
  - Beratungsgespräch **C** 124 ff.
  - einstweilige Verfügung auf Unterlassen der Eintrittsanzeige **C** 129 f.
  - Gebühren **C** 131 f.
  - Prozessuales **C** 129 f.
  - Streit Zwischenvermieter/Eigentümer, Offenlegung **C** 127

Lützenkirchen (Hrsg.), **Anwalts-Handbuch Mietrecht**, 4. Auflage

- Hinweise und Anregungen: _____
_____
_____
_____
_____

- Auf Seite _____ Teil _____ Rz. _____ Zeile _____ von oben/unten

muss es statt _____
_____
_____

richtig heißen _____
_____
_____

Lützenkirchen (Hrsg.), **Anwalts-Handbuch Mietrecht**, 4. Auflage

- Hinweise und Anregungen: _____
_____
_____
_____
_____

- Auf Seite _____ Teil _____ Rz. _____ Zeile _____ von oben/unten

muss es statt _____
_____
_____

richtig heißen _____
_____
_____

Absender

_____
_____
_____
_____

Antwortkarte

Informationen unter **www.otto-schmidt.de**

So können Sie uns auch erreichen:
lektorat@otto-schmidt.de

Wichtig: Bitte immer den Titel des Werkes angeben!

Verlag Dr. Otto Schmidt KG
Lektorat
Gustav-Heinemann-Ufer 58
50968 Köln

Absender

_____
_____
_____
_____

Antwortkarte

Informationen unter **www.otto-schmidt.de**

So können Sie uns auch erreichen:
lektorat@otto-schmidt.de

Wichtig: Bitte immer den Titel des Werkes angeben!

Verlag Dr. Otto Schmidt KG
Lektorat
Gustav-Heinemann-Ufer 58
50968 Köln